가산난야(伽山蘭若)는 법성자연(法性自然)과 불성유정(佛性有情)이 현현(顯現)하는 본지풍광(本地風光)의 불국토(佛國土)를 기립니다.

伽山
佛教大辭林
KASAN ENCYCLOPAEDIA OF BUDDHISM

伽山智冠 編著

⑲

지성명맥 · 파릉

伽山佛教文化研究院

刊 行 辭

불교가 발상된 지 어언 이천육백여 년이 지나는 동안 동양의 여러 나라에 전파되었고, 그 나라마다 문화・역사의 깊은 淵源이 되어 崇高한 삶의 모습을 창조하는 원동력이 되었다. 그리고 오늘에 이르러서는 세기를 넘어서는 인류의 久遠한 지혜로 그 餘光을 더욱 발하고 있다. 우리나라 또한 천칠백년의 불교전래 역사를 간직하여, 사상 및 문화 전반에 걸쳐 지대한 영향을 미쳤을 뿐 아니라 수승한 민족사 중흥의 근간이 되어왔다. 정신사를 포함하는 문화사 전반에 걸쳐 우리 민족사를 주도해 온 한국불교사에 있어서 불교대백과사전 편찬은 매우 중요한 작업이 아닐 수 없다.

불교의 교리는 經律論 三藏으로 구성된 대장경이라는 방대한 체계로 이루어졌고, 그 호한한 체계 속에는 대장경이 이루어진 역사만큼이나 오래되고 다양한 술어와 심오한 法相들이 담겨져 있다. 이러한 어려운 술어와 법상의 이해를 온전히 하고자 과거 譯經과 함께 어휘채록과 연구작업들이 병행되었다.

그 결과 중국에서는『經律異相』,『法苑珠林』,『一切經音義』,『翻譯名義集』,『三藏法數』등이 만들어져 대장경의 이해를 도왔으며, 우리나라에서는 고려 숙종 때 大覺國師 義天이 엮은『釋苑辭林』250권이 편찬되어 고전적 의미의 불교사전의 성격을 갖춘 작업이 이루어지기도 하였다.

근대 이후 耘虛스님께서 일본의 모범불교사전을 번역하고 거기에 우리나라 불교의 중요술어를 추가하여 1961년『불교사전』1권을 발행하였는데 이것이 우리나라 최초의 대중적 불교사전이었다. 그 후 편자가 불교종합사전의 필요함을 깊이 느끼고 그 편찬을 발원하게 된 것은 먼저 국내에서는 三學을 연찬하는 승가의 후학들에게는 물론, 점차 저변이 확대되고 있는 한국학 및 불교연구자들에게 불교술어를 정리하는 일이 더없이 필요한 일이라고 생각했기 때문이다. 더구나 동남아 불교권에서 불교연구의 근간이 될 만한 불교종합사전들이 발간되는 것을 보고 더욱 그 뜻을 굳히게 되었다. 불교대사전의 편찬이 불교연구와 그 문화의 저변을 확대해 가는 불교중흥의 근간임을 자각하고 미력이나마 편찬의 원력을 뒤로 돌릴 수 없었다. 수년 동안 고심한 끝에 자신의 능력을 헤아리지 않고 1982년 음력 5월 11일 삼각산 경국사 극락보전에서 삼천배의 기도・발원한 후 바로 편찬작업에 착수하였다.

이때 편자는 동국대학교 불교대학장에 재임 중이었으므로 학장실 한쪽 구석에 자료수집본부를 두고, 처음 약 3년 동안에는 동국대학교 역경원 박경훈부장에게 자료 채집감독을 맡겼으나, 그 후 편자가 동국대학교 총장직을 맡는 등의 사유로 기초자료조사 작업기간으로만 약 십여 년이 소요되었다. 그 후 편자는 이런저런 공직을 정리하고 사전편찬 등 연구작업에 전념하기 위해 1991년 6월 16일 사단법인 가산불교문화연구원을 개원하고서야 비로소 사전편찬을 본격적인 법인주요사업으로 추진할 수 있게 되었다. 1차 수집한 자료를 정밀하게 검색한 결과 2차 자료채록의 필요성을 절감하였고, 아울러 편수안도 재구성하게 되었다. 그동안 전산화에 힘입어 동남아 및 구미 학계에서는 많은 사전・색인 등 자료들이 공개되었으며, 일본은 이미 종합사전을 끝내고 분야별 테마사전을 출간하고 있었기 때문이다. 전산화시대를 맞아 자료채집과 편집작업에 엄청난 효율을 얻게 되었고 불교대사전의 시대적 효용성과 편수지침 등은 새롭게 정비될 수밖에 없었다. 따라서 법인사업 이관 후 편수실에서는 편찬의 이념, 편집의 목표, 편수안 등을 재검토하고 나아가 항목의 범위, 분류 및 확정에 있어 새로운 검증 작업을 위해 전산환경을 확충하고는 대・중・소분과별 분류 등 분류코드 1,232종을 프로그램화하여 기존항목을 세분화하고 재검색하였다. 그리고 사전 활용도를 전문화하고 원전에 기초해 내용을 서술한다는 목표 아래 국내 원전자료를 전산화하고, 우리나라에는 출간되지 않은 산스크리트어, 팔리어, 티베트어 사전 어휘 등을 한글 자료화하는 등 편찬 이념의 구현과 편집 목표의 달성을 위해 편수작업을 밀도 있게 진행한 결과, 1994년 한국불교항목을 전체항목의 약 30%로 새로이 추가추출하고 15만여 항목의 기초자료 작업을 완료하였다.

이러한 재정초작업에 다시 3년여 기간이 지나고 1994년 여름이 지나서야 본격적인 집필·윤문작업에 착수할 수 있었다. 우선 재정적 여건을 고려하여 한글순 연차간행을 기획하고, 순차 집필·윤문에 온 힘을 기울인 결과 1999년 1월에 1·2권, 출간 이후 매년 한 권씩 출간하여 이번에는 제13권을 간행하게 되었다. 편자의 감회가 더욱 깊다.

그간 전체 편수기획 등 어려운 연구원 살림을 맡아 추진하고 있는 본 연구원 연구실장 古玉스님, 편찬실 가족을 이끌고 변함없이 정진하는 책임연구원 金榮郁 박사, 崔晶圭·馬海崙·韓栽相·鄭恩姬·孫秀昌 상임연구원, 편수편집실의 연구원들, 20년여 동안 편찬실을 거쳐 간 연구원들과 전임연구원 등 열을 다해 정진한 원내 여러 가족들에게 먼저 고마움과 격려의 마음을 전하며, 아울러 전문항목을 맡아 원외에서 집필해준 본원 전문연구위원 鄭炳三교수·金成哲·李淑姬 박사 등과 원외 집필자 여러분께 심심한 감사의 마음을 표한다.

그리고 긴 기간에 걸쳐 진행되는 사전작업을 대작불사라 여겨 1983년 이후 오랜 기간 동안 꾸준히 후원해주신 후원회원 여러분과 특히 1998년 이후부터 출간비 일부를 지원해 주고 있는 대한불교조계종과 2002년 이후 지원을 아끼지 않는 문화체육관광부, 2006년 이후부터 시작된 한국연구재단의 지원 그리고 종단 사부대중 여러분과, 원로의원 東春큰스님, 전국비구니회 회장 明星스님 등의 뜻 깊은 후원금은 연구원 가족 모두에게 크나큰 격려가 되고 있다. 아울러 특별후원자 여러분들에게도 항상 깊은 감사를 드린다.

앞으로도 미비한 작업을 보완하고 중단 없는 성취를 위해 不退轉의 정진을 계속할 것이며, 한국정신사의 참다운 自尊을 일깨우고 나아가 한국에 있어 불교술어의 일차 결집이라는 사명 아래 소중한 결과물이 되도록 더욱 정진하고자 한다.

2011년 6월 16일

明倫洞 伽山蘭若에서

伽山智冠 적음

佛教大辭林編纂發願文

一心頂禮法身佛 甚深微妙八萬法
修行流通賢聖僧 冥薰加被願成就
晉宋齊梁及唐代 新羅百濟求法僧
各其冒死發故國 專心求法利國民
去人成百歸無十 後者安知前者難
爲法向竺一念進 黃沙遮日眼不開
鳥道險路猛獸窟 飛梯架路捫索虛
後賢若未諳斯旨 往往將經容易看
梵漢相含難解語 研經學人額頭痛
我念於此多年來 雜多之務未着手
壬戌之年始起筆 欲編佛教大辭典
天龍八部常擁護 唯願諸佛作證明
從初至末無障碍 加被文殊大智慧
彙彙無違佛本意 速成完刊告佛前
以此編纂勝功德 韓國佛教益宣揚
蒙佛甘露咸利益 一切衆生得解脫
願我臨終無病苦 預知時至往路明
此身遍現恒沙界 歷微塵劫度衆生
聞我名者發菩提 見我形者得安樂
若一衆生未成佛 終不於此取正覺
辭典佛事同參者 筆者援者及念者
一切同登涅槃床 普爲提唱涅槃歌

불교대사림편찬발원문(번역)

일심으로 청정법신 비로자나와
무상심심 미묘하온 팔만법장과
전법하는 스님들께 원하옵나니
가호하사 제소원을 살펴주소서
구법위해 진송제양 당대를비롯
신라백제 고구려의 스님들이여!
죽음조차 무릅쓰고 고국을떠나
국민위한 그마음은 비할데없네!
백명중에 돌아온이 열명안되니
후인들이 전인난을 어찌알리요!
일념으로 천축향해 가는길에는
황사비가 가득하여 눈을못뜨다!
가는길엔 맹수들이 우글거리고
험한곳엔 밧줄잡고 건너갔으니
후인들은 이런고난 아는이없어
개중에는 용이하게 경을대하네!
범한어가 합친어휘 알기어려워
학인들은 이부분에 골치를앓다
제가이점 해결코자 생각했으나
이런저런 잡된일로 얽매였다가
임술년에 이르러서 비로소집필
한국불교 대사전을 편찬하노니
천용팔부 호법신장 옹호하옵고
시방삼세 부처님은 증명하소서
시작부터 마침까지 장애가없고
문수보살 대지혜의 가피를입어
어휘마다 부처님의 본의에부합
하루속히 완간하여 고불하리다
이사전을 편찬하온 공덕으로써
한국불교 선양함에 도움이되고
감로수를 마신이는 모두가이익
일체중생 빠짐없이 해탈하소서
저자신이 임종할때 병고가없고
떠날때를 미리알아 앞이밝으며
이몸으로 항사세계 두루하여서
미진겁이 지나도록 도생하리다
나의이름 듣는이는 발심을하고
저의모양 보는자는 낙을얻으며
한중생도 남아있어 성불못하면
영원토록 정각도를 취치않으리!
사전불사 뜻을모아 동참한자중
집필자나 후원자나 염려한사람
모두함께 열반상에 높이앉아서
중생위해 열반가를 제창하리다

불기 2525년(1982) 壬戌 5월 11일
三角山 慶國寺에서
比丘 釋智冠 三千拜

발간에 즈음하여

가산불교대사림 편찬은 가산지관대종사伽山智冠大宗師님의 대원력大願力으로 시작되고 대정진大精進으로 성취된 대작불사大作佛事였다. 2500여년 이어온 불교의 역사·사상·문화 등과 관련된 십만을 넘어서는 술어와 주요구에 대하여 경율론經律論 삼장三藏을 비롯한 수많은 선어록禪語錄은 물론 최근의 연구성과들도 살펴 풀고 다듬어 성취하여왔다. 보석처럼 빛나는 한 떨기 꽃들을 수만번 손보고 모아 다듬는 작업이었기에 연구원대중들의 모든 일상은 한결같았고 정성을 다하였다.

대사림 한권은 단행본 수십 권에 맞먹는 원고지 2만매 분량이다. 이런 지난至難한 작업을 『가산불교대사림』이라는 본책 20여권의 결과물로 출간해왔다. 대종사의 원력에 올라 뒤돌아 보지않고 정진한 대중들의 각고刻苦의 산물이다. 불교를 공부하는 모든 이들에게 자양滋養이 될 수 있도록 항목 하나하나마다 갓난아이를 돌보듯 보듬고 살피는 작업은 한 치의 소홀함도 용납할 수 없었기에 대중들 모두 얼음위를 걷는 듯 하였다.

이러한 토대 위에서의 대사림편찬작업은 전문적이면서도 낱낱의 항목에 최적의 정보를 안착시켜왔다. 독자들은 단순히 술어 하나를 찾는 데 그치지 않고, 충실한 서술에 이끌려 저도 모르게 불교의 세계로 깊숙히 들어가고 깨우쳐간다. 매 항목마다 이 수준까지 이르도록 고군분투하는 대중들을 보면 참으로 숙연해지지 않을 수 없었다.

2012년에 열반하신 가산지관대종사께서는 1960년 이후 해인사 강주로서 학인들을 지도하면서 불교사전편찬의 원력을 키우셨고, 1982년 불교대사전편찬발원문을 지어 불전에 기도 올리고는 대원행의 길을 시작하셨다. 지난하고 길었지만 1999년 금과옥조의 성과물인 대사림 1권과 2권이 처음 탄생했을 때, '과연 지관큰스님이시다.'라며 세간世間이 칭송稱頌을 아끼지 않았다. 그리고 출간기념법회出刊紀念法會에는 사해四海의 용상대덕龍象大德들이 모두 모여 수희찬탄隨喜讚歎하였다. 촌음寸陰을 아껴가며 몸소 주요 표제어를 고르시고 옥고玉稿를 집필하여 마치시고는, 연구원들의 원고를 바로잡고 지도해주시며 그 크나큰 원행을 한 치의 흔들림 없이 계속하셨다. 2011년 팔순 생신일(음 5월 11일)에 열반이 임박했음을 미리 아시고 남은 작업을 연구원대중들에게 부촉하시는 유훈遺訓을 손수 남기셨다. 그리고 음력 성도재일인 납월파일을 넘기시고는 양력 2012년 1월 2일 열반에 드셨다.

애통하고 애통하다! 이제 유촉遺囑을 받드는 일만이 우리에게 남겨졌다. 정법중흥正法中興을 통한 애민중생哀愍衆生이라는 대종사님의 간곡한 원행願行을 이어, 대종사님의 유촉도량인 가산난야伽山蘭若에서 대종사님의 원행인 정법상전正法相傳의 유업遺業이 끊임없이 피어나길 간절히 기원한다.

2023년 6월 16일

理事長 文憲八 拜上

편찬의 기본방침

■ 본 불교대사림은 불교사상 및 문화 일반에 대한 종합적 이해를 도모하기 위해 불교사전의 범주를 근본불교술어는 물론, 범불교권 국가에서 특수하게 변형·토착화되거나 새로이 창출된 각종 술어도 포함하여 불교문화에 대한 특수성과 보편성을 함께 이해시킴을 목표로 한다.

■ 특별히 한국인의 불교 이해를 기반으로 하여 불교전래 후 천칠백여 년에 이르는 토착화 과정에서 정착된 한국불교 고유의 사상적, 문화적 관련항목을 최대한 발굴·정리, 이를 자주적이고 종합적으로 서술함으로써 대내적으로는 한국불교 및 민족문화에 대한 넓고 깊은 이해와 긍지를 도모하고 대외적으로는 한국불교문화의 세계화를 추구한다.

■ 이러한 목표를 달성하기 위해 광범위한 항목을 발굴·선정·수록하고, 표제어의 한글순은 물론, 내용 기술에 있어 실질적인 한글화를 도모하여 누구나 쉽게 활용가능한 대중적 사전이 될 수 있도록 한다.

■ 한자어, 산스크리트어, 팔리어, 티베트어 등 범불교권 언어를 병기하여, 술어 설명에 엄밀을 기하며, 정확한 전거(典據)를 바탕으로 내용을 기술하여, 연구자의 이해를 도울 수 있게 사전 활용도를 깊고 폭넓게 전문화한다.

■ 한국인에게 불교의 사상과 문화를 폭넓게 이해시키기 위해 일차적으로는 불교항목 전반에 대한 백과사전적 이해를 가능하게 하며, 나아가 한국의 불교문화를 폭넓게 이해하고 심도 있게 다루어야 한다는 목표 아래 한국불교 관련 항목이 종합적으로 서술되도록 항목조정과 본문서술에 신중을 기한다.

■ 본 사림은 15만여 항목, 본책 15권 규모로 1998년부터 연차적으로 간행하되, 〈색인편〉과 함께 〈보유편〉을 부록으로 두어 사전 간행 후의 연구성과를 반영하고 항목을 보완할 수 있도록 한다.

항목선정

■ 명실상부한 불교종합백과사전이 될 수 있도록 시간적으로는 불교발생기부터 현재까지, 공간적으로는 발생지 인도로부터 티베트, 중국 나아가 구미지역에 이르기까지, 문헌상으로는 초기 불전에서부터 최근 문헌에 이르기까지 불교의 모든 용어를 가능한 한 총망라하여 어휘를 직접 채집, 수록하는 것을 항목 선정의 기본 원칙으로 한다.

■ 특별히 한국불교 고유의 사상과 문화에 관련된 항목은 최대한 발굴하여 이를 우선으로 선정한다.

■ 원내 편수원칙에 의한 1,232종의 분류코드에 따라 불교대사림 항목분류표를 작성, 이에 의거하여 체계적으로 항목을 선정하고 수적인 균형을 도모한다.

■ 항목 채집 및 1차 선정항목의 대조·확인과 기술 내용 점검을 위해 이미 간행된 국내외 사전류, 색인류 외 연구서적 등을 가능한 한 최대한 대조·검색한다.

■ 더불어 내용서술이 동일한 항목의 이칭(異稱), 별칭(別稱) 등은 대표항목 본문에 포함·서술하여 항목 처리를 원활하게 하고, 항목들 간의 유기적 연결을 통해 선정 항목을 종합적으로 이해할 수 있도록 공항목과 관련항목을 둔다.

■ 산스크리트어, 팔리어, 티베트어, 한자어 등에서 유래한 음사어 항목은 한자 읽기가 있으면 우리말 한자음으로, 음사가 여럿인 경우에는 원음에 가까운 음으로 대표항목을 선정한다.

■ 각 분과별 항목의 세부 선정 원칙은 다음과 같다.

- 사상·공안 – 경·율·론(經律論) 삼장(三藏) 및 소(疏), 초(抄), 사기(私記) 등에 이르는 교종의 제반 사상과 선종의 각 종파별 사상 및 공안(公案) 그리고 가풍(家風)을 모두 다룬다.

- 언어·문자 – 불교와 유관한 주문, 방언을 포함하여 불교권의 주요 언어인 산스크리트어, 팔리어, 티베트어 및 그 외 특수언어에 대한 개관을 포함한다.
- 인물 – 불교 발전이나 변동을 주도하면서 사상과 문화 발전에 기여하였으며 그 생애와 활동을 서술할 필요가 있는 실존인물을 선정하되, 단 현대 인물의 경우에는 집필 당시를 기준으로 생존 인물은 제외한다. 또한 일반인의 경우 성명을, 스님인 경우에는 법명(휘 諱)을 본항목으로 하되, 호(號)나 자(字)가 더 널리 알려져 있는 경우에는 호나 자를 대표항목으로 선정한다.
- 사원 – 현존하는 전통사찰은 물론, 기록으로만 남아있는 사찰과 폐사지(廢寺址)라 할지라도 모두 포함한다.
- 사건 – 불교사에 의미가 있는 사건 및 기록들을 포함한다.
- 교단 및 의례 – 원시교단에서부터 현재까지의 불교 역사에서 의미를 갖는다고 간주되는 교단사 및 교단의 양태, 불교의례의 양태 등을 포함한다.
- 문헌 – 삼장 및 소, 초, 사기, 문집, 탁본은 물론 불교의 사상, 문화, 역사 등을 언급한 외전 등을 포함하며, 경전성립과 대장경 조판 및 인경 사례 등도 기술한다. 단, '불설(佛說)…'로 시작되는 경전의 이름은 '불설'을 생략하고 표제어로 선정한다.
- 예술 – 문화사적으로 중요한 가치가 있는 문학, 미술, 음악, 무용, 건축 공예품 등을 포함한다.
- 문화재 – 국가지정문화재를 중심으로 선정하되, 불교사적으로 중요한 의미가 있는 유물·유적이라면 가능한 한 포함한다.
- 기타 – 불교의 전문용어가 아닌 일반용어도 불교전적을 해독하는 데 필요하거나 불교를 이해하는 데 필요한 술어라면 가능한 한 수록한다.

항목배열

■ 한글 가나다순으로 하되, 초·중·종성의 배열 순서는 다음과 같이 한다.

- 초성 – ㄱ ㄲ ㄴ ㄷ ㄸ ㄹ ㅁ ㅂ ㅃ ㅅ ㅆ ㅇ ㅈ ㅉ ㅊ ㅋ ㅌ ㅍ ㅎ
- 중성 – ㅏ ㅐ ㅑ ㅒ ㅓ ㅔ ㅕ ㅖ ㅗ ㅘ ㅙ ㅚ ㅛ ㅜ ㅝ ㅞ ㅟ ㅠ ㅡ ㅢ ㅣ
- 종성 – ㄱ ㄲ ㄳ ㄴ ㄵ ㄶ ㄷ ㄹ ㄺ ㄻ ㄼ ㄽ ㄾ ㄿ ㅀ ㅁ ㅂ ㅄ ㅅ ㅆ ㅇ ㅈ ㅊ ㅋ ㅌ ㅍ ㅎ

■ 같은 음·같은 글자인 항목은 다음 원칙에 따라 배열한다.

- 개념→교리·사상→인물→자연물→지명→의식→문헌→제도→사원→단체→사건→유물·유적순으로 하되
  ① 시간적인 경우는 시대순으로
  ② 공간적인 경우는 가나다순으로 한다.
- 한자가 다를 경우 별도 항목으로 처리하며, 항목 첫글자 한자의 총획수에 따라 배열하되 총획수가 같을 경우, 부수(部首)의 획수에 따라 배열한다.
- 한자가 같은 경우 동일 항목 내에 ❶·❷ … 식으로 병렬 나열한다.
- 사원의 이름이 같을 경우 지역별로 배열하되, 서울→광주→대구→대전→부산→인천→강원도→경기도→경상도→전라도→제주도→충청도→평안도→함경도→황해도→중국→기타 순으로 하는 것을 원칙으로 한다.

표제어표기

■ 표제어는 신명 견명조 한글로 표기하고 그에 해당하는 한자어 및 산스크리트어, 팔리어, 티베트어 등이 있을 경우 이를 순차적으로 병기하되, 이때 산스크리트어는 Ⓢ, 팔리어는 Ⓟ, 티베트어는 Ⓣ 문자로 구분하며, 콤마와 마침표를 사용하여 나열한다.

예) **감로** 甘露 Ⓢ amṛta, Ⓟ amata, Ⓣ bdud-rtsi.

■ 한글과 한자음의 우리말 표기는 문교부 제정 표준용어집 및 국정교과서의 한글맞춤법 표기원칙에 따르되, 다만 오래전부터 한자음이 변하여 우리말화한 것이거나 산스크리트어의 음사한자인 경우에는 상용화된 대로 표기한다.

- 우리말화한 경우

예) **도량** 道場 (○) **도장** 道場 (×)
시방 十方 (○) **십방** 十方 (×)

- 산스크리트어의 음사한자인 경우

예) **보리** 菩提 (○) **보제** 菩提 (×)
바라밀 波羅蜜 (○) **파라밀** 波羅蜜 (×)
다라니 陀羅尼 (○) **타라니** 陀羅尼 (×)

■ 한글과 숫자의 혼합 표기는 한글맞춤법 표기안에 따라 적절히 사용한다.

■ 특수 분야 용어는 관련학계의 통설을 따르되, 학계에서 용어가 통일되지 않은 경우에는 편집위원회의 결정에 따른다.

■ 공항목 및 관련항목의 처리와 표기

- 공항목은 항목에 대한 서술 내용이 없는 것으로 ➡를 사용하여 그 본항목으로 참조표시를 하며, 관련항목은 동등한 위치에 있거나 상호보완적 관계에 있는 항목으로 내용 서술 후 ⇨를 사용하여 참조표시를 한다.

예1) **가니라** 迦尼羅 ➡ 갈니가수 羯尼迦樹

예2) **가니타** 迦尼吒 Ⓢ kaniṣṭha의 음사어. 고대 인도 쿠샤나(Ⓢ Kuṣāṇa : 貴霜)왕조의 제3대 왕인 가니색가(Ⓢ Kaniṣka)왕의 다른 이름이다. ⇨ 가니색가왕 迦膩色迦王

- 공항목 내지 관련항목이 다수 열거될 경우에는 관련의 중요도 순으로, 병렬관계일 경우에는 가나다순으로 게재하며, 항목 간을 콤마로 구분한다.

예) **가나함모니불** 迦那含牟尼佛 ➡ 가나가모니 迦那伽牟尼, 구나함모니 拘那含牟尼

본문서술

■ 본문 서술방식은 한글전용을 원칙으로 하여 일반인도 이해하기 쉽도록 가능한 한 풀어쓰되, 필요한 경우 괄호를 사용하여 이를 보완한다.

- 어려운 술어나 전문용어 등은 처음 서술되는 부분에서 그에 해당하는 한자, 산스크리트어, 팔리어, 티베트어 및 기타 용어 등을 ( ) 안에 병기한다.

예) **가가라** 伽伽羅 **1** Ⓢ Karkaṭa, Ⓟ Kakkaṭa의 음사어. 부처님께서 바이샬리의 중각강당(重閣講堂 Ⓢ Kūṭāgāraśālā)에 …

- 또한 추가 설명이 필요한 경우에는 : 표식 아래에 간단한 해설을 덧붙이도록 하며, 산스크리트어, 팔리어, 티베트어 등의 음사어인 경우에도 원어를 먼저 쓰고 그 뒤에 : 를 사용하여 그 뜻을 부기한다.

예1) 니야야(Ⓢ Nyāya : 正理)

예2) 8개소의 불탑을 친견하려고 고비사막을 지나 총령(葱嶺 : Pamir고원)을 넘어 …

- 집필자명, 참고문헌, 표에서는 원어를 노출시키며, ' '나 『 』 속의 한글, 원어 병렬표기시에도 괄호를 사용하지 않는다.

■ 맞춤법 및 띄어쓰기는 항목표기에서와 마찬가지로 문교부 제정 한글맞춤법 및 국정교과서의 표기 원칙을 기본으로 하되, 학계에서 용어가 통일되지 않은 것은 집필자의 견해 혹은 편집위원회의 결정에 따르며, 사전 편집상 필요에 따라 약간의 예외를 둔다.

■ 불교에서 상용하는 복합명사는 붙여쓰기로 한다.

예) 일체중생 (○) 일체 중생 (×)
시방세계 (○) 시방 세계 (×)

■ 중국·일본 등 한자문화권의 한자어는 우리말 한자음으로 표기하되, 고유명사인 경우에는 일본 혹은 중국 현지음으로도 표기한다.

■ 상용하는 술어의 음사어가 2종 이상일 경우에는 인용문에 준하여 표기하되, 한자어 인용시에는 한자에 준하고 범어 인용시에는 범어 음사에 준한다.

예) 아뢰야식(阿賴耶識 Ⓢ ālaya-vijñāna) (○)
알라야식(Ⓢ ālaya-vijñāna : 阿賴耶識) (○)

■ 연대는 서력기원으로 표기하되, 필요시 괄호 안에 불기년(佛紀年), 왕조년(王朝年) 등을 부기한다. 다만 본문 서술 중 불기년 혹은 왕조년이 중요한 경우에는 먼저 밝힐 수 있다.

■ 인명은 일반인의 경우 성명을 쓰고, 스님인 경우 원칙상 법명(휘 諱)을 쓰되, 호(號)나 자(字)가 더 널리 알려져 있는 경우에는 이를 따른다.

■ 산스크리트어, 팔리어, 티베트어의 표기

- 각각 그 약자에 해당하는 Ⓢ·Ⓟ·Ⓣ 문자를 사

용하여 구별하며,

- 첫글자는 소문자를 원칙으로 하나, 단 인명·지명·불·보살·책이름 등은 대문자로 시작한다.

예) **가니색가왕** 迦膩色迦王 Ⓢ Kaniṣka, Candana-kaniṣka, Ⓟ Kanisika. 2세기 무렵 고대 인도의 이란계 쿠샤나(Ⓢ Kuṣāṇa : 貴霜·月支國·月氏國)왕조의 제3대 왕인 카니쉬카 1세.

- 산스크리트어·팔리어의 복합어 표기는 관습적 사용에 준하되, 수사는 하이픈(-) 없이 띄어쓰기를 한다. 단 2개 이상의 단어로 구성된 복합어의 경우에는 식별의 편의를 위해 매 단어마다 하이픈을 사용한다.

예) **개시오입** 開示悟入 Ⓢ samādāpana-saṃdarśana-pratibodhana-avatāraṇa.

■ 본항목에 대한 서술이 병렬로 나열되었을 경우에는 ❶·❷ 등을 사용하고, 하나의 단어에서 비롯된 부연 설명일 경우에는 ①·② 등을, 더 부연할 때에는 ㉠·㉡ 등을 사용한다. 이때 명사형으로 끝날 경우에는 쉼표를, 동사형으로 끝날 경우에는 마침표를 사용하는 것을 원칙으로 한다.

예1) **기린사** 麒麟寺 ❶ 충청남도 온양군 고달산에 있었던 절. 지금은 폐사(廢寺)되었다. [참고문헌] 『東國輿地勝覽』 권19, 『韓國寺刹全書』 권상. ❷ 함경남도 신흥군 원평면 천불산(千佛山)에 있었던 절. …

예2) **간경파** 看經派 한국사찰 간경제도의 한 측면. 강하(講下) 학인을 독서파(讀書派)와 간경파로 나누는데, 간경파는 다시 3과(科)로 분류된다. 곧 ① 능엄(楞嚴)·기신(起信)·반야(般若)·원각(圓覺)의 사교과(四敎科), ② 화엄(華嚴) 1부 현담(玄談) 삼현십지(三玄十地)에 『탐현기 探玄記』를 겸수하는 대교과(大敎科), ③ 전등(傳燈)·염송(拈頌) 양부에 속하는 격외과(格外科) 등을 말한다. [참고문헌] 『韓國近世佛敎百年史』 권2 敎育編年 pp.1~3.

■ 학계에서 논란이 있는 항목 서술은 집필자의 관점을 중시하되, 이설(異說)을 함께 소개함으로써 독자들에게 판단의 자료를 제공한다.

출전 및 참고문헌

■ 내용 서술의 이해에 도움이 될 문헌, 논문 등을 다음의 원칙에 따라 인용, 수록한다.

- 본문 서술시 원문에 대한 직접 인용이 필요한 경우에는 우리말로 번역하고 원문을 부기한다.
- 직·간접적으로 인용한 책은 [참고문헌]에서 다시 게재하며, 본문 중에서는 한글로, [참고문헌]에서는 원전어로 문헌명을 표기한다.

예) **가** 笳 Ⓢ vaṃśa, Ⓟ vaṃsa. 대나무피리(竹笛). 2권본 『나선비구경』(대정장32, p.696c13)에 "마치 사람이 대나무피리를 불어 숨을 내쉬었다가 다시 들이키지 못하는 것과 같다. 如人吹笳氣出 不復還入", … [참고문헌] 『那先比丘經』, *Mil.*, *Vv-a.210.*

- [참고문헌] 위치는 항목의 맨 끝으로 하되, 단 본 항목에 대한 서술이 ❶·❷로 병렬 나열되었을 경우에는 그 끝에 게재한다.

예) **굴암** 窟庵 ❶ 경상남도 창원시 현동면 대장리에 있었던 절. 창건연대·창건주 등 자세한 사실은 알 수 없다. [참고문헌] 『韓國寺刹全書』 권상. ❷ 경상북도 선산군 연악산(淵嶽山)에 있었던 절. 자세한 사적은 알 수 없다. [참고문헌] 『韓國寺刹全書』 권상 p.129b.

- 문헌·저서명의 경우에 동양서는 『 』, 서양서는 *이탤릭체*를 사용하여 표기하고, 논문·작품·편명 및 신문기사·법조문제목 등의 경우 「 」를 사용하되, 출판사·출판연대 등은 괄호 안에 묶어 표기한다.

예) **고인명** 古因明 인도 불교논리학을 집대성한 진나 … [참고문헌] *Caraka-Saṃhitā*, 『方便心論』, 『解深密經』, 『瑜伽師地論』, 『大乘阿毘達磨集論』, 『如實論』, 『集量論』, 『因明正理門論』, *Buddhist Logic*(F.T. Stcherbatsky, U.S.S.R, Leningrad, 1930), 『대승불교』 pp.332~338(도서출판 여래).

- 참고문헌이 여럿일 경우에는 우선
  ① 본문서술 중 인용된 순서대로 하되, 원전, 학술저서, 논문 순으로 하며,
  ② 대장경류의 경우 체제 순으로 한다.

■ 자주 인용되는 문헌의 경우 약호를 사용할 수 있고, 2단 내지 다단으로 편집된 인용서의 단 표시는 a, b, c 등으로 하고 필요한 경우 행을 숫자로 표시한다.

- 고려장 : 고려대장경
- 한불전 : 한국불교전서
- 대정장 : 대정신수대장경
- 卍속장 : 卍속장경

예1) 고려장45, p.250a : 고려대장경 제45권, 250페이지 첫째 단을 의미

예2) 대정장21, pp.234~250, No.234 : 대정신수대장경 제21권, 234페이지에서부터 250페이지까지에 수록된 경으로 경의 고유번호는 234라는 의미

예3) 한불전2, p.698a1 : 한국불교전서 제2권 698페이지 첫째 단 첫째 줄을 의미

■ 한문본, 산스크리트어본, 팔리본 등의 상용문헌은 다음 장의 약명표기 범례에 따른다. ⇨ 문헌약명표기범례

■ 선사의 어록의 경우, 해당 선사의 가장 잘 알려진 법호나 법명에 '語錄'을 더하여 문헌명으로 쓰는 것을 일반화한다.

예) 대혜보각선사어록 → 대혜어록
명각선사어록 → 설두어록

기호 및 약호

S	산스크리트어
P	팔리어
T	티베트어
" "	완전한 문장 인용시
' '	재인용, 강조시 및 시호·관직명·탑호·비명·주문·경전의 한 구절 등 불완전한 문장 인용시
『 』	문헌·저서명
「 」	논문·작품·경전의 품명·편명 및 신문기사 표기시
- -	부제
~	부터·까지 (페이지·연도 등에서)
·	문장 내 가운뎃점으로, 비슷한 사항을 나열할 때 사용
…	내용 생략시
( )	한자 및 원어 부기 및 풀이
〔 〕	소제목
:	본문 설명 부분에서 부연 설명시
→	법맥의 대수 표시
➡	공항목 표시
⇨	관련항목 표시

도판 및 기타자료

■ 본 사전에서는 내용을 시각적으로 부각시키고 본문의 이해를 돕기 위하여 사진, 삽화, 도표, 지도 등 도판 자료 약 천오백여 종을 본문의 해당 부분 혹은 별면 화보에 수록한다.

■ 도판자료는 해당 항목의 성격과 내용을 부각시키는 데 중점을 두고 선정한다.

■ 자체에서 제작하지 않은 자료는 그 제공자 또는 제작자를 밝히며, 유일본·희귀자료 등 특수자료는 소장처를 밝힌다.

• 본 권의 희귀자료는 국립중앙박물관, 대한불교조계종 산하 성보박물관 등의 협찬과 『佛敎植物辭典』(國書刊行會)의 도판자료 사용으로 이루어졌다.

■ 전체 색인은 한글, 한자어, 산스크리트어, 팔리어, 티베트어 별로 작성하여 〈색인편〉 별책으로 발간한다.

■ 각 페이지마다 상단에 해당 페이지의 첫 표제어(짝수쪽)와 마지막 표제어(홀수쪽)를 기재하여 항목 찾기에 편의를 도모한다.

문헌 약명 표기범례

산스크리트본 약명

- T는 대정신수대장경 번호임
- [편자 출간년도]는 * 梵·藏本 정보임

Abh-k	Abhidharma-kośa-kārikā [V.V.Gokhale 1946] 阿毘達磨俱舍論本頌 T1560
Abh-k-bh	Abhidharmakośa-bhāṣya [P.Pradhan 1975] 阿毘達磨俱舍論 T1558 · 阿毘達磨俱舍釋論 T1559
Abh-d	Abhidharmadīpa [P.S.Jaini 1959] 阿毘達磨燈論
Abh-d-ṭ	Abhidharmadīpa-ṭīka [P.S.Jaini 1959] 阿毘達磨燈明論釋
Abh-s	Abhidharmasamuccaya [P.Pradhan 1950] 大乘阿毘達磨集論 T1605
Abh-s-bh	Abhidharmasamuccaya-bhāṣya [N.Tatia 1976] 大乘阿毘達磨雜集論 T1606
Abh-vy	Sphuṭārthā Abhidharmakośa-vyākhyā [U.Wogihara 1932-1936] 阿毘達磨俱舍論疏
Abhis-a	Abhisamayālaṃkāra [Th.Stcherbatsky · E.Obermiller 1929] * 梵藏對照本 現觀莊嚴論
Adhy-pr	Adhyardhaśatikā Prajñāpāramitā [T.Tomabechi 2009] 大樂金剛不空眞實三麽耶經 [理趣經] T243
Ag-p	Agni-purāṇa
Arth-ś	Artha-śāstra [R.P.Kangle 1960] 實利論
Aṣṭ-pr	Aṣṭasāhasrikā Prajñāpāramitā [P.L.Vaidya 1960 · S.Karashima 2013] 大般若波羅蜜多經 第四會 T220(4) · T228
AV	Atharva-veda
Av-ś	Avadāna-śataka [P.L.Vaidya 1958] 撰集百緣經 T200
Bh-p	Bhāgavata-purāṇa
Bhai	Bhaiṣajyaguruvaidūryaprabharāja-sūtra [P.L.Vaidya 1961] 藥師琉璃光如來本願功德經 T450 · T449 · T451 · 灌頂經 卷第十二 T1331
Bhav-p	Bhaviṣya-purāṇa
Bodh-bh	Bodhisattva-bhūmi [N.Dutt 1966] 瑜伽師地論 本地分菩薩地 T1579(I.15) · 菩薩地持經 T1581 · 菩薩善戒經 T1582
Bodh-c	Bodhicaryāvatāra [P.L.Vaidya 1960] 菩提行經 T1662
Brahma-p	Brahma-purāṇa
Brahmāṇḍa-p	Brahmāṇḍa-purāṇa
Brahmav-p	Brahmavaivarta-purāṇa
Buddh-c	Buddha-carita [E.H.Johnston 1978] 佛所行讚 T192
Cat-ś	Catuḥ-śataka [K.Lang 1986] * 梵藏合本 廣百論本 T1570
Daś-bh	Daśabhūmika-sūtra [P.L.Vaidya 1967] 大方廣佛華嚴經 十地品 T278(22) · T279(26)
Daś-ś	Daśapadārtha-śāstra 勝宗十句義論 T2138
Devībh-p	Devībhāgavata-purāṇa
Dharm-s	Dharma-saṃgraha [P.L.Vaidya 1961] 法集名數經 T764
Divy	Divyāvadāna [E.B.Cowell · R.A.Neil 1959] 根本說一切有部毘奈耶皮革事 T1447
Gaṇḍ-vy	Gaṇḍa-vyūha [P.L.Vaidya 1960] 大方廣佛華嚴經 入法界品 T278(34) · T279(39) · T293 · T295
Gāruḍa-p	Gāruḍa-purāṇa
Gauḍ-SK	Sāṃkhya-kārikā의 Gauḍapāda-bhāṣya [T.G.Mainkar 1972]
Guhy-s	Guhya-samāja-tantra [Y.Matsunaga 1978] 一切如來金剛三業最上祕密大教王經 T885
Ht	Hevajra-tantra [D.L.Snellgrove 1959] * 梵藏對照本 大悲空智金剛大教王儀軌經 T892
Jāt-m	Jātaka-mālā
Kār-vy	Guṇa-kāraṇḍa-vyūha 大乘莊嚴寶王經 T1050

Kāśy	Kāśyapa-parivarta [M.I.Vorobyova-Desyatovskaya 2002] 大寶積經 第四十三普明菩薩會 T310(43)
Kūrma-p	Kūrma-purāṇa
Lak-ś	Lakṣaṇānusāra-śāstra 隨相論 T1641
Lal-v	Lalita-vistara [P.L.Vaidya 1958] 普曜經 T186・方廣大莊嚴經 T187
Laṅk	Laṅkāvatāra-sūtra [B.Nanjio 1956] 楞伽阿跋多羅寶經 T670・入楞伽經 T671・大乘入楞伽經 T672
Liṅga-p	Liṅga-purāṇa
Madhy-k	Madhyamaka-kārikā 中論頌
Madhy-ś	Madhyamaka-śāstra [P.L.Vaidya 1960] 中論 T1564
Madhy-v	Madhyamaka-kārikā-vṛtti 中論註
Madhy-vibh	Madhyānta-vibhāga-bhāṣya [G.M.Nagao 1964] 中邊分別論 T1599・辯中邊論 T1600
Madhy-vibh-ṭ	Madhyānta-vibhāga-ṭīkā [S.Lévi 1934] 中邊分別論釋疏
Mahāvad-s	Mahāvadāna-sūtra [T.Fukita 2003] 長阿含經 大本經
Mah-saṃ	Mahāyānasaṃgraha [E.Lamotte 1973] *藏本 攝大乘論 T1592・T1593・攝大乘論本 T1594
Mah-v	Mahāvastu-avadāna [E.Senart 1882-1897] 大事
Mañj-m	Ārya-mañjuśrī-mūlakalpa [T.Ganapati 1920-1925] 大方廣菩薩藏文殊師利根本儀軌經 T1191
Mārk-p	Mārkaṇḍeya-purāṇa
Māṭ-v	Sāṃkhya-kārikā의 Māṭharācārya-vṛtti [V.P.Sharma 1970]
Matsya-p	Matsya-purāṇa
MBh	Mahābhārata [BHORI 1972]
Mmayu	Mahāmāyūrī Vidyārājñī [S.Takubo 1972] 佛母大孔雀明王經 T982・T984・T985
Mp-s	Mahāparinirvāṇa-sūtra [E.Waldschmidt 1950-1951] 長阿含經(遊行經) T1・佛般泥洹經 T5・T6・T7・大般涅槃經 T374・T375・大般泥洹經 T376・根本說一切有部毘奈耶雜事 卷第三十五～三十九 T1451
Mukta-v	Muktavali
Mvyut	Mahāvyutpatti [榊亮三郎 1916]・[石濱裕美子・福田洋一 1989] 飜譯名義大集
Nār-p	Nāradīya-purāṇa
Nyāy-s	Nyāya-sūtra 正理經
Nyāy-pr	Nyāya-praveśa [A.B.Dhruva 1930] 因明入正理論 T1630
Padma-p	Padma-purāṇa
Pad-s	Padārthadharma-saṃgraha [V.P.Dvivedin 1895] 句義法綱要
Pañ-s	Pañcaskandhaka [L.Xuezhu・E.Steinkellner 2008] 大乘五蘊論 T1612
Pañca-pr	Pañcaviṃśatisāhasrikā Prajñāpāramitā [N.Dutt 1934・T.Kimura 1986-2009] 大般若波羅蜜多經 第二會 T220(2)・摩訶般若波羅蜜經 T223
Prajñ-h	Prajñāpāramitā-hṛdaya-sūtra [E.Conze 1958] 般若波羅蜜多心經 T251
Prajñ-vy	Abhisamayālaṃkārālokā Prajñāpāramitā-vyākhyā [U.Wogihara 1932] 現觀莊嚴論光明般若波羅蜜多釋
Prak-ś	Prakaranāryāvāca-śāstra 顯揚聖敎論 T1602
Pras	Prasannapadā [P.L.Vaidya 1987] 明句論
Prāt-m	Prātimokṣa-sūtra [A.Ch.Banerjee 1977] 根本說一切有部契經 T1454

R	Rāmāyaṇa
Rāṣṭr	Rāṣṭrapāla-paripṛcchā [P.L.Vaidya 1961] 大寶積經 第十八護國菩薩會 T310(18)
Ratna-ut	Ratnagotravibhāga-mahāyānottaratantra-śāstram [E.H.Johnston 1950] 究竟一乘寶性論 T1611
ṚV	Ṛg-veda
Śa-v	Śayanāsanavastu
Śālis	Śālistamba-sūtra [P.L.Vaidya 1960] 了本生死經 T708・T709・T710・T711・T712
Saddh-p	Saddharma-puṇḍarīka-sūtra [H.Kern・B.Nanjio 1977] 妙法蓮華經 T262・T263・T264
Saṅ-v	Saṅghabheda-vastu [R.Gnoli 1977]
Sam-r	Samādhirāja-sūtra [P.L.Vaidya 1961] 月燈三昧經 T639・T640
Samā-bh	Samāhita-bhūmi [M.Delhey 2009] * 梵藏合本 瑜伽師地論 本地分三摩呬多地 T1579(I.6)
Sāṃkhy-k	Sāṃkhya-kārikā [V.P.Sharma 1970] 數論頌
Sap-p	Saptapadārthi 七句義論
Sapt-pr	Saptaśatakā Prajñāpāramitā [P.L.Vaidya 1961] 大般若波羅蜜多經 第七曼殊室利分 T220(7)
Sar-s	Sarvārtha-siddhi [P.Shastri 1944]
Śata-śa	Śatapañcāśatka [D.R.Shackleton Bailey 1951] 一百五十讚佛頌 T1680
ŚBr	Śatapatha-brāhmaṇa
Śikṣ	Śikṣāsamuccaya [C.Bendall 1902] 大乘集菩薩學論 T1636
Skanda-p	Skanda-purāṇa
Śrāv-bh	Śrāvaka-bhūmi [K.Shukla 1973] 瑜伽師地論 本地分聲聞地 T1579(I.13·14)
Sukh-vy. I	Sukhāvatī-vyūha(大本) [K.Fujita 2011] 大寶積經 第五無量壽如來會 T310(5)・無量壽經 T360・T361・T362・T363・T364
Sukh-vy. II	Sukhāvatī-vyūha(小本) [K.Fujita 2011] 阿彌陀經 T366・T367
Sūtr	Mahāyāna-sūtrālaṃkāra [S.Lévi 1907] 大乘莊嚴經論 T1604
Suv-pr	Suvarṇa-prabhāsa-sūtra [H.Idzumi・B.Nanjio 1931] 金光明經 T663・T664・T665
Suvik-pr	Suvikrāntavikrāmi-paripṛcchā [P.L.Vaidya 1961] 大般若波羅蜜多經 第十六般若波羅蜜多分 T220(16)
SV	Sāma-veda
Tarka-s	Tarka-saṃgraha 論理綱要
TBr	Taittirīya-brāhmaṇa
TC	Tattvacintāmaṇi 眞實如意寶珠
TS	Tattvārthādhigama-sūtra・Tattvārtha-sūtra [S.Sanghavi 1939] 諦義證得經
Udāna-v	Udānavarga [F.Bernhard 1965] 法集要頌經 T211・出曜經 T212
Vām-p	Vāmana-purāṇa
Vaiś-s	Vaiśeṣika-sūtra [Jambuvijayaji 1961] 勝論經
Vajr-pr	Vajracchedikā Prajñāpāramitā [E.Conze 1957] 大般若波羅蜜多經 第九能斷金剛分 T220(9)・金剛般若波羅蜜經 T235・T236・T237・T238・T239
Vajr-s	Vajra-sūcī 金剛針論 T1642
Var-p	Varāha-purāṇa
Vāyu-p	Vāyu-purāṇa
Vigr	Vigrahavyāvartanī [Y.Yonezawa 2008] 迴諍論 T1631

Vijñ-t	Triṃśikā-vijñapti-kārikā 唯識三十論頌 T1586・T1587
Vijñ-t-bh	Triṃśikā-vijñapti-bhāṣyā [H.Buescher 2007] 唯識三十頌釋
Vijñ-v	Viṃśatikā Vijñaptimātratā-siddhiḥ [S.Lévi 1925] 唯識二十論 T1590
Vikī-n	Vimalakīrtinirdeśa [大正大學綜合佛教研究所・梵語佛典研究會 2004] * 梵藏漢對照本 維摩詰經 T474・維摩詰所說經 T475・說無垢稱經 T476
Vin-v	Mūlasarvāstivādavinaya-vastu
Viṣṇu-p	Viṣṇu-purāṇa
Yogā-bh	Yogācārabhūmi [V.Bhattacharya 1957] 瑜伽師地論本地分五識身相應地·意地·有尋有伺等三地 T1579(I.1-5)
YV	Yajur-veda

팔리본 약명

● 저본은 PTS, 한역명은 남전대장경을 따름

Abhidh-av	Abhidhammāvatāra(入阿毘達磨論)
Abhidh-s	Abhidhammattha-saṅgaha(攝阿毘達磨義論)
Abhidh-v	Abhidhammattha-vibhāvanī(攝阿毘達磨義論의 註釋書)
AN	Aṅguttara-nikāya(增支部)
Ap	Apadāna(譬喩經)
As	Atthasālinī(法集論註)
Bv	Buddha-vaṃsa(佛種姓經)
Bv-a	Buddha-vaṃsa-aṭṭhakathā(佛種姓經의 註釋書)
Cp	Cariyā-piṭaka(所行藏經)
Cp-a	Cariyā-piṭaka-aṭṭhakathā(所行藏經의 註釋書)
Cv	Cūḷa-vaṃsa(小史)
Dhātuk	Dhātu-kathā(界論)
Dhātuk-a	Dhātu-kathā-pakaraṇa-aṭṭhakathā(界論의 註釋書)
Dhātum	Dhātu-mañjūsā(語根寶函)
Dhātup	Dhātu-pāṭha(語根頌)
Dhp	Dhammapada(法句經)
Dhp-a	Dhammapada-aṭṭhakathā(法句經의 註釋書)
Dhs	Dhammasaṅganī(法集論)
Dīp	Dīpa-vaṃsa(島史)
DN	Dīgha-nikāya(長部)
Dukap	Duka-paṭṭhāna(二法發趣論, 發趣論의 一部)
Dukap-a	Duka-paṭṭhāna-aṭṭhakathā(二法發趣論의 註釋書)
It	Itivuttaka(如是語經)
It-a	Itivuttaka-aṭṭhakathā, Paramatthadīpanī II(如是語經의 註釋書)
Gv	Gandha-vaṃsa(書史)
Jā	Jātaka(本生經)
Khp	Khuddakapāṭha(小誦經)
Khp-a	Khuddakapāṭha-aṭṭhakathā(小誦經의 註釋書)
Kkh	Kaṃkhāvitaraṇī(Pātimokkha의 註釋書)
Kv	Kathā-vatthu(論事)
Kv-a	Kathā-vatthu-pakaraṇa-aṭṭhakathā(論事의 註釋書)
Mhv	Mahā-vaṃsa(大史)
Mil	Milinda-pañha(彌蘭王問經)
MN	Majjhima-nikāya(中部)
Mp	Manoratha-pūraṇī, Aṅguttara-nikāya-aṭṭhakathā(增支部의 註釋書)
MPS	Mahāparinibbānasutta(大般涅槃經)
Nett	Netti-pakaraṇa(導論)
Nett-a	Netti-pakaraṇa-aṭṭhakathā(導論의 註釋書)
Nidd.I	Mahā-niddesa(大義釋)
Nidd.II	Culla-niddesa(小義釋)

Nidd-a	Niddesa-vaṇṇanā, Saddhammapajotikā Ⅰ-Ⅱ(義釋의 註釋書)
Pāt	Pātimokkha(波羅提木叉)
Paṭis	Paṭisambhidā-magga(無碍解道)
Paṭis-a	Paṭisambhidā-magga-atthakathā, Saddhamma-pakāsinī(無碍解道의 註釋書)
Paṭṭh	Paṭṭhāna(發趣論)
Paṭṭh-a	Paṭṭhāna-atthakathā(發趣論의 註釋書)
Peṭ	Peṭakopadesa(藏釋)
Pj.I	Khuddhakapāṭha-aṭṭhakathā, Paramatthajotikā Ⅰ(小誦經의 註釋書)
Pj.II	Suttanipāta-aṭṭhakathā, Paramatthajotikā Ⅱ(經集經의 註釋書)
Pp	Puggala-paññatti(人施設論)
Pp-a	Puggala-paññatti-aṭṭhakathā(人施設論의 註釋書)
Ppk-a	Pañca-pakaraṇa-aṭṭhakathā(Pāli 七論中 Dhātu-kathā, Puggala-paññatti, Kathā-vatthu, Yamaka, Paṭṭhāna 五論의 註釋書)
Ps	Majjhima-nikāya-atthakathā, Papañca-sūdanī(中部의 註釋書)
Pv	Petavatthu(餓鬼事經)
Pv-a	Petavatthu-aṭṭhakathā, Paramatthadīpanī Ⅳ(餓鬼事經의 註釋書)
Sadd	Saddanīti(文法正理)
Sās	Sāsana-vaṃsa(教史)
SN	Saṃyutta-nikāya(相應部)
Sn	Sutta-nipāta(經集)
Sp	Samanta-pāsādikā, Vinaya-piṭaka-aṭṭhakathā(律藏의 註釋書, 善見律毘婆沙)
Spk	Sārattha-pakāsinī, Saṃyutta-nikāya-aṭṭhakathā(相應部의 註釋書)
Sv	Sumaṅgala-vilāsinī, Dīgha-nikāya-aṭṭhakathā(長部의 註釋書)
ṭ	ṭīkā(復註)
Th	Theragāthā(長老偈經)
Th-a	Theragāthā-aṭṭhakathā, Paramatthadīpanī Ⅴ(長老偈經의 註釋書)
Thī	Therīgāthā(長老尼偈經)
Thī-a	Therīgāthā-aṭṭhakathā, Paramatthadīpanī Ⅵ(長老尼偈經의 註釋書)
Tikap	Tika-paṭṭhāna(三法發趣論, 發趣論의 一部)
Tikap-a	Tika-paṭṭhāna-aṭṭhakathā(三法發趣論의 註釋書)
Ud	Udāna(自說經)
Ud-a	Udāna-aṭṭhakathā, Paramatthadīpanī Ⅰ(自說經의 註釋書)
Vibh	Vibhaṅga(分別論)
Vibh-a	Vibhaṅga-aṭṭhakathā, Sammohavinodanī(分別論의 註釋書)
Vin	Vinaya-piṭaka(律藏)
Vism	Visuddhi-magga(淸淨道論)
Vv	Vimāna-vatthu(天宮事經)
Vv-a	Vimāna-vatthu-aṭṭhakathā, Paramatthadīpanī Ⅲ(天宮事經의 註釋書)
Yam	Yamaka(雙論)
Yam-a	Yamaka-pakaraṇa-aṭṭhakathā(雙論의 註釋書)

한문본 약명

고려장	고려대장경(高麗大藏經)
한불전	한국불교전서(韓國佛教全書)
대정장	대정신수대장경(大正新修大藏經)
卍속장	만속장경(卍續藏經)
가흥장	가흥대장경(嘉興大藏經)
영락장	명판대장경(明板大藏經) 북장본(北藏本)

大正新修大藏經

業報差別經	불위수가장자설업보차별경(佛爲首迦長者說業報差別經) 隋 瞿曇法智譯 1卷 대정장1 T80
得度因緣經	급고장자녀득도인연경(給孤長者女得度因緣經) 宋 施護譯 3卷 대정장2 T130
五百弟子本起經	불오백제자자설본기경(佛五百弟子自說本起經) 西晉 竺法護譯 1卷 대정장4 T199
大般若經	대반야바라밀다경(大般若波羅蜜多經) 唐 玄奘譯 600卷 대정장5~7 T220
大品般若經	마하반야바라밀경(摩訶般若波羅蜜經) 後秦 鳩摩羅什譯 90品 대정장8 T223
小品般若經	소품반야바라밀경(小品般若波羅蜜經) 後秦 鳩摩羅什譯 29品 대정장8 T227
三法藏經	불모출생삼법장반야바라밀다경(佛母出生三法藏般若波羅蜜多經) 宋 施護譯 25卷 대정장8 T228
勝天王般若經	승천왕반야바라밀경(勝天王般若波羅蜜經) 陳 月婆首那譯 7卷 대정장8 T231
文殊般若經	문수사리소설마하반야바라밀경(文殊師利所說摩訶般若波羅蜜經) 梁 曼陀羅仙譯 2卷 대정장8 T232
金剛經	금강반야바라밀경(金剛般若波羅蜜經) 姚秦 鳩摩羅什譯 1卷 대정장8 T235
理趣經	대락금강불공진실삼마야경(大樂金剛不空眞實三麼耶經) 唐 不空譯 1卷 대정장8 T243
金剛不空三昧大教王經	최상근본대락금강불공삼매대교왕경(最上根本大樂金剛不空三昧大教王經) 宋 法賢譯 7卷 대정장8 T244
仁王經	인왕반야바라밀경(仁王般若波羅蜜經) 後秦 鳩摩羅什譯 2卷 대정장8 T245
仁王護國經	인왕호국반야바라밀다경(仁王護國般若波羅蜜多經) 唐 不空譯 2卷 대정장8 T246
理趣六波羅蜜多經	대승이취육바라밀다경(大乘理趣六波羅蜜多經) 唐 般若譯 10卷 대정장8 T261
法華經	묘법연화경(妙法蓮華經) 姚秦 鳩摩羅什譯 7卷 대정장9 T262
尼乾子所說經	대살차니건자소설경(大薩遮尼乾子所說經) 元魏 菩提留支譯 10卷 대정장9 T272
六十卷本 華嚴經	대방광불화엄경(大方廣佛華嚴經) 東晉 佛馱跋陀羅譯 60卷 대정장9 T278
八十卷本 華嚴經	대방광불화엄경(大方廣佛華嚴經) 唐 實叉難陀譯 80卷 대정장10 T279
四十卷本 華嚴經	대방광불화엄경(大方廣佛華嚴經) 唐 般若譯 40卷 대정장10 T293
佛華嚴入如來德智經	불화엄입여래덕지부사의경계경(佛華嚴入如來德智不思議境界經) 隋 闍那崛多譯 2卷 대정장10 T303
十住斷結經	최승문보살십주제구단결경(最勝問菩薩十住除垢斷結經) 姚秦 竺佛念譯 10卷 대정장10 T309
如來祕密大乘經	여래부사의비밀대승경(如來不思議祕密大乘經) 宋 法護譯 20卷 대정장11 T312
勝鬘經	승만사자후일승대방편방광경(勝鬘師子吼一乘大方便方廣經) 劉宋 求那跋陀羅譯 1卷 대정장12 T353
過度人道經	아미타삼야삼불살루불단과도인도경(阿彌陀三耶三佛薩樓佛檀過度人道經) 吳 支謙譯 2卷 대정장12 T362
觀無量壽經	관무량수불경(觀無量壽佛經) 劉宋 畺良耶舍譯 1卷 대정장12 T365
四十卷本 大般涅槃經	대반열반경(大般涅槃經) 北涼 曇無讖譯 40卷 대정장12 T374

三十六卷本 大般涅槃經	대반열반경(大般涅槃經) 劉宋 慧嚴等 36卷 대정장12 T375
菩薩處胎經	보살종도술천강신모태설광보경(菩薩從兜術天降神母胎說廣普經) 姚秦 竺佛念譯 7卷 대정장12 T384
海意菩薩所問經	해의보살소문정인법문경(海意菩薩所問淨印法門經) 宋 惟淨等譯 18卷 대정장13 T400
藥師如來本願經	약사유리광여래본원공덕경(藥師琉璃光如來本願功德經) 唐 玄奘譯 1卷 대정장14 T450
藥師七佛本願功德經	약사유리광칠불본원공덕경(藥師琉璃光七佛本願功德經) 唐 義淨譯 2권 대정장14 T451
彌勒上生經	관미륵보살상생도솔천경(觀彌勒菩薩上生兜率天經) 劉宋 沮渠京聲譯 1卷 대정장14 T452
文殊問字母品	문수문경자모품제십사(文殊問經字母品第十四) 唐 不空譯 1卷 대정장14 T469
維摩經	유마힐소설경(維摩詰所說經) 姚秦 鳩摩羅什譯 3卷 대정장14 T475
如來藏經	대방등여래장경(大方等如來藏經) 東晉 佛陀跋陀羅譯 1卷 대정장16 T666
楞伽經	능가아발다라보경(楞伽阿跋多羅寶經) 劉宋 求那跋陀羅譯 4卷 대정장16 T670
圓覺經	대방광원각수다라요의경(大方廣圓覺修多羅了義經) 唐 佛陀多羅譯 1卷 대정장17 T842
菩薩行門諸經要集	대승수행보살행문제경요집(大乘修行菩薩行門諸經要集) 唐 智嚴譯 3卷 대정장17 T847
大日經	대비로자나성불신변가지경(大毘盧遮那成佛神變加持經) 唐 善無畏譯 7卷 대정장18 T848
要略念誦經	대비로자나불설요략염송경(大毘盧遮那佛說要略念誦經) 唐 菩提金剛譯 1卷 대정장18 T849
攝大軌	섭대비로자나성불신변가지경입연화태장해회비생만다라광대염송의궤공양방편회(攝大毘盧遮那成佛神變加持經入蓮華胎藏海會悲生曼荼攞廣大念誦儀軌供養方便會) 唐 輸婆迦羅譯 3卷 대정장18 T850
廣大儀軌	대비로자나경광대의궤(大毘盧遮那經廣大儀軌) 唐 善無畏譯 3卷 대정장18 T851
玄法寺儀軌	대비로자나성불신변가지경연화태장비생만다라광대성취의궤공양방편회(大毘盧遮那成佛神變加持經蓮華胎藏悲生曼荼羅廣大成就儀軌供養方便會) 唐 法全撰 2卷 대정장18 T852
靑龍寺儀軌	대비로자나성불신변가지경연화태장보리당표치보통진언장광대성취유가(大毘盧遮那成佛神變加持經蓮華胎藏菩提幢標幟普通眞言藏廣大成就瑜伽) 唐 法全集 3卷 대정장18 T853
阿闍梨住阿字觀門	대비로자나경아사리진실지품중아사리주아자관문(大毘盧遮那經阿闍梨眞實智品中阿闍梨住阿字觀門) 唐 惟謹述 1卷 대정장18 T863
金剛頂經	금강정일체여래진실섭대승현증대교왕경(金剛頂一切如來眞實攝大乘現證大敎王經) 唐 不空譯 3卷 대정장18 T865・2卷 T874
金剛頂略出念誦經	금강정유가중약출염송경(金剛頂瑜伽中略出念誦經) 唐 金剛智譯 4卷 대정장18 T866
金剛峰瑜祇經	금강봉누각일체유가유기경(金剛峰樓閣一切瑜伽瑜祇經) 唐 金剛智譯 2卷 대정장18 T867
分別聖位經	약술금강정유가분별성위수증법문(略述金剛頂瑜伽分別聖位修證法門) 唐 不空譯 1卷 대정장18 T870
三十七尊心要	금강정유가약술삼십칠존심요(金剛頂瑜伽略述三十七尊心要) 唐 不空譯 1卷 대정장18 T871
三十七尊出生義	금강정유가삼십칠존출생의(金剛頂瑜伽三十七尊出生義) 唐 不空譯 1卷 대정장18 T872
蓮華部儀軌	금강정연화부심념송의궤(金剛頂蓮華部心念誦儀軌) 唐 不空譯 1卷 대정장18 T873
金剛頂經釋字母品	유가금강정경석자모품(瑜伽金剛頂經釋字母品) 唐 不空譯 1卷 대정장18 T880
眞實攝經	일체여래진실섭대승현증삼매대교왕경(一切如來眞實攝大乘現證三昧大敎王經) 宋 施護等譯 30卷 대정장18 T882
金剛三業經	일체여래금강삼업최상비밀대교왕경(一切如來金剛三業最上祕密大敎王經) 宋 施護譯 7卷 대정장18 T885
大祕密王曼拏羅經	일체여래대비밀왕미증유최상미묘대만나라경(一切如來大祕密王未曾有最上微妙大曼拏羅經) 宋

天息災譯 5卷 대정장18 T889

大明觀想儀軌經 환화망대유가교십분노명왕대명관상의궤경(幻化網大瑜伽敎十忿怒明王大明觀想儀軌經) 宋 法賢譯 1卷 대정장18 T891

大悲空智經 대비공지금강대교왕의궤경(大悲空智金剛大敎王儀軌經) 宋 法護譯 5卷 대정장18 T892

破地獄祕密陀羅尼法 삼종실지파지옥전업장출삼계비밀다라니법(三種悉地破地獄轉業障出三界祕密陀羅尼法) 唐 善無畏譯 1卷 대정장18 T905

三種悉地眞言儀軌 불정존승심파지옥전업장출삼계비밀삼신불과삼종실지진언의궤(佛頂尊勝心破地獄轉業障出三界祕密三身佛果三種悉地眞言儀軌) 唐 善無畏譯 1卷 대정장18 T906

佛頂三界祕密陀羅尼 불정존승심파지옥전업장출삼계비밀다라니(佛頂尊勝心破地獄轉業障出三界祕密陀羅尼) 唐 善無畏譯 1卷 대정장18 T907

建立壇法 건립만다라급간택지법(建立曼荼羅及揀擇地法) 唐 慧琳集 1卷 대정장18 T911

藥師念誦儀軌供養法 약사유리광왕칠불본원공덕경염송의궤공양법(藥師琉璃光王七佛本願功德經念誦儀軌供養法) 元 沙囉巴譯 1卷 대정장19 T926

無量壽儀軌 무량수여래관행공양의궤(無量壽如來觀行供養儀軌) 唐 不空譯 1卷 대정장19 T930

觀想曼拏羅淨諸惡趣經 불설대승관상만나라정제악취경(佛說大乘觀想曼拏羅淨諸惡趣經) 宋 法賢譯 2卷 대정장19 T939

楞嚴經 대불정여래밀인수증요의제보살만행수능엄경(大佛頂如來密因修證了義諸菩薩萬行首楞嚴經) 唐 般剌蜜帝譯 10卷 대정장19 T945

一字頂輪王經 보리장소설일자정륜왕경(菩提場所說一字頂輪王經) 唐 不空譯 5卷 대정장19 T950

一字心呪經 대다라니말법중일자심주경(大陀羅尼末法中一字心呪經) 唐 寶思惟譯 1卷 대정장19 T956

金輪呪王經 여의보주전륜비밀현신성불금륜주왕경(如意寶珠轉輪祕密現身成佛金輪呪王經) 唐 不空譯 1卷 대정장19 T961

瑜伽法軌儀 존승불정수유가법궤의(尊勝佛頂脩瑜伽法軌儀) 唐 善無畏譯 2卷 대정장19 T973

佛眼修行儀軌 대비로자나불안수행의궤(大毘盧遮那佛眼修行儀軌) 唐 一行記 1卷 대정장19 T981

仁王護國般若儀軌 인왕호국반야바라밀다경다라니염송의궤(仁王護國般若波羅蜜多經陀羅尼念誦儀軌) 唐 不空譯 1卷 대정장19 T994

法華儀軌 성취묘법연화경왕유가관지의궤(成就妙法蓮華經王瑜伽觀智儀軌) 唐 不空譯 1卷 대정장19 T1000

般若理趣釋 대락금강불공진실삼매야경반야바라밀다이취석(大樂金剛不空眞實三昧耶經般若波羅蜜多理趣釋) 唐 不空譯 2卷 대정장19 T1003

大寶樓閣陀羅尼經 대보광박누각선주비밀다라니경(大寶廣博樓閣善住祕密陀羅尼經) 唐 不空譯 3卷 대정장19 T1005

寶篋印陀羅尼經 일체여래심비밀전신사리보협인다라니경(一切如來心祕密全身舍利寶篋印陀羅尼經) 唐 不空譯 1卷 대정장19 T1022A

阿嚕力經 아리다라다라니아로력경(阿唎多羅陀羅尼阿嚕力經) 唐 不空譯 1卷 대정장20 T1039

請觀世音經 청관세음보살소복독해다라니주경(請觀世音菩薩消伏毒害陀羅尼呪經) 東晉 難提譯 1卷 대정장20 T1043

千手千眼儀軌經 금강정유가천수천안관자재보살수행의궤경(金剛頂瑜伽千手千眼觀自在菩薩修行儀軌經) 唐 不空譯 2卷 대정장20 T1056

千手經 천수천안관세음보살광대원만무애대비심다라니경(千手千眼觀世音菩薩廣大圓滿無礙大悲心陀羅尼經) 唐 伽梵達摩譯 1卷 대정장20 T1060

千光眼經	천광안관자재보살비밀법경(千光眼觀自在菩薩祕密法經) 唐 三昧蘇嚩羅譯 1卷 대정장20 T1065
幖幟曼荼羅儀軌	섭무애대비심대다라니경계일법중출무량의남방만원보타락해회오부제존등홍서력방위급위의형색집지삼마야표치만다라의궤(攝無礙大悲心大陀羅尼經計一法中出無量義南方滿願補陀落海會五部諸尊等弘誓力方位及威儀形色執持三摩耶幖幟曼荼羅儀軌) 唐 不空譯 1卷 대정장20 T1067
千手觀音法儀軌	천수관음조차제법의궤(千手觀音造次第法儀軌) 唐 善無畏譯 1卷 대정장20 T1068
十一面儀軌	십일면관자재보살심밀언염송의궤경(十一面觀自在菩薩心密言念誦儀軌經) 唐 不空譯 3卷 대정장20 T1069
大樂軌	대락금강살타수행성취의궤(大樂金剛薩埵修行成就儀軌) 唐 不空譯 1卷 대정장20 T1119
五祕密儀軌	금강정유가금강살타오비밀수행염송의궤(金剛頂瑜伽金剛薩埵五祕密修行念誦儀軌) 唐 不空譯 1卷 대정장20 T1125
慈氏菩薩念誦法	자씨보살약수유가염송법(慈氏菩薩略修瑜伽念誦法) 唐 善無畏譯 2卷 대정장20 T1141
金剛頂經供養儀軌	금강정경유가문수사리보살공양의궤(金剛頂經瑜伽文殊師利菩薩供養儀軌) 唐 不空譯 1卷 대정장20 T1175
文殊大教王經	대승유가금강성해만수실리천비천발대교왕경(大乘瑜伽金剛性海曼殊實利千臂千鉢大教王經) 唐 不空譯 10卷 대정장20 T1177A
文殊師利根本儀軌經	대방광보살장문수사리근본의궤경(大方廣菩薩藏文殊師利根本儀軌經) 宋 天息災譯 20卷 대정장20 T1191
妙吉祥大教經	묘길상평등비밀최상관문대교왕경(妙吉祥平等祕密最上觀門大教王經) 宋 慈賢譯 5卷 대정장20 T1192
略出護摩儀	묘길상평등관문대교왕경약출호마의(妙吉祥平等觀門大教王經略出護摩儀) 宋 慈賢譯 1卷 대정장20 T1194
底哩念誦祕密法	저리삼매야부동존성자염송비밀법(底哩三昧耶不動尊聖者念誦祕密法) 唐 不空譯 3卷 대정장21 T1201
八大童子軌	성무동존일자출생팔대동자비요법품(聖無動尊一字出生八大童子祕要法品) 大興善寺翻經院述 1卷 대정장21 T1204
西方軍吒利法	서방다라니장중금강족아밀리다군다리법(西方陀羅尼藏中金剛族阿蜜哩多軍吒利法) 唐 義操譯 1卷 대정장21 T1212
聖迦柅忿怒儀軌經	성가니분노금강동자보살성취의궤경(聖迦柅忿怒金剛童子菩薩成就儀軌經) 唐 不空譯 3卷 대정장21 T1222
烏樞瑟摩明王經	대위력오추슬마명왕경(大威力烏樞瑟摩明王經) 唐 阿質達霰譯 3卷 대정장21 T1227
宿曜經	문수사리보살급제선소설길흉시일선악수요경(文殊師利菩薩及諸仙所說吉凶時日善惡宿曜經) 唐 不空譯 2卷 대정장21 T1299
七佛所說神呪經	칠불팔보살소설대다라니신주경(七佛八菩薩所說大陀羅尼神呪經) 失譯 4卷 대정장21 T1332
五分律	미사새부화혜오분율(彌沙塞部和醯五分律) 劉宋 佛陀什共竺道生等譯 30卷 대정장22 T1421
薩婆多毘尼	살바다부비니마득륵가(薩婆多部毘尼摩得勒伽) 劉宋 僧伽跋摩譯 10卷 대정장23 T1441
有部律	근본설일체유부비나야(根本說一切有部毘奈耶) 唐 義淨譯 50卷 대정장23 T1442
有部苾芻尼毘奈耶	근본설일체유부필추니비나야(根本說一切有部苾芻尼毘奈耶) 唐 義淨譯 20卷 대정장23 T1443
有部律出家事	근본설일체유부비나야출가사(根本說一切有部毘奈耶出家事) 唐 義淨譯 4卷 대정장23 T1444
有部律藥事	근본설일체유부비나야약사(根本說一切有部毘奈耶藥事) 唐 義淨譯 18卷 대정장24 T1448
有部律破僧事	근본설일체유부비나야파승사(根本說一切有部毘奈耶破僧事) 唐 義淨譯 20卷 대정장24 T1450
有部律雜事	근본설일체유부비나야잡사(根本說一切有部毘奈耶雜事) 唐 義淨譯 40卷 대정장24 T1451

尼陀那目得迦	근본설일체유부니다나목득가(根本說一切有部尼陀那目得迦) 唐 義淨譯 10卷 대정장24 T1452
有部百一羯磨	근본설일체유부백일갈마(根本說一切有部百一羯磨) 唐 義淨譯 10卷 대정장24 T1453
有部律頌	근본설일체유부비나야송(根本說一切有部毘奈耶頌) 唐 義淨譯 3卷 대정장24 T1459
瓔珞本業經	보살영락본업경(菩薩瓔珞本業經) 姚秦 竺佛念譯 2卷 대정장24 T1485
伽耶山頂經論	문수사리보살문보리경론(文殊師利菩薩問菩提經論) 元魏 菩提流支譯 2卷 대정장26 T1531
集異門足論	아비달마집이문족론(阿毘達磨集異門足論) 唐 玄奘譯 20卷 대정장26 T1536
法蘊足論	아비달마법온족론(阿毘達磨法蘊足論) 唐 玄奘譯 12卷 대정장26 T1537
識身足論	아비달마식신족론(阿毘達磨識身足論) 唐 玄奘譯 16卷 대정장26 T1539
界身足論	아비달마계신족론(阿毘達磨界身足論) 唐 玄奘譯 3卷 대정장26 T1540
品類足論	아비달마품류족론(阿毘達磨品類足論) 唐 玄奘譯 18卷 대정장26 T1542
發智論	아비달마발지론(阿毘達磨發智論) 唐 玄奘譯 20卷 대정장26 T1544
大毘婆沙論	아비달마대비바사론(阿毘達磨大毘婆沙論) 唐 玄奘譯 200卷 대정장27 T1545
婆須蜜所集論	존바수밀보살소집론(尊婆須蜜菩薩所集論) 符秦 僧伽跋澄等譯 10卷 대정장28 T1549
俱舍論	아비달마구사론(阿毘達磨俱舍論) 唐 玄奘譯 30卷 대정장29 T1558
俱舍釋論	아비달마구사석론(阿毘達磨俱舍釋論) 陳 眞諦譯 22卷 대정장29 T1559
順正理論	아비달마순정리론(阿毘達磨順正理論) 唐 玄奘譯 80卷 대정장29 T1562
顯宗論	아비달마장현종론(阿毘達磨藏顯宗論) 唐 玄奘譯 40卷 대정장29 T1563
寶性論	구경일승보성론(究竟一乘寶性論) 後魏 勒那摩提譯 4卷 대정장31 T1611
外道小乘涅槃論	제바보살석능가경중외도소승열반론(提婆菩薩釋楞伽經中外道小乘涅槃論) 後魏 菩提流支譯 1卷 대정장32 T1640
發菩提心論	금강정유가중발아누다라삼막삼보리심론(金剛頂瑜伽中發阿耨多羅三藐三菩提心論) 唐 不空譯 1卷 대정장32 T1665
百五十讚佛頌	일백오십찬불송(一百五十讚佛頌) 唐 義淨譯 1卷 대정장32 T1680
般若理趣分述讚	대반야바라밀다경반야이취분술찬(大般若波羅蜜多經般若理趣分述讚) 唐 窺基撰 3卷 대정장33 T1695
般若心經幽贊	반야바라밀다심경유찬(般若波羅蜜多心經幽贊) 唐 窺基撰 2卷 대정장33 T1710
法華玄義	묘법연화경현의(妙法蓮華經玄義) 隋 智顗說 20卷 대정장33 T1716
法華文句	묘법연화경문구(妙法蓮華經文句) 隋 智顗說 20卷 대정장34 T1718
法華玄贊	묘법연화경현찬(妙法蓮華經玄贊) 唐 窺基撰 20卷 대정장34 T1723
華嚴經搜玄記	대방광불화엄경수현분제통지방궤(大方廣佛華嚴經搜玄分齊通智方軌) 唐 智儼述 5卷 대정장35 T1732
華嚴經疏	대방광불화엄경소(大方廣佛華嚴經疏) 唐 澄觀撰 60卷 대정장35 T1735
華嚴經疏鈔	대방광불화엄경수소연의초(大方廣佛華嚴經隨疏演義鈔) 唐 澄觀述 90卷 대정장36 T1736
七處九會頌釋章	신역화엄경칠처구회송석장(新譯華嚴經七處九會頌釋章) 唐 澄觀述 1卷 대정장36 T1738
華嚴經決疑論	약석신화엄경수행차제결의론(略釋新華嚴經修行次第決疑論) 唐 李通玄撰 4卷 대정장36 T1741
華嚴經骨目	대방광불화엄경원행관문골목(大方廣佛華嚴經願行觀門骨目) 唐 湛然撰 2卷 대정장36 T1742
無量壽經疏妙宗鈔	관무량수불경소묘종초(觀無量壽佛經疏妙宗鈔) 宋 知禮述 6卷 대정장37 T1751
楞伽經註解	능가아발다라보경주해(楞伽阿跋多羅寶經註解) 明 宗泐·如玘 同註 8卷 대정장39 T1789
圓覺經略疏	대방광원각수다라요의경약소(大方廣圓覺修多羅了義經略疏) 唐 宗密述 4卷 대정장39 T1795
大日經疏	대비로자나성불경소(大毘盧遮那成佛經疏) 唐 一行記 20卷 대정장39 T1796

大日經供養次第法疏	대비로자나경공양차제법소(大毘盧遮那經供養次第法疏) 唐 不可思議撰 2卷 대정장39 T1797
金剛頂經義訣	금강정경대유가비밀심지법문의결(金剛頂經大瑜伽祕密心地法門義訣) 唐 不空撰 1卷 대정장39 T1798
敎跡義記	불정존승다라니경교적의기(佛頂尊勝陀羅尼經敎跡義記) 唐 法崇述 2卷 대정장39 T1803
四分律行事鈔	사분율산번보궐행사초(四分律刪繁補闕行事鈔) 唐 道宣撰 12卷 대정장40 T1804
往生論註	무량수경우파제사원생게주(無量壽經優婆提舍願生偈註) 北魏 曇鸞註解 2卷 대정장40 T1819
華嚴五敎章	화엄일승교의분제장(華嚴一乘敎義分齊章) 唐 法藏述 4卷 대정장45 T1866
華嚴孔目章	화엄경내장문등잡공목장(華嚴經內章門等雜孔目章) 唐 智儼集 4卷 대정장45 T1870
華嚴三寶章	화엄경명법품내입삼보장(華嚴經明法品內立三寶章) 唐 法藏述 2卷 대정장45 T1874
註華嚴法界觀門頌	주화엄경제법계관문송(註華嚴經題法界觀門頌) 宋 本嵩述・琮湛註 2卷 대정장45 T1885
敎誡律儀	교계신학비구행호율의(敎誡新學比丘行護律儀) 唐 道宣述 1卷 대정장45 T1897
南嶽思大立誓願文	남악사대선사입서원문(南嶽思大禪師立誓願文) 陳 慧思撰 1卷 대정장46 T1933
觀念法門	관념아미타불상해삼매공덕법문(觀念阿彌陀佛相海三昧功德法門) 唐 善導集記 1卷 대정장47 T1959
蓮宗寶鑑	여산연종보감(廬山蓮宗寶鑑) 元 普度編 10卷 대정장47 T1973
淨土法事讚	전경행도원왕생정토법사찬(轉經行道願往生淨土法事讚) 唐 善導集記 2卷 대정장47 T1979
般舟三昧行道往生讚	의관경등명반주삼매행도왕생찬(依觀經等明般舟三昧行道往生讚) 唐 善導撰 1卷 대정장47 T1981
臨濟錄	진주임제혜조선사어록(鎭州臨濟慧照禪師語錄) 唐 慧然集 1卷 대정장47 T1985
汾陽語錄	분양무덕선사어록(汾陽無德禪師語錄) 宋 楚圓集 3卷 대정장47 T1992・卍속장120, p.84
雪竇語錄	명각선사어록(明覺禪師語錄) 宋 惟蓋竺編 6卷 대정장47 T1996
大慧語錄	대혜보각선사어록(大慧普覺禪師語錄) 宋 蘊聞編 30卷 대정장47 T1998A
書狀	대혜보각선사서(大慧普覺禪師書) 宋 大慧普覺禪師語錄內有 대정장47 T1998A
宗門武庫	대혜보각선사종문무고(大慧普覺禪師宗門武庫) 宋 道謙編 1卷 대정장47 T1998B
虛堂錄	허당화상어록(虛堂和尙語錄) 元 妙源編 10卷 대정장47 T2000
宏智廣錄	굉지선사광록(宏智禪師廣錄) 宋 集成等編 9卷 대정장48 T2001
碧巖錄	불과원오선사벽암록(佛果圜悟禪師碧巖錄) 宋 重顯頌古・克勤評唱 10卷 대정장48 T2003
從容錄	만송노인평창천동각화상송고종용암록(萬松老人評唱天童覺和尙頌古從容庵錄) 宋 正覺頌古・元 行秀評唱 6卷 대정장48 T2004
宗寶本 壇經	육조대사법보단경(六祖大師法寶壇經) 元 宗寶編 1卷 대정장48 T2008
傳心法要	황벽산단제선사전심법요(黃檗山斷際禪師傳心法要) 唐 裴休集 1卷 대정장48 T2012A
宛陵錄	황벽단제선사완릉록(黃檗斷際禪師宛陵錄) 唐 裴休集 1卷 대정장48 T2012B
都序	선원제전집도서(禪源諸詮集都序) 唐 宗密述 4卷 대정장48 T2015
唯心訣	영명지각선사유심결(永明智覺禪師唯心訣) 宋 延壽撰 1卷 대정장48 T2018
修心訣	고려국보조선사수심결(高麗國普照禪師修心訣 : 牧牛子修心訣) 高麗 知訥撰 1卷 대정장8 T2020・한불전4, p.708
百丈淸規	칙수백장청규(勅修百丈淸規) 元 德煇重編 10卷 대정장48 T2025
法住記	대아라한난제밀다라소설법주기(大阿羅漢難提蜜多羅所說法住記) 唐 玄奘譯 1卷 대정장49 T2030

慈恩傳	대당대자은사삼장법사전(大唐大慈恩寺三藏法師傳) 唐 慧立本・彦悰箋 10卷 대정장50 T2053
法藏和尙傳	당대천복사고사주번경대덕법장화상전(唐大薦福寺故寺主翻經大德法藏和尙傳) 新羅 崔致遠撰 1卷 대정장50 T2054
法顯傳	고승법현전(高僧法顯傳) 東晉 法顯記 1卷 대정장51 T2085
僧史略	대송승사략(大宋僧史略) 宋 贊寧撰 3卷 대정장54 T2126
十句義論	승종십구의론(勝宗十句義論) 慧月造 唐 玄奘譯 1卷 대정장54 T2138
續開元釋敎錄	대당정원속개원석교록(大唐貞元續開元釋敎錄) 唐 圓照集 3卷 대정장55 T2156
眞言密敎部類總錄	제아사리진언밀교부류총록(諸阿闍梨眞言密敎部類總錄) 日本 安然集 2卷 대정장55 T2176
瑜祇經修行法	금강봉누각일체유가유기경수행법(金剛峰樓閣一切瑜伽瑜祇經修行法) 日本 安然述 3卷 대정장61 T2228

卍續藏經

妙法蓮華三摩耶經	묘법연화삼매비밀삼마야경(妙法蓮華三昧祕密三摩耶經) 唐 不空譯 1卷 卍속장3, p.817
勢至圓通章疏鈔	능엄경세지원통장소초(楞嚴經勢至圓通章疏鈔) 淸 續法集 2卷 卍속장24, p.890
準提陀羅尼經會釋	칠구지불모소설준제다라니경회석(七俱胝佛母所說準提陀羅尼經會釋) 淸 弘贊會釋 3卷 卍속장37, p.429
四分戒本疏行宗記	사분율함주계본소행종기(四分律含注戒本疏行宗記) 唐 道宣撰・宋 元照述 21卷 卍속장62 p.309
金剛經科儀會要註解	소석금강경과의회요주해(銷釋金剛經科儀會要註解) 宋 宗鏡述・明 覺連重集 9卷 卍속장92, p.235
華嚴五敎章復古記	화엄일승교의분제장복고기(華嚴一乘敎義分齊章復古記) 宋 師會述・善熹述 6卷 卍속장103, p.393
施食壇儀	수설유가집요시식단의주(修設瑜伽集要施食壇儀註) 明 袾宏補註 1卷 卍속장104, p.830
頌古聯珠通集	선종송고연주통집(禪宗頌古聯珠通集) 南宋 法應集・元 普會續集 40卷 卍속장115, p.1
直註雪竇頌古	경절노인천기직주설두현화상송고(榮絶老人天奇直註雪竇顯和尙頌古) 明 本瑞直註・道霖性福集編 2卷 卍속장117, p.506
睦州語錄	목주화상어록(睦州和尙語錄) 古尊宿語錄6, 卍속장118, p.223
首山語錄	여주수산념화상어록(汝州首山念和尙語錄) 古尊宿語錄8, 卍속장118, p.242
鳳巖集	석문산자조선사봉암집(石門山慈照禪師鳳巖集) 古尊宿語錄9, 卍속장118, p.257
趙州語錄	조주진제선사어록병행장(趙州眞際禪師語錄幷行狀) 古尊宿語錄13~14, 卍속장118, p.304
雲門廣錄	운문광진선사광록(雲門匡眞禪師廣錄) 古尊宿語錄15, 卍속장118, p.352
五祖法演語錄	서주백운산해회연화상어록(舒州白雲山海會演和尙語錄) 古尊宿語錄20, 卍속장118, p.411
大愚語錄	균주대우지화상어록(筠州大愚芝和尙語錄) 古尊宿語錄25, 卍속장118, p.478
佛眼語錄	서주용문불안화상어록(舒州龍門佛眼和尙語錄) 古尊宿語錄33~34, 卍속장118, p.580
投子語錄	투자화상어록(投子和尙語錄) 古尊宿語錄36, 卍속장118, p.620
雲峰語錄	운봉열선사초주취암어록(雲峰悅禪師初住翠巖語錄) 古尊宿語錄40~41, 卍속장118, p.671
東林雲門頌古	동림화상운문암주송고(東林和尙雲門庵主頌古) 古尊宿語錄47, 卍속장118, p.795
佛照奏對錄	불조선사주대록(佛照禪師奏對錄) 古尊宿語錄48, 卍속장118, p.822

楊岐語錄	양기회선사어(楊岐會禪師語) 續古尊宿語要3, 卍속장118, p.939
禪要	고봉원묘선사선요(高峰原妙禪師禪要) 元 持正錄 1卷 卍속장122, p.703
餐香錄	위림도패선사찬향록(爲霖道霈禪師餐香錄) 太泉錄 2卷 卍속장125, p.816
憨山集	감산노인몽유집(憨山老人夢遊集) 明 福善日錄 55卷 卍속장127, p.205
法輪寶懺	법계성범수륙대재법륜보참(法界聖凡水陸大齋法輪寶懺) 淸 咫觀記 10卷 卍속장129, p.691
地藏十王經	불설지장보살발심인연시왕경(佛說地藏菩薩發心因緣十王經) 唐 藏川述 1卷 卍속장150, p.769

韓國佛教全書

均如傳	대화엄수좌원통양중대사균여전(大華嚴首座圓通兩重大師均如傳) 高麗 赫連挺撰 1卷 한불전4, p.511
定慧結社文	권수정혜결사문(勸修定慧結社文) 高麗 知訥著 1卷 한불전4, p.698
法集別行錄節要	법집별행록절요병입사기(法集別行錄節要幷入私記) 高麗 知訥著 1卷 한불전4, p.740
證道歌頌事實	남명천화상송증도가사실(南明泉和尙頌證道歌事實) 瑞龍禪老 連公 3卷 한불전6, p.102
金剛經五家解說誼	금강반야바라밀경오가해설의(金剛般若波羅蜜經五家解說誼) 朝鮮 己和說誼 2卷 한불전7, p.10
刪補集	천지명양수륙재의범음산보집(天地冥陽水陸齋儀梵音刪補集) 朝鮮 釋智還集 3卷 한불전11, p.458

기타총서 약명

SBB	Sacred Books of the Buddhist
SBE	Sacred Books of the East
PTS	Pali Text Society
BST	Buddhist Sanskrit Text
北京版	北京版 西藏大藏經

지성명맥 至聖命脈 성스러움 그 끝에 이르러서야 얻고 버리는 목숨의 흐름. 위없는 지혜만을 목숨으로 여기는 부처와 조사들이 법을 받고 이어가는 일을 말한다. 『벽암록』 「보조서 普照序」(대정장48, p.139a5)에 "끝내 성스런 목숨의 흐름이여, 열조들의 더없는 기틀이여, 뼈마저 바꾸고 신까지 기르는 영묘한 방술이여! 그 오직 설두선사로다. 종도 넘어서고 틀도 벗어난 정안으로 바른 법령만을 꿰어 묶을 뿐, 덧없는 규범 드러내지 않는다. 부처와 조사 담금질하는 망치와 집게 잡고서 납승의 향상하는 그 코 끝을 잡아 송으로 풀어냈다. 은산철벽인데 누군들 감히 뚫고 닦는다 하는가. 모기 무쇠소 등에 앉았으나 주둥이 꽂을 곳 없으니, 대단한 대장장이 만나지 못했는데 어찌 그 깊은 곳 사무쳤다 하는가. 至聖命脈 列祖大機 換骨靈方 頤神妙術 其惟雪竇禪師 具超宗越格正眼 提掇正令 不露風規 秉烹佛煅祖鉗鎚 頌出衲僧向上巴鼻 銀山鐵壁 孰敢鑽研 蚊咬鐵牛 難爲下口 不逢大匠焉悉玄微"라고 하였다. 〔참고문헌〕『碧巖錄』.

지성심 至誠心 **1** 다른 마음 없어 오롯하고 헛되거나 뒤집힌 마음 없어 실답게 알고 행하는 마음. 『관무량수불경소』 권4(대정장37, p.270c27)에 "경에서 '첫째는 지성심'이라고 하였다. 다해 이른다는 것은 진이고, 성이란 실이다. 일체중생신구의업으로 닦는 해행을 밝히려면 반드시 진실한 마음으로 지어야 하니, 밖으로는 어진듯 정진하는 모습을 보이지만 안으로 거짓과 탐욕·진에·사위를 품어서는 안 된다. 經云 一者 至誠心 至者眞 誠者實 欲明一切衆生身口意業 所修解行 必須眞實心中作 不得外現賢善精進之相 內懷虛假貪瞋邪僞", 같은 책 권1(대정장37, p.193c10)에 "지성심이란 실답게 행하는 중생이다. 지는 하나에 오롯함의 뜻이고, 성은 실하다는 뜻이다. 至誠心者 卽實行衆生 至之言專 誠之言實", 돈황본 『무량수관경의기』(대정장85, p.249c13)에 "지성심이란 헛되고 뒤집힘을 여읜 마음이다. 至誠心者 離虛誑心也"라고 하였다. 〔참고문헌〕『觀無量壽佛經疏』, 『無量壽觀經義記』. **2** 삼업(身口意業)을 아미타불만을 향해 오롯이 함. 『염불경』(대정장47, p.122a4)에 "지성심이란 무엇인가? 신업은 오로지 아미타불께 예를 올리고, 구업은 오로지 아미타불의 명호만 칭념하며, 의업은 오로지 아미타불만 믿는다. 이로써 정토왕생하면 성불한 후에도 물러나지 않으므로 지성심이라 한다. 何者至誠心 身業專禮阿彌陀佛 口業專稱阿彌陀佛 意業專信阿彌陀佛 乃至往生淨土成佛已來 不生退轉 故名至誠心"라고 하였다. 〔참고문헌〕『念佛鏡』. ⇨ 삼심 三心**1**

지세간 知世間 Ⓢ Lokajñāḥ, Ⓣ 'jig-rten-shes-pa. 세간을 앎. 여래십호(如來十號) 중 하나로 중생세간(衆生世間)과 기세간(器世間)에 대해 여실히 아는 이를 말한다. 로가비(路迦憊)로 음사하고 세간해(世間解)·선지세간(善知世間 Ⓢ Lokajñatā)이라고도 한다. 『잡아함경』 권9(대정장2, p.57a9)에 "따라서 모니존을 세간을 아는 이라고 하는 것은, 세계끝까지 나아가 모든 범행을 이미 세운 바 있고, 세계의 끝이란 오직 정지로 능히 그 진실을 알 수 있는데, 각혜로 세간을 통달하셨기에 피안에 이른 이라 한다. 是故牟尼尊 名知世間者 能到世界邊 諸梵行已立 世界邊唯有正智 能諦了 覺慧達世間 故說度彼岸", 『대지도론』 권2(대정장25, p.72a21)에 "또한 로가비라고도 한다. '로가'는 세(世 Ⓢ loka)로 한역하고, '비'는 안다(知 Ⓢ vijña)는 것이니 이를 지세간이라 한다. 〔문〕 어째서 세간을 아는 이라 하는가? 〔답〕 두 가지로 세간을 안다. 첫째는 중생이고, 둘째는 중생이 아닌 것(器世間)이다. 또 실상 그대로 세간과 세간의 인을 알고, 세간의 멸과 그 길도 알기 때문이다. 또한 세간을 안다는 것은 저 세속지도 외도의 앎 같은 것도 아니다. 세간은 무상하기에 고이고, 고이기에 무아라고 아는 것이다. 또한 세간의 모습이 항상하지도 무상하지도, 끝이 있지도 끝이 없지도, 사라져버리는 것도 사라져버리지 않는 것도 아님을 알고, 이러한 모습에 붙들리지도 않아 청정하여서 항상 무너질 일 없음이 저 허공과 같기에 지세간이라 한다. 復名路迦憊 路迦秦言世 憊名知 是名知世間 問曰 云何知世間 答曰 知二種世間 一 衆生 二 非衆生 及如實相知世間 世間因 知世間滅 出世間道 復次 知世間 非如世俗知 亦非外道知 知世間無常故苦 苦故無我 復次 知世間相 非有常非無常 非有邊非無邊 非去非不去 如是相亦不著 淸淨 常不壞相如虛空 是名知世間"라고 하였다. 〔참고문헌〕『雜阿含經』, 『大智度論』, *Daś-bh.12.*, *Bodh-bh.172.* ⇨ 세간해 世間解, 로가비 路迦憊, 여래십호 如來十號

지세간종종무수성 知世間種種無數性 Ⓢ nānā-dhātu-jñāna-bala, Ⓣ khams-sna-tshogs-mkhyen-pa'i-stobs. 세간의 갖가지로 헤아릴 수 없이 많은 것들이 임시로 가지는 자성들을 아는 여래의 지혜. 여래십력(如來十力) 중 하나로 종종계지력(種種界智力)이라 한다. 『대지도론』 권24(대정장25, p.235c22)에 "부처님께는 십력이 있으니 … 지세간종종무수성은 여섯 번째 힘이다. 佛有十力者 … 知世間種種無數性 六力也", 『법계차제초문』 권하(대정장46, p.694b21)에 "여섯째는 성력으로서 부처님께서 세간의 온갖 무수한 성을 아시니, 이 실답게 널리 아는 지는 능히 무너뜨릴 수 없고 넘을 수도 없다. 六 性力 佛知世間種種無數性 如實遍知 無能壞無能勝", 『원각경대소석의초』 권8(卍속장14, p.746b16)에 "종종계지력이라 하는 '계(界)'란 바로 '성(性)'이다. 『대지도론』에서는 … '지세간종종무수성은 여섯 번째 힘이다'라고 하였다. 種種界智力也 界則是性 論云 …

知世間種種無數性 六力也"라고 하였다. [참고문헌] 『大智度論』, 『法界次第初門』, 『圓覺經大疏釋義鈔』, *Bodh-bh. 265.* ⇨ 종종계지력 種種界智力, 여래십호 如來十號

지세간종종성력 知世間種種性力 ➡ 종종계지력 種種界智力, 지세간종종무수성 知世間種種無數性

지세경 持世經 Ⓣ 'phags-pa 'jig-rten-'dzin-gyis yongs-su dris-pa zhes-bya-ba'i mdo. 후진(後秦) 대 구마라집(鳩摩羅什) 한역. 4권. 고려장10, pp.541a1~578b23, No.146 · 대정장14, pp.642a6~666b27, No.482에 수록되어 있다. 티베트역본(北京版 No.841)이 전하고 『법인품경 法印品經』·『법인경 法印經』의 이름도 있다. 동본이역으로 서진(西晉) 법호(法護)의 『지인보살경 持人菩薩經』(대정장14, No.481)이 있다. 오음(五陰)·십팔성(十八性 : 十八界)·십이입(十二入)·십이인연(十二因緣)·사념처(四念處)·오근(五根)·팔성도분(八聖道分)·세간출세간(世間出世間)·유위무위법(有爲無爲法) 등에 대한 법문이다. [참고문헌] 『歷代三寶紀』 권8(대정장49, p.77c16), 『大唐內典錄』 권3(대정장55, p.252c7), 『開元釋敎錄』 권4(대정장55, p.512c7). ⇨ 지인보살경 持人菩薩經

지세다라니경 持世陀羅尼經 Ⓢ Āryavasudhārā-nāma-dhāraṇī, Ⓣ bcom-ldan-'das-ma nor-rgyun ma'i rtog pa. 당대 현장(玄奘) 한역. 1권. 『지세경』·『길상지세경』·『우보경 雨寶經』·『지세주 指世呪』의 이름이 있다. 고려장13, pp.1165a1~1166b21, No.448 · 대정장20, pp.666c3~667c11, No.1162에 수록되어 있다. 티베트역본(北京版 No.343)도 전한다. 당 불공(不空)의 『우보다라니경 雨寶陀羅尼經』(대정장20, No.1163), 조송(趙宋) 법천(法天)의 『대승성길상지세다라니경 大乘聖吉祥持世陀羅尼經』(대정장20, No.1164)과 동본이역이며, 내용이 다소 차이가 있는 이역본으로 송(宋) 시호(施護)의 『성지세다라니경 聖持世陀羅尼經』(대정장20, No.1165)이 있다. 『개원석교록』 권8(대정장55, p.556a17)에 따르면, 654년(영휘5) 10월 10일 대자은사(大慈恩寺) 번경원에서 한역하였고 신찰(神察)이 필수(筆受)를 맡았다고 한다. 부처님께서 건력가림(建礫迦林)에 머무실 때 묘월장자(妙月長者)가 빈곤을 없애고 병을 고치며 죄를 멸하고 위태로움을 안정시키는 방법 등을 묻는 것을 교기인연(敎起因緣)으로 하여 지세다라니를 설하셨다. [참고문헌] 『開元釋敎錄』, 『大唐內典錄』 권5(대정장55, p.282c11). ⇨ 우보다라니경 雨寶陀羅尼經, 대승성길상지세다라니경 大乘聖吉祥持世陀羅尼經, 성지세다라니경 聖持世陀羅尼經

지세보살 持世菩薩 Ⓢ Vasudhārā, Jagatindhara 일체중생에게 재보(財寶)를 주어 세간의 풍요와 안락을 유지하는 보살. 바소타라(婆蘇馱羅)·파소달라(巴素達喇)로 음사하며, 재원천모(財源天母)라 한역한다. 오른손에 길상과(吉祥果)를 들고 왼손으로는 시무외인(施無畏印)을 맺고서 연화좌(蓮華座) 위에 앉은 보살형이다. 『지세경』 권1(대정장14, p.642a29)에 "세존께서 지세

보살에게 이렇게 말씀하셨다. '훌륭하고 훌륭하구나! 지세야, 너는 모든 보살마하살을 위하여 여래에게 이 일을 물었는데, 마땅히 알라. 그대는 많은 곳마다에서 중생을 안은하게 하고, 세간을 가엾이 여기며, 모든 하늘과 세상 사람들에게 이익과 안락을 주고, 또한 금세와 후세의 모든 보살들을 위하여 커다란 광명을 지을 것이니, 너의 공덕은 한량이 없다'. 世尊告持世菩薩言 善哉 善哉 持世 汝能爲諸菩薩摩訶薩故 問如來是事 當知 汝則多所 安隱衆生 憐愍世間 利益安樂 諸天世人 亦爲今世後世 諸菩薩等 作大光明 汝之功德 不可限量", 『유가대교왕경』 권2(대정장18, p.568b6)에 "아사리는 망(𑖦𑖽 maṃ)자가 변화하여 큰 지혜가 되고, 대지는 변화하여 지세보살이 된다고 관상한다. 그 몸은 금빛 온갖 상으로 원만하며, 일체를 장엄하여 광명이 빛나며, 더없이 뛰어난 모습이다. 몸에는 여섯 개의 팔이 있는데, 오른쪽의 첫 번째 손은 시원인을 맺고, 두 번째 손으로는 곡식의 이삭을 들며, 세 번째 손에는 화살을 들고 있다. 왼쪽의 첫 번째 손은 여의보를 들고, 두 번째 손으로는 활을 잡으며, 세 번째 손으로는 보배비 내린다. 나아가 권속과 종복인 긴갈라·야차 등도 모두 보배와 오곡을 뿌린다. 이와 같이 법에 의지하여 이 지세보살이 재물과 곡식을 널리 7유순까지 내린다고 관상하면 오래지 않아 바로 깨달음을 성취할 것이다. 이것을 강재곡우광지금강삼마지라고 한다. 阿闍梨觀想𑖦𑖽網字變成大智 大智化成持世菩薩 其身金色諸相圓滿 一切裝嚴 光明照曜 作貢高勢 身有六臂 右第一手作施願印 第二手持穀穗 第三手持箭 左第一手持如意寶 第二手持弓 第三手降寶雨 乃至眷屬及僕從 緊羯囉夜叉等 亦悉降寶及五穀雨 如是依法觀想 此持世菩薩 能降財穀雨 廣七由旬量 不久速成菩提 此名降財穀雨廣智金剛三摩地"라고 하였다. [참고문헌] 『持世經』, 『瑜伽大敎王經』, *Vikī-n.38.*

지세이 智洗爾 불상과 사리 등을 일본에 전한 신라 사신. 지세지(智洗遲)라고도 한다. 『일본서기』 권22 추고천황(推古天皇) 31년(623·진평왕45)에 "가을 7월에

신라가 대사 나마 지세이를, 임나가 달솔 나마지를 보내 함께 조정에 나아가 불상 1위와 금탑・사리, 또 큰 관정번 1기・작은 번 12조를 주었는데, 불상은 갈야의 진사에, 나머지 사리・금탑, 관정번 등은 모두 사천왕사에 봉안하였다. 당에서 공부하던 스님 혜재・혜광, 의자 혜일・복인 등도 모두 지세이 등을 좇아 귀국하였다. 秋七月 新羅遣大使奈末智洗爾 任那遣達率奈末智 竝來朝 仍貢佛像一具及金塔幷舍利 且大觀頂幡一具小幡十二條 卽佛像居於葛野秦寺 以餘舍利金塔觀頂幡等 皆納于四天王寺 是時大唐學問者僧惠齋惠光及醫惠日福因等 竝從智洗爾等來之"라고 하였다. [참고문헌]『日本書紀』.

지소 至小 극히 작음. 『조론신소』 권하(대정장45, p.233c10)에 "천지는 극히 크지만 지로써 품어 다하고, 틈없이 극히 작다 해도 지는 다시 그 틈 없음에도 든다. 天地至大 智又包含 無間至小 智復入中無間", 『종경록』 권25(대정장48, p.559a26)에 "만약 끝이 없이 커서 밖이 없는 상이 바로 너무 작아 안이 없는 상일 뿐이어서 모두가 한 터럭 끝의 심지법문임을 분명이 안다면 이를 견도라고 한다. 그러므로 '보살은 이로써 처음 마음을 낸다'고 한다. 若能明見 至大無外之相 卽至小無內之相 皆是一毫端心地法門 名爲見道 故云 菩薩以此初發心", 『화엄경문의요결문답』 권2(卍속장12, p.673b3)에 "수미산이 비록 크다 하지만 오히려 밖이 없는 것보다는 작고, 개자 비록 작다 하지만 그래도 안이 없는 것보다는 크다. 마땅히 알라. 허공이 밖이 없다 해도 개자 들인즉 보낼 수 없게 되어 극히 작은 것과 같게 되고, 인허가 안이 없지만 수미산을 머금고도 남음이 있으니 극히 큰 것과 같다. 須彌雖大 而猶小於無外 芥子雖小 而猶大於無內 當知 大虛無外 入芥子而無遺 同於至小故 隣虛無內 含須彌而有餘 同於至大故", 『능엄경여설』 권3(卍속장20, p.825b10)에 "허공중에 만물이 있고, 만물중에 몸이 있으며, 몸중에 마음이 있다. 따라서 극히 큰 것으로 허공만한 것은 없고, 극히 작은 것으로 마음만한 것은 없다. 只謂虛空中有萬物 萬物中有身 身中有心 是至大無如虛空 至小無如心矣"라고 하였다. [참고문헌]『肇論新疏』, 『宗鏡錄』, 『華嚴經文義要決問答』, 『楞嚴經如說』.

지소 持素 소식(素食 : 菜食)을 지키는 일. 『서방직지』 권하 「계살억설 戒殺臆說」(卍속장108, p.646b17)에 "여섯 가지의 가축은 모두 우리의 여러 세에 걸친 권속이니 단지 목숨가진 물건으로만 보아서는 안 된다. 그러므로 고기를 먹어서는 안 된다. 세속의 인정에 따라 말하면 사람이 목석이 아닌데 어찌 목숨가진 것들을 아낄 줄 모르겠는가? 또한 생각도 윤회도 끊지 못해서 능히 깨끗하게 먹는 일을 지키지 못한다. 그 까닭은 두 가지다. 첫째는 고기가 입을 즐겁게 한다는 생각에 빠져 있기 때문이고, 둘째는 채소가 몸을 야위게 한다고 우려하기 때문이다〈이 두 마디는 연지대사의 말이다〉. 且六畜總皆我屢世眷屬 不應以物命視之 故不應食肉 今且就世情論之 人非木石 豈不知愛惜物命 亦非不念及輪迴 乃不能持素 其故有二 一者 耽芻豢之悅口 二者 慮藜藿之損身〈此二語出蓮池師〉"라고 하였다. [참고문헌]『西方直指』.

지소 智炤 신라 태종무열왕(太宗武烈王 재위 654~661)의 3녀이자 김유신(金庾信 595~673)의 부인. 지조(智照)라고도 한다. 『삼국사기』 권5 신라본기(新羅本紀)5 태종왕 2년(655) 10월에 "왕녀 지조를 대각찬 김유신에게 시집보냈다. 王女智照下嫁大角湌庾信"고 하였고, 같은 책 권43 열전(列傳)3 김유신 하에는 "(김유신의) 처는 지소부인인데, 태종대왕의 셋째 딸이다. … (김유신이 죽은) 뒤에 지소부인은 머리를 깎고 갈옷을 입고서 비구니가 되었다. 그때 대왕은 부인에게 '지금 중외가 평안하여 군신이 높은 베개를 베고도 근심이 없는 것은 태대각간(김유신)이 베푼 것인데, 이는 생각해 보니 부인께서 그 집안을 다스림에 애써 섬기고 경계함으로 서로 도운 숨은 공이 더없이 크게 어우러졌기 때문이다. 과인은 그 덕에 대한 보답을 하루도 마음에서 잊은 적이 없다. 남성의 조를 매년 1,000석씩 드리겠다'고 하였다. 妻智炤夫人 太宗大王第三女也 … 後智炤夫人 落髮衣褐 爲比丘尼 時大王謂夫人曰 今中外平安 君臣高枕而無憂者 是太大角干之賜也 惟夫人宜其室家 儆誡相成 陰功茂焉 寡人欲報之德 未嘗一日忘于心 其餽南城租每年一千石"라고 하였다. [참고문헌]『三國史記』.

지소사 智笑士 금강소보살(金剛笑菩薩)의 다른 이름. 『지장시왕경』(卍속장150, p.773a15)에 "두 손을 펼치고 기쁘게 미소 지으며 지소사〈금강소대보살이라고도 한다〉를 나타내었다. 開於兩手 熙怡微笑 現智笑士〈亦名金剛笑大菩薩〉"라고 하였다. [참고문헌]『地藏十王經』. ⇨ 금강소보살 金剛笑菩薩

지송 持誦 가져 외우다. 수지독송(受持讀誦)의 줄임말로 경전・다라니・명호 등을 받아 지녀 외우는 일로 송지(誦持)라고도 한다. 『마하반야초경』 권2(대정장8, p.513c10)에 "반야바라밀지송을 익힌 사람은 한적한 곳이나 막혀서 외진 곳을 가더라도 결코 공포를 느끼지 않아 두려워할 일이 없다. 其學持誦般若波羅蜜者 若行空閑 屛隈之處 終不恐怖 無所畏懼", 『대아미타경』 권하(대정장12, p.337b25)에 "재계하여 청정하고 굳은 마음으로 저 부처님을 억념하고 명호를 지송하며 저 국토에 왕생하고자 한다. 齋戒淸淨 志心憶念彼佛 持誦名號 欲生其刹", 『성관자재보살불공왕비밀심다라니경』(대정장20, p.444b5)에 "또한 세존이시여, 이 다라니를 지송하는 사람은 따로 여덟 가지 좋은 모습을 얻습니다. 첫째, 목숨을 마칠 때 제가 비구모습으로 그 앞에 나타납니다. … 여덟째, 다음 생에는 가없는 변재를 얻습니다. 復次世尊 若有持誦此陀羅尼者 別得八種善相 一者 臨命終時 我作苾芻相爲現其前 … 八者 當生獲得無盡辯才", 종보본 『단경』(대정장48, p.350c9)에 "깊고 깊은 법계와 반야삼매에 들고자 하는 이라면 반드시 반야행을 닦아야 하니, 『금강반야경』을 가져 외운다면 곧바로 자성 봄을 얻는다. 若欲入甚深法界及般若三昧者 須修般若行 持誦金剛般若經 卽得見性"라고 하였다. [참고문헌] 『摩訶般若鈔經』, 『大阿彌陀經』, 『聖觀自在菩薩不空王祕密心陀羅尼經』, 『壇經』. ⇨ 수지독송 受持讀誦, 송지 誦持

지송금강경영험공덕기 持誦金剛經靈驗功德記 찬자 미상. 삼국시대에서 초당(初唐)까지의 『금강경』 영험을 뽑아 기록한 것. 1권. 대정장85, pp.156c24~160a20, No.2743에 수록되어 있으며, 돈황사본 S4037·P2097(底卷)·P4025·P5042 등이 전한다. 본문에는 출가자를 비롯한 명사의 고사 13칙(則)이 전한다. 부록으로 현종(玄宗)이 찬한 「개원황제찬금강경공덕 開元皇帝讚金剛經功德」이 실려 있다. 이어 '금강반야바라밀경 金剛般若波羅蜜經' 여덟 글자 각각에 봉청을 올리는 글과 함께 대신진언(大身眞言) 등의 진언 6수가 붙어 있다. 또 마지막 간기(刊記)에 "당 천복 8년(908년 : 천복 8년은 正史에는 없는 연도임. 907년 당나라 멸망 후 혼란기의 연도 표기임) 무진년 4월 9일 벼슬 없는 선비 적봉달 베끼다. 于唐天復八載歲 在戊辰四月九日 布衣翟奉達寫"라고 밝히고 있다.

지수 支收 쪼개 보내고 거둠. 지출과 수입을 말한다. 『선원청규』 권3 「장주 藏主」(卍속장111, p.895b3)에 "모든 지출과 수입에 관한 장부(文曆)는 낱낱의 조목마다 자리잡아 기록하여 분명히 하고, 꼭 당두의 서명(簽押)으로 갈무리한다. 所有支收文曆 竝須開坐分明 只係堂頭簽押"라고 하였다. [참고문헌] 『禪苑淸規』, 『幻住庵淸規』 「知庫」(卍속장111, p.995a7).

지수 智手 밀교도상에서 오른손을 가리키는 말. 왼손을 지칭하는 정수(定手)와 상대한다. 『섭대궤』 권2(대정장18, p.74a3)에 "지수로 꽃모양을 들어 가지면 이것은 그대로 대자비의 출생이다. 智手持華狀 是卽大慈生", 『금광명최승왕경소』 권1(대정장39, p.188b26)에 "지수는 나와 다른 이들의 장애도 부술 수 있으니 이를 금강수라 한다. 智手能壞 自他二障 名金剛手"라고 하였다. [참고문헌] 『攝大軌』, 『金光明最勝王經疏』.

지수 智首 567~635. 수당(隋唐)대 율사(律師). 사분율종(四分律宗)의 제8조. 속성은 황보(皇甫)씨. 안정(安定 : 甘肅省) 출신. 수계(受戒)한 뒤에도 불탑(佛塔) 앞에서 계속 기도하여 부처님의 마정(摩頂)을 겪었다. 도홍(道洪)에게 율(律)을 배웠으며, 덕행으로 모든 사람들의 찬탄을 받았다. 수 문제(文帝)가 장안(長安 : 陝西省 西安)에 대선정도량(大禪定道場)을 창립하였을 때, 운문사(雲門寺)의 지민(智旻)과 함께 그곳으로 가서 율을 가르쳤고, 삼장(三藏)의 경전들을 교정했다. 그때 관중(關中)은 『승기율 僧祇律』을 신봉했는데, 홍준(洪遵)이 『사분율』을 개창하자 모두 이를 따랐으나 율의(律儀)는 아직 분명하지 않았다. 이에 율전(律典)을 비교·교열하여 『오부구분초 五部區分鈔』와 『사분율소』를 지어서 분명하지 않은 내용을 밝혔다. 대업년간(605~617) 초에 칙명으로 대선정도량에 머물면서 법화홍성의 기틀을 닦았다. 627년(정관원년) 인도의 파라바가라밀다라(波羅頗迦羅蜜多羅 Ⓢ Prabhākaramitra)가 범본(梵本)을 가져와 한역할 때 증의(證義)를 담당하였다. 634년(정관8) 태목황후(太穆皇后)를 위해 장안에 홍복사(弘福寺)를 세우고 널리 대중을 모았는데, 이때 승강(僧綱)을 맡았다. 세수 69세로 입적하니, 태종이 칙명으로 국장(國葬)을 치렀다. 제자로는 도선(道宣)·도세(道世)·혜만(慧滿)·도홍(道興)·지홍(智興) 등이 있으며, 저술에는 위에서 말한 『오부구분초』 21권과 『사분율소』 20권(『광소 廣疏』·『대소 大疏』 등이라고도 함)과 이외에 『출요율의강목장 出要律儀綱目章』 1권과 『소아미타경초 小阿彌陀經鈔』 2권이 있다. 『불조통기』 권29(대정장49, p.296c14)에 "8조 홍복사 지수율사〈계를 받기 전에 오래된 불탑 앞에서 징험이 나타날 것을 기도하여 부처님께서 이마를 만져주시는 일을 겪고 몸과 마음이 편안해지니 계를 감득하였음을 알았으며, 율부(律部)를 보면 그 글을 대부분 이해하였다. 도홍율사에게 배웠고, 『사분율소』 20권을 지었다〉. 八祖 弘福 智首律師〈稟戒之前於古佛塔前 預祈顯驗 蒙佛摩頂 身心泰然 方知感戒 及尋律部多會其文 從洪受學撰疏二十卷〉"라고 하였다. [참고문헌] 『佛祖統紀』, 『唐高僧傳』 권22(대정장50, p.614a1). ⇨ 율종 律宗, 사분율소 四分律疏 ③

지수 智藪 고구려 스님. 『삼국유사』 권3(대정장49, p.989a10·한불전6, p.318b3) 보장봉로보덕이암(寶藏奉老普德移庵)에 따르면 고구려 마지막 왕 제28대 보장왕(재위 642~668) 때 열반종지(涅槃宗旨)에 밝았던 보덕(普德)의 11제자(明德·無上·寂滅·義融·智藪·一乘·水淨·四大·開原·開心·普明) 중 한 분이다. 그들은 각각 절을 짓고 보덕의 열반종지를 진작하였는데, 지수는 대승사(大乘寺)를 창건하여 스승의 뜻을 펼쳤다. [참고문헌] 『三國遺事』 권3. ⇨ 보덕 普德

지수각 智隨覺 지를 따라 깨우침. 십주(十住) 중 제3위 수행주(修行住)에서 얻는다. 십바라밀(十波羅蜜)을 전도 없이 행하고 얻고는 한층 나아간다는 뜻에서 승진지수각(勝進智隨覺)이라고도 한다. 80권본 『화엄경』 권53 「이세간품 離世間品」(대정장10, p.282c9)에 "보살마하살에게는 열 가지 지수각이 있다. 어떤 것들이 그 열인가? 菩薩摩訶薩有十種智隨覺 何等爲十", "이른바 일체세계무량차별지수각, 일체중생계불가사의지수각, 일체제법일입종종종종입일지수각, 일체법계광대지수각, 일체허공계구경지수각, 일체세계입과거세지수각, 일체세계입미래세지수각, 일체세계입현재세지수각, 일체여래무량행원개어일지이득원만지수각, 삼세제불개동일행이득출리지수각이다. 所謂一切世界無量差別智隨覺 一切衆生界不可思議智隨覺 一切諸法一入種種種種入一智隨覺 一切法界廣大智隨覺 一切虛空界究竟智隨覺 一切世界入過去世智隨覺 一切世界入未來世智隨覺 一切世界入現在世智隨覺 一切如來無量行願皆於一智而得圓滿智隨覺 三世諸佛皆同一行而得出離智隨覺", "이로써 열이 된다. 만약 제보살이 이 법에 안주하면 일체법자재광명을 얻고 원하는 바 일념경에 채우고 모두 능히 일체불법을 요해하고 등정각을 이룬다. 是爲十 若諸菩薩安住此法 則得一切法自在光明 所願皆滿 於一念頃 悉能解了一切佛法 成等正覺", 『화엄경소』 권51(대정장35, p.892c28)에 "(修行住 중) 두 번째는 열 가지 지수각이다. 앞서 행(十波羅蜜行)을 성취하여 뒤집힘 없이 요달함으로써 사를 따르고 리를 따라 제대로 깨우쳐 안다. 二 十種智隨覺 由前行成 無倒了達 隨事隨理 善覺知故"라고 하였다. [참고문헌] 『華嚴經』, 『華嚴經疏』, 『華嚴經疏注』 권85(卍속장7, p.505b13). ⇨ 수행주 修行住

지수합장 持水合掌 십이합장(十二合掌) 중 하나. 양손의 손바닥을 위로 향해 펴고 양손의 새끼손가락을 나란하게 붙여 물 뜨는 모양이 되게 만드는 합장. 아다라(阿馱囉 Ⓢ ādhāra)라고도 음사한다. 『대일경소』 권13(대정장39, p.714c19)에 "다음으로 여섯째 합장은 양손바닥을 나란하게 위로 향하는데 앞의 수인과 비슷하되 모든 손가락을 붙이고 구부려 모아서 마치 사람이 물을 뜨는 모습과 같다〈많이 구부리지 않도록 한다〉. 이것을 아다라합장〈지수라 한다〉이라 한다. 第六次又並仰兩掌 與前相似 而令諸指相就稍令屈合之 如人掬水之狀〈勿令大屈也〉 此名阿陀囉合掌〈此云持水也〉"라고 하였다. [참고문헌] 『大日經疏』. ⇨ 아다라 阿馱囉, 십이합장 十二合掌

지수화풍 地水火風 Ⓢ pṛthivy-ap-tejo-vāyu, Ⓣ sa-dang-chu-dang-me-dang-rlung. 견습난동(堅濕煖動)의 자성을 가져서, 만물(色法)의 거두고 익혀 기르는(持攝熟長) 네 가지 업의 바탕이 되는 것들을 말한다. 사대(四大)·사대종(四大種)이라고도 한다. 『구사론』 권1(대정장29, p.3b1 : *Abh-k-bh*., p.8)에 "지수화풍은 자상과 소조색을 가지므로 계라고 한다. 이 사계를 또한 대종이라고도 하니, 모든 나머지 색이 의지하는 바 성이고, 그 체가 넓고 큼으로 때론 지 등으로 증성하여 쌓이는 중에 그 형상이 커지고 혹은 갖가지 큰 일에 쓰이기 때문이다. 地水火風 能持自相及所造色 故名爲界 如是四界 亦名大種 一切餘色 所依性故 體寬廣故 或於地等 增盛聚中形相大故 或起種種大事用故 ityete catvāraḥ svalakṣaṇopādāyarūpadhāraṇād dhātavaścatvāri mahābhūtāny ucyante. mahattvameṣāṃ sarvānyarūpāśrayatvenaudārikatvāt. atha vā tadudbhūtavṛttiṣu pṛthivyaptejovāyuskandheṣveṣāṃ mahāsaṃniveśatvāt", "이 사대종은 어떤 업을 성취하는가? 그 차례대로 능히 견디고 거두고 익히며 크게 하는 네 업을 이루니, 지계는 능히 견디게 하며, 수계는 거두고, 화계는 익히며, 풍계는 자라게 한다. … 그 자성은 어떠한가? 그 차제로 굳고 습하고 따뜻하고 움직임을 써 자성으로 하니 지계는 견성, 수계는 습성, 화계는 난성, 풍계는 동성이다. 此四大種能成何業 如其次第 能成持攝熟長四業 地界能持 水界能攝 火界能熟 風界能長 … 自性云何 如其次第 卽用堅濕煖動爲性 地界堅性 水界濕性 火界煖性 風界動性 te punahete dhātavaḥ kasmin karmaṇi saṃsidhāḥ kiṃsvabhāvāścetyāha. 〈kārikā〉 dhṛtyādikarmasaṃsiddhāḥ. 〈bhāṣya〉 dhṛtisaṃgrahapaktivyūhanakarmasvete yathākramaṃ saṃsiddhāḥ pṛthivyaptejovāyudhātavaḥ. … svabhāvastu yathākramaṃ. 〈kārikā〉 kharasnehosṇateraṇāḥ. 〈bhāṣya〉 kharaḥ pṛthivīdhātuḥ. sneho 'bdhātuḥ. uṣṇatā tejodhātuḥ. īraṇā vāyudhātuḥ"라고 하였다. [참고문헌] 『俱舍論』, 『翻譯名義集』 권6(대정장54, p.1158b9), *Abh-k-bh*. ⇨ 사대 四大 ❶

지수화풍공 地水火風空 ❶ Ⓢ pṛthivy-ap-tejo-vāyv-ākāśa. 사대(四大)에 공(空)을 더해 만물(色法)의 자성을 헤아림. 오대(五大)라고도 한다. 『방광대장엄경』 권10(대정장3, p.604b4)에 "다시 한 때 대범천왕이 마가다국에 많은 외도들이 지수화풍공을 제멋대로 계탁하여 사견에 집착하고 정도라고 여기는 것을 보았다. 復於一時 大梵天王 觀摩伽陀國 多諸外道等 於地水火風空 橫生計度 封著邪見 以爲正道", 『아사리주아자관문』(대정장18, p.195b11)에 "일체지지의 도는 한 맛입니다. 세존이시여, 비유하자면 지수화풍공의 자성이 모든 곳에 두루하지만 모두 아(𑖀) 자의 문을 벗어나지 못하는 것과 같습니다. 一切智智道一味 世尊 譬如地水火風空 自性遍一切處 皆不出阿字之門", 『대지도론』 권12(대정장25, p.148c1)에 "다음으로 어떤 사람은 다른 사물에서 나의 마음이 생긴다고 여겼다. 마치 외도의 좌선인이 땅을 이용하여 일체에 들어 관할 때 '땅이 나고 내가 땅이며, 수화풍공도 그러하다' 여기니, 이는 뒤집힌 생각이다. 다른 것들의 몸중에서 아를 헤아리기 때문이다. 復次 有人於他物中我心生 如外道坐禪人 用地一切入觀時 見地則是我 我則是地 水火風空 亦如是 顚倒故 於他身中 亦計我"라고 하였다. 〔참고문헌〕『方廣大莊嚴經』, 『阿闍梨住阿字觀門』, 『大智度論』, *Lal-v.183.* ⇨ 오대 五大 ❶, 사대 四大 ❶, 오륜 五輪 ❷ ❷ 밀교에서 새끼손가락부터 엄지손가락까지의 오지(五指)가 상징하는 바다. 오륜(五輪)이라고도 한다. 『수능엄의소주경』 권1(대정장39, p.838a11)에 "'지금 다시 그대에게 묻는다'. 지금 여래께서 금색 팔을 들어 다섯 손가락을 구부리고서 아난에게 말씀하셨다. '그대는 지금 보이는가? 지수화풍공륜이 각각 한 손가락에 대응한다. 또한 낱낱의 손가락 끝에 천폭륜상이 있다'. 今復問汝 卽時如來 擧金色臂 屈五輪指 語阿難言 汝今見不 地水火風空輪 各對一指 又一一指端 有千輻輪相"라고 하였다. 〔참고문헌〕『首楞嚴義疏注經』. ⇨ 오륜 五輪 ❸, 오지 五指

지수화풍공식 地水火風空識 오대에 식(識)을 더하여 육대(六大)라고도 한다. 만물(一切色心法)이 이 여섯 가지의 자성과 쓰임으로 생멸하고 상속한다. 『방광반야경』 권5(대정장8, p.37a15)에 "사리불아! 모든 법은 생겨난 적이 없다. 왜 그러한가? 오음은 생겨난 적이 없고 육정 역시 생겨난 적이 없다. 여섯 가지 성인 지수화풍공식도 또한 생겨난 적이 없다. 舍利弗 諸法皆無所生 何以故 五陰無所生 六情亦無所生 六性 地水火風空識是六性亦無所生", 『법문명의집』(대정장54, p.195a25)에 "육대는 지수화풍공식이다. 사대는 앞에서 설했다. 공대는 텅비어 통하는 분이고 식대는 다르게 아는 마음이다. 六大 地水火風空識也 四大前說 此空大 虛通分也 識大 了別心也", 『능엄경문구』 권3(卍속장20, p.541b12)에 "여섯째로 장성을 밝힌다는 것은 바로 근의 바탕을 말한다. 그러나 모든 대소승 경에서 다만 육대를 지수화풍공식이라 하지만, 다 따로 세우지는 않는다. 이 근을 대(大)라고 한 것은 일체제법은 색심으로써 거둬다할 수 있으니, 지수화풍공의 오대는 한결같이 색법이고 식대는 곧바로 심법이다. 六 明藏性 卽根大性 然一切大小乘經 秖明六大 所謂地水火風空識 皆不別立 此根大名 以一切諸法 色心收盡 地水火風空五大 同是色法 識大卽是心法"라고 하였다. 〔참고문헌〕『放光般若經』, 『法門名義集』, 『楞嚴經文句』. ⇨ 육대 六大 ❶

지수화풍공식견 地水火風空識見 ➡ 칠대 七大

지숙명지력 知宿命智力 Ⓢ pūrva-nivāsa-anusmṛti-jñāna-bala. 여래십력(如來十力) 중 하나로 숙세(宿世)의 일을 아는 힘. 숙주수념지력(宿住隨念智力)이라고도 한다. 『니건자소설경』 권8(대정장9, p.355c25)에 "대왕께서는 마땅히 아셔야 합니다. 사문구담의 지숙명지력이란, 자신이 과거세에 태어난 모든 곳의 유색과 무색·종성과 이름·음식·용모와 형상·고락과 수명의 장단을 여실히 알고, 저 몸으로 죽어서 이 몸으로 난 것을 기억하며, 자신을 알듯이 타인에게도 그러하니, 중생의 업인과 중생이 지은 이런 업인으로 다른 몸을 받음도 안다. 大王當知 沙門瞿曇 知宿命智力者 如實能知 自身過去 一切生處 有色 無色 種性 名字 飮食 色貌 形相 苦樂 壽命 長短 念他有滅 生於他有 如知自身 知他亦爾 知是衆生所有業因 是諸衆生造是業因 得他有身", "모든 중생의 마음과 인연이 이렇게 사라져 마치고는 차제로 마음이 나는 것을 알며, 삼세에 시작과 끝이 없음을 잘 알아 모든 중생에게 과거에 지은 선악과보고락을 관하도록 권한다. 이와 같이 알고 나서는 듣는 이를 따라 설법하니, 이를 지숙명지력이라고 합니다. 知諸衆生心及因緣 如是滅已 次第生心 悉知三世無有始終 勸諸衆生 觀諸過去所作善惡果報苦樂 如是知已 隨所應聞 而爲說法 是名知宿命智力"라고 하였다. 〔참고문헌〕『尼乾子所說經』, *Bodh-bh.265.* ⇨ 여래십력 如來十力, 십력 十力 ❶

지숙초암 止宿草庵 Ⓢ kuṭikāya vasamānu. 풀로 엮은 암자에서 머물다. 법화(法華) 궁자유(窮子喩)에 나오는 말로 이승법(二乘法)을 비유한다. 『법화경』 권2 「신해품 信解品」(대정장9, p.18a26)에 "장자가 지혜롭게 점점 출입케 하니, 어언 20년이 지나자 집안일을 맡겼네. 금은과 진주파리 등 모든 물건 출입을 죄 알게 하고서는 문 밖에 자리한 초암에서 지내게 했네. 長者有智 漸令入出 經二十年 執作家事 示其金銀 眞珠頗梨 諸物出入 皆使令知 猶處門外 止宿草庵", 『법화현찬』 권7(대정장34, p.779c1)에 "초암에서 지냄은 아직 이승에 머무름이다. 止宿草庵者 猶住二乘"라고 하였다. 〔참고문헌〕『法華經』, 『法華玄贊』, 『法華玄義』 권10(대정장33, p.808c2), *Saddh-p.114·115.* ⇨ 궁자 窮子

지순 之淳 ?~1912. 호는 향엄(香嚴), 속성은 김(金)씨. 자세한 행장은 알 수 없다. 인천광역시 강화군 전등사(傳燈寺) 주지로 있던 중, 1912년 5월 8일 개성직할시 용흥동 보봉산(寶鳳山) 화장사(華藏寺)에서 입적하였는데, 같은 해 6월 19일 30본산 주지회의소(覺皇寺)에서 이 김지순 주지의 추도회를 개최하였다. 김보륜(金寶輪)이 회지(會旨)를 설명하고, 박한영(朴漢永)의

경과보고와 김인해(金印海)의 추도문 낭독, 이능화(李能和)와 이강영(李康英)의 애도사(哀悼辭)와 가족을 대표한 최대현(崔大鉉)의 답사가 있었다. [참고문헌]『朝鮮佛教月報』 제17호·제18호(寶蓮閣版 『韓國佛教雜誌叢報』 권13 p.497·p.579).

지순 智舜 533~604. 수대 스님. 속성은 맹(孟)씨. 조주(趙州 : 河北省) 대륙(大陸) 출신. 어릴 때부터 유학을 공부하여 여러 경전에 박통하였다. 스무 살 때 속세를 싫어하여 출가하니 운문(雲門) 승조(僧稠)의 제자가 되었다. 후에 찬황허정산(贊皇許亭山)에 머물렀다. 평생 염불(念佛)수행으로 정진하였다. 망심이 조금이라도 일어나면 허벅지를 찔러 피를 내거나 돌을 끌어안고 탑돌이를 하면서 잠시도 생각에 빈틈이 생기지 않도록 하였다. 604년(인수4)에 세수 72세로 입적하였다. [참고문헌]『唐高僧傳』 권17(대정장50, p.569c20), 『祖庭事苑』 권6(卍속장113, p.170a2). ⇨ 승조 僧稠

지숭 志崇 1351~1428. 고려말 조선초 순천 조계산(曹溪山) 수선사(修禪社)의 제16세 법주였던 법장(法藏)의 휘. ⇨ 법장 法藏 8

지습 智什 조선후기 스님. 관서도승통(關西都僧統)을 지냈다. 1672년(현종13)에 금강산 유점사에서 『석씨원류응화사적』을 판각하고 1682년(숙종8)에 묘향산 보현사에서 『능엄경』을 판각할 때 화주(化主)를 맡았다. 『대각등계집』 권2 「유점사산영루중수기 楡岾寺山影樓重修記」(한불전8, p.327a8)에 "누각이 오래되어 기울어지자 고쳐 세운 이 누구인가? 승통 지습이다. 樓久而欹 改建者誰耶 僧統智什也", 같은 책 권2 「석씨원류발 釋氏源流跋」(한불전8, p.328b1)에 "우리나라는 애초에 이 책이 없었다. 지난 숭정 4년(1631) 여름에 호정 정두원이 연경사행에서 돌아오던 중에 연산(燕山 : 연경)의 스님 대겸을 만났는데, 대겸이 이 책을 꺼내 정상공이 돌아오는 편에 주어 동방의 법보가 되게 하였다. 상공이 돌아오자 금강산 백운암에 모셨는데, 당시 춘파대사가 이 책을 보고 크게 기뻐하며 판각하려 하였으나 이루지 못하였다. 관서도승통 지습이 모연하여 간행하였으니 춘파의 유촉을 따랐음이다. 신해년(1671) 겨울에 비용을 마련하여 임자년(1672) 가을에 공역을 마쳤다. 東國初無是書 往在崇禎四年夏 壺亭鄭相公斗源氏 奉使燕京 逆旅中 得遇燕山僧大謙 謙出是書 付諸鄭相公之歸 俾爲東方法寶 相公使還 藏于金剛山中白雲菴 時春坡大師 窺其書大悅 將欲鋟梓而未果 關西都僧統智什 募緣刊行 遵春坡之遺囑也 鳩財于辛亥冬 斷工於壬子秋"라고 하였다. 양주 불암사판 『석씨원류응화사적』 권4 발문에는 '유점승 지습 楡岾僧智什'이라 하였다. [참고문헌]『大覺登階集』, 『釋氏源流應化事蹟』. ⇨ 석씨원류응화사적 釋氏源流應化事蹟

지승 智昇 당대 스님. 출가하여 대소승(大小乘)을 모두 공부했는데, 특히 율(律)에 뛰어났으며, 고금(古今)의 사실에도 밝았다. 섭도진(聶道眞)·도안(道安)·명전(明佺)·도선(道宣) 등이 지은 대장목록(大藏目錄)을 살펴보고 바로잡기도 하였다. 730년(개원18) 장안(長安 : 陝西省 西安) 서숭복사(西崇福寺) 동탑원(東塔院)에서 『개원석교록 開元釋教錄』 20권을 편찬하여 후한 명제(明帝) 67년(영평10)부터 730년(개원18)까지 664년 동안 중국에 전해져 한역된 대소승의 경론 및 현성집전(賢聖集傳)과 실역결본(失譯缺本) 등 총 5,048권을 상세하게 정리하였다. 이 책은 가장 잘 완비된 경록(經錄)으로, 송장(宋藏) 이하 모든 장경편찬의 표준이 되었다. 이외에 『개원석교록약출 開元釋教錄略出』 4권·『속대당내전록 續大唐內典錄』 1권·『속고금역경도기 續古今譯經圖紀』 1권·『속집고금불도논형 續集古今佛道論衡』 1권·『집제경예참의 集諸經禮懺儀』 2권 등이 있다. 『번역명의집』 「서 序」(대정장54, p.1055a24)에 "불법이 중국에 들어오면서 경론이 날마다 많아졌다. 진(晉)의 도안법사로부터 당의 지승에 이르기까지 목록(目錄)과 도경(圖經)을 지은 이가 모두 십여 명인데, 지금 대장제경들은 여전히 지승법사의 『개원석교록』을 표준으로 삼는다. 佛法入中國 經論日以加多 自晉道安法師 至唐智昇 作爲目錄圖經 蓋十餘家 今大藏諸經 猶以昇法師開元釋教錄爲準"라고 하였다. [참고문헌]『翻譯名義集』, 『宋高僧傳』 권5(대정장50, p.733c26). ⇨ 개원석교록 開元釋教錄

지승 智勝 1 426~492. 중국 남조(南朝) 제(齊)대 비구니. 속성은 서(徐)씨. 장안(長安) 출신으로 회계(會稽)로 옮겨 삼대째 살았다. 『비구니전』 권3 「건복사지승니전 建福寺智勝尼傳」(대정장50, p.942c17)에 따르면 6세 때 와관사(瓦官寺)에 출가하려 하였으나 어려서 허락을 받지 못하였고, 20세에 출가한 뒤 건복사(建福寺)에 머물렀는데, 『대열반경 大涅槃經』을 한 번 듣고 알아차리고 율장도 거듭 애쓰지 않고도 터득하였으며, 수십 권의 의소(義疏)를 지을 만큼 총지(摠持)에도 뛰어났다. 지계도 청정하였으며 정림사(定林寺) 승원(僧遠)에게 보살계를 받았다. 제 문혜제(文惠帝)의 청에 따라 궁궐에서 경을 강설하고 건복사 주지가 되었으며, 건복사에 머문 지 30여 년 동안 "재회에 나아가 귀족들과 어울린 적이 없고, 언제나 한가하고 고요한 곳을 귀히 여겼으며, 생각을 거둬 사유하기에 아름다운 향기가 늘 가까이 하였다. 문혜제가 특별히 공양을 더하여 일월을 가득 채우고 당우와 요사를 지었는데 온통 높고 빛났다. 未嘗赴齋會 遊踐貴勝 每重閑靜處 係念思惟故 流芳不遠 文惠帝特加供俸 日月充盈 締搆房宇 闔寺崇華"고 하였다. 송(宋)과 제 일곱 황제를 위해서 섭산사(攝山寺)에 석상(石像)을 조성하였다. 492년(제 무제 영명10)에 제자에게 가슴에 쓰여 있는 선명하면서도 윤기 있는 초서 '불 佛'자를 보여주고는 66세 나이로 입적하였다. 〔참고문헌〕『比丘尼傳』. **2** 유송(劉宋)대 우전국(于塡國) 출신 역경승. 계빈국(罽賓國) 출신 삼장 불타집(佛陀什)을 도와 『미사새부오분율 彌沙塞部五分律』을 한역할 때 전역(傳譯) 소임을 맡았다. 〔참고문헌〕『五分律』 권30 「跋文」(대정장22, p.194b26), 『歷代三寶紀』 권10(대정장49, p.89b9), 『梁高僧傳』 권3 「佛馱什傳」(대정장50, p.339a9), 『出三藏記集』 권3 「新集律來漢地四部序錄」(대정장55, p.21a29). ⇨ 불타집 佛陀什

지승재 支僧載 남조 진(晉)대 대월지국(大月氏國) 출신 스님. 중국 고대 지리서인 『수경주 水經注』에 따르면 『외국사 外國事』 1권을 지었다고 하는데, 약간의 일문(佚文)만 전한다. 이 책은 5세기 초의 『법현전 法顯傳』과 비슷한 시기에 지어진 불교순례기로, 주로 중인도 지역의 승적(勝迹)과 전문(傳聞)을 기록하였다. 〔참고문헌〕『水經注』 권1 「河水」.

지시 知時 **1** Ⓢ kāla-jña, kāla-jñatā, samaya-jñatā, Ⓟ kālaññu, kālaññū, Ⓣ dus-shes-pa. 때를 알다. 어떤 법을 수행할 지를 잘 아는 것으로, 비구가 잘 알아야 할 칠묘법(七妙法 : 七法·七知) 중 하나다. 『집이문족론』 권17(대정장26, p.437 b18)에 "다시 일곱 가지 묘법이 있다. … 셋째 때를 아는 것이다. … 때를 아는 것은, 이 때인지 이 때가 아닌지 바르게 아는 것이다. 말하자면 이 때에는 마땅히 닦아 멈춰야 하고, 이 때는 마땅히 닦아 들어야 하고, 이 때에는 닦아 버려야 하는 등이다. 이것을 때를 안다고 이름한다. 復有七妙法者 … 三 知時 … 知時者 謂正了知是時非時 謂此時應修止相 此時應修擧相 此時應修捨相等 是名知時"라고 하였다. 〔참고문헌〕『集異門足論』, *Aṣṭ-pr.183.*, *Śikṣ.119.*, *AN.3.148.* ⇨ 칠지 七知 **2** Ⓢ yasya-idānīṃ kālaṃ manyate, Ⓟ yassa'dāni kālaṃ maññasī. 때가 되었음을 알다. 『장아함경』 권2 「유행경 遊行經」(대정장1, p.15a11)에 "성안의 대중이 다 모이자 아난이 부처님께 아뢰었다. '대중이 이미 모였습니다. 오직 성자께서는 때를 아십시오'. 國內大衆皆集 阿難白佛言 大衆已集 唯聖知時"라고 하였다. 〔참고문헌〕『長阿含經』, 『十誦律』 권19(대정장23, p.139a16), *Saṅ-v.65.*, *DN.2.104.* **3** 죄를 드러낼 때를 잘 아는 것. 거죄오덕(擧罪五德) 중 하나다. 『사분율행사초』 권상(대정장40, p.42c23)에 "율문에서 또한 때를 잘 알아 어긋나지 않아야 하고, 때를 놓쳐서는 안 된다. 실과 같게 하니 허망하지 않으며, 이로움을 더해 손감이 없게 하며, 부드럽게 하여 거칠지 않게 하며, 자심으로 화내지 않는다. 이것이 죄를 드러내는 다섯 가지 덕이라고 한다. 律文 又差知時 不以非時 如實不以虛妄 利益不以損減 柔耎不以麤穬 慈心不以瞋恚 此謂擧罪五德"라고 하였다. 〔참고문헌〕『四分律行事鈔』. ⇨ 거죄오덕 擧罪五德

지시륜 支施崙 전량(前凉)대 역경인(譯經人). 월지국(月支國) 출신의 우바새(優婆塞). 『출삼장기집』 권7(대정장55, p.49b19)에 "함안 3년(373) 계유년에 양주자사 장천석(張天錫)이 양주(涼州 : 甘肅省)에서 이 『수능엄경』을 역출하였으니, 이때 월지국 우바새 지시륜이 범본을 가지고 있었다. 지시륜은 뭇 경전에 해박하였는데 방등삼매에 특히 뛰어났으며, 대승학업에 뜻을 두었고, 『수능엄경』·『수뢰경』·『상금광수경』·『여환삼매경』 등을 역출하였다. 咸安三年 歲在癸酉 涼州刺史張天錫在州出此首楞嚴經 于時 有月支優婆塞支施崙 手執梵本 支博綜衆經 於方等三昧特善 其志業大乘學也 出首楞嚴 須賴 上金光首 如幻三昧"라고 하였다. 〔참고문헌〕『出三藏記集』, 『開元釋敎錄』 권4(대정장55, p.519a23).

지시망각부지시무기 知是妄覺不知是無記 안다고 여기면 헛된 깨우침이고, 모른다 하면 밝혀 아는 것 없게 되리. 남김없이 깨우쳐 아는 것도 모르는 것도 없어 태허(太虛)가 확연통활(廓然洞豁)한 듯 하여야 한다는 뜻이다. 남전보원(南泉普願)이 조주종심(趙州從諗)에게 전한 말이다. 『무문관』 19칙(대정장48, p.295b14)에 "조주가 남전에게 물었다. '무엇이 도(道)입니까?' '평상심이 도이다' '뒤쳐 나아가 향할 수 있습니까?' '향한즉 어긋난다' '하려 하지 않고 어떻게 도인 줄 압니까?' '도는 아는 것에도 속하지 않고 알지 않는 것에도 속하지 않는다. 아는 것이야말로 헛된 깨우침이고, 알지 못함은 바로 무기다. 만약 참으로 헤아리지 않는 도에 달하면 마치 태허 탁 트여 뚫린 듯하리. 어찌 굳이 옳고 그르다 하겠는가.' 남전의 말 아래 조주는 단박에 깨우쳤다. … 〔송〕 봄에는 온갖 꽃 피고 가을엔 달 뜨고, 여름엔 맑은 바람 겨울엔 눈 내리네. 일 없이 하여 마음 끝에 두지 않으면 문득 사람 사이에는 좋은 시절이라네. 南泉因趙州問 如何是道 泉云 平常心是道 州云 還可趣向否 泉云 擬向卽乖 州云 不擬爭知是道 泉云 道不屬知 不屬不知 知是妄覺 不知是無記 若眞達不擬之道 猶如太虛廓然洞豁 豈可强是非也 州於言下頓悟 … 頌曰 春有百花秋有月 夏有涼風冬有雪 若無閑事挂心頭 便是人間好時節"라고 하였다. 〔참고문헌〕『無門關』, 『景德傳燈錄』 권10 「趙州從諗傳」(대정장51, p.276c17).

지시설안립 地施設安立 Ⓣ sar-gdags-pa-rnam-par-gzhag-pa. 유여의지(有餘依地 Ⓣ phung-po-dang-bcas-pa'i-sa)에서 행할 때 안립하는 세 가지 법중에 하나다. 유여의지가 체로 삼는 입무여의열반계(入無餘依涅槃界)를 제한 무심지·수소성지·성문지·독각지·보살지를 말한다. 『유가사지론』 권50(대정장30, p.576c2)에 "어떻게 지를 베풀어 안립하는가? 유여의지로서 오지를 제한 일분이니, 무심지·수소성지·성문지·독각지·보살지가 그것이다. 또 한 지를 온전히 제한 것으로 이는 무여의지를 말하니, 나머지 모든 지를 유여의지라 한다. 이를 지시설안립이라 한다. 云何地施設安立 謂有餘依地 除五地一分 謂無心地 修所成地 聲聞地 獨覺地 菩薩地 除一地全 謂無餘依地 所餘諸地 名有餘依地 是名地施設安立", 『유가론기』 권12(대정장42, p.589b13·한불전13, p.998a23)에 "지시설안립이라 한 것은, 십칠지 중 이 글의 경우 십일지 전부와 오지 소분을 이 지의 체로 삼는다는 말이다. 왜 그러한가? 오지중에 우선 무심지중에 오위무심이 있으니, 무심수면위·무상정·무상생위인 보·멸진정위·입무여의열반계 등이다. 여기서는 오직 앞의 네 위만을 취하고 무여의열반계위를 제하니 '일분'이라고 한 것이다. 이것이 이 지시설안립의 체다. 地施設安立 謂於十七地中 此文以十一地全五地小分 爲此地體 所以者何 五地之中 且如無心地中 有五位無心 謂無心睡眠 無想定及報 滅盡定 入無餘依涅槃界等 今唯取前四位 除無餘依涅槃 故言一分 是此地體"라고 하였다. [참고문헌] 『瑜伽師地論』, 『瑜伽論記』. ⇨ 유여의지 有餘依地, 십칠지 十七地

지시처비처력 知是處非處力 Ⓢ sthāna-asthāna-jñana-bala, Ⓟ ṭhānāṭhāne yathābhūtaṃ ñāṇaṃ, Ⓣ gnas-dang-gnas-ma-yin-pa-mkhyen-pa'i-stobs. 여래십력(如來十力) 중 하나로 무엇이 옳은 것(是處)이고 그른 것(非處)인지 아는 여래의 지혜. 처비처지력(處非處智力)·처비처여실지(處非處如實知 Ⓟ ṭhānañca ṭhānato aṭṭhānañca aṭṭhānato yathābhūtaṃ pajānāti)라고도 한다. 『잡아비담심론』 권6(대정장28, p.921b10)에 "〈게〉 정업에 좋아할 만한 과가 있고, 부정한 과는 좋아할 만한 것이 아니니, 이것을 '시처'라 하고 이와 다르면 '비처'라 한다. 이것이 시처와 비처를 아는 힘임을 알아야 할 것이다. '〈논〉 정업에 좋아할 만한 과가 있고 부정과는 좋아할 만한 것이 아니니, 이것을 시처라 한다'고 하였는데, 인과는 끝내 정해질 수밖에 없으니 저 무장애지로 이것이 곧 저것의 결정인임을 아는 것이다. 즉, 정업에는 좋아할 만한 과가, 부정업에는 좋아할 수 없는 과가 있는 것이니, 마치 저 밖에 심은 씨앗의 인과가 류를 따르는 것과 같다. '이와 다르면 비처라 한다' 하였는데, 이와는 서로 어긋나는 것을 비처라 한다는 것이다. '이것이 시처와 비처를 아는 힘임을 알아야 할 것이다'라고 하였는데, 함께 일어나는 것들을 거둬들이는 뜻을 시처라 하고, 그렇게 하지 않으면 비처라 한다. 굴복당하지도 이기거나 흔들 수도 없기에 '힘'이라 한다. 淨業有愛果 不淨果不愛 此說爲是處 異則說非處 應當如是知是處非處力 淨業有愛果 不淨果不愛 此說爲是處者 因果決定 彼無障礙智 知此是彼決定因 謂淨業有愛果不淨業不愛果 猶如外種因果隨類 異則說非處者 與是相違 名非處 應當如是知是處非處力者 等起容受義 是處義也 與是相違 名非處義也 不伏不屈故 無勝無動故 說力", 『자비도량수참법수문록』 권2(卍속장129, p.356b10)에 "지시처비처력〈일체인연과보의 정해진 모습을 아는 것이다. 선업을 지으면 반드시 낙보를 받음이 바른 일임을 아는 것이라 하고, 악업을 짓고도 낙보를 받는 일이 있을 수는 없으니 이것이 그릇된 것임을 아는 것이다〉. 知是處非處力〈知一切因緣果報定相 作善業 知定得樂報 名知是處 作惡業 得受樂報 無有是處 名知非處〉"라고 하였다. [참고문헌] 『雜阿毘曇心論』, 『慈悲道場水懺法隨聞錄』, *Kv-a.231*. ⇨ 처비처지력 處非處智力, 여래십력 如來十力

지식 知識 **1** Ⓟ bhikkhū therā rattaññū. 승가의 구참(舊參) 또는 장로 비구. 선지식(善知識)이나 악지식(惡知識)·지기(知己) 등을 일컫기도 한다. 『장아함경』 권2 「유행경 遊行經」(대정장1, p.11c1 : *Mahāparinibbāna-sutta*, *DN.2*, p.78)에 "저 비구들이 힘이 있어 대중을 감싸고 많은 모든 지식들을 마땅히 공경하고 섬기면, 어른과 어린이가 고르게 따라서 화순하여 법이 무너질 수가 없다. 若有比丘 力能護衆 多諸知識 宜敬事之 則長幼和順 法不可壞 yāvakīvañca … bhikkhū ye te bhikkhū therā rattaññū … saṅghaparināyakā te … tesañ ca sotabbaṃ maññissanti, vuddhi yeva bhikkhave bhikkhūnaṃ pāṭikaṅkhā no parihāni", 『석마남본사자경』(대정장1, p.848c18)에 "세간인은 돈을 깔고 앉아 부자간에 다투고 형제간에 다투며, 부부간에 다투고 혹은 지식과 붕우간에도 서로 다투며, 혹은 여러 집안 안팎이 함께 다투고 등 뒤에서 서로 말하며 나쁜 점을 드러낸다. 이 모두 탐락의 소치다. 世間人坐錢 父與子諍 兄與弟諍 夫與婦諍 或知識朋友共諍 或諸家內外共諍 背後相說惡露 是皆貪樂所致", 『대장엄론경』 권12(대정장4, p.326b7)에 "오호, 훌륭하십니다. 지식께서는 선방편으로 저를 열어 알게 하셨습니다. 저의 과실은 꿈에서도 버리지 못하는 것이라 하셨습니다. 부처님께서 '선지식은 범행의 온전한 바탕이다'라고 하신 그 말씀이 진실입니다. 嗚呼善哉 知識 以善方便 開解於我 我有過失 以夢支持 佛說善知識者 梵行全體 此言實爾", 『마하지관』 권4(대정장46, p.43a21)에 "지식이란 세 가지다. 첫째는 밖에서 보호해주고, 둘째는 함께 행하며, 셋째는 가르쳐 준다. 知識有三種 一 外護 二 同行 三 教授", 『화엄공목장』 권4(대정장45, p.584b25)에 "소승이란 지식을 가까이하여 스스로 해탈을 구하고, 삼승은 중생 구하고자 해서 중생을 위하기에 그 보리를 취한다. 小乘者 親近知識 自求解脫 三乘爲救衆生 爲衆生故 取其菩提", 『서장』「답서현모장 答徐顯謨狀」(대정장47, p.937c13)에 "이 일은 오랫동안 총림을 다니며 실컷 지식들을 참함에만 있지 않고, 오직 한 말씀 한마디 아래서 곧바로 끊고 이어받아서 에두르지 않음만을 귀히 여긴다. 此事 不在久歷叢林 飽參知識 只貴於一言一句下 直截承當 不打之遶爾", 『삼국유사』 권4(대정장49, p.1003b26・한불전6, p.343b6) 의해(義解)5 보양이목(寶壤梨木)에 "조사인 지식〈윗글에서 '보양'이라 하였다〉이 대국에서 전법하고 돌아오던 차였다. 서해중 용이 궁중에서 경을 외워주십사 초청하고, 금라가사 한 벌을 베풀었다. 祖師知識〈上文云 寶壤〉 大國傳法來還次 西海中龍邀入宮中念經 施金羅袈裟一領"라고 하였다. [참고문헌] 『長阿含經』, 『釋摩男本四子經』, 『大莊嚴論經』, 『摩訶止觀』, 『華嚴孔目章』, 『書狀』, 『三國遺事』, 『大品般若經』 권18(대정장8, p.351c26), *DN.* ⇨ 선지식 善知識, 악지식 惡知識, 보양 寶壤 **2** Ⓟ ñātar, sādhu. 당대의 지식들. 『장아함경』 권17 「사문과경 沙門果經」(대정장1, p.107b5 : *Sāmaññaphala-sutta, DN.1*, p.47)에 "그때 왕은 또 우사바라문에게 고하였다. '오늘 15일 보름은 달이 꽉 차올라 밤이어도 청명하기가 낮과 다름이 없다. 어떤 사문이나 바라문을 찾아가야 나의 마음이 열려서 깨닫게 될까?' '오늘 밤은 청명하기가 낮과 다름이 없습니다. 부란가섭은 대중 가운데 이끄는 우두머리로서 많은 지식을 데리고 있습니다. 이름이 멀리 퍼져 저 바다처럼 대중의 공양을 받고 있습니다. 대왕이시여, 마땅히 가셔서 그에게 물으십시오. 왕께서 만약 만나시면 마음이 혹 열려 깨우치실 것입니다'. 時王又命雨舍婆羅門 而告之曰 今十五日月滿時 其夜淸明 與晝無異 當詣何等沙門婆羅門 所能開悟我心 時雨舍白 今夜淸明 與晝無異 有富蘭迦葉 於大衆中 而爲導首 多有知識 名稱遠聞 猶如大海 多所容受 衆所供養 大王 宜往詣彼問訊 王若見者 心或開悟 ayaṃ deva pūraṇo kassapo … gaṇācariyo ca ñāto yasassī titthakaro sādhusammato bahujanassa rattaññū"라고 하였다. [참고문헌] 『長阿含經』, *DN.* **3** 『대승기신론』에서 제7식인 의(意)를 풀어 말한 오식(五識)의 하나인 지식(智識). [참고문헌] 『大乘義章』 권3(대정장44, p.531a10). ⇨ 지식 智識**1**

지식 智識 『대승기신론』에서 설한 제7식인 의(意)의 다섯 이름(五識 : 業識 轉識 現識 智識 相續識) 중 하나. 법에 대해 염정(染淨) 등의 차별을 분별하는 것. 육추(六麤) 중 지상(智相)과 상응한다. 『대승기신론소기회본』(한불전1, p.759b16)에 "〈논〉 불각으로 일어나 능히 보고 능히 드러내며 능히 경계를 취하고 염을 일으켜 상속하므로 설하여 의(意)라 한다. 이 의(意)에 다시 다섯 가지 이름이 있다. … 넷째는 지식이라 하니, 염정법을 분별한다. 不覺而起 能見能現 能取境界 起念相續 故說爲意 此意復有五種名 … 四者 名爲智識 分別染淨法故", "〈소〉 '능히 경계를 취한다'란 능히 현식으로 드러난 경계를 취하기에 이를 지식이라 한다. 能取境界者 能取現識所現境界 是爲智識", "〈소〉 네 번째 지식은 제7식상의 육상중 첫 번째 지상이니 뜻은 저 앞에서 설함과 같다. 애와 비애의 과를 염정법이라 하니, 저 법을 분별하여 아와 아소로 꾀하기에 '염정법을 분별한다'라 하였다. 第四智識者 是第七識上六相內初之智相 義如前說 愛非愛果 名染淨法 分別彼法 計我我所 故言分別染淨法也", 정영혜원(淨影慧遠)의 『대승기신론의소』 권상(대정장44, p.187a11)에 "지식이란 앞선 현식으로 드러난 법중에 염정과 위순의 차별을 분별함이다. 言智識者 於前現識所顯法中 分別染淨違順差別", 태현(太賢)의 『대승기신론내의약탐기』(대정장44, p.416b15・한불전3, p.753c16)에 "지식이란 헛된 경에 의지하여 염정을 분별한다. 智識者 依妄境界 分別染淨"라고 하였다. [참고문헌] 『大乘起信論疏記會本』, 『大乘起信論義疏』, 『大乘起信論內義略探記』, 『釋摩訶衍論』 권2(대정장32, p.612a24), 『大乘起信論別記』(대정장44, p.236a1・한불전1, p.691b3). ⇨ 의 意**1**, 지상 智相**3**, 오의 五意

지식계 止息戒 Ⓢ nivṛtti-śīla, Ⓣ ldog-pa'i-tshul-khrims. 그쳐 쉬게 하는 계. 구종상계(九種相戒)의 일체종계(一切種戒 Ⓢ sarvākāraṃ śīlam) 중 하나로 율의계(律儀戒)・지지계(止持戒)와 같다. 『유가사지론』 권42(대정장30, p.522b4)에 "첫째는 지식계이니 모든 살생 등을 멀리 여의기 때문이다. 一 止息戒 遠離一切殺生等故", 『유가론기』 권10(대정장42, p.540c6)에 "지식계 등의 일곱 가지란, 혜경(惠景)은 '첫 번째는 율의계다'라고 하였다. … 신태(神泰)는 '지식이란 바로 그침으로써 가지는 뜻이다'라고 하였다. 止息戒等七者 景云 初是律儀戒 … 泰云 止息是止持"라고 하였다. [참고문헌] 『瑜伽師地論』, 『瑜伽論記』, *Bodh-bh.127.* ⇨ 계 戒, 율의계 律儀戒, 지지계 止持戒, 작지계 作持戒, 일체종계 一切種戒, 구종상계 九種相戒

지식관 持息觀 숨을 고르게 가져 보다. 지식념(持息念)을 달리 이르는 말로 수식관(數息觀)이다. 『천태명목류취초』 권3(臺灣國圖善本40, p.314a2)에 "숨을 고르게 하고 마음을 고요히 해서 각(覺 : 尋)과 관(觀 : 伺)을 다스린다 하니 어떠한 것인가? [답] 또 지식관이다. 이 심사가 성한 이가 닦는다. 심과 사는 들뜬 마음

상태다. 數息停心治覺觀事 答 又名持息觀也 此尋伺增上者修之也 尋伺掉心地也"라고 하였다. [참고문헌] 『天台名目類聚鈔』. ⇨지식념 持息念, 수식관 數息觀, 오정심관 五停心觀, 안나반나념 安那般那念

지식념 持息念 Ⓢ ānāpāna-smṛti, Ⓟ ānāpāna-sati, Ⓣ dbugs-rngub-pa-dang-'byung-ba-dran-pa, dbugs-rngub-dbugs-'byung-dran-pa. 숨을 가져 염하다. 오정심관(五停心觀) 중 하나로 들숨과 날숨을 념(念)의 경(境)으로 연(緣)하는 행법이다. 수식관(數息觀)·지식관(持息觀)이라고도 한다. 가상(假想)에 의지한 작의(作意)의 산물이며, 외도의 부정관(不淨觀)과 달리 숨을 다스려 머무는 내도(內道)로서 사념주(四念住)를 견인한다. 심(尋)의 과잉으로 산란한 이(尋行者)를 위한 관법이다. 혜(慧)를 자성으로 하지만 기억(念)의 힘에 의지하기에 '지식관'보다는 '지식념'으로 쓴다. 수(數 Ⓢ gaṇana)·수(隨 Ⓢ anugama)·지(止 Ⓢ sthāna)·관(觀 Ⓢ upalakṣaṇa)·전(轉 Ⓢ vivartana)·정(淨 Ⓢ pariśuddhi)의 여섯 가지 양상이 있다. 『대반야경』 권477(대정장7, p.417a2)에 "가령 유정으로서 심(尋 Ⓢ vitarka)과 사(伺 Ⓢ vicāra)가 많은 이를 보면 연민을 깊이 일으켜 방편으로 그가 지식념을 닦도록 한다. 若見有情多尋伺者 深生憐愍 方便令其修持息念", 『대비바사론』 권26(대정장27, p.134b28)에 "지식념이 의지하는 것은 반복적으로 익혀 굳게 의지할 만한 것이다. 어쩌다 념을 놓쳐 번뇌가 현행하더라도 지체없이 번뇌들을 조복하고 사념주를 끌어들일 수 있게 하니, 마치 사람이 도둑을 두려워하여 급히 성으로 돌아가듯 하니, 대종상이 결정되어 있기 때문이다. 以持息念依處串習牢固可恃 假使失念煩惱現行速可依之伏諸煩惱引四念住 如人怖賊速走歸城處 謂大種相決定故", 『구사론』 권22(대정장29, p.117b11)에 "살펴 헤아리는 것이 많아서 마음이 산란한 이를 심행자라 하는데, 이 사람은 식념에 의지해야 바르게 닦음에 들 수 있다. 유여사는 '이 지식념은 많은 경우를 연하는 것이 아니고 어지럽게 찾아 헤매는 산심을 그치게 한다. … 이 지식념은 내문에서 일어나기에 산심을 그치게 한다'고 하였다. … '식념'이란 계경에서 설한 아나아파나념이다. … 혜가 염의 힘에 의지해 이것을 경으로 관하기 때문이다. 尋多亂心名尋行者 彼依息念 能正入修 有餘師言 此持息念 非多緣故 能止亂尋 … 此持息念 內門轉故 能止亂尋 … 言息念者 卽契經中所說阿那阿波那念 … 慧由念力 觀此爲境故", "혜를 성으로 하지만 '염'이라고 한 것은 염의 힘을 가지고 경에 대해 분명하게 해야 할 일을 하니, 이는 사념주와 같기 때문이다. 다섯 가지 지(五地)에 통하니 초·제2·제3정려의 근분·정려중간·욕계가 그것들인데 以慧爲性 而說念者 念力持故 於境分明所作事成 如念住故 通於五地 謂初二三靜慮近分中間欲界", "이 지식념은 오직 사수(捨受 : 不苦不樂受)와 상응할 뿐이기 때문이다. 이를테면 고수와 낙수는 심에 순하고 심을 이끄는 것이고, 이 지식념은 심을 다스리는 것이기에 함께 일어나지 않는다. 희수(喜受)와 낙수 또한 오롯이 하는 뜻(專注)을 거스르기에 이 지식념은 경에 오롯이 머물러 성취하는 것이기에 이렇게 서로 거슬러 함께할 수 없다. 此念唯與捨相應故 謂苦樂受 能順引尋 此念治尋 故不俱起 喜樂二受 能違專注 此念於境 專注故成 由此相違 故不俱起", "이 지식념은 반드시 풍대(風大)를 연으로 한다. 욕계의 몸에 의지해 일어나며, 북구로주를 제한 인취와 천취에서만 할 수 있다. 염을 버려 얻는 것(離染得)과 행을 더해 얻는 것(加行得 Ⓢ prāyogika) 모두에 통한다. 오직 진실작의와 상응하니, 정법유정이라야 수습할 수 있지 외도에게는 존재하지 않으니 설하는 이가 없기 때문이고, 혼자서는 이 미세한 법을 깨우칠 수 없기 때문이다. 此定緣風 依欲身起 唯人天趣 除北俱盧 通離染得及加行得 唯與眞實作意相應 正法有情方能修習 外道無有無說者故 自不能覺微細法故", "이 지식념은 여섯 가지 인이어야 다 갖춘다 한다. 첫째는 헤아리고, 둘째는 따르고, 셋째는 그치고, 넷째는 관하고, 다섯째는 뒤치고, 여섯째는 깨끗이 하는 것이다. 此相圓滿 由具六因 一 數 二 隨 三 止 四 觀 五 轉 六 淨", "헤아린다는 것은 마음을 묶어 들숨날숨만을 연하게 해서 다른 행을 더하지 않게 하고, 몸과 마음을 놓아버리니 오직 숨의 들고 남만을 기억해 가져 헤아린다. 하나에서 열에 이르도록 덜함도 더함도 없게 해서 마음이 경에 지나치게 모아지거나 흩어짐만을 염려한다. 數謂繫心緣入出息 不作加行 放捨身心 唯念憶持入出息數 從一至十 不減不增 恐心於境 極聚散故", "따른다는 것은 마음을 붙들어 들고 나는 숨만을 연하게 해서 다른 행이 없게 하니, 숨을 따라 행할 뿐이어서 들고 나는 때 그 이르는 곳이 어디인지만을 알게 한다. 숨을 들이쉴 때 내 몸 두루 한 곳에서만 행하는지를 생각한다. 隨謂繫心緣入出息 不作加行 隨息而行念息入出時 各遠至何所 謂念息入 爲行遍身 爲行一分", "그친다 하는 것은 코끝이나 미간, 발가락에 이르기까지 좋아하는 곳에 메어놓고서 그 마음을 안정되게 머물도록 한 채, 마치 구슬 중 실처럼 이 숨이 차가운지 따뜻한지 손인지 이익인지 관한다. 止謂繫念唯在鼻端 或在眉間 乃至足指 隨所樂處 安止其心 觀息住身 如珠中縷爲冷爲煖爲損爲益", "관이란 이 숨바람을 관찰하고 난 뒤 다시 이 숨이 함께하는 대종조색과 색에 의지하여 머무는 심과 심소를 관함이고, 갖춘 오온도 경계로 삼아 관한다. 觀謂觀察此息風已 更觀息俱大種造色 及依色住心及心所 具觀五蘊 以爲境界", "전이란 숨바람을 옮겨 돌려서 후속하는 수승한 선근 중에 안치시키고 세간제일법위까지 이르게 하는 것을 말한다. 轉謂移轉緣息風

覺 安置後後勝善根中 乃至世間第一法位", "정은 승진하여 견도 등에 드는 것을 말한다. 유여사는 '처음인 염주에서 시작해서 마지막인 금강유정에 이르는 것을 전이라 하고, 진지 등이라야 정이라 할 수 있다'고 설한다. 淨謂昇進入見道等 有餘師說 念住爲初 金剛喩定爲後 名轉 盡智等 方名淨"라고 하였다. [참고문헌] 『大般若經』, 『大毘婆沙論』, 『俱舍論』, *Abh-k-bh.337·339.*, *MN.1.421.* ⇨ 수식관 數息觀, 오정심관 五停心觀, 안나반나념 安那般那念, 아나아파나념 阿那阿波那念

지식념관 持息念觀 지식념(Ⓢ āna-apāna-smṛti)과 같은 말. 『대반야경』 권394(대정장6, p.1041b7)에 "살펴 헤아리는 심사가 많은 유정을 보면 깊은 연민을 일으켜 방편으로 교도하니 지식념관을 닦게 한다. 若見有情尋伺多者 深生憐愍 方便教導 令修持息念觀"라고 하였다. [참고문헌] 『大般若經』. ⇨ 지식념 持息念

지식상 止息相 그쳐 쉬는 모습. 지상(止相)이라고도 한다. 『장아함경』 권8 「중집경 衆集經」(대정장1, p.50b2)에 "다시 삼법이 있다. 곧 삼상이니 지식상, 정근상, 사상이다. 復有三法 謂三相 止息相 精勤相 捨相", 『순정리론』 권67(대정장29, p.709a1)에 "승의리에 의지하면 모든 사문은 곧 바라문이다. … (사문은) 능히 악불선법을 버려 없앨 수 있어서 (바라문과) 더불어 부지런히 그쳐 쉬는 모습이 극히 비슷하기에 사문의 체는 곧 바라문이다. 依勝義理 則諸沙門 卽婆羅門 … 以能遣除惡不善法 與勤止息相 極相似 故沙門體 卽婆羅門", 『대보적경』 권86(대정장11, p.495a28)에 "보리는 적정하니, 지식상이기 때문이다. 菩提寂靜 止息相故"라고 하였다. [참고문헌] 『長阿含經』, 『順正理論』, 『大寶積經』. ⇨ 지상 止相, 적정 寂靜

지식상 止息想 Ⓢ vihāra-saṃjñā, Ⓣ gnas-pa'i-'du-shes. 산동(散動)하는 마음을 그쳐 쉬게 하는 상. 멸진정(滅盡定 Ⓢ nirodha-samāpatti)에서 정주(靜住 Ⓢ śānta-vihāra)를 위해 닦는 작의(作意)다. 『대비바사론』 권152(대정장27, p.774a22)에 "무엇이 멸진정인가? 무소유처의 염을 여의고 난 뒤 지식상의 작의를 앞세워 심과 심소법이 사라지니 멸진정이라 한다. 云何滅盡定 謂已離無所有處染 止息想作意爲先 心心所法滅 是名滅盡定", 『구사론』 권5(대정장29, p.25a5)에 "앞선 무상정(無想定 Ⓢ asaṃjñi-samāpatti)은 해탈을 구하기 위해 출리상(出離想 Ⓢ niḥsaraṇa-saṃjñā)의 작의를 우선으로 하지만, 이 멸진정은 정주(靜住 Ⓢ śānta-vihāra)를 구하기 위해 지식상의 작의를 우선으로 삼는다. 前無想定 爲求解脫 以出離想 作意爲先 此滅盡定 爲求靜住 以止息想 作意爲先", 『현종론』 권7(대정장29, p.807a3)에 "이제 멸진정에서 정주를 구하려면, 산동을 싫어해서 허물기 위해 지식상의 작의를 먼저 해야 증입할 수 있다. 今滅盡定 爲求靜住 厭壞散動 以止息想 作意爲先 而得證入"라고 하였다. [참고문헌] 『大毘婆沙論』, 『俱舍論』, 『顯宗論』, *Abh-k-bh.70.* ⇨ 멸진정 滅盡定, 산동 散動, 작의 作意

지식상 智識相 Ⓢ jñāna-vijñāna-lakṣaṇa. 지와 식의 상. 뜻을 잘 아는 무분별지와 말을 좇아 분별하는 식을 말한다. 『능가경』 권3(대정장16, p.500c17 : *Laṅk.*, p.156)에 "만약 지식상을 잘 분별한다면 그대와 모든 보살은 지식의 상에 통달하여 아누다라삼막삼보리를 빨리 성취할 수 있다. 若善分別 智識相者 汝及諸菩薩 則能通達智識之相 疾成阿耨多羅三藐三菩提 yena jñānavijñānalakṣaṇena suprativibhāgaviddhena tvaṃ cānye ca bodhisattvā mahāsattvā jñānavijñānalakṣaṇagatiṃgatāḥ kṣipramanuttarāṃ samyaksaṃbodhimabhisaṃbhotsyante", 『관능가경기』 권5(卍속장25, p.909b2)에 "이 대목은 앞에서 보살로 하여금 말과 뜻을 아름답게 하였기에 여기서는 특별히 지식상을 설한다. 뜻으로 하여금 지에 의지하고 식에 의지하지 말도록 하려는 뜻이다. 분별이 있으면 식이고 분별이 없으면 지다. 此因上教菩薩 當善語義 故特說智識相 意令依智不依識也 然有分別是識 無分別是智", 『능가경합철』 권5(卍속장26, p.894b12)에 "언어를 좇아 분별하는 것이 식이고, 언어를 잊고 말없이 맞아드는 것이 지다. 그러므로 말과 그 뜻이 선하려면 마땅히 지와 식을 가려야 한다. 이 때문에 지식상을 설하셨다. 逐言語而分別者 是識 忘言語而默契者 是智 故欲善語義 應辯智識 故爲說智識相也", 『능가경참정소』 권5(卍속장27, p.84a14)에 "말을 아는 것은 식이고, 뜻을 아는 것은 지다. 知語者是識 知義者是智"라고 하였다. [참고문헌] 『楞伽經』, 『觀楞伽經記』, 『楞伽經合轍』, 『楞伽經參訂疏』, *Laṅk.* ⇨ 지심지천 智深知淺, 지 智, 지 知

지식수 知識樹 선지식(善知識)들의 나무. 신라시대 자장율사(慈藏律師)의 문도들이 화엄강설법회를 증명하기 위해 청하자 현신한 오십이선지식을 기념하여 심은 나무. 『삼국유사』 권4(대정장49, p.1005c69·한불전6, p.347a6) 의해(義解)5 자장정률(慈藏定律)에 "살던 고택을 고쳐 원녕사라 이름하고 낙성법회를 베풀어 『화엄경』 만게를 강하였는데, 이때 오십삼선지식 중 보현보살을 제한 오십이명의 선지식들이 모두 여인으로 현신하여 증명하고 청법하였다. 문인들이 이 기적을 기념하기 위해 쉰두 그루의 나무를 심고 이를 지식수라고 이름하였다. 改營生緣里第元寧寺 設落成會 講雜花萬偈 感五十二女 現身證聽 使門人植樹如其數 以旌厥異 因號知識

樹"라고 하였다. [참고문헌]『三國遺事』. ⇨ 오십삼선지식 五十三善知識, 입법계품 入法界品

지식인 知食人 Ⓟ bhattuddesaka. 대중의 공양청이 있을 때 이를 잘 살펴 인도하는 이. 지식비구(知食比丘)・차식인(差食人)이라고도 한다. 『십송율』 권34(대정장23, p.248b11)에 "그때 육군비구가 자주 이곳에서 공양을 취하였다. … 거사가 말하였다. '우리가 공양 베풂은 모든 장로님을 위함이지 비단 당신들만을 위함이 아닙니다. 어째서 자주 옵니까?' 여러 비구가 어쩔 줄 몰라 이 일을 부처님께 고하였다. 時六群比丘 數數從是處取 … 居士言 我等施食 爲諸長老 不但爲汝等 何故數來 諸比丘不知云何 是事白佛", "부처님이 말씀하셨다. '마땅히 지식인을 세워야 한다. 지식인을 세우는 법은 이렇다. 일심화합하는 승중은 물어 말한다. 「누가 능히 대중을 위해 지식인이 되겠습니까?」 하고, 그중에 어떤 비구가 「제가 능히 하겠습니다」라고 해도 다섯 법이 있으면 응당 지식인으로 세우지 못한다. 무엇이 그 다섯 가지냐면, 애착과 성냄, 두려움, 어리석음을 따르며 얻음과 얻지 말아야 함을 알지 못함이다. 爾佛言 應立知食人 立知食人法者 一心和合僧應問言 誰能爲僧作知食人 是中若有一比丘言 我能 若有五法 不應立作知食人 何等爲五 隨愛瞋怖癡 不知得不得", "만약 다섯 법을 성취하면 응당 지식인으로 세운다. 무엇이 그 다섯 가지냐면 애착과 성냄, 두려움, 어리석음을 따르지 않으며 얻음과 얻지 말아야 함을 아는 것이다'. 若成就五法 應立作知食人 何等五 不隨愛瞋怖癡 知得不得"라고 하였다. [참고문헌]『十誦律』・권49(대정장23, p.361b24), 『涅槃經疏私記』 권2(卍속장58, p.71b13), *Vin.2.175・176.*

지식입 知息入 숨이 드는 것을 알아차리다. 십육특승(十六特勝) 중 하나로 들숨을 분명히 알아차려 지혜를 얻고 마음을 고르게 하는 수식관(數息觀)이다. 『대반야경』 권53(대정장5, p.298a28)에 "숨을 들일 때에 여실히 숨들임을 알고 … 들숨이 길 때에 여실히 들숨이 길다고 안다. 於息入時 如實念知息入 … 於入息長時 如實念知入息長", 『마하승기율』 권4(대정장22, p.254c14)에 "마음의 혜력이 밝아 마음을 매어 숨에 두고서 들숨일 때는 들숨인 줄 알고 … 들숨이 길 때는 들숨이 긴 줄 알고 … 들숨이 짧을 때는 들숨이 짧은 줄 알며 … 들숨이 몸에 두루 할 때는 들숨이 몸에 두루 한 줄 안다. 心慧力明 繫心在息 息入時 知息入 … 息入長時 知息入長 … 息入短時 知息入短 … 息入遍身時 知息入遍身", 『법계차제초문』 권상(대정장46, p.673c16)에 "(십육특승 중) 첫째는 지입식이다. 특승의 처음을 수습할 때 숨을 따라 바르게 의지하기에 숨을 아는 것으로써 문을 삼으니, 처음부터 차례로 호흡을 헤아려 마음을 조복하는 법이다. 왜 그러한가? 호흡을 헤아린즉 어두운 마음에서 헤아리기에 관하는 혜가 밝지 않다. 여기서 들숨을 알게 되면 숨이 분명하게 드러나기에 이해하는 혜가 쉽게 일어날 수 있다. 그렇기에 들숨에 대한 앎을 써서 마음을 고르게 하는 법으로 삼는다. 一 知息入 修習特勝之初 正依隨息 故以知息入爲門 卽代初數息 調心之法 所以然者 數息則闇心而數 故觀慧不明 今知息入 則照息分明 故解慧易發 是以用知息入爲調心法也"라고 하였다. [참고문헌]『大般若經』, 『摩訶僧祇律』, 『法界次第初門』. ⇨ 수식관 數息觀, 십육특승 十六特勝, 십육승행 十六勝行

지식장단 知息長短 숨의 길고 짧음을 알아차리다. 십육특승(十六特勝) 중 하나로 들숨과 날숨의 장단을 알아차려 마음을 고른다. 『법계차제초문』 권상(대정장46, p.673c25)에 "세 번째, 지식장단 : 특승을 닦는 이는 관을 빌어 마음을 고른다. 마음이 이미 고요하고 미세하면 곧바로 비춰 알아 점점 더 밝아진다. 만약 거칠게 머물다가 세하게 머물며 욕계정(Ⓢ kāma-dhātu-samādhi)에 이르러 정중에 어둡게 가리던 것이 옅어지면 들숨과 날숨의 길고 짧은 모습을 문득 알게 된다. 사념처에 대하면 신념처관에 속한다. 三 知息長短 修特勝者 藉觀以調心 心旣靜細 則照了漸明 若得麤住細住及欲界定 定中暗障薄 卽便覺息入出長短之相也 若對念處 猶屬身念處觀也", 『석선바라밀차제법문』 권7(대정장46, p.527a16)에 "세 번째, 숨의 길고 짧음을 알다 : 이는 욕계정에서 마주한다. 욕계정을 증할 때 마땅히 이 정이 밝고 정해야 하겠지만 숨중의 상모는 전혀 알지 못한다. 이제 이중에 처음 정을 얻으려 할 때 곧바로 숨마다에 길고 짧음을 안다. 三 知息長短者 此對欲界定 若證欲界定時 宜是定明淨 都不覺知 息中相貌 今此中初得定時 卽覺息中長短之相"라고 하였다. [참고문헌]『法界次第初門』, 『釋禪波羅蜜次第法門』. ⇨ 십육특승 十六特勝

지신 止身 Ⓢ praśrabdhi, Ⓟ passaddhi. 몸을 그치다. 거칠게 움직이던 몸이 법과 뜻을 알아 깨우쳐 가볍고 편안해지는 뜻으로, 경안(輕安)・의식(猗息)이라고도 한다. 『중아함경』 권10 「하의경 何義經」(대정장1, p.485a22)에 "'세존이시여, 희란 어떤 뜻입니까?' 세존께서 답하셨다. '아난아 희란 그치게 하는 뜻이다. 아난아. 만약 희가 있다면 문득 몸이 그침을 얻는다'. 世尊 喜爲何義 世尊答曰 阿難 喜者令止義 阿難 若有喜者 便得止身", 같은 책 권21 「설처경 說處經」(대정장1, p.563c27)에 "만약 세존께서 비구비구니를 위하여 법을 설하시고, 모든 지혜로 범행하는 이도 또한 비구비구니를 위하여 법을 설한다면, 그는 법을 듣고 나서 곧바로 법을 알고 뜻도 안다. 그가 법을 알고 뜻을 이해하기에 곧 기뻐한다. 기뻐함으로 인하여 곧 환희하고, 환희함으로 인하여 문득 몸이 그침도 얻는다. 몸이 그치기에 문득 각의 즐거움을 얻고, 각의 즐거움으로 인하여 마음의 정도 얻는다. 若世尊 爲比丘比丘尼說法 諸智梵行者 亦爲比丘比丘尼說法 彼聞法已 便知法解義 彼因知法解義故 便得歡悅 因歡悅故 便得歡喜 因歡喜故 便得止身 因止身故 便得覺樂 因覺樂故 便得心定"라고 하였다. [참고문헌]『中阿含經』, *AN.5.1.* ⇨경안 輕安, 의식 猗息

지신 地身 Ⓟpaṭhavi-kāya, paṭhavī-kāya. 지대(地大)로 구성된 것들. 사대(四大) 중 하나인 지대에 의지해 유지되던 것들을 말한다. 『대비바사론』 권198(대정장27, p.989a26)에 "'죽으면 지신은 땅으로 돌아간다'고 한다. … 이 말은 중생이 죽었을 때 안의 대종의 몸은 밖의 지대 등으로 돌아가고, 근이 의지했던 대종이 없게 되므로 문득 공을 따라 돌게 되는데, 마치 나무가 쓰러지면 새들이 하늘로 날아가는 것과 같다. 死時 地身歸地 … 彼說衆生死時 內大種身歸外地等 根無大種爲所依故 便隨空轉 譬如樹倒 鳥則飛空"라고 하였다. [참고문헌]『大毘婆沙論』, *SN.3.211.* ⇨지대 地大

지신 地神 Ⓢpṛthivī-devatā, Ⓟbhummā devā, devatā bhummā, Ⓣsa-la-gnas-pa'i-gnod-sbyin. 대지의 신. 지천(地天)이라고도 한다. 견뢰(堅牢)가 지신을 대표한다. 사대천신(四大天神) 중 하나이기도 하다. 『중아함경』 권48 「우각사라림경 牛角娑羅林經」(대정장1, p.731a1)에 "지신이 장귀천의 말을 듣고 나서 크게 목소리를 돋우어 말했다. 地神從長鬼天聞所說 放高大音聲", 『화엄경결의론』 권3상(대정장36, p.1040a3)에 "천신은 지의 묘용이고, 지신이란 바로 지혜롭고 자비로워 언제나 고요한 것이다. 쓰이지만 언제나 고요하므로 안주부동이라 한다. 하늘의 움직임과 땅의 고요함으로 이름을 베푼다. 天神 是智之妙用 地神 是智慈之恒寂 用而恒寂故 名安住不動 以天動地靜 以設名也", 『법화현의석첨』 권19(대정장33, p.954b21)에 "지란 지신의 의보와 정보이다. 사천왕이 그것을 가져 사시가 고르게 따르고, 지신이 그것을 가져 만물을 성숙시킨다. 地謂地神依報正報 四天王持之 使四時調順 地神持之 萬物成熟", 『신화엄경론』 권21(대정장36, p.865c9)에 "지신은 대자비왕의 극을 나타낸다. 만물을 두텁게 싣고 중생을 기르기에 부모와 같은 위를 닮았다. 地神 表大慈悲王極 厚載萬物 育含生故 像如父母位也"라고 하였다. [참고문헌]『中阿含經』, 『華嚴經決疑論』, 『法華玄義釋籤』, 『新華嚴經論』, *Saṅ-v.115., MN.1.210., SN.5.423.* ⇨지신견뢰 地神堅牢, 사대신 四大神

지신 智身 Ⓢjñāna-kāya, jñāna-śarīra. 지(智)로 가득한 몸. 또는 지(智) 그대로인 몸. 화엄에서 시설한 십신(十身) 중 하나로 삼신(三身)에 통하고 해경십불(解境十佛) 중 하나이기도 하다. 『화엄경탐현기』 권14(대정장35, p.363c19)에 "아홉 번째, 지신이란 장애가 없는 모든 지를 말한다. 그러므로 이 지는 능히 일체사를 짓고 저 일들의 차별도 모두 능히 안다. 九 智身者 所有無障礙智故 是故此智能作一切事 彼事差別 皆悉能知", 『화엄경소』 권42(대정장35, p.824a29)에 "열 번째, 지신이란 장애가 없는 모든 지니 대원경지다. 이미 장의 때를 벗어나 평등성을 증하였기 때문이다. 다음으로 '이 지는 일체사를 짓는다'하면 성소작지이고, 저 일들의 차별을 모두 안다' 하면 묘관찰지다. 十 智身者 所有無障礙智 謂大圓鏡智 已出障垢 證平等性故 次云 此智能作一切事者 卽成所作智 彼事差別 皆悉能知者 卽妙觀察智", 『화엄경소초』 권4(대정장36, p.31a21)에 "지신은 뜻으로는 삼신에 통하지만, 국한하면 보신일 뿐이기에 삼신 그대로 십신이고 십신 그대로 삼신이다. 만약 융삼세간십신을 잡는다면 바로 삼신이란 여래신으로 삼신에 통하고 지신 또한 삼신에 통한다. 智身 義通三身 局唯報身故 卽三是十 卽十是三 若約融三世間十身 卽三身者 如來身通三身 智身亦通三身", 『신화엄경론』 권27(대정장36, p.907b9)에 "지신은 가없는 법을 안다. 智身者 知無邊法故"라고 하였다. [참고문헌]『華嚴經探玄記』, 『華嚴經疏』, 『華嚴經疏鈔』, 『新華嚴經論』, *Gaṇḍ-vy.12・140.* ⇨십신 十身❷, 해경십불 解境十佛

지신견뢰 地神堅牢 대지를 주관하는 여신. 견뢰지신이라고도 한다. 『중편제천전』 권하 「견뢰지신전」(卍속장150, p.272a11)에 "지신이란 이에 다 모아 부르는 이름이고, 안주하며 흔들림이 없는 것들은 모두 지신이다. 그러므로 굳어 무너지지 않게 하는 것들의 다른 이름이다. 地神乃總號 安住不動皆地神 故堅牢乃別名", 『금광명경』 권1(대정장16, p.339a8)에 "그때 부처님께서 지신견뢰에게 이르셨다. 爾時 佛告地神堅牢", 『금광명경과주』 권1(卍속장92, p.87a15)에 "지신을 마주해 알게 한 까닭은 이 대지가 주가 되어 보살의 행행이 모두 그 위에 의지하기 때문이다. 수명이 오래가게 하고 과거미래와 오늘의 일을 보고 그 뜻을 깨우쳐 하는 일들을 강하게 한다. 對告地神者 主此大地 菩薩行行皆寄其上 壽命長久 見去來今事 證義事强", 『중천축사위국기원사도경』 권하(대정장45, p.894b17)에 "서북 모퉁이의 원에 있는 지신견뢰는 여신이라 한다. 西北角地神堅牢 云是女神"라고 하였다. [참고문헌]『重編諸天傳』, 『金光明經』, 『金光明經科註』, 『中天竺舍衛國祇洹寺圖經』, 『堅牢地天儀軌』(대정장21, p.354c19). ⇨견뢰지신 堅牢地神

지신종자 地神種子 지신(地神)을 뜻하는 범어 프리티비(pṛthivī : 跛哩體毘)의 마지막 음절 비(व)를 가리킨다. 『대일경소』 권10(대정장39, p.687a3)에 "미〈이 지신종자자에 마음을 묶는다〉. 微〈縛此地神種子字也〉"라고 하였다. [참고문헌] 『大日經疏』. ⇨ 실담 悉曇

지신중 地神衆 태장만다라 석가원 서쪽에 위치한 신중(神衆). 『대일경소』 권5(대정장39, p.634c3)에 "서쪽 부근의 문에 지신중을 안치한다. 西方近門 置地神衆"라고 하였다. [참고문헌] 『大日經疏』.

지신증명 地神證明 지신이 부처님의 공덕을 증명하다. 『석가여래성도기주』 권상(卍속장130, p.217a7)에 "『관불삼매경』에서 '마왕이 부처님께 물었다. 「그대의 공덕은 누가 증명하는가?」 이에 부처님께서 곧바로 무외의 손모습으로 땅을 가리키자 일체대지가 여섯 가지로 진동했다. 이때 견뢰지신이 용출하여 노래불러 말하기를 「내가 바로 증명이다」라고 하였다'. 觀佛三昧經云 魔王問佛 汝之功德 誰爲證明 佛卽垂無畏手指地 一切大地六種震動 時堅牢地神涌出唱言 我是證明"라고 하였다. [참고문헌] 『釋迦如來成道記註』. ⇨ 견뢰지신증명 堅牢地神證明, 지신 地神

지신호법 地神護法 지신이 정법을 수호하다. 『금광명경』 권2(대정장16, p.345c8)에 "이때 지신 견뢰가 부처님께 아뢰었다. '세존이시여, 이는 금빛으로 미묘경전을 비추리니, 현재세든 미래세든, 성읍취락이든 산택이나 공터든 왕궁택이든 어느 곳이라도 이 경전이 흘러 퍼지는 곳을 따라 지분중에 사자좌를 펴고 설법자가 그 자리 위에 앉아 이 미묘한 경전을 널리 선설하도록 하겠습니다. 저는 마땅히 그중에 있으면서 항상 머물러 지키리니 법좌아래 몸을 숨겨 정수리로 그 발을 이겠습니다. 저는 설법을 들은 후에 무상법미의 감로를 복용하여 신력을 증익하고 이 대지 십육만팔천유순 깊이로 금강륜에서부터 바다와 지상에 이르기까지 온갖 맛을 모두 얻고 증장하여 구족할 것입니다. 爾時 地神堅牢白佛言 世尊 是金光明 微妙經典 若現在世 若未來世 在在處處 若城邑聚落 若山澤空處 若王宮宅 世尊 隨是經典 所流布處 是地分中 敷師子座 令說法者 坐其座上 廣演宣說 是妙經典 我當在中 常作宿衛 隱蔽其身 於法座下 頂戴其足 我聞法已 得服甘露 無上法味 增益身力 而此大地深十六萬八千由旬 從金剛際 至海地上 悉得衆味 增長具足"라고 하였다. [참고문헌] 『金光明經』. ⇨ 견뢰지신호법 堅牢地神護法, 호법 護法

지실 智實 601~638. 당대 스님. 속성은 소(邵)씨. 옹주(雍州 : 陝西省) 만년(萬年) 출신. 열한 살 때 대총지사(大總持寺)에서 출가한 뒤 『열반경』·『섭대승론』·『구사론』 등을 공부했다. 618년(무덕1) 삼대법사(三大法師)인 혜승(慧乘)·도종(道宗)·변상(辯相) 그리고 승중 20여 인과 함께 경사의 홍의궁법회(弘義宮法會)에 참석하였고, 비록 말석이었지만 대론(對論)의 명을 받고서 길장(吉藏)에게 이름을 알릴 기회를 맞았다. 624년(무덕7) 법아(法雅)가 천 명의 스님을 모아 군대를 조직하고 돌궐(突厥)과의 전투에 나서려 하였지만 강하게 반대하였다. 황제가 이를 알고 분노하여 강제로 환속시켰다. 627년(정관1) 법아가 사형을 당하자 다시 명을 받아 절로 돌아왔다. 637년(정관11) 황제가 조서를 내려 도가(道家)를 불가보다 상위에 두자 굴복하지 않아 장형(杖刑)을 받았다. 그 뒤 위양(渭陽)의 삼원(三原)에 은거할 당시 공경하며 받드는 이들이 매우 많았다. 다음 해 세수 38세로 입적하였다. 『당고승전』 권24 「지실전」(대정장50, p.636a10)에 "저자에 들어가지 않고 돈과 재보를 손으로 잡지 않았으며 이익을 구하지 않고 삼의와 정병과 발우만을 항상 지녀 몸에서 떠나지 않게 하였다. 不入市廓 不執錢寶 不求利涉 三衣瓶鉢 常不離身"라고 하였다. [참고문헌] 『唐高僧傳』.

지심 至心 끝내 다한 마음. 더할 것이 없이 다한 마음을 말한다. 아미타불이 인위에서 발한 48원(願) 중 제18원의 삼심(三心 : 至心 信樂心 欲生心) 중 하나이기도 하다. 『점찰선악업보경』 권상(대정장17, p.905a5)에 "'말하길 지심이라 하니 차별하면 몇 가지가 있으며, 어떤 것들을 지심으로 능히 선상을 얻는가?' 지장보살마하살이 말했다. '선남자야, 내가 말하는 지심이란 간략하게 두 가지다. 어떤 것이 그 두 가지인가? 첫째 처음 배워 익힐 때 구하고 원하는 지심, 둘째 뜻을 거두어서 오롯이 정미하게 하여 성취하는 용맹스러움과 상응하는 지심이다. 이 두 번째 지심을 얻는 이는 선상을 얻는다. 이 두 번째 지심에 다시 하중상 세 가지 차별이 있다. 어떤 것이 그 세 가지인가? 첫째는 일심이니, 생각을 매어 어지럽지 않고 마음이 분명히 알아차림에 머무는 것을 말한다. 둘째는 용맹심이니, 오롯이 구하여 게으르지 않고 몸과 목숨을 돌아보지 않는다. 셋째는 심심이니, 법과 상응하여 끝내 물러나지 않는다'. 所說至心者 差別有幾種 何等至心 能獲善相 地藏菩薩摩訶薩言 善男子 我所說至心者 略有二種 何等爲二 一者 初始學習 求願至心 二者 攝意專精 成就勇猛 相應至心 得此第二至心者 能獲善相 此第二至心 復有下中上 三種差別 何等爲三 一者 一心 所謂係想不亂 心住了了 二者 勇猛心 所謂專求不懈 不顧身命 三者 深心 所謂與法相應 究竟不退", 『보살선계경』 권3(대정장30, p.974c17)에 "지심이란 불법중에 지심으로 생각하여 의심의 얼개가 있을 수 없고 참아내지 못할 마음 없이 정법을 수호하고 가져서, 보살장과 보살마이로 중생을 교화한다. 스승·화상·장로·장숙·유덕한 이들을 깊이 공경하고, 삼보에 부지런히 공양하되 쉼이 없으며, 깊이 삼보를 믿어 늘 변함이 없는 것을 지심이라고 한다. 至心者 於佛法中 至心繫念 無有疑網 不忍之心 護持正法 以菩薩藏 菩薩摩夷 教化衆生 於師和上耆舊長宿有德之人 深生恭敬 懃供三寶 無有休息 深信三寶 常住不變 是名至心"라고 하였다. [참고문헌]『占察善惡業報經』, 『菩薩善戒經』, 『無量壽經』 권상(대정장12, p.268a26). ⇨ 삼심 三心❶

지심 知心 마음을 알다. 또는 다른 이의 마음을 알아주는 뜻으로 지음(知音)이라고도 한다. 『경덕전등록』 권13 「풍혈연소전 風穴延沼傳」(대정장51, p.302c23)에 "학인이 풍혈에게 물었다. '단간목(段干木)이 위문후(魏文侯)를 섬기듯이 마음을 알아주는 이가 몇이나 되십니까?' '소년일 때는 일찍이 용사진도 깨뜨렸지만, 나이들어 돌아와서는 아이들 노랫소리에 귀 기울인다네'. 問干木奉文侯 知心有幾人 師曰 少年曾決龍蛇陣 潦倒還聽稚子歌"라고 하였다. [참고문헌]『景德傳燈錄』, 『從容錄』 30칙 「頌」(대정장48, p.247c15). ⇨ 지음 知音

지심 持心 ❶ Ⓢ pra-√dhā, pradadhāti, Ⓟ padhāna, Ⓣ rab-tu-'jog-par-byed-pa. 마음을 거두어 가지다. 『유가사지론』 권29(대정장30, p.443a14 : *Śrāv-bh.*, p.312)에 "무엇이 지심인가? 들뜸을 닦을 때, 그 마음이 들떠 움직이거나 들떠 움직일까 걱정되면 이것을 관해 보아 마치고는 이때 다시 안으로 그 마음을 거두어 사마타를 닦는데, 이것을 지심이라고 한다. 云何持心 謂修舉時 其心掉動 或恐掉動 觀見是已 爾時 還復於內 略攝其心 修奢摩他 是名持心 kathaṃ pradadhāti. punaruddhatamauddhatyābhiśaṃki vā pragraha kāle paśyati. tadā punarapyadhyātmamabhisaṃkṣipati. śamathāya praṇidadhāti. tānyetāni bhavanti"라고 하였다. [참고문헌]『瑜伽師地論』, *Śrāv-bh.* ❷ 범천(梵天) 이름. 『지심범천소문경』 권1(대정장15, p.2a8)에 "나라이름은 청정이고, 부처님은 월명여래이신데, 이 불토에 지심이라는 범천이 살고 있다. 國名淸淨 佛號月明如來 其佛之土而有梵天 名曰持心"라고 하였다. [참고문헌]『持心梵天所問經』.

지심 智心 ❶ 육십심(六十心) 중 하나로 보다 뛰어난 법을 가려내서 따르고 닦는 마음. 세지변총(世智辯聰)으로 거둔다. 『대일경』 권1(대정장18, p.2c17)에 "무엇이 지심인가? 보다 뛰어난 법을 따르고 닦는 마음이다. 云何智心 謂順修殊勝增上法", 『대일경소』 권2(대정장39, p.596c13)에 "이런 사람들은 종종의 설한 것들 중에 모든 것을 지로서 간택하길 '이것 뛰어나고 이것 못하며, 이것 응당 받아들여야 하고 이것 응당 받아들여선 안 된다' 하여 뛰어난 것 취하고 그것 행하니, 바로 어리석음 없는 상이다. 그러나 도인의 법은 지력으로만 헤아려 능히 미칠 바는 아니니, 오직 믿는 이만이 능히 들어갈 따름이다. 이 때문에 세지변총으로는 알 수 없는 것들 관찰하니, 이것으로 저들을 마주해 다스린다. 是人於種種所說中 皆以智簡擇 此勝此劣 此應受此不應受 取其勝上者而復行之 卽是無癡相也 然道人之法 非智力籌量所能及之 唯信者能入耳 是故 觀察世智辯聰難 是彼對治"라고 하였다. [참고문헌]『大日經』, 『大日經疏』. ⇨ 육십심 六十心, 세지변총 世智辯聰 ❷ 조선 제6대 단종(재위 1452~1455)의 비인 정순왕후(定順王后)를 모시던 시녀의 출가 후 법명. 1457년(세조3) 10월 24일 단종이 시해(弑害)되자 정순왕후는 서울 정업원(淨業院 : 지금의 서울 숭인동 靑龍寺)으로 가서 비구니가 되었는데, 법명은 허경(虛鏡)이었다. 그를 따르던 시녀 세 명도 함께 비구니가 되었으니 지심(智心)·희안(希安)·계지(戒智)였다. 허경은 17세부터 82세로 죽을 때까지 65년간 줄곧 숭인동 청룡사에 머물렀다. [참고문헌]『端宗實錄』 권1 卽位元年 5月 18日·端宗妃, 『朝鮮佛敎通史』 권상 p.397, 『海平家傳』, 『璿源系譜』. ⇨ 정순왕후 定順王后, 청룡사 靑龍寺❶, 정업원 淨業院

지심 智深 지혜가 깊다. 실상을 잘 알고 사려가 깊고 먼 것을 말한다. 『법화경』 권1(대정장9, p.3a24 : *Saddh-p.*, p.12)에 "또한 어떤 보살은 지혜가 깊고 뜻은 굳세어 제불께 묻고 들은 것은 모두 받아 지닙니다. 復見菩薩 智深志固 能問諸佛 聞悉受持 smṛtimanta dāntāśca viśāradāśca sūkṣmāṃ cariṃ keci prajānamānāḥ, pṛcchanti dharmaṃ dvipadottamānāṃ śrutvā ca te dharmadharā bhavanti", 『법화문구』 권3상(대정장34, p.31c2)에 "지혜가 깊다는 말은 지혜로 이치의 근본을 궁구하는 것이다. 智深者 慧窮理本也", 『법화현찬』 권2말(대정장34, p.686a27)에 "실상에 묘하게 이르므로 지혜가 깊다고 하며, … 또한 사려가 심원하므로 지혜가 깊다고 한다. 妙達實相故智深 … 又思慮遠故智深"라고 하였다. [참고문헌]『法華經』, 『法華文句』, 『法華玄贊』, *Saddh-p.* ⇨ 지심자 智深者

지심계 持心戒 불성을 계체(戒體)로 삼아 마음을 지키는 계. 보살계를 말한다. 『대승무생방편문』(대정장85, p.1273b26)에 "마치 깨끗한 유리가 안팎으로 밝아 사무치듯 정계인 보살계를 받아 견디니 이것이 지심계다. 이는 불성을 계로 삼아서 성의 마음이 잠깐이라도 일어난즉 불성을 어기고 보살계를 무너뜨린다. 보호하고 지켜서 마음이 일어나지 않게 한즉 불성을 따르니 이것이야말로 보살계를 지니는 길이다. 如淨瑠璃 內外明徹 堪受淨戒菩薩戒 是持心戒 以佛性爲戒 性心瞥起 卽違佛性 是破菩薩戒 護持心不起 卽順佛性 是持菩薩戒"라고 하였다. 〔참고문헌〕『大乘無生方便門』.

지심귀명례 至心歸命禮 마음 다하고 목숨마저 가져 돌아가고자 머리 숙입니다. 지심귀명례(志心歸命禮)라고도 쓴다. 삼보・삼장・제불여래・제보살・제존・제조사・선지식 등을 향한 예경의 머릿글이다. 『집제경예참의』 권1 「문수사리예법신불문 文殊師利禮法身佛文」(대정장47, p.459b10)에 "진여법신불께 지심귀명하오니, 원컨대 모든 중생이 함께 진여해로 돌아가길 바라옵니다. 至心歸命禮 眞如法身佛 願共諸衆生 同歸眞如海", 『불설대마리지보살경』 권5(대정장21, p.276a16)에는 "일체지송자 지심으로 목숨 바쳐 돌아갑니다. 마리지보살께서 여의륜 분별하시어 팔폭비밀상으로 능히 모든 번뇌를 끊게 하시네. 一切持誦者 志心歸命禮 摩里支菩薩 分別如意輪 八輻祕密相 能斷諸煩惱"고 하였으며, 『백의해』(한불전6, p.412b10)에 "마음 다하고 목숨 돌이켜 머리 숙입니다. 바닷가 홀로 우뚝한 보타락가산, 흰옷과 화관으로 두렷이 밝은 모습과 아리따운 바탕 대비대원대성대자성백의관자재보살마하살님께. 至心歸命禮 海岸孤絶處 補陀洛迦山 素服華冠 圓容麗質 大悲大願大聖大慈聖白衣觀自在菩薩摩訶薩"라고 하였다. 『선문조사예참의문』에는 "지심귀명례하옵니다. 가지산조사이시며 해외에서 전등하신 도의국사여. 바라건대 도량에 내려오시어 이 공양을 받으소서. 志心歸命禮 迦智山祖師 海外傳燈 道義國師 願降道場 受此供養"라고 하였다. 〔참고문헌〕『集諸經禮懺儀』, 『佛說大摩里支菩薩經』, 『白衣解』, 『禪門祖師禮懺儀文』, 『釋門儀範』 권상 「齋供篇」. ⇨귀명례 歸命禮, 귀명정례 歸命頂禮

지심범천소문경 持心梵天所問經 Ⓢ Āryabrahmaviśeṣacintiparipṛcchā-nāma-mahāyānasūtra, Ⓣ 'phags-pa tshangs-pa khyad-par-sems-kyis shus-pa shes-bya-ba theg-pa chen po'i mdo. 서진(西晉)대 축법호(竺法護) 한역. 4권. 고려장10, pp.379a1~423c15, No.142・대정장15, pp.1a3~33a19, No.585에 수록되어 있고 티베트역본(北京版 No.827)도 전한다. 이역본으로 후진(後秦) 구마라집(鳩摩羅什)의 『사익범천소문경 思益梵天所問經』 4권(대정장15, No.586)과 북위(北魏) 보리유지(菩提流支)의 『승사유범천소문경 勝思惟梵天所問經』 6권(대정장15, No.587)이 있다. 총 18품이며, 법성(法性)이 불이(不二)요 불가득(不可得)인 뜻과, 문자와 언설을 여읜 대승의 공(空)을 드러내 성문(聲問)을 비판하였다. 본경은 여러 대승의 주요논서에서 경증(經證)으로 폭넓게 인용하고 있어서 주목받는 경이기도 하다. 용수(龍樹)의 『대지도론』, 무착(無著)의 『섭대승론』・『순중론』, 세친(世親)의 『대승장엄경론』・『미륵보살소문경론』, 청변(淸辯)의 『반야등론』과 『대승장진론』, 월칭(月稱)의 *Prasannapadā*, 적천(寂天)의 *Sūtrasamuccaya* 등이다. 『대주간정중경목록』 권3(대정장55, p.387b18)에 "『지심범천소문경』 1부 4권〈『등어제법경』・『지심범천경』・『장엄불법경』・『지심경』 등의 이름이 있다. 104장〉. 이 경은 서진대 태강 7년(286) 사문 법호가 한역했다. 출전은 비장방의 『역대삼보기』이다. 持心梵天所問經 一部四卷〈或名等御諸法經 或名持心梵天經 或名莊嚴佛法經 或名持心經 一百四紙〉 右西晉太康七年 沙門法護譯 出長房錄"라고 하였다. 〔참고문헌〕『大周刊定衆經目錄』, 『歷代三寶紀』 권6(대정장49, p.62a16)・권13(대정장49, p.109c24), 『衆經目錄』 권1(대정장55, p.118b13), 『大唐內典錄』 권6(대정장55, p.288a15), 『開元釋敎錄』 권19(대정장55, p.683a12). ⇨ 사익범천소문경 思益梵天所問經, 승사유범천소문경 勝思惟梵天所問經, 비시사진제 毘絁沙眞諦

지심신락원 至心信樂願 아미타불이 인위(因位)에서 발한 48원(願) 중 제18원. 본원삼심원(本願三心願)・염불왕생원(念佛往生願) 등이라고도 한다. 『낙방문류』 권1(대정장47, p.156a29)에 "사십팔원 중 제18원은 '설령 제가 부처가 되더라도 시방중생이 지극한 마음으로 믿고 즐거워하며 나의 국토에 태어나고자 열 번 칭념하여도 왕생하지 못하는 이가 있다면 정각을 취하지 않겠습니다. 오직 오역죄를 지었거나 정법을 비방한 사람만은 버립니다'라고 한다. 또한 하권에서는 '부처님의 명호를 듣는 모든 사람이 신심으로 기뻐하며 한 번만 그 명호를 칭념하고 회향하여 왕생을 원한다면 즉시 왕생할 수 있다. 오직 오역죄인이나 정법을 비방한 사람은 버린다'라고 한다. 四十八願 第十八云 設我得佛 十方衆生 至心信樂 欲生我國 乃至十念 若不生者 不取正覺 唯除五逆 誹謗正法 又下卷云 諸有聞佛名號 信心歡喜 乃至一念迴向願生 卽得往生 唯除五逆 誹謗正法"라고 하였다. 〔참고문헌〕『樂邦文類』, 『無量壽經』 권상(대정장12, p.268a26)・권하(대정장12, p.272b12). ⇨사십팔원 四十八願, 본원삼심원 本願三心願, 염불왕생원 念佛往生願

지심자 智深者 지혜가 깊은 이. 『기신론소필삭기』 권15(대정장44, p.376b8)에 "지혜가 깊은 이는 오직 마음뿐임을 깨우치기에, 모든 중생은 본래 성이 없고, 원래 어떤 염도 없기에 옛부터 열반이어서 멸을 기다릴 일마저 없기 때문이다. 智深者 了唯心故 知諸衆生 本無性故 元無念故 舊來涅槃 不待滅故"라고 하였다. 〔참고문헌〕『起信論疏筆削記』. ⇨지심 智深

지심지천 智深知淺 지(智)는 깊고 지(知)는 얕다. 『도서』 권하1(대정장48, p.406b5)에 "네 번째는 진지(眞智)와 진지(眞知)가 다른 점이다. 공종에서는 분별을 지(知)라 여기고, 무문별을 지(智)라고 여겨서 지(智)는 깊다 하고, 지(知)는 얕다 한다. 四 眞智眞知異者 空宗以分別爲知 無分別爲智 智深知淺"라고 하였다. 〔참고문헌〕『都序』. ⇨ 공종성종십이 空宗性宗十異

지심참회 至心懺悔 지극한 마음으로 참회함. 『불퇴전법륜경』 권4(대정장9, p.253b8)에 "그대들이 이와 같이 지극한 마음으로 참회한다면 모든 선법이 증장하지 못할 일은 없다. 汝等如是 至心懺悔 一切善法無不增長", 『대방광십륜경』 권6(대정장13, p.709a20)에 "이제 부처님 앞에서 모두 드러내 지심으로 참회하여 감히 덮어 감추지 않겠습니다. 今於佛前皆悉發露 至心懺悔 不敢覆藏", 『다라니집경』 권12(대정장18, p.892b13)에 "다음으로 반야멸죄인을 지어 가슴에 붙이고 소리 내어 과거와 현재에 지은 삼업의 죄를 낱낱이 모두 고백한 다음 지심으로 참회하여 길이 그 상속을 끊는다. 次作般若滅罪印 當心上著 口說過現 三業之罪 一一具陳 至心懺悔 永斷相續", 『수습지관좌선법요』(대정장46, p.463a7)에 "만약 행자가 이와 같이 지심으로 참회한다면 스스로 몸과 마음이 가벼워짐을 느끼고 상서로운 꿈마저 꿀 것이다. 若行者如是至心懺悔時 自覺身心輕利 得好瑞夢"라고 하였다. 〔참고문헌〕『不退轉法輪經』, 『大方廣十輪經』, 『陀羅尼集經』, 『修習止觀坐禪法要』. ⇨ 참회 懺悔

지심회향 至心迴向 마음 다해 돌이켜 향하다. 끝내 마음이 돌아가 행하는 일을 말한다. ❶ 마음 다해 정토에 돌아감. 지심회향욕생(至心迴向欲生)의 줄임말이다. 『왕생예찬게』(대정장47, p.443a16)에 "지심회향 : 삼계 안을 유랑하다가, 어리석음과 갈망으로 태옥에 드네. 나서는 늙고 죽어서 고통의 바다에 빠진다네. 나 이제 이 복을 닦았으니 안락토에 돌이켜 나서 회향하여 마치고는 지심으로 아미타불께 목숨마저 돌이키네. 至心迴向 流浪三界內 癡愛入胎獄 生已歸老死 沈沒於苦海 我今修此福 回生安樂土 迴向已 至心歸命 阿彌陀佛"라고 하였다. 〔참고문헌〕『往生禮讚偈』. ❷ 밀교 수법(修法) 중 마지막에 행하는 법. 밀교에서 금강계법(金剛界法)을 닦는 오회(五悔 : 歸命 懺悔 隨喜 勸請 迴向) 중 다섯 번째이고, 태장법(胎藏法) 구방편(九方便) 중 아홉 번째가 회향방편(迴向方便)이다. 『금강정경삼마지예참문』(대정장18, p.337a4)에 "권청을 마치고는 대비로자나불께 지심귀명하여 정례를 올린 뒤에 지심으로 회향한다. '참회와 수희와 권청의 복으로 원컨대 보리심 잃지 않기를 바라옵니다'. 勸請已 至心歸命頂禮 大悲毘盧遮那佛 至心迴向 懺悔隨喜勸請福 願我不失菩提心", 『대일경소』 권10(대정장39, p.689b29)에 "이와 같이 관행할 때 만약 한 송이 꽃을 부처님께 올리고 마음 다해 회향하니, 원컨대 이에 통달하여 낱낱의 구절에서 깨우치게 하소서. 如是觀行之時 若以一花獻佛 至心迴向 願令此通達 一一句中解也"라고 하였다. 〔참고문헌〕『金剛頂經三摩地禮懺文』, 『大日經疏』. ⇨ 오회 五悔❷, 구방편 九方便 ❸ 실제 중에 돌이켜 들어가 일체중생 모두 정각을 성취하게 하는 일. 『천태지자대사재기예찬문』(대정장46, p.967c17)에 "지심회향 : '시작부터 수희에 이르기까지, 삼업으로 뭇 선근을 수행하고, 허공실제중으로 돌이켜 드니, 한결같이 여러 중생계를 이락케 하리라. 닦은 복과 지혜를 모두 화합하고, 성취한 몸과 국토를 모두 장엄하여, 최후에 미진대중 도량에서, 빠짐 없이 중생 함께 정각을 이루리'. 회향하여 마쳐서는 한 마음으로 귀명하여 두루 예를 올린다. 至心迴向 從初乃至於隨喜 三業修行衆善根 迴入虛空實際中 等同利樂群生界 所修福智皆和合 所成身土悉莊嚴 最後微塵衆道場 普共衆生成正覺 迴向已 一心歸命普禮"라고 하였다. 〔참고문헌〕『天台智者大師齋忌禮讚文』. ⇨ 지심 至心, 회향 迴向

지쌍산 持雙山 Ⓢ Ⓟ Yugandhara, Ⓣ gnya′-shing-′dzin. 칠금산(七金山 Ⓢ sapta kāñcanaparvatāḥ) 또는 구산(九山) 중 하나로 수미산을 둘러싸고 있는 칠금산 중 첫 번째 산. 높이와 너비 모두 사만유순이고 사대천왕이 머무는 곳이다. 쌍지산(雙持山)이라고도 한역하며, 유건다라산(踰乾陀羅山)·유건달라산(踰健達羅山·喩健達羅)·유건다산(由乾陀山) 등으로 음사한다. 『일체경음의』 권70(대정장54, p.765a7)에 "유건달라〈구역은 유건다라산(由乾陁羅山), 한역어는 쌍지산이다. 이 산 꼭대기에 있는 두 개의 고갯길을 따라서 붙인 이름이다〉. 喩健達羅〈舊言由乾陁羅山 此云持雙山 言此山峯 有二隴道 因以名之也〉", 『불조통기』 권31(대정장49, p.305a17)에 "두 번째인 지쌍산은 높이와 너비 모두 4만유순(수미산의 절반)이다〈이하의 모든 산은 차제로 반씩 감한다〉. 第二持雙山 高廣各四萬由旬〈諸山次第減半〉", 『유가사지론』 권2(대정장30, p.286c25)에 "청정하고 가장 수승하며 정묘한 성이 소미려산(Ⓢ Sumeruḥ)이 되었는데, 이 산을 구성하는 네 보물은 곧 금은파지유리이다. 중품성은 칠금산이 되었다. … 또한 지쌍산은 그 사방에 사천왕의 도읍이 있으니, 동서남북의 차례대로 지국·증장·추목·다문의 사대천왕이 머물며, 모든 나머지 금산들은 바로 사천왕의 촌읍부락이다. 諸有淸淨 第一最勝 精妙性者 成蘇迷盧山 此山成已 四寶爲體 所謂金 銀 頗胝 琉璃 若中品性者 成七金山 … 又持雙山 於其四面有四王都 東南西北 隨其次第 謂持國 增長 醜目 多聞 四大天王之所居止 諸餘金山 是彼四王村邑部落"라고 하였다. 〔참고문헌〕『一切經音義』, 『佛祖統紀』, 『瑜伽師地論』, 『法集名數經』(대정장17, p.662a26), 『俱舍論』 권11(대정장29, p.57b13), *Yogā-bh.38*. ⇨ 쌍지산 雙持山, 사천왕 四天王, 유건달라 踰健達羅, 수미산 須彌山, 칠금산 七金

山, 구산팔해 九山八海

지악 止惡 악을 그치다. 『승사유범천소문경론』 권1(대정장26, p.338b7)에 "악을 그친다 한 것은, 중생이 모든 취를 여의게 하고, 모든 지를 여의게 하며, 모든 재난을 벗어나게 하고, 모든 장애를 벗어나도록 하기에 악을 그친다고 한다. 言止惡者 謂令衆生 離諸趣故 離諸地故 離諸難故 離諸障故 名爲止惡", 『선견율비바사』 권4(대정장24, p.694b25)에 "법사가 말했다. '부처님께서 계율을 말씀하심은 악의 인을 그치고자 함이다. 악을 그치게 하기에 돌이킬 마음이 일어날 일 없고, 후회할 일 없는 마음으로 인하여 기쁨을 일으킨다'. 法師曰 佛說戒律 爲欲止惡因 止惡故生不悔心 因不悔心故 得生歡喜", 『중론』 권3(대정장30, p.21c20)에 "불선은 '악을 그치지 못한 것'의 이름이고, 선이란 '악을 그친 것'의 이름이다. 不善名不止惡 善名止惡"라고 하였다. [참고문헌] 『勝思惟梵天所問經論』, 『善見律毘婆沙』, 『中論』. ⇨ 방비지악 防非止惡, 수선 修善

지악수선 止惡修善 악을 그치고 선을 닦다. 지악행선(止惡行善)·폐악수선(廢惡修善)·단악수선(斷惡修善)이라고도 한다. 『대보적경론』 권1(대정장26, p.207a24)에 "만약 능히 도와 이롭게 함이 길고 빼어난 성인이라면 비록 사장이 아닐지라도 이미 모든 공덕을 갖추었기에 가엾게 여겨 즐거움을 주고 악을 그쳐 선을 닦게 한다. 若能助益長秀聖者 雖非師長 已有諸功德故 憐愍與樂 勸止惡修善"라고 하였다. [참고문헌] 『大寶積經論』. ⇨ 단악수선 斷惡修善, 제악막작 諸惡莫作, 중선봉행 衆善奉行, 칠불설게 七佛說偈

지악수선리 止惡修善利 악을 그치고 선을 닦는 이로움. 문교승리(聞教勝利) 중 하나다. 원측(圓測)의 『해심밀경소』 권4(한불전1, p.253c19)에 "〈경〉 마음에 두려움을 내고 깊이 싫어하여 근심해서 모든 악을 막아 그치고 능히 짓지도 않으며, 모든 선법마저 부지런히 닦고 익힌다. 心生怖畏 深厭患已 遮止諸惡 於諸惡法 能不造作 於諸善法 能勤修習", "[석] 이것은 곧 세 번째 '지악수선리'이니, 앞선 글과 같이 알 수 있다. 선한 인을 닦고 익히기에 아직 심지 못한 선근을 심고, 아직 청정하지 못한 장애를 청정하게 하며, 아직 미숙한 상속을 성숙하게 한다. 이런 인연으로 승해를 거듭 닦으며, 또한 두 가지 자량인 복덕과 지혜도 많이 쌓는다. 釋曰 此卽第三止惡修善利 如文可知 修習善因故 未種善根能種善根 未淸淨障能令淸淨 未熟相續令成熟 由此因緣多修勝解 亦多積集福德智慧二種資粮"라고 하였다. [참고문헌] 『解深密經疏』, 『解深密經』 권2(대정장16, p.694c24). ⇨ 문교승리 聞教勝利

지안 之安 생몰연대 미상. 조선 말기 스님. 조계산 송광사(松廣寺) 벽련인성(碧蓮仁性)의 전법스승. 『동사열전』 권5 「벽련선사전 碧蓮禪師傳」(한불전10, p.1069b5)에 "지봉지안의 단에서 법인을 받았으니, 지봉은 성월서유의 제자이며 응암낭윤(應庵朗允 1718~1794)의 5세 법손이다. 受法印於智峰之安禪師之壇 智峯聖月瑞濡之弟子 應庵之五世"라고 하였다. [참고문헌] 『東師列傳』. ⇨ 인성 仁性 2

지안 至岸 언덕에 이르다. 생사해(生死海)를 건너 열반에 이르는 도피안(到彼岸 Ⓢ pāragata)과 같다. 『의족경』 권상(대정장4, p.175c24)에 "정진하여 건너고자 구한 끝에 배에 실려 언덕에 이르렀네. 精進求度 載船至岸", 『유부율약사』 권15(대정장24, p.73a21)에 "무량복을 닦아 불과를 구하여야 선서자재존을 성취할 수 있으니, 아직 피안에 건너지 못한 이가 있다면 나 마땅히 그 사람 피안에 이르길 서원하리라. 修無量福求佛果 得成善逝自在尊 若未能度彼岸者 我當誓度令至岸", 『금강경찬요간정기』 권4(대정장33, p.204b6)에 "말로 한 지로서 지를 얻고는 말을 잊고, 말 잊었으니 머물지 않는다. 마치 뗏목 타고 강 건너 언덕에 이르러 뗏목을 버리듯 한다. 以言詮智 得智忘言 忘言卽不住也 如乘筏渡河 至岸捨筏"라고 하였다. [참고문헌] 『義足經』, 『有部律藥事』, 『金剛經纂要刊定記』. ⇨ 피안 彼岸, 도피안 到彼岸

지안 志安 1664~1729. 조선후기 경기도 양평 용문사(龍門寺) 스님. 스님의 제자인 함월해원(涵月海源 1691~1770)이 지은 「환성화상행장 喚惺和尙行狀」(『환성시집』, 한불전9, p.475c6·624a16)에 따르면 스님의 호는 환성(喚醒 : 一說에는 喚惺), 자는 삼락(三諾), 속성은 정(鄭)씨이다. 1664년(현종5) 6월 10일 축시(丑時 : 오전 1시~3시)에 강원도 춘천(春川)에서 태어났다. 15세 때인 1678년(숙종4) 경기도 양평 용문사로 찾아가서 상봉정원(霜峰淨源 1627~1709)을 은사로 하여 스님이 되었고, 이어 상봉으로부터 비구계를 받았다. 17세부터 경론을 배웠으며, 월담설제(月潭雪霽 1632~1704)의 법을 이어 받았으니, 임제의현(臨濟義玄 ?~867)의 제29대이고 태고보우(太古普愚 1301~1382)의 10대이며, 청허휴정(淸虛休靜 1520~1604)의 제4대 법손인 셈이니, 그 계보는 다음과 같다. 석가의 제38대인 임제의현(臨濟義玄) → 흥화존장(興化存奬) → 남원혜옹(南院慧顒) → 풍혈연소(風穴延沼) → 수산성념(首山省念) → 분양선소(汾陽善昭) → 자명초원(慈明楚圓) → 양기방회(楊岐方會) → 백운수단(白雲守端) → 오조법연(五祖法演) → 원오극근(圜悟克勤) → 호구소융(虎丘紹隆) → 응암담화(應庵曇華) → 밀암함걸(密庵咸傑) → 파암조선(破庵祖先) → 무준사범(無準師

範) → 설암혜랑(雪巖惠朗) → 급암종신(及庵宗信) → 석옥청공(石屋淸珙)(이상 중국 스님) → 태고보우(太古普愚) → 환암혼수(幻庵混修) → 구곡각운(龜谷覺雲) → 벽계정심(碧溪淨心) → 벽송지엄(碧松智儼) → 부용영관(芙蓉靈觀) → 청허휴정(淸虛休靜) → 편양언기(鞭羊彥機) → 풍담의심(楓潭義諶) → 월담설제(月潭雪霽) → 환성지안으로 이어진다. 또 화엄종주인 모운진언(慕雲震言 1622~1703)의 회하에서 『화엄경』을 연마한 후 그의 강맥을 이어 받았다. 항상 손에서 책을 놓지 아니하고(手不釋卷), 밥을 먹거나 잠자는 일도 잊고(廢寢忘餐) 부지런히 정진하였기에 선교를 겸비한 종사로서 당시 그를 따를 자가 없었다. 관동(關東)의 풍악(楓岳 : 금강산)·관북(關北)의 황룡사(黃龍寺)·춘천의 청평사(淸平寺)·양평의 용문사·광주(廣州)의 청계사(淸溪寺)·강릉의 오대산·안동의 태백산·보은의 속리산·공주의 계룡산·문경의 대승사(大乘寺)와 봉암사(鳳巖寺)·예천의 대곡사(大谷寺)·청도의 운문사(雲門寺)·자인(慈仁)의 반룡사(盤龍寺 : 경북 경산시 구룡산에 위치)·영주의 부석사·성주(星州)의 쌍계사·김천의 직지사·산청의 지곡사(智谷寺)와 호남의 크고 작은 명찰(名刹)은 거의 스님이 주석하면서 교화를 펼치던 인연처다. 1690년(숙종16) 27세 때 모운진언이 김천 직지사에서 법회를 개설하고 있다는 소식을 듣고 찾아가자, 모운은 스님을 보고 크게 감탄하고는 수백 명의 학인지도를 넘기고 떠났다. 1725년(영조1) 62세 때 김제 금산사(金山寺)에서 화엄대법회를 가졌을 때 청법대중이 무려 1,400여 명에 이르렀기에 마치 영산회상과 같고 기원정사를 방불했다 한다. 이와 같이 대중이 많이 모인 것을 조유(朝儒)들이 시기하여 무고(誣告)와 음해(陰害)로 마침내 조정을 긴장케 하였고, 지리산에서 잡혀 호남의 감옥에 수감되었지만 곧 무혐의로 풀려났다. 그러나 다시 전라도의 도신(道臣)이 끝내 석방의 불가함을 주장하여 1729년(영조5) 7월 1일 제주도로 귀양간지 7일 만인 7월 7일 세수 66, 법랍 51세로 입적하였다. 스님의 휘(諱)가 지안인 것은 1711년(숙종37)에 스님이 폐허가 된 춘천 청평사(고려 때 인도의 博達多尊者가 창건하면서 讖石을 남겼다)를 중창할 때 누각 밑에 영지(影池)에 오랫동안 묻혀있던 일편단석(一片斷石)이 나왔는데, '유충관부천리래 儒衷冠婦千里來'라고 새겨져 있었다. 이를 해석하길 유(儒)는 곧 사(士)이고, 충(衷)은 곧 지(志)이며, 관부란 여자가 관을 쓴 것이니 곧 안(安)이고, 천리(千里)란 곧 중(重)이니, 이를 연결하면 곧 지안중래(志安重來), 지안이 이 절을 중창하러 다시 올 것이라는 박달다존자의 예언이라 풀었다. 자가 삼락인 것은 스님이 해남 대흥사(大興寺 : 일명 大芚寺)에서 정공(淨供)을 베풀 때 공중에서 세 번에 걸쳐 그의 이름을 부름에 따라 스님이 세 번 연거푸 '예'하고 대답하였으므로 자를 '삼락'이라 하였고 호를 '환성'이라고 하였다 전하고 있다. 저술로는 『선문오종강요 禪門五宗綱要』 1권·『환성시집 喚惺詩集』1권 등이 현존한다. 제자에는 화월성눌(華月聖訥)·함월해원 등이 있다. 그리고 홍계희(洪啓禧)가 비문을 짓고 조명채(曺命采)가 써서 1822년(순조22)에 세운 비는 해남 대흥사에 있고, 또 동곡일타(東谷日陀 1929~1999)가 짓고, 애산송월(涯山淞月 1925~1998)이 써서 1944년에 세운 비는 제주특별자치도 제주시 조천읍 고관사(古觀寺)에 있다. [참고문헌] 『喚惺詩集』, 『天鏡集』 권하(한불전9, p.624a16), 『東師列傳』 권3 「喚醒宗師傳」(한불전10, p.111b8), 『西域中華海東佛祖源流』(한불전10, p.1024b3), 『朝鮮佛敎通史』 권상 p.529, 『通度寺誌』(亞細亞文化社, 1979) pp.428~433, 『大芚寺志』(亞細亞文化社, 1980) pp.32~33, 智冠 『韓國高僧碑文總集 朝鮮朝·近現代』 pp.364~371, 『日陀和尙水月錄』 pp.104~107, 『韓國佛敎撰述文獻總錄』(동국대출판부, 1976) p.194.

환성당대화상진영
양산 통도사 1799년

지안 智岸 당대 스님. 고창국(高昌國) 출신. 중국 장안(長安 : 陝西省 西安)에서 불도를 수행하였으며, 동향의 피안(彼岸)법사와 북인도로 구법여행을 갔다가 당 사신 왕현곽(王玄廓)을 따라 배를 타고 돌아오는 중 모두 병사하였다. 가지고 갔던 한역본 『유가사지론』 및 경론들은 실리불서국(室利佛逝國 : 현재 인도네시아 수마트라)에 남겼다고 전한다. [참고문헌] 『大唐西域求法高僧傳』 권상(대정장51, p.4c25).

지안 智眼 **1** Ⓟ ñāṇa-cakkhu. 지혜의 눈. 『대위덕다라니경』 권4(대정장21, p.770a7)에 "사람이 능히 이 지를 안다면 이를 지안이라 한다. 모든 보살이 지닌 지안은 모두 반야바라밀로 인한 것이기 때문이다. 若人能知此智 是名智眼 諸菩薩所有智眼 皆因般若波羅蜜故", 『문수대교왕경』 권4(대정장20, p.740a14)에 "지안으로 오온의 성이 공함을 비추어 보니, 지안이 고요해지면 고요함과 지는 바탕을 함께한다. 智眼照見 五蘊性空 智眼寂靜 寂智同體", 『대승본생심지관경천주』 권7(卍속장34, p.409a12)에 "바른 지안으로 오온을 비추어 그 공적한 뜻을 본다. … 지를 눈으로 삼기에 지안이라 한다. 조견 두 글자는 보고 비추는 반야일 뿐이다. 오온이란 유독 일신만이 아니니 색심 등의 제법을 남김없이 아우르는 말이다. 以正智眼 照見五蘊 空寂之理 … 以智爲眼 故名智眼 照見二字 卽觀照般若也 五蘊不獨一身 該盡色心諸法也"라고 하였다. [참고문헌] 『大威德陀羅尼經』, 『文殊大教王經』, 『大乘本生心地觀經淺註』, *Vism.423.* **2** 1910~2004. 현대 경상북도 상주 남장사(南長寺) 스님. 호는 관응(觀應), 속성은 전(全)씨. 본관은 옥천(沃川). 아버지의 휘는 인엽(仁燁), 어머니는 정천실부인이다. 1910년(융희4) 6월 15일 경상북도 상주시 외서면 봉강리 597번지에서 둘째 아들로 태어났다. 1929년 20세 때 스스로 발심하고 고향 근처인 상주시 남장동 노악산(露岳山) 남장사(南長寺)로 찾아가 탄옹(炭翁)을 은사, 혜봉(慧峯)을 계사로 하여 스님이 되었다. 1930년 금강산 유점사(楡岾寺) 불교전문강원에 입학하여 1934년 25세 때 대교과를 졸업하였고, 1937년 28세 때 서울 안국동 선학원에서 일봉경념(一鳳敬念)율사로부터 비구계와 보살계를 받았다. 1938년 중앙불교전문학교를 졸업하고 그해 문경 김룡사(金龍寺) 불교전문강원 강주로 있다가, 합천 해인사 해외유학생선발에 추천되어 일본 경도(京都) 용곡대학교(龍谷大學校)를 졸업하고 귀국하였다. 오대산 월정사, 해인사 백련암, 고성 옥천사(玉泉寺) 등에서 안거하였다. 1956년 47세 때는 김천 직지사(直指寺) 조실로 추대되었고, 1959년 교단 정화 후 서울 조계사 초대주지에 취임, 1963년 조계종 제2교구 본사인 화성 용주사(龍珠寺) 주지에 취임하여 역경장(譯經場)을 운영하였다. 1965년 4월 15일부터 1971년 1월 15일까지 도봉산 천축사(天竺寺) 무문관(無門關)에서 6년간의 결사(結社)를 회향하고는 문경 청화산 원적사(圓寂寺), 불영산(佛影山) 수도암(修道庵) 등에서 정진하였다. 1981년 김천 직지사 주지에 취임하고는 학림(學林)을 개설하고 후학을 양성하여 1984년 스님문하의 범하(梵河)·연관(然觀)·원산(圓山) 등 아홉 명에게 전강(傳講)하였다. 1985년에는 조계종원로회의 부의장에 선임되었다. 어느 날 도량에서 잡초를 뽑고 있던 시자가 염화실(拈花室) 밖으로 나오신 스님과 이런저런 한담 끝에 "'노스님! 잡초에도 불성이 있습니까?' '있지' '그런데 왜 뽑으라 하십니까?' '잡초를 뽑는다고 불성이 사라지느냐? 생명은 우주에 하나인 법이다'"라고 하였다. 어느 날 상좌들이 마지막으로 후학을 위해 책 한 권만이라도 내달라고 간청하였으나 "부처님께서도 자취를 남기지 않으셨는데 내가 어찌 … " 하시며 말끝을 흐렸다. 만년에는 황악산 직지사 중암(中菴)에서 주석하다가 2004년 2월 28일 19시 세수 95, 법랍 76세를 일기로 입적하였다. 문도들이 스님 생전(1996)에 이미 김호석(金鎬祏) 화백에게 청탁하여 진영(眞影 : 影幀)을 그렸는데, 스님께서 직접 보시고 "닮기는 닮았군!" 하시고 다음과 같은 자음(自吟)을 남겼다. "조계종대종사관응당지안진영! 너는 나의 그림자 나는 너의 참 모습. 그러나 나니 너니 하는 것 모두 참 아니니 어느 것이 참 모습인가? 이것 본래 이름도 없고 모양도 없어서, 한가로울 때는 드러나지 않다가, 연이 오면 바로 응하니, 차가 있으면 차를 마시고 밥이 생기면 밥을 먹으며, 가야 하면 가고 앉아야 하면 앉는다. 찾아도 볼 수 없고 버려도 떠나가지 않으며, 쓰려 하면 행하고 버려두면 숨는다. 울긋불긋 그려서 얻을 수 없는 것이 나의 본래면목이니, 이 면목이라 하니 일체범성 그 바탕 본래 한결 같고 그 쓰임 다를 뿐이라네. 중생은 본을 버려 말을 좇는 까닭에 생사로 거듭 흐르고 고통의 수레바퀴를 벗어나지 못하고, 여러 부처님들은 용을 거두어 체로 돌아가는 까닭에 열반이 현전하고 쾌락이 그칠 일 없다. 쉿. 진흙소가 물 위로 가는군! 병자년 6월 15일, 관응 스스로 읊음. 수초 김호석이 삼가 그리고 도우인 석주는 삼가 쓰다. 曹溪宗大宗師觀應堂智眼之眞影 汝是我之影 我是汝之眞然 謂之我 謂之汝者 並不是眞 那個是眞 這個從本以來無名無相 閑時不露 緣來卽應 逢茶喫茶 逢飯喫飯 要行卽行 要坐卽坐 覓之不見 棄之不去 用之則行 舍之則藏 要且丹靑 描畵不得 是我本來面目 這個面目 一切凡聖 其體本一 其用有異 衆生 棄本逐末故 生死交流 未脫苦輪 諸佛 攝用歸體故 涅槃現前 快樂無竟 啻 泥牛水上行 丙子年 流頭節 觀應 自吟 守初 金鎬祏 謹畵 道友 昔珠 謹書"라고 하였다. [참고문헌] 觀應堂葬禮彙報(별은 하늘로 돌아가고), 『현대불교』 號外(2004.3.3.), 『佛敎新聞』(2004.3.5.). ⇨ 직지사 直指寺

조계종대종사관응당지안지진영
직지성보박물관 1996년

지안선나 智安膳那 지라는 안약(眼藥). 안선나(Ⓢ añjana)는 눈 뜨도록 하는 안약의 비유다. 『유부율』 권9(대정장23, p.669b4)에 "성인의 자질이 없는 사람도 성인의 자질을 갖도록 하니, 지라는 안약으로 무명막을 부수고 선근이 없는 사람도 선근을 심도록 하고, 선근이 있는 사람은 더욱 늘여 인천의 길에 놓아주어 안은하고 걸림 없게 해서 열반성으로 나아가게 한다. 無聖財者 令得聖財 以智安膳那 破無明膜 無善根者 令種善根 有善根者 令其增長 置人天路 安隱無礙 趣涅槃城"라고 하였다. [참고문헌] 『有部律』. ⇨ 안선나 安膳那

지암 止庵 고려말 그림에 뛰어났던 스님. 자세한 행장은 알 수 없다. 도은(陶隱) 이숭인(李崇仁 1349~1392)의 초상을 그렸다. [참고문헌] 『槿域書畫徵』.

지암 智庵 1884~1969. 독립운동가. 오대산 월정사 스님. 종욱(鍾郁)의 법호이다. ⇨ 종욱 鍾郁

지암 智巖 600~677. 당대 우두종(牛頭宗) 스님. 속성은 화(華)씨. 강소성(江蘇省) 곡아(曲阿) 출신. 『당고승전』 권20(대정장50, p.602a25)에 "어린 시절 사람들에게 '세간에서는 보고 들리는 지척의 일만 다툴 뿐이니 어떻게 생사의 경계를 알까?'라고 말하여 마을 사람들이 남다르다 여기고 원대한 도량이 있음을 알았다. 在童丱日謂人曰 世間但競耳目之前 寧知死生之際 鄕里異之 知有遠度也"라고 하여 불연(佛緣)을 타고났음을 전한다. 지혜와 용기가 특출났고 몸도 크고 튼튼하였다. 수대 대업년간(605~616)에 낭장(郎將)으로 전공(戰功)을 적지 않게 세웠다. 40세에 서주(舒州 : 安徽省) 환공산(皖公山)으로 들어가 보월(寶月)선사 문하로 출가하였다. 643년(정관17) 우두산에 들어가 법융(法融)선사를 친견하여 후사를 이었다. 그 뒤로 백마사(白馬寺)·서현사(棲玄寺) 등에 주석하였고, 다시 석두성(石頭城)으로 옮겼다. 654년(의봉2) 세수 78, 법랍 39세로 입적하였다. [참고문헌] 『唐高僧傳』, 『景德傳燈錄』 권4(대정장51, p.228b9), 『聯燈會要』 권2(卍속장136, p.464b9), 『五燈會元』 권2(卍속장138, p.44a1).

지암수선사어록 芝巖秀禪師語錄 청대 지암초수(芝巖超秀)의 어록. 명일(明一) 등의 법을 이은 문인들이 편집. 2권. 가흥장28, pp.511a1~518b10, No.B213에 수록되어 있다. 『지암수화상어록 芝巖秀和尙語錄』이라고도 한다. 권상은 상당(上堂)과 소참(小參), 권하는 송고(頌古)·잡게(雜偈)·불사(佛事)·행실(行實)로 이루어져 있다. 권상 앞에는 왕문남(王文南)의 서문(序文)이 붙어 있고, 권하 뒤 말미에는 판각하는 데 자금을 시주한 이들의 명단(施主秩)이 붙어 있다.

지암현낭 智岩懸囊 지암(智巖)화상이 녹수낭(漉水囊)을 사용했던 일화. 우두종 제2조 지암이 출가하기 전 무장(武將)이었을 때 항상 활로 녹수낭을 걸어서 사용했던 고사를 말한다. 『선원몽구』 권중(卍속장148, p.236b15)에 "지암현낭〈우두법융의 법사. 출전은 『오등회원』 권2〉 : 우두산 지암선사는 곡하 출신이고 속성은 화씨다. 스무 살에 지혜와 용기가 다른 이를 능가하였고 키는 칠척 육촌이었다. 수 대업년간(605~616)에 낭장이 되었다. 항상 활로 물을 거르는 녹수낭을 받쳐서 가는 곳마다 물을 길어 썼다. 여러 차례 대장을 따라 전투에 참가하여 무공을 세웠다. 당 무덕년간(618~626)에 나이 사십이 되어 마침내 출가하였다. 智岩懸囊〈牛頭融法嗣 會元二〉 牛頭山智岩禪師者 曲河人也 姓華氏 弱冠智勇過人 身長七尺六寸 隋大業中爲郎將 常以弓挂漉濾水囊 隨行所至汲用 累從大將往討 頻立戰功 唐武德中年四十遂乞出家"라고 하였다. [참고문헌] 『禪苑蒙求』, 『五燈會元』 권2(卍속장138, p.44a1). ⇨ 녹수낭 漉水囊

지애 智礙 지(智)를 가리는 것. 이애(二礙) 중 하나로 보리(菩提)를 가리는 무명(無明)으로 열반(涅槃)을 가리는 것은 번뇌애(煩惱礙)라 한다. 이장(二障) 중 하나인 소지장(所知障 : 智障)과 통한다. 『대승기신론의소』 권상(대정장44, p.185c3)에 "지애는 지장을 말한다. 言智礙者 猶智障也", 『대승기신론의기』 권하본(대정장44, p.268c2)에 "무명이 혼미하여 분별하지 못하니 이지의 씀을 거스른다. 이를 지애라 하는데, 장애하는 바를 따라 붙인 이름이다. 以無明昏迷 無所分別 違此智用 名爲智礙 從所障得名", 『대승기신론내의약탐기』(대정장44, p.419b14·한불전3, p.758a16)에 "능히 진여의 근본지를 가리기에 무명의 뜻을 지애로 여긴다. 能障眞如根本智故 無明義者 爲智礙", 원효(元曉)의 『이장의』(한불전1, p.790a7)에 "근본무명이란 바로 제법의 무소득성을 미혹하여, 능히 속지로는 얻을 수 없는 것을 장애한다. 뜻을 알지 못하게 하니 지애라 한다. 根本無明 正迷諸法無所得性 能障俗智旡所不得 由不了義 故名智碍"라고 하였다. [참고문헌] 『大乘起信論義疏』, 『大乘起信論義記』, 『大乘起信論內義略探記』, 『二障義』. ⇨ 무명 無明, 이장 二障[1], 소지장 所知障, 번뇌장 煩惱障, 지장 智障, 번뇌애지애 煩惱礙智礙

지액 枝掖 가지 쳐 뻗어 나가다. 『도행반야경』 권2(대정장8, p.436b14)에 "비유하자면 염부리지상에 자라는 갖가지 아름다운 나무가 색으로 보아도 갖가지로 다르고 … 열매 또한 각각 다르지만, 갖가지로 가지 쳐 뻗어가는 그 그림자 다름이 없으니, 그 그림자 마치 하나의 그림자로 서로 어우러진다. 이와 같이 구익이여! 다섯 바라밀은 반야바라밀 좇아 나왔고, 반야바라밀에서 살운야(Ⓢ sarvajña : 一切智)가 나오니, 갖가지로 펴고 굴러서 모양 얻으니 다른 것 있을 리 없다. 譬如閻浮利地上 種種好樹 若色種種各異 … 實實各異 種種枝掖 其影無有異 其影如一影相類 如是 拘翼 五波羅蜜 從般若波羅蜜出 般若波羅蜜 出薩芸若 種種展轉 相得無有異", 『일체경음의』 권9(대정장54, p.362a3)에 "지액〈액은 이와 석을 반절한 음으로, 상사의 뜻이다. 액은 잎을 뜻하는 엽(葉)이다. 이는 분명히 범어에서 변한 음사에 불과하다. 「장안품」(『대품반야경』)에서 지액반야라고 한 그것이다〉. 枝掖〈以石反 相似也 掖猶葉也 此應外國語訛耳 長安品 作技掖般若 是也〉"라고 하였다. [참고문헌] 『道行般若經』, 『一切經音義』.

지약삼장 智藥三藏 남조 양(梁)대 천축 출신 스님. 6조 혜능(慧能)의 인연을 예언한 일로 유명하다. 종보본

『단경』「六曹大師緣記外記」(대정장 48, p.362c17)에 따르면, 스님은 502년(천감1) "지약삼장이 서인도에서 배를 타고 와서 장차 광주(廣州 : 廣東省) 법성사(法性寺) 유송(劉宋) 구나발다라(求那跋陀羅)가 세운 계단 주변에 보리수 한 그루를 심는다. 又 梁天監元年 智藥三藏 自西竺國 航海而來 將彼土菩提樹一株 植此壇畔"라고 하였다. 이설도 있는데, 510년(천감9)에 왔고 보리수를 심은 곳이 보림사(寶林寺)이며, 조계(曹溪)의 원천에 가람으로 적당한 터가 있으리라 믿고는 물길을 거슬러 인도의 보림산과 닮은 산수를 발견하고, 마을 사람들에게 절 하나 짓도록 하고는 보림사라 이름했다(西域智) 하고, 또 "170년 뒤에 한 육신보살이 이 나무 아래에서 교화를 펼쳐 위없는 가르침으로 무량한 중생을 제도하니 부처의 심인을 전한 법주다. 預誌曰 後一百七十年 有肉身菩薩 於此樹下開演上乘度無量衆 眞傳佛心印之法主也"라고 하였다. 스님의 예언대로 676년(의봉1) 혜능이 법성사에 이르러 바람과 깃발에 관해 문답한 후 달마의 정법을 받았음을 밝혔고, 이듬해에는 보림사에 주석하며 교화를 크게 펼쳤다. 〔참고문헌〕『壇經』, 『憨山集』 권24 「廣州光孝寺重修六祖殿記」(卍속장127, p.555b16), 『曹溪大師別傳』(卍속장146, p.966b2).

지약시흘박 舐若時吃縛 Ⓢ jighatsā jihvā, jighrati jihvā. 능히 맛보다(能嘗)를 뜻하는 범어 음사어로 혀(舌)를 말한다. 『대승백법명문론해』 권하(대정장44, p.50b21)에 "설은 능히 맛볼 줄 안다는 뜻이다. 범어는 지약시흘박이고, 이를 한역하면 능상이다. 『유가사지론』에서 '굶주림과 목마름을 없애고 자주 말하고 논하며 드러내 알게 하고 불러 오게도 하니 이것을 일컬어 혀라 한다(jighatsā-daurbalyaṃ prativinodayati vividhālāpa-paricayāccāhvānaṃ karotīti jihvā)'고 하였다. 승의와 세속의 두 뜻에 통함에 한역하여 설이라 하였고, 또한 체와 용을 겸하면서 당나라 말에 의지하였다. 舌者 能嘗義 梵云 舐若時吃縛 此云 能嘗 瑜伽論云 能除饑渴 數發言論 表彰呼召 謂之舌也 通於勝義世俗二義 翻爲舌者 亦兼體用 依唐言也"라고 하였다. 〔참고문헌〕『大乘百法明門論解』, 『瑜伽師地論』 권3(대정장30, p.294a3), 『翻譯名義集』 권6(대정장54, p.1162b14), *Yogā-bh.70.*, *Abh-k-bh.31.* ⇨ 설 舌, 설근 舌根

지양 枝養 가지쳐 기르다. 삼세(三細)의 가지들이 생겨나 그치지 않는 뜻이다. 『석마하연론』 권4(대정장32, p.625c20)에 "또한 저 본체는 말상의 가지들을 길러 받기에 멈춰 머물 수 있다. 비유하자면 아버지(근본무명)와 아들(삼세)이 서로 인이 되어야 성립하는 것과 같다. 그러므로 상응하여 여의지 않는다. 만약 이와 같이 설하면 팔지 이상의 모든 보살들은 마땅히 무명을 끊어 묘각과 같아야 하지 않은가? 이는 그렇지 않다. 비록 거친 상은 끊었지만 미세한 세 가지 상은 여전히 끊지 못했기 때문이다. 復彼本體爲受末相之枝養故 而得止住 譬如父子 互相爲因 得成立故 是故說言 相應不離 若如是說 八地已上諸菩薩等 應斷無明 同妙覺耶 是事不爾 雖斷麤相 微細三相 猶未斷故"라고 하였다. 〔참고문헌〕『釋摩訶衍論』. ⇨ 무명 無明, 삼세 三細

지양 持羊 Ⓢ Meṣa. 십이궁(十二宮) 중 양자리(Aries) 별. 양궁(羊宮) 또는 백양궁(白羊宮)이라고도 한다. 『대방등대집경』 권42 「성수품 星宿品」(대정장13, p.281a13)에 "정월은 각수와 합하는데, 낮에 십사시를 행하고 밤에 십육시를 행한다. 해는 점점 북으로 다가가고 정오 그림자 길이는 팔각적이다. 장수는 밤에 행하고 누수는 해 앞에 있다. 해의 아들 형혹(火星)이 엄청나게 빨라서 이 때 일을 수행한다. 이 정월의 때는 지양의 신이 그 달을 주관한다. 正月合角宿滿 晝行十四時 夜行十六時 日轉近北 日午之影 長八脚跡 張宿夜行 婁在日前 日子熒惑 嚴惡速疾 此時用事 是正月時 持羊之神 主當其月"라고 하였다. 〔참고문헌〕『大方等大集經』, *Mañj-m.14.* ⇨ 십이궁 十二宮, 백양궁 白羊宮, 양궁 羊宮

지양나발라이폐 枳穰娜鉢囉儞閉 Ⓢ jñāna-pradīpa의 음사어로 지혜의 등불(智燈)이라는 뜻. 『인왕호국반야바라밀다경소』 권하(대정장33, p.517b29)에 "〔경〕 지양나발라이폐. 〔해〕 범어 '지양나'란 한역하여 지(智)이고, '발라이폐'는 등(燈)이다. 이 지혜의 등으로 무명의 어둠을 깨뜨린다. 經 枳穰娜鉢囉儞閉 解曰 梵云 枳穰娜者 此翻云 智也 鉢囉儞閉者 此翻云 燈也 由此智燈 破無明闇也"라고 하였다. 〔참고문헌〕『仁王護國般若波羅蜜多經疏』, 『仁王護國經』 권하(대정장8, p.843c25).

지양모과한계 持羊毛過限戒 30니살기바일제(尼薩耆波逸提 Ⓟ nissaggiya-pācittiyā : 三十捨墮) 중 하나. 양털을 짊어 지고 오래도록 다님을 금하는 계. 양털을 받아 스스로 짊어지고 3유순을 넘으면 안 된다. 담양모과삼유순계(擔羊毛過三由旬戒)·담모과삼유순계(擔毛過三由旬戒)·담모계(擔毛戒)라고도 한다. 『사분율』 권8(대정장22, p.617b23 : *Nissaggiya, Vin.3*, p.233.)에 "석자 발난타가 길을 가다 많은 양털을 얻어 석장 끄트머리에 꿰어 짊어져 다녔다. 여러 거사가 보고서 꺼리며 따져 묻기를 '사문석자가 어찌 양털을 팝니까?' … 세존께서 여러 가지 방편으로 꾸짖고 여러 비구에게 말씀하였다. '이 어리석은 이는 여러 가지로 유루처에서 처음 계를 범하였다. 지금부터 여러 비구와 더불어 결계하고 십구의를 모아 정법이 오래도록 머무르게 하겠다. 설계자는 마땅히 이처럼 설해야 한다. 「저 비구가 길을 가다 양털을 얻고서 짐꾼이 없어 스스로 짊어지게 되더라도, 3유순까지다. 짐꾼 없어 스스로 짊어지고 3유순을 넘으면 니살기바일제다」'. 跋難陀釋子道路行 多得羊毛 貫杖頭擔在道行 諸居士見 嫌責言 沙門釋子 云何販賣羊毛 … 世尊以無數方便 呵責已 告諸比丘 此癡人 多種有漏處 最初犯戒 自今已去 與比丘結戒 集十句義 乃至正法久住 欲說戒者 當如是說 若比丘道路行 得羊毛 若無人持得自持 乃至三由旬 若無人持 自持過三由旬 尼薩耆波逸提 bhikkhuno pan' eva addhānamaggapaṭipannassa eḷakalomāni uppajjeyyuṃ. ākaṅkhamānena bhikkhunā paṭiggahetabbāni, paṭiggahetvā tiyojanaparamaṃ sahatthā hāretabbāni asante hārake, tato ce uttariṃ hareyya asante pi hārake nissaggiyaṃ pācittiyan ti", 『사분율비구함주계본』 권상(대정장40, p.439c28)에 "열여섯 번째는 지양모과한계다. 부처님이 사위국에 계실 때 발난타가 양털을 얻어 석장 끄트머리에 꿰고 다녔다. 거사가 '양털 판다' 나무라니 비구들이 허물을 들고, 부처님이 이로써 제계하셨다. 十六 持羊毛過限戒 佛在舍衛國 時跋難陀 得羊毛貫杖頭而行 居士譏言販賣羊毛 比丘擧過 佛因制戒"라고 하였다. 〔참고문헌〕『四分律』, 『四分律比丘含注戒本』, 『五分律』 권5(대정장22, p.31c20), 『摩訶僧祇律』 권9(대정장22, p.309c14), 『十誦律』 권7(대정장23, p.49c26), 李智冠『南北傳六部律藏比較硏究』 p.149, *Vin.* ⇨ 니살기바일제 尼薩耆波逸提, 삼십사타 三十捨墮

지양백문 池陽百問 북송대 운문종 천의의회(天衣義懷) 찬. 현재 원문은 전하지 않고『조정사원』 권5에 일부가 전한다. 의회가 지주(池州 : 安徽省) 삼산암(杉山庵)에 머물 때 지은 것으로 추정된다. 〔참고문헌〕『祖庭事苑』 권5(卍속장113, p.139a8).

지언 志言 ?~1048. 북송(北宋)대 스님. 법호는 법화(法華)·경덕(景德), 속성은 허(許)씨. 안휘성(安徽省) 수춘(壽春) 출신. 언법화(言法華)·언풍자(言風子)라는 별명도 있는데, 늘 『법화경』을 즐겁게 외우고 다녀서 호칭이 되었다. 약관의 나이에 동도(東都 : 開封)를 유람하러 왔다가 경덕사(景德寺) 칠구지원(七俱胝院)에서 출가하여 오랫동안 머물렀다. 어느 날 『운문록 雲門錄』을 읽다가 깨우쳤고 머지않아 숙명통을 얻었다고 전한다. 외모는 범상(梵相)에 특이하였으며, 똑바로 쳐다보며 눈도 깜빡이지 않고 빠르게 말하였다. 대부분 저자거리에서 기행을 일삼고, 고기 가게·술집을 드나들며 먹는 것도 가리지 않고 거리낌이 없었다. 승속이 아울러 광승(狂僧)으로 여겼다. 입적한 이후 황제 인종(仁宗)이 후계 문제로 지언에게 재(齋)를 올리자, 홀연히 나타나 예언을 남겼다고 한다. 이 인연 때문에 황제가 내시를 시켜 진신소상(眞身塑像)을 개보사(開寶寺)에 조성하고 현화선사(顯化禪師)라는 호를 올렸다. 〔참고문헌〕『佛祖歷代通載』 권18(대정장49, p.664c5), 『神僧傳』 권9(대정장50, p.1013c4), 『法華經持驗記』 권하(卍속장134, p.937b12), 『嘉泰普燈錄』 권24(卍속장137, p.331b12), 『禪林僧寶傳』 권20(卍속장137, p.518b16).

지언다 底彦多 Ⓢ tiṅ-anta의 음사어. 산스크리트 문법용어. 동사적 형태변화(活用語)다. 정안다(丁岸哆)라고도 음사한다. 곡용어(曲用語)인 소만다(蘇漫多)에 상응한다. 동사는 자동사와 타동사로 구분되고, 각각에 일인칭·이인칭·삼인칭이 있으며, 다시 각각에 단수·쌍수·복수의 변화가 있으므로 모두 열여덟 가지의 동사변화가 있어 이구운(二九韻)이라 한다. 『성유식론장중추요』 권상(대정장43, p.609a18)에 "지언다성에는 열여덟 가지 어미활용이 있다. 底彦多聲 有十八囀", 『자은전』 권3(대정장50, p.239a21)에 "이러한 모든 기론으로 능전과 소전을 밝혔는데, 거기에는 두 가지 예가 있다. 첫째는 지언다성인데 열여덟 가지 변화의 쓰임이 있으며, 둘째는 소만다성이니 스물네 가지로 변화한다. 지언다성은 문장을 꾸미는데 쓰이므로, 일반적인 글에는 거의 쓰이지 않는다. … 지언다성의 열여덟 가지 변화의 쓰임을 두 가지로 나누니, 첫째는 반라삽미(Ⓢ parasmai : 爲他)이고 둘째는 아답말니(Ⓢ ātmane : 爲自)인데, 각각에 아홉 가지 변화의 쓰임이 있기에 합하여 열여덟 가지다. 처음의 아홉 가지 변화의 쓰임이란, 무릇 어떤 일을 논하기 위해선 세 가지가 있어야 하니, 타동사에 세 가지가 있으며, 자동사에 세 가지가 있다. 이 각각에 단수·쌍수·복수가 있으므로 세 가지가 있게 된다. 此諸記論辯能詮所詮 有其兩例 一名 底彦多聲有十八囀 二名 蘇漫多聲有二十四囀 其底彦多聲 於文章壯麗處用 於諸汎文亦少用 … 其底彦多聲十八囀者 有兩 一 般羅颯迷 二 阿答末泥 各有九囀 故合有十八 初九囀者 如汎論一事 卽一事有三 說他有三 自說有三 一一三中 說一 說二 說多 故有三也"라고 하였다. 이어 반라삽미에 아홉 가지 구름이란 한 가지 일(一事)을 체(體)·자(自)·타(他)의 셋으로 나누고, 그 셋에 각각 한 마디(一言)·두 마디(二言)·여러 말(多言)의 셋으로 나누어 유무의 유에 따라 9전이 되니 〈표〉와 같다. 아답말니의

〈표〉 지언다

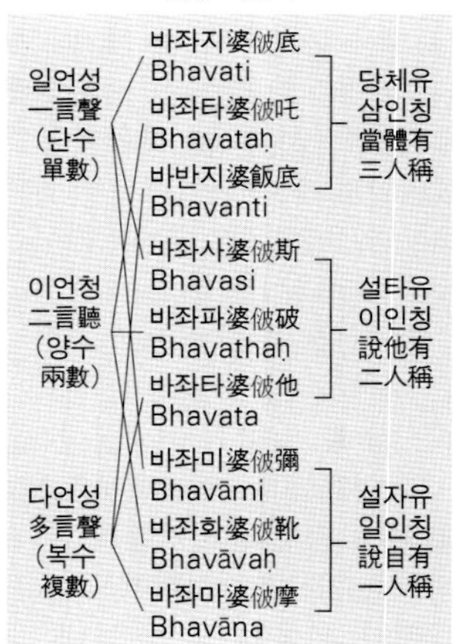

9전이라 한 것은 위의 9전 각각에 비야저(毘耶底)의 말을 둔 것이라 하였다. "문을 꾸미기 위함일 뿐 다른 뜻은 없으니, 극히 아름다운 뜻을 표함이다. 安此者 令文巧妙無別義 亦表極美義也"라 하였다. [참고문헌]『成唯識論掌中樞要』,『慈恩傳』,『瑜伽論記』 권5(대정장42, p.414a16 · 한불전13, p.325b9),『瑜伽師地論略纂』 권6(대정장43, p.95b17). ⇨ 소만다 蘇漫多

지언지 知言至 Ⓢ prāpti-jña, Ⓣ 'gyur-pa-shes-pa. 말이 다한 곳까지만 알 뿐. 뜻은 깨우치지 못했다는 말이다.『구사론』 권4(대정장29, p.19c16 : *Abh-k-bh.*, p.56)에 "어리석은 이(天愛 Ⓢ devānāṃ priyaḥ)여, 그대는 말만으로 알 뿐 뜻을 알아 쉬지는 못하는구나! 天愛 汝今 但知言至 不閑意旨 prāptijño devānāṃ priyo na tviṣṭijñaḥ"라고 하였다. [참고문헌]『俱舍論』,『俱舍論記』 권4(대정장41, p.77b4), *Abh-k-bh.*

지엄 知儼 북송(北宋)대 조동종 스님. 법호는 곡은(谷隱). 산동성(山東省) 등주(登州) 출신. 호북성(湖北省) 양주(襄州) 작산(鵲山)에서 수업(受業)하고, 곡은지정(谷隱智靜)의 법과 함께 법석을 이어 받아 곡은산(谷隱山)에서 주석하였다.『경덕전등록』 권24(대정장51, p.406a11)에 "학인이 지엄에게 물었다. '스님은 어떤 집안의 노래를 부르시며, 종풍은 누구를 이으셨습니까?' '흰 구름 남쪽에 피어오르고 산개는 북쪽에서 편다네'. 僧問 師唱誰家曲 宗風嗣阿誰 師曰 白雲南 傘蓋北"라는 문답이 전한다. [참고문헌]『景德傳燈錄』,『五燈會元』 권14(卍속장138, p.518b2). ⇨ 지정 智靜

지엄 智嚴 ❶ 지로 꾸밈. 지혜장엄(智慧莊嚴)이라고도 한다. 이엄(二嚴) 중 하나로 복엄(福嚴)과 마주한다.『화엄경소초』 권58(대정장36, p.459c17)에 "『화엄경소』에서 '이미 이엄 등으로 거둔다' 함은 처음 하나는 복엄이고, 다음 둘은 지엄이다. 네 번째는 이엄에 다 통하고, 다섯 여섯 번째는 복엄이고, 일곱 여덟 번째는 이엄에 통하고, 아홉 번째는 복이 가득하며, 열 번째는 지가 두렷하다. 疏 已攝二嚴等者 初一福嚴 次二智嚴 四通二嚴 五六福嚴 七八通二 九福滿 十智圓",『유마경약소』 권6(대정장38, p.641b13)에 "몸이 빛나니 바로 복엄이고, 마음이 빛나니 바로 지엄이다. 色光卽福嚴 心光卽智嚴"라고 하였다. [참고문헌]『華嚴經疏鈔』,『維摩經略疏』,『華嚴經疏』 권34(대정장35, p.762a11). ⇨ 지혜장엄 智慧莊嚴, 복엄 福嚴 ❷ 350~427. 동진(東晉)대 역경승(譯經僧). 서양주(西涼州 : 甘肅省) 출신. 어려서 출가하여 불전(佛典)을 구하려고 명사(名師)를 두루 찾아다니다 계빈(罽賓 : 북인도에 있던 고대 국가)에 이르러 마천다라정사(摩天陀羅精舍)에 들어가 불타선(佛陀先)에게 선법(禪法)을 배우고, 불타발다라(佛陀跋陀羅)와 함께 장안(長安 : 陝西省 西安)에 이르러 대사(大寺)에 머물렀다. 불타발다라가 장안을 떠나 남하하자 스님도 산동정사(山東精舍)에 머물며 부지런히 좌선송경(坐禪誦經)했다. 417년(의희13) 유유(劉裕)가 장안을 정벌하자 스님은 건강(建康 : 江蘇省 南京)에 가서 시흥사(始興寺)에 머물렀으며, 후에 지원사(枳園寺)로 옮겼다. 유송(劉宋) 427년(원가4) 보운(寶雲)과 함께 서역(西域)에서 얻은 범본(梵本)『보요경 普曜經』·『광박엄정경 廣博嚴淨經』·『사천왕경 四天王經』 등 14부 36권을 한역했다. 스스로 얻은 계율에 의심을 품었으며, 또 여러 해 동안 선관(禪觀)을 닦았으나 깨닫지 못하자 다시 천축(天竺)에 갔다. 나한비구(羅漢比丘)를 만나 그 일에 대해 물었으나 답을 얻지 못하고, 즉시 선정에 들어 도솔궁(兜率宮)에 올라 미륵(彌勒)에게 물어 인가를 얻었다. 돌아오는 도중 계빈에서 입적했으니, 세수 78세였다.『역대삼보기』 권10(대정장49, p.89c10)에 "문제 원가 4년에 양주의 사문 석지엄은 어려서 출가하여 여러 곳을 다니며 두루 배우다가 서역에서 우연히 저 경전의 범본을 얻어 양도에 가지고 와서 지원사에서 보운과 함께 역출하였다. 지엄의 신묘한 공덕은『고승전』에 구비되어 있다. 文帝元嘉四年 涼州沙門 釋智嚴 弱冠出家 遊方博學 遂於西域 遇得前經梵本 齎來達到楊都 於枳園寺 共寶雲出 嚴之神德 備高僧傳"라고 하였다. [참고문헌]『歷代三寶紀』,『梁高僧傳』 권3(대정장50, p.339a29). ❸ 당대 우전국(于闐國 : 新疆維吾爾自治國에 있던 고대 국가) 출신의 스님. 속성은 울지(鬱遲)씨, 이름은 낙(樂)이다. 어려서 중국에 와서 홍려시(鴻臚寺)에 주석하였다.『석씨계고략』 권3(대정장49, p.822c26)에 "사문 지엄은 우전국왕의 아들이다. 어려서 당나라에 와서, 젊어서 관직에 올라 좌령군위대장군(左領軍衛大將軍)을 제수받고 금만군공(金滿郡公)에 봉해졌다. 이 해 5월 사택(捨宅)하여 절로 만들 것을 주청하니, 칙명으로 그 주청을 승낙하였다. 沙門智嚴 于闐國王之子 幼年來唐 早居榮祿 授大將軍 封郡公 是年五月 請捨宅爲寺 勅允其請"라고 하였다. 당 황실의 은혜에 보답하려고 706년(신룡2) 5월 집을 사찰로 만들 것을 주청하고, 11월에 출가했다. 종남산(終南山) 지상사(至相寺)에 들어가 정려(靜慮)하였으며, 석별곡(石鼈谷)에서 두타행(頭陀行)을 닦았다. 716년(개원4) 선무외(善無畏)가 당나라에 오자 일행(一行)과 함께 선무외에게 배웠다. 721년(개원9) 칙명으로 석별곡아련야(石鼈谷阿練若)와 봉은사(奉恩寺)에서『설묘법결정업장경 說妙法決定業障經』·『출생무변문다라니경 出生無邊門陀羅尼經』·『사자소타사왕단육경 師子素馱娑王斷肉經』·『대승수행보살행문제경요집 大乘修行菩薩行門諸經要集』 4부 6권을 한역하였다. [참고문헌]『釋氏稽古略』,『宋高僧傳』 권3

(대정장50, p.720a3). **4** 1464~1534. 조선전기 스님. 호는 벽송(碧松)·야로(埜老), 속성은 송(宋)씨. 아버지의 휘는 복생(福生), 어머니는 왕(王)씨 부인이다. 1464년(세조10) 3월 15일 전라북도 부안에서 태어났다. 골상이 비범하고 검술에 능할 뿐 아니라 전술지휘에도 뛰어났다. 1491년(성종22) 영안도(永安道) 관찰사(觀察使)로 있을 때 여진족(女眞族)이 북변(北邊)을 괴롭히자 북정도원수(北征都元帥)의 군문에 들어가 적의 본거지를 소탕하는데 큰 공을 세운 후, 대장부가 이 세상에 태어나 심지(心地)를 지키지 않고 싸움터에만 좇아다니는 것은 헛된 이름일 뿐이라고 탄식하고 곧 계룡산 상초암(上草庵 : 또는 臥草庵)으로 가서 조징(祖澄)을 은사로 하여 스님이 되었다. 그 후 연희(衍熙)로부터 『능엄경 楞嚴經』을 배웠고, 벽계정심(碧溪正心)에게서 『전등록 傳燈錄』을 배웠다. 1508년(중종3) 금강산 표훈사(表訓寺)의 부속 암자인 묘길상암(妙吉祥庵)에서 『대혜어록 大慧語錄』을 보다가 '구자무불성화 狗子無佛性話'를 듣고 참선하던 중 얼마 되지 않아 칠통(漆桶)을 타파하였다. 또 『선요』 「개당보설 開堂普說」(卍속장122, p.705a8)에 "'만약 인천안목 열어 제껴서 불조혜명을 떨치고자 하면 다시 자기와 선불장도 녹여 한 덩어리로 만들어 백천만억세계 밖으로 던져버려야 하리'. 若要開鑿人天眼目 發揚佛祖宗猷 更須將自己與選佛場 鎔作一團 颺在百千萬億世界之外"라는 대목과 세세 낙낙한 마음에서 공부하여야 한다는 말씀에 이르러 크게 깨달았다 하니, 스님은 대혜와 고봉(高峰)의 종지를 계승한 셈이다. 1511년(중종6) 봄 용문산에 들어가 2년 간 정진하였고 1513년(중종8) 오대산에서 안거한 후로는 백운산·능가산 등지로 다니다가 1520년(중종15) 3월 지리산에 들어가 토굴(훗날의 벽송사)을 맺고 일중식(日中食)만을 하면서 각고 정진했다. 스님은 『도서 都序』와 『법집별행록절요 法集別行錄節要』로써 초학자를 지도하였고, 『선요 禪要』와 『서장 書狀』으로써 수선의 길로 나아가게 하였다. 수국암(壽國庵)에서 『법화경』을 강설하다가 1534년(중종29) 11월 1일 진시에 세수 81, 법랍 44세로 입적하였다. 법계는 태고보우(太古普愚 1301~1382)의 제5세로서 벽계정심(碧溪正心)의 법을 이었다. 『허백당집 虛白堂集』에는 보우의 제4세라 하였다. 다비한 후 정골(頂骨) 1편에 붙은 사리를 얻어 두륜산 의신암(義神庵) 남쪽 기슭에 탑과 비를 세웠다. 저서는 『벽송집 碧松集』·『가송잡서 歌頌雜書』 등이 있다. 1560년(명종15) 청허휴정(淸虛休靜)이 지은 벽송당대사 행적이 『삼로행적』(한불전7, pp.752b7~754a4)에 수록되어 있다. 제자로는 숭인(崇仁)·설은(雪訔)·원오(圓悟)·진일(眞一) 등 수십 명이 있다. 〔참고문헌〕『禪要』, 『三老行蹟』, 『西域中華海東佛祖源流』(한불전10, p.104a5), 『東師列傳』 권2 「碧松禪師傳」(한불전10, p.1011b9), 『朝鮮佛教通史』 권상 pp.449~451.

전불심인임제종태고하오세 벽송당지엄지진
해인사성보박물관 19세기

지엄 智儼 602~668. 당대 스님. 화엄종(華嚴宗)의 제2조. 호는 지상대사(至相大師) 또는 운화존자(雲華尊者), 속성은 조(趙)씨. 천수(天水 : 甘肅省) 출신. 부친은 신주(申州 : 信陽) 참군(參軍)을 지낸 조경(趙景)이라 한다. 어릴 때부터 불법(佛法)을 좋아하여 돌을 모아 탑을 만들거나 친구들을 모아놓고 스스로 법사(法師)라고 하였다. 12세 때 두순(杜順 : 法順)을 따라 종남산(終南山) 지상사(至相寺)에 가서 배웠다. 14세 때 법상(法常)에게 『섭대승론』을 들었다. 20세 때 구족계(具足戒)를 받았고, 『사분율』·『성실론』·『십지경』·『지지경』·『열반경』 등을 배웠다. 『십지론』의 육상원융(六相圓融)을 깊이 연구하여 27세에 『화엄경수현기 華嚴經搜玄記』를 지었으며, 화엄을 강설하면서 화도(化導)를 게을리하지 않았다. 『송고승전』 권5(대정장50, p.732a20)에 "예전에 돈황보살 두순이 화엄법계관을 제자 지엄에게 전하였고, 진역(晉譯) 『화엄경』도 강설하였다. 지엄은 법장(法藏)에게 부촉하였다. 법장은 측천무후를 위해 신역 『화엄경』을 강설하였다. 昔者 燉煌杜順 傳華嚴法界觀 與弟子智儼 講授此晉譯之本 智儼付藏 藏爲則天 講新華嚴經"라고 하였다. 668년(총장원년) 10월 입적했으니, 세수 67세였다. 저서로는 『대방광불화엄경수현분제통지방궤 大方廣佛華嚴經搜玄分齊通智方軌』 10권·『화엄경내장문등잡공목 華嚴經內章門等雜孔目』 4권·『화엄오십요문답 華嚴五十要問答』 2권·『화엄일승십현문 華嚴一乘十玄門』 1권·『금강반야바라밀경약소 金剛般若波羅蜜經略疏』 2권·『무성섭론소 無性攝論疏』 4권 등이 있다. 제자로는 회제(懷齊 또는 懷濟)·법장·의상(義湘)·박진(薄塵)·혜효(慧曉) 등이 있다. 〔참고문헌〕『宋高僧傳』, 『弘贊法華傳』 권3(대정장51, p.20c22). ⇨ 대방광불화엄경수현분제통지방궤 大方廣佛華嚴經搜玄分齊通智方軌, 화엄경내장문등잡공목 華嚴經內章門等雜孔目, 화엄일승십현문 華嚴一乘十玄門, 엄사 儼師, 엄사거유 儼師擧喩

지엄경 智嚴經 『여래장엄지혜광명입일체불경계경 如來莊嚴智慧光明入一切佛境界經』(대정장12, No.357)의 줄인 이름. 『송고승전』 권26 「혜운전 慧雲傳」(대정장5

0, p.874b22)에 "나는『지엄경』에 '유리 바닥에서 궁전의 그림자가 나타난다'라고 설하는 것을 들었는데, 이것은 부사의경계이다. 吾聞智嚴經說 瑠璃地上 現宮殿之影 此不思議之境界也"라고 하였다. [참고문헌]『宋高僧傳』. ⇨ 여래장엄지혜광명입일체불경계경 如來莊嚴智慧光明入一切佛境界經

지엄화상보은사회원문 智儼和尙報恩社會願文 ➡ 고종남산엄화상보은사회원문 故終南山儼和尙報恩社會願文

지업 知業 업을 알다. 일어난 그대로를 알고 보는 것. 『사리불아비담론』 권7(대정장28, p.580c25)에 "무엇을 업을 안다 하는가? 모든 업에 대해 아는 것으로서 일어난 그대로 알고 보는 것을 지업이라 한다. 云何知業 一切業知 如事知見 是名知業"라고 하였다. [참고문헌]『舍利弗阿毘曇論』. ⇨ 비지업 非知業

지업 持業 업을 지녀 짓고 쓰다. 임시로 자성에 의지해 짓고 움직이는 뜻으로, 아뢰야식이 식(識)을 자성으로 종자를 가져 현행하거나, 대비(大悲)가 대지(大智)를 바탕으로 움직이는 등이다. 『화엄경소초』 권38(대정장36, p.288a23)에 "지업이란, 저 장식을 설함에 식이란 바로 체이고 장이란 업의 용이다. 용은 능히 체를 드러내고, 체는 업을 지닌다. 장 그대로 식이기에 장식이라 하고 그 이유로 지업이라 한다. 言持業者 如說藏識 識者是體 藏是業用 用能顯體 體能持業 藏卽識故 名爲藏識 故言持業", 『종경록』 권4(대정장48, p.437a8)에 "또 지업이라 하니, 지(持)란 임시로 가짐이고 업이란 짓고 움직임이다. 且持業者 持謂任持 業謂業用", 『법화경현찬섭석』 권2(卍속장53, p.78a9)에 "대비란 그대로 대지의 용이다. 비이자 지이기도 하니, 지업이라 한다. 大悲卽是大智之用 亦悲亦智 名爲持業"라고 하였다. [참고문헌]『華嚴經疏鈔』, 『宗鏡錄』, 『法華經玄贊攝釋』. ⇨ 지업석 持業釋, 임지자성궤생물해 任持自性軌生物解

지업보력 知業報力 ➡ 업이숙지력 業異熟智力

지업석 持業釋 Ⓢ karma-dhāraya, Ⓣ las-'dzin-pa. 육합석(六合釋) 중 하나로 두 말이 합하되 그 쓰임을 돋보이게 하는 풀이. 동의석(同依釋)이라고도 한다. 앞의 말이 뒤의 말의 업용(業用)을 드러낸다. 예를 들면 고산(高山)을 '높은 산'이라 하고, 제8식을 장식(藏識)이라 하여 종자를 가지는 뜻을 드러내는 등이다. 『화엄경탐현기』 권3(대정장35, p.149a8)에 "둘째, 지업석이란 동의석이라고도 한다. 즉 그 업용을 들어 자체를 드러낸다. 마치 저 장식이라 할 때 장은 업용이고, 식은 그 체라 하니 장으로서의 식이기에 용을 가져 체를 풀이하였기에, 다른 바탕의 것들이 서로 의지한 것이 아니다. 이미 두 법이 아닌데 어찌하여 '합석'이라 하는가? 체와 용이 서로 떨어지지 않기에 합이라고 한다. 二 持業釋者 亦名同依釋 謂擧其業用 以顯自體 如說藏識 藏是業用 識是其體 藏卽識故 持用釋體 非是別體相依 旣非二法 何名合釋 以體用不離 故名合也", 『상종팔요해』(卍속장55, p.480a5)에 "지업석이란, 예를 들면 장식이라고 하는 것에서 식은 체이고 장은 업용이다. 용은 능히 체를 드러내고, 체는 능히 용을 지니니 장이 곧 식이기에 장식이라고 한다. 그러므로 지업석이라 한다. 또한 동의석이라고도 한다. 장으로 품어 거두는 용을 취하고, 식으로는 요별의 용을 취하는데, 이 두 가지는 소의가 동일하기에 동의석이라고 한다. 言持業者 如說藏識 識者是體 藏是業用 用能顯體 體能持業 藏卽識故 名爲藏識 故名持業 亦名同依釋 藏取含藏用 識取了別用 此二同一所依 故云同依也", "〈해〉 장식은 곧 제8식이다. 품어 거두는 용이 있어 장식이라고 한다. '식은 체이다'란, 식이 능히 업을 일으키기 때문이다. '장은 업용이다'란, 업이 식으로부터 일어나기 때문이다. 업으로 인해 체를 나투고, 체로 말미암아 업을 유지하니 업이 곧 체여서 지업석이라고 한다. '동의석이라고도 한다'란 무슨 말인가? 장과 식 두 가지는 소의가 동일하다. 장은 능히 거둠으로서 함장으로 용을 삼고, 식은 견분으로서 요별로 용을 삼는다. 함장과 요별은 모두 식체에 의지하며 자증분체를 함께하기에 동의석이라고 한다. 藏識卽第八識 有含藏用 名爲藏識 識是體者 識能發業故 藏是業用者 業從識起故 因業顯體 由體持業 業卽是體 名持業釋 亦名同依者 藏識二義 同一所依 藏是能藏 以含藏爲用 識是見分 以了別爲用 含藏了別 皆依識體 同自證分體 故名同依"라고 하였다. [참고문헌]『華嚴經探玄記』, 『相宗八要解』, *Mvy ut.210.* ⇨ 육합석 六合釋

지여 只如 다만 그렇다. 지여(秖如)라고도 한다. 『벽암록』 27칙 「수시 垂示」(대정장48, p.167b21)에 "하나를 물으면 열을 답하고 하나를 들면 셋을 밝힌다. 토끼 보고 매를 날리고 바람 따라 불을 놓는다. 눈썹을 잃을 일 차지하고 다만 저 호랑이굴 들어간 듯할 때 어떠하리. 시험 삼아 들어보라. 問一答十 擧一明三 見兎放鷹 因風吹火 不惜眉毛則且置 只如入虎穴時如何 試擧看", 『조계진각국사어록』 「최상국설재청상당 崔相國設齋請上堂」(한불전6, p.3a18)에 "신령스럽고 날카로운 보검이 언제나 드러나 앞에 있어 능히 죽이고 능히 살린다. 신용이 끝이 없어 어떤 때는 죽이니 붉은 태양이 푸른하늘에서 땅으로 떨어지며, 어떤 때는 살리니 다 죽어가던 거북이와 뱀이 하늘로 오른다. 다만 그렇다 해도 죽이지도 살리지도 않을 때에는 어떠한가? 靈鋒寶劒 常露現前 能殺能活 神用無邊 有時殺 皎日靑空殞落地 有時活 枯龜

死蛇飛上天 只如不殺不活時 作麼生"라고 하였다. ［참고문헌］『碧巖錄』, 『曹溪眞覺國師語錄』. ⇨ 지여 秖如

지여 秖如 단지 그렇다면. 지여(只如)라고도 한다. 『전심법요』(대정장48, p.383b2)에 "단지 그렇다면 눈앞에 펼쳐진 허공이 이 경은 아니라고 할 수 있을까요? 秖如目前虛空 可不是境", 『임제록』(대정장47, p.497a3)에 "임제에게 물었다. '단지 저 석실행자라면 디딜방아를 밟다가 발 옮기는 것을 망각했다고 하는데, 어딜 향해 간 것일까요?' '깊은 샘에 빠졌다'. 問 秖如石室行者 踏碓忘却移脚 向什麽處去 師云 沒溺深泉"라고 하였다. ［참고문헌］『傳心法要』, 『臨濟錄』. ⇨ 지여 只如

지여 智如 고려후기 스님. 상좌가 37세에 입적하자 다비할 때에 나옹혜근(懶翁惠勤)이 하화문(下火文)을 지었다. 『나옹화상어록』「위지여상좌하화 爲智如上座下火」(한불전6, p.727b2)에 "삼연이 화합하여 잠시 살아있다가 사대가 흩어져 홀연히 공으로 돌아갔네. 37년 꿈결 바다에서 놀다가 오늘 아침에야 껍데기 벗었다네. 경쾌하도다 저 쑥처럼. 대중이여! 지여상좌는 어느 곳으로 갔는지 아는가? 목마 넘어져 한번 구르니 크게 붉은 불꽃에선 찬바람 일어나네. 三緣和合 暫時成有 四大離散 忽得還空 三十七年 遊於幻海 今朝脫殼 慶快如蓬 大衆 智如上座 向甚麽處去 還會麽 木馬倒騎翻一轉 大紅焰裏放寒風"라고 하였다. ［참고문헌］『懶翁和尙語錄』.

지여지별 知與智別 지(知)와 지(智)의 다름. 종밀(宗密)이 제기한 공종과 성종의 열 가지 다름(空宗性宗十異) 중 하나이기도 하다. 『도서』 권하(대정장48, p.406b5)에 "네 번째는 진지(眞智)와 진지(眞知)의 다름이다. 공종은 분별로 지(知)라 하고, 무분별을 지(智)라 하여 지(智)는 깊고 지(知)는 얕은 것으로 여긴다. 성종은 능히 증한 성스런 이의 묘혜를 지(智)라 하고, 이(理)와 지(智)를 꾸려서 범성의 영성에 모두 통하는 것을 지(知)라 하니, 지(知)는 통이고 지(智)는 국이다. 四 眞智眞知異者 空宗以分別爲知 無分別爲智 智深知淺 性宗以能證聖理之妙慧爲智 以該於理智 通於凡聖之靈 性爲知 知通智局"라고 하였다. ［참고문헌］『都序』. ⇨ 공종성종십이 空宗性宗十異, 지 知, 지 智

지역고촉루지생처 耆域叩髑髏知生處 부처님 재세시 명의(名醫) 지역(耆域 Ⓢ Jīvaka : 耆婆)이 해골을 두드려보고 그 소리만으로 죽은 이들이 난 곳을 맞췄다는 고사. 『오분율』 권20(대정장22, p.134a10)에 "지역은 음성본말의 드러남을 잘 분별하였는데, 부처님께서는 무덤들이 있는 곳으로 데리고 가서 다섯 개의 해골을 보여주셨다. 지역은 빠짐없이 두드려보더니 부처님께 다음처럼 아뢰었다. '첫 번째로 두드려 보니 지옥에 났고, 두 번째로 두드려 본 이는 축생에 났으며, 세 번째는 아귀에 난 이의 것이고, 네 번째로 두드린 이는 인간에 났으며, 다섯 번째로 두드려 본 이는 천상에 났습니다'. 부처님께서 말씀하셨다. '훌륭하구나! 모두 그대가 말한 바대로다'. 다시 해골 하나를 보여주시자 지역은 세 번을 두드려 보고도 난 곳을 알 수 없었고, 부처님께 다음처럼 아뢰었다. '저는 이 사람이 난 곳을 알지 못하겠습니다'. 부처님께서 말씀하셨다. '그대가 알 수 없는 게 당연하다. 왜 그렇겠는가? 이는 아라한의 해골로 다시 난 곳이 있을 수 없기 때문이다. 耆域善別音聲本末之相 佛將至塚間 示五人髑髏 耆域遍叩 白佛言 第一叩者生地獄 第二叩者生畜生 第三叩者生餓鬼 第四叩者生人道 第五叩者生天上 佛言 善哉 皆如汝說 復示一髑髏 耆域三叩 不知所之 白佛言 我不知此人所生之處 佛言 汝應不知 何以故 此是羅漢髑髏 無有生處"라고 하였다. ［참고문헌］『五分律』. ⇨ 기바 耆婆 ❶

지연 智淵 ❶ Ⓢ jñāna-ambu. 지(智)를 가득 출렁이는 못에 비유한 말. 『금광명경』 권2(대정장16, p.344a25 : *Suv-pr.*, p.90)에 "여래면목 가장 높고 밝아 깨끗하며, 이는 하얘 때 없으니 저 연꽃 뿌리와 같네. 공덕 무량하기가 저 큰 바다 같으며, 지혜의 못 가이없으니 법의 물마저 가득했네. 如來面目 最上明淨 齒白無垢 如蓮華根 功德無量 猶如大海 智淵無邊 法水具足 jinacandra-vimalavapuṣaṃ jinasūrya-sahasrakiraṇābham, jinakamala-vimalanetraṃ jinakumuda-tuṣāraviraja-daśanāgram. jinaguṇa-sāgarakalpa anekaratnākara jinasamudram, jñānāmbu-salilapūrṇam", 『금광명경문구』 권2(대정장39, p.54a24)에 "지의 못 가이없어서 법의 물마저 가득했다 하니, 이 또한 증지다. 智淵無邊 法水具足 亦是證智也", 『금광명경문구신기』 권6(卍속장31, p.696a16)에 "지의 못 가이없다란 바로 지덕이니, 연이란 깊음이다. 智淵無邊 卽智德也 淵 深也"라고 하였다. ［참고문헌］『金光明經』, 『金光明經文句』, 『金光明經文句新記』, *Suv-pr.* ❷ 나옹혜근(懶翁惠勤 1320~1376)의 제자로 대선사(大禪師)였다. 다만 「여주신륵사보제나옹선사비문 驪州神勒寺普濟懶翁禪師碑文」에 수월사주지대선사지연 水月寺住持大禪師智淵'이라고 전한다. ［참고문헌］李智冠『校勘譯註歷代高僧碑文』高麗篇4 pp.372~403. ⇨ 혜근 惠勤

지연 智緣 북송(北宋)대 스님. 수주(隋州 : 湖北省) 출신. 경략대사(經略大師)라고도 한다. 의술(醫術)에 정통하였고 말솜씨도 뛰어났다. 가우년간(1056~1063) 말에 황제의 명을 받들어 경사로 가서 상국사(相國寺)에 머물렀다. 당시 왕안석(王安石)이 흠모하여 항상 서로 교위하면서 속 이야기를 주고받았다. 희녕년간(1068~1077)에 왕소(王韶)가 사군(四郡)을 취하려 할 때 번족(番族)은 스님을 존중한다고 하면서 번으로 들어와 달라고 청하였다. 그에 응하여 신종(神宗)이 스님을 서쪽으로 보내면서 경략대사라는 칭호를 내렸다. 번에 들어간 뒤로 장수들을 설복하여 귀화시키자 다른 종족들도 모두 귀복하였다. 왕소는 스님의 공훈을 시기하여 돌아갈 것을 청하면서 우가수좌(右街首座)에 임명하였지만 얼마 지나지 않아 입적하였다. [참고문헌]『新續高僧傳』 권60(대장경보편27, p.441a1).

지연단 智緣斷 연을 알아 끊다. 네 가지 단(四斷 : 戒 微 修 知緣) 중 하나로 신구의(身口意) 악행의 보를 사유해 끊는 일. 지연단(知緣斷)으로도 쓴다. 『사리불아비담론』 권16(대정장28, p.636a14)에 "무엇이 네 가지 단(斷)인가? 계단·미호단·수단·지연단이 그것이다. … 무엇을 지연단이라 하는가? 때론 나무 아래나 길 위에 있으면서 다음과 같이 사유한다. '몸으로 짓는 불선한 악행은 금세나 후세에 갚아야 한다. … 몸의 악행을 견뎌 참아 끊어야 한다. 입으로 짓는 불선한 악행은 금세나 후세에 갚아야 한다. … 입의 악행을 견뎌 참아 끊어야 한다'. … 이를 지연단이라 한다. 何謂四斷 戒斷 微護斷 修斷 知緣斷 … 何謂智緣斷 如比丘 或在樹下露處 如是思惟 身不善惡行 報今世及後世 … 堪忍斷身惡行 修身善行 口不善行 報今世及後世 … 堪忍斷口惡行 修口善行 … 是名智緣斷"라고 하였다. [참고문헌]『舍利弗阿毘曇論』. ⇨ 사단 四斷[4]

지연멸 智緣滅 지(智)로 연이 사라져 무위에 이르다. 택멸(擇滅 Ⓢ pratisaṃkhyā-nirodha)·수멸(數滅)·수연멸무위(數緣滅無爲)·출세간무위(出世間無爲)라고도 한다. 지는 간택하는 힘(簡擇力)이 있어 번뇌의 연을 사라지게 하는 뜻이다. 『인왕경』 권상「관공품 觀空品」(대정장8, p.826b11)에 "부처님께서는 세 가지 무위과를 얻으셨다. 지연멸·비지연멸·허공이니, 이들 살바야(Ⓢ sarvajña : 一切智)의 과가 공하기 때문이다. 佛得三無爲果 智緣滅 非智緣滅 虛空 薩婆若果空也", 원측(圓測)의 『인왕경소』 권상(대정장33, p.385c8·한불전1, p.56b16)에 "지연멸이란 택멸이라고도 한다. 택이란 지혜를 말하니, 지로 가림을 끊고 멸을 얻기에 택멸이라 한다. 言智緣滅者 或名擇滅 擇謂智慧 由智斷障所得滅者 名爲擇滅", 『인왕반야경소』 권상2(대정장33, p.328a16)에 "지연멸은 수연멸무위라 하고, 비지연멸은 비수연멸무위이며, 허공은 법성허공무위이고, 살바야과(一切智果)도 공이라는 말은 불과의 바탕이 공함을 밝힌 것이다. 智緣滅者 名數緣滅無爲 非智緣滅者 非數緣滅無爲 虛空者 法性虛空無爲 薩婆若果空者 明佛果體空", 『대반열반경집해』 권65(대정장37, p.579b26)에 "지연멸은 출세간무루이고, 비지연멸은 세간무루다. 비록 세간과 출세로 다르지만 멸의 뜻은 변함이 없다. 허공과 같으니 이들을 삼무위라 한다. 智緣滅 出世間無漏 非智緣滅 世間無漏 雖世出世之異 滅義是常 與虛空同 稱三無爲"라고 하였다. [참고문헌]『仁王經』, 『仁王經疏』, 『仁王般若經疏』, 『大般涅槃經集解』. ⇨ 택멸 擇滅, 수멸 數滅, 삼무위 三無爲, 무위 無爲

지연진 智緣盡 지연멸(智緣滅)의 다른 표현. 세 가지 무위(三無爲) 중 하나인 출세간무위로, 지혜의 힘으로 연을 다한 뜻이다. 세간무위는 비지연진(非智緣盡 : 非擇滅)이다. 『대지도론』 권31(대정장25, p.288b29)에 "지연진은 열반이다. 智緣盡是卽涅槃", 『사리불아비담론』 권4(대정장28, p.553c4)에 "무엇이 지연진인가? 만약 법이 지에 의해 다하면 저 법이 다함을 지연진이라 한다. 무엇이 지연진인가? 만약 법이 성도를 얻고 다하면 저 법의 멸은 지로 연을 다했다 한다. … 무엇이 지연진인가? 사사문과로서 수다원과·사다함과·아나함과·아라한과이니 이들 이름이 지연진이다. 云何智緣盡 若法智盡 彼法盡 是名智緣盡 云何智緣盡 若法得聖道滅 彼法滅 是名智緣盡 … 云何智緣盡 四沙門果 須陀洹果 斯陀含果 阿那含果 阿羅漢果 是名智緣盡", 『아비담감로미론』 권하(대정장28, p.980a3)에 "무엇이 지연진인가? 유루무루의 지혜력으로 모든 결사를 끊고 해탈을 얻으니 지연진이라 한다. 云何智緣盡 有漏無漏智慧力 諸結使斷得解脫 是謂智緣盡"라고 하였다. [참고문헌]『大智度論』, 『舍利弗阿毘曇論』, 『阿毘曇甘露味論』. ⇨ 택멸 擇滅, 비지연진 非智緣盡, 삼무위 三無爲

지염 持炎 위(魏)대 중인도 출신의 역경승 율염(律炎)의 또다른 이름이다. [참고문헌]『歷代三寶紀』 권5(대정장49, p.57a16), 『大唐內典錄』 권2(대정장55, p.227c15). ⇨ 율염 律炎

지염 智琰 564~634. 수(隋)~당(唐) 초기의 스님. 자는 명찬(明瓚), 속성은 주(朱)씨. 오군(吳郡 : 江蘇省 嘉興) 출신. 『법화경』과 『성실론』에 정통하였다. 수양제(隋煬帝)의 귀의를 받았다. 만년에 고향의 무구산(武丘山)에 은거하면서 정토수행하였다. 『정토왕생전』 권중(대정장51, p.119a4)에 "정관 8년(634) 10월에 병에 걸려 앓던 중에 한 범승을 보았다. 그는 손에 보병을 들고 앞에 나타나 지염에게 '나는 무변광이다. 후에 정토에서 공덕보왕이라 불리게 될 부처님이 바로 나다'라고 말했다. 지염이 그 사연을 절의 다른 스님에게 '무변광은 세지보살이고, 공덕보왕은 실로 성불한 뒤의 명호다. 인을 보아 과를 말해서 애써 나를 깨우치니 나는 반드시 서방으로 돌아가리라'라고 말했다. 그 날 무구산 동쪽 절에서 춘추 71세로 입적하였다. 眞觀八年十月得疾 疾中見一梵僧 手執寶缾 前謂琰曰 吾無邊光也 却後淨土所稱功德寶王 乃我爾 琰得其事 謂寺僧曰 無邊光卽勢至也 功德寶王 實其成佛號 由因言果 勉以諭我 我其西歸也必矣 其日終于武丘之東寺 春秋七十一"라고 하였다. 〔참고문헌〕『淨土往生傳』, 『佛祖統紀』 권22(대정장49, p.245b29), 『唐高僧傳』 권14(대정장50, p.531c2), 『弘贊法華傳』 권3(대정장51, p.19a9).

지염 智厭 지혜를 가져 싫어해 버리다. 상키야(Ⓢ Sāṃkhya : 數論)의 용어로 이 두 가지를 해탈(依因)의 인(因)으로 주장한다. 『금칠십론』 권중(대정장54, p.1255c26)에 "어떤 것이 인을 말미암는다 하고, 어떤 것을 인에 의지한다 하는가? 〔답〕 선법을 인으로 위를 향하고, 비법(非法)을 인으로 아래를 향하니, 지혜와 염리를 인으로 해탈하고, 이를 뒤치면 얽혀 묶인다. … '지혜와 염리를 인으로 해탈한다' 하는 것은, 미세신을 인으로 지혜를 얻고, 지혜를 인으로 염리를 얻으며, 염리에 의해 미세신을 버리고, 진아가 독존하리니 이 이름이 해탈이다. '이를 뒤치면 계박이다'는 무슨 말인가? 지혜를 뒤치면 무지라 한다. 何者爲由因 何者名依因 答曰 因善法向上 因非法向下 因智厭解脫 翻此則繫縛 … 因智厭解脫者 因細身得智慧 因智慧得厭離 因厭離捨棄細身 眞我獨存 故名解脫 翻此則繫縛者 翻智者名無智"라고 하였다. 〔참고문헌〕『金七十論』.

지영 志永 조선후기 화담스님의 수계제자. 『동사열전』 권4 「화담강사전 華潭講師傳」(한불전10, p.1036b15)에 "법명은 영원이고 호는 화담이다. … 수계·수참·수법 제자는 법천사에도 있고 대둔사에도 있다. … 지찬·지영은 수계제자이며, 인파·영해·득훤 등은 손제자이다. 師名靈源 號華潭 … 受戒受懺受法者 在法泉 在大芚 … 志贊志永 受戒者 印波映海得烜等 孫弟子也"라고 하였다. 〔참고문헌〕『東師列傳』.

지영 智永 남북조(南北朝)말의 서승(書僧). 왕희지(王羲之)의 7세손. 속성은 왕(王)씨, 이름은 법극(法極) 또는 법귤(法橘), 회계(會稽 : 浙江省) 출신. 영선사(永禪師)라고도 한다. 형 혜흔(慧欣)과 함께 출가하여 가상사(嘉祥寺)에 머물다가 왕희지의 묘 가까이에 있는 영흔사(永欣寺)로 옮겨 살았다. 『법화경』과 『반야경』에 밝았으며, 여러 서체에 능하였는데 특히 초서(草書)를 잘 썼다. 왕희지의 서법을 전하기 위하여 해서(楷書)와 초서를 함께 쓴 『진초천자문 眞草千字文』 800여 권을 여러 곳의 절에 기증하였다. 찾아오는 사람이 많아서 문지방이 닳을 지경이라 쇳조각으로 덧씌웠으므로 '철문한 鐵門限'으로 불렸다. 글씨를 쓰는 것이 도를 방해한다고 생각하여 붓을 모아 묻고는 '퇴필총 退筆塚'이라 하고, 명지(銘誌)를 짓고서 다시는 글씨를 쓰지 않았다. 〔참고문헌〕『梵網菩薩戒經義疏發隱事義』(卍속장59, p.840b2).

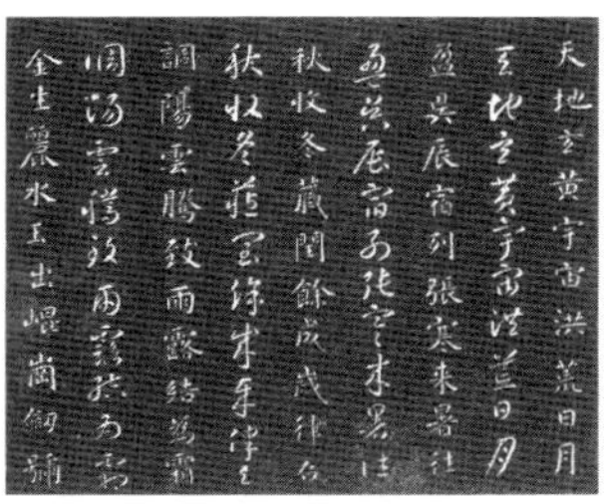

지영 천자문석각탁본
서안비림박물관 1109년

지영 智英 조선시대 양산 통도사 스님. 호는 능암(陵庵). 교리에 정통하여 통도사의 교총섭(敎總攝)을 역임하였다. 1724년(경종4) 7월에 세운 스님의 부도(浮圖)가 통도사 산내 암자인 동암(東庵) 옛터에 있는데 부도의 제호(題號)는 '능암당지영대선사탑 陵庵堂智英大禪師塔'이라 했다. 〔참고문헌〕陵庵堂智英大禪師塔.

지영 智穎 신라시대 스님. 중국에 유학하여 신라로 문물을 전하였으며, 선덕여왕의 총애로 대덕에 올랐다. 『고운집』 권1 「선안주원벽기 善安住院壁記」(한국문집총간2, p.164b4)"당시 관광 비구인 지영·승고가 가서 적수에 구슬을 찾아 돌아와 청구를 빛냈다. 이에 선덕여왕이 그들의 뛰어난 가르침을 총애하였으므로 발탁하여 대덕으로 삼았다. 時有觀光比丘曰智穎 曰乘固 去探赤水 來耀靑丘 於是 寵彼上乘 擢爲大德"라고 하였다. 〔참고문헌〕『孤雲集』. ⇨ 승고 乘固

지영득안정야락지 只贏得眼睛也落地 겨우 얻은 눈동자 땅에 떨어지리. 『벽암록』 8칙 「본칙 本則」(대정장48, p.148b1)에 "취암영참(翠巖令參)이 하안거 끝에 대중에게 말하였다. '여름 안거 줄곧 법형제들 위해 말을 했는데〈입을 연 일이 어째서인지 알겠는가?〉 내 눈썹이 보이는가?〈겨우 얻은 눈동자 땅에 떨어지려 하고 겨우 뚫린 콧구멍마저 잃고는 지옥에 들기를 저 화살 쏘듯 하리라〉'. 보복(保福)이 말했다. '도적질하는 사람의 마음 든 것 없다'〈분명히 도적은 도적을 알아본다〉. 장경(長慶)이 말했다. '살아났다'〈혀끝이 땅에 떨어진다. 어긋남에 어긋남 더했으니 그 끝 그대로다〉. 운문이 말했다. '닫혔다'〈달려 어디로 가는가? 천하납승이 달아나려 해도 나갈 수 없다. 졌다〉. 翠嵒夏末示衆云 一夏以來 爲兄弟說話〈開口焉知恁麽〉 看翠嵒眉毛在麽〈只贏得眼睛也落地 和鼻孔也失了 入地獄如箭射〉 保福云 作賊人心虛〈灼然是賊識賊〉 長慶云 生也〈舌頭落地 將錯就錯 果然〉 雲門云 關〈走在什麽處去 天下衲僧跳不出 敗也〉"라고 하였다. 〔참고문헌〕『碧巖錄』.

지영락 持瓔珞 Ⓢ Mālādhārī, Ⓣ phreng-ba-'chan

g. 영락으로 꾸민 나찰녀. 『법화경』 권7(대정장9, p.59a22)에 "그때 나찰녀들이 있었는데 … 여덟 번째는 지영락이라 한다. … 귀자모와 그 자손과 권속이 함께 부처님 처소로 찾아와 한 목소리로 부처님께 아뢰었다. 爾時 有羅刹女等 … 八名持瓔珞 … 與鬼子母幷其子及眷屬俱詣佛所 同聲白佛言", 『법화의소』 권12(대정장34, p.630b14)에 "지영락〈한역하면 지화이다〉. 持瓔珞〈此云持華〉", 『법화경지장소』 권7(卍속장93, p.864b5)에 "이름이 지영락이다. 대개 영락이란 본래 몸을 꾸미는 장신구로서 좋아하여 붙이니, 몸은 그 얼개에 덮힌다. 名曰持瓔珞 蓋瓔珞 本嚴身之具 愛而著之 則身被其縛矣"라고 하였다. [참고문헌] 『法華經』, 『法華義疏』, 『法華經指掌疏』, *Saddh-p.400.* ⇨ 십나찰녀 十羅刹女

지옥 地獄 Ⓢ Ⓟ naraka, niraya, Ⓣ dmyal-ba. 악업(惡業)을 지은 이가 그 과보로 떨어져 갖가지 고통을 받는 세계. 오취(五趣 : 五道)·육취(六趣 : 六道)·십계(十界)·칠유(七有) 중 하나이므로 지옥취(地獄趣 : 地獄道)·지옥계(地獄界)·지옥유(地獄有)라고 하며, 나락가(那落迦)·나락(奈落)·나리(奈利)·날락가(捺落迦)·내락가(㮈落迦)·니라야(泥羅夜)·니리야(泥犁耶)·니려(泥黎)·니리(泥犁·泥梨) 등으로 음사하며, 불락(不樂)·가염(可厭)·고구(苦具)·고기(苦器)·무유(無有)·무가락(無可樂)·무복처(無福處)·불가락(不可樂)·불락(不樂)·비행(非行) 등이라고도 한다. 경설에 따라 삼종지옥(三種地獄)과 십팔지옥(十八地獄) 등이 있으나, 크게는 등활(等活)·흑승(黑繩)·합회(合會)·규환(叫喚)·대규환(大叫喚)·초열(燋熱)·대초열(大燋熱)·아비(阿鼻)라는 팔대지옥(八大地獄)으로 분류한다. 그리고 다시 각각의 대지옥에는 그 권속(眷屬)인 팔한빙(八寒氷)·팔염화(八炎火)의 십육소지옥(十六小地獄 : 十六遊增地獄)이 있어서 백삼십육지옥이다. 『법원주림』 권7(대정장53, p.322b6)에 "[문] 어찌하여 지옥이라고 하는가? [답] 『입세아비담론』에서 다음과 같이 말한다. '범어로 니리야라고 하니, 놀고 기뻐할 수 없기에, 또 기쁨도 즐거움도 없기에, 또 나가 다닐 수가 없기에, 또 복덕이 없기에, 또 악업을 버려 떠날 수 없기에 그 중에 난다. 또 이 도는 욕계 중에서 가장 하열하므로 갈 곳이 아니라고 하는데, 바로 이런 일들로 인해 지옥을 니리야라 한다'. 『바사론』에서는 이렇게 말한다. '부자재라고 하는데, 즉 저 죄인은 옥졸인 아방의 구제를 받아 자재하지 못하므로 지옥이라 한다. 또 좋아하여 즐길 만한 것이 아니므로 지옥이다'. 問曰 云何名地獄耶 答曰 依立世阿毘曇論云 梵名泥犁耶 以無戲樂故 又無喜樂故 又無行出故 又無福德故 又因不除離惡業故 故於中生 復說 此道於欲界中 最爲下劣 名曰非道 因是事故 故說 地獄名泥犁耶 如婆沙論中 名不自在 謂彼罪人 爲獄卒阿傍之所拘制 不得自在 故名地獄 亦名不可愛樂 故名地獄", 같은 책 권7(대정장53, p.322b19)에 "지금 신역경론에 의하면 범본의 바른 음은 나락가이며 날락가라고도 하는데, 이곳은 사람이 처한 고통이란 모조리 거두기에 날락가라고 한다. 그러므로 『신바사론』에서는 말한다. '[문] 무엇 때문에 저 취를 날락가라고 하는가? [답] 저 유정들에게는 기쁨도 없고 사랑도 없으며, 재미도 없고 이익도 없으며, 즐거움도 없기에 나락가라고 한다'. 또 어떤 사람은 말한다. '저들은 지난날 몸과 말과 뜻으로 더없이 포악한 악행을 짓고 그곳에 가서도 상속하게 하기에 날락가라 한다'. 어떤 사람은 말한다. '저 취에서는 거꾸로 떨어지므로 날락가다'. 今依新翻經論 梵本正音 名那落迦 或云捺落迦 此總攝人處苦盡故 名捺落迦 故新婆沙論云 問 何故彼趣 名捺落迦 答 彼諸有情 無悅無愛 無味無利 無喜樂故 名那落迦 或有說者 由彼先時 造作增長 增上暴惡 身語意惡行 往彼令彼相續故 名捺落迦 有說 彼趣以顚墜故 名捺落迦", 같은 책 권7(대정장53, p.322b13)에 "'또 지(地)라 한 것은 밑바닥이다. 저 아래인 바닥을 말하니 만물 중에 땅이 제일 아래 있으므로 밑이라 하며, 옥(獄)이란 방이니 즉 방에 갇혀 자재하지 못하므로 지옥이라 한다. 또 니리란 범어인데, 있어야 할 것이 없어서 무유라 한역한다. 즉 저 지옥에는 뜻도 이로움도 없기에 「무유」라고 한다'. [문] 지옥에는 종류가 많으니, 땅 밑에 있기도 하고, 땅 위에 있기도 하며, 허공에 있기도 한데, 무슨 까닭으로 모두 지옥이라고 하는가? [답] 구역에서는 지옥을 좁은 곳이나 방이라고 하여 땅과 허공은 거두지 않았다. 又地者 底也 謂下底 萬物之中 地最在下 故名爲底也 獄者 局也 謂拘局不得自在 故名地獄 又名泥黎者 梵音 此名無有 謂彼獄中無有義利 故名無有也 問曰 地獄多種 或在地下 或處地上 或居虛空 何故並名地獄 答曰 舊翻地獄 名狹處局 不攝地空"라고 하였다. 지옥의 위치는 경전에 따라 다르다. 『장아함경』·『대루탄경』 등에서는 커다란 두 개의 금강산(金剛山) 사이에, 『입세아비담심론』에서는 철위산(鐵圍山) 밖에, 『구사론』·『대비바사론』 등에서는 섬부주(贍部洲) 아래 2만유순되는 곳에 아비지옥부터 차례로 팔대지옥이 위치한다고 하였고, 지옥을 다스리는 이는 염마왕(閻魔王)이다. 『중아함경』 권12 「천사경 天使經」(대정장1, p.503b17 : *Devadūta-sutta, MN.3,* p.179)의 "만약 어떤 중생이 몸이나 입이나 뜻으로 악행을 짓거나, 성인을 비방하거나, 사견으로 사견업을 짓는다면, 저 중생은 저 인연때문에 몸이 무너지고 목숨을 마친 후 틀림없이 악처로 가서 저 지옥

같은 중에 난다. 若此衆生成就身惡行 口意惡行 誹謗聖人 邪見成就邪見業 彼因緣此 身壞命終 必至惡處 生地獄中 ime vā pana bhonto sattā kāya-duccaritena samannāgatā vacī-duccaritena samannāgatā mano-duccaritena samannāgatā ariyānaṃ upavādakā micchā-diṭṭhikā micchā-diṭṭhi-kamma-samādānā, te kāyassa bhedā param maraṇā apāyaṃ duggatiṃ vinipātaṃ nirayaṃ upapannā ti". 『불소행찬』 권3(대정장4, p.27a10)의 "지옥에 나는 사람은 한량없는 온갖 고통 받으니, 구리쇠 녹인 물을 마시고, 철창이 그 몸을 꿰뚫고, 끓는 큰 가마솥에 던져지기도 하고, 치성한 불구덩이 속으로 몰아넣기도 하며, 긴 이빨의 개들에게 먹히기도 하고, 뾰족한 부리의 새들이 골을 쪼아먹기도 하네. 불이 무서워 숲속으로 도망치면, 칼 잎사귀가 그 몸을 자르고, 날카로운 칼이 그 몸을 가르며, 예리한 도끼가 쪼개기도 하네. 이렇게 심한 고통받아도, 업행으로 그를 죽지도 못하게 하니, 부정한 업을 즐겨 짓다가 극심한 고통으로 그 보를 받네. 맛 들여 즐기는 것 잠깐이나, 고통의 보는 오래간다네. 若生地獄者 受無量種苦 呑飮於洋銅 鐵槍貫其體 投之沸鑊湯 駈入盛火聚 長牙群犬食 利觜鳥啄腦 畏火赴叢林 劍葉截其體 利刀解其身 或利斧斫剉 受斯極苦毒 業行不令死 樂修不淨業 極苦受其報 味著須臾頃 苦報甚久長", 『삼법도론』 권하(대정장25, p.27a16)에 "〔문〕 어떤 것이 지옥인가? 〔답〕 지옥이란 춥거나 뜨겁거나 변방에 있어서 지옥이고, 한지옥·열지옥·변지옥이다. 지옥이란 좋아할 수 없는 곳이므로 지옥이라 한다. 問 云何地獄 答 地獄者 寒 熱 邊 地獄 寒地獄 熱地獄 邊地 地獄者 不可樂 故曰地獄", 『법화의소』 권6(대정장34, p.541b14)에 "경에서 설한다. '수미산 아래에 백삼십여섯 지옥이 있다. 대지옥으로는 여덟 곳이 있으니 첫째 등활, 둘째 흑승, 셋째 합회, 넷째 규환, 다섯째 대규환, 여섯째 초열, 일곱째 대초열, 여덟째 아비지옥이다'. 經云 須彌山下有一百三十六地獄 大地獄有八 一 等活 二 黑繩 三 合會 四 叫喚 五 大叫喚 六 燋熱 七 大燋熱 八 阿鼻", "'이 팔대지옥 낱낱에 다시 십육소지옥이 있어 권속으로 삼으니, 곧 팔한빙지옥과 팔염화지옥이다. 팔염화지옥이란 첫째 탄갱, 둘째 비시, 셋째 소림, 넷째 검림, 다섯째 인도, 여섯째 철자림, 일곱째 함하, 여덟째 동확이다. 팔한빙지옥이란 첫째 아부다로 약간의 구멍이 있으며, 둘째는 니라부다로 구멍이 없으며, 셋째는 아라라, 넷째는 아파파, 다섯째는 후후인데 이는 추위에 떠는 소리이며, 여섯째는 우발라〈지옥 벽색이 청색임〉, 일곱째는 파두마〈지옥 벽색이 황색임〉, 여덟째는 마하파두마이다. 모두 합해 백삼십육 지옥이 있다. 此八大地獄一一復有十六小地獄以爲眷屬 謂八寒氷 八炎火 八炎火者 一 炭坑 二 沸屎 三 燒林 四 劍林 五 刀道 六 鐵刺林 七 鹹河 八 銅鑊 八寒氷者 一 阿浮陀 少有孔 二 尼羅浮陀 無孔 三 阿羅羅 四 阿婆婆 五 喉喉 此寒戰聲 六 優鉢羅〈獄壁靑色〉 七 波頭摩〈獄壁黃色〉 八 摩訶波頭摩 合一百三十六也"라고 하였다. 〔참고문헌〕『法苑珠林』, 『中阿含經』, 『佛所行讚』, 『三法度論』, 『法華義疏』, 『大毘婆沙論』 권172(대정장27, p.866a23), 『俱舍論』 권11(대정장29, p.58b2), *MN.*, *Udāna-v.103.*, *Bodh-bh.97.*, *DN.3.52.*, *Dhp.18.* ⇨ 나락가 那落迦, 날락가 捺落迦, 내락가 㮈落迦, 니려 泥黎, 팔대지옥 八大地獄, 팔열지옥 八熱地獄, 팔한지옥 八寒地獄, 권속지옥 眷屬地獄, 십육소지옥 十六小地獄, 십팔지옥 十八地獄❶, 삼종지옥 三種地獄, 일백삼십육지옥 一百三十六地獄, 무간지옥 無間地獄, 삼악도 三惡道, 악취 惡趣, 오취 五趣, 육도 六道, 십계 十界❷, 염마왕 閻魔王

지옥게 地獄偈 지옥문을 여는 게. 영가(靈駕)를 마주해 음식을 베풀 때(對靈施食) 영가 및 일체고혼(一切孤魂)을 도량으로 청하기 위해 읊는다. 파지옥게(破地獄偈)라고도 한다. 『작법귀감』 권상(한불전10, p.560b11)에 "지옥게〈처음 2구에는 각각 바라를 울리고 뒤의 2구에는 함께 바라를 울림〉 철위산 사이 옥초산의 확탕·노탄·검수·도산 지옥 등 팔만사천지옥문이여 비밀주의 힘으로 오늘 열고자 하네. … 부처님의 신력을 받들고 불법 더하여 가졌으니, 향기로운 단으로 오시어 우리의 법공양을 받으시고 나는 일 없음을 깨우치소서. 地獄偈〈初二句 各動鈸 後二句 合動鈸〉 鐵圍山間沃焦山 鑊湯爐炭 劍樹刀 八萬四千地獄門 仗秘呪力今日開 … 承佛神力 仗法加持 來詣香壇 受我法供 以悟無生"라고 하였고, 『산보집』 권중 「총림사명일영혼시식절차 叢林四明日迎魂施食節次」(한불전11, p.497c6)에 "〈소를 펴다〉지옥게. 바라오니 삼보의 힘 받들어 가져서 지옥은 변하여 연화지 되게 하소서. 사람으로서 원통경 알고자 한다면, 듣는 일 돌이켜 듣는 자성 비로소 알게 되리. … 부처님의 신력을 받들고 불법의 가지에 의지해 이 향단에 오셔서 우리의 묘공양 받으시기를. 〈宣疏〉地獄偈 願承三寶力加持 地獄變成蓮花池 居人欲識圓通境 返聞聞性始應知 … 承佛神力 仗法加持 赴此香壇 受我妙供"라고 하였다. 〔참고문헌〕『作法龜鑑』, 『刪補集』, 『釋門儀範』 권하 「施食篇」 對靈. ⇨ 파지옥게 破地獄偈, 파지옥진언 破地獄眞言

지옥계 地獄界 십계(十界) 중 하나로서의 지옥. 천태에서는 육도사성(六道四聖)의 십계(十界) 중 불계(佛界) 아닌 구계(九界) 모두 불계기(佛界機)가 있다 하고 지옥계마저도 십여(十如)를 벗어나지 않는다고 한다. 『법화현의석첨』 권12(대정장33, p.903a29)에 "만약 이미 구계에 떨어졌다 해도 '구계에는 불계기가 있다'라고 한다. 마치 악업이 깊고 무거우면 본래 지옥인듯 하여 이름이 지옥계라 하지만, 언젠가 들었던 한 구로도 부처의 인이 될 수 있고 성인 또한 명도(冥途)와 현세(顯世)로 응한다. 이를 가리켜 '지옥에 불계기가 있다'고 한다. 若已墮九界 則名九界有佛界機 如惡業深重 本是地獄 名地獄界 曾聞一句可爲佛因 聖人亦以冥顯應之 是名地獄有佛界機", 『법화문구』 권3하(대정장34, p.42c29)에 "십법계를 잡아 말하면 육도와 사성이 십법이다. 법이 비록 헤아릴 수 없이 많다 해도 수로 나타내면 십을 벗어나지 않고 낱낱의 계 중에 비록 다시 다양하게 갈라져도 십여를 벗어나지 않는다. 저 지옥계는 해당 지옥 마다에 스스로 성상본말을 갖추고 있고, … 내지 불법계 성상본말까지도 갖추고 있어서 조금도 빠짐이 없는 예와 같다. 그러므로 『아비담비바사론』에 '지옥도로 타화천법을 성취한다'라는 말이 그 예이니 그 나머지 구법계도 이와 같다. 約十法界者 謂六道四聖是爲十法也 法雖無量 數不出十 一一界中 雖復多派 不出十如 如地獄界 當地自具相性本末 … 乃至具佛法界 相性本末 無有缺減 故毘曇毘婆沙第七云 地獄道成就他化天法 卽是其例 餘九法界亦如是", 『마하지관』 권10하(대정장46, p.138a17)에 "거슬러 해를 입히고 비방하는 것이 바로 지옥계다. 逆害傷毁 卽地獄界", 『범망경현의』(卍속장60, p.601a17)에 "불세계에서 지옥세계까지 이 갖가지 세계는 모두 중생이 함께 제각각 일으킨 망상으로 이룬 바다. 동 중에 별이 있고, 별 중에 동이 있어 동별이 서로 연이 되어 찰토의 그물을 드리운다. 정토와 예토의 차별을 말로 다할 수 없지만 간략하게 밝히면 네 가지 국토다. 所謂佛世界 乃至地獄世界 以此種種世界 皆是衆生 同別二妄所成 同中有別 別中有同 同別互緣 安立刹網 淨穢差別 非言可窮 略而明之 有四種土"라고 하였다. 〔참고문헌〕『法華玄義釋籤』, 『法華文句』, 『摩訶止觀』, 『梵網經玄義』, 『阿毘曇毘婆沙論』 권7(대정장28, p.46c21). ⇨ 십계 十界 ❷, 지옥 地獄, 십여 十如, 십여시 十如是

지옥도 地獄道 중생이 드나드는 삼악도(三惡道) 또는 육도(六道) 중 하나인 지옥(Ⓢ Ⓟ niraya). 『정법염처경』 권30(대정장17, p.173b7)에 "속이고 미혹하고 어리석은 이는 온갖 지옥도로 간다. 誑惑愚癡人 至諸地獄道", 『십주비바사론』 권14(대정장26, p.98b18)에 "세 가지 지옥도는 열지옥·냉지옥·흑지옥이다. 所謂三種地獄道 熱地獄 冷地獄 黑地獄", 『천태사교의』(대정장46, p.776a16)에 "다 거둔즉 육도생사다. 첫째는 지옥도이다. 범어 음사어는 나락가(Ⓢ naraka) 또는 니려(Ⓢ niraya)이고, 한역어는 고로 가득한 곳 고구다. 지옥은 무슨 뜻인가? 이곳은 땅 아래 있기에 지옥이라 한다. 팔한과 팔열 등 대지옥에 각각의 권속지옥이 있어서 그 류는 셀 수 없다. 總則六道生死 一 地獄道 梵語捺洛迦 又語泥黎 此翻苦具 而言地獄者 此處在地之下 故言地獄 謂八寒八熱等大獄 各有眷屬 其類無數"라고 하였다. 〔참고문헌〕『正法念處經』, 『十住毘婆沙論』, 『天台四教儀』. ⇨ 지옥 地獄, 삼악도 三惡道, 육도 六道

지옥변상도 地獄變相圖 지옥에서 중생이 고통받는 온갖 모습을 그린 그림. 지옥변(地獄變)·지옥도(地獄圖)·지옥회(地獄繪)라고 한다. 지옥만의 모습은 오도(五途) 또는 육취도(六趣道) 중의 하나로 그려졌지만, '지옥변상'이라 부르게 될 때에는 여러 층위의 모습이 중층(重層)으로 결합하는데, 단지 지옥의 모습만을 드러내는 것이 아니라 지옥이 생겨나고 지옥으로 떨어지게 된 악업(惡業)의 인과(因果)로서의 현세에서 행위들도 함께 그려지게 되고, 그 행위한 업들을 가려 다스리기 위한 염라대왕을 위시한 명부(冥府)의 시왕(十王)들도 등장하게 된다. 더 나아가 이 모든 지옥중생을 구제하기 위한 도상들도 결합하게 되는데 지옥중생구제를 발원한 지장보살(地

시왕경변상 예수시왕칠경. 공주 동학사 1577년

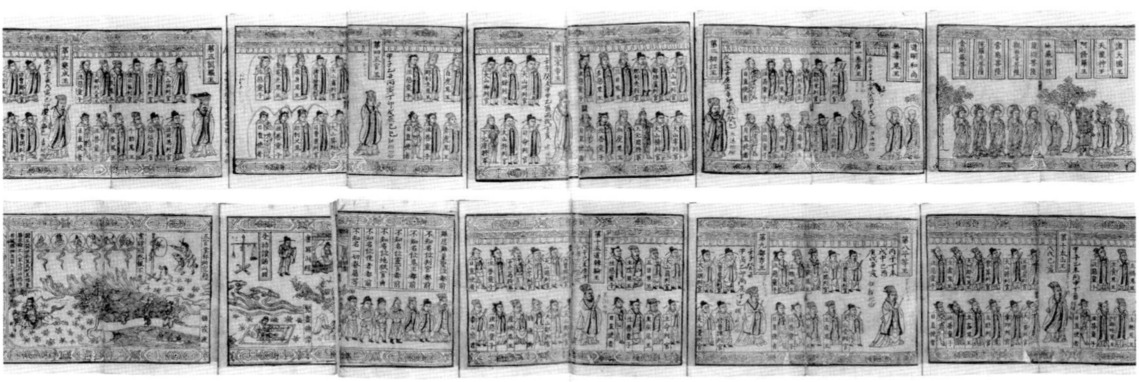

지옥변상도 염라왕수기사중예수생칠왕생정토경 개인소장 1574년

藏菩薩)과 감로(甘露)의 법으로 구제된 왕생인이 환생하는 정토(淨土)도상의 등장이다. 이에 더하여 애초에 지옥이 없게 하려면 미리 악업(惡業)을 짓지 않게 함이 더 중요한 행의라 여겨 중생들로 하여금 미리 닦게 한다는 뜻의 예수재(預修齋)와 결합하게 된다. 결국 지옥도상은 현세를 살아가는 이들에게 부처님법에 의지해 지계(持戒)와 선업(善業)을 닦게 해서 지옥은 물론 지옥으로 가는 길마저 없게 하고자 하는 뜻에서 시설한 그림이다. 지옥에 대한 이야기는 불교교단의 시작과 함께 등장하는데 석가세존재세시 승단을 파괴하려 한 제바달다(Ⓢ Ⓟ Devadatta)는 부처님을 죽이려 하자 곧바로 지옥에 떨어졌으며, 목련의 어머니는 약속한 승재(僧齋)를 어기고 죽어 아귀도에 떨어져 결국 목련이 재를 베풀어 구제하는 등의 일화다. 중생의 복전(福田)인 부처님과 승가를 파괴하거나 승재를 어겨 지옥에 떨어지고 지옥으로의 행로를 그치게 할 수 있는 길은 감로(甘露)의 밥에 의지해 재(齋)를 수행하게 하는 구도가 지옥변상의 기초가 된다. 이상의 이야기들은 『법화경』「제바달다품」·『지장보살본원경 地藏菩薩本願經』·『예수시왕생칠경』·『불설염라왕수기사중예수생칠왕생정토경 佛說閻羅王授記四衆預修生七往生淨土經』·『지장보살십재일 地藏菩薩十齋日』·『불설팔관재계비밀구생정토심요 佛說八關齋戒秘密求生淨土心要』 등에 의지해 도상으로 정착되었으며, 정토(淨土)에 나는 일까지 함께 그린 감로도(甘露圖)라는 이름으로 수렴되기에 이른다. 결국 지옥도(地獄圖)는 삼계를 돌며 고통받는 중생을 건지기 위해 불교에서 시설한 악인을 악도인 지옥에 들고 선인은 정토에 오른다는 인과설(因果說)과 불보살에 의지해 계 지키고 선을 수습하는 재(齋)의 행의로 마무리한다. 석존은 처음부터 사제(四諦)·팔정도(八正道) 등 성제(聖諦)

〈그림1〉지옥변상 면양 북산원석굴 사천성 중국 당대

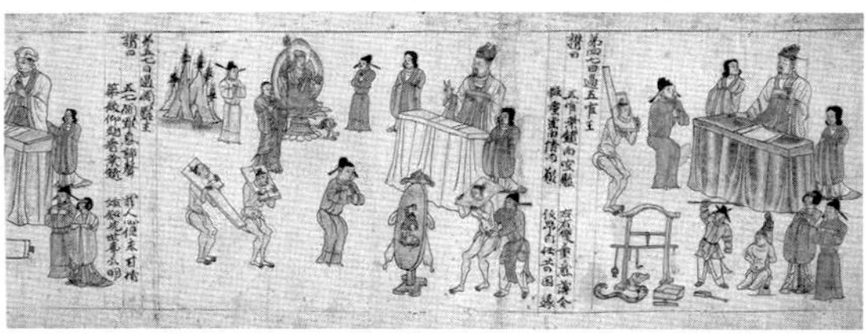

〈그림2〉시왕경도권 돈황출토 오대~북송 일본 구보소기념미술관

를 시설하신 외에 삼론(三論)을 시설하셨다. 중생세간에 또는 복전인 승가에 베풀고(布施) 현세에서 악업을 행하지 않기 위해 계를 가져 지키며(持戒), 그 복으로 하늘에 나는(生天) 세 가지 일이다. 이렇게 정착한 지옥변상도는 인도 등을 거쳐 중국의 석굴사원벽화〈그림1, 2〉 등으로 전승되었고, 우리나라에서는 지옥변상 소의 경전들에 합체된 형태로 전승되었는데 고려시대의 지옥변상도로는 1246년 해인사 「불설예수시왕생칠경변상 佛說預修十王生七經變相」 등으로 예수재의 시왕에 지옥변상이 결합된 전형적인 변상도다. 이런 도상은 조선 16세기까지 이어지는 한편, 지장보살의 권속체로 확대되면서 지장보살과 시왕 회상 형식으로 나타나는데, 대표적인 것이 「지장시왕18지옥도」(1575~1577, 知恩院 소장)〈그림3〉로 18대지옥을 형상화했다. 이후 조선후기에는 천도(薦度)를 위한 재가 빈번히 설행되면서 다양한 도상의 지옥변상이 도설되고 제작도 크게 늘어난다. 표면적으로는 지옥장면이 더욱 강조되고 시왕이 수지하는 도구 등도 다양해지면서 장식화의 경향도 보인다. 18~19세기의 대표작으로는 「해인사시왕도」(1742), 고성 「옥천사(玉泉寺)시왕도」(1744)〈그림4〉, 보성 「대원사(大願寺)시왕도」(1766), 「보광사(普光寺)시왕도」(1872) 등을 들 수 있다. 한편, 감로탱에 편입된 지옥변상은 화면 하단에 육도윤회(六道輪廻)하는 장면 중 하나로 등장한다. 「남장사(南長寺)감로탱」(1701)〈그림5〉에는 '확탕지옥 鑊湯地獄'이란 방제(傍題) 아래 펄펄 끓는 가마솥

〈그림3〉지장시왕18지옥도 일본 지은원 1575~1577 조선

〈그림4〉지장시왕도 연대암 고성 옥천사 1731년

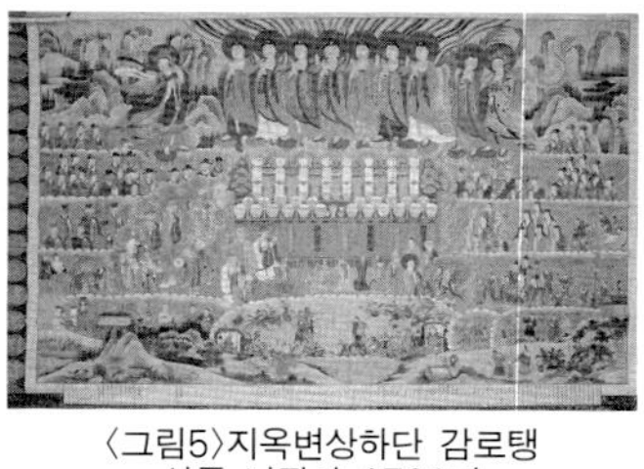

〈그림5〉지옥변상하단 감로탱 상주 남장사 1701년

지옥부분도 감로탱 국립중앙박물관 18세기

안의 지옥중생이 그려져 있으며, 이외 지옥성문(地獄城門), 지옥고 등 다양한 장면도 자세히 그렸다. '지옥변상도'라 이름하였지만, 모두 '지장신앙'이나 '예수왕생정토', '지장십재'와 '팔관재계정토' 등의 이름으로 시설된 큰 그림 중에 '하단 부분도'로서의 지옥도가 있을 뿐이다

지옥변상도 시왕탱 명부전 화엄사 1862년

. 결국 중생 스스로 감로의 법인 불법에 의지해 보시하고 계를 지켜 정토에 나게 하려 함을 목적으로 그려진 그림이다. 〔참고문헌〕 김정희 『조선시대 지장시왕도 연구』(一志社, 1996), 『조선시대감로탱 甘露』 권상·하(통도사성보박물관, 2005). ⇨지옥 地獄, 제바달다 提婆達多, 마하목건련 摩訶目犍連, 우란분 盂蘭盆, 지장보살본원경 地藏菩薩本願經, 지장보살도 地藏菩薩圖, 시왕도 十王圖, 지장시왕도 地藏十王圖, 예수시왕생칠경 預修十王生七經, 생전예수재 生前豫修齋, 재 齋, 삼론 三論, 감로탱화 甘露幀畵, 지장전 地藏殿, 명부전 冥府殿

지옥십삼화 地獄十三火 지옥에서 타오르는 열세 가지 불. 『출요경』 권5(대정장4, p.636b12)에 "십악을 다 짓고는 죽어서 지옥에 들고 열세 가지 불로 그 몸을 태운다. 무엇이 열세 가지 불인가? 먼저 두 개의 화산이 앞으로 다가와 배로 들어가서 등을 뚫고 지나가고, 또 다시 두 개의 화산이 뒤로 와서 등으로 들어가 배로 나오며, 또 두 개의 화산이 왼쪽 옆구리로 들어가서 오른쪽 옆구리로 나오고, 또 두 개의 화산이 오른쪽 옆구리로 들어가서 왼쪽 옆구리로 나온다. 또 두 개의 화산이 밑에서 들어와 위로 나오고, 또 두 개의 화산이 위에서 들어와 밑으로 나온다. 열세 번째 화산은 어떠한가? 이것은 자신이 만든 것이니 목마르게 애타하던 바로 이것이다. 열두 개 화산의 고통은 참을 수 있지만, 자신이 만든 갈애라는 불타는 산이야말로 가히 치료할 수조차 없다. 十惡已具 死入地獄 十三火炙 燒炙其身 云何爲十三 有二火山 當前向身 入腹穿脊過 又二火山 從背後來入脊從腹出 又二火山 從左脇入右脇出 又二火山 從右脇入左脇出 又二火山 從下入上出 又二火山 從上入下出 第十三火山何者 是自身所造 渴愛者是也 十二火山 其痛可忍 自身所造渴愛火山者 不可療治", 『이취육바라밀다경』 권3(대정장8, p.876a16)에 "모든 유정을 보니 이들 모두 지난 세상에 부모님과 종친들이 존중하던 이들인데, 지금 지옥에서 온갖 고통을 받으니 열세 가지 불에 묶여 타오른다. 觀諸有情 皆是宿世 父母宗親 所尊重境 今在地獄 現受衆苦 爲十三火之所纒繞"라고 하였다. 〔참고문헌〕 『出曜經』, 『理趣六波羅蜜多經』.

지옥업 地獄業 지옥에 떨어지는 업. 36권본 『대반열반경』 권29(대정장12, p.796a11)에 "지혜로운 이의 선근은 깊고 굳세어 움직이기 어렵다. 이런 고로 능히 무거운 업도 가볍게 할 수 있고, 어리석은 사람은 불선이 깊고 두터워 능히 가벼운 업으로 무거운 보를 짓게 된다. 이런 뜻으로 일체제업을 결코 정한 것이라 하지 못하니, 보살마하살은 지옥업이 없지만서도 중생을 위하기에 대서원 일으켜 지옥에 난다. 智者善根 深固難動 是故能令重業爲輕 愚癡之人 不善深厚 能令輕業而作重報 以是義故 一切諸業 不名決定 菩薩摩訶薩 無地獄業 爲衆生故 發大誓願 生地獄中", 『정법염처경』 권5 「지옥품 地獄品」(대정장17, p.27b7)에 "살생업에 상중하가 있고 지옥에서 고통받음에도 또한 상중하가 있다. 저 지옥업 중 무엇이 상인가? 저 살생하는 이가 선인을 죽이거나 수계인 또는 선행인을 죽이는 것이고, 다른 중생이 있어 중생인 줄 알면서도 살생심을 가져 그 명근을 끊는다면 이 업을 끝내고서는 마음으로 뉘우치지 않고 다른 이에게 자랑하며 설하고 다시 또 저지른다. 殺生之業 有上中下 地獄受苦 亦上中下 彼地獄業 何者爲上 彼殺生者 若殺善人 若受戒人 若善行人 有他衆生 有衆生想 有殺生心 斷其命根 此業究竟 心不生悔 向他讚說 而復更作", "다시 다른 이를 시켜 죽이고 권해 죽게 하고는 따라 기뻐하고 살생을 찬탄한다. 다른 이를 시켜 죽이는 이런 미련한 사람은 스스로도 짓고 다른 이를 부리는 죄업을 성취하게 되니, 목숨을 마쳐 활지옥 중에 난다. 復教他殺 勸殺隨喜 讚歎殺生 若使他殺 如是癡人 自作教他 罪業成就 命終生於活地獄中", 『아비담비바사론』 권11(대정장28, p.82c10)에 "두 사람이 함께 살생하여 지옥업을 지었다. 한 사람은 몸도 계도 닦지 않고 마음도 혜도 닦지 않아 지옥 중에 나고, 다른 한 사람은 몸도 계도 닦고 마음도 혜도 닦아 사람으로 날 수 있었다. 有二人俱同殺生 作地獄業 一人 不修身不修戒 不修心不修慧 生地獄中 一人 修身修戒 修心修慧 得生人中", 『완릉록』(대정장48, p.386c10)에 "인천업을 짓지도 지옥업을 짓지도 않아서 일체심을 일으키지 않는다. 모든 연이 다하여 나지 않으니, 바로 이런 몸과 마음이야말로 그대로 자유인이다. 不作人天業 不作地獄業 不起一切心 諸緣盡不生 卽此身心 是自由人"라고 하였다. 〔참고문헌〕 『大般涅槃經』,

『正法念處經』, 『阿毘曇毘婆沙論』, 『宛陵錄』, 『宗鏡錄』 권28(대정장48, p.582a19). ⇨ 악업 惡業

지옥인 地獄因 지옥에 떨어지는 인(因). 삼독(三毒)과 십불선도(十不善道)와 사견(邪見) 등이다. 『정법염처경』 권31(대정장17, p.179b28)에 "내가 이제 그대에게 명하니, 삼가 방일하지 마라. 그대 애욕에 덮여서 온갖 경계를 내달리리라. 경계가 그대를 옭아매리니, 이것이 온갖 지옥의 인이다. 그러므로 마땅히 버리고 여의어서 안은처를 구해야 하리. 我今敎勅汝 愼莫行放逸 汝爲愛所覆 馳騁諸境界 境界繫縛汝 是諸地獄因 是故應捨離 以求安隱處", 『십불선업도경』(대정장17, p.458a8)에 "이 열 가지 불선업도야말로 지옥에 떨어지는 인이니, 열 가지 선업도를 마땅히 닦고 배운다면 악취에는 길이 떨어지지 않는다. 此十不善業道 是地獄因 於十善業道應當修學 則於惡趣永不墮落", 『대지도론』 권86(대정장25, p.663a11)에 "지옥인이란 삼독이다. 탐욕은 탐질이라는 불선도를 늘어나게 하고, 진에는 에뇌라는 불선도를 늘어나게 하며, 우치는 사견이라는 불선도를 늘어나게 한다. 地獄因者 三毒 貪欲 增長起貪嫉不善道 瞋恚 增長起恚惱不善道 愚癡 增長起邪見不善道"라고 하였다. [참고문헌] 『正法念處經』, 『十不善業道經』, 『大智度論』. ⇨ 삼독 三毒, 십불선도 十不善道

지옥졸 地獄卒 Ⓢ naraka-pāla, Ⓣ dmyal-ba'i-srung-ma. 지옥을 지키는 옥졸. 『구사론』 권11(대정장29, p.58c18)에 "모든 지옥졸은 유정인가? 어떤 이는 '유정이 아니다'라고 말한다. 어떻게 움직이는가? 유정의 업력이니 마치 성겁의 바람과 같다. 그러면 저 대덕 법선현(Ⓢ Dharmasubhūti)의 설과는 어떻게 통하는가? 그는 이렇게 송으로 말했다. 〈송〉 마음에 항상 분노의 독을 품고, 즐겨 모든 악업을 쌓으며, 다른 이의 고통을 보며 기뻐하니, 죽어서 염마졸이 된다네. 諸地獄卒是有情不 有說 非情 如何動作 有情業力 如成劫風 若爾云何 通彼大德法善現說 如彼頌言 心常懷忿毒 好集諸惡業 見他苦欣悅 死作琰魔卒", "〈논〉 염마왕이 모든 나찰사(Ⓢ Rākṣasa)들에게 유정들을 던져 지옥에 두도록 하니 염마졸이다. 이렇다면 실로 유정인데 지옥에서는 유정을 해할 일이 없기에 지옥졸은 실로 유정일 리가 없다. 어떤 이는 '유정이다'라고 말한다. 그렇다면 이들의 악업은 어떤 곳에서 그 이숙과를 받는가? 바로 지옥이니, 지옥중에는 오히려 무간업도 불러들여 달리 익게 하니, 이것을 어떤 이유로 막을 수 있겠는가? 그렇다면 어떤 이유로 불이 그들을 태우지 않는가? 이는 결정코 업력으로 격리되었거나, 혹은 다른 대종을 감하였기에 불에 타지 않는 것이다. 琰魔王使諸邏刹娑 擲諸有情置地獄者 名琰魔卒 是實有情 非地獄中害有情者 故地獄卒非實有情 有說 有情 若爾 此惡業何處受異熟 卽地獄中以地獄中尙容無間 所感異熟 此何理遮 若爾 何緣火不燒彼 此定由業力所隔礙故 或感異大種故不被燒"라고 하였다. [참고문헌] 『俱舍論』, *Abh-k-bh.164.*

지옥중유 地獄中有 Ⓢ nārako 'ntarābhava, Ⓣ dmyal-ba'i-srid-pa. 지옥의 중유(Ⓢ antarābhava). 손해법(損害法)을 쌓은 후 지옥취(地獄趣)로 가기 전까지 머무는 때를 말한다. 『집이문족론』 권7(대정장26, p.396a23)에 "그는 손해법을 쌓고 더욱 자라게 한 다음에 손해자체를 감득한다고 한다. 즉 멀리 여의지 못하는 법을 짓고 더욱 자라게 한 후에는 지옥중유를 감득하는데, 이런 뜻에서 지옥중유를 손해자체라고 한다. … 그는 이 인연으로 순전히 근심과 괴로움만을 받을 뿐이다. 그가 손해자체를 감득한 다음에 손해가 있는 세간에 난다 한 것도 지옥중유를 감득한 다음에 지옥취에 난다. 이런 뜻에서 지옥취를 손해세간이라고 한다. 彼積集增長有損害法已 感得有損害自體者 謂造作增長不遠離法已 感得地獄中有 於此義中 意說地獄中有 名有損害自體 … 彼由此緣純受憂苦 彼感得有損害自體已 生有損害世間者 謂感得地獄中有已 生地獄趣 於此義中 意說地獄趣 名有損害世間", 『구사론』 권9(대정장29, p.45c13 : *Abh-k-bh.*, p.123)에 "만약 업이 능히 이끌어 미래의 취에 당도하려면, 그 업은 곧 능히 중유를 부른다. 그러므로 이 중유가 갈 그 '취'는 곧 '취'대로 본유의 모습을 하게 된다. 그렇다면 한 마리의 개 등의 뱃속에 오취의 중유가 갑자기 일어날 수 있는데, 이미 지옥중유가 현전하였으니 어찌하여 어미개의 뱃속을 태우지 않는가? 그들은 지옥본유에 있어서도 항상 타지 않았으니, 예를 들면 잠시 동산에서 노니는 것과 같은데 하물며 중유로 있을 때 그러하겠는가? 설사 태운다고 할지라도 중유를 볼 수 없는 것처럼 느끼지 못하니, 중유의 몸은 지극히 미세하기 때문이다. 若業能引 當所往趣 彼業卽招能往中有 故此中有 若往彼趣 卽如所趣 當本有形 若爾 於一狗等腹中 容有五趣中有頓起 旣有地獄中有現前 如何不能焚燒母腹 彼居本有亦不恒燒 如暫遊園 況在中有 設許能燒 如不可見 亦不可觸 以中有身極微細故 yenaiva karmaṇā gatirākṣipyate tenaivāntarābhavastatprāptaye. ato yāṃ gatiṃ gantā bhavati tasyāṃ gatau ya āgamiṣyatpūrvakālabhavastasyaivāsyākṛtirbhavati. evaṃ tarhi śunīprabṛtīnāmekasmin kukṣau pāñcagatiko 'ntarābhavo 'bhinirvarttate iti nārako 'ntarābhavaḥ kukṣiṃ nirdahet. pūrvakālabhave 'pi tāvannārakā na nityaṃ prajvalitā bhavantyutsadeṣu bhramantaḥ kiṃ punarantarābhavikāḥ. astu vā prajvalitaḥ. sa tu yathā na draṣṭuṃ śakyate tathā na spraṣṭumapyacchatvādātmabhāvasyetyacodyamet at."라고 하였다. 〔참고문헌〕『集異門足論』, 『俱舍論』. *Abh-k-bh.* ⇨ 중유 中有

지옥천궁 地獄天宮 지옥과 천궁. 생멸을 여읜 본공(本空)의 동일법성에서는 둘 다 정토로 돌아간다는 것이 『원각경』의 풀이다. 『원각경』(대정장17, p.917b5)에 "중생국토는 동일한 법성이니 지옥과 천궁이 모두 정토라 할 수 있다. 衆生國土 同一法性 地獄天宮 皆爲淨土", 『원각경약소』 권하1(대정장39, p.556a23)에 "여덟 번째는 괴로움과 즐거움을 마주하였다. 극악한 업으로 천궁을 이룬다 해도 곧바로 지옥을 보고, 극히 선한 업으로 지옥을 성숙시켰다 해도 그것이 곧 천궁이다. 두 업의 염은 마음에 따르니 지옥과 천궁이 어찌 정해져 있으랴! 마음 이미 본래 공하여 일체는 청정하다. 그러므로 『보적경』에 지옥삼매와 천궁삼매가 있지만 제법이 다 그러하니, 오직 천궁과 지옥만 그러하랴. 八 苦樂對 極惡業成天宮 卽見地獄 極善業熟地獄 卽是天宮 二業之念由心 地獄天宮豈定 心旣本空 一切淸淨 故寶積經有地獄三昧天宮三昧 然諸法皆爾 非唯天獄", 『찬향록』 권상(卍속장125, p.851b7)에 "눈앞의 일념이 생멸을 여의었으니, 손을 맞잡고 함께 불이문으로 돌아간다. 지옥과 천궁이 모두 정토이니, 달빛은 못 저 바닥까지 뚫었으나 물은 흔적도 없네. 現前一念離生滅 把手同歸不二門 地獄天宮皆淨土 月穿潭底水無痕"라고 하였다. 〔참고문헌〕『圓覺經』, 『圓覺經略疏』, 『餐香錄』.

지옥천자 地獄天子 전생에 『화엄경』을 듣고 본 공덕으로 지옥에서 부처님의 광명을 받으면서 곧바로 도솔천(兜率天)에 나고 십지(十地)에 오른 중생. 『화엄경소』 권3(대정장35, p.518a16)에 "지옥천자는 십지로 단번에 넘어 오르니 큰 바다와 겁화로도 막을 수 없다. 地獄天子 十地頓超 大海劫火 不能爲障", 『화엄경지귀』(대정장45, p.596a23)에 "지옥천자는 곧바로 스스로의 몸이 아니었으니, 단번에 십지를 증득했을 뿐만 아니라 모공에서 향마저 쏘여 그 중생들도 그와 같이 무량번뇌 단번에 사라지게 하였다. 이 모두가 보법의 뛰어난 힘이다. 地獄天子 非直自身 頓得十地 亦乃毛孔香熏 令爾許衆生 頓滅如此 無量煩惱 並是普法之勝力也"라고 하였다. 〔참고문헌〕『華嚴經疏』, 『華嚴經旨歸』.

지옥취 地獄趣 오취(五趣) 또는 육도(六道) 중 하나인 지옥(Ⓢ Ⓟ naraka). 악행을 지은 유정이 그 과보로 가서 고통받는 곳이다. 『아비담비바사론』 권7(대정장28, p.47a17)에 "어떤 것을 지옥취라고 하는가? 〔답〕 지옥분이니, 지옥중생과 짝이 되어 지옥신을 받고, 그곳에서 체성과 제입을 얻고, 그곳에 태어나서 불은몰무기의 색수상행식을 받는 것을 지옥취라고 한다. 云何名地獄趣 答曰 是地獄分 與地獄衆生爲伴 受地獄身 處所得體性 得諸入 得生彼處 得不隱沒無記 色受想行識 是名地獄趣", "무엇 때문에 니리가(Ⓢ naraka)라고 하는가? 왜냐하면 저 가운데는 기쁨과 즐거움이 없고, 기미가 없으며, 환희도 없고, 이·희·낙이 없기에 '무유'라고 한다. … 또 어떤 이는 '이 지옥취는 비천하고 하열하다. 오취도 중에서 지옥취만큼 비천하고 하열한 것이 없기에 비천하고 하열하다고 한다'라고 말한다. 以何等故 名泥犂迦 所以者何 彼中無有喜樂 無氣味 無歡喜 無利 無喜 無樂 無喜樂 故言無有 … 復有說者 是趣卑下 於五道中 更無卑下 如地獄趣 故名卑下"라고 하였다. 〔참고문헌〕『阿毘曇毘婆沙論』, 『雜阿含經』 권32(대정장2, p.227a27).

지온 智蘊 지(智)를 쌓아놓다. 지혜에 관한 교설과 논의 등 그 갈래들을 모아놓은 품(Ⓢ varga : 品 章 節) 등을 말한다. 『발지론』 제3편에 해당하는 권7~권10 또는 『대비바사론』 제3편에 해당하는 권93~권111에 해당하는 부분의 이름. 『대비바사론』 「서 序」(대정장27, p.1b10)에 "부처님께서 설하시는 모든 논의의 길에 대해 장문을 안립하고 간략한 송을 보여 드러낸다. 따로 들이고 쉬게 해서(納息 Ⓢ varga : 節 또는 品) 짓고는 이를 모두 모아 온이라는 이름을 붙였다. 이를테면 여러 가지 이상에 대한 논의의 갈래를 모아 잡온을 만들었고, 논의의 갈래를 모아 맺어서는 결온을 만들었으며, 지에 대한 논의의 갈래를 모아서는 지온을 만들었고 … 정에 대한 논의의 갈래를 모아 정온을 만들었고, 견에 대한 논의의 갈래를 모아 견온을 만든 것이다. 謂於佛說諸論道中 安立章門 摽擧略頌 造別納息 制總蘊名 謂集種種異相論道 制爲雜蘊 集結論道 制爲結蘊 集智論道 制爲智蘊 … 集定論道 制爲定蘊 集見論道 制爲見蘊"라고 하였다. 〔참고문헌〕『大毘婆沙論』.

지옹 智翁 창현(昌玄)의 법호. ⇨ 창현 昌玄

지와 持臥 그대로 눕다. 울력하고 씻지 않은 채로 잠자리에 드는 일. 『마하승기율』 권18(대정장22, p.372b3)에 "부처님이 광야정사에 머무셨는데, 긴 이야기는 저 앞과 같다. 그때 일을 주관하는 비구가 흙과 벽돌을 나르고 갖가지 일을 하였다. 감히 목욕할 수 없어서 곧장 그대로 잠자리에 들었다. 다음날 아침 다리에 진흙 묻은 곳이 있음을 부처님이 알아보시고 짐짓 물었다. '비구여, 그대 다리에 왜 진흙이 있는가?' '세존이시여, 제가 일하다가 진흙으로 몸을 더럽혔습니다. 계를 범할까 두려워 감히 씻을 수 없었습니다. 이에 다리에 진흙이 있습니다' '금일부터 일했을 시에는 목욕해도 좋다'. 佛住曠野精舍 廣說如上 爾時營事比丘 輂泥輂塼 作種種作事 不敢浴故 卽便持臥 明日淸旦 脚上有泥土處 佛知而故問

比丘 汝脚上何故泥處 答言 世尊 我營事泥汚身 畏犯戒故 不敢浴 是故脚有泥土 佛言 從今日聽作時浴"라고 하였다. 〔참고문헌〕『摩訶僧祇律』· 권18(대정장22, p.372b11).

지와구인 知臥具人 Ⓟ āsana-paññāpaka, senāsana-paññāpaka. 와구를 돌보고 나누는 소임. 지와좌구인(知臥坐具人)이라고도 한다. 『십송율』 권34(대정장23, p.245a29)에 "부처님이 말씀하시길 '실로 병인이라도 좋은 상방사에 머물면 안 된다. 지와구인은 반드시 방사를 헤아려 여러 병인에게 중방사를 베풀어야 한다. 중방사는 병인과 간병인 및 와구를 받아들여 앉고 눕게 하는 곳이다'. 佛言 雖實病人 不應好上房舍中住 知臥具人 應籌量房舍 及諸病人 與中房舍 中房舍者 容受病人看病人及臥具 令得坐臥"라고 하였다. 〔참고문헌〕『十誦律』· 권4(대정장23, p.22a9), 『薩婆多毘尼毘婆沙』 권3(대정장23, p.522a9), *Vin.2.176.*

지요 支曜 후한(後漢)대 역경승(譯經僧). 서역(西域) 출신. 전적 등에 해박하였다. 185년(중평2) 낙양(洛陽 : 河南省)에서 『성구광명정의경 成具光明定意經』 등 대소승경을 한역하였는데, 현존하는 것으로는 『성구광명정의경』·『아나율팔념경 阿那律八念經』·『마유삼상경 馬有三相經』·『마유팔태비인경 馬有八態譬人經』·『소도지경 小道地經』 등이 있다. 『역대삼보기』 권4(대정장49, p.54a9)에 "서역사문 지요가 영제 때인 중평년간에 낙양에서 그 일곱 부를 한역하였다. 西域沙門 支曜 靈帝世中平年 於雒陽 譯其七部"라고 하였다. 〔참고문헌〕『歷代三寶紀』, 『出三藏記集』 권2(대정장55, p.6c2).

지요 志樂 Ⓢ abhirata, abhiyukta, abhiprāya, Ⓣ bsam-pa. 기꺼이 즐기다. 뜻을 내어 좋아하다. 『반니원경』 권상(대정장1, p.181b20)에 "욕심스런 악법을 버리고 다만 생각하고 다만 행할 뿐이다. 다만 뜻을 내어 무위를 즐기니 제일선행을 이룬다. 棄欲惡法 但念但行 志樂無爲 成一禪行", 『법화경』 권5 「종지용출품 從地踊出品」(대정장9, p.41b16)에 "늘 두타의 일을 행하며, 뜻을 내어 조용한 곳 즐긴다. 대중의 소란 버리고, 설한 바 많음도 달가워 않네. 常行頭陀事 志樂於靜處 捨大衆憒鬧 不樂多所說", 『구사론』 권3 「분별근품 分別根品」(대정장29, p.14a7 : *Abh-k-bh.*, p.39)에 "여자의 몸을 가지고 소리내 업을 짓고 뜻으로 기꺼워하는 것이 차별한 것을 여성이라 하고, 남신유형과 음성작업과 지요가 같지 않은 것을 남성이라 한다. 女身形類 音聲作業 志樂差別 名爲女性 男身形類 音聲作業 志樂不同 名爲男性 tatra strībhāvaḥ striyākṛtiḥ svaraceṣṭā abhiprāyāḥ. etaddhi striyā strītvam. puṃbhāvaḥ puruṣākṛtiḥ svaraceṣṭā abhiprāyāḥ. etaddhi puṃsaḥ puṃstvam"라고 하였다. 〔참고문헌〕『般泥洹經』, 『法華經』, 『俱舍論』, *Abh-k-bh.*, *Saddh-p.310.*

지요인 智了因 인명(因明) 용어. 육인(六因) 중 하나이고 삼요인(三了因) 중 하나로서, 대론자의 지혜로 입론자의 말한 바를 알아차리는 인이다. 『인명론소명등초』 권1본(대정장68, p.211c27)에 "요인 세 가지 중에서 첫째 지요인이란 대론자가 세운 말을 이해하고, 주장한 바의 지를 잘 알고, 그 말한 바를 비추어 이해하기에 요인이라 한다. 了因三者 一 智了因 謂敵證者 解能立言 了宗之智 照解所說 名爲了因", 같은 책 권2본(대정장68, p.255c29)에 "지요인이란, 대론자의 지가 주장명제를 명료하게 깨닫는 것이다. 따라서 『인명정리문론본』(대정장32, p.1b13)에 '단지 지력으로 말미암아 말한 뜻을 깨닫는다'고 하였다. 이 뜻의 의미를 말하겠다. 대론자가 '만들어진 것(因)'이라는 지혜를 이해하는 것은 입론자가 말한 인으로부터 생겨난 것이지만, 이 인에 대한 지로 종의 '무상'을 깨우쳤으니, 이것으로 과를 삼았기 때문이다. 곧 주장한 과의 끝을 전망했기에 지요인이라 한다. 智了因者 謂敵證智 能顯了宗 故理門云 但由智力 了所說義 此義意云 謂敵證者 解所作智 從立論者言因而生 然此因智 了宗無常 以之爲果故 即望於了宗果邊 名智了因"라고 하였다. 〔참고문헌〕『因明論疏明燈鈔』, 『因明正理門論本』. ⇨ 육인 六因[3], 요인 了因[2], 언요인 言了因, 의요인 義了因, 지료인 智了因

지욕 志欲 Ⓢ Ⓟ chanda, Ⓣ 'dun-pa. 뜻을 내어 바라다. 굳게 하고자 하다. 『보살투신이아호기탑인연경』(대정장3, p.425b16)에 "인물은 자성을 달리하기에 뜻을 내어 하고자 함도 같지 않다. 人物殊性 志欲不同", 『대반야경』 권53(대정장5, p.302a22)에 "굳게 하고자 하여 물러섬 없고, 정진함에도 물러섬 없다. 志欲無退 精進無退", 『집신주삼보감통록』 권중(대정장52, p.418c4)에 "유송 원가년간(424~453) 강릉 지강의 장승정 누이는 어려서부터 불법을 받들었다. 출가를 바라며 늘 소형금상에 공양하였다. 宋元嘉中 江陵枝江 張僧定妹 幼而奉法 志欲出家 常供養小形金像"라고 하였다. 〔참고문헌〕『菩薩投身飴餓虎起塔因緣經』, 『大般若經』, 『集神州三寶感通錄』, 『修行本起經』 권하(대정장3, p.472a4), *Abh-s-bh.131.*, *MN.1.480.*

지욕 知浴 육두수(六頭首) 중 하나로 욕실(浴室) 관리와 대중의 입욕(入浴) 절차 등을 보살피는 소임. 욕주(浴主)·욕사(浴司)라고도 한다. 『백장청규』 권6 「부재죽 赴齋粥」(대정장48, p.1144a10)에 "도감사·유나·직세·시자 등의 자리는 외당의 상간에 두고, 지객·지욕·지전·화주·당주 등의 자리는 외당의 하간에 둔다. 都監寺維那直歲侍者等位 在外堂上間 知客知浴知殿化主堂主等位 在外堂下間"라고 하였다. [참고문헌] 『百丈清規』, 『宏智廣錄』 권8(대정장48, p.94b7), 『敎苑清規』 권상(卍속장101, p.722a5), 『律苑事規』 권8(卍속장106, p.64a9). ⇨ 육두수 六頭首, 욕주 浴主, 욕사 浴司, 욕두 浴頭, 욕실 浴室

지욕인 持欲人 욕(欲 Ⓢchanda : 의향·의결참여권)을 위임받은 이. 포살이나 갈마 등에 부득이 참여할 수 없는 뜻을 위임받은 이를 말한다. 『유부율』 권43(대정장23, p.866a29)에 "당시 15일 중승은 포쇄타를 지으려 하였는데, 오직 오파난다만이 모임에 나오지 않았고 더구나 지욕인마저 없었다. 當時是十五日 衆僧欲作褒灑陀 唯鄔波難陀 不來赴集 復無持欲人", 『유부율송』 권중(대정장24, p.632b23)에 "다른 이에게 욕을 갖게 하니, 그 이름이 지욕인이다. 爲他將欲者 此名持欲人"라고 하였다. [참고문헌] 『有部律』, 『有部律頌』. ⇨ 욕 欲 ❶

지용 支用 갈래쳐 쓰다. 금전이나 물건을 마땅함에 따라 쓰는 일로, 몫을 정해 쓰는 지출을 말한다. 『운문광록』 권하 「유계 遺誡」(대정장47, p.575b25)에 "무릇 산문에 속한 농장과 살림살이 등은 모두 본원의 지출로 충당해야 한다. 절대 바꾸거나 옮겨서 다른 절에 귀속시키지 마라. 가르침에 취지가 밝혀져 있으니, 동당과 서당의 물건도 마땅히 서로 바꾸어 써서는 안 된다. 너희들은 반드시 이렇게 알라. 凡係山門莊業什物等 並盡充本院支用 勿互移屬他寺 教有明旨 東西廊物 尙不應以互用 汝當知矣"라고 하였다. [참고문헌] 『雲門廣錄』, 『百丈清規』 권4 「副寺」(대정장48, p.1132c2), 『禪苑清規』 권4 「庫頭」(卍속장111, p.896a7). ⇨ 호용죄 互用罪

지용불탑중수고금소 地踴佛塔重修故金疏 땅에서 솟아오르신 불탑을 중수한 인연을 기록한 글. 초의의순(草衣意恂 1786~1866) 지음. 김광우(金匡祐)의 시주로 땅 속에서 발견한 석가불과 다보불을 모신 불탑을 중수한 내역을 적었는데, 『초의시고』 권하(한불전10, p.864c12)에 전한다. "흰 포로 합쳐 연기를 내고서 옥단지에 담아 용굴에 두었다. 이로부터 서역에 별처럼 늘어섰던 것이, 이로써 동구에 기러기처럼 늘어섰다. 우리 본사 석가세존께서 옛 부처님들을 이어 생령들에게 감화를 입힘을 모범한 것이다. 다보여래에 이르러서는 아득하긴 하지만 진묵겁전에 열반하시어, 의연히 보탑감중에 고요히 앉으셨다. … 안타깝게도 두 감실 여러 세대 동안 황천 아래에 빛을 감추었지만 위대하도다, 세 부처님이 동시에 붉은 땅 뚫고 나투셨도다. … 구층보탑 깨끗하기가 저 바다에서 나온 신선인 듯하다. … 금을 시주하여 중수하게 한 단월 김광우는 인을 품고 의로우며 천성마저 따뜻하고 진실했다네. 和白氎而生烟 貯玉罍於龍窟 自此而星羅西域 因斯而鴈列東丘 此我本師釋迦世尊之所以制承古佛化被生靈者也 至若多寶如來邈矣 涅槃於塵墨劫前 依然宴坐於寶塔龕中 … 嗟呼二龕累世韜光於黃泉之下 偉矣 三佛同時出顯於赤壤之中 … 九層寶塔 淨如出海之神山 … 獻金重修 檀越金匡佑 懷仁戴義 天受之溫良"라고 하였다. 금명보정(錦溟寶鼎 1861~1930)이 김정희(金正喜 1786~1856)·정약용(丁若鏞 1762~1836)·초의의순·범해각안(梵海覺岸 1820~1896) 등의 글을 필사한 『백열록』에도 약간의 자구가 바뀌거나 출입된 채 「초의삼장금탑기〈화상□□〉 艸衣三藏金塔記〈和尙□□〉」(한불전12, p.530c20)라는 제목으로 전한다. 원래 1890년(고종27)에 월여범인(月如梵寅 1824~?)과 원응계정(圓應戒定 1856~1927)이 엮은 『일지암문집』에 전하는데, 한불전12에 편입할 때 한불전10의 『초의시고』에 실려 있던 글 16편이 수록되지 못했다. 다만 한불전12 『일지암문집』 목차 뒤에 "이하 본 전서 제10책 … 실린 『초의시고』에서 삭제한 문의 목차인데, 이 목차는 편자가 작성한 것으로 독자의 편의를 위해서 여기에 덧붙여 싣는다. 此下 本全書第十冊 … 所載艸衣詩藁中削除之文目次 此目次編者作成 於此附載 而爲讀者之便宜"고 하였다. [참고문헌] 『艸衣詩藁』, 『栢悅錄』, 『一枝庵文集』. ⇨ 의순 意恂

지우 持牛 십이궁(十二宮) 중 하나. 우궁(牛宮) 또는 금우궁(金牛宮 ⓈVṛṣa)이라고도 한다. 황소자리(Taurus)에 당한다. 『대방등대집경』 권42 「성수품 星宿品」(대정장13, p.281a27)에 "두 번째 달은 저수와 합하여 차는데 낮 십오시, 밤 십오시를 간다. 해는 북쪽 가까이 운행하고, 정오에 해 그림자 길이는 여섯 걸음이다. 각수가 밤에 운행하고 묘수는 해 앞에 있다. 아수라사의 이름은 태백인데 이때 용사한다. 이 두 번째 달에는 지우의 신주가 그 달을 맡는다. 二月合氐宿滿 晝行十五時 夜行十五時 日近北行 日午之影 長六脚跡 角宿夜行 昴在日前 阿修羅師名曰太白 此時用事 是二月時 持牛之神主當其月"라고 하였다. [참고문헌] 『大方等大集經』. ⇨ 십이궁 十二宮, 우궁 牛宮, 비리사 毘利沙

지우 智友 ❶ 즈냐나미트라(ⓈJñānamitra)의 한역 이름. 티베트어로 예셰셰녠(Ⓣye-shes-bshes-gnyen). 정확한 생몰연대는 알 수 없다. 824년 성립된 티베트의 『덴카르마 목록 *ldan-dkar-ma*』과 830년의 『팡탕마 *'phang-thang-ma*』에 그의 이름과 저작들이 언급되고 있어 9세기 전 활동한 논사로 추정하는데, 위 『목록』이 언급하는 세 편의 저작 중 『성반야바라밀다이취백오십송주석 聖般若波羅蜜多理趣百五十頌注釋 *Āryaprajñāpāramitānayaśatapañcaśatikāṭīkā*』과 『성반야바라밀다심경석 聖般若波羅蜜多心經釋 *Āryaprajñāpāramitāhṛdayavyākhyā*』은 티베트역본만 전하고 마지막 한 편은『칠백송반야바라밀 七百頌般若波羅蜜 *Saptaśatakaprajñāpāramitāsūtra*』의 주석이라고 하나 전하지 않는다. 또한『반야이취백오십송』의 주석간기에 즈냐나미트라를 '인도의 학승(Ⓣ rgya-gar-gyi-mkhan-po)'으로 부르고 있다. 최근 연구에 의하면 즈냐나미트라는 '카체'(Ⓣ kha-che : 카쉬미르)인이며 무착(無着)의『아비달마집론 阿毘達磨集論 *Abhidharmasamuccaya*』에 대한 주석을 남겼는데, 티베트의 범어학자 팡로짜와 로되땐빠(Ⓣ dpang-lo-tsa-ba-blo-gros-brtan-pa 1276~1342)와 그 문하생이었던 사상 마티 팡첸 로되걜챈(Ⓣ sa-bzang-ma-ti-pang-chen-blo-gros-rgyal-mtshan 1294~1361) 등이『집론』을 주석하면서 즈냐나미트라를 의지하고 있다. 즈냐나미트라는 티베트불교 전통에서 비중 있는 인물로 평가받지 못했으나 오늘날 티베트불교 연구에서는『집론』의 전승과정에서 즈냐나미트라를 경유하는 하나의 법맥(法脈)이 있었을 것으로 보고 연구를 진행중이다.〔참고문헌〕Leonard Kuijp 'Notes on Jñānamitra's Commentary on the Abhidharmasamuccaya'(*The Foundation for Yoga Practitioners,* 2013). ❷ 563~634. 당대 스님. 장주(蔣州 : 江蘇 南京) 출신. 화원(花原 : 雍州) 보운사(寶雲寺)에서 머무르며,『법화경』독송을 간단없이 행하였다.『홍찬법화전』권8「석지우전」(대정장51, p.37a21)에 "무릇 42년에 걸치고 앞뒤로 거둬 헤아리면 5만 번을 독송하였다. … 정관 8년(634) 앓음 없이 앉아서 머물던 절에서 마치니, 춘추가 일흔둘이었다. 마치는 날에 하늘에서 음악이 내려와 맞이하였다. … 천여 명의 사람이 널(柩)을 동남쪽 안거산으로 옮겨 주검을 나무 아래에 앉히었는데, 자고 일어나 가보니 어디에 있는지 알 수 없었다. 凡經四十二年 前後總計 將五萬遍 … 以貞觀八年 無疾坐卒 於所住寺 春秋七十二 將終之日 有天樂來迎 … 千有餘人 遷柩于東南安居山 坐屍樹下 經宿就視 莫知所在"라고 하였다.〔참고문헌〕『弘贊法華傳』,『法華靈驗傳』권하(卍속장134, p.809b15).

지우 智羽 동진·유송대 삼장 지엄(智嚴)의 제자.『양고승전』권3「석지엄전」(대정장50, p.339c14)에 "지엄의 제자인 지우와 지원은 일부러 서역에서 와서 (지우가 입적하면서 남긴) 이 상서로운 징조를 알리고 함께 외국으로 돌아갔다. 嚴弟子智羽智遠 故從西來 報此徵瑞 俱還外國"라고 하였다.〔참고문헌〕『梁高僧傳』,『名僧傳抄』(卍속장134, p.25b14). ⇨ 지엄 智嚴 ❷

지우 智愚 1185~1269. 남송(南宋)대 임제종(臨濟宗) 양기파(楊岐派) 스님. 호는 허당(虛堂)·경산(徑山)·식경수(息耕叟), 속성은 진(陳)씨. 절강성 사명 상산(象山) 출신. 16세 때 집에서 가까운 보명사(普明寺) 사온(師蘊) 문하로 출가하였다. 설두(雪竇)와 정자(淨慈)를 유력하였고 금산(金山)에 이르러 운암보암(運庵普巖 1156~1226)에게 참학하여 깨달음을 얻고 법을 이었다. 이후 가흥(嘉興 : 江蘇省)의 흥성사(興聖寺)·보은광효사(報恩光孝寺), 경원(慶元 : 江蘇省)의 현효사(顯孝寺) 등 수많은 대찰에 주석하며 학인을 이끌었고, 이종(理宗)과 도종(度宗) 두 황제의 귀의도 받았다. 1269년(함순5) 흥성만수사에서 세랍 85세로 입적하였다. 저서는 묘원·가선 등이 편집한『허당화상어록 虛堂和尙語錄』10권(대정장47, No.2000)이 전한다. 법을 이은 제자로는 보엽묘원(寶葉妙源)·거산지원(巨山志源)·남포소명(南浦紹明) 등이 있다.〔참고문헌〕『虛堂錄』「行狀」(대정장47, p.1063b20),『五燈全書』권49(卍속장141, p.106a4),『增集續傳燈錄』권4(卍속장142, p.805a18). ⇨ 보암 普巖

지우계 持牛戒 우계(Ⓟ go-sīla)를 가지다. 소와 같은 고행으로 천상에 날 수 있다고 여기는 고행외도(苦行外道)의 행위.『장아함경』권19「세기경 世記經」(대정장1, p.128a11)에 "만일 중생이 구계를 받들어 지니거나 우계나 녹계를 가지거나 … 혹은 고행예오법을 가지면서 이렇게 생각한다. '나는 이 아법·마니바다법·화법·일월법·수법·불을 공양하는 법 등의 모든 고행법을 지녔다. 나는 이 공덕을 가짐으로써 하늘에 나고자 한다'. 이는 그릇된 생각이다. 若有衆生奉持狗戒 或持牛戒 或持鹿戒 … 或持苦行穢汙法 彼作是念 我持此瘂法 摩尼婆陀法 火法 日月法 水法 供養火法 諸苦行法 我持此功德欲以生天 此是邪見",『백론소』권상(대정장42, p.247c27)에 "지우계란『구사론』에서 설했듯이, 눈을 감고 머리 숙여 풀을 먹는 것을 우법이라 한다. 持牛戒者 如俱舍論說 合眼低頭食草 以爲牛法"라고 하였다.〔참고문헌〕『長阿含經』,『百論疏』. ⇨ 우계 牛戒

지우법 止雨法 밀교에서 큰비나 폭풍우를 그치기 위하여 닦는 수법(修法). 지풍우법(止風雨法)이라고도 하며, 비를 기리는 것은 청우법(請雨法)이다. 수법을 행할 때 모시는 본존(本尊)은 화천(火天)·마나사용왕(摩那斯龍王)·가루라천(迦樓羅天)·부동명왕(不動明王)·금강살타(金剛薩埵)·관자재보살(觀自在菩薩) 등으로 다양하여 그 수법도 각기 다르다.『유가대교왕경』권5(대정장18, p.579b21)에 "지우법이란, 지송하는 이는 자신을 관상하길 삼매의 불꽃과 같으며 미간에서 부동존명왕이 화현하고, 몸 가득히 불꽃광명이 치성하며, 또한 대변조여래와 같이 여섯 개의 팔이 있고, 오른손에는 검·금강저·화살 등을 들고 있으며, 왼손에는 바퀴·

그물・활 등을 들고 있다고 관상한다. 또 모든 명왕과 바퀴・검・그물・활・화살・금강저 등으로 변화하여 마치 온 허공에 비가 내리는 것과 같다고 관상하고 곧바로 본 진언을 염송한다. 이와 같이 법도에 맞게 하면 큰 비가 곧 그치고 마귀의 두려움도 사라진다. 止雨法 持誦者觀想自身 如三昧火 於眉間化出不動尊明王 遍身熾焰光明 如日 亦如大遍照如來 身有六臂 右手持劍金剛杵箭 左手持輪羂索弓 復想化諸明王 及輪劍索弓箭金剛杵 如雨滿空 卽誦本眞言 如是依法相應 大雨卽止 及除魔怖"라고 하였다. [참고문헌] 『瑜伽大敎王經』, 『法苑珠林』 권63(대정장53, p.761c8). ⇨ 청우법 請雨法

지욱 智旭 1599~1655. 명(明)대 스님. 자(字)는 우익(藕益) 또는 소화(素華), 속성은 종(鍾)씨, 이름은 제명(際明). 팔불도인(八不道人)이라 한다. 오현(吳縣 : 江蘇省 蘇州市) 출신. 어려서 유학(儒學)을 배우고, 「벽불론 闢佛論」 수십 편을 지어 불교를 배척하였으나, 17세 때 연지주굉(蓮池袾宏)의 『자지록 自知錄』과 『죽창수필 竹窓隨筆』을 읽고서 자신이 지은 「벽불론」을 모아 태워버렸다. 20세에 『지장본원경 地藏本願經』을 독송하였으며, 23세에 48원(願)을 내어 스스로 대랑우바새(大朗優婆塞)라 하고 출가를 결심하였다. 24세에 마침내 덕청(德淸)의 제자 설령(雪嶺)을 따라 출가하였고, 경산(俓山)에 들어가 수련하여 성종(性宗)과 상종(相宗)의 종지가 서로 모순되지 않음을 깨달았다. 26세에 보살계(菩薩戒)를 받은 이후 율장을 열람하였으며, 정법이 쇠약하고 계율이 분명하지 못한 것을 보고 율을 널리 알리고자 하였다. 『범망경』을 비롯한 대소승의 율장에 대해 강설하면서 소석(疏釋)을 지었다. 이어 구화(九華)・온릉(溫陵)・석성(石城)・신안(新安) 등에 머물며 천태학(天台學)을 널리 선양하였다. 만년에는 영봉(靈峰)에 머물며 염불법문(念佛法門)을 수련하면서 정토(淨土)의 가르침을 널리 전하여 후에 정토 제9조로 추존되었다. 1655년(순치12) 결가부좌하고 서쪽을 향해 손을 든 채로 입적하였으니, 세수 57세였다. 연지(蓮池)・자백(紫柏)・감산(憨山) 등과 함께 명나라 불교계를 대표하는 4대 고승으로 일컬어진다. 저서로는 『비니사의집요 毘尼事義集要』 17권・『열장지진 閱藏知津』 44권・『법해관란 法海觀瀾』 5권・『범망경합주 梵網經合註』 7권・『금강경파공론 金剛經破空論』 1권・『법화경현의절요 法華經玄義節要』 2권・『능가경의소 楞伽經義疏』 9권・『능엄경문구 楞嚴經文句』 10권・『상종팔요직해 相宗八要直解』 8권・『대승기신론열망소 大乘起信論裂網疏』 6권・『정토성현록 淨土聖賢錄』 6권・『교관강종 敎觀綱宗』 1권・『아미타경요해 阿彌陀經要解』 1권・『정토십요 淨土十要』 10권・『주역선해 周易禪解』 10권 등 62부 230여 권이 있다. 이와 같은 다양하고 방대한 저술에서 알 수 있듯이, 그는 모든 종파를 거두어 정토로 돌아가는 선정합일(禪淨合一)을 주장하였다. 제자로는 조남(照南)・영성(靈晟)・성단(性旦)・등자(等慈) 등이 있다. [참고문헌] 『淨土聖賢錄』 권6(卍속장135, p.301b12). ⇨ 영봉파 靈峰派

지욱선사 불설아미타경요해 홍국사 남양주 1853년

지운 志韻 뜻하는 바와 그 울림. 『출삼장기집』 권14 「불대발다전 佛大跋陀傳」(대정장55, p.104a16)에 "의궤는 바탕이 꾸밈없어 화려하거나 속되지 않았으니, 뜻하는 바 움직임이 맑고 아득해 우아하면서도 깊은 운치가 있다. 儀軌率素 不同華俗 而志韻淸遠 雅有淵致", 같은 책 권15 「보운법사전 寶雲法師傳」(대정장55, p.113a6)에 "어린 나이로 출가하여 세밀하고 부지런히 배우고 행하니, 뜻과 기운이 굳세고 깨끗해 세속과 어울리지 않았다. 弱年出家 精勤有學行 志韻剛潔 不偶於世"라고 하였다. [참고문헌] 『出三藏記集』.

지운 智運 조선후기 스님. 묘향산(妙香山) 보현사(普賢寺)에 주석하였으며 송계원휘(松溪圓輝)의 은사이다. 1681년(숙종7) 보현사에서 『묘법연화경』을 판각하고 이듬해 대자(大字) 『능엄경』을 판각할 때 도대화주(都大化主)를 맡았으며, 1699년(숙종25) 보현사 개와불사(盖瓦佛事)를 주관하였다. 『설암잡저』 권2 「묘향산송계당대사비명 妙香山松溪堂大師碑銘」(한불전9, p.275c20)에 "15세에 지운장로를 따라 스님이 되었다. 志學從智運長老 剃度", 『허정집』 권하 「보현사개와개부기 普賢寺盖瓦改覆記」(한불전9, p.511b2)에 "그 기와를 덮은 곳에 비가 새서 실로 때맞춰 수리하지 않으면 반드시 허물어지게 되므로 서두르신 분은 한 노스님이었다. … 기묘년(1699) 중춘에 역사를 시작하여 5개월 동안 기와 17가마를 구워서 낙성하기에 이르렀다. … 마침내 글을 써서 노숙에게 드리니 법명은 지운이시며, 뜻을 같이한 스님들은 성곡・신원・진탁이었다. 唯其盖瓦境漏雨 苟非時以葺之 則必至於顚圮 速者有一老宿 … 於己卯春仲 載役庀工 五閱月而所燔瓦者 十有七窯 以落之來 … 遂書以與之老宿 則智運其名 同志者 城谷信元眞卓"라고 하였다. [참고문헌] 『雪巖雜著』, 『虛靜集』, 『朝鮮佛敎通史』 권상 p.516, 智冠 『韓國高僧碑文總集 朝鮮朝・近現代』 p.294. ⇨ 원휘 圓輝, 보현사 普賢寺 [19]

지원 至源 고려후기 스님. 혜심(慧諶 1178~1234)의 『조계진각국사어록』「법어(法語)」에 지원에게 보낸「시지원상좌 示至源上座」(한불전6, p.39b11)가 전한다. [참고문헌]『曹溪眞覺國師語錄』.

지원 志元 당말 청원행사(靑原行思) 계열 스님. 법호는 운개(雲蓋). 원정대사(圓淨大師)라는 별호도 있다. 법휘는 여러 이름으로 전하는데, 『경덕전등록』권16(대정장51, p.329c16)에서 '지원'이라 하였고, 『조당집』권9(대장경보편25, p.478a7)에서는 원선(源禪), 『연등회요』권25(卍속장136, p.847b10)에서는 지안(志安)이라 하였는데, "유력할 때 운거도응(雲居道膺 ?~902)에게 '어찌할 수 없을 때는 어떻게 해야 하나'를 묻자 '다만 그대의 공력이 다하지 못했을 뿐'이라는 말을 듣고 절도 올리지 않고 떠났다. 석상경저(石霜慶諸 807~888)를 찾아가서 같은 질문을 하니 '비단 그대만이 그런 것이 아니다. 노승 또한 어찌하지 못한다' 하였고, '화상께서는 어째서 어찌할 수 없다 하십니까?' 석상이 '다시 노승이 만약 어찌할 수 있다면 허물 잡아 그대 어찌할 수 없어야 하리'. 遊方時 問雲居曰 志元不奈何時如何 雲居曰 只爲闍梨功力不到處 師不禮拜而退 遂參石霜 亦如前問石霜曰 非但闍梨 老僧亦不奈何 師曰 和尙爲什麽不奈何 石霜曰 老僧若奈何 拈過汝不奈何"라고 하였다. 바로 절을 올리고 입실(入室)하였다. 호남성(湖南省) 담주(潭州 : 長沙) 운개산(雲蓋山)에서 대중을 교화하였다. 법을 이은 제자로는 운개지한(雲蓋志罕)·신라와룡(新羅臥龍)·팽주천태(彭州天台)가 있다. [참고문헌]『景德傳燈錄』, 『祖堂集』, 『聯燈會要』, 『空谷集』11칙「評唱」(卍속장117, p.544b4). ⇨ 경저 慶諸, 와룡 臥龍

지원 志圓 오대십국(五大十國) 및 북송(北宋)대 스님. 법호는 백조(白兆), 시호는 현교대사(顯敎大師). 덕산선감(德山宣鑑 782~865)의 법을 이은 감담자국(感潭資國)의 제자이다. 호북성(湖北省) 안주(安州) 백조산(白兆山)에서 주석하며 수많은 법제자를 배출하였다. 『경덕전등록』권17「백조지원전」(대정장51, p.341c16)에 "보은현칙(報恩玄則)이 백조에게 물었다. '무엇이 부처입니까?' '병정동자가 불을 구하러 왔구나'〈현칙은 훗날 법안에게 참학하고서야 비로소 그 취지를 밝혔고, 금릉의 보은원에서 주석하였다〉. 玄則問 如何是佛 師曰 丙丁童子來求火〈則師後參法眼 方明厥旨 住金陵報恩院〉"라고 하였으므로, 법안병정동자(法眼丙丁童子) 공안의 개시자다. 법제자로는 대룡지홍(大龍智洪)·백마행애(白馬行靄)·대양행충(大陽行沖)·신라혜운(新羅慧雲) 등이 있다. 한편『연등회요』「목차 目次」(卍속장136, p.428b4)에서는 지원을 설봉의존(雪峰義存 822~908)의 법사(法嗣)로 규정하고 있다. [참고문헌]『景德傳燈錄』, 『聯燈會要』. ⇨ 법안병정동자 法眼丙丁童子

지원 志遠 768~844. 당대(唐代) 천태종 스님. 법호는 오대(五臺). 속성은 송(宋)씨. 중국 하남성(河南省) 여남(汝南) 출신. 어려서 부친을 잃고 모친을 모시고 살았는데, 모친이 늘『법화경』을 염송하여 어려서부터 불법에 익숙하였다. 28세에 모친이 세상을 뜨자, 하택종(荷擇宗)에 귀의하여 출가하고, 그 후 각 지방을 돌며 대승명덕에게 참학하였다. 대덕을 찾아다니며 8년을 보냈으나 시원스레 통달하지 못하였다. 그러던 중 천태가들이 "한 가지로도 묘리를 꾸려 통하니 정혜 쌍으로 어울려 깨우쳐 정진 행한다. 一枝該通妙理 定慧雙融 解進於行"는 말을 듣고 오대산(五臺山) 화엄사(華嚴寺)로 찾아가 천태교법을 배웠다. 행업에 정진하며 자면서도 옷을 벗지 않고 한 끼니만으로 먹으며 늘 사종삼매(四種三昧)를 연마하였다. 그중에 특히 법화삼매(法華三昧)와 일심삼관(一心三觀)에 전념하며 청정계행을 지녔으니, 여러 산문이 흠모하였다. 회창폐불이 극심하던 844년에 항의로 음식을 끊고 여러 차례 조정에 나아가 법을 설함에 기탄없었다. 그해 2월 17일 문인들을 모아놓고 간절히 법을 설하고 입적하였다. 세수 77, 법랍 48세였다. 한편 일본의 구법승 원인(圓仁)은 오대산을 참배하던 840년 5월 화엄사에서 지원을 만나 문답을 나누기도 하였다. [참고문헌]『佛祖統紀』권22(대정장49, p.246a14), 『宋高僧傳』권7(대정장50, p.745b8), 『廣淸涼傳』권하(대정장51, p.1119b9), 『入唐求法巡禮行記』권3(대장경보편18, p.68b5).

지원 志願 Ⓟ cittam adhimoceti, āśaya, praṇidhāna. 뜻을 내어 바라다. 『잡아함경』권41(대정장2, p.298b1 : *Gilāyana-sutta*, *SN.5*, p.409)에 "인간오욕을 버리고 떠나게 하고, 천상오욕에 마음 두고 바라라. 敎令捨離人間五欲 敎令志願天上五欲 so evam assa vacanīyo … sādhāyasmā mānussakehi kāmehi cittaṃ vuṭṭhāpetvā catummahārājikesu devesu cittam adhimocehī ti", 『무량수경』권상(대정장12, p.267b27)에 "그때 세자재왕불(Ⓢ Lokeśvara-rājas tathāgato 'rhan samyaksaṃbuddha)은 그가 고명하고 뜻과 바램이 깊고도 넓음을 알아 법장비구(Ⓢ dharmākaro bhikṣu) 위해 경을 설하였다. '비유하면 저 큰 바다일지라도 한 사람이 국자로 여러 겁 거쳐 바닥까지 퍼내면 아름다운 보배 얻는 것처럼, 사람이 지심정진하여 도를 구함에 그치지 않으면 마땅히 과를 이루리니 어떤 원인들 얻지 못하랴'. 爾時世自在王佛 知其高明 志願深廣 卽爲法藏比丘 而說經言 譬如大海 一人斗量 經歷劫數 尙可窮底 得其妙寶 人有至心精進 求道不止 會當剋果 何願不得", 『정법화경』권1(대정장9, p.70c6 : *Saddh-*

p., p.47)에 "뜻을 내고 바랄 것 있었기에 모두 다 갖추어 성취하고 깊은 미묘사 분별하여 강설하고는 부처의 자리에 이르도록 하리. 有可志願 皆具足成 深微妙事 分別講說 得至佛位 paripūrṇam-etat-praṇidhāna mahyaṃ buddhā ca bodhiṃ ca prakāśayāmi", 돈황본『단경』(대정장48, p.340c29)에 "옛부터 묵연히 의법을 전함에 대서원 발하고 보리에서 물러서지 않았기에 모름지기 나누어 부쳤다. 만약 견해 같지 않고 뜻도 원도 없었다면 어느 곳에서든 헛되이 베풀고 전하지 말아야 하리. 저 앞선 이들에게 폐만 끼쳐 구경에 아무런 더함 없으리. 從上以來 默然而付衣法 發大誓願 不退菩提 卽須分付 若不同見解 無有志願 在在處處 勿妄宣傳 損彼前人 究竟無益"라고 하였다. [참고문헌]『雜阿含經』,『無量壽經』,『正法華經』,『壇經』, *SN.*, *Saddh-p.*, *Sukh-vy. I.13.* ⇨서원 誓願, 원 願

지원 智圓 ❶976~1022. 송(宋)대 천태종(天台宗) 산외파(山外派) 스님. 자는 무외(無外), 호는 잠부(潛夫) 또는 중용자(中庸子), 시호는 법혜대사(法慧大師), 속성은 서(徐)씨. 절강성(浙江省) 전당(錢塘 : 杭州) 출신. 8세 때 전당의 용흥사(龍興寺)에서 출가했다. 처음에는 유학(儒學)을 익혔고, 후에 봉선사(奉先寺) 청원(靑原)에게 천태학을 배웠다. 청원이 입적하자 세속을 떠나 서호(西湖)의 고산(孤山) 마노파(瑪瑙坡)에 들어가 경론(經論)을 연구하면서 경소(慶昭)·오은(晤恩) 등과 함께 산외파설을 내세워 산가파(山家派)의 사명지례(四明知禮 960~1028)와 논쟁을 벌였다.『금광명경현의표징기 金光明經玄義表徵記』에서 사난(四難)을 들어『금광명현의광본 金光明玄義廣本』의 관심석(觀心釋)을 부인하며 산가파에 대항했으나 지례의 주장만이 천태의 정통으로 인정되고 산외파는 폄하되는 것이 일반적이었다. 또한 유학에도 정통해 항상 유학으로 수신(修身)하고, 석교(釋敎)로 다스린다고 하면서 유석도(儒釋道) 삼교의 통합을 도모했다. 1022년(건흥원년) 2월 제문(祭文)과 만시(挽詩)를 남기고 입적하니, 세수 47세였다. 저술은『한거편 閑居編』60권(51권 현존)에 수록되어 있는데,『문수반야경소 文殊般若經疏』·『유교경소 遺敎經疏』·『반야심경소 般若心經疏』·『서응경소 瑞應經疏』·『사십이장경주 四十二章經注』·『부사의법문경소 不思議法門經疏』·『무량의경소 無量義經疏』·『관보현행법경소 觀普賢行法經疏』·『아미타경소 阿彌陀經疏』·『수능엄경소 首楞嚴經疏』등을 써서 가르쳤으므로 십본소주(十本疏主)라고 불렀으며, 고산에 은거하였기에 고산지원(孤山智圓)이라고도 한다. 그 밖에『열반경소삼덕지귀 涅槃經疏三德指歸』20권·『유마경략소수유기 維摩經略疏垂裕記』10권·『수능엄경소곡향초 首楞嚴經疏谷響鈔』5권·『금광명경문구색은기 金光明經文句索隱記』1권·『열반현의발원기요 涅槃玄義發源機要』1권·『십불이문정의 十不二門正義』1권 등 수많은 저술이 있다.『왕생집』권1(대정장51, p.136c24)에 "송나라 지원은 서호의 고산에 머물면서 여러 경을 널리 풀었으며, 서방정토에 마음을 두고『미타소』와『서자초』를 지었다. 宋智圓 居西湖孤山 廣解諸經 刻心淨土 造彌陀疏 及西資鈔"라고 하였다. [참고문헌]『往生集』,『佛祖統紀』권10(대정장49, p.204c12). ⇨산가산외 山家山外 ❷1643~1693. 조선후기 영변 보현사(普賢寺) 스님. 호는 영암(靈巖), 속성은 최(崔)씨. 본관은 전주(全州). 어느 날 어머니의 꿈에 신인(神人)이 나타나 검은 도장을 아이의 이마에 찍고 이 아이를 너의 아들로 점지한다는 태몽 이후 임신하였다. 1643년(인조21) 6월 6일 박능(博陵 : 평안북도 박천군)에서 태어났는데, 과연 이마에 검은 점이 있어 꿈에 신인이 찍은 것과 같았다. 16세 때인 1659년(효종10) 묘향산 백운암으로 찾아가 설월(雪月)을 은사로 하여 스님이 되었다. 그의 법계는 청허휴정(淸虛休靜 1520~1604)의 5대 법손이니 다음과 같다. 청허휴정→사명유정(四溟惟政 1544~1610)→송월응상(松月應祥 1572~1645)→허백명조(虛白明照 1687~1767)→송파의흠(松坡義欽)→설월계집(雪月繼什)→영암지원으로 이어진다. 1693년(숙종19) 6월 30일 세수 51세를 일기로 묘향산에서 입적하였다. 제자에는 순철(淳哲)·능문(能文) 등이 있다. 윤권해(尹權瑎)가 비문을 짓고 써서 1694년(숙종20)에 세운 행적비가 영변 보현사에 있다. [참고문헌]『西域中華海東佛祖源流』(한불전10, p.105b19),『朝鮮金石總覽』권하 pp.1009~1010, 智冠『韓國高僧碑文總集 朝鮮朝·近現代』pp.334~335. ⇨영암 靈巖❶

지원 智源 ❶지혜 솟는 샘.『심부주』권2(卍속장111, p.50a11)에 "한 끝 이치 칼끝에 당하니 만경 모두 함께하네. 지혜의 샘 저 끝까지 끌어 담고, 법의 바다 그 으뜸의 뜻 머리에 이고 드높인다네. 一理當鋒 萬境皆融 囊括智源之底 冠擎法海之宗"라고 하였다. [참고문헌]『心賦注』,『觀心玄樞』(卍속장114, p.868b5). ❷북송대 임제종 스님. 대위모철(大潙慕喆 ?~1095)의 법을 이었다. 법호는 중봉(中峯). 담주(潭州) 중봉산에서 법석을 열었고,『건중정국속등록』권22(卍속장136, p.317b3)에 문답도 전한다. [참고문헌]『建中靖國續燈錄』,『續傳燈錄』권16(대정장51, p.578b26).

지원 智遠 동진유송대 스님. 지우(智羽)와 함께 지엄(智嚴)을 수행한 제자. [참고문헌]『梁高僧傳』권3(대정장50, p.339c15). ⇨지우 智羽

지원덕 智圓德 Ⓢjñāna-saṃpad, Ⓣye-shes-phun

-sum-tshogs-pa. 지(智) 두렷해 모자람도 이즈러짐도 없으신 덕. 여래의 삼종원덕(三種圓德 : 因圓德 果圓德 恩圓德) 중 과원덕(果圓德 Ⓢ phala-saṃpad)의 하나로, 불과(佛果)를 증득하신 여래의 지혜 두렷해 이즈러짐 없는 덕을 말한다. 『구사론』 권27(대정장29, p.141b10 : *Abh-k-bh.*, p.415)에 "다음으로 과원덕에도 네 가지가 있으니 첫째 지원덕, 둘째 단원덕, 셋째 위세원덕, 넷째 색신원덕이다. 지원덕에 네 가지가 있으니 첫째 무사지, 둘째 일체지, 셋째 일체종지, 넷째 무공용지다. 次果圓德 亦有四種 一 智圓德 二 斷圓德 三 威勢圓德 四 色身圓德 智圓德有四種 一 無師智 二 一切智 三 一切種智 四 無功用智 caturvidhā phalasaṃpat. jñānasaṃpat prahāṇasaṃpat prabhāvasaṃpadrūpakāyasaṃpacva. … jñānasaṃpat punaścaturvidhā. anupadiṣṭajñānaṃ sarvatrajñāna sarvathājñānam ayatnajñānaṃ ca", 『구사론송소론본』 권27(대정장41, p.966b10)에 "지원덕 중에 다시 네 가지다. 첫째 무사지이니 스스로 깨닫기 때문이고, 둘째 일체지이니 진리를 비추기 때문이다. 셋째 일체종지이니 세속의 일을 비추기 때문이며, 넷째 무공용지니 저절로 일어나기 때문이다. 智圓德中 復有四種 一 無師智 自覺悟故 二 一切智 照眞理故 三 一切種智 照俗事故 四 無功用智 任運起故", 『구사론기』 권27(대정장41, p.407a14)에 "첫째 무사지는 스스로 깨치는 것이고, 둘째 일체지는 모든 법의 체를 아는 것이며, 셋째 일체종지는 모든 법의 쓰임새를 아는 것이다. 혹은 일체지는 모든 법의 자상을 아는 것이고, 일체종지는 모든 법의 공상을 아는 것이며, 혹은 일체지가 진리를 깨우친 것이고, 일체종지는 세속의 일에 달통한 것이다. 넷째 무공용지는 더 힘을 써 수행하지 않아도 (일체지와 일체종지가) 저절로 일어나는 지혜다. 一 無師智 由自悟故 二 一切智 知諸法體 三 一切種智 知諸法用別 或一切智 知諸法自相 一切種智 知諸法共相 或一切智 證眞理 一切種智 達俗事 四 無功用智 不作加行 任運起故"라고 하였다. [참고문헌] 『俱舍論』, 『俱舍論頌疏論本』, 『俱舍論記』, *Abh-k-bh.* ⇨ 무사지 無師智, 일체지 一切智, 일체종지 一切種智, 무공용지 無功用智, 과원덕 果圓德, 삼종원덕 三種圓德

지원법보감동총록 至元法寶勘同總錄 원(元)대 경길상(慶吉祥) 등 지음. 10권. 줄여서 『지원록』이라고도 한다. 1285년(지원22) 황제의 명에 따라 여러 언어와 학문에 통달한 스님들을 선발하고 서역의 목록과 한역경전 등을 참고하여 지원년간(1271~1294)에 만든 경전 목록이다. 후한 명제 때 68년(영평11)부터 원 세조 때인 1285년(지원22)까지 22왕조 1,219년간 194명의 역경승에 의해 한역된 삼장의 총목록이다. 한역장경과 티베트장경을 대조하였으며, 경율론 삼장의 제목에 범어 이름도 표기한 것이 특징이다. [참고문헌] 『法輪寶懺』 권10(卍속장130, p.171a3). ⇨ 불전목록 佛典目錄

지원변위록 至元辯僞錄 ➡ 변위록 辯僞錄

지원사 枳園寺 중국 강소성(江蘇省) 남경(南京) 종산(鐘山)에 있던 절. 유송(劉宋) 무제(武帝 재위 420~422)가 역경승 지엄(智嚴)을 위해 건립하였다. 지엄은 이곳에 머무르던 427년(원가4)에 사문 보운(寶雲)과 함께 『보요경 普曜經』·『광박엄정경 廣博嚴淨經』·『사천왕경 四天王經』 등을 한역하였다. 남제(南齊) 무제(武帝 재위 482~493) 때는 법해(法楷)가 주석하였으며, 489년(영명7)에는 무제가 이곳에 사탑을 세웠다. 양무제(梁武帝) 때는 법표(法彪)를 도강사(都講師) 자격으로 머무르게 하였다. 명(明)대에 이미 폐사되어 현재 전하지 않는다. [참고문헌] 『梁高僧傳』 권3(대정장50, p.339b22)·권10(대정장50, p.393b18), 『釋氏要覽』 권하(대정장54, p.295b16), 『一切經音義』 권84(대정장54, p.850c7). ⇨ 지엄 智嚴 ❷

지원사 祇園寺 충청남도 서천군 영취산(靈鷲山)에 있었던 사원. 『동국여지승람』 권19 충청도 서천군 불우와 『동국여지지』·『범우고』 등에 전한다. [참고문헌] 『東國輿地勝覽』, 『東國輿地志』, 『梵宇攷』.

지원상좌 至源上座 고려후기 스님. 진각혜심(眞覺慧諶 1178~1234)의 『조계진각국사어록』 「시지원상좌 示至源上座」(한불전6, p.39b11)에 "무릇 물(水)을 물(物)이라 여겨 살펴보면, 거스름 없고 막는 일도 없어서 때를 만나면 변하고 연을 만나서는 따르니, 자성을 지키지 않지만 자성을 잃는 일도 없다. … 일개 정동·청탁·유파·연적을 도무지 다 살펴 거두어 지원에게 준다 함만 못하리. 觀夫水之爲物也 無適也 無莫也 惟時之變 惟緣之從 不守自性而不失自性者也 … 不如一靜一動 一淸一濁 一流一派 一涓一滴 都盧收攝 付之至源"라고 하였다. [참고문헌] 『曹溪眞覺國師語錄』.

지원유편 芝苑遺編 북송(北宋)대 율종(律宗) 스님 영지원조(靈芝元照 1048~1116)가 짓고 6세 법손 도순(道詢)이 편집하였다. 3권. 卍속장105, pp.514a1~576a3에 수록되어 있다. 권상에는 계체장(戒體章)·지범체장(持犯體章)·지범구법장(持犯句法章)·율종요(律宗要)·대소승론(大小乘論)·시종계요(始終戒要), 권중에는 수대승보살계의(授大乘菩薩戒儀)·체발의식(剃髮儀式)·수계방편(受戒方便)·건명주개원사계단서문(建明州開元寺戒壇誓文)·계사미문(誡沙彌文), 권하에는 위장추밀개강요의(爲蔣樞密開講要義)·위고려승통의천개강요의(爲高麗僧統義天開講要義)·상사암법사서(上樝菴法師書)·남산율종조승도록(南山律宗祖承圖錄)·남산율사찬장록(南山律師撰長錄) 순으로 편재되었으며, 마지막에는 일본(日本) 눌옹(訥翁)의 제기(題記)가 붙어 있다. ⇨수대승보살계의 授大乘菩薩戒儀, 지원집 芝園集, 원조 元照

지원집 芝園集 북송(北宋)대 율종(律宗) 스님 영지원조(靈芝元照 1048~1116) 지음. 2권. 卍속장105, pp.577a1~605a7에 수록되어 있다. 권상은 「항주남병산신오법사탑명 杭州南屛山神悟法師塔銘」·「항주상부사통의대사탑명 杭州祥符寺通義大師塔銘」 등을 위시한 명승(名僧)의 탑명(塔銘)과 행업기(行業記)·전기(傳記) 등이 함께 실려 있고, 권하는 유명 속인들의 묘명(墓銘)과 여러 문집이나 도서의 서문(序文) 등으로 이루어져 있다. 상하권 총 32조(條)다. 한편 보유(補遺)에 해당하는 『보속지원집 補續芝園集』 1권이 卍속장105, pp.606a1~611b15에 별도로 전한다. 이는 일본에서 편집되었는데 편집자는 미상이다. 「태주순감원전륜장기 台州順感院轉輪藏記」·「수주보조원다보탑기 秀州普照院多寶塔記」 등 총 6조의 조형물 또는 건축물에 관한 기문(記文)도 실려 있다. ⇨원조 元照

지원청규 至元淸規 『칙수백장청규 勅修百丈淸規』(대정장48, No.2025) 다른 이름. 원 지원년간(1335~1340)에 편찬하여 붙은 이름이다. ⇨백장청규 百丈淸規

지원통 持願通 Ⓢ ādhiṣṭhānikīm ṛddhim, Ⓣ byin-gyis-brlabs-las-byung-ba'i-rdsu-'phrul. 원(願)을 가져 잃지 않게 하는 능력. 원하는 바가 세간에 머물게 하는 능력이다. 신경지증통(神境智證通)과 같다. 『구사론』 권8(대정장29, p.44a27 : *Abh-k-bh.*, p.119)에 "어떤 사람이 부처님은 지원통이 있어 능히 오래도록 색신에 머물 수 있다고 믿는다면, 이는 바른 해석이 아니다. 若人信佛有持願通 能久留身 此不成釋 ādhiṣṭhānikīm ṛddhiṃ bhagavata icchatāṃ na yukta eṣa parihāraḥ", 『구사론기』 권8(대정장41, p.156a29)에 "신통으로 능히 원을 유지하는 것을 지원통이라 하는데, 이것은 곧 신경지증통이다. 通能持願 名持願通 此卽神境智證通"라고 하였다. 〔참고문헌〕『俱舍論』, 『俱舍論記』, *Abh-k-bh.* ⇨신경지증통 神境智證通

지월 支越 지겸(支謙)의 별명. 『출삼장기집』 권7 「합수능엄경기 合首楞嚴經記」(대정장55, p.49a21)에 "또 지월이 있으니, 자는 공명이고 또한 월지국 출신이다. 그의 부친 또한 한 영제 치세에 중국으로 내헌하였고, 지월은 한나라에서 태어났다. 又有支越 字恭明 亦月支人也 其父亦漢靈帝之世 來獻中國 越在漢生", 같은 책 권13 「지겸전」(대정장55, p.97b14)에 "지겸은 자가 공명이고 일명 월(越)이라 하였다. 대월지 사람이다. 支謙字恭明 一名越 大月支人也"라고 하였다. 〔참고문헌〕『出三藏記集』. ⇨지겸 支謙

지월 池月 조선후기 처밀(處密)의 법호. ⇨처밀 處密

지월 指月 ❶ 달을 가리키다. 손가락과 달. 『능가경』 권4(대정장16, p.510c17 : *Laṅk.*, p.223)에 "저 어리석은 이 달 가리킴 보고 손가락만 보며 달 보지 않듯이, 이름과 글자 헤아려 집착하는 이 나의 진실 보지 못하네. 如愚見指月 觀指不觀月 計著名字者 不見我眞實 aṅgulyagraṃ yathā bālo na gṛhṇāti niśākaram, tathā hyakṣarasaṃsaktāstattvaṃ na vetti māmakam", 『능엄경』 권2(대정장19, p.111a9)에 "어떤 이가 손가락으로 달 가리켜 다른 이에게 보이면, 저 사람은 손가락 따라 응당 달을 보아야 한다. 만약 다시 손가락 보고 달의 몸이라 여기면, 이 사람 어찌 둥근 달만 잃었겠는가. 또한 손가락마저 놓쳤다. 왜냐면, 표하여 가리키려던 바가 빛나는 달이었기 때문이다. 如人以手 指月示人 彼人因指 當應看月 若復觀指 以爲月體 此人豈唯亡失月輪 亦亡其指 何以故 以所標指 爲明月故", 『대혜어록』 권4(대정장47, p.826b16)에 "상당하여 들었다. '마조와 서당지장(西堂地藏)·남전보원(南泉普願)·백장회해(百丈懷海)가 한가위 때 달맞이를 갔다. 마조가 달 가리키며 「참으로 이럴 때는 어떠하신가?」라 물었다. 서당은 「참으로 수행하기 딱입니다」, 백장은 「공양하기 아주 좋은 때입니다」라 하였고, 남전은 소매 털고 문득 걸었다. 마조가 말하길 「경은 장(藏)에 들고, 선은 바다로 돌아간다. 오직 보원만이 홀로 물 밖으로 넘어가네」'. 上堂擧 馬祖與西堂南泉百丈 中秋翫月次 祖指月云 正當恁麽時如何 西堂云 正好修行 百丈云 正好供養 南泉拂袖便行 祖云 經入藏 禪歸海 唯有普願 獨超物外", "대혜가 말하였다. '네 분 큰 어르신들의 낙처를 아는가? 만약 모르면 이 한 노래 들어보시오. 나라가 맑으면 인재는 귀하고, 집이 부하면 아이가 버릇없다. 큰 어르신들 손 내밀지만 피차 주고 받는 일은 없다네'. 師云 還知四大老落處麽 若也未知 聽取一頌 國淸才子貴 家富小兒嬌 大家出隻手 彼此不相饒"라고 하였다. 〔참고문헌〕『楞伽經』, 『楞嚴經』, 『大慧語錄』, 『成唯識論掌中樞要』 권상(대정장43, p.628c3), 『大乘玄論』 권1(대정장45, p.15c27), 『碧巖錄』 36칙 「評唱」(대정장48, p.174b15), *Laṅk.* ⇨이지지월 以指指月 ❷ 1911~1973. 근현대 해인사 스님인 병안(炳安)의 법호. ⇨병안 炳安

지월 智月 ❶ 지혜로운 달빛처럼 일체색상을 드러내는 지혜. 『성불모반야바라밀다구송정의론』 권하(대정장25, p.899c29)에 "훔(hūṃ) 훔(吽) 자는 치성광(熾盛光) 가득하다. 그 빛 중에 큰 불의 불꽃 솟구쳐 출현한다. 마땅히 자신이 지월을 좇는 중에 보리심을 내며, 거듭 이로부터 금강지월(金剛智月)을 낳는다고 관한다. 달이란 곧 금강지(金剛智)이니 세간에 널리 가득하여, 그 지혜의 빛으로 일체색상을 비춰 밝힌다. 그러므로 노래하길 '지혜의 달이 출현하듯 한다'고 한 것이다. 훔吽字 具熾盛光 於其光中 出現大火熾盛光焰 當觀自身 從智月中 生菩提心 復從是生金剛智月 當知月者 卽金剛智 普遍世間 智光照耀一切色相 是故頌言 若智月出現"라고 하였다. [참고문헌] 『聖佛母般若波羅蜜多九頌精義論』. ❷ Ⓢ Jñānacandra. 유식십대논사(唯識十大論師) 중 한 분. 음사어는 야나전달라(若那戰達羅)이다. 승우(勝友)·승자(勝子) 등과 함께 호법(護法 Ⓢ Dharmapāla 530~561)의 제자다. 『성유식론술기』 권1(대정장43, p.232a3)에 "(십대논사 중) 여덟째는 범어로 비세사밀다라이니 승우라고 한역하며, 아홉째는 범어로 진나불다라이니 승자라 한역하고, 열째는 범어로 야나전달라이니 지월이라 한역한다. 뒤의 세 논사는 모두 호법보살의 문인이다. 八 梵云 毘世沙蜜多羅 唐言 勝友 九 梵云 辰那弗多羅 唐言 勝子 十 梵云 若那戰達羅 唐言 智月 此後三論師 並護法菩薩之門人也", 『대당서역기』 권9(대정장51, p.923c29)에 "만일 재기가 높고 세상 이치를 두루 알며, 기억력이 뛰어나고 재능이 넘쳐나며 밝은 덕의 철인들이라면 빛남을 손잡고 그 대를 잇는다. 그 이름이 다음과 같다. 호법이나 호월은 남기신 가르침을 세간에 떨쳤고, 덕혜나 견혜 또한 아름다운 이름 당대를 넘쳤으며, 광우는 더없이 맑게 논하였고 승우 또한 말함이 높았으며, 지월은 바람처럼 맑고 명민하였고, 계현은 이에 그 덕이 깊고 멀었다. 若其高才博物 强識多能 明德哲人 聯暉繼軌 至如 護法 護月 振芳塵於遺教 德慧 堅慧 流雅譽於當時 光友之淸論 勝友之高談 智月則風鑒明敏 戒賢乃至德幽邃"라고 하였다. [참고문헌] 『成唯識論述記』, 『大唐西域記』. ⇨ 십대논사 十大論師 ❸ 조선후기 스님 필희(弼熙)의 법호. [참고문헌] 『東師列傳』 권4 「錦溪禪師傳」(한불전10, p.1035a8). ⇨ 필희 弼熙

지월 智越 543~616. 수대(隋代) 법사. 천태지의(天台智顗)의 제일제자. 속성은 정(鄭)씨. 남양(南陽 : 河南省) 출신. 어려서부터 출가에 뜻을 두자 부친은 혼인으로 막으려 하였고 기도하며 견뎠다. 장성하여 악양(岳陽)의 왕이 형주(荊州) 통치를 맡기려 하였으나, 극구 사양하고 출가하였다. 도를 물으러 다니다가 금릉(金陵)에서 지의를 만나 수업을 청하였고 결국 그의 법을 이어받았다. 『법화경』 만독수행을 지켰고, 계행과 위의 또한 늘 청정하였다. 배우는 무리 중에서 가장 뛰어나 지의 입적 후에 20년을 한결같이 천태산의 수장으로 사부대중을 화합으로 이끌었다. 616년(대업12) 11월 국청사(國淸寺)에서 병으로 몸져누워 우협와(右脇臥)하다가 10일 만에 입적하니, 세수 74세였다. [참고문헌] 『國淸百錄』 권4(대정장46, p.816a20), 『佛祖統紀』 권9(대정장49, p.197a24), 『唐高僧傳』 권17(대정장50, p.570c2). ⇨ 지의 智顗

지월능환 智月能環 조선후기 스님. 혜봉이순의 법을 이은 제자. 『동사열전』 권5 「혜봉선사전 惠峰禪師傳」(한불전10, p.1057c9)에 "법명은 이순이고 호는 혜봉이다. … 전등자로는 지월능환·원월세영·보응응오 등이다. … 지월은 만덕산에, 원월은 금강산에, 보응은 보은에 있으니, '영리한 토끼는 굴 세 개 판다'고 한 말은 우연히도 여기에서 이루어졌다. 師名爾順 號惠峰 … 傳燈者 智月能環圓月世英普應應悟 … 智在萬德 圓在金剛 普在報恩 狡兎三穴 偶然自成"라고 하였다. [참고문헌] 『東師列傳』. ⇨ 이순 爾順

지월록 指月錄 명(明)말 나라연굴학인(那羅延窟學人) 반담(槃談) 구여직(瞿汝稷 1548~1610)이 1602년(만력30) 찬집. 32권. 卍속장143, pp.1a1~743a13에 전한다. 『수월재지월록 水月齋指月錄』이라고도 한다. 선종의 전등사를 기본으로 하여 공안집의 송고(頌古)를 더한 형식이며, 총 650여 불보살과 종사(宗師)의 기연과 어구를 기록하였다. 서두는 찬집자의 「자서 自序」, 엄징(嚴澂)이 1601년(만력29)에 쓴 「각지월록발원게 刻指月錄發願偈」, 총목록(總目錄) 세 부분이다. 권1은 과거칠불(過去七佛)과 제사염송제경어구(諸師拈頌諸經語句)이고, 권2는 응화성현(應化聖賢)인데 문수보살(文殊菩薩)·유마대사(維摩大士)·천태지자선사(天台智者禪師) 등 보살 및 인도·중국의 현사들을 아우른다. 권3은 마하가섭(摩訶迦葉)부터 보리달마(菩提達磨)에 이르는 서천조사(西天祖師), 권4는 보리달마부터 6조 혜능에 이르는 동토조사(東土祖師)를 다루었다. 권5는 6조 문하 제1세와 제2세인 남악회양(南嶽懷讓)과 그의 제자인 마조도일(馬祖道一), 또 청원행사(靑原行思)와 그의 제자인 석두희천(石頭希遷) 등 4인의 행적과 말씀들을 상세히 기록하였다. 권6은 제2조·4조·5조·6조의 방계 선사를 소개하고, 권7은 선종법계 외의 인물을 간략히 언급하였다. 권8부터 권30까지는 권5에 이어 6조 문하 제3세부터 제16세까지를 기록하였다. 권31과 권32는 대혜종고(大慧宗杲)의 어요(語要)를 모아 놓았다. 또 1679년 청(淸)대 낙독(樂讀) 섭선(聶先)이 『지월록』에 이어 21권의 『속지월록 續指月錄』을 찬집하였다. ⇨ 속지월록 續指月錄

지월인지 指月認指 달 가리켰는데 가리키는 손가락 보다. 『석씨육첩』 권20(대장경보편13, p.425a10)에 "지월인지 : 『대불정수능엄경』에서 말하였다. '마치 사람이 손으로 달 가리키니 손가락을 달로 여김과 같다. 어찌 오직 달만 알지 못했으랴. 손가락마저 몰랐다'. 指月認指 大佛頂經云 如人以手指月認指爲月 豈唯不識月輪 兼亦迷於指體"라고 하였다. [참고문헌] 『釋氏六帖』.

지위 地位 **1** 제불여래와 보살성현들이 분위차별의 경계를 자증(自證)하였을 때 머물러 보이는 자리. 『대승입능가경』 권5(대정장16, p.620c4 : *Laṅk.*, p.228)에 "성문, 연각, 보살, 여래와 자증성지와 모든 지위차등 일체불법을 모두 이 다섯 법 중에 거두어 들인다. 聲聞緣覺 菩薩如來 自證聖智 諸地位次 一切佛法 悉皆攝入此五法中 bhūmivibhāgānusaṃdhiśca śrāvakapratyekabuddhabodhisattvānāṃ, tathāgatānāṃ ca pratyātmāryajñānapraveśaḥ", 『유가사지론석』(대정장30, p.885b5)에 "십칠지를 일컬음은 설한 유가사지를 모두 모으면 대략 열일곱이어서다. 만약 널리 안립하면 지위는 끝이 없다. 낱낱의 지중에도 위를 나누어 차별한 뜻이 가없다. 謂十七地者 總集所說瑜伽師地 略有十七 若廣安立 地位無邊 一一地中 分位差別義無邊故", 『원각경협송집해강의』 권12(卍속장87, p.989a3)에 "만약 이 경에 의지하여 닦고 행하며 점점 더 나아가면, 마음은 부처님의 지위에 이른다. 若依此經修行 漸漸增進 心至佛之地位", 80권본 『화엄경』 권12(대정장10, p.60a9)에 "저 세존께서 옛날 보살이실 적에 갖가지 담론, 갖가지 언어 … 갖가지 신해, 갖가지 지위로 성숙함을 얻으셨듯 또한 중생이 이렇게 알고 보게 하려고 법을 설하셨다. 如世尊昔爲菩薩時 以種種談論 種種語言 … 種種信解 種種地位 而得成熟 亦令衆生 如是知見 而爲說法", 『신화엄경론』 권3(대정장36, p.735b6)에 "위의 시종 두 교는 아울러 지위에 의지해 점차로 닦아 이루니 함께 점교가 된다. 넷째 돈교란 다만 일념도 생하지 않아서 그대로 부처라 하니, 지위의 점차를 따르지 않고 설하기에 세워서 돈교라 한다. 上始終二教 並依地位 漸次修成 俱爲漸教 四頓教者 但一念不生 卽名爲佛 不從地位漸次而說 故立爲頓教", 『대승보살장정법경』 권8(대정장11, p.798c16)에 "제8지·제9지·제10지와 이미 지위에 오른 모든 보살은 모두 대지중에 안주하여 부처님 빛을 눈앞에 보고 큰 지혜 갖춘다. 八地九地及十地 已登地位諸菩薩 悉能安住大地中 覩佛光明具大慧"라고 하였다. [참고문헌] 『大乘入楞伽經』, 『瑜伽師地論釋』, 『圓覺經夾頌集解講義』, 『華嚴經』, 『新華嚴經論』, 『大乘菩薩藏正法經』, *Laṅk.* ⇨ 지 地**4**, 보살계위 菩薩階位, 십지 十地

지위 智威 **1** ?~680. 당(唐)대 스님. 천태종 제6조. 시호는 현달존자(玄達尊者), 속성은 장(蔣)씨. 진운(縉雲 : 浙江省) 출신. 모친은 주(朱)씨이다. 집안은 대대로 유학(儒學)을 익혔다. 스님의 전생은 지자대사(智者大師)에게 강설을 들은 서릉(徐陵)이었으며, 내세에는 어릴 때 출가해서 부처님의 가르침을 널리 전하겠다고 맹세했다고 한다. 이 서원(誓願)에 따라 천태산(天台山) 국청사(國淸寺)에 가서 장안(章安)에게 구족계(具足戒)를 받은 뒤 지관심요(止觀心要)를 배우고, 법화삼매(法華三昧)를 증득하였다. 674년(상원1) 국청사를 떠나 교법(敎法)을 강설할 승지(勝地)를 찾아다니다 헌원연단산(軒轅鍊丹山)에 들어가 황무지를 개간하고 바위를 모아, 낮에는 강론하고 밤에는 선정하며 그곳을 법화라고 하였다. 그 후 배우는 사람들이 많아져 선(禪)을 익히는 사람이 300명에 이르렀고, 청강하는 사람도 700여 명에 이르렀는데, 사람들은 스님을 공경해 법화존자(法華尊者)라 불렀다. 또 거처하던 곳까지의 거리가 왕복 80리였는데, 재죽선회(齋粥禪會) 때마다 조금도 어기지 않아 사람들이 신족통(神足通)을 얻었다고 말했다. 680년(원릉1) 11월 입적했으나, 세수는 알 수 없다. 「도암사비 桃岩寺碑」와 「두타산비 頭陀寺碑」를 지었으며, 이외에 돈황에서 출토된 『육문다라니경론광석 六門陀羅尼經論廣釋』 1권의 저자라고도 하는데 확실하지는 않다. 제자로 혜위(慧威)가 있는데, 스님과 함께 이위(二威)라 하니 스님을 대위(大威), 혜위를 소위(小威)라 한다. [참고문헌] 『佛祖統紀』 권7(대정장49, p.187b6), 『宋高僧傳』 권6(대정장50, p.739a22). ⇨ 혜위 慧威 **2** 646~722. 당(唐)대 우두종(牛頭宗) 제5대 조사. 속성은 진(陳)씨. 강녕(江寧 : 江蘇省) 출신. 천보사(天寶寺)의 통법사(統法師)를 따라 출가하여 20세 때 구족계를 받았다. 우두종 법지(法持)의 법통을 이어받았으며, 금릉(金陵 : 江蘇省) 우두산에 살면서 종풍을 떨치고, 혜충(慧忠)에게 법을 전했다. 722년(개원10) 연조사(延祚寺)에서 입적했으니, 세수 77세였다. [참고문헌] 『宋高僧傳』 권8(대정장50, p.758b23), 『淨土往生傳』 권중(대정장51, p.120a2). ⇨ 우두종 牛頭宗

지위차 知位次 십승관법(十乘觀法) 중 하나로 머물러 있는 마음자리를 잘 아는 것. 증상만(增上慢)을 대치한다. 지차위(知次位)라고도 한다. 『사교의』 권8(대정장46, p.749a20)에 "위의 차를 알지 못하면 증상만을 일으킨다. 不知位次 生增上慢", 『천태사교의』(대정장46, p.780c19)에 "(십승관법 중) 여덟 번째는 지위차니, 수행인이 증상만을 면한다. 八 知位次 謂修行之人 免增上慢故"라고 하였다. [참고문헌] 『四教義』, 『天台四教儀』, 『宗鏡錄』 권23(대정장48, p.544b16). ⇨ 지차위 知次位, 십승관법 十乘觀法, 증상만 增上慢

지유저인 知有底人 끝내 있어야 할 자리를 아는 이. 유위(有爲)로 행함이 아닌 뜻이어서 근진(根塵)으로는 오고 갈 수 없는 소식을 아는 이의 뜻이다. 『조주어록』(고존숙어록13, 卍속장118, p.306b6)에 "조주가 남전에게 물었다. '저 무언가 있는 줄 아는 사람은 어딜 향해 갑니까?' '산 아래 단월 집의 한 마리 물소가 되리라'. 師問南泉 知有底人 向什麽處去 泉云 山前檀越家 作一頭水牯牛去", 『동산어록』(대정장47, p.517b7)에 "끝내 있는 것 안 이는 깨달아 지옥으로 들어가고, 저 끝내 있는 것 알지 못한 이는 문 밖을 달려 지나간다. 知有底人 解入地獄 不知有底人 門外走過", 『굉지광록』 권4(대정장48, p.42a20)에 "학인이 굉지에게 물었다. '소리를 듣고 갈 길 알고 색을 보고 마음을 밝힌다고 하니, 저 있는 줄 아는 이는 어떻게 그 소식에 통합니까?' '근진에 걸림 없이 오면 찾은즉 언제나 쓸 수 있다'. 僧問 聞聲悟道 見色明心 知有底人 如何通箇消息 師云 不帶根塵來 尋常時得用", 『조계진각국사어록』(한불전6, p.14b19)에 "법좌에 올라 말하였다. '마주쳤을 때는 집어내지 못하다가 들어 일으키면 문득 있는 줄 안다. 있는 줄 아는 이는 말 앞에서 서성이고, 있는 줄 알지 못하는 이는 거리낌 없이 집어낸다'. 주장자를 꼿꼿이 세우고 말했다. '자, 생각해보라. 이것이 주장자인가, 아닌가? 주장자라고 말해도 몽둥이질을 면할 수 없고, 주장자가 아니라고 말해도 또한 몽둥이질을 면할 수 없으리'. 上堂云 相逢不拈出 擧起便知有 知有者 置在言前 未知有者 不妨拈出 遂拈起拄杖云 且道 是拄杖耶 不是拄杖耶 若道拄杖 未免喫棒 若道不是拄杖 亦未免喫棒"라고 하였다. 〔참고문헌〕『趙州語錄』, 『洞山語錄』, 『宏智廣錄』, 『曹溪眞覺國師語錄』. ⇨ 부지유 不知有

지율 持律 Ⓢ Ⓟ vinaya-dhara, Ⓣ 'dul-ba-'dzin-pa. 율을 가지다. 약속한 율을 몸과 마음으로 가져 지켜서 버리지 않는 뜻이다. 지비니(持比尼)·지율(知律)이라고도 한다. 『오분율』 권18(대정장22, p.122a26)에 "모든 비구들은 몇 가지 지율이 있는지 몰라서 이것을 부처님께 말씀드리니, 부처님께서는 '다섯 가지 지율이 있다'고 하셨으니 앞에서 말한 것과 같다. '율을 가지는 비구에게는 다섯 가지 공덕이 있다'고 하셨으니 이것도 앞에서 말한 것과 같다. 율을 가지는 비구에게는 일곱 가지 마땅함이 있으니, 첫째 모든 법을 많이 들어야 하고, 둘째 시법과 비법을 능히 헤아릴 수 있어야 하고, 셋째 비니(毘尼 : 律)를 잘 살펴 알아야 한다. 넷째 스승의 가르침을 잘 기억해 받아 가져야 하며, 다섯째 다른 곳에 가서도 설함에 두려움이 없어야 하며, 여섯째 스스로 비니에 머물고, 일곱째 공계와 불공계를 아는 것이다. 諸比丘不知有幾種持律 以是白佛 佛言 有五種持律 如前說 持律比丘 有五種功德 亦如前說 持律比丘 有七種宜 一 多聞諸法 二 能籌量是法非法 三 善籌量比尼 四 善攝師教 五 若到他處 所說無畏 六 自住比尼 七 知共不共戒", 『마하승기율』 권25(대정장22, p.429a13)에 "열네 가지 법을 성취하면 여래·응공·정변지를 빼고는 율을 가짐에 최고이고 제일이라 부른다. 어떤 것이 열네 가지인가? 죄를 아는 것·무죄를 아는 것·중죄를 아는 것·경죄를 아는 것·죄를 덮음을 아는 것·덮지 못함을 아는 것·다스릴 수 있음을 아는 것·다스릴 수 없음을 아는 것·청정을 얻었음을 아는 것과 청정을 얻지 못했음을 아는 것·사선공덕을 얻어 현법락에 머무는 것·천안통과 천이통과 숙명통을 얻는 것·유루가 다하는 것·무루를 얻는 것을 열네 가지 법이라고 한다. … 우파리비구는 이 열네 가지 법을 성취하여서 지율제일이었다. 유죄도 알고 무죄도 알며, 나아가 유루가 다하여 무루의 혜해탈을 얻었다. 成就十四法 是名持律最第一 除如來 應供 正遍知 何等十四 知罪 知無罪 知重 知輕 知覆 知不覆 知可治 知不可治 知得清淨 知不得清淨 得四禪功德住現法樂 得天眼天耳宿命通 盡有漏 得無漏 是名十四法 … 優波離比丘成就是十四法 持律第一 有罪亦知 無罪亦知 乃至盡有漏 得無漏慧解脫"라고 하였다. 〔참고문헌〕『五分律』, 『摩訶僧祇律』, *Prāt-m.43., Mvyut.224., AN.1.117.* ⇨ 지율제일 持律第一, 계 戒, 율 律

지율가 地嘌伽 Ⓢ Dīrgha. 동쪽을 수호하는 야차대장 중 한 명으로 장대(長大)로 한역한다. 『대공작주왕경』 권중(대정장19, p.467a10)에 "4대 야차대장이 동쪽에 머무르며 동방에 사는 중생을 옹호하며 근심과 고통을 물리치게 하니, 그 이름은 지율가〈장대〉·소니달라〈묘목〉·포율나〈원만〉·겁필라〈황색〉이다. 有四藥叉大將 住在東面 擁護東方所有衆生 令離憂苦 其名曰 地嘌伽〈長大〉 蘇泥怛攞〈妙目〉 晡嘌拏〈圓滿〉 劫畢羅〈黃色〉", 『번역명의집』 권2(대정장54, p.1086c12)에 "지하 : 양대에는 장(長)으로 한역하였다. 의정의 역본에서는 '지율가는 장대로 한역한다'라고 하였다. 地珂 梁云 長 義淨譯本云 地嘌伽 此云 長大"라고 하였다. 〔참고문헌〕『大孔雀呪王經』, 『翻譯名義集』, 『仁王經疏法衡鈔』 권5(卍속장41, p.227b14). ⇨ 야차 夜叉, 약차 藥叉

지율거 底栗車 Ⓢ tiryagyoni의 음사어, Ⓣ dud-'gro'i-skye-gnas-pa. 축생(畜生) 또는 방생(傍生)·방행(旁行)이라고도 한다. 『입세아비담론』 권6(대정장32, p.197c27)에 "어째서 금수를 지〈도와 리를 반절한 음〉율거라고 부르는가? 아첨하고 곧지 못한 업으로 인해 이렇게 나는 것이다. 부연하면 이 도의 중생은 대개 엎드려 다니기에 지율거라 한다. 云何禽獸名底〈都履反〉栗車 因諂曲業 於中受生 復說 此道衆生 多覆身行故 說名底栗車", 『번역명의집』 권2(대정장54, p.1087b24)에 "지

율거 : 축생이라 한역한다. 축〈저와 육을 반절한 음〉은 여섯 가지 가축이다. 『예기』 주에서는 '소·말·양·개·돼지·닭이다'라고 하였다. … 『대비바사론』에서는 '축이란 가두어 기른다는 말이다. 저들이 엎드려 살아가니 품성도 어리석고 스스로 생존할 수 없으며 남이 길러주어야 하기에 축생이라 하는 것이다'라고 하였다. 底栗車 此云畜生 畜〈褚六切〉卽六畜也 禮記注云 牛馬羊犬豕鷄 … 婆沙云 畜謂畜養 謂彼橫生 稟性愚癡 不能自立 爲他畜養 故名畜生", 『관무량수경직지소』 권상(卍속장91, p.680a15)에 "지율거는 … 또한 방행이라고도 한다. 底栗車 … 亦云旁行"라고 하였다. [참고문헌] 『立世阿毘曇論』, 『翻譯名義集』, 『觀無量壽經直指疏』, *Śrāv-bh.501.*, *Bodh-bh.247.* ⇨ 방생 傍生, 축생 畜生

지율사 持律師 Ⓟ vinaya-dhara. 율을 가져 지키며 후학을 가르치는 스님. 율사라고도 한다. 『발각정심경』 권상(대정장12, p.45c6)에 "나는 자주 성내는 이를 계취 청정이라 설하지 않고, 나는 아만으로 자기 높이는 이를 다문이라 설하지 않으며, 나는 붕당 짓기 좋아하는 이를 지율사라 설하지도 않는다. 我不說多瞋怒者 爲戒聚淸淨 我不說我慢貢高者 爲多聞 我不說好朋黨者 爲持律師", 『출삼장기집』 권11(대정장55, p.82a14)에 "바로 앞선 지율사에게 다시 250사를 내려주게 하였으니, 앞선 것(250사)과 합하면 500사가 된다. 直使前持律師 更授二百五十事 合前爲五百耳"라고 하였다. [참고문헌] 『發覺淨心經』, 『出三藏記集』, 『大般泥洹經』 권2(대정장12, p.867b17), *Nidd. I.68.* ⇨ 율사 律師[1]

지율자 持律者 Ⓟ vinaya-dhara. 율을 가져 지키는 이. 육십이종유정(六十二種有情) 중 하나이기도 하다. 『오분율』 권8(대정장22, p.62b29)에 "어떤 비구가 자주 죄를 범하여 여러 비구들이 법답게 간할 때 '나는 이런 계를 배우지 못했소. 마땅히 다른 비구 중 법도 지니고 율도 가진 이에게 물어야겠소' 하면 바일제다. 若比丘數數犯罪 諸比丘如法諫 作是語 我不學是戒 當問餘比丘 持法持律者 波逸提", 『앙굴마라경』 권2(대정장2, p.527a23)에 "이처럼 율을 가지는 이는 여래 가르침을 구족하네. 如是持律者 具足如來敎", 『구사론』 권14 「분별업품 分別業品」(대정장29, p.77b14)에 "여러 지율자들은 말하길 음주를 성죄라 한다. 저 존자 오파리가 '저는 마땅히 무엇을 병자에게 공급해야 합니까?' 하고 묻자, 세존께서 '다만 성죄만은 제하고, 나머지 마땅한 것이면 모두 공급해도 좋다' 하셨는데, 염질에 걸린 석종이 술을 필요로 했지만 세존은 저 음주를 열지 않으셨기 때문이다. 諸持律者言 飮酒是性罪 如彼尊者鄔波離言 我當如何供給病者 世尊告曰 唯除性罪 餘隨所應 皆可供給 然有染疾釋種須酒 世尊不開彼飮酒故", "또 계경에서 설하시길 '어떠한 필추도 나를 스승으로 부른다면 응당 음주해서는 안 된다. 나아가 풀잎 적시는 지극히 적은 양 또한 마땅히 마셔서는 안 된다'고 하셨다. 고로 음주가 성죄로 거둠을 알라. 又契經說 諸有苾芻 稱我爲師 不應飮酒 乃至極少 如一茅端 所霑酒量 亦不應飮 故知飮酒是性罪攝", 『유가사지론』 권2(대정장30, p.288c26)에 "무엇이 62종류의 유정인가? … 제51은 지경자이다. 제52는 지율자이다. 제53은 지론자이다. 云何六十二種有情之類 … 五十一持經者 五十二持律者 五十三持論者"라고 하였다. [참고문헌] 『五分律』, 『央掘魔羅經』, 『俱舍論』, 『瑜伽師地論』, 『四分律』 권50(대정장22, p.940a7), *Vin.4.141.* ⇨ 육십이종유정 六十二種有情

지율제일 持律第一 율을 가짐에 제일인 이. 부처님 제자 가운데는 우파리(優婆離)가 지율제일·지계제일이라는 이름을 얻었다. 『대방편불보은경』 권6(대정장3, p.154c2)에 "여래께서는 생사의 허물과 근심을 지견하시고 홀로 깨우쳐 부처가 되셨다. 우파리도 또한 따라서 출가하여 삼명육통에 팔해탈을 구족하여 천인대중들이 우러렀다. 정법을 보호하고 지키며 율을 가짐에도 제일이었다. 공양을 받을 만하고, 중생들로 하여금 현보·생보·후보의 세 가지 묘과를 성취하게 할 수 있었다. 이 때문에 우파리는 기특하고 아름답게 행하였으며 한편으로는 대비보살이 되니, 이미 과거 무량백천만억 부처님 처소에서 온갖 덕의 근본을 심었다. 또한 모든 불법 가운데에서 가장 율을 잘 가지는 이이며, 또한 석가모니불의 법 가운데에서도 지율제일임을 알아야 한다. 如來知見生死過患 獨覺成佛 優波離亦隨出家 三明六通 具八解脫 天人大衆增仰 護持正法 持律第一 堪任供養 能令衆生 成就三種妙果 所謂現報生報後報 是故當知 優波離者 奇特妙行 偏爲大悲菩薩 已於過去 無量百千萬億諸佛所 殖衆德本 亦於諸佛法中 持律第一 亦於釋迦牟尼佛法中 持律第一"라고 하였다. [참고문헌] 『大方便佛報恩經』, 『摩訶僧祇律』 권25(대정장22, p.429a20). ⇨ 우파리 優婆離

지융 智融 1114~1193. 남송(南宋)대 스님. 법호는 노우(老牛), 속성은 형(邢)씨, 이름은 징(澄). 대대로 개봉(開封 : 河南省)에 거주하며 의원(醫員)으로 출사하였다. 금(金)의 침략으로 남도(南渡)한 후에는 임안(臨安 : 浙江省) 만송령(萬松嶺)에서 살며 호를 초암(草菴)이라고 하였다. 50세가 되자 관직을 버리고 영은사(靈隱寺)로 들어가 스님이 되었다. 서화에 뛰어났는데, 소 그림을 아주 잘 그렸기에 스스로를 '노우'라 칭하였다. [참고문헌] 『補續高僧傳』 권24(卍속장134, p.352b6).

지은 知恩 눈 먼 어머니를 봉양한 신라의 효녀. 진성여왕(재위 887~897) 때 한기부(漢祇部 또는 韓岐部 :

경주의 고적) 출신이며 연권(連權)의 딸이다. 『삼국유사』 권5(대정장49, p.1018c3·한불전6, p.369a8) 효선(孝善)9 빈녀양모(貧女養母)에 따르면 효종랑(孝宗郎)이 경주 남산 쪽 포석정(鮑石亭)에서 놀았다. 문객이 많았는데 두 사람이 뒤늦게 와서 전하길, 분황사(芬皇寺)의 동쪽에 스무살 남짓한 소녀가 앞을 보지 못하는 어머니를 마주 안고 통곡하고 있었다. 주변 사람들에게 그 연유를 물었더니, 밥을 빌어다가 소경인 어머니를 봉양한지 여러 해가 되었는데, 금년에는 흉년이 들어 부득이 쌀 30섬을 받아 주인집에 어머니를 맡기고 부자집에서 일했다. 사나흘이 지나자 어머니가 밥은 좋은데 맛이 전과 같지 않고 마치 뱃속을 칼로 베어내는 듯 하니 무슨 일인가 물었다. 딸이 사실대로 말하고 모녀는 통곡하며 슬퍼했다. 화랑인 효종랑이 이 소식을 듣고 슬픔에 빠졌다가 부모에게 청하여 곡식 100섬과 함께 의복을 보내 주었고, 효종랑의 낭도(郎徒) 천여 명도 각각 염출하여 벼 1,000섬을 도왔다. 진성여왕도 이 소식을 듣고 벼 500섬과 집 한 채를 하사하는 한편 부역도 면제해 주었다. 군사들이 보살피기까지 하였으니 그 동네 이름을 효양방(孝養坊)이라고 하였으니, 왕실에도 그의 효행이 글로 전해졌다. 뒤에 그가 왕으로부터 하사받아 살던 집을 희사하여 절을 삼았으니, 그 이름을 양존(兩尊)인 부모의 극락왕생을 비는 뜻에서 양존사(兩尊寺)라 이름했는데, 경주시 구황리 명활산(明活山) 분황사의 동쪽에 있었다. 『삼국사기』 권48 열전8 효녀지은(孝女知恩)에 "효녀 지은은 한기부의 백성 연권의 딸이다. 성품이 지극히 효성스러웠는데, 어려서 아버지를 여의고 홀로 어머니를 봉양하였다. 孝女知恩 韓岐部百姓連權女子也 性至孝 少喪父 獨養其母", 『삼국유사』 권5(대정장49, p.1018c16·한불전6, p.369a23) 효선(孝善)9 빈녀양모(貧女養母)에 "마을을 표하여 '효양방'이라 하고 뒤에 그 집을 절로 하였으니 이름이 양존사다. 旌其坊爲孝養之里 後捨其家爲寺 名兩尊寺"라고 하였다. ［참고문헌］『三國遺事』, 『三國史記』, 『東國輿地勝覽』, 『東國通鑑』, 『東史綱目』. ⇨ 효종랑 孝宗郎

지은 智訔 조선 성종대 선승. 호는 말계(末繼). 자세한 행장은 전하지 않지만 그가 지은 『적멸시중론』 1권(한불전7, pp.280~286)의 간기(刊記)와 발게(跋偈) 등에 의지해 여러 가지 면모를 알 수 있다. 김수온(金守溫)과 덕원군(德源君)이 스님의 덕을 기려 쓴 「발게」에 의하면 10여년간 치악산에 은거하며 학인을 가르쳤다 하였다. 『적멸시중론』(한불전7, p.286a16)에 "물러나 숨어 뜻을 잇고자 공부할 암자 열었더니 배우는 이 구름처럼 모여들었네. … 은공의 학이 뭇 스님들 중 뛰어났으며 10여년간 치악산 토굴에 머무셨다. 退隱連旨道庵開 學者如雲集籌室 … 訔公之學出明師 十載茅庵居雉岳"라고 하였다. 한편 고익진(高翊晉)은 「시중 示衆」 법문중에 나옹(懶翁)과 지공(指空)을 언급하는 문맥을 살펴 나옹의 법계임을 밝히기도 하였다. 『적멸시중론』 12장은 경기체(景幾體)로 염불왕생(念佛往生)의 「기우목동가 騎牛牧童歌」로 마무리하였다. 1481년(성종12) 치악산(雉岳山) 상원암(上院庵)에서 판각한 목판본이 국립중앙도서관에 소장되어 있다. ［참고문헌］『寂滅示衆論』, 高翊晉 『韓國撰述佛書의 研究』(민족사, 1987).

지은방해보은 知恩方解報恩 은혜를 알아야 비로소 은혜 갚을 줄도 안다. 앙산혜적(仰山慧寂)의 말로 황벽희운(黃檗希運)과 임제의현(臨濟義玄)의 사승관계를 평가한 말이다. 『임제록』(대정장47, p.505c7)에 "훗날 위산(潙山)이 앙산(仰山)에게 물었다. '임제가 저 황벽을 저버린 것은 아닐까?' '그렇지 않습니다' '너는 또 어떻게 보느냐?' '은혜를 알아야 비로소 은혜 갚을 줄도 압니다' '옛 사람들에게도 이런 일이 있을까?' '있기는 하지만, 연대가 너무 멀어서 화상께 거론하고 싶지 않습니다' '비록 그러하더라도 나도 알고 싶으니, 네가 들어만 보아라' '가령 능엄회상에서 아난이 부처님을 찬탄하며 「장차 이 깊은 마음으로 티끌같이 무수한 세계를 받들겠사오니, 이것을 바로 부처님의 은혜를 갚는다고 하는 것입니다」라고 하였으니, 어찌 이것이 은혜를 갚는 일이 아니겠습니까?' '그렇다, 그래. 보기를 스승과 같이 한다면 가지런히 한다 하니, 스승의 반이나 되는 덕을 사라지게 함이다. 보기를 스승을 넘어서야 비로소 전해 받을 수 있다'. 後潙山問仰山 臨濟莫辜負他黃檗也無 仰山云 不然 潙山云 子又作麽生 仰山云 知恩方解報恩 潙山云 從上古人 還有相似底也無 仰山云 有 秖是年代深遠 不欲擧似和尚 潙山云 雖然如是 吾亦要知 子但擧看 仰山云 秖如楞嚴會上阿難讚佛云 將此深心奉塵刹 是則名爲報佛恩 豈不是報恩之事 潙山云 如是如是 見與師齊 減師半德 見過於師 方堪傳授"라고 하였다. ［참고문헌］『臨濟錄』, 『圜悟語錄』 권12(대정장47, p.769a23), 『大慧語錄』 권24(대정장47, p.913c27).

지은보덕 知恩報德 은혜 알아 그 덕 갚다. 지은보은(知恩報恩)이라고도 한다. 『왕생론주』 권상(대정장40, p.827a9)에 "무릇 보살이 부처님께 귀의함은 저 효자가 부모에게, 충신이 군후에게 돌아감과 같다. 움직이고 고요함이 스스로 있는 것 아니고 나오고 사라짐 반드시 연유가 있다. 은혜 알고 그 덕을 갚는 이치는 의당 먼저 열어야 할 것이다. 夫菩薩歸佛 如孝子之歸父母 忠臣之歸君后 動靜非己 出沒必由 知恩報德理 宜先啓", 『종경록』 권34(대정장48, p.613c16)에 "상제보살 동에 법 청하고 선재보살 남에 법 구하였다. 약왕보살 손 태우고 보명보살 머리 베였다. 모두 은혜 알고 그 덕에 보답한

이요, 법 위해 몸 잊은 사내다. 常啼東請 善財南求 藥王燒手 普明刎頭 皆是知恩報德之人 爲法忘軀之士", 『열조제강록』 권19(卍속장112, p.477b1)에 "대중 중에 은혜 알아 그 덕 갚을 이 있는가? 衆中有知恩報德者麽"라고 하였다. 〔참고문헌〕『往生論註』, 『宗鏡錄』, 『列祖提綱錄』, 『法苑珠林』 권50(대정장53, p.665a15).

지은보덕익 知恩報德益 정토종에서 금강진심을 증득한 이가 얻는 열 가지 이익 중 하나. 부처님의 은혜를 알고 그 공덕에 보답하는 이익. 『현정토진실교행증문류』 권3(대정장83, p.607b20)에 "금강진심을 획득한 이는 오취와 팔난을 뛰어넘고 기필코 현생에서 열 가지 이익을 얻는다. 열 가지란 무엇인가? … 여덟째, 부처님의 은혜를 알고 그 공덕에 보답하는 이익이다. 獲得金剛眞心者 橫超五趣八難道 必獲現生十種益 何者爲十 … 八者 知恩報德益"라고 하였다. 〔참고문헌〕『顯淨土眞實敎行證文類』. ⇨ 현생십종익 現生十種益

지은보은사사 知恩報恩四事 은혜를 알아 은혜를 갚을 수 있는 네 갈래 갖가지 수행법. 『대방편불보은경』 권7(대정장3, p.162b20)에 "선남자선여인이 은혜를 알고 은혜를 갚고자 한다면 네 가지 일을 행해야 한다. 若有善男子善女人 知恩報恩當行四事" 하였으니 다음과 같다. 좋은 벗을 친하고 가까이 하고(親近善友), 지극한 마음으로 법을 들으며(至心聽法), 그 뜻을 사유하고(思惟其義), 말씀대로 닦아 행한다(如說修行). 다시 네 가지 법이 있으니 법을 따르며 사람을 따르지 않고(隨法不隨人), 뜻을 따르며 글자를 따르지 않는다(隨義不隨字). 지혜를 따르고 지식을 따르지 않으며(隨智不隨識), 요의경을 따르고 불요의경은 쫓지 않는다(隨了義經 不隨不了義經). 이 여덟 가지 법을 행하면 은혜를 아는 것이라 하고(行此八法 名爲知恩), 또 다음 네 가지 일을 행하여도 은혜를 알고 은혜를 갚을 수 있으니, 악한 중생을 보면 마음으로 가엾게 여기니 자(慈)의 인연을 닦기 때문이고(復行四事 是名知恩 亦名報恩 一者 見惡衆生 心生憐愍 以修慈因緣故), 고통받는 중생을 보면 잠시도 버리지 못하니 비(悲)의 인연을 일으키기 때문이며(二者 見苦衆生 目不暫捨 起悲因緣故), 스승과 어른·부모·덕이 있는 사람을 보면 마음으로 기뻐하니 희(喜)의 인연을 일으키기 때문이고(三者 見師長父母有德之人 心情歡悅 起喜因緣故), 원한 품은 중생을 보고도 마음으로 성내지 않으니 사(捨)의 인연을 닦기 때문이다(四者 見怨家衆生 心不瞋恚 修捨因緣故)라고 하였다. 〔참고문헌〕『大方便佛報恩經』, 『大智度論』 권49(대정장25, p.412c24). ⇨ 지은보은자 知恩報恩者, 사은 四恩

지은보은자 知恩報恩者 Ⓢ sa kṛtajñaś-ca kṛtavedin, Ⓟ kataññu-katavedī puggala. 은혜를 알아 은혜를 갚는 이. 그 으뜸은 부처님과 보살이시다. 『대방편불보은경』 권2(대정장3, p.135b6)에 "선남자야, 자세히 듣고 잘 들어야 하리. 보살마하살로 은혜를 아는 이는 마땅히 아누다라삼막삼보리심을 내며, 은혜를 갚는 이도 역시 일체중생으로 하여금 아누다라삼막삼보리심을 내도록 한다. 善男子 諦聽諦聽 菩薩摩訶薩知恩者 當發阿耨多羅三藐三菩提心 報恩者 亦當敎一切衆生 令發阿耨多羅三藐三菩提心", 『대반야경』 권306(대정장6, p.560c12)에 "선현아, 일체여래응공정등각께서는 능히 은혜를 아는 분이시고 능히 은혜를 갚는 분이시다. 선현아, 어떤 사람이 '누가 은혜를 알아 능히 은혜를 갚는 사람인가?'라고 물으면 이렇게 답해야 한다. '부처님이야말로 은혜를 알아 능히 은혜를 갚는 분이시다'. 선현아, 왜냐하면 일체세간에서 은혜를 알아 능히 은혜를 갚는 사람으로 부처님을 넘어서는 이는 없기 때문이다. 善現 一切如來 應 正等覺 是知恩者 能報恩者 善現 若有問言 誰是知恩能報恩者 應正答言 佛是知恩能報恩者 何以故 善現 一切世間 知恩報恩 無過佛故", 『대방광여래부사의경계경』(대정장10, p.910c11)에 "부모님·스님·스승과 세간중에 일찍이 은혜입은 만큼 그에게 공양하려면 은혜에 보답하는 공양 마땅히 그 배로 더해 생각해야 한다. 왜 그러한가? 은혜를 아는 이는 생사에 있을지라도 선근을 무너뜨리지 않지만, 은혜 모르는 이는 선근을 끊어 온갖 악업 짓는다. 그러므로 모든 여래께서는 은혜 아는 이를 칭찬하시고, 은혜 저버리는 이는 나무라신다. 供養父母 和上 尊師 及世間中 曾致饒益 賴其恩者 應念倍增 報恩供養 何以故 以知恩者 雖在生死 不壞善根 不知恩者 善根斷滅 作諸惡業 故諸如來 稱讚知恩 毁背恩者"라고 하였다. 〔참고문헌〕『大方便佛報恩經』, 『大般若經』, 『大方廣如來不思議境界經』, *Daś-bh.26.*, *AN.3.240.*

지음 知音 소리를 알아듣는 이. 백아(伯牙)의 거문고 연주를 듣고 종자기(鍾子期)만이 제대로 알아들었다(知音)는 고사에서 유래했다. 『벽암록』 24칙 「평창 評唱」(대정장48, p.165b2)에 "대부분 언어에 의해 장애를 입는다. 그래서 알지 못하니, 오직 지음이어야 비로소 다른 이의 뜻을 안다. 多被言語隔礙 所以不會 唯是知音方會他底", 『조계진각국사어록』(한불전6, p.11b11)에 "법좌에 올라 말했다. '천축 땅의 대선인의 마음이 동서로 그윽이 그대로 전해졌다'. 잠깐 침묵하고 좌우를 둘러보고 말했다. '지음은 자주자주 드러내는 데 있지 않고 묵묵히 고개를 끄덕여줄 뿐이다'. 上堂云 竺土大僊心 東西密相付 良久 顧視左右云 知音不在頻頻擧 默默點頭去也", 『나옹화상가송』 「심선자구송 心禪者求頌」(한불전6, p.740c15)에 "도를 배우는 일 복잡할 것 없다. 그 사람 마음 맺어 정하면 되네. 홀연히 죄다 내려놓으면 물물이 바로 지음이라네. 學道無多子 當人決定心 忽然都放下 物物是知音"라고 하였다. [참고문헌]『碧巖錄』, 『曹溪眞覺國師語錄』, 『懶翁和尙歌頌』, 『臨濟錄』(대정장47, p.506a17). ⇨ 백금 伯琴, 백아금운소지음 伯牙琴韻少知音, 백아미우종자기시 伯牙未遇鍾子期時, 백아절현 伯牙絶絃, 종자기 鍾子期, 지심 知心, 상음 賞音

지응 智凝 수대(隋代) 법사. 가계나 속성은 알 수 없고, 예주(豫州 : 河南省) 출신으로만 전한다. 어려서 출가하였으며, 뛰어난 기억력으로 명성을 얻었다. 구족계를 받고 법사 정숭(靖嵩 537~614)을 찾아가 『섭대승론』을 배우는 한편 법사 명급(明及)과도 교우하였다. 명급과의 법담이 전하는데, 『당고승전』 권10 「석지응전」(대정장50, p.505a18)에 "명급이 지응에게 다만 '려야식이 사라졌습니까?'라 묻자, 지응이 '사라졌습니다'라 하였다. 명급이 날쌔게 자리에서 몸을 일으키더니 손뼉치며 크게 축하하였다. 오래지 않아 명급이 입적하자 지응이 명급의 일을 이었다. 但問云 黎耶識滅不 凝曰 滅矣 及乃勇身起坐 撫掌大慶 不久而卒 凝因承及緖"라고 하였다. 변재사(辯才寺)와 선정사(禪定寺)에 주지하며 늘 청렴담백하였고, 강학과 수행을 게을리하지 않았다. 대업년간(605~617), 세수 48세로 입적하였다. 법을 이은 제자로는 영각(靈覺)·도탁(道卓)이 있으며, 이들은 이후 익주(益州 : 四川省)로 들어가 법을 펼쳤다. [참고문헌]『唐高僧傳』. ⇨ 도탁 道卓❶

지의 至義 ❶ 더 갈 곳이 없어 지극한 뜻. 『보요경』 권4(대정장3, p.510a17)에 "왕은 말하였다. '훌륭하십니다. 저는 좋은 이익을 얻었고, 비로소 지극한 성인을 뵈었습니다. 저는 세속에 뜻을 두어 지극한 뜻은 모릅니다. 욕 가진 자가 욕 없으신 분을 청하려 하니, 만약 부처님이 되시거든 다만 가엾이 여겨 법주되시어 마땅히 뵙고 해탈케 해주십시오'. 王曰 善哉 我得善利 乃見至聖 吾志於俗 不識至義 因欲相請 於無欲人 假使得佛 惟見愍念 以爲法主 當見度脫", 『현겁경』 권2(대정장14, p.17b17)에 "정진하여 항상 게으르지 않고 마음은 지극한 뜻에 나아가니, 이것을 정진이라 한다. 其用精進 常不懈惓 心進至義 是曰精進"라고 하였다. [참고문헌]『普曜經』, 『賢劫經』. ⇨ 지 至❷ ❷ 근(根)과 경(境)이 서로 만나는 뜻. 육근(六根)과 육경(六境) 중 비설신(鼻舌身)의 세 근은 향미촉(香味觸)이라는 진(塵)과 닿아야 알게 되는 것을 말한다. 근경이 만나 식(識)이 일어나는 과정을 자세히 하여 촉(觸)의 뜻과 구분한 뜻이다. 『순정리론』 권8(대정장29, p.371b28)에 "삼근(三根)은 직접 만나지 않은 경(境)만을 취한다는 것은 이미 설하였다. 나머지 비근(鼻根) 등은 앞의 것과 다르다. 즉 비·설·신은 오직 다가온 경만을 취한다. 어떻게 비근은 오직 근에 이른 향기만 취함을 아는가? 已說三根取非至境 餘三鼻等與上相違 謂鼻舌身 唯取至境 如何知鼻 唯取至香", "어떤 이는 이렇게 말한다. '숨을 멈출 때는 냄새를 맡지 못한다'. 하지만 이 뜻은 충분하지 않다. 설사 숨을 쉴 때 냄새를 맡는다 하더라도 어떻게 비근은 오직 향기만 취한다고 할 수 있는가? 모든 극미는 서로 만날 수 없기 때문이다. 어찌하여 서로 만나지 않는가? 만약 모든 극미가 온통 서로 접촉한다면, 실물의 바탕들이 서로 뒤섞이는 잘못이 있다. 만약 일분만 접촉한다면 부분이 사라지는 잘못이 있게 된다. 그러므로 이러한 이유로 비근은 오직 근에 닿은 향기만을 취한다는 것을 충분히 증명할 수 없다. 실제로 숨을 쉴 때 향기를 취하지만 서로 접촉하지는 않았으니, 지의 뜻(至義)이 어찌 성취되겠는가. 有說 斷息時則不嗅香故 此因於義未足證成 設有息時能嗅香氣 何能證鼻唯取至香 以諸極微不相觸故 何不相觸 若諸極微遍體相觸 卽有實物體相雜過 若觸一分 成有分失 是故 此因 於鼻唯取至根香義 未足證成 實有息時能取香氣 然不相觸 至義豈成", "저런 의문은 이미 그렇다 치더라도, 이러한 경우는 어떻게 이해해야 하는가? 이제 '지'의 뜻을 생각해보니, 근과 경이 가까워야 생하고 취할 수 있다고 하니, 이러한 도리로 보면 비설신은 오직 다가온 경만을 취한다. 예를 들면 눈꺼풀이나 산가지 등은 살갗에 가까이 다가와도 눈은 오히려 보지 못한다. 즉 눈꺼풀 등은 안근에 닿았을 때는 아니어야 비로소 지(至)라고 할 수 있으니, 단지 눈꺼풀 등이 근과 가까워졌을 때 지각할 수 있다. 그래야 이름을 '지'라 할 수 있다. 彼難旣然 此因何解 今觀至義 謂境與根 隣近而生 方能取故 由此道理 說鼻舌身 唯取至境 如言眼瞼 籌等至色 眼不能見 非眼瞼等 要觸眼根 方得名至 但眼瞼等 隣近根生 卽名爲至"라고 하였다. [참고문헌]『順正理論』. ⇨ 지 至❹, 촉 觸, 삼사화합 三事和合

지의 知義 Ⓢ arthajña, Ⓟ atthaññū. 뜻을 알다. 칠지(七知) 또는 칠묘법(七妙法) 중 하나로, 설한 법의 뜻을 아는 것. 『중아함경』 권1 「선법경 善法經」(대정장1, p.421a14)에 "만약 비구가 일곱 가지 법을 성취하면 현성에 대해 환희를 얻어 즐겁고 바르게 나아가 번뇌를 다한다. … 무엇을 비구가 뜻을 안다고 하는가? 비구가 이러저러한 설법의 뜻에 대해 이것은 저러한 뜻이고 저것은 이러한 뜻이라고 아는 것이니, 이를 비구의 지의라고 한다. 若有比丘 成就七法者 便於賢聖 得歡喜樂 正趣漏盡 … 云何比丘爲知義耶 謂比丘知彼彼說義 是彼義 是此義 是謂比丘爲知義也", 『집이문족론』 권17(대정장26, p.437b18)에 "칠묘법이 있으니 … 두 번째는 지의다. … 지의란, 이러저러한 말씀의 뜻, 이를테면 이러저러한 말씀에는 이러저러한 뜻이 있다고 바르고 분명히 아는 것이니 이를 지의라 한다. 有七妙法者 … 二 知義

… 知義者 謂正了知彼彼語義 謂如是如是語 有如是如是義 是名知義”라고 하였다. [참고문헌]『中阿含經』, 『集異門足論』, *AN.4.113·114.* ⇨ 칠지 七知

지의 紙衣 종이옷. 종이로 지어 비나 추위만을 가린다. 종이옷 입는 것 자체로 두타행(頭陀行)이라 여기며, 이를 행한 인물로 지의도자(紙衣道者) 극부(克符)가 있다. 망자(亡者)를 염습(殮襲)할 때 쓰기도 한다. 『법화전기』 권7(대정장51, p.79c19)에 “비구니 묘공은 소식하고 종이옷 입고서 오직 『법화경』만 읽었다. 尼妙空蔬食紙衣 專讀法華經”, 같은 책 권9(대정장51, p.92b14)에 “사미 운장은 어려서 출가하여 아함을 전지하였다. 낮은 도에 의복마저 모자라 겨울 한기가 이어지자 몸이 얼어 추위로 괴로웠다. 오래된 정사에 들어가 『법화경』 대여섯 권을 얻어, 기워서 지의로 삼았다. 보던 이들이 한심하게 여겼는데, 늦겨울이 지날 무렵 갑자기 나병이 발현하였다. 눈썹 몽땅 빠지고 자잘한 부스럼 두루 퍼져 처음에는 좁쌀만 하던 것이 점차 커져 콩만큼 되었고, 7일 되던 날 몸이 갈라져 죽었다. 보는 이들이 탄식하길, ‘애석토다. 운장이 대승을 가볍게 여겨서 두 생의 이로움마저 잃어버렸다’. 沙彌雲藏 少出家傳持阿含 貧道乏衣服 冬屬寒氣 身凍寒苦 入古精舍 得法華經五六卷 綴爲紙衣 見者寒心 未越冬季 忽發顯癩病 眉毛皆落 微瘡遍初如粟次如豆 七日之中 身破烈而卒 見者歎曰 惜哉 雲藏輕大乘 損失二世利矣”, 『송고승전』 권30「종연전 宗淵傳」(대정장50, p.899a23)에 “지의로 한 번 염습하고 장례를 치렀다. 훗날 열어 보니 신색이 완연하였다. 紙衣一襲葬焉 後開發神色宛然”라고 하였다. [참고문헌]『法華傳記』, 『宋高僧傳』. ⇨ 지의도자 紙衣道者

지의 智義 신라 제30대 문무왕(재위 661~681) 때 스님. 평소 문무왕이 존경하여 가까이 지냈다. 『삼국유사』 권2(대정장49, p.972c2·한불전6, p.288b23) 기이(紀異)2 문호왕법민(文虎王法敏)에 “왕이 평소에 항상 지의법사에게 말하길, ‘짐은 이 몸을 버린 후에 나라 지킬 큰 용이 될 것이고, 불법을 숭상하여 나라를 수호하기를 원합니다’라고 하였다. 스님이 답하기를 ‘용은 축생인데 왕께서 어찌 그런 과보를 받으려 하십니까?’하니, ‘나는 세간영화를 싫어한 지 이미 오래이니, 추한 용의 과보로 축생이 되더라도 오히려 짐의 품은 뜻에 맞는 일입니다’. 王平時常謂智義法師曰 朕身後願爲護國大龍 崇奉佛法 守護邦家 法師曰 龍爲畜報何 王曰 我猒世間榮華久矣 若麤報爲畜則雅合朕懷矣”라고 하였다. [참고문헌]『三國遺事』. ⇨ 감은사 感恩寺

지의 智顗 538~597. 수(隋)대 스님. 천태종 개조(開祖). 자는 덕안(德安), 속성은 진(陳)씨. 영천(潁川 : 河南省) 출신. 지자대사(智者大師)·천태대사(天台大師)라고도 한다. 7세에 절에 가서 스님들에게 『법화경』「보문품 普門品」을 한 번 듣고 외웠다고 하며, 18세에 상주(湘州) 과원사(果願寺)의 법서(法緖)에게 출가하고 20세에 구족계를 받았다. 처음에는 혜광(慧曠)으로부터 계율을 배우며 대승경을 익혔고, 후에 태현산(太賢山)으로 들어가 『법화경』·『무량의경 無量義經』·『보현관경 普賢觀經』 등을 읽고 그 뜻에 통하였다. 560년(원가1)에 광주(光州) 대소산(大蘇山)으로 가서 혜사(慧思)를 찾아 보현도량(普賢道場)의 법과 사안락행(四安樂行)을 익혔고, 『법화경』 독송 27일째 되던 날에 「약왕품 藥王品」의 “이것이야말로 진정한 정진이니, 이를 여래에 대한 진정한 법공양이라고 한다. 是眞精進 是名眞法供養如來”라는 구에서 활연히 깨달아 혜사를 대신하여 강연하고 부촉을 받았다. 30세가 되던 567년(광대1)에는 법희(法喜) 등 27인과 함께 금릉(金陵)으로 갔으며, 569년(태건1)부터 와관사(瓦官寺)에 머물면서 『법화경』을 이어 『대지도론』을 강설하고 『차제선문』을 설하였다. 575년(태건7) 가을에 절강성(浙江省) 천태산(天台山)으로 들어가 불롱봉(佛隴峰)에 거처하였는데, 2년 뒤인 577년(태건9)에 황제가 조서를 내려 절을 창건하게 하고 이듬해는 수선사(修禪寺)라는 사액도 내렸다. 584년(지덕2)에는 진후주(陳後主)가 후비(后妃)와 함께 보살계를 받았고, 이듬해에 황제의 청에 의해 금릉 영초사(靈超寺)에 머물면서 태극전(太極殿)에서 『대지도론』과 『인왕반야경』을 강설하였고, 다시 광택사(光宅寺)로 옮겨 『법화경』 등을 강설하였다. 이후 수의 군대가 금릉을 공격하자 여산(廬山)으로 옮겼으며, 591년(개황11)에 진왕(晉王) 양광(楊廣 : 隋煬帝)의 거듭된 청으로 양주(揚州)에 와서 진왕에게 보살계를 주고 지자(智者)라는 호도 받았다. 이후 당양(當陽) 옥천산(玉泉山)으로 가서 절을 건립하였는데 593년(개황13)에 이 절에서 『법화현의』를 강설하였고 수 문제(文帝)는 옥천사(玉泉寺)라는 사액을 내렸다. 이듬해에는 『마하지관』을 강설하였으며, 595년(개황15)에는 진왕의 청에 응하여 금릉으로 가서 『유마경소』를 저술한 뒤 다시 천태산으로 돌아왔다. 597년(개황17)에 진왕의 청으로 하산하던중 석성사(石城寺)에서 병을 얻어 세수 60, 계랍 40세를 일기로 앉은 채로 입적하였다. 진왕은 스님을 위해 천승재(千僧齋)를 베풀고 천태산 불롱봉 남쪽에 절을 건립하였으며 605년(대업1)에 황제에 즉위한 뒤 친히 국청사(國淸寺)라는 사액을 내렸다. 후주(後周) 세종(世宗) 때 법공보각존자(法空寶覺尊者)라는 시호가 추증되었으며, 남송(南宋) 영종(寧宗) 때인 1197년(경원3)에는 영혜대사(靈慧大師)라는 시호가 거듭 추증되었다. 스님은 생전에 사탑을 36곳이나 세웠으며 수많은 이들을 출가시켰고 법을 전한 제자만도 32인에 이르는데, 관정(灌頂)·지월(智越)·지조(智璪) 등이 유명하다. 저서로는 강의한 내용을 제자 관정이 적고 정리한 『법화현의』·『법화문구』·『마하지관』(天台三大部)을 비롯하여, 『관음현의 觀音玄義』·『관음의소 觀音義疏』·『금광명경현의 金光明經玄義』·『금광명경문구 金光明經文句』·『관무량수불경소 觀無量壽佛經疏』 등 천태오소부(天台五小部)와 함께 『유마경현소 維摩經玄疏』·『유마경문소 維摩經文疏』 등이 있다. 또 제자 관정이 지은 『수천태지자대사별전 隋天台智者大師別傳』이 남아 있으며, 스님과 관계된 글을 집록한 『국청백록 國淸百錄』이 전한다. [참고문헌] 『隨天胎智者大師別傳』(대정장50, p.191a21), 『唐高僧傳』 권17(대정장50, p.564a18). ⇨ 천태교학 天台教學

지의 遲疑 망설여 의심하다. 『임제록』(대정장47, p.497a29)에 "지금 불법을 배우는 이는 다만 정견만을 구해야 한다. 정견 얻는다면 생사에 물들 일 없어 가고 머묾에 자유로워져 별다른 뛰어남을 찾을 필요 없이 수승함 저절로 이른다. 도류여! 다만 예부터 선덕들 그러하듯이 그 누구든 사람들 벗어나게 하는 길 있다. 산승이 사람들에게 가리키는 곳과 같이 다만 그대들 다른 사람에게 미혹당하지 말 뿐이다. 써야 하면 바로 쓸 뿐 문득 망설여 의심하지 말라. 요즘 배우는 이들 터득하지 못하는 병통 어디에 있을까? 병통은 스스로 믿지 못하는 데 있다. 그대들이 만약 스스로 믿어 미치지 못한즉 문득 허둥대며 일체경 좇아서 구르니, 저 만 가지 경에 휘둘려 자유로울 날 없으리라. 今時學佛法者 且要求眞正見解 若得眞正見解 生死不染 去住自由 不要求殊勝 殊勝自至 道流 秖如自古先德 皆有出人底路 如山僧指示人處 秖要爾不受人惑 要用便用 更莫遲疑 如今學者不得 病在甚處 病在不自信處 爾若自信不及 卽便忙忙地徇一切境轉 被他萬境回換 不得自由", 『선요』 「결제시중 結制示衆」 제4(卍속장122, p.708a5)에 "나아간즉 문이 없고, 물러서면 떨어진다. 마치 만 길 깊은 구덩이에 떨어져 사방 낭떠러지에 가시덤불인 듯하다. 간절히 맹렬한 영웅만을 바랄 뿐이니 곧바로 몸을 뒤쳐 뛰어 올라야 한다. 만약 일념이라도 망설여 의심한다면 부처도 그대 구할 수 없으리라. 이것이야말로 최상의 그윽한 문이다. 널리 청하오니 대중들 힘 얻으시길. 進則無門 退之則失 如墮萬丈深坑 四面懸崖荊棘 切須猛烈英雄 直要翻身跳出 若還一念遲疑 佛亦救你不得 此是最上玄門 普請大家著力"라고 하였다. [참고문헌] 『臨濟錄』, 『禪要』, 『菩薩本緣經』 권중(대정장3, p.59c9). ⇨ 유예 猶豫

지의도자 紙衣道者 중국 당대 스님 극부(克符)의 별명. 임제의현(臨濟義玄)의 제자이며, 종이옷을 입고 다녔기에 '지의도자' 또는 '지의화상'이라고 불렀다. 임제와 주고받은 사료간(四料揀) 문답이 『경덕전등록』 권12(대정장51, p.295c26)와 『천성광등록』 권13(卍속장135, p.714a6)에 전한다. 한편 『조산적선사어』(속고존숙어요2, 卍속장118, p.897b12)에 "지의도자가 문신하자 조산이 말했다. '어딜 봐도 지의도자 아니신가?' '몸 둘 바 모르겠습니다' '무엇이 종이옷 아래 일이오?' '가죽 옷 한 벌 겨우 걸친 알몸입니다. 만법 다 그렇지 않습니까?' '무엇이 종이옷 아래 움직임인가?' 지의도자가 앞으로 가까이 다가가 차수하고는 문득 선채로 몸마저 벗어던졌다. 조산이 말하였다. '그대는 그렇게 갈 줄만 알고 올 줄은 모르는가?' 지의도자가 홀연히 눈 뜨고 물었다. '오직 하나 신령한 진성이 포태를 빌리지 않을 때는 어떻습니까?' '별로 아름답지 못하오' '어찌해야 아름답습니까?' '빌릴 일 없이 빌려야 하리'. 지의도자는 인사를 마치고 단하로 돌아가서 앉은 채 입적하였다. 紙衣道者問訊次 師云 莫便是紙衣道者麼 衣云 不敢 師云 如何是紙衣下事 衣云 一裘纔掛體 萬法悉皆如 師云 如何是紙衣下用 衣近前叉手 便立脫 師云 汝祇解恁麼去 不解恁麼來 衣忽然開眼 問云 一靈眞性 不假胞胎時如何 師云 未是妙 衣云 如何是妙 師云 不借借 衣便珍重 歸單下坐化", 『치문경훈』 권7 「부용해선사소참 芙蓉楷禪師小參」(대정장48, p.1074b27)에 "조주는 죽을 때까지 사람들 가르치기를 달가워하지 않았고, 편담은 도토리를 주워 먹거리로 했으며, 대매는 연잎으로 옷 삼고, 지의도자는 오직 종이만 걸쳤다. 趙州至死不肯告人 匾檐拾橡栗爲食 大梅以荷葉爲衣 紙衣道者只披紙"라고 하였다. [참고문헌] 『景德傳燈錄』, 『天聖廣燈錄』, 『曹山寂禪師語』, 『緇門警訓』, 『曹山本寂語錄』(대정장47, p.537c5), 『人天眼目』 권1(대정장48, p.300b24). ⇨ 극부 克符, 극부료간 克符料揀, 지의 紙衣

지의록 紙衣錄 『운문광진선사광록 雲門匡眞禪師廣錄』의 별명. 운문의 시자인 향림징원(香林澄遠)이 자신의 종이옷에다가 운문의 말씀을 기록하였기에 이러한 별명이 붙었다. 『오가정종찬』 권4 「향림징원장」(卍속장135, p.970b10)에 "향림은 시자가 되어 종이옷에다가 운문의 말씀을 기록하였다. 훗날 촉(蜀 : 四川省)으로 돌아가 수정궁에서 오고가는 이들을 접대하며 차를 끓였다. 학인이 향림에게 물었다. '보기도 좋고 맛도 좋은 제호가 어쩌다 독약으로 변할 수 있습니까?' '도강(導江 : 四川省 成都 都江)은 종이가 귀하다'. 師爲侍者 將紙衣錄門語句 後歸蜀 於水晶宮接待往來茶湯 僧問 美味醍醐爲甚變成毒藥 曰 導江紙貴"라고 하였다. [참고문헌] 『五家正宗贊』, 『虛堂錄』 권3(대정장47, p.1006a2), 『叢林校定淸規總要』 권상(卍속장112, p.25a1). ⇨ 운문광진선사광록 雲門匡眞禪師廣錄

지의족 知衣足 Ⓢ cīvara-saṃtuṣṭa, Ⓣ gos-kyis-chog-par-'dzin. 삼의(三衣)만으로 족한 줄 알다. 『대지도론』 권68(대정장25, p.538b4)에 "행자는 욕을 적게 하고 족할 줄 아니, 옷으로 몸을 가림에 많지도 적지도 않게 해서 단 세 가지 옷만을 받을 뿐이다. 백의(白衣 : 俗人)는 즐거움 좇기에 갖가지 옷을 쌓아둔다. 또 외도는 고행을 위해 벌거벗고도 부끄러워하지 않는다. 그렇기에 부처님의 제자들은 이 두 극단을 버리고 중도에서 행한다. 行者少欲知足 衣趣蓋形 不多不少故 受但三衣法 白衣求樂故 多畜種種衣 或有外道苦行故 裸形無恥 是故佛弟子捨二邊 處中道行"라고 하였다. [참고문헌] 『大智度論』, *Mvyut.126.* ⇨ 삼의 三衣, 지족 知足[1]

지의화상 紙衣和尙 ❶ 복주대안(福州大安 793~883)의 법을 이은 제자. 홍주(洪州)를 근거로 활동한 것 이외에 문답이나 전기는 상세하지 않다. [참고문헌] 『景德傳燈錄』 권11(대정장51, p.281c14). ⇨ 대안 大安[3] ❷ 지의도자(紙衣道者) 극부(克符). [참고문헌] 『景德傳燈錄』 권12(대정장51, p.295c26). ⇨ 극부 克符

지의화아 志意和雅 맺은 뜻이 고르고 아름답다. 『법화경』 권4 「제바달다품 提婆達多品」(대정장9, p.35b15)에 "사갈라용왕의 딸은 나이 겨우 여덟인데도 지혜이근이었다. … 자심으로 중생을 생각하길 갓난아기처럼 여겼다. 공덕구족하고 마음으로 염하고 입으로 펼침에 미묘광대하였다. 자비롭고 겸손하며 맺은 뜻이 고르고 아름다워 능히 보리에 이르렀다. 有娑竭羅龍王女 年始八歲 智慧利根 … 慈念衆生 猶如赤子 功德具足 心念口演 微妙廣大 慈悲仁讓 志意和雅 能至菩提"라고 하였다. [참고문헌] 『法華經』, 『禪宗永嘉集』 「發願文」(대정장48, p.395a10), *Saddh-p.263.* ⇨ 사갈라용왕 娑竭羅龍王

지이 秖爾 다만 그대여. 『임제록』(대정장47, p.497b8)에 "그대들은 조사와 부처를 알고자 하는가? 다만 그대여! 마주해 법 듣는 이 아닌가. 이 일 학인들 믿어 미치지 못해서 문득 밖을 향해 달려 구할 뿐이다. 설령 구해 얻더라도 온통 문자로 꾸민 상일진대, 끝내 저 살아 움직이는 조사의 마음 얻지 못하리. 爾欲得識祖佛麽 秖爾面前聽法底 是學人信不及 便向外馳求 設求得者 皆是文字勝相 終不得他活祖意"라고 하였다. [참고문헌] 『臨濟錄』. ⇨ 시니 是你

지이고범 知而故犯 알고도 고의로 범하다. 법과 율에 대해 알면서도 뜻을 내어 범하다의 뜻이다. 『사분율행사초자지기』 권하(대정장40, p.370a18)에 "율을 익힌 이도 알면서 고의로 저지르는데, 나머지 배우는 이들이야 말할 필요도 없다. 學律者 知而故犯 餘宗者 固不足言", 『선림유취』 권20 「묘견 猫犬」(卍속장117, p.241b18)에 "학인이 조주종심(趙州從諗)선사에게 물었다. '개에도 불성이 있습니까?' '없다' '꿈틀대며 움직이는 영혼 있는 것들 죄다 불성 있는데, 개가 어찌하여 없습니까?' '저들 업식성이 있을 뿐이다'. 또 다른 학인이 조주에게 물었다. '개에도 불성이 있습니까?' '있다' '있는데도 무엇 때문에 저 털가죽 안에 들어갔습니까?' '알고서도 일부러 저지른다'. 趙州諗禪師 僧問 狗子還有佛性也無 師云 無 云 蠢動含靈皆有佛性 狗子因甚麽無 師云 爲他有業識性在 又一僧問師 狗子還有佛性也無 師云 有 云 既有爲甚麽入這皮袋裏來 師云 知而故犯"라고 하였다. [참고문헌] 『四分律行事鈔資持記』, 『禪林類聚』, 『禪苑淸規』 권9 「訓童行」(卍속장111, p.929b14).

지인 之印 1102~1158. 고려전기 스님. 자는 각로(覺老), 호는 광지(廣知), 자호는 영원수(靈源叟), 속성은 왕(王)씨. 아버지는 예종, 어머니는 첩비(妾妃)인 은(殷)씨이니 예종이 태자 시절 거란에 갔다가 돌아올 때 따라온 시녀다. 1102년(숙종7) 6월 26일 태어났다. 어려서부터 훈육(葷肉)을 싫어하였으며 9세 때인 1110년(예종5) 혜소(慧炤)국사를 은사로 하여 스님이 되었다. 처음부터 선학(禪學)을 참하여 일가를 이루었고, 15세 때인 1116년(예종11) 불선과(佛選科)에 합격하였고, 1119년(예종14) 18세 때 왕명으로 법주사(法住寺) 주지가 되었다. 1127년(인종5) 26세 때 삼중대사(三重大師)가 되었고, 1132년(인종10)에는 선사(禪師)의 법계에 올랐으며, 1148년(의종2)에 마지막 법계인 대선사(大禪師)가 되었다. 1149년(의종3)에 왕이 광지(廣智)라는 법호를 올렸다. 출가한 스님으로 왕의 곁에서 총애를 받는 것은 납자(衲子)의 본분이 아니라 하여 전에 주석하던 지륵사(智勒寺)로 돌아가려 하였으나, 왕이 윤허하지 아니하고 개성과 멀지 않는 영평(鈴平 : 坡州) 미라산(彌羅山) 금강사(金剛寺)에 가서 있게 했다. 1156년(의종10) 지륵사에 가서 있다가 1157년(의종11) 왕이 서울로 오라고 청했으나 응하지 아니했다. 1158년(의종12) 8월 12일, "내 나이 57세, 본향으로 돌아갈 날 오늘이라네. 자성의 집이 사계 가득한데 주막객사 어찌 다른 바탕이겠는가! 吾生五十七 返本是今日 性宅周沙界 蘧廬寧寄質"라는 임종게를 설하고 조용히 입적하니 세수 57, 법랍 48세였다. 그 해 11월 28일 조양산(朝陽山) 동쪽 기슭에 장사지냈다. 임종비(林宗庇)가 1158년(의종12)에 지은 묘지명이 있는데, 그 묘지명은 세로가 34.9cm · 자경은 12cm에 해서로 썼다. 국립중앙박물관에 소장되어 있다. [참고문헌] 『海東金石苑』 補遺 권3, 『朝鮮金石總覽』 권상 pp.377~379, 『韓國金石全文』 中世上 pp.762~765, 金龍善 『高麗墓誌銘集成』 pp.168~170, 李智冠 『校勘譯註歷代高僧碑文』

高麗篇3 pp.348~358.

지인 至人 끝내 이른 사람. 할 일 다 깨우쳐 마쳐 덕이나 도에 더 나아갈 곳이 없는 이를 말한다. 『조론』「반야무지론 般若無知論」(대정장45, p.154b15)에 "지인은 유에도 유 아닌 것에도 처하지 않는다. 비록 유무를 취할 일도 없지만 그런다고 또한 유무를 버릴 일도 없다. 至人處有而不有 居無而不無 雖不取於有無 然亦不捨於有無", 『광홍명집』 권23「구마라집법사뢰 鳩摩羅什法師誄」(대정장52, p.265a19)에 "끝내 이른 이는 함도 하지 않음도 없다. 至人無爲 而無不爲", 『화엄경소초』 권19(대정장36, p.145c2)에 "『장자』에서 이르길 '지인에겐 자기가 없고, 신인에겐 공이 없으며, 성인에겐 이름이 없다'. 莊子云 至人無己 神人無功 聖人無名", 『조계진각국사어록』「진병상당 鎭兵上堂」(한불전6, p.7c1)에 "상당하여 말했다. '한바탕 싸워볼 장수 있는가? 나와서 겨뤄보자'. 양구하다 아무도 안 나오자 말했다. '싸우지 않고도 적병이 엎드렸다. 할 일 다한 사람 누구와 다투랴. 태평무사하여 바다는 잠잠하고 강은 맑도다. 납승 문하에서는 마땅히 어떤 이치를 논해야 할까? 아무리 좋은 일도 일 없음의 안온함보단 못하다'. 上堂云 有作家戰將麽 出來相見 良久 無人出 師云 不戰屈人兵 至人誰與爭 太平無一事 海晏復河淸 衲僧門下 宜何理論 好事不如無事穩"라고 하였다. 〔참고문헌〕『肇論』, 『廣弘明集』, 『華嚴經疏鈔』, 『曹溪眞覺國師語錄』.

지인 至仁 ❶ 더 나아갈 곳 없는 어짊. 어질기 그지없음의 뜻이다. 『역대삼보기』 권12(대정장49, p.107c6)에 "강생함에 땅으로 내려오시고 방편으로 변하심 언제나 같지 않으셨네. 전륜성왕 병사 부려 그지없는 어짊 펴셨다. 백 번 싸워 백 번 이김은 십선을 행함뿐이니 방패나 창 같은 병기들 이미 향꽃을 닮아 있었다. 降生下土 權變不常 用輪王之兵 申至仁之意 百戰百勝爲行十善 故以干戈之器 已類香華", 『육도집경』 권3「사성경 四姓經」(대정장3, p.12c6)에 "우리 왕에게는 더없는 인의 덕이 있어 신령한 사슴마저 와서 문안한다. 吾王有至仁之德 神鹿來朝"라고 하였다. 〔참고문헌〕『歷代三寶紀』, 『六度集經』. ❷ 1309~1382. 원명(元明) 교체시기 임제종 스님. 법호는 만수(萬壽)·행중(行中), 자호는 담거자(澹居子)·희이수(熙怡叟). 속성은 오(吳)씨. 번양(番陽 : 江西省 上饒市) 출신. 부친 오중화(吳仲華)가 강주(江州 : 浙江省 九江) 유학교수(儒學敎授)로 있을 때 5세가 된 지인을 보은사(報恩寺)로 보내었고, 7세에 체발하고 출가하였다. 보은사에서 수학할 때 서역승 지공(指空)이 영종(英宗)의 부름을 받고 그곳에서 머무르고 있었다. 이때 지공이 어린 지인을 보고 재세인천사(再世人天師)라 감탄한 바 있다. 구족계를 받은 후 경산(徑山)의 원수행단(元叟行端)을 찾아가 법을 받고, 이후 만수사(萬壽寺)·호구사(虎丘寺) 등에서 법석을 열고 학인을 가르쳤다. 홍무년간 초에 서신으로 명(明) 태조와 귀신에 대해 문답하며 태조를 기쁘게 하였다. 생애 말년에는 송림난야(松林蘭若)에서 요양하였는데, 주변 사람들이 감히 이름을 묻지 못하고 모두 송림화상이라 불렀다. 1382년(홍무15) 제자들에게 엄숙하고 높은 목소리로 "대천계 온통 일개 정토인데, 어느 곳에선들 마주해 보지 못하랴! 盡大千界是一箇淨土 何處不相見"라는 마지막 말을 남기고 입적하였다. 세수는 74, 법랍은 67세였다. 〔참고문헌〕『五燈全書』 권55(卍속장141, p.189b10), 『增集續傳燈錄』 권4(卍속장142, p.824a11), 『續指月錄』 권5(卍속장143, p.861a2). ⇨ 행단 行端, 지공 指空 ❸ 조선전기 스님. 1526년(중종21)에 간행된 혜심(慧諶)의 『조계진각국사어록』「조계진각국사서답 曹溪眞覺國師書答」(한불전6, p.40a17)에 대공덕주(大功德主) 등 명단이 있는데, "대공덕주 정심 … 비구지인 … 각수혜경. 大功德主正心 … 比丘至仁 … 刻手惠敬"이라고 하였다. 〔참고문헌〕『曹溪眞覺國師語錄』.

지인 知因 인을 아는 것. ❶ 사제(四諦) 중 집(集)을 말한다. 『아비담비바사론』 권41(대정장28, p.304b17)에 "고를 현견함은 과를 앎이고, 집을 현견함은 인을 앎이며, 멸을 증할 때 멸을 안다. 現見苦是知果 現見集是知因 證滅時知滅"라고 하였다. 〔참고문헌〕『阿毘曇毘婆沙論』. ⇨ 사제 四諦, 인 因❶ ❷ 알게 하는 네 가지 지(知). 사량(思量)을 말한다. 『방편심론』(대정장32, p.25a26)에 "〔문〕 무엇이 인을 앎인가? 〔답〕 인을 아는 데 넷이 있다. 첫째 직접 봄, 둘째 견주어 앎, 셋째 비유로 앎, 넷째 경서를 따름이다. 이 네 앎 중에서 직접 봄이 가장 뛰어나다. 問曰 何名知因 答曰 知因有四 一 現見 二 比知 三 喩知 四 隨經書 此四知中 現見爲上"라고 하였다. 〔참고문헌〕『方便心論』. ⇨ 양 量

지인 持因 Ⓢ upastambha-hetu, Ⓣ ston-pa'i-rgyu. 오인(五因 : 生因 依因 立因 持因 養因) 중 하나로 유지하는 인(因). 『순정리론』 권20(대정장29, p.452c1)에 "지인이란 무엇인가? 저 힘을 가져 유지하게 하는 인이니, 끊어지지 않게 하기 때문이다. 예를 들면 음식이 목숨을 유지하게 하는 것과 같다. … 지대를 지인으로 삼으니, 능히 저를 견뎌 무너지지 않게 하기 때문이다. 爲持因者 由彼力持 令不斷故 如食持命 … 地爲持因 能任持彼 令不墜故"라고 하였다. 〔참고문헌〕『順正理論』, 『大毘婆沙論』 권131(대정장27, p.681b21), *Abh-k-bh. 103.* ⇨ 오인 五因❶, 인 因❶

지인 指印 Ⓟ aṅguli-muddikā. 손자욱 남기는 일. 지

장(指章) 또는 무인(拇印)이라고도 하며, 또는 손도장 대신하여 만든 도장이나 반지 모양으로 만든 장신구를 말한다. 『사분율』 권3(대정장22, p.583c23)에 "(혼인 서약등) 서명하거나 손도장 찍으며, 또는 모양 보여서 오고 가며 설하면 승가바시사다. 드러낸 모습 저쪽에서 알아보았으면 승가바시사고, 알아보지 못했으면 투란차다. 若書指印 若現相 來往說 僧伽婆尸沙 若現相 令彼知 僧伽婆尸沙 不知 偸蘭遮", 『유부율잡사』 권1(대정장24, p.209a21)에 "여러 속인이 물었다. '손에 묻은 것 무엇입니까?' 답하였다. '현수여, 지인입니다. 부처님께서 허락하셨습니다'. 속인이 비웃으며 말했다. '사문석자가 교만한 일을 하시는군요. 뭇 보배로 꾸며 반지 도장을 삼다니. 진실한 사문도 아니거니와 바라문도 아닙니다'. 諸俗問言 指上何物 答言 賢首 此是指印 佛所開許 俗人譏笑 作如是語 沙門釋子爲憍慢事 衆寶嚴飾 爲指環印 非眞沙門 非婆羅門", "여러 필추가 듣고서 부처님께 아뢰니, 부처님이 말씀하였다. '필추는 반지를 끼어서도 보배로 장식해서도 안 된다. 응당 오종물로 도장을 삼아야 하니, 유석・적동・백동・상아・뿔이다'. 諸苾芻聞已白佛 佛言 苾芻不應著指環 及寶莊飾 應用五種物爲印 所謂鍮石赤銅 白銅牙角", "육군비구가 도장에남녀가 비법을 행하는 상을 새기니 여러 속인이 보고서 나무랐다. '그대 사문들이 오히려 욕에 물들었군요'. 六衆印上 刻作男女行非法像 諸俗見譏 仁等沙門 尙有染欲心耶", "필추가 부처님께 아뢰니 부처님이 말씀하였다. '무릇 도장에는 두 종이 있다. 첫째는 대중의 것, 둘째는 개인 것이다. 대중의 도장에는 전법륜상을 새겨 넣고 양쪽 가에는 사슴 웅크려 앉은 모습을 새기는 게 좋겠다. 그 아래는 응당 원래 만든 절과 시주의 이름을 적으라. 개인 도장은 골쇄상 또는 촉류형을 새기라. 볼 때마다 염리심이 일게 하려는 이유다'. 苾芻白佛 佛言 凡印有二種 一 是大衆 二 是私物 若大衆印可刻轉法輪像 兩邊安鹿伏跪而住 其下應書 元本造寺施主名字 若私印者 刻作骨鎖像 或作髑髏形 欲令見時生厭離故", 『사분율행사초』 권중(대정장40, p.62a18)에 "『사분율』의 중매 금하는 법에 따르면, 서명하거나, 지인 찍거나, 사람을 보내거나, 정황으로 서로 알게 하거나, 서로 참석해 구를 짓거나 모두 범한 것이다. 四分媒法 以語書指印遣使 但情相領 參互作句 皆犯", 『사분율행사초자지기』 권중(대정장40, p.288a11)에 "지인이란, 예전에는 '손에 먹을 묻혀 종이에 찍고 종횡의 무늬를 맺음으로써 그 뜻을 표한다' 하고, 또 '서역인은 손가락에 도장을 끼고 다니며 신표로 쓴다' 하였다. 그런데 근거가 없고 누가 옳은지도 알 수 없다. 言指印者 舊云 手墨印紙 約橫竪文 以表其意 或云 西人指上貫印持以爲信 然無所據 未知孰是"라고 하였다. [참고문헌] 『四分律』, 『有部律雜事』, 『四分律行事鈔』, 『四分律行事鈔資持記』, *Vin.2.106.*

지인 智人 지혜로운 이. 『불본행집경』 권34(대정장3, p.810c28)에 "세존의 소리울림은 다른 이 능히 잘 가르치신다. … 삼승을 세우고 삼보의 종자를 잇고 삼취를 분별하며 삼해탈문을 깨끗히 하고 실다운 말로 가르치고 일깨우니, 지혜로운 이가 찬탄하고 성스런 뜻이라 할 만하다. 世尊音響 善能敎他 … 建立三乘 紹三寶種 分別三聚 淨三脫門 實語訓誨 智人所歎 聖所可意", 『이취육바라밀다경』 권7(대정장8, p.896b25)에 "지혜로운 이는 항상 용맹하여 깊은 뜻 환히 깨우쳐 나아가고, 어리석고 게으른 이는 세상이 칭찬하지 않네. 智人常勇猛 了達深義趣 愚癡懶惰人 世所不稱讚", 『불퇴전법륜경』 권7(대정장9, p.231c3)에 "불법 중에 지혜로운 이는 자신도 믿고 남에게도 권하니, 이와 같이 가르침 펴고 구르게 하니, 모든 공덕을 더욱 자라게 한다네. 佛法中智人 自信勸他信 如是展轉敎 增長諸功德", 『대보적경』 권21(대정장11, p.116b25)에 "일체집착을 멀리 여의고, 바르게 믿어 어기고 저버림 없어 갑옷 입은 지혜로운 이, 위없음에 마음 내어 나아가네. 遠離一切執 正信不違背 被甲之智人 發趣於無上"라고 하였다. [참고문헌] 『佛本行集經』, 『理趣六波羅蜜多經』, 『不退轉法輪經』, 『大寶積經』.

지인 智刃 지혜의 칼. 『대보적경』 권120(대정장11, p.680b23)에 "이제 덧없음이라는 힘센 군대 몰려드니, 응당 재빨리 보시 갑옷 입고 지혜 칼 차며, 부끄러움 쇠뇌 가려내고 계의 방벽을 쳐야 하리. 今有無常威力軍來 宜應速疾被於施甲 持於智刃 辦慚愧弩 安戒隄防", 『만선동귀집』 권하(대정장48, p.986b13)에 "지혜 칼 겨우 휘두르자마자 의심의 뿌리가 일순간 잘리고, 자비구름이 비로 적시고 성냄의 불마저 잠잠히 사그라든다. 智刃纔揮 疑根頓斷 慈雲旣潤 瞋火潛消", 『종경록』 권43(대정장48, p.667b23)에 "생사해 깊어 지혜의 배가 아니고야 건너지 못하고, 진로망이 촘촘하기에 지혜의 칼이 아니고서는 헤쳐 나가지 못한다. 生死海深 匪慧舟而不渡 塵勞網密 非智刃而莫揮"라고 하였다. [참고문헌] 『大寶積經』, 『萬善同歸集』, 『宗鏡錄』.

지인 智仁 통일신라시대 스님. 자세한 행장은 전하지 않는다. 다만 일본의 고초(古鈔) 등 여러 곳에서 그를 신라승(新羅僧)이라 하였다. 『정원신정석교목록』 권11(대정장55, p.856b14)에 따르면 649년(정관23)에 현장(玄奘)이 대자은사(大慈恩寺) 번경원(翻經院)에서 『반야심경 般若心經』 1권과 『인명정리문논본 因明正理門論本』 1권 등을 번역할 때 스님이 필수의 소임을 맡았으며(見內典錄大域 龍樹菩薩造 初出與義淨出者同本 貞觀二十三年 十二月 二十五日 於大慈恩寺翻經院譯 沙門 智仁筆受), 『동역전등목록』 「전율록 傳律錄」 2(대정장55, p.1155b15)에는 "『사분율초기 四分律抄記』 10

권은 신라 지인(智仁)이 지었는데, 지인을 지인(智忍)으로도 기록하였다. 四分律抄記十卷 新羅智仁亦作智忍"라고 하였다. 저서로는『십일면경소 十一面經疏』1권(奈良錄 勝寶3년記, 東洋文庫論叢 제10輯 附錄 p.115)·『사분율초기』10권·『불지론소 佛地論疏』4권(대정장55, p.1139c15)·『잡집론소 雜集論疏』5권(대정장55, p.1157a23) 등을 남겼으나, 모두 일실되고 그 제명(題命)만 전하고 있다. 〔참고문헌〕『貞元新定釋敎目錄』,『東域傳燈目錄』,『韓國佛敎撰述文獻總錄』p.49.

지인 智印 Ⓢjñāna-mudrā. 지(智)를 드러내 보이기 위해 제존들이 맺는 손모양 즉 인계(印契). 특히 금강계 구회만다라(九會曼陀羅)에서는 주존(主尊)은 모두 지권인(智拳印)을 맺지만, 주존을 에워싼 사인회(四印會)의 경우에 네 보살(金剛 寶 法 羯磨)은 사여래(阿閦 寶生 無量壽 不空如來)를 대신하여 주존인 비로자나여래와 함께 한다. 따라서 이들은 각기 그에 따른 촉지인·여원인·정인·시무외인(觸地印 與願印 定印 施無畏印)을 맺어 대지·삼매야지·법지·갈마지(大智 三昧耶智 法智 羯磨智)를 성취하기에 지권인을 한 주존을 둘러싸고 마침내 오여래(五如來)의 오지(五智)를 성취한다.『대승본생심지관경』권8(대정장3, p.329c13)에 "비유하면 어떤 사람이 가로라의 미묘관문을 깨닫고 스스로 다음과 같이 관한다. '내 몸이 곧 금시조왕이며, 마음과 뜻과 말도 이와 같다'. 이런 관의 힘으로 독약을 소멸하여 일체악독이 해치지 못하는데, 범부행자도 또한 이와 같다. 항복좌를 지어 몸에 동요가 없고, 손으로 '지인'을 맺고 그윽이 진언을 염하면서 이런 관에 들면, 능히 삼독을 멸하고 업장을 없애며 복과 지를 증장하여 세간과 출간세의 원도 빨리 두렷이 차오른다. 譬如有人 悟迦盧羅微妙觀門 自作是觀 我身卽是 金翅鳥王 心意語言 亦復如是 以此觀力 能消毒藥 一切惡毒 不能爲害 凡夫行者 亦復如是 作降伏坐 身不動搖 手結智印 密念眞言 入此觀時 能滅三毒 消除業障 增長福智 世出世願 速得圓滿", 60권본『화엄경』권38(대정장9, p.641c11)에 "불자야, 이것이 보살마하살의 열 가지 지인이다. 보살마하살이 이 인을 성취하면 속히 아누다라삼막삼보리를 증득하고 여래의 위없는 지인을 다 갖춘다. 佛子 是爲菩薩摩訶薩十種智印 若菩薩摩訶薩成就此印 疾得阿耨多羅三藐三菩提 具足如來無上智印",『조상양도경해』(대정장21, p.949a11)에 "왼손으로 주먹을 쥐며, 그 집게손가락을 펴서 오른손 주먹 안에 넣어 쥐고 가슴 한가운데에 세우는 것을 비로대지인이라고 한다. 其有以左手作拳 頭指尖平入右拳內握之 起立當心 謂之毘盧大智印",『제불경계섭진실경』권2「금강계대도량품 金剛界大道場品」(대정장18, p.275c9)에 "오른손 주먹을 쥐고 검지의 끝을 세워 오른 주먹의 엄지 한 마디에 붙이고는 가슴 위에 둔다. 이 이름이 보리로 인도하는 제일지인이라 하며 또한 능히 무명의 깜깜한 어둠을 멸하는 인이라 한다. 이 인으로 가지함으로써 제불과 함께 하는 자는 무상보리최승결정기를 받으니 바로 이것이야말로 비로자나여래대묘지인이다. 以右拳頭指之頭 拄著右拳拇指一節 亦安心前 是名菩提引導第一智印 亦名能滅無明黑闇印 緣此印加持 諸佛與行者 授無上菩提最勝決定之記 卽是毘盧遮那如來大妙智印",『일체여래진실섭대승현증삼매대교왕경』권8(대정장18, p.368c6)에 "다시 위해서 일체인법성미묘금강소용법을 설한다. 이 중에서 마땅히 지인을 맺는다. 이와 같이 위궤대로 상응하니 이를 지인묘애법이라 한다. 復次爲說 一切印法性 微妙金剛所用法 是中應結於智印 如是儀軌若相應 此卽智印妙愛法",『존승불정수유가법궤의』권1「지송법칙품 持誦法則品」(대정장19, p.369c12)에 "그 인상이란 지혜 삼매로 각각 주먹을 쥐고 그 바람깃발 세우듯 두 대공지는 손바닥 안으로 구부려 지수화삼륜을 눌러 곧 이루고는 이 삼매의 손을 가슴 위에 인친 뒤에는 모든 물을 만지고, 지계의 사방상하를 결하고는 오른쪽으로 세 번 위아래로 결계를 성취한다. 其印相 智定各爲拳 竪其風幢 屈二大空輪入掌內 以地水火三輪押之卽成 其印以定 手印置在心上 以智印用觸諸物 及結地界四方乃至上下等界 右轉三遍上下卽成結界",『금강정항삼세대의궤법왕교중관자재보살심진언일체여래연화대만다라품』권1「인품 印品」(대정장20, p.31c23)에 "모든 법을 보되 저 연꽃이 물에 젖지 않듯 하니, 제법 이렇게 욕에 물들지 않게 되는 등이 바로 지혜를 인치는 것이다. 觀諸法如蓮花不著於水 諸法亦然不染欲等 是智印",『금강정유가금강살타오비밀수행염송의궤』권1(대정장20, p.536b13)에 "일체인이란 대지인·삼매야지인·법지인·갈마지인을 말한다. 一切印者 所謂大智印 三昧耶智印 法智印 羯磨智印"라고 하였다. 〔참고문헌〕『大乘本生心地觀經』,『華嚴經』,『造像量度經解』,『諸佛境界攝眞實經』,『一切如來眞實攝大乘現證三昧大敎王經』,『尊勝佛頂脩瑜伽法軌儀』,『金剛頂降三世大儀軌法王敎中觀自在菩薩心眞言一切如來蓮華大曼荼羅品』,『金剛頂瑜伽金剛薩埵五祕密修行念誦儀軌』, *Daś-bh.3*,『曼荼羅圖典』(大法輪閣, 2002). ⇨인계 印契, 지권인 智拳印, 촉지인 觸地印, 여원인 與願印, 정인 定印, 시무외인 施無畏印, 사인 四印❶❷, 사만상대 四曼相大, 사바라밀보살 四波羅蜜菩薩, 오지 五智, 오여래 五如來

〈표〉지인

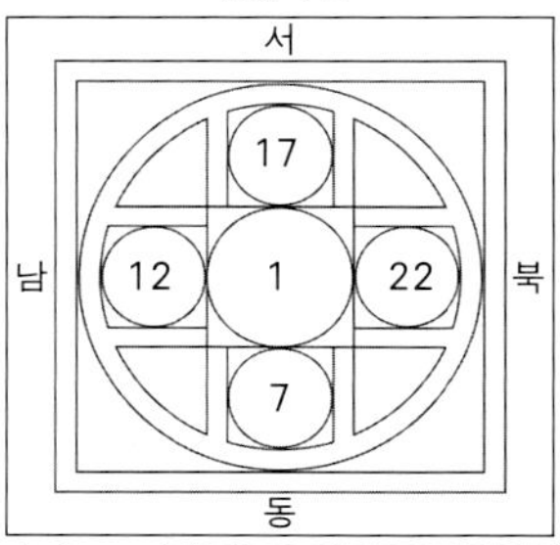

1	지권인智拳印
7	촉지인觸地印
17	여원인與願印
12	정 인定 印
22	시무외인施無畏印

지인 智忍 **1** Ⓢjñāna-kṣānti. 견뎌 무너질 수 없는(忍) 지(智). 이승외도(二乘外道)가 넘볼 수 없는 진실여래(眞實如來)의 지혜다. 『대승입능가경』 권6(대정장16, p.622c7 : *Laṅk.*, p.242)에 "대혜야, 변화하는 여래는 금강역사가 항상 따르며 위호하나 진실불은 아니다. 진실여래는 모든 한량을 벗어나 이승이나 외도는 알 수 없으며, 현법락에 머물러 지인을 성취하기에 금강역사의 보호도 빌리지 않는다. 大慧 變化如來 金剛力士常隨衛護 非眞實佛 眞實如來 離諸限量 二乘外道 所不能知 住現法樂 成就智忍 不假金剛力士所護 nirmitanairmāṇikānāṃ mahāmate tathāgatānāṃ vajrapāṇiḥ pārśvānugato na maulānāṃ tathāgatānāmarhatāṃ samyaksaṃbuddhānām. maulo hi mahāmate tathāgataḥ sarvapramāṇendriyavinivṛttaḥ sarvabālaśrāvakapratyekabuddhatīrthyānām. dṛṣṭadharmasukhavihāriṇastamāgacchantyabhisamayadharmajñānakṣāntyā. ato vajrapāṇistānnānubadhnāti"라고 하였다. 〔참고문헌〕『大乘入楞伽經』. *Laṅk.* ⇨ 인忍 **2** Ⓢjñāna-kṣānti. 견도위(見道位)에서 욕계(欲界)의 사제(四諦)를 관하는 법지(法智)와 법인(法忍). 이 지(智)와 인(忍)으로 견혹(見惑)을 끊는다. 상이계(上二界)에서는 유지(類智)라 한다. 『대승아비달마집론』 권5(대정장31, p.682c18 : *Abh-s.*, p.66)에 "어떤 것이 지인인가? 앞선 관찰의 증상력으로 각각의 고제 중에 일으켜 현증하는 무루혜다. 이 혜를 말미암아 고를 보고 끊어야 할 일체번뇌를 영원히 버린다. 이것을 이름하여 고법지인이라고 한다. 云何智忍 謂先觀察增上力故 於各別苦諦中 起現證無漏慧 由此慧故 永捨見苦所斷一切煩惱 是故名爲苦法智忍 jñānakṣāntiḥ katamā. pūrvādhipatibalavicārāṇām upādāya pratyātmaṃ duḥkhasatye pratyakṣānubhāvinī anāsravā prajñā. yayā prajñayā duḥkhadarśanaprahātavyān sarvakleśān prajahāti. tasmād ucyate duḥkhe dharmajñānakṣāntir iti"라고 하였다. 〔참고문헌〕『大乘阿毘達磨集論』. *Abh-s.* ⇨ 고법지인 苦法智忍, 십육심 十六心, 팔인팔지 八忍八智, 견도 見道, 유지 類智 **3** 통일신라시대 스님. 지인(智仁)이라고도 한다. ⇨ 지인 智仁

지인경 智印經 『여래지인경 如來智印經』(대정장15, No.633) 또는 『대승지인경 大乘智印經』(대정장15, No.634)의 줄인 이름. ⇨ 대승지인경 大乘智印經

지인보살경 持人菩薩經 Ⓣ'phags-pa 'jig-rten-'dzin-gyis yongs-su dris-pa shes-bya-ba'i mdo. 서진(西晉)대 축법호(竺法護) 한역. 4권. 고려장10, pp.515a1~540b9, No.145 · 대정장14, pp.625a3~642a2, No.481에 수록되어 있다. 『지인경』·『지인보살소문경 持人菩薩所問經』·『지인보살소문음종제입이요도혜경 指人菩薩所問陰種諸入以了道慧經』이라고도 하고, 후진(後秦)대 구마라집(鳩摩羅什)이 한역한 『지세경 持世經』(대정장14, No.482)과 동본이역이다. 부처님께서 보살이 알아야 할 진실언교(眞實言教)와 그에 따른 행을 지인보살에게 설하신다. 총 15품으로 제1 「사사품 四事品」은 보살이 실천할 네 가지 행(四事)에 대한 것, 제2 「묘혜초왕불품 妙慧超王佛品」은 과거불 묘혜초왕여래에 관한 인연, 제3품은 전하지 않는다. 제4 「지시왕품 持施王品」은 과거 지시왕의 왕자, 곧 무한의(無限意)와 무한계(無限界)가 오온을 깨달아 부처를 이룬 인연담, 제5 「십팔종품 十八種品」, 제6 「효삼계품 曉三界品」, 제7 「제입품 諸入品」, 제8 「십이연품 十二緣品」, 제9 「삼십칠품 三十七品」, 제10 「세속도세품 世俗度世品」, 제11 「유위무위품 有爲無爲品」, 제12 「보광보살품 寶光菩薩品」은 보광보살의 수기에 관한 내용, 제13 「왕고품 往古品」은 과거 무량광초수왕여래(無量光超殊王如來)의 인도를 받은 여러 보살이 이 경을 수지하여 기별을 받았다는 내용, 제14 「발타화오백인품 颰陀和五百人品」은 발타화보살 등 5백 보살이 이 경을 수지할 것을 서원하는 내용, 제15 「촉루품 囑累品」은 이 경을 후세에 전하면 받게 되는 공덕에 대해 설한다. 〔참고문헌〕『歷代三寶紀』 권8(대정장49, p.77a20), 『出三藏記集』 권2(대정장55, p.8a19), 『開元釋教錄』 권2(대정장55, p.494b1). ⇨ 지세경 持世經

지인보살소문경 持人菩薩所問經 『지인보살경』(대정장14, No.481)의 다른 이름. 언종(彦琮)의 『중경목록』 권2(대정장55, p.156b19)에 "『지인보살소문경』 4권. 진대 축법호가 한역하였다. 持人菩薩所問經四卷 晉世竺法護譯"라고 하였다. 〔참고문헌〕『衆經目錄』, 『歷代三寶紀』 권8(대정장49, p.77c16).

지인삼매 智印三昧 Ⓢjñāna-mudrā-samādhi, Ⓣye-shes-kyi-phyag-rgya'i-ting-nge-'dzin. 지(智)로 상응하는 삼매. 『법화경』에서 지인삼매는 십육삼매(十六三昧) 중 하나이며, 반야(般若)를 지(智)라 하고 상응하기에 인(印)이라 한다. 『법화경』 권7 「묘음보살품 妙音菩薩品」(대정장9, p.55a24)에 "그때 일체정광장엄국(Ⓢvairocana-raśmi-pratimaṇḍitāyāṃ lokadhātu)에 묘음(ⓈGadgadasvara)이라는 보살이 있었는데, 옛부터 뭇 덕의 뿌리를 심고 무량백천만억제불들께 공양하고 가까이 하며 깊고도 깊은 지혜를 모두 성취하여 묘당상삼매(Ⓢdhvajāgrakeyūra-samādhi) … 지인삼매 … 이런 등의 백천만억항하사와 같은 모든 대삼매를 얻었다. 爾時一切淨光莊嚴國中 有一菩薩名曰妙音 久已殖衆德本 供養親近無量百千萬億諸佛 而悉成就甚深

智慧 得妙幢相三昧 … 智印三昧 … 得如是等百千萬億恒河沙等諸大三昧", 『법화의소』 권12(대정장34, p.622a23)에 "지인삼매란, 반야는 지이고 상응삼매는 인이다. 또 어떤 사람이 안온국으로 들어가려면 인이 있어야 들어갈 수 있고, 인이 없으면 들어가지 못함과 같다. 보살도 이 삼매를 얻고 능히 실상으로 든다. 智印三昧者 般若是智 相應三昧是印也 又如人入安穩國 有印得入 無印不得入 菩薩得是三昧 能入實相", 『법화경문구보정기』 권10(卍속장45, p.341b7)에 "지인삼매란 지와 경의 합이기에 지인이라 이름한다. 이는 따라 비추면서도 늘 고요해서 얻은 이름이다. 智印三昧者 智與境合 故名智印 此從照而常寂得名也", 36권본 『대반열반경』 권36(대정장12, p.852a20)에 "사만오천 보살이 허공삼매 얻으니, 이 허공삼매는 또한 광대삼매, 지인삼매라고도 한다. 四萬五千菩薩 得虛空三昧 是虛空三昧 亦名廣大三昧 亦名智印三昧", 『여래지인경』(대정장15, p.469c8)에 "이것이 여래의 지인삼매이니, 실로 능히 시방일체세계를 보살무애지혜로 가득 채운다. 是爲如來智印三昧 悉能滿足十方一切世界菩薩無礙智慧"라고 하였다. [참고문헌] 『法華經』, 『法華義疏』, 『法華經文句輔正記』, 『大般涅槃經』, 『如來智印經』, *Saddh-p.423·424.* ⇨ 십육삼매 十六三昧, 지 智, 인 忍

지인승여 知人勝如 칠묘법(七妙法 : 法 義 時 節 己 衆 人) 중에 사람의 승여(勝如)를 아는 것. 『제경요집』 권2(대정장54, p.16c23)에 "또 『중아함경』에 이른다. 무엇이 지인승여인가? 비구는 두 가지로 사람을 안다. 믿음이 있고 없음이니, 믿는 이 뛰어나고 믿지 않는 이 그렇지 못하다. 又中阿含經云 云何知人勝如 謂比丘知有二種人 有信有不信 若信者勝 不信者爲不如也"라고 하였다. [참고문헌] 『中阿含經』, 『諸經要集』. ⇨ 칠묘법 七妙法 ❷

지인식과 知因識果 인을 알고 과를 헤아리다. 『서장』 「답고산체장로장 答鼓山逮長老狀」(대정장47, p.942c28)에 "그대가 이미 두각 나타내 저 선지식이라는 이름자를 갖게 되었으니, 마땅히 한맛 본분사로 오는 이들을 맞이한다. 모든 고사재곡은 인을 알고 과를 헤아릴 줄 아는 지사에게 맡기고, 분사열국으로 하여금 관장하게 해서 때때로 큰 줄기만을 들어보인다. 汝旣出頭 承當箇善知識名字 當一味以本分事 接待方來 所有庫司財穀 分付知因識果知事 分司列局令掌之 時時提擧大綱", 『선림보훈』 권1(대정장48, p.1019a20)에 "산문의 집사는 인을 알고 과를 헤아릴 줄 알아야 한다. 山門執事 知因識果"라고 하였다. [참고문헌] 『書狀』, 『禪林寶訓』.

지인월경함상 池印月鏡含像 원오극근(圜悟克勤)의 마삼근(麻三斤) 공안에 대한 송고다. 『원오어록』 권19 「송고 頌古」(대정장47, p.802b21)에 "스님이 '무엇이 부처입니까' 하니 동산이 '마삼근'이라 하였습니다. '종 두드려 소리 나고, 골짜기 받아 울립니다. 못은 달을 찍어내고, 거울은 모습을 품는다. 일찍이 일 벌여 던진 마음 아닌데, 어찌 미리 긁어 가렵기를 기다리겠는가! 쇳덩이 다듬어 금 만들고 곧은 것 들어 굽은 길 고치며, 한 발 화살 쏘아 수리 한 쌍 잡고 한 차례 후려치니 손바닥 피투성이다. 그대 보지 못했는가. 성근 듯 새는 일 없으니 넓고도 넓은 저 하늘그물을!' 擧 僧問洞山 如何是佛 山云 麻三斤 鐘在扣谷受響 池印月鏡含像 曾非展事投機 豈是預搔待痒 點鐵成金 擧直措枉 一箭鵰一雙 一摑血一掌 君不見 疎而不漏兮 恢恢天網"라고 하였다. [참고문헌] 『圜悟語錄』, 『嘉泰普燈錄』 권27(卍속장137, p.386b8). ⇨ 마삼근 麻三斤

지인지과 智因智果 Ⓢ jñāna-hetuḥ jñāna-phalam. 삼인삼과(三因三果) 중 하나. 육바라밀다 중 시계인(施戒忍) 셋은 복분(福分)으로, 혜바라밀다는 유일한 지분(智分)으로, 나머지 정진정려(精進靜慮)는 두 분에 통하게 하고는, 다시 복지이분을 합하여 세 가지 인과(因果)로 살핀 뜻이다. 『유가사지론』 권36 「보살지 菩薩地」(대정장30, p.484b8)에 "무엇을 보살이 인을 거두고 과를 거두는 자리이타라 하는가(Ⓢ bodhisattvasya hetuphalasamgṛhītaḥ svaparārthaḥ)? 약설하니 응당 삼인삼과를 알아야 한다. 무엇이 그 세 가지인가? … 세 번째는 지인지과다. 云何菩薩因攝果攝自利利他 略說應知三因三果 何等爲三 … 三者 智因智果", "무엇이 복이고 무엇이 지인가? 약설하면 복은 곧 3종바라밀다니 첫째 시바라밀다 둘째 계바라밀다 셋째 인바라밀다며, 지는 오직 한 가지 바라밀다니 혜바라밀다를 말한다. 정진·정려바라밀다는 응당 두 가지 분에 통함을 알아야 하니 첫째는 복분이요 둘째는 지분이다. 云何爲福 云何爲智 謂略說福卽是三種波羅蜜多 一 施波羅蜜多 二 戒波羅蜜多 三 忍波羅蜜多 智唯一種波羅蜜多 謂慧波羅蜜多 精進靜慮波羅蜜多 應知 通二分 一者 福分 二者 智分", "무엇이 복인이고 무엇이 지인인가? 약설하면 복인과 지인은 모두 세 가지 있음을 응당 알아야 한다. 첫째 복과 지에 대해 능히 얻고 능히 머물며 능히 증장케 하는 욕이고, 둘째 복과 지에 대해 잘 능히 수순하여 위배의 연이 없는 것이며, 셋째 복과 지에 대해 이미 익혀 익음이다. 云何福因 云何智因 略說應知 福因智因 總有三種 一者 於福 於智 能得 能住 能增長欲 二者 於福 於智 善能隨順 無違背緣 三者 於福 於智 先已串習", "만약 복과 지를 능히 얻고 능히 머물며 능히 증장하여 부지런히 수습하면서 장을 멀리 여의어 일어나지 않으면 이를 위배의 연 없음이라 이름함을 마땅히 알라. 만약 보살들이 이 세 가지로 복과 지의 인 중 따라 빠뜨리는 바 있다면 능히 복을 생하지도 지를 생하지도 못함을 마땅히 알라. 若於福智 能得 能住 及能增長 勤修習 障遠離不起 當知 是名無違背緣 若諸菩薩 於此三種福智因中 隨有所闕 當知 不能生福生智", "무엇이 복과이고 무엇이 지과인가? 보살들이 복에 의지하기에 비록 다시 긴 세월 유전생사해서 극고에 괴롭힘당하지 않고, 또 하고자 함을 따라 능히 중생을 거두어 의리 짓는다. 지에 의지하기에 섭수한 바 복은 발라 삿되지 않고, 또 능히 종종의 무량선교사업을 일으켜 짓고 내지 구경엔 반드시 무상정등보리를 증한다. 이와 같이 복과와 지과를 약설했지만, 그 응한 바와 같이 네 가지 품류차별에 다시 무량이 있음을 마땅히 알라. 云何福果 云何智果 謂諸菩薩 依止福故 雖復長時 流轉生死 不爲極苦之所損惱 又隨所欲 能攝衆生 爲作義利 依止智故 所攝受福 是正非邪 又能起作種種無量善巧事業 乃至究竟 當證無上正等菩提 如是略說 福果智果 如其所應當知 四種品類差別 復有無量", "이 때문에 복과 지 두 가지는 무상정등보리를 증함에 비록 다 뛰어남이지만, 그 중에 복은 가장 뛰어남 되고 지는 위없음이다. 만약 보살들이 복과 지에 대해 따라 한 가지라도 빠뜨린다면 결정코 능히 무상정등보리를 증할 수 없다. 이를 보살의 인도 거두고 과도 거두는 자리이타라고 한다. 是故二種於證無上正等菩提 雖俱是勝 而於其中 福爲最勝 智爲無上 若諸菩薩 於福於智 隨闕一種 決定不能證於無上正等菩提 是名菩薩因攝果攝自利利他"라고 하였다. [참고문헌] 『瑜伽師地論』, 『菩薩地持經』 권1(대정장30, p.891c9), 『菩薩善戒經』 권1(대정장30, p.966c11), *Bodh-bh. 19.* ⇨ 삼인삼과 三因三果

지일 知一 조선후기 스님인 망해(望海)의 법명. [참고문헌] 『東師列傳』 권6 「雲潭禪師傳」(한불전10, p.1070a19). ⇨ 망해 望海 ❶

지일 智一 유송(劉宋)대 스님. 전당(錢唐 : 浙江省) 영은사(靈隱寺)에 주석하였고, 계율도 정밀히 가져 지녔다. 휘파람을 잘 불어서 사람들이 그의 휘파람 소리를 '애절한 소나무의 맑은 소리(哀松梵)'라 하였다. 또 하얀 원숭이를 숲에 놓아서 키웠는데 지일이 입술로 긴 소리를 내며 범패를 지어 부르면 원숭이가 나타났기에 사람들이 그 소리를 백원범(白猿梵)이라 하고, 지일을 원부(猿父)라는 별명으로 불렀다. [참고문헌] 『宋高僧傳』 권29(대정장50, p.888c19), 『新修科分六學僧傳』 권19(卍속장133, p.755a12).

지일체도지처상력 知一切道至處相力 여래십력(如來十力 : 佛十力) 중 하나로 일체행업(行業)이 이르는 곳의 모습을 아는 힘. 일체변처도지력(一切遍處道智力) · 변취행지력(遍趣行智力 Ⓢ sarvatra-gāminī-pratipaj-ñāna-bala) · 지처도력(至處道力)이라고도 한다. 『대지도론』 권24(대정장25, p.235c22)에 "부처님에게는 십력이 있다 하니, 처와 처 아닌 것을 여실히 아시는 것이 첫 번째 힘이다. … 일체 모든 길이 이르는 처의 모습을 아는 것이 일곱 번째 힘이다. 佛有十力者 是處不是處如實知 一力也 … 知一切道至處相 七力也"라고 하였다. [참고문헌] 『大智度論』, 『觀無量壽佛經義疏』 권하(대정장37, p.303c20). ⇨ 변취행지력 遍趣行智力, 여래십력 如來十力, 불십력 佛十力

지일체법 知一切法 일체법을 알다. 인연생멸(因緣生滅)임을 알고 오온(五蘊)을 잘 알아 무상고무아(無常苦 無我)여서 짓는 이(作者)도 받는 이(受者)도, 주재하는 불멸의 자재신(壽命自在)도 없음을 아는 뜻이다. 『대방등대집경』 권22(대정장13, p.160c14)에 "교진여야, 만약 어떤 비구가 법행을 닦고 쌓아 일체법이 인연을 좇아 나고 인연 좇아 사라짐을 안다면, 이와 같은 비구는 삼해탈을 얻어 색의 진상을 안다. 색의 진상이란 가려 보지 못하게 하는 상이다. 憍陳如 若有比丘 修集法行 知一切法 從因緣生 從因緣滅 如是比丘 得三解脫 知色眞相 色眞相者 所謂礙相", "그리고 수의 수상 · 상의 각상 · 행의 행상 · 식의 지상을 아는 것을 일체법상을 참으로 아는 것이라고 한다. 이와 같이 관한 후에 공해탈문을 얻는다. 일체법에 작자도 수자도 수명자재도 없음을 보아, 오직 무상 · 고 · 무아 등임을 봄을 무원해탈문을 얻었다고 하며, 일체법이 무생무멸임을 관하니 이를 무상해탈문을 얻었다고 한다. 受受相 想覺相 行行相 識知相 是名眞知一切法相 如是觀已 得空解脫門 見一切法 無作受者 壽命自在 唯見無常 苦 無我等 是名得無願解脫門 觀一切法 無生無滅 是名得無相解脫門"라고 하였다. [참고문헌] 『大方等大集經』.

지일체입처 地一切入處 Ⓢ pṛthivī-kṛtsna-āyatana. 지(地)를 일체라 여겨 들어 처하다. 『중사분아비담론』 권5 「분별섭품 分別攝品」(대정장26, p.653c5)에 "무엇이 초일체입처인가? 지를 일체라 여겨 들어서 한 상만을 일으키니, 상하제방이 둘도 없이 무량하다. 이것이 처음 일체에 들어 처한다고 한다. 무엇이 처음으로 차제상속하고 거듭 차제로 정수(正受 Ⓢ samāpatti : 定)함인가? 처음 일체처에 들어서 만일 잘 색수상행식에 들어 바로 받아들인다면 이 이름이 지일체입처다. 云何初一切入處 謂地一切入一相生 上下諸方 無二無量 是名初一切入處 云何初次第相續數次第正受 謂初一切入處 若入正受 善色受想行識 是名地一切入處"라고 하였다. [참고문헌] 『衆事分阿毘曇論』, *Abh-k-bh.457.* ⇨ 십일체처 十一切處, 일체 一切, 입처 入處

지일체입처정수 地一切入處正受 Ⓟ paṭhavīkasiṇa-samāpatti. 지(地)로 일체에 들어 처하고 바로 받다. 땅을 일체라 여겨 들어 처하고 삼매에 드는 뜻으로 지변처정(地遍處定)이라고도 한다. 『잡아함경』 권5(대정장2, p.34b15)에 "어떻게 색이 나(我)임을 보는가? 지일체입처정수를 얻어 관하고서 이런 염을 짓는다. '땅이 곧 나이고, 내가 곧 땅이어서 나와 땅이 오직 하나로 둘이 없고 다름도 나뉨도 없다'. … 이처럼 일체입처에 대해 낱낱이 나라고 헤아려 '색이 곧 나이다'라 한다. 云何見色是我 得地一切入處正受 觀已作是念 地卽是我 我卽是地 我及地 唯一無二 不異不別 … 如是於一切入處 一一計我 是名色卽是我"라고 하였다. [참고문헌] 『雜阿含經』, *AN.5.47.* ⇨ 지변처정 地遍處定

지일체제선삼매력 知一切諸禪三昧力 여래십력(如來十力) 중 하나로 일체 모든 선삼매를 알아 무애자재함. 정려해탈등지등지지력(靜慮解脫等持等至智力 Ⓢ dhyāna-vimokṣa-samādhi-samāpatti-jñāna-bala)·정력(定力)이라고도 한다. 『대승본생심지관경천주』 권8(卍속장34, p.485a8)에 "셋째 정력〈일체의 모든 선삼매를 알기 때문이다〉. 三 定力〈知一切諸禪三昧故〉"라고 하였다. [참고문헌] 『大乘本生心地觀經淺註』, 『法華經科註』 권1(卍속장49, p.141a17). ⇨ 여래십력 如來十力

지임 智稔 조선후기 스님. 호는 백련(白蓮). 용암체조(龍巖體照 1713~1779)의 계사. 「신흥사용암당대선사비문」에서는 '지흠 智欽'이라 하였다. 『용암당유고』 「行狀」(한불전9, p.790a2)에 "백련당 지임대사가 계사이다. 白蓮堂智稔大師爲戒師也"라고 하였다. [참고문헌] 『龍巖堂遺稿』. ⇨ 지흠 智欽, 체조 體照

지자 知自 스스로를 알다. 칠지(七知) 중 하나로 자지(自知)라고도 한다. 36권본 『대반열반경』 권14(대정장12, p.694a29)에 "무엇이 보살마하살이 스스로를 아는 것인가? 이는 보살이 '나는 이처럼 믿고, 이처럼 삼가며 이처럼 많이 듣고, 이처럼 버리고, 이처럼 지혜로우며, 이처럼 오가고, 이처럼 바로 생각하고, 이처럼 선행하며, 이처럼 묻고 답한다'고 스스로 아는 것이다. 이를 스스로를 아는 것이라 한다. 云何菩薩摩訶薩自知 是菩薩自知 我有如是信 如是戒 如是多聞 如是捨 如是慧 如是去來 如是正念 如是善行 如是問 如是答 是名自知", 『화엄경소초』 권39(대정장36, p.297a5)에 "스스로를 안다 하니, '나는 이처럼 믿고 가져 지킨다'고 하는 등이다. 知自者 謂我有如是信戒等"라고 하였다. [참고문헌] 『大般涅槃經』, 『華嚴經疏鈔』, 『大明三藏法數』 권22(영락장182, p.312a3). ⇨ 칠지 七知

지자 知者 ❶ Ⓢ Buddha. 부처님. 모든 것을 아는 이(一切智者). 『대지도론』 권2(대정장25, p.73a3)에 "부처님은 또 불타〈'지자'라고 한역함〉라고도 한다. 어떤 법들을 아시는가? 과거·미래·현재의 중생수와 비중생수, 유상무상 등 일체제법을 아신다. 또한 보리수 아래에서 분명히 남김없이 깨달아 아셨기에 불타라고 한다. 復名佛陀〈秦言 知者〉 知何等法 知過去 未來 現在 衆生數 非衆生數 有常無常等 一切諸法 菩提樹下 了了覺知 故名爲佛陀", 『번범어』 권1(대정장54, p.981b12)에 "불타〈『대지도론』에서 '지자, 또는 각자'라고 하였다〉. 佛陀〈論曰 知者亦云覺者〉"라고 하였다. [참고문헌] 『大智度論』·권65(대정장25, p.521c25), 『翻梵語』. ⇨ 불 佛 ❷ Ⓢ jñaḥ. 아는 이. 상키야(Ⓢ Sāṃkhya : 數論)의 푸루샤(Ⓢ Puruṣa). 불교에서는 십육지견(十六知見) 중 하나로 보고 비판한다. 『금칠십론』 권상(대정장54, p.1245c5)에 "'아'란 '지자'다. … 지자란 바탕도 변하는 것도 아니다. … 지자란 이중에 '아'를 이름하니, 지를 체로 삼기 때문이다. 이 '아'는 능히 낳는 일도 없고 다른 것을 좇아 날 수도 없다. 我者知者 … 知者非本變 … 知者 此中名我 知爲體故 此我不能生 不從他生"라고 하였다. [참고문헌] 『金七十論』, *Sāṃkhy-k.6·7.* ⇨ 십육지견 十六知見

지자 持字 금강권보살(金剛拳菩薩)의 종자(種子)인 밤(鑁 वं vaṃ). 『금강봉유기경』 권하(대정장18, p.266a8)에 "금강밀지존은 지(वं) 자에서 광명을 방출하네. 金剛密持尊 持字放光明", 『금강정대교왕경사기』 권12(대정장61, p.280a29)에 "『비경』에서 '지(वं) 자에서 광명을 발하네'라고 하였다. [해] 그윽이 합한다 하니, 신구의 삼업이 합해 하나가 되니 곧바로 실지를 성취한다. 祕經云 持字發光明 解云 密合者 謂身口意合而爲一 卽是悉地成就"라고 하였다. [참고문헌] 『金剛峰瑜祇經』, 『金剛頂大教王經私記』. ⇨ 밤 鑁

지자 智者 ❶ Ⓢ budha, Ⓟ paṇḍita. 지혜로운 사람. 또는 현성(賢聖). 『장아함경』 권1 「대본경 大本經」(대정장1, p.8b15)에 "비바시불께서는 한적한 곳에서 또 이렇게 생각하셨다. '나는 이제 이 위없는 법을 얻었다. 매우 깊고 미묘하여 이해하기 어렵고 보기 어렵네. 번뇌 쉬고 사라져 청정하여 지혜로운 이는 알 수 있지만, 어리석은 범부 능히 미칠 수 있는 것은 아니다'. 毘婆尸佛於閑靜處 復作是念 我今已得此無上法 甚深微妙 難解難見 息滅淸淨智者所知 非是凡愚所能及也", 『대지도론』 권22(대정장25, p.226b19)에 "이와 같이 무루계는 팔성도중에 있으며, 또한 지혜로운 이가 칭찬하는 것이다. [문] 무루계라면 지혜로운 이가 찬탄할 바이지만, 유루계는 어찌하여 찬하는가? [답] 유루계인 듯 무루계는 무루 따라 함께 행하는 인연이므로 지혜로운 이가 합해

찬한다. 如是無漏戒 在八聖道中 亦爲智者所讚 問曰 無漏戒應爲智者所讚 有漏戒何以讚 答曰 有漏戒似無漏 隨無漏同行因緣 是故智者合讚"라고 하였다. 〔참고문헌〕『長阿含經』, 『大智度論』, *Saṅ-v.183.*, *DN.2.36.* ⇨ 지 智
2 천태대사(天台大師) 지의(智顗 539~598)의 사호(賜號). 『화엄경소초』 권7(대정장36, p.47c20)에 "스님의 이름은 지의이며, 지자라는 칭호는 수양제가 스님을 위해 세운 존호로 스님의 덕을 찬미한 것이다. 僧名智顗 而言智者 帝爲立號 美其德也"라고 하였다. 〔참고문헌〕『華嚴經疏鈔』. ⇨ 지의 智顗

지자교관 智者敎觀 지자(智者) 천태지의(天台智顗)의 교상문(敎相門)과 관심문(觀心門). 『삼국유사』 권5(대정장49, p.1016a18 · 한불전6, p.364c3) 피은(避隱) 8 혜현구정(惠現求靜)에 "혜현은 서쪽으로 가서 배우지도 않고 고요히 물러나 생을 마쳤음에도 이름이 퍼지고 제하에 전(傳)이 세워져 당에서도 명성이 자자했다. 또한 고구려의 석바야는 중국 천태산에 들어 지자의 교관을 받고 신이함을 쓰며 산중에 지내다가 입멸하였다. 『당고승전』에도 장이 있는데 자못 영험한 본보기가 많다. 現不西學 靜退以終 而乃名流 諸夏立傳 在唐聲著矣 夫又高麗釋波若 入中國天台山 受智者敎觀 以神異間山中而滅 唐僧傳亦有章 頗多靈範"라고 하였다. 〔참고문헌〕『三國遺事』, 『四明尊者敎行錄』 권6(대정장46, p.907c27), 『釋門正統』 권7(卍속장130, p.890b8). ⇨ 교관 敎觀, 교상문 敎相門, 관심문 觀心門

지자대사별전 智者大師別傳 관정(灌頂) 지음. 1권. 갖춘 이름은 『수천태지자대사별전 隋天台智者大師別傳』이다. 대정장50, pp.191a20~198a1에 수록되어 있다. 중국 천태종(天台宗)의 완성자인 천태지의(天台智顗)의 전기로서 천태 문하의 제1제자인 관정이 지었다. 사명사문(四明沙門) 담조(曇照)가 주석한 『지자대사별전주 智者大師別傳註』(卍속장134, pp.613a1~657b2)가 있다. 『신편제종교장총록』 권1(대정장55, p.1169a27 · 한불전4, p.684b8)에 "『별전』 1권. 관정이 지었다. 別傳一卷 灌頂 述"라고 하였다. 〔참고문헌〕『新編諸宗敎藏總錄』. ⇨ 지의 智顗

지자대사전 智者大師傳 지자대사 천태지의(天台智顗)의 전기. 관정(灌頂)이 지은 『국청백록 國淸百錄』(대정장46, pp.793a~824a2)과 『수천태지자대사별전 隋天台智者大師別傳』(대정장50, pp.191a20~198a1), 『당고승전 唐高僧傳』 권17 「지의전 智顗傳」(대정장50, p.564a18)과 안진경(顔眞卿)이 지은 『지자대사전』 등이 있다. 『신편제종교장총록』 권1(대정장55, p.1169a26 · 한불전4, p.684b7)에 "『지자대사전』 1권. 안진경이 지었다. 智者大師傳一卷 顔眞卿 述"라고 하였다. 〔참고문헌〕『新編諸宗敎藏總錄』. ⇨ 국청백록 國淸百錄, 천태지자대사별전 天台智者大師別傳, 지의 智顗

지자량 智資糧 Ⓢjñāna-saṃbhāra. 지(智)를 쌓아 양식이 되다. 이종자량(二種資糧 : 智 福) 중 하나로 일체선법(一切善法)과 일체행(一切行)을 선도해 일체지지(一切智智)를 성취하게 한다. 지덕자량(智德資糧)이라고도 한다. 『대방등대집경』 권17(대정장13, p.120b2)에 "지자량이란, 많이 듣기를 구하고 들은 것을 사유하여 거둔 바이다. 智資糧者 爲求多聞 及思惟所聞所攝", 『대보적경』 권52(대정장11, p.307a20)에 "사리자야, 보살마하살은 이와 같은 지덕자량선교로 따라 일체행처에 두루 든다. 왜 그런가? 사리자야, 알아야 한다. 보시는 지자량으로 말미암아 성취하기 때문이다. 이와 같이 지계 · 인욕 · 정진 · 정려 · 정혜 역시 지덕자량으로 성취하고, 나아가 자비희사 등의 모든 선법 역시 지덕자량으로 성취한다. 그 까닭은 무엇인가? 舍利子 菩薩摩訶薩如是智德資糧善巧 隨遍入於一切行處 何以故 舍利子 當知 布施由智資糧而成就故 如是持戒 忍辱 精進 靜慮 正慧 亦是智德資糧成就 乃至慈悲喜捨 一切善法 亦因智德資糧成就 何以故", "사리자야, 보살마하살이 지닌 견고한 정행을 일으키는 것들은 모두 바른 지혜에 의지하며, 저 일체행은 지로서 앞서 끌게 하는데, 이 보살은 큰 지혜를 빠짐없이 갖추고 있기 때문이다. 모든 지혜 없는 이들의 귀의처가 되지만, 일체악마는 그 편이 될 수 없으며, 모든 여래께서 함께 가호하시기에 장차 일체지지에 들게 한다. 舍利子 菩薩摩訶薩 所有發起堅固正行 皆依正智 彼一切行 智爲前導 由是菩薩具大智故 爲諸無智之所歸趣 一切惡魔 不得其便 諸佛如來 所共加護 將得趣入一切智智"라고 하였다. 〔참고문헌〕『大方等大集經』, 『大寶積經』, *Bodh-bh.176.* ⇨ 지혜자량 智慧資糧, 복덕지혜이종자량 福德智慧二種資糧, 복덕자량 福德資糧

지자문 智者問 Ⓟpaṇḍita-vāda. 지혜로운 이의 물음. 지자어(智者語)라고도 한다. 왕자문(王者問 Ⓟrāja-vāda : 王者語)과 우자문(愚者問 : 愚者語)에 견주어 뛰어난 대화법을 성취한다. 『나선비구경』 권상(대정장32, p.696b5)에 "왕이 다시 물었다. '나선이여, 나와 더불어 경에서 설한 도를 논할 수 있겠습니까?' '만일 왕께서 스스로 지자문을 한다면 능히 왕과 마주해 답할 수 있지만, 왕자문이나 우자문을 한다면 서로 답할 수 없습니다' '지자문과 왕자문과 우자문은 어떤 것들입니까?' '지혜로운 이의 말이란 마주하여 서로 따지기도 하고, 서로 추켜세우거나 낮추며 말로 승부를 냅니다. 이러면 스스로 이것이 지자어가 됨을 압니다'. 王復問言 那先能與我難經說道不 那先言 如使王作智者問 能相答王 作王

者問愚者問 不能相答 王言 智者問王者問愚者問 何等類 那先言 智者語 對相詰 相上語 相下語 語有勝負 則自知 是爲智者語"라고 하였다. 〔참고문헌〕『那先比丘經』, *Mil. 28·29.* ⇨ 왕자문 王者問, 우자문 愚者問

지자비문 智者碑文 천태지의(天台智顗)의 비문. 당나라 때 양숙(梁肅) 지음. 양숙은 천태종 제5조인 담연(湛然)에게서 지관(止觀)을 배웠다. 제액(題額)은 「태주수고지자대사수선도량비병서 台州隋故智者大師修禪道場碑幷序」이다. 천태지의와 수선도량의 인연을 적은 내용이다. 『신편제종교장총록』 권1(대정장55, p.1169 a28·한불전4, p.684b9)에 "「지자비문」 1권. … 이상은 양숙이 지었다. 智者碑文一卷 … 已上 梁肅 述"라고 하였다. 〔참고문헌〕『新編諸宗教藏總錄』. ⇨ 지의 智顗

지자소병기 智者所屛棄 지혜로운 이 후미진 곳을 꺼린다. 『출요경』 권22(대정장4, p.727b21)에 "지혜로운 이는 후미진 곳을 꺼린다 하였으니, 무슨 뜻인가? 지혜로운 이는 예절을 알아 혐의를 피하고 의심을 멀리하여 의혹으로 어지러운 중에는 머물지 않으니, 손가락을 튕기는 짧은 순간도 쫓아 함께하지 않거늘 하물며 끝까지 함께 어울리겠는가? 智者所屛棄者 智人知禮節 避嫌遠疑 不處惑亂之中 彈指之頃 不與從事 況當至竟 與共遊乎", "지혜로운 이는 옛을 비추어 지금을 알며 모든 일에 널리 통하여 근심을 미연에 방지하고 행함에 치우치지 않는다. 마음과 입이 서로 상응하여 말에 실수가 없으며, 깊은 뜻을 분별하여 뜻에도 어긋남이 없고, 한 구의 뜻을 좇아 무수한 뜻 풀어내지만 어리석은 사람은 미혹될 뿐이다. 그러므로 지혜로운 이는 후미진 곳을 꺼린다고 한 것이다. 所謂智者 明古知今 博通衆事 防慮未然 所行不左 心口相應 言無有失 分別深義 意不倒錯 從一句義 演布無數 愚者所惑 是故說曰 智者所屛棄也"라고 하였다. 〔참고문헌〕『出曜經』. ⇨ 병처부정 屛處不定

지자외도 知者外道 몸속에 지자가 있어 고통과 즐거움을 안다고 집착하는 외도. 『일체경음의』 권36(대정장54, p.546a17)에 "사달범〈범어로 외도 이름이다. 이들은 지자외도와 종계가 크게 같은데, 다만 명자만 다를 뿐이다〉. 社怛梵〈梵語 外道名也 此與知者外道 宗計大同 但名字別異耳〉"라고 하였다. 〔참고문헌〕『一切經音義』, 『大日經疏』 권2(대정장39, p.594a22). ⇨ 지자 知者❷, 사달범 社怛梵

지자재 智自在 Ⓢjñāna-vaśitā, Ⓣye-shes-la-dbang-ba. 지혜를 씀에 막힘이 없음. ❶ 삼업(身口意)에 걸림없는 지(智). 『니건자소설경』 권7(대정장9, p.348b7)에 "신구의업이 지를 바탕으로 하면 그 이름이 지자재다. 身口意業 以智爲本 名智自在"라고 하였다. 〔참고문헌〕『尼乾子所說經』. ❷ 사종자재(四種自在) 중 하나. 선혜지(善慧地)에서 증득하는 걸림 없는 지혜(無礙智)의 작용을 말한다. 『변중변론』 권상(대정장31, p.468b4)에 "네 자재 있으니 첫째 무분별자재, 둘째 정토자재, 셋째 지자재, 넷째 업자재다. … 제8지 중에 오직 처음과 둘째 자재가 의지하는 뜻에 능히 통달하며, 제9지 중에 역시 지자재가 의지하는 뜻에 능히 통달하니 원만하게 무애해를 증득하기 때문이다. 有四自在 一 無分別自在 二 淨土自在 三 智自在 四 業自在 … 第八地中 唯能通達初二自在所依止義 第九地中 亦能通達智自在所依義 圓滿證得無礙解故", 『변중변론술기』 권상(대정장44, p.12c3)에 "여덟째 제9지에서 지자재를 얻기 때문이다. 第八 在第九地 得智自在故", 『대승장엄경론』 권5(대정장31, p.614c1 : *Sūtr.*, p.66)에 "(아홉 번째) 선혜지에는 세 번째 지자재가 있으니, 네 가지 변재선교의 수승함을 얻기 때문이다. 善慧地 有第三智自在 由得四辯善巧勝故 tadanyasyāṃ bhūmāv ekaikā vaśitā sādhumatyaṃ jñānavaśitā pratisaṃvidviśeṣalābhāt", 『법화경현찬요집』 권25(卍속장54, p.509b5)에 "9지에서 사무애해를 얻으니 지자재라 이름한다. 九地得四無礙解 名智自在", 『성유식론속전』 권10(卍속장81, p.281b4)에 "지자재란 곧 마음의 자재이기에 9지 중에 이 진여를 증하여 마음의 자재를 얻으니, 4종의 무애해를 성취하기 때문이다. 智自在者 卽心自在 故九地中 證此眞如 得心自在 成就四種無礙解故"라고 하였다. 〔참고문헌〕『辯中邊論』, 『辯中邊論述記』, 『大乘莊嚴經論』, 『法華經玄贊要集』, 『成唯識論俗詮』, *Sūtr.* ⇨ 사종자재 四種自在❶ ❸ 화엄에서 설하는 보살의 열 가지 지자재. 60권본 『화엄경』 권39(대정장9, p.648b17)에 "불자야 보살마하살에게는 열 가지 지자재가 있다. 어떤 것이 그 열 가지인가? 佛子 菩薩摩訶薩 有十種智自在 何等爲十"라 한 후, 다함 없는 변재의 지자재(無盡辯智自在), 일체다라니에 미혹 없는 지자재(不惑一切陀羅尼智自在), 일체중생의 제근을 분명하게 아는 지자재(決定知一切衆生諸根智自在), 일념중에 무애심지로 일체중생의 심과 심수법을 다 아는 지자재(於一念中 以無礙心智 悉知一切衆生心心數法智自在), 일체중생의 마음과 마음이 부리는 번뇌와 습기와 병에 따라 다스리는 법을 아는 지자재(知一切衆生心心使煩惱習氣隨病對治法智自在), 한순간에 여래십력에 깊이 드는 지자재(於一念中 深入如來十力智自在), 걸림없는 지혜로 삼세중생을 알아 때를 따라 건져 해탈케 하는 지자재(無礙智知三世衆生 隨時度脫智自在), 한순간에 등정각을 이루어 일체중생에게 나타내 보이는 지자재(於一念中 成等正覺 示現一切衆生智自在), 한 중생상만으로도 일체중생의 업행을 훤히 아는 지자재(於一衆生想 了達一切衆生業行智自在), 한 중생의 음성에서도 일체중생음성을 드러내 보이는 지자

재(於一衆生音聲 示現一切衆生音聲智自在)다. 〔참고문헌〕『華嚴經』. ⇨ 보살십자재 菩薩十自在

지자재소의진여 智自在所依眞如 십진여(十眞如) 중 하나로 보살십지(菩薩十地) 중 제9지인 선혜지(善慧地)에서 증득하며, 사무애지(四無礙智)가 의지하는 진여. 『성유식론』 권10(대정장31, p.54b9)에 "십진여란 무엇인가? … 아홉째 지자재소의진여이니, 즉 이 진여를 증득하면 걸림 없는 이해로 자재를 얻기 때문이다. 十眞如者 … 九 智自在所依眞如 謂若證得此眞如已 於無礙解得自在故", 『화엄현담회현기』 권28(卍속장12, p.424b7)에 "아홉째 지자재소의진여〈지는 능의이고, 진여는 소의이다. 능의인 지가 이 소의인 진여를 증득하고 나면 곧 사무애해에 있어서 자재를 얻기 때문에 이렇게 부른다〉. 九 智自在所依眞如〈智卽能依 眞如卽所依 能依之智 證此所依眞如已 便於四無礙解而得自在 故爲名也〉"라고 하였다. 〔참고문헌〕『成唯識論』, 『華嚴懸談會玄記』. ⇨ 보살십진여 菩薩十眞如, 십진여 十眞如❶, 사무애지 四無礙智

지자조신 智者調身 Ⓢ ātmānaṃ damayanti paṇḍitāḥ. 지혜로운 이는 자신의 몸을 바룬다. 『출요경』 권18(대정장4, p.707c27 : *Udāna-v.*, p.236)에 "〈게〉 뱃사공은 배를 손질하고, 궁사는 뿔을 고르며, 솜씨 좋은 장인은 나무를 다듬고, 지혜로운 이는 그 몸을 바룬다. 水人調船 弓師調角 巧匠調木 智人調身 udakena nijanti nejakā iṣukārā namayanti tejasā, dāruṃ namayanti takṣakā hy ātmānaṃ damayanti paṇḍitāḥ" 고 한 뒤 "〈석〉 '지혜로운 이는 그 몸을 바룬다' 하였다. 항상 바른 가르침 따라 법율을 훼손하지 않고, 뜻을 찾아 구하며 뛰어난 이의 법을 구한다. 그러므로 지혜로운 이는 그 몸을 바룬다'고 한다. 智者調身者 恒以正敎 不毁法律 搜求義味 求上人法 是故說 智者調身也"라고 하였다. 〔참고문헌〕『出曜經』, *Udāna-v.*

지자탑원 智者塔院 중국 절강성 태주(台州) 천태(天台)에 있는 지의(智顗 538~597)를 모신 탑원. 천태산 불롱(佛隴) 오른쪽 봉우리에 위치하며, 국청사(國淸寺)에서 북쪽으로 5리 떨어져 있다. 597년(개황17) 수(隋)대에 건립되었으며, 당시의 이름은 '정혜진신탑원 定慧眞身塔院'이었고, 이후 1008년(대중상부1) 송(宋)대에 진각사(眞覺寺)라 고치기도 하였다. 대전(大殿) 안에 육신탑(肉身塔)이 안치되어 있는데, 높이 약 7m에 6면 2층이다. 제1층 정면에 감실을 만들고 지자대사의 좌상도 모셨다. 〔참고문헌〕『佛祖統紀』 권8(대정장49, p.190b20), 『天台山方外志』 권4. ⇨ 지의 智顗

지자탑원 중국 항주 국청사

지작 止作 그치고 짓다. 불선(不善)을 그치고 선(善)을 짓는 뜻은 칠불(七佛)께서 전한 불교의 요체다. 『증일아함경』 권1(대정장2, p.551a10)에 "가섭이 물었다 '어떤 게중에 삼십칠조도품과 제법이 출생합니까?' 그때 존자 아난이 이 게를 읊었다. '모든 악 짓지 말고(Ⓟ sabbapāpassa akaraṇaṃ), 모든 선 받들어 행하라(Ⓟ kusalassa upasampadā). 스스로 그 마음 깨끗이 하니(Ⓟ sacitta-pariyodapanaṃ), 이것이 모든 부처님 가르침(Ⓟ etaṃ buddhāna sāsanaṃ)이네'. 迦葉問言 何等偈中出生三十七品及諸法 時尊者阿難 便說此偈 諸惡莫作 諸善奉行 自淨其意 是諸佛敎"라 하였고, 『법화경수수』 권1(卍속장51, p.562a9)에 "계에는 그침과 지음이라는 두 뜻이 있다. 그친다 하니, 모든 악을 짓지 않음으로 뭇 그쳐야 할 것을 이미 능히 그쳐서 온갖 허망함을 길이 쉰다. … 짓는다 하니, 뭇 선을 받들어 행함이다. 이미 지어야 할 바를 지어서 행하여 닦지 않음이 없다. 戒有止作二義 止者 諸惡不作 旣能止于衆止 萬妄永息 … 作者 衆善奉行 旣能作於所作 無行不修"라고 하였다. 〔참고문헌〕『增壹阿含經』, 『法華經授手』, 『妙經文句私志記』 권7(卍속장46, p.9a5), *Dhp.52.* ⇨ 계 戒, 지악 止惡, 지범 止犯, 지지 止持, 칠불설게 七佛說偈

지작이범 止作二犯 그쳐 범함(止犯)과 지어 범함(作犯). 지범은 선업을 그침으로써 범하는 것이고, 작범은 악업을 지음으로써 범하는 것이다. 『사분율소식종의기』 권8(卍속장66, p.560b2)에 "이종범상이란 지작이범이다. 二種犯相者 止作二犯也"라고 하였다. 〔참고문헌〕『四分律疏飾宗義記』, 『四分律行事鈔』 권중(대정장40, p.91c5), 『四分律刪補隨機羯磨疏濟緣記』 권1(卍속장64, p.532b18). ⇨ 지범 止犯, 지작 止作, 지작이지 止作二持

지작이지 止作二持 그쳐 가짐(止持)과 지어 가짐(作持). 삼취정계로 말하자면 칠중(七衆)이 각기 받은 바 계를 지키는 섭율의계(攝律儀戒)가 그쳐 가지는 것이고, 섭선법계(攝善法戒)와 섭중생계(攝衆生戒)는 지어 가진다. 『서방요결석의통규』(대정장47, p.104c10)에 "도를 닦아 행한다 함은 그치거나 지어서 두 가지로 가지는 일체계품이다. 修道行者 止作二持 一切戒品也", 『서방요결과주』 권상(卍속장107, p.612a9)에 "행은 세간을 벗어나기 위함이기에 '도를 닦는다' 하였다. 삼업으로 그릇됨을 막음이다. 열 가지로 선 닦음을 지작이라고 하는데, 지는 섭율의계에 해당하고 작은 섭선법계와 섭중생계다. 行爲出世 故曰修道 三業防非 十支修善 謂之

止作 止卽攝律儀戒 作是攝善攝生也"라고 주석하였다. ［참고문헌］『西方要決釋疑通規』, 『西方要決科註』, 『華嚴經疏』 권35(대정장35, p.776a17), 『圓覺經大疏釋義鈔』 권6(卍속장14, p.677a12). ⇨ 작지 作持, 지지 止持, 지작 止作, 지작이범 止作二犯, 삼취정계 三聚淨戒

지작증득작증 智作證得作證 지혜(智) 닦아 반드시 얻고 삼매(定) 의지해 결정코 터득하다. 짓고 얻을 수 있는 것(作證)의 뜻에서의 두 가지다. 『대비바사론』 권90(대정장27, p.465c15)에 "법을 지어 깨우침에는 간략히 두 가지가 있다. 첫째는 지혜로 지어 깨우침이고 둘째는 얻어 가져 깨우침이다. 지작증이란 일체법을 지혜로 능히 깨우쳐 아는 것이고, 득작증이란 모든 선법마저 과에 통해 무기임을 능히 깨우쳐 얻음이다. 於法作證 略有二種 一 智作證 二 得作證 智作證者 謂一切法 智能證知 得作證者 謂諸善法 通果無記 得能證獲", 『품류족론』 권6(대정장26, p.715b13)에 "응당 증해야 할 법이란 무엇인가? 두 작증 있으니 첫째 지작증, 둘째 득작증이다. 지작증으로 응당 증해야 할 법이란 무엇인가? 일체법을 말하니 모두 이 지작증으로 응당 증해야 할 법이기 때문이다. 지로 증해서는 마땅히 얻을 수 없는 법이란 무엇인가? 이와 같은 법을 말한다. 구해도 얻을 수 없으니 법이라면 지혜로 마땅히 깨우칠 수 없는 것은 없다. 얻고 지어 증해서 마땅히 증하는 법이란 무엇인가? 일체선법과 정에 의지해 증하는 무부무기의 하늘 눈과 하늘 귀다. 얻어 지어서 증할 수 없는 법이란 어떤 것인가? 삼매에 의지해 증하는 무부무기의 천안천이를 제한 나머지 무기법과 일체불선법이다. 所應證法云何 有二作證 一 智作證 二 得作證 智作證所應證法云何 謂一切法 皆是智作證所應證故 非智作證所應證法云何 謂如是法 求不可得 無法非智所應證故 得作證所應證法云何 謂一切善法 及依定所證無覆無記天眼天耳 非得作證所應證法云何 謂除依定所證無覆無記天眼天耳 諸餘無記法 及一切不善法"라고 하였다. ［참고문헌］『大毘婆沙論』, 『品類足論』. ⇨ 삼명 三明, 육통 六通, 비지작증소응증법 非智作證所應證法, 지 智, 정 定❶

지작증소응증법 智作證所應證法 지작증으로 증득하는 법. 일체유루법(一切有漏法)은 지혜로 깨우쳐 알 수 있는 법이라는 뜻이다. 『품류족론』 권6(대정장26, p.715b14)에 "지의 작증으로 증득하는 법은 무엇인가? 일체법으로서 이 모두는 지의 작증으로 증득해야 할 법이기 때문이다. 지작증으로 증득되지 않는 법은 무엇인가? 이와 같은 법은 구하려 해도 얻을 수 없으니, 어떤 법도 지로 증득되지 않는 것은 없기 때문이다. 智作證所應證法云何 謂一切法 皆是智作證所應證故 非智作證所應證法云何 謂如是法求不可得 無法非智所應證故", 같은 책 권8(대정장26, p.725a21)에 "지작증에 의해 증득되어야 할 법은 십팔계·십이처·오온으로 거두고, 십지로 알고 육식으로 분별하는 일체수면과 수증이다. 智作證所應證法 十八界 十二處 五蘊攝 十智知 六識識 一切隨眠隨增"라고 하였다. ［참고문헌］『品類足論』. ⇨ 비지작증소응증법 非智作證所應證法

지장 地藏 ❶ 온갖 심지(心地)를 품은 곳간. 『범망경』 권하(대정장24, p.1009c9)에 "석가모니불이 연화대장세계에서 노사나불심지법문품의 십무진계법품을 설하여 마치셨다. … 이는 천백억세계·연화장세계·미진세계의 일체불이 갖는 심장이며 지장이며 계장이며 무량행원장이며 인과불성상주장이다. 釋迦牟尼佛 說上蓮花臺藏世界 盧舍那佛心地法門品中 十無盡戒法品竟 … 千百億世界 蓮花藏世界 微塵世界 一切佛 心藏地藏戒藏 無量行願藏 因果佛性常住藏"라고 하였다. 이 '지장'에 대해 태현(太賢)의 『범망경고적기』 권하(대정장40, p.718a20)에서는 "지장은 십성의 자리다. 地藏者 十聖之地", 승장(勝莊)의 『범망경술기』 권하(한불전2, p.180b22)에서는 "지장은 사십심(十發趣心 十長養心 十金剛心 十地)이다. 地藏者 謂四十心"라고 하였다. ［참고문헌］『梵網經』, 『梵網經古迹記』, 『梵網經述記』. ❷ Ⓢ nidhi, nidhāna. 땅에 감춰진 곳간. 여래성(如來性)의 다섯 비유 중 하나고, 불성(佛性)을 비유하기도 한다. 『보성론』 권4(대정장31, p.838b4 : *Ratna-ut.*, p.69)에 "법신·진여·여래성의 참된 바탕을 … 다섯 가지 비유로 드러내 보이네. … 무엇이 다섯 비유인가. 첫째 지장, 둘째 나무, 셋째 금상, 넷째 전륜성왕, 다섯째 보배상이다. 능히 삼종불신을 내어 여래성을 드러내 보이니 게에서 여래성이라 하였다. 法身及眞如 如來性實體 … 五種喩示現 … 何等爲五種譬喩 一者 地藏 二者 樹 三者 金像 四者 轉輪聖王 五者 寶像 能生三種佛身 示現如來性 偈言如來性故 svabhāvo dharmakāyo 'sya tathatā gotram-ity-api … sa jñeyaḥ pañcabhiś-ca nidarśanaiḥ. pañcabhir-nidhi-taru-ratnavigraha-cakravarti-kanakabimba-dṛṣṭāntais-trividha-buddhakāyotpatti-gotrasvabhāva iti", 같은 책 권4(대정장31, p.839a1 : *Ratna-ut.*, p.71)에 "불성에 두 가지가 있으니 하나는 지장과 같고 다른 하나는 나무 열매 같네. 佛性有二種 一者如地藏 二者如樹果 gotraṃ tad dvividhaṃ jñeyaṃ nidhāna-phala-vṛkṣavat"라고 하였다. ［참고문헌］『寶性論』, *Ratna-ut.* ❸ 705~803. 통일신라시대 스님. 속성은 김(金)씨, 이름은 교각(喬覺). 김지장(金地藏)이라고도 한다. 신라의 왕손(王孫)으로 중국에 가서 유학하다가 청양 구화산(九華山) 화성사(化城寺)의 주지로 있으면서 크게 교화하여 국위를 떨쳤을 뿐만 아니라, 입적한 후 지장보살(地藏菩薩)의 화

신으로 길이 추앙을 받고 있다. [참고문헌] 『宋高僧傳』 권20(대정장50, p.838c17), 『神僧傳』 권8(대정장50, p.1000b9), 『百丈淸規證義記』 권3(卍속장111, p.636b8). ⇨ 교각 喬覺 **4** 당말오대(唐末五代) 선사 계침(桂琛 867~928)의 법호. 석산(石山) 지장원(地藏院)에서 주석하여 붙여진 호다. [참고문헌] 『法眼語錄』(대정장47, p.588b3), 『人天眼目』 권4(대정장48, p.325a9). ⇨ 계침 桂琛 **5** ➡ 지장보살 地藏菩薩

지장 知藏 육두수(六頭首) 중 하나로 대장경(大藏經)을 보살피는 소임. 장주(藏主)·장사(藏司)라고도 한다. 장경의 출납은 물론 목록과 실물을 대조하여 빠짐없이 갖추며, 열람하거나 보관하던 중에 발생한 파본을 보수한다. 『백장청규』 권4 「지장」(대정장48, p.1131a24)에 "직무는 경장을 관장하는 것이며, 겸해서 의학(義學: 教學)에도 통해야 한다. … 경의 함질과 목록을 항상 하나하나 대조하여 빠진 것이 있으면 보완하고, 습기로 불어나면 햇볕에 쬐고 닦아내며, 손상되거나 잘리면 붙이거나 꿰맨다. 대중이 열람하면 장주는 열람장부를 놓아두고 당사가 배열한 경단(經單)의 줄지은 경명과 대조하고 함별로 교부한다. 간경이 끝나면 명부와 대조하여 교부한대로 거두어 입장하여 산실이 없도록 한다. 우리 종의 근원을 따져보자면 이미 '교외별전'이라고 했거늘 오히려 학인에게 저 장경을 전담하라고 명하는 일은 무엇인가? 부처님께서 말씀하신 것과 행한 것으로 교율(教律)을 삼기 때문이다. 학인이라면 부처님의 언행을 좇지 않을 수 있겠는가? 다만 우리가 증하고 얻을 것은 문자에 빠지지 않아서 언행의 형식을 뛰어 넘어서 저 자성의 묘를 보는 것이다. 또 조사의 뜻은 우리 무리들이 여러 분야와 외도인 백가를 두루 탐구함으로써 외부의 업신여김을 찌르고 꺾어서 변화에 응함이 다함이 없게 하는 데 있으니, 이른바 문자에 그대로도 아니고 떠나서도 안 된다는 것이 이것이다. 훗날 대중이 많아지자 동서로 경장이 나란히 있게 되었다. 職掌經藏 兼通義學 … 函帙目錄 常加點對 缺者補完 蒸潤者焙拭 殘斷者粘綴 若大衆披閱 則藏主置簿 照堂司所排經單列名 逐函交付 看畢照簿交收入藏 庶無散失 推原吾宗 旣曰敎外別傳 猶命僧專司其藏者 何也 以佛之所言所行爲敎律 而僧有不遵佛之言行乎 特吾之所證所得不溺於文字 而超乎言行之表 以見夫自性之妙焉 又祖之意欲 吾徒遍探諸部 與外之百氏 期以折衝外侮 應變無窮 所謂不卽不離者是也 後以衆多 列東西藏"라고 하였다. [참고문헌] 『百丈淸規』, 『景德傳燈錄』 「跋文」(대정장51, p.465b27). ⇨ 장주 藏主, 육두수 六頭首

지장 持藏 가져 잃지 않다. 십무진장(十無盡藏) 중 하나로 보살이 무량한 경의 문구의리를 지녀 잃지 않는 것. 80권본 『화엄경』 권21 「십무진장품」(대정장10, p.114b17)에 "무엇을 보살마하살의 지장이라고 하는가? 이 보살이 제불께서 설한 수다라의 문구의리를 지녀 잊어버림 없는 것이다. … 이 지장은 가없어 채우기 어렵고 그 밑까지 이르기 어려우며 친근키 어려워 능히 제복할 수도 없다. 무량무진으로 대위력을 갖추니 바로 불경계다. 오직 부처님만이 능히 마칠 수 있으니, 이를 보살마하살의 아홉 번째 지장이라 한다. 何等爲菩薩摩訶薩持藏 此菩薩 持諸佛所說修多羅 文句義理 無有忘失 … 此持藏無邊難滿 難至其底 難得親近 無能制伏 無量無盡 具大威力 是佛境界 唯佛能了 是名菩薩摩訶薩第九持藏"라고 하였다. [참고문헌] 『華嚴經』, 『華嚴經探玄記』 권5(대정장35, p.210b2). ⇨ 십무진장 十無盡藏 **1**

지장 智杖 석장(錫杖)을 달리 이르는 말. 『득도제등석장경』(대정장17, p.724b2)에 "이 석장은 지장 또는 덕장이라고도 한다. 성스런 지혜를 현창하므로 지장이라 하고, 행한 공이 덕의 본이기에 덕장이라 한다. 이와 같은 장(杖)은 성인의 표식이요 현사의 명기요 도법으로 가는 정당이요 염의를 세우는 뜻이다. 그러기에 그대들 모두 지니되 법답게 하라. 是錫杖者 名爲智杖 亦名德杖 彰顯聖智 故名智杖 行功德本 故曰德杖 如是杖者 聖人之表式 賢士之明記 趣道法之正幢 建念義之志 是故汝等咸持如法"라고 하였다. [참고문헌] 『得道梯橙錫杖經』, 『百丈淸規』 권5(대정장48, p.1139b20), 『釋氏要覽』 권중(대정장54, p.279b7). ⇨ 석장 錫杖

지장 智障 Ⓢ jñeyāvaraṇa, Ⓣ shes-bya'i-sgrib-pa. 이장(二障) 중 하나로 소지장(所知障)을 말한다. 『승만보굴』 권중(대정장37, p.57b28)에 "둘째는 지장이니, 무지가 장애가 되고 또는 기울어 집착함이 장애가 된다. 二 智障者 或以無知爲障 或以偏執爲障", 『유마경의소』 권6(대정장38, p.984a9)에 "지장이란, 여래일체지를 가리니 바로 무명주지혹이다. 智障者 障如來一切智 卽無明住地惑", 『금광명최승왕경소』 권3(대정장39, p.230c2)에 "업의 바탕은 막음이다. '지'란 무루의 근본과 후득의 두 가지 지로서, 지의 바탕이 장이 아니라, 오히려 알아야 할 바를 장애해 지가 생겨나지 못하게 하기에 지장이라 한 것이다. '지혜롭게 됨을 장애함'이어서 지장이다. 이는 가려지는 지를 좇아 이름을 삼았다. 業體卽障 智謂無漏本後二智 智體非障 猶所知障礙 智不生 名爲智障 智之障 名智障 此從所障智以爲名"라고 하였다. [참고문헌] 『勝鬘寶窟』, 『維摩經義疏』, 『金光明最勝王經疏』, *Ratna-ut.39.*, *Sūtr.85.* ⇨ 소지장 所知障, 불염오무지 不染汚無知, 비안립제관 非安立諦觀, 이장 二障 **1**

지장 智藏 **1** 대승경을 가져 얻게 되는 여덟 가지 공덕

중 하나. 『방광대장엄경』 권12(대정장3, p.616b18)에 “만약 선남자와 선여인 있어 이 경을 서사하고 사방으로 유통시킨다면, 그 사람 마땅히 팔공덕장 얻으리라. 무엇이 팔인가? … 셋째 지장이니 능히 제경의 뜻을 알기 때문이다. 若有善男子善女人 書寫此經 流通四方 其人當得 八功德藏 何等爲八 … 三者 智藏 能了諸經義故”라고 하였다. 〔참고문헌〕『方廣大莊嚴經』. ❷ 반야바라밀다를 뜻으로 드러낸 별명. 『삼법장경』 권7(대정장8, p.613c1)에 “반야바라밀다는 일체지장이니 두루 번뇌 등의 장을 거둬 단멸을 짓기 때문이다. 般若波羅蜜多 是一切智藏 普攝煩惱等障 爲作斷滅”, 『보변지장반야바라밀다심경』(대정장8, p.849a23)에 “선남자여! 보살에게 반야바라밀다심이 있으면 보변지장이라 이름한다. 善男子菩薩有般若波羅蜜多心 名普遍智藏”라고 하였다. 〔참고문헌〕『三法藏經』, 『普遍智藏般若波羅蜜多心經』. ❸ 선지식의 별명. 60권본 『화엄경』 권51(대정장9, p.718a22)에 “선지식은 다함없는 지장이다. 善知識者 無盡智藏”라고 하였다. 〔참고문헌〕『華嚴經』. ⇨ 선지식 善知識 ❹ 깨우쳐 얻을 수 있는 일체중생의 본 바탕. 80권본 『화엄경』 권27(대정장10, p.144c19)에 “일체중생이 걸림없는 눈 얻기를 원하여 넓은 지장을 연다. 願一切衆生得無礙眼 開廣智藏”라고 하였다. 〔참고문헌〕『華嚴經』. ❺ 보살이 삼매를 얻어 갖추게 되는 열 가지 지혜나 보살이 대비(大悲)를 으뜸으로 여겨 얻는 선물. 80권본 『화엄경』 권41(대정장10, p.218b1)에 “보살마하살 또한 이와 같아서 처음 이 삼매를 획득했을 때 10종의 광대한 지장을 얻는다. 무엇이 그 열 가지인가? 첫째 일체불찰을 두루 비추는 지, 둘째 일체중생의 생 받음을 아는 지, 셋째 두루 삼세의 변화를 짓는 지, 넷째 두루 일체불신에 드는 지, 다섯째 일체불법에 통달하는 지, 여섯째 두루 일체정법을 거두는 지, 일곱째 두루 일체중생으로 하여금 법신에 들게 하는 지, 여덟째 일체법을 나퉈 보는 보안이 청정한 지, 아홉째 일체자재로 피안에 이르는 지, 열째 일체광대법에 안주하여 두루 다하고 남음 없는 지다. 菩薩摩訶薩 亦復如是 初始獲得此三昧時 則得十種廣大智藏 何等爲十 一者 照耀一切佛刹智 二者 知一切衆生受生智 三者 普作三世變化智 四者 普入一切佛身智 五者 通達一切佛法智 六者 普攝一切淨法智 七者 普令一切衆生入法身智 八者 現見一切法普眼淸淨智 九者 一切自在到於彼岸智 十者 安住一切廣大法普盡無餘智”, 『월등삼매경』 권6(대정장15, p.587a25)에 “동자여! 무엇이 보살이 지장 얻음인가? 동자여! 이 지혜로 능히 제법을 지니고 일체중생에게 대비를 머리로 하여 어리석지 않은 마음으로 법을 설하고 저 법의 뜻을 안다. 동자여! 이것이 보살마하살이 지장 얻음이다. 童子 云何菩薩得於智藏 童子 以是智慧 能持諸法 於一切衆生 大悲爲首 以不癡心 而爲說法 知彼法義 童子 是爲菩薩摩訶薩得於智藏”라고 하였다. 〔참고문헌〕『華嚴經』, 『月燈三昧經』. ❻ 일체지를 얻은 제불의 대원경지. 『불지경론』 권5(대정장26, p.312c16)에 “경지 또한 그러해서 비록 제지에서의 세간과 출세간의 지의 영상을 일으키더라도 모습과 걸림이 없기에 저 일체지의 영상의 대소와 수량은 같지 않다. 이 인연을 말미암아 제불의 경지를 대지장이라 이름하니 세간지와 출세간지의 근본이기 때문이다. 저 세존께서 대지장인 경지를 이루셔서 능히 일체지를 생할 수 있다고 설했음과 같다. 鏡智亦爾 雖起諸地世出世間諸智影像 無形礙故 而不同彼一切智影大小數量 由是因緣 諸佛鏡智 名大智藏 世出世間智根本故 如說世尊成大智藏鏡智 能生一切智故”, 『대승장엄경론』 권3(대정장31, p.607a9)에 “〔게〕 경지는 지들의 인이니 이는 대지장이라 설하며, 남은 신과 남은 지는 상이 나투면 이를 좇아 일어나네. 〔석〕 이 게는 경지의 용을 나타내 보였다. 경지는 지들의 인이니 이는 대지장이라 설한다란, 저 평등지 등 지들의 일체종이 모두 경지를 인으로 삼음이다. 이 때문에 이 지를 대장에 빗대었으니 이것이 지들의 창고이기 때문이다. 남은 신과 남은 지는 상이 나투면 이를 좇아 일어난다란, 남은 신은 수용신 등을 말하고 남은 지는 평등지 등을 말한다. 저 신의 상과 저 지의 상을 말미암아 일체가 모두 이 지를 좇아 출생하니, 이 때문에 부처님께서는 이 지를 경지로 삼는다 설하셨다. 偈曰 鏡智諸智因 說是大智藏 餘身及餘智 像現從此起 釋曰 此偈顯示鏡智用 鏡智諸智因 說是大智藏者 彼平等智等諸智一切種 皆以鏡智爲因 是故此智 譬如大藏 由是諸智藏故 餘身及餘智 像現從此起者 餘身 謂受用身等 餘智 謂平等智等 由彼身像 及彼智像 一切皆從此智出生 是故佛說 此智以爲鏡智”라고 하였다. 〔참고문헌〕『佛地經論』, 『大乘莊嚴經論』. ⇨ 대원경지 大圓鏡智 ❼ 458~522. 남조(南朝) 양대(梁代) 스님. 속성은 고(顧)씨. 오군(吳郡 : 江蘇省 吳縣) 출신. 본래 법명은 정장(淨藏)이었다. 승민(僧旻)·법운(法雲)과 함께 양대 삼대법사(三大法師)라 불린다. 『당고승전』 권5 「지장전」(대정장50, p.465c14)에 따르면, 나이 열여섯(여섯의 잘못인 듯)에 출가한 뒤 470년(태시6)에 왕명으로 홍황사(興皇寺)에 주석하면서 상정림사(上定林寺)의 승원(僧遠)·승우(僧祐) 그리고 천안사(天安寺)의 홍종(弘宗) 문하에서 사사를 받아다. 또한 승유(僧柔)·혜차(慧次)의 지도를 받아 공부한 끝에 경론과 계율에 정통하였다. 태재(太宰) 문선왕(文宣王)이 즉위하면서 불교를 융성시켜 『정명경』을 강설하고자 경론에 밝은 스님들 20여 인을 청했을 때 지장의 나이와 법랍이 가장 적어 가장 말석에 앉았지만 펼치는 의리에 대적할 상대가 없었다. 양무제(梁武帝) 때 존경을 받으면서 칙령에 따라 개선사(開善寺)에 주석하였다. 29세 때는 관상 보는 사람에게 수명이 31세에 그친다는 소리를 듣고, 강설을 그만두고 참선에 힘을 쏟으며 대서원을 일으키고 절 문 밖으로 벗어나지 않았으며 경장(經藏) 중에 특별히 『금강경』을 밤낮으로 독송하고 수지하였다. 31세의 세말이 되어 목욕재계를 마치고 경전을 읽은 다음 죽음을 기다리는데 허공에서 "선남자야! 그대의 지난 31년은 보가 다하는 때이지만 『반야경』의 힘으로 곱절의 수명을 얻으리다. 善男子 汝往年三十一者 是報盡期 由般若經力 得倍壽矣"라는 소리가 들렸다. 이후로 강동(江東)의 도속들이 다투어 『반야경』을 독송하여 여러 가지 영험을 얻기도 하였다. 무제는 백의승정(白衣僧正)을 자임하면서 승단의 기강을 잡으려 하였는데, 아무도 막지 못하자 지장이 상소문을 올려 불법대의는 속인이 행할 수 없음을 전하였다. 이어서 여러 차례 문답을 나눈 끝에 무제는 지장의 의리에 승복하여 하던 일을 그쳤다. 그 뒤에 칙령을 받들어 팽성사(彭城寺)에서 『성실론 成實論』을 강설하였고, 혜륜전(慧輪殿)에서 『반야경』을 강설하다가 만년에는 개선사에 머물렀다. 무제는 지장을 계사로 보살계를 받았다. 황태자의 존중도 받아 일찍이 법석에 임하여 『대반야경』의 강설을 듣기도 하였다. 522년(보통3) 9월 세수 65세로 입적하였다. 칙령으로 독창산(獨創山)에 매장하였다. 개선사에 주석하였기에 개선이라 불린다. 일생을 강설하고 그 경론에 주석을 붙였다. 『반야경』·『열반경』·『법화경』·『십지경』·『금광명경』과 『성실론』·『백론』·『아비담심론』 등을 강설하였고 그에 관한 주석을 지었지만 지금은 전하지 않는다. [참고문헌] 『唐高僧傳』, 『釋氏稽古略』 권2(대정장49, p.796a11), 『梁高僧傳』 권11 「僧祐傳」(대정장50, p.402c22).

8 Jñānagarbha. 후기 중관학파 논사. 한역 이름은 지장(智藏). 8세기초에 활동했다. 타라나타(Tāranātha)의 『인도불교사』는 그가 오디비샤(Oḍiviśa)에서 태어나 대학자로 명성을 쌓았으나, 방갈라(Bhaṃgala)에서 쉬리굽타(Ⓢ Śrīgupta)의 문하생이 되었다고 전한다. 적호(寂護 Ⓢ Śāntarakṣita)의 스승으로, 청변(淸辯 Ⓢ Bhāviveka 또는 Bhāvaviveka)의 자립논증파(自立論證派 Ⓢ Svatantrika)에 속하는 인물로 간주되지만, 티베트의 게룩파는 그를 '경량-자립논증-중관파'(Sautrāntika-Svātantrika-Mādhyamika)로 분류하며, 제2대 달라이라마 게뒨갸초(Dge ʹdun rgya mtsho)는 경량중관파로, 부톤(Buston)이나 샤카파의 학승 고람파 소남셍게(Go rams pa bSod nams seng ge)는 유가행중관파로 분류하였다. 그만큼 그의 사상사적 위상은 아직 뚜렷이 규명되지 못한 실정이다. 그의 행적과 관련된 역사적 정보들이 미미한 데다, 8세기 이후 즈냐나가르바란 이름의 저자 또는 티베트어 번역자가 최소 두 명 이상 등장하는 사정 때문에 어려움이 더하다. 우선 적호의 스승으로 *Satyadvaya-vibhaṅga*(二諦分別論)와 그 자주(自註)를 지은 즈냐나가르바가 있다. 그리고 9세기 초반 번역관(緇譯官) 예세데(Ye shes sde)와 함께 적호의 *Satyadvayavibhaṅga-pañjikā*(二諦分別論細疏)를 티베트어로 옮긴 즈냐나가르바가 있으며, 마지막으로 마르파 최키로되(Mar pa Chos kyi blo gros)의 스승이자 공역자로서 즈냐나가르바가 있다. 티베트 역경목록 덴깔마(ldan dkar ma)에 의거, *Satyadvaya-vibhaṅga*가 824년에 성립됐음을 고려하면 적호의 스승 즈냐나가르바는 11세기의 즈냐나가르바와 별개의 인물로 볼 수 있지만, 예세데의 공역자로 다수 티베트 불전번역에 참여했던 즈냐나가르바와 동일인물인지에 대해서는 아직 정설이 없다. 즈냐나가르바의 주저(主著) *Satyadvaya-vibhaṅga*에 대한 문헌비평 및 사상연구가 중요한 까닭은 이런 사정에서 연유한다. *Satyadvaya-vibhaṅga*는 호법(護法 Ⓢ Dharmapāla)·안혜(安慧 Ⓢ Sthiramati)·데벤드라붓디(Ⓢ Devendrabuddhi) 등 유식논사들의 견해를 비판하면서 이제(二諦)의 도리를 재천명한 저작이다. 그의 입장은 세간의 모든 이론에 모순이 내재해 있는 반면, 승의(勝義)는 일체의 분별과 언설을 떠나 있다고 본다는 점에서 기본적으로 월칭(月稱 Ⓢ Candrakīrti)과 같다. 그러나 그 승의도 개념적 사유와 분별·언설을 통해 도달한다고 보는 점에서는, 일체분별과 언설의 제거를 논한 월칭 및 적천(寂天 Ⓢ Śāntideva)과 대비된다. *Satyadvaya-vibhaṅga*가 '인삼상(因三相)'은 물론이고 '효과적 작용력'(Ⓢ arthakriyā-sāmarthya)같은 법칭(法稱 Ⓢ Dharmakīrti)의 인명(因明) 술어들을 다수 차용한 것도 오늘날 학자들의 관심을 끌고 있다. *Satyadvaya-vibhaṅga* 외에도 즈냐나가르바는 『해심밀경』 제8품의 주석인 *Ārya maitreya-kevala-parivarta-bhāṣya*(聖慈氏品略疏)를 지었다. 일부 학자들은 *Satyadvaya-vibhaṅga*와 *Ārya maitreya-kevala-parivarta-bhāṣya*가 철학적으로 상충된다는 이유로 *Ārya maitreya-kevala-parivarta-bhāṣya*를 한 명의 즈냐나가르바에게 귀속시키길 주저한다. 유위(有爲)의 현상은 세속제 차원에서만 존재할 뿐이라는 중관학파의 입장과, 모든 현상은 식(識)일 뿐이라는 유식학파의 입장이 양립할 수 없다는 이유에서다. 다른 해석도 존재한다. 요컨대 한 명의 즈냐나가르바가 중관학파의 입장에서 *Satyadvaya-vibhaṅga*를, 유식학파의 관점에서 *Ārya maitreya-kevala-parivarta-bhāṣya*를 지었을 가능성이 있다는 것이다. 실제로 티베트 게룩파의 불교역사가들은 *Satyadvaya-vibhaṅga*와 *Ārya maitreya-kevala-parivarta-bhāṣya* 사이에 어떤 모순도 없다고 말한다. 그들은 즈냐나가르바를 중관학파와 유식학파의 전적(典籍)을 모두 아울렀던 중관논사로 평가한다. 그는 중관과 유식사상을 통합하는 지평을 선보임으로써, 대승불교 양대 학파의 종합을 추구했던 후인들에게 영감을 준

인물이라 할 수 있다. 그에게 귀속되는 다른 저작으로 *Bhāvanāyogamārga*(瑜伽修習道)・*Ārya-anantamukhanirhāra-dhāraṇī-vyākhyāna-kārikā*(聖無邊門成就陀羅尼釋偈・廣註)・*Caturdevatā-paripṛcchā-ṭīkā*(四天女請問釋) 등이 있다. [참고문헌] D.S.Ruegg *The Literature of the Madhyamaka School of Philosophy in India*(Wiesbaden : Otto Harrassowitz, 1981), John Powers *Two Commentaries on the Samdhinirmocanasutra by Asaṅga and Jñānagarbha*(Edwin Meller Press, 1992), 이태승 「『二諦分別論』에 있어서 유가행파 批判에 대하여」(『印度哲學』3, 1993). ❾ 당대 불공삼장(不空三藏)이 현종(玄宗)에게 하사받은 호. ⇨ 불공 不空 ❿ 735~814. 당대 선종 스님. 속성은 요(廖)씨. 건화(虔化 : 江西省) 출신. 나이 여덟에 출가하여 스물다섯에 구족계를 받았다. 건양(建陽)의 불적암(佛迹巖)에서 마조도일(馬祖道一)을 친견하고 심인(心印)과 가사를 받았다. 마조가 입적한 다음인 791년(정원7) 대중이 개당(開堂)을 청하여 그 뒤에 건주(虔州)의 서당(西堂)에 주석하면서 마조선풍을 널리 알렸다. 백장회해(百丈懷海)・남전보원(南泉普願)과 함께 마조문하의 삼대사(三大士)이다. 이들 세 선사와 스승 마조가 함께 등장하는 마조흑백(馬祖黑白)이라는 공안이 잘 알려져 있다. 814년(원화9) 세수 80, 법랍 55세로 입적하였다. 목종(穆宗)이 대각선사(大覺禪師)라는 시호를 내렸다. 제자에 건주처미(虔州處微)를 비롯하여 신라 출신 본여(本如)・홍섭(洪涉)・혜철(慧徹) 그리고 계림도의(鷄林道義) 등이 있다. 계림도의는 본국으로 돌아가 가지산파(迦智山派)를 세우고 지장의 선풍을 신라에 유행시켰다. 홍섭도 실상사파(實相寺派)를 이끌었다. 이 둘은 다 함께 조계종(曹溪宗) 구산(九山) 중 하나로 자리 잡았다. [참고문헌] 『宋高僧傳』 권10 「道一傳」(대정장50, p.766a13), 『景德傳燈錄』 권7(대정장51, p.252a12), 『聯燈會要』 권5(卍속장136, p.506b15), 『五燈會元』 권3(卍속장138, p.101a13), 『祖堂集』 권15(대장경보편25, p.578a2), 『大東禪敎考』(한불전10, p.512a14), 『東師列傳』 권1 「慧徹國師傳」(한불전10, p.1001a12). ⇨ 마조흑백 馬祖黑白, 도의 道義 ❶

지장경 地藏經 ➡ 지장보살본원경 地藏菩薩本願經

지장경본원참의 地藏經本願懺儀 청나라 승계정혜(乘戒定慧) 편집. 1책. 지장보살께 중생의 지옥 구제를 기원하는 글이다. 계향연근(戒香蓮根)이 교정하여 1884년(고종21)에 판각하였다. 현재 동국대중앙도서관에 소장되어 있으며, 『한국불교의례자료총서』 권3 pp.609~619에도 전한다. 본문 제목은 『지장보살본원참의 地藏菩薩本願懺儀』이지만 판심에는 『지장참의 地藏懺儀』라고 하였다. 계향의 발문에 의하면, "나 계향은 나이는 비록 고희에 이르렀지만 몸은 아직 무너지지 않아 진실로 지옥고를 생각하여 보리심을 일으켰다. … 시방의 모든 불보살께서는 자비로 나를 가엾이 여기시어, 부모를 위하여 큰 서원을 발한 것을 들어주시고 원하건대 이 보신이 다해서는 바로 정토에 나게 하소서. 我戒香年雖古稀 身尙未墮 正可思地獄苦 發菩提心 … 十方諸佛諸大菩薩 慈哀愍我 聽我爲其父母 所發實宏誓願 願我盡此報身疾生淨土"라고 하였다. [참고문헌] 『地藏經本願懺儀』, 朴世敏 編 『韓國佛敎儀禮資料叢書』 권3(三聖庵, 1993). ⇨ 지장보살본원경 地藏菩薩本願經

지장계 地藏契 지장보살예참을 위한 정재(淨財)를 모으기 위해 결성한 계. 지옥중생을 품어 건지는 지장보살에 의지해 가족과 스승의 천도는 물론 자신을 위해 참회하고 기도하는 모임. 지장계(地藏禊)라고도 한다. 1841년(헌종7) 이전에 결성된 지장탄일계와 1857년(철종8) 동학사(東鶴寺), 1862년(철종13) 옥천사(玉泉寺), 1882년(고종19) 해인사(海印寺), 1904년(광무8) 울산 신흥사(神興寺), 1905년 범어사(梵魚寺)의 지장계가 확인된다. 공여(空如 ?~1841)가 쓴 「지장탄일계서문 地藏誕日禊序文」(『응운공여대사유망록』, 한불전10, p.738c1)에 의하면 "7월 30일은 지장대성의 탄생일이다. 이 날에 당해 신심으로 예배하고 공양함이 없으면 불제자도 아니고 사람으로서의 마음이 없는 것이다. 七月三十日 乃地藏大聖誕日 當此日也 而無信心禮拜供養 非佛弟子 無人之心矣"라고 하였다. 옥천사 지장계는 533명의 계원이 정재를 갹출하여 매년 봄가을 두 차례의 재를 거행하였다. [참고문헌] 『應雲空如大師遺忘錄』, 『韓國近世佛敎百年史』 권3 「經濟本山」 p.48, 韓相吉 『조선후기 불교와 寺刹契』(景仁文化社, 2006) pp.132~135. ⇨ 사찰계 寺刹契, 불량계 佛糧契, 지장신앙 地藏信仰

지장다라니 地藏陀羅尼 ➡ 지장보살츰부다라니 地藏菩薩讖蒲陀羅尼

지장방 地藏房 강원도 오대산 남대(南臺) 남면에 있던 방(房). 지금도 남대 지장암이라 한다. 일만지장(一萬地藏)을 모시고 금강사(金剛社)를 결성하고는 밤낮으로 지장경과 금강경을 독송하고 점찰과 예참하였다. 『삼국유사』 권3(대정장49, p.999b18・한불전6, p.335c5) 탑상(塔像)4 대산오만진신(臺山五萬眞身)에 "남대 남면에는 지장방을 두고 원상의 지장상 및 붉은 바탕에 팔대보살을 위수로 한 일만 지장보살상을 그려 봉안하였으며, 복전 다섯 분이 낮에는 지장경과 금강반야를 읽고 밤에는 점찰예참을 하였기에 금강사라 하였다. 南臺南面置地藏房 安圓像地藏及赤地畫八大菩薩爲首一萬地藏

像 福田五員晝讀地藏經 金剛般若 夜占察禮懺稱金剛社).
〔참고문헌〕『三國遺事』. ⇨ 금강사 金剛社 [1]

지장보살 地藏菩薩 Ⓢ Kṣitigarbha, Ⓣ sa'i-snying-po. 석가모니부처님의 부촉(付囑)을 받고 무불시대(無佛時代 : 석존이 열반한 때로부터 미륵불이 성도할 때까지)에 육도중생(六道衆生)을 모두 제도해 마쳐서야만 성불하겠다는 서원을 세운 보살. 팔대보살(八大菩薩) 중 한 분이다. 걸차지살바(乞叉底薩波)·걸차지벽바(乞叉底蘗婆)라고 음사하며, 지지보살(持地菩薩)·묘당보살(妙幢菩薩)이라고도 한다. 비구의 모습을 한 지장보살은 오탁악세에서 고통받는 중생을 구제하고자 하는 대비의 서원력으로 범왕(梵王)·제석(帝釋)·성문(聲聞)·염라왕(閻羅王)·사자·범·소·말·나찰(羅刹) 등 다양한 몸으로 나타나기에 천 갈래로 몸을 나투는 지장(千體地藏)이라고 부른다. 무불시대에 '중생들을 모두 제도하고서야 성불하겠다'·'지옥이 텅 빌 때까지는 성불하지 않겠다'·'내가 지옥에 들어가지 않으면 누가 지옥에 들어가겠는가?' 등의 지장보살서원은 지장신앙의 뿌리가 되어 널리 오래 퍼졌다. 특히 신라의 왕족으로 당(唐)에 들어가 안휘성(安徽省) 구화산(九華山)에서 수행하고 입적하여 지장보살의 화현으로 높이 숭앙되는 김교각(金喬覺)스님이 대표적인 경우다. 또한 지극한 마음으로 지장보살의 명호를 염송하거나 화상(畫像)·조상(雕像) 등에 예배하고 공양하면 모든 근심에서 벗어나고 악도(惡道)에 떨어지지 않으며, 갖가지 이익을 얻는다고 하는데, 이와 같은 영험사적(靈驗事蹟)도 널리 전한다. 지장보살은 보통 왼손으로는 보주(寶珠)를 쥐고, 오른손으로는 석장(錫杖)을 잡고 있는 비구의 모습이며, 지옥중생제도의 서원을 기원하여 명부전(冥府殿 : 地藏殿·十王殿)의 주존으로 모시며 명부의 시왕

선운사금동지장보살좌상 보물제280호 고창 선운사 14세기(좌)
지장보살 석굴암감실제7상 경주 불국사 통일신라8세기(우)

(十王)을 통할하기에 유명교주(幽冥教主)라고도 부른다. 지장보살은 육도중생을 교화하므로 육체(六體)의 육지장(六地藏)으로도 묘사되는데, 『연화삼매경 蓮花三昧經』에서는 광미(光味)·모니(牟尼)·제룡(諸龍)·구승(救勝)·호찬(護讚)·불휴식(不休息)의 이름으로, 『시왕경』에서는 예천하(豫天賀)·방광왕(放光王)·금강당(金剛幢)·금강비(金剛悲)·금강보(金剛寶)·금강원(金剛願) 등으로 부른다. 밀교에서는 태장만다라(胎藏曼荼羅) 지장원(地藏院)의 주존이다. 밀호는 비원금강(悲願金剛)·여원금강(與願金剛)이고 삼매야형은 연꽃 위의 보주당(寶珠幢)이며 종자는 (ha)이다. 태장현도만다라에는 흰색 몸에 오른손으로는 보주를 들고 왼손에는 보주가 달린 지장기인(地藏旗印)을 세운 연꽃을 들고 적련화에 앉은 모습이다. 수인은 지장원인(地藏院印)과 관음원인(觀音院印)인데, 지장원인은 양손을 내박하고 양손의 중지를 곧게 세우되 서로 붙이지 않는다. 진언은 "나마 사만타붓다남 하하하 비스마예 스바하 namaḥ samantabuddhānāṃ ha ha ha vismaye svāhā 모든 부처님께 널리 귀명합니다. 하 하 하 희유한 분께 스바하"이다. 『대승대집지장십륜경』 권1(대정장13, p.724b22)에 "어느 곳이든 모든 유정이 갖가지로 바라고 근심고통 간절하여 지심으로 지장보살마하살의 명호를 부르고 염송하며 귀의하여 공경하고 공양하면 여법히 구하는 모든 것을 얻어 모든 근심고통을 여의고, 그 응하는 바를 따라 천상에 나거나 열반의 길에 들게 한다. 또 어느 곳이든 모든 유정이 굶주리거나 목말라 지심으로 지장보살마하살의 명호를 부르고 염송하며 귀의하여 공경하고 공양하면 진실로 구하는 모든 것을 얻어 음식이 충족되며, 그 응하는 바에 따

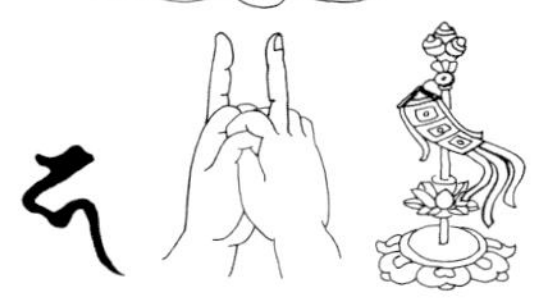

지장보살번 프랑스 기메뮤지엄 당 9세기(좌)
지장보살 파지옥문 감로탱 화성 용주사 1790년(우)

라 천상에 나거나 열반의 길로 인도한다. 隨所在處 若諸有情 種種希求 憂苦逼切 有能至心稱名 念誦 歸敬 供養地藏菩薩摩訶薩者 一切皆得 如法所求 離諸憂苦 隨其所應 安置生天 涅槃之道 隨所在處 若諸有情 飢渴所逼 有能至心稱名 念誦 歸敬 供養地藏菩薩摩訶薩者 一切皆得 如法所求 飮食充足 隨其所應 安置生天 涅槃之道", 『지장보살본원경』 권상(대정장13, p.779c2)에 "모든 세계의 분신하신 지장보살님들 함께 다시 한 모습일 뿐이니 눈물을 흘리며 애절하게 부처님께 이렇게 말씀드렸다. '저는 아주 오랜 겁의 때로부터 부처님의 가르침을 입고 이끌려 어느덧 불가사의신력과 대지혜를 갖추었습니다. 저의 분신 백천만억항하사세계마다 백천만억 몸을 나타내고, 분신마다 백천만억 사람을 제도하여 삼보에 귀의하게 하며 영원히 생사의 고통을 여의고 열반락에 이르도록 하겠습니다. 불법 중에서 하는 일이라면 터럭 하나·물방울 하나·모래알 하나·티끌 하나라도 혹은 아주 조금이라도 제가 점차 제도하여 큰 이익을 얻도록 하겠습니다. 세존이시여, 바라옵건대 후세의 악업중생에 대해서는 염려하지 마십시오. 이와 같이 부처님께 세 번 말씀드렸다'. … 이때 부처님께서 지장보살을 찬탄하여 말씀하셨다. '훌륭하고 훌륭하다. 나는 너를 도울 수 있어 기쁘다. 너는 능히 아주 오랜 겁으로부터 큰 서원을 발하고 널리 제도하여 장차 마치고는 바로 보리를 성취하라'. 諸世界分身地藏菩薩 共復一形 涕淚哀戀 白其佛言 我從久遠劫來 蒙佛接引 使獲不可思議神力 具大智慧 我所分身 遍滿百千萬億恒河沙世界 每一世界 化百千萬億身 每一身 度百千萬億人 令歸敬三寶 永離生死 至涅槃樂 但於佛法中 所爲善事 一毛一渧 一沙一塵 或毫髮許 我漸度脫 使獲大利 唯願 世尊 不以後世惡業衆生爲慮 如是三白佛言 … 爾時 佛讚地藏菩薩言 善哉 善哉 吾助汝喜 汝能成就 久遠劫來 發弘誓願 廣度將畢 卽證菩提"라고 하였다. 『대비로자나성불신변경』 권하 「보리당밀인표치만다라품 菩提幢密印摽幟曼茶羅品」(대정장18, p.135a18~b17) 중 제10회 북방(北方) 지장존(地藏尊)에 안좌하며, 『대비로자나성불경소』 권5 「입만다라구연품 入漫茶羅具緣品」(대정장39, p.635b27)에 "다음으로 북방에 지장보살을 그린다. 마땅히 지장의 오른쪽에 보처보살을, 지장의 왼쪽에 보장보살을 둔다. 다음으로 보처의 오른쪽에 지지보살을, 보장의 왼쪽에 보인수보살을 두며, 지지의 오른쪽에 또 견고의보살을 둔다. 이와 같이 상수의 제존은 또 각각 좌우에 모든 권속을 그려서 둘러싸게 한다. … 次於北方畫地藏菩薩 … 當於地藏之右置寶處菩薩 地藏之左置寶掌菩薩 次於寶處之右置持地菩薩 寶掌之左置寶印手菩薩 持地之右又置堅固意菩薩 如是上首諸尊 又各各於其左右 畫諸眷屬以自圍遶也"라고 하였다. 태장만다라 지장원(地藏院)에는 『대일경』 「구연품」의 6존에 제일체우명(除一切憂冥)·불공견(不空見)·일광(日光) 등 3존의 보살을 더해 제개장원(除蓋障院)의 9존과 대칭하였다. 〔참고문헌〕 『大乘大集地藏十輪經』, 『地藏菩薩本願經』, 『大毘盧遮那成佛神變經』, 『大毘盧遮那成佛經疏』, 『曼茶羅図典』(大法輪閣, 2002), *Mvyut.23.* ⇨ 대원본존 大願本尊, 육지장 六地藏, 지장신앙 地藏信仰, 광목녀 光目女, 남방화주 南方化主, 연명지장 延命地藏, 팔대보살 八大菩薩, 명부전 冥府殿, 교각 喬覺

지장보살도 地藏菩薩圖 유명교주(幽冥敎主) 지장보살(地藏菩薩)을 주존(主尊)으로 모시고 좌보처 도명존자(道明尊者)와 우보처 무독귀왕(無毒鬼王) 그리고 여러 권속으로 구성된 도상. 주로 명부전(冥府殿)이나 지장전(地藏殿)에 봉안되며, 형식은 독존도·삼존도·지장보살도·지장시왕도 등으로 다양하다. 지장보살의 도상에 대해서는 『지장보살본원경 地藏菩薩本願經』, 『대승대집지장십륜경 大乘大集地藏十輪經』 등의 '지장경'과 『지장보살의궤』에 의지해 도상화 되었다. 비구(比丘) 형상에 석장(錫杖)과 여의주(如意珠)를 지물로 들고 있으며 때로는 두건을 쓰기도 한다. 독존도는 주로 고려시대에 조성되었고, 13세기 말엽에 조성된 일본 선도사(善導寺) 소장 지장도와 근진(根津)미술관 소장 지장도〈그림1〉가 대표적이다. 삼존도는 지장탱화의 가장 대표적인 도상으로 『지장보살본원경』에 등장하는 제왕형(帝王形)의 무독귀왕(無毒鬼王)이 우협시이고, 돈황(燉煌) 출토 「환혼기 還魂記」에 나타나는 개원사(開元寺)의 도명존자(道明尊者)가 좌협시이다. 고려시대 대표적 삼존도를 살펴보면, 보물 제784호〈그림2〉로 세로 104.3cm·가로 55.6cm 크기에 비단에 채색하였는데, 화기(畫記)가 없어 정확한 조성 연대는 알 수 없으나 양식과 기법으로 미루어 14세기 중반 작품으로 추정한다. 중앙의 지장보살은 둥근 금니(金泥) 원형 두광 뒤로 다시 커다란 원형 신광이 있다.

〈그림1〉 지장보살도 일본 근진미술관 고려후기

〈그림2〉지장도 보물제784호 삼성리움미술관 고려후기

지장보살은 머리에 검은 바탕에 작은 원문이 그려진 두건을 두르고, 오른손은 어깨 높이까지 올려 투명한 보주(寶珠)를 쥐고, 왼손은 왼쪽 무릎 위에 올렸다. 둥근 어깨에 위로 초화문(草花紋)과 당초원문(唐草圓紋)이 화려하게 장식된 가사를 걸쳤다. 대좌 아래 중앙에는 범천(梵天)과 제석천(帝釋天)이 서로 마주보고 합장하고 서 있으며, 그 뒤로 도명존자와 무독귀왕이 합장하고 시위한다. 이들 주변에 다시 사천왕이 좌우 대칭으로 둘러싸고 있다. 모두 머리에 둥근 두광이 있어 전체를 보면 둥근 빛이 화면 가득 어울려 떠 있는 듯하다. 좌보처인 도명존자는 검은 얼굴로 두 눈을 크게 뜬 스님의 모습이며, 우보처 무독귀왕은 조복에 원유관을 쓰고 홀을 들고 있다. 사천왕들은 갑옷에 투구를 쓰고 있으며, 지장보살 좌측 북방다문천(北方多聞天)은 오색 빛을 내는 보탑(寶塔)을 들었으며 나머지 사천왕들은 모두 합장하였다. 삼성미술관 리움소장이다. 고려시대에는 주로 지장삼존과 제석천·범천·사천왕이 배치되었고, 조선후기에는 대회상(大會上)의 형식에 명부(冥府)의 여러 권속들이 주요 협시로 등장하였다. 보물 제1800호 대원사(大原寺) 지장보살도(1766년)〈그림3〉 등이 대표작이다. 지장시왕도는 지장보살과 시왕(十王)을 함께 표현한 도상으로, 지장삼존 주위를 시왕 및 판관, 옥졸, 동자 등이 둘러싸고 있다. 조선 시대에는 독존도와 삼존도는 더 이상 나타나지 않고, 일본 광명사(光明寺) 소장 시왕도(1562년)처럼 지장삼존과 시왕만 표현한 시왕도를 비롯해 조선후기가 되면 수십 명의 하위 권속들이 빼곡이 들어찬 군집형(群集形) 시왕도〈그림4,5〉가 널리 제작되었다. 일본 여전사(與田寺)·근진미술관(根津美術館)·보수원(寶壽院, 1558년) 소장 육광보살도 등 10여 점 이상이 현존한다. 이외에도 지장보살이 본존이 아닌 천장(天藏)·지지(地持)·지장 세 보살의 회상을 묘사한 삼장탱화(三藏幀畵), 관음과 나란히 한 관음지장탱화 등 다양한 도상이 전하고 있다. ［참고문헌］『고려불화대전』(국립중앙박물관, 2010) p.160~161·305, 김정희 『조선시대 지장시왕도 연구』(일지사, 1996). ⇨ 지장보살 地藏菩薩, 시왕도 十王圖

〈그림3〉지장보살도 보물제1800호
보성 대원사 1766년

〈그림4〉지장삼존도
대구 동화사 1816년

〈그림5〉지장보살도
국립중앙박물관 1725년

지장보살멸정업진언 地藏菩薩滅定業眞言 지장보살님께 정업을 소멸해 주시길 비는 진언. 『석문의범』 권상(p.93)에는 '옴 바라마리다니 사바하. 唵 婆羅 摩里多尼 娑婆訶 Oṃ pramaridhani svāhā'이다. ［참고문헌］『釋門儀範』, 『日用作法』, 『韓國佛敎儀禮資料叢書』 권3 p.381b15.

지장보살발심인연시왕경 地藏菩薩發心因緣十王經 당대 장천(藏川) 지음. 1권. 卍속장150, pp.769a1~776b13에 수록되어 있다. 『지장시왕경』·『시왕경』이라고도 한다. 사람이 죽은 후, 명도(冥途)에서 시왕전(十王殿)을 경유하면서 선악심판(善惡審判)을 받는 정황과 지장보살의 발심인연과 본원(本願), 그리고 염라왕(閻邏王)의 본지(本地)가 지장보살임을 서술한 내용이다. 이 경전은 동한(東漢)의 엄불조(嚴佛調)가 선정에 들어 부처님께 받았다 하며, 후에 이것을 장천이 한역하였다 전한다. 『예수시왕생칠경 預修十王生七經』과 동본이역(同本異譯)이라는 주장과 그에 근거해 만든 위경(僞經)이라는 주장이 있다. ⇨ 예수시왕생칠경 預修十王生七經

지장보살본원경 地藏菩薩本願經 Ⓢ Kṣitigarbha-praṇidhāna-sūtra. 당대 실차난타(實叉難陀 Ⓢ Śikṣānanda 652~710) 한역. 2권. 대정장13, pp.777c8~790a1, No.412에 수록되어 있다. 줄임말은 『지장본원경』이다. 지장보살의 본원공덕(本願功德)과 본생서원(本生誓願) 및 이 경전을 독송하여 얻을 수 있는 한없는 이익 등을 서술하고 있다. 「도리천궁신통품 忉利天宮神通品」·「분신집회품 分身集會品」·「관중생업연품 觀衆生業緣品」·「염부중생업감품 閻浮衆生業感品」·「지옥명호품 地獄名號品」·「여래찬탄품 如來讚歎品」·「이익존망품 利益存亡品」·「염라왕중찬탄품 閻羅王衆讚歎品」·「칭불명호품 稱佛名號品」·「교량보시공덕연품 校量布施功德緣品」·「지신호법품 地神護法品」·「견문이익품 見聞利益品」·「촉루인천품 囑累人天品」의 13품으로 구성되어 있다. 『개원석교록』·『정원신정석교목록』 등에는 한역자가 없으므로 한역자에 대하여 의문을 제기하며, 『대승대집지장십륜경 大乘大集地藏十輪經』(대정장13, No.411)을 근거로 증보한 위경(僞經)이라고도 한다. 주석서로는 악현(岳玄)의 『지장본원경과문 地藏本願經科文』 1권, 영요(靈耀)의 『지장본원경륜관 地藏本願經綸貫』 1권과 『지장본원경과주 地藏本願經科註』 6권, 상근(常謹)의 『지장보살영험기 地藏菩薩靈驗記』 1권 등이 있다. ⇨ 대승대집지장십륜경 大乘大集地藏十輪經

지장보살본원경언해 地藏菩薩本願經諺解 『지장보살본원경』의 언해본. 상중하 3권 1책. 4종의 이본이 전하는데, 1762년(영조38) 관송(觀松) 언역(諺譯)문천(文川) 두류산(頭流山) 견성암(見性菴), 1765년(영조41) 학조(學祖) 언해(諺解) 경성(京城) 종남산(從南山) 무학대(無學臺) 약사전(藥師殿), 1879년(고종16) 양주(楊州) 천마산(天磨山) 보정사(寶晶社) 등 간행연대미상의 판본 등이다. 간행연대미상 판본을 제외하면 모두 한문 원문이 없고 언해문만으로 구성되어 있다. 1791년(정조15)에 순천 송광사(松廣寺)에서 원문을 한글로 병기하여 간행한 음역본(音譯本)도 전한다. 1447년(세종29)에 최초의 언해로 간행된 『석보상절 釋譜詳節』은 물론 『석보상절』과 『월인천강지곡 月印千江之曲』이 합편된 『월인석보 月印釋譜』에도 『지장경』의 일부가 언해되어 편재되었다. 견성암본과 약사전본의 구성과 내용은 같으나 판식과 표기법에 차이가 있어, 약사전본에서는 견성암본의 한자어구를 배제하고 고유의 어구만으로 바꾸어 표기하였다. 보정사판은 두 판본과는 구성과 내용이 완전히 달라진 새 언해판이다. 현재 판본은 국립중앙도서관, 송광사 성보박물관, 성암고서박물관, 서울대 규장각 한국학연구원, 영남대 도서관 등에 소장되어 있다. [참고문헌] 남권희 「地藏經解題」(『국어사연구』6, 2006). ⇨ 지장보살본원경 地藏菩薩本願經

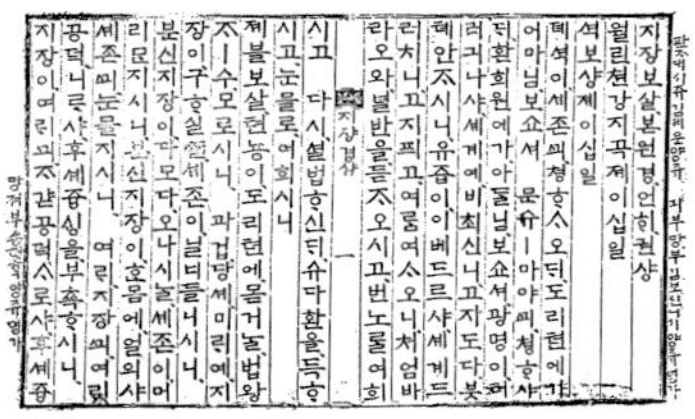

지장보살본원경언해 양주 불암사 1765년

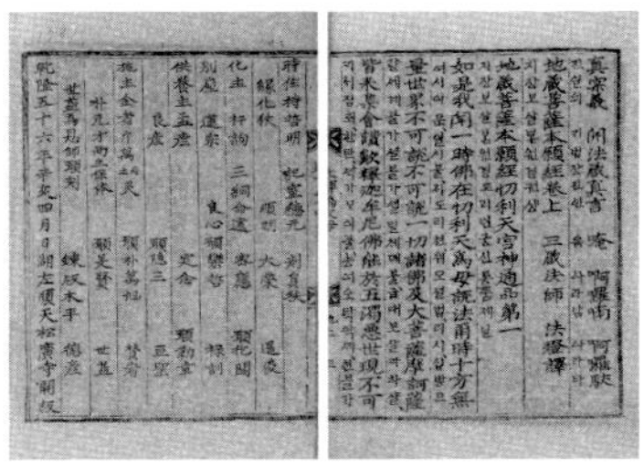

지장보살본원경언해 순천 송광사 1791년

지장보살상영험기 地藏菩薩像靈驗記 송대(宋代) 상근(常謹) 찬집. 1권. 卍속장149, pp.352a1~369b3에 수록되어 있다. 찬집자의 서문에 989년(단공2)의 작성으로 밝히고 있으나, 내용에는 융흥년간(1163~1164)의 이야기도 실려 있다. 아마도 후대의 추보를 거쳐 간행된 것으로 보인다. 지장보살을 묘사한 그림과 보살상 등에 얽힌 양대(梁代)부터의 감응 등 기문이 총 32편 실려 있다. ⇨ 지장보살 地藏菩薩, 영험기 靈驗記

지장보살업보경 地藏菩薩業報經 『점찰선악업보경 占察善惡業報經』(대정장17, No.839)의 다른 이름. 『정원신정석교목록』 권10(대정장55, p.849b7)에 "『점찰선악업보경』 2권〈또한 『육근취경』에서 따로 나온 경으로 『대승실의경』·『지장보살경』이라고도 한다. 또한 곧장 『점찰경』이라고도 하고, 『지장보살업보경』이라고도 한다〉. 占察善惡業報經 二卷〈亦出六根聚經 名大乘實義經 亦名地藏菩薩經 亦直云占察經 亦名地藏菩薩業報經〉"라고 하였다. [참고문헌] 『貞元新定釋教目錄』. ⇨ 점찰선악업보경 占察善惡業報經

지장보살의궤 地藏菩薩儀軌 지장보살의 신주(神呪)·화상법(畵像法)·인(印) 등을 설하는 밀교 의궤. 당대 수바가라(輸婆迦羅 : 善無畏 Ⓢ Śubhakarasiṃha) 한역. 1권. 대정장20, p.652a10~c3, No.1158에 수록되어 있다. 석가모니불께서 거라제야산(佉羅提耶山)에서 설법하실 때, 대중 가운데 지장이란 보살이 있었고 일체중생을 이롭게 하기 위해 신주를 설하고자 부처님께 허락을 구하였다. 부처님의 허락을 받고 대중소 3종의 신주를 설하였고, 화상법·인주(印呪)·보공양인(普供養印)·총설총인(總說總印)·청찬인(請讚印)을 설한 뒤에 성취법으로서 17종의 호마(護摩)도 설하였다.

지장보살츰부다라니 地藏菩薩讖蒲陀羅尼 지장보살에 의지해 외우는 다라니다. '讖蒲'의 한자독음은 '참포'이나 전승음으로는 '츰부'라 읽고 외운다. 범어 kṣaṃ-bhu에서 kṣaṃ은 대지(大地)이고 bhu는 '있게 하다'여서 지장(地藏 Ⓢ Kṣiti-garbha)의 뜻과 상응한다. 「지송편 持誦篇」(『석문의범』 권하, p.197)에 "츰부〈일〉 츰부〈이〉 츰츰부〈삼〉 아가셔츰부〈사〉 바결랍츰부〈오〉 암발랍츰부〈육〉 비러츰부〈칠〉 발절랍츰부〈팔〉 아루가츰부〈구〉 담뷔츰부〈십〉 살더뷔츰부〈십일〉 살더일허머츰부〈십이〉 비바루가찰뷔츰부〈십삼〉 우버삼며츰부〈십사〉 내여나츰부〈십오〉 발랄여삼무지랄나츰부〈십육〉 찰나츰부〈십칠〉 비실바리여츰부〈십팔〉 서탈더랄바츰부〈십구〉 비어자수재〈이십〉 맘히리〈이십일〉 담미〈이십이〉 섬미〈이십삼〉 잡결랍시〈이십사 잡결랍믜 스리〈이십오〉 치리〈이십육〉 시리〈이십칠〉결랄뷔 버러 발날디〈이십팔〉 히리〈이십구〉벌날비〈삼십〉 벌랄저 러니달니〈삼십일〉 헐날달니〈삼십이〉 뷔러〈삼십삼〉저저저저〈삼십사〉 히리〈삼십오〉미리〈삼십육〉 이결타〈삼십칠〉탑기〈삼십팔〉 탑규루〈삼십구〉 탈리〈사십〉탈라〈사십일〉 미리〈사십이〉 뮈대〈사십삼〉더대〈사십사〉 구리〈사십오〉미리

〈사십육〉 앙규즈더비〈사십칠〉 얼리〈사십팔〉 기리〈사십구〉 뷔러기리〈오십〉 규차섬믜리〈오십일〉 징기〈오십이〉둔기〈오십삼〉 둔규리〈오십사〉 후루〈오십오〉후루〈오십육〉 후루〈오십칠〉규루 술두미리〈오십팔〉 미리디〈오십구〉 미리대〈육십〉 번자더〈육십일〉 허러〈육십이〉히리〈육십삼〉 후루〈육십사〉후루루〈육십오〉 讖蒲〈一〉 讖蒲〈二〉 讖讖蒲〈三〉 阿迦舍讖蒲〈四〉 縛羯啰讖蒲〈五〉 菴跋啰讖蒲〈六〉 筏羅讖蒲〈七〉 伐折啰讖蒲〈八〉 阿路迦讖蒲〈九〉 萏摩讖蒲〈十〉 薩帝摩讖蒲〈十一〉 薩帝昵訶摩讖蒲〈十二〉 毗婆路迦挿婆讖蒲〈十三〉 鄔波睒摩讖蒲〈十四〉 奈野娜讖蒲〈十五〉 鉢剌惹三牟底剌拏讖蒲〈十六〉 刹拏讖蒲〈十七〉 毗濕婆梨夜讖蒲〈十八〉 舍薩多臘婆讖蒲〈十九〉 毗捱荼素吒〈二十〉 莫醯隸〈二十一〉 萏謎〈二十二〉 睒謎〈二十三〉 斫羯啰細〈二十四〉 斫羯啰沫四隸〈二十五〉 厠隸〈二十六〉 諢隸〈二十七〉 揭剌婆跋羅伐剌帝〈二十八〉 欣隸〈二十九〉 鉢臘薜〈三十〉 鉢剌遮囉鯢怛泥〈三十一〉 曷剌怛泥〈三十二〉 播囉〈三十三〉 遮遮遮遮〈三十四〉 欣隸〈三十五〉 弭隸〈三十六〉 鷖羯他〈三十七〉 託契〈三十八〉 託麟盧〈三十九〉 闥噤〈四十〉 闥噤〈四十一〉 弭隸〈四十二〉 磨綻〈四十三〉 瘅綻〈四十四〉 矩隸〈四十五〉 弭隸〈四十六〉 盎矩之多毗毘〈四十七〉 遏噤〈四十八〉 祁噤〈四十九〉 波羅祁噤〈五十〉 矩吒苫沫隸〈五十一〉 敦祇〈五十二〉 敦祇〈五十三〉 敦具隸〈五十四〉 滸盧〈五十五〉 滸盧〈五十六〉 滸盧〈五十七〉 矩盧窣都弭隸〈五十八〉 弭啐第〈五十九〉 彌啐

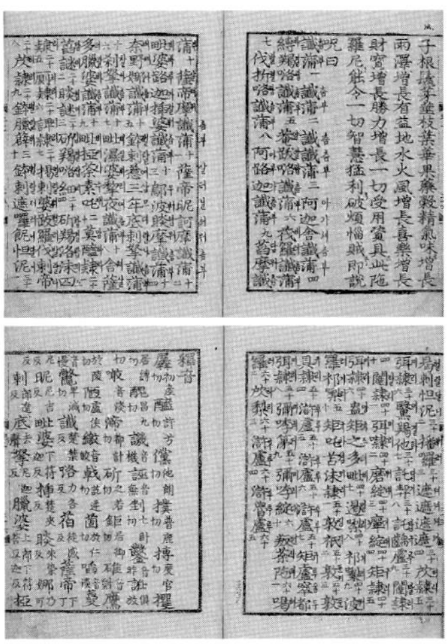

지장보살츰부다라니 『지장보살본원경』 순천 송광사 1612년

綻〈六十〉 叛荼陀〈六十一〉 喝羅〈六十二〉 欣梨〈六十三〉 滸盧〈六十四〉 滸魯盧〈六十五〉"라 하였는데, 이는 『지장보살본원경 地藏菩薩本願經』(순천 송광사판 1612년) 등에 의지한 65구(句)로 된 장구다라니다. 이 주(呪) 외우기 전에 『대승대집지장십륜경』 권1(대정장13, p.726b21)에 "수화길상광명대기를 구족한 주인 총지장구를 나 과거 긍가사 등 불세존 계신 곳에서 이 다라니를 친히 받아 가졌습니다. 능히 일체백법을 증장하고, 일체종자 뿌리 싹과 줄기와 잎과 꽃과 열매 그리고 저 약이 되는 알곡의 정기와 맛을 증장시키며, 비 내려 적셔서 유익한 지수화풍 증장시키고, 재보도 증장시키고, 뛰어난 힘도 증장시키며, 일체 수용할 자구 또한 더할 나위 없이 오래가게 한다. 이 다라니 능히 일체지혜 힘차고 예리하여 번뇌의 적을 부순다. 이에 이 주를 설한다. 具足水火吉祥光明大記明呪總持章句 我於過去殑伽沙等佛世尊所 親承受持此陀羅尼 能令增長一切白法 增長一切種子根鬚芽莖枝葉花果藥穀精氣滋味 增長雨澤 增長有益地水火風 增長喜樂 增長財寶 增長勝力 增長一切受用資具 此陀羅尼能令一切智慧猛利 破煩惱賊 卽說呪曰"라고 하였다. 『지장보살다라니경』(대정장20, p.659b16)에도 한자음의 다라니 전문이 실려있다. [참고문헌] 『釋門儀範』, 『大乘大集地藏十輪經』, 『地藏菩薩陀羅尼經』. ⇨ 지장보살본원경 地藏菩薩本願經

지장사 地莊寺 강원도 강릉시 보현산(普賢山)에 있었던 사원. 지장사(地藏寺)라고도 한다. 『범우고』에 "보현산에 있으니, 지금은 폐사되었다. 在普賢山 今廢"라고 하였다. [참고문헌] 『梵宇攷』, 『韓國寺刹全書』 권하 p.1033b20. ⇨ 지장사 地藏寺 ❷

지장사 地藏寺 ❶ 대구광역시 동구 도학동 팔공산(八公山)에 있는 절. 곧 북지장사(北地藏寺)이다. 『삼국유사』 권4(대정장49 p.1000b22 · 한불전6, p.338a4) 탑상(塔像)4 천룡사(天龍寺)에 팔공산의 지장사가 언급되기도 하였다. 1996년 북지장사 대웅전 옛터 발굴 과정에서 '지장수(地藏藪)'라는 명문이 새겨진 13세기 양식의 기와가 발견되어 이 때까지 지장사라고 불리다가 이후 북지장사로 불리웠을 것으로 추정된다. 『동국여지승람』 권26 경상도 대구도호부 불우에 수성현(壽城縣)에 있고 고려시대의 김황원(金黃元 ?~1117)이 쓴 기록이 있다고 한 지장사는 달성군 가창면 남지장사(南地藏寺)를 가리킨다. 남지장사 관련 기록으로는 유기(有璣 1707~1785)의 『호은집』 권3에 「지장사승당량간록 地藏寺僧堂樑間錄」(한불전9, p.720a20), 정훈(正訓 1751~1823)의 『징월대사시집』 권3에 「지장사중수기 地藏寺重修記」(한불전10, p.502c1)가 전한다. [참고문헌] 『三國遺事』, 『東國輿地勝覽』, 『輿地圖書』, 『好隱集』, 『澄月大師詩集』, 『韓國寺刹全書』 권하 p.1034a15. ⇨ 북지장사 北地藏寺, 남지장사 南地藏寺 ❷ 강원도 강릉시 보현산(普賢山)에 있던 절. 『범우고』에는 지장사(地莊寺), 『가람고』에는 지장암(地藏庵)으로 전하고, 『범우고』에는 폐사로 전한다. [참고문헌] 『東國輿地勝覽』, 『輿地圖書』, 『伽藍考』, 『梵宇攷』, 『韓國寺刹全書』 권하 p.1034b15. ⇨ 지장사 地莊寺, 지장암 地藏庵❸ ❸ 강원도 철원군 보개산(寶蓋山)에 있던 절. 『동국여지승람』에는 보현산(普賢山)에 위치한다고 하고 『가람고』에는 지장암(地藏庵)이라 하였다. 이색(李穡 1328~1396)의 『목은문고』 권2 「보개산지장사중수기 寶盖山地藏寺重修記」에 의하면, 자혜(慈惠)라는 스님이 원나라까지 가서 시주를 받아 창건하였는데 1361년(공민왕10)에 병화(兵火)로 사원의 3분의 1이나 불타자 다시 중건하

였고, 1376년(우왕2)에 대장경전독회를 열고 낙성을 하였다. 〔참고문헌〕『牧隱文藁』, 『東文選』, 『東國輿地勝覽』, 『伽藍考』, 『韓國寺刹全書』 권하 p.1039a13. **4** 강원도 회양군 장양면 상북리에 있던 절. 〔참고문헌〕『北韓寺刹硏究』(한국불교종단협의회, 1993) p.429. **5** 경기도 평택시 서정동 부락산(負樂山)에 있던 절. 고려말에 창건되었고 임진왜란 때 소실되었다. 현재는 원래의 사지(寺址)에서 300m 떨어진 곳에 새로 지었다. 〔참고문헌〕『내 고장의 맥』(송탄문화원, 1993), 『平澤의 歷史와 文化遺蹟』(平澤市·京畿道博物館, 1999) p.59. **6** 경상북도 의성군 안사면 월소리 용요산(龍腰山)에 있는 절. 대한불교조계종 제16교구본사 고운사(孤雲寺)의 말사다. 『태고사법 太古寺法』에는 김룡사(金龍寺』의 말사였으며, 의상대사가 창건했다고 전하지만 창건기록은 전하지 않는다. 1722년(경종2)에 작성된 「용요산지장사법당중수기 龍腰山地藏寺法堂重修記」, 「청풍루중수기 淸風樓重修記」, 1766년(영조42)의 「지장사종각중수기 地藏寺鐘閣重修記」, 1803년(순조3)의 「용궁지장사성적암개금발원문 龍宮地藏寺性寂庵改金發願文」, 1838년(헌종4)의 「용요산지장암급청풍루중수기 龍腰山地藏庵及淸風樓重修記」·「지장사영산전중수기 地藏寺靈山殿重修記」, 1861년(철종12)의 「지장사신영각기 地藏寺新影閣記」, 1872년(고종9)의 「지장사응향각상량문 地藏寺凝香閣上樑文」, 「지장사극락전중수상량문 地藏寺極樂殿重修上樑文」 등 많은 기문이 전하고 있어 창건과 중수 내력을 자세히 알 수 있다. 이에 따르면 1652년(효종3) 영인대사(靈印大師)가 초창(初刱)하였고, 1699년(숙종25)에 숙종이 전염병을 피해 이곳에 다녀간 후 하마비(下馬碑)와 어각(御閣)도 세웠으며, 지금도 하마비와 숙종 친필의 '지장사' 편액이 남아 있다. 1882년(고종19)에는 명성황후가 임오군란을 피하여 이곳에 행차하기도 하였다. 현존하는 당우로는 극락보전·명부전·응진전·심정당·비로전·삼성각·요사 등이 있으며, 성보문화재로는 쌍호초등학교 폐교 후 옮겨온 유형문화재로는 월소동석조비로자나불좌상이 있다. 〔참고문헌〕『輿地圖書』, 『義城郡誌』, 『文化遺蹟總覽』(文化公報部文化財管理局, 1977), 『韓國寺刹全書』 권하 p.1034a18. **7** 충청북도 영동군 황간면 난곡리에 있는 절. 2005년에 대각사(大覺寺)에서 이름을 바꾸었다. ⇨ 대각사 大覺寺[2] **8** 충청북도 진천군 진천읍 지암리 잠덕산(潛德山)에 있던 절. 『동국여지지』 권3 충청도 진천현 사찰에서는 환희산(歡喜山)에 있다고 하였다. 『상산지』 권상 사사(寺社)에는 신라시대 고찰이라고 전한다. 지장보살을 모셨던 절이어서 지장사라고 하였고, 마을 이름도 사찰이름에서 유래했다고 한다. 조선시대 부도 1기와 '만력 4년 萬曆四年'이 새겨진 맷돌 1기도 전한다. 『봉암집』 연보(年譜)에 의하면 1783년(정조7)에 채지홍(蔡之洪 1683~1741)의 아들 채백휴(蔡百休)가 채지홍의 문집과 『성리관규 性理管窺』 4권 등을 지장사에서 목활자로 간행하였다고 한다. 〔참고문헌〕『東國輿地志』, 『商山誌』, 『鳳巖集』, 『鎭川郡의 文化遺蹟』(忠北大學校博物館·鎭川文化院, 1998) pp.158~159. **9** 평안북도 정주군 덕달산(德達山)에 있던 절. 『동국여지승람』 권52 평안도 정주목 불우에 기록되었고, 『범우고』에는 폐사로 전한다. 〔참고문헌〕『東國輿地勝覽』, 『梵宇攷』, 『韓國寺刹全書』 권하 p.1034b18. **10** 황해도 개성시에 있던 절. 『삼국유사』 권1(대정장49 p.955b04·한불전6, p.267a25) 왕력(王曆)에 의하면, 919년(태조2)에 도읍을 송악군으로 옮기고 10개의 사찰을 창건하였는데 그 중 하나다. 『고려사』 권94 열전(列傳)7 서희(徐熙) 부(附) 서눌(徐訥 ?~1042)에 의하면 그가 사망하기 전에 병이 들어 지장사에 머물렀다고도 하고, 『고려사』 권38 세가(世家)38 1352년(공민왕1) 5월 병인일에 공민왕의 생일이어서 지장사에서 승도 천 명에게 반승하였다 하니 고려대 내내 유지되었음을 알 수 있다. 이숭인(李崇仁 1347~1392)의 『도은집』 권3 시(詩)에 「모우과지장사남지 冒雨過地藏寺南池」가 전하고 해당 시가 『동국여지승람』 권4 개성부 상 불우 지장사에도 기록되어 있다. 〔참고문헌〕『三國遺事』, 『高麗史』, 『高麗史節要』, 『韓國寺刹全書』 권하 p.1034a8.

지장사 紙場寺 평안남도 평양시에 있던 절. 평양부(平壤府) 서쪽에 위치하였다고 전한다. 『월저당대사집』 권하 「평양지장사자씨전수창권문 平壤紙場寺慈氏殿修創勸文」(한불전9, p.116b12)에 "미륵전은 서도 서쪽 공북문 밖 기묘산 아래 넓은 들판 중에 높이가 세 길이나 되는 쌍석의 문을 곁하고 있다. … 나는 찰간구로 삼았다. … 지금 지장사 옛터에 입석불상이 있는데 가주(평북 박천) 불상과 닮았다. … 다만 풍우의 흔적으로 보아 창건 이후 세월이 오래된 듯하다. … 나는 적은 정성으로 개척자의 뜻을 이어 복을 일으켜 이승과 저승을 이롭게 하고자 하네. 彌勒殿在於西都之西拱北門外箕墓山下大野中 傍有雙石扇 高三丈許 … 吾以爲刹竿臼也 … 今紙場寺舊址 有立石佛像 而彷彿于彼嘉州像也 … 但以風雨有庇 而經始歲久 … 余以一寸心 繼述其開拓者之志 而興福利於幽顯也"라고 하였다. 〔참고문헌〕『月渚堂大師集』, 『韓國寺刹全書』 권하 p.1043a1.

지장사 智藏寺 경상북도 성주군에 있던 절. 『성주지』 권1 사찰(寺刹)에 "지장사유지는 천곡서원이 되었다. 智藏寺遺址爲川谷書院"고 하였다. 〔참고문헌〕『星州誌』.

지장산림 地藏山林 『지장경』을 강설하고 지장보살의 명호를 외우며 영가천도를 겸하는 법회. 1928년 10월에 발간된 『불교』 제52호 「불교휘보 佛教彙報」의 '지장산림과 우란분재 각황교당에서 地藏山林과 盂蘭盆齋 覺皇教堂에서'에 "시내 수송동 각황교당에서는 음력 7월 15일 백중을 맞아 11일부터 13일까지 3일에 걸쳐 지장예문과 지장경 설교를 행하고. 市內壽松洞 覺皇教堂에서는 去陰七月十五日 百種을 際하야 十一日부터 十三日까지 三日間을 亘하야 地藏禮文及地藏經說教를 行하고"라고 하였다. 〔참고문헌〕 『佛教』 제52호.

지장선원 地藏禪院 강원도 강릉시 성산면 보광리에 있는 보현사(普賢寺)의 옛 이름. 낭원개청(朗圓開淸 854~925)의 비문 제액에 '고려국명주보현산지장선원 高麗國溟州普賢山地藏禪院'이라 하였고, 「비문」 중에 "이 주의 모법제자 민규 알찬이 스님을 흠모하는 마음 더욱 간절하고, 도를 사모하는 뜻 또한 돈독하였다. 그는 일찍부터 선비(禪扉 : 선종 사찰)를 후원하면서 자주 찾아가 친견하고 법문을 들었으므로 이에 보현산사를 희사하여 주지하도록 청하였다. … (낭원대사는)보현산사 법당에서 입멸하셨다. 當州慕法弟子閔規閼飡 欽風志切 慕道情深 早侍禪扉 頻申勤款 仍捨普賢山寺 請以住持 … 示滅於賢山寺法堂"라고 하였으므로 비문 중의 보현산사와 지장선원은 같은 절이다. 현재 강릉 보현사에 보물 제191호 낭원대사오진탑과 보물 제192호 낭원대사오진탑비가 있다. 〔참고문헌〕 『韓國寺刹全書』 권하 p.1042a12, 「江陵地藏禪院朗圓大師悟眞塔碑文」(李智冠 『校勘譯註歷代高僧碑文』 高麗篇1, pp.110~131). ⇨ 보현사 普賢寺[1], 낭원대사오진탑 朗圓大師悟眞塔, 낭원대사오진탑비 朗圓大師悟眞塔碑

지장선원낭원대사오진탑비 地藏禪院朗圓大師悟眞塔碑 940년(태조23)에 낭원개청(朗圓開淸 854~930)의 행적을 기리기 위해 세운 비. 비문은 『조선금석총람』 권상 pp.140~144과 『한국금석문대계』 권7 pp.24~26 및 이지관(李智冠) 『교감역주역대고승비문』 고려편(高麗篇)1 pp.132~157 등에 전한다. 〔참고문헌〕 『朝鮮金石總覽』, 『韓國金石文大系』, 『校勘譯註歷代高僧碑文』. ⇨ 낭원대사오진탑비 朗圓大師悟眞塔碑, 개청 開淸

지장섬원 指長纖圓 Ⓢ vṛttāṅguliḥ, vṛttāṅgulayaḥ, Ⓣ sor-mo-rnams-zlum-pa. 팔십종호(八十種好) 중 하나. 부처님의 손가락과 발가락이 길고 가늘며 두렷한 모습. 『대품반야경』 권24(대정장8, p.395c27)에 "무엇이 팔십수형호인가? … 열네 번째는 손가락이 길고 가늘며 두렷함이다. 云何爲八十隨形好 … 十四者 指長纖圓"라고 하였다. 〔참고문헌〕 『大品般若經』, 『大智度論』 권89(대정장25, p.684b20), *Pañca-pr.8.64.* ⇨ 팔십종호 八十種好, 삼십이상 三十二相

지장시왕경 地藏十王經 『지장보살발심인연시왕경 地藏菩薩發心因緣十王經』의 줄인 이름. 더 간략히 『시왕경』이라고도 한다. 〔참고문헌〕 『地藏菩薩十齋日』(장외문헌7, p.371a12). ⇨ 시왕경 十王經, 지장보살발심인연시왕경 地藏菩薩發心因緣十王經

지장시왕도 地藏十王圖 지장을 주존으로 하고 시왕을 주요 권속으로 그린 불화. 지장보살도 중에 가장 대중적인 도상이다. 고려후기와 조선전기의 지장시왕도는 현전하는 것이 많지 않고 대부분이 해외에 있으며, 국내에는 조선후기에 조성된 지장시왕도가 많이 전한다. 고려후기에 조성된 「지장시왕도」(보물 제1048호, 호림박물관 소장)는 독일 베를린 동아시아박물관 소장의 지장시왕도와 동일 초본을 바탕으로 제작되었으나, 상호와 색채, 세부 문양에는 차이가 있다. 돈황(燉煌) 출토의 지장시왕도 중에는 두건을 두르고 화려한 가사를 걸친 지장보살이 화면 맨 앞 중앙에 앉아 있다. 이후 15~16세기에 제작된 지장시왕도는 현재 10여 점 이상이 남아있는데, 이중 보물 제1994호 「지장시왕도」(1580, 호림박물관)는 왕실에서 발원한 「지장시왕십팔지옥도」(1575~1577, 일본 知恩院 소장)를 모본으로 한 명의 대시주자가 조성하였다. 적색과 녹색을 주조색으로 대비적으로 설채하고 있는데, 조선후기가 아닌 16세기에는 보기 드문 설채법이다. 본존인 지장보살을 중심으로 도명존자(道明尊者)와 무독귀왕(無毒鬼王), 시왕과 그 권속들이 시립하고 있고, 멀리 구름 속에는 육광(六光)보살이 부회(赴會)하고 있으나 모본의 지옥변상 부분은 생략되었다. 부처가 아닌 지장보살을 주존으로 하는 이러한 '설법(說

지장시왕도 보물제1048호 호림박물관 고려후기

피모지장시왕도 프랑스 기메 뮤지엄 북송

지장시왕도 영월 보덕사 1786년

法) 중심의 회상(會上)'도상은 조선후기인 18세기에 이르러 크게 유행하며 제작되었는데, 사회문화 사조와 맞물린 당시 불교계의 경향과 위상을 살펴 볼 수 있는 단서이다. 「영월 보덕사 지장시왕도」(1786) 등에서처럼 기본적으로 지장보살을 주존으로 시왕과 그 권속들을 더욱 체계적인 군집(群集)을 이루게 하여 회상의 형식을 공고히 하고 다양한 신앙적 수요를 바탕으로 도상 변화를 수용하는 경향을 보인다. [참고문헌] 김정희 『조선시대 지장시왕도 연구』(일지사, 1996). ⇨지장보살도 地藏菩薩圖, 시왕도 十王圖, 명부전 冥府殿

지장식 智障識 『종경록』에서 상정한 칠식의 열 가지 이름(七識十名) 중 하나로 지혜의 발현을 장애하는 식의 뜻이다. 제7말나식(末那識 Ⓢ manas)의 다른 이름이다. 『종경록』 권50(대정장48, p.712c21)에 "제7식의 열 가지 이름이라 하니 … 열째는 법 이미 헛되게 일어나면 지를 곁해 품어 진성이 드러나지 못하게 하기에 지장식이라 한다. 七識十名者 … 十 法旣妄起 恃智爲懷 令眞性不顯 名智障識"라고 하였다. [참고문헌] 『宗鏡錄』. ⇨말나식 末那識, 칠식십명 七識十名

지장신 智藏身 Ⓢ sujñāna-śarīra-garbha. 지혜를 머금은 몸. 80권본 『화엄경』 권27 「십회향품 十迴向品」(대정장10, p.146c5)에 "원하옵건대 일체중생이 지장신을 얻어 죽음 없는 세계에서 자재할 수 있기 바라나이다. 願一切衆生得智藏身 於不死界而得自在", 같은 책 권71 「입법계품 入法界品」(대정장10, p.390c3)에 "이때 선재동자가 이 보살심심자재묘음해탈(Ⓢ manojñaruta-gambhīra-vikurvita-praveśaṃ bodhisattva-vimokṣaṃ)에 들었기에 무변삼해와 광대총지해로 들어가 보살대신통과 보살대변재를 얻었다. 마음이 크게 환희하여 일체성을 수호하는 주야신(Ⓢ rātri-devatā)을 관하면서 게로 찬하였다. '광대미묘혜해를 이미 행하고 무변제유해를 이미 건넜네. 장수하며 근심 없는 지장신이 위덕과 광명으로 이 무리에 머무시네'. 爾時善財童子 得入此菩薩甚深自在妙音解脫故 入無邊三昧海 入廣大總持海 得菩薩大神通 獲菩薩大辯才 心大歡喜 觀察守護一切城主夜神 以偈讚曰 已行廣大妙慧海 已度無邊諸有海 長壽無患智藏身 威德光明住此衆", 『화엄경소』 권28(대정장35, p.715c7)에 "지장신이라 함은 몸을 지혜의 의지처로 삼기 때문이다. 言智藏身者 身爲智依故"라고 하였다. [참고문헌] 『華嚴經』, 『華嚴經疏』, *Gaṇḍ-vy.241*. ⇨복장신 福藏身, 지장 智藏 ❶

지장신앙 地藏信仰 지장삼부경(地藏三部經) 등을 믿고 의지해 행하는 일. 『대승대집지장십륜경 大乘大集地藏十輪經』 10권·『지장보살본원경 地藏菩薩本願經』 2권·『점찰선악업보경 占察善惡業報經』 2권을 합하여 지장삼부경이라 한다. 『대승대집지장십륜경』은 현장(玄奘)역이지만 그에 앞서 북량(北涼)대 역자 미상의 『대방광십륜경 大方廣十輪經』 8권이 동본이역으로 이미 전하였고, 7세기 당대에는 지옥중생을 구제하는 지장을 교주로 하는 삼계교(三階敎)의 영향으로 급속히 확장되었다. 이에 『점찰선악업보경』이 유통되고, 송대에는 장천(藏川)이 도교의 시왕(十王)을 습합하는 등 『염라왕수기사중역수생칠왕생정토경 閻羅王授記四衆逆修生七往生淨土經』 곧 『예수시왕생칠경 預修十王生七經』이 유포되었고, 비슷한 시기에 찬술된 『지장설화집 地藏說話集』도 민간에 널리 유통되면서 지옥에도 고통을 대신 받으며 중생을 구제하는 지장보살에 대한 믿음 또한 널리 유행하였다. 인도에서의 기원은 『대승집보살학론 大乘集菩薩學論』에 *Ārya-kṣitigarbha-sūtra*(聖地藏經)이라는 제명의 경전이 여러 차례 인용되고 범문 *Daśabhūmika-sūtra*(十地經)나 기타의 경전에도 지장보살이 등장하고 있어, 6~7세기 전에 이미 지장을 믿고 의지함이 있었음을 알 수 있다. 지장신앙은 중앙아시아와 티베트 그리고 아시아 전역으로 널리 퍼졌다. 『삼국유사』 권4(대정장49, p.1003a15·한불전6, p.342b19) 해의(義解)5 원광서학(圓光西學)에 따르면, 신라 원광(圓光)법사가 죄업을 참회하는 점찰신앙(占察信仰)을 대중에게 알리고자 점찰보(占察寶)라는 상설기구를 설치하였고, 또한 같은 책 권5(대정장49, p.1011c18·한불전6, p.357b7) 감통(感通)7 선도성모수희불사(仙桃聖母隨喜佛事)에 의하면 지혜(智惠)라는 비구니도 매년 봄과 가을 두 차례 안흥사(安興寺)에서 10일간 점찰법회(占察法會)를 열었다고 하는데, 모두 지장신앙의 유포와 밀접한 관계가 있다. 신라 법상종(法相宗)을 대표하는 진표(眞表)는 유식(唯識)을 기반으로 하지만 점찰법을 시행하여 미륵신앙과 섞여 어울린 지장신앙을 보이기도 하였다. 이러한 신행이 의지하는 경전이 바로 『점찰선악업보경』인데, 이 경은 선악의 업보를 살펴서 그에 따르는 과보를 밝힌다고 하지만, 결국은 구경이 일상(一相)인 무상(無相)임을 깨우쳐 해탈하게 하는 뜻이다. 『점찰선악업보경』 권하(대정장17, p.907a7)에 "끝내 다해 마치면 오직 한 모습일 뿐이니, 둘도 아니고 다르지도 않아서 변할 일도 달라질 일도 없으며, 더하지도 덜할 일도 없다. 究竟一相 無二無別 不變不異 無增無減" 하였으니, 다만 대중들이 해탈을 요원하게 여김을 알아서 선행을 권장하고 악업을 없애고자 지장보살을 대신하게 할 뿐이다. 우리나라 지장신앙의 흔적이 뚜렷이 남아 있는 곳으로 선운사(禪雲寺)를 꼽는다. 절 안의 지장상(地藏像)과 이 절에 딸린 주변의 도솔암(兜率庵)과 참당암(懺堂庵) 등이 모두 지장보살의 성지다. 『대방광십륜경』 권1(대정장13, p.684a24)에 "만약 중생들이 단단한 감옥에 갇혀서 그 몸이 묶이고 매를 맞아 온갖 고통을 다 당하면서도 지장보살명호를 부르고 일심으로 귀의한다면 모든 중생 다 해탈하여 자재하고 걸림없을 것이다. 나아가 속박을 당하거나 영어의 몸이 되어 채찍과 몽둥이를 맞을지라도 지장보살명호를 부르고 일심으로 귀의한다면 또한 이와 같이 모두 해탈하고 열반에 안주하여 제일의 즐거움을 누릴 것이다. 若諸衆生 繫閉牢獄 枷鎖其身 具受衆苦 能稱地藏菩薩名號 一心歸依者 令諸衆生 皆得解脫 自在無礙 乃至應被繫縛 囚執 鞭杖 能稱地藏菩薩名號 一心歸依者 亦復如是 皆悉解脫 安住涅槃 得第一樂"라고 하였다. 〔참고문헌〕『三國遺事』, 『占察善惡業報經』, 『大方廣十輪經』, 眞鍋廣濟『地藏菩薩の硏究』(三密堂書店, 昭和35). ⇨지장보살 地藏菩薩, 점찰법회 占察法會, 점찰보 占察寶, 삼계교 三階敎

지장십륜경 地藏十輪經 ➡대승대집지장십륜경 大乘大集地藏十輪經

지장십익 地藏十益 지장보살을 모시고 얻는 열 가지 이익. 『지장보살본원경』 권하 「지신호법품 地神護法品」(대정장13, p.787a23)에 "(堅牢地神이 부처님께 말씀드렸다.) 세존이시여! 제가 미래와 현재의 중생을 관하니, 거주처인 남방의 청결한 땅에 흙과 돌과 대나무와 여러 나무로 그 감실을 짓고, 그 안에 빚거나 그리거나 금은동철로 지장의 형상을 짓고, 향 피워 공양하며 우러러 절하고 찬탄하면, 이 사람의 거처에는 열 가지 이익이 있습니다. 世尊 我觀未來及現在衆生 於所住處 於南方淸潔之地 以土石竹木 作其龕室 是中能塑畫 乃至金銀銅鐵 作地藏形像 燒香供養 瞻禮讚歎 是人居處 卽得十種利益", "무엇이 그 열 가지냐면, 첫째 땅이 넉넉해지고, 둘째 집이 길이 편안하고, 셋째 돌아가신 조상이 하늘에 나고, 넷째 살아있는 가족은 장수를 누리며, 다섯째 구하는 대로 뜻을 이룹니다. 여섯째 수화재가 없고, 일곱째 헛된 소모가 사라지고, 여덟째 악몽을 단번에 끊고, 아홉째 드나듦에 신이 지키며, 열째 성스런 인을 자주 만납니다. 何等爲十 一者 土地豐壤 二者 家宅永安 三者 先亡生天 四者 現存益壽 五者 所求遂意 六者 無水火災 七者 虛耗辟除 八者 杜絶惡夢 九者 出入神護 十者 多遇聖因"라고 하였다. 〔참고문헌〕『地藏菩薩本願經』. ⇨지장칠익 地藏七益, 지장이십팔익 地藏二十八益

지장암 地藏庵 ❶서울특별시 서대문구 삼각산(三角山)에 있던 암자. 「태고사사법 太古寺寺法」에 대본사 봉은사(奉恩寺)의 말사였고, 「봉은본말사지 奉恩本末寺誌」에는 "본래 비봉 동쪽 기슭에 있었으나 경술년(1910)에 이인필스님이 이곳으로 옮겼다. 本在碑峰東南麓 庚戌李仁弼師 移建於此"고 하였다. 1929년 6월에 발간된 『불교』 제60호에는 1929년 4월 11일에 경기 고양군 연희면 지장암의 주지로 조창학(趙昌學)의 재임을 알리고 있다. 〔참고문헌〕『佛敎』 제60호, 『韓國寺刹全書』 권하 p.1040b20. ❷서울특별시 종로구 창신동(紅樹洞·紅樹洞) 낙타산(駱駝山·駱山)에 있는 암자. 「봉은본말사지」에 수록된 1943년에 송곡헌(松谷軒) 법운(法雲)이 쓴 「지장암개창기 地藏庵開刱記」에는 "한 절이 있는데 지금은 법륜이라고 부르는데 곧 옛 지장암이다. 창건은 언제인지 알 수 없지만, 전하는 말로는 삼백년 전에 창건되었다고 하였다. … 광무 연간에는 김처사가 머물렀고, 신사 강재희가 계속 살았다. … 정축년(1925) 여름에 부처님께서 능가산에서 설법하신 존상을 옮겨 개금하였고, 기묘년(1939) 겨울에 전법륜의 명의로 승격하였다. 有一精藍 今之所謂法輪者 卽古之地藏庵也 庵之構也 未知刱於何代而傳言三百年前開基云 … 光武年中 有金處士者住之 次有信士姜在喜繼寓之 … 以丁丑夏 移楞伽之像尊而改塗之 己卯冬 轉法輪之名義而昇格之"라고 하였다. 「태고사사법」에는 1924년에 강재희가 불상을 사서 이내 건립하여 1926년에 비로소 완성하였고, 1939년에 광주군 중부면 탄리 성부산(星浮山) 법륜사로 이건하였으며, 대본사 봉은사의 말사로 편제되었다고 하였다. 현재 한양도성 성곽 옆으로 대웅전과 명부전이 있다. 〔성보문화재〕 강재희가 모신 비로자나불목조좌상은 1622년(광해군14)에 광해군비 문화유씨(文化柳氏)가 발원하고 벽암각성(碧巖覺性)이 조성하여 자인수양사(慈仁壽兩寺)에 봉안한 존상으로, 현재 보물로 지정되어 국립중앙박물관에 소장되어 있는데, 복장에서 조성기·후령통·전적·다리니 등이 발견되어 서울특별시 유형문화재로 지정되어 있다. 명부전에는 1664년(현종5)에 천일(天日)·정현(正玄)이 고흥 능가사(楞伽寺)에서 조성한 지장보살목조좌상이 봉안되어 있는데, 복장에서는 1644년(인조22)과 1742년(영조18)에 쓴 조성기와 중수기 등이 발견되었다. 대웅전에는 1784년(정조8)에 유성(有誠)·설훈(雪訓) 등이 경주 기림사(祇林寺)에 조성한 천불석조좌상과 복장유물, 1653년(효종4)에 희장(熙藏 1639~1661)·성명(性明)이 고흥 불대사(佛臺寺)에 봉안한 석가여래목조좌상과 복장유물이 서울특별시유형문화재로 지정되어 모셔져 있다. 그 밖에도 1726년(영조2)에 하천(夏天 1703~1730)이 고흥 금탑사(金塔寺) 북대암(北臺庵)에서 조성한 관음지장보살목조좌상과 복장유물, 1683년(숙종9)에 색난(色難)·득우(得牛) 등이 고흥 능가사에 봉안한 가섭아난석조입상과 복장유물, 17세기말 조성으로 추정되는 석가여래목조좌상과 복장유물, 1733년(영조9)에 체붕(體鵬)·찬인(贊仁)이 조성한 관음보살목조좌상과 복장유물도 각각 서울특별시유형문화재로 지정되어 모셔져 있다. 또한 1899년(광무3)에 윤감(允鑑)·재겸(在謙)

이 삼각산 청룡암(青龍菴) 칠성각에 봉안한 지장보살도와 1901년에 수경당(繡瓊堂) 승호(承琥)・예운당(禮芸堂) 상규(尙奎) 등이 조성한 산신도, 1924년 1월 18일~1926년 6월 11일에 보경보현(寶鏡普賢 1890~1979)이 밑그림을 그리고, 백용성(白龍城 1863~1940)이 증명으로 참여하고 왕실 수사(繡師) 안근석과 수녀(繡女) 이점순이 조성한 아미타삼존자수괘불도와 복장유물, 1917년에 안근석의 부친 안재민(安濟珉)이 수를 놓은 지장보살자수도 등도 서울특별시유형문화재로 지정・소장되어 있다. [참고문헌]『韓國寺刹全書』 권하 p.1039b20, 『지장암』(한국미술사연구소・지장암, 2009). ❸ 강원도 강릉시 보현산(普賢山)에 있던 암자. 지장사(地莊寺)라고도 부른다. 『가람고』 강원도 강릉에 "보현산에 있으며 부 서쪽 30리이다. 在普賢山府西三十里"라고 하였고, 『여지도서』에는 "25칸이며, 부 서쪽 30리 보현산에 있다. 二十五間在府西三十里普賢山"고 하였는데, 『범우고』 원춘도 강릉에는 "보현산에 있는데 지금은 폐사되었다. 在普賢山今廢"라고 하였다. [참고문헌] 『輿地圖書』, 『伽藍考』, 『梵宇攷』, 『韓國寺刹全書』 권하 p.1041b18. ⇨ 지장사 地莊寺[2] ❹ 강원도 고성군 토성면 신평리 금강산(金剛山)에 있던 암자. 『한국사찰전서』 권하 지장암에 화암사(禾巖寺) 미타암(彌陀庵)이 본명(本名)이라고 하였고, 「태고사사법」에는 대본산 건봉사(乾鳳寺)의 말사라고 하였다. 『건봉사본말사적』의 「화엄사사적 禾嚴寺事蹟」에는 1401년(태종1)에 "지장암을 옛 터의 동쪽에 이건하고서 미타암으로 고쳐 불렀다"고 하였다. [참고문헌] 『韓國寺刹全書』 권상 p.405b5・406a13・권하 p.1041b17, 『乾鳳寺本末史蹟』(亞細亞文化社, 1977) p.147. ⇨ 미타암 彌陀庵[3] ❺ 강원도 인제군 북면 용대리 설악산(雪嶽山)에 있던 암자. 『건봉사본말사적』의 「백담사사적 百潭寺史蹟」에 "전언(傳言)으로는 유지(遺址)가 있으나 창건폐지 연도는 알 수 없다" 하였고, 『한국사찰전서』 권하 자장암에는 "지금은 폐사되었다. 今廢"고 하였다. [참고문헌] 『乾鳳寺本末事蹟』(亞細亞文化社, 1977) p.70, 『韓國寺刹全書』 권하 p.1041b16. ⇨ 백담사 百潭寺 ❻ 강원도 평창군 진부면 동산리 오대산(五臺山) 남대(南臺)에 있는 대한불교조계종 제4교구 본사 월정사(月精寺)의 산내암자다. 『삼국유사』 권4(대정장39, p.998b20・한불전6, p.334) 탑상(塔像)4 대산오만진신(臺山五萬眞身)에 "이 산은 백두산의 큰 맥으로 각 대에는 진신이 상주한다. … 붉은색에 해당하는 남대 남면(麒麟山)에는 지장방을 두고 원상지장과 붉은 바탕에 팔대보살을 수반하는 1만 지장보살상을 그려 봉안하라. 복전 5원을 두어 낮에는 『지장경』과 『금강반야경』을 읽고, 밤에는 점찰 예참을 하고 금강사라고 하라. 此山乃白頭山之大脉 各臺眞身常住之地 … 赤任南臺南面置地藏房 安圓像地藏及赤地畫八大菩薩爲首一萬地藏像 福田五員晝讀地藏經金剛般若夜占察禮懺稱金剛社"라는 보천태자(寶川太子)의 유언에 따라 지장방을 건립하였는데, 그 뒤 사적은 전하지 않는다. 한국전쟁 이후 폐허가 되었으나 비구니 묘공성진(妙空性眞)의 각고정진으로 비구니 수도도량으로 거듭났다. 기린선원(麒麟禪院)은 한강 이북을 대표하는 이름난 비구니대중 안거도량으로, 한국비구니계를 거듭나게 한 원허인홍(圓虛仁弘) 등 비구니계 대덕들의 출가인연도량이기도 하다. 현존하는 전각으로는 지장전・삼성각・육화료・기린선원 등이 있다. 성보문화재로는 17~18세기 조성으로 추정되는 지장삼존목조불감과 1726년(영조2)에 여찬(呂贊)・혜찰(惠察)・도관(道寬)・성현(性賢)이 조성・봉안한 지장보살목조좌상과 복장유물이 강원도유형문화재로 지정되어 있다. [참고문헌] 『三國遺事』. ❼ 강원도 회양군 장양면 장연리 금강산(金剛山)에 있던 암자. 『가람고』 강원도 회양에는 "금강내산에 있다. 在金剛內山"고 하였고, 『범우고』 강원도 회양에는 "장안사 동쪽에 있다. 在長安寺東"고 하였으며, 『여지도서』 강원도 회양 사찰에는 "장안사 동쪽 30리에 있으며, 6칸이다. 在長安寺東三十里六間"고 하였으며, 「태고사사법」에는 장안사 산내암자이자 대본사 유점사(楡岾寺)의 말사라고 하였다. 창건 연대는 알 수 없으나 1842년(헌종8)에 원조상인(圓照上人)이 문루를 세웠다. 『유점사본말사지』에는 고려 도인 백옹거사(白翁居士)의 득도처였고, 1873년(고종10)에 석담축잠(石潭竺岑)이 중건하였는데, 동치 13년(1874) 갑술 6월에 석담축잠이 쓴 「장안사지장암중수기 長安寺地藏庵重修記」에 "동치 4년(1865) 봄에 내가 표훈사에서 와서 이 암자에 머물렀다. … 계유(1873)를 지나 … 2월 15일에 처음 일을 시작하였고 8월 15일에 공사를 마쳤다. 同治四年春 余自表訓寺 卓錫于此庵 … 越癸酉春 … 二月十五始役 八月十五訖功"고 하였다. 남효온(南孝溫 1454~1492)의 「유금강산기 遊金剛山記」 『추강집』 권5, 이경석(李景奭 1595~1671)의 「정양사 헐성루에서 일만이천봉을 바라보다. 登正陽寺歇性樓望一萬二千峯」 『백헌집』 권10, 이재(李縡 1680~1746)의 「지장암에서 눌상인을 만나다. 地藏菴逢訥上人」 『도암집』 권2 등에도 기록되어 있다. [참고문헌] 『輿地圖書』, 『梵宇攷』, 『伽藍考』, 『韓國寺刹全書』 권하 p.1041a12, 『楡岾寺本末寺誌』(亞細亞文化社, 1977) p.338, 『秋江集』(한국문집총간16, p.91a3), 『白軒集』(한국문집총간95, p.4

지장암 아미타삼존자수괘불도

96b6), 『陶菴集』(한국문집총간194, p.52a1), 『北韓寺刹研究』(寺刹文化研究院 編著, 1993) pp.153~183. 8 경기도 가평군 조종면 운악산(雲岳山)에 있는 암자. 『가람고』 경기 가평과 『범우고』 경기도 가평, 『동국여지지』 권2 경기우도 가평현 사찰에 현등사(懸燈寺·懸燈庵)·미라사(彌羅寺·彌羅庵)·지장암은 모두 운악산(雲嶽山·雲岳山)에 있다고 하였다. 1772년(영조48)의 「운악산현등사사적 雲岳山懸燈寺事蹟」『봉선본말사지』에는 "숭정갑신후재계미(1763·영조39)에 … 절의 동쪽으로 언덕 하나를 넘으면 암자가 있는데 원통전이라고 부른다. … 또 비스듬이 동쪽으로 언덕을 넘으면 지장암이 아직도 있다. 寺東越一岡有庵 曰圓通殿 … 又迤而東越岡 地藏庵尙在"고 하였고, 현등사 지장보살금동좌상의 바닥에 새겨진 조성 발원문에는 "건륭 55년 경술년(1790·정조14) 5월일에 경기 가평 서쪽 고개의 운악산 현등사 지장암에서 주조하여 본 암자에 봉안하였다. 乾隆五十五年庚戌五月日 京畿加平地西嶺雲岳山懸燈寺地藏庵鑄像造成矣 仍而奉安本庵也"고 하였다. 1871년(고종8)에 편찬된 『가평군지』에는 "현존하는 현등사, 고지(古址) 지장암"이라고 하였으므로, 1871년 이전에 이미 폐사된 듯하다. [참고문헌] 『東國輿地勝覽』, 『東國輿地志』, 『加平郡誌』, 『伽藍考』, 『梵宇攷』, 『奉先本末寺誌』(亞細亞文化社, 1978), 『韓國寺刹全書』 권하 p.1041a2. 9 경기도 연천군 신서면 내산리 보개산(寶蓋山)에 있던 암자. 『범우고』과 『한국불교전서』 권하 지장암에는 지장사(地藏寺)라고 하였다. 『가람고』·『범우고』에는 강원도 철원에 수록되었고, 『여지도서』 강원도 철원 불우에도 "부 남쪽 70리에 있으며, 5칸이다. 在府南七十里五間"라고 하였다. 성해응(成海應 1760~1839)이 편찬한 「동국명산기 東國名山記」에는 보개산 심원사(深源寺)의 동쪽에 있다고 하였고, 「태고사사법」에는 심원사의 산내암자로 대본산 유점사(楡岾寺)의 말사였다고 하였다. 『유점사본말사지』 말사심원사지(末寺深源寺誌)에는 "신라 헌안왕 4년(860) … 범일국사(梵日國師)가 … 지장암과 남암(南庵)을 함께 창건하였다"고 하였다. 이제현(李齊賢 1287~1367)의 『익재난고』 권4에 「보개산 지장사에서 소릉 용문 봉선사의 운을 쓰다. 寶蓋山地藏寺 用小陵龍門奉先寺韻」라는 시가 수록되어 있다. 이색(李穡 1328~1396)이 쓴 「보개산지장사중수기 寶蓋山地藏寺重修記」『목은문고』 권2에는 "자혜스님이 … 머물고 계신 곳은 보개산 지장사다. … 신축년(1361·공민왕10)에 병란이 산중에 미쳐서 전각의 삼분의 일밖에 남지 않았는데, 자혜가 이내 분발하여 또한 새로 짓고자 하였다. … 병진년(1376·우왕2) 4월 15일에 대장경을 전독하면서 낙성하였다. 釋慈惠 … 其所居則寶蓋山地藏寺也 … 歲辛丑 兵燹及山中 屋宇存者 蓋三之一 惠迺發憤 又欲新之 … 歲丙辰四月十五日 轉大藏經以落其成"라고 하였다. [참고문헌] 『輿地圖書』, 『伽藍考』, 『梵宇攷』, 『東國名山記』, 『益齋亂藁』 권4(한국문집총간2, p.534a9), 『牧隱文藁』 권2(한국문집총간5, p.12b7), 『楡岾寺本末寺誌』(亞細亞文化社, 1977) p.601, 『韓國寺刹全書』 권하 p.1041b11. ⇨심원사 深源寺[4] 10 경상북도 문경시 가은읍 원북리 희양산(曦陽山)에 있던 암자. 1783년(정조7)에 청은지수(淸隱知守)가 쓴 「봉암사사실약록 鳳巖寺事實略錄」에는 "선암과 강원에 속한 곳은 산중에 남암·서암·동암·백운암·정토암·백련암·환적암·원통암·지장암 등으로 모두 그윽하고 조용한 곳이다. 其禪庵講肆之屬 則山之中 有南庵西庵東庵白雲淨土白蓮幻寂圓通地藏之流 盡是幽閑靜僻之地也"라고 하였다. [참고문헌] 『韓國寺刹全書』 권하 p.1041b10·권상 pp.546b18~549a19. 11 경상북도 의성군 안사면 월소리 용요산(龍腰山)에 있던 암자. 『가람고』 경상도 용궁에는 지장사(地藏寺)라고 하였고, 『범우고』 경상도 용궁에는 자장암이라고 하였다. 현재 대한불교조계종 제16교구 본사 고운사(孤雲寺)의 말사로 지장사라 부른다. [참고문헌] 『伽藍考』, 『梵宇攷』, 『韓國寺刹全書』 권하 p.1041a10. ⇨지장사 地藏寺[6] 12 전라남도 고흥군 점암면 팔령산(八嶺山)에 있던 암자. 창건시기와 창건자에 대한 기록은 전하지 않는다. 현변(懸辯 1616~1684)의 『침굉집』 권하 「팔령산지장암단청모연문 八嶺山地藏庵丹靑慕緣文」(한불전8, pp.357c20~358b15)에 "지금 새로 지장암을 세우는데, 그 뜰을 판판하게 하고, 그 기둥을 높게 하며, 그 어둠을 환하게 하니, 마땅히 대각의 몸이 오랜도록 계실 곳이다. … 산인으로 이름을 모라고 하는 사람이 … 단청하고자 모연문을 들고 단월을 일일이 찾아다니며 온화한 군자와 안온한 부인에게 알리니, 능히 모두에게 새삼스럽게 말하지 않을 수 있겠는가. 今夫新構地藏菴也 殖殖其庭 有覺其楹 噦噦其冥 宜乎大覺身之攸芋也 … 有山人某名者 … 志欲丹雘 手持募卷 足踵檀門 而夷告於闇闇君子 侃侃夫人 能無說繹而改諸乎"라고 하였다. 그 외의 연혁은 전하지 않는다. [참고문헌] 『枕肱集』. 13 전라남도 곡성군 오산면 선세리 성덕산(聖德山)에 있던 관음사(觀音寺)의 산내암자. 「태고사사법」에는 대본사 송광사(松廣寺)의 말사라고 하였다. 창건시기는 전하지 않지만, 「옥과현성덕산관음사사적 玉果縣聖德山觀音寺事蹟」에는 1374년(공민왕23)에 원통전 중수 등 5차 중건이 있었고, 1597년(선조30)에 원통전을 제외하고 모두 불탄 것을 여러 차례 복원하였지만, 6·25전쟁 때 전각 대부분이 불탔다고 하였으므로, 당시 소실되어 폐사된 듯하다. [참고문헌] 『韓國寺刹全書』 권하 p.1041a6. 14 전라남도 장흥군 관산읍 농안리 천관산(天冠山)에 있던 암자. 『지제지』 암실(菴室)에는 "지장봉 아래 가장 그윽하고 경관이 뛰어난 곳에 있다. 地藏峯下 極幽勝"고 하였다. [참고문

헌〕『支提志』, 『韓國寺刹全書』 권하 p.1041a9. **15** 전라남도 화순군 이서면 영평리 무등산(無等山)에 있는 암자. 대본사 선암사(仙巖寺)의 말사였다. 무등산 광석대 규봉암(圭峰庵) 서쪽에 자리하고 있는데, 서천(西天)의 지공(指空)이 머물렀다는 '지공너덜'과 지눌(知訥)이 수선사(修禪社) 결사 이전에 머물렀다는 보조석굴 위의 마애여래좌상을 모시고 있기에 석불암(石佛庵)으로도 불린다. 마애여래좌상은 1033년(덕종2)에 조성되었다고 하지만, 창건시기와 관련한 기록은 전하지 않는다. 〔참고문헌〕『韓國寺刹全書』 권하 p.1041a8. ⇨석불암 石佛庵[2] **16** 전라북도 군산시 개정면 아산리 고봉산(高峰山)에 있는 암자. 한국불교태고종 사찰이다. 625년(진평왕47)에 의상(義湘)의 제자 도신(道身)이 창건하였다는 전승과 태종무열왕(재위 654~661) 때 진표(眞表)의 제자 도신이 창건하여 갈공사(葛空寺)라고 불렀다는 전승이 각각 전한다. 1982년에 세운 지장암 창건주 비구니 은경선의 공덕비에는 1930년에 최원식이 암자터에 4칸 초가를 짓고 지장암이라고 하였고, 1935년에 최원식 부인 은경선이 출가한 뒤 1963년에 대웅전과 요사를 지어 중수하였다고 하였다. 1984년에 자인, 1985년 유정이 주지로 부임하였는데, 현존하는 당우로는 법당과 요사가 있다. 〔참고문헌〕『전통사찰총서』 권9 전북의 전통사찰Ⅱ(사찰문화연구원, 1997) pp.65~68, 『전통사찰현황』(문화체육관광부, 2019). **17** 전라북도 부안군 진서면 석포리 변산(邊山)에 있는 내소사(來蘇寺) 산내암자. 「태고사사법」에는 대본사 백양사(白羊寺)의 말사라고 하였다. 내소사에 전하는 바에 따르면, 통일신라 초에 이미 있었는데, 진표율사(眞表律師)가 이곳에서 3년을 기도하여 지장보살을 뵙고는 수기(授記)와 간자(簡子) 12매를 받았고, 그 뒤 각해선사와 우암거사가 각각 중건하였다고 한다. 1941년에 해안(海眼 1901~1974)이 지장바위 아래 은적암(隱寂庵) 옛터에 암자를 짓고는 지장암이라고 한 뒤 서래선림(西來禪林)을 열었다. 우암혜산(愚岩慧山)이 중창하였고, 1990년에도 중건불사를 봉행하였다. 현재 선실인 서래선림과 나한전·자양당(慈養堂)·요사·석탑·월인지(月印池) 등이 있다. 〔참고문헌〕『韓國寺刹全書』 권하 p.1041a4. ⇨내소사 來蘇寺 **18** 전라북도 완주군 운주면 완창리 대둔산(大芚山) 안심사(安心寺) 산내에 있던 암자. 1759년(영조35)에 건립된 김석주(金錫胄 1634~1684) 찬술의 「유명조선국전라도고산현대둔산안심사사적비명병서 有明朝鮮國全羅道高山縣大芚山安心寺事蹟碑銘幷序」에는 석대암(石坮庵)·백운암(白雲庵)·득모암(得母庵) 등과 함께 산내암자로 기록되어 있다. 〔참고문헌〕『韓國寺刹全書』 권하 p.1041a3, 『韓國金石文大系』 권1 p.138, 『朝鮮金石總覽』 권하 pp.1190~1196. ⇨안심사 安心寺, 안심사사적비 安心寺事蹟碑 **19** 황해도 신천군 용진면 패엽리 구월산(九月山)에 있던 암자. 「태고사사법」에는 대본사 패엽사(貝葉寺)의 말사라고 하였다. 〔참고문헌〕『韓國寺刹全書』 권하 p.1041b19. ⇨패엽사 貝葉寺 **20** 황해도 황주군 도치면 도치리 자비산(慈悲山)에 있던 암자. 「태고사사법」에는 대본사 성불사(成佛寺)의 말사라고 하였다. 〔참고문헌〕『韓國寺刹全書』 권하 p.1041b21. ⇨성불사 成佛寺[16]

지장암목조비로자나불좌상 地藏庵木造毗盧遮那佛坐像 조선후기 불상. 보물 제1612호. 높이 117.5cm. 서울 종로구 창신동 지장암 대웅전에 석가불상과 노사나불상을 좌우로 모신 삼신불의 본존불로, 원래 삼존으로 조성된 것이 아니라 각기 다른 절에서 모셔왔다. 복장에서 발견된 「조성기」에 의하면 1622년(광해군14) 5월 26일에 조선 광해군의 비인 장열왕후의 발원으로 조성하여 조선왕실의 원찰인 자인수양사(慈仁壽兩寺)의 삼신불 중 주불로 모셨다고 한다. 조각승으로는 현진(玄眞)을 비롯하여 응원(應元)·수연(守衍)·옥명(玉明) 등 17명의 조각승이 참여하였다. 『조선왕조실록』의 기록에는 자인수양사는 왕실과 관련있는 서울의 '자수원(慈壽院)'과 '인수원(仁壽院)'을 의미하는데 1661년에 폐사되었다. 광배와 대좌가 모두 없어진 상태이나 불신의 보존상태는 좋은 편이다. 머리를 약간 숙이고 앉아 있는 모습으로 얼굴과 몸이 크고 육중하다. 머리 위에는 육계가 큼직하며 정상과 중앙에 원통형과 반원형의 이중 계주(髻珠)를 장식하였다. 얼굴은 네모이고 이마가 유난히 넓다. 법의는 통견으로서 옷자락이 오른쪽 어깨에서 내려와 오른팔 팔꿈치를 감싸고 왼쪽 팔목 위로 넘겨졌는데, 이러한 착의법은 1650년의 대전 비래사 비로자나불상과 1633년의 고창 선운사 비로자나불상, 1623년의 강화 전등사 석가불상 등에서도 보이고 있어 현진계 조각승들이 제작한 불상의 특징이다. 두 손은 주먹을 쥔 왼손을 오른손으로 감싸고 있는 지권인(智拳印)의 변형이다. 〔참고문헌〕 문명대·오진희·전윤미 『지장암의 역사와 문화』(한국미술사연구소·지장암, 2010) pp.109~129. ⇨지장암 地藏庵[2]

지장암목조비로자나불좌상

지장앵무 地藏鸚鵡 지장계침(地藏桂琛)이 앵무새처럼 말만 배우고 실질의 경계는 얻지 못하는 학인을 경계했던 고사. 『선원몽구』 권상(卍속장148, p.204a15)에 "지장앵무〈현사의 법사. 출전은 『오등회원』 권8〉: 장주 나한원 계침선사. 장주목사 왕공은 민성 서쪽 석산에 정사를 세우고 지장이라 이름을 붙이고 선사가 그곳에 주석하도록 청하였다. 선사는 12년을 넘게 머물다가 후에 장주 나한원으로 옮겨서 머물며 현지를 크게 드날리니 문도가 번성했다. 선사가 학인에게 물었다. '어디에서 오는가?' '진주에서 왔습니다' '무엇을 가져왔는가?' '가져온 것이 없습니다' '그대는 왜 대중에게 속이는 말을 하는가?' 학인이 말이 없자 선사가 물었다. '진주는 어찌 앵무가 아니겠는가?' '앵무는 농서에서 나왔습니다' '그렇더라도 크게 다르지 않다'. 地藏鸚鵡〈玄沙法嗣 會元八〉 障州羅漢院桂琛禪師 障牧王公請於閩城西之石山建精舍曰地藏 請師駐錫焉 僅逾一紀 後遷止障州羅漢院 大闡玄要 學徒臻湊 師問僧什麽處來 曰秦州來 師曰將得什麽物來 曰不將得物來 師曰汝爲什麽對衆漫語 其僧無語 師却問秦州豈不是鸚鵡 僧曰鸚鵡出在隴西 師曰也不較多"라고 하였다. [참고문헌]『禪苑蒙求』, 『五燈會元』 권8(卍속장138, p.279a5).

지장원 地藏院 태장만다라 13대원 중 제9대원. 연화부원(蓮華部院) 북방에 위치하고 중대팔엽원 남쪽의 금강수원과 함께 하며, 제개장원과는 마주하고 있어 연화부원의 대비(大悲)를 한층 활발하게 전개하는 자리다. 지장보살을 주존으로 하여 제일체우명(除一切憂冥)·불공견(不空見)·보인수(寶印手)·보광(寶光)·보수(寶手 : 寶掌)·지지(持地)·견고심심(堅固深心)·일광(日光) 또는 제개장(除蓋障) 등 모두 아홉 분의 보살을 안치한다. [참고문헌]『曼茶羅圖典』(大法輪閣, 2002) p.132. ⇨ 태장만다라 胎藏曼茶羅, 지장보살 地藏菩薩, 견고보살 堅固菩薩, 보장보살 寶掌菩薩❷, 중대팔엽원 中臺八葉院

〈표〉지장원

156	제일체우명보살	除一切憂冥菩薩
157	불공견보살	不空見菩薩
158	보인수보살	寶印手菩薩
159	보처보살	寶處菩薩
160	지장보살	地藏菩薩
161	보수보살	寶手菩薩
162	지지보살	持地菩薩
163	견고심심보살	堅固深心菩薩
164	일광보살	日光菩薩

지장원찬이십삼존제위여래불 地藏願讚二十三尊諸位如來佛 『지장보살본원경』(대정장13, p.778b10)에서 지장보살이 원을 세워 찬탄한 스물세 분 여래. 사자분신구족만행여래불(獅子奮迅具足萬行如來佛·각화정자재왕여래불(覺華定自在王如來佛)·일체지성취여래불(一切智成就如來佛)·청정연화목여래불(清淨蓮華目如來佛)·무변신여래불(無邊身如來佛)·보성여래불(寶性如來佛 : 普勝如來)·파두마승여래불(波頭摩勝如來佛)·사자후여래불(獅子吼如來佛)·구류손여래불(拘留孫如來佛)·비바시여래불(毘婆尸如來佛·보승여래불(寶勝如來佛 : 多寶如來)·보상여래불(寶相如來佛)·가사당여래불(袈裟幢如來佛)·대통산왕여래불(大通山王如來佛)·정월여래불(淨月如來佛)·산왕여래불(山王如來佛)·지승여래불(智勝如來佛)·정명왕여래불(淨名王如來佛 : 正明如來)·지성취여래불(智成就如來佛)·무상여래불(無上如來佛 : 無相如來)·묘성여래불(妙聲如來佛 : 妙相如來)·만월여래불(滿月如來佛)·월면여래불(月面如來佛). [참고문헌]『地藏菩薩本願經』, 『釋門儀範』 권하 p.15·권상 p.3. 乘戒堂定慧 編輯『地藏菩薩本願懺儀』(『韓國佛教儀禮資料叢書』 권3 p.613a15~b15).

지장위현사재 地藏爲玄沙齋 지장계침(地藏桂琛)이 그의 스승 현사사비(玄沙師備) 재를 올리다. 『종감법림』 권54(卍속장116, p.677a8)에 "지장이 현사기일에 재를 올릴 때 보은화상에게 약석 드실 것을 청하며 아뢰었다. 보은이 공양위를 보니 진영이 보이지 않아 나한(지장계침)에게 물었다. '진영이 보이지 않는구나' 나한이 손으로 읍하고 말했다. '보십시오' '원래 없는 진입니다' '크게 같다 하나 비슷한 모습조차 볼 수 없습니다'. 地藏爲玄沙作忌齋 請報恩和尙喫藥石 恩看供養位 不見有眞 遂問師 還有眞麽 師以手揖曰 看 恩曰 元來無眞 師曰 大似不看相似"라고 하였다. [참고문헌]『宗鑑法林』, 『聯燈會要』(卍속장136, p.861a7). ⇨ 진영 眞影

지장육광존 地藏六光尊 육도(六道)에 빠짐없이 행하는 육지장(六地藏)을 말한다. 『천지명양수륙재의범음산보집』 권중 「마구단권공 馬厩壇勸供」(한불전11, p.490c10)에 "지장이신 여섯 분의 빛나는 모습 받들어 보냅니다. 중생들 고통 거둬서 기쁨 주시는 분들입니다. 奉送地藏六光尊 拔苦與樂度衆生"라고 하였다. [참고문헌]『天地冥陽水陸齋儀梵音刪補集』. ⇨ 육지장 六地藏

지장이십팔익 地藏二十八益 지장보살을 모시고 얻는 스물여덟 가지 이익. 지장십익(地藏十益) 또는 지장칠익(地藏七益)과도 겹친다. 『지장보살본원경』 권2 「촉루인천품 囑累人天品」(대정장13, p.789c5)에 "(부처님께서 허공장보살에게 말씀하셨다.) 만약 미래세에 선남자와 선여인이 지장의 형상을 보거나 이 경을 듣거나 독송하며 향화·음식·의복·보배를 보시공양하고 찬탄하며 우러러 절 올리면 스물여덟 가지 이익을 얻는다. 若未來世 有善男子善女人 見地藏形像 及聞此經 乃至讀誦 香華飮食 衣服珍寶 布施供養 讚歎瞻禮 得二十八種利益", "첫째 천룡이 지켜 기억하고, 둘째 선과가 날로 늘어나고, 셋째 성스런 인이 모이고, 넷째 보리에서 물러나지 않고, 다섯째 의식이 풍족하고, 여섯째 역질이 오지 않으며, 일곱째 수화재도 여윈다. 여덟째 도적의 재앙이 없고, 아홉째 사람들이 보아 흠경하고, 열째 신귀가 도와 지키고, 열한째 여인은 남신을 얻고, 열두째 왕이나 대신의 딸이 되고, 열셋째 단정하고 보기 좋으며, 열넷째 여러 번 천상에 난다. 一者 天龍護念 二者 善果日增 三者 集聖上因 四者 菩提不退 五者 衣食豐足 六者 疾疫不臨 七者 離水火災 八者 無盜賊厄 九者 人見欽敬 十者 神鬼助持 十一者 女轉男身 十二者 爲王臣女 十三者 端正相好 十四者 多生天上", "열다섯째 제왕이 되기도 하고, 열여섯째 숙지명에 통하고, 열일곱째 구함이 있으면 모두 따라오고, 열여덟째 권속들이 기뻐하며, 열아홉째 모든 거슬림이 소멸하며, 스무째 업도가 길이 없어지고, 스물한째 가는 곳이 다 통한다. 스물두째 꿈이 안락하고, 스물셋째 돌아가신 조상이 괴로움 여의고, 스물넷째 숙복을 받아 나고, 스물다섯째 여러 성현이 찬탄하며, 스물여섯째 총명하고 근기 예리하며, 스물일곱째 자민심이 넉넉하며, 스물여덟째 필경에는 부처가 된다. 十五者 或爲帝王 十六者 宿智命通 十七者 有求皆從 十八者 眷屬歡樂 十九者 諸橫銷滅 二十者 業道永除 二十一者 去處盡通 二十二者 夜夢安樂 二十三者 先亡離苦 二十四者 宿福受生 二十五者 諸聖讚歎 二十六者 聰明利根 二十七者 饒慈愍心 二十八者 畢竟成佛"라고 하였다. 〔참고문헌〕『地藏菩薩本願經』. ⇨지장십익 地藏十益, 지장칠익 地藏七益, 지장보살 地藏菩薩

지장재일 地藏齋日 지장보살을 모시고 예참하는 매월 음력 18일. 앞서 간 이들과 일체유주무주고혼(一切有主無主孤魂)의 극락왕생을 비는 천도재일로 지장청(地藏請)과 정근(精勤)을 행하며 재를 베푼다. ⇨지장보살 地藏菩薩, 지장청 地藏請, 재 齋

지장종전 地藏種田 지장계침(地藏桂琛)이 밭에 씨를 뿌리네. 수산주(修山主)와 나눈 문답을 소재로 한 공안이다. 『선원몽구』 권상(卍속장148, p.217b4)에 "지장종전〈현사의 법사. 출전은 『오등회원』 권8〉: 복주 지장계침 선사가 밭을 맬 때 학인을 보고 물었다. '어디에서 오는가?' '남방에서 왔습니다' '남방의 불법은 어떠한가?' '드러내 헤아림이 넓고 넓습니다' '밭에 씨 뿌려 푸짐하게 먹는 나와 어찌 같겠는가?' '삼계를 어쩌시겠습니까?' '너는 무엇을 삼계라고 하느냐?' 학인이 대답이 없었다. 地藏種田〈玄沙法嗣 會元八〉 福州地藏桂琛禪師 因捕鋤次見僧便問 什麽處來 僧云南方來 師云南方佛法如何 僧曰商量浩浩地 師云 爭似我這裏種田博飯喫 僧云爭奈三界何 師云汝喚什麽作三界 僧無語"라고 하였다. 〔참고문헌〕『禪苑蒙求』, 『從容錄』(대정장48, p.234c11), 『五燈會元』 권8(卍속장138, p.277a17).

지장청 地藏請 지장보살을 청해 모시는 일. 유명교주(幽冥敎主)이시고 남방화주(南方化主)이시며 대원본존(大願本尊)이신 지장보살을 청하여 자리에 모시는 의식. 절차는 여타의 청문과 같으며, 특별히 향화청과 가영에 이어 지장보살의 원을 찬탄해 마지 않으시고 이십삼존(地藏願讚二十三尊)을 모셔 외운다. 〔참고문헌〕『作法龜鑑』(한불전10, p.557c17), 「地藏請」(『釋門儀範』 권하, p.13a12). ⇨지장보살 地藏菩薩, 지장원찬이십삼존제위여래불 地藏願讚二十三尊諸位如來佛

지장추미 地藏皺眉 지장불상(地藏佛像)이 눈썹을 찡그리다. 『경덕전등록』 권22 「장강혜렴전 漳江慧廉傳」(대정장51, p.382c21)에 "'장강의 경계는 무엇입니까?' '지장이 눈썹을 찡그린다' '경계 속의 사람은 무엇입니까?' '보현이 손을 잡는다'. 問 如何是漳江境 師曰 地藏皺眉 曰 如何是境中人 師曰 普賢摻袂"라고 하였다. 〔참고문헌〕『景德傳燈錄』.

지장친절 地藏親切 지장계침(地藏桂琛)과 법안문익(法眼文益)의 대화를 소재로 한 공안. 『종용록』 20칙 「본칙 本則」(대정장48, p.240a8)에 "지장이 법안에게 물었다. '상좌는 어떻게 가려는가?' '이리저리 천천히 행각할 것입니다' '행각해서 무엇을 하려는가?' '모르겠습니다' '모르는 것이 가장 절실한 것이다'. 법안이 활연하게 깨달았다. 擧 地藏問法眼 上座何往 眼云 迤邐行脚 藏云 行脚事作麽生 眼云 不知 藏云 不知最親切 眼豁然大悟"라고 하였다. 〔참고문헌〕『從容錄』.

지장칠익 地藏七益 지장보살을 모시고 얻는 일곱 가지 이익. 『지장보살본원경』 권하 「촉루인천품 囑累人天品」(대정장13, p.789c19)에 "(석가모니불께서 말씀하셨였다.) 허공장보살이여! 현재와 미래의 천룡과 귀신이 지장의 명호를 듣고 지장의 모습에 절을 하거나 지장보살의 본원사행을 듣고 찬탄하며 우러러 절하면 일곱 가지 이익을 얻는다. 첫째 속히 성스런 자리로 뛰어오르고, 둘째 악업이 소멸하고, 셋째 제불이 굽어살피시고, 넷째 보리심이 물러서지 않고, 다섯째 본원력이 증장하고, 여섯째 숙명에 모두 통하며, 일곱째 필경에 성불한다. 虛空藏菩薩 若現在未來 天龍鬼神 聞地藏名 禮地藏形 或聞地藏本願事行 讚歎瞻禮 得七種利益 一者 速超聖地 二者 惡業銷滅 三者 諸佛護臨 四者 菩提不退 五者 增長本力 六者 宿命皆通 七者 畢竟成佛"라고 하였다. 〔참고문헌〕『地藏菩薩本願經』. ⇨지장십익 地藏十益, 지장이십팔익 地藏二十八益, 지장보살 地藏菩薩

지장침 地藏琛 867~928. 중국 당말오대(唐末五代) 스님 나한계침(羅漢桂琛). 현사사비(玄沙師備)의 법을 이어 받고, 복건성(福建省) 석산(石山) 지장원(地藏院)에 주석하였기에 '지장'이라는 법호로도 부른다. 계(桂)는 피휘하기 위해 생략한 글자이다. ⇨ 계침 桂琛

지장탱화 地藏幀畵 유명세계(幽冥世界)의 교주(教主)인 지장보살을 본존으로 그린 불화. 〔참고문헌〕 김정희 『조선시대 지장시왕도 연구』(일지사, 1996). ⇨ 지장보살도 地藏菩薩圖

지장해 智藏海 지혜 가득 출렁이는 바다. 『종경록』 권28(대정장48, p.576c10)에 "능히 아는 이라 함에 삼종인이 있다. 첫째는 부처님, 둘째는 보살·성문·연각, 셋째는 범부다. 무엇을 바탕으로 해서 지를 내는가? 대일비로자나지장해다. 이 바다중에 세 갈래로 파도치니, 그 위에서 세 갈래 사람이 차제로 능히 이 바다가 본래 고요함을 안다. 어찌하여 파도치는가? 홀연히 생각에 무명의 바람 불어 물결 일으킨다. 물결 모양 어떠한가? 이 빛 없는 바람이 지혜 가득한 바다중에 움직여 물결칠 뿐이다. 能知者 有三種人 一 佛 二 菩薩聲聞緣覺 三 凡夫 云何根海 謂大日毘盧遮那智藏海 此海中有三種波 此上三種人 次第能知此海本來寂 云何生波浪 由忽爾念無明風 起於波浪 云何波相 此無明風 動智藏海中生波浪"라고 하였다. 〔참고문헌〕 『宗鏡錄』.

지장호상 指長好相 삼십이상(三十二相) 중 하나로 손가락 또는 발가락이 길고 보기 좋은 상. 장지상(長指相 Ⓢ dīrghāṅgulikatā)·섬장지상(纖長指相 Ⓢ dīrghāṅgulitva)이라고도 한다. 『좌선삼매경』 권상 「치등분법문 治等分法門」(대정장15, p.276a25)에 "이처럼 심상으로 과거불을 보는데, 처음 신이 내려올 때 천지를 흔들며 삼십이대인상을 갖고 있다. … 셋째는 지장호상이다. 如是心想 見過去佛 初降神時 震動天地 有三十二大人相 … 三者 指長好", 『현겁경』 권3 「삼십이상품 三十二相品」(대정장14, p.26a8)에 "그 손가락이 길고 좋음은 숙덕으로 빚어진 바이다. 굽거나 더럽지 않으니, 모두 베풂이 보응한 공덕이다. 其指長好 宿德所致 無有曲穢 是皆所施報應之功德"라고 하였다. 〔참고문헌〕 『坐禪三昧經』, 『賢劫經』, *Bodh-bh.262.*, *Ratna-ut.94.* ⇨ 삼십이상 三十二相, 섬장지상 纖長指相

지재 持齋 재를 지키다. 몸과 마음을 산란하지 않고 바르게 지키는 것. 『대지도론』 권13(대정장25, p.160a6)에 "겁초에 성인은 사람들에게 지재·수선·작복·피흉과 피쇠를 가르쳤다. 이때 재법에서는 팔계를 다 받지는 않았다. 단지 하루 먹지 않음을 재라고 하였다. 부처님께서 세간에 출현하신 후 사람들을 가르쳐 말씀하시기를 '제불이 팔계를 지킨 것처럼 그대들이 하루 밤낮 동안 정오가 지난 때에 먹지 않는다면 이 공덕으로 장차 열반에 이른다'라고 하셨다. 劫初聖人教人持齋 修善 作福 以避凶衰 是時 齋法不受八戒 直以一日不食爲齋 後佛出世 教語之言 汝當一日一夜 如諸佛持八戒 過中不食 是功德將人至涅槃", 『사분율행사초자지기』 권하(대정장40, p.379b16)에 "요즘 복령환을 많이 만드는데 크기는 주먹만하다. 참마를 탕으로 끓여 죽처럼 진하게 만들어 때 아닌 때에 씹고 먹으면서 지재 하고 있다고 거짓말한다. 今時多作茯苓丸 形如拳大 煎署預湯 稠如糜粥 非時輒噉 妄謂持齋", 『대일경소』 권2(대정장39, p.594c21)에 "지재일에는 자기의 재물을 회사하여 육친에게 주고 스스로 '나는 지켜야 할 근심이 없고 다른 이로 하여금 애경하게 하고 효의의 명예를 얻었다'라고 생각한다. 於持齋之日 捨己財物 以與六親 自念我無守護之憂 而令他人愛敬 獲孝義之譽", 『소실육문』(대정장48, p.368c20)에 "재를 가지는 이는 반드시 그 취지를 깨달아야 한다. 이 도리에 이르지 못하면 힘쓰더라도 헛될 뿐이다. 재란 가지런히 한다는 뜻이다. 몸과 마음을 가지런히 바르게 하여 산란하지 않게 하는 것이다. 지란 지키는 뜻이다. 모든 계행에 있어 법답게 지켜 가진다. 밖으로는 여섯 갈래 분별 금하고, 안으로는 삼독을 다스려 쉬지 않고 관찰하여 몸과 마음을 청정하게 한다. 이러한 뜻을 깨달으면 그 이름이 지재다. 又持齋者 當須會意 不達斯理 徒爾虛功 齋者齊也 所謂齊正身心 不令散亂 持者護也 所謂於諸戒行 如法護持 必須外禁六情 內制三毒 懃懃覺察 淸淨身心 了如是義 名爲持齋"라고 하였다. 〔참고문헌〕 『大智度論』, 『四分律行事鈔資持記』, 『大日經疏』, 『少室六門』. ⇨ 재 齋, 오파바사 鄔婆婆沙

지재 智才 생몰년 미상. 북송대 임제종 스님. 속성은 시(施) 씨. 서주(舒州) 출신. 불감혜근(佛鑑慧懃)의 사법제자로 담주(潭州) 용아사(龍牙寺)에 주석하였으며, 늘 물음에 소로(蘇嚧)라고 답했기에 재소로(才蘇嚧)라고 불렸다. 『선림보훈음의』(卍속장113, p.274a15)에 "용아재 : 담주 용아사 지재선사로 서주 출신이며 시 씨의 자손이다. 불감혜근선사를 이었으니 남악하 15세다. 龍牙才 潭州龍牙寺智才禪師 舒州 施氏子 嗣佛鑑懃禪師 南嶽下十五世", 『승보정속전』 권5 「대위선과전 大潙善果傳」(卍속장137, p.603b15)에 "이때 용아지재선사의 법석이 자못 성했는데, 매양 답하는 말로 소로라고 많이 칭하였다. 時 龍牙才禪師 法席頗盛 每答話多稱蘇嚕", 『운와기담』 권상(卍속장148, p.21a14)에 "지재는 이미 용아에 머물렀으니 담부(潭府 : 潭州)에서 개당하였다. 물음 있으면 허다히 소로라고 답했으니, 이를 말미암아 총림에선 아름답게 부르는 호가 되었으니 재소로라 하였다. 才旣住龍牙 開堂於潭府 有問 多答蘇嚧 由是叢林雅呼爲才蘇嚧"라고 하였다. 〔참고문헌〕 『禪林寶訓音義』,

『僧寶正續傳』, 『雲臥紀譚』. ⇨ 재소로 才蘇嚧

지재경 持齋經 『재경 齋經』(대정장1, No.87)의 다른 이름. 지겸(支謙) 역. 1권. 대정장1, pp.910c26~912a10, no.87에 수록되어 있다. 『중아함경』 권55「지재경 持齋經」(대정장1, pp.770a16~773a1)의 별행본이다. 상응하는 팔리경전은 앙굿타라니카야 앗타카니파타(Atthakanipata) 제43경 *Visākhā-sutta*(*AN.4*, pp.255~258, pp.266~267)이다. 부처님께서 거사의 부인에게 세 가지 지재(放牛兒齋 · 尼揵齋 · 聖八持齋)를 설한 뒤에, 팔성지재(八關齋)가 가장 뛰어나며, 이 지재의 마음가짐과 닦아야 하는 오법(五法)도 밝혀, 대공덕이 있음을 설하였다. 『출삼장기집』 권2「신집경론록 新集經論錄」(대정장55, p.5c16)에는 『보살재법 菩薩齋法』·『보살정재경 菩薩正齋經』의 다른 이름으로 불렸으며, 이후 『역대삼보기』·『대당내전록』·『개원석교록』 등에서는 재경(齋經)이라 하였다. ⇨ 재 齋, 팔관재 八關齋, 재경 齋經

지재일 持齋日 재계(齋戒)를 가져 지키는 날. 육재일(六齋日) 등에 여덟 가지 계를 하룻낮 하룻밤 동안 가져 지킨다. 『대장일람』 권3(가흥장21, p.478a24)에 "〈게〉 '한 달에 여섯 지재일 있으니, 사천왕의 무리들이 인간계를 살피네'. 『우바이타사가경』에 '한 달의 육일재는 8일 · 14일 · 15일 · 23일 · 29일 · 30일이다' 하고, '팔계를 하루 밤낮을 받들어 지녀도 복은 헤아릴 수 없다' 하였으며, '어질고 착한 사람이 급히 아라한도를 얻거나 불도를 얻거나 하늘에 나고자 하면, 그 마음 바로하고 그 뜻을 하나로 하여 한 달 15일 또는 20일 동안 재계하여도 또한 좋다' 하였다. 一月有六持齋日 四天王衆察人寰 隨舍迦經云 一月六日齋 月八日十四日 十五日二十三日 二十九日三十日 奉持八戒 一日一夜 福不可計 若賢善人 急欲得阿羅漢道者 若佛道者 若生天者 端其心 一其意 一月十五日 或二十日齋 亦善"라고 하였다. 〔참고문헌〕『大藏一覽』, 『優陂夷墮舍迦經』(대정장1, p.912b1 · 912c22 · 913a5). ⇨ 육재일 六齋日, 팔관재 八關齋

지쟁법 止諍法 다툼을 그치는 법. 정법구주(正法久住)를 위해 석존께서 제정하신 법으로 멸쟁법(滅諍法 Ⓢ adhikaraṇa-śamatha dharma), 칠멸쟁법(七滅諍法 Ⓟ satta adhikaraṇa-samathā dhammā)이라고 한다. 『중아함경』 권35「우세경 雨勢經」(대정장1, p.650a15)에 "대중에 다툼이 일어나면 저 똥오줌 버리듯이 하니, 지쟁법으로 그치게 하면 비구는 반드시 이기고 법은 쇠하지 않는다. 衆中起諍 當以如棄糞掃 止諍法止之者 比丘必勝 則法不衰", 『집이문족론』 권17(대정장26, p.440c19)에 "〔문〕 무슨 까닭에 이 일곱 가지를 지쟁법이라고 하는가? 〔답〕 쟁은 피차가 다투어 송사를 일으키고 서로 다른 주장을 하는 것이다. 이런 일곱 가지 법으로 각각에 따라 드러내 보이게 하여서 그 일어난 다툼을 모두 고르게 하여 그쳐 쉬게 하니, 이런 인연으로 지쟁법이라고 한다. 問 何緣是七 名止諍法 答 諍謂彼此鬪訟違諍 由斯七法 隨一現前 令所起諍 皆調止息 由此因緣 名止諍法"라고 하였다. 〔참고문헌〕『中阿含經』, 『集異門足論』. ⇨ 멸쟁법 滅諍法, 칠멸쟁법 七滅諍法

지적국통 智積國統 당대 스님. 『십구장원통기』 권하「교의이대유오중 敎義二大有五重」(한불전4, p.63c4)에서는 지엄화상(智儼和尙 602~668)에게 『대집경』과 『화엄경』의 해인(海印)의 차이에 대해 물었고, 『석화엄교분기원통초』 권1(한불전4, p.246a24)과 『법계도기총수록』 권하(한불전6, p.822c16)에는 지엄과 문답한 글이 전한다. 『법계도기총수록』 이타행에 "「고기 古記」에 '운화존자가 「오직 『화엄경』에 설해진 법만이 해인삼매에 의지해 일어났다」고 하였다. 그때 지적국통이 지적해 이르길 「『대집경』에는 저 염부제의 일체중생의 몸과 그밖의 색과 같이, 이러한 색상의 바다중에는 모든 것을 인쳐 보이기에 큰 바다를 인으로 삼았듯이 보살도 또한 그러해서 대해인삼매를 얻어 일체중생의 심행을 본다고 한다. 곧 아래의 네 교법 또한 해인정에 의지하여 일어났는데 어떤 이유로 그렇지 않다고 하는가」'라고 하였다. 古記云 雲華尊者云 唯花嚴經所說之法 依海印定起也 時有智積國統難云 大集經云 如閻浮提一切衆生身及外色 如是色相海中皆有印相 是故名大海爲印 菩薩亦爾得大海印三昧見一切衆生心行云云 則下四敎法亦依海印定起 何故云不爾耶"라고 하였다. 〔참고문헌〕『釋華嚴敎分記圓通鈔』, 『法界圖記叢髓錄』, 『十句章圓通記』.

지적보살 智積菩薩 ❶ Ⓢ Prajñākūṭa, Ⓣ shes-rab-brtsegs. 대통지승불(大通智勝佛)이 아직 출가하지 않았을 때의 첫째 아들이 출가하여 아촉불(阿閦佛)이 된 보살이다. 반야구라(般若拘羅) · 반야구(般若拘) 등으로 음사한다. 『법화경』 권4「제바달다품 提婆達多品」(대정장9, p.35a27)의 대고중(對告衆) 중 한 분이며, 다보불(多寶佛)을 따라 사바세계(娑婆世界)에 와서 문수보살(文殊菩薩)과 여인의 성불에 대하여 논의한 보살이다. 같은 책 권4(대정장9, p.35a18)에 "그때 아래쪽에서 다보세존을 따르는 지적이라는 보살이 다보불(Ⓢ Prabhūtaratnaṃ tathāgatam)에게 아뢰기를 '본토로 되돌아가셔야 합니다' 하니, 석가모니불이 지적에게 말씀하셨다. '선남자야, 잠깐 기다려보라. 여기에 문수사리라는 보살이 있으니, 서로 만나보는 것이 좋겠다. 묘법에 대해 논설하고 본토로 되돌아가는 것이 좋으리라'. 於時下方 多寶世尊 所從菩薩 名曰智積 白多寶佛 當還本

土 釋迦牟尼佛 告智積曰 善男子 且待須臾 此有菩薩 名文殊師利 可與相見 論說妙法 可還本土"라고 하였다. 『유마힐경 維摩詰經』에도 등장하며, 『유마힐소설경 維摩詰所說經』에서는 혜적보살(慧積菩薩)로 한역되었고, 『대애경』 권8(대정장13, p.449c19)에서는 체분별변보살이 부처님께 지적보살은 어찌하여 지적이라 부르는지를 여쭈었고(有菩薩名逮分別辯 前白佛言 智積菩薩 何故號曰 爲智積耶), 부처님께서는 다음과 같이 말씀하셨다. '옛날 아마륵겁(阿摩勒劫)에 수적여래(首寂如來)께서 정근세계(精勤世界)에 계시었는데, 이 부처님께서 중생을 제도할 백억 가지 질문에 답할 보살을 찾았는데 각의보살(覺意菩薩)이 나서서 백억이나 되는 질문에 대하여 낱낱이 풀었다. 이것을 들은 이들은 마치 어둠 속에서 광명을 본 것처럼 기뻐하였으며, 그 모임의 모든 대중들은 바르고 참된 도를 얻고자 발심하였고, 팔만사천의 보살들도 무생법인(無生法忍)을 얻었다. 이에 수적여래께서 칭찬하시니, 하늘의 모든 천왕들이 이제 이 보살이 백억이나 되는 문을 능히 드러내 보내 버렸으니 마땅히 그 이름 불러 지적이라 해야하리(今此菩薩 乃能發遣 百億衆難 當號名之 爲智積也)'라 하고는 그때 각의보살이 지금의 지적보살이라고 하셨다. 〔참고문헌〕『法華經』, 『大哀經』, 『法華文句』 권8(대정장34, p.116c15), *Saddh-p.260.*, *Vikī-n.3.* ⇨ 반야구라 般若拘羅, 아촉불 阿閦佛, 대통지승불 大通智勝佛 ❷ Ⓢ Pratibhānakūṭa. 현겁십육존(賢劫十六尊) 변적보살(辯積菩薩)이다. 〔참고문헌〕 *Vikī-n.2.* ⇨ 변적보살 辯積菩薩

지적왕자 智積王子 Ⓢ Jñānākara, Ⓣ ye-shes-'byung-gnas. 대통지승불(大通智勝佛 Ⓢ mahābhijñā-jñānābhibhūs-tathāgato 'rhan samyaksaṃbuddha)의 출가 전 아들 십육왕자(十六王子) 중 맏이. 『법화경』 권3 「화성유품 化城喩品」(대정장9, p.22c2)에 "대통지승불이 십소겁을 보내고 제불의 법이 앞에 드러나 아누다라삼막삼보리를 이뤘다. 그 부처님에게 출가 전 열여섯 명의 아들이 있었으니, 그 맏이 이름이 지적이다. 大通智勝佛 過十小劫 諸佛之法 乃現在前 成阿耨多羅三藐三菩提 其佛未出家時 有十六子 其第一者 名曰智積", 『법화경구해』 권3(卍속장48, p.25b6)에 "맏이 되는 태자의 지혜가 깊고 두터워 지적이라 이름하였다. 第一太子智慧深厚 故名智積", 『법화경과주』 권3(卍속장48, p.864b1)에 "지적은 부처를 이루었으니, 바로 지금 동방의 아촉불이시다. 智積成佛 卽今東方 阿閦佛也"라고 하였다. 〔참고문헌〕『法華經』, 『法華經句解』, 『法華經科註』, *Saddh-p.160.* ⇨ 십육왕자 十六王子

지전 地前 Ⓢ abhūmi-praviṣṭā, Ⓣ sa-la-ma-zhugs-pa. 보살이 십지(十地) 처음인 초지(初地)에 오르기 전. 지전보살(地前菩薩)을 뜻한다. 초지 이상은 지상(地上)이라 한다. 『불성론』 권2(대정장31, p.798a22)에 "지전에는 이처럼 믿고 즐거워하는 등의 사덕이 있는데, 청정불성의 인이 되어 네 가지 뒤집힘을 마주해 다스린다. 地前有如是信樂等四德 爲清淨佛性因 爲對治四倒", 원측(圓測)의 『인왕경소』 권상(대정장33, p.379c28 · 한불전1, p.47c3)에 "대략 두 가지로 지킨다. 첫째는 불과인연을 지킴이고, 둘째는 십지행인연을 지킴이다. 이 가운데 불과로 지킴은 십지반야로써 능히 인연을 지켜 불과를 일으킨다. 또 십지보살을 지켜 보호함은 지전반야로써 능히 인연을 지켜서 능히 십지보살행을 일으킨다. 略開二護 一護佛果因緣 二護十地行因緣 此中佛果爲所護 以十地般若 爲能護因緣 生佛果故 又十地菩薩爲所護 以地前般若 爲能護因緣 能生十地菩薩行故", 같은 책 권상(대정장33, p.381b13 · 한불전1, p.49c22)에 "경에는 두 종이 있다. 첫째는 오온이니 지전경이고, 둘째는 상락아정이니 지상경이다. 境有二種 一者 五蘊 是地前境 二者 常樂我淨 是地上境"라고 하였다. 〔참고문헌〕『佛性論』, 『仁王經疏』, 『華嚴經疏鈔』 권26(대정장36, p.198a23), *Sūtr.147.* ⇨ 십지 十地, 보살계위 菩薩階位, 지전보살 地前菩薩, 지전삼십심 地前三十心, 지전사십심 地前四十心, 지상보살 地上菩薩

지전 知殿 육두수(六頭首) 중 하나로 사원내 전당(殿堂)을 돌보는 소임. 전주(殿主) · 전사(殿司)라고도 한다. 전당의 방제나 청소뿐만 아니라 전당에 속한 향화(香花) · 등촉(燈燭) 등의 기물 등 제반을 관장한다. 『백장청규』 권4 「지전」(대정장48, p.1131c4)에 "모든 전당의 향과 등을 돌본다. 때때로 먼지를 털고 닦으며 탁자 등을 엄정하게 한다. 바람이 불 경우에는 향불을 끄고 세워둔 깃발의 다리를 묶어서 등촉에 가까이 닿지 않도록 막고 돌아 본다. 시주의 향전은 섞어 써서는 안된다. 불탄일에는 욕불할 따뜻한 물을 대중에게 드리고, 사재일(四齋日)에는 전당의 문을 활짝 열어서 왕래하는 이들이 언제나 우러러 예배하게 한다. 掌諸殿堂香燈 時時拂拭塵埃 嚴潔几案 或遇風起 須息爐內香火 及結起幡脚 防顧使勿近燈燭 施主香錢不得互用 佛誕日浴佛煎湯供大衆 四齋日開殿門 以便往來瞻禮"라고 하였다. 〔참고문헌〕『百丈清規』, 『憨山集』 권51(卍속장127, p.930a15), 『禪林象器箋』 권6(불광장, 禪藏, p.445). ⇨ 육두수 六頭首, 전주 殿主, 향로전 香爐殿, 말위 末位, 부전 副殿

지전 持殿 전각 내의 모든 일을 돌보는 소임. 대웅전 등 전각의 향화 · 염불 · 불공(佛供) 등을 관장하며, 지전(知殿)이라고도 한다. 『천지명양수륙재의범음산보집』 권중 「육색장축원 六色掌祝願」(한불전11, p.502c17)에 "지전. 초경에 잠들고 오경에 기침하여 쇠종을 울려 분향하되 주야를 분명히 알린다. 하루 십이시 중 밝게 등촉을 켜고 분향하고 예배하며 상주하는 지전인 모 비구. 持殿 初更開寢 起寢五更 釋金焚修 晝夜分明 十二時中 耿耿燈燭 焚香禮拜 常住持殿 某人比丘"라고 하였고, 『오종범음집』 권상 「영산작법 靈山作法」(한불전12, p.158b4)에 "지전이 쇠종을 쳐서 예불할 때에 수양제가 절에 들어가다가 종소리를 들었다. 성으로 돌아와 며칠이 지난 뒤 죽어서 지옥에 들어가 고통을 받았는데, 종소리를 생각하면서 고통에서 벗어났다. 持殿擊金禮佛時 隋煬帝入寺聞鍾聲 歸城數日 死入地獄受苦 追思鍾聲而離苦"라고 하였다. 〔참고문헌〕『天地冥陽水陸齋儀梵音刪補集』, 『五種梵音集』. ⇨ 지전 知殿

지전 紙錢 종이돈. 각종 의례에서 쓰는 종이로 만든 돈. 음전(陰錢)·우전(寓錢)·의전(擬錢) 등이라고도 하고, 특별히 죽은 이의 관에 넣는 지전은 예전(瘞錢), 명계의 사자가 가지고 가게 걸어 두는 것은 기고전(寄庫錢) 등이니, 대체로 만들어 쓴 후 불로 사른다. 세속에서 죽은 이나 명계로 가는 노잣돈이라 여겨 전승되었고, 불교의 천도재 등에서 행한다. 『선림상기전』 권20(불광장, 禪藏, p.1617)에 "도충(道忠)이 말한다. '일본선림에서는 기도나 우란분회 등의 법회에서 돈 모양의 종이를 수 십 개 잇고 말 그림심경과 함께 법당 기둥에 걸어 놓았다가 법회를 마치면 동발에 담아 법당 안에서 불을 붙여 태워 귀신에게 올린다. 때로는 은박·금박으로 장식한 종이를 은전이나 금전으로 삼아 정성을 더하였다'. 忠曰 日本禪林 祈禱 及盂蘭盆會等 雕紙如錢形數十相連 與繪馬心經 共之 掛之堂柱 會畢 則設銅鉢 就內點火 焚化之 所以饗鬼神也 或以錫箔鍮箔粧紙 爲銀錢金錢 則滋慇重也", 『불조통기』 권33(대정장49, p.322c1)에 "당대 이전에는 지전을 씀이 없었다. 왕여(王璵)로부터 이 법이 성행하였는데 관 안에 돈꿰미·금은·채색 비단 등을 넣어 세간에서 쓰는 바와 조금도 다르지 않게 하였다. 마음 따라 법 또한 능히 변하기 마련이니 천부명관들 역시 인심을 따라 달라진다. 세간에서 종이돈 꾸러미 곳간에 두면 귀신 또한 종이돈으로 인간계에 들어와 물건 산다 여긴다. 唐以前 無紙錢爲用者 自王璵盛行此法 於是冥中藏 積緡鏹 金銀繒綵 與世間所用無少異 由心法之能變造故 天府冥關 亦隨人心而轉 世有用紙鏹寄庫者 有鬼神用紙鏹 入人間買物者", "이런 등 효험 드러남 하나가 아니다. 마음 일으킨즉 갖가지 법이 일어나니 종이돈 하나만이 아니다. 此等顯驗不一 心生則種種法生 不特紙錢一法而已也", 『횡천행공어록』 권상(卍속장123, p.375b15)에 "제야의 소참 : 한 해가 다하여 마치는 이때, 집집마다 지전을 태워 방울방울 땅에 떨어질 때 천신들은 모두 취한다. 이 일을 불법이라 헤아려서도 세간의 할 일이라 해도 안 된다. 세간의 진실이라 유포해야 한다면 눈동자 뒤집힐 일이며, 불법으로 여긴다면 혀끝 무너져 내리리라. 除夜小參 年窮歲盡時 家家燒紙錢 滴滴落地 千神俱醉 不可作佛法商量 不可作世諦流布 若作世諦流布 瞎却眼睛 若作佛法商量 爛却舌頭"라고 하였다. 〔참고문헌〕『禪林象器箋』, 『佛祖統紀』, 『橫川行珙語錄』. ⇨ 예전 瘞錢

지전 智田 ❶ 지혜의 밭. 『당고승전』 권30 「석도기전 釋道紀傳」에 "도기는 늘 사람들에게 말하였다. '경에서 이르지 않았던가? 「절의 땅을 저 염부제만큼 쓸어도, 부처님 땅 손바닥만큼 쓴 만 못하니, 지혜의 밭은 뛰어나기 때문이다」'. 每語人曰 經不云乎 掃僧地如閻浮 不如佛地一掌者 由智田勝也"라고 하였다. 〔참고문헌〕『唐高僧傳』. ❷ Ⓢ kṣetrajña. 상키야(Ⓢ Sāṃkhya : 數論)의 용어. 지혜가 아직 생겨나기 이전인 신아(神我 Ⓢ Puruṣa)를 말한다. 『금칠십론』 권하(대정장54, p.1262b3)에 "가비라선인이 아수리에게 다음과 같이 간략하게 말했다. '최초에는 오직 어둠(Ⓢ tamas)만이 있었다. 이 어둠 속에 지전이 있었으니, 지전은 곧 인(人 : 神我)이다. 인은 있었으나 지가 없어 밭일 뿐이라 하였다'. 迦毘羅仙人 爲阿修利 略說如此 最初唯闇生 此暗中有智田 智田卽是人 有人未有智 故稱爲田"라고 하였다. 〔참고문헌〕『金七十論』, *Sāṃkhy-k.62.*

지전 智箭 지혜의 화살. 『대보적경』 권94 「선비보살회 善臂菩薩會」(대정장11, p.535c18)에 "무엇이 성문승인가? 무른 근기의 해탈이니, 일념 중에 삼유의 굴속 같은 집을 떠나 기꺼이 세간을 벗어나서 열반을 얻고자 한다. 적멸처를 보며 부지런히 더하여 정진함에 저 머리에 불붙은 듯이 한다. 사성제를 미처 이해하지 못했다 하며 지혜의 화살로 사제의 과녁을 쏜다. 증해하려고 해서 깊이 정진코자 하니 이를 성문승이라 부른다. 云何聲聞乘 軟根解脫 於一念中 離三有窟宅 樂欲出世 欲得涅槃 見寂滅處 勤加精進 如救頭然 若其未解四聖諦者 欲以智箭 射四諦的 欲證欲解 以深欲精進 是名聲聞乘", 『대지도론』 권11(대정장25, p.144c5)에 "아직 저 깨달음 얻지 못했다면, 지금이 바로 물을 때다. 마땅히 지혜의 화살 당겨 그대 의심의 군대 부셔야 하리. 若有未悟 今是問時 當以智箭 破汝疑軍", 『벽암록』 「협산무애선사항마표 夾山無礙禪師降魔表」(대정장48, p.151a14)에 "지혜의 화살과 선정의 활과 빛나는 지혜의 칼을 차고 저 대승문중을 향해 갈고 닦아 적명산중에 편안히 진친다. 智箭禪弓 光明慧劍 向大乘門中訓練 寂滅山內安營"라고 하였다. 〔참고문헌〕『大寶積經』, 『大智度論』, 『碧巖錄』, 『福蓋正行所集經』 권1(대정장32, p.720a25).

지전경 地前境 이경(二境 : 地上境 地前境) 중 하나.

오온(五蘊)을 말한다. 지상경은 상락아정(常樂我淨)이다. 원측(圓測)의 『인왕경소』 권상(대정장33, p.381b13 · 한불전1, p.49c22)에 "경에는 두 가지가 있다. 첫째는 오온이니 지전경이다. 境有二種 一者 五蘊 是地前境"라고 하였다. 〔참고문헌〕『仁王經疏』. ⇨지전 地前, 오온 五蘊, 지상경 地上境

지전보살 地前菩薩 십지(十地) 처음인 초지(初地)에 오르기 전의 보살. 보살계위 오십이위(五十二位)로 보자면, 십신(十信) · 십주(十住) · 십행(十行) · 십회향(十廻向)의 보살이 모두 해당한다. 그 외는 지상보살(地上菩薩)이다. 세친(世親)의 『금강선론』 권1(대정장25, p.803a19)에 "무릇 논하면 보살에는 두 부류가 있다. 첫째는 초지이상의 출세간보살, 둘째는 지전의 세간보살이다. 지전보살에 다시 두 부류다. 첫째는 외범, 둘째는 내범이다. 내범보살에 나아가 다시 두 부류다. 첫째는 근기가 성숙한 보살, 둘째는 근기가 미숙한 보살이다. 汎論菩薩有二種 一者 初地以上出世間菩薩 二者 地前世間菩薩 地前菩薩 復有二種 一者 外凡 二者 內凡 就內凡菩薩 復有二種 一 根熟 二者 根未熟", 『불지경론』 권6(대정장26, p.321b23)에 "지전보살은 또한 아직 능히 증하지도 진여를 보지도 못하니, 화합하여 한 맛인 평등성지도 아직 드러내 행하지 못하기 때문이다. 地前菩薩 亦未能證 未見眞如 和合一味平等性智 未現行故", 진제(眞諦)역 『섭대승론석』 권12(대정장31, p.245b12)에 "저 지전보살은 아직 진여를 보지 못하고, 무분별을 분별하며 반야바라밀로 여겨 '이는 반야바라밀이다'라 한다. 만약 보살이 이미 진여를 보았다면, 반야바라밀중에 있은즉 이런 분별이 없기에 '분별처를 떠났다'라 말한다. 如地前菩薩 未見眞如 分別無分別 爲般若波羅蜜 謂此是般若波羅蜜 若菩薩已見眞如 在般若波羅蜜中 則無此分別 故言離分別處", 『화엄경소초』 권82(대정장36, p.644c14)에 "보살인 중에 진퇴를 정하지 못한 지전보살은 불성을 들어보았을 뿐 아직 불안을 갖추지 못했다. 지상보살은 눈으로 보기에 불안이 있다. 菩薩人中 進退不定 地前菩薩 聞見佛性 未有佛眼 地上眼見 故有佛眼", 『신화엄경론』 권11(대정장36, p.787a17)에 "삼승의 설에 견주면, 십신 · 십주 · 십행 · 십향은 도전의 사종자량위고, 초지이상은 견도의 가행위다. 삼승의 지전보살은 일대아승기겁을 거치며 유위유루행을 닦은 다음 초지에서 견도한다. 准三乘說 十信十住十行十向 爲道前四種資糧 初地以上爲見道加行 爲三乘地前菩薩 經一大僧祇劫 修有爲有漏行 初地見道"라고 하였다. 〔참고문헌〕『金剛仙論』, 『佛地經論』, 『攝大乘論釋』, 『華嚴經疏鈔』, 『新華嚴經論』, 『大乘義章』 권20(대정장44, p.854c15). ⇨보살계위 菩薩階位, 보살 菩薩, 지상보살 地上菩薩, 방편행인 方便行人 [2], 견도 見道

지전사십심 地前四十心 초지(初地) 전에 거치는 마흔 자리의 마음. 곧 십신(十信) · 십주(十住) · 십행(十行) · 십회향(十廻向)이며, 십지(十地) 전의 모든 계위다. 『법화현론』 권7(대정장34, p.418c17)에 "지전사십심은 모두 보살에 속하기에 '큰 풀'이라 한다. 地前四十心 皆屬菩薩 故云 名大草也", 『대승현론』 권5(대정장45, p.64b20)에 "대승에 의하면 지전사십심은 번뇌성을 갖추니 제일의가 된다. 若依大乘 地前四十心 具煩惱性 爲第一依"라고 하였다. 〔참고문헌〕『法華玄論』, 『大乘玄論』, 『慈氏菩薩念誦法』 권하(대정장20, p.598a25), 『成唯識論述記』 권9(대정장43, p.559a6). ⇨지전 地前

지전삼십심 地前三十心 초지(初地) 전에 거치는 서른 자리의 마음. 보살수행위로는 삼현위(三賢位)를 일컫고, 보살의 오인(五忍) 중에서는 복인(伏忍), 오위(五位) 중에서는 자량위(資糧位)에 상응한다. 곧 십주(十住) · 십행(十行) · 십회향(十回向)이다. 『인왕호국반야경소』 권4(대정장33, p.275c22)에 "삼현은 지전의 삼십심이다. 三賢卽地前三十心", 『양부대법상승사자부법기』 권하(대정장51, p.787a18)에 "경에서 '복인의 성태를 기르는 삼십인은 십주 · 십행 · 십회향이다'라고 하였으니, 이를 '지전삼십심' 또는 '주성태'라 한다. 伏忍聖胎三十人 十住十行十迴向 此名地前三十心 名住聖胎也"라고 하였다. 〔참고문헌〕『仁王護國般若經疏』, 『兩部大法相承師資付法記』, 『仁王護國經』 권상(대정장8, p.837b17). ⇨삼현 三賢, 복인 伏忍, 보살계위 菩薩階位

지전삼인 地前三忍 십지(十地) 이전의 삼인(三忍). 십주(十住) · 십행(十行) · 십회향(十廻向)의 현인(賢人)위를 말한다. 지전삼현(地前三賢)과 같다. 『인왕호국경소』 권중(대정장33, p.464c14)에 "삼십사인이 있다. 지전의 삼인, 십지 중에서는 지지마다 셋으로 나누니 삼십인이 되고, 불지는 하나가 되어 삼십사인이다. 有三十四忍 地前三忍 於十地中 地地分三 爲三十忍 佛地爲一三十四也"라고 하였다. 〔참고문헌〕『仁王護國經疏』, 『仁王經疏』 권중(대정장33, p.398b15 · 한불전1, p.77b6).

지전삼현 地前三賢 십지(十地) 이전의 삼현(三賢). 범부를 벗어났으나 성인(聖人)의 지위에는 오르지 못한 십주(十住) · 십행(十行) · 십회향(十廻向)의 위로 지전삼인(地前三忍)이라고도 한다. 오인(五忍) 중 복인(伏忍)과 상응한다. 『인왕반야경소』 권상(대정장33, p.320a2)에 "구십인이란 지전삼현이니, 첫째 습종성, 둘째 성종성, 셋째 도종성이다. 이 삼십심 중에 하중상 삼품관을 지으면, 삼십심에 모두 구십품관이 있게 되는데, 이것을 구십인이라고 한다. 九十忍者 地前三賢 一 習種性 二 性種性 三 道種性 於此三十心中 作下中上三品觀

三十心合有九十品觀 名九十忍也", 『보살계본소』 권하(대정장40, p.686b20)에 "습종성은 십발취이고, 장양성은 십장양이며, 불가괴성은 십금강을 말한다. 이 세 가지가 곧 지전삼현이다. 習種姓 謂十發趣 長養姓者 謂十長養 不可壞姓者 謂十金剛 此三卽是地前三賢", 『법문명의집』(대정장54, p.197b20)에 "오인이란 첫째 복인 … 다섯째 적멸인이다. 지전삼현보살은 복인을 증득한다. 五忍 一 伏忍 … 五 寂滅忍 地前三賢菩薩得伏忍"라고 하였다. [참고문헌] 『仁王般若經疏』, 『菩薩戒本疏』, 『法門名義集』. ⇨삼현 三賢, 삼현보살 三賢菩薩, 복인 伏忍, 보살계위 菩薩階位

지절 支節 **1** Ⓢ praśākhā, Ⓟ pasākha, pasākhā, Ⓣ rkang-lag-'gyus-pa. 태내오위(胎內五位) 중 지절이 분화되는 다섯 번째 위인 발라사거(鉢羅奢佉)의 한역어. 『구사론소』 권9(대정장41, p.597a8)에 "발라사거는 지절이라고 한역한다. 鉢羅奢佉 此云支節"라고 하였다. [참고문헌] 『俱舍論疏』, *Abh-k-bh.231.* ⇨발라사거 鉢羅奢佉, 태내오위 胎內五位 **2** 몸의 급소를 뜻하는 말마(末魔 Ⓢ marman, Ⓣ gnad)의 한역어 중 하나. 『구사론송소론본』 권10(대정장41, p.878b11) "말마는 지절로 한역한다. 그런데 몸에는 백 곳에 다른 지절들이 있는데, 그 양은 적지만 건드리면 바로 죽는다. 이것을 말마라 한다. 末摩 此云支節 然於身中有百處異支節 其量甚小 觸便致死 是謂末摩"라고 하였다. [참고문헌] 『俱舍論頌疏論本』. ⇨말마 末摩, 단말마 斷末摩 **3** Ⓢ saṃdhi, Ⓣ tshigs. 몸을 구성하는 뼈와 근육. 『대비바사론』 권90(대정장27, p.464a7)에 "어떤 이는 이렇게 말한다. '모든 지옥에서는 안 등의 육근이 끊어졌다가 다시 이어지니, 업이 이끌기 때문이고, 모든 취의 법 또한 그렇기 때문이다. 저 인간세계에서는 뼈나 근육이 끊어지면 다시 이을 수 없지만, 지옥에서는 뼈나 근육이 끊어졌다가도 곧 다시 이어져 생긴다. 모든 취의 법이 그러하므로 서로 비교할 수 없다. 有作是說 諸地獄中 眼等六根 斷已更續 業所引故 趣法爾故 如人等中 支節斷壞 不可還續 地獄等中 支節斷已 尋復續生 諸趣法爾 不可相例", "그러므로 저 안 등은 끊어졌다가도 다시 생기지만, 신근은 반드시 없어져서 모든 분이 끊어진다 하니, 다시 이어질 길이 없다. 이것은 모든 색근들이 의지하기 때문이다. 거기에 조금이라도 신근의 극미가 있다면, 이것에 의지하여 뒤에 다시 지절이 생긴다. 이 지절 내에 있는 신근이 끊어졌다 다시 생기는 것은 마치 안근 등과 같다'. 故彼眼等 斷已還生 身根必無 全分斷者 若全分斷 無更續義 是諸色根 所依止故 彼有少分 身根極微 依此後時 還生支節 諸支節內 所有身根 斷已還生 如眼根等", 『구사론』 권27(대정장29, p.140c3 : *Abh-k-bh.*, p.413)에 "부처님 살아계실 때 몸의 힘은 나라연과 같다. 다른 논사들은 말한다. '부처님 지절은 낱낱이 나라연힘을 갖추고 있다'. 대덕법구는 말한다. '모든 여래색신의 힘은 가이없으니, 마음의 힘과 같다. 만약 그렇지 않다면 모든 부처님의 색신은 가없는 마음의 힘을 지닐 수 없을 것이다'. 佛生身力 等那羅延 有餘師言 佛身支節 一一皆具 那羅延力 大德法救說 諸如來身力無邊 猶如心力 若異此者 則諸佛身 應不能持 無邊心力 〈kārikā〉 nārāyaṇabalaṃ kāye 〈bhāṣya〉 kāye punarbuddhasya nārāyaṇaṃ balaṃ varṇayati. 〈kārikā〉 saṃdhiṣvanye 〈bhāṣya〉 sandhau sandhau nārāyaṇabalamity apare. mānasavat kāyikamapyasyāna taṃ balamiti bhadantaḥ. anyathā hyananatajñānabalasahiṣṇur na syāditi"라고 하였다. [참고문헌] 『大毘婆沙論』, 『俱舍論』, *Abh-k-bh.*

지절 知節 Ⓟ mattā-ññu. 끊음을 아는 것. 지족(知足)과 같다. 『반니원경』 권상(대정장1, p.176c20)에 "또한 비구에게 칠지가 있다면 법이 저물지 않을 것이니 잘 기억하여 행해야 한다. 첫째 법을 잘 알아야 한다. … 다섯째 끊을 줄 알아야 한다. 아름답고 묘한 것을 탐하지 말고, 몸에 맞게 절도 있게 먹으면 스스로 병이 없다. 又比丘有七知 則法不衰 當善念行 一 當知法 … 五 當知節 勿貪美妙 適身節食 無以自病", 『칠지경』(대정장1, p.810a19)에 "무엇이 지절인가? 적게 먹고 대소변을 잘 보아 소화하고, 능히 나고 들고 앉고 일어나 가고, 걷고 눕거나 자거나 말하고 침묵함에 있어 끊고 맺음이 있게 하며 살핀다. 이것을 지절이라 한다. 何謂知節 能少飮食 大小便便得消化 能節出入 坐起行步 臥覺語默 事從約省 是爲知節"라고 하였다. [참고문헌] 『般泥洹經』, 『七知經』, *AN.1.113.*, *SN.4.104.* ⇨칠지 七知

지절 肢節 Ⓟ aṅga-paccaṅgāni. 몸의 팔과 다리의 마디. 『장아함경』 권19 「세기경 世記經」(대정장1, p.125a15)에 "그(죄인)가 떠나려고 할 때, 몸의 모든 마디에서 다 불꽃이 나오는 것이 마치 역사가 큰 횃불을 들고 바람을 맞으면서 달려가는 것과 같이 불길이 치성하였다. 彼當走時 身諸肢節 皆火焰出 猶如力士 執大草炬 逆風而走 其焰熾然", 『대반열반경』 권하(대정장1, p.205a8)에 "아난이 이미 여래께서 조용히 말이 없으셨고 신체지절마저 더 이상 움직임이 없음을 살피고는, 곧바로 눈물을 흘리면서 말했다. '세존께서 지금 이미 반열반에 드셨습니다'. 阿難旣見如來湛然不言 身體肢節 不復動搖 卽便流淚 而作是言 世尊今已入般涅槃"라고 하였다. [참고문헌] 『長阿含經』, 『大般涅槃經』, *DN.1.34・2.14.*

지절 指節 Ⓢ aṅgulī-parvan, Ⓟ aṅgula-pabba, Ⓣ sor-mo'i-tshigs. 손가락 마디. 도량형(度量衡) 단위

중 하나. 칠광맥(七穬麥)의 길이. 지일절(指一節)이라고도 한다. 『불본행집경』 권12(대정장3, p.710a4)에 "7미진은 1창진을 이루고, 7창진을 합하면 1토진을 이루며, 7토진을 합하면 1양진을 이루고, 7양진을 합하면 1우진을 이루며, 7우진을 합하면 1기를 이루고, 7기를 합하면 1슬을 이루며, 7슬을 합하면 1개자를 이루고, 7개자를 합하면 1대맥을 이루며, 7대맥을 합하면 1지절을 이루고, 7지절을 합하면 반척을 이루며, 두 반척을 합하면 1척을 이룬다. 凡七微塵成一窓塵 合七窓塵成一兎塵 合七兎塵成一羊塵 合七羊塵成一牛塵 合七牛塵成於一蟣 合於七蟣成於一虱 合於七虱成一芥子 合七芥子成一大麥 合七大麥成一指節 累七指節成於半尺 合兩半尺成於一尺", 『구사론』 권12(대정장29, p.62b1 : *Abh-k-bh.*, p.176)에 "극미가 처음이고 지절이 뒤인데, 뒤로 갈수록 일곱 배씩 더한다. 말하자면 7극미가 1미가 되고, 7미가 1금진이 되며, 7금진이 1수진이 된다. … 7기가 1슬이 되고, 7슬이 1광맥이 되며, 7광맥이 1지절이 된다. 3지절이 1지(指)가 된다. 이것은 세간에서 모두 인정하는 것이다. 極微爲初 指節爲後 應知後後皆七倍增 謂七極微爲一微量 積微至七爲一金塵 積七金塵爲水塵量 … 七蟣爲一虱 七虱爲穬麥 七麥爲指節 三節爲一指 世所極成 etatparamāṇvādikaṃ saptaguṇottaraṃ veditavyam. sapta paramāṇavo'ṇuḥ. saptāṇavo loharajaḥ. tāni saptāvrajastāni … yūketyarthaḥ. sapta yūkā yavaḥ. sapta yavā aṅgulīparva"라고 하였다. ［참고문헌］『佛本行集經』, 『俱舍論』, *Abh-k-bh.* ⇨극미 極微, 미진 微塵, 진 塵, 색량 色量, 광맥 穬麥

지절분산 支節分散 사지와 뼈마디가 나뉘어 사라지다. 사대육신이 사라져 없어짐을 드러내는 말로 부정관(不淨觀)의 대상이기도 하다. 『대반야경』 권53(대정장5, p.299b8)에 "또한 선현아! 만약 보살마하살이 반야바라밀다를 수행할 때 무소득을 방편으로 삼고 사라져버린 길로 가서 버려진 주검들이 백골이 되어 사지와 뼈마디들 흩어져 어디론가 사라진 것을 관한다. … 이러한 일을 본 후 스스로 생각하길 나의 몸도 이와 같은 성이 있고 이와 같은 법들로 모여 있어 해탈을 얻지 못하고 결국 이와 같이 돌아가고 말 것이니, 지혜 있는 사람이라면 그 누가 이 몸을 보배처럼 아끼겠는가? 오직 어리석은 범부만이 미혹하여 그릇되게 탐착할 뿐이다. 復次善現 若菩薩摩訶薩 修行般若波羅蜜多時 以無所得而爲方便 往澹泊路 觀所棄屍 成白骨已 支節分散 零落異方 … 見是事已 自念我身 有如是性 具如是法 未得解脫 終歸如是 誰有智者 寶玩此身 唯諸愚夫 迷謬耽著"라고 하였다. ［참고문헌］『大般若經』, 『大悲經』 권3(대정장12, p.961a6), 『仁王護國般若波羅蜜多經疏』 권상2(대정장33, p.445a14). ⇨지절 支節[3], 부정관 不淨觀

지절주 支節呪 Ⓟ aṅga-vijjā. 지절마다에 주문을 외우게 하는 일. 사사롭게 목숨을 유지하게 하는 사명(邪命) 중 하나다. 『장아함경』 권13 「아마주경 阿摩晝經」(대정장1, p.84b28)에 "다른 사문과 바라문들은 다른 이의 믿음과 시주를 받아먹고 살면서 도를 가로막는 법을 행하고 삿되게 생활한다. … 어떤 이는 지절주를 행한다. 如餘沙門 婆羅門 食他信施 行遮道法 邪命自活 … 或支節呪", 『사분율명의표석』 권20(卍속장70, p.705b5)에 "지절주 : 해지절주라고도 한다. 지는 몸의 사지이고, 절은 몸의 마디를 말한다〈이 계목은 세속의 주술을 외우고 익히는 일을 못하도록 금한다〉. 支節呪 或云 解支節呪 支謂體之四支也 節謂身筋節也〈此戒不得誦習世俗呪術〉"라고 하였다. ［참고문헌］『長阿含經』, 『四分律名義標釋』, *D N.1.9·67.* ⇨사명 邪命

지절진하 至節陳賀 절기를 맞이하여 축하 인사를 나누다. 『선원청규』 권2 「동년인사 冬年人事」(卍속장111, p.888b6)에 "절기를 앞둔 하루 전 당두가 인사할 겨를이 없으면 미리 승당 앞에 (牓을) 붙인다. 밤이 되면 승당 안에서 고사(庫司)가 차를 끓인다〈동지 때의 방에는 '동지를 맞이하여 하례의를 하려 합니다'라 쓰고, 연조(年朝 : 元旦) 때의 방에는 '해가 바뀌었으니 하례의를 할 예정입니다'라고 쓴다〉. 節前一日 堂頭有免人事 預貼僧堂前 至晚堂內庫司點湯〈冬牓云 聊表至節陳賀之儀 年牓云 聊表改歲陳賀之儀〉"라고 하였다. ［참고문헌］『禪苑淸規』. ⇨진하 陳賀

지접 智檝 지혜라는 노. 지혜 또는 지혜로운 사람을 비유한다. 지혜는 고해(苦海)를 건널 때 젓는 노와 같으므로 이렇게 비유한다. 『만선동귀집』 권하(대정장48, p.985b15)에 "그러므로 알라. 반야는 험악한 길을 이끄는 스승이고, 어두운 방을 밝히는 횃불이며, 생사의 바다를 젓는 지혜의 노다. … 만약 반야를 밝히지 않는다면 만행마저 헛된 시설이다. 故知 般若是 險惡徑中之導師 迷闇室中之明炬 生死海中之智檝 … 若般若不明 萬行虛設", 『선종영가집』 「서 序」(대정장48, p.387c10)에 "욕의 바다에 크게 파도 치자 지혜의 노 놓쳐버린 듯하네. 남기신 글 그대로인데 감실은 이다지도 적요할 뿐인가. 欲海洪濤 遄沈智檝 遺文尙在 龕室寂寥"라고 하였다. ［참고문헌］『萬善同歸集』, 『禪宗永嘉集』.

지정 止靜 고요함을 그치다, 적정에서 깨우다, 좌선 등을 풀다의 뜻이다. 개정(開靜)과 대칭한다. 『백장청규증의기』 권2 「공천 供天」(卍속장111, p.600b9)에 "고요함 그친 뒤에 북을 세 번 울려 지객이 유나 등에게 알려 일제히 모이게 한다. 止靜後 鳴鼓三下 知客通知 維那等齊集", 같은 책 권6 「다두 茶頭」(卍속장111, p.730a17)에 "아침 죽으로 공양을 마치고 정을 그친 후 차를 끊인다. 粥罷止靜 燒開靜茶",『운서법휘』권22(가흥장33, p.158a27)에 "오경에 대당을 따라 기상하여 세면을 마치고는 본당으로 돌아가 지정하고, 고요함 열어 대당에 들어가 경전을 읽는다. 일간의 지정이나 야간의 지정이나 모두 본당에서 한다. 五更 隨大堂起 洗面訖 歸本堂止靜 開靜 入大堂課誦 日間止靜 夜間止靜 皆於本堂"라고 하였다. [참고문헌]『百丈淸規證義記』,『雲棲法彙』. ⇨ 입선 入禪, 좌선 坐禪, 개정 開靜

지정 至靜 끝내 이른 고요. 더 갈 곳 없이 이르른 고요의 뜻이다.『원각경』(대정장17, p.918b14)에 "만약 제보살이 먼저 끝내 이른 고요함을 취하여 정혜심으로 온갖 환을 비춘다면 곧장 그 중에서 보살행이 일어난다. 若諸菩薩先取至靜 以靜慧心照諸幻者 便於是中起菩薩行",『원각경대소석의초』권11하(卍속장14, p.919a7)에 "끝내 고요하고 더없이 고요하니 모두 이승 등의 행을 가린다. 범부는 고요만을 취하여 다만 만물에 무심할 뿐이어서 만물 이미 없을 수 없다. 또한 신인 듯 고요하다 하니, 이승이 요달한 아공과 생공이어서 마음이 일어나지 않는다. 또 한편 고요에 머묾을 얻었다 하니, 권교대승이어서 다만 심경이 모두 공임을 깨닫고 이를 따라 마음을 편안하게 할 뿐이다. 이들 또한 정에 머묾 얻었다 하니〈이는 없어서 고요한 것이어서 제법 아예 없는 것이다. 마치 다만 저것이 없어서 그 이름이 고요다〉 이 종에서는 정각진심을 깨우쳐 법을 낼 일 없어야 비로소 끝내 고요하다〈이것은 있기에 고요하다. 진심이 있기 때문이다. 가령 습의 바탕을 예로 들면 이 체는 바람을 맞아도 흔들리지 않는 것과 같다. 이 습에 고요의 체라는 이름을 붙인다〉. 言至靜極靜 皆是揀二乘等行 謂凡夫取靜 但無心於萬物 萬物未曾無故 亦得神靜 二乘了達我空生空 故心不起 亦得住靜 權教大乘 但悟心境皆空 順此安心 亦得住靜〈此以無故靜 無諸法也 如但無彼 卽名爲靜〉 此宗悟淨覺眞心 不生於法 方爲至靜〈此以有故靜 有眞心故 如見濕體 此體不被風動之 卽諮此濕爲靜體〉",『원각경직해』권하(卍속장16, p.138a15)에 "끝내 이른 고요함이란 천태의 세 가지 그침 중에 체진지다. 곧 마음 바탕 진공과 합했다 한다. 그렇기에 '끝내 정에 이르렀다'하고, 일념도 일어나지 않으므로 '사념 일어나지 않는다'고 하며, 고요의 극에서 빛이 나기에 '바로 깨닫는다'고 한다. 言至靜者 卽天台三止中體眞止 謂體合眞空 故云至靜 一念不生 故不起思念 靜極光生 故云便覺",『원각경석의소』권3(卍속장94, p.157b15)에 "'먼저 지정을 취한다'는 말은 정원각의 마음으로 고요를 취해 행으로 삼음이니 곧 사마타다. 고요의 극에서 혜가 일어나므로 '고요한 혜의 마음으로 온통 꿈인 것들을 비춘다' 하였으니, 저 꿈결같은 무리를 비춘다 하였다. 先取至靜者 以淨覺心 取靜爲行 卽是奢摩他也 靜極生慧 故卽以靜慧心 照諸幻者 謂照彼如幻之衆"라고 하였다. [참고문헌]『圓覺經』,『圓覺經大疏釋義鈔』,『圓覺經直解』,『圓覺經析義疏』. ⇨ 극정 極靜

지정 知淨 여법하여 범함이 없는지를 대신 확인해 주는 이. 지정어(知淨語)라고도 한다.『유부율』권27(대정장23, p.777a11)에 "사람을 시켜 깨끗한지를 알고 난 후 바야흐로 받아 써야 범함이 없게 된다. 살아있는 다섯 씨앗이라면 사람을 시켜 정인 줄 알게 되어야 범하지 않을 수 있다. 若令人知淨 方受用者 無犯 若五生種令人知淨者 亦皆無犯"라고 하였다. [참고문헌]『有部律』. ⇨ 정인 淨人, 지정어 知淨語

지정 持正 바름을 지키다. 정법(正法)을 가져 지키다.『담연원징어록』권8「중각정법안장서 重刻正法眼藏序」(卍속장126, p.287b15)에 "옛날 축건에 96종외도가 바름을 등지고 삿됨을 좇았으나 28조사가 삿됨을 꺾고 바름을 지켰다. 昔竺乾 有九十六種 背正趨邪 二十八人摧邪持正"라고 하였다. [참고문헌]『湛然圓澄語錄』.

지정 持定 1240~1303. 원(元)대 임제종(臨濟宗) 양기파(楊岐派) 중 파암파(破菴派) 스님. 법호는 영운(靈雲) 또는 철우(鐵牛). 속성은 왕(王)씨. 강서성(江西省) 길안(吉安) 태화(泰和) 출신. 법휘를 특정(特定)이라 하기도 한다. 북송(北宋) 인종(仁宗) 때 호부시랑(戶部侍郞)을 역임한 왕지(王贄)의 9세손이다. 31세에 영신(永新 : 江西省 吉安) 서봉사(西峯寺) 긍암근(肯庵勤)에게 삭발하고 출가하였으며, 별전(別傳)의 종지가 있다는 말을 듣고 바로 앙산(仰山)에 머무르던 설암조흠(雪巖祖欽)을 찾아가 참학하였다. 설암에게 '7일 동안 일념이라도 끊임이 없어야 한다 七日夜一念無間'는 공부법을 배웠던 터에 정두(淨頭) 소임을 맡았다. 때마침 이질(痢疾)이 돌아 목숨을 내놓고 소임에 임하였으며, 지정 역시 소생할 가능이 없는 지경에 이르렀다. 이때 변기통(觸桶)을 구해 병풍을 치고 통 위에 쭈그려 앉아 7일 밤낮을 잠자지 않고 일념으로 정진하였다(單持正念). 7일째 되던 밤에 '산하대지와 산천초목 온 세계 흰 눈 내린듯 하더니 하늘마저 밝고 달아래인 듯하더니, 보름달이 떠서 비추는 눈과 같이 느껴짐 山河大地 草木叢林 徧界如雪 天明月下'에, 문득 나무 부딪히는 소리(擊木聲)를 듣고 크게 깨우쳤고 이질 또한 치유되었다. 다음날 설암이 여러 공안을 가지고 점검함에 막힘 없었다. 1288년(지원25) 호남성 형주 영현(酃縣) 영운사(靈雲寺)에 머무르며 설암의 법을 크게 창도하다가 세수 64, 법랍 36세로 입적하였다. 법을 이은 제자로는 원극규(圓極規)와 절학세성(絶學世誠) 등이 있다. [참고문헌]『天如惟則語錄』권6「靈雲鐵牛和尙行業記」(卍속장122, p.915b9),『五燈嚴統』권21(卍속장139, p.943b14),『增

集續傳燈錄』 권5(卍속장142, p.849a9), 『續指月錄』 권6(卍속장143, p.875a4). ⇨ 조흠 祖欽, 세성 世誠

지정 持淨 정랑(淨廊)을 보살피는 소임. 정두(淨頭)라고도 한다. 『천여유칙어록』 권6 「영운철우화상행업기 靈雲鐵牛和尙行業記」(卍속장122, p.915b17)에 "설암조흠(雪巖祖欽)이 (鐵牛持定에게) 대중들을 위해 지정 소임을 시켰다. 대중이 이질을 앓자 몸을 다해 임하였는데 얼마 되지 않아 철우조차 병이 들었고, 위독해 의원도 가망이 없다고 하였다. 이에 철우는 변기통 하나를 가지고서 병풍을 치고 그 위에 쭈그려 앉았다. 약과 죽, 음료를 모두 끊고서 단지 정념으로 눈 붙여 잠자지 않기를 7일 동안 하였다. 巖令爲衆持淨 衆患痢 委身事之 未幾師亦有疾 疾革 醫謂不可 乃取一觸桶 就屛處危坐其上 藥粥漿飮一皆禁絶 單持正念 目不交睫者七日", 『선림상기전』 권8 「지정」(불광장, 禪藏, p.545)에 "도충이 말한다. '정두는 또한 지정이라고도 한다'. 忠曰 淨頭又名持淨", 같은 책 권8 「정두」(불광장, 禪藏, p.544)에 "옛날 종문의 조사는 발심하여 입도하면 반드시 먼저 경험 삼아 온갖 어려움을 거치게 하고 번잡한 일을 맡게 하였다. 여러 소임 중 가장 비루하며 사람들이 가장 싫어하는 것으로는 지정을 넘어서는 것이 없다. 古之宗門祖師 發心入道 必先歷試諸難 而役于雜務 職職之最卑 而人所甚惡 莫過乎持淨"라고 하였다. [참고문헌] 『天如惟則語錄』, 『禪林象器箋』. ⇨ 정두 淨頭 ❶, 정랑 淨廊

지정 智正 ❶ 559~639. 당대 스님. 속성은 백씨(白氏). 정주(定州) 안희(安喜) 출신. 대대로 독실한 불자 집안에 태어나 어려서부터 교의에 능통하였다. 11세에 출가하여 계율을 엄수하고 학업에 정진하였는데 지혜롭다는 평판이 멀리까지 퍼졌다. 590년(개황10)에 수(隋) 문제(文帝)의 부름을 받고 담천선사(曇遷禪師)와 함께 조정에 나아가 칙명을 받들고는 승광사(勝光寺)에 주석하였다. 601년(수 문제 인수원년)에는 좌복야(左僕射) 우경칙(虞慶則)이 인각사(仁覺寺)를 창건하고 주석하기를 청하였으나 사양하였고, 종남산(終南山) 지상사(至相寺)로 가서 28년간 주석하면서 강의하면서 지관(止觀)을 닦았다. 639년(당 태종 정관13) 2월 28일에 지상사에서 세수 여든 한 살로 입적하였다. 『속고승전』 권14 「당종남산지상사석지정전〈지현〉 唐終南山至相寺釋智正傳〈智現〉」(대정장50, p.536b22)에는 "제자 지현 등은 영영 가버리시면 감응과 숨결 되돌아보기 어렵다고 생각하여 남은 몸을 받들어 절의 서북쪽에 바위를 파서 감실에 모시고 명문을 적어 살아계신 듯하였다. … 지정은 무릇 『화엄경』·『섭론』·『능가경』·『승만경』·『유식론』 등을 다 적지 못할 정도로 두루 강의하였다. 『화엄경소』 10권을 지었고, 나머지는 대부분 초기인데 모두 세상에 전한다. 弟子智現等 追惟永往 感息難顧 鳩拾餘身 於寺之西北鑿巖龕之 銘記如在 … 正凡講華嚴攝論楞伽勝鬘唯識等 不紀其遍 製華嚴疏十卷 餘並爲抄記具行於世"라고 하였다. [참고문헌] 『續高僧傳』. ❷ 조선 후기 스님. 청허휴정(淸虛休靜 1520~1604)의 문인. 휴정이 짓고 쓴 『청허집』 보유(補遺)의 「사바교주석가세존금골사리부도비 娑婆教主釋迦世尊金骨舍利浮圖碑」(한불전7, p.734b17)에는 "영남 통도사 신승 자장이 예전에 봉안한 석가세존의 금골사리부도가 자못 영험이 많았다. … 불행히 만력 20년(1592·선조25)에 일본 해병이 나라의 남쪽을 침입하였는데, … 유정은 후환이 없지 않을 것이라고 하여 금골사리 두 함을 금강산에 병로가 봉안하도록 하였다. … 한 개 함은 유정에게 돌려주었고, … 나머지 한 개 함은 병든 노인이 스스로 지니고 태백산으로 들어가 부도를 세우려고 하였지만 혼자 힘으로는 어찌할 수 없으므로, 문인 지정과 법란 등에게 일을 맡겨 석종에 봉안하도록 명하였더니, 두 선자가 지성으로 널리 모연하여 몇 달이 지나지 않아 부도를 마련하고 봉안하였다. 嶺南通度寺神僧慈藏 古所安釋迦世尊金骨舍利浮啚 頗多神驗 … 不幸至萬曆二十年 日本海兵入國之南 … 政不無後慮 故以金骨舍利二函 密似乎金剛使病老安焉 … 以一函 還付于政 … 其一函則病老自受持 謹入太白山 創建浮啚 靜獨力無何 命門人智正法蘭之輩 幹其事使安鍾 二禪子至誠廣募 不數月 鍊浮啚而安之"라고 하였다. [참고문헌] 『淸虛集』.

지정 智定 ❶ 지와 정. 『지관보행전홍결』 권5(대정장46, p.302a27)에 "지와 정이란 곧 지관이니, 법계에 얽힌 연들을 일념에 묶는 것이다. 智定者卽止觀 卽是法界繫緣一念", 『수습지관좌선법요』(대정장46, p.473c25)에 "어둠을 비추는 것이 명이고, 움직임을 멈추는 것이 정이다. 명과 정은 지관의 체다. 인에 있으면 지관이라 하고, 과에 있으면 지정이라 한다. 照昏者謂之明 駐動者謂之靜 明與靜止觀之體也 在因謂之止觀 在果謂之智定"라고 하였다. [참고문헌] 『止觀輔行傳弘決』, 『修習止觀坐禪法要』. ⇨ 지관 止觀 ❷ 부처님께서 법으로 중생을 잘 다스리시는 분(法御 : 道御師)임을 드러내는 사정(四定) 중 하나. 『중본기경』 권하(대정장4, p.161b8)에 "나는 네 가지 정으로 법을 드러내 보여 이끌었다. 어떤 것이 네 가지인가? 해정·지정·혜정·계정이다 吾以四定 表彰法御 何等爲四 一者 解定 二者 智定 三者 慧定 四者 戒定"라고 하였다. [참고문헌] 『中本起經』. ⇨ 조어사 調御師 ❸ 초선(初禪)의 다른 이름. 『대지도론소』 권6(卍속장87, p.391a6)에 "초선에서 깨우쳐 안 경계를 밝히자면 그 뜻이 지혜와 같으니 지정이라 한다. 欲明初禪覺了境界 義同智慧 故名智定"라고 하였다. [참고문헌] 『大智度論疏』. ⇨ 초선 初禪

지정 智靜 오대십국(五代十國) 때의 조동종 스님. 법호는 곡은(谷隱). 오공대사(悟空大師)라고도 한다. 녹문처진(鹿門處眞)의 법을 이어 받아, 호북성(湖北省) 양주(襄州) 곡은산(谷隱山)에서 주석하였다. 『경덕전등록』 권23(대정장51, p.395b4)에 "학인이 지정에게 물었다 '무엇이 화상께서 몸을 뒤치는 곳입니까?' '누운 단자 바닥이지'. 僧問 如何是和尙轉身處 師曰 臥單子下"라는 등의 짧은 문답이 전할 뿐 행적은 상세하지 않다. 법을 이은 제자로는 곡은지엄(谷隱知儼)과 보녕법현(普寧法賢)이 있다. 〔참고문헌〕『景德傳燈錄』, 『五燈會元』 권14(卍속장138, p.512a18). ⇨ 처진 處眞

지정각세간 智正覺世間 지혜로 바르게 깨우친 세간. 삼세간(三世間) 중 하나로 중생세간(衆生世間)과 기세간(器世間)을 교화하시는 불보살의 세계를 말한다. 『화엄경탐현기』 권1(대정장35, p.122a16)에 "지정각세간은 중생을 교화하는 주이다. 智正覺世間 爲能化主", 『화엄경소초』 권18(대정장36, p.143c3)에 "십신 가운데 중생의 업보는 중생세간이고, 국토와 허공은 기세간이며, 그 나머지는 지정각세간이다. 十身中衆生業報 卽衆生世間 國土虛空 卽器世間 餘是智正覺世間", 같은 책 권44(대정장36, p.341a28)에 "지혜의 바다와 법의 바다가 지정각세간이다. 智海法海 卽智正覺世間", 의상(義湘)의 『화엄일승법계도』(대정장45, p.711b1 · 한불전2, p.1b5)에 "지정각이란 불보살이다. 智正覺者 佛菩薩也", 『화엄현담회현기』 권40(卍속장12, p.646b18)에 "만약 널리 지정각세간을 말하면 등각 이하의 십지보살에게도 통한다. 그들의 육식과 칠식은 이미 뒤쳐서 무루지의 정각성을 성취하였기 때문이다. 여기서는 능히 교화하시는 주로서의 뜻만 가려내어 말했기에 오직 부처님만 일컫는다. 若汎言智正覺世間者 亦通等覺已下 十地菩薩 以六七識已轉成 無漏智正覺性故 今以能化主言揀之故 唯目佛也"라고 하였다. 〔참고문헌〕『華嚴經探玄記』, 『華嚴經疏鈔』, 『華嚴一乘法界圖』, 『華嚴懸談會玄記』. ⇨ 삼세간 三世間, 기세간 器世間, 중생세간 衆生世間

지정사년명고려청동누은향로 至正四年銘高麗靑銅鏤銀香爐 고려후기 청동향완. 보물 제321호. 높이 37cm · 지름 51cm. 서울 강남구 봉은사에서 소장하였다가 현재 서울 종로구 불교중앙박물관에 있다. 문화재 지정 명칭은 봉은사청동은입사향완(奉恩寺靑銅銀入絲香垸)이다. 구연부 외연 뒷면에 103자의 글씨가 은입사되어 있다. '지정4년 5월 청동누은향로 1좌를 삼각산 중흥사에 봉헌하였다 至正四年五月日敬造靑銅鏤銀香爐一座奉獻于三角山重興寺大殿佛前'라는 명문이 남아 있어 1344년(충혜왕5)에 제작되어 중흥사에 봉헌되었던 것을 알 수 있다. 특히 명문에서 '향로'라고 지칭하였는데, 향로라는 말이 처음 쓰인 예다. 이전에는 향완으로 불렸다. 시주자는 첨의정승(僉議政丞)이었던 채하중(蔡河中)과 부인 양철명(梁徹明)이다. 고려시대 향완 중 큰 작품이다. 노신(爐身)과 받침대가 따로 주조되어 받침대 정상의 돌기로 연결되었다. 구연부의 외연에 연화당초문(蓮花唐草紋)을, 테두리는 뇌문(雷紋)을 새겼다. 노신 네 곳에 범자가 있는 원형문을 새기고, 원 둘레에 여의두문(如意頭紋)을 둘렀다. 나머지 공간에는 당초문을 가득 새겼다. 노신 아래는 앙련(仰蓮)으로 받치고, 2단으로 된 받침대에는 연화당초문과 여의두문 등을 새겼다. 정확한 제작연대, 세련된 형태와 표면을 가득 채운 은입사 문양들이 우아하고, 입사기법 또한 뛰어난 성보다. 〔참고문헌〕『서울의 문화재6 불교문화재(2)』(서울시사편찬위원회, 2011) pp.330~331. ⇨ 봉은사 奉恩寺[1], 중흥사 重興寺[1]

지정사년명고려청동누은향로

지정상 智淨相 법신으로 지혜가 순정함. 『대승기신론』의 설이다. 『대승기신론』(대정장32, p.576c7)에 "지정상이란 법력훈습에 의지하고 여실수행하여 방편을 모두 만족시키기에, 화합식상을 깨뜨리고 상속심상마저 사라지게 해서 법신을 드러내고 지혜 또한 순정하게 된다. 智淨相者 謂依法力熏習 如實修行 滿足方便故 破和合識相 滅相續心相 顯現法身 智淳淨故", 『대승기신론의소』 권상(대정장44, p.184c15)에 "지정상이 법의 불성이다. 더하지도 덜하지도 않아서 옛도 지금도 고요하니, 앞서 물들었다가 뒤에 깨끗하게 된 것이 아닌 것을 지정이라 한다. 言智淨相者 是法佛性也 不增不減 古今湛然 非先染後淨 名智淨", 원효(元曉)의 『대승기신론별기』(대정장44, p.233a9 · 한불전1, p.687b5)에 "지정상은 본각이 염오를 따르다가 돌아와 깨끗해짐을 밝힌다. 智淨相者 明本覺隨染還淨", 『기신론소필삭기』 권20(대정장44, p.408a1)에 "이상 중에 지정상은 바로 법신반야, 부사의업상은 그대로 해탈이다. 二相中 智淨相是法身般若 不思議業相是解脫", 돈황본 『기신론주』(대정장85, p.1176b16)에 "(지정상에서) 말하길 지라 한 것은 시각지가 깨끗함이니, 곧 물듦을 여의면 본각과 같지만 과덕이 작용하므로 업이라 한다. 所言智者 卽始覺智淨 謂離染同於本覺 果德作用 故名爲業"라고 하였다. 〔참고문헌〕『大乘起信論』, 『大乘起信論義疏』, 『大乘起信論別記』, 『起信論疏筆削記』 · 권3(대정장44, p.313c8), 『起信論註』. ⇨ 수염 隨染, 수염본각 隨染本覺, 이종본각 二種本覺, 부사의업상 不思議業相

지정수 地正受 땅을 관해 얻은 정. 지정(地定)이라고도 한다. 『잡아비담심론』 권7(대정장28, p.928a14)에 "지정수와 지일체처를 설한다면, 저 지정수는 욕계와 사선에 있으며, 지일체처는 제4선에만 있고 다른 곳에는 없다. 왜냐하면 여덟 가지 뇌란을 여의어야 하기 때문이다. 욕계색욕에는 두 가지〈신욕과 심욕〉가 있어 저를 마주해 다스리기 위함이다. 說地正受及地一切處 彼地正受在欲界及四禪 地一切處 在第四禪 非餘 何以故 離八事惱亂故 欲界色欲 有二種〈身欲 心欲也〉 對治彼故"라고 하였다. [참고문헌] 『雜阿毗曇心論』. ⇨ 지변처정 地遍處定, 팔사 八事, 욕계 欲界, 사선 四禪 ❶❷

지정암 至精庵 경상북도 포항시 북구 송라면 대전리에 있던 암자. 임진왜란 당시 병화로 소실되었다. [참고문헌] 『浦項市史』 권3(포항시사편찬위원회, 2010) p.403.

지정어 知淨語 범함이 없는 깨끗한 것인지를 알아 말해주는 일. 스님들이 취급할 수 없는 귀한 약이나 난야를 세울 땅 등 재물을 대신 알아보고 말해주는 것이다. 『오분율』 권6(대정장22, p.42a2)에 "무릇 모든 초목은 네 가지 종자로 나는데, 만약 비구가 낱낱이 필요로 하려면 정인이 말하도록 한다. '당신은 이를 아실 겁니다'. 凡諸草木 從四種子生 若比丘一一所須 語淨人言 汝知是", 『사분율행사초』 권중(대정장40, p.76c21)에 "삼중이 정인을 부림에 지정어를 쓰지 않으면 돌길라다. 若敎下三衆淨人 不作知淨語吉", 『사분율수현록』 권2(卍속장95, p.371a6)에 "만약 속인은 할 수 있는데 승중은 할 수 없는 것이라면 반드시 깨끗한 것인지를 말하게 해야 한다. 若俗得作 僧不得作者 則須知淨語"라고 하였다. [참고문헌] 『五分律』, 『四分律行事鈔』·권중(대정장40, p.77b5), 『四分律搜玄錄』, 『四分律行事鈔簡正記』 권11(卍속장68, p.709b9). ⇨ 정인 淨人, 부정어 不淨語

지정청규 至正淸規 『칙수백장청규 敕修百丈淸規』를 달리 일컫는 이름. 이 청규가 중국 원(元) 순제(順帝) 치세인 지정년간(1341~1367)에 널리 간행유포되었기 때문에 붙여진 이름이다. 초판 발행은 순제 치세인 1338년(지원4)에 있었기에 『지원청규 至元淸規』라고 일컫기도 한다. ⇨ 백장청규 百丈淸規

지제 支提 ❶ Ⓢcaitya, cetiya, Ⓟcetiya의 음사어, Ⓣmchod-rten. 성인들이 머물며 정혜를 닦아 세간을 복되게 하는 곳. 중생이 이곳을 섬겨 수호하고 공급공양함이 끊어지지 않게 해서 인천(人天)이 복을 쌓아 세간도 복되게 하는 뜻이다. 탑묘(塔廟) 또는 방분(方墳). 적집(積集)의 뜻이며, 또한 성인들의 자취가 남아 전하는 곳으로 지제라고 하는데, 이는 중생이 그 자취를 사모하여 선법을 쌓는 일을 잊지 않기 때문이다. 석존께서 탄생하신 룸비니동산을 생처지제(生處支提), 성도하신 보드가야 보리수 자리를 득도지제(得道支提)라 부른다. 지제(支帝·枝提·脂帝)·지타(支陀)·지징(支徵)·제다(制多)·제지(制底)·제지야(制底耶) 등으로 음사하며, 생정신처(生淨信處)·취상(聚相)·복취(福聚)·영묘(靈廟)·묘(廟) 등으로 한역한다. 사리(舍利)를 모시면 탑(塔 Ⓢstūpa)이라 하고, 그렇지 않은 것을 지제라고 하였다 하지만 같이 쓴다. 석굴의 경우 예배를 올리는 지제가 깊은 곳에 있고, 밖이나 옆으로 스님들이 머무는 비하라(Ⓢvihāra)가 함께 하는데, 칠엽굴(七葉窟 ⓈSapta-parṇa-guhā) 등이 그 예다. 『대방등대집경』 권45(대정장13, p.293b16)에 "교진여야, 이 사천하에는 큰 지제가 있는데 성인이 머무는 곳이다. 만약 중생이 부지런히 정진방편으로 좌선하고 지혜를 바르게 한다면, 이곳인즉 빌 일이 없을 것이며, 이러한 복된 땅이라면 해를 품은 법보를 널리 펴게 되리라. 憍陳如 此四天下 有大支提 聖人住處 若有衆生 精勤方便 坐禪正慧 當知此處 則爲不空 如是福地 則爲流布 日藏法寶", "어떤 곳을 훌륭한 지제처라고 하는가? 이 염부제에서는 왕사성 중의 성인들 계신 곳이다. 훌륭한 지제란 과거의 무량여래보살연각성문 등이 일찍이 그 중에서 도를 닦아 멸도한 곳으로, 지금도 다 그대로 남아 있으며 미래에도 그러할 것이다. 과거의 여러 부처님·보살·성인 등은 모두 바루나용에게 부촉하여 옹호하게 하고 머물며 안립하도록 하였다. 나도 이제 이 처소에 빛 밝은 지혜 오래도록 머물게 하고자 또 다시 바루나용에게 부촉한다. (그러므로) 어떤 중생이 나의 법을 수호하며 부지런히 정진의 방편으로 좌선하고 혜를 바르게 한다면, 모든 부가라(富伽羅 Ⓢpudgala : 衆生)가 마땅히 항상 수호하고 공급하여 공양할 것이다. 何者名爲大支提處 此閻浮提內 王舍城中 聖人處所 大支提者 乃是過去 無量如來 無量菩薩 無量緣覺 無量聲聞 曾於其中 修道滅度 今悉現有 當來亦然 過去諸佛 菩薩聖人 皆以付授 婆婁那龍 令使擁護 住持安立 我今亦欲 令此處所 光明久住 還以付囑 婆婁那龍 若有衆生 能護我法 精勤方便 坐禪正慧 諸富伽羅 應常守護 供給供養", 『법원주림』 권37(대정장53, p.580a2)에 "탑이란 탑파(塔婆)라고도 하는데, 방분(方墳)이라고 한역한다. 혹은 지제라고도 하는데, 뒤쳐보면 악을 멸하고 선을 낳는 곳이라는 뜻이다. … 지제를 세움에는 네 가지가 있다. 첫째 태어나신 곳, 둘째 도를 얻으신 곳, 셋째 가르침 펼치신 곳, 넷째 열반에 드신 곳이다. 모든 부처님께서 태어나신 곳과 도를 증득하신 곳, 이 두 곳에는 반드시 지제가 있다. 태어나신 곳은 틀림없이 무우수라 한역하는 아수가나무 아래인데, 이 곳은 부인께서 태자를 낳으신 곳이니, 곧 이 나무를 생처지제라고 한다. 부처님께서 도를 증득하신 곳은 보리

수 아래인데, 이 나무아래를 득도지제라고 한다. 所云塔者 或云塔婆 此云方墳 或云支提 翻爲滅惡生善處 … 若立支提 有其四種 一 生處 二 得道處 三 轉法輪處 四 涅槃處 諸佛生處 及得道處 此二定有支提 生必在阿輸柯樹下 此云無憂樹 此是夫人生太子之處 卽號此樹 爲生處支提 如來得道 在於菩提樹下 卽呼此樹下 爲得道支提", 『속일체경음의』 권3(대정장54, p.945b17)에 "지제〈범어 음사어이다. 제지 또는 제다라고도 하는데 모두 잘못 줄인 말이며, 제지야라고 음사해야 하고 적취라고 한역한다. 여래께서 열반에 드셨거나 설법하셨거나 경행하셨던 장소들에 탑묘나 누각을 세워서 무량한 인천들로 하여금 복을 가져오는 선업을 쌓아 모으게 하는 곳을 말하는데, 이는 뜻으로 뒤친 것이다. 구역에서는 고분 또는 영묘라고도 하였다〉. 支提〈梵語也 或云制底 或云 制多 皆訛略 應云制底耶 此翻爲積聚 謂於如來涅盤及說法經行等處 起塔廟臺閣 令無量人天 積集福善之所 此義翻也 舊亦翻爲高墳 或云靈廟〉"라고 하였다. [참고문헌] 『大方等大集經』, 『法苑珠林』, 『續一切經音義』, *Gaṇḍ-vy.38.*, *Sam-r.218.* ⇨ 탑 塔, 불탑 佛塔, 스투파 Stūpa, 제다 制多[1], 칠지제 七支制, 칠엽굴 七葉窟, 비하라 毘訶羅 **2** ➡ 지제국 支提國

지제 止啼 울음을 그치게 하다. 버드나무 노란 잎(楊樹黃葉)으로 아기의 울음을 그치게 한다. 40권본 『대반열반경』 권20 「영아행품 嬰兒行品」(대정장12 p.485c10)에 "영아행이라 한다. 마치 아기가 울 때 부모가 버드나무 노란 잎사귀로 달래며 말하기를 '울지 마라, 울지 마라. 네게 금을 줄게'라고 하면 아기가 보고서 진짜 금이라 여겨 곧바로 그쳐 울지 않는 것과 같다. 嬰兒行者 如彼嬰兒啼哭之時 父母卽以楊樹黃葉 而語之言 莫啼莫啼 我與汝金 嬰兒見已 生眞金想 便止不啼", 『화엄경의해백문』 「대치획익문 對治獲益門」(대정장45, p.633c27)에 "대개 병이 돌아야 약도 유행하고 망상이 일어나야 지혜도 성립한다. 버드나무 노란 잎으로 울음 그치려 힘쓰고 공업으로는 어지러운 곳 도와 고요하게 한다. 夫病起藥興 妄生智立 務止啼於楊葉 資靜亂於空業", 『오등회원』 권20 「쌍림덕용장 雙林德用章」(卍속장138, p.819a2)에 "몽둥이 들고 불자를 세움은 조사문하에서는 노란 잎 가져 울음 그치게 하는 것일 뿐이며, 묘를 설하고 아득함을 말함은 납승과 마주해서 매실 밭 떠올려 갈증을 그치게 함이다. 拈槌竪拂 祖師門下 將黃葉以止啼 說妙談玄 衲僧面前 望梅林而止渴"라고 하였다. [참고문헌] 『大般涅槃經』, 『華嚴經義海百門』, 『五燈會元』, 『仰山語錄』(대정장47, p.585c22). ⇨ 영아행 嬰兒行

지제 智諦 **1** 지(智)와 제(諦)는 서로 한쌍이 되어 세간과 출세간을 드러내서 일체(一切)를 성취한다. 제(諦)에서 지(智)가 나기에 제는 지혜를 낳는 생모(生母)가 되고, 지는 설모(說母)가 되어 서로 다른 두 어머니의 역할을 한다. 『백론소』 「백론서소 百論序疏」(대정장42, p.232c4)에 "지와 제는 한 쌍이니, 성심으로 두 가지 지를 밝히고 진제를 열어 이제를 가린다. 이제란 바로 삼세불조의 부모요, 이지는 삼세불의 부모다. 智諦一雙者 通聖心明二智 開眞諦辨二諦 二諦是三世佛祖父母 二智爲三世佛父母", "저 『유마경』에 '지도(般若波羅蜜)는 보살은 어머니요 방편은 아버지네. 일체중 이끄는 스승 중 이를 말미암지 않는 자 없네 prajñāpāramitā mātā bodhisatvāna māriṣa, pitā copāyakauśalyaṃ yato jāyanti nāyakāḥ'라고 한 것처럼 만약 지와 제가 없다면 세간과 출세간이 함께 무너진다. 이 둘이 만약 이루어지면 곧 일체를 다 이룬다. 如淨名云 智度菩薩母 方便以爲父 一切衆導師 無不由是生 若無智諦 則世出世並壞 斯二若成 則一切皆成", 『중관론소』 권3(대정장42, p.34b7)에 "이제와 이지에 두 어머니가 있다. 만약 이제가 이지를 생한다면 이제는 낳는 어머니가 되고, 이지는 아들이 된다. 그러므로 『영락경』 「불모품」에서 이제로 어머니를 삼는다 하였다. 二諦二智 有二種之母 若二諦生二智 卽二諦爲生母 二智爲子 故瓔珞經佛母品 二諦爲母也", "만약 이지로 이제를 설한다면, 이지는 능설이 되고 이제는 소설이 되니, 이지가 설하는 어머니가 된다. 『대지도론』에서 반야로 부처를 바라보면 두 가지 인을 갖춘다 했으니, 곧 두 어머니다. 반야가 부처를 바라보면 능히 부처를 생하니 곧 낳는 어머니고, 부처가 반야를 설하면 부처는 설하는 어머니다. 若二智說二諦 卽二智爲能說 二諦爲所說 二智爲說母 智度論 以波若望佛 具二種因 卽是二母 波若望佛 能生於佛 卽是生母 佛說波若 佛是說母"라고 하였다. [참고문헌] 『百論疏』, 『中觀論疏』, 『維摩經』 권중(대정장14, p.549c2), 『止觀輔行傳弘決』 권3(대정장46, p.236a12), *Vikī-n.79.* ⇨ 지 智, 이지 二智[1], 제 諦, 이제 二諦, 일체 一切 **2** Ⓢ jñāna-satya, Ⓣ shes-pa'i-bden-pa. 제시설건립(諦施設建立 Ⓢ satya-prajñapti-vyavasthāna)의 다섯 가지 진실(五諦 : 因 果 智 境 勝) 중 세 번째로 사제(四諦)에 대한 지. 『유가사지론』 권46 「보살지 菩薩地」(대정장30, p.547b29)에 "혹 오제를 세우니 첫째는 인제, 둘째는 과제, 셋째는 지제, 넷째는 경제, 다섯째는 승제다. 或立五諦 一因諦 二果諦 三智諦 四境諦 五勝諦", 『유가론기』 권11(대정장42, p.560c21 · 한불전13, p.897b1)에 "경스님이 말하였다. '첫째 인의 진실(Ⓢ hetu-satya)은 집제와 도제, 둘째 과의 진실(Ⓢ phala-satya)은 고제와 멸제, 셋째 지혜의 진실은 사제에 대한 지, 넷째 경의 진실(Ⓢ jñeya-satya)인즉 알게 된 사제다'. 景云 一 因諦則是集道 二 果則是苦滅 三 智諦則四諦智 四 境諦則所知四諦"라고 하였다. [참고문헌] 『瑜伽論記』, 『瑜伽師地論』 권46(대정장30, p.547c1), *Bodh-bh.198.*

지제가 支提加 제다산부(制多山部 Ⓢ Caityaśaila)를 일컫는 말. 『십팔부론』(대정장49, p.18a18)에 "마하승기부에서 다시 세 부파가 건립되었다. 첫 번째는 지제가, 두 번째는 불바라시라(Ⓢ Pūrvaśaila : 東山), 세 번째는 울다라시라(Ⓢ Uttaraśaila : 北山)라고 한다. 於摩訶僧祇部中 復建立三部 一 名支提加 二 名佛婆羅 三 名鬱多羅施羅"라고 하였다. 〔참고문헌〕『十八部論』. ⇨ 제다산부 制多山部, 부파불교 部派佛教

지제공양 支提供養 Ⓢ caitya-pūjā, Ⓟ cetiya-pūja, Ⓣ mchod-rten-la-mchod-pa. 십종공양(十種供養) 중 하나로 불탑에 올리는 공양. 『보살지지경』 권7(대정장30, p.925c4)에 "어떤 것을 보살이 여래께 공양 올리는 것이라고 하는가? 간략하게 열 가지를 설한다. … 둘째 지제공양이다. … 보살이 여래를 위해 탑이나 굴이나 집이 헌 것이건 새 것이건 (이것에) 공양 올리면 지제공양이라고 한다. 云何菩薩供養如來 略說十種 … 二者 支提供養 … 若菩薩爲如來故 若供養偸婆 若窟若舍若故若新 是名支提供養". 『대승의장』 권14(대정장44, p.742a21)에 "부처님의 영묘에 공양하는 것을 지제공양이라고 한다. 『마하승기율』에 의하면 사리가 있는 것을 탑파(Ⓢ stūpa), 사리가 없는 것을 지제라고 하였으나, 『지지론』에서는 통틀어 지제라고 하였다. 供佛靈廟名支提供養 依僧祇律 有舍利者 名爲塔婆 無舍利者 說爲支提 地持論中 通名支提"라고 하였다. 〔참고문헌〕『菩薩地持經』, 『大乘義章』, 『摩訶僧祇律』 권33(대정장22, p.498b20), *Bodh-bh.159.*, *Vin.4.301.* ⇨ 십종공양 十種供養❶, 지제 支提❶, 탑 塔

지제국 支提國 Ⓟ Ceti, Cetiya, Ceta. 부처님 재세시의 고대인도 십육대국(十六大國) 중 하나. 지제(枝提)·지타(支陀)·지제투(脂提渝)·지제유(枝提庾)라고도 음사하며, 중적(衆積)으로 한역한다. 인도 중부 야무나강(Ⓢ Yamunā) 하류에 있었으며, 수도는 슈크트마티(Ⓢ Śuktimatī)이고, 주요 도시로 사하자티(Ⓢ Sahajāti : 薩寒若)와 트리푸리(Ⓢ Tripurī) 등이 있다. 지금의 알라하바드(Allahabad) 서남쪽 분델칸드(Bundelkhand)와 그 주변 지역에 해당한다. 『장아함경』 권5 「사니사경 闍尼沙經」(대정장1, p.34b20)에 "앙가국(Ⓟ Aṅga)·마갈국(Ⓟ Magadha)·가시국(Ⓟ Kāsi)·거살라국(Ⓟ Kosala)·발지국(Ⓟ Vajji)·말라국(Ⓟ Malla)·지제국·발사국(Ⓟ Vaṃsa)·거루국(Ⓟ Kuru)·반사라국(Ⓟ Pañcāla)·파루파국·아반제국(Ⓟ Avanti)·바차국(Ⓟ Maccha)·소라사국(Ⓟ Sūrasena)·건다라국(Ⓟ Gandhāra)·검병사국(Ⓟ Kamboja)이라는 그 십육대국에 죽어가는 이가 있다면, 부처님께서 모두 기별을 주셨다. 鴦伽國 摩竭國 迦尸國 居薩羅國 拔祇國 末羅國 支提國 拔沙國 居樓國 般闍羅國 頗漯波國 阿般提國 婆蹉國 蘇羅婆國 乾陀羅國 劍洴沙國 彼十六大國有命終者 佛悉記之"라고 하였다. 〔참고문헌〕『長阿含經』, *DN.2.202·203.* ⇨ 십육대국 十六大國

지제리여가 底帝哩呅迦 Ⓢ Tittirīsuta. 선인(仙人) 이름. 『금강침론』(대정장32, p.169c15)에 "아버지가 지일지리(Ⓢ Tittirī)라면 그 아들은 지제리여〈니소 두 음을 합하여 한 음〉가라고 한다. 父名底逸底哩 其子乃名底帝哩呅〈尼所引〉迦"라고 하였다. 〔참고문헌〕『金剛針論』, *Vajr-s.2.*

지제사 支提寺 중국 복건성(福建省) 영덕시(寧德市)의 지제산 서쪽에 있는 절. 오월왕(吳越王) 전숙(錢俶)이 북송(北宋)대 971년(개보4)에 지은 이래 대대로 중수해 왔다. 대웅보전(大雄寶殿)을 중심으로 천왕전(天王殿)·가람전(伽藍殿)·조사제전(祖師諸殿) 그리고 장경각(藏經閣)·재당(齋堂)·고루(鼓樓) 등이 있다. 사방의 행각승들이 많이 찾던 곳으로 흥성하던 시절에는 주석하던 대중이 천여 대중에 이르렀다. 절 안에 천존철주천관불상(千尊鐵鑄天冠佛像)과 천불(千佛)에 에워싸여 있는 대비로동불(大毘盧銅佛) 일존이 있다. 그 외에 금룡자의(金龍紫衣) 한 벌과 장경(藏經) 7,840책이 소장되어 있다. 〔참고문헌〕『建州弘釋錄』 권하 「元建安白雲崇梵寺愚叟澄鑑禪師」(卍속장147, p.841a5), 『佛法金湯編』 권10(卍속장148, p.923a11).

지제산 支提山 ❶ 천관(天冠)보살의 주처. 80권본 『화엄경』 권45(대정장10, p.241b26)에 "동남방에 한 곳이 있는데 이름이 지제산이다. 예로부터 보살의 무리들이 이곳에 머물렀다. 지금 있는 보살은 천관으로 권속들을 비롯한 보살의 무리 일천 명이 함께 하며 항상 그곳에 머물며 법을 연설한다. 東南方有處 名支提山 從昔已來 諸菩薩衆於中止住 現有菩薩 名曰天冠 與其眷屬 諸菩薩衆一千人俱 常在其中而演說法". 『화엄경소』 권47(대정장35, p.860a19)에 "지제산이란 청정한 믿음이 생겨나는 장소다. 사리(Ⓢ śarīra)가 있다면 탑이고, 사리가 없다면 지제(Ⓢ caitya)라 한다. 또는 이 산의 형상이 탑과 닮아 있기 때문이고, 또는 그곳에 지제가 있기에 이름 붙인 것이다. 支提山者 此云生淨信之所 有舍利者爲塔 無舍利曰支提 或山形似塔 或彼有支提 故以爲名". 『송고승전』 권30(대정장50, p.895b7)에 "석원표는 본래 삼한인이다. 천보년간(742~756)에 중국에 와 여러 곳을 유행했다. 서역에 가서는 성지를 참예하였는데, 심왕보살이 지제산의 영부를 가리켜준 대로 만났고, 마침내 『화엄경』 80권을 지고서 곽동산에 찾아가 천관보살께 예를 올리고 지제산석실을 집으로 삼았다. 예전부터

이 산은 사람이 머무는 것을 용납하지 않아 머무르면 반드시 천둥·맹수·독사가 많이 나타나거나 아니면 귀신과 요괴가 괴롭혔다. 예전에 득도를 못한 스님이 한날 하룻밤을 잤더니 산신이 쫓아내어 다음 날 아침에 보니 산 아래 몇 리 밖으로 던져져 있었다. 釋元表 本三韓人也 天寶中來遊華土 仍往西域瞻禮聖迹 遇心王菩薩指示支提山靈府 遂負華嚴經八十卷 尋訪霍童禮天冠菩薩 至支提石室而宅焉 先是此山不容人居 居之必多霆震猛獸毒蟲 不然鬼魅惑亂於人 曾有未得道僧 輒居一宿爲山神驅斥 明旦止見身投山下數里間"라고 하였다. [참고문헌]『華嚴經』, 『華嚴經疏』, 『宋高僧傳』. ❷ 지제산부(支提山部 Ⓢ Caityaśaila : 制多山部)의 근거가 되는 산. 『삼론현의』(대정장45, p.9b4)에 "쟁론을 벌였지만 마침내 대천의 다섯 가지 주장(大天五事)은 수용되지 않았고, 무리들은 이 때문에 산간에 따로 머물렀다. 이 산간에서도 주장하는 뜻이 또 달랐다. 따라서 지제산부와 북산부가 있게 되었다. 부처님께서 득도하셨고 법륜을 굴리셨던 곳이거나 대중이 머무는 곳을 지제라 하고, 이곳이 산이기에 지제산이라 이름한다. 因此諍論遂不容大天 徒衆因爾別住山間 於此山間執義又異 故有支提山部及北山部 佛得道及轉法輪處 大衆處名支提 此處有山 名支提山", 『십팔부론』(대정장49, p.18a17)에 "또 200년 중에 마하제바 외도가 출가하여 지제산에 머물렀는데, 이 마하승기부에서 다시 세 부가 설립되었다. 又二百年中 摩訶提婆外道出家 住支提山 於摩訶僧祇部中 復建立三部"라고 하였다. [참고문헌]『三論玄義』, 『十八部論』. ⇨ 지제산부 支提山部 ❸ ➡ 지제야산 支帝耶山

지제산부 支提山部 Ⓢ Caitika, Caitya-śaila, Ⓟ Cetiya-vāda. 소승이십부(小乘二十部) 중 하나인 제다산부(制多山部)의 구역어. 『부집이론』(대정장49, p.20b2)에 "이 제2의 백 년이 끝나갈 무렵 대천(Ⓢ Mahādeva)이라는 한 외도가 대중부로 출가하여 홀로 산간에 기거하며 대중부를 널리 퍼뜨렸는데, 다섯 가지 점에서 다른 주장을 하였고 다시 두 부로 나뉘었으니 첫째는 지제산부고 둘째는 북산부다. 此第二百年滿 有一外道 名曰大天 於大衆部中出家 獨處山間 宣說大衆部 五種執異 自分成兩部 一 支提山部 二 北山部", 같은 책(대정장49, p.21a24)에 "지제산부와 북산부 이 두 부파가 주장하는 바의 근본은 보살은 악도를 벗어나지 않고, 수두파(Ⓢ Stūpa)를 공경하여 섬긴다 해도 얻는 바는 적고, 아라한 대부분에게는 다른 이에 의해 부정한 것이 흘러나와 그 옷을 더럽히는 일이 있고, 아라한 대부분에게는 불염오의 무지가 있고 의(疑 : 猶豫)라는 번뇌도 있으며, 다른 이에 의한 증득이 있고 성도는 말로 드러낼 수 있다는 것이다. 그 밖의 주장은 대중부의 주장과 유사하다. 支提山部 北山部 此二部是執義本 菩薩不脫惡道 藪斗陂中恭敬事得執少 有阿羅漢多他以不淨染汚其衣 阿羅漢多有無知 有疑惑 有他度 聖道亦爲言所顯 餘所執與大衆部所執相似"라고 하였다. [참고문헌]『部執異論』. ⇨ 제다산부 制多山部, 북산주부 北山住部

지제산사적 支提山事跡 전라남도 장흥군 천관산(天冠山)의 불교 사적을 기록한 책으로 목판본 11장(張)으로 구성되었다. 1659년(효종10)에 천관사(天冠寺) 전 주지 충인(忠印)·지전(持殿) 충습(忠習) 등이 개간(開刊)하였다. 천관산의 네 가지 이름인 '불두(佛頭)'·'우두(牛頭)'·'지제'·'천관'의 유래와 의미를 설명하고, 아육왕(阿育王)이 세운 탑이라고 전하는 여러 층의 바위부터 석존과 가섭의 연좌처(宴坐處)·의상암(義湘菴)·구룡봉(九龍峯)·통령대(通靈臺)·탑산암(塔山菴)·천관사·수정사(修淨寺)·신중암(神衆岩)·심적암(深寂菴)·구정암(九精庵)·원통암(圓通菴)·환희대(歡喜臺)·삼일암(三日菴)·선암사(仙嵓寺)·미타암(彌陀菴) 등의 형성과 사적을 차례로 기술하였다. 특히 글의 말미에 "이 산은 본래 대성 천관보살의 진신이 머무는 곳이다. 이름은 『화엄경』에 실려 있으니 실로 동국의 명산이다. 是山本爲大聖天冠菩薩眞身住處 而名載大經 實東國之名山也"라고 하였고, "사직은 끝이 없고 문장도 끊어지지 않았는데 … 산에 대한 기록이 모두 불타 없어진다면 가히 애통하지 않겠는가. 후대에 전하지 못할까 두려워 지금 남아 있는 글을 찾고 옛노인들이 서로 전하는 바도 모아서 거칠게 대강을 기록하여 승속에 알리고자 할 뿐이다. 社稷無疆 文章不絶 … 山籍並皆燒散 可不痛哉 恐後傳不及 今因廣覓遺文 幷採古老之所相傳者 粗記梗槪 以示緇素云爾"라고 하였다. 원각사·동국대학교도서관 등에 소장되어 있다. [참고문헌]『支提山事跡』.

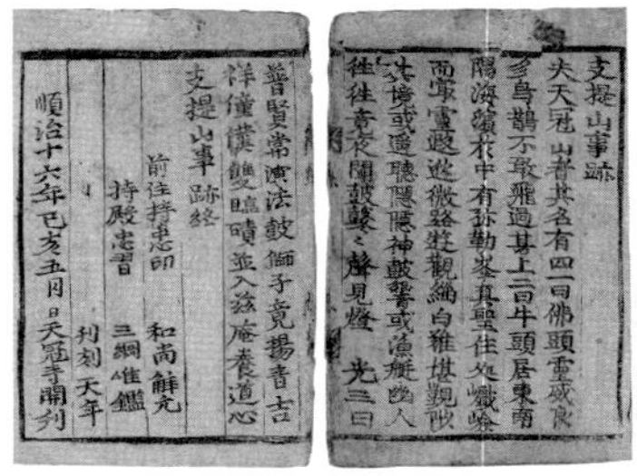

지제산사적 장흥 천관사 1659년

지제선삼매지력 知諸禪三昧智力 불십력(佛十力) 중 하나로 모든 삼매를 아는 지력. 정려해탈등지등지지력(靜慮解脫等持等至智力)·지제선해탈삼매지력(知諸禪解脫三昧智力)·선정해탈삼매정구분별지력(禪定解脫三昧淨垢分別智力)·정력(定力)이라고도 한다. 『사미학계의궤송주』(卍속장107, p.214a10)에 "(여래십력 중) 세 번째 정을 아는 지력이란 부처님께서 모든 선삼매를 아시는 것을 말하며, 자재무애하여 깊고 얕음과 차제를 여실하게 두루 아신다. 三 知定智力 謂佛知諸禪三昧 自在無礙 其淺深次第 如實偏知"라고 하였다. [참고문헌]『

沙彌學戒儀軌頌註』, 『觀無量壽經直指疏』, 『大明三藏法數』 권38(영락장183, p.110b4). ⇨ 불십력 佛十力

지제야산 支帝耶山 Ⓢ Caitya-giri, Caitya-parvata, Ⓟ Cetiya-giri. 사자국(師子國 Ⓢ Siṃhala : 스리랑카) 북부에 위치한 미사가산(眉沙迦山 Ⓟ Missakapabbata)의 다른 이름. 지제산(支提山)·지다기리(支多耆利)·지다가리(支多哥梨)로 음사하며, 공덕취산(功德聚山)·상산(象山)·취산(聚山)으로 한역한다. 『선견율비바사』 권3(대정장24, p.690a26)에 "수마나는 (부처님의 缺盆骨) 받고 나서 (천제석궁에서) 내려와 지제야산에 도착했다. … 아육왕에게서 받는 부처님 사리는 지제야산에 안치하고 나머지 결분골은 포시에 마하나원림으로 가지고 갔다. … 천애제수왕이 곧 코끼리를 타면서 손수 흰 일산으로 사리 위를 덮어 지제야산에 도착했다. 왕은 생각했다. '이것은 여래의 사리다! 코끼리는 스스로 땅에 엎드리고 흰 일산은 저절로 내려졌으니, 여래사리를 내 머리 위에 안치하도록 할 것이다'. 修摩那受已 下到支帝耶山 … 即取阿育王舍利 置支帝耶山 餘缺盆骨 晡時齎往摩訶那園林 … 王即乘象 手捉白傘覆舍利上 到支帝耶山 王自念言 此是如來舍利 象自伏地 白傘自下 令如來舍利住我頭上"라고 하였다. [참고문헌] 『善見律毘婆沙』. ⇨ 미사가산 眉沙迦山, 마힌다 摩哂陀, 수나마 脩摩那, 천애제수 天愛帝須

지제전 止啼錢 울음을 그치게 하는 돈. 『종용록』 7칙 「송 頌」(대정장48, p.231c9)에 "뭘 모르는 아기는 지제전에 애를 쓰고〈감히 어떻게 쓰겠는가?〉, 좋은 사마(駟)는 채찍 그림자만 보고도 바람처럼 달린다〈차고 일어서면 곧바로 내달린다〉. 癡兒刻意止啼錢〈堪作何用〉 良駟追風顧影鞭〈踢起便行〉"라고 하였다. [참고문헌] 『從容錄』, 『人天眼目』 권3(대정장48, p.317b13). ⇨ 지제 止啼

지제지 支提志 조선후기 지제(支提 : 천관산(天冠山)의 이칭)의 인문지리지. 위백규(魏伯珪 1727~1798) 지음. 필사본 1책이 고려대학교와 서울대학교에 소장되어 있다. 제하(題下)에 "산중의 옛 기록 중에 대우의 기록과 천인의 기록, 중봉사에 소장된 기록과 경주유사 기록이 있다. 山中古記 有大愚師記天因師記 中峰寺藏記 慶州遺事記"이라 하여 전거를 밝혔다. 그리고 1779년(정조3)에 「자서 自序」와 1780년에 본인이 쓴 「발문 跋文」이 있다. 산명(山名)·동천(洞天)·석전(釋典)·이적(異蹟)·봉호(峰號)·천석(泉石)·사명(寺名)·사우(寺宇)·암실(庵室)·고언(古諺)·솔도파(窣堵波)·감여설(堪輿說)·명승(名僧)·부록 등으로 구성되었다.

지제지설 止啼之說 울음을 그치게 하는 말. 방편설(方便說)을 말한다. 지제권설(止啼權說)이라고도 한다. 『남전보원선사어요』(고존숙어록12, 卍속장118, p.295a11)에 "돌아가신 마조께서 비록 '마음 그대로 부처'라고 설하셨지만, 이는 한 때인 그 틈에 한 말씀으로 빈손에 쥐어준 노란 잎사귀로 울음을 그치게 하기 위한 말씀일 뿐이다. 先祖雖說 卽心卽佛 是一時間語 空拳黃葉 止啼之說", 『설두어록』 권4(대정장47, p.692c20)에 "혹자가 말했다. '(불경) 5,048권은 울음 그치게 하는 말씀이다. 이제 울음을 그쳤는가? 나에게 노란 잎사귀를 돌려다오'. 설두가 대신 말하였다. '일이란 홀로 외롭게 일어나지 않는다'. 或云 五千四十八卷 止啼之說 如今啼止也 還我黃葉來 代云 事不孤起"라고 하였다. [참고문헌] 『南泉普願禪師語要』, 『雪竇語錄』, 『注大乘入楞伽經』 권3(대정장39, p.451c1). ⇨ 지제 止啼, 방편설 方便說

지조 智照 **1** 지혜로 비추다. 『인왕호국경』 권상(대정장8, p.835c11)에 "지로 비추니 실성은 있음도 아니고 없음도 아니다. 왜 그런가? 법성은 공이기 때문이다. 智照實性 非有非無 所以者何 法性空故", 『이취육바라밀다경』 권9(대정장8, p.907c6)에 "타인의 허물도 말하지 않고 자신의 덕을 칭송하지도 않으니, 지혜로 비추어 자타가 없어야 장차 큰 명성을 얻으리라. 不說他人過 亦不稱已德 智照無自他 當獲大名稱"라고 하였다. [참고문헌] 『仁王護國經』, 『理趣六波羅蜜多經』. **2** 북제(北齊)대 서역으로 법을 구하러 갔던 스님. 『개원석교록』 권7(대정장55, p.549c15)에 "북제에 보섬·도수·지주·승위·법보·승담·지조·승률 등 열 분의 스님이 있었는데, 무편 6년(575)에 서역에 가서 경을 구해 오기로 서로 뜻을 함께하고 동행했다. 오가는 데 7년 걸려서야 동쪽으로 돌아왔다. 무릇 얻은 범본이 260부였다. 有齊僧寶暹 道邃 智周 僧威 法寶 僧曇 智照 僧律等十人 以武平六年 相結同行 採經西域 往返七載 將事東歸 凡獲梵本二百六十部"라고 하였다. [참고문헌] 『開元釋敎錄』.

지조 智璪 556~638. 수당(隋唐)대 스님. 속성은 장(張)씨. 임해(臨海 : 淸河省) 출신. 대대로 벼슬해온 가문에서 자랐으나 열일곱에 부모를 여의면서 세속을 떠나 안녕사(安寧寺) 혜빙(慧憑)을 은사로 출가하였다. 천태산으로 가서 지의(智顗) 문하에서 법화참법을 닦았다. 586년(지덕4) 지의가 영양왕(永陽王) 백지(伯智)의 청으로 회계산(會稽山)으로 갈 때 따라가서 석 달 동안 법화참법을 닦았으니, 항상 법화삼매(法華三昧)를 닦아 영험도 있었다. 605년(대업1) 양제(煬帝)가 강도(江都)로 행차하여 지의를 위하여 천승회(千僧會)를 베풀 때 함께 했다. 638년(정관12) 국청사(國淸寺)에서 세수 83세로 입적하였다. [참고문헌] 『佛祖統紀』 권9(대정장49, p.197c13), 『唐高僧傳』 권19(대정장50, p.585

b12), 『弘贊法華傳』 권4(대정장51, p.23a21).

지조암 指祖庵 강원도 동해시 두타산(頭陀山)에 있는 암자. 월정사 말사인 삼화사의 산내 암자로 918년(태조1)에 창건되었다. 한국전쟁 때 소실되었다가 중건되고 관음암(觀音庵)으로 개명되었다. 허목(許穆 1595~1682)의 『기언』 권37 척주기사(陟州記事) 「두타산기 頭陁山記」에 의하면, 허목이 지조암을 유람할 당시에는 마의노인(麻衣老人)이 쓰던 토상(土床)이 봉안된 석굴이 있었다고 하였으며, 『삼화사사적』에는 삼척부사인 윤소(尹嘯)가 중건했다고 한다. 채제공(蔡濟恭 1720~1799)의 『번암집』 권6에는 「숙지조암 宿指祖菴」 등 관련시 3수가 전하는데, 지조암이 멀고 깊고 험해서 식량 조달이 어렵고 구름사다리(雲梯)로 오르내린다 하였다. 〔참고문헌〕『記言』, 『三和寺事蹟』, 『樊巖集』, 『韓國寺刹全書』 권하 p.1042b16. ⇨ 관음암 觀音庵[4]

지조암 智照庵 경상북도 안동시 서후면 천등산(天燈山) 봉정사(鳳停寺)의 산내암자. 서암(西庵)으로도 불렸다. 1895년(고종32)에 금해(錦海)가 짓고 1907년(융희1)에 계언(桂彦)이 새긴 「안동부서천등산봉정사지조암중창기 安東府西天燈山鳳停寺知照菴重刱記」에는 천봉(天峰)장로가 입산출가한 뒤 성학(性學)화상의 가르침을 받고서 1890년에 중창하였다고 하였다. 조선 선조가 즉위 전에 쓴 것으로 추정되는 어필 현판 「독포도덕 獨抱道德」이 있었고, 현재는 설법전(템플관)·접안당·공양간 등이 있다. 〔참고문헌〕『韓國寺刹全書』 권하 p.1043a17. ⇨ 봉정사 鳳停寺

지족 止足 그쳐서 족함. 『석문장복의』(대정장45, p.836c13)에 "가죽으로 만든 의복은 율에서 갖추어 금하니, 사치를 버리게 하여서 하지 않아도 족함을 바탕으로 한다. 革衣皮服 律具制之 去其奢甚 止足爲本"라고 하였다. 〔참고문헌〕『釋門章服儀』. ⇨ 지족 知足[1]

지족 知足 ❶ 족한 줄 알다. 『유교경론』(대정장26, p.287c28)에 "그대들 비구여, 온갖 고뇌에서 벗어나고자 한다면 마땅히 족한 줄 아는 법을 관해야 한다. 족한 줄 아는 법이 곧바로 부와 즐거움과 안온한 곳이니, 족한 줄 아는 사람은 비록 땅바닥에 누워 있더라도 안락하다고 여기며, 족한 줄 모르는 사람은 비록 천당에 살더라도 마음에 들어하지 않는다. 족한 줄 모르는 사람은 비록 부유하더라도 빈곤하다고 여기고, 족한 줄 아는 사람은 빈해도 부하다고 여긴다. 족한 줄 모르는 사람은 항상 오욕에 끌려 다니니, 족한 줄 아는 사람이 가엾이 여긴다. 이를 가리켜 족한 줄 안다고 한다. 汝等比丘 若欲脫諸苦惱 當觀知足 知足之法 卽是富樂安隱之處 知足之人 雖臥地上 猶爲安樂 不知足者 雖處天堂 亦不稱意 不知足者 雖富而貧 知足之人 雖貧而富 不知足者 常爲五欲所牽 爲知足者之所憐愍 是名知足", 『유교경보주』(卍속장59, p.17a9)에 "족한 줄 안즉 마음이 그 바람을 끊고 고요히 즐기면서도 여유롭지만, 족할 줄 모르면 탐애가 거듭 늘어나 괴로움의 수레바퀴를 멈추기 어렵다. 知足則心絶希冀 淸樂有餘 不知足者 貪愛轉增 苦輪難息", 『대승의장』 권14(대정장44, p.753c16)에 "적게 얻더라도 마음으로 회한이 없어야 족한 줄 안다고 한다. 得少之時 心不悔恨 說爲知足"라고 하였다. 〔참고문헌〕『遺敎經論』, 『遺敎經補註』, 『大乘義章』. ⇨ 소욕지족 少欲知足 ❷ 지족천(知足天 Ⓢ Tuṣita)의 줄인 이름. 『불조통기』 권49 「남호정토원기 南湖淨土院記」(대정장49, p.444b4)에 "안양정토인 지족천의 우열을 따지자면 치우쳐 왕생만 권해서 최승으로 삼는다. 論安養知足之勝劣 則以偏勸往生爲最勝"라고 하였다. 〔참고문헌〕『佛祖統紀』. ⇨ 지족천 知足天, 도솔천 兜率天 ❸ 칠선법(七善法 : 七妙法) 중 하나. 아껴 쓰며 족한 줄 아는 일. 『대승의장』 권12(대정장44, p.703c14)에 "족한 줄 안다는 것은 양을 아껴 행함이니, 음식이나 탕약이나 온갖 물품 등을 받아 구함에 한계 알고 족한 줄도 안다. 言知足者 是節量行 知於飮食湯藥衆具 受求以限 故曰知足"라고 하였다. 〔참고문헌〕『大乘義章』. ⇨ 칠선법 七善法[1]

지족 智足 ❶ 이족(二足) 중 하나. 지를 발에 비유한 것. 복족(福足)과 짝이 된다. 『아미타경약주』(卍속장91, p.733a12)에 "향상은 정향이니 복족이고, 향광은 혜향이니 지족이다. 香上 定香 福足也 香光 慧香 智足也"라고 하였다. 〔참고문헌〕『阿彌陀經略註』. ⇨ 복족 福足, 이족 二足[2] ❷ 즈냐나빠다(Ⓢ Jñānapāda)의 한역 이름. 8세기 후반에서 9세기 초반에 걸쳐 활동한 인도 스님. 붓다슈리즈냐나(Ⓢ Buddhaśrījñāna) 또는 붓다즈냐나빠다(Ⓢ Buddhajñānapāda)라고도 부른다. 『비밀집회탄트라』(Ⓢ *Guhyasamāja-tantra*)에 대한 해석을 달리했던 양대(兩大) 유파인 아리야(Ⓢ Ārya)파와 즈냐나빠다파 중 후자의 시조다. 티베트 전승에 따르면 나란다 사원에서 하리바드라(Ⓢ Haribhadra)를 사사했고, 현밀겸수(顯密兼修)를 주창했으며, 생기차제(生起次第 Ⓢ utpatti-krama)와 구경차제(究竟次第 Ⓢ utpanna-krama, niṣpanna-krama)의 이차제 및 사지성취법(四支成就法)의 교의를 설했다. 논자에 따라서는 그 교의가 『중관장엄론 中觀莊嚴論』을 지은 적호(寂護 Ⓢ Śāntarakṣita)의 중관사상과 친연성이 있다는 이유에서 지족을 유가행중관파라 하기도 한다. *Dvikramatattvabhāvanā*(二次第眞性修習 : *Mañjuśrīmukhāgama*), *Samantabhadra-nāma-sādhana*(普賢이라는 이름의 成就法, 또는 四支成就法普賢母 : *Caturaṅgasā* *dhana*), *Muktibindu*(解說明点), *Ātmasādhanāvatāra*(我成就法入門), *Mahāyānalakṣaṇasamuccaya* 등 논서가 티베트역으로 전하며, 범문(梵文)은 일부 단편들이 발견될 뿐이다. 제자로는 비따빠다(Ⓢ Vitapāda)・빠드마바즈라(Ⓢ Padmavajra)・샤꺄미트라(Ⓢ Śākyamitra)・디빰까라바드라(Ⓢ Dīpaṃkarabhadra) 등이 있었다. [참고문헌] Péter-Dániel Szántó 'Early Works and Persons Related to the So-called Jñānapāda School'(*Journal of the International Association of Buddhist Studies*, 2013~2014).

지족마종 舐足摩踵 발에 혀를 대고 발꿈치를 어루만지다. 천축의 지극하게 공경해서 하는 행위다. 『대당서역기』 권2(대정장51, p.877c12)에 "지극히 공경하는 위의에 아홉이 있다. 첫 번째는 말로 위문함이고 … 아홉 번째는 오체투지다. 무릇 이 아홉 모두 극진히 딱 한 번 절하고 꿇어앉아 덕을 찬하니, 이를 '경을 다한다'라 한다. 멀리 있으면 머리 조아려 이마에 두 손 맞대며 절하고, 가까이 있으면 발에 혀를 대고 발꿈치를 어루만진다. 무릇 그의 공을 치사하고 명을 받을 때는 옷자락을 걷어 올리고 길게 엎드린다. 致敬之式 其儀九等 一 發言慰問 … 九 五體投地 凡斯九等 極唯一拜 跪而讚德 謂之盡敬 遠則稽顙拜手 近則舐足摩踵 凡其致辭受命 褰裳長跪"라고 하였다. [참고문헌] 『大唐西域記』, 『釋氏要覽』 권중(대정장54, p.277b10), 『四分律名義標釋』 권1(卍속장70, p.411b6). ⇨ 천축구의 天竺九儀

지족법 支足法 다리 달린 물건 중 두 가지 외에는 쓸 수 없게 한 법. 『십송율』 권56(대정장23, p.417a15)에 "지족법이라 하니, 부처님은 두 가지 지족물을 허락하셨다. 첫째는 측간 받침대, 둘째는 상을 받치는 물건이다. 그 외 여덟 가지 지족물에 대해서는 허용치 않으셨다. 이를 지족법이라 한다. 支足法者 佛聽二種支足物 一者 廁蹬 二者 支床脚物 八種支足物不聽用 是名支足法"라고 하였다. [참고문헌] 『十誦律』, 『摩訶僧祇律』 권34(대정장22, p.503b18).

지족불욕지지불태 知足不辱知止不殆 만족할 줄 알아 욕을 당하지 않고 그칠 줄 알아 위태롭지 않다. 『절의론』 권2(대정장52, p.805c10)에 "지자불욕 지지불태〈태는 위의 뜻이다. 가야할 때 가고 그쳐야 할 때 그치면 그 몸을 위태롭게 하지 않으므로, '족함을 알면 욕을 당하지 않는다'고 한다. 한(漢)의 소광은 '현명하지만 재물이 많으면 그 뜻을 깎아 먹고, 어리석은데 재물이 많으면 그 허물이 늘어난'고 하였다. 그러므로 '그칠 줄 알면 위태롭지 않다'고 하였다〉. 知足不辱 知止不殆〈殆 危也 可行可止 則不危其身 故曰 知足不辱 漢疏廣曰 賢而多財 則損其志 愚而多財 則益其過 故曰 知止不殆〉"라고 하였다. [참고문헌] 『折疑論』.

지족심 知足心 Ⓢ sumanāḥ saṃlikhita. 족한 줄 아는 마음. 『대승본생심지관경』 권4(대정장3, p.311c25)에 "그때 상인들은 보살의 가르침을 입어 족한 줄 아는 마음을 내어서는 감히 많이 취하지 않았다. 時商人等蒙菩薩教 生知足心不敢多取", 『구사론』 권15(대정장29, p.78c25)에 "자신의 처첩에 대해 족한 줄 아는 마음을 유지한다. 於己妻妾 住知足心", 『구사론기』 권22(대정장41, p.338b25)에 "이미 가지고 있는 것이 좋거나 많지 않더라도 족한 줄 아는 마음에 머무는 것을 희족이라 하고, 아직 가지지 못한 의복 등의 것에 대해 좋거나 많이 구하려 하지 않는 것은 소욕이라 한다. 於所已得不妙不多 住知足心 名爲喜足 於所未得 衣服等事 不求妙多 名爲少欲", 『보살지지경』 권7(대정장30, p.926c22 : *Bodh-bh.*, p.164)에 "보살에게 다섯 가지가 있으면 선지식의 정신주처를 얻어 다른 이가 듣고 기뻐하니, 하물며 다시 드러내 보여서 무엇하랴. 첫째 위의를 성취하니, 적정위의로 위의를 구족함에 온몸이 고루 가지런하다. 둘째 마음이 늘 안주하니, 신구의업이 성급하지 않다. 셋째는 속이지 않음이니, 다른 이를 속이지 않기에 위의를 거두어 지닌다. 넷째는 시기하지 않음이니, 다른 이가 설법하고 재물과 이익 얻음에 시기하는 마음 내지 않는다. 늘 스스로 다른 이가 설법하게 권청하되 만약 재물이 자기에게 오면 다른 사람에 주기를 권하고, 아첨하는 거짓 마음 없이 마음이 늘 기쁘며, 다른 이 법 설하고 이익과 즐거움 얻음을 보고서 따라 기뻐하는 마음 얻음에 자기가 얻은 것처럼 한다. 다섯째는 족할 줄 아는 마음으로 쌓아놓은 물품이 적고 얻은 것마저도 기꺼이 희사한다. 菩薩有五事 得善知識淨信住處 他聞歡喜 況復現見 一者 威儀成就 寂靜威儀 具足威儀 擧身齊整 二者 心常安住 身口意業不悼不躁 三者 不誑 謂不誑他故 攝持威儀 四者 不嫉 謂於他說法及得財利不生嫉心 常自勸請令他說法 若財向己勸與他人 無諂僞心心常歡喜 見他說法及得利樂 起隨喜心如己所得 五者 以知足心 少積衆具 所得能捨 tatra pañcabhirākāraistatkalyāṇamitraṃ prasādapadasthitaṃ bhavati yenainaṃ pare 'tyarthamabhiprasīdantyanuśraveṇāpi śrutvā prāgeva sammukhaṃ nirīkṣya. īryāpathasaṃpanno bhavati praśānteryāpathaḥ sarvāṅgapratyaṅgainirvikāraḥ. sthito bhavatyanuddhataacapalakāya vāṅmanaḥkarmāntapracāraḥ. niṣkuhakaśca bhavati na pareṣāṃ kuhanārthamīryāpathaṃ sthairyaṃ vā pratisaṃkhyāya kalpayati. anīrṣukaśca bhavati na pareṣāṃ dharmyaṃ kathāṃ lābhasatkāraṃ vā ārabhyāmarṣamutpādayati. api tu svayamadhyeṣyamāṇo 'pi dharmakathane paraiḥ lab hamāno 'pi vipulaṃ lābhasatkāraṃ paramapadiśati aśaṭhena cetasā prasannena. pareṣāṃ tacca dhārmakathikatvaṃ tañca lābhasatkāramārabhyānujanāti. yathā svena lābhasatkāreṇa tuṣṭo bhavati tathā bhṛśataraṃ paralābhena parasatkāreṇa tuṣṭo bhavati. saṃlikhitaśca bhavatyalpabhāṇḍo 'lpapariṣkāraḥ utpannotpannaparityaktasarvopakaraṇaḥ"라고 하였다. 『유가사지론』 「보살지」는 범어 수마나(sumana)를 심환희(心歡喜)로, 삼리키따(saṃlikhita)를 검약(儉約)으로 한역한다. [참고문헌] 『大乘本生心地觀經』, 『俱舍論』, 『俱舍論記』, 『菩薩地持經』, *Bodh-bh.* ⇨ 지족 知足❶, 소욕지족 少欲知足, 희족 喜足

지족암 知足庵 ❶ 강원도 철원군 보개산(寶蓋山)에 있었던 암자. 지족암(智足庵)이라고도 한다. 『동국여지승람』 권47 강원도 철원도호부 불우에, 보개산에 있는 사원으로 전하고 있지만 『여지도서』 강원도 철원사찰에는 폐사로 전한다. [참고문헌] 『東國輿地勝覽』, 『輿地圖書』, 『梵宇攷』, 『韓國寺刹全書』 권하 p.1042b10, 『한국사지총람』 권상(문화재청·불교문화재연구소, 2010) p.253. ❷ 경상남도 합천군 가야면 치인리 가야산(伽耶山)에 있는 암자. 해인사(海印寺)의 산내 암자로 옛 이름은 도솔암(兜率庵)이다. 고려 태조대 희랑대사(希朗大師)가 기도하던 곳으로 그의 토굴(土窟)이었다고 한다. 이후 폐허가 된 것을 1796년(정조20) 관수(官守)가 중건하여 도솔암이라고 이름하였다가 1893년(고종30) 환운(幻雲)이 중창하였고, 그때 지족암으로 이름을 고쳤다고 하지만 그 전에도 이미 지족암으로 불리고 있었다. 정구(鄭逑 1543~1620)의 「유가야산록 遊伽倻山錄」(『한강집』 권9, 한국문집총간53, p.277a14)에 "갑자기 지해가 편지를 보내어 장차 때를 잡아 덕원과 지족암에서 모이기로 했다. 忽得志海書 將期會德遠於知足菴"라고 하였다. [참고문헌] 『寒岡集』, 『韓國寺刹全書』 권하 p.1053a20, 李智冠 『伽倻山海印寺誌』(伽山文庫, 1992). ❸ 황해도 개풍군 영북면 천마산(天磨山)에 있었던 암자. 『동국여지승람』 권4 개성부 상 불우에 "천마산 청량봉 아래 있다. 암자 뒤에 천자 정도 되는 석벽은 낙산보다 웅장하며, 뒤로 보이는 사면에 모인 봉우리는 마치 그림 병풍을 친 듯하며, 남쪽의 푸른 바다는 눈앞 가득해 걸림이 없었다. 민간에서 전하기를 중국인이 일찍이 이 산의 형상을 그렸다고도 한다. 在天磨山清涼峯下 庵後石壁千尺 雄於洛山 後罔四面攢峯 如列畵障 南望滄海 眼界無礙 俗傳 中朝人 嘗描寫山形"라고 하였다. 이색(李穡 1328~1396)의 「봉제절간소우천마지족암 奉題絶澗所寓天磨知足菴」(『목은시고』 권29)과 이행(李荇 1478~1534)의 「지족암 知足菴」(『용재집』 권4 천마록) 등의 시가 전한다. [참고문헌] 『牧隱詩藁』, 『東國輿地勝覽』, 『容齋集』, 『韓國寺刹全書』 권하 p.1042b8.

지족업 地足業 Ⓢ pṛthivī-tala-karma, bhūmi-tala-karma. 바이셰쉬카(Ⓢ Vaiśeṣika : 勝論)에서 상정한 업구의(業句義) 중 하나. 『십구의론』(대정장54, p.1265c19)에 "지족업이다. 중생의 이익과 불이익의 이숙의 시작이라는 것은 법과 비법이 아와 합하는 것이 불화합의 인연이 됨을 표한 것이다. 地足業 表衆生利益不利益異熟初者 以法非法我合爲不和合因緣"라고 하였다. [참고문헌] 『十句義論』. ⇨ 업구의 業句義

지족천 知足天 Ⓢ tuṣita, Ⓣ dga'-ldan. 욕계육천(欲界六天) 중 네 번째 하늘. 도솔천(兜率天)을 달리 부르는 이름. 『유가사지론』 권4(대정장30, p.294c23 : *Yogā-bh.*, p.75)에 "욕계의 하늘은 여섯 곳인데 … 넷째는 지족천이다. 欲界天有六處 … 四 知足天 ṣaṭ kāmāvacarā devāḥ … tuṣitā", 같은 책 권5(대정장30, p.300b3 : *Yogā-bh.*, p.100)에 "지족천에서는 서로 손을 잡기만 해도 열뇌가 문득 사라진다. 知足天 唯相執手 熱惱便息 tuṣitānāmanyonyaṃ parigrahaṇamātrakeṇa dāho vigacchati", 『설무구칭경소』 권4(대정장38, p.1057b25)에 "도사다천이란, 욕계육천 중 네 번째 하늘이다. 이는 지족천이라고 하는데 온갖 욕락을 누리면서 깊이 족할 줄 알기 때문이다. 覩史多名者 欲界六天中第四天也 此名知足 受諸欲樂 深知足故", 『신화엄경론』 권12(대정장36, p.794a12)에 "이 지족천은 세 가지 법을 닦아야 날 수 있는 곳이니, 계정혜가 그것이다. 此知足天 當修三法 得生其中 所謂戒定慧", 『일체경음의』 권17(대정장54, p.410a4)에 "도술천〈이는 범어를 잘못 줄인 말이다. 바른 범어음은 도사다천이고 지족천으로 한역한다. 이 하늘의 왕은 대부분 일생보처보살이다〉. 兜術天〈此梵語訛略也 正梵音云覩史多天 唐云知足天 此天王多是一生補處菩薩也〉", 같은 책 권11(대정장54, p.374a10)에 "지족천에서는 최후신보살이 대부분 이 천왕이 되고, 미륵보살이 이 하늘의 주인으로 현신한다. 知足最後身菩薩多作此天王 彌勒菩薩現爲天主也"라고 하였다. [참고문헌] 『瑜伽師地論』, 『說無垢稱經疏』, 『新華嚴經論』, 『一切經音義』, *Yogā-bh.* ⇨ 도솔천 兜率天, 희족천 喜足天, 욕계육천 欲界六天, 일생보처 一生補處, 미륵 彌勒, 묘족 妙足

지존비 知尊卑 칠선법(七善法 : 七妙法) 중 하나로 존비를 잘 알아 교화함. 『대반열반경의기』 권5(대정장37, p.747b13)에 "존비를 안다는 말은 교화할 이의 우열을 아는 것이다. 知尊卑者 知其所化人之優劣", 『대반열반경소』 권17(대정장38, p.137b26)에 "일곱 번째, 존비를 안다는 말은 십계의 존비를 빠짐없이 안다는 뜻이다. 七知尊卑者 應備知十界尊卑"라고 하였다. [참고문헌] 『大

般涅槃經義記』, 40권본 『大般涅槃經』 권12(대정장12, p.451b16). ⇨ 칠선법 七善法 ❶

지종 地種 Ⓢ pṛthivī-dhātu. 사대종(四大種 : 四大) 중 하나인 지대(地大)로 견고(堅固)를 자성으로 유지되는 물질계의 기본 요소다. 눈으로 볼 수 없는 견고함의 자성을 실(實)의 지성(地性)이라 하고, 만져 다룰 수 있는 것들은 가(假)의 지성이라 여긴다. 대천세계 유정무정을 나고 자라게 한다. 『증일아함경』 권27(대정장2, p.701b9)에 “(여인에 대한) 이 욕은 어디서 일어나는가? 지종에서 일어나는가? 아니면 수종・화종・풍종에서 일어나는가? 지종에서 일어난다면 지종은 단단하고 강하여 무너뜨릴 수 없다. … 그때 존자는 문득 이렇게 생각하였다. ‘이 욕은 다만 사유해 떠올림으로부터 일어날 뿐이다’. 此欲爲從何生 爲從地種生耶 水火風種生耶 設從地種生 地種堅强 不可沮壞 … 是時 尊者便作是念 此欲者但從思想生”, 『대지도론』 권18(대정장25, p.194c16)에 “만약 지가 단지 색일 뿐이라면 과실이 있다. 또한 지는 단단함이 상이지만 다만 눈만으로 색을 볼 뿐이니, 마치 물에 비친 달이나 거울 속의 모습이나 초목의 그림자와 같아서 단단함의 상은 없다. 단단함의 상이란 신근으로 만져 알 수 있기 때문이다. 若地但是色 先已說失 又地爲堅相 但眼見色 如水中月 鏡中像 草木影 則無堅相 堅相身根觸知故”, 『성실론』 권2(대정장32, p.253a15)에 “지종이란 색향미촉과 화합하는 것으로 단단한 상이 많은 것이다. 地種者 色香味觸和合 堅相多者 名爲地種”, 『법화경현찬요집』 권28(卍속장54, p.672a6)에 “사대종 가운데 수화풍 세 가지는 취하지 않고 지종만 취하겠다. 지종에는 가(假)도 있고 실(實)도 있다. 눈에 보이는 경은 가라 하고, 신근으로 취하는 경은 실이라 한다. 지는 굳고 딱딱함을 자성으로 하고, 수는 축축함을 자성으로 한다. 여기서 진지종은 신근으로 취하고 만져 거두는 것으로, 눈으로는 볼 수 없다. 이 가운데 눈에 보이는 것은 취하여 갈거나 문지를 수도 있는데 그것이 가지종이다. 四大種中 不取水火風三 唯取地種 地種之中 有假有實 眼所見者爲假 身根取者爲實 地以堅硬爲性 水以濕爲自性 此之眞地種 身根所取 觸塵所收 眼不可見 此中取眼所見者 可研可摩 假地種也”, 『법화경수수』 권5(卍속장51, p.737a14)에 “지종이란 대천세계의 지에 의지하여 능히 유정도 무정도 모두 나고 자라게 한다. 地種者 由大千世界之地 皆能生長 情無情物”라고 하였다. [참고문헌] 『增壹阿含經』, 『大智度論』, 『成實論』, 『法華經玄贊要集』, 『法華經授手』, *Vikī-n.48.* ⇨ 지대 地大 ❶, 사대 四大 ❶, 사대종 四大種

지종 至終 ❶ 끝에 이르다. 마칠 때까지. 죽음. 『장아함경』 권11 「선생경 善生經」(대정장1, p.71a18)에 “만약 추위도 더위도 모른 채 아침저녁으로 부지런히 닦고 힘쓴다면, 하는 일마다 이루지 못할 것이 없고 죽을 때까지 우환도 없으리라. 若不計寒暑 朝夕勤修務 事業無不成 至終無憂患”라고 하였다. [참고문헌] 『長阿含經』. ❷ 태어나 사는 동안의 고통(生苦 : 受胎時 至終 增長 出胎 種類) 중 두 번째로, 모태에서 열 달이 끝나는 때. 『사교의주휘보보광기』 권3(卍속장102, p.387b9)에 “생고 가운데 지종이란 열 달이 가득 찬 때다. 生苦中所言至終 至十月滿足也”, 『법화경삼대부보주』 권7(卍속장44, p.191a11)에 “지종이란 한 시기를 다하였다는 뜻이다. 至終者 盡於一期也”라고 하였다. [참고문헌] 『四教儀註彙補輔宏記』, 『法華經三大部補注』, 『法華文句記』 권6상(대정장34, p.261a8). ⇨ 생고 生苦

지종 知宗 1922~2012. 대한불교조계종 제18교구본사 백암산(白岩山) 백양사(白羊寺) 고불총림(古佛叢林) 제3대 방장. 법호는 수산(壽山). 속성은 유(劉)씨, 본관은 강릉, 속명은 평열(平烈). 1922년에 전라북도 순창군 명지산(明智山)마을에서 아버지 유병학과 어머니 마상품행의 삼남으로 태어났다. 14세 때 아버지를, 17세 때 어머니를 여의고서, 19세인 1940년에 백양사에 입산하여 이듬해에 만암종헌(曼庵宗憲 1876~1956)을 계사로 만암의 상좌인 법안의 위패상좌로 사미계를, 그 다음해에는 비구계를 수지하였다. 법당의 부전(副殿)으로 강원 공부를 마친 1944년에 ‘죽었다고 작정하고서 참구하라’는 만암의 경책에 따라 백양사 청량원에서 정진한 이래 1945년~1948년에는 백양사 운문암・청양 정혜사・나주 다보사에서 용맹정진하였고, 1949년부터는 목포 정혜원에서 만암을 조실로, 서옹석호(西翁石虎 1912~2003)을 선원장으로 모시고 ‘반선반작(半禪半作)’의 안거정진에 들었다. 1957년 완도 신흥사・영광 원각사, 1959년 이후 부안 개암사・태백 홍복사, 1966년・1969년・1973년 백양사, 1975년 목포 반야사・영광 불갑사 등의 주지를 맡았으며, 2001년 이후 불갑사를 중수할 때는 ‘백제불교 초전지’ 성역화 불사를 주도하기도 하였다. 1986년부터 대한불교조계종 원로위원을 역임하였고, 1989년에 종립학교인 광주 정광학원(淨光學園) 이사를 맡은 뒤 1992년에는 제8대 이사장을 지냈다. 불갑사 조실을 있다가 2004년에 만암・서옹을 이어 백양사 제3대 방장에 추대되었다. 2012년 3월 7일에 “구십 년 삶이 이 허공꽃과 같은지라, 오늘 환을 여의고 본가로 돌아가노라. 꽃잎 떨어져 까치 소리 중 흩날리고, 하하 웃고 한 번 뒤집으니 공겁 밖이로다. 九十年生是空花 今日離幻歸本家 落花翩翩鵲鳴中 呵呵一翻空劫外”라는 임종게를 남기고 세수 91세, 법랍 73으로 입적하였다. 스님은 만암・서옹의 유훈인 ‘공심 公心’・‘신심’을 계승하여 ‘중생심’・‘언행일치’와 ‘무위진인

(無位眞人)'인 '참사람'을 강조하였다. 특히 선차(禪茶)에도 조예가 깊어 '찻잎을 딸 때나 차를 만들 때 그리고 마실 때에도 망념이 없어야 하고 수미일관(首尾一貫)해야만 다선일미(茶禪一味)의 선차가 되는 것'이라고 가르치며 '반선반농(半禪半農)'의 가풍을 실천하였으며, 여러 사찰의 불보살상 복장점안의식에 증명(證明)으로 빠짐없이 참석하기도 하였다. [참고문헌] '다비 때 배포한 수산스님의 행장 壽山堂知宗大宗師行狀' 「불교신문」 2012년 3월 7일.

지종 指蹤 자취를 가리키다. 자취 쫓아가게 해서 얻게 하는 뜻으로 종사는 부처가 되는 자취를 보일 뿐이다. 가리켜 이리저리 하게 함의 뜻으로 종(縱)으로도 쓴다. 『사기』 「소상국세가 蕭相國世家」에 "사냥에서 토끼 등 짐승을 쫓고 죽이는 것은 개이고, 자취를 쫓게 하고 짐승이 있는 곳을 지시하는 것은 사람이다. 夫獵 追殺獸兎者 狗也 而發蹤指示獸處者 人也", 『경덕전등록』 권7 「반산보적전 盤山寶積傳」(대정장51, p.253b12)에 "마음이 바로 부처라고 말한다면 지금 아직 현미에 들지 못함이다. 마음도 부처도 아니라고 해야 바로 자취를 쫓게 하는 더 갈 곳 없는 가르침이다. 若言卽心卽佛 今時未入玄微 若言非心非佛 猶是指蹤之極則"라고 하였다. [참고문헌] 『史記』, 『景德傳燈錄』, 『圜悟語錄』 권15(대정장47, p.786a1), 『禪苑淸規』 권7(卍속장111, p.916a9).

지종 智宗 930~1018. 고려전기 스님. 자는 신칙(神則), 호는 보화(普化) 또는 적연(寂然), 시호는 원공(圓空), 탑호는 승묘(勝妙)다. 속성은 이씨. 본관은 전주. 930년(태조13)에 태어났다. 인도 마갈다국(摩竭陀國 Ⓢ Maghda) 대법륜보리사(大法輪菩提寺)의 홍범대사(弘梵大師：嗟哩嚩日羅)가 중국을 거쳐 938년(태조21) 고려에 왔을 때 그를 은사로 하여 경기도 양평 사나사(舍那寺)에서 스님이 되었다. 홍범이 곧 인도로 돌아가자 광화사(廣化寺)의 경철(景哲)을 찾아가 공부하였고, 946년(정종1) 영통사(靈通寺)에서 비구계를 받았다. 다시 문경 봉암사(鳳岩寺)로 찾아가 형초(逈超：靜眞國師 兢讓의 제자)로부터 선을 배우고 그의 법을 이었다. 959년(광종10) 후주(後周)로 유학가서 법안종(法眼宗) 영명사(永明寺) 연수(延壽)의 법을 이어받고 선정일치(禪淨一致)행법도 계승하였다. 천태산 국청사(國淸寺)로 가서 의적(義寂)으로부터 천태교의를 수학하는 한편 천태불롱(天台佛隴)을 깊이 흠모하였다. 승통인 찬녕(贊寧) 등의 청으로 국청사 전교원(傳敎院)에서 천태가 지은 『대정혜론 大定慧論』과 『법화경』을 강설했다. 970년(광종21) 귀국하였는데, 왕이 금광선원(金光禪院)에 주석하게 하였다. 975년(광종26)에는 중대사(重大師)로 승급하였으며, 그 후 고려 제5대 경종(재위 975~981)이 즉위해서는 삼중대사(三重大師)로 승급시키고 수정염주도 하사하였다. 성종(재위 981~997) 때에는 강화도의 적석사(積石寺)에 있게 하였으며, 목종(穆宗 재위 997~1009)은 스님을 흠모하여 '광천변조지각지만원묵선사 光天遍照至覺智滿圓默禪師'라는 존호를 바치고 개성 비슬산(琵瑟山) 불은사(佛恩寺)와 제석원(帝釋院)의 주지를 맡게 하였다. 그는 가는 곳마다 시·권·증(示勸證)인 십이행법륜(十二行法輪)을 설하였으며, 대선사(大禪師)의 법계를 비서(批署)받았다. 목종 또한 광명사(廣明寺)를 맡게 하고는 적연(寂然)이라는 호를 올리고 왕사로 책봉하였다. 이어 1016년(현종7)에는 보화(普化)라는 호를 드렸다. 이와 같이 고려조 경종·성종·목종·현종에 이르는 4대 왕조의 존경을 받으면서 나라와 국민에게 끼친 영향 또한 지대하였다. 1018년(현종9) 4월 17일 세수 89, 법랍 72세를 일기로 원주 거돈사(居頓寺)에서 입적하였다. 최충(崔沖)이 비문을 짓고 김거웅(金巨雄)이 써서 1025년(현종16)에 세운 비가 원주 거돈사에 있는데, 탑은 보물 제190호이고 비는 보물 제78호의 성보로 보존하고 있다. [참고문헌] 『高麗史』 권2 太祖 21年 3月, 『朝鮮金石總覽』 권상 pp.253~259, 『韓國金石全文』 中世上 pp.461~468, 李智冠 『校勘譯註歷代高僧碑文』 高麗篇2 pp.214~260, 「原州居頓寺圓空國師勝妙塔碑」(『海東金石苑』 附錄 권상). ⇨ 거돈사원공국사승묘탑 居頓寺圓空國師勝妙塔, 거돈사원공국사승묘탑비 居頓寺圓空國師勝妙塔碑

지종 원공국사탑비
원주거돈사지 보물제78호 1025년

지주 止住 ❶ Ⓟ viharati. 유행(遊行)이나 만행(萬行)을 멈추고 안거해 머물러 수행하는 뜻. 『잡아함경』 권50(대정장2, p.367c17)에 "한때 부처님께서 사위국 기수급고독원에 계셨다. 그때 어떤 비구가 구살라국의 한 숲속에서 모든 일 하지 않고 머물면서 낮에는 정에 들고 몸이 매우 피로해져 밤이면 곧 잠이 들었다. 그때 그 숲속에 살던 천신은 생각하였다. '이것은 비구의 법이 아니다. 텅 빈 숲속에서 낮에는 정에 들었다가 밤에는 잠이 드니, 내가 지금 가서 깨워야겠다'. 一時 佛住舍衛國祇樹給孤獨園 爾時 有異比丘在拘薩羅國人間 止住一林中 入晝正受 身體疲極 夜則睡眠 時 彼林中止住天神 作是念 此非比丘法 於空林中 入晝正受 夜著睡眠 我今當往 覺悟之", 80권본 『화엄경』 권45(대정장10, p.241b8)에

"불자들아, 동방에 선인산이 있는데 옛부터 여러 보살들이 그곳에 머물렀다. 지금은 금강승보살이 그 권속 삼백보살과 함께 하며 늘 그중에서 법을 널리 설하신다. 남방에 승봉산이 있는데 옛부터 여러 보살들이 그곳에 머물렀으며, 지금은 법혜보살이 그의 권속 오백보살과 함께 늘 그 속에서 법을 설하신다. 佛子 東方有處 名仙人山 從昔已來 諸菩薩衆於中止住 現有菩薩 名金剛勝 與其眷屬諸菩薩衆三百人 俱常在其中而演說法 南方有處 名勝峯山 從昔已來 諸菩薩衆於中止住 現有菩薩 名曰法慧 與其眷屬諸菩薩衆五百人 俱常在其中而演說法"라고 하였다. 〔참고문헌〕『雜阿含經』, 『華嚴經』, *SN.1.197·198.* **2** 삿된 방편과 행하던 불선법을 더는 하지 않게 되다. 『유가사지론』 권18(대정장30, p.378a21)에 "모든 선법을 잃고 물러나 그릇된 방편을 멈추는 것이 그쳐 머무는 것이다. 旣知退失諸善法已 息邪方便 說名止住"라고 하였다. 〔참고문헌〕『瑜伽師地論』.

지주 地主 대지를 다스리는 이. 국왕(國王)의 별명. 『대장엄론경』 권3(대정장4, p.272b20)에 "대왕을 보배라 이르니, 능히 대지를 유지하기에 진실로 땅의 주로서 허망하지 않다 한다. 어떻게 그런가? 불법의 깊은 뜻을 잘 분별하고, 총명한 지혜로 밝게 통달해야 왕이라 부르고 큰 지주가 될 수 있다. 大王稱寶 能持大地 眞是地主 不虛妄也 所以者何 能善分別佛法深義 聰慧明達 是故稱王 爲大地主", 『선견율비바사』 권9(대정장24, p.732c26)에 "지주란 무엇인가? 사천하를 주재하면 전륜성왕과 같고, 하나의 천하를 주재하면 아육왕이나 사자왕과 같으며, 한 곳을 주재하면 병사왕이나 파사익왕과 같고, 한 변두리를 주재하면 하나의 변지왕이며, 중간을 주재하여 한 두 개의 마을을 이끌어도 왕이라 한다. 地主者 主四天下 如轉輪聖王 或一天下 如阿育王 亦如師子王 一處有 如甁沙王 波斯匿王 一邊者 一邊地王 中間者 領一村二村 亦名爲王"라고 하였다. 〔참고문헌〕『大莊嚴論經』, 『善見律毘婆沙』. ⇨ 전륜성왕 轉輪聖王

지주 至奏 Ⓢ saṃpatti. 일으켜 나아간다는 발취(發趣)의 뜻이다. 삼발치(三跋致)라 음사한다. 『일체경음의』 권9(대정장54, p.362a8)에 "지주〈(주는) 자와 루의 반절이다. 주는 '나아가다'·'하다'이다. 『명도경』에 이르길 삼발치라 했는데, 이는 발취라고 하며 경에 발(跋)로 지음도 있는데 같으며 포와 말의 반절이다〉. 至奏〈子陋反 奏 進也 爲也 明度經云 三拔致 此言發趣也 經有作跋同 蒲沫反也〉", 현응(玄應)의 『일체경음의』 권13(중화장56, p.1005b1)에 "지주 : 범어로 삼발치라 하며 발취라 한역한다. 이제 지주라 말했는데 모두 한 뜻이다. 至奏 梵言三拔致 此云發趣 今言至奏 皆一義也"라고 하였다. 〔참고문헌〕『一切經音義』. ⇨ 발취 發趣, 삼발치 三跋致

지주 智周 **1** 556~622. 남북조말 당초대 스님. 『당고승전』 권19(대정장50, p.580a24)에 "석지주의 자는 원랑이고, 속성은 조씨이다. 그의 선조는 서주(徐州 : 江蘇省) 하비(下邳) 출신이다. … 어릴 때 부모의 뜻을 어기고 불도에 들어 법류수사의 도(滔)법사를 스승으로 섬겼다. … 당시 대장엄사(大莊嚴寺)에 작(爝)법사가 있어 … 책을 짊어지고 거기로 가서 오래 머물며 공부하기를 12년간 하였다. … 금릉(金陵 : 江蘇省 南京)이 함락되자 조용히 동쪽으로 돌아들어와 본래 머물던 가람에서 삼보를 널리 펼쳤다. … 무덕 5년(622)년 7월 5일 병으로 대책성의 남무주(南武州:浙江省)자사 설사통의 집에서 생을 마감했는데 나이는 67세였다. … 『성실론』·『소초제』·『현장』·『열반경』·『대품반야경』 등을 각각 10여 차례 강의하였다. 釋智周 字圓朗 姓趙氏 其先徐州下邳人 … 小學年中違親許道 師事法流水寺滔法師 … 時大莊嚴爝法師者 … 負帙淹留專功一紀 …自金陵失御 安步東歸 本住伽藍開弘三寶 … 武德五年七月五日遘疾 終於大策城城南武州刺史薛士通舍 春秋六十有七 … 講成論小招提玄章涅槃大品等 各十餘遍"라고 하였다. 〔참고문헌〕『唐高僧傳』. **2** 668~723. 당대 스님. 속성은 서(徐)씨. 사주(泗州 : 江蘇省) 출신. 19세에 출가하여 처음에는 천태종(天台宗)을 수학했고, 23세에 혜소(慧沼)의 제자가 되어서는 법상종(法相宗)의 교의를 전수받아 법상종 제3조가 되었다. 복양(濮陽 : 河南省)의 보성사(報城寺)에서 주석하며 활동하였기에 복양대사(濮陽大師)라고도 불린다. 703년(장안3)에는 신라 스님 지봉(智鳳)·지란(智鸞)·지웅(智雄)이, 717년에는 일본 스님 현방(玄昉)이 스님을 스승으로 모시고 법상종 교의를 배웠다. 723년(개원11)에 세수 56세로 입적하였다. 저술로는 『성유식론연비 成唯識論演祕』 7권·『법화현찬섭석 法華玄贊攝釋』 4권·『대승법원의림장결택기 大乘法苑義林章決擇記』 4권·『인명입정리론소전기 因明入正理論疏前記』 3권·『인명입정리론소후기 因明入正理論疏後記』 3권·『대승입도차제 大乘入道次第』 1권이 온전히 전하고, 그 외에 『범망경보살계본소 梵網經菩薩戒本疏』·『성유식론장중추요기 成唯識論掌中樞要記』·『성유식론요의등기 成唯識論了義燈記』·『인명입정리론소초 因明入正理論疏抄』의 일부가 전한다. 『대승입도차제개결』 권1(대정장85, p.1206c29)에 "대당 개원 초(713)에 복양에 대덕이 있었는데 스스로 지주라고 불렀다. 우리 대당삼장의 증손제자이며, 자은대사의 손제자이며, 하남법사(慧沼)의 친제자로서 청룡대사의 다른 지역 출신 동학이다. … 찬술한 주석서들이 합쳐서 10여 부에 이르는데, 『법화경현찬섭석』·『성유식론연비』·『인명입정리론소』·『대승법원의림장결택기』 등이 모두 그의 저작이다. 비록 장안에 온 적은 없지만, 그 명성은 관보까지 드날렸고, 대덕들은 하나같이 드높은 풍모를 추앙했다. 그 저작들의 문장이 간략하긴 하나 그 의미는 명료하고, 그 지향을 궁구해보면 자비를 갖추고 있어 실로 드물게 영현으로 태어나 법을 전한 보살이라고 일컬을 만하다. 大唐開元初 有濮陽大德身號智周 我大唐三藏曾孫弟子 慈恩大師之孫弟子 河南法師之親弟子 卽是靑龍大師異方同學 … 所撰章鈔凡十數部 卽法花攝釋 唯識演祕 因明 決擇 皆所造也 雖不至長安而聲聞遐被關輔 諸德咸仰高風 然觀其述作文約義著 究其所志旣慈具悲 實謂間生英賢傳法菩薩者也", 『천태명목유취초』 권1(臺灣國圖善本40, p.23a8)에 "지봉·지란·지웅의 세 분 스님은 문무천황 치세 시(683~707) 대보 3년〈계묘 : 703〉에 입당하여 복양대사〈지주〉를 뵙고는 이 종파의 교의를 전해 받았다. 智鳳 智鸞 智雄三師 文武天皇御宇大寶三年〈癸卯〉入唐 謁撲揚大師〈智周〉 傳此宗義", 『삼국불법전통연기』 권중(대장경보편32, p.659a13)에 "현방법사는 바다를 건너 입당하여 복양 지주대사를 뵙고는 법상종을 연구하였다. 이때가 지주스님 나이 38세, 당 개원 4년(716)이었다. 玄昉法師渡溟入唐 乃謁撲揚智周大師研法相宗 于時智周年三十八 唐開元四年也"라고 하였다. [참고문헌] 『大乘入道次第開決』, 『天台名目類聚鈔』, 『三國佛法傳通緣起』. ⇨ 법상종 法相宗

지주 智珠 **1** 지혜의 구슬. 불성(佛性)의 비유다. 『신화엄경론』 권32(대정장36, p.941b26)에 "일체중생보리계는 희고 깨끗하며 때 없는 지혜여서 무너질 일 없네. 값 매길 수 없는 지혜 구슬은 옷 속에 있지만 다만 오래도록 가난해서 문밖에 머무네. 넓고 큰 보배 수레는 네거리를 다니니 문수가 이끌고 보현이 민다네. 一切衆生菩提界 白淨無垢智無壞 智珠無價在衣中 秖欲長貧住門外 廣大寶乘住四衢 文殊引導普賢扶", 『경덕전등록』 권2 「반야다라전 般若多羅傳」(대정장51, p.216b2)에 "만약 그 보배 밝히면 그 보배는 스스로 보배가 아니고, 구슬임을 가리면 그 구슬은 스스로 구슬이 아니다. 구슬이 스스로 구슬이 아니라는 말은 반드시 지혜의 구슬을 빌려서 세간의 구슬임을 가린다는 뜻이고, 보배는 스스로 보배가 아니다라는 말은 반드시 지혜의 보배를 빌려서 법의 보배를 밝힌다는 뜻이다. 若明其寶 寶不自寶 若辯其珠 珠不自珠 珠不自珠者 要假智珠而辯世珠 寶不自寶者 要假智寶以明法寶"라고 하였다. [참고문헌] 『新華嚴經論』, 『景德傳燈錄』. **2** 고려후기 스님. 진각국사(眞覺國師) 조계혜심(曹溪慧諶 1178~1234)이 그에게 전한 법어가 있으니 『조계진각국사어록』 「시지주상인 示智珠上人」(한불전6, p.38a8)에 "사람이 편안하면 말이 없고, 물이 평평하면 흐를 일 없다. 나의 평하지 못함으로 그대의 평하지 못함을 평하게 하리라. 다만 옛일과 같이 하리니, 세존께서 청련안으로 가섭을 돌아보시자 가섭은 미소지었다. 말해보아라. 전한 것 무엇이겠는가? 안타깝도다! 후인은 호오를 구분하지 못하고 굳이 바꿔 부르길 교외별전 이심전심이라 한다. 도대체 꿈에서도 볼 수 없다니, 납승의 숨결을. 人平不語 水平不流 我以不平 平汝不平 人平不語 水平不流 我以不平 平汝不平 只如昔日 世尊以靑蓮眼 顧迦葉 迦葉微笑 且道 傳个甚麽 惜乎 後人不識好惡 强喚作敎外別傳 以心傳心 都未夢見衲僧氣息"라고 하였다. [참고문헌] 『曹溪眞覺國師語錄』. ⇨ 혜심 慧諶 **3** 조선후기 스님. 송(宋)대 혜정(慧定)이 찬한 『금강반야경소론찬요조현록』을 묘향산(妙香山) 보현사(普賢寺)에서 판각할 때 전총섭(前摠攝)으로 대도감(大都監) 소임을 맡았던 스님이다. [참고문헌] 『金剛般若經疏論纂要助顯錄』 「刊記」.

지주 踟躕 **1** 발걸음을 살펴 나아가지 못하다. 머뭇거리다. 유예하다. 지저(踟躇)·주저(躊躇)라고도 한다. 『조론약주』 권1(卍속장96, p.590a3)에 "또한 어찌 갈지 머물지 오락가락하며 동정지간에서 머뭇거리는가! 復何惑於去留 踟躕於動靜之間哉", 『오등전서』 권107 「운대장 雲岱章」(卍속장142, p.84a13)에 "이런저런 생각으로 머뭇거림 받아들일 수 없다. 곧바로 끊고 당장 떳떳하게 옮겨 취하라. 不容擬議踟躕 直截當陽薦取"라고 하였다. [참고문헌] 『肇論略註』, 『五燈全書』. **2** 쉬다. 멈추다. 휴식하다. 『천성광등록』 권26 「각가심인장 覺軻心印章」(卍속장135, p.869b2)에 "이 밤에 어찌하면 안락할 수 있을까? 이제는 힘을 덜 들여야 한다. 알겠는가? 각자 빛을 돌려 돌이켜보기 바란다. 쉬고 또 휴식하라. 於時夕中 作麽生得安樂去 如今要省力 會麽 各請迴光返照 休更踟躕"라고 하였다. [참고문헌] 『天聖廣燈錄』. **3** 이리저리 생각하다. 『오등전서』 권31 「운문문언장 雲門文偃章」(卍속장140, p.728a14)에 "'조계의 한 구는 나라 사람 모두가 안다. 운문의 한 구는 어떤 사람이 아는지요?' '사리는 모르는가?' '저도 가까이하면 얻을 수 있는지요?' '자세하게 이리저리 살펴보라'. 問曹谿一句 闔國知聞 未審雲門一句 什麽人得聞 師曰 闍黎不聞 曰 學人親近得不 師曰 仔細踟躕看"라고 하였다. [참고문헌] 『五燈全書』. **4** 머뭇거리다. 어쩔 줄 몰라하다. 『성세록』 권6 「장안법안장 長安法眼章」(가흥장23, p.141c24)에 "귀신이 크게 노하여 '급히 머리카락을 자르리라'고 한 다음 다른 귀신을 밀치고 칼을 잡더니 법안의 두 상투를 자르자 살까지 붙은 채로 바닥에 떨어졌다. 곧바로 서쪽 거리에 이르러 혼절하여 말에서 떨어져 죽었는데, 저도 모르게 잠깐 큰길에 이르러 머뭇거리는 사이 사람들 수가 천이나 되었다. 鬼便大怒云 急截頭髮 卻一鬼捉刀 卽截法眼兩髻 附肉落地 便至西街悶絶 落馬暴死 不覺旣至大街要路 踟躕之間 看人逾千"라고 하였다. [참고문헌] 『醒世錄』.

지주사 智珠寺 ❶ 중국 강소성 양주(揚州)에 있는 절. 율사 덕증성현(德增性賢 1703~?)이 개산하였다. 옛 이름은 길상사(吉祥寺)고, 1751(건륭16)에 '지주사'라 사액 받았다. 『신속고승전』 권58(대장경보편27, p.423a7)에 "건륭 16년 신미에 황제가 수레 타고 남쪽을 순시할 때 대중을 데리고 마중 나가 '지주사'라는 현판 받음을 입었다. 乾隆十六年辛未 聖駕南巡 率衆迎候 蒙賜智珠寺額"라고 하였다. 〔참고문헌〕『新續高僧傳』, 『律宗燈譜』 권8(대장경보편22, p.869a10). ❷ 중국 북경 동성(東城)에 있는 절. 18세기 청대에 장가호도극도(章嘉呼圖克圖)를 머무르게 하려고 건립하였다. 조성 당시 중앙 숭축사(嵩祝寺)를 중심으로 서쪽에 지어졌으며, 동쪽에 지었던 법연사(法淵寺)는 현재 전하지 않는다. ⇨ 숭축사 嵩祝寺, 장가호도극도 章嘉呼圖克圖

지주송률 踟躕悚慄 주저하고 두려움에 떨다. 어찌할 바를 몰라 하는 모양새다. 주(躕)는 같은 뜻의 저(躇)로 쓰기도 한다. 『무문관』 23칙 「본칙 本則」(대정장48, p.295c23)에 "6조가 도명상좌에게 쫓기어 대유령에 이르렀다. 도명이 바짝 다가오고 있는 것을 보고서 의발을 바위 위에 던지며 말했다. '이 의발은 신의 표인데 힘으로 다툴 수 있겠는가! 그대 마음대로 가지고 가시게'. 도명이 들어 올리려고 하자 산처럼 움직이지 않았다. 주저하고 두려움에 떨며 도명이 말했다. '내가 온 것은 법을 구하기 위해서이지 의발 때문이 아니네. 원컨대 행자께서는 법을 열어 보이길 바라네'. 6조가 말하였다. '선을 생각하지 말고 악도 생각하지 마시오. 바로 그러한 때 무엇이 도명상좌의 본래면목이겠는가?' 도명이 당장에 크게 깨쳤고 몸 가득 땀이 흘러내렸다. 六祖因明上座趁至大庾嶺 祖見明至 卽擲衣鉢於石上云 此衣表信 可力爭耶 任君將去 明遂擧之 如山不動 踟躕悚慄 明曰 我來求法 非爲衣也 願行者開示 祖云 不思善不思惡 正與麽時那箇是明上座 本來面目 明當下大悟 遍體汗流"라고 하였다. 〔참고문헌〕『無門關』, 『景德傳燈錄』 권4 「蒙山道明傳」(대정장51, p.232a8).

지주신 持呪神 주법(呪法)을 행하는 신. 지명신(持明神)이라고도 한다. 『대승동성경』 권상(대정장16, p.640c24)에 "또한 최상최승천과 용과 야차 … 지주신과 비인 등이 갖가지 모습에 천관의복을 걸치고 … 모두 모여 앉아 법을 듣고자 하였다. 復有最上最勝天 龍 夜叉 … 幷持呪神及非人等 種種形容 天冠衣服 … 皆來集坐 爲欲聽法", 『비나야경』(대정장18, p.773a23)에 "띠풀 위에 무릎 꿇고 앉아 '원하건대 시방의 모든 불보살과 지주신들께서는 욕락에 빠진 저희들〈아무개〉 가엾게 여기소서'라고 말하면, 그 주법신이 그 영험을 성취시켜 주리라. 茅草上跪跪而坐 口言 唯願十方 諸佛菩薩 持呪神等 哀愍念我〈某甲〉今欲樂 其呪法神 所成其靈驗"라고 하였다. 〔참고문헌〕『大乘同性經』, 『毘奈耶經』. ⇨ 주 呪

지주왕 地主王 Ⓟ Disampati rāja. 여러 겁(劫) 전의 전륜성왕. 이선파제(儞扇波帝)라고 음사하고, 방주(方主)·역주(域主)·지자재(地自在) 등이라고 한역한다. 『장아함경』 권5 「전존경 典尊經」(대정장1, p.30b10)에서는 과거세 지주왕을 보필한 재상 대전존(大典尊)이 석가세존의 전생이라고 하였고, 『증일아함경』 권13(대정장2, p.609a14)에서는 전륜왕 지주왕이 세존의 전신이라고 하였다. 〔참고문헌〕『長阿含經』, 『增壹阿含經』, *DN.2.230.* ⇨ 대전존 大典尊

지주인 持呪人 주법(呪法)을 행하는 사람. 『비나야경』 권상(대정장18, p.774a3)에 "그 지주인은 먼저 법에 따라 몸을 씻고 산란하지 않게 하여 본주신 등을 사념하고 오체투지로 정례를 올리면서 대신심을 일으켜야 한다. 其持呪人 先須依法浴身 不得散亂 思念本呪神等 卽五體投地 頂禮發大信心", 『광대보루각선주비밀다라니경』 권하(대정장19, p.647c13)에 "그 지주인은 시방일체 세계로 가 모든 여래 앞에서 큰 신통변화로 칠보의 공양구와 향과 꽃과 의복을 짓고 보관과 보개를 비처럼 내렸다. 其持呪人 能往十方一切世界 於諸如來前 以大神變化作七寶供具 香花衣服 雨寶冠蓋"라고 하였다. 〔참고문헌〕『毘奈耶經』, 『廣大寶樓閣善住祕密陀羅尼經』.

지중 知衆 Ⓟ parisaññū. 대중을 잘 살펴 아는 일. 칠묘법(七妙法 Ⓟ satta sappurisa-dhammā) 중 하나다. 무리의 근기를 잘 분별하여 행할 바를 아는 것. 『집이문족론』 권17(대정장26, p.437c2)에 "지중이란 대중의 승열을 바르고 명료하게 아는 것이다. 즉 이들은 찰제리대중이고, 이들은 바라문대중이며, 이들은 장자대중이고, 이들은 거사대중이며, 이들은 사문대중이고, 이들은 외도대중이다. 나는 이 중에서 이와 같이 행하고 머물며, 앉고 말하며 묵묵히 하니, 이것을 지중이라 한다. 知衆者 謂正了知 衆會勝劣 謂此是刹帝利衆 此是婆羅門衆 此是長者衆 此是居士衆 此是沙門衆 此是外道衆 我於此中 應如是行 應如是住 應如是坐 應如是語 應如是默等 是名知衆"라고 하였다. 〔참고문헌〕『集異門足論』, *DN.3.252.* ⇨ 칠묘법 七妙法 ❷

지중사자 知衆事者 대중의 모든 일(一切事)을 도맡아 보살피는 소임자. 지사(知事)를 말한다. 『대비바사론』 권118(대정장27, p.615c28)에 "무슨 까닭에 도리에 맞지 않는 질문을 하는가? 다른 이를 시험하려 질문한다. 일찍이 가습미라국(Ⓢ Kaśmīra)에 한 논사가 있었다. 북인도 암림의 승가람에 이르니, 지중사자가 대중의 심부름을 하게 하였으나 말을 듣지 않고 말하길, '나는 논사이니, 이런 일은 면해주어야 합니다'라고 하였다. 지중사자는 대중의 어른인 아라한에게 가서, '가습미라국의 한 비구가 승가람에 왔는데, 승사를 담당할 차례가 되었으나 말을 듣지 않고 「나는 논사이니, 이런 일은 면해주어야 합니다」'라고 일렀다. 아라한이 말했다. '너는 가서 이렇게 물어보아라. 「혹 삼계의 업이 있는데 앞도 뒤도 없이 이숙과를 받는 경우가 있는가?」' 지승사자가 곧 가서 물으니, '그런 일은 없습니다'라고 답하였다. 何故須作非理問耶 欲試驗他故爲此問 曾聞 迦濕彌羅國 有一論師 至北印度闍林僧伽藍 知衆事者 差爲僧使 故不受言 我是論師 應免斯事 其知事者 往白衆首 阿羅漢言 迦濕彌羅國 有一苾芻 至此僧伽藍 次當僧使 彼不受言 我是論師 應免斯事 阿羅漢言 汝應往問 頗有三界業 非前非後受異熟果耶 知僧事者 便往問之 彼得此問 答言無有"라고 하였다. 〔참고문헌〕『大毘婆沙論』. ⇨ 지사 知事, 육지사 六知事, 선림직위 禪林職位

지중생소취행 知衆生所趣行 중생이 몸 받아 갈 곳을 아는 지혜. 천안통(天眼通 Ⓢ divyaṃ cakṣuḥ)을 가리킨다. 『중본기경』 권하(대정장4, p.161b5)에 "가섭비구도 육통을 얻었는데 무엇이 그 여섯 가지인가? … 다섯 번째, 지중생소취행이다. 迦葉比丘 亦得六通 何等爲六 … 五者 知衆生所趣行"라고 하였다. 〔참고문헌〕『中本起經』. ⇨ 천안통 天眼通

지중생종종욕지력 知衆生種種欲智力 Ⓢ nānādhimukti-jñāna-bala, Ⓣ mos pa sna tshogs mkhyen pa'i stobs. 여래십력(如來十力) 중 다섯 번째로 온갖 중생들이 하고자 함을 모두 널리 아는 여래의 지혜. 종종승해지력(種種勝解智力)이라고도 한다. 『대지도론』 권24(대정장25, p.239a26)에 "지중생종종욕지력이라 하였으니, '욕'이란 믿고 기뻐하고 좋아하고 즐거워하는 바를 말한다. 손다라난다 등은 오욕을 좋아하고, 제바달다 등은 명성을 좋아하며, 수미찰다라 등은 세간재물을 좋아한다. … 이와 같이 부처님의 제자 각각에게는 좋아하는 바가 있다. 범부에게도 각각 기뻐하는 바가 있으니, 음욕에 빠진 이 또는 분노를 즐기는 이도 있다. 또한 부처님께서는 이 사람은 음욕이 많다거나 분노가 많다거나 어리석음이 많다거나 하는 것을 다 아신다. … 이와 같은 특징을 아시고 난 뒤, 음욕이 많은 이에게는 부정법문으로 다스리시고, 분노가 많은 이는 자심법문으로 다스리시며, 어리석음이 많은 이는 인연법문으로 다스리신다. 이와 같이 욕망하는 바 따라 설법하신다. 선한 욕에 대해서는 그 마음 따라 말씀하시니, 저 배가 물결을 따르듯이 하시고, 나쁜 욕에 대해서는 고통스럽고 간절하게 말씀하셨으니, 쐐기로 쐐기를 뽑듯이 하셨다. 이러한 욕에 대한 지혜중에서 부처님께서는 빠짐없이 아시니 그 누구도 능히 무너뜨리거나 이길 수 없다. 이것이 바로 다섯 번째 힘이다. 知衆生種種欲智力者 欲名信喜好樂 好五欲 如孫陀羅難陀等 好名聞 如提婆達等 好世間財利 如須彌刹多羅等 … 如是佛弟子 各各有所好 凡夫人 亦各各有所喜 或有憙婬欲 或有憙瞋恚 復次 佛知是人多欲 多瞋 多癡 … 知如是相已 多婬欲人不淨法門治 多瞋人慈心法門治 多愚癡人因緣法門治 如是隨所欲說法 所謂善欲隨心爲說 如船順流 惡欲以苦切語教 如以楔出楔 是欲智中 佛悉遍知 無能壞 無能勝 是名第五力"라고 하였다. 〔참고문헌〕『大智度論』. ⇨ 종종승해지력 種種勝解智力, 일체지 一切智, 일체종지 一切種智

지중수성류 池中水性類 Ⓟ udakadahe oḷārikā pāṇā. 못에 살며 물 먹는 것들. 희론 즉 사견(邪見)이 아무리 많다 해도 못에 갇혀 사는 물 먹는 무리들과 같아서 62견이라는 그물 하나로 다 거둘 수 있다는 비유다. 『장아함경』 권14 「범동경 梵動經」(대정장1, p.93c29)에 "마땅히 알아야 하리. 못 중에 수중생물이 모두 어망 안으로 든 것과 같아서 도피처가 없어 모두 지나가지 못한다. 모든 사문바라문도 또한 이와 같아서 본겁본견·말겁말견의 갖가지로 말한 것들 온통 62견 중에 들어 다한다. 當知池中水性之類 皆入網內 無逃避處 齊是不過 諸沙門婆羅門 亦復如是 於本劫本見 末劫末見 種種所說 盡入六十二見中 齊是不過"라고 하였다. 〔참고문헌〕『長阿含經』, 『舍利弗阿毘曇論』(대정장28, p.661a1), *DN.1.45.* ⇨ 육십이견 六十二見

지중연화대여차륜 池中蓮華大如車輪 연못 중에 핀 연꽃은 저 큰 수레바퀴 같다네. 서방정토(西方淨土)의 연꽃이다. 『아미타경통찬소』 권중(대정장37, p.339b25)에 "〔경〕 못에 핀 연꽃이 수레바퀴만하다. 〔소〕 여섯 번째, 보련화가 연못 물을 덮었다. 이 문은 넷으로 나뉜다. 첫째는 꽃 이름을 드러내고, 둘째는 형량을 가리며, 셋째는 안색을 풀고, 넷째는 맑은 향기를 밝힌다. 이것은 첫 번째 두 문구에 해당한다. 연이란 부거의 열매이고, 꽃의 아름다움을 화라 하며, 크고도 둥근 모양은 수레바퀴와 같다. 『관경』과 『평등각경』에 '큰 꽃 중 어떤 것은 20리 크기이고, 육백만리까지 이르기도 한다'라고 하지만, 크기에 정해진 기준이 없으니 여기서는 작은 것에 준하여 설하였다. 經曰 池中蓮華大如車輪 贊曰 第六寶蓮覆水也 此文分四 一 顯華名 二 辨形量 三 釋顏色 四 明香潔 此初二文也 蓮者 芙蕖之實 華美曰華 大而復圓 狀若車輪 觀經及 平等覺經云 大者或二十里 乃至六百萬里 然今大小 亦無定准 此中約小者說也", 『아미타경약해』(卍속장33, p.313b4)에 "〈경〉 못에 핀 연꽃이 수레바퀴만하다. 〈해〉 영지는 '수레바퀴의 크기는 기준을 정하기 어렵다'라고 하였고, 『십주바사론』에는 '전륜성왕의 천폭륜이 사방 15리다'라고 하였다. 池中蓮華大如車輪 靈芝云 車輪大小 難爲定準 十住婆娑論云 輪王千輻輪 周圍十五里"라고 하였다. 〔참고문헌〕『阿彌陀經通贊疏』, 『阿彌陀經略解』, 『西方合論』 권10(대정장47, p.418a28), 『阿彌陀經句解』(卍속장33, p.294a8).

지중취유리비 池中取琉璃譬 ➡ 춘지유 春池喩

지즉시심 知卽是心 지가 곧 이 마음이라는 말. 하택(荷澤)이 주장한 구다. 물의 적시는 습성(濕性)이 물의 바탕이듯이 지가 마음의 모든 것을 거두어 아는 체라고 여긴다. 홍주(洪州)의 심성설을 비량(比量)일 뿐이라 비판하고는 말하고 듣고 움직이는 용의 지(知)를 내세워 현량(現量)으로 마음을 드러낸 것이라 주장한다. 『도서』 권하1(대정장48, p.406c17)에 "지가 곧 마음이다〈그 체를 가리킨다. 이 말이 가장 잘 들어맞고 나머지 자는 이 말만 못하다. 만약 '성도 아니고 상도 아니며, 말하거나 움직이는 등의 작용이 마음이다'라고 한다면 저들이 질문한 말과 무슨 차이가 있겠는가?〉 이것으로써 유추해보면, 물의 이름과 체는 오직 한 자일 뿐이고, 나머지는 모두 뜻과 용이다. 예와 같이 마음이라는 이름과 체 또한 그러하다. 습이라는 한 자가 맑거나 탁하거나 등의 만 가지 용과 모든 뜻을 꿰뚫고 있듯이 지라는 한 자도 탐욕·성냄·자비·인욕·선악·고락 등 만 가지 용과 모든 뜻을 꿰뚫고 있다. 知卽是心〈指其體也 此言最的 餘字不如 若云 非性非相 能語言運動 等是心者 何異他所問詞也〉 以此而推 水之名體 各唯一字 餘皆義用 心之名體亦然 濕之一字 貫於淸濁等 萬用萬義之中 知之一字 亦貫於貪嗔慈忍 善惡苦樂 萬用萬義之處", "요즘 선을 배우는 이들은 대부분 '달마는 마음만 설하였는데 하택은 어째서 지를 설하는가?'라고 의혹을 품는다. 이와 같이 의혹을 품는 이들은 어찌 '근래에 우물에 물이 있다는 소리만 들었을 뿐인데 어째서 오늘 불현듯 우물에서 적심을 느꼈을까'라는 당치 않은 의혹을 말하는가? 今時學禪人多疑云 達摩但說心 荷澤何以說知 如此疑者 豈不似疑云 比只聞井中有水 云何今日 忽覺井中濕耶", 『선문사자승습도』(卍속장110, p.874b10)에 "홍주는 '마음의 체는 가르쳐 보일 수 없고, 다만 능히 말하는 등의 경험만으로 불성이 있음을 알 뿐이다'라고 한다. 이는 비량으로 드러난 것이다. 하택은 곧바로 '마음의 체는 아는 것이다. 지는 바로 이 마음이니 지를 잡음으로서 마음을 드러낸다'라고 한다. 이는 현량으로 드러난 것이다. 홍주종에는 이것이 없다. 洪州云 心體不可指示 但以能語言等驗之 知有佛性 是比量顯也 荷澤直云 心體能知 知卽是心 約知以顯心 是現量顯也 洪州闕此"라고 하였다. 〔참고문헌〕『都序』, 『禪門師資承襲圖』. ⇨ 지지일자중묘지문 知之一字衆妙之門, 공적영지 空寂靈知, 비량 比量, 현량 現量

지즙 智楫 ❶ 지혜라는 노. 지혜로 생사바다를 건너기에 노에 비유한다. 『만선동귀집』 권3(대정장48, p.987b19)에 "바라밀이라는 지혜의 노를 준비하여 대반야라는 자비의 배를 탄다. 備波羅蜜之智楫 駕大般若之慈航", 『감산집』 권38 「시안도선인 示岸度禪人」(卍속장127, p.770b18)에 "꿈결같은 허망한 바다 가이없이 넓고 파도 쳐 잠잘 날 없어, 온전히 지혜의 노에 의지하여 자비의 배를 젓노라. 물결 치는 중에 돛 높이 걸고 가볍고 빠르게 저어 가, 곧바로 보리의 저편 언덕에 이르네. 幻海無涯浪未收 全憑智楫駕慈舟 中流高掛輕帆去 直到菩提彼岸頭"라고 하였다. 〔참고문헌〕『萬善同歸集』, 『憨山集』. ❷ 조선후기 스님. 백암성총(栢庵性聰 1631~1700)이 스님을 보내며 지은 글이 전한다. 『백암집』 권하 「송지즙상인환명천칠보산서 送智楫上人還明川七寶山序」(한불전8, p.463a17)에 "공문의 아들 지즙은 구름처럼 관밖의 이름난 산수를 유람한 지 오래되었다. 유독 이 칠보산이 그윽하고 깊어 종소리마저 아름답다. 띠집 엮어 머문 지 팔구 년이 넘었다. 空門子智楫 雲遊關外之名山水者久矣 獨於此山 愛其幽邃鐘粹 縛茅而居者 餘八九載矣"라고 하였다. 〔참고문헌〕『栢庵集』. ⇨ 성총 性聰

지증 持證 능히 닦아 깨우쳐 말할 수 있게 되다. 정법이 오래 머물게 하는 두 가지 행법(持敎持證) 중 하나. 무루성도(無漏聖道)를 닦아 깨우쳐 얻음이다. 지교(持敎)와 대칭한다. 『대비바사론』 권183(대정장27, p.917c20)에 "여기에 두 가지 정법이 있다. 하나는 세속정법이고, 또 하나는 승의정법이다. … 행법에도 두 가지가 있다. 하나는 교법을 가져 잃지 않는 것이고, 또 하나는 지증법이다. … 지증법이란 능히 무루성도를 닦아 증하는 것이다. … 만약 지증자가 상속하여 사라지지 않는다면 능히 승의정법은 길이 머문다. 此中有二種正法 一世俗正法 二勝義正法 … 行法者 亦有二種 一持敎法 二持證法 … 持證法者 謂能修證 無漏聖道 … 若持證者 相續不滅 能令勝義正法久住"라고 하였다. 〔참고문헌〕『大毘婆沙論』. ⇨ 증 證❶, 증득 證得, 득 得❶

지증 智增 지(智)가 한층 더함. 팔지보살을 말하며, 칠지보살은 비증(非證)이라 한다. 『신화엄경론』 권5(대정장36, p.747a25)에 "비록 칠지비증에 의지한다지만 팔지는 지증의 행상이다. 이 화엄법계문은 십주초위에서 모든 위를 다 꾸린다. 십주초문에 있어서의 위가 불과와 같아서 하나의 법계로서 체와 용이 되기 때문이다. 하나의 위마다 십바라밀의 모든 십법을 갖추기 때문이다. 雖寄七地悲增 八地智增之行相 此華嚴法界門 十住初位 總該諸位 在十住初門 位同佛果 爲一法界體用故 以一

位中 具十波羅蜜 諸十法故",『약석신화엄경수행차제결의론』권3하(대정장36, p.1039b11)에 "선재동자가 정취보살을 친견하였을 때 관세음보살도 더불어 같은 회에서 뵈었다. 관음보살과 정취보살을 함께 하게 하여 지비가 일체임을 밝혔다. 또한 제7지의 비증과 제8지의 지증을 드러내, 정취보살이 지의 바탕이 더 뛰어남을 밝힘으로써 돌이켜 비위로 관음에게 나아가 함께 만나 보게 함이다. 及善財見 正趣菩薩 與觀世音 同會而見 以明觀音正趣 會智悲一體 又表第七是悲增 第八智增 以明正趣 得智體增 明返歸悲位 是就觀音 同會而見",『기신론소필삭기』권12(대정장44, p.361b21)에 "지가 더하다 함은 문득 번뇌를 조복시켜도 현행은 불지에 이르러야 비로소 끊는다. 若智增者 便伏煩惱 現行至佛方斷"라고 하였다. 〔참고문헌〕『新華嚴經論』,『略釋新華嚴經修行次第決疑論』,『起信論疏筆削記』. ⇨지증보살 智增菩薩, 지증비증 智增悲增, 비증보살 悲增菩薩

지증 智證 ❶Ⓢjñāna-āsparśanatayā. 지로 증함.『유마경』권상(대정장14, p.540b4 : *Vikī-n.*, p.23)에 "부딪히는 모든 것들을 받아들이는 일이 저 지로 증득함과 같다 할 수 있다. 受諸觸如智證 jñānāsparśanatayā ca sparśāḥ spraṣṭavyāḥ",『주유마힐경』권2(대정장38, p.348c7)에 "구마라집(鳩摩羅什)이 말하길 '증의 뜻은 촉과 같다. 부딪히는 순간 마땅히 저 지로써 실상을 만나는 듯하다'. 승조(僧肇)는 말하길 '누진지와 무생지로 스스로 증득함으로써 도를 성취하면 온몸이 유연하고 쾌락하면서도 착이 일어나지 않는다. 몸으로 받아들이는 모든 촉은 마땅히 이와 같다'. 도생은 풀이한다. '범어 지증(jñāna-āsparśanatayā)은 촉(Ⓢsparśa)의 음과 서로 비춰 볼 만하다. 그러므로 그것을 비유로 삼았다. 열반(Ⓢnirvana)이란 바로 지로 증한 바다'. 什曰 證義同於觸 觸時 當如以智觸實相也 肇曰 得漏盡智無生智 自證成道 擧身柔軟快樂 而不生著 身受諸觸 宜若此也 生曰 梵語智證 與觸音相比 故卽以爲喩也 泥洹是智之所證也",『유마경약소수유기』권5(대정장38, p.781a26)에 "지로써 증하듯이 해야 한다는 말을 형계는 이렇게 푼다. '증함으로써 이와 만나 부딪히는 순간 마땅히 지로써 실상을 만지듯 한다'. 如智證者 荊溪云 如智契理以證得理故 於觸時 當如以智觸實相也"라고 하였다. 〔참고문헌〕『維摩經』,『注維摩詰經』,『維摩經略疏垂裕記』, *Vikī-n.* ⇨증 證[1], 촉 觸, 현전 現前 ❷824~882. 선문구산(禪門九山)의 하나인 문경 봉암사(鳳巖寺)를 창건한 지선(智詵)의 시호. ⇨지선 智詵[3] ❸814~891. 일본 평안(平安)시대 천태종 스님 원진(圓珍)의 시호.『태금양계혈맥』「태장계 胎藏界」(卍속장95, p.993a18)에 "원진과 원재〈원재는 자각대사와 더불어 함께 배를 타고 입당하였고, 지증과 더불어 함께 법을 따라 온전히 법을 받고 기한이 다 차서 조정으로 돌아오는 때 홀연히 악풍해를 만난 중에 물에 빠져 생을 마쳤다. 운운〉. 圓珍 圓載〈圓載與慈覺大師 同船入唐 與智證 同從法全受法 而秩滿歸朝之間 忽遇惡風海中 漂沒終生 云云〉",『내전진로장』(대장경보편32, p.533a25)에 "지증대사는 의진좌주를 이었고, 지증〈원진〉 문하에는 증명승정이 있다. 智證大師 承于義眞座主 智證〈圓珍〉門下 有增命僧正"라고 하였다. 〔참고문헌〕『胎金兩界血脈』,『內典塵露章』.

지증대사적조탑비 智證大師寂照塔碑 지선(智詵 824~882)의 탑과 비. 비는 2009년 1월 4일에 국보 제315호로 승격되었다. ⇨봉암사지증대사적조탑비 鳳巖寺智證大師寂照塔碑

지증보살 智增菩薩 지혜 한층 더한 보살. 이증보살(二增菩薩 : 智證 悲證) 중 하나다.『신화엄경론』권36(대정장36, p.975b16)에 "십회향을 일으켜 여덟 번째 머무는 팔지지증보살로 하여금 본원을 기억해 가져 중생을 널리 이롭게 하도록 방편으로 큰 신통력을 일으켜 큰 이익을 두루 일으키며 정지에만 머물지 않는다. 起十迴向 令使八住八地智增菩薩 憶念本願 廣利衆生 方便起大神通力 遍興大利 不住淨智中",『법화경현찬요집』권14(卍속장54, p.81b6)에 "큰 지혜가 있음으로 생사에 머물지 않는 것이 지증보살이다. 由有大智 故不住生死 是智增菩薩", 같은 책 권24(卍속장54, p.435a8)에 "만약 지증보살이라면 초지에 혹업고라는 세 장애를 길이 조복한다. 若是智增菩薩 初地永伏三障 卽惑業苦也",『인왕경소』권4(卍속장41, p.382a4)에 "지혜의 힘을 따라 원을 일으키니 이것이 지증보살이다. 그 원심으로 정토에 나지만, 만약 비가 더한즉 이는 삼계에 머물러 유정을 이락케 한다. 由隨智力 以願生故 此則智增菩薩 以其願心 生於淨土 若是悲增 卽住三界 利樂有情"라고 하였다. 〔참고문헌〕『新華嚴經論』,『法華經玄贊要集』,『仁王經疏』. ⇨이증보살 二增菩薩, 비증보살 悲增菩薩

지증비증 智增悲增 지혜 한층 뛰어나고 비심(悲心) 보다 두텁다. 지증상보살(智增上菩薩 : 增智菩薩・智增菩薩)과 비증상보살(悲增上菩薩 : 增悲菩薩・悲增菩薩)이라 한다. 팔지(八地) 이전의 보살은 지증보살과 비증보살의 이증보살(二增菩薩)로 구분하는데, 지증보살은 돈오(頓悟 : 直往)에, 비증보살은 점오(漸悟 : 迴心)에 배당한다. 지증보살은 지혜가 두드러지게 뛰어나 초지(初地)에서 곧바로 구생기번뇌장(俱生起煩惱障)을 끊고 변역신(變易身)을 받기 때문에 돈오보살이라 하고, 비증보살은 자비가 두드러져 생사에 머물며 중생을 제도하고자 하는데 제7지(地)의 만심(滿心)에 이르러 구생기번뇌를 끊기에 점오보살이라고 한다. 점오보살이 불환과(不還果)와 아라한과(阿羅漢果)에서 회심(廻心)하면 지증보살이 되는데, 이 보살은 회심 이전에 욕계번뇌를 끊기에 분단신(分段身)을 받지 않으며, 예류과(預流果)와 일래과(一來果)에서 회심하여 지증보살이 되려 하는 이에게는 아직 욕계번뇌가 있고 본성이 하열하여 생사를 두려워한다. 사과(四果)를 얻은 이와 연각(緣覺)은 회심하여 변역신을 받는다. 지증비증을 여의지 않는 지비평등보살(智悲平等菩薩)도 있다. 법장(法藏)은 다음과 같이 이런 분별을 풀어 통하게 하였다. 『화엄오교장』 권3(대정장45, p.492a12)에 "〔문〕 팔지 이전의 보살에는 대략 두 류가 있으니, 첫째 비증상보살, 둘째 지증상보살이다. 비증보살이란 번뇌를 남겨 분단신을 받는 보살이고 지증보살이란 번뇌를 조복하여 변역신을 받는 이다. 이 뜻은 왜 그런가? 〔답〕 이와 같은 주장은 진실로 그렇지 않다. 그 까닭은 무엇인가? 만약 비가 증상이어서 그 지 반드시 열하다 하면, 열한 지로 자비를 인도하게 되어 자비는 마땅히 견에 걸린다. 견에 막힌 자비를 어찌 증상이라 하겠는가? 설령 자비와 지가 가지런히 같아도 오히려 비증상이라고 할 수 없거늘, 하물며 열한 지로 자비를 인도하는 것을 증상이라 하겠는가? 지가 증상하면 그 자비는 반드시 열하다 해도 열한 자비로 지를 인도하면 지는 반드시 고요함에 막힐 것인데, 고요함에 막힌 지를 증상이라 하겠는가? 모든 보살은 초지 이래로 범부나 소승과 다르기에 자비와 지가 서로 이끌고 매 순간 함께 닦는 것이 수레의 두 바퀴나 새의 두 날개와 같거늘 어찌 거기에 더하고 덜함 있다고 하겠는가? 問 如說八地 已還菩薩 略有二類 一 悲增上 二 智增上 悲增者 留惑受分段身故 智增者 伏惑受變易身故 此義云何 答 如此所說 良恐未然 何者 若悲增上 其慧必劣 劣慧導悲 悲應滯見 滯見之悲 豈名增上 縱悲智齊均 尙不名悲增上 況以劣慧導悲而言增上 若智增上 其悲必劣 劣悲導智 智應滯寂 滯寂之智 何名增上 以諸菩薩 從初已來 異凡小故 悲智相導 念念雙修 如車二輪 如鳥二翼 何得說彼有增減耶"라고 하였다. 〔참고문헌〕『華嚴五敎章』. ⇨ 이증보살 二增菩薩, 지증보살 智增菩薩, 비증보살 悲增菩薩, 비지평등 悲智平等 ❶

지증비증보살 智增悲增菩薩 ➡ 지증비증 智增悲增

지증전 智證傳 10권. 송대 임제종 황룡파 제3대 각범 혜홍(覺範惠洪 1071~1128) 지음. 혜홍의 문인 각자(覺慈)가 묶었다. 말세의 학인을 위해 불법의 핵심을 강요 형식으로 정리한 것으로 경론과 조사의 언구를 들어 정사(正邪)와 시비(是非)를 분별하여 불도에 입문할 수 있도록 한 책이다. 卍속장111, pp.177a1~227a18에 수록되어 있다. 운암담성(雲巖曇晟)의 「보경삼매 寶鏡三昧」에 대한 주해(註解)가 부가(附加)되어 있다. 현재 전하는 본은 명나라 달관진가(達觀眞可)선사가 중각(重刻)한 1585년 중간본(重刊本)이다. ⇨ 혜홍 惠洪

지지 止持 그쳐 가짐. 이지(二持 : 止持 作持) 중 하나로 지지계(止持戒 Ⓟ vāritta-sīla)를 말한다. 악업을 그침으로써 계체(戒體)를 가지는 것으로 선업을 지어 가지는 것은 작지(作持)다. 또한 지키지 않아 범하게 되는 것은 지범(止犯)이다. 『사분율행사초』 권중(대정장40, p.91c20)에 "행으로 이루기에 작지라 하고, 경을 보고도 일으키지 않으면 지지라 하니, 곧 그치는 중에 지음도 있다. 以行成故 名爲作持 望境不起 名止持 卽止中有作也", 『사분비구니초』 권상(卍속장64, p.55b1)에 "지지라는 말은, 계를 받고 나서 그쳐 악을 짓지 않으면 가진다 한다. 가진다 함도 그침으로써 일어날 수 있으니, 그쳐 가진다 이름한다. 所言止持者 如受戒已 止不作惡 卽名爲持 持由止生 故名止持", 돈황본 『범망경술기』 권1(대정장85, p.732c5)에 "성문계는 다분히 지지다. 비록 작지가 있더라도 지지를 으뜸으로 삼는다. 저 보살계는 지지와 작지에 모두 통한다. 지지는 성문과 함께하는 계이지만, 작지는 성문과 함께하지 않는다. 聲聞戒多是止持 雖有作持 而止持爲宗 若菩薩戒 通止作持 言止持者 謂聲聞共戒 言作持者 不共聲聞", 『대승본생심지관경천주』 권3(卍속장34, p.218b16)에 "모든 악을 짓지 않아 계 그대로여서 가진다 하고 그래서 그쳐 가진다 하니 모든 악한 일을 능히 그치기 때문이다. 諸惡不作 如戒而持 又名止持 以能止一切惡事故"라고 하였다. 〔참고문헌〕『四分律行事鈔』, 『四分比丘尼鈔』, 『梵網經述記』, 『大乘本生心地觀經淺註』. ⇨ 계 戒, 방비지악 防非止惡, 작지 作持, 지지계 止持戒, 작지계 作持戒, 이지 二持

지지 持地 ❶ 보살 명호. 『관불삼매해경』 권6(대정장15, p.677b3)에 "이때 회중에 보살마하살이 있었는데 지지라고 하였다. 바로 자리에서 일어나 수능엄삼매에 들었다. 삼매력으로 금강제를 따라 들어가니 금강이 륜이 되고 금강이 근이 되며 금강이 꽃이 되었는데 꽃들이 이어져 염부제를 벗어났다. 이때 사용왕인 난다·발난다·아누달다·사가라용왕 등이 각각 칠보를 가져다 지지보살의 처소에 이르러 칠보를 바치고 불세존을 위해 삼도보계를 만들었으니 왼쪽은 백은이고 오른쪽은 파리이며 가운데는 황금이었다. 염부제의 금강지제에서 도리천궁에 올랐다. 爾時 會中有菩薩摩訶薩 名曰持地 卽從座起 入首楞嚴三昧 三昧力故 從金剛際 金剛爲輪 金剛爲根 金剛爲花 花花相次 出閻浮提 時四龍王 難陀 跋難陀 阿耨達多 娑伽羅龍王等 各持七寶 詣持地所 奉上七寶 爲佛世尊 作三道寶階 左白銀 右頗梨 中黃金 從閻浮提 金剛地際 上忉利宮", 『수능엄의소주경』 권6(대정장39, p.909c17)에 "어떻게 원통을 얻습니까? 지지보살이 평등한 마음 자리로 인하여 안과 밖의 경계가 본래 자성이 없어 서로 닿지 않으니 모두 여래장임을 아는 것이다. 云何獲圓通 持地菩薩 因平心地 見內外塵 本無自性 不相觸摩 皆如來藏"라고 하였다. [참고문헌]『觀佛三昧海經』, 『首楞嚴義疏注經』. ❷ 태장만다라 지장원에 속한 보살. 『태장금강교법명호』(대정장18, p.204a22)에 "셋째, 지지보살〈밀호는 내수금강 또는 현상금강이라고도 한다〉. 第三持地菩薩〈內修金剛 亦名顯相金剛〉"라고 하였다. [참고문헌]『胎藏金剛教法名號』. ⇨ 지지보살 持地菩薩 ❶

지지 祇支 승가리(僧伽梨)의 다른 음사어. 승지지(僧祇支)라고도 한다. 『일체경음의』 권64(대정장54, p.734c1)에 "승가〈… 율문에서 승가지·지지·갈지라고도 하지만, 모두 잘못된 음사어이다〉. 僧伽〈… 律文 作僧迦支 或作祇支 或作竭支 皆訛也〉"라고 하였다. [참고문헌]『一切經音義』. ⇨ 승가리 僧伽梨

지지 智地 ❶ 지혜로 가득한 땅. 여래는 일체지지(一切智地)와 같다. 『금강삼매경』 권상(대정장9, p.366c24)에 "보살이 오법의 청정함에 들면 마음에 망이 없으며, 망이 없으면 곧 여래께서 자각하신 성지의 땅에 든다. 지지에 든 이는 일체가 본래 생한 일 없음을 잘 알며, 본래 불생임을 알아 망상이 없게 된다. 菩薩入五法淨 心卽無妄 若無有妄 卽入如來自覺聖智之地 入智地者 善知一切 從本不生 知本不生 卽無妄想"라고 하였다. [참고문헌]『金剛三昧經』, 『金剛三昧經論』 권상(대정장34, p.970b4·한불전1, 618c20). ⇨ 일체지지 一切智地 ❷ Ⓢ jñāna-bhūmi. 십지(十地)의 다른 이름. 지혜를 체로 삼기에 붙은 이름이다. 지혜지(智慧地)라고도 한다. 『십지경론』 권2(대정장26, p.131c27)에 "게송에 '지지를 분별하는 뜻이다'라고 한 구절에서 분별이란 십지차별을 설하는 뜻이다. 偈言 分別智地義 分別者 說十地差別故", 『화엄경소』 권23(대정장35, p.673a26)에 "가 없는 일체지가 곧 지지이고, 십지의 지혜는 불지와 같기 때문이다. 無邊一切地 卽智地故 十地之智 同佛智故", 같은 책 권31(대정장35, p.735a19)에 "지지라는 말에 대하여 논에서 '지혜지란 십지의 지혜를 말한다'라고 한다. 所謂智地 論云 智慧地者 謂十地智"라고 하였다. [참고문헌]『十地經論』, 『華嚴經疏』, *Daś-bh.3·34.* ⇨ 십지 十地

지지 智智 ❶ 지혜 중에 지혜. 여래의 지혜인 일체지(一切智). 일체지지(一切智智)를 말한다. 『인왕경과소』 권2(卍속장94, p.932b4)에 "지지란 무엇인가? 여래께서 만법을 환히 깨우치셨으므로 이렇게 말한다. 앞의 지는 위의 일체라는 두 글자에 이어지므로 부처님을 가리키고, 뒤의 지는 부처님의 지를 말한다. '일체를 아시는 분의 지혜'라는 말과 같다. 言智智者 以如來洞了萬法故 上智字 卽連上一切二字 指佛也 下智字 謂佛之智 如云一切智之智也", 『금강경찬요간정기』 권5(대정장33, p.216c23)에 "일체지지란 일체제법에 달한 지다. 표와 그 용이 하나가 아니기에 거듭 지지라 말했다. 어떤 이는 말하길 '시각에 의지하여 드러나 본각을 얻기에 지 중에 지를 지지라 한다'라고 한다. 一切智智者 是達一切諸法之智 表用非一 故重言耳 有云 依於始覺 顯得本覺 智中之智 名智智也", 『법화론소』 권중(대정장40, p.802b4)에 "'일체지지라는 뜻이기 때문이다'라 한 것은, 한편으로 풀기를 '일체지를 성취한 사람의 지이므로 거듭해서 지 자를 붙였다'고 하며, 다른 풀이로는 '일체지로서만이 알 수 있기에 지지라 한다'고 한다. 一切智智義故者 一釋云 一切智人之智 故重安智 又釋 一切智所知故名智智"라고 하였다. [참고문헌]『仁王經科疏』, 『金剛經纂要刊定記』, 『法華論疏』. ⇨ 일체지 一切智, 일체지지 一切智智 ❷ Ⓢ jñāna-jñāna. 지를 연(緣)하는 지. 『대승아비달마잡집론』 권3(대정장31, p.705b17)에 "지를 연하므로 지지라 하고, 구경을 연하므로 구경지라 하며, 대의를 연하므로 대의지라 한다. 緣智故 名智智 緣究竟故 名究竟智 緣大義故 名大義智"라고 하였다. [참고문헌]『大乘阿毘達磨雜集論』, *Abh-s.16.*

지지가 地底迦 ❶ Ⓢ Dhītika. 유괴(有媿·有愧)라는 뜻으로 우파굽다의 법을 받은 비구. 『유부율잡사』 권40(대정장24, p.411b28)에 "그때 오파급다(Ⓢ Upagupta)가 법을 구수 지지가〈한역하면 유괴〉에게 맡겼다. 爾時鄔波笈多 以法付囑具壽地底迦〈此云有媿〉"라고 하였다. [참고문헌]『有部律雜事』, 『四分律名義標釋』 권37(卍속장70, p.961b3). ⇨ 우파국다 優波鞠多 ❷ ➡ 유괴 有愧

지지가부 只底舸部 Ⓢ Caityaśaila. 제다산부(制多山部)의 음사어. 『문수사리문경』 권하 「분부품 分部品」(대정장14, p.501b8)에 "백년 내 다문부에서 한 부가 나오니, 지지가〈이는 산 이름이고, 율주가 이곳에 주석한 것에서 나왔다〉라 한다. 백년 내 지지가부에서 한 부가 나오니 동산〈역시 율주의 주석지다〉이라 한다. 於百歲內 從多聞出一部 名只底舸〈此山名 出律主居之也〉 於百歲內 從只底舸出一部 名東山〈亦律主居也〉"라고 하였다. [참고문헌]『文殊師利問經』, 『十八部論』(대정장49, p.17c7). ⇨ 제다산부 制多山部

지지계 止持戒 Ⓟ vāritta-sīla. 이종계(二種戒: 止持作持) 중 하나. 악을 그치는(止惡) 섭율의계(攝律儀戒)인 칠중(七衆)의 별해탈계를 말한다. 지지문(止持門)이라고도 한다. 선을 적극 행하는 계는 작지계(作持戒 Ⓟ cāritta-sīla)다. 『사분율소』 권10(卍속장65, p.936a2)에 "저 부처님께서 세상에 계실 때 우리들이 마땅하게 하도록 지어 이끄셨다. 그쳐 가지는 계를 마땅히 닦아야 한다. 이에 따르지 않는 것이 그쳐 범하는 것이니 응당 버려야 한다. 彼佛在時 制御我等 是應爾 謂止持戒當修 是不應 謂止犯戒應棄"라고 하였다. [참고문헌]『四分律疏』, *Vism.10·11.* ⇨지지 止持, 지지문 止持門, 작지계 作持戒, 이종계 二種戒❸, 이지 二持

지지계본 地持戒本 유가보살계본을 말한다. 담무참(曇無讖) 한역『보살계본』. 태현(太賢)의『범망경고적기』 권1(대정장40, p.689b24·한불전3, p.419a1)에 "또한 윗대의 여러 대덕들이 서로 전하여 말하였다. 진제삼장이 보살율장을 가져오려 하여 남해에서 배를 탔는데 배가 바로 가라앉으려 했다. 다른 물건을 덜어내었지만 여전히 바로 서지 못했다. 오직 율본을 버렸더니 배가 비로소 나아갔다. 진제가 탄식하여 말하기를, '보살계율이 한나라 땅에는 인연이 없으니 매우 슬프구나'라고 했다. 또한 담무참삼장이 서양주에 머물 때 사문 법진 등이 담무참에게 보살계 받기를 청하고 아울러 계본도 청하였다. 담무참이 말하기를, '이 나라 사람들 거칠어 어찌 보살도를 감당할 근기라 하겠는가' 하고 끝내 주지 않았다. 법진 등이 거듭해서 청하였지만 소원을 이루지 못하자, 불상 앞에서 서원을 세우고 계를 구한 지 7일을 막 채우자, 꿈에 미륵이 나타나서 친히 계를 주었고 아울러 계본도 받았으며 더불어 모두 외워 가졌다. 꿈에서 깨어나 담무참을 친견하니, 담무참이 그 모습 달라진 것을 보고 찬탄하여 말하기를, '한지에도 또한 사람은 있었구나' 하고, 곧 역출계본을 주었는데, 법진이 꿈에서 외운 것과 글과 뜻이 서로 같았다. 지금 별행하는 지지계본으로 머리에 귀경게를 둔 것 이 이것이다. 又上代諸德相傳云 眞諦三藏 將菩薩律藏 擬來此時 於南海上船 船卽欲沒 省去餘物 仍猶不起 唯去律本 船方得進 眞諦歎曰 菩薩戒律 漢地無緣 深可悲矣 又曇無讖三藏 於西涼州有沙門法進等 求讖受菩薩戒 幷請戒本 讖曰 此國人麤 豈有堪爲菩薩道器 遂不與授 進等苦請 不獲所願 於佛像前立誓求戒 七日纔滿 夢見彌勒 親與授戒 並受戒本 並皆誦得 覺已見讖 讖覩其相異 喟然歎曰 漢地亦有人矣 則與譯出戒本 與進夢誦 文義相同 今別行地持戒本 首安歸敬偈者是", 『정원신정석교목록』 권6(대정장55, p.816c11)에 "보살계본 1권〈지지계본 중에서 추려냈으니 그 두 번째다. 대당삼장법사 소출한 계본 등과 같은 본으로 별록에 이르길 돈황출토로『승우록』에 보인다〉. 菩薩戒本一卷〈出地持戒本中第二出 與大唐奘法師所出戒本等同本 別錄云 燉煌出 見僧祐錄〉" 라고 하였다. [참고문헌]『梵網經古迹記』, 『貞元新定釋敎目錄』, 『梵網經菩薩戒本疏』 권1(대정장40, p.605b3). ⇨유가계본 瑜伽戒本, 보살계본 菩薩戒本❷

지지론 持地論 『보살지지경 菩薩地持經』(대정장20, No. 1581)의 다른 이름. 『종경록』 권76(대정장48, p.836a22)에 "『지지론』에서 말하였다. '망상에 여덟 가지가 있으니, 첫 번째는 자성망상이다'. 如持地論云 妄想有八種 一 自性妄想"라고 하였는데, 『보살지지경』 권2(대정장30, p.895b8)의 글이며, 또 『법원주림』 권34(대정장53, p.554a22)에 "또 『지지론』에 따르면, 보살발원을 간략히 다섯 가지로 설한다. 又持地論云 菩薩發願 略說五種"라고 하였는데, 이 또한 같은 책 권8(대정장30, p.934b10)의 글이다. [참고문헌]『宗鏡錄』, 『菩薩地持經』, 『法苑珠林』. ⇨보살지지경 菩薩地持經

지지문 止持門 그쳐 가지는 문. 지지계(止持戒)다. 『사분율행사초자지기』 권상(대정장40, p.167c15)에 "사란 지지문의 일체 모든 계를 말한다. 음행과 도둑질 등이다. 事謂止持門 一切諸戒 如婬盜等", 『기신론소필삭기』 권17(대정장44, p.388b11·한불전8, p.767a6)에 "[소] 부지런히 두 가지 악을 끊으니, 지지문이다. [기] 부지런히 두 가지 악을 끊는다는 말은 이미 일어난 악은 끊어 이어가지 않게 하고, 아직 일어나지 않은 악은 끊어 일어나지 않도록 하는 것이다. 지지란 악법에 준해 논하므로 (악을) 그치는 것이 가지는 것이며, 짓게 되면 범하는 것이다. 疏 勤斷二惡者 記 勤斷二惡者 已起之惡 斷令不續 未起之惡 斷令不起 止持者 以約惡法而論 故止名持 作名爲犯"라고 하였다. [참고문헌]『四分律行事鈔資持記』, 『起信論疏筆削記』. ⇨지지 止持, 지지계 止持戒, 작지계 作持戒

지지바 知知婆 Ⓢ tiṭibha, Ⓣ mtha'-snang. 육십수(六十數) 중 하나로 지치바(地致婆)라고도 한다. 『구사석론』 권9(대정장29, p.221b10 : *Abh-k-bh.*, p.181)에 "열 마하바하나를 지지바라고 한다. 十摩訶婆訶那名知知婆 daśa mahāvāhanāni tiṭibhaḥ"라고 하였다. [참고문헌]『俱舍釋論』, *Abh-k-bh.* ⇨육십수 六十數

지지보살 持地菩薩 ❶ Ⓢ Dharaṇīṃ-dhara, Ⓣ Sa-'dzin. 태장만다라(胎藏曼荼羅) 지장원(地藏院) 동쪽에서 일곱 번째에 안치하는 보살. 금강지지보살(金剛持地菩薩)이라고도 한다. 밀호는 내수금강(內修金剛)·현상금강(顯相金剛)·정계금강(淨戒金剛)이다. 삼매야형은 독고저(獨鈷杵) 위에 오고저(五鈷杵)가 있는 양두금강(兩頭金剛)이 보주(寶珠) 위에 놓인 형상이다. 종자는 (ṅaṃ). 현도만다라에는 백황색 몸에 왼손에는 삼고저를 올린 연꽃을 들고 오른손에는 시무외인을 맺은 채 연화위에 앉은 모습이다. 수인은 금강부삼매야인(金剛部三昧耶印)이다. 진언은 "나마 사만다부다남 다라니다라 사하 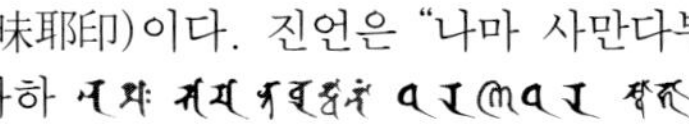 南麽 三曼多勃馱南 達囉尼達囉 莎訶 namaḥ samantabuddhānāṃ dharaṇidhara svāhā 모든 부처님께 널리 귀명합니다. 지지보살이여! 스바하"이다. 대지가 만물을 유지하는 것처럼 중생을 포용하여 불지(佛地)에 이르게 하기에 이렇게 말한다. 석가모니부처님께서 어머니께 설법을 하기 위해 도리천에 오르실 때 삼도(三道)의 보계(寶階)를 만든 보살이다. 힌두교에서는 비슈누 또는 크리슈나라는 이름으로도 등장한다. 『태장금강교법명호』(대정장18, p.204a22)에 "셋째 지지보살〈내수금강 또는 현상금강이라고도 한다〉. 第三 持地菩薩〈內修金剛亦名顯相金剛〉", 『법원주림』 권50(대정장53, p.664b12)에 "『관불삼매해경』에서 다음과 같이 말한다. '부왕(父王)은 부처님께 이렇게 말씀하셨다. 「도리천에 올라가 어머니를 위해 설법하세요」. 부처님께서 말씀하셨다. 「전륜성왕이 행하는 법도와 같이 단월을 찾아뵙겠습니다」. 그때 지지보살은 수능엄정에 들어 금강제(金剛際 : 金剛輪)로부터 금강화를 만들어 꽃과 꽃이 서로 이어졌으며, 사룡이 각각 칠보를 가져오니 지지보살이 부처님을 위해 삼도의 보계를 만들었다. 세존께서 여기에 이르시어 도리천궁에 들어가 백호상의 광명으로 칠보개를 만들어 어머니 위에 씌워 드리고, 칠보의 평상을 만들어 앉도록 하셨다'. 觀佛三昧經云 父王白佛 當往忉利天 爲母說法 佛言 當如輪王行法 問訊檀越 時持地菩薩入首楞嚴定 從金剛際 作金剛華 華華相次 四龍各持七寶臺 持地爲佛 作三道寶階 世尊至已入宮 白毫相光化作七寶蓋 覆母上 作七寶床 奉令坐"라고 하였다. 〔참고문헌〕 『胎藏金剛敎法名號』, 『法苑珠林』, 『觀佛三昧海經』 권6(대정장15, p.677a28), 『曼荼羅図典』(大法輪閣, 2002), *Saddh-p.4.* ⇨지장원 地藏院 ❷ 대승경전에 등장하는 보살. 『법화경』 권7 「관세음보살보문품 觀世音菩薩普門品」(대정장9, p.58b3)에 "이때 지지보살이 자리에서 일어나 부처님께 사루었다. 세존이시여! 만약 중생이 관세음보살품자재지업 널리 나투시는 신통력을 듣는다면, 마땅히 그 공덕 적지 않으리이다. 爾時持地菩薩 卽從座起 前白佛言 世尊 若有衆生 聞是觀世音菩薩品自在之業 普門示現神通力者 當知是人功德不少"라 하며 관음의 신통력을 찬탄해 마지않는다. 『수능엄경』 권25(대정장19, p.127b6)에서도 25원통보살 중 19째 지대원통(地大圓通)을 얻은 보살로서 등장하는데, 여기에서도 25번째 가장 수승한 이근원통(耳根圓通)의 관음과 함께 한다. 한편 이 보살은 16세기 이후 도상(圖像)에서는 중단(中壇)에 모시는 삼장탱(三藏幀) 중 보처보살로 등장한다. 『수능엄경』 권5(대정장19, p.127b6)에 "지지보살이 자리에서 일어나 부처님 발에 머리 조아리고 부처님께 사루었다. 제가 기억하건대 과거 보광여래 세간에 출현하였을 때 저는 비구였습니다. 언제나 모든 주요한 길이나 나루터, 어느 땅이나 험난한 곳에 있어 수레 등 건널 수 없을 때에는 제가 모두 평평히 고르고, 다리 놓고 모래 뿌리는 등 이와 같이 부지런히 하였습니다. 이와 같이 무량부처님 출세하실 때마다 중생들 저자거리에서 수고롭게 물건 끌고 가면 제가 앞에서 손 내밀어 물건 놓을 곳까지 가져다 놓고는 뒤돌아 보지 않았습니다. 持地菩薩卽從座起 頂禮佛足而白佛言 我念往昔普光如來出現於世 我爲比丘 常於一切要路 津口 田地 險隘有不如法妨損車馬 我皆平塡 或作橋梁 或負沙土 如是勤苦經無量佛出現於世 或有衆生於闤闠處 要人擎物我先爲擎", 『수능엄의소주경』 권5(대정장39, p.900b7)에 "부처님께서 원통을 물으시니, 나 이제 몸과 마음 자세히 관해 따뜻하게 다독이니, 모든 번뇌 이미 사라져 큰 보배의 불꽃 일으켜서 위없는 깨달음에 오르게 합니다. 첫 번째로 따뜻하게 어루만지지만 그대로 공이어서 걸림없다 하고, 자성의 불 아름답게 일으키기에 유통이라 한다. 안으로 맺혀 있게 하고 밖으로 나투니 보배불꽃 일으킨다 한다. 두 번째 지지보살에게 세 가지가 있으니, 부처님 만나고 가르침 받으며 제불께서 갖추고 닦으신 복업 모두 가져 둘 줄 안다. 佛問圓通 我以諦觀身心煖觸無礙流通 諸漏旣銷 生大寶焰 登無上覺 斯爲第一 煖觸卽空 故云無礙 性火妙發 故曰流通 內凝外現 故生寶焰 二持地菩薩三 一遇佛受敎二 一總值諸佛具修福業"라 하였다. 지지보살은 선문에서도 불러들였으니 『종경록』 권29(대정장48, p.587a22)에 "묻기를, 세간은 염법이고 탐진치 있어 다스려야 하기에, 세간 깨끗하게 하는 법 일으키고 계정혜 있게 해서 능히 다스린다. 진과 속 서로 비춰 능히 다스리고 다스림 받음에 행상이 분명하고 이사도 구족해야 한다. 어떻게 일심의 뜻 설해야 만법 능히 꾸려 갈 수 있으랴. 답한다. 고덕 이르길, 지극한 도 본래 그 마음이라 부르니 마음법 본래 머묾 없다 한다. 問 世間染法 有貪瞋癡爲所治 出世淨法 有戒定慧爲能治 則眞俗互顯 能所對治 行相分明 理事具足 云何但說一心之旨 能祛萬法乎 答 古德云 至道本乎其心 心法本乎無住", 이어 '저 지지보살이 말하길' 이라 하여 『수능엄경』 위의 경문을 인용한 뒤 "나 마땅히 마음 밭 평탄하게 해야 하리니 곧 세계의 땅 모두 다 평탄하리라. 왜 그런가? 마음 평정하지 못하면 그 바탕 모두 평탄하지 못함과 같으리라. 저 사리불과 같이 마음에 높고 낮음 있고 구름과 구덩이 보더라도, 어떻게 해야 할 지 잘 알아 마음 살피는 일 넘어서지 않는다. 갈 길 보아 찰나에

도 어김 없으니 깨우침은 마치 손바닥 뒤집듯 한다. 我當平心地 則世界地一切皆平 何以故 由心不平 其地卽不平 如舍利弗 心有高下 見丘陵坑坎 是知提綱撮要 莫越觀心 見道不隔刹那 取證猶如反掌"라고 하였으며, 세간을 살피는 지지보살의 공덕을 드러내 일심으로 만법 꾸릴 줄 아는 길을 보였다. 나아가 지지보살은 삼장도(三藏圖)에 등장하기 시작하는데, 『오종범음집』 권상(한불전12, p.166a1)에서는 "지심으로 상계의 천주이신 천장보살과 시위하는 권속들인 좌우보처 하늘무리들을 믿어 예를 올립니다. 금일 엎드려 모 영가를 위해 가엾이 여기시어 덮어 보호해 주시는 신중들의 보살핌 입어 멀리 고해를 여의고 정토에 나기를 바라옵니다. … 지극한 마음으로 이 땅의 주인이신 지지보살과 좌우보처이신 허공중에게 믿어 예를 올립니다. … 지심으로 유명교주이신 지장보살과 진실의 교화 도우시는 도명조자와 무독귀왕께 믿어 예를 올립니다. 至心信禮 上界天主 天藏菩薩 侍衛眷屬 左補天衆 右補天衆 今日某人 伏爲某靈駕 哀憫覆護衆和 速離苦海 生於淨刹 … 至心信禮 陰府界主 持地菩薩 左補空衆 右補空衆 … 至心信禮 幽冥敎主地藏菩薩 助揚眞化道明尊者 助佛揚化無毒鬼王"라 하였고, 1713년 묘향산 보현사 간행 『산보범음집』에도 "천장보살과 천부중, 지지보살과 선부중, 지장보살과 신부중 天藏菩薩天部衆 持地菩薩仙部衆 地藏菩薩神部衆"이라 하였으며, 『청허집』 권5 「금강산도솔암기 金剛山兜率庵記」(한불전7, p.707a18)에 "벽의 서편에는 지지와 천장과 지장 세 보살의 진용과 천선신부 24무리를 어울려 한 그림으로 그렸다. 壁之西 持地天藏地藏三菩薩眞 與天仙神部二十四衆 並畵一幀"라고 하였다. 삼장탱 중의 지지보살은 주존(主尊)인 천장보살과 모습은 같고 손에는 경책(經冊)을 들고 있으며, 좌우보처는 모두 허공중(空衆 『오종범음집』)이거나, 또는 유동보살과 용수보살(『천지명양수륙재의범음산보집』) 그리고 용수보살과 다라니보살(「천은사삼장보살도」) 등이다. 인도(人道)를 대표하는 지지와 용수와 다라니 모두 육지장(六地藏)의 이름이기도 하여 지장보살의 다른 이름이라고도 하지만, 지지보살은 위와 같이 『능엄경』 등에 의지하면 지상에서 원행을 펼치기 위해 오랜 세월 닦아 지대원통을 성취한 보살이다. 중단은 전통적으로 화엄신중(華嚴神衆)을 모시는 자리이고 이 자리에 명부를 주관하는 지장을 거듭 모셨다기 보다는, 위의 경문과 『산보범음집』에서도 천장은 하늘(天)의 무리를, 지지는 땅 위(地)와 허공중의 무리(空衆)를, 지장은 명부의 무리를 이끄는 천지(天地)와 허공(空)과 명부(地下) 즉 삼계천선중(三界天仙衆)을 아우르는 중단의 독특한 구도 속에 자리잡고 있다. [참고문헌] 『妙法蓮華經』, 『首楞嚴經』, 『首楞嚴義疏注經』, 『宗鏡錄』, 『刪補梵音集』, 『五種梵音集』, 『淸虛集』, 『韓國佛敎儀禮資料叢書』 권3 p.595b18.

지지보살 천은사삼장보살도
천은사극락보전 1776년

지지불수설 止止不須說 '그치고 그칠지어다. 굳이 설하지 마라'라는 뜻. 『법화경』 권1 「방편품 方便品」(대정장9, p.6c19)의 "그치고 그칠지어다. 굳이 설하지 마라. 나의 법은 묘하여 헤아리기 어려우니, 모든 증상만들은 들어도 틀림없이 우러러 믿지 않을 것이다. 止止不須說 我法妙難思 諸增上慢者 聞必不敬信"라 하였듯이, 사리불(舍利弗)이 세 차례 설법을 청하였지만 부처님께서 허락하지 않으면서 하신 말씀이다. 『법화현의』 권2상(대정장33, p.697a14)에 "'그치고 그쳐야 하리. 모름지기 말로는 안 되리'라고 하시니, 말이 끊어졌다. '나의 법은 묘하여 헤아리기 어렵다'라고 하시니, 사음마저 끊어졌다. 止止不須說 卽是絶言 我法妙難思 卽是絶思", 『법화문구기』 권4상(대정장34, p.216a25)에 "'그치고 그쳐라. 결코 말하지 마라'라고 함으로써 제일의를 깨우쳐 얻게 하시고자 함이다. 바로 말로는 할 수 없는 뜻을 가리키신 것이다. 止止不須說 爲證第一義 正指不可說理"라고 하였다. [참고문헌] 『法華經』, 『法華玄義』, 『法華文句記』. ⇨제일의제 第一義諦

지지삼품 地地三品 십지(十地) 각각에 상중하 세 품을 두어 삼십인(三十忍)이라 한다. 『인왕경』 권상(대정장8, p.828a19)에 "선남자야, 그 설한 것은 열네 가지 반야바라밀이니, 삼인과 지지의 상중하 삼십인과 일체행장·일체불장 불가사의이다. 善男子 其所說十四般若波羅蜜 三忍 地地上中下三十忍 一切行藏 一切佛藏 不可思議", 원측(圓測)의 『인왕경소』 권중(대정장33, p.398b15·한불전1, p.77b6)에 "지전의 삼인이고, 지지의 삼품이 삼십인이 된다. 地前三忍 地地三品 成三十忍"라고 하였다. [참고문헌] 『仁王經』, 『仁王經疏』. ⇨삼십인 三十忍, 십지 十地, 인 忍

지지옹 止止翁 조선후기 문인. 강진 만덕사(萬德寺)에 주석하였던 철경응언(掣鯨應彦)이 지지옹에게 부친 시에 대하여 초의의순(艸衣意恂)이 대둔사(大芚寺)에 있을 때에 차운한 시 「차철경대사기지지옹운 次掣鯨大師寄止止翁韻」(『초의시고』 권1·한불전10, p.835a21) 2수가 전한다. 홍한주(洪翰周 1798~1868)의 『해옹문고』 권3「송김익겸계홍귀가락서 送金益謙季洪歸駕洛序」(한국문집총간306, p.481a19)에 "익겸이 나이들어 지지옹이라 자호하였다. … 이제 옹은 풀섶에 묻힌 이지만 궁하고도 늙었으나 원망하거나 후회하는 기색이 없이 그쳐야 할 것에 능히 그쳤으니 옹이야말로 과연 도에 뜻을 둔 이다. 益謙甫旣老 自號止止翁 … 今翁草茅人 窮且老而無怨悔色 能止於所止 翁果志於道也"라고 하였다. 〔참고문헌〕『艸衣詩藁』, 『海翁文藁』.

지지용왕 持地龍王 Ⓢ Dharaṇindhara, Ⓣ sa-'dzin-pa. 팔대용왕(八大龍王) 중 하나. 『유가사지론』 권2(대정장30, p.287a18 : *Yogā-bh.*, p.39)에 "여러 용궁을 지어 팔대용왕인 지지용왕 … 예라엽용왕과 함께 겁이 지나도록 거주한다. 이 여러 용왕들은 제석천의 힘에 의지해 자주 비천과 서로 싸운다. 成諸龍宮 有八大龍並經劫住 謂持地龍王 … 黳羅葉龍王 是諸龍王 由帝釋力數與非天 共相戰諍 aṣṭāvime nāgāḥ kalpasthā dharaṇindharāḥ. … mahākāla elapatraśca. te devāsuraṃ saṃgrāmamanubhavantyapi pratyanubhavantyapi"라고 하였다. 〔참고문헌〕『瑜伽師地論』, *Yogā-bh.* ⇨ 팔대용왕 八大龍王

지지일자중묘지문 知之一字衆妙之門 지(知)라는 한 글자가 온갖 묘함이 드나드는 문이라는 말. 하택신회(荷澤神會)의 말이다. 황룡사심(黃龍死心)은 지지일자중화지문(知之一字衆禍之門)이라 하여 맞선 뜻을 드러냈다. '중묘지문'이란 구는 『노자』의 "(道라고 부르는 것은) 그윽하고도 또 아득해 온갖 묘들의 문이다. 玄之又玄 衆妙之門"라는 절에 근거한다. 『화엄경소』 권15(대정장35, p.612c3)에 "지라는 한 글자가 온갖 묘들의 문이니, 만약 능히 자기를 비우고 만난다면 문득 부처의 경지와 같으리라. 知之一字衆妙之門 若能虛己而會 便契佛境", 『도서』 권상2(대정장48, p.403a1)에 "지라는 한 글자도 온갖 묘 드나든다. 시작도 없는 때부터 미혹했기에 몸과 마음에 헛되이 집착하여 아로 삼아 탐진 등의 생각을 일으켰으니, 좋은 벗을 얻어 열어 보인다면 공하여 고요한 지 단박에 깨우치리. 知之一字衆妙之門 由無始迷之故 妄執身心爲我 起貪嗔等念 若得善友開示 頓悟空寂之知", 『대혜어록』 권16「부경간청보설 傅經幹請普說」(대정장47, p.879b7)에 "남전이 말했다. '도는 지에도 속하지 않고 부지에도 속하지 않는다'고 말하였는데, 규봉은 이를 영지라 하였고, 하택은 '지라는 한 글자가 온갖 묘의 문이다'라고 하였으며, 황룡사심은 '지라는 한 글자가 온갖 화의 문이다'라고 하였다. 규봉과 하택의 뜻을 알고자 한다면 쉬이 이해할 수 있으나, 사심의 뜻을 알고자 한다면 이해하기 어렵다. 이곳에 이르면 반드시 방편 뛰어넘는 안목을 갖추어야 한다. 다른 이에게 그럴 듯하게 설한다 해도 얻을 수 없고, 다른 이에게 전하려 해도 얻지 못한다. 그래서 돌아가신 원오스님께서는 '조주선 단지 입술 위에 있다면 어려울 것이 무엇이겠는가?'라고 하셨다. 南泉道 道不屬知 不屬不知 圭峯謂之靈知 荷澤謂之知之一字衆妙之門 黃龍死心云 知之一字衆禍之門 要見圭峯荷澤則易 要見死心則難 到這裏 須是具超方眼 說似人不得 傳與人不得 所以圜悟先師說 趙州禪只在口脣皮上 難奈他何"라고 하였다. 〔참고문헌〕『華嚴經疏』, 『都序』, 『大慧語錄』, 『法集別行錄節要』(한불전4, p.741c3), 『禪家龜鑑』(한불전7, p.646a5). ⇨ 지 知, 지즉시심 知卽是心

지지일자중화지문 知之一字衆禍之門 ➡ 지지일자중묘지문 知之一字衆妙之門

지지작범 止持作犯 그치고 지키며 짓고 범하다. 계를 가짐(持)에 지지(止持)와 작지(作持)가 있고, 범함(犯)에 작범(作犯)과 지범(止犯)이 있다. 가지고(持) 범함(犯)을 둘로 나누어, 악을 행하지 않음으로써 지키는 것과 적극적으로 선을 행함으로써 지키는 것이며, 범함에도 지켜야 할 일을 하지 않아 범함과 고의로 범하는 뜻이 있다. 『치문경훈』 권1「위산대원선사경책 潙山大圓禪師警策」(대정장48, p.1042c10)에 "부처님께서 먼저 율을 정하심으로써 열어 시작하셨으니 어리석음을 일깨워주셨다. 정한 것 바로 위의이니 맑기가 빙설처럼 하니 그치고 지키며 짓고 범하는 작용으로 초심을 묶어 살피고 미세한 조목이나 장으로 온갖 폐단을 혁파하셨다. 佛先制律 啓創發蒙 軌則威儀 淨如氷雪 止持作犯 束斂初心 微細條章 革諸猥弊", 『치문경훈주』 권상(한불전8, p.555a3)에 "그치고 가지며 짓고 범하다〈섭선법계에서 보면, 선을 그치는 것이 범이고, 선을 짓는 것이 가지는 것이다. 섭율의계는, 악을 그침으로서 가지게 되고, 악을 저지르면 범이다〉. 止持作犯〈攝善法戒 止善爲犯 作善爲持 攝律儀戒 止惡爲持 作惡爲犯〉"라고 하였다. 〔참고문헌〕『緇門警訓』, 『緇門警訓註』. ⇨ 율 律, 계 戒, 지지 止持, 작지 作持, 지범 止犯, 지악수선 止惡修善

지지족 知止足 Ⓟ mattaññū, mattaññutā. 그쳐서 족함을 아는 것. 『중아함경』 권6「구니사경 瞿尼師經」(대정장1, p.455b7 : *Gulissāni-sutta*, *MN.1*, p.471)에 "제현들이여 일없는 비구로서 일 없음을 행하면, 마땅히 익히고 먹음에 그쳐 족할 줄 알아야 한다. 諸賢無事比丘 行於無事 當學食知止足 āraññaken'āvuso bhikkhunā bhojane mattaññunā bhavitabbaṃ", 『별역잡아함경』 권16(대정장2, p.488c9)에 "그대 비구들은 모든 행하는 것들에 마땅히 그쳐 족함을 알아 싫다는 생각을 일으켜 애욕을 여의고 해탈을 구해야 한다.

汝諸比丘 於諸行所 應知止足 生厭惡想 離於愛欲 而求解脫"라고 하였다. [참고문헌]『中阿含經』, 『別譯雜阿含經』, *MN.* ⇨지족 止足

지지지장 持地地藏 육지장(六地藏) 중 지지보살(持地菩薩). ⇨지지보살 持地菩薩[1], 육지장 六地藏

지진 地塵 Ⓢ pṛthivī-rajas. 대지를 이루는 하나하나의 티끌. 수량의 많음을 비유하는 말. 80권본『화엄경』권70(대정장10, p.378b8)에 "이 삼매에 들고 나서 두 신의 양처 중간에 있는 모든 지진과 수진과 화진을 낱낱이 보았고, … 그 하나하나의 티끌에서 각각 불국토에 속한 미세한 티끌의 수처럼 무수한 세계가 이루어졌다 무너졌다하는 광경을 본다. 得此三昧已 悉見二神兩處中間所有 一切地塵水塵及以火塵 … 一一塵中 各見佛刹微塵數世界成壞", 『능단금강반야바라밀다경론석』 권중(대정장25, p.878b21)에 "이 지진은 오염 등의 성을 지닌 티끌이 아니라고 한다. 그러므로 지진이라 이름하였다. 言此地塵 不是染等性塵 是故名作地塵", 『석문정통』 권4(卍속장130, p.799a13)에 "석존의 장수는 수미산의 무게나 바다의 물방울이나 대지의 티끌이나 허공일지라도 비교할 수 없다. 釋尊長壽 雖山斤海滴地塵空界 亦不可比"라고 하였다. [참고문헌]『華嚴經』, 『能斷金剛般若波羅蜜多經論釋』, 『釋門正統』, *Vajr-pr.79.*

지진 至眞 Ⓢ arhat, Ⓟ arahant. 더할 나위 없이 참이시다. 여래십호(如來十號) 중 하나로 언제 어디서나 누구에게 응해도 진실인 뜻에서 응진(應眞)이라고도 한다. 『장아함경』 권1 「대본경 大本經」(대정장1, p.1c19)에 "과거 91겁 때에 세상에 비바시라는 어김없이 오신 더할 나위 없이 참되신 이께서 세간에 출현하셨다. 過去九十一劫時 世有佛名毘婆尸如來至眞 出現于世", 『생경』 권3(대정장3, p.93a12)에 "불세존을 뵙고 모든 근심이 다 없어졌으니, 진실로 여래·지진·등정각을 위하여 억천겁에 걸쳐 부처님의 덕을 노래한다 해도 다할 수는 없다. 見佛世尊 衆患皆除 眞爲如來至眞等正覺 於億千劫 歌頌佛德 不可窮盡"라고 하였다. [참고문헌]『長阿含經』, 『生經』, *DN.1.49·3.255.* ⇨아라한 阿羅漢, 여래십호 如來十號, 불십호 佛十號

지진 指陳 가리켜 펼치다. 『능엄경』 권2(대정장19, p.112a10)에 "손들어 가리켜 펼치라. 이 가지가지 모습들을 그늘짐은 숲이요, 밝음은 해요, 가로막음은 벽이며, 통함은 허공이다. 이처럼 풀과 나무와 가는 터럭에 이르기까지 대소로 비록 다르나 다만 가히 꼴이 있어서 가리켜 드러내지 못함이 없다. 만약 기필코 보고자 하면, 그대 앞에 드러내 있게 하여 그대의 손으로 응당 확실히 가리켜 펼쳐야 하리. 무엇이 봄인가? 擧手指陳 是種種相 陰者是林 明者是日 礙者是壁 通者是空 如是乃至草樹纖毫 大小雖殊 但可有形 無不指著 若必其見 現在汝前 汝應以手 確實指陳 何者是見", 『수능엄의소주경』 권4(대정장39, p.874a16)에 "상을 관함은 원래 헛되니 가리켜 펼칠만한 것은 없다. 觀相元妄 無可指陳", 『경덕전등록』 권3 「보리달마전 菩提達磨傳」(대정장51, p.219c8)에 "혜가가 달마에게 말씀드렸다. '청컨대 스승님께서 가리켜 펴주십시오' '안으로는 법의 자욱 전하니 마음을 함께해 증하고 밖으로는 가사 맡기니 으뜸의 가르침 흔들리지 않게 하다'. 可曰 請師指陳 師曰 內傳法印 以契證心 外付袈裟 以定宗旨", 『굉지광록』 권7 「선인사진구찬 禪人寫眞求贊」(대정장48, p.79a23)에 "묵묵히 진실 전하니, 어찌 가리켜 보일까? 성품 달은 밤을 맞지 않고, 마음 꽃은 늘 봄이다. 默默傳眞 如何指陳 性月不夜 心華長春", 『조계진각국사어록』(한불전6, p.5c12)에 "곧바로 넉넉히 사방사할과 삼구삼현·십지동진·사종료간·이종자기·일개주인이라 하니 모두 이름과 숫자로 가리켜 펼쳐, 죄다 세간길로 유포된 것이다. 다만 저 세간길에 흘러 퍼질 수 없는 일구 어떻게 말해야 하나? 直饒四棒四喝 三句三玄 十智同眞 四種料簡 二種自己 一个主人 皆爲名數指陳 盡屬世途流布 只如不屬世途流布一句 作麼生道"라고 하였다. [참고문헌]『楞嚴經』, 『首楞嚴義疏注經』, 『景德傳燈錄』, 『宏智廣錄』, 『曹溪眞覺國師語錄』, 『俱舍論頌疏論本』 권10(대정장41, p.876b24), 『宗鏡錄』 권47(대정장48, p.694b23). ⇨할 喝, 방棒, 삼현삼요 三玄三要, 사료간 四料簡

지진 智眞 782~865. 당대 선문 스님. 법호는 구산(龜山), 속성은 유(柳)씨. 양주(揚州 : 江蘇 南京) 출신. 고향 화림사(華林寺)에서 출가하고, 윤주(潤州 : 江蘇 鎭江) 단도(丹徒) 천향사(天香寺)에서 구족계를 받았다. 경론을 익히지 않고, 선나(禪那)만을 따르다가 장경회운(章敬懷惲)을 만나 참학하고 법을 받았으며, 정원(正原)선사를 만나 문답하였다. 장계(長谿) 사람 진량(陳亮)과 황유(黃瑜)의 청을 받고 구산에서 개창하였다. 구산에서 시중하며 "마음 본디 띠끌 끊으니 무엇 하러 씻겠으며, 몸 중에 병 없으니 어찌 의원을 구하랴. 이 부처 알고자 하면 몸에 자리하지 않으니, 거울 높이 매달아 아직 비추기 전을 밝히라. 心本絶塵何用洗 身中無病豈求醫 欲知是佛非身處 明鑑高懸未照時"는 게송을 남겼다. 무종(武宗)의 폐불을 만나 환속하였다가 다시 구산으로 돌아왔으나, 치의(緇衣)는 다시 입지 않았다. 865년(함통6)에서 입적하니, 법랍은 60, 세랍은 84세였다. 귀적선사(歸寂禪師)라는 시호가 내려졌고, 탑호는 비진(祕眞)이었다. [참고문헌]『景德傳燈錄』 권9(대정장51, p.269c13).

지진등정각 至眞等正覺 ➡등정각 等正覺, 지진 至眞, 여래십호 如來十號, 무상정등정각 無上正等正覺

지징 支徵 Ⓢcaitya, Ⓟcetiya의 음사어. 지제(支提)의 다른 음사어이지만 뜻도 겸해 제불께서 한결같이 징험을 보이신 곳의 뜻이기도 하다. 탑묘(塔廟). 『법화문구』 권8(대정장34, p.112c22)에 "『아함경』에 네 곳의 탑묘〈징은 지와 의를 반절한 음〉를 밝혔다. 곧 탄생처·득도처·전법륜처·입멸처 등 네 곳에 탑을 세웠다. 여기서 말하는 보탑은 앞서 부처님께서 입멸하신 곳에 세운 기념터다. 경에 '부처님의 삼종신은 이 경을 좇아 나셨으며, 제불은 이곳을 도량으로 앉아 깨달으셨고, 모든 부처님은 이곳에서 법륜을 굴리셨으며, 모든 부처님은 이곳에서 열반에 드셨다'라고 하였다. 바로 이 『법화경』이야말로 삼세 모든 부처님의 네 가지로 일을 드러내 보이신 곳이다. 阿含 明四支徵〈知倚切〉 謂生處 得道 轉法輪 入滅四處起塔 今之寶塔 是先佛入滅支徵 經云 佛三種身 從此經生 諸佛於此 而坐道場 諸佛於此 而轉法輪 諸佛於此 而般涅槃 秖此法華 卽是三世諸佛之四支徵", 『아육왕경』 권7(대정장50, p.153b7)에 "마하가섭은 신통력으로 사지징에 갔다. 摩訶迦葉 以神通力 往四支徵"라고 하였다. 〔참고문헌〕『法華文句』, 『阿育王經』, 『法華經』(대정장9, p.52a25). ⇨지제 支提 1, 탑 塔

지차위 知次位 천태종(天台宗) 십승관법(十乘觀法) 중 여덟 번째로 행인이 자신의 수행위를 분명하게 알아서 증상만을 버리는 일. 선지차위(善知次位)·식차위(識次位)·선식차위(善識次位)·명차위(明次位)라고도 한다. 『지관대의』(대정장46, p.461a29)에 "여덟 번째 지차위란, 하근의 업장이 무거워 정업과 조업에 밝지 않을 뿐만 아니라, 도리어 잘났다는 만심을 일으켜 이미 부처와 같다고 여긴다. 아직 얻지 못했는데 얻었다고 하며, 증하지 못했는데 증했다고 말한다. 반드시 붉은 빛과 자색 넘칠 일 없게 한다. 八 知次位者 下根障重 非唯正助不明 却生上慢 謂已均佛 未得謂得 未證謂證 須知次位 使朱紫不濫", 『사념처』 권1(대정장46, p.558b24)에 "여덟 번째 선지차위란, 칠현위를 잘 알아 함부로 증상만을 짓지 않고, 참괴할 일에 부끄러워한다. 안과 밖을 분명하게 비추어 삿됨과 바름·불법과 비불법을 잘 알아서 모든 삿됨과 외도를 깨뜨린다. 八 善知次位者 善識七賢位 不叨濫增上慢 成慚愧有羞僧 內外明照 善識邪正 佛法非佛法 破諸邪外也"라고 하였다. 〔참고문헌〕『止觀大意』, 『四念處』. ⇨십승관법 十乘觀法

지차일구변거부득 只此一句便去不得 다만 이 한 마디로 문득 보내버리려 해도 어쩌지 못하네. 『벽암록』 49칙 「평창 評唱」(대정장48, p.184c27)에 "저 두 작가를 보라. 잡아 정해서는 둘레 쳐 가두고 만 길 되는 벽마저 세운다. 만약 이 삼성이 아닐진데, 다만 이 한 마디로 문득 보내버리련만. 어쩌겠나, 삼성도 역시나 작가인데. 마침내 풀어 누군가 향해 이른다 한들 일천오백선지식이라 해도 말 그 끝을 어찌 알랴. 看他兩家 把定封疆 壁立萬仞 若不是三聖 只此一句便去不得 爭奈三聖亦是作家 方解向他道 一千五百人善知識 話頭也不識"라고 하였다. 〔참고문헌〕『碧巖錄』.

지찬 志贊 조선후기 화담스님의 수계제자. 『동사열전』 권4 「화담강사전 華潭講師傳」(한불전10, p.1036b15)에 "법명은 영원이고 호는 화담이다. … 수계·수참·수법 제자는 법천사에도 있고 대둔사에도 있다. … 지찬·지영은 수계제자이며, 인파·영해·득훤 등은 손제자이다. 師名靈源 號華潭 … 受戒受懺受法者 在法泉 在大芚 … 志贊志永 受戒者 印波映海得烜等 孫弟子也"라고 하였다. 〔참고문헌〕『東師列傳』.

지참 支讖 월지국(月支國) 역경승 지루가참(支樓迦讖 : 支婁迦讖)의 줄인 이름. 『양고승전』 권1(대정장50, p.324b13)에 "지루가참은 지참이라고만 부르기도 한다. 支樓迦讖 亦直云支讖", 『출삼장기집』 권2(대정장55, p.6b25)에 "이상 13부 27권은 한 환제와 영제 때 월지국 사문 지참이 역출하였다. 右十三部 凡二十七卷 漢桓帝靈帝時 月支國沙門 支讖所譯出"고 하였다. 〔참고문헌〕『梁高僧傳』, 『出三藏記集』. ⇨지루가참 支婁迦讖

지참지괴 知慙知愧 스스로 부끄러운 줄 알고 다른 이에게도 부끄러움을 아는 것. 『장아함경』 권9 「십상경 十上經」(대정장1, p.53a13)에 "두 가지 성법이란 무엇인가? 스스로 부끄러움을 알고, 다른 이에 대해서 부끄러운 줄 안다. 云何二成法 謂知慙知愧", 『정심계관법』 권상(대정장45, p.825a22)에 "이 때문에 그대에게 참도 알고 괴도 알도록 가르쳤다. 삼가고 지켜서 후세에 계를 깨뜨리지 않아서 보시 받을 만하니 청정한 마음이라고 한다. 是故敎汝 知慚知愧 愼護後世 莫破戒受施 名爲淨心"라고 하였다. 〔참고문헌〕『長阿含經』, 『淨心誡觀法』. ⇨참괴 慚愧

지책 旨冊 1721~1809. 조선후기 스님. 『충허당기실』(한불전10, p.356a1)에 따르면 스님의 자는 응문(應文), 호는 충허(冲虛), 속성은 이(李)씨, 본관은 홍양(興陽 : 충남 洪州), 아버지는 홍양(興陽) 이공(李公), 어머니는 의령(宜寧) 남씨(南氏)니, 친가와 외가(外家)가 모두 명문이었다. 1721년(경종1) 5월 23일 경상북도 상주(尙州)에서 태어났다. 2세 때 어머니를 잃고, 13세에 아버지마저 세상을 떠났다. 고애자(孤哀子)가 된 후 세상에 뜻 없이 지내다가 1745년(영조21) 9월 3일 시탄(時坦)을 은사로 스님이 되었다. 계사는 벽허(碧虛)이며, 법사는 쌍운금화(雙運金華)이다. 어릴 때부터 형설(螢雪)의 공을 쌓아서 학문이 깊었는데, 특히 『노자도덕경 老子道德經』과 『장자남화경 莊子南華經』을 탐독했다. 1750년(영조26) 노악(露嶽 : 尙州)의 수죽사(水竹寺)에서 공부하다가 용문(龍門)의 영수사(靈水寺)로 옮겨 공부했다. 출가하여 경론을 연마한 후 후학을 지도했다. 직지사의 능여암(能如庵)·지리산의 벽송사(碧松寺)·성주 불령산(佛靈山) 청암사(青岩寺)·군위(軍威) 청화산(青華山) 백련암(白蓮庵)과 내원암(內院庵)·문경 봉암사(鳳岩寺) 동암(東庵)·경북 함창(咸昌) 칠봉산(七峰山) 중암(中庵)·상주 사불산(四佛山) 윤필암(潤筆庵)·문경 운달산(雲達山) 김룡사(金龍寺) 중암(中庵)·속리산 청계사(淸溪寺) 내원암·상주군 북장사(北長寺)와 남장사(南長寺)·중궁암(中穹庵)·관음전 등은 모두 스님이 수도하거나 후학을 가르치던 곳이다. 항상 보시하기를 좋아하여 끼니때마다 남겨 까치와 까마귀를 길렀으므로 새떼들이 항상 스님의 뒤를 따랐다. 1809년(순조9) 8월 17일 세수 89세를 일기로 입적하였다. 저서는 『충허대사유집 冲虛大師遺集』 2권이 있는데, 한불전 권10 pp.324~358에 수록되었다. 제자에는 하담(荷潭)·남파(南坡)·보한(普閑)·승필(勝必) 등이 있다. [참고문헌] 『冲虛堂記實』.

충허당대선사지책지진영
상주 남장사 조선후기

지책 智策 남송대 스님. 호는 교승(交承). 『오등회원』 권20 「경산보인선사장 徑山寶印禪師章」(卍속장138, p.816b6)에 "소희 원년(1190) 11월에 교승지책선사를 찾아가 만났다. 紹熙元年 十一月 往見 交承智策禪師"라고 하였다. [참고문헌] 『五燈會元』, 『古尊宿語錄目錄』(卍속장119, p.198a).

지처 地處 땅 속에 있는 것들. 율장에서는 이런 것들을 취해 옮기면 바라이나 투란차를 범하는 것이다. 『사분율』 권1(대정장22, p.573c15)에 "지처란 땅 속에 묻혀 있어 꺼내지 않은 칠보·금은·진주·유리·패옥·차거·마노·생상·금보·의피 등을 말한다. 또한 만약 그 나머지 다른 땅 속에 필요한 물건으로 임자가 있는 것을 훔칠 마음으로 5전의 가치를 취하거나, 5전 이상이거나, 끌어당겨 취하거나, 매장해 두거나, 본래 장소에서 들어 옮긴다면 본래 장소에서 떠나는 그때 바라이다. 만약 방편으로 물건을 들고 가려 했지만 들지 못한 경우라면 투란차다. 地處者 地中伏藏 未發出七寶 金銀眞珠 琉璃 貝玉 硨磲 瑪瑙 生像 金寶 衣被 若復有餘地中所須之物屬主者 若以盜心取五錢 若過五錢 若牽挽取 若埋藏 若擧離本處 初離處 波羅夷 若方便欲擧而不擧 偸蘭遮", 『십송율』 권1(대정장23, p.5a16)에 "지처란 가령 어떤 사람이 다섯 보배를 가지고 있거나 다섯 가지 보배를 땅에 묻어 둔 듯하여 비구가 훔칠 마음으로 취하여 본래 있던 곳에서 옮겼다면 바라이다. 만약 골라 가지려 했다면 그 순간에 투란차이며, 그런 마음을 먹고 나서 5전의 가치가 되는 물건을 취했다면 바라이다. 地處者 如人有五寶 若似五寶在地 比丘以偸奪心取 離本處 波羅夷 若選擇時 偸蘭遮 選擇已 取五錢直 波羅夷"라고 하였다. [참고문헌] 『四分律』, 『十誦律』. ⇨ 바라이 波羅夷, 투란차 偸蘭遮

지처도공양 至處道供養 Ⓢ pratipatti-sahagatā pūjā, Ⓣ sgrub-pa'i-mchod-pa. 불과에 이르는 행으로 공양함. 보살의 십종공양(十種供養) 중 하나로 정행공양(正行供養)이라고도 한다. 『보살지지경』 권7(대정장30, p.926b19)에 "저 보살이 금계와 지관과 보리분방편과 제바라밀과 모든 선을 거두는 방편을 지키고 지닌다면, 이를 보살이 지처도로 여래를 공양하는 것이라 하니, 제일이고 최상이고 최묘이며 최승이고 위없다. 彼菩薩護持禁戒 止觀 菩提分方便 諸波羅蜜諸善攝事方便 是名菩薩至處道供養如來 第一最上最妙最勝無上", 『법화의소』 권11(대정장34, p.621a29)에 "공양행으로 불과를 따르는 것을 지처도공양이라 한다. 불과란 이 끝내 이를 곳이며 공양으로 행해서 능히 저곳에 이르므로 지처도라 한다. 『유마경』에서는 법공양, 『지지론』에서는 행공양이라 한다. 供養之行順果 名至處道供養 佛果是其所至之處 供養之行 能至彼處 名至處道 維摩經 名法供養 地持論 名行供養"라고 하였다. [참고문헌] 『菩薩地持經』, 『法華義疏』, 『大乘義章』 권14(대정장44, p.742b15), *Bodh-bh.162.* ⇨ 정행공양 正行供養, 십종공양 十種供養 ❶

지처도력 至處道力 불십력(佛十力) 중 하나로 이르를 곳의 길을 아는 힘. 변취행지력(遍趣行智力)·과력(果力) 등이라고도 한다. 『보살선계경』 권9(대정장30, p.1011b4)에 "모든 번뇌를 알아 각각 마주해 다스릴 수 있고, 일체유에도 마주할 줄 알며, 모든 사견을 상대해 무너뜨림도 아는 것을 지처도력이라 한다. 知諸煩惱 各有對治 知一切有 亦各有對 知破一切惡邪見對 是名至處道力", 『법화문구』 권3하(대정장34, p.42b27)에 "인이란, 도를 인으로 삼아 열반에 이르니 지처도력의 경이다. 因者 道爲因能至涅槃 卽至處道力境也", 『대승의장』

권20(대정장44, p.865b14)에 "지처도력이란, 고락 등의 보는 이르를 곳이고, 선악 등의 인은 그곳에 이르는 길이라 한다. 이것을 비추어 아는 것이 지처도력이다. 至處道力者 苦樂等報 爲所至處 善惡等因 名至處道 照此之解 名至處道力",『마하지관』권7하(대정장46, p.95c27)에 "지처도력을 안다는 말은 사도제로 이르는 곳을 안다는 뜻이다. 이것은 일곱 번째 력이다. 知至處道力者 知四道諦 所至之處 是七力也",『법계차제초문』권하(대정장46, p.694b23)에 "일곱 번째, 지처도력이다. 부처님께서는 일체도지처의 상을 아시니 여실히 두루 아시어 무너뜨릴 수도 없고 이길 이도 없다. 七 至處道力 佛知一切道至處相 如實遍知 無能壞無能勝", 원효(元曉)의『본업경소』권하(한불전1, p.517b18)에 "과력이라 한 것은 다른 곳에서는 지처도력이라 한다. 여래께서는 밝히 아신다. 생사를 벗어나는 도법으로는 해탈과를 얻고 도법을 가로막으면 생사과 얻음을. 이로써 장애의 도를 멸하고 벗어나는 도를 닦도록 하니 이것이 과력으로 성취하는 일대사이다. 果力者 餘處名至處道力 如來明見出離道法 得解脫果 障礙道法 得生死果 令滅障道 脩出離道 此是果力所成事也"라고 하였다. [참고문헌]『菩薩善戒經』,『法華文句』,『大乘義章』,『摩訶止觀』,『法界次第初門』,『本業經疏』. ⇨ 변취행지력 遍趣行智力, 불십력 佛十力

지척 志倜 조선후기 스님. 호는 은봉(隱峰). 회산보혜(晦山普慧)와 법형제간으로서『동사열전』권4「회산강백전 晦山講伯傳」(한불전10, p.1044b17)에 "호암윤찰 … 은봉지척과는 … 법형제를 맺었다. 與孝庵允察 … 隱峰志倜 … 結爲法兄弟"라고 하였다. [참고문헌]『東師列傳』. ⇨ 은봉 隱峰 [3]

지천 地天 Ⓢ Pṛthivī, Pṛthivī-devatā. 대지를 관장하는 신. 지신(地神)·견뢰지신(堅牢地神)·견뢰지천(堅牢地天)·지지신(持地神)이라고도 한다. 밀교의 별존법에서 공양하는 12천 중 하나이며,『대일경소』권10(대정장39, p.683c27)에 따르면 종자는 (vi)다. 석가모니부처님께서 성도하실 때 모습을 드러내 석존의 공덕을 증명하여 마구니를 좇아냈다는 인연이 있다. 부처님 곁에서 불법을 지키는 수호신으로 수용되었다. 지신을 묘사하는 형상은 남녀를 불문하고 다양하다. 밀교 태장만다라에서는 금강부원 상방의 40존 중 하나이며 이사나천(伊舍那天)의 오른쪽에서 일곱째에 위치한다.『대비밀왕만나라경』권3(대정장18, p.551a3)에 "만약 증익하려면 다시 본존의 왼쪽에서 지천이 땅에서 솟아올라 상반신을 드러내고 있는데 그 몸은 흰색이고 손에 보병을 들었으며 자세와 표정은 원만하고 월륜광의 광배가 있으며 머리에는 보관을 썼고 두발은 엄정하게 장식되어 있다고 관상한다. 若爲增益 復於本尊左邊 想有地天 從地涌出 現半身相 其身白色 手持寶甖 儀容圓滿 背月輪光 頭有寶冠 髮髻嚴好"라고 하였다. 한편 금강계

만다라 성신회(成身會)에서는 중앙의 대원륜(大圓輪)을 공대(空大)로 네 귀퉁이에 4대천(四大天 : 地水火風)을 모시는데, 일체만법을 내장(內藏)하는 뜻이다. 지천은 그 중 동북쪽에 위치한다. 종자는 (a)와 (pṛ), 삼형은 연꽃과 현병이고 존형은 백육색(白肉色)이며 머리에는 위로 흰 달을 이고 갈마의를 입고 있다. [참고문헌]『大日經疏』,『大祕密王曼拏羅經』,『曼荼羅図典』(大法輪閣, 2002), *Lal-v.233.*, *Saṅ-v.115.* ⇨ 견뢰지신 堅牢地神, 보병인 寶甁印 [3], 지신 地神

지천 智泉 1324~1395. 고려말 조선초 황해도 장수산(長壽山) 현암사(懸岩寺) 스님. 호는 축원(竺源), 속성은 김씨. 아버지의 휘는 연(延), 어머니는 윤(尹)씨 부인. 1324년(충숙왕11) 황해도 재령에서 태어났다. 19세 때인 1342년(충혜왕 복위3) 장수산 현등사로 찾아가 스님이 되었다. 스님이 되자 먼저 참선공부를 하다가『능엄경 楞嚴經』을 배우기 시작했으나, 깊은 뜻을 이해하지 못하여 다시 남명(南明)이 주해한『증도가 證道歌』를 익힌 후 다시『능엄경』을 보아 일심진여(一心眞如)의 뜻을 깨우쳤다 한다. 1353년(공민왕2) 왕사인 무학자초(無學自超 1327~1405)와 함께 원나라로 유학 가서 연경(燕京)의 법운사(法雲寺)에서 지공(指空)을 친견했다. 그 때 먼저 가서 지공의 법을 받은 나옹혜근(懶翁惠勤 1320~1376)을 만나 함께 다니면서 유참(遊參)하고, 오대산(五臺山)으로 가서 벽봉(碧峰)을 만나 조중목(趙仲穆)거사의 글씨로 축원(竺源)이라는 법호도 받았다. 1356년(공민왕5)에 귀국했다. 그 후 전국 명산으로 다니면서 홀로 토굴을 짓고 정진했다. 나옹의 뒤를 이어 왕사로 추대되어 사부대중이 구름처럼 찾아들었으나, 스님은 이를 피하여 언제나 홀로 수행하다가 1395년(조선 태조4) 7월 7일 경기도 개풍군 천마산(天磨山) 적멸암(寂滅庵)에서 세수 72, 법랍 53세를 일기로 입적하였다. 양촌(陽村) 권근(權近)이 태조의 명에 의해 비문을 지어 1398년(정종1) 12월에 세운 비와 부도가 경기도 미지산(彌智山) 용문사(龍門寺)에 있다. [참고문헌]「楊平彌智山龍門寺諡正智國師碑銘」(『朝鮮金石總覽』권하 pp.727~729), 李智冠『校勘譯註歷代高僧碑文』朝鮮篇1 pp.66~77, 智冠『韓國高僧碑文總集 朝鮮朝·近現代』pp.30~32. ⇨ 정지국사탑및비명 正智國師

塔◯碑銘, 혜근 惠勤, 용문사 龍門寺 2

지천 智遷 송(宋)대 임제종 스님. 법호는 낭야(瑯琊). 광조혜각(廣照慧覺)의 법을 이었다. 전등사서에 몇 구의 문답이 전할 뿐이다. 구양수(歐陽脩 1007~1072)가 지은 「취옹정기 醉翁亭記」의 취옹정을 건립한 스님으로 추정한다. [참고문헌]『續傳燈錄』 권7(대정장51, p.510c4), 『建中靖國續燈錄』 권7(卍속장136, p.127a2).

지천공 地天供 지천을 본존으로 하여 공양하는 작법. 당탑(堂塔)이나 방사(房舍)를 신축하거나 터를 닦을 때 행한다. 『요존도량관』 권하(대정장78, p.58a17)에서 설명하는 작법의 순서는 다음과 같다. 먼저 공물을 가지하고 다음으로 지리지리(枳里枳里) 진언을 21번 외운다. 다음으로 같은 진언과 수인으로 21번 वं(vaṃ)자를 가지한다. 다음으로 지천인진언(地天印眞言)을 외우고, 지천게(地天偈)로 지천을 깨운다. 다음으로 지천을 권청(勸請)하는 게송을 외운 후 금강합장하고 진언을 37번 외운다. 여래원인(如來願印)과 진언으로 서른일곱 번 가지하고 연월일(年月日)과 성씨(姓氏)와 주소를 고한다. 이후 기원(祈願)·산공(散供)·삼례(三禮)·여래패(如來唄) 등을 행한 후 지천진언을 백번 외우고 마지막으로 여래자호진언(如來慈護眞言)을 백번 외우는 것으로 마친다. [참고문헌]『要尊道場觀』. ⇨지천 地天

지천사 支天寺 조선전기 한양도성(漢陽都城) 남대문 안에 있던 절. 『세종실록』 권61 세종 15년(1433) 7월 21일에 "경복궁의 오른팔은 대체로 모두 산세가 낮고 미하여 널리 헤벌어져 트이니 품에 둠이 없으므로 남대문 밖에 못을 파고 문안에 지천사를 둔 것은 그 때문이다. 景福宮右臂 大抵皆山勢低微 廣闊通望 無有抱局 故於南大門外鑿池 於門內置支天寺 爲此也"라고 하였으니, 조선 건국 후 1394년(태조3)에 신도(新都)를 건설하면서 법궁(法宮 : 조선의 正宮)인 경복궁의 지세를 비보(裨補)하기 위해 창건한 절로 추정된다. 지천(支天)이라 하면 마리지천(摩利支天)으로서 고려에서도 성변기양(星變祈禳)을 위해 마리지천도량(摩利支天道場)을 자주 설행하였다. 실제로 1397년(태조6) 5월 15일 성변(星變)으로 인한 소재법석(消災法席)을 거행하였고, 이듬해 1월 22일·2월 18일에도 성변으로 인한 기양법석(祈禳法席)을 거행하였다. 같은 해 5월, 강화 선원사(禪源寺) 대장경판을 합천 해인사로 옮겨 모실 때인 5월 12일에 지천사에 잠깐 머물기도 하였다. 강석덕(姜碩德 1395~1459)의 「송현무오남귀서 送玄無悟南歸序」(『동문선』 권94)에 "옛날 내가 어렸을 때에 지천사에서 학업을 닦았다. 지천사는 진실로 서울 도성 아래 제일가는 명찰이며, 스님들이 무려 오백 명에 달하였다. 昔予在童丱 肄業支天寺 支天實都下一名刹 其髡無慮五百指"라고 하였다. [참고문헌]『太祖實錄』, 『世宗實錄』, 『東文選』, 『韓國寺刹全書』 권하 p.1033b10.

지천안무애지력 知天眼無礙智力 불십력(佛十力) 중 하나로 숙주생사지력(宿住生死智力)·천안력(天眼力)·천안무애지력(天眼無礙智力)이라고도 한다. 『대명삼장법수』 권27(영락장182, p.525b8)에 "(십력 중) 여덟째는 지천안무애지력이다. 여래증지로서 천안청정하여 모든 중생의 죽을 때와 날 때, 단정한지 또는 비루한지, 선악업연 등을 모두 다 걸림없이 보기에 지천안무애지력이라 한다. 八 知天眼無礙智力 謂如來證知 天眼淸淨 見諸衆生 死時生時 端正醜陋 善惡業緣 皆悉無礙 故名知天眼無礙智力"라고 하였다. [참고문헌]『大明三藏法數』. ⇨숙주생사지력 宿住生死智力, 사생지력 死生智力, 불십력 佛十力, 여래십력 如來十力

지천후 地天后 지천의 천후(天后). 태장만다라 외원 동쪽 누각의 북쪽에 지천과 나란히 위치한다. 종자자는 발(鉢 प)이다. 형상은 살색이 희고 왼손에는 꽃이 가득한 발우를 들었으며 오른손은 손바닥을 바깥으로 향한 채 앉아 있는 모습니다. 만물을 생육하는 대지의 덕을 관장한다. ⇨지천 地天

지철 志徹 당(唐)대 선종 스님. 육조혜능(六祖慧能 638~713)의 제자. 법호는 출신지에 따라 강서(江西), 속성은 장(張)씨. 육조가 '지철'이라는 법명을 주기 전에는 행창(行昌)이었다. 젊어서 협객(任俠)으로 지냈는데, 북종(北宗) 신수(神秀)의 제자들에게 사주를 받고 육조를 해치려 하였다. 자객이 되어 한밤중에 야습하여 육조를 죽이려 하였으나 실패했고 오히려 감화를 받았다. 육조의 뜻에 따라 다른 절로 출가하여 구족계를 받고, 다시 육조를 찾아가 열반요의를 깨달았다. 이때 "무상한 마음을 지키려 했기에 부처는 상성이 있다고 설하였네. 방편임을 알지 못하면, 봄 연못에서 조약돌을 줍는 듯하리. 나 이제 힘 들일 일 없이도, 부처의 성품 드러나 앞에 있네. 스승이 마주해 주신 것 아니고, 나 역시 얻은 바가 없다네. 因守無常心 佛說有常性 不知方便者 猶春池拾礫 我今不施功 佛性而現前 非師相授與 我亦無所得"라고 오도송을 읊자, 육조가 깨달음이 사무쳤다는 뜻에서 '지철'이라는 법명을 주었다. [참고문헌] 돈황본 『壇經』(대정장48, p.343b2), 종보본 『壇經』(대정장48, p.359a2), 『景德傳燈錄』 권5(대정장51, p.238c16), 『聯燈會要』 권3(卍속장136, p.477a7). ⇨혜능 慧能

지체 智體 1 실상(實相)의 다른 이름. 지혜의 바탕. 『인왕호국경』 권상(대정장8, p.839b14)에 "대왕이시여,

실상을 닦는 것은 저 문자대로 닦는 것입니다. 실상이란 제불지의 어머니이고, 일체유정근본지의 어머니이니, 이것을 일체지의 몸이라고 합니다. 大王 修實相者 如文字修 實相卽是諸佛智母 一切有情根本智母 此卽名爲一切智體"라고 하였다. 〔참고문헌〕『仁王護國經』. **2** 사제(四諦) 등 진실(Ⓢ satya)을 담지한 법. 『아비담비바사론』 권59(대정장28, p.406b19)에 "마흔네 가지 지체가 있다. 노사를 아는 지체, 노사의 인을 아는 지체, 노사의 멸을 아는 지체, 노사를 멸하는 길을 아는 지체 나아가 행을 아는 것 역시 이와 같다. 有四十四智體 知老死智體 知老死集智體 知老死滅智體 知老死滅道智體 乃至知行亦如是"라고 하였다. 〔참고문헌〕『阿毘曇毘婆沙論』. **3** 지혜의 바탕인 반야(般若)와 정(定). 『섭대승론석』 권10(대정장31, p.228a29)에 "이 지혜는 무엇으로 체를 삼는가? 반야와 정이 지혜의 체다. 생사와 열반에 머물지 않는 것이 지혜의 용이고, 범부와 성인을 이롭게 하는 것이 지혜의 일이다. 이 지혜는 타인만을 이롭게 할 뿐, 자신을 이롭게 하지는 않는다. 此智以何爲體 般若及定是智體 不住生死涅槃是智用 利益凡夫及聖人是智事 此智但爲利他非爲自利"라고 하였다. 〔참고문헌〕『攝大乘論釋』. ⇨ 반야 般若, 지 智

지초 支鈔 소요에 따라 지불되는 돈. 지(支)는 몫에 따라 가지쳐 쓴다는 뜻이고, 초(鈔)는 지폐로서 천자(天子)의 인(印)을 찍어 돈을 대신하던 것을 말한다. 『선림상기전』 권20(불광장, 禪藏, p.1608)에 "지초 : 나누어 가지치는 것이니 쓰이는 비용이다. 돈을 말한다〈초의 뜻은 수초 있는 곳을 보라〉. 『백장청규』 「존숙창의」에서 '지초 약간 모항의 용도에 관해'라고 하였다. 『품자전』에서 '지는 지취와 지급으로 이는 취해야 할 것을 취하고 지급해야 할 것을 지급한다는 뜻이다. 또는 탁지라 함은 헤아려 지급함이니, 마땅히 지급해야 할 것을 계산하여 그것을 지급한다는 뜻이다'라고 하였다. 支鈔 忠曰 分支所費用 錢財也〈鈔義 見收鈔處〉 敕修淸規尊宿唱衣云 支鈔若干 係某項用度 品字箋云 支 支取支給 謂取其所應取給其所應給也 又度支 度其所宜支 而支給之也"라고 하였다. 〔참고문헌〕『禪林象器箋』. ⇨ 수초 收鈔

지촉 至囑 지극한 마음으로 당부함. 편지나 법어의 끝에 붙이는 말로 전하고자 하는 교계(敎誡)를 강조하기 위해 붙이는 말이다. 『나옹어록』 「답이상국제현 答李相國齊賢」(한불전6, p.725b16)에 "과연 사무치지 못하셨다면, 대결정지를 일으키시길 엎드려 바라옵니다. 이륙시중에 옷 입고 밥 먹고 말하며 담소하는 중에 '이 본래면목(本來面目)인가?' 참구하십시오. 혹은 말하기를 '금생에 나서 이런 형체 지은 것은 바로 부모가 낳아준 면목일 뿐이니, 무엇이 부모로부터 나기 전 본래면목인가?'라고 합니다. 다만 이와 같이 참함에 참해 오고 참해 갈 뿐이어서 참해 이르는 마음 생각의 길 끊어지고 의식마저 행하지 않아 아무런 맛도 없고 모색할 길도 없어 뱃속마저 갑갑한 때에 공(空)에 떨어지지 않을까 두려워 마십시오. 바로 이것이 상국께서 힘을 얻을 자리이자 힘을 덜 자리이며, 바로 상국께서 신명마저 편안히 세울 자리입니다. 지극히 바라고 바라옵나이다. 若果未徹 則伏請起大決定之志 二六時中 着衣喫飯 語言談笑 於一切處 參个本來面目 或云 今生出來 作此形體 是父母所生面目 那箇是父母未生前本來面目 但只如此參 參來參去參到心思路絶 意識不行 沒滋味沒摸索 肚裏悶時 莫怕落空 正是相國得力處省力處 正是相國安身立命處也 至囑至囑"라고 하였다. 〔참고문헌〕『懶翁語錄』, 『誡初心學人文』 「東山崇藏主送子行脚法語」(대정장48, p.1005b15).

지촉 紙燭 종이로 만든 횃불. 종이를 노끈처럼 말아 촛물에 담가서 만드는 큰 심지모양의 횃불을 말한다. 지촉(脂燭)이라고도 한다. 『무문관』 28칙 「구향용담 久響龍潭」(대정장48, p.296b20)에 "덕산선감이 용담숭신에게 가르침을 청하였는데 밤이 되었다. '밤이 깊었는데 왜 그대는 내려가지 않는가?' 덕산이 인사하고 주렴을 걷고 나갔다. 바깥을 보니 깜깜하여 돌아와서 말했다. '바깥이 깜깜합니다'. 용담이 지촉에 불을 붙여 건네주자 덕산이 받으려 하였다. 바로 이때 용담이 입으로 불어서 불을 껐다. 덕산이 이에 홀연하게 깨닫고 예를 올렸다. 龍潭因德山請益抵夜 潭云 夜深子何不下去 山遂珍重揭簾而出 見外面黑却回云 外面黑 潭乃點紙燭度與 山擬接 潭便吹滅 山於此忽然有省 便作禮", 『십이천공의궤』(대정장21, p.385b18)에 "다음으로 작은 납촉을 쓰거나 지촉을 봉헌한다. 次用小蠟燭 或紙燭以獻"라고 하였다. 〔참고문헌〕『無門關』, 『十二天供儀軌』.

지촉 脂燭 Ⓢ sneha-varti, Ⓣ mar-me'i-snying-po. 납촉(蠟燭). 밀랍으로 만든 초. 『법화현찬』 권6(대정장34, p.766c17)에 "여덟째로 무간대나락가에서 받는 고통의 모습이란, 동방에선 세 번 가열된 백유선나의 쇠로 된 땅 위에서 맹렬한 불길 있어 찌를 듯 치솟으며 타올라 저 유정들 찌르는데, 피부를 뚫고 살을 파고들어 근골을 끊고 부수며 다시 골수를 뚫고서 타오름에 저 납촉 같다. 八 於無間大那落迦 所受苦相 謂於東方多百踰繕那三熱大鐵地上 有猛熾火 焰騰焰而來 刺彼有情 穿皮入肉 斷筋破骨 復徹其髓 燒如脂燭"라고 하였다. 〔참고문헌〕『法華玄贊』, *Yogā-bh.83.*

지총 智聰 **1** 550?~648. 수당(隋唐) 교체기 스님. 속성과 출신은 미상. 양도(揚都)의 백마사(白馬寺)·지관사(止觀寺)에서 머무르며 삼론(三論)을 전공하였다.

진(陳)이 평정되고 수가 들어서자 양자강을 건너 양주(楊州) 안락사(安樂寺)에 머물렀다. 대업년간(605~616) 수가 붕괴되자 강을 건너 돌아가려 하였는데, 배가 없어 강기슭 갈대밭에서 『법화경』을 암송하며 지냈다. 7일간 먹지 못하고 지내는데 줄곧 네 마리의 호랑이가 주위를 맴돌며 그를 해치지 않았다. 문득 어떤 신이한 노인이 나타나서 배를 태워주어 호랑이들과 함께 섭산(攝山) 서하사(栖霞寺)로 들어갔다. 이곳에 머무르며 정진하는데, 흉사(凶事)가 있으려면 함께 건너온 호랑이가 대중들에게 일러주었다. 섭산은 심산유곡이어서 공양 조달에 늘 어려움을 겪었다. 이에 지총은 양주의 청신사 300명에게 미사(米社)를 결성하게 하고 매해 공양하도록 요청하여 대중을 구제할 수 있었다. 648년 4월 8일 지관사(止觀寺)와 홍황사(興皇寺)를 참배하고 돌아와 입적하니, 세수 99세였다. 〔참고문헌〕『唐高僧傳』 권20(대정장50, p.595a28), 『神僧傳』 권5(대정장50, p.984b7), 『法苑珠林』 권65(대정장53, p.786c29), 『法華靈驗傳』 권하(卍속장134, p.809b5). ❷『인천안목 人天眼目』의 편찬자 회암지소(晦巖智昭)의 다른 이름. ⇨ 인천안목 人天眼目❷

지축 支竺　지겸(支謙)과 축법호(竺法護). 『양고승전』 권3 「구나비지전 求那毘地傳」(대정장50, p.345c13)에 "(구마라집은) 또한 지겸과 축법호가 한역한 경전은 그 문장 체제가 예스럽고 질박하여 본래의 아름다움을 다하지 못함을 안타까워하여 마침내 다시 범본을 직접 보고 거듭 한역하였다. 그러므로 금역과 고역 두 경전은 말은 다르지만 뜻은 같다. 復恨支竺所譯 文製古質 未盡善美 迺更臨梵本 重爲宣譯 故致今古二經 言殊義一", 『출삼장기집』 권8 「유마힐경서 維摩詰經序」(대정장55, p.58b9)에 "경을 찾아서 음미할 때마다 정신이 깃드는 집처럼 여겼지만, 지겸과 축법호가 역출한 경전에서는 뜻이 문에 막히는 점을 한탄하며 늘 깊은 종지가 역자의 미숙한 한역으로 추락할까 염려하였다. 每尋翫玆典 以爲栖神之宅 而恨支竺所出 理滯於文 常懼玄宗墜於譯人"라고 하였다. 〔참고문헌〕『梁高僧傳』, 『出三藏記集』. ⇨ 지겸 支謙, 축법호 竺法護

지축산 持軸山　Ⓢ Īṣādhara, Īṣādhāra parvata, Ⓣ gshol-mdaʼ-ʼdzin. 칠금산(七金山) 또는 구산팔해(九山八海) 중 하나. 음사어는 이사다라산(伊沙馱羅山·伊沙陀羅山)·이사다산(伊沙多山) 등이며, 자재지산(自在持山)이라고도 한역한다. 『구사론』 권11(대정장29, p.59c5)에 "경은 이에 의지하여 사대왕중천을 설한다. 묘고산 밖의 네 층급에 사대왕중과 그 권속들이 거주하는 것처럼 지쌍산·지축산 등의 칠금산에도 천중들이 거주하니, 이곳은 사대천왕이 통솔하는 봉읍이다. 이것을 땅에 의지해 머무는 사대왕중천이라고 한다. 經依此說 四大王衆天 如妙高山 四外層級 四大王衆 及眷屬居 如是持雙 持軸山等 七金山上 亦有天居 是四大王所部封邑 是名依地住四大王衆天", 『유가론기』 권1(대정장42, p.328c18·한불전13, p.51a15)에 "(칠금산 중) 여섯째는 이사다라산이다. 지축산이라 한역하니, 산봉우리가 수레의 축과 닮았기 때문이다. 六 伊沙馱羅 此云持軸山 峯似軸故"라고 하였다. 〔참고문헌〕『俱舍論』, 『瑜伽論記』. *Divy.217., Yogā-bh.38.* ⇨ 칠금산 七金山, 구산팔해 九山八海, 이사다라산 伊沙陀羅山

지취 旨趣　가리켜 가고자 하는 바. 『대보적경』 권45(대정장11, p.266a27)에 "베껴 쓰고 독송하며 가리켜 나아갈 바를 끝내 찾고 널리 남에게 설해주어 펴고 드날려 열어 나툰다. 書寫讀誦 窮尋旨趣 廣爲他說 敷揚開顯", 『보살지지경』 권8(대정장30, p.933a4)에 "저 깊은 경에는 여래께서 가리켜 나아가게 한 바 있으니, 그 뜻에 수순해서 분별하고 해설하여 거두어들인다. 於彼深經 如來旨趣 隨順其義 分別解說而攝取", 『석마하연론』 권6(대정장32, p.645c21)에 "그 짚어 나아가게 한 바는 모두 념을 여의고 진여로 돌아가게 함이다. 其旨趣者 皆爲離念 歸於眞如", 『화엄경행원품소초』 권2(卍속장7, p.842a11)에 "지란 지취다. 곧 으뜸으로 돌아가는 뜻이다. 旨者旨趣 謂宗之所歸也", 『능가경찬』 권2(卍속장91, p.350b2)에 "모든 음의 성상은 본래 공적하니 모두가 망상 때문에 나타난다. 성스런 지혜가 가리켜 나아가게 하는 것은 유나 무에 떨어지지 않고 망상으로 나투어 함께 하더라도 집착함이 없게 한다. 諸陰性相 本來空寂 皆因妄想而現 聖智旨趣 不墮有無 同其妄想所現 而無所著"라고 하였다. 〔참고문헌〕『大寶積經』, 『菩薩地持經』, 『釋摩訶衍論』, 『華嚴經行願品疏鈔』, 『楞伽經纂』.

지취 志趣　뜻을 내어 나아가다. 『장아함경』 권3 「유행경 遊行經」(대정장1, p.18b14)에 "그대가 물은 대로 사문에는 무릇 넷이 있다. 뜻을 내서 나아감이 같지 않다. 그대는 마땅히 가려 알라. 첫째는 도를 행함에 수승하고, 둘째는 도의 뜻을 잘 설한다. 셋째는 도에 의하여 살아가고, 넷째는 도를 위한다 하며 번뇌를 짓는다. 如汝所問者 沙門凡有四 志趣各不同 汝當識別之 一行道殊勝 二善說道義 三依道生活 四爲道作穢", 『해팔덕경』(대정장1, p.819b12)에 "나의 법은 청결하고 뜻은 담박함에 있기에 가사와 음식을 공양받고 나면 조금의 여분도 쌓지 않는다. 만약 어떤 사문의 지취가 지저분하면 법에 따라 쫓아내어 묘에 자리할 수 없게 한다. 바다가 넓고 여유로워도 냄새 나는 주검은 들이지 않는 것처럼. 이는 세 번째 덕이다. 吾法淸潔 志在憺怕 衣食供已 不畜微餘 若有沙門志趣穢濁 以法彈遣 不得處廟 猶海弘裕 不容臭

屍 斯三德也"라고 하였다. [참고문헌]『長阿含經』, 『海八德經』. ⇨ 불숙사시 不宿死屍

지취 智聚 Ⓢ jñāna-saṃbhāra, Ⓣ ye-shes-kyi-tshogs. 지혜의 무더기. 반야바라밀로 성취한다. 복취(福聚)와 짝한다. 『대승장엄경론』 권10(대정장31, p.642c8 : *Sūtr.*, p.139)에 "지혜 쌓은 일로 저 뛰어난 과보가 물들지 않는다. 그러므로 보살의 뛰어난 모습은 견줄 바가 없다. [문] 두 가지 무더기로 육도를 거둔다 함은 무엇인가? … 여섯 번째가 곧 지라 하였으니 반야바라밀이 곧 지취의 바탕임을 알아야 한다. … 다섯 가지가 또한 지취를 이룬다는 것은 거듭 반야바라밀로 능히 회향하기에 일체의 모든 바라밀이 모두 다 지혜 무더기가 된다는 뜻이다. 由智聚故 於彼勝報 作不染汚因 是故 菩薩 勝相無等 問 二聚攝六度云何 … 第六卽是智者 應知般若波羅蜜 卽爲智聚體 … 五亦成智聚者 復由般若能迴向故 一切諸波羅蜜 皆成智聚 jñānasaṃbhāro 'saṃkliṣṭasaṃsaraṇāya. … punaḥ prajñāyāṃ pariṇāmanāt sarvāḥ pañca pāramitā jñānasaṃbhāro veditavyaḥ"라고 하였다. [참고문헌]『大乘莊嚴經論』, *Sūtr.* ⇨ 복취 福聚[1], 바라밀 波羅密

지측 知則 조송(趙宋)대 1001년(함평4) 천식재(天息災 : 法賢)가 역출한 『대승무량수장엄경 大乘無量壽莊嚴經』의 주석서를 지었다. 『불조통기』 권43(대정장49, p.398a10)에 "사문 지측이 자신이 지은 『성무량수경소』를 진상하고 연교대사라는 호를 받았다. 沙門知則 進所著聖無量壽經疏 賜號演敎大師"라고 하였다. [참고문헌]『佛祖統紀』.

지친 地親 바수밀(婆須蜜 Ⓢ Vasumitra)의 한역 이름. 『바수밀소집론』 권1 「취건도수 聚揵度首」(대정장28, p.721b11) 세주(細注)에 "(존자 바수밀의) 한역 이름은 지친이다. 품수가 모두 칠품이기에 취건도라 한다. 秦言地親也 自品首盡七品 名聚揵度"라고 하였다. [참고문헌]『婆須蜜所集論』. ⇨ 바수밀 婆須蜜[3]

지칭 智偁 1113~1192. 고려중기 스님. 자는 치원(致原), 호는 통소(通炤), 속성은 윤(尹)씨. 지칭(智稱)이라고도 한다. 1113년(예종8) 전라도 남원(南原)에서 태어났다. 초오교웅(超悟敎雄 1076~1153)을 은사로 하여 스님이 되었다. 1139년(인종17) 27세 때 종선(宗選)에 합격하였고, 1152년(의종6) 전등사(傳燈寺) 주지가 되었다. 1170년(의종24) 삼중대사(三重大師)에 올랐으며, 1175년(명종5) 왕으로부터 만납가사(滿衲袈裟)를 하사받았고, 1179년(명종9)에는 수좌(首座)의 법계를 품수받았다. 1187년(명종17)에는 승통(僧統)이 되었으며, 1189년(명종19)부터 중선과(中選科)를 관장하였다. 1192년(명종22) 12월 20일(戊申日) 북한산(北漢山) 시루봉(甑峰) 밑 원각사(圓覺寺)에서 세수 80세를 일기로 입적하였는데, 임시로 가장(假葬)하였다가 1193년 2월 23일 개성의 진봉산(進奉山) 남쪽 기슭으로 이장하였다. 제자는 백여 명이 있었다. 1193년에 만든 묘지석(墓誌石)이 국립중앙박물관에 소장되어 있는데, 세로 36.4cm·가로 48.5cm, 자경 1.2cm, 해서체로 새겼다. [참고문헌]『海東金石苑』 補遺 권4 p.871, 『朝鮮金石總覽』 권상 pp.417~418, 『韓國金石全文』 中世下 pp.910~911, 金龍善『高麗墓誌銘集成』(한림대학교출판부, 1993) pp.276~277, 李智冠『校勘譯註歷代高僧碑文』 高麗篇3 pp.386~392. ⇨ 개성영통사주지지칭묘지 開城靈通寺住持智偁墓誌

지칭 묘지석 국립중앙박물관 1193년

지칭 智稱 428~501. 남제(南齊)대 스님. 속성은 배(裴)씨. 문희(聞熹 : 山西省) 출신. 경구(京口 : 江蘇省)에서 출생하였다. 나이 열일곱에 종군했었지만 살생을 뼈저리게 싫어하였다. 우연히 『서응경 瑞應經』을 읽다가 깨달음을 얻고 남간(南澗)의 선방(禪房)에서 오계(五戒)를 받은 뒤에 익주(益州) 앙선사(仰禪師)에게 귀의하였다. 앙선사가 문강(汶江 : 四川省)으로 돌아가자 그를 따라 배사(裴寺)로 가서 정식으로 출가하였는데 당시 36세였다. 이어서 강릉(江陵)으로 내려가 은법사(隱法師)·구법사(具法師) 그리고 흥황사(興皇寺) 영법사(穎法師) 등에게 율학(律學)을 수학했다. 법헌(法獻)과 함께 정림사(定林寺)에 머물다가 여항(餘杭 : 浙江省) 보안사(寶安寺) 승지(僧志)의 청으로 귀향하여 『십송율』을 강설하면서 운서사(雲棲寺)에 주석하였다. 오래되지 않아 다시 경도(京都)로 돌아왔다. 안락사(安樂寺)·법륜사(法輪寺) 등에 주석하면서 『십송율』을 30여 차례 강설하였고, 『십송의기 十誦義記』 8권을 저술하였다. 남제대 501년(영원3) 세수 72세로 입적하였다. 제자에 승변(僧辯)·법초(法超) 등이 있다. [참고문헌]『梁高僧傳』 권11(대정장50, p.402b2). ⇨ 법초 法超

지타 祇陀 기타태자(祇陀太子 Ⓟ Jeta). 『번역명의집』 권3(대정장54, p.1094c28)에 "지타는 혹은 기원이라 하는데, 전승으로 한역한다. 날 때 부친 파사익이 외국과의 전쟁시 이겼기 때문이다. 『대당서역기』에 따르면, 절다는 승림으로 한역하고, 구역의 기타는 바뀐 소리다. 祇陀 或云祇洹 此云戰勝 生時父波斯匿 戰勝外國 西域記云 逝多 唐言勝林 舊曰祇陀 訛也"라고 하였다. [참고문

헌〕『翻譯名義集』, 『昆尼關要』 권5(卍속장63, p.694b4). ⇨기타태자 祇陀太子, 기원정사 祇園精舍

지타리 Jitāri Ⓣdgra-las-rgyal-ba. 940~980년 무렵. 후기 중관학파(中觀學派) 논사. 제타리(ⓈJetāri)라고도 한다. 티베트불교사가들은 그를 중관학파 입장에서 다르마키르티(ⓈDharmakīrti)를 이은 인물로 자리매김한다. 비크라마쉴라(ⓈVikramaśīla)사원에 주석하며 젊은 아티샤(ⓈAtīśa)를 가르쳤던 밀교수행의 대가이기도 하다. 인도불교 후기 역사에서 중요한 논사임에도 그의 사상전모는 아직 드러나지 않았다. 그의 논서 중 현재 살펴볼 수 있는 범본(梵本)은 일곱 편이다. 첫째는 바라문교의 자티(Ⓢjāti)론을 논박한 *Jātinirākṛti*(類否定論)로서 뚜찌 · 아이엔가 · 뷔흐네만이 편집한 3종의 범본 교정본이 있으나 서로 상당한 차이가 있다. 선행연구의 필사본 판독을 보완한 작업으로 저준걸(褚俊傑)과 엘리 프랑코(Eli Franco)의 최근 연구가 있다. 둘째는 *Nyāyapraveśa*(因明入正理論)와 내용에서 흡사한 입문서격의 *Hetutattvopadeśa*(因實義敎誡論). 셋째는 자이나상대주의 논리를 비판한 *Anekāntavādanirāsa*(不決定論捨離論) 또는 *Digambaramataparīkṣā*. 넷째는 니야야(ⓈNyāya : 正理)와 미망사(ⓈMīmāṃsā)를 대상으로 하여 베다전통을 비판한 *Vedāprāmāṇyasiddhi*. 다섯째는 일체지(一切智)의 증명인 *Sarvajñasiddhi*. 여섯째는 아트만의 존재와 영속성을 비판한 *Nairātmyasiddhi*. 일곱째는 니야야-바이셰쉬카(ⓈVaiśeṣika : 勝論)의 유신론을 논박한 *Īśvaranirākaraṇa*. 한편 이들을 독립적 논서가 아닌 방대한 하나의 논서를 구성하는 각 장(章)으로 보기도 한다. 티베트대장경 텐귤 인명부(因明部)에 입장된 그의 논서는 *Hetutattvopadeśa*(北京版 No.5758) · *Dharmadharmiviniścaya*(北京版 No.5759) · *Bālāvatāratarka*(幼童入門舍宅論)(北京版 No.5760) 등 세 편이고, 중관부(中觀部)에 입장된 *Sugatamatavibhaṅga*(善逝宗義分別論)(北京版 No.5461 · 5867)도 그에게 귀속돼 있다. 〔참고문헌〕 Junjie Chu · Eli Franco 'Rare manuscripts of works by Jitāri'(*Sanskrit manuscripts in ChinaII*, 2016).

지타산 枳吒山 ➡기타산 枳吒山

지타심념 知他心念 Ⓢpara-cittaṃ jānāti, Ⓣpha-rol-gyi-gzhan-sems-shes-pa. 다른 이의 마음과 생각을 알다. 타심통(他心通)을 말한다. 『아차말보살경』 권4(대정장13, p.599c27)에 "무엇이 신통인가? 첫째는 천안 … 셋째는 지타심념 … 여섯째는 누진이다. 何謂神通 一曰天眼 … 三曰知他心念 … 六曰漏盡". 『구사론』 권27 「분별지품 分別智品」(대정장29, p.143c15 : *Abh-k-bh.*, p.424)에 "저 주술 중에 '건다리'라는 것이 있으니 이를 지니면 능히 공중에 올라 자재하고, '이찰니'라는 주술을 지니면 다른 이의 마음과 생각을 알 수 있다. 如有呪術 名健馱梨 持此便能騰空自在 復有呪術 名伊刹尼 持此便能知他心念 asti hi ca gāndhārī nāma vidyā yayāphāśena gacchati īkṣaṇikā ca nāma vidyā yayā paracittaṃ jānāti"라고 하였다. 〔참고문헌〕『阿差末菩薩經』, 『俱舍論』, 『十誦律』 권4(대정장23, p.24c1), *Abh-k-bh.* ⇨타심통 他心通, 육신통 六神通

지타심지 知他心智 Ⓢparacitta-jñāna, Ⓣpha-rol-gyi-sems-mkhyen-pa. 다른 이의 마음 아는 지. 타심통(他心通)을 달리 표현한 말. 『대품반야경』 권23(대정장8, p.388a3)에 "이 보살은 지타심지로 시방제불의 마음과 일체중생의 마음을 안다. 또한 능히 일체중생을 넉넉히 이롭게 한다. 是菩薩以知他心智 知十方諸佛心 及知一切衆生心 亦能饒益一切衆生"라고 하였다. 〔참고문헌〕『大品般若經』, 36권본 『大般涅槃經』 권14(대정장12, p.698b27), *Bodh-bh.49.* ⇨타심통 他心通

지타심통 知他心通 Ⓢparacitta-jñāna, Ⓣgzhan-gyi-sems-shes-pa. 다른 이의 마음 아는 신통. 타심통(他心通). 『대지도론』 권5(대정장25, p.98b6)에 "무엇이 지타심통인가? 다른 이의 마음에 번뇌가 있는지 없는지를 알고, 자연스레 마음의 생주이멸을 관하고 언제나 기억해 얻는다. 다시 다른 이의 기쁜 모습, 성난 모습, 떠는 모습, 두려워하는 모습을 관함에 이미 이 상들을 보고 난 후에 다른 이의 마음 앎을 얻는다. 이들이 타심지초문이다. 云何名知他心通 知他心若有垢 若無垢 自觀心生住滅時 常憶念故得 復次 觀他人喜相 瞋相怖相 畏相 見此相已 然後得知他心 是爲他心智初門". 『법계차제초문』 권중(대정장46, p.678c6)에 "세 번째는 지타심통이니, 타심지를 닦는 것이다. 만약 깊은 선정 중에 타심지를 일으키면, 능히 육도중생의 심과 심수법과 갖가지 소연염사를 안다. 이것이 타심통이다. 三 知他心通 修他心智者 若於深禪定中 發他心智 卽能知六道衆生心及數法 種種所緣念事 是爲他心通"라고 하였다. 〔참고문헌〕『大智度論』, 『法界次第初門』, 『俱舍釋論』 권3(대정장29, p.184a25), *Abh-k-bh.72.* ⇨타심통 他心通

지타중생종종욕력 知他衆生種種欲力 Ⓢnānādhimukti-jñāna-bala, Ⓣmos-pa-sna-tshogs-mkhyen-pa'i-stobs. 불십력(佛十力) 중 하나. 중생들의 갖가지 욕구를 여실히 아는 힘. 종종승해지력(種種勝解智力) · 지종종해지력(知種種解智力) · 지중생종종욕지력(知衆生種種欲智力) · 지타중생종종욕락력(知他衆生種種欲樂

力)·욕력(欲力)이라고도 한다. 『대지도론』 권24(대정장25, p.235c22)에 "부처님께는 십력이 있다. … 다른 중생의 갖가지 하고자 함을 아시는 것이 다섯 번째 힘이다. 佛有十力者 … 知他衆生種種欲 五力也", 『법계차제초문』 권하(대정장46, p.694b19)에 "(十力 중) 다섯째는 욕력이니, 부처님께서는 다른 중생의 갖가지 욕을 아신다. 여실하게 두루 아시는데, 능히 무너뜨리거나 능히 이길 수 없으니, 이것이 다섯 번째 힘이다. 五 欲力 佛知他衆生種種欲 如實遍知 無能壞 無能勝 五力也"라고 하였다. [참고문헌] 『大智度論』, 『法界次第初門』, 『觀無量壽佛經義疏』 권하(대정장37, p.303c19), 『慈悲道場水懺法科註』 권중(卍속장129, p.480b14), *Bodh-bh.265·272·274.* ⇨불십력 佛十力, 욕력 欲力, 종종승해지력 種種勝解智力

지탁 知濯 1750~1839. 조선후기 스님. 호는 화악(華嶽) 또는 삼봉(三峰), 속성은 한(韓)씨. 본관은 청주. 아버지의 휘는 상덕(尙德). 1750년(영조26)에 태어났다. 어릴 때 발심하고 황해도 연백군 운산면 강서리 강서사(江西寺 : 見佛寺·靈雲寺·靈隱寺 등이라고도 한다)로 찾아가 성붕(性鵬)을 은사로 하여 스님이 되었다. 삼각산(三角山)에 주석하였으므로 호를 삼봉이라고도 한다. 금강산(金剛山)과 철원 보개산(寶盖山)에 있으면서 『능엄경』을 무려 일만독을 하였다. 동어(桐漁) 이상황(李相璜 1763~1841)은 신흥사(新興寺)와 영원사(靈源寺)로 자주 찾아 왔으며, 풍고(楓皐) 김조순(金祖淳 1765~1832)도 방외(方外)의 교우였다. 스님은 선지(禪旨)·경론·계율 등은 물론 글씨도 잘 썼으며 특히 범서(梵書)를 잘 썼다. 1824년(순조24)에 용허석민(聳虛碩旻)이 화주가 되어 『조상경 造像經』을 중간할 때 교정과 범서를 맡았고, 그에 따른 「발문 跋文」도 지었다. 1839년(헌종5) 5월 5일 오시(午時) 장안사(長安寺)

화엄종주화악당대선사지탁진 통도사성보박물관 조선후기

화악대사영찬현판 문경 김룡사대성암 19세기후반

지장암(地藏庵)에서 "수겁의 세월동안 온갖 선행 닦았네. 만법은 하나로 돌아가고 그 하나 공으로 돌아가네. 내 집안 본래 일 아직 성취 못했으니, 90년 꿈결 중에 헤매었네! 窮劫歷修諸善行 萬法歸一一歸空 自家本事未成就 九十年光幻夢中"라고 한 다음 조용히 입적하시니 세수 90세였다. 저서는 『풍사록 風使錄』 2권·『삼봉집』 1권 등이 있다. 수법제자에는 계월의민(桂月義旻)·설봉철여(雪峰哲如)·인담경련(印潭慶鍊)·설곡의장(雪谷宜藏)·은암승철(隱庵勝哲)·영암지찬(靈庵智讚)·화담경화(華潭敬和) 등이 있으며, 통도사와 운봉사(雲峰寺)에 진영을 봉안하였다. [참고문헌] 『三峰集』(한불전10, pp.456~481), 李道玄撰 行狀(한불전10, p.480b2~c24), 楡岾寺板 『造像經』, 『東國輿地勝覽』 권13 漣川縣 山川·권43 白川郡 佛宇. ⇨삼봉집 三峯集 ❷

지탈 智脫 541~607. 수대(隋代) 법사. 속성은 채(蔡)씨. 강도(江都 : 江蘇省 揚州) 출신. 조부 채평(蔡平)은 제(齊) 신창(新昌)의 태수, 부친 채원진(蔡遠珍)은 양(梁) 북연주(北兗州)의 사마였다. 7세에 출가하여 업하의 영법사에게 화엄(華嚴)과 십지(十地)를 배우고, 이어 강도의 강법사에게 『성실론 成實論』과 아비달마(阿毘達磨)를 배웠다. 이어 단양(丹陽) 장엄사(莊嚴寺)의 작(爝)법사 문하에서 『성실론』을 심화하고, 훗날 장엄사의 법석을 이어받았다. 진대(陳代) 지덕년간(583~587) 황제의 청을 받고 내도량에서 설법하고, 다시 수양제(隋煬帝)의 귀의를 받고 혜일사(慧日寺)와 내도량 일엄사(日嚴寺)에서 머물렀다. 일엄사에서 주석하며 『정명경 淨名經』을 강학하였는데, 이때 길장(吉藏)과 대론하였다. 이 무렵 『정명경소』 10권을 짓고, 이어 염(琰)법사의 『성론현의 成論玄義』 17권을 산정(刪正)하여 출간하였다. 606년(대업2) 겨울 병중에도 법연(法筵)을 그치지 않았으며, 이듬해 입적하였다. 전업제자로는 혜전(慧詮)과 도관(道灌)이 있다. [참고문헌] 『唐高僧傳』 권9(대정장50, p.498c1), 『新修科分六學僧傳』 권13(卍속장133, p.652b18).

지통 智通 ❶ 당대 역경승(譯經僧). 속성은 조(趙)씨. 안읍(安邑 : 山西省) 출신. 수(隋) 대업년간(605~617)에 출가하였고, 율행(律行)이 청정하였으며, 경론(經論)에 밝았다. 낙양(洛陽) 역경관(翻經館)에서 범어(梵語)를 배웠다. 정관년간(627~649)에 북천축승(北天竺僧)이 황제에게 바친 『천비천안경 千臂千眼經』 범본(梵本)을 황제의 칙명으로 범승(梵僧)과 함께 한역하였으며, 또 후에 『천전다라니관세음보살주경 千囀陀羅尼觀世音菩薩呪經』 등을 한역하였다. [참고문헌] 『宋高僧傳』 권3(대정장50, p.719c19). ❷ 655~?. 신라 제30대 문무왕(재위 661~681) 때 스님. 『삼국유사』 권5(대정장49, p.1015b3·한불전6, p.363b1) 피은(避隱)8 낭지승운보현수(朗智乘雲普賢樹)에 따르면 용삭년간(661~663)에 지통(智通)은 이량공(伊亮公)의 집종이었는데, 7세 때 까마귀가 날아와 영추산(靈鷲山)으로 가서 낭지(朗智)의 제자가 되라고 지저귀는 소리를 듣고 길을 나섰다. 동구 나무 밑에서 쉬던 중 홀연히 이상한 이가 나타나 '내가 보현보살인데 너에게 계를 주고자 왔다'면서 곧 계를 설해주고는 흔적 없이 사라졌다. 그로부터 마음이 원명하였다. 낭지를 만나기 위해 나아가던 중에 또 한 스님을 만나 '낭지스님이 어디에 계신가'를 물었다. '낭지를 왜 찾는가?' 되묻기에 까마귀가 지저귄 일을 고했다. 이 말을 들은 그 스님은 껄껄 웃으면서 '내가 바로 낭지요. 오늘 아침 내 방 앞 까마귀 역시 성사미가 찾아올 것이니 맞이하라고 하기에 이렇게 나왔노라'면서 스님의 손을 잡고 반가워했다. 낭지가 계를 설해주려 하므로 스님이 '오는 도중 이미 보현보살로부터 계를 받았습니다'라고 하니, 스님께서 내가 너에게 미치지 못한다면서 도리어 지통에게 절을 하였다. 그 나무가 '보현수'다. 그 후 스님은 의상(義湘)을 찾아가 『화엄경』을 배우고 종지를 깨달아 의상의 십대제자 중 하나가 되었을 뿐 아니라, 의상이 소백산 추동(錐洞 : 豊基 毘盧寺)에서 90일 동안 3,000대중에게 『화엄경』을 강의할 때 스님의 강설을 듣고 중요한 부분을 기록하여 『추동기』(一名 『華嚴要義問答』) 2권을 지었으나, 전하지 않는다. 이외에도 『열반경나집역출십사음변 涅槃經羅什譯出十四音辨』 1권 등을 남겼으나, 모두 전하지 않는다. 『삼국유사』 권4(대정장49, p.1007a17 · 한불전6, p.349b9) 의해(義解)5 의상전교(義湘傳敎)에 "지통은 소백산 추동(錐洞 : 지금의 小白山 毘盧寺)에서 『화엄경』에 대한 『추동기』를 지었는데, 그는 대개 의상의 가르침을 몸소 이어 깨우쳤기에 많은 말로 그 묘에 나아갔다. 通著錐洞記 蓋承親訓故 辭多詣妙"라고 하였다. [참고문헌] 『三國遺事』, 『韓國佛敎撰述文獻總錄』 pp.59~60. ⇨ 추동기 錐洞記, 의상십대제자 義湘十大弟子, 낭지 朗智, 성아 聖兒, 상례목각존상 常禮木刻尊像, 불정심관세음보살대다라니경 佛頂心觀世音菩薩大陀羅尼經 **3** ➡ 육신통 六神通

지통사 智通寺　경기도 안성시 보개면 기좌리 비봉산(飛鳳山)에 있던 절. 『동국여지승람』 권8 경기 죽산현(竹山縣) 불우에 이름과 위치가 전하고, 『범우고』에도 비봉산의 위치와 폐사를 전하고 있다. 비봉산 서쪽 기슭에 산재한 와편으로 사지(寺址)를 추정한다. [참고문헌] 『東國輿地勝覽』, 『梵宇攷』, 『韓國寺刹全書』 권하 p.1043a20, 『한국사지총람』 권상(문화재청 · 불교문화재연구소, 2010) p.112.

지통선사 智通禪師　**1** 단하천연(丹霞天然 739~824)의 시호. 『송고승전』 권11 「당남양단하산천연전 唐南陽丹霞山天然傳」(대정장50, p.773c6)에 "칙으로 지통선사라 시호하였으며, 탑호는 묘각이었다. 勅謚智通禪師塔號妙覺"라고 하였다. [참고문헌] 『宋高僧傳』, 『景德傳燈錄』 권14(대정장51, p.311a27). ⇨ 단하 丹霞 **1** **2** 앙산혜적(仰山慧寂 807~883)의 시호. 『앙산혜적어록』(대정장47, p.588a16)에 "제자 남탑광용이 영골을 앙산으로 모셔와 집운봉 아래 탑을 세우니, 지통선사묘광지탑이라 시호가 내려졌다. 南塔涌禪師 遷靈骨歸仰山塔於集雲峯下 謚智通禪師妙光之塔"라고 하였다. [참고문헌] 『仰山慧寂語錄』, 『釋氏稽古略』 권3(대정장49, p.840a16). ⇨ 앙산혜적 仰山慧寂

지파 支派　갈래지어 흐름. 종(宗)에서 기원하지만 벗어남이 먼 것을 지파라 하는 데 비해, 종인 그 샘을 가까이하지만 따로 서로 모여 뜻을 갈래치면 종파라고 한다. 『화엄경소』 권58(대정장35, p.945b18)에 "하나의 근본인 법의 구름 따라 수많은 지파가 흘러나온다. 隨一根本法雲 流出衆多支派", 『법계차제초문』 권상(대정장46, p.672b2)에 "초선부터 사선까지 십팔법이 있다. 이들 모두에게 지라 이름하였으니 지파다. 사선 중에서 나뉘어 갈라져 열여덟 가지 공덕이 나왔으므로 지라 한다. 從初禪至四禪 有十八法 皆名支者 支派也 從四禪中分派出十八功德 故名支也", 『연종보감』 「서 序」(대정장47, p.303c2)에 "종으로 말미암아 지파가 나뉘지만 지파를 따르지 않고는 그 본마저 잃어버린다. 그러므로 부처님을 념하는 것으로 종을 삼는다. 由宗分支派 而不因支派忘失其本 故念佛之爲宗也", 『일체경음의』 권61(대정장54, p.714c17)에 "지파〈파는 박과 매를 반절한 음이다. 『광아』에 '파는 물줄기가 갈라져 흐름이 다르다는 말이다'라고 하였고, 『설문』에는 '물줄기가 갈라진다는 말이다'라고 하였다〉. 支派〈下拍賣反 廣雅 派者 水分流別也 說文 水分也〉"라고 하였다. [참고문헌] 『華嚴經疏』, 『法界次第初門』, 『蓮宗寶鑑』, 『一切經音義』. ⇨ 종 宗 **1**, 종파 宗派

지파 支破　비용을 명목에 맞게 쪼개 쓰다. 『선원청규』 권7(卍속장111, p.913a10)에 "유나가 갈래쳐 널리 나눔에는 모름지기 대중의 생각에 합해야 하고 헛되이 비용이 생기게 해서는 안 된다. 維那支破 須合衆情 不得妄有費用", 『백장청규』 권4 「부사 副寺」(대정장48, p.1132c6)에 "사원의 외호관원이나 단월빈객에 대한 환영 · 환송 · 경조사와 같은 합당한 일이 아닌 경우에 절대 거짓 명목으로 쪼개 가로채는 일이 있게 해서는 안 된다. 如非寺門 外護官員 檀越賓客 迎送慶吊 合行人事 並不可假名支破 侵漁"라고 하였다. [참고문헌] 『禪苑淸規』, 『百丈淸規』. ⇨ 지초 支鈔, 지행 支行

지파리 至波利　Ⓢ sparśa의 음사어. 촉(觸)을 말하며 통양이라 푼다. 『보살내계경』(대정장24, p.1030a2)에

"사라야다나(Ⓢ ṣaḍ-āyatana : 六入)란 복과 죄의 법을 들이고, 지파리란 안이비구신의의 촉인 통양이다. 沙羅耶多那 福罪法來 至波利 眼耳鼻口身意 痛痒"라고 하였다. 〔참고문헌〕『菩薩內戒經』. ⇨ 촉 觸

지팔각 遲八刻 8각이나 늦어 버렸다는 말. 때를 놓쳐 제때 응하지 못함을 말한다. 지료팔각(遲了八刻)이라고도 한다. 『오가종지찬요』 권상 「제종십삼종구 濟宗十三種句」(卍속장114, p.521a3)에 "열째, 소리내기 전의 구. 입 열기를 기다리지 않는다. 이미 8각이나 늦었다. 十 聲前句 不待開口 已遲八刻", 『종감법림』 권37(卍속장116, p.477b7)에 "학인이 '무엇이 임제의 종지입니까?'라고 묻자 경산이 답했다. '천이나 되는 우레 다투어 울린다'. 磬山因僧問 如何是臨濟宗旨 師曰 千雷竝呫", "묘위준(妙偉俊)이 이 공안에 대해 말했다. '원수(圓修 : 磬山)조사가 답한 임제종지에는 예와 악이 두루하고 다 갖춰 극하지만, 점검해 보면 양념씀이 크게 지나치다. 만약 나 백림에게 묻는다면 곧바로 할하여 말하길 「8각이나 늦었다」'. 妙偉俊云 修祖荅臨濟宗旨 極是禮周樂備 檢點將來 未免太費鹽醬 若問柏林 應聲便喝云 遲八刻", 『희수소담광록』 권7(卍속장122, p.323b6)에 "맨발로 홍진을 내달리며 미륵이라 떠든다. 악취 나는 가죽푸대를 뽐내지만 이 큰 땅에 알아보는 이 없다. 알아보는 이 없어 급급해 뒤돌아 보지만 이미 8각이나 늦었다네. 赤脚走紅塵 道是眞彌勒 買弄臭皮囊 大地無人識 無人識 急急回頭 已遲八刻", 『초석범기어록』 권4(卍속장124, p.104a2)에 "초석범기가 법좌에 올랐다. '한 마디에 화두에 합했다 해도 만겁으로 묶여버린 나귀의 말뚝이라네. 영리한 그대 듣고는 바로 행하지만 이미 8각이나 늦어버렸으니'. 上堂 一句合頭語 萬劫繫驢橛 靈利漢聞得便行 早遲八刻了也"라고 하였다. 〔참고문헌〕『五家宗旨纂要』, 『宗鑑法林』, 『希叟紹曇廣錄』, 『楚石梵琦語錄』. ⇨ 지료팔각 遲了八刻

지평미지산보리사대경대사현기탑비 砥平彌智山菩提寺大鏡大師玄機塔碑 ➡ 미지산보리사대경대사현기탑비 彌智山菩提師大鏡大寺玄機塔碑

지평용문사축원당지천정지국사비 砥平龍門寺竺源堂智泉正智國師碑 ➡ 미지산용문사정지국사비 彌智山龍門寺正智國師碑

지풍도량 止風道場 바람 그치기를 기원하는 도량. 『고려사』 권55 오행지(五行志)3에 "태조 15년(932) 5월 갑신일에 서경에 큰 바람이 불어 관사가 무너지고 집의 기와가 모두 날라갔다. 왕이 상서롭지 못하다 여겨 스님들을 모셔 송경하여 물리치고자 하였다. 太祖十五年五月甲申 西京大風 官舍頹毁 屋瓦皆飛 王以爲不祥 聚僧誦經 以禳之"라고 하였다. 또한 1235년(고종22) 2월에 항풍(恒風)이 불었다고 하였는데, 같은 책 권23 세가(世家)23 고종 22년 2월에 "경진일에 내전에서 지풍도량을 베풀었다. 庚辰 設止風道場于內殿"고 하였다. 〔참고문헌〕『高麗史』. ⇨ 호국도량 護國道場

지피 地皮 ❶ Ⓢ bhūmi-parpaṭaka, Ⓟ bhūmi-pappaṭaka, Ⓣ sa'i-sa-zhag. 겁초(劫初)에 지미(地味)가 사라진 후 생겨난 음식. 지미가 말라서 떡처럼 된 것. 지박병(地薄餠)·지피병(地皮餠)·지병(地餠)이라고도 한다. 『장아함경』 권22 「세기경 世記經」(대정장1, p.147c28)에 "겁초의 중생은 지미를 먹은 이후로 오랫동안 세상에 머물렀다. 많이 먹은 이의 안색이 추하고 초췌하게 되고 적게 먹은 이의 안색은 빛나고 윤택해져 갔다. 그 후에야 비로소 중생의 안색과 형모의 우열을 알게 되었고, 서로 시비하며 이렇게 말하였다. '내가 너보다 낫고, 너는 나보다 못하다'. 그들의 마음에 너와 나라는 생각을 품고 다투기 시작하자 지미가 사라졌다. 劫初衆生 食地味已 久住於世 其食多者 顏色麤悴 其食少者 顏色光潤 然後乃知 衆生顏色 形貌優劣 互相是非 言我勝汝 汝不如我 以其心存彼我 懷諍競故 地味消竭", "다시 지피가 생겨났는데 그 모양은 얇은 떡처럼 생겼고 빛깔과 맛은 향기롭고 정결하였다. … 후에 지피를 먹으면서 점차 그 맛을 알게 되고 다시 많이 먹은 이는 안색이 추하고 초췌하며 적게 먹은 이는 안색이 빛나고 윤택했다. 그 후에 비로소 중생의 안색과 형모의 우열을 알고 서로 시비하며 이렇게 말했다. '내가 너보다 낫고, 너는 나보다 못하다'. 그들의 마음에 너와 나라는 생각을 가지고 다투자 '지피'마저 사라졌다. 又地皮生 狀如薄餠 色味香潔 … 後食地皮 漸得其味 其食多者 顏色麤悴 其食少者 顏色潤澤 然後乃知 衆生顏色 形貌優劣 互相是非 言我勝汝 汝不如我 以其心存彼我 懷諍競故 地皮消竭"라고 하였다. 〔참고문헌〕『長阿含經』, 『起世經』 권10(대정장1, p.361c11), *Abh-k-bh.187.*, *DN.3.87.* ⇨ 지미 地味, 지병 地餠, 지피병 地皮餠 ❷ 땅의 표면. 지표면. 『유부율』 권3(대정장23, p.638b14)에 "그 땅이 평평하고 아주 부드러운 곳이라면 일처라고 하며, 만약 땅의 표면이 일어났거나 파열되었거나 크게 합쳐졌거나 글씨를 썼거나 갖가지 그림을 그린 곳이라면 이처라고 한다. 若其地平 一段細滑 是謂一處 若地皮起 或復破裂 或爲大縫 或時書字 種種彩畫 是謂異處", 『근본살바다부율섭』 권13(대정장24, p.600c9)에 "땅의 표면 등이 견고하지 않은데 깎거나 들어 올리는 경우에는 악작죄를 얻는다. 若地皮等 不堅鞕處 刻擧之時 得惡作罪"라고 하였다. 〔참고문헌〕『有部律』, 『根本薩婆多部律攝』.

지피 紙被 종이로 만든 덮개. 비나 습기를 피하는 데 쓰는 기름먹인 종이로 덮개나 깔개로 쓴다. 『선림소어고증』 권4(卍속장112, p.884b3)에 "여섯 가지 물건이란 첫째 가사, 둘째 발우, 셋째 좌구, 넷째 지피, 다섯째 불자, 여섯째 수로를 말한다. 六事 謂 一 衣 二 鉢 三 坐具 四 紙被 五 拂子 六 手鑪", 『선림상기전』 권17(불광장, 禪藏, p.1352)에 "『희수담선사광록』에서 선방십사 중 지피를 노래하길 '온 몸에 실오라기 하나 걸치지 않고 오로지 한 가지 저 색 끝의 일만을 밝히네. 구석구석 알고자 하는가? 침상 위 베개에다 물어보라'. 紙被 希叟曇禪師廣錄 禪房十事 紙被頌云 通身不挂寸絲 單明一色邊事 要知結角羅紋 徑問床子枕子"라고 하였다. 〔참고문헌〕『禪林疏語考證』, 『禪林象器箋』.

지피병 地皮餠 지피(地皮). 지병(地餠)과 같은 말. 『구사론기』 권12(대정장41, p.196b13)에 "지피병이 생겼다란 무슨 말인가? 지미가 점차 말라서 떡이 된 것을 지피병이라고 한다. 地皮餠生者 地味漸乾成餠 名地皮餠"라고 하였다. 〔참고문헌〕『俱舍論記』. ⇨ 지피 地皮❶, 지미 地味, 지병 地餠, 임등 林藤

지하나 持訶那 Ⓢdhyāna의 음사어. 다연나(馱演那)·지아나(持阿那)등으로도 음사하고, 선(禪)·선나(禪那)·선정(禪定)·정려(靜慮)·사유수(思惟修) 등으로 한역한다. 『구사석론』 권21(대정장29, p.296b29)에 "정이란 지하나라 한다. 定者 名持訶那", 같은 책(대정장29, p.296c1 : *Abh-k-bh.*, p.433)에 "지하나란 무슨 뜻인가. 이것으로 지견을 얻기에 지하나라고 한다. 왜냐하면 마음으로 정을 얻으면 능히 여실지견하니, 이 이름은 사량으로 뜻을 삼는다. 사(思)란 곧 반야다. 持訶那是何義 由此得知得見故 名持訶那 何以故 若心得定 則能如實知見 此名以思量爲義 思者卽是般若 dhyānamiti ko'rthaḥ. dhyāyantyaneneti. prajānantīty arthaḥ. samāhitacittasya yathābhūtaprajñānāt. cintanārtho hyeṣa dhātuḥ. cintanaṃ ca prajñeti siddhāntaḥ", 『섭대승론석』 권9(대정장31, p.217a29)에 "〔논〕 능히 산란을 없애기에 지하라고 한다. 〔석〕 산란에는 다섯 가지가 있다. … 〔논〕 다시 능히 마음을 이끌어 내경에 머물게 하기에 나(那 Ⓢna)라고 한다. 〔석〕 마음을 이끌어 다섯 가지 적정에 머물게 하기에 '내경'이라 한다. 이 뜻을 갖추기에 '지하나'라 이름 한다. 論曰 能滅除散亂 故名持訶 釋曰 散亂有五 … 論曰 復能引心 令住內境 故稱那 釋曰 引心令住 五種寂靜 名爲內境 由具此義 故稱持訶那", 『화엄공목장』 권2(대정장45, p.548c20)에 "지하나는 지생이라 이름한다. 정에 의지하여 지를 낳기에 지생이라고 한다. 持訶那者 此名智生 依定生智 故名智生"라고 하였다. 〔참고문헌〕『俱舍釋論』, 『攝大乘論釋』, 『華嚴孔目章』, *Abh-k-bh.* ⇨ 선 禪, 선나 禪那, 선정 禪定, 정려 靜慮

지하아귀 地下餓鬼 Ⓢpātāla. 삼십육아귀(三十六餓鬼) 중 하나로 땅속 아귀. 범어 '파탈라'는 지하(地下)·심연(深淵) 등의 뜻이고, 파다라(波多羅)라고 음사한다. 『정법염처경』 권16 「아귀품 餓鬼品」(대정장17, p.92a22)에 "아귀 삼십육종을 대략 관하면, 일체아귀는 모두 간탐질석을 인연 삼아 저곳에 난다. … 무엇이 그 삼십육종인가? … 열일곱 번째는 파다라며, 지하아귀다. 略觀餓鬼三十六種 一切餓鬼 皆爲慳貪嫉妬因緣 生於彼處 … 何等爲三十六種 … 十七者 波多羅 地下餓鬼"라고 하였다. 〔참고문헌〕『正法念處經』, 『四分律名義標釋』 권5(卍속장70, p.472a9). ⇨ 삼십육아귀 三十六餓鬼

지하천 地下天 오류천(五類天) 중 하나로 지하에 머무는 신력(神力)을 가진 하늘들. 『대락경현의초』(대정장61, p.636c6)에 "지하천〈용·아수라·염마왕 등을 말한다〉 … 지하오천이란 용천·지천·염마천·아수라·풍천이 그것이다. 地下天〈龍阿修羅及閻摩王等云云〉 … 地下五天者 龍天 地天 及閻摩天 阿修羅 幷風天 是也"라고 하였다. 〔참고문헌〕『大樂經顯義抄』. ⇨ 오류천 五類天

지학 志學 뜻을 내서 익히다. 나이 열다섯을 가리키기도 한다. 『논어』 「위정 爲政」의 "나는 열다섯에 배움에 뜻을 두었다. 吾十有五 而志于學"라는 말에서 유래한다. 『화엄경전기』 권2(대정장51, p.158b9)에 "정신을 오롯이 하여 뜻을 내어 익히다가 구족계를 받은 뒤 삼장마저 박통하였다. 專精志學 及受具戒 博通三藏", 『불조통기』 권26 「도생장 道生章」(대정장49, p.266a3)에 "나이가 지학에 이르면서 문득 강설하는 자리에 올랐다. 年在志學 便登講座", 『송고승전』 권16 「상항전 上恒傳」(대정장50, p.806c13)에 "지학의 나이에 발심하여 속가를 떠났다. 志學之年 發心捨家"라고 하였다. 〔참고문헌〕『論語』, 『華嚴經傳記』, 『佛祖統紀』, 『宋高僧傳』.

지학년 志學年 십오세. 열다섯. 『고승적요』 권2 「석현완 釋玄琬」(卍속장148, p.713a6)에 "열다섯에 비로소 법의 정원에서 노닐었다. 在志學年 方遊法苑"라고 하였다. 〔참고문헌〕『高僧摘要』. ⇨ 지학 志學

지한 旨閒 조선후기 스님. 호는 월암(月岩). 자세한 행장은 전하지 않으나, 안동 봉정사(鳳停寺)에 봉안된 진영 제액(題額)에 '차사시암중창대공덕주월암당대선사지한진 此寺是庵中創大功德主月岩堂大禪師旨閒眞'이라 하였다. 1769년(영조45) 봉정사를 크게 중창하는 한편 법보유통을 위하여 『기신론필삭기 起信論筆削記』 20권

169판(결판37), 『자비도량참법 慈悲道場懺法』 10권, 『사분계본여석 四分戒本如釋』 12권 201판(결판2), 『사분율칠취대목초 四分律七聚大目抄』 1권 11판(완판), 『보살계의소 菩薩戒義疏』 상하 13판(결판20), 『수보살계법 受菩薩戒法』 1권 8판(완판), 『수보살계의 受菩薩戒儀』(請文) 1권 28판(완판), 『신중작법절차』(請文) 1권, 『범망경보살계 梵網經菩薩戒』 1권, 『천지팔양신주경 天地八陽神呪經』 1권 등 많은 경판을 새겨서 교해유통(敎海流通)하는 데 큰 업적을 남겼다. [참고문헌] 「天燈山鳳停寺大藏經目錄及印經記」.

차사시암중창대공덕주월암당대선사지한진 안동 봉정사

지한 志閑 ❶ ?~895. 당말(唐末) 임제종(臨濟宗) 스님. 속성은 사(史). 위부(魏府 : 河北省) 관도(館陶) 출신. 어려서 백암(柏巖)선사 문하로 출가하였고 스무 살에 구족계를 받았다. 후에 임제의현(臨濟義玄)선사를 만났는데 임제가 잠시 멱살을 움켜쥐고 있다가 놓아주자 깨닫고 임제의 법을 이었다. 장사(長沙 : 湖南省) 관계(灌谿)에 주석하며 법을 펼쳤다. 『경덕전등록』 권12 「관계지한전 灌谿志閑傳」(대정장51, p.294c3)에 "선사는 당나라 건녕 2년 을묘세 5월 29일에 시자에게 물었다. '앉아서 죽는 이는 누구인가?' '승가입니다. 서서 죽는 이는 누구입니까?' '학인이 알 것이다'. 이에 여섯 일곱 걸음 걷고서 손을 놓더니 입적했다. 師 唐乾寧二年乙卯五月二十九日 問侍者曰 坐死者誰 曰僧伽 立死者誰 曰僧會 乃行六七步 垂手而逝"라고 하였다. [참고문헌] 『景德傳燈錄』. ⇨ 의현 義玄❷ ❷ 1644~1725. 조선후기 경종(재위 1720~1724) 대를 전후한 스님. 호는 벽담(碧潭), 속성은 이(李)씨. 아버지의 휘는 현남(玄男). 1644년(인조22) 나주(羅州)에서 태어났다. 일찍이 어릴 때 도훈(道訓)을 은사로 하여 스님이 되었다. 완송덕가(玩松德家)에게서 경율론 삼장을 배웠으며, 유가전적에도 조예가 깊었다. 후학 지도와 대중교화에 전력을 기울였으며, 말년에는 참선정진하다가 1725년(영조1) 5월 2일 세수 82세를 일기로 평안도 태천군 상단리 양화사(陽和寺)에서 입적하였다. 1725년(영조1)에 세운 벽담당지한대사비(碧潭堂志閑大師碑)가 양화사에 있다. [참고문헌] 『朝鮮寺刹史料』 권하 pp.149~150, 智冠 『韓國高僧碑文總集 朝鮮朝·近現代』 p.338. ⇨ 벽담당지한대사비 碧潭堂志閑大師碑

지한 智閑 803~898. 당대 스님. 호는 향엄(香嚴)·백애대사(白崖大師), 시호는 습등대사(襲燈大師), 탑호는 정복(廷福). 청주(青州 : 山東省) 익도현(益都縣) 출신. 키가 7척이고 박람강기(博覽强記)하여 답하지 못하는 질문이 없었기에 선장(禪匠)이라 불렸다. 처음에 백장회해(百丈懷海)의 문하에 있다가 백장이 입적한 후에 위산영우(潙山靈祐)에게 참문했다. 위산이 물은 부모미생전(父母未生前)의 본분사에 대해 대답하지 못하자 이번 생에는 불법(佛法)을 공부하지 않기로 결심하고 위산을 떠났다. 혜충국사(慧忠國師)의 유적인 남양(南陽) 무당산(武當山)에 머물면서 어느 날 풀을 베다가 기왓장 떨어져 대나무를 때리는 소리를 듣고서 깨달았다. 향을 사르고 오체투지하여 멀리 위산을 향해 예를 올렸다. 다시 위산영우에게 돌아와 깨달은 바를 게송으로 보였지만 후에 위산이 출타했다가 돌아와 여래선은 알았지만 조사선에는 못 미쳤다고 평했다. 후에 등주(鄧州 : 河南省 白崖山) 향엄사(香嚴寺)에 주석하며 법을 펼쳤다. 『조당집』 권19 「향엄지한장 香嚴智閑章」(대장경보편25, p.653a4)에 "향엄이 게송을 지어서 답했다. '지난 해 가난하지 않았는데 금년이 되어서 비로소 가난해졌네. 작년에는 추 세울 땅도 없었으나 금년엔 추마저 없어졌네'. 앙산이 말했다. '사형은 여래선은 알지만 조사선 있는 줄 모르십니다'. 香嚴便造偈對曰 去年未是貧 今年始是貧 去年無卓錐之地 今年錐亦無 仰山云 師兄在知有如來禪 且不知有祖師禪", 『경덕전등록』 권11 「향엄지한전 香嚴智閑傳」(대정장51, p.284b21)에 "어느 날 대중에게 말했다. '어떤 이가 천길 낭떠러지에 매달려서 입으로 나뭇가지를 물었는데 발은 디딜 곳이 없고 손은 잡을 것이 없었다. 갑자기 어떤 사람이 「조사께서 서쪽에서 온 뜻이 무엇입니까?」라고 물었을 때 입 열어 답한즉 몸 버려 목숨을 잃을 것이고, 답하지 못해도 역시 저의 물음 저버린 셈이다. 바로 이러한 때에 어떻게 해야 할까?' 이때 초상좌가 나와서 말했다. '나무에 오를 때는 묻지 않겠습니다. 나무에 오르기 전에는 어떻습니까?' 향엄이 미소지었다. 一日謂衆曰 如人在千尺懸崖 口銜樹枝 脚無所蹋 手無所攀 忽有人問如何是西來意 若開口答卽喪身失命 若不答又違他所問 當恁麽時作麽生 時有招上座出曰 上樹時卽不問 未上樹時如何 師笑而已"라고 하였다. [참고문헌] 『祖堂集』, 『景德傳燈錄』, 『宋高僧傳』(대정장50, p.785a25).

지해 知解 분별해 알려 하다. 알려 하여 풀어내다. 알음알이라 새긴다. 『법집별행록절요』(한불전4, p.764a9)에 "그러나 일향에 말에 의지하여 알 뿐 몸을 뒤치는 길을 알지 못한다면 비록 종일 관찰하더라도 도리어 알음알이 푸는 데 얽히리라. 然若一向 依言生解 不知轉身之路 雖終日觀察 轉爲知解所縛", 『황룡혜남어록』(대정장47, p.638a29)에 "겨우 조그만 알음알이 있다면 온통 떠다니는 재물처럼 실답지 못하다. 縱有些少知解 盡是浮財不實", 『원오어록』 권13(대정장47, p.774c8)에 "만약 사량을 밟아 계교를 짓고 능소를 나누고 헤아려 알려 한다면 천리만리 밖이리라. 若也涉思量作計校 分能所作知解 則千里萬里", 『전심법요』(대정장48, p.382c20)에 "관념으로 이해하는 것이 다하지 않으면 모두 독약이 된다. 이것들은 모두 생멸에서 취한 것이며 진여에는 이러한 것이 전혀 없다. 所謂知解不消 皆爲毒藥 盡向生滅中取 眞如之中 都無此事", 『벽망구략설』 권9(卍속장114, p.354a9)에 "저 학인이 운문에게 '무엇이 제불이 몸을 버린 곳입니까?'라고 묻자 '동산이 물 위로 간다' 하였고, 학인이 동산에게 '무엇이 부처인가?'라고 묻자 동산이 '삼 세 근'이라고 하였으며, 임제가 '한 구에 삼현이 갖추고, 하나의 현에 삼요 갖춘다' 한다. 만약 이러한즉 본원이니 불성이니 하는 알음알이 어찌 능히 일어날 일 있겠는가? 如僧問雲門 如何是諸佛出身處 曰東山水上行 僧問洞山 如何是佛 曰麻三斤 臨濟曰 一句中具三玄 一玄中具三要 若此則本源佛性之知解 豈能生乎"라고 하였다. [참고문헌] 『法集別行錄節要』, 『黃龍慧南語錄』, 『圜悟語錄』, 『傳心法要』, 『闢妄救略說』.

지해 智害 Ⓢ buddhi-vadha, vadhā buddher. 지를 해롭게 하다. 각(覺 Ⓢ buddhi)이 손상돼 무너지는(損壞) 뜻으로 상키야(Ⓢ Sāṃkhya : 數論)에서 지혜가 무너진 무능(無能)의 상태를 말한다. 아홉 가지 불희열(不喜悅)과 여덟 가지 불성취(不成就)인 십칠지해(十七智害)를 말한다. 『금칠십론』 권중(대정장54, p.1257a4)에 "지해를 무능이라 하는데, 지해에는 열일곱 가지가 있다. 智害名無能 智害有十七", 같은 책 권하(대정장54, p.1257a21)에 "'희와 성취에 반대되기 때문이다'이란 무슨 말인가? 아홉 가지 희와 여덟 가지 성취에 반대되는 것이다. 이 열일곱 가지에 반대되는 것을 지해라고 한다. 翻喜成就故者 翻九分喜 及八種成就 翻此十七 名爲智害"라고 하였다. [참고문헌] 『金七十論』, *Sāṃkhy-k.48·51.* ⇨ 십칠지해 十七智害, 불성취 不成就 ❹

지해 智海 ❶ Ⓢ jñāna-sāgara. 지혜라는 바다. 지혜의 넓고 깊음을 바다에 비유한다. 지혜해(智慧海)라고도 한다. 『잡아함경』 권23(대정장2, p.168b20)에 "저 큰 바다의 물은 소 발자국에 담을 수 없듯이, 이와 같이 부처님의 지혜바다를 다른 이 누구도 능히 가질 수 없다. 如大海之水 牛跡所不容 如是佛智海 餘人不能持", 『대승대집지장십륜경』 권8(대정장13, p.763b5)에 "그것에 의지하여 살생을 여의는 법을 수학하고, 능히 선하지 않은 모든 악법을 끊으며, 모든 뛰어난 선법을 성취하여 일체대승법의 뜻을 구하며, 모든 보살원행을 닦아 점차로 깊고 넓은 지혜의 바다로 들어가 결국은 무상보리를 증득한다. 依彼修學 離殺生法 能斷一切惡不善法 能成一切殊勝善法 能求一切大乘法義 能修一切菩薩願行 漸次趣入深廣智海 乃至證得 無上菩提", 『법화경현찬요집』 권1(卍속장53, p.372b13)에 "작은 물이 쌓여서 큰 물이 되니, 수많은 시냇물이 분주히 흘러들기에 바다가 될 수 있다. 이는 부처님의 지혜라는 바다는 만덕이 돌아오는 곳임을 비유하니, 과위의 지는 강성하기에 다 거둬 지해라 한다. 積小水以成其大 百川奔注 故得成海 喩佛智海 萬德所歸 果位智强 總名智海"라고 하였다. [참고문헌] 『雜阿含經』, 『大乘大集地藏十輪經』, 『法華經玄贊要集』, *Gaṇḍ-vy.26·46.* ⇨ 지혜해 智慧海 ❷ 신라 원성왕(재위 785~798) 때의 황룡사(黃龍寺) 스님. 『삼국유사』 권2(대정장49, p.975b26·한불전6, p.293c5) 기이(紀異)2 원성대왕(元聖大王)에 "왕이 황룡사 스님 지해를 대궐로 청하여 50일 동안 화엄경을 설하게 하였다. 王一日 請皇龍寺釋智海入內 稱華嚴經五旬"라고 하였다. [참고문헌] 『三國遺事』.

지해종도 知解宗徒 알음알이로 푸는 것을 종으로 삼는 무리. 종보본 『단경』(대정장48, p.359b29)에 "어느 날 육조혜능이 대중에게 말했다. '나에게 한 물건이 있으니 머리도 없고 꼬리도 없으며 이름도 없고 문자도 없으며 등도 없고 얼굴도 없다. 그대들은 아는가?' 신회가 나와서 말했다. '모든 부처들이 나는 본래의 샘이고 신회의 부처될 성품입니다' '그대에게 이름도 없고 문자도 없다고 말했거늘, 그대 도리어 본원이니 불성이니 지었다. 그대 띠풀 뜯어 머리 덮는 일로 나아갈 터이니, 다만 일개 지해종도 알음알이 풀어대는 무리 되리라'. 一日 師告衆曰 吾有一物 無頭無尾 無名無字 無背無面 諸人還識否 神會出曰 是諸佛之本源 神會之佛性 師曰 向汝道 無名無字 汝便喚作本源佛性 汝向去有把茆蓋頭 也只成箇知解宗徒"라고 하였다. [참고문헌] 『壇經』.

지해종사 知解宗師 분별해 풀기만 하는 것을 종으로 여기는 스승. 유포본 『단경 壇經』에는 6조 혜능(慧能)이 신회(神會)를 평가한 말로 전한다. 『법집별행록절요』(한불전4, p.741a3)에 "하택신회는 지해종사다. 비록 조계혜능의 적자는 아닐지라도 깨우쳐 앎이 고명하고 결택함에도 요연하였다. 荷澤神會 是知解宗師 雖未爲曺溪嫡子 然悟解高明 決擇了然", 『조정사원』 권8(卍속장113, p.229a12)에 "영집이 천은을 부끄럽게 하니, 배출한 이륙인 법 중에 어떤 기미도 없음에도 비석에다 공훈을 새겼다 : 이것은 하택신회를 헐뜯은 문구다. 영집은 하택의 옛 이름이고, 천은은 하택이다. 이륙은 신회 문제자 12인을 가리킨다. '법 중에 기미 없다' 함은 지해종사를 말함이다. 靈集媿天恩 生牙二六人 法中無氣味 石上立功勳 此譏荷澤神會也 靈集 荷澤之舊名 天恩 荷澤

也 二六 卽神會門弟子十二人也 法中無氣味 所謂知解宗師也", "'비석에다 그 공훈을 새겼다' 한 것은, 당시 북종 신수(神秀)의 제자 보적이 경도에서 왕성하게 설법하였고, 그 세력과 지위에 기대어 신회가 삿된 법으로 대중을 미혹한다고 하며 의리상 마땅히 내쫓아야 한다고 주장하였다. 신회가 그로 인하여 남양으로 떠나자 보적은 마침내 혜능대사의 공덕비를 헐어버리고 따로 신수행장비를 세워 전법6조로 삼고 보적 자신을 스스로 7조라 칭하였다. 石上立功勳者 盖當時有 北秀弟子普寂說法盛於京都 倚恃勢位 謂神會邪法惑衆 義當擯逐 會因有南陽之行 寂乃毁能大師豐碑 別竪神秀行狀 爲傳法六祖 寂自爲七祖", "천보 5년(746)에 시랑 송융이 그가 저지른 비리를 알고 다시 주청하자 왕명으로 신회는 낙양에 돌아와 하택사에 거하면서 이번에는 신수의 비를 허물고 6조의 석비를 세웠다. 至天寶五年 侍郎宋融知其前非 復奏請 召會歸洛 居荷澤寺 却毁秀碑 竪六祖石刻"라고 하였다. 〔참고문헌〕『法集別行錄節要』, 『祖庭事苑』.

지해탈 智解脫 지혜로 해탈하다. 혜해탈(慧解脫 Ⓟ paññā-vimutti)이라고도 한다. 심해탈(心解脫)과 짝이다. 『기세인본경』 권10(대정장1, p.419c15)에 "한 찰리가 있었다. 바른 믿음으로 출가하여 수습하고 37조도를 증하고 모든 번뇌를 다하여 마음으로 해탈하고 지해로도 해탈했다. 현견하여 법을 증하고 온갖 신통도 얻었다. 이미 증해 마쳤으니 스스로 소리 높여 말했다. '나는 이미 생을 다하였다. 범행은 이미 닦았으며, 해야 할 일을 다 하여 다시는 유를 받는 일 없으리라'. 復有一種剎利 正信出家修習 證於三十七助道 能盡諸漏 心解脫智解脫 現見證法 得諸神通 旣作證已 口自唱言 我已盡生 梵行已立 所作已辦 更不受有" 『잡아함경』 권35(대정장2, p.256a13)에 "탐욕과 분노를 버려서 청정하며, 마주해 법을 관찰하라. 내가 설하는 지해탈은 무명의 어둠을 없어지게 하리. 捨貪恚淸淨 現前觀察法 我說智解脫 滅除無明闇"라고 하였다. 〔참고문헌〕『起世因本經』, 『雜阿含經』. ⇨ 심해탈 心解脫, 혜해탈 慧解脫

지행 支行 명목에 맞게 지출하다. 『백장청규』 권7 「판장식 板帳式」(대정장48, p.1149b13)에 "지초 구십일관문〈판장에 관한 지출〉. 支鈔九十一貫文〈係板帳支行〉"이라고 하였다. 〔참고문헌〕『百丈淸規』. ⇨ 지초 支鈔

지행 止行 ❶ 그쳐 행하다. 사마타(奢摩他 Ⓢ śamatha)라 하고, 수신행(隨信行)·낙정행(樂定行)이라 한다. 이와 짝하는 관행(觀行)은 비발사나(毘鉢舍那 Ⓢ vipaśyanā)라 하고 수법행(隨法行)·낙혜행(樂慧行)이라 한다. 『대비바사론』 권54(대정장27, p.279c8)에 "멈추는 행으로 성도에 들기도 하고, 혹 관행으로 성도에 들기도 한다. 지행으로 성도에 드는 것을 수신행, 관행으로 성도에 드는 것을 수법행이라 한다. 또 사마타를 즐기고 비발사나를 좋아하기도 하는데, 사마타를 기꺼워하면 수신행이고 비발사나를 좋아하면 수법행이다. 或由止行而入聖道 或由觀行而入聖道 若由止行入聖道者 名隨信行 若由觀行入聖道者 名隨法行 復次 或樂奢摩他 或樂毘鉢舍那 樂奢摩他者 名隨信行 樂毘鉢舍那 名隨法行", 『순정리론』 권65(대정장29, p.697a23)에 "두 가지 상류반(雜修와 無雜修로 열반에 드는 不還) 중에서 잡수정려를 인으로 색구경천에 가서 열반에 드는 이가 있다. 그 이외의 정려에 잡수가 없는 이는 유정천에 가서야 열반에 든다. 즉 그는 먼저 무잡수정려를 닦았으나 모든 정에 대한 애착이 연이 되어 여기 욕계에서 죽어 색계의 모든 곳에 두루 나는데, 오직 오정거천만은 갈 수 없다. 색계에서 목숨을 마치고 나서 삼무색에 순서대로 난 다음에 유정천에 나고서야 비로소 열반에 든다. 두 상류반 중에서 전자는 관행이고 후자는 지행이니, 낙혜와 낙정의 차별이 있기 때문이다. 二上流中 由有雜修靜慮因故 往色究竟 般涅槃者 餘於靜慮 無雜修者 能往有頂 方般涅槃 謂彼先無雜修靜慮 由於諸定 愛味爲緣 此沒遍生 色界諸處 唯不能往 五淨居天 色界命終 於三無色 次第生已 後生有頂 方般涅槃 二上流中 前是觀行 後是止行 樂慧樂定 有差別故", 『화엄경소』 권15(대정장35, p.613a28)에 "거스르거나 순하는 경을 만나도 마음이 치달려 흩어지지 않음이 지행이다. 遇違順境 心不馳散 止行也", 『대승지관법문』 권4(대정장46, p.661c10)에 "지행을 성취하므로 그 마음이 평등하여 생사에 머물지 않고 관행을 성취하므로 덕용이 연기하여 열반에 들지 않는다. 또 지행을 성취하므로 대열반에 머물고, 관행을 성취해서는 생사에 머문다. 또한 지행을 성취하므로 세간에 물들지 않고 관행을 성취하므로 적멸에 빠지지 않는다. 지행을 성취하므로 작용하지만 항상 고요하며, 관행을 성취하므로 고요한 중에도 언제나 움직인다. 止行成故 其心平等 不住生死 觀行成故 德用緣起 不入涅槃 又止行成故 住大涅槃 觀行成故 處於生死 又止行成故 不爲世染 觀行成故 不爲寂滯 又止行成故 卽用而常寂 觀行成故 卽寂而常用"라고 하였다. 〔참고문헌〕『大毘婆沙論』, 『順正理論』, 『華嚴經疏』, 『大乘止觀法門』. ⇨ 관행 觀行, 지관 止觀 ❷ ➡ 지행이선 止行二善

지행 地行 Ⓢ Bhūcarī, Ⓣ sa-spyod-ma. 밀교의 명비(明妃) 이름. 『대비공지경』 권2(대정장18, p.593c8)에 "아래쪽으로 지행명비는 만나는 경마다 청정하고, 위쪽으로 공행명비는 법의 경이 청정하다. 또한 지행과 공행의 두 명비는 이러한 윤회와 열반의 자성을 따라 출생한다. 下方地行明妃 卽觸境淸淨 上方空行明妃 卽法境淸淨 又地行空行 二種明妃 從是輪回涅槃自性之所出生"

라고 하였다. [참고문헌]『大悲空智經』, *Ht.34.*

지행 知行 ❶Ⓟ vijjā ca caraṇa. 지와 행. 지행(智行)·명행(明行)과 같다. 『선견율비바사』 권4(대정장24, p.696b3 : *Sp.*, p.116)에 "여래께서는 앎도 행도 구족하셨기에 명행족이라 한다. 如來以知行而足 故名明行足 bhagavā imāhi vijjāhi iminā ca caraṇena sa mannāgato tena vuccati vijjācaraṇasampanno ti"라고 하였다. [참고문헌]『善見律毘婆娑』, *Sp.* ⇨지행 智行, 명행족 明行足 ❷Ⓢ carijña, Ⓣ spyod-pa-mkhyen-mdsad. 사람들 마음길을 아는 것으로 타심통(他心通)을 말한다. 『대승장엄경론』 권13(대정장31, p.660b12 : *Sūtr.*, p.185)에 "행을 알고 오고 가는 것도 안다. … 행을 안다는 말은 타심통으로, 능히 저 사람들 마음이 움직이는 차별을 안다는 뜻이다. 知行知來去 … 知行者 是他心通 能知彼人 心行差別故 〈śloka〉 carijña āgatau gatau … 〈bhāṣya〉 cittacaritraṃ jñātvā"라고 하였다. [참고문헌]『大乘莊嚴經論』, *Sūtr.*

지행 智行 Ⓢ jñāna-pracāraḥ. 지혜와 그에 따른 행. 『출요경』 권29(대정장4, p.770a6)에 "제법 분별하여 그 뜻 살피면 청정하여 티 없으리니, 뭇 번뇌 지혜로 행하여 다하여 남음 없네. 分別諸法 審諦其義 清淨無瑕 衆結智行 永盡無餘", 『대반야경』 권568(대정장7, p.932c3)에 "제7지 중 부사의신을 얻는다. 어째서인가? 방편 뛰어나고 지행 가득 차기 때문이다. 第七地中 得不思議身 何以故 方便善巧 智行滿故", 80권본 『화엄경』 권80(대정장10, p.444a12)에 "열반적정은 다른 적 없었으나, 지행의 승열엔 차별 있네. 저 허공의 체성 하나라 하지만, 새가 날에 멀고 가까워 저마다 같지 않듯이. 涅槃寂靜未曾異 智行勝劣有差別 譬如虛空體性一 鳥飛遠近各不同", 『법집요송경』 권4(대정장4, p.798a18)에 "흐름 끊고 이미 건넜으니, 욕 없음이 저 범천 같네. 지행으로 번뇌 다했으니, 이를 범지라 하네. 截流而已渡 無欲如梵天 智行以盡漏 是名爲梵志"라고 하였다. [참고문헌]『出曜經』, 『大般若經』, 『華嚴經』, 『法集要頌經』.

지행 智幸 조선후기 스님. 호는 인월(印月). 홍계영일(洪溪永日)의 제자로, 청허휴정(淸虛休靜 1520~1604)의 11세손이다. 공주 마곡사(麻谷寺)의 대공덕주로 1831년(순조31)에 대웅보전을 중수하였고, 1840년(헌종6)에는 화주로 은적암(隱寂庵)을 중수하였다. 해남 대흥사(大興寺)의 『원중위토록』에는 "도유사 인월지행〈전 10냥. 마곡사〉. 都有司 印月智幸〈錢拾兩 麻谷〉"이라고 하였고, 『선교도유사안』에는 "인월지행〈충청도 공주 마곡사에 있다. 임인년(1842) 2월 춘향에 부임〉 印月智幸〈在忠淸道 公州 麻谷寺 壬寅二月春享 赴任〉"이라고 하였으며, 1861년(철종12)에 조성된 「대공주금파당묘화지진 大功主錦波堂妙華之眞」의 배면(背面)에 송하(松下) 조윤형(曺允亨 1725~1799)이 쓴 묵서(墨書)에는 "손상좌 인월이 불행히도 입적하였으니 '동량이 끊어졌다'라고 할 만하다. 함풍년간 마지막 신유(1861) 5월 어느날 금파당 묘화진영을 당시 사중이 걸었고, 동치 원년(1862) 임술 5월 어느 날 홍계당 영일진영은 그 상좌 인월이 걸었다. 其孫上佐印月 不幸而遊 可謂棟樑折矣 咸豐之後辛酉五月日 錦波堂竗華 時有中掛之 同治元年壬戌五月日 洪溪堂永日 其上佐印月掛之"고 하였다. 지행의 진영은 공주 마곡사에 전하는데, 영제(影題)는 '대공덕주인월당지행대선사지진 大功德主印月堂智幸大禪師之眞'이고, 주성(注性)이 지은 "천 그루 소나무 아래 두 줄 부처님 말씀, 손으로는 달을 어루만지고 발로는 하늘 끝을 밟았네. 크고 높아 기 가득한 그 집에 부처님 얼굴로 돌아다니시네. 바람도 달도 가이 없고 마당의 풀들 어울려 푸르네. 千株松下 兩行金文 手探月窟 足踏天根 崔嵬氣宇 彷佛面目 風月無邊 庭草交翠"라고 하였다. [참고문헌]『院中位土錄』, 『禪敎都有司案』.

대공덕주인월당지행대선사지진
공주 마곡사 19세기

지행나찰 地行羅刹 지상에서 움직이는 나찰. 사천(四天)에 잠시 머무는 정도의 신통력을 지닌다. 『능엄경』 권8(대정장19, p.143b18)에 "정이 적고 상이 많으면 가볍게 들리지만 멀리 날지는 못한다. 곧 비선이나 대력귀왕이나 비행야차나 지행나찰이 되어 사천에서 놀다가 가는 곳마다 걸림이 없다. 情少想多 輕擧非遠 卽爲飛仙 大力鬼王 飛行夜叉 地行羅刹 遊於四天 所去無礙", 『수능엄의소주경』 권8(대정장39, p.934c25)에 "상이 많으므로 날아다님이 자재하고, 정이 적으므로 선귀모양을 받는다. 이들 무리는 대부분 삿된 상 때문에 바른 수행을 하지 못한다. 곧 계와 혜를 닦지 못해 삿된 정만 닦는다. 계를 지키지 않아 귀신도에 떨어지지만, 정은 닦기에 큰 신통은 지닌다. 想多故 飛行自在 情少故 受仙鬼形 此之等類 多因邪想 不正修行 卽是不修戒慧 但修邪定 不持戒故 墮鬼神道 以修定故 有大神通"라고 하였다. [참고문헌]『楞嚴經』, 『首楞嚴義疏注經』.

지행선 地行仙 십종선(十種仙) 중 하나로 신이한 먹이(服餌)로 장수하지만 지상에 붙어 날지는 못한다. 『능엄경』 권8(대정장19, p.145c3)에 "저들 중생이 굳세게 복이를 그치지 않아 그렇게 먹는 도에 모르는 것이 없어

지행선이라 한다. 彼諸衆生 堅固服餌 而不休息 食道圓成 名地行仙", 『수능엄의소주경』 권8(대정장39, p.941a16)에 "복이란 대마 씨와 초목의 열매를 먹는 것이다. 몸을 오래 보존하여 일생을 길게 유지한다. 가볍게 뜨지는 못하지만 이 도를 성취하면 지행선이라 한다. 服餌者 卽食麻仁草木之實 存形長久 一期壽永 輕擧未能 此道若成 名地行仙也", 『능엄경집주』 권8(卍속장17, p.452a3)에 "지행이란 단사를 복용함으로써 몸을 오래 굳게 보존한다. 도는 성취하지만 몸으로 날지는 못한다. 地行者 以服餌丹砂 存形久固 道雖成就 身不能飛"라고 하였다. [참고문헌] 『楞嚴經』, 『首楞嚴義疏注經』, 『楞嚴經集註』. ⇨ 십종선 十種仙

지행야차 地行夜叉 삼종야차(三種夜叉) 중 하나. 지야차라고도 한다. 『비니관요사의』(卍속장63, p.942b12)에 "자주 분노하여 사납게 굴고 술과 고기 먹기를 좋아하면서 보시를 행하지만 지행야차로 떨어진다. 亦多瞋狼戾 好嗜酒肉 而行布施 墮地行夜叉", 『대비바사론』 권136(대정장27, p.701b28)에 "사람이 아무리 빨라도 지행야차에 못 미치고, 지행야차가 아무리 빨라도 공행야차에 못 미친다. 彼人捷疾 不及地行藥叉 地行捷疾 不及空行藥叉"라고 하였다. [참고문헌] 『毘尼關要事義』, 『大毘婆沙論』, 『有部律破僧事』 권6(대정장24, p.128a14). ⇨ 삼종야차 三種夜叉, 야차 夜叉

지행이선 止行二善 지선(止善)과 행선(行善). 지지작지(止持作持)・지악수선(止惡修善)・지선작선(止善作善)이라고도 한다. 악업을 그쳐 선업을 행하는 것이다. 『인왕호국반야바라밀경소신보기』 권3(대정장33, p.303c28)에 "또한 지행이선으로 미루어 보면 가령 불살 등으로 열 가지 행선을 갖추고, 하나의 행선에 열 가지 지선을 갖춘다. 又以止行二善推之 如不殺等 具十行善 以一行善 具十止善", 『관무량수불경소』 권4(대정장37, p.273b24)에 "지행이선이 모두 들어 있다. 스스로 살생하지 않기에 지선, 남다른 이에게 살생하지 않도록 하기에 행선이라 한다. 자타가 처음으로 살생을 끊으면 지선, 다해 마쳐 길이 없애면 행선이라 한다. 비록 그치고 가지는 두 가지 선이 있지만 다 모아 맺어보면 자비 아래 행일 뿐이다. 卽有止行二善 自不殺故 名止善 敎他不殺故 名行善 自他初斷 名止善 畢竟永除 名行善 雖有止持二善 總結成慈下行也", 『열반경소사기』 권10(卍속장57, p.949a15)에 "이 십선업은 보리를 본으로, 또 지행이선을 인으로 삼아 정토왕생한다. 此之十善業 以菩提爲本 亦以止行二善爲因 得生淨土"라고 하였다. [참고문헌] 『仁王護國般若波羅蜜經疏神寶記』, 『觀無量壽佛經疏』, 『涅槃經疏私記』. ⇨ 지악수선 止惡修善

지행존자 至行尊者 천태종(天台宗) 제11조 광수(廣修 771~843)의 법호. ⇨ 광수 廣修

지향 智香 ❶ 세계 이름. 『화수경』 권4(대정장16, p.155b26)에 "금강찰로부터 이 중간에 이르면 세계가 있어 지향이라고 하고, 그 중에 부처님이 계셔 지취라고 하는데, 지금 지생덕보살마하살을 위하여 무상도의 수기를 주신다. 從金剛刹至此中間 有世界名智香 是中有佛 號曰智聚 今現在 爲智生德菩薩摩訶薩 授無上道記"고 하였다. [참고문헌] 『華手經』. ❷ 오불향(五佛香) 중 하나. 1824년(순조24)에 유점사(楡岾寺)에서 인출한 『조상경』 「제불보살복장단의식 諸佛菩薩腹藏壇儀式」에 "오향. 오불향을 드러냄이니 불향・법향・보향・갈마향・지향이다. 五香 表五佛香 佛香法香寶香羯摩香智香"라고 하였다. [참고문헌] 『造像經』. ⇨ 오불향 五佛香 ❸ 지혜의 향기. 『약술금강정유가분별성위수증법문』(대정장18, p.290b4)에 "비로자나불은 … 일체중생의 냄새나고 더러운 번뇌를 없애어 기쁘고 걸림이 없는 지향을 얻게 하셨다. 毘盧遮那佛 … 破除一切衆生臭穢煩惱 獲得適悅無礙智香"라고 하였다. [참고문헌] 『略述金剛頂瑜伽分別聖位修證法門』.

지향용왕 持香龍王 Ⓢ Gandhāro nāgarājā, Ⓣ klu′i-rgyal-po-spos-′dzin. 팔십일용왕(八十一龍王) 중 하나. 향을 지닌 용왕. [참고문헌] *Mvyut.168.* ⇨ 팔십일용왕 八十一龍王

지허 知虛 조선후기 스님. 『동사열전』 권5 「운파선사전 雲坡禪師傳」(한불전10, 1058a4)에 "법명은 익화이고 호는 운파이다. … 열여섯살에 영철장로에게 출가하고 지허선사에게 계를 받았다. 師名益化 號雲坡 … 十六染衣於永哲長老 受戒於知虛禪師"라고 하였다. [참고문헌] 『東師列傳』.

지허노호지불허노호회 只許老胡知不許老胡會 다만 석가호승의 지만을 허할 뿐 석가호승 만날 일은 허할 수 없다네. 스스로 참(參)하여 얻을 수 있을 뿐임을 드러낸 뜻으로 '석가도 달마도 아직 오신 적 없으니 만나려 하지 말게나'라고 하였다. 『벽암록』 41칙 「평창 評唱」(대정장48, p.179b2)에 "옛 부처도 아직 이른 적 없다 하였는데 다만 이것 크게 죽은 이 돌이켜 살아난 소식이다. 고불 역시 이르지 못했고 천하의 노화상도 아직 이르지 못했다. 설령 석가노자나 푸른 눈의 오랑캐 사문이라도 다시 참해야 비로소 옳을 일이네. 다만 석가호승의 지만을 허할 뿐 석가호승 만날 일은 허할 수 없다네. 古佛尙言曾未到 只這大死底人却活處 古佛亦不曾到 天下老和尙亦不曾到 任是釋迦老子 碧眼胡僧 也須再參始得 所

以道 只許老胡知不許老胡會", 『무문관』(대정장48, p.294a19)에 "무문이 말했다. '다만 석가호승의 지만을 허할 뿐 석가호승 만날 일은 허할 수 없다네. 범부가 알았다면 바로 성인이고, 성인이 알았다면 바로 이 범부다'. 無門曰 只許老胡知不許老胡會 凡夫若知卽是聖人 聖人若會卽是凡夫"라고 하였다. [참고문헌] 『碧巖錄』, 『無門關』.

지허무생 至虛無生 끝내 텅 비어 나는 일 없다. 『조론』「부진공론 不眞空論」(대정장45, p.152a2)에 "무릇 끝내 텅 비어 남이 없다 하니, 반야로 그윽이 비추는 묘한 길이고 만물이 마침내 다하는 자리다. 夫至虛無生者 蓋是般若玄鑑之妙趣 有物之宗極者也", 『조론신소』 권상(대정장45, p.208a21)에 "뛰어난 뜻 위없음을 '지'라 하고, 유무 일이 등 짝지어 여의니 '허'라 한다. 남이 없다 한 것은, 연으로 모인 모든 법 스스로 아니고 다른 이도 아니고 함께 함도 아니며, 또한 인이 없지도 않고 지은 이도 아니어서 내는 일 없었는데, 나서 없지도 않고 비록 났으나 난 일 없으니 있는 것도 아니다. 저 만상삼라 중도 아님이 없다 함이 이것이다. 저 아래에서 논하길 제일진제라 하고 또 물 만나 하나인 그것이라 하였으니, 반야 밝은 것이다. 勝義無上 曰至 有無一異等俱離 曰虛 無生者 謂緣集諸法 非自非他 非共 亦非無因 亦非作者 無生而生 非無也 雖生不生 非有也 若此萬象森羅 無非中道 下論云 第一眞諦也 又云 觸物而一 般若下明"라고 하였다. [참고문헌] 『肇論』, 『肇論新疏』. ⇨ 성명 聖明, 반야 般若[1], 공 空

지헌 智軒 조선후기 스님. 법호는 지헌, 법명은 법명(法明). 청허휴정(淸虛休靜)의 법증손(法曾孫)이자 송월응상(松月應祥)의 제자이며 허백명조(虛白明照)와는 법형제 간이다. 1662년(현종3) 영변 안심사(安心寺)와 회양 표훈사(表訓寺)에 건립된 허백당명조대사비(虛白堂明照大師碑)의 음기(陰記) 중 문정질(門庭秩)과 판사질(判事秩)에 스님을 새겼다. 대평사(大平寺) 화재로 주사승(主寺僧) 3인이 옥에 갇혀 문초를 당하자 선종(禪宗)에 호소하는 장계(狀啓)를 청허휴정에게 부탁하였다. 『청허집』 권7 「대지헌참학계 代智軒叅學啓」(한불전7, p.726c4)에 "제자 대평사 지임 참학 지헌이 진실로 황공하옵게도 삼가 판선종사 대화상 대자존합하께 아뢰옵니다. 弟子大平寺持任叅學智軒 誠惶誠恐 謹啓于判禪宗事大和尙大慈尊閤下", 『사명당지파근원록』(한불전10, p.136a18)에 "송월응상〈청허 3세〉의 법사로는 허백명조·춘파쌍언 … 지헌법명이다. 松月祥嗣〈三世〉虛白明照 春坡雙彦 … 智軒法明"라고 하였다. [참고문헌] 『淸虛集』, 『四溟堂枝派根源錄』.

지험기 持驗記 『화엄경 華嚴經』·『금강경 金剛經』·『법화경 法華經』·「관세음보살보문품 觀世音菩薩普門品」 등을 수지독송해 얻은 영험전(靈驗傳). 목판본 4권 1책. 한불전8, pp.518b2~552a15에 『사경지험기 四經持驗記』라는 이름으로 수록되어 있다. 백암성총(栢庵性聰 1631~1700)이 청의 주극복(周克服)이 네 경전을 간행·사경(寫經)·독송(讀誦)·염송(念誦)한 이들의 영험담을 모은 「역조화엄경지험기 歷朝華嚴經持驗記」·「역조금강경지험기 歷朝金剛經持驗記」·「역조법화경지험기 歷朝法華經持驗記」·「관세음지험기 觀世音持驗記」를 발췌편집하여 1686년(숙종12)에 낙안(樂安) 금화산(金華山) 징광사(澄光寺)에서 간행하였다. 유통본에 따라 각 편의 순서는 차이가 있는데, 화엄지험(華嚴持驗)·지험상(持驗上)·지험중(持驗中)·지험하(持驗下) 순서의 판심제(板心題) 판본에는 권별로 「역조화엄경지험기」·「금강경지험기」·「법화경지험기」·「관세음지험기」의 차례로 구성하였고, 「역조화엄경지험기」의 말미에는 발문이, 「법화경지험기」의 뒤에는 소임명부와 간기를 각각 첨부하였다. 성총은 발간의 이유로 "혹을 뜻을 가진 이가 이 기록을 깊이 믿어 번갈아가며 서로 권하여 네 경전을 힘써 지녀 혜광을 끊지 않고 진겁토록 유통하면, 그 복 불가사의해서 저 시방허공 같으리니, 지혜롭지 못한 구구한 마음으로 다만 이것만을 생각할 뿐이다. 倘或有志者 深信此錄 遞相激勸 懋持四經 不斷慧光 流通塵劫 則其福不可思議 如十方虛空 不慧區區之心 惟在此耳"라고 하였다. [참고문헌] 『韓國佛敎撰述文獻總錄』(東國大出版部, 1976) p.191. ⇨ 사경지험기 四經持驗記, 금강경관세음법화화엄등지험기 金剛經觀世音法華華嚴等持驗記

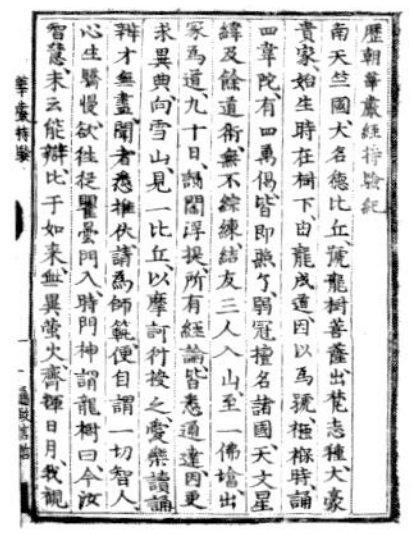

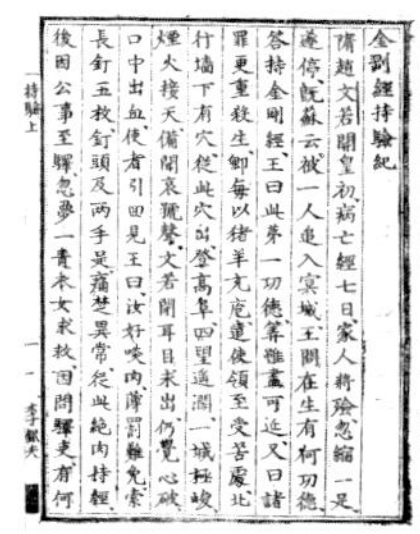

지험기 낙안 징광사본 1686년

지현 志玄 조선전기 스님. 『청허당집』 권6 「금강산장안사신주종명 金剛山長安寺新鑄鍾銘」(한불전7, p.716a3)에 "(금강)산 스님 지현이 주종에 뜻을 세우고는 야공에게 요청하고 동 8천근을 내어, 신해년(1551·명종6)부터 계해년(1563·명종18)까지 무릇 13년간 7번이나 불을 달구었으나 공을 이루지는 못하였다. 又山之僧志玄者 有志於鍾 爰命冶工 出銅八千斤 始於辛亥 終於癸亥 凡至十三年間 七歷鑪錘 而功未就焉"라고 하였다.

［참고문헌］『淸虛堂集』.

지현 知玄 809~881. 또는 811~883. 당대 스님. 자는 후각(後覺), 호는 오달(悟達), 속성은 진(陳)씨. 미주(眉州 : 四川省) 홍아(洪雅) 출신. 어릴 때부터 불상을 즐겨 보다가 7세 때 영이사(寧夷寺)에서 『열반경』 강설을 듣고는 전생의 인연을 만난 듯 하였으니, 그날 밤 이 절의 부처님이 정수리를 쓰다듬어 주는 꿈을 꾸었다. 그 인연으로 11세에 법태(法泰)에게 출가하여 『열반경』을 깊이 이해하였다. 13세에 촉(蜀)의 대자사(大慈寺)에서 승상(丞相)의 명을 받고 설법하였는데, 만여 대중이 듣고는 감탄하며 진보살(陳菩薩)이라 불렀다. 정중사(淨衆寺) 변정(辯貞)에게 구족계를 받고 율(律)과 『구사론』을 배웠으며, 안국사(安國寺) 신법사(信法師)로부터 『유식론』을 배웠고 외전(外傳)도 익혔다. 도가를 흠모하던 무종(재위 841~846)의 초청으로 도사(道士) 조귀진(趙歸眞)과 논쟁하여 좋은 결과를 거두었으나 불교를 보호하려던 뜻은 이루지 못했다. 선종(재위 847~859) 때는 왕궁에 들어가 경전을 강설하여, 삼교수좌(三教首座)의 자리에 오르고 자가사(紫袈裟)를 받았다. 희종(재위 874~888)이 촉에 왔을 때 오달국사(悟達國師)란 호를 내렸다. 사대부들과 교류도 적지 않았는데, 이상은(李商隱)이 벼슬에서 물러난 뒤에 가장 오래 어울렸다. 883년(중화3)에 세수 73, 법랍 54세로 입적하였다. 저서에 『자비수참법 慈悲水懺法』 3권·『승만경소 勝鬘經疏』 4권·『반야심경소 般若心經疏』·『금강경소 金剛經疏』·『여래장경회석소 如來藏經會釋疏』 등 20여 권이 있다. 『석씨계고략』 권3(대정장49, p.837a1)에 "태화 7년(833) 10월 문종의 탄생일에 법사 지현과 도사를 인덕전에 불러들여 도를 논의하였다. 太和 七年 十月 帝誕節 召法師知玄與道士 入麟德殿論道"라고 하였다. ［참고문헌］『釋氏稽古略』, 『佛祖統紀』 권42(대정장49, p.385b20), 『宋高僧傳』 권6(대정장50, p.744a21). ⇨ 회창법난 會昌法難

지현 智炫 수(隋)대 스님. 속성은 서(徐)씨. 성도(成都 : 四川省) 출신. 어린 시절에 출가하여 공부한 끝에 경락(京洛)에 명성이 널리 퍼졌다. 북주(北周) 무제(武帝) 시기에 불법을 페기하고 도교(道教)는 보존하려 하자 목소리를 높여 항변하였지만 무제를 끝내 굴복시키지 못했다. 법난 뒤에는 마침내 제(齊)로 들어갔고, 제가 멸망하면서 평민이 되었다. 수가 일어난 이후 효애사(孝愛寺)에 주석하였다. 세수 102세에 병 없이 입적하였다고 전한다 ［참고문헌］『唐高僧傳』 권23(대정장50, p.631b18), 『釋氏通鑑』 권6(卍속장131, p.863b12).

지현 智舷 명대 스님. 자는 위여(葦如). 호는 추담(秋潭). 가흥(嘉興 : 浙江省) 출신. 수수(秀水)의 금명사(金明寺)에 주석하였다. 선교(禪教)에 능통하였으며, 특히 『능엄경 楞嚴經』에 정통하여 이에 관한 주소(註疏)도 지었다. 초서(草書)를 잘 썼고 시작에도 능하였다. 만년에는 황엽암(黃葉庵)에 거처하였으므로 스스로 황엽노인(黃葉老人) 또는 황엽두타(黃葉頭陀)라 불렀다. 대혜종고(大慧宗杲)의 『정법안장 正法眼藏』을 교열하였고, 저서에 『황엽암집 黃葉庵集』(『黃葉庵詩稿』라고도 함)이 있다. ［참고문헌］『古今圖書集成選輯』 권193(대장경보편16, p.645a25).

지현 智賢 **1** ?~368. 진(晉)대 비구니. 속성은 조(趙)씨. 상산(常山 : 河北省 眞定) 출신. 맑고 단아한 품성으로 계행이 남다르게 뛰어났다. 아버지는 부유현령(扶柳縣令) 진(珍)이다. 『비구니전』 권1 「사주서사지현니전 司州西寺智賢尼傳」(대정장50, p.935a27)에 "어려서부터 우아하고 살핌성 있었으며 의지와 기개가 곧았는데, 스님이 되어서도 계와 행을 온전히 하였고 신정마저 멀리 가지 못하게 하였으니 넓고 어지럽지 않았다. 賢幼有雅操 志概貞立 及在緇衣 戒行修備 神情凝遠 曠然不雜"고 하였다. 태수 두패(杜覇)가 도교를 믿고 불교를 미워하여 날을 정해 스님들을 선보아 데려가려 하자, 맞섰다가 두패의 칼에 20여 곳이나 베인 채 혼절했지만 소생한 후에 가열차게 정진하였고, 제자 백여 명과 물과 우유처럼 화합하였으며, 서사(西寺)에 머물며 정법(正法)을 널리 드러내고 신행(信行)을 활짝 열었다. 태화 년간(366~371)에 70여 세의 나이에도 불구하고 『정법화경 正法華經』을 밤낮으로 암송하였는데, 경행(經行)할 때마다 새들이 지저귀면서 따랐다. 부견(苻堅)이 스님의 덕을 존중하여 수가사(繡袈裟) 제작을 시작하고 3년이 지나서야 완성하였는데 그 가치가 100만 냥에 이르렀다고 한다. ［참고문헌］『比丘尼傳』. **2** 북송(北宋)대 운문종(雲門宗) 스님. 복엄양아(福嚴良雅)의 제자. 형주(衡州 : 湖南省) 상녕현(常寧縣) 북선원(北禪院)에 주석하였다. 『건중정국속등록』 권3(卍속장136, p.71a3)에 "'무엇이 부처인지요?' '수저 들 힘도 없구나' '무엇이 도인지요?' '험한 길에 다리를 놓는다'. 問 如何是佛 師云 匙挑不起 僧曰 如何是道 師云 嶮路架橋"라는 등의 문답과 법문이 전한다. ［참고문헌］『建中靖國續燈錄』, 『五燈會元』 권15(卍속장138, p.592b13). ⇨ 영중 永中 **3** 조선후기 스님. 유가사 중창불사를 주도하였다. 『호은집』 권4 「현풍비슬산유가사기 玄風毘瑟山瑜伽寺記」(한불전9, p.726a10)에 "다행히 영묘 계사년(1773·영조49)에 본사 갑계 대중이 남아도는 재물을 기꺼이 희사하여 재목을 사고 공장을 불러서 지붕을 올리고 보수하여 새롭게 하였다. 이때 지현이 승통으로서 모든 일을 살폈다. 幸於英廟癸巳 本寺甲契之衆 樂捨長物 市材

召工而葺之 補而新之 于時智賢 以僧統視凡百"라고 하였다. [참고문헌]『好隱集』. ⇨ 유가사 瑜伽寺 ■

지형 智瑩 조선후기 불교가사를 남긴 청신사. 「전설인과곡 奠說因果曲」·「권선곡 勸禪曲」·「수선곡 修善曲」·「참선곡 參禪曲」을 지었다. 1795년(정조19) 양주 천보산 불암사(佛巖寺)에서 간행한, 『대승무량수장엄경 大乘無量壽莊嚴經』 간기에 "공덕주 청신사 지형. 功德主淸信士 智瑩", 『천지팔양신주경 天地八陽神呪經』에 합철된 「참선곡」 간기에 "갑인(1794) 초겨울 법성산 무심객 인혜신사 지형 지음. 甲寅孟冬 法性山無心客 印慧信士 智瑩述"이라 하였다. [참고문헌] 이상보 『한국불교가사전집』(민속원, 1996) p.32. ⇨ 전설인과곡 奠說因果曲, 참선곡 參禪曲

지형산 支硎山 중국 강소성(江蘇省) 소주시(蘇州市) 오현(吳縣) 서남쪽에 있는 산. 남봉산(南峰山)·보은산(報恩山)·관음산(觀音山)이라고도 한다. 평평한 모양의 돌이 많아 형 자가 붙었고, 진(晉)대 지둔(支遁)이 은거한 인연으로 지 자가 붙었다. 지둔은 이 산에 살았기에 지형이라고도 불렸다. 또 양무제(梁武帝)가 이 산에 보은사(報恩寺)를 건립한 인연으로 보은산이라고도 한다. 그 동쪽 터에 관음사(觀音寺)가 있어서 관음산이라고도 한다. [참고문헌]『佛祖統紀』 권10(대정장49, p.203a5), 『釋氏稽古略』 권3(대정장49, p.844a27), 『宋高僧傳』 권27(대정장50, p.879a15), 『祖庭事苑』 권2(卍속장113, p.28b14). ⇨ 지둔 支遁, 보은사 報恩寺 ■

지혜 知惠 **1** Ⓢ kṛta-vedin, Ⓣ byas-pa-tshor-ba. 은혜를 알다. 지은(知恩)과 통한다. 『유가사지론』 권43 「보살지 菩薩地」(대정장30, p.527c14 : *Bodh-bh.*, p.143)에 "제보살은 정려에 의지하며 제유정에게 능히 뜻있고 이로운 이런저런 사업을 끌어 돕는 짝이 되어준다. 괴로운 이에게는 괴로움 덜어주고 제유정에게는 능히 뜻에 맞게 설하며, 은혜 입은 이에게는 은혜를 알게 하여 앞에서 드러내 갚게 한다. 諸菩薩依止靜慮 於諸有情 能引義利彼彼事業 與作助伴 於有苦者 能爲除苦 於諸有情 能如理說 於有恩者 知恩知惠 現前酬報 yaddhyānaṃ niśritya bodhisattvaḥ sattvānāṃ kṛtyeṣvarthopasaṃhiteṣu sahāyībhāvaṃ gacchati. duḥkham anapanayati. duḥkhitānāṃ nyāyamupadiśati. kṛtajñaḥ kṛtavedī upakāriṣu pratyupakāraṃ karoti"라고 하였다. [참고문헌]『瑜伽師地論』, *Bodh-bh.* **2** 지혜(智慧)인 반야의 뜻. 돈황본 『단경』(대정장48, p.337b9)에 "종일 공양 받으며 다만 복전 구할 뿐 생사고해 벗어남 구하지 않으니, 너희들이 자성에 미혹하면 복문을 어찌 너희들에게 구할 수 있으랴? 너희들은 우선 방으로 돌아가 스스로 보라. 지혜 있는 이라면 스스로 본성반야를 취해 알리라. 각기 게 하나를 지어 나에게 보이라. 내가 너희 게를 보고 저 대의를 깨쳤으면 가사와 법을 주어 제6대로 삼겠다. 終日供養 只求福田 不求出離生死苦海 汝等自性迷 福門何可救汝 汝等且歸房自看 有知惠者 自取本性般若知之 各作一偈呈吾 吾看汝偈 若悟大意者 付汝衣法 稟爲六代"라고 하였다. [참고문헌]『壇經』, 『禪林寶訓』 권1(대정장48, p.1019a5).

지혜 智惠 신라 제26대 진평왕(재위 579~632) 때 비구니. 『삼국유사』 권5(대정장49, p.1011c11·한불전6, p.357a22) 감통(感通)7 선도성모수희불사(仙桃聖母隨喜佛事)에, 불사를 발원하자 선도성모가 인도하여 안흥사 불전을 성취하게 하고는 점찰법회도 유통토록 한 인연이 전한다. "진평왕이 다스릴 때 어진 행을 많이 한 비구니 지혜가 있었다. 안흥사에 머물면서 불전을 새로 짓고자 하였으나 힘이 미치지 못했다. 꿈에 한 아름다운 선녀가 나타나 비췻빛 진주로 머리를 장식하고 다가와 위로하였다. '나는 선도산신모(신라 시조인 赫居世의 어머니)인데, 스님이 법당을 지으려는 원력을 따라 기뻐하여 금 열근을 시주하여 불사를 돕고자 합니다. 제 자리 밑에 있는 금을 가져다가 주불과 좌우보처 삼존상에 도금하여 법당에 모시고, 오십삼불·육류성중·모든 천신상·오악신군(東吐含山 南智異山 西鷄龍山 北太白山 中父岳山 亦云八空山)의 상도 그려 모시도록 하십시오. 매년 봄가을 두 철에 열흘은 선남자선여인 모두 모아 일체함령을 위해 점찰법회를 가지는 것을 연례로 삼았으면 합니다' 하였다. 깜짝 놀라 꿈을 깬 후 대중을 데리고 신사로 가서 자리 밑을 파서 황금 160냥을 캐내어 끝내 불사를 성취하였으니, 이는 오로지 선도산신모가 인도한 일이다. 眞平王朝 有比丘尼名智惠 多賢行 住安興寺 擬新修佛殿而力未也 夢一女仙風儀婥約 珠翠飾鬟 來慰曰 我是仙桃山神母也 喜汝欲修佛殿 願施金十斤以助之 宜取金於予座下 粧點主尊三像壁上 繪五十三佛 六類聖衆 及諸天神 五岳神君〈羅時五岳 謂東吐含山 南智異山 西雞龍 北太伯中父岳 亦云公山也〉 每春秋二季之十日 叢會善男善女 廣爲一切含靈 設占察法會 以爲恒規 … 惠乃驚覺 率徒往神祠座下 堀得黃金一百六十兩 克就乃功 皆依神母所諭"라고 하였다. 수에 가서 유학하고 600년(진평왕22)에 귀국한 원광(圓光)법사가 점찰보(占察寶 : 契)를 설치하고 점찰의례를 정기화한 뒤, 그가 이를 더욱 널리 유통시켰다. 신라의 점찰법회는 원광 이후 점개(漸開)에 의해 흥륜사(興輪寺)의 육륜회(六輪會), 진표(眞表)의 간자(簡子)를 사용한 독특한 점찰법회로 발전하였다. [참고문헌]『三國遺事』. ⇨ 선도성모수희불사설화 仙桃聖母隨喜佛事說話, 점찰법회 占察法會, 점개 漸開

지혜 智慧 사제(四諦)를 보아 깨우쳐 얻고 제법(諸法)의 자성을 알아 결단(決斷) 할 줄 알지만 집착 없는(無執) 것을 지혜라 한다. 이는 십이부경(十二部經)을 듣고 가져(聞持) 정지견(正知見)을 얻어야 성취할 수 있다. 한편 『반야경』과 『대지도론』에서는 반야(Ⓢ prajñā)의 번역어로서의 지혜를 자세히 시설하고 있는데, 제법(諸法)의 동산에서 자유로이 놀아 다 아는 것이어서 총지(總持), 이지(理智)가 현전하고, 제일의를 아는(了第一義) 것, 일체현성과 법계(法界)를 같이 하는 것이며, 중생의 심행차별(心行差別)을 다 아는 것 등을 지혜라 이름하였으며, 유학·무학·비학비무학을 아우르는 일체지(一切智)를 지혜라는 이름으로 거두고 있다. 『화엄경소』에서는 법성(法性)인 제일의공(第一義空)과 구별하여 불성(佛性)을 지혜라 하기도 한다. 함허기화(函虛己和)스님은 사대(四大)도 아니고 허공(虛空)과도 달라서 능히 법을 설하고 들을 줄 알아(說法聽法) 늘 빛나서 고금(古今)에 밝은 뜻을 지혜라 하였다. 『중아함경』 권58 「대구치라경 大拘絺羅經」(대정장1, p.790c20)에 "또 물었다. '현자 구치라여! 지혜로운 이가 지혜를 설한다. 무엇이 지혜인가?' 존자 대구치라가 답하였다. '이와 같이 알기에 지혜를 설한다. 무엇 등을 아는가? 이 고인줄 진실 그대로 알고, 이 고의 익힘도 알며, 이 고의 사라짐도 알고, 이 고를 사라지게 하는 길도 진실 그대로 안다. 이와 같이 알기에 지혜를 설한다'. … 또 물었다. '존자 구치라여! 지혜에는 어떤 뜻이 있고 어떤 뛰어남이 있으며 어떤 공덕이 있는가?' 존자 대구치라가 답하였다. '지혜는 싫어함이 있는 뜻이고, 욕 없음의 뜻이며, 진실 그대로 보는 뜻이다'. 復問曰 賢者 拘絺羅 智慧者說智慧 何者智慧 尊者大拘絺羅答曰 知如是故說智慧 知何等耶 知此苦如眞 知此苦習 知此苦滅 知此苦滅道如眞 知如是故說智慧 … 復問曰 賢者 拘絺羅 智慧有何義 有何勝 有何功德 尊者大拘絺羅答曰 智慧者 有厭義 無欲義 見如眞義", 『잡아함경』 권10(대정장2, p.71b20)에 "크게 지혜로운 이는 비유로써 앎을 얻는다. 大智慧者 以譬得解", 『별역잡아함경』 권1(대정장2, p.374c25)에 "만약 탐진치가 없다면 이를 이름하여 지혜라 한다. 若無貪瞋癡 是名爲智慧", 『대장엄론경』 권5(대정장4, p.286c20)에 "가장 뛰어난 지혜란 마치 저 큰 바닷물과 같아서 처음도 가운데도 끝도 한 맛으로 한결같은데, 불법 또한 이와 같아서 처음도 가운데도 뒤도 모두 선이어서 기울여 들으면 모두 청정하다. 最勝智慧者 如似大海水 初中及邊際 等同於一味 佛法亦如是 初中後皆善 聽之悉淸淨", 『대승이취육바라밀다경』 권10(대정장8, p.915a16)에 "능히 번뇌의 성을 얻을 수 없음을 알면 이를 지혜라 이름하고 … 법이라는 동산에 노닐며 총지를 얻어 잊지 않으며 이지가 현전하면 이를 지혜라 이름하며 … 지혜와 상응하여 대법락을 얻으면 이를 지혜라 이름한다. … 모든 보살들로 하여금 제일의를 깨닫게 하면 이를 지혜라 이름하며 … 일체현성의 동일한 법계를 지혜라 이름하고 … 일체중생의 심행차별인 팔만사천의 진로문들이 곧 불혜문이면 이를 지혜라 이름한다. 能解煩惱性不可得 是名智慧 … 遊法園苑 得念總持 理智現前 是名智慧 … 令諸菩薩 了第一義 是名智慧 … 一切賢聖 同一法界 是名智慧 … 一切衆生 心行差別 八萬四千 諸塵勞門 卽佛慧門 是名智慧", 36권본 『대반열반경』 권27(대정장12, p.780c25)에 "이 사람이 만약 부처님과 불제자들과 선지식들에게 친근을 얻으면 문득 십이부경을 듣고 받을 수 있으니, 법을 들었기에 선경계를 관하며, 선경계를 관하기에 대지혜를 얻는다. 대지혜란 바른 지견이라 이름한다. 是人若得親近 於佛及佛弟子 諸善知識 便得聞受十二部經 以聞法故 觀善境界 觀善境界故 得大智慧 大智慧者 名正知見". 『대지도론』 권18(대정장25, p.191a12)에 "〔문〕 무엇이 지혜인가? 〔답〕 반야바라밀로 일체지혜를 거둔다. 까닭은 무엇인가? 보살이 불도를 구함에 응당 일체법을 배워 일체지혜를 얻어야 하니, 소위 성문·벽지불·부처의 지혜다. 이 지혜 세가지이니 학·무학·비학비무학이다. 問曰 何者是智慧 答曰 般若波羅蜜攝一切智慧 所以者何 菩薩求佛道 應當學一切法 得一切智慧 所謂聲聞 辟支佛 佛智慧 是智慧 有三種 學 無學 非學非無學", "비학비무학지란, 저 건혜지·부정·안나반나·욕계에 매인 사념처·난법·정법·인법·세간제일법 등이다. 학지란, 고법지인혜 내지 아라한으로 향하는 제9무애도 중 금강삼매혜다. 무학지란 아라한의 제9해탈지니, 이를 좇아 이후로는 일체무학지는 진지·무생지 등과 같으며 이것이 무학지다. 벽지불도를 구하는 지혜 또한 이와 같다. 非學非無學智者 如乾慧地 不淨 安那般那 欲界繫四念處 煖法 頂法 忍法 世間第一法等 學智者 苦法智忍慧 乃至向阿羅漢第九無礙道中金剛三昧慧 無學智者 阿羅漢第九解脫智 從是已後 一切無學智 如盡智 無生智等 是爲無學智 求辟支佛道智慧亦如是", 『금강반야바라밀경파취착불괴가명론』 권상(대정장25, p.888c3)에 "어째서 또 지혜 있는 이라 이름하는가? 중생도 법도 둘 다 아가 없음을 분명히 알기 때문이다. 云何復名有智慧者 了知生法二無我故", 『묘법연화경우파제사』 권상(대정장26, p.5a20)에 "지혜란 말은, 일체종에 대한 일체지로 그 뜻을 아는 것이다. 저 경에 '제불의 지혜는 심히 깊고 무량하여 그 지혜의 문을 보기도 느끼기도 알기도 이해하기도 들어가기도 어려우니, 일체성문과 벽지불 등이 능히 알지 못한다. 言智慧者 謂一切種 一切智義故 如經 諸佛智慧 甚深無量 其智慧門 難見 難覺 難知 難解 難入 一切聲聞辟支佛等所不能知故", 『성실론』 권14(대정장32, p.354b10)에 "지혜란, 지혜로운 이의 심중에는 번뇌 생하지 않으니, 생한즉 사라지는데, 저 한 방울 물이 뜨거운 철판 위에 떨어짐과 같다. 또 지혜로운 이는 온갖 상들 일으키지 않으니, 일어난 즉시 사라져 저 가지 끝에 이슬이 해를 본 즉 날아가 버림과 같다. 智慧者 智者心中 不生煩惱 若生卽滅 如一渧水 墮熱鐵上 又智者心 不起諸想 若起卽滅 如條上露 見日則晞", "또 지혜란 명 있음이라 이름하고 나머지는 죽음이라 이름한다. 또 지혜란 참된 도인이라 이름하니 능히 도를 알기 때문이다. 又智慧者 名曰有命 餘則名死 又智慧者 名眞道人 能知道故", "또 지혜란 불법 중에 마음 고요해 움직임 없어서, 저 돌산은 바람이 능히 움직일 수 없음과 같다. 또 지혜란 믿음을 이름하기도 하니, 사신을 얻어 다른 것 따르지 않기 때문이다. 又智慧者 於佛法中 心定不動 猶若石山 風不能動 又智慧者 名信 以得四信 不隨他故", 『금강반야소』 권2(대정장33, p.104a24)에 "얻는 바 없음을 이름하여 지혜라 하고, 얻는 것 없어야 대열반이다. 無所得者 名爲智慧 無所得者 名大涅槃", 『법화문구』 권9(대정장34, p.134b14)에 "지혜란 권과 실로 둘이어서 깊이 이제를 안다. 智慧者 權實二智 深知二諦也", 『화엄경소초』 권37(대정장36, p.280a26)에 "제일의공은 지혜에 두지 못하기에 법성이라고만 이름할 뿐, 지혜에 있으면 불성이라 이름한다. 第一義空 不在智慧 但名法性 由在智慧 故名佛性", 『유마의기』 권1(대정장38, p.429a8)에 "지혜란 말은 저 『아비담』에 의지하면 결단을 지라 이름하니 모든 것들 마주해 참아 견디기 때문이다. 만약 『성실론』에 의지하면 무착을 지라 이름하니 따로 떠올리고 분별하기 때문이다. 통상으로 논하면 법을 아는 것을 지라 이름하고, 관하여 통함을 혜라 칭한다. 이 지는 혜와 더불어 하나의 물로 여기거나 뜻에 따라 달리 나누기에 차이가 없지 않다. 言智慧者 依如毘曇 決斷名智 對諸忍故 若依成實 無著名智 別想識故 通相以論 知法名智 觀達稱慧 此智與慧 通釋一物 隨義別分 非無差異", 둔륜(遁倫)의 『유가론기』 권20상(한불전3, p.220c18)에 "진여상에 무명이 없으면 이름하여 지혜라 한다. 於眞如上 無無明故 名爲智慧", 기화(己和)의 『금강경오가해설의』 권상(한불전7, p.16b20)에 "반야는 번역해 지혜라 한다. 무엇을 이름하여 지혜라 하는가? 허공은 법을 설하거나 들을 줄 모르고, 사대 또한 법을 설하거나 들을 줄 모른다. 바로 지금 목전에서 역력해 홀로 밝아서 모습 빌어 나툰바 없지만 능히 법을 설하고 듣는다. 이 설하고 듣는 한 덩이 두렷이 밝은 것이 하늘 밝게 하고 대지 또한 비추고 옛도 밝히고 지금도 빛나게 한다. 행주좌와와 어묵동정의 일체시일체처에 소소하고 영령하여 분명히 그렇게 언제나 안다. 이런 까닭으로 그 이름 반야라 한다. 般若 此翻爲智慧 何名爲智慧虛空不解說法聽法 四大不解說法聽法 只今目前 歷歷孤明 勿形段者 能說法聽法也 此說聽底一段孤明 輝天鑒地 曜古騰今 行住坐臥 語默動靜 一切時一切處 昭昭靈靈 了然常知 此所以得名爲般若也", "또 간략하게 풀면, 마하반야란 범성에 통하고 만유를 꾸리기에 광대무변한 지혜다. 금강반야란 단단하여 무너지지 않고 날카로워 능히 끊을 수 있으니 범을 녹여서 성스럽게 단련함이 지혜다. 又略而釋之 則摩訶般若者 通凡聖 該萬有 廣大無邊之智慧也 金剛般若者 堅不壞 利能斷 鎔凡鍛聖之智慧也"라고 하였다. [참고문헌] 『中阿含經』, 『雜阿含經』, 『別譯雜阿含經』, 『大乘理趣六波羅蜜多經』, 『大般涅槃經』, 『大莊嚴法門經』, 『大智度論』, 『金剛般若波羅蜜經破取著不壞假名論』, 『妙法蓮華經憂波提舍』, 『成實論』, 『金剛般若疏』, 『法華文句』, 『華嚴經疏鈔』, 『維摩義記』, 『瑜伽論記』, 『金剛經五家解說誼』. ⇨ 반야 般若 1, 지智, 혜 慧, 사제 四諦, 아법이공 我法二空, 비유 譬喩, 십이분교 十二分教

지혜강리전 智慧剛利箭 Ⓢ buddhi-śara. 지혜라는 강하고 예리한 화살. 『불소행찬』 권3(대정장4, p.25a28)에 "세간에 위대한 모니(성인) 계시니, 몸에는 큰 서원의 갑옷을 입고, 대아라는 활과 지혜라는 강하고 예리한 화살 잡고 계시네. 싸워서 중생을 조복해, 아라는 경계를 파괴코자 하셨네. 世有大牟尼 身被大誓鎧 執持大我弓 智慧剛利箭 欲戰伏衆生 破壞我境界"라고 하였다. [참고문헌] 『佛所行讚』, *Buddh-c.145.*

지혜검 智慧劍 지혜의 칼. 지혜가 번뇌를 끊어냄이 칼로 베듯 하여 비유한 말. 지검(智劍)·지혜이검(智慧利劍)과 같은 뜻이다. 『대승본생심지관경』 권1(대정장3, p.291b9)에 "지혜의 칼을 잡고 마군의 무리를 물리친 뒤 법고를 울린다. 執智慧劍 破魔軍衆 而擊法鼓", 『불소행찬』 권3(대정장4, p.29a11)에 "번뇌 저 원수 같아서 지혜의 칼로 엎드리게 하네. 煩惱如怨家 伏以智慧劍", 『주유마힐경』 권9(대정장38, p.408a2)에 "〈경〉 지혜의 칼로써 번뇌의 도적을 물리친다. 〈주〉 승조가 말한다. '번뇌라는 도적은 은밀하고 견고하여 내쫓기 어려우니, 참으로 지혜의 칼이 아니면 끊어 없앨 수 없다'. 以智慧劍 破煩惱賊 肇曰 煩惱之寇 密固難遣 自非慧劍 無以斷除"라고 하였다. [참고문헌] 『大乘本生心地觀經』, 『佛所行讚』, 『注維摩詰經』, 『大智度論』 권15(대정장25, p.169a26). ⇨ 지검 智劍, 지혜이검 智慧利劍

지혜경 智慧鏡 지혜의 거울. 실상을 비추는 지혜를 거울에 비유한 말. 『훔가타야의궤』 권상(대정장21, p.241c5)에 "반야를 영락으로 삼고, 지혜의 거울을 눈으로 삼는다. 以般若爲瓔珞 以智慧鏡爲眼", 『칠불소설신주경』 권2(대정장21, p.546b24)에 "나는 이들 중생을 가엾이 여기므로 이제 신주를 설하여 삼독의 때를 버리게 하고, 어리석음의 뿌리를 뽑으며 지혜의 거울로 비추고 선정의 물을 드리운다. 보리의 싹이 자라나 열반의 언덕에 이르게 한다. 我愍此等故 今欲說神呪 除其三毒垢 拔其愚癡足 照以智慧鏡 賜其禪定水 生長菩提芽 令到涅槃岸", 『개위주어록』 권9(가흥장28, p.266a4)에 "지혜의 거울을 매달아 삿됨과 바름 대 위에 올려 비추고, 금강의 칼을 부여잡고 갈림길로 얽힌 것들 베어버리네. 懸智慧鏡 鑒當臺邪正 握金剛劍 截岐路葛藤"라고 하였다. [참고문헌] 『吽迦陀野儀軌』, 『七佛所說神呪經』, 『介爲舟語錄』.

지혜관 智慧觀 지혜로 실상을 사무쳐 보는 관. 『십지경론』 권4(대정장26, p.148b27)에 "지혜관이란 실상관이다. 智慧觀者 實相觀故", 『화엄경소초』 권60(대정장36, p.475c1)에 "[논] 지혜관이란 실상을 관하는 관이다. [석] 실상이란 사제의 이다. 사와 이의 실을 쌍으로 비춤을 뜻한다. 論云 智慧觀者 觀實相觀故 釋曰 謂實相者 卽四諦理 雙照事理實也"라고 하였다. [참고문헌] 『十地經論』, 『華嚴經疏鈔』. ⇨ 광대지혜관 廣大智慧觀

지혜광 智慧光 ❶ Ⓢjñāna-prabhāsa, jñāna-āloka. 지혜의 빛. 『장아함경』 권13 「아마주경 阿摩晝經」(대정장1, p.86b29)에 "무명을 끊어 없애고 지혜의 밝음 일으켜 깜깜한 어둠을 버려 떠나서 지혜의 빛 뿜어낸다. 이것이야말로 중생의 생사를 보는 생사지증명이다. 斷除無明 生於慧明 捨離闇冥 出智慧光 此是見衆生生死智證明也", 『대보적경』 권112(대정장11, p.633a28)에 "가섭아, 비유하자면 해가 처음 나올 때 일시에 빛을 놓아 일체중생을 비춰 밝게 하듯이, 보살도 이와 같아서 지혜의 빛 놓아 일시에 모든 중생을 가득 비춘다. 迦葉 譬如日之初出 一時放光 普爲一切衆生照明 菩薩亦爾 放智慧光 一時普照 一切衆生", 『방광대장엄경』 권10(대정장3, p.598a13)에 "여래지혜광으로 삼독번뇌 남김없이 멸하여 번뇌 온통 이미 끊었으니, 길하고 상서로움 모두 성취하리라. 如來智慧光 滅盡於三垢 煩惱皆已斷 吉祥悉成就"라고 하였다. [참고문헌] 『長阿含經』, 『大寶積經』, 『方廣大莊嚴經』, *Rāṣṭr.121.*, *Śikṣ.178.* ⇨ 지광 智光[1], 신광 身光 ❷ 아미타불(阿彌陀佛) 십이광(十二光) 중 하나. 『대아미타경』 권상(대정장12, p.330b16)에 "나는 지혜의 빛으로 끝없는 계를 널리 비추어 모든 유정의 탐진번뇌의 어둠을 없앤다. 我以智慧光 廣照無央界 除滅諸有情 貪瞋煩惱暗", 『무량수경의소』 권하(대정장37, p.105b26)에 "법을 잘 비추므로 지혜광이라 한다. 於法善照 名智慧光", 『관무량수불경소』 권3(대정장37, p.269a8)에 "일곱 번째는 광명의 체와 용을 밝힌다. 무루가 바탕이므로 지혜광이라 한다. 또한 시방 삼악의 고통이라면 능히 없애 쉬게 하므로 더 위없는 힘이라 하니 이것이 용이다. 七 明光之體用 卽無漏爲體 故名智慧光 又能除息十方三惡之苦 名無上力 卽爲用也", 『무량수경기』 권상(卍속장32, p. 404b13)에 "지혜광이란 지혜로 미치는 바이다. '만났다'란 지혜를 얻었다는 뜻이다. 言智慧光者 智慧所及故 又說遇者 得智故"라고 하였다. [참고문헌] 『大阿彌陀經』, 『無量壽經義疏』, 『觀無量壽佛經疏』, 『無量壽經記』. ⇨ 십이광 十二光

지혜광불 智慧光佛 십이광불(十二光佛) 중 한 분으로 아미타불(阿彌陀佛)이다. 『왕생예찬게』(대정장47, p.440a19)에 "서방극락세계의 지혜광불께 귀의하옵나이다 〈원컨대 중생과 더불어 함께 목숨바쳐 돌아가길 바랍니다. 때문에 저는 저 나라에 나고자 머리숙여 예를 올리옵니다〉. 南無西方極樂世界 智慧光佛〈願共衆生咸歸命 故我頂禮生彼國〉"라고 하였다. [참고문헌] 『往生禮讚偈』, 『無量壽經』 권상(대정장12, p.270b2). ⇨ 십이광불 十二光佛, 아미타불 阿彌陀佛, 지혜광 智慧光[2]

지혜대수 智慧大樹 Ⓢjñāna-druma. 지혜라는 크나큰 나무. 『불소행찬』 권3(대정장4, p.26c2 : *Buddh-c.*, p.154)에 "지혜라는 크나큰 나무여, 위없는 법 열매 삼고 모든 중생을 그늘로 덮어주거늘, 어찌 베려 하겠는가? 智慧之大樹 無上法爲菓 蔭護諸衆生 云何而欲伐 jñānadrumo dharmaphalapradātā notpāṭanaṃ hy arhati vardhamānaḥ", 40권본 『화엄경』 권27(대정장10, p.785a24)에 "비유하자면 저 아주 큰 물과 같아서, 모든 약초와 총림 그리고 나무중에 왕들이 나서 크고 자라게 한다. 보살마하살도 이와 같다. 삼매의 물로 일체보리분법이라는 갖가지 약초를 출생하여 복덕과 지혜라는 큰 나무로 한층 자라게 해서 위없는 깨달음의 열매 성취한다. 譬如水大 能令一切藥草 叢林及大樹王 生成增長 菩薩摩訶薩 亦復如是 以三昧水 出生一切菩提分法 種種藥草 增長福德 智慧大樹 成就無上菩提之果"라고 하였다. [참고문헌] 『佛所行讚』, 『華嚴經』, *Buddh-c.*

지혜동자 地慧童子 ⓈVasumati. 문수보살(文殊菩薩)의 오사자(五使者) 또는 팔대동자(八大童子) 중 한 존격. 태장만다라(胎藏曼荼羅) 문수원(文殊院) 문수보살의 왼쪽 네 번째에 자리한 동자이며, 지혜를 상징하는 문수보살의 권속이다. 재혜동자(財慧童子)·지혜동자(持慧童子)·지당동자(智幢童子)·지혜당동자(地慧幢童子)라고도 한다. 음사어는 바소마지(縛蘇摩底)·바소마지야(嚩素摩底也)다. 종자는 𑖮𑖰𑖩𑖰(hili). 동자라고 하지만 형상은 붉은 연꽃 위에 가부좌한 동녀(童女)형이며, 오른손으로 당번을 잡고 왼손은 가슴 앞에서 푸른 연꽃을 쥔 모습이다. 삼매야형(三昧耶形)은 당번, 밀호(密號)는 반야금강(般若金剛)다. 수인은 왼손을 주먹쥐고 무명지와 소지를 세운 형태다. 진언은 『현법사의궤』(대정장18, p.116b29)에 따르면 "나무 삼만다 몰타남 〈제1구〉. 희리〈희와 리와 합하여 한 음절〉계사마〈계와 사가 합하여 한 음절〉 나양낭계도〈제2구〉 사바〈사와 박이 합하여 한 음절〉하 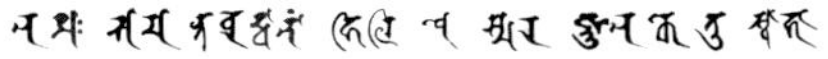 曩莫 三滿多 沒馱喃〈一〉 呬哩〈二合〉係娑麼〈二合〉 囉壤曩計覩〈二〉 娑嚩〈二合〉賀 namaḥ samantabuddhānāṃ hili he smara jñānaketu svāhā"다. 『만수실리염만덕가만애비술여의법』(대정장21, p.97c8)에 "서북방의 지혜동자는 금강장왕처럼 오른손으로 삼고저를 잡는다. 西北方地慧童子 右手把三股 如金剛藏王"라고 하였다. 〔참고문헌〕『玄法寺儀軌』, 『曼殊室利焰曼德迦萬愛祕術如意法』, 『曼茶羅図典』(大法輪閣, 2002). ⇨ 문수오사자 文殊五使者, 문수팔대동자 文殊八大童子, 팔대금강동자 八大金剛童子

지혜등 智慧燈 Ⓢjñāna-pradīpa. 지혜의 등불. 유정과 세간의 어둠을 밝히는 지혜를 등불에 비유한다. 『방광대장엄경』 권1(대정장3, p.545c12)에 "마땅히 지혜의 등불로 어리석음의 어둠을 녹여서 사라지게 한다. 當以智慧燈 銷滅愚癡暗", 『불소행찬』 권4(대정장4, p.34a28)에 "지혜의 등불 타오르니 모든 어리석음의 어둠을 떠나고, 끝도 없는 법을 남김없이 다 알아 무명 온통 남음이 없네. 熾然智慧燈 離諸癡冥闇 見盡無盡法 無明悉無餘", 『대지도론』 권41(대정장25, p.357c24)에 "비유컨대 저 밤에 험한 길을 가는데 등불을 가진 이 없다면 결코 지나갈 수 없는 경우와 같다. 부처님도 이와 같아서 지혜의 등불로 우리를 비추어주시지 않는다면 우리는 그 무엇도 볼 수 없다. 譬如夜行險道 無人執燈 必不得過 佛亦如是 若不以智慧燈 照我等者 則無所見"라고 하였다. 〔참고문헌〕『方廣大莊嚴經』, 『佛所行讚』, 『大智度論』, *Buddh-c.154.*, *Lal-v.148.*

지혜력 智慧力 Ⓢjñāna-bala. 지혜의 힘. 『법화경』 권1(대정장9, p.9b23 : *Saddh-p.*, p.54)에 "나는 지혜의 힘으로 중생의 성과 하고 싶은 것을 알아, 방편으로 갖가지 법을 설하여 모두가 기쁨을 얻도록 한다. 我以智慧力 知衆生性欲 方便說諸法 皆令得歡喜 deśemi dharmaṃ ca bahūprakāraṃ adhimuktimadhyāśaya jñātva prāṇināṃ, saṃharṣayāmī vividhairūpāyaiḥ pratyātmikaṃ jñānabalaṃ mamaitat", 『법화문구』 권4하(대정장34, p.59c15)에 "지혜력이란 방편에 따르는 지혜의 힘이다. 智慧力者 卽權智力也"라고 하였다. 〔참고문헌〕『法華經』, 『法華文句』, *Saddh-p.*

지혜륜 智慧輪 ❶ 오분법신(五分法身) 중 하나인 혜신(慧身 Ⓢprajñā-skandha)이 움직이는 뜻. 혜륜(慧輪)이라고도 한다. 『바수밀소집론』 권4(대정장28, p.746a2)에 "비유하자면 저 계륜·정륜·지혜륜·해탈륜·해탈지혜견지혜륜 내지 십이인연륜에 이르는 이런 법륜을 듣고 나서는, 지녀 읊으며 외워 새기지만 뜻에 물들거나 집착함이 없고 싫어하지 않는다. 마음이 어지럽지 않고 잘 사유하면 이를 '성현들 말 없으신 채로일 뿐임'이라 한다. 譬如戒輪 定輪 智慧輪 解脫輪 解脫智慧見智慧輪 乃至十二因緣輪 聞此輪已 持諷誦讀 意不染著不厭 心不亂善思惟 是謂賢聖默然"라고 하였다. 〔참고문헌〕『婆須蜜所集論』. ⇨ 오분법신 五分法身 ❷ Ⓢ Prajñācakra. 당대 역경승(譯經僧). 반야야갈라(般若惹羯羅)·반야작갈라(般若斫羯囉) 등으로 음사하고, 만월(滿月)이라 한역한다. 선종(宣宗) 대중년간(847~860)에 관정(灌頂)을 받고 불공삼장(不空三藏)의 전법아사리(傳法阿闍梨)가 되어 밀교를 널리 선양하였다. 『다라니집 陀羅尼集』·『반야바라밀다심경 般若波羅蜜多心經』·『최상승유가비밀삼마지수본존실지건립만다라의궤 最上乘瑜伽祕密三摩地修本尊悉地建立曼荼羅儀軌』 등을 한역하였으며, 『대성환희천식법 大聖歡喜天式法』·『명불법근본비 明佛法根本碑』 등을 지었다. 〔참고문헌〕『宋高僧傳』 권3(대정장50, p.722c21). ⇨ 만월 滿月 ❸

지혜명 智慧明 지혜로 밝아지다. 『장아함경』 권16 「나형범지경 倮形梵志經」(대정장1, p.104a7)에 "저 비구는 삼매심으로 삼명을 얻기에 이르렀다. 모든 어리석음의 어둠 사라지고 지혜 생겨나 밝으니 이른바 누진지가 생겨난 것이다. 彼比丘以三昧心 乃至得三明 滅諸癡冥 生智慧明 所謂漏盡智生" 『인왕반야경소』 권상(대정장33, p.321b12)에 "대광명이란 희유한 일을 드러낸 것이다. 아직 믿음 없는 이에게는 믿음을 내게 하고, 이미 믿는 이에게는 한층 더하게 한다. 또한 중생으로 하여금 무명의 어둠을 깨뜨려 지혜의 밝음을 얻게 한다. 大光明者 是現希有事 令未信者生信 已信者令得增益 亦欲令衆生 破無明闇 得智慧明也"라고 하였다. 〔참고문헌〕『長阿含經』, 『仁王般若經疏』.

지혜명료 智慧明了 Ⓢprajñāvat. 지혜로 밝게 깨우치다. 『법화경』 권1(대정장9, p.6c10 : *Saddh-p.*, p.36)에 "이 모임의 무수백천만억 아승기 중생들이 부처님을 친견하고 모든 근이 힘 있게 예리해졌고 지혜로 밝게 깨우쳤으니, (그 이후로) 부처님의 말씀을 듣기만 하면 우러러 믿는다. 是會無數百千萬億 阿僧祇衆生 曾見諸佛

諸根猛利 智慧明了 聞佛所說 則能敬信 santi bhagavaṃstasyāṃ parṣadi bahūni prāṇiśatāni bahūni prāṇisahasrāṇi bahūni prāṇiśatasahasrāṇi bahūni prāṇikoṭīnayutaśatasahasrāṇi pūrvabuddhadarśāvīni prajñāvanti yāni bhagavato bhāṣitaṃ śraddhāsyanti pratīyiṣyantyudgrahīṣyanti",『법화현의』권6상(대정장33, p.750b14)에 "경에서 '모든 근이 온통 예리해졌고 지혜로 밝아 깨우쳤다'고 하였다. 이는 육근이 모두 지혜로워 곧바로 서로 쓰는 뜻이다. 經云 諸根通利 智慧明了也 六根皆智慧 卽互用意也",『법화문구』권7하(대정장34, p.99b23)에 "'지혜 밝아 깨우쳤다' 함은 열어 보여 깨우쳐 든 것이다. 저 부처님께서 처음으로 원돈을 설하시자 모든 제자들 대승공덕을 다 구족했고, 가엾이 여기는 온갖 방편으로 거듭 부처님께 권도를 열어 진실을 보이시도록 청하였다. 智慧明了者 開示悟入也 彼佛初說圓頓 諸子大乘功德 悉皆具足 愍諸方便 重請佛開權顯實也"라고 하였다. [참고문헌]『法華經』,『法華玄義』,『法華文句』, *Saddh-p.183·457.* ⇨개시오입 開示悟入, 개권현실 開權顯實

지혜무여 智慧無餘 지혜로움에 남음이 없음. 온통 지혜 뿐인 뜻.『장아함경』권12「자환희경 自歡喜經」(대정장1, p.77a21)에 "이 법은 최상이어서 지혜로움에 남음이 없으며 신통 또한 다를 것 없습니다. 모든 세간의 사문바라문 능히 여래와 더불어 같은 이도 없는데, 하물며 여래를 넘어설 자 있겠는가. 此法最上 智慧無餘 神通無餘 諸世間沙門婆羅門 無能與如來等者 況欲出其上"라고 하였다. [참고문헌]『長阿含經』.

지혜문 智慧門 ❶지혜로 열린 문. 권지(權智) 또는 권지로 설하는 모든 교법. 지혜 자체는 불과(佛果)의 실지(實智)이고, 인지(因地)의 권지는 실지로 들어가는 문이다. 여래께서 증득하신 지혜는 실지이고, 이타로 펼치는 방편의 지혜는 권지라 한다. 이 권지는 실지로 들도록 이끄는 문이다.『법화경』권1(대정장9, p.5b25 : *Saddh-p.*, p.29)에 "모든 부처님의 지혜는 깊디깊고 무량해서 그 지혜로 열린 문은 알기도 어렵고 들기도 어렵다. 諸佛智慧 甚深無量 其智慧門 難解難入 gambhīraṃ śāriputra durdṛśaṃ duranubodhaṃ buddhajñānaṃ tathāgatairarhadbhiḥ samyaksaṃbuddhaiḥ pratibuddham",『법화의소』권3(대정장34, p.486c23)에 "'이 지혜문'은 두 번째로 권지를 앞세워 권지를 찬탄한다. '이 지혜'란 위에서 보인 지혜고, 문이란 권할 수 있는 지다. 모든 교를 설하는 것은 부처님 지혜와 통하게 하려 함이다. 그러므로 일체교는 불지혜로 드는 문이고, 이 때문에 무어라 해도 정히 바로 일체교를 문으로 삼는다. 其智慧門 第二 標權智歎權智也 其智慧者 則牒上智慧也 門者權智 說一切教 爲通佛智 故以一切教 爲佛智慧門 故正取一切教爲門",『법화문구』권3하(대정장34, p.38b7)에 "일체 사(事)와 이(理), 경(境)과 지(智) 등은 모두 이름을 실이라 하고, 벌려 베풀고 말해 가리는 아함의 언교는 모두 지혜문이다. 이를 증한 뜻과 교를 권과 실로 논한다. 一切事理境智等 悉名爲實 施設詮辯 阿含言教 悉是智慧門 此證理教論權實"라고 하였다. [참고문헌]『法華經』,『法華義疏』,『法華文句』, *Saddh-p.* ⇨권지 權智 ❷보살이 보리를 깨닫고자 닦는 세 가지 법문 중 하나.『왕생론주』권하(대정장40, p.842b6)에 "〈논〉 보살은 이와 같이 회향하여 성취함을 잘 안다. 곧 세 가지 보리문과 어긋나는 법을 멀리 벗어날 줄 안다. 무엇이 그 세 가지인가? 첫째, 지혜문에 의지하여 스스로의 즐거움을 구하지 않고, 나의 마음이라고 여겨 자기 몸에 탐착함을 멀리 벗어난다. 〈주〉 나아가고 지키고 물러남을 알면 '지'라 하고, 공과 무아를 알면 '혜'라 한다. 지에 의지하므로 스스로의 즐거움 구하지 않고, 혜에 의지하므로 나의 마음이라고 여겨 자기 몸에 탐착함을 멀리 벗어난다. 菩薩如是 善知迴向成就 卽能遠離 三種菩提門相違法 何等三種 一者 依智慧門 不求自樂 遠離我心 貪著自身故 知進守退曰智 知空無我曰慧 依智故 不求自樂 依慧故 遠離我心 貪著自身"라고 하였다. [참고문헌]『往生論註』. ⇨삼문 三門❷ ❸복덕문(福德門)과 함께 불도를 성취한다.『대명삼장법수』권2(영락장181, p.462a9)에 "둘째는 지혜문이다. 지혜문이란 일체제법이 그대로 실상임을 깨달아 아는 것이 바로 지혜문이다. 지혜문에 들면 생사를 싫어하지도 열반을 좋아하지도 않는다. 二 智慧門 智慧門者 謂了知一切諸法 卽是實相 是爲智慧門 入智慧門 則不厭生死 不樂涅槃也",『법화의소』권3(대정장34, p.493b3)에 "또한 처음에 작은 집착을 멸하고 큰 앎 나도록 설하니 지혜문이다. 그런 뒤에 경을 널리 펴 자비를 닦도록 하니 복덕문이다. 이 경은 이승인들이 대승복혜를 빠짐없이 닦도록 하기에 보살법이라 한다. 又初說滅其小執 生於大解 謂智慧門 後令弘經 則是修慈悲 謂福德門 此經令二乘人 具修大乘福慧 故名教菩薩法"라고 하였다. [참고문헌]『大明三藏法數』,『法華義疏』. ⇨복덕문 福德門, 복지 福智

지혜바라밀 智慧波羅蜜 Ⓢprajñā-pāramitā, Ⓟpaññā-pāramitā, Ⓣshes-rab-kyi-pha-rol-tu-phyin-pa. 육바라밀(六波羅蜜) 또는 십바라밀(十波羅蜜) 중 하나. 혜바라밀·반야바라밀(般若波羅蜜)·명도무극(明度無極)이라고도 한다. 모든 바라밀의 바탕이 된다.『대방광선교방편경』권1(대정장12, p.167a15)에 "불러내 살피고 견주어 헤아림이 모두 다 평등하니, 이들 가운데 적은 법이라곤 없다. 이렇게 한즉 보살이 지혜바라밀다를 성취했다고 한다. 稱量較計 皆悉平等 是中無有少法

可得 此卽名爲菩薩成就 智慧波羅蜜多",『삼십칠존심요』(대정장18, p.296c14)에 "지혜바라밀이란, 지란 능히 다른 줄 알고 혜란 이에 가려 밝음이다. 마치 밝은 거울이 능히 뭇 것들을 비추듯이, 대소승법에 어긋남과 그릇됨이 있을 리 없어 아집의 두 모습 버려서 대승심에 머문다. 두렷하고 꽉 차서 더할 것 없는 보리로 진여의 저 세계 깨우치니 곧바로 이 여래평등법신이다. 智慧波羅蜜者 智能了別 慧乃辨明 由如明鏡能鑒衆色 大小乘法 無有差謬 除其我執二相 住大乘心 圓滿菩提 證眞如際 卽是如來平等法身",『화엄경의해백문』(대정장45, p.633b1)에 "티끌들 서로 얽혀 일어날 뿐 생도 없고 상도 없는 공적한 바탕이 바로 지혜바라밀이다.『대품반야경』권11(대정장8, p.302c18)에 '색이 생하지 않으니 반야바라밀이다'라고 하였다. 塵緣起 無生無相 空寂之理 是智慧波羅蜜 經云 色不生 是般若波羅蜜",『사교의』권12(대정장46, p.766a13)에 "지혜바라밀은 뜻을 불러내 끝내 마쳤기에 실이라 한다. 智慧波羅蜜 稱理究竟 故名爲實也",『금강경주강』권상(卍속장92, p.759a13)에 "아인 등 사상이 없은즉 자성 항상 공하여 어떤 장애 있을 리 없어 하나의 진실 여지없이 드러난다. 그 빛 두루하지 않을 수 없어서 비추되 가지 못하는 곳이 없다. 이것이 지혜바라밀이다. 無我人四相 則自性常空 無有障礙 一眞顯露 光無不遍 照無不週 卽是智慧波羅蜜",『원각경도량수증의』권3(卍속장128, p.748b16)에 "지혜바라밀다를 찬양하다 : 지혜바라밀이여! 몸소 보살의 스승 되시네. 두 가지 집착 온전히 버리고, 만반의 의혹 두루 끊었네. 오온을 비추어 다 공한 곳에서, 깊은 반야를 행하시는 그때, 고액을 넘어설 뿐만 아니라, 결정코 무위도 증한다네. 정과 혜 앞뒤가 아니고, 공 능히 서로 밀어준다네. 닦을 때 한가지로 일념이어서, 비로소 미친 듯 어리석음에 떨어질 일 면한다네. 讚智慧波羅蜜 智慧波羅蜜 親爲菩薩師 全除二種執 徧斷萬般疑 照蘊皆空處 行深般若時 不唯超苦厄 決定證無爲 定慧非前後 功能且互推 修時同一念 方免墮狂癡"라고 하였다. [참고문헌]『大方廣善巧方便經』,『三十七尊心要』,『華嚴經義海百門』,『大品般若經』,『四敎義』,『金剛經註講』,『圓覺經道場修證儀』, *Vikī-n.77.* ⇨ 반야바라밀 般若波羅蜜, 마하반야바라밀 摩訶般若波羅蜜[1], 육바라밀 六波羅蜜

지혜방편 智慧方便 실지(實智)인 지혜와 권지(權智)인 방편을 아우른 말. 또는 실지를 드러내는 권지라는 뜻이기도 하다. 지혜는 자리(自利)이고 방편은 이타(利他)로서 함께 한다.『법화경연의』권2(卍속장52, p.184b11)에 "지혜는 실이고 방편은 권이다. 지혜방편이란 실지를 드러내 권하는 뜻이다. 智慧是實 方便是權 智慧方便者 乃卽實之權也", 돈황본『대승이십이문본』(대정장85, p.1187c2)에 "이 중 바로 지혜는 스스로의 행이니 실인 지혜로써 진여를 밝히기 때문이다. 방편이란 남을 교화하는 일이니 권방편으로 중생을 바꾸기 때문이다. 새는 두 날개를 갖추어야 허공을 비상할 수 있고, 수레에는 두 바퀴가 있어야 능히 땅 위로 나른다. 지혜와 방편이라는 두 문에 대하여 알아보았다. 此中智慧 卽是自行 以實智慧 澄眞如故 言方便者 卽是化他 以權方便 化衆生故 鳥具二翼 乃得翔空 車有兩輪 方能載陸 旣知智慧方便二門",『승만경술기』권상(卍속장30, p.601a16)에 "그대에게 지혜와 방편이 있으니 하근기로 아는 것 아니라네. 깊고 깊어 미묘하여 생각으론 헤아리지 못하네. 지혜는 실지이고 방편은 권지다. 실지로 진실을 비추기에 깊고 깊다고 하며, 권지를 탁월하게 쓰기에 미묘하다고 한다. 汝有智慧方便 非下所知 甚深微妙 不可思議也 智慧者 實智也 方便者 權智也 實智照實 名甚深也 權智巧用 名微妙也",『약사경직해』(卍속장35, p.369b17)에 "지혜방편은 '방편이 있으면 혜를 알고, 혜가 있으면 방편을 안다'고 한 정명의 뜻과 같다. 권실이라는 두 지를 모두 갖추었기에 법계라 불릴 수 있다. (이 법계에서) 중생이 구하는 것이라면 모두 채워주어 모자람이 없도록 한다. 智慧方便 卽淨名 有方便慧解 有慧方便解 權實二智 悉皆具足 故能稱法界 衆生所求 皆滿其願 無令乏少"라고 하였다. [참고문헌]『法華經演義』,『大乘二十二問本』,『勝鬘經述記』,『藥師經直解』. ⇨ 지혜 智慧, 방편 方便, 실지 實智, 권지 權智, 권실이지 權實二智

지혜산 智慧山 지혜의 산. 쌓은 지혜 산과 같아 흔들림 없고 답하지 못할 일이 없는 비유다. 40권본『대반열반경』권8(대정장12, p.415c24)에 "여래는 무량번뇌를 다 끊고 지혜산에 머물면서 모든 중생이 항상 무량억번뇌중에 있음을 본다. 如來悉斷 無量煩惱 住智慧山 見諸衆生 常在無量億煩惱中",『대보적경』권71(대정장11, p.406b3)에 "부처님께서는 번뇌 다함 얻으셨기에 사자후 지으시고 지혜산에 오르셨다. 답할 수 없는 것 없노라. 佛得盡漏故 而作師子吼 得上智慧山 無能難問者"라고 하였다. [참고문헌]『大般涅槃經』,『大寶積經』.

지혜상 智慧相 Ⓢ vipaśyanā-nimitta. 지혜의 상. 육바라밀 중 반야바라밀(般若波羅蜜), 오종반야 중에서는 관조반야(觀照般若)를 말한다.『대방등대집경』권15(대정장13, p.103a29)에 "많이 듣는 일은 지혜를 장엄하는 상이니, 다문으로 지혜를 얻어 인을 떠나지 않기 때문이다. 多聞是莊嚴智慧相 多聞得智慧 不離因故",『사익범천소문경』권2(대정장15, p.46b27)에 "범천이여, 보시상·지계상·인욕상·정진상·선정상·지혜상을 갖추는 것을 살바야(Ⓢ sarvajña : 一切智)라고 한다. 범천이여, 이와 같이 육바라밀을 구족하면 살바야를 능히 가득 채운다. 梵天 具足布施相 持戒相 忍辱相 精進相

禪定相 智慧相 是名薩婆若 梵天 如是具足六波羅蜜 能滿足薩婆若”, 『대지도론』 권31(대정장25, p.293c5)에 “버리는 것이 보시상이고, 돌이킬 일 없고 뇌롭지 않으면 지계상이며 … 착함이 없어야 지혜상이고, 능히 일을 이루는 것은 방편상이며, 알음알이로 생멸을 지으면 세간상이고, 알음알이 없으면 열반상이다. 捨爲施相 不悔不惱爲持戒相 … 無所著爲智慧相 能成事爲方便相 識作生滅爲世間相 無識爲涅槃相”, 『법화경현찬요집』 권15(卍속장54, p.136a12)에 “첫째 지혜성은 실상반야고, 지혜상은 관조반야 … 지혜경은 경계반야다. 一 智慧性者 謂實相般若 智慧相 觀照般若 … 智慧境 境界般若”라고 하였다. [참고문헌] 『大方等大集經』, 『思益梵天所問經』, 『大智度論』, 『法華經玄贊要集』, 『中邊分別論』 권하(대정장31, p.464a8), *Madhy-vibh.76.* ⇨ 반야바라밀 般若波羅蜜, 관조반야 觀照般若

지혜수 智慧水 Ⓢjñāna-vāri. 지혜의 물. 지혜로 뜨거운 번뇌 씻어내 청정하게 하는 비유다. 『비화경』 권5(대정장3, p.202a17)에 “큰 법의 비를 내려 지혜의 물을 베푸셔서 모든 중생들 고뇌의 불길 끄신다. 雨大法雨 施智慧水 滅諸衆生 苦惱之火”, 『문수사리문경』 권하(대정장14, p.503a25)에 “모든 허물을 때라고 하니, 지혜의 물로 마음의 때를 씻어내 맑고 깨끗해진다. 諸過爲垢 以智慧水 洗除心垢 以除心垢 故成淸淨”, 『불수반열반약설교계경』(대정장12, p.1111c28)에 “정을 얻었다 하니, 마음 어지럽지 않아 마치 물 아끼는 집에서 제방을 잘 다스리듯 한다. 행자도 이러하니 지혜의 물 위해서 선정을 잘 닦아 누실함 없도록 한다. 이것을 정이라 한다. 若得定者 心則不亂 譬如惜水之家 善治堤塘 行者亦爾 爲智慧水故 善修禪定 令不漏失 是名爲定”, 『불유교경론소절요』(대정장40, p.854a27)에 “지혜는 물을 아껴 소중히 여기는 일에 합하고, 선정은 제방에 합한다. 새지 않음은 마음이 산란하지 않음과 합한다. 智慧合惜水 禪定合隄塘 不漏合心不散”라고 하였다. [참고문헌] 『悲華經』, 『文殊師利問經』, 『佛垂般涅槃略說敎誡經』, 『佛遺敎經論疏節要』, *Laṅk.365.*

지혜안 智慧眼 Ⓢprajñā-cakṣus. 지혜의 눈. 지안(智眼)이라고도 한다. 『대반열반경』 권상(대정장1, p.193c3)에 “‘세존께서 이제 열반에 들려 하시니, 일체중생은 지혜안을 잃고 흑암 중에 있게 되리라. 마땅히 행할 당처 어떻게 알 수 있겠습니까? 바라옵건대 세존께서는 수명이 일겁 되도록 머물러 주십시오’. 이렇게 세 번 간청하니, 부처님께서 답해 말씀하셨다. ‘보이는 법들 모두 다 무상하다. 설사 일겁을 머물지라도 다시 일겁을 덜어내더라도 이 또한 한결같을 수 없는 저곳으로 돌아간다’. 世尊今者欲般涅槃 一切衆生失智慧眼 方當在於黑暗之中 云何能見所應行處 唯願世尊住壽一劫 若減一劫 如是三請 佛卽答言 有爲之法 皆悉無常 設住一劫 若減一劫 亦歸無常”, 『이취육바라밀다경』 권9(대정장8, p.908b11)에 “계바라밀 지혜 따라 생기듯이, 인욕바라밀다 역시 반야바라밀다를 따라 일어난다. … 이 지혜는 눈 밝은 사람이 멀리서 독사를 보는 즉시 멀리 피하듯이, 지혜의 눈이 있으면 분노의 독사를 피함도 이와 같다. 戒波羅蜜 從智慧生 忍辱波羅蜜多 亦從般若波羅蜜多生 … 又此智慧 如明眼人遙見毒蛇 卽便遠避 有智慧眼 避瞋恚蛇 亦復如是”라고 하였다. [참고문헌] 『大般涅槃經』, 『理趣六波羅蜜多經』, *Laṅk.40 · 164.* ⇨ 인욕 忍辱

지혜양약 智慧良藥 Ⓢjñāna-oṣadha. 지혜라는 좋은 약. 삼독(三毒)을 비롯한 온갖 병을 치료해 낫게 함을 가리킨다. 『불소행찬』 권3(대정장4, p.26b18 : *Buddh-c.*, p.154)에 “세간을 구호할 수는 없으니, 탐욕과 분노 그리고 어리석음 독 중에 있다. 이런 중생을 가엾이 여기기에 지혜라는 양약을 구한다네. 世間無救護 中貪恚癡毒 哀愍衆生故 求智慧良藥 tallokamārta karuṇāyamāno rogeṣu rāgādiṣu vartamānam, mahābhiṣaṅga nārhati vighnameṣa jñānauṣadhārtha parikhidyamānaḥ”, 『유가사지론』 권80(대정장30, p.744c2)에 “또한 저들 성문에게 번뇌라는 병을 낫게 하는 지혜라는 양약이 아무리 가득할지라도, 일체중생의 모든 번뇌병은 다스릴 수 없다. 그러나 모든 보살은 저들과 다르니, 능히 수행하여 다른 이의 일들 이익케 하기 위해 뛰어난 뜻으로 행한다. 又彼聲聞 療煩惱病 智慧良藥 雖復成滿 而不能治 一切衆生 諸煩惱病 而諸菩薩 與彼相違 由能修行 利益他事 勝義行故”라고 하였다. [참고문헌] 『佛所行讚』, 『瑜伽師地論』, *Buddh-c.* ⇨ 양약 良藥

지혜영락장엄 智慧瓔珞莊嚴 사종영락장엄(四種瓔珞莊嚴) 중 하나로 지혜로 구슬처럼 장엄하다. 의심을 버리는 일로부터 생멸이 없다 하는 데까지 갖가지 장엄이 있다. 『대방등대집경』 권1(대정장13, p.6b20)에 “지혜영락장엄에는 한 가지 있으니 마음에 의심이라는 그물이 없다. 다시 두 가지 있다. 첫째는 의심을 멀리 버리고, 둘째는 분노하는 마음도 멀리 버린다. … 또한 열 가지가 있다. 첫째는 모든 법을 관하여 마치 허깨비와 같다고 생각하고, 둘째는 꿈결같다고 생각하며, 셋째는 불꽃같다 생각하고, 넷째는 메아리같다고 생각하며, 다섯째는 파초나무와 같다고 생각하고, 여섯째는 물에 잠긴 달과 같다고 생각하며, 일곱째는 그림자와 같다고 생각한다. 여덟째는 법계를 관하여 더하고 덜함이 없다고 생각하고, 아홉째는 모든 법계에 가고 머묾이 없다고 관하며, 열째는 무위여서 생멸이 없다고 관한다. 이것을 가리켜 지혜 구슬처럼 장엄한다고 한다. 智慧瓔珞莊嚴有

一種 所謂心無疑網 復有二種 一者 遠離疑心 二者 遠離瞋心 … 復有十種 一者 觀於諸法 猶如幻想 二 如夢想 三 如炎想 四 如響想 五 如芭蕉樹想 六 如水中月想 七 如影想 八者 觀於法界 無增減想 九者 觀諸法界 無有去住 十者 觀於無爲 無有生滅 是名爲慧瓔珞莊嚴"라고 하였다. 〔참고문헌〕『大方等大集經』, 『守護國界主陀羅尼經』 권7(대정장19, p.558a25). ⇨사종영락장엄 四種瓔珞莊嚴

지혜운 智慧雲 지혜의 구름. 삼세의 근심을 없애고, 법계 가득 덮은 채로 법의 비도 내려 일체중생을 적시는 법운지(法雲地)를 말하기도 한다. 『보살영락경』 권11(대정장16, p.102a17)에 "더없이 뛰어난 무위도는 청정하여 물들지 않고, 두루 퍼지는 지혜의 구름으로 삼세의 아픈 일들 없앤다. 增上無爲道 淸淨無所染 遍布智慧雲 消滅三世患", 『법화경현찬요집』 권1(卍속장53, p.376b13)에 "〔문〕 이미 부처님 몸을 불러 구름이라 하면서 무슨 이유로 혜운이라 하는가? 〔답〕 지혜를 떨쳐 뭉쳐서 불신을 이루기에 불신을 불러서 지혜의 구름을 짓는다. 〔문〕 이미 지혜를 구름이라 하고는 어떤 이유로 이곳에서는 지혜라 하지 않고 자비로운 구름이라 하는가? 〔답〕 마치 먼저 용이 있은 연후에야 구름을 토해내듯이, 먼저 자비로운 마음에 앞서 지혜를 일으키기 때문이다. 자비로운 마음은 능히 일어나는 것이고, 지혜는 일으킨 것이다. 능소를 합하여 설하므로 자비로운 구름이라 한다. 問 旣喚佛身作雲 何故言慧雲 答 佛團智慧 成佛身故 故喚佛作智慧雲 問 旣喚智慧作雲 何故此間 不言智慧 而言慈雲 答 如先有龍 然後吐雲 由先有慈心於先 然後起智慧 慈心爲能起 智慧爲所起 能所合說 故言慈雲", 『범망경직해』 권상(卍속장61, p.112a11)에 "어리석음의 장애 이미 끊었으므로 지혜의 구름이 법계에 가득하여 큰 법비를 내리고 모든 메마른 중생을 채워준다. 그러므로 법운지라 한다. 愚障旣斷 故智慧雲 彌滿法界 雨大法雨 充足一切枯槁衆生 故名法雲地"라고 하였다. 〔참고문헌〕『菩薩瓔珞經』, 『法華經玄贊要集』, 『梵網經直解』.

지혜이검 智慧利劍 지혜라는 잘드는 칼. 지검(智劍)·지혜검(智慧劍)과 같은 뜻이다. 『대승본생심지관경』 권2(대정장3, p.299c18)에 "법보는 마치 지혜라는 예리한 칼과 같으니, 생사를 베어 끊어 속박을 떠나기 때문이다. 法寶猶如 智慧利劍 割斷生死 離繫縛故", 『현우경』 권1(대정장4, p.350b17)에 "언젠가 부처 되는 그때, 마땅히 지혜라는 잘드는 칼로 그대들이 묶인 번뇌의 병을 끊어 없애리라. 後成佛時 當以智慧利劍 斷除汝等 結使之病"라고 하였다. 〔참고문헌〕『大乘本生心地觀經』, 『賢愚經』. ⇨지검 智劍, 지혜검 智慧劍

지혜인 智慧人 Ⓢ Ⓟ paṇḍita. 불보살(佛菩薩)의 별명 중 하나. 지혜로운 사람. 박식한 사람. 『장아함경』 권19 「세기경 世記經」(대정장1, p.127a21)에 "만약 지혜인 있어 천사를 본 이라면 몸소 현성법을 가까이 하고 게으르지 말아야 하리. 若有智慧人 見於天使者 親近賢聖法 而不爲放逸", 『유부율잡사』 권36(대정장24, p.385a18)에 "만약 총명한 지혜인이라면 이 뛰어나고 아름다운 곳을 점쳐 머문다. 계를 가져 깨끗이 행하는 이에게 공양하며, 또한 원하는 게송 의당 설할 수 있어야 하리. 若有聰明智慧人 卜居於此勝妙處 供養持戒淨行者 復爲宣說願伽陀"라고 하였다. 〔참고문헌〕『長阿含經』, 『有部律雜事』, *MN.3.170.* ⇨불보살 佛菩薩

지혜일 智慧日 Ⓢ jñānamayo sūryaḥ. 태양과 같은 지혜. 밝게 비춰 드러나게 하는 뜻이다. 『불소행찬』 권1(대정장4, p.3a26)에 "항상 모든 무리들 위해 어리석고 어두운 가림들 사라지게 하면서 세계에서 영원히 타오르니, 지혜 저 햇빛처럼 밝다. 常爲諸群生 滅除癡冥障 於世永熾燃 智慧日光明", 『니건자소설경』 권2(대정장9, p.323b20)에 "여래의 지혜로운 저 태양, 번뇌 없는 마니주라네. 다른 곳 좇아 오르지 않으니, 선정의 바다 중에서 떠오른다네. 如來智慧日 無漏摩尼珠 不從餘處生 禪定海中出", 80권본 『화엄경』 권74(대정장10, p.402b14)에 "맑고 지혜롭고 두렷해 가득하기까지 하니, 지혜의 태양으로 모든 법을 밝게 비춘다. 淨智圓滿 以智慧日 明照諸法"라고 하였다. 〔참고문헌〕『佛所行讚』, 『尼乾子所說經』, 『華嚴經』, *Buddh-c.8.*

지혜자 智慧字 지혜를 내는 자(字). 실담자 중 지혜의 자성을 가질 수 있는 자(字)들을 말하는데, 삼매 즉 정(定)을 일으키는 삼매성(三昧聲)과 마주한다. 『대일경소』 권14 「자륜품 字輪品」(대정장39, p.723a22)에 "무릇 자륜은 크게 삼분한다. 처음 아(𑖀)자가 제1분이 되고, 다음 가(𑖎)부터 내지 20자가 제2분이다. 다음 야(𑖧)자에서 하(𑖮)자까지가 제3분인데, 걸차(𑖎𑖿𑖬)자는 제하여 던다. 이 자가 이미 겹치기 때문이다〈가(𑖎)와 사(𑖬) 두 소리가 있기에 겹침을 말한다〉. 이상은 모두 지혜자다. 凡字輪 大爲三分 初阿字 卽爲一分 次迦乃至二十字 爲第二分 次也字乃至訶字 爲第三分 除去乞叉字 由此字已重故也〈謂有迦娑二聲故重也〉 以上皆是智慧字也"라고 하였다. 〔참고문헌〕『大日經疏』, 『大日經義釋』 권11(卍속장36, p.844b5). ⇨실담사십이자문 悉曇四十二字門, 자문 字門, 삼매성 三昧聲, 자륜 字輪

지혜자 智慧者 지혜로운 이. 『잡아함경』 권39(대정장2, p.289a3)에 "참으로 금을 가져 부림이 저 설산왕같이 되고, 또한 한 사람이 이 금을 차지할지라도 결코 족할 줄 모르리라. 이런 까닭에 지혜로운 이는 금 보기를 돌같이 한다네. 正使有眞金 如雪山王者 一人得此金 亦復不知足 是故智慧者 金石同一觀"라고 하였다. 〔참고문헌〕『雜阿含經』. ⇨지혜인 智慧人

지혜자량 智慧資糧 Ⓢjñāna-saṃbhāra, Ⓣye-shes-kyi-tshogs. 지혜로 도와 양식이 되다. 복덕(福德)과 함께 두 갈래 자량(二種資糧)이다. 자량(資糧 Ⓢsaṃbhāra)이란 적집(積集)·장엄(莊嚴)으로도 번역하며, 도와 양식이 되서 기르는 뜻이다. 지자량(智資糧)이라고도 한다. 『해심밀경』 권4(대정장16, p.705a14)에 "'세존이시여, 이와 같은 여섯 가지 마땅히 익혀야 할 일 중에서 몇 가지는 복덕자량이고, 몇 가지는 지혜자량에 거두어집니까?' 부처님께서 관자재보살에게 말씀하셨다. '선남자야, 증상계학으로 거두면 복덕자량섭이고, 만일 증상혜학으로 거두면 지혜자량섭이다'. 世尊 如是六種 所應學事 幾是福德資糧所攝 幾是智慧資糧所攝 佛告觀自在菩薩曰 善男子 若增上戒學所攝者 是名福德資糧所攝 若增上慧學所攝者 是名智慧資糧所攝", 『유가사지론』 권29(대정장30, p.446b17 : *Śrāv-bh.*, p.337)에 "지혜자량이란 이를 말미암아 총혜를 성취하고, 힘 있어 능하며, 선설과 악설 등 법의 뜻 잘 이해하고, 법교와 의교에 따라 가르쳐주고 가르쳐 깨우칠 수 있게 된다. 智慧資糧者 謂由此故 成就聰慧 有力有能 解了善說惡說法義 獲得隨順 法敎義敎 敎授敎誡 tatra jñānasaṃbhāraḥ. yena medhāvī bhavati, pratibalaḥ. subhāṣitadurbhāṣitānāṃ dharmāṇāmarthamājñātuṃ lābhī bhavati. ānulobhikāyā dharmadeśanāyāḥ, arthadeśanāyāḥ, avavādānuśāsanyāḥ"라고 하였다. 〔참고문헌〕『解深密經』, 『瑜伽師地論』, *Śrāv-bh.* ⇨복덕지혜이종자량 福德智慧二種資糧, 복덕자량 福德資糧, 사종자량 四種資糧❶, 자량 資糧

지혜장엄 智慧莊嚴 지혜를 닦아 한껏 갖추다. 삼학(三學) 중에는 증상혜학에 당한다. 지엄(智嚴)이라고도 한다. 이종장엄(二種莊嚴) 중 하나로 복덕장엄(福德莊嚴)과 마주한다. 40권본 『대반열반경』 권27(대정장12, p.523a15)에 "사자후보살이 말했다. '세존이시여, 무엇을 지혜장엄이라 합니까?' … '혜장엄이란 일지부터 십지까지를 말하니, 이를 혜장엄이라 한다'. 師子吼菩薩言 世尊 云何名爲智慧莊嚴 … 慧莊嚴者 謂從一地 乃至十地 是名慧莊嚴", 『심밀해탈경』 권4(대정장16, p.681b28)에 "관세자재보살이 부처님께 여쭈었다. '세존이시여, 이 육종수행에서 몇이 공덕장엄이고, 몇이 지혜장엄입니까?' '관세자재여, 증상계학이 공덕장엄이요, 증상혜학이 지혜장엄이며, 정진바라밀과 선바라밀은 모든 바라밀에 두루함을 마땅히 알라'. 觀世自在菩薩白佛言 世尊 此六種修行 幾功德莊嚴 幾智慧莊嚴 佛言 觀世自在增上戒學 功德莊嚴 增上慧學 智慧莊嚴 精進波羅蜜 禪波羅蜜 遍諸波羅蜜 應知", 『화엄경소초』 권25(대정장36, p.191c22)에 "공덕은 복덕장엄이요, 광명은 지혜장엄이다. 功德是福德莊嚴 光明名爲智慧莊嚴", 『승만보굴』 권중(대정장37, p.39c10)에 "큰 복을 복덕장엄이라 하고, 큰 과를 지혜장엄이라 한다. 大福 謂福德莊嚴 大果謂智慧莊嚴", 『종경록』 권86(대정장48, p.886c1)에 "지혜장엄을 인으로 삼고, 복덕장엄을 연으로 삼는다. 智慧莊嚴爲因 福德莊嚴爲緣"라고 하였다. 〔참고문헌〕『大般涅槃經』, 『深密解脫經』, 『華嚴經疏鈔』, 『勝鬘寶窟』, 『宗鏡錄』. ⇨복덕장엄 福德莊嚴

지혜전 智慧箭 지혜의 화살. 『증일아함경』 권39(대정장2, p.760c12)에 "그때 나는 파순을 향해 이 게를 읊었다. '어짊의 갑옷에 삼매의 활, 손에는 지혜의 화살 쥐고 복업을 병졸로 삼았으니, 이제 그대 무리 무너뜨리리'. 爾時 我向波旬 便說此偈 仁鎧三昧弓 手執智慧箭 福業爲兵衆 今當壞汝軍", 『대지도론』 권22(대정장25, p.223c10)에 "이 계 지키는 무리에 머물며 그 중에서 조금도 흔들림 없으니, 선정의 활을 당겨 지혜의 활을 쏘아 모든 번뇌의 적을 부수고 해탈을 얻으며 이 해탈중에 지견을 일으킨다. 住是戒衆 中不傾動 引禪定弓 放智慧箭 破諸煩惱賊 得解脫 於是解脫中 生知見"라고 하였다. 〔참고문헌〕『增壹阿含經』, 『大智度論』.

지혜제일 智慧第一 ❶지혜가 가장 뛰어남. 『장아함경』 권16 「견고경 堅固經」(대정장1, p.102b27)에 "이때 대범왕이 곧 비구의 오른 손을 잡고 은근한 곳으로 가서 말했다. '비구여! 지금 모든 범왕이 나를 지혜제일이라고 합니다. 알고 보지 못하는 것이 없기 때문입니다. 이 때문에 나는 당신이 '알 수도 볼 수도 없는 이 사대가 무슨 까닭으로 영원히 사라지는가?'에 답할 수 없습니다. 時大梵王卽執比丘右手 將詣屛處語言 比丘 今諸梵王皆謂我爲智慧第一 無不知見 是故我不得報汝言 不知不見此四大何由永滅"라고 하였다. 〔참고문헌〕『長阿含經』. ❷부처님의 제자 중 사리불을 가리킴. 『아라한구덕경』(대정장2, p.831a17)에 "다시 성문 가운데 대변재와 지혜제일을 갖춘 이는 사리불 비구가 이 사람이다. 復有聲聞具大辯才智慧第一 舍利弗苾芻是"라고 하였다. 〔참고문헌〕『阿羅漢具德經』. ⇨사리불 舍利弗

지혜조 智慧鳥 지혜를 전한다고 하면서 노래하는 새. 재물을 얻고자 해서 설법한 이가 죽은 뒤에 받는 과보다. 『정법염처경』 권31(대정장17, p.178a25)에 "만약 재물을 얻고자 남에게 법을 설하고, 자비심으로 중생에게 이익을 주려는 뜻이 아니라 재물을 취하기 위함이라면 이를 하품의 법시라 한다. … 벽에 걸린 거울에 비추어 보면 이와 같이 법시한 이를 보니, 천상에 난 뒤에 지혜조가 되어 게송을 능숙하게 설하고 있다. 若爲財物故 與人說法 不以悲心 利益衆生 而取財物 是名下品之法施也 … 於鏡壁中 見如是等法施之人 生於天上 作智慧鳥能說偈頌"라고 하였다. [참고문헌]『正法念處經』.

지혜주 智慧舟 Ⓢjñāna-plava. 지혜의 배. 생사의 고해를 건너게 하기에 배에 비유한다.『불소행찬』권3(대정장4, p.22b28 : *Buddh-c.*, p.129)에 "깊고 견고하게 박힌 그대의 심지를 보면 정법을 견딜 그릇이니, 장차 지혜의 배에 올라 생사의 바다 훌쩍 넘으리. 觀汝深固志 堪爲正法器 當乘智慧舟 超度生死海 tadvijñātumi maṃ dharma paramaṃ bhājanaṃ bhavān, jñāna plamavadhiṣṭhāya śīghraṃ duḥkhārṇavaṃ tara",『보살영락경』권14(대정장16, p.124a4)에 "설령 모든 사람이 이 지혜의 배에 오르기만 한다면, 생사의 언덕에서 노닐더라도 곧바로 열반의 바다에 이르리라. 假使一切人 乘此智慧舟 遊戲生死岸 直至泥洹海"라고 하였다. [참고문헌]『佛所行讚』,『菩薩瓔珞經』, *Buddh-c.*

지혜지과거세무애 智慧知過去世無礙 Ⓢatīte 'dhvany asaṅgam apratihataṃ jnānadarśanaṃ, Ⓣ'das-pa'i-dus-la-ma-chags-ma-thogs-pa'i-ye-shes-mthong-ba-'jug-pa. 십팔불공법(十八不共法) 중 하나로 지혜로 과거세의 일체를 알아 걸림이 없다. 지혜지견과거세무애무장(智慧知見過去世無閡無障)·지과거세무애라고도 한다.『법계차제초문』권하(대정장46, p.695c23)에 "열여섯 번째, 지혜지과거세무애다. 부처님의 지혜로 비추시니 과거세와 과거제에 있었던 모든 것을 남김없이 아신다. 중생법이거나 비중생법이거나 모두 두루 알아 걸림 없으시다. 十六 智慧知過去世無礙 佛智慧照 知過去世 盡過去際所有一切 若衆生法 若非衆生法 悉遍知無礙也"라고 하였다. [참고문헌]『法界次第初門』,『大品般若經』권24(대정장8, p.395b26),『大智度論』권88(대정장25, p.681a1), *Pañca-pr. I.85.* ⇨십팔불공법 十八不共法

지혜지미래세무애 智慧知未來世無礙 Ⓢanāgate 'dhvany asaṅgam apratihataṃ jnānadarśanaṃ, Ⓣma-'ongs-pa'i-dus-la-ma-chags-ma-thogs-pa'i-ye-shes-mthong-ba-'jug-pa. 십팔불공법(十八不共法) 중 하나로 지혜로 미래세의 일체를 알아 걸림이 없다. 지혜지견미래세무애무장(智慧知見未來世無閡無障)·지미래세무애라고도 한다.『법계차제초문』권하(대정장46, p.695c26)에 "열일곱 번째, 지혜지미래세무애다. 부처님의 지혜로 비추어 미래세와 미래제에 있는 일체를 남김없이 다해 아신다. 중생법이거나 비중생법이거나 모두 다 아시어 걸림이 없다. 十七 智慧知未來世無礙 佛智慧照 知未來世 盡未來際所有一切 若衆生法若非衆生法 悉遍知無礙也"라고 하였다. [참고문헌]『法界次第初門』,『大品般若經』권24(대정장8, p.395b27),『大智度論』권88(대정장25, p.681a1), *Pañca-pr. I.85.* ⇨십팔불공법 十八不共法

지혜지현재세무애 智慧知現在世無礙 Ⓢpratyutpanne 'dhvany asaṅgam apratihatam jnānadarśanaṃ, Ⓣda-ltar-gyi-dus-la-ma-chags-ma-thogs-pa'i-ye-shes-mthong-ba-'jug-pa. 십팔불공법(十八不共法) 중 하나로 지혜로 현재세간에서 일어나는 모든 것을 알아 걸림이 없다. 지혜지견현재세무애무장(智慧知見現在世無閡無障)·지현재세무애라고도 한다.『법계차제초문』권하(대정장46, p.695c29)에 "열여덟 번째, 지혜지현재세무애다. 부처님의 지혜로 비추어 현재세와 현재제에 있는 일체를 남김없이 다 아니, 중생법이거나 비중생법이거나 모두 아시어 걸림이 없다. 十八 智慧知現在世無礙 佛智慧 照現在世 盡現在際所有一切 若衆生法 若非衆生法 悉遍知無礙也"라고 하였다. [참고문헌]『法界次第初門』,『大品般若經』권24(대정장8, p.395b27),『大智度論』권88(대정장25, p.681a2), *Pañca-pr. I.85.* ⇨십팔불공법 十八不共法

지혜취 智慧聚 Ⓢjñāna-saṃbhāra, Ⓣye-shes-kyi-tshogs. 지혜무더기. 이취(二聚 : 福德聚 智慧聚) 중 하나로 오랫동안 일체지(一切智)를 수습하여 쌓아 모은 뜻이다. 80권본『화엄경』권58(대정장10, p.306c12)에 "불자야, 보살마하살에게는 열 가지 지혜를 돕는 도구(智慧助道具)가 있으니, 어떤 것이 그 열 가지인가? 즉 많이 아는 참된 선지식을 가까이하여 공경공양하고 존중예배하고, 갖가지로 따르고 그 가르침을 어기지 않는 것이 첫째이니, 모든 것이 정직하여 헛되고 교만하지 않다. … 보살마하살은 연기를 보기에 법청정함을 보고, 법청정을 보기에 국토청정을 보며, 국토청정을 보기에 허공청정을 보고, 허공청정을 보기에 법계청정을 보며, 법계청정을 보기에 지혜청정을 보는 것이 열 번째다. 수행하여 일체지를 쌓아 모은다. 불자야, 이것이 보살마하살의 열 가지 '지혜조도구'이니, 보살들이 이 법에 안주하면 여래의 모든 법에 장애가 없는 청정하고 미묘한 지혜무더기를 얻는다. 佛子 菩薩摩訶薩有十種智慧助道具何等爲十 所謂 親近多聞眞善知識 恭敬供養 尊重禮拜 種種隨順 不違其教 是爲一 一切正直無虛矯故 … 菩薩摩訶薩 見緣起法故 見法清淨 見法清淨故 見國土清淨 見國土清淨故 見虛空清淨 見虛空清淨故 見法界清淨 見法界清淨故 見智慧清淨 是爲十 修行積集一切智故 佛子 是爲菩薩摩訶薩十種智慧助道具 若諸菩薩安住此法 則得如來一

切法無障礙淸淨微妙智慧聚"『신화엄경론』 권22(대정장36, p.869a21)에 "보배무더기란 보는 이가 모두 지혜를 내는 무더기다. 지혜무더기라는 보 얻음을 밝히는 것이다. 寶聚者 見者皆生智慧聚 明以智慧聚報得故", 『유마경약소』 권1(대정장38, p.580a15)에 "지혜무더기란 실상을 관하여 갖춘 지혜무더기다. 慧積者 觀於實相 具智慧聚"라고 하였다. 〔참고문헌〕『華嚴經』, 『新華嚴經論』, 『維摩經略疏』, *Sūtr.4.* ⇨ 복덕취 福德聚

지혜토 智慧土 지혜의 땅. 삼국토(三國土 : 說法土 神通土 智慧土) 중 하나로 보살이 나는 국토. 원측(圓測)의 『인왕경소』 권중(대정장33, p.391c6 · 한불전1, p.66a24)에 "지혜의 땅이다. 가없는 저 세계 보살이 되게 한다. 智慧土 無量世界化菩薩"라고 하였다. 〔참고문헌〕『仁王經疏』, 『仁王護國般若經疏』 권4(대정장33, p.272b12). ⇨ 설법토 說法土, 신통토 神通土

지혜풍 智慧風 지혜로운 바람. 『십주경』 권3(대정장10, p.523c6)에 "마치 해와 달이 바람 따라 모든 물에 그림자를 드리우듯, 보살도 이와 같아서 지혜의 바람 따라 항상 법성에 머물고, 고요해 옮겨 움직이지 않고도 깨끗한 마음 지닌 중생에게 각기 다르게 그 몸의 모습 드러낸다. 如日月隨風 影現一切水 菩薩亦如是 隨順智慧風 常住於法性 湛然不移動 於淨心衆生 各現其身像", 『대비밀만나라경』 권4(대정장18, p.553c2)에 "원하옵건대 오늘 이후로 지혜의 바람을 얻고 법성의 불마저 불게 해서, 무시이래로 오늘에 이르기까지 삼업으로 인하여 저지른 죄를 태워 그 모두가 조금도 남김없게 하소서. 願從今日 得智慧風 吹法性火 燒彼無始已來 至於今日 因於三業 所作之罪 一切都盡 無有遺餘"라고 하였다. 〔참고문헌〕『十住經』, 『大祕密曼拏羅經』.

지혜해 智慧海 지혜의 바다. 깊고 넓으며 온갖 보배도 머금고 있어 바다에 비유하니, 일체지로 가이없는 여래의 지혜를 말한다. 『무량수경』 권하(대정장12, p.273b7)에 "여래 지혜의 바다여, 깊고 넓어 바닥을 알 수 없도다. 이승이 헤아릴 바가 아니니, 오로지 부처님만 홀로 밝게 다 아신다네. 如來智慧海 深廣無崖底 二乘非所測 唯佛獨明了", 『증일아함경』 권12(대정장2, p.602b9)에 "또한 지혜의 바다를 얻고 점차로 열반계에 이른다. 亦獲智慧海 漸至涅槃界", 『화엄경소』 권6(대정장35, p.542c24)에 "실을 끝내 다하기에 깊고 끝도 다하므로 넓어서 지혜의 바다라 부른다. 상에는 매일 일 없어야 해탈로 열린 문이다. 窮實故深 盡邊故廣 稱智慧海 不爲相縛 是解脫門", 『대반열반경집해』 권9(대정장37, p.415c23)에 "지혜의 바다란 첫째 깊고 넓으며, 둘째 보배를 감추고 있다는 뜻이다. 智慧海者 一則深廣 二則藏寶也"라고 하였다. 〔참고문헌〕『無量壽經』, 『增壹阿含經』, 『華嚴經疏』, 『大般涅槃經集解』. ⇨ 지해 智海 ❶

지혜화 智慧火 지혜의 불. 번뇌도 온갖 견해도 다 태워 청정하게 하고 어둡던 세계를 밝힌다. 『과거현재인과경』 권3(대정장3, p.644b9)에 "비유컨대 마치 불을 지피고 나서 물을 뿌리면 어둠을 깨뜨리는 빛은 결코 생기지 않는 이치와 같다. 지혜의 불을 지피는 일도 이와 마찬가지다. 고락의 물이 있으면 지혜의 불은 일어나지 않고, 일어나지 않기에 생사의 칠흙같은 장애 능히 사라지게 할 수 없다. 譬如鑽火 澆之以水 則必無有破暗之照 鑽智慧火 亦復如是 有苦樂水 慧光不生 以不生故 不能滅於生死黑障", 『보운경』 권2(대정장16, p.220c22)에 "빛도 없는 산꼭대기에서 지혜의 불덩어리를 지필 수 있다면 백천세계 모두 비춰 밝아지리라. 이것을 가리켜 '보살이 불과 같이 비추고 밝힌다'고 한다. 於無明山頂然智慧火聚 於百千世界 皆得照明 是名菩薩如火照明", 『출요경』 권7(대정장4, p.646c8)에 "번뇌 크게 모였으니 지혜의 불로 태운다. 이는 스승을 말미암지 않으니, 저절로 터득하는 깨우침이다. 結使大聚 智慧火然 斯不由師 自然覺悟", 『금광명최승왕경』 권4(대정장16, p.419c10)에 "지혜의 불로 모든 번뇌를 태우니 더욱 밝게 빛난다. 以智慧火 燒諸煩惱 增長光明", 『대승밀엄경』 권하(대정장16, p.743c1)에 "지혜의 불을 일으켜 모든 견해가 사라질 때 온갖 번뇌도 두루 태우니 일체가 모두 청정하다. 生於智慧火 諸見得滅時 普燒諸煩惱 一切皆淸淨"라고 하였다. 〔참고문헌〕『過去現在因果經』, 『寶雲經』, 『出曜經』, 『金光明最勝王經』, 『大乘密嚴經』.

지호 智湖 조선후기 스님. 사명유정(四溟惟政 1544~1610)이 스님께 보낸 시 4수가 『사명대사집』 권4 · 5에 전한다. 『사명당대사집』 권4「증지호선사 贈智湖禪師」(한불전8, p.58b11)에 "서쪽에서 온 참된 말씀은 완릉에게 묻고, 마음법 전해들음은 노능을 이었다네. 이로부터 묘향산의 골짜기로 돌아가 쉬시면 벽운방장엔 밤에도 등불이 걸리겠지요. … 오늘 그대를 관문 밖에서 전송하노라니 푸른 구름의 하늘도 솔문 닫으심 부러워하는 군요. 西來眞訣問完陵 心法傳聞繼老能 從此歸休妙香洞 碧雲方丈夜懸燈 … 今日送君關外去 碧雲空羡掩松關"라고 하였다. 〔참고문헌〕『四溟堂大師集』.

지호자야 之乎者也 그저 부를 뿐인 것. 모양도 없고 만질 수도 없기에 이름 붙여 불러야 있게 되는 것으로, 공(空)하지만 이름(名) 따라 오가는 것들을 가리킨다. 자야지호(者也之乎)라고도 한다. 『굉지광록』 권9(대정장48, p.118a4)에 "세간에서 세간을 벗어나고 천하에 천하를 감출 뿐이니 다시 무엇을 묻겠는가? 그저 불러서 있을 뿐인 것을. 出世間於世間 藏天下於天下 更問如何 之乎者也”, 『조계진각국사어록』 상당137(한불전6, p.15a14)에 “‘여러분, 보는 놈 이것. 걸친 것 없어 드러난 그대로이고, 꿰맨 흔적 없어 참도 거짓도 끊어졌네. 끊어진 채 능히 변화하며 항상 말한다네. 그저 부를 뿐인 것이 마치 길들인 굴대처럼 구르네. 일러보라, 이 무엇인가? 만약 진여요 반야요 한다면 불자 집어 느닷없이 내리칠 테다’. 마침내 불자를 던지며 말했다. ‘이 무슨 거름풀이더냐!’ 上堂云 諸仁者 看者个 露倮倮赤洒洒 無縫罅絶眞假 能變化常說話 之乎者也 如炙轂轆 且道 是什麽 若道眞如般若 拈起拂子驀口打 遂擲下拂子云 是何土苴”라고 하였다. [참고문헌]『宏智廣錄』, 『曹溪眞覺國師語錄』.

지홍 志鴻 당대 남산율종(南山律宗) 스님. 속성은 전(錢)씨. 본명은 엄(儼). 장성(長城 : 浙江省 湖州市) 출신. 보무원(保茂苑)의 도항율사(道恆律師) 문하에서 도선(道宣)의 『남산초 南山鈔』를 학습하였다. 담청(曇淸)·성궁(省躬) 등 여러 사람과 함께 율종의 종취를 갈고 닦았다. 그 뒤 오군(吳郡 : 浙江省)의 쌍림사(雙林寺)에 주석하였다. 세수 108세에 입적하였기에 시호는 장수대사(長壽大師)다. 대자(大慈)·영악(靈嶽) 이하 40여 율승들의 기(記)·초(鈔) 등을 모은 『수현록해사분율산번보궐행사초록 搜玄錄解四分律刪繁補闕行事鈔錄』(『사분율수현록』·『행사초수현록』이라고도 함) 20권을 남겼지만 지금은 2권 정도만 전한다. 대력년간(766~779)에 화엄종 4조 징관(澄觀)이 「서 序」를 지었다. [참고문헌]『宋高僧傳』 권15(대정장50, p.801b28).

지화 地華 1846~1907. 청말 스님. 호는 운지(雲池), 속성은 풍(馮)씨, 이름은 묘련(妙蓮). 귀화(歸化 : 福建省) 출신. 1878년(광서4) 아버지 서태(書泰)의 권유로 고산기량(鼓山奇量)을 따라 출가하고, 다음 해 본산회충(本山懷忠)에게 구족계를 받았다. 바다를 건너 대만(臺灣)에서 활동했으며, 시주로 받은 재물들을 모두 전당 건축에 사용했다. 1884년(광서10) 기량의 법석(法席)을 계승했고, 그 다음 해 남쪽으로 내려가 복건성 귀산(歸山) 숭희사(崇熙寺)를 중건하였다. 1891년(광서17) 말레이반도 서쪽의 피남사(彼南寺)에 극락사(極樂寺)를 창건하여 개산조(開山祖)가 되었는데, 이것은 남양(南洋)에 중국 사찰을 지은 최초의 일이다. 나중에 복건으로 돌아와 백탑사(白塔寺)를 중수하고 회룡각(迴龍閣)을 지었으며, 얼마 뒤 극락사에 가서 보동탑(普同塔)을 세웠다. 1905년(광서31) 북경에 와서 대장경(大藏經) 2부를 요청하여 극락사와 숭복사에 모셨다. 남양 불교의 발전에 뚜렷한 족적을 남긴 스님은 세수(世壽) 62세로 숭희사에서 입적했다. [참고문헌]『新續高僧傳』 권59(대장경보편27, p.434b19).

지화 智火 지라는 불. 『금강삼매경』(대정장9, p.371b14)에 “이렇다! 이렇다! 진여는 공성이니, 그 바탕 공한 지혜의 불로 모든 결들을 태워 없앤다. 如是 如是 眞如空性 性空智火 燒滅諸結”, 36권본 『대반열반경』 권34(대정장12, p.834b12)에 “선남자여! 이 경은 바로 금강의 날카로운 도끼여서 능히 일체번뇌라는 큰 나무 벨 수 있으며, 날카로운 칼이기도 하니 능히 습기마저 베어버린다. 날래고 굳세기도 하니 능히 원마를 꺾으며, 지혜의 불길이어서 번뇌의 섶들도 불사른다. 善男子 是經卽是金剛利斧 能伐一切煩惱大樹 卽是利刀 能割習氣 卽是勇健 能摧魔怨 卽是智火 焚煩惱薪”, 『금강정경』 권상(대정장18, p.311a10)에 “금강삼마지는 𑖨𑖽자로 지화를 발하여 허망인을 태워 없앤다네. 金剛三摩地 𑖨𑖽(raṃ)字發智火 燒除虛妄因”라고 하였다. [참고문헌]『金剛三昧經』, 『大般涅槃經』, 『金剛頂經』.

지화만 持華鬘 ➡ 말리타라 末離他羅

지화사 智化寺 중국 북경시(北京市) 동성구(東城區) 안에 있는 절. 명초 실세였던 환관 왕진(王振)이 영종(英宗) 때인 1443년(정통8)에 건립하였다. 처음에는 가묘(家廟)였지만 후에 칙명에 따라 보은지화사(報恩智化寺)로 개명하였다. 영종이 몽골과의 전투인 토목(土木)의 변에서 붙잡히고 왕진은 철퇴에 맞아 죽었지만, 1457년(천순1) 다시 황제로 등극하면서 절 안에 왕진을 위한 정충사(精忠祠)를 세웠다. 1462년(천순6) 장경(藏經) 1부와 경주(經櫥) 양좌(兩座)를 하사하여 함께 여래전(如來殿)에 소장하였다. 명대 만력년간(1573~1620)과 청대 강희년간(1662~1722)에 거듭 수리하였다. 1742년(건륭7)에는 어사(御史) 심정방(沈廷芳)이 주청하여 왕진의 소상(塑像)을 허물었다. 주요 전각은 종고루(鐘鼓樓)·지화문(智化門)·지화전(智化殿)·동서배전(東西配殿 : 大智殿·藏殿)·여래전·대비당(大悲堂) 등이다. 장경전(藏經殿) 안에 전륜장(轉輪藏) 일구(一具)도 있다. 여래전은 이층누각으로 상층의 사방벽에는 소형목제 불감(佛龕) 9천여 좌를 채워 모셨기에 만불전이라고도 한다. 누각 위 아름답게 그려진 조정(藻井)이 있었지만, 1930년대 절취당하여 미국 넬슨-앳킨스 미술관(Nelson-Atkins Museum)이 소장하고 있다. 창시할 당시의 지화사음악(智化寺音樂)도 그 옛날의 악보와 기교(技巧)와 편극(編劇) 등을 지금까지 전승하여 보존해 오고 있다. [참고문헌]『明史』 권304「宦臣傳一附王振傳」.

지화인 智火印 불꽃바퀴의 모습으로 맺는 수인. 화대가 지혜의 불꽃을 비유하므로 지화인이라 한다. 양손으로 금강권을 만들어 양손의 엄지를 횡으로 나란히 교차

시키고 양손의 검지를 수직으로 세우되 끝을 붙여 삼각형의 형태를 만든 수인이다. 삼각화륜인(三角火輪印)·화륜인(火輪印)이라고도 한다. 화대(火大)의 종자가 람(ṃ ram)이므로 람자인이라고도 한다. 『요존도량관』「화천 火天」(대정장78, p.63c25)에 "누각 안에 하엽좌가 있고 좌 위에 아(a) 자가 건립되어 있다. 의궤는 람(ṃ) 자를 활용하는데 문자가 변하여 지화인이 되고 인상이 변하여 화천이 된다. 樓閣中有荷葉座 座上有阿字建立 軌用 覽字 字變成智火印 印變成火天"라고 하였다. [참고문헌] 『要尊道場觀』.

지환 知幻 ❶ 1261~1312. 고려후기 비구니. 속성은 오(吳)씨. 1261년(원종2) 경기도 수원(水原)에서 태어났다. 11세 때인 1272년 서울 숭인동 청룡사(青龍寺)로 찾아가 계욱(戒旭)을 은사로 하여 스님이 되었다. 34세 때 성금을 모아 6년 만에 퇴락한 청룡사를 말끔히 중창하였다. 1312년(충선왕4) 세수 52세를 일기로 청룡사에서 입적하였다. [참고문헌] 『青龍寺誌』(青龍寺誌編纂室, 1972) p.102. ⇨ 청룡사 青龍寺❶ ❷ 조선후기 스님 행사(行思)의 호다. ⇨ 행사 行思 ❸ 명대 스님. 속성은 장(蔣)씨. 강포(江浦 : 江蘇省 南京市) 출신. 비발선사(飛鉢禪師)라 불렸다. 나이 삼십에 금릉(金陵)의 영곡사(靈谷寺)로 출가하여 구족계를 받았다. 행각할 당시 스스로 "이 행로엔 조계 자취 밟을 일 없고, 고개 돌려 고향을 보지도 않으리라. 此行不蹋曹溪路 不敢回頭見故鄕"라고 서원하였다. 종지를 깨달은 다음 정통년간(1436~1449)에 북쪽에 머물 때 칙명에 따라 자의(紫衣)를 하사받고 계단(戒壇)을 건립하여 교화를 펼쳤다. 정수리가 돌출하여 황제가 보고는 기이하다 여겨 봉두조사(鳳頭祖師)라 불렀고, 지환은 응하여 "거위 머리에 불과한데 어찌 봉황을 가져다 붙이십니까? 亦鵝頭耳 敢附鳳耶"라고 하자 황제가 그 겸손의 덕을 치하해 만수(萬壽)라는 호를 내렸으며 명성이 한 시대를 풍미하였다. [참고문헌] 『律宗燈譜』 권1(대장경보편22, p.710a10), 『新續高僧傳』 권28(대장경보편27, p.231b17).

지환 指環 밀교 작법에서 사용하는 띠풀로 만든 가락지. 모환(茅環)·지천(指釧)·초천(草釧)·초환(草環)이라고도 한다. 『소실지갈라경』 권1(대정장18, p.639a13)에 "또한 작법할 때 반드시 띠풀을 써서 가락지를 만들어 오른손 무명지에 낀다. … 공양할 때와 지송할 때와 호마할 때 풀로 만든 가락지를 껴야 한다. 이렇게 풀로 만든 가락지를 끼므로 죄장이 소멸하고 손이 청정해지며 짓는 일 모두 성취된다. 又作法時 當用茅草 而作指釧 著於右手 無名指上 … 若供養之時 持誦之時 護摩之時 應著草釧 以著此草鐶故 罪障除滅 手得清淨 所作皆成", 같은 책 권중(대정장18, p.650b20)에 "삼일 동안 제자로 하여금 목욕하여 신체를 향기롭게 하며 손에 길상초 가락지를 끼고 진언을 외워 백팔번 염송하여 그 병과 향훈으로 마음을 기울여 예불하도록 한다. 三日令其弟子 洗浴身體香馥 手著吉祥茅草指環 以用眞言 誦一百八遍眞言 其瓶幷以香熏 傾心作禮"라고 하였다. [참고문헌] 『蘇悉地羯羅經』. ⇨ 모환 茅環

지환 智還 조선후기 스님. 1721년(경종1) 서울 삼각산 중흥사(重興寺)에서 『천지명양수륙재의범음산보집 天地冥陽水陸齋儀梵音刪補集』을 개판(開板)한 스님이다. [참고문헌] 『韓國佛教儀禮資料叢書』 권3 p.2.

지황 智晃 남조(南朝) 진대(陳代 557~589)에 중국에 왔던 고구려 출신 구법승. 살바다부 곧 설일체유부(說一切有部)에 정통하여 법성참(法城塹)이라 불렸다. 『당고승전』 권18 「담천전 曇遷傳」(대정장50, p.572a19)에 "또한 고려(고구려) 출신 사문 지황은 살바다부의 이론에 뛰어났다. 又有高麗沙門智晃 善薩婆多部"라고 하였다. [참고문헌] 『唐高僧傳』.

지회인 知會人 ➡ 차회인 差會人

지효 智曉 1909~1989. 부산 범어사 스님. 호는 성운(聖雲), 속성은 김씨. 평안남도 안주(安州)에서 태어났다. 1943년 35세 때 범어사로 찾아가 동산혜일(東山慧日)을 은사로 하여 스님이 되었다. 줄곧 참선수행을 하다가 교단정화시 비구와 대처승 간의 분규가 한창이던 1955년 6월 정화불사가 속히 완성되기를 촉구하는 뜻으로 조계사 법당 앞에서 월탄(月誕) 등 여섯 스님들과 함께 할복순교를 기도했다. 1955년 가을 총무원 총무부장, 1958년 총무원 재무부장을 역임하였다. 1963년에는 경주 불국사 주지, 1965년에는 범어사 주지를 역임하였다. 1962년 1월 혜일의 법을 이어 은법(恩法)을 겸하였다. 1966년부터 1972년까지 6년 간 서울 삼각산 천축사(天竺寺)의 무문관(無門關)에서 관응(觀應)·제선(濟禪) 등과 함께 두문불출하고 정진하였다. 1972년 대한불교조계종 규정원장을 맡아 승강확립에도 헌신하였다. 1978년 조계종원로로 추대되었으며, 그 후 동화사 금당선원(金堂禪院)과 해인사 퇴설당선원(堆雪堂禪院)에서 납자를 지도하였다. 1982년부터 부산 범어사 극락암으로 돌아가 만년을 보내다가 1989년 9월 28일 세수 81, 법랍 46세를 일기로 입적하였다. 제자에는 여환(如幻)·홍선(弘禪)·허현(虛玄)·일원(一源)·관조(觀照)·지형(知亨)·광진(光眞) 등이 있다. [참고문헌] 『佛教新聞』(1989.9.9).

지효룡 支孝龍 동진(東晉)대 스님. 회양(淮陽 : 江蘇省) 출신. 어려서부터 풍채가 묵직하였고 언행도 탁월하였다. 『소품경 小品經』을 세밀하게 읽고 심요(心要)로 삼았다. 당시의 명사였던 진류(陳留)·완첨(阮瞻)·영천(穎川)·유개(庾凱) 등과 교유하였다. 팔달(八達)이라 불렸다. 〔참고문헌〕『梁高僧傳』 권4(대정장50, p.346c15), 『法苑珠林』 권53(대정장53, p.684c17), 『釋氏通鑑』 권2(卍속장131, p.780b12), 『釋氏蒙求』 권상(卍속장148, p.561a16).

지후 祇候 그저 기다리다. 삼가 엿보다. 아무 일도 하지 않고 따라 하기만 하는 사태를 말한다. 『선원청규』 권5 「당두전점 堂頭煎點」(卍속장111, p.903a1)에 "시자는 말씀 있기를 기다리고 행자는 삼가 엿보다가 손님들이 일어서면 곧바로 움직인다. 侍者預令 行者祇候 衆客纔起便移轉", 『운문광록』 권하(고존숙어록18, 卍속장118, p.389a6)에 "어떤 학인이 불전에서 꼿꼿이 서 있는 모습을 보고 운문이 박수를 한 번 치고 말했다. '불전노주가 부엌으로 뛰어 들어가는구나'. 그 학인이 고개 돌려 보자 운문이 말했다. '그대가 이해하지 못할 줄 알았다. 다시 와서 불전을 공손히 기다리거라'. 師因見僧在殿角立次 乃拍手一下 云 佛殿露柱 走入廚庫去也 僧迴首看 師云 見你不會 却來祇候佛殿"라고 하였다. 〔참고문헌〕『禪苑淸規』, 『雲門廣錄』.

지후 智厚 1734~1819. 조선후기 설악산(雪嶽山) 신흥사(新興寺) 스님. 호는 월암(月巖), 속성은 남(南)씨. 본관은 (宜寧). 아버지의 휘는 세건(世建), 어머니는 완산(完山) 이씨. 1734년(영조10) 11월 28일 술시(戌時 : 19~21시)에 태어났다. 1747년(영조23) 13세 때 신흥사로 가서 선월당보섬(仙月堂寶暹)을 은사로 하여 스님이 되었고, 해주심경(海珠心鏡)으로부터 비구계를 받았다. 그 후 대원무외(大圓無外 1714~1791)의 법을 이어 법제가 되었다. 1819년(순조19) 5월 17일 축시(丑時 : 오전 1~3시)에 세수 86세로 입적하였다. 다비 후 영주(靈珠) 2과와 사리 1과가 나타나 1821년(순조21) 9월 신흥사에 탑과 비를 세웠다. 〔참고문헌〕 智冠 『韓國高僧碑文總集 朝鮮朝·近現代』 pp.610~611, 「神興寺月巖堂大禪師塔碑文」(『韓國金石文大系』 권7, pp.131~135). ⇨ 무외 無畏

지훈 智薰 조선후기 스님. 자세한 행장은 전하지 않는다. 다만 법호가 모은(慕隱)으로 나암승제(懶庵勝濟)의 노스님이며, 설담자우(雪潭自優 1769~1830)의 법사임을 알 뿐이다. 『동사열전』 권3 「나암강사전 懶庵講師傳」(한불전10, p.1027b9)에 "스님의 법명은 승제요, 호는 나암이니, 능주 쌍봉사 스님이다. 설담자우의 제자며 모은지훈의 손자이고 화월현옥의 증손이며 제월수일의 현손이고 소요태능의 후예이다. 師名勝濟 號懶庵 綾州雙峰寺人 雪潭自優之嗣 慕隱智薰之孫 華月玄玉之曾孫 霽月守一之玄 逍遙太能之裔"라고 하였다. 〔참고문헌〕『東師列傳』. ⇨ 승제 勝濟, 자우 自優

지휘 志徽 조선후기 스님. 게송을 구하는 지휘에게 청허휴정(淸虛休靜)이 준 시가 전한다. 『청허집』 권1 「새지휘구송 賽志徽求頌」(한불전7, p.672c12)에 부침하는 기로에서 포복하고, 취사하는 마음에 얽매였도다. 마침 가을 달 아래에서 만났으니 베개 높이 돋우어 찬 다듬이 소리나 들읍시다. 匍匐昇沉路 纏綿取捨心 適逢秋月下 高枕聽寒砧"라고 하였다. 〔참고문헌〕『淸虛集』.

지휘 指撝 손가락으로 가리키다. 가리켜 하게 하다. 지휘(指揮·指麾)라고도 한다. 『유부율』 권9(대정장23, p.669a22)에 "드문 일이라는 생각에 손가락으로 가리키며 서 있었다. 生希有心 指撝而住", 『일체경음의』 권56(대정장54, p.679b18)에 "지휘〈휘(麾)라고 써도 같다. 휘는 허와 피를 반절한 음이다. 손으로 가리키는 동작을 휘라 한다. 깃발로 지휘함으로 인하여 붙여진 이름이다〉. 指撝〈又作麾同 許皮反 謂手之所指曰撝也 以旌旗指麾 因以名也〉"라고 하였다. 〔참고문헌〕『有部律』, 『一切經音義』.

지휘 指麾 **1** 가리켜 하게 하다. 지휘(旨麾·指揮)라고도 한다. 『대장엄론경』 권4(대정장4, p.277a14)에 "혹은 오른손을 들어서 가는 길을 지시하기도 한다. 或擧右手 指麾道徑", 『대일경소』 권9(대정장39, p.673a20)에 "만약 범본을 갖출 수만 있다면 '청정법의 깃발'이라 해야 마땅하다. 마치 대장이 높은 봉우리에 깃발을 꽂고 산천의 형세와 적군의 정황을 빠짐없이 살펴 백만무리를 지휘할 때, 움직이고 멈춤을 하나로 하고 흩어지고 모임을 마음대로 하면 싸움에서 반드시 이기고, 공격하기만 하면 반드시 빼앗는 것과 같다. 若具存梵本 當云淸淨法幢旗也 如大將於高峯之上 建立幢旗 備見山川倚伏 敵人情狀 指麾百萬之衆 動止言一 離合從心 以戰必勝 以攻必取", 『성유식론소초』 권1(卍속장80, p.211b10)에 "지휘란 삼장법사가 몸소 더불어 지시해 주는 교시를 받음이다. 指麾者 蒙三藏親加 指授敎示也"라고 하였다. 〔참고문헌〕『大莊嚴論經』, 『大日經疏』, 『成唯識論疏抄』. **2** 손가락질하다. 『대위덕다라니경』 권8(대정장21, p.791a20)에 "각각 등 돌리고 서로 손가락질하면서 거친 말로 욕하고 서로 공경하지 않으며 부끄러워하지도 않으면서 함께 패거리까지 짓는다. 各各背面 更相指麾 惡口罵詈 各不相敬 不生慚愧 共作朋黨"라고 하였다. 〔참고문헌〕『大威德陀羅尼經』.

지휘 智暉 873~956. 오대(五大) 후당(後唐)대 스님. 속성은 고(高)씨. 낙양(洛陽 : 河南省) 함진(咸秦) 출신. 여러 방면에 재주가 뛰어났다. 어려서 속세를 떠날 뜻을 품고 규봉온(圭峯溫) 화상에게 출가했다. 스무 살에 구족계를 갖추었고 고안본인(高安本仁) 화상을 뵙고 십년 동안 모셨다. 낙양으로 돌아가 온실원(溫室院)을 짓고 약을 보시했다. 종남산 규봉의 옛터에 돌아가 머물렀다. 어느 날 바위굴 안에서 염주와 동병 등의 승물을 발견했는데, 전생에 머물던 곳이라 여겨 절을 짓고자 풀을 깎는 동안 상서로운 구름이 해를 가려 흩어지지 않았다. 이를 인연으로 중운산(重雲山)이라 하였다. 연못에 살던 교룡(蛟龍)과 맹수들을 이끌어 떠나게 하였고 용이 살던 못을 메워 지름길을 만들었다. 장흥(長興)이라는 편액을 달고 대중을 크게 교화하여 제자 1,500명을 득도시켰다. 음영(吟詠)에 뛰어났으며 문장과 서화에 능했고 가송(歌頌)도 천여 수를 찬했다. 세수 84, 법랍 64세를 일기로 입적했다. 탑은 중운산에 남겼다. 〔참고문헌〕『宋高僧傳』(대정장50, p.883c17), 『景德傳燈錄』(대정장51, p.366c12).

지흔 智昕 1870~1940. 근대 스님. 호는 하응(河應), 속성은 장씨(張氏), 본관은 인동(仁同 : 지금의 경북 漆谷郡 仁同面). 아버지의 휘는 원실(元實), 어머니는 김해 김씨부인인데 어느 날 밤 꿈에 층루(層樓)에서 베를 짜고 있었는데 황룡이 하늘로 올라가면서 그의 꼬리를 휘두르는 바람에 양쪽 볼에 얻어맞아 혼절하였다가 깨어났다. 1870년(고종7) 7월 28일 고령(高靈) 안림지(安林之) 죽성리(竹城里 : 지금의 경북 고령군 雙林面 安林洞)에서 태어났다. 16세 때인 1886년(고종23) 합천 해인사로 찾아가 해성일조(海城日照)를 은사로 하여 스님이 되었다. 해인사 강원에서 은사스님에게서 사집(四集)을, 남전한규(南泉翰奎)로부터 사교(四敎)를, 법주사 진하축원(震河竺源) 밑에서 대교(大敎)를 각각 수학하였다. 1905년 35세 때 안변 석왕사(釋王寺)로 가서 낭허체종(朗虛體宗)의 법을 받고 법제자가 되었으니 함월해원(涵月海源)의 9세 법손이 된다. 부친과 형님이 모두 돌아간 후 '내가 둘째 아들이기에 출가할 수 있었지만, 이젠 어머님만 생존하니 마땅히 내가 모셔야겠다'고 결심하고 고향 가까운 김천 직지사(直指寺)로 가서 처소를 정하고 어머님을 수시로 보살폈으니, 마치 동산양개(洞山良价)와 석주(釋珠) 및 원정국사(元禎國師) 등의 효행과 다름이 없었다. 43세 때에야 비로소 해인사에서 남전한규율사로부터 비구계를 받았다. 다음해인 44세 때 어머니(天只)마저 세상을 떠나자 석왕사로 돌아가 대중이 있으면 강설하고 대중이 없을 때는 참선하다가 10여 년간 삼직과 주지를 역임하며 도량을 지키고 대중을 보살폈다. 1940년 세수 71, 법랍 56세를 일기로 입적하였다. 퇴경(退耕) 권상로(權相老)가 비문을 짓고 써서 1940년 4월에 세운 스님의 행적비가 안변 석왕사에 있다. 〔참고문헌〕『退耕堂全書』 권1 pp.466~468, 「安邊釋王寺河應堂智昕大禪師碑文」(智冠 『韓國高僧碑文總集 朝鮮朝·近現代』 pp.958~959). ⇨ 하응 河應

지흠 智欽 조선후기 용암체조(龍巖體照 1714~1779)의 은사스님. 금강산 건봉사에 있는 용암당체조대사비에 따르면 "체조가 어릴 때 양친을 모두 잃고 형과 같이 살았는데 형이 죽자 홀로 남계에 살다가 석임을 따라 설악산으로 가서 백련지흠에게 머리를 깎고 계를 받았다. 幼失兩親 與其兄 共遊 兄歸而獨寓南溪 隨釋稔長老 入雪山 祝髮受戒於白蓮堂智欽大師"라고 하였다. 〔참고문헌〕『韓國金石文大系』 권7 p.104, 『乾鳳寺本末事蹟』(亞細亞文化社, 1977) p.113, 智冠 『韓國高僧碑文總集 朝鮮朝·近現代』 p.536. ⇨ 체조 體照

지흥사 地興寺 함경남도 영흥군 인흥면 성흥리 성불산(成佛山)에 있던 절. 대본산(大本山) 석왕사(釋王寺)의 말사이다. 『여지도서』에 "지흥사는 부 동쪽 50리에 있는 성치에 있으며, 승도는 20명이다. 地興寺在府東五十里城峙 僧徒二十名", 『승정원일기』 영조 26년(1747) 7월 23일에 "각도 성책 중 양주 봉선사 … 영흥 지흥사 등 능묘에 속한 불사는 사체가 각별하다. 各道成冊中 楊州奉先寺 … 永興地興寺等 佛寺之屬於陵墓者 事體自別"라고 하였다. 1787년(정조11) 5월 29일에는 절을 수리하고 역(役)을 견감(蠲減)해주었다. 〔참고문헌〕『興地圖書』, 『承政院日記』, 『日省錄』 正朝 11年 5月 29日, 『伽藍考』, 『梵宇攷』, 『韓國寺刹全書』 권하 p.1042a2, 『北韓寺刹研究』(寺刹文化研究院, 1993) p.669.

지흥사 池興寺 강원도 삼척군 근덕면 동막리 태백산(太白山)에 있는 절. 지흥사(智興寺)라고도 하며, 곧 신흥사(新興寺)다. ⇨ 신흥사 新興寺 ❸

지희 知稀 조선후기 강원도 삼척(三陟) 두타산(頭陀山) 명적사(明寂寺) 스님. 호는 화감(華甘), 『반야바라밀다심경주해』를 짓고, 1828년(순조28) 7월 그에 대한 「서문 序文」을 지었는데, 그 벽두에 "『심경』이란 글은 간명하지만 뜻은 넓으므로 입으로 외우는 이들 소털처럼 많지만, 마음으로 통하는 일은 기린의 뿔과 같이 드물다. 夫心經者 辭簡而義博 致使口諷牛毛 心通獜角"라고 하였다. 서문 끝에 "세재 도광 8년 착옹(戊) 곤돈(子) 7월 일 화감당 지희 서. 歲在道光八年 著雍困敦 七月 日 華甘堂知稀書"라고 하였다. 〔참고문헌〕『般若波羅蜜多心經註解』(한불전11, p.529a4).

직 稷 기장 또는 오곡(五穀)을 대표하는 농사의 신(神)을 말한다. 『금광명경문구신기』 권7(卍속장31, p.715a18)에 "직은 오곡에서는 우두머리이기에 직에 봉해서 제를 지낸다. 稷 五穀之長故 封稷而祭之也", 『우란분경소초여의』(卍속장94, p.840b17)에 "직 : 직이란 오곡을 다모아 이름한 것이다. 단을 세우고 제를 지내 선농에게 갚는데, 그 신은 후직을 주로 삼는다. 『예기』「제법 祭法」에 '여산씨(厲山氏 : 炎帝神農)가 천하를 가짐에 그 아들을 농(農)이라 일렀는데 능히 백곡을 심을 수 있었으며, 하나라가 쇠하고 주나라의 기(棄)가 이를 이었기에 제사 지내어 직으로 삼았다. 稷 稷者 五穀之惣名也 立壇祭之 報先農也 其神 以后稷爲主 禮記祭法云 厲山氏有天下也 其子曰農 能植百穀 夏之衰 周棄繼之 故祀以爲稷也"라고 하였다. [참고문헌] 『金光明經文句新記』, 『盂蘭盆經疏鈔餘義』. ⇨ 사직 社稷

직갱 直更 분별 없이 바로 부딪히다. 갱은 촉(觸)이고 촉은 경(境)을 대하는 뜻이다. 직사(直思)·직치(直治)·정직치(正直治)라고도 한다. 『누분포경』(대정장1, p.852a12)에 "어떻게 해야 마땅히 받아 행함에 번뇌를 다함인 줄 아는 것인가? 여덟 가지 도행이다. 첫째 직견, 둘째 직갱, 셋째 직어, 넷째 직행, 다섯째 직업, 여섯 째 직방편, 일곱째 직념, 여덟째 직정이다. 何等爲當知受行令漏畢 謂是八種道行 一 爲直見 二 爲直更 三 爲直語 四 爲直行 五 爲直業 六 爲直方便 七 爲直念 八 爲直定"라고 하였다. [참고문헌] 『漏分布經』, 『阿毘曇甘露味論』 권하(대정장28, p.977c4). ⇨ 정사유 正思惟, 정직치 正直治, 팔정도 八正道, 촉 觸

직견 直見 정견(正見 Ⓟ sammā-diṭṭhi)의 구역. 정직견(正直見)이라고도 한다. 『장아함십보법경』 권하(대정장1, p.237a23)에 "두 번째 팔법이다. 행하면 도를 얻는 것에 여덟 가지 길이 있다. 첫째 직견, 둘째 직념, 셋째 직어, 넷째 직법, 다섯째 직업, 여섯 번째 직방편, 일곱 번째 직의, 여덟 번째 직정이다. 第二八法 可行得道者 八種道 一 爲直見 二 爲直念 三 爲直語 四 爲直法 五 爲直業 六 爲直方便 七 爲直意 八 爲直定", 『사제경』(대정장1, p.816a17)에 "현자여! 도와 덕이 있는 제자는 고를 고라고 알고, 습을 습이라 기억한다. 다함을 진이라 알고, 고를 다하는 길을 길이라고 안다. 분별하여 관할 수 있고 법을 관할 수 있다. 능히 받아들여 떠올리고 그 상을 관하고 떠올려 능히 행한다. 이것을 직견이라고 한다. 賢者 道德弟子 爲苦念苦 爲習念習 爲盡念盡 爲道念道 得分別觀 能得法觀 能受想 能觀想 能可想 能受行 是名爲直見"라고 하였다. [참고문헌] 『長阿含十報法經』, 『四諦經』. ⇨ 팔정도 八正道, 정견 正見

직길차 職吉蹉 Ⓢ cikitsā의 음사어. 치료(治療)·구료(救療)·치(治)·의(醫)·의방(醫方) 등으로 한역한다. 『성유식론술기』 권6(대정장43, p.445a26)에 "저 직길차는 치료의 뜻이고, 비직길차(毘職吉蹉 Ⓢ vicikitsā)는 의(疑)라는 뜻인데, 어찌 '비(毘 Ⓢ vi)'라는 말을 보조사로 여겨서 '의'의 바탕이 곧바로 치료일 수 있는가? '비직길차'의 체언(體言)이 '치료'라는 의미의 '직길차'인 것이라고 할 수 있겠는가? 如職吉蹉是治療義 毘職吉蹉是疑義 豈以毘言助之 疑體卽治療"라고 하였다. [참고문헌] 『成唯識論述記』, *Laṅk.28.* ⇨ 비직길차 毘職吉蹉

직념 直念 정념(正念 Ⓟ sammā-sati)의 구역. 직의(直意)·직정념(直正念)·정직념(正直念)이라고도 한다. 『장아함십보법경』 권하(대정장1, p.240c10)에 "일곱 번째 직념이다. 사념을 없앤다. 또한 사념 쫓는 인연은 하나가 아니다. 약간 악행을 가려주고 나지 않게 해서 없앤다. 또한 직념을 따르는 인연도 하나가 아니어서, 어느 정도 좋은 법으로 따라서 행하고 갖추어 행한다. 七 爲直念 消邪念 亦從邪念因緣非一 若干弊惡行生能得消 亦從直念因緣非一 若干好法致從行具行", 『사제경』(대정장1, p.816c7)에 "현자여! 도와 덕을 갖춘 제자는 고를 고라고 알고, 고의 인인 습을 습이라 안다. 고의 멸을 다할 수 있다고 알고, 그 다하는 길을 길인 줄 안다. 모양을 생각해 생각을 따르고 념념이 잊지 않아서 적게 말하고 기억해 떠나지 않는다. 이것이 곧바로 기억함이다. 賢者 道德弟子 苦爲念苦 習爲念習 盡爲念盡 道爲念道 相念從念 念念不忘 少言 念不離 是名爲正直念"라고 하였다. [참고문헌] 『長阿含十報法經』, 『四諦經』. ⇨ 팔정도 八正道, 정념 正念 ❶

직뇨 直鐃 곧바로 그렇다고 해도. 비록 다 받아들이더라도. 직요(直饒)와 같은 뜻으로 쓴다. 『천성광등록』 권20 「운문상좌장 雲門上座章」(卍속장135, p.800b14)에 "곧바로 강설하여 돌이 머리를 끄덕인다 해도 끝내 물속의 달을 벗어나 돌아가지는 못하리라. 直鐃講得石點頭 終歸不離水中月", 『오등회원속략』 권1 「만송행수장 萬松行秀章」(卍속장138, p.859a8)에 "대중에게 보이다. '향상하는 한 기틀이여, 학이 은하수로 솟아들자 한 길 빛나고 매는 신라를 지났다네. 비록 안목이 유성이라 해도 입은 저 어깨에 맨 바구니 면하지 못하리. 말해보라! 이것은 무슨 종지인가?' 示衆 向上一機 鶴冲霄漢 當陽一路 鷂過新羅 直鐃眼似流星 未免口如匾擔 且道是何宗旨"라고 하였다. [참고문헌] 『天聖廣燈錄』, 『五燈會元續略』. ⇨ 직요 直饒

직답 直答 ❶ Ⓢ ekāṃśa, ekāṃśa-vyākaraṇa. 사기(四記) 중 하나로 곧바로 답하는 것. 물음에 따라 바로

단정적으로 답하는 것을 말한다. 일향기(一向記)·정답(正答)·결정답(決定答)이라고도 한다. 『입능가경』 권4(대정장16, p.536c22 : *Laṅk.*, p.116)에 "분명히 말함에는 네 가지다. 직답과 반질답과 분별답과 치답이 그것들이니, 이로써 외도들을 조복한다. 記論有四種 直答 反質答 分別答置答 以制諸外道 caturvidhaṃ vyākaraṇamekāṃśaṃ paripṛcchanam, vibhajyaṃ sthāpanīyaṃ ca tīrthavādanivāraṇam", 『능가경주해』 권2(대정장39, p.378b12)에 "일향을 직답이라 한다. 물음에 따라 답하는 것이다. 言一向曰直答 謂隨問而答也"라고 하였다. 〔참고문헌〕『入楞伽經』, 『楞伽經註解』, *Laṅk.* ⇨ 사기답 四記答, 일향기 一向記 ❷ 물음에 바로 답하는 것. 『대지도론』 권44(대정장25, p.376b18)에 "부처님께서 말씀하셨다. '내가 다시 그대에게 물을 것이니, 그대는 뜻을 따라 내게 답하도록 하라'. 〔문〕 부처님께서는 어째서 바로 답하지 않으시고 다시 반문하게 해서 뜻을 따라 답하도록 하신 것인가? 佛言 我還問汝 隨汝意答我 問曰 佛何以不直答 而還問令隨意答"라고 하였다. 〔참고문헌〕『大智度論』.

직당 直堂 승당(僧堂)의 당직(當直). 대중의 자리와 의발을 살피고 지키는 소임. 교대로 맡고 직당패를 주고받는다. 『선원청규』 권4(卍속장111, p.899a3)에 "직당하는 법은 상간 제2좌의 자리잡기를 시작으로 순서대로 돌아서, 끝나면 다시 처음으로 돌아온다. 승당 안에서 대중의 자리와 의발을 살펴 지키는 일을 주관한다. 새벽 장판할 때와 대중이 모일 때 직당패를 지니고는 당일 상좌 앞에 인사하고 이렇게 말한다. '상좌는 오늘의 직당입니다'. 패를 교부하면 인사하고 자리로 돌아간다. … 직당을 맡은 사람은 항상 승당 안에서 상간과 하간을 살펴야 한다. 만약 볼일이 있다면 익숙한 형제에게 부탁하여 잠시 맡긴다. 절대로 승당과 연수당 및 외청염송과 각종 다탕 등에 갈 수 없다. 대중 모두 출입하여 유나가 지휘하여 승당을 잠글 때를 제외하고는 절대 지키는 곳을 떠나서는 안 된다. 방참 이후에야 뜻대로 할 수 있다. 만약 승당 안에서 물건을 잃는 일이 생기되 방참 이전이면 직당을 맡은 사람의 책임이다. 如直堂之法 從上間第二座被位爲頭 次第輪轉終而復始 主看守堂中衆僧被位衣鉢 早晨長版時大衆集時 將直堂牌於當日上座前問訊云 上座今日直堂 交牌訖問訊歸位 … 直堂人常在堂中 於上下間照管 如有所幹須請熟分兄弟暫時看守 竝不得赴陞堂及延壽堂 竝外請念誦諸處茶湯 如全衆出入 除維那指揮鏁堂 竝不得擅離所守 至放參後方可隨意 如堂中去失 係是放參已前 方是直堂人任責"라고 하였다. 〔참고문헌〕『禪苑淸規』. ⇨ 교당 交堂, 직당패 直堂牌

직당 職當 오로지 마땅함만을 내세우는 것. 직(職)은 '오로지·한결같이'라는 뜻으로 식당(識當)이라고도 한다. 자기만이 옳다고 여기는 것을 자용직당(自用職當)이라 한다. 『무량수경』 권하(대정장12, p.277a8)에 "남에게 선이 있음을 보면 미워하고 시기하며, … 스스로 옳다고 여겨 오로지 자신만을 내세우니 간하거나 타이를 수 없으며, … 마음과 입과 몸으로 늘 악을 염하고 말하고 행하니 한 번도 선했던 적이 없다. 見人有善 憎嫉惡之 … 自用職當 不可諫曉 … 心常念惡 口常言惡 身常行惡 曾無一善"라고 하였다. 〔참고문헌〕『無量壽經』.

직당패 直堂牌 직당의 패. 승당에서 대중의 자리와 의발(衣鉢)을 살피는 소임자가 지니는 패다. 『백장청규』 권5 「좌선 坐禪」(대정장48, p.1142c26)에 "승당의 직당패에 새기길〈돌아가며 직당을 맡고 한바퀴 돌면 다시 처음에서 시작한다. 주산이 양면에 음각으로 새긴다〉 자리의 순서를 살피고 매일 오경종이 끝난 후에 다음 순번의 사람과 교대하며 종일 간수한다. 堂中有直堂牌 刻云〈輪次直堂周而復始 住山押兩面刻〉 照依被位資次 每日五更鍾絶後交下次人 終日看守"라고 하였다. 〔참고문헌〕『百丈淸規』.

직대 直待 곧바로 ~를 기다리다. 다른 여지 없이 ~하다. 『사명존자교행록』 권1(대정장46, p.862b18)에 "삼승행이 갖추어지기를 기다려야 비로소 사취로 수생함을 면할 수 있다. 直待三乘行備 方免四趣受生", 『대혜어록』 권4(대정장47, p.827c25)에 "만약 믿어 마친다면 영산회상 엄연히 흩어질 일 없으며, 믿지 못한다면 곧바로 기다릴 뿐이어서 저 미래에 미륵에게 물어야 하리. 若信得及 靈山一會儼然未散 若信不及 直待當來問彌勒", 『벽암록』 84칙 「평창 評唱」(대정장48, p.210a19)에 "순행하면 불위로 나아가고, 역행한즉 중생경계로 든다. 수선사가 말하기를 '곧바로 그대 연마하여 저 밭에 이르더라도 아직 그대의 뜻 따라 있을 수 없다. 곧바로 무루성신을 증하기를 기다려야 비로소 역행과 순행할 수 있다'. 若順行則趣佛果位中 若逆行則入衆生境界 壽禪師道 直饒爾磨鍊得到這田地 亦未可順汝意在 直待證無漏聖身 始可逆行順行", 『경덕전등록』 권20 「육왕홍통전 育王弘通傳」(대정장51, p.364a27)에 "'무엇이 불법대의입니까?' '문수가 지나가길 기다릴 뿐이니 그대 향해 일러주리라' '문수 지나가버렸으니, 화상께서 일러주시길 청합니다'. 선사가 바로 때렸다. 問 如何是佛法大意 師曰 直待文殊過 卽向爾道 曰 文殊過也 請和尙道 師便打"라고 하였다. 〔참고문헌〕『四明尊者敎行錄』, 『大慧語錄』, 『碧巖錄』, 『景德傳燈錄』.

직대우림두 直待雨淋頭 선 채로 기다려 비 맞아 머리까지 적시네. 『원오어록』 권8(대정장47, p.750c14)에 "학인이 물었다. '무엇이 참으로 하늘 땅 다 아우르는 한 구입니까?' '오직 나만이 홀로 우뚝하다' '온몸 던져 우주를 가로지릅니다' '삼십방 맞아야 하리' '부탁드립니다' '그대의 용기를 허락한다' '이것은 무슨 말입니까?' '그저 기다려야 하리. 비 맞아 머리 적실 때까지'. 원오가 바로 때렸다. 僧問 如何是定乾坤句 師云 唯我獨尊 進云 橫身當宇宙去也 師云 好與三十棒 僧云 便請 師云 許爾大膽 進云 是何言歟 師云 直待雨淋頭 便打", 『종용록』 9칙 「본칙 本則」(대정장48, p.232b29)에 "남전 문하에서 어느 날 동당과 서당의 행자들이 고양이를 두고 다투었다〈사람이 평하면 말이 없고, 물은 평하면 다투어 흐르지 않는다〉. 남전이 보고서 들어 말했다. '말할 수 있다면 베지 않겠다'〈누군들 칼끝 감당하랴?〉 대중이 답하지 못했다〈비 머리에 찰 때까지 그대로 기다릴 뿐〉. 남전이 고양이를 베어 두 동강 냈다. 南泉一日 東西兩堂爭猫兒〈人平不語 水平不流〉 南泉見遂提起云 道得卽不斬〈誰敢當鋒〉 衆無對〈直待雨淋頭〉 泉斬却猫兒爲兩段"라고 하였다. [참고문헌] 『圜悟語錄』, 『從容錄』. ⇨ 직대 直待

직도 直到 그대로 ~에 이르다. 곧바로 행하니 다른 것 끼어들 일 없이 해서 ~에 이르는 뜻이다. 『조당집』 권18 「조주화상장 趙州和尙章」(대장경보편25, p.635b2)에 "돌다리 남이고 조주는 북인데 중간에 관음이 있고 미륵이 있네. 조사가 잃어버린 한 짝의 신발 곧바로 가보지만 지금도 찾을 수는 없다네. 石橋南趙州北 中有觀音有彌勒 祖師留下一隻履 直到如今覓不得", 『굉지광록』 권6(대정장48, p.78a21)에 "육조혜능 방앗간에서 절굿공이 들 뿐이었으니, 곧바로 마음거울에 먼지 다한 끝에 이르렀으니, 스스로 비춰 역연했다. 祖碓屋負春 直到心鏡絶垢 自照歷然", 『능엄경통의』 권2(卍속장19, p.114b4)에 "옛사람 사무쳐 자심만을 믿었으니, 곧바로 의심없는 자리에 이르고 비로소 실로 깨우친다. 古人徹信自心 直到不疑之地 方爲實證"라고 하였다. [참고문헌] 『祖堂集』, 『宏智廣錄』, 『楞嚴經通議』.

직도 直渡 곧바로 건너다. 세존께서는 큰 강을 배로 건널 때 비구가 비구니의 동승을 거절해서도 안 되고, 동승했으면 곧바로 건너야 하지 이리저리 노닐다가 건너서는 안 된다는 계를 제정하셨다. 『마하승기율』 권15(대정장22, p.349a27)에 "만약 비구가 비구니와 함께 배를 타기로 약속해 놓고 위로 거스르거나 아래로 가거나, 곧바로 건넘을 제하고는 모두 바일제에 해당한다. 若比丘 與比丘尼 期共載船 上水下水 除直渡 波夜提", 『사분계본약의』 권2(卍속장63, p.288b13)에 "육군비구가 육군비구니와 한 배에 올라서는 위로 가고 아래로 가기도 하면서 유희를 벌이자 거사들이 보고 욕하면서 혐오하였다. 부처님께서 이 사실을 아시고 계를 제정하셨다. 배에 함께 들면 바일제다. … '곧바로 건너는 것만을 예외로 한다'는 말은 무슨 뜻인가? 훗날 어떤 비구가 비구니와 함께 갠지스강을 건너려 했는데 비구가 비구니와 함께 건너기를 받아들이지 않아 비구니는 건너지 못하고 언덕가에 있다가 겁탈을 당했다. 이 때문에 부처님께서 곧바로 건너는 경우는 허용하셨다. 약속하지 않고 우연히 함께 배를 탔을 경우도 범계는 아니며, 어려움에 처한 특별한 사정이 있을 경우도 범계는 아니다. 六群比丘 與六群比丘尼 同乘一船 上水下水 居士見之譏嫌 佛知制戒 若入船俱波逸提 … 除直渡者 後因比丘 與尼俱欲渡恒河 比丘不肯與尼同渡 尼不得渡 在岸邊被劫 故佛開除直渡 若不期而同船者不犯 或有事難者不犯"라고 하였다. [참고문헌] 『摩訶僧祇律』, 『四分戒本約義』.

직도 直道 **1** 곧게 난 길. 『잡아함경』 권20(대정장2, p.143b28)에 "이 오욕공덕에서 탐에치를 벗어나 정념정지에 안주하고 곧바른 길에 올라서 염불을 수습하며 반듯하게 열반으로 향한다면 이를 여래응등정각께서 알고 보이신 것이라 한다. 於此五欲功德 離貪恚癡 安住正念正智 乘於直道 修習念佛 正向涅槃 是名如來應等正覺所知所見", 『대방등대집경』 권29(대정장13, p.200a27)에 "이와 같은 대비 뛰어난 종성이 지은 것이니 곧은 길에서 출생한다. 이와 같은 대비심은 삿되고 굽음 없어 반듯하고 곧은 곳에서만 출생한다. 如是大悲 種性所作 出於直道 如是大悲心 無邪曲 出生正直", 『유부율』 권38(대정장23, p.835a9)에 "아난다가 물었다. '대덕이시여! 여기에 두 길이 있습니다. 하나는 곧은 길인데 사자와 호랑이와 표범이 많아 두려움에 가기 어렵습니다. 다른 하나는 굽은 길인데 편안하고 장애가 없습니다. 저는 어느 길로 가야 할지 모르겠습니다'. 부처님께서 아난다에게 이르셨다. '마땅히 곧은 길을 취하라. 달다게다(Ⓢ Tathāgata : 如來)는 모든 두려움에서 벗어났기 때문이다'. 阿難陀曰 大德 今此二路 一是直道 多有獅子虎豹 恐怖難行 一是曲路 安隱無礙 我今不知 欲趣何路 佛告阿難陀 宜取直路 怛他揭多 離諸怖畏故", 『대승의장』 권1(대정장44, p.465b14)에 "두 가지로 공한즉 세간을 벗어나 곧게 뻗은 길이다. 二空卽是出世直道", 『화엄경소초』 권37(대정장36, p.282a9)에 "한 길 하나뿐인 곧게 뻗은 길을 헤매인다는 말은 범부와 소승이 함께 헤매임을 뜻한다. 굽어 돌아서 고요함에 나아간다는 말은 오직 소승이다. 만약 큰 세계 훌쩍 넘어 이승을 거치지 않고 빠르게 정각을 성취하니 직도라 한다. 반면에 먼저 이승을 증하고 나중에야 대승에 드는 길은 곡경이라 한다. 곡경은 우회하는 길을 말하고, 고요함에 나아가 빠져 걸려 있음을 밝힌다. 迷一直道 凡小俱迷 曲徑趣寂 唯是小乘 若超卓大方 不歷二乘 速成正覺 名爲直道 若先證二乘 後方入大 名爲曲徑 曲徑謂其迂迴 趣寂明其沈滯", 『유가사지론약찬』 권4(대정장43, p.53c25)에 "외도선업이나 불선업이나 모두 곡이라 하니 불법의 곧은 길 가리기 때문이다. 이 곡에 더럽힌다는 이름을 붙이니 정법을 물들이기 때문이고, 몸과 마음도 오염시키기 때문이다. 外道善不善業名曲 障佛法直道故 卽此曲名穢 汚正法故 汚身心故", 『경덕전등록』 권28 「대법안문익선사어 大法眼文益禪師語」(대정장51, p.448c6)에 "'무엇이 곧게 뻗은 길인지요?' '이 질문에 부합하는 답 하지 못할까만을 두려워한다'. 問 如何是直道 師曰 恐難副此問"라고 하였다. [참고문헌] 『雜阿含經』, 『大方等大集經』, 『有部律』, 『大乘義章』, 『華嚴經疏鈔』, 『瑜伽師地論略纂』, 『景德傳燈錄』. **2** 곧바로 말하다. 『오조법연어록』 권중(대정장47, p.659a25)에 "'때에 당해 어둡지 않도록 스님께서 곧바로 일러주시기 바랍니다' '잡아채 모으기도 하고 놓아 열기도 한다'. 僧問 不昧當機 請師直道 師云 捏聚放開", 『허당집』 71칙 「착어 著語」(卍속장124, p.588b18)에 "아무리 뛰어난 말솜씨일지라도 곧바로 말함만 같지 못하다. 巧說不如直道"라고 하였다. [참고문헌] 『五祖法演語錄』, 『虛堂集』.

직동사 直洞寺 경기도 광주시에 있던 절. 『범우고』와 『중정남한지』에 이름이 전한다. 『한국사찰전서』에 "광주 북방면에 있었는데, 백년전에 이미 폐사되었다. 在廣州北方面 百年前已廢"라고 하였다. [참고문헌] 『梵宇攷』, 『重訂南漢誌』, 『韓國寺刹全書』 권하 p.1043b2, 『한국사지총람』 권상(문화재청·불교문화재연구소, 2010) p.79.

직득 直得 **1** 곧바로 얻다. 여지없이 ~되다. 『조당집』 권15 「동사장 東寺章」(대장경보편25, p.586b11)에 "곧바로 얻었으니 말 없이도 가히 마주할 수 있었다. 直得無言可對", 『동산어록』(대정장47, p.509b8)에 "밀사백(密師伯) 한 번 물었는데, 그저 거의 다 죽은 꼴이 되었다. 被師伯一問 直得去死十分"라고 하였다. [참고문헌] 『祖堂集』, 『洞山語錄』. **2** 비록(설령) ~일지라도. 『경덕전등록』 권17 「신라청원전 新羅淸院傳」(대정장51, p.342a29)에 "'말 달리며 공을 다투면 누가 승자인지요?' '누가 승리를 거두지 못한 사람인가?' '그렇다면 승패를 다투지 않아야 되겠군요' '설령 다투지 않더라도 일찍이 잃은 적도 없음이다' '어떻게 해야 이 허물 면할 수 있는지요?' '문제는 일찍이 잃은 적 없다' '잃지 않은 일 어떻게 단련합니까?' '두 손으로 받친들 일어나겠는가?'. 問 奔馬爭毬 誰是得者 師曰 誰是不得者 曰 恁麼卽不爭是也 師曰 直得不爭 亦有過在 曰 如何免得此過 師曰 要且不曾失 曰 不失處 如何鍛鍊 師曰 兩手捧不起"라고 하였다. [참고문헌] 『景德傳燈錄』. ⇨ 직요 直饒

직령행자 直靈行者 망자의 관을 지켜 서 있는 행자. 『백장청규』 권6 「망승 亡僧」(대정장48, p.1147c28)에 "직령행자는 매일 죽반을 올리고, 지사는 세 번 다탕을 올린다. 直靈行者 每日上粥飯 知事三時上茶湯", 『선림상기전』 권14(불광장, 禪藏, p.1061)에 "직령 : 망자의 관을 지키는 이를 직령이라 한다. 直靈 守亡者龕 曰直靈"라고 하였다. [참고문헌] 『百丈淸規』, 『禪林象器箋』.

직방편 直方便 정정진(正精進 Ⓟ sammā-vāyāma)의 구역. 『장아함십보법경』 권하(대정장1, p.240c7)에 "여섯 번째 직방편이다. 삿된 방편을 없애는 것이다. 또한 사방편을 좇는 인연은 하나가 아니다. 어느 정도 악행이 자라는 것을 가려주고 없앨 수 있다. 또한 직방편을 따르는 인연도 하나가 아니어서, 어느 정도 좋은 방법으로 힘써 따라 행하고 갖추어 행한다. 六 爲直方便 消邪方便 亦從邪方便因緣非一 若干弊惡行生能得消 亦從直方便因緣非一 若干好法致從行具行", 『욱가라월문보살행경』(대정장12, p.28b25)에 "항상 곧게 말하게 하여 모든 죄를 끊고 복행을 구족하고, 직치로는 모든 소유를 끊고 집착을 그친다. 직업으로는 불도에 이르고 곧은 방편을 행하여 제법에 뜻으로 집착 없게 해서 그친다. 常行直言 斷諸罪 具足福行 以直治斷諸所有著止 以直業至於佛道 行直方便 於諸法無意著止"라고 하였다. [참고문헌] 『長阿含十報法經』, 『郁迦羅越問菩薩行經』. ⇨ 팔정도 八正道, 정정진 正精進

직봉 直縫 일직선으로 바늘을 옮기며 바느질하는 법. 세속의 바느질법으로 해진 곳을 기울 때만 허용된다. 승가에서 가사를 짓는 바느질법은 각자(卻刺)라고 한다. 『오분율』 권20(대정장22, p.136b1)에 "만약 옷이 해지거나 망가지면 기워 입기를 허락하는데 겹줄로 각자하며, 직봉도 허락한다. 若衣弊壞 聽補治 以複線却刺 亦聽直縫", 『십송율』 권12(대정장23, p.84c21)에 "만약 직봉으로 하면 바느질할 때마다 돌길라다. 若直縫 針針突吉羅", 같은 책 권15(대정장23, p.109b28)에 "(가사를 지을 때) 직봉이 안 되는 이유는 세인들의 옷 법이기 때문이다. 그래서 각자로 세속과 달리한다. 直縫所以不得者 以是世人衣法故 以却刺異俗"라고 하였다. [참고문헌] 『五分律』, 『十誦律』. ⇨ 각자 卻刺

직비직설 直非直說 직설(直說)과 비직설(非直說). 다섯 가지로 나눈다. 『섭대승론석』 권1(대정장31, p.380b8)에 "뚫어서 꿰매므로 경이라 한다. 이 중에서 여덟 때에 따라 듣는 이의 식상에 직간접적으로 설한 것을 쌓고 모아 드러내 보이는 것으로 체성을 삼는다. 貫穿縫綴故名爲經 此中卽是 隨墮八時 聞者識上 直非直說 聚集顯現 以爲體性", 『속화엄경약소간정기』 권1(卍속장5, p.33b16)에 "직설과 비직설을 말함에 다섯 가지로 풀어 같지 않다. 법의 자성을 말하는 것이 직설이면, 법의 차별을 일컫는 것은 비직설이다. 言直非直說者 五釋不同 一云 詮法自性 名爲直 詮法差別 名非直說”, “또 장행이 직설이면, 게송은 비직설이다. 一云 長行名直說 偈頌非直說”, “또 말하길 십이분교 중 계경이 직설이면, 그 나머지 십일분은 비직설이다. 一云 十二分敎中 契經名直說 餘十一分 名非直說”, “또 곧바로 하는 설법이 직설이면, 비유로 하는 설법은 비직설이다. 一云 直爾說法 名爲直說 以譬喩說 名非直說”, “또 여실한 설이 직설이면, 방편으로 설하는 것은 비직설이다. 一云 如實說者 名爲直說 方便說者 名非直說”라고 하였다. 〔참고문헌〕『攝大乘論釋』, 『續華嚴經略疏刊定記』.

직사 直使 곧바로 다른 것 없이 ~하더라도. 『연종보감』 권8(대정장47, p.338c16)에 “곧바로 번뇌의 때 깨끗해져 다해서 더할 것 없으니, 곧바로 본바탕 두렷이 밝아 자연히 드러나고 일체색상 다 갖춰 숨을 일도 없다. 直使塵垢 淨盡無餘 則本體圓明 自然顯現 一切色像 俱無隱焉”라고 하였다. 〔참고문헌〕『蓮宗寶鑑』.

직설 直說 ❶ 부처님께서 직접 말씀하신 가르침. 십이부경 중 수다라(修多羅)에 해당한다. 장행직설(長行直說)이라고도 한다. 『대지도론』 권33(대정장25, p.306c22)에 “경전들 중에서 부처님께서 직설한 것을 수다라라고 한다. 諸經中直說者 名修多羅”, 『대승의장』 권1(대정장44, p.470c24)에 “나머지 부 중에 긴 행으로 직접 직설하신 것은 모두 수다라다. 분별하면 음계입과 십이인연에 대해 직설한 4부 등의 법을 취해 수다라를 삼았고, 나머지 9부 중에서 긴 행으로 직설하신 것은 모두 나머지 9부로 거둔다. 餘部之中 長行直說 斯皆是其修多羅攝 若別分之 唯取直說陰界諸入十二因緣四部等法 爲修多羅 餘九部中 長行直說 悉皆攝入餘九部中”라고 하였다. 〔참고문헌〕『大智度論』, 『大乘義章』. ⇨ 수다라 修多羅❶
❷ 방편을 빌리지 않고 진실 그대로 말하는 것. 『종경록』 권98(대정장48, p.942b24)에 “홍선화상은 ‘위로부터 부처와 조사가 전한 일심의 법을 마음으로 마음을 인쳐서 다른 법을 전하지 않았으니 초조 달마는 이 한 마디를 가리켜 직설이라 하였다’라고 하였다. 興善和尙云 從上已來 祖佛相傳一心之法 以心印心 不傳餘法 初祖指一言以直說”, 『계초심학인문』 「후발 後跋」(대정장48, p.1005c8)에 “진심을 깊이 밝히는 지름길이므로 직설이라 한다. 深明眞心之捷徑 故名直說”, 『경덕전등록』 권9 「위산영우전 潙山靈祐傳」(대정장51, p.265c5)에 “추운 겨울날 위산이 앙산에게 물었다. ‘날도 춥고 사람도 춥다’ ‘많은 사람이 이 경계에 있습니다’ ‘왜 바로 말하지 않는가?’ ‘그대로 말해 에두르지 않았습니다. 화상이라면 어떻게 하시겠습니까?’ ‘곧장 흐를 뿐이지’. 冬月師問仰山 天寒人寒 仰山云 大家在遮裏 師云 何不直說 仰山云 適來也不曲 和尙如何 師云 直須隨流”, 종보본 『단경』 「육조대사법보단경찬 六祖大師法寶壇經贊」(대정장48, p.347a21)에 “마하연의 지혜는 성인과 범부의 큰 규범이다. 상상근기를 위해 설하면 직설이다. 摩訶智慧 聖凡之大範也 爲上上根人說 直說也”라고 하였다. 〔참고문헌〕『宗鏡錄』, 『誡初心學人文』, 『景德傳燈錄』, 『壇經』.

직성상 織成像 실로 엮어 조성한 불보살상. 직조불(織造佛)이라고도 한다. 수놓아 만들면 수불(繡佛)이라 한다. 『불조역대통재』 권9(대정장49, p.550b19) 계축(癸丑)에 “선혜대사 … (입적한 지) 7일이 지나자 상인 법용이 과연 실로 짜 조성한 미륵상과 구유종을 가지고 와서 감소에 모셨다. 善惠大士 … 至七日 上人法猛 果持織成彌勒像及九乳鐘 來鎭龕所”, 『석씨계고략』 권2(대정장49, p.802c19) 주(周) 무인(戊寅)에 “주 제왕은 불승을 받들어 종족을 보살폈다. 선황을 위해 노사나직성상과 두 보살상을 실로 짜 조성하였는데, 각각의 높이는 2장6척이다. 周帝奉佛乘 親宗族 爲先皇造盧舍那織成像二菩薩 各高二丈六尺”, 『법원주림』 권100(대정장53, p.1026a23)에 “주 효명제〈선황을 위하여 직성상을 조성하였는데, 높이는 2장6척이었다〉. 周孝明帝〈爲先皇造織成像 高二丈六尺〉”고 하였다. 일본 교토 세이간지(誓願寺)에는 1463년(세조9) 정의공주(貞懿公主)와 효령대군(孝寧大君) 등이 발원하여 조성한 금직여래삼존백체불도(錦織如來三尊百體佛圖)〈그림1〉가 옮겨가 있는데, 바탕의 날실과 씨실 외에 색색의 날실로 무늬를 엮어 넣어 금직기법의 직조불화로 길이 248.5cm, 폭 76.4cm의 대작이다. 상단에는 석가모니삼존불상을, 중단에 95존의 작은 부처님(小佛)을, 하단에 주상·왕비·세자의 삼전패(三殿牌)와 발원문 및 동참대중의 이름까지 짜 넣었다. 발원문에 “삼계존에 머리 조아리고 시방사에 귀명하오니, 제가 이제 큰 서원 발하여 천불상의 모습 직조합니다. 위로는 사중은에 보답하고 아래로 삼도고를

〈그림1〉금직여래삼존백체불도
일본 교토 세이간지 1463년 조선

적셔 보고 듣는 이마다 모두 보리심 내어지이다. 發願稽首三界尊 歸命十方師 我今發弘願 織造千佛像 上報四重恩 下滲三途苦 若有見聞者 悉發菩提心"라고 하였다. 중국 원(元)대 제작된 직성미륵불상〈그림2〉은 전법륜인

〈그림2〉직성미륵불상 원 · 〈그림3〉직성나한상 15세기 홍콩크리스홀

을 한 주존 좌우로 두 보살이 협시하고 있고, 상단에는 녹색의 타라보살이, 하단에는 3위의 천왕들이 자리하고 있다. 실로 짜고 금으로 장식한 직금장화주(織金粧花紬) 기법이다. 주존을 특정하지 못하고 있지만 미륵이면 협시는 관음과 연화수다. 15세기 직성나한상〈그림3〉은 가사를 수한 두 나한상이 마주보고 앉아 있는 모습을 형상화하였는데, 우측 존상은 양손에 금강저와 금강령을 교차해 들고 있고, 공양물을 올리는 이와 선정인의 왼쪽 존상 위로 상서의 구름이 피어오르는 중에 여의주를 물고 내려오는 용도 보인다. 밀교에서 행하는 관정수법을 연상시키지만 확정할 수는 없다. [참고문헌]『佛祖歷代通載』, 『釋氏稽古略』, 『法苑珠林』, 『일본 교토 세이간지 소장 한국문화재』(국외소재문화재재단, 2017), 『糸のほとけ』(奈良國立博物館, 2018), 『至心歸命禮』(수덕사근역성보관, 2006) p.34·60. ⇨ 수불 繡佛

직세 直歲 육지사(六知事) 중 하나로 한 해 동안 사중(寺中)의 모든 일을 맡아 보살핀다. 본래 한 해에 걸친 소임이기에 직세라 하지만 후에 바뀌었다. 『백장청규』 권4 「직세 直歲」(대정장48, p.1132c19)에 "이 직책은 일체작무를 관장한다. 무릇 전당요사 중 헐어서 새는 곳에 항상 기와를 올려 수리하고, 늘 움직여 쓰는 물건은 항상 그 수를 살피며, 일하는 인력은 그 공정을 헤아리고, 게을리 하는 이들은 그만두도록 한다. 제멋대로 일하지 않고 먹거나 재물이 좀먹어 공적으로 해가 되지 않도록 한다. 전원·장사·연자방아·디딜방아·가축·배·수레·화촉·도적을 돌아다니며 보호하거나 방비하고 경책한다. 들쑥날쑥함에는 상벌로 미루어 마땅하게 하여, 모두 공평하게 일하게 한다. 힘든 일과 가벼운 일은 반드시 고르게 한다. 가령 크게 수리하고 건조하는 공사라면 일손을 늘려서 함께 힘쓰도록 한다. 職掌一切作務 凡殿堂寮舍之損漏者 常加整葺 動用什物 常閱其數 役作人力 稽其工程 黜其游墮 毋縱浮食 蠹財害公 田園莊舍 碾磨碓坊 頭匹舟車 火燭盜賊 巡護防警 差撥使令 賞罰惟當 並宜公勤 勞逸必均 如大修造 則添人同掌之", 『선림상기전』 권7(불광장, 禪藏, p.523)에 "직세 : 도충(道忠)이 말한다. 『정자통』에 따르면, 직은 담당한다는 뜻이며, 이번만으로 그친다는 말이다. 한 해 동안 주요한 일을 담당하므로 직세라 한다. 直歲 忠曰 正字通云 直 當也 止此 蓋當一歲幹事 故謂直歲也", 『대비구삼천위의』 권하(대정장24, p.924b8)에 "직세에게 열 가지 덕이 있다. 첫째, 삼법에 있는 힘을 다 쏟아야 한다. 둘째, 먼 곳에서 찾아오는 비구는 마땅히 맞이하여 편안하게 해야 한다. … 열째, 마파리와 다투며 자신의 장점 내세우고 상대의 단점을 들추어내서는 안 되며, 빈번하게 대중들에게 그것을 말해서도 안 된다. 또한 삼법에 속한 물건을 가지고 자기 소유처럼 시혜를 베풀어서도 안 된다. 법에 맞게 행하는 이라야 직세가 될 자격이 있다. 直歲有十德 一者 爲三法盡力 二者 若有比丘 從遠方來 當迎安隱 … 十者 不得與摩波利共諍求長短 數於衆中 若行說之 亦不得取 三法中所有物 持行作恩惠 如法行者 可作直歲"라고 하였다. [참고문헌]『百丈清規』, 『禪林象器箋』, 『大比丘三千威儀』. ⇨ 육지사 六知事, 말위 末位

직수 直須 반드시 ~하다. 머뭇거리지 않고 곧바로 반드시 하는 뜻이다. 『분양어록』 권상(대정장47, p.597b23)에 "곧바로 옛 사람의 의지를 알아 취해야 하니, 그렇게 한 후에는 스스로의 마음이 밝아지고 문득 통변자재마저 얻어서 받아 씀에 끝이 없으니 이를 불러 자수용신이라 한다. 直須會取古人意旨 然後自心明去 便得通變自在 受用無窮 喚作自受用身", 『능가사자기』 「도신장 道信章」(대정장85, p.1287c7)에 "'때에 임해 짓는 관행은 어떻게 짓는지요?' '곧바로 맡겨 움직이게 두어라'. 問 臨時作若爲觀行 信曰 直須任運", 『조당집』 권16 「남전장 南泉章」(대장경보편25, p.595a7)에 "이 일을 몸소 얻고자 한다면 반드시 부처님이 출현하기 이전을 향하니, 도무지 일체명자 없어서 그윽이 쓰고 잠겨 통해 아는 사람이 없게 한다. 이러한 때 몸으로 얻으니 비로소 조금 상응할 뿐이리라. 欲體此事 直須向佛未出世已前 都無一切名字 密用潛通 無人覺知 與摩時體得 方有小分相應", 『임제록』(대정장47, p.499a18)에 "그대들이 만일 법 그대로의 법다움 얻고자 한다면 반드시 대장부다워야 한다. 爾若欲得如法 直須是大丈夫兒始得"라고 하였다. [참고문헌]『汾陽語錄』, 『楞伽師資記』, 『祖堂集』, 『臨濟錄』. ⇨ 수 須 2, 시득 始得, 사수 事須

직수림 直樹林 Ⓟ mahāsāka-saṇḍa. 석가(釋迦 Ⓢ Śākya)족 성마왕(聲摩王)의 네 아들이 정착하여 살았던

숲. '직'은 석가의 한역어 중 하나. 능인(能仁)·능(能) 등으로도 한역한다. 석가족의 선조 성마왕(聲摩王)의 네 왕자를 말한다. 『장아함경』 권13「아마주경 阿摩晝經」(대정장1, p.82c24)에 "그 왕의 네 아들들이 법을 조금 어긴 일이 생기자 왕은 나라 밖으로 쫓아내었다. 그들은 설산의 남쪽으로 가서 직수림에 살았다. … 그때 성마왕은 네 아들의 모친들이 여인들을 보내 부부의 연을 맺게 해서 단정한 아들을 낳았다는 소문을 듣고 기뻐하며 이렇게 말했다. '이 아이는 진실로 석(釋)씨의 자손이요 진실로 석씨의 동자로구나'. 능히 스스로 살아남았으니 이로 인하여 석(釋)이라고 불렀다〈음사어 석을 한역하면 능이다. 직수림에 있었기에 석이기도 하다. 석은 진나라 말로 직이라고도 한다〉. 성마왕은 석종의 선조다. 其王四子 少有所犯 王擯出國 到雪山南 住直樹林中 … 時 聲摩王聞 其四子諸母 與女共爲夫婦 生子端正 王卽歡喜 而發此言 此眞釋子 眞釋童子 能自存立 因此名釋〈釋 秦言能在直樹林 故名釋 釋 秦言亦言直〉 聲摩王 卽釋種先也", 원측(圓測)의 『인왕경소』 권상(대정장33, p.376a27·한불전1, p.41c20)에 "『장아함경』에 설한 것과 같다. 옛날 범마고왕의 네 왕자가 잘못을 해서 설산의 직수림 아래로 가서는 자유롭게 생활하게 하였다. 네 왕자가 그곳에 가서는 능히 스스로 살아남자, 왕이 네 왕자를 칭찬하였으니 이들이 직석자다. 如長阿含經說 昔者梵摩鼓王四子有過 從向雪山直樹林下 令自在活 四子至彼 能自存活 王歎四子 是直釋子"라고 하였다. [참고문헌] 『長阿含經』, 『仁王經疏』, *DN.1.92.* ⇨ 석종 釋種 ❶

직시 直是 곧바로 이것 뿐. 다른 것이 아닌 다만 이것. 『조당집』 권6「투자장 投子章」(대장경보편25, p.410a9)에 "'어떻게 알 수 있는지요?' '알 수 없다' '필경에는 어떻게 합니까?' '곧바로 그 요를 깨우침 뿐이다'. 僧曰 如何識得 師曰 不可識 僧曰 畢竟作摩生 師曰 直是省要", 같은 책 권13「보자장 報慈章」(대장경보편25, p.548a4)에 "곧바로 이렇게 일러 열 가지 얻었더라도 또한 모름지기 통렬히 허물인 줄 알아야 하리. 直是道得十成 亦須痛決過", 『원오어록』 권12(대정장47, p.769b25)에 "곧바로 이 일념도 일지 않아야 비로소 조금이나마 상응함 있으리라. 直是一念不生 方有少分相應", 『봉암집』(고존숙어록9, 卍속장118, p.258a10)에 "'무엇이 화상의 가풍인지요?' '한 구로 매번 상황에 맞추니 누구를 만나건 다만 이렇게 말할 뿐이다'. 問 如何是和尙家風 師云 一句每當機 逢人直是道", 『방거사어록』 권상(卍속장120, p.57a13)에 "백령(百靈)이 말했다. '곧바로 이 묘덕(문수)과 공생(수보리)일지라도 찬탄함 미치지 못하리'. 靈曰 直是妙德空生 也讚嘆不及"라고 하였다. [참고문헌] 『祖堂集』, 『圜悟語錄』, 『鳳巖集』, 『龐居士語錄』.

직시대세 直示大勢 곧바로 보이는 대세. 제종팔대세(濟宗八大勢) 중 네 번째다. 『오가종지찬요』 권상(卍속장114, p.518b14)에 "네 번째는 곧바로 보이는 대세다. 저 '마음 바로 부처'라거나 '그대가 바로 혜초다'라는 말과 같이 곧바로 빠르게 들어올려 문득 덧붙이고 머뭇거림 전혀 없다. 第四 直示大勢 如卽心是佛 汝是慧超 直捷提時 更無粘滯"라고 하였다. [참고문헌] 『五家宗旨纂要』. ⇨ 제종팔대세 濟宗八大勢

직심 直心 ❶ 대승경론에서 설하는 곧은 마음. 삼심(三心)·십종심(十種心)·십금강심(十金剛心) 중 하나이기도 하다. 『주유마힐경』 권1(대정장38, p.335b19)에 "국토에 굽은 웅덩이가 없다면 마음의 곧음에서 나온다. 그러므로 '직심이 보살의 정토'다. … 직심은 바탕 곧아 삿됨이 없는 뜻이니 이 마음이 이에 만행의 바탕이다. 土無洿曲 乃出于心直 故曰 直心是菩薩淨土也 … 直心者 謂質直無諂 此心乃是萬行之本", 『화엄경탐현기』 권11(대정장35, p.310b18)에 "(十心 중) 여섯 번째 직심이라 하니 반듯하게 진리를 향함이다. 六 直心者 正向眞理故", 『대승기신론』(대정장32, p.580c7)에 "(신심을 성취하는 발심의) 첫 번째는 곧은 마음이니 바르게 진여법을 생각한다. 一者 直心 正念眞如法故", 『기신론소』 권하(대정장44, p.220a25)에 "곧은 마음이란 굽지 않은 뜻이다. 진여를 생각한즉 마음이 평등하여 다시는 별다른 분별이 없으니 어찌 돌이켜 굽을 일 있겠는가? 그러므로 '진여법을 바르게 생각한다는 뜻이다'라고 하였다. 言直心者 是不曲義 若念眞如 則心平等 更無別岐 何有迴曲 故言 正念眞如法故", 『대승의장』 권14(대정장44, p.753b10)에 "직심이라 한 것은, 자신이 범한 일을 드러내고 뉘우쳐 버려서 허물을 숨길 뜻도 없기에 곧은 마음이라 한다. 言直心者 於自所犯 發露悔除 無藏過意 故名直心"라고 하였다. [참고문헌] 『注維摩詰經』, 『華嚴經探玄記』, 『大乘起信論』, 『起信論疏』, 『大乘義章』. ❷ 선문에서 말하는 곧은 마음. 『잡록제이』 98절에 "직심이 도이다. 왜 그런가? 그대로 생각하고 곧바로 쓰면서 다시는 공을 관하지도 않고 방편도 구하지도 않기 때문이다. 直心是道 何以故 直念直用 更不觀空 亦不求方便", 돈황본 『단경』(대정장48, p.338b15)에 "일행삼매라 하니, 일체시중 행주좌와에서 항상 직심을 행하는 것이다. … 다만 직심을 행하고 일체법상 집착할 일 없다면 이것을 일행삼매라 한다. 一行三昧者 於一切時中 行住坐臥 常行直心是 … 但行直心 於一切法上 無有執著 名一行三昧", 『대혜어록』 권19(대정장47, p.890b23)에 "진실로 마음을 곧게 하여 무상보리를 곧바로 행하고 곧바로 취하니, 진실로 참된 대장부의 행위라 할만 하다. 티끌같은 겁이래의 일이라 한들 다만 지금과 같을진대, 이제 무수겁 이래 일을 알아차리니 바로 날벽돌이 부서지고 살얼음이 녹는 듯 하리라. 苟能直心 直行直取 無上菩提 可謂眞大丈夫之所爲矣 塵劫來事 只在如今 如今會得 塵劫來事 卽時瓦解氷銷", 『종문무고』(대정장47, p.956a5)에 "참선이란 모름지기 곧은 마음이고 곧은 행이고 곧은 말이다. 마음과 말이 곧기에 처음과 끝 그 지위와 중간 어디에도 결단코 어떠한 구부러진 상도 없다. 달마도 서쪽에서 와서 곧바로 인심을 가리켜 견성성불하라고 했던 것이다. 參禪須是 直心直行 直言直語 心言直故 始終地位中間 永無諸委曲相 祖師西來 直指人心 見性成佛", 『은원어록』 권6(가흥장27, p.249b25)에 "참으로 이와 같이 눈이 가는 대로 손이 가리키는 대로 좇지만 직지의 도 아닌 것이 없다. 그래서 '곧은 마음이 도량이다'라거나 '곧바로 말함이 묘법이고, 곧바로 행함이 묘행이며, 직증이 묘과이다'라고 한다. 문을 연 즉 문득 산이 나타나고, 가슴을 열면 문득 속이 드러난다. 苟如是縱目所觀 信手所指 無非直指之道 所謂直心是道場 直說是妙法 直行是妙行 直證是妙果 開門便見山 開胸便見膽"라고 하였다. [참고문헌] 『雜錄第二』, 『壇經』, 『大慧語錄』, 『宗門武庫』, 『隱元語錄』. ⇨ 직심시도량 直心是道場, 직심시정토 直心是淨土, 삼심 三心❸❺, 십종심 十種心❺, 십금강심 十金剛心❷

직심시도량 直心是道場 Ⓢ bodhimaṇḍa iti āśayamaṇḍa. 직심이 도량이다. 『유마경』(대정장14, p.542c15 : *Vikī-n.*, p.37)에 "직심이 도량이니 헛되고 거짓이 없기 때문이다. 直心是道場 無虛假故 bodhimaṇḍa iti kulaputra āśayamaṇḍa eṣo 'kṛtrimatayā", 『유마경약소』 권6(대정장38, p.642b10)에 "'직심이 도량이니 헛되고 거짓이 없기 때문이다'라고 한 것은, 『화엄경』에서 밝히길 처음 마음을 일으키는 바로 그때 문득 정각을 이루고 제법진실성을 요달한다고 했다. 또한 '구경에는 허망을 여의고 티 없어 허공과 같으며, 청정묘법신 담연한 채 일체에 응한다'라 하였으니 이것이 도량의 뜻이다. 直心道場無虛假者 華嚴明 初發心時 便成正覺 了達諸法眞實之性 又云 究竟離虛妄 無染如虛空 淸淨妙法身 湛然應一切 卽道場義", 『유마경의소』 권4(대정장38, p.951a7)에 "도라는 말은 무상정변지인 불과도다. 량이라는 말에는 무릇 두 가지 뜻이 있다. 첫째, 불과의 온갖 덕을 량으로 삼는 뜻이다. 그러므로 이 『유마경』의 문에 불지의 온갖 덕용을 량으로 삼는다고 하였다. 둘째, 이미 과를 써서 도를 삼았으니 인으로 량으로 삼으니 인은 능히 과를 부른다. 저 도가 일어나는 곳이야말로 이름하여 도량이라 함과 같다. 所言道者 謂無上正遍知 佛果道也 所言場者 凡有二義 一者 卽指佛果衆德之爲場 故此經文 以佛地衆德用爲場 二者 旣用果爲道 以因爲場 因能感果 如起道之處 名爲道場", 『주유마힐경』 권4(대정장38, p.363c23)에 "승조(僧肇)가 말한다. '마음 닦아 도에 나아감에 어지럽지 않은 경이 문득 이 도량이라 할 수 있다. 만약 능히 마음을 내세워 주인을 삼고 만행으로 량을 삼는다면 방촌의 도를 넘지 않으리니 스스로 닦는 이야말로 참된 도량이다'. 肇曰 修心進道 無亂之境 便是道場耳 若能標心爲主 萬行爲場 不越方寸道自修者 乃眞道場也"라고 하였다. [참고문헌] 『維摩經』, 『維摩經略疏』, 『維摩經義疏』, 『注維摩詰經』, *Vikī-n.* ⇨ 직심시정토 直心是淨土, 직심 直心

직심시정토 直心是淨土 Ⓢ adhyāśayakṣetraṃ buddhakṣetram. 직심이 곧 정토라는 말. 『유마경』(대정장14, p.538b1 : *Vikī-n.*, p.9)에 "직심이 이 보살정토이니 보살이 성불할 때 굽지 않은 중생이 와서 이 국토에 난다. 直心是菩薩淨土 菩薩成佛時 不諂衆生 來生其國 adhyāśayakṣetraṃ kulaputra bodhisatvasya buddhakṣetram, tasya bodhiprāptasya sarvakuśalasaṃbhāropacitāḥ satvā buddhakṣetre saṃbhavanti", 『주유마힐경』 권1(대정장38, p.335b15)에 "승조가 말한다. '국토를 깨끗이 하려면 반드시 중생을 말미암고, 중생이 깨끗하려면 반드시 뭇 행을 인해야 하니, 곧바로 중생을 들어서 국토정을 풀었다. 이제 갖추어 뭇 행을 들어서 그 깨끗한 까닭을 밝힌 것이다. 무릇 행이 깨끗하면 중생이 깨끗하고, 중생이 깨끗하면 불토가 깨끗하다. 이것은 필연의 헤아림이니 어긋날 수 없다'. 肇曰 土之淨者 必由衆生 衆生之淨 必因衆行 直擧衆生 以釋土淨 今備擧衆行 明其所以淨也 夫行淨則衆生淨 衆生淨則佛土淨 此必然之數 不可差也", 『유마경약소』 권2(대정장38, p.591c10)에 "직심이 정토라 하였다. 앞에서 교를 잡아 직심이 이 바른 인으로서 능히 바른 과를 부름을 밝혔다. 今言直心是淨土者 前約教明直心是正因 能感正果"라고 하였다. [참고문헌] 『維摩經』, 『注維摩詰經』, 『維摩經略疏』, *Vikī-n.* ⇨ 직심 直心

직어 直語 ❶ 정어(正語 Ⓟ sammā-vācā)의 구역. 정직어(正直語)라고도 한다. 『장아함십보법경』 권하(대정장1, p.816b1)에 "현자여! 도덕제자는 고를 좇아 고라 생각하고, 습을 습이라 생각한다. 멸을 멸이라 생각하고 길을 길이라고 생각한다. 네 가지 입으로 범하지 않고 나머지 입으로 짓는 악행도 범하지 않으니 이로부터 멈추고 떠난다. 그치고 떠나서는 거둬 지켜 다시는 짓지 않는다. 짓지 않으니 받는 죄 없고 죄 없어 이미 그쳤다면 이것을 직어라고 한다. 賢者 道德弟子 爲從苦念苦 爲從習念習 爲從盡念盡 爲從道念道 止四口犯 有餘口惡行 從是得止離 止相離攝守 不可作 不作從受罪 無有罪 已止是爲直語"라고 하였다. [참고문헌] 『長阿含十報法經』, 『彌勒菩薩所問本願經』(대정장12, p.187b4). ⇨ 팔정도 八正道, 정어 正語 ❷ 거짓없이 말하는 것. 『삼혜경』(대정장17, p.702b23)에 "언어에는 네 가지 법이 있다. 첫째 직어, 둘째 분별하는 말, 셋째 묻는 말, 넷째 그치는 말이다. 직어란 어떤 지혜롭다 하는 이가 도덕을 타락시킨 인연을 거짓없이 말하는 것이다. 語有四法 一者 直語 二者 分別語 三者 問語 四者 止語 直語者 有黠人 墮道德 因緣直說"라고 하였다. [참고문헌]『三慧經』. **3** 십이부경(十二部經) 중 수다라(修多羅)를 직설(直說)이라고도 한다.『범망경』권상(대정장24, p.1001a9)에 "삼세 일체부처님 법문은 12법품의 명미구로 안다. 중송·기별·직어·게·불청설·율계·비유·불계·석사·방정·미증유·담설이다. 이것이 법의 체성이며 제일의라고 이름한다. 知三世一切佛法門 十二法品名味句 重誦 記別 直語 偈 不請說 律戒 譬喩 佛界 昔事 方正 未曾有 談說 是法體性 名第一義"라고 하였다. [참고문헌]『梵網經』,『文殊大教王經』권9(대정장20, p.768b12). **4** 나쁜 말 그쳐서 얻는 열 가지 공덕 중 바른 말.『대방등대집경』권50(대정장13, p.328a1)에 "악구를 그쳐서 얻는 열 가지 공덕이 있다. 무엇이 열 가지인가? 첫째 부드러운 말, 둘째 민첩한 말, 셋째 합리적인 말, 넷째 아름다운 말, 다섯째 적중하는 말, 여섯째 직어, 일곱째 두려움없는 말을 얻는다. 여덟째 경박하고 능멸해 말하지 않는다. 아홉째 법다운 말로 깨끗하게 가린다. 열째 몸이 무너져 명을 마칠 때 선도에 난다. 休息惡口獲十種功德 何等爲十 一者 得柔軟語 二者 捷利語 三者 合理語 四者 美潤語 五者 言必得中 六者 直語 七者 無畏語 八者 不敢輕陵語 九者 法語淸辯 十者 身壞命終得生善道"라고 하였다. [참고문헌]『大方等大集經』. **5** 성인이 쓰는 두 가지 말 중에 하나.『대지도론』권15(대정장25, p.170c4)에 "성인은 두 종류의 말이 있다. 첫째는 방편어, 둘째는 직어다. 聖人有二種語 一者 方便語 二者 直語"라고 하였다. [참고문헌]『大智度論』.

직업 直業 정명(正命 Ⓟ sammā-ājiva)의 구역. 정직업(正直業)이라고도 한다.『대안반수의경』권하(대정장15, p.172b24)에 "무엇이 직업인가? 몸으로 마땅한 것을 행하여 범할 일을 하지 않는다. 이것을 이름하여 직업이라고 한다. 何等爲直業 身應行不犯行 是名爲直業也"라고 하였다. [참고문헌]『大安般守意經』. ⇨ 팔정도 八正道, 정명 正命, 정직업 正直業

직왕 直往 곧바로 가다. 대승인 보살승들이 바로 깨우쳐(頓悟) 행함을 말한다.『화엄경탐현기』권1(대정장35, p.110c26)에 "만약 곧바로 가는 돈오의 근기를 잡는다면 큰 것은 적은 것을 말미암지 않아서 베풀 것은 오직 보살승의 가르침일 뿐이다. 이 때문에 돈이라 한다. 若約直往頓機 大不由小 所設唯是菩薩乘敎 故名爲頓",『법화경현찬요집』권3(卍속장53, p.462b17)에 "또 한 무리는 곧바로 가는 이다. 이들은 오로지 대승성을 지니고 곧바로 대심을 일으켜 대행을 닦아 행한다. 초지문에 이르면 이공의 이를 증하니, 이들을 포개면 열아홉 부류가 되지만 모두 모아 돈오라 한다. 又有一人 直往者 唯有大乘性 直發大心 修行大行 至初地門中 證二空理 帖成十九人 總名頓悟"라고 하였다. [참고문헌]『華嚴經探玄記』,『法華經玄贊要集』. ⇨ 직왕보살 直往菩薩

직왕보살 直往菩薩 대승에 들어 곧바로 부처의 지혜를 깨닫고 행하는 보살. 돈오보살(頓悟菩薩)이라고도 한다.『법화의소』권4(대정장34, p.501a27)에 "「용출품」에서 '이 모든 중생이 처음으로 나의 몸을 보고 나의 설법을 듣고서 곧바로 여래의 지혜에 얻어 든다'고 한 이 말은 직왕보살이 일찍이 부처님의 지혜를 깨우친 것을 밝혔다. 涌出品云 是諸衆生 始見我身 聞我所說 卽便得入 如來之慧 此明 直往菩薩 早悟佛慧也",『승만보굴』권상(대정장37, p.6a22)에 "보살에는 두 부류가 있다. 첫째는 직왕보살이고, 둘째는 소승을 돌이켜 대승에 드는 보살이다. 이들 두 부류를 위해 보살장을 설한다. 곧바로 가는 이에게 설하면 돈이라고도 한다. 소승을 좇는 일 없이 대승에 드는 이다. 소승을 돌이킨 이를 위하여 설하면 점이라 한다. 그들은 소승을 좇다가 대승에 들었기 때문이다. 이러한 돈점은『법화경』의 말씀이다. 菩薩有二 一直往菩薩 二迴小入大 爲此二人 說菩薩藏 爲直往人說 亦得名之爲頓 以不從小入於大故 爲迴小人說 目之爲漸 以其從小入於大故 此之頓漸 如法華說",『성유식론술기』권8(대정장43, p.536c3)에 "직왕보살은 팔지 이후라야 비로소 변역생사를 받는다. 直往菩薩 八地以去 方受變易生死"라고 하였다. [참고문헌]『法華義疏』,『勝鬘寶窟』,『成唯識論述記』,『法華經』권5(대정장9, p.40b8). ⇨ 돈오보살 頓悟菩薩, 직왕 直往

직왕인 直往人 직왕보살(直往菩薩). 또는 그러한 근기의 사람.『화엄오교장』권3(대정장45, p.496b21)에 "근의 이둔에 따라 각기 저 겁을 지나니, 반드시 일향에 열반중에 있어 어느 만큼의 겁을 경과하지는 않는다. 가령 곧바로 가는 사람은 일만겁을 지나 닦아 행해 다 채워 발심할 만하지만, 저들 독각인도 근기만 가장 예리하다면 곧바로 가는 듯하여 일만겁을 지나며, 그 나머지 네 부류의 둔한 근기도 차별이 있으므로 걸리는 시간의 차이가 다양하다. 隨根利鈍 各經彼劫 未必一向 在涅槃中 經爾許劫也 如直往人 旣經一萬劫 修行滿足 堪能發心 彼獨覺人 根最利故 亦似直往人 經一萬劫 餘四鈍根 又差別故 時得多別也"라고 하였다. [참고문헌]『華嚴五教章』.

직요 直饒 곧바로 넉넉히 헤아려. 비록 ~일지라도. 설령 ~한다 해도. 다른 여지없이 넉넉히 다 받아들인다

해도의 뜻이다. 설령(設令), 가령(假令), 설사(設使). 직사(直使)·종요(縱饒) 등의 쓰임과 같다. 『벽암록』 95칙 「수시 垂示」(대정장48, p.218a19)에 "부처가 있는 자리에 머물러선 안 된다. 머물면 머리에 뿔이 생긴다. 부처가 없는 자리라면 급히 도망가야 한다. 달려 지나가지 않으면 잡초가 한 길을 넘으리라. 곧바로 넉넉히 해서 다 벗어 걸친 것 없이 털어내고, 일 밖에 움직임 없고 기틀 밖에 일 없이 한다고 해도 그루터기 지켜서 토끼 기다리는 일 면치는 못하리라. 有佛處不得住 住著頭角生 無佛處急走過 不走過 草深一丈 直饒淨裸裸赤灑灑 事外無機機外無事 未免守株待兔", 『조주어록』(고존숙어록14, 卍속장118, p.327b12)에 "'화상께서 지금 하시는 이야기마다 그대로 불법이 아닌지요?' '비록 그대가 묻고 답함이 경론에 있더라도 불법은 아직 아니다'. 云 和尙卽今語話 莫便是佛法否 師云 直饒你問得答得 總屬經論 佛法未在", 『임제록』(대정장47, p.503c3)에 "임제선사가 군영에 들어 공양하려 함에 문 앞에서 관원을 만났다. 선사가 노주를 가리키며 물었다. '범인가 성인가?' 관원이 말이 없자 임제가 노주를 치며 '설령 말할 수 있더라도 다만 이것 나무토막일 뿐이다'라고 말하고 들어갔다. 師因入軍營赴齋 門首見員僚 師指露柱問 是凡 是聖 員僚無語 師打露柱云 直饒道得 也秖是箇木橛 便入去", 『운문광록』 권상(대정장47, p.546b28)에 "한 칙의 공안을 들어보여 그대 곧장 알아차린다 해도 이미 그대의 머리 위엔 똥 뒤집어 썼을 뿐이다. 곧바로 넉넉히 헤아려 터럭 하나 뽑아서 온 세상 한번에 밝아진다고 하더라도 맨살을 긁어 상처냄이다. 비록 이와 같더라도 반드시 실로 이 마음밭에 이르는 이가 있게 되면 비로소 옳다. 擧一則語 教汝直下承當 早是撒屎著爾頭上也 直饒拈一毛頭 盡大地一時明得 也是剜肉作瘡 雖然如此 也須是實到者箇田地始得", 『오조법연어록』(대정장47, p.653c14)에 "설령 산하대지가 나의 콧구멍으로 숨 쉰다고 해도 몸과 마음을 내려놓는 것만 못하다. 直饒大地山河 借我鼻孔出氣 不如放下身心", 『설두어록』 권1(대정장47, p.669a27)에 "묻고 답하는 일 온통 일에 있지 않다. 설령 건곤대지와 초목총림이 모조리 납승이 되어 이구동성으로 각각 백천 질문을 한다 한들 사라질 일 아니다. 一問一答 總未有事在 直饒乾坤大地草木叢林 盡爲衲僧 異口同聲各置百千問難 也不消", 『천여유칙어록』 권1(卍속장122, p.807a2)에 "개는 말할 필요도 없고, 설령 그대가 '석가나 미륵에게도 불성이 있습니까?'라고 묻더라도 조주는 '없다' 답할 것이다. 莫說狗子 直饒你問 他釋迦彌勒 還有佛性也無 他也道無"라고 하였다. [참고문헌] 『碧巖錄』, 『趙州語錄』, 『臨濟錄』, 『雲門廣錄』, 『五祖法演語錄』, 『雪竇語錄』, 『天如惟則語錄』. ⇨ 종요 縱饒, 직뇨 直鐃, 직사 直使, 직시 直是

직욕 直浴 대중의 욕탕(浴湯)을 보살피는 소임. 『백장청규』 권4 「지욕 知浴」(대정장48, p.1131b20)에 "참두는 다음 번 행자를 직욕의 소임으로 보낸다. 參頭差行者直浴"라고 하였다. [참고문헌] 『百丈淸規』, 『禪林象器箋』 권12(불광장, 禪藏, p.881).

직월 直月 한 달간의 소임. 직세(直歲)는 일 년 기한의 당번이고, 직일(直日 : 直堂)은 하루마다 교대한다. 『승사략』 권중 「잡임직원 雜任職員」(대정장54, p.245a9)에 "직세를 세우면 일 년간 일을 맡고, 직월은 반달마다 일을 맡으며, 직일이란 모두 열중(유나)의 소임이다. 或立直歲 則直一年 或直月直半月 直日皆悅衆也"라고 하였다. [참고문헌] 『僧史略』. ⇨ 직세 直歲, 직당 直堂

직전 直傳 몸소 전하다. 마주해 전하다. 먼저 깨우친 이가 다음 깨우친 이를 알아보고(師資相承) 서로 마주해 전할(以心傳心) 뿐인 선문(禪門)의 전법(傳法)전통을 말한다. 『치문경훈』 권7 「안시랑답운행인서 顔侍郎答雲行人書」(대정장48, p.1079c7)에 "달마는 서쪽에서 와서 문자를 세우지 않고 마음도장 직접 전하였다. 達磨西來 不立文字 直傳心印", 『금강경주해철전함』(卍속장92, p.450a7)에 "가섭이 한 번 미소지어 받은 이래로 몸소 전하여 28조 달마에 이르렀고, 신광이 삼배 올려 받은 이래로 직접 전하여 조계6조 혜능에 이르렀다. 그 뒤 남악과 마조에게 전하며 곧바로 오늘날까지 이르렀다. 그러므로 '끊김도 쉰 적도 없었다'라고 하였다. 迦葉一笑得來 直傳至二十八祖達磨 神光三拜得來 直傳至曹谿六祖惠能 後傳南嶽馬祖 直至今時 故云 無斷無休", 『산휘어록』 권4(가흥장29, p.42a1)에 "'달마가 서쪽에서 와서 심법을 직접 전했으니 무엇이 이 마음법인지요?' '검은 소가 눈밭에 누워 있으니, 이 일 참으로 분명하지 않은가' '그렇다면 수고로이 찾아 물을 일 없겠군요' '저 눈동자에 맺힌 동자가 마주한 그 사람이다'. 僧問 祖師西來 直傳心法 如何是心法 師云 黑牛臥雪地 此事甚分明 進云 恁麽則不勞參尋也 師云 眼底童子面前人"라고 하였다. [참고문헌] 『緇門警訓』, 『金剛經註解鐵鋑錎』, 『山暉語錄』. ⇨ 밀전 密傳, 이심전심 以心傳心, 사자상승 師資相承, 면수 面授, 구결 口訣 ❶

직전행자 直殿行者 돌아가며 불전을 돌보는 행자. 『백장청규』 권1 「성절 聖節」(대정장48, p.1113c6)에 "당사행자와 직전행자는 항상 더욱 살피면서 태만하지 않도록 하라. 堂司行者 直殿行者 常加伺候 毋令怠慢", 『선림상기전』 권8(불광장, 禪藏, p.577)에 "직전행자 : 불전을 지키는 행자다. 直殿行者 守佛殿行者"라고 하였다. [참고문헌] 『百丈淸規』, 『禪林象器箋』.

직절 直截 거침없이 자르다. 곧바로 끊어내다. 느닷없이 마주하다. 그 무엇에도 의지하거나 근거로 삼지 않는 뜻이다. 『보봉어록』(고존숙어록43, 卍속장118, p.732b8)에 "대중이여, 마땅히 알라! 드러난 앞의 것 분명히 알고자 한다면 가히 거침없이 끊고 스스로 볼 뿐이다. 만일 스스로 본다면 정관이라 하지만, 다른 것을 본다면 사관이라 한다. 大衆 當知 欲得分明現前 可以直截自觀 若能自觀 名爲正觀 若他觀者 名爲邪觀", 『허주보도어록』(卍속장123, p.181a18)에 "향상하는 유일한 길은 곧바로 끊어 눈앞에 드러내서 움직이기에 머묾이 없고, 머물더라도 상을 짓는 일 없다. 천지 그대로 천지이고 일월 그저 해와 달일 뿐이네. 向上一路 直截現前 用不停機 住無作相 天地自天地 日月自日月", 『응암담화화상어』(속고존숙어요4, 卍속장119, p.33b12)에 "달마가 서천에서 찾아와 인심을 곧바로 가리켜 성을 보고 부처가 되게 하였다. 가릴 것 없고 다 끊는 깨우침의 요체라 할 만하다. 그러나 바른 안목으로 살펴보면 이미 갖가지 잘못이 다 벌어지고 말았다. 어쩔 수 없이 죽은 말 살리는 의사 노릇을 하지만, 다만 이 곧바로 가리킨 저 마음이란 것은 황면노자께서 49년 동안 이런저런 방편으로 늘어놓으신 말씀으로는 붙잡아낼 수조차 없다. 達磨西來 直指人心 見性成佛 不妨直截省要 正眼看來 已是七錯八錯了也 事不獲已 且作死馬醫 祇這直指底心 便是黃面老子 四十九年 橫說竪說不著底", 『오등전서』 권98 「자랑취장 慈朗鷲章」(卍속장141, p.925b6)에 "출몰을 가릴 수 없지만, 도랑과 골짜기 빈틈없이 메웠지만, 드러내 앞에 두고 곧바로 끊어내니 하늘도 땅에도 가득하네. 出沒難辨 溝塡塞壑 現前直截 滿地遍空", 『직주설두송고』 권상(卍속장117, p.512b1)에 "한 학인이 지문에게 물었다. '연꽃이 물에서 피기 전에는 어떤지요?'〈묻는다는 것은 일을 빌림이다. 써서 공겁을 밝힌다〉 '연꽃이겠지'〈곧바로 끊어 으뜸만을 밝혔다〉. 僧問智門 蓮花未出水時 如何〈問是借事 用明空劫〉 門云 蓮花〈直截明宗〉"라고 하였다. [참고문헌] 『寶峰語錄』, 『虛舟普度語錄』, 『應庵曇華和尙語』, 『五燈全書』, 『直註雪竇頌古』.

직절근원 直截根源 거침없이 곧바로 끊어야 이를 수 있는 뿌리와 샘. 가지도 잎새도 아니어서 여지없이 끊어서야 닿을 수 있는 뿌리와 샘의 비유로, 어떤 분별이나 방편에 의지하지 않아야 닿을 수 있는 마음자리. 『증도가』(대정장48, p.395c21)에 "여지없이 끊어야 근원이니 부처님 인 치신 곳이다. 잎 따고 가지 찾는 일 나는 더는 못한다네. 直截根源佛所印 摘葉尋枝我不能", 『증도가주』(卍속장114, p.892b16)에 "그 자리에서 마음 밝혀 성을 보고 부처된다. 이것이야말로 저 먼 모든 성인 좇아 서로 인 치고 주고 받는다. 경론 다해 말로 주고받으며 잎 따고 가지 찾는 일이라면 나는 더는 하지 않으리. 直下明心 見性成佛 此乃從上諸聖 遞相印授 若窮經討論 摘葉尋枝 則吾不能爲也", 『밀암어록』(대정장47, p.982c11)에 "임제의 으뜸은 거침없이 끊어야 닿을 수 있는 뿌리요 샘이다. 계급을 밟을 일 없으며 마음 다 들어 크게 움직여 방과 할을 일제히 베푼다. 臨濟之宗 直截根源 不涉階級 全機大用 棒喝齊施", 『원오어록』 권3(대정장47, p.751b17)에 "조사문하 교가와 견줄 수 없다. 다만 다 끊은 뿌리와 샘이어서 더불어 몸도 같고 씀도 같아 크게 해탈한다. 祖師門下 不比敎家 只要直截根源 於一言下領取 與諸聖同體 同用大解脫", 『언계광문어록』 권하 「시손상인매간호 示巽上人梅澗號」(卍속장121, p.294b15)에 "손상인이여, 가지와 잎을 좇아 섬길 일 없어 모름지기 곧바로 끊고 뿌리와 샘에 이른다. 열매 익어 원숭이 거듭 오는 그곳, 진실이 현전함 있는 줄 안다. 물 떨어져 돌 드러나는 때, 빛도 그림자도 온통 다하면 씨앗 가져 돌아온다네. 巽上人 無從事枝葉 須直截根源 果熟猨重處 知有眞實現前 水落石出時 自然光影俱盡 還我核子來"라고 하였다. [참고문헌] 『證道歌』, 『證道歌註』, 『密菴語錄』, 『圜悟語錄』, 『偃溪廣聞語錄』.

직절일로 直截一路 다 끊고 남은 한 길. 가지쳐 버려진 길 여지없이 끊어 돌아갈 길 없게 하는 뜻으로 열린 한 길이다. 『경덕전등록』 권13 「풍혈연소전 風穴延沼傳」(대정장51, p.303b12)에 "'무엇이 끊어 다한 가로지르는 한 길인지요?' '돌고 굽은 것 여지없이 잘랐다'. 問 如何是直截一路 師曰 直截迂曲", 같은 책 권17 「축건지원전 竺乾志圓傳」(대정장51, p.341c12)에 "'곧바로 끊은 한 길은 무엇인지요?' '끊어라!' 問 如何是直截一路 師曰 截", 『운문광록』 권상(대정장47, p.549b15)에 "'무엇이 곧바로 끊고 가는 한 길인지요?' '주산 뒷편이다' '스님의 지시에 감사드립니다' '가죽포대는 닫거라!' 問 如何是直截一路 師云 主山後 進云 謝師指示 師云 合取皮袋", 『조주어록』(고존숙어록14, 卍속장118, p.321b13)에 "'돌아가지 않는 한 길은 무엇인지요?' '회남 가는 배가 도착했느냐?' '저는 모르겠습니다' '기쁘게도 도착했구나'. 問 如何是直截一路 師云 淮南船子到也未 云 學人不會 師云 且喜到來", 『천성광등록』 권23 「덕산지선장 德山志先章」(卍속장135, p.835b4)에 "'헤매지 않는 한 길, 청컨대 스님께서 속히 일러주시길' '마음 헤아린즉 천리로 멀어진다. 아득하고 아득하니 뜻에 맡겨 살펴보길'. 問 直截一路 請師速道 師云 擬心隔千里 玄玄任意看", 『건중정국속등록』 권26 「금아허백장 金鵝虛白章」(卍속장136, p.356b9)에 "'다 끊고 가는 길 무엇인지요?' '새나 지날 수 있는 험한 길이 꼬불꼬불하기까지 하구나'. 問 如何是直截一路 師云 鳥道羊腸", 『올암보령어록』 권중(卍속장123, p.19b5)에 "교중에 밝히 얻었다 해도 마침내 이 돌고 굽었다. 반면에 교 밖에서 밝혀 얻으니, 오직 끊어 바로 가는 한 길이어서 반드시 집에 이른다. 教中明得者 終是迂曲 教外明得者 不妨直截 唯直截一路 必能到家"라고 하였다. [참고문헌]『景德傳燈錄』, 『雲門廣錄』, 『趙州語錄』, 『天聖廣燈錄』, 『建中靖國續燈錄』, 『兀菴普寧語錄』. ⇨ 직절 直截

직정 直定 정정(正定 Ⓟ sammā-samādhi)의 구역. 정직정(正直定)이라고도 한다. 『대안반수의경』 권하(대정장15, p.172b28)에 "무엇을 직정이라고 하는가? 뜻에 미혹하지 않고 또한 기울어진 행위를 하지 않는다. 이것을 직정이라고 이름한다. 何等爲直定 意不惑 亦不捨行 是名爲直定"라고 하였다. [참고문헌]『大安般守意經』. ⇨ 팔정도 八正道, 정정 正定❶

직조암 直照庵 경상남도 사천시 곤명면 봉명산(鳳鳴山)에 있던 서봉사(栖鳳寺) 산내암자. 1726년(영조2)에 최응천(崔應天)이 쓴 「서봉사기」의 전당액수부(殿堂額數附)에는 "직조암 直照庵"이라고 하였고, 『한국사찰전서』 권하 직조암에는 "지금은 없다. 今無"고 하였다. [참고문헌]「栖鳳寺記」, 『韓國寺刹全書』 권하 p.1043b9. ⇨ 서봉사 栖鳳寺

직주상 織珠像 구슬을 꿰어 엮은 불보살상. 『출삼장기집』 권12 승우(僧祐) 찬술 「법원잡연원시집목록서 法苑雜緣原始集目錄序」(대정장55, p,92c4)에 "하서국에서 지은 직주와 결주 두 상의 기. 河西國造織珠結珠二像記"라는 기문 제목만이 전한다. [참고문헌]『出三藏記集』. ⇨ 금사탱 錦麝幀, 직성상 織成像, 수불 繡佛

직지 直指 곧바로 가리키다. 이름과 모습(名相)에도 걸리지 않고, 교설과 방편에도 헤맬 일 없이 하여 곧바로 부처 되는 길 나서게 하는 뜻이다. 『오가어록』 「서序」(卍속장119, p.1006b18)에 "기와 용 비록 오가의 차별이 있지만 직지의 뜻 아님은 없다. 機用雖有五家 無非直指之旨", 『능가사자기』 「보리달마장 菩提達摩章」(대정장85, p.1285b20)에 "달마대사는 사물을 가리켜 뜻을 물었다. 다만 한 물건을 가리키고 '무엇이라 부르는가?' 하고 물었다. 온갖 물에 대하여 다 물으면서 사물과 이름을 불러내서는 바꾸거나 고쳐 묻곤 했다. 大師又指事問義 但指一物 喚作何物 衆物皆問之 迴換物名 變易問之", 『원오심요』 권하 「시조선인 示照禪人」(卍속장120, p.760b2)에 "달마 이래로 오로지 직지만을 특별히 소리 높였다. 아무쪼록 격 밖에서 그윽이 깨우쳐 흙탕물에서 몸을 끌거나 티끌연에 떨어지지 않기를 바랐다. 그런 까닭에 '저들 상류들 말씀 듣자마자 불쑥 일어나 문득 행한다'고 말하니, 만 가지 기틀로 거두려 해도 저들은 붙들 수 없고 천성이 붙잡아두려 해도 머물지 않는다. 從上來 唯是特唱直指 要人格外玄悟 不拖泥水 不墮塵緣 所以道他上流 聊聞擧著 剔起便行 萬機收他不著 千聖籠羅他不住", 『선림보훈음의』(卍속장113, p.296a6)에 "가장 빠른 길로 가다. 기에 당하여 곧바로 가리키기에 회피할 길은 전혀 없지만, 머뭇거리는 순간 흰구름 천리로 멀어진다. 徑挺 當機直指 絶無迴避 擬議之間 白雲千里", 『종문무고』(대정장47, p.956c4)에 "달마가 서천에서 와서 사람의 마음 곧바로 가리켜 성을 보아 부처 되게 하였건만, 요즘 여러 선문에서는 사람의 마음 잘못 가리켜 성을 설하고 부처 된다 한다. 祖師西來 直指人心 見性成佛 于今諸方 多是曲指人心 說性成佛", 『절안가상어록』 「시형선자 示瑩禪者」(卍속장121, p.994b15)에 "직지의 도가 어찌 말로 밟아 갈 수 있겠는가? 겨우 언어의 길에 들어서자마자 곧바로 굽은 손가락 되리. 直指之道 豈涉語言 纔涉語言 便成曲指", 『벽암록』 「보조서 普照序」(대정장48, p.139a10)에 "연원을 도려내고 저이도 쪼개 부순다. 태양 아래 곧바로 가리킬 뿐이니, 어찌 보고 앎을 세우겠는가. 剔抉淵源 剖析底理 當陽直指 豈立見知", 『경덕전등록』 「서문 序文」(대정장51, p.196b20)에 "문자를 세우지 않고 곧바로 마음의 샘을 가리키며 계제도 밟을 일 없이 곧바로 지름길로 부처님 지에 오른다. 不立文字 直指心源 不踐楷梯 徑登佛地", 같은 책 권8 「이산전 利山傳」(대정장51, p.260c22)에 "'아승기수행을 거치지 않고 법신을 얻는다 하니 스님께서 곧바로 가리켜 주시길' '아들은 아버지의 업을 잇는다' '어떻게 이해합니까?' '깎아버리면 베풀지 못한다'. 僧問 不歷僧祇獲法身 請師直指 師云 子承父業 僧云 如何領會 師云 貶剝不施", 같은 책 권12 「파초혜청전 芭蕉慧清傳」(대정장51, p.297c12)에 "학인이 '두 머리나 세 머리 묻지 않겠습니다. 타고난 그대로의 얼굴 바로 가리켜 주시길'라고 묻자 파초 말없이 반듯하게 앉아 있을 뿐이었다. 問 不問二頭三首 請師直指 本來面目 師默然正坐", 『원오어록』 권14 「시융지장 示隆知藏」(대정장47, p.776c27)에 "달마조사 이래로 오직 마음만 전하고 곧바로 가리키기만 힘쓸 뿐, 물에 빠져 흙 묻히고 소굴 만들어 사람 가두는 어리석은 일 기꺼이 하지 않는다. 有祖已來 唯務單傳直指 不喜帶水拕泥 打露布列 窠窟鈍置人", 『대혜어록』 권13(대정장47, p.863b27)에 "그런 까닭에 이 일 결정코 언어상 있지 않다. 만일 언어에 있다면 일대장교와 제자백가의 말들 천지에 가득하거늘, 어찌 말 없다고 하겠는가. 다시 또 달마 서쪽에서 와서 곧바로 가리킬 일 또한 있었겠는가. 필경에 무슨 일 있기에 이 곧바로 가리키는 곳이라 하는가. 짐짓 헤아린다면 그 마음 일찍이 굽어버린다. 저 스님이 조주에게 묻기를 '무엇이 조사께서 서쪽에서 오신 뜻입니까?' 하니 '뜰앞에 잣나무'라 하셨는데, 이것이야말로 다 여지없이 바로 함이다. 所以此事 決定不在言語上 若在

言語上 一大藏教 諸子百家 遍天遍地 豈是無言 更要達磨西來 直指作麽 畢竟甚麽處 是直指處 爾擬心早曲了也 如僧問趙州 如何是祖師西來意 州云 庭前柏樹子 這箇忒殺直", 『밀암어록』(대정장47, p.972a26)에 "하안거 푸는 날 법좌에 올랐다. '호리병 하나 넘어지자마자 바닥 가득 널렸던 호리병이 모두 넘어졌다. 단지 전하여 곧바로 가리키는 선을 알고자 하는가? 오늘 다투어 몰려들었으니 아주 좋은 기회구나'. 解夏 上堂 一箇葫蘆纔倒地 滿地葫蘆盡傾倒 欲識單傳直指禪 今日鬪湊得恰好", 『도서』「배휴서 裵休敍」(대정장48, p.398b15)에 "하택은 지견을 곧바로 가리켜 지견이라 하고, 강서는 일체가 온통 참되다고 한다. 荷澤 直指知見 江西 一切皆眞"라고 하였다. [참고문헌] 『五家語錄』, 『楞伽師資記』, 『圜悟心要』, 『禪林寶訓音義』, 『宗門武庫』, 『絶岸可湘語錄』, 『碧巖錄』, 『景德傳燈錄』, 『圜悟語錄』, 『大慧語錄』, 『密菴語錄』, 『都序』. ⇨ 직지인심견성성불 直指人心見性成佛, 곡지 曲指

직지단전 直指單傳 곧바로 가리켜 다만 전하다. 곧바로 가리켜 단 하나 마음만을 전하다, 곧바로 가리키고 단 한 사람에 전할 뿐 등의 뜻이다. 『분양어록』「분양어록소 汾陽語錄疏」(대정장47, p.594b23)에 "꽃 한 송이 잎 하나로 곧바로 가리켜 다만 전한 묘한 뜻을 임제 전해서 분양 수중에 들어왔다. 마치 일척 거울을 가져 삼라만상 들인 듯하다. 一華一葉 直指單傳之妙旨 自林際傳 入汾陽手中 如持一尺之鏡 容納萬象森羅", 『속전등록』 권24 「자득혜휘전 自得慧暉傳」(대정장51, p.631c19)에 "석가노자는 이를 끝하고 성도 다한 금구로써 널리 펴신 일대시교 구슬과 옥이 구르는 듯하였다. 사람들 부르길 부정한 것 닦는 종이라 한다. 달마조사는 일승법으로써 곧바로 가리키고 다만 전해서 면벽 9년에 문자를 세우지 않았으니 사람들 불러 말하길 벽관바라문이라 하였다. 釋迦老子 窮理盡性 金口敷宣 一代時教 珠回玉轉 被人喚作 拭不淨故紙 達磨祖師 以一乘法 直指單傳 面壁九年 不立文字 被人喚作 壁觀婆羅門", 『파암조선선사어』(속고존숙어요4, 卍속장119, p.53b8)에 "곧바로 가리키고 단지 전한다 하니 이미 돌아 굽었다. 종을 밝혀 뜻을 정한다 하니 견해 돌고 돌아 가는 데마다 막힌다. 直指單傳 已成迂曲 明宗定旨 轉見周遮", 『금산퇴암도기선사어』「달마원오 達磨圜悟」(속고존숙어요6, 卍속장119, p.159a10)에 "올 때는 갈대 꺾어 타고 강을 건너더니, 떠난 뒤에는 손에 들린 짚신 한 짝이었다네. 이처럼 오간 모습 분명하였기에, 맑은 바람 대지 흔들었으니 어찌 하랴. 만약 곧바로 가리키고 다만 전할 뿐이라 말한다면, 동토의 사람 있어 그대 향해 미소지을 뿐. 來時折蘆渡江 去後手攜隻履 祇緣來去分明 惹得淸風動地 若言直指單傳 東土有人笑你", 『언계광문어록』 권하(卍속장121, p.291a6)에 "꽃 들자 미소짓고 정법안장 나누었지만 이런 소식 삼가하는 집 문으로는 들어올 수 없다. 이로 말미암아 한 사람이 다른 한 사람에게만 전하여 대대로 번갈아 그르치고 속인다. 곧바로 가리키고 오직 전하며 문자를 세우지 않는다 하니 참으로 기름 뿌려 불을 끈다 하듯 하네. 拈花微笑 分付正法眼藏 禍不入愼家之門 由是一人傳一人 遞相誤賺 直指單傳 不立文字 大似潑油救火"라고 하였다. [참고문헌] 『汾陽語錄』, 『續傳燈錄』, 『破菴祖先禪師語』, 『金山退菴道奇禪師語』, 『偃溪廣聞語錄』. ⇨ 단전 單傳, 직지 直指, 조사선 祖師禪

직지도량 直至道場 Ⓢ gacchanti bodhimaṇḍe. 곧바로 도량에 이른다는 말. 삼승(三乘)에 의지하지 않고 곧바로 일승(一乘)에 이르는 뜻이다. 『법화경』 권2(대정장9, p.15a12 : *Saddh-p.*, p.91)에 "모든 아이들이 밤낮으로 겁의 세월을 늘 놀 줄만 알다가 모든 보살 및 성문중과 더불어 이 보배수레(大白牛車)를 타고 곧바로 도량에 이른다. 令諸子等 日夜劫數 常得遊戲 與諸菩薩及聲聞衆 乘此寶乘 直至道場 ratnāmayaṃ yānamidaṃ variṣṭhaṃ gacchanti yena iha bodhimaṇḍe, vikrīḍamānā bahubodhisattvā ye ca śṛṇonti sugatasya śrāvakāḥ", 『관심론소』 권4(대정장46, p.608c21)에 "그러므로 『법화경』에 '이 보배수레를 타고 사방에 희희낙락하다가 곧바로 도량에 이른다'라고 한다. 사방이란 십주·십행·십향·십지 등 사십위를 말한다. 곧바로 도량에 이름은 불과인 묘각을 가리킨다. 故法華云 乘此寶乘遊於四方 嬉戲快樂 直至道場 四方者 十住行向地等 四十位也 直至道場 卽妙覺也"라고 하였다. [참고문헌] 『法華經』, 『觀心論疏』, *Saddh-p.*

직지본심 直指本心 곧바로 본래 마음 가리키다. 직지인심(直旨人心)과 통한다. 『분양어록』 권하(대정장47, p.628c5)에 "직지본심 : 중생 중 스스로의 마음이 부처인 줄 믿는 이 드물어, 기꺼이 받아들이지 못해 모두가 생사를 받아 엎드리네. 망상과 탐진번뇌에 묶여서 도무지 갈애의 무명굴만을 반연할 뿐이네. 直指本心 衆生少信自心佛 不肯承當多受屈 妄想貪嗔煩惱纏 都緣爲愛無明窟", 『속전등록』 권12 「자제총전 慈濟聰傳」(대정장51, p.536c7)에 "법좌에 올라 '삼승교전이 진실한 말이 아니듯, 곧바로 본심을 가리킴도 끝내 내어줄 곁은 아니다. 만약 마음 통달한 상사나 일체에서 벗어난 고상한 무리 있다면 나와서 마주 볼지어다'라고 한 뒤 이에 대중을 둘러보고는 '쉬어라!' 하였다. 上堂 三乘教典 不是眞詮 直指本心 未爲極則 若是通心上士 脫洒高流 出來相見 乃顧視大衆曰 休"라고 하였다. [참고문헌] 『汾陽語錄』, 『續高僧傳』. ⇨ 직지인심 直旨人心

직지사 直指寺 경상북도 김천시 대항면 황악산(黃岳

山)에 있는 절. 대한불교조계종 제8교구 본사로, 김천·구미·상주·문경·예천 일대 56곳의 말사를 관할하고 있다. 〔연혁〕 직지사사적으로는 1681년(숙종7)에 조종저(趙宗著 1631~1690)가 지은 「직지사사적비문병서 直指寺事蹟碑文幷序」(『조선사찰사료』 권상)와 1776년(영조52)에 급고자(汲古子) 수우(守愚)가 작성한 「경상도금산군황악산직지사고선종대가람사적 慶尙道金山郡黃岳山直指寺古禪宗大伽藍事蹟」·「금산직지사중기실록 金山直指寺重記實錄」(『직지사지』) 등이 전한다.

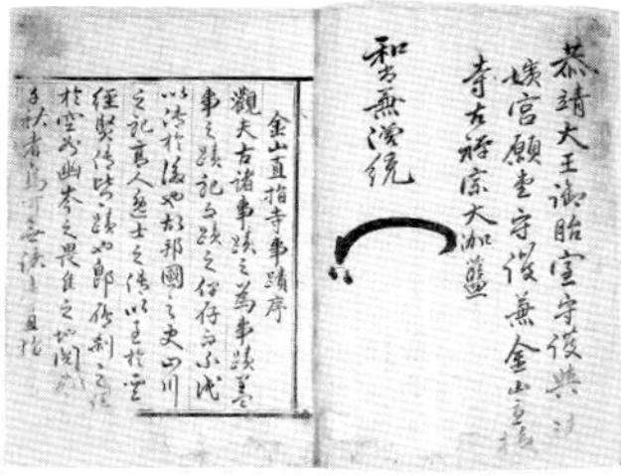

직지사고선종대가람사적 1776년

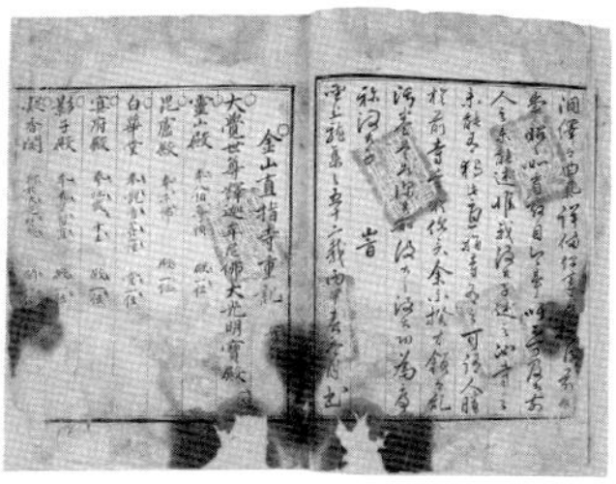

직지사중기 1776년

다만 조종저가 "본사의 사적비가 훼손되어 그 내용을 잃었으므로 모두 상고할 수 없었다. … 학사 임민비에게 명하여 사기를 짓고 왕우군의 글자를 모아 돌에 새겼다. 本寺事蹟碑毁 以失其文 俱不可稽也 … 名學士林民庇撰寺記 集王右軍字刻之石"라고 하였고, 「경상도금산군황악산직지사고선종대가람사적」에는 "학조가 … 찬술한 사적 學祖 … 撰事蹟"이라고 하였으며, 「직지사연혁(대략) 直指寺沿革(大略)」(『직지사지』)에는 1577년(선조10)에 이이(李珥)가 사적기를 작성하였고, 1741년(영조17)에 사승 태감(泰鑑)이 사적비를 세웠다고 하여, 전하지 않은 사적도

직지사사적비와 탁본 1741년

있었다. 조종저와 수우의 사적을 중심으로 연혁을 정리하면 아래 〈표1〉과 같다. 창건자와 창건연도는 「직지사사적비문병서」에서 "창사 때 능여대사가 … 혹은 전하길 '묵호자와 아도가 일선 냉산에 도리사를 창건할 때 동시에 창건하였다'고 전한다. … 대개 묵호아도는 모두 신라 눌지왕 때 있었는데 본국(신라)의 불법을 번창시킨 이들이다. 刱寺時能如大師 … 或傳 黑胡阿度刱一善冷山

〈표1〉 직지사 사적

연도	사적
418(눌지왕2)	·아도 창건
590(진평왕12)~658(태종무열왕5)	·자장(慈藏) 중수
930(경순왕4)	·천묵(天默) 중수·금자대장경 사경 발원
936(태조19)	·태조 왕건 능여(能如)에게 감동하여 밭 천결 보시 대가람 조성
943(태조26)	·능여화상전신탑(能如和尙全身塔) 조성
946(정종1)~949(정종 4)	·국왕이 곡식 7만섬을 여러 사찰 보시 보(寶) 운영 요청
974(광종25)	·탄문(坦文)·극관(克寬)·신홍(信弘)·혜안(慧眼) 금자대장경 593함 사경, 해장당(海藏堂) 건립·봉안
1399(정종 1)	·정종 어태(御胎) 북봉(北峰) 안치, 내탕금 보시 중창
1455(세조1)~1488(성종10)	·학조(學祖) 주석·중창, 세조 우대,
1488(성종19)	·학조(學祖) 중창, 이후 사적 편찬
1561(명종16)	·유정(惟政) 선당(禪堂) 중수, 북쪽에 석종 봉안
1577(선조10)	·이이(李珥) 사적기 편찬
1596(선조29)	·왜란으로 43곳 당우 중 천불전·사천왕각·자하문 제외 모두 소실
1602(선조35)	·인수(仁守)·명례(明禮) 중창 발원 이후 묘연(妙衍)·상원(尙元)·신흡(信洽)·보감(寶鑑)·도혜(道慧)·각순(覺淳) 등 불사 계승
1610(광해군2) 이후	·해인사 홍제암 입적한 유정의 유골 1부로 석종부도 조성 봉안
1662(현종 3)	·중창 불사 회향
1681(숙종 7)	·조종저 사적비명병서 작성·선조 아들 이우(李俁 1637~1693) 서(書)·이항(李杭) 전(篆)
1690(숙종16)	·모운진언(慕雲震言) 화엄법회 설행
1694(숙종20)	·모운진언·환성지안(喚醒志安) 개강, 학인 사백여명
1776(영조52)	·급고자(汲古子) 수우(守愚) 직지사사적실록直指寺事蹟實錄 2책 작성
1800(정조24)	·거영(巨榮) 선당(禪堂) 중건
1805(순조 5)	·사명 득도수(得度樹) 소실
1888(고종25)	·산내암자 삼성암 신중탱화·칠성탱화 봉안
1903(광무 7)	·청월(淸月) 산내암자 서전암(西殿庵) 중창
1908(융희 2)	·혼허(混虛)·연암(然庵)·춘담(春潭) 부도암 이건 후 천불암 개명
1911	·해인사의 말사로 편입, 능여암·운수암(雲水庵)·내원암(內院庵) 폐사
1910	·천불암 염불회를 천불선원으로 변경
1913	·제산(霽山) 천불선원 조실 추대
1916	·퇴운(退雲) 천불선원 화주 선임
1924	·청월 김천포교당 설립
1928	·퇴운(退雲) 모든 전각 기와 교체
1958	·녹원(綠園) 중창 발원
1966	·이은상(李殷相) 천불선원중건모연문 작성
1974	·문경 도천사지 동서삼층석탑·삼층석탑 이건
1980	·(전)구미 강락사지 삼층석탑 이건
1981	·관응(觀應) 황악불교전문학림 개원 3년결사 10여명 강사 배출
1988	·제1회 승가대학(강원) 졸업생 배출

桃李寺時同時 開基者也 … 盖黑胡阿度俱在新羅訥祇王朝而倡本國佛法者云爾"라고 하였다. 능여와 묵호자가 창건하였다고 하나 『동국여지승람』 권29 선산도후부 불우조에는 아도화상의 도리사 창건만을 전한다. 절 이름에 대해서는 선종의 가르침을 단적으로 표현하는 '불립문자 직지인심 견성성불 不立文字 直指人心 見性成佛'에서 유래하였다고 하거나 아도가 도리사에서 황악산을 손으로 가리키며 절을 지을 곳이라 하여 '직지'라고 하였다고 하지만, 조종저(趙宗著 1631~1690)의 「직지사 사적비문병서」에서는 "직지라는 이름은 창사 때 능여대사가 자를 써서 헤아리지 않고 손으로 곧바로 가리켜 터 잡아 개창하였기에 절의 이름을 직지라고 하였다고 전한다. 號直指 刱寺時能如大師不用圭臯測之 以手直指開基處故 寺之得號 以此云爾"라고 하였다. 특히 수우는 사적에서 고려 도선(道詵)의 말을 인용하여 "직지사 또한 동방산수로도 삼천팔백 비보로 점칠만한 곳이다. 直指寺亦入東方山水啚三千八白裨補所之點"고 하면서, 고려 혜종·정종·광종의 후원 이래 조종(祖宗)의 기신봉축(忌晨奉祝)이 절 안팎에서 이루어졌고, 조선 정종의 원당이 된 뒤에도 당시 암사(庵寺)의 번성은 비교할 절이 없었다고 하였다. 조종저의 사적에도 "능여대사가 … 능히 적을 물리칠 때를 미리 알렸기에 고려왕실 통합 후에 대가람이 되었다. … 이로부터 혜종, 정종, 광종은 하사품이 이어질 정도로 이 절을 받들었다. … 동방제일도량으로 삼았고 … 국사는 이 절을 거치지 않고서는 자취를 일으킬 수 없었다. 能如大師 … 能預告克適之期 麗朝統合後作大伽藍 … 自是惠宗定宗光宗朝 賜賚相踵所以崇奉是寺 … 爲東方第一道場 … 國師者 無不由是寺而發蹟焉"이라고 하였다. 그 뒤 임진란 때 불탄 것을 인수와 명례(明禮)가 중수 발원한 이래 묘연·상원·신흡·보감·도혜·각순 등이 70년 동안 불사를 이어 옛 모습을 복원하였는데, 조종저의 사적에는 당시 건물의 수가 전(殿) 8동·각(閣) 3동·당(堂) 12동·료(寮) 4동·장(莊) 3동·문(門) 4동이었고, 정실(正室)은 352칸이나 되었다고 하였다. 『동국여지승람』 권29 경상도 금산군 사찰 직지사에는 신라 말 고승 능여가 직지사 서쪽에 능여암(能如庵)을 짓고 주석하였다고 하였는데, 70년 불사 당시 산내 암자는 20여 암이었다가 그 뒤 가장 많았을 때는 견불(見佛)·구화(九華)·금강(金剛)·내원(內院)·능여(能如)·도솔(兜率)·명적(明寂)·묘적(妙寂)·백운(白雲)·상원(上院)·삼성(三聖)·상초(上草)·서전(西殿)·심적(深寂)·영운(靈雲)·영천(靈泉)·운수(雲水)·원적(圓寂)·원통(圓通)·은선(隱仙)·적조(寂照)·천불(千佛)·통선(通仙)·호계(虎溪)·화장(華藏) 등의 이름을 가진 25곳의 암자가 있었지만, 지금은 관응지안(觀應智眼)의 주석처였던 중암(中庵)과 영허녹원(暎虛綠園)의 주석처였던 명적암, 등각(等覺)의 주석처였던 은선암과 보륜이 주지인 삼성암, 비구니 수행처인 백련암(白蓮庵)·운수암·북암(北庵) 등 7곳이다. 1911년에 해인사의 말사로 편입되었다가 해방 후 25교구가 획정될 때 교구본사로 자리하였다. 1913년에는 '수행제일'이라 칭송되어 해인사에 주석하던 제산정원(霽山淨圓 1862~1930)이 천불선원(千佛禪院) 조실로 이석하여 사세를 떨쳤고, 3년 뒤에는 퇴운원일(退雲圓日 1877~1939)도 해인사에서 이석하여 법화를 드날리면서 천불전 중수와 번와 등 여러 불사를 봉행하였다. 그 뒤 탄옹정혜(炭翁正慧 ?~1947)와 지안관응(智眼觀應 1910~2004)이 수선의 전통을 이었는데, 탄옹정혜는 조선불교의 진흥을 이끌고자 선학원에 재화를 기부하였고, 관응지안은 1981년에 황악불교전문학림을 세우고 3년동안 결사를 이끌며 장해원산(藏海圓山 1944~)·도해범하(道海梵河 1947~2013)·용해연관(龍海然觀 1949~2022)·지해시현(智海時玄 1947~1997)·명해진성(明海眞晟 1942~) 등 십수명의 강사를 배출하였다. 탄옹정혜를 은사로 사미계를 수지한 영허녹원(暎虛綠園 1928~2017)은 1958년에 주지를 맡아 1966년 이후 20여 채의 전각을 중건하거나 이건하여 사역을 정비한 뒤 1984년에 대한불교조계종 제24대 총무원장, 1985년에 학교법인 동국학원 이사장을 지냈으며, 2007년에 직지사 조실로 추대된 후 오래 주석하였다. **[당우 및 성보문화재]** 직지사의 주요 당우와 성보문화재 현황은 아래 〈표2〉와 같다. 1971년에 신축한 청풍료에는 1989년에 건립을 추진한 뒤 1995년에 개원한 직지성보박물관이 자리하고 있는데, 제8교구 본사 관할지역 내 주요 성보문화재를 보관·전시·연구해온 모범적인 불교전문박물관이다. 현재 국보인 도리사 세존사리탑금동사리기와 보물인 사인비구 제작 문경 김룡사 동종·예천 한천사 금동자물쇠 및 쇠북 등 불구(佛具)등과 보물인 예념미타도량참

〈표2〉 주요당우 및 성보문화재 일람표 *국보 **보물 ***유형문화재

전각	규격·내용·인연 대중
대웅전	■** 1399(정종1)~1400 2층 정5칸 광명전·1602(선조35)중건·1735(영조11)중수·1970중수·1975석축·축대신축·1980단청 정·측5·3칸 ■삼존불탱화3폭(영산회상도·약사불회도·아미타불회도)** 1744(영조20) 세관(世冠)·신각(神覺)·밀기(密機) 등 작 ■감로왕도 1724(경종4)조성 ■제석천룡도 1789(정조13)·1797(정조21)조성 ■괘불도** 1803(순조3) 높이 12m독존 제한(濟閑)·위전(偉傳)·탄잠(綻岑)·부첨(富添)·신화(信和) 등 13명 화승 작 ■수미단** 1651(효종2) 묵서 ■벽화(관음보살·문주동자상·선인)조성 ■소종 1937조성
설법전	1992신축 1·2층 정·측11·3칸 3층 정·측11·2칸·공양간·템플스테이 숙소
비로전	■918(태조1)~943(태조26) 능여건립 천불전·임란 때 소실 모면·1661(현종2) 인계(印戒)중창·1668(현종9) 기일(機日)단청·1694(숙종20) 정행(正幸)중수·1702(숙종28) 정행·관급(寬及)중창·1899(광무3) 청월(淸月)중수·1939 봉률(奉律) 퇴운헌납금으로 중수·1976중건·1992개금 정·측7·3칸 ■삼존불(석가모니불·비로자나불·약사불) 1852(철종3)봉안

	■천불상 943 경잠(景岑)봉안 · 1707(숙종33) 성호(性湖)개금 · 1786(정조10) 환윤(換潤) 259위 추가 조성 1천위 봉안 · 1886(고종23) 월주(月珠)·한성(漢成) 개금 경주옥돌 동자상1위 ■신중탱화 1886조성 ■반자 1980조성
극락전	■서전암(西殿庵) 1971중수 · 1986혜창(慧昌) 중창 · 1999개보수 · 현재 천불선원 정·측7·4칸 ■관음보살상·대세지보살상 봉안 ■삼장보살탱화 1905조성
약사전	■1979신축 정·측3·2칸 ■직지사 석조약사여래좌상 통일신라 *보물
관음전	1978중창 정·측3·3칸
응진전	■931(태조14) 능여건립 · 임란 때 소실 · 1656(효종7) 관음전으로 중건 · 그 뒤 응진전 · 1971중수 정·측3·2칸 ■십육나한상 943(태조26) 능여봉안
명부전	■정·측3·3칸 ■1668(현종9) 기일(機日) 팔상전으로 중건 · 그 뒤 명부전 · 1789(정조13)중수 · 1971중수 ■시왕상 1668(현종9)봉안 ■시왕도 1744(영조20)조성
조사전	1976 천불전을 조사전으로 · 이후 이건·개축
만덕전	1994신축 ㄷ자 83칸 · 강당
망일전	1976이전·보수 정·측3·2칸
감은전	정3칸 · 아미타불 봉안
향적전	정·측3·2칸
사명각	■1787(정조11)신축 · 1975석축·축대신축·해체복원 정·측3·2칸
성좌각	■정·측3·2칸 · 칠성·산신·독성 ■춘담 1911칠성각 신축 ■산신탱화·칠성탱화 1911조성
응향각	1979이건·개축 정·측3·2칸
장경각	ㄷ자
범종각	■1981신축 정·측3·2칸 ■대종 1658(효종9) 덕념(德念) 조성 · 1713(숙종39)개주(改鑄) · 1911 춘담(春潭)중수 · 1918 혼원개주 · 1981 새 종 조성
벽안당	1979중창 정3칸 · 신묵 참선처
제하당	1979이건·개축
육화당	정·측5·3칸
심검당	정5칸 ㄷ자
명월당	정9칸
고경당	정·측5·7칸 ㄴ자
염불당	1910(융희4)신축
서별당	1976이건·개축 · 1979단청 정·측3·2칸
서상당	1990이건·개축
동상당	1990신축
만세루	1979신축 정·측5·3칸 2층
황악루	1805(순조5)소실 · 1980이건·개축 정·측3·2칸 2층
청풍료	■정·측9·5칸 ㄱ자 1971신축 · 성보박물관 ■직지사 석조나한좌상*** 고려 인종~의종(1123~1170) 때 조성 추정 화강암 서운선사 원불(願佛) ■도리사 세존사리탑 금동사리기* ■사인비구 제작 문경 김룡사 동종** ■예천 한천사 금동자물쇠 및 쇠북** ■예념미타도량참법 권6~10** 5권1책 1503(연산군9) 해인사인출 ■백지금니 금강 및 보문발원** 1371(공민왕20) 묘지(妙智)·묘수(妙殊) 시주 사성(寫成) ■묘법연화경** 1405(태종5) 전라도 운제현 도솔산(兜率山) 안심사(安心社) 간행 ■김천 고방사(古方寺) 아미타여래설법도** 1688(숙종14) 민원(敏圓)·죽총(竹叢)·경찬(竟粲)·각림(覺林) 등 작
명월료	회주실 · 1976중창 정·측9·3칸
남월료	1991신축 정·측11·6칸 2층 · 직지사승가대학
법화궁	정11칸 3층
천불선원	1915 만봉(萬峰)·남전(南泉)주석·경봉(鏡峰)정진 · 1918 전강(田岡)·고암(古庵)정진 · 1924 동산(東山)정진 · 1971중창
산중다원	1992신축
향경다실	1991신축
일주문	1971중창
금강문	1971중창
천왕문	· 임란 때 소실 모면 · 1830(순조30)중수·1890(고종27) 혼허중수 · 1971중창 ■천왕상 1665(현종6)조성 · 1830채색
대양문	1990신축
불·승탑	■문경 도천사지(道川寺址) 동서삼층석탑** 통일신라 1층기단 3층탑신 1974 문경 산북면 절터에서 이건 ■문경 도천사지 삼층석탑** 통일신라 1층기단 3층탑신 1974 문경 산북면 절터에서 이건 ■(전)구미 강락사지(江洛寺址) 삼층석탑 통일신라 1층기단 3층탑신 1980이건 ■능여조사부도(能如祖師浮圖)·등곡당학조화상(燈谷堂學祖和尙)·송파당각민대사(松坡堂覺敏大師)·벽련당계환대사(碧蓮堂戒環大師)·지원당명례화상(智圓堂明禮和尙)·백련당묘연화상(白蓮堂妙演和尙)·모운당진언대사(慕雲堂震言大師)·취백당숭헌대사(醉白堂崇憲大師)·모현노사(牟玄老師)·해일노사(海日老師)·성륜노사(性輪老師)·민열화상(敏悅和尙)·연옥당수월화상(演玉堂水月和尙) ■추담당관징대사(秋潭堂琯澄大師)
석비	■사적비 1741(영조17) 태감건립 ■추담당관징대사비(秋潭堂琯澄大師碑) 강항(姜杭) 찬·강세백(姜世白) 서·1787(정조11)건립 ■제산당정원선사비(霽山堂淨願禪師碑) 1943건립 ■퇴운당원일대사비(退雲堂圓一大師碑) 한암중원(漢岩重遠 1876~1951) 찬·정환식(鄭煥軾) 서·1943건립
영정	무염국사혜조대사(無染國師慧照大師)·능여화상(能如和尙)·학조대사(學祖大師)·사명대사(四溟大師)·퇴은대사(退隱大師)·모운화상(慕雲和尙)·추담화상(秋潭和尙)·나운화상(懶雲和尙)·만성화상(晩惺和尙)·송매화상(松梅和尙)·영월화상(影月和尙)·영파화상(影波和尙)·용강화상(龍江和尙)·정암화상(靜庵和尙)·함경화상(菡鏡和尙)·해문화상(海門和尙)·월담화상(月潭和尙)·농산화상(聾山和尙)·호봉화상(虎峰和尙)

법 권6~10 5권1책 · 백지금니 금강 및 보문발원 · 묘법연화경 등의 많은 경적(經籍), 보물로 지정된 김천 고방사(古方寺) 아미타여래설법도와 경상북도유형문화재인 직지사 석조나한좌상 등 칠천여 점의 유물을 소장하고 있으며, 꾸준히 전시회도 개최하고 있다. 〔참고문헌〕『東國輿地勝覽』, 『伽藍考』, 『梵字攷』, 『朝鮮寺刹史料』 권상 p.391, 權相老 『韓國寺刹全書』 권하 p.1043b9, 『直指寺誌』(亞細亞文化社版, 1980), 智冠 『韓國高僧碑文總集 朝鮮朝 · 近現代』 p.509 · 877 · 1017.

직지사대웅전 直指寺大雄殿 조선후기 목조건축. 보물 제1576호. 정면 5칸 · 측면 3칸. 다포계 팔작지붕 건물이다. 임진왜란 때 불탄 것을 1649년(인조27) 주지 태우(太佑)와 상원(尙元) · 계림(戒林) 등이 중창하였다. 1664년에 쓴 「직지사대웅전중창기현판 直指寺大雄殿重創記懸板」에서 "앞에 드러난 사치함도 없고, 옛 규범에 머물지도 않았다. 無侈前視無墜舊規"라고 하였는데, 이를 통해 소실되기 전 조선전기 대웅전은 중층의 건물이었으나, 중창 시 현재와 같은 단층으로 바꾸었고, 초석 그대로 기둥을 배열하여 평면규모는 그대로 유지했을 것으로 추정한다. 이후 1735년(영조11) 중건했는데 그 해에 쓴 「김산군서황악산직지사대법당중창기 金山郡西黃岳山直指寺大法堂重創記」에 의하면, 승통(僧統) 종익

직지사대웅전

(宗誼)이 대웅전중수원을 세우고 사우(思佑)·세민(世旻) 등 신도들로부터 시주를 받아 시작했으며, 대화사(大化士)에 충묵(忠默)·도감(都監)에 취운(就運) 등이 참여하였고, 1735년 5월에 상량법회를 하였다 전한다. 이 때 공포를 더하고 초석을 교체하였으며 기단축대도 쌓았다. 이후 여러 차례 중수를 거쳐 현재에 이른다. 내부에 그려진 벽화가 다양하다. 후불벽뒷면에는 관음보살과 예경하는 선재동자와 용왕을 그렸으며, 서쪽측벽에는 흰 코끼리를 탄 보현동자·용을 탄 백의관음보살과 선재동자·신수(神獸)를 탄 동자를 그렸다. 북쪽측벽에는 용뿔·파초잎·복숭아를 담은 공양비천상과 퉁소를 든 기악비천상이 있다. 이외에도 내목도리 상벽과 포벽에는 삼신불을 중심으로 약사불·아미타불·지장보살·관음보살·한산습득도·도하절로달마도 등을 그렸다. 벽화 대부분이 중건당시 제작된 것으로 다른 벽화에서 볼 수 없는 도상들로서 생동감 있고 섬세하다. 구조와 공포 등에서 중건때의 양식을 잘 간직하고 있어서 조선후기 불교전각에 있어 중요한 성보로 평가한다. [참고문헌]『김천직지사대웅전 정밀실측조사보고서(상)』(문화재청, 2011) pp.39~161. ⇨ 직지사 直指寺

직지사대웅전및비로전앞삼층석탑 直指寺大雄殿◯毗盧殿◯三層石塔 통일신라시대 석탑. 보물 제606호(대웅전)·제608호(비로전). 높이 5.3m. 경상북도 문경시 산북면 도천사지(道川寺址)에 있던 3기의 석탑을 1974년에 2기는 대웅전 앞으로, 1기는 비로전 앞으로 옮겼다. 같은 형태로 단층 기단 위에 3층 탑신을 올렸다. 8매로 된 지대석 위에 단층기단을 올렸는데, 기단에 우주와 탱주를 1개씩 새겼다. 갑석은 2매로, 아래에는 부연이 있고, 위에는 2단의 탑신 받침이 있다. 탑신석과 옥개석은 각각 하나의 돌로서, 탑신석에는 우주를 새겼다. 1층 탑신은 2·3층 탑신에 비해 훨씬 높다. 옥개받침은 1층과 2층은 5단이고 3층은 4단이다. 결실된 상륜부는 1976년 복원하였다. 9세기 통일신라대 탑의 특징을 간직한 성보다. [참고문헌]『文化財大觀』 寶物篇 石造Ⅰ(문화재청, 2004) pp.574~577. ⇨ 도천사 道川寺, 직지사 直指寺

직지사비로전앞삼층석탑

직지사대웅전앞삼층석탑

직지사대웅전삼존불탱화 直指寺大雄殿三尊佛幀畵 조선후기 불교회화. 보물 제670호. 3폭. 비단바탕에 채색. 중앙과 좌우로 영산회상도 세로 610cm·가로 300cm, 약사불회도·아미타불회도 세로 610cm·가로 240cm. 직지사 대웅전 안에 봉안되어 있다. 하단에 각각의 화기(畵記)가 있어 세 폭 모두 1774년(영조20)에 제작되었다 하였다. 영산회상도의 화기에 의하면, "건륭 9년 갑자 음력 3월 초8일 대영산회불화를 제작하여 5월 22일 마쳐 점안하고, 경상 (낙동)강 우측 금릉군 서쪽 황악산 직지사 대웅전에 봉안하였다. 또 약사회는 좌측에 봉안하고, 미타회는 우측에 봉안하였다. 乾隆玖年甲子 暮春初八丙戌日 大靈山會 槿成起始五月二十二己亥日 畢功點眼 奉安于 慶尙江右金陵郡西 黃岳山直指寺大雄殿 又藥師會安于左 彌陀會安于右"라고 하였다. 화승(畵僧)은 용안(龍眼)이라 부른 세관(世冠)을 비롯하여 신각(神覺)·월인(月印) 등 열여섯 명이 나눠서 제작하였다. 영산회상도는 화염과 오색광명으로 가득찬 광배에 화문이 그려진 붉은 법의를 걸치신 석가모니불을 중심으로, 하단 좌우에 문수·보현 등 팔대보살과 아난·가섭 등 십대제자와 사방불 등을 배치하였다. 약사불회도는 약합을 든 약사여래를 중심으로 좌우로 일광·월광 등 팔대보살과 범천(梵天)·제석천(帝釋天) 등이 시위하고 있다. 아미타불회도 역시 중앙 연화대좌 위에 결가부좌했으며 정상계주의 오색광명은 약사불과 같다. 팔대보살과 신중들이 둘러싸고 있다. 하단 좌측에 화관에 아미타불을 모신 관세음보살이 서 있고 우측에 보탑을 든 북방다문천왕이 시위한다. 사천왕을 세 폭 모두

직지사대웅전삼존불탱화

에 담지 않고 장검을 든 남방증장천왕과 용과 여의주를 든 서방광목천왕을 중앙 영산회상에, 비파를 든 동방지국천왕을 왼쪽에, 보탑을 든 북방다문천왕은 오른쪽 아미타회상에 고루 나누어 배치하였다. 적녹황색으로 고르고 안정감 있게 배색하였다. 짜임새 있는 구성과 섬세한 필치와 정교한 표현기법 등에서 조선후기 불화를 대

표하는 성보다. [참고문헌]『한국의 불화-直指寺 本末寺篇(上)』8(성보문화재연구원, 1995) pp.233~258, 『김천 직지사대웅전 정밀실측조사보고서(상)』(문화재청, 2011) pp.39~161. ⇨직지사 直指寺

직지사대웅전수미단 直指寺大雄殿須彌壇 조선시대 목조 불단. 보물 제1859호. 정면 너비 10m·폭 2m. 직지사 대웅전 안에 있다. "순치 8년 신묘 4월 대웅전 황악산 직지사 順治八年辛卯四月 大雄殿 黃岳山 直指寺"라는 묵서기(墨書記)가 발견되어 1651년(효종2)에 제작하였음을 알 수 있다. 상중하대로 구성되었는데, 상대는 아무 장식이 없고, 중대는 가느다란 나무를 경계로 3단으로 구분하여 천상·지상·수중세계로 나눠 수미산을 표현하였고, 다시 여러 칸으로 나눠 각 세계에 맞는 생물들을 조각하였다. 중대 상단에는 구름 속 다양한 용의 모습을, 중단에는 숲과 바위 중에 어울린 연꽃과 모란·용과 나비·잠자리 등을 조각하였으며, 하단에는 조개나 물고기 등 수중생물들이 연꽃 속에 조각되었다. 끝에는 연꽃 위 파랑새도 앉아 있다. 하대는 조각 없이 크게 제작하여 상중대의 무게를 지지하도록 하였다. 문양만 남기고 나머지를 파낸 투각기법이 뛰어나며, 적청녹백 등 다양한 색을 소재에 맞게 사용하여 전체적으로 화사하다. 다른 불단에서는 볼 수 없는 다양한 문양과 소재를 아름답게 투각한 조선후기 불교목공예의 진수를 보여주는 귀중한 성보다. [참고문헌]『김천직지사대웅전 정밀실측조사보고서(상)』(문화재청, 2011) pp.39~161. ⇨직지사 直指寺

직지사대웅전수미단

직지사석조약사여래좌상 直指寺石造藥師如來坐像 통일신라말 고려초 석불좌상. 보물 제319호. 전체높이 161cm·불상높이 126cm. 불상과 광배는 동일석(同一石)으로 조성하였고, 대좌는 후대에 조합하였다. 소발(素髮)의 머리에는 커다란 상투형 육계를 표현하였다. 상호는 원만상(圓滿相)이나 마모가 심하여 자세히 알 수 없고, 목에는 삼도가 뚜렷하다. 법의는 편단우견(偏袒右肩)으로 착용하고, 옷주름은 형식적으로 표현하였다. 자세는 오른발을 올려 결가부좌한 길상좌(吉祥坐)이다. 수인은 오른손은 촉지인(觸地印), 왼손에는 약합(藥盒)을 올려놓았다. 광배는 주형거신광(舟形擧身光)으로 화염과 넝쿨을 시문하였다. 약합을 든 촉지인 형식의 도상과 간략한 신체 표현 등으로 미루어 통일신라후기양식을 계승한 10세기 불상으로 추정되고 있다. [참고문헌]『文化財大觀』寶物篇·石造Ⅱ(文化財廳, 2004) pp.468~469.

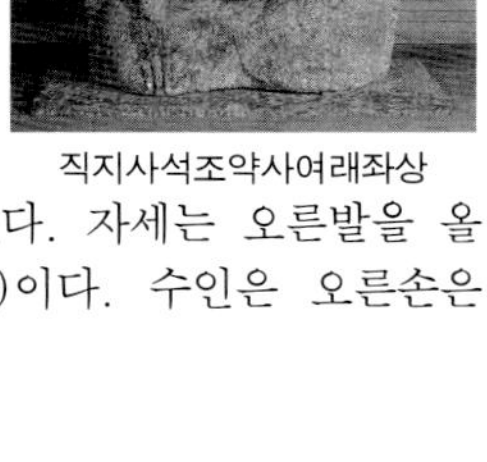

직지사석조약사여래좌상

직지심경 直指心經 ➡백운화상초록불조직지심체요절 白雲和尙抄錄佛祖直指心體要節, 직지심체요절 直指心體要節

직지심체 直指心體 곧바로 마음바탕을 가리키다. 『금강경해의』 권상(卍속장92, p.850b16)에 "이 경의 말씀은 곧바로 심체를 가리켜 헛된 연을 베어 끊고 지혜로써 피안에 이르는 법이다. 그러나 반야야말로 곧 사람의 청정심체상에 한 점 신령한 빛이다. 모든 상을 벗어난즉 모든 법 그대로다. 대지 다하여도 일법도 반야주처인 것은 없으며, 또한 반야방광처 아닌 곳 또한 없다. 아니기도 하고 그렇기도 한 것 곧바로 받들어 지니는 자 오직 흉중에는 한 글자마저 남게 하지 않으리. 此經所說 直指心體 乃斬絶妄緣 智慧到彼岸之法也 然般若是 人淸淨心體上 一點靈光 離一切相 卽一切法 盡大地 無有一法 是般若存住處 亦無有一法 不是般若放光處 卽非卽是 直使奉持者 胸中不留一個字脚", 『보은론』 권상(卍속장110, p.527a15)에 "종문에서는 무념처에 나아가 곧바로 심체를 가리키고 어떤 부처도 세우지 않는다. 그러므로 '진실을 구할 필요 없이 오직 보는 일을 그친다'라고 한다. 宗門 就無念處 直指心體 不立他佛 故曰 不用求眞 惟須息見"라고 하였다. [참고문헌]『金剛經解義』, 『報恩論』.

직지심체요절 直指心體要節 백운경한(白雲景閑 1298~1374)이 엮은 『백운화상초록불조직지심체요절 白雲和尙抄錄佛祖直指心體要節』의 금속활자본. 하권 1책. 1372년(공민왕21)에 경한은 괴산 성불산(成佛山)에서 청공(淸珙)에게서 받은 『불조직지심체요절』을 대본으로 삼아, 선사의 법문과 게송은 물론 경전과 논소 등에서 심체의 뜻을 담은 구들을 친필로 초록하여 정리하였다. 경한 입적 후 1377년(우왕3) 7월에 석찬(釋贊)과 달담(達湛)이 참여하고 묘덕(妙德) 비구니가 보시하여, 청주 교외의 흥덕사(興德寺)에서 금속활자와 목활자를 이용하여 주자본(鑄字本)으로 인출간행하였다. 책의 맨 뒤에는 "백운화상초록불조직지심체요절권하 선광칠년정사칠월 일 청주목외흥덕사주자인시 白雲和尙抄錄佛祖直指心體要節卷下 宣光七年丁巳七月 日 淸州牧外興德寺鑄字印施"라고 하였다. 현재 상하 2권 중에 첫 장을 제외한 하권 1책만이 프랑스 국립도서관에 전한다. 2001년 6월 청주에서 열린 제5차 유네스코 세계기록유산 국제자문회의에서 1455년 간행 구텐베르크 '42행 성서'보다 앞선 세계 최고(最古)의 금속활자인쇄물로 인증되어, 유네스코(UNESCO) 세계기록유산 '불조직지심체요절 하권'으로 등재되었다. 최근에 논란이 된 금속활자본 「남명천화상송증도가 南明泉和尙頌證道歌」와 함께 11세기부터 13세기까지 진행한 『고려대장경 高麗大藏經』 초조(初雕)와 재조(再雕) 판각사업을 이어 불전간행에 새로운 인쇄기술을 도입한 결과물이자 한국 인쇄문화를 상징하는 대표적인 금속활자인쇄물로 평가받았다. 그동안 1866년(고종3) 병인양요 때 프랑스 군함이 강화도를 점령하면서 약탈해갔다고 알려졌지만, 대한제국시기에 주한 프랑스 대리공사로 부임한 콜랭 드 플랑시(Plancy.C.De.)가 수집한 장서에 포함되었다가 1911년에 도서수집가 앙리 베베르(Vever.H.)에게 팔렸고, 세상을 떠난 뒤 1950년에 프랑스 국립도서관으로 옮겨 소장되었으며, 도서관 연구원 박병선(朴炳善)이 발견하여 1972년에 유네스코 주최 '책의 역사'전에 소개하면서 세상에 알려졌다. 흥덕사의 정확한 위치는 알 수 없었다가 1984년에 운천동 절터를 발굴하면서 '갑인오월일서원부흥덕사금구일좌(甲寅五月日西原府興德寺禁口壹坐)'라고 새긴 청동금구와 '대중삼년(大中三年·849)' 명문기와, 높이 1.35m의 치미, 여러 건물터 등을 발견하여 9세기에 창건하여 고려후기까지 존속하였던 절터를 확인하였다. 절터는 1986년에 사적으로 지정되어, 1991년까지 금당과 석탑 등을 복원하고 정비하였다. 절터 남쪽에는 세계 최초의 금속활자 인쇄를 기념하고 한국 고인쇄출판문화를 널리 알리기 위해서 1992년에 개관한 청주고인쇄박물관이 자리하고 있다. 또 다른 판본도 현재 전하는데, 1378년에 경한의 제자 법린 등이 경한 입적처인 여주 취암사(鷲巖寺)에서 흥덕사 금속활자본을 바탕으로 이색(李穡 1328~1396)과 성사달(成士達 ?~1380)의 서문, 경한의 발문을 더하여 목판본으로 간행한 것이다. 상하 2권이 온전한 이 판본은 현재 국립중앙도서관에 소장되어 있으며 보물로 지정되었다. ［참고문헌］『佛祖直指心體要節』, 유네스코 편·김윤경 옮김 『유네스코 세계기록유산』(예문사, 2015). ⇨ 백운화상초록불조직지심체요절 白雲和尙抄錄佛祖直指心體要節, 불조직지심체요절 佛祖直指心體要節

직지여금갱불의 直至如今更不疑 곧바로 이르러 지금 같을진대 더는 의심할 일 없으리. 영운지근(靈雲志勤)이 복사꽃을 보고 깨우쳐 읊은 구다. 『대천보제어록』(卍속장, p.313b12)에 "'곧바로 이르러 지금 같을진대 더는 의심할 일 없으리. 어느 곳이 그가 의심하지 않는 곳인가?' '도둑질하는 이 마음만 허할 뿐'. 進云 直至如今更不疑 那裏是他不疑處 答云 作賊人心虛", 『절안가상어록』(卍속장121, p.980a12)에 "다만 이렇기만 하다면 '곧바로 이르러 지금같을진대 더는 의심할 일 없으리'라는 말에서 도대체 무슨 의혹이 없다는 것인가? 밥 먹을 때 되면 밥 먹고, 차 마실 때 되면 차 마신다. 只如道 直至如今更不疑 不疑箇什麽 遇飯喫飯 遇茶喫茶"라고 하였다. ［참고문헌］『大川普濟語錄』, 『絶岸可湘語錄』. ⇨ 영운도화 靈雲桃花

직지인심 直指人心 ➡ 직지인심견성성불 直指人心見性成佛

직지인심견성성불 直指人心見性成佛 곧바로 사람의 마음을 가리켜 그 성을 보아 부처가 되게 하다. 문자로 사량하거나(不歷文字) 이런저런 수행과 방편의 사다리 밟을 일 없이(不涉階梯) 곧바로 사람의 마음을 가리키니, 사람마음(人心)의 본래 공(空)한 바탕인 불성(佛性)을 보게 해서 부처가 되게 하는 뜻이다. 이 말이 처음 등장하는 『전심법요』(대정장48, p.348a5)에 "6조가 말했다. '그렇다. 바로 이 시기에 이르러서야 비로소 달마가 서천에서 와서 사람마음을 곧바로 가리켜 성을 보아 부처 되게 하였으니 언설 둘 일 없다'. 六祖云 如是 到此之時 方知祖師西來 直指人心 見性成佛 不在言說", 『종경록』 권3(대정장48, p.431c15)에 "아승기겁 거치지 않고도 법신을 얻으니, 바로 초조 달마가 사람마음 곧바로 가리켜 성을 보고 성불한다 함과 같다. 不歷僧祇獲法身 卽同初祖 直指人心 見性成佛", 『양기어록』(대정장47, p.646b13)에 "백천이나 되는 모든 부처님과 노화상들이 세상에 출현한 까닭은 다들 사람마음을 곧바로 가리켜 성을 보아 부처 되도록 함이다. 만일 향해 가서 이 속에서 밝히 얻는다면 다함 없어 백천제불 동참하겠지만, 이렇게 해서도 능히 밝히 얻지 못한다면 양기 그대 구업에 이끌림 면할 수 없으리. 百千諸佛 天下老和尙出世 皆以直指人心 見性成佛 若向者裏明得去 盡與百千諸佛同參 若向者裏 未能明得 楊岐未免惹帶口業", 『원오어록』 권13(대정장47, p.772c10)에 "달마대사 서천에서 와 문자 세우지 않고 사람마음을 곧바로 가리켜 성을 보고 성불하도록 하였다. '사람마음을 곧바로 가리킨다'만을 논하려면 반드시 그중 있는 사람이라야 한다. 만일 어구를 세워 백천만억방편에 이른다 해도 그 뜻 다만 이것일 뿐이니, 사람과 더불어 붙은 것 풀고 묶인 것 보내버려 하여금 깨끗이 다 벗어던지게 해서 옛도 지금도 눈부시게 빛난다. 실로 그 많던 계교 들일 틈 없이 한다. 祖師西來 不立文字 直指人心 見性成佛 只論直指人心 要須是其中人 始得 若立語句 以至百千萬億方便 其意只是 與人解粘去縛 令教淨裸裸地 輝騰今古 實無許多般計校", 『혜림종본별록』 권1(卍속장126, p.519b6)에 "달마는 서천에서 와서 사람마음을 곧바로 가리켜 성을 보아 부처 되게 하였다. 보려 하면 문득 볼 뿐, 사량 둘 일 없고 문자 지날 일 없으며 사다리 밟을 일도 없다. 만약 세지변총으로 알려 해도 알 수는 없다. 그래서『화엄법계관』「서」에 '마음의 눈 사이에 환하고 환하다'라고 한다. 祖師西來 直指人心 見性成佛 見卽便見 不在思量 不歷文字 不涉階梯 若以世智辯聰解會 無有是處 所以 華嚴法界觀序云 昭昭於心目之間",『여정어록』권하「달마 達磨」(대정장47, p.131a7)에 "발 아래 갈대 잎 뿐으로 저 언덕에 도달했는가? 사람마음을 곧바로 가리킨다고? 나귀 방귀 소리냐, 멍멍이 방귀 소리냐? 멍멍아! 천고의 총림에 이 무슨 어리석은 만남이란 말인가. 脚下莖蘆 到岸也未 直指人心 驢屁狗屁 狗 千古叢林遭鈍置",『무문관』「발문 跋文」(대정장48, p.299b21)에 "달마 서천에서 동토로 와 문자에 집착하지 않고 사람마음을 곧바로 가리켜 성을 보아 성불하도록 하였다. 하지만 곧바로 가리킨다는 이 말이 이미 구비구비 돌아가는 길이 되었는데, 게다가 성불이란 말까지 덧붙이니 적지 않게 엉망이 되었다. 이미 문도 없다 해 놓고, 어떻게 빗장은 있는가? 達磨西來 不執文字 直指人心 見性成佛 說箇直指 已是迂曲 更言成佛 郎當不少 旣是無門 因甚有關"라고 하였다.〔참고문헌〕『傳心法要』,『馬祖語錄』,『傳法正宗論』,『宗鏡錄』,『楊岐語錄』,『圜悟語錄』,『慧林宗本別錄』,『如淨語錄』,『無門關』, 柳田聖山『初期禪宗史書の硏究』p.475, 關口眞大『禪宗思想史』p.229, 金煐郁「直指人心의 禪法」(『伽山學報』제5집). ⇨ 직지 直指, 견성성불 見性成佛, 교외별전 敎外別傳, 불립문자 不立文字, 조사선 祖師禪

직진 直進 **1** 곧바로 나가다. 탁발하거나 행선할 때 두리번거리며 헤아리지 않고 걷는 위의.『사분율』권31(대정장22, p.779c20)에 "앞을 보고 곧바로 나가며 좌우를 돌아보지 않는 자세로 가사를 입고 발우를 들고서 나열성으로 들어가 걸식한다. 視前直進 不左右顧眄 著衣持鉢 入羅閱城乞食"라고 하였다.〔참고문헌〕『四分律』. **2** 돌아보지 않고 바로 나아가는 이.『화엄오교장』권2(대정장45, p.488c6)에 "시교중에 직진의 사람은 근기가 거칠고 천하기에 대승의 깊은 법을 다 받아들이지 못한다. 이 때문에 보인 바 위등법상을 소승인듯 여겨 의리도 이에 달라진다. 以始教中 直進之人 機麤淺故 不能盡受 大乘深法 是故 所示位等法相 亦似小乘 而義理仍別"라고 하였다.〔참고문헌〕『華嚴五敎章』.

직진기 直進機 돈교대승(頓敎大乘)으로 깨닫는 근기. 직진인(直進人) 또는 돈기(頓機)라고도 이른다.『주대승입능가경』권10(대정장39, p.504b3)에 "마치『원각경』에서 '이 경의 이름은 돈교대승이라 하니 돈기중생이 이 교법을 따라 깨닫는다'고 한 말씀과 같으니, 별교를 잡아 직진기라 한다. 如圓覺經云 此經名爲頓教大乘 頓機衆生 從此開悟 謂約別教直進機也"라고 하였다.〔참고문헌〕『注大乘入楞伽經』,『圓覺經』(대정장17, p.921c23). ⇨ 직진 直進**2**, 돈기 頓機

직철 直綴 상의인 편삼(偏衫)과 하의인 군자(裙子)를 꿰매어 하나로 만든 지금의 장삼과 비슷한 법복. 편삼이란 길고 큰 적삼으로 동방이를 일컬으며, 군자란 허리 아래를 가리는 치마와 같은 것이다. 이 두 가지의 상하 옷을 합철(合綴)하여 만든 것이 지금의 장삼이다. 철(裰)은 철(綴)이라고도 쓴다. 편삼은 율장에는 제정된 바 없으니, 인도에선 입을 일이 없지만 추위를 막아야 하는 중국 등 동아시아의 경우 가사 등 삼의(三衣)만으로는 몸을 보호할 수 없는 환경에서 자연스럽게 생겨난 법복이라 하겠다. 다만 당대 백장회해(百丈懷海 720~814)선사가 최초로 상하를 연결하고 직철이라 이름하여 입었으며, 혹자는 불도징(佛圖澄 232~348)이 처음으로 만들어 입었다고 전한다. 당대(唐代)에 선문에서 입기 시작해 널리 퍼졌다.『백장청규』권5「직철 直裰」(대정장48, p.1139a25)에 "서로 전한 선배들이 승가에 편삼은 있으나 군자가 없고, 또는 군자는 있으나 편삼은 없는 것을 보고서 두 옷을 합하여 직철을 만들었다고 한다. 그러나 보화가 나무 직철을 찾고 대양이 가죽신과 포철을 전하였으니 옛날에도 역시 있었다. 相傳前輩見僧有偏衫而無裙 有裙而無偏衫 遂合二衣爲直裰 然普化索木直裰 大陽傳革履布裰 古亦有矣",『경덕전등록』권10「진주보화전 鎭州普化傳」(대정장51, p.280c2)에는 "보화스님이 함통 초에 곧 입적할 무렵 시장에 들어가 사람들에게 한 벌의 직철을 구하였는데, 어떤 사람은 도포를 가져다주기도 하고, 어떤 사람은 베주머니를 주었으나, 모두 받지 아니하고 목탁을 치면서 지나갔다. 그 때 임제가 사람을 시켜 관 한 개를 보냈더니 스님이 웃으면서 '임제 종놈이 비밀을 폭로했구나' 하면서 받았다. 師 唐咸通初 將示滅 乃入市 謂人曰 乞一箇直裰 人或與披襖 或與布裘 皆不受 振鐸而去 時 臨濟令人 送與一棺 師笑曰 臨濟廝兒 饒舌 便受之",『선원청규』권9「훈동행 訓童行」(卍속장111, p.927b11)에 "행자의 상의는 직철로 바름을 삼는다. 나머지 세속복장은 출가자의 옷이 아니다. 行者上衣直裰爲正 自餘俗服非出家衣也",『선림상기전』권17(불광장, 禪藏, p.1330)에 "직철 : 도충이 말한다. '편삼과 군자를 바로 꿰매서 붙이므로 직철이라 한다'. … 도충이 말한다. '『칙수청규』「존숙천화 · 효복」에서 방장행자는 마포건철을 입는다고 하였는데 건철은 두 가지 물건이니 두건과 직철을 말한다. 내 생각에는 행자는 비록 직철을 입더라도 그 모양

이 비구의 직철과 차이가 있었을 것이다. 왜냐하면 「사미득도장」에서 「성승의 탁자 앞에 가사와 직철을 안치하고 도첩은 그 위에 올린다」고 하였고 또한 「부모께 절하고 다시 승의로 갈아입되 이 때는 아직 가사를 입지 않는다」고 하였다. 그러므로 승의는 비구의 직철이고 처음에 탁자 위에 올린 것은 지금 행자의 직철을 벗고서 갈아입은 비구의 직철인 것이다. 그러므로 내 생각에는 행자가 입는 직철의 모양은 비구의 직철과 달라야 한다'. 直裰 忠曰 以偏衫與裙子 直綴合 故曰直裰 … 忠曰 敕修淸規 尊宿遷化 孝服云 方丈行者 麻布巾裰 巾裰二物頭巾直裰也 余謂 行者雖亦著直裰 其相須與僧直裰有異焉 何以知之 沙彌得度章云 聖僧案前 置袈裟直裰度牒於上 又云 拜父母 卽更僧衣 此時未及披袈裟 故知僧衣 僧之直裰 而初置案上者 今脫行者裰 而更僧裰也 故余謂 行者裰相 須異僧裰焉"라고 하였다. [참고문헌] 『百丈淸規』, 『景德傳燈錄』, 『禪苑淸規』, 『禪林象器箋』. ⇨ 법의 法衣

직청 直廳 사원의 청사 즉 지금의 종무소를 지키는 소임. 『백장청규』 권4 「시자진퇴 侍者進退」(대정장48, p.1134c25)에 "방장의 행자와 직청·교번은 배하한다. 方丈行者 直廳輪番拜賀", 『선림상기전』 권7(불광장, 禪藏, p.526)에 "직청 : 옛 설에서 '직청이란 힘쓰는 사람이다'라고 하였다. 도충이 말한다. '승사 역시 관공서와 유사하게 청사가 있다. 지금 직청이란 청사를 지키는 사람이다'. 『소보운회』에서 '모씨가 말했다. 「청사란 일을 맡아서 다툼을 살피는 곳을 말한다. 한대와 진대에는 모두 청(聽)이라 하였고 육조 이후에 비로소 엄(广) 자를 더했다」'라고 하였다. 直廳 舊說曰 直廳者 力者也 忠曰 僧寺亦當擬官有廳事 今直廳 直於廳事者 小補韻會云 毛氏曰 聽事 言受事察訟於是 漢晉皆作聽 六朝以來乃始加广"라고 하였다. [참고문헌] 『百丈淸規』, 『禪林象器箋』.

직치 直治 ❶ 바르게 마음을 다스리는 정사유(正思惟 Ⓟ sammā-saṅkappa)의 구역. 직사(直思)·직갱(直更)·정직치(正直治)라고도 한다. 『사제경』(대정장1, p.816a24)에 "현자여! 도와 덕을 갖춘 제자가 고를 고인 줄 알며 습을 고의 인인 습이라 알며, 그를 사라지게 함을 멸이라고 알고, 그렇게 하는 길을 도라고 알며, 행하고 따라서 생각하고 거듭 기억한다면 이것을 직치라고 이름한다. 賢者 道德弟子 苦爲苦念 習爲習念 盡爲盡念 道爲道念 若行隨投念復念 是名爲直治"라고 하였다. [참고문헌] 『四諦經』. ⇨ 정사유 正思惟 ❷ 바르게 생활을 다스리는 정명(正命 Ⓟ sammā-ājiva)의 구역. 『미륵보살소문본원경』(대정장12, p.187b2)에 "보살에게 다시 여덟 가지 행할 법이 있어 모든 악도를 버리고 악지식 가운데 떨어지지 않는다. 무엇이 여덟 가지인가? 첫째 바로 볼 줄 알고, 둘째 바르게 념하며, 셋째 바르게 말하고, 넷째 바르게 다스리고, 다섯째 바르게 업을 짓고, 여섯째 바른 방편, 일곱째 바른 뜻, 여덟째 바른 삼매다. 이것이 여덟 가지 법이다. 菩薩復有八法行 棄諸惡道不隨惡知識中 何等爲八 一者 得直見 二者 直念 三者 直語 四者 直治 五者 直業 六者 直方便 七者 直意 八者 直定 是爲八法", 『음지입경』 권상(대정장15, p.174b11)에 "저 직어·직업·직치는 계의 종류다. 彼所直語 直業 直治 是名爲戒種"라고 하였다. [참고문헌] 『彌勒菩薩所問本願經』, 『陰持入經』. ⇨ 정명 正命

직텐괸포 'Jig rten mgon po 1143~1217. 티베트 불교 카규파의 지파인 디궁카규파의 개조. 디궁('Bri-gung) 쿕파직텐괸포(sKyob-pa-'jig-rten-mgon-po) 또는 직텐 쑴괸('Jig rten sum gön)이라고도 하며, 이름은 린첸펠(Rin-chen-dpal), 한역(漢譯) 이름은 곤단(袞丹)이다. 어려서부터 총명하고 자비로워 굶주린 개에게 줄 음식이 없자 먹은 음식을 토해냈다는 일화가 전한다. 팍모두파(Phag-mo-gru-pa 1110~1170)를 스승으로 마하무드라(mahāmudrā)의 가르침을 받았다. 수학하는 기간에 스승은 출가를 권했으나, 린첸펠이란 이름으로 보살계만을 받았다. 팍모두파의 입적 이후 5년 동안 안거에 들어갔는데, 이 때 발에 나병이 걸렸지만 죽음의 공포를 넘어서 스승으로부터 수승한 가르침을 받을 수 있었음에 감사하며 정진을 계속했고, 그 힘으로 병이 나았다. 마침내 서른다섯 살 되던 해 비구계를 받고 스승이 머물렀던 댄사틸(gDan-sa-thil) 사원에서 주석하였다. 『청책 青冊 *Deb ther sngon po*』에 따르면 1179년에 디궁장춥링('Bri-gung-byang-chub-gling)사원을 세웠는데 이곳이 훗날 디궁카규의 근거지가 되었다. 직텐괸포의 가르침은 조카이자 제자였던 셰랍중네(Shes-rab-'jung-gnas 1187~1241)가 모아 엮은 『공칙 *dGongs-gcig*』에 전한다. [참고문헌] George Roerich *The Blue Annals*(New Delhi : Motilal Banarsidass, 1979) pp.596~601.

직투만중관부주청소내 直透萬重關不住淸宵內 곧바로 만겹이나 되는 빗장 열어젖히고 맑게 갠 저 하늘 만나지만 머물지 않는다. 『임제록』(대정장47, p.506a14)에 "임제가 삼봉에 갔을 때 평화상이 물었다. '어디에서 왔는가?' '황벽에서 왔습니다' '황벽에서는 무슨 말들 하는가?' '지난 밤 금빛 소가 진흙길을 만났나 하는데, 아무리 봐도 그 자취 찾을 길 없습니다' '금빛 바람이 옥피리를 부니 누가 이 소리 알아듣는가?' '만겹이나 되는 빗장 열어젖히고 맑게 갠 저 하늘 만나지만 머물지 않습니다' '그대의 이 참문이 참으로 대단하다' '용이 낳은 금빛 봉황 푸르른 유리에 부딪혀 부서져버렸습니다' '앉게나, 차나 마시게'. 到三峯 平和尙問曰 什麽處來 師云 黃蘗來

平云 黃蘗有何言句 師云 金牛昨夜遭塗炭 直至如今不見蹤 平云 金風吹玉管 那箇是知音 師云 直透萬重關不住淸霄內 平云 子這一問太高生 師云 龍生金鳳子 衝破碧琉璃 平云 且坐 喫茶"라고 하였다. ［참고문헌］『臨濟錄』.

직하 直下 그대로 내려놓다. 머뭇거림 없이 당장에. 바로 여기에서. 『설두어록』 권1(대정장47, p.670a19)에 "나그네 세우고 주인 세우면 흠 없는 살점에 굳이 상처를 냄이다. 옛도 들고 지금도 들어 멀쩡한 눈에 모래 뿌린다. 곧바로 내려놓아 일 없이 해야 그것이 바로 구멍도 자루도 없는 쇠망치이지만, 여기에 따로 기관을 둔다면 반드시 무간지옥에 떨어질 것이다. 立賓立主 剜肉作瘡 擧古擧今 抛沙撒土 直下無事 正是無孔鐵槌 別有機關 合入無間地獄", 『원오어록』 권3(대정장47, p.723b27)에 "곧바로 절벽에 매달린 손을 놓아야 알아차릴 수 있다. 直下懸崖撒手 便可承當", 같은 책 권4(대정장47, p.728c19)에 "털끝도 범성의 생각 일으키지 않고, 득실시비의 경계에도 얽이지 않는다면, 곧바로 다 놓아버려 온전히 진실일 뿐 다시는 다른 물건 아니리라. 不起纖毫凡聖情念 不拘得失是非境界 直下全眞 更非他物", 『선관책진』 「사자봉천여칙선사보설 師子峯天如則禪師普說」(대정장48, p.1102b15)에 "다만 아미타불 네 글자 가져 일개 화두 드니, 이육시중에 바로 여기에서 놓치지 않고 들고서 한 생각도 일어나지 않게 해서 사다리 밟을 일 없이 바로 부처님위로 넘어설 것이다. 但將阿彌陀佛四字 做箇話頭 二六時中 直下提撕 至於一念不生 不涉階梯 徑超佛地", 『초석범기어록』 권17 「사도증만수유장주 斯道贈萬壽由藏主」(卍속장124, p.258a6)에 "부처님과 부처님이 주고받으며, 조사와 조사가 서로 전하니, 곧바로 내림이 문득 이러해서 말로 가는 길 밟을 일 없다. 佛佛授手 祖祖相傳 直下便是 不涉言詮"라고 하였다. ［참고문헌］『雪竇語錄』, 『圜悟語錄』, 『禪關策進』, 『楚石梵琦語錄』, 『臨濟錄』(대정장47, p.496b18).

직하무심 直下無心 곧바로 내려놓아 마음마저 없음. 다 버려 마음조차 없게 하다. 『전심법요』(대정장48, p.380b3)에 "도를 배우는 사람이 만약 곧바로 내려 마음 없이 할 수 없다면 몇 겁을 수행해도 끝내 도를 이룰 수 없다. 學道人 若不直下無心 累劫修行 終不成道", 『종경록』 권23(대정장48, p.544a27)에 "만약 곧바로 내려놓아 마음 없음 얻는다면 그 양이 허공 밖일 것이며, 또한 어찌 다시 섬돌 밟아 오르리오? 아직 단번에 무심과 합하지 못하여 일념이라도 다른 것 있다면 곧바로 불지견으로 다스려야 하리. 若得直下無心 量出虛空之外 又何用更歷階梯 如未頓合無心 一念有異者 直須以佛知見治之", 같은 책 권37(대정장48, p.637b29)에 "맺어 말하자면, 곧바로 내려 마음 없게 한다면 같거나 다르거나 함께 공하며, 옳고 그름 다 사라지고 이 사라짐마저 사라져 이 공이라 함마저 공하다. 이렇게 거듭 말에 의지하고 그 자취 따라 맞서 기다릴 뿐이니, 만약 기다림 끊어 다하면 문득 일심 깨달아 오직 서로 상응할 뿐이어서 다시 할 말 없으리라. 以要言之 但得直下無心 則同異俱空 是非咸泯 斯泯亦泯 茲空亦空 此猶寄言 因跡對待 若得絶待 頓悟一心 唯契相應 不俟更說", 『대혜어록』 권13(대정장47, p.866b11)에 "만약 능히 곧바로 다 버려 무심하게 된다면 초발심공덕이라도 무심공덕에 비하면 백분으로, 천분으로, 백천분으로, 백천만억분으로, 나아가 셀 수 있는 모든 비유로도, 불가설불가설아승지분으로도 나누어 그 한 분에도 비교할 수 없으리니, 왜 그럴까? 초발심하는 때 삼세제불과 평등하다 하지만, 이 마음마저 오히려 없다면 삼세제불은 어느 곳 향해 찾아 헤매리오. 그러므로 일념무심공덕이야말로 더듬어 헤아릴 곳조차 없게 한다. 若能直下無心去 初發心功德 比無心功德 百分 千分 百千分 百千萬億分 乃至算數譬喩 不可說不可說阿僧祇分 亦不及一 何故 初發心時 與三世諸佛平等故 此心尙無 三世諸佛 向甚處摸揉 所以一念無心功德 又無較量處", 『보암인숙어록』 「시중법어 示衆法語」(卍속장120, p.574b6)에 "사자 새끼 많은 힘 쓰지 않고 다 내려놓고 무심하게 노래 부르며, 눈을 집어다 콧구멍 삼고 껄껄대고 크게 웃으며 선의 강물 탐색한다. 師子子不消多 直下無心唱哩囉 拈却眼來作鼻孔 呵呵大笑探禪河"라고 하였다. ［참고문헌］『傳心法要』, 『宗鏡錄』, 『大慧語錄』, 『普菴印肅語錄』. ⇨ 무심 無心 **1**

직하승당 直下承當 곧바로 알아차리다. 당장에 받아 마땅히 여기다. 『운문광록』 권상(대정장47, p.546b28)에 "한마디 말을 들어 그대들이 그 자리에서 알아차리도록 하더라도 벌써 그대들 머리 위에 똥 뿌릴 뿐이다. 擧一則語 教汝直下承當 早是撒屎著爾頭上也", 『원오어록』 권15(대정장47, p.781c8)에 "다만 한 번 듣고 천 가지 깨달아 당장에 알아차리고 수행을 마치는 방법을 귀하게 여길 뿐이며, 이름이나 이양 바라지 않고 오로지 생사를 뚫고 벗어나기에 힘쓴다. 只貴一聞千悟 直下承當了修行 不求名聞利養 唯務透脫生死"라고 하였다. ［참고문헌］『雲門廣錄』, 『圜悟語錄』. ⇨ 직하 直下

직행 直行 **1** 정업(正業 Ⓟ sammā-kammanta)의 고역어(古譯語). 정직행(正直行)이라고도 한다. 『사제경』(대정장1, p.816b10)에 "현자여! 도와 덕을 갖춘 제자는 고를 고라고 알고, 고의 인인 습을 습으로 안다. 그 멸을 멸이라고 알며, 그 멸의 길을 길이라고 생각한다. 몸으로 짓는 세 가지 악행과 나머지 악행을 버린다. 이것으로 그치고 멀리 떠나고 거두고 지켜서 다시 짓지 않으며, 죄 받을 일도 하지 않으니 죄 있을 리 없게 되어 그친다. 이것을 직행이라고 한다. 賢者 道德弟子 從苦爲念苦 從習爲念習 從盡爲念盡 從道爲念道 除身三惡行亦餘身惡行 從是止離攝守 不可作不作從受罪 無有罪已止是名爲直行"라고 하였다. 〔참고문헌〕『四諦經』, 『漏分布經』(대정장1, p.852a13). ⇨ 팔정도 八正道, 정업 正業 ❷ 곧바로 행하다. 『전식론』(대정장31, p.62a8)에 "뜻을 지음은 저 말이 달리듯 하고 사유는 저 기수같다. 말은 다만 달릴 뿐 능히 시비를 피하거나 취하지 못한다. 기수만이 그릇됨 여의고 바르게 나아갈 수 있듯이 사유 또한 그렇다. 作意如馬行 思惟如騎者 馬但直行 不能避就是非 由騎者 故令其離非就是 思惟亦爾"라고 하였다. 〔참고문헌〕『轉識論』. ⇨ 작의 作意❶, 사유 思惟

직현심성종 直顯心性宗 ➡ 삼교삼종 三敎三宗, 삼종 三宗❶

직현일승 直顯一乘 곧바로 일승을 드러냄. 삼승(三乘)을 거치지 않고 일승교법을 드러내는 『화엄경』의 설이 대표적이다. 『화엄경소초』 권9(대정장36, p.69a13)에 "대승에는 다양한 차별이 있다. 첫째, 일승을 곧바로 드러내니, 저 『화엄경』이다. 둘째, 방편을 열어 진실을 드러내니, 저 『법화경』이다. 大乘之中 有多差別 一 直顯一乘 如華嚴 二 開權顯實 如法華", 『화엄현담회현기』 권27(卍속장12, p.415b5)에 "첫째, 곧바로 일승을 드러낸다는 말은 방편을 빌리지 않는다는 뜻이다. 一 直顯一乘者 不對昔權故"라고 하였다. 〔참고문헌〕『華嚴經疏鈔』, 『華嚴懸談會玄記』. ⇨ 일승 一乘

직후 直候 곧바로 살피다. 다른 것 없이 ~한 후에야 ~하다. 『서장』「답강급사장 答江給事狀」(대정장47, p.920c26)에 "곧바로 다른 것 할 것 없이 그가 찾아와 스스로 산승과 이야기해 보자고 한 후에야 비로소 그와 더불어 눈썹 나누고 뜻 얽어야 알게 되리라. 直候渠將來自要與山僧說話 方始共渠 眉毛廝結理會在", 『심부주』 권2(卍속장111, p.54a8)에 "기연 머물지 않았다면 끝내 달마의 심인을 드날리지 못했을 것이니, 곧바로 살피고 몸소 받으니 그대 이에 옳다 인 친다. 이것이야말로 바로 자증법문이니, 마치 물을 마셔야 차고 더움을 스스로 아는 것과 같아서, 가히 말로 설할 수는 없다. 若機緣不逗 終不顯揚 直候親承 爾乃印可 此是自證法門 如人飮水 冷暖自知 不可言說", 『원오심요』 권4 「시선자 示禪者」(卍속장120, p.775b6)에 "이육시중에 다시는 놓지 않으니 곧바로 속속들이 증득하고 나서야 할 일을 마칠 수 있다. 二六時中 更不放舍 直候徹證 乃能事畢矣"라고 하였다. 〔참고문헌〕『書狀』, 『心賦註』, 『圜悟心要』.

진 眞 ❶ Ⓢ tattva, sāra, Ⓣ de-nyid, snying-po. 참된 것. 가·사·환·위(假 似 幻 僞) 등이 아닌 뜻. 『증일아함경』 권49(대정장2, p.815c3)에 "이때 수보리가 다시 생각했다. '나 지금 어떻게 외물을 관하고 몸안에 인연 일어남 관해야 하는가? 지금 이 몸중에 자못 머리털·털·손톱·치아·뼈·골수와 같은 것들이 있는데 세간에 오래 머물 수는 있는가? 머리에서 발끝까지 서른여섯 가지 부정한 것들을 관하니, 자연히 관찰해서 탐할 것 하나 없네. 진실이란 없으니 환이고 거짓이지 진실 아니네. 모두 공으로 돌아가 세간에 오래 머물 일 없네'. 時 須菩提 復作是念 我今何故 觀於外物 當觀身內因緣所起 今此身中 頗有髮毛爪齒骨髓之屬 久存於世乎 從頭至足 觀三十六物惡露不淨 然自觀察 無一可貪 亦無眞實 幻僞非眞 皆歸於空 不久存於世", 『불소행찬』 권5(대정장4, p.46a18)에 "어리석은 범부 얕은 지혜 익혀 참되고 실다운 뜻 알지 못하네. 상사법을 받고서 진법을 받았다 하네. 이에 마땅히 자세히 살필지니, 참된 법과 율을 관찰해야 하리. 마치 저 연금사 태워 내려쳐 진금을 취하듯이. 愚夫習淺智 不解眞實義 受於相似法 而作眞法受 是故當審諦 觀察眞法律 猶如鍊金師 燒打而取眞", 『대승장엄경론』 권2(대정장31, p.601c10 : Sūtr., p.32)에 "진을 알고 뜻을 알아 능히 일체의혹을 끊는다. 知眞及知意 能斷一切疑 sa tattva-bhāva-artha-naye suniścitaḥ karoti sattvān suvinīta-saṃśayān"고 한 뒤, "진을 안다는 것은 법을 알아 전도함이 없는 것이다. 知眞者 解法不顚倒故"라고 하였다. 또 『백오십찬불송』(대정장32, p.759a14 : Śata-śa., 51)에 "염정의 모든 법 중 거짓을 가려 참됨만 취하니, 저 청정한 거위왕이 우유만 가려 마시고 물은 버리듯 하네. 染淨諸雜法 簡僞取其眞 如淸淨鵝王 飮乳棄其水 vimiśrāt sāram ādattaṃ sarvaṃ pītam akalmaṣam, tvayā sūktaṃ duruktaṃ tu viṣavat parivarjitam", 『기신론소필삭기』 권8(대정장44, p.340b25)에 "진을 덮었다는 말은, 진리는 평등하고 망심은 차별하니, 차별로 망이 드러날 때 평등의 진은 곧바로 숨는다. 覆眞者 眞理平等 妄心差別 差別之妄現時 平等之眞卽隱"라고 하였다. 〔참고문헌〕『增壹阿含經』, 『佛所行讚』, 『大乘莊嚴經論』, 『百五十讚佛頌』, 『起信論疏筆削記』, *Sūtr.*, *Śata-śa.* ⇨ 가 假❶, 사 似❶, 실 實❶, 환 幻 ❷ 장애와 망상을 벗어나 드러난 진실. 혜안으로 보는 것. 『금강반야경소』(대정장33, p.82b2)에 "지혜 비록 많지만 오안에 지나지 않네. 옛사람이 말하되 '육안으로 막힌 것 안을 보고, 천안으로 장 밖을 보네. 혜안으로 진을 보고, 법안으로 속을 보며, 불안으로 안팎의 법을 두루 안다네'. 여기서는 다만 하나의 지를 차별해서 설하여 다섯 가지가 있다고 한다. 智慧雖多 不過五眼 舊云 肉眼見障內 天眼見障外 慧眼見眞 法眼見俗 佛眼通知內外法 今言但是一智 差別說之 故有五耳"라고 하였다. 〔참고문헌〕『金剛般若經疏』.

❸ 연을 따라(隨緣) 식(識) 중에 숨고, 시각과 본각으로 밝게 깨우치고(妙明) 깨우쳐 밝은(明妙) 진여(眞如). 『기신론소필삭기』 권8(대정장44, p.340c14)에 "진이 숨었다는 말은 앞서 설한 진여가 연을 따라 아리야식이 된다고 한 것인데, 식이 되고 나면 진여는 그 식 중에 숨는다. 식 중에 숨기에 여래장이라고 한다. 隱眞者 卽前說眞如隨緣 成梨耶識 旣成識已 隱在識中 以其隱故 名如來藏", 『능엄경소해몽초』 권4(卍속장21, p.313a16)에 "두 가지 진이란 첫째 자성을 깨우치는 묘하고 밝은 것이며, 둘째 본래 깨우쳐 밝아 묘한 것이다. … 진여의 그 바탕 스스로 알기에 성각묘명이라 하고, 시각지로 본성을 알기에 본각명묘라 한다. 言二眞者 一 性覺妙明 二 本覺明妙也 … 又眞如之性 性自了故 則性覺妙明 以始覺之智 了本性故 則本覺明妙"라고 하였다. 〔참고문헌〕『起信論疏筆削記』, 『楞嚴經疏解蒙鈔』. ❹ 진영(眞影). 조사나 존숙의 초상. 『굉지광록』 권4(대정장48, p.51b27)에 "대홍화상기일에 굉지가 법좌에 올랐다. '마조기일에 남전이 걸린 진영에 향을 사르다 대중에게 물었다. 「오늘 공양에 선사께서는 돌아오실까?」 이때 동산이 나와 말했다. 「도반이 기다리면 올 것입니다」 「비록 후배지만 다듬고 새길 만하구나」' 大洪和尙忌辰 上堂 擧 馬祖忌日 南泉掛眞燒香次 問大衆云 今日供養 先師還來也無 時洞山出云 待有伴卽來 泉云 雖是後生 却堪彫琢", 『경덕전등록』 권6 「북란양전 北蘭讓傳」(대정장51, p.248c27)에 "호당 양(亮)장로가 북란에게 묻기를 '사형은 선사의 진영 그려 얻었다고 하니, 잠시 뵈옵고 예를 올리고 싶습니다'. 이에 북란이 양손으로 가슴을 열어젖혀 보였고 양장로 바로 예배하였다. 북란이 '절하지 마라! 절하지 마라!' 하니 '사형은 잘못 아셨습니다. 저는 사형께 절하지 않았습니다' 하였다. '그대 선사의 진영에 예배하거라' '왜 저에게 절하지 못하게 하십니까?' '어찌 일찍이 그릇된 적 있느냐' 湖塘亮長老問 伏承師兄畫得先師眞 暫請瞻禮 師以兩手 撥胸開示之 亮便禮拜 師云 莫禮 莫禮 亮云 師兄 錯也 某甲不禮師兄 師云 汝禮先師眞 亮云 因什麽教某甲莫禮 師云 何曾錯"라고 하였다. 〔참고문헌〕『宏智廣錄』, 『景德傳燈錄』. ⇨ 진영 眞影

진 進 나아가다. 선법(善法)을 출생시키고 해탈을 얻게 하는 정진(精進 Ⓢ vīrya)의 뜻. 『대장엄론경』 권15(대정장4, p.347a1)에 "해탈을 얻으려면 반드시 마음부터 말미암아야 한다. 오욕락을 누린 다음에 해탈을 얻으려고 한다면 죽음의 적이 이미 이르렀는데, 마음과 뜻이 오욕락에 빠져 있어 곧장 나아가 해탈과를 얻을 수 없다. 若得解脫 必由於心 謂受五欲後得解脫 死敵旣至 心意戀著五欲之樂 不能直進得解脫果", 『아비담심론』 권1(대정장28, p.810c23)에 "진이란 일을 함에 오롯이 해서 떠나지 않는 것이다. 進者 作事專著", 원측(圓測)의 『해심밀경소』 권1(한불전1, p.145b24)에 "모든 여래께서는 지상의 모든 보살중이 대법락을 얻고 뛰어난 행을 정진하여 닦도록 하고자 때맞춰 나타나신다. 諸如來 爲令地上諸菩薩衆 受大法樂 進修勝行 隨宜而現", 같은 책 권8(한불전1, p.399c17)에 "능히 선을 세우기에 진이라 한다. 선법을 세우는 것은 이 힘으로 말미암기 때문이다. 能建善故 名進 建立善法 由此力故"라고 하였다. 〔참고문헌〕『大莊嚴論經』, 『阿毘曇心論』, 『解深密經疏』, *Sūtr.164.* ⇨ 정진 精進

진 嗔 Ⓢ dveṣa, Ⓟ dosa, Ⓣ zhe-sdang. 삼독(三毒 : 貪瞋癡) 중 화나 노여움. 진(瞋)이라고도 한다. 『대승입도차제』(대정장45, p.462b8)에 "탐은 탐착, 진은 손해, 치는 이사에 어두움을 성으로 삼는다. 所言貪者 謂耽著爲性 嗔者 損害爲性 癡者 於諸理事 迷闇爲性", 『대승백법명문론개종의기』(대정장85, p.1057a17)에 "진이란 고고(苦苦)에 염을 갖춰 미워하고 화냄을 성으로 하며, 능히 무진을 가로막아 불안케 하고 악행의 소의를 업으로 한다. 진은 필히 심신을 뜨겁고 괴롭게 하며 악업들을 일으키고 불선성이기 때문이다. 所言嗔者 於苦苦 具染憎恚爲性 能障無嗔不安 惡行所依爲業 謂嗔必令身心熱惱 起諸惡業 不善性故"라고 하였다. 〔참고문헌〕『大乘入道次第』, 『大乘百法明門論開宗義記』, *Yogā-bh.183., Bodh-bh.27.* ⇨ 진 瞋❶

진 塵 ❶ 색법(色法) 중 작은 단위의 물질. 7극미(七極微) 이상에서 세간의 눈으로 볼 수 있고 세간의 사물(事物)로 비유해 말할 수 있는 크기 그 사이의 것들을 부르는 이름이다. 유부(有部)에서도 연기하지 않고 홀로 있을 수 있는 물질은 없기에 독주(獨住)할 수 있는 극미는 없다고 하여 최소한의 물질은 1극미 중심으로 육방의 극미가 둘러싼 7극미(六方中心七極微)가 모여야 1미취(一微聚)라는 최소단위의 물질이 성취된다고 여긴다. 이 1미취 이상을 진(塵)이라 한다. 7미취가 1금진(一金塵)으로 49극미가 모인 것이다. 7금진이 모여 다시 1수진(一水塵)이 되고, 7수진이 모이면 1토모진(一兎毛塵)이고, 7토모진은 다시 1양모진(一羊毛塵)이 되고, 7양모진이 모여야 1극유진(一隙遊塵)이 되는데, 이때 비로소 햇볕 비추는 문틈으로 떠다니는 정도의 움직이는 물질을 보게 된다. 이 극유진 이후는 세간에서 볼 수 있는 것들이기에 진이라 부르지 않고 일기(一蟣)·산악하해(山岳河海) 등 세간의 사물로 비유한다. 『입아비달마론』 권상(대정장28, p.980c21)에 "현색에는 열두 가지가 있으니 청·황·적·백·연기·구름·먼지·안개·그림자·빛·밝음·어둠을 말한다. 顯色有十二種 謂青黃赤白 煙雲塵霧 影光明闇", 『유가론기』 권1(대정장42, p.316b29·한불전13, p.16b15)에 "바람에 날리는 미세한 흙을 먼지라고 한다. 風吹細土 名塵",『창소지론』 권상(대정장32, p.226b12)에 "지는 견고하고, 수는 축축하며, 화는 따뜻하고, 풍은 움직인다. 이런 사대종의 매우 미세한 것을 극미진이라 한다. 地堅水濕火煖風動 是等大種 最極微細者 曰極微塵"라고 하였다. 〔참고문헌〕『入阿毘達磨論』,『瑜伽論記』,『彰所知論』, *Av-ś.160.*, *AN.1.253.*, *SN.5.459.* ⇨ 색 色, 색법 色法, 일극미 一極微, 일미취 一微聚, 토모진 兎毛塵, 현색 顯色, 극미 極微 **2** 경(境 Ⓢ artha, Ⓣ yul) 또는 경계(境界 Ⓢ gocara)의 구역어(舊譯語). 안이비설신의(眼耳鼻舌身意) 육근(六根)과 마주하는 색성향미촉법(色聲香味觸法) 육진(六塵)을 말한다. 『불지경론』 권4(대정장26, p.309b16)에 "처경식 세 가지는 각각 다르니, 처는 육근을 말하고, 경은 육진을 말하며, 식은 육식을 말한다. 處境識三事各別 處謂六根 境謂六塵 識謂六識",『대승의장』 권12(대정장44, p.706c20)에 "육쇠란 무엇인가? 외적인 색성향미촉법 육진의 근심을 말한다. 이 여섯 가지 큰 도적이 선법을 무너뜨리기에 쇠라고 한다. 言六衰者 謂外色聲香味觸法 六塵之患 此六大賊 衰耗善法 故名爲衰"라고 하였다. 그렇지만 더 나아가 오근오진(五根五塵)을 색진(色塵)이라 하고 의와 법(意法)을 법진(法塵)이라 한다면, 유위법 일체는 온통 진(塵)이라 할 수 있다. 〔참고문헌〕『佛地經論』,『大乘義章』,『法苑珠林』 권71(대정장53, p.826a11). ⇨ 경 境**1**, 경계 境界**1**, 육진 六塵, 진망 塵網, 유위법 有爲法 **3** 번뇌의 뜻. 근(六根)과 진(六塵)이 화합하여 실상(實相)을 가리고 번뇌를 일으키기에 진(塵)은 번뇌의 다른 이름이기도 하다. 『별역잡아함경』 권8(대정장2, p.431a28)에 "이 법을 설했을 때 대가전연은 진을 멀리하고 구를 여의어 법안의 깨끗함을 얻었으며, 박가리비구는 번뇌를 길이 멸하였으니 후생을 받지 않게 되어 모든 유결을 다하였다. 說斯法時 大迦旃延 遠塵離垢 得法眼淨 薄迦梨比丘 煩惱永滅 不受後生 盡諸有結",『대승본생심지관경』 권2(대정장3, p.300a25)에 "불법승의 보배 또한 이와 같다. … 둘째 무구이니, 세간의 뛰어난 보배는 청정하고 빛나고 깨끗해서 티끌이나 더러움이 뒤섞이지 않는데, 불법승이라는 보배 또한 이와 같아서 모두 능히 번뇌의 때와 허물 멀리 여읠 수 있다. 佛法僧寶 亦復如是 … 二者 無垢 世間勝寶 淸淨光潔 不雜塵穢 佛法僧寶 亦復如是 悉能遠離 煩惱塵垢",『대승본생심지관경천주』 권2(卍속장34, p.135a1)에 "팔만사천진로란, 진인즉 염오의 뜻이니 종종의 사견번뇌를 말하는데, 힘들게 부림을 쉬지 않으니 생사에 윤전하여 다할 때가 없다. 八萬四千塵勞者 塵卽染汚義 謂種種邪見煩惱 勞役不息 輪轉生死 無有盡時",『대위덕다라니경』 권15(대정장21, p.816c22)에 "진이란 말은 업이고 번뇌며 갈애다. 言塵者 是業 是煩惱 是渴愛",『아비담비바사론』 권25(대정장28, p.188b22)에 "무엇이 번뇌장인가? 〔답〕 어떤 사람이 지나치게 두터운 탐욕, 매우 심한 분노심, 지나치게 어리석은 것을 번뇌장이라고 한다. 또 이 세 가지 불선근을 진이라고 하니 저 탐진·에진·치진이라 하는 것과 같다. 저 티끌들과 같아서 때 묻고 더러워지면 태우고 독한 종기 베어내듯 할 수 있는 것이기에 이렇게 말한다. 云何煩惱障 答曰 猶如有一 貪偏重 恚偏重 癡偏重 是名煩惱障 復次 此三不善根 說名爲塵 如說是貪塵 恚塵 癡塵 如塵 穢垢箭火 刺刀毒病 當知亦如是",『유가사지론』 권83(대정장30, p.763c13)에 "또한 진이란 소위 아만과 견도에서야 끊을 수 있는 일체번뇌다. 又復塵者 所謂我慢及見所斷一切煩惱", 『대승아비달마잡집론』 권9(대정장31, p.735c14)에 "'법인으로 능히 티끌 멀리한다'란, 모든 법인들로 길이 일체번뇌의 티끌 끊기 때문이다. 法忍能遠塵者 由諸法忍 永斷一切煩惱塵故",『능엄경억설』(卍속장19, p.359b13)에 "객진이란, 견혹처의 거친 것을 객이라 이름하고 사혹처의 가는 것을 진이라 이름한다. 거칠고 가늘어 비록 다르지만 머물지 않음은 같으니, 능히 진성에 어둡기에 같이 번뇌라 이름한다. 客塵者 見惑處麤名客 思惑處細名塵 麤細雖異 不住是同 能惑眞性 同名煩惱"라고 하였다. 〔참고문헌〕『別譯雜阿含經』,『大乘本生心地觀經』,『大乘本生心地觀經淺註』,『大威德陀羅尼經』,『阿毘曇毘婆沙論』,『瑜伽師地論』,『大乘阿毘達磨雜集論』,『楞嚴經臆說』. ⇨ 번뇌 煩惱, 결 結, 혹 惑

진 盡 **1** Ⓢ kṣaya, kṣīṇa, vyaya, Ⓟ khaya, khīṇa, Ⓣ zad-pa, 'jig-pa. 다해 사라짐. 죽음. 『구사론』 권3(대정장29, p.15c8 : *Abh-k-bh.*, p.44)에 "범행은 아름답게 성립하고 성도는 이미 잘 닦았네. 목숨이 다해도 환희하니 도리어 온갖 병을 버림과 같네. 梵行妙成立 聖道已善修 壽盡時歡喜 猶如捨衆病 sucīrṇe brahmacarye'smin mārge caiva subhāvite, tuṣṭa āyuḥkṣayāt bhavati rogasyāpagame yathā", 같은 책 권5(대정장29, p.27c25 : *Abh-k-bh.*, p.77)에 "『발지론』에 이렇게 설한다. '일심중에 누군가 일어나는 것을 생이라 하고, 누군가 사라지는 것을 사라고 한다'. 發智論 作如是說 於一心中誰起 謂生 誰盡 謂死 jñānaprasthāna uktam, ekasmiṃś-citte ka utpādaḥ. āha, jātiḥ. ko vyayo maraṇam"라고 하였다. 〔참고문헌〕『俱舍論』, *Abh-k-bh.* **2** Ⓢ anta, Ⓣ mtha'. 끝. 멈춤. 『입능가경』 권1(대정장16, p.517b13 : *Laṅk.*, p.13)에 "그때 세존께서 … 모든 털구멍으로 일체의 무량광명을 놓으시니, 공중의 무지개와 같고 천 개의 태양 빛과 같으며 마치 겁이 끝날 때 타오르는 큰불의 맹렬한 불꽃과 같네. 爾時 世尊 … 諸毛孔皆放 一切無量光明 如空中虹 如日千光 如劫盡時 大火熾然 猛炎之相 atha bhagavān … sarva-romakūpebhyo yuga-anta-agniriva dīpya mānaḥ tejasendra-dhanurudayabhāskara-upamena prabhā-maṇḍalena dedīpyamānaḥ"라고 하였다. [참고문헌] 『入楞伽經』, *Laṅk.* **3** Ⓢ kṣaya, parikṣaya, Ⓣ yongs-su-zad-pa. 다해 마치거나 멈추다의 뜻. 다함. 『중론』 권3(대정장30, p.28a18 : *Pras.*, p.180)에 "다하기에 이루어질 수 없고, 다하지 못하면 이룰 것도 없네. 다하기에 무너질 것 있을 리 없으니, 다함도 무너짐도 없네. 盡則無有成 不盡亦無成 盡則無有壞 不盡亦不壞 kṣayasya saṃbhavo nāsti nākṣayasyāsti saṃbhavaḥ, kṣayasya vibhavo nāsti vibhavo nākṣayasya ca", 『유마힐경』 권하 「향적불품 香積佛品」(대정장14, p.532c1 : *Vikī-n.*, p.94)에 "사해는 다해도 이 밥은 다함이 없으니, 여러 사람으로 하여금 먹어치우게 해도 저 수미산과 같아 여전히 다함 없다. 이 다할 수 없다는 뜻이 무엇인가. 계로부터 정·혜·해도지견에 이르기까지 다함이 없으니, 여래의 밥도 끝내 다할 리 없다. 四海有竭 此飯無盡 使衆人食摶 若須彌 猶不能盡 是不可盡 所以者何 無有盡戒 至于定慧解度知見 如來之飯 終不可盡 mā yūyam āyuṣmantaḥ svaprajñāpuṇyais tathāgataprajñāpuṇyāni samīkārṣṭa. syācca turṇāṃ mahāsamudrāṇāṃ kṣayaḥ, na tv evāsya bhojanasya kaścit parikṣayaḥ. sacet sarvasatvā api sumerumātrair ālopaiḥ kalpaṃ paribhuñjīran, tathāpy asya kṣayo na syāt. tat kasmāddhetoḥ. akṣayaśīlasamādhiprajñānirjātasyedaṃ tathāgatasya pātrāvaśeṣaṃ bhojanaṃ naitacchakyaṃ kṣapayitum"라고 하였다. [참고문헌] 『中論』, 『維摩詰經』, *Pras.*, *Vikī-n.* **4** Ⓟ antakiriyā. 끝내다. 『중아함경』 권3 「염유경 鹽喩經」(대정장1, p.433a14 : *Loṇaphala-sutta, AN.1*, p.249)에 "세존께서 모든 비구에게 이르셨다. '사람이 지은 바 업에 따라 과보를 받으니, 이와 같이 범행을 행하지 않으면 고통은 끝낼 수 없다'. 世尊 告諸比丘 隨人所作業 則受其報 如是 不行梵行 不得盡苦 yo ca kho bhikkhave evaṃ vadeyya, yathā yathā vedanīyaṃ ayaṃ puriso kammaṃ karoti tathā tathāssa vipākaṃ paṭisaṃvediyatīti. evaṃ santaṃ bhikkhave brahmacariyavāso hoti okāso paññāyati sammā dukkhassa antakiriyāya"라고 하였다. [참고문헌] 『中阿含經』, *AN.* **5** Ⓢ sarvatra. 전부. 모두. 『유부율』 권1(대정장23, p.628a8 : *Udāna-v.*, p.159)에 "몸 지키는 것은 좋은 일이고, 말함을 능히 지키는 것도 좋은 일이며, 뜻을 지키는 것도 좋은 일이되, 모두 잘 지키는 것이 가장 좋은 일이네. 護身爲善哉 能護語亦善 護意爲善哉 盡護最爲善 kāyena saṃvaraḥ sādhu sādhu vācā ca saṃvaraḥ, manasā saṃvaraḥ sādhu sādhu sarvatra saṃvaraḥ"라고 하였다. [참고문헌] 『有部律』, *Udāna-v.*

진 瞋 **1** Ⓢ dveṣa, pratigha, doṣa, Ⓟ paṭigha, dosa, Ⓣ khong khro. 삼독(三毒 : 貪瞋癡) 중 하나로 증오하고 분노하는 것. 또는 이러한 마음으로 다른 유정에게 손해를 끼치고자 하는 것. 진에(瞋恚)·진노(瞋怒)·에(恚)·노(怒)라고도 한다. 진(嗔)으로도 쓴다. 『법온족론』 권9(대정장26, p.494c22)에 "무엇을 진이라 하는가? 유정에게 손해를 끼치려고 마음속으로 앙심을 품고는 괴롭히려 하고, … 마음으로 극히 분노하여 유정들 각각에 대해 원망하고 포악하게 굴면서 과환을 끼치려 하는 것을 … 모두 진이라고 한다. 云何瞋 謂於有情 欲爲損害 內懷栽杌 欲爲擾惱 … 意極憤恚 於諸有情 各相違戾 欲爲過患 … 總名爲瞋", 『현양성교론』 권1(대정장31, p.482a3)에 "진은 유정에 대해 손해를 끼치려 함을 체로 한다. 함께 해서 나고 분별로 일어나기도 하는 것이다. 무진을 장애함을 업으로 하고, 앞서와 같이 내지 진에를 증장시킴을 업으로 한다. 경에서 '진에가 있는 이는 진에에 엎드려 폐한다'고 한 것과 같다. 瞋者 謂於有情 欲興損害爲體 或是俱生 或分別起 能障無瞋爲業 如前乃至 增長瞋恚爲業 如經說諸有瞋恚者 爲瞋所伏蔽", 『성유식론』 권6(대정장31, p.31b17)에 "〈송〉 번뇌는 탐·진·치·만·의·악견이다. [논] 이 탐 등 여섯 가지 성은 바로 근본번뇌로 거두기에 번뇌라는 이름을 얻는다. … 무엇을 진이라고 하는가? 고통과 고통과 함께하는 것에 대해 증오하고 분노하는 것을 체로 한다. 무진을 장애하여 불안과 악행의 의지처가 되는 업이다. 진은 필연적으로 몸과 마음을 뜨겁게 괴롭혀 온갖 악업을 일으키는 불선성이기 때문이다. 煩惱謂貪瞋 癡慢疑惡見 論曰 此貪等六性是根本煩惱攝故 得煩惱名 … 云何爲瞋 於苦苦具憎恚爲性 能障無瞋不安惡行所依爲業 謂瞋必令身心熱惱起諸惡業 不善性故", 『관심각몽초』 권상(대정장71, p.67a20)에 "둘째는 진이다. … 별도의 종자에서 생한다. 오직 불선이다. 오직 욕계에만 있다. 삼량에 통하고 6식에 통한다. 7식과 8식은 제한다. 소의소연 등은 심왕과 같다. 二 嗔 … 別種所生 唯是不善 唯欲界有 通於三量 通在六識 除七八識 所依緣等 亦同心王"라고 하였다. [참고문헌] 『法蘊足論』, 『顯揚聖敎論』, 『成唯識論』, 『觀心覺夢鈔』, *Rāṣṭr.122·135.*, *Yogā-bh.183.*, *Abh-k-bh.39.*, *Vin.3.2.*, *MN.3.294.* ⇨ 진에 瞋恚, 에 恚, 삼독 三毒, 부정지법 不定地法, 근본번뇌 根本煩惱, 오둔사 五鈍使, 육번뇌 六煩惱, 십수면 十隨眠, 무진 無瞋 **2** Ⓢ dveṣa. 바이셰쉬카(Ⓢ Vaiśeṣika : 勝論)에서 상정한 이십사덕(二十四德) 중 하나. 증오. 『십구의론』(대정장54, p.1263a1)에 "덕구의란 무엇인가? 스물네 가지 속성을 덕구의라 한다. 무엇이 그 스물네 가지 속성인가? … 열여섯 번째는 진이다. … 진이란 무엇인가? 하나의 실인 아와 화합해서 색 등을 해손시키는 것을 진이라 한다. 德句義云何 謂二十四德名德句

義 何者名爲二十四德 … 十六 瞋 … 瞋云何 謂一實我和合損害色等 名瞋"라고 하였다. 〔참고문헌〕『十句義論』.

진 儘 끝까지. 마음껏. 충분히. 당대 이전에는 쓰지 않던 글자였으며, 진(盡)자를 상성(上聲)으로 읽음으로써 대신 썼다. 송대 보이는 진교(儘教)라는 말은 '비록 ~ 일지라도'라는 뜻이다. 『허당록』 권9(대정장47, p.1056c11)에 "어떤 대단한 세력이 비록 땅에서 일어나 더욱 높아지더라도 하늘 아래인 것을 어찌하랴! 有勢儘教從地起更高 無柰有天何"라고 하였다. 〔참고문헌〕『虛堂錄』.

진가 眞可 1543~1603. 명대 스님. 호는 자백노인(紫柏老人), 속성은 심(沈)씨, 이름은 달관(達觀). 오강(吳江 : 江蘇省) 출신. 17세 때 출가하여 20세 때 구족계를 받고, 무당(武塘) 경덕사(景德寺)에 들어가 3년 동안 문을 걸어 잠그고 수행했다. 오대산의 어떤 노숙에게서 득오했다. 만력 원년(1573) 경사(京師)에서 편융(徧融)에게 9년 동안 의지했으며, 나중에 덕청(德清)을 만나 교류했다. 화엄학에 밝았고, 석도유(釋道儒) 삼교일치를 주장했으며, 주굉(袾宏)·덕청(德靑)·지욱(智旭) 등과 함께 명 사대사(四大師)로 불린다. 만력 17년(1589) 오대산(五臺山)에서 명 북장(北藏)을 기초로 명 남장(南藏)과 비교하여 만력판대장경(萬曆版大藏經) 간행에 힘을 쏟아 제자 도개(道開)와 함께 이를 완성하였다. 경산(徑山 : 浙江省) 적조암(寂照菴)에서 판각했기 때문에 경산대장경(徑山大藏經)이라고도 한다. 만년에 정치적 사건에 연루되어 만력 31년(1603) 옥중에서 입적했는데, 세수 61세였다. 문집으로 『자백존자전집 紫柏尊者全集』 30권·『자백존자별집 紫柏尊者別集』 4권·『팔식규구송해 八識規矩頌解』 1권·『반야심경주해 般若心經註解』 1권·『반야심경직담 般若心經直談』 1권·『반야심경요론 般若心經要論』 1권·『반야심경설 般若心經說』 1권·『금강경석 金剛經釋』 1권 등이 있다. 〔참고문헌〕『五燈會元續略』 권2(卍속장138, p.939a8). ⇨ 능엄사판 楞嚴寺板

진가 眞假 구경(究竟)의 진실인 진과 권도(權道)의 방편인 가. 원측(圓測)의 『인왕경소』 권상(대정장33, p.369c4·한불전1, p.161a3)에 "진은 무루라 하고 가는 유루라 한다. 우열로 모양내기에 진가를 설한다. 眞名無漏 假名有漏 勝劣相形 故說眞假", 『수습지관좌선법요』(대정장46, p.472c12)에 "무엇을 가리켜 정관을 닦는다고 하는가? 심성이 진도 아니고 가도 아님을 체달아 알고 진과 가의 연하는 마음을 그친다면 이를 바르다(正)고 한다. 심성이 공도 아니고 가도 아님을 진실로 관하면서 공가의 법을 부수지도 않는다. 만일 이와 같이 비춰 알 수 있다면 심성에서 중도에 통달하고 이제를 두렷이 비춘다. 云何修正觀 若體知心性 非眞非假 息緣眞假之心 名之爲正 諦觀心性 非空非假 而不壞空假之法 若能如是照了 則於心性 通達中道 圓照二諦", 『정토성현록』 권5 「광제 廣製」(卍속장135, p.295b1)에 "마주하거나 떠나는 경에 깊이 들고, 유무 사이를 묘하게 벗어나며, 공과 유의 가지런한 뜻을 하나로 해서 진과 가마저 잊고 본래 뜻만 터득한다. 深入卽離之境 妙出有無之間 一空有以齊旨 亡眞假而得元", 『사심오신어록』 「여방시자 與方侍者」(卍속장120, p.256b11)에 "내 나이 올해 예순일곱, 그대가 나를 시봉한 세월이 십사하로구나. 이미 제 마음의 근원을 속속들이 밝혀서, 한 맛이라 진과 가의 차별 전혀 없도다. 이 다음에 누군가 어떠냐고 물으면, 이 말을 가지고 천하에 전하라. 吾今六十七歲 汝侍吾十四夏 旣能徹自心源 一味更無眞假 他年人問如何 將此語傳天下", 『원오어록』 권17(대정장47, p.794a12)에 "순금이라도 수없이 단련하지 않는다면 어떻게 빛을 번득일 수 있겠는가? 지극한 보배일지라도 값을 치르지 않는다면 어떻게 진가를 판별할 수 있겠는가? 임제가 아니었으면 보화의 속내를 증명할 수 없었고, 보화가 아니었으면 임제와 대항할 수 없었을 것이다. 精金不百煉 爭見光輝 至寶不酬價 爭辨眞假 不是臨濟 不能驗他普化 不是普化 不能抗他臨濟", 『자백존자전집』 권13 「모사십육개사도영소 募寫十六開士道影疏」(卍속장126, p.869a8)에 "진을 가로 착각하고 가를 진으로 착각하니 갖가지 우환이 여기서 생긴다. 성인이 이를 안타깝게 생각하여 진과 가 그대로 받아들여 방편을 설정하셨다. 이로써 유형에서 무형의 도리를 깨달을 만하다고 여기고, 유와 무로 말미암아 유도 아니고 무도 아닌 도리를 깨달을 수 있다고 여겼다. 以眞爲假 以假爲眞 衆患生焉 聖人悲之 卽眞假而設方便 以爲從有形 可以入無形 由有無 可以入非有非無"라고 하였다. 〔참고문헌〕『仁王經疏』, 『修習止觀坐禪法要』, 『淨土聖賢錄』, 『死心悟新語錄』, 『圜悟語錄』, 『紫柏尊者全集』. ⇨ 권실 權實

진가대세 眞假大勢 제종사대세(濟宗四大勢) 중 하나. 『오가종지찬요』 권상 「제종사대세」(卍속장114, p.518b5)에 "제3은 진가대세니 가를 빌어 진을 밝히네. 뜻은 말 밖에 있고 하나로 정함에 구애되지 않네. 第三 眞假大勢 借假明眞 意在言外 不拘一定"라고 하였다. 〔참고문헌〕『五家宗旨纂要』. ⇨ 사대세 四大勢

진가이문 眞假二門 ❶ 진과 가로 여는 둘 갈래 문. 곧 진실과 방편을 함께 가져 닦아 걸림이 없이 하는 뜻이다. 『화엄경소초』 권41(대정장36, p.318b29)에 "〔문〕 만법 그대로 참이니 하나로 같아 다름 없기에 망 바로 진이다. 어떤 허물이 있는가? 〔답〕 간략히 세 가지 허물이 있다. 첫째는 능의가 곧 소의가 된다. 곧 진에 의지해 망이 있으니 물에 의지해 물결이 있음과 같다. 지금 망이 곧 진이라 하니 문득 곧 능의가 없게 된다. 능의가 없기에 또한 소의마저 잃게 되니 생멸과 진여 둘다 모두 설 수 없다. 둘째 둘은 이미 다르지 않다면 또한 진망을 잃는다. 진이 곧 망이기에 망이 없게 된다. 망이 없으니 무엇에 대하여 진을 설할까. 셋째는 또한 진가두 문을 잃는다. 만약 따로(別)이면 세 뜻(無體門 相待門 因緣門)이 함께 이루어지니, 저 금이 장식구에 베풀어짐과 같고, 물결침이 물과 더불어 있음과 같아 움직임과 습의 체상은 둘이 함께 하지만 같지 않다. 능의와 소의에 각기 세 뜻이 있어서 모두 섞여 어지럽지 않다. 問言 萬法卽眞 一如無異 故妄卽眞 有何過耶 答 略有三過 一 能依卽是所依 謂依眞有妄 如依水有波 今妄卽是眞便無能依 以無能依 亦失所依 則生滅眞如 二俱不立 二者二旣不異 亦失眞妄 以妄卽眞故無妄 無妄對何說眞 三者亦失眞假二門 若別則三義俱成 如金與嚴具 波之與水 動濕體相 二俱不同 能依所依 各有三義 皆不雜亂"라고 하였다. [참고문헌]『華嚴經疏鈔』. **2** 정토문에서 진실과 방편으로 가려 나눈 문. 친란(親鸞)의 『교행신증』 권6(대정장83, p.632c15)에 "우독 석신란은 논주의 해의를 우러르고 종사의 권화에 힘입어 만행을 뭇 선의 가문에서 길이 나오게 해서 쌍수림 아래의 왕생마저 멀리 여의고, 돌이켜 선본이요 덕본인 진문으로 치우쳐 난사왕생의 마음 발하였다. 그러나 이제 달리 방편진문마저 나와서 뒤쳐 원의 바다를 선택하여 드니 속히 난사왕생의 마음 버려서 난사의왕생을 이루고자 한다. 是以愚禿釋鸞仰論主解義 依宗師勸化 久出萬行諸善之假門 永離雙樹林下之往生 回入善本德本眞門 偏發難思往生之心 然今特出方便眞門 轉入選擇願海 速離難思往生心 欲遂難思議往生"라 하였는데, 여기서 가문이란 미타인행사십팔원 중 제19원 내영인접원(來迎引接願)에 응하고, 진문이란 제20원 계념정생원(系念正生願)에 당한다. [참고문헌]『教行信證』. ⇨ 가문 假門, 진문 眞門, 방편가문 方便假門

진가팔원 眞假八願 일본 정토진종 용어. 아미타불이 인위에서 발한 48원(願) 중 진실원(眞實願) 여섯과 방편원(方便願) 둘을 아울러 부르는 말. 제11 주정정취원(住正定聚願)·제12 광명무량원(光明無量願)·제13 수명무량원(壽命無量願)·제17 제불칭양원(諸佛稱揚願)·제18 염불왕생원(念佛往生願)·제22 필지보처원(必至補處願)은 진실원이고, 제19 내영인접원(來迎引接願)·제20 계념정생원(係念定生願)은 방편원이다.

진각 眞覺 **1** 진실한 깨달음. 부처님의 궁극적 깨달음. 보살의 상사각(相似覺)이나 수분각(隨分覺)과 구별해서 진각이라 한다. 『성유식론』 권7(대정장31, p.39c8)에 "진각을 얻기 이전에는 항상 꿈속에 처하기에 부처님께서 나고 죽는 긴긴 밤이라 하셨다. 未得眞覺 恒處夢中 故佛說爲 生死長夜", 『성유식론관심법요』 권7(卍속장82, p.596b1)에 "진각에는 두 가지가 있다. 첫째는 분진각으로 초지 이상이다. 둘째는 구경각으로 묘각극과다. 이상으로 미루어 넓게 보면 상사각과 관행각과 명자각이 있다. 眞覺有二 一 分眞覺 卽初地以上 二 究竟覺 卽妙覺極果 推而廣之 亦有相似覺 觀行覺 名字覺"라고 하였다. [참고문헌]『成唯識論』, 『成唯識論觀心法要』. ⇨ 구경각 究竟覺, 상사각 相似覺, 수분각 隨分覺 **2** 665~713. 당대 스님. 자는 명도(明道). 절강성(浙江省) 영가(永嘉) 출신. 처음에는 천태지관(天台止觀)을 익히다가 나중에 선관(禪觀)을 닦았다. 일찍이 좌계현랑(左谿玄朗)·동양현책(東陽玄策)과 함께 6조를 친견하고 일숙각(一宿覺)이라는 호가 붙었다. 그 뒤로 온주(溫州)로 돌아가 선풍을 크게 날리자 학인들이 몰려들었고, 당시 사람들이 존칭하여 진각대사라 불렀다. ⇨ 현각 玄覺, 일수각 一宿覺 **3** 870~947. 신라말 고려초 영조(靈照)의 시호(諡號). ⇨ 영조 靈照[2], 제운 齊雲 **4** 1178~1234. 고려후기 조계산 수선사(修禪社)의 제2세 법주인 혜심(慧諶)의 시호. ⇨ 혜심 慧諶, 진각국사원소탑비명 眞覺國師圓炤塔碑銘 **5** 1668~1740. 조선후기 금강산 장연사(長淵寺) 스님. 호는 봉암(鳳巖), 속성은 현(玄)씨. 어머니는 김씨. 1668년(숙종9) 6월 22일 황주(黃州 : 황해도 황주군)에서 태어났다. 12세 때 출가하였고, 기봉묘은(崎峰妙訔)에게서 비구계를 받았으며, 청파각흠(淸波覺欽)의 법을 이었다. 항상 염불하면서 정토업(淨土業)을 닦다가 1740년(영조16) 9월 2일 세수 73, 법랍 61세로 입적하였다. 영골 일편(一片)을 얻어 1743년(영조19) 장연사에 비를 세웠다. [참고문헌] 智冠『韓國高僧碑文總集 朝鮮朝·近現代』 p.382, 「鳳巖大師眞覺之碑」(『楡岾寺本末寺誌』 p.785). ⇨ 봉암당진각대사비문 鳳巖堂眞覺大師碑文 **6** ➡ 설봉의존 雪峯義存 **7** ➡ 선도 先覩

진각 進覺 **1** 칠각지(七覺支) 중 하나로 부지런히 전념하는 정진각지(精進覺支 Ⓢ vīrya-saṃbodhy-aṅga). 『사리불아비담론』 권6(대정장28, p.568b15)에 "어떤 것이 진각인가? 학인이 번뇌를 여의고 나아가 아라한과를 얻는데, 실제 사람이든 그 밖의 유정이든 몸과 마음으로 벗어나기를 발하여 견디고 참아 물러나지 않으니, 부지런함, 힘써 나아감, 여의지 않음, 게으르지 않음, 느슨하지 않음, 나태하지 않음의 진·진근·진력·정진을 진각이라고 한다. 云何進覺 學人離結使 乃至卽得阿羅漢果 若實人 若趣 若身心發出度 堪忍不退 勤 力進 不離 不懈 不緩 不惰 進 進根 進力 正進 是名進覺"라고 하였다. [참고문헌]『舍利弗阿毘曇論』. ⇨ 칠각지 七覺支, 정진각지 精進覺支 **2** 보살 명호. 『대승비분다리경』 권3

(대정장3, p.281b1)에 "진각보살은 동방의 아사발제세계에서 아누다라삼막삼보리를 성취하고 사람의 수명이 2천 세인 세상에서 불사를 짓고 있다. 如是菩薩名進覺於東方阿闍跋提世界成阿耨多羅三藐三菩提 二千歲世人中作佛事"라고 하였다. 〔참고문헌〕『大乘悲分陀利經』.

진각 瞋覺 팔각(八覺) 중 하나. 분노(Ⓢ vyāpāda)를 품은 생각. 분노하는 마음. 팔각 중 욕각(欲覺)・해각(害覺)과 함께 삼악각(三惡覺)으로 분류한다. 『무량수경의소』 권상(대정장37, p.104b4)에 "두 번째는 진각이다. 에각이라고도 하며 분노를 생각하고 남에게 일으키고자 함을 말한다. 二是瞋覺 亦名恚覺 思欲瞋他", 『대지도론』 권20(대정장25, p.208c13)에 "자심을 닦음은 중생중 분노할 생각 없애기 위해서다. 修慈心 爲除衆生中瞋覺故", 『대반열반경집해』 권48(대정장37, p.525b8)에 "괴롭다 여긴 후에 일어나는 번뇌가 진각이고, 즐겁다 여기고 나서는 탐각을 일으킨다. 苦受後生煩惱 爲瞋覺 樂受後起貪覺也", 『대법거다라니경』 권3(대정장21, p.673c29)에 "보살이 그때 저 중생들이 분노에 시달리는 모습을 보고 구해 풀어주고자 자재한 힘으로 꾸짖어 말했다. '그대들 중생이여! 다투어서는 안 된다. 다투는 이가 어떻게 법을 깨닫겠는가? 이것은 축생이나 하는 짓이니 모든 축생은 어리석음과 분노로 마음을 어지럽히기에 다툴 이유를 찾아 서로 부딪히는 것이다. 菩薩爾時 見彼衆生 瞋覺所惱 爲救解故 以自在力 而誨責曰 汝等衆生 勿得鬪諍 夫鬪諍者 豈爲入法 是畜生事 而諸畜生 癡恚亂心 故求鬪諍 共相觝觸"라고 하였다. 〔참고문헌〕『無量壽經義疏』, 『大智度論』, 『大般涅槃經集解』, 『大法炬陀羅尼經』. ⇨ 팔각 八覺, 삼악각 三惡覺

진각국사대각원조탑비 眞覺國師大覺圓照塔碑 고려후기 화엄종 고승 진각국사 천희(千熙 1307~1382)의 탑비. 보물 제14호. 비신 높이 151cm・비신 너비 81cm・전체 높이 212cm. 경기도 수원시 상광교동 창성사지(彰聖寺址)에 있다. 현재 보호각 안에 보호되고 있다. 비면 맨 위 제액(題額)은 전서(篆書)로 '증시진각국사비명 贈謚眞覺國師碑銘'이라고 하였다. '高麗國國師大華

진각국사대각원조탑비

嚴宗師禪敎都摠攝傳佛心印大 … '으로 시작하는 비문의 앞 부분은 일부 결실된 상태다. "홍무 15년 여름 6월 16일 … 왕(우왕)이 시호를 '진각국사'라 하고 탑호를 '대각원조탑'이라 내리고 신 이색에게 명하여 비문을 짓도록 하였다. 洪武十五年夏六月十六日 … 上上賜謚曰眞覺國師塔曰大覺圓照 命臣穡文于石"라고 하였듯이, 1382년(우왕8)에 목은(牧隱) 이색(李穡)이 찬문(撰文)하였다. 1386년(우왕12) 정월 개태사(開泰寺) 주지 통조대사(通照大師) 충술(冲述)이 비를 세우고, 혜잠(惠岑)이 비문을 새겼다. 진각국사가 13세에 입문한 뒤 여러 절을 다니며 수행하고 부석사(浮石寺)를 중수하는 등 소백산에서 76세에 입적하기까지의 행장을 새겼다. 지대석 위에 직사각형 비좌를 두고, 비좌는 윗면 모서리를 둥글게 다듬고 2단 받침을 조각하고 안쪽으로 홈을 파 비신을 올렸다. 비신 위에는 장식 없는 옥개석을 올렸다. 고려후기에서 조선대로 이행하며 형성된, 장식 없이 단순화한 석비양식이다. 〔참고문헌〕『朝鮮金石總覽』, 『韓國金石全文』, 『海東金石苑』, 李智冠 『校勘譯註歷代高僧碑文』 高麗篇4, 『文化財大觀』 寶物篇 石造Ⅱ(문화재청, 2005) pp.50~53. ⇨ 창성사 彰聖寺, 천희 千熙

진각국사어록 眞覺國師語錄 ➡ 조계진각국사어록 曹溪眞覺國師語錄

진각국사원소탑비명 眞覺國師圓炤塔碑銘 고려대 스님인 진각국사 혜심(慧諶 1178~1234)의 행장을 새긴 비명. 전남 강진 월남사에 있다. 보물 제313호. 전체 높이 3.85m, 귀부 높이 2.6m・너비 2.3m, 글자 크기 3.3cm. 1250년(고종37)에 전라남도 강진군 성전면 월남리 월남사에 비를 세웠는데, 비명은 이규보(李奎報 1168~1241)가 짓고 김효인(金孝印 ?~1253)이 썼으며, 음기는 최자(崔滋 1188~1260)가 짓고 탁연(卓然)이 썼다. 『동국이상국전집』 권35(한국문집총간2, p.64a10~66b20)・『동문선』 권118에 「조계산제이세고단속사주지수선사주증시진각국사비명 曹溪山第二世故斷俗寺住持修禪社主贈謚眞覺國師碑銘」이라는 제목으로 수록되어 있다. 널리 알려진 모친에 대한 지극한 효행과 보조국사(普照國師)와 수선사(修禪社) 인연 등은 물론 왕실과 사대부들을 교화한 위적도 전한다. 〔참고문헌〕『東國李相國全集』, 『東文選』, 『朝鮮金石總覽』 권상 pp.460~464, 『韓國金石全文』 中世下 pp.1015~1025, 『朝鮮佛敎通史』 권하 pp.351~355, 『韓國金石文大系』 권1 pp.43~44, 李智冠 『校勘譯註歷代高僧碑文』 高麗篇4 pp.120~133. ⇨ 혜심 慧諶, 월남사 月南寺

진각국사원소탑비명

진각대사 眞覺大師 ❶ 당대 선사 영가현각의 시호. 『경덕전등록』 권5 「영가현각전 永嘉玄覺傳」(대정장51, p.241b12)에 "호는 진각대사며, 「증도가」 1수와 『선종오수원지』·「자천지심」을 지었다. 경주자사 위정이 엮고 서문을 써 10편으로 이루고 『영가집』이라 이름했는데 세상에 성행하였다. 號眞覺大師 著證道歌一首 及禪宗悟修圓旨 自淺之深 慶州刺史魏靖 緝而序之成十篇 目爲永嘉集 並盛行于世"라고 하였다. [참고문헌] 『景德傳燈錄』. ⇨ 현각 玄覺 ❷ 당대 선사 설봉의존의 사호. [참고문헌] 『景德傳燈錄』 권16 「雪峯義存傳」(대정장51, p.327a18). ⇨ 의존 義存

진각분 進覺分 칠각분(七覺分) 중 정진각분(精進覺分)을 말한다. 『대방등대집경』 권8(대정장13, p.50b7)에 "제법에 듦으로 택법각분이라 하고, 법에 맞게 행하므로 진각분이라 하며, 악을 멀리 여의므로 희각분이라 한다. 入諸法故 名擇法覺分 如法行故 名進覺分 遠離惡故 名喜覺分"라고 하였다. [참고문헌] 『大方等大集經』.

진각사 眞覺寺 ❶ 충청북도 청주시에 있었던 절. 원감국사(圓鑑國師) 충지(冲止)가 1277년(충렬왕3) 3월 13일 서원(西院 : 청주의 옛 이름) 기린봉(麒麟峰) 아래에 있는 이 절을 유람하고 지은 시가 『원감국사가송』(한불전6, p.375a20)에 수록되어 있다. [참고문헌] 『圓鑑國師歌頌』. ❷ 중국 절강성(浙江省) 천태현(天台縣) 북쪽에 있는 절. 천태산 명찰(名刹) 중 하나. 수대 개황년간(581~600)에 건립하였고, 지자대사(智者大師)가 이곳에서 입적하였다. 후대에 오랫동안 폐허로 버려져 있다가 명대 융경년간(1567~1572) 진임(眞稔)이 불전(佛殿)·승방(僧房) 등을 중건하였다. 청대 가경·도광년간(1796~1850)에 상국(相國) 완문달(阮文達)이 녹봉을 기부하여 중수하였다. 지금은 조전(祖殿)·동서객당(東西客堂)·금광전(金光殿) 등이 남아 있다. 조전은 육각보탑(六角寶塔)으로 지자대사의 진신을 안치하고 있는데, 정면에 감(龕)을 설치하고 그 안에 대사상(大師像)을 봉안하였다. 감 앞에는 원래 쌍탑(雙塔)이 있었다고 하지만 현존하지 않는다. 두공(斗拱) 사이 작은 벽에 부조를 새겼고 대사의 사적(事蹟)도 새겼다. 객당 배후에는 수선도량비(修禪道場碑)가 있는데, 비문은 당 한림학사(翰林學士) 양숙(梁肅)이 짓고, 대주자사(臺州刺史) 서방(徐放)이 글을 썼으며, 811년(원화6) 11월 12일 행만(行滿)이 건립하였다. 원래는 대자사(大慈寺)에 세워졌지만 절이 폐사되고 이곳으로 옮겨졌다. [참고문헌] 『天台山方外志』 권4(中國佛寺史志彙刊88, p.156a6), 『報恩論』 권하 「募建眞覺寺緣起」(卍속장110, p.611a16). ⇨ 지의 智顗 ❸ ➡ 대정각사 大正覺寺

진각선사 眞覺禪師 송대 선사 원오극근(圜悟克勤)의 시호. 『석씨계고략』 권4(대정장49, p.882b10)에 "소흥 5년〈고종 연호〉 8월 기유일에 미양을 보이고 가부좌하며 임종게를 써서 대중과 이별을 고한 뒤 붓을 던지며 입적했는데, 다비 후에도 혀와 이가 부스러지지 않았으며 사리가 오색으로 무수했다. 소각사 옆에 탑을 세웠으며 시호는 진각선사였다. 紹興五年〈高宗年號〉 八月己酉示微恙 趺坐書偈別衆 投筆而逝 火化舌齒不壞 舍利五色無數 塔于昭覺寺之側 謚眞覺禪師"라고 하였다. [참고문헌] 『釋氏稽古略』. ⇨ 극근 克勤

진각지 盡覺智 번뇌를 다하고 깨우친 지. 사사문과(四沙門果 : 聲聞四果)를 얻고 드러난 지. 『사리불아비담론』 권9(대정장28, p.596a20)에 "무엇을 진각지라 하는가? 만약 지가 생하여 수다원과와 사다함과와 아나함과와 아라한과를 얻었다 하면 이것은 진각지다. 云何盡覺智 若智生得須陀洹果 斯陀含果 阿那含果 阿羅漢果 是名盡覺智"라고 하였다. [참고문헌] 『舍利弗阿毘曇論』. ⇨ 사사문과 四沙門果, 성문사과 聲聞四果

진감 眞鑑 774~850. 쌍계사를 창건한 신라 스님 혜소(慧昭)의 시호. ⇨ 혜소 慧昭, 쌍계사진감선사대공탑비문 雙谿寺眞鑑禪師大空塔碑文

진강사 鎭江寺 ❶ 평안북도 용천군 양광면 현가동(絃歌洞) 진강산(鎭江山)에 있던 절. 『사탑고적고』에는 "(산의)북쪽면 산중턱의 밭에는 기와조각이 흩어져 있다. 北面山腹田中 瓦片散在"고 하였다. [참고문헌] 『寺塔古蹟攷』, 『韓國寺刹全書』 권하 p.1057a15. ❷ 평안북도 정주군 칠악산에 있던 절. 『동국여지승람』 권52 평안도 정주목 불우에 "칠악산에 있다. 在七岳山"고 하였고, 『범우고』에는 "지금은 폐사되었다. 今廢"라고 하였다. [참고문헌] 『東國輿地勝覽』, 『梵宇攷』, 『韓國寺刹全書』 권하p.1057a13.

진강사오불재문 鎭江寺五佛齋文 이규보(李奎報 1168~1241)가 한림수제(翰林修製)로서 지음. 『동국이상국전집』 권39(한국문집총간2, p.103a17·106a9)에 2편이 수록되었고 그중 1편이 『동문선』 권114에 재수록 되었다. 평안도 용천 진강사에서 행한 오불재문으로서, 부처님의 자비에 의탁하여 압록강의 범람없이 농사 지을 수 있고 나라의 백성이 평안하기를 기원하는 내용이다. 재문(한국문집총간2, p.103a19)에 "머나먼 저 압록강은 변방에 위치하여 만 명의 인부를 부려 제방을 쌓았어도 범람을 막을 수 없으므로, 다섯 부처님의 자비에 의지하오니 널리 도와 건지시길 엎드려 구합니다. 봄철에 사신을 보내 운공의 훈과를 차려서 금빛 대 위에 눈 밝으신 모습 갖추신 분께 예배드리나이다. 逖彼鴨江 介于雁塞 役萬人而堤築 莫禦橫流 投五佛之慈悲 庶資博濟 方臨春序 爰遣使華 修雲供之熏科 禮金臺之睟相", 다른 재문(p.106a13)에 "이에 조정의 신하를 보내어 엄숙하고 가지런한 법식으로 천주의 정찬을 가려 차리고 해안의 명향을 사르나이다. 玆遣朝臣 仵嚴齊範 辦天廚之淨饌 燒海岸之名香"라고 하였다. 〔참고문헌〕『東國李相國全集』, 『東文選』. ⇨ 진강사 鎭江寺 🅸

진개 眞箇 진실인 그것. 참인 것. 『경덕전등록』 권13 「흥양사탁전 興陽詞鐸傳」(대정장51, p.305a10)에 "'불계와 중생계의 서로 떨어짐은 얼마나 됩니까?' '말할 수 없다' '참으로 그렇습니까?' '조금 그렇다'. 僧問 佛界與衆生界 相去多少 師曰 道不得 僧曰 眞箇那 師曰 有些子", 같은 책 권15 「투자대동전 投子大同傳」(대정장51, p.319c17)에 "'한 생각 일기 전에 어떠한지요?' '참으로 그것 거짓말이다'. 問 一念未生時 如何 師曰 眞箇謾語"라고 하였다. 〔참고문헌〕『景德傳燈錄』.

진건곤 盡乾坤 하늘 땅 다하도록. 『운문광록』 권하(대정장47, p.567c7)에 "하늘과 땅 온통 하나의 집인데 무엇하는가, 이 집의 주인은? 盡乾坤是箇屋 作麽生是屋主", 『허당록』 권1(대정장47, p.985b6)에 "법좌에 올라 '하늘 땅 다해도 근원으로 돌아간 사람 하나 없고, 하늘 땅 다해도 불법이라는 이름자 아는 이 하나도 없으니, 요임금의 바람이 거침없이 사방으로 불고 순임금의 해가 번득이게 되었다. 그곳에서 농부는 태평가를 부르고 어부는 노를 두드리며 박자를 맞춘다. 알겠는가?'라고 말한 뒤 한 소리 크게 내지르고 말했다. '허물이 생겼구나'. 上堂 盡乾坤之內 無有一人 發眞歸元 盡乾坤之內 無有一人 知佛法名字 直得堯風蕩蕩 舜日輝輝 野老謳歌 漁人鼓棹 會麽 喝一喝 瑕生也", 『원오어록』 권6(대정장47, p.738a13)에 "향상사 있는 줄 안다. 설사 건곤대지와 초목총림 그 낱낱에 백천억석가신이 나툰다 해도 단 한 번 주물러 다하리라. 조금의 힘도 들일 필요가 없다. 若知有向上事去 設使盡乾坤大地 草木叢林 一一現千百億釋迦身 不消一捏"라고 하였다. 〔참고문헌〕『雲門廣錄』, 『虛堂錄』, 『圜悟語錄』.

진겁 塵劫 티끌처럼 많아 아득한 세월. 셀 수 없을 만큼 기나긴 시간을 비유한다. 『능엄경』 권1(대정장19, p.108c3)에 "설령 진겁을 지난다 해도 마침내 얻을 수 없다. 縱經塵劫 終不能得", 『법안어록』(대정장47, p.590a26)에 "'무엇이 진겁 이래로 온 일인지요?' '온통 여기에 있다'. 僧問 如何是塵劫來事 師云 盡在于今", 『대혜어록』 권19(대정장47, p.890b24)에 "진겁을 좇아온 일 다만 이렇게 여기 있으니, 지금 그대로 알아차린즉 진겁이래로 온 일 즉시 와르르 무너져 얼음 녹듯 하리라. 지금 그대로 알지 못한다면 다시 진겁을 지나더라도 다만 이와 같을 뿐이다. 이와 같은 법 예로부터 언제나 그러할 뿐이니, 일찍이 옮겨 변한 일 없고 털끝 하나 들인 일 없다. 塵劫來事 只在如今 如今會得 塵劫來事 卽時瓦解氷銷 如今不會 更經塵劫 亦只如是 如是之法 亘古恒然 未嘗移易 一絲毫許"라고 하였다. 〔참고문헌〕『楞嚴經』, 『法眼語錄』, 『大慧語錄』. ⇨ 진점겁 塵點劫

진겁전사 塵劫前事 진겁 전의 일. 『종용록』 25칙 「시중 示衆」(대정장48, p.243b19)에 "세계 바다 같아 끝이 없지만 이 자리 벗어난 일 없고, 진겁 전의 일 모두 지금에 있다. 刹海無涯 不離當處 塵劫前事 盡在而今", 『북간거간어록』(卍속장121, p.146a11)에 "법좌에 올랐다. '진겁 전의 일이 지금 여기에 있다. 끊어야 할 것을 끊지 않으면 천리마라 해도 따라잡지 못한다. 〈주장자를 치고 말했다〉 꽃은 틀림없이 밤새워 피었으리니, 새벽 바람 불기를 기다릴 순 없으리'. 上堂 塵劫前事 盡在今時 當斷不斷 千駟莫追 〈卓主丈云〉 花須連夜發 莫待曉風吹"라고 하였다. 〔참고문헌〕『從容錄』, 『北澗居簡語錄』.

진견도 眞見道 진정한 견도. 가행위의 무간(無間) 즉 견도위에서 무루(無漏)의 무분별지(無分別智)를 일으켜 번뇌소지(煩惱所知) 이장을 끊고 아법이공(我法二空)의 진여를 처음으로 체득하는 수행위. 유식성(唯識性)을 깨닫는 위이므로 유식오위(唯識五位)에서는 통달위(通達位)다. 일심진견도(一心眞見道)라고도 한다. 상견도(相見道)와 마주한다. 『성유식론』 권9(대정장31, p.50a4)에 "가행위의 무간에 이 지가 생겨날 때 진여를 몸소 알게 되기에 통달위라고 하며, 처음으로 이(理)를 비추기에 견도라고도 한다. 加行無間 此智生時 體會眞如 名通達位 初照理故 亦名見道", "이 견도는 크게 두 가지로 말할 수 있다. 첫째는 진견도이니 앞에서 말한 무분별지다. 두 가지 공으로 현현하는 진리를 실증하고, 두 가지 장애인 분별수면도 실로 끊는다. 비록 여러 찰나에 걸쳐야 사태 바야흐로 마침내 이르지만 그 상 등이 고르기에 다 모아 일심이라 설한다. 어떤 뜻 중에는 아공과 이장 점차로 증하고 점차로 끊는다 함은 천심과 추세의 다름이 있기 때문이고, 또는 어떤 뜻으로는 아공이장을 단박에 증하고 끊는다 하니 이는 의요력으로 능히 감당할 수 있기 때문이다. 然此見道 略說有二 一 眞見道 謂卽所說無分別智 實證二空所顯眞理 實斷二障分別隨眠 雖多刹那 事方究竟 而相等故 總說一心 有義此中 二空二障漸證漸斷 以有淺深麤細異故 有義此中 二空二障 頓證頓斷 由意樂力有堪能故", "앞선 진견도에서는 유식성을 증하고, 뒤의 상견도에서는 유식상을 증한다. … 앞선 진견도는 근본지로 거두고, 뒤의 상견도는 후득지로 거둔다. … (二乘과 菩薩의) 두 가지 진견도가 현전할 때 그 두 장의 종자 반드시 성취되지 못한다. 비유하면, 마치 빛과 어둠이 결코 함께 생겨날 수 없는 것과 같고, 또 저울의 양쪽 중 하나가 내려가면 다른 하나는 올라가는 것과 같다. 前眞見道 證唯識性 後相見道 證唯識相 … 前眞見道 根本智攝 後相見道 後得智攝 … 二眞見道 現在前時 彼二障種 必不成就 猶明與闇 定不俱生 如秤兩頭低昂時等", 『성유식론술기』 권10(대정장43, p.583c17)에 "진견도를 성스런 위(聖位)라 하지만 이미 얻은 작은 분에 의지해 성이라 한 것이니 아직 온전히 끊어 다하지 못했기에 온전히 성이라 할 수 없다. 眞見道名爲聖 已得小分名爲聖 未全斷盡故 不全名爲聖", 『대승입도차제』(대정장45, p.451a10)에 "진견도란 그 몸이 허망을 여의고 이(理)를 증하여 실로 장을 끊었기에 '진'이라 이름하는 것이다. 또 '진'이란 바로 이고, '견'이란 바로 '지'여서 진을 증하는 지 바로 진견도라 이름하는 것이다. 眞見道 體離虛妄 親能證理 實能斷障 故名爲眞 又釋 眞者是理 見者是智 證眞之智 名眞見道", 원측(圓測)의 『해심밀경소』 권7(한불전1, p.365b2)에 "진견도는 세제일법의 무간에서 일어나는데, 생법이공의 두 가지 진여를 쌍으로 증하며, 견도소단(見道所斷)의 모든 번뇌들 단번에 끊는다. 眞見道 謂世第一無間而生 雙證生法二空眞如 頓斷一切見所斷惑", 『유가론기』 권4(대정장42, p.396b23・한불전13, p.259b10)에 "예류과향이란, 진견도와 상견도를 말하는 것이다. 預流果向 謂眞見道及相見道"라고 하였다. 〔참고문헌〕『成唯識論』, 『成唯識論述記』, 『大乘入道次第』, 『解深密經疏』, 『瑜伽論記』. ⇨ 견도 見道[1], 상견도 相見道, 일심진견도 一心眞見道, 통달위 通達位

진견성암 眞見性庵 강원도 금강산(金剛山) 구연동에 있던 암자. 이이(李珥 1536~1584)의 『율곡전서습유』 권1 '내가 풍악에 유람하여 … 본 이는 비웃지 마라. 余之遊楓嶽也 … 觀者勿嗤' 하고는 이어 "보현암 배회하다 우러러보니 깎아지른 봉우리에 당당히 깃든 진견성암 있어 떠나려다 짐짓 멈추어 머뭇거리네. 徘徊普賢菴 仰見峯巒危 寄傲眞見性菴 欲去仍留遲"라 하였고, 이경석(李景奭 1595~1671)은 「풍악록 楓嶽錄」 중 '아침 비에 유점사 쌍언이 보내온 시에 차운하여 朝雨仍留楡岾寺雙彦呈詩次其韻'(『백헌집』 권10)에서 "영은암에서 절벽을 따라 서쪽 일리 쯤의 구연동에 진견성암이 있다. 自靈隱庵緣崖而西一里許 有九淵洞 眞見性庵在焉"라고 하였다. 〔참고문헌〕『栗谷全書拾遺』(韓國文集叢刊45, p.467a8), 『白軒集』(韓國文集叢刊95, p.503a17), 『韓國寺刹全書』 권하 p.1046a17.

진견세간 眞見世間 진실로 세간을 보는 것. 세간을 오온(五蘊)이 아닌 공(空)이고 적정(寂靜)이라 보는 뜻이다. 『삼법장경』 권13(대정장8, p.632b6)에 "수보리야, 만일 색을 연하지 않고도 난 식이라면, 이것은 불견색이라고 한다. 수상행식을 연하지 않고 난 식이라도 이는 불견수상행식이라고 한다. 수보리야, 만일 색수상행식을 보지 않으면 곧 세간을 보지 않는 것이다. 이와 같이 세간을 보지 않는 것이 진실로 세간을 보는 것이라고 한다. 무엇이 진실로 세간을 보는 것인가? 즉 세간은 공하고, 세간은 상을 떠났으며, 세간은 적정이고, 세간은 물든 적이 없으니, 반야바라밀다로 이와 같이 드러내 보였고, 여래응공정등정각 또한 이와 같이 설하신다. 須菩提 若不緣色生識 是名不見色 若不緣受想行識生識 是名不見受想行識 須菩提 若不見色受想行識 卽不見世間 若如是不見世間 是名眞見世間 云何眞見世間耶 所謂世間空故 世間離相故 世間寂靜故 世間無染故 般若波羅蜜多 如是顯示 如來應供正等正覺 亦如是說"라고 하였다. 〔참고문헌〕『三法藏經』. ⇨ 오온 五蘊, 적정 寂靜

진경 眞冏 고려후기 스님. 원감국사 충지(冲止)의 제자로서 명필(名筆)이었다. 동안거가 임박하자 돌아오기를 재촉하며 충지가 진행(眞行)과 진경 두 스님에게 보낸 시 「최귀어기시진행진경양소사 催皈語寄示眞行眞冏兩小師」(『해동조계제육세원감국사가송』・한불전6, p.390c3)가 전한다. 같은 책 간기에 "대덕 원년 정유(1297・충렬왕23) 10월 어느 날 문인 진경이 쓰다. 大德元年丁酉十月日 門人眞冏書", 용연사(龍淵寺) 복장전적(腹藏典籍) 『목우자수심결』 간기에 "대덕 9년 을사(1305・충렬왕31) 7월 어느날 적고, 함께 발원한 도인 진경이 쓰다. 大德九年乙巳七月日誌 同願道人眞冏書"라고 하였다. 〔참고문헌〕『海東曹溪第六世圓鑑國師歌頌』, 『牧牛子修心訣』. ⇨ 충지 冲止

진경 眞境 참된 경. 속경(俗境)과 맞선다. 『섭대승론석』 권10(대정장31, p.223c24)에 "〈석〉 보살에겐 이 지에 두 가지 경이 있으니, 첫째 진경, 둘째 속경이다. 진경은 무상을 이름하니 보살이 이 경에 머묾에 일체상과 공용에 능히 굴릴 바 되지 않는다. … 보살은 이 경에서 일체혹에 능히 물들지 않으며, 보살심은 이 두 뜻을 말미암기에 부동이라 칭한다. 菩薩於此地 有二種境 一 眞境 二 俗境 眞境名無相 菩薩住此境 一切相及功用所不能轉 … 菩薩於此境 一切惑不能染 菩薩心由此二義故稱不動", 『인왕호국반야바라밀경소신보기』 권3(대정장33, p.298a14)에 "반야라는 묘혜로 상없는 진경을 비추니, 이미 모두 상이 없어 곧바로 내외 모두 고요하다. 내인즉 육근, 외라면 육진 등이니 모두 적연하다. 般若之妙慧照無相之眞境 旣皆無相 則內外俱寂 謂內則六根 外則六塵等 皆寂然也"라고 하였다. 〔참고문헌〕『攝大

乘論釋』, 『仁王護國般若波羅蜜經疏神寶記』. ⇨ 속경 俗境

진경 眞鏡 854~923. 선문구산(禪門九山) 중 봉림산문(鳳林山門)을 개창한 심희(審希)의 시호. ⇨ 심희 審希, 봉림사진경대사보월능공탑비 鳳林寺眞鏡大師寶月凌空塔碑, 구산선문 九山禪門

진경 塵境 진(塵 Ⓢ viṣaya, upakleśa)인 경(境 Ⓢ artha)을 거듭한 말. 또는 티끌일 뿐인 경, 번뇌일 뿐인 경의 뜻이다. 『이취육바라밀다경』 권5(대정장8, p.889a9)에 "만약 진인 경에서 탐욕을 헛되게 일으키면 진에의 바람에 이는 먼지가 모든 장식에 모인다. 若於塵境 妄起貪欲 瞋恚風塵 集諸藏識", 『호국존자소문대승경』 권2(대정장12, p.8b23)에 "그대는 반드시 마음 쉬어서 산란하지 말아야 하니, 모든 티끌 뿐인 경에서 항상 멀리 벗어나야 한다. 汝須息心 不應散亂 於諸塵境 常當遠離", 『능가경심인』 권6(卍속장27, p.281a13)에 "탐욕의 법은 오직 취하거나 버리는 두 마음일 뿐이다. … 이러한 번뇌일 뿐인 경을 따르므로 일부러 취하거나 버린다 해도 모두 상이 있다거나 없는 견에 떨어진다. 貪欲之法 唯取捨二心 … 循是塵境 故取若捨 悉墮有無相見"라고 하였다. 〔참고문헌〕『理趣六波羅蜜多經』, 『護國尊者所問大乘經』, 『楞伽經心印』. ⇨ 진 塵❷, 경 境

진경공 眞境空 십팔공(十八空) 중 하나. 아공(我空)과 법공(法空)의 두 가지 경(境)이 진실로서 공이라는 뜻의 진실공(眞實空 Ⓢ paramārtha-śūnyatā)을 말한다. 『십팔공론』(대정장31, p.861b18)에 "여섯 번째는 진실공으로서 진경공을 말하는 것이니, 행자가 안팎으로 모두 공한 줄 알아 인도 없고 법도 없으니 이 경은 진실이기에 '진실'이라는 이름을 세웠다. 분별성에 연유해서는 성을 얻을 수 없기에 '성을 분별한다' 한 것이다. 성이 공한 즉 진실공이다. 第六 眞實空 謂眞境空 行者見內外皆空 無人無法 此境眞實 立眞實名 由分別性 性不可得名分別性 性空卽眞實空也"라고 하였다. 〔참고문헌〕『十八空論』. ⇨ 십팔공 十八空, 아공 我空, 법공 法空

진계 塵界 Ⓢ viṣaya-dhātu, Ⓣ yul-gyi-khams. 십팔계(十八界) 중 육진(六塵)인 육계. 나아가 티끌로 된 의보(依報)를 가리킨다. 『구사석론』 권2(대정장29, p.169c13 : *Abh-k-bh.*, p.27)에 "〔석〕 육식과 육근 이 십이계를 아의라 하고, 색 등 육진계를 외라 한다. 아가 이미 없거늘, 어째서 아소와 아의 외를 말하는가? 아만이 의지하기에 임시로 심을 아라고 한다. 釋曰 六識六根此十二界名我依 色等六塵界名外 我既是無 云何說我依及我依外 我慢依止故 假說心爲我 ṣaḍ vijñānāni ṣaḍāśrayā ity-ete dvādaśa dhātava ādhyātmakāḥ. rūpād ayas-tu ṣaḍ viṣayadhātavo bāhyāḥ. ātmany-asati katham-ādhyātmikaṃ bāhyaṃ vā. ahaṃkāra-san niśrayatvāc-cittam-ātmety-upacaryate", 『금강반야경소』(대정장33, p.83b12)에 "진계 등은 바로 의보이고, 견은 이 정보이다. 塵界等是依報 見是正報"라고 하였다. 〔참고문헌〕『俱舍釋論』, 『金剛般若經疏』, *Abh-k-bh.* ⇨ 육진 六塵, 외진 外塵, 진 塵❶❷

진계 盡界 법(法)마저 다 사라진 계. 계마저 다하기에 멸계(滅界)라고도 한다. 『장아함경』 권8 「중집경 衆集經」(대정장1, p.50a27)에 "다시 세 법 있어서 삼계를 말한다. 색계와 무색계와 진계다. 復有三法 謂三界 色界 無色界 盡界", 『아비담감로미론』 권하(대정장28, p.979b6)에 "삼계로 단계와 무욕계와 진계가 있다. 애결을 제한 모든 나머지 번뇌 끊기에 이것을 단계라 한다. 애결마저 끊으면 무욕계라 하고, 모든 나머지 법마저 끊으면 진계라 한다. 음욕 멸하여 심해탈 얻고 우치 멸하여 혜해탈 얻는다. 내입과 외입은 서로 얽지 않으나 음욕은 바로 능히 얽는 것이어서, 비유컨대 두 소가 한 멍에에 묶인 것과 같다. 三界 斷界 無欲界 盡界 除愛結 諸餘煩惱斷 是謂斷界 愛結斷 是謂無欲界 諸餘法斷 是謂盡界 滅婬欲 得心解脫 滅愚癡 得慧解脫 內外入不相繫 婬欲是能繫 譬兩牛爲軛所繫"라고 하였다. 〔참고문헌〕『長阿含經』, 『阿毘曇甘露味論』. ⇨ 멸계 滅界

진고 眞誥 양(梁)대 도홍경(陶弘景)이 지었다고 하는 도교 경전. 『등진은결 登眞隱訣』과 관계가 깊어 거의 모든 내용이 중복된다고 한다. 『불조통기』 권37(대정장49, p.350c25)에 "화양진인 도홍경이 화했음을 고했는데 향기가 연일 흩어지지 않았다. 정백선생이라는 시호를 내렸는데 지은 바 책을 『진고』라 하였다. 華陽眞人陶弘景告化 香氣積日不散 諡貞白先生 所撰書曰 眞誥"라고 하였다. 〔참고문헌〕『佛祖統紀』. ⇨ 등진은결 登眞隱訣

진고도무외 盡苦道無畏 부처님의 사무외(四無畏) 중 하나로 고를 다한 길에서 두려움 없는 뜻이다. 설진고도무외(說盡苦道無畏)·출고도무외(出苦道無畏 Ⓢ sarva-saṃpad-adhigamāyanairyāṇika pratipattathātva-vaiśāradyam)라고도 한다. 『마하지관』 권7하(대정장46, p.96b25)에 "진고도무외란 네 가지 도제로 능히 이 도를 행하여 괴로움을 다하고 세간을 벗어나 마침내 사자후할 뿐이니 어떤 두려움조차 없다. 盡苦道無畏者 四種道諦 能行是道 得盡苦出世間 決定師子吼 無微畏相"라고 하였다. 〔참고문헌〕『摩訶止觀』. ⇨ 설진고도무외 說盡苦道無畏, 불사무외 佛四無畏, 사무소외 四無所畏

진공 眞空 ❶ Ⓢ śūnyatā. 허망하지 않아 참(眞)이고

공인 뜻. 허망함이 사라진 뜻에서 공(空)이나, 허망함이 사라져 버린 그 자리는 실(實)이다. 또 색(色)이 드러나면 공이 숨고 색이 다하면 숨은 곳에 공(空)이 드러나니 숨고 나투는(隱現) 뜻에서 유위와 허무의 변방에서도 벗어나야 참된 공이다. 『대반야경』 권567(대정장7, p.929c3)에 "모든 보살마하살은 깊은 반야바라밀다를 행하여 법계를 닦아 증하는데, 하고많은 백천 가지 난행고행으로 모든 유정중생들이 다 통달하게 한다. 천왕이여, 이것이 실상반야바라밀다이며 진여이며 실제이며 무분별상이며 부사의계이고, 또한 진공이라 이름하며 일체지·일체상지·불이법계라고도 한다. 諸菩薩摩訶薩 行深般若波羅蜜多 修證法界 多百千種難行苦行 令諸有情皆得通達 天王 是名實相般若波羅蜜多 眞如 實際 無分別相 不思議界 亦名眞空 及一切智 一切相智 不二法界", 『중변분별론』 권상(대정장31, p.452b12 : *Madhy-vibh.*, p.22)에 "둘이 없음이란 취한 것도 취하는 이도 없음을 말한다. '이 없음만 있다'란 단지 소취능취의 없음만 있음을 말한다. 그 두 가지의 이름이 공상인 것은 없음과 없음이 있음을 공상이라 이름한다. 이것은 진공에 두 상이 있지 않음을 나타내서 이 법은 두 가지 무위성으로 불가설유와 불가설무이다. 어찌하여 있는 것이 아닌가? 둘이 없기 때문이다. 어찌하여 없는 것이 아닌가? 둘이 없다는 진실은 있기 때문이다. 그러므로 게송에서 있는 것도 아니고 없는 것도 아니니, 이 이름이 진공상이다. 無二者 謂無所取能取 有此無者 謂但有所取能取無 是二名空相者 謂無及有無 是名空相 此顯眞空 無有二相 是法以二無爲性 不可說有 不可說無 云何非有 是二無故 云何非無 是二無有故 故偈言 非有非無 是名眞空相 dvaya-grāhya-grāhakasya-abhāvaḥ. tasya ca-abhāvasya bhāvaḥ śūnyatayā lakṣaṇam ity abhāva-svabhāva-lakṣaṇatvaṃ śūnyatāyāḥ paridīpitaṃ bhavati. yaś ca-asau tad-abhāva-svabhāvaḥ sa. na bhāvo na-api ca-abhāvaḥ. kathaṃ na bhāvo yasmāt dvayasya-abhāvaḥ. kathaṃ na-abhāvo yasmāt dvaya-abhāvasya bhāvaḥ. etac-ca śūnyatāyā lakṣaṇaṃ", 『반야심경약소』(대정장33, p.553b7)에 "공에는 통틀어 네 가지 뜻이 있다. 첫째 자기를 버리고 남이 되는 뜻이다. 공이 곧 색이기에 곧 색은 드러나고 공은 숨는다. 둘째 남을 버리고 나를 드러내는 뜻이다. 색으로서 공이기에 곧 색은 다하고 공이 드러난다. 셋째 나와 남이 함께하는 뜻이다. 숨고 드러남으로써 둘이 없으니 진공이기 때문이다. 즉 색이 공과 다르지 않으니 환색의 색이 존재하고, 공이 색과 다르지 않으니 진공의 공이 드러난다고 말할 수 있다. 서로 장애하지 않으므로 둘이 함께 존재할 수 있다. 넷째 나와 남이 함께 사라지는 뜻이다. 체를 듦으로써 온전히 빼앗아 쌍으로 잊으니, 유무의 두 가지 변을 끊기 때문이다. 空通有四義 一 廢己成他義 以空卽是色故 卽色現空隱也 二泯他顯己義 以色是空故 卽色盡空顯也 三 自他俱存義 以隱顯無二是眞空故 謂色不異空爲幻色色存也 空不異色名眞空空顯也 以互不相礙二俱存也 四 自他俱泯義 以擧體相卽 全奪兩亡 絶二邊故"라고 하였다. 〔참고문헌〕『大般若經』, 『中邊分別論』, 『般若心經略疏』, *Madhy-vibh.* ⇨ 공 空, 묘유진공 妙有眞空, 진공묘유 眞空妙有, 진여 眞如 **2** 소승의 열반(涅槃). 편공(偏空)·편진(偏眞)·단공(單空)·편진공리(偏眞空理) 등과 같다. 『사분율함주계본소행종기』 권1(卍속장62, p.324a7)에 "진공이란 멸제의 열반이니, 거짓이 아니기에 진이고, 형상을 떠났기에 공이다. 眞空者 卽滅諦 涅槃 非僞故眞 離相故空"라고 하였다. 〔참고문헌〕『四分律含注戒本疏行宗記』. ⇨ 단공 單空, 편공 偏空 **3** 어떤 것도 없어 허무인 것. 『반야심경약소연주기』 권상(대정장33, p.557b4)에 "여기에서의 진공은 묘유와 마주한 진공이 아니며, 이 진공은 부수어야 하는 병통이다. 저들은 진제를 일향에 어떤 물도 없는 것이라 일컬으며 진공으로 삼았기 때문이고, 조공(肇公 : 僧肇)은 아닌 것을 다시 아니라 하여 말하길 일향에 이 물 없지 않다 하였으니 진공은 아니라 하였다. 此中眞空 非是對妙有之眞空 此眞空是所破病 彼謂眞諦 一向無物 爲眞空故 肇公 以不不之 云不一向是無物故曰不眞空"라고 하였다. 〔참고문헌〕『般若心經略疏連珠記』. **4** 855~937. 신라말 고려초 스님. 휘는 혜운(慧運), 속성은 김씨. 아버지의 휘는 확공(確空), 어머니는 설(薛)씨. 855년(신라 문성왕17) 4월 18일에 태어났다. 서산 가야산(迦倻山) 보원사(普願寺)로 찾아가 선융(善融)을 은사로 하여 스님이 되었고, 874년(경문왕14) 같은 절 수도원에서 비구계를 받았다. 그로부터 경과 율에 정통한 후, 설악산 진전사(陳田寺)로 가서 도의(道義)의 영탑(靈塔)에 참배하고 선종으로 입문하는 제자의 예를 올렸다. 제방 선방으로 다니면서 참선 수행을 하다가 김해(金海)에 이르러 초은(招隱)이 주석하던 곳을 수리하고 강석을 열었는데 많은 학인들이 모여들었다. 태조가 견훤(甄萱)과 싸우기 위해 남쪽으로 원정(遠征)하던 길에 찾아와 자문을 받았으며, 태조가 삼국을 통일한 후에 왕경(王京 : 개성)으로 초빙하여 있게 하였다. 937년(고려 태조20) 태조의 윤허를 받아 영주군 풍기 비로암(毘盧庵)으로 물러가 있다가 그 해 9월 1일 세수 83세를 일기로 입적하였다. 시호는 '진공 眞空', 탑호는 '보법지탑 普法之塔'이라 추증하고, 최언위(崔彦撝)가 왕명을 받아 비문을 짓고, 이환추(李桓樞)가 교칙을 받들어 썼다. 최환규(崔煥規)가 새겨서 939년(태조22)에 세운 비가 경상북도 영주시 풍기읍 비로사에 있는데, 지금은 상부와 하부로 절단되었고, 상·하양단도 모두 우편(右便)은 반쯤씩 결실(缺失)되었다. 자경은 9푼, 서체는 해서(楷書)이다. 〔참고문헌〕『朝鮮

金石總覽』 권상 pp.134~140, 『韓國金石全文』 中世上 pp.296~303, 李智冠 『校勘譯註歷代高僧碑文』 高麗篇1 pp.102~130. **5** 869~940. 신라말 고려초 스님인 충담(忠湛)의 법호. ⇨ 충담 忠湛

진공관 眞空觀 화엄종 두순(杜順 557~640)이 시설한 삼관(三觀) 중 하나로 진공절상관(眞空絶相觀)이라고도 한다. 사법계(四法界) 중 이법계(理法界)를 상대해 사구십문(四句十門)으로 구성하였으며, 사구인 회색귀공관(會色歸空觀)·명공즉색관(明空卽色觀)·공색무애관(空色無礙觀)·민절무기관(泯絶無寄觀)에 다시 첫째와 둘째 구에 네 문을 시설하고 나머지 두 구는 그대로여서 십문을 채운다. 첫 구의 네 문은 색비단공문(色非斷空門)·색비진공문(色非眞空門)·색공비공문(色空非空門)·색즉시공문(色卽是空門)이고, 둘째 구의 네 문은 공비환색문(空非幻色門)·공비실색문(空非實色門)·공비공색문(空非空色門)·공즉시생문(空卽是色門)이 그것이다. 『주화엄법계관문송』 권상(대정장45, p.696b27)에 "진공관 제일 : 〔착어〕 제목이 분명히 밝혀주듯 좋은 깨달음의 길이다. 〔의〕 허망한 생각과 사려를 가려낸 것을 '진', 형체의 장애와 색상을 간별한 것을 '공'이라 한다. 일심의 체와 뜻과 용에 따라 이름 붙였다. 관이란 무분별의 여리한 묘지이다. … 단멸공과 실색에 집착하는 망정을 없애고 능증과 소증을 갈라서 보는 견해를 여의고 실제의 진공과 계합하니 진실하고 변함없는 묘덕을 갖춘다. 이러한 차제에 따르는 항포가 있으니 간략히 사구십문으로 펼친다. 이미 교화의 손을 드리워 저자에 들어간 격이니 과를 여러 단으로 나누지 않을 수 없다. 眞空觀第一 著語云 題目分明 好箇入路 義曰 揀非虛妄念慮曰眞 揀非形礙色相曰空 依一心體義用立名矣 觀者 無分別如理妙智也 … 除斷空實色之情 離能證所證之見 契實際之眞空 具眞常之妙德 有斯次第行布 略開四句十門 旣然垂手入纏 不免科分多段", 『석화엄교분기원통초』 권7(한불전4, p.439c8)에 "〔문〕 '이 관은 진공관이기에 제일의제에 든다'라는 말이 이 관의 뜻인데, 어째서 속제를 그대로 따라 성립시키는가? 〔답〕 속제를 그대로 따라 성립시키는 것이 진공이기에 어긋나지 않는다. 왜 그런가? 공과 유가 함께 중도를 따르니, 그에 따르는 유는 공과 상즉하는 유이기 때문이다. 問 此觀是眞空觀故 卽入第一義諦者 是此觀意 何故順成俗諦耶 答 順成俗諦 是眞空故 不相違也 何者 空有俱順中 順有者卽空之有故也"라고 하였다. 〔참고문헌〕 『註華嚴法界觀門頌』, 『釋華嚴教分記圓通鈔』, 『華嚴法界玄鏡』 권상(대정장45, p.672c20), 『註華嚴法界觀門』(대정장45, p.684c25). ⇨ 법계삼관 法界三觀, 삼관 三觀[4], 이법계 理法界

진공대사탑비 眞空大師塔碑 진공대사 충담(忠湛 869~940)의 탑과 비. 〔탑〕 탑명은 '진공대사탑'이며, 탑과 석관은 보물 제365호로 승탑 높이 291cm·석관 높이 48cm이다. 강원 원주시 지정면 안창리 홍법사지(興法寺址)에 있었으나, 1931년 경복궁으로 옮겼다가 현재 국립중앙박물관 야외전시장에 있다. 신라승탑의 전형인 팔각원당형(八角圓堂形)으로 기단부 중대석에 새겨진 구름과 용무늬에서 부분적으로 시대적인 특징이 나타나 있는 탑이다. 넓은 사각형 지대석 위에 팔각 기단을 올렸다. 팔각의 하대석 각 면에는 안상(眼象)을 새겼고, 안상 안에는 꽃무늬가 장식되어 있다. 위에는 16장 꽃잎의 복련(覆蓮)을 덮었는데, 각 모서리의 연꽃잎에는 귀꽃을 장식하였다. 중대석에 용문을 새겼는데 이는 여주고달사지원종대사탑(驪州高達寺址元宗大師塔)·양양선림원지승탑(襄陽禪林院址僧塔)에서도 볼 수 있다. 상대석에는 열여섯 앙련 꽃잎을 새겼다. 탑신은 하나의 돌로 이루어졌으며, 팔각 각 모서리마다 독특한 꽃장식 기둥을 새겼고, 앞뒤 양면에 장식 문고리가 달린 문비를 새겼다. 옥개석 아래는 3단 받침과 2중 서까래를 새겼고, 낙수면에는 기와를 올린 기왓골과 추녀 끝에 암막새·수막새 기와까지 새겨 목조지붕인 듯 사실적으로 표현하였다. 옥개석은 약간 높은 편으로, 각 모서리마다 우동(隅棟)이 굵게 표현되었고 그 끝에 귀꽃도 높이 솟아 있다. 상륜부(相輪部)는 보개(寶蓋)만 남아 있다. 석관은 가장자리 일부가 깨졌지만, 덮개돌까지 완전하게 남아있다. 우진각 지붕 모양의 덮개돌과 길고 네모난 상자 모양의 석관인데, 아래쪽에는 앞뒤면에 각각 1개씩·좌우면에 각각 2개씩 모두 6개의 안상을 새겼다. 두 유물의 조성 연대는 알 수 없으나, 원주 홍법사지 진공대사탑비가 건립된 940년(태조23)에 함께 조성되었을 것으로 추정한다. 신라 승탑의 양식에 기단부 중대석에 구름과 용무늬를 새기고, 탑신부 모서리에

진공대사탑 국립중앙박물관뜰

비편 국립중앙박물관 · 귀부와 이수 홍법사지

꽃장식 기둥을 새긴 것은 고려시대에 등장하는 새로운 승탑양식으로 불교조각사에 의미깊은 성보다. [비] 고려 태조가 비문을 짓고, 최광윤(崔光胤)이 왕명을 받들어 「대당삼장성교서 大唐三藏聖教序」 중에서 집자(集字)하여 940년(태조23)에 건립되었다. 비문에는 진공대사가 신라 귀족가문에서 태어나 출가하여 계율을 배우다 입당한 후에 흥법사에 주석하다 입적한 생애를 기술하였다. 비의 뒷면 음기에 진공대사가 태조에게 올린 「표 表」와 태조가 진공대사에게 내린 글이 나란히 해서로 새겨졌고 제자와 재가제자(在家弟子)들도 갖추어 새겼다. 귀부와 이수는 보물 제463호로 절터에 있고, 비신은 국립중앙박물관 수장고에 보관되어 있는데 중앙부가 크게 절단되었고 하부가 세 조각으로 나누어져 파손과 마모가 심하다. 귀부 높이 75cm·길이 252cm·너비195cm, 이수 높이 99cm·너비 180cm이다. 귀부는 지대석과 한 돌로 조성하였다. 이수는 비좌 위에 놓여있는데, 구름에 노뉘는 아홉 마리의 용을 섬세하게 조각하였다. 제액인 '眞空大師'를 세로 2행의 전서(篆書)로 음각하였다. 제액을 중심으로 두 용이 서로 마주본 채 구름 속에 노닐고, 이수 각 모서리에도 용이 가슴을 내민 채 눈코입과 비늘 등의 새김도 정교하다. 전체적으로 웅장하고 생동감 있다. 비좌 각 면에 안상을 조각했는데, 특히 측면 안상에는 당초문을 조각하였다. 귀부는 직사각형 지대석과 한 돌로 이루어졌는데 용머리에 눈과 코가 크고, 여의주를 물고 있다. 머리 위에 뿔을 꽂았던 것으로 추정되는 흔적이 있다. 귀 뒤쪽에 큰 갈퀴가 있는데, 10세기 중반 여주고달사지원종대사탑비(驪州高達寺址元宗大師塔碑)나 원주거돈사지원공국사탑비(原州居頓寺址圓空國師塔碑) 귀부에서도 나타나는 특징이다. 귀갑(龜甲)은 정육각형에 가까우며 가운데 만(卍)자와 연화문을 새겼다. [참고문헌] 李智冠『校勘譯註歷代高僧碑文』高麗篇1 pp.160~185,『文化財大觀』寶物篇 石造Ⅰ·Ⅱ(문화재청, 2004·2005). ⇨ 충담 忠湛

진공묘유 眞空妙有 참으로 비었기에 묘하게 드러나다. 무자성(無自性)으로 공(空)한 제법(諸法)이 연을 따라 일어나(緣生) 온갖 세계를 드러내지만 진공이어서 생사에 머물지 않고 묘유여서 열반에도 머물지 않는다. 따라서 색(色)을 여의지도 공(空)에 머물지도 않아서, 허무(斷)에서도 영원함(常)에서도 자유로운 중도(中道)의 뜻으로 드러나는 실상(實相)을 그려낸 말이다. 『인왕호국반야경소』 권3(대정장33, p.265c18)에 "[문] 진공묘유란 무엇인가? [답] 움직임 그대로 고요함이고, 고요함 그대로 움직임이 묘유다. 진공이기에 항상함이 없으며, 묘유이기에 단멸이 아니다. 진공이어서 생사에 머물지 않고, 묘유이기에 열반에 머물지 않는다. 묘유이기에 대비를 일으키며, 진공이기에 능히 대자를 일으킨다. 問 眞空妙有云何 答 動卽寂 眞空也 寂卽動 妙有也 眞空故非常 妙有故非斷 眞空不住生死 妙有不住涅槃 妙有故能起大悲 眞空故能生大慈", 『반야심경약소연주기』 권상(대정장33, p.558a17)에 "있지 않은 것으로 있다란 자성이 없기에 '유'이며 인연으로 일어나기에 '유'이니, 이 두 가지 '유'는 모두 상견의 '유'가 아니다. 상견의 '유'란 정해진 자성이 있다는 것이다. 여기서 연에 따른 무자성의 '유'는 정해진 성의 '유'가 아니어서 나타나지만 환으로 있는 것이어서 나타날 뿐이다. 즉 정해진 성의 '유'가 아니므로, '유'이지만 항상함이 없다고 하였으니 이는 아닌 뜻으로 가린 것이다. 이렇게 진공묘유는 허무함도 영원함도 떠난 중도다. 不有之有者 卽無性故有 緣生故有 此二種有 並非常見之有 常見之有 是定性有 今從緣無性之有 非定性有 顯是幻有 顯正也 旣非定性之有 故云有而不常揀非也 則是眞空妙有 離斷常之中道也", 같은 책 권하(대정장33, p.568a2)에 "자성 없이 연따라 생하기에 유이지만 유의 체는 바로 공이다. 연따라 생하여 자성이 없기에 공이지만 공으로서 항상 있다. 마침내 서로 사무쳐야 비로소 진공묘유이다. 今無性緣生故有 有體卽空 緣生無性故空 空而常有 要互交徹 方是眞空妙有", 『화엄유심법계기』(대정장45, p.649c25)에 "여기서 다시 거듭 진공묘유의 뜻에는 모두 두 가지가 있음을 밝힌다. 첫째는 크게 보고, 둘째는 자세하다. 크게 본다는 것은 제법은 연을 따르므로 모두 자성이 없고 자성이 없으므로 이를 이름하여 공이라 하는데, 있지만 그 바탕 공하고 그 공 또한 유와 다르지 않기에 이 공을 진공이라 한다. 무성이어야 유가 비로소 성립되니, 무성과 다르지 않으면서 유가 성립되기에 이 유를 묘유라 한다. 今更重明 眞空妙有之義總有二重 一者 麤 二者 細 所言麤者 卽謂諸法從緣 皆無自性 無自性故 是卽名空 以有卽空 空不異有 是故此空 名眞空也 由無自性 有方得成 以不異無性而成有故 是故此有 名爲妙有", 『종경록』 권8(대정장48, p.458c29)에 "그래서 『보성론』에서 '공난의보살은 이 진공묘유에 대해 여전히 세 가지 의심을 품고 있다. 첫째는 공을 색이 다한 것이라 의심하여 단멸공을 취한다. 둘째는 공은 색과 다르다 의심하여 색 밖에서 공을 취한다. 셋째는 공이 실체라 의심하여 공을 취하여 유를 삼는다'라고 하였다. 所以寶性論云 空亂意菩薩 於此眞空妙有猶有三疑 一 疑空滅色 取斷滅空 二 疑空異色 取色外空 三 疑空是物 取空爲有", 『원각경석의소』 권1(卍속장94, p.86a5)에 "유에 떨어지지 않기에 공에 즉한 유이며, 공에 떨어질 일 없기에 유에 즉한 공이다. 유에 즉한 공이므로 진공이 되고 공에 즉한 유이므로 묘유가 되니, 진공묘유 그 바탕은 중도에 합한다. 不墮於有 以是卽空而有 不墮於空 以是卽有而空 卽有而空爲眞空 卽空而有爲妙有 眞空妙有 體合中道", 『능엄경전』 권2(卍속장88, p.932b3)에 "색이 바로 묘유이니 묘유란 공이

다한 유이고 진공이란 유가 다한 공이니, 바로 진공이기에 묘유이고 묘유로서 진공이다. 色卽是妙有 妙有是盡空之有 眞空是盡有之空 乃眞空妙有 妙有眞空也", 『법화경대관』 권3(卍속장50, p.187a8)에 "이름과 모양을 떠나 공을 말하면 진공이 아니며, 진공을 떠나 명상을 말해도 묘유는 아니다. 상이 그대로 공이고 공이 그대로 상이니, 참으로 진공묘유이고 묘유진공이라 하겠다. 離名相而談空 非眞空 離眞空而談名相 非妙有 今卽相卽空 卽空卽相 可謂眞空妙有 妙有眞空矣", 『돈오입도요문론』(卍속장110, p.846a17)에 "진공묘유이기에 색에 즉하고, 색은 끝내 알 수 없기에 공일 수 밖에 없다. 여기서 말하는 공은 색의 자성이 스스로 공한 것이지 색이 다한 공은 아니며, 여기서 말하는 색은 공성을 바탕으로 한 색이라는 뜻이지 색이 능히 스스로 색이라는 뜻은 아니다. 眞空妙有故卽色 色不可得故卽空 今言空者 是色性自空 非色滅空 今言色者 是空性自色 非色能色也"라고 하였다. 〔참고문헌〕『仁王護國般若經疏』, 『般若心經略疏連珠記』, 『華嚴遊心法界記』, 『宗鏡錄』, 『圓覺經析義疏』, 『楞嚴經箋』, 『法華經大窾』, 『頓悟入道要門論』. ⇨ 진공 眞空 [1], 묘유 妙有, 묘유진공 妙有眞空, 진공묘유사의 眞空妙有四義, 중도 中道

진공묘유사의 眞空妙有四義 이사(理事)를 의지해 밝힌 진공과 묘유 각각의 네 가지 뜻. 『화엄경소초』 권10(대정장36, p.75a27)에서 두순(杜順)의 설을 바탕으로 시설하였다. 우선은 이 측면에서 사를 바라본 것으로서의 진공사의이니(約理望事 卽眞空四義), 첫째는 자기를 버려 다른 것을 성취시킨다는 뜻으로 의리성사문이고(一 廢己成他義 卽依理成事門), 둘째는 다른 것을 버려 자기를 드러낸다는 뜻으로 진리탈사문이며(二 泯他顯己義 卽眞理奪事門), 셋째는 자타가 함께 하는 뜻으로 진리비사문이고(三 自他俱存義 卽眞理非事門), 넷째는 자타가 함께 다 없이 하는 뜻으로 진리즉사문이다(四 自他俱泯義 卽眞理卽事門). 이중 첫째와 셋째는 이가 사에 두루한 문이어서 스스로 존재하기에 체를 들어 다른 것을 성립시키고 다른 것에 편재한다(又初及三 卽理遍於事門 以自存故 擧體成他 故遍他也). 반면 사를 잡아 이를 바라본 묘유의 네 가지 뜻은 첫째는 다른 것이 드러나면 자기는 다하는 뜻으로 사능현리문이고(一 顯他自盡義 卽事能顯理門), 둘째는 자기가 드러나면 다른 것은 숨는 뜻으로 사능은리문이며(二 自顯隱他義 卽事能隱理門), 셋째는 자타가 함께 하는 뜻으로 사법비리문이고(三 自他俱存義 卽事法非理門), 넷째는 자기와 다른 것이 함께 다하는 뜻으로 사법즉리문이다(四 自他俱泯義 卽事法卽理門). 이중 첫째와 셋째는 사가 이에 가득한 문이니, 스스로 존재하면서도 능히 다른 것을 드러내기에 다른 것에 가득하다(又初及三 卽事遍於理門 以自存故而能顯他 故遍他也). 〔참고문헌〕『華嚴經疏鈔』. ⇨ 진공묘유 眞空妙有, 이사무애관 理事無礙觀

진공묘지 眞空妙智 참으로 다 비워 더없이 지혜로움. 더할 나위 없는 지혜. 『서장』「답증시랑장 答曾侍郎狀」 제2서(대정장47, p.918a5)에 "만일 일시에 내려놓아 그 무엇도 생각하거나 헤아리지 않다가 문득 헛디뎌 콧구멍 밟으면 이 식정이야 말로 문득 그대로가 진공에 묘지이고 다시 별다른 지로 얻은 것이 아니다. 若或一時放得下 百不思量計較 忽然失脚 蹋著鼻孔 卽此識情 便是眞空妙智 更無別智可得", 『역조석씨자감』 권11(卍속장132, p.228b1)에 "해와 달은 밝게 비추고 비와 이슬은 촉촉이 적시며 냇물은 흐르고 꽃은 피며 솔개는 날고 물고기는 뛰어 오른다. 온통 나의 성으로 갖춘 현량 밖이어서 오직 무수한 차별을 한 가지로 비추고 이사를 섞여 어울릴 뿐이다. 날이 오래되고 달이 깊어지면 진공묘지 저절로 본심에 인치리라. 日月明照 雨露沾濡 水流花開 鳶飛魚躍 皆吾性具現量外 要在千差一照 理事混融 日久月深 眞空妙智 自印本心矣"라고 하였다. 〔참고문헌〕『書狀』, 『歷朝釋氏資鑑』. ⇨ 진공 眞空 [1], 묘지 妙智

진공삼매 眞空三昧 온갖 번뇌 다 끊은 채로 자유롭게 행하는 보살의 삼매. 『불광국사어록』 권4(대정장80, p.167c28)에 "태수는 진공삼매에 들어 성이 공한 진실의 바다에서 헤엄치지만 텅 비고 고요한 중에도 머물지 않았으니 꿈결같은 불사를 드러내 나툰다. 太守 入於眞空三昧中 遊泳性空眞海 而不住於空寂之中 而顯現如幻佛事", 『유마경약소』 권6(대정장38, p.648b1)에 "중생교화하고자 공한 중에 일어나 관해서 실제를 베푸는 것이 진공삼매이다. 敎化衆生 而起於空 觀施實諦 卽眞空三昧", 『능가경주해』 권3상(대정장39, p.386a10)에 "이 보살은 삼지 좇아 사지에 이르러 견혹 끊고, 오지 따라 칠지에 이르러 사혹마저 끊고 진공삼매의 즐거움 얻는다. 此菩薩 從三地至四地 斷見惑 從五地至七地 斷思惑 得眞空三昧之樂"라고 하였다. 〔참고문헌〕『佛光國師語錄』, 『維摩經略疏』, 『楞伽經註解』.

진공선사 眞空禪師 6조 혜능(慧能 638~713)의 시호. 종보본 『단경』「역조숭봉사적 歷朝崇奉事蹟」(대정장48, p.363b12)에 "송 태종황제가 대감이라는 호에 거듭 대감진공선사라는 시호를 드렸고, 새로운 탑에도 태평흥국지탑이라 탑호하였다. 宋太宗皇帝 加諡大鑒眞空禪師 詔新師塔曰 太平興國之塔"라고 하였다. 〔참고문헌〕『壇經』. ⇨ 혜능 慧能

진공암 眞空庵 경상북도 영주시 소백산(小白山)에 있던 암자. 1549년(명종4)에 이황(李滉 1501~1570)

이 쓴 『퇴계집』 권41 「유소백산록 遊小白山錄」에는 "하가타암 옆에 진공암이 있다. 모두 스님이 병중이라 해서 들어가지 못했다. … 무릇 소백을 산이라 함은 천의 바위와 만의 골짜기 뛰어나기 때문인데, 사찰이 있고 인적이 통하는 곳은 대체로 세 개의 골짜기다. … 세곳의 가타 등의 암은 서쪽 골짜기에 있다. 下伽陁之傍有眞空庵 皆以僧病不入 …夫以小白爲山 有千巖萬壑之勝 而寺刹所在 人迹所通者 大槩有三洞焉 … 三伽陁等庵 在其西洞"라고 하였다. 풍계명찰(楓溪明察 1640~1708)이 쓴 『풍계집』 권하 「환적당대사행장 幻寂堂大師行狀」(한불전 9, pp.156c16~157a16)에는 "사의 휘는 의천이고 자는 지경이며 호는 환적이다. … 25세 되던 정묘년(1627・인조5)에 소백산 진공암에 입산하여 삼 년을 머물렀다. 師諱義天 字智鏡 號幻寂 … 師年二十五丁卯 入小伯山眞空庵 住三年"라고 하였다. [참고문헌] 『退溪集』(韓國文集叢刊30, p.428b9), 『楓溪集』, 『韓國寺刹全書』 권하 p.1046b2. ⇨ 상가타암 上伽陀庵

진공절상관 眞空絶相觀 법계삼관(法界三觀) 중 하나로 두순(杜順 557~640)이 『법계관문 法界觀門』에서 시설하였다. 『원종문류』 권22 찬송잡문류(讃頌雜文類) 「진공절상관송 眞空絶相觀頌」(한불전4, p.634c1)에 "진공의 뜻 알고자 한다면, 진공은 빈 듯 비지 않았다네. 시내와 산은 비록 길 달리하지만, 구름과 달에게는 본래 같다네. 欲識眞空理 眞空空不空 溪山雖異路 雲月本來同"라고 하였다. 이 외 법계삼관에 대한 나머지 두 송인 「이사무애관송 理事無礙觀頌」과 「주변함관송 周偏含觀頌」이 함께 수록되어 있다. [참고문헌] 『圓宗文類』. ⇨ 진공관 眞空觀, 법계관문 法界觀門, 법계삼관 法界三觀, 삼관 三觀 ❹

진공절상종 眞空絶相宗 진실 공일 뿐이어서 일체상을 끊어 없이함을 으뜸으로 여기는 무리. 화엄에서 나눈 열가지 종(十宗) 중 하나로 여덟 번째에 당한다. 상상구절종(相想俱絶宗)이라고도 한다. 『화엄경소』 권3(대정장 35, p.521b29)에 "여덟 번째 진공절상종이니, 심경 둘 모두 잊으니 곧장 바탕을 드러낸다. 八 眞空絶相宗 謂心境兩亡 直顯體故", 『화엄경소초』 권14(대정장36, p.107b13)에 "소에서 '여덟 번째는 진공절상종'이라 하였으니, 곧 이것은 대승법사의 승의이니 모두 다 공함을 드러내는 종이다. 疏 八眞空絶相宗 卽是大乘法師勝義 俱空宗", 『대명삼장법수』 권28(영락장182, p.562b1)에 "여덟째는 진공절상종이다. 이 종에서 설하는 것은 진공실상 중에 일체 허망가명의 상을 끊는다 한다. 그래서 『반야심경』(대정장8, p.848c11)에서 '이런 까닭으로 공 중에 색이 없고, 수상행식도 없다'라고 하는 등을 말한다. 이것이 진공절상종이다. 八 眞空絶相宗 謂此宗說 眞空實相之中 絶一切虛妄假名之相 故般若心經云 是故空中無色無受想行識等 是爲眞空絶相宗"라고 하였다. [참고문헌] 『華嚴經疏』, 『華嚴經疏鈔』, 『大明三藏法數』, 『般若心經』. ⇨ 상상구절종 相想俱絶宗, 십종 十宗

진과 眞過 참으로 지나가리. 모든 분별 지나서 본분으로 밝은 뜻이다. 『벽암록』 44칙 「본칙 本則」(대정장48, p.180c21)에 "화산이 드리운 말씀에 '익히고 배우는 것은 듣는다 하고, 배움을 끊었다 함은 곁함이다〈천하의 납승도 뛰쳐나갈 수 없다. 구멍 없는 쇠망치요 몽둥이 일 뿐〉. 이 두 가지 넘어서야 참으로 넘어섰다고 한다'〈정수리에 눈 하나 갖춰 무엇하는지?〉라 하자 학인이 물었다. '어떻게 해야 참으로 넘어섭니까?'〈무슨 말인가? 한 획으로 그어 없애는구나. 일개 쇠몽둥이 있을 뿐〉. 禾山 垂語云 習學謂之聞 絶學謂之隣〈天下衲僧跳不出 無孔鐵鎚 一箇鐵橛子〉 過此二者 是爲眞過〈頂門上具一隻眼 作什麽〉 僧出問 如何是眞過〈道什麽 一筆勾下 有一箇鐵橛子〉", 『직주설두송고』 권1(卍속장117, p.517a17)에 "이 두 가지 지나서야 참으로 지나갔다 하리〈유무에 떨어지지 않아야 비로소 본래 자리 밝힌다〉. 過此二者 是爲眞過〈不落有無 方明本分〉"라고 하였다. [참고문헌] 『碧巖錄』, 『直註雪竇頌古』.

진관 眞觀 ❶ Ⓢ śubha-locana. 참으로 보다. 진실을 관하는 눈. 천태에서는 진제(眞諦)를 관하는 공관(空觀)으로 오관(五觀) 중 하나로 푼다. 『법화경』 권7(대정장9, p.58a18 : *Saddh-p.*, p.452)에 "진실로 보시고 청정하게 보시며, 넓고 큰 지혜로 보시고, 슬픔과 자비로 보시니, 항상 원하옵고 항상 우러르옵니다. 眞觀淸淨觀 廣大智慧觀 悲觀及慈觀 常願常瞻仰 śubhalocana maitralocanā prajñājñānaviśiṣṭalocanā, kṛpalocana śuddhalocanā premaṇīyā sumukhā sulocanā", 『법화경문구보정기』 권10(卍속장45, p.360a10)에 "진관이란 공관이다. 眞觀者 空觀也", 『법화경문구찬요』 권7(卍속장46, p.957a16)에 "진관이란 부사의공을 증함이다. 眞觀者 證不思議空也", 『법화경요해』 권7(卍속장47, p.686b15)에 "진으로 망을 그친다. 眞以息妄"라고 하였다. [참고문헌] 『法華經』, 『法華經文句輔正記』, 『法華經文句纂要』, 『法華經要解』, *Saddh-p.* ⇨ 오관 五觀❶ ❷ 진실을 보다. 공(空)과 이무아(二無我) 등 진실을 보는 것. 『섭대승론석』 권8(대정장31, p.210a14)에 "먼저 방편 중에 이미 사수혜를 얻었으니 이를 좇아 진관에 들고 인무법무아의 뜻을 통달하기에 인법에 대해 애착을 일으키지 않는다. 先於方便中 已得思修慧 從此得入眞觀 能通達人法二無我理故 於人法 不生愛著", 『중관론소』 권10(대정장42, p.161a15)에 "만약 진관에 들면, 문득 아를 보지 않는다. 그러므로 무아를 제일의로 한다. 若入眞觀 便不見我 故以無我爲第一義", 『대승의장』 권3

(대정장44, p.535c23)에 "법은 본래 진이어서 거짓이 없다. 이렇게 하는 것이 바로 보는 것이다. 觀法本來 唯眞無妄 是眞觀矣", 『금강삼매경주』 권4(卍속장55, p.436b13)에 "진관이란 능소 쌍으로 고요해 한결같이 진실 그대로 공이다. 공이기에 두 상을 보지 않아 취할 것 없다. 일체상이 공한즉 곧 일체심이니, 이를 부처라 한다. 眞觀者 能所雙寂 等一眞空 以空故 不見二相 非有所取 空一切相 卽一切心 是名佛"라고 하였다. [참고문헌] 『攝大乘論釋』, 『中觀論疏』, 『大乘義章』, 『金剛三昧經註』. **3** 538~611. 수(隋)대 스님. 자는 성달(聖達), 속성은 범(范)씨. 오군(吳郡) 전당(錢塘 : 浙江杭州) 출신. 부모가 재를 지켜 원을 세우고 「약왕보살본사품」·「관세음보살보문품」을 독송하며 후사를 빌어 스님이 태어났다. 기이한 모습이 비할 바 없었는데, 왼손바닥에는 '선(仙)'자 무늬가 또 오른손바닥에는 '인(人)'자가 새겨져 있었다. 어린 나이에 출가하여, 처음에는 천태지자(天台智者)를 찾아가 선관을 배웠고, 후에는 홍황랑(興皇朗) 선사 등을 따라 법요를 묻고 배웠다. 개황년간(581~600)에 영은산(靈隱山) 석실에서 연좌(宴坐)하였는데, 신도들이 남천축사(南天竺寺)를 짓고 개산시조가 되어주길 청했다. 늘 『법화경』을 강했으며, 마음의 요체로 삼았다. 611년(대업7)에 입적했으며, 세수 74세였다. 대장경 3천여 권을 조성하고 금동대상 5구와 5층탑을 구축하였으며, 다섯 차례 승단에 공덕보시를 하고 사찰 두 곳을 지었다. 시문에도 뛰어나 도문(導文) 20여 권과 시·부(賦)·비문·문집 30여 권을 저술하였다. [참고문헌] 『佛祖統紀』 권9(대정장49, p.196b25), 『唐高僧傳』 권30(대정장50, p.701c12). **4** 고려시대 스님 석초(釋超)의 시호. ⇨석초 釋超 **5** 1928~2016. 비구니. 호는 무위(無爲). 1928년 9월 20일에 경기도 평택에서 아버지 최응순과 어머니 박태순의 장녀로 태어났다. 1948년 스물한 살에 오대산 월정사 한암(漢巖) 큰스님을 친견한 뒤 바로 출가를 결심하였다. 원허인홍(圓虛仁弘)을 은사로 출가하여 사문의 행해(行解)를 익히고서 1948년에 탄허택성(呑虛宅成)을 계사로 사미니계를 수지하였는데, 탄허에게 『초발심자경문 初發心自警文』과 경학을, 한암에게 참선법을 직접 지도받았다. 1950년에는 쌍계사(雙磎寺) 국사암(國師庵)에서 정진을 시작하여 대성암·견성암(見性庵)·대원사·승가사(僧伽寺)·동학사(東鶴寺) 미타암(彌陀庵)을 두루 거치며 안거하였다. 1960년에는 범어사(梵魚寺) 동산(東山)을 계사로 비구니계를 수지하고, 1963년에는 진관사 주지로 부임하여 6·25전쟁으로 불타버린 도량의 중창을 발원한 이후, 1965년 대웅전 낙성을 필두로 1980년까지 15년 동안 명부전·나가원·일주문·동정각·홍제루·나한전·요사채 등을 중창하여 천년고찰 진관사의 사격을 원만히 회복시켰다. 자운(慈雲) 대율사의 지도로, 1977년부터는 '진관사국행수륙재'를 재개하여 셀 수 없는 일체고혼들을 천도시켰고, 2014년에는 국가무형문화재로 지정되는 바탕이 되었다. 그 뒤 한국불교의 미래는 전법포교에 있다고 다시 발원하니, 1996년에 경기도 고양시 행신동에 진관사 부설 코끼리유치원을 건립한 것을 계기로 어린이·청소년법회, 군법당 건립 및 경찰법당의 불사에 앞장섰다. 더하여 자비와 구제중생의 원력마저 성취했으니 2010년에는 사회복지법인 진관무위원을 설립하여 소외된 노인과 아동을 위한 복지시설운영에 지원을 아끼지 않았다. 1984년부터 대한불교조계종 제8·9·10대 중앙종회의원을 역임하였고, 2003년까지는 전국비구니회 수석부회장으로 전국비구니회관 건립과 비구니대중 외호에 진력하였다. 항상 「보현행원품」을 독송하면서 보현보살의 행원을 근본으로 삼고 수행자의 위의를 굳건히 지켰다. 2016년 7월 3일 12시 52분, 세수 89, 법랍 68세를 일기로 진관사에서 입적하였다. 제자로는 계호(戒昊)·재호(在毫)·영우(英雨) 등이 있다. ⇨진관사 津寬寺

진관 陳瓘 1060~1124. 북송(北宋)대 거사. 자는 영중(瑩中), 자호는 요옹(了翁). 남검주(南劍州 : 福建省) 사현(沙縣) 출신. 소년기에 진사제(進士第)에 올라 휘종(徽宗) 재위시에 좌사간(左司諫) 벼슬을 역임했다. 숭녕년간(1102~1106)에 원주(袁州 : 江西省)에 유배되었다가 얼마 지나지 않아 통주(通州)로 옮겼고, 다시 대주(臺州 : 浙江省)로 귀양갔다. 일찍이 선문에 마음을 두고 수행하여 진전이 있었다. 『거사분등록』 권하 「진관장」(卍속장147, p.910b15)에 영원유청(靈源惟淸)의 말에서 깨우친 후 드린 게송이 전한다. 곧 "서당에서 올올이 만 갈래 심기 그쳤더니, 햇볕 따사롭고 바람 부드러워 초목 더욱 깊어졌네. 이천 년 이어온 일 아는 이 누군가? 지금처럼 다만 눈동자 끝에 맺혀 있음을. 書堂兀兀萬幾休 日暖風柔草木幽 誰識二千年底事 如今只在眼睛頭"라고 하였다. 그 뒤에 『화엄경』을 깊이 이해하고는 스스로 화엄거사(華嚴居士)라 불렀다. 명지법사(明智法師)와 해후하면서 천태교법을 접하고 그 종지도 깊이 알아차렸다. 대주에 들어가면서 오로지 염불삼매(念佛三昧)를 닦으면서 「정토십의론후서 淨土十疑論後序」(『정토십의론』, 대정장47, p.81b14)와 「관당정토원기 觀堂淨土院記」를 지었다. 대주에 5년 살다가 사랑(事郞)의 직을 받고 초주(楚州)로 옮겼다. 1124년(선화6)에 65세로 별세하였다. 진의대부(陳議大夫)에 추증되었고, 시호는 충숙(忠肅)이다. 저서에 『양한의론 兩漢議論』 80권, 『존요집 尊堯集』 12권이 있다. 그 밖에 「지관좌선법요기 止觀坐禪法要記」(『수습지관좌선법요』, 대정장46, p.473c3) 등이 전한다. [참고문헌] 『居士分燈錄』, 『佛祖統紀』 권15(대정장49, p.226a17), 『淨土聖賢

錄』 권7(卍속장135, p.328b17).

진관사 津寬寺 서울특별시 은평구 진관동 삼각산(三角山)에 있는 절. 대한불교조계종 직할교구본사 조계사(曹溪寺)의 말사이다. 삼각산 수려한 자연에 안긴 진관사는 고려 창건 이후 조선 때에는 왕실원찰을 겸한 순국충령과 수륙고혼을 위로하는 대표적인 국행수륙도량(國行水陸道場)으로, 일제강점기에는 항일독립운동 거점도량으로, 현재는 수륙대재 봉행·템플스테이·아동 및 노인복지·산사음식 전승 등 불교문화진흥과 지역사회 발전에 크게 공헌하고 있는 비구니도량이다. [연혁] 창건과 관련하여 "고려 현종 2년(1011)에 진관대사를 위해 절을 창건하고 진관사라 하였다. 高麗顯宗二年〈辛亥〉爲津寬〈眞觀〉大師創寺 額曰津寬寺"는 전승이 있는데, 1745년(영조21)에 간행된 『북한지』 삼천사(三千寺)에는 "원효화상과 진관조사가 각각 삼천사와 진관사를 창건하였다. 元曉和尙與津寬祖師 建此寺及津寬寺"고 하였고, 1795년(정조19)에 발행된 『청장관전서』 권3 「기유북한 記遊北漢」 진관사에는 "절은 바로 고려 진관대사가 계시던 곳이다. 寺是高麗津寬大師居也"라고 하였으며, 1859년(철종10)에 편찬된 『동환록』에도 "진관사는 삼각산 아래에 있으며 고려 때 창건되었다고 세상에 전한다. 남은 터의 섬돌이 완연히 아직도 절 뒤편에 있다. 津寬寺在三角山下 俗傳高麗時所創 其遺址石砌宛然尙在寺後"라고 하였다. 현종이 천추태후(千秋太后)의 위협을 피해 유년시절 삼각산 신혈사(神穴寺)에 머물 때 보호해준 스님을 진관대사라고 하였기에 삼각산 신혈사를 진관사로 추정하기도 하지만, 『태종실록』 권14 7년(1407) 12월 2일에 명찰을 자복사(資福寺)로 대신할 때 양주(楊州) 신혈사는 자은종(慈恩宗) 자복사에 섭수되었고, 『문종실록』 권6 문종 1년(1451) 2월 21일에도 신혈사를 '관사 官寺'라 할 정도였으므로, 두 사찰은 조선초 조정에서 중요하게 여겼던 각각의 사찰이었을 것으로 여겨지나, 1530년(중종25)에 간행된 『동국여지승람』 권3 한성부 고적(古蹟)에 신혈사가 있으므로, 조선초 이래 진관사는 왕실의 불교의례설행처로 부각되면서 문종~중종대에 걸쳐 주변의 신혈사나 그 옛터도 섭수하였을 것으로 추정한다. 권근(權近)이 쓴 「진관사수륙사조성기 津寬寺水陸社造成記」(『양촌집』 권12·한국문집총간7 p.139b10)에 "'(1397년에 태조가) 고찰에 수륙도량을 세워 해마다 재를 베풀어 조종의 명복을 돌아보고 또한 모든 군생을 이롭게 하고자 한다'. … 모든 절이 저 진관사만큼 뛰어나지 않습니다. 欲於古刹爲建水陸道場 歲設以追祖宗冥福 且利群生 … 諸刹不若津寬寺之勝"라고 하였고, 『세종실록지리지』 경기 양주도호부에 "진관사〈삼각산 서남쪽에 있다. 나라의 수륙재를 행하는 선종에 속한 사원으로 밭 250결을 공급한다〉. 眞觀寺〈在三角山西南 以國行水陸社屬禪宗 給田二百五十結〉"고 하였듯이, 조선건국 이래 으뜸의 수륙도량이었는데, 최근에는 그 전통을 다시 개시하여 매년 설행하고 있다. 그 외에도 왕실 구성원을 위한 천도재도 설행되었는데, 『세종실록』 권11 3년(1421) 1월 19일에는 "선후의 기재를 내섬시가 진관사에서 베풀게 하여 길이 정식으로 삼았다. 先后忌齋 內贍寺設於津寬寺 永爲定式"고 하였다. 여러 자료에 전하는 진관사의 연혁과 불사 현황은 〈표1〉과 같

진관사전경·동정각·길상원·일주문(상단부터 시계방향)

〈표1〉 연혁 및 불사 현황

연도	사적
1011(현종 2)	·국왕이 진관대사 위해 창건
1397(태조 6)	·1월 대선사 덕혜(德惠)·지상(志祥) 왕명으로 수륙사 조성 착공, 국왕 친행·9월 불전·승사·삼단(三壇)·대문·행랑 등 59칸 낙성, 국왕 친행, 선종 소속
1398(태조 7)	·1월 6일 진관사국행수륙대재 첫 설행
1401(태종 1)	·1월 7일·10월 16일 국행수륙재 설행
1414(태종14)	·2월 6일에 매년 정월 15일 수륙재 항식(恒式)으로 정함
1442(세종24)	·집현전(集賢殿) 학사 박팽년(朴彭年)·신숙주(申叔舟)·이개(李塏)·성삼문(成三問)·하위지(河緯地)·이석형(李石亨) 등의 독서당(讀書堂) 설치
1449(세종31)	·5월 4일 왕명으로 진관사수륙사 중수
1450(문종 즉위)	·5월 18일 수륙사 준공·5월 21일 왕명으로 진관사 개수 시작·7월 26일~12월 17일 금은진채(金銀眞彩)로 단청장엄
1451(문종 1)	·관사(官寺)로 지정
1464(세조10)	·일부 화재 소실

1470(성종 1)	· 환응(幻應)·벽운(碧雲) 중건
1530(중종25) 이전	· 신혈사 섭수
1690(숙종16)	· 당우 퇴락
1707(숙종33)	· 절 서쪽 기슭에 조성된 소의유씨 원당
1802(순조 2)	· 수국사 옮겼던 조포 다시 시행
1814(순조14)	· 퇴락, 강원도 양양 신흥사를 속사로
1854(철종 5)	· 주지 관월상회(寬月祥禧)·화주 화월(華月圓一) 대웅전 중수, 명부전 신축
1855(철종 6)	· 경운해인(慶雲海印)·편양완묵(鞭羊完默) 시왕계 결성
1879(고종16)	· 주지 한월윤집(漢月允執)·경운·탄경(呑鏡)·풍곡(楓谷) 큰 방 33칸 중수
1908(융희 2)	· 송암(松菴) 절 서쪽에 방형5층석탑 조성
1910(융희 4)	· 경운·옥산진태(玉山振泰) 대웅전 삼존과 명부전 지장존상·시왕존상·시왕탱 등 개금·보수
1911	· 만일연사(萬日蓮社) 창설
1910~1945	· 백초월 항일독립운동 거점도량
1950~1953	· 6·25전쟁 대웅전·명부전·홍제루(弘濟樓)·큰 방·요사 등 소실, 나한전·독성전·칠성각만 온전
1955	· 불교교단정화 때 영천(靈泉)이 북한산 부황사(扶皇寺) 요사 이건하여 복원 도모
1963	· 월정사(月精寺) 수행 중인 진관(眞觀) 주지 부임, 중창불사 착공(*이하 법명은 모두 비구니)
1965	· 대웅전·나한전·명부전 건립
1970	· 노전 동별당·요사 건립 부황사 요사 해체 후 나가원(那迦院) 건립
1974	· 범종각·일주문 건립, 범종 조성
1977	· 수륙재 법회장 홍제루 중창
1996	· 사단법인 진관사수륙재보존회 창립
1997	· 고양시 덕양구 행신동에 부설 포교원 보현정사와 코끼리유치원 건립
2001	· 서별당(西別堂) 준공
2006	· 진관상좌 계호(戒昊) 주지 취임
2007	· 사회복지법인 진관무위원(眞觀無爲院) 설립
2008	· 은평구 진관지역아동센터 개관
2009	· 칠성각 해체 복원 중 태극기 및 독립신문류 발견, 진관사산사음식연구소 설립
2010	· 불광노인복지관·불광데이케어센터 개관
2012	· 템플스테이관(함월당·길상원·효림원·공덕원) 착공 2013 준공, 함월당 서울시 건축문화제 최우수상 구파발어린이집 개원
2013	· 전통문화체험관(향적당·선유원·문수원·보현원·연지원·보문원) 착공, 2015 모두 준공, 나가원 보수
2017	· 대웅전·홍제루 보수, 대웅전 삼존불·나한전 삼존불 개금, 16나한상 개채

고, 진관사에서 수행한 왕실불교의례를 『조선왕조실록』에 준하여 정리하면 〈표2〉와 같다. 특히 독서당이 들어서기도 해서 집현전 학사와 스님들이 교유하기도 하였는데, 『용재총화』 권4에 "왕명을 받들어 삼각산 진관사에서 독서할 때, 시짓는 일을 매우 부지런히 하여 서로 주고받기를 쉬지 않았다. … 일암스님이 항상 따라다니며 베껴서 전하게 되었다. 受命讀書于三角山津寬寺 做業甚勤 酬唱不休 … 有釋一庵恒隨之 得傳寫焉"고 하였다. 이 때에 독서하였던 성삼문의 『성근보집』 권3(한국문집총간10, p.208a5)에 "『진관요람』 1권이 홍문관에 있었는데 병자년 난리 이후에 보이지 않는다. 津寬要覽一卷 曾在弘文館 見失於丙子之亂"고 하였다. 『문종실록』 권1 즉위년(1450) 3월 3일에 "진관사수륙사 기와굽는 일에 더하여 정해진 승군은 경상·전라도에 각 150명, 경기·황해도에 각 50명, 개성부에 100명이다. 각 도 감사가 재촉해서 올려보내기를, 전례에 따르되 2개월마다 교체하고 독촉할 때에도 동요가 없게 하라. 스님들이 불우를 조성함은 다른 역사에 비교할 것이 아니므로, 곡진하게 안내하되 함부로 침범하거나 핍박하지 말라. 津寬寺水陸社 蓋瓦燔造 加定僧軍 慶尙全羅道 各一百五十名 京畿黃海道各五十名 開城府一百名 各其道監司 催督上送 依前例 役二月相遞 催督之際 不無騷擾 僧之造佛宇 非他役比 曲盡開諭 勿令侵迫"고 하는 등 수륙사 중수의 원만한 진행을 꾀하기도 하였다. 그러나 조선후기에 이르러서는 1707년(숙종33)에 숙종 후궁인 소의유씨(昭儀劉氏 ?~1707)의 원당 역할 외에는 뚜렷한 불사 행적이 없었으니, 조태억(趙泰億 1675~1728)의 『겸재집』 권4 「진관사지감 津寬寺志感」(한국문집총간189, p.65b5)에는 "경오년간(숙종16·1690)에 큰형을 따라 독서하던 곳이다. 옛날 당우는 이미 불탔고 새로 지은 듯하나 이미 오래되었다. 庚午年間 隨伯氏讀書處也 舊日棟宇已成灰燼 新搆亦已久矣"고 하였고, 홍경모(洪敬謨 1774~1851)의 『관암전서』 18책 「진관사기 津寬寺記」(한국문집총간 속집113, p.520b13)에는 "절은 이전 왕조의 거찰이었으나 지금은 서너채 승료만 남았고 삼단 또한 그 위치를 알 수 없다. 寺盖前朝巨刹 而今餘數三僧寮 三壇亦未詳其處"고 하였으며, 『승정원일기』 순조 2년(1802) 4월 21일에는 "창릉(昌陵)·홍릉(弘

〈표2〉 조선초 설행 왕실관련의례 행적

연도	천도대상	내용
1418(태종18)	태종 넷째 아들 성녕대군誠寧大君	수륙재, 성녕대군 2월 4일 사망, 3월 3일은 칠칠재 중 5재인 듯
1419(세종 1)	정종	11월 8일 칠칠재 중 6재 (*이하 '칠칠재' 생략)
1422(세종 4)	태종비 원경왕후元敬王后	7월 9일 대상재
1422~1424(세종 5)	태종	1422년 5월 29일 3재 6월 14일 5재 1423년 5월 9일 소상재 1424년 5월 9일 제2년상
1424	태조	5월 23일 기신재
1446(세종 28)	세종비 소헌왕후昭憲王后	4월 6일 2재
1450(문종즉위)	세종	2월 29일 2재 3월 14일 4재, 28일 6재 5월 27일 백일재
1457(세조 3)	세조 첫째 아들 의경세자懿敬世子	9월 7일 초재 14일 2재, 21일 3재
1469(성종즉위)~1470(성종 1)	예종	1469년 12월 5일 초재 12일 2재 1470년 1월 10일 6재
1474(성종 5)	성종비 공혜왕후恭惠王后	4월 27일 2재 5월 11일 4재, 6월 3일 7재
1483(성종14)	세조비 정희왕후貞熹王后	4월 12일 2재
1495(연산군 1)	성종	1월 7일 2재
1504(연산군10)	성종모후 인수대비仁粹大妃	윤4월 10일 2재

陵)의 조포는 이전에 진관사에서 거행하였는데, 그 간에 절은 무너지고 스님들은 흩어져 작년에 수국사로 옮겨 정하였습니다. … 근래 여러 해 동안 진관사 승도들이 다시 모여 거행할 수 있게 되었으니 양릉의 조포를 예전대로 돌이켜 정하소서. 以爲兩陵造泡 在前以津寬寺擧行矣 中因寺廢僧散 年前移定於守國寺 … 而數年以來津寬寺僧徒復聚 足可擧行 兩陵造泡 依前還定"라 하였으며, 같은 책 순조 14년(1814) 6월 3일에는 절이 무너지고 스님도 적으므로 능침조포사의 예에 따라 강원도 양양 신흥사(神興寺)를 속사(屬寺)로 정급(定給)하였다고 하였다. 그 뒤 일제강점기에는 백초월(白初月 1878~1944)이 주석하며 진관사를 독립운동 거점사찰로 삼아 활동하였는데, 일장기 위에 태극문을 덧그려 가며 독립의지를 불태웠던 '진관사 태극기'와 독립신문류가 최근에 공개되어 많은 이들의 시선과 마음을 깃들이게 하였다. 또한 이천여 년 전통으로 이어온 사찰음식의 중흥을 꾀해오다 드디어 2009년 진관사산사음식연구소를 설립하였으며, 주지 계호는 대한불교조계종 사찰음식명장2호가 되는 등 템플스테이와 함께 한국불교전통문화의 세계화에도 크게 공헌해 오고 있다. 2010년 G20세계종교지도자 참례 이후 28개국 주한외국대사, 세계기자대회 참석 50개국 기자들을 비롯하여 국빈인 미국 부통령 부인 질 바이든, 태국·부탄 공주, 벨기에 여왕 등이 내사하여 체험하였다. 지역사회 활동에도 크게 역량을 발휘하여 장학금 사업 물론 코끼리유치원, 사회복지법인 진관무위원, 은평구 진관지역아동센터, 불광노인복지관, 불광데이케어센터, 구파발어린이집 등을 개원하고 불법의 자비행화로 사회에 환원하고 있다. [당우] 대웅전·나한전·명부전·독성전·칠성각·동정각·적묵당·나가원·홍제루와 템플스테이관인 함월당·길상원·효림원·공덕원, 전통문화체험관인 향적당·선유원·문수원·보현원·연지원·보문원 등이 있다. 주요 당우는 1960년대 이후 건립되었고, 6·25전쟁에도 피해를 입지 않은 1907년(융희1)에 건립된 칠성각에서는 항일독립운동 유물이 발견되었고, 조선시대에 수륙재가 설행되던 홍제루는

미국부통령부인질바이든여사방문 2015.06.05

주한외국대사초청행사 2013.05.08

꾸준히 중창되기도 하였다. [성보문화재] 성보문화재 현황은 〈표3〉과 같다. 유형문화재로 지정된 나한전의 소삼존불상 중 석가불상은 머리의 육계가 아주 낮아 정상계주와 중간계주가 가깝고, 좌우협시보살상은 여래식

〈표3〉 당우 및 성보문화재 현황 **보물 ***유형문화재 ****무형문화재

지정종목	명칭	조성연대	규격·내용·인연대중
전각	나한전	1900 전후	·편액 1기 1884 노천(老泉) 예서체 서(書)
	명부전	1996	·편액 1기·주련 4기 탄허택성 해서체 서
	칠성각	1910	·높이 34cm 석불 1위 경운 조성, 편액 1기 조선후기
	독성전	1907	·경운 건립, 좌·우·후면 벽돌 마감·높이 37cm 독성상 1위 ·세로 108.6cm·가로 67.8cm 산신도, 산수배경 생략
	홍제루	1977 중창	·1853 대종대시주비(大鐘大施主碑) 석주(石柱)에 음각
탱화	괘불도 및 괘불함	1935	·본존 좌우에 협시보살 가섭·아난존자의 오존도(五尊圖) 일섭(日燮)·영순 조성 삼각산 삼각사(三覺寺) 봉안 1960년대 진관사 옮겨 봉안
	영산회상도 ***	1884 (고종21)	·세로 111.8cm·가로 171.9cm 나한전, 석가불 좌우로 문수보살과 보현보살 협시, 원래 영산전후불탱화, 왕실 상궁 발원, 진철(震徹) 조성, 십육나한도 4폭·제석환인도 1폭·사자신중도 1폭·관음탱 1폭도 함께 조성, 여백 없는 구성
	십육나한도 ***	1884 (고종21)	·세로 106.1~111.8cm·가로 72.2~183.5cm, 나한전, 4폭 원래 제석신중도 1폭·사자신중도 1폭 합해 총 6폭, 제석신중도는 금어(金魚) 축연(竺衍), 사자신중도는 금화기형(錦華機炯) 등 11명 화사
	신중탱	1910	·세로 113cm·가로 188cm
	현왕탱	1934	·세로 96cm·가로63.5cm 화경 제작, 적색과 황색
	칠성도***	1910 (융희4)	·세로 91.8cm·가로 152.3cm 칠성각, 치성광여래 주변에 칠성과 성군, 춘담범천(春潭梵天) 제작 후불탱, 설채법
	산신도***	19세기말~20세기초	·세로 108.6cm·가로 67.8cm 독성전, 산수 배경 생략 산신과 호랑이만
불상	소삼존불상 ***	16세기후반~17세기 전반	·높이 66~67㎝, 소조, 나한전 석가불좌상의 좌우에 미륵보살상과 제화갈라보살상 협시
	소십육나한상***	조선후기	·높이 46.5~98cm, 소조 나한전, 석가삼존불상 좌우에 각각 나한상 8위, 제석천과 사자상 1위 인왕상 2위 등 총 20위, 다양한 지물·화려한 채색·개성과 활달
성적	수륙무차평등재의촬요 水陸無遮平等齋儀撮要 ***	1571 (선조4)	·부록인 천지명양수륙재의소방문첩절요(天地冥陽水陸齋儀疏榜文牒節要) 1본 합철 강진 무위사(無爲寺) 개판
승탑 진영	혜월당대선사우성탑慧月堂大禪師宇性塔	조선후기	높이 143cm, 석종형
	명호스님초상***	19세기말~20세기초	·세로 106.2cm·가로 83cm 칠성전, 영찬과 영제
불교 의례	수륙재****	1397 (태조6)	·매년 10월 둘째주 토·일 봉행 2013년 12월 31일 국가무형문화재 지정

독립운동기념유물	태극기**	1919 말경	· 2009년 칠성각 불단 안쪽 벽체에서 발견, 일장기 위에 태극과 사괘 그림, 왼쪽 상단 불탄 흔적 백초월 유품 추정
	독립신문류	1919 말경	· 2009년 칠성각 불단 안쪽 벽체에서 발견, 1919년 6월 6일~12월 25일 발행 독립신문류 19점 백초월 유품 추정

착의법과 옷주름이 굵고 간략하다. 다양한 모습의 소십육나한상은 모두 아담하여 손에는 연꽃·부채·거울·붓·용·경전 등의 지물을 든 조선후기 나한상의 특징을 갖추었다. 탱화로는 십육나한도가 붉은색과 청색이 강하고 근대 서양화법인 음영법을 사용하였으며, 칠성도 역시 20세기초 불화양식을 대표한다. 명호스님 진영에는 상단 좌우에 영찬(影贊)과 '인수사절명호불영명'이라는 영제(影題)를 적었는데 양 옆에 불자(拂子)와 두루마리를 든 시자가 함께 한 삼승상으로 독특하다. [참고문헌] 『太宗實錄』, 『世宗實錄』, 『文宗實錄』, 『承政院日記』, 『陽村集』, 『成謹甫集』, 『冠巖全書』, 『謙齋集』, 『靑莊館全書』, 『東寰錄』, 『慵齋叢話』, 『東國輿地勝覽』, 『北漢誌』, 『奉恩本末寺誌』, 『韓國寺刹全書』 권하 p.1048b12.

진관사 津關寺 서울특별시 은평구 진관동 삼각산(三角山)에 있는 진관사(津寬寺)의 다른 이름. 『태종실록』 권1 1년(1401) 1월 7일에 "건성사에 제석예참을 베풀고, 진관사에서는 수륙재를 베풀었다. 設帝釋禮懺于乾聖寺 水陸齋于津關寺"고 하였다. [참고문헌] 『太宗實錄』.

진관사 眞觀寺 **1** 경기도 개성시 용수산(龍首山)에 있던 절. 『고려사』 권2 세가(世家)2 목종 2년(999)에 "성 남쪽에 진관사를 짓고 태후의 원찰로 삼았다. 作眞觀寺于城南 爲太后願刹"라고 하였고, 『고려사절요』 권2 목종 선양대왕(宣讓大王) 정미 10년(1007)에는 "진관사 구층탑을 세웠다. 創眞觀寺九層塔"라고 하였다. 『고려사』 권7 세가7 문종 5년(1051)에 "왕이 진관사에 행차하여 새로 조성한 『화엄경』과 『반야경』을 전독하였다. 幸眞觀寺 轉新成華嚴般若經"라고 하였고, 왕은 1069년(문종23) 4월과 1072년(문종26) 3월에도 행차하였다. 『고려사절요』 권11 의종 장효대왕(莊孝大王) 경인 24년(1170)에 "왕이 … 판례빈성사 김우번, 낭중 진력승에게 진관사 남쪽 기슭에 당우를 짓도록 하였다. 王 … 命判禮賓省事金于蕃郎中陳力升 構堂於眞觀寺南麓"라고 하였고, 『고려사』 권53 지7 오행1 인종 11년(1133)에는 "진관사 잣나무에 벼락이 쳤다. 震眞觀寺栢樹"라고 하였으며, 같은 책 1378년(우왕4)에도 "진관사 주산과 남산에 까마귀 떼가 날아와 대략 7·8일 동안 울며 서로 싸웠는데 떨어져 죽기도 하였다. 眞觀寺主山及南山群烏飛鳴相鬪凡七八日 至有墜死者"라고 하였다. 그 뒤 연혁은 전하지 않고, 『동국여지승람』 권5 개성부 하 고적에는 "진관사〈옛터는 용수산 기슭에 있다〉. 眞觀寺〈古基在龍首山麓〉"라고 하였다. [참고문헌] 『高麗史』, 『高麗史節要』, 『東國輿地勝覽』, 『韓國寺刹全書』 권하 p.1046b8. **2** 경기도 양주시 장흥면 교현리 도봉산(道峰山)에 있던 절. 서울특별시 은평구 삼각산(三角山) 진관사(津寬寺)의 다른 이름이다. 『여지도서』 경기도 양주 사찰에는 "진관사〈도봉산 남쪽 40리 거리에 있다〉. 眞觀寺〈在道峯山南距四十里〉"라고 하였고, 『범우고』 경기도 양주에도 "진관사와 옥천암〈모두 도봉산에 있다〉. 眞觀寺玉泉菴〈俱在道峯山〉"라고 하였다. 그러나 『한국사찰전서』 권하 진관사에는 "도봉산은 삼각산의 잘못이다. 왜냐하면 옥천암과 진관사 모두 도봉산에 있다고 하였지만, 지금 옥천과 진관은 모두 삼각산에 있지 도봉산에 있지 않기 때문이다. 按道峰山恐三角山之誤 何也 玉泉庵眞觀寺 俱在道峰山云 而今玉泉眞觀(津寬)皆在三角 不在道峯故也"라고 하였다. [참고문헌] 『輿地圖書』, 『梵宇攷』. 『韓國寺刹全書』 권하 p.1046b4. ⇨ 진관사 津寬寺 **3** 경상북도 울진군 온정면 백암산에 있던 절. 『동국여지승람』 권45 강원도 울진 불우에는 "진관사〈백암사에 있다〉. 眞觀寺〈在白巖山〉"라고 하였는데, 1799년(정조23)에 간행된 『범우고』 강원도 울진 사찰에는 "진관사〈백악산에 있었다. 지금은 폐사다〉. 眞觀寺〈在白巖山今廢〉"라고 하였다. 1438년(세종20)에 울진 정림사(正林寺)에서 『육경합부 六經合部』를 인출하였을 때 「대방광불화엄경보현행원품 大方廣佛華嚴經普賢行願品」 목판은 이 진관사의 소장본이라 밝혔다. [참고문헌] 『東國輿地勝覽』, 『梵宇攷』, 『韓國寺刹全書』 권하 p.1046b18.

진관사국행수륙대재 津寬寺國行水陸大齋 서울 은평구 진관동 삼각산(三角山) 진관사에서 전승하고 설행하고 있는 국행수륙대재. [조선시대 국행수륙대재] 조선시대 수륙재는 설행하는 주체에 따라 국행(國行)·사행(寺行)·사행(私行) 등으로 나뉘며, 국행은 공가(公家)의 비용으로 조관(朝官)을 파견하여 주관토록 한다. 고려시대 이래로 국행수륙대재는 국태민안(國泰民安)과 법계함령(法界含靈)의 천도를 주된 목적으로 하되, 조선 건국 후에는 고려왕실의 왕씨(王氏)와 불사이군(不事二君)이라는 고고충절(孤高忠節)을 지키다가 마침내 억울한 죽음을 당한 충혼(忠魂)을 달래는 목적도 더해졌다. 그 외에도 선왕선후(先王先后) 천도(薦導), 왕실의 안녕과 구병(救病), 전염병의 퇴치, 한양도성 축성공사 중에 죽은 역부(役夫)의 혼령을 위로, 천재지변의 기양(祈禳), 형벌로 인해 죽은 이들의 천도, 전사자(戰死者)의 집단위령재, 조전선(漕轉船) 침몰로 죽은 이의 천도 등 다양한 이들을 위해 설행되었다. 1397년(태조6) 1월 2일 태조는 내신(內臣)인 이득분(李得芬)과 조선(祖禪)에게 "짐이 왕이 된 것은 오로지 조종(祖宗)의 은덕 때문이다. 아울러 신민들 중 왕을 섬기다가 죽었거나 혹은 스스로 죽은 영혼과 무주고혼의 시식과 악도에서 고초를 받고 있는 영가들을 천도하기 위해 수륙재도량을 건립하여 해마다 연례행사로 수륙대재를 행할 수 있도록 하라"하고 지시했다. 1월 5일 이덕분과 천문과 역수(曆數)를 맡은 서운관(書雲觀)의 상충(尙忠)·지상(志祥) 등이 삼각산과 도봉산 일대를 두루 살펴본 결과 진관사가 가장 좋은 적지라고 복명하였다. 이어 1월 6일에 진관사에서 처음으로 수륙재를 설행하였다. 1월 27일부터 진관사 수륙사 조성불사가 시작되었고, 2월 8일에는 태조가 직접 행차하여 삼단(三壇)의 위차(位次)를 확정하였으며, 3월 6일에 다시 행차하여 공사의 진행을 살펴보았고, 같은 해 9월에 낙성하였다. 진관사의 수륙사 조성에 대해서는 권근(權近)의 「진관사수륙사조성기 津寬寺水陸社造成記」(『동문선』 권78)에 자세히 전한다. 1401년(태종1) 10월 16일에도 진관사에서 수륙재를 거행하였다. 『태종실록』 권27 태종 14년(1414) 2월 6일에 "관음굴·진관사·오대산 상원사·거제 견암사에 매년 2월 15일에 수륙재를 행하였는데, 지금부터는 정월 15일에 행하는 것을 항식을 삼으라. 觀音窟 津寬寺 臺山上元寺 巨濟見庵寺 行每年二月十五日水陸齋 今後行於正月十五日以爲式", 『세종실록』 권11 세종 3년(1421) 1월 19일에 "예조에서 아뢰기를, '지금부터 선왕의 기재는 내자시가 장의사에서 올리고, 선후의 기재는 내섬시가 진관사에서 올리게 하여, 영구히 정한 법식으로 삼게 하소서'하니 그대로 따랐다. 禮曹啓 自今先王忌齋 內資寺設於藏義寺 先后忌齋 內贍寺設於津寬寺 永爲定式 從之"라고 하였다. [**현대 국행수륙대재 전승**] 조선시대 국행수륙재 중심도량인 진관사는 의식(儀式)·설단(設壇)·장엄(莊嚴) 등 수륙재의 여러 분야에 대한 활발한 전승이 이루어져오다가 국가무형문화재 제126호로 지정되었고, 매년 진관사수륙재보존회에서 수륙재를 거행하고 있다. [참고문헌] 『高麗史』, 『太祖實錄』, 『太宗實錄』, 『世宗實錄』, 『東文選』, 『東國輿地勝覽』, 『退耕堂全書』, 『津寬寺寺跡』, 『韓國寺刹全書』, 『국행수륙대재(삼화사 수륙재를 중심으로)』(조계종출판사, 2010), 『진관사수륙재』(한국미술사연구소, 2010), 『진관사발굴조사보고서』(서울역사박물관, 2012). ⇨수륙재 水陸齋

진관사국행수륙대재

진관사사적 津寬寺事蹟 서울 삼각산(三角山) 진관사의 연혁을 적은 글. 『조선사찰사료』 권상, pp.109~110와 『한국사찰전서』 권하, pp.1052~1503에 수록되어 있는데, 내용과 분량에 차이가 있다. 『조선사찰사료』의 것은 "숭정 무신년 이후 80년인 정해년(1707, 숙종33) … 숙종 때 이곳에 소의의 묘가 들어왔고, 그 묘를 위해 옛 터에 사찰을 건립하였다. … 지금은 수백년 뒤여서, 우선 들은 것을 기록하였다. 崇禎戊辰後八十年丁亥 … 肅廟朝入昭儀墓於此 爲墓所建寺刹於舊基墟 … 今數百年也 姑寫所聞以爲之記"고 하였을 뿐 찬술자와 연도는 알 수 없다. 진관사 역사에 대해서는 상고할 만한 것이 없지만, 세속에 전하는 말에는 고려 때 진관사의 대사가 이곳에 오두막을 짓고 살다가 피신한 왕자를 보살펴주었는데, 후에 왕자는 현종이 되어 대사를 국사로 봉하고 이곳에 사찰을 지었다고 하면서, 초석이나 섬돌은 당시의 것이지만 그때 일을 기록한 비석이 없는 것은 경황이 없어서이거나 병화 때문인 듯하다고 하였다. 다만 서울 원각사비(圓覺寺碑)에 서울 서쪽에 진관사가 있다고 하였고, 개성(開城) 현화사비(玄化寺碑)에는 진관조사를 국사로 삼고 절을 지어 존숭했다는 이야기가 있으므로, 두 비문을 근거로 삼으면 세속의 이야기도 헛된 이야기는 아니라고 하였다. 한편 『한국사찰전서』의 것은 1927년에 전완해(全玩海)가 "보고 들은 것을 초록하여 썼다. 隨所見聞抄錄謹書"라고 하였는데, 특히 창건 연기를 자세히 적었다. 고려 대량군(大良君, 현종)은 12세 때 천추태후에 의해서 강제로 출가하여 숭교사(崇敎寺)에 머물렀는데, 어느 스님이 절 마당에 떨어진 큰 별에서 용으로 변한 대량군을 꿈꾸고는 이상하게 여겼다. 그 뒤 대량군이 1006년(목종9)에 삼각산 신혈사(神穴寺)에 머물렀을 때, 태후가 사람을 보내 죽이려고 하였지만, 진관조사의 도움으로 화를 피하고 3년 뒤에 즉위하였다. 현종은 자신을 몰래 숨겨 생명을 잇게 한 조사의 큰 은혜를 잊지 않고서 국사로 삼고 큰 사찰을 지어 진관사라고 불렀다고 하였다. 조선 태조가 진관사에 수륙재를 설행하게 하고는 친행하였는데, 권근(權近)이 「수륙사조성기 水陸社造成記」를 지었다는 내용도 포함되어 있다. [참고문헌] 『朝鮮寺刹史料』 권상, 『韓國寺刹全書』 권하. ⇨신혈사 神穴寺, 진관사 津寬寺

진관사산사음식세계화 津寬寺山寺飮食世界化 서울특별시 삼각산(三角山) 진관사에서 전승·시행되고 있는

G20세계종교지도자대회초청행사 2010.11.10

산사음식의 세계적이고 전지구적인 관심과 그 실상을

말한다. 이천여 년의 역사와 전통을 이어오고 있는 사찰 음식을 국내외로 널리 알리고 실참하여 오고 있으니 매년 시연회・전시회・강좌 등을 개설하여, 인류의 건강

〈표〉 진관사산사음식세계화를 위한 주요행사

년도	내 용
2009	・3월 진관사산사음식연구소 개소
2010	・11월 10일 G20세계종교지도자 150여 명 체험
2011	・4월 한중일 불교대표단 20명 체험 ・5월 20일 주한외국대사부인 가든클럽 12개국 45명 체험 ・6월 23일 미국 영화배우 리처드 기어 가족 체험 ・10월 30일 중국불교대표단 20명 체험
2013	・5월 8일 한반도 평화를 위한 28개국 150명 주한외국대사 체험
2014	・4월 17일 17개국 주한외국대사부인 체험
2015	・4월 10일 IOC위원 체험 ・7월 18일 미국 부통령 부인 질 바이든 여사 체험 ・10월 18일 서울시 미래혁신포럼 유치 및 참석자 체험 ・10월 29일 서울시 주관 SIBAC 2015 개최·참석자 체험 ・11월 11일 유럽 기자단 체험
2016	・10월 18일 서울시 주관 미래혁신포럼 유치·참석자 체험 ・11월 2일 사우디아라비아 투르키 빈 압둘라 알사우드 왕자 템플스테이 체험 ・12월 4일 뉴욕 미슐랭 쓰리스타 에릭 리퍼트 셰프 체험
2017	・4월 25일 태국공주 체험 ・4월 29일 유네스코 심사위원 체험 ・5월 14일 부탄공주 체험 ・10월 4일 외교부 산하 한국국제교류재단 일행 체험
2018	・6월 29일 서울시장·국회의원 체험
2019	・3월 26일 세계기자대회 50개국 100명 기자 체험 ・3월 28일 벨기에 여왕 체험

하고 행복한 세상구현에 크게 이바지하고 있다. 진관사 주지 계호(戒昊)는 대한불교조계종 사찰음식명장2호이다. 최근의 주요 행사는 〈표〉와 같다. ⇨진관사 津寬寺

진관사소장태극기및독립신문류 津寬寺所藏太極旗◯獨立新聞類 보물. 2009년 5월 26일에 서울특별시 삼각산(三角山) 진관사 칠성각 해체복원 중 벽체에 감추었던 것을 발견하였는데, 태극기는 세로 70㎝, 가로 89㎝ 1종 1점, 독립신문류는 1919년 6~12월에 발간된 5종 19점 등이다. 태극기는 일장기 위에 태극을 덧그려 항일독립의 강렬한 의지마저 담았으며, 사괘의 위치가 바뀌어 있고 불에 탄 흔적과 구멍이 뚫려 있는 등 긴박하였던 시련의 흔적마저 함께 남아 전

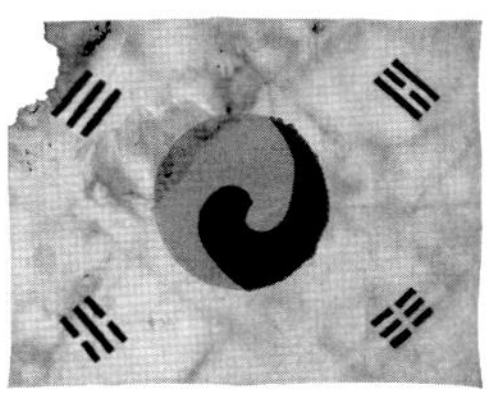
진관사소장태극기

〈표〉 진관사소장 태극기 및 독립신문류

명칭	제작연도	크기	수량
「신대한新大韓」 제1호	1919.10.28(화)	세로 54.5cm 가로 37.2cm	1점
「신대한新大韓」 제2호	1919.11.03(월)	세로 54.0cm 가로 37.5cm	1점
「신대한新大韓」 제3호	1919.11.12(수)	세로 55.0cm 가로 36.5cm	1점
「독립신문獨立新聞」 제30호	1919.11.27(목)	세로 54.0cm 가로 38.5cm	2점
「독립신문獨立新聞」 제32호	1919.12.25(목)	세로 54.0cm 가로 38.5cm	2점
「조선독립신문朝鮮獨立新聞」 호외	-	세로 24.0cm 가로 33.2cm	1점
「조선독립신문朝鮮獨立新聞」 제32호	1919.06.06(금)	세로 24.0cm 가로 33.0cm	1점
「조선독립신문朝鮮獨立新聞」 제40호	1919.08.12(화)	세로 22.5cm 가로 31.5cm	1점
「조선독립신문朝鮮獨立新聞」 제41호	1919.8월	세로 24.0cm 가로 33.2cm	1점
「조선독립신문朝鮮獨立新聞」 제42호	1919.08.20(화)	세로 24.0cm 가로 33.2cm	1점
「자유신종보自由晨鐘報」 제4호	1919년 추정	세로 23.5cm 가로 32.5cm	1점
「자유신종보自由晨鐘報」 제7호	1919.09.19(금)	세로 24.0cm 가로 33.0cm	1점
「자유신종보自由晨鐘報」 제12호	1919.10.06(월)	세로 23.0cm 가로 31.5cm	4점
「경고문警告文」	1919.6월	세로 24.2cm 가로 32.5cm	1점

한다. 독립신문류는 1919년 3・1운동 직후 보성사 창간의 「조선독립신문」과 발행처 미상의 「자유신종보」, 상해 임시정부 기관지 「독립신문」, 단재 신채호(申采浩 1880~1936)가 상해에서 발행한 「신대한」 등이며, 「신대한」 제2호는 처음 알려진 점에서 의미가 크다. 민족을 배반하고 부역하는 친일파를 준엄하게 꾸짖는 조선노동회경성단의 '경고문'도 함께 전한다. 독립신

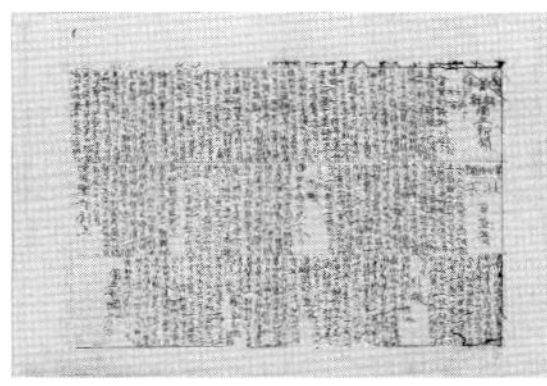

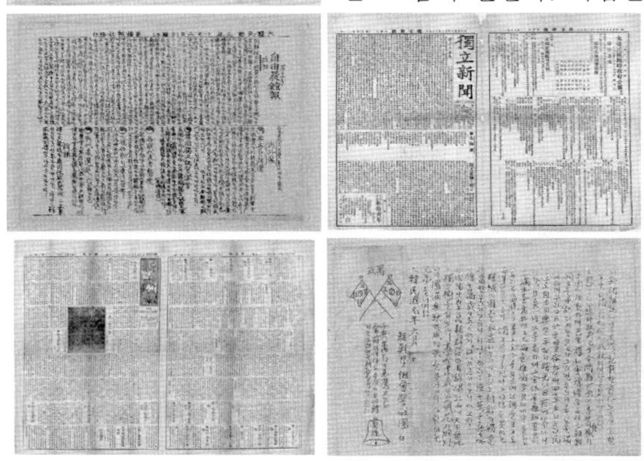
조선독립신문 제42호・자유신종보 제12호・독립신문 제30호・신대한신문 제2호・경고문(왼쪽 상단부터)

문류의 제작연도 및 크기, 수량은 〈표〉와 같다. [참고문헌] 〈진관사서 '항일 지하신문' 발견〉 「한겨레」 2009.8.9, 〈3.1운동 당시 사용 추정되는 태극기와 독립신문 발견〉 연합뉴스 2009.8.10. ⇨진관사 津寬寺

진관사수륙사조성기 津寬寺水陸社造成記 양촌(陽村) 권근(權近) 지음. 『양촌집』 권12(한국문집총간7, p.139b10)와 『동문선』 권78에 수록되어 있다. 1397년(태조6)에 왕명으로 한양 삼각산(三角山) 진관사에 수륙사를 조성한 사적을 적은 기문이다. 기문의 서두에 "근본에 보답하고 조상들을 추모함은 왕도정치에서 우선해야

할 것이며, 만물을 이롭게 하고 중생을 구제함은 불교의 가르침에서 중히 여기는 것이니, 두 가지가 비록 다르지만 모두 어진 마음의 시작이요 자애와 효도의 정성이므로 스스로 그만둘 수 없는 것이다. 報本追遠 王政之所先 利物濟生 釋敎之所重 二者雖殊 皆仁心之發 而慈孝之誠 所不能自已者也"라고 하여 불교의례 설행의 마땅함을 강조하였다. 1397년 정월에 이득분(李得芬) 등이 왕명에 따라 수륙도량(水陸道場)을 마련하고 해마다 재회(齋會)를 개설할 곳을 찾으려고 삼각산과 도봉산을 다녀본 결과 삼각산 진관사로 정하고, 1월에 대선사(大禪師) 덕혜(德惠)·지상(志祥) 등이 스님들을 모아 일을 시작하여 9월에 총 59칸의 수륙사 조성불사를 모두 마쳤다. 특히 이 기문에서는 수륙재 의례와도 관련되는 수륙사의 건축구조를 밝힌 것에 의미가 있다. 즉 상중하 3단으로 구분하고 중·하단의 좌우에 각각 욕실(浴室) 3칸, 하단 좌우쪽에는 따로 조종(祖宗)의 영실(靈室) 8칸씩을 설치한 것이다. 이는 상단의 불보살·중단의 신중(神衆)·하단의 영가(靈駕)를 모셔 재의례를 설행하는 방식에서 기인한 것이며, 재의례에서 중·하단의 중생은 관욕(灌浴)의 절차를 통해 비로소 재의례 도량(道場)에 들어올 수 있으므로 중·하단 좌우에 따로 욕실을 설치한 것이다. 또한 하단에는 왕실의 조종을 위한 영실을 별도로 마련하였다. 〔참고문헌〕『陽村集』, 『東文選』. ⇨진관사 津寬寺, 수륙재 水陸齋, 진관사국행수륙대재 津寬寺國行水陸大齋

진관암 眞觀庵 강원도 동해시 삼화동 두타산(頭陀山)에 있던 암자. 1847년에 간행된 「두타산삼화사사적 頭陀山三和寺事蹟」에 "석실은 깊어 검으며 영천이 곁에서 솟은 곳이 진관암이다. 石室深黑 靈泉出側者 眞觀庵也"라고 하면서, 918년(태조1)에 왕건이 삼공암(三公庵)을 삼화사로 개명하고서 지조암(指祖庵)·성도암(成道庵)·내원암(內院庵)·대성암(大聖庵) 등과 함께 창건하였다고 하였다. 〔참고문헌〕『韓國寺刹全書』 권하 p.1046b20, 金鼎卿 『三陟鄕土誌』(三陟敎育區廳, 1955).

진광불요 眞光不耀 참된 빛 빛나려 하지 않는다. 『노자』 41장 왕필주(王弼注)에 "빛나지만 번득이지 않는다. 光而不耀", 『종용록』 35칙 「송 頌」(대정장48, p.251a17)에 "무엇 하나 의지함 없이 홀로 걸어 우주 가득 밝고 뚜렷하다〈참된 빛은 굳이 번득이지 않는다〉. 獨步寰中明了了〈眞光不耀〉", 같은 책 69칙 「시중 示衆」(대정장48, p.270b3)에 "부처가 되고 조사가 되더라도 꺼려 오명을 두르고, 뿔을 달고 털 달린 축생인 듯 밀려 높은 자리 앉기도 한다. 이런 까닭에 참된 빛 빛내려 해서는 안 되니 큰 지혜 어리석은 듯 하다. 成佛作祖 嫌帶汚名 戴角披毛 推居上位 所以 眞光不耀 大智若愚"라고 하였다. 〔참고문헌〕『老子』, 『從容錄』.

진광사 眞光寺 경상북도 울진군 울진에 있었던 절. 『울진읍지』에 "진광사는 백련산에 있다. 眞光寺 在白蓮山"라고 하였다. 〔참고문헌〕『蔚珍邑誌』(南錫和, 1939).

진광왕 秦廣王 명계시왕(冥界十王) 중 첫 번째 왕. 죽은 사람이 명계로 오면 초칠일에 그 죄업을 가리는데, 악을 끊고 선을 닦도록 권하니 인간의 수명부(壽命簿)와 명계의 길흉을 관장하고 판결한다. 『지장시왕경』(卍속장150, p.769a18)에 "세존께서 염마왕과 진광왕 등에게 말씀하셨다. '모든 중생에게는 각각 육식·팔식·구식 등이 있다'. 이 뜻은 앞에서 말한 것과 같고, 지금 이 경에서는 오직 두 가지만 설했으나 혼식으로서 세 가지를 말하고 백식으로 일곱 가지를 말한다. 世尊 告閻魔王 及秦廣王等言 一切衆生 各有六識 八識 九識 義如前說 今此經中 唯有二說 魂識說三 魄識說七"라고 하였다. 〔참고문헌〕『地藏十王經』, 『佛祖統紀』 권33(대정장49, p.322b6). ⇨시왕 十王, 명부 冥府

진괴 趂塊 흙덩이 좇다. 전국시대 명견 한로가 던진 이 물지 않고 흙덩이만을 쫓은(韓盧逐塊) 고사에 근거한다. 진(趂)은 진(趁)으로도 쓴다. 『운문광록』 권하(고존숙어록18, 卍속장118, p.383b12)에 "운문이 학인에게 물었다. '어딜 다녀왔는가?' '재에 나아갔다가 왔습니다' '보시 받은 돈을 내놓아라' '화상께서는 부족하신 것 무엇입니까?' '그대 또한 부족한 것 있는가?' '모자람 없습니다' '모자란 것 없는데 재에 나아가 무엇 했느냐?' 학인은 답이 없었다. 운문이 대신 답하였다. '어찌 방해되는 일 있겠는가?' 또 말하였다. '흙덩이 쫓는가 해서'. 問僧 甚處來 僧云 赴齋來 師云 將䞋錢來 僧云 和尙欠少箇什麽 師云 你又欠少箇什麽 僧云 不欠少 師云 不欠少 又赴齋作什麽 無對 代云 何妨 又云 趂塊", 『경덕전등록』 권6 「대주혜해전 大珠慧海傳」(대정장51, p.247b8)에 "또 학인이 대주에게 물었다. '경율론은 부처님의 말씀입니다. 읽고 외워 가르침 따라 받들어 행하는데, 어찌해서 성을 보지는 못하는 것입니까?' 대주가 답했다. '마치 저 미친 개 흙덩이 좇지만 사자는 던진 사람 무는 것과 같다. 경율론은 바로 자성의 움직임이고 믿고 외우는 이 바로 그 성인 법이다'. 又問曰 夫經律論是佛語 讀誦依敎奉行 何故不見性 師曰 如狂狗趁塊師子齩人 經律論是自性用 讀誦者是性法"라고 하였다. 〔참고문헌〕『雲門廣錄』, 『景德傳燈錄』. ⇨한로축괴 韓盧逐塊

진교 眞敎 **1** 무루(無漏)인 진여(眞如)에 의지한 교설. 『성유식론소의연』 권1(卍속장79, p.7b11)에 "진실한 가르침이란 진실하여 번뇌 없고 본래의 바탕인 가르침을 진교라 한다. 제불께서 설하신 법은 모두 진여에서 흘러나왔기에 진교라 한다. 言眞敎者 卽眞無漏 本質之敎 名爲眞敎 諸佛所說法 皆從眞如流出 故名眞敎", 『화엄론절요』 권1(한불전4, p.814a10)에 "자기의 분별(六情과 六塵)로 참된 가르침 가려 막으면 안 된다. 不可以己情塵 翳障眞敎"라고 하였다. 〔참고문헌〕『成唯識論疏義演』, 『華嚴論節要』. **2** 북제 때 호신(護身)법사가 교판한 오교(五敎) 중 하나. 『화엄론절요』 권1(한불전4, p.784c4)에 "다섯 번째는 호신법사가 세운 오교로, 앞의 사교(四緣敎 假名敎 不眞敎 眞宗)에서 진여불성을 열어 진교로 삼으니 열반경이다. 第五 護身法師立五敎者 前四敎內 開眞如佛性 以爲眞敎 卽涅槃經"라고 하였다. 〔참고문헌〕『華嚴論節要』. ⇨ 오교 五敎 **2**

진구 塵垢 티끌과 그로 덮임. 티끌로 더럽혀지다. 육근(六根)과 육진(六塵)이 어울려 일체(一切十二處)를 드러내고, 번뇌란 진(塵)들과 어울려 물든(垢) 것들이기에 진구라 한다. 유식에서는 견소단번뇌가 진이면 번뇌수면은 구여서 소지장과 번뇌장이라 여긴다. 『장아함경』 권1 「대본경 大本經」(대정장1, p.10c23)에 "비구는 고요한 곳에서 티끌들 묻은 것 벗어나 부지런히 닦아 게으르지 않으니, 모든 맺힌 것들 끊는다. 比丘靜處 離于塵垢 精勤不懈 斷諸有結", 『비바시불경』 권하(대정장1, p.157a11)에 "마치 어떤 먼지와 때도 없는 흰 모포와 같이 법을 깨달은 마음도 이와 같다. 譬如白氎 無諸塵垢 悟法之心 亦復如是", 『아비담비바사론』 권12(대정장28, p.90b21)에 "마치 그을음·먼지·때와 같다는 말은 그을음·먼지·때가 붙은 곳은 그것들이 모두 더럽히도록 하는 경우와 같다. 이와 같이 모든 번뇌는 저들 나는 곳마다 따라다니며 저들 마음 때묻혀 물들인다. 如煙塵垢者 如煙塵垢 所著之處 令彼皆汚 如是諸煩惱 隨彼生處 令彼心垢汚", 『주유마힐경』 권1(대정장38, p.338b28)에 "〈경〉 티끌도 멀리하고 때묻힘도 버려서 법안정을 얻었다. … 〈주〉 진구란 여든여덟 가지 번뇌다. 遠塵離垢 得法眼淨 … 塵垢 八十八結也", 『삼미륵경소』(대정장38, p.322b17)에 "티끌과 때묻음이란, 『유가사지론』에 따르면 견소단번뇌에 묶인 것이 진이고 저 번뇌수면을 때라 한다. 塵垢者 瑜伽第八十六云 見所斷煩惱纏爲塵 彼煩惱隨眠爲垢也", 『진심직설』 「진심정조 眞心正助」(한불전4, p.720c16)에 "마치 밝은 거울이 먼지로 덮이면 비록 손의 힘으로 닦더라도 반드시 좋은 약으로 닦아야 빛이 비로소 나타나는 것과 같다. 먼지 묻음은 번뇌고 손의 힘은 무심의 공덕, 문지르는 약은 온갖 선행, 거울의 빛은 진심이다. 譬如明鏡 爲塵所覆 雖以手力揩拭 要須妙藥磨瑩 光始現也 塵垢煩惱也 手力無心功也 磨藥衆善也 鏡光眞心也"라고 하였다. 〔참고문헌〕『長阿含經』, 『毘婆尸佛經』, 『阿毘曇毘婆沙論』, 『注維摩詰經』, 『三彌勒經疏』, 『眞心直說』, 『瑜伽師地論』 권86(대정장30, p.778c8), *Śrāv-bh.31.*, *Bodh-bh.56.*, *DN.2.18.*, *SN.5.321.* ⇨ 구 垢, 진 塵 **2**, 육진 六塵, 일체 一切, 십이처 十二處, 번뇌 煩惱, 번뇌장 煩惱障, 소지장 所知障

진구사 珍丘寺 전라북도 임실군 신평면 용암리(龍岩里)에 있던 절. 『삼국유사』 권3(대정장49, p.988b18·한불전6, p.317b8) 흥법(興法)3 보장봉로보덕이암(寶藏奉老普德移庵)에 "적멸과 의융 두 스님이 진구사를 창건하였다. 寂滅義融二師 創珎丘寺"라고 하였고, 893년(진성왕7)에 최치원(崔致遠 857~?)이 찬술한 「문경봉암사지증대사적조탑비문 聞慶鳳巖寺智證大師寂照塔碑文」에서는 '진구사 각휴(覺休)'라고 하였다. 그 뒤에도 이규보(李奎報 1168~1241)의 시 '진구에 머물고 있는 스님 겸공이 명주를 베푼 데 사례하다 謝珍丘住老謙公惠綿'(『동국이상국전집』 권14)가 전하며, 1392년(태조1)에 권근(權近 1352~1409)이 쓴 「수원만의사축상화엄법화법회중목기 水原萬義寺祝上華嚴法華法會衆目記」(『동문선』 권78)에는 "폐허가 된 지 이미 오래되어 … 황경 년간(1312~1313)에 천태종 진구사 주지 혼기대선사가 옛터를 와서 보고 중창하여 새롭게 하였다. 壞廢旣久 … 皇慶間 天台珍丘寺住持大禪師混其來觀遺址 重營以新"라고 하였다. 『태종실록』 권14 7년(1407) 12월 2일에는 "의정부에서 명찰로 여러 주의 자복사에 대신하기를 청하니, 그대로 따랐다. … '중신종에는 임실 진구사 … 이고'. 議政府請以名刹代諸州資福 從之 … 中神宗任實珍丘寺"라고 하였다. 그 뒤 섬진강의 범람과 임진왜란 때문에 소실되었다는 전승만 전한다. 원래 절터는 용암리사지로 불렸지만, '진구사'라는 명문 기와가 발견되어 진구사 옛 터임이 확인되었다. 현재 절터에는 보물로 지정된 화려한 조각을 새긴 웅장한 규모의 석등이 서 있고, 그 북쪽에는 석축을 두른 건물터가 있으며, 1900년 경에 통일신라시대 조성된 것으로 추정되는 2기의 불상좌대가 발견되기도 하였다. 〔참고문헌〕『三國遺事』, 『東國李相國全集』, 『東文選』, 『太宗實錄』, 李智冠 『校勘譯註歷代高僧碑文』 新羅篇 p.306, 『韓國寺刹全書』 권하 p.1048b8.

진구사지석등 珍丘寺址石燈 통일신라시대 석등. 보물 제267호. 높이 5.18m. 전라북도 임실군 신평면 용암리 진구사지에 있다. 임실 용암리사지 석등(任實龍岩里石燈)으로 불리었다가 '진구사(珍丘寺)'라는 명문기와가 발견되어 이름이 바뀌었다. 기단부는 팔각지대석 위에 각각의 돌로 된 기대석과 하대석이 올려져 있다. 기대석 팔각 면마다 안상을 새겼고, 하대석에는 양감이 뛰어난 팔엽복련을 새겼다. 복련 끝은 큰 귀꽃으로 장식하였다. 하대석 위는 둥근 운문을 새긴 굄으로 간주를 받쳤다.

간주석(竿柱石)은 고복형(鼓腹形)으로 간주 중앙 고복부는 아래위로 팔엽의 앙련과 복련을 마주하게 새겼다. 간주석 위 상대석은 보상화문의 팔엽앙련을 조각하였고, 그 위에 팔각 굄을 두어 화사석(火舍石)을 올렸다. 화사석은 팔각으로 각 면마다 장방형의 화창을 열었다. 팔면 모두 화창을 여는 것은 인근 지역 남원 실상사석등(南原實相寺石燈), 담양 개선사지석등(潭陽開仙寺址石燈)에서도 볼 수 있다. 옥개석 역시 팔각으로 경사가 급하고 모서리마다에 큰 귀꽃이 피었다. 상륜부는 노반(露盤)과 앙화(仰花)도 남아 있다. 현전하는 석등 중 두 번째 큰 석등으로, 상륜부의 일부가 결실되었을 뿐 거의 원형에 가깝다. 비례가 안정적이고 새김법도 아름다울 뿐 아니라, 하대석의 운문 굄이나 고복형 간주석 등에서 9세기 중반 호남지역 석등의 특징을 잘 드러낸, 통일신라 후기 석등으로는 귀한 성보다. [참고문헌]『석등조사보고서Ⅱ』(국립문화재연구소, 2001) pp.57~67.

진구사지석등

진국도량 鎭國道場 나라를 수호하기 위한 도량. 진국도량이 설치된 사원을 일컫기도 한다. 호국도량(護國道場)의 하나로, 진호국가도량(鎭護國家道場)이라고도 한다. 원인(圓仁 794~864)의 『입당구법순례행기』 권3 개성(開成) 5년(840) 5월 17일에 의하면, 오대산(五臺山) 대화엄사(大化嚴寺)에 "천자가 칙을 내려 진국도량을 두었다. 천태종 스님이 사분율을 강의하고 있었는데 이들도 역시 지원화상의 문하였다. 勅置鎭國道場 有天台宗僧 講四分律 亦是遠和上門下"라고 하였다. [참고문헌]『入唐求法巡禮行記』. ⇨ 호국도량 護國道場

진국사 鎭國寺 **1** 부산광역시 강서구 지사동 명월산(明月山)에 있던 절. 『동국여지승람』 권32 경상도 김해도호부 불우에 절 이름이 보이고 『여지도서』와 『범우고』에 폐사 기록이 전한다. [참고문헌]『東國輿地勝覽』, 『輿地圖書』, 『梵宇攷』, 『韓國寺刹全書』 권하 p.1057a18. **2** 경기도 양주시 장흥면 울대리 북한산(北漢山)에 있던 절. 『동국여지비고』에 노적봉(露積峯) 아래 중성문(中城門) 안에 있고 총 104칸이라고 전한다. 『한국사찰전서』 권하(p.1057a17)에 "성능이 창건하였다. 僧聖能所創"라고 하였다. [참고문헌]『東國輿地備考』, 『韓國寺刹全書』 권하 p.1057a17. **3** 전라남도 광주(光州)에 있었던 절. 『태종실록』 권14 태종 7년(1407) 12월 2일(辛巳)에 "의정부에서 명찰로 여러 고을의 자복사를 대신하기를 청하니 따랐다. … 자은종은 … 수원 창성사, 진주 법륜사, 광주 진국사였다. 議政府請 以名刹代諸州資福 從之 … 慈恩宗 … 水原彰聖寺 晋州法輪寺 光州鎭國寺"라고 하였다. [참고문헌]『太宗實錄』. **4** 평안북도 자산군 자모산성(慈母山城)에 있던 절. 자모산성은 현재 평안남도 평성시 어중리에 소속되어 있으며 북한의 국보 문화유물 제38호로 지정된 곳이다. 『여지도서』와 『가람고』 및 『범우고』에 진국사는 자모산성 안에 위치한다고 전하고 있다. [참고문헌]『輿地圖書』, 『伽藍考』, 『梵宇攷』, 『韓國寺刹全書』 권하 p.1057a20.

진국태부인 秦國太夫人 송대 우바이. 성은 허(許)씨, 법명은 법진(法眞). 장구고(張九皐)의 부인이며 자암거사(紫岩居士) 장덕원(張德遠 : 承相을 지냄)과 장양숙(張暘叔 : 提刑을 지냄)의 어머니이다. 30세 홀로 된 후 40여 년 동안 재가수행하다가 대혜(大慧)의 제자인 도겸(道謙)에게 배웠다. 도겸을 통해 대혜에게 편지와 게송을 보내, 1139년(소흥9)에 임안(臨安) 경산사(徑山寺)에 있던 대혜로부터 '깨달은 자리에 얽매이지 말고 홍비도생(興悲度生)하라'는 답장을 받았다. 위국공(魏國公) 장준(張浚) 찬 「대혜보각국사탑명 大慧普覺禪師塔銘」(『대혜어록』 권6・대정장47, p.837b7)에 "우리 진국태부인도 일찍이 선사에게 도를 물었다. 我秦國太夫人 亦嘗於師問道焉", 같은 책 권14(대정장47, p.869b13)에 "진국태부인이 보설을 청하였다. … 오늘은 진국태부인 허씨 법진의 생일이므로 삼가 정재를 베풀어 멀리 이 산에 나아와 청정선중을 위한 향재를 베풀므로 이에 산야에 알리고 이 법좌에 올라 대중을 위해 보설한다. 秦國太夫人請普說 … 今日是秦國太夫人許氏 法眞慶誕之辰 謹施淨財 遠詣當山 修設淸淨禪衆香齋 仍命山野陞干此座 爲衆普說", 『서장』 「답진국태부인 秦答秦國太夫人」(대정장47, p.927a1)에 "비로소 법희선열락이 세간락에 비할 바 아님을 알았을 터이니 저도 국태를 위해 기뻐합니다. … 쓰레기더미에서 값을 매길 수 없는 보배를 얻어 백겁천생토록 받아 써도 다함이 없으니, 비로소 진귀함이 될 뿐입니다. 그러나 간절히 이런 귀함에 집착해서는 안 됩니다. … 만약 집착하면 존귀중에 떨어져 다시는 자비와 지혜를 일으켜 유정을 가엾이 여기지 못할 것입니다. 始知法喜禪悅之樂 非世間之樂可比 山野爲國太歡喜 … 糞掃堆頭收得無價之寶 百劫千生受用不盡 方始爲眞貴耳 然切不得執著此貴 … 若執著則墮在尊貴中 不復興悲起智 憐愍有情耳"라고 하였다. 부인의 오도송(悟道頌)은 "꿈에 난새를 타고 푸른 허공에 올랐더니 비로소 이 몸 한세상 지나다 들리는 여인숙일 뿐임을 알았네. 돌아올 제 꿈길인가 했는데 외마디 산새 소리 봄비 중에 여유롭네. 푸른 하늘 버텨 솟은 산봉우리 위 끝에 걸린 저 둥근 빛 하나, 푸른 하늘 밝게 비추어 한 물건도 없이 하네. 참으로 귀하다, 하늘 그대로여서 값 매길 수 없는 보배여. 원래부터 이 몸뚱이에 묻혀 있었다니. 夢跨飛鸞上碧虛 始知身世一遽廬 歸來錯認邯鄲道 山鳥一聲春雨餘 碧塞峰頭目一輪 照曜青空一物無 可貴天然無價寶 元來埋在匿身軀"라고 하였다. [참고문헌]『大慧語錄』, 『書狀』, 李智冠『書狀私記』pp.63~64.

진궁조담한 秦宮照膽寒 자득휘오전위(自得暉五轉位) 중 세 번째 위로 편정오위(偏正五位) 중 정중래(正中來)에 해당한다. 『인천안목』 권3(대정장48, p.320a25)에 "진궁조담한 : 바위 굴에 꽉 찬 고요 얼음처럼 차고, 묘를 얻은 명부 처처가 신령하여 뒤척이며 의연히도 위에 나아갔지만, 돌아보니 초나라 왕성은 사라져버렸다네. 秦宮照膽寒 巖房闃寂冷如氷 妙得冥符處處靈 轉側依然功就位 回頭失却楚王城", 『건중정국속등록』 권29 「여주흥화인악선사〈10수〉 廬州興化仁岳禪師〈十首〉」(卍속장136, p.397a9)에 "진궁영담휘 : 둥근 빛으로 간담까지 비추니 마음 사무쳐 서늘하고, 호추 나누자마자 넘치도록 다른 끝들 넘쳐난다. 푸른 눈 달마가 그 앞에 임해서는 틀림없이 때려 부수리니, 저 빛도 경도 함께 하지 못하리. 秦宮映膽輝 圓明照膽徹心寒 好醜纔分足異端 碧眼臨臺須撲破 免他光境兩俱完", 『정자혜휘어록』 권3(卍속장124, p.943b11)에 "진궁 비추니 간담이 서늘하다. 달은 떨어져 흰 구름 밖이네. 秦宮映膽寒 月落白雲外"라고 하였다. [참고문헌]『人天眼目』, 『建中靖國續燈錄』, 『淨慈慧暉語錄』. ⇨ 정중래 正中來, 오전위 五轉位

진귀조사 眞歸祖師 선종에서 전하는 전설의 조사. 석가세존께서 샛별 보고 성도하신 후 만난 조사로 교외별전의 단서가 된 일화다. 『선문보장록』 권상(한불전6, p.474a8)에 "우리 본사이신 석가모니께서 출태해서 법설하시고 사방 일곱 걸음 걸으시고는 '유아독존'이라 하신 후에 성을 넘어 설산 중에서 샛별 보시고 도를 깨우치셨다. 그 이 법 미진한 줄 아시고 수십월을 유행하시다가, 마침내 진귀조사를 만나고서야 비로소 현극의 뜻 전해 받았으니 이것이 바로 교외별전이다. 我本師釋迦出胎說法 各行七步云 唯我獨尊 後踰城 往雪山中 因星悟道 旣知是法未臻 遊行數十月 尋訪祖師眞歸大師 始傳得玄極之旨 是乃敎外別傳也"라고 하였다. [참고문헌]『禪門寶藏錄』, 『朝鮮佛敎通史』 권상 p.104 · 권하 p.14.

진근 進根 Ⓢ vīrya-indriya, Ⓣ brtson-'grus-kyi-dbang-po. 법을 가져 나아가 틈 없이 하는 뜻. 오근(五根) 중 하나인 정진근(精進根 : 勤根). 『대승장엄경론』 권10(대정장31, p.644a12 : *Sūtr.*, p.143)에 "진근은 보살행으로 연을 삼는다. 進根以菩薩行爲所緣 vīryendriyasya bodhisatvacaryā (padam ālambanam ity arthaḥ)", 『대승집보살학론』 권22(대정장32, p.135a28 : *Śikṣ.*, p.317)에 "어떤 것이 진근인가? 법이라면 신근으로 거두어야 법이다. 부지런히 용맹해서 틈 없어야 진근이다. 云何進根 若法信根所攝是法 勤勇無間 是名進根 tatra katamad vīryendriyam. yān dharmān śraddhendriyeṇa śraddadhāti, tān dharmān vīryendriyeṇa samudānayati. idamucyate vīryendriyam"라고 하였다. [참고문헌]『大乘莊嚴經論』, 『大乘集菩薩學論』, *Sūtr.*, *Śikṣ.* ⇨ 오근 五根[2], 정진근 精進根

진근절력 盡筋截力 힘줄 다하고 힘도 끊다. 『종용록』 35칙 「본칙 本則」(대정장48, p.250b25)에 "낙포가 협산에게 말했다. '먼곳에서 위풍 듣고 찾아와 스님 한번 뵈옵기를'〈가늠하는 막대기 손에 있네〉 '눈앞에 사리인 그대 없고 이곳엔 노승이 없다'〈물고기 잡을 풀그림자 늘 몸을 따르네〉. 낙포가 소리질렀다〈힘줄 다하고 힘도 끊어졌다〉. 浦云 自遠趨風 乞師一接〈探竿在手〉 山云 目前無闍梨 此間無老僧〈影草隨身〉 浦便喝〈盡筋截力〉", 『공곡집』 36칙 「평창 評唱」(卍속장117, p.572b1)에 "이렇게 힘줄이 다하고 힘도 끊어질 정도로 있는 정성 속속들이 다하여 남에게 전하여도 하나 중 반도 얻지 못하는 법인데, 만일 이렇게 억누르는 듯하면서 억누르지도 않는 방식으로 한다면 어떻게 오늘의 성과를 기대하겠는가! 恁麽盡筋截力徹底爲人 尙不得一箇半箇 若是抑而不抑 何有今日"라고 하였다. [참고문헌]『從容錄』, 『空谷集』.

진금 眞金 Ⓢ haima, Ⓣ gser-dga-pa. 다른 것이 섞이지 않은 순금. 『능가경』 권2(대정장16, p.497a2 : *Laṅk.*, p.131)에 "마치 순금을 단련하거나, 갖가지로 묻은 때를 멀리 벗어나거나, 허공에 구름 흩어지듯이, 망상이 깨끗해짐도 이렇다. 譬如鍊眞金 遠離諸垢穢 虛空無雲翳 妄想淨亦然 haimaṃ syāttu yathā śuddhaṃ jalaṃ kaluṣavarjitam, gaganaṃ hi ghanābhāvāttathā śuddhaṃ vikalpitam", 『대장엄론경』 권1(대정장4, p.259b16)에 "이와 같이 묘법은 마땅히 진금으로 베끼고 써서 보배함에 가득 채워 갖가지로 공양해야 한다. 如是妙法 宜用眞金 而以書寫 盛以寶函 種種供養"라고 하였다. [참고문헌]『楞伽經』, 『大莊嚴論經』, *Laṅk.*

진금불혼사 眞金不混沙 진금은 모래와 섞일 줄 모르네. 남전보원(南泉普願)이 이류중행(異類中行)하심을 굉지정각(宏智正覺)이 읊은 구다. 『종용록』 9칙 「송 頌」(대정장48, p.233a2)에 "이류중에서 오셨네. 그래도 밝은 거울이시네〈납자는 속일 수 없다〉, 다만 순금이라야 모래에 섞일 수 없다네〈이 참이라면 사라지기도 어렵다네〉. 異中來也還明鑒〈衲子難謾〉 只箇眞金不混沙〈是眞難滅〉"라고 하였다. [참고문헌]『從容錄』, 『直註天童頌古』 권1(卍

속장117, p.785b3). ⇨ 이류중행 異類中行

진금실색 眞金失色 순금 그 빛을 잃다. 기왓장 빛을 내다(瓦礫生光)라는 말과 함께 해서 잡아 머물고(把住) 놓아 행함(放行)에 자재한 뜻 드러낸다. 『설두어록』 권1(대정장47, p.673c22)에 "놓아 행한즉 기왓장도 빛을 내고, 붙잡아 묶어두면 순금도 빛을 잃는다. 이 권력의 칼자루 손에 쥐고서 죽이고 살리기를 때에 따라 휘두른다. 放行則 瓦礫生光 把定則 眞金失色 權柄在手 殺活臨時", 『청익록』 14칙 「평창 評唱」(卍속장117, p.826a6)에 "찢어발겨도 나에게 있고 짓이겨 모아도 나에게 있다. 제방에서 말하길 '파정하여 순금이 빛을 잃고, 방행에 기왓장 빛을 낸다'고 하는데, 이를 가리켜 '이렇게 해서 사로잡기도 하고 풀어주기도 하며 능히 죽이고 능히 살린다' 한다. 裂開也在我 捏聚也在我 諸方道 把定眞金失色 放行瓦礫生光 謂之有擒有縱 能殺能活"라고 하였다. [참고문헌] 『雪竇語錄』, 『請益錄』, 『如淨語錄』(대정장48, p.134b28), 『碧巖錄』(대정장48, p.170a23). ⇨ 와력생광 瓦礫生光, 파주 把住, 방행 放行

진금포 眞金鋪 순금만 거래하는 포. 방편 버려 종지만을 거량하는 길과 방편 가져 따라 베푸는 다른 가풍을 드러낸 뜻이다. 『조당집』 권4 「약산장 藥山章」(대장경보편25, p.386b9)에 "어느 날 편지가 도착했는데 그곳에 '석두(希遷)는 순금을 거래하는 점포이고, 강서(馬祖)는 잡화 파는 점포다'라고 적혀 있었다. 有一日造書書上說 石頭是眞金鋪 江西是雜貨鋪", 『앙산어록』(대정장47, p.585c24)에 "'이렇게 말하였으니 「석두는 순금을 거래하는 점포고, 나의 이곳은 잡화나 파는 점포다」라고 말했으니, 쥐똥을 찾는 이 와도 나 또한 그에게 집어 줄 수 있고, 순금을 찾는 이 와도 나 또한 집어 그에게 줄 수 있다'. 그때 학인이 물었다. '쥐똥은 필요치 않으니 화상께 순금을 청합니다' '날아오는 화살촉을 물고자 입 벌리는구나. 당나귀해가 온들 깨우칠 일 없으리'. 그 학인이 아무 대꾸도 하지 못했다. 所以道 石頭是眞金鋪 我這裏是雜貨鋪 有人來覓鼠糞 我亦拈與他 來覓眞金我亦拈與他 時有僧問 鼠糞卽不要 請和尙眞金 師云 囓鏃擬開口 驢年亦不會 僧無對"라고 하였다. [참고문헌] 『祖堂集』, 『仰山語錄』. ⇨ 잡화포 雜貨鋪

진기 眞機 ❶ 참된 기틀. 『무경집』 권3 「조대고모연문 造大皷募緣文」(한불전9, p.411b12)에 "하늘의 그윽한 조화는 진실로 찾을 곳 없어 우뢰치듯 하지 않으면 능히 뭇 유정 놀래킬 수 없고, 부처님의 참된 움직임 또한 가늠할 수 없으나 큰 소리가 아니면 능히 깊은 꿈에서 깨어나게 할 수 없다. 天之玄化 固無方而非大壯 則不能皷於群動 佛之眞機 亦叵測而非大音 則不能覺於大夢故"라고 하였다. [참고문헌] 『無竟集』, 『金剛經五家解說誼』 권상(한불전7, p.16a11). ⇨ 밀현진기 密顯眞機 ❷ 조선중기 스님. 부용영관(芙蓉靈觀)의 시자. 청허휴정(淸虛休靜)이 그에게 준 시 「우증진기 又贈眞機」와 재상 소세양(蘇世讓)의 시에 차운하여 스님에게 준 시 「차소상세양운증진기대사 次蘇相世讓韻贈眞機大師」가 『청허집』에 전한다. 『삼로행적』 「부용당선사행적 芙蓉堂先師行蹟」(한불전7, p.755c8)에 "시자 법융·영응·진기·신옹이 영골을 거두어 연곡사의 서쪽 기슭에 부도를 세웠다. 侍者法融靈應眞機信翁 收靈骨 竪浮屠 于燕谷寺之西麓也"라고 하였다. [참고문헌] 『三老行蹟』, 『淸虛集』 권1(한불전7 p.673a16)·권4(한불전7, p.704b1).

진기암 鎭氣庵 경상남도 경주시에 있었던 암자. 『동경잡기』 권1 산천에 "봉좌암은 기계현 서남쪽 10리에 있다. 봉좌암에 4개의 석굴이 있으며, 그 아래에 진기암 옛 터가 있다. 鳳坐巖 在杞溪縣西南十里 巖四有石窟 其下有鎭氣庵舊址"라고 하였다. [참고문헌] 『東京雜記』.

진기약 陳棄藥 Ⓢ pūtimukta-bhaiṣajya, Ⓟ pūtimuttaṃ bhesajjānam, Ⓣ sman-bkus-te-bor-ba. 비구가 가져 써도 되는 약. 사의법(四依法) 중 하나다. 다른 이가 버려두었거나 쓰고 남은 것을 다시 달여 만든 약. 잔약(殘藥)·기약(棄藥)·잔기약(殘棄藥)·진부약(陳腐藥)·부란약(腐爛藥)이라고도 한다. 『마하승기율』 권23(대정장22, p.414a27)에 "부처님께서 비구에게 물으셨다. '너는 병에 따라 약을 복용하고, 병에 따라 음식을 먹느냐?' 비구가 말씀드렸다. '세존이시여, 저는 약값이 없고 약을 베푸는 이도 없기 때문에 병고에 시달릴 뿐입니다'. 부처님께서 다시 비구에게 물으셨다. '너는 진기약을 복용하지 않느냐?' 그 비구가 말씀드렸다. '세존이시여, 진기약은 깨끗하지 않아서 제가 복용할 수 없습니다'. 부처님께서 말씀하셨다. '아니다, 아니다. 그렇게 말하지 마라. 진기약은 소소한 것이니 얻기 쉬우며, 청정하여 어떤 허물도 없어서 사문법에 맞으니, 이것에 의지하여 세간을 버린다'. 佛問比丘 汝不能服隨病藥 隨病食耶 白言 世尊 我無藥直 復無施者 是故病苦 佛問比丘 汝不能服 陳棄藥耶 白言 世尊 是陳棄藥不淨 我不能服 佛語比丘 止 止 莫作是語 陳棄藥少事易得 應淨無諸過 隨順沙門法 依是出家", 『구사론기』 권22(대정장41, p.339a10)에 "사의중에 진기약이 분예라는 것은 맞지 않는다. 오래된 약으로 다른 이가 버려둔 것을 진기약이라고 한다. 四依中 陳棄藥 是糞穢者 不然 陳久之藥 他人棄之 名陳棄藥", 『유가론기』 권20(대정장42, p.764a12·한불전14, p.514a9)에 "진기약이란 무엇인가? 타인이 버린 약 찌꺼기를 취하여 달여 복용하는 것을 진기약이라고 한다. 言陳棄藥者 謂取他人所棄藥滓 煎煮服之

名陳棄藥"라고 하였다. [참고문헌] 『摩訶僧祇律』, 『俱舍論記』, 『瑜伽論記』, *Mvyut.265.*, *AN.4.232.* ⇨사의법 四依法, 부란약 腐爛藥, 용탕 龍湯

진나 眞那 ➡지나 支那

진나 陳那 Ⓢ Dignāga, Diṅnāga, Ⓣ phyogs-kyi-glang-po, phyogs-glang. 480~540. 인도에 불교의 인명을 집대성한 스님. 남인도 향지국(香至國) 바라문 출신. 역용(域龍)·대역용(大域龍)·방상(方象) 등이라고 한다. 외도와 소승 독자부(犢子部)에서 배웠으나, 세친(世親)을 스승으로 삼아 유식(唯識)과 인명(因明)을 배웠다. 외도를 굴복시키고 니야야(Ⓢ Nyāya : 正理)와 변론을 벌여 세상에 널리 알려졌다. 나란다사(那爛陀寺)에서 구사·유식·인명 등을 강의하였으며, 구사와 유식에 관한 주석서 이외에도 『집량론 集量論』을 저술하였다. 제8식 자체 중에 종자훈습의 경우 삼분(三分)을 주장하였으며, 인명에서는 인(因)의 삼상(三相)을 세우고 오지작법(五支作法)이 아닌 삼지작법(三支作法)으로 신인명(新因明)을 확립하였다. 남인도를 두루 다니며 외도논사들을 굴복시키고 황폐화된 불교도량을 다시 일으키려 고행하였으며, 오다국(烏茶國)의 숲 속에 있는 동굴에서 입적하였다. 저술로는 『인명정리문론 因明正理門論』(『인명정리문론본 因明正理門論本』과 동본)·『취인가설론 取因假說論』·『무상사진론 無相思塵論』(『관소연연론 觀所緣緣論』과 동본)·『입유가론 入瑜伽論』·『해권론 解捲論』(『장중론 掌中論』과 동본)·『관총상론송 觀總相論頌』·『불모반야바라밀다원집요의론 佛母般若波羅蜜多圓集要義論』 등이 있으며, 문학적 역량을 발휘하여 희곡(戱曲)을 짓기도 하였다. 제자로 상갈라주(商羯羅主)가 있으며, 그의 유상유식설(有相唯識說)은 호법(護法)에 의해서 계승되었다. 『대당서역기』 권10(대정장51, p.930b12)에 "소행아라한의 가람에서 서남쪽으로 이십여 리를 가면 고산에 이르는데, 산마루에는 돌탑이 있다. 진나〈당언은 받아들임의 뜻인 수다〉보살은 여기에서 『인명론』을 지었다. 진나보살은 부처님께서 세상을 떠나신 후 그 가르침을 잇고자 출가하여 가사를 수했다. 所行羅漢伽藍西南行二十餘里 至孤山 山嶺有石窣堵波 陳那〈唐言授〉菩薩 於此作因明論 陳那菩薩者 佛去世後 承風染衣"라고 하였다. [참고문헌] 『大唐西域記』, 『南海寄歸內法傳』 권4(대정장54, p.230a6), *Mvyut.178.* ⇨디그나가 Dignāga, 인명 因明, 신인명 新因明, 삼지작법 三支作法, 고인명 古因明, 삼분가 三分家

진나 금강승조사도 티베트 시대미상

진나 목판채색 티베트 시대미상

진나달라다 辰那呾邏多 Ⓢ Jinatrāta. 승기부(僧祇部 : 摩訶僧祇部 Ⓢ Mahāsāṃghika)의 스님. 한역 이름은 최승구(最勝救). 『자은전』 권2(대정장50, p.231b8)에 "그(僧稱法師)는 (玄奘에 대해) 드러내놓고 기뻐하며 극찬했다. … 그때 대중 가운데 대승학승이 있었는데, … 승기부 학승으로는 소리야제바〈일천으로 한역〉와 진나달라다〈최승구로 한역〉 등이 그 나라에 먼저 와서 우러러 배웠다. … 이들은 현장법사가 자신들의 스승에게 칭찬받는 것을 보고는 발분하여 현장에게 난문을 던졌지만, 현장은 조목조목 명확히 밝혀가며 막힘없이 응수했다. 彼公歡喜 歎賞無極 … 時衆中有 大乘學僧 … 僧祇部學僧 蘇利耶提婆〈唐言日天〉 辰那呾邏多〈唐言最勝救〉 其國先來尙學 … 旣見法師爲大匠褒揚 無不發憤難詰法師 法師亦明目酬對 無所蹇滯"라고 하였다. [참고문헌] 『慈恩傳』. ⇨승기부 僧祇部, 마하승기부 摩訶僧祇部

진나불다라 辰那弗多羅 Ⓢ Jinaputra, Ⓣ rgyal-sras. 유식십대논사(唯識十大論師) 중 한 사람. 신나불달라(愼那弗呾羅)로도 음사하고, 최승자(最勝子)·승자(勝子) 등으로 한역한다. 『성유식론술기』 권1(대정장43, p.231c6)에 "이 송(『유식삼십론송』)을 주석한 이로 열 명의 논사가 있다. … 여덟 번째 논사는 범어 이름이 비세사밀다라이며 승우라고 한역한다. 아홉 번째 논사는 범어 이름이 진나불다라이고 승자라고 한역한다. 열 번째 논사는 범어 이름이 야나전달라이고 지월이라 한역한다. 마지막 이 세 명의 논사는 모두 호법보살의 문인이다. 釋此本頌有十論師 … 八 梵云毘世沙蜜多羅 唐言勝友 九 梵云辰那弗多羅 唐言勝子 十 梵云若那戰達羅 唐言智月 此後三論師 並護法菩薩之門人也"라고 하였다. [참고문헌] 『成唯識論述記』·권1(대정장43, p.232a4), *Mvyut.22.* ⇨신나불달라 愼那弗呾羅, 최승자 最勝子 ❷, 십대논사 十大論師, 호법 護法

진나종 陳那宗 진나(Ⓢ Dignāga 480~540)의 가르침을 따르는 무리나 그 가르침. 진나는 삼지작법(三支作法)을 창안한 신인명(新因明)의 대성자이다. 『인명론소명등초』 권6(대정장68, p.407a22)에 "여기서 고사(古師)라고 한 것은 미륵·무착·세친 등을 제한 그 밖의 고인명논사와 외도사를 고사라고 했다. 〔문〕 그렇다면 무착의 대법은 따로 세운 합법인데, 진나종과 같은가 다른가? 〔답〕 무착은 진나의 유법과 다르지 않다. 今云古師者 除彌勒 無著 世親等 餘古因明師 及外道師 是名古師 問 若爾 無著對法 別立合法 與陳那宗 爲同爲異 答 無著不異陳那喩法"라고 하였다. 〔참고문헌〕『因明論疏明燈鈔』. ⇨ 디그나가 Dignāga, 진나 陳那

진남사 鎭南寺 ❶ 경상북도 구미시 남통동 금오산성(金烏山城) 안에 있던 절. 『여지도서』·『범우고』·『대령지』 등에 절 이름이 보인다. 『일성록』 정조 8년(1784) 5월 7일에 "성내 진남사에 찾아내 모아들인 수백여 명의 스님들 중 겨우 3명만 남아서 텅 빈 성이 되어 버릴 지경입니다. 城內鎭南寺刷入累百餘僧 只存三名 空城可期"라고 하였다. 〔참고문헌〕『輿地圖書』, 『梵宇攷』, 『大嶺志』, 『日省錄』, 『韓國寺刹全書』 권하 p.1057b1. ❷ 함경북도 길주군 장덕산(長德山)에 있던 절. 『여지도서』에 "진남사는 주 동쪽 7리 지점의 장덕산에 있다. 승도는 다섯이다. 鎭南寺在州東七里長德山 僧徒五名"라고 하였다. 〔참고문헌〕『輿地圖書』, 『伽藍考』, 『梵宇攷』, 『韓國寺刹全書』 권하 p.1057b3.

진내말 眞乃末 신라 고승 진표(眞表 742~765)의 아버지. 『삼국유사』 권4(대정장49, p.1007b18·한불전6, p.350a20) 의해(義解)5 진표전간(眞表傳簡)에 "진표 스님은 완산주 … 만경현 사람으로, … 아버지는 진내말이고 어머니는 길보랑이며, 성은 정씨이다. 釋眞表 完山州 … 萬頃縣人 … 父曰眞乃末 母吉寶娘 姓井氏"라고 하였다. 〔참고문헌〕『三國遺事』.

진념광제대사 眞念廣濟大師 고려 목종(재위 998~1009) 때 황해북도 개성시에 있던 총지사(摠持寺) 스님. 시호는 진념, 호는 광제, 휘는 홍철(弘哲)이다. 밀교 즉 신인종(神印宗) 스님으로 총지사에 있으면서 탑을 조성할 때 『보협인다라니경 寶篋印陀羅尼經』을 인출하여 탑 속에 안장하였다. 〔참고문헌〕 일본 동경국립박물관소장 『寶篋印陀羅尼經』. ⇨ 보협인다라니경 寶篋印陀羅尼經

진노 眞怒 신라 헌덕왕대 대서성(大書省) 관리로 이차돈순교 후 추념불사를 함께 했다. 자세한 행적은 알 수 없다. 다만 『삼국유사』 권3(대정장49, p.988a2·한불전6, p.316b20) 흥법(興法)3 '원종흥법염촉멸신 原宗興法厭髑滅身'에 따르면 817년(헌덕왕9) 8월 5일에 "국통혜륭, 법주인 효원, 김상랑, 대통인 녹풍, 대서성인 진노, 파진찬인 김의 등이 이차돈이 순교한 자리에 무덤과 비를 세웠다. 降有國統惠隆 法主孝圓 金相郎 大統鹿風 大書省眞怒 波珍喰金嶷等 建舊塋樹豊碑"라고 하였고, 그 후 흥륜사의 영수(永秀)가 이차돈의 무덤을 수호하면서 예경할 향도회(香徒會)를 결성하여 매월 5일에 봉찬법회를 가졌다. 〔참고문헌〕『三國遺事』. ⇨ 영수 永秀, 혜륭 惠隆, 이차돈 異次頓

진능립 眞能立 능히 말로 세운 바를 참되게 하다. 삼지(宗因喩)에 어떤 허물도 없어 다른 이가 지혜를 얻는 뜻에서 참이 되게 한다는 말이다. 인명팔문(因明八門 : 四眞四似八門) 중 하나로 사능립(似能立)과 맞선다. 『십이문론종치의기』 권상(대정장42, p.214c18)에 "종인유에 어떤 허물도 없고 의리가 끝내 성립되면 진능립이라 한다. 於宗因喩無諸過類 義理極成 名眞能立", 『인명입정리론집해』(卍속장87, p.108a16)에 "진능립이란 〈이것은 이름을 드러낸 것이고, 아래는 뜻을 풀이한다〉 대적자가 헤아림을 펴는 데 있어〈앞의 능립두자를 푼 것이다〉 세 분이 두렷이 밝아〈원이란 결점이 없다는 것이고 명이란 오류가 없다는 것이니, 이는 진자를 푼 것이다〉 타인을 열어 알게 하기 때문이다〈세운 바가 참되기 때문이다. 즉 타인에게 지혜로운 과를 내게 한다〉. 眞能立〈此標名 下釋義〉 謂對敵伸量〈釋上能立二字〉 三分圓明〈圓謂不缺 明謂不謬 此釋眞字〉 開曉於他故〈由所立眞故 卽能生他智果〉", 『인명입정리론직해』(卍속장87, p.153b10)에 "진능립이란 삼지에 허물이 없어 바름을 드러내서 타인을 깨우치게 한다. 眞能立 謂三支無過 可以顯正 開悟他人"라고 하였다. 〔참고문헌〕『十二門論宗致義記』, 『因明入正理論集解』, 『因明入正理論直解』. ⇨ 인명 因明, 종인유 宗因喩, 능립 能立, 사능립 似能立, 사진사사팔문 四眞四似八門

진능파 眞能破 다른 이가 말로 세운 진술을 능히 정당하게 파하는 일. 주장하는 바의 구과(宗九過), 인(因)에 있어서의 사불성(四不成), 육부정(六不定), 사상위인(四相違因) 등과, 유(喩)에 있어서 동이유(同異喩) 각각 5유과(五喩過)를 드러내서 파한다. 인명팔문(因明八門) 중 두 번째로 사능파(似能破)와 맞선다. 『인명입정리론소초』(卍속장53, p.902b18)에 "만약 타인이 잘못 세운 주장중에 있는 과실을 올바로 드러낼 수 있으면, 이것을 진능파라 한다. … 진능파란 과실을 파척하여 바로잡으면서도 스스로의 앎에는 흠이 없어야 진능파라 한다. 謂若能正顯示他似能立中所有過失 卽說此是眞能破也 … 眞能破 謂斥失當過 自量無瑕故 言眞能破", 『인명입정리론직해』(卍속장87, p.169a6)에 "여기서는 제대로 능히 파함을 밝히겠다. 상대의 그릇된 진술을 파할 수 있는 것이다. 만약 그릇된 진술의 오류를 드러낼 수 있다면 논파다. 상대가 먼저 그릇된 진술을 했다면 갖가지 결함과 허물이 있게 되니, 종의 아홉 가지 허물이나, 인이 성립할 수 없는 네 가지거나, 또는 여섯 가지 정인부정인성을 범했거나, 또는 네 가지 위인성 및 동유와 이유의 열 가지 허물이 있는 경우다. 此明眞能破者 可以破彼似能立也 若能顯示似能立者所有過失 說名能破 謂彼初似能立者 有種種缺減過性 或犯立宗九過性 或犯四不成因性 或犯六不定因性 或犯四相違因性 及犯同喩異喩十種過性"라고 하였다. [참고문헌]『因明入正理論疏抄』, 『因明入正理論直解』. ⇨ 능파 能破❷, 사능파 似能破, 인명팔문 因明八門, 사진사사팔문 四眞四似八門, 인명 因明

진다 振多 Ⓢcintā의 음사어. 심려(審慮). 사(思)의 뜻이다. 『구사론기』 권28(대정장41, p.417c24)에 "심려는 범어로 진다이다. 審慮 梵云振多", 『범어천자문』(대정장54, p.1202a3)에 "진다는 사(思)이다. 振多 思"라고 하였다. [참고문헌]『俱舍論記』, 『梵語千字文』.

진다라종 眞陀羅種 카스트 밖에 있는 천민. 전다라(旃陀羅 Ⓢcaṇḍāla)라고 한다. 『출요경』 권25(대정장4, p.744c1)에 "세간에 많은 사람들이 악을 퍼트리고 스스로를 망친다. 성제에 합하지 않으니, 도륙하고 물고기를 잡고 사냥하거나 돼지와 닭을 키우며 덫을 놓아 사슴떼를 잡다가 도적에게 죽거나 잡혀서 옥졸에게 끌려간다. 진다라종으로서 올가미를 놓고 낚싯줄을 던지기도 한다. 이와 같은 악행중생을 다 말할 수 없는데, 이와 같은 류는 반드시 몸으로 환난을 짓고 죽어서 지옥에 들어가 고통받음은 헤아리기 어렵다. 世多有人 布惡自侵 不合聖諦 屠割魚獵 養猪畜雞 張施懸弶 以捕群鹿 爲賊殺戮 縛就獄卒 眞陀羅種 罥索飛綸 如是惡行衆生 不可稱說 如斯之類 必爲身作患 死入地獄 受痛難量"라고 하였다. [참고문헌]『出曜經』. ⇨ 전다라 旃陀羅

진다마니 眞多摩尼 Ⓢcintāmaṇi의 음사어. 뜻대로 성취하게 하는 마니. 여의보주(如意寶珠)를 말한다. 진다마니(振多摩尼)·진다말니(震多末尼·眞多末尼)라고도 음사한다. 『대승밀엄경』 권상(대정장16, p.751a11)에 "자재력에 통하여 모두 얻어 구족하고는 의지하던 바를 뒤쳐 실제에도 머물지 않으니, 마치 온갖 색들이 진다마니로 갖가지 색상을 드러내는 것과 같다. 自在力通 皆得具足 轉所依止 不住實際 猶如衆色 眞多摩尼 現諸色像", 『속일체경음의』 권7(대정장54, p.964c21)에 "진다마니〈범어로서 진다말니라고도 하고 질다마니라고도 하는데 동일하다. 여의주라 한다〉. 眞多摩尼〈梵語 或云振多末尼 或云質多麽柅 一也 此云如意珠也〉", 같은 책 권6(대정장54, p.961a17)에 "진다마니〈진다말니라고도 하는데 모두 범어이며 경중이 다를 뿐이다. 이것은 역하여 여의주라고 한다〉. 振多摩尼〈或云 眞多末尼 皆梵語輕重也 此譯云如意珠 是也〉", 『관자재보살여의심다라니경약소』 권상(卍속장37, p.514b4)에 "진다말니는 적여의라고 역한다. 깨끗하기 그지없다는 뜻이다. 이 심주로 인하여 제불께서 정인불성의 종자를 드러내시도록 축원드리고, 그 법신복락과 더불어 법신덕 중에 머물러 진식을 가려내 제도해서 괴로움의 도를 끊으며, 실상반야를 익혀 진성보리의 모든 사업을 이룬다. 震多末尼 翻赤如意 淨滿義 因此心呪 祝願諸佛顯正因佛性種 與法身福樂 住於法身德中 辦度眞識 斷苦道 學實相般若 成眞性菩提諸事業也"라고 하였다. [참고문헌]『大乘密嚴經』, 『續一切經音義』, 『觀自在菩薩如意心陀羅尼經略疏』. ⇨ 여의주 如意珠

진다마니호상인 眞多摩尼毫相印 양손으로 금강권을 만들고 양손의 검지를 세워 미간을 누르는 형태의 수인. 진다마니(Ⓢcintāmaṇi)는 여의주이고 호상이란 양눈썹 사이의 미간을 말한다. 진다마니인(眞多摩尼印)·여래호상인(如來毫相印)·호상인(毫相印)이라고도 한다. 『대일경』 권4(대정장18, p.29a13)에 "오른손으로 주먹 쥔 권형을 만들어서 미간에 안치하면 이것이 진다마니호상인이다. 以智慧手爲拳 置在眉間 是眞多摩尼毫相印", 『대일경소』 권13(대정장39, p.720c28)에 "다음은 호상인이다. 오른손으로 주먹을 쥐고 검지로 미간을 받치면 진다마니라 하니 이것이 바로 호상인이다. 次毫相印 以右手爲拳 便以風指於眉間柱之 名眞陀摩尼 卽是毫相印也"라고 하였다. [참고문헌]『大日經』, 『大日經疏』. ⇨ 여래호상보살 如來毫相菩薩

진단 振旦 ⓈCīna-sthāna. 인도에서 지금의 중국. 지나(支那·脂那)와 같고 진단(震旦·眞丹·振丹)이라고도 쓴다. 『마하마야경』 권상(대정장12, p.1009b4)에 "남방천왕의 제일가는 신하를 반차라·입부제·측마하·기라사나라고 하는데, 각각 오억의 귀신들을 거느리고 진단계〈진단은 한나라다〉와 염부제를 보호하여 모든 귀신들이 난폭한 행동을 하지 못하게 한다. 南方天王第一輔臣 名槃遮羅 立不諦 廁摩訶 耆羅闍那 各各將領五億鬼神 護振旦界〈振旦者 漢國也〉及閻浮提 一切諸鬼不得亂行"라고 하였다. [참고문헌]『摩訶摩耶經』, 『唐高僧傳』 권2(대정장50, p.435a19). ⇨ 진단 震旦, 지나 支那

진단 陳摶 오대십국(五代十國)에서 북송(北宋)대까지 활약한 도사(道士). 자는 도남(圖南), 호는 희이선생(希夷先生). 호주(亳州 : 河南省) 진원현(眞源縣) 출신. 후당(後唐) 장흥년간(930~933)에 진사시(進士試)에 응했으나 낙제하자 무당산(武當山) 구실암(九室巖)에 은거하며 복기(服氣)와 벽곡(辟穀)을 20여 년 수련하였고, 후에 화산(華山) 운대관(雲臺觀)으로 옮겼다. 후주(後周) 세종(世宗)이 956년(현덕3)에 궁중으로 불러 황백술(黃白術)을 청하고 존숭하였으며, 송 태평흥국년간(976~983)에 입궐하여 태종(太宗)의 존경을 받았다. 송 이후의 도교를 대표하는 여동빈(呂洞賓)과 교유하였고 함께 송대 도교 발전에 중요한 영향을 끼쳤다 평가된다. 송학(宋學) 성립의 기초가 된 『태극도 太極圖』의 작자로 추정되기도 한다. 『불조통기』 권43(대정장49, p.395c15)에 "처사 진단은 마의도자에게 역을 받고 그가 술한 『정역심법』 42장을 얻었다. 處士陳摶 受易於麻衣道者 得所述正易心法四十二章"라고 했지만 사실인지 단언할 수는 없다. 〔참고문헌〕『佛祖統紀』.

진단 震旦 Ⓢ Cīna-sthāna, Cīna, Ⓟ Cīna-raṭṭha의 음사어. 지금의 중국과 그 인접 지역을 일컫는 말. 진단(眞旦·眞丹·振旦·振丹)·전단(旃丹)·지난(指難·脂難) 등이라고도 한다. 또는 마하진단(摩訶震旦 Ⓢ Mahā-cīna-sthāna)·마하지나(摩訶支那·摩訶至那 Ⓢ Mahā-cīna)·마하진나(摩賀振䣃)·지나니사(支那泥舍 Ⓢ Cīna-deśa)·대지나(大支那)·대진나(大振那)·지나(支那·至那·指那·止那·脂那 Ⓢ Cīna)·치나(致那) 등이라고도 한다. 범어 치나(cīna)는 사유(思惟)라고 한역하며, 스타나(sthāna)는 주처(住處)라고 한역하는데, 본디 지나는 비단을 뜻하는 라틴어 세리쿰(sericum) 또는 진(秦)나라에서 유래하였다고 한다. 이외에 중국은 티베트어로 갸낙(Ⓣ rgya-nag)이라 하는데, 이것은 '검은 옷을 입은 사람들의 너른 국토'를 뜻한다. 『화엄경탐현기』 권15(대정장35, p.391b26)에 "진단이란 진단·지나 등이라고도 하는데 이는 한나라의 이름이다. 眞旦者 或云震旦 或曰支那 是此漢國名也", 『법원주림』 권100(대정장53, p.1019c2)에 "동하구주(東夏九州)에서는 서역을 천축이라 하는데, 이것은 다 모은 이름이다. 신독이라고도 하는데, 마치 범어로 이 나라를 지나·진단·진단이라고 부르는 것과 같다. 이것은 대개 소리를 이어 부른 것이다. 東夏九州 名西域爲天竺者 是總名也 或云身毒 如梵稱此方爲脂那 或云眞丹 或作震旦 此蓋承聲", 『번역명의집』 권3(대정장54, p.1098b14)에 "진단은 진단이나 전단이라고도 한다. 임법사는 '동방은 진(震)에 속하는데, 해가 뜨는 지역이기에 진단이라 한다'고 하였다. 『화엄음의』에서는 한지(漢地)라고 뒤쳤는데, 좋은 중국말은 아니다. 『루탄경주』에 '파미르고원의 동쪽을 진단이라고 하는데, 해가 처음 떠올라 동쪽에서 빛나기에 얻은 이름이다'라고 하였다. 震旦 或曰眞丹 旃丹 琳法師云 東方屬震 是日出之方 故云震旦 華嚴音義 翻爲漢地 此不善華言 樓炭經云 㤫河以東名爲震旦 以日初出 耀於東隅 故得名也", 『법화경삼대부보주』 권2(卍속장43, p.928b4)에 "동방은 진(震)에 속하는데, 진이란 해가 뜨는 방위이므로 진단이라고 한다. 신역 『파사론』에서는 지나(脂那)라고 하였으며, 『서역기』에서는 지나(至那)라고 하였는데 이것의 소리로서 진단(震旦)·진단(眞丹)과 서로 가깝기 때문이니, 모두 범음임을 알라 東方屬震 震是日出之方 故云震旦也 新婆沙云 脂那 西域記云 至那 此聲 並與震旦 眞丹 相近故 知皆是梵音也", "『개황삼보록』에서는 말한다. '진단·지나(脂那)라고 한 것은 범음의 음사어일 뿐이고, 혹은 진단·진단(眞丹)·전단(旃丹)·지난(指難)이라고도 하는데, 모두 범음의 사절법이다'. 『화엄경』에 의하면 한지(漢地)라고 한역하며, 또 『바사론』에는 두 가지 음사어가 있다. 첫째 지나(指那)라고 하니, 문물국이라 한역한다. 즉 이곳이 문물과 의관의 땅임을 찬미하는 것이다. 둘째 지난이라고 하니, 변지(邊地)라고 한역한다. 즉 이곳이 인도를 중국이라 하는 입장에서 중국이 아님을 폄훼하는 것이다. 또 『서역기』에서 마하지나를 대국(大國)이라 한역하였으며, 『화엄음의 華嚴音義』에서는 진단이라 하였으니 여기서는 사유라고 한역한다. 開皇三寶錄云 震旦 脂那 梵音 楚夏耳 或云振旦 眞丹 旃丹 指難 皆梵音 奢切也 若準華嚴 翻爲漢地 又婆沙中 有二音 一云 指那 此云文物國 卽讚美此方是文物衣冠之地也 二云 指難 此云邊地 卽貶挫此方非中國也 又西域記中以摩訶支那 翻爲大國 又華嚴音云 眞丹 此云思惟也"라고 하였다. 〔참고문헌〕『華嚴經探玄記』, 『法苑珠林』, 『翻譯名義集』, 『法華經三大部補注』, *Ap.359*. ⇨ 대진나 大振那, 사유국 思惟國, 지나 支那

진단법 鎭壇法 불탑이나 사찰을 건립할 때 단을 쌓거나 당우를 건축한 후에 토단(土壇)을 진호하기 위해 토지신을 본존으로 행하는 작법. 토단을 건립하기 전에 땅을 진호하는 것을 지진(地鎭)이라 하고, 토단을 진호하는 것을 진단(鎭壇)이라 하는데 지진과 진단의 전후에 두 번 행한다. 밀교작법을 위한 단을 만들 때도 행한다. 『청룡사의궤』 권하(대정장18, p.161c26)에 "지신진언〈법보의 발생이 의지하는 곳은 언어의 길을 넘어섰으니 도량의 땅을 견고하게 하여 흔들림 없이 불심이 자라나게 한다. 땅속에서 진여의 경지를 증득하니 이를 발리체미라 한다〉. 地神眞言曰〈法寶生所依處 出過語言道 能令道場地堅固 不傾動生長佛心 地內證眞如境 名鉢哩體微〉"라는 내용에 근거한 작법이다. 『제존요초 諸尊要鈔』·『비장금보초 祕藏金寶鈔』에 의하면 다음과 같다. 륜(輪)과 궐(橛) 8개를 단의 팔방에 세우는데 륜의 중앙에 구멍을 뚫어 궐의 머리에 넣어 씌운다. 동쪽에서부터 각 방위를 따라 팔방천의 진언을 외우며 궐을 땅에 묻어 세우면서 오곡으로 쑨 죽 두 통을 붓는다. 지진법은 병과 옥을 땅에 묻고 륜과 궐을 사용하고, 진단법은 륜과 궐을 땅에 묻고 병과 옥을 묻지 않는다. 진단과 지진을 겸하여 한번만 행할 때는 금동의 병을 단의 중심에 매장하고 륜과 궐을 팔방에 묻되 옥은 묻지 않는다. 〔참고문헌〕『青龍寺儀軌』.

진단삼성 震旦三聖 중국의 세 성인. 노자(老子)·공자(孔子)·안회(顏回)를 말한다. 『지관보행전홍결』 권6

(대정장46, p.343c17)에 "'내가 삼성을 보내어〈운운〉' 라고 했는데, (眞丹은) 진단(震旦)이라고도 하며 … 『청정법행경』에 '저곳에서는 월광보살을 안회, 광정보살을 중니, 가섭보살을 노자라 칭한다' 하였는데, 천축은 이곳을 가리키고 진단은 저곳이다. 我遣三聖等者 亦云震旦 … 淸淨法行經云 月光菩薩 彼稱顔回 光淨菩薩 彼稱仲尼 迦葉菩薩 彼稱老子 天竺指此 震旦爲彼", 『파사론』 권상(대정장52, p.478c8)에 "『내전천지경』에 '부처님께서 삼성을 보내어 저 동토를 교화케 하시니 가섭보살을 저곳에서는 노자라 부른다'고 하였다. 內典天地經曰 佛遣三聖 化彼東土 迦葉菩薩 彼稱老子"라고 하였다. [참고문헌] 『止觀輔行傳弘決』, 『破邪論』.

진단육조 震旦六祖 중국 선종의 육대 조사. 동토육조(東土六祖)라고도 한다. 서천이십팔조(西天二十八祖)를 이어 합하면 삼십삼조(三十三祖)라 한다. 『대광명장』 권상(卍속장137, p.788a12)에 "예나 지금이나 한 사람 뿐이다. 대단하구나, 마음의 인침이여! 은광(迦葉)부터 진단육조에 이르기까지 무릇 서른세 번 전하였으니 모아 서른세 번의 전법게를 남겼다. 그 게송 하나하나마다에 부촉의 뜻이 담겨 있어 그 전수의 전통을 잃지 않았다. 古今一人而已 大哉印乎 自隱光而至震旦六祖師凡三十三傳 共三十三偈 偈偈相囑 不失其傳"라고 하였다. [참고문헌] 『大光明藏』. ⇨ 육대조사 六大祖師, 서천이십팔조 西天二十八祖, 삼십삼조 三十三祖 2

진단초조 震旦初祖 중국 선종의 초조. 보리달마(菩提達磨)를 말한다. 『운아희어록』 권하(가흥장28, p.199a26)에 "우리의 진단초조인 보리달마대사께서 권부를 장악하고 나서 보배 구슬을 들이닥쳐 부수고는 그 빛이 고금에 통하게 하였고, 종횡으로 죽이고 살리며 6종을 굴복시키고 편원도 묘하게 합하였다. 그런 뒤 느닷없이 교외별전을 끌어내 갓난아기를 뻔뻔하게 속이고 직지인심견성성불로 세상 사람들을 미혹케 했다. 惟我震旦初祖 菩提達磨大師 掌握權衡 搊碎寶珠 而光通今古 縱橫殺活 捉敗六宗 而妙協偏圓 無端提箇 敎外別傳 明謾赤子 直指人心 見性成佛 誑謼閭閻"라고 하였다. [참고문헌] 『雲峨喜語錄』, 『宗統編年』 권15(卍속장147, p.232b15). ⇨ 달마대사 達磨大師

달마대사진영 김천 직지사 20세기초

진단초조원각대사 震旦初祖圓覺大師 진단의 초조인 원각대사. 보리달마(菩提達磨)에게 대종(재위 763~779)이 내린 시호다. 『우산어록』 「양주천녕우산사화상탑명 揚州天寧雨山思和尙塔銘」(가흥장40, p.615b2)에 "진단초조원각대사가 말했다. '큰 길에 이르름이여, 어떤 헤아림도 넘어섰구나. 불심에 통함이여, 모든 법도를 벗어났구나. 범성과 더불어 궤도 함께 하지 않아 훌쩍 넘어섰으니, 그 이름 조라 한다'. 震旦初祖圓覺大師曰 達大道兮過量 通佛心兮出度 不與凡聖同躔 超然 名之曰祖"라고 하였다. 인용은 『소실육문』 제4문 「안심법문 安心法門」(대정장48, p.370c7)의 마지막 구절이다. [참고문헌] 『雨山語錄』, 『少室六門』. ⇨ 달마대사 達磨大師

진달라 眞達羅 약사십이신장(藥師十二神將) 중 한 야차(夜叉). 무리 칠천(七千)을 권속으로 거느리고 불법(佛法)을 수호하며, 모든 고난으로부터 일체중생을 구제하는 신장이다. 진특라(眞特羅)·진지라(眞持羅)·진다로(眞陀魯)·진달라바(眞達羅縛)라고도 음사하며, 집상(執想)이라 한역한다. 『약사염송의궤공양법』(대정장19, p.47b25)의 "대위덕을 갖춘 우바새인 야차대장 진달라는 그 몸이 황색이고 손에는 견삭을 쥐고서 칠천의 야차 권속을 이끌며 여래의 가르침을 수호하겠다 서원했으니, 나는 이제 공경하고 받들어 공양합니다. 具大威德優婆塞 藥叉大將眞達羅 其身黃色執羂索 主領七億藥叉衆 誓願守護如來敎 我今恭敬奉供養"라고 하였다. [참고문헌] 『藥師念誦儀軌供養法』, 『藥師如來本願經』(대정장14, p.404b8), 『新編仏像図鑑』(國書刊行會, 2001). ⇨ 십이신장 十二神將, 십이야차대장 十二藥叉大將, 약사여래 藥師如來

진달라대장 眞達羅大將 Ⓢ Cidālo nāma mahāyakṣa senāpatiḥ. 십이야차대장(十二藥叉大將) 중 하나. 진특라(眞特羅)·진다로(眞陀魯)라고도 한다. 『약사염송의궤공양법』(대정장19, p.47b25)에 "야차대장 진달라는 그 몸이 황색이고 올무를 쥐었네. 칠억 야차의 무리를 이끌고 여래의 가르침을 수호하리라 서원하였네. 나는 이제 공경하게 받들어 공양하네. 대위덕을 갖추신 우바새여. 藥叉大將眞達羅 其身黃色執羂索 主領七億藥叉衆 誓願守護如來敎 我今恭敬奉供養 具大威德優婆塞"라고 하였다. [참고문헌] 『藥師念誦儀軌供養法』, 『藥師如來本願經』(대정장14, p.404b14), *Bhai.172.* ⇨ 십이야차대장 十二藥叉大將, 야차 夜叉

진당 眞堂 조사의 진영(眞影)을 모신 당. 각 종이나 산문의 개산조(開山祖) 등의 모습을 그리거나 만들어 모신다. 진당을 보살피는 소임을 진당주(眞堂主)라 한다. 『선원청규』 권7 「존숙입원 尊宿入院」(卍속장111, p.915b11)에 "신임 주지는 먼저 대전에 들른 다음 토지당으로 가고 그 다음에 진당에 들러 예를 올린다. 新住持人 先到大殿 次土地堂 次眞堂", 『법창의우어록』(卍속장126, p.484a18)에 "홍화가 진당 앞에 이르러 법창에게 말했다. '이것은 어느 분의 진영인가?' '용아의 진영입니다' '용아의 진영이라면 어째서 이곳 북선당에 있는가?' '내기판엔 하나만 빛납니다' '진영은 이곳에 있는데 용아는 어디 있는가?' 법창이 머뭇거리자 홍화가 따귀 한 대를 올려붙이고 말했다. '(용의 어금니) 사람을 깨물 줄 모른다고 말하지 마라'. 법창이 '거지가 얻은 것이 있습니다'라고 하자 홍화가 다시 때렸고 법창은 달아났다. 化到眞堂前云 這箇是甚人眞 師云 龍牙 化云 旣是龍牙 爲什麽 却在北禪堂裏 師云 一彩兩賽 化云 眞在這裏 龍牙在什麽處 師擬議 化便打一掌云 莫道不解咬人 師云 乞兒見小利 化又打 師乃走"라고 하였다. 〔참고문헌〕『禪苑淸規』, 『法昌倚遇語錄』. ⇨ 진영 眞影, 영각 影閣

진당주 眞堂主 조사당(祖師堂)의 진영(眞影)을 보살피는 소임. 시진(侍眞)이라고도 한다. 『선원청규』 권4 「전주종두 殿主鐘頭」(卍속장111, p.898b4)에 "전주·각주·탑주·나한당주·수륙당주·진당주·종두는 먼지를 털고 닦고 공구는 바르게 배열한 뒤 때에 맞게 물뿌리고 쓸며 향등을 꾸민다. 殿主 閣主 塔主 羅漢堂主 水陸堂主 眞堂主 鐘頭 拂拭塵埃 列正供具 以時洒掃 莊飾香燈"라고 하였다. 〔참고문헌〕『禪苑淸規』. ⇨ 시진 侍眞, 진영 眞影, 조사전 祖師殿

진대 秦臺 진나라의 거울. 진경(秦鏡)·진대경(秦臺鏡)이라 하며, 진 시황(始皇)에게는 사람 마음을 비추는 거울이 있었다는 전설에 따른다. 오위(五位) 중 편중정(偏中正)을 비유함에 쓰인다. 『굉지광록』 권8 「오위 五位」(대정장48, p.99a8)에 "편중정이여! 바다 구름 신선 사는 저 산꼭대기 감돌고 부인 빈발 하얗게 실처럼 늘어졌으니, 부끄럽다, 거울 마주하며 쓸쓸히 그 모습 비춘다. 偏中正 海雲依約神山頂 婦人鬢髮白垂絲 羞對秦臺寒照影", 『오등회원속략』 권1 「대명보장 大明寶章」(卍속장138, p.855a13)에 "편중정이여! 새벽하늘 진대경 걸지 않았다네. 금까마귀 부상에서 나오자마자, 어렴풋이 다시 덮이는 듯 옅은 안개그림자 가리우네. 偏中正 曉天不挂秦臺鏡 金烏纔擬出扶桑 依俙還被輕烟映", 『속지월록』 권9 「관중림선사 關中林禪師」(卍속장143, p.929b1)에 "'무엇이 편중정입니까?' '뭇 신하들 진대경 보기를 두려워한다'. 曰 如何是偏中正 師曰 羣僚怕見秦臺鏡", 『열경십이종』 권5(卍속장59, p.266b15)에 "'진대 거울은 비추는 것마다 이즈러짐 없고, 수후의 구슬 빛나고 빛나며 다투어 번쩍이네. 秦臺之鏡 照照靡虧 隋侯之珠 光光比耀", 『빈길상어록』 권15(가흥장39, p.679c4)에 "진대경을 때려 부수고, 바다 밑 하늘도 세계를 뒤집어엎네. 달 밝은 초저녁이 고요하니, 만리 저편에 외로운 저 둥근 빛 하나. 打破秦臺鏡 掀翻海底天 月明初夜靜 萬里一孤圓"라고 하였다. 〔참고문헌〕『宏智廣錄』, 『五燈會元續略』, 『續指月錄』, 『閱經十二種』, 『頻吉祥語錄』. ⇨ 편중정 偏中正, 조동오위 曹洞五位

진대지 盡大地 온 대지 다하다. 세상 끝까지 다해도 이것 뿐인의 뜻이다. 『조산어록』(대정장47, p.529a19)에 "'고덕이 「대지 다해도 오직 이 사람만이 있다」고 하였는데, 그는 어떤 사람인지요?' '두 번째 달이 있을 수 없다 함이다'. 僧問 古德道 盡大地惟有此人 未審是甚麽人 師曰 不可有第二月也", 『원오어록』 권9(대정장47, p.753a25)에 "온 대지 그대로 반야의 빛이다. 그 빛 일어나기 전에는 부처도 없고 중생도 없으니 이 소식 어딜 향해 얻어야 하나? 이런 이야기 이미 얽혀 뒤섞인 채라네. 盡大地是般若光 光未發時 無佛無衆生 消息向什麽處得來 恁麽說話 早是葛藤了也"라고 하였다. 〔참고문헌〕『曹山語錄』, 『圜悟語錄』.

진대지나리득저소식 盡大地那裏得這消息 대지 다한들 어느 곳에 소식 있단 말인가. 『벽암록』 7칙 「송 頌」(대정장48, p.147c17)에 "강남에는 봄바람 불지 않는데 〈온 대지 어디에서 이 소식 듣는가? 문채는 이미 빛나건만〉, 소쩍새는 저 깊은 꽃밭에서 울고〈조잘댄들 무엇하랴? 바람 불어 곡조 달라지니 어찌 이러한 일 있겠는가?〉 江國春風吹不起〈盡大地那裏得這消息 文彩已彰〉 鷓鴣啼在深花裏〈喃喃何用 又被風吹別調中 豈有恁麽事〉"라고 하였다. 〔참고문헌〕『碧巖錄』. ⇨ 진대지 盡大地

진대지시여 盡大地是汝 대지 온통 바로 그대이거늘. 『경덕전등록』 권19 「운문문언전 雲門文偃傳」(대정장51, p.357b16)에 "옛 사람들 얽혀버린 모습 가져 처를 삼았으니, 가령 설봉화상이 '대지 온통 그대다'라고 하거나, 협산이 '온갖 풀끝에서 노승을 알아보고, 번잡한 저자에서 천자를 가려 안다'고 하거나, 낙보가 '한 티끌 겨우 들자 대지 온통 거두니 털끝 그대로 사자전신이라네'라고 하였다. 이 모든 것들 그대 잡아 취해서 뒤쳐 덮어 사량한다면, 날이 가고 세월 깊으면 자연히 저 들어가는 한 길 있을 수밖에. 古人大有葛藤相爲處 卽如雪峯和尙道 盡大地是汝 夾山云 百草頭識取老僧 鬧市裏識取天子 樂普云 一塵才擧 大地全收 一毛師子全身 總是汝把取 翻覆思量 日久歲深 自然有箇入路"라고 하였다. 〔참고문헌〕『景德傳燈錄』. ⇨ 진대지 盡大地

진대지인망봉결설 盡大地人亡鋒結舌 세상 모든 이들 칼끝 잊은 듯 혀끝 묶었다네. 어떤 말도 할 수 없는 사태. 『대천보제어록』(卍속장121, p.314a11)에 "국사가 법령을 행하니 온 대지 칼끝 버리듯 혀끝 묶였지만 어찌하랴, 저 스님의 입은 막지 못했으니. 비록 그렇다 해도 저 스님을 알아야 하기에 오강에 닿기 전에는 쉴 수도 없다네. 國師令行 盡大地人亡鋒結舌 爭奈掩者僧口不得 雖然如是 要識者僧麽 不到烏江不肯休"라고 하였다. [참고문헌] 『大川普濟語錄』. ⇨ 망봉결설 亡鋒結舌

진대지인무출기처 盡大地人無出氣處 온 세상 사람들 숨 내쉴 틈도 없다네. 『벽암록』 89칙 「송 頌」(대정장48, p.214b4)에 "주장자 끝에 달린 손과 눈은 어딜 좇아 일어날까?〈돌! 도둑이 달아난 뒤에 활 당기는군. 놓아버린즉 얻지 못한다. 온 세상 사람들 숨쉴 틈도 없다. 풀어놓고는 다시 주장자 맛을 보아야 한다. 다시 때리고 소리를 지르며 말하리라. 산승의 주장자냐, 설두의 주장자냐?〉 棒頭手眼從何起〈咄 賊過後張弓 放爾不得 盡大地人無出氣處 放得又須喫棒又打咄云 且道 山僧底是 雪竇底是〉"라고 하였다. [참고문헌] 『碧巖錄』. ⇨ 무출기처 無出氣處

진대지인일구탄진 盡大地人一口呑盡 온 세상 사람들 한 모금에 삼켜 다하다. 『벽암록』 49칙 「송 頌」(대정장48, p.185a15)에 "천 척 고래가 큰 파랑 날린다〈뒤쳐 저편으로 넘어가네. 참으로 뛰어나군. 온 세상 사람들 한 모금에 삼켜 다하네〉. 千尺鯨噴洪浪飛〈轉過那邊去 不妨奇特 盡大地人一口呑盡〉"라고 하였다. [참고문헌] 『碧巖錄』. ⇨ 일구탄진 一口呑盡

진대지인일시끽방 盡大地人一時喫棒 온 세상 사람들 느닷없이 한 대 맞았네. 『벽암록』 48칙 「송 頌」(대정장48, p.184b17)에 "구름속 우레가 일어난다〈온 세상 사람들 느닷없이 한 대 맞고, 세상의 납승들 몸 둘 곳 없더니 가뭄에 벼락치네〉. 生雲雷〈盡大地人一時喫棒 天下衲僧 無著身處 旱天霹靂〉", 『종문염고휘집』 권26(卍속장115, p.813b9)에 "흥화가 환중의 엄정한 법령 따라 허리춤에 신령한 부적 펼치니, 온 세상 사람들 느닷없이 한 대 맞았네. 興化 據寰中正令 展肘後神符 直得盡大地人一時喫棒"라고 하였다. [참고문헌] 『碧巖錄』, 『宗門拈古彙集』.

진대지인환수추흉 盡大地人換手搥胸 온 세상 사람들 손 바꿔가며 가슴을 친다네. 『벽암록』 76칙 「송 頌」(대정장48, p.204a15)에 "서천 28대 동토 6대의 모든 조사들〈약속한 것 있으면 따라야 하리. 앞선 성인 연루되어 단지 한 사람 연루된 일 아니라네〉 보배 그릇 가져왔다만 허물보따리 만들었네〈온 세상 사람들 손 바꿔가며 가슴 친다. 내 주장자를 돌려다오. 산승마저 연루되어 얼굴 들 수 없구나〉. 四七二三諸祖師〈有條攀條 帶累先聖 不唯只帶累一人〉 寶器持來成過咎〈盡大地人換手搥胸 還我拄杖來 帶累山僧 也出頭不得〉"라고 하였다. [참고문헌] 『碧巖錄』. ⇨ 환수추흉 換手搥胸

진덕불공종 眞德不空宗 화엄교판의 하나인 십종(十宗) 중 여덟째로 참된 덕은 헛된 일 없음을 내세우는 뜻. 『승만경』·『능가경』·『기신론』·『불성론』 등의 가르침인 대승종교(大乘終敎)다. 『화엄오교장』 권1(대정장45, p.482a6)에 "여덟째, 진덕불공종이다. 종교의 뭇 경들에서는 일체법이 오직 이 진여일 뿐임을 설하니, 여래장실덕이고 스스로 바탕 있어서 성덕 가득하기 때문이다. 八 眞德不空宗 謂終敎諸經 說一切法唯是眞如 如來藏實德故 有自體故 具性德故", 『화엄오교장복고기』 권1(卍속장103, p.430b13)에 "앞의 상주(『涅槃經』)와 묘전(『法華經』)에서는 여래장에 구족한 무루성덕 하나하나가 몸을 가졌다고 설한다. 卽前常住妙典 說如來藏具足無漏性德 一一有體也"라고 하였다. [참고문헌] 『華嚴五敎章』, 『華嚴五敎章復古記』, 『五敎章集成記』(卍속장95, p.1025b15). ⇨ 십종 十宗, 오교십종 五敎十宗

진덕사 鎭德寺 경기도 시흥시 능곡동에 있는 절. 앞선 연혁은 알 수 없으며 1940년대 석조여래좌상이 출토되면서 중창했다. 현존하는 당우로는 대웅전·약사전·삼성각·연성암·요사 등이 있으며 석조약사불좌상은 향토유적 제19호로 지정되어 있다. [참고문헌] 『始興市史』(시흥시사편찬위원회, 2007) pp.422~423.

진덕여왕 眞德女王 재위 647~654. 승만(勝曼)이라는 이름을 가졌던 신라 제28대 여왕. 『삼국사기』 권5 신라본기(新羅本紀)5 진덕왕 즉위년에 "진덕왕이 즉위하였다. 이름은 승만이고, 진평왕의 친동생 국반〈또는 국분〉갈문왕의 딸이다. 어머니는 박씨로 월명부인이다. 승만은 자질은 풍성하고 고우며, 키는 7척으로 손이 무릎 아래에 닿았다. 眞德王立 名勝曼 眞平王母弟國飯〈一云國芬〉葛文王之女也 母朴氏月明夫人 勝曼姿質豐麗 長七尺垂手過膝"라고 하였다. [참고문헌] 『三國史記』.

진도 津塗 나루터와 길. 강 건너 바다 건너 이리저리 이어진 길로서, 어딘가로 가기 위해 밟고 건너야 하는 뜻에서 법도나 본보기의 비유다. 『백론』 「서 序」(대정장30, p.167c14)에 "『백론』은 대체로 성인의 마음으로 통하는 나루터와 길이며, 진제를 여는 요론이다. 百論者 蓋是通聖心之津塗 開眞諦之要論也", 『홍명집』 권11(대정장52, p.74a7)에 "천 년에 걸쳐 자취와 본보기 세워 후생을 위해 나루터와 길을 내었다네. 建千載之軌模 爲後生之津塗", 『집사문불응배속등사』 권1(대정장5

2, p.445c23)에 "무릇 사문의 도란 본래 우러름으로 주인 삼는다. 다만 건너고 걷는 길이 이미 달라진다면 뜻으로 굽혀 엎드리면 안 된다. 夫沙門之道 自以敬爲主 但津塗旣殊 義無降屈"라고 하였다. 〔참고문헌〕『百論』, 『弘明集』, 『集沙門不應拜俗等事』.

진도 眞度 품(品) 등으로 묶어 나눈 건도(犍度)다. 『출삼장기집』 권10 「삼법도서 三法度序」(대정장55, p.73a8)에 "아라한(應眞)인 대인 있었는데 그 이름 산현이었다. 사유하며 고요히 머물렀으며 지혜 두루 미쳐 변통하였고, 식견 밝은 선각들에 마음 움직이고 후대의 어두워 깨닫지 못한 이들을 불쌍히 여겼기에 이 삼법을 짓고 이름하니, 「덕품」부터 「의품」에 이르기까지 무릇 3장 9진도로 지었다. 有應眞大人 厥號山賢 恬思閑宇 智周變通 感達識之先覺 愍後矇之未悟 故撰此三法 因而名云 目德品 暨于所依 凡三章九眞度 斯其所作也"라고 하였다. 〔참고문헌〕『出三藏記集』. ⇨ 건도 犍度

진도 眞道 참된 도. 부처님께서 오랜 겁을 행하여 깨우치시고, 중생이 고통과 번뇌를 벗어나 해탈하게 하는 길. 외도(外道)의 법이 아니며 하늘에 나기(生天)만을 바라서 선행(善行)만을 하게 하는 길도 아니어서 구경에 중생이 열반에 이르게 한다. 『잡아함경』 권23(대정장2, p.167a16 : *Divy.*, p.392)에 "육년 간 고행하며 온갖 고뇌 극히 받았지만, 이것이 참된 길 아님 알고는 익혔던 행 버렸네. 苦行於六年 極受諸苦惱 知此非眞道 棄捨所習行 ṣaḍ varṣāṇi hi kaṭukaṃ tapas taptvā mahāmuniḥ, na-ayaṃ mārgo hy abhijñāya iti jñātvā samutsṛjet", 같은 책 권25(대정장2, p.179b15)에 "나 부처의 친모인데 나의 아들 고행 쌓으며 무수겁 보내고 구경에 참된 길 이뤘네. 我是佛親母 我子積苦行 經歷無數劫 究竟成眞道", 『증일아함경』 권48(대정장2, p.810b6)에 "부처님께서 아난에게 말씀하시길, '대천왕 비록 선법 행했다 하지만 누진 얻지 못해서 세간 벗어나지 못했고 … 해탈하는 참된 길도 열반도 얻지 못했으니, 대천이 행한 선법으로는 범천에 나는 데 불과하다'. 佛語阿難 大天王 雖行善法 未得漏盡 未出世間 … 未得解脫眞道 未得涅槃 大天所行善法 不過生梵天", 『중본기경』 권상(대정장4, p.151c4)에 "부처님께선 가섭이 마음으로 이미 항복했음을 아시고는 문득 말씀하시길, '그대 나한 아니며 참된 길 알지 못하거늘 어째서 허망함 스스로 귀하다 칭하는가!' 佛知迦葉 心已降伏 便告迦葉 汝非羅漢 不知眞道 何爲虛妄 自稱貴乎", 『흥기행경』 권상(대정장4, p.169a20)에 "어리석어 배우고 묻지 않으며 참된 길도 모르는 이는 비웃으며 가벼이 죄지으니 후에 마땅히 울며 죗값 받으리라. 愚騃不學問 未識眞道者 戲笑輕作罪 後當號泣受", 『대방등대집경』 권22(대정장13, p.156b20)에 "중생을 위해 청정법 설하셔서 온갖 고통과 번뇌를 여의게 하시는데, 여래의 마음은 저 허공과 같으며 그 말씀 미묘하고 참된 길도 아시네. 爲衆生說淸淨法 令離諸苦及煩惱 如來心等如虛空 其語微妙知眞道"라고 하였다. 〔참고문헌〕『雜阿含經』, 『增壹阿含經』, 『中本起經』, 『興起行經』, 『大方等大集經』, *Divy.*

진도 進度 나아가길 쉬지 않다. 힘써 나아가길 끊임없이 하다. 육도(六度) 또는 십도(十度) 중 하나인 정진바라밀(精進波羅蜜). 정진도(精進度)·진도무극(進度無極)을 말한다. 『대승장엄경론』 권12(대정장31, p.652c1)에 "넷째 반드시 선에 힘써야 하니, 이로써 진도를 성취한다. 저 마음이 방일하여 모든 선들을 닦지 않으면 진도가 원만할 수 없다. 四者 必應勤善 此爲成就進度 若心放逸 不修諸善 則進度不得圓滿", 『금광명경문구기』 권4(대정장39, p.137c19)에 "어떻게 진도가 생하는가? 보살이 보시할 때 늘 정진을 행하며, 두 가지 보시 행하고자 부지런히 재와 법 구하여 모자람이 없게 한다. 云何生進度 菩薩布施時 常行精進 欲行二施 勤求財法 以求足之", 『능엄경세지원통장소초』 권하(卍속장24, p.926b7)에 "일심으로 염불하여 길이 퇴전함 없음이 진도다. 一心念佛 永不退轉 進度也", 『능가경참정소』 권8(卍속장27, p.127a3)에 "부지런히 방편에 힘쓰지만 그랬다는 착이 없으며, 비록 종일 행하더라도 행한 적 없다면 뛰어나고도 뛰어난 방편이러니 이를 진도라 이름한다. 精勤方便 而無勤行之著 雖終日行 而未嘗行者 爲上上方便 是名進度", 『법화경수수』 권7(卍속장51, p.859b16)에 "부지런히 행하여 정진하니 진도다. 勤行精進 卽進度"라고 하였다. 〔참고문헌〕『大乘莊嚴經論』, 『金光明經文句記』, 『楞嚴經勢至圓通章疏鈔』, 『楞伽經參訂疏』, 『法華經授手』. ⇨ 정진바라밀 精進波羅蜜, 정진도 精進道, 정진 精進, 진도무극 進度無極, 육도 六度, 육바라밀 六波羅蜜, 십바라밀 十波羅蜜

진도 塵道 티끌마다에 길이 있다네. 낱낱 티끌마다 저 세계 있고, 그 세계마다에서 경을 설하니 열반으로 어디에나 열린 길이 있다는 뜻이다. 60권본 『화엄경』 권3(대정장9, p.408b1)에 "무량무수억겁중에 일체불찰미진도 있어서 노사나불의 미묘한 음성으로 본래 행한 바 구족히 설한다네. 無量無數億劫中 一切佛刹微塵道 盧舍那佛妙音聲 具足演說本所行", 『화엄경지귀』(대정장45, p.589c26)에 "'티끌같은 길 가득하다' 하니, 시방허공계중 낱낱 티끌이 있는 곳에 다 저 국토가 있고, 그 중에 이 경을 연설한다. 遍塵道者 謂於十方虛空界中 一一塵處 皆有彼刹 悉於其中 演說此經"라고 하였다. 〔참고문헌〕『華嚴經』, 『華嚴經旨歸』. ⇨ 미진세계 微塵世界

진도무극 進度無極 나아감에 쉬지 않아 그 끝이 없이 하다. 정진바라밀(精進波羅蜜). 도무극은 바라밀의 한 역어이다. 정진도무극(精進度無極)이라고도 한다. 『점비일체지덕경』 권4(대정장10, p.479b18)에 "저 능히 뭇 덕의 뿌리 부지런히 행하고 일체중생 구제하겠노라 익혀 염한다. 이 방편을 행하니 진도무극이다. 若能勤行衆德之本 習念救濟一切衆生 行是方便 是爲進度無極", 『도세품경』 권1(대정장10, p.621c22)에 "진도무극이란 행할 바 부지런히 닦아 퇴전함이 없다. 進度無極 所行勤修 而不退轉", 『보녀소문경』 권3(대정장13, p.465a14)에 "해태한 무리들중에 있으면서 진도무극을 분별해 설하여 도탈케 한다. 在懈怠衆 分別解說進度無極 而度脫之", 『아차말보살경』 권7(대정장13, p.611b11)에 "몸과 입과 마음으로 늘 정진 행하고 일체를 건네고자 함에 게으르거나 버린 적 없으면 이를 진도무극이라 이름한다. 其身口心 常行精進 欲度一切 未曾懈廢 是則名曰進度無極", 『보살영락경』 권4(대정장16, p.38b22)에 "제법에 정진하며 해태 없으면 진도무극을 구족한다. 諸法精進 無有懈怠 具足進度無極"라고 하였다. [참고문헌] 『漸備一切智德經』, 『度世品經』, 『寶女所問經』, 『阿差末菩薩經』, 『菩薩瓔珞經』. ⇨ 정진바라밀 精進波羅蜜

진도무체 眞道無體 참된 도에는 바탕이 없다. 임제의현(臨濟義玄)의 말이다. 『임제록』(대정장47, p.501c25)에 "진실한 부처는 모양 없으시고, 진실한 도에도 그 바탕 없으며, 진실한 법은 모습도 없다. 이들 세 법(佛道法)이 섞여 어울려 한 곳에서 화합하지만 가려내 이미 얻지 못했기에 '아득한 업식중생'이라 부른다. 眞佛無形 眞道無體 眞法無相 三法混融 和合一處 辨旣不得 喚作忙忙業識衆生"라고 하였다. [참고문헌] 『臨濟錄』.

진도쌍계사목조석가여래삼존좌상 珍島雙溪寺木造釋迦如來三尊坐像 조선후기 불상. 보물 제1998호. 높이 석가불좌상 140cm, 문수보살상(좌) 131.5cm, 보현보살상(우) 131cm. 진도 첨찰산(尖察山) 쌍계사 대웅전에 봉안된 삼존불상으로 최근 불상의 복장에서 발견된 발원문에 의해 1665년(현종6) 수화원 희장(熙壯)을 중심

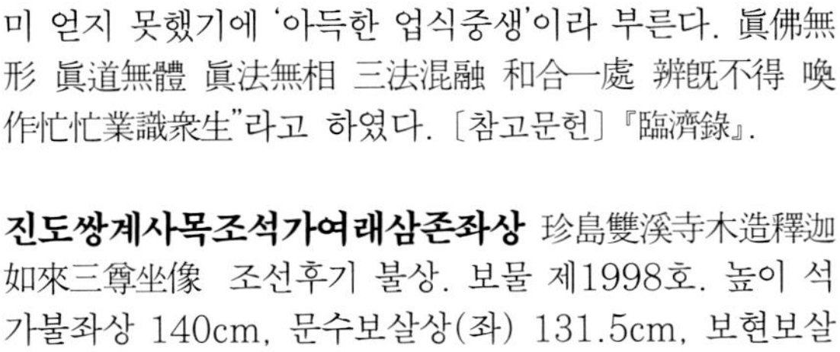

진도쌍계사목조석가여래삼존좌상

으로 도우(道雨)·보해(宝海) 등 9명이 함께 조성하였음이 밝혀졌다. 희장은 청헌·응혜 등의 수화승으로부터 조각기법을 전수받아 전라도와 경상도지역에서 주로 활동했던 17세기 중엽의 대표적인 조각승이다. 본존 석가불상은 머리와 육계의 구분이 없고 이중의 계주(髻珠)가 장식된 점이나 네모난 얼굴 등에서 전형적인 조선후기불상의 특징을 보여준다. 법의는 드러난 오른쪽 어깨를 옷자락이 덮고 있는 변형 편단우견(偏袒右肩)으로 입었으며 옷주름도 간략하다. 특히 오른쪽 어깨의 옷자락이 층단을 이루며 끝부분을 역삼각형으로 마무리한 것이, 희장이 제작한 불상의 특징이다. 석가불은 항마촉지인(降魔觸地印)이고, 좌우의 문수보살상과 보현보살상도 손의 위치만 바뀌었을 뿐 같은 인이다. 본존불과는 통견(通肩)의 착의법만 다르다. 이 삼존불상은 조성발원문이 남아 전해져 조각승의 유파별 불상의 특징을 파악하는 데에도 중요한 의미를 갖는 성보다. [참고문헌] 최인선 「진도 쌍계사 대웅전 삼존불상과 조각승 희장」(『문화사학』44, 2015) pp.205~208.

진도육전 晋道育傳 신라 도육(道育 ?~939)의 전기. 『송고승전』 권23(대정장50, p.858b3) 「진천태산평전사도육전 晉天台山平田寺道育傳」과 『신수과분육학승전』 권20(만속장133, p.794a9) 「진도육 晉道育」이 전한다. [참고문헌] 『宋高僧傳』, 『新修科分六學僧傳』, 『韓國佛教撰述文獻總錄』(동국대출판부, 1976). ⇨ 도육 道育

진동 震動 ➡ 육종진동 六種震動

진두가 鎭頭迦 Ⓢ tinduka, Ⓟ tinduka, tiṇḍuka의 음사어. 감나무과 식물. 진두가(鎭杜迦)·첨모(沾牟)·근경(斤莖)·근제(斤提) 등이라고도 하며, 시(柿)라고 한역한다. 학명은 *Diospyros embryopteris*다. 원산지는 스리랑카 남부이며, 인도 서해안과 동인도에서도 많이 자란다. 줄기는 건축이나 선박제조에 쓰이며 과즙에는 점성이 있어서 접착제의 원료로 쓰이거나 선박의 밑바닥을 칠하는 데 쓴다. 『기세경』 권1(대정장1, p.311b24)에 "비구들이여! 구다니주에 진두가라는 큰 나무가 하나 있는데, 뿌리의 가로세로는 7유순이며 심지어 가지와 잎은 50유순을 뒤덮는다. 諸比丘 瞿陀尼洲 有一大樹 名鎭頭迦 其本縱廣 亦七由旬 乃至枝葉 垂覆五十由旬", 36권본 『대반열반경』 권6(대정장12, p.641c3)에 "또한, 선남자여! 저 가라가 숲에는 가라가 나무가 많은데 이 숲속에 단 한 그루의 진두가 나무가 있다. 이 가라가나무와 진두가나무의 열매는 비슷하게 생겨서 분별할 수가 없다.

復次 善男子 如迦羅迦林 其樹衆多 於是林中 唯有一樹 名鎭頭迦 是迦羅迦樹 鎭頭迦樹 二果相似 不可分別", 『법화현의』 권9(대정장33, p.791c13)에 "통함과 막힘을 잘 알면 진두가라 하고 그렇지 못하면 가라가라 하며, 삼십칠품을 닦으면 진두가라 하고 닦지 않으면 가라가라 하며, 상대해 잘 다스리면 진두가라 하고 그렇지 못하면 가라가라 한다. 善識通塞 名鎭頭迦 不識通塞 名迦羅迦 修三十七品 名鎭頭迦 不修道品 名迦羅迦 善解對治 名鎭頭迦 不善對治 名迦羅迦", 『번역명의집』 권3(대정장54, p.1103a19)에 "진두가 : 시라고 한역한다. 鎭頭迦 此云柿"라고 하였다. 〔참고문헌〕『起世經』, 『大般涅槃經』, 『法華玄義』, 『翻譯名義集』, 『仏教植物辭典』(國書刊行會, 1982), *AN.1.127.* ⇨ 가라진두 迦羅鎭頭

진량 津梁 나루터와 다리. 물이 흘러 갈라진 이 언덕에서 저 언덕으로 건너도록 하는 방편이니, 도제(道諦)를 비유한다. 『대지도론』 권11(대정장25, p.140b8)에 "(보시는) 도를 얻어 열반으로 건너는 나루터와 다리다. 得道涅槃之津梁", 『아미타경소초연의』 권1(卍속장33, p.554b17)에 "진량을 짓는다 하니, 진은 건너가게 하는 곳이고 량은 다리다. 미타라는 한마디로써 이 언덕 중생을 실어 저 언덕으로 옮겨 놓는다. 이를 가리켜 진량을 짓는다 한다. 爲作津梁者 津濟度處 梁橋也 以一句彌陀 運此岸衆生 置於彼岸 是爲作津梁也", 『설두어록』 권5(대정장47, p.700a18)에 "험악한 길에서 나루터 되고 다리 되어 건너게 한다. 險惡道中爲津梁"라고 하였다. 〔참고문헌〕『大智度論』, 『阿彌陀經疏鈔演義』, 『雪竇語錄』. ⇨ 도제 道諦

진량사 津梁寺 중국 남전(藍田)에 있던 절. 원광(圓光 555~638)의 제자 원안(圓安)이 머물렀다. 『삼국유사』 권5(대정장49, p.1001c6 · 한불전6, p.340a6) 의해(義解)5 원광서학(圓光西學)에 "당 『속고승전』 권13에 실린 신라황륭사석원광에는 … 제자 원안이 … 처음에 경사에 머무를 때는 도업으로 소문이 나서 특진 소우가 주청하여 남전에 지은 진량사에 주석하였다. 唐續高僧傳第十三卷載 新羅皇隆寺釋圓光 … 有弟子圓安 … 初住京寺 以道素有聞 特進蕭瑀奏請住於藍田所造津梁寺"라고 하였다. 〔참고문헌〕『三國遺事』, 『續高僧傳』, 『海東高僧傳』. ⇨ 원안 圓安, 원광 圓光

진령 震嶺 지금의 중국을 가리킨다. 『사분율행사초자지기』 권상(대정장40, p.161b26)에 "진령의 진은 범어의 생략이며, 령은 국경의 통명이다. … 갖춰서 진단 또는 진단이라고도 하며 한지라고 번역한다. 震嶺者 震是梵言之省略 嶺卽土境之通名 … 具云震旦 亦云眞丹 此翻漢地", 『사분율행사초비』 권1(卍속장67, p.233a1)에 "진은 진단이며, 령은 총령산이다. 이 산 동쪽을 진단국이라 하기에 진이라 하며, 해가 처음 뜸에 동쪽에서 빛나기에 진단이라 한다. 가르침이 전해져 이곳에 이르렀기에 진령전교라 하였다. 震者 震旦也 嶺者 葱嶺山也 此山已東 名震旦國 所以名震 以日初出 曜於東隅 故曰震旦 傳敎至此 故曰震嶺傳敎"라고 하였다. 〔참고문헌〕『四分律行事鈔資持記』, 『四分律行事鈔批』. ⇨ 진단 震旦

진령게 振鈴偈 요령을 흔들며 외우는 게송. 대개 영가(靈駕)를 영단에 불러 모시는 때에 요령을 흔들며 부르는 게송으로, 모시는 영가에 따라 다르다. 범패 홑소리로 창한다. 『운수단가사』 「소청상위 召請上位」(한불전7, p.744c5)에 "이 소리 떨쳐 모시고자 하오니 시방불찰에 널리 들려 아소서. 바라오니 이 방울소리가 법계에 가득하여 가이 없는 부처님과 성중들 모두 와서 모이시길 바라옵니다. 以此振鈴伸召請 十方佛刹普聞知 願此鈴聲遍法界 無邊佛聖咸來集", 『작법귀감』 권상 「종사영반 宗師靈飯」(한불전10, p.565c19)에 "이 소리 떨쳐 펴서 모시려 합니다. 여러 대선사께서는 널리 듣고 아셔서 바라오니 삼보력 더해 가지심을 받자와 오늘밤 지금 이 법회에 이르시길 바라옵니다. 以此振鈴伸召請 諸大先師普聞知 願承三寶力加持 今夜今時來赴會", 같은 책 권하 「소청명부위 召請冥府位」(한불전10, p.585b18)에 "바라오니 이 방울소리로 현관도 뚫으리니 지장대성께서는 멀리 들어 아시고 음부제왕께서도 함께 듣고 아시어 금일금시 오셔서 함께 하시길 바라옵니다. 願此鈴聲透玄關 地藏大聖遙聽聞 陰府諸王共聞知 今日今時來赴會", 『천지명양수륙재의범음산보집』 권하 「십왕단작법 十王壇作法」(한불전11, p.515a20)에 "이 소리 떨쳐 펴서 모시고자 하오니 지부시왕은 들어 아소서. 바라오니 이 방울 소리 명부에 떨쳐 시방의 전졸들 다 와서 함께 하소서. 以此振鈴伸召請 地府十王願聞知 願此鈴聲振冥府 十方典卒皆來集"라고 하였다. 〔참고문헌〕『雲水壇謌詞』, 『作法龜鑑』, 『天地冥陽水陸齋儀梵音刪補集』 권하.

진로 塵勞 티끌들의 수고로움. 또는 티끌들 수고롭게 하다. 티끌(塵)은 근과 진을 합한 뜻으로(根塵) 번뇌의 뜻이고, 하고많은 뜻의 티끌이기도 하다. 쉬지않고 끝낼 수도 없고 하고많은 번뇌의 뜻이다. 『별역잡아함경』 권16(대정장2, p.490a20)에 "티끌로 덮여 와서 마음을 물들이지만, 바른 생각으로 능히 버릴 수 있다. 애욕이 바로 진구이고, 밖의 흙먼지는 아니라오. 욕의 생각과 분노와 어리석음 등 이것을 진로라고 하니, 마음을 거두어 지혜로운 이, 이에 능히 없애 버린다. 塵垢來染心 正念能除捨 愛欲卽塵垢 非謂外埃土 欲覺及瞋癡 謂之爲塵勞 攝心有智者 爾乃能除去", 『무량수경』 권상(대정장12, p.272a16)에 "법음을 들은 사람은 번뇌로 때묻어 익히는 일 저절로 일어나지 않고 몸에 닿는 바람결마다 모두 쾌락하다. 마치 비구가 멸진삼매 얻은 듯하다. 其有聞者 塵勞垢習 自然不起 風觸其身 皆得快樂 譬如比丘得滅盡三昧", 『유마경초』(대정장85, p.431b11)에 "진로란 번뇌의 모든 이름이다. 몸과 마음을 티끌로 물들이니 진이라 하고, 중생들이 생사에 피곤하도록 하는 것을 로라고 한다. 보살은 중생을 윤택하게 하고자 번뇌에 머물며 생사에서 벗어나지 않고 중생을 구제하고서 부처가 된다. 그러므로 진로로 부처의 씨앗을 삼는다. 塵勞者 煩惱之總名 塵汚身心 名之爲塵 能令衆生 生死疲倦 名之曰勞 菩薩之人 留惑潤生 不出生死 救度衆生 當來作佛 故以塵勞 而爲佛種"라고 하였다. [참고문헌]『別譯雜阿含經』, 『無量壽經』, 『維摩經抄』, *Ratna-ut.59.*, *Sam-r.165.* ⇨ 진 塵 **1** **3**, 번뇌 煩惱

진로포혜 陳老蒲鞋 목주도종(睦州道蹤 780~877)의 별칭. 속성이 진(陳)이고, 짚신(蒲鞋)을 삼아 노모를 봉양하였기에 진포혜(陳蒲鞋)라고도 한다. 『선원몽구』 권상(卍속장148, p.201a12)에 "진로포혜〈황벽의 법을 이었다〉: 목주 용흥사 도종선사이니 진존숙이다. 황벽을 만나서 깨닫고 고안 미산사에 머물렀다. 모친이 늙자 동쪽으로 돌아가 짚신을 삼아 봉양했고 후에 용흥사에 돌아와 머물렀다. 陳老蒲鞋〈黃蘗法嗣〉 睦州龍興寺道蹤禪師 卽陳尊宿也 見黃蘗造悟 住高安米山寺 以母老東歸 鬻草屨以給侍 後住龍興寺"라고 하였다. [참고문헌]『禪苑蒙求』. ⇨ 목주도명 睦州道明

진뢰 塵牢 티끌들 가득해 갇혀 버린 곳. 번뇌 가득한 감옥. 번뇌의 감옥(牢獄). 『종경록』 권62(대정장48, p.767c8)에 "육취라는 번뇌감옥을 자연스럽게 뛰어넘는다. 六趣塵牢 自然超越", 『선원청규』 권9(卍속장111, p.926b18)에 "깎아 둥근 머리에 다행히 가사 걸쳤으니, 드디어 번뇌의 감옥에서 벗어나 영원히 갈망의 그물을 던져버렸다. 叨圓頂相 幸掛田衣 遂脫塵牢 永抛愛網", 『오가종지찬요』 권하(卍속장114, p.557b10)에 "삼산등래가 읊는다. '번뇌의 감옥 받아 얽히지 않으려, 목칼도 족쇄도 던지고 부수길 몇 해이던가? 뉘라서 오래 유랑하는 나그네 될 줄 알리오? 거침없이 의지할 곳 없이 흘러 돌아오지 않노라'. 三山來頌云 不入塵牢不受纏 抛枷打鎖許多年 誰知作箇長流客 蕩蕩無依去不還"라고 하였다. [참고문헌]『宗鏡錄』, 『禪苑淸規』, 『五家宗旨纂要』.

진루 塵累 티끌 누누이 쌓이다. 번뇌에 오래 거듭 묶인 뜻이다. 『태자모백경』(대정장3, p.409c6)에 "그러므로 근심을 없애고자 번뇌의 얽매임을 버리고 떠나 흐름을 거슬러 근원을 찾고 건너지 못한 이들을 끌어 건넌다. 故欲除憂 棄離塵累 反流索源 拯濟未度", 『능엄경』 권1(대정장19, p.106b16)에 "응신이 무량해서 중생을 도탈시키시니, 미래중생도 빼내 구제하고 모든 번뇌의 속박을 넘도록 한다. 應身無量 度脫衆生 拔濟未來 越諸塵累", 『수능엄의소주경』 권1(대정장39, p.828b21)에 "번뇌와 업에 물들고 얽힌 것을 비유하여 번뇌의 속박이라 하고, 그것들 모두 청정자재하여 걸림이 없도록 하므로 '넘도록 한다'고 하였다. 煩惱與業 染汚繫縛 喩之塵累 皆令淸淨自在無礙 故稱越也", 『능엄경정맥소』 권1(卍속장18, p.320a5)에 "진루란 팔만사천진로로 유정을 생사로 고통스런 곳에 떨어져 있게 한다는 말이다. 塵累者 八萬四千塵勞 累墜有情 於生死苦域者也"라고 하였다. [참고문헌]『太子慕魄經』, 『楞嚴經』, 『首楞嚴義疏注經』, 『楞嚴經正脈疏』. ⇨ 진 塵 **3**, 번뇌 煩惱

진루 盡漏 Ⓢ āśrava-kṣaya, Ⓣ zag-pa-zad-pa-nyid. 루(漏)인 번뇌 다하다. 유루(有漏)가 다한 뜻으로 누진(漏盡)이라고도 하며 무학(無學)의 성자를 가리키기도 한다. 『장아함경』 권1 「대본경 大本經」(대정장1, p.9b10)에 "깊은 삼매 무루의 힘으로 마군을 항복시켜 제근은 고요하지만 해태하지 않으니, 번뇌는 다하고 마의 굴레 떠나서, 지혜로 법륜을 굴리셨네. 寂定無漏力降魔 諸根定不懈 盡漏離魔縛 智慧轉法輪", 『대비바사론』 권7(대정장27, p.35c26)에 "만약 지견이 있다면 번뇌를 다하겠지만, 지견이 없다면 어떻게 다하겠는가? 만약 능히 오온생멸을 관할 수 있다면, 곧바로 번뇌에서 해탈했다는 뜻이다. 若有知見能盡漏 若無知見云何盡 若能觀蘊生滅者 是則解脫煩惱意", 『유가사지론』 권18(대정장30, p.377c27)에 "길이 번뇌 다했다 함은 길이 수소단의 모든 번뇌를 끊은 것이다. 永盡漏者 永斷修斷諸煩惱", 『유가론기』 권11(대정장42, p.561b10 · 한불전13, p.889c10)에 "번뇌가 다한 이가 무학이다. 得盡漏者無學"라고 하였다. [참고문헌]『長阿含經』, 『大毘婆沙論』, 『瑜伽師地論』, 『瑜伽論記』, *Sūtr.170.* ⇨ 누진 漏盡 **1**, 유루 有漏 **1**, 무학 無學, 수소단 修所斷

진류 塵類 티끌 무리들. 온갖 객진으로 번뇌뿐인 유루(有漏)의 세간을 말한다. 『구사석론』 권7(대정장29, p.205c7 : *Abh-k-bh.*, p.133)에 "갖가지 진들의 류를 다르게 아는 것이 식이라 한다. 了別塵類名識 vastuprativijñaptirvijñānam", 『절의론』 권1(대정장52, p.797c3)에 "그대로 맡겨 걸림이 없으니 진류들 능히 끌려들지 않는다. 이래서 해탈이라 한다. 從任無礙 塵類不能拘 故曰解脫", 『법화경현찬요집』 권9(卍속장53, p.766b11)에 "사섭 등이 비록 이타라 하지만 중생을 구하는 요는 대비가 우선이다. 대비가 있기에 열반에 머물지 않고 진류들과 함께 하며 두 갈래 생사를 구한다. 四攝等行 雖是利他 救生之要 大悲爲先 有大悲故 不住涅槃 同

於塵類 救二生死",『감산집』 권14「여서하란암사 與棲霞嬾菴師」(卍속장127, p.391b7)에 "우리 스승은 저 높이 자욱한 놀에 누워 솔잎 태워 만든 죽과 맑은 샘물로 보낸 세월이 삼십여 년이다. 세간의 티끌무리 보더라도 발우의 벌레인 듯 여기셨으니, 하물며 이 병 많은 마을에 쫓아온 나그네쯤이야! 吾師高臥煙霞 燒松葉鬻鹿泉 蓋三十餘年矣 其視塵類 如緣鉢蟲耳 況此瘴鄕逐客乎"라고 하였다. [참고문헌]『俱舍釋論』,『折疑論』,『法華經玄贊要集』,『憨山集』, *Abh-k-bh*. ⇨진 塵 ❶❷

진류환원락도 眞流還源樂圖 신라 연기(緣起) 지음. 1권. 『개종결의 開宗決疑』 30권, 『요결 要決』 12권(혹은 6권)과 함께 찬술하였는데, 『신편제종교장총록』 권1(한불전4, p.682a11) 해동유본현행록상대화엄경(海東有本見行錄上大華嚴經)에 기록되었으므로, 『화엄경』 장소(章疏)인 듯하지만, 지금은 일실(逸失)되었다. [참고문헌]『新編諸宗敎藏總錄』. ⇨연기 緣起 ❸

진리 眞理 ❶제(諦)를 다시 가리키는 말. 사제(四諦)나 승의제(勝義諦) 등을 가리켜 진리라 부른다. 견도위(見道位)나 환희지(歡喜地)에서 만나는 진실을 가리킨다. 『대승본생심지관경』 권7(대정장3, p.323a17)에 "또 선남자야, 출가보살은 한적한 곳에 처해 … 이제의 진실한 뜻을 능히 잘 분별해서 두 가지 장애를 끊고 오명에 통달하며 제법의 요체를 설해 뭇 의심을 푸니, 이 인연으로 반야바라밀이라는 이름을 얻는다. 復次 善男子 出家菩薩處於空閑 … 善能分別 二諦眞理 斷除二障 通達五明 說諸法要 能決衆疑 以是因緣 卽得名爲般若波羅蜜",『불성론』 권4(대정장31, p.806c16)에 "일체 번뇌객진을 간략히 설하면 모두 아홉 종류가 있다. … 이 아홉 종류의 번뇌를 드러내고자 아홉 가지 비유를 세웠으니 … 여섯째 견제혹을 드러내고자 암라수종자의 비유를 든다. 암라수종자가 싹을 틔울 때 그 껍질을 깬 뒤에 나오는 것과 같아서, 껍질은 견제를 비유하고 싹은 법신을 비유하니, 견제 또한 이와 같다. 비로소 진리를 본다는 뜻이니, 이 혹을 파해야 법신이 드러나기 때문이다. 若略說一切煩惱客塵 凡有九種 … 爲現此九種煩惱故立九譬者 … 六 爲顯見諦惑 立菴羅樹子譬 譬如菴羅子生芽之時 必破其皮 然後得出 皮譬見諦 芽譬法身 見諦亦爾 初見眞理 卽破此惑 法身顯現故",『집제법보최상의론』 권상(대정장32, p.150c14)에 "『보운경』에서 이와 같이 설하였다. '본래 없는 것을 있다고 말할 수 없다. 식이 분별을 여의면 이름은 설 수 없다. 저 승의제진리는 언설을 여의니, 제물의 성은 실로 얻을 것이 없다.' 이와 같이 설하셨으니, 이는 결정적인 말씀이다. 寶雲經中 作如是說 若本是無 不可言有 識離分別 名不可立 彼勝義諦眞理離言 而諸物性 實無所得 此如是說 是決定語", 표원(表員)의 『화엄경문의요결문답』 권4(한불전2, p.392b23)에 "위없는 자리이타행을 성취하여 처음 성을 증한 곳에서 환희를 많이 생하기에 환희지라 이름하는데, 법장스님 이르길 '세 뜻 있으니, 첫째 두 가지 이로움 처음 이뤘기 때문이고, 둘째 진리를 처음 증했기 때문이고, 셋째 성자로 머물러 새로 얻었기 때문이다'라 하였다. 成就無上自利利他行 初證聖處 多生歡喜故 名歡喜地 法藏師云 有三義 一二利創成故 二眞理初證故 三聖住新得故", 둔륜(遁倫)의 『유가론기』 권22상(한불전3, p.301c6)에 "넷째 내증득이란, 견도위에 처함을 말미암아 범을 버리고 성을 취함을 구족하기에 안으로 진리를 증한다. 四內證得 由處見道位 捨凡取聖具足故 內證眞理也", 견등(見登)의 『대승기신론동이략집』(한불전3, p.716a9)에 "초지 이상을 증불퇴라 이름하니, 진리를 증하기 때문이다. 初地以上名證不退 以證眞理故", 한암보환(閑庵普幻)의 『수능엄경환해산보기』 권하(한불전6, p.455a24)에 "다음으로 육근청정위에 나아가니 곧 십신이다. 초신위에서 견혹을 끊고 진리를 드러내는데, 장교의 초과·통교의 팔인견지·별교의 초주와 같으니 증한 위에서 물러나지 않는다. 次進六根淸淨位 卽是十信也 初信位 斷見惑現眞理 與藏敎初果 通敎八人見地 別敎初住齊 證位不退也", 부암운묵(浮庵雲默)의 『석가여래행적송』 권상(한불전6, p.500b2)에 "다음으로 육근정위에 이르니 곧 십신이다. 초신에서 견을 끊어 진리가 나투며 칠신에서 사를 끊고 십신에서 계외의 진사를 끊으니, 각각 별교의 주·행·향과 같다. 次追六根淨位 卽十信也 初信斷見現眞理 七信斷思 十信斷界外塵沙 與別住行向齊", 조구(祖丘)의 『자비도량참법집해』 권상(한불전12, p.71b19)에 "견도란 처음으로 진리 봄을 이른다. 見道者 謂初見眞理也",『사교의주휘보보굉기』 권1(卍속장102, p.312a6)에 "가로질러 온 기란 아함회를 거치지 않아 생멸사제를 듣지 못하고 진리도 증하지 못했기에 모름지기 장교를 설한다. 橫來機者 未經阿含會 未聞生滅四諦 不證眞理 故須說藏敎"라고 하였다. [참고문헌]『大乘本生心地觀經』,『佛性論』,『集諸法寶最上義論』,『華嚴經文義要決問答』,『瑜伽論記』,『大乘起信論同異略集』,『首楞嚴經環解刪補記』,『釋迦如來行蹟頌』,『慈悲道場懺法集解』,『四敎儀註彙補輔宏記』. ⇨제 諦, 사제 四諦, 견도 見道 ❷실의 뜻(實義)으로 허망(虛妄)함이 없는 뜻. 『불본행집경』 권48(대정장3, p.876b16)에 "우파지사가 아습파유기다에게 말했다. '훌륭하십니다, 대덕이여. 요약해서 말씀해 주십시오. 저도 지금 많은 말을 좋아하지 않습니다.' 이어 게송으로 말했다. '나는 오직 진실한 뜻만 취할 뿐, 명구는 좋아하지 않습니다. 지혜로운 이는 실의만을 사랑하니, 뜻에 의지해 나 수행하리.' 그러자 대덕 아습파유기다가 우파지사에게 말했다. … 어진이여, 내 스승께서 이러한 법구를 설하셨습니다.

'제법은 인을 좇아 생하고, 제법은 인을 좇아 멸하네. 이와 같이 멸하고 생함을, 사문께서 그렇게 설하셨네'. 憂波低沙白阿濕波踰祇多言 善哉大德 要略說之 如我今者不好多語 而說偈言 我唯取眞理 不好名與句 智者愛實義依義我修行 爾時 大德阿濕波踰祇多 告優波低沙言 … 仁者 我師說是法句 諸法從因生 諸法從因滅 如是滅與生 沙門說如是", 『반야등론석』 권1(대정장30, p.51b26)에 "우리 스승이신 성자께서 스스로 증하신 대로 깊은 반야바라밀 중에 진리를 살펴 증하여 실의를 열어 나투셨으니, 모든 악하고 삿된 혜라는 그물들을 끊기 위해서였다. 我師聖者 如自所證 於深般若波羅蜜中 審驗眞理 開顯實義 爲斷諸惡邪慧網故", 『화엄경탐현기』 권5(대정장35, p.194c18)에 "혜에 나아간다 하였으니, 망상과 방일을 여읜 것이다. 열 게를 둘로 나눈다. … 뒤의 아홉 게는 혜오로 얻음을 밝혔다. 그 중 첫째 게는 진위를 쌍으로 아는 것으로서, 망위는 부실이 아니고 진리란 실임을 아는 것이다. 進慧者 以離妄想放逸故 十偈分二 … 後九明慧悟之得 於中初一 雙了眞僞 謂了妄僞不實 眞理是實"라고 하였다. [참고문헌] 『佛本行集經』, 『般若燈論釋』, 『華嚴經探玄記』. **3** 공(空)의 뜻을 드러내는 말로 무자성(無自性), 여리(如理), 실상(實相)의 다른 말일 뿐이고, 분별(分別)도 외경(外境)도 희론(戱論)도 끊어진 경계에서 드러나고, 무성(無性) 무상(無相) 적멸무위(寂滅無爲) 공여래장(空如來藏)을 가리켜 진리라 한다. 『금광명최승왕경』 권3(대정장16, p.414c10)에 "선남자야, 일체법은 공이다. 여래께서는 아·인·중생·수자가 없음을 설하셨고 생멸도, 행법도 없다고 설하셨다. 선남자야, 일체제법은 다 본(本)에 의지하는데, 그 또한 말로 할 수 없다. 어째서인가? 일체상을 넘어서기 때문이다. 선남자 선여인이 이와 같이 미묘한 진리에 들어가 믿고 공경하는 마음을 내면, 이를 일러 중생 없이 본에 의지하는 것이라 한다. 이 뜻으로 참회에 대해 설하길, 업장을 멸해 없앤다고 한다. 善男子 一切法空 如來所說無有我人衆生壽者 亦無生滅 亦無行法 善男子 一切諸法皆依於本 亦不可說 何以故 過一切相故 若有善男子善女人 如是入於微妙眞理 生信敬心 是名無衆生而有於本 以是義故 說於懺悔 滅除業障", 승장(勝莊)의 『금광명최승왕경소』(한불전2, p.209a23)에 "미묘한 진리에 든다란 모든 상들에 통달하여 모두 오직 내심만의 실이어서 외경은 없음을 이름하여 든다고 하고, 관하는 법계는 허망을 여의기에 이름하여 진리라 함을 말한다. 入於微妙眞理者 謂通達諸相 皆唯內心實無外境 名之爲入 所觀法界離虛妄 故名爲眞理", 『반야등론석』 권1(대정장30, p.51b22)에 "모든 분별 두루 끊어 일체 희론 사라지고, 유(有)의 뿌리를 능히 뽑아 없애는 진실법 아름답게 설하시네. 언어의 경지 아님에도 문자를 잘 안립하여, 나쁜 지혜와 망령된 마음 깨뜨리니, 이 까닭에 머리 숙여 예경합니다. [석] 이 게의 뜻은 무엇인가? 나의 스승이자 성자께서 스스로 증득한 바에 따라 깊은 반야바라밀 중 진리를 깊이 살펴 진실한 뜻 열어 보이시니, 모든 나쁜 삿된 지혜의 그물을 끊기 위함이라. 普斷諸分別 滅一切戱論 能拔除有根 巧說眞實法 於非言語境 善安立文字破惡慧妄心 是故稽首禮 釋曰 如是等偈 其義云何 我師聖者 如自所證 於深般若波羅蜜中 審驗眞理 開顯實義 爲斷諸惡邪慧網故", 『대승광백론석론』 권6(대정장30, p.219b10)에 "제법진리란 무엇인가? 곧 일체법공과 무아의 이(理)다. 만약 그렇다면 이 또한 과실이 있으니, 무엇 때문인가? 공·무아를 듣고 '법은 모두 없다'하고 일체 인과정리를 비방하거나 모든 선근을 끊는 부류와 같으니, 이는 스스로 본 것에 과실이 있는 것이지 공과 무아의 허물은 아니다. 諸法眞理 何者是耶 謂一切法空無我理 若爾此理 亦有過失 所以者何 如有一類 聞空無我 謂法皆無 誹撥一切因果正理 乃至斷滅一切善根 此自見有過非空無我咎", 『변중변론』 권상(대정장31, p.466a3)에 "이 공의 차별에 다시 열여섯 가지가 있다. 내공·외공·내외공·대공·공공·승의공·유위공·무위공·필경공·무제공·무산공·본성공·상공·일체법공·무성공·무성자성공이다. 이들의 간략한 뜻은 무엇이라고 해야 할까? 송으로 말한다. 능식·소식으로 이 몸에 의지해 주하니, 능히 이 여리를 보매 구하는 바 모두 다 공이네. … 능히 이를 본다는 것은 내처 등이 공임을 능히 보아 아는 것이다. 공에 대한 앎도 공이므로 공공이라 이름한다. 여리란 승의의 뜻이다. 즉 여실행이니, 여실히 본 진리조차도 공이므로 승의공이라 이름한다. 此空差別復有十六 謂內空 外空 內外空 大空 空空 勝義空有爲空 無爲空 畢竟空 無際空 無散空 本性空 相空 一切法空 無性空 無性自性空 此等略義 云何應知 頌曰 能食及所食 此依身所住 能見此如理 所求二淨空 … 能見此者謂智能見內處等空 空智空故 說名空空 如理者 謂勝義 卽如實行 所觀眞理 此卽空故 名勝義空", 『반야바라밀다심경유찬』 권상(대정장33, p.524a8)에 "반야라는 혜의 뜻에는 옛 해석에 세 가지가 있다. 첫째 실상 즉 참된 이치를 말하고, 둘째 관조 즉 참된 지혜를 말하며, 셋째 문자 즉 참된 가르침을 말한다. 般若慧義 古釋有三 一實相謂眞理 二 觀照謂眞慧 三 文字謂眞敎", 『반야심경약소연주기』 권상(대정장33, p.557a25)에 "규봉선사는 말했다. '제법에 자성이 없음을 진리라 말하며, 허깨비 꽃과 같이 체가 없는 것이 태허다'. 圭峯曰 以諸法無性卽名眞理 如幻花無體 卽是太虛", 『금강반야경소』(대정장85, p.142a13)에 "힐난하여 가로되, 그러면 속제와 승의제는 같은가 다른가? 같다고 하면 유와 공은 서로 어긋나니, 고·락·냉·열 등의 차이를 보지 못하고 같다 하는 것이요, 다르다고 하면 이제는 본시 함께하는 것인데 어째서 하나는 있다 하고 하나는 있는 것이 아니라 하는가. 그에 답한다. 이제는 그 체에 차별이 없지만, 속제의 체에 있는 고·락 등이 (진제의) 체에 통하지 않는다. 이제는 상대하니, 망정은 유이나 진리는 모두 공이다. 지금 망정을 따라 속제가 있다고 설하나, 진실대로 말하면 속제 역시 공이다. 難曰 如之 俗諦與勝義諦 爲一爲異 若言一者 有空相違 不見苦樂及冷熱等間 爲一故 若言異者 二諦本俱 如何一有 而一非有 彼答 二諦其體無別 俗諦體有 可苦樂等 非體通 二諦相對 妄情是有 眞理皆空 今隨妄情 說俗諦有 就實而談 俗諦亦空", 기화(己和)의 『선종영가집과주설의』「서문 序文」(한불전7, p.172a14)에 "'이는 색과 상의 실마리를 끊었다'라 함에, 이란 깨달은 바 진리인데 진리가 현전함에 목전에 법 없고 귀 언저리에 소리 없지만 끝끝마다 온전히 참되어 곳곳이 다 크게 빛난다. 다시는 가히 볼 수 없고 소리 가히 들을 수 없어서 소리도 색도 없는 그곳에 하나로 참된 것이 홀로 또렷하기에 이는 끊었다고 한 것이다. 미한즉 산과 강이 볼 것이지만 깨달으면 티끌티끌마다가 온전한 모습 그대로 다가올 터이다. 理絶色相之端 理者 所悟之眞理 眞理現前 目前無法 耳畔無聲 頭頭全眞 處處皆渠 更無色相可見 亦無音聲可聞 聲色無處 一眞獨露 故云 理絶云云 迷則山河爲所境 悟來塵塵是全身是也", 백암성총(栢庵性聰)의 『대승기신론소필삭기회편』 권1(한불전8, p.760c8)에 "〔기〕 두 뜻 있는데, 첫째 진리 중에는 이 망염이란 것이 없으니 곧 공여래장이다. 記有二意 一眞理中 無此妄染 卽空如來藏也", 같은 곳(한불전8, p.659b18)에 "마음의 샘이라 한즉 바로 상 없는 진리다. 이 뜻에 들어맞기에 무생인이라 이름하니 곧 근본지다. 心源 卽無相眞理也 契此理故 名無生忍 卽根本智也", 같은 곳(한불전8, p.660a7)에 "일미대승이란 곧 일심인 진리인데, 염정·인과·범성·공유 등의 다름을 나누지 않기에 일미라 하였다. 一味大乘 卽一心眞理 不分染淨因果凡聖空有等異 故云一味", 석실명안(石室明眼)의 『반야바라밀다심경약소연주기회편』 권1(한불전9, p.173b9)에 "둘째 공종의 설이니, 마음과 경 같이 공해서 평등한 일미다. 규봉이 이르길 '제법은 성도 없기에 곧 진리라 이름하는데, 저 허깨비 꽃에 바탕 없음과 같으니 곧 태허다'라 하였다. 二 空宗說 心境俱空 平等一味 圭峯曰 以諸法無性 卽名眞理 如幻花無體 卽是太虛", 기성쾌선(箕城快善)의 『청택법보은문』(한불전9, p.642c16)에 "둘째 안심문이니, 달마 이르길 '이와 같이 마음을 편안히 하였다'라 하였는데 소위 벽관으로 도 닦는 이로 하여금 마음이 진리에 머물러 고요하고 무위이게 한다. 二安心門 達摩云如是安心 所謂壁觀 令修道人 心住眞理 寂然無爲"라고 하였다. 〔참고문헌〕『金光明最勝王經』, 『金光明最勝王經疏』, 『般若燈論釋』, 『大乘廣百論釋論』, 『辯中邊論』, 『般若波羅蜜多心經幽贊』, 『般若心經略疏連珠記』, 『金剛般若經疏』, 『禪宗永嘉集科註說誼』, 『大乘起信論疏筆削記會編』, 『般若波羅密多心經略疏連珠記會編』, 『請擇法報恩文』. ⇨공 空, 무상 無相, 적멸 寂滅, 무위 無爲 **4** 공불공(空不空)도 넘어선 뜻에서 실성(實性)이고 구경(究竟)이며 치우침 없는 중도의 뜻으로서의 진실. 『주대승입능가경』 권4(대정장39, p.460b25)에 "아공의 치우친 진실의 뜻이라 깨달아 닦음은 소승선이고, 아법이공소현인 진리를 깨달아 닦음은 대승선이다. 자심이 본래 청정하여 원래 번뇌란 없어서 무루지성이 본래 구족하여 이 마음이 곧 부처이니 필경 다름없음을 문득 깨닫고서 이에 의하여 닦음은 최상승선인데, 여래청정선·일행삼매·진여삼매라고도 하니 이는 일체삼매의 근본이다. 이를 능히 념념으로 수습한다면 자연히 점차로 무량백천제삼매를 얻는다. 悟我空偏眞之理而修者 是小乘禪 悟我法二空所顯眞理而修者 是大乘禪 若頓悟自心 本來淸淨 元無煩惱 無漏智性 本自具足 此心卽佛 畢竟無異 依此而修者 是最上乘禪 亦名如來淸淨禪 亦名一行三昧 亦名眞如三昧 此是一切三昧根本 若能念念修習 自然漸得無量百千諸三昧也", 원효(元曉)의 『금강삼매경론』 권중(한불전1, p.631c8)에 "일체각이라 하면 도리를 무너뜨리지 않기에 가히 공이라 할 수 없으며, 자성을 두지 않기에 또한 불공도 아니다. 이 때문에 각중에는 공도 불공도 없다. 식들은 그렇지 않으니 망령되이 제법을 취하여 진리에 위반되므로 공일 수도 있고 떨쳐버릴 수도 있다. 이렇게 같지 않으니 어찌 비슷할 수 있겠는가! 一切覺者 不壞道理 故非可空 不存自性 亦非不空 是故覺中 無空不空 諸識不爾 妄取諸法 違反眞理 可空可遣 如是不同 何得相類也", 경흥(璟興)의 『무량수경연의술문찬』 권상(한불전2, p.23a1)에 "피안이란 진리이고 이 실다운 성 증하기에 구경이라 이르니, 곧 저 경중에서 피안에 이른다고 하였다. 彼岸者 眞理 證此實性 故云究竟 卽彼經中 到於彼岸也", 견등(見登)의 『화엄일승성불묘의』(한불전3, p.723b7)에 "〔문〕 부처란 깨달은 이고 중생은 미한 위인데 어째서 일미인가? 진실만을 바탕으로 삼기에 모두 거둬 부처인가? 〔답〕 하나뿐인 진리 바탕 삼아 중생은 저 위의 모습일 뿐이니, 또한 도무지 차별이 없다. 이 때문에 일체중생은 깨달은 이이고 불신이 나툰 바이니, 저이가 나툰 바 중생은 한가지로 능히 불신을 나툴 수 있다. 고로 중생은 성불하지 못함이 없다. 問 佛者 是覺者 衆生迷位 何以一味 眞爲體故 皆總是佛 答 以一眞理爲體 衆生彼上相 亦都無差別 是故一切衆生 覺者 佛身所現 彼所現衆生 同能現佛身故 故衆生無不成佛", 진정천책(眞靜天頙)의 『선문보장록』 권상(한불전6, p.472a2)에 "아공이라는 치우쳐 진실인 뜻을 깨우쳐서 닦는 것은 소승선이고, 아법이공으로 드러난 진리를 깨달아 닦는 것은 대승선이다. 悟我空偏眞之理而修者 是小乘禪 悟我法二空所現眞理而修者 是大乘禪"라고 하였다. 〔참고문헌〕『注大乘入楞伽經』, 『金剛三

昧經論』, 『無量壽經連義述文贊』, 『華嚴一乘成佛妙義』, 『禪門寶藏錄』. ⇨ 중도 中道 **5** 제법(諸法)의 바탕(體)을 가리키는 여(如) 또는 성(性)의 뜻. 『성유식론』 권2(대정장31, p.6c10)에 "다른 하나는 법성에 의지해 유를 임시로 시설한 것으로, 말하자면 공·무아가 드러낸 진여는 있는 것도 없는 것도 아니다. 마음과 말의 길이 끊어진 것, 일체법과 같지도 다르지도 않은 것, 이것이 법의 진리이니 이름하여 법성이다. 二依法性 假施設有 謂空無我所顯眞如 有無俱非 心言路絶 與一切法 非一異等 是法眞理 故名法性", 『화엄경탐현기』 권16 「보왕여래성기품 寶王如來性起品」(대정장35, p.405a7)에 "첫째, 품명을 해석한다. '보왕'은 바로 마니보주이니 가장 진귀하므로 보라고 이름하며, 보배를 내는 데 거리낌 없고 보배 중 가장 뛰어나며, 모든 보배가 의지하는 바이므로 왕이라 이름 하였다. 성기법 역시 세 가지 뜻을 구족함을 비유하니, 지혜를 낸다는 뜻이고, 가장 뛰어나다는 뜻이며, 의지하는 바의 뜻이다. 『불성론』 「여래장품」에서는 '자성을 좇아 머물고, 와서 이르고, 와서 이른 것이 과를 얻으므로 여래라 한다'고 하였으며, 바꿀 수 없는 것을 성(性)이라 이름하고, 씀씀이가 드러나는 것을 '기(起)'라 부르니, 곧 여래성품이 일어나는 것이다. 또 진리를 여(如)라 이름하고 성(性)이라 이름 하며, 씀씀이의 드러남을 기(起)라 하고 래(來)라 하니, 곧 여래의 성이 일어남이다. 이들은 인법(人法)과 법을 따와 품명으로 제(題)한 것이다. 初釋名者 寶王是摩尼寶珠 最可珍貴 故名寶也 以能出寶自在故 寶中最勝故 衆寶所依故 故名王也 喩性起法 亦具三義 謂出智義 最勝義 所依義 佛性論如來藏品云 從自性住 來至 來至得果 故名如來 不改名性 顯用稱起 卽如來之性起 又眞理名如名性 顯用名起名來 卽如來爲性起 此等從人法及法 用題品目"라고 하였다. [참고문헌] 『成唯識論』, 『華嚴經探玄記』. **6** 불생불멸(不生不滅), 불성(佛性), 열반(涅槃), 진여(眞如), 여래장(如來藏), 원성실성(圓成實性) 등을 드러내는 말. 『사동자삼매경』 권중(대정장12, p.937a5)에 "이 선남자는 저 부처님 계신 곳에 출가하여 대사문이 되었다. 이름은 지락이었고 범행을 깨끗하게 닦았다. 저 사문이 여래께 진리에 대해 물었는데, 알기 어려운 지혜이니 깊고깊은 글귀의 뜻이다. 말하자면 불생불멸의 일체제법이지만 공하여 있을 리 없으며, 일체제법 본성적정하여 일체제불이 모두 한 몸이다. 此善男子 於彼佛所出家 作大沙門 名曰智樂 淨修梵行 而彼沙門 於彼如來 問於眞理 難知智慧 甚深句義 所謂 不生不滅 一切諸法 空無所有 一切諸法 本性寂靜 一切諸佛 皆同一體", 『반야이취분술찬』 권3(대정장33, p.58a16)에 "또 이 진성은 번뇌 중에 있는 여래장이므로 여래장이라 하는데, 일체중생에게는 모두 진리가 있기 때문이다. 又此眞性 正實如來藏在纏中 名如來藏 一切衆生 皆有眞理故", 『법화현찬』 권4(대정장34, p.713c22)에 "근본리란 법성인 진여를 말함인데, 육도 등의 행으로 이 진리를 타고 능히 가는 바 있기에 대승이라 한다. 根本理者 謂法性眞如 六度等行 乘此眞理 能有所往 故名大乘", 『화엄경탐현기』 권2(대정장35, p.137b21)에 "불생멸에 열 가지 뜻이 있다. 첫째 진리는 유위상을 여의었기에 생함도 멸함도 없다. 不生滅者 有十義 一 眞理 離有爲相 故不生不滅", 『성유식론술기』 권9(대정장43, p.545a28)에 "이공(我空 法空)문에 의지하여 드러나는 진리는 첫째 원만, 둘째 성취, 셋째 법실성이니, 이 세 가지 뜻을 갖추면 원성실이라고 한다. 依二空門所顯眞理 一 圓滿 二 成就 三 法實性 具此三義 名圓成實", 『사교의』 권3(대정장46, p.730b3)에 "불성과 진리는 둘이 아니기에 통해야 할 진성의 이는 하나이다. 비유컨대 저 누대성에 네 문이 있어 문은 비록 다르지만 뵈올 천자는 하나임과 같다. 佛性眞理不二故 所通之眞性理是一也 譬如臺城有四門 門雖不同 所見天子是一也", 회암정혜(晦庵定慧)의 『선원집도서과기』 권하(한불전9, p.539c2)에 "처음에 삼성을 들어 의타가 망연과 진리라는 두 가지 다른 뜻을 갖췄다 하였으니, 망연은 곧 변계이고 진리는 곧 원성이다. 初擧三性 依他具妄緣眞理二他義 妄緣卽偏計 眞理卽圓成也", 『열반경소사기』 권5(卍속장58, p.182b13)에 "여래의 불성 허공 같은 바탕이어서 법계에 변역 있을 리 없고, 이의 바탕도 하나이니 바로 진리를 드러냄이다. 如來佛性 同於虛空體 卽法界無有變易 理體無般 卽是示其眞理", 『열반경소삼덕지귀』 권2(卍속장58, p.385a10)에 "육법이란 오음과 신아를 말한다. 육법이란 바로 헛된 일이니 망사이고 불성이 바로 진실한 뜻이어서 사로서 이와 함께 하지만 그대로 합하지도 떨어지지도 않기를 저 얼음과 물과 같다. 六法 謂五陰及神我也 六法是妄事 佛性是眞理 事之與理 不卽不離 如冰與水", 『범망경기』 권하(卍속장59, p.900b3)에 "불성이란 참된 이다. 佛性者 眞理也"라고 하였다. [참고문헌] 『四童子三昧經』, 『般若理趣分述讚』, 『法華玄贊』, 『華嚴經探玄記』, 『成唯識論述記』, 『四敎儀』, 『禪源集都序科記』, 『涅槃經疏私記』, 『涅槃經疏三德指歸』, 『梵網經記』. ⇨ 불성 佛性, 열반 涅槃, 진여 眞如, 여래장 如來藏, 원성실성 圓成實性 **7** 일체성인(一切聖人)이 한결같이 깨우쳤기에(證) 실제(實際)이고, 건널(度) 수 있고 이를(至) 수 있으며, 반드시 진지(眞智)나 현량(現量)으로 드러날(現證) 수 있고, 진실의 방편인 말(眞理一言)에 의지해 인도될 수 있는 진실의 경계. 『해의보살소문정인법문경』 권3(대정장13, p.482b19)에 "이와 같이 법성은 연생의 법임을 여실히 이해하여 깨닫는 것이라 하며, 제법의 진실한 상을 깨우쳐 실제는 둘이 아니라는 진리를 현량으로 아는 것이다. 해의여, 이와 같은 이를 결택지를 구족한 보살마하살이라 한다. 如是法性 此卽說名如實解了緣生之法 覺

悟諸法眞實之相 現證實際無二眞理 如是乃以現量智知 海意 此卽名爲具決擇智菩薩摩訶薩", 『대승입능가경』 권2(대정장16, p.597a2 : *Laṅk.*, p.60)에 "대혜여! 이것은 한결같고 부사의하니 모든 여래께서 자증한 성지로 행한 바 진리이므로 보살들은 마땅히 부지런히 수학해야 한다. 大慧 此常不思議 是諸如來自證聖智所行眞理 是故菩薩 當勤修學 nityācintyataiveyaṃ mahāmate tathāgatānāṃ pratyātmāryajñāna-adhigama-tathatā. tasmāt-tarhi mahāmate bodhisattvena mahāsattvena nityācintya-pratyātmāryajñāna-adhigamāya yogaḥ karaṇīyaḥ", 원측(圓測)의 『해심밀경소』 권2(한불전1, p.172b10)에 "그 바탕 말할 수 없지만 실로 있다 하기에 말할 수 없는 바탕인즉 곧 진실한 뜻이라 한다. 다만 네 뜻 있기에 말로 할 수 없다. 첫째 진관에 있어서이니 무분별지로 능히 진리를 염할 수 있는데, 이때 분별이 있을 수 없기에 말할 수 없다. 둘째 진관을 나와서 마음에 비록 언설이 있을 수 있지만 이미 진경에 있지 않기에 말할 수 없다. 셋째 만약 언설이 결정코 인법과 능취소취와 유위무위를 떠날 수 없는 것이라면, 진리는 이를 넘어섰기에 말할 수 없다. 넷째 진리는 다만 증량과 지량이라는 이량의 경계여서, 비량과 신량이라는 이량의 경계는 아니기 때문에 말할 수 없다. 由不可言體實有 不可言體 卽眞實義也 但有四義 故不可言 一 在眞觀 無分別智 能念眞理 爾時 無有分別 故不可言 二 出眞觀 心雖有言說 不在眞境 故不可言 三 若言說決定不離人法及能取所取有爲無爲 眞理過此 故不可言 四者 眞理 但是證至二量境界 非是比信二量境界 故不可言", 같은 곳(한불전1, p.176a6)에 "〔문〕 어째서 이생이라 이름하는가? 〔답〕 일체성자는 모두 한가지로 나기에 동생이라 이름하고, 이들은 저들과 다르기에 이생이라 이름한다. 〔문〕 만약 그렇다면 성자도 이생들과는 다르기에 응당 이생이라 이름해야 한다. 〔답〕 일체성자는 한가지로 진리를 알아 같이 보고 같이 하고자 하기에 동생이라 이름하지만, 이생은 그렇지 않으니 가히 싫어하고 천하게 여길 만하기에 이생이란 이름을 세운다. 問 何名異生 答 一切聖者 皆名同生 此異於彼 故名異生 問 若爾 聖者異異生故 應名異生 答 一切聖者 同會眞理 同見同欲 故名同生 異生不爾 可厭賤故 立異生名", 경흥(璟興)의 『무량수경연의술문찬』 권하(한불전2, p.63b15)에 "진리의 그 샘을 다하기에 도피안이라 하는데 도란 이름이다. 窮眞理之源 故云 度彼岸 度者 至也", 태현(太賢)의 『범망경고적기』 권1(한불전3, p.420c9)에 "증한 바 진리를 현이라 이름하고, 능히 증하는 진지를 통이라 이름한다. 所證眞理名玄 能證眞智曰通", 기화(己和)의 『금강경오가해설의』 권상(한불전7, p.12b11)에 "밀인이란 중생에게는 알 수 없는 진리이지만 불조가 서로 전한 법인이다. 密印者 衆生所迷之眞理 佛祖相傳之法印也", 같은 곳(한불전7, p.15b3)에 "〔설의〕 여래장에는 공여래장과 불공여래장이 있다. 공여래장은 증한 바 진리이고, 불공여래장은 능히 증하는 진지다. 진리를 공여래장이라 이른다란, 진리는 상을 끊어 저 태허와 같으니 확 트여 털끝만큼의 가림도 없기 때문이다. 진지를 불공여래장이라 이른다란, 진지는 이를 비춰 저 붉은 해와 같으니 허공에 당하여 현현하기 때문이다. 說誼如來藏 有空如來藏 有不空如來藏 空如來藏 所證眞理也 不空如來藏 能證眞智也 眞理謂之空如來藏者 眞理絶相 如彼大虛 廓無纖翳故也 眞智謂之不空如來藏者 眞智照理 如彼赫日當空顯現故也", 백파긍선(白坡亘璇)의 『수선결사문과석』(한불전10, p.533b22)에 "걸림없는 청정혜는 모두 선정에 의지하여 생겨나니, 믿어 알라. 환단 한 알로도 철을 주물러 금으로 바꾸고, 진리 한마디로도 범을 고쳐 성을 이룬다. 無礙淸淨慧 皆依禪定生 信知 還丹一粒 點鐵成金 眞理一言 革凡成聖", 금명보정(錦溟寶鼎)의 『다송문고』 권1(한불전12, p.704c22)에 "진리는 말 없지만 방편을 인하여 말을 베푸니, 말은 반드시 참에 기대어 베풀어야 하므로 말마다 진여로서 일미라네. 眞理無言 因方便而宣言 言必藉眞而宣 言言眞如一味"라고 하였다. 〔참고문헌〕 『海意菩薩所問淨印法門經』, 『大乘入楞伽經』, 『解深密經疏』, 『無量壽經連義述文贊』, 『梵網經古迹記』, 『金剛經五家解說誼』, 『修禪結社文科釋』, 『茶松文稿』, *Laṅk*. ⇨ 증 證[1], 증득 證得, 실제 實際, 현량 現量 **8** 진리라는 말마저 붙일 수 없는 자리. 『선사동자경』 권2(대정장14, p.613b12)에 "세간과 출세간, 세제와 제일의, 이 두 계는 차이가 없다고 경에서 설하시네. 부처님께서 설하신 제행 중생 위한 방편일세. 진리란 모두 아예 없으니, 세존께서 금구로 설하신 바로다. 제불과 제법 이들 한결같이 없어서 능히 탈 것도 태울 것도 다 공하니, 희유하도다, 부처님의 훌륭한 말씀! 世間出世間 世諦第一義 二界無有異 此經如是說 佛所說諸行 方便爲衆生 眞理皆悉無 世尊金口說 諸佛及諸法 彼等一切無 能所乘竝空 希有佛善說", 『종경록』 권83(대정장48, p.872b15)에 "일체제법은 실상 아님이 없다. 그러므로 알아야 하리, 모든 뜻은 다만 일념심이고, 하나의 이란 일체 이름에 응할 뿐이니, 이 밖에 이름이 없기 때문이요, 일체의 이름은 곧 일리여서 이름 밖에 달리 이(理)가 없기 때문이다. 이것이 곧 이름 없는 참 이름이요, 이 없는 진리다. 이로써 일심이제는 체도 용도 두루 갖춘다. 一切諸法無非實相 故知 諸義但一念心 一理應一切名 以理外無名故 一切名卽一理 以名外無理故 則是無名之眞名 無理之眞理 是以一心二諦 體用周足"라고 하였다. 〔참고문헌〕 『善思童子經』, 『宗鏡錄』.

진리 盡理 이를 다하다. 말로 할 수 있는 길을 다해 더할 것이 없는 뜻. 『섭대승론석』 「도기서 道基序」(대정장31, p.152b14)에 "이 논이란 무착보살이 지어 그 샘을 파헤치고 뜻도 다하여 맑고도 정미하게 거침없이 드러냈기에 논이라 한다. 論者 無著菩薩之所製造 窮源盡理 淸微朗暢 謂爲論也", 『화엄경소초』 권7(대정장36, p.53a19)에 "부처님께서 밀의로써 일체법무성을 설하셨다는 것은, 현료를 잡아 설하면 삼성삼무성이 바야흐로 중도임을 쌍으로 밝히신 것을 말하며, 그러므로 더할 것 없는 뜻을 삼은 것이다. 佛密意說一切法無性 謂若顯了說 則雙明三性三無性方是中道 故爲盡理", 『중관론소』 권1(대정장42, p.19c11)에 "대승을 배운 사람이라면 대승의 필경공이 뜻을 다한 말씀임을 믿는다. 旣是學大乘人 卽信大畢竟空 是盡理之說"라고 하였다. 〔참고문헌〕『攝大乘論釋』, 『華嚴經疏鈔』, 『中觀論疏』.

진림사 榛林寺 함경북도 경성군 오봉산(五峯山)에 있던 절. 『여지도서』에 부(府)의 남쪽 85리에 있다 전하고, 『범우고』에도 오봉산에 위치함을 언급했다. 〔참고문헌〕『輿地圖書』, 『梵宇攷』, 『韓國寺刹全書』 권하 p.1057a11, 『北韓寺刹硏究』(寺刹文化硏究院, 1993) p.669.

진망 眞妄 참됨과 헛됨. 바탕인 것과 드러난 것. 분별하지 않을 때와 분별해 드러날 때의 모습으로서의 염정(染淨) 등의 뜻이다. 물(水)과 파도(波) 같이 서로 떨어져 따로 할 수 없는 것으로서, 제법(諸法)을 그 자성이 없는(無自性) 뜻에서 둘로 나누어 말할 뿐이다. 『화엄경소초』 권30(대정장36, p.230b14)에 "여래는 성이 없고 세간 또한 성이 없으니, 진도 망도 성이 없는 그것이 부처님의 법신이다. 如來無有性 世間亦無性 眞妄無性 卽佛法身", 『화엄오교지관』(대정장45, p.511a4)에 "진과 망이란, 안식으로 얻으면 진이라 하고 의식으로 연하면 망이라 한다. 진망이 현격하게 어긋나 평등하지 않으므로 법을 증득함에 인은 없다. 왜 그런가? 법에는 분별이 없기 때문이다. 경에 '법에는 분별이 없다'라고 하였다. 만약 분별을 행한즉 분별일 뿐이어서 법을 구하는 것은 아니다. 색법 이미 그러하며 심법도 그러하니, 이에 준하여 생각하라. 言眞妄者 眼識得故名眞 意識緣故爲妄 眞妄懸差不等 是故證法無人 何以故 法無分別故 經云 法無分別 若行分別 是卽分別 非求法也 色法旣爾 心法亦然 準以思之", 『유마의기』 권3(대정장38, p.474b20)에 "법에는 진망이 있으니, 불성이 진이며 망정으로 취하는 유무법을 망이라 한다. 法有眞妄 佛性是眞 妄情所取有無法 說以爲妄", 『대승의장』 권3(대정장44, p.534b28)에 "염과 정의 모든 법들 진과 망으로 함께 일어난다. 진 홀로 일어나지 못하고 오직 망만으로는 이루지 못한다. 어째서 그러한가? 진만 있고 망이 없다면 진의 성은 항상 고요하니 무엇도 하지 않아 변화하지 않기에 일어나 짓는 것이 없다. 반면에 망만 있고 진이 없다면 망의 체 서지 못하므로 또한 짓는 일도 없다. 染淨諸法 眞妄共起 單眞不生 唯妄不成 何故如是 唯眞無妄 眞性常湛 無爲不變 故無起作 唯妄無眞 妄體不立 故亦無作", 『정토생무생론』(대정장47, p.382b18)에 "〔문〕 잠깐의 마음이 방촌에 머무를 뿐인데 어떻게 머나먼 불국토를 능히 품을 수 있는가? 〔답〕 잠깐의 마음에 어두운 사람은 작다고 여기고 통달한 사람 크다 보기에 진과 망에 둘이 없다. 이 망심 온전한 바탕으로 일어나고 그 성은 끝이 없고 마음도 가이 없다. 성은 바다와 같다면 마음은 물거품과 같으니 바다 온통 물거품이고 물거품도 바다 가득하다. 대체로 진여는 불변이면서 수연이고 수연이면서 불변이다. 이미 수연이면서 불변이라 하였으니 어찌 진과 망으로써 대와 소로 치우쳐 다루겠는가! 問曰 介爾之心 居於方寸 云何能包 許遠佛土 答曰 介爾之心 昧者謂小 達人大觀 眞妄無二 蓋此妄心 全性而起 性無邊 心亦無際 性如大海 心似浮漚 全海爲漚 漚還匝海 蓋眞如不變隨緣 隨緣不變 旣曰 隨緣不變 豈可以眞妄而局大小哉", 돈황본 『대승기신론약술』 권상(대정장85, p.1097c3)에 "'큰 바닷물은 바람 불어야 물결친다'라는 말은 진이 망을 따라 구름을 물과 바람의 모습에 비유한 것이다. '서로 떨어질 수 없다'는 말은 진과 망이 서로 의지함을 물에 비유한 것이다. 움직이는 성이 아니라는 말은 진실한 바탕 변할 수 없음을 물의 성에 비유했다. 大海水因風波動者 眞隨妄轉 喩水相風相 不相捨離者 眞妄相依喩水 非動性者 眞體不變 喩謂水性"라고 하였다. 〔참고문헌〕『華嚴經疏鈔』, 『華嚴五敎止觀』, 『維摩義記』, 『大乘義章』, 『淨土生無生論』, 『大乘起信論略述』, *Yogā-bh.52.* ⇨ 비진비망 非眞非妄, 진망화합 眞妄和合

진망 塵妄 근(根)인 진(塵)과 경(境)인 진(塵)이 합하여 드러내는 헛됨. 육진과 육근이 일으키는 망상을 말한다. 『능엄경의소석요초』 권5(卍속장16, p.973a8)에 "모든 진의 헛됨을 벗어났다는 말은 육근과 육경이 함께 고요함이다. 離諸塵妄者 根境俱寂也", 『법화경지장소』 권7(卍속장93, p.848a17)에 "모든 진망을 벗어났다는 말은 색 등의 티끌도 소리를 따라 녹아 사라졌고, 견 등의 모든 헛됨도 듣는 길 따라 돌아왔음이다. 離諸塵妄者 謂色等諸塵 亦隨聲而銷滅 見等諸妄 亦隨聞而旋復也"라고 하였다. 〔참고문헌〕『楞嚴經義疏釋要鈔』, 『法華經指掌疏』. ⇨ 진 塵❶❷, 육근 六根, 육진 六塵

진망 塵網 육근(根)도 육진(塵)도 모두 티끌(塵)의 엉킴(網)일 뿐이어서, 일체(一切)는 이 유루(有漏)와 유위(有爲)의 그물일 뿐이다. 자세히 말하면 오근오진(五根五塵)은 색진(色塵)이고 의(意)와 법(法)은 법진(法塵)을 일으킨다. 『점비일체지덕경』 권1(대정장10, p.466c28)에 "중생의 마음이 미혹하여 죄복을 세우고 음노치 익혀서 그 세 가지 덮어 가리니 티끌 그물에 떨어지고, 항상 스스로 던져 편안치 못하다. 衆生心迷 建立罪福 習婬怒癡 爲三蓋礙 墮在塵網 常自投已 不便之地", 『사분율행사초자지기』 권상(대정장40, p.179b27)에 "티끌그물을 넘어선다 하니 탐욕을 줄이고 속박을 끊어 자리를 성취하는 뜻이다. 超塵網者 寡欲絶累 成自利也", 『사명존자교행록』 권6(대정장46, p.910a21)에 "티끌그물 듬성듬성 엮어져 대천세계 그 어디에나 널리 덮는다. 塵網恢恢 彌大千而洪覆", 『인천보감』(卍속장148, p.106b18)에 "진실한 대장부는 전투를 벌여 마군을 물리치고 티끌그물을 뿌리쳐 찢는다. 實大丈夫 可以戰退魔軍 揮開塵網"라고 하였다. [참고문헌] 『漸備一切智德經』, 『四分律行事鈔資持記』, 『四明尊者教行錄』, 『人天寶鑑』. ⇨ 근진 根塵, 진 塵❶❷, 일체 一切, 십이처 十二處, 유루법 有漏法, 유위법 有爲法

진망게 眞妄偈 당대 측천무후(則天武后 690~704) 때 복례(復禮) 지음. 진망을 노래한 오언십구(五言十句)의 게송으로, 『원종문류』 권22 찬송잡문류(讚頌雜文類)에 「천후조복례법사문천하학사진망게 天后朝復禮法師問天下學士眞妄偈」라는 제목으로 전하는데, 복례의 게송에 대한 답송 형식의 게송이 여러 편 전하기도 한다. 같은 책(한불전4, p.632b17)에 "참된 법의 성 본래 깨끗한데, 망념은 어디서 일어나는가. 망 진을 쫓아 생기도록 한다면, 이 망 어찌 그치리요. 처음이 없으면 끝도 없고, 마침이 있으면 응당 시작도 있으리. 시작은 없지만 끝은 있으니, 오래 생각해도 이 뜻 알 수 없네. 원컨대 비밀 열어, 생사에서 나오기를 바랄 뿐이네. 眞法性本淨 妄念何由起 許妄從眞生 此妄安可止 無初則無末 有終應有始 無始而有終 長懷懵斯理 願爲開秘密 祈之出生死", 『종경록』 권5(대정장48, p.440b6)에 "복례법사가 천하의 학사들이 물은 진망에 게로 답했다. 故復禮法師問天下學士眞妄偈云", 『석문홍각범임간록』 권상(卍속장87, p.249a20)에 "당대 스님 복례는 법을 잘 가렸기에 당시 무리들이 추존하였는데 진망게를 썼다. 唐僧復禮有法辯 當時流輩推尊之 作眞妄偈", 『지월록』 권28(卍속장143, p.613b11)에 "청량국사가 답했다. '진을 잃고 망념 일어나니, 진 깨우치면 망인즉 그치리라. 능히 미한 이 미한 것들 아니니, 어찌 길게 그럴 듯 하랴! 종래로 일찍이 깨우친 적 없었기에, 망 본래 시작이 없다고 말한다네. 망 본래 스스로 진임을 알아야, 비로소 이것 항상하고 묘한 뜻이리라. 분별하는 마음 잊지 않고서, 무엇 따라 생사에서 벗어나리!' 淸涼國師答曰 迷眞妄念生 悟眞妄卽止 能迷非所迷 安得長相似 從來未曾悟 故說妄無始 知妄本自眞 方是恒妙理 分別心未忘 何由出生死", "규봉선사가 응답했다. '본래 청정하고 본래 불각이니, 이로 말미암아 망념이 일어난다네. 진을 알아 망인즉 공하고, 공을 아니 망인즉 그치리라. 그친 곳 있어 끝이 있다 하고, 혹되는 그때를 시가 없다고 부른다네. 인과 연 저 꿈이나 허깨비와 같거늘, 무슨 끝이고 무슨 시작이겠는가? 이것이 중생의 저 샘이니, 궁구하면 생사에서 벗어나리'. 圭峰禪師答曰 本淨本不覺 由斯妄念起 知眞妄卽空 知空妄卽止 止處名有終 迷時號無始 因緣如夢幻 何終復何始 此是衆生源 窮之出生死", "다시 말했다. '사람들 흔히 진이 망을 생한다고 여기므로 망을 다하지 못한다고 한다. 이 이치를 분명하게 터주고자 거듭하여 앞의 게송에 답한다. 「진이 망을 생하는 것이 아니라, 망이 진을 잃어서 일어난다네. 망 본래 스스로 진임을 깨우쳐 진을 알아 망을 바로 그치고, 망이 그치니 종말인 듯 하고 깨우쳐 오니 처음 시작인 듯 하다네. 미함도 깨우침도 그 바탕 모두 공하고 다 공해서 끝도 시작도 없다네. 나고 죽음 이에 어지러웠을 뿐이었으니 이것 알았으니 생도 사도 벗어났네」'. 又曰 人多謂眞能生妄 故妄不窮盡 爲決此理 重答前偈曰 不是眞生妄 妄迷眞而起 悟妄本自眞 知眞妄卽止 妄止似終末 悟來似初始 迷悟性皆空 皆空無終始 生死由此迷 達此出生死"라고 하였다. [참고문헌] 『圓宗文類』, 『宗鏡錄』, 『石門洪覺範林間錄』, 『指月錄』, 『華嚴經疏鈔』 권58(대정장36, p.464c20), 『圓覺經大疏釋義鈔』 권6(卍속장14, p.662a4), 『圓覺經略疏鈔』 권7(卍속장15, p.319a6). ⇨ 복례 復禮❷

진망구견종 眞妄俱遣宗 원측(圓測)의 사종(四宗 : 存妄隱眞宗 遣妄存眞宗 眞妄俱遣宗 眞妄俱存宗) 분류 중 하나로 용수(龍樹 Ⓢ Nāgārjuna)의 가르침인 중관(中觀)을 따르는 청변(淸辨 Ⓢ Bhāvaviveka) 등의 가르침을 말한다. 원측의 『해심밀경소』 권1(한불전1, p.132b5)에 "셋째 진망구견종이다. 저 청변 등이 일체유위무위를 쌍으로 보내버린 것이다. 三 眞妄俱遣宗 如淸辨等 雙遣一切有爲無爲"라고 하였다. [참고문헌] 『解深密經疏』. ⇨ 존망은진종 存妄隱眞宗, 견망존진종 遣妄存眞宗, 진망구존종 眞妄俱存宗

진망구존종 眞妄俱存宗 원측(圓測)의 사종 분류 중 하나로 미륵(彌勒 Ⓢ Maitreya)·무착(無著 Ⓢ Asaṅga)의 가르침인 유식(唯識)을 따르는 호법(護法 Ⓢ Dharmapāla) 등의 가르침을 말한다. 원측의 『해심밀경소』 권1(한불전1, p.132b7)에 "넷째 진망구존종이다. 저 호법 등이 이제나 삼성 등의 뜻을 두고 세운 경우다. 四 眞妄俱存宗 如護法等 存立二諦三性等義"라고 하였다. [참고문헌] 『解深密經疏』. ⇨ 존망은진종 存妄隱眞宗, 견망존진종 遣妄存眞宗, 진망구견종 眞妄俱遣宗

진망이심 眞妄二心 참되다·허망하다 둘로 나뉜 마음. 고요해 생사 없는 마음을 진이라 하고 분별해 일어나는 마음을 망이라 한다면 짓는 것의 바탕인 진과 짓는 일인 망은 서로 의지해 떠날 수 없다. 오로지 참인 뜻도 지을 줄 알아야 참이 되고, 지을 줄 알아도 헛되지 않아야 하는 뜻에서 참인 것도 헛된 것도 서로를 바라서야 이름을 얻고 뜻도 얻는다. 『대승의장』 권9(대정장44, p.652a12)에 "〔문〕 진과 망 두 마음 중에 어떤 마음이 능히 종자 익혀 덕을 행할 줄 알고, 어떤 마음은 그렇게 짓지 못하는가? 〔석〕 진일 뿐이라면 짓는 뜻이 단지 망상뿐이어도 또한 짓는 뜻이 없다. 진망이 서로 의지하여야 짓는 뜻이 있다. 問曰 眞妄二心之中 何心能作習種行德 何心不作 釋言 唯眞則無作義 單唯妄想 亦無作理 眞妄相依 方有作義", 『번역명의집』 권6(대정장54, p.1159b6)에 "진망이심은 경론에서 밝힌 바 크게 네 가지다. 첫째 오직 진심일 뿐인 것이니, 『대승기신론』(대정장32, p.576a12)에 '오직 이 일심이기에 진여라고 한다'고 했고, 둘째 오직 망심일 뿐이니, 저 『능가경』 권1(대정장16, p.484b12)에 '갖가지 모든 식의 물결, 용솟음쳐 구른다네'라 한 것이고, 셋째 진을 쫓아 망을 일으키니, 『능가경』 권4(대정장16, p.510b4)에 '여래께서 거둔 것들 선과 불선의 인으로 능히 두루 일으켜 일체취생을 짓는다 하고, 넷째 망을 가리켜 바로 진이다 하니, 『능엄경』 권1(대정장19, p.108c6)에 '바로 그대 지금의 식정은 원래 밝다'고 하고, 『유마경』 권중(대정장14, p.549b17)에 '모든 번뇌무리들 여래의 씨앗이다'라고 한 것과 같다. 모든 글에서 말한 것은 이 네 가지로 거둬 다한다. 그러나 이 모든 식들 서역동하로 다른 주장이 분분하다. 眞妄二心 經論所明 大有四義 一 唯眞心 起信云 唯是一心 故名眞如 二者 唯妄心 如楞伽云 種種諸識浪 騰躍而轉生 三者 從眞起妄 如楞伽云 如來之藏 是善不善因 能遍興造 一切趣生 四者 指妄卽眞 如楞嚴云 則汝今者 識精元明 又淨名云 煩惱之儔 是如來種 諸文所陳 此四收盡 然此諸識 西域東夏 異計紛紜"라고 하였다. 〔참고문헌〕 『大乘義章』, 『翻譯名義集』, 『大乘起信論』, 『楞伽經』, 『楞嚴經』, 『維摩經』. ⇨ 진심 眞心, 망심 妄心

진망화합 眞妄和合 진과 망이 어울려 함께 하다. 불생불멸(不生不滅)의 뜻인 진과 생멸(生滅)의 뜻인 망이 어울려 합하는 뜻이다. 이렇게 해서 자성청정심(自性淸淨心)인 불성(佛性)의 중생(衆生)이 있을 수 있고 부처가 출생한다. 또한 생사를 따르는 망의 뜻이 생사를 돌이키는 진의 뜻과 함께 해야 부처가 중생을 구할 수 있다. 이렇게 어울리는 뜻을 거둔 것을 아뢰야식이라 하고 여래장이라 한다. 『금강경찬요간정기』 권1(대정장33, p.172b14)에 "식이란 본래 깨끗하지만 일심이 홀연히 모르게 된다. 모르니 망이지만 마음바탕 이에 진이다. 진과 망 화합을 가리켜 식이라 하니, 곧 제8아리야식이다. 그러므로 『대승기신론』에 '여래장에 의지하므로 생멸심이 있게 되고 불생불멸이 생멸과 더불어 화합하여 하나도 아니고 다르지도 않으니 이를 아리야식이라 한다'라고 하였다. 識者本淨 一心忽然不覺 不覺是妄 心性乃眞 眞妄和合 目之爲識 卽是第八阿梨耶識也 故起信云 依如來藏故 有生滅心 所謂不生不滅 與生滅和合 非一非異 名阿梨耶識", 『석마하연론』 권5(대정장32, p.633b11)에 "세 가지 미세한 마음(三細)과 여섯 가지 큰 마음(六麤)은 단지 무명일 뿐만 아니라 본각과도 함께한다. 진망이 화합함을 '삼세육추의 마음'이라 한다. 三六種心 非但無明 亦本覺俱 眞妄和合 名三六心故", 『대반열반경의기』 권9(대정장37, p.871b6)에 "진망이 화합하여 모이면 중생을 이루고, 이 중생이 가이 부처의 뜻을 지으니 불성이라 이름한다. 이런 까닭에 불성은 곧 이 중생이다. 眞妄和合 集成衆生 卽此衆生 可作佛義 名爲佛性 是故佛性 卽是衆生", 『유마의기』 권1(대정장38, p.429b28)에 "오직 진만으론 일어날 수 없고 단지 망만으로도 이룰 수 없다. 진망이 화합하여야 비로소 모이고 일어날 수 있다. 唯眞不生 單妄不成 眞妄和合 方得集起", 『주대승입능가경』 권9(대정장39, p.499c15)에 "『대승기신론』에 '자성청정심이 무명에 물들어 물든 마음이 있게 된다. 비록 물든 마음이라 하지만 항상 변하지 않는다'라고 하였다. 이를 가리켜 진과 망이 화합하여 다르지도 않고 같지도 않다고 한다. 이로써 능히 일심이제의 문을 이루고, 단상이나 유무견 따위의 견에 떨어지지 않는다. 論云 自性淸淨心 爲無明所染 有其染心 雖有染心 恒常不變 是謂眞妄和合 非異非同 能成一心二諦之門 不墮斷常有無之見", 『대승기신론의기』 권하본(대정장44, p.275a3)에 "이 식이 바로 진망의 화합함이다. 만약 생사를 따라 흐르면 망이 공능을 갖게 되고, 망이 비록 공이 있을지라도 진을 떠나서는 설 수 없다. 흐름을 거슬러 얽힘을 벗어난다면 진에 공능이 있게 된다. 진이 비록 공이 있다 해도 망을 여의고는 나툴 수 없다. 그러므로 연기에 나아가고 화합하는 식 중에서만 그 용을 설할 따름이다. 此識卽是 眞妄和合 若隨流生死 卽妄有功能 妄雖有功 離眞不立 若返流出纏 眞有功能 眞雖有功 離妄不顯 故就緣起 和合識中 說其用耳", 『도서』 권하(대정장48, p.409b2)에 "이 문에서 범과 성이라는 두 상을 갖춰 드러낸다. 곧 진망이 화합하여 하나도 둘도 아님을 아리야식이라 한다. 今於此門 具彰凡聖二相 卽眞妄和合 非一非二 名爲阿梨耶識"라고 하였다. 〔참고문헌〕 『金剛經纂要刊定記』, 『釋摩訶衍論』, 『大般涅槃經義記』, 『維摩義記』, 『注大乘入楞伽經』, 『大乘起信論義記』, 『都序』, 『大乘起信論』(대정장32, p.576b8·577c3). ⇨ 일심이문 一心二門, 아뢰야식 阿賴耶識, 여래장 如來藏, 삼세육추 三細六麤, 비진비망 非眞非妄

진매 陳枚 낡은 잔가지. 외도나 소승을 가리킨다. 『중관론소』「서소 序疏」(대정장42, p.4a27)에 "진매의 진이란 오래돼 낡은 것의 이름이며, … 매는 잔가지다. 은혜로운 바람이란 봄바람이다. 이 논으로 지혜의 바람 일으켜 범부의 무리들로 하여금 이익 얻게 함이다. … 앞 구는 외도를, 뒤 구는 소승을 이롭게 함을 나타낸다. 陳枚者 陳者 朽故之名也 … 枚者 小枝也 惠風者 謂春風也 以扇斯論智慧之風 使凡夫之流 以得益也 … 前句益外道 後句利小乘"라고 하였다. 〔참고문헌〕『中觀論疏』.

진명 眞明 **1** 참된 밝음. 무명이 사라져 드러난 빛으로 여래를 말한다. 36권본 『대반열반경』 권5(대정장12, p.635a18)에 "해탈 또한 이렇게 무명의 찌꺼기들 없애면 참으로 밝아지는데, 이와 같은 참된 밝음이 곧 참된 해탈이며, 참된 해탈은 바로 여래다. 解脫亦爾 除無明滓 生於眞明 如是眞明 卽眞解脫 眞解脫者 卽是如來", 『문수사리문보리경』(대정장14, p.481c11)에 "나 아누다라삼막삼보리 얻고 일체지혜 얻어 모든 무거운 짐들 없애고 삼유라는 험한 길도 건넜다네. 빛 없는 깜깜함 버리고 참으로 빛나네. 我得阿耨多羅三藐三菩提 得一切智慧 除諸重擔 度三有險道 滅無明 得眞明", 『묘비보살소문경』 권1(대정장18, p.749b3)에 "저 불법 구하여 참된 밝음 성취코자 한다면 보리라는 나무 써서 금강저 만들어야 하리라. 若欲求佛法 眞明成就 用菩提木 作跋折羅"라고 하였다. 〔참고문헌〕『大般涅槃經』, 『文殊師利問菩提經』, 『妙臂菩薩所問經』. **2** 1191~1271. 고려후기 스님. 조계산 수선사(修禪社 : 松廣寺)의 제4세 법주였던 혼원(混元)의 시호. ⇨ 혼원 混元

진명국사비명 眞明國師碑銘 조계산 수선사(修禪社) 제4세 법주 혼원(混元 1191~1271)의 행적을 새긴 비명. 김구(金坵 1211~1278)가 1272년(원종13)에 지었다. 『동문선』 권117과 『지포집』 권3에 수록되었으며, 비신에 「와룡산자운사왕사증시진명국사비명병서 臥龍山慈雲寺王師贈諡眞明國師碑銘幷序」라고 새겼다. 세수 81세, 승랍 68년으로 입적하자, "문인들이 유서와 인장을 받들고 와서 부음을 전하니, 왕은 매우 슬퍼하며 더하여 국사에 봉하였다. 시호는 진명, 탑명은 보광이라고 하였다. 門人奉遺書幷印信 乘傳申聞 上震悼 加封國師 贈諡眞明 塔曰普光"고 하였다. 〔참고문헌〕『東文選』, 『止浦集』(韓國文集叢刊2, p.363a20). ⇨ 혼원 混元

진목 瞋目 Ⓢ Bhṛkuṭi. 천녀(天女)의 이름. 비구지(毘俱胝・毘俱知)라고 음사한다. 『불공견삭다라니자재왕주경』 권하(대정장20, p.428a12)에 "보현보살상 아래 마마계〈아소〉천녀 … 비구지〈진목〉천녀를 그린다. 다라 천녀는 흰색 옷을 입었고 나머지 세 천녀는 모두 색동옷을 입었다. 이 네 천녀는 모두 천의를 입고 갖가지 보배로 엄식하였으며 얼굴빛이 온화하고 밝게 미소를 띄고 있다. 於普賢菩薩像下 應畫摩麼雞〈周言 我所〉天女 … 毘俱胝〈周言 瞋目〉天女 其多羅天女 著白色衣 餘三天女 衣皆雜色 此四天女 並著天衣 衆寶嚴飾 顔貌和悅 熙怡微笑"라고 하였다. 〔참고문헌〕『不空羂索陀羅尼自在王呪經』. ⇨ 비구지 毘俱知, 비구지관음 毘俱胝觀音

진몽 塵蒙 먼지투성이. 번뇌 가득한 뜻이다. 『조산어록』(대정장47, p.528c11)에 "어떤 학인이 조산에게 물었다. '옛 사람은 「사람마다 모두 제자가 있다」라고 하는데, 번뇌투성이에게도 오히려 있는지요?' '손을 건네 보라'. 그 학인이 손을 건네자 손가락을 하나씩 찍으며 말했다. '하나, 둘, 셋, 넷, 다섯! 다 있지 않느냐'. 人問古人曰 人人盡有弟子在 塵蒙還有也無 師曰 過手來 僧過手 乃點指曰 一二三四五足"라고 하였다. 〔참고문헌〕『曹山語錄』. ⇨ 진 塵 **1** **3**

진무제 陳武帝 501~559. 남북조 진 초대 황제. 이름은 패선(霸先), 자는 흥국(興國). 재위기간은 557(영정원년)~559(영정3). 불법을 숭상하여 즉위한 해에 부처님의 치아에 제를 지내고 무차(無遮)대회를 열었다. 이듬해에는 대장엄사(大莊嚴寺)에서 네 차례나 사신공양을 하고 무차대회를 열었다. 559년에는 대승통(大僧統) 보경(寶瓊)을 중운전(重雲殿)으로 불러 『대품반야경』 강설을 청하였다. 같은 해 59세로 세상을 떠났다.

진무진법문 盡無盡法門 다함이 있고 다함이 없는 법으로 열린 문. 중생의 유위법(有爲法)을 버리지도 않고 해탈의 무위법(無爲法)에 머물지도 않아서 자유자재로 열린 보살행의 문을 뜻한다. 갖춘 이름은 유진무진해탈법문(有盡無盡解脫法門)이다. 『돈오입도요문론』 권상(卍속장110, p.846b2)에 "〔문〕 경에 진무진법문이라 하였으니 무슨 뜻입니까? 〔답〕 두 성 다 공이기에 보고 들음에 생하는 것이 없으면 이것이 다함이다. '다함'이란 모든 유루가 다한 것이다. '다함 없다'란 남이 없는 바탕에 항하사 모래알 같은 묘용 갖추고서 일에 따라 응하여 나타나 모두 남김없이 다하지만, 본 바탕 중에 덜할 것 없으니, 무진이라 한다. 곧 이것이 진무진법문이다. 問經云 盡無盡法門 如何 答 爲二性空故 見聞無生是盡 盡者 諸漏盡 無盡者 於無生體中 具恒沙妙用 隨事應現 悉皆具足 於本體中 亦無損減 是名無盡 卽是盡無盡法門也"라고 하였는데, 여기에서 인용한 『유마경』 권하 「보살행품 菩薩行品」(대정장14, p.554b3 : *Vikī-n.*, p.104)에 "부처님께서 여러 보살들에게 말씀하셨다. '유진무진해탈법문을 너희들은 반드시 알아야 한다. 무엇을 「진」이라고 하는가? 유위법이다. 무엇을 「무진」이라고 하는가? 무위법이다. 보살이라면 유위법을 끝내서도 안

되고 무위법에 머물러서도 안 된다'. 佛告諸菩薩 有盡無盡解脫法門 汝等當學 何謂爲盡 謂有爲法 何謂無盡 謂無爲法 如菩薩者 不盡有爲 不住無爲 bhagavān āha, asti kulaputrāḥ kṣayākṣayo nāma bodhisatvānāṃ vimokṣaḥ. tatra yuṣmābhiḥ śikṣitavyam. sa punaḥ katamaḥ. kṣayam ucyate saṃskṛtam, akṣayam asaṃskṛtam. tad bodhisatvena saṃskṛtaṃ ca na kṣapayitavyam, asaṃskṛte ca na pratiṣṭhātavyam"라고 하였다. [참고문헌]『頓悟入道要門論』,『維摩經』,『大乘法界無差別論疏』(대정장44, p.73c9), *Vikī-n.*

진무진유 眞無眞有 참으로 없고 참되게 있다. 진제(眞諦)로는 없고(無) 속제(俗諦)로는 있다(有)는 말. 『광백론본』(대정장30, p.186c11)에 "모든 세간의 말은 모두 거짓이어서 참이 아니다. 세속의 이름과 말을 여의어야 비로소 참이고 거짓이 아니다. '제법은 없다'라고 비방하면 무라는 소견에 떨어질 수 있다. 오직 허망한 집착만을 벗어나게 함이니, 어찌 설하여 무에 떨어지게 하겠는가? 유라 하지만 진유가 아니고, 무라 하지만 진무가 아니다. 이미 진무가 없는데, 어찌 진유가 있겠는가? 諸世間可說 皆是假非眞 離世俗名言 乃是眞非假 謗諸法爲無 可墜於無見 唯蠲諸妄執 如何說墮無 有非眞有故 無亦非眞無 既無有眞無 何有於眞有"라고 하였다. [참고문헌]『廣百論本』. ⇨ 진비유무 眞非有無

진묵 震默 1562~1633. 조선중기 전주 봉서사(鳳棲寺) 스님인 일옥(一玉)의 법호. ⇨ 일옥 一玉

진묵대사부도 震默大師浮屠 전라북도 완주군 용진읍 간중리 봉서사 경내에 있는 조선시대 진묵의 승탑(僧塔). 전라북도 시도유형문화재 제108호. 높이 1.79m. 봉서사 뒤편 부도원내 가장 높은 곳에 위치해 있다. 탑은 전형적인 원구형으로 대충 다듬은 지대석 위에 세워 놓았다. 기단부는 하대석과 상대석으로 이루어졌는데, 중대석이 결실된 듯 보인다. 하대석은 8각 하단 2면에 걸쳐 '진묵당(震默堂) 일옥(一玉)'이라는 당호와 법명을 새겼고 위로 복련문을 돌렸다. 상대석은 앙련을 새기고 8각 괴임을 두어 탑신을 받치고 있다. 탑신은 상하단을 평편하게 다듬어 편구형이며 표면에 아무런 문양을 두지 않아 소박하다. 지붕은 팔각당형으로 경사가 급하고 처마는 두터운데 하단에 각면 서까래를 돋을새김 했다. 옥개석 상면은 기와골 없이 복련문을 새겼다. 상륜은 낮게 1단의 띠돌림과 연주문(連珠文)으로 노반을 구성하고 그 위로 연봉형의 앙화와 구형의 보륜(寶輪), 최상부에는 보주(寶珠)로 마무리하였다. 진묵대사(震默大師 1562~1633)의 영정은 범어사 성보박물관에 전하며, 이 탑은 스님이 입적한 1633년경에 건립된 탑으로 제작시기가 확실할 뿐 아니라 조형성도 뛰어나 17세기 중반경 승탑양식을 이해하는 데 기준작이 되는 성보다.

진묵대사부도

진묵사 震默寺 전라북도 김제시 만경읍 화포리 유앙산(維仰山)에 있는 절. 진묵일옥(震默一玉 1562~1633)이 태어난 곳에 그 덕을 기리고자 창건하였기에 조앙사(祖仰寺)라고도 한다. 1915년 강생술 보살이 대웅전 건립, 1925년 3월 요사, 1927년 진묵조사전, 1928년 7층 석탑 등을 세웠고 1931년 전후로 창건되었다. 1958년 종각을 지었고, 유문수가 1962년 삼성전, 1977년 대웅전을 중건하였다. 현존하는 당우로는 대웅전·진묵조사전·종각·삼성전·요사·진묵대사 유허비(遺墟碑) 등이 있다. 유형문화재 묘법연화경 권제1, 권1~7은 각각 1609년(광해군1) 모악산 귀신사(歸信寺), 1539년(중종34) 덕유산 영각사(靈覺寺)에서 중각(重刻)한 것이다. 후자는 1650년경 재인쇄한 것으로 추정하며 각권의 첫장은 이후 다시 찍어 보완하였다. 간기(刊記) 및 변상도(變相圖) 등이 그대로 남아 있다. [참고문헌]『寺刹誌』(전라북도, 1990),『김제의 문화재』(김제문화원, 2008). ⇨ 조앙사 祖仰寺

진묵조사유적고 震默祖師遺蹟攷 1847년(헌종13)에 초의의순(草衣意恂 1786~1866)이 엮은 진묵일옥(震默一玉 1562~1633)의 유사(遺事)를 엮어 새겼다. 목판본 2권 1책. 한불전10, pp.876c2~884c5에 전한다. 은고(隱皐) 김기종(金箕鍾)이 쓴 발문에서 "나옹 … 진묵 … 두 법로는 곧 우리 부처님의 소화신이다. 名懶翁 … 名震默 … 若二法老 卽我本師之小化身"라고 하였는데, 의순의 발문에는 "임인년(1842·헌종8) 겨울에 완산에서 은고 김공을 만났는데, (진묵일옥)스님의 행적을 소상히 말하였다. … 6년이 지난 정미년(1847) 봄에 봉서사에서 온 산인이 내가 머무는 일지선방을 방문하여 나에게 이 유사를 기문으로 작성하도록 부탁하였다. 나는 이미 김공의 뜻을 알고 있었고, 지금은 그 청을 저버리기 어려워 전하는 구비의 사실을 간략히 정리한 다음 운고에게 전하여 김공의 고명으로 갱정하도록 하였다. 余於壬寅冬 會隱皐金公於完山 公言師蹟甚詳 … 越六年丁未春 有山人自鳳棲來者 訪余于所居之一枝禪房 亦以此事 屬余爲記 余已有感於金公之意 今又難孤其所請 略錄其所傳口碑之實 傳致雲皐 要以更正於金公之高明"라고 하였다. 맨 앞에는 김기종과 의순의 서문이 수록되었고, 권상에는 사미 일옥이 불단에 봉향하는 소임을 맡았는데, 신장(神將)이 꿈에 나타나 '부처님의 예경을 받을 수 없으니 어서 봉향하는 자를 바꾸라'고 하였다는 등의 신이한 일화 18편과 「석가여래인지 釋迦如來因地」를 실었다. 권하에는 부록으로 지원(芝園) 조수삼(趙秀三)의 「영당중수기 影堂重修記」와 함께 의순·제산운고(霽山雲皐) 김기종·김영곤(金永坤)·김영학(金永學) 등의 발문을 실었다. 김기종이 1850년(철종1)에 편찬한 판본을 1857년에 아들 김영곤과 김영학이 간행하고 책판을 전주 봉서사(鳳棲寺)에 보관하였다. 국립중앙도서관·동국대학교도서관 등에 소장되어 있다. ⇨ 일옥 一玉, 의순 意恂

진문 眞門 ❶ 방편이 아닌 진실의 문. 방편에 의지해야 든다. 『석마하연론』 권4(대정장32, p.625b29)에 "망을 반연해 진을 드러내는 문이라 했다. 법신반야는 능히 스스로 나투지 못하니 마땅히 불각을 기다린 연후에 바야흐로 이름과 뜻을 말로 드러낼 수 있으며 구족히 앞에 나타난다. 마치 저 용맹한 장부가 군중을 굴복시킨 연후에 비로소 높고 뛰어난 위 얻음과 같다. 攀妄顯眞門者 法身般若 不能自顯 當待不覺然後 方乃讚揚名義 具足現前 譬如勇猛丈夫 伏諸軍衆然後 方乃得高勝位故", 『법화현의』 권8(대정장33, p.787a13)에 "『대지도론』에서 '반야방편을 얻지 못하면 유무에 떨어진다' 하였으니, 이제 십법을 방편으로 삼아 곧장 진실의 문에 들어가니 길이 외도와는 다르다. 이것이 유의 문으로 진에 드는 관이다. 故大論云 若不得般若方便 則墮有無 今以十法爲方便 直入眞門 永異外道也 是爲有門入眞之觀也"라고 하였다. [참고문헌] 『釋摩訶衍論』, 『法華玄義』. ❷ 일본 정토진종(淨土眞宗)의 삼삼법문(三三法門 : 要門 眞門 弘願門) 중 하나. 스스로 부처님 명호를 칭념하는 힘으로 정토에 왕생하는 교법이며, 가문(假門)에 대칭한다. ⇨ 삼삼법문 三三法門, 가문 假門

진문대덕 眞門大德 신라 경덕왕(재위 742~765) 때 스님. 진표가 발연수(鉢淵藪)를 창건한 후에 가끔 스님 계신 곳에 머물렀다. 『삼국유사』 권4(대정장49, p.1008c12·한불전6, p.352b3) 의해(義解)5 관동풍악발연수석기(關東楓岳鉢淵藪石記)에 "스님은 발연수에서 나와 다시 부사의방에 이르렀다. 그런 후에 고향에 가서 아버지를 뵙거나 혹은 진문대덕의 방에 머물기도 하였다. 師出鉢淵 復到不思議房 然後往詣家邑謁父 或到眞門大德房居住"라고 하였다. [참고문헌] 『三國遺事』. ⇨ 진표 眞表, 발연수 鉢淵藪

진물 眞物 헛되지 않아 참된 물건. 붙잡아 가질 수 없고(不可得) 오직 마음으로 보아 헤아릴(見量) 뿐이고, 없다 하려면 있고 있다 하려면 없는 뜻에서 붙여진 이름이다. 『대방등대집경』 권1 「영락품 瓔珞品」(대정장13, p.3b15)에 "여래세존 마치 저 마술사 같이 중생에게 마술을 설하네. 실로 진물이란 없기에 마술(幻)이라 이름 붙였네. 如來世尊猶如幻 而爲衆生說幻事 實無眞物故名幻", 『조론』 「부진공론 不眞空論」(대정장45, p.152b5)에 "비록 있지만 없는 것이어서 유가 아니고, 없으면서도 있는 듯하니 무도 아니다. 이와 같은 즉 물이 없는 것이 아니라 물은 진정 물이 아닌 뜻이다. 물이 진실한 물이 아니라면, 무엇을 가히 물이라 하겠는가? 그러므로 경에서 '색의 성이 공이지 색이 무너져 없는 공이 아니다'라고 하였다. 雖有而無 所謂非有 雖無而有 所謂非無 如此 則非無物也 物非眞物 物非眞物 故於何而可物 故經云 色之性空 非色敗空", 『조당집』 권5 「대전화상장 大顚和尙章」(대장경보편25, p.392a7)에 "또 어느 날 대전이 다음과 같이 말하였다. 내가 예전에 석두(石頭)를 뵈었는데, 석두가 나에게 '어떤 것이 네 마음이냐?'라고 물어서 '지금 화상 마주해 말을 하는 놈이 그것입니다'라고 답하니, 석두가 곧장 소리질렀다. 10일쯤 지나서 '화상께서는 저번에 어찌하여 옳지 않다고 하셨습니까? 바로 이것 밖에 무엇이 마음입니까?'라고 되물었다. '눈썹 치켜 올리고 눈을 굴리는 등의 일체의 일 밖에 바로 마음 가져 오라'고 하여서 '가지고 올 수 있는 마음이 없습니다'라고 답하니, '아까는 마음이 있다고 하더니 어떻게 다시 마음이 없다고 하느냐? 마음이 있다고 해도 마음이 없다고 해도 온통 나를 한 가지로 속이는 일이다'라고 하였다. 이때의 말 아래 크게 깨닫고 다시 '지금 저는 눈썹 치켜 올리고 눈을 굴리는 등의 일체의 일 밖에 있습니다. 화상께서도 반드시 버리시길'이라고 하니, '나 이미 버렸다'라고 하였다. '화상께서 마치셨다면 가져 다 보여주십시오'라고 대꾸하니, '그대 이미 나의 마음 가져 보인 일은 어떻게 하나?'라고 되물었다. '화상과 다르지 않습니다'라고 하니, '그대의 일과는 관계가 없다'라고 하였다. '본래 어떤 물도 없었습니다'라고 답하니, '그대에게도 어떤 물도 없다'라고 하였다. '어떠한 물도 없으면 바로 진실한 물건입니다'라고 답하니, '진실한 그 물건은 얻을 수가 없어서 그대 마음 보고 헤아릴 뿐이니 모름지기 간수해 가질 일이다'라고 하였다. 又一日 師曰 老僧往年見石頭 石頭問 阿那個是汝心 對曰 卽祇對和尙言語者是 石頭便喝之 經旬日卻問 和尙前日豈不是 除此之外 何者是心 石頭云 除卻揚眉動目 一切之事外 直將心來 對曰 無心可將來 石頭曰 先來有心 何得言無心 有心無心 盡同謾我 於此時言下 大悟此境卻問 旣今某甲 除卻揚眉動目 一切之事外 和尙亦須除之 石頭云 我除竟 對曰 將示和尙了也 石頭云 汝旣將示我心如何 對曰 不異和尙 石頭曰 不關汝事 對曰 本無物 石頭曰 汝亦無物 對曰 無物則眞物 石頭云 眞物不可得 汝心見量 意旨

如此 也須護持"라고 하였다. [참고문헌]『大方等大集經』, 『肇論』, 『祖堂集』, 『宗鏡錄』 권98(대정장48, p.944a29), 『景德傳燈錄』 권14 「大顚和尙傳」(대정장51, p.313a9). ⇨ 물 物5, 실물 實物1

진미래제 盡未來際 Ⓢ aparānta-koṭī-gata, aparānta-koṭi-niṣṭha, Ⓣ phyi-ma'i-mtha'i mur-thug-pa. 끝이 없는 미래가 다할 때까지. 『대승본생심지관경』 권4(대정장3, p.310b25)에 "장차 삼계에서 법왕이 되어 미래제 다하도록 중생을 제도하고 청하지 않아도 돕는 벗이 되어 언제나 설법하고 영영 갈애의 흐름을 끊어 피안으로 뛰어올라 청정한 열반성에 머물게 하리. 當於三界爲法王 盡未來際度衆生 作不請友常說法 永截愛流超彼岸 住於淸淨涅槃城", 60권본 『화엄경』 권30(대정장9, p.592c12)에 "일체의 모든 부처님들께서는 미래제겁 다하도록 보살행을 닦으셨고, 공덕으로 장엄하여 일찍이 두려운 적이 없습니다. 一切諸佛 盡未來際劫 修菩薩行 功德莊嚴 未曾恐怖", 『십주비바사론』 권3(대정장26, p.34b24)에 "'진미래제'라고 한 것은, 서원하는 바 머무르고자 하는 기간이 일체중생이 미래에서 그 생사의 끝이 다할 때까지임을 말하는 것이다. 어떤 이는 '아뇩다라삼먁삼보리는 미래세의 생사가 다한 때라 하는데, 가령 모든 부처님께서 무여열반에 드시면 이것이 생사의 맨 끝이다'라고 하였다. 盡未來際者 願時所住盡一切衆生未來生死際 有人言 阿耨多羅三藐三菩提 是未來世生死際 若諸佛入無餘涅槃 是生死後際"라고 하였다. [참고문헌]『大乘本生心地觀經』, 『華嚴經』, 『十住毘婆沙論』, *Gaṇḍ-vy.11·25.*, *Mvyut.19.* ⇨ 미래제겁 未來際劫

진미륵 眞彌勒 때를 기다려 오는 미륵이 아닌 진법신으로 언제나 오고 가는 미륵. 미래겁 밖에 오실 미륵이 아닌 언제 어느때나 눈앞에 몸 드러내는 미륵. 『경덕전등록』 권27 「포대화상전」(대정장51, p.434b22)에 "후량(後粱) 정명(貞明) 2년(916) 병자년 3월 포대가 입적할 무렵 옥림사 동쪽 행랑 아래 너럭바위에 앉아서 게로 읊기를 '미륵이여, 참되신 미륵이여! 몸을 나누어 천백억 개이시니 시시로 사람들에게 보이시나 그때 그 사람은 스스로 알지 못하네'라고 하고 게송을 마치자 안연히 화하였다. 粱貞明二年 丙子三月 師將示滅 於嶽林寺東廊下端 坐磐石 而說偈曰 彌勒眞彌勒 分身千百億 時時示時人 時人自不識 偈畢安然而化", 『조계진각국사어록』 「시각진상인 示覺眞上人」(한불전6, p.38b19)에 "〈그때 각진상인이 미륵 존상을 조성하려고 하였다〉 포대화상은 송으로 '미륵이여, 진미륵이여! 몸 나누어 천백억이시네. 때때로 마주쳐 보이나 그때 그 사람 알지를 못하네'라고 하였다. 백억분신은 차치하고 무엇이 진미륵일까? 빨리 말해 보시오. 빨리 말해 보시오. 그대가 만약 제대로 말해낸다면 지금 이곳이 바로 자씨이리니 문도 없고 선재도 없으니 일러 주어도 알아듣지 못하네. 선재가 가버리면 소식조차 없게 되리. 문밖에 봄은 왔고 풀들 저절로 푸르르다. 알아냈는가? 만약 알아내지 못했다면 아무튼 솜씨 좋은 장인의 손에서 존상 한 구 찍어내어서 보라. 송으로 읊는다. '넓고 너른 보루각 당당한 대여섯 자 있어 그중에 눈 찍고 보라. 어느 곳에 통하고 막힘 있는가?' 〈時上人欲造彌勒尊像〉 布袋和尙頌云 彌勒眞彌勒 分身千百億 時時示時人 時人自不識 百億分身卽且置 如何是眞彌勒 速道速道 汝若道得 是處是慈氏 無門無善財 若道不得 善財一去無消息 門外春來草自靑 還識得麽 若也不識 且向良匠手裏 摸脫一軀看 頌曰 廣博寶樓閣 堂堂五六尺 於中點眼看 何處有通隔"라고 하였다. [참고문헌]『景德傳燈錄』, 『曹溪眞覺國師語錄』, 『楊岐後錄』(대정장47, p.648a21), 『圜悟語錄』 권8(대정장47, p.747b2), 『大慧語錄』 권4(대정장47, p.827a12).

진바라문 眞婆羅門 진정한 바라문. 출생에 따라 세습한 것이 아니고 범행(梵行)에 의지해 성취하는 참다운 바라문. 『백론소』 권상(대정장42, p.259b18)에 "외도는 스스로 불러 나 바라문이다 하며 '바라문은 범행을 닦고 살생하여 하늘에 제사지낸다. 이것이 진실한 뜻이다'라고 한다. 부처님께서는 '일체생명을 해치지 않는 것이야 말로 진정한 바라문이고 바로 이것이 공해탈문이다'라고 말씀하셨다. 外道自稱言 是婆羅門 修行梵行 而殺生祀天 謂是實義 佛言 不害一切生命 名眞婆羅門 卽是空解脫門", 『대비바사론』 권77(대정장27, p.400b19)에 "외도에 상대하기 위해 부처님께서 이 경을 설하셨다. 어떤 외도는 자신이 진정한 바라문이라고 여기지만 제사를 위해 소와 양 그리고 많은 종류의 중생을 도살하여 목숨을 끊는다. 부처님께서 이들을 대치하기 위해 이와 같이 설하셨다. '다른 이를 해치는 것은 진정한 바라문이 아니다. 진정한 바라문이란 모든 중생을 해치지 말아야 한다. … 진정한 바라문이란 법의 생성이 있으면 법의 소멸이 있음을 안다. 일어났으므로 단멸이 아니고 소멸하였으므로 상주가 아니다. 단멸도 아니고 상주도 아니니 중도에 계합한다'. 爲對外道 佛說此經 謂有外道自謂 我是眞婆羅門 而爲祠祀 殺諸牛羊 及多聚集雜類衆生 而斷其命 佛對彼故 作如是說 損害他者 非眞婆羅門 眞婆羅門者 於諸有情 皆不應害 … 眞婆羅門者 知有集法皆有滅法 集故非斷 滅故非常 非斷非常 契於中道"라고 하였다. [참고문헌]『百論疏』, 『大毘婆沙論』.

진발명성 眞發明性 자성을 참으로 밝게 드러내다. 『능엄경』 권1(대정장19, p.106c29)에 "네가 이제 무상보리를 궁구하여 자성을 참으로 드러내 밝히고자 한다면, 응당 직심으로 내가 묻는 바에 답해야 한다. 시방여래는 한길로 같기에 생사를 벗어남은 모두 곧은 마음이니 마음과 말이 곧기 때문이다. 汝今欲硏無上菩提 眞發明性 應當直心 詶我所問 十方如來 同一道故 出離生死 皆以直心 心言直故", 『능엄경집주』 권1(卍속장17, p.40a3)에 "왕안석(荊公)이 말했다. '참되고 묘한 각은 밝아서 허공을 밝히면 허공의 나타남 있고, 지수화풍을 각각 밝혀 드러내면 각각 드러나며 다 밝게 하려면 다 나타난다. 중생은 헛되이 자성을 밝게 드러낸다. 하지만 여래는 참으로 자성 드러내 밝히니, 이를 생멸과 불생멸의 두 가지 성 드러내 밝힌다라 이름한다'. 荊公云 眞妙覺明 若以空明 則有空現 地水火風 各各發明 則各各現 若俱發明 則有俱現 衆生爲妄發明性 如來爲眞發明性 是名生滅與不生滅二發明性"라고 하였다. [참고문헌] 『楞嚴經』, 『楞嚴經集註』. ⇨ 자성 自性

진법 眞法 참된 법. 다른 법 아닌 부처님께서 보이시고 조사들이 깨우치는 법. 『증일아함경』 권31(대정장2, p.719b7)에 "아나율이 말했다. '여래신이란 진실한 법의 몸입니다. 다시 무슨 법을 구하겠습니까? 여래는 이미 생사의 바다를 건넜고 또한 애착에서 벗어났습니다'. 阿那律曰 如來身者 眞法之身 復欲更求何法 如來已度生死之海 又脫愛著", 『대지도론』 권90(대정장25, p.698b20)에 "부처님께서 수보리에게 말씀하셨다. '일체법 그 성이 공하다. 이것이 모든 부처의 진실한 법이다. 이 법을 얻는다면 부처라고 부르고, 이 법을 설한다면 중생을 제도한다고 한다'. 佛告須菩提 一切法性空 是諸佛眞法 若得是法 則名爲佛 若說此法 名爲度衆生", 『중론』 권4 「관사견품 觀邪見品」(대정장30, p.39a16)에 "〈게〉 진실한 법과 그것을 설하는 자, 그리고 듣는 이를 얻기 어렵네. 이러하다면 생사는 끝이 있는 것도 아니고 끝이 없는 것도 아니네. 〈석〉 진실한 법을 만날 인연을 얻지 못하면 생사의 오고 감도 끝이 없으리. 언젠가 진실한 법을 듣고 득도하므로 끝이 없다고 말할 순 없으리. 眞法及說者 聽者難得故 如是則生死 非有邊無邊 不得眞法因緣故 生死往來無有邊 或時得聞眞法得道故 不得言無邊", 『대승장엄경론』 권7(대정장31, p.628b10 : *Sūtr.*, p.101)에 "재산을 돌아보지 않으므로 계를 가져 지키고 계를 가져 행하면 인욕을 일으킨다. 인욕하면 능히 정진을 일으키고, 정진하면 능히 선정을 일으키고, 선정하면 진실한 법을 능히 알 수 있다. 由不顧資財故受持戒 行持戒已能起忍辱 忍辱已能起精進 精進已能起禪定 禪定已能解眞法 bhoganirapekṣo hi śīlaṃ samātte śīlavān kṣamo bhavati kṣamāvān vīryam ārabhate ārabdhavīryaḥ samādhim utpādayati samāhitacitto yathābhūtaṃ prajānāti", 『마하지관』 권7(대정장46, p.87c26)에 "진실한 법은 무루라 하고 가는 길은 유루다. 유루는 능히 무루방편을 지으니, 방편을 잃은 곳이라면 진리 만나기 어렵다. 眞法名無漏 道品是有漏 有漏能作無漏方便 方便失所眞理難會", 『임제록』(대정장47, p.500a12)에 "도류들이여! 진실한 부처는 모양새 없고, 진실한 법 모습이 없다네. 그대들이 허깨비상에 머리 본떠 모양 만드니 설사 구하여 얻는 이가 있더라도 모조리 여우 귀신일 뿐이어서 전혀 진실한 부처 아니어서 그저 외도의 견해일 뿐이다. 道流 眞佛無形 眞法無相 爾秖麽幻化上頭作模作樣 設求得者 皆是野狐精魅 並不是眞佛 是外道見解", 『대혜어록』 권4(대정장47, p.827c18)에 "법좌에 올랐다. 학인이 물었다. '교중에서 말씀하시길 진정진이 진법공양이라 하였습니다. 개에게 불성이 없다 하였는데 무엇이 진실한 법입니까?' '다만 불성 없다 한 이것이 진실한 법이다'. 上堂 僧問 教中道 是眞精進 是名眞法供養如來 狗子旣無佛性 喚甚麽作眞法 師云 只這無佛性 便是眞法", 『전심법요』(대정장48, p.381a20)에 "범부는 경을 취하고 도인은 마음을 취한다. 마음과 경을 함께 잊음이 진실한 법이다. 凡夫取境 道人取心 心境雙忘乃是眞法"라고 하였다. [참고문헌] 『增壹阿含經』, 『大智度論』, 『中論』, 『大乘莊嚴經論』, 『摩訶止觀』, 『臨濟錄』, 『大慧語錄』, 『傳心法要』, *Sūtr.*

진법 盡法 Ⓢ kṣaya-dharmaka, Ⓟ khaya-dhamma, Ⓣ zad-pa'i-chos-can. 다함이 있는 법. 생사하는 유루법(有漏法)이 다했음을 말한다. 『증일아함경』 권50(대정장2, p.822c10)에 "두 사미니는 스승들이 모두 멸도했다는 말을 듣고, 마음에 두려움이 생겨 곧 스스로 이렇게 사유하고 관하였다. '생겨난 법은 모두 사라지는 것이다'. 그리하여 앉은 자리에서 삼명육통을 얻었다. 二沙彌尼 聞諸師皆取滅度 心懷恐怖 卽自思惟觀 有習之法 皆是盡法 卽於坐處得三明六通", 『출요경』 권30(대정장4, p.775c25)에 "범지는 선정을 익히고 선정에 들어 모든 악법을 버리고, 의심이라는 그물을 다 남김없이 부수고 모든 깊은 법에 대하여 걸림 없는 지혜를 얻었으니, 생각하는 것에 자재하며 괴로움을 잘 알고, 인연으로 합하고 흩어지는 법은 방편의 거짓이어서 실이 아님을 깊이 안다. 간략하게 요약해 노래한다. '인연법을 관하고 다시 법 다함도 관하니, 일체제법은 모두 합수이고, 일체제법 다 고통을 부른다. 마땅히 알라. 다 사라질 것이니 번뇌 있는 일 짓지 마라'. 梵志習入禪 去諸惡法 悉壞狐疑網 於諸深法 得無礙智 所念自在 深知苦際 深知因緣合數之法 權詐非實 略誦其要 當觀因緣法 復當觀盡法 一切諸法 皆由合數 一切諸法 皆由於痛 當知盡滅 不造有漏"라고 하였다. [참고문헌] 『增壹阿含經』, 『出曜經』, *Bodh-bh.133·168.*, *SN.2.60.* ⇨ 멸 滅 1

진법무민 盡法無民 법을 엄하게 다스리면 백성이 견디지 못한다. 여하한 방편 없이 곧장 법을 들고 다스려서 여지없이 하는 뜻이다. 『경덕전등록』 권18 「장경혜릉전 長慶慧稜傳」(대정장51, p.348a11)에 "선사가 대중에게 말했다. '내가 순일하게 종승만을 들어보인다면 법당문을 닫아야 한다. 그러므로 법을 엄정히 다하면 백성이 없다고 한다'. 이때 어떤 학인이 물었다. '백성이 없을 것은 두렵지 않으니 선사께서 법 끝내 다 일러주시기를 청합니다' '돌아가 떨어지는 자리 알겠는가?' 師謂衆曰 我若純擧唱宗乘 須閉却法堂門 所以盡法無民 時有僧曰 不怕無民 請師盡法 師曰 還委落處麽", 『설두어록』 권3(대정장47, p.686b27)에 "남전이 대중에게 말했다. '도는 물 밖에 있지 않고, 물은 도 밖에 있지 않다'. 조주가 나와서 물었다. '무엇이 물 밖의 도입니까?' 남전이 바로 때렸다. '화상은 저를 때리지 마십시오. 후에 사람들 잘못 때린 선례가 될 것입니다' '용과 뱀은 구분하기 쉽지만 납자를 속이기는 어렵다'. 설두선사가 말했다. '조주는 뿔 없는 용과 같고 발 달린 뱀과 같다. 때에 당해 법을 엄정하게 하여 백성이 없어질망정 곧장 몽둥이로 때려서 쫓아낸다'. 擧 南泉示衆云 道非物外 物外非道 趙州出問 如何是物外道 泉便打 州云 和尙莫打某甲 向後錯打人去在 泉云 龍蛇易辯 衲子難瞞 師云 趙州如龍無角 似蛇有足 當時不管盡法無民 直須喫棒了趁出", 『대혜어록』 권9(대정장47, p.846b19)에 "격을 벗어난 도의 무리라면 반드시 이렇게 가고 나아가면 안 된다. 비록 그렇다 해도 법을 엄정히 하면 백성이 없게 되리니 오늘밤 한 가닥 길 놓아서 그대들에게 보게 하리라. 若是出格道流 必不作這般去就 雖然如是 盡法無民 今夜放一線道 與諸人相見"라고 하였다. [참고문헌] 『景德傳燈錄』, 『雪竇語錄』, 『大慧語錄』. ⇨ 파주 把住

진법무상 眞法無相 참다운 법은 고정된 형상에 제한되지 않는다는 말. 『임제록』(대정장47, p.501c25)에 "도류들이여! 참다운 부처는 특정한 형태에 구애되지 않고, 참다운 도는 바탕이 없으며, 참다운 법은 고정된 형상에 제한되지 않는다. 세 가지 법이 뒤섞여 한 자리에 화합되어서 구분할 수 없으니 이를 번다한 업식의 중생이라 한다. 道流 眞佛無形 眞道無體 眞法無相 三法混融和合一處 辨旣不得 喚作忙忙業識衆生", 『주유마힐경』 권2(대정장38, p.346b14)에 "승조가 말했다. '거친 마음을 각관하는 것은 언어의 근본이다. 참다운 법은 고정된 형상에 제한되지 않으므로 각관이 저절로 떠난다. 각관이 떠나면 다시는 언설이 없다. 이선 이상은 각관이 없으므로 성현의 침묵이라고 부른다'. 肇曰 覺觀麤心 言語之本 眞法無相 故覺觀自離 覺觀旣離 則無復言說 二禪以上 以無覺觀故 故稱聖賢默然也"라고 하였다. [참고문헌] 『臨濟錄』, 『注維摩詰經』.

진법신 眞法身 Ⓢdharma kāya, dharmatā. 열반 그대로인 몸. 법신(法身). 60권본 『화엄경』 권9(대정장9, p.458a2)에 "제불묘색신 종종 상으로 장엄하시지만 구경에 허망을 여의시어 청정진법신이라네. 諸佛妙色身 種種相莊嚴 究竟離虛妄 淸淨眞法身", 『금광명최승왕경』 권1(대정장16, p.407c1)에 "열째, 여래는 유정과 법의 체성이 온통 공하지만 공도 여의고 유도 아님을 분명히 알고 계시니, 공성은 곧 진법신이기에 열반이라 한다. 十者 如來了知 有情及法 體性皆空 離空非有 空性卽是眞法身故 名爲涅槃", 『입능가경』 권4(대정장16, p.540b7 : *Laṅk.*, p.135)에 "마치 저 술 취한 이 술기운 가시고 나서 깨어남과 같아서, 부처님의 위없는 몸을 얻었으니 이는 나의 진법신이라네. 譬如惛醉人 酒消然後悟 得佛無上體 是我眞法身 yathā hi matta-puruṣo madyā bhāvād-vibudhyate, tathā te buddhadharmākhyaṃ kāyaṃ prāpsyanti māmakam"라고 하였다. [참고문헌] 『華嚴經』, 『金光明最勝王經』, 『入楞伽經』, *Laṅk.*, *Ratna-ut.14·83.* ⇨ 법신 法身

진법아라한 進法阿羅漢 Ⓢpratívedhanā-bhavya. 오종아라한(五種阿羅漢) 또는 육종아라한(六種阿羅漢) 중 하나. 정진하여 번뇌에 흔들림이 없는 부동법(不動法 Ⓢakopya-dharman)에 도달하려 한다. 감달법아라한(堪達法阿羅漢)·능진법아라한(能進法阿羅漢)·승진법아라한(勝進法·昇進法阿羅漢)이라고도 한다. 『법화현의석첨』 권10(대정장33, p.885a12)에 "아라한에는 다섯 부류가 있으니 『파사론』에 따라 간략히 풀이하면 다음과 같다. … 진법이란 능히 정진해 부동에 이르기 때문이다. 羅漢有五種者 依婆沙略釋云 … 言進法者 能進至不動故"라고 하였다. [참고문헌] 『法華玄義釋籤』, 『大明三藏法數』 권20(영락장182, p.228b1), *Abh-k-bh. 274·372.* ⇨ 능진법 能進法, 승진법 昇進法, 오종아라한 五種阿羅漢, 육종아라한 六種阿羅漢

진법인 盡法忍 팔인(八忍) 중 하나로 욕계(欲界)의 멸제를 관하여 번뇌를 끊는 무간도의 지혜를 말한다. 멸법지인(滅法智忍 Ⓢnirodhe dharma-jñāna-kṣānti)·멸법인(滅法忍)과 같다. 『좌선삼매경』 권하(대정장15, p.280b1)에 "진법인과 진법지는 욕계에 매여있는 일곱 가지 번뇌를 끊는다. 盡法忍 盡法智 斷欲界繫七結", 『바수밀소집론』 권7(대정장28, p.773b29)에 "'진법인을 얻음에는 욕계와 상응하는 진제와 도제로 사유하여 번뇌를 다한다. 그때 지혜는 체득하지만 몸으로 수증하지는 못하니, 색계와 무색계에 상응하는 고제와 습제로 끊는 번뇌가 다해야, 그때도 몸으로도 수증하지만 지혜는 체득하지 못한다. 욕계와 상응하는 고제와 습제로 끊을 번뇌가 다한 그때야 지혜도 체득하고 몸으로도 수증한다. 若得盡法忍時 欲界相應 盡諦道諦思惟 所斷結盡 爾

時 逮智慧 然身不受證 色無色界相應 苦諦習諦 所斷結盡 爾時 身受證 不逮智慧 欲界相應 苦諦習諦 所斷結盡 爾時 逮智慧 身亦受證", "색계와 무색계에 상응하는 진제와 도제로 끊어야 할 번뇌가 다하거나 사유로 끊어야 할 번뇌가 다해도 지혜도 체득하지 못하고 몸으로는 수증하지도 못한다'. … 어떤 이는 이렇게 말한다. '진법인이 일어날 때 욕계와 상응하는 도제와 상응하여 끊어지는 번뇌가 다하면, 지혜는 체득하지만 몸으로는 수증하지 못한다'. 色無色相應 盡諦道諦 所斷結盡 思惟所斷結盡 亦不逮智慧 亦不身證 … 或作是說 盡法忍起時 欲界相應 道諦相應 所斷結盡 逮智慧 身不受證"라고 하였다. [참고문헌]『坐禪三昧經』, 『婆須蜜所集論』. ⇨ 멸법인 滅法忍, 멸법지인 滅法智忍, 진법지 盡法智, 팔인 八忍

진법지 盡法智 팔지(八智) 중 하나로 욕계의 멸제를 관하여 번뇌를 끊은 후 다시 확인하는 해탈도의 지혜로, 진법인(盡法忍)의 해탈도이다. 멸법지(滅法智 Ⓢ nirodhe dharma-jñāna)의 구역어다. 『아비담팔건도론』 권4(대정장26, p.788b14)에 "습미지지가 생겨나도 진법지가 아직 생겨나지 않았으면, 삼계의 고습소단은 성취하지 못해도 다른 나머지는 성취한다. 진법지가 생겨나고 진미지지가 아직 생겨나지 않았으면, 삼계의 고제와 습제소단 및 욕계의 진제소단은 성취하지 못하지만, 다른 나머지를 성취한다. 진미지지가 생겨나도 도법지가 아직 생겨나지 않았으면, 삼계의 고제・습제・진제소단과 욕계의 도제소단을 성취하지 못하지만, 다른 나머지는 성취한다. 習未知智生 盡法智未生 三界苦習所斷不成就 餘殘成就 盡法智生 盡未知智未生 三界苦諦習諦所斷不成就及欲界盡諦所斷 餘殘成就 盡未知智生 道法智未生 三界苦諦習諦盡諦所斷不成就 餘殘成就 道法智生 三界苦集盡諦所斷不成就 及欲界道諦所斷餘殘成就", 『아비담감로미론』 권하(대정장28, p.974c8)에 "법지는 미지지를 제한 아홉 가지 지혜를 반연한다. 미지지는 법지를 제한 구지를 반연한다. 도지는 등지를 제한 구지와 반연한다. 고지와 습지는 모든 유루법과 반연한다. 등지・타심지・멸지・무생지인 나머지 지혜들은 열 가지 지혜를 반연한다. 진법지와 도법지 두 지혜는 능히 삼계결을 없앨 수 있다. 法智九智緣 除未知智 未知智九智緣除法智 道智九智緣除等智 苦智習智一切有漏法緣 餘殘智十智緣 等智他心智滅智無生智 二智盡法智道法智 能滅三界結"라고 하였다. [참고문헌]『阿毘曇八犍度論』, 『阿毘曇甘露味論』. ⇨ 멸법지 滅法智, 진법인 盡法忍, 팔지 八智

진병 瞋病 네 가지 마음병(心病 : 貪 瞋 癡 慢) 중 하나. 탐욕이 좌절되면서 걸리는 분노의 병. 치료약은 대자심(大慈心)이다. 『대반야경』 권331(대정장6, p.695c17)에 "마음병에도 네 가지가 있다. 첫째는 탐병, 둘째는 진병, 셋째는 치병, 넷째는 만 등 갖가지 번뇌병이다. 心病亦四 一者 貪病 二者 瞋病 三者 癡病 四者 慢等諸煩惱病", 같은 책 권570(대정장7, p.942c22)에 "항상 대자를 (중생에게) 설하면 진병에 걸리지 않는다. 常說大慈 不見瞋病", 『대집회정법경』 권5(대정장13, p.996c15)에 "진병은 마치 큰 불과 같아서 고요한 마음을 태운다. 오로지 감로의 법약만이 능히 모든 고뇌를 버리게 할 수 있다. 瞋病如大火 焚燒寂靜心 唯甘露法藥 能除諸苦惱", 『금광명경문구』 권6(대정장39, p.81c27)에 "아름답게 보이는 오욕은 분노의 병을 줄이고, 추악하게 보이는 오욕은 분노의 병을 늘린다. 妙好五欲損瞋病 麤惡五欲增瞋病"라고 하였다. [참고문헌]『大般若經』, 『大集會正法經』, 『金光明經文句』, 『釋禪波羅蜜次第法門』 권4(대정장46, p.503a3). ⇨ 심병 心病 ❶

진병도량 鎭兵道場 외적의 침입이나 반란 등 국가의 병란(兵亂) 없기를 발원하여 행하는 도량. 진병법석(鎭兵法席)이라고도 하며, 도교(道敎)에는 이와 유사한 진병초(鎭兵醮)가 있다. 1268년(원종9) 4월 내정(內亭)에서 진병기복(鎭兵祈福)을 위해 왕이 친설(親設)한 도량과 1353년(공민왕2) 3월 민천사(旻天寺)에서 진병을 목적으로 설행한 인왕도량(仁王道場) 등도 진병도량의 성격을 갖는다. 도량문으로는 고려 이규보(李奎報 1168~1241)가 한림수제(翰林修製)로서 작성한 「북홍경원진병금경약사도량문 北弘景院行鎭兵金經藥師道場文」(『동국이상국전집』 권39・한국문집총간2, p.104b1)이 있다. 『고려사』 권39 세가(世家)39 공민왕(恭愍王) 5년(1356) 5월 24일에 "진병도량을 강안전과 여러 불우에서 5일 동안 베풀었다. 設鎭兵道場 于康安殿及諸佛宇 五日"라고 하였다. [참고문헌]『東國李相國全集』, 『高麗史』. ⇨ 인왕도량 仁王道場, 진병법석 鎭兵法席

진병법석 鎭兵法席 나라의 병란(兵亂)을 다스리고자 행하는 법석. 진병도량(鎭兵道場)이라고도 한다. 『고려사』 권22 세가(世家)22 고종 10년(1223) 9월 9일에 "양계와 5도의 진병법석 비용이 모두 백성에게서 나오게 한다면 이는 부처님도 속이고 하늘도 속이는 것이다. 어찌 복이 되겠는가! 이에 중사를 보내어 내고의 은병 삼백 개를 여러 도에 나누어 주도록 하라. 兩界五道鎭兵法席供費 皆出於民 是欺佛欺天 何福之有 爰遣中使 出內庫銀甁三百口 分付諸道", 같은 책 권135 열전(列傳)48 신우전(辛禑傳)에 "(우왕 9년 9월) 중흥사에서 진병법석을 설하였다. 設鎭兵法席于重興寺", 『고려사절요』 권32 우왕(禑王) 9년(1383) 9월에 "서울과 지방의 불우 151개소에서 진병법석을 크게 베풀었다. 大設鎭兵法席于中外佛宇 共一百五十一所", 『태조실록』 권12 태조 6년(1397) 9월 19일에 "각 도의 사사에 사람을 보내 진병법석을 베풀었다. 遣人於各道寺社 設鎭兵法席"라고 하였다. 〔참고문헌〕『高麗史』, 『高麗史節要』, 『太祖實錄』. ⇨ 진병도량 鎭兵道場

진병상당 鎭兵上堂 진병도량(鎭兵道場)에서 베푼 상당 법문. 『조계진각국사어록』의 「진병상당」(한불전6, p.7c1)·「중사손원예청진병상당 中使孫元裔請鎭兵上堂」(한불전6, p.12b17)·「혜수동량설진병법회상당 慧修棟樑設鎭兵法會上堂」(한불전6, p.14a21)과 『태고어록』 권상의 「왕궁진병상당 王宮鎭兵上堂」(한불전6, p.674c14) 등이 전한다. 『조계진각국사어록』 「중사손원예청진병상당」(한불전6, p.12c9)에 "금강보검과 금강궁으로 늠름한 위세를 그 누가 범하랴! 이미 내 한 몸 던져서 우주를 감당하니, 그 어떤 마군 외도가 종적 감추지 않으랴! 金剛寶劍金剛弓 凜凜風威孰犯鋒 我旣橫身當宇宙 有何魔外不藏蹤", 『태고어록』 권상 「왕궁진병상당」(한불전6, p.675c8)에 "'몸을 던져 나라 위해 큰 공을 세우면, 어찌 제후에 봉해질 뿐이랴. 만약 이럴 사람 없다면, 이 태고노승이 네 말이 끄는 전차에 창 한 자루로 친히 변방을 쳐서 다 없애겠노라. 자, 말해보라. 가게 하지 못하진 않겠지만, 어떻게 해야 큰 공을 세우는 한 마디인가?' 양구하고 말했다. '막야검 옆에 차고 바른 법령 온전히 하리니, 태평한 영토에서 어리석음 베겠노라'. 亡身爲國 樹立大功 則奚啻封侯 如無是人 太古老僧 四馬單槍 親征邊盡去也 且道 去則不無 作麽生是樹立大功的一句 良久云 橫按鏌鎁全正令 太平寰宇斬癡頑"라고 하였다. 〔참고문헌〕『曹溪眞覺國師語錄』, 『太古語錄』. ⇨ 진병도량 鎭兵道場, 진병법석 鎭兵法席

진보기 眞寶記 범해각안(梵海覺岸 1820~1896) 지음. 『고문진보 古文眞寶』에 관한 사기(私記)로, 『고문진보기 古文眞寶記』라고도 하나 찬술시기는 전하지 않는다. 『범해선사문집』 「범해선사행장 梵海禪師行狀」(한불전10, p.1098a15)에 "대개 확인되는 저작은 『경훈기』·『유교경기』 … 『통감기』·『진보기』 … 각 1권이다. 槩考著作 警訓記遺敎經記 … 通鑑記眞寶記 … 各一卷"라 하였고, 『저역총보』 권2 선일저술부(鮮日著述部) 2(한불전12, p.471b13)에 "『고문진보기』 1권. 범해각안. 古文眞寶記一 梵海覺岸"이라 하였다. 〔참고문헌〕『梵海禪師文集』, 『著譯叢譜』. ⇨ 각안 覺岸

진보비근원 進步非近遠 도를 향해 나아가는 발걸음엔 가깝고 멂이 없다는 말. 『경덕전등록』 권30 「참동계 參同契」(대정장51, p.459b18)에 "말을 받았으면 반드시 그 으뜸만을 알려 해야지, 스스로 규거 세워서는 아니 되네. 눈으로 보고도 길을 알지 못하면 걸음 내디딘다 해도 어찌 길을 알겠는가? 나아가는 발걸음엔 가깝고 멂이 없고 길을 잃는다 해도 산하는 의구하다. 그윽함 아는 이에게 삼가 아뢰고 참하여 세월 헛되이 건너지 말게나. 承言須會宗 勿自立規矩 觸目不會道 運足焉知路 進步非近遠 迷隔山河固 謹白參玄人 光陰莫虛度"라고 하였다. 〔참고문헌〕『景德傳燈錄』.

진보신 眞報身 사지(四智) 원만하여 묘각을 얻어 법락 누리는 불신. 『대승본생심지관경』 권2(대정장3, p.298c5)에 "이때 보살은 금강정에 들어 일체미세소지제번뇌장을 끊어버리고 아누다라삼막삼보리를 증득하는데 이와 같은 묘과를 현세의 이익이라 한다. 이 진보신은 시작은 있었지만 끝은 없어 수명과 욕의 겁수에 한량없으며, 처음 정각 이루고부터 미래제 다할 때까지 제근과 상호가 법계에 두루하며, 네 가지 지혜 원만하니 이 진보신으로 법락을 수용한다. 爾時 菩薩入金剛定 斷除一切微細所知諸煩惱障 證得阿耨多羅三藐三菩提 如是妙果名現利益 是眞報身 有始無終 壽欲劫數 無有限量 初成正覺 窮未來際 諸根相好 徧周法界 四智圓滿 是眞報身 受用法樂", 『대승본생심지관경천주』 권2(卍속장34, p.153b13)에 "'이 진보신'에서 진은 환이 아님을 말하며 보란 인을 갚음이다. 이는 실답게 행하고 닦아 이룬 진실한 과보니, 응해 변화해서 따라 나타남은 아니다. 是眞報身者 眞謂非幻 報謂酬因 是實行修成 眞實果報 非應化之隨現也"라고 하였다. 〔참고문헌〕『大乘本生心地觀經』, 『大乘本生心地觀經淺註』. ⇨ 보신 報身

진보현 眞普賢 참다운 보현의 경계. 한 찰나의 마음에 의심도 차별도 없이 빛난다. 『임제록』(대정장47, p.498c27)에 "오대산엔 문수 안 계시다. 그대 문수를 알고자 하는가? 다만 그대 목전에서 쓰는 자리일 뿐이니, 시작도 끝도 달리하지 않고 처처에 의심 없으니 이것이 바로 살아 있는 문수다. 그대 한 찰나의 마음에 차별없이 빛난다면 처처가 온통 바로 참된 보현이다. 그대 한 찰나의 마음이 스스로 속박을 풀 수 있으면 가는 곳마다 해탈이니 이것이 바로 관음이다. 五臺山無文殊 爾欲識文殊麽 秖爾目前用處 始終不異 處處不疑 此箇是活文殊 爾一念心 無差別光 處處總是眞普賢 儞一念心 自能解縛 隨處解脫 此是觀音"라고 하였다. 〔참고문헌〕『臨濟錄』.

진보현전 眞寶現前 진짜 보배가 눈앞에 드러나다. 『종문염고휘집』 권5(卍속장115, p.570b4)에 "천보진이 말했다. '양무제는 이것을 특별한 보배로 알았지만 페르시아의 진짜 보배가 눈앞에 있어도 알아보지 못하였네. 당시에 내가 있었다면 저 푸른 눈의 외국인을 궁궐 문 밖으로 끌어냈으리라'. 天寶眞云 武帝將謂是個別寶 波斯眞寶現前 却又不能鑒得 當時若是個漢 者碧眼胡趂出朝門有分"라고 하였다. 〔참고문헌〕『宗門拈古彙集』.

진복전 眞福田 Ⓢ dakṣiṇīya, Ⓣ yon-gyi-gnas. 헛되지 않은 복밭. 『대반야경』 권4(대정장5, p.20c3)에 "사리자여! 모든 보살마하살들은 모든 유정들에게 이와 같은 등류의 무량무수무변선법을 베풀기에 보살을 대시주라 설한다. 이로 말미암아 이미 모든 시주들의 은혜를 갚았으니 이 진복전으로 뛰어난 복들을 생장시킨다. 舍利子 諸菩薩摩訶薩施諸有情 如是等類無量無數無邊善法 故說菩薩爲大施主 由此已報諸施主恩 是眞福田生長勝福", 『대승대집지장십륜경』 권9(대정장13, p.769b12)에 "이 때문에 응당 세간오욕 끊고 대자비 갖춰 보시 행한다. 저 세간오욕 끊지 못하고 대자비 없이 보시 행한다면, 보살이라 이름하지 않으며 진복전도 아니다. 是故應斷世間五欲 具大慈悲 而行布施 若不斷於世間五欲 無大慈悲而行布施 不名菩薩 非眞福田", 『성유식론술기』 권1(대정장43, p.233a23)에 "〔문〕 어째서 논의 처음에 삼보를 공경해야 한다 했는가? 〔답〕 네 뜻이 있으니, 첫째 가장 길상하기 때문이다. … 둘째 진복전이기 때문이니, 논에서도 세간묘공양을 받을 만하기 때문이라 설하였다. 問 何故論初 須敬三寶 答 有四義 一 最吉祥故 … 二 眞福田故 論又說言 堪受世間妙供養故"라고 하였다. 〔참고문헌〕『大般若經』, 『大乘大集地藏十輪經』, 『成唯識論述記』, *Bodh-bh.150・224.* ⇨ 복전 福田

진본유 眞本有 진여(眞如)는 본래 스스로 있다는 말. 무상제일의(無相第一義)를 일컫는 말이다. 원측(圓測)의 『인왕경소』 권중(대정장33, p.403b22・한불전1, p.85a5)에 "진본유란 모습 없는 진여는 본래 스스로 있음을 말한다. 眞本有 謂無相眞如 本來自有"라고 하였다. 〔참고문헌〕『仁王經疏』, 『仁王經』 권상(대정장8, p.829a10). ⇨ 진여 眞如

진봉 珍峰 조선전기 스님. 『동사열전』 권3 「설봉종사전 雪峯宗師傳」(한불전10, p.1025a18)에 "법명은 회정이고, 자는 윤중이며, 호는 설봉이다. … 문인은 송파・진봉 등 열여섯이다. 師名懷淨 字允中 號雪峯 … 門人松坡珍峰等十六人"고 하였고, 같은 책 권5 「운파선사전 雲坡禪師傳」(한불전10, p.1058a4)에 "법명은 익화이고 호는 운파이다. … 용파영훤의 조실에서 염향하였는데, 용파는 만허색척의 제자이고 명진은 진봉의 제자이며 진봉은 설봉의 제자이다. 師名益化 號雲坡 … 拈香於龍坡永烜之室 龍坡萬虛賾陟之子 明眞珎峰之子 珎峰雪峰之子"라고 하였다. 〔참고문헌〕『東師列傳』.

진봉대송황제존상장 進奉大宋皇帝尊像狀 대각국사(大覺國師) 의천(義天 1055~1101) 지음. 1085년(선종2)부터 송(宋)에 유학하면서 황제의 극진한 예우를 받고 불상을 진상하면서 지은 글로 추정되는데, 『대각국사문집』 권9(한불전4, p.542b6) 장(狀)에 전한다. "신이 삼가 생각하건대, 천년의 번영을 우러러 인화에 기쁘게 의지하기에, 십신의 불상을 받들며 경건한 정성을 드러내고자 합니다. 앞의 불상은 법신과 보신이 모두 원만하여 위엄과 영험은 헤아릴 수 없으므로, 대자의 힘에 의지하여 만수 세월 늘리기를 축원합니다. 右臣 伏以仰千載之昌辰 忻依仁化 奉十身之睟像 式表虔誠 前件佛像法報俱圓 威靈莫測 庶仗大慈之力 祝延萬壽之期"고 하였다. 〔참고문헌〕『大覺國師文集』. ⇨ 의천 義天❶

진봉사 鎭鳳寺 황해도 은율군 장연면 봉황산(鳳凰山)에 있던 절. 『범우고』에 봉황산에 있다고 하였고, 일제강점기 대본사(大本寺) 패엽사(貝葉寺)의 말사였다. 〔참고문헌〕『梵宇攷』, 『韓國寺刹全書』 권하 p.1057b5.

진봉황태후경문장 進奉皇太后經文狀 대각국사(大覺國師) 의천(義天 1055~1101) 지음. 1085년(선종2)부터 송(宋)에 유학하였을 때 황태후에게 경문을 올리면서 지은 글로, 『대각국사문집』 권9(한불전4, p.542b12) 장(狀)에 전한다. "신이 삼가 생각하건대, 다행히 좋은 때 만나 뵈옵고 선을 좋아하는 일을 꾀하게 되었습니다. 오천축의 (결락) 더욱 따르며. 右臣 伏以逢辰有幸樂善是圖 益遵五竺之"라는 앞부분 외에는 대부분 결락되어 글 전체를 온전히 알 수는 없다. 〔참고문헌〕『大覺國師文集』. ⇨ 의천 義天❶

진북사 鎭北寺 ❶ 전라북도 전주시 덕진구 진북동 호암산(虎巖山)에 있는 절. 대한불교조계종 제17교구본사 금산사(金山寺)의 말사이다. 일제강점기에는 대본산 위봉사(威鳳寺)의 말사였다. 신라 경문왕 때 도선국사(道詵國師)가 창건하였다고 전하며, 조선시대에 전주를 방어하기 위해 만든 사고사(四固寺) 중 북고사(北固寺)였다가 진북사로 절 이름을 바꾸었다. 개명 시점은 관찰사 이서구(李書九 1754~1825)가 전주부성(全州府城)을 보강하기 위해 나무를 많이 심고 덕진못을 판 후 바꾸었으며, 현판도 직접 써서 걸었다. 1922년 김성근(金性根)이 중건한 후 꾸준히 가람을 정비하여 현재에 이르고 있다. 〔참고문헌〕『太古寺法』, 『輿地圖書』, 『梵宇攷』, 『朝鮮佛敎通史』 권상 p.650, 『韓國寺刹全書』 권하 p.1057b9. ⇨ 북고사 北固寺❷, 사고사 四固寺 ❷ 황해도 평산군 인산면에 있던 절. 대본산 성불사(成佛寺)의 말사였다. 〔참고문헌〕『韓國寺刹全書』 권하 p.1057b11.

진분 塵坌 Ⓢ rajas. 인도 상키야(Ⓢ Sāṃkhya : 數論)의 용어. 물질의 근본 원리인 프라크르티(Ⓢ prakṛti)의 세 가지 속성 중 하나인 라자스의 한역. 랄사(剌闍)라고 음사하고, 미(微)라고도 한역한다. 『성유식론술기』 권1

(대정장43, p.252c3)에 "범어 라자스는 미라고 한역한다. 소의 털이나 티끌 등을 모두 라자스라고 한다. 또한 진분이라고도 하는데 여기에서는 티끌(塵)이라는 뜻을 취하였다. 梵云 剌闍 此名爲微 牛毛塵等 皆名剌闍 亦名塵坌 今取塵義", 『성유식론술전』 권1(卍속장81, p.34a3)에 "세 가지 속성이란 사트바·라자스·타마스를 말한다. 범어 사트바는 유정이라 한역하고 용맹이라고도 한다. 여기서는 용맹이라는 뜻을 취했다. 라자스는 미라고 한역한다. 소의 털이나 티끌 등을 말한다. 진분이라고도 하는데 여기서는 티끌이라는 뜻을 취했다. 타마스는 암이라고 한역한다. 암둔의 암이다. 세 가지 속성을 용·진·암이라 한다. 言三德者 薩埵剌闍答摩也 梵語薩埵 此云有情 亦云勇猛 今取勇義 剌闍 此云微 牛毛塵等 亦名塵坌 今取塵義 答摩 此云闇 卽闇鈍之闇 三德應名勇塵闇"라고 하였다. [참고문헌] 『成唯識論述記』, 『成唯識論俗詮』. ⇨ 랄사 剌闍, 라자스 rajas, 삼질 三質

진불 眞佛 ❶ 삼신(三身) 중 법신불(法身佛)을 가리키는 말. 『금강반야바라밀경론』 권상(대정장25, p.784b19)에 "응화신은 진불이 아니고 설법하는 이도 아니네. 둘이 아닌 법을 설하고 설법도 없고 언어라는 상도 떠났네. 應化非眞佛 亦非說法者 說法不二取 無說離言相", 『금강반야소』 권3(대정장33, p.107b18)에 "논의 게송에서 '응화신은 진불이 아니고 설법하는 자 역시 아니네'라고 한 것은 부처에 세 가지가 있음을 밝힌 것이다. 첫째, 법신불이니 정법을 몸으로 삼는다. 둘째, 보신불은 인을 닦아 과위를 만족시킨다. 인에 대한 대응을 일으키므로 보불이라 한다. 셋째는 화신불이다. 지금 진실한 증득도 없고 진실한 설법도 없다고 한 것은 석가모니는 곧 화신불이지 진불이 아니라는 말이다. 즉 화신의 증득이고 화신의 설법이지 진실한 증득과 설법은 아니라는 뜻이다. 論偈云 應化非眞佛亦非說法者 明佛有三種 一者 法身佛 卽以正法爲身 二者 報身佛 卽是脩因已滿果 起酬因名爲報佛 三者 化身佛 今言無有實證無有實說者 釋迦卽是化身佛 非是眞佛 卽是化證化說非是實證實說", 『운문광록』 권중(대정장47, p.558c26)에 "'응화신은 진불이 아니고 설법자도 아니네'라는 구절을 들고서 운문이 말했다. '응화신의 설법이 법신의 설법이다. 이것을 일러 도무지 그 몸 온전히 진실이라고도 한다. 법신으로 법신을 먹는다'. 또 말했다. '밥은 법신이 아니다. 주장자도 법신이 아니다'. 擧應化非眞佛 亦非說法者 師曰 應化之身說卽是法身說 亦喚作覿體全眞 以法身喫法身 又云 飯不是法身 拄杖不是法身"라고 하였다. [참고문헌] 『金剛般若波羅蜜經論』, 『金剛般若疏』, 『雲門廣錄』. ⇨ 삼신 三身❶, 삼신불 三身佛, 법신불 法身佛 ❷ 정토종에서 보신불(報身佛)을 가리키는 말. 화신불(化身佛)에 상대한다. 『무량수경소묘종초』(대정장37, p.195b7)에 "만약 이 관문과 반주삼매가 극락정토의 의보와 정보의 경계에 의탁하여 미묘한 관행을 활용하고 아미타부처님께 전적으로 의지한다면 진불의 몸을 드러낼 것이다. 若此觀門及般舟三昧 託彼安養依正之境 用微妙觀 專就彌陀顯眞佛體"라고 하였다. [참고문헌] 『無量壽經疏妙宗鈔』. ⇨ 보신 報身, 보신불 報身佛, 화신불化身佛

진불무형 眞佛無形 참된 부처는 모양새 없으시다네. 『임제록』(대정장47, p.500a12)에 "길에 들어선 이들이여! 참다운 부처 모양새 없으시고 참다운 법 또한 모습 없다. 다만 허깨비를 바탕삼아 모양새 지을 뿐이네. 설령 구하여 얻은 이가 있더라도 모두 여우귀신일 뿐 전혀 참된 부처가 아니리니, 이는 외도견해다. 道流 眞佛無形 眞法無相 爾秖麽幻化上頭作模作樣 設求得者 皆是野狐精魅 並不是眞佛 是外道見解", 『분양어록』 권중(대정장47, p.614a1)에 "'참된 부처 모양새 없으시다니 어떻게 말해야 하나? 삼십이상 갖추신 것을' 대신 말한다. '끊어져 없어질 일 만을 염려했다네'. 眞佛無形 爲什麽却言具三十二相 代云 恐斷絶"라고 하였다. [참고문헌] 『臨濟錄』, 『汾陽語錄』.

진불사 辰佛寺 경상북도 포항시 남구 동해면 중흥리 포란산(抱卵山)에 있는 절. 신라대 창건으로 고려대에 산사태로 폐사되었다가 1912년 최대명화 보살이 중창하였다고 전한다. 1945년 운제(雲梯)가 주지로 주석하였다. 현존하는 당우로는 대웅전·칠성각·산신각·요사 등이 있다. [참고문헌] 『전통사찰총서』 권16 경북의 전통사찰Ⅲ(寺刹文化硏究院, 2001) pp.448~450.

진불선근 瞋不善根 Ⓟ doso akusala-mūlam. 삼불선근(三不善根 Ⓟ tīṇi akusala-mūlāni : 貪不善根 瞋不善根 癡不善根) 중 하나로 성 내서 선하지 못한 것들의 뿌리가 된다. 진에불선근(瞋恚不善根)·에불선근(恚不善根)이라고도 하며, 삼선근(三善根 Ⓟ tīṇi kusala-mūlāni) 중 자비(慈悲)로 마주해 다스린다. 『집이문족론』 권3(대정장26, p.376b19)에 "진불선근이라 하였다. 진이란 무엇인가? [답] 유정들에게 손해를 끼치려고 속으로 옹이 심듯, 괴롭히려고 이미 분노하였고 분노할 것이며 분노하고, 즐겨 근심하며 끝도 없이 근심하여 뜻으로 매우 분노하며, 모든 유정중생들에게 각각 서로 어긋나 근심하도록 하려고 근심하게 하였으며 근심하게 할 것이고 근심하게 하는 것을 통들어 진이라고 한다. 瞋不善根者 瞋云何 答 謂於有情 欲爲損害 內懷栽杌 欲爲擾惱 已瞋 當瞋 現瞋 樂爲過患 極爲過患 意極忿恚 於諸有情 各相違戾 欲爲過患 已爲過患 當爲過患 現爲過患 總名爲瞋", "불선근이란 무엇인가? [답] 이 진법은 불선성이라 하니, 한량없는 불선법의 뿌리가 된다. 그러므로 능히 병의 뿌리이고, 종기의 뿌리이며, 화살의 뿌리이고, 번뇌의 뿌리이며, 괴로움의 뿌리이고, 더러움의 뿌리이며, 탁함의 뿌리이고, 모든 잡염의 뿌리이며, 청정하지 않은 것의 뿌리이고, 선명하지 않은 것의 뿌리이기에 진불선근이라 한다. 不善根云何 答 謂此瞋法 是不善性 能爲無量不善法根 是故 此法 能爲病根 癰根 箭根 惱根 苦根 穢根 濁根 諸雜染根 不淸淨根 不鮮白根 是故 名爲瞋不善根"라고 하였다. ［참고문헌］『集異門足論』, 『大毘婆沙論』 권47(대정장27, p.241b25), *MN.1.47.*, *It.45.* ⇨ 삼불선근 三不善根, 진 瞋 ❶

진불암 眞佛庵 ❶ 강원도 회양군 내금강면 금강산(金剛山)에 있던 암자. 변계량(卞季良 1369~1430)의 『춘정집』 권1 「조선국왕사묘엄존자탑명병서〈경인〉 朝鮮國王師妙嚴尊者塔銘幷序〈庚寅〉」에 "스님의 휘는 자초이고 호는 무학이다. … 계유년(1393・태조2) … 10월에 나라에서 전장불사를 연복사에 베풀고 스님에게 주석하도록 요청하였는데, 스님은 무인년(1398・태조7)에 사퇴한 뒤 대중을 대함을 쉬고자 왕의 명령으로 회암사에 머물렀지만 돌이켜 다시 금강산 진불암으로 들어갔다. 을유년(1405・태종5) … 하4월에 금장암으로 옮기셨는데, 왕사의 시적하신 곳이 되었다. 師諱自超 號無學 … 癸酉 … 十月 國設轉藏佛事於演福寺 命師主席 師自戊寅辭退之後 倦於待衆 雖以上命復住檜巖 旋入金剛山眞佛菴 乙酉 … 夏四月 移于金藏菴 師其示寂處也"라고 하였다. 신익성(申翊聖 1588~1644)의 『낙전당집』 권7 「유금강내외산제기 遊金剛內外山諸記」에 "웅호봉 아래 진불암이 있다. 암자 동쪽에 서 있는 바위가 서 계신 부처님 같았기에 얻은 이름이다. 세조의 원찰이다. 熊虎峯之下有眞佛庵 庵之東有石如立佛 以是得名 光廟願刹也"라고 하였는데, 『동국명산기』 진불암조에도 세조조(世祖朝) 원찰이라고 하였다. 윤증(尹拯 1629~1714)의 『명재유고』 권2 「만폭동에서 율곡선생의 시에 차운하다 萬瀑洞次栗谷先生韻」에는 "진불은 깊은 암자라 여름에도 눈이 남아 있고, 관음은 그윽한 굴이라 낮에도 오히려 어둡네. 眞佛深庵夏留雪 觀音幽窟晝猶昏", 김창협(金昌協 1651~1708)의 『농암집』 권23 「동유기 東游記」에 "곧바로 영랑점 아래에 이르렀는데, 한 암자가 있어 진불이라고 부른다. 깊고 묘하고 그윽하고 다름이 넘쳐 비교할 것이 없었다. 直抵永郎岾下 得一菴 曰眞佛 深妙幽異所歷無比", 성해응(成海應 1760~1839)의 『연경재전집』 권51 「기관동산수 記關東山水」에도 "진불암은 웅호봉 아래에 있다. 동쪽의 돌이 마치 부처님이 서 계신 것과 같아서 이름이 붙여졌다. 세조대의 원찰이었다. 眞佛菴 在熊虎峯之下 東有石如立佛故名 世祖朝願刹也", 이유원(李裕元 1814~1888)의 『임하필기』 권37 「봉래비서 蓬萊秘書」에는 "옷자락을 들어올린 채 뜰 위를 걷다가 사방을 돌아보니 산이 쌓아 올린 듯했네. 나는 수미대를 아끼는데 겹겹이 쌓인 바위들 높고 높구나〈진불암 서북쪽에 있다〉. … 외산(외금강)에 또한 원통암과 진불암이 있다. 세 개의 돌이 가지런히 깎은 듯 있는데, 삼난석이라 불린다. 오랫동안 폐사되었다가 윤흡 스님이 중건하였다. 褰衣步庭除 四顧山如積 我愛須彌臺 疊石成崔嵬〈在眞佛西北〉 … 外山亦有圓通眞佛庵 有三石矗削 名曰三難石 久廢 僧允洽重建"라고 하였다. ［참고문헌］『東國輿地勝覽』, 『梵宇攷』, 『春亭集』 권1(韓國文集叢刊8, p.175a11), 『樂全堂集』 권7(韓國文集叢刊93, p.268a11), 『東國名山記』, 『明齋遺稿』 권2(韓國文集叢刊135, p.56a6), 『農巖集』 권23(韓國文集叢刊162, p.166a14), 『硏經齋全集』 권51(韓國文集叢刊275, p.70b20), 『林下筆記』 권37, 『韓國寺刹全書』 권하 p.1047a17. ❷ 경상남도 밀양시 단장면 재약산(載藥山)에 있는 암자. 『태고사사법 太古寺寺法』에는 표충사(表忠寺)의 산내암자라고 하였다. 888년(진성왕2)에 보우(普佑)가 창건하였고, 1836년(헌종2)에 소실되었다가 1843년(헌종9)에 월파천유(月波天有)가 재건하였다. 「영정사고적 靈井寺古蹟」에는 천왕봉(天王峯) 아래와 종암(鐘岩)의 위에 자리하고 있는데, "암자는 산의 최절정 바위와 계곡 위에 있기에 마치 금강산의 도솔암이나 두류산의 무주암과 같다. 庵在山之最絶頂崇岩巨壑之上 如金剛之兜率頭流之無住也"고 하였다. 당시에 월파천유는 옛 터가 아름다운 모습에 맑은 기운이 있는 삼청계(三淸界)라고 여기고 1844년부터 모연하여, 옛터에서 서쪽으로 오십보쯤 떨어진 서대(西臺) 위의 한 곳을 점찍어 전규(前規)에 따라 중건하였는데, 재악산의 뛰어난 경관을 볼 수 있는 곳이기에 편액을 진불암으로 바꾸었다고 전한다. 6・25전쟁 이후에 비구니 해인(海印)이 중창하였는데, 현존하는 당우로는 법당・산신각・요사 등이 있다. ［참고문헌］『大嶺志』, 『韓國寺刹全書』 권하 p.1047a6. ⇨ 동상암 東上庵 ❸ 경상북도 상주시 모동면 백화산(白華山)에 있던 암자. 『상산지』 고적에 "백화산 남쪽 끝 암곡 사이에 있었으나 지금은 없다. 在白華山南邊巖谷中 今無"고 하였다. 이만부(李萬敷 1664~1732)의 『식산집』 권4 「백화산기 白華山記」에는 "바위를 붙잡고 바짝 붙어 십여 굴곡을 가면 냉천에 이른다. 그 위아래에는 예부터 선도가 많아서 하안거를 결제하였는데, 지금 있는 것도 여러 곳이다. 대체로 북쪽으로 여러 리를 올라가면 진불암이 있다. 至新德觸玉峰 抱膂漱石十數曲赴冷泉 其上下 古多禪道結夏 今存者猶數處也 行約數里北上有眞佛庵"라고 하였다. ［참고문헌］『商山誌』, 『息山集』 권4(韓國文集叢刊179, p.78a1), 『韓國寺刹全書』 권하 p.1047a8. ❹ 경상북도 안동시 도산면 청량산(淸凉山)에 있던 암자. 성해응(成海應 1760~1839)이 정조 때 엮은 『동국명산기』에는 "선학봉 아래 연대사가 있고, 백련대 동쪽 모퉁이의 석벽 위에 진불암이 매달려 있다. 仙鶴峯下有蓮臺寺 白蓮臺東隅攀石壁上眞佛"고 하였다. [참고문헌]『東國名山記』, 『韓國寺刹全書』 권하 p.1047a10. **5** 경상북도 영천시 신령면 팔공산(八公山)에 있는 암자. 『태고사사법』에는 대본사 은해사(銀海寺)의 말사라고 하였는데, 현재도 대한불교조계종 제10교구본사 은해사의 말사이다. 「진불암중수기 眞佛菴重修記」(『조선사찰사료』 권상)에는 비로봉(毗盧峰) 아래에 자리하고 있는데, 고려국사 환암(幻菴)이 창건하였고, 1637년(인조14)에 이응추(李應秋)와 처 상옥(祥玉)이 재창(再刱)하였지만, 그 뒤 퇴락한 것을 1812년(순조12)에 계심(戒心)·진홍(進洪)·관전(寬典) 등이 모연하여, "옛터에 먼저 동랑 5칸을 지었는데, 새 기와와 새 재목 등을 사용하였다. … 전면의 옛 벽은 새로 감실을 가구(架構)하였다. 舊址先就東廊五間 幷以新瓦新材用之 … 前面之舊壁者 新構作龕"라고 하면서 1813년에 삼창(三創)하였다. 『한국사찰전서』 권하 진불암에는 문종(재위 1046~1083) 때 혼수(混修)가 창건하였는데, 1637년(인조15)에 이응선(李應善)이 중창하였고, 1920년에 석담(石潭)이 중창하였다고 하였다. 1965년에 중수하였다. 632년(진평왕54) 창건설도 전하는데, 1857년(철종8)에 경문(敬文)이 짓고 쓰고 새긴 「진불암불량등촉계중수기 眞佛庵佛糧燈燭稧重修記」에는 "진불암은 신라대의 오래된 절이다. … 스님들이 해를 입고 재원이 다하였는데 얼마 지나지 않아서는 보전하기도 어렵게 되었다. 본읍의 한공과 이공, 의홍의 김공 등은 잔폐의 심각함을 아쉬워하여 동지 20여 인과 더불어 불량등촉계를 꾸렸는데, 17년 전의 일이다. … 대구 동화사 자월화상이 숙세의 선근으로 맨손으로 재화를 모으셨다. … 들보가 썩어 경사지고 퇴락하는 위험을 보고는 전 100냥에 내어 양운화상과 함께 중수하여 공덕을 베풀었다. 眞佛庵 乃羅代古社也 … 僧殘財盡 幾至難保 本邑韓公李公義興金公 戀斯殘廢之甚 與同志者二十餘人 共成佛糧燈燭稧者 十七年於此矣 … 大邱桐華寺慈月和尙以宿世善根 赤手成財 … 朽樑傾頹之危難 因出百兩錢 與兩運和尙 重修訖功"고 하였다. 현존 당우로는 적멸보궁·산성각·요사 등이 있고, 석종형 부도 3기가 있으며, 부도 뒤편에 부조(浮彫)로 된 불상이 모셔져 있다. [참고문헌]『朝鮮寺刹史料』 권상 p.54, 『韓國寺刹全書』 권하 p.1047a13, 신대현 『한국의 사찰현판』1(혜안, 2002). **6** 전라남도 해남군 삼산면 두륜산(頭輪山)에 있는 암자. 대한불교조계종 제22교구 본사인 대흥사(大興寺)의 산내암자이다. 『대둔사지』에 "두륜봉 아래에 있는데 언제 창건되었는지는 알 수 없다. … 숭정 3년(1630·인조8) 경오에 수월극현이 화사 덕조와 함께 중건하였다. 강희22년(1683·숙종9) 계유에 이르러 이홍록이 화사 석탄과 다시 중건하였다. … 〈건륭 경오(1750·영조26)에 온곡영탁이 우일장로와 함께 다시 중수하였다〉. 在頭輪峰下不知何代所刱 … 崇禎三年庚午 水月克玄大師與化士德造重建之 至康熙二十二癸酉 有李弘錄者與化士碩坦又重建之 … 〈乾隆庚午 溫谷永鐸与宇一長老又重修〉"고 하였다. 채미(採薇)의 기문에는 영곡영우(靈谷永愚)·영파(影波聖奎 1728~1812)·만화원오(萬化圓悟 1694~1758)·운담정일(雲潭鼎馹 1741~1804)·아암혜장(兒菴惠藏 1772~1811)이 머물렀다고 하였다. 「頭輪山眞佛庵法堂上梁文」(한불전10, p.1085a19)에는 1710년(숙종36)에 법당을 중수한 뒤, 1777년(정조1)과 1805년(순조5)에 각각 중창하였다고 하였다. 현존 당우로는 응진당·향적당·요사 등이 있다. [참고문헌]『大芚寺志』(아세아문화사, 1980), 『韓國寺刹全書』 권하 p.1047a4. **7** 충청북도 영동군 황간면 백화산(白華山)에 있던 암자. 반야사(般若寺) 산내암자였으나 1963년 간행된 『한국사찰전서』에는 "지금은 폐사 今廢"라 하였고, 『가람고』와 『범우고』에 전하지 않는다. [참고문헌]『伽藍考』, 『梵宇攷』, 『韓國寺刹全書』 권하 p.1047a2.

진불암중수기 眞佛庵重修記 찬자 미상. 1812년(순조12) 영천 팔공산(八公山) 진불암 대중들이 중수하기로 발원하고, 취연(就演)·계심(戒心)·진홍(進洪)·관전(寬典) 등이 근방 마을을 돌아다니며 모연(募緣)하여 1813년(순조13)에 전면적으로 중수한 사적을 적어 남겼고, 중수사적 외에도 고려국사(高麗國師) 환암(幻菴)의 초창(草刱)과 1637년(인조15) 이응추(李應秋)와 그의 부인 상옥(祥玉)이 재창(再刱)한 사실도 전하고 있다. [참고문헌]『朝鮮寺刹史料』 권상 pp.412~413. ⇨ 진불암 眞佛庵 **5**

진불엄위 眞不掩僞 진실은 거짓으로 가릴 수 없다. 짝하여 뒤친 뜻은 곡부장직(曲不藏直)이라 한다. 『굉지광록』 권4(대정장48, p.53a26)에 "조산본적이 말했다. '조산 한 사람은 속일 수 있겠지만 모든 성인들의 안목은 어떻게 할 것인가?' 굉지선사가 착어했다. '진실은 거짓으로 가릴 수 없고, 굽은 것이 곧은 것 감출 수 없다'. 山云 謾曹山一人卽得 爭奈諸聖眼何 師云 眞不掩僞 曲不藏直", 『연등회요』 권27 「기주오조사계선사 蘄州五祖師戒禪師」(卍속장136, p.882b15)에 "학인이 물었다. '무엇이 부처입니까?' '코가 석 자다' '모르겠습니다' '진실은 거짓으로 가릴 수 없고 굽은 것은 곧은 것을 감출 수 없다'. 僧問 如何是佛 師云 鼻孔長三尺 云 不會 師云 眞不掩僞 曲不藏直"라고 하였다. [참고문헌]『宏智廣錄』, 『聯燈會要』. ⇨ 곡부장직 曲不藏直

진불자 眞佛子 Ⓟ bhagavato puttā. 참된 불자. 신불퇴(信不退)의 진실제(眞實諦)를 알아 불법(佛法)을 상

속하는 불자로 비구가 으뜸이며 여래가(如來家)의 상속자라 부른다. 대승가에서는 성문사과(聲聞四果)나 초지(初地) 이상의 법신보살만으로, 또는 일승(一乘)만으로 한정하기도 한다. 『출요경』 권15(대정장4, p.689b27)에 "비구가 진불자란 무슨 말인가? 과거 제불의 제자들 날개인 듯 따랐으니, 이 덕을 성취하였으며 미래의 모든 불세존의 제자들도 이 덕을 성취할 것이다. 어떤 이를 불제자라고 하는가? 〔답〕 네 부류가 있다. 수다원・사다함・아나함・아라한이다. 이와 같은 네 부의 제자들은 일향에 부처님의 가르침을 받들므로 설사 외도의 사악한 무리가 여러 형상으로 변해 네 부류의 제자들을 시험할지라도 끝내 그 기회를 얻지 못한다. 그 까닭은 무엇인가? 그들은 진실로 잘 알고 있기 때문이다. 比丘眞佛子者 過去諸佛弟子翼從 成就此德 當來諸佛世尊弟子亦當成就此德 云何名爲佛弟子耶 答曰 四也 須陀洹 斯陀含 阿那含 阿羅漢 如斯四部弟子 一向承佛教誡 正使外邪衆惡化作若干形像 來試四種弟子者 終不能得其便也 所以然者 以其眞實諦故", "범부 하열하면 불제자라 일컫지 못하는 까닭은 무엇인가? 〔답〕 그렇게 일컫지 못하는 까닭은 그 사람이 마음으로 주저하며 정하지 못하기 때문이다. 즉 때로는 부처님의 가르침을 받들고 때로는 외도이학에 집착하니, 이러한 류는 불제자라고 일컬을 수 없다. 凡夫下劣 不得稱爲弟子者何 答曰 所以不稱者 以彼人心 猶豫不定故 或時承受佛教 或時著外道異學 如斯之類 不得稱爲佛弟子", "그러나 저 현성제자들은 믿음의 뿌리가 견고하여 일향에 부처님의 가르침을 받들고, 삼보를 공경하여 받드니 불제자라고 할 수 있다. 혹 어떤 이는 이렇게 말한다. '부처님에 대해 의심 없는 믿음의 뿌리를 얻었기에 비구야말로 진불자이다'. 此賢聖弟子信根牢固 一向承受佛教 敬奉三寶 此乃得名佛弟子也 或有說者 於如來所 得無疑信根 是故 說比丘眞佛子也", 『섭대승론석』 권6(대정장31, p.416b4)에 "'여래가에 난다'라 하였으니, 부처님의 법계를 '여래가'라고 하며, 여기에서 증해 모이므로 '난다'라고 한다. 이것을 인연으로 뛰어난 지가 생기고, 앞선 의지처를 바꾸어 다른 의지를 낳고, 부처님의 씨앗을 이어 끊어지지 않게 하기 때문이다. 마치 다른 속생과 그 중동분으로 나서는 능히 낳고 상속하여 끊이지 않고 날 가문에 의탁하듯이, 반야바라밀다로 부처님의 법계를 증하는 것을 저 중에 난다라 하고 진불자라고 한다. 生如來家者 謂佛法界 名如來家 於此證會 故名爲生 於此所緣 勝智生故 轉先所依 生餘依故 紹繼佛種 令不斷絶 如餘續生 餘衆同分 所生能生 相續不斷 託所生家 如是般若波羅蜜多 證佛法界 名於中生 名眞佛子", 『석마하연론』 권10(대정장32, p.667a28)에 "의심을 여읜 믿음의 공덕을 밝히는 문이란 무슨 말인가? 즉 어떤 중생이 이 마하연의 매우 깊고 지극히 묘하며 광대한 법문을 듣고 곧 그 마음중에 의심도 두려움도 없어서, 겁약하지 않으며, 경멸하거나 비방하지도 않고, 결정심・견고심・존중심・애신심을 낸다면, 이런 이는 진실로 진불자이니, 법종・승종・불종을 끊어지지 않게 하고, 항상 상속하여 거듭 구르고 굴러서 더하고 기르니 미래가 다하도록 한다. 言顯離疑信功德門者 謂有衆生 聞此摩訶衍之甚深極妙廣大法門已 卽其心中 亦不疑畏 亦不怯弱 亦不輕賤 亦不誹謗 發決定心 發堅固心 發尊重心 發愛信心 當知是人 實眞佛子 不斷法種 不斷僧種 不斷佛種 常恒相續 轉轉增長 盡於未來", 『법화의소』 권5(대정장34, p.513c14)에 "진불자라 하니, 불자에 두 문이 있음을 밝힌다. 첫째 소승에는 다섯 부류의 불자가 있으니, 사사문과(四沙門果)와 연각을 말한다. 둘째 대승과 소승을 합하여 다섯 부류의 불자를 말하니, 사사문과와 법신보살을 말한다. 여기서 말하는 진불자란 무엇인가? 소승의 다섯 부류 불자는 모두 진불자가 아니다. 지금 일승을 깨달아 불종을 이어야 비로소 진불자가 된다. 眞是佛子者 明佛子有二門 一者 小乘有五佛子 謂四果及緣覺 二者 大小合明五佛子 謂四果及法身菩薩 今云眞是佛子者 對小乘五種佛子 並非眞子 今悟解一乘 堪紹繼佛種 始爲眞佛子"라고 하였다. 〔참고문헌〕 『出曜經』, 『攝大乘論釋』, 『釋摩訶衍論』, 『法華義疏』, *SN.1.192.* ⇨ 불자 佛子, 불제자 佛弟子, 여래가 如來家

진불제자 眞佛弟子 참된 불제자. 『대품반야경』 권27(대정장8, p.422a5)에 "제법의 오고 가고 나고 죽음을 분별하지 않는다면 부처님께서 설하신 제법실상을 능히 알 수 있으니, 이 사람은 반야바라밀을 행하며 아누다라삼막삼보리에 가까우므로 진불제자라 부른다. 若不分別諸法 若來若去 若生若滅 則能知佛所說諸法實相 是人行般若波羅蜜 近阿耨多羅三藐三菩提 名爲眞佛弟子", 36권본 『대반열반경』 권8(대정장12, p.652b25)에 "선남자와 선여인이 이 대열반미묘경전을 능히 익히고 배운다면, 마땅히 알라. 이 사람 능히 부처님 은혜 갚는 진불제자임을. 若有善男子 善女人 有能習學是大涅槃微妙經典 當知 是人能報佛恩 眞佛弟子", 『대지도론』 권99(대정장25, p.747a26)에 "제법실상 얻으면 부처라 하지만 이에도 차별 있기에 수다원 내지 벽지불・대보살 있으니, 수다원 내지 대보살을 진불제자라 한다. 得諸法實相名爲佛 得諸法實相差別故 有須陀洹 乃至辟支佛 大菩薩 須陀洹等 乃至大菩薩 是名眞佛弟子"라고 하였다. 〔참고문헌〕 『大品般若經』, 『大般涅槃經』, 『大智度論』.

진비량 眞比量 인명(因明) 용어. 인명팔문(因明八門) 중 하나로 바른 또는 유효한 비량(比量 Ⓢ anumāna). 사비량(似比量)에 맞선다. 『인명입정리론소』 권하(대정장44, p.140a2)에 "바른 지혜 생겨나야 비로소 진비량이다. 有正智生 方眞比量", 『인명입정리론해』(卍속장8

7, p.88a18)에 "팔문 중 … 여섯 번째는 진비량이다. 八門者 … 六眞比量", 『인명입정리론집해』 권1(卍속장87, p.108b4)에 "진비량은 온갖 상을 빌려서 뜻을 관하는 것이니〈연기를 보고 불이 있음을 아는 것처럼〉, 상응하는 지를 일으키기 때문이다. 眞比量 謂藉衆相 而觀於義〈如見煙知火〉 相應智起故"라고 하였다. [참고문헌] 『因明入正理論疏』, 『因明入正理論解』, 『因明入正理論集解』. ⇨ 비량 比量, 사비량 似比量, 인명팔문 因明八門

진비유무 眞非有無 진실(眞)은 있다(有)거나 없다(無)고도 할 수 있는 것 아니다. 진무진유(眞無眞有)와 같다. 『대승광백론석론』 권10(대정장30, p.245b14)에 "진유가 있다면 진무도 있을 수 있다. 진유가 이미 없는데 진무가 어찌 있겠는가? 진무가 없기에 진유도 없다. 진실로 유무가 아니어서 앞서 누누이 설한 것과 같은데 어찌하여 다시 진실의 유무를 집착하는가? 진실로 비무라면 어째서 자주 이렇게 말하는가? '제법의 성과 상은 속으로는 있고 진으로는 없다'. 이 말의 뜻은 '단지 속으로는 있으나 진제에서는 이런 있음이 없기에 진무라고 한다는 것'이다. 그렇다면 진실은 속으로는 없는 것이 체가 되어야 하고, 그렇지 않다면 별도의 진이 있어야 한다. 별도로 진이 있다면 있는 것은 오직 속만이 아니지만, 있다 하면 이미 오직 속이니 진의 체 마땅히 없게 된다. 若有眞有 可有眞無 眞有旣無 眞無豈有 無眞無故 眞有亦無 眞非有無 如前屢辯 如何復執眞是有無 若眞非無 何意頻說 諸法性相 俗有眞無 此說意言 唯俗是有 眞無此有 故說眞無 若爾此眞 俗無爲體 若不爾者 應別有眞 若別有眞 有非唯俗 有旣唯俗 眞體應無", "이 진무란 오직 진실은 따로 드러낼 수가 없고, 말로 다할 수 없음을 가려낼 뿐이니, 마치 비유라는 말은 오직 유만 부정할 뿐이어서, 비유를 드러내는 것도 다른 것을 드러내 것도 아닌 것과 같다. 만일 없음을 말해서 다른 법을 드러내고자 한다면 이 비유라는 말은 마땅히 하지 말아야 한다. 만일 비유라는 말로 있음을 말하고자 한다면, 비무라는 말도 마땅히 그 없음을 표해야 한다. 이와 같이 막기 위한 말은 어리석거나 지혜롭거나 한결같이 알아듣고 아무런 의심도 질문도 없거늘 거듭 말해서 무엇 하겠는가? 此眞無言 唯遮其眞 無別所表 不言可悉 如非有言 唯遮其有 不詮非有 亦不表餘 若詮其無 或表餘法 則不應說 此非有言 若非有言 詮於有者 非無之說 應表其無 如是遮言 愚智同了 彼無疑難 重說何爲", "그들이 묻는 뜻은 있다면 오직 속일 뿐, 진인즉 있는 것 아니니, 무엇을 닦아 증하겠는가? 다만 진은 무라 하면 이것은 막음이지 표함은 아니며, 나아가 자세히 말한들 난관을 다 풀 수 있겠는가? 다시 어떤 이는 이렇게 풀이한다. '무아관을 닦고, 방편구경으로 진리를 볼 때 일체속유는 모두 현현하지 않기에 진무라 한다'. 이것도 옳지 못하니, 그 뜻을 이해하기 어렵기 때문이다. 만일 속으로 있지도 않은 것을 진실이라고 한다면 마땅히 증할 것이 없어야 하며, 별도의 진이 있어 이것을 증할 것이라고 한다면, 있는 것은 오직 세속만 있을 뿐이라고 하지 않아야 한다. 또 경에서 설하는 '보는 바가 없어야 비로소 진실을 본다고 하니, 조금이라도 보는 것이 있으면 진실을 보는 것'이라는 것과 어긋난다. 그러므로 이 말도 바른 풀이가 아니다. 彼難意言 有若唯俗 眞卽非有 何所修證 但說眞無 是遮非表 乃至廣說 豈釋難耶 復有釋言 修無我觀 方便究竟 見眞理時 一切俗有 皆不顯現 故說眞無 此亦不然 意難了故 若俗非有 說名爲眞 應無所證 若別有眞 是所證者 則不應言 有唯是俗 又違經說 都無所見 乃名見眞 少有所見 卽非見眞 是故 此言亦非正釋", "바르게 풀이하는 이는 마땅히 이렇게 말해야 한다. '진실은 있고 없는 것 아니니, 마음도 말도 끊어졌기 때문이다. 있음에 대한 집착을 논파하고자 임시로 없다고 하며, 없음에 대한 집착을 논파하고자 임시로 있다고 한다. 있음과 없음이라는 두 말은 모두 세속의 말이다. 뛰어난 의리 중에 있음도 없음도 모두 보낸다. 如是釋者 應作是言 眞非有無 心言絶故 爲破有執 假說爲無 爲破無執 假說爲有 有無二說 皆世俗言 勝義理中 有無俱遣"라고 하였다. [참고문헌] 『大乘廣百論釋論』. ⇨ 진무진유 眞無眞有

진사 陳謝 감사함을 펴 보이다. 『선원청규』 권1 「청인연 請因緣」(卍속장111, p.884a4)에 "요사로 내려가 시자에게 감사의 뜻을 표한다. 却下就寮 陳謝侍者", 같은 책 권6 「사다 謝茶」(卍속장111, p.907b2)에 "만약 평교 이상이면 해 저물기 전에 당두에게 가서 감사의 말을 한다. '이날 특위전점의 대접을 받았습니다. 저의 마음은 지극한 감격을 이길 수 없습니다'. 如平交已上 卽晩間詣堂頭 陳謝詞云 此日伏蒙管待 特爲煎點 下情無任不勝感激之至"라고 하였다. [참고문헌] 『禪苑淸規』.

진사 塵沙 ❶ 티끌과 모래. 셀 수 없이 많은 것을 비유한다. 80권본 『화엄경』 권80(대정장10, p.443a17)에 "때론 볼 수 있다네. 하나의 적은 티끌 속에 항하의 모래만큼 많은 불국토가 있으며 한량없는 보살이 가득한데 말할 수 없는 겁 동안 온갖 행 닦는 것을. 또 볼 수 있다네. 한 터럭 끝에 한량없는 티끌과 모래만큼의 모든 찰해 갖가지로 업을 일으켜 각각 차별한 비로자나불 법륜을 굴리시는 모습을. 或有見一微塵內 具有恒沙佛國土 無量菩薩悉充滿 不可說劫修諸行 或有見一毛端處 無量塵沙諸刹海 種種業起各差別 毘盧遮那轉法輪"라고 하였다. [참고문헌] 『華嚴經』, 『仁王護國經』 권상(대정장8, p.838a7). ❷ 진사혹(塵沙惑)의 줄임말. 『사명존자교행록』 권3(대정장46, p.879a17)에 "진사혹은 불염오무지이니, 열한 혜를 체로 삼아 생사를 초래하지 않기 때문이다. 그러므로 말해야 한다. 보살은 윤생하기 위하여 번뇌습에 머물러야 하고, 중생을 제도하기 위해서는 진사습은 부수어야 한다. 그러므로 두 습은 그 체가 조금 다름을 알아야 한다. 塵沙是不染汚無知 劣慧爲體 不招生死故 應云 菩薩爲潤生故 須留煩惱之習 爲化物故 須破塵沙之習 則知二習 其體稍殊"라고 하였다. 〔참고문헌〕『四明尊者敎行錄』. ⇨ 진사혹 塵沙惑

진사 塵事 ❶ 티끌로 일어나는 일. 근(根)과 진(塵)으로 일어나는 일. 돈황본『유마경소』권3(대정장85, p.392a12)에 "육안은 단지 몸을 가리는 한 갈래 색이 드러내는 세간사를 보는데, 범부의 육안으로도 일백유순을 본다. 이승의 육안도 범부가 보는 것과 같고, 보살의 육안은『대품』에서 설한 것과 같으니, 아주 멀리 삼천세계를 본다. 여래의 육안도 보살과 같다. 肉眼唯見 障肉一色塵事 凡夫肉眼 見百由旬 二乘肉眼 同凡夫所見 菩薩肉眼 如大品說 極遠見三千世界 如來肉眼 與菩薩同"라고 하였다. 〔참고문헌〕『維摩經疏』. ⇨ 진 塵[1][2] ❷ Ⓢ viṣaya. 번뇌(塵)를 일으키는 모든 세간사(世間事). 『금칠십론』 권하(대정장54, p.1257b27)에 "세간 중에 다섯 가지 티끌이 있는데, 이 티끌을 얻고자 여러 가지 일을 힘겹게 한다. 즉 밭을 갈거나, 짐승을 기르거나, 왕을 섬기거나, 장사를 하고, 이 네 가지 일 아니면 도둑질을 한다. 이는 티끌 속에 살기 위함이지만 가히 하기 어려운 일이다. 나와 남을 핍박하고 괴롭히기 때문이다. 내이 일을 알아서 출가를 구한다. 世間中有五塵 爲得此塵諸事難作 或作田 或養獸 或事王 或商估 離此四事 或便作偸賊 是求塵事 決難可作 逼惱自他故 我見此事 故求出家"라고 하였다. 〔참고문헌〕『金七十論』, *Sāṃkhy-k.49.*

진사겁 塵沙劫 티끌과 모래만큼이나 오래여서 헤아릴 수 없이 긴 시간. 『대승수전선설제법경』 권상(대정장15, p.774a26)에 "여래의 진금빛으로 빛나시며 상호 장엄하신 몸이여! 진사겁 중에 온갖 공덕 쌓아 복지 모두 원만하며 위없는 도 증하셨다네. 如來眞金色 相好端嚴身 於塵沙劫中 積集諸功德 福智悉圓滿 證於無上道", 『금강경찬요간정기』 권1(대정장33, p.174a13)에 "진인즉 시방세계를 잘게 부순 미진이고, 사는 갠지스강 중의 저가루같은 모래인데, 이 강 주위 40리의 모래 가늘어 저가루같다. 겁파는 범음으로 시분이라 한역하니, 대겁과 소겁, 긴 때와 짧은 때가 장단이 비록 다르지만 통하여 시분으로 통한다. 塵卽碎十方世界之微塵 沙卽殑伽河中如麵之沙 謂此河周四十里 沙細如麪 劫波者梵音 此云時分 大劫小劫 長時短時 延促雖殊 通名時分"라고 하였다. 〔참고문헌〕『大乘隨轉宣說諸法經』, 『金剛經纂要刊定記』. ⇨ 사겁 沙劫, 진겁 塵劫, 미진겁 微塵劫

진사보살 塵沙菩薩 티끌과 모래알처럼 헤아릴 수 없이 많은 보살. 904년(효공왕8)에 최치원(崔致遠)이 쓴『당대천복사고사주번경대덕법장화상전』(대정장50, p.281c21·한불전3, p.771a15)에 "무릇 화엄대부사의경은 상적광여래께서 적장의 각수아래에서 시방제불과 더불어 불러모으신 진사보살에게 설하신 것이다. 夫華嚴大不思議經者 乃常寂光如來 於寂場中覺樹下 與十方諸佛召塵沙菩薩而所說也"라고 하였고, 「예경편 禮敬篇」 '오분향례 五分香禮'(『석문의범』 권상, p.6a16)에 "허공에 가득하시고 법계에 두루하시며 별처럼 펼쳐 도와주시는 진사보살께 지극한 마음으로 목숨돌려 돌아갑니다. 志心歸命禮 滿虛空 遍法界 星羅輔翼 塵沙菩薩"라고 하였다. 〔참고문헌〕『唐大薦福寺故寺主翻經大德法藏和尙傳』, 『釋門儀範』. ⇨ 성라보익 星羅輔翼

진사심 塵沙心 티끌 모래 같아 헤아리기 어려운 마음. 『삼교평심론』 권상(대정장52, p.782c13)에 "장엄미묘한 법신은 과거 진사겁과 미래 진사겁을 훤히 보지 못함이 없고, 현재 진사계의 중생의 티끌 모래와 같은 마음을 밝혀 알지 못함이 없으시다. 두렷이 밝은 열 가지로 불리우는 존귀하신 분이시여, 삼계 그 위를 훤출히 벗어나시어 일체종지를 이루셨네. 莊嚴微妙法身 過去塵沙劫 未來塵沙劫 無不洞見 現在塵沙界 衆生塵沙心 無不了知 圓明十號之尊 超出三界之上 是爲一切種智"라고 하였다. 〔참고문헌〕『三敎平心論』.

진사혹 塵沙惑 티끌처럼 모래알처럼 하고 많은 번뇌. 삼혹(三惑)의 하나다. 현실교화에 장애가 되는 것이므로 화도장(化道障)이라고도 한다. 천태의 별교(別敎)에서 시설했다. 구사(俱舍)의 불염오무지(不染汚無知)나 유식의 소지장(所知障)과 같다. 『법화현의석참』 권7(대정장33, p.868c13)에 "우리 천태가는『대품』·『대론』에 의지하여 삼혹을 설명한다. 이 때문에 지장은 사와 이를 겸한다. 사의 지를 가리기에 진사혹이다. 리의 지를 가리면 무명혹이다. 今家依大品大論 開爲三惑 是故智障 兼於事理 障事智者 是塵沙惑 障理智者 是無明惑", 『대반열반경소』 권24(대정장38, p.179c9)에 "진사혹을 깨뜨려도 아직 불성을 보지 못한다. 십회향위에서 무명을 조복하고 (십)지에 올라 무명을 깨뜨려야 불성을 본다. 이것이 별교의 차제로 미혹을 깨뜨리는 것이다. 破塵沙惑 未見佛性 十迴向伏無明 登地破無明見佛性 此是別敎 次第破惑"라고 하였다. 〔참고문헌〕『法華玄義釋籤』, 『大般涅槃經疏』, 『維摩經略疏』 권1(대정장38, p.576a16). ⇨ 소지장 所知障, 삼번뇌 三煩惱[1], 열혜 劣慧, 삼혹 三惑[2], 불염오무지 不染汚無知

진산 珍山 ❶ ?~844. 통일신라대 스님. 자세한 행장은 알 수 없다. 「광덕사사적기」와 「광덕사사실비문」에 643년(선덕여왕12) 중국으로부터 귀국할 때 모시고 온 부처님 진신사리 1과와 경전 등을 봉안하기 위해 광덕사를 창건하였다고 전한다. 권상로(權相老)의 『조선불교약사』에서도 선덕여왕 태화 6년(652) 자장(慈藏)율사의 제자인 진산(珍山)법사가 부처님의 진신사리 10과와 치아(齒牙) 1개와 가사 1벌・주자(麈拂 : 拂子) 1병(柄)・『화엄경』 2부 등을 광덕사에 봉안하였다고 전한다. 844년(문성왕6)에 입적하였는데, 이때 상서로운 기적과 많은 이변을 보였다고 한다. 입적한 후 태화산의 동북쪽 봉우리에 석종부도와 행적비를 세웠다. 지금은 부도만 남았는데, 1984년부터 지정문화재로 보살핀다. 〔참고문헌〕『傳統寺刹總書』 권12 충남의 전통사찰 I (寺刹文化硏究院, 1999) p.319, 「廣德寺事蹟記」, 「廣德寺事實碑文」, 『朝鮮佛敎略史』 권상(新文館, 1917) p.48, 『文化遺蹟總攬』 권상 pp.728~729. **2** ?~1427. 조선전기 스님. 나옹혜근(懶翁惠勤 1320~1376)의 문하에서 배우다가 사형(師兄)인 무학자초(無學自超 1327~1405)의 밑에서 수학한 후 자초의 법을 이어받고 법제자가 되었다. 함허기화(涵虛己和 1376~1433)와는 동문수학한 사형으로서 심지허융대선사(心地虛融大禪師)로도 일컬었다. 양주 회암사(檜巖寺) 주지로 재직하다가 왕명으로 세조의 원찰(願刹)인 경기도 고양군 벽제면 대자리 대자산(大慈山) 대자사(大慈寺)로 옮겨가 선종의 종사(宗師)로 임명되었다. 1427년(세종9) 7월 입적할 때가 다가옴을 예지하고 대자사를 떠나 경기도 장단 보봉산(寶鳳山) 화장사(華藏寺)로 옮겨 얼마 되지 않아 입적하였다. 화장한 후 사리가 출현하여 제자들이 석종부도(石鐘浮圖)를 세우고 봉안했다. 〔참고문헌〕『涵虛語錄』「薦珍山和尙祭文」(한불전7, p.231c18)・「爲珍山和尙獻香獻茶垂語」(한불전7, p.232b11), 高橋 亨 『李朝佛敎』(寶蓮閣版) p.94.

진산주생불생 進山主生不生 나한계침(羅漢桂琛)의 법을 이은 진산주(進山主) 청계홍진(淸谿洪進)이 나한 문하에서 상좌였을 때 수산주(修山主) 소수(紹修)와 생불생(生不生)의 뜻에 대해 주고받은 문답. 『진심직설』(대정장48, p.1002b25)에 "나중에 진산주가 수산주에게 물었다. '생이 바로 불생의 법인 줄 분명하게 아는데 왜 생사에 유전하는걸까?' '죽순 끝내 대나무로 자랄 텐데 지금 아예 없애버릴 수 있겠는가? 그러므로 생사가 없음을 아는 것은 생사가 없음을 체득함만 못하고, 생사가 없음을 체득함도 생사가 없음과 하나됨만 못하며, 생사없음과 하나된다 한들 생사없음을 쓰는 것만 못합니다. 지금 사람들은 생사없음도 알지 못하는데, 하물며 생사가 없음을 체득하고 계합하며 쓰기까지 하겠습니까? 그러므로 생사를 인정하는 이가 생사가 없는 법을 믿지 않아서 그렇게 하지 못함 또한 마땅하다 할 수는 없지 않습니까?' 後有進山主 問修山主云 明知生是不生之法 爲甚麽却被生死之所流 修云 笋畢竟成竹去 如今作篾使得麽 所以知無生死不如體無生死 體無生死不如契無生死 契無生死不如用無生死 今人尙不知無生死 況體無生死契無生死用無生死耶 故認生死者 不信無生死法 不亦宜乎"라고 하였다. 〔참고문헌〕『眞心直說』.

진상 眞相 **1** 각관(覺觀)마저도 벗어난 자리. 『해절경』(대정장16, p.712c10)에 "법상이여, 내가 말하는 진상은 모든 투쟁을 여의지만, 일체각관도 투쟁의 경계다. 이러한 뜻으로 실상은 각관마저 넘어섬을 알아야 한다. 法上 我說眞相 離諸鬪諍 一切覺觀 鬪諍境界 以是義故 應知實相過覺觀"라고 하였다. 〔참고문헌〕『解節經』. **2** 모든 식(諸識)의 삼상(三相 : 業相 轉相 眞相) 중 하나. 팔식(八識 : 前五識 第六識 第七識 第八識) 모두에 통하는 멸하지 않는 식의 자상(自相)으로 여래장(如來藏)을 가리키지만, 진실상을 짓는 지상식(智相識 Ⓢ vijñānaṃ jātilakṣaṇam)과 같은 뜻의 다른 이름이다. 『능가경』 권1(대정장16, p.483a14)에 "모든 식에는 세 종류 양상이 있으니, 즉 전상・업상・'진상'이다. … 이와 같이, 대혜야! 전식과 장식의 진상이 다르다면 장식은 전식의 인이 아니다. 만약 다르지 않다면 전식이 사라지는 경우에 장식도 멸해야 하는데, 자체의 진상은 실제로 멸하지 않는다. 그러므로, 대혜야, 자체의 진상의 식이 사라지지 않고, 단지 업상만 멸할 뿐이다. 만약 자체의 진상이 사라지면 장식은 멸한다. 諸識 有三種相 謂轉相 業相 眞相 … 如是 大慧 轉識藏識 眞相若異者 藏識非因 若不異者 轉識滅 藏識亦應滅 而自眞相實不滅 是故 大慧 非自眞相識滅 但業相滅 若自眞相滅者 藏識則滅", 『주대승입능가경』 권2(대정장39, p.443c12)에 "진상이란 여래장심이니, 번뇌 중에 있어도 물들지 않아 성 스스로 신통하게 헤아리니 자진상이다. … 여래장심은 늘지도 줄지도 않아 진상이라 이름하며, 진식이다. 言眞相者 如來藏心 在纏不染 性自神解 名自眞相 … 如來藏心 不可增減 名爲眞相 亦名眞識", 『능가경주해』 권1(대정장39, p.350a23)에 "진상이란 인연에 따르되 불변하는 체성이 참되고 깨끗한 것이다. 眞相者 隨緣不變 體性眞淨也", 『능가경찬』 권1(卍속장91, p.317a9)에 "진상은 곧 상주하는 진심이니, 아래 문장의 '자진상은 진실로 사라지지 않는다'는 것이 이것이다. 眞相 卽常住眞心也 下文自眞相 實不滅者 是也", 『석마하연론』 권4(대정장32, p.627b17)에 "모든 식에는 세 가지 양상이 있으니, 즉 전상・업상・진상을 말한다. 첫째 전상은 곧 삼세에 속하는 전식이고, 둘째 업상은 곧 삼세에 속하는 업식이며, 셋째 '진상'은 곧 의식의 미세분위에 속하는 말나식이다. … 첫 번째 경전에서 말한 '진상'은 이 경에서의 지상식과 이름만 다를뿐 뜻은 같다. 말나위에서 비로소 혜가 생겨 진을 분별하므로 지상식이라고 하며, 이러한 지식의 소연경 중에서 진실상에 대한 이해를 짓기에 다시 살펴 진상이라 이름한다. 諸識有三種相 謂轉相 業相 眞相 第一 轉相 卽是三細所攝轉識 第二 業相 卽是三細所攝業識 第三 眞相 卽是意識細分所攝之末那識 … 彼初經中 名言眞相 此中經中 智相識者 異名同義 末那位中 始有慧數 分別於塵 名智相識 如是智識所緣境中 作眞實之相解 而轉故名眞相", 『화엄경소초』 권31(대정장36, p.234c13)에 "'자체의 진상은 사라지지 않고, 업상만이 멸할 뿐이다'. 현수(賢首)는 다음과 같이 풀이한다. '이 가운데에서 진상은 여래장이고, 전식은 칠식이며, 장식은 아리야식이다'. 이 풀이는 매우 타당하다. … 모든 식에는 세 가지 양상이 있으니, 전상・업상・진상이다. … 그러므로 경전에서 모든 식에는 세 가지 양상이 있다고 하였으니, 세 양상은 팔식에 통함을 알아야 한다. 非自眞相滅 但業相滅耳 賢首解云 此中眞相是如來藏 轉識是七識 藏識是梨耶 此解甚當 … 諸識有三種相 謂轉相 業相 眞相 … 是故 經云 諸識有三種相 則知三相 通八識矣"라고 하였다. [참고문헌] 『楞伽經』, 『注大乘入楞伽經』, 『楞伽經註解』, 『楞伽經纂』, 『釋摩訶衍論』, 『華嚴經疏鈔』, *Laṅk.37・38.* ⇨ 말나식 末那識, 삼식 三識, 삼세육추 三細六麤 **3** 명목상의 정해진 모습. 부정의 의미이다. 『불성론』 권2(대정장31, p.794b3)에 "무진성이란 일체제법이 진상을 여의기에, 다시 얻을 수 있는 별도의 실성이 없기에 무진실성이라고 한다. 無眞性者 一切諸法 離眞相故 無更別有實性可得故 名無眞實性"라고 하였다. [참고문헌] 『佛性論』.

진상 眞常 진실하여 언제나 그대로임. 헛되지(妄) 않아서 진(眞)이고, 생도 없고 멸도 없어서(不生不滅) 상(常)인 뜻이며 오고 감(去來)도, 미하고 깨우침(迷悟)도, 나고 죽음(生死)도 없는 자리다. 『이취육바라밀다경』 권9(대정장8, p.910b25)에 "법성은 진실하고 그대로여서 이변을 떠나며, 고요히 다 사라지고 함이 없어서 삼유를 벗어난다. 法性眞常離二邊 寂滅無爲出三有", 40권본 『화엄경』 권23(대정장10, p.765c11)에 "고요하고 깊고 깊은 모든 부처님의 경이여! 그 본성이 진실하고 그대로여서 분별을 떠났네. 모든 유에 집착하여 생사하는 사람이 아니라야, 이 평등하고 의지함 없는 법에 들리라. 寂靜甚深諸佛境 本性眞常離分別 非著諸有生死人 入此平等無依法", 『능엄경』 권4(대정장19, p.121b6)에 "세존께서는 허망함 일체를 두렷이 없애시고, 홀로 묘하고 진실하여 그대로이시네. 世尊 諸妄一切圓滅 獨妙眞常", 『남해기귀내법전』 권1(대정장54, p.212a6)에 "보리는 이 각이며, 혹이나 루가 모두 사라져 나지도 사라지지도 않아서 참되고 떳떳하다 한다. 菩提是覺 惑累皆亡 不生不滅 號曰眞常", 『능엄경원통소』 권2(卍속장19, p.490a1)에 "〈소〉 천태는 '법성의 오음은 그 체 본래 진이고 상이다'라고 하였다. 진이고 상이 아닌 것이란 생멸하여 오고 가서 생사함으로 가리운다 하고, 인연따라 자연 그대로이면 속임수라고 한다. 여래께서는 미혹 열어 깨우치게 하고자 먼저 유를 부수어 공으로 돌리시니, 허공 꽃 핀 듯한 것 이미 눈 비벼 애쓸 일 없게 해서 스스로 쉬게 하신다. 깨우쳐 얻을 것 없거늘 무엇따라 미혹을 세우겠는가! 이것을 가리켜 '바탕 진실하여 그대로인 중에 거래와 미오와 생사를 구하지만 마침내 얻을 것 없다'고 한다. 그러므로 '본래의 여래장은 묘하고도 참된 그대로의 바탕이다'라고 한다. 天台曰 法性五陰 體本眞常 不眞常者 生滅去來生死爲之蔽 因緣自然爲之惧也 如來欲爲開迷而卽悟 先且破有以歸空 空華之相 既無瞪目之勞自息 悟尙無得 何因立迷 是所謂性眞常中 求於去來迷悟生死 了無所得 故曰 本如來藏 妙眞如性"라고 하였다. [참고문헌] 『理趣六波羅蜜多經』, 『華嚴經』, 『楞嚴經』, 『南海寄歸內法傳』, 『楞嚴經圓通疏』.

진상 盡想 Ⓢ nirodha-saṃjñā, Ⓟ nirodha-saññā. 생도 멸도 다한 모습. 『대지도론』 권21(대정장25, p.217c27)에 "(십상과) 구상(脹相 壞相 血途相 膿爛相 青相 噉相 散相 骨相 燒相)은 한결같이 오욕을 여의도록 하여 함께 열반을 이룬다. … 이 구상으로 세간을 싫어하기에 이 오온의 무리(五衆 Ⓢ pañca-skandha)가 사라져 다시는 생겨나지 않음을 알아서 이곳에서 안온하니 이를 진상(Ⓢ nirodha-saṃjñā)이라 한다. 九相 同爲離欲 俱爲涅槃 … 以是九相 厭世間故 知此五衆滅 更不復生 是處安隱 卽是盡想", *Nirodha-sutta*(*SN.5*, p.133)에 "비구들이여, 진상의 반복된 수습은 커다란 행복으로 인도하고 커다란 안온으로 인도한다. nirodha-saññā bhikkhave bhāvitā bahulīkatā mahato atthāya saṃvattati. mahato yogakkhemāya saṃvattati"라고 하였다. [참고문헌] 『大智度論』, *SN.*

진상무상 盡相無相 상도 무상도 다하다. 금강유정(金剛喩定)으로 일체지(一切智)를 얻다. 『인왕경』 권상(대정장8, p.826c21)에 "적멸인이 있으니, 불보살이 한결같이 이 인으로 금강삼매에 든다. 하인 중에서 행하면 보살이고, 상인 중에서 행하면 살바야라 하는데, 공히 제일의제를 관하여 삼계심습을 끊어 무명이 다한 상을 금강이라 하며, 상도 무상도 다해서 살바야라 하고, 세제와 제일의제 그 밖으로 훤출히 건너니 제십일지살바야가 된다. 寂滅忍 佛與菩薩 同用此忍 入金剛三昧 下忍中行 名爲菩薩 上忍中行 名爲薩婆若 共觀第一義諦 斷三界心習 無明盡相爲金剛 盡相無相爲薩婆若 超度世諦第一義諦之外 爲第十一地薩婆若", 『인왕호국반야경소』 권4

(대정장33, p.271b13)에 “‘진상무상을 살바야라고 한다’ 하니 이것이야말로 해탈도다. 이전의 금강유정 아래의 정은 색심의 추세상만을 다할 뿐이어서 일체지라고 할 수 없다. 이제 불지는 상을 다할 뿐만 아니라 무상마저도 다하기에 일체지 이름을 얻는다. 연도 관도 쌍으로 아득하고, 경도 지도 온통 고요하다. 盡相無相爲薩婆若者 此解脫道 前金剛下定 但盡色心麤細之相 不得名一切智 今佛地 非但盡相 亦盡無相 故得名一切智 可謂緣觀雙冥 境智俱寂也”라고 하였다. [참고문헌] 『仁王經』, 『仁王護國般若經疏』. ⇨ 금강유정 金剛喩定, 살바야 薩婆若, 일체지 一切智, 해탈도 解脫道, 무명진상 無明盡相

진상유주 眞常流注 참되고 그대로인 채로 흘러 스미다. 으뜸에도 통하고 나아감에도 걸림이 없는 뜻이다. 『동산어록』 「보경삼매가 寶鏡三昧歌」(대정장47, p.515b1)에 “지금 돈과 점이 있어 연에 따라 종취를 세우고 종취가 나뉘어지니 그대로 규거라 하네. 종으로 통하여 나아감이 끝에 이르면 참되고 그대로인 채로 흘러 스미네. 今有頓漸 緣立宗趣 宗趣分矣 卽是規矩 宗通趣極 眞常流注”, 『분양어록』 권상(대정장47, p.602c16)에 “방편으로 돈점을 열고 임시로 성범을 설하여 광인의 많은 의심을 치료하고 달인의 깨우침 적은 것을 구했다. 몸소 자성 밝히고 헛되이 다른 것 구하지 마라. 가거나 머물거나 즐겁고, 말하거나 침묵하거나 고요하니, 참되고 그대로인 채로 흘러 스민다. 단상을 영영 버리니 지혜의 바다 맑고 고요하고 뜻의 하늘 한없이 밝게 빛나네. 어떻게 일러야 하나, 한마디 가져와서. 權開頓漸 假說聖凡 療狂子之多疑 救達人之少悟 親明自性 勿妄他求 行住怡然 語默澹靜 眞常流注 永棄斷常 智海湛然 義天朗耀 作麽生道將一句來”, 『경덕전등록』 권11 「영운지근전 靈雲志勤傳」(대정장51, p.285b24)에 “‘혼돈 아직 나뉘지 않았을 때 함생들 어디에서 왔습니까?’ ‘노주가 아이밴 듯 하지’ ‘나뉜 후에는 어떻습니까?’ ‘조각구름이 크고 맑은 하늘에 점찍듯 하지’ ‘하늘에 점이 찍힙니까?’ 영운선사가 답하지 않았다. ‘그렇다면 함생은 온 일도 없군요’. 영운선사가 또 답하지 않았다. ‘티 없이 맑아 점마저 없을 때는 어떻습니까?’ ‘참되고 그대로인 채로 흘러 스미지’ ‘무엇이 진상이 유주한다는 것입니까?’ ‘거울처럼 변함없이 밝다’ ‘향상사가 있기는 합니까?’ ‘있다’ ‘무엇이 향상사입니까?’ ‘거울 깨부수고 와서 서로 마주하게나’. 問 混沌未分時 含生何來 師曰 如露柱懷兒 曰 分後如何 師曰 如片雲點太淸 曰 未審太淸還受點也無 師不答 曰 恁麽卽含生不來也 師亦不答 曰 直得純淸絶點時如何 師曰 猶是眞常流注 曰 如何是眞常流注 師曰 如鏡長明 曰 向上更有事否 師曰 有 曰 如何是向上事 師曰 打破鏡來相見”, 『위산경책주』(卍속장114, p.936a13)에 “마음이 물을 연으로 삼지 않는데 물이 어찌 사람을 장애할 수 있겠는가? 고덕께서 ‘사람은 마음을 버릴 뿐 물을 버리지 않지만, 어리석은 이는 물을 없앨 뿐 마음을 없애지 않는다’ 하였다. 법성은 빠짐없이 흐르니, 진상이 스며듦은 끊고자 한다고 해서 될 일 아니고, 잇고자 한다고 해서 그렇게 할 수 있는 일이 아니다. 心不緣物 萬物豈得礙人 古德云 至人除心不除物 愚人除物不除心 法性周流 謂眞常流注 斷亦不能 續亦不得”라고 하였다. [참고문헌] 『洞山語錄』, 『汾陽語錄』, 『景德傳燈錄』, 『潙山警策註』. ⇨ 종 宗 **1**, 종취 宗趣

진색 眞色 **1** 오정색(五正色)을 달리 이르는 말. 『사분율』 권53(대정장22, p.960c3)에 “육군비구가 잘 물들인 진색 허리띠를 만들자 부처님께서 말씀하셨다. ‘그렇게 해서는 안 된다’. 그들이 비단으로 허리띠를 만들자 부처님께서 말씀하셨다. ‘그렇게 해서는 안 된다’. 그들이 흰 허리띠를 만들자 부처님께서 말씀하셨다. ‘그렇게 해서는 안 된다. 가사색 허리띠를 만드는 걸 허락하노라’. 六群比丘 大染眞色作帶 佛言 不應爾 彼作錦帶 佛言 不應爾 彼作白帶 佛言 不應爾 聽作袈裟色帶”라고 하였다. [참고문헌] 『四分律』. ⇨ 오색 五色, 오정색 五正色 **2** 참된 색. 그 바탕이 공(性空)인 색을 이렇게 부르며, 참된 공인 진공(眞空)으로 그 바탕이 색(性色)인 뜻을 아우르면 여래장의 진속중도의 뜻이다. 『능엄경집주』 권3(卍속장17, p.162a3)에 “여래장은 바로 심성중도다. 속에 즉한 진이기에 성이 색인 진공이라 하였고, 진에 즉한 속이기에 성이 공인 진색이라 하였으며, 진과 속이 중에 즉하기에 모두 성이라 하였다. 삼제가 원융하여 같지도 다르지도 않으며 세로도 가로도 아니니 여래장이라 하며, 열반을 또한 비밀장이라 한다. … 속이기에 십계가 뚜렷하니 성이 공인 진색이라 하고, 진이기에 중생도 부처도 고요해서 성이 색인 진공이라 한다. 이는 이만을 갖춘 말로서 사를 짓는 일과는 관계없기에 성이라 하였다. 如來藏卽心性中道也 卽俗而眞 故云性色眞空 卽眞而俗 故云性空眞色 以眞俗卽中 故並云性 三諦圓融 不一不異 非縱非橫 名如來藏 涅槃亦謂之祕密藏也 … 俗故十界宛爾 故曰性空眞色 眞故生佛寂然 故曰性色眞空 此言理具 非關事造 故云性也”라고 하였다. [참고문헌] 『楞嚴經集註』, 『楞嚴經』 권3(대정장19, p.117c8), 『首楞嚴義疏注經』 권3(대정장39, p.868a15).

진석 振錫 석장(錫杖)을 흔들어 소리내다. 『분양어록』 권중(대정장47, p.608a24)에 “마곡보철이 석장을 든 채로 장경혜릉에게 가서 선상을 세 바퀴 돌고는 석장을 소리나게 흔들고는 섰다. 장경이 ‘옳다, 옳아!’라고 하였다. 다시 남전에게 가서 또 이렇게 하자 남전은 ‘옳지 않다, 옳지 않아!’라고 하였다. ‘장경은 옳다고 하였는데 왜 화상께서는 옳지 않다고 하십니까?’ ‘장경은 옳지만 너는 옳지 않다. 이것은 바람의 힘으로 움직인 것이니 결국 스러진다'. 麻谷持錫到章敬 遶禪床三匝 振錫而立 敬云 是是 又到南泉亦如是 泉云 不是不是 章敬道是 和尙爲什麽道不是 泉云 章敬卽是 是汝不是 此是風力所轉 終成敗壞", 『설두어록』 권4(대정장47, p.696a29)에 "마곡보철이 석장 든 채로 혜충국사에게 가서 석장을 흔들고는 그대로 섰다. 국사가 말했다. '그대는 이미 그러한데 나에게 보여줄 필요가 어디 있는가?' 마곡이 다시 석장을 한 번 흔들었다. 설두중현이 별어하였다. '여기에는 거의 이르지 못하였다'. 麻谷持錫到國師處 振錫而立 國師云 汝旣如是 何用見吾 谷又振錫一下 別云 洎不到此", 『경덕전등록』 권6 「마조도일전 馬祖道一傳」(대정장51, p.246b10)에 "등은봉이 석두에게 가자마자 선상을 한 바퀴 돌고 석장 한 번 흔들어 소리내고는 물었다. '무엇이 종지입니까?' '아이고! 아이고!' 등은봉이 말없이 돌아와서 마조에게 이 일을 전했다. 마조가 말했다. '너는 다시 가서 석두가 곡하는 소리를 하거든 헛기침을 두 번 하라'. 등은봉이 다시 석두에게 가서 전과 같이 물었다. '종지가 무엇입니까?' 석두가 헛기침을 두 번 했다. 등은봉이 다시 아무 말도 하지 못하고 돌아오자 마조가 말했다. '「석두의 길은 미끄럽다」라고 너에게 이미 말했다'. 纔到石頭 卽繞禪床一匝 振錫一聲 問 是何宗旨 石頭云 蒼天蒼天 隱峯無語 却迴擧似於師 師云 汝更去 見他道蒼天 汝便噓噓 隱峯又去石頭 一依前問 是何宗旨 石頭乃噓噓 隱峯又無語 歸來 師云 向汝道 石頭路滑"라고 하였다. 〔참고문헌〕『汾陽語錄』, 『雪竇語錄』, 『景德傳燈錄』. ⇨ 석장 錫杖, 육환장 六環杖

진선묘유 眞善妙有 생사를 벗어난 밖의 모습으로 중도에서 드러나는 법성 그대로의 색의 뜻이다. 『법화현의』 권9(대정장33, p.788b27)에 "즉법부즉법이라 한다. 만약 유위문을 설하려면 이 유는 생사하는 유가 아니고 생사를 벗어난 밖이다. 따로 논하면 진선으로서의 묘유다. 공문이라면 이승의 참됨을 벗어난 밖으로, 따로 논하면 필경공이다. 비유비무문에 이르기까지도 이와 같다. 이것이 별교의 네 갈래 문의 모습이다. 卽法不卽法者 若說有爲門 此有非生死有 出生死外 別論眞善妙有 空門者 出二乘眞外 別論畢竟空 乃至非有非無門亦如是 是爲別四門相", 『금광명경문구』 권4(대정장39, p.66b21)에 "그러므로 『열반』에 이르기를 '진선묘유는 대반열반공이다. 불성도 또한 색이면서 색이 아니고, 색이 아니면서 색이 아닌 것도 아니다'. 故涅槃云 眞善妙有 大般涅槃空 佛性亦色非色 非色非非色", 『관심론소』 권2(대정장46, p.599a20)에 "또한 유가 아니면서 유인 것은 곧 중도이며 진선묘유여서 법성이란 생멸이 없는 항상한 색이다. 又不有而有 卽是中道 眞善妙有 法性常色"라고 하였다. 〔참고문헌〕『法華玄義』, 『金光明經文句』, 『觀心論疏』. ⇨ 진공묘유 眞空妙有, 삼제 三諦

진성 辰星 수요(水曜)를 말한다. 『대방등대집경』 권56(대정장13, p.373a21)에 "이때 부처님께서 범왕 등에게 말씀하셨다. '요(曜)라 말했는데, 일곱 가지가 있다. … 여섯째는 진성이다'. 爾時 佛告梵王等言 所言曜者 有於七種 … 六者 辰星", 『아미타경의소』(대정장37, p.363a9)에 "혹은 북신(北辰)이 하늘에 머물면 뭇 별들이 둘러싼다고도 하는데, 진성은 별 중의 왕이어서 제법을 뛰어넘은 법신에 빗대기도 한다. 或可北辰居天中 而衆星拱之 而辰星爲宿中王 亦喩法身出過諸法也"라고 하였다. 〔참고문헌〕『大方等大集經』, 『阿彌陀經義疏』. ⇨ 수요 水曜, 부다 Budha[2], 부다 部陀, 칠요 七曜, 구요 九曜

진성 眞性 참된 바탕. 무명(無明)과 합하기 전의 바탕이어서 변(變)하거나 뒤집힘(轉倒)이나 바뀜(易)의 뜻이 없고, 일체상(一切相)을 끊어서 성지(聖智)의 경을 드러내기에 성스런 법(聖法)의 인(因)으로서 법계(法界)라고도 한다. 원측은 공(空 Ⓢ śūnya)의 뜻을 푸는 중에 나타난 것들(所顯)의 참된 바탕(眞性)이라는 말로 공성(空性 Ⓢ śūnyatā)의 뜻으로 풀었다. 『대지도론』 권32(대정장25, p.298c27)에 "실성과 무명이 합하기에 변하고 달라진다. 청정하지 않지만 무명 등을 없애면 진성을 얻는다. 이를 법성청정이라 이름한다. 實性與無明 合故變異 則不淸淨 若除却無明等 得其眞性 是名法性淸淨", 『변중변론』 권상(대정장31, p.465c19 : *Madhy-vibh.*, p.23)에 "〔논〕 곧 이 중에 소지인 공성을 설하였다. 변함이 없는 뜻에서 진여라 설하는데, 참된 바탕 늘 한결같아 뒤쳐 바뀜이 없기 때문이다. 論曰 卽此中說 所知空性 由無變義 說爲眞如 眞性常如 無轉易故 ananyathā-arthena tathātā nityan tathāiveti kṛtvā", "엎어짐이 없는 뜻에서 실제라 설하는데, 전도들이 의지하고 연하는 사가 아니기 때문이다. 由無倒義 說爲實際 非諸顚倒 依緣事故 aviparyāsa-arthena bhūtakoṭiḥ viparyāsa-avastutvāt", "상이 사라지는 뜻에서 무상이라 설하는데, 이 중에서 일체상을 길이 끊기 때문이다. 由相滅義 說爲無相 此中永絶一切相故 nimitta-nirodha-arthena-animittaṃ sarva-nimitta-abhāvāt", "성지인 경의 뜻에서 승의성이라 설하는데, 최승지로 행한 뜻이기 때문이다. 由聖智境義 說爲勝義性 是最勝智所行義故 āryajñāna-gocaratvāt paramārthaḥ, paramajñāna-viṣayatvād", "성스런 법의 인이 되는 뜻에서 법계라 설하는데, 일체성법이 이를 연하여 생하기 때문이다. 이 중 계란 곧 인의 뜻이다. 由聖法因義 說爲法界 以一切聖法緣此生故 此中界者 卽是因義 āryadharma-hetutvād dharmadhātuḥ, āryadharmāṇān tad-ālambana-prabhavatvāt. hetv-artho hy at ra dhātv-arthaḥ", 원측(圓測)의 『인왕경소』 권상(대정장33, p.379c12 · 한불전1, p.47b7)에 "범음에 의하면 공에는 두 뜻이 있다. 첫째는 순야(Ⓢ śūnya)로 공이라 한역하는데 넷 중 첫째이며 능히 나툼이 없는 뜻을 나타낸다. 둘째는 순야다(Ⓢ śūnyatā)로 공성이라 한역하는데 곧 네 번째인 나타난 것들의 참된 바탕이다. 若依梵音 空有二義 一者舜若 此翻爲空 四中第一 能顯無義 二舜若多 此云空性 卽是第四 所顯眞性"라고 하였다. [참고문헌] 『大智度論』, 『辯中邊論』, 『仁王經疏』, *Madhy-vibh.* ⇨ 실성 實性, 법계 法界, 공성 空性

진성 眞誠 ❶ 진실하게 뜻을 다함. 『구사론』 권29(대정장29, p.151a6)에 "먼저 상품의 친우에게 진실한 뜻 일으켜 더불어 안락하고 뛰어나게 알게 한다. 이 원이 이루어진 다음 중품과 하품의 친우에게도 점차 닦게 하여 이렇듯 뛰어나게 알게 하니, 삼품을 가까이하여 평등하게 된다. 先於上親 發起眞誠 與樂勝解 此願成已 於中下親 亦漸次修 如是勝解 於親三品 得平等已"라고 하였다. [참고문헌] 『俱舍論』. ❷ 참으로. 진실로. 진성(眞成) · 진개(眞箇)라고도 한다. 『연등회요』 권22 「운거도응장 雲居道膺章」(卍속장136, p.797b13)에 "절대로 남의 말을 가져오지 마라. 가져온다고 해도 비슷하지 않다. 여든 명의 노숙이 입장하니 참으로 어린애 놀이가 아니다. 한 마디가 어긋나면 고향과 만 리 밖으로 멀어진다. 第一莫將來 將來不相似 八十翁翁入場屋 眞誠不是小兒戲 一言若差 鄕關萬里", 『사분율행사초』 권상(대정장40, p.21c26)에 "참되고 진실한 출가자는 네 가지 원한으로 하고많은 고통 남을 두려워하고, 삼계의 무상함도 싫어하며 육친의 지극한 사랑마저 작별하고 오욕의 깊은 집착을 버린다. 眞誠出家者 怖四怨之多苦 厭三界之無常 辭六親之至愛 捨五欲之深著"라고 하였다. [참고문헌] 『聯燈會要』, 『四分律行事鈔』.

진성 進誠 조선후기 동해시 삼화사(三和寺)스님. 호는 원곡(元谷), 속성은 김씨. 본관은 경주. 어머니는 밀양박(朴)씨. 10세 때 어버이를 하직하고 동해시 삼화사로 찾아가 광변(廣卞)을 은사로 하여 스님이 되었다. 그 후 명월당대선사(明月堂大禪師)에게서 법을 배운 후 팔도도총섭을 역임한 동옹당(東翁堂) 혜연(惠演)의 법을 받아 법제자가 되었다. 제방으로 다니면서 부지런히 공부하다가 세수 80세에 입적하였다. 생전(生前)에 이미 사리 1과가 나왔고, 다비 끝에는 신령한 구슬(靈珠)사리 4과도 남겼다. 장허(藏虛)가 비문을 지어 1807년(순조 7) 4월에 세운 스님의 행적비와 부도가 삼화사에 있다. 비는 높이 1.04m · 너비 45cm · 두께 13.5cm이고, 부도의 높이는 1.4m이다. [참고문헌] 「東海三和寺元谷堂進誠大禪碑文」(智冠 『韓國高僧碑文總集 朝鮮朝 · 近現代』 p.648), 『韓國寺刹寶鑑』 p.202.

진성 鎭星 Ⓢ śaniścara. 토성(土星). 칠요(七曜) 또는 구요(九曜) 중 하나다. 『대방등대집경』 권42(대정장13, p.282a24)에 "또 대성수는 그 수가 여덟이니, 세성 · 형혹 · 진성 · 태백 · 진성 · 일 · 월 · 하라후성이다. 又大星宿 其數有八 所謂歲星 熒惑 鎭星 太白 辰星 日 月 荷羅睺星", 『화엄경소초』 권63(대정장36, p.509c12)에 "중앙의 진성은 토와 네 간절기를 다 주관한다. 中央鎭星 以主於土 通主四季", 『속일체경음의』 권6(대정장54, p.962c10)에 "진성〈중앙인 토의 정이다. 일명 지후(地候)인데 지름 50리이고 색은 황이며 행은 느려서 29년마다 하늘을 한 바퀴 돈다〉. 鎭星〈中央土之精也 一名地候 徑五十里 其色 黃 其行 遲二十九年 一周天〉"라고 하였다. [참고문헌] 『大方等大集經』, 『華嚴經疏鈔』, 『續一切經音義』, *Divy.642.* ⇨ 칠요 七曜, 구요 九曜, 오성 五星

진성게 眞性偈 선종의 초조 보리달마가 남겼다고 전하는 스무 글자의 게송. 『소실육문』 「오성론 悟性論」(대정장48, p.373a29)에 "두렷이 빛나고 깨끗하신 저 지극한 몸으로 고요히 비춰 공의 뜻마저 잊었네. 정을 연한 바탕 진을 떠난 듯 하지만 끝내 아름다워 언제나 그 끝은 다시 시작이라네. 圓明淨至身 寂照忘空理 緣情性離眞 極妙常終始"라고 하였다. 『인천안목』에서는 『소실육문』과 달리 첫 구절의 지(至)가 지(智)로, 셋째 구절의 정(情)이 청(淸)으로 바뀌어 있다. 게송을 앞에서부터 읽은 다음 뒤에서부터 다시 읽어서 모두 마흔 자로도 읽는데, 두 자의 출입으로 미묘하게 달리 읽힌다. 『인천안목』 권6(대정장48, p.333b1)에 "달마는 서쪽에서 와서 9년 동안 벽만 보았지만, 오직 신광만은 눈 속에 서서 팔을 자르고 스스로 증했다. 방편으로 말할 수 없고 오직 마음으로 전할 뿐이다. 상근 이미 상응하였기에 달마는 서쪽으로 돌아가려 하였으나, 중하의 기틀 가엾이 여겨 굳이 스무자를 남겼으니 진성게라 한다. 뒤집어서 다시 읽으면 사십 음운이 되는데 각각으로 뜻을 드러낸다. 노파심이 간절하여 적잖이 낭자함 없지 않지만, 후대의 법손들이 손가락 인해 달 보기를 바랐다. 만약 어떤 이 있어 성 자 모습 드러내기도 전에 깨달아 문채 저절로 빛나서 남을 따라 얻을 일 없다면, 도리어 달마를 비웃고 통렬하게 주장자 한 방 때리리라. 達磨西來 九年面壁 獨神光立雪斷臂自證 巧說不得 只許心傳 上根旣契 便欲西歸 猶憐中下之機 强留二十字 稱云眞性偈 翻復讀之 成四十韻 各有旨趣 蓋爲老婆心切 狼藉不少 庶幾後代兒孫 因指見月 儻有個漢 向性字未形之前領略 文彩自彰 匪從他得 翻咲老胡 正好痛與拄杖"라고 하였다. [참고문헌] 『少室六門』, 『人天眼目』.

진성고상 鎭星古像 신라말 동주(東州) 발삽사(勃颯寺)에 있던 소상. 『삼국사기』 권50 열전(列傳)10 궁예(弓裔)와 『고려사』 권1 세가(世家)1 태조, 『고려사절요』 권1 「태조신성대왕 太祖神聖大王」에 전하는데, 『고려사』의 기록이 가장 자세한 편이며 진성고상(塡星古像)이라고 하였다. 918년 고려 건국 세달 전에 중국 상인 왕창근(王昌瑾)이 태봉(泰封)의 수도 철원(鐵原)의 시전에서 한 인물에게 옛 거울을 구했는데, 거울 속에 147자 참언을 발견하고 궁예에게 알렸다. 궁예는 왕창근에게 거울을 판 주인을 찾게 하였는데, 『고려사』에는 "용모가 아름답고 수염과 머리가 희며 머리에 옛 관을 쓰고 거사의 옷을 입고서 왼손에 헌공상 세 개, 오른손에 한 면만 비추는 일척 쯤되는 옛 거울을 높이 들었다. … 동주 발삽사 치성광여래상 앞의 진성고상과 좌우에 공양상과 거울을 쥐고 있는 모습이 같았다. 狀貌瓌偉 鬚髮皓白 頭戴古冠 被居士服 左手持三隻椀 右手擎一面古鏡方一尺許 … 唯東州勃颯寺熾盛光如來像前 有塡星古像 如其狀左右亦持椀鏡"라고 하였다. 궁예의 명으로 참언을 해석한 송함홍(宋含弘)·백탁(白卓)·허원(許原) 등은 '궁예가 멸망하고 왕건이 임금이 되어 신라를 점령하고 압록강까지 회복할 것'이라고 풀었지만 제대로 말하지 못했다. 토성인 진성과 치성광여래가 고려 건국을 예견한 이야기로 알려졌다. 〔참고문헌〕『三國史記』, 『高麗史』, 『高麗史節要』. ⇨ 고경참 古鏡讖, 발삽사 勃颯寺

진성궤 眞性軌 참된 바탕인 공으로만 도는 굴대. 원교삼법(圓敎三法)인 삼궤(三軌) 중 하나로 일승(一乘)의 수레를 돌리는 제불의 스승이고 중생의 본 모습인 공성을 말한다. 『법화현의』 권5(대정장33, p.742b27)에 "넷째로 원교의 세 법을 밝히니, 진성궤를 승의 바탕으로 삼는다. 헛되지 않아 진이라 하고 고칠 수 없어 성이라 하니, 곧 정인이 상주해서 제불이 스승을 삼으니 이 법을 말함이다. 四 明圓敎三法者 以眞性軌爲乘體 不僞名眞 不改名性 卽正因常住 諸佛所師 謂此法也", "일체중생 또한 다 하나로 오르니 중생 그대로 열반의 모습이다. 어떻게 해도 다시 사라질 일 없다. 열반인 채로 생사하므로 사라진 적 없기에 날 일도 없다. 고로 『대품반야경』에서 '이 탈 것은 움직인 적도 벗어난 적도 없다' 하였으니, 곧 이 일승이다. 一切衆生 亦悉一乘 衆生卽涅槃相 不可復滅 涅槃卽生死 無滅不生 故大品云 是乘不動不出 卽此乘也", 『종경록』 권90(대정장48, p.906c1)에 "참된 바탕으로만 도는 굴대로 일승의 체로 삼고 이것으로 법신 삼으니, 일체중생은 모두 한 수레 올랐기 때문이다. 以眞性軌 爲一乘體 此爲法身 一切衆生 悉一乘故"라고 하였다. 〔참고문헌〕『法華玄義』, 『宗鏡錄』, 『法華玄義節要』 권상(卍속장44, p.713a9). ⇨ 진성 眞性, 삼궤 三軌[1], 관조궤 觀照軌, 자성궤 資成軌

진성보리 眞性菩提 삼보리(三菩提 : 眞性菩提 實知菩提 方便菩提) 중 하나로 참된 바탕 그대로의 보리. 실상보리(實相菩提)·무상보리(無上菩提)라고도 한다. 『금광명경현의』 권상(대정장39, p.3c20)에 "무엇을 삼보리라 하는가? 첫째는 진성보리로 무상보리라고도 하는데, 이 보리는 이로써 길을 삼는다. 云何三菩提 一 眞性菩提 亦名無上菩提 此菩提 以理爲道", 『능엄경지장소』 권1(卍속장24, p.219a5)에 "보리에 셋이 있으니 첫째 실지, 둘째 방편, 셋째 진성이다. 여기서는 진성보리인데, 성이 본디 스스로 깨어 있어서 그대로 보리다. 菩提有三 一 實智 二 方便 三 眞性 此是眞性菩提 以性本自覺卽菩提故", 『반야심경약소소초』 권하(卍속장41, p.776a6)에 "광승이 말했다. '위없다 함은 진성보리고, 바르다 함은 실지보리이며, 두루하다란 방편보리다. 이 세 갈래 깨우침 두렷이 어울려 정각이라 하는데, 제불은 이 세 반야에 의지해 삼보리를 증하니 차제 가히 알 수 있다'. 廣承云 無上者 眞性菩提 正者 實智菩提 徧者 方便菩提 三覺圓融 名爲正覺 諸佛依三般若 證三菩提 次第可知", 『반야심경석요』(卍속장41, p.942b4)에 "실상반야에 의지해 진성보리를 얻고, 관조반야에 의지해 실지보리를 얻으며, 문자반야에 의지해 방편보리 얻는다. 보리는 여여지이니 지는 반드시 이에 들어맞으며, 열반은 여여리이니 이는 반드시 지에 들어맞는다. 依實相般若 得眞性菩提 依觀照般若 得實智菩提 依文字般若 得方便菩提 菩提是如如智 智必冥理 涅槃是如如理 理必契智"라고 하였다. 〔참고문헌〕『金光明經玄義』, 『楞嚴經指掌疏』, 『般若心經略疏小鈔』, 『般若心經釋要』.

진성연기 眞性緣起 참된 바탕 연하여 일어나다. 공성(空性)에 의지해 채운 여래장성(如來藏性)을 바탕으로 연하여 일어나는 뜻으로 법계연기(法界緣起)의 뜻이기도 하다. 제불(諸佛)도 중생(衆生)도 이 바탕에서 일어나서 생사하고, 열반함도 이 바탕으로 연기한다. 『대승의장』 권1(대정장44, p.483a26)에 "망상은 체가 없어 일어났다 하면 반드시 진에 의탁한다. 진이란 여래장성이다. 항하의 모래알처럼 한없이 많은 불법 그 바탕 한결같이 연에 따라 모일 뿐이니, 떨어지지도 벗어나지도 않고 끊어지지도 달라지지도 않는다. 이러한 진성이 연기하여 생사도 열반도 집성한다. 참된 바탕들 모여 보인 것들이어서 진실 아닌 것 없다. 妄想無體 起必託眞 眞者所謂如來藏性 恒沙佛法 同體緣集 不離不脫 不斷不異 此之眞性緣起 集成生死涅槃 眞所集故 無不眞實", 『경덕전등록』 권4 「안국현정전 安國玄挺傳」(대정장51, p.229b22)에 "어느 날 장안에서 『화엄경』을 설하는 강승이 찾아와 오조에게 '진성연기라 하니 그 뜻은 무엇입니까?'라고 물었는데 오조가 묵묵히 있었다. 당시 현정이 시봉하며 서 있다가 말했다. '대덕이시여! 한 생각 일으켜 묻는 그때 바로 진성 중에 연기입니다'. 강승이 그 말에 크게 깨달았다. 嘗一日有長安講華嚴經僧來 問五祖云 眞性緣起 其義云何 祖默然 時師侍立次 乃謂曰 大德正興一念問時 是眞性中緣起 其僧 言下大悟", 『간화결의론』(한불전4, p.732c4)에 "어떤 이가 목우자에게 '화엄 교설에서 이미 법계무애연기로 취하거나 버릴 것 없음을 밝혔는데, 어찌하여 선문에선 십종병을 가려내어 말을 간하는가?'라고 묻자 답했다. '근래 무릇 배운다 하는 무리들이 선문에서 화두를 자세히 참구하는 미묘하고 깊은 지취도 모르면서 의심하는 이들이 많다. 만약 진성연기의 의리 나눠 가려 논하자면 선학자인들 어찌 이 십종선병이 저 화엄법계연기와 같음을 모르겠는가? 그러므로 경산의 대혜선사도 「평소에 지견만 많아서 증해 깨우칠 마음 있지만 면전에서 장애만 지을 뿐이니, 자기의 바른 지견 드러낼 줄 모른다. 그러나 이 장애 밖에서 오는 것도 아니고 특별한 사태도 아니니 어찌 가려낼 일이 있겠는가?」라고 하였다. 십종병이라 말하지만 어김없이 깨우치길 바라는 마음만이 근본이다'. 或問牧牛子 華嚴敎 旣明法界無碍緣起 無所取捨 何故禪門 揀十種病 而看話耶 答 近來汎學輩 不知禪門 話頭叅詳 妙密旨趣 多有此疑 若論眞性緣起 義理分齊 則禪學者 豈不知此十種禪病 如華嚴法界緣起耶 故徑山大慧禪師 亦云 平昔知見多 以求證悟之心 在前作障故 自己正知見 不能現前 然此障亦非外來 亦非別事 豈有揀耶 所言十種病 以求證悟之心爲本"라고 하였다. [참고문헌]『大乘義章』, 『景德傳燈錄』, 『看話決疑論』. ⇨ 성기 性起

진성요집 眞性要集 Ⓢ Tattvasaṃgraha, Ⓣ de-kho-na-nyid-bsdus-pa'i-tshig-le'ur-bya-pa. 적호(寂護 Ⓢ Śāntarakṣita 700~760) 지음. *Tattvasaṃgraha-kārikā*(眞性要集頌)·『섭진실론 攝眞實論』이라고도 한다. 인도의 여러 학파와 불교의 여러 학파를 분류하여 평가하며 진성을 밝힌 논서다. 순세파(順世派)·정리학파(正理學派) 등 외도에 속하는 논사와 세우(世友)·법구(法救)·중현(衆賢)·세친(世親)·진나(陳那) 등의 주장이 언급되고 있기에, 불교와 인도학 일반에 대한 연구에 의미있는 논서로 여긴다. 주석서로 적호의 제자 연화계(蓮華戒 Ⓢ Kamalaśīla)가 지은 *Tattvasaṃgraha-kārikā*(眞性要集難語釋)가 있으며, 그 범본과 티베트역본(北京版 No.5765)도 현존한다. ⇨ 샨타라크시타 Śāntarakṣita

진성자체 眞性自體 참된 바탕 스스로의 몸. 청정법계로서 여래장의 몸이기도 하다. 『대승의장』 권1(대정장44, p.483c19)에 "연기에 나아가 둘을 밝히면, 청정법계는 여래장의 체인데 연기하여 생사와 열반을 조작한다. 진성자체는 진제라고 설하며 연기의 용은 세제라고 가린다. 若就緣起 以明二者 淸淨法界 如來藏體 緣起造作 生死涅槃 眞性自體 說爲眞諦 緣起之用 判爲世諦"라고 하였다. [참고문헌]『大乘義章』.

진소유성 盡所有性 Ⓢ kṣaya-bhāvikatā, yāvad-bhāvikatā, Ⓣ ji-snyed-yod-pa-nyid, ji-snyed-yod-pa. 있게 된 것들(所有) 거둬 다한 그 바탕(性), 일체(一切)를 거둬 다해 남김없이 하는 뜻에서 온처계(五蘊 十二處 十八界)를 말하며, 그밖에 다른 어떤 변제가 없는 뜻이다. 여리지(如理智)인 여소유성(如所有性)과 달리 여량지(如量智)로 거두고 일체법자성을 헤아려 알게 하기에 후득지(後得智)로 거둔다. 『해심밀경』 권3(대정장16, p.699c15)에 "진소유성이란, 모든 잡염과 청정법 중에 있는 바 일체품으로 다른 끝까지를 진소유성이라 한다. 저 다섯 가지 온이나 여섯 갈래 내처와 여섯 가지 외처다. 盡所有性者 謂諸雜染淸淨法中 所有一切品別邊際 是名此中盡所有性 如五數蘊 六數內處 六數外處", 원측(圓測)의 『해심밀경소』 권6(한불전1, p.326c7)에 "일체법에는 두 가지가 있다. 첫째는 일체유위이니 오수온으로 유위를 거둬 다하기에 진소유성이라 한다. 둘째는 일체유무위이니 육내처와 육외처로 이렇게 십이처인 것이니, 일체유위무위를 다 모아 거둘 수 있기에 진소유성이라 한다. 謂一切法 自有二種 一者 一切有爲 以五數蘊 攝有爲盡 故言盡所有性 二者 一切有爲無爲 以六內處及外六處 如是十二 總攝一切有爲無爲 故言盡所有性", 『유가사지론』 권26(대정장30, p.427b29 : *Śrāv-bh.*, p.195)에 "무엇을 진소유성이라 하는가? 색온 밖에 더는 남겨질 색이 없고, 수상행식온 밖에는 더는 다른 수상행식 있을 수 없다. 모든 유위사는 남김없이 이 다섯 가지 법으로 거둘 수 있으니, 일체제법은 계와 처의 섭이고, 우리가 알 수 있는 세간의 모든 일은 사성제로 거둘 수 있으니 이와 같음을 진소유성이라 한다. 云何名爲盡所有性 謂色蘊外 更無餘色 受想行識蘊外 更無有餘受想行識 一切有爲事 皆五法所攝 一切諸法 界處所攝 一切所知事 四聖諦攝 如是名爲盡所有性 tatra yāvadbhāvikatā katamā. yasmātpareṇa rūpaskandho vā, vedanāskandho vā, saṃjñāskandho vā, saṃskāraskandho vā, vijñānaskandho vā, vijñānaskandho veti. sarvasaṃskṛtavastusaṃgrahaḥ paṃcabhirdharmaiḥ sarvadharmasaṃgraho dhātubhirāyatanaiśca sarvajñeyavastusaṃgrahaśca. āryasatyairiyamucyate yāvadbhāvikatā", 『유가론기』 권4(대정장42, p.384a2·한불전13, p.227a21)에 "진소유성은 오직 후득지다. 盡所有性 唯後得智", 같은 책 권10(대정장42, p.545a13·한불전13, p.837a23)에 "진제삼장에 의지해 말하면 여리지(如理智 : 無分別智)는 여소유성이라 하고, 여량지(如量智 : 後得智)는 진소유성의

이름이다. … 진소유성이란 이와 사로 나뉘어 헤아린 것이니, 이 제법차별을 남김없이 아는 것이다. 依眞諦三藏云 如理智名如所有性 如量智名盡所有性 … 盡所有性者 於理及事分量 盡知是諸法差別", 같은 책 권18(대정장42, p.709c24・한불전14, p.337a9)에 "신태(神泰)는 '진소유성이란 일체법자성을 아는 것이다'라고 하였다. 泰云 盡所有性者 知一切法自性也", 『대승아비달마집론』 권6(대정장31, p.686c27 : *Abh-s.*, p.80)에 "진소유성이란 온처계를 말한다. 盡所有性者 謂蘊界處 kṣayabhāvikatā katamā", 『대승아비달마잡집론』 권11(대정장31, p.744c27 : *Abh-s-bh.*, p.98)에 "알아야 할 제법의 바탕과 드러남을 나타내기 위해서 오직 나누고 헤아릴 끝이 있게 한 것이다. 이러한 이유로 온처계의 세 가지를 드러내 세웠다. 爲顯所知諸法體事 唯有爾所分量邊際 是故建立蘊界處三 yāvadbhāvikatayā dharmāṇāmetāvanti sarvadharmavastuni yajjñeyavyavasthānam tadyathā skandhadhātvāyatanāni"라고 하였다. [참고문헌]『解深密經』, 『解深密經疏』, 『瑜伽師地論』, 『瑜伽論記』, 『大乘阿毘達磨集論』, 『大乘阿毘達磨雜集論』, *Śrāv-bh.*, *Abh-s.*, *Abh-s-bh.* ⇨ 일체 一切, 일체법 一切法, 삼과 三科, 온처계 蘊處界, 오온 五蘊, 십이처 十二處, 십팔계 十八界, 여리지 如理智, 여량지 如量智, 사변제성 事邊際性, 사변제소연 事邊際所緣

진소유성비발사나 盡所有性毘鉢舍那 진소유성을 관하다. 『유가사지론』 권64(대정장30, p.657c7)에 "다섯 가지 상으로 해서 비발사나(毘鉢舍那 Ⓢ vipaśyanā)를 건립할 수 있다. 첫째 진소유성비발사나, 둘째 여소유성비발사나, 셋째 유상비발사나, 넷째 사구비발사나, 다섯째 관찰비발사나다. 由五種相 當知建立毘鉢舍那 一 盡所有性毘鉢舍那 二 如所有性毘鉢舍那 三 有相毘鉢舍那 四 思求毘鉢舍那 五 觀察毘鉢舍那"라고 하였다. [참고문헌]『瑜伽師地論』. ⇨ 비발사나 毘鉢舍那

진속 眞俗 진(眞)과 속(俗). 출세간과 세간은 서로 의지해야 뜻을 성취하기에 둘 따로 말할 수 없다(無二 不二)고 한다. 진을 이(理), 속을 사(事)라 하기도 하고, 속을 아는 것을 속제(俗諦), 진을 깨우치는 것을 진제(眞諦)라 하지만, 권실(權實)의 경계일 뿐이어서 함께 행하거나 더불어 고요하다. 『열반경본유금무게론』(대정장26, p.281b12)에 "'본래 있었으나 지금 없다'고 하면 일체여래 한결같이 곧바로 해탈이 없게 된다. 무엇 때문인가? 성 정하여 머물지 않기에 전에는 있었으나 후에는 없다. 일체진유도 없고 진유와 속유 또한 없다. 그 까닭은 진유인즉 전후로 다르지 않아야 하고, 속유란 본래 없기 때문이다. 그러므로 진속의 두 가지 뜻은 성취될 수 없다. 이 두 뜻을 잘 알지 못하는 승거외도(Ⓢ Sāṃkhya : 數論)도 이와 같이 인중유과를 설해서, 비유하기를 우유에 낙과 생소 등이 있다고 하였는데, 이는 승거외도 등의 뜻을 증익할 뿐이다. 若本有今無者 一切如來等 則無解脫 何以故 性不定住故 以前有後無故 一切眞有亦無 眞有俗有亦無 何以故 眞有前後無異故 俗有無本故 是故 眞俗二義不成就 於此二義 不明了 僧佉外道亦如是說因中有果 譬如乳有酪生酥等 是增益僧佉等義", 『화엄경소』 권4(대정장35, p.529a18)에 "진제삼장은 말했다. 진이 속에 거스르지 않아 '여'라 하고, 속이 진에 따르기에 '시'라고 하여, 진과 속이 둘이 없어서 여시라고 한다. 이는 이사에 따른 이해이다. 이와 같은 말씀이 부처님설이라고 하는 것은, 오직 능히 말씀하신 것을 잡았을 뿐이다. 眞諦三藏云 眞不違俗 名之爲如 俗順於眞 稱之爲是 眞俗無二 故稱如是 此約所詮理事 若云如斯之言 是佛所說 則唯約能詮", 『대승기신론열망소』 권2(대정장44, p.429b16)에 "속은 심생멸문이고, 진은 심진여문이다. 俗卽心生滅門 眞卽心眞如門", 『북산록』 권2(대정장52, p.583c3)에 "'진'이란 '이'이고, '속'이란 '사'이다. '사'는 '이'가 없으면 일어날 수 없고, '이'는 '사'가 없으면 드러나지 않는다. '속'이 없으면 '진'을 말할 수 없고, '이'가 없으면 '사'를 말할 수 없다. 眞者 理也 俗者 事也 事無理而不興 理無事而不顯 無俗不可言眞 無理不可談事", 『화엄경소주』 권73(卍속장7, p.354b7)에 "〈경〉 항상 일체불법을 행하면서도 능히 모든 세간사를 가린다. 〈주〉 진과 속을 함께 비추는 것이니, 곧 권과 실을 함께 행한다. 〈경〉 세간의 흐름도 따르지 않지만, 법의 흐름도 머물지 않는다. 〈주〉 진과 속을 쌍으로 버려서 권도 실도 한꺼번에 고요하다. 雖常行一切佛法 而能辨一切世間事 雙照眞俗 卽權實雙行 不隨世間流 亦不住法流 雙遮眞俗 卽權實雙寂"라고 하였다. [참고문헌]『涅槃經本有今無偈論』, 『華嚴經疏』, 『大乘起信論裂網疏』, 『北山錄』, 『華嚴經疏注』, 『止觀輔行傳弘決』 권3(대정장46, p.231c6). ⇨ 사리 事理, 진속이제 眞俗二諦, 진제 眞諦 ❶, 속제 俗諦, 이제 二諦

진속 塵俗 티끌투성이의 속세. 번뇌 가득한 세상. 진세(塵世)라고도 한다. 『미륵하생성불경』(대정장14, p.427b26)에 "왕이 티끌투성이 세속을 버리고 찾아와 출가의 길을 구한다는 소문을 들었다. 聞王捨塵俗 亦來求出家", 『능엄경』 권4(대정장19, p.123c26)에 "그대의 진실한 마음으로도 여전히 믿고 조복하지 않을까 염려하여, 내가 이제 번뇌투성이 온갖 일로 그대의 의심을 없애주려 한다. 恐汝誠心 猶未信伏 吾今試將 塵俗諸事 當除汝疑", 『절의론』 권2(대정장52, p.806a26)에 "요즘 사문은 번뇌투성이 얽개 던져버리고, 물 밖에서 맑고 고요하기만을 숭상한다. 今之沙門 抛塵俗之纏縛 尙物外之淸虛", 『승사략』 권상 「승강 僧講」(대정장54, p.239b

2)에 "어릴 때부터 원대한 깨달음 품고 진속을 떨쳐, 출가한 다음에는 오직 경전에 힘을 쏟았다. 少懷遠悟 脫落塵俗 出家之後 專務經典"라고 하였다. 〔참고문헌〕『彌勒下生成佛經』, 『楞嚴經』, 『折疑論』, 『僧史略』. ⇨ 진 塵❶❷❸, 세속 世俗, 속세 俗世

진속불이 眞俗不二 진과 속이 둘이 아니다. 진은 속을 버려서 이름을 얻고, 속도 진에 의지해 제법을 구족한다. 서로 어울려(融) 고요하고(寂) 또 비추는(照) 뜻에서 둘일 수 없다. 『인왕경소』 권3(卍속장41, p.349b18)에 "진제는 이만을 드러내기에 닦고 증함이 모두 없다. 속의 진실이란 사를 밝혀서 인과가 뚜렷하다. 속을 마주한 진이기에 저 거울속의 모습은 공이고, 진과 마주한 속이니 마치 저 공하기에 그 모습 무너뜨릴 것도 없는 것과 같다. 진속 둘이 아니어서 오직 하나로 중도이니 거울의 밝음과 같다. 眞諦顯理 修證俱亡 俗諦明事 因果歷然 卽俗而眞 如鏡影卽空 卽眞而俗 如空不壞影 眞俗不二 唯一中道 如鏡中之明", 『이제의』 권하(대정장45, p.109a18)에 "또한 앞의 '『마하반야경』에서 아와 무아가 둘이 아님을 설하였다'고 하였는데, 아는 속이고 무아는 진이니 아와 무아가 둘이 아님은 그대로 진속에 둘이 없음이다. 又云 前於摩訶般若中 說我無我不二 我卽俗 無我卽眞 我無我不二 卽眞俗不二也", 『화엄경소』 권5(대정장35, p.536c25)에 "진속이 어울리는 뜻을 보면 경은 진과 속으로 둘이 아니고, 지인즉 방편과 진실 쌍으로 움직임이다. 또한 한 맛이되 그 자리 잃거나 그칠 일 없으니, 비록 쌍으로 행하지만 고요하다. 若約融眞俗者 境則眞俗不二 智則權實雙行 亦爲一味而不失止 以雖雙行而卽寂故", 『원각경협송집해강의』 권8(卍속장87, p.910b5)에 "진제란 범부와 성인・색과 소리・인과과 등의 법이 모두 자성이 없음을 말한다. 이를 성공이라 한다. 또한 연구함으로써 공이 아니라 본래 공하다 하니 이를 공관이라 한다. 속제는 성이 공한 중에 제법을 구족해서 미치지 않는 곳이 없으며, 자타에 걸림 없어서 터럭과 국토가 품고 들인다. 이를 가관이라 하고 본래 갖추어졌다고 한다. 그러므로 진속이 둘이 아니고 다름이 없다. 섞여서 하나이되 일찍이 하나인 적이 없고, 떨어져서 둘이되 일찍이 둘인 적이 없다. 반드시 알아야 한다. 이것이 중도관이다. 이러한 이제관은 원각의 성품과 같으니 고요하되 비추고 비추되 고요하여 두렷이 일체와 합한다. 爲眞諦者 卽凡聖色聲因果等法 皆無自性 謂之性空 亦非硏究而空 乃本來空也 是名空觀也 俗諦者 於性空中 具足諸法 無所不遍 自佗無礙 毫刹含容 亦卽假觀 本來具也 然此眞俗不二無二也 混而爲一 而未嘗爲一 離而爲二 未嘗二也 當知 卽中道觀也 此二諦觀 卽圓覺性 寂而照 照而寂 圓合一切"라고 하였다. 〔참고문헌〕『仁王經疏』, 『二諦義』, 『華嚴經疏』, 『圓覺經夾頌集解講義』. ⇨ 진제 眞諦, 속제 俗諦, 이제 二諦, 중도 中道

진속이제 眞俗二諦 진제(眞諦 Ⓢparamārtha-satya)와 속제(俗諦 Ⓢsaṃvṛti-satya). 유(有)인 속(俗)의 진실과 공(空)인 진(眞)의 진실을 나누어 말하는 것이다. 『이제의』 권중(대정장45, p.101a13)에 "사제란, 진제・속제・공제・유제다. 이제라 하면 공유이제며 돌이키면 진속이제니, 유는 돌이켜 바로 속이고, 공은 돌이켜 이 진이기에 이제라고 한다. 言四諦者 眞諦 俗諦 空諦 有諦也 二諦者 空有二諦 還是眞俗二諦 有還是俗 空還是眞 故言二諦也"라고 하였다. 〔참고문헌〕『二諦義』. ⇨ 이제 二諦, 진제 眞諦❶, 속제 俗諦

진속중삼제 眞俗中三諦 진과 속과 중이라는 세 갈래 진실. 천태에서 세운 교상이다. 『인왕반야경소』 권5(대정장33, p.281b20)에 "삼삼매란 곧 진과 속과 중이라는 삼제의 삼매다. 또한 공무상등이다. 자성을 믿으면 통교의 성문이고 무량공을 믿으면 통교벽지불이다. 三三昧 卽眞俗中三諦三昧也 亦空無相等也 自性信 通敎聲聞也 無量空信 通敎支佛也", 『능엄경원통소전모』 권상(卍속장89, p.506b9)에 "대사께서 이 마음을 곧바로 가리켜서 사람들로 하여금 곧바로 성품을 보아 부처를 이루게 하려 하였다. 그러므로 여기에서 성을 잡아 진속중 세 가지 진실을 밝혔다. 大師欲直指此心 使人直下見性成佛 故於此約性 以明眞俗中三諦"라고 하였다. 〔참고문헌〕『仁王護國般若經疏』, 『楞嚴經圓通疏前茅』. ⇨ 공가중 空假中, 삼제 三諦

진송 津送 나루터에서 이별하다. 망자를 떠나보내는 일. 다비하고 장례 치르는 일을 저 먼 곳으로 떠나보내며 인사하는 나루터(津)에 비유하였다. 『백장청규』 권3 「천화 遷化」(대정장48, p.1127b4)에 "남겨 경계하시길. 소사는 삼베옷을 입고 통곡하지 말고, 수좌에게 장례를 주관하도록 청하게 하며, 모든 불사를 면하게 해서 다만 무상게만을 들어 망승을 떠나보내는 것과 같이 하라. 상주물 소비하지 말며, 대중을 수고롭게도 하지 마라. 遺戒小師不得披麻慟哭 請首座主喪 一切佛事並免 但擧無常偈 同亡僧津送 毋費常住 毋勞大衆"라고 하였다. 〔참고문헌〕『百丈淸規』. ⇨ 빈송 殯送

진수 珍羞 보배도 부끄러워 고개 숙일 만한 진귀한 차림으로 공양이나 제사를 위한 음식. 『능엄경』 권1(대정장19, p.106b24)에 "이때 파사익왕이 부왕의 기일에 재를 지내기 위해 부처님을 왕궁으로 모셨다. 왕이 직접 여래를 영접했으며 보배도 부끄러워 할 음식을 가득 베풀었는데 더없이 묘한 맛이었다. 時 波斯匿王 爲其父王 諱日營齋 請佛宮掖 自迎如來 廣設珍羞 無上妙味", 『원오어록』 권5(대정장47, p.734c7)에 "큰 도량을 건립하고 진귀한 음식을 갖추었으니 향·꽃·차·과일 하나하나가 법의 자성과 같았고 태허와 같았다. 建大道場 具列珍羞 一香一華一茶一果 同法性等太虛", 『백장청규』 권2 「제사열반 帝師涅槃」(대정장48, p.1117a22)에 "향·화·등촉·다과·진귀한 음식을 엄숙히 준비하여 공양한다. 嚴備香花 燈燭茶果 珍羞供養"라고 하였다. 〔참고문헌〕『楞嚴經』, 『圜悟語錄』, 『百丈淸規』.

진수 振手 ❶ 손을 흔들며 안타까워 하다. 『장아함경』 권2 「유행경 遊行經」(대정장1, p.14b6)에 "이때 오백 명의 리차족은 암파파리녀(Ⓟ Ambapālī)가 이미 먼저 부처님께 공양을 청했다는 말을 듣고 각자 손을 흔들며 말했다. '내가 여래께 공양하려고 했는데 지금 이 여인이 우리보다 먼저 빼앗아갔구나'. 時五百隸車 聞菴婆婆梨女 已先請佛 各振手而言 吾欲供養如來 而今此女 已奪我先"라고 하였다. 〔참고문헌〕『長阿含經』, 『央掘魔羅經』 권1(대정장2, p.520b22). ❷ Ⓢ hasta-avadhūnaka, hasta-saṃdhūnakaṃ. 손에서 떨구다. 『마하승기율』 권22(대정장22, p.406b26)에 "이때 육군비구가 손에서 음식을 떨구어 곁에 앉은 비구의 옷을 더럽혔다. 곁에 앉은 비구가 곧 물었다. '장로여, 어찌하여 손을 흔드는가? 지네·벌·전갈에 쏘였는가?' 모든 비구들이 이 인연을 세존께 가서 아뢰었다. … '오늘 이후부터 음식을 든 채로 손을 털어서는 안 된다'. 時六群比丘振手食 汚比坐比丘衣 比坐卽問 長老 何故振手 爲蜈蚣蜂蠆所螫耶 諸比丘 以是因緣 往白世尊 … 從今日後 不得振手食"라고 하였다. 〔참고문헌〕『摩訶僧祇律』, 『五分戒本』(대정장22, p.205b8), *Prāt-m.51.*

진수 晉水 송대 선사 정원(淨源 1011~1088)의 별호. 선사의 선대가 천주(泉州 : 福建省) 출신이기에 이렇게 불렀다. 〔참고문헌〕『釋氏稽古略』 권4(대정장49, p.877a9). ⇨ 정원 淨源 ❶

진수 眞修 이수(二修 : 眞修 緣修) 중 하나로 방편 빌리지 않고도 저절로 닦다. 초지(初地) 이후의 수행이다. 『유마경약소수유기』 권1(대정장38, p.721c6)에 "아직 진수를 발하지 않았다고 했는데, 별교의 초지이전과 원교의 초주이전 수행을 연수라 하고, 별교의 초지나 원교의 초주에 올라 닦음을 진수라 한다. 未發眞修者 別圓地住已前名緣修 登地登住名眞修", 『열반경소삼덕지귀』 권14(卍속장58, p.833a14)에 "진수는 초지에 올라 이를 드러냄이고, 연수는 지전의 수행이다. 眞修 謂登地顯理 緣修 謂地前修行", 『태종정영집』 권3(卍속장101, p.593a3)에 "초지이전이 연수가 되는데 공가에 속하고, 초지에 올라 닦음이 진수인데 중관에 속한다. 地前爲緣修 屬空假 登地眞修 屬中觀"라고 하였다. 〔참고문헌〕『維摩經略疏垂裕記』, 『涅槃經疏三德指歸』, 『台宗精英集』. ⇨ 이수 二修 ❷

진수 軫宿 Ⓢ Hastā. 태장만다라 최외원 남방에 머무는 존격. 이십팔수(二十八宿) 중 하나로 종자는 (ha). 삼매야형은 연꽃 위의 별. 존형은 살색 몸에 오른손 손바닥으로 가슴을 덮고 왼손은 세워서 검지와 중지로 끝에 별이 달린 연꽃 줄기를 든 모습이다. 수인은 이십팔수총인(二十八宿總印)이다. 진언은 '나마 사만타붓다남 하스타낙샤트라 스바하 namaḥ samantabuddhānāṃ hastānakṣatra svāhā 널리 일체 모든 부처님께 귀명합니다, 진수여, 스바하'다. 〔참고문헌〕『曼荼羅図典』(大法輪閣, 2002). ⇨ 이십팔수 二十八宿

진수 塵數 티끌만큼의 수. 하고많은 수의 뜻이다. 『승천왕반야경』 권7(대정장8, p.721c8)에 "문수사리여! 사바세계가 모두 티끌로 되었고 그만큼의 성인들 계시니, 그 목숨 마칠 때까지 선남자와 선여인이 네 가지로 공양하며, 이와 같은 티끌같은 수의 삼천대천세계를 칠보로 가득 채우고, 아가니타천에 이를 때까지 쌓은 뒤 낱낱 성인들께 각각 그만큼 보시하길 이 선남자와 선여인의 수명이 다할 때까지 한다. 문수사리여! 어찌 생각하느냐? 공덕이 많으냐? 文殊師利 娑婆世界 悉爲微塵 爾許聖人 若有善男子 善女人 四事供養 畢聖人壽 爾許塵數三千大千世界 滿中七寶 積至阿迦尼吒天 一一聖人 各施爾許 畢是善男子 善女人壽 文殊師利 於意云何 功德多不", 『법화경』 권4(대정장9, p.30b14)에 "이 이천이나 되는 성문이 지금 내 앞에 머무는데, 모두에게 수기를 주니 미래에 마땅히 부처를 이루리라. 공양받으신 모든 부처님 앞서 설한 대로 티끌만큼의 수인데, 그 법장을 호지한 채로 훗날 마땅히 정각을 이루시리라. 是二千聲聞 今於我前住 悉皆與授記 未來當成佛 所供養諸佛 如上說塵數 護持其法藏 後當成正覺"라고 하였다. 〔참고문헌〕『勝天王般若經』, 『法華經』, *Saddh-p.24.*, *Gaṇḍ-vy. 375.* ⇨ 진 塵 ❶, 미진수 微塵數

진수면 瞋隨眠 Ⓢ pratigha-anuśaya, Ⓟ paṭigha-anusaya, Ⓣ khong-khro-ba'i-phra-rgyas. 칠수면

(七隨眠) 중 하나로 진에(瞋恚)라는 수면(Ⓢ anuśaya). 진에사(瞋恚使)라고도 한다. 『집이문족론』 권17(대정장26, p.439a18)에 "칠수면이란, 무엇이 그 일곱인가? … 둘째는 진수면이니 … 가령 유정에 대해 손해를 끼치려 함이다. 七隨眠者 云何爲七 … 二 瞋隨眠 … 若於有情欲爲損害", 『품류족론』 권7(대정장26, p.720a18)에 "진수면이란 무엇인가? 유정에 대해 마음으로 분노를 품고서 손해를 끼치려 한다. … 과거와 현재와 미래에 걸쳐 진으로서 모든 유정들이 서로 거슬러 해를 끼친다. 瞋隨眠云何 謂於有情 心懷憤恚 欲爲損害 … 已正當瞋 令諸有情 互相違害", 『구사론』 권19(대정장29, p.102b9 : *Abh-k-bh.*, p.289)에 "원과 해로운 일을 연하여 일어나는 진수면이니, 멸제와 도제는 원도 아니고 진의 경도 아니다. 緣怨害事 起瞋隨眠 滅道非怨 故非瞋境 apakāravastuni hi pratigha utpadyate. na caivaṃ nirodhamāgauṃ", 『순정리론』 권48(대정장29, p.615a7)에 "진수면은 그 모습이 거칠고 추악하지만, 모든 무루법은 더없이 미묘하기에 분노하는 것에 저를 얻어 행하는 일은 있을 수 없다. 瞋隨眠其相麤惡 諸無漏法最極微妙 故瞋於彼無容得行", 『현종론』 권25(대정장29, p.893b21)에 "어떤 이유에서 상계에는 진수면이 없는가? 그곳에는 진수면의 일이 있을 리 없기 때문이다. 즉, 고통받을 일 있어야 진도 따라 증장하는데, 고통받을 일 없기에 화낼 일 있을 리 없다. 何緣上界無瞋隨眠 彼瞋隨眠事非有故 謂於苦受有瞋隨增 苦受彼無故瞋非有"라고 하였다. [참고문헌] 『集異門足論』, 『品類足論』, 『俱舍論』, 『順正理論』, 『顯宗論』, *Abh-k-bh.* ⇨ 진에사 瞋恚使, 진 瞋[1], 진에 瞋恚, 수면 隨眠, 칠수면 七隨眠

진수약 盡壽藥 Ⓟ yāva-jīvika bhesajja. 사약(四藥) 중 하나. 일생 동안 비축해 두고 먹어도 되는 약. 종신약(終身藥)·진형수약(盡形壽藥)이라고도 한다. 『마하승기율』 권3(대정장22, p.244c27)에 "진수약이란 하리륵·비혜륵·아마륵·필발·호초·생강·장수과·선인과·유과·두색과·파라실다과·반나과·소오근·대오근·일체 소금·8종재를 뺀 나머지 재들·석밀 찌꺼기 묻은 땅을 뺀 나머지 흙들을 말한다. 이 약들은 음식 냄새와 맛은 없지만 갑자기 병든 비구가 종신토록 먹을 수 있으므로 종신약이라고 한다. 盡壽藥者 呵梨勒 毘醯勒 阿摩勒 蓽茇 胡椒 薑 長壽果 仙人果 乳果 豆色果 波羅悉多果 槃那果 小五根 大五根 一切鹽 除八種灰餘一切灰 除石蜜滓地餘一切地 此諸藥無食氣 頓受病比丘終身服 是名終身藥", 『유부율약사』 권1(대정장24, p.1c5)에 "진수약은 죽을 때까지 간직해 먹어도 된다. 若盡壽藥應盡壽守持而服"라고 하였다. [참고문헌] 『摩訶僧祇律』, 『有部律藥事』, *Vin.4.83·181.* ⇨ 종신약 終身藥, 진형수약 盡形壽藥, 사약 四藥[3]

진수주 盡壽住 목숨이 다하도록 머묾. 한평생. 『오분율』 권30(대정장22, p.192c21)에 "야사(耶舍)는 … 또 이렇게 말했다. '나는 전에 「이것은 법이고 이것은 법이 아니며, 이것은 율이고 이것은 율이 아니며, 이것은 부처님의 가르침이고 이것은 부처님의 가르침이 아니며, 이것은 부처님께서 하신 말씀이고 이것은 부처님께서 하신 말씀이 아니다」고 말했었다'. 우바새들은 이렇게 말했다. '저희들은 이 말씀 중에서 믿고 좋아하지 않는 것이 없습니다. 지금 비사리에는 오직 대덕이신 사문석자만 있을 뿐입니다. 원하옵나니 이 목숨이 다하실 때까지 이곳에 머무시어 저희들의 네 가지 공양을 받아주시길'. 耶舍… 又言 我先說是法 非法 是律 非律 是佛教 非佛教 是佛所說 非佛所說 諸優婆塞言 我等 於此語中 無不信樂 今毘舍離 唯有大德是沙門釋子 願受我等 盡壽住此 四事供養", 『유가사지론』 권13(대정장30, p.347a28)에 "일체 유정중생이 (세간에) 머묾에는 세 가지가 있다. 즉 나날이 다르게 머무는 것·목숨이 다하도록 머무는 것·선법을 애호하며 생을 거듭하여 펴고 구르며 머무는 것이다. … 두 번째 것은 목숨의 증상력에 의한다. 一切有情住有三種 謂日別住 盡壽住 善法可愛生展轉住 … 第二 由命行增上力"라고 하였다. [참고문헌] 『五分律』, 『瑜伽師地論』. ⇨ 유정주삼종 有情住三種

진수행 盡壽行 Ⓢ yāvaj-jīvaṃ caraṇa, Ⓣ ji-srid-'tshe'i-bar-du-zhabs. 목숨이 다할 때까지 행하다. 성문계(聲聞戒) 즉 구족계(具足戒)를 말한다. 『유가사지론』 권8(대정장30, p.317a15 : *Yogā-bh.*, p.180)에 "세 가지 청정으로 청정을 얻으니, 첫째는 시분청정, 둘째는 타신청정, 셋째는 정행청정이다. 목숨이 다할 때까지 행하고 오래도록 행하기에 시분청정을 드러낸다. 由三種清淨 而得清淨 一 時分清淨 二 他信清淨 三 正行清淨 盡壽行故 久遠行故者 此顯時分清淨 tadetattisṛbhiḥ pariśuddhibhiḥ śuddhaṃ veditavyaṃ. kālaśuddhyā parasambhāvanāśuddhyā pratipattiśuddhyā ca. yāvajjīvaṃ caraṇād ārāccāro bhavati. eṣā ca kālaśuddhiḥ", 『유가론기』 권2(대정장42, p.358c4·한불전13, p.156b9)에 "목숨이 다할 때까지 행하고 오래도록 행하기 때문이란 무슨 말인가? 앞엣것은 성문계이고, 뒤는 보살계이다. 盡壽行故 久遠行故者 初是聲聞戒 後是菩薩戒"라고 하였다. [참고문헌] 『瑜伽師地論』, 『瑜伽論記』, *Yogā-bh.* ⇨ 성문계 聲聞戒

진숭 珍嵩 통일신라대 스님. 『일승법계도기 一乘法界圖記』 1권(現存)과 『화엄공목기 華嚴孔目記』 6권(일실)을 남겼다. 『일승법계도기』 1권은 일본 『고산사성교목록』 권상(昭和法寶總目錄 권3, p.911c1)에 서명이 전한다. 현재 일본 금택문고(金澤文庫)에 고초본(古鈔

本)이 소장되어 있는데, 고려 예종 15년(1120) 일본 나량(奈良) 동대사(東大寺)의 전승원(專勝院)에서 필사한 것이다. 내용에 있어서는 의상(義湘)의 법계도기와 완연히 같다. 그리고 『화엄공목기』 6권은 『동역전등목록』(대정장55, p.1147a6)에 『화엄공목기』 6권이란 제목 밑 각주(脚註)에 "신라 진숭 지음. 新羅珍嵩師 撰"이라 하였고, 『화엄종장소병인명록』(대정장55, p.1134a7)에도 "신라의 진숭 술. 新羅珍嵩 述"이라고 하였다. 〔참고문헌〕『高山寺聖教目錄』, 『東域傳燈目錄』, 『華嚴宗章疏幷因明錄』, 『韓國佛教撰述文獻總錄』 p.86.

진습 塵習 번뇌(塵)와 습기(習). 40권본 『화엄경』 권31(대정장10, p.803b22)에 "그대는 응당 해탈법지를 부지런히 닦아야 하니, 금강삼매로 진습을 흩뜨려 무너뜨려 망념이 말끔히 고요해지고 지는 부동하기 때문이다. *汝應勤修 解脫法智 謂金剛三昧 散壞塵習 澄靜妄念 智不動故*", 『백오십찬불송』(대정장32, p.759a29 : *Śata-śa.*, p.57)에 "여래정법신은 진습 다해 이미 끊어졌으며, 자량이 모이고 또 모여 공은 조어신으로 돌아간다네. 如來淨法身 塵習皆已斷 資糧集更集 功歸調御身 yathā-eṣām ātma-saṃtāne vāsanāpi na śeṣitā. tathā saṃbhṛtya saṃbhṛtya tvayātmany āhitā guṇāḥ", 『화엄경수현기』 권1(대정장35, p.14c26)에 "불이란 말은 인도(中國)의 바른 음으론 불타라 하며, 이곳에선 각(覺)이라 칭한다. 그 밝음이 끝까지 미쳐 다해서 진습이 길이 없어졌으며, 밝음 품어 오롯이 빛나서 깊은 밤 훤히 빛난다. 무리의 혹을 열어 이끌며 스스로 깨닫고 남도 깨닫게 하기에 불타라 한다. 言佛者 中國正音云佛陀 此方稱覺者 以其朗達窮源 塵習永亡 懷明獨耀 暉光大夜 啓導群惑 自覺覺人 故曰佛陀", 『화엄경소』 권7(대정장35, p.556b22)에 "진여는 … 또한 진습이 쌍으로 없어졌기에 이구라 하며, 진지가 원만하기에 광명이라 한다. 眞如 … 又塵習雙亡 故云離垢 眞智圓滿 故曰光明"라고 하였다. 〔참고문헌〕『華嚴經』, 『百五十讚佛頌』, 『華嚴經搜玄記』, 『華嚴經疏』, *Śata-śa.* ⇨ 진 塵❷❸

진습인 嗔習因 십습인(十習因) 중 하나. 익혀 거듭 화를 내다. 지옥에 떨어지는 인이 된다. 『능엄경』 권8(대정장19, p.143c20)에서 비롯하며, 『대명삼장법수』 권33(영락장182, p.755a6)에 "넷째, 진습인이다. 진습인이란, 화를 익혀 서로 부딪치는데 서로 거스름 일으키기에 마음이 뜨거워져 불이 발하고 달궈진 기는 쇠가 된다. 이 업 감하는 바 있으니 궁할참작 등의 보가 있게 된다〈달궈진 기가 쇠가 된다란, 열뇌가 그치지 않아 기분이 굳어졌음을 말한다. 궁은 곧 오형 중의 궁형이다〉. 四 嗔習因 嗔習因者 謂嗔習交衝 發於相忤故 心熱發火 鑄氣爲金 此業所感故 有宮割斬斫等報也〈鑄氣爲金者 謂熱惱不息 氣忿成堅也 宮卽五刑中之宮刑也〉", 『능엄경강록』 권8(卍속장90, p.112a1)에 "〔관주〕 여기선 진습의 인과를 자세히 밝혔다. 노기가 부딪치며 거스름을 진이라 한다. 서로 부딪침이란 피차가 거스르고 부딪침이며, 거스름이란 얕보고 업신여김이다. 피차가 얕보고 업신여기므로 굳게 맺혀 그치지 않으며, 기로 그 마음을 움직이고 마음 뜨거워져 불이 되며, 마음이 그 기를 두드려 기는 달궈져 쇠가 된다. 이런 습 쌓기를 오래하면 마음의 불이 더욱 성해지고 기의 쇠가 점점 강해지니, 이는 스스로의 마음이 지은 바이며 이 인의 모습 이미 지옥 중에 나타난다. 冠註 此詳明嗔習因果也 怒氣衝逆曰 嗔 交衝 彼此抵㨉也 忤 欺陵也 由彼此欺陵 固結不息 而氣動其心故 心熱爲火 心皷其氣故 氣鑄爲金 積習久之 則心火益盛 氣金轉剛 是則自心所造 因相已現獄中矣", 『능엄경사의해』 권8(대만국도선본17, p.928a5)에 "여기선 진습의 성을 밝혔다. 진이란 화를 성으로 한다. 노기가 마음을 동하면 마음이 동하고 뜨겁게 발하여 불이 되며, 불이 다시 기를 태우고 맺혀 쇠가 된다. 거스름이란 곧 서로 등짐이니, 거스름으로 따르지 않기에 화가 생한다. 此明嗔習之性也 嗔以恚怒爲性 怒氣動心 心動熱發爲火 火復燒氣 結而爲金 忤卽相背 由忤而不順 故生恚怒"라고 하였다. 〔참고문헌〕『楞嚴經』, 『大明三藏法數』, 『楞嚴經講錄』, 『楞嚴經四依解』. ⇨ 십습인 十習因

진승의성 眞勝義性 속제(俗諦)도 진제(眞諦)도 넘어선 중도제일의제(中道第一義諦). 『능엄경』 권4(대정장19, p.119c26)에 "여래께서 오늘 널리 이 회를 위하여 승의 중의 진승의성을 밝혀, 그대들 법회 중의 정성성문과 아직 이공을 얻지 못한 이들과 상승으로 회향한 아라한 등이 모두 다 일승적멸도량인 진실한 아란야의 바른 수행처를 얻도록 하리라. 如來 今日 普爲此會宣勝義中眞勝義性 令汝會中 定性聲聞及諸一切未得二空 迴向上乘阿羅漢等 皆獲一乘 寂滅場地 眞阿練若 正修行處", 『능엄경의소석요초』 권4(卍속장16, p.934a16)에 "승의 중의 진승의성이란 곧 승의의 승의제다. 앞의 '승'은 속제보다 수승한 것이고, 뒤의 '승'은 진제보다 뛰어난 것이다. 진과 속에 모두 수승하니 곧 중도제일의제다. 勝義中 眞勝義性者 卽勝義勝義諦也 上勝勝於俗 下勝勝於眞 眞俗俱勝 卽中道第一義諦"라고 하였다. 〔참고문헌〕『楞嚴經』, 『楞嚴經義疏釋要鈔』. ⇨ 중도제일의제 中道第一義諦

진승의제 眞勝義諦 사승의제(四勝義諦) 중 승의승의제(勝義勝義諦)를 말한다. 진승의성(眞勝義性)이라고도 한다. 『이취육바라밀다경』 권10(대정장8, p.912b2)에 "제불법성신과 본각자연지가 바로 진승의제이니, 오직 부처님만이 증득하고 아신다. 諸佛法性身 本覺自然智 是眞勝義諦 唯佛方證知"라고 하였다. 〔참고문헌〕『理趣

六波羅蜜多經』. ⇨ 진승의성 眞勝義性, 승의승의제 勝義勝義諦, 사승의제 四勝義諦

진시경 秦時鏡 진시황이 선악(善惡)·정사(正邪) 등을 분별하기 위해 비춰보던 거울. 『오가정종찬』 권3 「양산관선사장 梁山觀禪師章」(卍속장135, p.959a11)에 "지금 가려 옛을 끝내려 하기는 참으로 어렵다. 곧장 설해 마음 없다고 하지만 거듭 다시 의심하네. 양산(梁山)선사께서 진대의 거울을 꺼내어 부모에게서 나기 전 때를 비춰 보라 하네. 明今辨古終難會 直說無心轉更疑 蒙師點出秦時鏡 照見父母未生時", 『수암연선사어』(속고존숙어요5, 卍속장119, p.96b2)에 "조주의 개에게는 불성이 없으니 허공에서 진시황의 거울을 꺼내 들어야 하리. 그 빛 어두워 별아기들 볼 수 없지만 상하와 사방 모두를 사무치게 비추네. 趙州狗子無佛性 當空掘出秦時鏡 光明渾不見星兒 上下四維俱徹映", 『자죽림전우형화상어록』 권10(가흥장28, p.712a23)에 "학인이 물었다. '무엇이 돌이켜 듣는 자성입니까?' '금강저 부여잡고 산호가지를 때려부순다' '무슨 뜻입니까?' '누가 진시황의 거울로 여우귀신을 비추려 하는가?' 僧問 如何是返聞聞自性 師云 手執金剛杵 擊碎珊瑚枝 進云 意旨如何 師云 誰將秦時鏡 照破野狐精"라고 하였다. 〔참고문헌〕『五家正宗贊』, 『誰菴演禪師語』, 『紫竹林顓愚衡和尙語錄』.

진시방 盡十方 온 세상 다하여. 세상 끝까지. 80권본 『화엄경』 권43(대정장10, p.224a20)에 "이 보살마하살은 연꽃 한 송이를 가졌으니, 그 꽃은 넓고 크기가 시방 끝을 다한다. 말로는 할 수 없는 잎사귀와 말할 수 없는 보배와 말할 수 없는 향기로 장엄하였네. 此菩薩摩訶薩 有一蓮華 其華廣大 盡十方際 以不可說葉 不可說寶 不可說香 而爲莊嚴", 『대승기신론열망소』 권1(대정장44, p.424c26)에 "진시방이란 무궁무진한 삼보경을 다 거둬 드러낸 말이다. 중생으로 현전하는 일개 마음바탕이라 하지만, 본래 세워서는 처음도 마침도 없고 눕혀서는 그 끝을 끊었으니, 시방허공이 한낱 이 마음을 벗어나지 않는다. 구경에 이 심성을 증득한 이를 부처라 한다. 오직 이 심성인즉 다만 법이라 이름하고, 이 심성을 말로 해도 그 이름 역시 법이다. 이 심성을 믿고 닦아 증득하는 이는 승이라 한다. 그러므로 삼보는 심성과 같아서 시방 끝까지다. 盡十方者 總顯無窮無盡三寶境也 以衆生現前介爾心性 本自竪無初後 橫絶邊涯 十方虛空 並不出於介爾心之分際 究竟證此心性者 名之爲佛 秖此心性 卽名爲法 詮此心性者 亦名爲法 信解修證此心性者 名之爲僧 所以三寶 同於心性 盡十方也", 『완릉록』(대정장48, p.384c16)에 "마음 이미 함이 없으니 법 또한 함이 없다. 만법 온통 마음의 변화 따름 뿐이니, 소이로 나의 마음 공하면 제법 또한 공하다. 천 가지 품들과 만 갈래 류들 모두 다 같으니, 시방공계 다한다 해도 한결 같은 마음바탕이다. 마음 본래 다를 것 없어 법 또한 다를 일 없지만 다만 그대 보고 앎이 같지 않을 뿐이어서 그 까닭에 차별 있다네. 心旣無爲 法亦無爲 萬法盡由心變 所以我心空故諸法空 千品萬類悉皆同 盡十方空界同一心體 心本不異法亦不異 秖爲汝見解不同 所以差別", 『운문광록』 권중(대정장47, p.553c27)에 "운문이 대중에게 보였다. '시방세계 건곤대지라 해도 주장자 한 번 그어 산산조각낸다. 삼승십이분교와 달마서래의 허물 지나칠 순 없으니, 만약 놓아버리지 못한다 해도 소리지를 일 없으리. 師示衆云 盡十方世界乾坤大地 以拄杖一畫百雜碎 三乘十二分敎達磨西來 放過卽不可 若不放過 不消一喝"라고 하였다. 〔참고문헌〕『華嚴經』, 『大乘起信論裂網疏』, 『宛陵錄』, 『雲門廣錄』.

진시방계 盡十方界 온 시방세계. 시방세계 다하여. 『대반야경』 권504(대정장7, p.567b4)에 "또한 교시가여! 선남자와 선여인들이 이 반야바라밀다심심경전을 지심으로 듣고 수지독송하며 부지런히 수학하고 이에 맞게 사유하여 얻은 복취는 이 섬부주의 모든 유정류들을 교화하여 십선업도·사정려·사무량·사무색정·오신통에 안주하게 함보다 뛰어나며, … 또한 진시방계의 모든 유정류들을 교화하여 십선업도·사정려·사무량·사무색정·오신통에 안주하게 함보다 뛰어나다. 復次憍尸迦 若善男子 善女人等 於此般若波羅蜜多甚深經典 至心聽聞 受持 讀誦 精勤修學 如理思惟 所獲福聚 勝於敎化一贍部洲諸有情類 皆令安住十善業道 四靜慮 四無量 四無色定 五神通 … 亦勝敎化盡十方界諸有情類 皆令安住十善業道 四靜慮 四無量 四無色定 五神通"라고 하였다. 〔참고문헌〕『大般若經』. ⇨ 개천개지 蓋天蓋地

진시방계여일정묵 盡十方界如一鋌墨 시방계 다함이 저 먹 한덩이 같네. 『종용록』 85칙 「송 頌」(대정장48, p.282b6)에 "달 지고 못도 고요해 밤 더욱 깊어지네〈시방계 다하니 저 먹 한덩이인 듯하다〉. 月落潭空夜色重〈盡十方界如一鋌墨〉"라고 하였다. 〔참고문헌〕『從容錄』.

진시방계진실인체 盡十方界眞實人體 시방계 온통 진실한 이의 몸이라네. 『조당집』 권12 「중탑화상장 中塔和尙章」(대장경보편25, p.539b10)에 "중탑선사가 요원주에게 물었다. '스승께서 「시방계 온통 진실한 이의 몸이다」라고 하셨는데 그대는 이 승당을 보았는가?' '화상은 눈꽃 만들지 마십시오' '이렇게라도 해서 이마 찍고 스승 뵈올 지 꿈엔들 알겠는가?' 師問了院主 只如先師道 盡十方世界眞實人體 你還見這個僧堂不 對云 和尙莫眼花 師云 與摩則斫額望先師 未夢見在", 『정법안장』(대정장82, p.190b14)에 "시방세계 전체가 진실한 사람의 몸이고, 시방세계 전체가 자기의 광명 속이다. 盡十方界眞實人體 盡十方界自己光明裏"라고 하였다. [참고문헌]『祖堂集』, 『正法眼藏』. ⇨ 진실인체 眞實人體

진시방세계시일과명주 盡十方世界是一顆明珠 시방세계 온통 한 알의 밝은 구슬이라네. 『현사사비어록』 권중(卍속장126, p.427b4)에 "학인이 물었다. '화상께서 「시방세계 온통 한 알의 밝은 구슬이다」라고 하셨는데 학인이 어떻게 이해해야 합니까?' '시방세계 온통 한 알의 밝은 구슬이니, 이해한들 무엇하겠는가?' 학인이 문답을 그쳤다. 현사선사가 다음날 다시 그 학인에게 물었다. '시방세계 온통 한 알의 밝은 구슬이다. 그대는 어떻게 이해하는가?' '시방세계 온통 한 알의 구슬입니다. 이해한들 무엇하겠습니까?' 현사가 말했다. '그대가 귀신굴 향해 활계 지을 줄 알겠다'. 問 承和尙有言 盡十方世界是一顆明珠 學人如何得會 師曰 盡十方世界是一顆明珠 用會作麽 僧便休 師來日却問其僧 盡十方世界是一顆明珠 汝作麽生會 曰 盡十方世界是一顆明珠 用會作麽 師曰 知汝向鬼窟裏作活計"라고 하였다. [참고문헌]『玄沙師備語錄』. ⇨ 일과명주 一顆明珠

진시탁력찬 秦時轅轢鑽 거대한 바퀴를 돌게 하고는 적은 구멍만을 뚫을 뿐이라는 말. 탁은 회전, 력은 삐걱거리는 소리, 찬은 뚫는다는 말. 탁삭찬(鐸鑠鑽)・탁락찬(轅輅鑽) 등이라고도 한다. 진(秦)대에 만리장성 축조에 쓰이던 거대한 기구로 크기만 하고 하는 일은 미미함을 비유한다. 『원오어록』 권2(대정장47, p.723a12)에 "삼킨들 가시밤송이고 도망가 보았자 금강울타리다. 분수 밖에 가풍을 펼쳐본들 진대의 탁력찬이다. 呑底栗棘蓬 跳底金剛圈 分外展家風 秦時轅轢鑽", 『밀암어록』(대정장47, p.961a20)에 "설날 아침에 법좌에 올랐다. '만사가 잘 되었다. 대소승이라 하나, 두레박끈이고 엽전 꿰는 줄이다. 다시 불법이 무엇이냐고 묻는다면 진대 탁력찬일 뿐이다'. 歲旦上堂 元正一旦 萬事成辦 大乘小乘 井索錢貫 更問佛法如何 也是秦時轅轢鑽", 『남석문수어록』 권1(卍속장124, p.389b13)에 "달마가 동토에 와서 양무제를 만나고 '확 트여 그대로여서 성스러움이란 없다' 하였으니 진나라 탁력찬과 흡사하고, 9년 동안 면벽하였다고 하니 그야말로 상여 뒤따르는 약봉지로다. 到東土 撞著梁武皇 廓然無聖 大似秦時轅轢鑽 九年面壁 正如喪車後藥囊"라고 하였다. [참고문헌]『圜悟語錄』, 『密菴語錄』, 『南石文琇語錄』.

진식 眞識 **1** Ⓢālaya-vijñāna. 『능가경』에서 설하는 삼식(三識) 중 하나인 제8아뢰야식(阿賴耶識). 『능가경』 권1(대정장16, p.483a15 : *Laṅk.*, p.37)에 "간략히 설하면, 세 가지 식이 있고, 자세히 설하면 여덟 가지 상이 있다. 무엇이 그 세 가지인가? 진식・현식・분별사식이다. … 만약 저 진식을 덮고 있는 갖가지 부실한 온갖 허망이 사라지면 일체의 근과 식도 사라진다. 略說有三種識 廣說有八相 何等爲三 謂眞識 現識 及分別事識 … 若覆彼眞識 種種不實諸虛妄滅 則一切根識滅 dvividhaṃ mahāmate vijñānaṃ saṃkṣepeṇa aṣṭalakṣaṇoktaṃ khyātivijñānaṃ vastuprativikalpavijñānaṃ ca … tatra sarvendriyavijñānanirodho mahāmate yadutālayavijñānasyābhūtaparikalpavāsanāvaicitryanirodhaḥ", 『유마의기』 권3(대정장38, p.493c22)에 "(삼식 중) 첫째는 분별사식이니 육식심이고, 둘째는 망식이니 제7식이며, 셋째는 진식이니 제8식이다. 一 分別事識 謂六識心 二 是妄識 謂第七識 三 是眞識 謂第八識", 『대승의장』 권3(대정장44, p.524c18)에 "아리야(Ⓢālaya)라 하였다. 이곳의 올바르게 뒤친 이름은 무몰(無沒)이다. 비록 생사에 있지만 놓치거나 빠지지 않기 때문이다. … (아리야의 별명 중) 다섯째는 진식이니 그 체가 거짓이 아니기 때문이다. 阿梨耶者 此方正翻名爲無沒 雖在生死 不失沒故 … 五 名眞識 體非妄故", 『관능가경기』 권1(卍속장25, p.750a2)에 "당대 역본에는 '두 가지 밖에 없으니, 현식과 분별사식이 그것이다'라고 하였다. '진식' 이 두 자는 모두 빠져 있다. 하지만, 여기서 진식은 불생불멸하는 여래장의 청정한 진심이다. 唐譯云 略則惟二 謂現識 及分別事識 俱缺眞識二字 然此中眞識 卽是不生不滅如來藏淸淨眞心也"라고 하였다. [참고문헌]『楞伽經』, 『維摩義記』, 『大乘義章』, 『觀楞伽經記』, *Laṅk.* ⇨ 아뢰야식 阿賴耶識, 여래장식 如來藏識, 현식 現識, 망식 妄識, 분별사식 分別事識 **2** 구식설(九識說)에 근거할 때의 제9아마라식(阿摩羅識). 본각(本覺)・무몰식(無沒識)・여래장심(如來藏心) 등이라고 한다. 『석마하연론』 권4(대정장32, p.627b6)에 "첫 번째 진식이 바로 근본무명이 훈한 바 본각진심이다. 第一 眞識 直是根本無明所熏本覺眞心", 『인왕호국반야바라밀다경소』 권중(대정장33, p.479b13)에 "세 가지란, 진식・현식・분별사식을 말한다. 해동(海東 : 元曉)은 '진식이란 본각, 현식이란 제8식, 나머지 일곱 가지는 다 갖춰 분별사식이라 부른다. 비록 제7식은 밖의 진을 연하진 않지만 제8식의 견분(見分)을 연하기에 분별사라 이름한다'고 풀이하였다. 三謂眞識現識及分別事識 海東解云 眞謂本覺 現謂第八 餘七俱名分別事識 雖第七識不緣外塵 緣第八故名分別事", 『법화현의』 권2(대정장33, p.699c14)에 "모든 논에서 '일체법을 내다'를 밝힘이 같지 않다. 혹은 말하길 '아리야식은 진식이어서 일체법을 나게 한다' 하고, 또는 '아리야식은 무몰식이라 하는 것이니 무기무명으로서 일체법을 낸다'고 한다. 諸論明心出一切法不同 或言 阿黎耶是眞識 出一切法 或言 阿黎耶是無沒識 無記無明出一切法", 『화엄경소초』 권31

(대정장36, p.234c25)에 “망과 더불어 합하지 않음을 잡으면 여래장심이 진식이다. 約不與妄合 如來藏心爲眞識”, 『유마경약소』 권9(대정장38, p.686a7)에 “진제는 ‘제9식이 있으니 이것이 진식이다’라고 하였다. 眞諦云有第九識是眞識”라고 하였다. 〔참고문헌〕『釋摩訶衍論』, 『仁王護國般若波羅蜜多經疏』, 『法華玄義』, 『華嚴經疏鈔』, 『維摩經略疏』. ⇨ 아마라식 阿摩羅識, 무몰식 無沒識 **3** 제8식의 정분(淨分)만을 가리킨다. 『성유식론술기』 권1(대정장43, p.229a21)에 “저 진식을 정하게 함이니, 이 좋은 논을 성취했다. 淨彼眞識 成斯雅論”, 『성유식론소초』 권1(卍속장80, p.205a1)에 “‘저 진식을 정하게 한다’는 말은 무슨 뜻인가? 저 유식도리가 앞서 온 것으로 비록 이름 얻어 진식이라 했지만, 유식의 가르침으로 성립되지 못한 뜻에서 정(淨)이라고 이름한 것은 아니다. 지금 유식론교를 지어 유식의 도리를 성립하니, 이에 저 진식을 청정하게 한다고 말한 것이다. 진식은 비단 의타기성뿐만 아니라 원성실성에도 의지하기에 진식이라 한다. 淨彼眞識者 其唯識道理 先來雖有得名眞識 由未成立唯識教故 不名爲淨 今者造唯識論教 成立唯識道理 乃名淨彼眞識 眞識不唯約依他起性 圓成實性 名爲眞識”, 『대명삼장법수』 권6(영락장181, p.597a6)에 “진식이란 자성청정심을 말한다. 일반적으로 제8아뢰야식은 진에도 통하고 망에도 통하는데 망이란 염분에 해당하고 진이란 정분에 해당한다. 지금은 정분을 말하는 것이기에 진식이라 한다. 眞識者 謂自性淸淨心也 蓋第八阿賴耶識 通眞通妄 妄卽是染 眞卽是淨 今言淨分 故名眞識也”라고 하였다. 〔참고문헌〕『成唯識論述記』, 『成唯識論疏抄』, 『大明三藏法數』. ⇨ 아리야식 阿梨耶識, 정분의타기성 淨分依他起性, 삼식 三識 **1**

진식 塵識 진제삼장(眞諦三藏)이 설한 아홉 가지 현식(顯識) 중 하나. 육진(六塵)을 경계로 하는 여섯 가지 식. 전6식을 말한다. 응수식(應受識)이라고도 한다. 『현식론』(대정장31, p.878c27)에 “현식에는 아홉 가지가 있으니, … 둘째는 진식이다. … 두 번째 진식에는 여섯 가지가 있다. 색계 등 내지 의식계의 진이니 통틀어 응수식이라 한다. 顯識者有九種 … 二 塵識 … 第二塵識有六種 色界等乃至識塵 通名應受識”, 『전식론』(대정장31, p.61c9)에 “진식은 바로 육식이다. … 세 번째인 진식이란 식이 구름이 육진인 듯하다. 곧 여섯 가지 식이 경계인듯 굴러서 성립하는 것이니, 앞서 설한 바와 같다. 삼성(善 不善 無記)에 통하고 열 가지 심소법과 함께 하며 열 가지 선법과 악법, 아울러 대소혹과 상응하고 세 가지 수(苦 樂 捨)를 동반한다. 塵識 卽是六識 … 第三塵識者 識轉似塵 更成六種識轉似塵 已如前說 體通三性 與十種心法相應 及十善惡 并大小惑 具三種受”라고 하였다. 〔참고문헌〕『顯識論』, 『轉識論』. ⇨ 현식 顯識, 응수식 應受識, 전육식 前六識, 육식 六識 **1**

진신 眞身 여래의 진실한 몸. 허공에 두루한 진여법신을 말한다. 『대지도론』 권30(대정장25, p.278a18)에 “부처님의 몸에는 두 가지가 있으니, 첫째는 진신, 둘째는 화신이다. 중생이 부처님의 진신을 보면 원이 차지 않음이 없다. 부처님의 진신은 허공에 두루하고, 그 광명은 시방을 두루 비추며, 설법하는 음성 역시 시방에 두루 미친다. 무량한 항하의 모래알과 같이 많은 세계에 가득한 대중들 모두 함께 그 법을 듣는다. 그 설법 쉴 줄 모르리. 같은 때라도 각기 듣는 대로 이해하고 깨닫는다. 佛身有二種 一者 眞身 二者 化身 衆生見佛眞身 無願不滿 佛眞身者 遍於虛空 光明遍炤十方 說法音聲 亦遍十方 無量恒河沙等世界滿中 大衆 皆共聽法 說法不息 一時之頃 各隨所聞 而得解悟”, 『섭대승론석』 권15(대정장31, p.268c26)에 “피(彼)란 일체중생이니, 부처님에게도 생로병사 등이 있어서 자기와 다르지 않다고 생각하기에 여래에 대하여 가볍고 거만한 마음을 일으킨다. 중생들이 여래의 진실신과 가명신을 식별하도록 하려 한다. 진신이란 곧 진여법과 정설법이다. 정설법이란, 진여법으로부터 흘러나오므로 정설신이라 한다. 이 두 가지를 법신이라 하는데, 이 법은 매우 깊고 깊어서 통달하기 어려워 하위인의 경계가 아니다. 이 법신에 통달하면 여래에 대하여 극히 존중하는 마음을 일으킨다. 가명신이란 곧 화신이다. 이 화신을 현시하는 것은 바로 분별로 지은 바다. 진실유가 아니기에 화신은 오래 머물지는 않는다. 彼謂一切衆生 計佛有生老病死等 與已不異故 於如來起輕慢心 欲令衆生識 如來眞實身 及假名身 眞身卽眞如法 及正說法 正說法 從眞如法流出 名正說身 此二名法身 此法最甚深 難可通達 非下位人境界 若通達此身 則於如來 起極尊重心 假名身卽化身 示此身是分別所作 非眞實有故 化身不永住”라고 하였다. 〔참고문헌〕『大智度論』, 『攝大乘論釋』. ⇨ 이신 二身 **1**, 법신 法身, 보신 報身, 응신 應身, 화신 化身

진신계 瞋身繫 Ⓢ vyāpāda-kāya-grantha. 사신계(四身繫) 중 하나로 진에(瞋恚)로 몸을 얽매다. 진신박(瞋身縛)이라고도 한다. 『집이문족론』 권8(대정장26, p.399c22)에 “사신계란 … 둘째는 진신계다. … 신계란, 이 욕탐을 아직 끊지 못하고 아직 두루 알지 못해 이러저러한 유정과 몸과 취와 얻은 바 자신의 몸이 인이 되고 연박이 되고 등박이 되고 각별박이 되어 서로 이어 상속하여서 바야흐로 오랫동안 머물게 된다. … 무엇을 진신박이라 하는가? 〔답〕 ‘진’이란, 유정에 대해 손해를 끼치려 함으로서 … 현재에도 과환이 되는 것이니 이를 진이라 한다. 四身繫者 … 二 瞋身繫 … 身繫者 謂此貪未斷未遍知 於彼彼有情 彼彼身 彼彼聚 彼彼所得自體 爲

因 爲緣繫 等繫 各別繫 相連相續 方得久住 … 云何瞋身繫 答 瞋者 謂於有情欲爲損害 … 現爲過患 是名爲瞋", 『유가사지론』 권87(대정장30, p.789a26)에 "타인의 여러 견해로 인한 다른 분에 대해 심히 증오하고 질투하기에 진신견이라 한다. 於他諸見 異分法中 深憎嫉故 名瞋身繫"라고 하였다. [참고문헌] 『集異門足論』, 『瑜伽師地論』. ⇨ 사신계 四身繫, 계박 繫縛, 진 瞋[1], 진에 瞋恚

진신관 眞身觀 십육관법(十六觀法 : 十六觀) 중 아홉 번째 관법. 또는 관불이법(觀佛二法) 중 하나. 변관일체색신상관(遍觀一切色身想觀)이라고도 한다. 『관무량수불경소』 권1(대정장37, p.246c29)에 "진실한 정보라는 말은 아홉 번째 진신관이 그것이다. 이것은 앞서 제기한 '가정보 假正報'를 말미암아 점차로 산란한 생각을 쉬어 마음의 눈이 뜨이고 서방정토의 청정한 두 보를 거칠게 본다. 갖가지로 장엄하여 어두운 미혹을 없애고 장애를 버림으로 저 정토의 진실한 경상을 보게 된다. 言眞正報者 卽第九眞身觀 是也 此由前假正 漸以息於亂想 心眼得開 粗見彼方 淸淨二報 種種莊嚴 以除昏惑 由除障故 得見彼眞實之境相也", 『관무량수경의소』(대정장37, p.173b19)에 "부처님을 관함에는 두 가지다. 하나는 진신관이고, 또 하나는 응신관이다. 부처님께서 여신 평등한 법문의 몸을 관함이 진신관이고, 불여래께서 세간과 함께하시는 몸을 관함이 응신관이다. 觀佛有二 一眞身觀 二應身觀 觀佛平等法門之身 是眞身觀 觀佛如來共世間身 名應身觀", 『관념법문』(대정장47, p.25a26)에 "또한 아홉 번째 진신관이란, '아미타불금색신호상광명이 시방중생을 두루 비추고, 몸의 모공에서도 빛이 두루 중생을 비춘다. … 단지 아미타불 오롯이 생각하는 중생이 있기만 하면 저 불심광명이 항상 그 사람을 비춰 거둬 버리지 않으신다'. 又如第九眞身觀 說云 彌陀佛金色身毫相光明 遍照十方衆生 身毛孔光 亦遍照衆生 … 但有專念阿彌陀佛衆生 彼佛心光常照是人 攝護不捨"라고 하였다. [참고문헌] 『觀無量壽經』, 『觀無量壽佛經疏』, 『觀無量壽經義疏』, 『觀念法門』. ⇨ 변관일체색신상관 遍觀一切色身想觀, 십육관 十六觀

진신관 관무량수불경
삼각산 내원암 1853년

진신사리 眞身舍利 세간에 머무시던 불보살(佛菩薩)이 남기신 신골(身骨). 특히 석가세존이신 부처님의 사리 곧 불사리(佛舍利)를 가리킨다. 『금광명경』 권4(대정장16, p.354a12)에 "부처님께서 아난에게 이르셨다. '네가 그것을 지니고 오거라. 이것은 보살의 진신사리다'. 이때 아난이 보배함을 들고 다시 부처님 계신 곳에 이르고 부처님께 올렸다. 그때 부처님께서 모든 대중에게 이르셨다. '그대들은 이제 이 사리에 예를 올려야 한다. 이 사리는 계정혜로 익힌 바여서 참으로 얻기 어려운 최상의 복전이다'. 佛告阿難 汝可持來 此是大士眞身舍利 爾時 阿難 卽擧寶函 還至佛所持以上佛 爾時 佛告一切大衆 汝等今可禮是舍利 此舍利者 是戒定慧之所熏修 甚難可得 最上福田", 『관정경』 권6(대정장21, p.513b2)에 "석종동자가 다시 부처님께 여쭈었다. '총탑에는 무슨 연유로 이런 선악의 귀신이 있는지요?' 부처님께서 동자에게 말씀하셨다. '나의 탑과 같이 진신사리가 이 탑에 모셔져 있다. 사왕의 모든 신들과 삼십삼천이 밤낮을 가리지 않고 가루 향을 비처럼 내리고 온갖 꽃들을 흩뿌려 씻고 천계의 음악을 울려 공양한다'. 釋種童子 又白佛言 塚塔之中 何故有此善惡鬼神 佛言童子 如我塔者 有眞身舍利在此塔中 四王諸神 三十三天 不問晝夜 雨細末香 散衆名華 以用散灑 塚塔之上 作天妓樂 以爲供養", 『정토법사찬』 권상(대정장47, p.426c17)에 "왕생하길 바라고 바라옵니다. 진신사리 크고 적지만 보고 들으며 환희하며 닦아 공양한다면 스스로도 선근을 짓고 타인도 복되리. 모두들 모여 다 함께 회향하세. 밤낮으로 부지런히 닦아 물러나지 않으면 오롯한 마음 틀림없이 아미타불 보게 되리니, 중생들 한결같이 몸과 마음 뛸 듯이 기뻐서 손마다 향과 꽃 들고 언제나 공양한다네. 願往生 願往生 眞身舍利隨大小 見聞歡喜修供養 自作善根他人福 一切合集皆回向 晝夜精勤不敢退 專心決定見彌陀 衆等身心皆踊躍 手執香華常供養", 『불조역대통재』 권7(대정장49, p.530a28)에 "(佛陀耶舍가) 후에 광산에서 머물 때, 혜원(慧遠)의 존중을 받았는데 스스로 무쇠를 짊어지고 자소봉 꼭대기에 철탑을 세우고 여래의 진신사리를 그 안에 모셨기에 지금까지 남게 되었다. 後遊匡山 爲遠公所重 躬自負鐵 於紫霄峯頂鑄塔 以如來眞身舍利藏其中 今存焉", 『백장청규』 권2 「제사열반 帝師涅槃」(대정장48, p.1117b27)에 "임금이 입적 소식을 듣고는 이기지 못한 듯 크게 슬퍼하고 돌이키는 마음 품고는 이어서 경사에 큰 솔도파를 건립하여 진신사리를 보배처럼 안장하였으니 금과 옥으로 둘러 빛남이 고금에 견줄 것이 없었다. 上聞不勝 震悼追懷 連建大窣堵波于京師 寶藏眞身舍利 輪奐金碧 古今無儔", 『불조통기』 권45(대정장49, p.409b27)에 "진신은 상주하여 사라지지 않는다고 하니, 공자나 노자에게 생사가 있음과 같지 않다. 여기 부처님 치아사리라는 것은 대개 진신이 중생에 응하여 교화한 자취를 섬기는 한 법일 뿐이니, 어찌 세간에 물과 불로 사라져 버리는 것이겠는가? 言眞身則常住不滅 不同孔老之有生死 其所謂佛牙舍利者 此蓋眞身應物 示化之一法也 豈世間水火 所能沮壞之耶", 『당고승전』 권20 「혜상전 惠祥傳」(대정장50, p.597c29)에 "항상 『사분율』과 『열반경』을 강설하면서 법을 수호하고 유지하고자 모든 허물과 이지러짐 바람대로 정숙하였다. 대업년간(605~616) 말 하안거 중에 공양 중에 입 안에서 사리를 얻었는데 알아채지 못하고 땅에 버렸으나 순식간에 다시 입에 들어왔다. 이와 같이 네 차례 반복되자 부처님 진신이 아닐까 하는 의심이 들어 다듬이 방망이로 두드려 보았더니 부서지지 않았다. 마침내 종을 울려 대중에게 알리자 승속이 모두 모였다. 혜상이 눈물을 흘리며 분향한 뒤에 위신력을 내리길 기원하자 잠깐 사이에 오색광명 놓으시고 이채로운 향기가 마을에 가득했다. 백정과 사냥꾼이 모두 직업을 바꾸어 저자에 푸줏간이 사라지게 되었다. 그 일을 계기로 사부대중과 함께 구층 백여 척의 부도를 세웠는데 지금도 남아 있다. 常講四分及涅槃經 所以 護法維持 不惜身命 諸有虧違 望風整肅 大業末 夏中因食 口中得舍利 不辯棄地 輒還在口 如是數四 疑是眞身 砧槌不碎 遂聲鐘告衆 白黑咸集 祥涕泣焚香 願降威力 須臾放五色光 異香遍郭 衆覩希有 屠獵改業 乃使市無肉肆 因與四衆起浮圖 九級高百餘尺 今見在", 『집신주삼보감통록』 권상(대정장52, p.411a15)에 "송대 원가6년(429) 가도자라는 이가 형상으로 가던 길에 연꽃이 막 피려 함을 분명히 보고도 고스란히 따서 집에 돌아왔다. 꽃에서 소리가 들려 이상타 여겨 사리 1과를 얻었으니, 진주처럼 밝은 빛으로 용마루를 환하게 비추었다. 공경하고 받든다 하여 상자에 채워 벽에 매달았다. 그 뒤로 집안사람들 매양 보아 하니, 어떤 스님이 밖에서 찾아와도 옷을 벗은 채로 앉았고, 또 한 사람은 머물러 있어도 더럽게 방치하였다. 그때 꿈속 사람이 일러주길, '이 집에 석가진신이 있어 뭇 성인들이 찾아와 공경하거늘 그대는 어째서 악행하는가? 죽어 지옥에 떨어질 것이며, 벗어나더라도 노비가 될 처지인데 두렵지 않은가?'라고 하였다. 그 사람 크게 두려워하다 얼마 지나지 않아 문둥병으로 죽었다. 사리 모신 집 마당에는 연꽃 여덟 송이 피었다가 육십일 만에 시들었고 세월 지나서는 알지 못한 새에 사라졌다. 宋元嘉六年 賈道子行荊上 明見芙蓉方發 聊取還家 聞華有聲 怪尋之得一舍利 白如眞珠 焰照梁棟 敬之擊以箱盛 懸于屋壁 家人每見佛僧外來 解所被躍坐案上 有人寄宿 不知汚慢之 乃夢人告曰 此有釋迦眞身 衆聖來敬 爾何行惡 死墮地獄 出爲尼婢 何得不怖 其人大懼 無幾癩死 舍利屋地 生荷八枚 六旬乃枯 歲餘失之 不知所去", 『금릉범찰지』 권31 「어제황시랑입공완탑기 御製黃侍郎立恭完塔記」(대장경보편29, p.263b10)에 "오주권(吳主權)이 물었다. '이 산 기슭 몇 길 깊은 곳 아래 아래에 여래의 진신사리가 있다고 합니다. 무엇을 사리라 하는지요?' 강승회(康僧會)가 답했다. '부처님께서 행하심 널리 두렷하시니 그 정혼이 움직여 변하여 맺은 결실이 구슬과 같으나 물과 불은 피하지 못하였다. 과거 여래께서 열반에 드실 때 천상인간과 용궁해장 그리고 천인귀신이 각각 지니고 가서 탑을 세워 안치하였습니다. 그러므로 천상·인간·용궁의 탑이 있게 되고 팔만사천이나 있게 된 것은 모두 아육왕이 시작하였다. 그틈에 귀신들도 모시고 왔지만 불법이 펴지기 전이라 탑은 세우지 못하였다' 하니, 오주권이 이를 믿고 산을 깎아서 확인하여 그 말대로 사리를 찾았다. 權曰 是山之麓 深若干丈下 有如來眞身舍利 何謂之舍利 曰 佛行周圓 精魂運化 結實如珠 水火不避 昔如來入涅槃之時 天上人間 龍宮海藏 天人鬼神 各持以去 建塔以安之 故有天上人間 龍宮之塔 塔有八萬四千 皆阿育王始 此間鬼神 將至佛法未施 塔未建也 權乃信 刬山以驗之 果得舍利", 『삼국유사』 권4(대정장49, p.1005a28·한불전6, p.346a20) 의해(義解)5 자장정률(慈藏定律)에 "인평3년(636·선덕왕5) 병신〈정관10년이다〉에 왕명으로 문인 실 등 십여 무리가 입당하여 청량산을 찾았다. 산에 만수대성의 소상이 계셨는데, … 자장은 그 상의 앞에서 기도하여 그윽이 감하였으며 꿈에 그 모습으로 마정수기하시고 범음의 게마저 얻었다. … 아침이 되자 이상한 스님께서 와서 풀어주었다〈이미 황룡탑편에 나옴〉. 또 말하길 '비록 만이나 되는 가르침을 배워도 이 글보다 더한 것은 아직 없었다'라 하고 가사와 사리 등을 주고는 사라졌다. 以仁平三年丙申歲〈卽貞觀十年也〉 受勅與門人僧實等十餘輩 西入唐謁淸涼山 山有曼殊大聖塑相 … 藏於像前禱祈冥感 夢像摩頂授梵偈 … 及旦有異僧來釋云〈已出皇龍塔篇〉 又曰 雖學萬教 未有過此文 以袈裟舍利等付之而滅", 같은 책 권3(대정장49, p.993a28·한불전6, p.325a18) 탑상(塔像)4 전후소장사리(前後所將舍利)에도 "국사에 '진흥왕 때인 태청3년(549·진흥왕10) 기사에 양의 사신 심호가 사리 몇 과를 모셔왔고, 선덕왕 때인 정관17년(643·선덕왕12) 계묘에 자장법사가 (당에서) 모셔온 부처님 두골과 치아·사리 백립과 입으셨던 붉은 비단에 금점을 놓은 가사 한벌이 있었는데, 사리는 셋으로 나누어 일분은 황룡탑에 모시고 일분은 태화탑에 모셨으며, 일분은 가사와 함께 통도사계단에 모셨다. 나머지는 소재가 자세하지 않다'고 하였다.

황룡사진신사리 경주황룡사지 국립중앙박물관 643년전래

계단은 이층인데, 상층에 솥 엎은 것과 같은 돌을 놓았다. … 최근에 상장군 김공이생과 유시랑석이 고종의 명령을 받아 … 절에 이르러 돌을 들고서 첨례하려고 … 두 공이 군사를 시켜 굳이 돌을 들게 하였는데, (돌 아래 구멍에는) 작은 석함이 있고 그 안에 유리통이 있고 통 속에 사리는 겨우 네 과만 모셔져 있었다. … 그 해는 강도(강화도)에 이어한 지 4년째인 을미년(1235·고종22)이었다. 國史云 眞興王大淸三年己巳 梁使沈湖

送舍利若干粒 善德王代貞觀十七年癸卯 慈藏法師所將佛頭骨佛牙佛舍利百粒 佛所著緋羅金點袈裟一領 其舍利分爲三 一分在皇龍塔 一分在太和塔 一分竝袈裟在通度寺戒壇 其餘未詳所在 壇有二級 上級之中 安石蓋如覆鑊 … 近有上將軍金公利生庾侍郎碩 以高廟朝受旨 … 到寺 擬欲擧石瞻禮 … 二公令軍士固擧之 內有小石函 函襲之中貯以瑠璃筒 筒中舍利只四粒 … 移御江都四年乙未歲也"고 하였다. 같은 책 권3(대정장49, p.989c20・한불전6, p.319b21) 탑상4 요동성육왕탑(遼東城育王塔)에 "(아육왕의 팔만사천탑이) 지금 곳곳에 나타낸 상서로움이 한둘이 아니니, 대개 진신사리에 감해 응함이어서 헤아리기 어렵다. 今處處有現瑞非一 蓋眞身舍利 感應難思矣", 같은 책 권3(대정장49, p.1001a22・한불전6, p.339a17) 탑상4 백엄사석탑사리(伯嚴寺石塔舍利)에 "1065년 11월 백엄사 주지 수립(秀立)이 오층석탑을 새로 건립하고 진신불사리 마흔 네 과를 맞이하여 봉안하였다. 新竪五層石塔 眞身佛舍利四十二粒安邀"고 하였다. 이지관(李智冠) 「교감역주대자은현화사창건비음기 校勘譯註大慈恩玄化寺創建碑陰記」(『가산학보』7, p.283)에 "경신년(1020・현종11) 10월에 황비의 고향인 황주남면에서 진신사리가 출현하였으니 그 광명 한층 빛났다. 庚申歲十月內 於皇妣聖鄕黃州南面 感得有眞身舍利 出現光明浮耀"라고 하였다. [참고문헌] 『金光明經』, 『灌頂經』, 『淨土法事讚』, 『佛祖歷代通載』, 『百丈淸規』, 『佛祖統紀』, 『唐高僧傳』, 『集神州三寶感通錄』, 『金陵梵刹志』, 『三國遺事』, 『伽山學報』. ⇨ 사리 舍利[1], 불사리 佛舍利, 불골 佛骨, 사리신앙 舍利信仰, 적멸보궁 寂滅寶宮, 아육왕 阿育王, 팔만사천탑 八萬四千塔, 탑 塔

진신상주 眞身常住 부처님의 진신은 언제나 머무신다는 뜻. 『대반열반경』 권5 「여래성품 如來性品」(대정장12, p. 391c29)에 "가섭이 다시 말했다. 해탈이라 말하는데 이것 색신입니까, 색신이 아닙니까? 부처님께서 말씀하셨다. 선남자여 때론 이 색으로 있을 수 있고, 때로는 색이 아니기도 하다. 색이 아니라는 것은 바로 이 성문연각의 해탈이다. 이 색이라 하면 이는 제불여래의 해탈이다. 선남자야 이렇기에 해탈은 색도 비색도 아니다. 여래께서는 모든 성문제자들 위해서는 색이 아니라 하였다. 세존이시여, 성문연각의 해탈은 색이 아니라 하시면 어떻게 머물 수 있습니까. 선남자야 저 비상비비상천은 색이기도 하고 색이 아니기도 하다. 나 또한 말하자면 색이라 할 수는 없다. 만약 어떤 이가 어렵게 묻기를 비상비비상천이 만약 색이 아니라 할진대는 어떻게 머물고 가고오며 나아가고 멈출 수 있습니까. 이와 같은 뜻으로 제불경계는 어떤 성문연각도 알 수 있는 것이 아니다. 해탈 또한 이와 같아서 색이기도 비색이기도 한 것을 색이 아니다라고 한 것이며, 상이며 비상이기에 비상이라 한 것이다. 이와 같은 뜻이기에 제불의 경계는 모든 성문연각이 알 수 있는 것이 아니니다. 迦葉復言 所言解脫 爲是色耶 爲非色乎 佛言 善男子 或有是色 或非是色 言非色者 卽是聲聞緣覺解脫 言是色者 卽是諸佛如來解脫 善男子 是故解脫亦色非色 如來爲諸聲聞弟子說爲非色 世尊 聲聞緣覺若非色者 云何得住 善男子 如非想非非想天 亦色非色 我亦說爲非色 若人難言 非想非非想天若非色者 云何得住去來進止 如是之義 諸佛境界 非諸聲聞緣覺所知 解脫亦爾 亦色非色說爲非色 亦想非想說爲非想 如是之義諸佛境界 非諸聲聞緣覺所知", 『대반열반경의기』 권2 「여래성품」(대정장37, p.671b5)에 "이승의 해탈이란 것이 오직 번뇌 끊어서 사라진 무위만이기에 제불상주의 진색은 알 수가 없다. 또 부처님께서 변화로 쓰시는 색을 알 수도 없기에 색이 아니라 한 것일 뿐이다. 제불의 해탈하신 진신은 상주하며 변화를 따르는데 미쳐서는 갖가지 모습마저 보이시기에 이름하여 색이라 한다. 따라 변하여 나타나신 즉 이것 바로 제불과 세간의 몸이 같이 하는 것이어서 진신은 상주한다하고, 이것이야말로 제불이 법으로 여신 문으로 나툰몸이라 하니 이 뜻 어떻게 이러할 수 있는가. 저 바다의 열가지 모습 한 바탕인 뜻과 같아서 부처님 또한 이와 같으시니 제근과 상호 온통 법계 가득하여 한 바탕인 뜻에 당한다. 이는 응신과 화신으로 저와 이와 다른 것과는 같지 않다. 바탕은 같이 하면서 눈을 씀에 문을 달리하는 것이다. 제근과 상호 및 불찰토 다 이렇지 않음이 없으니 하나의 눈 중에서 나투고 나머지 또한 이와같이 한다. 二乘解脫唯是斷結數滅無爲 未得諸佛常住眞色 又未得佛化用之色故名非色 諸佛解脫眞身常住 及隨化緣現種種形 故名爲色隨化所現卽是諸佛共世間身 眞身常住卽是諸佛法門之身是義云何 如海十相同體義分 佛亦如是 諸根相好皆遍法界同體義分 不如應化彼此別異 以同體故用眼爲門 諸根相好及佛刹土莫不皆是 一眼中現 餘亦如是", 『승만사자후일승대방편방광경』 권1(대정장12, p.217a24)에 "여래의 묘색신 세간에선 같이 할리 없고 견줄수도 없으시기에 제가 이제 우러러 예올립니다. 여태의 몸 가이 없으시고 지혜 또한 다시 그러해서 일체법 언제나 머물기에 이렇게 저는 돌아가 의지합니다. 如來妙色身 世間無與等 無比不思議 是故今敬禮 如來色無盡 智慧亦復然 一切法常住 是故我歸依", 『승만경의기』 권1(卍속장30, p.564a10)에 "처음에 두 구 가져서 불신과 보신 찬탄하였다. 보신중에 공덕지혜 나올리 없으니, 색무진이라 하여 그 공덕 다함이 없게 말한 것이다. 무릇 풂에 둘인데 하나는 언제나 계셔서 다함이 없기에 진신상주여서 옮겨 바뀜이 있을 리 없는 뜻이고, 둘째는 넓어 다함이 없는 뜻이니 제근상호 온통 법계에 가득하신 뜻이다. 물어 말한다. 만약 이 눈이 법계 가득하다면 나머지 근과 그 모양 어느 곳에 둘 수 있단 말입니까. 진신이란 이 법으로 여는 몸이지 저 세간의 색상차별로 구해서는 그 경계 얻을 수 없다. 初有兩句 嘆佛報身 報中無出功德智慧 色無盡者 是其功德 無盡之言 汎釋有二 一常無盡 眞身常住 無有遷易 二廣無盡 諸根相好 皆遍法界 問曰 若眼遍充法界 餘根相何處安置 釋言 眞身是法門身 不得如彼世間色像差別求之"라고 하였다. 〔참고문헌〕『大般涅槃經』, 『大般涅槃經義記』, 『勝鬘師子吼一乘大方便方廣經』, 『勝鬘經義記』.

진신상주설화 眞身常住說話 진신이 상주하는 이야기. 곳곳의 인연처를 가져 오랫동안 전승된 이야기를 말한다. 특히 오대산(五臺山) 오만진신(五萬眞身) 상주설, 금강산(金剛山) 법기보살(法起菩薩) 상주설, 지제산(支提山) 천관보살(天冠菩薩) 상주설, 보개산(寶蓋山) 지장보살(地藏菩薩) 상주설 등이 곳곳에 전한다. 이는 진신은 상주하며 법계 어디에나 계시다는 진신상주의 법이 인연을 만나 세간에 행하는 것이다. 『불조통기』 권45 「법운통새지 法運通塞志」(대정장49, p.409b27)에 "진신은 상주하여 사라지지 않는다고 말한다. 言眞身則常住不滅", 의룡체훈(義龍體訓)의 『의룡집』 「동래범어사대웅전불사유공기 東萊梵魚寺大雄殿佛事有功紀」(한불전12, p.295a13)에는 "화신은 시멸하지만 법신은 상주하여 멸하지 않는다. 但化身示滅 而法身常住不滅"고 하였다. 〔오대산 오만진신상주설화〕 중국 오대산 지리지인 『청량산지』 권5(가흥장79, p.206a12)에 "후한 명제 영평 10년(67) 마등과 법란 두 존자께서 서쪽으로부터 와서 혜안으로 보니 청량산은 바로 문수께서 나투신 집이었고 그 중에 아육왕이 모신 불사리탑도 있었다〈아육왕은 여기서 '무우'라 하며 천축의 천륜왕이다. 능히 귀신을 몰아 부려서 불사리를 받들어 조성한 팔만사천탑을 염부제에 흩어 널리 퍼지도록 하였으니 오대산도 그 중 하나다〉. 진의 황제가 세운 절 이름이 대부영취사다. 대부는 널리 믿음이니, 황제가 처음으로 부처님의 교화를 믿었기에 이름한 것이다〈『감통전』에 보임〉. 後漢明帝 永平十年 摩滕法蘭二尊者西至 以慧眼觀 淸涼山乃文殊化宇 中有阿育王所置佛舍利塔〈阿育王 此云無憂 天竺鐵輪王也 能驅使鬼神將佛舍利 造八萬四千塔藏之 散布閻浮 五臺山有一焉〉 秦帝建寺 額曰大孚靈鷲寺 大孚弘信也 帝以始信佛化 故以名焉〈(出感通傳〉", 『삼국유사』 권3(대정장39 p.998c13・한불전6 p.334a5) 탑상4 대산오만진신(臺山五萬眞身)에 "산중(山中) 고전(古傳)에, '이 산이 참 성현들의 주처라고 불린 것은 자장법사부터다'고 하였다. 일찍이 법사는 중국 오대산의 문수진신을 뵙고자 선덕왕대인 (당) 정관 10년(636・선덕왕5) 병신에 … 입당하였다. 처음에는 중국 태화지 주변의 돌 문수가 계신 곳에서 간절히 기도하길 칠일만에 홀연히 (문수)대성이 꿈에 나타나 사구게를 주셨다. … (문수보살이) '그대 본국 동북방 명주계에 오대산이 있다. 일만문수께서 언제나 그곳에 머무시니 그대 가서 뵈어야 하리'하였다. 按山中古傳 此山之署名眞聖住處者 始自慈藏法師 初法師欲見中國五臺山文殊眞身 以善德王代 貞觀十年丙申 … 入唐 初至中國太和池邊 石文殊處 虔祈七日 忽夢大聖授四句偈 … 曰 汝本國艮方溟州界有五臺山 一萬文殊常住在彼 汝往見之" 고 한 뒤, "자장법사가 신라에 돌아왔을 때에 정신대왕의 태자 보천과 효명 두 형제가 … 하서부에 이르렀다〈지금 명주에 또한 하서군이 있는데 바로 그곳이다. …〉. … 어느 날 저녁에 두 형제는 몰래 출가의 뜻을 약속하고는 남몰래 오대산에 들어갔다. … 하루는 함께 다섯 봉우리에 올라 첨례하였는데, 동대 만월산에는 일만의 관음진신이 나퉈 계셨고, 남대 기린산에는 팔대보살 상수로 하여 일만지장이 계셨으며, 서대 장령산에는 무량수여래 상수로 일만대세지가, 북대 상왕산에는 석가여래를 우두머리로 한 오백대아라한이, 중대 풍로산 또한 지로산에는 비로자나를 우두머리로 하여 일만문수의 수위로 있다. 이와 같이 오만진신을 일일이 첨례하였는데, 매일 새벽마다 문수대성이 진여원에 이르셨는데 지금의 상원이다. 서른여섯 가지 모습으로 변해 나투셨다. … 이 산(오대산)은 곧 백두산의 큰 맥인데 각각의 대는 진신이 상주하는 곳이다. 청은 동대의 북각 아래와 북대의 남쪽 산기슭 끝에 있으니 마땅히 관음방을 두고 … 적은 남대의 남면쪽에 있는데 지장방을 두며 … 백색인 서대의 남쪽에는 미타방을 두고 … 흑색인 북대의 남쪽에는 나한당을 두며 … 황색인 중대에는 … 문수예참을 염하고 화엄사라고 이름한다. 藏師之返新羅 淨神大王太子寶川孝明二昆弟 … 到河西府〈今溟州及有河西郡是也 …〉 … 忽一夕昆弟二人 密約方外之志 不令人知 逃隱入五臺山 … 一日同上五峯瞻禮次 東臺滿月山 有一萬觀音眞身現在 南臺麒麟山 八大菩薩爲首一萬地藏 西臺長嶺山 無量壽如來爲首一萬大勢至 北臺象王山 釋迦如來爲首五百大阿羅漢 中臺風盧山亦名地盧山 毗盧遮那爲首一萬文殊 如是五萬眞身一一瞻禮 每日寅朝 文殊大聖到眞如院 今上院 變現三十六種形 … 此山乃白頭山之大脉 各臺眞身常住之地 靑在東臺北角下北臺南麓之末 宜置觀音房 … 赤任南臺南面置地藏房 … 白方西臺南面, 置彌陁房 … 黑地北臺南面, 置羅漢堂 … 黃處中臺 … 夜念文殊禮懺 稱華嚴社"라고 하였다. 〔금강산 법기보살등상주설화〕 60권본 『화엄경』 권29 「보살주처품」(대정장9, p.590a6)에 "동남방에 보살주처가 있는데, 지견고라고 부른다. 과거에 제보살들이 그 중에 살았고, 지금도 보살이 있는데 천관이라고 부르며 일천보살을 권속으로 항상 설법한다. 東南方有菩薩住處 名枝堅固 過去諸菩薩常於中住 彼現有菩薩 名天冠 有一千菩薩眷屬 常爲說法 … 사대해 중에 보살주처가 있어 지달로 부른다. 과거에 제보살이 언제나 여기에 머무셨는데, 지금은 그곳에 담무갈이라는 보살이 만이천보살권속을 위해 항상 설법하고 있다. 四大海中有

菩薩住處 名枳怛 過去諸菩薩常於中住 彼現有菩薩 名曇無竭 有萬二千菩薩眷屬常爲說法", 80권본『화엄경』권45「제보살주처품」(대정장10, p.241b23)에도 "바다중에 머물 곳 있어 금강산이라고 부르는데, 저 옛적부터 모든 보살무리들이 그 중에 머물렀으며, 지금도 (상주하는) 보살이 있어 법기라고 부른다. 권속인 제보살 천이백대중과 함께 하여 언제나 그 무리에 있으면서 설법한다. 海中有處 名金剛山 從昔已來 諸菩薩衆於中止住 現有菩薩 名曰法起 與其眷屬諸菩薩衆千二百人俱 常在其中而演說法",『화엄경탐현기』권15「보살주처품」(대정장35, p.391a14)에는 "향취산은 응당 북쪽 향산왕인데, 그 산 중에는 보살의 주처가 많기 때문이다. … 청량산은 대주의 오대산인데, … 이 산과 문수의 영험 등을 전하는『전기』3권이 있다. … 수제광명산으로, … 관음의 주처인 광명산과 서로 연이어져 있다. 香聚山應是在北香山王 是以彼山中多有菩薩住故 … 五淸涼山則是代州 五臺山是也 … 此山及文殊靈應等有傳記三卷 … 樹提光明山 … 觀音住處光明山相連"라고 하였다. 최자(崔滋 1188~1260)의『보한집』권상에는 "풍악, 곧 개골우뚝해서 흙이 없으니 개골이라고 부른다. 담무갈보살진신이 머무신다. 楓岳皆骨立無土 因名爲皆骨 曇無竭菩薩眞身所住", 18세기 초에 활동한 몽암기영(蒙庵箕穎)의『몽암대사문집』권하「금강산법기보살청 金剛山法起菩薩請」(한불전10, p.386a23)에는 "우러러 살피건대, 법기대성께서 우리나라 금강산에 머무신다니 법용무갈 높으신 분이라 불립니다. … 법을 펼쳐 골고루하시지만 항상 진공에 머무시는 법기보살마하살과 일만이천권속이여. 오직 원하건대, 자비로 도량에 강림하여 이 공양을 받아주소서. 仰惟法起大聖者 住鰈域金剛之上 號法勇無羯之尊 … 平等演法 常住眞空 法起菩薩摩訶薩 幷諸一萬二千眷屬 惟願慈悲 降臨道場 受此供養"라고 하였으며, 1869년(고종6) 추담정행(秋淡井幸)이 엮고 1882년(고종19)에 사미 장봉기(張鳳機)가 발문을 쓴『일용작법』의 「승가일용식시묵언작법 僧家日用食時默言作法」 소예참(小禮懺)에서도 "항상 금강에 머물면서 항상 반야를 설하는 대혜법기보살이여. 恒住金剛 常說般若 大慧法起菩薩"라고 하였다. 금명보정(錦溟寶鼎 1861~1930)의『백열록』「장흥천관산구정암중수권문 長興天冠山九精庵重修勸文」(한불전12, p.534a10)에 "『화엄경』「보살주처품」에 '우리나라 동해에 두 산이 있는데, 하나는 금강산으로, 중향계의 법기보살이 제성중과 더불어 상주하며 설법하고, 다른 하나는 지제산으로, 방광계의 천관보살이 제성중과 함께 상주하면서 설법한다'고 하였다. 청량국사가 주석하길 '범어 지제는 중국말로는 「공양할 만한 곳」이다'고 하였는데, 봉우리와 바위마다 불상이 아님이 없음을 말한다. 華嚴經菩薩住處品云 震旦國東海中有二山 一曰金剛山 衆香界法起菩薩 與諸聖衆常住說法 二曰支提山 放光界天冠菩薩 與諸聖衆 常住說法 淸涼國師註曰 梵語支提 華言可供養處 謂峰峰岩岩 無非佛像"고 하였고, 천인(天因 1205~1248)이 쓴「천관산기 天冠山記」(한불전6, p.884c13)에 "천하를 통하는 하나의 기 있어서, 흘러서는 하천과 개울이 되고, 모여서는 산과 봉우리가 되니, 고개 남쪽 바닷가 그 땅에 옛 오아현 천관산이 있다. … '이 산은 또한 지제산이다'라고 전하는데, 저『화엄경』에 '보살주처가 있어 지제산이라 이름하고, 지금도 그 보살 계셔서 천관이라 한다'. 通天下一氣也 泄爲川瀆 積成山岳 則嶺之南濱海之地古烏兒縣之境 有天冠山 … 相傳云 此山亦名支提山 如華嚴經說有菩薩住處 名支提山 現有菩薩名曰天冠是也"라고 하였다. [보개산 지장진신상주설화] 1307년(충렬왕33)에 민지(閔漬 1248~1326)가 쓴「보개산석대기 寶盖山石臺記」에는 "송도의 동쪽 백팔십리 쯤에 산이 있는데 보개라고 부른다. … 환희봉인데, 봉우리 아래 삼리 쯤에 한 난야가 있어 석대라고 부른다. 절내에는 지장보살의 영험한 모습이 모셔져 있다. … 옛 기록에는 옛날 엽사(이)순석 등 두 사람이 한 마리 금돼지를 쏘았는데, 화살을 맞은 구멍에서 선혈이 땅을 적시고도 환희봉까지 도망갔다. 숨은 곳을 보고서 쫓았지만, 금돼지는 보이지 않고 다만 석상만이 샘 솟는 중에 있었다. … 왼쪽 어깨에는 화살에 맞은 흔적이 있었다. … 다음날 와서 보았는데 그 모습 좌우 돌 위로 올아와 있었다. 두 사람은 곧바로 출가하였고, 당 개원(開元) 8년(720·성덕왕19)에 삼백여 명을 이끌고 난야를 창건하였으며, 숲에 돌을 쌓아 대를 만들고서 항상 대 위에 앉아 정진하였으므로, 석대라고 이름하였다고 한다. … 옛날에 풍악도인인 장로 문인세가 … 일찍이 문도에게 '내가 이전에 상국에 있을 때 노산 경복사 장로가 나에게「네 나라에는 삼산이 있는데 삼산에 머무는 자는 영원히 삼악도에 떨어지지 않는다. 삼산은 보개·풍악·오대다」'라고 하였다. … 보개 전체는 지장진신이 상주설법하는 곳이다. 松都之東百八十里許 有山曰寶盖也 … 歡喜峰也 峰下三里許 有一蘭若名曰石臺也 中有地藏靈像 … 古記云 昔有獵士順碩等二人 射一金猪則 所射之穴鮮血點地 而從歡喜峰而去 獵士追至望其所止之處 則不見金猪 但見石像在泉源中 … 左肩中有所射之箭 … 翌日來見之 像出左右石上 二人卽出家 于唐開元八年庚申 率其徒三百餘人 刱是蘭若 二人於林下累石爲臺 常坐臺上精進 故因名石臺 … 昔楓嶽道人長老文日世 … 嘗與門徒曰 我曾在上國時 盧山景福寺長老謂余曰 汝國有三山 住此三山者 永不墮三惡途 三山者寶盖楓岳五臺是也 … 寶盖之全體 乃地藏眞身常住說法之處也"라고 하였다. [참고문헌]『佛祖統紀』,『義龍集』,『淸涼山志』,『三國遺事』,『華嚴經』,『華嚴經探玄記』,『補閑集』,『蒙庵大師文集』,『日用作法』,『栢悅錄』,「寶盖山石臺記」(『韓國金石全文』中世下, pp.1120~1122). ⇨진

신상주 眞身常住, 오대산적멸보궁 五臺山寂滅寶宮, 담무갈 曇無竭, 법기보살 法起菩薩, 법기암 法起庵, 천관산기 天冠山記, 천관사 天冠寺[2]

진신일로 進身一路 몸 가져 나아갈 그 한 길. 『경덕전등록』 권20 「중운지휘전 重雲智暉傳」(대정장51, p.366c27)에 "학인이 물었다. '뜻하지 않게 경계가 일어날 때 어느 곳이 이 몸 나아갈 한 길입니까?' '발밑에 이미 풀 자랐으니, 앞길은 만 길 깊은 구덩이리'. 問 不意塵生 如何是進身一路 師曰 足下已生草 前程萬丈坑"라고 하였다. 〔참고문헌〕『景德傳燈錄』.

진실 眞實 ❶ Ⓟ sacca. 말함에 거짓이 없어 진실하고, 그 한 말의 법들이 진실이어서 바른 법인 뜻. 『장아함경』 권14 「범동경 梵動經」(대정장1, p.88c24 : *Brahmajāla-sutta, DN.1*, p.4)에 "사문구담은 헛된 말 버려 없게 하시니, 하는 말마다 지성이고 설하는 말씀마다 진실하여 세상 사람을 속이지 않는다. 또 사문구담은 두 가지로 말하지 않으니, 이 사람의 말로 저 사람 헐뜯지 않고 저 사람 말로 이 사람을 어지럽히지 않는다. 沙門瞿曇 捨滅妄語 所言至誠 所說眞實 不誑世人 沙門瞿曇 捨滅兩舌 不以此言 壞亂於彼 不以彼言 壞亂於此 musāvādā paṭivirato samaṇo gotamo saccavādī saccasandho theto paccayiko avisaṃvādako lokassāti … pisunāya vācāya paṭivirato samaṇo gotamo, ito sutvā na amutra akkhātā imesaṃ bhedāya, amutra vā sutvā na imesaṃ akkhātā amūsaṃ bhedāya", 『방광대장엄경』 권5(대정장3, p.569b2)에 "항상 사마타와 비발사나에 안주하여 깊이 연기에 들며, 진실을 깨달아 항상 스스로 밝게 알아, 다른 것 의지하여 알지 않아서 삼해탈문에서 자유롭다. 모든 법이 허깨비 같고 꿈과 같으며 그림자 같고, 물속의 달과 같으며, 거울 속의 모습과 같고 더울 때 아지랑이와 같으며, 부르면 소리 메아리치듯 함을 훤히 안다. 常安住奢摩他 毘鉢舍那 深入緣起 覺悟眞實 恒自了知 不因他解 遊三脫門 了知諸法 如幻如夢如影 如水中月 如鏡中像 如熱時焰 如呼聲響"라고 하였다. 〔참고문헌〕『長阿含經』, 『方廣大莊嚴經』, *DN*. ❷ 방편이 아닌 진실. 『화엄경소초』 권9(대정장36, p.69a8)에 "소승을 마주해 대승을 드러내면, 이승이 방편이고 대승이 진실이다. 권교에 짝하여 실교를 나타내면, 삼승이 방편이고 일승이 진실이다. 방편중에 다시 둘로 나누면 첫째는 소승이고 둘째는 대승이며, 진실중에 나아가 둘로 나누면 첫째는 항포이고 둘째는 원융이다. 항포는 시종의 가르침이고 원융이야말로 원교다. 對小顯大 卽以二乘爲方便 大乘爲眞實 若對權顯實 則以三乘爲方便 一乘爲眞實 則於方便之中 更分爲二 一小乘 二 大乘 就眞實中 亦分爲二 一 行布 二 圓融 行布卽始終之教 圓融卽是圓教"라고 하였다. 〔참고문헌〕『華嚴經疏鈔』. ⇨ 권 權[1], 방편 方便 ❸ 말을 여의고서 깨우쳐야 할 뜻. 『능가경』 권4(대정장16, p.506c29)에 "대혜야, 선남자나 선여인은 말을 쫓아 헤아려 집착해서 거두어들이지 않는다. 진실이란 문자를 여의기 때문이다. 대혜야, 저 어리석은 이에게 손가락으로 사물을 가리키면, 어리석은 이 손가락만 보고 실다운 뜻은 얻지 못한다. 이와 같이 어리석은 이는 설하는 손가락 따라 헤아리고 집착하여 끝까지 버리지 않으니, 언설의 손가락을 떠난 제일의 진실한 뜻 끝내 얻지 못한다. 大慧 善男子善女人 不應攝受 隨說計著 眞實者 離文字故 大慧 如爲愚夫 以指指物 愚夫觀指 不得實義 如是愚夫 隨言說指攝受計著 至竟不捨 終不能得 離言說指 第一實義"라고 하였다. 〔참고문헌〕『楞伽經』. ❹ 거죄오덕(擧罪五德) 중 하나. 대중중에 죄를 드러내는 이가 갖추어야 할 덕. 『대승의장』 권12(대정장44, p.705a8)에 "(거죄오덕 중) 네 번째는 진실하여 거짓됨이 없어야 하니, 죄를 드러낼 때 반드시 세 가지 근거 곧 본 것·들은 것·의심가는 것 등을 갖춰야 한다. 그런 연후에야 죄를 드러내어도 끝내 헛되거나 거짓이 없게 된다. 四者 眞實不以虛妄 謂擧罪時要具三根 見聞疑等 然後擧罪 終不虛妄"라고 하였다. 〔참고문헌〕『大乘義章』, 『四分律行事鈔』 권상(대정장40, p.42c23). ⇨ 거죄오덕 擧罪五德

진실견 眞實見 ❶ 보살이 십신(十信)·십해(十解)·십행(十行)의 위에서 차제로 진실을 믿고 이해하며 결국 움직임이 없게 되는 뜻. 원측(圓測)의 『인왕경소』에서 설하는 칠견(七見) 중 하나다. 『인왕경소』 권상(대정장33, p.383b26·한불전1, p.53a20)에 "둘째는 진실견이다. 십신에서는 진실을 믿고, 십해에서는 진실을 이해하며, 십행에서는 모두가 성취되어 옮겨 움직임이 없고, 부동이기에 이를 곳마저 없고, 도달할 것도 없으니 멸할 것도 없고, 사라질 것 없기에 상이 없고, 상이 없기에 상이 없음도 없다. 따라서 일체법 그대로 떳떳하다. 二 眞實見 謂十信信眞 十解解眞 十行並成就不移動 以不動故不到 不到故不滅 不滅故無相 無相故亦無無相 是故一切法如也"라고 하였다. 〔참고문헌〕『仁王經疏』. ⇨ 여실견 如實見, 칠견 七見[1] ❷ Ⓢ tattva-darśana, bhūta-pratyavekṣām, Ⓣ de-kho-na-la-lta-ba. 사견(邪見)이 아닌 진실견. 정견(正見)이라고도 한다. 『중변분별론』 권상(대정장31, p.453c1 : *Madhy-vibh.*, p.29)에 "무명결이란 신견인 의처를 멀리 여의고자 할 때 진실견에 장애가 되니, 이로 인해 취음을 멀리 여의지 못하는 것이다. 無明結者 欲遠離身見依處時 爲眞實見障 因此不得遠離取陰故 avidyāsaṃyojanaṃ satkāyadṛṣṭivastuparijñāne. tenopādānaskandhāparijñānāt", 같은 책 권하(대정장31, p.463a29 : *Madhy-vibh.*, p.72)에 "바른 위에 대한 분별도 하나의 치우침이고, 삿된 위라고 분별하는 것도 하나의 치우침이다. 진실견을 분별하여 정위라 하고 사위도 분별한다. 이 두 치우침을 여의기 위해 부처님께서는 두 나무토막에서 생겨나는 불의 비유를 설하셨다. 비유하면 두 나무에는 불의 특징이 없지만 이로부터 불이 일어난다. 불이 일어나면 도리어 두 나무토막도 마저 태운다. 正位分別一邊 邪位分別一邊 分別眞實見爲正位 分別邪位 爲離此二邊 佛說兩木截火譬 譬如兩木無火相 從此起火 火起成還燒兩木 samyaktve 'pi vikalpo 'ntaḥ mithyātve 'pi bhūta pratyavekṣām samyaktvena kalpayato mithyātvena vā etasyāntadvayasya parivarjanārthaṃ. kāṣṭhadvayāgnidṛṣṭāntaḥ. yathākāṣṭhadvayād anagnilakṣaṇād agnir jāyate"라고 하였다. 〔참고문헌〕『中邊分別論』, *Madhy-vibh.* ⇨ 정견 正見, 사견 邪見

진실견인연의처 眞實見因緣依處 Ⓢ tattvadarśanaṃ hetvadhiṣṭhānaṃ pratyayādhiṣṭhānaṃ. 진실견이 인연하고 의지하는 처. 스스로의 종자 이끌기를 버려두고 무루(無漏)의 지견(智見 : 正見)이라는 인연을 의지처로 삼는 뜻이다. 무루의 유위법과 무위법을 의지처로 삼아 이계과(離繫果)를 증득한다. 진실견의처(眞實見依處)·진견의처(眞見依處)라고도 한다. 『유가사지론』 권5(대정장30, p.301b4 : *Yogā-bh.*, p.106)에 "인 등의 의처라 하는 것에 열다섯 가지다. … 열째는 진실견이다. … 진실견인연의처에 의지해 이계과를 시설한다. 因等依處者 謂十五種 … 十 眞實見 … 依眞實見因緣依處 施設離繫果 hetupratyayaphalādhiṣṭhānaṃ katamat. pañcadaśemāni hetoradhiṣṭhānāni. … tattvadarśanaṃ … tattvadarśanaṃ hetvadhiṣṭhānaṃ pratyayādhiṣṭhānaṃ cādhiṣṭhāya visaṃyogaphalaṃ prajñāpyate", 『유가론기』 권2(대정장42, p.340c25·한불전13, p.98a17)에 "진견의처는 무루견을 성으로 삼아서 스스로의 종자 이끄는 것을 없애기에 상응하는 법을 능히 도울 수 있으며, 뒤따르는 무루도 능히 이끌어 무위를 증득할 수 있게 한다. 眞見依處以無漏見爲性 除引自種 於相應法能助 於後無漏能引 於無爲能證", 『성유식론』 권8(대정장31, p.41c1)에 "열째는 진실견의처다. 무루견이 자기 종자를 이끌기를 버려서 무루법을 능히 도와 이끌어 증한다. … 진견의처에서 이계과를 얻는다. 十 眞實見依處 謂無漏見 除引自種 於無漏法能助引證 … 眞見依處 得離繫果", 『성유식론술기』 권8(대정장43, p.506a2)에 "〔논〕 '열째는 진실견의처니 ~ 도와 이끌어 증한다'를 푼다. 〔술〕 일체무루견은 일체무위법과 유위법의 인이 되기 때문이다. 무루견의 인과는 스스로를 훈습해서 성취한 종자는 제하고 그밖에 나머지를 바라서는 모두 이 인이다. 論 十眞實見依處至能助引證 述曰 謂一切無漏見 與一切無爲有爲法爲因 除見因果自熏成種 以外望餘皆是此因", 『성유식론증의』 권8(卍속장81, p.929b3)에 "'열째는 진실견의처다'란, 일체무루견은 허망할 수 없어서 '진실'이라 한 것이고, 그밖에 모든 무루의 유위법과 무위법이 소의로 삼기에 '의지처'라 한 것이다. 十 眞實見依處者 謂一切無漏見不虛妄 故名眞實 能與餘一切無漏有爲法及無爲法而爲所依 名依處", 『성유식론소초』 권13(卍속장80, p.724a2)에 "여기서 진견의처란, 전념의 무루견의 현행이 인이 되어 후념의 무루견을 현행하고 무위를 증하는 것이니, 생사의 법과는 현격히 다르다. 此中眞見依處 卽前念無漏見現行爲因 後念無漏見現行及證無爲 與卽生死法隔別"라고 하였다. 〔참고문헌〕『瑜伽師地論』, 『瑜伽論記』, 『成唯識論』, 『成唯識論述記』, 『成唯識論證義』, 『成唯識論疏抄』, *Yogā-bh.* ⇨ 진실견 眞實見

진실공덕 眞實功德 Ⓢ bhūta-guṇa, Ⓣ yang-dag-pa 'i-yon-tan, yon-tan-yang-dag-pa. 진실한 공덕. 전도가 없고 허망하지 않아 중생을 제도할 수 있는 공과 덕을 말한다. 『대반야경』 권337(대정장6, p.701c2)에 "오직 열반만이 적정하고 미묘하여, 갖가지 상락아정의 진실공덕을 구족한다. 唯有涅槃寂靜微妙 具足種種常樂我淨眞實功德", 『왕생론주』 권상(대정장40, p.827c17)에 "진실공덕의 상이라 하니, 두 가지 공덕이 있다. … 둘째, 보살지혜 따라 청정업을 일으켜 불사를 장엄하고 법성에 의지해 청정한 상으로 들어가니, 이 법은 전도 없고 허위도 아니다. 이를 진실한 공덕이라 한다. 眞實功德相者 有二種功德 … 二者 從菩薩智慧 淸淨業起 莊嚴佛事 依法性 入淸淨相 是法不顚倒不虛僞 名爲眞實功德", 『연종보감』 권6(대정장47, p.334a5)에 "(부처님의) 공덕을 논하면 한량없고 끝도 없으며, 과보로 논하면 헤아릴 수 없고 말로 표현할 수도 없다. 이러한 공덕과 과보로 복을 기원하면 어떤 복인들 오지 않겠으며, 이것으로 중생을 제도하면 모두 제도할 수 있으니 진실공덕이라 한다. 論功德則 無量無邊 論果報則 難思難議 以此祈福則 何福不臻 以此度生則 有生皆度 是名眞實功德"라고 하였다. 〔참고문헌〕『大般若經』, 『菩薩地持經』, 『往生論註』, 『蓮宗寶鑑』, *Bodh-bh.79·162.* ⇨ 부실공덕 不實功德, 상락아정 常樂我淨

진실교 眞實敎 진실만을 곧바로 보이는 가르침. 방편을 빌리지 않는 뜻이어서 방편교(方便敎)와 마주한다. 『승만보굴』 권하(대정장37, p.80b24)에 "그러므로 대승법화의 진실교를 설하여 모든 중생으로 하여금 뿌리박힌 집착을 버리고 자비를 거둬 취하게 한다. 故說大乘法華眞實敎 令諸衆生 捨本所執 攝取慈悲", 『대승현론』 권5(대정장45, p.63c13)에 "지론사는 삼종과 사종이 있다고 하는데, 삼종은 첫째 입상교, 둘째 사상교, 셋째 현진실교이다. 이승인을 위해 상이 있는 가르침을 설하고, 『대품경』 등은 널리 무상을 밝히기에 상을 버린다 하고, 『화엄경』 등은 진실을 드러내는 교문이라 한다. 地論師云 有三宗四宗 三宗者 一立相教 二捨相教 三顯眞實教 爲二乘人 說有相教 大品等經 廣明無相 故云捨相 華嚴等經 名顯眞實教門", 『화엄경소초』 권9(대정장36, p.69a4)에 "가름하고자 하면 마땅히 점점 열어야 하니, 또한 나누어 둘이다. 첫째는 방편교요, 둘째는 진실교다. 그러므로 『법화경』에서 '방편문 열어 진실상 보인다'고 하였으니, 또한 곧 반교와 만교다. 또 방편은 다른 이의 뜻을 따르는 말이고 진실이 즉 스스로의 뜻을 따르는 말이다. 또 방편인 즉 삼승이고 진실이란 바로 일승이다. 若欲判者 當漸開之 且分爲二 一方便教 二眞實教 故法華云 開方便門 示眞實相 亦卽半滿 又方便卽隨他意語 眞實卽隨自意語 又方便是三乘 眞實是一乘"라고 하였다. [참고문헌] 『勝鬘寶窟』, 『大乘玄論』, 『華嚴經疏鈔』, 『法華經』 권4 「法師品」(대정장9, p.31c17). ⇨ 방편교 方便教, 개권현실 開權顯實

진실무성 眞實無性 Ⓢ paramārtha niḥsvabhāvatā, Ⓣ don-dam-par-ngo-bo-nyid-med-pa-nyid. 진실은 그 성이 없다네. 삼무성(三無性) 중 하나로 진실은 모양(相)도 일어남(生)도 없어 특별한 성도 없다는 뜻. 승의무성(勝義無性)과 통한다. 『삼무성론』 권상(대정장31, p.867c13)에 "'(三性 중) 진실성을 잡아서 말하면 진실은 무성이기에 무성이라고 한다'는 것은, 이 진실성이라 해도 별다른 법이 없으니, 돌이킨즉 앞의 두 성품이 없는 것이 진실성이다. 진실은 모습도 없고 생겨난 적도 없다. 일체유위법은 이 분별의타 두 가지 성에서 벗어나지 않으며, 이 두 성은 이미 진실인 무상무생이니, 이런 이치로 일체제법은 한결같이 성이 없다. 約眞實性 由眞實無性故 說無性者 此眞實性 更無別法 還卽前兩性之無 是眞實性 眞實是無相無生故 一切有爲法 不出此分別依他兩性 此二性 既眞實無相無生 由此理故 一切諸法 同一無性"라고 하였다. [참고문헌] 『三無性論』, *Abh-s-bh.114.* ⇨ 삼무성 三無性, 승의무성 勝義無性, 승의무자성성 勝義無自性性

진실문 眞實門 ❶ 바른 사유(正思惟)로 진실경(眞實境)을 보게 하는 문. 『대승보살장정법경』 권19(대정장11, p.826b25)에 "견실하지 못한 몸을 보고 실이란 상을 일으키고, 실 중에서는 실하지 못한 마음을 일으킨다면, 저 사람은 진실문에 들지 못한다. 이것은 삿되게 사유한 망경계다. 실 중에 진실상 짓고 부실함 당해서 실하지 못하다는 마음을 일으킨다면, 저 사람은 진실문에 들어갈 수 있다. 이것이 정사유의 진경계다. 不堅實身生實想 實中還起不實心 彼人不入眞實門 此邪思惟妄境界 實中若作眞實想 不實當生不實心 彼人得入眞實門 此正思惟眞境界"라고 하였다. [참고문헌] 『大乘菩薩藏正法經』. ❷ 일승(一乘)에 드는 문. 삼승(三乘)의 방편문(方便門)이 아닌 뜻이다. 『법화현론』 권5(대정장34, p.397a23)에 "예전에는 일승이 진실이라고 설하지 않았기에 진실문이 닫혀 있었고, 지금은 일승이 진실이라고 설하기에 진실문이 열렸다. 昔不說一是眞實故 眞實門閉 今說一是眞實故 眞實門開也"라고 하였다. [참고문헌] 『法華玄論』. ⇨ 방편문 方便門, 일승 一乘

진실범부 眞實凡夫 Ⓢ pṛthagjana-kalyāṇaka, pṛthagjanā kalyāṇakā, Ⓣ so-so'i-skye-bo-dge-ba. 바른 길에 들어서 성불이 결정되어 있는 사람(正定聚)으로서의 내범(內凡)을 말한다. 『잡아함경』 권25(대정장2, p.180a13)에 "그때 왕은 팔만사천의 불탑을 세우고, 그 모든 탑 속에 다시 백천금을 보시하였으며, 또 오세대회를 베풀었다. 그 대회에 삼백천비구가 모이니, 삼백억 금을 써서 스님들을 공양하였는데, 제일분은 아라한이었고, 제이분은 학인이었으며, 제삼분은 진실범부였다. 時 王起八萬四千佛塔 於彼諸塔中 復施百千金 復作五歲大會 會有三百千比丘 用三百億金 供養於彼僧衆中 第一分是阿羅漢 第二分是學人 第三分是眞實凡夫", 『잡아비담심론』 권5(대정장28, p.908a15)에 "현성이란 정정취이니, 칠인과 진실범부를 말한다. 賢聖者 正定聚 謂七人及眞實凡夫", 『보살지지경』 권8(대정장30, p.938a5)에 "오욕을 버리고 법에 의해 출가하여 여러 고통을 받지 않고, 내지는 삿된 길로 나아가지는 않으나 번뇌 있기도 하고 없기도 하다. 즉 '정방편의 진실범부와 모든 학인'이라 하였으니, 이를 번뇌에 부림 있다(煩惱所使) 한다. 보살은 이 경계에 애민심을 일으키니 남김없이 위없이 한다. 捨離五欲 於法出家 不受諸苦 乃至邪趣 而具煩惱 或有不具 謂正方便 眞實凡夫 及諸學人 是名煩惱所使 菩薩 於此境界 哀愍心生 無餘無上"라고 하였다. [참고문헌] 『雜阿含經』, 『雜阿毘曇心論』, 『菩薩地持經』, 『地持義記』 권4(대정장85, p.961b12), *Divy.429.*, *Bodh-bh.208.* ⇨ 내범 內凡, 범부 凡夫, 정정취 正定聚

진실법 眞實法 진실한 법. 일체상(一切相)을 떠나고 일체희론(一切戱論)도 떠난 법. 『장아함경』 권5 「사니사경 闍尼沙經」(대정장1, p.35c17)에 "세존께서 세상에 출현하시어 진실법을 설하시니 매우 기이하구나! 매우 뛰어나구나! 이전에는 있지 않았도다. 世尊出世 說眞實法 甚奇 甚特 未曾有也", 『미증유정법경』 권5(대정장15, p.444b2)에 "자타상을 모두 얻을 수 없다. 만일 이와 같이 본다면 진실법을 본다. 진실법이란 일체견 벗어나니 온갖 견을 떠나기에 평등법에 머문다. 自他之相

俱不可得 若如是見者 卽見眞實法 眞實法者 離一切見 以離諸見故 卽住平等法", 『대승입능가경』 권5(대정장16, p.616a19)에 "진실법이란 다름도 없고 차별도 없으며, 오지도 않고 가지도 않으며, 모든 희론이 다 그쳐 사라진다. 眞實法者 無異無別 不來不去 一切戲論 悉皆息滅", 『대승밀엄경소』 권3(卍속장34, p.540a8)에 "진실법이란 지의 경이니, 온갖 상을 떠났기에 망심으로 행하지도 않는다. 그러므로 마땅히 설하기를 '상 없은즉 해탈이다' 라고 널리 설한다. 眞實法者 是智境 離衆相故 非妄心所行 是故宣說 無相卽解"라고 하였다. 〔참고문헌〕『長阿含經』, 『未曾有正法經』, 『大乘入楞伽經』, 『大乘密嚴經疏』.

진실법륜 眞實法輪 ❶ 진실법의 수레바퀴. 『불소행찬』 권3(대정장4, p.30b26)에 "정념을 바퀴통으로 삼아 진실법륜을 이루면 바르고 진실하게 삼계를 벗어나고, 물러날 일 없이 지혜로운 스승을 따른다네. 正念以爲轂 成眞實法輪 正眞出三界 不退從明師", 『자죽림전우형어록』 권3 「시서의법자 示西意法子」(가흥장28, p.669b30)에 "옛날에 육조대감선사는 '마음이 미혹하면 법화에 굴림을 당하고, 마음이 깨우치면 법화를 굴린다' 하였다. 육조의 이 말씀 한때의 병에 따른 약에 불과하다. 만약 진실법륜으로 말하자면 어찌 미하고 깨우침 있어 굴리거나 굴림을 당함이 있겠는가? 昔 六祖大鑒禪師云 心迷法華轉 心悟轉法華 六祖此語亦是 一時應病與藥 若論眞實法輪 豈有迷悟能轉所轉耶"라고 하였다. 〔참고문헌〕『佛所行讚』, 『紫竹林顓愚衡語錄』. ⇨ 법륜 法輪 ❷ 도생(道生)이 세운 사종법륜(四種法輪 : 善淨法輪 方便法輪 眞實法輪・無餘法輪) 중 하나. ⇨ 사종법륜 四種法輪

진실법신 眞實法身 Ⓢ saddharma-kāya. 언구(言句)나 마음으로 헤아림(心量)을 멀리 벗어나 있어 증(證)해서야 얻을 수 있는 몸. 『대승본생심지관경』 권7(대정장3, p.323a26)에 "항상 나의 몸과 난야 그리고 보리심과 진실법신을 관하니, 이 네 가지는 차별이 있을 리 없다. 이와 같이 묘한 이치를 관하므로 진실바라밀이라는 이름을 얻는다. 常能觀察 我身 蘭若 及菩提心 眞實法身 如是四種 無有差別 如是如是 觀妙理故 卽得名爲眞實波羅蜜", 『주대승입능가경』 권7(대정장39, p.484b4)에 "지란 법신이고, 알아야 할 것은 오음과 십팔계와 십이입이다. 진실법신을 말하자면 일체경계가 유무일이와 유상무상 등의 사구망견에서 벗어나 있고, 보거나 느끼거나 듣거나 아는 등 일체 마음으로 헤아릴 수 있는 것도 넘어선다. 오직 말한다면 '생도 없고 멸도 없어 마치 허공과 같다'고 할 뿐이다. 智者法身也 所知者陰界入也 言眞實法身 知一切境界 離有無一異 常無常等 四句妄見 超見覺聞知 一切心量 唯有言說 無生無滅 猶如虛空", 『합부금광명경』 권4(대정장16, p.380a6)에 "보리의 도를 견고하게 닦고 익히며 여래의 진실법신을 구한다. 堅固修習 菩提之道 求於如來眞實法身", 『대승본생심지관경천주』 권7(卍속장34, p.406b18)에 "진실법신은 진여법성을 몸으로 삼아 증해야 할 과다. 眞實法身 謂眞如法性爲身 乃欲證之果也"라고 하였다. 〔참고문헌〕『大乘本生心地觀經』, 『注大乘入楞伽經』, 『合部金光明經』, 『大乘本生心地觀經淺註』, *Suv-pr.34.* ⇨ 법신 法身

진실보토 眞實報土 진실한 보토. 실보토(實報土)라고도 한다. 정토문에서 시설한 뜻이다. 『교행신증』 권2(대정장83, p.599c14)에 "(悲願은) 마치 저 대지와 같이 능히 가져 일체가 왕생하게 하기에, 저 큰물처럼 능히 일체번뇌 때를 씻고, 저 큰불처럼 능히 일체 모든 견이라는 땔감을 태우고, 저 큰 바람같아 널리 세간에 행해서 걸림이 없다. 능히 삼유로 묶인 성에서 나오고 능히 이십오유의 문도 닫는다. 능히 진실보토를 얻고 능히 삿되거나 바른 길을 가리며, 능히 어리석음의 바다 마르게 해서는 능히 원해로 흘러들게 한다. 猶如大地 能持一切往生故 猶如大水 能滌一切煩惱垢故 猶如大火 能燒一切諸見薪故 猶如大風 普行世間無所礙故 能出三有繫縛城 能閉二十五有門 能得眞實報土 能辯邪正道路 能竭愚癡海 能流入願海", 『양인산거사유서』 권24 「평진종교지 評眞宗教旨」(대장경보편28, p.712a3)에 "사십팔원 중에 제18원으로 진실을 삼으니, 그 입은 바 기를 정정취로 삼아 진실보토에 난다. 제19원과 제20원은 방편인데, 제19원의 기는 제행을 회향하여 화토에 이르러 그치기에 사정취가 된다. 제20원의 기는 혹은 제18원으로 나아가 들고, 혹은 제19원으로 물러나 떨어지기에 부정취다. 於四十八願中 以第十八願 爲眞實 其所被之機 爲正定聚 生眞實報土 十九二十爲方便 十九之機 回向諸行 止至化土 故爲邪定聚 二十之機 或進入第十八 或退墮第十九 故爲不定聚"라고 하였다. 〔참고문헌〕『教行信證』, 『楊仁山居士遺書』. ⇨ 실보토 實報土, 진가이문 眞假二門❷

진실삼보 眞實三寶 육종삼보(六種三寶) 중 하나. 『대승법원의림장』 권6(대정장45, p.343c25)에 "진실이란, 삼신인 불보와 일체무루의 교리행과인 삼승법보이고, 일체의 향에 머물고 과에 머물며 도에 머무는 삼승성중을 이름하여 승보라 하니, 대소승의 다같이 섬기는 진실삼보다. 眞實者 三身佛寶 一切無漏 教理行果 三乘法寶 一切住向住果住道三乘聖衆 名爲僧寶 大小乘同眞實三寶", 『사분율행사초간정기』 권3(卍속장68, p.170a15)에 "둘째 진실삼보란, 오직 부처님과 이공진여와 무루법만을 진보로 삼는다. 법신과 아울러 자수용보신을 취하여 불보〈아래로 타수용신과 변화신을 취함〉라 하고, 무루의 본질교를 법보라 하며, 십지보살을 승보로 삼는다. 二 眞實三寶者 唯佛二空眞如無漏法爲眞寶故 謂取法身幷

自受用報身爲佛寶〈下取他化〉無漏本質教爲法寶 十地菩薩爲僧寶"라고 하였다. [참고문헌]『大乘法苑義林章』,『四分律行事鈔簡正記』. ⇨ 육종삼보 六種三寶

진실상 眞實相 Ⓢ bhūta-lakṣaṇa. 상(相)도 무상(無相)도 벗어나고 시작도 끝도 없어서 오직 법안(法眼)으로 볼 수 있는 모습. 『무량의경』(대정장9, p.385c25)에 "이와 같이 무상은 상도 상 없음도 없어야 실상이다. 보살마하살이 이와 같은 진실상에 안주해 마쳐서야 일으키는 자비야말로 분명한 진실이어서 허망하지 않고, 모든 중생들에게서 진실로 괴로움을 없애줄 수 있다. 고통을 이미 없애준 다음에는 다시 설법하여 중생들이 쾌락을 누리도록 한다. 如是無相 無相不相 無相不相 名爲實相 菩薩摩訶薩安住如是眞實相已 所發慈悲 明諦不虛 於衆生所 眞能拔苦 苦旣拔已 復爲說法 令諸衆生 受於快樂", 『대승입능가경』 권6(대정장16, p.628a15 : *Laṅk.*, p.288)에 "제법에 시작도 끝도 없어 진실상에 머물고, 세간은 온통 짓는 바 없으니 헛된 알음알이로는 능히 알 수 없다네. 諸法無始終 住於眞實相 世間皆無作 妄計不能了anādyanidhanābhāvādbhūtalakṣaṇasaṃsthitāḥ, kāraṇakaravalloke na ca budhyanti tārkikāḥ", 60권본 『화엄경』 권41(대정장9, p.657c12)에 "혜안이라 하니 일체중생의 모든 근을 보기 때문이다. 법안이라 하니 일체법진실상을 보기 때문이다. 불안이라 하니 여래십력을 보기 때문이다. 慧眼見一切衆生諸根故 法眼見一切法眞實相故 佛眼見如來十力故"라고 하였다. [참고문헌]『無量義經』,『大乘入楞伽經』,『華嚴經』, *Laṅk.119.* ⇨ 진실적상 眞實寂相, 진실성상 眞實性相❶, 실상 實相, 무상 無相

진실성 眞實性 ❶ 일체법(一切法) 공한 진실을 말한다. 『대보적경』 권69(대정장11, p.392b6)에 "일체계는 그대로 곧 체성이 스스로 공하다. 일체 지혜로운 이들은 이렇게 말하네. 저 공 또한 공하여 자성이 없으니 끝내 구하여도 얻을 수 없다. 범부는 저에 온통 속박되어 진실성을 도무지 모르나, 지혜로운 이는 관찰하여 해탈을 얻고 저 삼계에 집착함이 없다. 諸界卽體性自空 一切智人如是說 彼空亦空無自性 究竟求之不可得 凡夫於此皆被縛 都由不知眞實性 智者觀察得解脫 於其三界無所著", 『미증유정법경』 권5(대정장15, p.445b1)에 "선남자여, 모든 지혜로운 이는 반드시 이와 같이 관한다. 이 관 짓는 이는 일체법중에 즉해 마음을 구하더라도 얻을 수 없다. 왜냐하면 마음의 자성이 그대로 제법자성이고, 제법자성이 공함이 바로 진실성이기 때문이다. 善男子 諸有智者 應如是觀 作是觀者 卽於一切法中 求心不可得 何以故 心之自性卽諸法性 諸法性空 卽眞實性"라고 하였다. [참고문헌]『大寶積經』,『未曾有正法經』. ⇨ 제법진실성 諸法眞實性, 일체법 一切法 ❷ Ⓢ pariniṣpannaḥ svabhāvaḥ, Ⓣ yongs-su-grub-pa'i-ngo-bo-nyid. 원성실성(圓成實性)을 말한다. 『중변분별론』 권1(대정장31, p.451c1 : *Madhy-vibh.*, p.19)에 "〈송〉 분별·의타·진실의 삼성 뿐이니, 진 더불어 난식에서 비롯되었고 능취소취 없기에 설한다. 分別及依他 眞實唯三性 由塵與亂識 及二無故說 〈kārikā〉 kalpitaḥ paratantraś ca pariniṣpanna eva ca, arthād abhūtakalpāc ca dvayābhāvāc ca deśitaḥ", "〈석〉 분별성이란 말하자면 이 육진이니, 어떻게 해도 얻을 수 없어 허공의 꽃과 같다. 의타성이란 오직 난식이어서 있지만 실이 아니기에 꿈결 같은 물이다. 진실성이란 능취소취 둘 다 있을 수 없음을 말하니, 진실은 유이기도 하고 무이기도 하니 저 허공과 같다. 分別性者 謂是六塵 永不可得 猶如空華 依他性者 謂唯亂識 有非實故 猶如幻物 眞實性者 謂能取所取二無所有 眞實有無故 猶如虛空"라고 하였다. 현장(玄奘)은 『변중변론』 권상(대정장31, p.465a2)에서 원성실자성(圓成實自性)으로 한역하였다. [참고문헌]『中邊分別論』,『辯中邊論』, *Madhy-vibh.* ⇨ 진실성상 眞實性相❷, 원성실성 圓成實性

진실성상 眞實性相 ❶ 공(空)이다 유(有)다 하는 일체 분별을 벗어난 제법의 본래 모습. 『불성론』 권2(대정장31, p.794c28)에 "진실성상이란, 유무와 증익손감의 집착이 이 성을 앎으로 집착이 생기지 않는다. 왜 그런가? 만약 공을 유라고 집착하면 증익의 비방이고, 만약 공을 무라고 집착하면 손감의 비방이다. 그러나 이 성에 통달한즉 두 집은 일어나지 않으니 이것을 진실성상이라고 한다. 眞實性相者 有無及增益損減執 由解此性故 執不得生 所以者何 若執空爲有 名增益謗 若執空爲無 名損減謗 若通達此性 則二執不生 是名眞實性相"라고 하였다. [참고문헌]『佛性論』. ⇨ 진실상 眞實相, 진실적상 眞實寂相 ❷ Ⓢ pariniṣpanna-lakṣaṇa, Ⓣ yongs-su-grub-pa'i-mtshan-nyid. 삼성(三性) 중 하나인 원성실성(圓成實性). 『섭대승론석』 권5(대정장31, p.182a23)에 "[논] 진실성상이란 의타성이 이 진상일 뿐이어서 실로 있을 수 없지만, 이것 실로 없지는 않으므로 진실성상이라고 한다. 論曰 眞實性相者 是依他性 由此塵相 永無所有 此實不無 是名眞實性相", "[석] 허망하다는 뜻이니 결코 현현의 인이 없다는 것이다. 현현의 체가 없기에 역시 얻을 것이 없다. 비유하자면 아 등이 진(根塵)의 현현이어서 실로 있는 듯하니, 이 현현에 의지해 증량·비량·성언량이라는 삼량에 의지해 그 체를 찾아보지만 실로 얻을 수 없다. 아진처럼 법진도 그러하여 결코 그 체 있을 수 없기에 인도 법도 무아다. 이와 같은 무아는 실로는 있어서 없지 않다. 이 두 가지 진에는 체가 없기에 의타성이어서 얻을 수 없으나, 한편 실로 있어서 없지 않으니 진실성상이라고 한다. 釋曰 虛妄義 永不有顯現因 由顯現體不有故 亦不可得 譬如我等塵顯現 似實有 由此顯現 依證比聖言三量 尋求其體 實不可得 如我塵 法塵亦爾 永無有體故 人法皆無我 如此無我 實有不無 由此二種塵無有體故 依他性 不可得 亦實有不無 是名 眞實性相"라고 하였다. 〔참고문헌〕『攝大乘論釋』, 『攝大乘論』 권상(대정장31, p.118a23), *Sūtr.22·65.* ⇨진실성 眞實性❷, 원성실성 圓成實性, 삼성 三性❶ ❸진실 그대로인 상. ⇨진실상 眞實相

진실신 眞實身 방편의 모습인 환(幻)을 떠나고 깨우쳐야 마주할 수 있는 몸. 『대승동성경』 권하(대정장16, p.652a2)에 "여래의 진실신 끊어질 일 없고 상 있을 리 없다. 如來眞實身 無有斷絶 亦無有相", 『법화현찬의결』(대정장34, p.859c2)에 "초주에서는 일도청정이 일승임을 밝히고, 제이주에서는 한 법신청정이 진실신임을 밝힌다. 初周明 一道淸淨 卽一乘也 第二周明 一法身淸淨 眞實身也", 『종경록』 권79(대정장48, p.855c25)에 "부처님의 몸을 간추리면 두 몸이 있다. 첫째는 진실신이고, 둘째는 방편신이다. 중생은 여래의 진실신을 보지 못하기에 방편신을 보여 진실을 깨닫도록 한다. 만약 깨닫는 순간이 되면 방편신 그대로 상주체일 것이니, 방편신의 환으로는 얻지 못함을 깨닫기 때문이다. 諸佛略有二身 一眞實身 二方便身 以衆生有不見如來眞實身故 示方便身 令入眞實 若悟入時 卽方便身是常住體 了幻不可得故"라고 하였다. 〔참고문헌〕『大乘同性經』, 『法華玄贊義決』, 『宗鏡錄』. ⇨진신 眞身, 방편신 方便身

진실심 眞實心 ❶Ⓢbhūta-citta. 곧고 굳은 마음. 세간을 버리고 정법률(正法律)을 가져서 배우며 끝내는 중생을 위하는 마음으로 무상(無上)의 보리과만을 구하는 마음. 『대보적경』 권80(대정장11, p.459a21)에 "보살에게 네 가지 법이 있어서 능히 위와 같은 청정한 일을 성취한다. 어떤 것이 그 네 가지인가? 첫째 진실한 마음이니, 굽혀 아첨하지 않는다. 菩薩有四法 能成如上淸淨之事 何等爲四 一者 眞實心 無諂曲", 『수호국계주다라니경』 권10(대정장19, p.573a21)에 "어떤 것을 진실심으로 사문이 되었다고 하는가? 말하자면 어떤 중생이 찰제리대신·바라문족성·장자·거사·상주 등 부귀한 집안에 태어나 멋진 청년이 되었을지라도 모든 재색이나 부귀영화를 마치 뜬구름·물거품·환상·번갯불 등처럼 생멸하여 머물지 않는다고 보아 마침내 싫어하고 여읜다. 보리심을 내어 벗과 진귀한 재물을 모두 다 버리고 출가하여 도를 그리워하여 율의를 붙들어 가져서 법을 배우고 선을 행함에 정진하여 게으르지 않고, 짓는 것마다 다 중생을 위하여 오직 무상의 보리과만을 구한다면, 이것을 열 번째 진실심으로 사문이 되는 것이라고 한다. 云何名爲眞實心故 而作沙門 謂有衆生 雖生刹利大臣 族姓婆羅門家 或生長者 居士 商主 富貴之家 盛年美貌 觀諸財色 富貴榮顯 猶若浮雲 泡幻電光 生滅不住 遂起厭離 發菩提心 親友珍財 一切皆捨 出家慕道 秉持律儀 學法修禪 精勤匪懈 凡有所作 皆爲衆生 唯求無上菩提之果 是名第十眞實心故而作沙門"라고 하였다. 〔참고문헌〕『大寶積經』, 『守護國界主陀羅尼經』, *Kāśy.88.* ❷자성청정심(自性淸淨心). 여래장심(如來藏心)인 불심(佛心)을 말한다. 『주대승입능가경』 권5(대정장39, p.471a2)에 "범어 불타(佛陀 Ⓢbuddha)는 각자(覺者)라고 한역하며, 범어 건율다야(乾栗陀耶 Ⓢhṛdaya)는 진실심이라 한다. 곧 일체불의 자성이 번뇌를 떠나 그지없이 깨끗하고 밝은 마음이다. 梵音佛陀 此云覺者 梵乾栗陀耶 此名眞實心 卽一切佛 自性離垢 妙淨明心也", 『제법무쟁삼매법문』 권상(대정장46, p.628a21)에 "좌선을 하고자 할 때 우선 몸의 바탕을 관해야 한다. 이 몸의 바탕이란 여래장이다. 자성청정심이라고 부르고, 또한 그 이름이 진실심이다. 欲坐禪時 應先觀身本 身本者 如來藏也 亦名自性淸淨心 是名眞實心"라고 하였다. 〔참고문헌〕『注大乘入楞伽經』, 『諸法無諍三昧法門』. ⇨여래장심 如來藏心❶, 자성청정심 自性淸淨心

진실염송 眞實念誦 자(字)의 뜻(義)답게 염송하다. 사종염송(四種念誦) 중 하나다. 『금강정약출염송경』 권4(대정장18, p.248a28)에 "진실염송은 저 자의 뜻 그대로 수행함이 그것이다. 眞實念誦 如字義修行是也", 『불정존승다라니진언』(대정장19, p.395c23)에 "문수사리가 곧 진언을 설하여 '아라파자낭 𑖀𑖨𑖢𑖓𑖡𑖽 阿羅跛者曩'이라 하였다. … 이른바 아(𑖀)란 위없는 뜻이니 일체제불의 총상법문이다. 라(𑖨)는 청정하고 장애 없으며 법의 때 벗어남이다. 파(𑖢)는 제일의제의 진실한 리(理)다. 자(𑖓)라는 자는 대성은 공적하여 행상이 있지 않음이다. 낭(𑖡𑖽)은 법 언제나 성이 없음이다. 언설문자 모두 불가득이니, 그대는 마땅히 이 심진언법문을 닦아 배우며, 늘 관하되 이 마음이 본래 청정하고 물듦도 붙듦도 없고 아와 아소도 없어 분별상 여읨에 자성열반임을 관하라. 이 법에 듦을 삼마지라 하니, 이를 진실염송이라 한다. 마땅히 알아야 하리, 이런 사람의 수승한 공덕 헤아릴 수 없고 가이 없음을. 文殊師利 卽說眞言曰 阿羅跛者曩 … 所言婀者 是無上義 一切諸佛 總相法門 孋者 淸淨無障 離法塵垢 跛者 第一義諦 眞實之理 者之字者 大性空寂 無有行相 曩者 法常無性 言說文字 皆不可得 汝應修學 此心眞言法門 常觀是心本來淸淨 無染無著 無我我所 離分別相 自性涅槃 入此法者 名三摩地 是名眞實念誦 當知此人 殊勝功德 無量無邊"라고 하였다. 〔참고문헌〕『金剛頂略出念誦經』, 『佛頂尊勝陀羅尼眞言』. ⇨사종진언 四種眞言❷

진실우 眞實愚 Ⓢ tattva-saṃmoha, Ⓣ de-kho-na-la-rmongs-pa. 칠종무지(七種無知) 중 하나로 사성제(四聖諦)를 모르는 것. 『성유식론연비』 권6(대정장43, p.944a22)에 "일곱 가지 무지란, … 다섯째는 진실우이다. 七無知者 … 五 眞實愚", 『원각경소초수문요해』 권8(卍속장15, p.664b18)에 "진실우란 사성제에 미혹한 것을 말한다. 眞實愚者 謂迷四聖諦"라고 하였다. [참고문헌] 『成唯識論演祕』, 『圓覺經疏鈔隨文要解』, *Yogā-bh.205.* ⇨ 칠종무지 七種無知

진실원 眞實願 일본 정토진종 용어. 아미타불이 인위에서 발한 48원(願) 중 제11주정정취원(住正定聚願)·제12광명무량원(光明無量願)·제13수명무량원(壽命無量願)·제17제불칭양원(諸佛稱揚願)·제18염불왕생원(念佛往生願)·제22필지보처원(必至補處願)을 일컫는 말. 방편원(方便願)인 제19내영인접원(來迎引接願)·제20계념정생원(係念定生願)과 함께 진가팔원(眞假八願)이라 부른다. ⇨ 진가이문 眞假二門 ❷

진실유 眞實有 ❶ 의지할 것 없이(無依處) 진실이라는 것으로만 있다고 할 수 있는 법신(法身). 『금광명최승왕경』 권2(대정장16, p.409a24)에 "선남자야, 일체제불은 제일신에서 제불과 더불어 일을 함께하고, 제이신에서 제불과 뜻을 함께하며, 제삼신에서 제불과 몸을 함께한다. 선남자야, 첫 번째 불신은 중생의 뜻에 여러 가지 있음을 따라 갖가지 모습으로 나툰다. 그러므로 많다고 한다. 두 번째 불신은 제자의 한 뜻이기에 한 가지 모습으로 나툰다. 그러므로 하나라고 한다. 세 번째 불신은 일체종상을 넘어서 상이나 경계에 집착하지 않기에 불일불이라고 한다. 善男子 一切諸佛 於第一身 與諸佛同事 於第二身 與諸佛同意 於第三身 與諸佛同體 善男子 是初佛身 隨衆生意 有多種故 現種種相 是故說多 第二佛身 弟子一意 故現一相 是故說一 第三佛身 過一切種相 非執相境界 是故說名 不一不二", "선남자야, 첫 번째 몸은 응신에 의해 나타날 수 있고, 두 번째 몸은 법신에 의해 드러나니, 이 법신이란 진실유여서 의지처가 없기 때문이다. 善男子 是第一身 依於應身 得顯現故 是第二身 依於法身 得顯現故 是法身者 是眞實有 無依處故"라고 하였다. [참고문헌] 『金光明最勝王經』. ⇨ 법신 法身 ❷ Ⓢ paramārthena bhāva, Ⓣ mchog-tu-thogs-nar-yod-pa. 뜻으로 깨우쳐 있다고 알 수 있어서 승의(勝義)로 진실인 것. 항아리 등이 세속제로 있는 것이라면 오온(五蘊) 등은 승의(勝意)로 있는 것이다. 『구사론』 권22(대정장29, p.116b20 : *Abh-k-bh.*, p.334)에 "세속리에 의지해 '항아리 등이 있다'고 설하는데, 이것이 실이어서 허망하지 않다고 하면 세속제다. 만약 어떤 물건이 이와 다르다면 승의제라 한다. 말하자면 저 물을 깨우쳐 저것이 파괴되어도 없어지지 않고, 지혜로 분석한 다음에도 저 각이 그대로 있게 된다면 마땅히 알아야 하리. 저 물의 이름이 승의제임을. 예를 들면 색 등의 물이 부서져 극미에 이르거나 승한 혜로 미 등을 쪼개 없애더라도 저 각이 항상 존재하는 것과 같이 수 등도 그러하니, 이것은 진실유이기에 승의라 한다. 승의의 도리에 의해 '색 등이 있다'고 하는데, 이것은 실이어서 허망하지 않기에 승의제라 한다. 依世俗理 說有甁等 是實非虛 名世俗諦 若物異此 名勝義諦 謂彼物覺 彼破不無 及慧析餘 彼覺仍有 應知彼物 名勝義諦 如色等物 碎至極微 或以勝慧 析除味等 彼覺恒有 受等亦然 此眞實有 故名勝義 依勝義理 說有色等 是實非虛 名勝義諦 teṣveva tu saṃvṛtisaṃjñā kṛteti saṃvṛtivaśāt ghaṭaścāmbu cāstīti brūbantaḥ satyamevāhurna mṛṣetyetatsaṃvṛtisatyam. atonyathā paramārtha satyam. tatra bhinne 'poi tadbudhirbhavatyeva. anyadharmāpohe 'pi buddhacyā tat paramārthasat. tadyathā rūpam. tatra hi paramāṇuśo bhinne vastuni rasārhānapi ca dharmānapohya buddhacyā rūpasya svabhāvabuddhirbhavatyeva. evaṃ vedanādayo 'pi draṣṭavyāḥ. etat paramārthena bhāvāt paramārthasatyamiti"라고 하였다. [참고문헌] 『俱舍論』, *Abh-k-bh.* ⇨ 승의제 勝義諦

진실유식성 眞實唯識性 원성실성(圓成實性 Ⓢ pariniṣpanna-svabhāva). 『성유식론증의』 권9(卍속장82, p.3a6)에 "원성을 변계라는 말로 마주해서 말하면, 변계소집성은 허망유식성이 되고 원성실성은 진실유식성이 된다. 若以圓成 對徧計言 則徧計所執 爲虛妄唯識性 圓成爲眞實唯識性"라고 하였다. [참고문헌] 『成唯識論證義』, 『宗鏡錄』 권4(대정장48, p.437b18). ⇨ 원성실성 圓成實性, 허망유식성 虛妄唯識性, 삼성 三性 ❶

진실의 眞實義 Ⓢ satya-artha, tattva, tattva-artha, Ⓣ de-kho-na'i-don. ❶ 생멸(生滅)이 없고 문자 언설(言說)도 떠나며, 상(相)도 의(義)도 내지 않으며 설(說)할 것도 볼(見) 것도 없는 적정(寂靜)하고 공(空)한 뜻. 하지만 방편(方便)으로 닦아야(修) 하고 다문(多聞)으로 얻으며, 일체외도경론을 따르지 않아야 얻을 수 있는 것이다. 『대방등대집경』 권9(대정장13, p.57c14)에 "불법이란, 처소도 아니고 처소 아닌 것도 아니며, 생도 아니고 멸도 아니며, … 속박도 없고 해탈도 없으니, 이와 같은 형상이 없는 것을 불법이라고 한다. 상도 없고 구도 없으며 문자 있을 리 없어 청정적정하며 공한 뜻이고, 상이 없다는 뜻이며, 취집이 없는 뜻이며, 필경에는 뜻을 낼 수조차 없고, 깨달아 아는 뜻펴 말할 수도 없고 볼 수조차 없으니, 볼 수 없는 것을 적정의 뜻이라고 이름할 뿐이다. 佛法者 非處非非處 非生非滅 … 無縛無解 無如是相 名爲佛法 無相無句 無有文字 淸淨寂靜 空義 無相義 無聚義 畢竟無出義 覺知義 不可宣說 不可覩 不可見者 名寂靜義", "적정의 뜻이란 공의 뜻이고, 공의 뜻은 취가 없다는 뜻이며, 취가 없는 뜻은 진실의이고, 진실의는 필경 출이 없는 뜻이며, 필경에는 뜻마저 내지 않는다는 것이어서 멸할 수 없다는 뜻이고, 불멸의 뜻이란 그대로 처가 없는 뜻이다. 처가 없다는 뜻은 법성이고 법성은 불법이니, 이것을 학법이라 하고, 아라한법이라 하며, 연각법이라 하고, 불법이라 한다. 寂靜義者 卽是空義 空義者 卽無聚義 無聚義者 卽眞實義 眞實義者 卽是畢竟不出之義 畢竟不出義者 卽不滅義 不滅義者 卽無處義 無處義者 卽是法性 法性者 卽是佛法 是名學法 名阿羅漢法 名緣覺法 名爲佛法",『능가경』권4(대정장16, p.507a8 : *Laṅk.*, p.196)에 "대혜야, 진실의에는 마땅히 방편으로 닦아야 한다. 진실의란 미묘하고 적정하여서 열반의 인이다. 언설이란 망상과 합하는 것이며, 망상이란 생사를 모은다. 大慧 於眞實義 當方便修 眞實義者 微妙寂靜 是涅槃因 言說者 妄想合 妄想者 集生死 mahāmate arthābhiyogaḥ kara ṇīyaḥ. artho mahāmate vivikto nirvāṇa-hetuḥ. rutaṃ vikalpa-saṃbaddhaṃ saṃsārāvāhakam", "대혜야, 진실의란 다문으로부터 얻는다. 대혜야, 다문이란 뜻을 따르는 것을 말하지, 언설을 잘하는 것이 아니다. 뜻에 잘 따르는 이는 일체외도의 경론을 따르지 않는데, 자신은 물론 타인을 따르게 하지도 않는다. 이를 대덕다문이라고 한다. 그러므로 뜻을 구하는 이는 '다문'을 가까이해야 한다. 大慧 眞實義者 從多聞者得 大慧 多聞者 謂善於義 非善言說 善義者 不隨一切外道經論 身自不隨 亦不令他隨 是則名曰大德多聞 是故欲求義者 當親近多聞 arthaś-ca mahāmate bahuśrutānāṃ sakāśāl-labhyate. bāhuśrutyaṃ ca nāma mahāmate yaduta-arthakauśalyaṃ na rutakauśalyam. tatrārthakauśalyaṃ yat-sarvatīrthakaravādāsaṃsṛṣṭaṃ darśanam yadā svayaṃ ca na patati parāṃś-ca na pātayati. evaṃ satyārthe mahāmate bāhuśrutyaṃ bhavati. tasmād-arthakāmena te sevanīyāḥ",『순정리론』권40(대정장29, p.568a27)에 "진실의에 대해 어리석으면 복업과 부동업만 짓는다. 진실의란 사성제다. 由眞實義愚故 造福及不動業 眞實義者 謂四聖諦"라고 하였다. [참고문헌]『大方等大集經』,『楞伽經』,『順正理論』, *Laṅk.* ⇨ 불생불멸 不生不滅, 적정 寂靜, 법성 法性❶, 처 處, 열반 涅槃 ❷ 여소유성(如所有性)과 진소유성(盡所有性)에 의지한 제법의 진실성과 일체성. 다시 네 가지 진실이 있다.『유가사지론』권36(대정장30, p.486b9)에 "진실의란 무엇인가(Ⓢ tattvārthaḥ katamaḥ)? 즉 대략 두 가지가 있으니, 첫째 여소유성(如所有性 Ⓢ yathāvad-bhāvikatā)에 의지한 제법의 진실성이다. 둘째 진소유성(盡所有性 Ⓢ yāvad-bhāvikatā)에 의지한 제법의 일체성이다. 마땅히 알라. 이와 같은 제법의 진실성과 일체성을 다 거둬 진실의라고 한다. 이 진실의의 품류차별에는 다시 네 가지 있으니, 첫째 세간에 대한 마지막 진실(Ⓢ loka-prasiddho), 둘째 도리로 알 수 있는 최후의 진실(Ⓢ yukti-prasiddhaḥ), 셋째 번뇌장을 청정하게 하는 지혜로 행하는 진실(Ⓢ kleśāvaraṇa-viśuddhijñāna-gocaro), 넷째 소지장을 청정하게 하는 지혜로 행하는 진실(Ⓢ jñeyāvaraṇa-viśuddhijñāna-gocaraḥ)이다. 云何眞實義 謂略有二種 一者 依如所有性 諸法眞實性 二者 依盡所有性 諸法一切性 如是諸法眞實性一切性 應知總名眞實義 此眞實義品類差別 復有四種 一者 世間極成眞實 二者 道理極成眞實 三者 煩惱障淨智 所行眞實 四者 所知障淨智 所行眞實"라고 하였다. [참고문헌]『瑜伽師地論』, *Bodh-bh.25.* ⇨ 진실의사종 眞實義四種, 사진실 四眞實

진실의사종 眞實義四種 진실의(Ⓢ tattva-artha)의 네 가지.『보살지지경』권1(대정장30, p.892c21)에서 시설하고 있는 세간소지(世間所知 Ⓢ loka-prasiddho)·학소지(學所知 Ⓢ yukti-prasiddhaḥ)·번뇌장정지소행처법(煩惱障淨智所行處法 Ⓢ kleśāvaraṇa-viśuddhijñāna-gocaro)·지장정지소행처법(智障淨智所行處法 Ⓢ jñeyāvaraṇa-viśuddhijñāna-gocaraḥ) 네 가지를 말한다.『보살지지경』권1(대정장30, p.892c24)에 "무엇이 세간소지진실의 뜻인가?. 세간의 온갖 일들은 세속법에 따르기에 지견도 모두 같아서, 지는 지이고, 수도 그 나머지 것이 아니다. 수화풍과 색성향미촉 나아가 고락은 간략하게 이 물을 말하기에 곧 이 물은 저 물이 아니다. 이같이 일체의 결정된 뜻과 풀이로 행한 바 처사여서 세간 본래 스스로의 기억하고 연상해서 알면 되기에 따라 닦고 익힐 일 아니다. 이것을 세간소지진실의라고 한다. 云何世間所知眞實義耶 世間衆事 隨順俗數 知見悉同 謂地卽是地 非水非餘 水火風 色聲香味觸 乃至苦樂 略說此物 卽此物非彼物 如是一切決定意解 所行處事 世間本來自憶想知 不從修習 是名世間所知眞實義也", "학소지진실의란, 저 세간의 지혜로운 이가 현량지와 비량지 및 스승에게 듣고 사량하거나 닦아 배운 바에 의지해, 저 결정지혜로 행한 처사를 결집하고 건립한 것이 배워서 안 진실의 뜻이다. 云何學所知眞實義耶 如世智人 依現智比智及從師聞思量修學 彼決定智所行處事 結集建立 是名學所知眞實義也", "무엇이 번뇌장정지소행처법진실의인가? 일체성문연각무루지 또는 무루방편 또는 생사를 따르는 세속지로 닦는 경계이니, 저 지의 연중에서 번뇌장이 깨끗해지고 미래세의 장애가 끝내 일어나지 않게 되니 이것을 번뇌장 깨끗이 하는 소행처법진실의라 한다. 云何煩惱障淨智所行處法眞實義耶 一切聲聞緣覺無漏智 若無漏方便 若隨生世智修行境界 於彼智緣中煩惱障淨 未來世障畢竟不起 是名煩惱障淨智所行處法眞實義也", "지장정지소행처법진실의란 지혜로 알아야 할 바를 가리므로 장이라 하는데, 저 지장을 해탈한 지로 수행하는 경계를 지장정지소행처법진실의라고 한다. 말하자면 모든 불보살이 무아법에 들고 들어가서는 일체법에 청정하여 언설자성과 가명자성을 떠나 모든 망상을 여의고 평등하고 커다란 지혜로 닦는 경계이니 제일이고 여실하며 무상이고 가없으며, 일체법 가려 영원히 사라지게 해서 일어날 일 없다. 云何智障淨智所行處法眞實義耶 智所知礙 是名爲障 彼智障解脫智 修行境界 是名智障淨智所行處法眞實義也 所謂諸佛菩薩 入無我法 入已淸淨於一切法 離言說自性 假名自性 離諸妄想 平等大智 修行境界 第一如實無上無邊 一切法擇永滅不起"라고 하였다. [참고문헌] 『菩薩地持經』, *Bodh-bh.25.* ⇨ 번뇌장 煩惱障, 소지장 所知障, 이장 二障 ■

진실의상 眞實義相 Ⓢ tattva-lakṣaṇa, Ⓣ de-kho-na'i-mtshan-nyid. 진실한 뜻으로만 드러나는 세계. 있다(有)함도 없다(無)함도 떠나야 드러나서는 지혜로만 볼 수 있다. 지혜로 보아 경에서 설한 저 인다라망(因陀羅網) 같다 한다. 『유가사지론』 권36(대정장30, p.486c24 : *Bodh-bh.*, p.26)에 "또한 이 진실의상을 안립한다. 마땅히 알라. 곧 이 둘이 없이 나타난 바다. 둘이란 유와 비유를 말한다. 又安立此眞實義相 當知 卽是無二所顯 所言二者 謂有非有 tatpunastattvalakṣaṇaṃ vyavasthānataḥ advayaprabhāvitaṃ veditavyam. dvayamucyate bhāvaścābhāvaśca", 『십지경론』 권3(대정장26, p.139c14)에 "마치 저 제석천의 인드라망이 차별함과 같다 하였다. 진실의상이기 때문이니, 저 업이 환으로 짓기 때문이다. … 진실의상은 오직 지로만 능히 알지만 나머지 상은 가히 나타나고 본다. 如帝網差別者 眞實義相故 如業幻作故 … 眞實義相者 唯智能知 餘相者 可現見故", 『화엄경탐현기』 권11(대정장35, p.308c18)에 "진실의상이란, 마치 제석천의 아름답고 탁월한 궁전에 보배 구슬로 꾸민 그물과 같다. 그 하늘구슬은 밝고 맑다. 한 구슬 중에 모든 구슬이 나타나고, 모든 구슬 또한 그러하여 서로 장애가 없다. 세계도 그러하다. 일처 중에 많은 세계가 있고, 많은 세계의 티끌 중에 다시 많은 세계가 있다. 이와 같이 거듭거듭 하지만 막힘도 없고 걸림도 없다. 眞實義相者 如帝釋妙勝殿上 有寶珠爲網 天珠明淨 一珠中現一切珠 一切珠亦爾 互無障礙 世界亦然 於一處中 有多世界 多世界塵中 復有多界 如是重重 無障無礙"라고 하였다. [참고문헌] 『瑜伽師地論』, 『十地經論』, 『華嚴經探玄記』, *Bodh-bh.* ⇨ 인다라망 因陀羅網 ■

진실이문 眞實理門 이문(二門 : 眞實理門 隨轉理門) 중 하나로 돌이킬 일 없는 구경의 가르침. 대승의 가르침을 말한다. 『대승백법명문론개종의결』(대정장85, p.1075a9)에 "모든 대승경에는 두 가지 이문이 있다. 첫째 진실이문이니, 즉 대승구경의 실리다. 예를 들면 팔식이나 이무아 등을 설하는 경우다. 諸大乘經有二理門 一者 眞實理門 謂說大乘究竟實理 如說八識二無我等", 『대승이십이문본』(대정장85, p.1188c7)에 "나타난즉 구경이니 진실이문이고, 은(隱)인즉 방편이니 수전이문이다. 따라 구르는 이문이란 불료의이고 소승의 가르침에 따르니, 뜻을 돌이켜야 하기 때문이다. 진실이문은 진료의이고 실대승이니, 원만하고 지극한 이다. 顯卽究竟 眞實理門 隱卽方便 隨轉理門 隨轉理門 是不了義 隨小乘宗義可轉故 眞實理門 是眞了義 是實大乘 圓極理故"라고 하였다. [참고문헌] 『大乘百法明門論開宗義決』, 『大乘二十二問本』. ⇨ 수전이문 隨轉理門

진실인 眞實人 ❶ 진실한 사람. 생멸을 깨달은 이. 『제법집요경』 권6(대정장17, p.488b1)에 "만약 선악업을 명료하게 알아 생멸법을 깨달으니, 그는 진실한 사람으로 능히 피안에 이른다. 若了善惡業 則悟生滅法 斯爲眞實人 能到於彼岸"라고 하였다. [참고문헌] 『諸法集要經』. ❷ 진실로 아(我)인 인(人)이 있다고 여겨 유(有)에 대한 집착을 일으키는 인(因)이 되는 것. 『중변분별론』 권하(대정장31, p.463a14 : *Madhy-vibh.*, p.71)에 "다시 일곱 가지가 있으니, 분별하면 두 갈래 치우침이다. 어떤 것이 일곱 가지인가? 첫째 있다(有)고 분별하는 일변과, 둘째 없다(無)고 하는 일변이다. 진실인이 있다고 하면 이를 멸하고자 공을 세우고, 진실무아가 있다고 해도 이 법 멸하고자 불공을 세운다. 이 두 가지 분별로 인해 유무에 대한 집착이 일어나니, 이 두 변견을 여의고자 부처님께서는 중도를 설하셨다. 復有七種分別二邊 何者七 一 有中分別一邊 二 無中分別一邊 有眞實人 爲滅此人 是故 立空 有眞實無我 爲滅此法 是故立不空 因此二分別 起有執無執 爲離此二邊 故佛說中道 aparaḥ saptavidho vikalpadvayāntas tad yathā bhāve 'pi vikalpo 'ntaḥ. abhāve 'pi pudgalo 'sti yasya vināśāya śūnyatā nairātmyam api vā nāstī ti kalpanāt. tad etasya vikalpadvayāntasya pari varjanārtham iyaṃ madhyamā pratipat"라고 하였다. [참고문헌] 『中邊分別論』, 『辯中邊論』 권하(대정장31, p.476b28), *Madhy-vibh.* ⇨ 보특가라 補特伽羅 ■

진실인체 眞實人體 진실 그대로인 그 사람의 본래면목. 『조주어록』(고존숙어록14, 卍속장118, p.323b4)에 "'무엇이 진실 그대로의 그 사람의 몸입니까?' '봄 여름 가을 겨울이다' '그렇게 하시면 학인은 알 수 없습니다' '그대는 나에게 진실한 이의 그 바탕을 묻지 않았느냐'. 問 如何是眞實人體 師云 春夏秋冬 云 與麽卽學人難會 師云 你問我眞實人體", 『경덕전등록』 권18 「현사사비전 玄沙師備傳」(대정장51, p.344b12)에 "나는 언제나 말한다. '죽은 학인의 면전이 곧바로 본 그대로 보리이고, 만리로 빛나는 정신의 광명이고 정수리 뒷모습이다'라고 하였다. 만약 사람이 볼 수만 있다면 오음도 십팔계도 벗어나 방해할 일 없고 그대 해골 앞을 어른거리는 의근의 망상도 벗어나리니, 도무지 가져오기라도 할 수 있겠는가? 다만 이것 그대 진실한 이라는 그 바탕 어느 곳에 다시 따로 한 법 있어 풀어 덮을 수 있겠는가? 너는 알겠는가, 믿을 수 있겠는가, 알아차릴 수 있겠는가? 참으로 크게 힘써야 하리. 我尋常道 亡僧面前 正是觸目菩提 萬里神光頂後相 若人觀得 不妨出得陰界 脫汝髑髏前意想 都來只是汝眞實人體 何處更別有一法解蓋覆 汝知麽 還信得麽 解承當得麽 大須努力", 『오등회원』 권7 「고산신안국사장 鼓山神晏國師章」(卍속장138, p.256b9)에 "'무엇이 진실 그대로인 그 사람의 몸입니까?' '지금은 무슨 몸인가?' '구경에는 어떻습니까?' '어떻게 여기에 왔는가?' 問 如何是眞實人體 師曰 卽今是甚麽體 曰 究竟如何 師曰 爭得到恁麽地"라고 하였다. [참고문헌] 『趙州語錄』, 『景德傳燈錄』, 『五燈會元』.

진실자성 眞實自性 Ⓢ pariniṣpanna-svabhāva. 원성실성(圓成實性). 『중변분별론』 권상(대정장31, p.455b9 : *Madhy-vibh.*, p.37)에 "어떤 것이 근본진실인가? 세 가지 자성이니, 첫째 분별자성, 둘째 의타자성, 셋째 진실자성이다. 일체 나머지 진실은 이 중에서 성립되기 때문이다. 何者 根本眞實 三種自性 一 分別自性 二 依他自性 三 眞實自性 一切餘眞實 此中所立故 tatra mūlatatvaṃ. svabhāvas trividhaḥ. parikalpitaḥ paratantraḥ pariniṣpannaś ca. tatrānyatatvavyavasthāpanāt"라고 하였다. [참고문헌] 『中邊分別論』, 『大乘莊嚴經論』 권3(대정장31, p.607c16), *Madhy-vibh.* ⇨ 원성실성 圓成實性, 삼성 三性❶

진실작의 眞實作意 Ⓢ tattva-manaskāra, tattva-manasikāratva, bhūta-manaskāra, Ⓣ de-kho-na-yid-la-byed-pa(-yin-pa), yang-dag-pa-yid-la-byed-pa. 제법의 진실만을 뜻으로 짓다. 여리사유(如理思惟)하여 번뇌를 끊는 출세간작의로 세간작의인 승해작의(勝解作意)의 상대어이며, 진실사유(眞實思惟 · 思惟眞實)라고도 한다. 승해작의가 실재하지 않는 것을 보는 것(所觀不實)임에 비해 진실작의는 공(空) · 무상(無相) 등 실제를 곧바로 관한다. 『대비바사론』 권81(대정장27, p.421a9)에 "진실작의란 … 경 그대로 진실상을 깨닫는 것이다. 眞實作意 … 如如於境覺眞實相", 같은 책 권162(대정장27, p.819b13)에 "진실작의만이 능히 번뇌를 끊는다. 唯眞實作意 能斷煩惱", 『유가사지론』 권11(대정장30, p.332c23)에 "진실작의란 자상 · 공상 · 진여상으로 제법을 여리사유하여 뜻을 짓는다. 眞實作意者 謂以自相共相及眞如相 如理思惟諸法作意", 『대승아비달마집론』 권6(대정장31, p.686c24 : *Abh-s.*, p.80)에 "무분별로 영상을 소연한다란 무엇인가? 진실작의로 말미암은 사마타와 비발사나의 소연경계다. 無分別影像所緣者 謂由眞實作意 所有奢摩他毘鉢舍那所緣境界 nirvikalpapratibimbālambanaṃ katamat. tattvamanaskāreṇa yat śamathavipaśyanāviṣayālambanam", 『대승아비달마잡집론』 권11(대정장31, p.744c25 : *Abh-s-bh.*, p.98)에 "진실작의란 일향에 출세간과 그 후에 얻는 바 뜻으로 짓는 것이다. 眞實作意者 一向出世間及此後所得作意 tattvamanaskāro 〈ekānta-〉lokottaras tatpṛṣṭhalabdhaś ca"라고 하였다. [참고문헌] 『大毘婆沙論』, 『瑜伽師地論』, 『大乘阿毘達磨集論』, 『大乘阿毘達磨雜集論』, 『俱舍釋論』 권16(대정장29, p.270b17), 『解深密經疏』 권6(한불전1, p.298c15), *Abh-s.*, *Abh-s-bh.*, *Abh-k-bh.340.*, *Śrā v-bh.429.* ⇨ 승해작의 勝解作意, 작의 作意

진실적상 眞實寂相 Ⓢ tattvasya lakṣaṇa, Ⓣ de-kho-na'i-mtshan-nyid. 참된 실상은 일체의 모습 고요하다. 『중변분별론』 권1(대정장31, p.455b19 : *Madhy-vibh.*, p.38)에 "〈송〉 증익손감하여 법에도 인에도 소취능취 유무 중의 제견으로 비방하지 않는다. 항상 불생 보아 아니, 이것이 진실적상이다. 增益損減謗 於法於人中 所取及能取 有無中諸見 知常見不生 是眞實寂相 〈kārikā〉 samāropāpavādasya dharmapudgalayor iha, grāhyagrāhakayoś cāpi bhāvābhāve ca darśanam. yajjñānān na pravartteta tad dhi tattvasya lakṣaṇam"라고 하였다. [참고문헌] 『中邊分別論』, *Madhy-vibh.* ⇨ 진실상 眞實相

진실정불어취계 眞實淨不語取戒 구십단타(九十單墮) 중 59번째 계목. 맡겨 두었던 옷을 보관인에게 말하지 않고, 가져다 입어서는 안 되는 계. 『사분율』 권16(대정장22, p.676a14)에 "이때 부처님께서는 사위국 기수급고독원에 계셨다. 이때 육군비구가 친후비구에게 진실하게 옷을 베풀고 나서 후에 주인에게 말하지 않고 다시 취해 입었다. … 만약 비구가 비구 · 비구니 · 식차마나 · 사미 · 사미니에게 옷을 주고 나서 후에 보관인에게 말하지 않고 다시 취해 입는다면 바일제니라. 爾時佛在舍衛國祇樹給孤獨園 爾時 六群比丘 眞實施親厚比丘衣已 後不語主 還取著 … 若比丘 與比丘 比丘尼 式叉摩那 沙彌 沙彌尼衣 後不語主 還取著者 波逸提", 『신산정사분승계본』(卍속장61, p.545a15)에 "진실정불어취계 제59 : 만약 정시한 비구가 비구・비구니・식차마나・사미・사미니의 옷을 주인에게 묻지도 않고 문득 입는다면 바일제다. 眞實淨不語取戒第五十九 若比丘 淨施比丘 比丘尼 式叉摩那 沙彌 沙彌尼衣 不問主輒著者 波逸提"라고 하였다. 〔참고문헌〕『四分律』, 『新刪定四分僧戒本』. ⇨ 구십단타 九十單墮

진실정시 眞實淨施 Ⓟ sammukhā-vikappanā. 거짓됨이 없어 법답게 베풂다. 그렇게 하는 절차는 작정(作淨)이라 한다. 출가자에게 허락된 삼의일발(三衣一鉢)을 넘어서는 시주물을 받은 비구는 반드시 시주자에게 물어 허락받은 후 다른 비구에게 그 시주물을 시여할 수 있도록 하는 등을 말한다. 그렇게 하지 않는 것은 전전정시(展轉淨施)다. 『갈마』(대정장22, p.1059a12)에 "진실정시문 : 장로께서는 일심으로 생각해주십시오! 저 비구 아무개는 이 규정 이외의 여분의 의복(長衣 Ⓢ atireka-cīvara)을 지니고 있으면서 아직 작정하지 못하였으니 이제 정시를 위하여 장로께 시여합니다. 이는 진실정시를 위해서입니다. 眞實淨施文 長老一心念 我比丘某甲 有此長衣未作淨 今爲作淨故捨與長老 爲眞實淨施故", 『사분율』 권16(대정장22, p.676b14)에 "만약 비구가 진실정시로 의를 시여할 때 시주에게 얘기하지 않은 채 가져다 쓴다면 바일제(Ⓢ pāyattikāḥ, prāyaścittikā)다. 若比丘眞實淨施衣 不語主而取著者 波逸提"라고 하였다. 〔참고문헌〕『羯磨』, 『四分律』. ⇨ 작정 作淨, 정시 淨施, 전전정시 展轉淨施

진실제 眞實際 Ⓢ bhūtakoṭi, Ⓣ yang-dag-pa'i-mtha'. 진실이 현현하는 그곳. 반야(般若)인 제일의와 이공(二空)으로 증(證)해서 다시 그 너머가 없는 곳이다. 진제(眞際)・실제(實際)라고도 한다. 『삼법장경』 권10(대정장8, p.623a29)에 "이 반야바라밀다는 제일의의 탁월하고 승묘한 법문으로 일체법과 더불어 뜻답게 상응하고 널리 중생 거두어 진실의 그곳에 머물게 한다. 此般若波羅蜜多是第一義 勝妙法門與一切法 如理相應 普攝衆生住眞實際", 80권본 『화엄경』 권18(대정장10, p.97a19)에 "진실제를 증했다 하니 법의 평등을 안다. 證眞實際 知法平等", 『무량수경연의술문찬』 권중(대정장37, p.145b18・한불전2, p.39b5)에 "진실제란 증한 바다. 두 가지 공(我空法空)으로 드러난 진여는 다시 그 너머가 없기에 실제라 한다. 眞實際者 卽所證也 二空眞如 更無過者 故云實際", 『기신론소필삭기』 권16(대정장44, p.387b9)에 "실제라 하니, 진여 그대로 바로 진실제다. 實際者 眞如卽是眞實際故"라고 하였다. 〔참고문헌〕『三法藏經』, 『華嚴經』, 『無量壽經連義述文贊』, 『起信論疏筆削記』, *Madhy-vibh.23*. ⇨ 진여 眞如, 실제 實際 ❶, 진제 眞際, 평등 平等, 증 證 ❶

진실종 眞實宗 대연사(大衍寺) 담은(曇隱)의 교판(教判)에 따르는 네 종파 중 하나로 상종(常宗)・진종(眞宗) 등이라고도 한다. 『화엄오교장』 권1(대정장45, p.480c4)에 "네 번째, 진실종은 『열반경』이나 『화엄경』 등에서 불성・법계・진리 등을 밝힌다. 四 眞實宗 涅槃華嚴等 明佛性法界眞理等"라고 하였다. 〔참고문헌〕『華嚴五教章』, 『華嚴經疏』 권3(대정장35, p.521a8). ⇨ 상종 常宗 ❶, 진종 眞宗 ❶, 사종 四宗 ❶

진실종자 眞實種子 진실의 종자. 실로 있고 행함도 있는 뜻에서의 종자다. 아뢰야식(阿賴耶識)을 일컫는다. 『성유식론』 권3(대정장31, p.14c7)에 "제법종자를 집지하고, 나아가 능히 색근의처도 집수하며, 또한 결생상속을 집취하기에 이를 아다나(Ⓢ ādāna : 執持)라고 한다. 무성유정은 능히 그 끝을 다하지 못하므로 '매우 깊다'고 하며, 열반만을 따르는 종성으로 통달할 수 없으므로 '매우 미세하다'고 하는데, 일체법의 진실종자다. 연을 만나면 문득 일어나서 식을 굴려 물결을 일으키며, 항상 끊임이 없는 것이 저 폭류와 같다. 以能執持諸法種子 及能執受色根依處 亦能執取結生相續 故說此識 名阿陀那 無性有情 不能窮底 故說甚深 趣寂種性 不能通達 故名甚細 是一切法眞實種子 緣擊便生 轉識波浪 恒無間斷 猶如瀑流", "범부는 무성이어서, 어리석은즉 고요함에 나아갈 뿐인 종성이다. 저들이 이것에 대하여 분별의 집착을 일으켜 여러 악취에 떨어지고, 성도의 출생을 장애할까 저어되어 우리 세존께서 '그들에게 말하지 않는다'고 하셨으니, 오직 제8식에만 이러한 상이 있다. 凡卽無性 愚卽趣寂 恐彼於此起分別執 墮諸惡趣 障生聖道 故我世尊 不爲開演 唯第八識 有如是相", 『섭대승론석』 권2(대정장31, p.329b19)에 "이와 같이 이미 아뢰야식이 일체법의 진실종자임을 설하였다. 다시 그 종자체를 드러내고자 이 다섯 송을 설한다. 여기서 외란 볍씨 등을 말하고, 내란 곧 아뢰야식이다. 불명료란 외종자가 무기(無記)의 뜻임을 말한다. … 유세속이란 외종자는 오직 세속에 의해서만 종자라고 함을 말한다. 그 까닭은 무엇인가? 그것 역시 모두 아뢰야식이 변현한 것이기 때문이다. 승의란 곧 아뢰야식이다. 그 까닭은 무엇인가? 일체법의 진종자이기 때문이다. 如是已說 阿賴耶識爲一切法眞實種子 復欲顯示彼種子體 說斯五頌 此中外者 謂稻穀等 內者卽是阿賴耶識 不明了者 謂外種子是無記義 … 唯世俗者 謂外種子唯就世俗 說爲種子 所以者何 彼亦皆是阿賴耶識所變現故 勝義卽是阿賴耶識 所以者何 是一切法眞種子故"라고 하였다. 〔참고문헌〕『成唯識論』, 『攝大乘論釋』. ⇨ 아뢰야식 阿賴耶識, 종자 種子 ❶

진실주집 眞實珠集 1274년에 송 예묘행(倪妙行)이 편찬한 불서. 3권 1책. 역대 조사(祖師)의 명(銘)·가(歌)·심요(心要)·법어(法語)·시(詩)·문(文) 등을 모은 책으로, 원래 『심법진실주집 心法眞實珠集』이라는 이름으로 간행했으나 현존본은 『진실주집』이라고 되어 있다. 현재 판본 세 가지가 전하는데, 1462년(세조8)에 간경도감(刊經都監)에서 개간인출 이후 1472년(성종3)에도 왕실발원으로 인출되었고, 1537년(중종32)에 충청남도 금산군 신안사(身安寺)에서 축원에 이어 이죽(李竹) 부부가 정토왕생을 기원하며 간행하였다. 1462년 판본에는 진의부위(進義副尉) 황오신(黃伍信)이 글을 쓰고 윤필상(尹弼商)·노사신(盧思愼)·한계희(韓繼禧)가 교감하였다. 1472년 판본 김수온(金守溫)의 발문(跋文)에 "인수대비전하가 광대심을 내어 사홍원을 세우고는 … 대승경전을 세상에 유포하여 사람마다 우리 부처님의 가르침을 들을 수 있도록 하였다. 仁粹大妃殿下 發廣大心 立四弘願 … 若使大乘經典流布於世 則人人得聞我佛之教"라고 하면서, 세조·예종과 남편 덕종 등을 추복하고 정희대왕대비(貞熹大王大妃), 성종과 성종비의 만세를 기원하기 위해 29종의 불경과 선적(禪籍) 등을 간행하면서 『진실주집』 200건 책도 포함한다고 하였다. 현재 아단문고(雅丹文庫), 구인사(救仁寺), 서울역사박물관, 국립중앙도서관, 고려대학교 등에 전하는데, 모두 보물로 지정되어 있다. 청허휴정(淸虛休靜)은 『진실주집』의 일부를 발췌하여 1604년(선조37)에 『속진실주집 續眞實珠集』(한불전11, pp.425b2)을 간행하기도 하였다. [참고문헌] 『眞實珠集』.

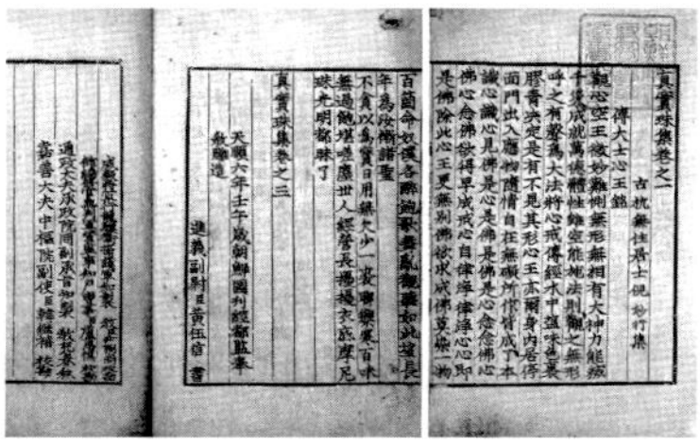

진실주집 국립중앙도서관 1462년

진실증 眞實證 헛되지 않아 실제로 부딪혀 알다. 고요해(寂靜) 끝내 자취 없는(無所得) 곳에 이르지만, 시설한 수행법인 조도(助道)의 품에 의지해 수습해서 끝내 짓고 증하는 뜻이다. 『대보적경론』 권3(대정장26, p.219b28)에 "적정사유는 적정인이므로 안으로 증해 알아 결정지를 낳을 뿐이어서 이를 진실증이라 한다. 寂靜思惟 以寂靜因故 內所證知 生決定智 名爲眞實證", 『화엄경소초』 권37(대정장36, p.284c20)에 "오히려 얻은 자취라도 있다면 진실증이 아니며 능소 다 사라져야 비로소 진실이 드러났다고 한다. 猶有所得 非眞實證 能所兩亡 方爲眞現", 『유가사지론』 권98(대정장30, p.864b19)에 "또한 사념주를 의지처로 삼고, 고요함으로 마음을 안정시키고, 칠각지에 대해 바르게 수습을 마친 후에는, 밝은 해탈에 대해 끝까지 다해 증함을 짓게 되는데, 이를 진실증을 얻었다고 한다. 四念住以爲依止 由靜定心 於七覺支 正修習已 於明解脫 究竟作證 如是名爲得眞實證"라고 하였다. [참고문헌] 『大寶積經論』, 『華嚴經疏鈔』, 『瑜伽師地論』. ⇨ 증 證[1], 진실 眞實

진실지 眞實智 여실하게 아는 지. 삼혜(三慧) 중 사혜(思慧)와 수혜(修慧)에 당하며, 교(敎)에 의지하는 문혜(聞慧)인 법주지(法住智)와 맞선다. 『법화현찬』 권7(대정장34, p.796b3)에 "교 등의 법에 머물면 이는 문혜이기에 법주지라 이름하고, 여실히 뜻마저 알면 이는 사혜와 수혜니 진실지라 이름한다. 住教等法 是聞慧故 名法住智 如實義而知 是思修慧 名眞實智", 『화엄경소초』 권65(대정장36, p.524b28)에 "무엇이 진실지인가? 여실하게 깊고 깊은 뜻을 관함을 말한다. 云何眞實智 謂如觀甚深義", 『금광명최승왕경소』 권6(대정장39, p.329a25)에 "앞의 여섯은 리를 연하여 여실하게 알기에 이는 사혜와 수혜여서 진실지라 이름하고, 제칠은 교를 연하니 이는 문혜이기에 법주지라 이름한다. 前六緣理 如實而知 是思修慧 名眞實智 第七緣教 是聞慧故 名法住智", 둔륜(遁倫)의 『유가론기』 권3(한불전13, p.205c15·대정장42, p.376b24)에 "법주지는 문혜이고, 진실지는 사혜와 수혜니 이생이 배운 대로 깊은 뜻을 관한다. 혹은 법주지는 이생의 문혜이고 진실지는 성자의 삼혜이며, 혹은 법주지는 이생신의 지이고 진실지는 성자신의 지다. 法住智 是聞慧 眞實智 謂思修 異生如學而觀深義 或法住智 異生聞慧 眞實智 聖者三慧 或法住智 異生身智 眞實智 聖者身智"라고 하였다. [참고문헌] 『法華玄贊』, 『華嚴經疏鈔』, 『金光明最勝王經疏』, 『瑜伽論記』. ⇨ 법주지 法住智[2], 문사수삼혜 聞思修三慧, 삼혜 三慧

진실체 眞實體 부증불감(不增不減)하는 진실의 몸. 무시이래 무량한 청정공업(淸淨功業)으로 구족한 몸이다. 『점찰선악업보경』 권하(대정장17, p.910a13)에 "이런 등의 설을 둔근중생은 능히 이해할 수 없다. 즉 위없는 도와 여래법신은 다만 오직 공법이어서 한결같이 필경에는 무소유다. 저 마음이 겁약하여 얻을 것이 없다는 중에 떨어지는 것을 두려워하거나, 혹은 단멸상을 내어 더하거나 덜한 견해를 짓거나, 혹은 전도되어 자기도 남도 가벼이 여긴다. 如是等說 鈍根衆生 不能解者 謂無上道 如來法身 但唯空法 一向畢竟 而無所有 其心怯弱 畏墮無所得中 或生斷滅想 作增減見 轉起誹謗 自輕輕他", "그러므로 나는 그에게 이렇게 말한다. '여래법신의 자성 비지 않았으니 진실체가 있다. 무량청정공업을 구족하였으니, 시작없는 세상부터 저절로 원만하였으니 닦거나 지은 것이 아니다. 나아가 일체중생신에도 모두 구족하니, 변하거나 달라지지 않으며 늘거나 줄지 않는다'. 이와 같은 등 설은 능히 겁약함을 없애고 위안이 된다. 我卽爲說 如來法身 自性不空 有眞實體 具足無量 淸淨功業 從無始世來 自然圓滿 非修非作 乃至 一切衆生 身中 亦皆具足 不變不異 無增無減 如是等說 能除怯弱 是名安慰", 40권본『화엄경』권31(대정장10, p.802c17)에 "선남자야, 보살이 부지런히 한량없이 많은 법문을 닦으면 이 해탈을 얻는다. 그대 이 해탈문에 들고자 한다면 이와 같이 부지런히 닦아 배워야 한다. 어떤 것이 부지런히 부사의법문을 닦는 것인가? 말하자면 그대 부지런히 불가사의한 모든 법의 뜻과 지를 닦아야 한다. 일체제법의 차별한 성상과 진실체 여실히 깨닫는 것을 말한다. 善男子 菩薩勤修無量不思議法門 得此解脫 汝若欲入此解脫門 亦當如是精勤修學 云何勤修不思議法門 所謂 汝應勤修 不可思議 諸法義智 謂如實覺悟 一切諸法 差別性相 眞實體故", 『불지경론』권3(대정장26, p.305c1)에 "이와 같이 법계의 본성은 비록 깨끗하지만 스스로 분별해 일으킨 탐 등의 온갖 인연력으로 빛없는 티끌 덮어 혜안을 해치기에 뒤바뀐 모습 나타나 깨끗하지 못하다. 일체의 것에서 청정혜안으로 항상 티끌 보지 않는다. 또 맑은 법계가 차별이 없으면 모든 것 청정해 곧 일체여래법신이라고 하며, 또한 여래의 진실체성이라고 하니, 일체시에 항상해서 변함이 없기 때문이다. 如是法界 本性雖淨 由自分別 所起貪等 衆因緣力 無明眩瞖 損慧眼故 顚倒相現 似不淸淨 若一切種 淸淨慧眼 恒不見穢 又淨法界 若無差別 一切種淨 則名一切如來法身 亦名如來眞實體性 於一切時 常無變故"라고 하였다. [참고문헌]『占察善惡業報經』, 『華嚴經』, 『佛地經論』.

진실행 眞實行 제일의를 진실하게 말할 수 있고 그대로 행하다. 제21위에서 30위까지의 보살이 행하는 열 가지 이타행(利他行)인 십행(十行) 중 하나다. 『화엄경담현결택』권3(卍속장11, p.884a5)에 "열 번째, 진실행〈언행이 허하지 않아 이제에서 말하는 그대로다〉. 十 眞實行〈言行不虛 稱二諦故〉", 『화엄경문의요결문답』권4(한불전2, p.387c22)에 "원공이 말했다. '… 갖가지로 타인을 교화하는 선법행을 성취하고, 제일의 성실어를 성취하고, 말한 대로 능히 행하고, 행하는 대로 능히 말하는 것을 진실행이라고 한다'. 袁公云 … 成就種種化他善法行 成就第一誠實之語 如說能行 如行能說 名眞實行"라고 하였다. [참고문헌]『華嚴經談玄抉擇』, 『華嚴經文義要決問答』. ⇨ 십행 十行 [1]

진심 眞心 다른 것 아닌 마음. 안팎(內外)으로 경계지을 수 없어 이 몸도 삼라만상도 다 이 진심의 현현이라 한다. 정법(淨法)으로 가득해서 분별 없으면(無分別) 나도 너도 없어(無我我所) 부처되어 자유자재한다. 이런 뜻에서 진심은 삼세제불을 출생시키는 뜻도 품는다. 『능엄경』권2(대정장19, p.110c27)에 "한번 미함에 마음은 결정해서 색신의 안이라고 여기게 되고, 색신의 밖인 산하허공대지에 이르기까지 다 묘하고 밝은 진심 중의 물임을 알지 못한다. 비유컨대 저 맑고 깨끗한 천 백대해는 버려두고 오직 물거품 하나만을 알아 바다 온전히 물결침만 보아서 광활한 저 바다 보지 못함과 같다. 一迷爲心決定惑爲色身之內 不知色身外 洎山河虛空大地 咸是妙明眞心中物 譬如 澄淸百千大海棄之 唯認一浮漚體 目爲全潮 窮盡瀛渤", 『대승기신론』(대정장32, p.576b5)에 "불공을 말함은 이미 법체가 공하여 망이 없음을 드러내기 때문이다. 곧 진심 항상 변함이 없어서 깨끗한 법으로 가득하기에 '불공'이라 한다. 所言不空者 已顯法體空無妄故 卽是眞心 常恒不變 淨法滿足 故名不空", 『대승의장』권3(대정장44, p.527a13)에 "진심이 비록 신령히 아는 성이기는 하나, 반연하여 취사하는 법은 아니므로 분별이 없다. 眞心雖是神知之性 而非攀緣取捨之法 故無分別", 『조론』「부진공론 不眞空論」(대정장45, p.152a7)에 "성인은 진심에 오르고 뜻이 따르니 막혀 통하지 않음 없다. 聖人乘眞心而理順 則無滯而不通", 『유심안락도』(대정장47, p.119b11)에 "염불공덕은 진심 좇아 일어난다. 진심은 저 해와 같고 망심은 어둠과 같다. 진심이 잠깐 일어나면 망념은 곧장 없어지니, 저 해가 뜨면 뭇 어둠이 모두 사라지는 것과 같다. 念佛功德 從眞心起 眞心如日 妄心如闇 眞心暫起 妄念卽除 如日始出 衆暗悉除", 『최상승론』(대정장48, p.378a15)에 "삼세제불은 모두 심성에서 나셨으니, 먼저 진심을 지키면 망념 나지 않고, 나의 것이라는 마음 사라진 후에 부처 됨을 얻는다. 고로 본래 진심 지키는 것이야말로 바로 삼세제불의 조사임을 알라. 三世諸佛 皆從心性中生 先守眞心 妄念不生 我所心滅 後得成佛 故知守本眞心 是三世諸佛之祖也"라고 하였다. [참고문헌]『楞嚴經』, 『大乘起信論』, 『大乘義章』, 『肇論』, 『遊心安樂道』, 『最上乘論』, 『都序』권상1(대정장48, p.401c25).

진심 塵心 때묻은 마음. 『화엄경소』권10(대정장35, p.569a16)에 "중생의 물든 마음에 모두 갖추지 않음이 없으니 본래 저절로 있으므로 무생이라 한다. 衆生塵心 無不皆具 本自有之 故曰無生", 『백장청규』권6「다비 茶毘」(대정장48, p.1148c13)에 "법성의 바다에서 번뇌로 물든 때 씻어낸다. 法性海中 蕩滌塵心之垢"라고 하였다. [참고문헌]『華嚴經疏』, 『百丈淸規』. ⇨ 진 塵 [3]

진심 盡心 마음을 다하다. 다른 마음 없이 하다. 이렇게 해서 모든 것의 바탕을 알기에 성을 안다(知性)고 한다. 맹자(孟子)의 말에 의지해 선문에서 든다. 『나선비구경』권상(대정장32, p.697c4)에 "마음을 다하여 선을 염한다. 盡心念善", 『대혜어록』권하「자암거사화상찬 紫巖居士畵像讚」(卍속장121, p.89a11)에 “어머니 태부인을 모시고 장사신제에 살면서 당호를 진심이라 이름을 붙였다. 자신의 마음을 다하여 모친을 섬기고 언제나 임금의 은혜를 잊지 않겠다는 뜻으로 충효가 하나로 치우치지 않았다. 맹자는 ‘자신의 마음을 다하는 사람은 그 성을 알고, 성을 알면 하늘의 뜻도 안다’ 하였으니, 마음을 보존하고 성을 기르는 것이 하늘을 섬기는 것이다. 奉母太夫人 居長沙新第 名其堂曰盡心 盖盡其心以事親 而食息不忘於君 顯忠孝一而不偏也 孟子曰 盡其心者 知其性也 知其性 則知天矣 存其心 養其性 所以事天也”, 『영각원현광록』 권2(卍속장125, p.424a9)에 “저 『중용』 첫 머리에 ‘하늘이 명한 것을 성이라 한다’라고 하였으며, 『대학』 첫 머리에 ‘밝은 덕을 밝힌다’라고 하였고, 『맹자』도 ‘마음을 다하고 성을 안다’라고 하였다. 이들이 어찌 마음을 알고 근본에 통달하는 일을 종극으로 삼았다고 하지 않겠는가! 如中庸開口便道 天命之謂性 大學開口便道 明明德 孟子亦云 盡心知性 豈不是以識心達本爲宗極”라고 하였다. 〔참고문헌〕『那先比丘經』, 『大慧語錄』, 『永覺元賢廣錄』.

진심 瞋心 Ⓢ vyāpanna-citta, Ⓟ vyāpajjha-citta. 분노하는 마음. 삼독(三毒) 또는 육십심(六十心) 중 하나다. 진(瞋)은 진(嗔)으로도 쓴다. 에심(恚心)과 합하여 진에심(瞋恚心)이라고도 쓴다. *Tevijja-sutta*(三明經) 같은 아함부 경전에서 에심은 유에심(有恚心 Ⓟ savera-cittā)으로, 진심은 유진심(有瞋心 Ⓟ savyāpajjha-cittā : 적대하는 마음)이라 한다. 80권본 『화엄경』 권49(대정장10, p.258b2)에 “만약 보살이 다른 보살들에게 단 한 번의 진심이라도 일으킨다면 곧바로 이렇듯 백만 갈래 장애가 일어난다. 若菩薩 於諸菩薩 起一瞋心 則成就如是等 百萬障門”, 『화엄경소주』 권79(卍속장7, p.414a12)에 “삼독 중 진심의 독이 가장 무거움을 나타낸다. 진을 제한 밖에 다시 두루 미루어 구하더라도 어떤 악도 진만큼 무거운 것은 없다. 그러므로 진본 『화엄경』(대정장9, p.607a13)에 ‘한 번 일으킨 진심, 모든 악 가운데 이를 넘어설 악은 없다’고 하였고, 『결정비니경』에도 ‘보살이 차라리 무수한 탐심을 일으킬지언정 진심을 한 번 일으키면 안 된다. 보살의 대비심을 능히 해치기에 이것을 넘어서는 악은 없기 때문이다’라고 하였다. 『보살선계경』의 말씀도 이와 같다. ‘다른 보살들에게 진심을 일으킨다’는 말은 만약 보살에게 진심을 일으킨다면 그 과실이 더욱 무겁다는 말이니, 보살이 대행을 그만두도록 하기 때문이다. 이 때문에 『대반야경』에 모든 천마왕은 보살들이 서로 시비하는 허물을 보면 항상 크게 기뻐하였다고 한다. 標瞋毒最重 除瞋之外 更徧推求 無有一惡 如瞋之重 故晉經云 起一瞋心 一切惡中無過此惡 決定毗尼經中亦云 菩薩寧起百千貪心 不起一瞋 以能違害 菩薩大悲 莫過此故 菩薩善戒 亦同此說 於他菩薩 起瞋心者 若於菩薩起其瞋 其過尤重 以令菩薩廢大行故 是以 大般若中 諸天魔王 見諸菩薩 互相是非過常大喜”라고 하였다. 〔참고문헌〕『華嚴經』, 『華嚴經疏注』, *Abh-k-bh.251.*, *DN.1.247.* ⇨ 진 瞋[1], 진에심 瞋恚心, 삼독 三毒, 탐진치 貪瞋癡, 육십심 六十心

진심 瞋尋 Ⓢ vyāpāda-vitarka, Ⓟ byāpāda-vitakka, vyāpāda-vitakka, Ⓣ gnod - sems-kyi-rtog-pa. 삼불선심(三不善尋 Ⓟ tayo akusala-vitakkā) 중 하나로 진에(瞋恚)와 상응하여 일어나는 거친 분별. 에심(恚尋)·살해심(殺害尋)이라고도 한다. 『시설론』 권5(대정장26, p.525a6)에 “〔문〕 무슨 인연으로 세간에는 몹시 깊고 극히 번뇌하는 이가 있는가? 〔답〕 어떤 사람이 탐내는 생각·성내는 생각·해치는 생각과 탐내는 인·성내는 인·해치는 인과 탐내는 거친 분별·성내는 거친 분별·해치는 거친 분별을 가까이 익히고 거듭해 행하며 극한 번뇌를 따라 응하면서 구르기 때문이다. 이러한 인연으로 그와 같은 이가 있다. 又問 何因世有深極煩惱之者 答 謂若有人於其欲想 瞋想 害想 欲因 瞋因 害因 欲尋 瞋尋 害尋 近習修作 於極煩惱隨應而轉 由此因故 其事如是”라고 하였다. 팔리 논서 *Khuddakavatthu-vibhaṅga*(*Vibh.*, p.363)에는 “이 중에서 에심(恚心 : 瞋心)이란 무엇인가? 분노에 상응하는 사택(思擇)·심(尋)·사사(邪思)다. tattha katamo vyāpādavitakko. vyāpāda-paṭisaṃyutto takko vitakko … pe … micchā-saṃkappo”라고 하였다. 〔참고문헌〕『施設論』, 『有部律破僧事』 권5(대정장24, p.123a11), *Vibh.*, *Saṅ-v.114.*, *DN.3.215.* ⇨ 에심 恚尋, 삼불선심 三不善尋, 진에 瞋恚

진심불수회계 瞋心不受悔戒 십중대계(十重大戒) 중 하나. 진심(瞋心)을 품은 채로 타인의 참회를 받지 않는 것을 금하는 계(戒). 진불수회계(瞋不受悔戒)·진불수사계(瞋不受謝戒)·고진계(故瞋戒)라고도 한다. 『범망경보살계본소』 권4(대정장40, p.631c24)에 “첫째, 번뇌 가운데 이것보다 무거운 것이 없다. 둘째, 악취에 떨어지는 인이 된다. 셋째, 숙세의 모든 선근을 소멸한다. 넷째, 큰 원한을 맺어 누겁이 지나도록 풀기 어렵다. 다섯째, 이로 말미암아 모든 중생을 해칠 수 있다. 여섯째, 심지어는 무간죄를 지을 수 있다. 일곱째, 보살의 인바라밀을 장애한다. 여덟째, 보살의 대비심을 해친다. 아홉째, 교화해야 할 중생을 모두 떠나게 만든다. 열째, 백천가지장애를 다 갖춘다. 一 惑中最重莫先此故 二 亦成業道惡趣因故 三 燒滅宿世諸善根故 四 能結大怨累劫難解故 五 由此能害諸衆生故 六 乃至能作無間罪故 七 能障菩薩忍波羅密故 八 害諸菩薩大悲心故 九 令所化衆

生皆捨離故 十 具足成就百千障故",『보살계의소』 권하(대정장40, p.574a22)에 "아홉째 진심불수회계이다. 뉘우쳐 사과하는 것을 받지 않는 것은 타인을 대하는 도리에 어긋나기에 죄가 된다. 第九 瞋心不受悔戒 不受悔謝 乖接他之道 故得罪",『범망경직해』 권하(卍속장61, p.146a7)에 "아홉째 진심불수회계 : 불자들아, 스스로 성내거나 다른 사람을 성내게 하여 성내는 인이나 성내는 연이나 성내는 법이나 성내는 업을 짓지 마라. 보살은 마땅히 일체중생들에게 선근으로 다툼이 없는 일을 일으키고 항상 자비로운 마음과 효성스런 마음을 내어야 하거늘 도리어 일체중생들이나 내지는 중생이 아닌 것에게 나쁜 말로 욕하고 손으로 때리며 칼이나 몽둥이로 때리면서도 분이 풀리지 않아서 상대방이 뉘우침 구해 좋은 말로 사죄하여도 여전히 분을 풀지 않는다면 이것은 보살의 바라이죄다. 第九 瞋心不受悔戒 若佛子自瞋 教人瞋 瞋因 瞋緣 瞋法 瞋業 而菩薩應生 一切衆生中善根無諍之事 常生慈悲心 孝順心 而反更於一切衆生中乃至於非衆生中 以惡口罵辱 加以手打 及以刀杖 意猶不息 前人求悔 善言懺謝 猶瞋不解者 是菩薩波羅夷罪"라고 하였다. 〔참고문헌〕『梵網經菩薩戒本疏』,『菩薩戒義疏』,『梵網經直解』. ⇨ 십중대계 十重大戒

진심직설 眞心直說 고려중기 보조국사(普照國師) 지눌(知訥) 지음. 1권. 저술 시기와 장소는 미상. 대정장48, pp.999a3~1004b1, No.2019A・한불전4, pp.715a1~723b5에 수록되어 있다. 자서(自序)에 해당하는 「고덕선사진심직설서 古德禪師眞心直說序」와 1469년(예종1) 재간행할 때 스님 문정(文定)이 쓴 「중간진심직설서 重刊眞心直說序」가 붙어 있다. 본문은 진심에 대한 경과 조사의 말씀을 폭넓게 이끌어 설하고 있는데, 아래와 같이 총 15장(章)으로 구성되었다. 제1장 진심을 바르게 믿다(眞心正信), 제2장 진심의 다른 이름들(眞心異名), 제3장 진심은 묘한 바탕(眞心妙體), 제4장 진심을 묘하게 쓰다(眞心妙用), 제5장 진심의 체와 용은 하나이면서 다르다(眞心體用一異), 제6장 진심 저 미중에 있다(眞心在迷), 제7장 진심 망을 쉬다(眞心息妄), 제8장 진심 네 갈래 위의로 보이네(眞心四儀), 제9장 진심 어디에 있는가(眞心所在), 제10장 진심 생사에서 나왔다네(眞心出死), 제11장 진심 바르게 돕는다네(眞心正助), 제12장 진심에 가득한 공덕(眞心功德), 제13장 진심은 반드시 증험할 수 있고 공도 있다네(眞心驗功), 제14장 진심은 분별하지 않는다네(眞心無知), 제15장 진심이 가는 곳(眞心所往)이다. 여러 판본이 전한다. 먼저 1469년 중간본으로, 현존하는 최고본을 서울대도서관에서 소장하고 있다. 다음으로는 1679년(숙종5) 간행본으로 국립중앙도서관에 있으며 그 외에도 1799년(정조23) 송광사(松廣寺) 개판본, 속장경 제2편 제18투(套) 5책 판본, 1937년 상원사(上院寺) 간행본 등이 전한다. ⇨ 지눌 知訥

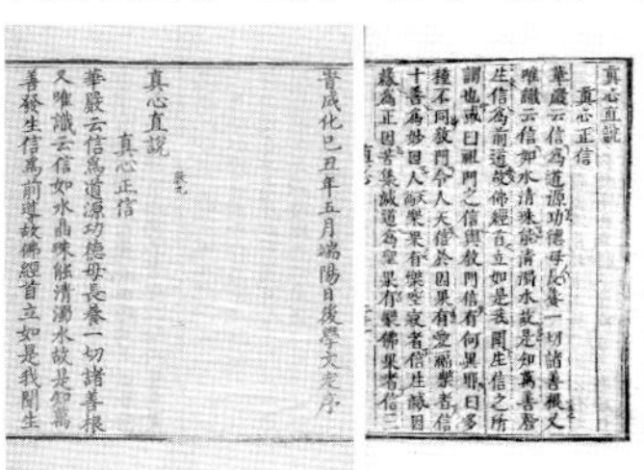

진심직설 서울대규장각한국학연구원 1469년(좌)・순천 송광사본 1799년(우)

진아 眞我 참된 아(我). **1** 무아(無我) 중에 시설한 상락아정(常樂我淨)의 진여(眞如). 사종아(四種我) 또는 육종아(六種我) 중 하나로, 팔자재(八自在)의 신통을 갖춘 진여나 열반의 아를 말한다. 외도와 범부의 망아(妄我)에 상대한다.『화엄경탐현기』 권2(대정장35, p.126c8)에 "아란 오온이 임시인 것을 말한다. 넓게 말하자면 아에는 네 가지가 있다. 첫째 진아이니, 즉 진여 중의 상락아정 등을 말하며, 진여를 성으로 한다. 我者謂五蘊假者 汎論 我有四種 一 眞我 謂眞如中常樂我淨等眞如爲性",『번역명의집』 권4(대정장54, p.1126c4)에 "이 모든 법은 모두 인연 따라 생하니, 다 지은 법으로 견고하지 않아서 실아와 실법은 없다. 행은 파초와 같아서 엽엽이 벗겨 구하여도 그 중에 견고한 어떤 것도 없다. 상(想)은 멀리서 아지랑이 보아 물 없지만 물 보듯 하니 단지 눈을 미혹할 뿐이다. 아는 본디 공적이나, 이승은 사고(四枯 : 四枯四榮)를 집취하기 때문이다. 부처님께서는 무아 중에서 진아를 보일 뿐이니,『열반경』에서 밝힌 팔자재다. 是諸法皆從因緣生 悉是作法 而不牢固 無實我法 行如芭蕉 葉葉求之 中無有堅 想如遠見野馬 無水有水想 但誑惑於眼 我本空寂 二乘旣執四枯故 佛於無我中而示眞我 故涅槃經 明八自在"라고 하였다. 〔참고문헌〕『華嚴經探玄記』,『翻譯名義集』. ⇨ 무아 無我, 사종아 四種我, 육종아 六種我, 팔자재 八自在 **2** 외도나 범부가 주장하는 실아(實我) 또는 신아(神我).『능엄경』 권2(대정장19, p.112c2)에 "세존이시여, 진실로 법왕께서 '깨달음의 인연은 시방세계에 두루하며, 고요하게 상주해서 그 성은 생멸이 아니다'고 하신 말씀과 전에 범지 사비가라가 말한 명제라는 것과 잿더미에 몸을 던지는 등의 모든 외도들이 말하는 진아가 있어 시방에 두루 가득하다는 주장과 어떤 차별이 있습니까? 誠如法王所說 覺緣遍十方界 湛然常住 性非生滅 與先梵志娑毘迦羅 所談冥諦及投灰等 諸外道種 說有眞我 遍滿十方 有何差別", "세존께서는 일찍이 능가산에서 대혜 등에게 이 뜻을 펴 보이셨습니다. '저 외도들은 항상 자연을 말하는데, 내가 말하는 인연은 저 경계가 아니다'. 제가 지금 이제를 보건대, 각성의 자연은 생하지도 멸하지도 않으며, 일체의 허망한 뒤바뀜을 멀리 여의었으나, 인연이 아니고 저 자연인 듯합니다. 어떻게 뭇 삿된 것에 들지 않고 진실한 마음의 묘각명성을 얻도록 합니까? 世尊亦曾於楞伽山 爲大慧等敷演斯義 彼外道等 常說自然 我說因緣 非彼境界 我今觀此 覺性自然 非生非滅 遠離一切虛妄顚倒 似非因緣 與彼自然 云何開示 不入群邪 獲眞實心妙覺明性", 『구사론』 권29(대정장29, p.152c8 : *Abh-k-bh.*, p.461)에 "온을 여읜 아는 현량과 비량이라는 두 헤아림으로는 도무지 없는 것이니, 이것으로 진아의 체라는 것은 없음을 깨우쳐 알 수 있다. 於離蘊我 二量都無 由此證知 無眞我體 na caivamātmano 'stīti nāstyātmā"라고 하였다. 〔참고문헌〕『楞嚴經』, 『俱舍論』, 『金七十論』 권중(대정장54, p.1256a7), *Abh-k-bh.* ⇨ 실아 實我, 신아 神我❶❷, 가아 假我

진애 津涯 나루터. 배가 깃드는 언덕. 흐르는 물이 끝나는 곳으로서의 저 끝. 『삼론현의』(대정장45, p.4c8)에 "문선왕은 매번 대승경론이 불도를 밟아 가는 길에 있는 나루터이자 깃드는 언덕이며 정법의 건추라고 여겼다. 文宣王 每以大乘經論 爲履道之津涯 正法之樞鍵", 『원오어록』 권3(대정장47, p.723c2)에 "티끌 중의 대경권은 그 끝을 헤아릴 수조차 없으니 총명한 지혜와 청정한 눈을 가진 사람이라야 비로소 집어낼 수 있다. 塵中大經卷 莫測津涯 聰慧淨眼人 始能拈出"라고 하였다. 〔참고문헌〕『三論玄義』, 『圜悟語錄』.

진애 塵埃 티끌. 객진의 번뇌를 비유하기도 한다. 종보본 『단경』(대정장48, p.349a6)에 "혜능은 게송으로 말했다. '보리 본래 나무가 아니고 밝은 거울 대는 아니라네. 본래 한 물건도 없으니 어느 곳에 먼지가 앉을까?' 惠能偈曰 菩提本無樹 明鏡亦非臺 本來無一物 何處惹塵埃", 『벽암록』 5칙 「평창 評唱」(대정장48, p.145c1)에 "옛 사람의 구절은 비록 이와 같더라도 뜻은 그렇지 않으니 끝내 도리 지어 사람 얽는 일 하지는 않았다. '조계의 거울 속 티끌을 끊었네'라 하여서 많은 사람들은 고요한 마음이 바로 이 거울이라고 말하였으나 또한 전혀 관계가 없다. 다만 도리를 헤아릴 줄만 안다면 어찌 깨달을 날이 있겠는가? 古人句雖如此 意不如此 終不作道理繫縛人 曹溪鏡裏絶塵埃 多少人道 靜心便是鏡 且喜沒交涉 只管作計較道理 有什麼了期"라고 하였다. 〔참고문헌〕『壇經』, 『碧巖錄』. ⇨ 진 塵

진약 塵藥 비구가 늘 가져 두고 쓸 수 있는 사의(四依) 중 하나인 진기약(陳棄藥). 『석문귀경의』 권상(대정장45, p.861b2)에 "네 가지에 의지해 행한다 했는데, 율 중에 스스로 삼승행자가 언제나 두고 쓸 수 있는 바를 밝혔으니, 납의·걸식·나무 아래 앉음·진약이다. 각각 제정함이 있었기에 한결같이 함께 전해오고 있다. 行四依者 律中自明三乘行者 通所資用 所謂 納衣 乞食 樹下 塵藥 各有開制 如常共傳", 『석문귀경의통진기』 권중(卍속장105, p.258a3)에 "진약은 병에 따라 쓰고 소밀 등도 허용된다. 塵藥對病 開酥密等"라고 하였다. 〔참고문헌〕『釋門歸敬儀』, 『釋門歸敬儀通眞記』. ⇨ 사의 四依❸, 부란약 腐爛藥, 진기약 陳棄藥

진어 眞語 참된 말. 거짓없는(無妄) 말. 『여래장엄지혜광명입일체불경계경』 권상(대정장12, p.241c15)에 "여래응정변지께서 세간에 출현하시고 여래께서 하신 설법은 모두 진어·여어·불이어다. 如來 應 正遍知 出現於世 如來說法 皆是眞語 如語 不異語", 『대일경소』 권1(대정장39, p.579b19)에 "진언은 범어로 만달라인데, 바로 진어이고 여어여서 거짓되지도 달라지지도 않는 음이다. 眞言 梵曰漫怛攞 卽是眞語 如語 不妄不異之音", 『금강경심인소』 권상(卍속장40, p.406b2)에 "진어란 거짓 없음이고, 실어란 헛됨 없음이며, 여어란 얻은 바대로 설함이고, 불이란 더이상 변하거나 고치고 바꾸지 않음이다. 眞語者 無妄也 實語者 無虛也 如語者 如所得而說也 不異者 無更變改易也"라고 하였다. 〔참고문헌〕『如來莊嚴智慧光明入一切佛境界經』, 『大日經疏』, 『金剛經心印疏』. ⇨ 불망어 不妄語, 진언 眞言

진어 進語 나아가 말하다. 다른 이 또는 윗사람 앞에서 자신의 생각을 펴 말하다. 『경덕전등록』 권24 「노주전은전 潞州傳殷傳」(대정장51, p.401b9)에 "'이 물 굴릴 수 있다면 여래와 같다고 하였는데 어떤 물을 굴립니까?' '무슨 말인가?' 학인이 나아가 말하려고 하자 전은선사가 말했다. '이 새카만 칠통같은 놈아!' 問 若能轉物卽同如來 未審轉什麽物 師曰 道什麽 僧擬進語 師曰 遮漆桶", 『속전등록』 권29 「길주청해전 吉州淸海傳」(대정장51, p.667b14)에 "청해선사가 불감화상을 처음 뵈었을 때 불감이 물었다. '삼세제불 한 입에 모두 삼켜 다하면 어느 곳에 다시 중생 있어 교화합니까? 이 도리는 무엇이냐?' 청해선사가 짐짓 나아가 말하려고 하자 불감화상이 크게 한 소리 질렀다. 이에 청해가 홀연히 깨달았다. 初見佛鑑 鑑問 三世諸佛一口呑盡 何處更有衆生可敎化 此理如何 師擬進語 鑑喝之 師忽領旨"라고 하였다. 〔참고문헌〕『景德傳燈錄』, 『續傳燈錄』.

진어복 珍御服 천자(天子)만이 걸치는 옷. 제일의(第一義)에 머물러 있음을 비유한 말. 이에 반해 때묻은 옷인 폐구의(弊垢衣)는 부득이 방편으로 이류중행(異類中行)함이다. 『법화현론』 권2(대정장34, p.375b13)에 "천자의 옷을 벗어 던지고 누더기를 걸친다 하니 자취 드리우는 방편신이다. 脫珍御服 著弊垢衣 垂迹身也", 『벽암록』 6칙 「평창 評唱」(대정장48, p.146b27)에 "그러므로 석가노자가 마갈제국에서 성도한 후 삼칠일 중에 이렇게 사유하셨다. '제법 적멸할 뿐이니 어떻게 말로 펼 수 있으리. 나 차라리 설법하지 않으리. 그저 빨리 열반에 들리라'. 이곳에 이르러서는 입 열 곳 찾을 길은 없었다. 방편력으로 다섯 비구 위해 설해 마치시고는 삼백육십회나 되는 일대시교를 설하셨다. 오직 방편일 뿐이었다. 그래서 천자의 옷을 벗고 때 묻은 옷을 입고서는 부득이하게 두 번째 문의 얕은 자리에서 제자들을 유인한 것이다. 所以釋迦老子成道後 於摩竭提國 三七日中 思惟如是事 諸法寂滅相 不可以言宣 我寧不說法 疾入於涅槃 到這裏覓箇開口處不得 以方便力故 爲五比丘說已 至三百六十會 說一代時教 只是方便 所以脫珍御服 著弊垢衣 不得已 而向第二義門中淺近之處 誘引諸子", 『천복승고어록』(卍속장126, p.437a10)에 "오늘을 천자의 옷을 벗고 누더기를 입는 날이라고 할 만하다. 마치 나라의 군사를 부득이하게 활용하는 것과 같다. 此日可謂脫珍御服 著弊垢衣 大似國家兵器 不得已而用之"라고 하였다. [참고문헌] 『法華玄論』, 『碧巖錄』, 『薦福承古語錄』. ⇨ 폐구의 弊垢衣, 이류중행 異類中行

진어자 眞語者 Ⓢ satya-vādin. 참된 말씀을 하는 이. 부처님을 가리킨다. 『금강경』(대정장8, p.750b27)에 "여래는 바로 참된 말씀을 하시는 분이다. 如來是眞語者", 『금강반야소』 권4(대정장33, p.116a18)에 "참된 말씀을 하는 사람이란 진제에 의지해 설하신다. 眞語者依眞諦說也"라고 하였다. [참고문헌] 『金剛經』, 『金剛般若疏』, *Vajr-pr.81.* ⇨ 실어자 實語者, 불광어 不誑語, 불이어자 不異語者, 불망어 不妄語

진어지용의 珍御之龍衣 궁중에서 입는 훌륭한 옷. 석가세존께서도 버리신 옷. 『백장청규』 권5(대정장48, p.1137b1)에 "그래서 대각세존께서 금륜보위를 버리고 한밤중에 성을 넘어 천자의 옷을 벗어 던지셨다. 청산에서 머리 깎았으며 정수리엔 까치가 둥지를 틀고 미간엔 거미가 줄을 치도록 버려둔 채 오랫동안 적멸을 닦아 진상을 증하고 번뇌 끊어 정각을 이루셨다. 所以大覺世尊捨金輪之寶位 子夜踰城 脫珍御之龍衣 青山斷髮 容鵲巢於頂上 掛蛛網於眉間 修寂滅而證眞常 斷塵勞而成正覺"라고 하였다. [참고문헌] 『百丈清規』. ⇨ 진어복 珍御服

진언 眞言 Ⓢ mantra, mantra-pada, Ⓟ manta, mantra, Ⓣ gsang-sngags. 진실하여 거짓이 없는 말. 본래 생각을 표현하는 언어나 문자를 가리키며, 사념(思念 Ⓢ man) 담은 그릇(器物 Ⓢ tra)이라는 뜻으로 제존(諸尊)의 성덕(聖德)을 기억해 떠올린다(作想)는 뜻이 있다. 음사어는 만달라(曼怛羅)・만다라(曼荼羅)이고, 주(呪)・신주(神呪)・밀언(密言)・밀어(密語)・밀호(密號)・밀주(密呪) 등이라고도 한다. 삼밀(三密) 중 어밀(語密)에 해당하며, 진언비밀(眞言祕密)이라고도 한다. 불보살과 제존(諸尊)들의 본서(本誓)의 덕(德)이나 별명(別名) 또는 깊은 뜻을 담은 비밀스런 말을 가리킨다. 이것을 염송하는 이는 무명업장을 소멸시키고 청정한 지혜를 밝힐 수 있으므로 명(明 Ⓢ vidyā)이라고도 한다. 오종불번(五種不翻) 중 하나로 한역하지 않고 음사하여 독송하였는데, 이것을 서사(書寫)・독송(讀誦)・관조(觀照)하면 그 진언에 상응하는 공덕을 얻어서 깨달음을 얻거나 소원을 성취한다고 믿었다.

[진언의 범위와 분류] 대일여래(大日如來)의 언설 뿐 아니라 제존(諸尊)의 내증본서(內證本誓)를 설법하는 언설도 진언의 범주에 포함된다. 모든 교법을 총섭임지(總攝任持)하고 있다는 뜻에서 다라니(陀羅尼 Ⓢ dhāraṇī)는 총지(總持)로 한역하는데 간단한 자구(字句)를 진언이라 하고 긴 장구(章句)를 다라니로 구분하기도 하지만 근본적인 차이는 없다. 더 넓게는 모든 경전 역시 법신불(法身佛)의 설법이기에 진언으로 간주하여 진언비밀장(眞言祕密藏)이라고 한다. 심지어 바람소리나 물소리까지도 진여실상(眞如實相)을 말하는 여래의 설법으로서 진언이라 부르기도 한다. 또한 진언은 설하는 주체에 따라 여래(如來)・보살(菩薩)・이승(二乘)의 언설인 성자진언(聖者眞言)과 제천(諸天)과 지거천(地居天)의 언설인 제신진언(諸神眞言)으로 구분한다. 이외에 밀교삼대부(密教三大部)에 따라 진언을 불부(佛部)・연화부(蓮華部)・금강부(金剛部)로 나누고, 수법(修法)에 따라 식재법(息災法)・항복법(降伏法)・섭소법(攝召法)・증익법(增益法)으로 구분하며, 형식에 따라 다자(多字：陀羅尼)・일자(一字：眞言)・무자(無字：實相) 또는 대주(大呪：大心呪)・주중(中呪：心呪)・소주(小呪：心中心呪) 등으로 분류한다. 제존의 명호(名號)・종자(種子)・삼매야형(三昧耶形)・본서(本誓) 등 무엇에 따라 만들어졌는지에 따라 진언을 구성하는 요소가 달라진다. 일반적으로 진언의 처음에는 옴(oṃ)이나 나마(namaḥ) 등의 귀명(歸命)의 구가 오

복장진언 아미타삼존불상 1333년 국립중앙박물관

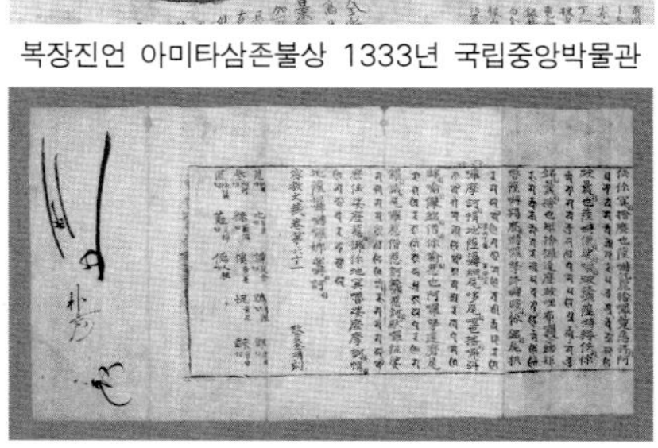
밀교대장 권61 고려후기 호림박물관

거나 마지막에 스바하(svāhā)와 같은 성취의 구절이 붙지만 반드시 일정하지는 않다. 『범마유경』(대정장1, p.885c2)에 "내가 거짓이 없는 진실한 말로 너의 의심을 풀어 주겠다. 잘 듣고 마음에 새겨두도록 하라. 세 가지 신족을 서심이라 하고, 옛날 일을 명확하게 알아난 곳을 식별하며, 도안으로 볼 때에 산의 돌도 막지 못하며 어둠을 부수고 의심을 풀어 삼세를 모두 아는 것을 통달이라 한다. 육통을 얻어 마음의 때가 모두 없는 것을 고요하다고 하며, 삼독이 이미 소멸하여 마음이 천금과 같은 것을 청정하다고 한다. 생사에 윤회하는 어리석음의 뿌리를 모두 다하여 남음이 없고, 청정한 도행으로 삼계의 미혹을 항복시켜서 모든 어리석음이 이미 다하였으며, 구경에 통달하지 않음이 없고, 일체지를 얻었으니 높여 부르길 부처님이라 한다. 吾以眞言 啓釋爾意 諦聽著心 得三神足 謂之逝心 明識往古 分別生地 道眼覩見 山石所不能遏 決闇釋疑 三世悉明 謂之通達 以得六通 心垢除盡 謂之寂然 三毒已滅 心如天金 謂之清淨 生死癡本 焦盡無餘 淸淨道行 降于三界 諸癡已索 無窮不達 得一切智 尊號爲佛也", 『대승본생심지관경』 권8(대정장3, p.328a25)에 "여래께서 모든 중생들에게 대자대비의 마음을 일으켜 마치 부모가 한 아들을 사랑하는 것처럼 세간의 커다란 사견을 사라지게 하고 일체유정을 이롭고 편안하게 하기 위하여 관심다라니를 선설하셨다. '옴 실타 바라지 패천 가로미 oṃ citta prativedham karomi'. 이때 여래께서 진언을 설하신 다음에 문수사리보살마하살에게 다음과 같이 말씀하셨다. '이와 같은 신주는 큰 위력을 갖추고 있다. 만일 선남자나 선여인이 이 주를 가져 외울 때, 청정한 손을 들어 좌우 열 손가락을 서로 깍지 끼고 오른쪽으로 왼쪽을 누르며 서로 굳게 잡아 얽힌 듯한 형상을 하면 금강박인이라 하는데, 이 인을 하고서 앞의 진언을 익혀 한 번 염송하면 십이부경을 읽는 것 보다 수승하여 얻는 공덕이 한량이 없으므로 보리에 이르도록 다시는 퇴전하지 않는다'. 如來 於諸衆生 起大悲心 猶如父母 愛念一子 爲滅世間大力邪見 利益安樂 一切有情 宣說觀心陀羅尼曰 唵〈一〉 室佗〈二〉 波羅〈二合〉底〈丁以反〉〈三〉 吠憚〈四〉 迦盧弭〈五〉 爾時 如來說眞言已 告文殊師利菩薩摩訶薩 如是神呪 具大威力 若有善男子 善女人 持此呪時 擧淸淨手 左右十指 更互相叉 以右押左 更相堅握 如縛著形 名金剛縛印 成此印已 習前眞言 盈滿一遍 勝於讀習十二部經 所獲功德 無有限量 乃至菩提 不復退轉", 『대일경소』 권1(대정장39, p.579b19)에 "진언은 범어로 만달라이다. 즉 참된 말이고 여여한 말이며 거짓되지 않고 달라지지 않는 소리다. 용수의 『석론』에서는 비밀호라 하였다. 구역은 '주'인데 올바른 한역이 아니다. 眞言 梵曰漫怛攞 卽是眞語如語 不忘不異之音 龍樹釋論 謂之祕密號 舊譯云呪 非正翻也"라고 하였다. 그림과 같이 진언은 '불복장 佛腹藏'에 진장하기도 하는데, 고려후기 진언만을 모은 『진언대장』도 전한다. [참고문헌] 『梵摩渝經』, 『大乘本生心地觀經』, 『大日經疏』, *Saddh-p.372・396., Laṅk.260・261., Mañj-m.2.* ⇨ 다라니 陀羅尼, 만다라 曼茶羅, 어밀 語密, 명주 明呪, 비밀주 祕密呪, 오종불번 五種不翻, 자문 字門, 진언승 眞言乘 **1**

진언 震言 1622~1703. 조선후기 스님. 호는 모운(慕雲), 자는 취점(就占), 화엄종주(華嚴宗主)라 불렸다. 속성은 정(鄭)씨. 어머니는 노(魯)씨. 1622년(광해군14) 2월 7일 진주(晋州)에서 태어났다. 7세부터 약관(弱冠)에 이르기까지 의심(義心)으로부터 유학을 배운 다음, 의열(義悅)을 은사로 하여 스님이 되었다. 비구계를 받은 후, 10여 년 동안 벽암각성(碧巖覺性)의 문하에서 경론을 수학하고 그의 법을 이었다. 전주 모악산(母岳山), 장수 덕유산, 합천 가야산, 김천 불령산(佛靈山) 및 황악산 직지사(直指寺), 대구 팔공산, 양산 추서산(鷲棲山), 진주 지리산 등지에서 수행하면서 후학을 지도하였다. 특히 『화엄경』에 정통하여 사람들이 그를 화엄종주라고 일컬었다. 1686년(숙종12) 가을 팔공산 원공(遠公)의 청을 받아 은해사 운부암(雲浮庵)에서 화엄법회를 가졌을 때, 도엄(道嚴)・법안(法眼)・신묵(信默)・축환(竺還)・상학(尙學)・지웅(智雄)・문학(文學)・의영(義瑛)・천우(天祐)・각연(覺演)・현인(玄印)・수오(粹悟)・계훈(戒熏)・탁행(卓行)・홍해(弘海)・홍우(弘祐)・보윤(普允)・행규(幸珪)・풍열(豊悅)・설징(雪澄) 등 수백명의 종장(宗匠)이 청강하고 아직 알지 못했던 바를 얻었으며, 차관(差官) 김홍복(金洪福 1649~1698)과 목사(牧使) 오도일(吳道一 1645~1703) 등이 등산차로 왔다가 스님의 강의를 듣고 "영남지방에 누가 이같이 훌륭한 고승이 있음을 알겠는가!"라고 찬탄을 아끼지 아니하였다. 그 후 숙문(淑文)・국추(國秋)・부환(復還)・성휴(聖休)・담화(曇花)・효선(曉善)・탁인(擢仁)・증원(證元)・간초(澗草)・청신(淸愼)・재숙(載肅) 등도 모두 남과 북에서 뛰어난 스님이었으나, 스님의 덕을 흠모하여 불원천리하고 찾아와 묻고 배웠다. 말년 김천 쌍계사에서 주석하다가 1703년(숙종29) 봄에 주지 선운(善雲)과 민혜(敏惠) 등을 불러, 주지로 재직하는 동안 모든 일을 너그럽게 처리하고, 대중을 통솔하되 강압하거나 독재를 하지 말라고 당부한 후, 나는 이제 돌아갈 때가 다가왔다면서 옷을 갈아입고 서쪽을 향하여 큰 소리로 "오직 원하옵건대 부처님께서 불쌍히 여기시어 거두어 주시옵소서. 唯願諸佛哀攝受"라고 세 번 외치고 조용히 입적하였으니 그 해 3월 21일 술시(戌時)이며 세수 82, 법랍 67세였다. 다비한 후 사리를 거두어 쌍계사에 탑을 세우고, 정골(頂骨)은 김천 직지사 서쪽 기슭에 석종(石

鐘)을 세우고 봉안하였다. 저서로는 가송(歌頌)·문장 등이 다소 있었으나 전하지 않고, 『화엄품목문목관절도 華嚴品目問目貫節圖』와 그 부록만이 남아 있는데, 한불전8, pp.371~378에 수록되어 있다. 〔참고문헌〕「慕雲大老行蹟」(한불전8, p.377b2), 『西域中華海東佛祖源流』(한불전10, p.123c11). ⇨각성 覺性

진언교법 眞言敎法 진언으로 가르쳐 보이는 법. 『대일경』 권2(대정장18, p.10a22)에 "모든 여래의 일체지지·일체여래의 자복지력·자서지력·일체법계가지력은 중생에 수순하여 이와 같은 종류로 진언교법을 펼쳐 보인다. 진언교법이란 무엇인가? 아(𑖀)자문은 일체제법이 본래 생멸한 적이 없음을 말하고, 가(𑖎)자문은 일체제법이 업 지음을 떠났음을 말하며, 거(𑖏)자문은 일체제법이 허공과 같이 불가득임을 말한다. … 하(𑖮)자문은 일체제법의 인도 불가득임을 말한다. 諸如來一切智智 一切如來自福智力 自願智力 一切法界加持力 隨順衆生 如其種類 開示眞言敎法 云何眞言敎法 謂阿字門 一切諸法 本不生故 迦字門 一切諸法 離作業故 佉字門 一切諸法 等虛空不可得故 … 訶字門 一切諸法 因不可得故", 『대일경소』 권7(대정장39, p.651b21)에 "또한 일체여래가 본래 보살도를 행할 때 쌓은 끝없는 복취에서 다함없는 큰 서원을 일으키고 살반야의 구경원만에 이르렀으므로 모두 지혜라는 이름을 얻는다. 이와 같이 복원의 지력과 일체법계 본성의 가지력으로써 세간에 수순함을 말한 것이다. 중생의 부류에 따라 가지하였으므로 일체중생의 갖가지 몸과 말과 생각이 모두 진언교법을 개시할 수 있다. 又一切如來 本行菩薩道時 所集無邊福聚 發生無盡大願 至薩婆若中究竟圓滿 是故皆得智名 言以如是 福願智力 及一切法界 本性加持力 隨順世間 如其種類 而作加持 是故 於一切衆生 種種身語意 皆可開示眞言敎法"라고 하였다. 〔참고문헌〕『大日經』, 『大日經疏』. ⇨진언다라니 眞言陀羅尼, 자문 字門

진언구세자 眞言救世者 진언으로 세간을 구하는 이. 본불생(本不生)의 아(𑖀)자문(阿字門)을 말한다. 『대일경』 권1(대정장18, p.8c15)에 "진언구세자라 하니 온갖 악취를 끊으니 일체 괴로움이 일어나지 않는다. 이와 같은 행을 닦으면 묘혜가 깊어져 흔들리지 않는다. 眞言救世者 止斷諸惡趣 一切苦不生 若修如是行 妙慧深不動", 같은 책 권6(대정장18, p.41a29)에 "이때 세존께서 집금강비밀주에게 말씀하셨다. '잘 들어라, 비밀주여! 진언구세자는 몸과 몸에 이분이 없어 뜻대로 따르고 뜻대로 생기며 아주 청정하게 사라지게 한다. 널리 광명이 있고 그곳에서 흘러 나와 상응하며 일어나니 모든 지분이 두루하다'. 爾時 世尊 告執金剛祕密主言 諦聽祕密主 眞言救世者 身身無有異分 意從意生 令善淨除 普皆有光 彼處流出 相應而起 遍諸支分", 『대일경소』 권6(대정장39, p.642c28)에 "이 아자문으로 일체진언의 왕으로 삼았으니 마치 세존께서 제법의 왕인 것과 같다. 그러므로 진언구세주라 하였다. 此阿字門 爲一切眞言之王 猶如世尊爲諸法之王 故曰眞言救世者", 같은 책 권18(대정장39, p.767b5)에 "부처님께서 금강수에게 말씀하셨다. '이것은 일체진언이고 진언구세자로서 대위덕을 성취한다. 이것이 바로 등정각이고 법자재모니〈일체법에 자재하다는 뜻이다〉이다. 모든 무지의 어둠을 부수니 마치 저 태양이 널리 나투듯 하다. 이것은 바로 아 스스로의 바탕이다'. 佛告金剛手 此一切眞言 眞言救世者 成就大威德 卽是等正覺 法自在牟尼〈謂於一切法自在也〉 破諸無智暗 如日輪普現 卽爲我自體"라고 하였다. 〔참고문헌〕『大日經』, 『大日經疏』. ⇨아자 阿字, 아자문 阿字門

진언권공 眞言勸供 1496년(연산군2) 성종의 어머니 인수대비(仁粹大妃) 발원으로 학조(學祖)에게 부탁하여 편집번역한 목판본 진언집. 각 단의 헌공·시식 등의 의식문을 모아놓은 책이며, 진언권공·작법절차(作法節次)·관음청(觀音請)·삼단시식문(三壇施食文)·수행육도편(修行六度篇) 등으로 구성되어 있다. 1권 1책으로 총121장(張)이다. 단 제23장만 필사보입(筆寫補入)이다. 큰 글자 한글 음을 먼저 우측에 두고 왼편에 음사한자를 새겨 옛한글로 외우게 하였다. 옛한글 풀이에서도 주요한 술어는 한자 하나하나마다에 적은 한글 하나

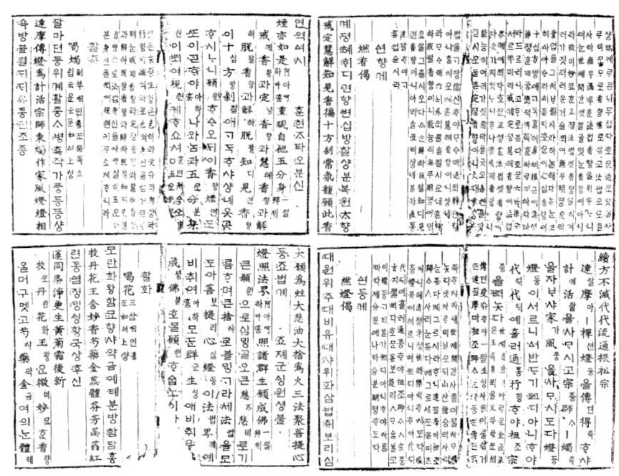

진언권공 서울대학교중앙도서관소장 1496년

씩 횡으로 병기하여 외우고 뜻을 이해함에 동시에 할 수 있도록 하였다. 목판새김 글자체 또한 매우 단정하고 정교하다. 〔참고문헌〕『韓國佛敎儀禮資料叢書』 권1 pp.437~497. ⇨시식권공언해 施食勸供諺解

진언다라니 眞言陀羅尼 진언(Ⓢmantra)인 다라니(Ⓢdhāraṇī). 『명불법근본비』(대정장46, p.988b28)에 "부처의 근본이란 박가범 대비로자나이시니 제불이

의지하는 바다. 법의 근본이란 진언다라니이니 제법이 의지하는 바다. 시방법계 수많은 불국토의 일체여래와 과보가 만족된 성현은 모두 비로자나의 정묘법신에 의지하여 자수용신과 타수용신과 변화신을 드러낸다. 말로 드러낸 교리라면 모두 진언다라니문에서 흘러 나와 펴신 삼장교법이다. 佛根本者 薄伽梵大毘盧遮那 爲諸佛所依 法根本者 眞言陀羅尼 爲諸法所依 十方法界 塵刹海會 一切如來 果滿聖賢 皆依毘盧遮那 淨妙法身 現自他受用 及變化身 所詮敎理 皆眞言陀羅尼門 流演三藏敎法", 『밀주원인왕생집』(대정장46, p.1013b11)에 "진언다라니를 닦는다면 제여래보살의 명호를 념하여 마땅히 무량최승공덕을 얻으리니, 구하는 바 수승한 원도 모두 성취된다. 若修眞言陀羅尼 念諸如來菩薩名 當獲無量勝功德 所求勝願皆成就"라고 하였다. [참고문헌] 『明佛法根本碑』, 『密呪圓因往生集』. ⇨ 다라니 陀羅尼, 진언 眞言

진언대차제론 眞言大次第論 총카파(Ⓣ Tsong-kha-pa Blo-bzang-grags-pa)의 『밀종도차제론 密宗道次第論』의 다른 이름. ⇨ 밀종도차제론 密宗道次第論

진언도구법 眞言道句法 진언의 길을 열어 구로 보인 법. 『대일경소』 권1(대정장39, p.583c21)에 "경에서 '비로자나부처님의 몸이나 말이나 뜻을 좇아 생하는 것이 아니어서, 일체처에서 일어나고 사라지는 그 끝을 얻을 수 없다. 그러나 비로자나의 일체 신구의 삼업은 일체처 일체시에 저 유정계에서는 진언도구법으로 베풀어 펼치신다'라고 하였다. 이것은 부처님의 장엄장을 뒤쳐 해석한 것이다. 다함이 없고 끝이 없다고 한 까닭은 여래께서 모든 곳에 두루하시는 상주불멸의 몸이라는 것과 다름이 없다. 비록 항상 생멸이 없지만 능히 일체삼업으로 시방삼세의 모든 때와 장소에서 가장 진실한 도를 설하여 중생을 교화하여 그 마음을 잃지 않고 불도에 이르도록 하신다. 經云 非從毘盧遮那佛身 或語或意生 一切處起滅邊際不可得 而毘盧遮那一切身業 一切語業 一切意業 一切處 一切時 於有情界 宣說眞言道句法 此轉釋佛莊嚴藏 所以無盡無邊際者 以不異如來 遍一切處 常住不滅之身也 雖常無起滅 而能以一切三業 普於十方三世 一切時處 說最實道 敎化群生 軌匠其心 令至佛道"라고 하였다. [참고문헌] 『大日經疏』. ⇨ 진언 眞言

진언도차제 眞言道次第 ➡ 밀종도차제론 密宗道次第論

진언도청정구법 眞言道淸淨句法 진언으로 성취할 수 있는 청정구법. 오랜 세월 거치지 않고도 이번 생에 돈각성불(頓覺成佛)을 성취하는 진언문의 신통한 법문을 말한다. 『대일경소』 권1(대정장39, p.583c29)에 "경에서 '또한 집금강보살과 보현보살과 연화수보살 등이 모습을 시방에 두루 드러내어 진언도의 청정구법을 설하신다. 이것은 초발심에서 십지에 이르기까지 차제로 이 생에 만족시키니, 업을 연하여 나서 증장한 유정류의 업과 수명의 종자가 사라지고 다시 싹이 나게 한 것이다'라고 하였다. … 다시 해석하면 청정구라고 한 것은 돈각성불의 신통승이다. 다른 승의 보살들은 무상보리를 구하려는 뜻을 세우고 갖가지 괴로움으로 목숨을 아끼지 않으며 헤아릴 수 없는 아승기겁을 거치고도 더러 성불하거나 성불하지 못하는 경우가 있다. 이제 이 진언문의 보살이 능히 법칙을 어기지 않고 방편으로 수행해서 이번 생에 무진장엄지경계를 보게 한다. 비단 현전할 뿐 아니라 불지를 뛰어 올라 대일여래와 같아지고자 하더라도 역시 도달할 수 있다. 經云 又現執金剛普賢蓮華手菩薩等像貌 普於十方 宣說眞言道淸淨句法 所謂初發心乃至十地 次第此生滿足 緣業生增長有情類業壽種除 復有牙種生起者 … 次又釋言 所謂淸淨句者 卽是頓覺成佛神通乘也 若餘乘菩薩 志求無上菩提 種種勤苦不惜身命 經無數阿僧祇劫 或有成佛或不成佛者 今此眞言門菩薩 若能不虧法則方便修行 乃至於此生中 逮見無盡莊嚴加持境界 非但現前而已 若欲超昇佛地卽同大日如來 亦可致也"라고 하였다. [참고문헌] 『大日經疏』. ⇨ 진언문 眞言門

진언력 眞言力 진언(Ⓢ mantra)의 가지력(加持力). 진언은 여래 삼밀(三密) 중 어밀(語密)로서 법신불의 설법으로 가지력을 가진다. 『불공견삭신변진언경』 권8(대정장20, p.266c6)에 "모다라니진언을 외우면 비밀심진언 한 자 한 자의 소리와 광명이 지하와 시방일체 흑암세계에 사무쳐 비추고 백팔편을 채워서 외우면 진언력으로 지하와 시방일체흑암세계의 일체중생이 대광명을 만나 일시에 무명업의 몸을 버리고 관세음보살의 칠보궁전에 나서 한가지로 보편출생광명삼마지를 증하고 수명무량하여 결국 보리에 이른다. 誦持母陀羅尼眞言 祕密心眞言一一字聲 光明 照徹地下 十方一切 黑闇世界 滿一百八遍 以眞言力 能令地下 十方一切 黑闇世界 一切有情 遇大光明 一時捨於無明業身 生觀世音七寶宮殿 同證普遍出生光明三摩地 壽命無量 終至菩提", 『대일경소』 권11(대정장39, p.693c6)에 "또한 선남자여 마혜수라천왕에게 하나의 진언이 있으니 승의생진언이라 한다. 이 진언력으로 일시에 대변화를 만들어 이 삼천대천세계 전체에 하나하나의 중생에게 현신하되 중생들이 좋아하는 바 온갖 이로운 일로 현현하고 이를 따라 수용함이 모두 진실하여 헛되지 않는다. 또한 화정거천신과 그 미묘한 수용의 현상은 경전에서 설한 바와 같다. 하물며 여래의 진언력이야 말할 것도 없다. 又善男子 如摩醯首羅天王有一明 名曰勝意生明 以此眞言力故 能於一時 作大變化 遍此三千大千世界 現爲一一衆生 現所愛樂 諸利益事 隨彼受用 皆實不虛 又化淨居天身 及彼微妙受用

之事 如經所說 何況如來眞言力耶"라고 하였다. [참고문헌]『不空羂索神變眞言經』,『大日經疏』. ⇨ 삼밀 三密

진언문 眞言門 진언으로 열어 가르침. 진언에 의지해 불지(佛地)에 드는 방편문을 말한다.『대일경』 권3(대정장18, p.18a17)에 "나는 진언의 성취로 상응구를 유출한다고 설하리라. 모든 유출된 상응구의 진언문에서 보리를 닦는 모든 보살들은 이 중에서 빠르게 진언실지를 마땅히 얻는다. 我當宣說 眞言成就 流出相應句 諸流出相應句 眞言門 修菩提諸菩薩 速於是中 當得眞言悉地",『대일경소』 권1(대정장39, p.579b27)에 "진언문에 들어가는 데에는 대략 세 가지가 있다. 첫째는 신밀문, 둘째는 어밀문, 셋째는 심밀문이다. 이 일은 아래에서 자세하게 설한다. 진언행자가 이러한 세 가지 방편으로 스스로 삼업을 청정하게 하면 여래삼밀에 의해 가지되고 내지는 이번 생에 지바라밀을 만족시켜 겁을 거치지 않고 모든 대치행의 닦음을 갖춘다. 入眞言門略有三事 一者 身密門 二者 語密門 三者 心密門 是事下當廣說 行者以此三方便 自淨三業 卽爲如來三密之所加持 乃至能於此生 滿足地波羅密 不復經歷劫數 備修諸對治行", 같은 책 권19(대정장39, p.774a6)에 "대공 역시 그러하니 일체법을 갖추고 일체법에 두루 있다. 이 아 자 역시 그러하다. 일체진언문이 모두 아 자를 좇아 있게 되니 마치 만상이 허공을 좇아 있게 되는 것과 같다. 비단 일체문자를 낳을 뿐 아니라 생겨난 문자의 하나하나의 문 중에 불생의 이를 나툰다. 大空亦爾 具一切法 遍一切法 此阿字亦然 一切眞言門 皆從阿字而有 猶如萬像 從空而有 非直生一切字 卽此所生之字 一一門中 卽顯不生之理也"라고 하였다. [참고문헌]『大日經』,『大日經疏』.

진언밀교 眞言密敎 ❶ 진언의 비밀한 가르침. 삼밀문(三密門)에 의지한다.『소바호동자청문경』 권상(대정장18, p.722c7)에 "타인의 공양을 구하여 목숨을 이어감은 진언밀교를 위배하고 삿된 명을 받는 것이다. 부처님께는 이런 가르침이 없으니 나는 결코 따르지 않으리라. 求他供養 以爲活命 違背眞言密敎 而受邪命 佛無此敎 我終不順",『총석다라니의찬』(대정장18, p.898b21)에 "위 다라니진언밀언의 뜻 설명은 범문에 의지한 것이다. … 만약 삼밀문에 상응하면 여러 겁의 난행과 고행에 의지하지 않고도 정업을 행하여 빠르고 쉽게 성취하고 안락하게 성불하는 빠른 도를 성취할 수 있다. 如上陀羅尼眞言密言 明義依梵文 … 若與三密門相應 不暇多劫難行苦行 能轉定業 速疾易成 安樂成佛 速疾之道"라고 하였다. [참고문헌]『蘇婆呼童子請問經』,『總釋陀羅尼義讚』. ⇨ 밀교 密敎 ❷ ➡ 진언승 眞言乘❶, 진언종 眞言宗

진언법 眞言法 진언(眞言)을 가져 행하는 법. 경마다에서 시설한 의궤에 의지한다. 반드시 관정(灌頂)으로 전수된 단을 건립하고 행자는 공양차제법 따라 입으로 진언을 외우고 손으로는 인계짓고 몸과 마음 청정하게 하는 등의 절차법을 말한다.『대일경』 권7(대정장18, p.45a8)에 "머리 조아립니다. 비로자나불께서 맑은 눈 열어 펼치심이 저 푸른 연꽃 같음을. 저는 대일경왕에 의지하여 공양을 돕는 뭇 의궤로 차제로 진언법 성취하고자 하오니 저분처럼 마땅히 속히 성취케 하옵소서. … 저 관정사 자재하게 대비장 등 묘원단을 건립하시고 법에 따라 만다라로 불러들이며 기에 따라 삼매야를 베풀어 주신다네. 도량과 교본과 진언과 인을 몸소 존귀하신 분의 입으로 전해준다. 稽首毘盧遮那佛 開敷淨眼如靑蓮 我依大日經王說 供養所資衆儀軌 爲成次第眞言法 如彼當得速成就 … 彼師自在而建立 大悲藏等妙圓壇 依法召入漫茶羅 隨器授與三昧耶 道場敎本眞言印 親於尊所口傳授",『소실지갈라경』 권상(대정장18, p.663b13)에 "그 모든 진언법이 비록 하나의 체이긴 하지만, 성취하는 법은 그 수가 무량하다. 其諸眞言法雖一體 所成就法其數無量",『소바호동자청문경』 권상(대정장18, p.719c28)에 "만약 일체의 진언법을 가져외우는 이라면 먼저 모든 부처님께 깊이 우러르는 마음 일으키고 다음에 무상보리심을 발해야 하니 중생을 제도를 위해 대원을 널리 일으켜 탐치만등업을 멀리 여읜다. … 마땅히 꼭 살도와 사음과 망언과 기어와 양구악설을 멀리 여의고 또한 술을 마시거나 고기를 먹어서는 안 되니, 입으로 비록 염송하더라도 마음과 뜻으로 불선하며 늘 사견을 행하면, 사견 때문에 변하여 불선하게 되서 잡되고 물든 과를 얻게 된다. 若有持誦一切眞言法 先於諸佛 深起敬心 次發無上菩提之心 爲度衆生 廣發大願 遠離貪癡憍慢等業 … 當須遠離 殺盜邪婬 妄言綺語 惡口兩舌 亦不飮酒 及以食肉 口雖念誦 心意不善 常行邪見 以邪見故 變爲不善 得雜染果"라고 하였다. [참고문헌]『大日經』,『蘇悉地羯羅經』,『蘇婆呼童子請問經』. ⇨ 진언법교 眞言法敎

진언법교 眞言法敎 진언의 법으로 가르침.『대일경소』 권7(대정장39, p.651b26)에 "경전에서 '비밀주여! 진언법교란 무엇인가?'라고 한 것은 아(𑖀)자문 등을 말한다. 이는 진언의 교상이다. 비록 상은 체와 다르지 않고 체는 상과 다르지 않지만 상은 조작하지 않으면 닦아 이루어 남에게 보일 수 없다. 그러나 진언의 교상은 해탈을 떠나지 않고 음성과 문자를 드러낼 수 있다. 낱낱의 소리와 자 법계에 들어가는 문이므로 진언법교라고 한다. 經云 祕密主 云何眞言法敎者 卽謂阿字門等 是眞言敎相 雖相不異體 體不異相 相非造作 修成不可示人 而能不離解脫 現作聲字 一一聲字 卽是入法界門故 得名爲眞言法敎也",『문수사리근본의궤경』 권7(대정장20, p.860b20)에 "만약 어떤 이가 이 진언법교를 뜻을 세워 수지한다면 일체세간과 출세간의 만다라가 성취되지 않는 것이 없을 것이고 그 사람은 머지 않아 대보리를 얻는다. 이 법이 보리를 행하는 이에게 이롭지 않다면 부처님께서 설하지 않으셨을 것이다. 若人於此 眞言法教 志意受持 所有一切世間出世間曼拏羅 無不成就 彼人不久得大菩提 此法 若不利益 菩提行者 佛則不爲宣說", 『대일경의석』 권5(卍속장36, p.657a7)에 "만약 제천들이 설한 진언법교는 모두 세간의 삼매에 속한다. 출세간의 삼매는 모두 진실한 이익이 있다. 그러므로 온갖 잘못을 부순다고 하였다. 세간삼매는 단지 방편으로 이롭게 하기에 중생을 이롭게 한다고 한 것이다. 若諸天等所說眞言法教 皆屬世間三昧 出世間三昧 皆有實益 故云摧害於諸過 世間三昧 但有權益 故云爲利衆生"라고 하였다. [참고문헌] 『大日經疏』, 『文殊師利根本儀軌經』, 『大日經義釋』. ⇨ 진언 眞言, 밀교 密教, 아자문 阿字門

진언법석 眞言法席 진언법으로 베푼 법석. 『고려사』 권53 오행지(五行志)1 오행일왈수(五行一曰水)에는 1367년(공민왕16) "6월 무신일에 큰 뱀이 침전 침상에 나타났다. 정사일에 궁내에서 진언법석을 개설하여 물리치고자 하였다. 六月戊申 大蛇見于寢殿御床 丁巳 設眞言法席于宮內 以禳之"라고 하였고, 1408년(태종8)에 『태종실록』 권15 태종 8년 6월 기묘일에도 "진언법석을 빈전에 개설하였다. 임금과 상왕이 친히 전을 베풀고 행향하였다. 設眞言法席于殯殿 上與上王親設奠行香"라고 하였는데, 변계량(卞季良 1369~1430)이 지은 「태상왕진언법석제문 太上王眞言法席祭文」이 『춘정집』 추보(追補)에 수록되어 있다. 정추(鄭樞 1333~1382)의 『원재고』 권하에는 「천부진언법석소〈대염평리작〉 薦父眞言法席疏〈代廉評理作〉」(한국문집총간5, p.214b18)가 수록되어 있는데, 평리였던 염씨를 대신해서 그 아버지의 정토왕생을 기원하는 진언법석의 소문이 전한다. [참고문헌] 『高麗史』, 『太宗實錄』, 『春亭集』, 『圓齋槀』.

진언부 眞言部 Ⓢ sakalaṃ mantra-kulaṃ mahat. 진언을 모아 놓은 부. 『최승묘길상근본지최상비밀일체명의삼마지분』 권상(대정장20, p.808c16)에 "내가 이제 잘 설하리라. 그대 대비밀주 최상일심에 머물게 하고서는 부처님께서 설하는 것을 잘 들으라. 이때 석가모니께서 바로 이와 같은 법으로 모든 진언부를 다 설하셨다. 지명대주부·관조삼밀부·세간최상부·세출세간부·최상대인부·오슬니사부 등의 이와 같은 등 제부들로 일체법을 다 모아 거두니 이것이 비밀의 이름과 뜻이다. 我今當善說 汝大祕密主 住最上一心 諦聽佛所說 時釋迦牟尼 卽說如是法 盡諸眞言部 持明大呪部 觀照三密部 世間最上部 世出世間部 最上大印部 烏瑟膩沙部 如是等諸部 總攝一切法 是祕密名義"라고 하였다. [참고문헌] 『最勝妙吉祥根本智最上祕密一切名義三摩地分』. ⇨ 다라니문 陀羅尼門, 대다라니문 大陀羅尼門 ❷

진언사 眞言師 의궤에 의지하여 작법을 주관하는 법사. 주사(呪師)라고도 한다. 『금강봉유기경』 권상(대정장18, p.258a15)에 "진언사들이 진언법을 외우면 산란한 마음의 장애인즉 문득 편안해지고 능히 진언사가 수습한 공덕업을 빼앗는다. 若諸眞言師 持誦眞言法 於一散亂心 此障卽爲便 能奪眞言師 所修功德業", 같은 책 권하(대정장18, p.266b5)에 "내가 이제 법을 설하리니 금강수보살은 잘 듣고 모든 진언사들 위해 자세하게 설하여 이익이 되게 하되, 계 받지 않고 서원을 갖추지 않은 이들과 지혜가 없는 이에게든 망령되이 전해주어서는 안 된다. 我今故演說 金剛手善聽 爲諸眞言師 廣說成利益 勿妄傳授與 未受具誓者 兼無智慧人", 『일계존다라니경』(대정장20, p.488a13)에 "진언사는 목욕하고 깨끗한 새 옷을 입고 하루 동안 먹지 않는다. 얼굴은 본존을 향하고 손에 향로를 쥐며 큰 서원을 널리 세우고 참회한다. 그 후에 단정히 앉아 정념하고 앞서의 근본진언을 십만편 외우면 가졌던 중죄업장이 모두 소멸한다. 眞言師 當洗浴 著新淨衣 一日不食 面向本尊 手執香爐 廣發大願懺悔 然後端坐正念 誦前根本眞言十萬遍 所有重罪業障 皆得消滅"라고 하였다. [참고문헌] 『金剛峰瑜祇經』, 『一髻尊陀羅尼經』. ⇨ 주사 呪師, 밀교 密教

진언사석 眞言四釋 진언을 네 가지로 풀다. 『대일경』의 교의를 해석하는 네 가지 관점이다. 깊이에 따라 천략석(淺略釋)과 심비석(深祕釋)으로 구분하고, 심비석을 다시 비밀석(祕密釋)·비밀중비석(祕密中祕釋)·비비중비석(祕祕中祕釋)으로 나눈다. 아자본불생(阿字本不生)을 해석하는 『대일경공양차제법소』의 세 가지 심비석에 천략석을 더한 네 가지 해석이다. 『대일경공양차제법소』 권하(대정장39, p.807c13)에 "[문] 아(𑖀) 자는 누가 본법에서 본불생이라 바꾸어 부르는가? [답] 세 가지가 있다. 첫째는 비밀석이고, 둘째는 비밀중비석이며, 셋째는 비비중비석이다. 첫째, 비밀석은 비로나자부처님께서 본불생을 설한 것이다. 둘째, 비밀중비석은 아 자가 스스로 본불생을 설한 것이다. 셋째, 비비중비석은 본불생리에 스스로 이와 지가 있어서 스스로 본불생을 깨우친다. 問 阿誰向本法呼造本不生耶 答有三種 一 祕密釋 二 祕密中祕釋 三 祕祕中祕釋 一 祕密釋者 毘盧遮那佛說本不生故 二 祕密中祕釋者 阿字自說本不生故 三 祕祕中祕釋者 本不生理 自有理智 自覺本不生故", 『대일경소연오초』 권3(대정장59, p.5b3)에 "『대일경의석』에 세 가지 해석이 있고, 이 경문에 천략석과 심비석이 있다고 한 것과 같다. 심비에 다시 얕고 깊음이 있다. 『대일경공양차제법소』에도 역시 세 가지가 있으니 첫째 심비석, 둘째 비중심비석, 셋째 비비중심비석이다. 두 문을 서로 합하면 네 가지가 된다. 大日經義釋有三種釋 如云於此經文有淺略釋有深祕釋 於深祕中亦有淺深 若供養法疏亦有三種 一深祕釋二祕中深祕釋三祕祕中深祕釋 兩文相合卽成四種"라고 하였다. [참고문헌] 『大日經供養次第法疏』, 『大日經疏演奧鈔』. ⇨ 사석 四釋, 사종석의 四種釋義, 심비석 深祕釋, 천략석 淺略釋

진언삭 眞言索 진언을 외우면서 만든 끈. 『소실지갈라경』 권상(대정장18, p.608a1)에 "백모실과 삼베실을 동녀에게 붉은 색이나 울금색으로 물들이게 하고 합하여 줄을 매듭지으면 이것이 진언삭이 된다. 매듭 하나마다 일곱 번 진언을 외운다. 진언으로 나머지 일곱 번 매듭하며 지송하고 본존 앞에 안치한다. 取白氎絲 及以麻縷 令童女染作紅色 或作鬱金色 合作線結爲眞言索 一結應誦七遍 眞言經餘七結 置本尊前"라고 하였다. [참고문헌] 『蘇悉地羯羅經』. ⇨ 비삭 臂索, 오색선 五色線

진언삼부경 眞言三部經 천태밀교에서 중시하는 삼대(三大) 경전. 『대일경 大日經』·『금강정경 金剛頂經』·『소실지갈라경 蘇悉地羯羅經』을 말한다. 『대일경』은 태장계(胎藏界), 『금강정경』은 금강계(金剛界), 『소실지갈라경』은 태장과 금강의 양부불이(兩部不二)를 대표하는 경전이다. ⇨ 대일경 大日經, 금강정경 金剛頂經, 소실지갈라경 蘇悉地羯羅經, 삼부경 三部經

진언삼자 眞言三字 진언의 세 가지 글자. 다자(多字)·일자(一字)·무자(無字)를 말한다. 『계람습엽집』(대정장76, p.785a13)에 "진언의 삼학사라 하니, 고덕이 말하기를 '다라니에 있으니 다자·일자·무자를 말한다'고 하였다. 무자는 원각에 상이 없는 뜻이다. 이 뜻은 비밀이다. 일자는 종자 등이다. 다자는 불정다라니 등이다. … 또한 유가총지란 진언삼자에 들어감을 표제로 한다. 비록 진언의 총명과 비슷하지만 「주심품」에서 말한 것을 가리킨다. 『소실지소』에서 '진언이란 범어로 다라니라 하고 당나라에서도 총지라고 한다'고 하였다. 그런데 『대일경』은 진언에 들어가는 것을 나타낸다. 그러므로 여기에서는 이것을 가리켜 총지라 한다. 眞言三學事 古德云 陀羅尼有之 多字一字無字也 無字者 圓覺無相理也 此理 祕密也 一字者 種子等也 多字者 佛頂陀羅尼等也 … 又云 瑜伽總持者 題入眞言三字也 雖似眞言總名 指住心品云也 蘇悉地疏云 眞言者 梵稱陀羅尼 唐亦名總持也云云 而大日經表入眞言 故今指之云總持也"라고 하였다. [참고문헌] 『溪嵐拾葉集』. ⇨ 종자 種子[2], 불정존승다라니 佛頂尊勝陀羅尼, 총지 總持

진언상 眞言想 진언행자가 겪고 보는 갖가지 모습들. 진언을 가져 성취한 것들이다. 『대일경』 권1(대정장18, p.3c14)에 "비밀주여! 저 진언문에서 보살행을 닦는 보살들은 이와 같이 관찰해야 한다. 허깨비란 무엇인가? 주술과 약력으로 능히 짓고 지은 갖가지 색상을 말한다. 자신의 눈을 미혹하므로 희유한 일을 보며 시방을 돌아다닌다. 그러나 이것은 가는 것도 아니고 가지 않는 것도 아니다. 왜 그러한가? 본성이 청정하기 때문이다. 이와 같이 진언의 허깨비는 모두 지송하여 성취한 것이다. 그리고 비밀주여! 아지랑이의 자성은 공이다. 그것은 사람들의 망상에 의지한 것이고 성립함에 설명이 있다. 이와 같이 진언상은 오직 가명일 뿐이다. 그리고 비밀주여! 이는 마치 꿈속에서 본 것과 같다. 낮의 시간으로 모호율다나 찰나만큼 짧은 시간 동안 머물다가 다양하게 변하며 갖가지 고락을 겪지만 깨어나면 도무지 본 것이라곤 전혀 없는 것과 같다. 저 꿈과 같아서 진언행 역시 이와 같음을 알아야 한다. 祕密主 彼眞言門 修菩薩行諸菩薩 當如是觀察 云何爲幻 謂如呪術藥力 能造所造種種色像 惑自眼故 見希有事 展轉相生 往來十方 然彼非去非不去 何以故 本性淨故 如是眞言幻 持誦成就 能生一切 復次祕密主 陽焰性空 彼依世人妄想 成立有所談議 如是眞言想 唯是假名 復次祕密主 如夢中所見 晝日牟呼栗多 刹那歲時等住 種種異類 受諸苦樂 覺已都無所見 如是夢 眞言行 應知亦爾"라고 하였다. [참고문헌] 『大日經』.

진언성 眞言聲 진언행자가 진언을 외울 때 듣는 갖가지 소리. 메아리와 같다 여기고 관하여(響喩觀) 희론(戱論)을 일으키는 일 없이 음성으로 터득하는 지혜의 세계(音聲慧法門)에 들 수 있다. 『대일경』 권1(대정장18, p.3c26)에 "다시 비밀주여, 메아리는 진언의 소리를 알아듣는 것을 비유하니 소리를 연해야 메아리가 있는 것과 같다. 復次祕密主 以響喩解了眞言聲 如緣聲有響", 『대일경소』 권3(대정장39, p.608a15)에 "『석론』에서 '만약 깊은 산속 골짜기나 인적이 끊긴 깊은 계곡이나 텅 빈 큰 집의 경우에는 말소리가 서로 울리므로 소리를 따라 소리가 생기니 이를 메아리라고 한다'라고 하였다. 지혜가 없는 이는 이것을 진실로 있다고 여기지만 지혜로운 이는 이 소리가 사람이 만든 것이 아니며, 다만 소리가 굴러서 다시 메아리 소리가 생겨 귀를 미혹한다는 것을 마음으로 안다. 사람이 말하려고 할 때 역시 목에 바람이 생기는데 이를 우다나라 한다. 이것이 배꼽까지 이르러 메아리가 나올 때 정수리·치아·입술·혀·목구멍·가슴 등의 일곱 곳에 부딪혔다가 물러나니 이를 언어라 한다. 어리석은 이는 알지 못해서 세 가지 독을 일으키고 지혜로운 이는 분명하게 알아서 마음에 집착하는 것이 없이 다만 제법의 실상을 따를 뿐이다. 진언행자는 유가 중에 여덟 가지 바람으로 거스르거나 순하는 음향을 듣는다. 더러 성인들은 무량한 법음을 현전시켜 가르침을 주거나 또는 혀가 청정하므로 일음으로 모든 세계를 가득 채운다. 이러한 모든 경계를 만날 때 역시 메아리의 비유로써 이것을 관찰해야 한다. 다만 삼밀의 갖가지 인연을 따라 생길 뿐이어서, 이러한 일은 난 것도 사라지는 것도 있는 것도 없는 것도 아니다. 그러므로 이 중에서 헛되이 희론을 일으키지 않아야 한다. 이때 스스로 음성혜법문에 들게 된다. 釋論云 若深山峽谷中 若深絶澗中 若空大舍中 以語言聲相擊故 從聲有聲名爲響 無智人謂爲有實 智者心念 是聲無人作 但以聲轉故 更有響聲誑人耳根 人欲語時 亦咽口中有風 名憂陀那還入至臍 響出時 觸頂及斷齒脣舌咽胸七處而退 是名爲語言 愚人不解而生三毒 智者了知心無所著 但隨諸法實相眞言行者若於瑜伽中 聞種種八風違順之音 或諸聖者以無量法音現前敎授 或由舌根淨故 能以一音遍滿世界 遇此諸境界時 亦當以響喩觀察此 但從三密衆緣而有 是事非生非滅非有非無 是故於中不應妄生戲論 爾時自入音聲慧法門也"라고 하였다. 〔참고문헌〕『大日經』, 『大日經疏』. ⇨ 삼밀문 三密門, 희론 戲論

진언승 眞言乘 **1** 진언을 의지해 깨우치는 가르침. 밀교(密敎)를 말하며, 금강승(金剛乘)·신통승(神通乘)이라고도 한다. 『대일경지송차제의궤』(대정장18, p.188a3)에 "다음으로 설한다. 상 없음이 가장 수승하니 신해를 갖춘 이만이 관찰할 바다. 만약 진언승의 깊은 지혜를 갖춘 이라면 이번 생에서 뜻을 일으켜 위 없는 과보를 구하리라. 次說無相最殊勝 具信解者所觀察 若眞言乘深慧人 此生志求無上果", 『대일경소묘인초』 권76(대정장58, p.609c8)에 "여기에서 진언승은 대승 중의 대승이다. 이 극한 대승에서 평등법계에 머물러 대자재행으로 최대의 대자재과를 얻는다. 今此眞言乘 是大乘之中大乘 於此極大乘之中 住平等法界 大自在之行 得最大自在之果", 『비장보약』 권중(대정장77, p.367c13)에 "밀교란 자성법신 대비로자나여래께서 스스로의 권속과 더불어 스스로 법락을 누리시면서 설한 바의 법이다. 이른바 진언승이란 이것이다. 密敎者 自性法身 大毘盧遮那如來 與自眷屬 自受法樂故 所說法是也 所謂眞言乘者是也"라고 하였다. 〔참고문헌〕『大日經持誦次第儀軌』, 『大日經疏妙印鈔』, 『祕藏寶鑰』. ⇨ 밀교 密敎, 금강승 金剛乘, 신통승 神通乘 **2** ➡ 탄트라불교 Tantra佛敎

진언심 眞言心 진언의 마음. 본불생의 अ(a 阿)자를 가리킨다. 이것으로부터 일체진언이 출생하므로 붙여진 이름이다. 『대일경』 권5(대정장18, p.38a26)에 "아자란 일체진언심이니 이것으로부터 무량한 모든 진언들이 가득 흘러나와 일체희론이 그치고 교묘한 지혜 능히 일으킨다네. 所謂阿字者 一切眞言心 從此遍流出 無量諸眞言 一切戲論息 能生巧智慧", 『대일경소』 권10(대정장39, p.688c3)에 "또한 구 중의 뜻이란 바로 본존의 몸이니 먼저 본존을 명료하게 떠올리고 다음으로 자기의 몸이 본존과 같다고 떠올려서 안팎으로 명료하게 한다. 자(字)의 진언관 곧바로 진언의 몸이고, 소리의 진언관은 비밀주이며, 구의 뜻으로 관함도 곧바로 진언의 몸이니 그대로 진언심이다. 又句中義者 卽是本尊之體 先想本尊明了 次卽自觀己身 同於本尊 令內外明了也 字眞言觀 卽是眞言身 聲眞言觀 卽是眞言主 句義觀 卽是眞言之體 卽眞言心也", 같은 책 권11(대정장39, p.695a17)에 "이 마음이 그대로 부처의 마음임을 알아야 한다. 부처의 마음이 곧 진언심이다. … 정등각의 마음이 곧바로 진언심이다. 當知此心 卽是佛心 佛心者 卽是眞言心也 … 正等覺心 卽眞言心也", 같은 책 권16(대정장39, p.749a1)에 "유가자리란 곧바로 수지한 진언자이니 이것을 가지함으로써 수지한 진언의 최초 자를 취하는데 이것이 진언심이다. 이 자는 점 등을 빼고 본체만 취하니 바로 아자다. 아자는 금강지이다. 이와 같이 하는 까닭은 석가모니부처님께서 처음 정각을 이루셨을 때 금강삼매에 들어 정각을 이루셨기 때문이다. 금강지를 제하면 능히 이길 이가 없다. 지금 이것 역시 그러하니 마음에 비로자나 대만다라회를 건립하고자 한다면 먼저 금강심지를 건립하지 않고는 안립할 수 없다. 아자는 금강륜이니 금강좌에 오르고자 한다면 먼저 아자를 관상하는 것을 시작으로 삼으니 돌이켜 금강으로써 금강을 유지하는 것이다. 瑜伽座者 卽是所持眞言之字 以加持之 取彼所持眞言最初之字 卽是眞言心也 其字當去點等 但取本體 卽是阿字 阿字是金剛地也 所以如此者 猶如釋迦初成正覺時入金剛三昧而成正覺 除金剛地更無能勝者 今此亦如是 爲欲建立內心毘盧遮那大漫荼羅會故 若不先建金剛心地 則不能安立也 阿字是金剛輪 爲欲昇金剛座故 先觀阿字爲始還以金剛而持金剛也", 같은 책 권17(대정장39, p.754b8)에 "아자란 무엇인가? 이는 일체진언심이다. 云何阿字 是一切眞言心也"라고 하였다. 〔참고문헌〕『大日經』, 『大日經疏』. ⇨ 아자 阿字

진언십심 眞言十心 진언의 열 가지 마음. 공덕을 쌓고 과를 얻는 과정을 씨앗에서 열매를 맺는 것에 비유하였다. 종자심(種子心)·아종(牙種)·포종(泡種)·부화(敷華)·성과(成果)·수용종자(受用種子)·영동심(嬰童心)·수승심(殊勝心)·결정심(決定心)을 말한다. 앞 여덟 가지는 외도의 위리심(違理心)을 다스리는 순리심(順理心)이고, 마지막 두 가지는 위세심(違世心)을 다스리는 순세심(順世心)이다. 『대일경』 권1(대정장18, p.2b5)에서 십심을 설하길 다음과 같이 한다. "어리석은 범부들 숫양과 같지만 때로는 한 법을 생각하기도 하는데 소위 재를 가짐이 그것으로, 범부가 이를 조금이라도 사유하고 기쁜 마음을 내어 거듭 닦아 익히면, 이 처음 종자가 선업을 발생시킨다. 祕密主 愚童凡夫類猶如羝羊 或時有一法想生 所謂持齋 彼思惟此少分 發起歡喜數數修習 祕密主 是初種子 善業發生", "다시 이것을 인으로 육재일에 부모와 남녀친척에게 보시하니, 이것이 둘째로 종자가 싹트는 것이다. 復以此爲因 於六齋日 施與父母男女親戚 是第二牙種", "다시 이 보시로써 친한 사이가 아닌 이들에게도 수여하니, 셋째 줄기가 생김이다. 復以此施 授與非親識者 是第三疱種", "또 이 보시로써 그릇이 크고 덕 높은 자에게 베푸니, 넷째로 잎이 난다. 復以此施 與器量高德者 是第四葉種", "또 이 보시로써 기꺼이 기악인 등에게 즐거이 수여하고 높은 어른들께 드리니, 다섯째로 꽃이 피어남이다. 復以此施 歡喜授與伎樂人等 及獻尊宿 是第五敷華", "또 이 보시로써 친애하는 마음을 일으켜 공양하니, 여섯째 열매 맺음이다. 以此施 發親愛心而供養之 是第六成果", "다시 저에게 계를 지켜 하늘에 나게 하니, 일곱째 종자를 받아 쓴다. 復次 祕密主 彼護戒生天 是第七受用種子", "다시 범부가 이러한 마음으로 생사유전하면서 착한 벗으로부터 '이들 천과 대천은 온갖 즐거움을 준다. 만약 경건하게 정성껏 공양하면 온갖 소원을 모두 성취할 수 있으리라'는 말을 듣고 마음이 기쁘고 즐거워 은근하고 정중하게 공경하고 수순하여 수행한다. 이것을 어리석은 이생이 생사유전하면서도 두려움 없이 의지한다 하니, 여덟째 어린애 같은 마음이다. 復次祕密主 以此心生死流轉 於善友所聞如是言 是天大天 與一切樂者 若虔誠供養 一切所願皆滿 … 彼聞如是 心懷慶悅 殷重恭敬 隨順修行 祕密主 是名愚童異生生死流轉無畏依 第八嬰童心", "다시 수승한 행은 설한 바에 따라 수승하게 머물러 해탈과 지혜를 구하는 것이니, 이른바 상무상공 등을 따르는 것이 수승심이다. 祕密主 復次殊勝行 隨彼所說中 殊勝住求解脫慧生 所謂常無常空 隨順如是說", "저 알음알이 공과 비공과 상단과 비유비무, 모든 저 분별무분별 알 수 없고, 분별공도 모든 공도 저 열반도 알지 못한다. 이러하기에 진언으로 능히 공을 알아 단상을 떠난다. 祕密主 非彼知解空非空常斷 非有非無俱彼分別無分別 云何分別空 不知諸空 非彼能知涅槃 是故應了知空 離於斷常". 〔참고문헌〕『大日經』, 『大日經疏』 권2(대정장39, p.594c10). ⇨ 세간팔심 世間八心, 십심 十心[1], 재 齋

진언십지 眞言十地 진언에 의지한 십지(十地). 양부대경(兩部大經)에서는 십지를 말하지 않았지만 『대일경』에서는 제8지와 제12지를 설했으며, 『금강정경』에서는 초지(初地)와 제10지의 두 지를 설했다. 그러므로 『화엄』·『인왕』 등의 설에 의지해 그 명자(名字)를 풀었다. 뜻은 현교(顯敎)와 다르다. 십지를 십육대보살의 자리에 배대하여 점점 닦음을 잡아서 16생의 구경을 보이기도 했다. 그 십육대보살은 일본에 두 설이 있는데 〈표〉와 같다. 『대일경소지심초』 권14(대정장59, p.769b11)에 "『보생어방의』에서 「진언십지에 대해 '천략석'과 '심비석'을 할 수 있다」고 하였다. 십지의 행상을 천략석하면 화엄의 십지설과 같다. 심비석은 『금강정경』의 십육대보살의 발생과 같다. 십지의 천략석은 화엄에 의지하여 두 가지로 푼다. 첫째는 차제로, 위위마다에 차제를 나눈 것이다. 위마다 옮겨 오름에 때를 나누어 위를 밟아나간다는 뜻이다. 둘째는 원융이다. 십지의 공덕은 모두 법성의 연기이니 모든 위의 공덕이 하나하나 남김없이 평등하게 상즉상입하며 주반으로 다함이 없는 뜻이다. 이와 같다면 비록 매우 깊이 진언을 바라본다고 하더라도 이는 천략의 행상일 뿐이다. 진언의 심비석으로 십지를 해석하면 하나하나의 위가 모두 당체가 법 그대로여서 만다라와 삼밀·사신·육대·사만이 걸림 없이 찰진에 걸어 들어감에 걸림 없으니 이것이 비밀의 십지다. 寶生御房義云 於眞言十地 作淺深二釋 淺略十地行相 如華嚴十地說 深祕釋 如金剛頂 十六大菩薩生也 若淺略十地 依華嚴 意釋有二 一 次第 位位次第 遷登位位 時分經歷位也 二 圓融 十地功德 皆法性緣起故 諸位功德 一一皆悉平等相入相卽 主伴無盡也 如此雖云 甚深望眞言 此淺略行相 當知 眞言深祕十地 是一一位 皆當體法然 輪圓三密四身六大四曼 涉入無礙過刹塵 謂之密十地也"라고 하였다.

〈표〉 진언십지

■ 각밤지의覺鍐之義

문		부		지
보리심문菩提心門	발심發心	금강부金剛部	살왕薩王 애희愛喜	초지初地
대복덕문大福德門	수행修行	마니부摩尼部	광光	이지二地
			보寶	삼지三地
			당幢	사지四地
			소笑	오지五地
대지혜문大智慧門	보리菩提	연화부蓮華部	법法 리利	육지六地
			인因 어語	칠지七地
대정진문大精進門	열반涅槃	갈마부羯磨部	업業 호護	팔지八地
			아牙	구지九地
			권拳	십지十地

■ 뇌보등지의賴寶等之義

지	식		지
대원경지大圓鏡知	아뢰야식阿賴耶識	살왕薩王 애희愛喜	초지初地
평등성지平等性智	말나식末那識	보寶	이지二地
		광光	삼지三地
		당幢	사지四地 오지五地
		소笑	육지六地 칠지七地
묘관찰지妙觀察智	의식意識	법法 리利	팔지八地
		인因 어語	구지九地
성소작지成所作智	전오식前五識	업호業護 아권牙拳	십지十地

〔참고문헌〕『大日經疏指心鈔』. ⇨ 십지 十地[3], 심비석 深秘釋, 천략석 淺略釋

진언아사리 眞言阿闍梨 작법을 행하고 전하는 법사. 『

대일경의석연밀초』 권10(卍속장37, p.274a18)에 “진언아사리는 반드시 음양점복의 술을 잘 알아야 한다. 만약 익히지 않은 이라면 뭇 예를 겸하였다고 할 수 없고 중생을 위한 아사리가 될 수도 없다. 眞言阿闍梨 須善解陰陽占相之述 若不習者 不得名爲兼綜衆藝 不得爲人作阿闍梨”라고 하였다. 〔참고문헌〕『大日經義釋演密鈔』. ⇨ 진언사 眞言師, 아사리 阿闍梨

진언왕 眞言王 진언의 왕. 진언심(眞言心)을 말한다. 『대일경소』 권17(대정장39, p.756a13)에 “나는 지송하는 이이고 또한 진언을 가진 이다. 나로 좇아 났기에 내가 가진다. 진언자로 나로부터 생겼으니 내가 바로 가짐 그대로다. 대길상을 갖춘 이 역시 진언왕이니 나를 말한다. 이 바로 집금강이니 이러한 밀한 혜를 가졌다는 뜻이다. 我卽是持誦者 亦是持眞言者 由從我生故 我持之也 由眞言字 從我生 我卽持故 具大吉祥者 亦卽眞言王謂我也 卽是執金剛 謂持此密慧也”, 같은 책 권19(대정장39, p.770a22)에 “여기 이 원 중에 진언구세자가 있으니 대공덕을 갖추고 진금색의 몸에 불꽃이 가득하며 삼매에 고요히 머문다. 여기에 머물러 일자진언왕을 관하니 이 진언왕을 따라서 본존 또는 대비로자나를 관한다. 今此圓中 有眞言救世者 具大功德 眞金色 具有焰光住三昧寂 然而住此 當觀此一字眞言王 從此眞言王 卽觀本尊 或大毘盧遮那”라고 하였다. 〔참고문헌〕『大日經疏』. ⇨ 진언심 眞言心, 대일여래 大日如來

진언요초 眞言要抄 1795년(정조19)에 지형(智瑩) 등이 다라니경(陀羅尼經)의 진언을 뽑아 엮은 책. 목판본 35장(張). 표제는 ‘대승장엄경’이라 하였는데, 맨 뒤 발문에 “장엄경·진언요초·은중경·고왕경을 합하여 한 책으로 하였다. 莊嚴經眞言要抄恩重經高王經 合爲一冊”라고 하였듯이, 『불설대승무량수장엄경 佛說大乘無量壽莊嚴經』 권상중하, 『불설대보부모은중경 佛說大報父母恩重經』·『불설고왕관세음경 佛說高王觀世音經』 등과 함께 1795년에 양주(楊州) 불암사(佛巖寺)에서 개간하였다. 불설존승대명왕경다라니(佛說尊勝大明王經陀羅尼)·불설연화안다라니(佛說蓮華眼陀羅尼)·불설대보현다라니경(佛說大普賢陀羅尼經)·불설발제고난다라니(佛說拔濟苦難陀羅尼)를 비롯하여 불설대승대방광불관경불호(佛說大方廣佛冠經佛號)·불설보월동자보살소문경불호(佛說寶月童子菩薩所問經佛號)에 이르기까지 독송(讀誦)을 위한 경문(經文)과 진언을 초록하여 편재하였다. 먼저 한자음역으로 진언을 표기한 다음, 한글음역을 더하였기에, ‘진언요초언해(眞言要抄諺解)’로 불리기도 한다. 국립중앙도서관·규장각·동국대학교도서관에 소장되어 있다. 〔참고문헌〕『眞言要抄』.

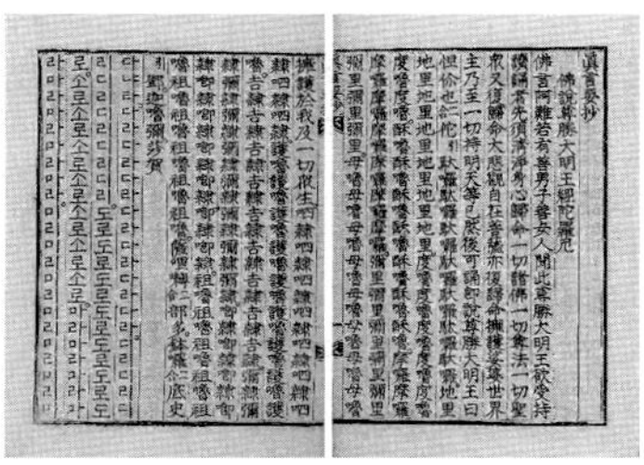

진언요초 대승무량수장엄경합본
양주 불암사 1795년

진언장가 眞言藏家 진언을 다 모아놓은 집. 오장(五藏) 중 다라니장(陀羅尼藏)을 말하며 이를 의지해 수행하는 무리인 진언종(眞言宗)을 말하기도 한다. 『변현밀이교론』 권상(대정장77, p.376c16)에 “이 종에서 관하는 대상은 삼제를 벗어나지 않는다. 일념심 중에 곧바로 삼제를 갖춘다. 이것을 묘로 삼아 백비가 통연히 날아가고 사구를 온통 버린다. 오직 부처와 부처끼리 끝까지 구해 다한다. 이 종과 타종은 이것을 극으로 삼는다. 이는 현교관건이다. 그러나 진언장가는 이것을 입도의 초문으로 삼을 뿐 비밀한 오의로 여기지 않는다. 此宗所觀不過三諦 一念心中 卽具三諦 以此爲妙 至如彼百非洞遣四句皆亡 唯佛與佛 乃能究盡 此宗他宗 以此爲極 此則顯教關楔 但眞言藏家 以此爲入道初門 不是祕奧”라고 하였다. 〔참고문헌〕『辨顯密二教論』. ⇨ 진언 眞言, 다라니장 陀羅尼藏, 밀교 密教, 진언승 眞言乘, 진언종 眞言宗

진언종 眞言宗 『대일경 大日經』·『금강정경 金剛頂經』·『소실지경 蘇悉地經』 등에 의지하여 태장(胎藏)·금강(金剛) 양부(兩部) 등을 세워 진언과 삼밀(三密)의 가지력(加持力)으로 즉신성불(卽身成佛)하는 것을 종지로 하는 종파. 밀종(密宗)·밀교(密教)·비밀종(祕密宗)·진언밀교(眞言密教)·진언승(眞言乘)이라고도 한다. 대일여래(大日如來)께서 금강살타(金剛薩埵)에게 금강과 태장 양부를 전하였으며, 부처님께서 열반에 드신 뒤 800년경에는 용수(龍樹)가 남천축의 철탑에서 금강살타에게서 양부를 전해 받은 것에 기원했다고 전한다. 이후 용지(龍智)를 거쳐 선무외삼장(善無畏三藏)과 금강지삼장(金剛智三藏)에게 전해졌다. 중국에는 선무외삼장이 『대일경』과 『소실지경』을 한역함으로써 전해졌으며, 이후 금강지삼장과 불공삼장(不空三藏)에 의해 더욱 널리 홍성하였다. 이후 불공삼장의 제자인 함광(含光)·혜랑(慧朗)·혜과(慧果) 등에게 이어지고, 다시 혜과의 제자인 의명(義明)·의원(義圓)·혜일(惠日)·혜응(惠應) 등이 계승하였다. 우리나라에서는 신라의 혜통(惠通)이 당에 유학하여 선무외삼장으로부터 인결(印訣)을 얻어 664년(문무왕4)에 돌아온 것이 시초이다. 불가사의(不可思議)·혜초(慧超)·명효(明曉) 등이 그 뒤를 이었으며, 밀본(密本)·명랑(明朗) 등은 당에서 신인(神印)을 얻어와 신인종을 세웠다. 고려시대에는 광학(廣學)·대연(大緣) 등이 개성에 현성사(賢聖寺)를 세워 진언종의 근본도량으로 삼기도 하였다. 『

반야심경일관소』(卍속장42, p.12b8)에 “진언종이란, 세존의 설법에는 돈·점·비밀·부정의 네 가지 교법이 있어서 널리 뭇 근기를 거둔다. 그러므로 현설·밀설·설설·불설설이 있으니, 불지견을 열어 보여서 깨달아 들어가는 것 아님이 없게 하였다. 밀설을 진언이라 하는 것은 진실로 거짓이 아니니, 입으로 외우고 마음마저 잊게 되면 곧바로 점차마저 뛰어넘는다. … 진언종이란 다라니문에 들어 불지견을 여는 것에 방해됨이 없다. 그러므로 진언종이란 곧 이 반야바라밀다주임을 알라. 眞言宗者 蓋世尊說法 有頓 漸 祕密 不定之四敎 普攝群機 故有顯說 密說 說說 不說說 無非開示悟入佛之知見耳 以密說爲眞言者 固非僞言也 口誦心忘 直超漸次 … 眞言宗者不妨入陀羅尼門 開佛之知見也 故知眞言宗者 卽此呪也”라고 하였다. [참고문헌]『般若心經一貫疏』. ⇨진언승 眞言乘❶, 밀교 密敎

진언종교시의 眞言宗敎時義 일본 오대원(五大院) 안연(安然 841~901) 지음. 4권. 대정장75, pp.374~451, No.2396에 수록되어 있다.『교시의 敎時義』·『진언종교시문답 眞言宗敎時問答』등이라고도 한다. 논리적으로 명쾌하게 태밀교상(台密敎相)을 완성하였을 뿐만 아니라 공해(空海)의 사상을 비평 흡수하여 옛날부터 일본의 천태현의(天台玄義)라고도 부른다.

진언종팔조 眞言宗八祖 대일여래(大日如來)에서 홍법대사 공해(空海)에 이르는 일본 진언종의 팔대 조사.『진언부법찬요초』(대정장77, p.416b6)에 “진언종의 부법 상승은 경의 전승에서 분명해진다. … 인도의 첫째 고조는 삼세에 상주하는 정묘하신 법신이자 법계체성지이신 마하 비로자나여래이다. 둘째 전법의 조사는 금강살타보살이다. 셋째 조사는 용맹보살이다. 넷째 조사는 용지보살이다. 다섯째 조사는 금강지삼장과 선무외삼장이다. 당나라 여섯째 조사는 완전한 변재와 바르고 광대대한 지혜의 불공삼장과 일행아사리이다. 일곱째 조사는 혜과이다. 일본의 제팔조는 홍법대사이다. 夫眞言付法相承 明在經傳 … 天竺第一高祖 常住三世淨妙法身法界體性智 摩訶毘盧遮那如來 第二傳法祖 金剛薩埵菩薩 第三祖 龍猛菩薩 第四祖 龍智菩薩 第五祖 金剛智三藏 善無畏三藏 大唐 第六祖 大辯正廣智不空三藏 一行阿闍梨 第七祖 法諱惠果 日本 第八祖 弘法大師”라고 하였다. [참고문헌]『眞言付法纂要抄』.

진언주 眞言主 진언의 주님. 대일여래를 가리킨다.『대일경』권5(대정장18, p.34a23)에 “저 진언주 좇아 주변 가득히 광명 놓고 의심 없는 마음으로 두루 널리 유출시키네. 從彼眞言主 周匝放光明 以無疑慮心 普遍而流出”,『대일경소』권16(대정장39, p.742b5)에 “진언주란 본존이 온 몸 가득 빛이 있어 흘러나온다. 眞言主謂本尊也 遍身有光流出”라고 하였다. [참고문헌]『大日經』,『大日經疏』. ⇨대일여래 大日如來

진언지 眞言智 진언의 지. 진언 본불생 𑖀(阿)자 등에서 출생하는 비밀한 지혜를 말한다.『대일경』권5(대정장18, p.38a24)에 “비밀 중 가장 비밀함을 아니 진언지의 대심이네. 解祕中最祕 眞言智大心”,『대일경소』권12(대정장39, p.707c26)에 “진언지로 진실지를 일으킨다. 이것이 일체제불의 극상의 재부라고 한 것은 람(𑖨𑖽)자문에 들기 때문이다. 일체 모든 상을 떠남이 여래를 보는 것이고 이것이 평등대혜의 진실지다. 이와 같은 진언지는 일체법 중 가장 위에 있다. 일체제불은 이것을 재물로 삼는다. 재물이란 받아 쓰는 뜻이다. 이와 같은 지혜보재 그 수가 무량하여 마음대로 받아 써서 불사를 이루고 중생에게 널리 베푸는 것이니 이는 곧바로『법화경』의 큰 장자의 뜻이다. 眞言智 發起眞實智 是極上一切諸佛財富者 以入覽字門故 離一切諸相 卽見如來 卽是平等大慧 眞實之智 如是眞言之智 於一切法中 最在其上 一切諸佛 以此爲資財 資財是受用義 如是智寶財 其數無量 自在受用 成辦佛事 普施衆生 卽是法華大長者義也”, 같은 책 권17(대정장39, p.754a19)에 “다음으로 답한 말 중에 ‘비밀 중 가장 비밀한 것은 진언지다’고 한 말은 지 중의 지여서 이것보다 높은 것이 없고 이것보다 나은 것이 없다는 뜻이다. … 심진언에서 생긴 지, 이것이 가장 크다. 이른바 일체심이란 바로 아자(𑖀)다. 일체언음은 모두 이 자를 좇아서 머리로 삼는다. 次答言祕密中最者 眞言智者 謂智中智之 無上無過也 … 從心眞言所生智此最爲大 所謂一切心者 卽阿字也 以一切言音 皆從此字爲首”라고 하였다. [참고문헌]『大日經』,『大日經疏』.

진언집 眞言集 ❶진언을 모으고 범서와 한자음에 이어 한글을 넣어 엮은 책. 대표적으로는 조선시대 용암숙공(龍岩肅公) 편집. 용암숙공이 여러 진언을 깊이 연구하여 교정·대교를 거듭하고는 그의 문인(門人)인 백암(白岩)선사에게 유통(流通)을 당부하였으므로, 백암이 직접 써서 판각하여 화순(和順) 만연사(萬淵寺)에 보관하였으나 얼마 되지 않아 화재로 타 버렸다. 그 후 이를 개탄한 영월낭규(暎月朗奎)가 수증 보완하여 스스로 화주가 되어 모금하는 한편, 벽담성유(碧潭聖瑜)가 증정(證正)하고, 화악지탁(華嶽知濯)이 범서를 써서 1800년(정조24) 양주 도봉산 망월사(望

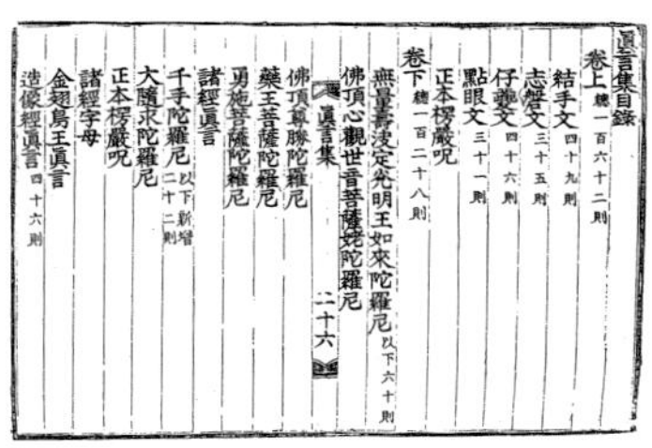
眞言集目錄
卷上 總一百六十二則
結手文 四十九則
志磬文 三十五則
仔夔文 四十六則
點眼文 三十一則
正本楞嚴呪
卷下 總一百二十八則
無量壽決定光明王如來陀羅尼 以下六十則
佛頂心觀世音菩薩姥陀羅尼
眞言集 二十六
佛頂尊勝陀羅尼
藥王菩薩陀羅尼
勇施菩薩陀羅尼
諸經眞言
千手陀羅尼 以下新增 二十二則
大隨求陀羅尼
正本楞嚴呪
諸經字母
金翅鳥王眞言
造像經眞言 四十六則

〈그림1〉진언집 목차

月寺)에서 판각하여 그곳에 진장하였다. 편집체제와 서체 등이 매우 정교하고 아름답다. 목차는 〈그림1〉과 같다. 벽두에 자세한 범례〈그림2〉를 두었고 이어 홍무운자모지도(洪武韻字母之圖)〈그림3〉와 언본십육자모(諺本十六字母)〈그림4〉를 앞에 두어 한글로 읽고 외우는 이들이 잘 보고 깊이 알 수 있게 하였다. 이어 범본오십자모실담장(梵本五十字母悉曇章)〈그림5〉을 두고는 큰 새김글자로 범자 50자를 그려 새겼는데, 매우 단정하고 도탑게 새긴 서체여서 보는 이마다 분명히 알고 기억할 수 있게 하였다. 진언은 정삼업진언(淨三業眞言)으로 시작하여 십대명왕종자(十大明王種子)까지 277종의 진언을 싣고 있는데, 한문으로 진언의 제목(題目)을 두고 좌행에서 우행으로 범서·한자음·한글음의 순으로 음사를 붙여 새겼다. 불보살점필법의 경우는 실담종자(種子)를 크게 새기고 바로 아래 우측에는 한자음을 왼편에는 한글음을 좌우 한쌍으로 새겼다. 다른 의식문과 달리 다라니 전문을 범서로 새겨 넣고 한자와 한글음을 병기한 매우 귀중한 성보로 꼽는다. 〔참고문헌〕『韓國佛敎儀禮資料叢書』 권3 pp.269~329. **2** 진언을 모아 놓은 경이나 그외의 책들. ⇨ 다라니집경 陀羅尼集經, 다라니잡집 陀羅尼雜集, 밀교개간집 密敎開刊集, 오대진언 五大眞言, 제아사리진언밀교부류총록 諸阿闍梨眞言密敎部類總錄

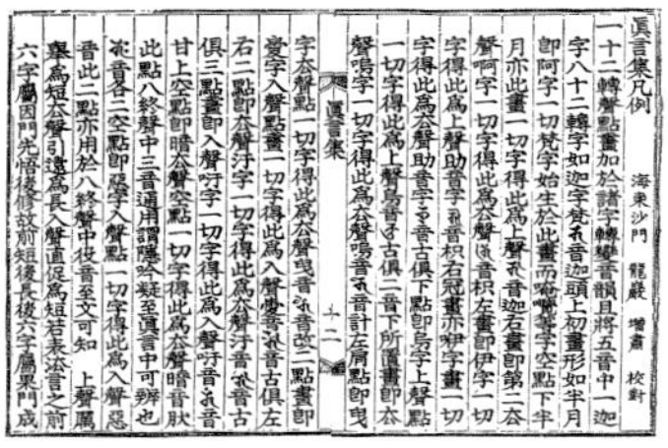

〈그림2〉진언집 범례

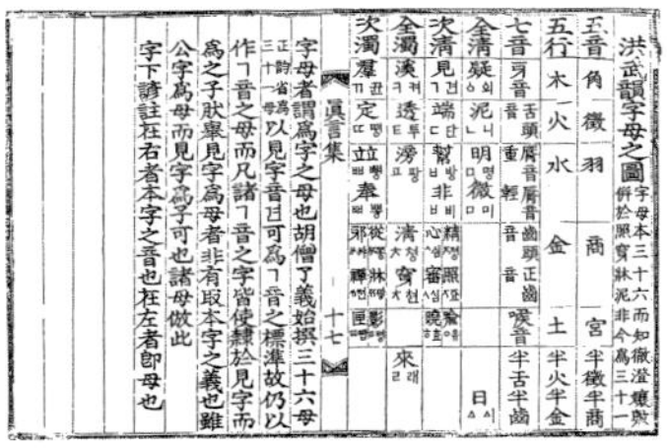

〈그림3〉진언집 홍무운자모지도

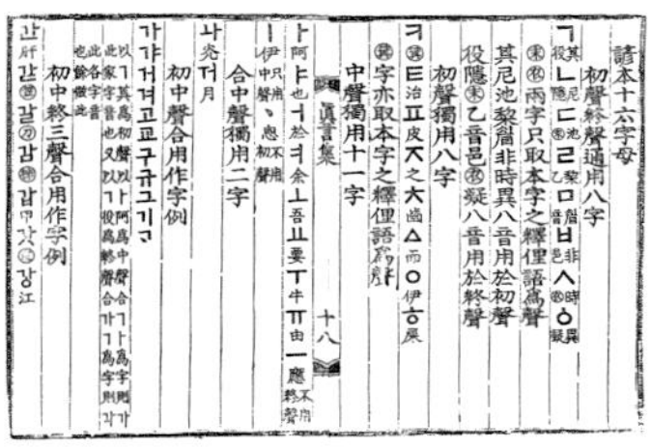

〈그림4〉진언집 언본십육자모

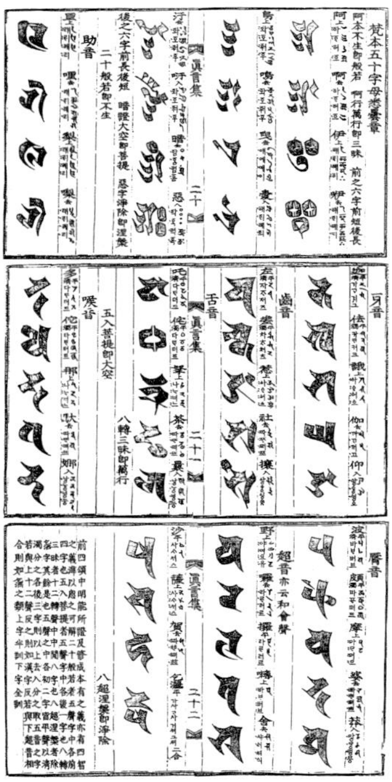

〈그림5〉범본오십자문실담집

진언취 眞言趣 진언의 갈래. 진언이 본존만이 아닌 차별의 덕을 갖추고 있고 만다라 등에서도 여러 갈래로 제존(諸尊)을 시설하여 육취(六趣) 등을 위한 방편을 보인 뜻이다. 진언도(眞言道)라고도 한다. 『대일경』 권5(대정장18, p.37a1)에 "스스로 진언도를 표치로 삼고 그림으로 만다라를 갖추어 저 본존에 서로 응하게 한다. 自眞言道 以爲幖幟 圖具漫荼羅 如本尊相應", 『대일경소』 권17(대정장39, p.750b25)에 "곧바로 본존의 진언취만으로 표치로 삼는 것은 아니다. 취란 저 육취 등과 같다. 이것은 진언취라 하니 만다라를 겸한 것이다. 본존과 상응한다는 것은 본존에 이러한 법이 있는 것처럼 나 역시 그것을 가져 갖춘다고 한다. 非直以本眞言趣爲摽幟 趣謂如六趣等 此是眞言趣 兼漫荼羅 如本尊相應者 如本尊有如是法 我亦有之 故爲具也"라고 하였다. 〔참고문헌〕『大日經』, 『大日經疏』. ⇨ 육도 六道, 육취 六趣

진언칠조 眞言七祖 진언밀교의 일곱 조사. 용맹(龍猛)·용지(龍智)·금강지(金剛智)·불공(不空)·선무외(善無畏)·일행(一行)·혜과(惠果)를 말한다. 현재 일본 경도(京都)에 소재한 진언종의 동사(東寺)에 진언칠조의 화상(畫像)이 전래되고 있는데 용맹·용지보살 이하의 다섯 조사의 화상은 805년 공해(空海)가 당에서 귀국할 때 화가 이진(李眞)이 그린 것을 가져온 것이다. 진언팔조(眞言八祖)는 여기에 공해의 상(像)을 더한 것을 말한다. ⇨ 진언종팔조 眞言宗八祖

진언행인 眞言行人 진언을 행하는 이. 진언행자(眞言行者)라고도 한다. 『금강봉유기경』 권상(대정장18, p.255c25)에 "진언행인이 경을 삼십만 번 외우면 모든 일체진언주와 금강계대만나라왕이 모두 빠짐없이 모여서 일시에 함께 성취하고 대금강위에서 보현보살위까지 빠르게 증득한다. 若眞言行人 持經三十萬 遍一切眞言主 及金剛界大漫拏羅王 皆悉集會 一時與成就 速得大金剛位 乃至普賢菩薩位", 『대일경소』 권5(대정장39, p.629c19)에 "진언행인이 이와 같은 정계에 밝지 못하면 비록 입으로 진언을 외우고 몸으로 밀인을 지니며 마음으로 본존삼매에 머물러 차제의식을 갖추고 제존께 공양하더라도 오히려 제법을 조작한 것과 같아서 인아의 그물을 벗어나지 못하니, 어찌 보리살타라고 부를 수 있겠는가? 若眞言行人 不曉如是淨戒 則雖口誦眞言 身持密印 心住本尊三昧 具修次第儀式 供養諸尊 猶名造作諸法 未

離我人之網 云何得名菩提薩埵耶", 같은 책 19(대정장39, p.771a22)에 "행자는 먼저 외연을 보는 마음의 밝은 거울을 관한 후에 자신의 몸으로 끌어들인다. 자타가 평등하여 둘이 아니라면 곧바로 이것이 유가의 성취다. 자신이 인이고 연한 것은 연이니, 인연이 화합하므로 영상이 있게 된다. 만약 이 인연을 깨닫는다면 곧바로 정등각을 이룬다. 누가 정각을 이루는가? 진언행인이다. 如行者 先觀外緣心之明鏡 然引入已身 若自他平等無二 卽是瑜伽成也 自身爲因 所緣是緣 因緣合故 有影像生 若了此因緣 卽成等正覺也 誰成正覺 謂眞言行人也"라고 하였다. 〔참고문헌〕『金剛峰瑜祇經』, 『大日經疏』.

진언화 眞言花 진언작법 때 봉헌하는 꽃. 본존에 따라 꽃의 종류가 다르다. 『소실지갈라경』 권상(대정장18, p.668c23)에 "이와 같이 삼부 각각에 세 가지 성취가 있으니 세 가지 법식을 지을 때는 똑같이 물과 땅에서 자란 갖가지 색깔의 꽃을 갖추고 마땅히 고르게 써야 한다. 이름과 색깔의 차별은 각각 본래의 부에 의지하여 잘 분별하여 진언화로 봉헌해야 한다. … 이 진언과 진언화로 삼부에 공양한다. 불부에 봉헌하는 꽃은 백화향을 써서 공양해야 한다. 관음부에 공양하는 경우는 물에서 자란 백화를 써서 공양해야 한다. 금강부에 공양하는 경우는 갖가지 향화로 공양해야 한다. 如是三部 各有三等成就 作三種法中 俱當等用 水陸所生 諸種色花 名色差別 各依本部 善分別之 以眞言花 當奉獻之 … 用此眞言眞言花 三部供養 若獻佛花 當用白花香者 而供養之 若獻觀音 應用水中所生白花 而供養之 若獻金剛 應以種種香花 而供養之"라고 하였다. 〔참고문헌〕『蘇悉地羯羅經』.

진언환 眞言幻 진언을 행할 때 드러나는 허깨비들의 일. 진언이나 약의 힘으로 지어 드러나는 갖가지 빛깔과 모양의 경계를 말한다. 『대일경』 권1(대정장18, p.3c15)에 "환이란 무엇인가? 예컨대 주술과 약의 힘으로 능히 짓고 드러난 갖가지 빛깔과 모양을 말한다. 또는 자신의 눈을 미혹시켜 희유한 일을 보거나 전전하며 태어나고 시방을 왕래하지만 저것은 가지도 않고 가지 않는 것도 아니다. 왜 그러한가? 본래의 바탕이 청정하기 때문이다. 이와 같은 진언환은 지송으로 성취한 것이어서 일체를 낳는다. 云何爲幻 謂如呪術藥力 能造所造 種種色像 惑自眼故 見希有事 展轉相生 往來十方 然彼非去非不去 何以故 本性淨故 如是眞言幻 持誦成就 能生一切", 『대일경소』 권3(대정장39, p.606c13)에 "'이와 같은 진언환은 지송의 성취로 일체를 낳는다'는 말은 무슨 뜻인가? 부처님께서 약의 힘의 부사의를 설하셨다. 예컨대 어떤 사람이 약의 힘으로 허공에 오르거나 몸을 숨기고 물 위를 걷거나 불을 밟는 것과 같다. 이러한 일은 논사들이 원인을 건립하거나 이유를 내놓을 수 있는 일이 아니고, 결정코 그래야 한다거나 그러지 않아야 한다고 의심할 수 있는 일도 아니니, 헤아릴 수 있는 경계를 넘어선다. 오직 몸소 이 약과 주술을 가져 행하고 쓴 자만이 증명하여 알 수 있을 뿐이다. 또한 약술의 인연으로 짓고 지은 갖가지 색상을 시현하는 것처럼, 비록 갖가지 인연 속에서 낱낱의 진실을 구하더라도 도무지 일어난 자리가 없지만, 역시 다섯 가지 분별로 대한 바로 명료하게 현전한다. 비록 전전하며 서로 나서 시방을 왕래하더라도 간 것도 아니니도 가지 않은 것도 아니니, 이 일 역시 헤아리고 생각할 수 있는 경계가 아니다. 如是眞言幻 持誦成就 能生一切者 佛說藥力不思議 如人以藥力故 昇空隱形 履水蹈火 此事非諸論師等 能建立因量 出其所由 亦非可生疑 謂定應爾 或不應爾 過如是籌度境界 唯親行此藥執持行用者 乃證知耳 又如藥術因緣 示現能造所造 種種色像 雖於衆緣中 一一諦求 都無生處 而亦五情所對 明了現前 雖展轉相生 往來十方 然亦非去非不去 是事亦非籌度思量之境", 같은 책 권15(대정장39, p.739a12)에 "진언환은 제석의 그물과 같다. 허공을 걷고 여러 불국토를 노니는 갖가지 자재함을 보여도 또한 흔들린 적이 없으며 다만 진언환이 지은 것이므로 이와 같이 얻을 뿐이다. 이 환술사의 진언을 제석천의 그물이라 하니, 그 그물이 모든 일에서 갖가지 상을 드러내지만 실로 낱낱이 실한 일 있을 수 없으니 이를 제석의 그물이라 한다. 眞言幻 猶如帝釋網 而步虛空界 遊諸剎土 種種自在 然亦未曾動搖 但是眞言幻所作故 得如是耳 此幻師眞言 名帝釋網 猶彼網於一切事 顯示相現 有種種相 而實無有 一一實事 故名帝釋網"라고 하였다. 〔참고문헌〕『大日經』, 『大日經疏』. ⇨ 제석망 帝釋網

진에 瞋恚 Ⓢ pratigha, dveṣa, krodha, vyāpāda, Ⓟ paṭigha, dosa, kodha, vyāpāda, Ⓣ khong-khro-ba, zhe-sdang, khro-ba. 참지 못해 해롭게 하다. 삼독(三毒) 또는 육번뇌(六煩惱) 중 하나로 자기 마음에 거슬리는 것에 대해 성내거나 분노하는 것이다. 자비심(慈悲心)으로 상대한다. 『법온족론』 권6(대정장26, p.483a11)에 "유정중생에게 손해를 끼치려고 마음속으로 그 싹을 품으며, 괴롭히려고 이미 성을 내었고, 미래에 성을 낼 것이며, 현재 성을 내고, … 모든 유정중생들에게 각기 서로 부딪치게 하여 근심하게 하고, 이미 근심하게 하였고, 미래에 근심하게 할 것이며, 현재 근심하게 하는 것을 다 통틀어 진에라 한다. 於有情欲爲損害 內懷栽杌 欲爲擾惱 已瞋恚 當瞋恚 現瞋恚 … 於諸有情 各相違戾 欲爲過患 已爲過患 當爲過患 現爲過患 總名瞋恚", 『잡아비담심론』 권3(대정장28, p.893c8)에 "'중생이 서로 거스르며 해롭게 하는 것을 진에라 한다'라 한 것은, 다른 중생에게 악심으로 죽이거나 때리려고 하는 것은 자비심과 서로 어긋나는데, 이것을 진에라고 한다. 衆生相違害 是名爲瞋恚者 於他衆生 惡心欲殺欲打與慈悲相違 是名瞋恚", 『유가사지론』 권8(대정장30, p.317b24 : *Yogā-bh.*, p.182)에 "무엇이 진에인가? 타인을 해치려는 의도를 일으키고 번뇌에 물든 마음을 일으키는 것을 말한다. 즉 타인을 해치려고 하는 의도의 결정적인 방편과 마침내 해치기까지 모든 뜻으로 일으키는 업이다. 云何瞋恚 謂於他起害欲樂 起染汚心 若於他起害欲樂決定方便 及於彼究竟中所有意業 vyāpādaḥ katamaḥ. paravyāpādābhiprāyasya kliṣṭacetasaḥ paravyāpādābhiprāyaniścayaprayoge tanniṣṭhāyāṃ ca yanmanaskarma", 같은 책 권11(대정장30, p.329b14)에 "진에란 무엇인가? 즉 함께 범행하는 이 등이 그가 범한 것을 들추어내거나, 옛날에 겪었던 이롭지 않은 일이나 진에의 모습을 기억해서 마음에 성냄과 노여움을 일으키는 것이다. 혹은 이롭지 않은 일을 하려고 하거나 겪어야 하는 진에의 상태에 대해 많이 생각하여 마음에 성냄과 노여움을 일으키는 것이다. 瞋恚者 謂或因同梵行等 擧其所犯 或因憶念 昔所曾經 不饒益事 瞋恚之相 心生恚怒 或欲當作 不饒益事 於當所爲 瞋恚之相 多隨尋伺 心生恚怒"라고 하였다. 〔참고문헌〕『法蘊足論』, 『雜阿毘曇心論』, 『瑜伽師地論』·권5(대정장30, p.299c9)·권36(대정장30, p.489c24), 『雜阿含經』 권17(대정장2, p.119b17), 『大乘莊嚴經論』 권12(대정장31, p.652a14), *Yogā-bh.98.*, *Bodh-bh.35.*, *Sūtr.166.*, *SN.4.205.* ⇨ 진 瞋, 삼독 三毒, 육번뇌 六煩惱

진에개 瞋恚蓋 Ⓢ vyāpāda-nivaraṇa, Ⓟ byāpāda-nīvaraṇa, vyāpāda-nīvaraṇa, Ⓣ gnod-sems-kyi-sgrib-pa. 참지 못해 해롭게 하는 마음에 덮이다. 오개(五蓋) 중 하나다. 『집이문족론』 권12(대정장26, p.416b10)에 "무엇이 진에개인가? 〔답〕 이 진에로 마음을 막고, 마음을 덮으며, 마음을 누르고, 마음을 숨기며, 마음을 가리고, 마음을 덮으며, 마음을 얽매고, 마음을 싸버리므로 진에개라고 한다. 云何瞋恚蓋 答 由此瞋恚 障心 蔽心 鎭心 隱心 蓋心 覆心 纏心 裹心 故名瞋恚蓋", 『법원주림』 권71(대정장53, p.828b22)에 "진에개라 하니, 화내는 것으로 모든 선법 잃게 하는 근본이 되니, 모든 악도에 떨어지는 인연이며, 법락의 원수이고, 선한 마음의 큰 도적이며, 악한 말의 창고이고, 재앙과 근심의 칼과 도끼다. 도를 닦을 때 '이 사람은 나를 괴롭히며 나와 친한 사람을 괴롭히고 나의 원수를 찬탄한다'고 생각하며, 과거와 미래에도 이렇게 헤아리면 바로 구뇌처다. 그러므로 분노가 생겨나고, 분노심이 마음을 덮기에 개라 한다. 瞋恚蓋者 瞋是失諸善法之根本 墮諸惡道之因緣 法樂之怨家 善心之大賊 惡口之府藏 禍患之刀斧 若修道時 思惟此人惱我 及惱我親 讚歎我怨 圖度過去 未來 亦復如是 是爲九惱處 故生瞋 瞋念覆心 故名爲蓋"라고 하였다. 〔참고문헌〕『集異門足論』, 『法苑珠林』, *Abhk-bh.55.*, *AN.4.457.* ⇨ 오개 五蓋

진에사 瞋恚使 진에에 부림당하다. 진에라는 번뇌를 말한다. 오둔사(五鈍使) 또는 십사(十使) 중 하나로 진사(瞋使)라고도 한다. 『중사분아비담론』 권1(대정장26, p.628a5)에 "무엇이 진에사인가? 다섯 가지가 있으니, 즉 욕계에 매인 견고소단의 진과 견집소단·견멸소단·견도소단의 진과 수도소단의 진이다. 이 다섯 가지를 진에사라고 한다. 云何瞋恚使 有五種 謂欲界繫 見苦所斷瞋 欲界繫見集滅道 修道所斷瞋 如是五種 名瞋恚使", 『사리불아비담론』 권23(대정장28, p.673c2)에 "무엇이 진에사인가? 미워해서 성내는 것을 진에사라고 한다. 何謂瞋恚使 若憎恚 是名瞋恚使"라고 하였다. 〔참고문헌〕『衆事分阿毘曇論』, 『舍利弗阿毘曇論』. ⇨ 진에 瞋恚, 오둔사 五鈍使, 십사 十使

진에삼종발상 瞋恚三種發相 진에를 일으키는 세 가지 모습. 진에발상(瞋恚發相)·삼종진(三種瞋)이라고도 한다. 『석선바라밀차제법문』 권4(대정장46, p.501c9)에 "세 번째로 진에가 일어나는 모습을 밝힌다. 세 가지가 있으니, 첫째 뜻이 아니면 화내고, 둘째 뜻에 맞아 화내고, 셋째 다투어서 화낸다. 첫째는 사리에 어긋나기에 성낸다. 행인이 정을 닦을 때 화가 문득 일어나니, 뜻에 맞거나 틀리거나 다른 이가 범했거나 범하지 않았거나 일도 없이 성을 내니, 이것이 뜻에 어긋나는 성내는 모습이다. 三 明瞋恚發相 卽有三種 一 非理瞋 二 順理瞋 三 諍論瞋 一 違理瞋發者 若行人於修定時 瞋覺欻然而起 無問是理非理 他犯不犯 無事而瞋 是爲違理邪瞋發相", "둘째는 사리에 맞기에 성낸다. 정을 닦고 있을 때 외인이 실로 와서 괴롭히고 건드리면 이것이 연이 되어서 진각이 일어나 상속하며 그치지 않는다. 또한 예컨대 계를 지니는 사람이 비법을 보고 진에를 일으킴과 같다. 고로 『석마하연론』에서 '청정불토에 비록 삿된 삼독은 없지만 바른 삼독도 있다' 하였다. 여기서 사리에 맞기에 바르게 성낸다 함은 바로 이런 사람을 말한다. 二 順理正瞋發者 若於修定之時 外人實來惱觸 以此爲緣而生瞋覺 相續不息 亦如持戒之人 見非法者 而生瞋恚 故摩訶衍中說 淸淨佛土中 雖無邪三毒 而有正三毒 今言順理正瞋者 卽其人也", "셋째는 쟁론진이다. 행인이 선을 닦을 때 자기가 아는 법이 맞다고 집착하여 다른 이가 행하고 설하는 바는 모두 그르다고 말한다. 외인이 설한 바가 자기 알음알이와 맞지 않으면 괴로운 느낌이 마음에 난다. 세간의 사람들도 본디 재물이나 비단을 빼앗겨도 오히려 능히 편안히 참아내는 사람이 있고, 작은 뜻을 따짐에도 성냄과 한을 부풀려 발정난 말과 소처럼 주고받지 못한다. 이를 쟁론으로 성내는 모습이다. 三 諍論瞋者 行人

於修禪時 著己所解之法爲是 謂他所行所說 悉以爲非 旣外人所說 不順己情 卽惱覺心生 世自有人 雖財帛相侵 猶能安忍 少諍義理 卽大瞋恨 風馬不交 是名諍論瞋發相"라고 하였다. 〔참고문헌〕『釋禪波羅蜜次第法門』, 『大明三藏法數』 권6(영락장181, p.585b3).

진에상 瞋恚想 Ⓟ byāpāda-saññā, vyāpāda-saññā. 삼불선상(三不善想) 중 하나로 거슬려 화내는 것. 에상(恚想)·뇌상(惱想)·해상(害想)·유대상(有對想 Ⓟ paṭigha-saññā)이라고도 한다. 『대위덕다라니경』 권10(대정장21, p.799c28)에 "진에상이란 무엇인가? 거짓말과 전도됨과 진실하지 않은 것에 머물면서 스스로 이익이 없는 곳에 머물고, 타인도 이익이 없는 곳에 머물게 하며, 또한 이익이 없는 곳에 머문 다음에는 분노를 낳고, 자애로운 마음이 없어 모든 근심의 속박을 낳아 스스로에게도 이익되지 않고 또 타인에게도 이익되지 않으니, 최악의 근심을 갖춤이 이러이러하다. 言瞋恚想者 彼住妄語 彼住顚倒 住不實中 自住無利益處 令他住無利益處 亦住無利處已 而生瞋恚 以無慈心故 生諸患縛 不自利益 亦不利益於他 彼最惡患具足如是如是", "또 무간업을 지어 목숨이 다하면 지옥에 나고, 그곳에 떨어진 후에는 극심한 고뇌를 받아 기쁘거나 즐겁지 않다. 기쁨이나 즐거움이 없으니, 이것이 바로 두 번째 진에상의 불희락처이다. 復當作無間業 身壞命終 生地獄中 墮彼中已 受極苦惱 不喜不樂 無喜樂故 此是第二瞋恚之想不喜樂處", 『사리불아비담론』 권17(대정장28, p.640b2)에 "어떤 것을 진에상이라고 하는가? 분노와 상응하는 생각을 진에상이라고 한다. 何謂瞋恚想 若忿怒相應想 是名瞋恚想"라고 하였다. 〔참고문헌〕『大威德陀羅尼經』, 『舍利弗阿毘曇論』, *SN.2.151.*, *AN.3.429.* ⇨ 진에 瞋恚, 유대상 有對想, 삼상 三想[1]

진에수면 瞋恚隨眠 Ⓢ pratigha-anuśaya, Ⓣ khong-khro-ba'i-bag-la-nyal-ba. 칠수면(七隨眠) 중 하나. 진에라는 번뇌. 진수면(瞋隨眠)과 같고, 진에사(瞋恚使)라고도 한다. 『유가사지론』 권8(대정장30, p.313b1 : *Yogā-bh.*, p.161)에 "번뇌의 분별이란, 한 가지를 세우기도 하니, 즉 번뇌잡염의 뜻을 말미암기 때문이다. 혹 두 가지로 나누기도 하니, 즉 견도소단과 수도소단을 말한다. … 일곱 가지로 나누기도 한다. 즉 칠종수면이니 … 둘째가 진에수면이다. 煩惱分別者 或立一種 謂由煩惱雜染義故 或分二種 謂見道所斷 修道所斷 … 或分七種 謂七種隨眠 … 二 瞋恚隨眠 kleśānāṃ prabhedaḥ katamaḥ. syādekavidhaḥ kleśasaṃkleśārthena. syāddvividho darśanaprahātavyo bhāvaprahātavyaśca … syātsaptavidhaḥ saptānuśayāḥ … pratighānuśayo", 『대승아비달마집론』 권4(대정장31, p.677a20 : *Abh-s.*, p.46)에 "진에수면이란 무엇인가? 진에품이 거칠고 무거움을 말한다. … 욕구를 여의지 못하면 욕애와 진에에 의한 수면이 따라 더한다. 瞋恚隨眠者 謂瞋恚品麤重 … 若未離欲求者 由欲愛瞋恚隨眠之所隨增 pratighānuśayaḥ katamaḥ. pratighapakṣīyaṁ dauṣṭhulyam … kāmaiṣāṇāyā aviratasya kāmarāgapratighānuśayāvanuśayāte"라고 하였다. 〔참고문헌〕『瑜伽師地論』, 『大乘阿毘達磨集論』, *Yogā-bh.*, *Abh-s.* ⇨ 진수면 瞋隨眠, 칠수면 七隨眠

진에시리 瞋恚尸利 진에를 위력이나 길상으로 쓰다. 삼독시리(三毒尸利) 중 하나다. 삼독시리는 문수사리(文殊師利 Ⓢ Mañjuśrī : 曼殊尸利)의 별칭이다. 진에(瞋恚)는 삼독 중 하나이고, 시리(尸利 Ⓢ śrī)는 길상(吉祥), 이(利), 덕(德), 위력(威力)의 뜻이다. 『제법무행경』 권하(대정장15, p.757c6)에 "문수사리가 말했다. '나에 대해 말하자면 나는 곧 탐욕시리이며, 진에시리이며, 우치시리입니다. 이런 까닭에 나는 문수사리라고 합니다'. 文殊師利言 我者我是貪欲尸利 瞋恚尸利 愚癡尸利 是故我名文殊師利"라고 하였다. 〔참고문헌〕『諸法無行經』. ⇨ 삼독시리 三毒尸利

진에심 瞋恚心 Ⓢ pratigha-citta, pratigha-cittatā, Ⓣ khong-khro-ba'i-sems. 분노심. 성내는 마음. 삼독심(三毒心) 또는 육폐(六蔽) 중 하나로 진심(瞋心)·에심(恚心)이라고도 한다. 60권본 『화엄경』 권33(대정장9, p.607a12)에 "불자여, 보살마하살이 한 번이라도 진에심을 일으키면, 모든 악 중에서 이보다 더한 악은 없다. 왜 그런가? 불자여, 보살마하살이 진에심을 일으키면 백천장애법문을 받는다. 佛子 若菩薩摩訶薩起一瞋恚心者 一切惡中無過此惡 何以故 佛子 菩薩摩訶薩起瞋恚心 則受百千障礙法門", 『유가사지론』 권23(대정장30, p.409b5 : *Śrāv-bh.*, p.83)에 "시주집에 갔는데 설령 혜시하지 않아도 끝내 원해심과 진에심을 일으켜 서로 싫어하고 원망하지 않아야 한다. 往施主家 設不惠施 終不於彼起怨害心及瞋恚心 而相嫌恨 evaṃ caritasya me kulānyupasaṃkramataḥ sa cet pare na dadyustenāhaṃ na teṣāmantike āghātacittatayā pratighacittatayā vyavadīyeyaṃ"라고 하였다. 『미증유인연경』 권하(대정장17, p.585b28)에는 말리부인의 지혜로 살인을 부르는 진에심을 극복한 빈비사라왕의 고사가 전하니, "'내가 어제 배고픔을 이기지 못하고 분노하여 수가라를 죽였소. 스스로 돌이켜보니 나라 안에 나의 주방을 감당하는 데 수가라와 같은 이 없는 듯하니, 이것 때문에 후회하고 근심할 따름이오'. 부인이 웃으며 말했다. '그 사람은 아직 살아 있으니, 근심하지 마십시오'. 我言 吾因昨日 爲飢火所逼 瞋恚心故 殺修迦

羅 自計國中 更無有人 堪監我廚 如修迦羅者 爲是之故 悔恨愁耳 夫人笑曰 其人猶在 願王莫愁"라고 하였다. 〔참고문헌〕『華嚴經』, 『瑜伽師地論』, 『未曾有因緣經』, *Śrāv-bh.* ⇨ 진심 瞋心, 에심 恚心, 삼독심 三毒心, 육폐 六蔽

진에어 嗔恚語 성을 품고 하는 말. 오어로(五語路) 중 하나이며, 자민어(慈愍語)로 다스린다. 『집이문족론』 권13(대정장26, p.422a20)에 "〔문〕 무엇이 진에어인가? 〔답〕 예를 들면 어떤 비구가 다른 비구에게 진에심이나 손해심을 가지고 계율과 견과 궤칙과 정명을 범한 죄를 들추어내서 하는 말을 진에어라고 한다. 問 云何嗔恚語 答 且如苾芻 於他苾芻 有嗔恚心 有損害心 而擧犯戒 犯見 犯軌則 犯淨命罪 彼如是語 名嗔恚語"라고 하였다. 〔참고문헌〕『集異門足論』. ⇨ 오어로 五語路

진에폐악 瞋恚弊惡 Ⓟ byāpanna-citta, vyāpanna-citta. 진에라는 폐악. 『잡아함경』 권37(대정장2, p.271c8 : *Cunda-sutta, AN.5,* p.265)에 "탐욕을 버리지 못해 타인의 재물에 탐을 일으켜 '이것이 내 것이면 좋겠다'고 하며, 진에라는 폐악도 버리지 못해 마음으로 '저 중생은 결박해야 하고 채찍으로 때려야 하며 굴복시켜 죽여야 한다'고 생각하며 악한 마음을 품는다. 不捨離貪 於他財物 而起貪欲 言此物我有者好 不捨瞋恚弊惡 心思惟言 彼衆生應縛 應鞭 應伏 應殺 欲爲生難 idha cunda ekacco abhijjhālū hoti yaṃ taṃ parassa paravittūpakaraṇaṃ taṃ abhijjhitā hoti, aho vata yaṃ parassa taṃ mama assāti. vyāpannacitto hoti paduṭṭhamanasaṅkappo, ime sattā haññantu vā bajjhantu vā ucchijjantu vā vinassantu vā mā vā ahesun'ti", 『아비담비바사론』 권8(대정장28, p.56b17)에 "〔문〕 이 폐악한 마음의 체성은 무엇인가? 〔답〕 이 폐악한 마음에는 두 가지가 있으니, 즉 의심과 진에다. 問曰 此心弊惡 體性是何 答曰 此心弊惡有二分 所謂疑與瞋恚"라고 하였다. 〔참고문헌〕『雜阿含經』, 『阿毘曇毘婆沙論』, *AN.* ⇨ 진에 瞋恚, 진심 瞋心

진에화 瞋恚火 Ⓟ dosaggi. 분노의 불길. 삼화(三火 : 貪欲火 瞋恚火 愚癡火) 중 하나로, 분노라는 번뇌는 뜨거운 화염과 같아 모든 공덕을 태워버릴 수 있으므로 이렇게 말한다. 진화(瞋火)라고도 한다. 『잡아함경』 권4(대정장2, p.25a23)에 "바라문이여, 선남자는 공양을 올리기에 앞서 세 가지 불을 마땅히 끊고 사라지게 해야 합니다. 세 가지 불은 무엇입니까? 탐욕화·진에화·우치화입니다. 왜 멸해야 합니까? 탐욕화를 멸하지 않으면 자기를 해하거나 남을 해하고 자타를 모두 해합니다. 현세에 죄를 짓거나 후세에 죄를 지으며 현후세에 다 죄를 지어 마음에 근심과 고통이 생깁니다. 진에화와 우치화 또한 그러합니다. 婆羅門 今善男子 先所供養 三火應斷令滅 何等爲三 謂貪欲火 瞋恚火 愚癡火 所以者何 若貪火不斷不滅者 自害害他 自他俱害 現法得罪 後世得罪 現法後世得罪 緣彼而生 心法憂苦 恚火癡火 亦復如是", 『증일아함경』 권14(대정장2, p.619c24)에 "세존께서 오른손으로 악룡의 몸을 어루만지며 이 게송을 읊으셨다. … 용의 몸을 벗어나기란 심히 어렵다. 항하의 모래만큼 오랜 과거에 여러 부처님들께서 반열반에 드셨건만, 그대들 끝내 뵙지 못한 것은 다 진에화 때문이니라. 世尊以右手 摩惡龍身 便說此偈 … 龍出甚爲難 過去恒沙數 諸佛般涅槃 汝竟不遭遇 皆由瞋恚火", 『승가라찰소집경』 권상(대정장4, p.122a4)에 "진에야말로 최고의 고통이 된다. 진에라는 것은 곧 사람의 목숨을 해치며, 존귀함이나 비천함이 없이 모든 죄의 뿌리를 더하고, 신체와 안색이 항상 변하며 걸핏하면 살의를 갖고, 인상을 쓰며 눈은 충혈되고 치아는 길고 날카로워 사람들이 보기 싫어하며, 머리를 흔들고 몸을 움직이며 길게 숨을 쉬면서 독기를 뿜고, 신체와 피부에는 온통 분노의 불을 품고 있어 일체세간 사람이 모두 보기 좋아하지 않는다. 瞋恚最爲苦 所謂瞋恚者 便傷害人命 無有尊卑 增諸罪根 身體顏色常變易 動有殺意 顰蹙眼赤 牙齒長利 人所惡見 搖頭動身 長息吐毒 身體肌皮 純有瞋恚之火 一切世人 皆不喜見", "항상 한적한 곳에 엎드려 있으면서 배가 고파도 성내고 배가 불러도 성내며, 눈으로 좋지 않은 것을 보는 경우도 이처럼 변덕스럽다. 이것은 불이 산과 못을 태우는 것과 같으니, 이 진에화 또한 그러하다. 그러므로 진에로 고통을 삼는다. 常伏空處 飢亦瞋 飽亦瞋 眼視不善 有如是之變 彼猶如火 焚燒山澤 此瞋恚火 亦復如是 以是故 瞋恚爲苦", 40권본 『대반열반경』 권14(대정장12, p.449b8)에 "선남자야, 과거세에 부처님께서 아직 세상에 출현하지 않으셨을 때, 나는 그때 바라문이 되어 보살행을 닦고 일체외도의 경론에 모두 통달하였으며, 적멸행을 닦고 위의를 두루 갖추었다. 그 마음은 청정하여 밖으로부터 와서 욕상을 가져 파괴함이 없었고, 진에의 불꽃 사라져 상락아정의 법을 수지하였으며, 두루 대승경전을 구하였으나 방등이라는 이름은 듣지 못하였다. 善男子 過去之世 佛日未出 我於爾時 作婆羅門修菩薩行 悉能通達一切外道所有經論 修寂滅行 具足威儀 其心淸淨 不爲外來能生欲想之所破壞 滅瞋恚火 受持常樂我淨之法 周遍求索大乘經典 乃至不聞方等名字"라고 하였다. 〔참고문헌〕『雜阿含經』, 『增壹阿含經』, 『僧伽羅刹所集經』, 『大般涅槃經』, *AN.4.43.* ⇨ 진에 瞋恚, 삼화 三火 ■

진여 眞如 Ⓢ tathatā, Ⓣ de-bzhin-nyid. 진실하여 허망하지 않고 변이가 없어 그대로임. 진(眞)은 진실하여 허망함이 없는 뜻이고, 여(如)는 자성에 변이가 없어 항상 그러하다는 뜻이다. 여실(如實)·법계(法界)·법성(法性)·법주(法住)·실제(實際)·실성(實性)·실상(實相)·여래장(如來藏)·이생성(離生性)·법신(法身)·불성(佛性)·자성청정심(自性淸淨心)·여래(如來)·열반(涅槃)·일심(一心)·일여(一如)·원성실성(圓成實性)·중실리심(中實理心)·부사의계(不思議界)의 뜻과도 통한다. 『삼법장경』 권16(대정장8, p.641a12)에 "부처님께서 수보리에게 말씀하셨다. '… 수보리여, 모든 이생지·성문지·연각지·보살지·여래지 등 이런 모든 지는 진여 중에 있어서는 둘도 아니고 다르지도 않으니, 의심이 없어 무너질 것도 없다. 보살은 이 진여를 따라 모든 법성에 들어가는데, 비록 이 법에 들어갈지라도 그 중에서 이것이 진여이고, 이것이 진여상이다라는 분별을 일으키지 않는다'. 佛告須菩提言 … 須菩提 所有異生地 聲聞地 緣覺地 菩薩地 如來地 如是諸地 於眞如中 無二無別 無疑無壞 菩薩 從是眞如 入諸法性 雖入是法 而亦於中 不生分別 此是眞如 此眞如相", 『대보적경』 권85(대정장11, p.492a1)에 "'불세존께서 진여에 있어 다름이 있을 수 없기에 일체법은 진여와 다르지 않다. 나아가 차별도 결함도 분별도 생김도 지음도 없다고 말씀하시는 것처럼 제가 지금 귀의하는 것도 이와 같습니다'. 그때 아난존자가 발다라에게 말하였다. '당신이 부처님께서 말씀하신 것처럼 진여에 귀의한다면, 당신은 이제 어찌 불법성 중에서 얻을 것이 있겠는가?' 환술사는 대답하였다. '저의 몸이 곧 여래의 법성입니다. 왜냐하면 저와 여래는 둘도 아니여서 다름도 없으니, 일체의 모든 법은 다 진여이기 때문입니다. 저 진여란 일체법의 차별이 없는 성이니, 일체중생 역시 이와 같습니다'. 如佛世尊 以於眞如無有異故 說一切法不異眞如 乃至無有差別 無有缺減 無有分別 無生無作 我今歸依亦復如是 爾時 尊者阿難 謂跋陀羅言 汝若如佛所說眞如而歸依者 汝今豈於佛法性中有所得耶 幻師答言 我身卽是如來法性 所以者何 我及如來無二無別 一切諸法皆眞如故言眞如者 則一切法無差別性 一切衆生亦復如是", 『여래장엄지혜광명입일체불경계경』 권하(대정장12, p.244c15)에 "문수사리여, 진여란 저가 처함이 유위도 아니고 무위도 아니어서 둘이 없는 법이고, 유위도 아니고 무위도 아닌 다름이 없는 법이 진여이다. 문수사리여, 진여란 실제이다. … 여래란 실어이고, 실어란 진여이다. 文殊師利 眞如者 彼處非有爲 非無爲 無二法 若非有爲 非無爲 無二法者 是眞如 文殊師利 言眞如者 彼實際 … 言如來者 名爲實語 言實語者 名爲眞如", 『대승입제불경계지광명장엄경』 권3(대정장12, p.259a25)에 "생사도 없고 열반도 없으면 곧 과거미래현재가 없으며, 만일 과거미래현재가 없으면 곧 하중상의 법이 없고, 만일 하중상의 법이 없으면 그것은 곧 진여이다. 진여라는 이름은 이렇게 건립한다. 이 진여를 또한 실성이라고도 하고, 이 실성을 또한 여성이라고도 하며, 이 여성이 곧 진여이다. 若無生死 亦無涅槃 卽無過去未來現在 若無過去未來現在 卽無下中上法 若無下中上法 彼卽是眞如 眞如之名 由是建立 此說眞如 亦名實性 此說實性 亦名如性 此說如性 亦卽眞如", 『제개장보살소문경』 권10(대정장14, p.731a22)에 "'무엇을 진여라 합니까?' 부처님께서 말씀하셨다. '선남자여, 이 법은 오직 안으로 증득한 바여서 문자나 언어로는 표시할 수 없다. 왜냐하면 이 법은 모든 문자를 벗어나고, 모든 말의 길을 여의기 때문이다. 일체언어경계를 초월하고 … 일체번뇌경계를 초월하고 모든 의식의 경계를 여의어 그 머묾이 없는 최상의 적정인 성지의 경계다. 그러므로 이 법은 오직 안으로 증한 바여서, 이것은 티끌이 없고 더러움이 없는 결백하고 청정하며, 최상이고 최승이며 제일이고 비할 바도 없으며, 항상 머물러 견고하여 결코 부서짐이 없는 법이니, 여래께서 세상에 출현하시거나 출현하지 않으셔도 이 법은 상주한다. 선남자여, 보살은 이 법을 구하고자 백천 가지 행하기 어려운 고행을 하여 이 법을 얻었으며, 이 법을 얻은 다음에는 모든 유정들이 모두 다 이 법에 머물게 한다. 선남자여, 그러므로 이 법을 이름하여 진여라고 한다'. 何名眞如 佛言 善男子 此法唯內所證 非文字語言而能表示 何以故 此法出過諸文字故 離諸言說故 超越一切語言境界 出於言道 … 超越一切煩惱境界 離諸識境 安處無住 最上寂靜 聖智境界 是故 此法唯內所證 是卽無垢無染 潔白淸淨 最上最勝 第一無比 常住堅固 究竟 無壞之法 如來出世 若不出世 是法常住 善男子 菩薩爲求此法 歷百千種難行苦行 故得是法 得是法已令諸有情 悉住此法 善男子 故說此法名爲眞如", 『법집경』 권1(대정장17, p.611b10)에 "진여는 실체이고, 비진여법은 곧 허망이다. 실체는 진여이며, 진여는 곧 여래이다. 그러므로 여래는 열반이란 이름을 얻는다. 실제는 희론이 아니고, 그 나머지 법은 곧 희론이다. 제불여래는 구경실제여서 여래는 열반이란 이름을 얻는다. 眞如爲實體 非眞如法 卽是虛妄 實體卽眞如 眞如卽如來 是故如來 名得涅槃 實際不戱論 餘法卽戱論 諸佛如來 究竟實際 是故 如來 名得涅槃", 『성유식론』 권2(대정장31, p.6c16)에 "진여 역시 방편으로 시설한 이름이다. 무에 기욺을 막기 위해 유를, 유의 집착을 막기 위해 공을 설하니, 허환하다고 말하지 말라고 실을 설한다. 이에 그릇되게 뒤집힘이 없으니 진여라고 한다. 眞如亦是 假施設名 遮撥爲無 故說爲有 遮執爲有 故說爲空 勿謂虛幻故說爲實 理非妄倒 故名眞如", 같은 책 권9(대정장31, p.48a23)에 "이 제법승의가 곧 진여이다. 진이란 진실을 말하니 허망하지 않음을 나타낸다. 여란 그대로 떳떳함을 말하니, 변이함이 없음을 나타낸다. 즉 이것이 진실하여 모든 위에서 변함없고 여여함이 그 자성이기에 진여라고 한다. 흔들림 없이 그대로여서 허망의 뜻이 아니니, 이 말 또한 진여를 나툰 것이다. 此諸法勝義 亦卽

是眞如 眞謂眞實 顯非虛妄 如謂如常 表無變易 謂此眞實 於一切位 常如其性 故曰眞如 卽是湛然 不虛妄義 亦言顯此", 『대승아비달마집론』 권1(대정장31, p.666a24 : *Abh-s.*, p.12)에 "무슨 까닭에 진여를 진여라고 부르는가? 저 자성에 변이가 없기 때문이다. 어찌하여 진여를 무아성이라 하는가? 두 가지 아를 여의었기 때문이다. 어찌하여 진여를 공성이라 하는가? 일체잡염이 행하지 않기 때문이다. 무슨 까닭에 진여를 무상이라 하는가? 일체상이 모두 적정하기 때문이다. 어찌하여 진여를 실제라 하는가? 전도됨 없는 소연성이기 때문이다. 何故眞如 說名眞如 謂彼自性無變異故 何故眞如 名無我性 離二我故 何故眞如 名爲空性 一切雜染所不行故 何故眞如 名爲無相 以一切相皆寂靜故 何故眞如 名爲實際 以無顚倒 所緣性故 kim-upādāya tathatā tathatā-ucyate. ananyathābhāvatām-upādāya. kim-upādāya tathatā nairātmyam-ucyate. dvividhātma-viprayuktatām-upādāya. kim-upādāya tathatā śūnyatā-ucyate. sarva-saṃkleśāpracāratām-upādāya. kim-upādāya tathatā animittam-ucyate. sarva-nimitta-upaśamatām-upādāya. kim-upādāya tathatā bhūtakoṭir-ucyate. aviparyāsa-ālambanatām-upādāya"라고 하였다. [참고문헌]『三法藏經』, 『大寶積經』, 『如來莊嚴智慧光明入一切佛境界經』, 『大乘入諸佛境界智光明莊嚴經』, 『除蓋障菩薩所問經』, 『法集經』, 『成唯識論』, 『大乘阿毘達磨集論』, *Abh-s.* ⇨ 이진여 二眞如, 삼진여 三眞如, 칠진여 七眞如, 십진여 十眞如[1], 원교십진여 圓敎十眞如, 십이진여 十二眞如, 법계 法界, 법성 法性[1], 실상 實相, 실제 實際[1], 여래장 如來藏[1], 여여 如如[1], 원성실성 圓成實性, 자성청정심 自性淸淨心

진여관 眞如觀 진여를 보다. 무상평등(無相平等)의 진여를 관하여 심상(心想)의 적정을 얻고 모든 번뇌를 다한다. 관진여선(觀眞如禪)·진여실관(眞如實觀)·법성관(法性觀)·법신진여관(法身眞如觀)·진여삼매(眞如三昧)·실상관(實相觀)·여관(如觀)이라 하고 불견(佛見)이라고도 한다. 유심관(唯心觀 : 唯心識觀)과 마주한다. 『심밀해탈경』 권3(대정장16, p.677c7)에 "'이와 같이 세존이시여, 여실심을 수행하지 않으면 일체법상을 능히 볼 수 없으나 수행하면 볼 수 있습니다. 세존이시여, 어떤 심관과 어떤 진여관에 의지해 이와 같은 뜻 설하십니까?' 부처님께서 말씀하셨다. '미륵이여, 나는 세 가지 관법에 의하여 이와 같은 뜻을 설한다. 어떤 것이 그 세 가지인가? 즉 문혜·사혜·수혜이니, 이 세 가지 관심으로 진여를 알 수 있다. 미륵이여, 나는 이와 같은 뜻에 의지해 말한다'. 如是 世尊 不修行如實心者 不能見諸一切法相 修行者見 世尊 依何等心觀 何等眞如觀 說如是義 佛言 彌勒 我依三種觀 說如是義 何等爲三 所謂聞慧 思慧 修慧 三種觀心 能識眞如 彌勒 我依如是義說", 『섭대승론석』 권4(대정장31, p.179b27)에 "초지는 보살의 견위다. 초지 중 청정하면 견도청정이고, 견도청정을 불견청정이라 한다. 이 청정으로 말미암아 불토청정을 이루는데, 하물며 수위와 구경위라면 어떠하겠는가? 또 진여관은 불견이라고 한다. 왜냐하면 구경위에 이르러 얻는 진여관이기에 다르지 않아서 불견이라 하고, 부처님의 바른 가르침을 의지하여 닦아서 이 견을 얻기에 불견이다. 보살 역시 부처라고 할 수 있으니, 반드시 부처가 되기 때문이다. 받는 과의 이름에 의지해 불견이라고 한다. 初地是菩薩見位 初地中 淸淨 是見道淸淨 見道淸淨 是名佛見淸淨 由此淸淨 能得佛土淸淨 何況修位 及究竟位 又眞如觀 是名佛見 何以故 若至究竟位 所得眞如觀 不異於此 故名佛見 又由依佛正敎修能得此見 故名佛見 又菩薩亦得名佛 以定應得佛故 因受果名 故稱佛見"라고 하였다. [참고문헌]『深密解脫經』, 『攝大乘論釋』, 『入楞伽經』 권3(대정장16, p.533a14). ⇨ 법성관 法性觀, 실상관 實相觀, 유심관 唯心觀

진여근본지 眞如根本智 진여 그 자체로 적멸이고 무분별이어서 부동인 지혜. 여리지(如理智)로서 적멸지(寂滅智)라고도 한다. 세간자연업지(世間自然業智)와 마주한다. 『대승기신론』(대정장32, p.577c20)에 "물든 마음의 뜻은 번뇌애라 이름하니, 능히 진여근본지를 가로막기 때문이다. 又染心義者 名爲煩惱礙 能障眞如根本智故", 『대승기신론내의약탐기』(대정장44, p.419b15 · 한불전3, p.758a18)에 "이 중에 진여근본지란 고요함을 비추는 묘혜로 여리지이며, 위에서 말한 '지정상'이 그것이다. 물든 마음이 시끄럽게 흔들어 이 적정을 어그러뜨리기에 염심이라 한다. 번뇌애가 되어 번거롭게 흔들고 뇌롭게 흔들기 때문이다. 此中眞如根本智者 照寂妙慧 如理之智 卽上云智淨相也 染心喧動 違此寂靜 故名染心 爲煩惱礙 煩動惱動故", 『대승기신론의소』 권하(대정장44, p.191b13)에 "'진여근본지를 가로막는다'는 말은 강가의 모래알처럼 무수한 혹란이 괴롭히는 뜻이 강성하여 능히 진여적멸지를 가로막는다는 뜻이다. 能障眞如根本智者 是恒沙惑亂勞義强 能障眞如寂滅智也"라고 하였다. [참고문헌]『大乘起信論』, 『大乘起信論內義略探記』, 『大乘起信論義疏』. ⇨ 진여 眞如, 근본지 根本智, 세간자연업지 世間自然業智

진여금강 眞如金剛 태장만다라에서 보현보살(普賢菩薩) 또는 보현금강살타(普賢金剛薩埵)를 이르는 명호. 『태장금강교법명호』(대정장18, p.203b12)에 "동남방의 보현보살〈명호는 진여금강〉 … 네 번째 금강살타보살〈명호는 진여금강〉. 東南方普賢菩薩〈號眞如金剛〉 … 第四金剛薩埵菩薩〈眞如金剛〉"라고 하였다. [참고문헌]『胎藏

金剛教法名號』. ⇨밀교보현 密教普賢, 보현금강살타 普賢金剛薩埵, 보현보살 普賢菩薩

진여낙행 眞如樂行 Ⓢ dṛṣṭa-dharma-sukha-vihārin. 현재 법락을 누리는 것. 현법락주(現法樂住)와 같다. 『입능가경』 권8(대정장16, p.560c26)에 "대혜야, 여실히 수행하여 저 진여낙행의 경계를 얻는 이는 근본불을 아니, 평등법인을 얻기 때문이다. 그러므로 금강밀적은 응화불을 따른다. 大慧 如實修行 得彼眞如樂行境界者 知根本佛 以得平等法忍故 是故 金剛密迹隨應化佛"라고 하였다. 〔참고문헌〕『入楞伽經』, *Laṅk.242.* ⇨금강밀적 金剛密跡, 현법락주 現法樂住

진여내훈 眞如內薰 진여 스스로 익히다. 밖에서 받아 익히는 교화 등에 의한 훈습과 구별한다. 『대승기신론내의약탐기』(대정장44, p.415a27・한불전3, p.752a11)에 "처음 지의 깨끗함에는 인도 있고 과도 있다. 인이란 진여 자체에서 익히는 힘으로서 내인을 삼는다. 반면에 진여에서 흘러 나와서 듣고 훈하는 교법은 밖의 연이다. 이것 오히려 지전이다. 이 훈력에 의지해 수행한 자량과 가행선근으로 이미 십지에 오르고, 행하여 뜻대로 증한다. 이를 여실수행이라 한다. 初智淨中 有因有果 因者 謂眞如內薰之力 以爲內因 及眞如所流 聞薰教法 以爲外緣 此猶地前 依此薰力 修行資糧 加行善根 旣登十地 行證如理 故云如實修行也", 『열반경소사기』 권6(卍속장57, p.859a15)에 "이성을 인으로 삼고 교법의 빛을 연으로 삼는다 하였다. 진여 내의 훈을 인으로 삼고 밖으로 교법의 빛에 의지하여 그것을 연으로 삼는다는 뜻이다. 理性爲因 教光爲緣者 由眞如內薰爲因 外籍教光 以之爲緣故也"라고 하였다. 〔참고문헌〕『大乘起信論內義略探記』, 『涅槃經疏私記』. ⇨법력훈습 法力熏習

진여무위 眞如無爲 진여는 함이 없다. 사무위(四無爲) 또는 육무위(六無爲) 중 하나로 진여라는 법성(法性)이 본래적정(本來寂靜)하며 여상(如常)함을 일컫는다. 『백법명문론찬』(卍속장76, p.888b15)에 "(육무위 중) 여섯째 진여무위란, 언설이 다한 곳은 설할 수 없기에 억지로 진여라 이름한다. 진여란 무엇인가? 외도의 전도와 이승의 망을 여의어, 망하지도 않고 변하지도 않아 그 뜻에 전도함이 없고 허망하지도 않으므로 진여라고 한다. 앞의 오무위는 모두 진여에 의지하여 그 체 상에 임시로 건립한 공 등이다. 六 眞如無爲者 謂言說之極 無有可說 故强名眞如 言眞如者 離外道之倒及二乘之妄 不妄不變 理非倒妄 故名眞如 前五無爲 皆依眞如 體上假立名空等", 『석마하연론』 권2(대정장32, p.609b6)에 "진여무위에는 두 의지가 있으니, 어떤 것이 그 두 가지인가? 첫째는 다 통하는 의지이니, 유위도 아니고 무위도 아닌 일심본법으로 체를 삼기 때문이다. 둘째는 별도의 의지이니, 생멸문 내의 적정한 이법으로 체를 삼는다. … 또 진여무위에 두 가지 용이 있으니, 어떤 것이 그 두 가지인가? 첫째는 공통의 용이니, 일체제법을 출생하게 한다. 둘째는 별도의 용이니, 평등한 성품을 잃지 않게 한다. 眞如無爲 有二所依 云何爲二 一者 通所依 非有爲非無爲 一心本法 以爲體故 二者 別所依 生滅門內寂靜理法 以爲體故 … 復次 眞如無爲有二種用 云何爲二 一者 通用 一切諸法令出生故 二者 別用 平等之性令不失故"라고 하였다. 〔참고문헌〕『百法明門論纂』, 『釋摩訶衍論』. ⇨사무위 四無爲 ❶, 육무위 六無爲

진여문 眞如門 일심이문(一心二門) 중 하나. 심진여문(心眞如門)이라고 한다. 『대승기신론』(대정장32, p.579c20)에 "다음으로 생멸문 좇아 곧바로 진여문으로 들어감을 드러낸다. … 만약 관찰하여 마음이 무념임을 안다면 곧바로 따라 순해서 진여문에 들어갈 수 있다. 復次 顯示從生滅門 卽入眞如門 … 若能觀察 知心無念 卽得隨順入眞如門故", 『기신론소필삭기』 권2(대정장44, p.303c14・한불전8, p.659c17)에 "마음에 상 없음에 의지해 진여문을 세우고, 마음에 모든 법을 갖춤에 의지하여 생멸문을 세운다. 두 문이 서로 통하여 열고 닫음에 자재하니 함께 일심을 샘으로 삼는다. 그러므로 '심진여와 심생멸'이라 한다. 依心無相立眞如門 依心具法立生滅門 二門互通 開闔自在 俱以一心爲源 故云心眞如心生滅也", 『대승기신론열망소』 권1(대정장44, p.423c14)에 "법성은 일어나지 않고 또한 일어나지 않음이 없다. 만약 다만 일어난다고 하면 진여문의 뜻을 잃고, 일어나지 않음만 말한다면 생멸문의 뜻을 잃을 것이며, 일어나기도 하고 일어나지 않기도 하다고 말한다면 서로 어긋나고, 일어남도 아니고 일어나지 않음도 아니라면 희론이 된다. 法性無起 亦無不起 若但言起 卽失眞如門義 若但言不起 卽失生滅門義 若言亦起亦不起 卽互相違 若言非起非不起 卽成戲論", 『기신론찬주』 권상(卍속장71, p.895a18)에 "대체로 체에는 불변과 수연의 뜻을 다 갖추고 있기 때문이다. 불변이기에 생도 아니고 멸도 아니며 상도 떠났고 명도 떠났으며 정과 염이 한 쌍으로 사라졌고 성범이 일치해서 진여문을 두는 것이다. 蓋以體具不變隨緣之義故也 以不變故 非生非滅 離相離名 淨染雙亡 聖凡一致 故有眞如門也"라고 하였다. 〔참고문헌〕『大乘起信論』, 『起信論疏筆削記』, 『大乘起信論裂網疏』, 『起信論纂註』. ⇨심진여문 心眞如門, 기신이문 起信二門, 일심이문 一心二門, 생멸문 生滅門, 심생멸문 心生滅門, 여래장심 如來藏心, 일심 一心

진여법 眞如法 ❶ Ⓢ tathatā. 참되고 그대로인 법. 무상(無相)의 여래(如來)나 법신(法身)의 뜻. 『삼법장경』

권15「진여품 眞如品」(대정장8, p.640b27)에 "수보리가 물었다. '사리자야, 진여법 중에 하나의 상이나 세 가지 상이 있어 얻을 수 있느냐?' 사리자가 답했다. '그렇지 않습니다, 수보리여!' 須菩提言 舍利子 眞如法中 有一相三相 而可得不 舍利子言 不也 須菩提", 『입능가경』 권7(대정장16, p.557c8 : *Laṅk.*, p.226)에 "보살이 진여법에 머문다 하니 상이 없는 적정한 경계에 들고, 다 들어 마쳐서는 보살마하살의 초지인 환희지에 든다. 菩薩住眞如法者 得入無相 寂靜境界 入已得入 菩薩摩訶薩 初歡喜地 tathatāvyavasthitaśca mahāmate bodhisattvo mahāsattvo nirābhāsagocarapratilābhitvātpramuditāṃ bodhisattvabhūmiṃ pratilabhate", 『대승부사의신통경계경』 권상(대정장17, p.923a29)에 "여래 그대로 이 진여법이고, 진여법 중에 두 상 있을 리 없어서 진여법이란 것은 곧바로 이 여래다. 如來卽是 眞如法 眞如法中 無有二相 眞如法者 卽是如來", 『대승기신론』(대정장32, p.578a22)에 "진여법에 의지하므로 무명을 있게 하고, 무명이 있어 염법의 인이 되어 진여를 훈습한다. 훈습하기에 곧바로 망심이 있게 되고, 망심이 있어 무명을 훈습한다. 진여법을 깨우치지 못하기에 몰란 결에 념이 일어나고 망경계 나타난다. 以依眞如法故 有於無明 以有無明 染法因故 卽熏習眞如 以熏習故 則有妄心 以有妄心 卽熏習無明 不了眞如法故 不覺念起 現妄境界", 『기신론소필삭기』 권14(대정장44, p.373a1)에 "초지 이상에서 십지에 이르기까지 모두 법신이라 한다. 평등지를 얻어 진여의 이치를 증득하고 진여법으로 몸을 삼기 때문이다. 初地已上 乃至十地 皆名法身 以得平等智 證眞如理 以眞如法爲身故"라고 하였다. [참고문헌] 『三法藏經』, 『入楞伽經』, 『大乘不思議神通境界經』, 『大乘起信論』, 『起信論疏筆削記』, *Laṅk.* **2** Ⓟ ñāya. 참된 이치(眞理). 참으로 그러한 법. 『잡아함경』 권44(대정장2, p.322a29)에 "그때 세존께서 홀로 고요하게 사유하며 이렇게 생각하셨다. '일승의 도가 있다. 이것으로 중생을 깨끗하게 하여 모든 근심과 슬픔을 건지며, 고뇌를 없애 사라지게 하고 진여법을 얻으니 사념처를 말한다'. 爾時 世尊 獨靜思惟 作是念 有一乘道 能淨衆生 度諸憂悲 滅除苦惱 得眞如法 謂四念處"라고 하였다. [참고문헌] 『雜阿含經』, *SN.5.185.*

진여법계 眞如法界 진여와 법계를 아울러 부르는 말. 또는 진여라는 법계. 『금강선론』 권9(대정장25, p.862a25)에 "'평등하고 진실한 법계에서는 부처님도 중생을 제도하지 않으신다'란 무슨 뜻인가? 진여의 이(理) 중에서 부처님과 중생은 그 법신이 평등하기에 범성으로 나뉘어 다르지 않음을 밝힌 것이다. 그렇거늘 어떻게 진여법계 밖에 다시 하나의 정해진 실이 있어 중생이 부처와 더불어 다름이 있다면 제도할 수 있겠는가! 平等眞法界 佛不度衆生者 明眞如理中 佛與衆生 法身平等 無凡聖兩異 何得謂於眞如法界外 更有一定實 衆生與佛有異 而可度也", 『사분율소식종의기』 권3본(卍속장66, p.85a16)에 "진여법계란, 진이란 진실을 말하고 여는 늘 그러해서 변함 없는 것을 가리킨다. 그러므로 『대승아비달마잡집론』에 '무아라는 실성이 바뀌지 않으므로 법계라 한다'라고 하였으며, 같은 책에 '일체성문독각과 부처님의 미묘한 법이 의지하는 상이기 때문이다'〈제법과 더불어 계성으로 삼기에 법계라 한다〉라고 하였다. 眞如法界者 眞謂眞實 如謂如常 故雜集云 無我實性無改轉 故言法界 雜集云 一切聲聞 獨覺 諸佛妙法 所依相故〈謂與諸法爲界性故 名爲法界〉", 『신심명』(대정장48, p.377a1)에 "진여법계여! 타도 없고 스스로도 없구나. 급히 그것과 일치하고자, 오직 둘이 아니라고 말할 뿐이라네. 둘이 아님으로 모두 같으니, 포용하지 못할 법은 없도다. 眞如法界 無他無自 要急相應 唯言不二 不二皆同 無不包容"라고 하였다. [참고문헌] 『金剛仙論』, 『四分律疏飾宗義記』, 『信心銘』, 『大乘阿毘達磨雜集論』 권2(대정장31, p.702b7·21). ⇨ 진여 眞如, 법계 法界

진여법성 眞如法性 **1** 진여인 법성. 본래청정열반(本來淸淨涅槃)이며, 구경법계(究竟法界)이며, 연화장세계의 바탕인 뜻에서 진여법성이라 한다. 『대반야경』 권558「회향품 迴向品」(대정장7, p.883a18)에 "이와 같은 제법의 진여법성은 향함도 등짐도 없고 묶임도 벗어남도 없으며 물듦도 깨끗함도 없다. 나는 이와 같은 공덕선근을 앞에 드러내 따라 기뻐할 뿐이니 옮겨 구름이 없고 잃고 무너질 일도 없고 상도 얻음도 없이 해서 방편을 삼아 위없는 정등보리에 돌릴 뿐이다. 이와 같이 함이야말로 가장 높이 우러러 뛰어나며 가장 높고 묘한 따라 기뻐하는 회향이라 한다. 如是諸法 眞如法性 無向無背 無縛無脫 無染無淨 我於如是 功德善根 現前隨喜 以無移轉 及無失壞 無相無得 而爲方便 迴向無上 正等菩提 如是名爲 最尊最勝 最上最妙 隨喜迴向", 80권본 『화엄경』 권52(대정장10, p.276c28)에 "불자여! 여래는 무량무애구경법계와 허공계에 머무시니 진여법성은 생함도 멸함도 없이 실제이지만, 중생들을 위해 수시로 시현하시는데 본원을 가지시기에 휴식 없이 일체중생과 일체찰과 일체법을 버리지 않으신다. 佛子 如來住於無量無礙究竟法界 虛空界 眞如法性 無生無滅 及以實際 爲諸衆生 隨時示現 本願持故 無有休息 不捨一切衆生 一切刹 一切法", 『금강선론』 권4(대정장25, p.827b4)에 "그러나 여기서 정토란 말은, 바로 제불의 의보인 진실지혜제일의토인데 이 땅은 진여법성을 바탕으로 하니 곧바로 연화장세계다. 然此言淨土者 正是諸佛依報 眞實智慧第一義土 此土 以眞如法性爲體 卽蓮華藏世界", 『묘법연화경우파제사』 권2(대정장26, p.10a3)에 "여기서 아누다라삼막삼보리란 말은, 삼계의 분단생사를 여의고 분따라 능히 진여법성 보기에 이름하여 보리 얻는다 하는 것이지, 구경에 만족한 여래의 방편열반을 말하는 것은 아니다. 此言阿耨多羅三藐三菩提者 以離三界分段生死 隨分能見眞如法性 名得菩提 非謂究竟滿足如來方便涅槃也", 『인왕호국경소』 권중(대정장33, p.486b4)에 "진성이란 이 하나다란, 증해야 할 이인 진여법성이 체로는 하나임을 드러낸 것이다. 眞性是一者 標所證理 眞如法性 體是一也", 원효(元曉)의 『열반종요』(한불전1, p.529c14)에 "처음은 성정과 방편 무너짐을 밝힘이니, 진여법성은 본래 물듦 없기에 그 자성 깨끗하다 이르며, 또한 본래청정이라 이름한다. 곧 여여한 뜻은 범부든 성자든 한 맛인 까닭에 또한 한 모습의 열반이라고도 한다. 初明性淨方便壞者 眞如法性 本來無染 故曰性淨 亦名本來淸淨 卽如如理 凡聖一味 是故亦名同相涅槃"라고 하였다. [참고문헌] 『大般若經』, 『華嚴經』, 『金剛仙論』, 『妙法蓮華經憂波提舍』, 『仁王護國經疏』, 『涅槃宗要』. **2** 여법성(如法性)을 말한다. 자(字)를 떠난 비자문(非字門)의 뜻으로서의 법성을 여법성이라 하는데 진여법성이라 할 수 없지만 진여법성을 떠날 수도 없는 뜻에서 반야바라밀다의 두 갈래(字門 非字門)로 열린 문 중에 하나다. 『대반야경』 권97 「구반야품 求般若品」(대정장5, p.538b22)에 "보살마하살이 행하는 바 반야바라밀다는 진여법성이 아니어서, 법계법성도 아니고 불허망성, 불변이성, 평등성, 이생성, 법정, 법주, 실제허공계, 부사의계법성이 아니다. 또 진여법성 떠남도 아니어서 법계 내지는 부사의계법성을 떠남도 아니다. 까닭이 무엇일까. 이와 같은 일체 모두가 있는 바 자성이 없어, 얻을 수 없기 때문이다. 菩薩摩訶薩所行 般若波羅蜜多 非眞如法性 非法界法性 不虛妄性 不變異性 平等性 離生性 法定法住 實際虛空界 不思議界法性 非離眞如法性 非離法界 乃至不思議界法性 所以者何 如是一切 皆無所有性不可得"라고 하였다. 한편, 『대품반야경』 권21 「방편품 方便品」(대정장8, p.372b26)에 "마땅히 알라. 이 보살은 자(字)로 여는 문을 잘 알고, 자로 열 수 없는 문도 잘 안다. 말에 뛰어나고 말하지 않음에도 뛰어나며, 한 마디에 뛰어나고 두 마디에도 뛰어나며 많은 말에도 뛰어나다. 여인의 말을 잘 알고 남자의 말도 잘 안다. 當知 是菩薩善知字門 善知非字門 善於言 善於不言 善於一言 善於二言 善於多言 善知女語 善知男語"라고 하였고, 이에 대해 『대지도론』 권83(대정장25, p.641a3)에서 "자문을 잘 안다 함은 저 문자다라니중에서 설함과 같다. 자(字)가 아니라 함은 저 법성 그대로인 실제니, 이 중에는 문자는 없다. 뜻을 약설하자면, 이 보살은 무량복덕력 때문에 두 법인 세간과 열반을 잘 안다. 세간의 괴로움 꺼린즉 열반을 생각하고, 열반에 빠지려 하면 돌이켜 세간을 생각한다. 모든 복덕의 길을 모으기에 자를 잘 알고, 복덕중의 전도를 파하기에 자 없음도 잘 안다. 善知字門者 如文字陀羅尼中說 非字名如法性實際 此中無文字 略說義 是菩薩無量福德力故 善知二法 世間及涅槃 若厭世苦 則念涅槃 若欲沒涅槃 還念世間 集諸福德道故 善知字 破福德中顚倒故 善知無字"라 하였다. [참고문헌] 『大般若經』, 『大品般若經』, 『大智度論』. ⇨ 비자문 非字門, 여법성 如法性, 자문 字門, 사십이자문 四十二字門 **1**

진여법신 眞如法身 진여라는 법의 몸. 여래의 묘한 바탕(如來妙體)을 몸이라 하니, 법계(法界)이며 법성(法性)인 일체제불의 평등법신을 말한다. 실상으로서의 법인 몸(實相法身)과 같다. 『금강경론』 권하(대정장25, p.795a15)에 "〈게〉 (여래를) 오직 색으로 보려 하거나 소리로만 들으려 한다면, 이런 사람은 부처를 알지 못하리. 이 진여법신은 식의 경이 아니기 때문이다. … 〈논〉 게송에서 말한 이 사람이란 범부를 말하며, 그는 진여법신을 볼 수 없다. 이 때문에 '저 여래묘체는 곧 법신이신 제불이니, 법의 바탕 볼 수 없어 저 식으로는 능히 알 수 없으리'라고 하였다. 唯見色聞聲 是人不知佛 以眞如法身 非是識境故 … 是人者 是凡夫人 不能見眞如法身如經 彼如來妙體 卽法身諸佛 法體不可見 彼識不能知", 『묘법연화경우파제사』 권하(대정장26, p.10b17)에 "법계란 법성을 말하고, 그 법성이란 일체의 제불보살의 평등법신의 이름이다. 평등법신이란 진여법신이니, 초지보살이어야 이에 능히 증입한다. 그러므로 육십이억항하사와 같은 제불명호를 수지하는 것과 능히 관세자재보살의 명호를 수지하여 얻는 공덕에는 차별이 없다. 言法界者 名爲法性 彼法性者 名爲一切 諸佛菩薩 平等法身 平等身者 眞如法身 初地菩薩 乃能證入 是故 受持六十二億 恒河沙等 諸佛名號 有能受持觀世自在菩薩名號 所得功德 無差別", 『대승기신론』 권하(대정장32, p.588b20)에서 "저 경에서 설하듯 '일체세간법은 모두 끝내 공하며, 나아가 열반진여법 또한 끝내 공하니, 본성 이와 같이 일체상을 여의었다'고 말씀하셨다. 어리석은 범부들이 듣고 그 뜻을 이해하지 못해 곧 '열반이나 진여법도 오직 공하여 물이란 없다'고 집착한다. 이런 집착을 없애고자 진여법신은 자체로 공하지 않음을 밝혔으니, 한량없는 성공덕을 구족하기 때문이다. 如經中說 一切世法皆畢竟空 乃至涅槃眞如法 亦畢竟空 本性如是離一切相 凡愚聞之不解其義 卽執涅槃眞如法 唯空無物 爲除彼執 明眞如法身自體不空 具足無量性功德故"라고 하였다. [참고문헌] 『金剛經論』, 『妙法蓮華經優婆提舍』, 『大乘起信論』. ⇨ 실상법신 實相法身, 법신 法身

진여본각 眞如本覺 **1** 아마라식(阿摩羅識)의 자성으로 번뇌 중에서는 여래장(如來藏)이고 번뇌 밖에서는 법신이다. 원측(圓測)의 『인왕경소』 권중(대정장33, p.400

b26・한불전1, p.80b20)에 "진제(Ⓢ Paramārtha)삼장은 다 거둬 9식을 세운다. 첫째는 아마라식이니, 진여본각을 성으로 삼았다. 번뇌 중에서 여래장이라 하고, 번뇌를 벗어나면 법신이라 한다. 眞諦三藏 總立九識 一 阿摩羅識 眞如本覺爲性 在纏名如來藏 出纏名法身", 원측의 『해심밀경소』 권3(한불전1, p.217c10)에 "제9아마라식은 무구식이라 한역하며, 진여로 체를 삼는다. 하나의 진여에 두 가지 뜻이 있다. 첫째는 소연경이니 진여 및 실제 등이라 하고, 둘째는 능연의 뜻이니 무구식이라 하며 본각이라고도 한다. 第九阿摩羅識 此云無垢識 眞如爲體 於一眞如有其二義 一 所緣境 名爲眞如 及實際等 二 能緣義 名無垢識 亦名本覺"라고 하였다. 〔참고문헌〕『仁王經疏』, 『解深密經疏』. ⇨ 아마라식 阿摩羅識, 여래장 如來藏 ❷ 사무위(四無爲) 중 진여무위(眞如無爲)와 본각무위(本覺無爲). 『석마하연론』 권2(대정장32, p.609a22)에 "무위법은 비록 무량하나, 간략히 말하면 네 종류가 있다. 곧 진여와 본각과 시각과 허공무위를 말한다. 無爲雖無量 略說有四種 謂眞如本覺 始覺與虛空"라고 하였다. 〔참고문헌〕『釋摩訶衍論』. ⇨ 사무위 四無爲, 무위법 無爲法

진여불공 眞如不空 진여는 공하지 않다. 제법실상(諸法實相)의 뜻이며, 종교(終敎) 또는 삼시교(三時敎) 중 지법륜(持法輪)에서 설한 뜻이기도 하다. 원효(元曉)의 『대혜도경종요』(한불전1, p.480c16)에 "혹은 이렇게 말하기도 하니, 의타기성은 유이기도 하고 공이기도 하다. 세속이기에 유이고 승의이기에 공이고, 공은 곧 진여지만 진여는 공하지 않다 하니 이와 같음을 이름하여 제법실상이라 한다. 저 아래 글에서 '세속법이기에 업보 있다고 설하지만, 제일의 중엔 업도 보도 없다'라고 함과 같으며, 『유가론』에 이르길 '승의상에는 다시 승한 뜻마저 없다'라고 하였다. 或有說者 依他起性 亦有亦空 世俗故有 勝義故空 空卽眞如 眞如不空 如是名爲諸法實相 如下文云 世俗法故 說有業報 第一義中 無業無報 瑜伽論云 於勝義上 更無勝義故", 『유가론기』 권9상(한불전2, p.691b11)에 "『유가론』 등의 논에서 모두 이공으로 드러난 진여를 말하였는데 가행에 있어서 이공을 미루어 찾아 근본지가 생하면 진여가 나타나 증하니, 진여는 공하지 않다고 한 것이다. 瑜伽等論 皆言二空所顯眞如 由在加行 推尋二空 根本智生 顯證眞如 眞如不空", 『화엄오교장』 권1(대정장45, p.481a13)에 "열째 대당삼장현장법사에 의하면, 『해심밀경』・『금광명경』・『유가론』에 의지하여 삼종교를 세웠으니 곧 삼법륜이 이것이다. … 셋째 지법륜이라 이름하니, 그 뒤에는 대승 중에 요의를 드러내어 삼성과 진여불공의 뜻 등을 설하였다. 十 依大唐三藏玄奘法師 依解深密經金光明經及瑜伽論 立三種敎 卽三法輪 是也 … 三名持法輪 謂於後時 於大乘中 顯了意 說三性及眞如不空理等", 『균여대사화엄학전서』 권11(대장경보편2, p.104a3)에 "여덟째 진덕불공종이란, 제3법륜 중 진여불공의 뜻을 설하였으니 이는 곧 불공여래장이기에 종교에 당한다. 八 眞德不空宗者 第三法輪中 說眞如不空理 此卽不空如來藏故 當終敎也"라고 하였다. 〔참고문헌〕『大慧度經宗要』, 『瑜伽論記』, 『華嚴五敎章』, 『均如大師華嚴學全書』. ⇨ 불공교 不空敎, 삼시교 三時敎❶, 진여 眞如

진여불변 眞如不變 진여는 변하지 않는다. 불변진여(不變眞如)라고도 한다. 『화엄경소초』 권32(대정장36, p.246c3)에 "진여는 변할 수 없지만 연을 따라 성립할 뿐이니 부사의변이라 부르고, 또한 물드는 일 없이도 물든다. 眞如不變 而隨緣成立 名不思議變 亦卽不染而染也"라고 하였다. 〔참고문헌〕『華嚴經疏鈔』. ⇨ 불변진여 不變眞如, 진여 眞如, 일심이문 一心二門

진여불성 眞如佛性 진여인 불성. 제일의공인 불성이며 보리열반인 마음바탕(心性)의 이름이다. 원효(元曉)의 『금강삼매경론』 권중(대정장34, p.986b14・한불전1, p.643c17)에 "불성이란 진여불성을 말한다. 저 『열반경』에 '불성은 제일의공이라 한다'는 말과 같기 때문이며, 하나라고 해도 다르다고 해도 모두 잘못이 있게 되기 때문이다. 言佛性者 眞如佛性 如涅槃經言 佛性者 名第一義空故 若一若異 皆有過故", 『정토생무생론』(대정장47, p.381c16)에 "이 마음바탕을 공여래장・진여불성・암마라식・대원경지・보리열반이라고도 한다. 此心性 或名空如來藏 或名眞如佛性 或名菴摩羅識 或名大圓鏡智 或名菩提涅槃", 『석마하연론』 권7(대정장32, p.650b14)에 "황석이란 마땅히 어떤 법을 비유하는가? 일체중생이 상속하는 비유다. 왜 그러한가? 모든 중생이 몸에 불성을 감추고 있음이 저 황석과 비슷하기 때문이다. 황색은 마땅히 어떤 법을 비유하는가? 저 불성이 변화하지 않음도 비유한다. 왜 그러한가? 진여불성은 굳세어 바뀌지 않는 것이 저 황금과 같기 때문이다. 言黃石者 當喩何法 喩一切衆生相續故 所以者何 諸衆生身藏裹佛性 似彼石故 言色黃者 當喩何法 喩彼佛性 不變義故 所以者何 眞如佛性 堅固不改 似彼金故", 『대혜어록』 권3(대정장47, p.821a9)에 "진을 순한즉 전도망상과 탐진사견도 모두 이 법이고, 따라 전도한즉 진여불성과 보리열반도 모조리 다 병이다. 順眞如則 顚倒妄想 貪瞋邪見 悉皆是法 隨顚倒則 眞如佛性 菩提涅槃 悉皆是病"라고 하였다. 〔참고문헌〕『金剛三昧經論』, 『淨土生無生論』, 『釋摩訶衍論』, 『大慧語錄』, 40권본 『大般涅槃經』 권27(대정장12, p.523b12). ⇨ 진여 眞如, 불성 佛性

진여사 眞如寺 중국 강서성(江西省) 운거산(雲居山)에 있던 절. 비백사(飛白寺) 또는 음창사(音昌寺)라고도 한다. 당 원화(元和)년간(806~820)에 건립하였고, 운거도응(雲居道膺 853~902)이 개창(開創)하였다. 송 상부(祥符)년중(1008~1016)에 진여선원(眞如禪院)이라고 사액(賜額)하였다. 「영통사대각국사비문 靈通寺大覺國師碑文」(한불전4, p.592a1)에 "원우 원년(1086·선종3) 후 2월 13일 입경하여 황제를 재견하고 5일 동안 머무른 다음 조정에서 황제에게 하직 인사를 하고 수주 진여사에 이르러 『능엄경소주』인 탑정이 무너지는 것을 보고 개탄을 금치 못하여 희사금을 사승에게 주어 보수토록 하였다. 以元祐元年 後二月十三日 入京再見淹五日朝辭 至秀州眞如寺 見楞嚴疏主塔亭傾圮 慨然歎之以金屬寺僧修葺"라고 하였다. [참고문헌] 李智冠『校勘譯註歷代高僧碑文』高麗篇3 pp.116~178,『大覺國師外集』.

진여삼매 眞如三昧 진여 그대로인 삼매. 정(定)에 있더라도 그 상을 봄(見相)도 얻는다는 생각(得相)도 없는 정(定)으로 여래종성에 들고, 정을 나와서도 변함이 없는 뜻에서 여래청정선(如來淸淨禪)·일행삼매(一行三昧) 등이라고도 한다. 『대승기신론』(대정장32, p.582b25)에 "진여삼매란 보이는 상에도 머물지 않고 얻은 상에도 머물지 않으며, 정에서 나와서도 게으름과 만이 없으니 모든 번뇌가 점점 미미해진다. 어떤 범부가 되었거나 이 삼매법을 익히지 않고 여래종성을 얻어 드는 일은 있을 수 없다. 眞如三昧者 不住見相 不住得相 乃至出定亦無懈慢 所有煩惱 漸漸微薄 若諸凡夫 不習此三昧法 得入如來種性 無有是處", 『대승기신론의기』 권하말(대정장44, p.285a27)에 "정에 있을 때 그 맛에 집착하지 않는다. 마음을 잊었으므로 보는 것에 머물지 않고 경도 잊었으므로 얻음에 머물지 않는다. 정을 나와서도 정을 섬기는 만이 없어 탐진치 점차로 엷어지니 이것이 바른 정의 상이다. 謂在定時 而不味著 以亡心故不住見 以亡境故不住得 出定亦無恃定之慢 貪瞋癡漸薄 卽是正定之相", 『기신론속소』 권하(卍속장72, p.145a14)에 "비록 정 중에 있더라도 정상 있음 보지 않는다 하니, 분별이 없기 때문이다. 얻는 상 있음 보지 않는다는 말은 애착이 없다는 뜻이다. '모든 번뇌 점점 미미하게 엷어진다'는 말은 정을 얻은 효험을 말한다. 이어서 '정에서 나와서도 게으름과 만을 일으키지 않는다'는 말은 정에 들어 있는 동안에는 정진하다가 정에서 나오면 게을러지는 잘못이 없음을 말한다. 또한 정에 있는 중에는 마음으로 공경하다가 정에서 나오면 마음이 만해지는 잘못이 없다는 뜻이기도 하다. 雖在定中 不見有定相者 無分別故 不見有得相者 無愛著故 所有煩惱 漸漸微薄者 得定之效驗也 乃至出定不生懈慢者 正謂不以在定而精進 出定而怠弛也 不以在定而心敬 出定而心慢也"라고 하였다. [참고문헌] 『大乘起信論』, 『大乘起信論義記』, 『起信論續疏』. ⇨ 일행삼매 一行三昧, 여래청정선 如來淸淨禪, 정 定 [1]

진여상 眞如相 진실 그대로의 모습. 분별이 없어 상이 없고(無相) 일체가 평등해서 방처(方處)나 범성(凡聖)이 없는 불지(佛地) 그대로의 모습이다. 『대반야경』 권510(대정장7, p.604c2)에 "선현아, 일체법은 온통 다할 수 없기에 일체여래응정등각께서는 일체법이 다함 없는 진여임을 증득하고 무상정등보리를 획득하여 모든 유정을 위해 일체법의 진여상을 드러내어 분별해 주신다. 이로 말미암아 진실 그대로 말씀하시는 분이라 한다. 善現 以一切法 皆無盡故 一切如來 應 正等覺 證得一切法 無盡眞如故 獲得無上正等菩提 爲諸有情 顯示分別一切法眞如相 由此故名 如實說者", 『불지경론』 권2(대정장26, p.297a11)에 "진여상에는 중도 변도 없으니 일체유위무위의 중변상을 멀리 벗어났기 때문이며, 방처나 중이나 변의 상을 멀리 벗어났기 때문이다. 이와 같은 진여는 그대로 불지의 평등법성이다. 眞如相 無有中邊 遠離一切 有爲無爲中邊相故 遠離方處中邊相故 如是眞如 卽是佛地平等法性", 『금강경찬요간정기』 권3(대정장33, p.195c27)에 "경에서 이르길 '일체상에서 떠나면 바로 모든 부처라 부른다' 하였으니, 곧바로 진여상이다. 經云 離一切相 卽名諸佛 卽眞如相也", 『화엄경소』 권7(대정장35, p.556b19)에 "상이 없다는 말은 진여상을 보인다. 몸은 곧 체의 뜻이라 번뇌에 묶여 있어도 물들지 않고, 가려 청정하지 못함에서 벗어나 범성이 틀림없이 같기에 평등이라 한다. 言無相者 示眞如相身卽體義 在纏不染 出障非淨 凡聖必同 故云平等"라고 하였다. [참고문헌] 『大般若經』, 『佛地經論』, 『金剛經纂要刊定記』, 『華嚴經疏』. ⇨ 변조법계의 遍照法界義

진여성 眞如性 진여의 자성. 진여의 바탕으로 법계(法界)·법성(法性)·여래(如來)·열반(涅槃)·무위(無爲) 등의 뜻이다. 『대반야경』 권51(대정장5, p.287c6)에 "세존이여! 진여성은 있는 바 없기에 묶임도 벗어남도 없으며, 법계·법성 … 실제·무위성도 있는 바 없기에 묶임도 벗어남도 없다. 진여성은 멀리 여의었기에 묶임도 벗어남도 없으며 … 진여성은 적정하기에 묶임도 벗어남도 없으며 … 진여성은 공이기에 묶임도 벗어남도 없으며 … 진여성은 무상이기에 묶임도 벗어남도 없으며 … 진여성은 원 없기에 묶임도 벗어남도 없으며 … 진여성은 생 없기에 묶임도 벗어남도 없으며 … 진여성은 멸 없기에 묶임도 벗어남도 없으며 … 진여성은 물듦 없기에 묶임도 벗어남도 없으며 … 진여성은 깨끗함 없기에 묶임도 벗어남도 없으며 법계 내지 무위성은 깨끗함 없기에 묶임도 벗어남도 없다. 世尊 眞如性 無所有故 無縛無解 法界 法性 … 實際 無爲性 無所有故 無縛無解 眞如性 遠離故 無縛無解 … 眞如性 寂靜故 無縛無解

… 眞如性 空故 無縛無解 … 眞如性 無相故 無縛無解 … 眞如性 無願故 無縛無解 … 眞如性 無生故 無縛無解 … 眞如性 無滅故 無縛無解 … 眞如性 無染故 無縛無解 … 眞如性 無淨故 無縛無解 法界乃至無爲性 無淨故 無縛無解",『대보적경』 권28(대정장11, p.153b9)에 "일체법은 생멸하니 인연으로 이뤄지기 때문이고, 일체법은 생하지 않으니 진여성이기 때문이며, 일체법은 멸하지 않으니 무생이기 때문이다. 一切法生滅 因緣成故 一切法不生 眞如性故 一切法不滅 以無生故",『금광명최승왕경』 권1(대정장16, p.407a29)에 "일곱째 진여는 실이고 나머지는 모두 허망이니, 실성의 바탕은 곧 진여인데 진여성은 곧 여래니 이름하여 열반이라 한다. 七者 眞如是實 餘皆虛妄 實性體者 卽是眞如 眞如性者 卽是如來 名爲涅槃",『법집경』 권1(대정장17, p.615c5)에 "만약 세간의 진여성과 열반의 진여성을 본다면, 이 두 법성은 오직 한 모습일뿐이니 소위 무위의 성이다. 若見世間眞如性 涅槃眞如性 此二法性 唯是一相 所謂無爲之性",『반야이취분술찬』 권2(대정장33, p.49c14)에 "금강성이란, 진여성이 능히 생사의 과실을 깨뜨리고 찢을 수 있으니 이름하여 금강이라 하며 제법의 체이기에 이름하여 성이라 한다. 金剛性者 謂眞如性 能破裂生死過失 名爲金剛 諸法之體 故名爲性",『사십이장경소초』 권1(卍속장59, p.114a13)에 "무위는 진여성이니, 마음의 체이기 때문이다. 無爲 眞如性也 心之體故", 원효(元曉)의 『금강삼매경론』 권중(한불전1, p.627a15)에 "처음 중에 말한 보리성이란 진여성을 말하는데 텅 비고 통하여 걸림없어 바탕에 어두움과 가림도 여의었기에 보리라 이름한다. 이 중에 본디 남겨 둘 진성도 없으며 또한 본디 없앨 망상도 없기에 얻음도 잃음도 없다고 말하였다. 初中言菩提性者 謂眞如性 虛通無礙 性離闇弊 故名菩提 於中本無眞性可存 亦乃本無妄想可亡 故言無得無失"라고 하였다. [참고문헌]『大般若經』,『大寶積經』,『金光明最勝王經』,『法集經』,『般若理趣分述讚』,『四十二章經疏鈔』,『金剛三昧經論』. ⇨ 여래성 如來性, 일체법 一切法

진여수연 眞如隨緣 진여는 연을 따른다. 연을 따르지만 변하지 않고 물들지도 않아서 진이고 여라 한다.『대승기신론의소』 권하(대정장44, p.193b3)에 "이들 뭇 혹은 모두 무명에 의지한다. 이와 같은 무명이 진여를 훈습하면 진여는 연을 따라 차별하여 같지 않게 된다. 마치 허공은 본래 한결같지만 따라 처함에 대소로 같지 않다. 만약 처하는 바 있어 부순즉 허공에 크거나 작은 상 사라진다. 이것도 이와 같다. 따라 물든 연이기에 이둔으로 차별하지만 염연을 벗어나면 평등해 한 맛이어서 상하우열 없다. 此衆惑者 皆依無明 如此無明 熏習眞如 眞如隨緣 差別不同 如虛空本一 而隨有處 大小不同 若破有處 卽虛空無大小相 此亦如此 隨染緣故 利鈍差別 若離染緣 則平等一味 無上下優劣",『기신론소필삭기』 권4(대정장44, p.318a4)에 "마땅히 '진여는 연을 따라 염과 정을 이룬다'고 한다. 염정이 비록 성취된다 하여도 진여는 변함이 없다. 변하지 않는 성으로 염정에 걸림없으나 염정은 만 갈래여도 한결같은 성에 걸림은 없다. 이런 이유로 성과 상이 둘이 아니라 한 것이다. 應云 眞如隨緣 成於染淨 染淨雖成 眞如不變 無變之性 不礙染淨 染淨萬差 不礙一性 是故 性相無二也",『금강경찬요간정기』 권5(대정장33, p.217c11)에 "보리는 상도 없지만 도리어 색 등을 상으로 삼는다. 보리는 곧 진여여서 진여는 연을 따라 색 등을 이루기 때문이다. 菩提無相 却以色等爲相 以菩提卽眞如 眞如隨緣 成色等故",『성유식론자고』 권8(卍속장82, p.336a3)에 "진여가 연을 따르면서 모든 법을 성립시키니, 변하지 않고도 연을 따르고 연을 따르지만 변하지 않는다. 그러므로 '유전하는 실성'이라 한다. 실상이라 하니, 상도 상 아님도 없음을 실상이라 한다. 아법이 공한 곳에 진실한 바탕이 드러나므로 '드러난 실성은 오직 식일 뿐인 진여이다'라고 한다. 眞如隨緣 成一切法 不變隨緣 隨緣不變 故曰流轉實性 實相者 無相不相 名爲實相 我法空處 眞實理顯 故曰所顯實性 唯識眞如"라고 하였다. [참고문헌]『大乘起信論義疏』,『起信論疏筆削記』,『金剛經纂要刊定記』,『成唯識論自攷』. ⇨ 법성진여 法性眞如, 수연진여 隨緣眞如, 불변수연 不變隨緣, 불변진여 不變眞如

진여식 眞如識 진여로서의 식. 원성실성(圓成實性)의 바탕인 제9식인 아마라식(阿摩羅識)을 말한다.『대승의장』 권3(대정장44, p.524c26)에 "여섯 번째는 진여식이라 한다. 나는『기신론』을 풀면서 '심의 체성은 부서지지 않기에 「진」이라 하고, 세울 것이 없기에 「여」라 한다' 하였다. 六名 眞如識 論自釋言 心之體性無所破故 名之爲眞 無所立故 說以爲如",『섭대승론장권제일』(대정장85, p.1013b16)에 "둘째는 진여식이라 하니 식의 바탕 고요하기 때문이다. 二名 眞如識 以識體寂故",『유식의사기』 권4말(대정장71, p.361b9)에 "식에 대해 개괄하면 아홉 가지 있다. 첫째는 의타로서의 식이니 곧 바로 여덟 가지 식이 있게 된다. 둘째는 진여로서의 식이니 아홉 번째 것으로서 원성실의 이(理)다. 여기서 진여의 이로서의 식이라 한 것은, 오직 이것 정체지로 바르게 본 경이지 결코 보는 자는 아니다. 約識有九種 一者 依他識 卽有八種 二者 眞如識 是爲第九 卽圓成理也 此中眞如理識 唯是正體智正所觀境故 定非能觀"라고 하였다. [참고문헌]『大乘義章』,『攝大乘論章卷第一』,『唯識義私記』. ⇨ 아마라식 阿摩羅識, 제구식십명 第九識十名

진여실상 眞如實相 진여인 실상. 진여로서의 실상. 진여와 실상은 이름만 다를 뿐 뜻에 있어 같으며, 법성(法

性)이고 열반(涅槃)인 뜻과도 함께 하는 만법의 바탕이며 제법의 실상을 말한다. 『대반야경』 권510(대정장7, p.604b20)에 "매우 깊은 반야바라밀다로 증한 제법의 진여실상은 극히 깊고 깊어 보기도 어렵고 깨닫기도 어렵다. 모든 여래응정등각께서는 어느 분이나 제법진여실상으로써 부처님의 무상정등보리를 드러내어 분별하신다. 甚深般若波羅蜜多 所證諸法眞如實相 極爲甚深 難見難覺 一切如來應正等覺 皆用諸法眞如實相 顯示分別諸佛無上正等菩提", 『법화문구기』 권3하(대정장34, p.214a21)에 "법성은 단지 이 진여실상이자 여여한 열반일 뿐이다. 법성의 바탕은 제법과 어긋나지 않지만 그 어떤 법도 받아들이지 않고 어떤 법에도 머물지 않으며 어떤 법에도 들지 않는다. 法性秖是眞如實相 如如涅槃 以法性體 不違諸法 不受諸法 不住諸法 不入諸法", 『대승본생심지관경천주』 권7(卍속장34, p.404b2)에 "여실한 도를 깨닫는다는 말에서 깨달음은 바로 도를 봄이고, 여는 진여이며, 실은 실상이다. 진여실상이란 만법의 본 바탕이니 만약 이를 깨달으면 만법이 하나의 진실로 어울려 모든 것이 실다운 길이 되게 한다. 悟如實道者 悟卽見道 如卽眞如 實卽實相 良以眞如實相 爲萬法之本體 若悟之 則萬法融爲一眞 皆爲實道也"라고 하였다. [참고문헌] 『大般若經』, 『法華文句記』, 『大乘本生心地觀經淺註』. ⇨ 진여 眞如, 실상 實相, 여실 如實

진여실제 眞如實際 참되고 그대로여서 실다운 그 때나 그 곳. 일체상 떠나 공이고 무아여서 열반인 땅이며, 불성 가득해 곳(處)도 때(時)도 아닌 그 곳 그 때를 말한다. 80권본 『화엄경』 권43(대정장10, p.227b28)에 "비록 항상 진여실제에 안주하지만 일체세속언설을 따라 일체중생에게 보이고 그들을 조복한다. 雖常安住 眞如實際 而隨一切世俗言說 示現調伏 一切衆生", 『화엄경소초』 권51(대정장36, p.405b29)에 "만약 이 두 가지로 공한 뜻 통달한다면 영원히 진여실제를 증득한다. 若能通達此二空者 則永證得眞如實際", 『범망경보살계초진』 권2(卍속장95, p.48a9)에 "진여실제 : 진여라 하니, 허공이 허공과 합한 듯 하고 물이 물과 섞인 듯 해서 바탕 부질없이 옮기지 않기에 진여라 한다. 실제란 불성이라는 뜻이 가득한 땅이다. 眞如實際 眞如者 如空合空 似水投水 性非妄遷 故名眞如 實際者 卽佛性理地也", 『대승광백론석론』 권6(대정장30, p.221c7)에 "진여실제가 상을 여의면 공이라 한다. 이 공을 바르게 관하면 열반락인 공무아의 이를 증득한다. 眞如實際離相 名空 正觀此空 證涅槃樂 空無我理"라고 하였다. [참고문헌] 『華嚴經』, 『華嚴經疏鈔』, 『梵網經菩薩戒初津』, 『大乘廣百論釋論』. ⇨ 진제 眞際, 실제 實際 ■

진여심 眞如心 진실 그대로의 마음. 장애에 덮인 법신이고 때묻은 진여지만 분별심 벗어나 그 바탕 언제나 그대로인 마음. 중생을 위해서는 항하사성공덕 갖추고 부사의한 변화에도 자재한 마음을 말한다. 『대승기신론』 권하(대정장32, p.588b17)에 "일체경상은 오직 망심으로 분별한 바일 뿐이다. 망심을 떠나면 그대로 경계상 사라지고 오직 진실 그대로의 마음만 남아 두루하지 않을 곳이 없다. 一切境相 唯是妄心之所分別 若離妄心 卽境界相滅 唯眞如心 無所不遍", 『대승기신론의기』 권하본(대정장44, p.269b7)에 "진여심이 무명에 훈하여도 가히 변하여 달라지지 않되 변하고 달라진다. 이 때문에 부사의변이라 한다. 眞如心受無明熏 不可變異而變異 故云不思議變", 『대승지관법문』 권2(대정장46, p.649c10)에 "이렇게 때묻혀 써도 참다운 바탕 떠나지 않기에 진여심이라 이름한다. '장애에 묻힌 법신'이라 하고 '때묻은 진여'라 한다. 此之垢用 不離眞體故 所以卽名眞如心 爲在障法身 亦名爲有垢眞如", 종보본 『단경』 「육조대사법보단경찬 六祖大師法寶壇經贊」(대정장48, p.346a24)에 "진여심이라고도 하고, 생멸심이라고도 하며, 번뇌심이라고도 하고, 보리심이라고도 한다. 모든 수다라에서 이런 류의 것들 거의 수를 헤아릴 수 없을 정도로 많다. 이런 이유로 '뜻으로는 많지만 마음으로는 하나'라고 한다. 曰眞如心者 曰生滅心者 曰煩惱心者 曰菩提心者 諸修多羅 其類此者 殆不可勝數 是所謂 義多而心一者也", 원효(元曉)의 『범망경보살계본사기』 권상(한불전1, p.590c16)에 "무릇 마음이 있다면 두 가지 마음이다. 첫째는 진여심이다. 이 마음은 본래부터 항하사의 모래알과 같이 많은 성공덕을 구족하였으므로 불공여래장이라고 한다. 凡有心者 有二種心 謂一者 眞如心 此心從本以來 具足恒河沙性功德故 名不空如來藏"라고 하였다. [참고문헌] 『大乘起信論』, 『大乘起信論義記』, 『大乘止觀法門』, 『壇經』, 『梵網經菩薩戒本私記』. ⇨ 진여 眞如, 불상응심 不相應心, 여래장심 如來藏心 ■

진여여 眞如如 참되고 그대로여서 여전히 그대로인. 전도(轉倒)·변이(變異)·생멸(生滅)이 없는 뜻이다. 아마라식(阿摩羅識)만이 전도와 변이가 없어서 진여여라 하니, 무유(無有)의 분별성과 생멸의 의타성은 진여여라 할 수 없기 때문이다. 『삼무성론』 권상(대정장31, p.872a7)에 "소승이 가리는 일체제법은 오직 십이입이여서 이는 전도가 아니다. 지금 대승의 뜻에서는 모든 입을 파해서 모두 무라고 한다. 오직 난식이 만든 것일 뿐이므로 십이입도 전도이고, 오직 하나의 난식만이 곧 전도가 아니기에 여여라고 한다. 이 식의 체는 오히려 변이한다. 다음에 분별과 의타로 이 난식마저 보내버리니, 오직 아마라식만이 전도가 없고 변이가 없어서 진여여다. 小乘所辨 一切諸法 唯十二入 非是顚倒 今大乘義 破諸入 並皆是無 唯是亂識所作故 十二入 則爲顚倒 唯一

亂識 則非顚倒 故稱如如 此識體猶變異 次以分別依他 遣此亂識 唯阿摩羅識 是無顚倒 是無變異 是眞如如也", 같은 책 권상(대정장31, p.872b12)에 "무상에 세 가지 뜻이 있다. 첫째 있을 것 없어서 무상이니, 즉 고의 분별성이다. 영원히 무소유이니 이 무소유가 바로 무상의 뜻이고, 진실로 이 무소유라는 것이 있어 진여여라고 한다. 전에도 없고 뒤에도 없는 것을 무상이라고 한다면, 이것은 세속제다. 전도가 없는 것을 여여라고 한다면 진여여는 아니다. 無常有三義 一 無有無常 謂苦分別性 永無所有 此無所有 是無常義 眞實有此無所有 名眞如如 若以前無後無 爲無常者 此乃俗諦 不顚倒 名爲如如 非眞如如也", "둘째는 생멸의 무상이다. 즉 고의 의타성이다. 이 의타성은 이미 실로 있는 것도 아니고 실로 없는 것도 아니다. 진실성과 다르므로 실로 있는 것도 아니고, 분별성과 다르기에 실로 없는 것도 아니다. 실로 있는 것이 아니기에 멸하고, 실로 없는 것이 아니기에 생한다. 이와 같이 생멸하는 것이 무상의 뜻이니, 생도 실로 생하는 것이 아니고, 멸도 실로 멸하는 것이 아닌 것이 바로 이 진여여다. 二 生滅無常 謂苦依他性 此依他性 旣非實有 亦非實無 異眞實性 故非實有 異分別性 故非實無 非實有故是滅 非實無故是生 如此生滅 是無常義 而生非實生 滅非實滅 是眞如如"라고 하였다. [참고문헌] 『三無性論』. ⇨ 여여 如如 ❶, 진여 眞如, 아마라식 阿摩羅識

진여연기 眞如緣起 사종연기(四種緣起) 중 하나. 『대일경소지심초』 권9(臺灣國圖善本18, p.333b2)에 "'연기법문' 등이라 한 말은 진여연기와 법계연기 등의 법문이 깊고 깊어 미세하여 잘 알기 어렵다는 뜻이다. 『대승기신론』에 '무명의 훈습으로 일어난 식이란 범부가 능히 알 수 없다'〈이런 등의 문〉고 하였다. 緣起法門等者 眞如緣起 法界緣起等法門 甚深微細 難了知故 論云 無明熏習所起識者 非凡夫能知〈等文〉"라고 하였다. [참고문헌] 『大日經疏指心鈔』, 『大乘起信論』(대정장32, p.577b28). ⇨ 여래장연기 如來藏緣起, 사종연기 四種緣起 ❶

진여용 眞如用 진여의 움직임. 본래 중생이셨던 제불여래께서 진여를 바탕해 쌓으신 부사의업으로 진여를 바탕한 중생과 더불어 함께 하시는 일, 즉 대자비로 교화해 세상을 밝히는 일을 말한다. 『대승기신론』(대정장32, p.579b9)에 "진여용이란 제불여래께서 본생의 인지에서 대자비를 일으켜 모든 바라밀을 닦고 중생을 거두어 교화함을 말한다. 眞如用者 所謂諸佛如來 本在因地 發大慈悲 修諸波羅蜜 攝化衆生", 태현(太賢)의 『대승기신론내의약탐기』(대정장44, p.415c8・한불전3, p.752c9)에 "본래 평등하고 시작도 끝도 없기에 능히 중생을 교화하시니 이것이 진여용이다. 그러므로 '부사의업'이라 한다. 이 용은 중생심과 함께 하기에 본래 둘이 아니다. 本平等無始終故 能化衆生 是眞如用 故云不思議業 此用與衆生心 本來不二", 성총(性聰)의 『기신론소필삭기』 권15(대정장44, p.376c28・한불전8, p.752a2)에 "체와 떨어지지 않는 용이기에 체도 용도 두루 어디나 있어 함께 정해진 장소가 없다. 만일 그렇지 않다면 어떻게 진여용이라 하리! 以卽體之用 體遍用遍 俱無方所 若不然者 豈曰眞如用耶"라고 하였다. [참고문헌] 『大乘起信論』, 『大乘起信論內義略探記』, 『起信論疏筆削記』. ⇨ 진여 眞如, 삼대 三大, 체상용 體相用 ❶

진여원 眞如院 ❶ 강원도 평창군 오대산(五臺山) 상원사(上院寺)의 옛 이름. 정신(淨神)과 효명(孝明) 형제가 머물던 초암의 인연터였다. 『삼국유사』 권3 탑상(塔像)4 「대산오만진신 臺山五萬眞身」(대정장49, p.998b19・한불전6, p.334a4)에는 "중대 풍로산은 또한 지로산이라고도 하는데, 비로자나를 일만문수의 으뜸으로 섬긴다. 이와 같이 오만진신을 일일이 첨례하였는데, 매일 새벽에는 문수대성께서 진여원 곧 지금의 상원에 이르셨는데 변하시더니 서른 여섯가지 모습으로 나투셨다. 中臺風盧山亦名地盧山 毗盧遮那爲首一萬文殊 如是五萬眞身一一瞻禮 每日寅朝 文殊大聖到眞如院今上院 變現三十六種形", 같은 책 「명주오대산보질도태자전기 溟州五臺山寶叱徒太子傳記」(대정장49, p.999c11・한불전6, p.336a17)에 "신라의 정신태자 보질도가 아우 효명태자와 함께 … 대화원년 8월 5일에 형제가 함께 오대산에 들어가 은거하였다. … 형 태자는 중대 남쪽 아래의 진여원 터 아래 산끝에 청련이 핀 곳을 보고서 초암을 짓고 살았고, 아우 효명은 북대의 남쪽 산끝에 청련이 핀 곳에 또한 초암을 짓고 살았다. … 효명태자만 서울에 돌아와 즉위하였다. 재위 20여 년인 신룡원년(705 성덕왕4) 3월 8일에 비로소 진여원을 세웠다. 新羅淨神太子寶叱徒 與弟孝明太子 … 大和元年八月五日 兄弟同隱入五臺山 … 兄太子見中臺南下眞如院基下山末靑蓮開 其地結草菴而居 弟孝明見北臺南山末靑蓮開 亦結草菴而居 … 陪孝明太子歸國卽位 在位二十餘年 神龍元年三月八日始開眞如院"라고 하였다. 송광연(宋光淵 1638~1695)의 『범허정집』 권7(한불전43, p.390a15) 「오대산기 五臺山記」에는 "곧바로 중대를 향하여 계곡을 따라 십 수리를 지나 신성굴에 도착하였다. … 진여원과 신성굴은 곧 가장 이름난 암자이다. 굴 아래에는 초암 옛터가 있는데 곧 신라왕자 정신이 수도하던 곳이다. 비로소 문도로 하여금 한 절을 운영하도록 하였다. 또한 십여 리를 가서 화엄암에 이르렀는데, 곧 신라 성덕왕 효명이 공문에 있을 때 머물렀던 곳이다. 直向中臺 緣溪十數里 到神聖窟 … 而眞如院神聖窟 最是名庵 窟下又有草庵舊址 卽新羅王子淨神修道之處也 方使其門徒營一招提矣 又行十餘里 到華嚴庵 卽新羅聖德王孝明在空門時

所住處也"라고 하였다. [참고문헌] 『三國遺事』, 『泛虛亭集』, 『韓國寺刹全書』 권하 p.1047b5. ⇨ 상원사 上院寺 ❷ 평안북도 선천군 소산(所山)에 있던 절. 『가람고』에는 "부 북쪽 40리 소산에 있다. 府北四十里在所山"라고 하였고, 『범우고』에는 "소산에 있다. 在所山"라고 하였다. 그 외 사적은 전하지 않는다. [참고문헌] 『伽藍考』, 『梵宇攷』, 『韓國寺刹全書』 권하 p.1047b18.

진여응연 眞如凝然 진여 고요한 채 그대로인 뜻. 연(緣)을 따르지 않는 불변(不變)의 진여를 말한다. 『성유식론집해』 권3(卍속장81, p.398b14)에 "이미 세운 식 오직 혹업으로 낳을 뿐이다. 그러므로 세운 바 진여는 항상 불변이어서 연을 따를 수 없다〈이것이 진여응연의 뜻이다〉. 旣所立識 唯惑業生 故所立眞如 常恒不變 不許隨緣〈此眞如凝然義〉", 『증집속전등록』 권6(卍속장142, p.897b13)에 "법계란 한 가지 진실의 몸이고, 만 가지 변화의 바탕이다. 진여응연해서 바탕으로는 하나이고, 진여수연함에서는 변화에 있어서 만 갈래다. 法界者 一眞之體 萬化之本 眞如凝然 本之一也 眞如隨緣 化之萬也"라고 하였다. [참고문헌] 『成唯識論集解』, 『增集續傳燈錄』. ⇨ 진여 眞如, 법계 法界, 불변진여 不變眞如, 수연진여 隨緣眞如, 진여수연 眞如隨緣

진여이명 眞如異名 진여의 다른 이름. 법성·실상·법계·법주·법위·이공·불·여래(法性 實相 法界 法住 法位 二空 佛 如來) 등이다. 『화엄경소』 권14(대정장35, p.601c11)에 "법성은 본래 남이 없지만 드러내 보이려 해서 생이 있다. 이 법성이 진여의 다른 이름이다. 法性本無生 示現而有生 法性卽是眞如異名", 같은 책 권45(대정장35, p.846b27)에 "법계실상과 걸림이 없는 경계는 모두 진여의 다른 이름이다. 其法界實相及無礙際 皆眞如異名", 『화엄경소초』 권7(대정장36, p.55c6)에 "법위란 바로 진여 그대로의 위를 말한다. 그러므로 『대지도론』에서 '법성·법계·법주·법위는 모두 진여의 다른 이름이다'라고 한 것이다. 言法位者 卽眞如正位 故智論說 法性法界 法住法位 皆眞如異名", 같은 책 권62(대정장36, p.493c10)에 "이공의 진실은 진여의 다른 이름이다. 二空眞實 卽是眞如異名", 『금강경종통』 권5(卍속장39, p.54a18)에 "비록 얻을 수 있는 법이 하나도 없지만 일찍이 여래가 없었던 적이 없으니, 진여가 부처이기 때문이다. 진여란 모든 법 그대로인 뜻이니, 여래는 바로 실성으로서 진여의 다른 이름이다. 雖無一法可得 未嘗無如來 以眞如是佛故 眞如者 卽諸法如義 如來卽是實性 眞如異名"라고 하였다. [참고문헌] 『華嚴經疏』, 『華嚴經疏鈔』, 『金剛經宗通』. ⇨ 진여 眞如

진여정법 眞如淨法 진여의 깨끗이 하는 법. 진여 그 바탕 염도 정도 아니지만 부사의변으로 무명과 만나 물들어도 부사의용으로 깨끗이 하는 뜻을 드러내 굳이 정법이라 한다. 『대승기신론』(대정장32, p.578a19)에 "진여의 정법이란 실로 물들 일이 없지만 무명으로 훈습하므로 염상이 생긴다. 무명의 염법에는 참으로 정업이 없지만 다만 진여로 훈습하기에 정한 용이 있게 된다. 眞如淨法 實無於染 但以無明而熏習故 則有染相 無明染法 實無淨業 但以眞如而熏習故 則有淨用", 원효(元曉)의 『기신론소』 권하(대정장44, p.217a29·한불전1, p.720a19)에 "진여정법이란 본각의 뜻이고, 무명염법은 불각의 뜻이다. 하나의 식이 이들 두 뜻을 품음으로 서로 훈습하여 두루 염정을 일으킨다. 이 뜻은 경에서 본래 설한 '부사의훈과 부사의변'이라는 뜻에 대한 바른 풀이다. 言眞如淨法者 是本覺義 無明染法者 是不覺義 良由一識 含此二義 更互相熏 遍生染淨 此意正釋 經本所說 不思議熏 不思議變義也", 『대승기신론열망소』 권4(대정장44, p.444c2)에 "진여정법은 성으로는 염일 수 없지만 무명의 훈습 때문에 염상이 생긴다. 성덕인 진여는 비록 염정이 아니지만, 염이 없는 뜻에서 굳이 정법이라 할 뿐이다. 眞如淨法 性非是染 無明熏故 則有染相 性德眞如 雖非染淨 以無染故 且名淨法"라고 하였다. [참고문헌] 『大乘起信論』, 『起信論疏』, 『大乘起信論裂網疏』. ⇨ 진여 眞如, 진여수연 眞如隨緣, 본각 本覺

진여존자 陳如尊者 성도 직후 부처님의 교설을 들었던 다섯 제자 중 한 명인 아야교진여(阿若憍陳如 Ⓢ Ājñāta-Kauṇḍinya, Ⓟ Añña-Koṇḍañña). 하안거를 시작할 때 첫 번째 자리(首位)에 배청하는 존자다. 『백장청규』 권7 「하전출초단 夏前出草單」(대정장48, p.1150b17)에 "대중의 계랍, 위음왕계, 진여존자. 淸衆戒臘 威音王戒 陳如尊者"라고 하였다. [참고문헌] 『百丈淸規』. ⇨ 아야교진여 阿若憍陳如, 교진여 憍陳如

진여종자 眞如種子 진여의 종자. 제일의공의 종자이며 무상보리의 중도종자라고도 한다. 불성(佛性)을 말한다. 『금강삼매경』(대정장9, p.371a23)에 "천제의 마음 좇아 여래와 여래실상까지 다섯 위에 머문다. 첫째는 신위다. 이 몸 중에 진여종자가 헛되이 가려 있으나, 그릇된 마음을 버리면 마음이 청정해짐을 믿고 모든 경계가 뜻과 말의 분별임을 아는 것이다. 從闡提心 乃至如來 如來實相 住五等位 一者 信位 信此身中眞如種子 爲妄所翳 捨離妄心 淨心淸白 知諸境界 意言分別", 원효(元曉)의 『금강삼매경론』 권하(대정장34, p.993b1·한불전1, p.654c1)에 "'이 몸 중 진여종자를 믿는다'라 하였으니, 머무는 자성이 불성진여고 바로 이것이 제일의공종자여서, 곧 아누보리의 중도종자임을 믿는 것이다. 자성정심 본래법 그대로여서 진여라고 하며, 삼신의 과보를 가져

오는 정인이 되므로 종자라고 한다. 信此身中眞如種子者 信任自性佛性眞如 正是第一義空種子 卽是阿耨菩提中道種子 自性淨心本來法然 故名眞如 與三身果而作正因故名種子"라고 하였다. 〔참고문헌〕『金剛三昧經』, 『金剛三昧經論』. ⇨ 진여 眞如, 불성 佛性, 종자 種子 ❶

진여지월 眞如之月 진여라는 달. 『어선어록』 권19 「수월설 水月說」(卍속장119, p.763a4)에 "하늘에 뜬 달은 참으로 그러하지만, 강물에 어린 달그림자로 머무네. 그림자는 진여를 따라 나오지만 그림자는 만 가지 이루지만 그 무수한 것 없는 것이니, 그 환으로만인 것 하나일 뿐이고 그 하나 또한 세울 수 없다. 무릇 이 만 가지로 이러한즉 진여인 달은 오히려 수중에 있고 그림자달 다시 저 천상에 있는 것이라네. 天上之月 眞如也 水中之月 幻有也 幻從眞出 幻乃成萬 幻亦無萬 幻萬亦一 一亦不立 夫是以萬 然則 眞如之月 卽在水中 幻有之月 亦在天上也"라고 하였다. 〔참고문헌〕『御選語錄』.

진여집성 眞如集成 진여로서 무수한 덕을 성취해 쌓은 뜻. 『유가사지론』 권80(대정장30, p.747c21)에 "모든 아라한에게는 실제로 전의(轉依 Ⓢ āśraya-parivṛtti)가 있는데, 이 전의가 이 육처와 더불어 다른 성인지 다르지 않은 성인지는 갖춰 말할 수 없다. 왜냐하면 이 전의는 진여청정으로 나툰 진여종성이고, 진여종자이며, 진여집성이므로 저 진여가 이 육처와 더불어 다른 성인지 다르지 않은 성인지는 다 갖춰 말할 수 없다. 諸阿羅漢 實有轉依 而此轉依 與其六處 異不異性 俱不可說 何以故 由此轉依 眞如淸淨所顯 眞如種性 眞如種子 眞如集成 而彼眞如 與其六處 異不異性 俱不可說", 『유가론기』 권21(대정장42, p.800a27・한불전14, p.637c14)에 "진여집성이란 진여로서의 만 가지 덕을 모아 성취한 뜻이다. 眞如集成者 依眞如而集成萬德故"라고 하였다. 〔참고문헌〕『瑜伽師地論』, 『瑜伽論記』. ⇨ 진여 眞如

진여평등 眞如平等 진여 고르게 같다. 일체법의 자성으로서 차별이 없는 뜻이다. 『대반야경』 권321(대정장6, p.642c1)에 "보살마하살은 이와 같은 모든 법의 진여평등을 눈앞에서 증명하였기에 여래응정등각이라 한다. 菩薩摩訶薩 現證如是一切法 眞如平等故 說名如來應正等覺", 『대승기신론』(대정장32, p.579b13)에 "일체중생과 자기 자신이 진여로 평등하여 각기 다름이 없다는 진실 그대로 알기 때문이다. 이와 같은 대방편지로 무명을 멸하고 본법신을 본다. 如實知 一切衆生 及與己身 眞如平等 無別異故 以有如是 大方便智 除滅無明 見本法身", 『기신론소필삭기』 권6(대정장44, p.328a23)에 "진여평등이라는 논의 말은 진성이 일체법중에 평등한 바탕이라는 뜻이다. 論眞如平等者 謂眞性於一切法中爲平等體故", 『대승지관법문』 권2(대정장46, p.650b4)에 "제일의제에 근거하면 진여평등하여 실로 차별이 없고 방해하지도 않는다. 고요한 채로 세간의 진실 무너뜨리지 않으려 상 다를 뿐이다. 若據第一義諦 眞如平等 實無差別不妨 卽寂緣起世諦 不壞而有相別"라고 하였다. 〔참고문헌〕『大般若經』, 『大乘起信論』, 『起信論疏筆削記』, 『大乘止觀法門』. ⇨ 평등 平等

진여훈습 眞如薰習 진여로 익히다. 진여가 자체상훈습과 용훈습 두 갈래로 끝도 없이 크게 움직여 생사의 바다를 넘어 열반을 얻게 하는 일을 말한다. 『대승기신론』(대정장32, p.578b19)에 "진여훈습의 뜻은 두 가지가 있으니, 무엇이 두 가지인가? 첫째는 자체상훈습이고 둘째는 용훈습이다. 자체상훈습은 시작 없는 세로 좇아오면서 무루법을 온전히 갖추고 부사의업마저 갖춰 있어 경계의 성을 짓는다. 이 두 뜻에 의지하여 늘상 훈습하여 힘이 있기에 능히 중생으로 하여금 생사 꺼리고 즐거이 열반 구하며 스스로 자기 몸에 진여법이 있음을 믿고 마음 일으켜 닦아 행하게 한다. 眞如熏習義有二種 云何爲二 一者 自體相熏習 二者 用熏習 自體相熏習者 從無始世來 具無漏法 備有不思議業 作境界之性 依此二義 恒常熏習 以有力故 能令衆生厭生死苦 樂求涅槃 自信己身 有眞如法 發心修行", 『기신론소기』 권4(卍속장71, p.673a17)에 "진여훈습 중에 셋이 있으니, 첫째는 수를 들고 모두어 표함이다. 둘째는 수에 의지하여 이름 늘어세운다. 셋째는 상을 가린다. 상 가림에 둘이 있으니, 첫째는 따로 밝힘이고 둘째는 합하여 풂이다. 첫째 따로 밝히는 중에 앞서 자체훈습을 밝혔는데 이 중에 둘이 있다. 첫째는 곧장 밝힘이고, 둘째는 의심을 보냄이다. 처음 중에 '무루법을 온전히 하여 부사의업을 갖추고 있다'라 함은 본각에 있는 불공문이다. '경계의 성을 짓는다'라 함은 여실공문경에 나아가 설함이니, 이 본래 있는 경지의 힘에 의지하여 그윽이 망심에 스며들어서 꺼리고 즐기는 등을 일으킨다. 眞如熏習中有三 一者 擧數總標 二者 依數列名 三者 辨相 辨相中有二 一者別明 二者合釋 初別明中 先明自體熏習 於中有二 一者直明 二者遣疑 初中言 具無漏法 備有不思議業者 是在本覺 不空門也 作境界之性者 是就如實空門境說也 依此本有境智之力 冥熏妄心 令起厭樂等也", 『대승기신론속소』 권하(卍속장72, p.115b1)에 "끊고자 하므로 진여가 의식을 훈습하여 아집을 끊고 인공을 증득하지만 법집에 대한 분별을 끊지 못하였기에, 무분별의 근본지가 평등법신과 더불어 상응하지는 못하고, 또한 아직 후득지의 자재업용이 더불어 보화이신과도 상응하지 못한다. 今欲斷之 故以眞如熏習意識 斷我執而證人空 不斷分別法執 未得無分別 根本智 與平等法身相應 又未得後得智 自在業用 與報化二身相應", 『기신론직해』 권하(卍속장72, p.190a

3)에 "진여가 무명을 훈습하여 남김없이 끊어 다해서는 부처가 된다. 이렇게 한쪽 무명이 사라져 다하는 때 법신이 드러나 부사의한 대용을 지녀 다함도 없고 끝남도 없다. 그러므로 물든 법 다할 날 있지만 청정한 법 다함이 없다. 及以眞如熏習無明 斷盡成佛 此則無明滅盡時 法身顯現 而有不思議大用 無窮無盡 故染法有盡 而淨法無盡也"라고 하였다. [참고문헌]『大乘起信論』, 『起信論疏記』, 『大乘起信論續疏』, 『起信論直解』. ⇨진여 眞如, 훈습 薰習, 사훈습 四熏習, 본각내훈 本覺內薰, 자체상훈습 自體相熏習, 용훈습 用熏習, 정법훈습 淨法熏習, 망심훈습 妄心熏習

진역 畛域 밭두둑. 나뉜 경계. 『능가경심인』 권2(卍속장27, p.193a11)에 "무릇 진여는 성이 없지만 마음과 법의 한가지 샘이거늘, 경계를 멋대로 나누어 가히 다해 알 길이 없다. 夫眞如無性 心法同源 畛域妄分 無可窮詰", 『화엄경요해』(卍속장12, p.743b18)에 "한 경의 통요이자 실로 지극한 도의 연원이니, 이전의 문들과 비교하면 저들 마치 백 갈래 강이고 이것은 저 바다다. 진실로 이곳에 이르면 저 얕거나 깊은 원류와 같거나 다른 경계들 모두 문득 종적을 감추게 된다. 이것이 화장교해의 극치에 이른 교설이다. 爲一經之統要 實至道之淵源 校於前文 彼如百川 此如大海 苟造乎此 則向之淺深源流 同異畛域 皆溜然不可得矣 此華藏敎海之臻極也", 『능엄경지장소』 권1(卍속장24, p.216b18)에 "불지 아래 대목에서 망을 풀어 진으로 돌아감을 은밀히 보였다. 말로는 비록 열어서 나타내었지만 여전히 나눠어지고 멀어져, 보고 헤아려 비록 통할지라도 경계 뚜렷이 남아 있다. 佛之下 密示融妄歸眞 言上雖開現 猶有分隔 見量雖通 畛域宛在"라고 하였다. [참고문헌]『楞伽經心印』, 『華嚴經要解』, 『楞嚴經指掌疏』.

진역화엄경소서 晋譯華嚴經疏序 원효(元曉 617~686) 지음. 60권본 『화엄경』의 소(疏)를 지으면서 서문으로 작성한 글로, 『동문선』 권83 서(序)에 전하는데, 한불전 편자가 『화엄경소권제삼 花嚴經疏卷第三』과 합쳐 『화엄경소권삼병서 華嚴經疏卷三幷序』라는 제목으로 한불전1, pp.495a2~497c10에 수록하였다. "지금 이 경이라 하니, 원만하고 위없는 돈교법륜으로 법계법문을 널리 열어 가이없는 행덕을 드러내 보였다. … 소위 대방광불화엄이란 법계 그 끝이 없어서 대방광이고, 행덕 가이없어서 불화엄이다. 대방이 아니면 부처님꽃들 넓힐 수 없고, 불화가 아니면 큰 저 곳 장엄할 수 없다. 때문에 쌍으로 방과 화의 일을 들어 그 넓고 장엄한 그 끝을 드러냈다. 경이란 원만법륜이 시방의 끝없는 세계까지 두루 들리고 삼세의 가이없는 유정에게 널리 굴러서 그 자취 다하도록 변함이 없기에 경이라고 한다. 이러한 큰 뜻 드러내 제목으로 표해 대방광불화엄경이라고 말한다. 今是經者 斯乃圓滿無上 頓敎法輪 廣開法界法門 顯示無邊行德 … 所言大方廣佛華嚴者 法界無限 大方廣也 行德無邊 佛華嚴也 非大方無以廣佛華 非佛華無以嚴大方 所以雙擧方華之事 表其廣嚴之宗 所言經者 圓滿法輪 周聞十方無餘世界 遍轉三世無際有情 極軌窮常 故名曰經 擧是大意 以標題目 故言道大方廣佛華嚴經也"라고 하였다. [참고문헌]『東文選』, 『華嚴經疏卷三幷序』. ⇨대방광불화엄경 大方廣佛華嚴經❶, 대방광불화엄경진본 大方廣佛華嚴經晋本

진연 眞衍 1621~1677. 명말 임제종(臨濟宗) 스님. 자는 죽암(竹庵), 별호는 우암(藕菴), 속성은 허(許)씨. 장주(長洲 : 江蘇省) 출신. 15세에 출가할 뜻을 지녔으나 부모가 허락하지 않고 혼인시켰다. 부모가 돌아가신 후에 재산을 가족들에게 나누어주고 19세에 출가했다. 23세에 만봉(萬峯)에게 구족계를 받고 『원각경』을 열람하며 3년 동안 시봉하였다. 목진도민(木陳道忞)을 참학하고 깨달았다. 병이 나서 산동(山東) 복성(福城) 태창우화암(太倉藕花菴)에 폐관하고 수십 년 동안 매일 『법화경』 한 권씩 서사했다. 45세에 금명오진(金明悟進)의 부촉을 받았다. 세수 75, 법랍 40세로 입적했다. 탑은 금서진연화사(金墅鎭蓮花寺) 오른쪽에 세웠다. 『소주죽암연선사어록 蘇州竹菴衍禪師語錄』 2권을 남겼다. [참고문헌]『徑石滴乳集』 권5(卍속장117, p.989b1), 『蘇州竹菴衍禪師語錄』「竹菴和尙傳」(가흥장36, p.81b12).

진연 塵緣 육진(六塵)으로 만나다. 『관무량수경소묘종초』 권2(대정장37, p.202a22)에 "티끌 만나서도 흔들리지 않으면 부처는 늘 현전하니, 눈을 감아도 뚜렷하고 눈을 떠도 놓칠 일 없네. 塵緣莫動 佛常現前 閉目了然 開眼不失", 『어주원각경』 권상(卍속장15, p.759b6)에 "육진으로 연한 그림자 스스로의 마음 모습이라 여긴다 〈색성향미촉법이라는 여섯 가지 티끌로 연한 그림자를 중생은 전도되어 자심의 실상이라 여긴다〉. 六塵緣影 爲自心相〈色聲香味觸法 六種塵緣之影 衆生顚倒 認爲自心實相〉"라고 하였다. [참고문헌]『觀無量壽經疏妙宗鈔』, 『御註圓覺經』. ⇨육진 六塵, 진 塵

진연기 眞緣起 진심(眞心)에 의지해 연기하다. 연기의 세 가지 뜻(事妄眞) 중 하나다. 『유마의기』 권1(대정장38, p.429c6)에 "셋째는 진연기라 하니, 진에 의지해 다 모아 거두니 십이인연이 모두 진심으로 지음이다. 저 파도가 물의 지음인 것과 같다. 저 『십지경론』 제6지에서 설하길, '저 경에서 말하였다. 십이인연은 모두 일심으로 짓는다' 함과 같으니, 곧 아리야의 진심으로 지음이다. 三眞緣起 據眞統攝 十二因緣 皆眞心作 如波水作

此如地經六地中說 故彼經言 十二因緣 皆一心作 謂阿梨耶眞心作矣"라고 하였다. [참고문헌]『維摩義記』, 『十地經論』 권8(대정장26, p.169a21). ⇨ 십이인연 十二因緣

진영 眞影 생전 모습 그대로의 그림자. 조사나 고승대덕(高僧大德)의 모습을 그린 그림. 『선비요법경』 권중(대정장15, p.253c27)에 "예배하고 머리를 들기도 전에 저절로 여래진영 뵈었네. 여래께서 손으로 머리를 쓰다듬고 칭찬하며 '법자여! 선재선재라! 너는 지금 모든 부처님의 공한 법을 잘 보았다'고 하셨다. 부처님의 그림자를 보았기에 마음으로 크게 환희하였고 깨달음도 얻었다. 禮拜之時 未擧頭頃 自然得見 如來眞影 以手摩頭 讚言 法子 善哉善哉 汝今善觀 諸佛空法 以見佛影故 心大歡喜 還得醒悟", 『여산기』 권3 「팽성유유민 彭城劉遺民」(대정장51, p.1039c10)에 "정월부터 질병에 걸려 염불삼매에 의지하여 아미타불을 염송하였더니, 유월초가 되자 과연 백호상이 나타나더니 다음으로 부처님 진영마저 뵈었으니 정수리를 쓰다듬으셨다. 自正月感疾 便依念佛三昧 誦阿彌陀佛 至六月初 果見白毫相 次見佛眞影 仍摩其頂", 『석씨요람』 권하 「송종 送終」(대정장54, p.307c15)에 "중앙에 승상을 마련하고 진영을 걸고서는 향과 꽃을 공양한다. 於中設繩床 掛眞影 香華供養"라고 하였다. 『고승전 高僧傳』에서는 여산혜원(廬山慧遠 334~417)이 입적하자 문도들이 곡을 하고 사찰 문에 비를 세우고 '그 모습을 그려 사찰에 모시자 멀고 가까운 데에서 참배하였다. 故圖像于寺遐邇式瞻'라고 하였다. 종사가 입적하면 화가를 불러 진영을 그리거나 살아 계실 때 준비하기도 한다. 진영은 가사(袈裟)와 장삼(長衫)을 입고 주장자(拄杖子)나 염주(念珠)를 들고 있으며 의자에 앉거나 가부좌한 채로 좌복 위에 앉은 모습이다. 화면 오른쪽이나 왼쪽 위에 길게 존호를 밝힌 영제(影題)를 적고, 화면 위나 따로 만든 칸에 제찬(題讚)도 적어넣는다. 조성된 진영은 사찰 내의 조사전(祖師殿)이나 진영각(眞影閣)·영각(影閣) 등에 모시며, 해마다 돌아가신 날인 열반재(涅槃齋)에 맞추어 은법(恩法)의 문도들과 인연 깊은 단월들이 모여 종사영반(宗師靈飯)을 차리고 재를 올리며 추모한다. 사자상승(師資相承)의 증표인 법통을 드러내고, 각 문파의 가르침과 전통적 유대를 증명하기 위해 진영을 봉안하는데, 늘 예배함으로써 스승의 은혜를 잊지 않는다. 문파들이 확산되면서 조사나 고승대덕의 진영은 여러 점 제작하여 여러 사찰에 봉안되기도 하고, 그 제자들이 각 지역에 흩어져 따로 스승의 진영을 제작봉안하기도 했다. 하지만 진영은 비단 위에 그려지고 전각 안에 모셔지지만 훼손되기 쉬웠고, 심하면 예배의 대상으로 기능할 수 없었기에 땅에 묻거나 불태운 후 다시 그렸기에 처음의 진영은 전해지기 어려웠다. 813년에 건립된 「단속사신행선사비문 斷俗寺神行禪師碑文」에 신행선사(704~779)가 입적한 후 "이로써 명장을 불러 신영을 그리고 부도를 조성하여 사리를 모시고 계향을 사르고 선정의 물을 뿌려 간절하고 슬픈 마음을 선성에게 드려 지극히 하니 거울 가져 훗날 본보기 되게 하였다. 是以 招名匠畵神影 造浮圖存舍利 燒戒香 洒定水 致懇惻於先聖 將龜鏡於季葉焉"라고 하였다. 『삼국유사 三國遺事』 홍법(興法)3 동경흥륜사금당십성(東京興輪寺金堂十聖)에는 흥륜사 금당 서쪽에 아도(阿道)·염촉(厭髑)·혜숙(惠宿)·안함(安含)·의상(義湘)과 동쪽에 표훈(表訓)·사파(蛇巴)·원효(元曉)·혜공(惠空)·자장(慈藏) 등의 니소상(泥塑像)을 모신 기록과, 「신행선사비문 神行禪師碑文」(813)에서 전하듯 신행(704~779)의 신영(神影) 조성, 「진감선사대공탑비문 眞鑑禪師大空塔碑文」(887)에 전하는 육조혜능의 영당(靈堂) 건립기록 등을 통해 삼국시대부터 스님들의 초상이 조소상이나 그림으로 제작되었고 이를 봉안하는 배향의식과 영당이 건립되었음을 알 수 있다. 887년에 건립된 「쌍계사진감선사대공탑비문 雙溪寺眞鑑禪師大空塔碑文」에 혜소(慧昭 774~850)가 입적한 후 "손꼽아 법통 헤아려 보니 선사 이에 조계의 현손이다. 이에 육조혜능의 영당을 세우고, 채색단청하여 널리 이끌고 가르침 이바지하였다. 경에 이르길 '중생들 기쁘게 하기 위하여 비단에 뭇 상들 꾸며 그린다' 한 것이다. 屈指法胤則 禪師乃曹溪之玄孫 是用建六祖影堂 彩飾粉墉 廣資導誘 經所謂 爲悅衆生故 綺錯繪衆像者也"라고 하였다. 연기(緣起)의 진영이 화엄사에, 진표(眞表)의 진영이 부안 부사의방장(不思議方丈)에, 진감(眞鑑 774~850)의 진영이 연곡사(燕谷寺)에, 홍각(弘覺 ?~886)의 진영이 사림사(沙林寺)에, 도선(道詵 827~898)의 진영이 옥룡사(玉龍寺)에 봉안되어온 기록이 전하며, 도의(道義 760~821)·무염(無染 801~888)·이엄(利嚴 866~932) 등의 진영조성 기록도 전한다. 고려시대에도 기록뿐이지만 「원종대사혜진탑비문

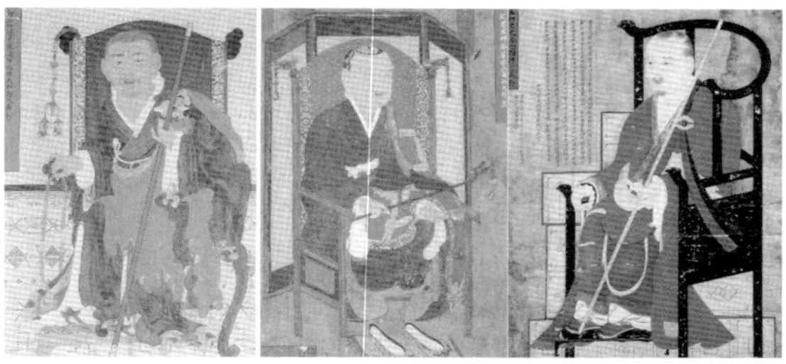

원효 19세기초·의상 1767년 부산 범어사·의천 순천 선암사 1805년

元宗大師慧眞塔碑文」(975)·「법인국사보승탑비문 法印國師寶乘塔碑文」(978) 등에서 진영을 조성한 일과, 「대각국사비 大覺國師碑」(1125)에는 예종이 대각국사 의천의 진영 제작시 영찬(影讚)을 지은 일 등이 전한다. 고려시대의 진영은 현재 전하는 사례는 없고 해인사

「건칠희랑대사좌상 乾漆希朗大師坐像」(10세기, 보물 제999호)이 고려시대에 조성된 승상으로 유일하게 남아 전하고 있는데, 965년(광종16)에 건립된 「봉암사정진대사원오탑비문 鳳巖寺靜眞大師圓悟塔碑文」에 정진대사 긍양(兢讓 878~956)이 입적한 후 광종의 명으로 “유사에게 명하여 진영 1포를 그리고 비단으로 사면에 선을 두르고 금축으로 장식을 하였으니, 며칠 만에 영찬과 진영을 완성하였다. 仍命有司寫眞影一舖錦緣金軸不日而成弁題讚述”라고 하였다. 원종찬유(元宗璨幽 869~958)의 진영이 고달원(高達院)에, 법인탄문(法印坦文 900~975)의 진영이 보원사(普願寺)에, 보양(寶壤)의 진영이 봉성사(奉聖寺)에, 지광해린(智光海麟 984~1067)의 진영이 법천사(法泉寺)에 봉안된 기록도 전한다. 화엄종·법상종 등 교종 스님들의 진영도 많이 조성되었는데, 의천(義天 1055~1101)의 『대각국사문집 大覺國師文集』을 보면 「징원승통진찬 澄遠僧統眞讚」·「안양사예능정승통영 安養寺禮能淨僧統影」·「칠장사예혜소국사영 柒長寺禮慧炤國師影」 등 진영에 대한 많은 찬시(讚詩)를 남기고 있다. 고려말 나옹혜근(懶翁惠勤 1320~1376)의 진영이 신륵사(神勒寺)·송천사(松泉寺)·윤필암(潤筆庵)·견암선사(見菴禪寺) 등 여러 곳에 제작·봉안되었다. 1379년(우왕5)에 건립된 「신륵사보제존자석종비 神勒寺普濟尊者石鐘碑」에 나옹혜근이 입적한 후 “천년 후까지 공경심 일으키게 하고자 진영당을 짓고 그 모습 모시고, 석종탑을 만들어 사리 모셨으니, 마땅히 해야 할 일은 모두 끝냈다. 所以起敬於千載 之下則堂而垂其像 鐘而厝舍利 盖無所不至矣”라고 하였다. 조선전기는 불교 억압정책 때문에 진영조성이 활발하지 못했으나, 조선건국을 도운 무학(無學 1327~1405)과 그의 스승인 지공(指空 ?~1363), 나옹의 삼화상 진영은 신륵사·통도사(通度寺)·선암사(仙巖寺)·회암사(檜巖寺) 등에 봉안되었다.

지공·나옹·무학 통도사성보박물관 1807년

조선후기는 많은 사찰들이 재건 또는 중창되면서 진영제작도 활발하게 이루어졌는데, 서산휴정(西山休靜 1520~1604)과 부휴선수(浮休善修 1543~1615)를 중심으로 한 여러 문파(門派)가 형성되었고, 그 제자들이 여러 지역에서 활동하면서 해당 사찰과 자신이 속한 문파의 정통성을 확립하기 위해 법계(法系)를 정립하고 조사를 모시는 의식이 널리 정착되기에 이르렀다. 이는 17세기 등장하는 불교의식집 간행과도 깊은 연관이 있는데, 벽암각성의 『석문상의초 釋門喪儀抄』(1636), 나암진일(懶庵眞一)의 『석문가례초 釋門家禮抄』, 허백명조(虛白明照)의 『승가예의문 僧家禮義文』 등 불교상례에 관한 의식집이 간행되었다.

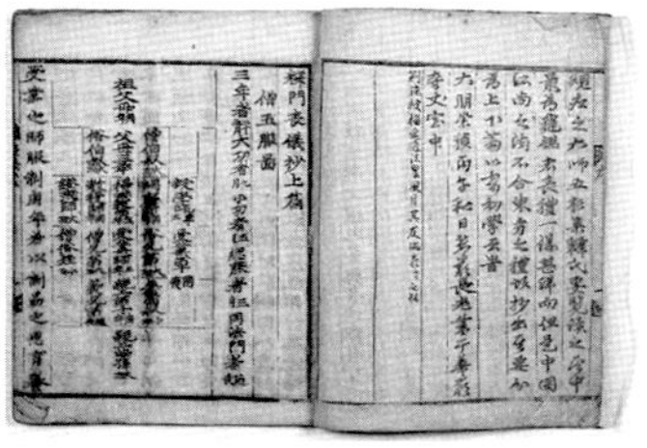
석문상의초 동국대학교도서관 1636년

진영을 모시는 범위도 국가에 공을 세웠거나 문파 내에서 뛰어난 행적을 남긴 스님·사찰의 창건주 등으로 확대되었다. 두 차례 전란 때 구국의 공을 세운 서산휴정·사명유정(四溟惟政 1544~1610)·기허영규(騎虛靈圭 ?~1592) 등의 진영은 전국적으로 조성봉안되고, 서산휴정의 직계 스승인 벽송지엄(碧松智嚴 1464~1534)·경성일선(慶聖一禪 1488~1568)·부용영관(芙蓉靈觀 1485~1571)의 진영도 다시 조성봉안되었다. 현전하는 고승진영은 대부분 18세기 이후 작품들로 확실한 제작연대가 밝혀진 것은 선암사 동악재인(東岳在仁) 진영(1738년), 송광사(松廣寺) 16국사 진영(1780년), 통도사(通度寺) 해송관후(海松寬後) 진영(1786년) 등인데, 우향 측면관의 의자상 진영이 일반적이지만 앉은 모양도 발을 내린 채 정좌하거나 의자에 앉은 채 가부좌하기도 한다. 또 바닥에 그대로 가부좌하는 모습도 등장하면서 벽면과 바닥이 나뉘게 되고 배경에는 산수가 그려지기도 하였다. 19세기 이후 특히 많은 진영이 제작되었는데, 종파나 문파와 상관없이 각 사찰의 조실(祖室)·주지(住持)·고승의 진영까지 제작되었고, 이에 따라 조사당·국사전 외에도 진영을 봉안할 전각들이 별도로 마련되기도 하였다.

송광사 풍암영각 진영 배향 전경

대찰(大刹)에서는 개산조와 중창주를 따로 모시기도 하였는데, 송광사에는 16국사를 모신 국사전과 풍암영각(楓巖影閣)이 별도로 사중에 건립되었고, 선암사에도 국사전과 진영당과 함께 산내암자인 대각암에도 영각을 두고 모셨다. 통도사에 자장율사진영을 모신 개산조당과 영자전 외에 산내암자인 극락암에 진영이 봉안되었고, 마곡사에 국사전과 영자각 외에 산내암자인 상일암에 진영을 모셨으며, 조선후기에는 큰절뿐만 아니라 산내암자에도 진영을 많이 모셨는데 해인사의 국일암·원당암·백련암과, 김룡사의 대성암·양진암·화장암 등이 대표적이다. 우향 측면관을 기본으로 하고 바닥에 가부좌한 자세가 주류를 이룬다. 바닥을 장식하기 위한 돗자리와 경상(經床), 그 위에 경전과 필기구 등도 표현되지만 구성요소만 다를 뿐 도상은 그대로 답습하였는데, 제작수요는 많아졌지만 그 수요를 감당할 화사(畵師)가 부족했고, 솜씨 또한 시기를 따르지 못했다. 19세기 말 이후는 인물의 모습을 그리지 않고 위패(位牌)처럼 선사의 법호와 법명을 적어 모신 위패형 진영도 제작되었다. 직지성보박물관에서 소장한 화악대사영찬(華嶽大師影讚) 현판(懸板)은 추사(秋史) 김정희(金正喜 1786~1856)가 1850년에 쓴 것으로 화악지탁(華嶽知濯 1750~1839)이 진영제작을 하지 못하게 하여 화악이란 두 글자를 대신 남긴 사정을 전하고 있다. "화악스님은 진영을 남기려고 하지 않았기에 내가 그를 위해 '화악'이란 두 글자 크게 써서 진영을 대신하게 했더니, 스님이 웃으며 허락했다. 지금의 화악스님 진영은 스님의 본의가 아니건만, 그 문도들이 필히 그림자 남기려 하였으니 어찌하랴. 華嶽不欲留影 余爲作華嶽二大字以代影 華嶽笑而許之 今此華嶽之影 非華嶽本意 其門徒之必欲留影 何哉"라고 하였다. 1881년에 제작한 위패형 진영인 선암사 환월당(幻月堂) 진영에 적혀 있는 찬에 "상좌 원기는 절한 뒤 찬하고 쓰다. 허깨비 같은 몸으로 허깨비 같은 세상에 나와서, 허깨비 같은 법을 설하여 허깨비 같은 중생을 제도하였네. 上佐 元奇 拜讚書 以如幻身 現如幻世界 說如幻法 度如幻衆生"라고 하였다. 18세기 이후 활발한 진영제작을 위한 화승들이 있었는데, 18세기의 긍척(亘陟)·혜식(慧式)·설훈(雪訓), 18세기 말부터 19세기 전반의 신겸(信謙)·도일(度日), 19세기 후반의 자우(慈雨)·옥인(玉仁)·위상(偉相) 등이다. 〔참고문헌〕『禪祕要法經』, 『廬山記』, 『釋氏要覽』, 문화재관리국 『全國寺刹所藏高僧肖像畵報告書』(1990), 김형우 『고승진영』(대원사, 1996), 『韓國의 佛畵』 권14 (성보문화재연구원, 1999), 『깨달음의 길을 간 얼굴들』(직지성보박물관, 2000), 『다시보는 우리 초상의 세계 - 조선시대 초상화 학술논문집』(국립문화재연구소, 2007), 로담정안 해제·이용윤 해설 『진영에 깃든 선사의 삶과 사상』(조계종출판사, 2017), 이용윤 「退雲堂信謙 佛畫와 僧侶門中의 後援」(『미술사학연구』269, 2011). ⇨ 소상 小像[2], 영상 影像[2], 진용 眞容, 조사진영 祖師眞影, 희랑 希朗, 조사전 祖師殿, 조사당 祖師堂, 영각 影閣

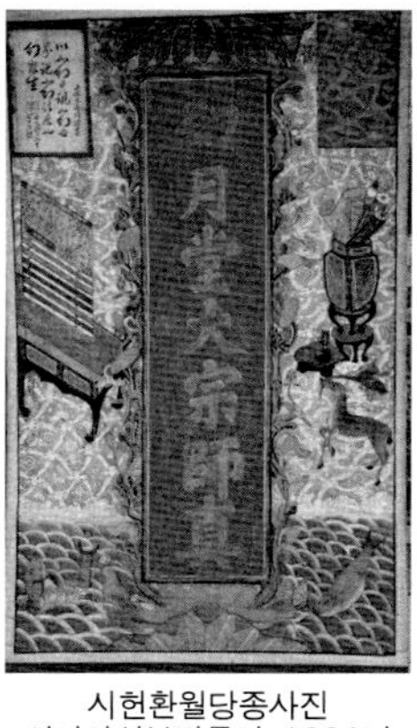

시헌환월당종사진
선암사성보박물관 1881년

진영 進英 ?~1122. 송대 임제종 황룡파 스님. 자는 졸수(拙叟), 속성은 나(羅)씨. 길주(吉州 : 江西省) 태화(太和) 출신. 어려서 병에 걸려 모친의 허락으로 출가하자 병이 나았다. 집선사(集善寺) 동륭(洞隆) 문하에서 구족계를 받았다. 제방을 편력하다가 진정극문(眞淨克文)에게 참문하고 홀연하게 대오하였고 진정이 은밀하게 인가했다. 불인요원(佛印了元)선사가 그를 인정하여 영철자(英鐵觜)라고 불렀다. 장사(長沙 : 河南省)의 개복사(開福寺)에서 처음 설법한 후에 양산(梁山)의 암자에 머물렀고 화약산(花藥山) 천녕사(天寧寺)에 주석했다. 다시 양산의 옛 암자로 돌아와서 입적했다. 〔참고문헌〕『僧寶正續傳』 권2(卍속장137, p.580b5), 『補續高僧傳』 권10(卍속장134, p.189b2). ⇨ 영철자 英鐵觜

진예 塵曀 티끌 무리짓다. 먼지 자욱하다는 말로 번뇌로 밝은 마음 가린 뜻이다. 『출요경』 권13(대정장4, p.683b14)에 "먼저 도과를 이루고 맺어 부리던 번뇌마저 다하여 남김 없음을 알아차린 연후에는, 남에게도 결사의 병을 설하여 낱낱이 분별하고 도약 던져 영원히 번뇌무리 없애고 위없이 지혜로운 화살로 저 맺힌 번뇌 쏜다네. 先成道果 知己結使 永盡無餘 然後與人 說結使病 一一分別 乃投道藥 永無塵曀 以無上利箭 射彼結使", 『십주단결경』 권7(대정장10, p.1018a15)에 "지혜눈 청정하여 길이 티끌무리 없다. 慧眼淸淨 永無塵曀"라고 하였다. 〔참고문헌〕『出曜經』, 『十住斷結經』. ⇨ 진 塵

진오 眞悟 참된 깨달음. 바른 깨달음. 아닌 뜻은 사오(邪悟)라 한다. 『주유마힐경』 권3(대정장38, p.358b9)에 "승조가 말한다. '만 가지 사물과 그 이름들 근거 없이 임시로 생긴 것들이고, 도는 진실로 깨우쳐야 있는 것이기에 저 헛된 이름들 초월한다'. 肇曰 萬事萬名 虛假以生 道在眞悟故 超越假名", 『대승현론』 권3(대정장45, p.41b21)에 "화엄에서 밝힌 십지는 부처의 지혜로부터 왔으니 이들 참으로 깨달은 보살들이다. 고로 '처음 발심할 때 곧바로 정각을 이룬다'고 한다. 華嚴所明十地 從佛智慧出 此是眞悟菩薩 故云 初發心時 便成正覺", 『종경록』 권34(대정장48, p.614b9)에 "'바로 지금 능히 말하고 동작하고 탐내고 화내고 자비롭고 참아서 선악을 짓고 고락 등을 받는다. 곧 그대들의 불성이다. 바로 이것이 본래 부처이며 이를 빼고 달리 부처는 없다. 이 천진의 자연을 깨닫기에, 마음을 내어 도를 닦아서 될 일은 아니다. 도가 곧 이 마음이어서 그 바탕 저 허공과 같으니, 더함도 덜함도 없어서 때를 따르고 곳을 따라 업을 쉬고 신을 기르니 스스로 그렇게 신묘하다. 이것이 참된 깨달음이다'. 卽今能言語動作 貪嗔慈忍 造善惡 受苦樂等 卽汝佛性 卽此本來是佛 除此無別佛 了此天眞自然故 不可起心修道 道卽是心 性如虛空 不增不減 但隨時隨處 息業養神 自然神妙 此爲眞悟"라고 하였다. 〔참고문헌〕『注維摩詰經』, 『大乘玄論』, 『宗鏡錄』. ⇨ 본오 本悟, 사오 邪悟

진왕파진악 秦王破陣樂 대정태평악(大定太平樂)을 달리 부르는 말. 『자은전』 권5(대정장50, p.247a8)에 "왕이 또 물었다. '법사께서는 지나에서 오셨는데, 제자 듣기로 저 나라에 진왕파진악이란 가무곡이 있다 합니다만 진왕이 어떤 사람인지 또 어떤 공덕이 있어서 이런 칭양에 이르렀는지 모르겠습니다'. 법사가 답하였다. '저 현장의 본토에서는 사람이 성현의 덕을 품어 능히 백성을 위해 흉포를 없애고 군생을 덮어 적시는 것을 보면 노래하여 읊는데 위로는 종묘악을 갖추고 아래로는 거리에서도 노래합니다. 진왕은 곧 지나국 지금의 천자인데, 아직 황극에 오르기 전이어서 진왕으로 봉해졌습니다'. 王又問曰 師從支那來 弟子聞 彼國有秦王破陣樂歌舞之曲 未知秦王是何人 復有何功德 致此稱揚 法師報曰 玄奘本土 見人懷聖賢之德 能爲百姓 除兇剪暴 覆潤群生者 則歌而詠之 上備宗廟之樂 下入閭里之謳 秦王者 卽支那國今之天子也 未登皇極之前 封爲秦王"라고 하였다. 〔참고문헌〕『慈恩傳』, 『大唐西域記』 권5(대정장51, p.895a5). ⇨ 대정태평악 大定太平樂, 대정파진악 大定破陣樂

진요 津要 저 언덕 오를 수 있는 나루터 중 나루터. 이곳을 알면 바로 생사를 건너기에 관건(關鍵)이나 추요(樞要)라고도 한다. 『삼국유사』 권5(대정장49, p.1012b25·한불전6, p.358b20) 감통(感通)7 광덕엄장(廣德嚴莊)에 문무왕 때 사문 광덕과 엄장은 먼저 서방극락으로 돌아갈 때 알리자고 약속하였는데, 어느 날 광덕이 '서쪽으로 가니 속히 나를 따르라' 하고는 떠났다. 그 뒤에 엄장이 원효를 찾았으니 "문득 원효법사 계신 곳에 나아가 간절히 나루터 있는 곳 구하자 원효는 삽관법 짓는 법으로 깨우치게 하였다. 이에 엄장이 몸을 깨끗이 하고 잘못을 뉘우치면서 한뜻으로 닦아 관하더니, 역시 그것 타고 서방극락세계로 올라갔다. 便詣元曉法師處 懇求津要 曉作鍤觀法誘之 藏於是潔已悔責 一意修觀 亦得西昇"라고 하였다. 60권본 『화엄경』 권58 「입법계품 入法界品」(대정장9, p.772b20)에 "지혜 없는 바다 건너고 생사고통 싫어하며 불법의 배에 올라 네 가지 번뇌의 흐름을 건너며, 애욕의 바다에서는 지혜의 다리를 만들며 … 나루터 잃은 이 위해 바르게 건너는 법 가르쳐 준다. 度無智海 厭生死苦 乘大法船 濟四使流 於大愛河 造智慧橋 … 失津要者 示以正濟", 『현밀원통성불심요집』 권하(대정장46, p.1004b8)에 "범본에는 십만게인데 그 번역은 혹 80권·60권·40권 등이다. 비록 문의는 매우 넓지만 그 중에 최고의 진요는 오직 별행하는 보현행원품 1권의 경문인데, 이는 화엄의 관건이자 수행의 추요다. 梵本有十萬偈 此方已飜譯者 或八十卷六十卷四十卷等 雖文義廣博 其中最津要者 唯別行普賢行願品一卷經文 是華嚴之關鍵修行之樞要"라고 하였다. 〔참고문헌〕『三國遺事』, 『華嚴經』, 『顯密圓通成佛心要集』.

진요 眞要 진실하여 중요한 것. 『대반야경』 권317(대정장6, p.619b16)에 "선현아, 모든 유정들에게서 물러나지 않아 보살마하살들이 깊은 반야바라밀다를 행해서 다른 이의 말이나 다른 교칙 보지 않으니, 이로써 진실한 요체 삼는다. 善現 諸有不退轉 菩薩摩訶薩 行深般若波羅蜜多 不觀他語 及他敎勅 以爲眞要", 『법화경』 권2(대정장9, p.18b19)에 "일체제불 비밀스럽게 감춘 법은 오직 보살들에게만 그 진실한 면모를 풀어주실 뿐, 우리들 위해서 그 진요 설하지 않으신다. 一切諸佛 祕藏之法 但爲菩薩 演其實事 而不爲我 說斯眞要", 『출요경』 권15(대정장4, p.691c5)에 "이제서야 적셔 입음 받았습니다. 비록 부모존장이라 할지라도 능히 진요로 인도하지 못하셨는데, 성은을 입고서야 마음의 때 영원히 버렸습니다. 今蒙潤澤 昔所未聞 雖言父母尊長 猶不能導引眞要 遭蒙聖恩 永除心垢", 『경덕전등록』 권5(대정장51, p.237a21)에 "그대는 어째서 속히 조계로 가서 그 진실한 요체에 대해 결정짓지 않는가? 汝何不速往曹谿 決其眞要"라고 하였다. 〔참고문헌〕『大般若經』, 『法華經』, 『出曜經』, 『景德傳燈錄』.

진용 眞容 참모습. 불보살이나 제존의 모습, 또는 조사나 성인의 생전 모습을 그대로 그리거나 만든 화상(畫像)이나 소상(塑像) 등을 말한다. 『불조통기』 권54(대정장49, p.470a28)에 "현종 때 개원 29년(741), 임금의 꿈에 현원황제가 사신을 보내어 자신의 상을 흥경궁에 안치하라 하니, 진용을 그려 모든 군의 개원관에 안치하게 하였으며 모든 군에 현원황제의 묘를 세우라는 조칙도 내렸다. 玄宗開元二十九年 上夢玄元皇帝遣使得其像置興慶宮 命畫眞容 置諸郡開元觀 詔諸郡立 玄元皇帝廟", 『낙양가람기』 권4 「백마사 白馬寺」(대정장51, p.1014c1)에 "절의 경함은 지금껏 남아있어 항상 향을 사뤄 공양하여 왔다. 이 경함이 수시로 빛을 발하여 당우를 비추었다. 이런 이유로 도속이 예경하기를 마치 부처님의 진용 우러르듯 하였다. 寺上經函 至今猶存 常燒香供養之 經函時放光明 耀於堂宇 是以 道俗禮敬之 如仰眞容", 『삼국유사』 권3(대정장49, p.997a12·한불전6, p.331b15) 탑상(塔像)4 낙산이대성관음정취조신(洛山二大聖觀音正趣調信)에 "몽고 침입 이후 계축년(1253)과 갑인년(1254) 사이에 두 성인(觀音菩薩·正趣

菩薩)의 진용과 두 보주(水精念珠·如意寶珠)를 양주성으로 옮겼다. 及西山大兵已來 癸丑甲寅年間 二聖眞容及二寶珠 移入襄州城", 『원오어록』 권5(대정장47, p.734b6)에 "감자탑 앞에 서기가 어리더니 나한동 위로 진용이 나타났다. 感慈塔前凝瑞氣 羅漢洞邊顯眞容"라고 하였다. [참고문헌] 『佛祖統紀』, 『洛陽伽藍記』, 『三國遺事』, 『圜悟語錄』. ⇨ 진영 眞影, 조사진영 祖師眞影

진운사 縉雲寺 중국 사천성(四川省) 중경(重慶) 진운산(縉雲山)에 있는 절. 남조유송(南朝劉宋)대 423년(경평1)에 건립하였다. 본래 이름은 상사사(相思寺)였지만 명대 진운사로 개명하였다. 건축 규모가 방대하고 화려하게 장엄하여 대대로 꾸준히 수리를 거쳤다. 태허대사(太虛大師)가 이곳에 한장교리원(漢藏教理院)을 설립하고 불경의 교의를 전수하면서 학인들이 많이 몰려들었다. 절 근방에 파공화상탑(破空和尙塔)이 있다.

진원 眞源 진실의 샘. 『대집대허공장보살소문경』 권2(대정장13, p.620b12)에 "아와 무아라는 둘에서 모두 떠나 반야를 드러내 설하여 진실한 샘에 이른다. 於我無我二俱離 顯說般若到眞源", 『화엄경소』 권6(대정장35, p.548b23)에 "세간에 비록 많은 빛 있지만 아무리 많아도 다해 마친 것 아니라네. 부처님의 광명은 비록 적지만 반드시 저 진실의 샘까지 사무친다네. 世雖多光 猶非究竟 佛光雖少 必徹眞源", 『반야심경약소연주기』 권상(대정장33, p.555c9)에 "진실의 샘이라 한다. 허망한 염려 아닌 것을 진이라 하고, 모든 법성의 바탕을 샘이라 한다. 眞源者 非虛妄念慮曰眞 是諸法性體曰源"라고 하였다. [참고문헌] 『大集大虛空藏菩薩所問經』, 『華嚴經疏』, 『般若心經略疏連珠記』.

진원 盡源 샘을 다하다. 『대보적경』 권14(대정장11, p.77a9)에 "보살의 방편은 생사를 거슬러 다해서 샘에 이른다. 菩薩方便 逆流盡源", 『사천왕경』(대정장15, p.118a29)에 "흐름을 돌이켜 다해서 샘에 이르니, 구하여 이른 길 진실이다. 反流盡源 以求道眞", 『인왕반야경소』 권중3(대정장33, p.333a5)에 "부처님께서 과위에 머무시니, 다해 깨우친 실상이어서 이를 그 근원 다하였다고 한다. 佛居果位 窮證實相 名盡源", 『유마경현소』 권1(대정장38, p.520a23)에 "그 샘마저 다한 곳이라 하니, 바로 구하여 마친 뜻이다. 盡源者 是究竟卽也"라고 하였다. [참고문헌] 『大寶積經』, 『四天王經』, 『仁王般若經疏』, 『維摩經玄疏』.

진월사 陳月寺 경상북도 영주시 평은면 용혈리 학가산(鶴駕山)에 있는 절. 대한불교조계종 제16교구본사 고운사(孤雲寺)의 말사다. 창건시기는 전하지 않는다. 1711년(숙종37)부터 상계(詳戒)가 사중(寺衆)과 협의하여 대웅전 주존(主尊)이던 지장보살상을 주불(主佛)인 아미타불로 바꾸어 2년간 아미타불과 관음·세지 등 보살상을 조성하였고, 1720년(숙종46)에 설신(雪信)·계원(戒元) 등이 법당을 중수하고 노전(爐殿)을 신축하였다. 1761년(영조37) 본사승(本寺僧) 체압(体鴨)과 취장(就藏) 등의 발원으로 맹하(孟夏) 초에 비용을 마련하여 그 달 20일 경에 화사(畵師)를 모셔와 대웅보전과 심원각을 단청하고 아울러 칠여래탱화를 조성하였다. 1797년(정조21)에 화주(化主) 계문(戒文)이 심원각, 1807년(순조7)에 정신(定信) 등이 무량보전을, 1810년(순조10)에 계문이 응향각(凝香閣), 1865년(고종2)에 원담(圓潭)이 심원각을 중수하였다. 1891년(고종28)에는 희민(曦玟)이 산신각을 중수하였고, 주지 보정(普貞)이 1919년에 법당의 기와를 번와하였으며 1922년에 요사를 중수하였다. 이런 사적은 『한국사찰전서』에 인용된 『진월사사적 陳月寺事績』과 1720년(숙종46) 「진월사법당불상기 陳月寺法堂佛像記」와 「응향각중구개와기 凝香閣重構盖瓦記」, 1761년(영조37) 월암문인(月岩門人) 성파(星坡)가 지은 「법당심원각칠여래회화단청기 法堂心遠閣七如來繪畵丹靑記」, 1865년(고종2) 3월 「심원각중수기 心遠閣重修記」 등에 전한다. 아울러 조선후기 이달모(李達模)가 지은 「견역감혜록 蠲役感惠錄」도 전한다. 현존하는 당우로는 무량수전·삼성각·요사 등이 있다. [참고문헌] 『輿地圖書』, 『伽藍考』, 『梵宇攷』, , 『朝鮮佛教通史』, 『朝鮮寺刹史料』 권상 pp.378~383, 『韓國寺刹全書』 권하 p.1053a20.

진위수접 眞位受接 참된 위로 받아 붙들게 되다. 승진접(勝進接)이라고도 하며, 사위피접(似位被接)에 맞선다. 천태에서 세운 뜻이다. 『범망보살계경의소발은사의』(卍속장59, p.825a13)에 "이중진위 : 중도는 두 가지니 단과 부단을 말한다. 만약 단중을 보면 별교로 와서 주고받지만, 부단중을 보면 원교로 와서 만난다. 또 받아 얻게 되는 이는 세 가지 근으로 같지 않으니, 만약 상근이라면 삼지와 사지로 피접되지만, 중근이면 오지와 육지이고, 하근이면 칠지와 팔지이다. 주고받는 가르침도 진실과 그럴 듯함으로 같지 않으니, 만약 비슷한 위로 피접되면 별교의 십회향과 원교의 십신이지만, 참된 위로 이어짐을 받으면 별교의 초지와 원교의 초주다. 二中進位 中道二種 謂但不但 若見但中 別教來接 若見不但中 圓教來接 又受接人 三根不同 若上根 三地四地被接 中根 五地六地 下根 七地八地 所接之教 眞似不同 若似位被接 別十迴向 圓十信 若眞位受接 別初地 圓初住", 『사교의비석』 권하(卍속장102, p.194a13)에 "'참된 위를 받아 가지면'에서 수는 응당 피라 해야 하니, 참된 위를 써서 입혀 붙들기 때문이다. 若眞位受接者 受應作

被 謂用眞位 以被接也"라고 하였다. 〔참고문헌〕『梵網菩薩戒經義疏發隱事義』, 『四教儀備釋』. ⇨ 승진접 勝進接, 사위피접 似位被接, 피접 被接

진위피접 眞位被接 ➡ 진위수접 眞位受接

진유불박금 眞鍮不博金 놋쇠를 황금과 바꾸지 않는다는 말. 『일체경음의』 권60(대정장54, p.710a24)에 "『비창』에 '놋쇠덩어리는 금과 비슷하지만 비슷하기만 할 뿐 금은 아니다'라고 하였다. 서쪽 오랑캐 티베트에서는 구리에 약을 섞어 단련하여 만든다. 두 종류의 놋쇠덩어리가 있는데 좋고 나쁨이 같지 않다. 나쁜 것은 거의 흰색에 가까워 회절이라 하고, 좋은 것은 황금색에 가까워 금절이라 한다. 그래서 금절을 진유라고도 한다. 속담에 '금과도 바꾸지 않는다'라는 말은 이것을 가리킨다. 埤倉云 鍮石似金 似而非金 西戎蕃國 藥鍊銅所成 有二種鍮石 善惡不等 惡者 挍白名爲灰折 善者 挍黃名爲金折 亦名爲金折 亦名眞鍮 俗云 不博金 是也", 『송고연주통집』 권23(卍속장115, p.288a15)에 "방망이 아래서 놋쇠를 황금과 바꿀 수 없다. 덕산의 철저한 노파심에도 후인들 다만 파도 솟구침만 볼 뿐, 용왕의 궁전 깊은 줄은 보지 못하네. 〈고산규의 송〉 棒下眞鍮不博金 德山徹底老婆心 後人只見波濤涌 不見龍王宮殿深 〈鼓山珪〉"라고 하였다. 〔참고문헌〕『一切經音義』, 『頌古聯珠通集』.

진유식량 眞唯識量 진실은 오직 식으로만 헤아린다는 뜻. 641년(정관15) 인도의 계일왕(戒日王)이 곡녀성(曲女城)에서 거행한 무차대회(無遮大會)에서 현장(玄奘)이 논주(論主)가 되어 드러낸 뜻. 유식무경비량(唯識無境比量 : 唯識比量)이라고도 한다. 원효는 이런 논증에 반대하는 주장도 논리적으로 성립할 수 있음을 밝혔는데, 결정상위비량(決定相違比量)이다. 『진유식량약해』(卍속장87, p.185a6)에 "진유식량이라 하였다. 이렇게 헤아린 것은 바로 대당삼장이 중인도 곡녀성에서 계일왕과 함께 18일 동안 무차대회를 베풀었는데, 널리 오천축국에서 법의 뜻 잘 아는 사문바라문 등과 소승외도를 불렀다. 대적할 하나의 비량을 세워 금패에 써 놓았으나 십팔일이 지나도 단 한 사람 감히 논파하는 이가 없었다. 眞唯識量者 此量卽大唐三藏 於中印土曲女城 戒日王與 設十八日無遮大會 廣召五天竺國 解法義 沙門婆羅門等 并及小乘外道 而爲對敵 立一比量 書在金牌 經十八日 無有一人 敢破斥者", "대사께서 유식비량을 세우고 말씀하셨다. 종(宗) : 진실로 끝내 성취된 색 이것으로 법이 있게 되지만 정히 안식을 떠나지 못한다. 인(因)으로 말하면 스스로 인정하는 처음 세 가지로 거둘 수는 있지만 눈으로만 거둘 수는 없다. 동유(同喩)이니 안식과 같다. 합(合) : 처음 셋으로 거두어서 안으로만 거둔 바가 아니기에 모두 안식을 여의지 못한다 함은 동유이니 안식과 같고, 이유(異喩)는 안근과 같다. 大師立唯識比量云 眞故極成色是有法 定不離眼識 宗 因云 自許初三攝 眼所不攝故 同喩 如眼識 合云 諸初三攝 眼所不攝故者 皆不離眼識 同喩如眼識 異喩如眼根"라고 하였다. 〔참고문헌〕『眞唯識量略解』, 『宗鏡錄』 권51(대정장48, p.717c28). ⇨ 유식무경비량 唯識無境比量

진윤 眞胤 신라시대 스님. 대통(大通) 원랑선사(圓朗禪師) 대통(大通 816~883)의 제자. 890년 월광사(月光寺)에서 원랑선사의 비를 세울 때 김영(金穎)이 비문을 짓고 순몽(淳蒙)이 쓰고, 진윤이 글자를 새겼다. 〔참고문헌〕月光寺 圓朗禪師碑. ⇨ 대통 大通

진응 眞應 **1** 스스로 덕을 구족한 법신이 세간에 응하여 걸림없이 나투는 뜻. 『대승의장』 권19(대정장44, p.838c28)에 "스스로의 덕이 있음을 진이라 하고, 따라 응해 나투고 설하니 응이라 한다. 진인즉 바로 법이 드나드는 몸이고, 응이라 한즉 세간과 함께하는 몸이다. 自德名眞 隨化所現 說以爲應 眞則是其法門之身 應則是其共世間身", 『십불이문』(대정장46, p.704a28)에 "몸은 진과 응으로 나뉘고, 법은 권과 실로 나뉜다. 두 몸이 만약 다르다면 어찌 곧 '이것이 법신이다' 했겠는가? 在身分於眞應 在法分於權實 二身若異 何故乃云卽是法身"라고 하였다. 〔참고문헌〕『大乘義章』, 『十不二門』. ⇨ 진응이신 眞應二身 **2** ➡ 아라한 阿羅漢

진응 震應 조선후기 구례 화엄사 스님 혜찬(慧燦)의 법호. ⇨ 혜찬 慧燦

진응무애 眞應無礙 진과 응에 걸림이 없음. 십무애(十無礙) 중 하나로 진신(眞身)과 응신(應身)이 걸림없는 뜻이다. 『화엄경지귀』(대정장45, p.591a29)에 "다섯 번째, 진응무애라 한다. 응하여 나타난즉 다함 없는 몸의 구름이지만 생멸이 없다. 이는 바로 법신의 평등한 한 맛이어서 업용에 걸리지 않아 한량이 있을 리 없다. 경에서 말씀하시길 '법신으로 여러 겹 열린 문은 시방으로 나툰다' 하였다. 이와 같이 진응과 이사로 뒤섞여 어울려 걸림없으니 이것이 부처님의 경계다. 五 眞應無礙者 則此應現 無盡身雲 卽無生滅 則是法身 平等一味 不礙業用 無有限量 經云 法身多門現十方 如是眞應理事 混融無障無礙 是佛境界也"라고 하였다. 〔참고문헌〕『華嚴經旨歸』, 60권본 『華嚴經』 권3(대정장9, p.412a1), 『華嚴經疏』 권1(대정장35, p.506a11). ⇨ 십무애 十無礙

진응이신 眞應二身 진신(眞身)과 응신(應身). 『법화의소』 권10(대정장34, p.599a21)에 "진응이신 간략히 하면 두 가지로 뜻을 갖춘다. 첫째, 법신으로 생멸이 없고 응신에는 생멸이 있다. 둘째, 법신은 유일하고 응신이라면 다양하다. 眞應二身 要具二義 一者 法身無生滅 應身有生滅 二者 法身唯一 應身卽多", 『중관론소』 권2말(대정장42, p.31a21)에 "이미 자기 몸에 진응이신을 갖춘 줄 보았다면 시방제불의 진응이신 또한 볼 것이다. 旣見己身 具眞應二身 卽見十方諸佛 眞應二身", 『기신론소필삭기』 권6(대정장44, p.327a7)에 "여래의 진응이신을 모두 거두니 덕상과 묘용으로는 항하의 모래알 수를 지난다. 具攝如來 眞應二身 過河沙數 德相妙用", 『화엄경담현결택』 권4(卍속장11, p.902a8)에 "체는 진이고 용은 응이어서 진응이신이 어울려 한 맛이다. 體卽是眞 用卽是應 眞應二身 融爲一味"라고 하였다. 〔참고문헌〕『法華義疏』, 『中觀論疏』, 『起信論疏筆削記』, 『華嚴經談玄抉擇』. ⇨ 진신 眞身, 응신 應身, 생법이신 生法二身

진의 眞義 ❶ 참된 뜻. 허망하지 않아(不虛妄) 실인 뜻(實義)으로 제(諦 Ⓢsatya)인 뜻이고, 진여(眞如)의 다른 표현이다. 『대비바사론』 권77(대정장27, p.398a5)에 "〔문〕 무슨 까닭에 제라고 이름하고, 제란 무슨 뜻인가? 〔답〕 실의 뜻이 제의 뜻이다. 진실의 뜻·여실의 뜻·전도되지 않음의 뜻·거짓 없음의 뜻, 이것이 '제'의 뜻이다. 問 何故名諦 諦是何義 答 實義是諦義 眞義 如義 不顚倒義 無虛誑義 是諦義", 『보우경』 권6(대정장16, p.310a8)에 "'세존이시여, 어떤 것을 진의라고 합니까?' 부처님께서 말씀하셨다. '선남자야, 진의란 곧 실의 뜻을 한층 더한 말이다'. 지개보살이 부처님께 여쭈었다. '세존이시여, 어떤 것을 실의라고 합니까?' 부처님께서 말씀하셨다. '선남자야, 허망하지 않은 것이 실의이다'. 世尊 云何名眞義 佛言 善男子 眞義者 卽是實義增語 止蓋菩薩白佛言 世尊 云何名實義 佛言 善男子 所謂不虛妄是實義 止蓋菩薩白佛言", "지개보살이 부처님께 여쭈었다. '세존이시여, 어떤 것을 허망하지 않은 것이라 합니까?' 부처님께서 말씀하셨다. '선남자야, 참되고 그대로인 것 허망하지 않음을 말한다. 별다른 것이 아니다'. 지개보살이 부처님께 여쭈었다. '세존이시여, 어떤 것을 진여라 합니까?' 부처님께서는 말씀하셨다. '선남자야, 이 법은 스스로 안으로 증할 바이니, 어떤 문자로도 능히 시설할 수는 없다'. 世尊 云何名不虛妄 佛言 善男子 所謂眞如是不虛妄 無別異也 止蓋菩薩白佛言 世尊 何謂眞如 佛言 善男子 此法自內所證 非有文字能施設之"라고 하였다. 〔참고문헌〕『大毘婆沙論』, 『寶雨經』. ⇨ 제 諦, 실의 實義, 진여 眞如 ❷ 원성실(圓成實)의 뜻. 변계소집(遍計所執)인 비진실(非眞實)의 상대어다. 『섭대승론석』 권9(대정장31, p.435c2)에 "'모든 범부는 진이 덮인다' 등이라 한 말은, 즉 저 범부와 같아서 무명을 아직 끊지 못하여 진실한 뜻 드러나지 못한다. 그래서 '덮이다'라고 설한다. 무명의 힘 때문에 일체허망한 것들 모두 다 현현한다. 보살은 그렇지 않아 무명을 끊었기에, 허망하여서 있는 것들 아님을 훤히 아니 '망을 버린다'고 한다. 오직 진실한 뜻만이 있게 되서 한결같이 나타나는 것은 이 길을 따른 뜻이다. 諸凡夫覆眞等者 謂如凡夫 無明未斷 眞義不顯 故說名覆 無明力故 一切虛妄皆悉顯現 菩薩不爾 無明斷故 通達虛妄皆無所有 故名捨妄 唯有眞義 一向顯現 由此道理", "'나타남과 나타나지 않음을 알아야 하니, 진실의 뜻과 진실의 뜻이 아닌 것이다' 한 것은, 즉 원성실의 진의는 현현하고 변계소집의 비진실의는 모두 현현하지 않는다. 전의라 한 것은, 즉 비진의는 모두 현현하지 않게 하고 모든 진의는 다 현현하게 하므로 전의라고 한다. 應知顯不顯 眞義非眞義者 謂圓成實眞義顯現 遍計所執非眞實義皆不顯現 言轉依者 謂非眞義皆不顯現 所有眞義皆悉顯現 故名轉依"라고 하였다. 〔참고문헌〕『攝大乘論釋』. ⇨ 원성실성 圓成實性

진의 眞儀 참 모습. 불보살이나 조사(祖師)의 진영(眞影) 또는 상(像). 진상용의(眞相容儀)라고도 한다. 『원각경약소』 권하(대정장39, p.571c19)에 "상을 베푸신 뜻을 밝혀서 말하자면 대사께서 세상 떠나셔서 참 모습 볼 수 없기에 상을 베풀어 자세히 뵈옵고 마음을 이끌어 법에 들게 하였다. 상이 무상과 같다면 바로 여래를 보는 것이라 하지 않았는가. 明設像之意 謂大師去世 不覩眞儀 設像諦觀 引心入法 相卽無相 卽見如來"라고 하였다. 〔참고문헌〕『圓覺經略疏』. ⇨ 진용 眞容, 진영 眞影

진의황후 眞儀皇后 금(金) 세종(1161~1189)의 비. 말년에 출가하여 비구니가 되었다. 『석씨계고략』 권4(대정장49, p.894a4)에 따르면 "금 제5대 세종의 황후인 진의황후가 말년에 출가하여 비구니가 된 후, 수경사(垂慶寺)를 창건하여 비구니도량을 만들고 비구니 백여인을 득도시켰다. 논 2백 경을 하사하여 사찰을 운영토록 하였다. 金國 世宗 眞儀皇后 出家爲尼 建垂慶寺 度尼百人 賜田二百頃"라고 하였다. 〔참고문헌〕『釋氏稽古略』. ⇨ 왕실여인출가 王室女人出家

진이 津膩 ❶ Ⓢniṣyanda. 나루터 기름진 뜻. 모든 온갖 것들이 떠내려와 모인 나루터로 행한 바 과(果)가 쌓여 기름진 뜻이다. 의(依)·보(報)·소연(所緣)의 뜻으로 과보를 받는 변화의 몸을 말한다. 『능가경』 권1(대정장16, p.486a12: *Laṅk.*, p.56)에 "비유하면 마치 장식이 갑자기 분별하여 자심에 나타난 것과 몸이 있어서 수용한 경계를 아는 것처럼, 저 모든 의불 역시 이와 같아〈의(依)란 호본에서는 진이라고 했는데, 화불을 말하니 진불의 기분이다〉 문득 중생이 처한 경계를 성숙시켜 수행하는 사람으로 하여금 저 색구경천에 편안히 있게 한다. 譬如藏識 頓分別知 自心現及身安立 受用境界 彼諸依佛 亦復如是〈依者 胡本云津膩 謂化佛 是眞佛氣分也〉 頓熟衆生 所處境界 以修行者 安處於彼色究竟天 tadyathā mahāmate ālayavijñānaṃ svacittadṛśyadehapratiṣṭhābhogaviṣayaṃ yugapadvibhāvayati evameva mahāmate niṣyandabuddho yugapatsattvagocaraṃ paripācyākaniṣṭhabhavanavimānālayayogaṃ yogināmarpayati", 『잡아비담심론』 권7(대정장28, p.926b15)에 "탐이 없음과 지혜롭게 생각함은 떨어지지 않는다. 즉 하나의 의지처와 하나의 행과 하나의 연에 하나의 과이고 하나의 의과다〈의과의 의 또한 진이의 뜻이다. 이 진이과에 세 가지니, 첫째는 변인으로부터 생기고, 둘째는 자분인으로부터 생기며, 셋째 보인의 남은 세력으로부터 생기는 것이니, 즉 살생으로 짧은 수명을 얻는 것을 말한다〉. 그러므로 하나라고 한다. 無貪慧想不相離 一依 一行 一緣 一果 一依果〈依果 此依亦是 津膩義也 津膩果 凡三種 一 從遍因生 二 從自分因生 三 從報因餘勢生 謂殺生得短壽也〉 是故說一"라고 하였다. [참고문헌] 『楞伽經』, 『雜阿毘曇心論』, *Laṅk*. ❷ 때묻거나 오래된 손길로 얼룩져 남긴 자취. 『십송율』 권37(대정장23, p.270a2)에 "부처님께서는 아시면서 짐짓 의리월비구에게 물으셨다. '네가 진실로 와발을 씻어서 햇볕에 놓으니 햇볕에 달구어져 기름기가 흘러나오므로 여러 비구에게 「와발은 기름기가 끼어 깨끗하지 않으니 비구들은 식기로 쓰지 않아야 한다」라고 했느냐?' '그렇습니다. 세존이시여'. 부처님께서 이렇게 말씀하셨다. '지금부터 와발을 씻어서 햇볕에 놓아 달구지 않아야 한다. 햇볕에 놓으면 돌길라이다'. 佛知故問疑離越 汝實洗瓦鉢 置日中 日炙津出 語諸比丘 瓦鉢津膩不淨 比丘不應用食 答言 實爾 世尊 佛言 從今 洗瓦鉢已 不應著日中炙 著日中者 突吉羅", 『대당서역기』 권3(대정장51, p.883a7)에 "마하벌나(Ⓢ Mahāvana : 大林)가람의 서북쪽으로 산을 내려가 삼사십 리에 마유(Ⓢ Masūra : 豆라고 한역)가람에 이른다. 이 가람에는 솔도파가 있다. … 이 솔도파의 기단 아래에 돌이 있는데 황백색이고 항상 손때 묻은 자취 있으니, 여래께서 옛날에 보살행을 닦으실 때 정법을 듣고자 여기서 뼈를 부러뜨려 경전을 베껴 쓰셨다. 摩訶伐那伽藍西北 下山三四十里 至摩愉〈唐言豆〉伽藍有窣堵波 … 其窣堵波基下有石 色帶黃白 常有津膩 是如來在昔修菩薩行爲聞正法 於此析骨書寫經典"라고 하였다. [참고문헌] 『十誦律』, 『大唐西域記』. ⇨ 발우 鉢盂

진이숙 眞異熟 남김없이 다 달리 익게 하는 뜻에서의 이숙식(異熟識 Ⓢ vipāka-vijñāna). 유식(唯識)에서 상정한 제8아뢰야식(阿賴耶識)이라는 총보(總報)의 과체(果體). 진이숙은 업과(業果)·부단(不斷)·변삼계(遍三界)의 세 가지 뜻을 갖추고, 제7식은 부단·변삼계, 제6식은 업과·변삼계, 전5식은 업과만을 충족한다. 전6식에 대해서 진이숙이다. 별보(別報)의 과(果)는 이숙생(異熟生)이라 한다. 『성유식론』 권3(대정장31, p.16a19)에 "이숙은 끊어져 마치고는 다시 상속하는 것이어서는 안 된다. 저들은 명근 등에는 이러한 일이 없다고 하기 때문이다. 안 등 전6식업으로 감하는 것은 마치 저 소리 등과 같아서 언제나 이어지는 것이 아니기에 이러한 것들은 이숙생이지 진이숙이 아니다. 바로 진이숙심이 마땅히 있다고 해야 업을 이끌고 갚을 수 있고, 삼계에 두루해서 끊음 없어서 변하여 유근신과 기세간이 유정의 의지처가 될 수도 있다. 신과 기는 이 심을 떠나서는 그 이치가 있을 수 없다. 불상응법은 실체가 없기 때문이고, 7전식 등은 항시 존재하는 것은 아니기 때문이다. 만약 이 심이 없다면 그 무엇이 유근신과 기세간을 변현하겠는가? 또한 어떤 법에 의지해 항시 유정을 있게 하겠는가? 또 정중에 있거나 정에 있지 않을 때에도, 또는 별도의 사려가 있거나 사려가 없을 때(五無心位)에도 이치상 많은 것들이 몸을 가져 받아 일어난다. 만약 이것이 없다면 이후에 쾌적감이나 피로감은 없을 것이다. 만약 진이숙심이 항시 있는 것이 아니라면 정에서 나온 그 상태에 어떻게 이러한 신수가 있을 수 있겠는가? 불과위가 아닌 그 밖의 선심 등 위에서 진이숙은 반드시 드러나고 일어난다. … 따라서 진이숙심은 상시 있으니 그 심은 바로 이 제8식이다. 異熟不應斷已更續 彼命根等無斯事故 眼等六識業所感者 猶如聲等 非恒續故 是異熟生 非眞異熟 定應許有眞異熟心 酬牽引業 遍而無斷 變爲身器 作有情依 身器離心 理非有故 不相應法 無實體故 諸轉識等 非恒有故 若無此心 誰變身器 復依何法 恒立有情 又在定中 或不在定 有別思慮無思慮時 理有衆多 身受生起 此若無者 不應後時 身有怡適 或復勞損 若不恒有眞異熟心 彼位如何有此身受 非佛起餘善心等位 必應現起眞異熟心 … 由是恒有眞異熟心 彼心卽是此第八識", 『성유식론술기』 권2(대정장43, p.299c9)에 "이 6식은 제8식인 진이숙을 좇아 생겨나기에 이숙생이라 하지만, 주가 아니어서 끊어짐 있기에 진이숙이라 할 수 없다. 以此六識從第八識眞異熟起名異熟生 以非是主 有間斷故 不名眞異熟", 『성유식론장중추요』 권상(대정장43, p.629c10)에 "진이숙이라면 세 가지 의미를 갖추어야 한다. 첫째는 업과여야 하고, 둘째는 끊어짐 없어야 하고, 셋째는 욕계·색계·무색계 모두에 두루해야 한다. 眞異熟 具三義 一 業果 二 不斷 三 遍三界", 『종경록』 권36(대정장48, p.624b18)에 "오직 제8식만이 진이숙이다. 唯第八識 是眞異熟"라고 하였다. [참고문헌] 『成唯識論』, 『成唯識論述記』, 『成唯識論掌中樞要』, 『宗鏡錄』. ⇨ 이숙식 異熟識, 이숙생 異熟生, 이숙생법 異熟生法, 이숙과 異熟果, 아뢰야식 阿賴耶識

진인 眞人 **1** Ⓟ arahant, arahatam, tathāgata, sappurisa. 아라한(阿羅漢)의 한역어 중 하나. 진제를 성취한 이. 『장아함경』 권2 「유행경 遊行經」(대정장1, p.14c18)에 "이와 같은 진인은 마땅히 찾아가 우러러 보아야 한다. 如此眞人 宜往瞻覲", 『중아함경』 권21 「진인경」(대정장1, p.561b15)에 "이와 같이 나아가 진제법 얻은 사람은 스스로를 귀히 여기지 않고 남을 천하다 여기지도 않으니, 이야말로 진인법(Ⓟ sappurisa-dhamma)이라 한다. 如是趣向 得眞諦法者 不自貴 不賤他 是謂眞人法", 『일체경음의』 권28(대정장54, p.497c7)에 "진인〈이는 아라한의 한역어이다. 아라하(阿羅訶)라고도 하며 경에서는 응진 또는 응의 또는 무착과라고도 하니 모두 한가지 뜻이다〉. 眞人〈此卽阿羅漢也 或言阿羅訶 經中或言應眞 或作應儀 亦云無著果 皆是一也〉"라고 하였다. 〔참고문헌〕『長阿含經』, 『中阿含經』, 『一切經音義』, 『維摩詰經』 권상(대정장14, p.524c14), *DN.1.111·225., MN.3.38·39.* ⇨ 아라한 阿羅漢 **2** 도를 깨우친 노장(老莊)의 이상적 인격. 『장자』 「대종사 大宗師」에 "옛 진인은 잠듦에 꿈 없었고, 깨어나 근심 없었으며, 먹음에 즐기지 않았고, 숨쉼에 깊디깊었다. … 옛 진인은 삶을 기뻐하지도 죽음을 싫어하지도 않았다. 古之眞人 其寢不夢 其覺無憂 其食不甘 其息深深 … 古之眞人 不知說生 不知惡死", 『장자내편주』 권4(건륭장153, p.429b3)에 "더 없이 묘한 깨달음 이후라야 비로소 참되게 알고, 참된 앎이 있어야 진인이라 부를 수 있고 가히 으뜸의 스승이 된다. 蓋妙悟後 方是眞知 有眞知者 乃稱眞人 卽可宗而師之也"라고 하였다. 〔참고문헌〕『莊子』, 『莊子內篇註』. ⇨ 무위진인 無位眞人 **3** 진시황(秦始皇)의 자호(自號). 『사기』 「진시황본기 秦始皇本紀」에 "시황이 말했다. '나는 진인을 사모하기에 스스로 진인이라 하고 짐이라 부르지 않는다'. 始皇曰 吾慕眞人 自謂眞人 不稱朕"라고 하였는데, 이에 따라 후대에 천하를 통일시킨 천자를 진명천자(眞命天子)라 한다. 〔참고문헌〕『史記』.

진인 眞印 진실의 짝. 진실임을 인정하기 위해 인장 찍어 남긴 그 짝그림자. 선문(禪門)에서 대대로 징표로 남겨 전한 마음의 짝인 심인. 종보본 『단경』 「대감선사비 大鑒禪師碑」(대정장48, p.364a13)에 "애초에 달마가 부처님 가사를 함께 가져와 도를 깨우친 제자에게 전함으로써 진인으로 삼았다. 初達摩與佛衣俱來 得道傳付以爲眞印", 『경덕전등록』 권20 「도간전 道簡傳」(대정장51, p.362c28)에 "오랫동안 운거도응(雲居道膺)의 방장에 들어가 배운 다음 직접 진인을 받았다. 久入雲居之室 密受眞印"라고 하였다. 〔참고문헌〕『壇經』, 『景德傳燈錄』. ⇨ 불심인 佛心印, 심인 心印 **1**

진인 眞因 **1** 진실한 인. 불과(佛果)를 성취하게 하는 정인(正因)을 말하며, 진과(眞果)·극과(極果) 등의 상대어다. 자력교(自力教)의 육도만행(六度萬行)이나 타력교(他力教)의 미타본원(彌陀本願), 그리고 원교(圓教) 오십이위(五十二位) 중 십주(十住)부터 등각위(等覺位)까지의 사십일위(四十一位)다. 『법화현의』 권5(대정장33, p.736b1)에 "십주 쫓아 더 나아가야 진인이라 하고, 묘각이라야 진과라고 한다. 從十住去 名眞因 妙覺名眞果"라고 하였다. 〔참고문헌〕『法華玄義』. ⇨ 극과 極果 **2** 인명(因明)용어. 세우고자 한 뜻(宗)을 성취시키는 인. 사인(似因)의 상대어다. 『유가론기』 권5(대정장42, p.413b28·한불전13, p.321b14)에 "서로 어긋나지 않는 중에서 결정한다란, 진인과 진유가 반드시 드러내고자 한 뜻(宗)을 성립시키기 때문이다. 성립되는 것이 다르기 때문이란 진인과 진유에는 어떤 과실도 없어서 자체 능히 성립하기에 성립됨에 다름이 있다. 不相違中 決定故者 眞因眞喩 定成宗故 異所成者 則眞因喩無諸過失 體能成故 異於所成"라고 하였다. 〔참고문헌〕『瑜伽論記』. ⇨ 사인 似因, 종인유 宗因喩

진인경 眞人經 Ⓟ Sappurisa-sutta. 『중아함경』 권21 「장수왕품 長壽王品」 제14경. 부처님께서 출가자를 위해 귀천(貴賤)은 타고난 신분에 있지 않고 법을 깨우침에 있다고 설하신 경이다. 『중아함경』 권21 「진인경」(대정장1, p.561a25)에 "무엇을 진인이 아닌 법이라고 하는가? 혹은 어떤 부귀한 집안의 사람이 출가하여 도를 닦는데 다른 사람들은 그렇지 않다. 그는 부귀한 집안 사람이기에 스스로를 귀하게 여기고 다른 사람을 천하게 여긴다. 이것이 부진인법이라고 한다. 진인법은 이와 같이 관한다. '나는 이것이 부귀하다고 여기지 않으니 음노치를 끊으리라'. 云何不眞人法 或有一人 是豪貴族 出家學道 餘者不然 彼因是豪貴族故 自貴賤他 是謂不眞人法 眞人法者 作如是觀 我不因此是豪貴族故 斷婬怒癡", 『법륜보참』 권2(卍속장129, p.871b17)에 "열넷째 진인경. 부처님께서 비구를 위하여 선법을 믿을 것을 설하셨다. … '스스로만을 귀하게 여겨서 남을 천하게 여기지 않는 것이 진인법이다'. 十四 眞人經 佛爲比丘說恃善法者 … 不自貴賤他 爲眞人法"라고 하였다. 〔참고문헌〕『中阿含經』, 『法輪寶懺』, *MN.3.37.*

진일 眞一 **1** 고려후기 스님. 혜심(慧諶 1178~1234)의 『무의자시집』 권상(한불전6, p.53c10)에 "진일상인이 와서 말했다. '나는 타고난 성품이 산란하여 능히 고르게 거두지 못하고, 혹 고요한 곳에 엎드려 있으면 곧 혼침에 빠진다. 오직 이 두 가지 병 때문에 근심이니 청컨대 법게를 얻어 마주해 다스리는 방도로 삼고자 합니다'. 眞一上人來言曰 某乙賦性散亂 未能調攝 或於靜處捺伏 則便落昏沈 惟此二病是患 請得法偈爲對治方"라는 시가 실렸다. [참고문헌] 『無衣子詩集』. **2** 조선전기 스님. 벽송지엄(碧松智嚴 1464~1534)의 문인으로 지엄의 행장을 지었다. 『벽송당야로송』에 실린 시 「시진일선자 示眞一禪子」(한불전7, p.384b7)에 "진일은 호남사람이다. 비록 세재는 없었어도 성행은 비범하였다. 나에게 가타를 청하기에 마지못하여 먹물 적셔 쓴다. 비내리는 뜨락에 꽃웃음 가득. 바람부는 가람 밖엔 솔바람 소리. 아름다운 그 뜻 찾을 일 없네. 이 자리 그대로 두렷이 밝은데. 眞一湖南人也 雖無世才 性行非凡 請我伽陁 辭不獲已 濡筆揮之 花笑階前雨 松鳴檻外風 何須窮妙旨 這箇是圓通"라고 하였다. [참고문헌] 『碧松堂埜老頌』. ⇨ 지엄 智嚴[4] **3** 조선후기 스님. 호는 나암(懶庵). 1636년(인조14)에 『석문가례초』 상하 2권을 지었는데, 「석문가례초서 釋門家禮抄序」(한불전8, p.277b2)에는 "석씨가례는 동국에는 평소에 없었으므로, 석문에서 상덕의 입적하시면 흉례로 어긋나는 바가 많았다. … 서로 전해 따라 익혀서 실로 슬픔을 감당할 수 있었다. … 내가 늘 탄식하였는데 근래에 자각대사의 『선원청규』, 응지대사의 『오삼집』, 『석씨요람』을 얻어 읽어보니, 그 중에 가례가 매우 상세하였다. 다만 중국에서 숭상하던 법이므로 동방의 예와는 걸맞지 않았다. 요점만을 초출하여 초학들에게 맡겨둘 따름이다. 대명숭정병자년(1636) 8월중완에 나암진일이 삼가 쓰다. 如釋氏家禮 東國素無其本 釋門上德歸寂 凶禮多違 … 遞相沿襲 實所堪傷 … 余每以介懷歎息 近得慈覺大師禪院淸規 應之大師五杉集 釋氏要覽 讀之 其中 家禮甚詳 而但是中國所尙之法 不合東方之禮 抄出其要 以寄初學云爾 時大明崇禎丙子八月中浣 懶庵眞一謹序"라고 하였고, 1659년(효종10)에 매곡경일(梅谷敬一)이 쓴 발문(한불전8, p.288b1)에는 "스스로 빠져든 지 여러 해가 지났는데, 마침 우리 대사인 벽암화상(1575~1660)을 만나 이미 『오삼집』과 『선원청규』 중에서 대략을 뽑아놓았으므로, 책 한 권으로 엮어 석문가례라고 이름하였다. … 어느 날 문인제자 섭허인규에게 한 번 본을 뜨고 한 번 붙여 판목에 만들어 널리 전하도록 하였다. … 문인제자 매곡경일은 이미 명을 받아 한 마디 말을 펼쳐 발문을 썼다. 自缺者有年矣 適會我大師碧巖和尙 已撮其所謂五杉及禪苑規中 採畧者 勒成一卷 名曰釋門家禮 … 一日命門人弟子 攝虛印圭 一摸一貼而入梓 以廣其傳 … 門人弟子梅谷敬一旣已承命 輒伸一言而爲跋"라고 하였다. [참고문헌] 『釋門家禮抄』. ⇨ 석문가례초 釋門家禮抄

진일보퇴일보 進一步退一步 한 걸음 나아가고 한 걸음 물러난다네. 쌍봉경흠은 운문문언(雲門文偃)의 제자다. 『종감법림』 권51(卍속장116, p.640a11)에 "쌍봉이 대중에게 말하였다. '한 걸음 나아간즉 이에 미하고, 한 걸음 물린즉 일을 놓친다. 설령 그대들이 일향에 홀연히 가기만 한다면 또한 무정과 같을 것이다'. 학인이 문득 물었다. '어찌해야 무정과 같아지지 않습니까?' '움직여 구르며 보여야 하리' '어찌해야 이에도 빠지지 않고 일도 놓치지 않습니까?' '한 걸음 나아가고 한 걸음 물러서라'. 학인이 절을 올리자 쌍봉이 말하였다. '예전부터 누구든 이렇게 알지만, 나는 그들을 긍정하지 않았다' '화상께서 곧장 가리켜 주십시오'. 쌍봉이 곧바로 때려서 내쫓았다. 示衆 進一步卽迷理 退一步卽失事 饒你一向兀然去 又同無情 僧便問 如何得不同無情去 師曰 動轉施爲 曰 如何得不迷理失事去 師曰 進一步退一步 僧作禮 師曰 向來有人與麽會 老僧不肯伊 曰 請和尙直指 師便打出"라고 하였다. [참고문헌] 『宗鑑法林』, 『聯燈會要』 권26(卍속장136, p.867a13). ⇨ 배촉관 背觸關

진일전도 盡一箭道 Ⓢ iṣu-kṣepamāna-mātre. 힘껏 쏜 화살이 날아가 다해서 떨어지는 거리. 『대반열반경』 권중(대정장1, p.201a1)에 "그 성의 망루는 모두 칠층이고 창문과 난간은 칠보 문양으로 새겨져 있으며 갖가지 보배 방울이 보배 그물에 매달려 있는데, 그 거리는 화살이 다해 떨어지는 거리였다. 其城樓櫓 皆悉七層 牕牖欄楯 七寶雕飾 懸衆寶鈴 寶網羅上 其間相去 盡一箭道", 『법화경삼대부보주』 권10(卍속장44, p.312b8)에 "가상이 말하길 2리라고 하였다. 어떤 사람은 말하길 '활쏘는 터에서 120보 거리'라고 하였고, '130보나 150보'라는 설도 있다. 嘉祥云 二里也 有人云 地取射垜 一百二十步 或云 一百三十步 一百五十步也"라고 하였다. [참고문헌] 『大般涅槃經』, 『法華經三大部補注』, 『五分律』 권1(대정장22, p.6a21), *Saddh-p.405.*

진자 眞子 Ⓢ aurasa, aurasaḥ putraḥ, Ⓣ thugs-kyi-sras. 진실한 아들. 불법을 계승할 자격이 있는 불자(佛子)를 말한다. 『승만보굴』 권하(대정장37, p.87a17)에 "법을 믿고 따르며 부처님의 과업을 감당해 이어감으로 진실한 아들이라 한다. 또한 행과 해가 헛되지 않아서 진실하다고 하며, 부처님의 말씀 좇아 나고 정법 따라 나므로 여래의 진실한 아들이라 한다. 가령 『법화경』 「사리불영해장」의 자세한 말씀과 같다. 또한 『섭대승론』의 뜻에 따르면 불자에는 다섯 가지 뜻이 있다. 첫째, 신심을 종자로 삼는다. 둘째, 반야를 어머니로 삼는다. 셋째, 선을 태로 삼는다. 넷째, 인욕을 젖으로 삼는다. 다섯째, 부처님을 아버지로 삼는다. 於法信順 堪紹佛業 故名眞子 又行解非妄 名眞 從佛口生 從正法生 故名如來眞子 如法華舍利弗領解章廣說 又攝論意 佛子有五義 一 以信心爲種子 二 以般若爲母 三 以禪爲胎 四 以忍爲乳 五 以佛爲父", 『대승기신론의소』 권상(대정장44, p.177b3)에 "부처님의 지위를 이어받았기에 진실한 아들이라 이름한다. 紹佛位 故名眞子"라고 하였다. [참고문헌〕『勝鬘寶窟』, 『大乘起信論義疏』, *Bodh-bh.223.*

진자 眞慈 ❶ 연(緣)을 가리지 않는 진실한 자. 『주유마힐경』 권6(대정장38, p.383c9)에 "진실한 자로 모든 법이 공함을 관하니 이것이 진실한 혜다. 진실한 혜 중에서 연에 얽매이지 않는 자도 나오니 이를 진실한 자라 한다. 이 자를 본으로 삼아 남을 위해 진실법을 설해주기에 진실자라 한다. 眞實慈 觀諸法空 則是眞實慧 眞實慧中 生無緣慈 名爲眞慈 亦以慈爲本 爲人說眞實法 名眞慈", 『유마경의소』 권5(대정장38, p.966c2)에 "진실한 자를 얻은 사람은 법을 보시할 수 있다. 그러므로 자를 법시라 한다. 得眞慈者 能施於法 故慈名法施"라고 하였다. 〔참고문헌〕『注維摩詰經』, 『維摩經義疏』. ⇨ 자비 慈悲 ❷ 신라 제25대 진지왕(재위 576~579) 때 경주 흥륜사(興輪寺) 스님. 『삼국유사』 권3(대정장49, p.995a7・한불전6, p.328a12) 탑상(塔像)4 미륵선화말시랑진자사(彌勒仙花末尸郞眞慈師)에 따르면 "스님 진자〈정자(貞慈)라고도 한다〉께서 흥륜사에 주석하면서 항상 미륵부처님 앞에서 발원하기를 '원컨대 미륵부처님께서는 화랑으로 이 세상에 출현하신다면 저희들 눈밝은 그 모습 받들어 모시고 수행하겠나이다'라면서 정성껏 기도 봉행하길 나날이 더하던 어느 날 밤 꿈에 한 스님이 나타나 '네가 소원을 성취하려면 곧 웅천(熊川 : 충남 공주 玉龍洞 月城山) 수원사로 찾아가면 미륵선화를 친견할 것이다' 하였다. 스님이 기쁘고 놀라 곧바로 그 절을 찾아 일보일배를 하면서 십일만에 절 앞에 도착하니 아름답고 단정한 한 소년이 눈 맑은 표정으로 작은 문 지나 객실로 인도하였다. 스님이 공손히 읍하고 '초면인데 어찌 이렇듯 은근한가?'라면서 인사했다. 그 소년이 말하되 '저도 경사인데 멀리 이곳까지 찾아오시느라 고생이 심하였으므로 위로하기 위해 나온 것뿐입니다' 하였다. 말 마치자 문밖으로 나갔으나 간 곳을 몰랐다. 有興輪寺僧眞慈〈一作貞慈也〉 每就堂主彌勒像前 發原誓言 願我大聖化作花郞 出現於世 我常親近睟容 奉以周旋 其誠懇至禱之情 日益彌篤 一夕夢有僧謂曰 汝往熊川〈今公州〉 水源寺 得見彌勒仙花也 慈覺而驚喜 尋其寺 行十日程 一步一禮 及到其寺 門外有一郞 濃纖不爽 盼倩而迎 引入小門 邀致賓軒 慈且升且揖曰 郎君素昧平昔 何見待殷勤如此 郎曰 我亦京師人也 見師高蹈遠屆 勞來之爾 俄而出門 不知所在". 찾아 헤매다 본절로 돌아왔고, 얼마 있다가 영묘사 동북 길가에서 놀고 있던 소년을 만나 놀라서 "이 이가 미륵선화다 此彌勒仙花也" 하였다. 어릴 적 부모를 잃어 성도 모르는 말시(末始)라 하였다. 가마에 태워 돌아가 국선(國仙)으로 삼았고, 7년이나 화랑 도와 무리 지어 풍류 일삼다 간 곳 없이 사라졌다. 진자 또한 그리워하면서 맑은 덕화 펴다가 끝내 이 자취 없이 사라졌다. 일연스님 찬하시길 "선화 찾아 한 걸음 걸음마다 우러러 그려보았네. 이르는 곳마다에 한 떨기 공덕도 심어 키웠다네. 홀연히 봄날 돌아간 곳 찾을 길 없네. 누가 알겠는가, 아름답게 우거진 숲 순간일 뿐인 줄을. 尋芳一步一瞻風 到處栽培一樣功 驀地春歸無覓處 誰知頃刻上林紅"라고 하였다. 〔참고문헌〕『三國遺事』.

진작 眞作 진여(眞如) 또는 진심(眞心)의 작용. 『대승의장』 권1(대정장44, p.473c25)에 "연을 거둬 실을 따르니 모두 진심의 지음이다. 그러므로 『지경』에 '십이인연 모두 진심의 지음이다'라고 하였다. 진실로 짓기에 끝내 실을 얻어 문득 이름하길 열반이라 한다. 攝緣從實 皆眞心作 故地經言 十二因緣 皆眞心作 由眞作故 窮之得實 便名涅槃", 『화엄오교장』 권3(대정장45, p.497a15)에 "모든 공덕 모두 하나같이 이 진이다. 그러므로 일어나 쓰는 것도 오직 진이 짓는다. 이 때문에 『기신론』에서 보화신을 풀기를 오직 진여에 속한 용으로 크게 거둔다. 以諸功德 旣並同是眞 是故起用 唯是眞作故 起信論中 釋報化二身 唯屬眞如用大攝"라고 하였다. 〔참고문헌〕『大乘義章』, 『華嚴五敎章』.

진장 眞藏 ❶ 신라 제30대 문무왕(재위 661~682) 때 스님. 의상(625~702)의 10대제자 중 한 스님. 자세한 행장은 알 수 없다. 『삼국유사』 권4(대정장49, p.1007a17・한불전6, p.349b9) 의해(義解)5 의상전교(義湘傳敎)에 전한다. 〔참고문헌〕『三國遺事』. ⇨ 의상십대제자 義湘十大弟子 ❷ 고려전기 원응국사(圓應國師) 학일(學一 1052~1144)의 은사스님. 운문사에 있는 「원응국사비문」에 따르면 "1062년(문종16) 11세 때 진장을 은사로 하여 스님이 되었고, 13세에 비구계를 받았다. 十一 依眞藏師 落髮 十三 受具足戒"라고 하였다. 〔참고문헌〕『朝鮮金石總覽』 권상 p.349, 『海東金石苑』 권7 p.7, 『韓國金石全文』 中世上 p.660. ⇨ 학일 學一

진장야차법 鎭將夜叉法 난리를 진압하여 편안하게 하는 금강야차비법(金剛夜叉祕法). 원수와 적을 물리치고 불법(佛法)과 국가를 수호하기 위하여 진장야차승군청왕(鎭將夜叉勝軍天王)인 북방 비사문천왕(毘沙門天王)을 본존(本尊)으로 하여 닦는 수법이다. 『공양차제법소사기』 권1(대정장60, p.722b5)에 "진장이란 그 나라를 진호하는 장군이다. 鎭將者 其國鎭守府之將軍也", 『계람습엽집』 권42(대정장76, p.640b17)에 "사천왕이란 여래의 사지가 변한 것이다. 비록 우열이 없지만 다문천을 근본으로 한다. … 다문천은 왼손으로 보탑을 받들었다. 『법화경』에서 증명하는 표상이다. 탑파란 삼천만법의 총체이기 때문이다. 오른손은 보봉을 쥐었으니 이는 일승의 무가보주이다. … 〈문〉 다문의 보주와 일승의 보주는 어떻게 동일한 체상인가? 〈답〉 안진궤에서 보주의 공능이 백유순의 국토 안에 쇠락과 감소가 없도록 한다고 설했다. 다문천신주의 공능에 대해 『법화경』은 백유순 내에 쇠감이 없도록 한다고 하였으니 경문의 깊은 뜻을 생각할 수 있다. 진장야차비법사는 구전이고 대장군비법사는 구전이다. 四天王者 如來四智所變故 雖無勝劣 以多聞天爲本也 … 仍多聞天左手捧寶塔 法花證明表相也 塔婆者 三千萬法之總體故也 右手執寶棒 是一乘無價寶珠也 … 多聞寶珠一乘寶珠一體相如何 示云 安鎭軌曰 說寶珠功能 百由旬內令無衰滅 多聞天神呪功能 法花云 令百由旬內無所衰減 文深可思之 鎭將夜叉祕法事口傳 大將軍祕法事 口傳"라고 하였다. 〔참고문헌〕『供養次第法疏私記』, 『溪嵐拾葉集』.

진재 眞宰 참으로 만물을 짓고 부리는 것. 어딘가에 무엇이 있어 세간을 다스린다고 집착하는 상견(常見) 또는 유견(有見)의 오류다. 『능엄경정맥소』 권10(卍속장18, p.877a1)에 "상주하는 것의 견해를 내세우는 사람은 그것을 가리켜 항상 짓고 변화하게 하는 진실한 주재자라고 여긴다. 立常住解者 目爲常司造化之眞宰也", 『주유마힐경』 권2(대정장38, p.341c6)에 "연이 합하면 바로 일어나고 연이 흩어지면 떠날 뿐인데, 어째서 참으로 주재하며 상주하는 주인이란 것이 있겠는가! 緣合則起 緣散則離 何有眞宰常主之者", 같은 책 권5(대정장38, p.376b18)에 "〈경〉 일어나면 오직 법이 일어나고, 멸하면 오직 법이 사라질 뿐이다. 〈주〉 승조(僧肇)가 말한다. '법의 상을 푼다. 오음의 모든 법들 잠시 모여 몸이 되고, 일어나면 오직 갖가지 법이 함께 일어나고, 멸해도 오직 갖가지 법이 함께 사라질 뿐이다. 진실로 주재하는 주란 것 따로 있을 리 없으니, 그것 그저 일어났다 사라지는 것일 뿐이다'. 起唯法起 滅唯法滅 肇曰 釋法想也 五陰諸法 假會成身 起唯諸法共起 滅唯諸法共滅 無別有眞宰主 其起滅者也"라고 하였다. 〔참고문헌〕『楞嚴經正脈疏』, 『注維摩詰經』. ⇨ 상견 常見

진재불언중 盡在不言中 다한 끝은 말 없는 중이라네. 『종용록』 21칙(대정장48, p.240c13)에 "운암이 마당을 쓸고 있을 때 도오가 말했다. '참으로 구구하십니다' '구구하지 않은 것도 있음을 알아야 합니다' '그렇게 해봐야 두 번째 달이겠지'. 운암이 빗자루를 들고 말했다. '이것은 몇 번째 달입니까?' 도오가 대꾸 없이 가버렸다〈다한 끝은 말 없는 중에 있다〉. 현사는 '바로 두 번째 달이다'라고 하였고, 운문은 '사내종이 계집종을 은근하게 쳐다본다'라고 하였다. 雲巖掃地次 道吾云 太區區生 巖云 須知有不區區者 吾云 恁麽則有第二月也 巖提起掃箒云 這箇是第幾月 吾便休去〈盡在不言中〉 玄沙云 正是第二月 雲門云 奴見婢殷勤"라고 하였다. 〔참고문헌〕『從容錄』.

진저 眞底 참인 저것. 끝내 진실인 것. 문장 끝에서는 '바로 그것이라네'의 뜻이다. 『무문관』 35칙(대정장48, p.297b17)에 "오조법연이 학인에게 물었다. '천녀가 혼을 떠났다. 어느 것이 진짜인가?' 무문이 말한다. '이렇게 향하는 곳에서 진실 깨닫는다면 저 여인숙 머물듯 하리라. 껍데기 들고 남을 알 것이니, 만약 그렇지 않다면 절대로 이리저리 달리지 마라. 맥없이 흙과 물과 바람과 따스함 한번에 흩어지리니, 끓는 물에 떨어진 게 손발 일곱 여덟일 날 보리라. 그때 가서 왜 말하지 않았느냐 하지 마라'. 五祖問僧云 倩女離魂 那箇是眞底 無門曰 若向者裏悟得眞底 便知出殼入殼 如宿旅舍 其或未然 切莫亂走 驀然地水火風一散 如落湯螃蟹七手八脚 那時 莫言不道", 『설두어록』 권1(대정장47, p.676b1)에 "'망상을 없애지도 않고 진짜를 구하지도 않는 이는 어떤 사람입니까?' '하룻밤 자고 가라'. 問 不除妄想 不求眞底 是什麽人 師云 一宿覺", 『고봉원묘어록』 권하(卍속장122, p.681b9)에 "고봉선사가 말했다. '문수가 아는 것을 가섭은 모르고, 가섭이 아는 것을 문수는 모른다. 그들이 모르는 것은 제쳐두고 백천만억의 문수 중 어느 것이 진짜인가?' 師云 文殊知底 迦葉不知 迦葉知底 文殊不知 彼彼不知且置 百千萬億文殊 那箇是眞底"라고 하였다. 〔참고문헌〕『無門關』, 『雪竇語錄』, 『高峰原妙語錄』.

진적 眞的 참이어서 다른 것이 아닌 것. 진실에 부합하여 다른 것이 아닌 것을 가리킨다. 『원오어록』 권14 「시재지장 示才知莊」(대정장47, p.780b13)에 "구지선사는 학인이 찾아와 문답할 때면 그저 손가락 하나만을 세웠는데, 상하에게 모두 통하여 깨우치니 의심할 여지 없었다. 병을 낫는데 당나귀나 낙타의 약을 빌리지 않았던 것입니다. 후대에 몽매한 후손들이 식상하게 손가락을 세워서 사람들 흑백도 구분하지 못하도록 속여, 마치 제호를 독약 만들 듯 하였으니 참으로 가여운 일입니다. 만약 이것이 진정 사무친 그 끝이라면 비로소 신중할 줄 알고 끝내 등한하지 않게 됩니다. 그러므로 천 근의 쇠뇌는 생쥐를 잡는 데 쓰지 않는다고 하는 것입니다. 반드시 정수리 위 눈을 갖추어야 비로소 들어오고 또 지을 수 있습니다. 俱胝凡見僧來及答問 唯竪一指 蓋通上徹下 契證無疑 差病不假驢駝藥也 後代不諳來脈 隨例竪箇指頭 謾人不分皂白 大似將醍醐作毒藥 良可憐愍 若是眞的見透底 始知鄭重 終不將作等閑 所謂千鈞之弩 不爲鼷鼠而發機 是故須具頂顙上眼方可入作", 『정업지진』(卍속장109, p.793b11)에 "만약 스승과 벗이라면 반드시 진실 그대로인 것 구해야 비로소 나를 이끌어 도에 들도록 하고, 나의 지혜를 열어주며 나의 수행을 이루고 나의 생사를 끝낼 수 있다. 그러므로 스승과 벗의 은혜는 부모를 넘어선다. 若要師友 必求眞的 方能引我入道 開我智慧 成我修行 了我生死 所以師友之恩 過於父母"라고 하였다.

〔참고문헌〕『圜悟語錄』, 『淨業知津』. ⇨ 진저 眞底

진적 眞寂 ❶ 더없이 고요함. 석존의 반열반을 가리키는 말. 『인명입정리론소』 권상(대정장44, p.91b12)에 "물 따라 물들의 기에 응하시다 사라쌍수에 이르셨고, 더할 나위 없는 가르침 이 세간에서 다하시고는 저 두 갈래 강을 건너 참으로 고요함에 돌아가셨네. 남기신 저 밝은 빛 모래겁에 빛나리. 應物機於雙樹 至教浹於塵洲 歸眞寂於兩河 餘烈光乎沙刧"라고 하였다. 〔참고문헌〕『因明入正理論疏』. ❷ 송대 임제종 황룡파 스님인 도솔종열(兜率從悅)의 시호. ⇨ 도솔종열 兜率從悅

진전 珍傳 고려시대 오관산사(五冠山寺) 스님. 징효대사(澄曉大師) 절중(折中)의 은사. 징효대사비문에 따르면 "절중이 7세 때 걸식하는 스님의 거룩한 모습을 보고 출가할 뜻을 품고 있던 중, 드디어 부모를 하직하고 외롭게 경기도 장단군 오관산 영통사로 가서 진전법사를 은사로 하여 스님이 되었다. 年七歲 覩禪侶之乞食者 因慕出家 遂辭二親 於是 孤逝至五冠山寺 謁珍傳法師 … 仍居慈室 落采"라고 하였다. 〔참고문헌〕『朝鮮金石總覽』 권상 p.158, 『韓國金石全文』 中世上 p.338, 『校勘譯註歷代高僧碑文』 高麗篇1 p.277. ⇨ 절중 折中 ❷

진전 眞筌 더없이 좋은 통발. 반드시 보리를 얻게 하는 진실방편인 부처님 말씀을 비유한다. 진전(眞詮)과 통한다. 80권본 『화엄경』 「서 序」(대정장10, p.1b13)에 "더없이 드넓은 진실의 방편으로 앎의 씨 있는 중생을 멀리도 꾸린다. 方廣眞筌 遐該於有識", 『자은전』 「서 序」(대정장50, p.220c11)에 "방등의 일승과 원종의 십지를 대법이라 하니 진실의 방편이라는 뜻이다. 方等一乘 圓宗十地 謂之大法 言眞筌也", 『일체경음의』 권41(대정장54, p.574c21)에 "진전〈진은 칠과 연을 반절한 음. 『장자』에 '통발은 물고기를 잡는 도구이니 물고기를 얻었으면 통발은 잊는다'라고 하였다. 고야왕의 『옥편』에 '물고기를 잡는 대나무로 만든 통발(竹筍)이다. 구(笱)의 음은 구(狗)이다'라고 하였다〉. 眞筌〈七緣反 莊子云 筌者 所以取魚 得魚而忘筌 顧野王云 捕魚竹笱也 笱音狗也〉"라고 하였다. 〔참고문헌〕『華嚴經』, 『慈恩傳』, 『一切經音義』. ⇨ 진전 眞詮

진전 眞殿 역대 임금의 어진(御眞)이나 위패를 봉안한 전각. 주로 국혼단(國魂壇)이 설치된 원찰(願刹)에 있었다. 『고려사』 권6 세가(世家)6 정종 4년(1038) 2월 16일(癸未)에 "등 밝히는 날에 왕이 봉은사에 가 태조 어진에 배알하였다. 등 밝히는 저녁엔 반드시 몸소 진전에 나아가 향 올리는 것을 상례로 삼았다. 燃燈 王如奉恩寺 謁太祖眞 燈夕 必親行香眞殿以爲常", 『자기문절차조열』 「자기문위목규 仔夔文位目規」(한불전11, p.527b21)에 "국혼단에는 일체제왕과 명군등 무리를 모신다. 國魂壇 一切帝主明君等衆"라고 하였다. 〔참고문헌〕『高麗史』, 『仔夔文節次條列』. ⇨ 국혼단 國魂壇

진전 眞詮 진실을 말로 다하다. 진실한 말씀. 『법화경』 권7 「어제관세음보문품경서 御製觀世音普門品經序」(대정장9, p.198a17)에 "『묘법연화경』 「보문품」은 고뇌에서 벗어나도록 하는 진실한 말씀이다. 妙法蓮華經 普門品者 爲度脫苦惱之眞詮也", 『총석다라니의찬』(대정장18, p.898a23)에 "진언이라는 말에서 진은 진여와 상응하고 언은 진실한 해설이라는 뜻이다. 眞者 眞如相應 言者 眞詮義", 『능엄경정맥소현시』(卍속장18, p.289a3)에 "그러므로 『법화경』과 이 『능엄경』은 비록 모두 지말을 거두어 근본으로 돌아가는 진실한 말씀이지만 『법화경』은 그 실마리만 열어주었을 뿐이고, 이 경에서 비로소 그 말씀을 극치까지 드러내었다. 然法華與斯經 雖皆攝末歸本之眞詮 而法華 但以開其端 而斯經 方以竟其說矣", 『분양어록』 권하(대정장47, p.628c15)에 "삼승의 완벽한 이치를 진전이라 부른다. 三乘了義 號眞詮"라고 하였다. 〔참고문헌〕『法華經』, 『總釋陀羅尼義讚』, 『楞嚴經正脈疏懸示』, 『汾陽語錄』. ⇨ 진전 眞筌

진전사 陳田寺 강원도 양양군 강현면 둔전리 설악산(雪嶽山)에 있는 절. 창건사적은 전하지 않으나 만당(晩唐)시기 서당지장(西堂智藏)의 심인을 이은 도의(道義)가 머물며 선풍을 크게 일으킨 신라 선종의 근원지다. 952년에 편찬된 『조당집』 권17 「설악진전사원적선사 雪嶽陳田寺元寂禪師」와 893년(진성왕7)에 최치원(崔致遠)이 찬술한 「문경봉암사지증대사적조탑비문 聞慶鳳巖寺智證大師寂照塔碑文」에는 한주(漢州) 북한군(北漢郡) 출신 도의가 784년(선덕왕5)에 견당사(遣唐使) 한찬 김양공(金讓恭)의 배를 타고 입당하여 오대산(五臺山)에서 문수보살을 친견하고는 광부(廣府) 보단사(寶壇寺)에서 구족계를 받았고, 조계산의 혜능의 진영을 참배하고는 강서 개원사(開元寺)로 가서 서당지장의 심인을 받았으며, 그뒤 백장회해(百丈懷海)를 만나 선법을 이었는데, 귀국 후에는 선종을 널리 알리고자 하였으나 당시 사람들이 '마어(魔語)'라고 비웃은 탓에 북산인 금강산에 입산하였다고 하였다. 김영(金穎)이 찬술한 「장흥보림사보조선사창성탑비문 長興寶林寺普照禪師彰聖塔碑文」(같은 책 신라편, p.97)에는 "도의대사가 … 법을 염거선사에게 부촉하였다. 이에 염거선사가 설산 억성사에 머물면서 조사의 마음을 전하고 스승의 가르침을 여니, 체징선사가 가서 섬겼다. 道儀大師者 … 付法於廉居禪師 居雪山億聖寺 傳祖心闡師教 我禪師往而事焉"고 하여, 도의의 선법이 억성사 염거와 보림사 체징에게 이어져 신라 선문(禪門)의 샘이 되었다. 그 뒤의 사적은 전하지 않지만, 1219년(고종6)에 일연(一然 1206~1289)이 이곳에서 출가하였는데, 민지(閔漬 1248~1326)가 찬술한 「군위인각사보각국존정조탑비문 軍威麟角寺普覺國尊靜照塔碑文」에 "흥정 기묘년에 진전사의 장로 대웅에게 나아가 머리를 깎고 구족계를 받았다. 興定己卯 就陳田長老大雄 剃度受具"고 하였고, 이규보(李奎報)의 「용담사총림회방 龍潭寺叢林會榜」 『동국이상국전집』 권25 방문(牓文)에는 "신라왕자와 도의국사는 함께 배를 타고 입당하여 (도의국사가) 지장화상에게 구법한 뒤 돌아와 마침내 진전사에서 입정하여 심인을 전하였다. 그 뒤에 선종의 자취가 비로소 우리나라에 퍼졌다. 暨新羅王子道義國師航海入唐 求法於地藏和尙 得而東還 遂入定陳田寺 蜜傳心印 然後禪轍始輾于東土矣"라고 하였다. 사역의 규모를 알 수 없고 지금의 절터가 '진전사터'인지는 전하는 자료가 없어 단언할 수 없었지만, 절터 중앙에 삼층석탑이, 서북쪽 능선에는 도의의 승탑으로 추정되는 석조부도가 자리하고 있다. 「설악진전사원적선사」에 "나머지는 비문과 같다. 餘如碑文"고 하였으므로 주변에 탑비가 자리하였던 듯하다. 폐사의 때에 관해서는 전하는 바 없으나, 고려 기와와 청자 조각이 발견되고 있어 임진왜란 전후에 쇠락한 듯하다. 1965년에 긴급조사 후 삼층석탑은 국보로, 석조부도는 보물로 지정되었고, 1968년에 해체복원하면서 부도 주변에서 '진전'이라는 글자가 새겨진 기와조각을 수습하여 진전사터임을 확인하였으며, 1974~1975년의 발굴조사에서는 남향 단탑(單塔)의 가람배치와 함께 정·측5·4칸의 법당터, 돌로 포장된 도로, 석등 자리, 일부 파괴된 이수 등을 확인하고 통일신라시대의 옛 터에 고려시대에 중건하였던 흔적도 확인하였다. 이후 2003년까지 진행된 발굴결과로는 계단과 중문터가 있는 남쪽 축대부터 법당터 주변의 7채 건물터, 삼층석탑 주변, 선방터가 있는 북쪽 축대까지 남북으로 긴 절터를 확인하였다. 현재 석조부도의 서쪽 능선에 대한불교조계종 제3교구 본사 신흥사(神興寺)의 말사인 진전사가 2005년부터 여러 전각을 중건하여 자리하고 있다. 〔참고문헌〕『祖堂集』, 李智冠『校勘譯註歷代高僧碑文』新羅篇·高麗篇4 pp.190~282, 『韓國寺刹全書』 권하 p.1057a5, 『道義祖師』 大韓佛敎曹溪宗宗祖宣揚事業 中國佑民寺道義祖師入唐求法紀念碑建立資料集(대한불교조계종, 2009), 『진전사지 발굴보고』(단국대박물관, 1989), 『양양 진전사지 발굴조사 보고서』(강원문화재연구소, 2004). ⇨ 도의 道義, 일연 一然, 억성사 億聖寺

진전사 진전명문기와조각
국립춘천박물관 고려

진전사지도의선사탑 陳田寺址道義禪師塔 통일신라시대 승탑. 보물 제439호. 높이 3.17m. 강원도 양양군 강현면 둔전리 진전사지에 있다. 진전사를 창건한 도의선사의 승탑으로 추정한다. 진전사지 삼층석탑과 함께 무너져 있었으나, 1968년에 다시 세웠다. 6매의 장대석으로 이루어진 지대석 위에 2층 기단과 팔각 탑신을 올렸다. 하층기단은 4개의 면석으로 이루어졌으며, 우주(隅柱)와 1개의 탱주(撑柱)를 새겼다. 상층기단 면석도 하층기단과 마찬가지로 우주와 1개의 탱주가 새겨졌다. 상층기단 갑석은 아랫면에 부연이 있고, 윗면에는 팔각 받침이 있으며, 그 위에 연화대를 올렸다. 연화대는 아래는 16판의 앙련(仰蓮)을 새겼고, 그 위로 3단 괴임을 두어 팔각 탑신을 받고 있다. 연화대 중앙에 깊이 9.5㎝의 네모난 사리공(舍利孔)이 있다. 팔각 탑신석에는 남쪽 한 면에 문비(門扉)를 두 줄로 새겼다. 낙수면은 완만하게 내려오다가 끝에서 위로 살짝 들려 있다. 옥개석 아래 추녀에는 낙수홈을 새겼다. 옥개석 윗면에는 상륜부(相輪部)를 받치기 위하여 8각으로 된 1단의 각형 받침을 새겼고, 그 둘레에 8판 복련(覆蓮)을 장식하였다. 보주는 연꽃봉오리 모양으로 아랫부분에 8판의 앙련을 새겼다. 승탑 앞에는 윗면 중앙에 8판의 연꽃을 새긴 예배석이 있다. 팔각형의 탑신과 방형 2층 기단이라는 점이 특이하다. 신라시대 승탑의 양식이 구체화되기 전의 모습으로 불교조각사 연구에 중요한 자료이다. 〔참고문헌〕『文化財大觀』 寶物篇 石造Ⅰ 문화재청, 2004) pp.436~439. ⇨ 진전사 陳田寺, 도의 道義

도의선사탑 진전사지

진전사지삼층석탑 陳田寺址三層石塔 통일신라시대 석탑. 국보 제122호. 높이 5m. 강원도 양양군 강현면 둔전리 진전사지에 있다. 2단 기단 위에 3층 탑신을 올린 전형적인 신라석탑 양식이다. 기단과 1층 탑신에 화려한 조각을 새긴 것이 특징이다. 지대석은 8매의 장대석으로 이루어졌고, 그 위에 올린 하층기단 면석에 우주(隅柱)와 1개의 탱주(撑柱)를 새겼다. 탱주가 한 면을 둘로 나누어 8면에 연꽃대좌 위에 광배를 갖추고 천의 자락을 휘날리며 앉아 있는 비천상(飛天像)을 새겼다. 비천상은 합장을 하거나 천의를 잡는 등 다양한 자세를 하고 있다. 상층기단 역시 우주와 1개의 탱주를 새겼고, 탱주가 나눈 8면에 구름 위에 앉아 무기를 들고 있는 팔부신중(八部神衆)을 새겼다. 동면에 야차와 용, 서면에 가루라와 천, 남면에 아수라와 건달바, 북면에 긴나라와 마후라가를 조각했다. 탑신석과 옥개석이 각각 하나의 돌로 이루어졌으며, 우주를 새겼다. 1층 탑신석 네 면에는 사방불(四方佛)을 새겼다. 연꽃대좌 위에 결가부좌하고 두광과 신광을 갖췄으며, 나발과 육계가 뚜렷한 여래상이다. 동면은 약사여래(藥師如來), 서면은 아미타불(阿彌陀佛)을 새겼다. 남면의 좌상은 법의를 우견편단(右肩偏袒)으로 걸치고 오른손은 무릎 위에 놓고 왼손은 어깨까지 들고 있으며, 북면의 좌상도 우견편단으로 걸치고, 수인은 오른손을 가슴까지 올리고 왼손은 밑으로 내리고 있다. 일부 파손된 곳이 있지만 조각기법이 매우 정교하고 사실적이다. 옥개받침은 5단이며, 옥개석의 낙수면은 완만한 경사를 이루다 모서리에서 경쾌하게 반전을 이룬다. 옥개석의 각 모서리에는 풍탁(風鐸)을 달았던 구멍이 남아 있다. 3층 옥개석 위에 원형의 찰주공(擦柱孔)이 있다. 상륜부는 노반(露盤)만 남아있다. 전체적으로 비례가 좋고 조형미도 뛰어난 석탑으로 기단에 새긴 비천상과 팔부중, 탑신에 새긴 사방불의 사실적이면서 세련된 조각기법에서 통일신라시대 불교조각의 수준과 당시 진전사의 위상을 짐작해 볼 수 있다. [참고문헌]『文化財大觀』 國寶篇 建造物(문화재청, 2001) pp.248~251. ⇨ 진전사 陳田寺

삼층석탑 진전사지

진전차수 進前叉手 대중중에 있다가 앞으로 나아가 손을 모으고 있는 것. 차수진전(叉手進前)이라고도 한다. 『위산어록』(대정장47, p.578c23)에 "위산이 상당하여 말하였다. '한겨울 시린 추위는 해마다 있는 일이다. 그림자 옮겨 다니는 일은 어떤가?' 앙산이 앞으로 나와서 손을 모으고 섰다. 위산이 말하였다. '나는 사실 그대가 이 말에 답하지 못할 걸 알았다'. 향엄이 말하였다. '저는 그 말씀에 조금 답할 수는 있습니다'. 위산이 앞에 이르러 묻자 향엄 또한 앞으로 나와서 손을 모으고 섰다. 위산이 말하였다. '다행히 혜적이 알지 못하는 것을 마주하였구나'. 師上堂云 仲冬嚴寒年年事 晷運推移事若何 仰山進前叉手而立 師云 我情知汝答這話不得 香嚴云 某甲偏答得這話 師躡前問 香嚴亦進前叉手而立 師云 賴遇寂子不會", 『천성광등록』 권18 「석상초원장 石霜楚圓章」(卍속장135, p.771b19)에 "스님(혜초)이 무엇이 부처인지 묻자, 선사(법안)가 그대 바로 혜초다 했네. 절 올리고 앞으로 나와 차수하였지만, 헤아림은 십만 리로 아득히 멀어지네. 因人 僧問如何是佛 師云 汝是惠超 禮拜進前叉手 思量十萬迢迢"라고 하였다. [참고문헌] 『潙山語錄』, 『天聖廣燈錄』, 『頌古聯珠通集』 권15(卍속장115, p.180b5). ⇨ 차수 叉手

진점겁 塵點劫 티끌처럼 오랜 겁. 헤아릴 수 없이 긴 세월을 뜻한다. 진겁(塵劫)이라고도 한다. 『낙방문류』 권3(대정장47, p.196b11)에 "『법화경』에 따르면 아미타불께서는 진점겁을 지나며 닦고 행하셨다. 阿彌陀佛 據法華經 歷塵點劫修行", 『아미타경요해편몽초』 권상(卍속장91, p.899a10)에 "『법화경』에서 '(여래의 지견력으로) 그 오래전 일들을 오늘의 일처럼 볼 수 있다'라고 하였으니, 과거의 진점겁 이전의 일이 모두 일념중에 현전해 있고 미래제자들의 성불의 일도 또한 일념에 현전해 있으니, 어찌 가로질러 다하지 않음이겠는가. 法華經云 觀彼久遠 猶若今日 謂過去塵點劫前事 皆在現前一念之中 未來弟子成佛事 亦在現前一念之中 豈非竪窮"라고 하였다. [참고문헌] 『樂邦文類』, 『阿彌陀經要解便蒙鈔』, 『法華經』 권3(대정장9, p.22b2). ⇨ 진 塵[1], 겁 劫, 진겁 塵劫, 삼천진점겁 三千塵點劫, 오백진점겁 五百塵點劫, 과거진점겁 過去塵點劫

진정 眞正 진실이어서 바른 것. 허망하여 삿되지 않음. 『장아함경』 권13 「아마주경 阿摩晝經」(대정장1, p.82a9)에 "이때 비가라사라바라문이 있어 욱가라촌에 살고 있었다. … 이 바라문은 7대조 이래 부모까지 참되고 반듯하여 타인의 경시와 비방을 받지 않았으며, 3부의 베다를 외워 통하였으며 각종 경서를 모두 능히 분별하였다. 또 능히 대인상법과 제사의례를 잘 알았으며, 오백제자 있었는데 가르쳐 어둡지 않았다. 時 有沸伽羅娑羅婆羅門 止郁伽羅村 … 此婆羅門 七世已來 父母眞正 不爲他人之所輕毁 三部舊典 諷誦通利 種種經書 皆能分別 又能善解大人相法 祭祀儀禮 有五百弟子 教授不廢", 같은 책 권16 「삼명경 三明經」(대정장1, p.105a8 : *Tevijja-sutta*, *DN.1*, p.235)에 "이때 바실타와 바라타 두 사람은 이른 아침 동산에 가서 함께 논의하다 서로 시비를 다투었다. 이때 바실타가 바라타에게 말했다. '나의 도는 참되고 바르니 능히 출요를 얻어 범천에 이른다. 이는 대사이신 비가라사라바라문께서 설하신 바다'. 時 婆悉咤 頗羅墮二人 於淸旦 至園中 遂共論義 更相是非 時 婆悉咤語頗羅墮 我道眞正 能得出要 至於梵天 此是大師沸伽羅娑羅婆羅門所說 vāseṭṭho māṇavo evam āha, ayam eva uju-maggo, ayaṃ añjasāyano niyyāniko niyyāti takkarassa brahmasahavyatāya", 『주유마힐경』 권1(대정장38, p.334a23)에 "승조가 말한다. '아누다라는 진언으로 무상이고, 삼막삼보리는 진언으로 정변지다. 도보다 큰 것은 없으므로 위없다 하고, 그 도 진실이고 발라서 법 모르는 것이 없으므로 정변지다'. 肇曰 阿耨多羅 秦言無上 三藐三菩提 秦言正

遍知 道莫之大 無上也 其道眞正 無法不知 正遍知也"라고 하였다. [참고문헌]『長阿含經』, 『注維摩詰經』, *DN.*

진정 眞定 신라 제30대 문무왕(재위 661~682)대 의상(義湘 625~702)의 10대제자 중 한 분. 어릴 때 아버지가 죽고 어머니를 모시고 있었다. 스님이 되기 전에는 무인(武人)으로 군무(軍務)에 종사하였는데, 공무를 마치고 틈이 나면 품을 팔아 홀어머니를 봉양했다. 『삼국유사』 권5(대정장49, p.1017c8·한불전6, p.367a18) 효선(孝善)9 진정사효선쌍미(眞定師孝善雙美)에 "마침 의상법사가 태백산에 계시면서 설법하여 사람을 이롭게 한다는 소문을 듣고 곧 우러르는 뜻을 냈으니, 어머니께 고하기를 '효를 마친 후 마땅히 의상법사에게 가서 머리를 깎고 도를 배우겠습니다' 라고 하였다. 聞人說義湘法師 在太伯山 說法利人 卽有嚮慕之志 告於母曰 畢孝之後 當投於湘法師 落髮學道矣"라고 하였다. 그렇지만 어머니도 먼 훗날을 내다보는 지혜로 모자의 정을 빨리 벗어나 곧바로 출가하기를 권하였으니, 만약 나를 위하여 출가를 미룬다면 나를 지옥에 빠뜨리는 것과 다름이 없다고 하였으니, 3일 만에 눈물을 흘리면서 의상스님을 찾아 제자가 되었다. 3년 후 어머니의 부고를 받고 7일 동안 선정에 들어 극락왕생을 기원했다. 그 후 이 사실을 의상스님께 말하니 의상은 모든 제자들과 함께 소백산 추동(錐洞)으로 가서 어머니의 천도를 위해 삼천의 대중과 함께 90일 동안 『화엄경』을 강설했다. 이 강의가 끝나는 날 밤에 어머니가 스님에게 현몽하였으니, '내가 스님들의 법력과 부처님의 가호를 입어 하늘 나라에 상생하였다'고 하였다. 입적한 후 김은주(金殷舟)가 비문을 지어 975년(광종26)에 세운 비가 산청 단속사(斷俗寺)에 있었으나 언제 파손되었는지 알 수 없고 '산단속 山斷俗'이라 새긴 단 하나의 비편(碑片)만이 남아서 1900년 국립중앙박물관인 경복궁으로 옮겨져 있다. [참고문헌]『三國遺事』, 『文化遺蹟總覽』 권상 p.20. ⇨ 진장 眞藏[1], 의상십대제자 義湘十大弟子

진정 眞亭 돌아가신 존숙(尊宿)의 진영을 모신 조그만 정자. 네 개의 기둥에 지붕이 있고 사면을 얇은 천으로 둘러 정자(亭子)와 같아서 붙여진 이름이고, 법구를 다비장에 모시고 장례를 마칠 때까지 맨 앞에 모시고 나아가고 멈춘다. 『백장청규』 권3 「출상괘진전다탕 出喪掛眞奠茶湯」(대정장48, p.1128c15)에 "고사와 상사는 의논하여 상의·향정·진정·당번·패악·감전산의·탕로·도등·죽비·주장자·불자·향합·법의 등의 물품을 주관한다. 庫司喪司相關 提調喪儀香亭 眞亭幢幡唄樂 龕前傘椅 湯爐挑燈 竹篦主丈拂子 香盒法衣等物", 『선원청규』 권7 「존숙천화 尊宿遷化」(卍속장111, p.916b8)에 "장례의식. 대감의 결식은 때에 맞게 다 갖추고 진정·향정·법사·화번 등을 아울러 준비해야 한다. 送葬之儀 合備大龕結飾臨時 幷眞亭香亭法事花幡", 『선림상기전』 권20(불광장, 禪藏, p.1591)에 "구설에서는 진정이란 돌아가신 존숙의 진영을 거는 도구라고 하였다. 도충이 말한다. '진정을 만들 때는 네 개의 기둥에 네 글자가 있고 모습은 정자와 같게 한다. 사면은 얇은 천으로 둘러서 영롱한 듯 들여다 보이게 하며 앞면에 얇게 「진정」이라는 두 글자 편액을 걸고 진영 앞에 패를 안치한다. 또는 진영에 찬사를 붙이고 서명하면 패는 거듭 쓰지 않는다. 상례가 열반대로 나아가고자 할 때에 이 정자는 감 앞에 두었다가 두 손으로 마주들고는 앞서 나아간다'. 舊說曰 眞亭 掛亡尊宿眞影之器 忠曰 眞亭製四柱四字 其形如亭 四傍皆張薄紗 透視玲瓏 前擔扁眞亭兩字 而影前安牌 或眞影有贊辭 自書名 則不復用牌 喪赴化壇時 此器在龕前 扛而進發"라고 하였다. [참고문헌]『百丈清規』, 『禪苑清規』, 『禪林象器箋』. ⇨ 진영 眞影

진정 眞淨 [1] Ⓢ bhūtārtha-śuddhitva. 진실하고 깨끗함. 번뇌 없어 자성 그대로 맑고 깨끗한 뜻이다. 『대승본생심지관경』 권1(대정장3, p.295a1)에 "감로와 같이 진실하고 깨끗한 법을 연설하여 무위의 해탈문에 들도록 한다. 演說甘露眞淨法 令入無爲解脫門", 60권본 『화엄경』 권2(대정장9, p.404a20)에 "가장 뛰어나고 장엄하신 셀 수 없는 불국토여, 헤아릴 수 없이 깨끗한 빛깔이네. 깊고 깊은 공덕이여, 진실하고 깨끗하여 번뇌 여윈 불자들이 충만하여 언제나 묘한 법의 부사의 한 소리 듣는다네. 最勝嚴淨 無數佛土 無量淨色 甚深功德 眞淨離垢 佛子充滿 常聞妙法 不思議音", 『대보적경』 권112(대정장11, p.633b25)에 "보살 또한 그러하여 진실하고 깨끗한 마음이어서 중생중에 있으면서 평등하게 교화한다. 菩薩亦爾 眞淨心故 於衆生中 平等敎化", 『십지경론』 권4(대정장26, p.153a16)에 "초지에서는 금을 불로 단련하듯, 탐욕 등 거친 때 버리기에 금을 단련하는 청정을 말하였고, 이제 이 지에서는 다시 명반중에 달구어 자체의 밝은 때마저 버리기에 자성이 진실하고 청정해지므로 성계의 청정의 뜻 설하였다. 初地中金但以火鍊 除外貪等麤垢故 說鍊金清淨 今於此地 復置礬石中煮 除自體明垢故 自性眞淨故 說性戒清淨義", 『아미타경약해원중초』 권상(卍속장91, p.765a9)에 "적광정토는 진실하고 청정하여 괴로움과 즐거움의 차이라곤 전혀 없다. 夫寂光眞淨 初無苦樂之殊"라고 하였다. [참고문헌]『大乘本生心地觀經』, 『華嚴經』, 『大寶積經』, 『十地經論』, 『阿彌陀經略解圓中鈔』, *Abh-k-bh.289.* [2] 1025~1102. 송대 스님 극문(克文)의 시호 ⇨ 극문 克文[2]

진정 眞靜 고려 제25대 충렬왕(재위 1274~1308) 때를 전후하여 활동한 스님. 휘는 천책(天頙), 자는 천인(天因)·몽차(蒙且), 시호는 진정국사(眞靜國師), 별호는 용혈대존숙(龍穴大尊宿) 또는 내원당(內願堂), 탑호는 고암(杲庵). 천책의 시호이다. ⇨ 천책 天頙

진정 塵靜 조선후기 탁인(琢璘)의 법호. ⇨ 탁인 琢璘

진정 盡情 ❶ 정식(情識)이 다하다. 망상분별이 사라지다. 『원오어록』 권10(대정장47, p.756b13)에 "만일 정식이 다하여 사무쳐 얻으니, 가고자 문득 가니 다시 무엇을 의심하겠는가? 비록 이와 같다 하더라도 곧바로 반드시 이 진실 이르는 그 곳 그 밭에 이르러서야 비로소 얻었다 할 수 있다. 或若盡情透得 要行便行 更疑什麽 雖然如此 直須是眞實到這箇田地 始得", 『선관책진』 「여주향산무문총선사보설 汝州香山無聞聰禪師普說」(대정장48, p.1102c15)에 "정 다해 놓아버리고 어금니를 꽉 물고 주먹을 단단히 쥐고서 오로지 무자만을 들어라. 盡情放下 咬定牙關 揑定拳頭 單提無字"라고 하였다. 〔참고문헌〕 『圜悟語錄』, 『禪關策進』. ❷ 마음 다하다. 『허당록』 권2(대정장47, p.999c28)에 "화상께서는 오늘밤 마음 다하여 학인들에게 말씀해 주셨습니다. 和尙今夜盡情 說與學人了也", 『무문관』 34칙 「송 頌」(대정장48, p.297b15)에 "정 다하여 모두 말해 마쳤지만, 믿어 미치지 못할까 걱정될 뿐이라. 盡情都說了 只恐信不及"라고 하였다. 〔참고문헌〕 『虛堂錄』, 『無門關』.

진정괘진 眞亭掛眞 진정에 진영(眞影)을 건다는 말. 다비를 위해 돌아가신 분의 진영을 모시는 절차다. 『백장청규』 권3 「불사」(대정장48, p.1128a24)에 절차로서 법구를 감에 모신 다음에 "산문 머리에서 진정에 진영을 건다. 山門首眞亭掛眞"라고 하였다. 〔참고문헌〕 『百丈淸規』. ⇨ 진정 眞亭, 괘진 掛眞, 진영 眞影

진정대법 眞淨大法 Ⓢ udāra dharma-paryāya. 『법화경』의 별명. 『법화경』 권6(대정장9, p.51c12 : *Saddh-p.*, p.386)에 "우리들도 스스로 이 진실하여 깨끗하며 크신 법을 얻어 받아서 지니고 독송하며 해설하고 쓰고 베껴서 공양하고자 합니다. 我等亦自欲得 是眞淨大法 受持讀誦 解說書寫 而供養之 arthino vayaṃ bhagavann anenaivamudāreṇa dharmaparyāyeṇa dhāraṇāya vācanāya deśanāya saṃprakāśanāya vā likhanāya", 『법화의소』 권11(대정장34, p.618a25)에 "진정대법이라 한 것은, 이승의 허위를 마주하기에 진이라 하고, 번뇌 다하지 않음이 없기에 정이라 하며, 덕(常樂我淨)을 갖추지 않음이 없음을 눈여겨 가리켜 대라 함이다. 眞淨大法者 對二乘之僞 故稱爲眞 累無不盡 所以稱淨 德無不備 目之爲大", 『법화현의석첨』 권15(대정장33, p.924a8)에 "진정대법이라 한다. 진이란 변함없는 덕이고, 정이란 깨끗한 덕이다. 이미 변함없고 청정할진대 어찌 아와 락인들 없겠는가! 그러므로 '두 가지 덕도 알 수 있다'고 한 것이다. 眞淨大法者 眞是常德 淨是淨德 旣有常淨 豈無我樂 故云 二德可知"라고 하였다. 〔참고문헌〕 『法華經』, 『法華義疏』, 『法華玄義釋籤』, *Saddh-p.* ⇨ 묘법연화경 妙法蓮華經

진정발심 眞正發心 진실에 의지해 곧바로 마음을 일으키다. 삼승의 방편을 거치지 않고 곧바로 대승에 의지해 발심하는 뜻이다. 『유마경현소』 권2(대정장38, p.529c14)에 "참되고 바르게 마음을 일으킨다는 말은 삼승행인이 곧바로 인연으로 일어난 삼계화택임을 밝게 알고 생사를 깨우쳐 열반 구하려는 뜻을 품는다는 말이니, 다만 보살이 대비심으로 중생을 건지는 마음과는 다르다. 眞正發心者 三乘行人 明知正因緣 所生三界火宅 覺悟生死 志求涅槃 但菩薩大悲濟物心異也", 『대일경소』 권1(대정장39, p.580c3)에 "처음에 참되고 바르게 마음을 일으킴을 좇아서 성불에 이르기까지 그 중간을 모두 들어 신해지라 한다. 始從眞正發心 乃至成佛 於是中間 通名信解地", 『지관보행전홍결』 권5(대정장46, p.301a29)에 "이 중에 원교의 진정발심이란 마땅히 삼교를 잡아서 독과 거짓을 가려내야만 하니, 공도 아니고 애견도 아님을 말한다. 삼교보살은 중도를 증하지 못하여 다 들어 독이라 하고, 양교이승과 구비심(地獄 畜生 餓鬼 修羅 人 欲天 魔羅 尼犍 色無色界)은 다 들어 거짓이라 한다. 양교이승과 통교와 별교에서 공에 든 보살은 모두 이름이 공이지만, 삼교로 가를 벗어난 것은 다 들어 애견일 뿐이다. 초발심부터 항상 중도를 관하므로 영원히 독·위·공·가와 같을 수 없다. 此中圓敎 眞正發心 應約三敎 以簡毒僞 所謂非空 及非愛見也 三敎菩薩 未證中道 通名爲毒 兩敎二乘 及九非心 通名爲僞 兩敎二乘 及以通別 入空菩薩 俱名爲空 三敎出假 通名愛見 從初發心 常觀中道 故永不同毒僞空假", 『천태팔교대의』(대정장46, p.770b9)에 "진정발심이란 무슨 뜻인가? 이미 무명에서 노사에 이르기까지를 알기에 바르게 열반을 구하고자 삼승심을 일으키고 견애를 벗어나 명예와 이익을 바라지 않으며 오직 무여열반에 뜻을 품는다. 眞正發心者 旣識無明 乃至老死 正求涅槃 發三乘心 出離見愛 不要名利 唯志無餘"라고 하였다. 〔참고문헌〕 『維摩經玄疏』, 『大日經疏』, 『止觀輔行傳弘決』, 『天台八敎大意』.

진정보리심 眞淨菩提心 진실해서 깨끗한 보리심. 외도(外道)가 극청정(極淸淨)을 열반이라 여기거나, 삼승이 관공지혜(觀空智慧)로 얻은 청정상(淸淨想)에 취착해서 남이 없는 것(無有生處)을 열반으로 여기거나, 인(因)을 헤아리는(量) 모든 논사(論師)들과 희론(戲論)으로 일으키는 마음이 아닌 것을 진실하고도 깨끗한 마음 일으킴이라 한다. 『대일경소』 권1(대정장39, p.589c9)에 “청정이란 외도가 계착한 것이니 최극청정처라는 것으로 열반이라 여긴다. 마치 장과범지같이 일체법을 받지 않았음에도 이런 수를 견이라 여긴다. 지금 역시 그러하다. 공을 관하는 지혜에만 취착해서 청정상을 일으키고, 이와 같은 상중에 곧바로 자심이 일어난 일이 있지 않음을 관하면 진정보리심에 들어감을 얻었다 한다. 淸淨者 卽外道所計 最極淸淨處 以爲涅槃也 如長爪梵志不受一切法 而受是見 今亦如是 取著觀空智慧 而生是淸淨想 卽於如是想中 正觀自心 無有生處 得入眞淨菩提心也”, 같은 책 권2(대정장39, p.601b13)에 “앞서 부처님께서 일체의 잘못을 떠나라고 설하신 것은, 시방의 삼세제불에게는 오직 이 하나의 문만 있으니 미혹한 중생들을 유도하여 불난 집을 벗어나도록 이끄신 것이다. 이 자리에는 더 이상 장애가 없고 희론이 일어나지 않는다. 그러므로 갖가지 헤아림을 인으로 하는 논사들은 그 잘못을 벗어날 수 없고, 허물을 능히 벗어날 수도 없어서 진정보리심이라 부르지 않는다. 先佛宣說離一切過者 言十方三世諸佛 唯有此一門 誘進群迷 出於火宅 是處無復障礙 戱論不生 故種種因量諸師 無能出其過者 然未度法障 未名眞淨菩提心”라고 하였다. [참고문헌] 『大日經疏』.

진정사 鎭淨寺 함경남도 북청군에 있던 절. 진정사(鎭靜寺)의 다른 이름이다. 『동국여지승람』 권49 함경도 북청도호부 불우에 “진정사는 부의 북쪽 20리 평지에 있다. 鎭淨寺在府北二十里平地”라고 하였다. 『범우고』에도 위의 기록을 승계하고는 “지금은 폐사되었다. 今廢”고 하였다. [참고문헌] 『東國輿地勝覽』, 『梵宇攷』, 『韓國寺刹全書』 권하 p.1057b17. ⇨ 진정사 鎭靜寺 ❶

진정사 鎭靜寺 ❶ 함경남도 북청군에 있던 절. 『동국여지승람』 권49 함경도 북청도호부(北靑都護府) 불우(佛宇)에 “진정사는 부의 북쪽 20리 평지에 있다. 鎭淨寺在府北二十里平地”라고 하였다. 『범우고』에도 같은 내용을 기록하고는 “지금은 폐사되었다. 今廢”고 하였다. 진정사(鎭淨寺)라고도 한다. [참고문헌] 『東國輿地勝覽』, 『梵宇攷』, 『韓國寺刹全書』 권하 p.1057b17. ❷ 함경남도 영흥군 선흥면 대박산에 있던 절. 『동국여지승람』 권48 영흥대도호부(永興大都護府) 불우와 『범우고』 함경도 영흥에는 “대박산에 있다. 在大博山”라고 하였으나 『가람고』 함경도 영흥과 『여지도서』 함경도 영흥부에는 “태박산에 있다. 在泰博山”라고 하였고, 『대동지지』 권19 함경도 영흥 산수(山水)에는 “태박산 … 진정사. 太博山 … 鎭靜寺”라고 하였으며, 백경해(白慶楷 1765~1842)의 『수와집』 권4 「북행일기 北行日記」에는 “갑술년(1814・순조14) 정월 … 28일에 여기서 맹산을 거치도록 길을 계획하였는데 드디어 협로를 따라 서쪽으로 향하다가 차츰 북쪽으로 강을 따라 가자 곧 용흥강 상류였다. 삼십리 쯤에 화세류점이 있고 진정사는 그 북쪽에 있었다. 甲戌正月 … 二十八日 自此由孟山作路計 遂從峽路 向西稍北 沿江而行 卽龍興上流 三十里中火細柳店 鎭靜寺在其北”라고 하였다. 『고려사』 권12 세가12 예종 3년(1108) 가을 7월 병자일에 “동계에 사신을 보내 진정사에는 문두루도량을, 비사문사에는 사천왕도량을 두어 변방의 적을 물리치는 재를 베풀도록 하였다. 遣使東界 設文豆婁道場於鎭靜寺 設四天王道場於毗沙門寺 以禳邊寇”라고 하였고, 함월해원(涵月海原 1691~1770)의 『천경집』 권하 문(文) 「진정사보광전상량문 鎭靜寺普光殿上樑文」(한불전9, p.630b9)에는 철령(鐵嶺)과 용강(龍江・龍興江)의 사이에 태박(泰博)이 있다고 하면서, “절은 숱한 풍상을 거쳤고 하고많은 흥폐도 지났다. 신라말 도선국사가 점친 바로 시작되어 고려초에는 태조 왕건의 외호마저 더하였으나 … 종소리는 새벽 창 깨우지 않고 향내음마저 불단에서 절하지 않아 연암스님이 … 집집마다 공양미를 모으고 … 곳곳에서 재화를 거두어 … 무오년(1738・영조14) 가을에 불사를 시작하여 기미년(1739) 여름에 마쳤다. … 예전의 화려함은 지금 웅장하게 되었다. 寺也 多閱風霜 幾經興癈 濫觴於羅末道詵國師之所占 覆蕢於麗初大明太祖之所護 … 鍾斷曉窓 香絶禮榻 爰有大士 厥號蓮庵 … 家家鳩粟 … 處處收金 … 役始命戊午之秋腰 工斷手於己未之夏足 … 昔之華爾 今之壯哉”라고 하였으며, 간기(刊記)에 “옹정 9년 신해(1731・영조7) 6월 태박산진정사개간 雍正九年辛亥六月泰博山鎭靜寺開刊”이라고 하였듯이, 화주(化主) 옥현(玉玄)이 이곳에서 『묘법연화경 *妙法蓮華經*』을 인출하였다. 『사탑고적고』에는 용남리부락 동쪽 산기슭에 있는 절터에는 초석은 남았지만 기와조각이 흩어져 있고, 원래 모습을 짐작할 수 없는 석탑 1기도 무너져 있었으며, 석비 2기 중 석불과 승탑 조각 주변에 있는 1기에는 “도광 15년(1835)에 이진화가 찬한 비문을 새겼다. 道光十五年李鎭華所撰碑文刻之”라는 기록이 전한다. [참고문헌] 『東國輿地勝覽』, 『梵宇攷』, 『伽藍考』, 『輿地圖書』, 『大東地志』, 『守窩集』(韓國文集叢刊108, p.567a3), 『高麗史』, 『天鏡集』, 『寺塔古蹟攷』, 『韓國寺刹全書』 권하 p.1057b14. ⇨ 문두루도량 文豆婁道場

진정허융 盡淨虛融 다하여 깨끗해져 텅 비고 걸림없다. 반야(般若)의 공(空)의 뜻을 치우쳐 들어 법화(法華)의 묘(妙)의 입장에서 가리켜 비판하는 뜻이다. 『법화현의』 권10상(대정장33, p.800b7)에 “만약 『반야경』에서 함께 거두어 말하자면 삼승이 한가지로 깨닫고, 나누어 말하면 보살만이 홀로 나아가 널리 음입계에 들어서 남김없이 깨끗하게 하고 다 비워 어울리게 한들 이 또한 함께 따로 하는 뜻마저 밝혔다고 할 수는 없다. 若

般若論通 則三人同入 論別 則菩薩獨進 廣歷陰入 盡淨虛融 亦不明共別之意"라고 하였다. 〔참고문헌〕『法華玄義』.

진제 津濟 Ⓢ tīrtha. 나루터. 생사(生死)의 바다를 건너기 위해 모이는 곳으로 불법(佛法)의 비유다. 『백유경』 권1(대정장4, p.545a21)에 "마치 저들 상인이 바다로 들어가려 할 때 길잡이를 죽여 나루터 건너갈 길마저 잃어버리고는 마침내 곤경에 처하여 죽는 것과 같다. 如彼商賈 將入大海 殺其導者 迷失津濟 終致困死", 『유부율잡사』 권36(대정장24, p.385a26)에 "세존교답마가 성에서 나갔듯이 나 마땅히 장차 그곳에 큰 문루를 세우고 긍가하를 건너기 위한 나루터를 짓겠다. 世尊喬答摩 從城出處 我當於彼 起大門樓 渡殑伽河 爲作津濟", 『지관보행전홍결』 권2(대정장46, p.212c5)에 "이 경문을 인용함은 편안히 건너게 함이다. 건너는 곳이란 바로 나루터이니 물을 건너는 곳이다. 스스로도 행하고 다른 이도 건너게 하는 뜻을 겸한다. 今文引經 安隱渡處 渡處卽津濟也 卽渡水處也 此卽兼於自行化他"라고 하였다. 〔참고문헌〕『百喩經』, 『有部律雜事』, 『止觀輔行傳弘決』.

진제 眞際 진실이 드러나는 그 어느 곳. 진실을 마주하는 그 어느 때. 『인왕경』 권상(대정장8, p.835b25)에 "모든 법성은 진실이어서 온 적도 없고 가버린 적도 없어서 생도 멸도 없으니, 진실의 저 끝과 같고 법성도 같아서 둘도 아니고 다를 일도 없다네. 以諸法性 卽眞實故 無來無去 無生無滅 同眞際 等法性 無二無別", 『인왕반야경소』 권하6(대정장33, p.354a28)에 "진제와 같다는 말은 한가지로 얻어질 수 없다는 뜻이다. 법성과 등하다는 말은 제법에 둘이 없음을 아는 것이다. 言同眞際者 同會無所得也 等法性者 知諸法不二也", 『지심범천소문경』 권2(대정장15, p.16a17)에 "그 진제라는 것은 둘이 있을 수 없을 뿐 아니라 갈래가 다른 일을 짓지도 않는다. 其眞際者 則無有二 不造二事", 『대지도론』 권32(대정장25, p.299a19)에 "법성이란 헤아릴 수도 없고 그 끝을 다할 수도 없어서 심법이나 심수법으로 헤아릴 수 없어서 이름하길 법성이라 하고, 이보다 묘하고 극함을 진실의 그 곳 그 때라 한다. 法性者 無量無邊 非心心數法所量 是名法性 妙極於此 是名眞際"라고 하였다. 〔참고문헌〕『仁王經』, 『仁王般若經疏』, 『持心梵天所問經』, 『大智度論』. ⇨ 진여실제 眞如實際

진제 眞諦 ❶ Ⓢ paramārtha-satya, Ⓟ paramattha sacca, Ⓣ don-dam-pa'i-bden-pa. 참되고 허망하지 않은 진실. 승의제(勝義諦)·제일의제(第一義諦)라고도 하며 속제(俗諦)의 상대어다. 『문수사리정률경』(대정장14, p.448c26)에 "〔문〕 무엇이 진제를 머리 삼는다 하는 것이고, 무엇을 인연화합을 제일로 삼는다 합니까? 〔답〕 뜻에 있어 일어날 일 없어서 무너질 일도 없으며, 유무의 상이 처할 곳도 없고, 하나의 상도 아니고 상을 떠나지도 않으며 상을 나투지도 않는다. … 이런 것을 진제의 뜻이라고 한다. … 〔문〕 어떤 것이 여래께서 말씀하신 진제의 뜻입니까? 문수보살이 답하였다. '진제의 뜻 강설할 수 없다. 왜 그런가. 그 뜻 나아가고자 하는 것이 말하고 설하는 것 아니어서 얻을 수도 없기 때문입니다'. 又問 何謂眞諦元首 何謂緣合以爲第一 答曰 於義無起 亦無所壞 無有相處 亦不無相 亦非一相 亦不離相 亦不顯相 … 是曰眞諦義 … 又問 何謂如來說眞諦義 文殊答曰 眞諦義者 不可講說 所以者何 其義趣者 無言無說 亦不可得", 『최상대승금강대교보왕경』 권하(대정장20, p.547a14)에 "왕이 물었다. '무엇이 이제입니까?' 보살이 답했다. '첫째는 진제, 둘째는 속제입니다' '무엇이 진제입니까?' '내공·외공·내외공 … 자성공·무성자성공, 대왕이시여, 이와 같은 십팔공을 진제라고 합니다' '어찌하여 제(諦)라고 합니까?' '이와 같은 십팔공에서 상도 아니고 무상도 아님을 알기에 제라고 합니다'. … 왕이 다시 물었다. '또 다시 무엇이 진제입니까?' 보살이 답했다. '저 가지가지 빛깔과 모습들 허깨비와 같고, 아지랑이 같으며, 물속의 달과 같고, 물거품과 같으며, 거울 속 모습과 같고, 꿈과 같으며, 번개와 같고, 건달바성과 같으며, 나아가 무지개 등과 같다. 빛깔도 모습도 이와 같은 줄 볼 수 있으면 이것을 진제라고 합니다'. 王言 云何 名爲二諦 菩薩告言 一者 眞諦 二者 俗諦 王言 何名眞諦 菩薩告言 所謂內空 外空 內外空 空空 大空 勝義空 … 自相空 無性自性空 大王 是十八空者 乃名眞諦 大王復言 云何名諦 菩薩告言 若於此十八空 知非常非無常 是故名諦 … 王復問言 更復何名眞諦 菩薩告言 彼種種色相 如幻化 如陽焰 如水中月 如水上泡 如鏡中像 如夢 如電 如乾闥婆城 乃至 虹霓等 若於色相 得如是見 是則名爲眞諦", 『이취육바라밀다경』 권10(대정장8, p.914a14)에 "진제란 두 가지로 공한 뜻이다. 청정담연해서 다한 끝은 그지없이 고요하다. 교화하되 싫어하지 않고, 진실마저 취할 것 없어서 어떤 법도 얻을 수 없음 아는 것을 보살마하살의 진실 알아 좋은 방편 가진 지혜라고 한다. 眞諦者 謂二空理 淸淨湛然 究竟寂滅 化之不厭 知眞無取 無法可得 是名菩薩摩訶薩諦善巧智", 원측(圓測)의 『인왕경소』 권상(한불전1, p.17a4)에 "이제란 말은, 첫째 진제로 바로 이 공의 뜻이고, 둘째 세제로 곧 유가 있는 뜻이다. 言二諦者 一者 眞諦 是其空理 二者 世諦 卽是有門", 같은 책 권중(한불전1, p.64b15)에 "〔석〕 셋째로 제를 잡아 다름을 가린다. 삼현은 세제에 많이 머물고 십지는 진제에 많이 머무는데, 삼현을 건너기에 세제를 뛰어넘고 십지를 건너기에 제일의제를 뛰어넘으니, 세제를 뛰어넘기에 유가 아니고 제일의제를 뛰어넘기에 무가 아니다. 釋曰 第三約諦辨

異 三賢多住世諦 十地多住眞諦 度三賢故 超世諦 度十地故 超第一義諦 超世諦故非有 超第一義諦故非無", 같은 곳(한불전1, p.83c9)에 "둘째 진제는 실상인 진여로 본래 난 그대로 청정해서 실이고 거짓 아니기에 진제라 이름한다. 二者 眞諦 實相眞如 本生淸淨 實而非假 故名眞諦", 같은 곳(한불전1, p.86b2)에 "보살마하살은 제일의 중에서 중생을 교화하기 위해 늘 이제를 비추니, 반야를 말미암아 늘 진제를 비춰 생사에 붙들리지 않으므로 범부와 다르며, 대비를 말미암아 늘 속제를 비춰 열반에 붙들리지 않으므로 이승과도 다르다. 菩薩摩訶薩於第一義中 爲化衆生 常昭二諦 由般若故 常照眞諦 不著生死 異於凡夫 由大悲故 常照俗諦 不著涅槃 異於二乘", 원효(元曉)의 『범망경보살계본사기』 권상(한불전1, p.586b1)에 "둘째 속제법을 논한다란, 이 법은 저 법이 아니고 저 법은 이 법이 아니어서 나뉘기에 만 가지로 차별한다. … 또한 진공으로 한 맛임을 진제로 삼으니, 속제의 차별이 비록 없지 않지만 진으로 속법을 거두면 한 법도 일여 아님이 없다. 二者 論俗諦法者 此法非彼法 彼法非此法 區而故 成萬差別 … 亦以眞空一味爲眞諦 俗諦差別 雖非無 而以眞攝俗法者 一法而無非一如", 승장(勝莊)의 『금광명최승왕경소』(한불전2, p.218a10)에 "셋째 견청정이란 곧 비구가 법안의 깨끗함 얻어 십해에서 십회향에 이르러 진제의 경을 봄이다. 三 見淸淨 卽比丘得法眼淨 十解至十迴向 見眞諦境", 둔륜(遁倫)의 『유가론기』 권10하(한불전2, p.741c16)에 "세출세란, 유루를 세간이라 이름하고 무루를 출세라 이름함이다. 또한 무루 중에 세제를 연하면 세간이라 이름하고 진제를 연하면 출세라 이름한다. 世出世者 有漏名世間 無漏名出世 又無漏中 緣世諦者 名世間 緣眞諦者 名出世", 균여(均如)의 『석화엄교분기원통초』 권6(한불전4, p.413c21)에 "원성이란 바로 진제법이기에 덕을 갖췄다 하고, 의타란 바로 차별의 속상이기에 많은 뜻을 갖춘 문이라 하며, 변계란 이 물이 없음에도 실이라 잡고서는 유로 말함이다. 圓成是眞諦法 故云具德 依他是差別俗相 故云具多義門 遍計是無物 實執謂有故", 균여(均如)의 『석화엄삼보장원통기』 권하(한불전4, p.236a14)에 "속제연기 중에 네 뜻 있으니, 첫째 모든 연들이 힘 있는 뜻이요 둘째 힘 없는 뜻이요 셋째 자성 없는 뜻이요 넷째 일 이뤄짐의 뜻이다. 진제 중에 또한 네 뜻 있으니, 첫째 공의 뜻이요 둘째 불공의 뜻이요 셋째 의지의 뜻이요 넷째 일 다함의 뜻이다. 俗諦緣起中有四義 一諸緣有力義 二無力義 三無自性義 四事成義 眞諦中亦有四義 一空義 二不空義 三依持義 四盡事義", 제관(諦觀)의 『천태사교의』(한불전4, p.522a6)에 "첫째 수다원. 이는 뒤쳐 예류라 하는데, 이 위에서 삼계의 88사 견혹을 끊고 진제를 보기에 이름하여 견도라 하며, 또한 성위라 이름한다. 一 須陀洹 此翻預流 此位斷三界八十八使見惑 見眞諦故 名爲見道 又名聖位", 『선문염송설화』 8칙(한불전5, p.20b3)에 "승의제와 세속제란, 진제를 승의제라 이름하니 속을 여의어 홀로 높기에 기려서 이름을 세우며, 속제를 세속제라 이름하니 진을 여의어 망을 이루기에 낮춰서 이름을 세운다. 勝義諦世俗諦者 眞諦名勝義諦 離俗獨尊 以褒立名 俗諦 名世俗諦 離眞成妄 以貶立名", 같은 책 98칙(한불전5, p.101a23)에 "숭명교(嵩明敎 : 明敎禪師 契嵩)의 『진제무성론』에 '진제란 무엇인가? 극히 묘한 절대를 이른다. … 진제란 어찌 그 틈에서조차 헤아림 받아들일 수 있겠는가! … 무릇 진제란 군생들이 가고자 하는 원래 마음이고 뭇 성인들이 그렇게 해서 실답게 한 그 틈이다'라고 하였다. 嵩明敎眞諦無聖論云 眞諦者何 極妙絶對之謂也 … 眞諦也者 豈容擬議於其間哉 … 夫眞諦者 群生之元心也 衆聖之實際也", 같은 책 1181칙(한불전5, p.801a16)에 "진과 더불어 진제라 한 것은, 진은 곧 능히 증하는 지요 진제는 곧 증할 법이니, 이는 바로 즉심즉불이다. 眞與眞諦者 眞卽能證之智 眞諦卽所證之法也 此卽心卽佛也", 혜영(惠永)의 『백의해』(한불전6, p.414c4)에 "진제 넷이란, 첫째 세간승의제니 오온 등이고, 둘째 도리승의제니 곧 사제 등이며, 셋째 증득승의제니 이공진여이고, 넷째 승의승의제니 곧 일진법계다. 眞諦四者 一 世間勝義諦 五蘊等也 二 道理勝義諦 卽四諦等 三 證得勝義諦 二空眞如也 四 勝義勝義諦 卽一眞法界", 부암운묵(浮庵雲默)의 『석가여래행적송』 권상(한불전6, p.507b19)에 "자는 바로 속제이고 자 아닌 것이 바로 진제이며 자도 아니고 자 아님도 아닌 것은 일실제다. 字是俗諦 非字是眞諦 非字非非字是一實諦", 『법계도기총수록』 권하1(한불전6, p.814b12)에 "수순하여 세제를 관하는 등이란, 마치 저 수중과 같아서 온갖 상들을 거둬들이니 자리이기에 진제 되며, 물이 다시 상을 비춰 보이니 이타이기에 속제 된다. 이 때문에 세속에 따르면 곧 얻어 진에 든다. 隨順觀世諦等者 猶如水中 攝入諸像 是自利故 爲眞諦 水還現像 是利他故 爲俗諦也 是故 若順世俗 卽得入眞也", 기화(己和)의 『금강경오가해설의』 「득통결의 得通決疑」(한불전7, p.109c24)에 "여래께서 이르길 '가히 설할 법 없음을 설법이라 이름한다' 하셨으니, 무릇 언어문자로 볼 수 있는 것이 어찌 불법의 진제이겠는가! 그러나 언어문자가 아니면 진제를 가히 얻어 전할 수 없다. 如來云 無法可說 是名說法 夫可見於言語文字者 豈佛法之眞諦也 然非言語文字 則眞諦不可得而傳也", 백암성총(栢庵性聰)의 『대승기신론소필삭기회편』(한불전8, p.767a7)에 "〔기〕 법의 무생 관한즉 공관이니 진제를 관함이요, 인연화합을 관한즉 가관이니 속제를 관함이며, 법성에 수순한즉 중관이니 제일의제를 관함이다. 記 觀法無生 卽空觀 觀眞諦也 觀因緣和合 卽假觀 觀俗諦也 隨順法性 卽中觀 觀第一義諦", 같은 책(한불전8, p.769c

16)에 “〔기〕 근본이란 곧 근본지이며, 진제의 뜻 증함이어서 이것이야말로 진견도다. 記 根本者 卽根本智 證眞諦理 是眞見道也”, 같은 책(한불전8, p.661b17)에 “제3 논장이란, 범어로 아비달마이며 대법이라 한역하는데, 법인즉 마주한 경이니 무위열반과 사진제를 이른다. 第三論藏者 梵語阿毘達摩 此云對法 法則所對之境 謂無爲涅槃 及四眞諦”, 같은 책(한불전8, p.677a10)에 “『전법륜론』에 이르길 ‘진제를 여라 이름하고 정각을 래라 이름하니, 진제를 바르게 깨달으면 이름하여 여래라고 한다’ 하였으니, 이는 곧 자수용보신을 잡아 여래라 이름함이다. 轉法輪論云 眞諦名如 正覺名來 正覺眞諦 名曰如來 此卽約自受用報身 名如來也”, 월봉책헌(月峯策憲)의 『월봉집』 권1(한불전9, p.19b7)에 “만약 실에 기대어 논하면, 묘각 전은 외도 아님이 없다. 어째서인가? 세속제 닦음은 진제의 밖이고, 진제 닦는다 해도 제일의제 밖이다. 십신은 삼현의 밖이고, 삼현은 십성의 밖이며, 십성은 등묘각의 밖이고, 묘각이라 말한다 해도 이 또한 실리의 밖일 뿐이다. 若據實而論 妙覺之前 無非外道也 何也 修世俗諦者 眞諦之外也 修眞諦者 第一義諦之外也 十信者 三賢之外也 三賢者 十聖之外也 十聖者 等妙覺之外也 妙覺之言 亦實理之外也”, 석실명안(石室明眼)의 『반야바라밀다심경약소연주기회편』 권1(한불전9, p.172a8)에 “진속이 쌍으로 없어지는 까닭은, 진이란 참으로 빈 뜻이어야 진제라 할 수 있고, 속이란 색 등 제법이어서 속제가 된다. 또한 ‘다만 연 따라 일어나는 만 가지 다름이 속이 되고, 성 없는 일미가 진이 된다’라고 한다. 所以眞俗雙泯者 眞者 眞空之理 爲眞諦也 俗者 色等諸法 爲俗諦也 又曰但緣起萬差爲俗 無性一味爲眞”, 설암추붕(雪巖秋鵬)의 『선원제전집도서과평』 권하(한불전9, p.223a15)에 “연 따라 일어나는 색 등 제법을 속제로 삼고, 연하여 자성 없는 제법이 곧 공임을 진제로 삼으니, 이는 공종과 상종에서의 이제의 뜻과 다름이 없다. 以緣起色等諸法爲俗諦 緣無自性諸法卽空爲眞諦 此與空宗相宗二諦義 無別也”, 연담유일(蓮潭有一)의 『도서과목병입사기』(한불전10, p.181a18)에 “진제의 뜻에 의지하여 체진지의 공관을 닦고, 속제의 뜻에 의지하여 수연지의 가관을 닦으며, 중도제일의제의 뜻에 의지하여 리이변지의 중관을 닦으니, 삼제로 관하는 경이다. 依眞諦之理 以修體眞止空觀 依俗諦之理 修隨緣止假觀 依中道第一義諦之理 修離二邊止中觀也 則三諦所觀之境也”, 백파긍선(白坡亘璇)의 『무주경책』(한불전10, p.612a7)에 “불변이란〈제경 중의 열반·진여·진제·승의제·성·체·리·진공은 모두 불변을 이름이다〉. 不變者〈諸經中 涅槃 眞如 眞諦 勝義諦 性 體 理 眞空 皆不變之謂也〉”, 조구(祖丘)의 『자비도량참법집해』 권하(한불전12, p.149a1)에 “먼저 십육행관을 닦아 사진제를 관하여늘 사제가 평등하여 무상임을 알기에 사과를 이룬다. 先修十六行觀 觀四眞諦 常知四諦平等無相 故成四果”, 금명보정(錦溟寶鼎)의 『다송문고』 권2 「도림사대법당중창기 道林寺大法堂重刱記」(한불전12, p.749a15)에 “이와 같이 나는 들었다. 부처에겐 본디 몸 없지만 중생에 응하여 몸 나투고, 법에는 본디 상 없지만 환화를 따라 상 나투네. 이 때문에 몸과 국토로 환화의 계를 나투니 누대 빛나서 그림자와 메아리 중이지만 온통 이 모든 것 제불의 방편으로 응함이니 어찌 보살의 진제뿐이라 하겠는가! 如是我聞 佛本無身 應衆生而現身 法本無相 從幻化而現相 以故 身土現於幻化之界 樓臺煥乎影響之中 盡是諸佛權應 何關菩薩眞諦也哉”라고 하였다. 〔참고문헌〕『文殊師利淨律經』, 『最上大乘金剛大敎寶王經』, 『理趣六波羅蜜多經』, 『仁王經疏』, 『梵綱經菩薩戒本私記』, 『金光明最勝王經疏』, 『瑜伽論記』, 『釋華嚴敎分記圓通抄』, 『釋華嚴三寶章圓通記』, 『天台四敎儀』, 『禪門拈頌說話』, 『白衣解』, 『釋迦如來行蹟頌』, 『法界圖記叢髓錄』, 『金剛經五家解說誼』, 『大乘起信論疏筆削記會編』, 『月峯集』, 『般若波羅蜜多心經略疏連珠記會編』, 『禪源諸詮集都序科評』, 『都序科目幷入私記』, 『無住警策』, 『慈悲道場懺法集解』, 『茶松文稿』, 『大乘義章』 권1(대정장44, p.482c24), *Abh-k-bh.333.*, *Madhy-vibh.41.* ⇨ 제 諦, 이제 二諦, 실제 實諦, 승의제 勝義諦, 제일의제 第一義諦, 속제 俗諦 **2** Ⓢ Paramārtha. 499~569. 섭론종(攝論宗)의 개조(開祖). 인도 빈디야(Vindhya)산맥 북쪽에 인접해 있던 우선니(優禪尼 Ⓢ Ujjayanī)의 바라문 출신. 구나라타(拘那羅陀)·바라말타(波羅末陀) 등으로 음사하고, 가의(家依)·친의(親依)로도 한역한다. 총명하고 언변이 뛰어났으며, 어려서 여러 나라를 다니며 많은 스승에게서 대승경전은 물론이고 베다를 비롯한 외도전적에도 정통하였다. 546년(중대동1) 중국 양(梁) 무제(武帝)의 초빙으로 많은 경전을 가지고 바닷길을 경유하여 남경(南京)으로 가서 무제를 만났다. 국난으로 양이 멸망하자 이후 중국 각지를 전전하며 64부 278권에 달하는 수많은 경전을 한역하여 불법전파에 지대한 공헌을 하였다. 특히 『섭대승론 攝大乘論』·『섭대승론석 攝大乘論釋』·『중변분별론 中邊分別論』·『대승유식론 大乘唯識論』·『불성론 佛性論』·『전식론 轉識論』·『십칠지론 十七地論』·『삼무성론 三無性論』 등 유식계 문헌을 한역하여 섭론종을 개창하기까지 이르렀다. 구마라집(鳩摩羅什)·현장(玄奘)·의정(義淨) 등과 함께 사대역경가(四大譯經家)라 불리운다. 진(陳)대인 569년(태건1) 입적하였으니 세수 71세였다. 위에서 언급한 경론 외에도 『대승기신론 大乘起信論』의 한역은 동북아시아불교에 커다란 영향을 끼쳤다. 『역대삼보기』 권9(대정장49, p.88a23)에 “주(周) 무제 때 서천축 우선니국 삼장법사 구나라타는 진언으로 친의(親依) 또는 진제라 하는데, 그는 진씨 영정 원년 병자년(557)부터 태건 초 기축년(569)

에 이르기까지 모두 14년간 불도를 품은 채로 여러 곳을 돌아다니며 머물 곳에 이르면 바로 번역하였다. 또 조비(曹毘)의 『삼장역전』에서 말하길 '진제스님은 태건 원년 정월 11일 오시에 입적하였으니, 나이는 71세였다. 부촉의 말씀을 남기신 뛰어난 제자는 사문 지휴(智休)다'. 周武帝世 西天竺 優禪尼國 三藏法師 拘那羅陀 陳言親依 又別云眞諦 起陳氏 永定元年 丙子 至太建初 已丑 凡十四年 旣懷道遊方 隨在所便譯 並見曹毘三藏歷傳云 闍梨 太建元年 正月十一日 午時遷化 年七十一 遺文並付 神足弟子 沙門智休"라고 하였다. [참고문헌] 『歷代三寶紀』, 『唐高僧傳』 권1(대정장50, p.429c7). ⇨사대역경가 四大譯經家, 섭론종 攝論宗

진제 盡諦 번뇌가 다한 진실. 사제(四諦) 중 멸제(滅諦 Ⓢnirodha-satya)인 열반(涅槃)을 말한다. 『장아함경』 권19 「세기경 世記經」(대정장1, p.129a5)에 "부처님께서 비구들에게 이르셨다. '모든 외도와 이학도 이와 같다. 고제를 모르고 습제·진제·도제를 모르면서 각자 다른 견해를 일으켜 서로 시비하고 자신만이 옳다고 여겨서 문득 쟁송을 일으킨다'. 佛告比丘 諸外道異學亦復如是 不知苦諦 不知習諦 盡諦 道諦 各生異見 互相是非 謂已爲是 便起諍訟", 『증일아함경』 권19(대정장2, p.643b21)에 "무엇을 진제라 하는가? 진제라는 말은 애욕으로 맺은 것들 영원히 다하여 남음이 없음이니 이를 진제라 한다. 云何爲盡諦 所謂盡諦者 愛欲結永盡無餘 是謂盡諦", 『대지도론』 권22(대정장25, p.223b7)에 "적멸과 열반을 말하는 것 그것이 진제다. 說寂滅涅槃 卽是盡諦"라고 하였다. [참고문헌] 『長阿含經』, 『增壹阿含經』, 『大智度論』. ⇨멸제 滅諦, 사제 四諦

진제문 眞諦門 진실에 들게 하는 문. 세간의 진실을 보이는 속제문(俗諦門)과 대칭한다. 『대승무량수장엄경』 권중(대정장12, p.321b6)에 "진제문에 의지하여 온갖 덕의 뿌리를 심으니, 요공·무상·무원·무위·무생·무멸이다. 依眞諦門 植衆德本 了空 無相 無願 無爲 無生 無滅", 원측(圓測)의 『인왕경소』 권중(대정장33, p.396a4·한불전1, p.73b2)에 "진제문에 나아가면 공에는 두 뜻이 있다. 첫째는 인공이고, 둘째는 법공이다. 그러므로 공공제관이라 한다. 또는 유와 무가 모두 공함을 공공이라 풀기도 하고, 유무상을 여의면 무이상이라고도 한다. 就眞諦門 空有二義 一者 人空 二者 法空 故曰空空諦觀 或可有無皆空 曰空空 離有無相 名無二相"라고 하였다. [참고문헌] 『大乘無量壽莊嚴經』, 『仁王經疏』. ⇨이제 二諦, 진속이제 眞俗二諦, 속제문 俗諦門

진제삼매 眞諦三昧 이승(二乘)의 삼매. 이승의 무루정(無漏定)을 말하며 세제삼매(世諦三昧)에 상대한다. 삼삼매(三三昧 : 三諦三昧) 중 하나다. 『인왕반야경소』 권하(대정장33, p.357a28)에 "진제삼매란, 이승소견에 의지하여 진실에만 치우치기에 진제라고 한다. 眞諦三昧者 約二乘所見偏眞 故云眞諦也", 원측(圓測)의 『인왕경소』 권하(대정장33, p.425a11·한불전1, p.118c8)에 "무루정을 깨닫는 것을 진제삼매라고 한다. 知無漏定 名眞諦三昧", 『법화현의』 권4(대정장33, p.722a22)에 "견사혹을 깨뜨리기에 진제삼매를 성취한다. 破見思垢故 眞諦三昧成"라고 하였다. [참고문헌] 『仁王般若經疏』, 『仁王經疏』, 『法華玄義』. ⇨무루정 無漏定, 삼삼매 三三昧❹, 삼제삼매 三諦三昧, 세제삼매 世諦三昧

진제선사 眞際禪師 당대 선사(禪師) 조주종심(趙州從諗 778~897)의 시호. 『불조통기』 권42(대정장49, p.390a5)에 "건령 4년(897) 조주 관음원 종심선사가 세수 120세로 입적하였다. 시호는 진제선사. 四年 趙州觀音院 從諗禪師示寂 壽百二十 諡眞際禪師"라고 하였다. [참고문헌] 『佛祖統紀』. ⇨종심 從諗

진제소 賑濟所 굶주리는 백성들에게 음식 등을 베풀며 보살피던 곳. 사찰내에 설치하였고 진제장(賑濟場)이라고도 한다. 『고려사절요』 권27 1361년(공민왕2)에 "보제사에 진제장을 베풀었다. 設賑濟場于普濟寺", 『세종실록』 권17 4년(1422) 8월 3일에 "성 안에 있는 흥복사에 진제소를 설치하여 굶주린 사람들을 모아 구휼하였다. 置賑濟所於城中興福寺 聚飢饉者賑之"라고 하였다. [참고문헌] 『高麗史節要』, 『世宗實錄』. ⇨보제사 普濟寺, 불교복지 佛敎福祉

진제원 眞際院 중국 진주(鎭州 : 河北省)에 있는 절. 진제선원(眞際禪院) 또는 두가원(竇家園)이라고도 한다. 조주종심(趙州從諗)이 진주 두행군(竇行軍)의 귀의를 받아 개창하였다. 그 뒤 조주는 절 이름에 따라 진제대사(眞際大師)라 불렸다. 『조주어록』 권상(고존숙어록13, 卍속장118, p.305b16)에 "그 당시 두행군은 발원하여 일만오천관이나 되는 값어치의 과수원 한 곳을 희사하고 진제선원이라 불렀고, 두가원이라고도 하였다. 조주가 이 절에 들어간 뒤로 온 세상의 대중이 구름처럼 몰려들었다. 其時竇行軍 願捨菓園一所 直一萬五千貫 號爲眞際禪院 亦云竇家園也 師入院後 海衆雲臻"라고 하였다. [참고문헌] 『趙州語錄』.

진제인관 眞諦忍觀 일체법 공하여 남이 없는(不生) 진실을 견뎌 관함. 무생인관(無生忍觀)과 같은 뜻이다. 원측(圓測)의 『인왕경소』 권하(대정장33, p.416c18·한불전1, p.106a17)에 "이 위 중에 비록 십인을 행하지만 만분 중에서 앞 아홉 인을 가려내고 열 번째의 진제인관을 행함에 곧바로 무생인관을 설하였으니 제일의제관이라 부른다. 此位中 雖行十忍 而滿分中 簡前九忍而行第十眞諦忍觀 卽說無生忍觀 名爲第一義諦觀也"라고 하였다. 〔참고문헌〕『仁王經疏』. ⇨ 무생인관 無生忍觀

진제지 眞諦智 Ⓢ satya-jñāna, Ⓣ bden-pa'i-shes-pa. 진실만을 깨우치는 지. 헤아려 아는 식(識)이나 글로 쓰고 논해서는(書論) 알 수 없는 자내증(自內證)의 무분별지다. 『수호국계주다라니경』 권7(대정장19, p.558b29)에 "보살에게는 다시 여덟 가지 지혜영락장엄이 있다. 묘를 아는 바른 지로 적정에 들기 때문이고 … 진제지를 알아 마음이 어지럽지 않기 때문이고, 염리지를 알아 여실하게 진실법을 관찰하기 때문이니라. 菩薩復有八種智慧瓔珞莊嚴 謂知妙正智 入寂靜故 … 知眞諦智 心無亂故 知厭離智 如實觀察眞實法故", 『현양성교론』 권2(대정장31, p.490c16)에 "(네 가지 의지처 중) 넷째는 지에 의지하고 식에 의지하지 않는다. 이른바 오직 듣는 것으로 아는 것에 족하다 여기지 않고 문득 법에 나아가 법을 따라 행하지 않고, 모든 번뇌를 다하기 위해서 부지런히 자내증 진제의 지혜만을 구하는 것이다. 四依智不依識 謂不唯聽聞而生知足 便不進修法隨法行 然爲盡諸漏 勤求自內證眞諦智", 『성유식론술기』 권10(대정장43, p.575b22)에 "〔논〕 다섯째 극난승지다. 극히 어렵게 뛰어난 지에 이르기 때문이다. 〔술〕 세친은 말하였다. '진제지를 아는 것은 무분별이고, 세간에서 쓰고 논하는 등의 지는 유분별이다. 이 둘 서로 어긋나니 응당 수행하여 합해야 하는데, (극난지에서) 상응하게 한다'. 論 五極難勝地 至極難勝故 述曰 世親云 知眞諦智是無分別 知諸世間書論等智 是有分別 此二相違 應修令合 能合難合 令相應故"라고 하였다. 〔참고문헌〕『守護國界主陀羅尼經』, 『顯揚聖教論』, 『成唯識論述記』, 『攝大乘論釋』 권7(대정장31, p.358c7), *Mah-saṃ.65.* ⇨ 자내증 自內證, 무분별지 無分別智

진제청다 眞際請茶 ➡ 끽다거 喫茶去

진조 陳操 당대 관리. 목주용흥사(睦州龍興寺)의 진존숙(陳尊宿) 도명(道明 780~877)에게 법을 물으러 갔던 목주 자사(刺史) 진조상서(陳操尙書)를 말한다. 『경덕전등록』 권12(대정장51, p.296b15)에 "선하는 이 깊은 기틀이 있지만, 깊은 기틀은 옳다가도 다시 틀리게 된다네. 기 전의 뜻을 알고자 한다면, 구 아래 어긋남 두루 미쳐야 하리. 禪者有玄機 玄機是復非 欲了機前旨 咸於句下違"라는 「선자에게 주는 송 與禪者頌」이 전한다. 〔참고문헌〕『景德傳燈錄』, 『五燈會元』 권4(卍속장138, p.159b14). ⇨ 진조간자복 陳操看資福, 진조논선 陳操論禪, 진조험승 陳操驗僧

진조 震照 떨쳐 비추다. 『홍도광현삼매경』 권4(대정장15, p.505a13)에 "그때 세존께서 미소지으셨다. 제불께서 미소짓는 법이란 입에서 다섯 빛깔 다투어 번쩍이며 불꽃 또한 헤아릴 수 없어 시방에 헤아릴 수 없이 많은 부처님 계신 세계를 모두 떨쳐 비춘다. 時世尊笑 諸佛笑法 口出五色 奮耀奕奕 光焰無數 震照十方無量佛世"라고 하였다. 〔참고문헌〕『弘道廣顯三昧經』.

진조간자복 陳操看資福 진조가 자복을 살피다. 진조상서(陳操尙書)와 자복여옥(資福如玉)이 만난 인연을 소재로 한 공안. 진조구척안(陳操具隻眼)이라고도 한다. 『벽암록』 33칙 「본칙 本則」(대정장48, p.172a17)에 "진조상서가 자복을 살피러 갔는데, 자복은 그가 오는 모습을 보고는 문득 원상 하나를 그렸다〈허깨비라야 허깨비를 알아보고, 도둑이라야 도둑을 알아본다. 만일 쌓아 빌린 것 없다면 어떻게 어찌 그 속을 헤아리겠는가? 오히려 깰 수조차 없는 금강울타리라도 보았는가?〉 진조가 말했다. '제자가 이렇게 찾아와 숨도 돌리지 않았는데, 하물며 원상까지 그리시다니?'〈오늘 졸고 있는 놈을 하나 만났구나. 늙은 도둑이라니!〉 자복이 방장문을 닫아버렸다〈도둑은 가난한 집은 털지 않는다. 이미 울타리에 갇혀버렸다〉. 설두가 말했다 '진조 다만 외눈박이로구나'〈설두는 정문에 눈 하나 더 있다. 답해 보라! 저 의중은 어디에 있을까? 그에게도 원상 하나를 주었어야 했다. 분명하구나, 그럴 듯하게 시작했다가 끝을 흐리는 저 모습. 한번 몰아쳤어야 하거늘. 나가려 해도 문 없고 물러난들 길이 없도록 해야 하리. 답해 보라! 다시 한 번 몰아쳐야 하나, 무엇일까?〉 擧 陳操尙書看資福 福見來 便畫一圓相〈是精識精 是賊識賊 若不蘊藉 爭識這漢 還見金剛圈麽〉 操云 弟子恁麽來 早是不著便 何況更畫一圓相〈今日撞著 箇瞌睡漢 這老賊〉 福便掩却方丈門〈賊不打貧兒家 已入他圈繢了也〉 雪竇云 陳操只具一隻眼〈雪竇 頂門具眼 且道 他意在什麽處 也好與一圓相 灼然 龍頭蛇尾 當時好與一拶 教伊進亦無門 退亦無路 且道 更與他什麽一拶〉", 같은 칙 「평창 評唱」(대정장48, p.172c5)에 "이 곳이라면 반드시 통 밑바닥이 빠진 듯 기관 다해서 득실과 시비를 일시에 모두 놓아버려야 하리. 더 이상 도리 지어 알려고 해도 안 되고 현묘한 알음알이 지을 수도 없어야 하리. 필경에 어떻게 마주해야 하나. 이것이라야만 반드시 말에 싣고 나귀 끌게 하여 철선 위에 올라 그 속에서 보아야 비로소 볼 수 있으리라. 這箇些子 須是桶底脫機關盡 得失是非一時放却 更不要作道理會 也不得作玄妙會 畢竟作麽生會 這箇須是馬載驢駝 上鐵船 這裏看 始得", 『열조제강록』 권18(卍속장112, p.462a11)에 "진여모철(眞如慕喆) 화상이 말했다. '자복이 비록 본분의 망치집게라지만 상서 이미 단련해 마친 순금인 것을!' 응암담화(應庵曇華)가 말했다. '비록 그렇다 할지라도 나의 문하에 온다면 마음대로는 못하게 하리라. 때에 당해 상서 마주해 「제자 이렇듯 와서 자리하기도 전에 느닷없이 원상 그리다니, 어찌 감당하겠습니까?」하였으니, 나라면 동쪽 누각을 활짝 열고 밝은 창 아래 여법히 앉게 하리라. 왜 그런가? 문 안에 군자가 있어야 문 밖에서 군자 찾아오기 때문이다'. 眞如喆和尙云 資福雖是 本分鉗鎚 爭柰尙書 是煅過了底精金 師云 雖然如是 若到天童門下 未放過在 當時 待尙書道 弟子恁麽來 早是不著便 那堪更畫圓相 天童則大開東閣 明窗下 如法安排 何故 門內有君子 門外君子至", 『월강정인어록』 권중(卍속장123, p.266a1)에 "도둑 내침하면 때리고 손님 오면 보살피려 하니 어찌 거듭거듭 빗장 놓았다 걸었다 하리. 기미 앞서 분명하게 가리지 않는다면, 주인 손님 비록 훌륭하더라도 서로 편치 않으리라. 賊來須打客來看 何用重重緊著關 不是機先能辨的 主賓雖好不相安"라고 하였다. 〔참고문헌〕『碧巖錄』, 『列祖提綱錄』, 『月江正印語錄』. ⇨ 진조 陳操, 진조논선 陳操論禪, 진조험승 陳操驗僧

진조구척안 陳操具隻眼 ➡ 진조간자복 陳操看資福

진조논선 陳操論禪 진조상서(陳操尙書)가 선을 논하다. 운문문언(雲門文偃)과 나눈 일화다. 『선원몽구』 권상(卍속장148, p.197b12)에 "진조논선 : 목주자사 진조상서가 운문문언에게 공양 베풀며 물었다. '유가의 책이라면 묻지 않겠습니다. 삼승십이분교에 강사가 있는데 어째서 납승은 행각합니까?' '몇 명에게 물어보았소?' '지금 상좌에게 묻고 있습니다' '지금은 차치하고 무엇이 교학의 뜻입니까?' '누런 두루마리에 붉은 굴대입니다' '이것이야말로 문자언어입니다. 무엇이 교의 뜻이란 말입니까?' '입으로 말하려 하지만 말이 사라지고, 마음으로 생각하려 하지만 생각이 사라집니다' '입으로 말하려 하지만 말이 사라진다 하였으니 마주해 말 있게 함이고, 마음으로 생각하려 하지만 생각이 사라진다 한 것도 망상을 마주해서입니다. 교학의 뜻은 무엇입니까?' 상서는 답하지 못했다. '공께서 항상 『법화경』을 읽는다고 들었는데, 그렇습니까?' '그렇습니다' '경에서 「치생도 산업도 모두 실상과 더불어 위배되지 않는다」 하였습니다. 말해보십시오. 비비상천에서 몇 명이 물러났습니까?' 상서 또 답하지 못했다. 운문이 꾸짖고서 가버렸다. 陳操論禪 睦州刺史 陳操尙書 飯雲門偃而問曰 儒書卽不問 三乘十二分敎自有講師 如何是衲僧行脚事 曰 曾問幾人來 曰 卽今問上座 偃曰 卽今且置 作麽生是敎意 曰 黃卷赤軸 偃曰 此是文字語言 作麽生是敎意 曰 口欲談辭喪 心欲緣而慮忘 偃曰 口欲談辭喪 爲對有言 心欲緣而慮忘 爲對妄想 作麽生是敎意 尙書無以酬之 偃曰 聞公常看法華經是否 曰 不敢 曰 經曰治生産業 皆與實相 不相違背 且道 非非想天 有幾人退位 又無以酬之 偃呵譏之而去"라고 하였다. 〔참고문헌〕『禪苑蒙求』.

진조험승 陳操驗僧 진조상서(陳操尙書)가 스님을 시험하다. 『선원몽구』 권중(卍속장148, p.251a15)에 "진조험승 : 진조상서가 스님께 공양을 베풀던 차에 갑자기 호떡을 집어 들고 물었다. '강서와 호남에 이것이 있습니까?' '상서께서 방금 든 것은 무엇입니까?' '종 치면 메아리쳐 답하지요'. 또 어느 날 학인에게 공양 베풀던 차에 몸소 호떡을 가져왔다. 학인이 손을 뻗어 잡으려 하자 상서가 손을 움츠렸다. 학인이 말이 없자 상서가 말했다. '과연 그렇구나. 과연 그래'. 다른 날 학인에게 물었다. '일이 있는데 상좌와 더불어 의논할 수 있을까요?' '개 입은 다무시오'. 상서가 스스로 입을 때리면서 말했다. '저의 허물입니다' '허물 알면 꼭 고쳐야 합니다' '이렇게 되면 상좌 덕분에 밥을 먹게 된 셈이군요'. 다시 스님들께 몸소 가서 공양을 베풀면서 말했다. '윗자리에 공양하였습니다'. 상좌가 말했다. '삼덕의 육미입니다' '그렇지 않습니다'. 상좌는 답이 없었다. 陳操驗僧 陳操尙書與僧齋次 忽拈起胡餠問僧曰 江西湖南還有這箇麽 僧曰 尙書適來喫什麽 尙書曰 敲鐘謝響 又一日齋僧次 躬行餠 僧展手欲接 尙書迺縮手 僧無語 尙書曰 果然果然 異日問僧曰 有箇事與上座商量得麽 僧曰 合取狗口 尙書自摑口曰 操罪過 僧曰 知過必改 尙書曰 恁麽卽乞上座口喫飯 又齋僧自行食次曰 上坐施食 上坐曰 三德六味 尙書曰 錯 上座無對"라고 하였다. 〔참고문헌〕『禪苑蒙求』. ⇨ 진조간자복 陳操看資福, 진조논선 陳操論禪

진종 振宗 1884~1979. 근세의 대종사이며 태고종을 창설한 개종조(開宗祖). 호는 대륜(大輪) 또는 법운(法雲), 속성은 박씨. 본관은 밀양이다. ⇨ 대륜 大輪

진종 眞宗 ❶ 진실만을 가려 드러내서 으뜸으로 삼는 가르침. 즉 공의 뜻(卽空理)만을 드러내는 『반야경』을 종으로 삼거나, 『화엄경』과 『열반경』의 뜻을 으뜸으로 내세우는 등이다. 교판에 따라서는 다음과 같다. 첫째, 북제(北齊) 대연사(大衍寺) 담은(曇隱)의 사종(四宗) 중 하나로 『열반경』과 『화엄경』을 가리킨다. 『화엄경탐현기』 권1(대정장35, p.111a8)에 "넷째로 제나라 대연법사 등은 사종교를 세웠다. 첫째는 인연종으로 소승 살바다부(說一切有部) 등이다. 둘째는 가명종으로 『성실론』과 경량부 등의 설이다. 셋째는 부진종이니 제부 반야를 말하는데, 즉공의 이를 설하며 일체법이 진실 없음을 밝힌다. 넷째는 진종으로 화엄열반을 말하는데 법계와 진리와 불성 등을 밝힌다. 四 齊朝大衍法師等 立四宗敎 一 因緣宗 謂卽小乘薩婆多等部 二 假名宗 謂成實論 及經部等說 三 不眞宗 謂諸部般若 說卽空理 明一切法不眞實等 四 眞宗 謂華嚴涅槃 明法界眞理佛性等故"라고 하였다. 둘째, 북제 호신사(護身寺) 자궤(自軌)법사의 오종(五宗) 중 하나로 『열반경』의 종지를 가리킨다.

『화엄경탐현기』 권1(대정장35, p.111a13)에 "다섯째로 호신법사등이 오종교를 세웠다. 앞에서 네 번째 종(眞宗) 내에서는 진불성을 열어 진종으로 삼았는데 『열반경』 등이며, 다섯째 이름은 법계종인데 화엄에서 법계자재무애법문을 밝힘이다. 五 護身法師等 立五宗教 謂此於前第四宗內 開眞佛性 以爲眞宗 卽涅槃等經 第五名 法界宗 卽華嚴明法界自在無礙法門"라고 하였다. 셋째, 남조 진(陳) 기사사(耆闍寺) 안름(安廩)의 육종(六宗) 중 하나로 『반야경』을 가리킨다. 『화엄오교장』 권1(대정장45, p.480c9)에 "여섯째로 기사법사에 의해 육종교를 세웠는데, 처음 둘은 대연법사와 같다. 셋째는 부진종이라 하는데 대승에서 다같이 설하는 제법 저 환화와 같다 등을 밝힌다. 넷째는 진종이라 하는데 제법의 진공의 이를 밝힌다. 六 依耆闍法師 立六宗教 初二同衍師 第三 名不眞宗 明諸大乘通說諸法如幻化等 第四 名眞宗 明諸法眞空理等"라고 하였다. 넷째, 진여실상을 밝힌 가르침을 일컫는 말로 성종(性宗)과 같은 뜻으로 쓰이며, 천태에서의 별교(別敎) 이상과 화엄종에서의 종교(終敎) 이상이 속한다. 이 외에도 『유마경약소수유기』 권10(대정장38, p.851a24)에 "육종은 광통법사가 앞의 사종을 다시 여섯으로 연 것인데, 넷은 앞과 같고 법화를 가리켜 진종이라 하며 대집을 원종이라 한다. 六宗者 光統更開四爲六 四如前 指法華爲眞宗 大集爲圓宗", 『대승현론』 권5(대정장45, p.63c13)에 "지론사는 말한다. '삼종과 사종이 있다. 삼종은 첫째 입상교, 둘째 사상교, 셋째 현진실교이다. 이승인을 위해 유상교를 설하였고, 『대품반야경』 등에서 널리 무상을 밝혔기에 사상이라 하며, 『화엄경』 등을 현진실교문이라 한다. 사종이란 비담이 인연종이고, 성실을 가명종, 삼론을 부진종, 십지론을 진종이라 한다'. 地論師云 有三宗 四宗 三宗者 一 立相教 二 捨相教 三 顯眞實教 爲二乘人說有相教 大品等經 廣明無相 故云捨相 華嚴等經 名顯眞實教門 四宗者 毘曇是因緣宗 成實謂假名宗 三論名不眞宗 十地論爲眞宗"라고 하였다. [참고문헌] 『華嚴經探玄記』, 『華嚴五教章』, 『維摩經略疏垂裕記』, 『大乘玄論』. **2** 허물이 없이 진실인 주장. 인명(因明)의 종인유(宗因喩) 중 내세운 뜻인 종(宗)이 진실인 경우로 허물있는 사종(似宗)과 맞선다. 『이문론술기』(대정장44, p.77c26)에 "때로는 가려 가진다 함은 더하거나 버린 그 끝을 가려내고 그 중을 취해 가짐이다. 그럴듯한 종인유의 허물을 진이라 이름한 것이 증이고, 진실인 증인유를 진실이 아니라고 하는 것이 손이니 이 두 끝을 가려 중도를 취해 가진다. 或簡持者 簡增損邊 持其取中 謂似宗因喩過 謂爲眞名增 眞宗因喩 謂非眞名損 簡此二邊 持取中道", "진종으로 말하여 가리킨 뜻이 허물 있는 종과 서로 어긋나기에 상위의라 이름한다. 만약 그릇됨 있는 종이라면 문득 저 그릇됨과 서로 어긋나는 참된 뜻에 의해 보내버릴 수 있지만, 만약 허물 없는 종이라면 문득 저 다섯 가지 허물있는 종을 말해서 보내버린 것이 아니라면 진종이라 할 수 있다. 眞宗言所目義 與有過宗相違 故名相違義 若有過宗 便爲彼有過相違眞義所遣 若無過宗 相違眞宗所遣 卽此宗若非彼五過宗言所遣 名爲眞宗", "만약 종을 세웠는데 과실이 있다 하면 곧 5종도리와 서로 어긋나야 하니, 이 도리가 종과 서로 어긋남을 상위의라 이름한다. 진종은 이미 도리를 따랐기에 저 그럴듯한 주장이 상위의로 내쳐짐과 같지 않기에 저 상위의로 능히 내침이 아니라고 말하였다. 若立宗 有其過失 卽與五種道理相違 卽此道理與以宗相違 名相違義 眞宗既順道理 則不同彼似宗爲相違義遣 故言非彼相違義能遣"라고 하였다. [참고문헌] 『理門論述記』. ⇨ 인명 因明, 종 宗**2**, 종인유 宗因喩, 사종 似宗 **3** 일본 십삼종 중 하나. 아미타불의 본원력에 힘입어 정토왕생을 구하는 종. 개조는 친란(親鸞 1173~1262). 정토진종(淨土眞宗)이라고도 하며, 일심으로 아미타불에 귀의함이 종지이기에 일향종(一向宗), 진시방무애광여래(盡十方無礙光如來)를 본존으로 그 광명을 의지하기에 무애광종(無礙光宗)이라고도 한다. 소의경전은 『무량수경 無量壽經』·『관무량수경 觀無量壽經』·『아미타경 阿彌陀經』이며, 인도의 용수(龍樹)·천친(天親)과 중국의 담란(曇鸞)·도작(道綽)·선도(善導)와 일본의 원신(源信)·원공(源空)의 법맥을 계승하고 있는데 특히 천친의 『정토론』이 중요한 소의논서다. 친란의 증손 각여(覺如)는 본원사(本願寺)를 대본산으로 삼았고, 제8세 연여(蓮如)가 교세를 넓혀 당시 도쿠가와 이에야쓰가 그 세력을 꺼릴 정도였다. 이 때문에 1602년(경장7)에 본원사를 동본원사(東本願寺)와 서본원사(西本願寺)로 나누었는데 오늘날 각각 대곡파(大谷派)와 본원사파(本願寺派)로 불리고 있다. 친란의 문하에서 세력이 번성함에 따라 점차 분파되어 고전파(高田派)·불광사파(佛光寺派)·흥정파(興正派)·목변파(木邊派)·삼문도파(三門徒派)·산원파(山元派)·성조사파(誠照寺派)·출운로파(出雲路派)가 갈라져 나왔고 이들을 합쳐 진종십파(眞宗十派)라고 부른다.

진종 震鐘 1864~1940. 3·1독립운동 때 민족대표 33인 중 한 분이시다. 호는 용성(龍城), 속성은 백(白)씨, 속명은 상규(相奎), 본관은 수원(水原). 아버지의 휘는 남현(南賢), 어머니는 손(孫)씨. 근대를 거치면서 두드러지게 활동하신 불교계의 뛰어난 선각자였으며, 선교율에도 정통하였다. 경전의 한글번역과 대중포교에도 선구자였다. 어머니가 어느 날 밤 꿈에 금란가사를 입은 스님이 방으로 들어오는 꿈을 꾼 다음 잉태하여 1864년(고종1) 5월 8일 전라남도 남원군 하번암면(下磻岩面) 죽림리(竹林里 : 지금의 長水郡 磻岩面 竹林里 22번지)에서 탄생하였다. 어릴 때부터 뛰어나게 총명한 한편 과묵하였으며, 오신채와 고기 섞인 음식은 일체 먹지 않았다. 온휼(溫恤)의 정이 남달라 6세 때 아버지가 낚은 물고기 중 살아있는 것들은 임의로 놓아주기도 하여 아버지의 큰 꾸짖음에 죽어 가는 생명을 보고만 있을 수 없었다고 하면서 울었고, 머슴의 동생이 괴질에 걸려 초막에 방치된 채 굶주림과 병고에 시달리는 것을 보고는 양식을 가져다주기도 하였다. 9세 때 전주(全州)에서 합죽선(合竹扇)을 시제(詩題)로 열린 향숙(鄕塾)의 백일장에서 "합죽선 부채를 크게 흔들어, 동정호의 바람을 몰고 왔네! 大撓合竹扇 借來洞庭風"라는 시를 읊어 문재(文才) 또한 칭송이 자자했다. 13세까지 유교를 배웠고 14세 때 불경(佛經)을 보다가 크게 느낀 바 있어 부모 모르게 남원군 교룡산성(蛟龍山城) 안에 있는 덕밀암(德密庵)으로 가서 행자생활을 하다가 아버지에 의해 돌아가기도 했으나 끝내 뜻을 굽히지 않다가 1879년(고종16) 16세 때 다시 부모의 만류를 뿌리치고 합천 해인사(海印寺)로 찾아가 극락전(極樂殿)에 있던 화월(華月)을 은사로 상허혜조(相虛慧造)를 계사로 하여 스님이 되었다. 얼마 후, 의성 고운사 수월영민(水月永旻 1817~1893)을 친견하고 "어떻게 하여야 속히 견성을 할 수 있습니까?"라고 묻자, "말세에는 마장(魔障)은 강하고 근기는 약하므로 이를 물리치고 꿋꿋이 나아가기란 쉽지 않다. 마땅히 먼저 삼보에 참회하는 예배 할 뿐 아니라, 신묘장구대다라니(神妙章句大陀羅尼)를 염송하여 업장이 사라져야 참선공부에 제대로 나아갈 수 있다"고 일러주셨다. 가르침대로 천수주와 육자주를 9개월 동안 지송하던 중 크게 깨달음을 얻고, "오온산중에서 소 찾는 나그네여! 빈방에 홀로 앉아 있으니 크고 둥근 달 하나 우뚝할 뿐이네. 모나다 둥글다 길다 짧다 그 누가 말했나. 한 개의 불덩이가 대천세계를 태우네! 五蘊山中尋牛客 獨坐虛堂一輪孤 方圓長短誰是道 一團火炎燒大千"라 읊었으니 초견성송(初見性頌)이다. 1883년(고종20) 금강산 표훈사에서 무융(無融)선사로부터 무자화두(無字話頭)를 결택받고 양주 보광사(普光寺) 도솔암으로 가서 정진하다가 "구름과 안개를 헤치면서 문수 찾다가, 비로소 문수를 만나니 넓고도 크고 다 비었다네! 색은 색대로 공하고 공 또 다시 공하고, 공하고 공한 색과 색들 거듭해서 다함이 없네. 排雲携霧尋文殊 始到文殊廓然空 色色空空還復空 空空色色重無盡"라고 당시의 견처를 읊었다. 1884년 양산 통도사에서 선곡(禪谷)율사로부터 비구계와 보살계를 받았으니, 하동 칠불암(七佛庵)에서 기도 끝에 서상수계(瑞祥受戒)한 대은낭오(大隱朗旿)율사의 계맥을 이은 셈이다. 그해 겨울 안거는 지리산 금강대(金剛臺)에서 보내고, 1885년 여름부터 순천 송광사 삼일암(三日庵)에서 정진하던 중 틈틈이 『경덕전등록』을 열람하다가 「남악금륜가관전 南嶽金輪可觀傳」(대정장51, p.356a28)에 "야참 후 당을 나오다가 불러서는, '대중들이여, 달 좀 보게나' 하니 대중이 모두 달을 보는 순간, 스님께서 '마치 활에 화살을 당기는 듯 하구나! 비는 오지 않고 바람은 심하구나!'라고 하였으나 아무도 대꾸하지 못했다. 大衆 夜參後 下堂 師召曰 大衆 衆回首 師曰 看月 大衆看月 師曰 月似彎弓 少雨多風 衆無對"는 구에 이르러 활연히 깨닫고 나니 일면불월면불(日面佛月面佛)·무자(無字) 등의 화두까지 분명하였다 한다. 1886년(고종23) 삼일암에서 하안거를 마치고, 영남으로 오는 길에 낙동강을 건너면서 "금오산엔 천년의 달 뜨고, 만리로 물결치는 낙동강이여, 고깃배 어디로 가는가? 언제나처럼 갈꽃밭에 깃들이네. 金烏千秋月 洛東萬里波 漁舟何處去 依舊宿蘆花"라는 오도송(悟道頌)을 읊었다. 스님은 교를 버려 선에 드는 사교입선(捨教入禪)이 아니라, 먼저 참선하여 깨친 다음에야 비로소 교를 제대로 본다는 선선후교(先禪後教)야말로 진실한 선교겸수(禪教兼修)의 길이라 하였다. 오도한 후 송광사 감로암(甘露庵) 호붕(湖鵬)강백 밑에서 『기신론』과 『법화경』을 수학하였고, 선객(禪客) 33명과 함께 지리산 상선원에서 한해 여름을 지낸 다음 곡성 태안사 수경(水鯨)강백으로부터 『서장 書狀』과 『선요 禪要』를 열람하였으며, 1888년(고종25) 지리산 상무주(上無住)에서 겨울 안거를 지내고 문경군(聞慶郡) 농암면(籠巖面) 청화산(淸華山) 원적암(圓寂庵) 석교(石橋)율사로부터 『범망경』과 『사분율 四分律』을 청강하였다. 이어 송광사 호붕강백에게서 『화엄경』을, 해인사에서 월화(月華)강백으로부터 『선문염송집』·『화엄십지 華嚴十地』·『치문경훈 緇門警訓』 등을 청수(聽受)하였다. 스님은 30세 때까지 때로는 참선, 때로는 경학, 때로는 청강, 때로는 열람(閱覽)으로 선교를 겸비하고는 7년 동안 은거하며 그 힘을 가져(保任) 한층 전력하였다. 1900년(광무4) 예산 정혜사에서 혜월(慧月)선사와 격외선지를 거량하였고, 1901년 해인사 퇴설당(堆雪堂)에서 제산(霽山)선사와 법담(法談)을 나누었으며, 1902년 구례 화엄사 탑전에서 하안거를 지낼 때, 만공(滿空)의 방문을 받고 "먼길 오시느라 노독(路毒)은 어떠하며, 시자는 몇 사람이나 데리고 왔소?"라고 묻자 만공이 "시자도 없고 노독도 전혀 없소"라는 문답을 나누기도 하였다. 그해 겨울 안거를 순천 선암사 칠불전(七佛殿)에서 지낸 후 1903년 봄부터 묘향산 상비로암(上毘盧庵)으로 옮겨 수선회를 창설하였

용성대종사진영 서울 대각사 현대

으며, 그해 겨울 안거는 금강산 불지암(佛地庵)에서 지냈다. 1904년 2월 철원 보개산(寶蓋山) 성주암(聖住庵)에 거듭 수선회를 창설하였고, 1906년 도봉산 망월사에 있으면서 내탕금(內帑金) 이만 냥을 하사받아 합천 해인사에 봉안하고 있는 고려 팔만대장경판의 수판불사(修板佛事 : 동판으로 사방의 마구리 등을 보수하는 일)를 마쳤다. 그해 9월 덕유산(德裕山) 호국사(護國寺)에서도 수선사를 맺고 납자를 제접하다가 1907년 9월 중국으로 이석하였다. 북경 관음사에서 겨울 안거를 마치고, 1908년 2월 통주(通州) 화엄사(華嚴寺)에 당도하여 머물렀다. 그곳 스님이 '수계본사(受戒本寺)가 어디냐?'고 물음에 '양산 통도사다'라고 대답했다. 그 스님이 반문하기를 '우리 중국의 계맥(戒脈)이 언제 조선에 전해졌는가? 듣건대 요즘 조선에는 사미계(沙彌戒)만 있을 뿐 비구계맥은 끊어져 없다던데, 그것이 사실이냐?'라고 하자 스님께서 언성을 높여 '하늘의 일월(日月)이 어찌 너의 나라의 것만이겠는가! 부처님의 법은 천하의 공도(公道)이어늘 어찌 중국의 전유물로만 생각하는가? 나라는 비록 크지만 사람은 소인배들 뿐이다'라고 크게 경책하였다. 1909년 3월부터는 해인사 원당암으로 돌아와 미타회를 창설하고 선정일치(禪淨一致)를 주창하였다. 1910년 하동 칠불선원 조실로 있으면서 대중의 간청에 의해 『귀원정종 歸源正宗』을 지었으니, 배불의 근간이 된 유교와 서구열강의 서세동점(西勢東漸)에 힘입어 번창하는 서교(西敎)를 마주해 바르고도 으뜸의 불교로 돌아갈 것을 새롭게 천명하였다. 58세 때인 1911년 2월 처음으로 '서울에 교회(敎會)는 첨탑이 높이 솟아 일요예배에 청중이 가득하며 교회의 종소리 또한 쟁쟁하건만, 사원(寺院)은 적막하여 모이는 사람이 적으니 이는 포교의 부재이다'라고 깊이 통탄하고, 특별히 도시대중을 향한 포교를 시작했으니 그 효시(嚆矢)로 서울 종로구 봉익동(鳳翼洞)에 대각사를 세웠고, 1912년에는 대사동(大寺洞 : 지금의 仁寺洞 및 公平洞 一圓)에 조선불교임제종중앙포교당을 창립하여 대중포교를 시작한 지 삼 년만에 삼천여 신도가 운집하였으며, 1913년 남전(南泉)·성월(惺月)·도봉(道峰)·김석두(金石頭 : 범어사 스님) 등과 함께 종로구 안국동에 선학원(禪學院)을 열어 힘을 보탰다. 뒤이어 큰 도시마다 포교당을 세우고자 자금을 마련한다는 명분으로 독립운동을 위한 자금도 마련하고자 1916년부터 북청(北靑)에서 금광도 운영하였으나 실패하기도 하며 독립의 여망을 놓지 않고 고군분투했다. 이러한 스님의 뜻은 1919년 기미년 3·1운동으로 이어져 민족대표 33인 중 한 사람으로 참여했고, 왜경에 체포되어 서대문감옥에서 1년 6개월 간의 옥고를 치렀다. 북청의 광산업에 이어 1922년 연길시(延吉市) 명월촌(明月村)과 봉녕촌(鳳寧村) 일대의 토지를 매입하여 농장을 운영하였으니, 내심 독립운동자금을 모으기 위한 목적이었으니 1927년에는 함양군 백전면(栢田面) 백운산에도 선농일치를 내세우며 화과원(華果院)을 설립하였다. 1924년 4월 28일 봉익동 대각사에서 경을 보던 중 치아에서 오색영롱한 사리 1과가 출현하였고 세 차례나 방광하였다. 1925년 도봉산(道峰山) 망월사에서 참선만일결사(參禪萬日結社)를 조직하였으며, 그해 10월 15일부터 해인사 금강계단 전계사(傳戒師)에 추대되었다. 1926년 5월 9일자로 조선총독부와 일본내무성(日本內務省)에, 스님들을 대처식육(帶妻食肉)으로 유도한 만행을 즉각 중지할 것을 요구하는 건백서(建白書)를 보내기도 하였으니, 일구월심 나라의 독립과 정종(正宗)의 불법을 위함에 여념이 없었다. 1928년에 대각일요학교를, 1929년에는 대각사에 수선회를 개설하는 등 계몽과 교화에 힘썼으나 일제의 방해로 중단되었다. 1940년 2월 24일 봉익동 대각사에서 문도를 모아놓고 "내가 지금 입적코자 하니 너희들은 슬퍼하거나 효도하려 하지 마라. '오직 위없는 이 크나큰 대열반 두렷이 밝아 언제나 고요하고 비춘다. 無上大涅槃 圓明常寂照' 이 한마디만을 외워 잃지 마라" 당부하였다. 이때 제자가 "스님께서 지금 떠나시면 어디로 가십니까?"라고 묻자 "박넝쿨꽃 울타리를 뚫고 나와 한가로이 저 삼 밭에 누웠구나. 匏花穿籬出 閒臥麻田上"라는 임종구(臨終句)를 남기고 세수 77, 법랍 61세를 일기로 입적하였다. 그 덕을 기려 건국공훈으로 국가공로상(國家功勞賞), 훈장으로는 은관문화훈장(銀冠文化勳章)·역경공로상으로 보답하였다. 저서로는 『선문요지 禪門要旨』·『귀원정종 歸源正宗』·『심조만유론 心造萬有論』·『수심정로 修心正路』·『팔상록 八相錄』·『대각교의식 大覺敎儀式』·『대각교가집 大覺敎歌集』·『불교입문문답』·『각해일륜 覺海日輪』·『청공원일 晴空圓日』·『수심론 修心論』·『석가사 釋迦史』·『극락노정기 極樂路程記』·『불교창가 佛敎唱歌』·『대각원류 大覺源流』·『교리대전 敎理大典』·『대각교아동교과서 大覺敎兒童敎科書』 등이 있고, 역서(譯書)로는 『수능엄경선한연의 首楞嚴經鮮漢演義』·『만금비라경 卍金毘羅經』·『각정심관음정토총지경 覺頂心觀音正土摠持經』·『상역과해금강경 詳譯科解金剛經』·『조선글화엄경』·『조선어능엄경 朝鮮語楞嚴經』·『선한문역선문촬요 鮮漢文譯禪門撮要』 등이 있다. 제자에는 은제자(恩弟子)·법제자(法弟子)·선제자(禪弟子)·전계제자(傳戒弟子) 등 수백 명이 되지만, 그중 뛰어난 신족(神足)으로는 동산혜일(東山慧日)·고암상언(古庵祥彦)·회암준휘(檜庵俊輝)·동헌완규(東軒完圭)·인곡창수(仁谷昌洙)·자운성우(慈雲盛祐)·경봉정석(鏡峰靖錫)·전강영신(田岡永信) 등이 있다. 행적비로는 구비(舊碑)와 신비(新碑)가 전하는데, 구비는 만해(卍海) 한용운(韓龍雲)이 비문을 짓고 오세창(吳世昌)의 전액

(篆額)에 최종한(崔宗瀚)이 써서 1941년에 해인사 용탑전 남쪽에 세웠다. 신비는 가산지관(伽山智冠)이 비문을 짓고 효남(曉南) 박병규(朴秉圭)가 써서 1993년에 세웠는데, 해인사 성보박물관 서남쪽 광장에 있다. ［참고문헌］『景德傳燈錄』, 李智冠『伽倻山海印寺誌』 pp. 718~721, 『龍城語錄』, 한보광『龍城禪師研究』, 「陜川海印寺龍城堂震鐘大宗師碑」(智冠編 『韓國高僧碑文總集 朝鮮朝・近現代』 pp.890~904). ⇨ 대각회 大覺會 2

진종대곡파 眞宗大谷派 일본 진종의 열 갈래 중 하나로 경도(京都) 본원사(本願寺)를 본산으로 한다. 『조선불교통사』 권하 「부상불교시자백제 扶桑佛教始自百濟」(대장경보편31, p.581b12)에 "진종은 후굴하천황 원인원년(1224) 진종의 개조 친란〈견진대사〉이 상륙국 도전에서 『교행신증문류』를 짓고 개종의 본서로 삼았다. 이 종은 미타의 진실한 가르침과 뜻을 넓히기에 진종이라 한다. 타력에 의지하고 회향하는 신심으로 정토왕생의 참된 인을 짓는다. … 종규가 있지 않아 축처하고 고기 먹는 것을 허용하며 또한 계율도 없어 윤리강상이 모두 속자와 같다. 이 종은 나뉘어 지금 열로 나뉘었다. … 대곡파라 하니 그 처음은 본원사에서 함께하다가 제11세 현여의 장자 광수에 이르러 다시 조환에다 본사를 짓고 칭하기를 다시 본원사라 한 것이 그것이다. 팔천팔백오십사의 절이 있다. 眞宗 後堀河天皇 元仁元年 眞宗開祖親鸞〈見眞大師〉 於常陸國稻田 製教行信證文類 爲開宗本書 此宗以弘彌陀眞實之敎之意 故名眞宗 即依他力以回向之信心 作往生淨土之眞因 … 無有宗規 聽許蓄妻噉肉 亦無戒律 倫理綱常 悉如俗子 此宗今分十派 … 曰大谷派 其初同於本願寺 至十一世 顯如之長子光壽 更於烏丸作本寺 稱爲又本願寺者是也 有八千八百五十四寺"라고 하였다. ［참고문헌］『朝鮮佛教通史』. ⇨ 진종 眞宗 3

진종대사 眞宗大師 당대 스님 하택신회(荷澤神會 668~760)의 시호. 『종통편년』 권11(卍속장147, p.177a15)에 "5월 12일 입적하여 낙양 보응사에 탑을 세웠다. 칙명에 따라 시호는 진종대사라 하였다. 五月十二日寂 塔於洛陽寶應寺 勅諡眞宗大師"라고 하였다. ［참고문헌］『宗統編年』. ⇨ 신회 神會 1

진종사 眞宗寺 인천광역시 강화군 길상면에 있는 전등사(傳燈寺)의 옛이름. 이색(李穡 1328~1396)이 쓴 「진종사기 眞宗寺記」(『목은문고』 권1)에는 1366(공민왕15) 여름 5월에 시중 유탁(柳濯 1311~1371)은 2년 만에 주관하던 불사를 마쳤는데, 낙성법회에 '화엄법'을 강하게 하고자 음운에 뛰어난 스님 삼십삼분을 모셨고, 의발 등 공양구도 모두 새롭고 뛰어나게 하였다. 공민왕이 소식을 듣고서 향폐를 보내 법회를 아름답게 하자, 신하들도 분주히 달려와 찬탄하고자 하였지만 빈 자리가 없어 열흘이나 기다려야 할 정도였다. 성황에도 불구하고 서까래 끝과 동자기둥 등의 단청은 웅장하지도 초라하지도 사치하지도 누추하지도 않았고, 상설과 영개의 장식이나 화등과 음악도 아름답고 자연스럽게 완성되었다고 하면서, "일한 이들은 날마다 오백 여 남짓했고, 집의 칸수는 육십이나 되었다. 其夫日役五百餘指 其屋間計六十有奇"라고 찬탄하였다. 또한 유탁의 조부인 영밀공 유청신(柳淸臣)은 지원년간(1335~1340)에 거듭 명망을 얻어 덕릉(충선왕)과 의릉(충숙왕) 때 재상을 지내는 등 십삼년 동안 정승 반열에 있으면서 이 절의 창건과 중수에 걸쳐 인연이 있었으니, 서쪽 언덕에 장례를 지내 자손이 명절 때면 성묘하였으나 절이 오래되어 장차 허물어질 지경이기에, "'한번에 헐어 새롭게 하지 않을 수 없고 또한 당을 지어 우리 영밀공의 화상을 드리우고 기재드려 은혜를 갚으려 하니, 불교를 배우는 이들로 하여금 축원하는 틈에 아미타불을 불러 명복마저 기르게 함이다'는 진종사를 다시 일으킨 까닭이고 시중공의 평소 생각이었다. 盍一撤而新之 且堂之以垂我英密公之畫像 以祀以報 俾學佛者祝釐之餘 呼無量光 以資冥福乎 此眞宗寺之所以興復 而侍中公平昔之志也"라고 하였다. ［참고문헌］『韓國寺刹全書』 권하 p.1048a2・3, 『牧隱文藁』(韓國文集叢刊5, p.6a17). ⇨ 전등사 傳燈寺

진종사향완 眞宗寺香垸 고려시대 향완. 국립광주박물관 소장. 높이 32.1cm・최대 지름 35.8cm. 강화 전등사(傳燈寺)에 세전(世傳)되어 오던 향로이다. 구연 뒷면의 명문에 '지정 26년 병오 오월일 진종사 향완 至正二十六年丙午五月日眞宗寺香垸'이 은입사(銀入絲)되어 있어, 1366년(공민왕15)에 제작된 향완임을 알 수 있다. 전등사의 옛 이름이 진종사(眞宗寺)였음을 실물로 입증시켜준 중요한 유물이다. ［참고문헌］『韓國金石全文』 中世上 p.1192. ⇨ 진종사 眞宗寺, 전등사 傳燈寺

진종사향완

진주나복 鎭州蘿蔔 진주에서는 무가 난다. 조주화상이 학인의 물음에 '진주에서는 큰 무가 난다'고 답한 인연으로 회자된 화제(話題)를 말한다. 『조주어록』 권상(고존숙어록13, 卍속장118, p.307b9)에 "'화상께서 남전을 친견하셨다 들었는데 맞습니까?' '진주에는 큰 무가 난다네'. 問 承聞和尙親見南泉 是否 師云 鎭州出大蘿蔔頭", 『대혜어록』 권4(대정장47, p.828a1)에 "운거효순은 '진주의 무는 크고 청주의 포삼은 무겁다. 그 뜻을 알고 싶은가? 닭이 오경이 와야 운다'고 하였다. 雲居舜老夫

道 鎭州蘿蔔大 靑州布衫重 要會箇中意 雞向五更啼", 같은 책 권10(대정장47, p.852a7)에 "진주나복 : [송] 남전왕노사를 참방했더니 진주나복에 더는 사사로움 없었다. 집어들어서 시비의 구설을 막아 끊으니 설곡과 양춘은 초사가 아니라네. 鎭州蘿蔔 頌云 參見南泉王老師 鎭州蘿蔔更無私 拈來塞斷是非口 雪曲陽春非楚詞", 『경덕전등록』 권13 「수산성념전 首山省念傳(대정장51, p.304b22)에 "'무엇이 옛 부처의 마음입니까?' '진주에서 나는 무는 무겁기가 서근이나 된다네'. 問 如何是古佛心 師曰 鎭州蘿蔔重三斤", 『선관책진』(대정장48, p.1103b12)에 "설령 한 터럭이라도 불법은 신통하고 성스러운 것이라는 알음알이가 있다면, 좁쌀만큼이더라도 모두 스스로를 속이는 것이고 모조리 부처도 법도 비방하는 짓이다. 곧바로 반드시 참해 이르러 체라 하는 것 벗어던져 의지할 것 없고 터럭 하나 세울 일 없어야 일척안을 얻는다. 이때 문득 청주적삼과 진주무 모두 다 집안에서 쓸만한 물건이 될 터이니, 다시 신통하고 성스러운 알음알이 따로 구할 일 있겠는가. 設有一毫佛法神通聖解 如粟米粒大 皆爲自欺 總是謗佛謗法 直須參到脫體無依 纖毫不立處 著得隻眼 便見靑州布衫 鎭州蘿蔔 皆是自家所用之物 更不須別求神通聖解也"라고 하였다. [참고문헌] 『趙州語錄』, 『大慧語錄』, 『景德傳燈錄』, 『禪關策進』. ⇨ 조주대라복두 趙州大蘿蔔頭

진주묘엄사지삼층석탑 晉州妙嚴寺址三層石塔 경상남도 진주시 수곡면 효자리에 있는 석탑. 보물 제379호. 높이 5.17m. 1963년 1월 지정당시에는 '효자리 삼층석탑'이었으나 2007년 발굴조사에서 '묘엄사(妙嚴寺)' 명 명문기와 출토에 따라 2010년 '묘엄사지삼층석탑'이라 하였다. 석탑은 이중기단 위에 삼층탑신을 올린 신라석탑 전형양식이다. 하층기단은 지대석위에 면석과 갑석을 놓았다. 면석은 각면 모서리에 우주를 새겼고 중앙 탱주를 4면 모두 별석으로 만들어 끼워 넣었다. 하대갑석은 4매로 낙수면 기울기는 거의 없고 상부에는 호각형 2단의 괴임을 두어 상층면석을 받고 있다. 상층면석은 중앙에 1주의 탱주와 모서리에 우주를 모각한 형태로 동서면 긴부재를 두고 남북으로 짧은 면석을 끼워 넣는 H자형 결구법이다. 상층갑석은 2매로 하층 갑석과 같이 낙수면은 거의 수평에 가까우며 상부에 호각형 2단의 괴임을 두어 초층 탑신을 받고 있다. 탑신부는 몸돌과 지붕돌이 각각 1매씩 총 6매로 되어 있다.

진주묘엄사지삼층석탑

탑신부는 각층 모두 모서리에 우주를 모각하였고 초층 몸돌의 경우 서측면에만 문비를 새겼는데, 문틀을 2단으로 모각하고 내부에 상하인방과 함께 문고리 1쌍, 상부에 살대를 짜 만든 창호인 살창도 사실적으로 표현하였다. 지붕돌은 각층 높고 처마까지의 길이가 급하고 짧아 전체적으로 둔중하다. 옥개받침은 초층과 2층이 4단이고 3층은 3단이며 상면에는 2단의 괴임을 두어 상층탑신을 받고 있다. 상륜부는 모두 결실되었으며 3층 옥개석 상면 중앙에 찰주공만 남아 있다. 석탑은 외형상 신라전형양식을 따르기는 하나 옥개받침 숫자가 일정하지 않고 축소된 점, 옥개석의 낙수면이 급하고 둔중하며 상하층기단 갑석이 수평인 점 등에서 고려전기 건립으로 보기도 한다. 그러나 발굴당시 출토된 기와의 상한이 8세기말에서 9세기초까지 올라가는 점, 문비의 세부표현이 뛰어난 점, 간략화가 진행되었지만 신라양식을 유지한 점에서 9세기 초중반경의 신라탑으로 보기도 한다. [참고문헌] 『진주 묘엄사지』(동아세아문화재연구원, 2009), 『경남의 사지Ⅱ』(국립가야문화재연구소, 2011), 『한국의사지』 권상(문화재청·불교문화재연구소, 2013), 『경상남도의 석탑Ⅰ』(국립문화재연구소, 2016), 『文化財大觀』 寶物篇 石造Ⅰ(문화재청, 2004) pp.400~403.

진주불교진흥회 晉州佛敎振興會 1923년 1월 7일에 황의호(黃義浩) 등을 중심으로 창립. 일제강점기에 진주 지역에서 창립된 단체 중 하나이다. 『동아일보』 1928년 2월 2일자에 「진주불교진흥회강연회 불교와 현대과학(보고서) 晉州佛敎振興會講演會 佛敎와 現代科學(釋贊浩)」에 "29일 오후에 교당에서 불교와 과학이라는 주제로 불교 강연회가 개최되었다."라고 하였다. [참고문헌] 『晉州大觀』(晉州大觀社, 1940), 『東亞日報』.

진중 珍重 만났다가 헤어질 때 하는 인사말. 보배로 여기어 자중자애(自重自愛)하시라는 뜻에서 건네는 말이다. 선문에서도 종사(宗師)가 상당(上堂)이나 시중(示衆)을 마치고 법좌(法座)에서 내려오기 전에 대중을 향해 건네는 말이기도 하다. 『석씨요람』 권중(대정장54, p.278c5)에 "진중 : 불가에서 서로 만났다가 물러나려 할 때 입으로 '진중'이라 말한다. 이 나라 풍속에서 '안치'라고 하는 것과 같다. 진중이란 잘 보호하고 아낄 것을 당부하는 말이다. 만약 아래 사람이 존숙이 계신 곳에 가서 존숙의 명으로 앉거나 경전의 강의를 듣고 물러나는 경우에는 '진중'라고 말하지 않고 단지 합장하고 고개 숙여 공경함만을 표한다. 珍重 釋氏相見 將退 卽口云珍重 如此方俗云安置也 言珍重 卽是囑云善加保重也 若卑至於尊所 尊長命坐及受經 後去 卽不云 珍重 但合掌俯首示敬也", 『선림상기전』 권20(불광장, 禪藏, p.583b15)에 "진중 : 『백장청규』 「훈동행」에 '숨죽이고 가르침을 공청한다. 끝이 나면 다시 삼배한다. 참두는 「진중」이라고 말하고 대중은 함께 낮은 소리로 화답한다. 인사 하고 물러난다'라고 하였다. 『승사략』에 '헤어질 때 물러나며 「진중」이라 하니 무슨 뜻인가? 이는 만남이 끝났고 뜻이 이미 통하였으니 당부하여 「진중」이라고 한 것이니 몸을 잘 애호하라는 말이다. 청하건대 더욱 자애하여 잘 쉬고 몸을 아껴야 한다는 말과 같다'라고 하였다. 珍重 敕修淸規訓童行云 屛息拱聽規誨 畢 又三拜 參頭喝云 珍重 衆齊低聲和 問訊而退 僧史略云 臨去辭曰 珍重者何 此則相見既畢 情意已通 囑曰珍重 猶言善加保重 請加自愛 好將息 宜保惜 同也", 『운문광록』 권상(대정장47, p.549b24)에 "'먼 곳에서 선사를 찾아왔습니다. 선사의 종지는 무엇입니까?' '칠구육십삼' '학인은 최근 형주를 떠나 왔습니다'. 운문이 크게 말했다. '그렇다. 그대의 짚신 발꿈치가 헤졌다' '안녕히 계십시오' '늘 고요하시길, 사바하'. 問 遠遠投師 師意如何 師云 七九六十三 進云 學人近離衡州 師喝云 是爾草鞋跟斷 僧云 珍重 師喝云 靜處薩婆訶", 『대혜어록』 권9(대정장47, p.849c17)에 "대혜선사가 학인에게 물었다. '길에서 도통한 이를 만났는데 언어와 침묵으로 대하지 않을 때는 어떻게 해야 할까?' 학인이 '안녕히 계십시오'하고 바로 가버렸다. 대혜가 크게 웃었다. 다음에 한 학인이 들어왔다. 선사가 '내가 방금 저 학인에게 「길에서 도통한 이를 만났는데 언어와 침묵으로 대하지 않을 때는 어떻게 해야 할까?」라고 물었더니 그가 「안녕히 계십시오」하고 가버렸다. 그대가 말해보라. 저 학인은 알았는가? 몰랐는가?' 학인이 대답하려 하자 대혜가 바로 때려서 쫓아냈다. 問僧 路逢達道人 不將語默對時如何 僧珍重便行 師呵呵大笑 次一僧入 師云 我適來問這僧 路逢達道人 不將語默對時如何 他珍重便行 爾道 他會不會 僧擬問訊 師便打出"라고 하였다. [참고문헌] 『釋氏要覽』, 『禪林象器箋』, 『雲門廣錄』, 『大慧語錄』. ⇨ 보중 保重

진중동분 盡衆同分 Ⓢ nikāya-sabhāga-nikṣepa. 중동분(Ⓢ nikāya-sabhāga)이 다하다. 유정들이 동종동류(同種同類)일 수 있게 하는 인(因)으로서의 세력(勢力)을 말하니, 이것이 다한다 하는 뜻은 오취사생(五趣四生)의 길에서 벗어나거나, 선취(善趣)에도 나아가지 못하게 된 단선근(斷善根)류를 말한다. 『대비바사론』 권7(대정장27, p.35a28)에 "어떤 경우는 하루 밤낮 동안 팔분재계를 가져 해탈종자를 심기도 하지만, 또 어떤 경우는 중동분 다하도록 별해탈계를 수지해도 해탈종자를 심지 못하기도 한다. 或有受持一晝一夜八分齋戒 卽能種殖解脫種子 或有受持盡衆同分別解脫戒 而不能種解脫種子", 같은 책 권12(대정장27, p.58c29)에 "'중동분 다해 무너진다'란, 선근이 끊어진 이는 선심으로서의 중동분이 다한 무너짐이 있게 되고, 욕염을 여윈 이생은 불선심으로서의 중동분 다한 무너짐이 있게 된다. 盡衆同分壞者 謂斷善根者 善心有盡衆同分壞 離欲染異生 不善心有盡衆同分壞", 『유가사지론』 권42(대정장30, p.526a27 : *Bodh-bh.*, p.139)에 "만약 보살들이 이와 같이 정진해 중동분을 다해서 일체시에 나태해지거나 중단하지 않는다면, 이를 두 번째의 어렵게 행하고 정진한다고 한다. 若諸菩薩如是精進 盡衆同分 於一切時 曾無懈廢 是名第二難行精進 punarbodhisattvastena tathārūpeṇa vīryārambheṇa nikāyasabhāganikṣepāt sarvakālaṃ prayukto bhavati. idaṃ dvitīyaṃ bodhisattvasya duṣkaravīryam"라고 하였다. [참고문헌] 『大毘婆沙論』, 『瑜伽師地論』, *Bodh-bh.* ⇨ 중동분 衆同分, 유정 有情, 일천제 一闡提

진중미대명 塵中未帶名 티끌(根塵)중에 이름붙일 일 없다. 편정오위(偏正五位) 중 편중지(偏中至)를 가리키는 말이다. 『조산어록』(대정장47, p.533b29)에 "천자는 자신의 영지에서 우탕요순의 법령을 빌리지 않듯이, 눈으로 보고 귀로 들을 뿐 끝내 다른 힘을 빌리지 않는다. 듣지만 소리중에 들어가지 않고 소리내지만 이근을 막을 일 없다. 그 끝에서 재빠르게 몸을 뒤칠 뿐 티끌중에 이름 붙이지 않는다. 이를 편중지라 한다. 宛如寰中天子 不借禹湯堯舜令 眼見耳聞 終不借他力 耳之不入聲中 聲之不塞耳根 裏頭才轉身 塵中未帶名 是曰偏中至"라고 하였다. [참고문헌] 『曹山語錄』. ⇨ 진 塵, 편정오위 偏正五位, 편중지 偏中至

진중진 眞中眞 ❶ 속(俗)을 버리지 않고도 진실인 원교(圓敎)를 말한다. 천태종 교판에서 장통별(藏通別) 삼교에 대하여 원교가 요의(了義) 가운데 요의라고 평가하는 말이다. 『지관보행전홍결』 권1(대정장46, p.177a11)에 "진 중에 진이라는 것은 제(諦)를 잡아 가림이다. 장통과 진속을 기준으로 뒤의 교(별원)를 바라보면 속 중의 진이고 또는 모두 속제다. 별교는 속을 물리치니 속 중에 진이고, 원교는 속과도 떨어지지 않으니 진 가운데 진제이다. 眞中眞 約諦以判 藏通眞俗 若望後教 名俗中眞 亦俱名俗 別教破俗 亦俗中眞 圓教卽俗 名眞中眞", 『지관보행수요기』 권1(卍속장99, p.249b11)에 "별교는 속을 버리기에 속 가운데 진이며, 원교라야 진 가운데 진이라 할 수 있다. 別教滅俗 亦俗中眞 圓教方名眞中眞也"라고 하였다. [참고문헌] 『止觀輔行傳弘決』, 『止觀輔行搜要記』. ⇨ 원교 圓敎 ❷ 참된 가운데 참됨. 『경덕전등록』 권20 「대안산성전 大安山省傳」(대정장51, p.368b15)에 "'무엇이 참된 중에 참된 것인가?' '사방트인 노상에 진흙 부처다'. 問 如何是眞中眞 師曰 十字路頭泥佛子"라고 하였다. [참고문헌] 『景德傳燈錄』.

진중진 塵中塵 티끌 중에 티끌. 번뇌(煩惱) 온통 근진(根塵)의 화합으로 생하고, 그 중에서도 오근오진(五根五塵)은 온통 색법(色法)이어서 이 세간 티끌(塵) 아닌 것 없어 온통 티끌인 세계(塵界)다. 티끌들의 저 끝 공(空)하여 찾을 수 없는(不可得) 뜻이다. 『분양어록』 권상(대정장47, p.599a24)에 "'티끌처럼 많은 사슴이 떼를 이루었는데 어떻게 해야 수많은 티끌 중의 티끌을 맞출 수 있습니까?' '흰 불자는 손에 있네'. 問 塵鹿成群 如何射得塵中塵 師云 白拂在手", 『원오어록』 권19(대정장47, p.801c17)에 "학인이 약산에게 물었다. '들판에 풀이 낮게 자라 티끌처럼 많은 사슴이 떼를 이루었는데 어떻게 해야 수많은 티끌 중의 티끌을 맞출 수 있습니까?' '화살을 보라'. 학인이 바로 누웠다. '시자는 이 죽은 놈을 끌어내라'. 학인이 바로 일어나서 도망갔다. '진흙덩이 희롱하는 놈이 도대체 몇인가?' 僧問藥山 平田淺草 塵鹿成群 如何射得塵中塵 山云 看箭 僧便放身倒 山云 侍者拕出這死漢 僧便起走 山云 弄泥團漢有什麽數", 『사심오신어록』(卍속장120, p.256a6)에 "비우고 또 비워 실실마다 비웠지만 비지 않았고, 빈 일 없이 빈 곳 사무쳐 공이네. 티끌 세간과 뒤섞여 함께 하지만 티끌 세계 아니니, 단지 티끌 중에 티끌로 있지만 같지 않다네. 空空室室空不空 不空空處徹眞空 混同塵世非塵世 只在塵中塵不同"라고 하였다. 〔참고문헌〕『汾陽語錄』, 『圜悟語錄』, 『死心悟新語錄』.

진지 眞知 진실한 앎. 실지(實知)라고도 한다. 36권본 『대반열반경』 권36(대정장12, p.851a18)에 "이처럼 안다 하는 것은 견주어 아는 것(比知)을 말하는 것이지, 진실하게 안다(眞知) 하지 않는다. 나의 불법 중에는 혹은 인으로 과를 알거나 혹은 과를 따라 인을 안다. 나의 불법 중에는 과거업과 현재업이 있는데, 그대(須跋陀)는 그렇지 않고 오직 과거업만 있고 현재업이 없다. 그대의 법은 방편 따라 업을 끊을 수 없지만, 나의 법은 그렇지 않으니 방편 따라 끊는다. 그대는 업이 다하면 괴로움도 다한다 여기나, 나는 그렇지 않으니 번뇌 다해 마쳐야 업과 고가 다한다 한다. 如是知者 名爲比知 不名眞知 我佛法中 或有由因知果 或有從果知因 我佛法中 有過去業 有現在業 汝則不爾 唯有過去業 無現在業 汝法不從方便斷業 我法不爾 從方便斷 汝業盡已 則得苦盡 我卽不爾 煩惱盡已 業苦則盡", 종보본 『단경』 「기연 機緣」(대정장48, p.356c1)에 "(智常이 말하였다.) '저이(大通神秀)가 말했습니다. 「그대는 허공에 모습 있어서 보는가?」 「허공에 형체가 없거늘 어떤 모양인들 있겠습니까」 「그대 본성도 허공과 같아 끝내 볼 수 있는 한 물건 없음을 알아야 하니, 이것의 이름이 정견이고 한 물건도 알 수 있는 것 없어야 진지라 한다. 푸르고 붉으며 길고 짧은 것 있을 리 없어서 다만 본래 그 샘 깨끗해 맑고 깨우친 바탕 두렷해 밝은 줄만을 볼 뿐이니, 성을 보아 부처된다 하고 여래로서 알고 본다」 한다. 학인이 비록 이런 설법을 들었으나 아직 결정코 알지 못했습니다. 화상(六祖慧能)께서 열고 보여 주십시오'. 彼曰 汝見虛空有相貌否 對曰 虛空無形 有何相貌 彼曰 汝之本性 猶如虛空 了無一物可見 是名正見 無一物可知 是名眞知 無有靑黃長短 但見本源淸淨 覺體圓明 卽名見性成佛 亦名如來知見 學人雖聞此說 猶未決了 乞和尙開示", "육조가 말하였다. '저 스님 설함이 오히려 지견에 있다. 그래서 그대가 깨닫지 못했다. 내가 이제 그대에게 게 하나 보이겠노라. 「한 법 보지 않았다 해도 봄 없음 남으니, 저 뜬구름이 해얼굴 가린 듯 하고, 한 법마저 가진 일 없다 해도 공을 지켜 아는 것이어서 도리어 저 허공 가득 번개치듯 한다. 이런 지견 잠깐이라도 일면 그르쳐 알 뿐인데 어찌 방편을 이해하리오. 그대 당장 일념이라도 스스로 잘못임을 안다면, 자기의 영험한 빛이 언제나 빛나고 빛나리라」'. 師曰 彼師所說 猶存知見 故令汝未了 吾今示汝一偈 不見一法存無見 大似浮雲遮日面 不知一法守空知 還如太虛生閃電 此之知見瞥然興 錯認何曾解方便 汝當一念自知非 自己靈光常顯現", 『경덕전등록』 권30 「오대산진국대사징관답황태자문심요 五臺山鎭國大師澄觀答皇太子問心要」(대정장51, p.459c7)에 "증함 말하기는 보일 수 없고 뜻 설함도 증함 아니면 알 수 없다. 이렇듯 고요함 깨우치지만 고요함 없고, 진실로 알지만 아는 것 없이 한다. 이래서 알고 고요함 둘이 아닌 일심이다. 語證則不可示人 說理則非證不了 是以悟寂無寂 眞知無知 以知寂不二之一心"라고 하였다. 〔참고문헌〕『大般涅槃經』, 『壇經』, 『景德傳燈錄』, 『大方等大集經』 권6(대정장13, p.38b3). ⇨ 진지진지이 眞智眞知異

진지 眞智 Ⓢ tattva-jña, tattva-jñāna, tattva-jñatā, Ⓣ de-kho-na-shes-pa. 참된 지. 무상(無相)이고 무생(無生)이어서 무득(無得)인 뜻에서의 무분별지(無分別智)를 뜻한다. 실지(實智)라고도 하고 삼지(三智) 중 하나이기도 하다. 『보살본생만론』 권1(대정장3, p.332b5)에 "억념하며 정인을 닦아 무상의 진지에 맞아 드네. 이처럼 수행하는 자 능히 번뇌병을 다스리네. 憶念修淨因 契無相眞智 如是修行者 能治煩惱病", 『이취육바라밀다경』 권10 「반야바라밀다품 般若波羅蜜多品」(대정장8, p.914a2)에 "능히 고의 바탕 남이 없음을 아니 고중의 진지라 하고, 나고 모여 일어나지만 화합 없음을 아니 집중의 진지라 하며, 남이 본래 없는즉 사라짐도 없음을 아니 멸중의 진지요, 고를 벗어나는 길은 유도 떠나고 무도 떠날 줄 알기에 도중의 진지라 한다. 能知生苦體卽無生 名苦中眞智 知生集起集無和合 名集中眞智 知生本無卽無有滅 名滅中眞智 知出苦道離有離無 是名道中眞智", 『유가사지론』 권73 「보살지 菩薩地」(대정장3

0, p.704c5)에 "청정히 보고 행하는 이 참된 지에 편히 머무네. 자성에서 얻음 없고 저 의지하는 바도 볼 일 없네. 참된 지 청정함으로 인해 저를 참된 밝음이라 설하네. 두 집착과 상응하지 않기에 둘도 없는 것이라 부르네. 淸淨見行者 安住於眞智 於自性無得 不見彼所依 由眞智淸淨 說彼爲眞明 二執不相應 故號爲無二", 『보성론』 권4(대정장31, p.841b13)에 "번뇌장과 지장인 저 법에 실로 체가 없지만 늘 객진으로 물들기에 구름 비유로 설한다. 저 두 인을 멀리 떠나 두 무분별로 향하니, 무분별진지야말로 미쳐 의지하는 저 얻을 바다. 煩惱及智障 彼法實無體 常爲客塵染 是故說雲喩 遠離彼二因 向二無分別 無分別眞智 及依彼所得"라고 하였다. 〔참고문헌〕『菩薩本生鬘論』, 『理趣六波羅蜜多經』, 『瑜伽師地論』, 『寶性論』, 『大乘莊嚴經論』 권12(대정장31, p.653c14), *Bodh-bh.29·243.*, *Ratna-ut.80.* ⇨지 智, 실지 實智, 삼지 三智[3], 무분별지 無分別智

진지 塵智 Ⓢartha-dṛṣṭi, Ⓣdon-mthong. 진(塵)의 통상(通相)만을 요별하는 마음(心). 또는 진(塵)인 경(境)에 대한 바른 지로서 진(塵)의 별상을 아는 심법(心法)과 구분한다. 『중변분별론』 권상(대정장31, p.451c25 : *Madhy-vibh.*, p.20)에 "이제 별상을 설한다. 〈게〉 오직 진지라야 심이라 하고, 차별은 심법이라 한다. 〈석〉 심이란 다만 진의 통상만을 요별한다. 진의 별상을 요별한다면 심법이라고 말하니, 수상행 등이다. 別相今當說 唯塵智名心 差別名心法 心者 但了別塵通相 若了塵別相 說名爲心法 謂受想行等 〈bhāṣya〉 paryāya-lakṣaṇaṃ ca khyāpayati. 〈kārikā〉 tatra-artha-dṛṣṭir vijñānaṃ tad-viśeṣe tu caitasāḥ 〈bhāṣya〉 tatra-artha-mātre dṛṣṭir vijñānaṃ, artha-viśeṣe dṛṣṭiś caitasā vedanādayaḥ", 『섭대승론석』 권7(대정장31, p.204a9)에 "〔석〕 '오직 식일 뿐'이라 함에는 두 법 벗어나지 않는다. 첫째는 상식이고, 둘째는 견식이다. 또한 진인 듯 현현하는 것을 상이라 하는데, 연하는 경이고, 식인 듯 현현하는 것이 견이니 이는 능히 연하는 식이다. … 〔논〕 진에 대한 지가 일어나지 않는다는 것은 (등나무가 아닌) 뱀이라고 아는 지다. 〔석〕 분별성에 들 때는 진지는 생겨나지 않는다. 마치 등나무라고 알 때에는 뱀인 줄 아는 지는 일어나지 않는 것과 같다. 釋曰 此唯識不出二法 一 相識 二 見識 復次似塵顯現名相 謂所緣境 似識顯現名見 謂能緣識 … 論曰 塵智不生 譬如蛇智 釋曰 入分別性時 塵智不得生 如了別藤時 蛇智不生"라고 하였다. 〔참고문헌〕『中邊分別論』, 『攝大乘論釋』, *Madhy-vibh.* ⇨진 塵

진지 盡智 Ⓢkṣaya-jñāna, Ⓟkhaya-ñāṇa, Ⓣzad-pa-shes-pa. 다함(盡)을 연으로 해서 얻은 지. 사성제(四聖諦)와 삼루(三漏 : 欲漏 有漏 無明漏) 다함과 일체 번뇌 다한 줄 여실히 아는 것을 말한다. 십지(十智) 또는 이지(二智) 중 하나이기도 하다. 『집이문족론』 권3(대정장26, p.376a18)에 "진지는 무엇인가? 〔답〕 나는 이미 고를 알았고 나는 이미 집을 끊었으며 나 이미 멸을 증했고 나 이미 도를 닦았다는 것을 여실하게 알아서, 이로부터 생겨나는 지·견·명·각·해·혜·광·관(智見明覺解慧光觀)을 진지라고 한다. … 또한 욕루·유루·무명루가 이미 멸진했음을 여실히 아는 것을 진지라 하며, … 또한 일체의 결박·수면·수번뇌·전이 이미 멸진했음을 여실히 아는 것을 진지라고 한다. 盡智云何 答 謂如實知我已知苦 我已斷集 我已證滅 我已修道 此所從生智 見 明 覺 解 慧 光 觀 是名盡智 … 復次若如實知已盡欲漏 有漏 無明漏 是名盡智 … 復次若如實知已盡一切結縛 隨眠 隨煩惱 纏 是名盡智", 『대비바사론』 권102(대정장27, p.528c21)에 "〔문〕 어찌하여 진지라고 하는가? 진(盡)을 연하기에 진지라고 하는가? 아니면 번뇌가 다한 몸중에 일어나기에 진지라고 하는가? 이렇게 설할 때 각각에는 어떤 과실이 있게 되는가? … (전자의 경우) 진지는 오직 멸성제만을 연하는 게 되어 사성제를 연한다고 할 수 없다. … (후자의 경우) 무생지와 무학정견도 진지라고 할 수 있게 되는데, 이것들도 번뇌가 다한 몸중에서 일어나기 때문이다. 〔답〕 마땅히 이렇게 말해야 할 것이다. 오직 번뇌가 다한 몸에서 일어나기에 진지라고 이름한다. 〔문〕 만약 그렇다면 무생지와 무학정견 또한 진지라고 이름해야 마땅하다. 〔답〕 만약 번뇌가 다한 몸중에 처음 일어나 미쳐서 두루 있다고 한다면 진지라고 이름한다. 무학의 정견은 비록 두루 있지만 처음 일어나는 것이 아니며, 무생지는 두루 있는 것이 아니니 시해탈자는 성취하지 못했기 때문이다. 또한 처음 일어나는 것도 아니니, 반드시 진지 이후에 비로소 현전하기 때문이다. 問 何故名盡智 爲緣盡故 名爲盡智 爲煩惱盡身中起故 名盡智耶 設爾何失 … 盡智唯應緣滅聖諦 不應說此緣四聖諦 … 則無生智無學正見 亦應名盡智 彼亦煩惱盡身中起故 答 應作是說 唯煩惱盡身中起故 名爲盡智 問 若爾 無生智及無學正見 亦應名盡智 答 若煩惱盡身中 初起及遍有者 乃名盡智 無學正見雖皆遍有 而非初起 無生智非遍有 時解脫者 不成就故 亦非初起 必盡智後 方現前故", 『대승아비달마잡집론』 권10(대정장31, p.742c17 : *Abh-s-bh.*, p.93)에 "진지란 다함을 인으로 얻은 지다. 또는 다함을 연해서 경으로 삼는다. 왜 그러한가? 다함이 있음을 연유하여 이 지가 일어나기에 진지라 할 수 있다. 또는 진을 연해서 경으로 삼기에 진지라고 한다. 이 뜻의 의를 말하면, 이 위 중에 영구히 집을 끊음으로써 남는 바가 없도록 하여 얻은 지를 진지라 한다. 또는 인으로서의 진을 연해서 경으로 삼기에 진지라고 한다. 盡智者 謂由因

盡所得智 或緣盡爲境 所以者何 由有盡故而起此智 名爲盡智 或緣盡爲境故名盡智 此義意言 於此位中 由永斷集令無有餘 所得智名盡智 或緣因盡爲境故名盡智 kṣaye sati, viṣaye vā tasmin yajjñānaṃ kṣaya jñānamet aduktaṃ bhavati. niravaśeṣaṃ prakṣīṇe samudaye yajjñānaṃ tadavasthasya hetunirodhālaṃbanaṃ vā kṣayajñānam iti"라고 하였다. [참고문헌]『集異門足論』, 『大毘婆沙論』, 『大乘阿毘達磨雜集論』, *Abh-s-bh.*, *Abh-k-bh.42.* ⇨십지 十智❶, 무생진지 無生盡智, 무학정지 無學正智, 사성제 四聖諦

진지경 盡智經 『중아함경』 권10「습상응품 習相應品」 제13경. 진지(盡智)를 자세히 설한 경. 『법륜보참』 권2(卍속장129, p.870a4)에 "열셋째 진지경. 진지는 해탈로서 익힌 것이다. 이로부터 후회하지 않음은 계를 지켜서 익힌다. 계를 지키는 것은 또 근을 지키는 것으로 익힌다. 이와 같이 바르게 염지하고, 바르게 사유하며, 바르게 믿는다. 법을 관해 견디고 법을 독송하며 법을 수지하며 법의 뜻을 관한다. 이계로 선법을 듣고 나아가 선지식을 받들어 섬기는 것을 거듭하는 것으로 익힌다. 十三盡智經 謂盡智以解脫爲習 乃至不悔以護戒爲習 護戒又以護根爲習 如是正念智 正思惟 正信 觀法忍 玩誦法 受持法 觀法義 耳界聞善法 往詣奉事善知識 展轉爲習"라고 하였다. [참고문헌]『法輪寶懺』, 『中阿含經』 권10「盡智經」(대정장1, p.489c28). ⇨진지 盡智

진지묘출 盡止妙出 다하고 그쳐서 더할 나위 없이 벗어나다. 사제십육행상(四諦十六行相) 중 멸제(滅諦)의 사상(四相). 멸정묘리(滅靜妙離) 또는 멸지묘리(滅止妙離)라고도 한다. 『대반열반경의기』 권10(대정장37, p.876b20)에 "멸제 중에 넷이란 다하고 그쳐서 묘하게 떠난다. 滅下有四 盡止妙出", 『대승의장』 권3(대정장44, p.514c27)에 "멸제 중 네 가지는 진지묘출이다. 또한 멸지묘리라고도 한다. 어떤 허물도 다해 사라지게 하므로 다해 사라졌다 하며, 번뇌와 근심마저 고요히 그치기에 지이고, 거친 가림을 버려 멀리하므로 묘, 얽어매 묶음을 벗어나기에 출이고 이(離)다. 滅中四者 謂盡止妙出 亦名滅止妙離 盡滅有過 故云盡滅 寂止惱患 故名爲止 捨遠麤礙 稱之爲妙 出離纏縛 名出名離"라고 하였다. [참고문헌]『大般涅槃經義記』, 『大乘義章』, 『阿毘曇甘露味論』 권하(대정장28, p.974a22). ⇨멸정묘리 滅靜妙離, 멸제사상 滅諦四相, 십육행상 十六行相

진지비각 盡智非覺 다한 지라도 각은 아니다. 『사리불아비담론』 권9(대정장28, p.596a17)에 "무엇이 진지비각인가? 만약 지가 생겨나 번뇌 다했다고 해도 각지는 아니다. 진지를 제한 그 밖의 지를 진지비각이라 한다. 云何盡智非覺 若智生盡煩惱非覺智 除盡智若餘智 是名盡智非覺"라고 하였다. [참고문헌]『舍利弗阿毘曇論』.

진지시 盡智時 Ⓢkṣaya-jñāna-samanaṃ kālam, Ⓣzad-pa-mkhyen-pa-dang-dus-mnyam-du. 진지(盡智 Ⓢkṣaya-jñāna)를 성취할 때 즉 성불(成佛)할 때를 말한다. 『구사론』 권5(대정장29, p.25a20 : *Abh-k-bh.*, p.70)에 "성불할 때 얻는다. 이를테면 불세존께서는 진지의 때에 얻으시니 부처님의 어떤 덕도 가행으로 얻는 것은 없으니, 잠시 기꺼이 하고자 함 일으켜 현재할 때 일체원덕이 그 의요를 따라 일어나기에 부처님의 온갖 덕은 다 이염으로만 얻는다. 成佛時得 謂佛世尊 盡智時得 佛無一德 由加行得 暫起欲樂 現在前時 一切圓德 隨樂而起故 佛衆德皆離染得 〈kārikā〉 bodhilabhyā muneḥ 〈bhāṣya〉 kṣayajñānasamanaṃ kālaṃ buddhā bhagavanta enāṃ labhante nāsti kiñcidbuddhānāṃ prāyogikaṃ nāma. icchāmātrapratibaddho hi teṣāṃ sarvaguṇasaṃpātsaṃmukhībhāvaḥ. tasmādeṣāṃ sarvavairāgyalābhikam", 『구사론기』 권5(대정장41, p.98b8)에 "'진지의 때에 얻는다'란, 진지가 생상에 있을 때를 말한다. 言盡智時得者 謂盡智在生相時", 『순정리론』 권12(대정장29, p.402a4)에 "불신중에 있는 공덕은 성불할 때 얻는 것이 아니다. 어떻게 부처님께서 진지일 때 멸진정을 얻었다고 할 수 있겠는가? 보살일 때 영구히 일체번뇌염을 여의었기에 불신중의 공덕으로 일어날 수 있는 것이다. 따라서 여래께서 갖추고 있는 공덕은 모두 이염득이라고 말하는 것이다. 非佛身中 所有功德 成佛時得 如何可說 佛盡智時得滅盡定 由菩薩時 永離一切煩惱染故 令佛身中功德得起 故說如來所有功德 皆離染得", 『유가론기』 권24(대정장42, p.859b24 · 한불전14, p.908c18)에 "진지를 성취할 때 증한 열반을 해탈이라 한다. 盡智時所證涅槃 名爲解脫"라고 하였다. [참고문헌]『俱舍論』, 『俱舍論記』, 『順正理論』, 『瑜伽論記』, *Abh-k-bh.* ⇨진지 盡智, 성불 成佛, 열반 涅槃, 해탈 解脫

진지여상왕 進止如象王 Ⓢnāga-vikrāntagāmī, nāga-vikrāntagāmitā, Ⓣglang-po-che'i-stabs-su-gshegs-pa. 나아가고 그치심이 저 코끼리왕과 같으신 팔십종호. 『대품반야경』 권24(대정장8, p.395c27)에 "무엇이 팔십수형호인가? … 마흔다섯 번째는 나아가고 그치심을 저 코끼리왕처럼 하신다. 云何爲八十隨形好 … 四十五者 進止如象王"라고 하였다. [참고문헌]『大品般若經』, 『大智度論』 권89(대정장25, p.684c6), *Pañca-pr.8.65.*, *Dharm-s.334.* ⇨팔십종호 八十種好

진지진지이 眞智眞知異 진실의 지혜와 진실로 아는 것이 다르다. 공종과 성종을 나눠 지(智)와 지(知)를 구별(空宗性宗十異)하는 것. 『도서』 권하(대정장48, p.406b5)에 "네 번째, 진실의 지혜는 진실로 아는 것과 다르다. 공종에서는 분별을 지(知), 무문별을 지(智)라 하니, 지(智)는 깊고 지(知)는 얕다고 한다. 성종에서는 성리를 증하는 묘혜를 지(智)라 하고, 이지에 걸맞고 범성에 통하는 영성을 지(知)라 한다. 지(知)는 통이고 지(智)는 국이다. 四 眞智眞知異者 空宗以分別爲知 無分別爲智 智深知淺 性宗以能證聖理之妙慧爲智 以該於理智通於凡聖之靈性爲知 知通智局", "권상에서 「문명품」을 끌어다 이미 스스로 분별하였다. 게다가 「십회향품」에서 진여를 설하며 '비추어 밝힘을 성(性)으로 삼는다' 하였고, 『대승기신론』에서는 '진여 자체가 진실로 가려 안다'고 설하였다. 上引問明品 已自分別 況十迴向品 說眞如云 照明爲性 起信說 眞如自體 眞實識知"라고 하였다. [참고문헌] 『都序』·권상(대정장48, p.405a4), 80권본 『華嚴經』 권30(대정장10, p.162c1), 『大乘起信論』(대정장32, p.579a12). ⇨ 공종성종십이 空宗性宗十異

진진삼매 塵塵三昧 티끌 티끌마다 삼매라네. "한 티끌 중에 삼매에 들어 일체미진정을 성취한다. 一微塵中入三昧 成就一切微塵定"는 80권본 『화엄경』 권14 「현수품 賢首品」(대정장10, p.74a5)의 구에 의지한 학인과 운문문언(雲門文偃)의 문답이다. 『운문광록』 권상(대정장47, p.546a10)에 "물었다. '무엇이 진진삼매입니까?' '통 속의 물이고, 발우 속의 밥이다'. 問 如何是塵塵三昧 師云 桶裏水鉢裏飯", 『벽암록』 50칙 「본칙 本則」(대정장48, p.185b7)에 "학인이 운문에게 물었다. '무엇이 진진삼매입니까?〈천하납승이 온통 이곳에서 소굴 짓는다. 입 한가득 서리 머금고 모래를 뿌리고 흙은 뿌려서 무엇하자는 것인가?〉' '발우 속의 밥, 통 속의 물〈포대 뚫고 송곳 나왔다. 금과 모래 뒤섞여서 그르침에 다시 그르친다. 함원전에서 장안 묻지 마라〉'. 擧 僧問雲門 如何是塵塵三昧〈天下衲僧盡在這裏作窠窟 滿口含霜 撒沙撒土作什麽〉 門云 鉢裏飯桶裏水〈布袋著盛錐 金沙混雜 將錯就錯 含元殿裏不問長安〉", 『종용록』 99칙 「평창 評唱」(대정장48, p.291b10)에 "화엄에서 '한 티끌 삼매에 드니 모든 티끌 삼매 일어난다' 하였다. 또한 '티끌 티끌이 그대로이고 법도 그러하다' 하였다. 이 학인은 묻는 그곳에서 운문은 당면해서 그 진실을 집어냈어야 했으니, 운문은 '발우 속의 밥 통 속의 물'이라고 하였다. 말해 보라. 집어낸 것인가, 집어내지 못한 것인가? 어떤 이는 '소리에 화답하여 일을 드러내고, 구에 나아가 기틀을 보였다' 하였고, 어떤 이는 '발우 속의 낱알 알알이 모두 둥글고, 통 속의 물은 방울방울 적신다'고 말한다, 또 어떤 이들은 무엇이 그리 급한지 '발우 속에 밥이 있고, 통 속에 물이 있다'고 말한다. 불과화상은 '삼년 동안 양치질 한 것은 바로 그대들을 위한 것이다' 하였고, 설두화상은 '말 많은 스님도 입 벌리기 어렵다'고 하였다. 원래 간담이 작았으니 그대가 보라. 師云 華嚴 一塵入正受 諸塵三昧起 又云 塵塵爾法法爾 這僧問處 直要雲門當面拈出 雲門道 鉢裏飯桶裏水 且道 拈出不拈出 有底便認 和聲送事 就句呈機 有底道 鉢裏飯粒粒皆圓 桶裏水點點皆濕 更有一般 著甚死急 道 鉢裏有飯 桶裏有水 佛果道 漱口三年 正爲汝輩 雪竇道 多口阿師難下嘴 元來小膽爾看", 『선문염송설화』 1007칙(한불전5, p.706b18)에 "진진삼매란 한 티끌 삼매에 들고 모든 티끌에 들 삼매 일어난다. 남자의 몸으로 삼매에 들고 여자의 몸을 따라 삼매에서 나온다. 발우 안에 밥 운운한 것은 발우 속 낱알이 완전하고 통 속 물은 방울방울 촉촉하다는 뜻인가? 만약 이렇게 이해한다면 운문이 학인을 위한 자리를 보지 못함이다. 바로 한 구 중에 삼구를 갖췄다 한다. 塵塵三昧者 一塵入正受 諸塵三昧起 男子身中 入正定 女子身中 從定起 鉢裏飯云云者 鉢裏飯粒粒皆圓也 桶裏水者 滴滴俱濕耶 若伊麽會 不見雲門爲人處也 則此一句中具三句也"라고 하였다. [참고문헌] 『華嚴經』, 『雲門廣錄』, 『碧巖錄』, 『從容錄』, 『禪門拈頌說話』. ⇨ 발리반통리수 鉢裏飯桶裏水

진진찰찰 塵塵刹刹 티끌 티끌마다가 온통 국토인 뜻. 찰은 범어 끄셰뜨라(kṣetra)의 음사어로 찰토(刹土) 또는 국토라고 하며 유정이 머무는 곳이다. 『화엄경소초』 권27(대정장36, p.202c21)에 "위의 경중에서 밝히기를 '티끌 티끌마다의 찰찰에 부처와 부처 중생과 중생들이 모두 다 어울려 서로 거두니 일마다 서로 바라마지 않는다' 하였으니, 이는 낱낱의 각각이 어울려 거둠에 차별이 없다는 뜻이다. 上經中明 塵塵刹刹 佛佛生生 皆悉融攝 事事相望 卽云 一一各各融攝 卽是無差", 『선문보장록』 권상(卍속장113, p.990a4)에 "『화엄경』에서는 티끌 티끌마다의 세계에 비로자나의 청정미묘한 몸 나투신다. 華嚴 以塵塵刹刹 顯見毗盧遮那 淸淨妙身", 『황룡혜남어록』(대정장47, p.631a2)에 "만약 여기서 보아 얻는다면 다만 산에 머물 뿐이 아니다. 시방세계 진진찰찰 다하니 호랑이굴 마구니궁전이 모두 다 주처다. 만일 그렇지 못할진댄 여러분들 틀림없이 몸도 마음도 깃들일 곳 없으리라. 若這裡見得 非唯住山 盡十方世界 塵塵刹刹 虎穴魔宮 皆是住處 若也未見 敢保諸人 未有安身立命處", 『원오어록』 권5(대정장47, p.734c8)에 "티끌 티끌마다의 세계에 천이나 되시는 부처가 빛을 놓으시니 모든 일 뜻대로 성취하며 시방 가득 응하신다. 塵塵刹刹 千佛放光 如理如事 十方普應"라고 하였다. [참고문헌] 『華嚴經疏鈔』, 『禪門寶藏錄』, 『黃龍慧南語錄』, 『圜悟語錄』. ⇨ 불찰해 佛刹海, 찰토 刹土

진진찰토 塵塵刹土 티끌 티끌이 찰토라네. 80권본 『

화엄경』 권45(대정장10, p.238c22)에 "한 찰토 가루되어 티끌되고 그 한 티끌의 색상 불가설이다. 뭇 찰토 티끌마다 모양 있어 언설로 설할 수 없네. 이와 같은 가지가지 모든 티끌상에서 광명 드러내니 어찌 말로 하겠나. 以一刹土末爲塵 一塵色相不可說 衆刹爲塵塵有相 不可言說不可說 如是種種諸塵相 皆出光明不可說", 『화엄경담현결택』 권2(卍속장11, p.854b3)에 "『화엄경소초』에 그림자 거듭 다시 그림자지니 중중무진하다 함은 이것의 비유다. 법으로서 맞는 것은 무엇인가? 저 한 티끌이 성을 불러들이면 능히 일체찰토를 품는다. 일체 찰토 함께 품은 찰토 다 그 티끌 거둬 이룬 것이니, 그 티끌 다시 성을 불러서 다시 그 세계마저 거둔다. 그러므로 알라. 능히 거둔다 해도 티끌 티끌 다 하지 못하고, 찰찰 품음 또한 끝없다. 이것이 이 문이다. 鈔 影復現影 重重無盡者 此是其喩 法合云何 如一塵稱性 以作能含 一切刹土 俱爲所含之刹 皆攬塵成 塵復稱性 復含其刹 是知 能含塵塵不盡 所含刹刹無窮 是此門也", 『올암보녕어록』 권상(卍속장123, p.7b12)에 "한 터럭 중에 찰토 둔다 한들 좁지 않으니, 티끌 티끌마다 그러하고 찰찰마다 그러하다. 높고도 높음이여! 넓고도 넓음이여! 자비구름 피워 대천세계를 이끌더니 법비 내려 백억을 적셔서 드디어 오곡 싹틔워 열매 맺고 만물이 이에 적셔 나니, 처처가 나루터로 통하고 드러난 모든 것들은 갈 길에 합하네. 一毫之中 置刹土而非隘 塵塵爾 刹刹爾 巍巍乎 蕩蕩乎 靄慈雲而誘大千 霈法雨而津百億 遂得五穀秀實 萬物滋生 處處通津 頭頭合轍"라고 하였다. [참고문헌] 『華嚴經』, 『華嚴經談玄抉擇』, 『兀菴普寧語錄』, 『華嚴經疏鈔』 권2(대정장36, p.10b28). ⇨진 塵[1], 찰 刹[1], 찰토 刹土, 사사무애 事事無礙, 중중무진 重重無盡

진징 鎭澄 1547~1617. 명(明)대 스님. 호(號)는 공인(空印), 속성은 이(李)씨, 이름은 월천(月川). 완평(宛平 : 河北省) 출신. 아버지는 중무(仲武), 어머니는 여(呂)씨. 15세 때 서산(西山) 광응사(廣應寺)에서 사미(沙彌)가 되었으며, 3년 후에 구족계(具足戒)를 받았다. 10여 년 동안 성상(性相)과 화엄(華嚴)을 배우고, 소산소암(小山笑巖)을 따라 서래밀의(西來密意)를 연구해 깨달음을 얻었다. 1582년(만력10) 감산덕청(憨山德淸)과 함께 오대산(五臺山)에서 무차법회(無遮法會)를 열었으며, 나중에 자하난야(紫霞蘭若)에서 3년 동안 벽관(壁觀)하여 크게 깨달았다. 1596년(만력24) 『청량산지 淸涼山志』 10권을 지었다. 친구 설봉(雪峰)과 함께 사자굴(師子窟)을 창건하고 만불유리탑(萬佛琉璃塔)을 세워 총림(叢林)을 이루고서, 『화엄경』을 강설하니 많은 이들이 모여들었다. 자성태후(慈聖太后)의 명으로 북경 천불사(千佛寺)에서 자신이 지은 『능엄정관 楞嚴正觀』을 강설하였으며, 자인사(慈因寺)에서도 강설했다. 1617년(만력45) 입적하였으니, 세수(世壽) 71세였다. 위의 저작 외에 『금강경정안 金剛經正眼』·『반야조진론급인명 般若照眞論及因明』·『기신 起信』·『섭론 攝論』·『영가집제해 永嘉集諸解』 등이 있다. [참고문헌] 『補續高僧傳』 권5(卍속장134, p.107a3).

진찬 眞贊 진영(眞影)에 쓰는 찬(贊). 영찬(影讚)이라고도 한다. 『벽암록』 11칙 「평창 評唱」(대정장48, p.152b5)에 "설두의 이 한 게송은 황벽의 진찬과 닮았지만 사람들은 도리어 진찬 알아차리지 못한다. 이 구 아래에서 문득 몸을 벗어날 자리 있다. 雪竇此一頌 一似黃檗眞贊相似 人却不得作眞贊會 他底句下 便有出身處", 『오조법연어록』 권하 「자술진찬이수 自述眞贊二首」(대정장47, 666b24)에 "'상으로 상을 취하니 도무지 헛되고 헛되며, 참으로 참을 구하니 뒤쳐 보아 가까이 할 수조차 없네. 드러나 그대로인 공안인데 무슨 일인들 가리지 못하겠나. 백년삼만육천일 언제나 원래 이 놈일 뿐이네' '나의 진영과 나의 찬이니 오직 자기만이 스스로 알 뿐. 얼굴 얼굴 마주한다 한들 어느 날에 마치랴.' 以相取相 都成幻妄 以眞求眞 轉見不親 見成公案 無事不辦 百年三萬六千日 翻覆元來是這漢 我眞我贊 唯己自知 面面相覰 有甚了期"라고 하였다. [참고문헌] 『碧巖錄』, 『五祖法演語錄』. ⇨영찬 影讚, 진영 眞影

진찬 眞讚 생전 모습 그린 후에 칭송한 글. 진찬(眞贊)·영찬(影讚)·영찬(影贊)이라고도 한다. 법손이나 평소 교분이 있던 인물이 짓지만 후대의 참배자가 쓰기도 하며, 드물게는 진영의 주인공이 쓴 자찬(自讚)도 있다. 일찍이 최치원(崔致遠 857~?)은 「종남산지상사지엄존자진찬 終南山至相寺智儼尊者眞讚」(『원종문류』 권22·한불전4, pp.631c24~632a9)을 썼고, 고려시대 진찬도 여럿 전한다. 『삼국유사』 권3(대정장49, p.993a27·한불전6, p.325a17) 탑상(塔像)4 전후소장사리(前後所將舍利)에는 신라말의 해룡왕사(海龍王寺) 보요에 관하여 1094년(현종즉위)에 어떤 이가 쓴 진찬이 전하는데, "다시 오월에 이르러 대장경 (이안에) 성공하였네. 임금이 보요에게 하사하고 사방에 조서를 내리니, 그 공덕을 묻는다면 백월청풍 같다 하리라. 再至吳越 大藏成功 賜御普耀 鳳詔四封 若問其德 白月淸風"고 하였다. 선암사성보박물관 소장의 대각국사(大覺國師) 의천(義天) 진영은 1805년(순조5)에 중수된 것인데, 혜근(惠勤)이 진찬을 올렸고 그 조카인 고려 예종의 「본국예왕어제진찬 本國睿王御製眞讚」(『대각국사외집』 권1·한불전4, p.567c4~21)도 전한다. 이제현(李齊賢 1287~1367)이 각진국사(覺眞國師) 복구(復丘 1270~1355) 진영에 올린 「송광이국사진찬 松廣李國師眞讚」(『익재난고』 권9하·한국문집총간2, p.603b6), 이곡

(李穀 1298~1351)이 의선(義璇)의 진영에 올린 「순암진찬 順菴眞讚」(『가정집』 권7 명찬·한국문집총간3, p.146b19) 등도 전한다. 조선시대에도 올린 많은 진찬이 전하는데, 통도사성보박물관에 소장되어 있는 동명만우(東溟萬羽) 진영에 월하계오(月荷戒悟 1773~1849)가 지은 진찬에는 "스님은 어디서 오셨는가? 조각배로 바다 건너셨는가. 스님은 어디로 가셨는가? 연꽃술 그 깊은 곳인가. 영취산 숲 가득 여울진 달이여, 흰 피륙 붉은 비단에 울긋불긋 붓끝으로 나투신 모습이여. 살려면 사시고 가시려면 가시니, 생멸 다해 마치셨으니 불생멸 저 끝에 계시는가. 師何來 渡海一杯 師何去 蓮蕚深處 靈鷲山萬樹烟月 白氈紅綃彩毫端髣髴 生卽生底 滅卽滅底 生滅底了 做不生滅底"라고 하였다. 〔참고문헌〕『圓宗文類』, 『三國遺事』, 『大覺國師外集』, 『益齋亂藁』, 『稼亭集』. ⇨ 백진 白眞, 영찬 影讚, 진영 眞影

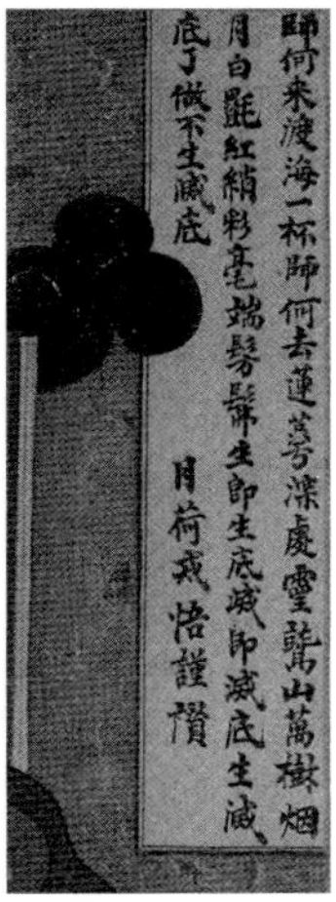

동명당만우진영진찬

진찰 塵刹 티끌 세계. 진진찰찰(塵塵刹刹)이라고도 한다. 40권본 『화엄경』 권40(대정장10, p.847c10)에 "한 터럭 끝 극미 중에도 삼세로 장엄한 국토가 출현하니, 시방진찰의 모든 터럭 끝에도 나는 다 깊이 들어가 장엄하고 깨끗하게 하리라. 於一毛端極微中 出現三世莊嚴刹 十方塵刹諸毛端 我皆深入而嚴淨"라고 하였다. 〔참고문헌〕『華嚴經』. ⇨ 진진찰찰 塵塵刹刹

진천연곡리석비 鎭川蓮谷里石碑 고려시대 석비. 보물 제404호. 전체높이 360cm·비신높이 213cm. 귀부(龜趺)·비신(碑身)·이수(螭首)는 모두 갖춰져 있으나 명문이 없는 백비(白碑)다. 충청북도 진천군 만뢰산(萬賴山) 아래의 계곡에 있었으나 최근 보탑사(寶塔寺)가 세워지면서 경내로 이전하였다. 귀부는 머리 부분이 많이 깎여 나가서 마두형(馬頭形)에 가깝다. 귀갑은 큼직한 육각형이고, 비좌의 옆면에는 안상을 새겼고 이수는 아홉 마리의 반룡(蟠龍)으로 표현하였다. 신라 석비양식을 계승한 고려전기의 비석으로 추정되고 있다. 〔참고문헌〕『文化財大觀』 寶物篇·石造Ⅱ(문화재청, 2005) pp.538~539.

진철 眞澈 866~932. 신라말 고려초 청도 가야갑사(伽倻岬寺 : 一名 嘉瑟岬寺)의 이엄(利嚴)의 법호. 선문9산의 하나인 황해도 해주군 금산면 냉정리 수미산에 광조사(廣照寺)를 창건하였다. ⇨ 이엄 利嚴

진청 眞淸 1537~1593. 명대 스님. 호는 상선(象先), 속성은 나(羅)씨. 상담(湘潭 : 湖南省) 출신. 빼어난 재주를 타고나 매일 읽는 수천 언의 경사(經史) 중 한 글자도 잊지 않았다. 가세가 기울면서 남악(南嶽)에 몸을 맡기고 출가하여 보주화상(寶珠和尙) 문하에서 구족계를 받고 무자(無字) 화두를 참구하다가 활연히 깨우쳤다. 그 뒤 남쪽으로 돌아다니며 보임하다가 천태산으로 돌아와 매일 다섯 번 참회하고 『범망경』 「심지품 心地品」과 『십육관경』 독송을 일상의 과업으로 행하고 그 나머지 시간에는 십승(十乘)을 강설하거나 삼관(三觀) 등 대승교법을 널리 알려 배우는 이들이 몰려들었다. 만력년간(1573~1620)에 자의(紫衣)를 하사받았다. 1593년(만력21) 세수 57, 법랍 38세로 입적하였다. 무당(武塘)의 원요범(袁了凡)이 묘비명을 지었다. 〔참고문헌〕『大明高僧傳』 권4(대정장50, p.913c15), 『釋鑑稽古略續集』 권3(대정장49, p.952a9), 『天台山方外志』 권24 「象先禪師塔銘」(中國佛寺史志彙刊90, p.854a4).

진청 陳請 드러내 말하다. 『백장청규』 권2 「영시존숙 迎侍尊宿」(대정장48, p.1122c20)에 "특위탕 관대는 문서를 갖추지 않는다. 청객시자는 향을 사르고 사정을 말하고 부탁드린다. 또한 연배를 살펴 때에 맞게 달리한다. 但特爲湯管待不具狀 請客侍者炷香陳請 又看年臘高低 臨時通變"라고 하였다. 〔참고문헌〕『百丈淸規』.

진청안상 眞靑眼相 Ⓢ abhinīla-netra, abhinīla-netratā, Ⓣ spyan-mthon-mthing. 청련화처럼 맑고 아름다운 눈. 삼십이상(三十二相) 중 하나로 감안상(紺眼相)·감청안상(紺靑眼相)·목감청색상(目紺靑色相)·연목상(蓮目相)이라고도 한다. 『대지도론』 권4(대정장25, p.90a27)에 "왕이 물었다. '어떤 것들이 삼십이상입니까?' 상사가 답하였다. ' … 스물아홉 번째는 진청안상이니, 아름다운 청련화와 같습니다'. 王言 何等三十二相 相師答言 … 二十九者 眞靑眼相 如好靑蓮華", 『능엄경소해몽초』 권1(卍속장21, p.146a11)에 "『정명경』에서 '눈이 맑으며 길고 넓어 저 청련 같네'라고 하였고, 이를 승조(僧肇)는 (『주유마힐경』에서) '천축의 청련화는 잎이 길고 넓으며 청백이 분명하여, 대인눈의 모습이 있다'고 하였다. 『대지도론』에서는 '진청안상이니, 보기 좋은 청련화와 같다'고 하였다. 淨名經 目淨修廣如靑蓮 肇曰 天竺靑蓮華 葉修而廣 靑白分明 有大人目相 大論 眞靑眼相 如好靑蓮華"라고 하였다. 〔참고문헌〕『大智度論』, 『楞嚴經疏解蒙鈔』, 『維摩經』 권상(대정장14, p.537c8), 『注維摩詰經』 권1(대정장38, p.332b24), *Lal-v.74.*, *Bodh-bh.259.* ⇨ 삼십이상 三十二相

진출가 眞出家 진실한 출가. 『장아함경』 권1 「대본경

大本經』(대정장1, p.7a18)에 "부처님이 비구들에게 말씀하였다. '태자(毗婆尸菩薩)는 늙고 병든 이를 보고서 세간의 고뇌를 느꼈다. 또 죽은 사람을 보고서는 세속에 대한 미련이 사라졌다. 급기야 사문을 만나고서는 확연히 크게 깨달았다. 보배 수레에서 내려 걷는 걸음걸음마다 묶인 집착이 점점 더 멀어졌으니, 이것이 진실한 출가요 진실로 멀리 떠남이로다'. 佛告比丘 太子見老病人 知世苦惱 又見死人 戀世情滅 及見沙門 廓然大悟 下寶車時 步步中間 轉遠縛著 是眞出家 是眞遠離", 『대보적경』 권85 「수환사발다라기회 授幻師跋陀羅記會」(대정장11, p.492a22)에 "그때 발다라가 부처님의 설법을 듣고 부처님께 아뢰었다. '저는 출가하여 비구가 되기를 바라나이다'. 그때 세존이 미륵보살마하살에게 말씀하였다. '그대는 마땅히 이 선남자의 머리카락을 자르고 구족계를 주어야 하리'. 미륵보살이 부처님의 교지를 받들고 바로 출가를 받아주었다. 時跋陀羅 聞是說已 前白佛言 我願出家 作於比丘 爾時世尊 告彌勒菩薩摩訶薩言 汝當與是善男子 剃除鬚髮 授具足戒 彌勒菩薩承佛敎旨 卽與出家", "구족계 받고 출가하여 다시 부처님께 아뢰었다. '세존이시여, 이 출가는 오직 형상일 따름이어 진실한 출가는 아닙니다. 모든 보살의 진실한 출가라면, 온갖 상을 떠나서 삼계 어디든 처하여 중생을 성숙시키니, 바야흐로 진실한 출가라고 할 만합니다'. 受於具戒 旣出家已 復白佛言 世尊 此出家者 唯形相耳 非眞出家 若諸菩薩 眞出家者 謂離諸相 處於三界 成熟衆生 方可名爲眞出家也", 『조계진각국사어록』(한불전6, p.5a20)에 "무릇 출가란 일신을 위해 홀로 해탈 구함이 아니다. 자타를 이롭게 하는 행이 두렷하고 여한이 조금도 남아서는 안 된다. 이래야만 바로 진실한 출가자라 이름한다. 夫出家者 非爲一身 獨求解脫 二利行圓 了無遺恨 如是乃名眞出家者"라고 하였다. [참고문헌] 『長阿含經』, 『大寶積經』, 『曹溪眞覺國師語錄』. ⇨ 출가 出家

진취 進趣 Ⓢ niryāṇa, Ⓣ nges-'byin. 대보리(大菩提)나 열반도(涅槃道)를 향해 나아가서 물러남이 없는 뜻. 『보성론』 권4(대정장31, p.845c29 : *Ratna-ut.*, p.99)에 "진취는 십지를 말하고 공덕은 이제로 인하네. 과는 대보리라 하고 보리의 권속들을 거둔다네. 進趣謂十地 功德因二諦 果謂大菩提 攝菩提眷屬 bhūmayo daśa niryāṇaṃ taddhetuḥ saṃbhṛtidvayam, tatphalaṃ paramā bodhirbodheḥ sattvaḥ parigrahaḥ", 『별역잡아함경』 권6(대정장2, p.416a20)에 "모든 새로 배우는 이들이 만약 이 염을 내면, 장야에도 이로워서 뜻도 즐거움도 얻는다. 이를 '스스로 건너 빼낸다'라 하니, 능히 정법을 오래도록 세간에 머무르게 한다. 이런 사람은 앞으로 나아가며 끝내 물러나 사라지지 않는다. 諸新學者 若生是念 長夜利益 得義得樂 名自濟拔 能令正法 得久住世 是人進趣 終不退沒", 『아라한구덕경』(대정장2, p.831b17)에 "다시 성문 중에 능히 잘 앞으로 나가면서 도를 깨달아 과를 얻는 이가 있으니, 즉리야가필추가 그이다. 復有聲聞 善能進趣 悟道得果 喞哩野哥苾芻是", 『대승기신론』(대정장32, p.578c13)에 "닦아 선근 성숙하였기에 제불보살의 시교이희를 만나고 이에 능히 열반도를 향해 나아간다. 以修善根成熟故 則値諸佛菩薩示教利喜 乃能進趣 向涅槃道"라고 하였다. [참고문헌] 『寶性論』, 『別譯雜阿含經』, 『阿羅漢具德經』, 『大乘起信論』, *Ratna-ut.* ⇨ 진취방편 進趣方便

진취방편 進趣方便 사종방편(四種方便) 중 하나. 앞으로 나아가기 위한 방편행. 견도(見道)로 나아가기 위한 방편가행(方便加行)을 뜻하기도 한다. 『점찰선악업보경』 권하(대정장17, p.906c28)에 "견정신보살마하살이 지장보살마하살에게 물었다. '무엇이 대승을 구해 향하는 이에게 진취방편을 열어 보임입니까?' '선남자여, 만약 어떤 중생이 대승으로 향하고자 하면, 응당 먼저 최초로 행해야 할 근본업을 알아야 합니다. 그 최초로 행하는 근본업은 이른바 일실경계에 의지하여서 신해를 닦는 것입니다. 신해를 닦아 힘이 점점 커지므로 재빨리 보살종성에 들어갑니다'. 堅淨信菩薩摩訶薩 問地藏菩薩摩訶薩言 云何開示 求向大乘者 進趣方便 地藏菩薩摩訶薩言 善男子 若有衆生欲向大乘者 應當先知 最初所行根本之業 其最初所行根本業者 所謂依止一實境界 以修信解因修信解力增長故 速疾得入菩薩種性", 『법화현찬』 권3(대정장34, p.695a17)에 "방편지에 셋 또는 넷이 있다. 첫째는 진취방편이니, 견도 전의 칠방편지다. 과를 향해 나아가 방편이라 하니, 익힌 바가 있음에 방이고, 위를 따라서 닦고 마땅함을 순하기에 편이라 한다. 方便智 有三或四 一 進趣方便 謂見道前七方便智 進趣向果 名爲方便 所學有則曰方 隨位修順宜曰便", 『도서』 권상2(대정장48, p.402b28)에 "시끄러움 멀리 떠나 한가한 곳에 머무르며 몸과 호흡을 고르고 가부좌로 앉아 침묵하며 혀를 입천장에 대고서 마음을 일경에 쏟는다. 남쪽의 지선(智詵)과 북쪽의 신수(神秀), 보당과 선집 등의 문하가 모두 이 부류다. 우두와 천태, 혜조와 구나 등은 진취방편의 흔적은 거의 같으나, 견해가 다르다. 遠離憒鬧 住閑靜處 調身調息 跏趺宴默 舌拄上齶 心注一境 南侁北秀 保唐宣什等門下 皆此類也 牛頭天台 惠稠求那等 進趣方便迹卽大同 見解卽別"라고 하였다. [참고문헌] 『占察善惡業報經』, 『法華玄贊』, 『都序』, 『勝鬘寶窟』 권상(대정장37, p.4a4), 『四分比丘戒本疏』 권상(대정장40, p.471a14). ⇨ 진취 進趣, 방편 方便, 가행도 加行道, 가행방편 加行方便, 사종방편 四種方便 ③

진칠일 盡七日 ❶ 칠일을 다하셨다는 뜻. 성도 후 칠일은 자수용법락을 누리시고, 두 번째 칠일은 시방삼세 모든 중생을 위해 대경(大經 : 『華嚴經』)을 설하심을 말한다. 『화엄경소초』 권3(대정장36, p.24a24)에 "진칠일이란 무엇인가? 처음 성도하시고 첫 번째 칠일중에 스스로 대법락을 누리셨다. 크나큰 법의 기쁨이란 지혜적 정락을 말한다. 두 번째 칠일에는 단번에 이 경을 설하셨다. 盡七日者 謂初成道 一七日中 自受大法樂 大法樂者 所謂智慧寂靜樂 第二七日 頓說此經", 『화엄경지귀』(대정장45, p.590b19)에 "진칠일이란 무엇인가? 부처님께서 처음으로 성도하신 후 두 번째 칠일 동안 널리 앞에서와 같은 곳에서 이 경법을 설하셨다. 盡七日者 謂佛初成道 於第二七日 普遍如前處 說此經法"라고 하였다. 〔참고문헌〕『華嚴經疏鈔』, 『華嚴經旨歸』. ❷ 칠칠재(七七齋)의 마지막 날. ⇨ 칠칠재 七七齋

진토 眞土 진불토(眞佛土 : 眞報土)의 줄임말. 이종불토(二種佛土) 중 하나로 부처님의 진신(眞身)이 머무는 법성토(法性土)를 말한다. 방편화토(方便化土 : 化身土 化土)의 상대어다. 『대승의장』 권19(대정장44, p.835b7)에 "진토란, 바로 이 평등법문의 국토다. 묘하게 고요하고 상을 여의었으나 두렷이 온갖 뜻 갖추었으며, 모습 정해진 바 없고 있지 않은 곳도 없으니, 마치 음양오행의 법과 같다. 其眞土者 卽是平等法門之土 妙寂離相 圓備衆義 形無定所 無處不在 其猶陰陽五行之法", 『유마경초』(대정장85, p.429b10)에 "국토에 두 가지다. 첫째는 법성진토다. 곧 진여법성이 그 바탕이어서 형상도 없고 방소도 없다. 둘째는 유상가토다. 곧 푸른 연못에 연꽃 피고 금모래 가득한 보배로운 땅 등이니 지수화풍 사진이 그 바탕이다. 형상도 있고 처소도 있어 시방이 차별하다. 진토는 법성이 본래 공하고, 상토 인연 있지만 주인 없어 또한 공하다. 土有二 一 法性眞土 卽以眞如法性而爲其體 無形無相 無有方所 二 有相假土 卽碧池蓮金沙寶地等 四塵爲體 有其形相 有其處所 十方差別 眞土 卽法性本空 相土 卽因緣無主 所以是空"라고 하였다. 〔참고문헌〕『大乘義章』, 『維摩經抄』. ⇨ 이종불토 二種佛土, 법성토 法性土, 방편화토 方便化土, 화토 化土

진통상 塵通相 Ⓢ artha-mātra. 진(塵)에 다 걸쳐 통하는 상. 마음(心王)인 진지(塵智)로만 안다. 따라서 진의 별상(塵別相)은 심소법(心所法)으로 알 수 있다. 『중변분별론』 권상(대정장31, p.451c26 : *Madhy-vibh.*, p.20)에 "심이란 단지 진의 통상만을 요별할 뿐이고, 만약 진의 별상을 요별하는 것이라면 심법이라고 하니, 이를테면 수상행 등을 말한다. 心者 但了別塵通相 若了塵別相 說名爲心法 謂受想行等 tatrārthamātre dṛṣṭir vijñānaṃ. arthaviśeṣe dṛṣṭiś caitasā vedanādayaḥ", 원효(元曉)의 『기신론소』 권상(대정장44, p.209c12・한불전1, p.709a18)에 "진의 통상을 요별하는 것을 심왕이라 하니, 그 본래의 일심이 제법을 다 거두는 샘이기 때문이다. 了塵通相 說名心王 由其本一心 是諸法之總源故也"라고 하였다. 이와 관련하여 현장(玄奘) 역 『변중변론』 권상(대정장31, p.465a20)에서는 "오직 경의 총상만을 요별하는 것을 심이라 하고, 또 경의 차별을 요별하는 것은 수 등의 모든 심소법이다. 唯能了境總相 名心 亦了差別 名爲受等諸心所法"라고 하였다. 〔참고문헌〕『中邊分別論』, 『起信論疏』, 『辯中邊論』, *Madhy-vibh.* ⇨ 진 塵, 진지 塵智

진편정 盡偏正 치우침을 다해 바르게 하다. 삼정(三正) 중 하나다. 『삼론현의』(대정장45, p.7b23)에 "다만 바르게 함에 세 가지가 있으니, … 둘째는 치우침을 다해 깨끗이 함이니, 이를 이름하여 바르게 했다 하니, 치우침 다해 바르게 한다라 일컫는다. 但正有三種 … 二 盡淨於偏 名之爲正 謂盡偏正也"라고 하였다. 〔참고문헌〕『三論玄義』. ⇨ 삼정 三正

진편중 盡偏中 치우침 다해 드러나는 중도. 삼론의 네 가지 중(四中 : 四種中道) 중 하나로 단상(斷常)이 다한 후 드러나는 중도(中道)다. 『삼론현의』(대정장45, p.14b23)에 "진편중이란, 대소학인이 누구든 단상의 치우친 병이 있어서 중을 이루지 못하니, 치우친 병이 다하면 곧바로 이름이 중이다. 이런 고로 40권본 『대반열반경』 권27(대정장12, p.523c24)에서 '중생이 견을 일으킴에 무릇 둘이 있다. 하나는 단이고 둘째는 상이다. 이런 두 견해 중도라 하지 않고 단도 상도 없어야 이내 중도라 한다' 하였다. 그러므로 진편중이다. 盡偏中者 大小學人 有於斷常偏病 則不成中 偏病若盡 則名爲中 是故經云 衆生起見 凡有二種 一斷二常 如是二見 不名中道 無常無斷 乃名中道 故名盡偏中也"라고 하였다. 〔참고문헌〕『三論玄義』, 『大般涅槃經』, 『中觀論疏』 권1(대정장42, p.2a17). ⇨ 사중 四中, 중도 中道

진평왕 眞平王 ?~632. 신라 제26대 임금. 성은 김씨, 휘는 석존의 부왕이름과 같아 백정(白淨)이다. 진흥왕의 손자(大子)이며, 동륜(銅輪)의 아들이다. 어머니는 갈문왕(葛文王) 김입종(金立宗)의 딸인 만호부인(萬呼夫人 : 萬內夫人)이고, 비(妃)는 갈문왕 복승(福勝)의 딸인 마야부인(摩耶夫人) 김씨다. 기이한 모습(奇相)으로 태어났으며, 신체가 장대하며 뜻과 앎이 깊고 특별하였으며 지혜로웠다. 579년에 즉위하니, 『삼국유사』 권1(대정장49, p.968b12・한불전6, p.281a3) 기이(紀異)1 천사옥대(天賜玉帶)에 "스물여섯번째 백정왕의 시호는 진평대왕이다. … 즉위 원년(579)에 하늘사신이 내려와 궁전 뜰에서 왕에게 말하기를 '상황이 나에게 명하여 옥대를 전하게 하였습니다'라 하니, 왕이 친히 받들고 무릎 꿇어 받았다. 第二十六白淨王 諡眞平大王 … 卽位元年 有天使降 於殿庭謂王曰 上皇命我傳賜玉帶 王親奉跪受"라고 하였다. 즉위한 지 6년째인 584년(진평왕5) 2월에 건복(建福)으로 연호를 고쳤으며(改元), 여러 차례에 걸친 고구려의 침공에 대하여 수(隋)에 공물(貢物)을 바치며 수교했다. 585년(진평왕7) 7월 진(陳)으로 구법(求法)을 위해 유학을 떠났던 지명(智明)이 602년(진평왕24) 신라에서 수 사신으로 파견되었던 상군(上軍)과 함께 귀국하자 왕이 존경하여 대덕(大德)을 삼았으며, 589년(진평왕11) 3월에는 원광(圓光)법사가 진으로 유학을 떠났다. 596년(진평왕18) 3월 담육(曇育)이 유학차 수로 떠났으며, 600년(진평왕22)에는 589년(진평왕11)에 진으로 유학을 갔던 원광법사가 조빙사(朝聘使)인 나마(奈麻) 제문(諸文)과 대사(大舍) 횡천(橫川) 등과 함께 귀국했다. 602년(진평왕24) 8월 백제군이 아막성(阿莫城 : 지금의 雲峰縣)을 침공하므로 왕이 군대를 보내어 싸웠으나 크게 패했는데, 이때 가슬갑사(嘉瑟岬寺)에서 원광법사로부터 화랑오계를 받았던 귀산(貴山)과 체항(箒項)도 전사했다. 그 해 9월 진에 가서 유학하던 지명(智明)이 입조사(入朝使)인 상군(上軍)을 따라 귀국했다. 605년(진평왕27) 3월에는 596년 수에 가서 유학하던 담육(曇育)이 입조사인 혜문(惠文)을 따라 귀국하였고, 8월에는 백제를 침공했다. 608년(진평왕30)에 "왕이 누차 고구려의 침공으로 고민 끝에 수나라 병사를 청해 고구려를 치고자 원광법사로 하여금 걸사표를 짓게 했다. 원광이 말하길 왕의 명을 받고 자신이 살아남기 위하여 남을 멸하는 것은 사문으로서의 행은 아니다 하고는 한참 동안 고민하다가, 빈도가 대왕의 국토에 살면서 또한 대왕의 수초를 먹고 사니 어찌 감히 왕명을 따르지 않을 수 있는가라고 마음을 바꾸어 표문을 지었다. 王患高句麗 屢侵封埸 欲請隋兵以征高句麗 命圓光 修乞師表 光曰 求自存而滅他 非沙門之行也 貧道 在大王之土地 食大王之水草 敢不惟命是從 乃述以聞"라고 하였다. 613년(진평왕35) 7월 수 사신 왕세의(王世儀)의 입궐에 맞춰 황룡사에서 백고좌(百高座)법회를 베풀고 원광법사를 맞이하여 경을 설하게 하였다. 624년(진평왕46) 3월에 당 고종으로부터 '주국낙랑군공신라왕 柱國樂浪郡公新羅王'에 책봉되었다. 632년(진평왕54) 1월에 왕이 죽었는데, 시호를 진평(眞平)이라 하고 한지(漢只 : 경주)에 장사하여 그 곳에 능을 봉했다. 〔참고문헌〕『三國遺事』, 『三國史記』, 『東國輿地勝覽』 권21 慶州府 古跡.

진포혜 陳蒲鞋 짚신 삼는 진씨. 황벽희운(黃蘗希運)의 수좌였던 목주도명(睦州道明 780~877)의 별칭. 진(陳)은 속성(俗姓)이고 짚신이라는 뜻의 포혜는 고향으로 돌아와 짚신을 삼아 모친을 봉양하였기에 붙여진 이름이다. 진존숙(陳尊宿)이라고도 한다. 『경덕전등록』 권12 「진존숙전」(대정장51, p.291a20)에 "진존숙은 처음에 목주 용흥사에 머물며 자취를 감추고 짚신을 만들며 은밀하게 도를 닦았다. 세월이 지나 사람들이 알아보게 되어 진포혜라는 호가 생겼다. 陳尊宿 初居睦州 龍興寺 晦迹藏用 常製草屨 密置於道上 歲久人知 乃有陳蒲鞋之號焉", 『석씨계교략』 권3(대정장49, p.843a11)에 "목주〈현재의 절서도 건덕로〉 진존숙은 이름이 도명이다. 강남 진씨의 후손이다. 어려서 본주 개원사로 출가했다. 계율을 엄정하게 지키고 삼장에 통달하였으며 제방을 편력하다가 황벽을 만나 계합하여 수좌가 되었다. 대중의 청으로 관음원에 주석하였고 항상 수백 명의 대중을 이끌고 수십 년을 지냈는데 제방에서 귀의하며 존숙이라 칭했다. 후에 개원사의 방에 돌아가 머물며 짚신을 삼아 어머니를 봉양했기에 진포혜라는 호가 있었다. 睦州〈今浙西道建德路也〉 陳尊宿 名道明 江南陳氏之後也 幼出家本州開元寺 持戒精嚴 學通三藏 遊方契旨於黃檗 延充首座 衆請住觀音院 常有百餘衆 經數十載 諸方歸慕 咸以尊宿稱 後歸開元房居 織蒲鞋以養母 故有陳蒲鞋號", 『원오어록』 권20 「진찬 眞贊」(대정장47, p.807a28)에 "신랄하고 사납다. 임제의 법기를 알아보고 대우화상에게 보내고, 운문을 밀어 절벽에 떨어트렸네. 기관이 험준하여 상대할 수 없고, 언어는 마른 장작과 같네. 사람들이 그를 짚신 삼는 진씨라고 부르네. 辛辛辣辣啀啀喍喍 識濟北爲大樹 拶雲門墮嶮崖 機峻莫偕言如枯柴 夫是之謂陳蒲鞋", 『선림유취』 권15(卍속장117, p.181b4)에 "목주도종선사는 황벽의 수좌가 되어 임제의현에게 불법을 묻도록 한 후에 고향으로 돌아가 관음원에서 문을 닫고 짚신을 삼아 어머니를 모셨다. 사람들이 그를 진포혜라 하였다. 운문을 접화하여 설봉을 잇도록 하고 자신은 자취를 감추었다. 학인을 보면 '대덕이여!'하고 부르고서 학인이 돌아보면 '판자를 짊어진 놈!'이라고 하였다. 睦州蹤禪師 在黃檗爲首座 敎臨濟問佛法 後歸鄉院 杜門織蒲鞋養母 人目之曰陳蒲鞋 接得雲門 令嗣雪峯 唯自晦迹 凡見僧喚云 大德 僧回首 師云擔板漢"라고 하였다. 〔참고문헌〕『景德傳燈錄』, 『釋氏稽古略』, 『圜悟語錄』, 『禪林類聚』. ⇨ 목주도명 睦州道明, 도명 道明 ③

진표 眞表 733~?. 신라 제35대 경덕왕(재위 742~765) 때 계율과 법상의 교의에 정통하였던 스님. 속성은 정(井)씨, 아버지의 이름은 진내말(眞乃末), 어머니는 길보낭(吉寶娘)이다. 733년(성덕왕32) 완산주 만경현(전라북도 完山州 萬頃縣 : 金山縣, 一說에는 全州 碧骨郡〈현재의 金堤郡〉 都那山村 大井里)에서 태어났다. 『송고승전』 권14 「당백제국금산사진표전 唐百濟國金山寺眞表傳」(대정장50, p.793c29)에 따르면 고향은 금산

(金山)이니, 출가하기 전에 이미 활솜씨 또한 뛰어나 항상 사냥을 즐겼으나, 어느 해 가을 사냥길에서 개구리를 잡아 버드나무 가지에 꿰어 물에 담가 두고 돌아오는 길에 가져오려다 깜빡 잊고 말았다. 겨울이 지나 다음 해 봄 다시 사냥하러 가던 길 개구리가 울던 곳을 찾아보니, 작년 가을 가지에 꿰어진 채로 두었던 개구리들이 살아 울고 있었다. 이를 본 스님은 스스로를 크게 자책한 나머지 깨우쳤고, 12세 때 전주 금산사(金山寺)로 찾아가 순제(順濟 : 一本에는 崇濟)법사를 은사로 하여 스님이 되었다. 『사미계법전교공양차제비법 沙彌戒法傳敎供養次第秘法』 1권과 『점찰선악업보경 占察善惡業報經』 2권을 전해 주면서 '너는 이 계법을 지니고 미륵보살과 지장보살님 앞에서 정성껏 참회하여 업장을 소멸하고, 그로부터 직접 계법을 받아 세상에 널리 길이 전하도록 하라'는 당부를 받고 물러나 여러 명산대찰을 참방하였다. 27세 때인 760년(경덕왕19)에 쌀 20말(斗)을 쪄서 다시 이를 말려 건량(乾糧)을 삼아 보안현(保安縣 : 지금의 扶安郡) 변산(邊山)에 있는 일백 자나 높은 절벽 위에 토굴을 짓고 부사의방장(不思議方丈 : 不思議庵이라고도 하며 來蘇寺 속암)이라 이름하였다는데, 바위 위에 못을 박고 얽은 일백 자의 나무사다리를 타고 오르내렸다고 한다. 20말의 건량을 가지고 하루에 5홉씩 소비하되 그 중 1홉은 쥐들에게 나누어주어 먹게 하면서 3년간 미륵기도를 봉행하였으나, 감응이 없자 더욱 분심하여 절벽 밑으로 몸을 던졌지만 청의동자(靑衣童子)가 두 손으로 받아 바위 위로 모셨다. 다시 뜻을 세워 삼칠일(21일)을 기약하고 불철주야로 오체(五體)를 돌바닥에 치면서 참회하되(五輪撲石 또는 扣石懺悔) 3일 만에 팔과 무릎이 모두 부서져 절벽은 마치 붉은 비 내린 듯 하였다. 1주일이 되던 날 밤에 지장보살님께서 육환장을 짚고 나타나 스님의 팔을 만져주니 그대로 나았다. 이어서 가사와 바리때를 전해 받았으며, 다시 삼칠일이 되던 날에는 천안통을 얻어 도솔천의 대중을 영접하기도 하였다. 이때 지장보살과 미륵보살도 그의 앞에 나타났고, 미륵보살은 스님의 이마를 만지면서 '착하도다! 대장부여! 신명을 돌아보지 아니하고 이렇듯 정성스럽게 참회기도를 하였구나' 칭찬하였고 지장보살은 계본(戒本)을, 미륵보살은 189개의 표지(대나무 대쪽간자)를 주었다. 그중 여덟 번째와 아홉 번째는 미륵보살의 손가락뼈로 만들었다 하였으며 '제9간자는 일찍이 받은 바 계구족(九者所曾受得戒具)인 법 그대로의 본각(法爾本覺)이고, 제8간자 받아 가져야 할 묘계(八者所欲受得妙戒)는 새롭게 익혀 성불(新薰成佛)할 종자(種子)다. 너는 금생의 이 몸을 버린 후 다음 생에는 큰 나라의 왕이 될 몸을 받을 것이고, 그다음 생에는 도솔천에 상생할 것이다' 하고는 두 보살은 함께 사라졌으니, 이때가 바로 762년(경덕왕22) 4월 27일이었다고 한다(一說 740년 효성왕4 3월 15일). 경덕왕이 스님의 덕망을 전해 듣고 왕궁으로 초빙하여 보살계를 받고 벼 7만 7천 섬 · 비단 500필 · 황금 50량을 하사하였다. 766년(혜공왕2)에 미륵보살의 수기를 받은 후에는 금산사를 확장하고 16자 높이의 미륵불상을 조성하여 미륵전(金堂)에 봉안했다. 스님은 다시 미륵으로부터 보은 속리산으로 가서 길상초(吉祥草)가 나는 곳에 절을 지으라는 부촉을 받고, 금산사를 떠나 속리산으로 가는 도중 소가 끄는 수레(駕牛車者)를 만났는데, 끌던 소가 스님 앞에 무릎을 꿇고 눈물을 흘리자 수레 주인이 묻기를 '이 소가 왜 울고 스님께서는 어디서 오는 길입니까?' 라고 하였고, 스님께서 답하시길 '나는 금산사에 있는 진표라는 스님인데 이 소 비록 축생이어서 밖은 어리석은 듯하나 안은 밝아서(外愚內明) 나의 계법을 받음을 존중하여 무릎 꿇고 우는 것이다'라고 하였다. 수레 주인이 크게 감동하여 그 자리에서 낫으로 머리를 깎고 제자가 되어 스님을 모시고 속리산에 이르러 길상초가 나는 곳을 찾아 법주사를 중창하였으니, 이때가 776년(혜공12)이었다. 다시 금강산으로 들어가 강원도 고성군 외금강면 용계리에 있는 폭포암(瀑布庵)의 밑 발연석(鉢淵石) 위에 절을 짓고 발연수(鉢淵藪) 또는 발연암이라 이름하였으며, 7년간 주석하면서 점찰법회를 열어 교화를 펴다가 다시 부사의방장으로 돌아왔다. 근처에 있는 고향으로 가서 아버지를 뵌 후에는 진문대덕방(眞門大德房)으로 가서 주석하였다. 속리산에서 영심(永深) · 융종(融宗) · 불타(佛陀) 등이 함께 찾아와 '계법을 듣고자 하오니 원컨대 계법문을 설해 주십시오'라고 간청했으나 스님은 묵묵히 대답이 없었다. 세 스님은 신심이 부족하여 허락하지 않은 줄로 여기고 뜰 앞에 복숭아 나무에 올라가 거꾸로 떨어지며 용맹참회 하였더니 마침내 전교관정(傳敎灌頂)에 이어 가사 · 발우 · 『공양차제비법』 1권 · 『점찰선악업보경』 2권 · 108참(一本에는 189牲) 등도 전해 주었다. 스님은 말년에 늙은 아버지를 모시고 발연수로 가서 정진하였으니, 아버지가 돌아갈 때까지 효도를 다했다. 그 후 스님은 발연수 절 동쪽 큰 바위 위에서 입적하였는데, 제자들이 시신을 옮기려 하였으나 꼼짝도 하지 않아 그 자리에 공양을 올리고 분향하였다. 얼마 후 시신이 스스로 흩어져 떨어지기를 기다렸다가 그 자리를 흙으로 덮어 유궁(幽宮)을 만들었는데 소나무 한 그루가 돋아났다. 세월이 오래된 후 그 나무는 말라 죽었고, 다시 한 그루가 돋아나더니 이어서 또 한 그루도 나왔는데 뿌리는 하나였다. 일연(一然 1206~1289)선사가 『삼국유사』를 지을 때까지 1근양주(一根兩株)인 두 나무가 살아 있었는데, 누구나 그 나무에 절을 하고 그 소나무 밑을 파서 유골을 찾으면 혹 얻는 이도 있었고 얻지 못하는 이도 있었다고 한다. 이에 발연사 주지 영잠(瑩岑)이 그 성골(聖骨)과 열반

지가 연멸할까 염려되어 1197년(丁巳) 9월 직접 그 소나무 밑을 찾아가 3홉(合)의 유골을 얻어 골호에 담아 큰 바위 위 쌍소나무(雙松) 밑에 탑을 세워 유골을 봉안하고, 영잠이 기문(記文)을 짓고 이자림(李子琳 : 王可道)이 써서 1199년(承安4 : 고려 神宗2)에 비를 세웠는데, 「발연수나승율사장골탑비 鉢淵藪羅僧律師藏骨塔碑」라고 한다(『조선금석총람』 권상, p.426) 하였다. 『삼국유사』 권4(대정장49, p.1008a23 · 한불전6, p.351b10)에는 「관동풍악발연수석기 關東楓嶽鉢淵藪石記」라고 하였다. 비신 높이 72.7cm · 폭 33.3cm · 두께 24.2cm · 자경 1.8cm, 서체는 해서이며 4면에 모두 글자가 새겨져 있다. 문하에는 영심 · 융종 · 불타 · 신약(信若) · 체진(體珍) · 진해(珍海) · 진선(眞善) · 석충(釋忠) 등 많은 제자가 있었는데, 모두 법상종에서 일가를 이룬 이들이다. 그중에 속리산에 길상사(법주사)를 중건한 영심이 그의 법을 이었다. 영심의 뒤에는 헌덕왕의 아들인 심지(心地)화상이 계승하였다. 스님의 행적은 『삼국유사』 권4(대정장49, p.1007b18 · 한불전6, p.350a20) 의해(義解)5 진표전간(眞表傳簡), 관동풍악발연수석기, 「당백제국금산사진표전」 등에 전한다. [참고문헌] 『宋高僧傳』, 『朝鮮金石總覽』, 『三國遺事』, 『神僧傳』 권7(대정장50, p.997b20), 亞細文化社版 『金山寺誌』 pp.177~180, 『朝鮮佛教通史』 권상 p.98, 『韓國金石全文』 中世下 pp.925~930, 權相老 『朝鮮佛教略史』(新文館, 1917) pp.69~70, 李智冠 『校勘譯註歷代高僧碑文』 高麗篇4 pp.32~55. ⇨ 발연수 鉢淵藪

진표전간 眞表傳簡 신라 진표율사가 불골간자(佛骨簡子)를 전하다. 진표율사가 미륵(彌勒)에게 받은 간자를 속리산 영심(永深)에게 전했고 영심은 다시 팔공산 심지(心地)에게 전한 일로서, 『삼국유사』 권4 의해(義解) 중 진표전간과 관동풍악발연수석기(關東楓岳鉢淵藪石記), 심지계조(心地繼祖) 등 세 갈래 제목으로 이어져 전한다. 『삼국유사』 권4(대정장49, p.1007c3) 의해5 진표전간에 "힘써 용맹함이 처음과 같이 해서 과함에 미륵에 힘입었으니, 나투어 『점찰경』 두 권과 과를 증한 간자 189개를 주셨다. 懃勇如初 果感彌力 現授占察經兩卷 幷證果簡子一百八十九介"라고 하였다. [참고문헌] 『三國遺事』. ⇨ 불골간자 佛骨簡子, 점찰법회 占察法會

진풍도약 眞風度籥 진실의 바람이 대롱을 건너다. 장인의 숨결이 대롱을 건너야 부풀어 그 모습 갖추듯, 스승의 숨결로 법기(法器) 성취됨에 비유한다. 『굉지광록』 권2(대정장48, p.26b4)에 "아홉 번 품은 병아리요, 천 리를 뛰는 망아지라네. 참된 바람 대롱을 건너고 신령한 기는 고동을 움직이네. 九包之雛 千里之駒 眞風度籥 靈機發樞", 『종용록』 86칙 「평창 評唱」(대정장48, p.283a23)에 "깨닫자마자 문득 알아 진기 크게 쓴다. 제방에서 한결같이 황벽에게 따귀 한 대를 때렸다 하고, 대우 옆구리 주먹 세 방 먹인다고 한다. 진실로 진풍이 대롱 건넜기에 신령한 기틀 지도리 움직일 수 있었다. 앞 구에선 스승에게 받아 이음이고, 뒤의 구 스스로의 자성에 으뜸으로 통할 뿐이다. 纔悟便解眞機大用 諸方有一聯云 黃蘗腮邊轟一掌 大愚脇下築三拳 良由眞風度籥故得靈機發樞 上句稟受師承 下句自性宗通也"라고 하였다. [참고문헌] 『宏智廣錄』, 『從容錄』.

진하 陳賀 경축의 뜻 드러내 펴다. 『선원청규』 권2 「동년인사 冬年人事」(卍속장111, p.888b7)에 "동패에는 '동지절 경축하는 뜻을 표하고자 합니다'라 하고 연패에는 '새해를 경축하는 의례 있습니다'라고 적는다. 冬牓云 聊表至節陳賀之儀 年牓云 聊表改歲陳賀之儀"라고 하였다. [참고문헌] 『禪苑淸規』.

진하 震河 1861~1925. 속리산 법주사 스님. 축원(竺源)의 법호이다. ⇨ 축원 竺源 ❷

진학 眞學 조선후기 스님. 『동사열전』 권6 「혼허강백전 渾虛講伯傳」(한불전10, p.1064c12)에 "법명은 상능이고 호는 혼허이다. … 어려서부터 현허를 내어 달마산에 들어가 의지할 곳을 찾다가 진학장로의 조실에서 머리를 깎고 가사를 수했다. 師名尙能 號渾虛 … 早發玄虛 入達摩山 窺依止處 眞學長老之室 圓頂方袍"라고 하였다. [참고문헌] 『東師列傳』.

진학경 進學經 유송(劉宋)대 저거경성(沮渠京聲) 한역. 1권. 고려장19, p.909a1~a24, No.795 · 대정장17, p.744b8~c1, No.798에 수록되어 있다. 『권진학도경 勸進學道經』이라고도 한다. 이역본으로는 지겸(支謙)이 한역한 『권진학도경』과 석용공(釋勇公)이 한역한 『권진학도경』 등이 있으나 전하지 않는다. 효순(孝事) · 인자(仁慈) · 혜시(惠施) · 이도(履道)의 네 가지 아름다운 행(四雅行), 정적(靜寂) · 박학(博學)의 두 가지 선한 법(二法), 식시(食施)와 법시(法施)의 두 가지 보시(二施) 등 배워서 도를 나아가게 하는 법에 대해 짧지만 핵심을 밝혀 설하고 있다. [참고문헌] 『出三藏記集』 권3(대정장55, p.17b8), 『衆經目錄』 권3(대정장55, p.131c9), 『大周刊定衆經目錄』 권8(대정장55, p.418a9).

진해 珍海 신라 제35대 경덕왕(재위 742~765) 때를 전후하여 활약하였던 스님. 지장보살과 미륵보살님으로부터 기도한 끝에 계법과 점찰법(占察法)을 받는 한편, 아울러 189개의 간자(簡子 : 栍 籤)를 받고 법상종(法相宗)의 개조가 된 진표(眞表)율사의 수령(袖領)제자

중 한 스님이다. [참고문헌]『三國遺事』 권4(대정장49, p.1007c18 · 한불전6, p.350c7) 義解5 眞表傳簡.

진해 震海 조선후기 해인사의 유명한 강백. 회광(晦光)이 짓고 연포(蓮苞)가 판각한 『칠중수계의궤 七衆受戒儀軌』에 대하여 서문을 지은 스님이다. [참고문헌] 海印寺板『七衆受戒儀軌』「序文」.

진해명주 鎭海明珠 바다 품은 큰 산에서 빛나는 구슬. 중국 광동성(廣東省) 경주부(瓊州府) 해변의 산에 한대(漢代)에 봉해졌다고 전하는 신선의 귀한 구슬(寶玉)이다. 『앙산어록』(대정장47, p.585a12)에 "앙산선사가 동사를 찾아뵈었다. 동사가 물었다. '그대는 어디 사람인가?' '광남 사람입니다' '내가 듣기에 광남에는 진해명주가 있다던데 그러한가?' '네' '그 구슬은 어떤가?' '달 잦아들면 사라지고 달 밝으면 드러납니다' '가져왔는가?' '가져왔습니다' '왜 나에게 보여주지 않는가?' 앙산이 차수하고 앞으로 다가가서 말했다. '어제 위산에 가서도 이 구슬이 발각되었는데 대답할 말과 설명할 도리가 전혀 없었습니다' '진짜 사자는 포효에 능하다'. 師參東寺 東寺問 汝是甚處人 師云 廣南人 東寺云 我聞廣南有鎭海明珠 是否 師云 是 東寺云 此珠如何 師云 黑月卽隱 白月卽現 東寺云 還將得來也無 師云 將得來 東寺云 何不呈似老僧 師叉手近前 云 昨到潙山 亦被索此珠 直得無言可對 無理可伸 東寺云 眞師子兒 善能哮吼"라고 하였다. [참고문헌]『仰山語錄』.

진해사 鎭海寺 인천광역시 강화군 강화읍에 있던 절. 금위영 등을 설치하고 스님들을 머물게 하여 바다를 지키던 절이다. 『강도지』에 "신미년(1691 · 숙종17)에 본부로부터 스님을 모셔 화주 32명으로 역사를 시작하여 임신년(1692)에 준공하였다. 辛未年自本府募僧化主三十二名始域壬申畢役"라고 하였고, 『성호전집』 권60 「한성부판윤신공묘갈명병서 漢城府判尹申公墓碣銘幷序」에는 "(1689년 이후 1692년 이전) 강화유수에 제수되자 외적의 침입에 대비하는데 마음을 다해 복파루 · 사조당과 함께 진해사를 지었다. 除江華留守 殫心守禦之備 刱伏波樓射潮堂鎭海寺"라는 기록도 있다. 『숙종실록』 권23 17년(1691) 윤7월 7일에 "병조판서 민종도가 … '진해사는 스님 백 명을 모셔 수호하기 편하고, 용당곶나루 언덕에는 승사를 지을 만합니다. … ' 하니, 왕이 모두 묘당에서 품처하도록 하였다. 兵曺判書閔宗道 … 鎭海寺募僧百名 俾便守護 龍塘串津岸 有可作僧舍處 …上竝令廟堂稟處"라는 기록과 같은 책 권24 18년(1692) 1월 28일에 "민종도가 '강도 진해사 빈 땅에 창고를 지어 본영의 잡물을 두게 하고, 병조 은자 삼만냥, 목면 오백동 또한 옮겨 두고서 스님들에게 수호하도록 해주십시오'라고 하니 임금이 윤허하였다. 江都鎭海寺空地 作庫舍留置本營雜物 兵曺銀子三萬兩 木綿五百同 亦爲運置使僧徒守護 上許之"라는 기록도 있으며, 『승정원일기』 영조 7년(1731) 9월 14일에는 "(김)재로가 '강화 갑곶진 주변 성곽 위에는 복파루가 있는데, 곧 진해사의 큰 문루입니다. 금위영이 분장하는 구역으로, 썩고 기울어서 무너질 지경이기에 중창하고자 헐었습니다.…'라고 하였다. 在魯曰 江華甲串津邊城上 有所謂伏波樓者 卽鎭海寺大門樓也 此是禁衛分掌字內 而腐傷傾圮 將至頹壓之境 故重創次 毁置矣"라고 하였다. 심조(沈潮 1694~1756)의 『정좌와집』 「정좌와집연보 靜坐窩集年譜」에는 "갑술년(1754 : 영조30)〈부군 육십일세〉 … 7월 … 진해사에서 묵었다. 甲戌〈府君六十一歲〉 … 七月 … 宿鎭海寺"라고 하였고, 최성대(崔成大 1691~?)의 『두기시집』 권1 · 3, 윤기(尹愭 1741~1826)의 『무명자집시고』 책1, 신위(申緯 1769~1845)의 『경수당전고』 15책 「강도록 江都錄」2에도 각각 '진해사'를 주제로 한 시가 수록되었다. 『여지도서』 권상 강도부지(江都府誌) 강화 사찰에는 "진해사는 갑곶 북쪽 만수산 아래에 있는데, 금위영 군기와 유영을 가까이에 두고 총섭하여 관리하고 지키게 하였다. 鎭海寺在甲串北萬壽山下 藏禁衛營軍器與禁衛留營 逼近置摠攝管守焉"라고 하였고, 『고종실록』 권3 3년(1866) 10월 6일과 『승정원일기』 같은 날 기사에는 병인양요의 피해상황을 보고하면서 진해사와 금위영 창고는 안전하다고 하였으며, 『속수증보강도지』 명소고적 사원부폐사원(寺院附廢寺院)에는 "금위영 소관으로 승군의 한 초소를 두어 총섭이 통솔하도록 하였다. 禁衛營所管 有僧軍一哨 置摠攝領之"라고 하였다. [참고문헌]『江都誌』, 『肅宗實錄』, 『承政院日記』, 『輿地圖書』, 『高宗實錄』, 『續修增補江都誌』, 『沁都紀行』, 『伽藍考』, 『星湖全集』(韓國文集叢刊200, p.34a17), 『靜坐窩集』(韓國文集叢刊73, p.366a1), 『杜機詩集』(韓國文集叢刊70, p.531b20 · 571a15), 『無名子集詩稿』(韓國文集叢刊256, p.7b6), 『警修堂全藁』(韓國文集叢刊291, p.339a15), 『韓國寺刹全書』 권하 p.1058a4.

진해탈 眞解脫 Ⓢ mokṣa, Ⓣ thar-pa. 진실의 해탈. 불생(不生)을 얻고 이장(二障)도 벗어나 끊어서 풀어 벗어날 일조차 없는 뜻이다. 『대반야경』 권600(대정장7, p.1109a8)에 "제법에 대해 집착함 없으면 얽히고 설킴도 없고, 제법에 계착 없으면 풀고 벗어날 일도 없다. 세 가지 일(根境識)을 멀리 떠나고 얽매임 떠나 청량하면 진해탈이라 한다. 若於諸法無執著者 則無繫縛 若於諸法無繫著者 則無解脫 遠離三事 離繫淸凉 名眞解脫", 36권본 『대반열반경』 권5(대정장12, p.632a28)에 "진해탈이란 일체 엮이고 묶임을 멀리 여읨을 말한다. 만약 진해탈로 모든 계박에서 여의면 생겨날 일도 화합할 일도 있을 리 없다. 비유컨대 저 부모화합하여 자식을 낳음과 진해탈은 같지 않으니 해탈을 불생이라 한다. 가섭아, 비유하길 저 제호같아 성이 청정하니, 여래 또한 그러하여 부모화합으로 나지 않아서 그 성이 청정하다. 眞解脫者 名曰遠離一切繫縛 若眞解脫 離諸繫縛 則無有生 亦無和合 譬如父母和合生子 眞解脫者 則不如是 是故 解脫名曰不生 迦葉 譬如醍醐 其性淸淨 如來亦爾 非因父母和合而生 其性淸淨", "그런데도 부모 있음을 보인 까닭은 모든 중생을 가르쳐 건지고자 하기 때문이다. 진해탈은 곧 여래이니, 여래와 해탈은 둘도 다른 것 아니다. 비유컨대 저 봄철에 여러 종자를 뿌리고 따뜻해 적시는 기운 얻으면 문득 싹을 틔우지만, 진해탈은 이와 같지 않다. 所以示現有父母者 爲欲化度諸衆生故 眞解脫者 卽是如來 如來解脫 無二無別 譬如春月 下諸種子 得煖潤氣 尋便出生 眞解脫者 則不如是", 『성유식론』 권1(대정장31, p.1a11)에 "생을 잇는 번뇌장 끊기에 진해탈을 증하고, 앎을 막는 소지장 끊어서 대보리를 얻는다. 由斷續生煩惱障故 證眞解脫 由斷礙解所知障故 得大菩提"라고 하였다. [참고문헌] 『大般若經』, 『大般涅槃經』, 『成唯識論』, *Lańk.367.* ⇨ 해탈 解脫

진행 眞行 ❶ 참된 행. 무루행(無漏行)과 통한다. 『별역잡아함경』 권4(대정장2, p.398c23)에 "오직 불법을 믿어 닦아 행하고 진실로 행할 뿐 다른 방도는 없다. 唯信佛法 修行眞行 更無餘方", 『대지도론』 권78(대정장25, p.611b18)에 "보살이 이처럼 필경의 여여서 증할 법도 없고 취하여 증하는 이도 없으며 반야와 아누다라삼막삼보리마저 없다고 설함을 들었다 치자. 이때 놀라지도 주저앉지도 않으며 통달무애하면 이를 반야바라밀을 행함이라 한다. 반야바라밀 행함을 진실한 행이자 깊은 행이라 한다. 若菩薩聞 如是說畢竟離 無法可證 無取證者 亦無般若 及阿耨多羅三藐三菩提 是時不驚不沒 通達無礙者 是名行般若波羅蜜 行般若波羅蜜者 是名眞行深行", 『경덕전등록』 권28 「월주대주해혜화상어 越州大珠海慧和尙語」(대정장51, p.442b7)에 "경의 뜻에 거하자면, 다만 색심 공적하여 본성을 보게 하여 거짓 행 버리고 진실행에 들게 가르칠 뿐이라 설하니, 먹으로 말을 적은 종이 위에서 뜻 따져 헤아리지 말라. 다만 정명이라는 두 자만 알면 된다. 정은 본바탕이요, 명은 자취의 쓰임이다. 본바탕 좇아 자취 쓰임을 일으키고, 자취 쓰임에서 본바탕으로 돌아가니, 몸도 씀도 둘이 아니니 본적의 다름 아니다. 若據經意 只說色心空寂 令見本性 敎捨僞行入眞行 莫向言語紙墨上討意度 但會淨名兩字便得 淨者本體也 名者迹用也 從本體起迹用 從迹用歸本體 體用不二 本迹非殊"라고 하였다. [참고문헌] 『別譯雜阿含經』, 『大智度論』, 『景德傳燈錄』. ❷ 진영을 모시는 행자(行者). ⇨ 시진시자 侍眞侍者 ❸ 신라대 스님. 중초사지당간지주 명문에 "절주통 황룡사 항창화상에 상화상 진행법사다. 節州統 皇龍寺 恒昌和上 上和上眞行法師"라고 하였다. [참고문헌] 『朝鮮金石總覽』 권상 p.53. ⇨ 중초사지당간지주 中初寺址幢竿支柱

진행음 進行音 나아가고 행하는 소리. 육십종성(六十種聲) 중 하나다. 『대보적경』 권10 「밀적금강역사회 密迹金剛力士會」(대정장11, p.55c20)에 "여래의 언사에서는 육십품의 각각 다른 음성이 나오니, 무엇이 그 육십품인가? … (쉰셋째는) 나아가고 행하는 음이다. 如來言辭 出六十品 各異音聲 何謂六十 … 進行音"라고 하였다. [참고문헌] 『大寶積經』, 『華嚴經疏鈔』 권51(대정장36, p.404c3). ⇨ 육십종성 六十種聲

진향사 振嚮寺 중국 사천 면양(綿陽)에 있던 절. 진향사(振響寺·震響寺)라고도 쓰고, 광흥사(光興寺)라고도 한다. 『자은전』 권6(대정장50, p.253c19)에 "증의대덕이 대소승경론을 외워 풀고자 하니, 당시 추천 받은 무리 열두 사람이 이르렀다. 곧 경홍복사 사문 영윤, … 면주 진향사 사문 경명, 익주 다보사 사문 도인 등이었다. 證義大德 諳解大小乘經論 爲時輩所推者 一十二人至 卽京弘福寺沙門靈潤 … 綿州振嚮寺沙門敬明 益州多寶寺沙門道因等", 『당고승전』 권8 「석보단전 釋寶彖傳」(대정장50, p.487a21)에 "시중드는 이가 억지로 미음을 마시게 했으나 입을 닫고 거부했다. 병이 심해지자 부처님 명호 부르며 문득 합장하여 이마에 얹은 채 엄연히 숨을 거두니 동주 광흥사였다. 지금의 이른바 면주 대진향사다. 侍人逼以漿飮 閉口拒之 疾甚爲喚佛名 便合掌在額 奄然而卒 於潼州光興寺 今所謂綿州大振嚮寺也"라고 하였다. [참고문헌] 『慈恩傳』, 『唐高僧傳』.

진허 振虛 조선 영정조대 활동하였던 스님. 휘는 팔관(捌關). 평안도 재령군(載寧郡 : 安州) 출신으로 청허휴정(淸虛休靜)의 제자이며 1769년(영조45)에 『삼문직지 三門直指』를 찬술했다. ⇨ 팔관 捌關

진허 震虛 조선후기 스님. 용연사(龍淵寺) 만화승림(萬下勝林) 수계제자. 1982년에 강현하(姜顯夏)가 짓고 석주(昔珠)가 쓴 「서울녹야원동암당성수선사비문 서울鹿野苑東庵堂性洙禪師碑文」에 "1925년 이후 십년간은 한때 금강산 장안사에서 진허율사(震虛律師)로부터 비구계를 수지한 외에는 줄곧 조국의 독립운동으로 상해와 북간도 및 일본 등지에서 젊은 우국심혈(憂國心血)을 경주하셨다"라고 하였다. [참고문헌] 『한국근세불교백년사』 권1, 智冠 『韓國高僧碑文總集』 朝鮮朝·近現代 pp.1220~1221, 伽山智冠 『한국불교계율전통 - 韓國佛敎戒法의 自主的傳乘』 p.355. ⇨ 성수 性洙, 승림 勝林

진허집 振虛集 조선후기 진허팔관(振虛捌關)의 시문집. 2권. 한불전10, pp.167a1~177b13에 전한다. 권머리에 1786년(정조10) 7월에 김정중(金正中)이 지은 서문이 있는데, 진허가 입적한 4년 후에 제자 보철(普喆)이 유고를 모았다고 하였다. 권1에는 시 87편이 수록되어 있다, 권2에는 「희원동지예수대례주별소 熙圓同知預修大禮晝別疏」와 「평양천변수륙소 平壤川邊水陸疏」 등 소 2편, 「벽허당대사행적 碧虛堂大師行跡」 1편, 「상상월화상병서 上霜月和尙幷序」 1편, 「성천향풍산정진사이건전단확불개포성중중수주종불향도기 成川香楓山精進寺移建殿丹雘佛改袍聖衆重修鑄鐘佛餉都記」와 「함종검암산쌍룡사성전신건기 咸從劍巖山雙龍寺聖殿新建記」 등 기문 2편, 「편운산망일사응진전이건상량문 片雲山望日寺應眞殿移建上樑文」과 「□□보현사제승부물모양문 □□普賢寺諸僧裒物皃樣文」 등 문 2편이 수록되어 있다. 1786년(정조10) 안주(安州) 청룡사(靑龍寺) 개간본이 간송미술관에 소장되어 있다. ⇨ 팔관 捌關

진헐청료 眞歇淸了 1088~1151. 송대 조동종 스님. 호는 적암(寂庵), 속성은 옹(雍)씨. 사천(四川) 좌면(左綿) 안창(安昌) 출신. 단하자순(丹霞子淳)의 법을 이었다. 11세에 성과사(聖果寺) 청준도인(淸俊道人)을 따라 출가하였고 18세에 『법화경』을 시험 치러 득도(得度)하였으며 성도(成都) 대자사(大慈寺)에서 경론의 대의를 학습했다. 사천을 떠나 아미산에서 보현보살을 예배하였고 단하자순에게 참학하다가 공겁이전자기(空劫以前自己)라는 화두를 듣고 어느 날 활연하게 계합했다. 이후 단하를 떠나 주유하다가 장로조조(長蘆祖照)와 일구(一句)에 계합하였고 1121년 그의 시자가 되어 법석(法席)을 이었다. 1128년 사명산(四明山)과 보타산(補陀山)을 주유하고 1130년 설봉(雪峰)에서 종풍을 떨쳤으며, 1135년 칙명으로 아육왕산(阿育王山) 광리사(廣利寺)에 머물다가 1137년 온주(溫州) 용상사(龍翔寺)에서 개원하여 7년 동안 법을 펼쳤다. 1145년에 항주 경산(徑山)의 능인흥성만수선사(能仁興聖萬壽禪寺)에 머물렀고 자녕태후(慈寧太后)의 명으로 1151년 숭선현효선원(崇先顯孝禪院)에 주석하다가 같은 해 10월에 입적하였으니, 세수 64, 법랍 45세였다. 고종(高宗)에 의해 오공선사(悟空禪師)로 시호(諡號)되었고 전신사리탑이 도화오(桃華塢)에 건립되었다. 이충정(李忠定)이 진찬(眞贊)을 지었다. 『속전등록』 권17(대정장51, p.580a17)에 "법좌에 올라 말했다. '고봉정상에 올라 외나무다리를 건넌다. 곧장 이렇게 간다고 해도 세상 사람들 다리 들고 놓는 곳일 뿐이다. 만약 사무쳐 보고자 한다면 문밖에 나가지 않아도 몸은 시방에 가득하고 문 안으로 들지 않더라도 언제나 집안에 있는 듯 하리라. 만약 그렇지 못할진대는 서늘한 곳으로 쫓아다니며 한 때 쓸 땔감이나 옮겨 취하리라'. 上堂 上孤峯頂 過獨木橋 驀直恁麽行 猶是時人脚高脚低處 若見得徹 不出戶身遍十方 未入門常在屋裏 其或未然 趁涼搬取一轉柴", 『오등회원』 권14(卍속장138, p.539a7)에 "법좌에 올라 말했다. '내가 스승께 따귀 한 대를 맞자마자 모든 기량이 사라져서 입을 열 곳을 찾지 못했다. 지금도 오히려 쾌활해서 철저하지 않는 놈이 아직도 있는가? 없다면 재갈 물고 안장 얹은 채로 각자 스스로 방편 찾아야 한다'. 上堂 我於先師一掌下 伎倆俱盡 覓箇開口處不可得 如今還有恁麽快活不徹底漢麽 若無 銜鐵負鞍 各自著便", 『가태보등록』 권9 「진헐청료 眞歇淸了」(卍속장137, p.151a13)에 "'온갖 성스러움을 구하지도 않고 자기의 신령을 귀하게 여기지도 않을 때 어떻게 합니까?' '옛 거울 앞에 황량한 풀만이 빼어나다' '이렇게 지낼 때는 어떻습니까?' '금까마귀가 옥조각을 물었다'. 問 不求諸聖 不重己靈時如何 曰 古鏡臺前荒草秀 云 便恁麽去時如何 曰 金烏銜片玉"라고 하였다. 〔참고문헌〕 『續傳燈錄』, 『五燈會元』, 『嘉泰普燈錄』.

진헐청료선사어록 眞歇淸了禪師語錄 송대 조동종(曹洞宗) 진헐청료선사의 어록. 1권. 『오공선사어록 悟空禪師語錄』이라고도 한다. 卍속장124, pp.619a1~638a2에 있다. 상당(上堂)·법요(法要)·기연(機緣)·게송(偈頌)·송고(頌古)와 천동정각(天童正覺)이 찬한 탑명(塔銘)을 집록하고 「화장무진등기 華藏無盡燈記」·「정토종요 淨土宗要」·「선자협산화 船子夾山話」 등도 편재하였다. ⇨ 진헐청료 眞歇淸了

진헐파 眞歇派 진헐청료(眞歇淸了 1090~1151)를 비조로 하는 조동종(曹洞宗)의 일파. 조동종 단하자순(丹霞子淳 1064~1117)은 그 문하에 굉지정각(宏智正覺 1091~1157)과 진헐청료를 배출하였다. 그중 굉지는 그 회하에 자득혜휘(自得慧暉)·석창법공(石牕法恭)·선권법지(善權法智) 등을 배출하였고 특히 자득계열은 명극혜조(明極慧祚) → 동곡명광(東谷明光) → 직옹덕거(直翁德擧)로 이어졌으며, 직옹 문하에서는 동명혜일(東明慧日)과 운외운수(雲外雲岫)가 배출되어 조동종 굉지파(宏智派)를 형성하였다. 반면에 진헐은 장로산(長蘆山)에 들어가 선풍(禪風)을 떨쳐 천동종각(天童宗珏) → 족암지감(足巖智鑑) → 장옹여정(長翁如淨)으로 이어져 절강성(浙江省)을 중심으로 한 지역에 전파되어 조동종 진헐파를 형성하였다.

진헐화상염고 眞歇和尙拈古 송대 진헐청료(眞歇淸了) 지음. 1권. 선종 3조 승찬(僧璨)의 『신심명 信心銘』(대정장48, No.2010)에 의지해 선지(禪旨)를 드러내 보인 책. 卍속장124, pp.638a4~655a3에 수록되어 있다. 본서는『신심명』구에 대한 글자 해석이 아니며,『신심명』을 소재로 선문(禪門)의 종지를 천명하면서 선사로서의 본분과 기량을 드러내고자 한 것이 특징이다.

진현관 眞現觀 Ⓢ tattva-abhisamaya, Ⓣ de-kho-na-mngon-par-rtogs-pa. 진실이 눈앞에 드러나 보이다. 십현관(十現觀) 중 하나로 보살이 지상(地上)인 견도(見道)에서 얻은 세속지(世俗智)다. 십지전을 사현관(似現觀)이라 한다.『대승아비달마잡집론』권13(대정장31, p.756c17 : *Abh-s-bh.*, p.122)에 "진현관이란, 이미 견도의 십육심찰나위의 성도 얻음을 말한다. 또 견도에서 현관변의 안립제로서 세속지를 얻는다. 출세지의 증상연의 힘에 의지해 저 종자를 장양하기에, 이지를 얻을 수는 있지만 현전시킬 수는 없다. 견도의 십육심찰나에 간단이 있을 수 없기에 세간심이 현전해 일어날 수 없기 때문이다. 수도위에서야 이 세속지가 바야흐로 현전한다. 眞現觀者 謂已得見道十六心刹那位 所有聖道 又於見道中 得現觀邊 安立諦世俗智 由出世智增上緣力 長養彼種子故 名得此智而不現前 以見道十六心刹那無有間斷 不容現起 世間心故 於修道位 此世俗智 方現在前 tattvābhisamayo darśanamārgaḥ. tatra punaḥ satyavyavasthāpanānyabhisamayāntikāni saṃvṛtijñānāni pratilambhato lokottarajñānādhipatyena tadabījapoṣaṇānna tu sammukhīkaroti ṣoḍaśānāṃ darśanamārgacittakṣaṇānāṃ nirantaratvena laukikacittānavakāśāt",『성유식론』권3(대정장31, p.14b28)에 "이미 견도에 들어간 보살중은 진현관을 얻기에 승자라 부른다. 已入見道諸菩薩衆 得眞現觀 名爲勝者",『성유식론장중추요』권하(대정장43, p.655a27)에 "진현관은 견도를 말한다. 眞現觀 謂見道",『성유식론증의』권3(卍속장81, p.758b16)에 "'진현관을 얻는다'라고 하였는데 … 지전이면 사현관이라 하고, 초지이상이어야 진현관이라 한다. 보살의 견도 이후에 일어나는 근본지와 후득지에 해당한다. 得眞現觀者 … 地前名似 地上名眞 卽菩薩見道後所起根本後得智也"라고 하였다. 〔참고문헌〕『大乘阿毘達磨雜集論』,『成唯識論』,『成唯識論掌中樞要』,『成唯識論證義』, *Abh-s-bh.* ⇨ 십현관 十現觀, 현관 現觀, 견도 見道[1], 십육심 十六心

진현량 眞現量 드러난 진실을 그대로 알다. 인명팔문(因明八門) 중 하나로 올바른 또는 유효한 현량(現量 Ⓢ pratyakṣa-pramāṇa)이다. 현량과 같지만 사현량(似現量)과 맞서 얻은 이름이다.『섭대승론석』권4(대정장31, p.400c21)에 "닦아 얻은 지야말로 진실이 드러난 앎이다. 보는 경계 분명히 현전한다. 기억해 가지는 헤아림에는 이러한 것이 없다. 修所成智 是眞現量 所見境界 分明現前 非憶持識有如是事",『인명입정리론후기』권6(臺灣國圖善本28, p.138a5)에 "진현량과 사현량은 어떻게 구별되는가? 〔답〕옛 풀이에 따르면 현량에는 두 가지다. 첫째는 진현량이고, 둘째는 사현량이다. 진현량이란, 전5식・오구의식・모든 자증분・모든 정심(定心)과 제8식을 말한다. 이런 등의 모든 심심소가 갖춘 여섯 가지 뜻을 이름하여 '현(現)'이라 한다. 첫째는 나타나 있어야 하니 거북이의 털 등과 가린 것이다. 둘째는 현재이니 과거와 미래가 아닌 것이다. 셋째는 현현이니 종자에 작용이 없는 것을 가려낸다. 넷째는 현리조현이니 떠나서 비추고 나툰다. 상기(隨念)・상상(計度)・언어(名言)・종류(種類)・범주(諸門) 등의 분별심을 여읜 것을 말한다.『인명입정리론소』에서는 '무분별이란, 능히 연하는 행상이 헤아리는 일 없어서 움직이는 대로 따라다니며 앞의 경을 비출 뿐이다'라고 하였다. 다섯째는 명현이니 모든 정심이어서 맑고 고요하다. 어떤 경을 반연하더라도 모두 밝게 만난다. 여섯째는 친현이니, 몸소 스스로의 바탕에 다가간다. 모든 산심의 경우와 같이 한다. 만약 직접 경에 이르고 밝게 합한다면 모두 현량이라 할 수 있으니 전5식과 제6식이 모든 삿된 지 등을 가리는 것이어서, 저 병든 눈으로 허공의 꽃과 티끌 떠다니는 것들 가려냄이다. 隨念眞似現量如何分別 答 古釋現量有二 一 眞 二 似 眞現量者 謂五識及五俱意識 諸自證分 諸定心 及第八識 此等諸心心所有六義 名現 一 現有 簡龜毛等 二 現在 簡過未 三 顯現 簡種子無作用故 四 現離照現 謂能緣之心行相 遠離諸分別故 謂離隨念 計度 名言 種類 諸門等 分別心故 因明疏云 無分別者 卽顯能緣行相 不籌不度 任運因循 照符前境故 五 明現 謂諸定心澄湛 隨緣何境 皆明證故 六 親現 謂親冥自體 如一切散心 若親于境明冥自體 皆名現量 前五第六簡諸邪智等 如病眼見空華毛輪等",『인명입정리론집해』(卍속장87, p.108b3)에 "(인명팔문 중) 다섯째는 진현량이니 색 등의 뜻에 대해 정지가 생겨나게 하는 것이다. 자상에 처해서 구르기 때문이다〈무문별지로 경계의 자성을 얻는 것이다〉. 五 眞現量 謂於色等義 有正智生 自相處轉故〈無分別智 得境自性〉"라고 하였다. 〔참고문헌〕『攝大乘論釋』,『因明入正理論後記』,『因明入正理論集解』. ⇨ 현량 現量, 사현량 似現量, 인명팔문 因明八門

진형수 盡形壽 Ⓢ yāvaj-jīvam, Ⓟ yāva-jīvam, Ⓣ ji-srid-'tshe'i-bar-du. 모습도 목숨도 다함. '이 몸과 이 목숨이 다하도록'・'이 생이 다하는 날까지'의 뜻이다. 구족계(具足戒)를 지키는 뜻이기도 하다.『중아함경』권55「지재경 持齋經」(대정장1, p.770b25 : *Visākhā-sutta*, *AN.4*, p.255)에 "아라하진인은 몸과 수명이 다하도록 살생을 여의어 끊기에 칼과 몽둥이를 버리며 부끄러움을 느끼고 자비심을 가지며 일체를 요익케 함에 곤충에 이르기까지 저 살생에 그 마음을 깨끗이 버렸다. 阿羅訶眞人 盡形壽 離殺斷殺 棄捨刀杖 有慙有愧 有慈悲心 饒益一切 乃至蜫蟲 彼於殺生 淨除其心 yāvajīvaṃ arahanto pāṇātipātaṃ pahāya pāṇātipātā paṭiviratā nihitadaṇḍā nihitasatthā lajjī dayāpannā sabbapāṇabhūtahitānukampi viharanti", 『십송율』 권36(대정장23, p.259a19)에 "조달이 네 사람에게 말하길, '사문 구담에게 나이 어린 제자가 있으니, 새로 저 법에 들어가 출가한 지 오래지 않았다. 우리들이 주변을 맴돌다가 넘어오게 오법으로 꾀어 취하자고 여러 비구에게 말했다. 調達語四人言 沙門瞿曇 有年少弟子 新入彼法 出家不久 我等到是邊 用五法誘取 語諸比丘言", "그대는 목숨 다하도록 납의를 받아 입고, 목숨 다하도록 걸식법을 받으며, 목숨 다하도록 일식법을 받고, 목숨 다하도록 노지좌법을 받으며, 목숨 다하도록 육식끊는 법을 받으라. 만약 비구가 이 다섯 가지 법을 받아 지니면 속히 열반을 얻으리'. 汝盡形壽受著納衣 盡形壽受乞食法 盡形壽受一食法 盡形壽受露地坐法 盡形壽受斷肉法 若比丘受是五法 疾得泥洹", 『석정토군의론』 권5(대정장47, p.57c27)에 "『무량수경』에 따르면, '몸도 목숨도 다할 때까지 한결같이 부처님 계신 곳만을 전념하니 극락세계에 왕생한다' 하였다. 無量壽經說 盡形壽一向專念佛方 得往生極樂世界"라고 하였다. [참고문헌] 『中阿含經』, 『十誦律』, 『釋淨土群疑論』, 『沙彌十戒法幷威儀』(대정장24, p.926b8), *AN.*, *Bodh-bh.133.*

진형수약 盡形壽藥 Ⓟ yāvajīvika-bhesajja. 사약(四藥) 중 하나로 비구가 늘 상비해 두어도 되는 약. 진형약(盡形藥)·진수약(盡壽藥) 등이라고도 한다. 『사분율』 권43(대정장22, p.877c2)에 "'어떤 것들이 진형수약으로 응당 복용해도 됩니까?' … '음식이라 하기에 마땅치 않고 비구에게도 병의 인연은 있으니 때를 가리지 않고 늘 두고 먹어도 된다'. 何等是盡形壽藥應服 … 不任爲食者 比丘有病因緣 盡形壽應服", 같은 책 권14(대정장22, p.662c14)에 "진형수약을 인연도 없이 복용하면 돌길라다. 盡形壽藥 無因緣服者 突吉羅"라고 하였다. [참고문헌] 『四分律』, 『十誦律』 권41(대정장23, p.301c4), 『善見律毘婆沙』 권14(대정장24, p.771b17), 『四分律名義標釋』 권9(卍속장70, p.539b12), *Vin.1.251.* ⇨ 사약 四藥[3], 진수약 盡壽藥

진혜 陳慧 오(吳)대 거사. 회계(會稽 : 浙江省) 출신. 불교가 중국에 전래된 초창기의 연구자로 강승회(康僧會 ?~280)를 가르친 스승 중 한 명이다. 『양고승전』 권1 「안세고전 安世高傳」(대정장50, p.324b2)에 "안세고의 봉인함에 이렇게 적혀 있었다. '나의 도를 높일 이는 거사 진혜고, 선경을 전할 이는 비구 승회다'. 世高封函之字云 尊吾道者 居士陳慧 傳禪經者 比丘僧會", 『출삼장기집』 권6 「안반수의경서 安般守意經序」(대정장55, p.43b26)에 "숙세의 복이 아예 없어지지 않아 일찍이 남양의 한림·영천의 피업·회계의 진혜를 만났다. 이 삼현은 도에 대한 믿음이 두텁고 틈 없으며, 덕을 잡아 바로 넓힘에 익히고 익혀 나아가고 또 나아가 도에 대한 뜻을 게을리하지 않았다. … 진혜는 뜻을 주하였는데, 내가 도와드리면 짐작하여 헤아렸다. 스승이 아니고서는 전하지 못하니 감히 스스로는 말미암지 못한다. 宿祚未沒 會見南陽韓林 穎川皮業 會稽陳慧 此三賢者 信道篤密 執德弘正 烝烝進進 志道不倦 … 陳慧注義 余助斟酌 非師不傳 不敢自由也"라고 하였다. [참고문헌] 『梁高僧傳』, 『出三藏記集』. ⇨ 강승회 康僧會

진혜사 眞慧寺 중국 호북성(湖北省) 기주(蘄州) 황매현(黃梅縣) 동북부에 있는 빙무산(憑茂山 : 東山·五祖山)에 위치한 갑찰(甲刹). 대중동산사(大中東山寺)·오조사(五祖寺) 등이라고도 한다. 빙무장자(憑茂長者)의 외호에 힘입어 오조홍인(五祖弘忍)이 개창하였으며, 당 선종(宣宗)에 의해 대중동산사라는 칙명이 하사되었다. 송대 경덕년간(1004~1007)에 진혜사라는 사액을 하사받았으며, 이후 오조법연(五祖法演)이 주석하면서 종풍을 드날렸다. 명대 만력년간(1573~1619)과 청대 함풍 4년(1854)에 두 차례 화재가 발생하여 건물이 소실되었기에 이후 수리·복원하였다. 현재는 북송대 선화 3년(1121)에 건립된 팔각 5층의 다보탑(多寶塔)과 송대 건립된 팔각 7층의 삼천불탑(三千佛塔)이 남아 있으며, 산중에 강경대(講經臺)·백련봉(白蓮峰)·세수지(洗手池) 등의 고적을 비롯하여 오조상(五祖像)에 제사 지내는 수법동(授法洞)이 있다. ⇨ 빙무산 憑茂山

진호 震湖 1880~1965. 예천 용문사(龍門寺) 스님. 석연(錫淵)의 법호이다. ⇨ 석연 錫淵

진호국가 鎭護國家 난리를 진정(鎭定)시켜 나라를 지키다. 『법화경』·『인왕반야경』·『금광명경』 등 호국삼부경(護國三部經)으로 국난을 극복하여 국가를 태평하게 하고 중생을 편안하게 하기 위한 수법(修法)을 말한다. 이런 수법은 소의경전에 따라 법화회(法華會)·인왕회(仁王會)·최승회(最勝會)라 부른다. 중국에서는 남북조시대로부터 위의 경전을 독송하고 강설하는 법회가 성행했으며, 우리나라에서도 불교가 전래된 이래로 인왕회·백고좌도량(百高座道場) 등의 진호도량을 널리 행했다. 『홍선호국론』 권상(대정장80, p.2c27)에 "둘째 진호국가문이란 무엇인가? 『인왕경』에서 이렇게 말한다. '부처님께서는 반야를 현재세와 미래세의 모든 소국왕들에게 부촉하여 호국의 비보문으로 삼으셨다'. 第二 鎭護國家門者 仁王經云 佛以般若付囑現在未來世諸小

國王等 以爲護國祕寶文"라고 하였다. 〔참고문헌〕『興禪護國論』, 『仁王經』 권하(대정장8, p.830b28). ⇨ 호국삼부경 護國三部經, 백고좌도량 百高座道場

진화란어북명 振和鸞於北冥 화란을 북명에서 떨치다. 화란은 고대 전차에 달던 방울이고, 북명은 북쪽 가장 끝에 있다는 전설의 바다다. 『십이문론』 「서문 序文」(대정장30, p.159b19)에 "만났구나, 뒤이어 배울 이를. 묵은 길 이미 탄탄하고 어둑한 길 이미 열렸으니 진실로 화란 떨쳐 북명에서 울릴 줄 알고, 흰소 몰아 남쪽으로 돌아가게 하였다. 꿈결에 대각을 깨닫고 온갖 교화로 안온히 돌아가리. 遇哉 後之學者 夷路旣坦 幽塗旣開 眞得振和鸞於北冥 馳白牛以南迴 悟大覺於夢境 卽百化以安歸"라고 하였다. 〔참고문헌〕『十二門論』.

진환 塵寰 티끌 가득한 세상. 번뇌투성이 속세(俗世)를 뜻한다. 『원오어록』 권14 「시화장명수좌 示華藏明首座」(대정장47, p.777c22)에 "옛사람 뜻을 얻은 후 깊은 산 초막이나 동굴 향하여 에서 다리 부러진 솥 걸어 밥 지어 먹기를 십년 이십년 한다. 사람 세상을 크게 잊고 티끌 가득한 세상 길이 물러났다. 요즘은 감히 이와 같기를 바라지도 못하니, 다만 이름과 자취 감추고 본분만 지켜도 일개 뼈대 꼿꼿한 노납이라 하겠다. 古人得旨之後 向深山茆茨石室 折脚鐺子煮飯喫 十年二十年 大忘人世 永謝塵寰 今時不敢望如此 但只韜名晦跡守本分 作箇骨律錐老衲", 『정혜결사문』(한불전4, p.707b19)에 "간절히 바라오니, 선이든 교든 유나 도든 세간에 물린 뜻 높은 사람이라면 번뇌투성이 이 세상을 벗어나 물외에서 높이 노닐며 오직 안으로 행하는 도만을 정밀히 하기를 바랄 뿐입니다. 이 뜻과 맞다면 비록 옛날에 맺은 인이 없더라도 결사문 뒤에 이름 올리길 바랍니다. 伏望禪敎儒道 厭世高人 脫略塵寰 高遊物外 而專精內行之道 符於此意 則雖無往日結契之因 許題名字於社文之後", 『삼국유사』 권3(대정장49, p.989c23 · 한불전6, p.319b23) 탑상(塔像)4 요동성육왕탑(遼東城育王塔)에 "육왕보탑이 진환에 두루하니, 비 젖고 구름 묻어 이끼로 얼룩졌네. 育王寶塔遍塵寰 雨濕雲埋蘚纈班"라고 하였다. 〔참고문헌〕『圜悟語錄』, 『定慧結社文』, 『三國遺事』, 『景德傳燈錄』 권30 「杭州五雲和尙坐禪箴」(대정장51, p.460a8). ⇨ 진 塵, 속세 俗世

진회 津會 나루터로 모여든 것들. 뜻한 바가 드러나는 곳으로 지취(旨趣)나 요지(要旨)의 뜻이다. 『당고승전』 권12 「석혜각전 釋慧覺傳」(대정장50, p.516a15)에 "혜각은 광론(『대지도론』)을 물려받고는 그윽한 종지 볼 준비를 하였다. 그 진회를 대략 알게 되자 물러나 깊은 진실 구하여 이리저리 뭇 묘를 좇으며 스스로의 흉금을 얻으니, 종장들이 더욱 높이며 서로 잇달아 법기가 될 것이라 칭찬하였다. 覺稟承宏論 備觀幽旨 領略津會 鐫求幽賾 騁馳衆妙 得自胸襟 宗匠加賞 相繫稱爲法器"라고 하였다. 〔참고문헌〕『唐高僧傳』, 『大唐西域記』 「敍文」(대정장51, p.868b14).

진휴지처 眞休之處 진정으로 쉴 곳. 번뇌와 망상이 다한 곳이다. 『조주어록』(고존숙어록14, 卍속장118, p.325a13)에 "한 학인이 조주에게 물었다. '진정으로 쉴 곳 있다면 청컨대 스님께서 일러주십시요' '일러준즉 쉬지 못한다'. 問 眞休之處 請師指 師云 指卽不休"라고 하였다. 〔참고문헌〕『趙州語錄』.

진흥굴 眞興窟 전라북도 고창군 아산면 삼인리 선운사(禪雲寺) 도솔암(兜率庵) 아래 있는 굴. 좌변굴(左邊窟)이라고도 한다. 『연재집』 권21 「도솔산기 兜率山記」에 "(선운사에서) 시내를 따라 비스듬히 서쪽으로 가면 곁에 바위굴이 있는데, 전하는 말로는 신라 왕이 난을 피해 와서 묵었기에 진흥굴이라 부른다. 또 가로질러 위로 수삼리 가면 도솔암이 나온다. 從溪迤而西 傍有巖窟 傳言新羅王避亂來宿 稱眞興窟 又折上數三里 得兜率菴"라고 하였다. 〔참고문헌〕『淵齋集』(韓國文集叢刊329, p.361b1). ⇨ 좌변굴 左邊窟, 도솔암 兜率庵 ⑮

진흥사 眞興寺 ❶ 경상북도 김천시 구성면 홍평리 병점(餠岾)에 있던 절. 『동국여지승람』 권29 경상도 김산군(金山郡) 불우에 이름과 위치가 언급되어 있다. 『여지도서』 경상도 금산 사찰과 『범우고』에도 병점에 있었으며, 지금은 없다고 하였다. 사지(寺址)에 있던 석탑이 일제강점기에 팔렸다고 전하며, 경작지로 이용되면서 주춧돌 등의 유구확인도 어렵다. 〔참고문헌〕 〔참고문헌〕『東國輿地勝覽』, 『輿地圖書』, 『梵宇攷』, 『伽藍考』, 『韓國寺刹全書』 권하 p.1048b6, 『한국사지총람』 권하(문화재청 · 불교문화재연구소, 2010) p.163. ❷ 전라남도 해남군 현산면 조산리 두륜산(頭輪山)에 있는 절. 1909년(순종3)에 김진성각(金眞性覺) 보살이 양도암(養道庵)으로 창건하였다. 현존하는 당우로는 극락보전 · 요사 등이 있다. 〔참고문헌〕『전통사찰총서』 권6 전남의 전통사찰 I (寺刹文化硏究院, 1996) pp.523~524.

진흥왕 眞興王 534~576. 신라 제24대 임금. 재위 540~576. 성은 김씨, 휘는 삼맥종(彡麥宗) · 심맥부(深麥夫). 법흥왕의 동생인 갈문왕(葛文王) 입종(立宗)의 아들이며, 지증왕(智證王)의 손자이다. 어머니는 김씨니 법흥왕의 딸인 식도부인(息道夫人)이고, 비는 사도부인(思道夫人) 박씨이다. 7세 때인 어린 나이에 즉위하였으므로 태후가 한 동안 섭정을 하였다. 불교를 신봉하여 544년(진흥왕5) 2월 흥륜사가 낙성됨에 따라 3월부터 스님이 되는 것을 허락하였다. 신라에서 유학한 각덕(覺德)과 함께 부처님 사리를 보내옴으로써 왕이 교외에까지 나가 이를 영접하여 흥륜사에 봉안하였다. 550년(진흥왕11) 안장(安藏)법사를 대서성(大書省)으로 삼았고, 551년 고구려에서 온 혜량(惠亮)법사를 승통으로 삼아 처음으로 백고좌법회와 팔관회를 베풀었다. 553년(진흥왕14) 월성 동쪽에 황룡사(皇龍寺)를 창건하였고, 565년(진흥왕26) 9월 진(陳)에서 사신 유사(劉思)와 명관(明觀)으로 하여금 불교경론 일천칠백여권을 보내왔다. 553년(진흥왕14)에 착공했던 황룡사를 566년에 낙성하고 기원사(祇園寺)와 실제사(實際寺)도 함께 준공하였다. 572년(진흥왕33) 10월 20일 전사한 장병들의 천도를 위해 7일 동안 팔관법회를 베풀었으며, 574년(진흥왕35)에는 구리 삼만오천칠근과 도금(鍍金) 일만일백구십팔푼을 사용, 열여섯자 높이의 불상(丈六銅佛像)도 조성하여 황룡사에 모셨다. 576년(진흥왕37) 화랑(花郎)을 창시하여 삼국통일의 원동력이 되게 하였고, 이에 따라 최치원(崔致遠)이 「난랑비서 鸞郎碑序」를 지었다. 같은 해 안홍(安弘 : 일설에는 安含)법사가 중국에서 유학하고 돌아오는 길에 인도 스님인 비마라(毘摩羅) 등 두 스님과 함께 돌아오면서 『능가경 楞伽經』·『승만경 勝鬘經』·부처님 사리를 모시고 와서 왕에게 바쳤다. 이 밖에도 청소년 수양단체인 풍월도(風月徒)를 창설하여 단련시켰다. 576년 8월에 승하하니 시호를 진흥(眞興)이라 하고, 경주시 효현동에 능을 봉하고 왕의 명복을 빌기 위해 그 곁에 절을 짓고 애공사(哀公寺)라 이름하였다. 말년에 왕위를 진지왕에게 넘겨주고 자신은 스님이 되었는데 호를 법운(法雲), 자를 법공(法空)이라 하였으며, 왕비도 비구니가 되어 영흥사(永興寺)에 머물렀다고 전한다. [참고문헌] 『三國史記』 권4 「新羅本紀」 권4 眞興王.

진희 眞熙 ?~1694. 호는 우운(友雲). 계월학눌(桂月學訥)의 제자로 소요태능(逍遙太能)의 3세법손이다. 왜란이후 1645년(인조23)에 통도사 대웅전을 중창하고 1650년(효종1)에 취운암(翠雲庵)을 창건하였으며 1652년(효종3)에 금강계단을 중수했다. 1649년(인조27) 통도사에서 간행한 『묘법연화경』의 교정을 맡았고 1975년(숙종1) 통도사 대웅전 건립과 계단 복원 그리고 석가여래의 가사전래내역을 담은 『통도사사리가사사적약록』의 중간도 주도했다. 울산 천성산 운흥사에서 경전과 기록을 목판에 새겨 출간하는 일을 주관했으며, 1634년(인조12) 「천성산운흥사사적기 千聖山雲興寺寺蹟記」도 썼다. 『천지명양수륙재의범음산보집』 「신입제산종사청 新入諸山宗師請」(한불전11, p.514b9)에 “교문강통 우운진희대사 敎文講通 友雲眞熙大師”라 할 정도로 교학에도 밝아 널리 존경받았다. 통도사뿐만 아니라 1661년(현종2) 범어사 대웅전 목조삼존불을 조성하고 1676년(숙종2) 대구 용연사 계단을 건립했으며, 울산 운흥사를 비롯한 인근 사찰의 불사에도 적극 참여했다. 스님은 어머니에게 지극한 효도를 했으며, 통도사 스님들은 중창조라 부르는 진희스님의 어머니 묘를 전통적으로 벌초해 왔다. 1694년(숙종20) 통도사에서 입적했다. 다비 후 정골사리 2과와 사리 9과가 나와, 정골사리는 통도사에 모시고 진신사리 9과는 인연있는 경주 원원사·성주 용연사·대구 용천사·울산 운흥사와 청송사·동래 범어사·밀양 표충사·청도 적천사·경산 경흥사 등에 모셨다. 1694년에 세운 비와 부도가 통도사 부도전에 있고, 진영은 통도사·범어사·청도 용천사에 모셔져 있는데, 호운도언(灝雲度彦)이 영찬하길 “법문은 표준이며 법도도 너그러워, 마음에 대도를 품고 손에는 신령한 검 쥐었네. 물결치는 바다의 섬광 맑은 하늘 벽력, 오종의 근본 뜻 떨치고 삼관마저 부수네. 원래 갈래 있었으니 서천의 정로라네. 칠분으로 앉은 모습 격도 생각도 이러하셨다네. 法門標準 軌度寬韡 心懷大道 手秉靈鍔 潮海閃電 晴天迅爍 振五宗綱 碎三關鑰 原有其係 西天正路 彷彿七分 格思斯佹”라고 하였다. 『서역중화해동불조원류』(한불전10, p.119a22)에 “우운희를 이은 이는 보운도암·한계신묵·용암간초·우혹의림·상훈·위현이다. 友雲熙嗣 寶雲道嵓 寒溪信默 龍嵓澗草 愚惑義林 尙薰 偉賢”라고 하였다. [참고문헌] 『刪補集』, 『西域中華海東佛祖源流』, 『신편통도사지』 권상(통도사, 2020) pp.184~185.

선교양종우운당대선사지진
양산 통도사 1881년

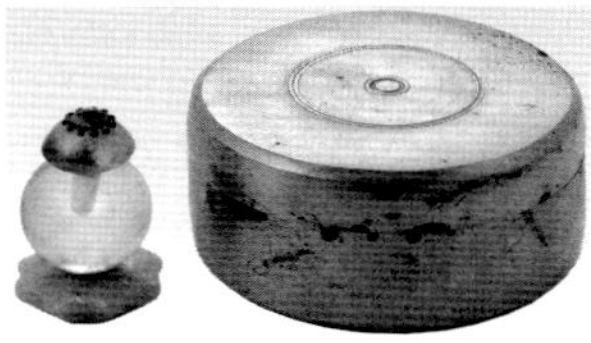

우운당부도 사리구
통도사성보박물관 1694년

질 叱 날카롭게 소리를 내거나 혀를 차다. 꾸짖는 뜻은 아니다. 『운문광록』 권중(대정장47, p.554c18)에 “학인이 물었다. ‘어떤 것이 화상의 선입니까?’ 운문이 혀를 차며 말했다. ‘원래 그저 있을 뿐이다’. 僧却問 如何是和尙禪 師叱云 元來秖在者裏”, 『앙산어록』(대정장47, p.587a13)에 “학인이 물었다. ‘어떤 것이 비로자나불의 스승입니까?’ 앙산이 혀를 찼다. 問 如何是毘盧師 師乃

叱之", 『현사광록』 권하(卍속장126, p.393b16)에 "이때 한 학인이 물었다. '위로 좇아 온 종지는 어떻습니까?' 현사가 아무 말도 하지 않자 학인이 다시 물었다. 이에 현사가 혀를 찼다. 時有僧問 從上宗旨如何 師默然 僧再問 師乃叱之"라고 하였다. 〔참고문헌〕『雲門廣錄』, 『仰山語錄』, 『玄沙廣錄』.

질 疾 ❶ Ⓢ vega, vegavant, Ⓣ shugs, shugs-ldan-pa. 세와 씀이 빠른 뜻. 『구사론』 권9 「분별세품 分別世品」(대정장29, p.46a28 : *Abh-k-bh.*, p.125)에 "일체통 중 업통이 가장 빠르다. 허공을 가로질러 자재함이 통의 뜻이다. 통을 업으로써 얻기에 업통이니, 이 통의 힘과 쓰임이 빠르기에 질(疾)이라 한다. 一切通中 業通最疾 淩虛自在 是謂通義 通由業得 名爲業通 此通勢用 速故名疾 〈kārikā〉 karmarddhivegavān. 〈bhāṣya〉 ṛddhirākāśagamanam. karmaṇā ṛddhiḥ karmarddhiḥ. tasyā vegaḥ karmarddhivegaḥ śīghratā"라고 하였다. 〔참고문헌〕『俱舍論』, *Abh-k-bh.* ❷ Ⓢ kṣipram, Ⓣ myur du. 시간을 기다리지 않고. 『변중변론』 권상(대정장31, p.467c2 : *Madhy-vibh.*, p.32)에 "보살이 이런 갖가지 공덕력으로 지니기에 곧바로 무상정등보리를 바르게 증한다. 菩薩如是種種功德力所持故 疾證無上正等菩提 tataḥ sa bodhisatva evaṃ vicitraguṇabalādhānaprāptaḥ kṣipram anuttarāṃ samyaksambodhim"라고 하였다. 〔참고문헌〕『辯中邊論』, 『增壹阿含經』 권19(대정장2, p.645b3), *Madhy-vibh.* ❸ Ⓢ vyādhi, Ⓣ nad. 병을 얻어 아픈 뜻. 『대승장엄경론』 권10 「각분품 覺分品」(대정장31, p.641c11 : *Sūtr.*, p.136)에 "의론을 안다는 것은 다른 이의 병을 없애 줌이다. 知醫論者 爲除他疾 cikitsā-vidyā … pareṣāṃ vyādhi-śamanaṃ"라고 하였다. 〔참고문헌〕『大乘莊嚴經論』, 『大乘廣百論釋論』 권3(대정장30, p.198a20), *Sūtr.*

질 嫉 Ⓢ īrṣā, īrṣyā, Ⓟ issā, Ⓣ phrag-dog. 다른 이의 좋은 일을 기뻐하지 못하는 마음. 심소법(心所法) 중 하나. 아비달마의 오위칠십오법(五位七十五法) 중 소번뇌지법(小煩惱地法)의 하나, 또는 유식의 오위백법(五位百法) 중 이십수번뇌(二十隨煩惱)의 하나다. 다른 사람이 갖춘 세간의 부귀와 안락이나 출세간의 수승한 공덕 등을 투기하는 마음을 말한다. 근본번뇌 진(瞋)에 수반되는 수번뇌로서, 자애로움(慈心)을 장애하고 천박함(賤)의 인이 된다. 『구사론』 권21(대정장29, p.109b24 : *Abh-k-bh.*, p.312)에 "질은 다른 이들의 모든 흥성하는 일에 대해 마음으로 기뻐하지 못함이다. 嫉謂於他諸興盛事 令心不喜 parasaṃpattau cetaso vyāroṣa īrṣyā", 『성유식론』 권6(대정장31, p.33b26)에 "무엇을 질이라 하는가? 자신의 명리만을 좇아서, 다른 사람의 영달을 견디지 못하고 투기함을 성으로 한다. 질투하지 않음을 장애하여 근심함을 업으로 한다. 질투하는 사람은 남의 영화를 보거나 듣고는 깊이 근심을 품어 편치 못하기 때문이다. 이것도 진에일분을 체로 한다. 진을 떠나서는 따로 질상과 용이 없다. 云何爲嫉 徇自名利 不耐他榮 妬忌爲性 能障不嫉憂慼爲業 謂嫉妬者 聞見他榮 深懷憂慼 不安隱故 此亦瞋恚一分爲體 離瞋無別嫉相用故", 『성유식론술기』 권6(대정장43, p.458b12)에 "순은 '구하다, 찾는다'는 의미이다. … 타영이란 세간의 영이라면 부귀와 안락이고, 출세의 영이라면 승품공덕을 증하고 설함이다. … 『현양성교론』에서는 '다른 사람이 갖추고 있는 공덕·명예·공경·이양에 대한 투기를 질이라고 한다'고 하였다. … 같은 책 권1에서는 '자애로움을 능히 가리는 것을 업으로 한다'고 하였다. 殉者求也 訪也 … 他榮者 謂世間榮 卽富貴安樂 出世之榮 卽是證說勝品功德 … 顯揚云 謂於他所有功德名譽恭敬利養 心妬爲嫉 … 顯揚第一云 能障慈仁爲業", 『구사론기』 권21(대정장41, p.319c1)에 "또한 질투심은 천박하게 되는 인이고, 인색함은 가난하게 되는 인이다. 又嫉爲賤因 慳爲貧因"라고 하였다. 〔참고문헌〕『俱舍論』, 『成唯識論』, 『成唯識論述記』, 『俱舍論記』, 『顯揚聖敎論』 권1(대정장31, p.482b15), *Abh-k-bh.*, *Saddh-p.47.*, *Bodh-bh.75·153.* ⇨ 소번뇌지법 小煩惱地法, 이십수번뇌 二十隨煩惱, 질간 嫉慳, 진 瞋❶

질간 嫉慳 Ⓢ īrṣyā-mātsarya. 질투함과 인색함. 십전(十纏 Ⓢ daśa paryavasthānāni) 중 결(結 Ⓢ saṃyojana)에 속하는 두 가지 번뇌다. 『대비바사론』 권50(대정장27, p.257c22)에 "〔문〕 질과 간은 어째서 수면으로 세우지 않는가? 〔답〕 저 둘은 수면의 상이 없기 때문이다. … 저 둘은 거친 움직임이어서 … 아주 둔중하고 … 자주 현행하고 … 번뇌에서 파생된 것(等流)으로서 질은 진(瞋)에서 파생된 것이고, 간은 욕탐(欲貪)에서 파생된 것이다. … 저 두 습기는 견고하지 못하니 마치 이 땅에서 풀이나 자작나무 껍질을 태우면 불이 꺼진 뒤 그 땅이 바로 식는 것과 같다. … 이 둘은 조복하기 쉽다. 問 嫉慳何故不立隨眠 答 彼二無有隨眠相故 … 彼二麤動 … 尤重 … 數行 … 是煩惱等流 謂嫉是瞋恚等流 慳是欲貪等流 … 彼二習氣不堅固 如於此地燒草樺皮 火纔滅已其地便冷 … 彼二易伏", 『현종론』 권27(대정장29, p.906a4)에 "어째서 열 가지 전(纏) 중에서 질과 간의 두 가지는 결로 설정하고, 나머지는 그렇게 하지 않은 것인가? 여덟 가지 전을 설정한다면, '이 두 가지는 불선일 뿐이며, 자력으로 일어나는 것이기 때문이다'라고 해석해야 한다. 이 두 가지만이 이 두 가지 뜻을 갖추고 있지, 나머지 여섯 가지의 어느 하나 두 가지 뜻을 갖춘 것은 없다. 何故纏中嫉慳二種 建立爲結 非餘纏

耶 若立八纏 應作是釋 二唯不善 自在起故 謂唯此二兩義具足 餘六無一具兩義者", 『순정리론』 권54(대정장29, p.643b23)에 "또 이 둘은 두 부류를 뇌란시킨다. 재가대중은 재물과 지위에서 질과 간으로 극심하게 뇌란되고, 또한 출가대중은 교행중에 질과 간 때문에 극심하게 뇌란된다. … 또 이 둘은 자신의 무리와 다른 무리를 뇌란시킨다. 질 때문에 다른 무리를 뇌란시키고, 안으로 간을 품기에 자신의 무리도 뇌란시킨다. 따라서 십전 중 이 둘을 결로 세웠다. 又此二能惱二部故 謂在家衆於財位中 由嫉及慳極爲惱亂 若出家衆於敎行中 由嫉及慳極爲惱亂 … 或此二能惱自他衆 謂由嫉故惱亂他朋 由內懷慳惱亂自侶 故十纏內立二爲結"라고 하였다. [참고문헌] 『大毘婆沙論』, 『顯宗論』, 『順正理論』, *Abh-k-bh.312.* ⇨ 질 嫉, 간 慳, 결 結, 십전 十纏

질견서 疾堅書 육십사서(六十四書) 중 하나. 『보요경』 권3 「현서품 現書品」(대정장3, p.498b2)에 "스승이 물었다. '그 육십사서는 모두 어떻게 이름합니까?' 태자가 답하였다. ' … 〈열두 번째는〉 질견서입니다. 師問 其六十四書 皆何所名 太子答曰 … 疾堅書〈十二〉"라고 하였다. [참고문헌] 『普曜經』, 『釋迦譜』(대정장50, p.6a14). ⇨ 육십사서 六十四書

질결 嫉結 Ⓢ īrṣyā-saṃyojana, Ⓣ phrag-dog-gi-kun-tu-sbyor-ba. 질투로 엮이다. 구결(九結) 중 하나. 또는 이결(嫉慳結) 중에 하나다. 질투결(嫉妬結)이라고도 한다. 『대비바사론』 권50(대정장27, p.258c13)에 "무엇을 질결이라 하는가? 마음으로 투기하고 꺼리는 것이다. 云何嫉結 謂心妬忌", 『현종론』 권27(대정장29, p.905c2)에 "결에는 아홉 가지가 있다. … 여덟째는 질결이다. … 경에 있어 생에 있어 결박하기에 결이라 한다. 結有九種 … 八 嫉結 … 於境於生有繫縛能 故名爲結", 『대승아비달마집론』 권4(대정장31, p.677a6 : *Abh-s.*, p.46)에 "질결이란, 이익에 탐착해 남의 영화를 견디지 못해서 투기심을 일으키는 것을 말한다. 질투에 엮이기에 이양을 애지중지하여 교법을 존경하지 않는다. 이익을 애지중지하기에 불선한 일을 많이 저지르고 선한 일들을 행하지 않는다. 이로 인해 미래세의 고를 부르고 괴로움과 상응하게 된다. 嫉結者 謂耽著利養 不耐他榮 發起心妬 嫉結所繫故 愛重利養 不尊敬法 重利養故 廣行不善 不行諸善 由此能招 未來世苦 與苦相應 īrṣyāsaṃyojanaṃ katamat. lābhasatkārādhyavasitasya parasaṃpattāvamarṣakṛtaścetaso vyāroṣaḥ. īrṣyāsaṃyojanena saṃprayukto lābhasatkārān anunayati dharmaṃ na gurukaroti. lābhasatkāragurukāreṇā kuśalasamudācāraḥ kuśalāsamudācāraś ca. tenāyatyāṃ laukikaduḥkhabhinivṛttau duḥkhena saṃyujyate", 『대승의장』 권5(대정장44, p.580c22)에 "질결이란, 남이 나보다 뛰어난 것에 대해 시기하는 것이기에 '질'이라 이름 한다. 言嫉結者 忌他勝己故 名爲嫉"라고 하였다. [참고문헌] 『大毘婆沙論』, 『顯宗論』, 『大乘阿毘達磨集論』, 『大乘義章』, *Abh-s.* ⇨ 질 嫉, 질투결 嫉妬結, 구결 九結, 이결 二結

질다 質多 ❶ Ⓢ Ⓟ citta의 음사어. 심(心). 질다야(質多耶)·질제(質帝)·지다(指多) 등으로 음사한다. 『화엄경소』 권53(대정장35, p.901a9)에 "범어로 질다는 여지심이다. 梵云質多 卽慮知心", 『대일경소』 권16(대정장39, p.741a20)에 "심을 질다라 한다. 질다는 마치 뭇 비단들 장엄하게 쌓여 모인 듯하다. 心名質多 質多者 猶如衆綵莊嚴積聚", 『구사론소』 권4(대정장41, p.534b15)에 "범어로 질다라고 하고, 여기서는 심이라고 한다. 집기의 뜻이다. 심력으로 모든 심소와 일체 짓는 바 사업을 이끈다. 마치 나무의 심지가 껍질·가지·잎사귀 등을 발생시키는 것과 같다. 梵云質多 此言心 是集起義 謂由心力引諸心所 及諸一切所作事業 如樹之心集起皮膚及枝葉等", 『성유식론술기』 권3(대정장43, p.343c22)에 "[술] 범어로 질다이고, 여기서는 심이라고 한다. 『섭대승론』 권1에서는 '종종법으로 종자 등을 적집한다'고 하였다. 적집의 뜻이 심의 뜻이다. 집기의 뜻이 심의 뜻이다. 능히 많은 종자를 모으고 생하게 하기 때문이다. 述曰 梵云質多 此名心也 攝論第一云 由種種法積集種子等 卽積集義是心義 集起義是心義 以能集生多種子故", 『마하지관』 권1(대정장46, p.4a20)에 "질다는 범어 음사어이고, 한역하면 심 곧 사려하는 마음이다. 質多者 天竺音 此方言心 卽慮知之心也"라고 하였다. [참고문헌] 『華嚴經疏』, 『大日經疏』, 『俱舍論疏』, 『成唯識論述記』, 『摩訶止觀』. ⇨ 심 心❶, 질다야 質多耶, 심의식 心意識, 여지심 慮知心 ❷ Ⓟ Citta, Citra. 질다라(質多羅). 부처님 재세 시 뛰어난 재가제자였던 장자. 『증일아함경』 권3 「청신사품 淸信士品」(대정장2, p.559c9)에 "나의 제자 중에서, … 으뜸가는 지혜를 가진 이는 질다장자이다. 我弟子中 … 第一智慧 質多長者是", 『분별공덕론』 권4(대정장25, p.42c16)에 "부모가 간곡하게 말했다. '도와 덕은 마음에 있는 것인데 어째서 꼭 출가하려 하는가? 질다장자도 재가로 있으면서 도를 얻었다'. 父母諫曰 道德在心 何必出家 質多長者亦在家得道"라고 하였다. [참고문헌] 『增壹阿含經』, 『分別功德論』, *SN.4.290., AN.1.26.* ⇨ 질다라 質多羅❶

질다가 質多迦 부파(部派)인 서산주부(西山住部). 『사분율개종기』 권1(卍속장66, p.691b15)에 "질다가부〈서산이라 한역한다〉. 質多迦部〈此云西山〉"라고 하였다. [참고문헌] 『四分律開宗記』. ⇨ 서산주부 西山住部

질다라 *質多羅* ❶ Ⓢ citra의 음사어. 가지가지. 종종(種種). 잡지(雜地). 잡색(雜色)으로 한역한다. 다양한 것들이 섞여 있음을 가리킨다. 천신·비구·보살 등의 인물이나 별자리(28宿 중 角宿)·산·비단·약 등의 사물들을 지칭하는 이름으로도 널리 쓴다. 『번범어』 권2(대정장54, p.995b6)에 "질다라〈한역하여 종종이라고 한다〉. 質多羅〈譯曰種種〉", 『번역명의집』 권7(대정장54, p.1178a18)에 "질다라는 한역하여 잡지라고 한다. 質多羅 此翻雜地"라고 하였다. [참고문헌] 『翻梵語』, 『翻譯名義集』, 『四分律名義標釋』 권30(卍속장70, p.852a8). ❷ Ⓢ Citrā. 문수오사자(文殊五使者) 또는 문수팔대동자(文殊八大童子) 중 한 존격. 태장만다라(胎藏曼荼羅) 문수원(文殊院) 중앙에서 남쪽으로 세 번째에 안치되는 존위(尊位). 질다라동녀(質多羅童女)라고도 한다. 문수보살의 보현색신덕(普現色身德)을 주재한다. 몸은 황색이고 오른손으로는 지팡이를 쥐고 있으며 그 지팡이 끝에는 반달형 위에 보주(寶珠)가 놓여 있고, 왼손으로는 가는 잎의 청련화(青蓮花)를 쥔 채 적련화 위에 앉아 있는 동녀(童女)의 형상이다. 밀호는 길상금강(吉祥金剛), 삼매야형은 당번(幢番), 종자는 (mili) 또는 (mṛ). 수인은 우권풍륜장인(右拳風輪杖印)으로 오른손을 주먹 쥐고 엄지와 검지를 편다. 진언은 '나마 사만타붓다남 미리 스바하 namaḥ samantabuddhānāṃ mili svāhā 널리 제불께 귀명합니다. 미리 스바하'라는 뜻이다. 문수보살의 신체에 드러난 덕을 나타낸다. [참고문헌] 『胎藏梵字眞言』 권상(대정장18, p.167c15), 『曼荼羅図典』(大法輪閣, 2002). ⇨ 문수오사자 文殊五使者, 문수팔대동자 文殊八大童子, 길상금강 吉祥金剛 ❸ Ⓢ Citrā의 음사어. 각수(角宿). 『보성다라니경』 권4(대정장13, p.556a6)에 "질다라〈당언은 각수〉 이 별에서 난 이는 남녀 모두 음부에 사마귀가 있고 성품은 순직하나 애욕이 넘치고, 또 가무도 즐긴다. 質多羅〈唐言 角宿〉星生者 男女陰上 當有黶子 爲性純直 而多愛欲 復好歌舞"라고 하였다. [참고문헌] 『寶星陀羅尼經』. ⇨ 각수 角宿

질다라약 *質多羅藥* 비구가 수지해도 되는 진수약(盡壽藥) 중 하나다. 파리질다라(波利質多羅 Ⓢ pārijāta, pārijātaka)로 해석하기도 한다. 『사분율』 권42(대정장22, p.867a23)에 "그때 병든 비구에게 의사가 질다라약을 복용하게 했다. 부처님이 말씀하셨다. '병든 비구가 인연이 있으면 목숨이 다할 때까지 복용함을 허락한다'. 爾時病比丘 醫教服質多羅藥 佛言 病比丘有因緣 盡形壽聽服", 『선견율비바사』 권17(대정장24, p.795a23)에 "질다라약은 외국의 약 이름이다. 質多羅藥 是外國藥名"라고 하였다. [참고문헌] 『四分律』, 『善見律毘婆沙』, 『四分律名義標釋』 권28(卍속장70, p.823b17). ⇨ 질다라 質多羅❶, 파리질다라 波利質多羅, 진수약 盡壽藥

질다라중거원 *質多羅衆車園* Ⓢ Caitra-ratha-vana, Ⓣ shing-rta-sna-tshogs-kyi-tshal. 제석천(帝釋天 Ⓢ Śakra)의 선견성(善見城 Ⓢ Sudarśana) 밖에 있는 네 곳의 동산(園) 중 하나로 질다라꽃처럼 무리진 마차들의 정원. 중거원(衆車苑)이라고도 한다. 『입세아비담론』 권10(대정장32, p.224c9)에 "옛적 이곳에는 수미산왕이 있었다. … 이곳은 질다라연못과 질다라중거원이었다. 昔日此處有須彌山王 … 此處是質多羅池 及質多羅衆車園"라고 하였다. [참고문헌] 『立世阿毘曇論』, *Mvyut.197.* ⇨ 중거원 衆車苑

질다라파타리화 *質多羅波吒梨花* Ⓢ Citrapāṭala, Ⓣ skya-snar-khra-bo. 갖가지로 무리진 꽃들로 종종중화(種種重花)의 뜻이다. 『대보적경』 권62(대정장11, p.358c6)에 "또 한편 만다라화 … 질다라파타리화·마하질다라파타리화 등이 꽃비로 내렸는데, 모두가 변화로 지어져 부처님을 공양하였다. 或雨曼陀羅花 … 質多羅波吒梨花 摩訶質多羅波吒梨花 悉皆化作 用供養佛", 『번범어』 권9(대정장54, p.1048a19)에 "질다라파타리수〈한역하여 질다라는 종종의 뜻이고, 파타리는 중화의 뜻이다〉. 質多羅波吒梨樹〈譯曰 質多羅者 種種 波吒梨者 重花〉"라고 하였다. [참고문헌] 『大寶積經』, 『翻梵語』, 『阿毘曇毘婆沙論』 권7(대정장28, p.50a5), *Mvyut.241.*

질다사리불 *質多舍利弗* Ⓢ Citra-Hastirohaputra Ⓟ Citta-Hatthirohaputta. 석존 재세 시 비구. 『증일아함경』 권3 「제자품 弟子品」(대정장2, p.558b9)에 "수삼매에 들어 어렵다고 여기지 않으니 질다사리불 비구이다. 널리 알려지고 사람들의 존경을 받는 이도 질다사리불 비구이다. 入水三昧 不以爲難 所謂質多舍利弗比丘是 廣有所識 人所敬念 亦是質多舍利弗比丘是", 『번범어』 권2(대정장54, p.994c24)에 "질다사리불〈질다는 심으로 한역하고 사리불은 앞의 설명과 같다〉. 質多舍利弗〈譯曰質多者心舍利弗如上說〉"라고 하였다. [참고문헌] 『增壹阿含經』, 『翻梵語』, 『釋迦譜』 권1(대정장50, p.11c10).

질다심 *質多心* Ⓢ citta. 질다인 심. 즐다심(喞多心)이

라고도 하고, 육단심(肉團心)이 아닌 뜻이다. 『대일경의석연밀초』 권7(卍속장37, p.178a3)에 “추극의 마음이란, ‘추’는 본이고 ‘극’은 중이니, 이내 육단심을 가리킴이지 질다심이 아니다. 질다는 연려심이라 한다. 是樞極之心者 樞本也 極中也 乃目肉團之心 非質多心 質多者名爲緣慮心也”라고 하였다. [참고문헌] 『大日經義釋演密鈔』, 『大日經義釋』 권7(卍속장36, p.746b3). ⇨ 질다 質多❶, 질다야 質多耶, 심 心

질다야 質多耶 심(心 Ⓢ citta)의 음사어. 『번역명의집』 권6(대정장54, p.1152c2)에 “질다야는 혹 ‘질제’ 또는 ‘파다’라 한다. 이쪽에서는 심(心)이라 한역한다. 『황정경』 「오장론」에서는 이를 가리켜 신(神)이라 하고, 서역의 외도는 이를 헤아려 아(我)라 하였다. 이 땅의 불교에서는 연려심으로 한역하는데, 이는 통팔식이다. 質多耶 或名質帝 或名波茶 此方翻心 黃庭經五藏論 目之爲神 西域外道 計之爲我 此土佛教 翻緣慮心 此通八識”라고 하였다. [참고문헌] 『都序』, 『翻譯名義集』. ⇨ 질다 質多❶, 심 心, 집기심 集起心, 연려심 緣慮心

질다예가아갈라다 質多翳迦阿羯羅多 Ⓢ cittaikāgratā의 음사어. 칠종정명(七種定名) 중 하나인 심일경성(心一境性). 질다예가아갈라(質多翳迦阿羯羅)·질다예가갈라다(質多翳迦羯羅多)·질다의가아갈라다(質多醫迦阿羯羅多)라고도 한다. 『유가사지론약찬』 권5(대정장43, p.67a7)에 “다섯째는 질다예가아갈라다라고 하는데, 한역하면 심일경성이다. ‘질다(Ⓢ citta)’는 심, ‘예가(Ⓢ eka)’는 일, ‘아갈라(Ⓢ agra)’는 경, ‘다(Ⓢ tā)’는 성으로 한역한다. 구역에서는 ‘일심’으로 간략히 했다. 五云 質多翳迦阿羯羅多 此云心一境性 質多云心 翳迦云一 阿羯羅云境 多云性 舊云一心略也”, 『유가사지론의연』 권26(금장120, p.677b11)에 “범어 질다예가아갈라다는 심일경성으로 한역하는데, 마음을 한 연에 매어두기에 ‘일경성’이라 한다. 梵云質多翳迦阿羯羅多 此云心一境性 繫心一緣 名一境性”, 『법화경현찬요집』 권11(卍속장53, p.868b17)에 “다섯째는 질다예가아갈라이니, 심일경성으로 한역한다. 五 質多翳迦阿羯羅 此云心一境性也”라고 하였다. [참고문헌] 『瑜伽師地論略纂』, 『瑜伽師地論義演』, 『法華經玄贊要集』. ⇨ 심일경성 心一境性, 칠종정명 七種定名

질달라 質怛羅 Ⓢ citra의 음사어. 한역어는 비단을 뜻하는 금(錦). 『범어천자문』(대정장54, p.1208a13)에 “ཙི་ཏྲ 질달라라 음사하며 한역어는 금이다. ཙི(ci)ཏྲ(tra) 質怛羅 錦”라고 하였다. [참고문헌] 『梵語千字文』.

질달라바나 質咀羅婆拏 Ⓢ Citrabhāna의 음사어. 십대논사(十大論師) 중 한 명인 화변(火辨). 『성유식론술기』 권1(대정장43, p.232a1)에 “일곱 번째 논사는 범어로는 질달라바나이고, 화변으로 한역한다. 역시 세친과 동시대인이다. 문사(文辭)에 아주 뛰어났고 주석(注述)은 매우 깊고 밝았다. 비록 세속에 모습을 감추었으나 그 도는 출세인(眞侶)보다 높았다. 七 梵云質咀羅婆拏 唐言火辨 亦世親同時也 尤善文辭 深閑注述 形雖隱俗而道高眞侶”라고 하였다. [참고문헌] 『成唯識論述記』. ⇨ 화변 火辨, 십대논사 十大論師

질달라파타리수 質怛羅波吒梨樹 Ⓢ Citrapāṭala. 갖가지로 어우러진 꽃나무. 또는 갖가지 모양으로 피는 겹꽃. 질다라파타리수(質多羅波吒梨樹)라고도 한다. 『대비바사론』 권172(대정장27, p.868b29)에 “아소락(阿素洛 : 阿修羅)왕에게는 네 곳의 동산이 있었었는데, 첫째는 경열, 둘째는 환희, 셋째는 극희, 넷째는 가애였다. 삼십삼천에게 파리야달라수가 있듯이, 아소락왕에게도 질달라파타리수가 있었다. 阿素洛王亦有四苑 一名慶悅 二名 歡喜 三名 極喜 四名 可愛 如三十三天有波利夜怛羅樹 阿素洛王亦有質怛羅波吒梨樹”, 『번범어』 권9(대정장54, p.1048a19)에 “질다라파타리수〈한역하면 ‘질다라’는 종종이고, ‘파타리’는 겹꽃이다〉. 質多羅波吒梨樹 〈譯曰 質多羅者種種 波吒梨者重花〉”라고 하였다. [참고문헌] 『大毘婆沙論』, 『翻梵語』, 『阿毘曇毘婆沙論』 권7(대정장28, p.50a5). ⇨ 파라라 波羅羅, 파타리화 波吒梨華

질득성불 疾得成佛 빠르게 부처가 되다. 반야바라밀에 의지해서 또는 승신·견문·일시·일념·무념(勝身 見聞 一時 一念 無念)에 의지해서도 빠르게 부처가 된다. 『대방편불보은경』 권2 「발보리심품 發菩提心品」(대정장3, p.136a27)에 “보리심을 일으킨 인으로 빠르게 성불한다. 因發菩提心故 疾得成佛”, 『대승보운경』 권7(대정장16, p.283a24)에 “또한 저 법행은 보살로 하여금 능히 곧바로 부처가 되도록 한다. 곧 모든 행위가 진실하고 헛되지 않으며, 선법을 두텁게 익혀 몸과 마음이 청정하며, 정진을 버리지 않아 기꺼이 광명에 다가가 선근을 닦기 때문이다. 又有法行 能令菩薩 疾得成佛 謂諸所行 眞實不虛 厚習善法 身心淸淨 不捨精進 樂近光明 修善根故”, 『대지도론』 권74(대정장25, p.582a14)에 “보살도 이와 같아서 다섯 바라밀을 행하며 오랜 시간이 지나서야 성불하지만, 반야바라밀을 행하여 곧바로 성불하는 이도 있다. 菩薩亦如是 行五波羅蜜 久久乃成佛者 有行般若波羅蜜 疾得成佛者”, 『화엄공목장』 권4(대정장45, p.585c4)에 “『화엄경』에 따르면 빨리 얻는 성불에 다섯 가지가 있다. 첫째, 뛰어난 몸에 의지하여 지금 한 생만에 얻는다. 견문위로부터 한 생에 이구정에 이르고 후신이 곧바로 성불한다. 둘째, 보고 들음에 의지하여 곧바로 한 생에 이룬다. 셋째, 한 때에 의지하여 곧바로 성불한다. 넷째, 한 생각에 재빨리 부처가 된다. 다섯째, 무념에 의지하여 곧바로 성불한다. 依華嚴經 疾得成佛 有其五種 一 依勝身一生卽得 從見聞位後 一生至離垢定後身卽成佛 二 依見聞逕生疾剋 三 依一時疾得成佛 四 依一念疾得成佛 五 依無念疾得成佛"라고 하였다. [참고문헌]『大方便佛報恩經』, 『大乘寶雲經』, 『大智度論』, 『華嚴孔目章』. ⇨ 반야바라밀 般若波羅蜜

질려 蒺藜 남가새. 가시. 『임제록』(대정장47, p.499b5)에 "법성신과 법성토는 애써 건립한 법이며 의지해야 통하는 국토라는 사실을 분명히 알아야 한다. 빈 손에 쥔 은행잎으로 어린아이에게 돈이라 속이는 짓이니, 남가새와 마름의 가시와 마른 해골에서 무슨 즙을 짜내겠는가? 마음 밖에 법이 없고 그 안이라 할지라도 얻을 수 없거늘 그 무슨 물건 구하겠는가? 法性身 法性土 明知是建立之法 依通國土 空拳黃葉 用誑小兒 蒺藜菱刺枯骨上 覓什麽汁 心外無法 內亦不可得 求什麽物", 『조산본적선사어』(속고존숙어요2, 卍속장118, p.896a14)에 "'본래의 살림살이는 어떤 것인지요?' '남가새가 깊이 자랐다'. 進云 未審本來生涯作麽生 師云 蒺藜深"라고 하였다. [참고문헌]『臨濟錄』, 『曹山本寂禪師語』, 『仏教植物辭典』(國書刊行會, 1982).

질려론 蒺藜論 가시돋힌 듯 묻고 따지다. 질문함에 이리저리 가시돋힌 듯하여 답할 수 없도록 하다. 려(蔾)는 리(梨)라고도 쓰고, 가시 가득 돋힌 풀 남가새다. 『잡아함경』 권32(대정장2, p.230c25)에 "만약 항상 일체중생을 안위하게 하고자 하며, 일체중생을 안위하게 하려고 찬탄하는 사람은 다시 반드시 이렇게 물어야 한다. '만약 일체중생을 안위하게 하려는 것은 어떠한 것인가? 혹은 한 종성의 사람을 위하여 법을 설하는 것인가? 혹은 한 종성의 사람을 위하여서는 법을 설하지 않는가?' 이와 같은 질문을 질려론이라고 한다. 저 사문 구담이 말을 할 수도 없고 말을 하지 않을 수도 없게 하는 것이다. 若言常欲安慰 一切衆生 讚歎安慰 一切衆生者 復應問言 若欲安慰 一切衆生者 以何等故 或爲一種人說法 或不爲一種人說法 作如是問者 是名蒺蔾論 令彼沙門瞿曇不得語 不得不語"라고 하였다. [참고문헌]『雜阿含經』.

질려원 蒺藜園 남가새 숲. 질리원(蒺蔾園)이라고도 하며, 가시만이 가득하여 쓸모없는 동산이니 양복전(良福田)도 전단림(旃檀林)도 아닌 뜻이다. 『송고연주통집』 권16(卍속장115, p.188b2)에 "가시나무숲에서도 미묘한 뜻 펼치고, 남가새 숲 속에까지 백호광명을 비추네. 천 마디 만 마디 말 아무도 알지 못하고, 물 좇는 꾀꼬리 낮은 담장 넘는다. 〈혜통단의 송〉 荊棘林中宣妙義 蒺藜園裏放毫光 千言萬語無人會 又逐流鶯過短墻 〈慧通旦〉", 『설관어록』 권6(가흥장27, p.480a9)에 "이란나무 뒤쳐서 전단나무 되고, 감로 뒤쳐서 남가새 숲 되네. 득실 양 끝 앉은 채로 끊고는, 손끝으로 손바닥 끌어 주먹되었네. 伊蘭化作旃檀樹 甘露翻爲蒺藜園 得失兩頭都坐斷 指端閒握掌成拳"라고 하였다. [참고문헌]『頌古聯珠通集』, 『雪關語錄』. ⇨ 양복전 良福田, 이란 伊蘭

질률제라색타라천왕 袟栗帝羅色吒羅天王 사천왕(四天王) 중 동방 지국천왕(持國天王 Ⓟ Dhataraṭṭha)의 음사어. 『잡아함경』 권31(대정장2, p.220b26)에 "질률제라색타라천왕도 일산을 잡고 등불을 가리면서 사리불을 뒤따라갔다. 비루륵가천왕도 일산을 들고 등불을 가리면서 대목건련의 뒤를 따랐다. 비루복차천왕도 일산을 들고 등을 가리면서 마하구치라를 뒤따랐다. 비사문천왕도 일산을 들고 등을 가리면서 마하겁빈나의 뒤를 따랐다. 袟栗帝羅色吒羅天王 亦持傘蓋覆燈 隨舍利弗後行 毘樓勒迦天王 亦持傘蓋覆燈 隨大目揵連後行 毘樓匐叉天王 亦持傘蓋覆燈 隨摩訶拘絺羅後行 毘沙門天王 亦持傘蓋覆燈 隨摩訶劫賓那後行"라고 하였다. [참고문헌]『雜阿含經』. ⇨ 지국천왕 持國天王

질리가 咥哩迦 Ⓢ mātṛkā의 음사어. 마달리가(摩怛理迦)·마다라(摩多羅)라고도 하며, 논장(論藏)의 주제어로 본모(本母)·논모(論母) 등으로 한역한다. 『일체경음의』 권60(대정장54, p.706c11)에 "질리가〈질리 두 개를 합한 글자로 범어 음사어이다. 마달리가라고도 하며 (당나라 말로는) 본모라 한다〉. 咥哩迦〈咥哩二合字 梵語 或云 摩怛里迦 唐云本母〉"라고 하였다. [참고문헌]『一切經音義』. ⇨ 마달리가 摩怛理迦, 논모 論母

질리야지 咥哩若底 Ⓢ trijāti의 음사어. 한역어는 삼생(三生). 『범어잡명』(대정장54, p.1233b8)에 "삼생 : 질리야지. 三生 咥哩若底 (tri) (ja) (ti)"라고 하였다. [참고문헌]『梵語雜名』.

질박 質朴 **1** 바탕에 꾸밈이 없음. 박은 박(樸)과 통한다. 『일체경음의』 권11(대정장54, p.375b24)에 "질박〈박은 보와 박을 반절한 음이다. 『고성』에 '무릇 사물은 꾸미고 새기기 전의 모습을 박(樸)이라 한다'라고 하였다. 경전에 박(朴)은 속자이다〉. 質樸〈普剝反 考聲 凡物未彫刻曰樸 經作朴 俗字也〉", 『대보적경』 권117(대정장11, p.658c2)에 "그 마음이 질박하여 꾸밈이 없다. 其心質朴 而無諛諂",

『비니모경』 권8(대정장24, p.846c16)에 "부처님께서 말씀하셨다. '나의 법에서는 겉도는 화려한 말을 귀하게 여기지 않는다. 비록 질박하지만 그 뜻 잃지 않아야 누구나 이해할 수 있도록 함이 종요다'. 佛言 我法中 不貴浮華之言語 雖質朴不失其義 令人受解爲要", 『홍명집』 권1 「이혹론 理惑論」(대정장52, p.3a28)에 "노자는 '높은 덕만을 덕이라 하지 않기에 덕이 있게 되고, 하덕은 잃어버리지만 않으면 된다 하니 덕이 없게 된다'라고 하였다. 삼황 시절에는 고기 먹고 가죽으로 옷을 삼으며 나무 위에 살거나 동굴에 처하며 질박함을 숭상하였다. 어찌 게다가 꽃무늬 수를 놓은 관과 가죽옷의 장식이겠는가! 그러므로 당시 사람들은 덕이 있었고 누가 잘못을 물었겠는가! 돈독하게 믿을 뿐 함이 없었으니 사문의 행 또한 이와 다르지 않겠는가! 老子云 上德不德 是以有德 下德不失德 是以無德 三皇之時 食肉衣皮 巢居穴處 以崇質朴 豈復須章甫之冠 曲袭之飾哉 然其人稱有德而孰疵之 允信而無爲 沙門之行 有似之矣", 『선림보훈음의』(卍속장113, p.251b13)에 "간소 : 삼황 시절의 풍속은 순하고 두터웠고 인민은 질박하였으니 매듭 지어 다스렸고 땅에 금그어 감옥을 삼았다. 다투지 않아도 재물은 넉넉했고 법령이 없이도 저절로 복종하였다. 簡素 三皇之時 風俗淳厚 人民質朴 結繩作政 畫地爲牢 不爭競而財饒 無制令而民自服也", 『무견선도어록』 권하(卍속장122, p.476a12)에 "글이 없음 : 타고난 그대로 질박하거늘 굳이 무엇 하려 하겠는가? 풀로 엮은 자리에 베옷이면 마땅하리니 가슴속에 글자 부스러기 남아 있지 않으니, 주먹 한 방에 다섯 수미산 무너지네. 無文 素甘質朴欲何爲 草座麻衣合自宜 胸次不留元字脚 一拳打碎五須彌"라고 하였다. 〔참고문헌〕『一切經音義』, 『大寶積經』, 『毘尼母經』, 『弘明集』, 『禪林寶訓音義』, 『無見先睹語錄』.
2 Ⓢ mahoraga. 매우 큰 이무기. 음사어는 마후라가(摩睺羅伽)·마휴륵(摩休勒) 등이다. 망(蟒)·대망(大蟒) 등이라고도 한역한다. 『일체경음의』 권11(대정장54, p.374c11)에 "마휴륵〈구역은 질박이다. 마후라가라고도 음사한다. 악신류다. 사람은 아니라 하고, 거대한 이무기신(대망신)이라고도 한다. 그 모습이 사람 몸에 뱀 머리다〉. 摩休勒〈古譯質朴 亦名摩睺羅伽 亦是樂神之類 或曰非人 或云 大蟒神 其形人身 而蛇首也〉"라고 하였다. 〔참고문헌〕『一切經音義』. ⇨ 마후라가 摩睺羅伽, 마휴륵 摩休勒

질병 疾病 Ⓢ ābādha, glāna, vyādhi, Ⓟ ābādha, gelañña, Ⓣ na-ba, nad-pa. 병이 듦. 『잡아함경』 권22(대정장2, p.158b25)에 "그때 급고독장자가 질병으로 목숨을 마쳐서는 도솔천에 나서 도솔천자가 되었다. 時 給孤獨長者 疾病命終 生兜率天 爲兜率天子", 『대승입능가경』 권6(대정장16, p.623c7)에 "병들어 오래가면 쉽게 욕창 생긴다. 增長疾病 易生瘡癬", 『관정경』 권12(대정장21, p.532c22)에 "온갖 질병이 모두 낫도록 하여 다시는 고통근심 없어서 마침내 불도에 이름이여. 令諸疾病 皆得除愈 無復苦患 至得佛道"라고 하였다. 〔참고문헌〕『雜阿含經』, 『大乘入楞伽經』, 『灌頂經』, *Laṅk.249., Yogā-bh.223., Bodh-bh.111., MN.3.258.*

질병겁 疾病劫 세간이 질병으로 시달리는 때. 병겁(病劫)이라고도 한다. 인민이 경계를 받들고 사견을 버려 십선을 행하지만 타방의 귀신들이 모든 이를 괴롭히고, 오히려 괴로운 때 서로의 안위를 묻는 선행으로 죽어 천상에 나기 쉬운 때이기도 하다. 선행이 구경의 열반은 아닌 뜻을 드러낸다. 『대루탄경』 권5(대정장1, p.302c5)에 "부처님께서 비구들에게 말씀하셨다. '질병겁의 때는 어떠한가? 질병겁의 때에는 인민이 경계를 받들어 행하며 정견으로 사견을 여의고 십선사를 행하니, 이 때문에 이때 타방세계의 귀신들이 와서 이 사람들을 괴롭히고 이 사람들을 때리며 그 뜻을 어지럽힌다. 이 사이의 귀신들은 음란하기에 타방의 귀신들도 와서 사람들을 괴롭히며 때리고 그 뜻을 어지럽힌다. 佛語比丘 疾病劫時 云何 疾病劫時 人民奉行經戒 正見離邪見 行十善事 用是故 爾時 他方世界諸鬼神 來嬈是諸人 撾捶諸人 撓亂其意 此間鬼神婬亂 是故他方鬼神 得來嬈諸人 撾捶撓亂其意", "질병겁 때의 사람들은 죽으면 모두 천상에 난다. 어째서인가? 질병겁의 때에 인민이 뒤쳐 서로 애써 물어 말하길 「어떻습니까? 안은하십니까? 나았습니까?」라 하니 이것이 질병겁의 때다. 疾病劫時人 死者皆生天上 所以者何 疾病劫時 人民轉相勞問言 云何 爲安隱不爲差未 是爲疾病劫時", 『보살지지경』 권7(대정장30, p.929a2)에 "만약 기근겁이 일어나고 질병겁이 일어나며 도병겁이 일어나는데, 이를 겁탁이라 이름한다. 若飢饉劫起 疾病劫起 刀兵劫起 是名劫濁", 『법화의소』 권5(대정장34, p.517b23)에 "도병겁을 여의기에 안온하고, 기근겁을 여의기에 넉넉하고 즐거우며, 질병겁을 여의기에 치성하다. 離刀兵劫 故爲安穩 離飢饉劫 故爲豐樂 離疾病劫 故爲熾盛"라고 하였다. 〔참고문헌〕『大樓炭經』, 『菩薩地持經』, 『法華義疏』. ⇨ 병겁 病劫, 겁 劫

질서 疾書 글자를 신속하게 쓰는 것. 질은 빠르다는 뜻. 사경(寫經)의 일종으로 경문(經文)을 빨리 베껴 쓰는 돈사(頓寫)와 통용된다. 『선림상기전』 권19(불광장, 禪藏, p.1094)에 "질서 : 돈사를 질서라고도 한다. 도충이 말한다. '『법화경』을 신속하게 쓰는 일은 강렬하고 뛰어난 행을 상징한다. 또 『대품반야경』 권13(대정장8, p.316c11)에서는 「만약 이 반야바라밀이라는 글자를 쓰고자 할 때는 반드시 빨리 써야 한다〈이하 생략〉」라고 하였는데, 이는 마장을 염려했기에 한 말이다. 그렇지만 글자를 빨리 쓰더라도 근거가 있어야 한다'. 疾書 頓寫

亦曰疾書 忠曰 疾書法華 則表猛利行 又大品般若經云 若欲書是般若波羅蜜時 應當疾書〈止此〉 此是恐魔障故也 然疾書文字 亦有據"라고 하였다. 〔참고문헌〕『禪林象器箋』, 『大品般若經』. ⇨ 돈사 頓寫, 사경 寫經

질심 嫉心 시기하는 마음. 질심(疾心)이라고도 쓴다. 『증일아함경』 권12(대정장2, p.608a1)에 "어리석은 사람은 남의 재물과 여색에 대하여 시기심을 일으켜 속으로 생각하길 '저들의 가진 것이 나의 것이 되기를 바란다'라고 한다. 이와 같이 어리석은 사람은 생각해서는 안 되는 것을 생각한다. 愚者起嫉心 於他財物 及於女色 心念要言 悉興嫉心 彼之所有 願是我許 如是 愚者 不可思惟 而思惟之", 『점비일체지덕경』 권1(대정장10, p.465c19)에 "마음으로 항상 베풀기를 좋아하여 남의 재물을 탐하지 않고 자기 재물에 만족할 줄 알아 자주 거듭 구하지 않으며, 남이 소유한 모든 물건이나 생업으로 얻은 재보의 이익을 보고도 시기심을 일으키지 않는다. 心常好施 不貪他財 己財止足 不數多求 覩他所有萬物 生業財寶之利 不生嫉心", 『니건자소설경』 권5(대정장9, p.339b21)에 "시기하는 마음을 떠나면 큰 위력이 생기고 소원을 모두 이룬다. 離嫉心者 得大威力 所願皆成", 돈황본 『승만경소』(대정장85, p.263c1)에 "질심을 일으키지 않는다는 말은 무슨 뜻인가? 보살은 중생을 기쁘게 하려는 마음을 품는다. 만약 남에 대하여 질투를 품는다면 그에게 그러한 덕이 있다 한들 어떻게 능히 베풀어 사람을 즐겁게 하겠는가? 그러므로 '질심을 일으키지 않는다'고 한다. 不起疾心者 夫爲菩薩 以慶物爲懷 若於他有疾妬 彼所德 何能施樂於人 故言不起疾心"라고 하였다. 〔참고문헌〕『增壹阿含經』, 『漸備一切智德經』, 『尼乾子所說經』, 『勝鬘經疏』. ⇨ 질 嫉, 간질 慳嫉, 증질 憎嫉

질애 質礙 Ⓢ mūrtti. 바탕 있어 가려 막다. 티끌(塵)이 모여 임시의 바탕을 갖게 되고, 처소마저 점유하여서는 다른 것 받아들이지 못하는 색법(色法)의 특징을 말한다. 『성유식론』 권1(대정장31, p.1c12)에 "또 안의 모든 색은 결정코 실아가 아니다. 마치 저 밖의 모든 색처럼 질애가 있기 때문이다. 심왕과 심소법도 실아는 아니다. 항상 상속해서 뭇 인연을 기다리지 않는다. 又內諸色 定非實我 如外諸色 有質礙故 心心所法 亦非實我 不恒相續 待衆緣故", 같은 책 권1(대정장31, p.2c26)에 "모든 무상한 것이라 해서 질애가 있다면 문득 방분이 있게 되고 응당 쪼갤 수 있다. 군대나 숲 등과 같이 실제로 자성이 있지는 않다. 만약 질애가 없다 하여도 저 심왕이나 심소와 같이 응당 이것을 떠나서 참다운 자성이 있는 것은 아니다. 諸無常者 若有質礙 便有方分 應可分析 如軍林等 非實有性 若無質礙 如心心所 應非離此有實自性", 『순정리론』 권34(대정장29, p.536c7)에 "저 향 등의 모든 극미에도 질애가 있다. 오직 처소에 의지하여 서로 받아들이지 못하는 것을 질애라 한다. 以彼香等 所有極微 亦有質礙 唯據處所 不相容納 名質礙故", 『대승광백론석론』 권1(대정장30, p.188c22)에 "걸림이 없는 색에 의지하여 허공을 임시로 세우니 질애 등의 성과는 상응하지 않는다. 依無礙色 假立虛空 質礙等性 不相應故", 『대승의장』 권8(대정장44, p.630a15)에 "둘째는 상에 당하여 푼다. 질애를 색이라 하고, 열어 논하자면 성향미 등도 모두 질애다. 그러나 저 색진의 질애상만을 드러냈기에 치우쳐 색이라는 이름을 붙인다. 二 當相解釋 質礙名色 通而論之 聲香味等 皆悉質礙 而彼色塵 質礙相顯 故偏名之", 『대승백법명문론소』 권하(대정장44, p.59b4)에 "〔문〕 만약 질애가 있기에 색이라 한다면 안 등의 모든 색은 질애라 함이 타당하지만 무작의 색(無表色)까지 어째서 질애라 하는가? 〔해〕 무작의 색은 비록 질애는 아니지만 질애의 색을 좇아 일어나기에 질애라 이름할 뿐이다. 問曰 若質礙故名色者 眼等諸色 可名質礙 無作之色 云何質礙 解云 無作之色 雖非質礙 然從質礙色生故 亦名質礙"라고 하였다. 〔참고문헌〕『成唯識論』, 『順正理論』, 『大乘廣百論釋論』, 『大乘義章』, 『大乘百法明門論疏』, *Abh-k-bh.33.* ⇨ 진 塵❶, 색 色❷, 색법 色法, 비질애 非質礙, 무표색 無表色

질애 蹎礙 걸려 넘어지거나 막힘이 있는 것. 『앙굴마경』(대정장2, p.510a10)에 "저는 전에 본디 도적이었고 지만이란 악명이 널리 퍼졌었는데, 큰 연못 마르기에 정각에 귀명하였습니다. 이에 인욕을 이뤘고 부처님께서 대중 교화를 여심에 미처서는 늘 때에 맞게 경을 들었으니 이 때문에 질애가 없습니다. 我前本爲賊 指鬘名普聞 大淵以枯竭 則歸命正覺 斯以成忍辱 逮佛開化衆 聽經常以時 是故無蹎礙", 『좌선삼매경』 권하(대정장15, p.285c19)에 "만약 상을 버린 정등심 있어 때에 맞게 힘써 행한다면 도를 얻음이 빠를지니, 비유컨대 저 사람이 코끼리에 올라타 잘 조어해서 뜻대로 물가에 이르름에 질애 없음과 같다네. 若有捨想正等心 宜時懃行得道疾 譬如有人乘調象 如意至湊無蹎礙", 『일체경음의』 권19(대정장54, p.426c16)에 "질애〈앞 자는 척과 리를 반절한 음이다. 고야왕은 '질은 (걸려 넘어짐의) 돈(頓)과 같다', 『광아』에 '밟음(蹋)이고, 넘어짐(顚蹎)이다. 뜻은 족(足)을, 음은 질(質)을 따른다'라고 하였다〉. 蹎礙〈上陟利反 顧野王云 蹎猶頓也 廣雅 蹋也 亦顚蹎也 從足質聲〉"라고 하였다. 〔참고문헌〕『鴦掘摩經』, 『坐禪三昧經』, 『一切經音義』.

질역 疾疫 Ⓢ roga, Ⓣ nad. 옮겨 다니며 함께 고통받는 돌림병. 삼재(三災) 중 하나다. 『불소행찬』 권1(대정장4, p.4a24 : *Buddh-c.*, p.13)에 "나라에 굶주림이 없고, 전쟁과 돌림병이 그치면, 나라의 모든 인민과 친족이 서로 아끼고 공경한다. 合境無飢餓 刀兵疾疫息 國中諸人民 親族相愛敬 muktaśca durbhikṣabhayām ayebhyo hṛṣṭo janaḥ svarga ivābhireme, patnīṃ patirvā mahiṣī patiṃ vā parasparaṃ na vyabhic eratuśca"라고 하였다. [참고문헌]『佛所行讚』,『俱舍論』 권12(대정장29, p.65c26), *Buddh-c.*, *Abh-k-bh.4 4·153.* ⇨ 소삼재 小三災, 삼재 三災

질역겁 疾疫劫 Ⓢ rogāntarakalpa, Ⓣ nad-kyi-bskal-pa-bar-ma. 삼중겁(三中劫) 중 하나. 타방의 귀신이 유발한 역병(疫病)으로 인해 7개월 7일 동안 고난을 겪으며, 이 때의 인간수명은 10세다.『장아함경』권22「세기경 世記經」(대정장1, p.144c11)에 "무엇을 질역겁이라 하는가? 이때의 사람들은 정법을 닦으며, 정견을 지니며, 전도된 견해는 없으며, 십선을 갖추고 행한다. 타방세계의 귀신들이 왔는데도 이 세간의 귀신은 방일하고 음란하여 사람들을 보호하지 않으니, 타방의 귀신들은 이 세간 사람들을 침입하여 때리고 매질하고, 정기를 빼앗고, 사람들 마음을 어지럽히고, 핍박하고는 가버린다. … 이때 질역겁 중의 인민들은 몸이 무너지고 목숨을 마치면 모두 천상에 난다. 왜 그러한가? 이는 사람들이 자애심으로 서로를 향해 거듭 돌아가며 문안을 주고받았기 때문이다. '그대의 병은 나았는가? 몸은 안온한가?' 이 인연으로 인해 천상에 날 수 있게 된다. 이 때문에 질역겁이라 한다. 云何爲疾疫劫 爾時 世人修行正法 正見 不顚倒見 具十善行 他方世界有鬼神來 此間鬼神放逸婬亂 不能護人 他方鬼神侵嬈此世間人 撾打捶杖 接其精氣 使人心亂 驅逼將去 … 時 疾疫劫中人民身壞命終 皆生天上 所以者何 斯由時人慈心相向 展轉相問 汝病差不 身安隱不 以此因緣得生天上 是故名爲疾疫劫",『잡아비담심론』권11(대정장28, p.959b24)에 "질역겁에도 사람수명이 10세이고, 온갖 질병이 많으며, 의사와 처방약과 병을 돌보는 이들도 없게 된다. 복과 덕이 박한 탓에 병에만 걸리면 바로 죽는다. 이렇게 7개월 7일이 지나면 질역의 중겁을 넘어간다. … 한 알의 하리륵 열매라도 승가의 복전에 보시했으면 끝내 저 질역겁에는 나지 않는다. 疾疫劫者 亦壽十歲時 多諸疾病 無有醫師方藥瞻病 薄福德故 遇病輒死 如是經七月七日 疾疫中劫過 … 一呵黎勒果 施僧福田 終不生彼疾疫劫中"라고 하였다. [참고문헌]『長阿含經』,『雜阿毘曇心論』, *Vikī-n. 81.* ⇨ 삼중겁품 三中劫品

질역중겁 疾疫中劫 세간에 질병이 널리 돌아 많은 이들이 죽지만 자비심으로 서로 깨우쳐 다시 목숨을 늘려가는 때. 삼종중겁(三種中劫) 중 하나로 질역겁(疾疫劫)이라고도 한다. 병겁(病劫)·질병겁(疾病劫)이라고도 한다.『기세인본경』권9(대정장1, p.408b25)에 "비구들이여! 세간에 무릇 삼종중겁이 있으니, 무엇이 그 셋인가? … 셋째는 소위 질역중겁이다. 諸比丘 世間凡有三種中劫 何等爲三 … 三者 所謂疾疫中劫",『사분율행사초비』권14(卍속장68, p.44b17)에 "사람의 목숨 십세여서 법답지 않다. 사람 아닌 이들이 독을 토하여 질역이 유행하니, 만남에 문득 명 끝나 구하여 고치기 어려우므로 도무지 의약의 이름이 없다. 이때 7년 7월 7일의 낮밤으로 질역이 유행하면 사망하여 거의 다 사라진다. 섬부주 안에 겨우 남은 만인이 각각 자비로운 마음을 일으키므로 점점 목숨이 늘어나니 이때를 이름하여 질역중겁이라 한다. 人壽十歲爲非法 非人吐毒 疾疫流行 遇輒命終 難可救療 都不有醫藥之名 時 經七年七月七日七夜 疾疫流行 死亡略盡 瞻部州內 纔餘萬人 各起慈心 漸增壽量 爾時名爲疾疫中劫"라고 하였다. [참고문헌]『起世因本經』,『四分律行事鈔批』. ⇨ 질역겁 疾疫劫, 질병겁 疾病劫, 병겁 病劫, 삼종중겁 三種中劫

질의록 質疑錄 금명보정(錦溟寶鼎 1861~1930) 지음. 1권. 묻거나 의심나는 주제들을 모아 경론에 의지해 풀고 답한 글로서 한불전12, pp.368b2~380c9에 전한다.「인간오십년하천일주야변 人間五十年下天一晝夜卞」,「일행장단변 日行長短卞」,「월륜결원변 月輪缺圓卞」,「대경자수변결의변 大經字數卞決疑辨」,「고성염불격금타고변설 高聲念佛擊金打皷卞說」,「수미산개론 須彌山槪論」,「조수증감변 潮水增減卞」등으로 구성되어 있다. 송광사 소장 필사본의 표제는『호법질의록 護法質疑錄』이며,『보살강생시천주호법록 菩薩降生時天主護法錄』과 합철되어 있다. ⇨ 보정 寶鼎

질증 疾證 빠르게 깨우쳐 알다.『대반야경』권3(대정장5, p.12b28)에 "또한 사리자야! 만약 보살마하살이 곧바로 일체지지를 증득하려 한다면 마땅히 반야바라밀다를 배워야 한다. 復次 舍利子 若菩薩摩訶薩 欲疾證得一切智智 應學般若波羅蜜多",『경덕전등록』권13「규봉종밀전 圭峯宗密傳」(대정장51, p.306b17)에 "얻은 즉 성도를 성취하여 곧바로 보리를 증득하겠지만, 잃은 즉 삿된 도에 드니 바로 도탄에 떨어질 것이다. 得卽成聖 疾證菩提 失則成邪 速入塗炭"라고 하였다. [참고문헌]『大般若經』,『景德傳燈錄』. ⇨ 증 證

질지 質底 Ⓢ citi의 음사어. 모아 쌓다의 뜻으로 한역어는 적취(積聚)다. 탑(塔)을 뜻하는 제지(制底)·지제(支提)라는 말의 기원이 되었다.『남해기귀내법전』권3(대정장54, p.222b20)에 "대사 세존께서 열반에 드신 이후 인천의 대중이 함께 모여 불로 다비하고자 대중이 향기로운 섶을 모아 마침내 크게 쌓았다. 이곳에 이름을 붙여 질지라 하였는데 쌓아 모으다의 뜻이다. 이를 토대로 뜻이 생겨남에 따라 마침내 제지(Ⓢ caitya)라는 이름이 있게 되었다. 大師世尊 旣涅槃後 人天並集 以火焚之 衆聚香柴 遂成大積 卽名此處 以爲質底 是積聚義 據從生理 遂有制底之名"라고 하였다. [참고문헌]『南海寄歸內法傳』. ⇨ 제지 制底, 지제 支提 ❶

질직 質直 Ⓢ ṛjuka, ṛju-bhūta, Ⓣ drang-po, drang-por-gyur-pa. 꾸밈없이 곧음. 『장아함경』 권2 「유행경 遊行經」(대정장1, p.13b9)에 "행한 바 질직하여 삿되거나 거짓이 없으니 도과를 성취하고 위 아래가 화목하게 따르면 법신이 구족한다. 所行質直 無有諛諂 道果成就 上下和順 法身具足", 『대승집보살학론』 권20(대정장32, p.129a29)에 "저 『법집경』에서 '불법에서는 질직을 으뜸으로 삼는다'라고 한 말과 같다. 만약 모든 보살이 질직한 마음이 없다면 곧바로 모든 불법에서 멀어지리라. 如法集經說 於佛法中 質直爲本 若諸菩薩 無質直心 則是遠離 一切佛法", 『선법요해』 권하(대정장15, p.294c22)에 "(초심자가 갖추어야 할 열 가지 법중) 둘째는 순박하고 곧음이다. 스승의 설법을 듣되 길고 짧음을 보지 않으며, 마음에 증감이 없어 가르침에 따를 뿐 의심이 없다. 비유하자면 빽빽한 숲에 들어가 나무를 캘 경우 곧은 것은 쉽게 빼지만 굽은 것은 빼내기 어려운 예와 같다. 이와 같이 삼계라는 빽빽한 숲에서도 곧은 사람은 쉽게 벗어나지만 굽은 사람은 벗어나기 어렵다. 불법 중에는 오직 곧음만을 쓸지니 굽은 것은 버린다. 二者 質直 聞師說法 不見長短 心無增減 隨敎無疑 譬如入稠林採木 直者易出 曲者難出 如是三界稠林 直者易出 曲者難出 佛法中唯直是用 曲者遺棄", 『능엄경모상기』(卍속장19, p.48a3)에 "질직이란 순박하고 알차 거짓이 없으며 정직하고 삿되지 않을 따름이다. 여기서 밝힌 바로는 곧은 마음을 믿어 일으킴이니 정념의 진여를 말함이다. 言質直者 乃質實無僞 正直無邪而已 今所明卽 起信直心 正念眞如之謂也", 『선가귀감』(한불전7, p.643a21)에 "도인이라면 마음을 단정히 하여 소박하고 곧음을 근본으로 삼아야 한다. 표주박 하나 들고 납의 한 벌 걸친 채 이리저리 다녀도 얽매임이 없으리라. 道人宜應端心 以質直爲本 一瓢一衲 旅泊無累", "부처님께서는 '마음은 곧은 활시위와 같다'라 하시고, 또한 '곧은 마음이 도량이다'라고 하셨다. 이 몸에 탐착하지 않는다면 분명코 어디에 머무르더라도 아무런 얽매임이 없을 것이다. 佛云 心如直絃 又云 直心是道場 若不耽着此身 則必旅泊無累"라고 하였다. [참고문헌]『長阿含經』, 『大乘集菩薩學論』, 『禪法要解』, 『楞嚴經摸象記』, 『禪家龜鑑』, 『維摩經』 권1(대정장14, p.542c15), 『楞嚴經』 권6(대정장19, p.132c22), *Śrāv-bh.15・273.* ⇨ 질직무위 質直無僞, 질직유연 質直柔軟, 질직자 質直者

질직무위 質直無僞 꾸밈없이 곧고 거짓이 없음. 『법화경』 권2(대정장9, p.11c2)에 "항상 부처님 지혜를 닦아 대신통을 갖추어 일체제법으로 드는 문을 잘 알며, 순박하고 곧아 거짓이 없고 뜻을 가짐 또한 견고하다. 常修佛慧 具大神通 善知一切諸法之門 質直無僞 志念堅固", 『법화경대관』 권2(卍속장50, p.131b17)에 "순박하고 곧으며 거짓이 없다는 뜻은 정련하지 않은 금덩이와 다듬지 않은 옥돌은 꾸밈이 없으므로 질이라 하며, 저 활과 화살같아 삿되게 굽지 않았으므로 곧다 하고, 실로 증하고 실로 깨달아 터럭만큼도 빌리지 않았으니 거짓이 없다고 한다. 사상으로 옮기지 않고 팔풍에도 흔들리지 않으므로 뜻도 념도 견고하다고 한다. 質直無僞者 渾金璞玉 無有矯飾 故曰 質 如弦如矢 無有邪曲 故曰直 實證實悟 毫無假借 故曰 無虛僞 四相不遷 八風不動 故曰 志念堅固", 『위산어록』(대정장47, p.577b26)에 "무릇 도인의 마음은 질직하여 거짓이 없고 앞뒤 또한 없어 속이려는 헛된 마음도 없다. 모든 때 중에 보고 들음에 떳떳하여 더는 위곡함이 없고, 눈을 감거나 귀를 닫을 일 없을 따름이니 다만 정으로 물을 따르지 않으면 바로 얻는다. 夫道人之心 質直無僞 無背無面 無詐妄心 一切時中 視聽尋常 更無委曲 亦不閉眼塞耳 但情不附物 卽得"라고 하였다. [참고문헌]『法華經』, 『法華經大窾』, 『潙山語錄』. ⇨ 질직 質直, 질직유연 質直柔軟

질직유연 質直柔軟 Ⓢ ārjava, mṛdu mārdava. 순박하고 곧으며 부드럽다는 뜻. 『법화경』 권2(대정장9, p.16a22 : *Saddh-p.*, p.98)에 "만약 사람이 분노가 없고 질직하고 유연하며, 항상 일체를 연민하고 모든 부처님을 공경한다면, 이와 같은 사람에게는 법을 설해 줄 만하다. 若人無瞋 質直柔軟 常愍一切 恭敬諸佛 如是之人 乃可爲說 akrodhanā ye sada ārjavāśca kṛpāsa manvāgata sarvaprāṇiṣu, sagauravā ye sugatasya antike teṣāgrataḥ sūtramidaṃ vadesi", 같은 책 권5(대정장9, p.43c16 : *Saddh-p.*, p.325)에 "공덕을 닦아 부드럽고 순박하며 곧은 모든 사람이라면 누구나 이곳에서 법을 설하고 있는 나의 몸을 볼 것이다. 諸有修功德 柔和質直者 則皆見我身 在此而說法 yadā tu sattvā mṛdu mārdavāśca utpanna bhontīha manuṣyaloke, utpannamātrāśca śubhena karmaṇā paśyanti māṃ dharmu prakāśayantam", 『법화경연의』 권5(卍속장52, p.440b5)에 "질직유연하다는 것은 믿어 엎드리기 전에는 삿되고 굽어 순박하고 곧지 못하며, 굳고 강하여 부드럽지 못하다. 믿어 조복하기에 순박하고 곧아 굽은 구석이 없으며, 유연하기까지 하여 강폭함마저 없다. 言質直柔軟者 謂未信伏之前 卽邪曲而不質直 剛强而不柔軟 今旣信伏 故質直而無委曲 柔軟而無剛暴也"라고 하였다. [참고문헌]『法華經』, 『法華經演義』,

Saddh-p. ⇨ 질직 質直, 질직무위 質直無僞

질직자 質直者 Ⓢ ṛju. 꾸밈없고 곧은 사람. 『백오십찬불송』(대정장32, p.758c25 : *Śata-śa.*, p.44)에 "항상 모든 삿되고 굽은 것들을 떠나 항상 질직한 이들을 가까이한다. 常離諸邪曲 恒親質直者 jihmānāṃ nityav ikṣepād ṛjūnāṃ nityasevanāt"라고 하였다. 〔참고문헌〕『百五十讚佛頌』, *Śata-śa.* ⇨ 질직 質直

질직행 質直行 Ⓢ ṛju-pratipanna, Ⓟ uju-paṭipann o, Ⓣ drang-por-zhugs-pa. 법답게(如法) 그대로 행하다. 팔정도(八正道)를 행함을 말한다. 『집이문족론』 권6(대정장26, p.393b22)에 "불제자는 묘행·질직행·여리행·법수법행·화경행·수법행을 갖춘다. 謂佛弟子 具足妙行 質直行 如理行 法隨法行 和敬行 隨法行", 『법온족론』 권2(대정장26, p.463a27)에 "질직행이란, 팔지성도를 말하는 것이기에 '질직'이라 한다. 왜 그러한가? 팔지성도는 먼 것도 굽은 것도 우회하는 것도 아니며, 정직하고 곧고 평탄하게 한 길로 나아가는 것이기 때문이다. 質直行者 謂八支聖道名爲質直 所以者何 以八支聖道不迂不曲不迴 質直平坦一趣", 『유가사지론』 권84(대정장30, p.767b17)에 "질직행이란, 도를 향해 머무는 것이다. … 질직행이란, 그 성스런 가르침대로 바르게 수행하되 교활함이나 기만함 없이 있는 그대로 구현하는 것이다. 質直行者 住於向道 … 質直行者 如其聖教而正修行 無諂無誑 如實顯現"라고 하였다. 〔참고문헌〕『集異門足論』, 『法蘊足論』, 『瑜伽師地論』, *DN.1.192.*, *SN.4.279·304.* ⇨ 팔정도 八正道

질충 蛭蟲 거머리. 질충(蟦蟲)으로도 쓴다. 『일체경음의』 권58(대정장54, p.693c12)에 "질충〈질은 지와 일을 반절한 음. 『이아』에 '질(蛭)은 기(蟣)를 강동에서 이르는 이름이다. 기의 음은 거와 기를 반절한 음이다. 사람의 살갗으로 파고들어 피를 빠는 벌레이다'라고 하였다. 율문에서 질(蟦)이라 한 글자는 잘못이다〉. 蛭蟲〈之逸反 爾雅 蛭蟣江東名 蟣音巨機反 謂入人皮中 食血者也 律文作蟦 非也〉", 『십송율』 권1(대정장23, p.6b22)에 "다리가 없는 중생으로 거머리나 천두라충 따위를 누군가 잡아서 그릇에 놓아두었는데 비구가 훔치려는 마음으로 취하면 바라이이다. 無足衆生者 蟦蟲 千頭羅蟲 有人取之 擧著器中 比丘 以偸奪心取 波羅夷"라고 하였다. 〔참고문헌〕『一切經音義』, 『十誦律』. ⇨ 바라이 波羅夷

질통 疾痛 병으로 아픔. 『관정경』 권12(대정장21, p.534c8)에 "어떤 병의 아픔도 없어 육정이 온전히 갖추어져 있다. 無諸疾痛 六情完具"라고 하였다. 〔참고문헌〕『灌頂經』. ⇨ 질병 疾病

질투 嫉妬 Ⓢ īrṣyā, Ⓟ issā, Ⓣ phrag-dog. 시기하여 미워하다. 악도에 떨어지는 십불선(十不善) 또는 십악(十惡) 중 하나다. 『장아함경』 권10 「삼취경 三聚經」(대정장1, p.60a16)에 "무엇이 악취로 향하게 하는 열 가지 법인가? 십불선을 말한다. 몸으로 살생을 하고, 도둑질 하며, 음란한 행위를 하는 것이다. 입으로 이간질 하는 말과 욕, 거짓말과 아첨하는 말을 하는 것이다. 생각으로 탐욕하고 질투하며 사견을 일으키는 것이다. 云何十法向惡趣 謂十不善 身殺盜婬 口兩舌惡罵 妄言綺語 意貪取 嫉妬 邪見", 『중아함경』 권16 「비사경 蜱肆經」(대정장1, p.525c16)에 "만약 어떤 남녀가 악행을 하며 정진하지 않고 게으르며 나태하고 질투하며 인색하고 탐욕스러워서 손을 펴지 않고 가깝게 하지 않으면서 재물에 심하게 집착한다. 그는 이 인연으로 몸이 무너져 명을 마칠 때 반드시 악처에 이르고 지옥에 태어난다. 若有男女作惡行 不精進 事情懈怠 嫉妬慳貪 不舒手 不庶幾 極著財物 彼因緣此 身壞命終 必至惡處 生地獄中"라고 하였다. 〔참고문헌〕『長阿含經』, 『中阿含經』, *Abh-k-bh.57.*, *AN.5.40.* ⇨ 질 嫉

질투결 嫉妬結 Ⓢ īrṣyā-saṃyojana, Ⓣ phrag-dog-gi-kun-tu-sbyor-ba. 질투로 맺은 것. 구결(九結) 중 하나로 질투라는 번뇌를 말한다. 40권본 『대반열반경』 권21(대정장12, p.491a14)에 "남이 이익을 얻는 것을 보고 항시 기쁜 마음을 내고, 질투로 맺힌 일 일으키지 않으면 부동국에 날 것이다. 見他得利養 常生歡喜心 不起嫉妬結 則生不動國", 『중변분별론』 권상(대정장31, p.453c7 : *Madhy-vibh.*, p.29)에 "질투결이란, 이익과 공경하고자 할 때 멀리 여의게 해서 이 장애를 짓게 되니, 이것이 과실인 줄 보지 못하기 때문이다. 嫉妬結者 欲遠離利養恭敬時爲作障 不見此過失故 īrṣyāsaṃyojanaṃ lābhasatkāraparijñāne taddoṣādarśanāt"라고 하였다. 〔참고문헌〕『大般涅槃經』, 『中邊分別論』, *Madhy-vibh.* ⇨ 질결 嫉結, 구결 九結

질투반택가 嫉妬半擇迦 Ⓢ īrṣyā-paṇḍaka, Ⓣ ma-ning-phrag-dog-can. 오종불남(五種不男) 중 하나. 다른 이의 음행(淫行)을 보고는 질투하여 욕정을 일으키는 이. 투불능남(妬不能男)·투불남(妬不男)이라고도 한다. 『근본살바다부율섭』 권13(대정장24, p.597c28)에 "(오종불남 중) 넷째는 질투반택가이니, 타인의 음행을 보고서야 질투하여 남근이 일어난다. 四 嫉妬半擇迦 見他行婬妬而根起", 『구사론기』 권3(대정장41, p.56c20)에 "반택가에는 다섯 부류가 있다. … 질투반택가란 … 타인의 음행을 보고 남근의 세력이 비로소 일어나는 것을 말한다. 半擇迦有五種 … 嫉妬半擇迦 … 謂見他行婬男勢方起"라고 하였다. 〔참고문헌〕『根本薩婆多部律攝

』, 『俱舍論記』, *Abh-s.57.* ⇨ 투불능남 妬不能男, 오종불능남 五種不能男

질투신부경 嫉妬新婦經 작자 미상의 위경(僞經). 1권. 『투부경 妬婦經』이라고도 한다. 『개원석교록』 권18(대정장55, p.673a12)에 "『질투신부경』 1권〈『투부경』이라고도 한다〉. 이 경은 근대인이 지었지만 이름은 알 수 없다. 처의 질투를 인연으로 이 경을 위조하여 속였는데, 경중에서는 질투하는 사람이 받는 과보가 극중하다고 설한다. 嫉妬新婦經一卷〈亦云妬婦經〉 右一經近代人造 忘其人名 緣妻嫉妬 僞造此經 以誑之 於中說嫉妬之人 受報極重"라고 하였다. 〔참고문헌〕 『開元釋敎錄』, 『貞元新定釋敎目錄』 권28(대정장55, p.1017b2).

질하 跌下 발을 헛디뎌 떨어지다. 『선관책진』 「반야화상시중 般若和尙示衆」(대정장48, p.1103a8)에 "화두가 면밀하여 빈틈도 끊어짐도 없고 제 몸이 있는 줄도 모른다면, 이를 가리켜 사람은 잊었으나 법은 잊지 못했다고 한다. 이곳에 이르러 그 본래 몸을 잊었다가 문득 기억해 낸다. 마치 꿈에 발을 헛디뎌 만 길의 아득한 절벽 아래로 떨어지면서 오직 목숨을 구하기만 돌아보다가 마침내 풍전되듯 한다. 이에 이르더라도 반드시 긴급하게 화두 들어 문득 화두가 이어지고 모두 잊게 되리니, 이를 사람도 법도 쌍으로 잊는다고 한다. 或話頭綿密 無有間斷 不知有身 謂之人忘法未忘 有到此忘其本身 忽然記得 如在夢中 跌下萬仞洪崖 只顧救命 遂成風顚 到此 須是緊提話頭 忽然連話頭 都忘 謂之人法雙忘", 『암흑두집』 권1(卍속장145, p.821b4)에 "설령 그대의 목숨을 구하여 삼십삼천에 오를지라도 발을 헛디뎌 돌아오리니, 그저 일개 냄새나는 고깃덩어리에 지나지 않으리라. 直饒救得你 上三十三天 跌下來也 秖是一箇臭肉餠"라고 하였다. 〔참고문헌〕 『禪關策進』, 『揞黑豆集』.

질행아귀 疾行餓鬼 삼십육아귀(三十六餓鬼) 중 하나인 아비차라(阿毘遮羅 ⓈⓅ Abhicāra)의 한역어. 『정법염처경』 권16(대정장17, p.96b12)에 "그 움직임이 신속하고 빨라 한 찰나에 백천유순까지 이를 수 있다. 이런 이유로 질행아귀라 한다. 其行迅疾 一念能至百千由旬 是故名爲疾行餓鬼"라고 하였다. 〔참고문헌〕 『正法念處經』. ⇨ 아비차라 阿毘遮羅, 삼십육아귀 三十六餓鬼

짐 鴆 독 품은 새. 짐조(鴆鳥). 『능엄경직해』 권8(卍속장89, p.821b9)에 "짐은 새 이름이다. 그 깃털에 독이 있는데 깃털 술에 스치기만 해도 마시면 죽는다. 鴆是鳥名 其羽有毒 以羽畫酒 飮之則死", 『광홍명집』 권14(대정장52, p.193c26)에 "짐조의 독을 마시면 죽고, 무소뿔 먹고는 살아난다. 飮鴆者死 服犀者活"라고 하였다. 〔참고문헌〕 『楞嚴經直解』, 『廣弘明集』. ⇨ 짐조 鴆鳥

짐독 鴆毒 짐조(鴆鳥)의 독. 무소뿔만이 해독재다. 『일체경음의』 권16(대정장54, p.409a12)에 "짐독〈제와 금을 반절한 음이다. 『산해경』에 '여궤산에 짐조가 많다' 하였고, 곽박은 '큰 놈은 수리 크기에 자녹색이고 긴 목에 뱀을 쪼아먹는다. 깃털 술에 스쳐도 사람을 죽일 수 있다' 하였다〉. 鴆毒〈除禁反 山海經 女几之山多鴆 郭璞曰 大如鵰 紫綠色 長頸亦啄食蛇 以羽畫酒 卽煞人也〉", 『열반경소삼덕지귀』 권8(卍속장58, p.628a14)에 "『본초강목』에 '살아 있는 무소뿔이 짐독을 푼다'라고 한다. 本草云 生犀能解鴆毒"라고 하였다. 〔참고문헌〕 『一切經音義』, 『涅槃經疏三德指歸』. ⇨ 짐주 鴆酒, 짐우 鴆羽

짐우 鴆羽 짐조(鴆鳥)의 깃털. 『허당록』 권8(대정장47, p.1044c23)에 "짐조의 깃털이 물에 떨어지면 물고기도 자라도 죽는다. 鴆羽落水魚鼈死"라고 하였다. 〔참고문헌〕 『虛堂錄』. ⇨ 짐조 鴆鳥, 짐독 鴆毒, 짐주 鴆酒

짐작 斟酌 ❶ 어림잡아 헤아리다. 『임제록』(대정장47, p.497a6)에 "일체시중에 멋대로 어림잡아 헤아리지 말일이니, 알든 모르든 온통 다 착각이다. 一切時中 莫亂斟酌 會與不會 都來是錯", 『신심명』(대정장48, p.376c19)에 "미한즉 고요하다 어지럽다 하지만 깨치면 좋고 싫은 것이 없네. 일체의 두 끝 망령되이 스스로 짐작한 것이라네. 迷生寂亂 悟無好惡 一切二邊 妄自斟酌"라고 하였다. 〔참고문헌〕 『臨濟錄』, 『信心銘』. ❷ 음식물 등을 손수 나누다. 『장아함경』 권17 「사문과경 沙門果經」(대정장1, p.109c7)에 "그때 왕이 손수 나누어주며 부처님과 스님들을 공양하였다. 時 王手自斟酌 供佛及僧", 『일체경음의』 권14(대정장54, p.390c15)에 "짐작〈짐은 장과 임을 반절한 음. 『국어』에 대한 가규의 주에 '짐은 취한다는 뜻이고, 작은 나누어준다는 뜻이다'라고 하였다〉. 斟酌〈上章任反 賈逵注國語云 斟取也 酌行也〉"라고 하였다. 〔참고문헌〕 『長阿含經』, 『一切經音義』.

짐적 朕迹 오고 간 흔적. 짐짓 움직인 분별을 가리킨다. 『굉지광록』 권6(대정장48, p.74a14)에 "그것은 닦아 증하는 것이 아니라 본래 구족하다. 다른 것이 물들일 수 없고 사무쳐 저 끝까지 청정하다. 바로 구족청정처 당해서는 눈여겨 보아 비춘즉 사무치고 벗어난즉 다하며 바탕 본즉 밝고 밝은즉 안온하다. 생사 원래 뿌리도 밑대도 없으며, 나왔다 사라지지만 원래 조짐도 흔적도 없다. 본래 빛이어서 높은 곳 비춰 빈 듯 신령하고, 본래 지어서 연에 응하니 고요한 중에 빛난다. 渠非修證 本來具足 他不汚染 徹底淸淨 正當具足淸淨處 著得箇眼 照得徹 脫得盡 體得明 踐得穩 生死元無根蒂 出沒元無朕

迹 本光照頂 其虛而靈 本智應緣 雖寂而耀", 『벽암록』 13칙 「수시 垂示」(대정장48, p.153c15)에 "구름이 큰 들판 엉긴다 한들 법계 감추지 못하고 흰 눈 내려 갈대꽃 덮으니 조짐도 흔적도 분간할 수 없다. 차갑다 한 곳에서 시리기를 저 빙설같이 하고, 세하려 하면 세하길 저 쌀가루인 듯 한다. 깊고 깊은 곳 부처의 눈으로도 엿볼 수 없고, 밀밀한 저 곳 마군도 외도도 헤아리지 못하리. 하나를 제시하면 곧바로 나머지 셋을 알아차리는 것은 그만두고 천하 사람들이 혀를 놀리지 못하게 눌러 버리려면 어떻게 말해야 할까? 말해 보라! 이는 어떤 사람의 본분상의 일인가? 한번 제시해 보라. 雲凝大野 遍界不藏 雪覆蘆花 難分朕迹 冷處冷如氷雪 細處細如米末 深深處佛眼難窺 密密處魔外莫測 擧一明三卽且止 坐斷天下人舌頭 作麽生道 且道 是什麽人分上事 試擧看"라고 하였다. 〔참고문헌〕『宏智廣錄』, 『碧巖錄』.

짐조 朕兆 앞서 드러나거나 감춘 뜻. 『조산어록』 권상(대정장47, p.573a18)에 "게송으로 읊는다. '혼연해서 이와 사를 감추니, 조짐마저 갑자기 빛을 잃었네. 위음왕불 깨우치기 전인데, 미륵불이 어떻게 성성하랴?' 偈曰 渾然藏理事 朕兆卒離明 威音王未曉 彌勒豈惺惺"라고 하였다. 〔참고문헌〕『曹山語錄』.

짐조 鴆鳥 깃털 온통 독인 새. 담조(曇鳥)라고도 한다. 『왕생론주』 권상(대정장40, p.831a27)에 "(성문이 불도의 뿌리와 싹을 죽이지만) 부처님께서 본원불가사의 신력으로 거두어 저 정토에 나게 하고 반드시 언젠가는 또 신력으로 위없는 도심을 나도록 한다. 저 짐조 물에 들면 물고기도 조개도 모두 죽지만 무소뿔이 닿기만 해도 죽은 놈들이 모두 살아나듯 한다. 佛以本願不可思議神力 攝令生彼 必當復以神力 生其無上道心 譬如鴆鳥入水 魚蚌咸死 犀角觸之 死者皆活", 『일체경음의』 권100(대정장54, p.929c24)에 "짐조〈짐은 침과 심을 반절한 음이다. 『고성』에 '독조이다'라고 하였고, 『이아』에 대한 곽박(郭璞)의 주에 '큰 놈은 작은 수리 정도의 크기에 자녹색이고 긴 목에 붉은 부리로 뱀을 쪼아 먹는다. 속명은 담조이다'라고 하였으며, 『좌전』에 대한 두예(杜預)의 주에 '깃털에는 독이 있다'라고 하였다〉. 鴆鳥〈上沈甚反 考聲 毒鳥也 郭注爾雅 大如小鵰 紫綠色 長頸赤喙食蛇 俗名潭鳥 杜注左傳 羽有毒也〉", 『가태보등록』 권5 「지각법혜장 智覺法慧章」(卍속장137, p.100b5)에 "학인이 물었다. '수행을 마친 사람도 인과에 떨어지는지요?' '짐조가 물에 들면 물고기 모두 죽고, 독룡이 지나간 곳에는 풀도 자라지 않는다'. 僧問 大修行人 還落因果也無 曰 鴆鳥入水魚皆死 毒龍行處草不生"라고 하였다. 〔참고문헌〕『往生論註』, 『一切經音義』, 『嘉泰普燈錄』. ⇨ 짐독 鴆毒, 짐주 鴆酒

짐조미맹 朕兆未萌 짐짓 움직임 싹트기 전에. 『불과격절록』 35칙 「평창 評唱」(卍속장117, p.475b10)에 "만약 정문 위에 눈 있는 이라면 짐짓 움직이기 전에 옮겨가겠지만, 만약 정령 이미 행한 후라면 주재 짓고 모색한다 한들 찾을 길 없으리. 若是頂門上 有眼底漢 朕兆未萌前 薦去卽得 若向正令已行後 作主宰 卒摸索不著", 『호구소륭어록』(卍속장120, p.795a17)에 "곧바로 넉넉하게 저 조짐 싹트기 전에 문채 드러나기 전에 알아차렸다 해도 반드시 두 번째 달에 떨어지리라. 直饒向朕兆未萌文彩未彰時會去 正落第二月"라고 하였다. 〔참고문헌〕『佛果擊節錄』, 『虎丘紹隆語錄』. ⇨ 공겁이전 空劫以前

짐조미분 朕兆未分 조짐이 있기 전에. 그 어떤 분별도 일기 전의 뜻이다. 무엇을 한다 해도 무엇도 하지 않는다 해도 짐짓 조짐 이전일 수는 없어서 물에 잠긴 두 번째 달이라 하지만, 짐짓 분별 없어야 천공(天空)에 달 뜨고 천강(千江)에도 바로 나툰다. 달 뜰 일 아예 없고 달 보는 이 진즉에 없어야 조짐마저 없는 그 때 그 곳이라 할 수 있다. 붙잡아낼 수도 없는(沒把鼻) 그 어느 때, 온 곳도 간 곳도 아닌(無去無來) 그 어느 곳이 꿈속의 일은 아닌 줄을 꿈결중생이 깨우치길 기다려, 하고많은 종사들이 미분전(未分前)을 미생전(未生前)을 후회 없이 끊임없이 말씀하신다. 짐조이전(朕兆已前)이라고도 한다. 『원오어록』 권3(대정장47, p.727a22)에 "'그렇다면 짐조 나누어지기 이전에는 어떤 면목인지요?' '그에게 면목조차도 없다'. 進云 只如朕兆未分已前 是何面目 師云 渠無面目", 『개복도녕어록』 권하(卍속장120, p.478b9)에 "짐조 나뉘기 전에 온전한 바탕이 드러났으니, 누가 그 중에 사람 알아볼지 모르겠다. 朕兆未分 全體露 不知誰識個中人", 『설암조흠어록』 권3(卍속장122, p.554b14)에 "모양과 이름이 서기 전에 짐조 나뉘기 전이라 하니, 잡아챌 것 전혀 없고 사무쳐 저 끝까지 아득히 뒤섞였다. 말해 보라! 이 무슨 시절이란 말인가? 形名未立 朕兆未分 全無巴鼻 徹底渾崙 且道 什麽時節", 『벽암록』 37칙 「평창 評唱」(대정장48, p.175b28)에 "이야기를 들려주기 전이나 짐조 나뉘기 전에 알아차린다면 길목을 차지할 수 있고, 만약 짐조 나뉘자마자 알아차린다면 문득 비추고 쓸 줄 알겠지만, 짐조 나뉜 뒤에야 알아차린다면 저 뜻 살피는 뿌리 끝에 떨어져 있으리. 未擧已前 朕兆未分已前見得 坐斷要津 若朕兆纔分見得 便有照用 若朕兆分後見得 落在意根", 위의 책 47칙 「본칙 本則」(대정장48, p.183a17)에 "한 학인이 운문에게 물었다. '어떤 것이 법신입니까?〈많은 사람들이 의심하고 있지만 천성이라도 뛰어넘지 못한다. 적잖이 무식하구나〉' '여섯으로도 거둬들일 수 없다〈못도 쇠도 잘라 버렸군. 팔각 돌절구가 허공중에 달리고, 영묘한 거북이 꼬리를 끈다. 조짐이 나뉘기 전에 알아차려도 이미 이것 두 번째 떨어지고, 조짐 이후에 알아차렸다 해도 또한 세 번째 떨어지고 만다. 만약 다시 저 언어상에서 가려 얻는다 하면 이야말로 아예 멀어지리니, 더없이 기꺼울 일이다〉'. 僧問雲門 如何是法身〈多少人疑著 千聖跳不出 漏逗不少〉 門云 六不收〈斬釘截鐵 八角磨盤空裏走 靈龜曳尾 朕兆未分時薦得 已是第二頭 朕兆已生後薦得 又落第三首 若更向言語上辨得 且喜沒交涉〉"라고 하였다. 〔참고문헌〕『圜悟語錄』, 『開福道寧語錄』, 『雪巖祖欽語錄』, 『碧巖錄』. ⇨ 부모미생전 父母未生前

짐조이전 朕兆已前 조짐 이전에. 『가태보등록』 권20 「간당행기장 簡堂行機章」(卍속장137, p.284a14)에 "이야말로 희유하다 하니, 조짐 이전이다. 언어로 통하지 않을 때이니, 한 번 보고 바로 간파하기에 바야흐로 희유하다. 이것을 근본법륜이라 하고 정법안장이라고도 하며 진여해탈이라고도 이름한다. 此之希有 在朕兆已前 語言未通之際 一覷覷破 方爲希有 此名根本法輪 亦名正法眼藏 亦名眞如解脫"라고 하였다. 〔참고문헌〕『嘉泰普燈錄』. ⇨ 짐조미분 朕兆未分, 미조이전 未兆已前

짐주 鴆酒 짐조 깃털 스쳐간 술. 『능엄경』 권8(대정장19, p.144a10)에 "보살은 원수 보기를 짐주 마시듯 한다. 菩薩見怨如飮鴆酒", 『수능엄의소주경』 권8(대정장39, p.936c9)에 "짐주의 짐은 새 이름이다. 깃털 술에 스치기만 해도 그 술이 사람을 죽인다. 鴆酒鴆鳥名也 翼毛劃酒 酒則殺人"라고 하였다. 〔참고문헌〕『楞嚴經』, 『首楞嚴義疏注經』. ⇨ 짐독 鴆毒, 짐조 鴆鳥, 짐우 鴆羽

집 執 Ⓢ abhiniveśa, abhiniviṣṭa, Ⓣ mngon-par-zhen-pa. 붙들림. 가져 놓지 못함. 정(情)에 의지한 허망분별로 아(我)와 세간(世間) 등을 그릇되게 고집하는 것. 가화합(假和合)의 오온(五蘊)이 상일주재(常一主宰)의 아(我 Ⓢ ātman)라는 생각에 일체를 짓는 작자(作者) 즉 창조주라 여기거나, 저 어딘가에 계신 자재하신 하느님 이슈와라라고 여기며, 일체(一切)가 인(因)도 연(緣)도 없어서 허무(虛無)라고 집착하여 악취공(惡取空)에 떨어지는 등을 말한다. 이렇듯 유무(有無) 고락(苦樂) 등 어느 한 극단(一邊)에 빠져 헤어나지 못하는 뜻이어서 망집(妄執)・집착(執著)・계착(計著)이라고 한다. 『대비바사론』 권25(대정장27, p.128a16)에 "가령 외도들은 … 재가에서의 고달픔이 지옥과 같다 하여 출가하고, 출가한 뒤에는 해탈을 위한다면서 갖가지 이치에 맞지 않게 고행하면서 '이 청정만이 능히 해탈을 증할 수 있다'며 집착하여 한결같이 고행의 사도에 의지하기에, 이러한 성도와는 점점 멀어지며 성도와 멀어지기에 해탈을 증할 수 없다. 如諸外道 … 在家迫迮 猶如牢獄 而便出家 旣出家已 爲解脫故 受持種種 非理苦行 執爲淸淨 能證解脫 如如依止 苦行邪道 如是如是 聖道轉遠 遠聖道故 不證解脫", 『구사론』 권19(대정장29, p.100b1)에 "〔논〕 대자재천(Ⓢ Īśvara)과 생주(Ⓢ Prajāpati) 또는 그밖의 것이 세간의 인이고 세간을 탄생시켰다고 집착하는 이는 반드시 먼저 저것의 체는 상주하고 하나뿐인 아이고 짓는 이라고 계탁하고 나서야 비로소 인이라는 집을 일으킨다. 겨우 고제를 보아야 자재천 등에 대한 상집과 아집을 영원히 끊어 여지없기에 그것이 생겨난 것들의 인이라는 집착도 끊어진다. 論曰 執大自在生主或餘 爲世間因 生世間者 必先計度 彼體是常 一我作者 方起因執 纔見苦時 於自在等 常執我執 永斷無餘 故彼所生 因執亦斷", 『유가사지론』 권58(대정장30, p.626c1)에 "또 두 가지 집이 있다. 첫째는 근과 경에 대한 집이니 아와 아소라고 집착하는 것이다. 둘째는 펴고 구르며 거듭하는 유정의 아만으로서, 자기가 뛰어나다 등으로 계탁하는 것이다. 又有二執 一 根境執 謂執我我所 二 展轉有情執 謂我慢 計我爲勝等", 『유가론기』 권16(대정장42, p.682b6・한불전14, p.242b18)에 "혜경(惠景)은 '내색근이 아라고 집하는 것을 근집이라 하고, 외오진이 아의 것들이라고 집하는 것을 경집이라 하니, 이를 근과 경에 대한 집이라 한다. 세 품의 유정들이 너와 나로 마주해서 기꺼이 보다 뛰어나다는 만심을 일으키는 것을 전전유정집이라 한다'라고 하였다. 景云 執內色根爲我 名爲根執 執外五塵爲我所 名爲境執 是名根境執 三品有情 彼此相望 樂起勝慢 名展轉有情執", 『성유식론』 권1(대정장31, p.1b10)에 "외경은 정(情)을 따라 시설된 것이기에 식처럼 있는 것이 아니다. 내식은 반드시 인연에 의지해 생기하기에 경처럼 없는 것이 아니다. 이것에 의지해서 바로 있다거나 없다 하는 두 가지 집을 막는다. 外境隨情而施設故非有如識 內識必依因緣生故非無如境 由此便遮增減二執"라고 하였다. 〔참고문헌〕『大毘婆沙論』, 『俱舍論』, 『瑜伽師地論』, 『瑜伽論記』, 『成唯識論』, *Abh-k-bh.142・304.*, *Bodh-bh.35・37.* ⇨ 망집 妄執, 집착 執著, 증집 增執, 아집 我執, 법집 法執, 작자 作者❷, 주재 主宰❶, 희론 戲論

집 集 ❶ 다수 또는 여럿이 한곳으로 모이다. 3권본 『대반열반경』 권상(대정장1, p.192c22)에 "그때 세존께서 아난에게 말씀하셨다. '너는 지금 이 커다란 숲 속의 중각강당에 있는 모든 비구들은 모두 대집당으로 가도록 하여라'. 아난은 말씀을 받들어 곧 모든 비구들에게 두루 전하였다. '세존께서 모두 대집당으로 가라고 하셨습니다'. 비구들이 모이고 나니, 아난이 부처님께 말씀드렸다. '모든 비구들이 모두 다 모였고 원컨대 여래께서도 스스로 그 때를 아셨기를 바라옵니다'. 爾時 世尊告阿難言 汝今可語 此大林中 重閣講堂 諸比丘衆 皆悉令往 大集講堂 阿難奉勅 卽便普語 諸比丘衆 世尊皆令 往大集堂 比丘集已 阿難白佛 諸比丘衆 悉皆已集 唯願如來

自知其時"라고 하였다. [참고문헌]『大般涅槃經』. ❷ Ⓢ upacaya, saṃcita, samudaya, samūhāgama, Ⓣ bstsags-pa, 'dus-pa. 요소나 물질이나 그저 모이기만(積集) 해서도 몸이나 세간이 있게 된다고 여기는 편견. 『입능가경』 권5(대정장16, p.544a23 : *Laṅk.*, p.157)에 "대혜여, 제법이 함께 일어나서 식과 상이라 한다. 大慧 集諸法者 名爲識相 mahāmate upacaya-lakṣaṇaṃ vijñānam", 『능가경』 권2(대정장16, p.495a8 : *Laṅk.*, p.118)에 "대혜야, 구생이란 수다원의 신견이다. 자타의 몸 등 사음에는 색상이 없다. 색이란 만들거나 만들어진 것에서만 생겨나서 거듭 펴고 구르며 서로 인과 상이 되는 것이니, 사대종(地水火風)과 색이 모였다고 해서 있는 것은 아니다. 수다원은 유와 무의 품들을 보아 신견을 끊었으며, 이렇게 신견을 끊어야 탐욕 또한 일어나지 않으니, 이것이 수다원 신견상이다. 大慧 俱生者 須陀洹身見 自他身等四陰 無色相故 色生造及所造故 展轉相因相故 大種及色不集故 須陀洹觀 有無品見 身見則斷 如是身見斷 貪則不生 是名身見相 sahajā punar-mahāmate srotaāpannasya satkāyadṛṣṭiḥ sva-para-kāya-samatayā catuḥ-skandha-rūpa-lakṣaṇatvād-rūpasya-utpatti-bhūta-bhautikatvāt-parasparа-hetu-lakṣaṇatvād-bhūtānāṃ rūpasya-asamudaya iti kṛtvā srotaāpannasya sad-asat-pakṣa-dṛṣṭi-darśanāt-satkāyadṛṣṭiḥ prahīṇā bhavati. ata evaṃ satkāyadṛṣṭi-prahīṇasya rāgo na pravartate. etan-mahāmate satkāyadṛṣṭi-lakṣaṇam"라고 하였다. [참고문헌]『入楞伽經』, 『楞伽經』, *Laṅk.101・175.* ⇨ 유신견 有身見 ❸ Ⓢ samudaya, saṃbhava. 사성제(四聖諦) 중 집제(集諦). 『반야심경』(대정장8, p.848c11 : *Prajñ-h.*, p.89)에 "공 중에 색도 없고 수상행식도 없으며 … 고집멸도도 없다. 空中無色 無受想行識 … 無苦集滅道 śūnyatāyāṃ na rūpaṃ na vedanā na saṃjñā na saṃskārāḥ na vijñānam … na duhkha-samudaya-nirodha-mārgā", 『순정리론』 권74(대정장29, p.741a7)에 "집성제에는 네 가지 상이 있으니 첫째 인, 둘째 집, 셋째 생, 넷째 연이다. 능히 법을 낳기에 인이고, 여러가지로 있기에 집이며, 쉬지 않고 낳기에 생이고, 각기 따로 돕기에 연이다. 集聖諦有四相 一 因 二 集 三 生 四 緣 能生法故因 有多種故集 恒孶產故生 各別助故緣"라고 하였다. [참고문헌]『般若心經』, 『順正理論』, *Prajñ-h.*, *Pras.244.* ⇨ 집제 集諦, 인집생연 因集生緣 ❹ Ⓢ samudaya, Ⓣ kun-'byung-ba. 유루법(有漏法)의 다른 이름. 『구사론』 권1(대정장29, p.2a28 : *Abh-k-bh.*, p.5)에 "이 유루법은 다툼이 있는 것이다. … 고라고도 하는데 성심(聖心)을 어기기 때문이며, 집이라고도 하니 능히 괴로움을 불러오기 때문이고, 세간이라고도 하는데 가히 무너뜨릴 수도 있어서 마주해 다스릴 수 있기 때문이다. … 이런 것들 바로 유루법이어서 뜻을 따라 이름을 달리했다. 此有漏法 亦名有諍 … 亦名爲苦 違聖心故 亦名爲集 能招苦故 亦名世間 可毁壞故 有對治故 … 如是等類 是有漏法 隨義別名 ta eva sāsravā dharmā ucyante saraṇā api … āryāṇāṃ pratikūlatvād-duḥkham. samudety-asmād duḥkham-iti samudayaḥ. lakṣyata iti lokaḥ … ity-ete sāsravāṇāṃ dharmāṇām-anvartha-paryāyāḥ"라고 하였다. [참고문헌]『俱舍論』, *Abh-k-bh.* ⇨ 유루법 有漏法 ❺ Ⓢ samanvāgama, Ⓣ ldan pa. 지니고 있음. 얻은 것 잃지 않음을 말한다. 『회쟁론』(대정장32, p.16b1)에 "법사는 선법을 설하는데, 선법에는 백십구 가지가 있으나, 마음의 한 모습을 이른다. 첫째는 수이고, … 마흔한째는 집이다. 法師說善法 善法一百一十有九 謂心一相 一者受 … 四十一者集"라고 하였다. [참고문헌]『迴諍論』.

집견 執見 Ⓢ antagrāha-dṛṣṭi, Ⓣ mthar-'dzin-par-lta-ba. 견(見 dṛṣṭi)에 붙들리다. 유무(有無)나 단상(斷常) 어느 한 가지 견해만을 가져 버리지 못하는 것으로 변견(邊見)・변집견(邊執見)이라고도 하고 망견(妄見)에 속한다. 『구사석론』 권14(대정장29, p.254a4 : *Abh-k-bh.*, p.282)에 "'세간의 사문과 바라문 등으로서 아(我 Ⓢ ātman)가 있다는 견을 일으키는데, 이러한 그들의 일체의 견은 오직 오온(五陰)에 대해 일으키는 것이다'. 아견도 이러한 류로서 저들이 받아들여 아를 삼고 나서는 혹은 상주한다고 집착해 주장하고, 또는 단멸한다고 집착해 주장하니 이를 변견이라 한다. 상주라는 극단과 단멸이라는 극단을 고집하기 때문이다. 世間若有沙門婆羅門 起見謂有我 是彼一切 唯於五陰起 我見是類彼所許爲我 或執見爲常 或執見爲斷 是名邊見 由執常邊斷邊故 ye kecid bhikṣavaḥ śramaṇā vā brāhmaṇā vā ātmeti samanupaśyantaḥ samanupaśyanti sarve ta imāneva pañcopādānaskandhāniti. tasyaivātmābhimatasya vastuno dhruvadṛṣṭirucchedadṛṣṭirvā 'ntagrāhadṛṣṭiḥ. śāśvatocchedāntagrahaṇāt", 『석문귀경의』 권상(대정장45, p.860c9)에 "단지 시작 없는 그때부터 허망하게 익혀 가져 본 것들만이 쟁쟁거릴 뿐이다. 但無始妄習執見鏗然"라고 하였다. [참고문헌]『俱舍釋論』, 『釋門歸敬儀』, *Abh-k-bh.*, *Yogā-bh.162.* ⇨ 변견 邊見, 변집견 邊執見, 망견 妄見

집고금불도논형 集古今佛道論衡 당대 도선(道宣) 지음. 4권. 후한(後漢)부터 당대초까지 불교와 도교 간의 논쟁을 기록한 책. 『집고금불도논형실록 集古今佛道論衡實錄』・『고금불도론 古今佛道論』・『고금불도논형 古今佛道論衡』・『불도논형 佛道論衡』이라고도 한다. 고려장32, pp.481a1~531b18, No.1065・대정장52, pp.363a3~397b17, No.2104에 수록되어 있다. 권1에 해당하는 권갑(卷甲)에는 후한・전위(前魏)・북위(北魏)・송(宋)・양(梁)・북제(北齊) 등 각 시대에 걸쳐 일어났던 불교와 도교 사이의 논쟁을 모았으며, 권을(卷乙)에는 주(周)와 수(隨)에서 벌어진 논쟁을 수록하였다. 권병(卷丙)에는 당대의 논쟁을 담고 있으며, 법림(法琳)과 이중(李仲)의 논쟁이 주목할 만하다. 권정(卷丁)에서는 당 고종 현경년간(656~661)의 논쟁을 상세하게 서술하고 있다. 양(梁) 승우(僧祐)가 지은 『홍명집 弘明集』(대정장52, No.2102)에도 두 종교를 논한 다수의 글이 전한다. 권4에는 「권정속부 卷丁續附」가 수록되어 있는데, 여기에서는 도교의 돈행진(敦行眞)이 불교에 귀의한 내용을 다루고 있다. 당대 지승(智昇)은 뒤를 이어 『속집고금불도논형 續集古今佛道論衡』 1권(대정장52, No.2105)을 저술하였다고 전한다. [참고문헌] 『開元釋敎錄』 권8(대정장55, p.562a1). ⇨ 속집고금불도논형 續集古今佛道論衡

집공 什公 구마라집(鳩摩羅什)을 일컫다. 『아미타경소』「발문 跋文」(대정장37, p.328c23)에 "집공이 『아미타경』을 한역한 이후 대대로 여러 논사들이 지은 소와 기가 대략 헤아려도 십가이니 얼마나 성행했다고 하지 않겠는가! 自什公譯 阿彌陀經以來 歷朝諸師 製之疏記者亡慮數十家 蓋亦盛矣"라고 하였다. [참고문헌] 『阿彌陀經疏』. ⇨ 구마라집 鳩摩羅什

집구 執具 붙들어 담아 두는 그릇이나 도구. 쓰려 함에 법을 붙드는 제근(諸根)을 말한다. 근(根)이 그릇이 되고 식(識)이 그것을 흔들어 경(境)을 드러내지만 그 바탕 온통 공(空)할 뿐이다. 『반야등론석』 권14(대정장30, p.123b2)에 "〈게〉 잡고 있는 도구와 그 집을 일으키는 것과 집한 바 경계 일체가 적멸의 모습일 뿐이다. 이렇기에 가져 붙들 만한 것이 있을 리 없다. [석] 집에는 세 종류가 있다. 도구・일으키는 것 그리고 경계 등이다. 붙들고 있는 도구라 하였으니, 이것 능히 온갖 물들 연해서 알아버린 것들을 능히 붙들고 있는 것이다. 執具起執者 及所執境界 一切寂滅相 是故無有執 釋曰 執有三種 謂具起及境界等 執具者 是能執總緣物體智"라고 하였다. 이 파라바밀다라(波羅頗蜜多羅 Ⓢ Prabhākaramitra)의 한역과 달리 구마라집(鳩摩羅什)은 『중론』 권4 「관전도품 觀顚倒品」(대정장30, p.31c20)에서 "쓰려 함에 붙들린 법. 所用著法"이라 한역하였고, 『중관론소』 권9(대정장42, p.147b27)에 "쓰려 함에 법을 붙드는 것이 바로 모든 근이다. 所用著法 是諸根也"라고 하였다. [참고문헌] 『般若燈論釋』, 『中論』, 『中觀論疏』.

집국행자 執局行者 방장(方丈) 및 육국(六局)에 속해 그곳의 일을 바라지하는 행자. 육국이란 수좌(首座)・서장(書狀)・장주(藏主)・지객(知客)・지욕(知浴)・지전(知殿) 등 육두수(六頭首)를 가리킨다. 『선림상기전』 권7(불광장, 禪藏, p.565)에 "집국행자 : 『백장청규』 「영대존숙」(대정장48, p.1122b19)에 '방장과 집국 및 참두는 행자들과 일꾼・가마꾼 등을 통솔하여 차례대로 참배한다' 하였고, 같은 책 「개당축수」(대정장48, p.1126a28)에 '새로 온 주지에게 하는 축하의 말이 끝나면 자리에 앉는다. 그리고 시자와 소사는 향을 꽂고 큰절로 삼배를 올린다. 다음으로 집국행자가 향을 꽂고 예배하며, 그 다음으로 참두가 행자들을 통솔하여 향을 꽂고 예배한다'라고 하였다. 도충이 말한다. '방장과 육국의 행자들은 여러 소임들을 맡고 있는 이들인데, 이들을 집국이라고 부른다. 다음으로 참두가 행자들을 통솔한다고 했는데, 이들은 맡고 있는 소임이 없는 이들이다'. 執局行者 敕修淸規 迎待尊宿云 方丈執局及參頭 領衆行者人僕 轎番 以次參拜 又開堂祝壽云 展賀畢 據座 侍者 小師 插香大展三拜 次執局行者 插香禮拜 次參頭 領衆行者插香禮拜 忠曰 方丈及六局行者 就諸職者 此謂執局也 次言參頭領衆行者 是無職掌者"라고 하였다. [참고문헌] 『禪林象器箋』, 『百丈淸規』. ⇨ 행자 行者, 육지사 六知事

집권 執權 권에 붙들리다. 방편에 붙들려 실(實)을 잃는 뜻이다. 『법화현의석첨』 권18(대정장33, p.947b11)에 "'다만 그 병을 버릴 뿐이다' 하였으니, 병이란 권에 붙들려 실이라 여기는 것이고, 법이란 모든 방편의 법을 가리킨다. 권에 붙들린 병만 버린다면 이 권법이 바로 실이다. 그러므로 병만을 버려야지 모름지기 법마저 버려서는 안 된다. 所言但除其病者 病謂執權爲實 法謂一切權法 執權之病若除 卽此權法是實 是故 除病不須除法", 『법화현론』 권1(대정장34, p.366a2)에 "삼세제불께서 지를 쓰심이 비록 많다 하지만 두 가지를 벗어나지 않는다. 다만 으뜸의 뜻을 모르는 무리들이 권에 집하여 실을 잃기도 하고, 실을 지키려 권마저 잃는다. 이제 권과 실을 열어 두 가지 지로 서로 돕게 하고자 이 경을 설한다. 三世諸佛 智用雖多 不出斯二 但迷宗之徒 或執權而喪實 或守實而亡權 今欲開顯權實 二智相資成 故說是經也", 『지관보행전홍결』 권8(대정장46, p.394c15)에 "제법을 가로지르며 성과 실을 헤아리니, 권에 붙들려 실을 무너뜨리거나 실에 묶여 권을 부순다. 저 정명이 '만약 나는 장차 고를 보고 집을 끊는다고 말한다면 이는 희론이어서 법을 구함이 아니다'라고 한 말과 같다. 이승이 권에 집착하여도 오히려 희론이 되는데, 하물며 범부나 하근기가 다투며 시비를 가림이겠느냐. 마땅히 법성을 관함에는 권도 없고 실도 없어서 모든 그 이름도 글자도 끊는다. 橫於諸法 而計性實 或執權破實

或執實破權 如淨名云 若言我當見苦斷集 是則戲論 非求法也 二乘執權 尙成戲論 況今凡下 諍計是非 當觀法性無權無實 絶諸名字", 『법화의소』 권9(대정장34, p.591a27)에 "(『법화경』의 교법을 믿지 못하는 여섯 부류) 세 번째는 소승인으로 권에 붙들려 실에 어두워 일승을 믿지 못한다. 그러므로 『대지도론』에 '오백부파가 필경공을 듣고는 칼로 심장을 베이는 듯하였다' 하였는데, 하물며 '일승만 있고 삼승은 없다' 함을 들음에 있어서랴? 三 小乘人 執權迷實 不信一乘 故智度論云 五百部聞畢竟空 如刀傷心 況聞有一無三也"라고 하였다. [참고문헌] 『法華玄義釋籤』, 『法華玄論』, 『止觀輔行傳弘決』, 『法華義疏』, 『維摩經』 권중(대정장14, p.546a14), 『大智度論』 권63(대정장25, p.503c2).

집금강 執金剛 Ⓢ vajrapāṇi, vajradhara, Ⓣ phyag-na-rdo-rje, lag-na-rdo-rje. 금강을 가져 놓지 않다. 금강은 무너지지 않는 보리심이다. 태장계 삼부(三部) 중 금강부(金剛部)에 속하는 성중(聖衆). 이들은 모두 여래의 지인(智印)을 표하는 금강을 손에 쥐고 있으므로 집금강이라고 한다. 제불(諸佛)을 위호(衛護)하는 야차신장(夜叉神將 Ⓢ vajrapāṇir yakṣaḥ)을 말하기도 한다. 지금강(持金剛)·금강수(金剛手) 등이라고도 한다. 『대일경』 권1(대정장18, p.1a9)에 "한때 박가범께서 여래께서 가지한 광대금강법계궁에 머무실 때 일체금강을 지닌 이들이 모두 모였다. …그 금강들의 이름은 허공무구집금강 … 무구안집금강, 금강수비밀주였는데 이들이 상수였다. 一時薄伽梵 住如來加持廣大金剛法界宮 一切持金剛者 皆悉集會 … 其金剛名曰虛空無垢執金剛 … 無垢眼執金剛 金剛手祕密主 如是上首", 『대일경소』 권1(대정장39, p.580b8)에 "집금강 등은 범어로 벌절라다라라고 한다. 벌절라는 금강저이고 다라는 집지라는 뜻이다. 그러므로 구역에서 집금강이라 하였고 지금은 지금강이라 한다. 所謂執金剛等也 梵云伐折羅陀羅 此伐折羅 卽是金剛杵 陀羅是執持義 故舊譯云執金剛", 같은 책 권1(대정장39, p.582a12)에 "비밀 중 가장 비밀하니 소위 심밀의 주이므로 비밀주라 한다. 능히 이 인을 지니므로 집금강이라 한다. 祕中最祕 所謂心密之主 故曰祕密主 能持此印 故云執金剛也", 『대일경공양차제법소』 권상(대정장39, p.796b4)에 "집금강은 바로 금강살타다. 卽是執金剛者 金剛薩埵是也", 『금강정경의결』 권상(대정장39, p.812a18)에 "집금강이란 일체여래와 제보살 등의 견고한 보리심이다. 執金剛者 卽一切如來 諸菩薩等 堅固菩提心也"라고 하였다. [참고문헌] 『大日經』, 『大日經疏』, 『大日經供養次第法疏』, 『金剛頂經義訣』, *Pañca-pr.4.156.*, *Guhy-s.71.* ⇨ 금강살타 金剛薩埵, 금강신 金剛神, 지금강 持金剛, 벌절라다라 伐折羅陀羅, 비밀주 祕密主, 집금강신 執金剛神

집금강선행보살 執金剛善行菩薩 태장도상의 선행금강보살과 같다. 『대일경』의 의궤와 태장현도만다라에는 그 이름이 보이지 않는다. 『불공견삭신변진언경』 권9(대정장20, p.270c15)에 "다음으로 집금강선행보살은 왼손은 허벅지 위에 손바닥을 아래로 하여 올려두고 오른손은 가슴 높이에 두되 손에 독고저를 올려놓은 채 반가부좌하였다. 次執金剛善行菩薩 左手覆按髀上 右手當胸 掌獨股金剛杵 半加趺坐"라고 하였다. [참고문헌] 『不空羂索神變眞言經』.

집금강신 執金剛神 Ⓢ Vajrapāṇi, Vajradhara, Ⓣ lag-na-rdo-rje. 부처님과 불도량 그리고 일체세간을 수호하는 야차신(夜叉神). 집금강야차(執金剛夜叉)·금강역사(金剛力士)·밀적금강(密迹金剛 : 密迹力士)·금강수(金剛手)·지금강(持金剛)이라고도 한다. 손에 금강장(金剛杖)·금강저(金剛杵) 등의 법구를 들고 불법(佛法)을 수호하는 호법신장을 말한다. 제석천궁(帝釋天宮)의 문을 지키다가 부처님께서 염부제에 출세하시면 내려와 부처님과 도량을 수호하는 신중(神衆)이다. 밀교에서는 제불의 신구의(身口意) 삼밀(三密)의 위신력을 상징하며 금강지인(金剛智印)을 지닌 여래의 견고한 지혜를 얻은 이라는 밀의(密意)를 드러낸다. 80권본 『화엄경』 권1(대정장10, p.2b13)에 "또 불세계의 티끌 수만큼의 집금강신이 있었으니, 말하자면 묘색나라연집금강신·일륜속질당집금강신·수미화광집금강신·청정운음집금강신·제근미묘집금강신·가애요광명집금강신·대수뇌음집금강신·사자왕광명집금강신·밀염승목집금강신·연화광마니계집금강신 … 등이다. 이런 집금강신이 상수가 되어 불세계의 티끌 수만큼이 있었는데, 모두 지나간 옛적 한량없는 겁 동안에 항상 대원을 발하였으니, 원컨대 항상 모든 부처님을 가까이에서 공양할 것을 원하였다. 이미 원을 따라 수행한 것이 원만하여서 피안에 이르렀고, 가없이 청정한 복업을 모아 쌓았으며, 모든 삼매에서 행해야 하는 경계를 모두 통달하였다. 신통력

집금강신입상 일본 고야산 금강봉사 12~13세기

을 얻어 여래를 따라 머무르며 부사의한 해탈의 경계에 들고, 여럿이 모인 곳에서는 위광이 특별하며, 모든 중생에 따라 그에 상응하여 몸을 나타내어 조복하고, 모든 부처님의 화신이 있는 곳마다 따라가서 화생하며, 모든 여래께서 머무시는 곳을 항상 부지런히 수호한다. 復有佛世界微塵數執金剛神 所謂 妙色那羅延執金剛神 日輪速疾幢執金剛神 須彌華光執金剛神 淸淨雲音執金剛神 諸根美妙執金剛神 可愛樂光明執金剛神 大樹雷音執金剛神 師子王光明執金剛神 密焰勝目執金剛神 蓮華光摩尼髻執金剛神 … 如是等而爲上首 有佛世界微塵數 皆於往昔無量劫中 恒發大願 願常親近 供養諸佛 隨願所行 已得圓滿到於彼岸 積集無邊淸淨福業 於諸三昧 所行之境 悉已明達 獲神通力 隨如來住 入不思議解脫境界 處於衆會 威光特達 隨諸衆生 所應現身 而示調伏 一切諸佛 化形所在 皆隨化往 一切如來 所住之處 常勤守護", 같은 책 권63(대정장10, p.341a5)에 "어떤 때에는 집금강신으로 나타나서 모든 부처님과 부처님께서 머무시는 곳을 수호하며, 어떤 때는 일체세간을 두루 수호한다. 或時現作執金剛神 守護諸佛 及佛住處 或遍守護一切世間", 『대일경소』 권1(대정장39, p.580b12)에 "만약 세간의 진실에 따르면 '생신불은 항상 오백의 집금강신이 따르며 곁에서 호위한다'라고 말할 것이다. 그러나 밀교의 비밀한 뜻에서 벌절라는 여래의 금강지인이다. 이와 같은 지인은 그 수가 무량하고 이것을 수지할 수 있는 이 역시 끝없이 많다. 若世諦常途所表 則云生身佛 常有五百執金剛神 翌從侍衛 然此宗密意 伐折羅是如來金剛智印 如是智印其數無量 能持此者 亦復無邊"라고 하였다. 〔참고문헌〕『華嚴經』, 『大日經疏』, 『新華嚴經論』 권10(대정장36, p.784a12), *Laṅk.240.*, *Bodh-bh.104.* ⇨ 금강역사 金剛力士, 금강신 金剛神, 밀적역사 密迹力士, 십구집금강 十九執金剛, 신중 神衆, 야차 夜叉

집금강야차신주 執金剛藥叉神主 Ⓢ vajrapāṇir yakṣaḥ. 불법을 수호하는 야차신주로 집금강(執金剛) 또는 금강역사(金剛力士)다. 『대반야경』 권327(대정장6, p.674a22)에 "선현이여! 만약 불퇴전위보살마하살이라면 집금강약차신주가 항상 좌우에서 은밀하게 수호하며 이렇게 생각한다. '이 보살마하살은 오래지 않아 무상보리를 증득할 것이다. 원컨대 나는 항상 따르며 은밀하게 수호하고 무상정등보리를 증득하면 다섯 집금강약차신중 역시 따르며 항상 수호하고 잠시도 떨어지지 않아 인이나 비인 모두가 해치지 못하게 하고 제천·마·범천과 나머지 세간 역시 법으로써 무상정등각심을 파괴할 수 있는 이가 없을 것이다'. 善現 若不退轉位菩薩摩訶薩有執金剛藥叉神主 恒隨左右 密爲守護 常作是念 此菩薩摩訶薩 不久當證無上菩提 願我恒隨密爲守護 乃至無上正等菩提 五執金剛藥叉神衆 亦隨守護 時無暫捨 使人非人等 皆不能損害 諸天魔梵 及餘世間 亦無有能 以法破壞所發無上正等覺心"라고 하였다. 〔참고문헌〕『大般若經』, *Pañca-pr.4.156.* ⇨ 집금강 執金剛, 금강역사 金剛力士

집금강위 執金剛位 파괴되지 않음을 자성으로 하는 자리. 『이취경』(대정장8, p.784b15)에 "만약 이 경을 수지하고 매일 독송하며 마음으로 사유한다면 현생에서 일체법 평등금강삼마지를 증득하고 일체법에 대해 자재를 얻으며 무량한 적열의 환희를 얻고 십육대보살의 생으로 여래와 집금강위를 획득할 수 있다. 若能受持 日日讀誦 作意思惟 卽於現生 證一切法平等金剛三摩地 於一切法 皆得自在 受於無量適悅歡喜 以十六大菩薩生 獲得如來及執金剛位"라고 하였다. 〔참고문헌〕『理趣經』.

집기 什器 대중이 함께 늘 쓰는 물건. 집물(什物)이라고도 한다. 『송고승전』 권4 「당신라국의상전 唐新羅國義湘傳」(대정장50, p.729a27)에 "미리 의상을 위해 마련한 법복과 여러 집기를 모았더니 상자 가득 넘칠 정도였다. 預爲湘辦 集法服幷諸什器 可盈篋笥", 『천성광등록』 권7 「혜능대사장 惠能大師章」(卍속장135, p.648a15)에 "개원 10년(722) 8월 3일 밤에 별안간 탑 안에서 크게 부딪히는 소리가 울려 대중이 놀라서 일어나 보니 한 사람이 흰 보자기에 무엇인가를 싸들고 탑에서 나와 담을 넘어 달아나고 있었다. 쫓아가 찾은 뒤 집기를 살펴보았더니 어느 것 하나도 잃은 것 없었는데 다시 살펴보니 육조대사의 목에 상처가 남아 있었다. 開元十年八月三日夜 忽聞塔中 鏗然有聲 僧衆驚起 見一人裹白巾從塔中出 踰垣而遁 尋周視什器 一無所失 俄見師頸有傷"라고 하였다. 〔참고문헌〕『宋高僧傳』, 『天聖廣燈錄』.

집기 集起 **1** 모아 일어나다. 종자(種子)를 모으고 현행(現行)하는 뜻이다. 심(心 Ⓢ citta) 중 제8식을 풀어 바꾼 말 중에 하나다. 『순정리론』 권11(대정장29, p.394c16)에 "〔논〕 심의식 세 가지는 체는 비록 같지만, 읽고 말함 등의 뜻에 다름이 있다. 집기하기에 심이라 한다. 論曰 心意識三 體雖是一 而訓詞等義類有異 謂集起故名心", 『구사론기』 권4(대정장41, p.83b5)에 "범어 이름 질다는 여기서는 심이니 집기라는 뜻으로서 심의 력에 의지해 심소와 사업 등을 모으고 일어나게 하는 것을 말한다. 따라서 경에서는 '심은 능히 세간을 인도할 수 있고, 심은 능히 널리 거둬들인다' 하였다. 따라서 능히 모으고 일으키기에 심이라 한다. 梵名質多 此云心是集起義 謂由心力集起心所及事業等 故經云心能導世間心能遍攝受 故能集起說名爲心", 『유가론기』 권1(대정장42, p.318a8·한불전13, p.20c16)에 "마음에는 집기의 뜻이 있고 제8식의 뜻이 강하니, 제법종자를 모아서 제법을 일으키기 때문이다. … 혜경(惠景)은 풀기를, 심이란 일체종자가 따라 의지하는 성이라 하였으니 이는 바로 종자를 집기한다는 뜻이고, 또 소수의부성이라는 말은 종자를 가져서 제법을 일어나게 한다는 두 가지 뜻이니 집기하기에 심이라는 이름을 얻는다'고 하였다. 心者有集起之義 第八義强 集諸法種起諸法故 … 景師解云 心謂一切種子所隨依止性者 卽是集起種子義 又是所隨依附性者 卽是持種集起諸法二義 集起故得名心", 『대승백법명문론해』 권상(대정장44, p.47a11)에 "심법에는 모두 모아 여섯 가지 뜻이 있다. 첫째는 집기를 심이라고 하는 것으로 오직 제8식에만 해당하니 모든 종자를 모으고 일으켜 현행하기 때문이다. 心法者 總有六義 一集起名心 唯屬第八 集諸種子 起現行故"라고 하였다. [참고문헌] 『順正理論』, 『俱舍論記』, 『瑜伽論記』, 『大乘百法明門論解』. ⇨ 집기심 集起心, 심 心❶, 질다 質多❶, 심법 心法, 아뢰야식 阿賴耶識, 종자 種子❶, 현행 現行 ❷ Ⓢ Ⓟ samudaya, Ⓣ kun-'byung-ba. 모여서 일어나는 것. 연기(緣起)의 뜻과 같다. 『대보적경』 권53(대정장11, p.313b10)에 "무명이 모여 제행이 집기하고, 제행이 모여 제식이 집기하며, 제식이 모이기에 명색이 집기한다. 無明集故 諸行集起 諸行集故 諸識集起 諸識集故 名色集起", 『유가사지론』 권57(대정장30, p.620b21)에 "뭇 연으로 지체없이 무너지고 모여 일어나며, 뭇 연으로 지체없이 사라지고 집기하기에 연기라 한다. 由衆緣故 速壞集起 由衆緣故 速壞集起 故名緣起", 『대승아비달마집론』 권6(대정장31, p.676a19 : *Abh-s.*, p.43)에 "무엇이 집제인가? 온갖 번뇌와 번뇌의 증상에서 생겨난 온갖 업을 다 갖추어 설하길 집제라 한다. 云何集諦 謂諸煩惱及煩惱增上所生諸業 俱說名集諦 amudayasatyaṃ katamat. kleśaḥ kleśādhipateyañca karma", 『대승아비달마잡집론』 권6(대정장31, p.722b18 : *Abh-s-bh.*, p.55)에 "이로 인해 생사의 괴로움이 집기한다. 由此集起生死苦故 samudayasatyaṃ yato duḥkhaṃ samudeti"라고 하였다. [참고문헌] 『大寶積經』, 『瑜伽師地論』, 『大乘阿毘達磨集論』, 『大乘阿毘達磨雜集論』, *Abh-s.*, *Abh-s-bh.*

집기심 集起心 종자를 모으고 현행해서 제법을 일으키는 심(心). 제8아뢰야식에 해당한다. 『성유식론』 권3(대정장31, p.15b19)에 "계경에서 설하길 '잡염청정의 제법종자가 모여 일어나는 곳이기에 심이라 이름한다'라고 하였다. 만약 이 식이 없다면 저 종자를 유지하는 심은 있을 수 없다. 모든 전식은 멸진정 등에서 틈새 끊어짐 있기에 근·경·작의·선 등의 류로 각기 변하고 벗어나고 일어난다. 마치 저 번개 등의 빛이 오래 머물지 못하는 것과 같다. 훈습할 수도 없고 종자를 유지할 수도 없다면 염정의 종자가 집기할 수 있는 심은 아니다. 謂契經說 雜染淸淨諸法種子之所集起 故名爲心 若無此識 彼持種心 不應有故 謂諸轉識在滅定等有間斷故 根境作意善等類 別易脫起故 如電光等不堅住故 非可熏習 不能持種 非染淨種所集起心", 『대승성업론』(대정장31, p.784c7)에 "심에는 두 가지가 있다. 첫째는 집기심이니, 무량한 종자를 모으고 일으키는 곳이다. 心有二種 一 集起心 無量種子集起處故"라고 하였다. [참고문헌] 『成唯識論』, 『大乘成業論』. ⇨ 집기 集起❶, 질다 質多❶, 질다야 質多耶, 아뢰야식 阿賴耶識, 제팔식십팔명 第八識十八名, 사종심 四種心, 심 心❶

집남산예찬 集南山禮讚 여항사문(餘杭沙門) 원조(元照 1048~1116)가 세 편의 『남산조사예찬문 南山祖師禮讚文』을 모아서 붙인 이름. 세 편은 각각 송대 지원(智圓 1005~1062)·인악(仁岳 992~1064)·윤감(允堪 1005~1062)이 술한 것으로 卍속장130, pp.194a1~202b18에 전한다. 『중화대장경총목록』 권4(대장경보편35, p.591a11)에 "『남산조사예찬문』 1권〈송대 지원이 술하였다. 원조가 뒤에 있는 두 목과 합하고 교정하여 서(序)를 아울러 제하기를 「집남산예찬서」라 하고 제를 나누어 뒤에도 썼으나, 세 글은 응당 합하여 하나의 목으로 해야 한다〉. … 『남산조사예찬문』 1권〈송대 인악이 술하였다. 원조가 교정하고 제를 썼다. 설은 앞에서 보였다〉. … 『남산조사예찬문』 1권〈송대 윤감이 술하였다. 원조가 교정하고 제를 썼다. 설은 앞에서 보였다〉. 南山祖師禮讚文一卷〈宋智圓述 元照 合後二目 校定幷序 題曰 集南山禮讚序 分題後記 三文應合一目〉 … 南山祖師禮讚文一卷〈宋仁岳述 元照校定題記 說見前〉 … 南山祖師禮讚文一卷〈宋允堪述 元照校定題記 說見前〉"라고 하였다. [참고문헌] 『中華大藏經總目錄』.

집대승상론 集大乘相論 Ⓢ Mahāyānalakṣaṇasamuccaya, Ⓣ theg-pa chen-po'i mtshan-nyid kun-las btus-pa shes-bya-ba. 각길상지(覺吉祥智 Ⓢ Buddhaśrījñāna, Buddhajñānapāda) 지음. 북송(北宋)대 시호(施護) 한역. 2권. 고려장40, pp.418a1~426b24, No.1435·대정장32, pp.145b5~150a18, No.1637에 수록되어 있으며 티베트역본(北京版 No.5301)도 전한다. 주요 대승교상을 모아서(一切法) 해설을 붙이고 있다. 『집대승상론』 권상(대정장32, p.145b9)에 "묘길상보살마하살께 귀명합니다. 나는 이제 간략히 온갖 대승교상을 풀이하겠다. 보리심에서 출생하는 대비는 일체법과 상응하고, 그 일체법은 무아임을 알아야 한다. 이 알아야 할 교상을 그러므로 지금 설한다. 여기서 무엇을 일체법이라 하는가? 온·처·계·연생·바라밀다·지·공·보리분·성제·정려·무량행·무색등지·해탈·삼마발지선행·해탈문·신통·다라니·역·무소외·무애해·대자대비·불불공법·제성문과·요지일체상·진여·실제·무상·법계 등의 법이니 일체법이다.

歸命妙吉祥菩薩摩訶薩 我今略釋諸大乘相 從菩提心出生大悲相應 所謂一切法 卽當了知一切法無我 此所知相 是故今說 此中何名一切法 所謂蘊 處 界 緣生 波羅蜜多 地 空 菩提分 聖諦 靜慮 無量行 無色等至 解脫 三摩鉢底先行 解脫門 神通 陀羅尼 力 無所畏 無礙解 大慈大悲 佛不共法 諸聲聞果 了知一切相 眞如 實際 無相 法界等法 是謂一切法"라고 하였다. [참고문헌]『集大乘相論』. ⇨ 일체 一切, 일체법 一切法, 법 法

집대장 執大藏 부처님 십대제자 중 한 사람인 마하구치라(摩訶俱絺羅 Ⓢ Mahākauṣṭhila)의 한역 이름. 『대반야경』 권556(대정장7, p.871a16)에 "그때 사리자·집대장·만자자·대음광 등이 경희에게 물었다. '말씀하신 반야바라밀다가 이와 같이 매우 깊고 깊은데 누가 능히 믿고 받아들이겠소?' 時 舍利子 執大藏 滿慈子 大飮光等 問慶喜言 所說般若波羅蜜多 如是甚深 誰能信受", 『발지론』 권18(대정장26, p.1018b8)에 "존자 사리자는 주로 의무애해에 머무르고, 존자 집대장은 주로 사무애해에 머문다. 尊者舍利子 多住義無礙解 尊者執大藏 多住四無礙解"라고 하였다. [참고문헌]『大般若經』, 『發智論』. ⇨ 마하구치라 摩訶俱絺羅

집도게 執刀偈 행자생활을 마치고 은사스님을 정한 후 사미계를 받고자 삭발할 때 은사가 삭도(削刀)를 잡으면서 외우는 게송. 『함허당득통화상어록』에서는 낙발게(落髮偈)라 하였는데 다음과 같다. "적멸보궁 저 주인 일찍이 꿈 짓고 있었으니, 무명초 무성하길 몇 해였던가? 이제 저 칼끝에서 떨어지리니, 무한 광명이 삼천대천세계를 비추네. 寶殿主人曾作夢 無明草茂幾多年 今向金剛鋒下落 無限光明照大千"라 하였고, 『함허당득통화상어록』(한불전7, p.247b23)에서는 '普光殿主曾作夢'으로 전하고 있다. [참고문헌]『涵虛堂得通和尙語錄』, 『釋門儀範』 권하 p.125.

집락신 執樂神 Ⓢ Gandharva, Ⓟ Gandhabba. 건달바(乾闥婆)의 의역어. 팔부중(八部衆)의 하나로 즐겨 악기를 연주한다. 『장아함경』 권10 「대연방편경 大椽方便經」(대정장1, p.62c6)에 "이때 석제환인이 곧 집락신 반차익에게 말했다. '나는 지금 세존 계신 곳으로 가려고 하니 너도 함께 가자. 이 도리제천도 또한 나와 함께 부처님께신 곳으로 갈 것이다'. 時 釋提桓因卽告執樂神般遮翼曰 我今欲詣世尊所 汝可俱行 此忉利諸天亦當與我俱詣佛所", 『분별업보약경』(대정장17, p.448a21)에 "분노도 미미하고 우울함도 없이 늘상 닦고 보시한다. 향화로 몸을 가꾸고 즐겨 모든 기악을 연주하니 후에 건달바가 되고 하늘의 집락신이 되었다. 微恚少憂慼 常作修布施 香華自嚴身 好作諸伎樂 後作乾闥婆 爲天執樂神", 『대명도경』 권2(대정장8, p.485a7)에 "시방의 무수한 불국토의 천신, 인, 귀신, 룡, 질량신, 집락신, 흉억행신, 사인형신(의 팔부중)이 모두 경사(經師 : 부처님)가 있는 곳으로 가서 문안을 드리고 예를 올려 공경을 표하고 그 주변을 돌고는 각자 자리로 돌아갔다. 十方無數佛國 諸天 人 鬼 龍 質諒神 執樂神 胸臆行神 似人形神 皆至經師所 問訊聽受 作禮致敬 繞畢各去"라고 하였다. [참고문헌]『長阿含經』, 『分別業報略經』, 『大明度經』, *DN.2.263·264*. ⇨ 간다르바 Gandharva ❸

집량론 集量論 Ⓢ Pramāṇasamuccaya, Ⓣ tshad-ma-kun-las-btus-pa. 진나(陳那 Ⓢ Dignāga) 지음. 당대인 711년(경운2) 의정(義淨) 한역. 4권. 진나가 저술한 인명서 가운데 양(量)에 관한 부분만 모아 편찬한 책이다. 현재 한역본은 전하지 않고, 범본과 티베트역본(北京版 No.5700)이 현존한다. 게송과 이 게송에 대한 풀이인 산문으로 이루어진 「현량품」·「위자비량품」·「위타비량품」·「관유사유품」·「관리품」·「관과류품」 등 6장 254송으로 구성되어 있다. 제1장은 저술 의도를 밝히고 현량(現量)에 대하여 바른 량(量)의 근거·현량의 정의와 어의·바른 량과 그 과와의 관계·식별작용의 두 가지 특질 등 아홉 가지 항목에 대해 풀었다. 제2장은 모두 14항목으로 나누어 비량(比量)의 정의·현량과 비량의 구별·인(因)의 세 가지 특질 등에 대한 서술이며, 제3장은 종인(宗因)에 대한 설명이다. 제4장은 유(喩)에 대한 서술이고, 제5장은 아포하(Ⓢ apoha)에 대한 설명이며, 제6장은 오류론(誤謬論)이다. 주석서로는 법칭(法稱 Ⓢ Dharmakīrti)의 *Pramāṇavārttika*(釋量論)·총카파의 제자인 걀찹달마린첸(Ⓣ rgyal-tshab-dar-ma-rin-chen)의 *tshad-ma-mdo'i-rnam-bshad*(量經釋) 등의 저작이 있다. 『불지경론』 권3(대정장26, p.303b10)에 "『집량론』 중에서 심심소법에는 세 가지가 있다고 하니 첫째는 소취분이고, 둘째는 능취분이며, 셋째는 자증분이다. 이와 같은 세 가지는 하나도 아니지만 다른 것도 아니다. 集量論中 辯心心法 皆有三分 一 所取分 二 能取分 三 自證分 如是三分 不一不異"라고 하였다. [참고문헌]『佛地經論』, 『大乘法苑義林章』 권1(대정장45, p.258a9). ⇨ 진나 陳那, 석량론 釋量論, 인명 因明

집류지 集類智 Ⓢ samudaye 'nvaya-jñāna, Ⓣ kun-'byung-la-rjes-su-shes-pa. 색무색계의 집제를 관하여 이른 지혜. 팔지(八智) 또는 십육심(十六心) 중 하나로 견도(見道)에 들어 색계와 무색계의 견혹(見惑)을 끊고 얻는 지혜로 집류지인(集類智忍)을 얻으면 틈새없이 바로 얻는다. 구역어는 습비지(習比智)다. 『구사론』 권23(대정장29, p.121b24)에 "앞의 고류지 후에 다음으로 욕계집성제를 연하여 법지인이 생겨나니 이를 집법지인이라 한다. 이 인의 무간에 곧바로 욕계의 집성제를 연하여 법지가 생겨나니, 이를 집법지라 한다. 다음으로 그 밖의 다른 계의 집성제를 연하여 유지인이 생겨나니, 이를 집류지인이라 한다. 이 인의 무간에 곧바로 이 경을 연하여 유지 생겨남이 있게 되니 이를 집류지라 한다. 謂復於前苦類智後 次緣欲界集聖諦境有法智忍生 名集法智忍 此忍無間卽緣欲集有法智生 名集法智 次緣餘界集聖諦境有類智忍生 名集類智忍 此忍無間卽緣此境有類智生 名集類智", 『대명삼장법수』 권24(영락장181, p.399a6)에 "(팔지 중) 넷째 집류지 : 욕계집제를 관한 뒤에 다시 상지이계인 색계와 무색계의 집제를 관하여 진지가 밝게 드러나는데, 이는 욕계집법지의 류의 류지다. 이를 집류지라 한다. 四 集類智 謂觀欲界集諦之後 復觀上二界集諦 眞智明發 是欲界集法智之流類 是名集類智"라고 하였다. [참고문헌] 『俱舍論』, 『大明三藏法數』, *Abh-k-bh.325·351.* ⇨ 팔지 八智, 십육심 十六心, 집류지인 集類智忍, 유지 類智 ❶

집류지인 集類智忍 Ⓢ samudaye 'nvaya-jñāna-kṣānti, Ⓣ kun-'byung la-rjes-su-shes-pa'i-bzod-pa. 집(集)의 진실(諦)인 류(類)들에 대한 지(智)를 견뎌 알게 되는 것. 팔인(八忍)과 십육심(十六心) 중 하나로 견도위(見道位)에서의 무루지(無漏智)로 상이계(上二界)인 색계와 무색계의 집제(集諦)를 현관(現觀)하여 생긴 인(忍)으로서, 집류지(集類智)를 얻기 전에 이 지를 견뎌 안다. 습미지인(習未知忍)이라고도 한다. 『집이문족론』 권4(대정장26, p.383b4)에 "이와 같이 고법지로부터 시작해 … 고류지로부터 집법지인으로 나아가고 집법지인으로부터 집법지로 나아가며 집법지로부터 집류지인으로 나아가고 집류지인으로부터 집류지로 나아간다. 如是從苦法智 … 從苦類智 趣集法智忍 從集法智忍 趣集法智 從集法智 趣集類智忍 從集類智忍 趣集類智", 『순정리론』 권62(대정장29, p.684a6)에 "다음으로 나머지 계(색계무색계)의 집성제경을 연하여 유지인이 생겨나게 되는데 이를 집류지인이라 한다. 이 집류지인의 무간에 곧바로 이 경을 연하여 유지가 생겨나게 되는데 이를 집류지라 한다. 次緣餘界集聖諦境 有類智忍生 名集類智忍 此忍無間 卽緣此境 有類智生 名集類智", 『구사론송소론본』 권23(대정장41, p.946b26)에 "집법지가 생겨나면 이 지의 무간에 상계의 집제를 연하여 집류지인이 생겨나고, 이 인의 무간에 집류지가 생겨난다. 生集法智 此智無間 緣上界集諦 生集類智忍 此忍無間 生集類智"라고 하였다. [참고문헌] 『集異門足論』, 『順正理論』, 『俱舍論頌疏論本』, *Abh-k-bh.351.* ⇨ 팔인 八忍, 팔인팔지 八忍八智, 십육심 十六心, 습미지인 習未知忍, 유지 類智 ❶, 현관 現觀

집리가 執理家 Ⓢ yukta-kula, Ⓣ bskos-pa, bskos-pa-'du-ba'i-sa. 이치를 헤아릴 줄 아는 이들의 무리. 집중(執衆)이라고도 한다. 『집이문족론』 권10(대정장26, p.407c15)에 "'혹은 집리가가 있는 곳에서'란, 이치를 가져 무리지어서는 평하고 의논한다. 만약 만나거나 함께하거나 대면했을 때를 '혹은 집리가가 있는 곳에서'라고 한다. 或在執理家者 謂執理衆聚集評議 若會遇若和合若現前 是名或在執理家", 『화엄경소초』 권53(대정장36, p.419a14)에 "논의가 있는 처소에는 여섯이 있다. 첫째는 왕가에서, 둘째는 집리가에서, 셋째는 대중 중에서, 넷째는 현철 앞에서, 다섯째는 법의 뜻을 아는 사문바라문 앞에서, 여섯째는 법의 뜻을 즐기는 사람들 앞이다. 論處所有六 一 於王家 二 於執理家 三 於大衆中 四 於賢哲前 五 於解法義沙門婆羅門前 六 於樂法義者前", 『유가사지론약찬』 권3(대정장43, p.48a1)에 "'만약 저 보낸 이를 집리가를 말한다'라고 한 것은 왕이 보낸 사람이기 때문이다. 궁에 속한 집리법사이거나 무엇이 공정한 논의인 줄 알아 도리에 어긋나면 그 일을 중단시키는 사람이기에 집리가라고 이름한다. 若彼使者謂執理家 王所使故 或是官屬執理法司 或知平均議事違理立爲斷事 名執理家", 같은 책 권6(대정장43, p.93c9)에 "집리가란, 공평하고 고른 식견으로 판단하는 이로서 훌륭하게 사건을 판단하는 이들을 말한다. 執理家者 平均識達斷 善斷事家"라고 하였다. [참고문헌] 『集異門足論』, 『華嚴經疏鈔』, 『瑜伽師地論略纂』, *Yogā-bh.174.*

집몰 集沒 Ⓟ samudaya atthagama, samudaya nirodha. 모였다가 사라지다. 유위법(有爲法)의 특징 중 짓는 모습이다. 『지세경』 권4(대정장14, p.663a24)에 "지세야, 생멸이란 곧 집몰의 뜻을 아는 것이다. 만약 법에 모이는 일이 없으면 사라질 것도 없으며, 만약 '집'이 일어나지 않으면 곧 물러남도 없고, 또한 머물다 변할 것도 없다. 지세야, 이것을 유위를 여실하게 아는 것이라고 한다. 사람이 유위를 여실하게 알면 분별 가운데 떨어지지 않는다. 즉 생멸주이를 말한다. 持世 生滅者卽是見集沒義 若法無集 則無有沒 若不起集 則不有退 亦無住異 持世 是名有爲如實知見 若人如實知見有爲 則不墮數中 所謂生滅住異", 『대비바사론』 권2(대정장27, p.8a4)에 "내가 만일 이 신(信) 등의 오근에 대해서 집·몰·미·과·환·출·리를 여실하게 알지 못하면, 모든 번뇌가 영원히 다한 무상의 깨달음을 증하지 못하리라. 我若於此信等五根 未如實知是集沒味過患出離 未能證得諸漏永盡 無上菩提", *Kiṃsukā-sutta*(*SN.4,* p.192)에 "존자여, 비구가 오취온의 집과 멸을 여실히 알면, 존자여 그로써 비구의 견은 실로 깨끗해집니다. yato kho āvuso bhikkhu pañcannam upādānakkhandhānaṃ samudayañca atthagamañca yathābhūtam pajānāti. ettāvatā kho āvuso bhikkhuno dassanaṃ suvisuddhaṃ hotīti"라고 하였다. [참고문헌]『持世經』, 『大毘婆沙論』, *SN.*

집문사성 什門四聖 구마라집(鳩摩羅什) 문하의 뛰어난 네 제자. 도생(道生)·승조(僧肇)·도융(道融)·승예(僧叡)를 말한다. 『석씨계고략』 권2(대정장49, p.785c15)에 "스님의 제자로 생·조·융·예를 집문사성이라 한다. 師之弟子曰 生肇融叡 謂之什門四聖"라고 하였다. [참고문헌]『釋氏稽古略』, 『北山錄』 권4(대정장52, p.597c5), 『釋氏通鑑』 권3(卍속장131, p.803a3). ⇨ 집문십철 什門十哲, 구마라집 鳩摩羅什

집문십철 什門十哲 구마라집(鳩摩羅什) 문하의 뛰어난 열 제자. 집문사성(什門四聖)·집문팔준(什門八俊)과 함께 열 제자로 말한다. 『석씨계고략』 권2(대정장49, p.785c15)에 "스님의 제자로 … (집문사성에) 담영·혜관·혜엄·승략·도상·도표를 더하여 집문십철이라 한다. 師之弟子曰 … 加曇影 慧嚴 慧觀 僧䂮 道常 道標 謂之什門十哲"라고 하였다. [참고문헌]『釋氏稽古略』. ⇨ 집문사성 什門四聖, 구마라집 鳩摩羅什

집물 什物 Ⓢ bhāṇḍa-upaskara, Ⓣ snod-spyad. 언제나 곁에 두고 쓰는 생활용품. 특히 승가의 공유물을 일컫기에 십물(什物)·집기(什器)·집보(什寶)·상주물(常住物)·상집물(常什物)·상집(常什) 등이라고도 한다. 집은 잡(雜)·취(聚) 등의 뜻이지만 약간의 꼭 필요한 등의 의미로 넘치지 않는 뜻이다. 일상생활에 필요한 용품을 가리킨다. 승중(僧衆)이 각자 지니는 물건을 경물(輕物)이라 하고, 대중이 함께 중히 여기는 뜻에서 중물(重物)이라 불러서 사중(寺中)에서 함께 쓰는 일용품을 집물이나 자재(資財)라 불렀다. 『일체경음의』 권22(대정장54, p.444c1)에 "『한서집주』에 '집물이란 생활 도구이다'라고 하였다. … 오나라와 초나라 일대에서는 살아감에 돕는 갖가지 도구를 집물이라 한다. 漢書集注曰 什物者 爲生之具也 … 吳楚之間 謂資生雜具 爲什物", 『석씨요람』 권중(대정장54, p.278c24)에 "집물 : 『경음소』에 '집은 잡 또는 취의 뜻이다'라고 하였다. 이는 받아 쓰는 모든 기물을 말한다. 什物 經音疏云 什者 雜也 聚也 乃是一切受用器物也", 『인왕반야경소』 권하5(대정장33, p.344b23)에 "집물은 삼의·발우·좌구·삭도·갈자·오자·도자·녹수대·발대·침통을 말한다. 什物者 三衣 鉢 坐具 剃刀 褐子 烏子 刀子 漉水帒 鉢帒 針筒", 60권본 『화엄경』 권57(대정장9, p.765a16)에 "승가람을 짓고 집물을 헤아리고 가렸다. 造僧伽藍營辦什物", 『유가사지론약찬』 권1(대정장43, p.18a7)에 "집물을 갖춘다는 말은 나머지 아홉 가지 그 밖을 말한다 하였으나, 나머지란 침상이나 서안 등으로 몸을 돕는 가구다. 평상이나 책상 등 생활에 필요한 물품을 갖춘다는 말이다. 집물은 갖춘다는 뜻이지만 꼭 열 가지라는 뜻이 아니다. 什物之具者 除餘九外 餘床机等 資身之具 什物者 具義 非是十數", 『선림상기전』 권19(불광장, 禪藏, p.1447)에 "『경국대전주해』에 이렇게 전한다. '집물의 집은 수를 뜻하는데 필요한 물품이 한 가지가 아니므로 집이라 한다. 숫자를 들어 말하였지만 오히려 「약간」이라는 말이다'. 經國大典注解云 什物 什 數也 所用之物非一 故曰什 擧成數也 猶言若干也"라고 하였다. [참고문헌]『一切經音義』, 『釋氏要覽』, 『仁王般若經疏』, 『華嚴經』, 『瑜伽師地論略纂』, 『禪林象器箋』, 『翻譯名義集』 권3 「什物篇」(대정장54, p.1107c16), *Bodh-bh.102.* ⇨ 집기 什器, 상주물 常住物, 사의집물 四依什物

집법금강 集法金剛 아난(阿難)의 밀호(密號). 『태장금강교법명호』(대정장18, p.205a18)에 "다섯째 아난〈밀호는 집법금강이다〉. 第五阿難〈集法金剛〉"라고 하였다. [참고문헌]『胎藏金剛教法名號』. ⇨ 아난밀호 阿難密號

집법자 集法者 법을 모은 사람. 삼장(三藏)을 결집한 이들. 『성실론』 권1(대정장32, p.245a6)에 "어떤 사람은 이렇게 말한다. '부처님의 말씀을 담은 경에는 모두 뜻과 풀이가 있다. 다만 법을 모은 사람들이 깊은 뜻의 경전을 지어 아비담중에 두었을 뿐이다. 가령 내결과 외결이라는 용어로 인하여 어떤 사람이 밤새도록 뜻을 풀려 들지만, 이 뜻은 마땅히 모든 결사(번뇌)의 모음 중에 있다'. 或有人言 佛所說經 皆有義解 但集法者 撰深義經 置阿毘曇中 如因內結外結 人終夜解義 此義應在 結使聚中"라고 하였다. [참고문헌]『成實論』.

집법지 集法智 Ⓢ samudaye dharma-jñāna, Ⓣ kun-'byung-la-chos-shes-pa. 견도위에서 욕계(欲界)의 집혹(集惑)을 끊고 얻은 무루지(無漏智). 구역어는 습법지(習法智)다. 『순정리론』 권29(대정장29, p.684a5)에 "이 집법지인과 무간에 욕계의 집성제를 반연하여 법지가 생겨나니, 이를 집법지라 한다. 此忍無間卽緣欲集 有法智生 名集法智", 『대명삼장법수』 권36(영락장183, p.34a3)에 "(팔지 중) 셋째 집법지 : 욕계집제를 관하여 견혹을 끊은 지가 밝게 드러나는 것이다. 三 集法智 謂因觀欲界集諦 而斷見惑之智明發也"라고 하였다. [참고문헌]『順正理論』, 『大明三藏法數』, *Abh-k-bh.325·351.* ⇨ 팔지 八智, 십육심 十六心, 법지 法智 ■

집법지인 集法智忍 Ⓢ samudaya-dharma-jñāna-kṣānti, Ⓣ kun-'byung-ba-la-chos-shes-pa'i-bzod-pa. 견도(見道)에 들어 욕계집제를 관하여 얻은 인(

忍). 집법지(集法智) 얻은 후 무간(無間)에 얻는다. 집법인(集法忍)이라고도 하며 구역어는 습법인(習法忍)이다. 『순정리론』 권62(대정장29, p.684a3)에 "앞의 고류지가 생겨난 뒤 다음으로 욕계의 집성제경을 연하여 법지인이 생겨나니 이를 집법지인이라 한다. 前苦類智後 次緣欲界集聖諦境 有法智忍生 名集法智忍", 『대명삼장법수』 권24(영락장182, p.404a9)에 "(팔인 중) 셋째 집법인 : 집이란 불러 모은다는 뜻이니, 욕계집제의 견사혹을 관하면 진여의 이치가 현현하여 무루법인이 생겨나니, 이를 집법인이라 한다〈견혹이란 의근이 법진에 대해 일으키는 모든 분별을 견혹이라 한다. 사혹이란 안 등의 오근이 색 등의 오진에 대해 일으키는 탐애를 사혹이라 한다〉. 三集法忍 集卽招集之義 謂觀欲界集諦見思之惑 眞如理顯生無漏法忍 是名集法忍〈見惑者 謂意根對法塵起諸分別曰見惑 思惑者 謂眼等五根對色等五塵起諸貪愛曰思惑也〉"라고 하였다. 〔참고문헌〕『順正理論』, 『大明三藏法數』, *Abh-k-bh.325*. ⇨ 십육심 十六心, 법인 法忍 ❶, 습법인 習法忍

집병지장범지 執甁持杖梵志 언제나 물병과 지팡이 들고 다니는 범지. 집조관장범지(執澡灌杖梵志)라고도 한다. 『대비바사론』 권48(대정장27, p.249a15)에 "계경에서는 다음처럼 설했다. '집병지장범지는 대가다연나(大迦多衍那 Ⓢ Mahākātyāyana)의 처소에 와서 이렇게 물었다. 「어떤 이유로 찰제리(刹帝利 Ⓢ kṣatriya)는 찰제리와 다투고, 바라문(婆羅門 Ⓢ brāhman)은 바라문과 다투고, 폐사(吠舍 Ⓢ vaiśya)는 폐사와 다투고, 수달라(戍達羅 Ⓢ śūdra)는 수달라와 다투는 것입니까?」 존자가 답하였다. 「그들은 탐욕·진에·애욕이라는 쟁근으로 인해 서로 싸움을 일으키는 것입니다」. 범지가 다시 말했다. 「어떤 이유로 출가자들은 집도 가진 것도 쌓아둔 것도 없는데 서로 마주하여 싸우는 것입니까?」 존자가 답하였다. 「그들은 잘못된 계율에 대한 집착(戒禁取見)과 이 몸이 실로 있다는 집착(有身見)의 쟁근으로 인해 서로 싸움을 일으켜 다툽니다」'. 如契經說 執甁持杖梵志 詣大迦多衍那所 作是問言 何因何緣 刹帝利與刹帝利諍 婆羅門與婆羅門諍 吠舍與吠舍諍 戍達羅與戍達羅諍 尊者答言 彼由貪瞋愛諍根故 互興鬪諍 梵志復言 何因何緣 諸出家者 無有室宅攝受積聚 面相鬪諍 尊者答言 彼由戒禁取 及此實執見諍根故 互興鬪諍"라고 하였다. 〔참고문헌〕『大毘婆沙論』. ⇨ 집조관장범지 執澡灌杖梵志, 차실집취신계 此實執取身繫

집복덕왕삼매 集福德王三昧 복을 쌓아 그 덕이 자재해 왕과 다름없는 삼매. 사종정(四種定) 중 하나로, 집복정왕(集福定王)이라고도 한다. 『화엄오교장』 권3(대정장45, p.495a2)에 "둘째, 4·5·6지에서 외도의 아집습기를 멸하여 이 한 위의 상이 이승과 같음을 드러내고 집복덕왕삼매를 얻어 아덕을 이루는데 방편생사는 제한다. 二 四五六地 滅外道我執習 顯此一位相同二乘 得集福德王三昧 成於我德 除方便生死"라고 하였다. 〔참고문헌〕『華嚴五教章』. ⇨ 사종정 四種定

집사 執士 할 일을 잊지 않고 가져 살피는 사람. 『선원청규』 권8 「귀경문 龜鏡文」(卍속장111, p.919b9)에 "설사 죽과 밥을 담당하는 소임이나, 한 때 교화를 주도하는 총림의 집사로서 우연히 권도를 맡았더라도 항상 동포를 공경하는 마음으로 맞이해야 하며 망령되게 스스로 대단하다고 여겨서는 안 된다. 設使粥飯主人 一期主化 叢林執士 偶爾當權 常宜敬待同袍 不得妄自尊大"라고 하였다. 〔참고문헌〕『禪苑淸規』.

집사 執事 ❶ 선종에서 지사(知事)를 달리 부르는 말. 총림의 여러 일들을 하며 대중을 섬긴다. 『선림상기전』 권7(불광장, 禪藏, p.467)에 "집사 : 지사를 말한다. 『허당록』 권1(대정장47, p.988c29)에 '집사에게 감사하는 의미로 법좌에 올라 말했다. 「한번은 뛰어오르고 한번은 뛰어내리니 사자인 듯, 한번은 새롭게 하고 한번은 예전 그대로 한다. 온화한 기운은 저 봄인 듯하다. 은혜 갚으려면 긴 것 짧게 하지 말아야 하니, 기껏해야 그저 앉아 있을 뿐이니 어찌하랴. 이 집안에도 사람인 줄 알아야 하리」' 하였다. 『주례』 「천궁」 '대재'에 '제사를 올리기 10일 전에 집사를 이끌고 그날의 길흉을 점친 다음 재계를 한다' 하였고, 주석에서 '집사는 (종묘의 제사 등을 관장하는) 종백(宗伯)이나 (점치는 일을 관장하는) 태복(大卜)과 같은 류다'라고 하였다. 執事 卽知事也 虛堂愚和尙報恩錄曰 謝執事上堂 一跳一躑 師子嚬呻 一新一舊 和氣如春 報恩 尺不如寸 贏得癡坐 何也 家裏有人 周禮天宮大宰曰 前期十日 帥執事而卜日 遂戒 註 執事 宗伯大卜之屬"라고 하였다. 〔참고문헌〕『禪林象器箋』, 『虛堂錄』. ⇨ 지사 知事 ❷ Ⓢ vaiyāvṛtya-kara, vaiyyāvṛtya-kara, Ⓟ veyyāvacca-kara, Ⓣ zhal-ta-ba. 승가에서 계율에 의지해 비구들이 직접 할 수 없는 일을 대신해 하는 청신사. 비구들이 범계하지 않고 청정을 유지할 수 있게 하기에 정인(淨人)이라고도 한다. 『미사새오분계본』(대정장22, p.196b14)에 "이 비구가 말하였다. '저는 옷을 살 돈(衣直)을 받아서는 안 됩니다. 그러나 만약 정의(淨衣)를 얻는 경우라면, 직접 받아서 잘 가지고 있을 것입니다'. 사신이 '대덕이시여! 집사가 있습니까?'라고 말하자 비구는 바로 집사가 있는 곳을 가리켜 주었다. 사신은 바로 집사가 있는 곳으로 가서 '저희 왕과 대신들이 이렇게 옷을 살 돈을 아무개 비구에게 보내려 합니다. 당신이 받아서 옷을 구해 주시오'라고 말한 다음 바로 그에게 돈을 주었다. 사신은 이 일을 마치자 비구가 있는 곳을 돌아와 말했다. '대덕이시여! 일러주신 집사라는 사람에게 제가 옷을 살 돈을 주었습니다. 대덕께서 옷이 필요하시면 바로 가서 얻으실 수 있습니다'. 是比丘言 我不應受衣直 若得淨衣 當手受持 使言 大德 有執事人不 比丘卽指示處 使便到執事所語言 某王 大臣 送此衣直 與某甲比丘 汝爲受作取 便與之 使旣與已 還比丘所 白言 大德 所示執事人 我已與竟 大德須衣 便可往取"라고 하였다. [참고문헌]『彌沙塞五分戒本』, *Śikṣ.55·56.*, *Prāt-m.27.*, *Mvyut.269.*, *Vin.3.220.* ⇨ 집사인 執事人, 정인 淨人

집사단 執事單 일을 맡은 이들의 이름을 적는 명부. 용상방(龍象榜)·육색방(六色榜)이라고 한다. 『백장청규증의기』 권8(卍소장111, p.855a5)에 "안팎으로 맡은 일은 갖추어 집사단에 갖추어 대중이 보게 한다. 內外執事 俱照執事單"라고 하였다. [참고문헌]『百丈淸規證義記』. ⇨ 용상방 龍象榜, 육색방 六色榜

집사문불응배속등사 集沙門不應拜俗等事 당대 언종(彦悰) 지음. 6권. 고려장32, pp.542a1~589b17, No.1068·대정장52, pp.443a3~474c9, No.2108에 수록되어 있다. 『사문불경속록 沙門不敬俗錄』·『사문불배속의 集沙門不拜俗議』·『사문불응배속사 沙門不應拜俗事』·『불배속의등사 不拜俗儀等事』 등이라고도 한다. 동진(東晋) 함강 6년(340)부터 당 고종 용삭 2년(662)까지 출가한 사문(沙門)이 속인(俗人)인 부모님이나 임금에게 절을 해야하는가 하지 않아야 하는가에 대해 논의한 주·조·칙·계·표·장·사·서·난·답(奏詔勅啓表狀事書難答) 등을 모아서 「고사편 故事篇」·「성조의불배편 聖朝議不拜篇」·「성조의배편 聖朝議拜篇」 등 세 부분으로 분류하여 수록한 책이다. 이 중 「고사편」에서는 수(隋)대 때까지 사문들의 치경(致敬)의 일화를 수록하였고, 「성조의불배편」에서는 사문은 속인에게 절을 해서는 안된다는 당대 논의를 제시한다. 「성조의배편」에서는 사문은 마땅히 속인에게 절을 해야 한다는 주장만을 모아놓았다. 마지막에는 저자의 결론이 「사문불응배속총론」이라는 제목 아래 드러냈는데, 요지는 출가한 사문은 왕을 포함한 모든 속인들에게 절을 해서는 안된다는 것이었다. 사문이 속인인 임금에게 절을 해야 하는가 하지 않아야 하는가의 문제는 동진 성제(成帝) 때 유빙(庾冰)에 의해 제기되었으며, 당 고종은 칙령으로 절을 하도록 하였으나 도선(道宣) 등의 반발로 이루어지지 않았다. ⇨ 사문불경왕자론 沙門不敬王者論

집사인 執事人 Ⓢ vaiyāpṛtya-kara, vaiyyāvṛtya-kara, Ⓟ veyyāvacca-kara. 승가의 청정(淸淨)을 지키기 위해 범계의 소지가 있는 일을 도맡아 하는 재가자. 특히 금전출납 등을 맡는 사람으로 정인(淨人)·작인(作人)·사인(使人) 등이라고도 한다. 『마하승기율』 권9(대정장22, p.305c26)에 "사신이 비구에게 말하였다. '존자시여, 항상 비구를 대신하여 일을 맡아 볼 집사인이 있습니까?' 그 비구가 사신에게 집사인으로 원민이나 우바새를 가리키면서 사신에게 말했다. '이 사람들이 비구들을 대신하여 일을 맡을 것이다'. 使語比丘言 尊者有執事人 常爲諸比丘執事不 是比丘 應示使執事人 若園民 若優婆塞 應語使者言 是人等 能爲諸比丘執事", 『목련오백문계율중경중사경석』 권하(卍속장95, p.633a9)에 "만약 어쩔 수 없이 돈을 받고자 한다면 마땅히 재가 집사인 한 사람이 대신 가져 두고 쓰도록 하겠다. 사미일지라도 얻고 지녀서는 안 된다. 계상과 어긋나기 때문이다. 若必欲乞錢 當將一白衣執事人 代持置辦 若沙彌亦不得持 以與彼戒相違故", 『백장청규증의기』 권1(卍속장111, p.591a14)에 "비구가 스스로 옷값을 지니고 있을 수 없으니 집사인이 대신 받도록 한다. 不敢自持衣價 令執事人代收"라고 하였다. [참고문헌]『摩訶僧祇律』, 『目連五百問戒律中輕重事經釋』, 『百丈淸規證義記』, *Śikṣ.114.*, *Prāt-m.27.*, *Vin.3.220.* ⇨ 사인 使人, 정인 淨人

집사자국 執師子國 Ⓢ Siṃhala, Ⓟ Sīhaḷa. 지금의 스리랑카(Sri Lanka). 음사어는 승가라(僧伽羅). 사자국이라고도 한다. 『자은전』 권4(대정장50, p.241b1)에 "그때 제바보살이 집사자국에서 찾아와 논쟁해 보고자 문에 다가와 들여보내 달라고 부탁하여 문지기가 위에 알렸다. 용맹보살이 이전부터 그 이름을 알고 있어 마침내 발우 가득 물을 담아서 제자에게 들고 가서 보여주라고 시켰다. 제바가 물을 보고 묵묵히 바늘을 던져놓자 제자가 가지고 돌아왔다. 용맹이 보고 나서 매우 기뻐하며 감탄하였다. 時 提婆菩薩 自執師子國 來求論難 造門請通 門司爲白 龍猛素知其名 遂滿鉢盛水 令弟子 持出示之 提婆見水 默而投針 弟子將還 龍猛見已 深加喜歎"라고 하였다. [참고문헌]『慈恩傳』, *Bv.69.* ⇨ 스리랑카불교 Sri Lanka佛教, 사자국 師子國

집사제자 執事弟子 Ⓟ bhikkhu upaṭṭhāka. 가까이에서 모든 일을 도와 모시는 제자. 시자(侍者)·근시(近侍)·근시제자(近侍弟子)라고도 한다. 『장아함경』 권1 「대본경 大本經」(대정장1, p.3a15)에 "비바시불의 집사제자가 있었으니 무우라고 이름하였다. … 나의 집사제는 아난이라고 이름한다. 부처님께서 이때 게송으로 말씀하셨다 … 이 일곱 분의 현명한 제자가 칠불의 옆에서 시중들었네. 毗婆尸佛 有執事弟子 名曰無憂 … 我執事弟子 名曰阿難 佛時頌曰 … 此七賢弟子 侍七佛左右"라고 하였다. [참고문헌]『長阿含經』, 『釋氏六帖』(대장경보편13, p.8a6), *DN.2.6.* ⇨ 시자 侍者

집산 集散 ❶ 모이고 흩어지는 것. 『순정리론』 권32(대정장29, p.523a22)에 "따라서 겁이 무너지는 괴위에서는 유정이 상계에 모이지만, 겁이 이루어지는 때(成劫)에는 유정은 하계로 흩어진다. 죄와 복이 줄거나 죄와 복이 늘거나 함에 따라 모이고 흩어지면서 돌고 돈다. 故劫壞位 有情上集 於劫成時 有情下散 由罪福減 及福罪增 集散旋環"라고 하였다. 〔참고문헌〕『順正理論』. ❷ 흩어 말한 것. 다시 모아 말해주는 집시(集施 Ⓢ udāna)를 달리 이르는 말. 『구사론기』 권1(대정장41, p.11a14)에 "가령 오다남이라고 하는 것은 한역하여 집산이라 하니, 산문으로 설한 것을 한데 모으기 때문이다. 또는 집시라고 하니, 설한 뜻을 모아서 유정들에게 베풀기 때문이다. 若言鄔陀南 此云集散 集散說故 或言集施 集所說義 施有情故"라고 하였다. 〔참고문헌〕『俱舍論記』. ⇨ 집시 集施, 오다남 鄔陀南❷

집상응염 執相應染 육염심(六染心) 중 하나. 『대승기신론』 권상(대정장32, p.586a22)에 "첫째, 집상응염이다. 성문연각 그리고 신상응지의 보살들이라면 능히 멀리 벗어난다. 一 執相應染 聲聞緣覺 及信相應地 諸菩薩 能遠離", 『대승기신론열망소』 권3(대정장44, p.441c22)에 "집상응염은 아집과 상응하는 견혹과 사혹을 말한다. 성문초과나 연각유학이나 신성취발심보살은 모두 단번에 견혹을 끊고 점차로 사혹을 끊는다. 그러므로 '능히 멀리 벗어난다'고 한다. 執相應染 謂我執相應之見思惑也 聲聞初果 緣覺有學 信成就發心菩薩 皆能頓斷見惑 漸斷思惑 故云能遠離也", 『대승기신론의기』 권하본(대정장44, p.267b6)에 "첫째, 집상응염이란 육추 가운데 집취상과 계명자상이며, 또한 이것들의 의식에서 일어나는 견애번뇌가 증장하는 뜻이기도 하고, 사상 중에 추분별의 집착상이기도 하다. 거친 마음으로 밖을 집착하여 그 경과 상응함으로써 정행을 물들이기에 염이라 한다. 初 執相應染者 是六麤中 執取相 及計名字相 亦是上意識 見愛煩惱 所增長義 亦是上四相中 麤分別執著相也 但麤心外執 與境相應 汚其淨行 故云染也", 『기신론찬주』 권상(卍속장71, p.913a2)에 "집상응염이란 무엇인가? 망경에 의존하여 집취와 계명자로 멋대로 일으켜 마음과 경이 상응하며 깨끗한 성품을 오염시킨다. 이를 집상응염이라 한다. 言執相應染者 謂依妄境 執計橫生 心境相應 染汚淨性 名執相應染", 원효(元曉)의 『금강삼매경론』 권상(대정장34, p.969b29 · 한불전1, p.617c16)에 "추 중에 추라는 말은 집상응염과 부단상응염을 가리킨다. 이들은 모두 육식에 있기에 범부경계다. 麤中之麤者 謂執相應染 不斷相應染 皆在六識故 凡夫境界也"라고 하였다. 〔참고문헌〕『大乘起信論』, 『大乘起信論裂網疏』, 『大乘起信論義記』, 『起信論纂註』, 『金剛三昧經論』, 『大乘義章』 권3(대정장44, p.526b27). ⇨ 육염심 六染心, 집취상 執取相, 육추 六麤

집상자재무명 執相自在無明 상에 집착하여 자재함을 잃게 하는 무명. 상에 집착한 즉 자재한 승공덕법을 가리게 해서 제8지를 장애한다. 『금광명최승왕경』 권4(대정장16, p.420a3)에 "어무상관공용무명과 집상자재무명이라는 이 두 무명은 제8지를 가로막는다. 於無相觀功用無明 執相自在無明 此二無明 障於八地", 『인왕호국반야바라밀다경소』 권하(대정장33, p.507c12)에 "저 공용의 바탕에 두 무명이 있으니, 저 『금광명최승왕경』에 설함과 같다. 첫째는 어무상관공용무명이니, 상 없는 중에 자재를 얻지 못하고 반드시 공용을 말미암아야만 비로소 일으킬 수 있다. 둘째는 집상자재무명이니, 상에 집착하기에 상에 의해 자재상을 얻지 못한다. 또한 땅이라는 상의 일분을 거두기 때문이다. 무엇이 그 상인가? 드러난 신상 및 정토상이 모두 상의 이름이다. 저 두 무명은 이 지에 들어서야 길이 끊으니, 저곳으로 말미암아 두 무명 길이 끊어지기에 이 중에 두 자재를 얻는다. 彼功用體有二無明 如金光明云 一者 於無相觀功用無明 謂無相中 未得自在 要由功用 方得起故 二者 執相自在無明 謂執相故 令於相中不得自在相 亦攝土相一分故 云何爲相 謂示現身相 及淨土相 皆名相故 彼二無明 入此地時 便永斷故 由彼永斷故 此中得二自在", 『인왕경소법형초』 권6(卍속장41, p.269a17)에 "집상자재무명이란 무명력으로 저 상에 빠져 집착함이니, 상에 붙들리기에 '집상'이라 하고, 집상은 곧 무명이니 '집상무명'이라 한다. 이 무명은 저 자재승묘공덕법을 가로막는다. 자재함이 집상으로 빛을 잃었기에 집상자재무명이라 한다. 執相自在無明者 由無明力 迷執彼相 相之執故 名爲執相 執相卽無明 名執相無明 而此無明 障彼自在勝功德法 自在之執相無明 名執相自在無明"라고 하였다. 〔참고문헌〕『金光明最勝王經』, 『仁王護國般若波羅蜜多經疏』, 『仁王經疏法衡鈔』, 『合部金光明經』 권3(대정장16, p.374c22).

집성 執成 성과에 대한 집착. 인지적 논리적 과(果)에 집착하는 뜻이다. 『화엄오교장』 권4(대정장45, p.500a13)에 "'유도 아니고 무도 아닌가?' '그렇지 않다. 집착으로 성립하기 때문이다'. 又 非有非無耶 不也 執成故", 『화엄오교장복고기』 권3상(卍속장103, p.537a1)에 "성에 집착한다는 말은, 제4구는 쌍으로 부정하기에 '유에 집착한다'고 하지 않고 '성에 집착한다'고 말한다. 이는 이룬 바에 대한 집착일 뿐이다. 云執成者 以第四句雙非故 不言執有 乃云執成 是執所成故"라고 하였다. 〔참고문헌〕『華嚴五教章』, 『華嚴五教章復古記』.

집성자성 集性自性 Ⓢ samudaya-svabhāva. 모여진 것들의 자성. 칠종자성(七種自性) 중 하나다. 『능가경주해』 권1(대정장39, p.351b4)에 "집성자성이다. 온갖 선을 쌓아 모은 인이다. 모여진 인으로 말미암아 성도 있고 상도 있게 되는데, 성은 안이고 상은 밖이다. 集性自性 卽萬善聚集因也 由集因故 有性有相 性內而相外也", 『관능가경기』 권1(卍속장25, p.754b18)에 "집성자성이란 집은 모아 쌓는다는 것이다. 이것은 수론의 논사들이 세운 이십오법을 가리킨다. 集性自性者 集謂集聚 此指數論師所立 二十五法"라고 하였다. [참고문헌] 『楞伽經註解』, 『觀楞伽經記』, 『楞伽經』 권1(대정장16, p.483b11), *Laṅk.39.* ⇨ 칠종자성 七種自性

집성제 集聖諦 Ⓢ samudaya-satya, samudaya ārya-satya, Ⓟ samudaya-sacca, Ⓣ 'phags-pa'i-bden-pa-kun-'byung-ba. 사성제(四聖諦) 중 과(果)인 고(苦)의 인(因)으로서의 집(集)이라는 진실. 집제(集諦)라고도 하는데, 집의 진실이 번뇌라 하면 집제라 하고 그 집의 진실을 알아 닦으면 집성제라 한다. 『대보적경』 권51 「보살장회 菩薩藏會」(대정장11, p.301a17)에 "집성제란, 오수온인으로 수면의 애와 견을 '집제'라 함에 보살마하살이 이 인법, 애나 견에 대해 늘려 더함이나 취함과 미혹함이 없이 명료히 통달함이다. 이와 같으면 집성제라 한다. 集聖諦者 五受蘊因 隨眠愛見 是名集諦 菩薩摩訶薩 於此因法 若愛若見 無有增益 無取無迷 明了通達 如是則名爲集聖諦", 36권본 『대반열반경』 권7 「사제품 四諦品」(대정장12, p.647b22)에 "만약 능히 법이 상주해서 다르지 않는 줄 알면 이를 집을 안다고 하며 집성제라 하지만, 어떤 이가 이처럼 수습치 못하면 이는 다만 집이라 하지 집성제는 아니다. 若能知法 常住不異 是名知集 名集聖諦 若人不能如是修習 是名爲集 非集聖諦", 『선법요해』 권하(대정장15, p.294a17)에 "집제에는 두 가지가 있다. 첫째는 집제고, 둘째는 집성제다. 집제는 출생의 상으로 이른바 애 등의 모든 번뇌이니 이를 집제라 한다. 집성제는 끊음으로써 도를 닦아야 집성제다. 集諦有二種 一者 集諦 二者 集聖諦 集諦者 出生相 所謂愛等諸煩惱 名爲集諦 集聖諦者 以斷故修道 是爲集聖諦"라고 하였다. [참고문헌] 『大寶積經』, 『大般涅槃經』, 『禪法要解』, *Śrāv-bh.252.*, *Vism.202.* ⇨ 집제 集諦, 사성제 四聖諦, 제 諦

집성제사상 集聖諦四相 십육행상(十六行相) 중 집성제의 네 가지 행상(行相 Ⓢ ākāra). 『구사론』 권26(대정장29, p.137a8 : *Abh-k-bh.*, p.400)에 "이와 같다 설하는 것에 실사(實事) 또한 열여섯 가지다. … 집성제에 사상이 있으니 인·집·생·연이다. 종자의 뜻과 같아서 인이고, 모여 나타난다는 뜻에서 집이며, 상속의 뜻이기에 생이고, 가려 성취하는 뜻에서 연이다. 진흙덩이와 물레와 밧줄과 물 등의 뭇 연이 화합하여 항아리 등을 가려내 성취하는 것과 같다. 如是說者 實亦十六 … 集聖諦 有四相 一 因 二 集 三 生 四 緣 如種理故因 等現理故集 相續理故生 成辦理故緣 譬如泥團輪繩水等 衆緣和合 成辦甁等 hetur-vīja-dharma-yogena. samudayaḥ prādurbhāva-yogena. prabhavaḥ prabandha-yogena. abhiniṣpādana-arthena pratyayaḥ. tadyathā mṛtpiṇḍa-daṇḍa-cakra-sūtrodaka-samavāyāt ghaṭa-abhiniṣpattir-bhavati tadvad-iti"라고 하였다. [참고문헌] 『俱舍論』, *Abh-k-bh.*

집수 執手 Ⓢ pāṇy-āpti, Ⓣ lag-bcangs. 손을 잡다. 도사다천(都史多天 : 兜率天)에서 열애하는 방식. 『순정리론』 권31(대정장29, p.519b15)에 "도사다천에서는 손을 잡는 것만으로도 뜨거운 번뇌가 바로 식는다. 覩史多天 但由執手 熱惱便息"라고 하였다. [참고문헌] 『順正理論』, *Abh-k-bh.169.* ⇨ 욕천오음 欲天五婬

집수 執受 Ⓢ upādāna, upātta, upādatta, Ⓣ blangs-pa, zin-pa. 거둬들여 가져서 받아들인 줄 아는 것. 아비달마에서는 집수는 오근(五根) 또는 유근신(有根身)을 가리키며 무집수(無執受)에 상대한 유집수(有執受)다. 유식에서는 거둬 가져서 알아차려 받아들이기까지로(攝持覺受) 아뢰야식의 종자(種子)까지 거둔다. 『대승아비달마집론』 권3(대정장, p.672a5 : *Abh-s.*, p.29)에 "무엇을 집수라 하는가? 몇 가지가 집수인가? 어떤 뜻으로 집수를 관하는가? 받아 남에 의지하는 색이기 때문이니 이것이 집수의 뜻이다. 색온의 일분과 오유색계처의 전부와 사처의 일분이 집수에 해당한다. 云何執受 幾是執受 爲何義故觀執受耶 謂受生所依色故 是執受義 色蘊一分 五有色界處全 及四一分 是執受 katham upāttaṃ katy upāttāni kimartham upāttaparīkṣā. vedanotpatyāśrayarūpata upāttaṃ draṣṭavyam. rūpaskandhaikadeśaḥ pañcarūpīṇi dhātvāyatanāni caturṇāṃ caikadeśaḥ. dehavaśavarttyātmābhiniveśatyājanārtham", 『대승아비달마잡집론』 권5(대정장31, p.716a7 : *Abh-s-bh.*, p.43)에 "만약 이 색에 의지해서 수를 얻어 나게 된다면 이를 집수라 한다. … '색온의 일분'이란 근분이 근의 거처를 거둔 것을 말한다. '오유색계처의 전부'란 안 등을 말한다. '사처의 일분'이란 근을 여의지 않는 색향미촉을 말한다. 유근신을 자재히 구르는 아라고 집착하는 것을 버리게 하기 위해서 집수를 관하는 것이다. 若依此色受得生 是名執受 … 色蘊一分者 謂根根居處所攝 五有色界處全者 謂眼等 四一分者 謂不離根色香味觸 爲捨執著身自在轉我故 觀察執受 vedanotpattyāśrayarūpata iti yad rūpam āśritya vedanotpadyate tad upāttam ity ucyate. rūpaskandhaikadeśaḥ sādhiṣṭhānendriyasaṃgahīta ḥ. pañca rūpīṇi dhātvāyatanāni cakṣurādīni. caturṇāṃ caikadeśaḥ rūpagandharasasprastavyānām indriyāvinirbhāgī", 『성유식론』 권3(대정장31, p.14c7)에 "능히 제법의 종자를 집지해 색근의처를 집수하며, 결생과 상속을 집취하기 때문이다. 以能執持諸法種子及能執受色根依處 亦能執取結生相續", 『성유식론술기』 권3(대정장43, p.315c10)에 "다 모은 상으로 말하면, 집수의 의에서 집은 거두는 뜻이고 가지는 뜻이다. 수는 받아들임의 뜻이고 알아차리는 뜻이다. 거두어 자체로 삼고 가져서 무너지지 않게 한다. 안위를 함께하면서 (제8식은) 그것(종자와 유근신)을 받아 가지고 (유근신은 五識과 五俱意識의) 능히 알아차려 받아들임을 낳기에 이를 집수라 한다. 받아들여 경으로 삼기 때문이다. 總相而言 執受義者 執是攝義持義 受是領義覺義 攝爲自體 持令不壞 安危共同 而領受之 能生覺受 名爲執受 領爲境也", 같은 책 권4(대정장43, p.350c10)에 "종자에 대해서는 집지라 한다. 종자가 망실되지 않게 하지만 각수가 없기 때문이다. 색근과 의처에 대해서는 집수라 한다. 근이 허물지지지 않게 하고, 각수도 일으키기 때문이다. … 색근 등을 붙들어서 각수를 일으키기에 집수라 한다. 若望種子卽名執持 令種子不失 無覺受故 色根依處名爲執受 令根不壞 生覺受故 … 執色根等 令生覺受 名爲執受", 『종경록』 권49(대정장48, p.702b12)에 "집과 수에는 각기 두 가지 뜻이 있다. 먼저 집에 두 가지 뜻이 있으니 첫째는 거두는 뜻이고, 둘째는 지니는 뜻이다. 거둔다는 말은 거둬 자체로 삼는다는 것이고, 가진다는 말은 가져서 흩어지지 않게 한다는 것이다. 수에 두 가지 뜻이 있으니 첫째는 받아들이는 뜻이고, 둘째는 알아차리는 뜻이다. 또 영이란 받아들여 경이 되는 뜻이고, 각이란 능히 알아차려 받아들일 줄 알게 된다는 것이다. 執受各具二義 且執二義者 一 攝義 二 持義 言攝者 卽攝爲自體 言持者 卽持令不散 受二義者 一 領義 二 覺義 且領者 卽領以爲境 言覺者 卽令生覺受"라고 하였다. [참고문헌] 『大乘阿毘達磨集論』, 『大乘阿毘達磨雜集論』, 『成唯識論』, 『成唯識論述記』, 『宗鏡錄』, *Abh-s.*, *Abh-s-bh.* ⇨ 유집수 有執受, 유근신 有根身, 집취 執取[2], 무집수 無執受, 비집수 非執受

집수대종성 執受大種聲 Ⓢ upātta-mahābhūta śabda. 집수의 대종을 인으로 하는 소리. 유정의 신체를 인해서 나는 말소리나 손뼉치는 소리 등을 말한다. 『유가사지론』 권1(대정장30, p.279c7 : *Yogā-bh.*, p.614)에 "이와 같은 등류에 다양한 소리가 있다. 이를 세 가지로 간략히 하면, (첫째는) 집수의 대종으로 인한 소리이다. … 첫 번째 것은 오직 안인 몸만이 소리를 연한다. 如是等類有衆多聲 此略三種 謂因執受大種聲 … 初唯內緣聲 ityevaṃbhāgīyā bahavaḥ śabdāḥ. sa punarupāttamahābhūtahetuko'nupāttamahābhūtahetuka upāttānupāttamahābhūtahetukaścaḥ. tatra prathamo yo'dhyātmapratyaya eva", 『대승백법명문론해』 권하(대정장44, p.50c10)에 "(첫째는) 집수의 대종으로 인한 소리이다〈말소리 등〉. 因執受大種聲〈語等〉", 『종경록』 권58(대정장48, p.750b2)에 "첫째는 집수의 대종이 인이 되는 소리다. '인'이란, 임시로 빌린다는 뜻으로 저 제8식을 빌리고 사대로 나는 소리를 가져 받아들인 것이다. 곧 혈맥에서 흘러나오는 소리 등이 이것이니, 신체의 사대로서 유정들이 짓는 소리다. 모두 집수이기 때문이다. 一 因執受大種聲 因者 假藉之義 卽藉彼第八識 執受四大所發之聲 卽血脈流注聲等是也 卽內四大有情作聲 皆是執受故"라고 하였다. [참고문헌] 『瑜伽師地論』, 『大乘百法明門論解』, 『宗鏡錄』, *Yogā-bh.* ⇨ 집수 執受, 유집수 有執受, 성 聲, 대종 大種

집수법 執受法 심(心)과 심소(心所)에 의해 집수되는 색법(色法). 마음이 집수하는 신체(有根身)를 말한다. 집수색(執受色)과 같다. 『유가사지론』 권100(대정장30, p.880a1)에 "집수법이란, 모든 색법들은 심심소로서 집지된 것들이다. 저에 의탁하기에 심심소법이 구른 바로서 안위의 사태를 함께하는 것을 말한다. '안위를 함께 한다'란, 심심소법이 임지하는 힘에 의해 그 색은 끊어지지도 허물어지지도 문드러지지도 않으며, 또 이와 같이 집수되는 색은 어떤 때는 버려 적게 되고 또 어떤 때는 거둬 더하기에 그 심심소 또한 이에 따라 덜고 더한다. 執受法者 謂諸色法爲心心所之所執持 由託彼故心心所轉 安危事同 同安危者 由心心所任持力故 其色不斷不壞不爛 卽由如是所執受色 或棄損 或時攝益 其心心所 亦隨損益"라고 하였다. [참고문헌] 『瑜伽師地論』. ⇨ 집수색 執受色, 유집수 有執受, 비집수 非執受

집수부집수대종성 執受不執受大種聲 Ⓢ upātta-anupātta-mahābhūta śabda. 집수의 대종과 부집수의 대종을 인(因)으로 하는 소리. 유정의 신체와 외부의 사물이 함께 만들어내는 북소리·피리소리 등을 말한다. 『유가사지론』 권1(대정장30, p.279c9 : *Yogā-bh.*, p.614)에 "(셋째는) 집수의 대종과 집수 아닌 대종으로 인한 소리다. … 세 번째 것은 몸과 몸 아닌 바깥 것을 연으로 하는 소리다. 因執受不執受大種聲 … 後內外緣聲 upāttānupāttamahābhūtahetukaścaḥ … tṛtīyo yo bāhyādhyātmapratyaya eva", 『종경록』 권58(대정장48, p.750b6)에 "셋째는 집수와 집수 아닌 대종이 인이 되는 소리다. 가령 밖의 사대종으로 직접 그 소리를 만들어내는 경우와 같다. 즉 손은 내부의 사대종이 직접 소리를 만들어내는데 밖의 사대종은 다만 조연이 되어 함께 하나의 소리를 짓는다. 三 因執受不執受大種

聲 如外四大種 親造彼聲 卽手是 內四大種 親造果聲 外四大種 但爲助緣 共造一聲", 『원각경대소석의초』 권7(卍속장14, p.736b16)에 "(셋째는) 집수의 사대종과 집수 아닌 사대종으로 인한 소리다〈 … 북을 치거나 뿔을 불거나 피리를 불 때 나는 소리다〉. 因執受不執受大種聲〈 … 擊鼓吹角吹笛等聲也〉"라고 하였다. 〔참고문헌〕『瑜伽師地論』, 『宗鏡錄』, 『圓覺經大疏釋義鈔』, *Yogā-bh.* ⇨ 집수 執受, 무집수 無執受, 부집수대종성 不執受大種聲

집수색 執受色 집수되는 색. 식(識) 즉 심(心)과 심소(心所)에 의해 집수되는 색근(色根). 집수법(執受法)과 같다. 비집수색(非執受色)에 대칭한다. 『유가사지론』 권53(대정장30, p.593c29)에 "만약 식이 의지하는 집이라면 이를 집수색이라 한다. 이것은 다시 어떤 것인가? 식이 의탁하는 것으로서 안위의 사태를 함께하고, 화합해서 생장하며, 또 이것을 소의로 하기에 모든 수(受)를 낳는다. 若識依執 名執受色 此復云何 謂識所託 安危事同 和合生長 又此爲依 能生諸受", 『현양성교론』 권5(대정장31, p.503c19)에 "스물여섯 가지의 색이 있다. … 열한 번째는 집수색이니 수가 일어나는 소의를 말한다. 모든 색근과 근이 머무는 처의 색은 심과 심법도 머무는 처이기에 버리고 더함을 함께한다. 有二十六種色 … 十一 執受色 謂受起所依 如諸色根 及根所居處色 心及心法 所居處故 同一損益"라고 하였다. 〔참고문헌〕『瑜伽師地論』, 『顯揚聖教論』. ⇨ 집수법 執受法

집수전도 執受顚倒 Ⓢgrāha-viparyāsa, Ⓣ'dzin-pa-phyin-ci-log-pa. 집수를 바로 알지 못함. 행위에 따른 과보인 집수에 대한 사견으로 악행에 따른 고과는 없지만 복은 있다고 주장하는 등을 말한다. 『유가사지론』 권9(대정장30, p.319a20)에 "집수의 전도란, 마치 어떤 사람이 이와 같은 견을 세우고 이와 같이 주장하니, 보시할 것도 없고 재를 받아 지킬 것도 없다 하는 등 내지 널리 일체사견을 말한다. 저들 필경에는 능히 죽이는 일도, 죽임을 당하는 일도, 주지 않는 것 취하는 일도 내지는 꾸며 말하는 것이란 있을 수 없다 하며, 보시하고 재계하며 복을 닦고 계를 받아 익힐 것도 없다고 여기니, 이러한 인연으로 죄도 없고 복도 없다라고 주장한다. 또 어떤 중생은 범도 천도 증오하며 바라문도 증오하면서 그 증오하는 것들 오직 살해하는 것이 마땅할 뿐이니, 그들을 살해하는 인연은 복일 뿐 죄는 없고 또 그들에 대해 일으키는 불여취 내지 기어를 통해서는 오직 복덕을 얻을 뿐 복이 아닌 것 있을 리 없다라고 이와 같은 견해를 일으키고 이와 같은 주장을 세운다. 執受顚倒者 謂如有一起如是見立如是論 無施無受乃至廣說 一切邪見 彼作是執 畢竟無有能殺所殺若不與取乃至綺語 亦無施與受齋修福受學尸羅 由此因緣 無罪無福 又如有一起如是見立如是論 若有衆生 憎梵憎天 憎婆羅門 若彼憎惡唯應殺害 殺彼因緣唯福無罪 又於彼所起不與取乃至綺語唯獲福德 無有非福"라고 하였다. 〔참고문헌〕『瑜伽師地論』, *Yogā-bh.189.* ⇨ 집수 執受

집시 集施 Ⓢudāna. 모으고 베풀다. 산문을 다시 짜임새 있게 모은 후 다시 베푼 운문이다. 우다나(優陀那)를 말한다. 산문을 암송하기 편하게 게송으로 모아 다시 베푼 것이다. 올타남(嗢柁南)·오타남(鄔陀南) 등으로 음사하고, 지산(持散)·집산(集散)·집시송(集施頌) 등으로도 한역한다. 『설무구칭경소』 권6(대정장38, p.1111a19)에 "가령 오타남이라 하는 것은 집시라고 한역한다. 경 중에서 뜻을 한 데 모은 게송에 해당하니, 게송으로써 모든 의리를 모아서 배우는 이들에게 베풀기에 집시라 이름한다. 若云鄔柁南 此云集施 卽諸經中 集義之偈 謂以偈頌 集諸義理 施諸學者 名爲集施", 『구사론기』 권8(대정장41, p.158b21)에 "올타남은 한역하여 집시라 한다. 嗢陀南 此云集施", 『유가론기』 권1(대정장42, p.313c18·한불전13, p.10c4)에 "올타남이란 한역하여 집시라 한다. '타남(Ⓢdāna)'은 베푼다는 뜻이고, '올(Ⓢud)'은 모으는 뜻이다. 소략한 언사로 많은 법을 모아 베푸니 여러 학인들이 쉽게 기억해서 간직할 수 있게 하는 것이기에 집시라 이름한다. 嗢拕喃者 此云集施 拕南是施 嗢是集義 以少略言集合多法施 諸學者令易受持 故名集施"라고 하였다. 〔참고문헌〕『說無垢稱經疎』, 『俱舍論記』, 『瑜伽論記』, *Abh-k-bh.3.* ⇨ 올타남 嗢柁南, 우다나 優陀那❶, 구부경 九部經

집식 執識 제7식. 아다나식(阿陀那識 Ⓢādāna-vijñāna)·말나식(末那識)이라고도 한다. 제8아뢰야식(阿賴耶識)을 아(我)와 아소(我所)로 여겨 사량한다. 『사분율소식종의기』 권3본(卍속장66, p.87b11)에 "제7식인 아다나식은 집식이라 한역한다. 이 혹의 성이 항상 붙드는 것이 있기에 집이라 한다. 당삼장(玄奘)은 '아다나는 집지라 한역한다. 모든 법의 종자를 집지하는 뜻이다'라고 하였다. 이것을 제8식의 이명이라 한 것은 진제의 오역이다. 제7식은 말나라고 해야 마땅하고 한역하면 의(意)다. 第七 阿陀那識 此云執識 以是惑性 常有執故 唐三藏云 阿陀那者 此云執持 執持諸法種子故 及是第八之異名 眞諦謬釋也 其第七識 應名末那 此翻爲意也", 『화엄오교장의원소』 권6(卍속장103, p.277a10)에 "두 번째 집식 등이라 한 말은 말나를 말한다. 제8식을 집하기에 집식이라 한다. 이 식의 혹은 미세하므로 아라한위에 이르러야 다 끊는다. 第二執識等者 謂末那 執第八故 故言執識 此識惑細 故至羅漢 方得斷盡", 『신화엄경론』 권27(대정장36, p.910a28)에 "말나의 집식이 탐애와 진치를 일으켜 본업의 밭에 식종자를 심고 나서 모든 싹을 낳는다. 末那執識 起貪愛嗔癡 於本業田中 種識種子 生諸苗稼", 『종경록』 권56(대정장48, p.740b12)에 "이 본식(阿賴耶識)을 연으로 의지하여 두 번째 집식이 있게 된다. 이 식은 집착을 체로 하니 말나가 그것이다. 네 가지 혹과도 상응하니 이 식을 유부무기라 한다. 또한 다섯 가지 촉 등의 심소법과 상응하기도 한다. 앞의 식은 세밀하고 이 식은 거칠다. 이 식과 그에 상응하는 법은 아라한위에 이르러 결국 남김없이 다하며, 무심정에 들어서도 모두 남김없이 다하니 이를 제2식이라 한다. 依緣此識 有第二執識 此識以執著爲體 卽末那 與四惑相應 此識名有覆無記 亦有五種觸等 心所法相應 前細此麤 此識及相應法 至羅漢位 究竟滅盡 及入無心定 亦皆滅盡 是名第二識"라고 하였다. [참고문헌] 『四分律疏飾宗義記』, 『華嚴五敎章義苑疏』, 『新華嚴經論』, 『宗鏡錄』. ⇨ 말나식 末那識, 아다나식 阿陀那識

집아 執我 Ⓢ ātma-graha, ātma-grāha, Ⓣ bdag-tu-'dzin-pa, bdag-gir-'dzin-pa. 아(我 Ⓢ ātman)가 상(常)이고, 하나(一)이고, 실로 있다(實有)고 집착하다. 육종아(六種我) 중 하나. 『삼무성론』 권하(대정장31, p.876c22)에 "외도의 집아에는 세 가지 뜻이 있다. 첫째 '아'가 상(常)이라 집착하기에 삼세의 뜻으로 파하며, 둘째 '아'가 하나라고 집착하는 것이니 차별의 뜻으로 파하고, 셋째 '아'의 실유를 집착하는 것이니 화합의 뜻을 파한다. 사람이 이 세 가지 뜻을 알면, 모아진 것들 중에 어떤 아집도 일으키지 않을 것이다. 外道執我有三義 一 執我常故 以三世義破 二 執我一 以差別義破 三 執我實有 以和合義破 若人見此三義 則於聚中 不起一我執也"라고 하였다. [참고문헌] 『三無性論』, *Abh-k-bh.281·472·476.* ⇨ 살가야견 薩迦耶見, 아 我, 아견 我見, 아집 我執, 육종아 六種我

집아견 執我見 ❶ Ⓢ ātma-grāha-dṛśya. 아(我)가 있다고 집착하는 견해. 『대승입능가경』 권1(대정장16, p.588c29 : *Laṅk.*, p.11)에 "이승과 외도의 경계에 붙들려 뛰어난 낙으로 여기지 마라. 무릇 수행하는 이의 분별하는 것과 같이 외도는 아견에 집하는 아상이 있고, 또 실과 구나가 있다고 집착하는 마음을 낸다. 이승은 무명이 있어 행을 반연함을 보고 성공 중에 어지러이 생각하여 분별한다. 莫著二乘外道境界 以爲勝樂 如凡修者之所分別 外道執我見有我相 及實求那 而生取著 二乘見有無明緣行 於性空中 亂想分別 na ca śrāvaka-pratyekabuddha-tīrthya-anupraveśa-sukhagocaro yathā bāla-tīrtha-yoga-yogibhiḥ kalpyate ātma-grāha-dṛśya-lakṣaṇa-abhiniviṣṭair-bhūta-guṇa-dravyānucāribhir-avidyā-pratyaya-dṛṣṭy-abhiniveśābhiniviṣṭaiḥ śūnyatā-utpāda-vikṣiptair-vikalpa-abhiniviṣṭair-lakṣya-lakṣaṇa-patitāśayaiḥ"라고 하였다. [참고문헌] 『大乘入楞伽經』, *Laṅk.* ⇨ 아집 我執, 집아 執我 ❷ Ⓢ ātma-darśana, Ⓣ bdag-tu-lta-ba. 아(我)에 대해 집착하는 모든 견(見). 『중변분별론』 권하(대정장31, p.462b29 : *Madhy-vibh.*, p.70)에 "색 등의 모든 음과는 달리 '아'를 세워 다르다고 주장하는 것이 하나의 치우친 견이고, 아와 색 등은 하나라고 주장하는 것이 하나의 치우친 견이다. 이 두 가지 치우침을 여의기 위해 부처님께서는 중도로 아도 인도 중생도 수자도 보지 말 것을 설하신다. 色等諸陰 立我別異 一邊 立我與色一 一邊 爲離此二邊 佛說中道 不見我 不見人 不見衆生 及不見壽者 tatra rūpādibhyaḥ, pṛthaktvam ātmana ity antaḥ, ekatvam ity antaḥ tat-parivarjanārthaṃ madhyamā pratipat. yā na-ātma-pratyavekṣā, yāvan na mānava-pratyavekṣā", "왜냐하면 어떤 사람이 아견에 집착하면 이 두 가지 치우침을 여의지 못하니, 수자가 따로 다른 것이면 신 또한 따로 달라야 한다. 취해서 붙들지 않으면 다른 것은 수자이고 이름인즉 신이다. 이 두 가지 견해는 분명 유위이고, 중도는 이 두 가지 집착을 일으키지 않는다. 云何如此 若人執我見者 不離此二邊 壽者別異 身亦別異 若不取執 異卽是壽 名卽是身 此二見決定有爲 此中道此二執不得起 ātma-darśane hi jīvas tac-charīraṃ, anyo jīvo 'nyac-charīram iti bhavati darśanaṃ"라고 하였다. [참고문헌] 『中邊分別論』, *Madhy-vibh.* ⇨ 아견 我見, 아집 我執, 집아 執我

집아삼종 執我三種 아(我 Ⓢ ātman)에 집착해 주장하는 세 가지. 『성유식론』 권1(대정장31, p.1b16)에 "모든 아에 대한 집착에는 대략 세 종류가 있다. 첫째, 아의 체는 영원하고 두루하여 크기는 허공과 같다고 하는 것이니, 처를 따라 업을 짓고 고락을 받기 때문이다. 둘째, 아의 체는 비록 상이지만 그 양은 정한 것이 없어서 몸을 따라 거두고 펴기 때문이다. 셋째, 아의 체는 상주하고 지극히 미세하여 하나의 극미와 같아서 몸속에 잠긴 채로 움직이며 업을 짓기 때문이다. 諸所執我 略有三種 一者 執我體常周遍 量同虛空 隨處造業 受苦樂故 二者 執我其體雖常 而量不定 隨身大小 有卷舒故 三者 執我體常至細 如一極微 潛轉身中 作事業故"라고 하였다. [참고문헌] 『成唯識論』. ⇨ 집아 執我

집아오종실 執我五種失 아(Ⓢ ātman)의 존재를 주장할 때 범하게 되는 다섯 가지 과실. 『구사론기』 권29(대정장41, p.443a15)에 "논주 세친은 또 열세 번째로 경을 이끌어 아는 있을 것이 없음을 드러낸다. 경에서는 '아에 집함에 다섯 가지 과실이 있게 된다'라고 하였다. 첫째는 아견을 일으키고, 둘째는 유정견을 일으키며, 셋째는 악견취에 떨어지고, 넷째는 여러 외도와 다를 바 없으며, 다섯째는 길을 벗어나 행하게 된다. '공성 중에 마음이 깨달아 들어가지 못한다'란 아견을 일으키게 되는 경우에 대한 풀이이며, '청정한 믿음을 가질 수 없다'란 유정견을 푼 것이다. '안주할 수 없다'란 악견취에 떨어지게 됨에 대한 풀이다. '해탈을 얻을 수 없다'란 여러 외도와 다를 바 없음에 대한 풀이이며, '성법이 그에게 있어 청정할 수 없다'란 길을 벗어나 가게 됨에 대한 풀이이다. 論主又引第十三經 顯我無有 經說 執我有五種失 一 謂起我見 二 有情見 三 墮惡見趣 四 同諸外道 五 越路而行 於空性中心不悟入 釋起我見 不能淨信 釋有情見 不能安住 釋墮惡見趣 不得解脫 釋同諸外道 聖法於彼不能淸淨 釋越路而行", "또 다음처럼 다섯 가지 과실에 대해 말할 수 있다. 첫째는 아견과 유정견을 일으켜 악취에 떨어지는 것, 둘째는 여러 외도와 마찬가지로 아에 집착하는 것, 셋째는 바른 길을 벗어나 가는 것, 넷째는 공성 중에 마음이 깨달아 들어가지 못하여, 삼보를 청정하게 믿을 수 없고 사제에 안주할 수 없으며, 해탈과 열반을 획득할 수 없는 것이다. 다섯째는 성법이 저 집착하는 아라는 몸 중에 있어 번뇌에 덮이기에 청정할 수도 없다. 又解言五失者 一 謂起我見及有情見墮惡趣 二 同諸外道執我 三 越正路而行 四 於空性中心不悟入 不能淨信三寶 不能安住四諦 不得解脫涅槃 五 聖法於彼執我身中 由惑覆障 不能淸淨"라고 하였다. 〔참고문헌〕『俱舍論記』. ⇨ 집아 執我, 집아견 執我見

집악 執惡 Ⓢcaṇḍāla. 전다라(栴陀羅 : 栴茶羅)의 한역어. 사성(四姓)계급 밖의 천민. 『집이문족론』 권17(대정장26, p.439c9)에 "어디가 가서는 안 되는 다섯 곳인가? 〔답〕 첫째는 국왕의 집이고, 둘째는 집악의 집이며, 셋째는 음녀의 집이고, 넷째는 악사의 집이며, 다섯째는 술집이다. 云何名爲五非所行 答 一 國王家 二 執惡家 三 婬女家 四 音樂家 五 酤酒家", 『대비바사론』 권3(대정장27, p.14b18)에 "색계의 위의에는 어려워 꺼려짐이 있으니 비유하면 왕자와 전다라의 아들이 같은 감옥에 있는 것과 같다. 色界威儀 有所忌憚 譬如王子 與執惡子 同囹圄故", 『순정리론』 권47(대정장29, p.606a11)에 "다섯 가지의 망견은 모두 전도되어 작용한다는 의미에서 다 사견이라고 할 수 있지만, 오직 (사성제의 존재를) 부정하는 것만을 사견이라 하는 것은 과오가 더 심하기 때문이다. 마치 악취의 차조기(臭蘇)나 극악한 집악으로 말들하는 것과 같다. 五種妄見 皆顚倒轉 並應名邪 而但撥無 名邪見者 以過甚故 如說臭酥 惡執惡等", 『구사론기』 권19(대정장41, p.298a24)에 "(차조기 중에서) 그 악취가 심한 것을 취소라 한 것이고, 전다라는 집악으로 한역하는데 그 중에서 악행을 해 그 과오가 극히 심한 이를 악집악이라 한 것이다. 臭中極者名曰臭蘇 諸旃茶羅 皆名執惡 於中造惡 過極甚者 名惡執惡"라고 하였다. 〔참고문헌〕『集異門足論』, 『大毘婆沙論』, 『順正理論』, 『俱舍論記』, *Saddh-p.279.*, *Laṅk.258.* ⇨ 갈치나 羯恥那❷, 전다라 旃陀羅

집요 執曜 구집(九執 Ⓢnava-grahāḥ : 九曜)과 칠요(七曜 Ⓢsapta-grahāḥ)를 일컫는 말. 태장만다라에서는 일천(日天)의 권속을 말한다. 『수호대천국토경』 권중(대정장19, p.583c21)에 "이와 같은 갖가지 나쁘고 상서롭지 못한 징조는 모두 집요와 성수의 변괴때문이다. 如是種種諸惡不祥 皆爲執曜及諸星宿之所變怪", 『대일경소』 권5(대정장39, p.634b20)에 "일천의 권속은 모든 집요를 배치한다. 앙가는 서쪽, 수가는 동쪽, 발다는 남쪽, 물락살발지는 북쪽, 몰니몰차는 동남쪽, 라후는 서남쪽, 검파는 서북쪽, 계도는 동북쪽이다. 또한 남위의 남쪽에는 열가다를 배치하니 천구라 하고, 북위의 북쪽에는 온가파다를 두니 유화라고 한다. 日天眷屬布諸執曜 盎伽在西 輸伽在東 勃陀在南 勿落薩鉢底在北 沒儞沒遮在東南 羅睺在西南 劒婆在西北 計都在東北 又於南緯之南置涅伽多 謂天狗也 北緯之北置嗢迦跛多 謂流火也"라고 하였다. 〔참고문헌〕『守護大千國土經』, 『大日經疏』. ⇨ 구요 九曜, 칠요 七曜, 일천 日天

집욕 集欲 Ⓢpiṭhara. 빈타라(賓吒羅 · 賓跎羅)라고 음사하는 지옥. 지은 죄 있어 지옥에 들지만 정법(正法)에 의지해 참회한 이가 이 인연으로 고통받을 일 없이 바로 나올 수 있는 지옥이다. 『법화경현찬섭석』 권2(卍속장53, p.84b11)에 "〔안〕 『보초삼매경』 권3(대정장15, p.425c5)에 '아사세왕이 들어갈 지옥은 빈타라라고 이름하는데, 집욕이라 한역하며 들어가지만 나올 길 바로 찾을 수 있어 그 몸으로는 고뇌의 근심을 만나지 않는다'라고 하였다. 按 普超三昧經第三云 阿闍世王所入地獄 名賓跎羅 普曰集欲 適入尋出 其身不遭苦惱之患", 『비니관요사의』(卍속장53, p.84b11)에 "빈타라지옥 : 집욕이라 한역한다. 들어가자마자 벗어날 길 찾을 수 있기에 비록 그 중에 있어도 고통은 없다. 賓吒羅地獄 此云集欲 適入尋出 雖復在中 而無苦痛"라고 하였다. 〔참고문헌〕『法華經玄贊攝釋』, 『毗尼關要事義』, 『翻梵語』 권7(대정장54, p.1033b14). ⇨ 빈타라 賓吒羅, 빈타라 賓跎羅

집유집무 執有執無 유에 매이고 무에 붙들림. 40권본 『화엄경』 권6(대정장10, p.688a15)에 "어리석은 범부는 헛되게 분별을 일으켜 무 중에서 유에 매이고 유 중에서 무를 집착한다. 이렇게 아뢰야식의 갖가지 행상으로 생멸이견에 떨어진다. 자기 마음이 일으키는 분별임을 알아차리지 못한다. 愚癡凡夫 妄起分別 無中執有 有中執無 取阿賴耶 種種行相 墮於生滅 二種見中 不了自心

而起分別",『대승입능가경』 권2(대정장16, p.595c29)에 "유무를 논하는 이들은 유에 집착하거나 무에 집착하지만 두 가지 모두 끝내 성취되지 않는다. 有無論者 執有執無 二俱不成",『문수대교왕경』 권5(대정장20, p.748b6)에 "유에 매인 것을 물리쳐 유에 집착하지 말도록 하며, 보살이 무에 집착함도 깨우쳐 공에 착하지 말도록 한다. 破執有者 勿令著有 破菩薩執無 勿令著空",『대반야경』 권396(대정장6, p.1053a6)에 "두 가지가 있다고 집착하면 과를 얻을 수 없거니와 현관도 없다. 두 가지가 없다고 집착하여도 이와 마찬가지이다. 둘이 없고 둘이 아님도 없어야지 곧바로 과를 얻었다고 하며, 현관한다고도 한다. 執有二者 不能得果 亦無現觀 執無二者 亦復如是 若無二 無不二 卽名得果 亦名現觀",『대승광백론석론』 권10(대정장30, p.244a27)에 "만약 일체법에 성과 상이 전혀 없다 하면 이는 곧 세간이 온통 사라짐이다. 있음에도 집착하지 않거늘 하물며 없음에 집착하겠는가! 있음에 매이거나 없음에 매이거나 모두 허물이다. 若一切法 性相都無 是則世間 皆應斷滅 尙不執有 況復執無 執有執無 皆成過故",『대반열반경소』 권11(대정장38, p.107a17)에 "유에 집착하는 사람에게는 유를 버리게 무를 설해주며, 무에 집착하는 사람에게는 무를 버리게 유를 설해준다. 사대도 그러하다. 마치 훌륭한 의사는 모든 병을 각별히 잘 알아 수대의 병에 걸린 이는 화대의 약으로 다스리고 화대의 병에 걸린 이는 수대의 약으로 다스리는 예와 같다. 지대와 풍대도 그러하다. 若執有者 破有說無 若執無者 破無說有 四大亦爾 如善醫師 別知諸病 若水病者 以火藥治 若火病者 以水藥治 地風亦爾"라고 하였다. [참고문헌]『華嚴經』,『大乘入楞伽經』,『文殊大敎王經』,『大般若經』,『大乘廣百論釋論』,『大般涅槃經疏』. ➩ 유무 有無, 현관 現觀

집이문족론 集異門足論 Ⓢ Saṃgīti-paryāyaḥ, Ⓣ 'gro-ba'i-rnam-grangs. 사리불(舍利弗 Ⓢ Śāriputra : 舍利子) 지음. 당대 현장(玄奘) 한역. 20권. 육족론(六足論) 중 하나. 『아비달마집이문족론 阿毘達磨集異門足論』의 준말이다. 고려장24, pp.1183a1~1316b9, No.946 · 대정장26, pp.367a3~453b19, No.1536에 수록되어 있다. 『설일체유부집이문족론 說一切有部集異門足論』·『집이문론』·『집이문』이라고도 한다. 범어본(梵語本)과 티베트어본에 의하면 저자가 집대장(執大藏 Ⓢ Mahākauṣṭhila : 摩訶俱祉羅 · 摩呵拘私 · 大拘絺羅 · 大拘絺那)이다. 부처님께서 열반에 드신 후 논쟁을 예방하기 위하여 사리불이 법수(法數)에 따라 각각의 법에 대해 풀이하고, 그에 따른 구체적인 수행법도 설하고 있는 논서이다. 총12품으로 구성되어 있으며, 제1 연기품(緣起品)에서는 사리자가 부처님을 대신하여 본서를 결집하게 된 연유를 설하고 있으며, 제2 일법품(一法品)으로부터 제11 십법품(十法品)까지는 법수에 따라 각각의 법을 밝히고, 제12 찬권품(讚勸品)에서는 부처님께서 사리자가 설한 것을 승인하셨으니,『집이문족론』 권20(대정장26, p.453b12)에 "세존께서는 다시 비구중에게 말씀하셨다. '너희들은 모두 사리자가 설한 「집이법문」을 수지하여 독송해야 한다. 이와 같은 법문은 능히 크나큰 선과 크나큰 뜻과 크나큰 법과 청정범행을 이끌며, 또 통혜와 보리와 열반을 깨닫게 하니, 청정한 믿음으로 출가한 모든 선남자들이 이와 같은 법문을 수지하여 독송하면 오래지 않아 반드시 할 일을 이루게 될 것이다'. 그 때 박가범께서 이 말씀을 마치시니, 모든 비구중은 뛸 듯이 기뻐하며 부처님 발에 머리 조아려 예를 올리고 믿고 수지하여 봉행하였다. 世尊復告 苾芻衆言 汝等皆應 受持讀誦 舍利子說 集異法門 如是法門 能引大善 大義大法 淸白梵行 復證通慧 菩提涅槃 淨信出家 諸善男子 受持讀誦 如是法門 不久定當 辦所辦事 時 薄伽梵 說是語已 諸苾芻衆 歡喜踊躍 頂禮佛足 信受奉行",『구사론기』 권1(대정장41, p.8b26)에 "사리자는『집이문족론』1만 2천 송을 지었으니, 약본은 8천 송이다〈사리는 백설조(百舌鳥 : 꾀꼬리 · 지빠귀)라 한역하며, 자(子)는 중국어이다〉. 舍利子 造集異門足論 一萬二千頌 略本八千頌〈舍利 此云百舌鳥也 子是唐言〉"라고 하였다. [참고문헌]『集異門足論』,『俱舍論記』. ➩ 육족론 六足論

집일 執日 라후라(羅睺羅 Ⓢ Ⓟ Rāhula)의 한역 이름 중 하나. 『법화현찬』 권1(대정장34, p.671a22)에 "범어 음사어로 '라호라'라 하고, 한역하여 집일이라 한다. 라후라라는 구역과 장폐라는 한역은 모두 틀렸다. 梵云 羅怙羅 此云執日 舊言羅睺羅 翻爲障蔽 非也"라고 하였다. [참고문헌]『法華玄贊』. ➩ 라후라 羅睺羅 ❶

집일어언부 執一語言部 마하승기부(摩訶僧祇部)에서 파생된 일곱 부파 중 일설부(一說部 Ⓢ Ekavyāvahārika). 『십팔부론』(대정장49, p.17c1)에 "후에 마하승기부에서 일곱 부파가 출현하였으며, 그 다음 일백 년 후에 한 부파가 출현하였으니 집일언어부라고 한다〈그들이 주장하는 바가 마하승기부와 같았으므로 일이라고 하였다〉. 後摩訶僧祇出七部 於此百歲內出一部 名執一語言〈所執與僧祇同 故言一也〉"라고 하였다. [참고문헌]『十八部論』. ➩ 일설부 一說部, 마하승기부 摩訶僧祇部

집일체공덕삼매 集一切功德三昧 Ⓢ sarvapuṇya-samuccayasamādhi. 모든 공덕이 모인 삼매. 법신 · 반야 · 해탈의 삼덕비장(三德秘藏)이라고도 한다. 백팔삼매(百八三昧) 또는 십육삼매(十六三昧) 중 하나. 집제공덕삼매(集諸功德三昧)라고도 한다. 『법화의소』 권12(대정장34, p.622a27)에 "집일체공덕삼매란 무엇인가? 이 삼매를 얻으면 보살의 공덕을 모두 갖춘다. 集一切功德三昧者 得是三昧 菩薩功德 皆悉具足也", 『법화경문구보정기』 권10(卍속장45, p.341b11)에 "집일체공덕삼매란 무엇인가? 삼덕이라는 비장에 항하의 모래알처럼 많은 덕들이 그중에 다 모였음이다. 集一切功德三昧者 三德秘藏 恒河沙萬德 悉集其中矣", 『법화경구해』 권7(卍속장48, p.224a13)에 "집일체공덕삼매는 반드시 바른 선정에서 모든 가이 없는 공덕을 모은다. 集一切功德三昧 能於正定 聚集一切無邊功德", 『법화경통의』 권7(卍속장49, p.936a18)에 "진여로서 만행의 근본 삼기에 집일체공덕삼매라 한다. 以眞如爲萬行之本 故云集一切功德三昧", 『법화경연의』 권7(卍속장52, p.520a9)에 "집일체공덕삼매라 하였으니 모든 공덕을 모았다는 말은 스스로 증득한 바로써 남을 교화하기에 공이라 하고, 교화하는 공덕을 자기에게 돌이켜 마음에 얻음이 있음을 덕이라 한다. 일체란 법신과 반야와 해탈을 벗어나지 못한다. 스스로 능히 쌓아서 모았기에 삼덕비장이라 이름한다. 集一切功德三昧 集一切功德者 能以自所證而敎於人 名功 化功歸已 有得於心 名德 一切者 不出法身 般若解脫 自能積集 三德秘藏 故以爲名也"라고 하였다. [참고문헌] 『法華義疏』, 『法華經文句輔正記』, 『法華經句解』, 『法華經通義』, 『法華經演義』, 『法華經』 권7(대정장9, p.55a29), *Saddh-p.424*. ⇨ 집제공덕삼매 集諸功德三昧, 백팔삼매 百八三昧, 십육삼매 十六三昧

집일체복덕삼매경 集一切福德三昧經 요진(姚秦) 삼장 구마라집(鳩摩羅什) 한역. 3권. 고려장10, pp.355a1~378b26, No.141・대정장12, pp.988c24~1004b8, No.382에 전한다. 이역본으로는 서진(西晉)의 축법호(竺法護)가 역한 『등집중덕삼매경 等集衆德三昧經』(대정장12, No.381)이 있다. 나라연보살(那羅延菩薩)이 불열반 후 불종(佛種)을 가져 법안(法眼)과 승안(僧眼)을 얻고자 청법하였고, 이에 부처님께서 집일체복덕삼매를 설하셨다. 이 삼매에 드는 자세한 법은 정위역사(淨威力士)가 다시 청문했고, 일체지심을 버리지 않기 위한 법(不捨於一切智心)을 일법(一法)에서 십법(十法)으로 점차 설하셨다. 이어 복덕장엄을 위한 보시와 지계 그리고 다문의 법을 자세히 설하였으며, 마지막에는 문수사리와 나라연보살 문답으로 중생법과 불법이 평등함을 설한다. 『입대승론』 권하(대정장32, p.48c20)에 "부처님 설하시길, 육십이억항하제불색신에 공양함은 보살의 한 법신에 공양함만 못하다고 하셨으니, 저 『집일체복덕삼매경』 중에 설한 바처럼 바른 법 기꺼이 즐거워해서 끝내 부처님께서 열반에 드셨다고 설하지 않는다. 佛說 供養六十二億恒河沙諸佛色身 不如供養菩薩一法身也 如集一切福德三昧經中所說 喜樂正法 終不說佛入於涅槃"라고 하였다. [참고문헌] 『入大乘論』. ⇨ 등집중덕삼매경 等集衆德三昧經

집자연인사 執自然因師 자연인(自然因)을 주장하는 논사. 자연이 모든 것의 원인임을 주장하는 논사. 무인론사(無因論師)・무인견론사(無因見論師)라고도 한다. 『금칠십론』 권하(대정장54, p.1260b27)에 "자연인을 주장하는 논사는 이렇게 말한다. '자성을 보면 해탈을 얻는다'. 이런 뜻 그렇지 않다. 해탈은 자연스럽게 얻기 때문이다. 執自然因師說 見自性得解脫 是義不然 解脫自然得故"라고 하였다. [참고문헌] 『金七十論』, 『外道小乘涅槃論』. ⇨ 자연인 自然因[2], 무인론사 無因論師, 무인견론 無因見論, 육십이견 六十二見

집장 執藏 여래장(如來藏)의 세 가지 뜻(藏三義 : 能藏 所藏 執藏) 중 하나다. 제7말나식(末那識)이 이것을 의지해 아(我)로 집착한다. 『성유식론』 권3(대정장31, p.13b23)에 "칠지 이전에는 아직 함께 난 아견아애 등이 있어 장을 집착하여 이 식을 스스로의 내아로 삼는다. … 하지만 아라한은 이 식 중의 번뇌추중을 남김없이 끊고, 또 다시는 장에 집착하여 아뢰야식을 스스로의 내아로 삼지 않으니, 이로 인해 아뢰야라는 이름마저 영원히 잃어버린다고 한 것이지 제8식의 체마저 다 버리는 것은 아니다. 七地已前 猶有俱生我見愛等 執藏此識爲自內我 … 然阿羅漢斷此識中煩惱麤重究竟盡故 不復執藏阿賴耶識爲自內我 由斯永失阿賴耶名 說之爲捨 非捨一切第八識體", 『성유식론술기』 권2(대정장43, p.301a3)에 "저 논에서는 염오에 물든 제7식 등이 집착하는 장이라 하고 이로서 내아로 여긴다고 하는데, 이는 집장의 뜻이다. … '유정이 집착하여 스스로의 내아로 삼는다'란 집장의 뜻을 풀이한 것이어서 오직 번뇌장의 뜻이지 소지장은 아니라는 뜻이다. 彼論又言 爲染第七等之所執藏 以爲內我 名執藏義 … 有情執爲自內我故 解執藏義 唯煩惱障義 非所知障義", 『종경록』 권47(대정장48, p.692a13)에 "(장삼의 중) 셋째 집장이란, 굳게 지켜 버리지 않는 뜻이다. 마치 금은 등 창고를 사람들이 굳이 지키듯이 집착하여 스스로의 내아로 삼기에 이 이름이 장이다. 이 식은 물든 말나가 되어 굳게 지켜 아로 삼으니 이름이 장이다. 三 執藏者 堅守不捨義 猶如金銀等藏 爲人堅守 執爲自內我 故名爲藏 此識爲染末那 堅執爲我 故名爲藏", 『팔식규구송해』 권1(卍속장98, p.579b8)에 "제7식이 집착하여 아로 여기기에 집장이라 한다. 七識執爲我 曰執藏", 원측(圓測)의 『해심밀경소』 권3(한불전1, p.225c6)에 "[해] 장의 뜻에는 세 가지 차별이 있다. 첫째는 능장이니, 이는 곧 과법이어서 인(因) 중에 감춘 것이다. 식 중의 종자가 칠식을 일으키는 것이니, 염과는 능생인을 여의지 않기 때문이다. 두 번째는 소장으로, 이것이 곧 인으로서의 종자로 과 중에 감춘 것이다. 능훈 칠현식 중에 저장되어 있는 소훈종자로 인으로서의 성을 성취한다. 세 번째는 아애가 집착하는 장이라는 뜻으로, 이는 곧 경으로서 능집 중에 저장되어 있다. 解云 藏義三種別者 第一 能藏 此卽果法 於因中藏 謂識中種生現七識 染果不離能生因故 第二 所藏 此卽因種 於果中藏 謂所熏種藏在能熏七現識中 成因性故 第三 我愛所執藏義 此卽境於 能執中藏", 태현(太賢)의 『성유식론학기』 권상(한불전3, p.524c4)에 "종자를 가지는 뜻에서 능장, 훈습을 받는 뜻에서 소장, 육식과 칠식에 입혀질 때 집착하기에 집장이라 한다. 持種之義 名爲能藏 受熏之義 名所藏 被六七識時 所執名爲執藏"라고 하였다. [참고문헌] 『成唯識論』, 『成唯識論述記』, 『宗鏡錄』, 『八識規矩頌解』, 『解深密經疏』, 『成唯識論學記』. ⇨ 아애집장현행위 我愛執藏現行位, 여래장 如來藏

집장범지 執杖梵志 부처님 재세 시 지팡이 들고 다니던 범지외도. 집장외도(執杖外道)라고도 한다. 사람 머리 모양의 지팡이를 지니고 다녔으며 마하목건련(摩訶目犍連)을 살해하였다. 『비나야』 권2(대정장24, p.857c29)에 "마사와 불나발, 두 사람은 스승이 살해되었음을 듣고, 진에가 치성하여 온몸의 털이 죄다 곤두섰다. 대역사의 힘을 다해 집장범지를 모조리 붙잡아 죽였다. 馬師弗那跋 二人聞師爲人所殺 瞋恚熾盛 毛衣盡竪 以大力士力 盡取執杖梵志殺", 『법화현의』 권10(대정장33, p.813a26)에 "사리불은 부처님 열반 7일 전에 멸도하였고, 대목건련은 집장외도에게 타살당하여 역시 부처님에 앞서 열반하였으니, 모두 쌍림회에는 없었다. 舍利弗 在佛涅槃前 七日滅度 大目連爲 執杖外道所打 亦在佛前涅槃 皆不在雙林之會"라고 하였다. [참고문헌] 『鼻奈耶』, 『法華玄義』, 『有部律雜事』 권18(대정장24, p.287c4). ⇨ 목건련위집장범지피살 目犍連爲執杖梵志被殺

집장석 執杖釋 Ⓢ Daṇḍapāṇi śākya, Ⓟ Daṇḍapāṇi sakka. 장자 이름. 야수다라(耶輸陀羅) 또는 구이(瞿夷)의 아버지. 석가족에 속한다. 집장(執杖)·집장석종(執杖釋種)·사이(舍夷)·수광(水光) 등이라고도 한다. 『중아함경』 권28 「밀환유경 蜜丸喩經」(대정장1, p.603b16)에 "집장석은 지팡이를 짚고 다녔는데 오후에 거닐다가 부처님의 처소를 방문하였다. 함께 서로 문신하고 지팡이를 짚은 채 부처님 앞에 섰다. 세존께 물었다. '사문 구담이여, 무엇을 종본 삼아 어떤 법들을 설합니까?' 執杖釋拄杖而行 中後彷徉 往詣佛所 共相問訊 拄杖立佛前 問世尊曰 沙門瞿曇 以何爲宗本 說何等法", "세존이 답하였다. '석이여, 일체세간의 천과 마와 범 그리고 사문과 범지 등 사람으로부터 하늘에 이르기까지 다투지 않게 하고, 욕심 떠남을 수습하며, 청정범지로 아첨을 버리고 뉘우칠 일을 없애어, 있음과 있지 않음과 무상에 집착하지 않게 합니다. 이것이 제 종본이고, 설함 또한 이와 같습니다'. 이에 집장석이 부처님의 설한 바를 듣고 옳거니 그르거니 아무 말 않고 고개 떨구고는 가버렸다. 世尊答曰 釋 若一切世間 天及魔梵 沙門梵志 從人至天 使不鬪諍 修習離欲 淸淨梵志 捨離諂曲 除悔 不著有非有 亦無想 是我宗本 說亦如是 於是執杖釋 聞佛所說 不是不非 執杖釋奮頭而去", 『증일아함경』 권35(대정장2, p.743a12)에 "집장석종이 머리를 끄덕이며 한숨 쉬고는 되돌려 가버렸다. 執杖釋種 頷頭嘆吒已 便退而去", 『불본행경』 권1 「입예론품 入譽論品」(대정장4, p.62b20)에 "집장석종의 딸은 자태가 천녀 같았다. 執杖釋種女 姿貌如天女"라고 하였다. [참고문헌] 『中阿含經』, 『增壹阿含經』, 『佛本行經』, 『雜寶藏經』 권10(대정장4, p.496c28), 『四分律名義標釋』 권22(卍속장70, p.735b15), *MN.1.108.* ⇨ 야수다라 耶輸陀羅, 구이 瞿夷

집장아귀 執杖餓鬼 Ⓢ Yama-puruṣa. 삼십육아귀(三十六餓鬼)의 하나. 몽둥이를 집어든 아귀. 염라왕의 심부름을 하기에 염라왕사(閻羅王使)라고도 한다. 『정법염처경』 권17(대정장17, p.98a25)에 "또 그 비구는 업의 과보를 알고자 아귀세간을 관한다. 그는 들어 얻은 지혜로 염라왕의 심부름꾼인 집장아귀를 관한다. 어떤 업으로 거기에 태어나는가? 그는 들어 얻은 지혜로 이 중생을 아니, 인색과 질투 때문에 스스로 그 마음을 무너뜨리며, 국왕대신이나 호귀한 이들과 친하여 오로지 폭악만을 행해서 자비심이 없으며, 바른 도리를 행하지 않아 어질고 착한 사람으로부터 업신여김과 비방을 받는다. 이와 같은 나쁜 사람은 몸이 무너지고 목숨이 다한 뒤에는 염라왕의 심부름을 하는 집장귀신의 몸을 받아 귀신의 세계에서 염라왕을 위해 이리저리 달리는 심부름꾼이 된다. 復次比丘 知業果報 觀餓鬼世間 彼以聞慧 觀於閻羅執杖餓鬼 以何業故 而生其中 彼以聞慧 知此衆生 以慳嫉故 自壞其心 親近國王大臣豪貴 專行暴惡 心無慈愍 不行正理 爲諸賢善之所輕毁 如是惡人 身壞命終 受閻羅王執杖鬼身 於鬼世界 爲閻羅王 趨走給使"라고 하였다. [참고문헌] 『正法念處經』. ⇨ 삼십육아귀 三十六餓鬼, 아귀 餓鬼, 염라왕사 閻邏王使

집장야차 執杖藥叉 방망이 쥔 야차. 가람의 문 좌우에 그려 넣거나 조성하는 금강역사(金剛力士)를 율장(律藏)에서 일컫는 이름이다. 『유부율잡사』 권17(대정장24, p.283a26)에 "급고장자가 동산을 베푼 후 이렇게 생각했다. '그림을 색칠하지 않으면 단엄하지 않으니, 부처님께서 허하시면 장식을 해야 겠다'. 바로 부처님을 찾아가 아뢰자 부처님은 뜻대로 그리라고 하셨다. 부처님의 승낙을 듣고 여러 색 물감을 모으고 아울러 화공을 불러 말하였다. '이는 물감이니 절에 칠하는 게 좋겠소'

'어디부터 지을 것이며, 어떤 그림을 그리길 바라니이까?' '나 또한 모르겠소'. 給孤長者 施園之後 作如是念 若不彩畫 便不端嚴 佛若許者 我欲莊飾 卽往白佛 佛言 隨意當畫 聞佛聽已 集諸彩色 幷喚畫工 報言 此是彩色 可畫寺中 答曰 從何處作 欲畫何物 報言 我亦未知", "부처님에게 가서 여쭙자, 부처님이 말씀하였다. '장자여, 문 양쪽 옆에는 응당 집장야차를 짓고, 그 다음 곁 한 면에는 대신통변을 짓고, 다른 한 면에는 오취가 나고 죽는 바퀴를 그려 넣어라. 처마 밑에는 본생사를 그려 넣으라'. 當往問佛 佛言 長者 於門兩頰 應作執杖藥叉 次傍一面 作大神通變 又於一面 畫作五趣生死之輪 簷下畫作本生事"라고 하였다. 〔참고문헌〕『有部律雜事』, 『釋氏要覽』 권하(대정장54, p.303c4), 『四分律名義標釋』 권34(卍속장70, p.907b10). ⇨ 금강역사 金剛力士

집정 執情 집착해서 분별함. 『대가섭문대보적정법경』 권4(대정장12, p.214a27)에 "한 비구가 금율을 잘 알아 늘 계행을 지키며 빈틈없이 삼업을 썼지만, 저 유신견에 집착하는 분별만은 버리지 못하였다. 有一比丘 善知禁律 常持戒行 密用三業 彼有身見 執情不捨", 『대승광백론석론』 권10(대정장30, p.249b16)에 "진실한 뜻을 이해하지 못하고 자기의 집착하는 생각을 따라서 스스로는 옳다 하고 다른 이는 그르다고 하니 심히 두려워할 만하다. 未會眞理 隨己執情 自是非他 深可怖畏", 『삼론현의』(대정장45, p.7a29)에 "대소승의 교문은 중생으로 하여금 이 이름과 모양으로 인해 이름도 모습도 없음을 깨닫게 하고자 하였으나, 교 받드는 무리는 대소승 설함을 듣고 문득 염착을 내었다. 이런 이유로 논을 지어 이러한 집정을 깨뜨리려 하였으나 도리어 본래적멸만을 깨닫게 하였다. 大小教門 欲令衆生 因此名相 悟無名相 而封教之徒 聞說大小 更生染著 是故造論 破斯執情 還令了悟本來寂滅", 『도서』 권하1(대정장48, p.407b6)에 "집정이 깨지면 진성이 드러난다. 執情破而眞性顯", 『경덕전등록』 권13 「규봉종밀전 圭峯宗密傳」(대정장51, p.307b1)에 "성품 봄은 두렷이 밝고 뜻으로는 상에 얽힘도 끊었으니, 상을 끊음은 묘용이요 상에 머묾은 집정이 된다. 見性圓明 理絶相累 卽絶相爲妙用 住相爲執情"라고 하였다. 〔참고문헌〕『大迦葉問大寶積正法經』, 『大乘廣百論釋論』, 『三論玄義』, 『都序』, 『景德傳燈錄』, 『圓覺經略疏』 권상1(대정장39, p.535c15).

집제 集諦 Ⓢ samudaya-satya, Ⓣ kun-'byung-ba'i-bden-pa, kun-'byung-gi-bden-pa. 사제(四諦 : 四聖諦) 중에 고(苦)의 인(因)으로서의 집(集)의 진실. 집성제(集聖諦)·습제(習諦)·고습성제(苦習聖諦)·고집제(苦集諦)라고도 한다. 『대비바사론』 권77(대정장27, p.397a28)에 "〔문〕 이런 사제의 자성은 무엇인가? 〈답〉 아비달마의 여러 논사들은 말한다. '오취온은 고제이고, 유루인은 집제이며, 택멸은 멸제이고, 학무학법은 도제이다'. 비유자는 이렇게 말한다. '일체의 명색은 고제이고, 업과 번뇌는 집제이며, 업과 번뇌의 다함은 멸제이고, 사마타와 비발사나는 도제다'. 분별론자는 말한다. '팔고상은 고이고 고제이며, 그 이외의 유루법은 고이지만 고제는 아니다. 후유애를 초래하는 것은 집이고 집제이며, 그 이외의 애착과 유루인은 집이지만 집제는 아니다'. 問 如是四諦自性云何 阿毘達磨諸論師言 五取蘊是苦諦 有漏因是集諦 彼擇滅是滅諦 學無學法是道諦 譬喩者說 諸名色是苦諦 業煩惱是集諦 業煩惱盡是滅諦 奢摩他毘鉢舍那是道諦 分別論者 作如是說 若有八苦相 是苦是苦諦 餘有漏法是苦非苦諦 招後有愛是集是集諦 餘愛及餘有漏因是集非集諦", 『잡아비담심론』 권8(대정장28, p.936b26)에 "성의 과인 제행유루가 바로 고라고 한 것은, 일체유루행에는 인과 결박의 성이 있기에 고라고 설한다. 인의 성이 집이란 것은 무슨 말인가? 이 유루행이 인의 성이란 것은 집제를 설한다. 그런 까닭에 고제와 집제는 한 물이지만 인과 과이기에 두 갈래 제라고 한다. 謂性果諸行有漏是說苦者 一切有漏行有因及縛性故說苦 因性則爲集者 此有漏行是因性者說集諦 是故苦集是一物 因果故立二諦", 『대승아비달마잡집론』 권6(대정장31, p.722b17 : *Abh-s-bh.*, p.55)에 "무엇이 집제인가? 즉 모든 번뇌 더한 위에 생겨나는 갖가지 업을 모두 집제라고 한다. 이런 집을 말미암아 생사고가 생겨나기 때문이다. 〈석〉 '번뇌 더한 위에 생겨나는 갖가지 업'이란 유루업을 말한다. 그렇다면 무슨 까닭에 세존께서는 오직 애만을 집제라고 하셨는가? '애'가 가장 승하기 때문이다. 즉 박가범께서는 승함을 따라 말씀하신 것이니, 애·후유애·탐희구행애·이런저런 희락애 등을 집제라고 한다. 云何集諦 謂諸煩惱 及煩惱增上 所生諸業 俱說名集諦 由此集起生死苦故 煩惱增上所生業者 謂有漏業 若爾 何故 世尊唯說愛爲集諦 由最勝故 謂薄伽梵 隨勝而說 若愛 若後有愛 若貪喜俱行愛 若彼彼希樂愛 是名集諦 samudayasatyaṃ yato duḥkhaṃ samudeti. tat punaḥ katamat. kleśāḥ kleśādhipateyaṃ ca karma iti sāsravam ity arthaḥ. yady evaṃ kim arthaṃ bhagavatā tṛṣṇaiva samudayanirdeśe nirdiṣṭā"라고 하였다. 〔참고문헌〕『大毘婆沙論』, 『雜阿毘曇心論』, 『大乘阿毘達磨雜集論』, *Abh-s-bh.*, *Abh-k-bh.328.*, *Kv.2.323.* ⇨ 집성제 集聖諦, 습제 習諦, 고습성제 苦習聖諦, 사성제 四聖諦, 삼집제 三集諦

집제경예참의 集諸經禮懺儀 당대(唐代) 지승(智昇) 편찬. 2권. 고려장33, pp.740b1~765a22, No.1087·대정장47, pp.456b3~474c15, No.1982에 수록되어 있다. 여러 경에 실려 있는 예불과 참회에 관한 글

과 게송을 편집하여 남긴 것이다. 편찬 및 간행 연도는 상세하지 않다. 『제예불참회문 諸禮佛懺悔文』·『집제경예참회문 集諸經禮懺悔文』 등이라고도 한다. 권상에는 『시방불명경 十方佛名經』 등에 나오는 불명(佛名)에 의지해 예참하며 「대집경주 大集經呪」·「문수사리예법신불문 文殊師利禮法身佛文」·「아미타불주 阿彌陀佛呪」·「주야육시발원문 晝夜六時發願文」 등을 실었고, 권하에는 선도(善導)가 편찬한 『왕생예찬게 往生禮讚偈』(대정장47, No.1980)의 전문도 전재되어 있다. 〔참고문헌〕 『樂邦文類』 권1(대정장47, p.151b8), 『開元釋敎錄』 권9(대정장55, p.572b2), 『閱藏知津』 권42(가흥장32, p.168a10), 『中華大藏經總目錄』 권5(대장경보편35, p.625a11). ⇨지승 智昇, 왕생예찬게 往生禮讚偈, 예참 禮懺 ❷

집제공덕삼매 集諸功德三昧 Ⓢ sarvaguṇa-saṃcayo nāma samādhi, sarvaguṇa-saṃcayagato nāma samādhi, Ⓣ yon-tan-thams-cad-kyi-tshogs-su-'gyur-ba-zhes-bya-ba'i-ting-nge-'dzin. 백팔삼매(百八三昧) 중 하나. 집일체공덕삼매(集一切功德三昧)·집제덕삼매(集諸德三昧)라고도 한다. 『대품반야경』 권5(대정장8, p.252c5)에 "무엇을 제집공덕삼매라고 하는가? 이 삼매에 머무르며 모든 삼매의 공덕을 모으니, 이를 제집공덕삼매라 한다. 云何名集諸功德三昧 住是三昧 集諸三昧功德 是名集諸功德三昧", 『대지도론』 권47(대정장25, p.401a19)에 "집제공덕삼매란, 이 삼매를 얻어 모든 공덕을 쌓으니 믿음에서 지혜까지 초야든 후야든 수습함에 쉬지 않으니, 저 일월이 돌아 구름에 처음부터 그쳐 쉬지 않음과 같다. 集諸功德三昧者 得是三昧 集諸功德 從信至智慧 初夜後夜 修習不息 如日月運轉 初不休息"라고 하였다. 〔참고문헌〕 『大品般若經』, 『大智度論』, *Pañca-pr.1.143*. ⇨집일체공덕삼매 集一切功德三昧, 백팔삼매 百八三昧

집제법보최상의론 集諸法寶最上義論 선적(善寂) 지음. 송대(宋代) 시호(施護 Ⓢ Dānapāla) 한역. 2권. 고려장40, pp.368c1~377a18, No.1430·대정장32, pp.150a23~155a9, No.1638에 수록되어 있다. 권상에서는 『법집경 法集經』·『보적경』·『능가경』·『전식경 轉識經』·『십지경』·『화엄경』 등 여러 대승경을 이끌어 일체법이 공이고 연생하기에 유식으로 나타났음 밝히고, 권하는 인용한 경문을 따라 논했다. 〔참고문헌〕 『閱藏知津』 권38(가흥장32, p.153a2).

집조 什肇 구마라집(鳩摩羅什)과 승조(僧肇)를 함께 부르는 말. 요진(姚秦)대에 반야와 중관계의 경론을 번역하여 관하(關下) 지역의 구설(舊說)을 형성했던 구삼론(舊三論)학파의 대표적인 법사 두 분을 아울러 부르는 말이다. 『법화의소』 권3(대정장34, p.494c15)에 "대개 이는 집조의 옛 주장이며, 요즘의 새로운 풀이가 아니다. 蓋是什肇舊宗 非今新釋也", 『승만보굴』 권상(대정장37, p.3a3)에 "다음으로 승만보살의 위를 논한다. 옛 학설에서는 모두 법신보살이라고 하였으나 법신에 대한 해석이 같지 않다. 『대지도론』에 따르면 6지는 육신이고 7지 이상을 법신이라고 하였으니, 구마라집과 승조의 『주유마힐경』의 대체적인 뜻 역시 그러하다. 次論勝鬘住 舊說皆云 是法身菩薩 但解法身不同 若依智度論 六地 爲肉身 七地已上 爲法身 什肇注淨名 大意亦爾", 『유마경의소』 권1(대정장38, p.915a6)에 "〔문〕 유마힐은 어떤 위의 사람이길래 능히 진제도 속제도 아울러 봅니까? 〔답〕 … 어떤 사람은 제7무생지에서 진제와 속제를 비로소 아우를 수 있다고 하였는데, 이는 관내의 구마라집과 승조 등의 학설입니다. 問 是淨名是何位人 能眞俗並觀 答 … 有人言 七地無生 眞俗始竝 此關內什肇等之所說也", 『중관론소』 권2(대정장42, p.29a10)에 "도안법사가 밝힌 본무란 일체제법의 본성이 공적하므로 본무라 한 것이다. 이것은 방등의 경론이나 구마라집과 승조 문파의 뜻과 다름이 없다. 安公明本無者 一切諸法 本性空寂 故云本無 此與方等經論 什肇山門 義無異也", 『번역명의집』 권2(대정장54, p.1085b9)에 "『지관보행전홍결』에서 집조의 주와 『열반경』을 끌어다 동이를 가렸으니, 후학은 자세히 살피라. 輔行引什肇注 與涅槃經 以辨同異 後學詳覽"라고 하였다. 〔참고문헌〕 『法華義疏』, 『勝鬘寶窟』, 『維摩經義疏』, 『中觀論疏』, 『翻譯名義集』, 『三論玄義』(대정장45, p.2a17), 『大乘玄論』 권5(대정장45, p.66c12), 『二諦義』 권하(대정장45, p.109b24). ⇨구마라집 鳩摩羅什, 승조 僧肇

집조관장범지 執澡灌杖梵志 Ⓟ Ārāmadaṇḍa brāhmaṇa. 조관(淨瓶)과 지팡이를 지닌 바라문. 집병지장범지(執瓶持杖梵志)·집장지조관바라문(執杖持澡罐婆羅門)이라고도 한다. 『잡아함경』 권20(대정장2, p.141b23)에 "존자 마하가전연은 발란나(跋蘭那 Ⓟ Vāraṇā) 취락 오니지(烏泥池 Ⓟ Kaddamadaha) 가에 있었다. 그때 집조관장범지가 마하가전연의 처소로 와서 서로 문안한 뒤에 한 쪽에 앉아 마하가전연에게 물었다 '어떤 인연으로 왕은 왕과 서로 싸우고, 바라문과 거사는 바라문과 거사와 각기 싸우는 것입니까?' 마하가전연이 범지에게 답했다. '탐욕에 얽혀 집착하기에 왕은 왕과 서로 다투고, 바라문과 거사는 바라문과 거사와 각기 싸우는 것입니다'. 범지는 다시 물었다. '어떤 인연으로 출자가는 출가자와 다시 서로 다툽니까?' 마하가전연이 답했다. '견해에 대한 의욕으로 얽매이고 집착하기에 출가자는 출가자와 다시 서로 다툽니다'. … '탐욕의 계박도 벗어나고 이 견해에 대한 애욕의 계박도 벗어난 이가 있기는 한지요?' … '저의 큰 스승이신 여래이십니다'. 尊者摩訶迦旃延 在跋蘭那聚落 烏泥池側 時 有執澡灌杖梵志詣摩訶迦旃延所 共相問訊慰勞已 於一面坐 問摩訶迦旃延言 何因何緣王王共諍 婆羅門居士 婆羅門居士共諍 摩訶迦旃延答梵志言 貪欲繫著因緣故 王王共諍 婆羅門居士婆羅門居士共諍 梵志復問 何因何緣出家 出家而復共諍 摩訶迦旃延答言 以見欲繫著故 出家出家而復共諍 … 頗有能離貪欲繫著及離此見欲繫著不 … 我大師如來"라고 하였다. 〔참고문헌〕『雜阿含經』, *AN.1.66・67.*

집좌상 執坐相 앉는 모습에 집착함. 『경덕전등록』 권5 「남악회양전 南嶽懷讓傳」(대정장51, p.240c18)에 "개원년간에 사문 도일〈곧 마조대사〉이 전법원에 머물며 늘 좌선을 하였다. 남악이 법기임을 알고 가서 물었다. '대덕은 좌선하여 무얼 꾀합니까?' '부처 되기를 꾀합니다'. 開元中有沙門道一〈卽馬祖大師也〉 住傳法院 常日坐禪 師知是法器 往問曰 大德坐禪圖什麽 一曰 圖作佛", "남악이 곧 벽돌 하나를 주어 저 암자 앞 바위에 갈았다. 도일이 물었다. '스님, 무얼 하십니까?' '갈아서 거울을 짓습니다' '벽돌을 간들 어찌 거울 됩니까?' '벽돌 갈아서 거울 될 수 없거늘, 좌선한들 어찌 부처를 이루겠습니까?' '어떻게 해야 옳습니까?' '저 사람이 수레 타고 가다 멈추면 수레 때리는 것이 맞습니까, 소를 치는 것이 맞습니까?' 도일은 대답이 없었다. 師乃取一塼 於彼庵前石上磨 一曰 師作什麽 師曰 磨作鏡 一曰 磨塼豈得成鏡耶 師曰 磨塼旣不成鏡 坐禪豈得成佛耶 一曰 如何卽是 師曰 如人駕車不行 打車卽是 打牛卽是 一無對", "남악이 말을 이었다. '그대는 좌선을 익힙니까, 앉은 부처를 익힙니까? 좌선을 익힌다 하면 선이란 앉거나 눕는 일이 아닐 것이고, 좌불을 배운다 하면 부처는 정해진 상이 아닙니다. 머묾 없는 법에서는 마땅히 취하고 버릴 일 없어야 합니다. 그대가 만약 앉은 부처라 하면 바로 이것 부처를 죽임이요, 만약 앉는 모습에 집착하거든 그 뜻에 다다를 수 없습니다'. 도일은 보여 깨우치심 한번 듣고는 제호 마신 듯하였다. 師又曰 汝學坐禪 爲學坐佛 若學坐禪 禪非坐臥 若學坐佛佛非定相 於無住法 不應取捨 汝若坐佛 卽是殺佛 若執坐相 非達其理 一聞示誨 如飮醍醐" 라고 하였다. 〔참고문헌〕『景德傳燈錄』, 『大慧語錄』 권14 (대정장47, p.871a6), 『祖庭事苑』 권3(卍속장113, p.71 a15). ⇨ 좌선 坐禪, 좌선의 坐禪儀

집주게 執珠偈 염주를 잡으면서 외우는 게송. "내 이제 염주를 잡고 법계를 관하니, 허공으로 끈을 삼아 꿰지 아니함 없네! 평등하신 노사나불 안 계신 곳 어디인가? 관하여 구합니다, 서방의 아미타 부처님을. 我執念珠法界觀 虛空爲繩無不貫 平等舍那無何處 觀求西方阿彌陀". 〔참고문헌〕「僧家日用食時默言作法」(『韓國佛敎儀禮資料叢書』 권3 p.533a17), 『釋門儀範』 권상 p.85.

집중 執衆 세간의 일(事)들을 뜻(理)을 가져(執) 판단하는 무리들. 집리가(執理家 Ⓢyukta-kula)를 말한다. 『유가사지론』 권15(대정장30, p.359b12)에 "두려움 없음이란, 어떤 사람이 다중・잡중・대중・집중・제중・선중 등 앞에 처해 있으면서도, 하열하거나 매번 두려워하는 마음도 없고 몸에 두려움의 식은땀도 나지 않으며 얼굴에 두려워하는 기색도 없고 음성도 더듬지 않으며 말에 겁약함도 없는 것이니, 이처럼 설한다면 두려움이 없다 한다. 無畏者 謂如有一處在多衆 雜衆 大衆 執衆 諦衆 善衆 等中 其心無有下劣恒懼 身無戰汗 面無怖色 音無謇吃 語無怯弱 如是說者 名爲無畏", 『유가사지론약찬』 권6(대정장43, p.95a14)에 "다중이란 크게 모인 대중, 잡중이란 팔부의 무리, 대중이란 국왕과 왕자 무리, 집중이란 집리가이니 사리를 판단할 줄 아는 무리, 제중이란 진실을 말할 줄 아는 무리 또는 성자들이며, 선중이란 사문의 무리들이나 법의 뜻을 즐기는 무리다. 多衆者 謂大施會衆 雜衆者 謂八部衆 大衆者 謂國王王子衆 執衆者 謂執理衆 卽斷事家 諦衆者 謂諸實語衆 或諸聖衆 善衆者 謂沙門衆 或樂法義"라고 하였다. 〔참고문헌〕『瑜伽師地論』, 『瑜伽師地論略纂』. ⇨ 집리가 執理家

집중종 集衆鐘 대중이 모여야 할 때 울리는 승당(僧堂)의 종. 『선림상기전』 권18(불광장, 禪藏, p.1371)에 "집중종 : 전통적인 설로는 승당종을 집중종이라 한다. 『백장청규』 「국기」에 '기약한 날이 되면 승당종을 울려서 대중을 모이게 한다' 하였으며, 또 「법기장」에 '승당종으로 대중을 모이게 하려 해서 울린다' 하였다〈승당종 항목에 자세하다〉. 集衆鐘 舊說曰 僧堂鐘 謂之集衆鐘 敕修淸規 國忌云 至期 鳴僧堂鐘 集衆 又法器章云 僧堂鐘 凡集衆 則擊之〈詳僧堂鐘處〉"라고 하였다. 〔참고문헌〕『禪林象器箋』, 『百丈淸規』 권1 「國忌」(대정장48, p.1115 a3). ⇨ 승당종 僧堂鐘

집지 集智 Ⓢsamudaya-jñāna, Ⓟsamudaye ñāṇa, Ⓣkun-'byung-shes-pa, kun-'byung-ba-shes-pa. 견도위에서 집제(集諦)를 관하여 증하는 무루지(無漏智)이며, 삼계(三界) 십육심(十六心)에서 집제를 관하여 얻는 지로서 법지(法智)와 유지(類智)를 말한다. 습지(習智)라고도 한다. 『집이문족론』 권7(대정장26, p.393c29)에 "집지란 어떤 것인가? 〔답〕 유루인에 있어서 인집생연을 사유하여 생기는 무루지를 집지라고 한다. 集智云何 答 於有漏因 思惟因集生緣 所起無漏智是名集智", 『품류족론』 권1(대정장26, p.695b19)에 "무슨 까닭에 집지는 집지의 전부인가? 〔답〕 집지로 유루인의 인집생연을 알기 때문이다. 무슨 까닭에 집지는 법지의 소분인가? 〔답〕 집지로는 욕계에 매인 제행인의 인집생연만을 알기 때문이다. 무슨 까닭에 집지는 유지의 소분인가? 〔답〕 집지로는 색계와 무색계에 매인 모든 행인의 인집생연만을 알기 때문이다. 무슨 까닭에 집지는 진지의 소분인가? 〔답〕 집지 스스로 '나는 이미 괴로움의 인을 끊었다'고 잘 알기 때문이다. 무슨 까닭에 집지는 무생지의 소분인가? 〔답〕 집지 스스로 '나는 이미 괴로움의 인을 끊었으므로 다시 끊어야 할 것이 없다'고 잘 알기 때문이다. 何故集智是集智全 答 集智知有漏因 因集生緣故 何故集智是法智少分 答 集智知 欲界繫諸行因 因集生緣故 何故集智是類智少分 答 集智知 色無色界繫諸行因 因集生緣故 何故集智是盡智少分 答 集智自遍知 我已斷集故 何故集智是無生智少分 答 集智自遍知 我已斷集 不復當斷故"라고 하였다. 〔참고문헌〕『集異門足論』, 『品類足論』, *Abh-k-bh.301·309.*, *Bodh-bh.147.*, *DN.2.312.* ⇨ 습지 習智, 집법지인 集法智忍, 집법지 集法智, 무루지 無漏智, 집제 集諦, 십지 十智 ❶, 십육심 十六心, 사제 四諦

집지금강 執持金剛 금강을 가져쥐다. 무너지지 않는 것을 가져 모든 번뇌를 부수는 뜻에서 호법신장(護法神將)인 성중(聖衆). 집금강(執金剛)·집금강신(執金剛神)·지금강(持金剛)을 말하며, 금강은 금강저(金剛杵)로 모양을 가진다. 『금강정약출염송경』 권1(대정장18, p.228a21)에 "이때 모든 여래들께서는 저 집금강의 이름으로 관정하시기에 문득 불러 집금강이라 한다. 이때 집금강보살은 왼팔을 굽혀 위맹한 역사의 모습을 나투고는 오른손으로 발절라를 잡아 밖을 향해 빼서 던지며 가지고 놀다가 잡고서 소리높여 이런 말을 지어 말했다. '이 발절라야 말로 모든 여래들의 위없는 실지다. 나 이 금강을 내 손에 수여하니 나의 금강으로써 금강을 집지하노라'. 이것이 금강살타삼마지인데 일체여래보리심지의 제일이다. 爾時 諸如來 以彼執金剛之名 灌頂故 便號爲執金剛 是時 執金剛菩薩 屈其左臂 現威猛力士相 右手執跋折囉 向外抽擲 弄而執之 高聲作是言曰 此跋折囉 是諸如來 無上悉地 我是金剛 授與我手 以我金剛 執持金剛 此是金剛薩埵三摩地 一切如來菩提心智第一"라고 하였다. 〔참고문헌〕『金剛頂略出念誦經』. ⇨ 집금강신 執金剛神, 지금강 持金剛, 금강역사 金剛力士, 금강저 金剛杵

집지식 執持識 제8아뢰야식(阿賴耶識)의 다른 이름. 제법(諸法)의 종자(種子)와 근(有根身)을 집지해 나게 하고 상속하는 식. 유루(有漏)·무루(無漏)·범부위(凡位)·성자위(聖位) 모두에 통하며, 아뢰야삼위(阿賴耶三位) 중 상속집지위(相續執持位)에 해당한다. 아다나식(阿陀那識 Ⓢ ādāna-vijñāna)이라고도 한다. 『섭대승론석』 권1(대정장31, p.157c18)에 "'집지식은 깊고 미세하다' 하였는데, 어째서 이 식을 아다나식이라고도 하는가? 일체유색제근을 능히 집지할 수 있기 때문이다. 즉 의지처가 되는 오근과 상 등의 습기를 갚아 가질 수 있기에 이 식을 아다나라고도 한다. … 이 식을 아로 여겨 삿된 집착을 일으킬까 우려해 나는 그들(범부와 이승)에게는 설하지 않는다. … 〔논〕 일체유색제근을 집지할 수 있어 일체가 생을 받아 취해서 의지한다. 왜 그러한가? 유색근은 이 식에 의해 집지되어 무너지지도 잃어버릴 일도 없어서 이렇게 후제까지 상속한다. 또 생을 받는 바로 그때 취음을 낳는다. 執持識深細者 云何此識或說爲阿陀那識 能執持一切有色諸根 謂能報持有依五根及相等習氣故 此識亦名阿陀那 … 卽執此識爲我 恐起邪執 故我不爲說 … 論曰 能執持一切有色諸根 一切受生取依止故 何以故 有色諸根此識所執持 不壞不失 乃至相續後際 又正受生時 由能生取陰故", 『종경록』 권50(대정장48, p.711b17)에 "또는 아다나라고 하는데 집지식이라 한역한다. 능히 종자와 유근신을 집지하여 나고 상속하게 하는 뜻이니, (삼)계와 (오)취로 나는 뜻이어서 모든 위에 통한다. 집지에는 세 가지가 있다. 첫째는 유근신을 집지하여 허물어지지 않게 하며, 둘째는 종자를 집지하여 흩어 잃지 않게 하고, 셋째는 결생을 집취하여 상속한다 함이니, 유정은 이 가운데 몸을 가져 임종 끝에 이르고, 제8식이 처음 일념에 생을 받을 때 결생을 가져 취해서 상속하는 뜻이다. 或名阿陀那 此云 執持識 能執持種子根身 生相續義 卽是界趣生義 此通一切位 執持有三 一 執持根身 令不爛壞 二 執持種子 令不散失 三 執取結生相續者 卽有情於中有身臨末位 第八識初一念受生時 有執取結生相續義"라고 하였다. 〔참고문헌〕『攝大乘論釋』, 『宗鏡錄』. ⇨ 아다나식 阿陀那識, 상속집지위 相續執持位, 아뢰야식 阿賴耶識

집지위월 執指爲月 손가락 가져 달이라 하네. 『관무량수불경의소』 권중(대정장37, p.286b6)에 "설령 손가락 가져 달이라 하고, 뗏목을 둑이라 그릇 알아도 해탈의 먼 연은 되기에 인천에 나는 복된 과보를 잃지는 않는다. 縱使執指爲月 認筏爲堤 亦爲解脫遠緣 不失人天福報", 『금광명경현의습유기』 권1(대정장39, p.15a29)에 "뜻을 잃은 사람은 손가락에 집착하여 달이라 여겨 달을 잃을 뿐만 아니라 손가락도 잃는다. 뜻을 얻은 사람은 이름을 잊고 바탕을 얻는데, 그 바탕을 알 뿐만 아니라 이름에도 어둡지 않다. 若失意者 執指爲月 不唯迷月 亦失於指 若得意者 忘名得體 不唯識體 亦不昧名", 『증도가』(대정장48, p.396c11)에 "손가락 집착하여 달이라 여겨 그릇되게 힘을 쏟으며, 근경법중에 헛된 분별을 꾸며낸다. 執指爲月枉施功 根境法中虛捏怪", 『증도가주』(卍속장114, p.900b8)에 "수다라의 가르침 달 가리키는 손가락 같다. 이미 달 보아 마쳤으면 가리키는 것 깨우쳐 안 것이니, 마침내 저 달이 아님도 안다. 만일 다시 손가락을 집착하여 달의 몸이라 여긴다면 이렇게 하는 이를 지혜가 없는 사람이 아니라고 하겠는가? 修多羅教 如標月指 旣見月已 了知所指 必竟非月 若更執指 以爲月體 此得非無智者耶"라고 하였다. 〔참고문헌〕『觀無量壽佛經義疏』, 『金光明經玄義拾遺記』, 『證道歌』, 『證道歌註』. ⇨지월 指月 ❶, 이지지월 以指指月

집지혜검 執智慧劍 지혜의 칼 부여잡다. 『대승본생심지관경』 권1(대정장3, p.291b9)에 "정진 갑옷 걸치고 지혜 검 부여잡고는 마군 무리 부수고 법의 북 두드린다. 披精進甲 執智慧劍 破魔軍衆 而擊法鼓", 같은 책 권5(대정장3, p.313b2)에 "출가보살 또한 이렇다. 머리칼과 수염을 깎아 모습은 어린아이 같고 응량기 품고 남에게 의지해 살지만, 몸에는 가사 걸쳐 저 갑옷 입은 듯하고, 석장 짚고 다님은 저 창 지닌 듯하네. 지혜의 칼 부여잡고 번뇌의 적을 물리치며 어린아이 같은 행을 닦아 일체를 요익케 한다. 出家菩薩 亦復如是 剃除鬚髮 形同嬰兒 執持應器 依佗活命 身著袈裟 如被甲冑 杖錫而行 如持鉾矟 執智慧劍 破煩惱賊 修嬰兒行 饒益一切"라고 하였다. 〔참고문헌〕『大乘本生心地觀經』, 『順正理論』 권60(대정장29, p.675c12). ⇨지혜 智慧

집착 執著 Ⓢ abhi-ni-√viś, abhiniveśa, abhiniviṣṭa, nibandhana, Ⓣ mngon-par-zhen-pa. 붙들어 버리지 못함. 제법(諸法)의 자성에는 생멸(生滅)도 염정(染淨)도 없어 공하지만 견문각지(見聞覺知)로 언설(言說) 헛되이 세우고 뜻 없는(無義) 중에 있다는 집착(有義) 일으키고는 붙들고 떠나지 못한다. 『섭대승론석』 권4(대정장31, p.341b17)에 "견으로 말미암아 집착하고, 심으로 말미암아 말을 일으키며, 견문 등 네 가지 언설에 의지하여 언설을 일으키고, 뜻 없는 중에 더하고 보태어 유를 삼는다. … 〈석〉 견으로 말미암아 집착한다 하니, 취한 상 그대로 집착하는 것이다. 심으로 말미암아 말을 일으킴이란, 집착한 그대로 말의 인과 심으로 말을 뱉는다. 견문 등 네 가지 언설에 의지하여 말함이란, 말한 바대로 보고 들으며 깨닫고 아는 네 가지 언설과 나머지 언설이다. '뜻도 없는 중에 증익하여 유를 삼는다'란, 말한 것처럼 뜻 없는 중에 뜻이 있다고 집착하는 것이다. 由見執著 由尋起語 由見聞等 四種言說 而起言說 於無義中 增益爲有 … 由見執著者 如所取相 如是執著 由尋起語者 如所執著 由語因尋 而發語言 由見聞等 四種言說 而起言說者 如語所說 見聞覺知 四種言說 與餘言說 於無義中 增益爲有者 如所言說 於無義中 執有義故", 『대승아비달마잡집론』 권14(대정장31, p.764b27 : *Abh-s-bh.*, p.138)에 "저 자성은 생도 없고 멸도 없으며, 물듦도 깨끗함도 없다. 보살이 반야바라밀다를 행할 때 정히 따라 관하지 않음으로써 낳고, 나아가 정히 따르지 않고 관해 깨끗하다. 왜냐하면 이런저런 법 헛되이 세우고 이름짓는다. 뜻 없는 이름 따라 언설 일으키고, 이와 같고 이와 같다는 언설을 따라 이와 같고 이와 같다는 집착을 일으킨다. 보살은 이와 같은 일체의 이름에 대하여 정히 따라 관하지 않고, 정불수관하므로 집착도 나지 않는다. 由彼自性 無生無滅 無染無淨 菩薩行般若波羅蜜多時 正不隨觀生 乃至 正不隨觀淨 何以故 於所計度 彼彼諸法 假立客名 由隨客名 而起言說 隨如是如是言說 起如是如是執著 菩薩 於如是一切名 正不隨觀 正不隨觀故 不生執著 svabhāvasya hi notpādo na nirodho na saṃkleśo na vyavadānam. prajñāpāramitāyāṃ caran bodhisattva utpādamapi na samanupaśyati yāvadvayavadānamapi na samanupaśyati. tatkasya hetoḥ. kṛtrimaṃ nāma prati prati te dharmāḥ kalpitā āgantukena nāmnā'nuvyavahriyante. 〔yathā yathā'nuvyavahriyante〕 tathā tathābhiniviśanti. tāni bodhisattvaḥ sarvanāmāni na samanupaśyati, asamanupaśyannābhiniviśate", 『중변분별론』 권상(대정장31, p.452a18 : *Madhy-vibh.*, p.21)에 "집착이란 네 가지 취함으로 말미암아 능히 모든 식으로 하여금 욕 등 사처에 물들어 집착하니, 그에 따라 생겨나는 것이다. 執著者 由四取能令諸識染著欲等四處 隨從得生故 nibandhanād upādānair vijñānasyotpattyanukūleṣu kāmādiṣu"라고 하였다. 〔참고문헌〕『攝大乘論釋』, 『大乘阿毘達磨雜集論』, 『中邊分別論』, *Abh-s-bh*, *Madhy-vibh*. ⇨집 執, 착 著, 계 計 ❶, 계착 計著, 부집착 不執著

집착박 執著縛 붙들어 떠나지 못하여 얽히다. 사종박(四種縛) 중 하나다. 『유가사지론』 권14(대정장30, p.350a24)에 "넷째는 집착박이다. … 앞서 말한 유근신 등에 탐과 진 등 대소번뇌의 집착박에 얽힌 바다. 이와 같은 네 가지 계박을 대치하기 위해 사념주를 세운 것이다. 四 執著縛 … 卽於所說身等 由貪瞋等 大小煩惱執著縛所縛 對治如是四種縛故 立四念住", 『유가론기』 권5(대정장42, p.406c17・한불전13, p.295a6)에 "'앞서 말한 유근신 등에 대해 탐과 진 등 대소번뇌의 집착박으로 인해 얽힌다'란, 얽힌다 함은 행온중에 대소번뇌로 유근신 등을 연하여 일어나는 것이니, 곧 저 행온은 박이 생하는 의지다. 뒤에 법념주로 다스린다. 言卽於所說身等 由貪嗔等 大小煩惱執著縛所縛者 執行蘊中 大小煩惱 緣身等生 則彼行蘊 爲依生縛 後以法念住爲治"라고 하였다. 〔참고문헌〕『瑜伽師地論』, 『瑜伽論記』. ⇨사종박 四種縛, 집취박 執取縛, 유근신 有根身

집착분별성 執著分別性 Ⓢ parikalpita-svabhāva-a

bhiniveśa. 집착하고 분별하는 자성. 훈습(熏習)의 두 가지 자성 중 하나로 아뢰야식(阿賴耶識)을 증장시켜 육도수생(六道受生)을 초래해서 생사 가득하게 하는 뜻으로 습을 관하는 진실성과 맞선다. 『현식론』(대정장31, p.878c19)에 "앞서 말한 '훈습'이란, 첫째는 집착의 분별성이고, 둘째는 관습의 진실성이니, 이 두 가지 뜻으로 훈습이라 이름한다. 첫 번째 뜻에서 훈습이란 아리야식을 증장시키는 것으로서, 아리야식이 증장되고 온갖 공능이 구족되면 육도로 몸을 받아 온갖 식을 낳게 된다. 이러한 이치로 생사가 어디에나 가득하게 된다. 所言熏習者 一 執著分別性 二 觀習眞實性 以此二義 故名熏習 第一熏習者 增長阿梨耶識 阿梨耶識被增長 具足諸能 能生六道受生諸識 以是義故 生死圓滿", 『중변분별론』 권상(대정장31, p.456a4 : *Madhy-vibh.*, p.40)에 "고(苦)의 인인 집의 진실에는 또 세 가지가 있으니 훈습과 발기, 그리고 불상리다. 훈습집제란 분별성에 집착하는 데 따른 훈습이다. 集諦復有三 熏習與發起 及不相離等 熏習集諦者 執著分別性熏習 〈kārikā〉 trividhaḥ samudayārthaḥ, vāsanātha samutthānam avisaṃyoga eva ca. 〈bhāṣya〉 vāsanāsamudayaḥ parikalpitasvabhāvābhiniveśavāsanā"라고 하였다. 〔참고문헌〕『顯識論』, 『中邊分別論』, *Madhy-vibh.* ⇨ 아뢰야식 阿賴耶識, 관습진실성 觀習眞實性, 훈습 熏習

집착언설 執著言說 [S] dauṣṭhulya-vikalpa-abhiniveśa-vāc, [T] gnas-ngan-len-la-mngon-par-zhen-pa'i-tshig. 본래 들었던 바나 지었던 업을 생각해서 생기는 허망한 말. 『입능가경』 권3(대정장16, p.530c27)에서 설하는 네 가지 망상언설(妄相言說 [S] vāg-vikalpa-lakṣaṇa : 相言說 夢言說 妄執言說 無始言說) 중 하나로서 망집언설(妄執言說)이라고도 한다. 같은 책(대정장16, p.531a3 : *Laṅk.*, p.86)에 "대혜여! 집착언설은 본래 들었던 바나 지었던 업으로 생긴다. 大慧 執著言說者 念本所聞所作業生 dauṣṭhulya-vikalpa-abhiniveśa-vāk-punar-mahāmate śatru-pūrvakṛta karma-anusmaraṇāt-pravartate"라고 하였다. 〔참고문헌〕『入楞伽經』, 『釋摩訶衍論』 권2(대정장32, p.606a5), *Laṅk.* ⇨ 망상언어 妄相言語, 망집언설 妄執言說

집청금강저보살 執青金剛杵菩薩 『대일경』 「비밀품」의 청금강보살(青金剛菩薩)에 상응하는 보살. 태장현도만다라에는 수록되어 있지 않다. 『불공견삭신변진언경』 권9(대정장20, p.270c23)에 "다음으로 집청금강저보살은 왼손으로 독고금강저의 머리를 덮고 오른손은 양장한 채 반가부좌하였다. 次 執青金剛杵菩薩 左手覆按獨股金剛杵頭 右手揚掌 半加趺坐"라고 하였다. 〔참고문헌〕『不空羂索神變眞言經』.

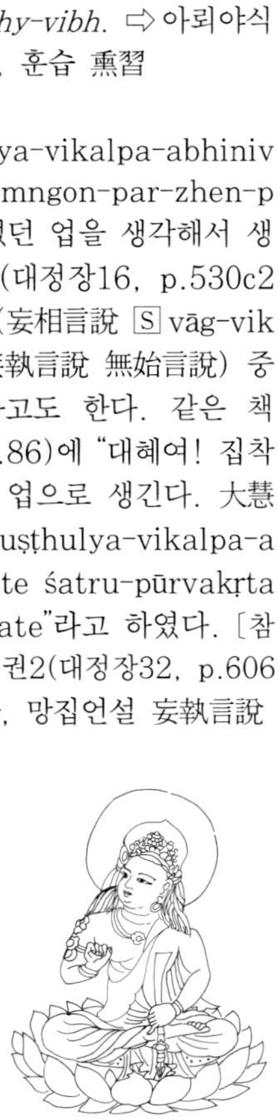

집취 執取 ❶ [S] grahaṇa, ud-grahaṇa, [T] 'dzin-pa. 가져와 취하다. 붙들어 가지다. 『구사론』 권1(대정장29, p.4a4 : *Abh-k-bh.*, p.10)에 "상온이란 상(像)을 취하는 것을 체로 하는 것을 말하니, 청・황・장・단・남・여・원・친・고・락 등의 상(相)을 붙들어 취하는 주체다. 想蘊謂能取像爲體 卽能執取青黃長短 男女怨親 苦樂等相 〈kārikā〉 saṃjñā nimittodgrahaṇātmikā 〈bhāṣya〉 yāvannīlapītadīrghahrasvastripuruṣamitrāmitrasukhaduḥkhādinimittodgrahaṇamasau saṃjñāskandhaḥ", 같은 책 권19(대정장29, p.100a13 : *Abh-k-bh.*, p.282)에 "집착된 아와 아소에 대해 단이라 집하거나 상이라 집하는 것을 변집견이라 하는데, 헛되이 단상 끝을 가져 취하기 때문이다. 卽於所執我我所事 執斷執常 名邊執見 以妄執取斷常邊故 tasyaivātmābhimatasya vastuno dhruvadṛṣṭirucchedadṛṣṭirvā 'ntagrāhadṛṣṭiḥ. śāśvatocchedāntagrahaṇāt"라고 하였다. 〔참고문헌〕『俱舍論』, *Abh-k-bh.* ⇨ 취착 取著, 집착 執著 ❷ 가져 취하다. 제8식이 오온의 인으로 결생상속해서 미래의 과를 이어가고, 종자로 현행하며 인과 등의 종자를 자체훈습해서 저 생을 받는 등 삼세(三世)로 끊이지 않음이 가져 취하는 뜻이 있기 때문이다. 『성유식론연비』 권3(대정장43, p.877b26)에 "〔문〕 무엇이 집취인가? … 〔답〕 집취에는 세 가지 뜻이 있다. 첫째는 취란 인의 뜻으로서 미래에 생겨날 과로서의 오온의 인이니, 지금의 제8식이 미래과인을 가지기에 비로소 결생이 있게 되고 미래과가 상속한다. 따라서 제8식을 설하여 집취라 하고, 또 결생상속한즉 취해서 가지니 그 이름이 집취다. 둘째는 종자를 말미암아서 현행제8식이 한 생을 받기에 집취라 한다. … 셋째는 취는 능취를 말하는 것으로 현재의 제8식이 저 미래에 생겨날 인과 등의 종자를 집지하기에 결생하여 미래에 상속하는 뜻이 있게 되니, 집이 바로 취여서 집취라 한다. 問 云何執取 … 答 取有三義 一云 取者因義 卽當生果五蘊之因 由今第八持當果因 方有結生當果相續 故說第八名爲執取 結生相續卽取之執 名爲執取 二云 由種子故 現行第八受一期生 名爲執取 … 三云 取謂能取 由今現八執彼當生因果等種故 故有結生當相續義 執卽是取 名爲執取"라고 하였다. 〔참고문헌〕『成唯識論演祕』.

집취박 執取縛 가져 취해서는 얽매이다. 사종박(四種縛) 중 하나로 심(心 : 阿賴耶識)이 소의(所依)인 색신(有根身)을 집취하여 자체로 삼을 때 색신(色身)이 그 심을 다시 얽매는 뜻이다. 『유가사지론』 권14(대정장3

0, p.350a23)에 "네 가지 계박 중 첫째는 집취박이니 … 심은 유근신에 대해 가져 취해서 매인 것에 다시 매인다. 四種縛 一 執取縛 … 當知心於身 由執取縛所縛", 『유가론기』 권5(대정장42, p.406c7 · 한불전13, p.294c15)에 "저 색신으로 아뢰야식이 붙들어 취하게 되니 이 집취한 바로 경을 짓고 마음을 묶으니 집취박이라 한다. 또는 이 색경으로 능히 얽어 가져 취하는 마음을 집취박이라 할 수도 있다. … '심은 유근신에 대해 집취박으로 얽힌 바임을 마땅히 안다'란, 심이 색신에 대해 붙들려 취할 때 곧바로 저 색신경계에 얽힌 바 된다는 것이다. 以彼色身 爲賴耶執取 此所執取 作境縛心 名執取縛 亦可色境 能繫執取之心 名執取縛 … 當知心於身 由執取縛所縛者 心於色身 生執取時 則爲彼身境界所縛"라고 하였다. 〔참고문헌〕『瑜伽師地論』, 『瑜伽論記』. ⇨ 집취 執取[2], 집수 執受, 계박 繫縛, 영수박 領受縛, 요별박 了別縛, 집착박 執著縛, 사종박 四種縛

집취상 執取相 육추(六麤) 중 하나로 앞선 상속상(相續相) 가져 취하다는 뜻이다. 『대승기신론』(대정장32, p.577a16)에 "셋째, 집취상. 상속에 의해 경계를 연하여 염하고 고락에 머물러 지니면서 마음으로 착을 일으킨다. 三者 執取相 依於相續 緣念境界 住持苦樂 心起著故", 원효(元曉)의 『기신론소』 권상(대정장44, p.213a16 · 한불전1, p.758a20)에 "제3집취상은 곧 수온이니, 식온으로 분별해서 순하고 거스르며 고락을 받아들이기에 '상속에 의지해 ~ 고락에 머문다' 하였다. 第三執取相者 卽是受蘊 以依識蘊 分別違順 領納苦樂 故言依於相續 乃至住苦樂等也", 『대승기신론약술』 권상(대정장85, p.1099c16)에 "〔술〕 앞서 취한 고락 등 경이 헛되고 없는 것임을 깨닫지 못하고 깊이 취해 가짐 일으킴을 집취상이라 하니, 곧 앞선 상속으로 염한 고락의 경상에서 다시 깊이 집착하여 머물고 지니며 버리지 않기에 마음으로 착을 일으킨다고 하였다. 述曰 於前所取 苦樂等境 不了虛無 深起取著 名執取相 謂卽於前相續所念苦樂境上 復深執著 住持不捨 故言心起著等"라고 하였다. 〔참고문헌〕『大乘起信論』, 『起信論疏』, 『大乘起信論略述』. ⇨ 삼세육추 三細六麤, 육추 六麤, 상속 相續

집취수 執取受 심(心)과 심소(心所)가 스스로의 현전의 경을 받아들이는 것. 『순정리론』 권2(대정장29, p.338c25)에 "또 모든 수(受 Ⓢvedanā)에는 간략히 두 가지가 있다고 설하는데, 첫째는 집취수이고, 둘째는 자성수다. 집취수란, 자신의 소연경을 받아들이는 것을 말한다. 又說諸受略有二種 一 執取受 二 自性受 執取受者 謂能領納 自所緣境", 『구사론기』 권1(대정장41, p.25b3)에 "첫째, 집취수는 일체심과 심소법이 현전의 경을 가져 취하는 것 모두를 집취수라 한다. 一 執取受 謂一切心心所法 執取前境 皆名執取受"라고 하였다. 〔참고문헌〕『順正理論』, 『俱舍論記』. ⇨ 집취 執取[1], 영납 領納

집현사 集賢寺 경상남도 진주시 집현산(集賢山)에 있던 절. 『동국여지승람』 권30 경상도 진주목(晉州牧) 불우에 집현산이라 하였고, 『경상도속찬지리지』에는 선종(禪宗)에 속했다 하였다. 〔참고문헌〕『東國輿地勝覽』, 『慶尙道續撰地理誌』, 『韓國寺刹全書』 권하 p.1058a9.

집화경 集華經 ➡ 칭양제불공덕경 稱揚諸佛功德經

집화사 汁火寺 위치나 창건연기 미상. 정토사지오층석탑(淨兜寺址五層石塔)에서 출토된 형지기에 "집화사 주인은 현종. 汁火寺主人賢宗"이고 옥만사주(玉滿寺主) 원경(元京), 양악사주(陽岳寺主) 지황(智黃) 등과 함께 각각 차와 나물구이를 시주하였다고 적었다. 〔참고문헌〕「若木淨兜寺五層石造成塔形止記」, 『韓國寺刹全書』 권하 p.1058a8, 南豊鉉 「淨兜寺造塔形止記의 解讀-高麗時代 吏讀硏究의 一環으로」(『古文書硏究』12, 1998).

집화인 執花印 꽃을 잡은 듯이 한 수인. 엄지와 검지 끝을 맞대어 꽃을 집은 듯한 모습을 짓고, 나머지 손가락은 곧게 펼쳐서 세운다. 『대일경소』 권16(대정장39, p.744c16)에 "대자비기보살은 집화인을 맺는다〈공지와 풍지를 꽃을 집은 모습으로 서로 붙이고 나머지 손가락은 펼치되 곧게 세운다〉. 大慈悲起菩薩 作執花印〈空風相捻 如執花形 餘指申散而竪〉"라고 하였다. 〔참고문헌〕『大日經疏』.

집화인 관음보살 티베트 시대미상

짓소리 ○○○ 바깥채비 소리 중 하나. 바깥채비 소리는 홑소리와 짓소리로 구별된다. 가창법에서 홑소리는 주로 독창으로 하고, 짓소리는 여럿이 제창하고 의식은 어장(魚丈)을 중심으로 대중이 원을 그리며 노래한다. 짓소리에 관한 문헌으로 『동음집』이 유일하다. 『동음집』은 구제적인 음악의 선율이나 고저장단 등은 기록되어 있지 않다. 다만 짓소리의 사설에 한문으로 어떤 가락과 같다는 것을 글로 표기하여 가락을 알고 있는 범패승들이 이해할 수 있게 하였다. 『동음집』은 박운월(朴雲月) 소장 『동음집』 · 김운공(金耘空) 소장 『동음집』 · 장벽응(張碧應) 소장 『동음집』 · 『옥천유교동음집 玉泉遺敎同音集』 총 4권이었으나 2005년 김응기(법현)에 의해 박송암 소장 『옥천범음유향동음집』이 소개되어 현재 전하는 동음집은 총5권이다. 과거 짓소리는 72곡이나 되었다고 하나 지금은 모두 전해지지 않고 있다. 1965년 청량사에서 불렀던 짓소리악곡을 분류해 보면 모두 13곡으로 확인된다. 이후 2곡을 복원해 현재까지 전해지고 있는 짓소리는 인성(引聲)·거령산(擧靈山)·관욕게(灌浴偈)·목욕진언(沐浴眞言)·단정례(單頂禮)·보례(普禮)·식령산(食靈山)·두갑(頭匣)·오관게(五觀偈)·영산지심(靈山志心)·특사가지(特賜加持)·거불(擧佛)·삼남태(三喃駄)·삼마하(三摩訶)·옴 아훔 등 모두 15곡이 되었다. ⇨범패 梵唄, 동음집 同音集

징관 澄觀 738~839. 당대 스님. 중국 화엄종(華嚴宗) 제4조. 속성은 하후(夏侯), 이름은 대휴(大休). 산음(山陰 : 浙江省 紹興) 출신. 청량대사(淸涼大師)·화엄보살(華嚴菩薩)·화엄소주(華嚴疏主) 등이라고도 한다. 11세에 보림사(寶林寺)의 패선사(霈禪師)에게 출가하여, 14세에 묘선사(妙善寺)의 상조(常照)선사에게 구족계(具足戒)를 받았다. 예율사(醴律師)에게 상부율(相部律)을, 담일(曇一)에게 남산율(南山律)을, 현벽(玄璧)에게 삼론(三論)을, 무명(無名)·혜충(慧忠)·법흠(法欽) 등에게 선(禪)을, 법선(法詵)에게 화엄(華嚴)·기신(起信)을, 담연(湛然)에게 천태(天台)를 각각 배웠다. 이외에 베다(吠陀)·오명(五明) 등 외도의 경전과 중국의 고전에 통달하였고, 법장(法藏)의 화엄학(華嚴學)을 특히 귀중하게 여겼다. 대화엄사(大華嚴寺)·숭복사(崇福寺) 등에 머물며 오교교판(五教教判)·성기설(性起說) 등의 화엄종지와 교선일치론(教禪一致論)을 널리 펼쳐 그 명성이 조야에 널리 알려졌으며, 황실의 존경도 받았다. 839년(개성4)에 입적하였으니, 세수 102세였다. 『화엄경소 華嚴經疏』 60권·『수소연의초 隨疏演義鈔』 90권·『사십화엄소 四十華嚴疏』·『행원품소 行願品疏』·『법계현경 法界玄鏡』·『오온관 五蘊觀』·『십이인연관 十二因緣觀』·『삼성원융관 三聖圓融觀』 등 많은 저서를 남겼으며, 제자로는 종밀(宗密)·승예(僧叡)·법인(法印)·적광(寂光) 등 징문사철(澄門四哲)이 널리 알려져 있다. 『불조역대통재』 권15(대정장49, p.616b20)에 "(唐의) 헌종(憲宗)이 징관국사에게 물었다. '화엄에서 말하는 법계란 어떤 것입니까?' 징관국사는 다음과 같이 말했다. '법계란 일체중생의 몸과 마음의 바탕이다. 본래부터 영명확철하고, 광대허적하며, 유일한 진경일 따름이다. 틀도 모습도 없이 삼라대천으로 가도 끝도 없이 만유를 품어 거둡니다'. 帝問國師澄觀曰 華嚴所詮 何謂法界 奏曰 法界者 一切衆生之身心本體也 從本以來 靈明廓徹 廣大虛寂 唯一眞境而已 無有形貌 而森羅大千 無有邊際 而含容萬有"라고 하였다. 〔참고문헌〕『佛祖歷代通載』, 『宋高僧傳』 권5(대정장50, p.737a4), 『神僧傳』 권8(대정장50, p.1004b23).

청량국사징관 화엄칠조탱
예천 용문사 조선후기

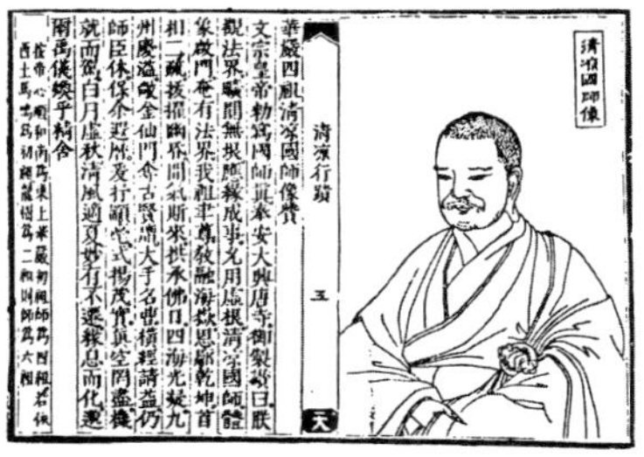

청량국사상 대방광불화엄경소초 봉은사 1856년

징관심요 澄觀心要 당대 청량징관(淸涼澄觀) 지음. 1권. 갖춘 이름은 『오대산진국대사징관답황태자문심요 五臺山鎭國大師澄觀答皇太子問心要』이다. 『경덕전등록』 권30(대정장51, p.459b22~c22)에 수록되어 있다. 순종(順宗)이 황태자였던 시절 오대산 청량사의 징관에게 사신 소명준(蘇明俊)을 보내 불법을 물었는데, 징관이 이에 답한 글이다. 〔참고문헌〕『景德傳燈錄』.

징광사 澄光寺 전라남도 보성군 벌교읍 징광리 존제산(尊帝山)에 있던 절. 존제산은 금화산으로도 불렸다. 『동국여지승람』 권40 전라도 낙안군 불우에는 "징광사〈금화산에 있다〉. 澄光寺〈在金華山〉"라고 하였고, 『가람고』 전라도 낙안에도 "금화산에 있으며, 군의 서쪽 20리다. 在金華山 郡西二十里"라고 하였으며, 『대동지지』 권14 낙안 산수에는 "금화산〈서쪽 30리에 있다. 징광사는 바닷가의 거찰이다〉. 金華山〈西三十里 澄光寺爲濱海巨刹〉"라고 하였다. 〔창건과 연혁〕 창건사적은 전하지 않으나 『동국여지승람』에는 김부식(金富軾)의 아들 김돈중(金敦中 ?~1170)이 쓴 시 '징광사〈보성〉 澄光寺〈寶城〉'와 고려 명종 때 활동하였던 김극기(金克己)가 참례하면서 지은

징광사 사지전경

시가 전한다. 『태종실록』 권14 7년(1407) 12월 2일에도 "의정부에서 명찰로 여러 주의 자복사를 대신하기로 청하니, 그대로 따랐다. … '조계종에서는 … 낙안의 징광사 … '이다. 議政府請以名刹代諸州資福 從之 … 曹溪宗 … 樂安 澄光寺"라고 하였다. 1640년(인조18) 이후에 청학(淸學 1570~1654)이 지은 『영월당대사문집』 「징광사중창기 澄光寺重創記」(한불전8, p.277b8)에는 절의 이름은 '지혜의 바다 맑고 깨끗하니 혜의 빛 오롯이 빛난다. 智海澄淸 慧光獨耀'라고 하여 징광으로 지었다고 하면서, 정유재란(1597)으로 불탄 것을 1626년(인조4)에 군수 임경업(林敬業)이 보수하고 스님을 모신 뒤에 "기묘년·경진년(1639~1640·인조17~18)에 운수납자인 선객들이 서로 이어가며 거듭 보전을 짓고 아름다운 누각도 계속 세우고 진영을 조성하여 섬기고자 당우에 모셨다. 逮至己卯庚辰 有雲衲某某諸禪 接武相承 重營寶殿 繼建瓊樓 敬造眞儀以至堂宇"라고 하였는데, 특히 옛 전각을 고칠 때 신라 법흥왕 때 중창하였다는 글자가 동량 사이에 적혀 있었다고 하였다. 1650년(효종1)에 현변(懸辯 1616~1684)이 쓴 『침굉집』 권하 「금화산징광사영산전중창기 金華山澄光寺靈山殿重刱記」(한불전8, p.360a13)에는 "호남에서는 으뜸이지만, 영산전 한 전각마저 무너진 뒤 옛터만 남아 흐르는 샘마저 슬피 울 뿐이다. 산의 도인으로 그 이름을 오래 그리워하던 이가 … 비로소 을유년(1645·인조23)에 불사를 일으켜 정해년(1647)에 마쳤는데, 기와를 굽고 단청으로 꾸미고 여러 집물도 갖추어 낙성함에 모두 스님의 공력이었다. 中有伽藍 曰澄光 厥初徹鑑國師 憩錫修禪之所也 … 殆甲湖南也 然厥然靈山一殿也 遺地尙存 流泉嗚咽而已 山之道人 思遠其名者 … 始役於乙酉 訖功于丁亥 至於陶瓦彰彩之倫 落成什物之具 皆師之力也"라고 하였으며, 철감도윤(澈鑒道允)의 주석처로도 전한다. 〔백암성총과 한국불교소의경전들〕 백암성총(栢庵性聰 1631~1700)이 징광사에서 후학을 지도하면서 약 190여 권의 경론을 각판하였기에 징광사는 한국불교의 전승삼장의 유통처로 그 이름을 오래도록 전하였다. 『동사열전』 권3 「백암종사전 栢庵宗師傳」(한불전10, p.1023a5)에 "기사년(1689·숙종15) 봄에 징광사에 나아가 『화엄연의초』·『대명법수』·『간정기』·『정토보서』·『영험록』 등을 판각하여 인천의 안목을 열고자 하였다. 임신년(1692) 봄에는 화엄법회를 크게 베풀었는데 사부대중이 노루 쫓듯 다투어 이르렀다. 겨울에는 지리산 아자방으로 옮겼다. 己巳春 赴澄光寺 刻華嚴演義鈔及大明法數刊定記淨土寶書靈驗等書 欲開人天眼目 壬申春 大設華嚴法會 四部之衆 逐麏相至 冬移入方壺"라고 하였듯이, 1686년(숙종12)부터 『법집별행록절요병입사기 法集別行錄節要并入私記』·『금강반야경소논찬요간정기회편 金剛般若經疏論纂要刊定記會編』·『대방광불화엄경수소연의초 大方廣佛華嚴經隨疏演義鈔』·『대명삼장법수 大明三藏法數』·『구자무불성화간병론 狗子無佛性話揀病論』·『사경지험기 四經持驗紀』·『정토보서』·『고봉화상선요 高峰和尙禪要』 등이 징광사에서 개판되었다. 이후 법손이 줄곧 머물렀는데, 서종태(徐宗泰 1652~1719)가 지은 설암추붕(雪巖秋鵬 1651~1706)의 「금화산징광사설암선사비명 金華山澄光寺雪巖禪師碑銘」(『만정당집』 권14)에는 "병술년(1706·숙종32) 8월 낙안 징광사에 머물렀는데 우연히 감기에 걸렸다가 게송 한 수를 읊고는 조용히 입적하였다. … 다비 후 영골 한 조각은 절의 남쪽 언덕에 모셨다. 丙戌八月 在樂安澄光寺 偶感疾 吟留一偈 翛然而逝 … 闍維得靈骨一片 閟之于寺之南岡"라고 하였고, 1704년(숙종30) 이후에 강현(姜鋧 1650~1733)이 쓴 월담설제(1632~1704)의 「낙안징광사월담당설제대사비문 樂安澄光寺月潭堂雪霽大師碑文」에 "만년에는 남쪽 불교를 그리워하여 금화산 징광사로 옮겨 주석하였다. 그림자가 산에서 나오지 않을 정도로 강설을 그치지 않아 호남에 경교가 크게 열리게 하였다. 갑신년(1704) 정월 초5일 이른 아침에 … 게송 한 수를 읊고는 … 갑자기 입적하였다. … 다음 해인 을유년에 징광사 남쪽 양지바른 곳에 탑을 세웠다. 晩年南釋嚮慕 移錫于金華山澄光寺 影不出山 講授不輟 湖海之間 經敎大闡 甲申正月初四日 詰朝 … 卽吟一偈曰 … 俄而怡然示寂 … 翌年乙酉 塔于澄光寺之陽"라고 하였다. 채제공(蔡濟恭 1720~1799)이 쓴 설파상언(雪坡尙彦 1707~1791)의 「설파대사비명 雪坡大師碑銘」(『번암집』 권55)에는 "경인년(1770·영조46)에 징광사의 화재로 소장하던 『화엄경』 80권판이 불타 하나도 남지 않았다. 사가 탄식하며 '마음을 다하지 못한 탓이다'라 하고는 여래께 머리 숙여 감당하게 하였다. 다시 판각하고자 모연하니 인천이 도와 봄에 시작하여 여름에 마쳤다. 분명하지 않거나 기억나지 않는 것은 오직 사의 구송에 의지하였고, 판각이 완성되자 영각사 옆에 새로

승탑옥개석 징광사사지

귀부이수 징광사사지

용두 징광사사지

전각을 지어 봉안하였다. 庚寅 澄光寺火 所藏華嚴八十卷板一無遺 師歎曰 於斯而不盡心 其敢頂禮如來 於是鳩財剞劂 人天助力 春始夏訖 其晦黜者 惟師之口誦是賴焉 板既完 新建閣 峙諸靈覺寺傍"라고 하였다. 폐사의 때는 전하지 않으나 1900년대에 편찬된 『사탑고적고』에는 "지금부터 사백 년 전에 폐사되었다. 절 이름으로만 남아 앞 글자가 마을 이름이 되었다. 距今四百年前廢滅 但留寺名 冒作洞名"라고 하였고, 1906년(광무10)에 편찬된 『낙안읍지』 사찰에는 "징광사〈지금은 폐사되었다〉. 澄光寺〈今廢〉"라고 하였다. 절터는 일제강점기부터 여러 번 조사되었지만 사역은 아직 명확하지 않다. 고려 때 조성된 것으로 추정되는 비의 이수와 귀부, 건물터 석재 등이 남아 있고, 발견된 용두와 승탑은 각각 징광문화원와 벌교읍 제일고등학교로 옮겼다. 〔세간문사들과의 인연〕 징광사는 대강백의 주석처이자 강설처였으므로, 문사들의 기록에도 많이 전한다. 김창흡(金昌翕 1653~1722)의 시 '징광사'·'아침 일찍 징광사를 떠나 낙안으로 향하다. 早發澄光寺向樂安'(『삼연집습유』 권10), 김진상(金鎭商 1684~1755)의 시 '낙안군을 새벽에 떠나 징광사를 향하다 樂安郡曉發向澄光寺'(『퇴어당유고』 권3)가 전하고, 김성탁(金聖鐸 1684~1747)의 「낙행과 차자 제행에게 부치다〈을축년(1745·영조21) 신지도로 이배될 때〉 寄樂行次子霽行〈乙丑 移配薪智島時〉」(『제산집』 권11)에는 "순천에서 자고 다음날 낙안에서 묵었으며 셋째날은 징광사에서 잤는데, 모두 이십삼리의 노정이었다. 宿順天 翌日宿樂安 第三日 宿澄光寺 此皆二十三十里程耳"라고 하였다. 〔참고문헌〕『東國輿地勝覽』, 『伽藍考』, 『大東地志』, 『太宗實錄』, 『詠月堂大師文集』, 『枕肱集』, 『東師列傳』, 『寺塔古蹟攷』, 『樂安邑誌』, 『海東詩選』, 『晩靜堂集』 권14(韓國文集叢刊163 p.304b1), 智冠 『韓國高僧碑文總集』 朝鮮朝·近現代 p.303·p.339·p.517·p.521·p.673, 『樊巖集』 권55(韓國文集叢刊236 p.559a11), 『三淵集拾遺』 권10(韓國文集叢刊166 p.404b16·405a4), 『退漁堂遺稿』 권3(韓國文集叢刊66, p.188a6), 『霽山集』 권11(韓國文集叢刊206 p.422b15), 『韓國寺刹全書』 권하 p.1033a1·1033a4, 『韓國의 寺址』 현황조사보고서 전라남도1(문화재청·재단법인 불교문화재연구소, 2011) pp.522~526. ⇨성총 性聰 ❷

징담불허창룡반 澄潭不許蒼龍蟠 못 맑아 푸른 빛 용마저 깃들지 못하네. 설두중현(雪竇重顯)의 송구다. 『벽암록』 18칙 「평창 評唱」(대정장48, p.158c29)에 "오조법연(五祖法演)선사는 '『설두송고』 일책 가운데 나는 오로지 「맑은 못에는 창룡이 깃들지 못한다」는 그 한 구만 좋아한다' 하였으니 오히려 그만하길 다행이다. 많은 사람들은 혜충(慧忠)국사가 침묵한 그 대목에서 무엇인가 알았다 하지만, 한 때의 착각일 뿐이다. 五祖先師道 雪竇頌古一冊 我只愛他 澄潭不許蒼龍蟠一句 猶較些子 多少人 去他國師良久處 作活計 若恁麽會 一時錯了也", 『영각광록』 권3(卍속장125, p.437a1)에 "학인이 물었다. '동산이 이르길 「때에 당하여 선사의 뜻 잘 못 알길 그 얼마던가」 하였는데, 감히 묻겠습니다. 어떻게 해야 저 밖의 것들 그르쳐 알지 않을 수 있습니까?' '못 맑아 푸른 빛 용마저 깃들지 못한다'. 僧問 洞山道 當時幾錯會先師意 敢問 如何是他不錯底 師云 澄潭不許蒼龍蟠"라고 하였다. 〔참고문헌〕『碧巖錄』, 『永覺廣錄』.

징문 徵問 따져 묻다. 이미 결정된 듯한 생각에 의문을 품고 다시 따지며 던지는 물음. 분양십팔문(汾陽十八問) 중 하나이기도 하다. 『오가종지찬요』 권상 「분양십팔문」(卍속장114, p.524b14)에 "징문으로 묻다. 달마가 서천에서 오셨으니 마땅히 무슨 일 위한 것일까? 그 까닭을 따져 헤아려가며 묻는다. 徵問問 祖師西來 當爲何事 徵考其故而問也", 『종용록』 39칙 「평창 評唱」(대정장48, p.253b11)에 "그 학인은 겨우 총림에 들어왔지만 크게 깨우쳐 사무쳤다고 칭송한다. 총림 배불리는 선객들이여, 일러보라. 그가 깨달음이 있었던가 없었던가? 이렇게 말하는 것이 징문이다. 這僧乍入叢林 稱大悟大徹 飽叢林禪客 且道 有悟無悟 此謂之徵問", 『경덕전등록』 권5 「혜충전 慧忠傳」(대정장51, p.244a27)에 "현각이 학인에게 따져 물었다. '도대체 시자가 만난 곳 무엇인가?' 玄覺徵問僧 什麽是侍者會處"라고 하였다. 〔참고문헌〕『五家宗旨纂要』, 『從容錄』, 『景德傳燈錄』. ⇨분양십팔문 汾陽十八問

징소 澄昭 통일신라 스님 쌍봉도윤(雙峰道允 798~868)의 탑호. 〔참고문헌〕『祖堂集』 권17(고려장45, p.342c17). ⇨도윤 道允

징심행로난 徵心行路難 마음의 행로 어렵다 함을 물어 답한 글. 돈황(敦煌) 출토 정격연장(定格聯章)의 가곡(歌曲) 중 한 종류. 마음의 행로 어렵다 하지만 마음마저 없는(無心) 지극한 뜻 깨우쳐 그 난관 벗어날 수 있음을 말한다. 돈황본으로는 S6042와 그것에 이어지는 용곡본(龍谷本), S5996과 이어지는 S3017, 그리고 그것과 같은 내용의 P3409 등 두 계통이 있다. 모두 당초에 필사된 글이다. 『선혜대사어록 善慧大士語錄』에 수록된 「행로난 行路難」 20편(卍속장120, p.27a6)이 있기에 선혜대사 곧 부대사(傅大士)의 작품도 있지만 이와는 별도의 저자에 의하여 지어진 작품이다. 일설에는 선성혜명(仙城慧命)·우두혜충(牛頭慧忠) 등이 그 저자라 하지만 분명하지 않다. ⇨행로난 行路難

징안 澄眼 조선후기 스님. 호는 운봉(雲峯). 풍암세찰

(楓巖世察 1668~1767)의 법을 이었으며, 제자로는 성암의수(聖庵義修)·남파척오(南坡陟悟)·남명경린(南溟景璘) 등이 있다. 그외 자세한 행적은 전하지 않지만, 『서역중화해동불조원류』(한불전10, p.124b12)에 "영해약탄(影海若坦)의 법을 이은 풍암문파 : 부휴 아래 제6세 풍암세찰의 법사〈7세〉는 운봉징안 … 벽담행인이다. 影海法嗣楓嵓門派 浮休下第六世楓嵓察嗣〈七世〉 雲峯澄眼 … 碧潭幸仁"라고 하였다. [참고문헌] 『西域中華海東佛祖源流』. ⇨ 세찰 世察

징엄 澄儼 1090~1141. 고려전기 스님. 고려 숙종의 넷째 왕자로 출가한 원명국사(圓明國師). 호는 복세(福世), 속성은 왕(王)씨. 초명(初名)은 징길(澄佶). 어머니는 명의태후(明懿太后) 류(柳)씨(?~ 1112 : 숙종의 비, 예종의 어머니로 柳洪의 딸인 明德宮主이나 뒤에 延德宮主로 고쳤다). 1097년 8세 때 경기도 개풍군(開豊郡) 덕적산(德積山) 흥왕사(興王寺) 대각국사(大覺國師)에게 나아가 은사로 하여 1098년 명경전(明慶殿)에서 삭발하고 스님이 되었고, 불일사(佛日寺)에서 비구계를 받았다. 1102년(숙종7) 중광사(重光寺) 주지에 임했으며, 1105년 승통(僧統)이 되고 복세(福世)란 호를 받았다. 예종(재위 1105~1122) 때 개성 홍원사(洪圓寺)·논산 개태사(開泰寺)·전주 귀신사(歸信寺)·개풍 홍왕사 등의 주지를 역임하던 중 1119년 병으로 인해 흥왕사 주지직을 사임했다. 인종(재위 1122~1146)이 즉위하여 오교도총섭(五敎都總攝)으로 진가(進加)하였다. 그 후 개성 숭선사(崇善寺) 주지로 있다가 다시 귀신사에서 주석하였다. 외척인 이자겸(李資謙)의 천권(擅權)으로 왕실이 위태로워지자 권세에 초연하고 산중에 은둔하여 수도에만 전념했다. 1131년(인종9) 이자겸의 난이 평정된 후 다시 왕실로 불려가 흥왕사에서 10여 년간 수도하였다. 1141년 4월 21일 세수 52세를 일기로 입적하였다. 인종이 부고를 듣고 크게 진도(震悼)하여 3일간을 추모하고 국사(國師)로 책봉하여 시호를 원명이라 추증하였다. 28일 홍왕사 서쪽 천덕산(天德山) 남록(南麓)에서 다비하고 승천부(昇天府) 약산촌(藥山村)의 북쪽 언덕에 유골을 봉안하였다. 스님은 처음에 의천(義天)을 따라 화엄을 연구하다가 말년에 역시 천태를 연구하였으므로 양종(兩宗)에 모두 조예가 깊었다. 1141년 권적(權適)이 왕명에 따라 지은 묘지명(墓誌銘)이 현재 일본 제실박물관(帝室博物館)에 전한다. [참고문헌] 『朝鮮古蹟圖譜』 권7(朝鮮總督府, 1935), 『韓國金石全文』 中世上 pp.631~633, 金龍善 『高麗墓誌銘集成』 pp.73~74, 『傳燈本末寺誌』(亞細亞文化社, 1978) pp.328~329, 李智冠 『校勘譯註歷代高僧碑文』 高麗篇3 pp.226~234. ⇨ 복세 福世

징연 澄淵 요(遼)대 학승. 남경(南京) 봉복사(奉福寺)에 주석하였으며, 남산도선(南山道宣)의 『사분율행사초 四分律行事鈔』를 주석한 『사분율초상집기 四分律鈔詳集記』 14권과 과문(科文) 3권을 저술하였는데 『사분율초상집기』는 해인사 판본이 전한다.

징염대별어 徵拈代別語 징어·염어·대어·별어를 함께 이르는 말. 선문에서 서로 문답하거나 공안을 들어 문답하는 네 가지 길을 말한다. 징어는 핵심을 따져 묻고 답하는 법, 염어는 집어내 가려서 들어보이는 법, 대어란 상대가 응답하지 않을 경우 대신하여 조응하는 응답을 하거나 제3자가 후대에 그에 대하여 응답하는 법, 별어란 답만을 따르지 않고 다른 법으로 응수하는 경우다. 『경덕전등록』 권27 「제방잡거징염대별어 諸方雜擧徵拈代別語」(대정장51, p.434b29)는 이러한 형식을 대표하는 자료를 모아놓은 예다. 『고존숙어록』 「서 序」(卍속장118, p.157b16)에 "징·염·대·별은 모두 선기(禪機)를 드러낸 말이니, 세상에 유포된 세월은 오래다. 徵拈代別 皆有機語 流布寰中久矣"라고 하였다. [참고문헌] 『景德傳燈錄』, 『古尊宿語錄』. ⇨ 대어 代語, 별어 別語, 염어 拈語, 대별 代別

징원 澄遠 908~987. 오대(五代) 운문종(雲門宗) 스님. 속성은 상관(上官)씨. 사천성(四川省) 면죽(綿竹) 출신. 어릴 때 성도진상원(成都眞相院)으로 출가해서 열여섯에 구족계를 받았다. 그 뒤 촉(蜀 : 泗川省)을 떠나 진(秦 : 陝西省)으로 들어가서 곳곳으로 다니다가 운문문언(雲門文偃) 문하에서 공부하면서 쌓였던 의혹을 한꺼번에 풀었다. 운문의 법을 잇고 18년 동안 시봉하며 수행하였다. 다시 성도로 돌아온 다음에 도강현(導江縣) 수청궁(水請宮) 오장군원(吳將軍院)에 머물렀다. 송대 964년(건덕2) 청성산(青城山) 향림원(香林院)으로 옮기고, 운문종의 종풍을 40여 년 동안 널리 알렸다. 『경덕전등록』 권22(대정장51, p.387b3)에 "'언구다한 이라면 이는 손님일 터이니, 누가 주인인지요?' '장안성 안에 있다' '어떻게 해야 만나는지요?' '천 가구만 가구에 모두 있다'. 問 但有言句盡是賓 如何是主 師曰 長安城裏 曰 如何領會 師曰 千家萬戶"라는 등의 문답이 전한다. 987년(옹희4) 세수 80세로 입적하였다. [참고문헌] 『景德傳燈錄』, 『建中靖國續燈錄』 권2(卍속장136, p.50b18), 『聯燈會要』 권26(卍속장136, p.869b1), 『五燈會元』 권15(卍속장138, p.563b14).

징월 澄月 1751~1823. 조선시대 스님. 휘는 정훈(正訓), 자는 경호(敬昊). 정훈의 법호다. ⇨ 정훈 正訓

징월당정훈대사행장 澄月堂正訓大師行狀 징월의 행적을 기록한 글. 1832년(순조32)에 제자 유혜(有惠)가 짓고, 『징월대사시집』 권3(한불전10, p.504a5)에 전한다. [참고문헌] 『澄月大師詩集』. ⇨ 정훈 正訓

징월대사시집 澄月大師詩集 정훈(正訓 1751~1823)의 시문집. 3권. 한불전10, pp.486a1~505b14에 수록되어 있다. 권수에는 「징월상인시집서 澄月上人詩集序」, 권1과 권2에는 시 172편(篇), 권3에는 미타암 彌陀菴·지장사 地藏寺·진불암 眞佛菴·수도암 修道菴 등의 중수 등을 적은 4편의 기문이 수록되어 있다. 권말에는 찬자 미상의 「영찬 影贊」 1편, 희곡산인(希谷散人) 이지연(李止淵 1777~1841)과 용헌(容軒) 이문환(李文煥)이 각기 지은 2편의 영찬, 유혜(有惠)가 지은 「징월화상행장」, 황정(黃庭) 이태승(李台升)이 짓고 매산(梅山) 조화선(趙禾璿)이 글씨를 쓴 「징월시집발 澄月詩集跋」, 송호유인(松湖幽人) 김이덕(金履德)이 쓴 「제징월상인시집후 題澄月上人詩集後」 등이 수록되어 있다. 1832년(순조32)에 팔공산 수도암에서 개판하였고, 계명대학교 도서관에 전한다. ⇨ 정훈 正訓

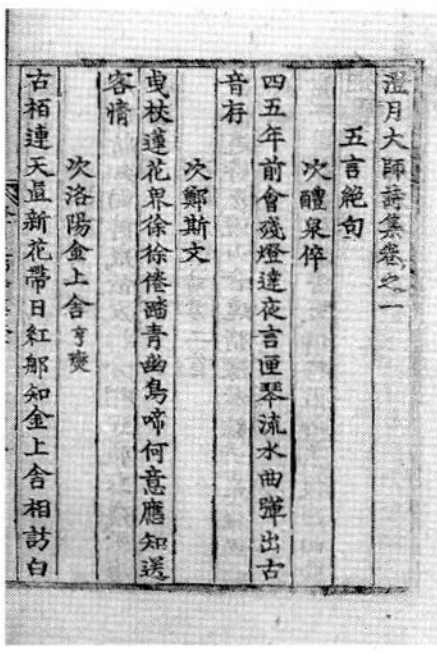
澄月大師詩集卷之一
五言絶句
次醴泉倅
四五年前會殘燈達夜言匣琴流水曲彈出古
音存
次鄭斯文
曳杖蓮花界徐徐倦踏青幽鳥啼何意應知送
客情
次洛陽金上舍亨夔
古栢連天直新花帶日紅那知金上舍相訪白

징월대사시집

징적 澄寂 Ⓢprasanna. 맑고 고요함. 계구족(戒具足)과 법신(法身), 삼매(三昧) 등의 은유다. 『백오십찬불송』(대정장32, p.760c13 : *Śata-śa.*, p.106)에 "시라(Ⓢśīla : 戒)로 청결함 갖추었고, 정려(Ⓢdhyāna : 定)의 마음으로 맑고 고요하며, 반야(Ⓢprajñā : 慧)의 두렷한 지혜로 걸림없어 항하의 모래알만큼 많은 복이 모인다. 尸羅具淸潔 靜慮心澄寂 般若圓智融 恒沙福所集 śīlopasaṃpadā śuddhaḥ prasanno dhyānasaṃpadā, tvaṃ prajñāsaṃpadākṣobhyo hradaḥ puṇyamayo mahān", 『불성론』 권4(대정장31, p.810b10)에 "청정한 법신의 모습이란, 법신과를 나툼이어서 티 없이 맑고 고요하다. 淸淨法身相者 顯法身果 無垢澄寂故", 『아미타경통찬소』 권상(대정장37, p.331c15)에 "정을 증상으로 삼아 다하니 마음이 맑고 고요하다. 定爲增上者 心澄寂故"라고 하였다. [참고문헌] 『百五十讚佛頌』, 『佛性論』, 『阿彌陀經通贊疏』, *Śata-śa.*

징정 澄淨 Ⓢprasāda, Ⓣdang-bar-bya-ba. 맑고 깨끗함. 마음(心)이나 믿음(信)의 은유다. 범어 프라사다(prasāda)는 깨끗한 믿음(淨信)으로 번역하였으니, 어떤 의혹(疑)도 없는 신(信 Ⓢśraddhā)의 비유다. 또는 팔공덕수(八功德水) 뜻 중 첫 번째 뜻이다. 『품류족론』 권1(대정장26, p.693a19)에 "믿음이란 무엇인가? 마음이 맑고 깨끗함이다. 信云何 謂心澄淨性", 『대비바사론』 권13(대정장27, p.63a20)에 "비록 많은 것들이 쌓이고 모였지만 서로 가릴 일 없어서 마치 가을 연못 맑고도 깨끗해서 작은 바늘 떨어져도 볼 수 있는 것과 같다. 雖多積集而不相障 如秋池水以澄淨故 細針墮中而亦可見", 『구사론』 권4(대정장4, p.19b2 : *Abh-k-bh.*, p.55)에 "이 중에서도 신이란 마음을 맑고 깨끗하게 한다. 此中信者 令心澄淨 tatra śraddhā cetasaḥ prasādaḥ", 『구사론기』 권4(대정장41, p.75a15)에 "신이란 마음을 맑고 깨끗하게 하는 것이니 … 이 신이라는 구슬이 마음에 있으면 모든 것이 맑고 깨끗함을 얻는다. 信謂令心澄淨 … 由此信珠在心 皆得澄淨", 『유가사지론』 권25(대정장30, p.423a20)에 "몸도 마음도 맑고 깨끗하기에 현선이라 이름한다. 身心澄淨 是名賢善", 『아미타경통찬소』 권중(대정장37, p.339b4)에 "여덟 가지 공덕이란, 첫째는 티 없는 맑음이다. 八德者 一 澄淨"라고 하였다. [참고문헌] 『品類足論』, 『大毘婆沙論』, 『俱舍論』, 『俱舍論記』, 『瑜伽師地論』, 『阿彌陀經通贊疏』, *Abh-k-bh.* ⇨ 정신 淨信, 팔공덕수 八功德水

징정 澄靜 Ⓢacchatā, Ⓣdang-ba-nyid. 맑고 고요함. 정(定)의 은유다. 『장아함경』 권5 「사니사경 闍尼沙經」(대정장1, p.35a12)에 "세존께서 한 그루 나무 아래에 계시는 것을 멀리서 뵈니, 얼굴 모습은 단정하고, 모든 근은 적정하셨으니 비유하면 마치 깊은 연못 맑고 고요하며 깨끗해 밝은 듯 하였다. 遙見世尊 在一樹下 顔貌端正 諸根寂定 譬如深淵 澄靜淸明", 『대지도론』 권2(대정장25, p.67b19)에 "그때 대가섭의 마음 저 큰 바다 같아 맑고 고요하여 흔들림 없었다. 爾時 大迦葉 心如大海 澄靜不動", 『대승장엄경론』 권4(대정장31, p.612c27 : *Sūtr.*, p.62)에 "물에 비친 달은 정에 의지하는 법의 비유다. 정이란 물과 같고 법은 달과 같으니 저 맑고 고요함으로 말미암아 법이 현현하기 때문이다. 水月譬依定法 定則如水 法則如月 由彼澄靜 法顯現故 udakacandrabimbopamāḥ samādhisaṃniśritā dharmāḥ samādher udakasthānīyatvād acchatayā"라고 하였다. [참고문헌] 『長阿含經』, 『大智度論』, 『大乘莊嚴經論』, *Sūtr.* ⇨ 정 定, 삼매 三昧

징조 澄照 당 의종(懿宗)이 869년(함통10)에 남산율종(南山律宗)의 종조(宗祖) 도선율사(道宣律師)에게 추증한 시호. 『불조통기』 권42(대정장49, p.389a1)에 "(懿宗이) 칙명으로 남산도선율사에게 시호를 추증하였으니 징조라 하였다. 勅追謚南山道宣律師 曰澄照"라고 하였다. [참고문헌] 『佛祖統紀』. ⇨ 도선 道宣

징준 澄俊 1842~1914. 조선후기 금강산 유점사 스님. 휘는 징준 또는 증준(證俊), 호는 금담(錦潭), 속성은 김씨. 본관은 안동(安東). 아버지의 이름은 여근(麗根), 어머니는 회덕 송씨(懷德宋氏). 1842년(헌종8) 9월 27일 경상북도 안동군 북면 송천리에서 태어났다. 1860년(철종11) 18세 때 대구 동화사로 가서 송암최흠(松庵最欽 ?~1870)을 은사로 하여 스님이 되었고, 1862년(철종13) 금강산 유점사로 옮겨 계행을 엄정(嚴淨)히 가지면서 나은(懶隱)강백으로부터는 경을 수학한 후 참선을 주로 하였다. 1872년(고종9) 30세 때 동암(桐庵)선사의 법을 이어받았다. 그 후 유점사에서 정진하다가 1882년(고종19) 8월 16일 야반에 화재가 발생하여 수충사(酬忠祠)·산령각(山靈閣)·서래각(西來閣)만을 제외하고 유점사의 건물 3,300여 칸이 전소될 때, 단신으로 화염(火炎) 속에 뛰어 들어 53불·청동향로·청동촛대·진주방석(珍珠方席)·능인보전(能仁寶殿)의 조각문 등 많은 성보를 구출하였다. 화재 후 우은(愚隱)화주를 도와 각처로 돌면서 불사금을 모았으니 3년 만에 완전히 복구하였다. 1891년(고종28) 우은이 입적한 후 주관의 소임을 맡았다. 1892년(고종29) 도총섭으로 임명되어 종풍을 크게 진작하였다. 1896년(건양1)과 1897년(순종1) 두 차례에 걸친 화재 때에도 구사일생으로 가람을 구하였다. 1909년(순종3)에는 산림(山林) 일만이천 정보(町步)를 측량하여 사찰소유로 등기하여 승보보존에 남다른 공을 세웠다. 1911년 총독부의 사찰령 반포 후 유점사의 제1세 주지가 되었고, 1913년 1월에는 30본산 주지회의 위원장도 맡았다. 같은 해 인도의 고승 달마바라(達摩婆羅)가 부처님 사리 1과를 모시고 와서 우리나라에 기증하므로, 스님이 이를 받아 1914년 2월 29일 각황사(覺皇寺 : 지금의 조계사)에 봉안하였다. 같은 해 4월 20일 새벽 1시 유점사에서 세수 73, 법랍 55세를 일기로 서쪽을 향하고 앉아 입적하였다. 〔참고문헌〕『楡岾寺本末寺誌』「金剛山楡岾寺主管錦潭大禪師行蹟」(亞細亞文化社, 1977), 『朝鮮佛敎通史』 권하 p.1016. ⇨ 금담 錦潭

징집 澄什 불도징(佛圖澄)과 구마라집을 아울러 부르는 말. 『자은전』 권6(대정장50, p.254a19)에 "다음으로 복엄과 법현이 경전을 구하고, 불도징과 구마라집이 이어서 한역하였다. 비록 현풍은 나날이 치성해졌지만, 그들 모두는 정통이 아닌 왕조와 인연하였지만 오직 현장만이 목숨을 아끼지 않고 홀로 지혜로운 성인을 만나고 가져온 경론을 모두 황제가 보고 듣게 하였다. 次復嚴顯求經 澄什繼譯 雖則玄風日扇 而並處僞朝 唯玄奘輕生 獨逢明聖 所將經論 咸得奏聞", 『광홍명집』 권22(대정장52, p.261b2)에 "가섭마등(迦葉摩騰)과 축법란(竺法蘭)이 앞서서 혜의 등불을 밝혔고, 불도징과 구마라집이 이 등불 이어받아 후대로 전하였다. 騰蘭炳惠炬於前 澄什嗣傳燈於後"라고 하였다. 〔참고문헌〕『慈恩傳』, 『廣弘明集』. ⇨ 불도징 佛圖澄, 구마라집 鳩摩羅什

징촉 瞪矚 눈을 똑바로 뜨고 바로 보다. 『불소행찬』 권1(대정장4, p.6a14)에 "보살 또한 이와 같아서 놀라 두려워하고 길게 탄식하며, 늙음이라는 괴로움에 마음을 묶으면서 고개를 끄덕이고 눈을 똑바로 떠 바로 보며 이 쇠해 늙는 고통을 생각하였으니, 세상 사람들은 어찌하여 애착해서 즐길 수 있단 말인가. 菩薩亦如是 震怖長噓息 繫心於老苦 頷頭而瞪矚 念此衰老苦 世人何愛樂", 『일체경음의』 권31(대정장54, p.511a27)에 "징촉〈택과 경을 반절한 음이다. 『통속문』에 '똑바로 봄을 징이라 한다' 하였다〉. 瞪矚〈宅耕反 通俗文云 直視曰瞪〉"라고 하였다. 〔참고문헌〕『佛所行讚』, 『一切經音義』.

징효 澄曉 826~900. 통일신라 절중(折中)의 시호이다. 탑호는 보인탑(寶印塔)이다. ⇨ 절중 折中 ❷

징효대사보인탑비 澄曉大師寶印塔碑 신라 징효절중(澄曉折中 826~900)의 탑과 비. 강원도 영월군 수주면 법흥리 법흥사 경내에 있다. 〔비〕 최언위(崔彦撝)가 비문을 짓고 최윤(崔潤)이 써서 944년(혜종1)에 세웠다. 비제는 '고징효대사비 故澄曉大師碑'다. 비명(碑銘)에 "대각 뛰어난 가르침이여! 묘도를 여셨네. 능인의 비밀법이여! 그윽한 나루터로 중생을 인도하네. 진위를 분간함이여! 시대를 깨우쳤고 범부가 곧 성인되니 모두가 부처로다. … 교화 마치심에 장엄하게 다비하였으니 정성을 다하였고, 법을 계승한 제자는 천명이 넘네! 大覺上乘兮開□道 能仁秘旨兮引玄津 推爲悟眞兮時□恩 卽梵成聖兮世詵詵 … 斂化飾終兮 有□□ 繼□重跡兮是千人"라고 하였다. 귀부와 비신 및 이수를 다 갖춰 보존하고 있으며, 보물 제612호다. 이수는 네 마리 용이 '고징효대사비 故澄曉大師碑' 전액과 보주를 감싼 모습이며,

징효대사보인탑비

귀부는 보주를 물고 힘차게 나아가는 모습으로 육각형 귀갑마다 꽃 한송이 씩을 새겼고 비좌(碑座)의 네 면에도 구름문양을 새겼다. 〔탑〕 탑은 방형의 지대석 위에

세웠는데, 팔각의 하대석 측면에는 1구씩 안상(眼象)을 새겨 넣었다. 하대석은 단판 복엽 연잎으로 장식하고 연잎마다 귀꽃을 장식해 놓았다. 중대석은 팔각으로 모서리마다 우주를 새긴 반면 별다른 장식이 없다. 상대석은 이중 앙련대로 마련하였고 상면에 탑신을 받치기 위한 굄도 두었다. 탑신은 상하의 모를 없애 부드럽게 하였고, 앞뒷면에 문비(門扉)를 부조하여 자물쇠도 새겼다. 옥개석의 하단은 수평상이고 상면은 기와골 없이 판면에 두꺼운 우동을 마련하였으며 귀꽃 장식도 세웠다. 상륜은 팔각의 노반 위에 보개와 보주로 마무리 하였다. 팔각원당형 승탑의 기본형을 따르고 있으나 옥개석의 기와골이 생략되고 과장된 귀꽃 장식이 나타나는 등의 수법으로 보아 고려전기에 건립된 것으로 추정된다. [참고문헌] 李智冠『校勘譯註歷代高僧碑文』高麗篇1, 엄기표『신라와 고려시대 석조부도』(학연문화사, 2003). ⇨ 절중 折中❷, 법흥사 法興寺❶

징효대사보인탑비

차 且 또, 또한, 다시, 더하여, 비록 그렇다 해도, 잠시, 한편, 장차, 이에 등의 뜻으로 문맥에 따라 푼다. 머뭇거리다, 많다, 공경하다의 뜻은 '저'로 읽는다. 『서장』「답장제형장 答張提刑狀」(대정장47, p.928a28)에 "만일 이 사구를 사무쳐 안다면, 일체 제법 실로 있는 것이라 설함을 보면, 저도 또한 수순해서 있다고 설해 주지만 한편 실유에 걸린 바 되지 않는다. 일체 제법이 실로 없다고 하는 말을 듣고서 저도 이를 따라 없다고 설해 주지만 한편 세간의 공허한 무는 아니며, 일체 제법 있기도 하고 없기도 하다는 말을 듣고서 저도 이를 따라 있기도 하고 없기도 하다고 설해 주지만 한편 희론은 아니며, 일체제법이 있지도 않고 없지도 않다고 하는 말을 듣고서 저도 이를 따라 있지도 않고 없지도 않다고 설해 주지만 한편 상호 어긋나지 않습니다. 若透得此四句了 見說一切諸法實有 我亦隨順 與之說有 且不被此實有所礙 見說一切諸法實無 我亦隨順 與之說無 且非世間虛豁之無 見說一切諸法亦有亦無 我亦隨順 與之說亦有亦無 且非戲論 見說一切諸法非有非無 我亦隨順 與之說非有非無 且非相違", 『설두어록』 권3(대정장47, p.686a21)에 "설두가 공안 들다. '학인이 목주에게 물었다. 「두 손을 높이 올려 석가에게는 읍하고 미륵에게는 절하지 않을 때는 어떻습니까?」「어제 어떤 이가 똑같이 물었는데, 쫓아내 버렸다」「화상께서는 제가 진실하지 못할까봐 염려하시는군요」「주장자가 없으니 갈대로 만든 빗자루로 우선 30방 때리겠다」'. 이어서 설두가 말했다. '목주는 다만 벽 받을 마음 뿐이다. 더구나 성을 할양받을 뜻도 없었다'. 擧 僧問睦州 高揖釋迦不拜彌勒時如何 州云 昨日有人問 趕出了也 僧云 和尙恐某甲不實 州云 拄杖不在 苕帚柄聊與三十 師云 睦州只有受壁之心 且無割城之意", 『임제록』(대정장47, p.506a16)에 "삼봉평(三峯平)화상이 임제에게 말했다. '금풍이 옥피리를 불면 누가 그 마음을 알아줄까?' '곧바로 만 겹의 빗장 뚫고서 푸른 하늘에도 머물지 않습니다' '그대의 이 질문 참으로 대단하구나' '용이 낳은 금봉황 새끼는 몸 부딪혀 저 푸른유리 부순답니다'. 이에 삼봉평이 '자, 앉아서 차나 마셔라' 하고 말한 뒤 다시 물었다. '이곳에 오기 전에는 어디서 있었느냐?' '용광입니다' '용광은 요새 어떠한가?' 임제가 바로 가 버렸다. 平云 金風吹玉管 那箇是知音 師云 直透萬重關 不住淸霄內 平云 子這一問太高生 師云 龍生金鳳子 衝破碧琉璃 平云 且坐 喫茶 又問 近離甚處 師云 龍光 平云 龍光近日如何 師便出去", 『선문제조사게송』 권하(卍속장116, p.977b14)에 "법에 두 법 없다 하니 소를 잠시 종으로 삼네. 물고기나 토끼라는 서로 다른 이름들에 빗대어 통발이나 올무라는 차별을 드러내니, 금이 쇳돌에서 나오듯 하고 달이 구름을 벗어난 듯 하다. 한 줄기 시린 빛 있어 위음왕겁 그 밖에서 빛나네. 法無二法 牛且爲宗 喩魚兎之異名 顯筌蹄之差別 如金出鑛 似月離雲 一道寒光 威音劫外", 『조당집』 권5「장자광장 長髭曠章」(대장경보편25, p.393a4)에 "아이가 말했다. '제 조부가 남악에 계신데, 그곳으로 가서 만나 뵙고 싶지만 계를 받지 못해 갈 수 없습니다' '계를 받으려면 스무 살은 되어야 하니 잠시 그대로 있겠습니다'. 선사가 문득 깨닫고서 그 아이를 불러서 계받게 하였다. 兒子曰 某甲祖公在南嶽 欲得去那裏禮覲 只是未受戒 不敢去 師曰 受戒須是二十始得 且住 師忽然覺察 喚來許伊受戒", 같은 책 권2「이조혜가장 二祖慧可章」(대장경보편25, p.337b1)에 "둘째 날 밤이 되자 갑자기 찢어질 듯이 머리가 아팠다. 그의 스승이 그에게 침을 놓으려 하자 공중에서 스승인 보정(寶靜)에게 소리 들렸으니 '잠깐 하지 마라! 어쨌든 해선 안 된다! 이는 뼈를 바꾸려는 것이니 평범한 두통이 아니다'라고 하였다. 이에 스승이 바로 그만두었다. 至於第二夜 忽然頭痛如裂 其師欲與炙之 空中有聲報云 且莫 且莫 此是換骨 非常痛焉 師卽便止", 『임제록』(대정장47, p.503b10)에 "임제가 하루는 하양과 목탑 두 장로와 함께 승당 안의 화로 앞에 앉아서 '보화는 매일 저잣거리에서 미치광이 같은 짓을 하고 다니는데, 그는 범부일까 성인일까?'라는 얘기를 나누고 있었는데, 대화가 채 끝나기도 전에 보화가 들어왔다. 이에 임제가 물었다. '그대는 범부인가 성인인가?' '그대가 이에 말해 보라! 나는 범부인가 성인인가?' 임제가 바로 한 소리 내질렀다. 그러자 보화가 손으로 가리키며 말했다. '새색시 같은 하양과 노파심만 가득한 목탑과 애송이 임제는 모두 외눈박이 아닌가'. 이에 임제가 '이 도둑놈아!' 하고 말하자 보화가 '도둑놈! 도둑놈!' 하며 바로 나가 버렸다. 師一日與河陽木塔長老 同在僧堂地爐內坐 因說 普化每日在街市 掣風掣顚 知他是凡是聖 言猶未了 普化入來 師便問 汝是凡是聖 普化云 汝且道 我是凡是聖 師便喝 普化以手指云 河陽新婦子 木塔老婆禪 臨濟小廝兒 却具一隻眼 師云 這賊 普化云 賊 賊 便出去", 『운문광록』 권하(대정장47, p.567c17)에 "운문이 학인에게 물었다. '어디서 왔느냐?' 학인이 납의를 들어 올렸다. 운문이 말했다. '내가 그대에게 어디서 왔느냐고 물었다' '화상께서는 어째서 말을 못 알아들으십니까?' 운문이 바로 때린 뒤 대신 말했다. '어쨌든 그렇다 해두자'. 師問僧 甚處來 僧提起衲衣 師云 我問爾甚處來 僧云 和尙爲什麽不領話 師便打 代云 且喜", 『양기후록』(대정장47, p.646b29)에 "양기가 법좌에 올라앉았는데 학인이 물었다. '어떤 것이 부동존입니까?' '대중 모두들 힘 내시길' '이렇게 하면 향등은 끊이지 않겠습니다' '어쨌든 그렇다 치고 헤메지는 말길'. 上堂 僧問 如何是不動尊 師云 大衆齊著力 僧云 與麽則香燈不絶去也 師云 且喜勿交涉", 『동산어록』(대정장47, p.508c18)에 "짐을 내려놓고 합장하며 인사하자 용산(龍山)이 말했다. '이 산에는 길이 없는데 사리는 어느 곳 좇아 왔는가?' '길이 없는 건 그렇다 치고, 화상께서는 어딜 좇아 들어오셨습니까?' '나는 구름 좇고 물 따라 오지 않았다'. 放下行李問訊 山曰 此山無路 闍黎從何處來 師曰 無路且置 和尙從何而入 山曰 我不從雲水來", 『선종결의집』(대정장48, p.1010a20)에 "힘써 의심하면 도리어 힘을 얻을 수 없으니 물러나고 또 물러나야 한다. 물러난다는 이 한 글자를 많은 이들이 알지 못하기에 작은 비유를 들어 이 일 밝히니 또한 이와 같다. 예를 들면, 세간에 한 빈궁한 사람은 만 리 밖에 보물 있다는 말을 들으면 가서 구하는 경우와 같다. 若用力疑轉不得力 退之又退 此退之一字 多者不知 故擧小喩 以明斯事 且如 世有貧窮之人 聞萬里之外有珍寶所 往而求之", 『검남회등록』 권3(卍속장145, p.763a18)에 "청명절에 법좌에 올라앉아 말했다. '봄바람이 솔솔 부니 봄 산은 더욱 푸르르고, 봄날 일렁이니 봄새는 밭 갈라 재촉하네. 길 위의 행인은 한편 노래하고 또 웃을 뿐이었는데 산꼭대기 무덤 앞에서 뿌리도 근본도 알지 못했네. 남명은 일 없이 난간에 기대어 듣는구나'. 갑자기 대중을 부르고 말했다. '말해 보라! 듣는 것이 무엇인가, 문 밖은 봄물 넘쳐 저 은하처럼 하얗다네'. 淸明上堂 春風拂拂 春山漸靑 春日融融 春鳥催耕 路上行人 且歌且笑 山頂墓前 誤認本根 南明無事倚欄聽 驀召大衆云 且道 聽箇甚麽 門外春水白如銀"라고 하였다. 〔참고문헌〕『書狀』, 『雪竇語錄』, 『無門關』 31칙 「趙州勘婆」(대정장48, p.297a15), 『臨濟錄』, 『禪門諸祖師偈頌』, 『祖堂集』, 『雲門廣錄』, 『楊岐後錄』, 『洞山語錄』, 『禪宗決疑集』, 『黔南會燈錄』, 『錦江禪燈』 권20(卍속장145, p.735b9).

차 次 ~하던 차에. 『임제록』(대정장47, p.503b3)에 "임제가 어느날 보화와 함께 어느 시주가에 가서 공양을 하던 차에 물었다. '터럭으로 바다 삼키고, 개자에 수미 들이니, 이것은 신통묘용인가? 아니면 본바탕 그대로인가?' 보화가 밥상을 걷어찼다. 師一日 同普化 赴施主家齋次 師問 毛呑巨海 芥納須彌 爲是神通妙用 本體如然 普化踏倒飯床"라고 하였다. 〔참고문헌〕『臨濟錄』.

차 車 ➡차자문 車字門

차 哆 Ⓢsta. 실담자 𑖭𑖿𑖝. 실담사십이자문 중 하나. 차(侈)・사다(娑哆・娑多)・사다야아(沙多也阿)・살다(薩頞)라고도 음사한다. 유(有)의 뜻인 범어 asti에서의 sta이다. 『대품반야경』 권5(대정장8, p.256a27)에 "차자문에서 제법의 유불가득에 든다. 哆字門 入諸法有不可得故"라고 하였다. 〔참고문헌〕『大品般若經』. ⇨실담 悉曇, 사십이자문 四十二字門 ❶

차 差 ❶가려 뽑다. 일을 대신할 사람을 대중중에서 가려 뽑다. 『미사새오분계본』(대정장22, p.197b8)에 "만일 비구가 승중에서 보내지 않았는데도 가르치고 훈계하기 위해서 비구니 주처에 들어가면, 병의 인연이 아니고는 모두 바일제다. 若比丘 僧不差 爲敎誡故 入比丘尼住處 除病因緣 波逸提", 『조당집』 권5 「석실선도장 石室善導章」(대장경보편25, p.405b10)에 "후에 목구(木口)화상이 세상으로 나온 지 몇 년 후 입적하자, 주사(主事 : 知事)는 두 사람을 차출하여 동산으로 가게 해서 부고(哀書)를 전달하게 하였다. 在後 木口出世 數年後遷化 主事差兩人 往洞山 達哀書"라고 하였다. 〔참고문헌〕『彌沙塞五分戒本』, 『祖堂集』. ❷어긋나다. 이미 밝아 걸림 없는 마음자리 문득 벗어나는 때를 말한다. 『조당집』 권5 「용담숭신장 龍潭崇信章」(대장경보편25, p.394a11)에 "용담이 고개를 떨구며 깊이 생각하는 사이에 천황이 말했다. '보려 한즉 곧바로 문득 본다. 생각하려 한즉 곧바로 어긋난다'. 용담이 듣고는 단박에 지요를 깨달았다. 다시 물었다. '이렇게 마쳐서는 어떻게 가져 버리지 않고 처음이나 끝이나 근심 없겠습니까?' '성에 맡겨 소요하고, 연 따라 놓아 넓게 하고, 굳이 선을 한다 정을 닦는다 하지도 않는다. 성 본래 잡아 들일 수 없으니, 귀 막고 눈 감을 필요 없다. 영험한 빛 멀리 빛나서 저 어리석은 듯 말 못하는 듯 하면서 행함에 놀랄 일 없게 한다. 다만 범심을 다할 뿐 따로 성스런 알음알이 없어야 하니, 그대 능히 그러할진대 어찌 근심하랴?' 師低頭沉吟頃刻 天皇云 見卽直下便見 擬思則便差 師聞已 頓悟指要 便問 畢竟如何保任 則得始終無患 皇曰 任

性逍遙 隨緣放曠 不要安禪習定 性本無拘 不要塞耳藏睛 靈光迥耀 如愚若訥 行不驚時 但盡凡心 別無聖解 汝能爾者 當何患乎"라고 하였다. [참고문헌]『祖堂集』. **3** 병이 낫다. 병통인 허물을 벗어나다. 차(瘥)와 같이 쓰며 차가(差可)라고도 한다. 『달마대사오성론』(卍속장110, p.816b1)에 "모든 움직임도 고요에서도 벗어나야 제대로의 좌선이다. 어째서인가? 범부는 한결같이 동요하고 소승은 한결같이 고요하려 한다. 범부와 소승의 좌선을 뛰어넘었다는 뜻에서 뛰어난 좌선이라고 한다. 만약 이렇게 알아간다면 일체 온갖 상 구하지 않아도 저절로 풀리고, 온갖 병통 다스릴 일 없이 낫는다. 이들은 모두 뛰어난 선정의 힘이다. 離諸動定 名大坐禪 何以故 凡夫一向動 小乘一向定 謂出過凡夫小乘之坐禪 名大坐禪 若作此會者 一切諸相 不求自解 一切諸病 不治自差 此皆大禪定力"라고 하였다. [참고문헌]『達磨大師悟性論』.

차 茶 향기나는 풀잎으로 만들고 끓이거나 우려내서 만든 마실거리. 그중에서도 동남아시아 전역에 퍼져 자라는 차나무에서 딴 어린 잎을 전통에 따라 법제하여 음용하였는데, 그 역사가 오래된 만큼 불교가 전래되고 꽃피운 지역과도 일치한다. 특히 차는 향(香)이나 꽃(花)과 같이 깨끗해 맑고 귀한 것으로 여겼기에 불교문화권 특히 대중이 모여 함께하는 총림(叢林)에서의 일상(日常)은 물론 주요 행의(行儀)들이 차와 깊이 관련되었다. 불전(佛殿)이나 제존(諸尊)에게 올리는 모든 공양의례를 다례(茶禮)라 부르고, 스님들이 돌아가시면 행하는 영결 및 화장의례도 다비(茶毗)라 부른다. 이렇게 차가 일상이 된 전통은 현재 전하는 청규(淸規)에서 자세히 볼 수 있다. 백장회해(百丈懷海 720~814)선사에 의해 시작된 청규(淸規)는 자각종색(慈覺宗賾)선사가 『선원청규 禪苑淸規』 10권을 저술하여 남겼는데, 그 유일본이 『고려판선원청규』로만 전한다. 이후 백장산 동양덕휘(東陽德輝)선사가 중편(重編)한 『칙수백장청규 勅修百丈淸規』가 제방에 흩어져 전하는 고청규의 자취를 모아 원통지원(元統至元 1330~1340)간에 발간하였다. 이 청규에 의지해 살펴보면 차(茶)와 관련한 행의가 선문(禪門)의 일상이 되어버려서 뗄래야 뗄 수 없음을 알 수 있다. 『선원청규』 권5는 일이 있을 때마다 모두 차를 끓여(煎茶) 올리거나 공양하는 전점(煎点)이란 이름으로 모든 일들을 성취하였는데 열 갈래로 자세히 하였다. 주지에게 차를 올리는 당두전점(堂頭煎点), 대중 모두가 차를 함께 마시는 승당내전점(僧堂內煎点), 주요 소임자들이 모여 차를 마시며 담론하는 지사두수전점(知事頭首煎点), 대중에 새로 들어온 이들이 법납을 알려 차제를 알게 하는 입료납차전점(入寮臘次煎点), 대중 중에 특별한 이를 위한 중중특위전점(衆中特爲煎点), 권속제자들이 당두를 위해 모여 베푸는 법권급입실제자특위당두전점(法眷及入室弟子特爲堂頭煎点), 대중들이 각각의 당우에서 따로 행하는 통중전점소향법(通衆煎点燒香法), 특별한 설재가 있을 때 행하는 치식특위(置食特爲), 그리고 열번째 차를 공양받은 이가 인사하는 사다(謝茶)로 끝을 맺는다. 이는 대중에서 일어나는 모든 일들을 반드시 함께 의논하고 결의하며 평가해야 하는 화합승(和合僧) 즉 승가의 정체(正體)를 유지하는 뜻에서 차를 마시며 모든 일 행의를 여법히 하였기에 행다(行茶)는 총 10권 중 한권을 점다장(點茶章)으로 엮었을 만큼 대중일상에 자리하고 있다. 이렇게 전점으로 이름한 행다의례가 12세기 『선원청규』 권5에 집중편재된 것과 달리, 14세기 『칙수백장청규』에서는 총10장의 편재가 행의 주체에 따라 자세히 나눠지게 됨에 따라 행다의례 또한 여러 곳으로 흩어지고 자세해졌다. 예를 들어, 다섯째 「주지장 住持章」에서는 신구주지가 바뀜에 따라 행다로 인사하는 수청인사중승좌다탕(受請人辭衆陞座茶湯), 대중 중에 동서양서(東西兩序)에게 차를 마시며 의논하는 수양서근구전점(受兩序勤舊煎點), 다비 때 진영을 모시고 올리는 괘진거애전다탕(掛眞擧哀奠茶湯) 등이다. 여섯째 「양서장 兩序章」에서도, 방장이 새로 온 수좌를 맞이하여 차를 마시는 방장특위신수좌다(方丈特爲新首座茶), 양서대중이 서로 교대로 모임을 갖는 양서교대다(兩序交代茶) 등이 있고, 여덟째 「절랍장 節臘章」에서는 대중의 살림을 주관하는 고사(庫司)가 네 번의 큰 절기마다 대중에게 공양하는 고사사절특위수좌대중다(庫司四節特爲首座大衆茶), 설법을 마치고 주지가 각 당우를 돌며 차를 올리는 전당사절특위후당대중다(前堂四節特爲後堂大衆茶), 방장이 직접 행당하며 차를 마시는 방장점행당다(方丈點行堂茶) 등 선원의 대중들과 방장과 주지등이 차회(茶會)를 여는 것으로 모든 일들을 소통한다. 아홉째 「법기장 法器章」은 경내에 종과 북과 경쇠 등 소리를 쳐 행사를 알리는 주요 법기를 여섯 갈래로 다룬 장인데, 그 첫번째가 법문(法門)이 있을 때이고, 그 두번째가 차회를 여는 때를 알리는 일인데 그 이름이 다고(茶鼓)인 만큼 '법문' 다음으로 자주 울리는 북소리였고 대중이 수시로 이리저리 모여 차를 마시며 화합한다는 의미이다. 이렇듯 오래된 대중 중심의 다례전통은 우리나라 승가에서도 끊이지 않고 이어왔으니, 지금도 차를 귀하게 여겨 불전에 올리고, 차를 앞에 놓고 선우(善友)와 선지식(善知識)이 마주하여 불법(佛法)을 논하고, 단월(檀越)들과 대면해서는 그 법을 나눈다. 그 기원은 아주 오래되었는데, 『삼국유사』 권2(대정장49, p.974b12·한불전6, p.291c2) 경덕왕충담사표훈대덕(景德王忠談師表訓大德)에 "경덕왕이 당나라에서 덕경 등을 받았고 국내의 오악삼신을 섬기는 이들도 만났지만 어느 날 귀정문루에서 좌우 신하들을 모이게 하고는 '누구든 어디에서든 위의 있는 위의청정한 대덕 보거든 모시고 오라'하였다. 마침 위의단정한 스님 길에서 배회하기에 좌우신하들이 왕에게 데리고 갔다. '내가 말하는 아름다운 스님 아니다' 하였다. 이에 다시 누더기 입고 걸망 메고 남쪽에서 오는 스님을 보고 왕이 기뻐하여 누대로 영접했는데 그 걸망 안에는 차 마시는 다구(茶具)들이 들어있었다. '그대는 누구요?' '소승은 충담입니다' '어디서 오는가?' '소승은 3월 3일과 9월 9일에 차를 달여서 남산 삼화령 미륵세존께 올리는데 지금도 드리고 돌아오는 길입니다' '나에게도 그 차 한잔 나눠 줄 수 있는지요?' 스님이 차를 달여 드리니 차의 기미 유달랐고 찻잔 중에 기이한 향 더없이 그윽했다. 德經等大王備禮受之 王御國二十四年 五岳三山神等時或現侍於殿庭 三月三日 王御皈正門樓上 謂左右曰 誰能途中得一員榮服僧來 於是適有一大德威儀鮮潔 徜徉而行 左右望而引見之 王曰 非吾所謂榮僧也 退之 更有一僧 被衲衣負櫻筒從南而來 王喜見之 邀致樓上 視其筒中 盛茶具已 曰 汝爲誰耶 僧曰志談 曰 何所歸來 僧曰 僧每重三重九之日 烹茶饗南山三花嶺彌勒世尊今玆旣獻而還矣 王曰 寡人亦一甌茶有分乎 僧乃煎茶獻之 茶之氣味異常 甌中異香郁烈"라고 하였다. 이미 삼국시대에 행다(行茶)의례가 있었고 차를 마실 줄 알고 나눌 줄 아는 이를 '위의선결한 이' 즉 아름답고 깨끗한 스님이라 여겨 존경하였다. 조선조 들어 태종대(太宗代 : 『태종실록』 권32 16년 9월 19일) 기신제(忌晨祭)에 차 대신 술을 올리게 하는 등 유교중심의 제례에서 차보다 술을 숭상하기도 하였지만, 그중에서도 음주를 금한 불가에서는 대둔사 청허(淸虛 1520~1604)스님의 걸명시(乞茗詩)가 남아있듯이 대중에게 스며든 음주를 금하고 차를 귀하게 여기는 오래된 다례전통은 끊일 수 없었다. 이런 차의 전통을 유달리 드러내 불교권 밖의 사족들과 문인들을 널리 감화시킨 이가 조선후기 초의의순(艸衣意恂)선사다. 선사는 다선불이(茶禪不二), 일미선(一味禪), 전다삼매(煎茶三昧) 등을 기치로 『동다송 東茶頌』과 중국의 육우(陸羽 733~804)의 『다록 茶錄』에 의지해 『다신전 茶神傳』 등 저술하였는데, 차잎을 따는 데서부터 마시고 변하지 않게 오래가게 하며, 차를 마시는 몸과 마음가짐 등 일체의 것들이 아주 자세하다. 한편 한국의 차가 다시 중국으로 전래된 일도 있었다. 신라의 왕자로 알려진 김교각(金喬覺 705~803)은 지장보살의 후신으로 칭송되는데, 동진에 출가하여 24세 되던 해 구법입당하고는 구화산(九華山)에서 75년간 수행접화하였다고 한다. 고국 신라에서 가져간 차씨를 퍼뜨려 '김지장의 차 金地茶'라는 명성을 얻기까지 하였다. 2001년 한국다문화협회 이귀례회장등이 참배하고 구화산불교협회(九華山佛敎協會)와 동관리처(同管理處)의 협조하에 지장의 차전래비 「구화산김지장차시비 九華山金地藏茶詩碑」를 구화산 화성사(化聖寺)에 세웠다. 비문은 가산지관(伽山智冠)이 썼다. 〔참고문헌〕『三國遺事』, 『高麗板禪苑淸規』, 『勅修百丈淸規』. ⇨ 청규 淸規, 끽다거 喫茶去, 전다 煎茶, 점다 點茶, 충담 忠談, 교각 喬覺, 지장 地藏 3, 의순 意恂, 동다송 東茶頌, 다신전 茶神傳

차 劄 찌르다. '바늘로 급소를 찌르는 듯이 하다'의 뜻으로 상대가 문득 일으킨 견해나 망상 또는 의심의 끝(疑團)을 향해 거침없이 가리켜 다시 보게 하거나, 파해서 깨우치게 하는 일을 말한다. 『벽암록』 16칙 「본칙 本則」(대정장48, p.156a21)에 "학인이 경청에게 물었다. '제가 안에서 쫄 터이니 스님께서도 쪼아주십시오 〈바람도 없는데 물결 일으켜서 무엇 하려는가? 그대 그 많은 견해로 무엇 하려는가?〉' '살아나올 수 있겠는가?〈찌른다! 모자 살 때 머리 살핀다. 착을 착으로 대적한다. 온통 이렇게 할 수는 없다〉'. 僧問鏡淸 學人啐 請師啄〈無風起浪 作什麽 爾用許多見解 作什麽〉 淸云 還得活也無〈劄 買帽相頭 將錯就錯 不可總恁麽〉", 『속전등록』 권15 「복엄자감전 福嚴慈感傳」(대정장51, p.570b6)에 "법좌에 올랐다. '옛 부처의 마음은 지금 그대로다. 만나지 못했다면 애써 깊이 새겨라. 가을비 내려 촉촉하고, 가을바람은 스산하다. 언뜻 이렇고 잠깐 저렇다. 굳이 답해야 한다면 「모래 언덕 갈대꽃 푸른 듯 누른 듯 서로 섞였네. 선하는 이 무엇에 의지하는가?」' 침묵하다가 말했다. '콕 집어보라!' 上堂 古佛心祇如今 若不會 苦沈吟 秋雨微微 秋風颯颯 乍此乍彼 若爲酬答 沙岸蘆花 靑黃交雜 禪者何依 良久曰 劄", 『대혜어록』 권24 「시준박선인 示遵璞禪人」(대정장47, p.914a24)에 "내가 '그대 일러보라. 저들 넷이나 되는 노장들이 사람 위한다 하는 것 있기나 한 것인가?' 묻고 학인이 '있습니다'라고 함에 내가 '찔러 보라!' 하자, 학인이 머뭇거렸고 이에 나는 곧바로 할해 쫓아냈다. 爾道 這四箇老漢 還有爲人處也無 僧曰 有 予曰 劄 僧擬議 予便喝出"라고 하였다. 〔참고문헌〕『碧巖錄』, 『續傳燈錄』, 『大慧語錄』. ⇨ 맥차 驀箚

차 嗟 ➡ 차자문 嗟字門

차 嵯 ➡ 차자문 嵯字門

차 遮 1 ➡ 차자문 遮字門 2 Ⓢ pratiṣedha, pratikṣipta, Ⓟ antarāyikā, Ⓣ dgag-pa, bcad-pa. 금하다. 미리 막아 하지 못하게 하다. 차계(遮戒)의 뜻이기도 하다. 『장아함경』 권8 「산타나경 散陀那經」(대정장1, p.47b8)에 "산타나거사가 범지들 처소에 찾아와 … 말했다. '나의 스승이신 세존께서는 언제나 고요함을 좋아하고 시끄러운 것을 좋아하지 않으신다. 제자들과 어울려 사람들 중에 있으면서 큰 소리로 떠들 뿐 도를 가로막는 무익한 말만 하는 당신들과는 같을 수 없다. 散陁那居士至梵志所 … 曰 我師世尊 常樂閑靜 不好憒鬧 不如汝等與諸弟子 處在人中 高聲大論 但說遮道 無益之言", 『입능가경』 권8(대정장16, p.563c11 : *Laṅk.*, p.255)에 "일체육식을 금하니, 어떤 경우에도 고기를 청해 먹지 않는다. 遮一切肉 悉不聽食 iha tu sūtre sarveṇa sarvaṃ sarvathā sarvaṃ nirupāyena sarvaṃ pratiṣiddham", 『십송율』 권1(대정장23, p.1c15)에 "부처님께서 말씀하셨다. '열 가지 이익이 있어 비구들을 위해 결계한다. … 금생의 번뇌를 막기 때문이고 … 범행에 오래 머물게 하기 때문이다. 以十利故 爲諸比丘結戒 … 遮今世惱漏 … 梵行久住故", 『구사석론』 권13(대정장29, p.251c3 : *Abh-k-bh.*, p.273)에 "〔석〕 이와 같은 업은 비록 자성악계는 아니지만, 사람과 정법을 지키고자 부처님께서 차제계를 세우셨다. 釋曰 此業雖非自性惡戒 爲守人及正法故 佛世尊立遮制戒 yad-api na prakṛtyā dauḥśīlayaṃ bhagavatā ca buddhena pratikṣiptam"라고 하였다. 〔참고문헌〕『長阿含經』, 『入楞伽經』, 『十誦律』, 『俱舍釋論』, *Laṅk.*, *Abh-k-bh.* ⇨ 차계 遮戒 **3** Ⓢ pratiṣedha, Ⓣ bkag-pa, 'gog-pa. 부정(否定)해서 말하다. 차전(遮詮)과 같다. 『회쟁론』 권1(대정장32, p.15c5)에 "언어 또한 일체법이니 언어도 공하면 막아낼 수 없다. 저가 언어를 막아버리면 일체법공이라 한 것을 상응하지 못하게 한다. 또 만약 상응해서 언어로 능히 일체법의 체를 막을 수 있다면 일체법공이란 말은 공하지 않은 말이 된다. 공하지 않다면 일체법 막아보았자 상응하지 못한다. 言語亦是一切法故 言語若空則不能遮 彼若遮言一切法空則不相應 又若相應言語能遮一切法體 一切法空語則不空語 若不空遮一切法則不相應"라고 하였다. 〔참고문헌〕『廻諍論』. ⇨ 차전 遮詮 **4** 가리키는 '이'·'이것'. 저(這)와 통하며, 개(箇)와 같이 쓰인다. 『경허집』 권2 「기허주장로 寄虛舟長老」(한불전11, p.688a9)에 "붓에 맡겨 이 마음 어지럽게 펴보내 이런 경계 누구와 더불어 말할거나. 따오기는 희고 까마귀는 검으니 마음과 말 밖이라네, 중생과 부처는 없고 산과 물은 있어라. 因筆及此心緖亂 遮個境界共誰伊鵠白烏黑心言外 無生佛兮有山水"라고 하였다. 〔참고문헌〕『鏡虛集』. ⇨ 저개 這箇 [1]

차 醝 ➡ 차자문 醝字門

차가리사나제의 遮伽利娑那提衣 제석천(帝釋天)이 걸치는 아름다운 옷. 안락광요라의(安樂光耀羅衣)·옥광요라의(玉光耀羅衣)라고도 한역한다. 『석마하연론』 권6(대정장32, p.644b5)에 "차가리사나제의를 입고서 건시다타마궁에서 자성신이 앉아 있는데 홀로 있고 둘 없기 때문이다. 服遮伽利娑那提衣 於鍵尸多陀摩宮 自性身坐 獨存無二故", 『석마하연론기』(卍속장72, p.733a18)에 "차가리사나제의는 돌이켜 안락광요라의라고 하니, 곧 제석의 장엄한 옷 이름이다. 遮伽利娑那提衣 反云安樂光耀羅衣 卽是帝釋莊嚴衣名也", 『석마하연론기』 권5(卍속장73, p.134a16)에 "입고 있는 옷의 이름을 차가리사나제라고 함은, 이를 옥광요라라고 한역하니 곧 제석의 장엄한 옷이다. 옥광요란 순백이어서 곱고 깨끗하다는 뜻인데, 이로써 불위에선 오직 일미인 새하얀 법복에 의지하여 공덕의 법들을 덮고 감싸 거둬 지님을 말하였다. 所服之衣 名遮伽利娑那提者 此云玉光耀羅 卽帝釋莊嚴衣 玉光耀者 卽是素白鮮潔之義 以謂佛位 唯依一味白白法服 覆護攝持功德法故"라고 하였다. 〔참고문헌〕『釋摩訶衍論』, 『釋摩訶衍論記』. ⇨ 제석 帝釋

차가월 遮迦越 Ⓟ Cakkavattin의 음사어. 전륜성왕(轉輪聖王)이라 한역한다. 『중본기경』 권하(대정장4, p.163b9)에 "사람 중에 돌아가 우러를 바는 차가월이 으뜸이며, 강물과 샘물이 흘러드는 것 중에는 바다 깊은 것이 으뜸이라네. 人中所歸仰 遮迦越爲最 江河泉源流大海深爲最", 『도신족무극변화경』 권3(대정장17, p.809c27)에 "비유컨대 저 맹인을 눈 있는 이에 비함과 같고 걸인을 차가월에 비함과 같으며 저 달의 광명을 별들에 비함과 같으니, 저 불세존의 덕을 제자들이 능히 당할 수 없음과 같다네. 譬若如盲人 以比有目者 若復有乞人 以比遮迦越 譬如月光明 比之以星宿 如佛世尊德 弟子不能當", 『문다갈왕경』(대정장1, p.824a29)에 "옛날 문다갈이란 왕이 있었다. 어머니의 정수리로부터 났기에 이름이 문다갈이었는데, 후에 차가월왕이 되어 동서남북이 모두 그의 권속이 되었다. 昔者有王 名號文陀竭生從母頂出 是故字爲文陀竭 後作遮迦越王 東西南北 皆屬之"라고 하였다. 〔참고문헌〕『中本起經』, 『道神足無極變化經』, 『文陀竭王經』. ⇨ 전륜성왕 轉輪聖王

차가월라 遮迦越羅 Ⓢ Cakravartin의 음사어. 전륜성왕(轉輪聖王). 『방광반야경』 권2(대정장8, p.8b17)에 "또 어떤 보살은 단시바라밀 행하여 차가월라 되어서 중생 교화하고 십선 건립하며 있는 바 재보를 중생에게 배푼다. 復有菩薩 行檀尸波羅蜜 得作遮迦越羅 得化衆生建立十善 所有財寶 惠施衆生", 『일체경음의』 권34(대정장54, p.537c8)에 "차가라월〈전륜성왕이라 한역한다. 바르게는 작가라를 륜이라 한역하고 벌라저를 전이라 한역하는데, 전륜성왕이라 이름함은 이곳의 말을 따름이다〉. 遮迦越羅〈此譯云 轉輪聖王 正言 斫迦羅 此言 輪 伐剌底 此云 轉 名轉輪聖王 順此方語也〉"라고 하였다. 〔참고문헌〕『放光般若經』, 『一切經音義』, *Kāśy. 75.* ⇨ 전륜성왕 轉輪聖王

차각 蹉却 놓쳐버리다. 발을 헛디뎌 넘어지다. 어긋나다. 『인천안목』 권1 「극부송 克符頌」(대정장48, p.300b28)에 "큰 뜻 다만 이것일 뿐이다. 사량하여 머뭇거릴 틈이 없다는 바로 그것이다. 생각하며 머뭇거려 학인들 발길 헛디뎌 마주해 드러난 한순간 놓쳐서 언어의 그물에 걸려들 뿐이네. 大意只是 不可思量擬議 思量擬議 學人蹉却 覿面相呈一著 則被語言羅網矣", 『종용록』 39칙 「시중 示衆」(대정장48, p.253a22)에 "바로 그때 화두 놓치고는 횃불 들고 깊은 밤에 따로 찾은들 어떻게 마주칠 수 있겠는가! 那時 蹉却話頭 把火夜深別覓 如何得相應去", 『염팔방주옥집』 권하(卍속장119, p.305a14)에 "불과의 염 : 그 학인이 비록 조주에서 찾아왔지만 눈앞에서 조주의 기틀 놓치는 바람에 공연히 금봉으로 하여금 허다히 낭비하게 만들었다. 佛果拈云 這僧雖從趙州來 當面蹉却趙州機 空使金峯 費許多鉗鎚"라고 하였다. 〔참고문헌〕『人天眼目』, 『從容錄』, 『拈八方珠玉集』.

차개 遮開 막기도 하고 열기도 하다. 『보살지지경』 권5 「방편처계품 方便處戒品」(대정장30, p.918a6)에 "보살은 막을 곳이면 막고 열 곳이면 열며, 거둘 자리면 거두고 응당 항복시켜야 하면 항복시키니, 보살은 저 신구업에서 이 네 가지로 삼간다. 菩薩遮處則遮 開處則開 攝處則攝 應降伏者 則降伏之 菩薩於彼身口業 是四種戒", 『지지론의기』 권3(卍속장61, p.420b17)에 "여기서는 계로써 으뜸을 삼는다. 그래서 계 중에 나아가 기울여 나누길 넷으로 하였는데, 앞 둘은 스스로 행함이요, 뒤에 둘은 남을 이롭게 함이다. 또한 가히 앞 둘은 법에 나아가 분별함이니 악법인즉 막고 선법인즉 연다. 뒤의 두 문은 사람에 대해 분별함이니 착한 이는 거두고, 악한 이는 굴복시킨다. 此中以戒爲宗 故就戒中 偏分爲四 前二自行 後二利他 亦可前二就法分別 惡法則遮 善法則開 後之兩門 對人分別 善者則攝 惡者則伏", 『보살선계경』(대정장30, p.1018a22)에 "보살은 계에 있어 막을 곳은 막고 열 곳은 연다. 만약 막을 곳을 막지 않고 열 곳을 열지 않는다면 죄를 얻는다. 菩薩於戒 遮處則遮 開處則開 若遮處不遮 開處不開者 得罪"라고 하였다. 〔참고문헌〕『菩薩地持經』, 『地持論義記』, 『菩薩善戒經』. ⇨ 개차 開遮, 차계 遮戒[1], 사종계 四種戒[1][2]

차거 硨磲 Ⓢ musāra-galva, Ⓣ spug. 칠보(七寶) 중 하나로 마사라가례(摩娑羅伽隸)·모사락게랍바(牟娑洛揭拉婆) 등으로 음사하며 차거(車渠) 또는 거거라고도 한다. 『여래비밀대승경』 권13(대정장11, p.735b2)에 "칠보란 금·은·유리·차거·마노·산호·호박·적주보를 말하는데, 저 세계 중에 두루 가득 쌓여 있다. 七寶 所謂金 銀 瑠璃 硨磲 碼瑙 珊瑚 琥珀及赤珠寶 彼世界中 周遍盈積", 『법화문구기』 권5(대정장34, p.244c16)에 "차거는 청백색이다. 硨磲 靑白色", 『아미타경소초』 권2(卍속장33, p.402b11)에 "차거는 여기에서는 큰 조개보석이다. 硨磲者 此云大貝", 『아미타경소』(대정장37, p.354c3)에 "차거는 범어로는 모사락게랍바이며, 청백색의 보석이다. 車渠 梵云 牟娑洛揭拉婆 此云 靑白色寶"라고 하였다. 〔참고문헌〕『如來祕密大乘經』, 『法華文句記』, 『阿彌陀經疏鈔』, 『阿彌陀經疏』, *Bodh-bh.161.* ⇨ 칠보 七寶[1], 마사라가례 摩娑羅伽隸, 모사락게랍바 牟娑洛揭拉婆, 모호바갈릭바 牟呼婆羯洛婆

차건도 遮犍度 Ⓟ pātimokkhaṭhapana-khandhaka. 불청정(不淸淨)을 미리 막아 포살을 여법히 하는 법. 계를 범했다고 알려지기만 했지, 대중갈마로 참회나 치죄하지 않은 비구가 포살중에 들어와 있다면 포살중청정이 성취될 수 없다. 따라서 다른 청정비구가 여법히 그 소문을 드러내 범계가 의심되는 비구가 설계에 참여할 수 없게 해서 대중포살이 성취될 수 있게 하는 것이다. 단 한 비구라도 불청정하면 포살을 할 수 없는 것을 미리 막기 위한 법이어서 차법(遮法)이라고도 한다. 사분율장 이십건도(二十犍度) 중 열여섯 번째 이름이고, 오분율장에서는 '차포살법(遮布薩法)', 십송율장에서는 '차법(遮法)'이라 하였다. 『사분율』 권46(대정장22, p.906c12)에 "만약 이 비구가 바라이를 범하는 것을 보지 못했지만 저 비구가 바라이를 범했다는 것을 듣고는 비구들이 만약 이렇게 보고 들은 바에 의혹이 있다면 저 비구 앞에서 포살할 때 자리에서 일어나 오른쪽 어깨를 드러내고 오른쪽 무릎을 꿇은 채로 합장하고 다음처럼 말해야 할 것이다. '이 아무개비구는 바라이를 범하였습니다. 승중께서는 이 비구 앞에서 설계해서는 안 됩니다. 바로 이 비구에게 설계함 막으니, 설계를 막는 것이 성취되었습니다.' 若不見此比丘 犯波羅夷 聞彼比丘 犯波羅夷 比丘若欲以此見聞疑 於彼比丘前布薩時 從坐起 偏露右肩 右膝著地 合掌作如是言 此某甲比丘 犯波羅夷 衆僧不應在此比丘前說戒 今遮此比丘說戒 成遮說戒", 『사분율행사초자지기』 권상 「석서제 釋序題」(대정장40, p.158a19)에 "차건도 제14〈권46 전반〉. 遮犍度十四〈四十六前半〉"라고 하였다. 〔참고문헌〕『四分律』, 『四分律行事鈔資持記』. ⇨ 건도 犍度, 이십건도 二十犍度, 율장 律藏

차견 遮遣 Ⓢ prati-√ṣidh, pratiṣedha, Ⓣ dgag-pa. 막아 보내버리다. 바른 뜻을 드러내기 위해 잘못된 사견이나 여법하지 못한 의견들을 막아 보내서 더 이상 희론하지 않게 하는 것을 말한다. 『구사론』 권9(대정장29, p.47c5)에 "법가란 무엇을 일컫는가? '이것이 있으므로 저것이 있고 이것이 생겨나기에 저것이 생겨난다' 해서 널리 연기를 말한다. 그렇다면 어떤 아(我)를 막지 못했다는 것인가? 오직 여러 온(蘊)이 있을 뿐이니, 즉 '온'에 대해 임시로 세워 아라 이름하기에 막아 보낸 것은 아니다. 그렇다면 여러 온이 곧 이 세간으로부터 다른 세간으로 옮겨 가는 것은 인정하는 것인가? 法假謂何 依此有彼有 此生故彼生 廣說緣起 若爾 何等我非所遮 唯有諸蘊 謂唯於蘊 假立我名 非所遮遣 若爾 應許諸蘊 卽能從此世間 轉至餘世", 『유가사지론』 권16(대정장30, p.364a20)에 "거둬들이는 것으로는 주재하는 이(宰主)라고 설하고, 모든 업을 씀에 있어서는 짓는 이(作者)라고 하며, 모든 과보에 대하여 받는 자(受者)라고 설한다. 이와 같은 반송은 다른 뜻으로 분별한 아를 막아 보낸 것이다. '모든 법 또한 용이 없다'는 말은, 즉 법을 분별하는 '아'를 부정하는 것이니, 이것에 의하여 증익의 변집을 멀리 여읜다. '그러나 써 구르는 것마저 없는 것은 아니다'라 한 것은, 법에 성이 있음을 나타낸 것이니 이것으로도 손감의 변집을 멀리 여읜다. 용에는 세 가지가 있으니 첫째는 재주로서의 용, 둘째는 작자로서의 용, 셋째는 수자로서의 용이다. 이러한 용을 인으로 하기에 재주·작자·수자를 임시로 세우는 것이다. 於所攝受 說爲宰主 於諸業用 說爲作者 於諸果報 說爲受者 如是半頌 遮遣別義所分別我 諸法亦無用者 遮遣卽法所分別我 由此遠離增益邊執 而用轉非無者 顯法有性 由此遠離損減邊執 用有三種 一 宰主用 二 作者用 三 受者用 因此用故 假立宰主 作者 受者"라고 하였다. 〔참고문헌〕『俱舍論』, 『瑜伽師地論』, *Abh-k-bh.129.*

차경유식 遮境唯識 경 막음에 오직 식일 뿐. 경(境)을 보내 없게 해서 오직 식(識)만이 있게 할 뿐이라는 뜻으로, 오직 식이어서 경은 없다(唯識無境)는 말을 다시 표제 삼은 뜻이다. 『성유식론술기』 권1(대정장43, p.229b24)에 "식의 성과 식의 상 모두 마음을 여의지 않고, 심소와 심왕 모두 식으로 주를 삼는다. 마음으로 돌아가 상을 없애니 모두 모아 말하면 오직 식일 뿐이다. 오직 경이 있음만을 막은 것이니 있음에 집착한다는 것은 그 참됨을 잃는다는 것이어서, 식(識)으로 마음이 공함을 가려낸 것이니 공에 걸려도 그 실을 어그러뜨린다. 識性識相 皆不離心 心所心王 以識爲主 歸心泯相 總言唯識 唯遮境有 執有者 喪其眞 識簡心空 滯空者 乖其實", 『종경록』 권29(대정장48, p.584c27)에 "다만 이것은 유식의 차별된 뜻일 뿐이지 바탕이 다름 아니다. 하나의 이름에 서른두 가지 류가 있게 했으니, 『화엄경』 중에서는 경 막음에 오직 식뿐이어서 유심이라 이름하고, 『변중변론』에서는 변에 집착함을 막은 길이기에 중도라 하고, 『반야경』 중에서는 간택하는 성을 밝혀 반야라 하고, 『법화경』에서는 구경의 실어 나름을 밝혀 일승이라 이름 붙였다. 但是唯識之差別義 非體異也 一名有三十二類 華嚴等經中 遮境唯識 名爲唯心 辯中邊論 遮邊執路 名爲中道 般若經中 明簡擇性 名爲般若 法華經中 明究竟運載 名曰一乘"라고 하였다. 〔참고문헌〕『成唯識論述記』, 『宗鏡錄』. ⇨ 유식 唯識, 유식무경 唯識無境

차계 車界 전차계(轉車界). 삼의(三衣)를 반드시 수지해야 하는 비구가 수레를 타고 삼의를 벗어놓게 되었을 때 생길 수 있는 범계(犯戒)를 막기 위해 일정한 경계(界)를 정한 것을 말한다. 『선견율비바사』 권14(대정장24, p.773b16)에 "차계는 다음과 같은 것이다. 만약 비구가 옷을 수레에 두었으면 비구는 응당 수레 가는 곳을 따라다니고 멀리 떨어져서는 안 된다. 날이 아직 밝지 않았을 때는 수레에서 떨어지되 25주(肘) 안에 있으면 옷을 잃지 않지만, 만약 25주 밖으로 떨어지면 옷을 잃는 것이 된다. 이것이 차계다. 옷을 수레에 두었는데 수레가 전복되거나 또는 부서져 수레 위에 물건들이 흩어지면, 옷이 모인 곳을 따라 비구는 응당 옷 주변에 머무르고 떨어져서는 안 된다. 車界者 若比丘置衣車上 比丘應隨逐車行 不得遠 若明相未出時 離車十五肘內 不失衣 若出十五肘外失衣 是名車界 若寄衣置車 車若翻倒 或敗壞 車上物分張多聚 衣隨聚處 比丘應往衣邊 不得離"라고 하였다 〔참고문헌〕『善見律毘婆沙』. ⇨ 전차계 轉車界

차계 遮戒 Ⓢ prajñapti-śīla, Ⓟ sikkhāpadaṃ paññattam, paññatti-sīla. ❶ 개차(開遮)가 있는 보살계가 아닌 성문계(聲聞戒). 『대보적경』 권90(대정장11, p.517a6)에 "무엇을 보살이 열고 닫는 계(開遮戒)를 지니고 성문인은 오직 차계만을 가진다 하는가? 모든 보살이 대승중에 수행함에 아침 무렵에 계를 범함이 있어도 한낮 무렵에 일체지의 마음을 여의지 않으면, 이와 같은 보살의 계신은 무너진 것이 아니다. … 새벽녘에 계를 범함이 있어도 아침 무렵에 일체지의 마음을 여의지 않으면, 이와 같은 보살의 계신은 무너진 것이 아니다. 이런 뜻으로 보살승의 사람은 열고 닫는 계를 지니니, 설사 범한 바가 있을지라도 념을 잃고 망령되이 근심하거나 뉘우치며 스스로 그 마음을 괴롭히지 않지만, 성문승은 범한 것이 있으면 곧 성문정계를 파괴하는 것이 된다. 왜냐하면 성문이 계를 가져 번뇌를 끊어 없애는 것을 마치 머리에 난 불을 끄는 것처럼 하고, 뜻을 두고 좋아하는 것은 오직 열반을 구하는 것일 뿐이기 때문이다. 이런 뜻으로 성문승은 오직 차계만 지닌다고 한다. 云何名爲菩薩持開遮戒 聲聞乘人 持唯遮戒 若諸菩薩 於大乘中 發趣修行 日初分時 有所犯戒 於日中分 不離一切智心 如是菩薩 戒身不壞 … 若夜後分 有所犯戒 於日初分 不離一切智心 如是菩薩 戒身不壞 以是義故 菩薩乘人持開遮戒 設有所犯 不應失念 妄生憂悔 自惱其心 於聲聞乘 有所犯者 便爲破壞 聲聞淨戒 何以故 聲聞持戒 斷除煩惱 如救頭然 所有志樂 但求涅槃 以是義故 名聲聞乘持唯遮戒"라고 하였다. 〔참고문헌〕『大寶積經』. ❷ 성계(性戒 Ⓢ prakṛti-śīla)가 아닌 불음주(不飮酒) 등의 계.

술을 마시지 않게 해서 성계를 지켜 범계하지 않도록 막기 때문이다. 식세기염계(息世譏嫌戒)·이악계(離惡戒)·신계(新戒)·객계(客戒)라고도 한다. 살생·도둑질·사음·거짓말을 금하는 성계의 상대어다. 『순정리론』 권38(대정장29, p.560b5)에 "모든 음주자는 그 마음이 대부분 풀어져서 그 밖의 다른 온갖 율의를 수호할 수 없다. 그러므로 나머지 다른 율의를 능히 수호할 수 없기에 나머지 계 보호하기 위해 음주하지 않도록 한다. 즉 술을 마시고서 악작에서 설한 것과는 별도로 여타의 수승한 오부죄 중에 타락하여 막고 지키지 못한 것을 후회하게 된다. 한편 이런 일이 일어난 곳에는 모든 학처의 바다가 요란해서 문란하게 된다. 이런 연유로 세존께서는 모든 음주가 일체성죄를 일으키는 인이고, 정념과 정지를 손상시켜 능히 파계로 이끌고 파견의 우를 범함을 아시기에, 모든 경우에 '차죄'를 여의게 하는 것 중에서 오직 불음주만을 근사학처로 삼으셨다. 그러므로 이음주가 비록 '차계'이지만 모든 학처를 세울 때 이 성죄와 더불어 서로 따르도록 제정하셨다. 諸飮酒者 心多縱逸 不能守護 諸餘律儀 故爲護餘 令離飮酒 謂飮酒已 於惡作說 別悔墮落 衆餘他勝 五部罪中 不能防守 或有是處 由此普於諸學處海 擾亂違越 由此世尊 知飮諸酒 是起一切性罪因故 能損正念 及正智故 能引破戒 破見愚故 於一切種 離遮罪中 唯說此爲近事學處 故離飮酒 雖遮戒攝 而於一切 立學處中 與離性罪 相隨而制"라고 하였다. [참고문헌] 『順正理論』, 『俱舍論』 권14(대정장29, p.77b23), *Śikṣ.192.*, *Vin.2.238.* ⇨ 이종계 二種戒[1], 성계 性戒, 성차 性遮, 법이득계 法爾得戒, 시설계 施設戒, 식세기혐계 息世譏嫌戒, 신계 新戒[2], 차죄 遮罪

차공 次供 차제로 공양하는 것. 공양을 하거나 받음에 반드시 법랍 등에 의지해 차제를 반드시 지켜야 하는 뜻으로, 공양시 '수차공양(受此供養)'이라고 다짐하는 뜻을 풀었다. 『사분율』 권13(대정장22, p.655c9)에 "만약 차공이 아니라면 저는 마땅히 이 500승의 음식일지라도 길에 깔아서 부처님과 스님들이 그 위를 밟고 지나가게 한다고 하였으니, 이것이 바로 '제가 공양 받겠습니다'라고 하는 뜻입니다. 그러면 제 공양을 받은 게 될 것입니다. 若不得次供者 我當以此五百乘車飮食 布在道中 令佛及僧 脚蹈上而去者 則爲受我供養"라고 하였다. [참고문헌] 『四分律』. ⇨ 공양 供養, 오관게 五觀偈

차공명과 借功明過 공을 빌어 허물을 밝히다. 굉지사차(宏智四借) 곧 동종사차차(洞宗四借借) 중 하나다. 『조동오위현결』 권상(卍속장111, p.240b17)에 "공을 빌려 넘어선 경지를 밝힌다는 말은 무슨 뜻인가? 초계에게 묻기를 '무엇이 닦아 행하는 길인지요?' 하자 초계는 말했다. '훌륭한 스승이시여, 나그네 노릇은 하지 마시오.' 남전이 육긍대부에게 '십이시중에 무엇 하십니까?'라고 묻자 대부가 '실오라기 하나 걸지 않습니다'라고 답하였고 '어차피 이 섬돌 아래 있는 놈입니다'라고 하자 '제가 이렇게 말하면 허물은 어디에 있습니까?'라고 물음에 남전은 '도를 아는 임금은 지혜 있는 신하 들이지 않는다는 말을 아시오?'라고 되물었다. 이러한 예는 매우 많으니 낱낱이 증명하리. 借功明過者 問茗溪 如何是修行路 溪云 好個阿師 莫客作 南泉問陸亘大夫 十二時中作麼生 夫云 寸絲不掛 泉云 猶是階下漢 夫云 弟子恁麼道 過在什麼處 泉云 還知道 有道之君 不納有智之臣 此例甚多 一一證之"라고 하였다. [참고문헌] 『曹洞五位顯訣』. ⇨ 동종사차차 洞宗四借借

차공명물 借功明物 공을 빌어 물을 밝히다. 동종사차차(洞宗四借借) 중 하나다. 『조동오위현결』 권상(卍속장111, p.240b9)에 "공을 빌어 물을 밝힌다 하였다. 동산이 밭을 돌아다니던 차에 낭상좌가 소를 가리키며 말했다. '이 놈은 잘 살펴야 합니다. 벼를 먹을까 걱정됩니다' '좋은 소라면 벼를 먹지 않겠지' '본을 돌이켜 그 샘으로 돌아간 소식은 어떤지요?' '저 눈 한 송이 하늘에서 내리는 듯하니, 가는 털이나 큰 물건에 걸려 앉은 즉 끝내 땅에 이르지 못한다'. 이러한 예의 말들을 자세히 살펴라. 借功明物者 洞山游田次 朗上座指牛云 遮個須得看 恐喫稻去 山云 若是好牛不喫稻 又問 返本還源時如何 山云 如一片雪 從天降下 若絲髮大物掛著 則終不到地 此例語子細看尋"라고 하였다. [참고문헌] 『曹洞五位顯訣』. ⇨ 동종사차차 洞宗四借借

차공명위 借功明位 공을 빌어 위를 밝히다. 동종사차차(洞宗四借借) 중 하나다. 『조동오위현결』 권상(卍속장111, p.241a15)에 "공을 빌어 위를 밝힌다 한다. 동산이 운암에게 물었다. '화상의 진영 그린다 하는데, 그 모습 얻기는 했는가?' '얼마나 되었는가?' '평소에 그린 진영에 칠팔 정도입니다' '실패한 듯하구나' '실패하지 않았다면 어떻겠습니까?' '곧바로 열을 얻었어야지' '옛 사람이 「열이라 하여도 닮지 않았다」 하시니, 무엇인지요?' '저에게 끝내 다한 수란 없다'. 또한 동산이 학인을 점검하고자 물었다. '마음과 법을 모두 잊으면 성 그대로 진실인데, 몇 번째 자리이겠는가?' '제이좌입니다' '어째서 그에게 제일좌를 주지 않는가?' 학인이 대꾸가 없자 한 사람이 대신 답했다. '마음도 아니고 법도 아닙니다' '마음과 법이 모두 사라졌다면 그것이 법이 아닌데 어째서 거듭하여 이와 같이 말하는가?' 그도 대꾸하지 못하자 동산이 스스로 대답했다. '진실에 자리란 없다'. 또한 조산에게 '경전에 「한 구절로 백천만 갈래 뜻을 삼킨다」 했는데, 한 구절이란 무엇인가?'라고 묻자 조산이 '바늘로 찔러도 들어갈 틈이 없습니다'라고 대답했다. 이러한 예도 많으니 자세히 살펴라. 借功明位者 洞山問雲岩 擬寫和尙眞得也無 岩云 幾得成 山云 尋常寫眞得七八 岩云 猶是失在 山云 不失時如何 岩云 直得十成 山云 古人道 直得十成不似時 如何 岩云 他無成數 又洞山勘僧云 心法雙忘性卽眞 第幾座 僧云 第二座 山云 因什麽不與他第一座 無對 有一人代云 非心非法 山云 心法雙亡 卽是非法 何更如是道 無對 山自代云 眞不得座 又問曹山 敎云 一句能呑 百千萬義 如何是一句 山云 針劄不入 此例亦多 細詳之"라고 하였다. 〔참고문헌〕『曹洞五位顯訣』.

차과 蹉過 걸려 넘어지다. 진실을 놓치고 말다의 뜻이다. 『위산어록』(대정장47, p.581b6)에 "위산이 법좌에 오르자 학인이 나와 말했다. '화상께서 대중에게 설법해 주시기를 청합니다' '나는 그대 위해 애써 다했다'. 학인이 절을 했다〈후인이 이 일화를 설봉에게 들자 설봉이 말했다. '옛 사람은 이렇게 노파심이 간절했다'. 그러자 현사가 말했다. '이 산문 우두머리 화상께서는 옛 사람 일 걸려 버리셨군'. 설봉이 듣고선 현사에게 물었다. '어떤 점에서 노승이 고인의 일로 걸려 넘어진 곳이냐?' '위대한 위산도 저 학인의 질문 하나에 산산조각 나 버렸습니다'. 설봉이 이에 놀랐다〉. 上堂 僧出云 請和尙爲衆說法 師云 我爲汝得徹困也 僧禮拜〈後人擧似雪峰 雪峰云 古人得恁麽老婆心切 玄沙云 山頭和尙蹉過古人事也 雪峰聞之 乃問玄沙云 甚麽處是老僧蹉過古人事處 玄沙云 大小潙山 被那僧一問 直得百雜碎 雪峰乃駭然〉", 『법안어록』(대정장47, p.591a22)에 "광효혜각(光孝慧覺)선사가 법안의 처소에 오자 법안이 물었다. '어디서 왔는가?' '조주에서 왔습니다' '조주선사에게는 정전백수자라는 일화가 있다고 들었다. 맞는가?' '그런 일은 없습니다' '이곳을 오가는 이들이 모두 「조사가 서쪽에서 온 뜻은 무엇입니까?」, 「뜰 앞에 잣나무다」라고 하였다 하는데, 상좌는 어째서 없다고 말하는가?' '돌아가신 제 스승께서는 실제로 그런 말을 한 적이 없습니다. 화상께서는 제 스승을 비방하지 마시기 바랍니다〈경산종고가 말했다. '그런 말이 있었다고 한다면 혜각(覺鐵觜)에 걸려 넘어진 것이며, 그런 말이 없었다고 한다면 또한 법안을 잃는 것이며, 그렇다고 양쪽 모두와 관계가 없다 하면 또한 조주를 지나가버리게 됩니다. 그러나 설사 전부 이렇지 않다 해도 사무쳐 벗어날 한 길 있기는 하지만 지옥에 들기를 저 화살 쏘듯 할 것입니다'. 고산사규(鼓山士珪)가 말했다. '「단련된 쇳부리 혜각」이라는 이름 헛되이 얻은 것 아니지만, 다만 이렇다면 꿈에서조차 조주를 본 적은 없었다'〉. 光孝慧覺禪師 至師處 師問 近離甚處 覺云 趙州 師云 承聞趙州有柏樹子話 是不 覺云 無 師云 往來皆謂 僧問 如何是祖師西來意 趙州云 庭前柏樹子 上座何得道無 覺云 先師實無此語 和尙莫謗先師好〈徑山杲云 若道有此語 蹉過覺鐵觜 若道無此語 又蹉過法眼 若兩邊俱不涉 又蹉過趙州 直饒總不恁麽 別有透脫一路 入地獄如箭射 鼓山珪云 覺鐵觜 名不虛得 只是不曾夢見趙州〉"라고 하였다. 〔참고문헌〕『潙山語錄』, 『法眼語錄』.

차과료야 蹉過了也 지나가 버리고 말다. 놓치거나 어긋나 버렸다는 말이지만 어떻게 해도 만나기 어려운 뜻을 돌이켜 하는 말이다. 『대혜어록』 권1(대정장47, p.814b22)에 "대혜가 법좌에 오르자 학인이 물었다. '늙은 동산도 이렇게 들었고 늙은 원오도 이렇게 들 뿐이다. 화상께서는 어떻게 드실지 모르겠습니다' '한 손만으로는 박수를 칠 수 없고, 두 손이라야 박수 소리 난다' '금으로 금을 펼 수 없고 물로 물을 씻을 수 없습니다' '걸려 넘어진 줄도 모르는구나' '위는 하늘이고 아래는 땅인데 넘어졌다니, 무슨 말씀입니까?' '금으로 금을 펼 수 없고 물로 물을 씻어낼 수 없다. 니(聻)!' 上堂 僧問 老東山也恁麽擧 老圜悟也恁麽擧 未審和尙如何擧 師云 一手不獨拍 兩手鳴摑摑 進云 金不博金 水不洗水 師云 蹉過了也不知 進云 上是天 下是地 蹉過箇甚麽 師云 金不博金 水不洗水 聻", 『허당록』 권6(대정장47, p.1027b28)에 "들었다. '삼각총인(三角總印)화상이 대중에게 보였다. 「이 일을 논하자면 눈 깜박이는 순간 이미 놓쳐 버렸다」. 이때 마곡(麻谷)이 나와 말했다. 「눈을 깜박이는 것은 묻지 않겠습니다. 어떤 것이 이 일입니까?」 「지나가 버렸다」. 마곡이 바로 선상을 뒤집어엎자 삼각이 때렸다'. 허당이 마곡의 첫 질문과 다르게 이렇게 말했다. '쇠재갈 물고 안장 지고 말았군요'. 擧 三角印和尙示衆 若論此事 眨上眉毛 早已蹉過了也 時 麻谷出問 眨上眉毛卽不問 如何是此事 角云 蹉過了也 谷乃掀倒禪床 角便打 別麻谷初問云 啣鐵負鞍去", 『여정어록』 권하(대정장48, p.129c23)에 "한 소리 크게 내지르며 말했다. '대중이여! 이 한 소리 위음왕 출현하기 전에 이미 지나가 버렸다. 하물며 다시 오늘 여기에 와서는 제멋대로 이리저리 소리지르니, 이 무슨 설사하는 소리고 주발에 물 끓는 소리란 말인가!' 喝一喝云 大衆 者一喝 威音王未現已前 早是蹉過了也 況復今日更來者裡 胡喝亂喝 是甚麽屎沸椀鳴聲"라고 하였다. 〔참고문헌〕『大慧語錄』, 『虛堂錄』, 『如淨語錄』. ⇨ 차과 蹉過

차나 叉拏 Ⓢ kṣana의 음사어. 찰나(刹那)의 신역어. 『일체경음의』 권24(대정장54, p.458a9)에 "차나차나간〈구역에서는 찰나찰나간이라고 하였는데 번역에 교졸이 있다〉. 叉拏叉拏間〈古曰 刹那刹那間 譯有巧拙也〉"라고 하였다. 〔참고문헌〕『一切經音義』. ⇨ 찰나 刹那

차난 遮難 막아서 할 수 없게 하다. 구족계를 받을 수 없게 하는 것들을 말한다. 계를 받을 수 없는 조건들을 차(遮)라 하고, 성이 악하여 계를 받을 만하지 않다고 판단하는 것을 난(難)이라 한다. 십육차(十六遮)와 십삼난(十三難)이 있고, 이 중 어느 하나라도 해당되면 구족계를 받을 수 없기에 수계 전에 반드시 먼저 교수사(教授師)로부터 이와 관련된 물음을 받고 점검받는다. 『승갈마』 권상(대정장40, p.514c12)에 "저에게 가서 차난을 묻는 법〈이때 교수사가 저에게 가서 말한다〉: 여기 안다회·울다라승·승가리·발우가 있는데, 이 의발은 너의 것이냐?〈저가 그렇다고 답한 후에 다시 말해야 한다〉. 往彼問遮難法〈時 教授師 往彼語言〉 此安陀會 鬱多羅僧 僧伽梨 鉢 此衣鉢是汝有不〈彼答是已 復應語言〉", "선남자여! 잘 들어라. 지금 이렇게 성실하게 실이라고 말을 하는 때에 나 이제 그대에게 묻고 답할 텐데, 만약 실이 아니면 마땅히 실이 아니라고 말해야 하며, 저 실이면 실이라고 말하라. 善男子 諦聽 今是至誠時 實語時 我今問汝 隨我問答 若不實者 當言不實 若實言實", "그대는 변죄를 범하지 않았는가? 그대는 비구니를 범하지 않았는가? 그대는 외도이면서 불도에 들어온 게 아닌가? 그대는 불도를 부수려는 외도는 아닌가? 그대는 황문이 아닌가? 그대는 아버지를 죽이지 않았는가? 그대는 어머니를 죽이지 않았는가? 그대는 아라한을 죽이지 않았는가? 그대는 화합승을 깨뜨리지 않았는가? 그대는 악한 마음으로 부처님 몸에 피를 내지 않았는가? *汝不犯邊罪不 汝不犯比丘尼不 汝非賊心入道不 汝非破內外道不 汝非黃門不 汝非殺父不 汝非殺母不 汝非殺阿羅漢不 汝非破和合僧不 汝非惡心出佛身血不*", "그대는 비인은 아닌가? 그대는 축생은 아닌가? 그대는 두 몸을 갖지는 않았는가? 그대의 이름은 무엇인가? 화상의 이름은 무엇인가? 그대의 나이 20세를 채웠는가? 의발은 갖췄는가? 부모가 그대의 수계를 허락했는가? 그대는 남에게 빚을 지고 있진 않은가? 그대는 노예는 아닌가? 그대는 관리는 아닌가? *汝非是非人不 汝非畜生不 汝非有二形不 汝字何等 和上字誰 汝年滿二十不 衣鉢具不 父母聽汝不 汝非負人債不 汝非奴不 汝非官人不*", "그대는 장부인가? 장부에겐 나병·등창·백반나병·소갈증·정신병 등의 병이 있는데, 그대에게 지금 이런 병들이 있는가?〈저 낱낱의 일에 대해 답하고 다시 그렇다고 말해야 한다〉 나 이제 그대에게 물었듯이 대중 가운데서도 마땅히 이렇게 물을 것이며, 그대가 방금 전 나에게 답했듯이 승가에게도 마땅히 이렇게 답해야 한다. *汝是丈夫不 丈夫有如是病 癩 癰疽 白癩 乾痟 癲狂病 汝今有此諸病不*〈若其一一 隨事答無 復應語言〉 如我今問汝 僧中亦當如是問 如汝向者答我 僧中亦當如是答", 『비니심』(대정장85, p.660c2)에 "〔문〕 갈마와 수계에서는 몇 가지 연을 구족해야 여법하다는 이름을 얻는가? 〔답〕 『마하승기율』에 의하면 여섯 인연을 갖춰야 여법함을 이룰 수 있다. … 둘째로 수계인 자신에게 열세 가지 차난이 없어야 한다. 問 羯磨受戒 具足幾緣 得名如法 答 依僧祇律 具六因緣 得成如法 … 二者 *受戒人身* 無十三遮難"라고 하였다. 〔참고문헌〕 『僧羯磨』, 『毘尼心』. ⇨ 십육차 十六遮, 십차 十遮, 십삼난 十三難, 수계 受戒, 계 戒, 율의 律儀

차난십육 遮難十六 ➡ 차난 遮難, 십육차 十六遮

차노라 遮怒羅 Ⓢ Cāṇūra, Ⓣ stobs-mchog. 집지(執持)로 한역하는 신(神). 『구사론』 권27(대정장29, p.140c3 : *Abh-k-bh.*, p.413)에 "부처님이 살아계셨을 동안의 몸의 힘은 나라연(那羅延 Ⓢ Nārāyaṇa : Viṣṇu)과 같았다. … 나라연의 힘의 크기는 어느 정도인가? 코끼리 등의 일곱 가지 힘을 열 배씩 증가시킨 것이니, 보통 코끼리·향상·마하낙건나·발라색건제·벌랑가·차노라·나라연이 그것들이다. 뒤로 갈수록 힘이 앞의 것보다 열 배씩 증가한다. 佛生身力 等那羅延 … 那羅延力 其量云何 十十倍增 象等七力 謂凡象 香象 摩訶諾健那 鉢羅塞建提 伐浪伽 遮怒羅 那羅延 後後力增 前前十倍 〈bhāṣya〉 kāye punarbuddhasya nārāyaṇam balaṃ varṇayati … kiṃ punarnārāyaṇasya balasya pramāṇam. 〈kārikā〉 daśādhikam, hastyādisaptakabalam 〈bhāṣya〉 yaddaśānāṃ prākṛtahastināṃ balaṃ tadekasya gandhahastinaḥ. evaṃ mahānagnapraskandivarāṅgacāṇūranārāyaṇānāṃ daśottaravṛddhirvattavyā", 『구사론소』 권27(대정장41, p.778a29)에 "차노라〈또한 신의 이름이다. 한역하여 집지라 한다〉. 遮怒羅〈亦是神名 此云執持〉"라고 하였다. 〔참고문헌〕 『俱舍論』, 『俱捨論疏』, *Abh-k-bh.* ⇨ 나라연 那羅延, 향상 香象, 마하낙건나 摩訶諾健那, 발라색건제 鉢羅塞建提, 벌랑가 伐浪伽

차누라 遮笯羅 Ⓢ Cāṇūra, Ⓣ stobs-mchog. 집지(執持)라는 신(神). 차노라(遮怒羅·遮努羅)라고도 한다. 『구사석론』 권20(대정장29, p.291c9)에 "백 바랑가는 차누라 한 명 힘으로 맞서고, 백 차누라는 나라연 한 명 힘으로 맞선다. 百婆郎伽力 敵一遮笯羅力 百遮笯羅力 敵一那羅延力"라고 하였다. 〔참고문헌〕 『俱舍釋論』, 『集一切福德三昧經』 권상(대정장12, p.990a9), *Abh-k-bh. 413.* ⇨ 차노라 遮怒羅

차닉 車匿 Ⓢ Chanda, Chandaka, Chaṇḍaka, Ⓟ Channa의 음사어, Ⓣ 'dun-pa. 육군비구(六群比丘) 중 하나로 석존(釋尊)의 마부였다 출가한 비구. 천탁가(闡鐸迦)·천나(闡那) 등으로 음사하고 욕작(欲作)·응작(應作)·손나(飡那) 등으로 한역한다. 태자로서 왕사성(王舍城)을 떠날 때 동행하여 백마 건척(揵陟)을 부렸던 하인이다. 다시 건척과 함께 돌아와 태자의 출가 소식을 전하였고, 그런 뒤 출가하여 비구가 되었다. 악구(惡口)·악성(惡性)의 뜻으로 차닉의 나쁜 품행을 수식해 말하기도 한다. 『잡아함경』 권23(대정장2, p.167

a7)에 "이곳은 보살이 영락을 벗어 차닉에게 주고 말을 본국으로 돌려보내셨던 곳입이다. 此處菩薩脫瓔珞 與車匿遣馬還國", 『태자서응본기경』 권상(대정장3, p.474b5)에 "태자가 태어나던 날 왕가의 시종(靑衣)도 사내아이(蒼頭)를 낳았고, 마구간에서는 흰 망아지와 누런 양새끼도 태어났는데, 그 노비의 이름은 차닉이고 그 말의 이름은 건척이었다. 太子生日 王家靑衣 亦生蒼頭 廐生白駒 及黃羊子 奴名車匿 馬名揵陟", 『불본행집경』 권17(대정장3, p.730c29)에 "그때 차닉은 태자께 아뢰었다. '대성태자께서는 마음을 결정하셨는지요? 꼭 세속을 버리고 출가를 하셔야 합니까?' … 차닉은 태자의 이와 같은 명령을 듣고는 태자 마음의 깊은 뜻을 알게 되었으며, 또한 앞서 정반왕의 엄중히 경계하라는 칙명도 알고 있었지만 천신들의 가호에 힘입어 마음을 내고는 건척을 태자 앞에 몰고 오려는 참에 게송으로 말했다. '나 차닉은 천신들의 가호에 힘입어 대왕이 칙명으로 제정한 바를 차마 어기려 하네'. 爾時車匿白太子言 大聖太子心決定耶 要須捨俗求出家乎 … 車匿聞太子如是勅語言已 亦識太子深心之意 亦復先知淨飯王勅嚴制禁重 但以諸天神力加故 發心欲取乾陟將來太子之前 而有偈說 車匿以天神力加 忍違大王勅命制", 『대지도론』 권2(대정장25, p.66b29)에 "'부처님께서 반열반에 드시고 나면 … 입이 거친 차닉과는 어떻게 함께 지내야 합니까?' … '차닉비구는 내가 열반하고 나서는 일체 대꾸하지 않는 방법(梵法 Ⓢ brahma-daṇḍa : 默擯)으로 다스리거라. 만약 마음을 누그러뜨려져 굴복하게 되면 『산타가전연경』을 가르치거라. 그러면 도를 얻게 될 것이다'. 佛般涅槃後 … 惡口車匿 云何共住 … 車匿比丘 我涅槃後 如梵法治 若心濡伏者 應敎刪陀迦旃延經 卽可得道", 『대반열반경 후분』 권상(대정장12, p.901a27)에 "부처님께서 아난에게 말씀하셨다. '그대가 물었던 바처럼 내가 열반한 뒤에 육군비구와 성품이 나쁜 차닉은 정결하지 못한 남의 집을 기웃거릴 텐데, 어떻게 함께 지내며 내 가르침을 얻게 하겠는가? 아난아, 차닉비구는 성품이 비루하고 추악하지만 내가 열반하고 나면 점차 조복되고 그 마음 또한 유화되어 본래의 나쁜 성품을 버릴 것이다'. 佛告阿難 如汝所問 佛涅槃後 六群比丘 惡性車匿 行汚他家 云何共住而得示敎 阿難 車匿比丘 其性鄙惡 我涅槃後 漸當調伏其心柔和 捨本惡性"라고 하였다. [참고문헌] 『雜阿含經』, 『太子瑞應本起經』, 『佛本行集經』, 『大智度論』, 『大般涅槃經後分』, *Buddh-c.59.*, *DN.2.154.*

차닉환궁 『석씨원류응화사적』 양주불암사판 1673년

차다라 差多羅 Ⓢ kṣetra의 음사어. 토(土)·토전(土田)·찰(刹)·찰토(刹土)라고 한다. 『일체경음의』 권20(대정장54, p.431a19)에 "도찰〈(찰은) 찰(擦)이라 해도 같고, 음은 찰이다. 범어로는 차다라이며 토전이라 한역한다. 경 중에 국(國) 또는 토(土)라고 하는데 뜻이 같다. 찰토라고도 하여 두 음을 두는데, 찰제리를 수전주라 한역함도 이런 예다〉. 忉刹〈又作擦同 音察 梵言差多羅 此譯云土田 經中或言國 或云土者 同其義也 或作刹土者 存二音也 卽刹帝利 名守田主者 亦是也〉", 『능엄경집주』 권1(卍속장17, p.71a18)에 "보찰은 찰토인데, 범어로는 바르게 차다라라고 하며 토전이라 한역한다. 寶刹者 刹土也 梵音正云 差多羅 此翻土田", 『법화경현찬요집』 권28(卍속장54, p.660b6)에 "이제 찰이란 말은 범어가 바뀌어 생략된 말로서 바르게는 찰다라라고 하며, 이르길 '현응법사는 풀어서 차다라라고 했으며 토전이라 한역하였다'. 今言刹者 是梵語 訛而且略 正云刹多羅 云應法師 解云差多羅 此譯云土田"라고 하였다. [참고문헌] 『一切經音義』, 『楞嚴經集註』, 『法華經玄贊要集』. ⇨ 찰토 刹土

차다파타 遮多波他 삼십육아귀(三十六餓鬼) 중 하나로 사거리에서 남의 행량을 훔쳐 사는 아귀. 『정법염처경』 권17(대정장17, p.102b22)에 "또한 비구는 업과보 알아 아귀세간 관하는데, 어떤 아귀는 사거리에 머묾을 본다. 이로 인해 이름 삼으니 무슨 업 때문에 그중에 났는가? 저는 문혜지로 알 수 있는데, 이 중생들은 탐질로 마음이 무너져 남의 행량을 훔쳐 취하고서 웃음마저 머금고 버리고 가버린다. 이 때문에 그 사람은 양식을 잃고서 광야를 지나가며 크게 굶주린다. 이런 사람들은 이 악업 때문에 몸이 무너져 목숨이 다하면 차다파타〈사교도라고 한역〉아귀중에 떨어진다. 復次 比丘知業果報 觀餓鬼世間 見有餓鬼 住四交道 因以爲名 以何業故 而生其中 彼以聞慧知 此衆生貪嫉壞心 盜他行糧 取已含笑 捨之而去 其人失糧 行於曠野 受大飢渴 如是之人 以此惡業 身壞命終 墮遮多波他〈魏言四交道〉餓鬼之中"라고 하였다. [참고문헌] 『正法念處經』. ⇨ 삼십육아귀 三十六餓鬼

차단 衩袒 편한 옷차림. 옷깃을 풀어헤친 느슨한 차림을 뜻한다. 차의(衩衣)라고도 한다. 『백장청규』 권6 「일용궤범 日用軌範」(대정장48, p.1145c16)에 "옛사람이 말하길, 〈차단으로 뒷간에 오르고 초리로 산을 다녔다면, 법당을 올라서는 안 되고 기구를 피해 돌아가라〉 하였다. 古云〈衩袒登溷 草履遊山 莫踐法堂 回互耆舊〉", 『비용청규』 권10 「일용청규 日用淸規」(卍속장112, p.139b9)에 "옛사람이 말하길, 〈차단 입고 전에 오르는 것을 허용치 않고, 짚신 신고 법당에 올라서는 안 된다〉 하였다. 古云〈衩袒不許登殿 草履莫踐法堂〉", 『선림상기전』 권17 「차단」(불광장, 禪藏, p.1359)에 "차의를 또 차단이라 한다. 『강희자전

』에 '단(袒)의 음은 단(但)'이라 하였고, 『의례』 주석에는 '단(袒)은 좌면의(左免衣)'라 하였다. … 구설에 따르면, 의당신화상이 일찍이 당풍 그림의 사람 모습을 보고 병풍 치고 뒤에서 옷매무새 고쳤다고 하였는데 이를 일컬어 이른바 '차단'이라 한다. 곧 목 닿는 옷깃을 가슴팍까지 내린 것이니 마치 차(叉) 자와 비슷하다. 또한 단용(袒容)이라는 말도 있으므로 차단이라 하니 느슨히 풀린 모양이다. 衩衣 又言衩袒 康熙字典云 袒音但 儀禮註 袒左免衣也 … 舊說曰 義堂信和尚 曾觀唐畵人形 屛開衣衿於背後 曰此 所謂衩袒也 謂胸前襟迫吭 似叉字 亦有袒容 故曰衩袒 乃懶放之貌"라고 하였다. 〔참고문헌〕『百丈清規』, 『備用清規』, 『禪林象器箋』. ⇨ 차의 衩衣

차단 差單 차례를 정한 명부. 『선림상기전』 권16(불광장, 禪藏, p.1212)에 "차단 : 옛 말대로는 차단이란 차장이다. 『백장청규』 권1 「성절」(대정장48, p.1113b28)에 '매일 당사행자는 순서대로 돌아가는 대중명부를 가지고 반드시 하루 전에 미리 주지와 두수와 중승에게 각각 이름 두 글자를 적고 날인하도록 청한다. 대중의 수를 헤아려 계랍에 따라 차단을 베껴 쓰고 날짜도 배정한다. 한 바퀴 돌면 다시 처음부터 시작한다'라고 전한다. 差單 舊說曰 差單者 差帳也 敕修清規 聖節云 每日堂司行者 將輪差僧簿 須預先一日 請住持頭首衆僧 各書雙字名 僉押 量衆多少 依戒具寫差單 排定日分 周而復始"라고 하였다. 〔참고문헌〕『禪林象器箋』, 『百丈清規』.

차단 遮斷 막아 끊다. 탐진 등의 번뇌(染)를 끊는 것은 차단이고, 끝내 번뇌 다하여 지혜마저 일으켜야 구경단이다. 『성실론』 권5(대정장32, p.276a16)에 "염을 쫓아 마음이 해탈을 얻는다고 설한다면 이는 차단이며, 무명을 쫓아 혜가 해탈을 얻는다고 말한다면 이는 필경단이다. 若說從染 心得解脫 是說遮斷 言從無明 慧得解脫 是畢竟斷", 같은 책 권15(대정장32, p.358c17)에 "탐 끊음을 차단 혹은 필경단이라 하는데, 진지가 생하지 않으면 차단이고, 따라 진지도 생하면 필경단이다. 若說斷貪 或是遮斷 或畢竟斷 若不生眞智 則是遮斷 隨生眞智 是畢竟斷", 『주유마힐경』 권7(대정장38, p.395b3)에 "구마라집이 말한다. '번뇌에 두 가지 단이 있으니 첫째는 차단, 둘째는 영단이다. 꺾어 멸함은 차단이고, 눌러 사마마저 항복시킴은 영단이다'. 什曰 煩惱有二種斷 一遮斷 二 永斷 摧滅 遮斷也 下降伏四魔 永斷也"라고 하였다. 〔참고문헌〕『成實論』, 『注維摩詰經』. ⇨ 사마 四魔 ❶❷, 필경단 畢竟斷, 영단 永斷

차도 且道 자, 이르시길. 그렇다면 말해 보시길. 상대를 다그쳐 말하게 해서 주고 받는 활기를 벗어나지 않게 한다. 『동산어록』(대정장47, p.521a16)에 "동산이 처음 행각할 때 길에서 물 지고 가는 노파를 만났다. 이에 동산이 물이 마실 만한지 살폈다. 노파가 말했다. '마시는 데는 문제가 없는 물이지만 저에게 질문이 하나 있으니 먼저 묻겠습니다. 말해 보시오. 물에 먼지가 얼마나 있습니까?' '먼지 전혀 없군요' '그냥 가십시오. 제 물동이를 물들일 일 없기를'. 師初行脚時 路逢一婆擔水 師索水飮 婆云 水不妨飮 婆有一問 須先問過 且道 水具幾塵 師云 不具諸塵 婆云 去 休汚我水擔", 『운문광록』 권하(대정장47, p.567c23)에 "운문이 학인에게 물었다. '어디서 하안거를 보냈는가?' '화상은 다 아시지 않습니까' '나야 알지' '그렇다면 일러 주십시요. 제가 어디서 하안거를 보냈습니까?' '늙은 쥐 구멍 중에서나 머리를 내민다'. 학인이 아무 말 못하자 운문이 대신 말했다. '알아맞혔군'. 師問僧 甚處過夏 僧云 和尚合知 師云 我即知 僧云 且道 某甲甚處過夏 師云 老鼠孔裏出頭 無對 代云 道著", 『법안어록』(대정장47, p.588b8)에 "눈이 그쳐 작별 인사를 올리자 지장이 문까지 바래다주면서 말했다. '상좌는 평소에 늘 말하길 「삼계는 오직 마음이고, 만법 오직 식일 뿐」이라고 하는군'. 그러고는 바로 뜰아래 조각돌을 가리키며 말했다. '말해 보라. 이 돌은 마음 안에 있는가 마음 밖에 있는가?' '마음 안에 있습니다' '행각하는 사람이 뭐 때문에 조각돌 품어 마음 끝에 달고 다니느냐?' 법안은 난처해하며 답하지 못했고, 바로 보따리를 내려놓고 의자 밑에 기대 앉아서는 결택을 기다렸다. 雪霽辭去 地藏門送之 問云 上座尋常說 三界唯心 萬法唯識 乃指庭下片石云 且道 此石在心內 在心外 師云 在心內 地藏云 行脚人 著甚麽來由 安片石在心頭 師窘無以對 即放包依席下 求決擇"라고 하였다. 〔참고문헌〕『洞山語錄』, 『雲門廣錄』, 『法眼語錄』. ⇨ 차 且

차도법 遮道法 ❶ Ⓟ antarāyikā dhammā. 도에 장애가 되는 법. 망어(妄語)·욕(欲)·음주(飮酒) 등을 말한다. 장도법(障道法)과 같다. 『오분율』 권18(대정장22, p.122a8)에 "'여러 대덕들이여, 이제 포살하여 바라제목차를 말하겠습니다. 모두 함께 듣고 잘 생각하여 죄가 있다면 응당 드러내고 죄가 없으면 잠자코 계십시오. 잠자코 계시므로 나와 여러 대덕들이 청정한 것으로 알겠습니다. 마치 성인께서 잠자코 계신 것처럼 나와 여러 대덕들도 그렇게 하겠습니다'. 비구가 이와 같이 대중 가운데서 세 번을 외쳤는데도 죄가 있는 줄 알면서도 드러내지 않으면 '망어죄'를 얻게 된다. 망어죄는 부처님께서 차도법이라고 설하셨으니, 드러낸 이는 안락을 얻는다. 諸大德 今布薩說波羅提木叉 一切共聽 善思念之 若有罪應發露 無罪者默然 默然故 當知我及諸大德清淨 如聖默然 我及諸大德亦如是 若比丘如是衆中 乃至三唱 憶有罪不發露 得故妄語罪 故妄語罪 佛說遮道法 發露者得安樂", 『십송율』 권40(대정장23, p.292b16)에 "부처님께서 사위국에 계실 때였다. 여러 비구가 비구니들에게 차도법을 묻자 여러 비구니가 이를 부끄러워하며 좋아하지 않았다. 이 일을 부처님께 아뢰니, 부처님께서는 '지금부터 비구가 비구니에게 차도법 묻는 것을 허락하지 않는다. 비구니만이 비구니에게 차도법을 물어야 한다'고 말씀하셨다. 佛在舍衛國 諸比丘問比丘尼遮道法 諸比丘尼羞不喜 是事白佛 佛言 從今不聽比丘問比丘尼遮道法 比丘尼應問比丘尼遮道法", 같은 책 권55(대정장23, p.409c16)에 "〔문〕 부처님께서 설하시기를 '과거 갈타바라문의 제자였던 아리타비구는 차도법은 도를 장애하지는 않는다고 말한다' 하셨습니다. 무엇을 차도법이라 합니까? 〔답〕 나는 욕을 차도라고 설한다. 問 如佛所說 阿利吒比丘 竭馱婆羅門本弟子 說遮道法作不遮道 問 云何是遮道 答 我說欲是遮道", 『사리불문경』(대정장24, p.901a19)에 "사리불이 부처님께 아뢰었다. '어찌하여 세존께서는 차도법을 설하시며, 정력자(葶藶子)만큼이라도 술을 마셔서는 안 되니, 이(음주)는 「계를 깨뜨리고 방일문을 여는 것」이라고 하셨습니까?' … 부처님께서 말씀하셨다. '술은 잃는 것이 많게 하기에 방일문을 열게 된다. 만약 정력자만큼이라도 마신다면 죄를 범하고 쌓이게 한다. (그러나) 만약 병고를 없애기 위한 경우라면 반드시 끊어야 할 것은 아니다'. 舍利弗白佛言 云何世尊說遮道法 不得飮酒如葶藶子 是名破戒開放逸門 … 佛言 酒有多失 開放逸門 飮如葶藶子 犯罪已積 若消病苦 非先所斷"라고 하였다. 〔참고문헌〕『五分律』, 『十誦律』, 『舍利弗問經』, *Vin.4.135·136.* **2** 비방(秘防)이라 여겨 일러주는 삿된 법. 점을 치거나 주술하는 등으로 사문이나 바라문의 바른 생활수단(正命)이 아닌 것(邪命)을 말한다. 『장아함경』 권13 「아마주경 阿摩晝經」(대정장1, p.84b15)에 "마납이여! 저 나머지 사문바라문이 다른 사람 믿음으로 보시 받으면서 차도법을 행하여, 삿되게 목숨을 이어갑니다. 남녀의 관상을 보고 길흉과 좋고 나쁨을 말하여 가축을 기르면서 이양을 구하는 것입니다. 摩納 如餘沙門婆羅門 食他信施 行遮道法 邪命自活 瞻相男女 吉凶好醜 及相畜生 以求利養"라고 하였다. 〔참고문헌〕『長阿含經』. ⇨ 사명 邪命

차도탁란언 遮道濁亂言 Ⓟ anekavihitaṃ tiracchānakathaṃ kathentiyā. 깨달음의 길을 가로막는 탁하고 어지러운 말. 『장아함경』 권8 「산타나경 散陀那經」(대정장1, p.47a27)에 "이때 모든 범지들이 한곳에 모여 큰 소리로 대론하였는데, 모두 바른 길을 막는 탁하고 산만한 말이었다. 이것으로 하루종일 하면서 혹은 국사를 논하기도 하고, 전쟁과 병장에 대한 일을 논하기도 하며 … 산해의 거북 등에 관한 일도 논한다. 단지 이와 같은 가야 할 길을 막는 논의를 하며 하루 종일을 보냈다. 時 諸梵志衆聚一處 高聲大論 俱說遮道濁亂之言 以此終日 或論國事 或論戰鬪兵杖之事 … 或論山海龜鼈之事 但說如是遮道之論 以此終日"라고 하였다. 〔참고문헌〕『長阿含經』, *DN.3.36.*

차두행자 車頭行者 총림에서 수레 끄는 가축 등을 보살피는 이. 차두라고도 한다. 『선원청규』 권9 「훈동행 訓童行」(卍속장111, p.929b6)에 "차두행자는 항상 말이나 소가 일할 만큼 실한지 살피며 관리해야 하며, 먹이가 부족해서는 안 된다. 밖에서 머무를 때는 여물을 살펴서 잘 간수하고, 행동거지를 조심하여 술을 마시거나 고기를 먹거나 계율에 어긋나는 잘못을 저질러도 안 된다. 車頭行者 常須照管 頭口充肥 及不少欠斛斗 在外止宿之處 看守草料 惜護行止 不得飮酒食肉 及作非違之事"라고 하였다. 〔참고문헌〕『禪苑淸規』.

차득 且得 그렇다 하더라도. 어쨌든 … 하게 되었다. 일단 인정하고 다시 말을 잇거나 유예하는 경우에 쓴다. 『오조법연어록』(대정장47, p.649c29)에 "학인이 법연에게 말했다. '사방에 문은 없고 산세 빼어난데 오늘 어쨌든 주인이 돌아왔습니다' '그대가 말해라. 길 시작은 어디더냐?' '어째서 얼굴 마주하고도 알아보지 못하십니까?' '어쨌든 기쁘다, 돌아왔으니'. 學云 四面無門山岳秀 今朝且得主人歸 師云 儞道 路頭在什麽處 學云 爲什麽對面不相識 師云 且喜到來", 『벽암록』 31칙 「송 頌」(대정장48, p.171a24)에 "이래도 틀리고 저래도 틀리지만〈눈썹을 아끼고, 령대로 행하라. 하늘 위와 하늘 아래에 나만이 홀로 존귀하다〉, 절대 집지 마라〈두 개 구멍 없는 쇠망치구나. 설령 천수대비라 해도 들지 못한다. 혹여나 손으로 집어든다면 사리는 30방 맞으리라〉. 사해는 파도가 잠잠하나〈천하 사람들이 감히 움직이지 못한다. 동서남북이 한결같은 가풍이지만, 요즘엔 비가 많이 왔다〉, 뭇 하천들 물이 말랐네〈나 벗어던져 알몸에 깨끗하다. 어쨌든 집안 평온하며, 바다도 잠잠하고 황하도 맑아졌다〉. 此錯彼錯〈惜取眉毛 據令而行 天上天下 唯我獨尊〉 切忌拈劫〈兩箇無孔鐵鎚 直饒千手大悲也提不起 或若拈去 闍黎喫三十棒〉 四海浪平〈天下人不敢動著 東西南北一等家風 近日多雨水〉 百川潮落〈淨裸裸 赤洒洒 且得自家安穩 直得海晏河淸〉", 『속전등록』 권13 「진여모철전 眞如慕喆傳」(대정장51, p.549a25)에 "법좌에 올라 말했다. '산승은 본래 모아 놓은 게 없지만 어쨌든 죽도 족하고 밥도 족하니, 곤하면 문득 자버리고 동에서든 서에서든 점치는 대로 버려 둔다'. 上堂 山僧本無積畜 且得粥足飯足 困來卽便打眠 一任東卜西卜"라고 하였다. 〔참고문헌〕『五祖法演語錄』, 『碧巖錄』, 『續傳燈錄』.

차득공 車得公 신라 제30대 문무왕(文武王 재위 661~681)의 동생. 거득공이라고 읽기도 한다. 『삼국유사』 권2(대정장49, p.972a5·한불전6, p.287b5) 기이(紀異)2 문무왕법민(文武王法敏)에 "왕이 하루는 서제 차득공을 불렀다. … (거득공은) '폐하께서 소신을 재상으로 삼고자 한다면, 신은 국내에 잠행하여 민간에서 부역의 노고와 안일, 조세의 경중, 관리의 청렴과 더러움을 살핀 뒤에 관직에 나아가고자 합니다'라고 하였다. … 공은 치의를 입고 비파를 든 거사의 행색으로 서울을 떠났다. 王一日召庶弟車得公 … 陛下若以小臣爲宰 則臣願潛行國內 示民間徭役之勞逸 租賦之輕重 官吏之淸濁然後就職 … 公著緇衣把琵琶爲居士形出京師"라고 하였다. [참고문헌] 『三國遺事』.

차득몰교섭 且得沒交涉 또 얻었다 해도 주고 받을 수조차 없다네. 어떻게 해도 오고 갈 길 막연한 뜻이다. 『원오어록』 권2(대정장47, p.719b29)에 "원오가 법좌에 오르자 학인이 물었다. '무엇이 꾸밈없이 펴는 것입니까?' '십자로 가로지른다' '어떻게 해도 빠져나갈 수 없습니다' '어느 곳이 빠져 헤매는 곳이냐?' '뒤통수에 박힌 화살이나 뽑으십시오' '퍽!(화살 박히는 소리)'. 上堂 僧問 如何是平展之機 師云 縱橫十字 進云 且得沒交涉 師云 什麼處沒交涉 僧云 腦後拔箭 師云 㨮", 같은 책 권11(대정장47, p.764c3)에 "마침내 불자 세우고 말했다. '보았는가?' 다시 선상을 치며 말했다. '들었는가? 만약 보았다고 해도 또한 어쩌지 못하고, 보지 못했다고 말해도 이 또한 어쩔 수 없다. 마침내 어떻게 해야 할까? 만약 노승이 다만 헤아려 일러준들 무수한 세월이 지나도 끝내 찾아내지 못할 것이다. 그러나 말을 따라 알려 하지 않는다면, 다 벗은 듯 깨끗해 각각 보화불 머리 위 눌러 앉아 각각이 그 기틀 우주인 듯 하리니, 그리하여 설사 천 부처 세상에 출현한다 해도 저 모기인 듯 하리라. 이렇게 분명하게 파악하고 주인 지으니 비로소 본분작가라 할 만하다'. 遂竪起拂子云 見麽 又擊禪床云 還聞麽 若道見 且得沒交涉 若道不見 更是沒交涉 畢竟作麽生 若敎老僧 只管與爾說 經無窮劫 摸索不著 不隨言解 則淨裸裸 赤灑灑 各各坐斷報化佛頭 各各氣衝宇宙 設使千佛出興 恰如蚊蚋相似 與麽把得定 作得主 方始是本分作家", 『벽암록』 30칙 「평창 評唱」(대정장48, p.169c16)에 "어떤 이는 말한다. '진주에 종래로 큰 무가 난다는 사실을 천하사람들 모두 알고 있다. 또한 조주가 원래 남전을 찾아가 뵈었던 사실도 천하사람들 모두 알고 있다. 그런데 저 학인이 또 조주에게 「화상께서는 남전을 직접 뵈었습니까?」라고 물었기 때문에 조주는 그에게 「진주에서 큰 무가 난다」고 말한 것이다'라고 말한다. 또 이렇게 해도 오고 갈 길 막막할 뿐이다. 도무지 이렇게 해서는 알 수 없으니, 필경 어떻게 해야 할까? 有者道 鎭州從來出大蘿蔔頭 天下人皆知 趙州從來參見南泉 天下人皆知 這僧却更問道 承聞和尙親見南泉 是否 所以州向他道 鎭州出大蘿蔔頭 且得沒交涉 都不恁麽會 畢竟作麽生會"라고 하였다. [참고문헌] 『圜悟語錄』, 『碧巖錄』. ⇨ 차득 且得, 몰교섭 沒交涉

차라지 遮羅地 Ⓢ calati의 음사어. 차자(遮字)를 품은 동(動)이라는 뜻의 말. 『대지도론』 권48(대정장25, p.409a11)에 "차자 들으면 일체법부동상을 안다. 차라지는 진나라 말로 동이다. 若聞遮字 卽知一切法不動相 遮羅地 秦言動", 『번역명의집』 권5(대정장54, p.1136b17)에 "차라지 : 동이라 한역한다. 『대품반야경』의 차자문으로 제법행불가득에 들기 때문이다. 『대지도론』에서 '일체법의 부동의 상을 안다' 하였고, 『화엄경』에서 '실이라는 자 부를 때 일체중생계에 법뢰 두루 울린다 한다'고 하였는데 『화엄경소주』에서 '족적을 모아 쌓으니, 일체중생을 모은다는 말이다. 법의 우뢰란 곧 족적이다'라고 하였다. 遮羅地 秦言動 大品遮字門 入諸法行不可得故 論曰 卽知一切法不動相 華嚴唱室者字時 名於一切衆生界 法雷遍吼 疏云 卽聚集足跡 謂聚集一切衆生法雷卽是足跡"라고 하였다. [참고문헌] 『大智度論』, 『翻譯名義集』. ⇨ 차자문 遮字門

차라파국 遮羅頗國 Ⓟ Allakappa. 마가다국(Ⓢ Ⓟ Magadha : 摩伽陀國)에 인접한 작은 나라로 불리족(Ⓟ Buli : 布利族·跋離族)이 살았는데 부처님께서 열반에 드신 뒤 팔분(八分)한 사리를 모신 나라다. 『장아함경』 권4 「유행경 遊行經」(대정장1, p.29b9)에 "구시왕은 다음과 같이 답했다. '그렇다, 그렇다. 진실로 말한 그대로이다. 다만 세존께서는 이 땅에 오셔서 이곳에서 멸도하셨으므로 이 나라 백성들이 마땅히 스스로 공양해야 한다. 먼 곳에서 수고롭게 온 그대들에게 사리를 분배해 줄 수는 없다'. 이때 차라파국의 모든 발리족 백성들과 라마가국(羅摩伽國 Ⓟ Rāmagāma)의 구리족(拘利族 Ⓟ Koliya) 백성들, 비류제국(毘留提國 Ⓟ Veṭhadīpa)의 바라문들, 가유라위국(迦維羅衛國 Ⓟ Kapilavatthu)의 석가족(釋迦族 Ⓟ Sakya) 백성들, 비사리국(毘舍離國 Ⓟ Vesāli)의 리차족(離車族 Ⓟ Licchavī) 백성들, 마갈국(摩竭國 Ⓟ Magadha)의 왕 아사세(阿闍世 Ⓟ Ajātasattu) 등은 여래께서 구시성의 쌍수 사이에서 멸도하셨다는 말을 듣고 모두들 스스로 생각했다. '이제 우리도 마땅히 가서 사리 나눠주기를 구해야 한다'. 拘尸王答曰 如是 如是 誠如所言 但爲世尊垂降此土 於玆滅度 國內士民 當自供養 遠勞諸君 舍利分不可得 時 遮羅頗國 諸跋離民衆 及羅摩伽國 拘利民衆 毘留提國 婆羅門衆 迦維羅衛國 釋種民衆 毘舍離國 離車民衆 及摩竭王阿闍世 聞如來 於拘尸城 雙樹間 而取滅度 皆自念言 今我宜往 求舍利分"라고 하였다. [참고문헌] 『長阿含經』, 『翻梵語』 권8(대정장54, p.1037b7), *DN.2.164·165.*

차라형 車螺形 Ⓢśakaṭamukhī vā śaṅkhamukhī. 수레나 소라 등의 형태. 『유가사지론』 권1(대정장30, p.282c1 : *Yogā-bh.*, p.21)에 "무엇을 산처과환이라 하는가? 가령 산처가 풍열병에 시달리고 있거나, 그 안에 마의 씨나 보리 알갱이 같은 혹이 있거나, 그 산문이 수레나 소라의 모습처럼 특정한 모양을 띠거나 굽어 있거나, 더럽거나 탁한 경우를 말한다. 云何產處過患 謂若產處 爲風熱癊之所逼迫 或於其中 有麻麥果 或復其門 如車螺形 有形有曲 有穢有濁 tatra katame yonidoṣāḥ. sacedyonirvātopastabdhā bhavati pittopastabdhā vā tilamadhyā vā śakaṭamukhī vā śaṅkhamukhī vā saliṅgā savaṅkā sadoṣā sakaṣāyety", 『유가론기』 권1(대정장42, p.323b13·한불전13, p.35b7)에 "'저 수레나 소라 같은 모양이거나'란, 느슨하고 넓다(寬大)는 의미다. 如車螺形者 以寬大故", 『유가사지론의연』 권1(금장120, p.215a11)에 "수레와 소라 두 가지다. 바라문의 수레는 앞은 좁고 뒤는 넓은 형태로서, 길고 크다고는 해도 알맞은 모습은 아니라 아기가 머무를 만한 곳이 못되기에 이것을 산처에 비유한 것이다. … 소라의 입과 창자처럼 비스듬히 굽어서 바르지 못한 것을 말한다. 車螺二也 娑羅門車 前狹後闊 形雖長大 無傭圓相 子無停處故 以類之產處 … 如螺口腹 斜曲不正"라고 하였다. [참고문헌] 『瑜伽師地論』, 『瑜伽論記』, 『瑜伽師地論義演』, *Yogā-bh.* ⇨ 오종불녀 五種不女

차로 遮盧 ⓈCāru, Ⓣmdses-pa. 물집에서 출생한 만타다왕(曼馱多王 ⓈMāndhātṛ : 頂生王)의 두 아들 중 하나로 오파차로(鄔波遮盧 ⓈUpacāru)와 형제다. 『구사론』 권8(대정장29, p.44a7 : *Abh-k-bh.*, p.119)에 "사람인데 습생이란 무슨 말인가? 만타다·차로·오파차로·합만·암라위 등과 같은 경우이다. 人濕生者 如曼馱多 遮盧 鄔波遮盧 鴿鬘 菴羅衛等 saṃsvedajāstadyathā māndhātṛcārūpacārukapotamālinyāmrapālyādayaḥ", 『구사론소』 권8(대정장41, p.590c16)에 "차로란 비(髀)라 하고, 오파차로는 소비(小髀)를 말한다. 아양왕의 양쪽 넓적다리 위에 각각 물집이 생겼으며, 그 물집에서 한 아기가 났고, 난 곳을 이름붙여 소로 구별하였다. 역시 전륜성왕이 되었다. 遮盧者 此云髀 鄔波遮盧 此云小髀 於我養王 兩髀之上 各生一皰 皰生一子 從所生處 故以爲名 以小標別 亦爲輪王"라고 하였다. [참고문헌] 『俱舍論』, 『俱舍論疏』, *Abh-k-bh.* ⇨ 만타다왕 曼馱多王, 오파차로 鄔波遮盧

차리야 遮利夜 Ⓢcaryā의 음사어. 제행(諸行). 차리야(遮唎耶·遮梨夜)라고도 한다. 『화엄경소초』 권89(대정장36, p.688c28)에 "『대지도론』에 이르길 '차자 듣는 즉시 일체법제행은 모두 다 행 아님을 안다. 차리야를 행이라 한역하기 때문이다'. 智論云 若聞遮字卽時知一切法諸行皆悉非行 以遮利夜 此言行故", 『대일경소』 권7(대정장39, p.652b21)에 "또 범음 차리야는 제행의 뜻이다. 마치 저 차 자를 볼 때 곧 제행이 변천하여 머물지 않음을 앎과 같다. 又梵音遮唎耶 是諸行義 如見遮時 卽知諸行遷變不住"라고 하였다. [참고문헌] 『華嚴經疏鈔』, 『大日經疏』, 『大智度論』 권48(대정장25, p.409a11). ⇨ 차자문 遮字門

차마 叉磨 Ⓢkṣamā의 음사어. 참회(懺悔)와 같은 뜻. 『일체경음의』 권59(대정장54, p.700c12)에 "참회〈이 말은 잘못 생략됐다. 책에는 참 자 없으며 차마라 해야 한다. 인(忍)이라 한역하는데, 나의 죄를 용서해 달라는 말이다〉. 懺悔〈此言訛略也 書無懺字 應言叉磨 此云忍 謂容恕我罪也〉"라고 하였다. [참고문헌] 『一切經音義』. ⇨ 참회 懺悔

차마 差摩 **1** ⓅKhema. 석존재세시 비구. 『경률이상』 권17(대정장53, p.90b12)에 "차마비구가 몸에 중병을 얻어 큰 고통을 받았다. … 나 스스로 지팡이로 부축하여 저 상좌들에게 가리다. … 차마비구가 곧 설법하였고 이때 저 상좌들은 번뇌 멀리 여의어 법안정을 얻었다. 差摩比丘 身得重病 受大苦痛 … 我自扶杖 詣彼上座 … 差摩比丘 卽便說法 時 彼上座 遠塵離垢 得法眼淨"라고 하였다. [참고문헌] 『經律異相』, 『雜阿含經』 권5(대정장2, p.29c6), *SN.3.127.* **2** ⓈKṣemā, ⓅKhemā의 음사어. 석존재세시 지혜총명제일(Ⓟmahāpaññānaṃ aggā)이라 불린 비구니. 참마(讖摩)로도 음사하고 안은(安隱)이라 한역한다. 『증일아함경』 권3 「비구니품 比丘尼品」(대정장2, p.558c21 : *AN.1*, p.25)에 "내 성문 중 으뜸인 비구니는 … 지혜총명으로는 참마비구니가 이 사람이다. 我聲聞中 第一比丘尼 … 智慧聰明 所謂讖摩比丘尼是 etad aggaṃ bhikkhave mama sāvikānaṃ bhikkhunīnaṃ mahāpaññānaṃ yad-idaṃ khemā"라고 하였다. 『찬집백연경』 「비구니품 比丘尼品」에는 파사익왕의 딸로 태어나 상대국인 범마왕국 왕자와의 정략결혼을 과감히 거부하고, 두 나라를 화해시킨 후 출가한 일화가 전한다. *Mahāhaṁsa-jātaka*(*Jā.5*, p.354)에도 전생 케마왕비 시절 거위왕의 설법을 듣고 방생한 이야기도 전하는데 "당시의 … 케마왕비가 바로 케마비구니다. tadā … khemā devī khemā bhikkhunī"라고 하였다. [참고문헌] 『增壹阿含經』, 『撰集百緣經』 권8(대정장4, p.241c11), *AN.*, *Jā.*, *Av-ś.194.*, *Ap.543.* ⇨ 안은비구니 安隱比丘尼

차마나 遮摩那 ⓈⓅcāmāṇa의 음사어. 갖춘 이름은 전차마나(旃遮摩那 ⓈCañcāmāṇa, ⓅCiñcāmāṇa). 『일체경음의』 권12(대정장54, p.378c21)에 "차마나〈외

도 여인으로 이름은 손다리이다. 나무 발우(음은 우)를 배에 고정시키던 끈을 쥐가 갉아 먹어서 끊었기에 목기가 땅에 떨어져 즉시 산 채로 무간지옥에 떨어졌는데, 그때의 구덩이가 사위성 남쪽에 보인다〉. 遮摩那〈外道女 名孫陀利 以木盂音于 鼠嚙其繫斷 木器墮地 尋卽生身陷無間地獄 其坑見在舍衛城南〉"라고 하였다. 〔참고문헌〕『一切經音義』, *Laṅk.240.* ⇨ 전차마나 旃遮摩那, 손다리 孫陀利 ❸

차마라 遮摩羅 Ⓢ Cāmara의 음사어, Ⓣ rnga-yab. 남섬부주(南贍部洲)에 딸린 두 개의 중주(中洲) 중 하나. 차말라(遮末羅·遮末邏)라고도 한다. 『아비담비바사론』 권7(대정장28, p.49a17)에 "〔문〕 (인류는) 어디에 사는가? 〔답〕 사천하에 살며 여덟 큰 대륙 위에도 산다. 첫째 구라파, … 일곱째 파라, 여덟째 차마라다. … 파라와 차마라 두 대륙은 염부제 권속이다. 問曰 爲住何處 答曰 住四天下 亦住八大渚上 所謂 一名 拘羅婆 … 七名 婆羅 八名 遮摩羅 … 婆羅遮摩羅二渚 是閻浮提眷屬", 『구사론』 권11(대정장29, p.58a8)에 "또한 여덟 중주 있는데 대주 권속이다. 사대주 옆에 둘씩의 중주가 있어 섬부주 옆에 두 중주 있으니 첫째는 차말라주고 둘째는 벌라차말라주다. 復有八中洲 是大洲眷屬 謂四大洲側 各有二中洲 贍部洲邊 二中洲者 一 末羅洲 二 筏羅遮末羅洲", 『구사석론』 권8(대정장29, p.215b4 : *Abh-k-bh.*, p.162)에 "또 두 대륙 있는데, 첫째는 차마라고 둘째는 아파라차마라니 염부주에 속한다. 復有二洲 一 遮摩羅 二 阿婆羅遮摩羅 屬剡浮洲 cāmara-avarau jambūdvīpasya", 『구사론소』 권11(대정장41, p.615b20)에 "차말라는 묘우라 한역한다. 遮末羅者 此云猫牛"라고 하였다. 〔참고문헌〕『阿毘曇毘婆沙論』, 『俱舍論』, 『俱舍釋論』, 『俱舍論疏』, *Abh-k-bh.* ⇨ 이중주 二中洲, 남섬부주 南贍部洲

차마바제수기경 差摩婆帝授記經 Ⓢ Ārya-kṣemavatī-vyākaraṇa-nāma-mahāyāna-sūtra, Ⓣ 'phags-pa bde-ldan-ma lung-bstan-pa shes-bya-ba theg-pa chen-po'i mdo. 북위(北魏)대 보리유지(菩提流支) 한역. 1권. 『차마바제수기경 差摩婆帝受記經』이라고도 한다. 고려장13, pp.1315a1~1316b3, No.492·대정장14, pp.945b23~946c15, No.573에 수록되어 있으며, 티베트역본(北京版 No.859)도 있다. 부처님께서 기사굴산에 계실 때 미륵보살과 왕사성에 들어가 걸식하시다가 빈바사라왕의 궁전에서 공양받게 되셨다. 이때 왕의 부인 차마바제가 화려하게 몸을 장엄하고 있자 부처님께서는 몸을 장엄한 아름다운 색의 과일이 어떤 나무에서 나왔는지 물으셨다. 차마바제는 그 나무가 전생에 선근을 심어 여인의 몸을 버린 복덕수(福德樹)라고 답한 뒤 부처님께 어떻게 하면 불덕(佛德)을 얻을 수 있는지 물었고, 부처님께서는 게송으로 육바라밀행을 설하셨다. 이를 들은 차마바제는 육바라밀행을 닦아 여인의 몸을 버리고 불신(佛身)을 얻고 싶다는 서원을 말씀드렸고, 부처님께서는 이를 찬탄하시며 다시 법을 설하시고 미래에 성불하여 공덕보승여래(功德寶勝如來)가 되리라고 수기하셨다.

차마새박미 差摩塞縛彌 Ⓢ Kṣemasvāmin. 찰리종(크샤트리야)의 시조를 말하며, 전주(田主)라고도 한역한다. 대삼말다왕(大三末多王 Ⓢ Mahāsaṃmata : 摩訶三末多)이라고도 한다. 『유가론기』 권1(대정장42, p.329b23·한불전13, p.54a12)에 "마하삼말다는 크다(大) 등의 뜻이다. … 차마새박미라고도 하며, 전주라고 한역하는데, 모든 크샤트리야는 이의 후예이다. 摩訶三末多 此云大等意 … 亦名差摩塞縛彌 此云田主 諸刹帝利種此後也"라고 하였다. 〔참고문헌〕『瑜伽論記』. ⇨ 대삼말다왕 大三末多王, 마하삼말다왕 摩訶三末多王

차마연화선 差摩蓮華鮮 지혜제일 차마와 신족제일 연화선이라는 두 비구니. 『경율이상』 권23(대정장53, p.124b15)에 의하면 이들은 구살국(拘薩國)의 비구니들이었는데, 더위에 목욕을 하던 중 악심을 품은 무리들과 마주하게 되었다. 지혜와 신족으로 온 몸의 부정상(不淨相)을 보여서 참회하게 하고 오계 받게 한 이야기다. "옛날 사위성 코살라국에 모든 비구니들은 나무 아래에서 바른 길 전정사유하여 마음에 품어 버릴 때가 없었다. 비구니 중 지혜제일은 차마였고 신족제일은 연화선이었다. 모두 덕행도 위신도 우뚝하고 당당했다. 한 때 날이 더워 함께 목욕하고 있었는데 저 물가에서 흉악한 무리들이 나쁜 마음으로 엿보고 있었다. … 다시 뱃속의 오장과 손과 발 각각 꺼내 한 곳에 놓고 보게 하면서 흉악한 무리들에게 말했다. 좋아할 만한 것 어디 있느냐 다그쳤다. 무리들 이를 보고 공포에 질렸고, 세간 무상하고 삼계 이와 같아서 이 몸 저 뼈와 피와 부정한 것들로 이루어졌음 알아 탐착할 것 없음 알게 하였다. … 무릎 꿇어 차수하고 각각 오계를 받았다. 昔舍衛城 名拘薩國 … 時國中諸比丘尼 樹下精專思惟正道 不捨心懷 比丘尼中智慧第一 名曰 差摩 神足第一 名蓮華鮮 各有德行威神巍巍 時天小熱俱行洗浴 詣流水側 凶衆遙見卽生惡心 … 復示腹胃 身體五藏 手脚各異 棄在一面 謂凶衆言 好爲何在 逆凶見此 忽然恐怖 知世無常三界如寄 其身化成骨血不淨 無可貪著 … 長跪叉手 各受五戒"라고 하였다. 〔참고문헌〕『經律異相』. ⇨ 차마 差摩 ❶

차말 茶末 차를 빻은 가루. 말차(抹茶)라 한다. 『선림상기전』 권25(불광장, 禪藏, p.1258)에 "차말 : 『백장청규』 권6 「일용궤범」(대정장48, p.1145b12)에 '차말을 싸서 간직하고 있어서는 안 된다'라고 하였다. 도충이 말한다. '미세한 분말로 된 차를 말한다. 다탕을 나눠주기 이전에 말차를 싸서 간직하고 있으면 안 된다는 말이다'. 『문공가례』에 '옛 사람들은 차를 마실 때 분말을 썼다. 소위 점다(點茶)란 먼저 말차를 다기 안에 넣은 연후에 끓는 물을 붓는 것을 말한다'라고 하였다〈자세한 내용은 점다 항목 참조〉. 『운문광록』 권하(대정장47, p.571c1)에 '원두가 운문에게 차 마시기를 청하자 운문이 말했다. 「그대가 만약 차를 달인다면, 내가 그대에게 보답할 것이 있다」 「스님의 보답을 청합니다」 「물은 많이 넣고 차 분말은 조금 넣어라」'라고 하였다. 茶末 敕修清規 日用軌範云 不得包藏茶末 忠曰 細末茶也 言不可未行湯已前 包末茶而懷之也 文公家禮云 古人飮茶用末 所謂點茶者 先置末茶于器中 然後投以滾湯〈詳點茶處〉 雲門偃禪師錄云 因園頭請師喫茶 師云 儞若煎茶 我有箇報答儞處 園頭云 請師報答 師云 多著水 少著末"라고 하였다. 〔참고문헌〕『禪林象器箋』, 『百丈清規』, 『雲門廣錄』.

차문다 遮文茶 Ⓢ Cāmuṇḍā. 악귀(惡鬼) 이름. 염마천(焰摩天)의 권속으로 칠모천(七母天) 중 우두머리이며 주술로 사람을 해치는 노신(怒神)이다. 좌민나(左悶拏)·자문나(者門拏)·차민나(遮悶拏) 등으로도 음사하며, 질투녀(嫉妬女)·기시귀(起尸鬼 : 吉遮) 등으로 한역한다. 태장만다라(胎藏曼茶羅) 외금강원(外金剛院)의 서쪽에 자리한다. 현도만다라에 나타난 모습은 검붉은 색의 저두인신(豬頭人身)이며, 보관은 썼지만 옷은 입지 않았고, 오른손으로는 해골로 만든 잔을 쥐었으며, 왼손은 주먹을 쥔 채로 허리춤에 두고 왼쪽을 보고 있는 형상이다. 수인은 왼손을 들어 해골을 쥐는 형태를 만드는 차문다인이다. 진언은 "나

차문다 뉴델리국립박물관 12세기(좌)·차문다 종자 인상 삼형(우)

마 사만타붓다남 차문다야이 스바하 namaḥ samanta buddhānāṃ cāmuṇḍāyai svāhā 모든 부처님께 귀명합니다. 차문다에게 스바하"이고 또 다른 진언은 "옴 후루후루 차문데 스바하 oṃ huru huru cāmuṇḍe svāhā 옴 후루후루 차문다여! 스바라"이다. 『번역명의집』 권2(대정장54, p.1086b5)에 "차문다는 구역으로 질투녀이며, 노신이라고도 하는데, 역사귀다. 遮文茶 舊云嫉妬女 又曰怒神 卽役使鬼也"라고 하였다. 〔참고문헌〕『翻譯名義集』, 『曼茶羅図典』(大法輪閣, 2002). ⇨ 염마천 焰摩天, 길차 吉遮, 칠모천 七母天

차물명공 借物明功 물을 빌어 공을 밝히다. 동종사차차(洞宗四借借) 중 하나다. 『조동오위현결』 권상(卍속장111, p.240b3)에 "물을 빌어서 공을 밝힌다 한다. 위산이 '구 있거나 구 없거나 저 칡넝쿨 나무에 의지하듯 한다'라고 하자 운암은 대꾸 없다가 다시 도오에게 들려주자 도오가 특별히 찾아가 위산에게 물었다. '스님께서 이러한 말씀을 하셨다고 하더군요. 그렇습니까?' '그렇다' '스님께서도 들어보시기 바랍니다'. 위산이 도오에게 묻자 답했다. '나무 쓰러져 칡넝쿨 말라죽으면 어떤지요?' '이 사람 조금 알긴 아는가'. 또 협산이 '나무가 쓰러져 뿌리가 없으면 못살지'라고 한 말을 적주에게 묻자 '용도 공도 없지 않은가'라고 답하였다. 이러한 예 하나가 아니다. 借物明功者 潙山云 有句無句 如藤倚樹 雲岩無對 却擧似道吾 吾特上來問潙山 見說 師有此語 是否山云 是也 吾云 請師擧 潙山問道吾 吾云 樹倒藤枯時 作麽生 山云 此人較些子 又夾山云 倒樹無根則不活 擧問寂住 住云 不許用功 此例非一"라고 하였다. 〔참고문헌〕『曹洞五位顯訣』. ⇨ 동종사차차 洞宗四借借

차물표법 借物表法 물(物)을 빌어 법을 보이다. 『신화엄경론』 권11(대정장36, p.789c16)에 "『주역』에 따르면 손괘는 언설이라고 하였으니, 물을 빌어 법을 나타낸다. 풍신(風神)의 밝은 지혜로 여러 가지 법을 잘 드러낼 수 있기 때문이다. 易云 巽爲言說 以借物表法 將風神明智慧 能善現衆法故", 『법화경대성』 권1(卍속장51, p.62b4)에 "지혜가 있는 모든 이는 비유로써 앎을 얻는다. 그러므로 물을 빌어 놓아 법을 밝히는 것이다. 諸有智者 以譬喩得解 故借物以明法也"라고 하였다. 〔참고문헌〕『新華嚴經論』, 『法華經大成』. ⇨ 비유 譬喩

차바라탑 遮婆羅塔 Ⓟ Cāpāla cetiya. 차바라 탑묘(塔廟). 팔대영탑(八大靈塔) 중 한 곳으로 베살리 근교에 있는 탑묘. 부처님께서 입멸을 결심한 곳이라 전해진다. 차바라제지(遮婆羅制底)라고도 한다. 『장아함경』 권2 「유행경 遊行經」(대정장1, p.15c19)에 "마라가 물러간 후 오래지 않아 붓다는 곧 차바라탑으로 가서 정의 삼매에 들어 수명을 머물게 하는 명근을 버렸다. 이때 땅은 크게 진동하고 온 백성이 두려워하지 않는 이가 없었다. 魔去未久 佛卽於遮婆羅塔 定意三昧 捨命住壽 當

此之時 地大震動 擧國人民 莫不驚怖"라고 하였다. [참고문헌]『長阿含經』, *DN.2.106.* ⇨ 팔대영탑 八大靈塔

차반저 遮般底 이런 일들의 저 끝. 차(遮)는 자로도 소리내며, 차반은 저반(這般)과 같이 쓴다. 깨우쳐 알기 전에도 깨우쳐 안다 해도 말할 수조차 없는 저곳의 일. 『경덕전등록』 권21 「혜구적조전 慧球寂照傳」(대정장51, p.372c2)에 "'무엇이 대유령 끝에서 벌어진 일인지요?' '아마도 그대는 알아차리지 못할 듯하다' '어렵기가 어느 정도인지요?' '이런 일들의 저 끝 겁을 지나며 논한들 어찌할 수 없다'. 問 如何是大庾嶺頭事 師曰 料汝承當不得 僧曰 重多少 師曰 遮般底 論劫不奈何", 『연등회요』 권14 「진정극문장 眞淨克文章」(卍속장136, p.661b12)에 "불법은 사람의 정을 필요로 하지 않지만 제방장로들 입 크게 벌리고서 도를 마친듯이 '나는 선도 도도 알았다' 떠든다. 말해 보라! 그들이 참으로 알던가? 까닭 없이 똥구덩이 중에 앉아 신도 속이고 귀들도 놀린다. 이런 일인 듯한 것들 백천만 개 때려 잡아 개 먹이로 주더라도 무슨 잘못이 있으랴? 佛法不須人情 諸方長老 大開口了道 我會禪會道 且道 伊會也未 無端向屎坑裏坐 瞞神諕鬼 似遮般底 打殺百千萬箇 與狗子喫 有甚麽過"라고 하였다. [참고문헌]『景德傳燈錄』, 『聯燈會要』.

차발 次鉢 비구가 지니는 발우 중 두 번째로 큰 발우. 두분(頭鐼)이라고도 한다. 『사분율』 권39(대정장22, p.848b27)에 "부처님께서 말씀하셨다. '건자·소발·차발로 받음을 허한다. 건자는 소발에, 소발은 차발에, 차발은 대발 에 포갠다'. 佛言 聽若以鍵瓷 小鉢 次鉢受 鍵瓷者 入小鉢 小鉢者 入次鉢 次鉢者 入大鉢", 『석씨요람』 권중(대정장54, p.279a28)에 "이 율(『四分律』)에서 소발이라 한 것은 『십송율』에서 대건자라 하였고, 차발은 반발이라 하였다. 여러 율에 준하여 발우는 네 겹 음식을 받았음을 볼 수 있다. 此律言小鉢 卽十誦大鍵鎡也 次鉢卽半鉢也 准諸律 四事可見也"라고 하였다. [참고문헌]『四分律』, 『釋氏要覽』. ⇨ 두분 頭鐼, 반발 半鉢, 분자 鐼子, 발우 鉢盂

차발 差撥 일할 이를 뽑아 일하게 하다. 『선원청규』 권7 「망승 亡僧」(卍속장111, p.912b18)에 "고사와 지사는 미리 앞서 행자를 뽑아 보내고, 직세는 데리고 가서 감을 들게 한다. 庫司知事 預前差撥行者 直歲部領擧龕", 『백장청규』 권4 「직세 直歲」(대정장48, p.1132c23)에 "뽑아 하게 해서 상벌도 마땅히 함에 아울러 마땅히 공평하고 부지런하게 한다. 差撥使令 賞罰惟當 並宜公勤", 『선림상기전』 권20(대장경보편19, p.588a15)에 "차발 : 도충이 말한다. '또 차발이라 짓는다. 일할 사람을 뽑아 명령을 냄이다. 『품자전』에 「차는 초와 개의 반절이고, 일할 사람을 뽑아서 보냄이다」 하였고, 『편해류편』에 「발은 뽑아 움직이게 하기에 발이다」라고 하였다'. 差撥 忠曰 又作差發 差役人發命令也 品字箋云 差初皆切 差遣役使也 篇海類編云 撥轉之也 發也"라고 하였다. [참고문헌]『禪苑淸規』, 『百丈淸規』, 『禪林象器箋』.

차배 差排 가려내 자리잡다. 차별하게 해서 아닌 것 가려내 정하거나, 언설이나 문자로 분별 일으키는 일을 말한다. 『임제록』(대정장47, p.502c8)에 "얻어 가질 수 있는 부처는 없으니, 삼승오성에서 원돈교적에 이르기까지 그 모두가 한 때 병을 위한 약으로 서로 다스릴 뿐이어서 실법이란 없다. 설령 있더라도 그럴듯하게 표하고 드러내서 길을 내고 벌려 놓고 문자 가려내 배열하듯 설한다. 無佛可得 乃至三乘五性 圓頓敎迹 皆是一期 藥病相治 並無實法 設有 皆是相似 表顯路布 文字差排 且如是說", 『대혜어록』 권23 「시중증거사 示中證居士」(대정장47, p.907a27)에 "방편을 버리고 스스로 깨달아 든즉 화합하고 가려내 순서잡는 일은 하지 않는다. 저절로 달을 보고 손가락을 잊게 되리. 捨方便而自證入 則亦不待和會差排 自然見月亡指矣", 『밀암어록』(대정장47, p.960a28)에 "오직 저 노주와 등롱만은 기꺼이 이 보사 막아 들려 하지 않는다. 왜 그런가? 종래로 그 마음 무쇠인 듯하여 결단코 어떤 차배도 받지 않기 때문이다. 唯有露拄燈籠 不肯入遮保社 何故 從來心似鐵 端不受差排", 『무문혜개어록』 권하(卍속장120, p.519b6)에 "대중이여! 옛 사람이 설한 경계 요즘 사람 행할 곳임을 알아야 한다. 산승이 사람이 만든 규범 따르자는 것이 아니다. 어쩌겠나, 이치 오래간다는 것은 갈 만한 길일진대. 大衆 須知古人說處 便是今人行處 山僧不是隨人差排 其奈理長則就"라고 하였다. [참고문헌]『臨濟錄』, 『大慧語錄』, 『密菴語錄』, 『無門慧開語錄』.

차법 遮法 구족계를 받을 수 없는 경우를 가려내는 법. 계를 받기 전 갈마 중에 행한다. 난법(難法)과 달리 자체는 죄가 되지 않지만, 비구가 되기에 적합치 않아 막는 법이다. 차도법(遮道法)이라고도 한다. 『비니모경』 권2(대정장24, p.810c27)에 "뽑힌 교수사가 출가자를 병외처로 데려가서 그 차법을 묻는다. 差教授師 將出家者屛猥處 問其遮法", 『십송갈마비구요용』(대정장23, p.498c22)에 "계사는 승중에서 차법을 묻는데, 앞서 교수사가 차법을 묻는 것과 같이 한다. 위에서는 아무도 없는 조용한 곳을 묻고 여기서는 대중중에서 묻는 것이 다를 뿐이다. 戒師僧中問遮法 與上教師問遮法中同 上以空靜處 此以衆中 以爲異耳", 『보살계의소』 권상(대정장40, p.568b18)에 "다음으로 차법을 묻는다〈무릇 열 가지로 묻는다〉. 次問遮法〈凡十問〉"라고 하였다. [참고문헌]『毘尼母經』, 『十誦羯磨比丘要用』, 『菩薩戒義疏』. ⇨

차난 遮難, 십육차 十六遮, 십차 十遮

차별 差別 ❶ Ⓢ bheda, prabheda, viśeṣa, viśeṣita, Ⓣ tha-dad-pa, rab-tu-dbye-ba. 일체법이 각기 다르게 드러나는 뜻. 공(空)해 연기(緣起)하는 뜻에서만 성취할 수 있다. 일체제법 정해진 인(因 : 主宰 自在神)이 없어야 차별하게 드러나고, 모든 허물(諸過)은 인과차별을 부정할 때(無因無果) 생겨난다. 크게 구사에서는 성과 세와 계(性世界)로 차별을 말하는데, 성은 정해진 바가 없기에 일체는 무부무기(無覆無記)의 성으로 거두고, 세는 과거와 현재와 미래 각각 정해져 있지 않고(非得) 삼세 각각에 다시 삼세비득이 있게 되어 차별하며, 계 역시 욕계색계무색계 각각 계(繫)와 불계(不繫)로 정해진 바 없이 차별하다. 따라서 제법 그 자성 정한 바 없이(無記) 차별하고, 시간(世)도 공간(界)도 정해 얻은 바 없어서(非得) 한없이 차별하다. 『입능가경』 권7(대정장16, p.553c28)에 "대혜야, 또한 온갖 허물이 있게 되니, 저 인과에 차별이 없다고 하는 것이다. 즉 이것은 무상이고 저것은 과라고 할 수 없으니 인과의 차별 때문이고, 일체법이 상이라고도 할 수 없는 것은 일체법에 인이 없기 때문이다. 대혜야, 모든 법에는 인이 있으나, 모든 범부들은 이인으로는 이과를 능히 낼 수 없음을 알지 못한다. 대혜야, 이인이 이과를 낳는다면 인이 달라야 마땅히 일체제법을 일으킨다. 大慧 復有諸過 以彼因果無差別故 而不得言 此是無常 而彼是果 以因果差別故 不得言一切法常 以一切法無因故 大慧 諸法有因 而諸凡夫 不覺不知 異因不能生異果故 大慧 若異因能生異果者 因異應生一切諸法", 『구사론』 권4(대정장29, p.23b11)에 "〔논〕 성이 차별하다 하는 것은, 일체는 얻을 수 있는 것이 아니어서 모두 오직 무부무기성으로 거둔다. 세의 차별이란, 과거와 미래에는 각각 세 가지로 있고, 현재법 결코 있을 것 없어서 현재 또한 비득이다. 오직 과거와 미래의 비득만이 있을 뿐이니, 과거와 미래의 각각에도 삼세의 비득만이 있다. 계의 차별이란, 삼계의 계법과 불계법에도 각각 세 가지로 비득이 있으니, 즉 욕계계법에도 삼계가 비득으로 있으며, 색계와 무색계의 계법과 불계법 역시 그러하다. 論曰 性差別者 一切非得 皆唯無覆無記性攝 世差別者 過去未來 各有三種 謂現在法 決定無有 現在非得 唯有過去未來非得 過去未來 一一各有 三世非得 界差別者 三界繫法 及不繫法 各三非得 謂欲界繫法 有三界非得 色無色界 繫及不繫 亦爾"라고 하였다. 〔참고문헌〕 『入楞伽經』, 『俱舍論』, *Laṅk.144・348., Abh-k-bh.66.* ⇨ 분제 分齊❶, 상속전변차별 相續轉變差別, 평등 平等 ❷ 인명(因明) 용어. 드러내고자 하는 종(宗)을 분별하는 술부. 『인명입정리론소』 권하(대정장44, p.128a21)에 "먼저 펴서 드러내는 것(先陳)을 자성이라고 하며, 뒤이어 설하는 것(後說)을 차별이라고 한다. 뒤이어 풀어(後陳) 앞의 자성을 분별하기 때문이다. 言先陳者 名爲自性 言後說者 名爲差別 以後所陳 分別前故"라고 하였다. 〔참고문헌〕 『因明入正理論疏』. ⇨ 종인유 宗因喩, 인명 因明

차별가립심사 差別假立尋思 Ⓢ viśeṣa-prajñapti-paryeṣaṇā, Ⓣ bye-brag-tu-btags-pa-yongs-su-tshol-ba. 사심사(四尋思 Ⓢ catasraḥ paryeṣaṇāḥ : 四種尋思) 중 하나로 이름과 말(名言)로 임시로 세운 것이라 살펴 사유함. 『유가사지론』 권36(대정장30, p.490b9 : *Bodh-bh.*, p.36)에 "차별가립심사란 보살들이 차별가립에 대해 단지 차별가립일 뿐이라고 보는 것을 차별가립심사라 한다. 差別假立尋思者 謂諸菩薩 於差別假立 唯見差別假立 是名差別假立尋思 viśeṣaprajñaptau viśeṣaprajñaptimātradarśanaṃ viśeṣaprajñaptiparyeṣaṇā", 『대승아비달마잡집론』 권11(대정장31, p.745c13 : *Abh-s-bh.*, p.99)에 "차별가립심사란 제법에 있어 능히 말하고 듣는 중에 미루어 차별을 구할 뿐이니, 오직 이 임시로 세운 이름과 말을 인으로 한 성일 뿐이다. 왜 그러한가? 말하고 전해서 상응함에 있어 상무상 또는 유무상 또는 유무색 또는 유무견 등의 차별상은 단지 임시로 세운 이름과 말을 인으로 한 명언성일 뿐이라고 미루어 구하는 것을 말한다. 이와 같이 관찰하는 것을 차별가립심사라 한다. 差別假立尋思者 謂於諸法 能詮所詮相應中 推求差別 唯是假立 名言因性 所以者何 以於能詮所詮相應中 推求若常無常 有上無上 有色無色 有見無見等差別相 唯是假立 名言因性 如是觀察 是名差別假立尋思 viśeṣaprajñaptiparyeṣaṇā yā tathaivābhidhānābhidheya saṃbandhe nityānityottarānuttararūpyasanidarśanānidarśanatādiviśeṣalakṣaṇaprajñaptimātrasya vyavahāranimittatā saṃtīraṇā"라고 하였다. 〔참고문헌〕 『瑜伽師地論』, 『大乘阿毘達磨雜集論』, *Bodh-bh., Abh-s-bh.* ⇨ 사심사 四尋思

차별가립심사소인여실지 差別假立尋思所引如實智 Ⓢ viśeṣa-prajñapty-eṣaṇā-gataṃ yathābhūta-parijñānam, Ⓣ bye-brag-tu-btags-pa-tshol-bar-gyur-pa-yang-dag-pa-ji-lta-ba-bzhin-du-yongs-su-shes-pa. 차별은 임시로 세운 것들임을 살펴 사유해서 이끌어 실답게 아는 지혜. 사여실지(四如實智 Ⓢ catvāri yathābhūta-parijñānāni) 중 하나로 차별가립심사로 이끈 바 실다운 지혜. 『유가사지론』 권36(대정장30, p.490c5)에 "무엇을 차별가립심사소인여실지라 하는가? 보살들만이 차별가립심사로 이끈 여실지로 차별가립만이 있을 뿐임을 여실히 통달해서, 색 등 상 등으로 상상한 일들 중에 차별과 가립이 둘이 아닌 뜻임을 안다. 말하자면 저 모든 것들 유성도 아니고 무성도 아니어서 언설의 성이기에 실이 성취될 수 없기에 유성이 아니고, 언설성을 떠나서는 실이 성립되기에 무성이라 하지도 못한다. 이와 같은 승의제를 말미암기에 유색이 아니며, 이 중에서 모든 색법 있다고 할 수 없기에 세속제에 의지해서는 무색이 아니니, 이 중에 모든 색법은 있다고 설하기 때문이다. 유성·무성·유색·무색의 경우와 같이, 이와 같은 유견·무견 등의 차별가립문도 이와 같은 도리에 의지함이니 일체 다 마땅히 알아야 한다. 만약 이와 같이 차별가립이 불이의 뜻임을 여실히 안다면 이를 차별가립심사소인여실지라 한다. 云何差別假立尋思所引如實智 謂諸菩薩於差別假立尋思 唯有差別假立已 如實通達 了知色等想事中 差別假立不二之義 謂彼諸事非有性非無性 可言說性不成實 故非有性 離言說性實成立 故非無性 如是由勝義諦 故非有色 於中無有諸色法故 由世俗諦故 非無色 於中說有諸色法故 如有性無性有色無色 如是有見無見等 差別假立門 由如是道理 一切皆應了知 若能如是 如實了知 差別假立不二之義 是名差別假立尋思所引如實智", 『대승아비달마집론』 권6(대정장31, p.687b9 : *Abh-s.*, p.82)에 "무엇을 차별가립심사소인여실지라 하는가? 실유차별은 불가득임을 여실히 아는 지를 말한다. 云何差別假立尋思所引如實智 謂如實知實有差別不可得智 viśeṣaprajñaptiparyeṣitaṃ yathābhūtaparijñānaṃ katamat. yathābhūtasya dravyaviśeṣānupalabdhijñānam"라고 하였다. [참고문헌] 『瑜伽師地論』, 『大乘阿毘達磨集論』, *Abh-s.*, *Bodh-bh.37.* ⇨ 사여실지 四如實智, 차별가립심사 差別假立尋思

차별관 差別觀 차별을 바라보는 것. 사마타가 총관이라면 비파사나는 차별관이다. 지(智)로 총상을 살피고 혜(慧)로는 별상 살핀다. 『현종론』 권29(대정장29, p.919b27)에 "경에 설하길 '념을 쉬는 것에 열일곱 가지가 있다' 하였다. … 이처럼 낱낱을 모두 스스로 밝게 아니, 이 열일곱 중에 첫 번째는 총관이다. 뒤의 열여섯 가지는 차별관이니, 사념주를 잡아 차제로 응당 각각 네 문이 열여섯 가지가 된다. 經說 息念有十七種 … 如是一一 皆自了知 此十七中 初是總觀 後十六種 是差別觀 約四念住 如次應知 各有四門 成十六種", 『심밀해탈경』 권3 「성자미륵보살문품 聖者彌勒菩薩問品」(대정장16, p.674b14)에 "미륵보살이 부처님께 여쭸다. '세존이시여, 몇 가지 사마타관이 있습니까?' '미륵이여, 오직 한 가지 사마타관이 있을 뿐이니, 이른바 무분별관이다'. 미륵보살이 다시 부처님께 여쭈었다. '세존이시여, 가히 몇 가지 비파사나관이 있습니까?' '미륵이여, 오직 한 가지뿐이니, 이른바 차별관이다'. 彌勒菩薩問佛言 世尊 有幾種奢摩他觀 佛言 彌勒 惟有一種奢摩他觀 所謂無分別觀 彌勒菩薩復言 世尊 可有幾種毘婆舍那觀 佛言 彌勒 惟有一種 所謂差別觀", 천친(天親)의 『십지경론』 권2(대정장26, p.135b9)에 "지로 인과·역순·염정을 관하고, 혜로는 자상과 동상을 차별로 관한다. 智者 因果逆順染淨觀故 慧者 自相同相差別觀故"라고 하였다. [참고문헌] 『顯宗論』, 『深密解脫經』, 『十地經論』. ⇨ 비파사나 毘婆舍那

차별구 差別求 Ⓢ viśeṣa-prajñapti-paryeṣaṇā, Ⓣ khyad-par-gdags-pa-yongs-su-tshol-ba. 이름(名)과 물(物)의 차별함에 나아가 그 모두가 공(空)하여 불가득(不可得)임을 깨우치는 것. 사종구(四種求) 중 하나다. 『대승장엄경론』 권12(대정장31, p.653c7 : *Sūtr.*, p.168)에 "보살들은 네 가지로 모든 법을 구하니 … 넷째는 차별구이다. … 차별구란, 명칭(名 Ⓢ nāman)의 차별과 사물(物 Ⓢ vastu)의 차별을 미루어서 모두가 공하여 얻을 수 없음을 아는 것이니 이를 차별구라 한다. 諸菩薩四種求諸法 … 四差別求 … 差別求者 推名差別 及物差別 知俱空故 悉不可得 此謂差別求 caturvidhā paryeṣaṇā dharmāṇāṃ … viśeṣaprajñaptiparyeṣaṇā ca … svabhāvaviśeṣaprajñaptiparyeṣaṇā veditavyā"라고 하였다. [참고문헌] 『大乘莊嚴經論』, *Sūtr.* ⇨ 사종구 四種求, 사종구지 四種求知

차별망상 差別妄想 Ⓢ viśeṣa-vikalpa, Ⓣ bye-brag-tu-rnam-par-rtog-pa. 제법에 임시로 세운 이름들인 자성망상(自性妄想)에 대해 실로 있다고 여겨 취함. 팔종망상(八種妄想) 중 하나로 신역에서는 차별분별(差別分別)이라 한다. 『보살지지경』 권2(대정장30, p.895b26 : *Bodh-bh.*, p.35)에 "무엇을 차별망상이라 하는가? 이 색 등의 임시 이름지은 일에 대해 '이것은 색이고 이것은 색이 아니다, 이것은 볼 수 있고 이것은 볼 수 없다, 이것은 마주할 수 있는 것이고 이것은 마주할 수 없는 것이다, 이것은 유루고 이것은 무루다, 이것은 유위고 이것은 무위다'라고 하면서 끝도 없는 분별로서 자성망상처에서 차별망상을 지으니 이를 차별망상이라 한다. 云何差別妄想 於此色等假名事 言此是色此非色 此可見此不可見 此有對此無對 此有漏此無漏 此有爲此無爲 如是等無量分別 於自性妄想處 作差別妄想 是名差別妄想 viśeṣavikalpaḥ katamaḥ. tasminneva rūpādisaṃjñake vastuni ayaṃ rūpī ayamarūpī ayaṃ sanidarśano 'yamanidarśana evaṃ sapratigho 'pratighaḥ. sāsravo 'nāsravaḥ saṃskṛto 'saṃskṛtaḥ kuśalo 'kuśalo vyākṛto 'vyākṛtaḥ atīto 'nāgataḥ pratyutpanna ityevaṃbhāgīyenāpramāṇena prabhedanayena yā svabhāvavikalpādhiṣṭhānā tadviśiṣṭārthavikalpanā. ayamucyate viśeṣavikalpaḥ", 『대승의장』 권5(대정장44, p.575a29)에 "자성망상이 근본이 되어 이것에 의지해 차별망상을 일으키니, 취한 자성

법 중에 차별상을 취하는 것을 말한다. 自性妄想 是其根本 依此起於差別妄想 謂於所取自性法中 取差別相", 같은 책 권11(대정장44, p.685a3)에 "차별망상이란, 제법의 차별상이 있다고 여겨 취하는 것이다. 差別妄想 取有諸法差別之相"라고 하였다. 〔참고문헌〕『菩薩地持經』, 『大乘義章』, *Bodh-bh.* ⇨ 차별분별 差別分別, 자성망상 自性妄想, 팔종망상 八種妄想, 팔종분별 八種分別

차별법 差別法 Ⓢ vibhaktiṃ dharmāṇām. 다르게 드러나는 법. 사무애지(法 義 辭 樂說) 중에서는 의무애지로 차별을 알 수 있고, 기신론(起信論)의 경우 제7식인 의(意)에서는 네 번째 지식(智識)으로 모든 법의 염정차별을 알고, 온갖 일들은 제6식이 분별(分別事識)한다. 60권본 『화엄경』 권26 「십지품 十地品」(대정장9, p.568c18 : *Daś-bh.*, p.51)에 "이 보살은 법무애지로 제법자상을 알고, 의무애지로 차별법을 알며, 사무애지로 제법불가괴를 알아 설하고, 낙설무애지로 제법차제부단을 알아 설한다. 是菩薩以法無礙智 知諸法自相 以義無礙智 知差別法 以辭無礙智 知說諸法不可壞 以樂說無礙智 知說諸法次第不斷 sa dharmapratisaṃvidā svalakṣaṇaṃ dharmāṇāṃ prajānāti. arthapratisaṃvidā vibhaktiṃ dharmāṇāṃ prajānāti. niruktipratisaṃvidā asaṃbhedadeśanāṃ dharmāṇāṃ prajānāti. pratibhānapratisaṃvidā anuprabandhānupacchedatāṃ dharmāṇāṃ prajānāti", 실차난다(實叉難陀) 역본 『대승기신론』 권상(대정장32, p.586a1)에 "의(意)의 네 번째 이름은 지식이니, 염정의 모든 차별법을 분별한다. 四名 智識 謂分別染淨諸差別法", 『신화엄경론』 권7(대정장36, p.761c19)에 "앞선 부처와 뒤의 부처가 고금에 이와 같아서 다 거둬 일시에 있지만 모든 중생을 따라 차별법을 나툴 뿐이다. 前佛後佛 古今如是 總在一時 隨諸衆生 現差別法"라고 하였다. 〔참고문헌〕『華嚴經』, 『大乘起信論』, 『新華嚴經論』, 『華嚴經探玄記』 권17(대정장35, p.436a22), *Daś-bh.*

차별분별 差別分別 Ⓢ viśeṣa-vikalpa, Ⓣ bye-brag-tu-rnam-par-rtog-pa. 팔종분별(八種分別) 중 하나로 자성분별(自性分別)된 것들에 대해 분별을 일으킨다. 구역에서는 차별망상(差別妄想)이라 한다. 『유가사지론』 권36(대정장30, p.489c11 : *Bodh-bh.*, p.34)에 "무엇이 팔종분별인가? … 둘째는 차별분별이다. … 무엇이 차별분별인가? 저 색상에 대해 '이것은 유색이고 무색이며, 이것은 가견이고 이것은 불가견이다, 이것은 상대할 수 있고 이것은 마주할 수 없다, 이것은 유루이고 이것은 무루다, 이것은 유위고 이것은 무위다, 이것은 선이고 이것은 불선이다, 이것은 무기이고 이것은 과거다, 이것은 미래고 이것은 현재다'라고 일컫는 등 이와 같은 무량품류로 차별한 도리로 말미암아 곧 자성분별이 있게 되고, 갖가지로 저 차별한 뜻을 분별하는 것이니 이를 차별분별이라 한다. 云何名爲八種分別 … 二者 差別分別 … 云何名爲差別分別 謂卽於彼色等想事 謂此有色謂此無色 謂此有見謂此無見 謂此有對謂此無對 謂此有漏謂此無漏 謂此有爲謂此無爲 謂此是善謂此不善 謂此無記 謂此過去謂此未來謂此現在 由如是等無量品類差別道理 卽於自性分別依處 分別種種彼差別義 如是名爲差別分別 aṣṭavidho vikalpaḥ … viśeṣavikalpaḥ katamaḥ. tasminneva rūpādisaṃjñake vastuni ayaṃ rūpī ayamarūpī ayaṃ sanidarśano 'yamanidarśana evaṃ sapratigho 'pratighaḥ. sāsravo 'nāsravaḥ saṃskṛto 'saṃskṛtaḥ kuśalo 'kuśalo vyākṛto 'vyākṛtaḥ atīto 'nāgataḥ pratyutpanna ityevaṃbhāgīyenāpramāṇena prabhedanayena yā svabhāvavikalpādhiṣṭhānā tadviśiṣṭārthavikalpanā. ayamucyate viśeṣavikalpaḥ", 『유가론기』 권9(대정장42, p.512b8 · 한불전13, p.711c4)에 "자성분별경상에서 차별하기에 차별분별이다. 分別自性境上差別 故名差別分別", 『현양성교론』 권16(대정장31, p.558b17)에 "차별분별이란, 색 등 상에 대해 온갖 분별을 일으키는 것을 말한다. 差別分別 謂卽於色等想事起諸分別"라고 하였다. 〔참고문헌〕『瑜伽師地論』, 『瑜伽論記』, 『顯揚聖敎論』, *Bodh-bh.* ⇨ 차별망상 差別妄想, 자성분별 自性分別, 팔종분별 八種分別, 팔종망상 八種妄想

차별상 差別相 Ⓢ viśeṣa-lakṣaṇa, prabheda-lakṣaṇa, Ⓣ bye-brag-gi-mtshan-nyid, rab-tu-dbye-ba'i-mtshan-nyid. 제법이 각기 임시로 가져 유지하는(任持自性) 각각의 다른 특징. 별상(別相)이라고도 하며, 무차별상(無差別相)에 대칭한다. 법이 스스로 갖는 상을 자성상(自性相)이라 할 때의 차별상은 자성상 위에서 다시 차별해 보는 뜻이다. 『유가사지론』 권16(대정장30, p.362c25)에 "생상 · 노상 · 고상 · 공상 · 무아상 · 사상 · 소식상 · 소취상 … 이와 같은 상을 차별상이라 함을 알아야 한다. 生相老相 住相無常相 苦相空相 無我相事相 所識相所取相 … 如是等相 應知名差別相", 『구사론』 권1(대정장29, p.6a13 : *Abh-k-bh.*, p.16)에 "〔논〕 '차별하게 되는 것은 경에 경의 성인 종종차별이 있음을 분명히 알게 하는 것이다. 따라서 색온에 차별상을 십처로 건립한 것이다. 거두어 하나로 하지 않는다. 論曰 爲差別者 爲令了知境有境性種種差別 故於色蘊就差別相建立十處 不總爲一 kathaṃ viśeṣaṇārtham. yathā gamyeta pratyekameṣāṃ daśānāmāyatanatvaṃ viṣayaviṣayitvena vyavasthānaṃ na samastānāmiti", 같은 책 권4(대정장29, p.19a18 : *Abh-k-bh.*, p.54)에 "상(Ⓢ saṃjñā)이란 경에 대해 차별상을

취하는 것이다. 想謂於境取差別相 saṃjñā saṃjñānaṃ viṣayanimittodrūha", 『순정리론』 권9(대정장29, p.379b16)에 "선천적인 맹인들은 빛깔에 대해 듣더라도 푸르다는 등의 차별상을 알지는 못한다. 諸生盲人 雖聞說色 不了靑等差別相", 원측(圓測)의 『해심밀경소』 권3(한불전1, p.207b10)에 "자성상이란 자법자체를 자성으로 삼으니, 저 색수온 등이다. 자성상에 차별의 뜻을 가리는 것이 차별상이니, 예를 들면 상·무상·루·무루 등을 설하는 것이다. 言自性相者 自法自體 名爲自性 如色受蘊等 於自性上 辨差別義 名差別相 如說常無常漏無漏等"라고 하였다. 〔참고문헌〕 『瑜伽師地論』, 『俱舍論』, 『順正理論』, 『解深密經疏』, *Abh-k-bh.*, *Yogā-bh.139.*, *Madhy-vibh.22.* ⇨ 별상 別相❶, 무차별상 無差別相❶

차별상응의 差別相應義 차별한 법들이 서로 어울리는 뜻. 육종의(六種義) 중 하나로, 동류(同類)이면서도 그 자성(體)은 다른 법들이다. 『유가사지론』 권15(대정장30, p.361a17)에 "여섯 가지 뜻이 있으니 … 다섯째는 차별상응의이다. 有六種義 … 五 差別相應義", 『유가사지론약찬』 권6(대정장43, p.95b5)에 "차별상응의 뜻이란, 제법이 동류라면 서로 상응할 수 있으니, 체들에 있어서는 차별하기 때문이다. 差別相應義者 諸法同類 互得相應 體差別故"라고 하였다. 〔참고문헌〕 『瑜伽師地論』, 『瑜伽師地論略纂』. ⇨ 육종의 六種義

차별연 差別緣 중생에 따라 온갖 차별을 연으로 삼는 일. 수도연(受道緣)과 증장행연(增長行緣) 두 가지로 나뉜다. 평등연(平等緣)과 맞선다. 『대승기신론』(대정장32, p.578c15)에 "이처럼 외연에 무량한 뜻이 있으나, 간략히 두 가지로 설한다. 무엇이 둘이냐면, 첫째는 차별연, 둘째는 평등연이다. 차별연이란 이 사람이 제불보살 등에 의지하여 처음 마음을 일으켜 비로소 도를 구하는 때로부터 부처를 얻을 때까지 그중에 보거나 염하는 연이다. 혹 권속이나 부모나 여러 친척, 혹 급사, 혹 친구, 혹 원수, 혹 사섭을 일으킨 자, 내지 일체 짓는 바의 무량행연에 이르기까지다. 그 대비훈습력으로 능히 중생으로 하여금 선근을 증장하게 하여 보거나 들으면 이로움을 얻게 한다. 如是外緣 有無量義 略說二種 云何爲二 一者 差別緣 二者 平等緣 差別緣者 此人依於諸佛菩薩等 從初發意始求道時 乃至得佛 於中若見若念 或爲眷屬父母諸親 或爲給使 或爲知友 或爲怨家 或起四攝 乃至一切所作無量行緣 以起大悲熏習之力 能令衆生增長善根 若見若聞 得利益故"라고 하였다. 〔참고문헌〕 『大乘起信論』, 『釋摩訶衍論』 권5(대정장32, p.634a26), 『大乘義章』 권3(대정장44, p.534a20), 『宏智廣錄』 권6(대정장48, p.77b9). ⇨ 수도연 受道緣, 증장행연 增長行緣, 평등연 平等緣, 외연 外緣

차별열반 差別涅槃 유위의 열반. 일분의 적정만을 성취해서 열반이라 한 것으로, 무위로서의 구경열반(究竟涅槃)에 맞선다. 『유가사지론』 권11(대정장30, p.331a17)에 "때론 다시 피분열반이라고 한다. 또한 차별열반이라고 할 수도 있으니, 모든 번뇌 중 일분만 끊기에, 또 결정이 아니기에 피분열반이라 한다. 구경열반이 아니기에 차별열반이라 한다. 或復名爲彼分涅槃 亦得說名差別涅槃 由諸煩惱一分斷故 非決定故 名彼分涅槃 非究竟涅槃故 名差別涅槃", 『유가론기』 권4(대정장42, p.380c8·한불전13, p.218b4)에 "'구경열반이 아니기에 차별열반이라 한다' 하였다. 번뇌의 여읨에 따른 분 만큼의 적정을 열반이라 임의적으로 말한 것이지, 구경적정은 아니기에 차별열반이다. 言非究竟故名差別涅槃者 由離煩惱 隨分寂靜 假說涅槃 非是究竟寂靜 故言差別涅槃", 『유가사지론약찬』 권5(대정장43, p.69b7)에 "또이 유위여서 무위의 구경열반이 아닌 것을 차별열반이라 한다. … 또한 열반으로서 차별한 것이기에 차별열반이라 한다. 又是有爲 非無爲究竟涅槃 名差別涅槃 … 亦涅槃之差別 名差別涅槃"라고 하였다. 〔참고문헌〕 『瑜伽師地論』, 『瑜伽論記』, 『瑜伽師地論略纂』. ⇨ 피분열반 彼分涅槃, 구경열반 究竟涅槃

차별의문 差別義門 뜻을 차별해 아는 일. 이름(名)으로 성립된 임시의 자성을 분별하는 일이다. 『순정리론』 권14(대정장29, p.413a25)에 "'구(Ⓢ pada)란, 능히 설한 뜻을 가리는 것으로, 차별한 뜻을 가리고 쪼개는 것이다. 句者 卽能辯所說義 謂能辯析差別義門", 『현양성교론』 권11(대정장31, p.531c14)에 "이와 같은 유색무색, 유견무견, 유대무대, 유루무루, 유위무위 등과 같이 무량차별의 뜻으로 연 것이니, 이름으로 성립된 차별임을 알아야 한다. 如是有色無色 有見無見 有對無對 有漏無漏 有爲無爲 如是等無量差別義門 是名所成差別應知"라고 하였다. 〔참고문헌〕 『順正理論』, 『顯揚聖敎論』.

차별인과 差別因果 오주인과(五周因果) 중 하나로 『화엄경』의 2회부터 7회까지의 가르침. 수정인과(修正因果)라고도 한다. 『화엄경소』 권4(대정장35, p.527b23)에 "둘째, 제2회부터 제7회에 이르기까지의 수호품을 차별인과라 한다. 26품은 인을 가리고 나머지 3품은 과를 밝혔기에 생해인과라고도 한다. 二 從第二會 至第七會中 隨好品 名差別因果 謂二十六品辯因 後三品明果 亦名生解因果"라고 하였다. 〔참고문헌〕 『華嚴經疏』. ⇨ 오주인과 五周因果, 칠처구회 七處九會

차별정행 差別正行 Ⓢ viśiṣṭā pratipattiḥ, Ⓣ khyad-par-can-bsgrub-pa. 육정행(六正行) 중 하나로 십바라밀(十波羅蜜) 중 하나를 특정해 주로 수행하는 것

이며, 다 거둬 행하면 무차별정행(無差別正行)이다. 『변중변론』 권하(대정장31, p.473c16 : *Madhy-vibh.*, p.60)에 "여섯 가지 정행이 있으니 … 다섯 번째는 차별정행이다. … 십지에 있으면서 십바라밀 중 하나만을 따라 한층 더해서 닦아 쌓으니, 차별정행이라 함을 알아야 한다. 有六正行 … 五 差別正行 … 於十地中十到彼岸 隨一增上而修集者 應知說爲差別正行 eṣā ṣaḍvidhā pratipattir … viśiṣṭā pratipattiḥ … yasyāṃ bhūmau yā pāramitātiriktatarā sā tatra viśiṣṭā sarvāsu"라고 하였다. [참고문헌] 『辯中邊論』, *Madhy-vibh.* ⇨ 육정행 六正行 ❷, 무차별정행 無差別正行, 별수 別修

차별중명 差別衆名 Ⓢ paryāya, Ⓣ rnam-grangs. 한 가지 법에 대해 차별한 여러 가지 이름들. 이명(異名). 별명(別名). 동의어(同義語). 『구사론』 권1(대정장29, p.2a13)에 "이러한 유위법은 세로(世路 Ⓢ adhvānaḥ) … 또는 언의(言依 Ⓢ kathā-vastu) … 또는 유리(有離 Ⓢ saniḥsāra) … 또는 유사(有事 Ⓢ savastukāḥ)라고도 한다. … 비바사(毘婆沙 Ⓢ Vaibhāṣika)가 전하여 설하는 바는 이와 같으니, 이와 같은 종류가 바로 유위법의 차별한 온갖 이름들이다. 此有爲法 亦名世路 … 或名言依 … 或名有離 … 或名有事 … 毘婆沙師傳說如此 如是等類 是有爲法 差別衆名"라고 하였다. [참고문헌] 『俱舍論』, *Abh-k-bh.5.* ⇨ 유위 有爲

차별지 差別智 Ⓢ prabheda-jñāna. 차별을 아는 지. 무차별한 법을 무차별지(無差別智)에 의지해 차별하게 아는 지혜다. 80권본 『화엄경』 권9(대정장10, p.702c10)에 "차별지로써 널리 제법에 드니 장애없는 혜는 마치 허공과 같다. 일체세간경계를 통달하여 무애지대광명장을 얻어 일체법 뜻을 잘도 분별하니 일체세간에서 능히 그 빛남을 빼앗을 수 없다. 항상 세간에서 움직이지만 세간법에 물들지 않고, 세간을 이롭게 할 뿐 세간에 의해 무너지지 않는다. 以差別智 普入諸法 無障礙慧猶如虛空 通達一切世間境界 獲無礙地大光明藏 善巧分別一切法義 一切世間無能映奪 常行於世 不染世法 能益於世 非世所壞", 『화엄경소』 권59(대정장35, p.949a3)에 "뜻대로 일을 다해서 여실하니 차별 없는 법에 차별지 있음을 드러낸다. 卽理窮事之如實故 於無差別法 現有差別智", 『화엄경결의론』 권4(대정장36, p.1044a19)에 "가르쳐 벌릴 수 있는 것이라면 모두가 근본지를 좇아 차별지를 나툰 것이다. 가이 없는 가르침의 그물 던져 중생을 제도하여 보과를 이루기 때문이다. 所有教網 皆從根本智 現差別智 設無邊教網漉衆生 而成報果故", 『해미현지성비십명론』(대정장45, p.773b24)에 "이상의 법문은 모두 여래보광명지를 체로 삼고 차별지를 용으로 하여 지혜 충만케 해서 법계로 삼는다. 右已上法門皆如來普光明智爲體 差別智爲用 使令智慧充滿 以爲法界", 『무문관』 48칙 「평창 評唱」(대정장48, p.299a22)에 "만약 무문관을 뚫어 얻었다 해도 일찌감치 어리석음을 무문에 남김이고, 무문관을 뚫지 못했다 해도 이 또한 자기 자신을 등지는 짓이다. 그런 까닭에 열반심 쉽게 깨우쳐도 차별지 밝히기 어렵다. 밝은즉 차별지를 얻음이니 집안도 나라도 저절로 안녕하다. 若透得無門關 早是鈍置無門 若透不得無門關 亦乃辜負自己 所謂涅槃心易曉 差別智難明 明得差別智 家國自安寧"라고 하였다. [참고문헌] 『華嚴經』, 『華嚴經疏』, 『華嚴經決疑論』, 『解迷顯智成悲十明論』, 『無門關』, *Sam-r.5 · 112.*

차별진실 差別眞實 Ⓢ prabheda-tattva, Ⓣ rab-tu-dbye-ba'i-de-kho-na. 제법이 차별한 진실. 십종진실(十種眞實) 중 하나로 삼종근본진실(三性 : 遍計 依他 圓成實)에 의지해서 다시 일곱 가지(流轉 實相 唯識 安立 邪行 淸淨 正行)로 나눈다. 구역이나 『중변분별론』에서는 분파진실(分破眞實)이라 한다. 『변중변론』 권중(대정장31, p.468c12)에 "진실에는 오직 열 가지가 있을 뿐임을 알아야 한다. … 아홉째는 차별진실이다. … 차별진실에는 크게 일곱 가지가 있다. 첫째는 유전(流轉 Ⓢ pravṛtti)의 진실, 둘째는 실상(實相 Ⓢ lakṣaṇa)의 진실, 셋째는 유식(唯識 Ⓢ vijñapti)의 진실, 넷째는 안립(安立 Ⓢ saṃniveśa)의 진실, 다섯째는 사행(邪行 Ⓢ mithyā)의 진실, 여섯째는 청정(淸淨 Ⓢ viśuddhi)의 진실, 일곱째는 정행(正行 Ⓢ samyak-pratipatti)의 진실이다. 이 일곱 가지 진실은 세 가지 근본진실에 의지해 선다는 것을 어떻게 아는가? [송] 유전 · 안립 · 사행은 앞의 두 가지에 의지하고, 실상 · 유식 · 청정 · 정행은 마지막 하나에 의지한다. 논에서 말하길 유전진실 등 일곱 가지 진실은 그 마땅함 따라 근본이 되는 세 가지 진실로 거둔다. 유전 · 안립 · 사행은 근본진실 중 변계소집성과 의타기성에 의지해, 실상 · 유식 · 청정 · 정행은 근본진실 중 원성실성에 의지해 설정된다. 應知眞實唯有十種 … 九 差別眞實 … 差別眞實 略有七種 一 流轉眞實 二 實相眞實 三 唯識眞實 四 安立眞實 五 邪行眞實 六 淸淨眞實 七 正行眞實 云何應知此七眞實依三根本眞實立耶 頌曰 流轉與安立 邪行依初二 實相唯識淨 正行依後一 論曰 流轉等七 隨其所應 攝在根本三種眞實 謂彼流轉安立邪行 依根本中 遍計所執及依他起 實相唯識淸淨正行 依根本中 圓成實立", 『성유식론술기』 권9(대정장43, p.548b6)에 "분파진실은 지금 신역본에서는 차별진실이라 한다. 그 일곱 가지 진실이라고 하는 것은 능히 말하기 위해 설하는 것이다. 진여의 체는 이름만의 차별은 아니다. 分破眞實 今新翻云差別眞實 爲七種者從能詮說 非眞如體可名差別", 『성유식론소의연』 권11(卍속장79, p.687a12)에 "차별진여란, 일곱 가지 진여를 삼성으로 거두는 뜻이다. 差別眞實 謂七眞如 三性相攝"라고 하였다. [참고문헌]『辯中邊論』, 『成唯識論述記』, 『成唯識論疏義演』, 『中邊分別論』 권상(대정장31, p.455b4), *Madhy-vibh.37·43.* ⇨ 유전진실 流轉眞實, 실상진실 實相眞實, 유식진실 唯識眞實, 안립진실 安立眞實[2], 사행진실 邪行眞實, 청정진실 淸淨眞實, 정행진여 正行眞如, 십종진실 十種眞實, 칠진여 七眞如

차별행 差別行 저마다 다른 온갖 행. 사십이위 보살행 각각을 말한다. 일행(一行)이 일체행(一切行)인 보현행(普賢行)과 구분해서 말한다. 80권본 『화엄경』 권40 「십정품 十定品」(대정장10, p.212c24)에 "삼세일체불을 가까이하여 일체제불법을 밝게 보며, 일체문자를 솜씨 좋게 설하고 일체가명을 요달하여 일체보살청정도를 성취하고 일체보살차별행에도 안주한다. 親近三世一切佛 明見一切諸佛法 巧說一切文字 了達一切假名 成就一切菩薩淸淨道 安住一切菩薩差別行", 『대방광총지보광명경』 권4(대정장10, p.899b7)에 "저들 갖가지 방편행으로써 잘 말하여 모든 중생을 비유로 깨우치네. 비유컨대 연꽃이 물에 닿지 않듯 해서 뜻 따라 차별행을 지으시네. 彼以種種方便行 善言誘喩諸衆生 譬如蓮華不著水 隨意造作差別行", 『화엄경소』 권3(대정장35, p.522c2)에 "세 번째는 무등행이니 여기에 다시 두 뜻이 있다. 첫째는 차별행이니, 저마다 달리 닦는다. 둘째는 보현행이니, 하나 닦으면 일체로 닦는다. 三 無等行 此亦二義 一 差別行 各別修故 二 普賢行 一卽一切故", 『대명삼장법수』 권2(영락장181, p.458b9)에 "이행〈『화엄경소』〉. 첫째는 차별행이다. 모든 위에 두루 의지해 저마다 달리 닦으니, 이를 차별행이라 한다〈모든 위란 십주·십행·십회향·십지 등의 제위다〉. 둘째는 보현행이다. 원융법문에 의지해 일행 닦음을 따라서 곧 일체제행을 갖추니, 이를 보현행이라 한다〈일행이란 곧 사십이위 중 일행을 따라 닦음에 곧바로 일체 나머지 행도 거둔다〉. 二行〈出華嚴經疏〉 一 差別行 謂遍依諸位 各別而修 是名差別行〈諸位者 謂十住十行 十回向十地等 諸位也〉 二 普賢行 謂依圓融法門 隨修一行 卽具一切諸行 是名普賢行〈一行者 卽於四十二位之中 隨修一行 卽攝一切餘行也〉"라고 하였다. [참고문헌]『華嚴經』, 『大方廣總持寶光明經』, 『華嚴經疏』, 『大明三藏法數』. ⇨ 보현행 普賢行, 보살계위 菩薩階位

차사 此事 이 일. 이것만이 일이라는 뜻에서 일대사(一大事)·생사를 건너는 일(生死大事) 등의 뜻을 가리킨다. 『임제록』(대정장47, p.505a23)에 "임제가 하루는 승당 앞에 앉아 있었는데 황벽이 오는 걸 보자 눈을 감았다. 이에 황벽이 두려운 듯 하며 문득 방장으로 돌아갔다. 임제가 뒤따라가 방장에 이르러 예를 표하였다. 마침 수좌가 황벽 모시고 서 있었는데, 황벽이 수좌에게 말했다. '이 학인은 비록 후생이지만 이 일 있는 줄은 아는군' '노화상께서는 발뒤꿈치 땅에 닿지 않으셨는데 저 일개 후생을 아는 척하시네요'. 이에 황벽이 자기 입을 주먹으로 한 대 치자 수좌가 말했다. '아셨다면, 이제 됐습니다'. 師一日在僧堂前坐 見黃蘗來 便閉却目 黃蘗乃作怖勢 便歸方丈 師隨至方丈禮謝 首座在黃蘗處侍立 黃蘗云 此僧雖是後生 却知有此事 首座云 老和尙脚跟不點地 却證據箇後生 黃蘗自於口上打一摑 首座云 知卽得", 『동산어록』(대정장47, p.509c20)에 "동산이 법좌에 올라 말했다. '이 일을 알고자 하는가? 곧바로 마른 나무에 꽃이 피듯 해야 한다. 그래야 저와 합하리'. 上堂曰 欲知此事 直須如枯木生花 方與他合", 『황룡혜남어록』(대정장47, p.630a8)에 "이 일을 논한다면 신통도 수행증득으로도 도달할 수 없고, 많이 들어서 아는 지혜로 얘기할 수 없으며, 삼세의 제불만이 스스로 안다고 말할 뿐 일대장교로도 해설할 수 없다. 이 때문에 영산회상 백천만무리지만 다만 가섭만이 홀로 들었고, 황매에 칠백고승이라지만 의발은 행자가 받았다. 若論此事 非神通修證之能到 非多聞智慧之所談 三世諸佛 只言自知 一大藏教 詮註不及 是故 靈山會上 百千萬衆 獨許迦葉親聞 黃梅七百高僧 衣鉢分付行者"라고 하였다. [참고문헌]『臨濟錄』, 『洞山語錄』, 『黃龍慧南語錄』. ⇨ 사 事, 본분사 本分事, 일대사 一大事[1][2], 일대사인연 一大事因緣

차사 差事 별일. 큰일 날 일. 일어날 수도 일어나서도 안 되는 일의 뜻이지만, 그렇게 정해진 일이란 어디에도 없는 뜻에서 불시차사(不是差事), 불위차사(不爲差事)로 쓴다. 『대혜어록』 권23 「시서제형 示徐提刑」(대정장47, p.908b9)에 "느닷없이 시절은 도래한다. 혹여 옛사람이 도에 드신 인연에서나, 혹은 경교 보다가, 때론 늘 하던 대로일 때에, 저 선하거나 선하지 않거나, 몸과 마음이 산란하거나, 역순경계 현전할 때, 잠깐 심의식 편안하고 고요한 순간에 문득 관문의 빗장 차서 뒤칠 것이니, 특별한 일은 아니다. 驀然 時節到來 或於古人入道因緣上 或因看經教時 或於日用應緣 若善若不善 若身心散亂 若逆順境界現前 若暫得心意識寧靜時 忽地踢翻關棙子 不是差事", 『개석지붕어록』(卍속장121, p.372b10)에 "불전 : 황면노자의 목숨 지금 붕상좌의 손안에 있으니, 떠받들거나 내팽개친들 별일 아니다. 佛殿 黃面老子性命 今日落在朋上座手裏 扶起放倒 不爲差事"라고 하였다. [참고문헌]『大慧語錄』, 『介石智朋語錄』.

차사국 車師國 고대 중앙아시아에 있던 나라. 투르판(吐魯番) 교하(交河) 인근에 위치하며, 한(漢)대부터 남북국시대까지 존속하였다. 전한(前漢) 선제(宣帝) 때 정길(鄭吉)이 정벌하고 도호부(都護府)를 설치하면서 전부국(前部國)과 후부국(後部國)으로 나뉘었고, 훗날 고창국(高昌國)이 들어서면서 멸망하였다. 『자은전』 권1(대정장50, p.225c27)에 "동쪽으로 대국의 바람을 밀고, 서쪽으로 온갖 오랑캐의 풍속을 어루만지셨습니다. 누란과 월지의 땅과 차사와 낭망의 고을이 모두 깊은 인을 입고 두터운 덕을 적셨습니다. 東抵大國之風 西撫百戎之俗 樓蘭月氏之地 車師狼望之鄕 並被深仁 俱霑厚德", 『조정사원』 권3(卍속장113, p.92b4)에 "서한의 정길은 회계 출신이다. 병졸로 종군하여 여러 번 서역으로 출정하고, 이로써 낭(郎)이 되었다. 정길은 처음 차사국을 깨뜨렸다. 또 일축왕에 항거하고 한에 귀화하여 서역에서 위의를 떨쳤다. 그리하여 차사국을 아우르며 서북도를 통솔하였기에 '도호'라고 부른다. 도호부를 설치함은 정길에게서 비롯되었다. 西漢鄭吉 會稽人也 以卒伍從軍 數出西域 繇是爲郎 吉初破車師國 又降日逐王歸漢 威震西域 遂幷護車師 以西北道 故號都護 都護之置自吉始焉"라고 하였다. [참고문헌] 『慈恩傳』, 『祖庭事苑』. ⇨ 차사전부 車師前部, 전부국 前部國

차사명기 借事明機 일어난 일을 빌어 기연을 밝히다. 『벽암록』 16칙 「평창 評唱」(대정장48, p.156b5)에 "학인이 줄하고 스승이 탁한다는 이 말을 조동종(曹洞宗)에서는 차사명기라 한다. 저 안이 이와 같을지니 병아리가 안에서 쪼고 어미 닭이 밖에서 깨뜨리니 자연히 좋은 때를 함께 한다. 學人啐請師啄 此問 洞下謂之 借事明機 那裏如此 子啐而母啄 自然恰好同時"라고 하였다. [참고문헌] 『碧巖錄』.

차사문 借事問 드러난 것을 빌어 묻다. 분양십팔문(汾陽十八問) 중 하나다. 변주문(辨主問)·편벽문(偏僻問)·변사문(辨事問) 등이라고도 한다. 『벽암록』 81칙 「평창 評唱」(대정장48, p.207b20)에 "저 공안을 조동종(曹洞宗)에서는 차사문이라 하고 변주문이라고도 하니, 씀을 밝혀 기에 당할 뿐이다. 사슴과 고라니는 평소에 쉽게 쏘아 맞추지만 고라니 중 고라니는 사슴의 왕이니 참으로 맞추기 어렵다. 這公案 洞下謂之借事問 亦謂之辨主問 用明當機 鹿與麈尋常易射 唯有麈中麈 是鹿中之王 最是難射"라고 하였다. [참고문헌] 『碧巖錄』. ⇨ 변주문 辨主問, 분양십팔문 汾陽十八問

차사전부 車師前部 전부국(前部國)의 다른 이름. 『출삼장기집』 권8 「마하발라야바라밀경초서 摩訶鉢羅若波羅蜜經抄序」(대정장55, p.52b13)에 "때마침 건원 18년(382) 바로 차사전부의 왕 미제가 조정에 찾아왔는데, 그 나라의 국사 구마라발제가 범본 『대품경』 1부를 드렸다. 402첩에 글은 2만수로였다. 會建元十八年 正車師前部王 名彌第來朝 其國師字鳩摩羅跋提 獻梵大品一部 四百二牒 言二十千首盧"라고 하였다. [참고문헌] 『出三藏記集』. ⇨ 전부국 前部國, 차사국 車師國

차산영 借山映 명대 임제종(臨濟宗) 스님. 속성은 임(林)씨. 장주(漳州 : 福建省) 출신. 22세 때 광엄(廣嚴)의 남산미(南山彌)를 찾아가 출가하였으며, 후에 금속사(金粟寺)의 백치행원(百痴行元)을 찾아뵙고 그의 법을 이었다. 천주부(泉州府 : 福建省) 영춘산(永春山) 서운사(瑞雲寺)에 주석하였다. [참고문헌] 『五燈全書』 권90 「借山映章」(卍속장141, p.787b7).

차생 此生 지금의 생(今生). 『선문제조사게송』 권상(卍속장116, p.923b12)에 "과거의 생에서 깨우치지 못했다면 금생에 반드시 깨우쳐야 하니, 지금의 생이야 말로 누생의 몸을 취해 제도할 때라네. 옛 부처도 깨닫기 전에는 금생의 이들과 같았고, 깨달아 마치니 지금의 사람이 바로 옛 사람이라네. 昔生未了今須了 此生度取累生身 古佛未悟同今者 悟了今人卽古人"라고 하였다. [참고문헌] 『禪門諸祖師偈頌』. ⇨ 금생 今生

차설 此說 Ⓢ Ⓟ udāna. 이에 바로 설하시다. 십이분교(十二分教) 중에 하나로 묻거나 인연 없었지만 느닷없이 감흥해 따라 바로 설하신 법문을 말한다. 우다나(優陀那)라고 음사하며, 무문자설(無問自說)이라고도 한역한다. 『중아함경』 권1 「선법경 善法經」(대정장1, p.421a17 : *Dhammaññū-sutta*, *AN.4*, p.113)에 "무엇이 비구가 법을 아는 것인가? 비구가 정경·가영·기설·게타·인연·찬록·본기·차설·생처·광해·미증유법·설의를 알면, 비구가 법을 안다고 한다. 云何比丘爲知法耶 謂比丘知正經 歌詠 記說 偈呛 因緣 撰錄 本起 此說 生處 廣解 未曾有法 及說義 是謂比丘爲知法也 kathañ … bhikkhu dhammaññū hoti. idha bhikkhave bhikkhu dhammaṃ jānāti, suttaṃ geyyaṃ veyyākaraṇaṃ gāthaṃ udānaṃ itivuttakaṃ jātakaṃ abbhūtadhammaṃ vedallaṃ … tasmā dhammaññū ti vuccati"라고 하였다. [참고문헌] 『中阿含經』, *AN*. ⇨ 우다나 優陀那❶, 무문자설 無問自說

차성 遮性 차계(遮戒)와 성계(性戒). 『사분율행사초자지기』 권1(대정장40, p.166b25)에 "처음의 차성이라 한다. 비니로 제정함에 차성을 벗어남은 없다. 初遮性者 毘尼所制 無出遮性", 『범망경보살계본소』 권4(대정장40, p.635a3)에 "여섯째 차성이라 하니 이 48경계 중 몇이 차계이고 몇이 성계이냐. 第六 遮性者 於此四十八中 幾是遮戒 幾是性戒"라고 하였다. [참고문헌] 『四分律行事鈔資持記』, 『梵網經菩薩戒本疏』. ⇨ 차계 遮戒, 성계 性戒, 계 戒, 사십팔경계 四十八輕戒

차세 此世 [S] ayaṃ loka, iha-loka, imaṃ lokaṃ, [P] ayaṃ loko, idha-loka, [T] 'jig-rten-'di. 이 세간. 현세(現世). 저 세상은 피세(彼世) 또는 타세(他世 [S] [P] para-loka)라고 한다. 『중아함경』 권49 「성도경 聖道經」(대정장1, p.735c15)에 "무엇이 사견인가? 이 견에는 베풀 일도 지킬 것도 없고 … 선악업보도 없으며, 차세도 피세도 없고 아비도 어미도 없으며, 선처로 가거나 잘 가고 잘 향하거나 차세나 피세도 없어서, 스스로 알고 깨달아 작증하여 성취하고 노니는 진인이란 세간에 없다 하니 이를 사견이라 한다. 云何邪見 謂此見無施無齋 … 無善惡業報 無此世彼世 無父無母 世無眞人往至善處 善去善向 此世彼世 自知自覺 自作證成就遊 是謂邪見"라고 하였다. [참고문헌] 『中阿含經』, *Yogā-bh.179.*, *Bodh-bh.3·34.* ⇨ 피세 彼世, 타세 他世

차세타세락계 此世他世樂戒 [S] ihāmutra-sukhaṃ śīlam, [T] 'di-dang-gzhan-du-bde-bar-'gyur-ba'i-tshul-khrims. 보살의 계바라밀다(戒波羅蜜多 [S] śīla-pāramitā)로서 구종상계(九種相戒)의 다른 이름. 보살이 자타를 위해 현재세와 미래세의 안락을 얻게 하는 계. 『유가사지론』 권42(대정장30, p.522b20 : *Bodh-bh.*, p.128)에 "무엇이 보살의 차세타세락계인가? 마땅히 알라, 이 계는 간략히 아홉 가지다. 云何菩薩此世他世樂戒 當知此戒略有九種 tatra katamadbodhisattvasyehāmutra sukhaṃ śīlam. tannavavidhaṃ draṣṭavyam", "모든 보살은 모든 유정을 위하여 마땅히 막아야 할 바는 바르게 막아 못하게 한다. 謂諸菩薩爲諸有情 於應遮處而正遮止 iha bodhisattvaḥ sattvānāṃ pratiśeddhavyāni sthānāni pratiṣedhayati", "열어야 할 것은 바르게 열게 허락하고 於應開處而正開許 abhyanujñeyāni sthānānyabhyanujānāti", "이것이 모든 유정이 마땅히 거두어야 할 것이라면 바르게 섭수하고, 조복할 것이라면 바르게 조복한다. 是諸有情應攝受者 正攝受之 應調伏者 正調伏之 saṃgrahītavyān sattvān saṃgṛhṇāti. nigṛhītavyān sattvān nigṛhṇāti", "보살은 신어의 두 가지 업 중에 항시 청정하니 이를 네 가지 정계라 한다. 菩薩於中身語二業常淸淨轉 是則名爲四種淨戒 tatra bodhisattva ya yatkāyavākkarma pariśuddhaṃ pravartate. idaṃ tāvaccaturvidhaṃ śīlam", "또 다시 보시·인욕·정진·정려·반야바라밀다도 정계와 함께 행하니 모두 다섯 가지가 되어 이 모두를 아홉 가지 정계라 한다. 復有所餘施忍精進靜慮般若波羅蜜多 俱行淨戒 則爲五種 總說名爲九種淨戒 punaranyaddānasahagataṃ śīlaṃ kṣāntisahagataṃ vīryasahagataṃ dhyānasahagataṃ prajñāsahagatañca pañcavidham. tadetadaikadhyamabhisaṃkṣipya navākāraṃ śīlaṃ bhavati", "이와 같이 보살이 갖춘 정계는 자타로 하여금 현법후법에서 모두 안락케 하니, 보살의 차세타세락계라 한다. 如是菩薩所有淨戒 能令自他現法後法 皆得安樂 是故說名菩薩此世他世樂戒 tasya ca bodhisattvasya pareṣāñca dṛṣṭadharmasaṃparāyasukhāya saṃvartate. tasmādihāmutra sukhamityucyate"라고 하였다. [참고문헌] 『瑜伽師地論』, *Bodh-bh.* ⇨ 구종상계 九種相戒

차세타세락정려 此世他世樂靜慮 [S] ihāmutra-sukhaṃ dhyānam, [T] 'di-dang-gzhan-du-bde-bar-'gyur-ba'i-bsam-gtan. 구종상정려(九種相靜慮)를 말한다. 이 세상(此世)과 저 세상(他世)을 기쁘게 하는 정려로 아홉 가지다. 『유가사지론』 권43(대정장30, p.528b2 : *Bodh-bh.*, p.145)에서 다음과 같이 시설한다. 신통변화로 유정을 조복시키는 정려(神通變現 調伏有情靜慮 ṛddhi-prātihāryeṇa sattvānāṃ vinayāya dhyānam), 모든 법을 기억해 잘 설하는 변화로 유정을 조복시키는 정려(記說變現 調伏有情靜慮 ādeśanā-prātihāryeṇa-sattvānāṃ vinayāya dhyānam), 가르쳐 깨우치는 변화로 유정을 조복시키는 정려(敎誡變現 調伏有情靜慮 anuśāsti-prātihāryeṇa sattvānāṃ vinayāya dhyānam), 악을 짓는 이에게 악취를 드러내 보이는 정려(於造惡者 示現惡趣靜慮 pāpaśāriṇām-apāyabhūmi-vidarśanaṃ dhyānam), 말을 못하는 이에게 변재를 베푸는 정려(於失辯者 能施辯才靜慮 naṣṭapratibhānānāṃ sattvānāṃ pratibhānopasaṃhārāya dhyānam), 정념을 잃은 이에게 정념을 베푸는 정려(於失念者 能施正念靜慮 muṣita-smṛtīnāṃ sattvānāṃ smṛty-upasaṃhārāya dhyānam), 뒤틀림 없는 논리와 미묘한 찬송과 마달리가를 만들고 세워서 정법이 오래도록 머물게 하는 정려(制造建立 無顚倒論 微妙讚頌 摩怛理迦 能令正法久住靜慮 aviparītaśāsra-kāvya-mātṛkānibandha-vyavasthānāya saddharma-cirasthitikatāyai dhyānam), 모든 세간의 공교업처에서 의리를 이끌어 유정을 이롭게 하는 갖가지 서·산·측·탁·수·인·상·좌·산·섭 등과 같은 종종차별한 생필품을 능히 따라 짓게 하는 정려(於諸世間 工巧業處 能引義利 饒益有情 種種書 算 測 度 數 印 床 座 傘 屧 如是等類 種種差別 資生衆具 能隨造作靜慮 laukikānāṃ śilpakarmasthānānāmarthopasaṃhitānāṃ sattvānugrāhakāṇāṃ lipigaṇananyasanasaṃkhyāmudrādīnāṃ mañcapīṭhacchatropānahādīnāñca vicitrāṇāṃ vividhānāṃ bhāṇḍopaskarāṇāmanupravartakaṃ dhyānam), 악취의 유정들이 잠깐이나마 갖은 고통을 쉬도록 큰 광명을 비춰주는 정려(於生惡趣 所化有情 爲欲暫時 息彼衆苦 放大光明 照觸靜慮 apāyabhūmyupapannānāñca sattvānāṃ tat kālāpāyikaduḥkh apratiprasrambhaṇatāyai raśmipramocakaṃ dhyānam)다. [참고문헌]『瑜伽師地論』, *Bodh-bh.* ⇨정려바라밀다 靜慮波羅蜜多

차수 叉手 ❶ Ⓢ kṛtāñjali-puṭa, sāñjali, Ⓟ añjali, añjali. 인도에서 경의를 표하는 예법의 하나. 합장한 상태에서 양손의 손가락을 교차하는 것. 갖춘 말은 합장차수(合掌叉手)이며, 금강합장(金剛合掌)이라고도 한다. 가슴 앞에서 양손바닥을 마주하여 대고 오른손가락이 왼손가락 위로 가도록 하여 끝을 교차시켜 깍지를 끼는 자세의 인사법이다. 밀교에서는 귀명합장(歸命合掌)이라고도 하여 이것으로 모든 인상(印相)을 대신하기에 보인(普印)이라고도 한다. 『중아함경』 권3 「가람경 伽藍經」(대정장1, p.438b29)에 "저 가람에 있던 사람들 중에 어떤 이들은 부처님의 발에 머리를 대고 예를 표한 뒤 한쪽에 앉았고, 어떤 이들은 안부를 물으며 인사한 뒤 한쪽에 앉았으며, 어떤 이들은 부처님께 차수를 한 뒤 한쪽에 앉았고, 어떤 이들은 부처님을 멀리서 바라본 뒤 말없이 앉았다. 彼伽藍人 或稽首佛足 却坐一面 或問訊佛 却坐一面 或叉手向佛 却坐一面 或遙見佛已 默然而坐", 『증일아함경』 권24(대정장2, p.674b6)에 "어떤 인연으로 장자의 집에 나는가? 여래의 형신을 보고 마음에 집착함이 없이 오른 무릎을 땅에 대고 꿇어앉아 차수하고, 지극한 마음으로 부처님께 예를 올린다면 이런 인연으로 장자의 집안에 난다. 復以何因緣 生長者家 若見如來形已 心無染著 右膝著地 長跪叉手 至心禮佛 以此因緣 生長者家"라고 하였다. [참고문헌]『中阿含經』, 『增壹阿含經』, *Buddh-c.49.*, *AN.1.188.*, *DN.1.125.* ⇨합장차수 合掌叉手, 금강합장 金剛合掌, 귀명합장 歸命合掌, 보인 普印 ❶

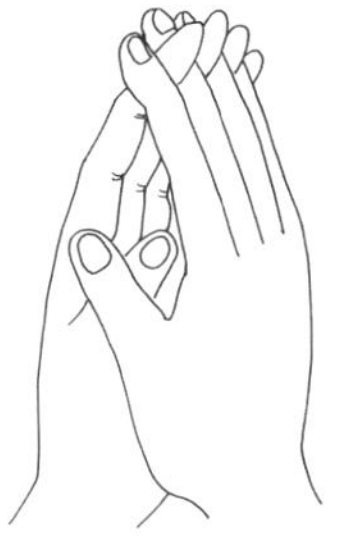

❷ 선림(禪林) 예법 중 하나. 양손을 가슴 높이에서 포개어 잡는 것. 공수(拱手)라고도 한다. 합장(合掌)보다 가벼운 예법이다. 중국의 세속에서 쓰던 예법 중 하나인데, 이것을 선문(禪門)에서 채용하였다. 왼손 엄지를 구부리고 이를 나머지 네 손가락으로 감싸 주먹을 쥔 다음 가슴으로부터 약간 거리를 둔 상태로 가슴 밑에 둔다. 다음으로 오른손 다섯 손가락을 펴서 이를 덮고 좌우 팔꿈치를 펴서 가슴 사이에 위치시킨다. 선당(禪堂) 안에서는 늘 차수한 채로 걸으며, 손을 늘어뜨리고 서 있는 것은 무례한 행위이므로 손을 내리고 걸어서는 안 된다. 『선림상기전』 권10(대장경보편19, p.380a13)에 "차수 : 『홍무정운』에 '차(叉)는 손을 서로 교차한다는 뜻이다. 지금 세간에서 말하는 공수가 차수이다'라고 하였다. …『백장청규』「장포」에 '길에서 행각하는 수행승(雲水)들이 서로 만나면 피차간에 차수를 한 채 마주보고 읍한 다음에 지나간다', 『십송율』에 '민대거사가 자리에서 일어나 차수하고 합장한 뒤 부처님께 말씀을 드렸다. 「세존이시여! 부처님과 승가가 저희 집에 머물러 주시기를 원합니다」. 이에 부처님께서 말없이 허락하셨다'라고 하였다. 叉手 洪武正韻云 叉 手相錯也 今俗呼拱手 曰叉手 … 敕修淸規 裝包云 途中雲水相逢 彼此叉手朝揖而過 十誦律云 民大居士 從座起叉手合掌 白佛言 世尊 願佛及僧 受我舍宿 佛默然許之", "『방등반니원경』에서는 '부처님께서 아난에게 말씀하셨다. 「너는 공무보살〈서방 낙원세계에서 온 보살〉에게 열 손가락을 교차하고서 다음의 게송을 설하여라. 뛰어남의 근본은 적정이니 공무보살은 대광명을 발하네. 나는 용맹스럽게 차수를 하며 사자가 크게 포효하듯 예를 표하네」〈운운〉. 부처님께서 아난에게 말씀하셨다. 「네가 이 차수의 공덕을 쓰면 내가 반열반에 든 후 6개월 안에 반드시 홀로 부처가 될 것이며, 온 세상 사람들이 모두 이마를 너의 발에 대고 예를 표하리라」〈운운〉. 여래가 지금 존재하지만 열반에 든 후에는 솔직하고 순수한 마음으로 아첨하려는 생각을 갖지 말고 일심으로 법을 설하는 이에게 차수하면, 제천 중에 가장 뛰어난 분(天中天)이신 부처님들께서 모두 수기를 주실 것이며, 공덕이 적은 이들도 모두 이 법을 구족할 것이다. 하물며 이를 즐거워하고 흠이나 때가 없는 사람은 더 말해 무엇하겠는가!'라고 하였다. 佛說方等般泥洹經曰 佛告阿難 汝爲空無菩薩〈自西方樂園世界來者〉叉十指 說是偈言 其雄根爲寂定 空無出大光明 我爲勇猛叉手 爲師子大吼禮〈云云〉 佛告阿難 汝用是叉手功德 我般泥洹已後 六月中 當獨作佛 天上天下人 皆當稽首向汝作禮〈云云〉 如來今現在 若泥洹後 以直心無諛諂之意 一心叉手向說法者 諸佛天中天 皆當授其決 及少功德者 皆當具足得是法 何況樂喜 無瑕穢者", "도충이 말한다. '이 경에서 말하는 차수란 망심을 버리고 일진법계로 거둬 돌아간다는 뜻이다. 이 때문에 그 공덕이 저 경의 설과 같다'. …『경덕전등록』에 '한 학인이 인사를 한 뒤 차수를 하고 서 있었다. 이에 남전이 말했다. 「너무 속되다」. 그 학인이 바로 합장하자 남전이 말했다. 「너무 스님 같다」'라고 하였다. 도충이 말한다. '합장은 인도(西竺)의 예법이고, 차수는 본래 중화의 오래된 예법인데 세속의 예절이기에 남전이 너무 속되다고 한 것이다. 구설에 「나아가고 물러나는 법도에 있어서 나아갈 때는 차수하고 물러날 때는 합장하는 것이 통하는 방식이다」라고 하였다'. 忠曰 須知 此經所謂叉手者 捨妄心 收歸一眞法界者 故其功德 如經所說 … 傳燈錄 南泉願禪師章云 有僧問訊 叉手而立 師云 太俗生 其僧便合掌 師云 太僧生 忠曰 合掌 西竺之法 叉手 本中華古法 爲俗禮 故南泉以爲太俗生 舊說曰 凡進退法 進前叉手 退後合掌 是其通式也"라고 하였다. [참고문헌]『禪林象器箋』, 『百丈淸規』 권5 「裝包」(대정장48, p.1140a9), 『十誦律』 권26(대정

장23, p.192a10), 『方等般泥洹經』 권상(대정장12, p.920a11), 『景德傳燈錄』 권8 「南泉普願傳」(대정장51, p.258a10). ⇨ 합장 合掌

차수당흉 叉手當胸 손 모아 가슴에 대다. 할 일 다해 마치거나 손놓아 할 일 없게 되는 등의 뜻이다. 당흉차수(當胸叉手)라고도 한다. 『오조법연어록』 권하 「자찬 自贊」(대정장47, p.666b22)에 "눈 어둡고 귀먹어 걸음걸이는 틀틀. 사람 앞에서 억지웃음 짓고 손 모아 가슴에 댈 뿐이라네. 眼暗耳聾 行步龍鍾 人前强笑 叉手當胸", 『운봉문열어록』(고존숙어록40, 卍속장118, p.677a8)에 "재가제자가 운봉에게 물었다. '무엇이 부처입니까?' '옷 입고 밥 먹고 집안 살림 살핀다' '그렇게 한즉 세 걸음 물러나 손 모아 가슴에 댈 일 뿐입니다' '취한 후의 첨잔 없는 것만 못하다'. 有俗弟子問 如何是佛 師云 著衣喫飯量家道 進云 恁麽則退身三步 叉手當胸去也 師云 醉後添盃不如無"라고 하였다. 〔참고문헌〕『五祖法演語錄』, 『雲峰文悅語錄』, 『虛堂語錄』 권8(대정장47, p.1044a3), 『從容錄』 44칙 「本則」(대정장48, p.255b21).

차수염향 借手拈香 손 빌려 향 사르다. 『허당록』 권2(대정장47, p.1003a19)에 "허당이 법좌에 올라 들었다. '동서 양당의 수좌가 고양이를 두고 다투자 남전이 말했다. 「제대로 말하면 고양이를 베지 않겠다」. 그러나 양당에서 남전에게 아무 말도 하지 못했기에 결국 고양이를 베어 버렸다. 후에 조주가 밖에서 돌아오자 남전이 앞서 있었던 일을 얘기해 주었다. 그러자 조주는 짚신을 벗어 머리 위에 얹은 뒤 나가 버렸다. 이에 남전이 말했다. 「네가 아까 있었더라면 고양이를 살릴 수 있었을텐데」'. 허당이 말했다. '조주는 남의 손을 빌려 향을 사르게 해서 양당 설욕해 주려 했지만, 고양이가 남전의 손에 죽은 이후 지금까지 쥐가 많다는 사실은 결코 알지 못했다'. 上堂 擧 南泉因 兩堂首座爭貓兒 泉云 道得卽不斬 兩堂無語 泉遂斬之 趙州從外歸 泉擧前話 州脫草鞋安頭上出 泉云 子若在 救得猫兒 師云 趙州借手拈香 要與兩堂雪屈 殊不知 狸奴已死南泉手 直至如今鼠子多"라고 하였다. 〔참고문헌〕『虛堂錄』. ⇨ 염향 拈香

차수청인 差受請人 Ⓟ bhattuddesaka, bhatta-uddesaka. 단월들의 공양청이 있을 때 대중을 순차대로 보낼 수 있게 백이갈마로 정한 이. 『오분율』 권22(대정장22, p.152a25)에 "여러 백의들이 차제로 스님들을 청하자 비구들은 이를 부처님께 말씀드렸다. 이에 부처님께서 말씀하시길, '응당 차제로 청 받을 이를 선발해야 한다'. 비구들이 누구를 선발할지 몰라 이를 부처님께 말씀드리니, 부처님께서 말씀하시길, '응당 백이갈마로 한 비구가 차수청인을 짓게 한다'. 有諸白衣 次第請僧 諸比丘 以是白佛 佛言 應次第差受請 比丘不知誰差 以是白佛 佛言 應白二羯磨 一比丘 作差受請人"라고 하였다. 〔참고문헌〕『五分律』, *Vin.3.159·4.38.* ⇨ 차회인 差會人, 참지식인 參知食人

차수출반 叉手出班 손을 모으고 반열에서 나오는 것. 『백장청규』 권2 「고향 告香」(대정장48, p.1120b6)에 "세 명씩 손을 모으고 반열에서 나와 합장하며 제자리로 돌아간다. 三三 叉手出班 合掌歸位"라고 하였다. 〔참고문헌〕『百丈淸規』, 『叢林校定淸規總要』 권하(卍속장112, p.31a9), 『備用淸規』 권2(卍속장112, p.71a9).

차수헌화 借水獻花 물오를 때 꽃다발 바치다. 『설두어록』 권1(대정장47, p.673c2)에 "선가의 무리들 저 전장의 장수와 같아서 전투에 맞서서는 용맹하게 싸운다. 찾아도 오지 않았다면 사로잡힌 것이다. 비록 한 시절 일이라 할지라도 어찌 물 길어 꽃을 바치고 태평가를 부르기에 좋은 때 만하겠는가. 禪家流 還如戰將 見鬪勇健 索不來卽便擒下 雖一期之作 爭似借水獻華 唱太平歌好", 『초종혜방어록』(卍속장120, p.265a4)에 "법좌에 올라 들기를, 청원행사선사에게 스님이 묻기를 '무엇이 불법의 적적대의입니까?'라 하자 '여릉 쌀은 얼마드냐?' 하였다. '모두들 행사선사가 물 빌려 꽃 바쳤다고 하지만 격 밖의 이야기가 있음을 알지 못할 뿐이다. 옛사람의 친절한 그 곳을 알고자 하는가? 여릉 쌀값 고금에 전하지만 역력하고 분명한 일이라는 것이 언제나 그렇다. 그중에 끝 닿은 뜻 알고자 하는가? 노파의 속곳 입고 노파에게 절해야 하리'. 上堂 擧 僧問靑原思禪師 如何是佛法的的大意 思云 廬陵米 作麽價 師云 盡謂思禪師 借水獻花 殊不知 有格外之談 要見古人 親切處麽 廬陵米價古今傳 歷歷分明事坦然 要會箇中端的意 著婆衫子拜婆年", 『남석문수어록』 권2(卍속장124, p.400b3)에 "묘희노조(大慧宗杲)가 이르길, '나 묘희가 비록 물오를 때 꽃을 바쳤지만 그 이치 아무리 자세히 말해도 알 수 없으니 지금 이 말을 받아들이지 못하는 사람 있는가? 나와 보라. 나 그대에게 묻겠다. 목침을 밀어내면 도리어 법신설법을 들을 수 있는지'. 그렇다, 나귀는 습한 곳을 가려 오줌 눈다. 妙喜老祖道 妙喜雖則借水獻花 理無曲斷 卽今莫有傍不肯底 出來 我要問他 推出枕子 還當得法身說法也無 也是驢揀濕處尿"라고 하였다. 〔참고문헌〕『雪竇語錄』, 『超宗慧方語錄』, 『南石文琇語錄』.

차실집취 此實執取 이것만이 실이라고 집착하여 취함. 아(我)와 세간(世間)에 대해서 영원하다 또는 영원하지 않다(常無常), 끝이 있다 또는 없다(有邊無邊), 여래는 사후에도 존재한다 또는 아니다(如來死後有無) 등의 결정적 생각을 드러내 집취해서 놓지 못하는 것을 말한다.

석존께서는 이러한 분별에 의지해 무익하게 전개되는 주제들에 대해서는 결정적 정의(記 Ⓢ vyakṛta)를 내려 집착하는 것이 정견(正見)에 의지해 정도(正道)를 성취하는 데 무익한 일이라 여겨 무기(無記 Ⓢ avyakṛta)의 영역으로 범주화하고 희론에 떨어지지 않도록 하셨다. 『집이문족론』 권8(대정장26, p.400a7)에 "어떤 것이 차실집취신계인가? 〔답〕 차실집취란 다음과 같다. 어떤 이는 '아와 세간은 상(常)이다. 이것만이 진실이고 그 이외는 어리석고 허망한 것이다'라고 집하고, 혹 또 어떤 이는 '아와 세간은 무상이다. 이것만이 실이어서 나머지는 어리석고 허망한 것이다'라고 주장한다. 혹 어떤 이는 '아와 세간은 상이기도 하고 무상이기도 하다. 이것만이 실이고 그 외는 어리석고 허망한 것이다'고 주장하거나, 또 어떤 이는 '아와 세간은 상도 아니고 무상도 아니다. 이것만이 실이고 그 이외의 것은 어리석고 허망한 것이다'라고 한다. 또 어떤 이는 '아와 세간은 끝이 있다. 이것만이 실이고 그 이외의 것은 어리석고 허망한 것이다'라고 주장하고, 또 어떤 이는 '아와 세간은 끝이 없다. 이것만이 실이고 그 이외의 것은 어리석고 허망한 것이다'라고 집착한다. 云何此實執取身繫 答 此實執取者 謂或有執 我及世間常 此實餘癡妄 或復有執 我及世間無常 此實餘癡妄 或復有執 我及世間 亦常亦無常 此實餘癡妄 或復有執 我及世間 非常非無常 此實餘癡妄 或復有執我 及世間有邊 此實餘癡妄 或復有執我 及世間無邊 此實餘癡妄", "혹은 다시 어떤 이는 '여래는 돌아가신 뒤에도 존재하니, 이것만이 실이고 그 이외의 것은 어리석고 허망한 것이다'라고 주장하고, 다시 어떤 이는 '여래는 돌아가신 뒤에는 존재하지 않는다. 이것만이 실이고 그 이외 것은 어리석고 허망한 것이다'고 주장한다. 혹 어떤 이는 '여래는 돌아가신 뒤에 존재하기도 하고 존재하지 않기도 한다. 이것만이 실이고 그 이외의 것은 어리석고 허망한 것이다'라고 주장하고, 또 어떤 이는 '여래는 돌아가신 뒤에는 존재하는 것도 아니고 존재하지 않는 것도 아니다. 이것만이 실이고 그 이외의 것은 어리석고 허망한 것이다'라고 주장한다. 이와 같은 것 등을 '차실집취'라고 한다. 或復有執 如來死後有 此實餘癡妄 或復有執 如來死後非有 此實餘癡妄 或復有執 如來死後 亦有亦非有 此實餘癡妄 或復有執 如來死後 非有非非有 此實餘癡妄 如是等 名此實執取"라고 하였다. 〔참고문헌〕 『集異門足論』. ⇨ 십사무기 十四無記, 무기 無記

차실집취신계 此實執取身繫 Ⓢ tat-satya-abhiniveśa-upādānakāya-grantha, Ⓟ idaṃ sacca-abhiniveso kāya-gantha. 이것만이 실이라고 붙들어 취해서 신근을 얽어매다. 사신계(四身繫) 또는 사박(四縛) 중 하나로, 신계라 하는 것은 정심자성(定心自性)의 몸을 장애하여 경(境)을 대하여 사견으로 망상집착하게 해서 산동(散動)하게 하는 뜻이다. 『집이문족론』 권8(대정장26, p.399c22)에 "네 가지 신박이란 … 넷째는 차실집취신계다. … 무엇이 차실집취신계인가? 〔답〕 이것만이 실이라고 집착하는 것이다. 말하자면 '아(我 Ⓢ ātman)와 세계는 상이라 집착하고 … 또는 여래는 사후에 있는 것도 있지 않은 것도 아니다'라고 하면서 이것만이 실이고 나머지는 어리석고 그릇된 것이라 주장하는 것이다. 四身繫者 … 四 此實執取身繫 … 云何此實執取身繫 答 此實執取者 謂或有執我及世間常 … 或復有執如來死後非有非非有 此實餘癡妄 如是等", 『대승아비달마잡집론』 권7(대정장31, p.724c16)에 "계박에는 네 가지가 있으니 … (넷째는) 차실집취신계다. 정의를 자성으로 하는 몸을 장애하기에 계라 한다. 왜 그러한가? 정심자성의 몸을 장애하기에 계라 하는 것이지 색신을 장애하는 것은 아니다. 어째서인가? 이 네 가지는 마음을 어지럽게 하는 인이기 때문이다. … 정리답지 않게 경계를 추구함으로 인을 삼아 마음이 산란해지니, 그들 각각이 의지하는 별도의 견해 때문이다. 즉 알아야 할 경에 대해 떳떳치 못한 갖가지 추리로 그릇된 집착을 일으키면서, '오직 이것만이 실이고 나머지 모두 어리석거나 잘못되었다'라고 하니, 이 차실집취신계가 인이 되어 마음이 산란하고 동요한다. 繫有四種 … 此實執取身繫 以能障礙定意性身 故名爲繫 所以者何 由此能障定心自性之身故名繫 非障色身 何以故 能爲四種心亂因故 … 不如正理推求境界爲因 令心散亂 由彼依止各別見故 於所知境 不如正理種種推度妄生執著 謂唯此眞餘並愚妄 由此爲因 令心散動", 『유가사지론약찬』 권3(대정장43, p.46a17)에 "각기 다르게 보아 알아야 할 경에 대해 삿되게 추구하고 허망하게 집착하여 '이것만이 실이고 나머지는 모두 어리석거나 잘못되었다'고 하기에 차실집취신계라 한다. 依各別見 於所知境 起邪推搆 妄生執著 謂唯此實 餘並愚妄 故名此實執取身繫"라고 하였다. 〔참고문헌〕 『集異門足論』, 『大乘阿毘達磨雜集論』, 『瑜伽師地論略纂』, *Abh-s.48.*, *Dhs.201.* ⇨ 사신계 四身繫, 사박 四縛, 계박 繫縛, 유근신 有根身

차십계수 叉十稽首 열 손가락 모으고 머리숙이다. 『보요경』 권3(대정장3, p.503b29)에 "그 보살의 몸이 사자상에 앉아 있는 모습을 몸소 보고 천인의 대중이 위에서 열 손가락을 마주한 자세로 머리 숙여 절을 올렸다. 自見其身 坐師子床 天人在上 叉十稽首"라고 하였다. 〔참고문헌〕 『普曜經』. ⇨ 합장 合掌

차악 遮惡 나쁜 일을 미리 막음. 허물을 일으킬 수 있는 행위를 미리 막는 것으로 재가오계 중 불음주계만이 차계이고, 나머지 모두 실계(實戒) 즉 성계(性戒)다. 『사분율행사초자지기』 권중(대정장40, p.344a19)에

"차악이란 사안이 극악하지는 않지만 막고 꾸짖음으로 써 다스린다. 言遮惡者 謂事非極惡 遮譏而制", 같은 책 권상(대정장40, p.170b13)에 "성악과 차악 모두 선하지 않으므로 청정하지 못한 것이다. 性惡遮惡 俱是不善 故不清淨", 『사분율소』 권2말(卍속장65, p.450b11)에 "차악이란 땅을 파서 산 것들을 파괴하는 등으로 방을 조성하는 등류를 말한다. 부처님께서 제정 전에는 이러한 일을 저질러도 업성이 경미하고 그 바탕이 불선이 아니라고 여겨 다만 일을 힘써 함에 시끄러울 뿐이라 수도 업을 방해한다고 하였으니, 뜻에 있어서도 고요함에 어긋남을 살펴 수도에 장애됨일새 그 이름을 차악이라 하였다. 言遮惡者 掘地壞生 造房等類 佛未制前 造作此事 業性輕微 體非不善 但以事務紛動 妨修道業 與理靜相違望 障於脩道 名爲遮惡", 돈황본 『사분계본소』 권2(대정장85, p.571b12)에 "중매를 하거나 두 방을 꾸리는 것은 차악에 속하고, 나머지 십계는 바탕이 선하지 않기에 성악이다. 媒及二房 是遮惡 餘之十戒 體是不善 故是性惡"라고 하였다. 〔참고문헌〕『四分律行事鈔資持記』, 『四分律疏』, 『四分戒本疏』. ⇨ 차죄 遮罪, 차계 遮戒 ❷

차안 此岸 Ⓢ Ⓟ apāra. 이 언덕. 생사를 거듭하는 이 세계. 미진(迷津)·안두(岸頭)라고도 하며 건너서 있는 열반의 세계는 피안(彼岸)이다. 『주유마힐경』 권9(대정장38, p.410c25)에 "(道生이 말한다) 차안은 생사이고, 피안은 열반이며, 중류는 결사(번뇌)이다. 此岸者 生死也 彼岸者 涅槃也 中流者 結使也", 『금강경주해』 권1(卍속장38, p.850b10)에 "차안이란 중생이 업을 지어 고통을 받고 생사윤회하는 땅이다. 此岸者 乃衆生作業受苦 生死輪迴之地", 『금강경음석직해』(卍속장39, p.332b8)에 "차안이란 마음 감이 허망함이다. 연을 만나 동하고 경을 본즉 일어나니, 무릇 경과 연을 만나 갖가지 허망한 법이 일어나 모든 업연들이 돌고도는 이 언덕이다. 이것은 다만 중생의 업식으로 불러들이는 보토일 뿐이므로 중생의 업이 다하면 이 언덕 바로 사라진다. 此岸者 心之妄也 遇緣卽動 見境卽生 凡遇境緣 生諸妄法 諸有業緣 輪轉此岸也 此只衆生業識感報之土也 衆生業盡 此岸卽消矣", 『반야심경소』(卍속장41, p.414a3)에 "차안이란 하나는 분단생사하는 범부의 차안이고, 다른 하나는 변역생사하는 칠지이전보살의 차안이다. 此岸者 一 是分段生死 凡夫此岸 二 是變易生死 七地已前菩薩此岸", 『소실육문』 「오성론 悟性論」(대정장48, p.372b28)에 "여래는 차안에도 머물지 않고 피안에도 머물지 않으며 중류에도 머물지 않는다. 중류는 소승인이고 차안은 범부이며 피안은 보리이다. 如來 不在此岸 亦不在彼岸 不在中流 中流者 小乘人也 此岸者 凡夫也 彼岸者 菩提也", 『대지도론소』 권1(卍속장87, p.383b11)에 "저곳도 이곳도 차안으로 삼는다는 말은 생사와 열반이 모두 차안일 뿐이라 여긴 것이니, 생사도 열반도 없는 뜻이다. 以彼此爲此岸者 生死涅槃俱爲此岸 無生死涅槃", 『대혜어록』 권16(대정장47, p.878b24)에 "그런 뒤에 생사의 바다에서 자비를 일으켜 움직인다. 이 언덕에도 집착하지 않고 저 언덕에도 매이지 않으며 중류에 머물지도 않아서 이 언덕의 중생을 실어 저 언덕에 이르게 할 뿐이어서 생사의 흐름중에 머물 수조차 없다. 然後興慈運悲 於生死海 不著此岸 不著彼岸 不住中流 而能運載 此岸衆生 到欲彼岸 不住生死中流", 종보본 『단경』(대정장48, p.350b22)에 "경에 착하여 생멸이 일어나 물에 물결이 임과 같으니 이를 차안이라 하고, 경을 떠나 생멸이 없으면 저 강물이 언제나와 같이 흐른다. 이를 피안이라 하고 바라밀이라 부른다. 著境生滅起 如水有波浪 卽名爲此岸 離境無生滅 如水常通流 卽名爲彼岸 故號波羅蜜"라고 하였다. 〔참고문헌〕『注維摩詰經』, 『金剛經註解』, 『金剛經音釋直解』, 『般若心經疏』, 『少室六門』, 『大智度論疏』, 『大慧語錄』, 『壇經』, *Sn.219.* ⇨ 미진 迷津, 안두 岸頭, 피안 彼岸, 중류 中流

차암암 遮巖庵 평안남도 남포시 우산(牛山)에 있던 암자. 창건연대 등은 전하지 않는다. 『여지도서』 평안도 삼화부에 "차암암은 부의 남쪽 10리 연산 남쪽 기슭에 있다. 遮巖菴俱在府南十里年山南麓"라고 하였고, 『가람고』와 『범우고』에는 "우산에 있다. 在牛山"라고 하였다. 〔참고문헌〕『輿地圖書』, 『伽藍考』, 『梵宇攷』, 『韓國寺刹全書』 권하 p.1058a12.

차암정선사어요 此庵淨禪師語要 송대 임제종 차암수정(此庵守淨)의 어록. 1권. 1238년(가희2) 간행. 『속고존숙어요』 권5, 卍속장119, pp.71b1~78a2에 수록되어 있다. 대혜종고(大慧宗杲)의 사법제자인 차암수정의 어록으로 묘수선자(妙叟禪者)가 편찬하였고 무구거사(無垢居士)의 서문이 실려 있다. 상당(上堂) 등의 법어 58편과 송 5수로 구성되어 있다. ⇨ 수정 守淨

차액 車軛 수레 끄는 말이나 소에게 씌우는 멍에. 액은 액(梔·軶)과 같이 쓴다. 『마하승기율』 권8(대정장22, p.297c23)에 "만약 수레가 이 사계에 머물러야 한다면 수레 멍에 중 일계에 있고, 수레 후미에도 일계가 있고, 왼쪽 바퀴도 일계상에 있고, 오른쪽 바퀴에도 일계가 있어야 할 것이다. 若車於此四界上住 車軛在一界 車後在一界 左輪在一界 右輪在一界", 『반야심경찬』(대정장33, p.544c24)에 "이와 같은 네 갈래로 모든 유정을 얽매어 갖가지 괴로움을 당하도록 하니 마치 저 수레의 멍에와 같다. 如是四種 繫諸有情 令受諸苦 猶如車軛"라고 하였다. 〔참고문헌〕『摩訶僧祇律』, 『般若心經贊』.

차야 叉耶 Ⓢkṣaya의 음사어. 사라져 다하다. 한역어는 진(盡). 『대지도론』 권48(대정장25, p.408c17)에 "만약 차 자를 듣는다면 일체법 사라져 다함을 얻을 수 없음을 알게 된다. 차야의 한역어는 진이다. 若聞 叉字 卽知一切法 盡不可得 叉耶 秦言盡"라고 하였다. [참고문헌] 『大智度論』, 『華嚴經疏鈔』 권89(대정장36, p.690c1), 『翻譯名義集』 권5(대정장54, p.1135b17).

차야 車也 Ⓢchaya의 음사어. 한역어는 음(陰). 음양(陰陽)의 음이다. 『범어잡명』(대정장54, p.1234c6)에 "음 : 차야. 陰 車也 (cha)(ya)"라고 하였다. [참고문헌] 『梵語雜名』.

차양륜 車兩輪 수레의 두 바퀴. 떨어져서는 안 되는 것들의 비유다. 『수습지관좌선법요』 「지관좌선법요기 止觀坐禪法要記」(대정장46, p.473c17)에 "마치 새의 두 날개와 같고, 수레의 두 바퀴와 같다. 아무리 멀고 아무리 높아도 가서 미치지 못할 곳이 없으니, 이것(止와 觀)을 벗어나지 않는다. 如鳥雙翼 如車兩輪 窮遠極高 無往不可及 其至也 不出於此", 『원각경유해』 권1본(卍속장15, p.797b4)에 "그러므로 알라. 신과 해 두 글자는 마치 수레의 두 바퀴와 같고, 새의 두 날개와 같으니 이들은 하나라도 없으면 안 된다. 是知 信解二字 如車兩輪 如鳥兩翼 此不可缺"라고 하였다. [참고문헌] 『修習止觀坐禪法要』, 『圓覺經類解』.

차여 且如 또 이렇게. 다시 이와 같을 뿐이니. 늘 그래서 다르지 않다. 『설두어록』 권1(대정장47, p.675a15)에 "설두가 말했다. '대중이여! 옛사람의 임기응변은 일시에 드러나 있어 그 사이 따로 상량함 있다 해도 미처 말 갖다 붙이지 못한다. 또 이렇게 설두도 오늘 다시 영은에 들어왔으니, 백척간두 서 있는 듯 하였다. 남전의 말에 의지해 진일보하고 기쁘게 대중과 상견한 즉시 시방세계를 일시에 한 바퀴 돈다'. 그러고는 바로 법좌에서 내려왔다. 師云 大衆 古人機變 出在一時 其間別有商量 亦未言著 且如雪竇 今日再入靈隱 也似百尺竿頭 依南泉之言 得進一步 喜與大衆相見 則十方世界 一時周匝 便下座", 『밀암어록』(대정장47, p.965b7)에 "밀암이 법좌에 올랐다. '석가는 설함 없이 설하셨기에 굽게 하여 곧게 만들었고, 가섭 듣는 일 없이 들었지만 허공을 바라 소리쳤을 뿐이다. 마조의 바로 이 마음이 곧 부처라는 말도 양머리를 내걸어 개고기를 판 격이었고, 조주가 암주의 의도를 간파했다는 말도 비싸게 사서 싸게 판 격이었으니, 글 나눠 곧게 하지 못한 일이다. 다시 이와 같을 뿐이니, 문수 바로 칠불의 스승일진대 어째서 여인을 정에서 나오지 못하게 하였을까. 강물에 달무리 지자 물고기 새끼 낳고 겨우살이 잎에 바람부는 듯 하더니 녹용이 자라나네. 上堂 釋迦不說說 拗曲作直 迦葉不聞聞 望空啓告 馬祖卽心卽佛 掛羊頭賣狗肉 趙州勘庵主 貴買賤賣 分文不直 且如 文殊是七佛之師 因什麽出女子定不得 河天月暈魚分子 槲葉風微鹿養茸"라고 하였다. [참고문헌] 『雪竇語錄』, 『密菴語錄』. ⇨ 비여 譬如

차열나 遮閱那 한역어는 왕(王 Ⓢrāja). 갈라사(曷囉闍)라고도 음사한다. 『금광명경현의』 권상(대정장39, p.1c19)에 "차열나를 한역하면 왕이다. 遮閱那 此言王", 『번역명의집』 권3(대정장54, p.1094a12)에 "차열나 : 갈라사라고도 하고 한역하면 왕이다. 『살차경』에 '왕이란 백성의 부모이니 법에 따라 중생을 거두어 보호함으로써 안락하게 하기 때문이다'. 『백호통』에 '왕은 간다는 뜻의 왕(往)이다. 천하가 돌아갈 바이기 때문이다'라고 하였고, 『서경』 「홍범」편에 '치우침도 무리짐도 없어야 하니 왕도는 넓고 아득하며, 무리짐이나 치우침도 없어야 하니 왕도는 평평하다' 하였다. … 석씨는 자재로써 이름을 얻은 왕이다. 『법화현의』에 '전륜성왕은 사방에서 자재하다'라고 하였다. 遮閱那 或云曷囉闍 此云王 薩遮經云 王者民之父母 以法攝護衆生 令安樂故 白虎通曰 王者往也 天下所歸往 洪範曰 無偏無黨 王道蕩蕩 無黨無偏 王道平平 … 釋氏 以自在名王 妙玄云 轉輪聖王 四域自在"라고 하였다. [참고문헌] 『金光明經玄義』, 『翻譯名義集』, 『尼乾子所說經』 권3(대정장9, p.330a9), 『法華玄義』 권1상(대정장33, p.684c10).

차완완 且緩緩 자, 다시 천천히 또 천천히. 법을 거량(擧量)하는 틈에 상대를 향해 숨결을 고르듯 쓰는 또 다른 기량이다. 『운문광록』 권상(대정장47, p.545b12)에 "학인이 물었다. '무엇이 쫓고 쫓아주는 때입니까?' '메아리친다' '되쳐 응함입니까?' '자, 천천히, 천천히'. 問 如何是啐啄之機 師云 響 進云 還應也無 師云 且緩緩", 『대혜어록』 권7(대정장47, p.840a14)에 "대중에게 들어 보였다. '동산이 말하길 「부처도 더하는 일이 있음을 알아야 한다」. 이에 학인이 물었다. 「어떤 것이 부처도 더하는 일입니까?」 「부처는 아니다」. 운문이 다시 말했다. 「이름을 붙일 수도 없고 모양 가질 수도 없기에 아니라고 말하였다」고 하였다'. 대혜가 말했다. '두 존숙이 이렇게 불향상사를 가져 끌어올렸지만, 자 다시 풀고 또 풀어보자. 이곳에서인즉 그렇지 않으니, 어떤 것이 부처도 멀리 가야 하는 일인가? 끌던 주장자도 척추 부수듯 치리니, 그대 부처 넘어서 대들보 끝에 올라 앉아야 면할 수 있으리라'. 示衆 擧 洞山云 須知有佛向上事 僧問 如何是佛向上事 山云 非佛 雲門云 名不得 狀不得 所以言非 師云 二尊宿 恁麽提持佛向上事 且緩緩 這裏卽不然 如何是佛向上事 拽拄杖劈脊便打 免敎伊在佛向上樑根", 『허당록』 권10 「행장 行狀」(대정장47, p.1

063c29)에 "이 때문에 절강성으로 돌아와 정자에 이르러 정자화상을 뵈었더니 정자가 물었다. '그대는 아는가, 낳아 주신 부모가 온 몸 불덩이인 채로 가시나무 숲에 있다는 것을?' '좋은 일은 허둥지둥하는 데 있지 않습니다'. 그러자 정자가 틈을 주지 않고 바로 주먹으로 한 대 때렸다. 이에 허당이 양 손바닥을 펼치며 말했다. '천천히, 천천히 하십시오'. 由是 回浙到淨慈 見淨和尙 淨問云 爾還知所生父母通身紅爛 在荊棘林中麽 師云 好事不在忽忙 淨隨後打一拳 師展兩手云 且緩緩"라고 하였다. 〔참고문헌〕『雲門廣錄』, 『大慧語錄』, 『虛堂錄』.

차요 叉腰 Ⓟkhambhakata. 허리에 손을 올린 거만한 자세. 비구에게는 이런 자세로 재가자를 대하지 말 것(叉腰戒)을 백중학법(百衆學法)으로 금하고, 재가자가 이렇게 하면 법을 설하지 말 것(叉腰人說法戒)을 권한다. 『오분계본』(대정장22, p.199a13)에 "허리에 손을 대고 팔꿈치를 편 자세로 단월의 집에 들어가면 안 되니, 응당 배워야 한다. 不叉腰入白衣舍 應當學", 『마하승기율』 권21(대정장22, p.401a14)에 "그때 육군비구들이 허리에 손을 올린 자세로 백의집에 들어가자 세인들이 흉보아 '어떻게 사문석자로서 왕자나 대신이나 역사처럼 허리에 손을 올린 채로 백의집에 들어갈 수 있는가! 이렇게 다 망가진 인간들에게 무슨 도가 있겠는가?'라는 비난을 받았다. … '오늘 이후로 허리에 손을 올린 채로 백의집에 들어가서는 안 된다'. 爾時 六群比丘 叉腰入白衣家 爲世人所譏 云何沙門釋子 如王子 大臣 力士 叉腰入人家內 此壞敗人 何道之有 … 從今日後 不得叉腰入白衣家", 『비니관요』 권15(卍속장63, p.898b3)에 "허리에 손을 올린 자세〈한 손만 대기도 하고, 두 손을 모두 대기도 한다. 본래 오만하고 경솔한 자세이기에 이런 사람에게는 법을 설해 주어서는 안 된다〉. 叉腰者〈或一手叉或兩手叉 以自傲慢輕法 故不得爲說〉"라고 하였다. 위와 같은 태도로 백의의 집에 가서 앉지 말라는 차요좌계(叉腰坐戒), 그런 이에게 설법을 금하는 차요인설법계(叉腰人說法戒) 등이 있다. 〔참고문헌〕『五分戒本』, 『摩訶僧祇律』, 『毘尼關要』, 『十誦律』 권19(대정장23, p.136a1), 李智冠『南北傳六部律藏比較硏究』, p.282, *Vin.5.44.*

차월림 遮越林 ⓅLaṭṭhivana. 나라나 궁성의 경계를 정하기 위해 조성된 숲. 경계를 드러내는 나무를 사수(社樹)라 하고 그 숲을 신슬지림(申瑟知林)이나 장림(杖林)이라고 한다. 『방광대장엄경』 권12(대정장3, p.612c14)에 "그때 세존께서 왕사성 근처 차월림의 큰 나무 아래에서 천이나 되는 비구중에 둘러싸여 앉아계셨다. 爾時 世尊 近王舍城 在遮越林於大樹下 千比丘衆圍遶而坐", 『보요경』 권8(대정장3, p.532c2)에 "그때 부처님께서 그 나라로 들어가셨는데 차월이라는 큰 사수나무가 있었다. 부처님께서 비구들과 함께 그 나무 아래 앉으셨다. 時佛入國 有大社樹 名曰遮越 佛與比丘 共坐樹下"라고 하였다. 〔참고문헌〕『方廣大莊嚴經』, 『普曜經』, *Vin.1.35.* ⇨신슬지림 申瑟知林

차월수의 遮月水衣 월경기(月經期)에 입는 옷. 『오분율』 권12(대정장22, p.84a26)에 "그때 비사거(Ⓢ Viśākha)의 모친이 비구니스님들에게 청하여 차월수의를 보시하고 싶어 신도를 보내 몸의 크기를 재도록 허락하신다면 모두에게 보시하겠다고 하였다. 爾時 毘舍佉母 請比丘尼僧 與遮月水衣 遣信索身量 卽皆與之", 『오분비구니계본』(대정장22, p.209b1)에 "만약 어떤 비구니가 다른 비구니들에게 '당신들은 차월수의를 가져가세요'라고 하고 스스로 '필요없다' 하고서 때가 되서야 가진다면 니살기바일제다. 若比丘尼 諸比丘尼語 汝取遮月水衣 自言 不用 臨時先取 尼薩耆波逸提"라고 하였다. 〔참고문헌〕『五分律』, 『五分比丘尼戒本』.

차위명공 借位明功 위를 빌어 공을 밝히다. 동종사차 중 하나다. 『조동오위현결』 권상(卍속장111, p.241a4)에 "위를 빌어 공을 밝힌다. 누군가 약산에게 말했다. '화상께서 약식을 드시기 바랍니다' '먹지 않겠다' '어째서 드시지 않습니까?' '남의 것 어찌 먹느냐' '능히 먹을 사람 있습니까?' '있다' '어떤 사람입니까?' '우바이에 안기지 않은 이다' '화상은 어째서 다른 이의 것을 쓸 수 없는지요?' 약산이 바늘과 실타래를 집어들고 말했다. '어찌해야 하나? 이것이 다 무엇이더냐?' 借位明功者 有問藥山 請和尙喫藥食 山云 不喫 云 爲什麽不喫 山云 消他底不得 云 還有能消得底也無 山云 有 云 是什麽人 山云 不抱優婆夷者 云 和尙爲什麽消他底不得 山拈起針線卷子云 爭奈者個何"라고 하였다. 〔참고문헌〕『曹洞五位顯訣』. ⇨동종사차차 洞宗四借借

차의 衩衣 가사가 아닌 평상복만 입다. 차단(衩袒)이라고도 한다. 차의는 내의나 평상복을 가리킨다. 『치문경훈』 권6 「자수선사시중잠규 慈受禪師示衆箴規」(대정장48, p.1070c14)에 "법의만 입고 불전에 올랐거나 짚신으로 산을 돌아다녔다면 법당을 밟지 말고 기숙도 돌아서 피해 가라. 衩衣登殿 草履遊山 莫踐法堂 回互耆宿", 『입중일용』(卍속장111, p.946b16)에 "법의만 입고 승당에 돌아가거나 회랑 아래를 걸으면 안 된다. 不得衩衣 歸僧堂幷廊下行"라고 하였다. 〔참고문헌〕『緇門警訓』, 『入衆日用』.

차의발 借衣鉢 가사와 발우를 빌리다. 『선원청규』 권1(卍속장111, p.877a10)에 "저 가사와 발우를 빌렸다면 비록 계단에 올라 수계한다 해도 결코 구족계 얻을

수 없다. 若借借衣鉢 雖登壇受戒 竝不得戒"라고 하였다. [참고문헌]『禪苑淸規』. ⇨ 차차의발 借借衣鉢

차이탄야 Caitanya ➡ 차이티야 Caitya

차이탄야파 Caitanya派 비슈누를 섬기는 한 종파. 벵갈의 힌두성자인 차이탄야 마하프라브흐(Chaitanya Mahaprabhu 1486~1534)가 창시했다. 차이탄야는 원래 베단타 중 불가사의 불일불이론(不一不二論 Ⓢ acintya bheda-abheda)과 가우디야 바이슈나비즘(Gaudiya Vishnavism)의 신봉자였지만, 『바가바드기타 *Bhagavadgīta*』와 『바가바타푸라나 *BhāgavataPurāṇa*』에 의지해 박티의 비슈누교를 창시했다. '하레 크리슈나(Hare Kṛṣṇa)' 찬가를 유행시켜, 크리나와 함께 라다크리슈나의 찬가를 부르면서 황홀경에 빠져 열광적인 순례를 행한다. 현재도 사원과 가정을 불문하고 찬가와 무도행진에 몰두한다. 교리로는 마드바파의 이원론보다 님발카파의 본성적 불일불이설을 취한다. 8행시 '식샤아스타캄 *Śikṣa-aṣṭakam*'을 남겼다. [참고문헌] Steven Rosen *India's spiritual renaissance : the life and times of Lord Chaitanya* (Folk Books, 1988).

차이트라라타 Caitraratha Ⓢ caitraratham udyāna, Ⓣ shing-rta-sna-tshogs skyed-mos-tshal. 수메르 봉우리중 하나인 만다라산 위에 있는 쿠베라(Kubera)의 정원. 간다르바의 차이트라라타에 의해 만들어졌으므로 이러한 이름이 생겨났다. 한역에서는 제석천(帝釋天)의 숲으로서 중차(衆車), 보차(寶車), 혹은 중차원(衆車苑), 잡색차원(雜色車苑)이라고도 한다. 『구사론』 권11(대정장29, p.60a1 : *Abh-k-bh.*, p.168)에 "성 밖의 사방에는 네 동산이 장엄한데, 이는 바로 그러한 온갖 천들이 함께 유희하는 첫 번째 중차원이다. 城外四面四苑莊嚴 是彼諸天 共遊戲處 一衆車苑 tasyahi nagarasya bahiś caturṣu pārśveṣu catvāryudyānādīni devānāṃ kriḍābhūmayaḥ. caitraratham udyānam"라고 하였다. [참고문헌]『俱舍論』, 『起世經』 권6(대정장1, p.342b1), 『法苑珠林』 권3(대정장53, p.288b2), *Abh-k-bh.*, *MBh.1.490.*

차이티야 Caitya 스투파를 모시기 위해 암벽 깊숙이 만든 탑원(塔院). 성소(聖所), 지제(支提), 굴원(窟院), 석굴(石窟)이라고도 한다. 수행을 위한 승원굴인 비하라(Ⓢ vihāra)와 공간을 구분해 스투파(Ⓢ stūpa)를 안치한 예배당을 지칭한다. 자연석굴, 굴착석굴, 축조석굴이 있는데, 굴착석굴로는 인도의 아잔타, 엘로라석굴, 중앙아시아의 키질, 베제클릭 석굴, 중국의 운강, 돈황, 용문석굴이 유명하며 축조석굴로는 우리나라 석굴암 석굴이 대표적이다. 대개 차이티야는 전기양식인 부파시대와 후기양식인 대승불교시대로 나눈다. 최초 차이티야는 독거 수행자를 위한 소형이었으나 점차 대중을 위한 예불공간으로 확대되었다. 규모가 커지면서 많은 기둥과 측랑(側廊)도 더해졌다. 기본구조는 변화하지 않았는데 서부 데칸의 준나르(junnār) 차이티야가 그 예다. 그러나 차츰 앞쪽에 사각형의 전실을 두고 U자형 말발굽형의 후실(주실)을 두는 모습으로 바뀌는데, 내부 깊숙한 곳에 스투파를 두고 양쪽에 기둥을 세워 측랑을 두어 둥글게 돌 수 있게 한 형태다. 대표적인 예로 기원전 1세기 건립한 바자(bājā) 차이티야가 있다. 아무런 장식을 하지 않은 8각의 기둥을 두고 내부의 천정은 원통형이며 스투파의 형태는 반구형 탑신에 네모난 노반위에 산개(傘蓋)를 세운 형태다. 이러한 형식은 베두사의 차이티야에서 더욱 복잡하고 장식화 되었는데, 서력 기원을 전후한 때 건립된 것으로 보고 있다. 2세기경에 개착된 칼리(kārlī) 차이티야는 석굴의 규모가 깊이 37m, 폭 14m, 천장높이 13.5m에 달한다. 정면에 2개의 연꽃잎 모양의 주두(柱頭)위에 사자가 금속제 법륜을 받치고 있는 2개의 석주가 있었는데 지금은 하나만 남아 있다. 내부에는 8각 기둥 상부에 기둥머리 조각과 함께 코끼리, 말을 탄 조각상 등 온갖 부조와 벽화로 화려하게 장엄하였다. 내부의 스투파는 2단의 기단위에 가늘고 높은 복발과 커다란 산개를 놓아 화려함을 더하였다. 특히 굴의 정면 입구로 통하는 3개의 문 양쪽에는 봉헌자로 추정되는 남녀의 부부상이 새겨져 있다. 대승불교시대에 들어와서도 차이티야의 기본구조는 변화하지 않았고 더욱 화려해졌는데, 아잔타 제19굴은 정면 입구에 말발굽모양의 거대한 광창(光窓)을 두어 채광효과를 극대화하기도 하였다. 또 굴 전각의 정면 안쪽으로는 수호신과 각종 보살상들을 새겨놓았

차이티야 아잔타 19굴

차이티야 엘로라 10굴

다. 이와 같은 석굴은 엘로라 10굴에서 절정을 이룬다. 이 석굴은 전면에 넓은 마당을 두고 1층은 낮은 계단과 베란다 형태의 2층구조로 이루어져 있다. 내부로 들어가면 천장이 높고 장방형으로 긴 28개의 기둥을 둘러 내실을 구분하였다. 굴의 안쪽 끝에는 복발형 스투파를 모시고 그 앞에는 양협시를 거느린 석가여래상을 의좌상(倚坐像)으로 모셨다. 〔참고문헌〕 中村元 『佛陀의 世界』(김영사, 1984) pp.364~366, 『인도미술사』(예경, 1996) pp.106~111. ⇨ 탑원 塔院, 지제 支提 [1]

차인사 遮仁寺 창건기록은 미상. 『태종실록』 권1 총서에 "지정 2년(1342·충혜왕 복위3) 임오 7월 24일에 도조가 훙하였다. … 나해가 … 선명과 인신을 몰래 훔쳐가서 관내 군민이 모두 노하였다. … 지정 3년 정월에 원에서 … 사자를 보내 나해를 목베도록 하자, 나해가 듣고 선명과 인을 가지고 차인사에 숨으니 잡아서 죽였다. 至正二年壬午七月二十四日 度祖薨 … 那海 … 竊宣命印信而去 管內軍民咸怒 … 至正三年癸未正月 元 … 仍遣使來誅那海 那海聞之 懷宣命及印 匿於遮仁寺 執而殺之"라고 하였다. 〔참고문헌〕 『太祖實錄』, 『韓國寺刹全書』 권하 p.1058a13.

차자문 叉字門 Ⓢ kṣa-kāra. 실담자 로 들어갈 수 있는 문. 차(差)로도 음사한다. 『대품반야경』 권5(대정장8, p.256a26 : *Pañca-pr. I*, p.212)에 "차자문에서는 제법의 다함이 불가득임을 깨닫는다. 叉字門 入諸法盡不可得故 kṣa-kāro mukhaḥ sarvadharmāṇāṃ kṣaya-anupalabdhitaḥ", 60권본 『화엄경』 권57(대정장9, p.766a3 : *Gaṇḍ-vy.*, p.353)에 "차 자를 소리낼 때 반야바라밀문에 드는데 그 이름은 모든 업해장온을 다 쉰다. 唱叉字時 入般若波羅蜜門 名息諸業海藏蘊 kṣa-kāra parikīrtayataḥ karmaniśānta-sāgara-kośa-vicayaṃ nāma prajñāpāramitā-mukham-avakrāntam", 『방광대장엄경』 권4(대정장3, p.560b2 : *Lal-v.*, p.89)에 "차 자를 소리내자 모든 문자로는 표현할 수 없는 일체법 소리 난다. 唱差字時 出諸文字不能詮表一切法聲 kṣa-kāre parikīrtyamāne kṣaṇa-paryanta-abhilāpya-sarvadharma-śabdo niścarati sma"라고 하였다. 〔참고문헌〕 『大品般若經』, 『華嚴經』, 『方廣大莊嚴經』, *Pañca-pr.*, *Gaṇḍ-vy.*, *Lal-v.* ⇨ 실담 悉曇, 사십이자문 四十二字門 [1], 자문 字門

차자문 車字門 Ⓢ cha-kāra. 실담자 는 실담자문 중 하나로 차(磋·撦·瑳·且)·찰(擦)·충(蟲)으로도 음사하는데, 이 글자를 품은 소리와 뜻으로 깨우쳐 드는 말들의 방편을 말한다. 그림자(影) 뜻의 차야(Ⓢ chāyā)의 cha 등이 그 예다. 『대일경』 권2(대정장18, p.10a29)에 "차자문에서는 일체 모든 법의 그림자를 얻을 수 없다. 車字門一切諸法影像不可得故", 『대일경소』 권7(대정장39, p.652c4)에 "차자문에서 일체제법영상을 얻을 수 없다 하였으니, 범음 차야는 그림자라는 뜻이니, 사람의 그림자가 모두 자신에 의지하는 것과 같이 삼계 만법은 오직 식심일 뿐이고 인연이 변한 것이 뭇 경인 듯하다. 이 일은 저 『밀엄경』에서 널리 설명했다. 유가행을 닦는 이에게는 갖가지 부사의한 일이 있다. 더러 시방제불이 널리 드러낸 색신을 보기도 하지만 이 역시 마음의 영상일 뿐이다. 마음이 본래 불생이기에 그림자 역시 옮겨 변함이 없음을 알아야 한다. 생겨남이 없고 심지어 마음에 옮겨 변함도 없으므로 그림자 역시 변화가 없다. 왜 그러한가? 저 그림자 스스로 정한 자성 없어 행하고 그침을 몸을 따를 뿐이니, 마음의 그림자 역시 그러하다. 마음이 움직여 희론 지으며 한생각도 머물지 않으므로, 세간이 만 갈래로 씀 또한 다시 이렇게 유전한다. 마음이 여실상 깨우쳐야 그림자 또한 여실한 상이러니. 그러므로 불가득이다. 車字門一切諸法影像不可得者 梵音 車野是影義 如人影像皆依自身 如是三界萬法唯是識心 因緣變似衆境 是事如密嚴經廣說 乃至修瑜伽者有種種不思議事 或能面見十方諸佛普現色身 亦皆是心之影像 以心本不生故 當知影像亦無所生 無所生故乃至心無遷變故 影像亦無遷變 所以然者 如影自無定性行止隨身心影亦爾 以心動作戲論 無一念住時故 世間萬用亦復爲之流轉 若了心如實相時 影亦如實相 故不可得也", 『대품반야경』 권5(대정장8, p.256b1)에 "차자문에서는 제법에서 욕(欲)을 얻을 수 없음이다. 저 그림자같이 오음 역시 얻을 수 없다. 車字門 入諸法欲不可得故 如影五陰亦不可得故", 60권본 『화엄경』 권57(대정장9, p.766a9 : *Gaṇḍ-vy.*, p.354)에 "차자를 소리쳐 부를 때 반야바라밀문에 드니, 그 이름이 수행계장각별원만이다. 唱車字時 入般若波羅蜜門 名修行戒藏各別圓滿 cha-kāraṃ parikīrtayata upacaya-garbha-prayogaṃ cāritra-cchatra-maṇḍala-bhedaṃ nāma prajñāpāramitā-mukham-avakrāntam", 『화엄경소』 권59(대정장36, p.953b29)에 "차자인즉 욕락의 덮는 성이다. 車字卽欲樂覆性", 『화엄경소초』 권89(대정장36, p.690c28)에 "『소』에서 서른째 차자를 별역하여 차라고 한다. 만약 경문이 이미 방편임을 안다면 희락을 따르므로 각각 따로 원만하다. 『대지도론』에서 '차자를 들은즉 일체법 가는 바 없음을 안다' 하였다. 가차(Ⓢ gaccha)는 간다는 뜻이다. 『대품경』 역시 '차자를 들을 때 제법의 욕이 불가득임을 깨닫는다'고 하였다. 그러므로 『대지도론』에서 간다고 한 것은 『방광반야경』에서 '차는 버리고 감이 없다는 뜻이다'라고 하였으니, 바로 낙욕이 가버린 것을 말한다. 疏 三十 車字別譯爲縒 若會經文旣方便 隨喜樂故各別圓滿 智論云 若聞車字卽知一切法無所去 以伽

車此言去故 大品亦云 聞車字時入諸法欲不可得 而論云去者以放光云車者無可棄去 卽是樂欲所去耳", 『화엄경행원품소』 권8(卍속장7, p.708a17)에 "서른째 차자는 일체법의 낙욕이 성을 덮을 수 없음을 깨닫는다는 뜻이다. 방편을 행함이 그대로 욕락이고, 감추고 널리 덮는 것이 모두 덮는 뜻이다. 욕락을 덮지 않은 일체가 모두 원만하다. 『문수문자모경』에서 '차란 욕을 덮지 않은 소리다' 라고 하였다. 범어 만다라는 원만이라고 한역하고 또한 도량이라고도 한다. 三十車字 悟一切法 樂欲覆性不可得故 得行方便卽是樂欲 藏與普覆 皆是覆義 不覆樂欲一切皆圓故 文殊問字母云 蹉者 是不覆欲聲 然梵云曼荼羅 此翻圓滿 亦云道場故"라고 하였다. 〔참고문헌〕『大日經』, 『大日經疏』, 『大品般若經』, 『華嚴經』, 『華嚴經疏』, 『華嚴經疏鈔』, 『華嚴經行願品疏』, *Gaṇḍ-vy.*, *Pañca-pr.1.213.* ⇨실담 悉曇, 자문 字門, 사십이자문 四十二字門❶, 오십자문 五十字門

차자문 嗟字門 Ⓢtsa-kāra. 실담자 는 실담자문 중 하나로 차(縒·蹉)·차파(哆婆)·치사(哆娑)라고도 음사한다. 이 자를 품고 있는 말들에 의지해 깨우쳐 들게 하는 문. 『대품반야경』 권5(대정장8, p.256b3)에 "차자문에서 제법에서 차자불가득을 깨닫는다. 嗟字門 入諸法嗟字不可得故", 『화엄경소초』 권89(대정장36, p.691a11)에 "『소』에서 서른셋째 차자는 별역하면 차파자라 한다. 만약 경을 만나려면 용건해야 비로소 능히 닦고 공덕 들 수 있다. 『대지도론』에서 '차자를 들으면 일체법에는 아낄 것도 없고 베풀 것도 없음을 안다' 하였다. 말차라(Ⓢmātsarya)란 인색이라고 한역한다. 〔석〕 인색함 없어서 최고로 용건함 베풂이 행으로서의 으뜸이니 용감해야 능히 행하고 기울여 설할 수 있기 때문이다. 疏三十三縒字 別譯爲哆婆字 若會經者勇健方能修入功德 智論云 若聞縒字卽知一切法無慳無施 以末縒羅此言慳故 釋曰無慳最勇健施爲行首 勇而能行故偏說耳", 『번역명의집』 권5(대정장54, p.1136a18)에 "말차라는 인색하다는 뜻의 간으로 한역한다. 『대품경』에서 '차자문에서 제법에서 차자가 불가득임을 깨닫는다' 하였다. 『논』에서 '차자라 한즉 일체법에 인색함도 없고 보시도 없음을 안다'고 하였다. 『화엄경』에서 '차〈칠과 가를 반절한 음〉를 소리내 부르는 것이 일체공덕의 바다에 수행하여 드는 것이다' 하였고, 『화엄경소』에서는 곧바로 용맹하고 굳센 자성이라 하였다. 末嗟羅 秦言慳 大品嗟字門 入諸法嗟字不可得故 論曰 嗟字卽知一切法 無慳無施相 華嚴唱縒〈七可切〉字時 名修行趣入一切功德海 疏云 卽勇健性"라고 하였다. 〔참고문헌〕『大品般若經』, 『華嚴經疏鈔』, 『翻譯名義集』. ⇨실담 悉曇, 자문 字門, 사십이자문 四十二字門❶, 오십자문 五十字門, 치사 哆娑

차자문 嵯字門 Ⓢjha-kāra. 실담자 . 실담자문 중 하나. 사(社)·찬(鄼)·사(闍)·선(禪)·낙(諾) 등으로도 음사한다. 『유가정경석자모품』(대정장18, p.338c14)에 " 차〈작과 하를 반절한 음〉자문에서는 일체법에서 싸움도 적도 얻을 수 없다. 嵯〈昨何切〉字門 一切法戰敵不可得故"라고 하였다. 〔참고문헌〕『瑜伽頂經釋字母品』. ⇨실담 悉曇, 사십이자문 四十二字門❶, 오십자문 五十字門, 찬 鄼, 자문 字門

차자문 遮字門 Ⓢśca-kāra. 실담자 로 실담자문(悉曇字門) 중 하나다. 자(者)·작(酌)·좌(左)·차(嗟) 등으로도 음사한다. 『대일경』 권2(대정장18, p.10a28)에 "차자문은 일체제법이 모든 변천을 여읜 뜻이다. 遮字門一切諸法離一切遷變故", 『대지도론』 권48(대정장25, p.408b20)에 "만약 차자를 들으면 즉시 일체제행이 행 아님을 알게 된다. 若聞遮字 卽時知一切諸行皆非行", 같은 책 권48(대정장25, p.409a11)에 "만약 차자를 들으면, 곧 일체법의 부동상(Ⓢniścala)을 안다. 卽知一切法不動相"라고 하였다. 〔참고문헌〕『大日經』, 『大智度論』. ⇨실담 悉曇, 자문 字門, 사십이자문 四十二字門❶, 오십자문 五十字門

차자문 醝字門 Ⓢysa-kāra. 실담자 로 실담자문(悉曇字門) 중 하나다. 일사(逸娑)·야사(也娑)·예사(拽娑)·이사(夷娑)·사(闍)·차(嵯)라고도 한다. 『대품반야경』 권5(대정장8, p.256b8)에 "차자문은 제법이 차자에 들어가니 불가득이라는 뜻이다. 醝字門 入諸法醝字不可得故", 『대지도론』 권48(대정장25, p.409a10)에 "만약 차 자를 들으면 곧 차 자가 공임을 안다. 제법 또한 그러하다. 若聞醝字 卽知醝字空 諸法亦爾"라고 하였다. 〔참고문헌〕『大品般若經』, 『大智度論』. ⇨실담 悉曇, 사십이자문 四十二字門❶, 자문 字門

차자자 遮自恣 Ⓟpavāraṇaṃ ṭhapeti. 자자(自恣)를 막다. 계를 받지 않은 이, 범계하고도 갈마하지 않은 이, 위의가 거친 이, 삿되게 행하여 생활하는 이가 무리 중에 있으면 자자할 수 없다. 『살바다비니』 권5(대정장23, p.596b8)에 "무엇이 자자를 막는다 하는가? 네 가지 비법과 네 가지 여법이 있다. 비법이란 무근계, 부정한 사람, 악한 위의의 사람, 사명인이다. 위와 서로 어긋나게 하면 여법히 하여 자자를 막는다 한다. 云何遮自恣 有四非法 四如法 非法者 無根戒 不淨人 惡威儀人 邪命人 與上相違 名如法遮自恣"라고 하였다. 〔참고문헌〕『薩婆多毘尼』, *Vin.1.170.* ⇨자자 自恣

차작 差作 차제에 당해서 하다. 『마하승기율』 권31(대정장22, p.480a1)에 "간병인이 (입적한 스님의 유품을) 얻어도 됨과 얻으면 안 됨은 무엇인가? 잠깐 간병하거나, 차제로 골라 간병하거나, 복덕을 즐겨서 간병하거나, 사명으로 간병해서는 안 된다. … 차작이란 대중의 차례에 따라서 했을 뿐임을 말한다. 看病人 云何應得不應得 不應得者 暫作不應得 差作不應得 樂福德作不應得 邪命作不應得 … 差作者 僧次差 是名差作"라고 하였다. [참고문헌] 『摩訶僧祇律』.

차전 遮詮 일어날 수 있는 허물을 막기 위해 하는 말. 또는 부정해야 드러낼 수 있는 진실을 말한다. 바른 뜻을 곧바로 드러내는 것은 표전(表詮)이다. 『도서』 권하1(대정장48, p.406b20)에 "매번 '생하지도 멸하지도 않으며, 더럽지도 깨끗하지도 않다. 인도 과도 없으며, 상도 함도 없다. 범도 성도 아니며, 성도 아니고 비상도 아니다'라고 하는 모두가 막아 말함이다. 每云 不生不滅 不垢不淨 無因無果 無相無爲 非凡非聖 非性非相等 皆是遮詮", 『종경록』 권25(대정장48, p.560a23)에 "비심비불이라 한다면 막기 위한 표현이다. 허물을 미리 보호하고 가리고 잘못을 막기 위하여 의문을 버리고 집착을 무너뜨린다. 정으로 보고 대충 의지해서 뜻으로 헤아리고 그릇 아는 이에게는 마음도 부처도 모두 가히 얻을 수 없다는 뜻을 보일 뿐이니, 이래서 비심비불이라 한다. 若非心非佛 是其遮詮 卽護過遮非 去疑破執 情見依通 意解妄認之者 以心佛俱不可得故 是以云 非心非佛", 원효(元曉)의 『대혜도경종요』(대정장33, p.71c17・한불전1, p.484b18)에 "무지라는 이름도 바탕을 부른 것 아니니 곧바로 차전이다. 드러내 보일 수 없으므로 다만 알음알이를 막을 뿐이니, 무를 보인 것은 아니다. 無知之名 亦不稱體 直是遮詮 不能表示故 但遮於知 非表於無故"라고 하였다. [참고문헌] 『都序』, 『宗鏡錄』, 『大慧度經宗要』. ⇨ 견현 遣顯, 표전 表詮, 의전담지 依詮談旨, 폐전담지 廢詮談旨

차전문 遮詮門 막아 말해서 드러내는 문. 곧바로 말해서 드러내는 문은 표전문(表詮門)이다. 『섭대승론석』 권8(대정장31, p.429c2)에 "차전문으로 지의 바탕과 모습을 설할 뿐이니, 표전문으로는 말할 수 없기 때문이다. 가령 분별문을 보내는 것이 무분별지라면 그 상을 이해할 수 있다. 만약 이 지와 다르다면 마땅히 분별이 있게 된다. 由遮詮門 說智體相 以表詮門 不可說故 遣分別門 無分別智 其相可了 若異此智 應有分別"라고 하였다. [참고문헌] 『攝大乘論釋』. ⇨ 표전문 表詮門

차전표전 遮詮表詮 아닌 것을 말해서 드러내고자 하는 뜻을 보이는 것과 곧바로 말해서 뜻을 드러내는 것. ❶ ➡ 차전표전이 遮詮表詮異 ❷ 인명(因明) 용어. 『이문론술기』(대정장44, p.90a15)에 "이름을 말하는 것은 단지 공상을 말할 뿐이고 제법의 인상을 능히 표현할 수 없다. 왜냐하면 자상은 언설을 여의기 때문이다. 공상을 말하기 위해서는 나머지 법을 보내고 막아야 비로소 이 법이 말해질 수 있다. 예를 들면 청(青)이란 말은 '청'이 아닌 황(黃) 등을 막아야 비로소 저 '청'의 공상을 나타낼 수 있다. '황' 등을 버리지 않으면 '청'을 부를 때, '황'이 곧바로 응하여 오기 때문이다. 이름과 말로 그 법을 취하고자 하면 반드시 나머지는 막고 이것은 말한다. 막아내지 않고도 말할 수 있는 법은 있지 않다. 名言 但詮共相 不能詮表 諸法因相 以自相離言說故 詮共相 要遣遮餘法 方詮顯此法 如言青 遮非青黃等 方能顯彼青之共相 若不遮黃等 喚青 黃卽應來故 一切名言 欲取其法 要遮餘詮此 無有不遮而詮法也"라고 하였다. [참고문헌] 『理門論述記』, 『因明義斷』(대정장44, p.153a11).

차전표전이 遮詮表詮異 아닌 나머지를 가려 보내는 것과 당체를 바로 드러내는 것. 공종성종(空宗性宗)이 다른 열 가지 뜻 중에 하나다. 종밀(宗密)의 『도서』 권하(대정장48, p.406b17)와 『종경록』 권34(대정장48, p.616b7)에 전한다. "여섯 번째 차전과 표전으로 다르다. 차란 그 아닌 것을 보내버리는 것을 말하며, 표란 그렇다 하는 것을 드러내는 것을 말한다. 또 차란 나머지를 가려 버리는 것이고, 표란 곧바로 그 당체를 보이는 것이니, 저 여러 경에서 진여묘성을 매번 불생불멸・불구부정・무인무과・무상무위・비범비성・비성비상 등이라 말하는데, 이것은 모두 '차전'이다. 아닌 것을 보내고 자취마저 쓸어버림으로써 생각을 끊고 정을 없애버리는 것이다. 만약 지견각조・영감광명・낭랑소소・당당적적 등을 말하고 있다면 이는 모두 표전이다. 六遮詮表詮異者 遮謂遣其所非 表謂顯其所是 又遮者 揀却諸餘 表者 直示當體 如諸經所說 眞如妙性 每云不生不滅不垢不淨 無因無果 無相無爲 非凡非聖 非性非相等 皆是遮詮 遣非蕩跡 絶想祛情 若云知見覺照 靈鑒光明 朗朗昭昭 堂堂寂寂等 皆是表詮"라고 하였다. [참고문헌] 『都序』, 『宗鏡錄』. ⇨ 공종성종십이 空宗性宗十異, 표전 表詮

차정 差定 맡겨 정하다. 어떤 사람에게 일정한 소임을 맡겨 정하는 일. 『선림상기전』 권12(불광장, 禪藏, p.911)에 "차정 : 『총림성사』에 '혼융연에게 대기라는 제자가 있었다. 그가 순희년간(1174~1189)에 구주(衢州)의 영요사에 주지로 살았다. 당시 조정에서 때마침 역법을 시행하여 이절(二浙)・강회(江淮)・처주(處州) 등의 지방에 모두 돌아가며 정하였다. 대기는 구주・무주(婺州)・처주 등 세 지방의 비구・비구니와 도사를 인솔하고 조정에 찾아가 면제받았다. 오늘날 천하의 스님들이 이 일로 말미암아 안정을 얻고 국가의 부역을 맡지 않게 된 것은 대기의 노력 때문인가 한다. … 『경국대전』 주해에 '차정이란 가려 택함이니 차라는 말은 맡는다는 뜻의 임이고, 정은 안치의 안이다'라고 하였다. 差定 叢林盛事云 混融然 有小師大驥者 淳熙間 住衢之靈曜 時朝廷方行役法 二浙江淮處 並差定 驥乃糾率 衢婺處三州 僧尼道士 造朝免之 今天下僧 由此獲安 不爲國家之差役者 蓋驥之力耶 … 經國大典註解云 差定 差擇也 言差任也 定安也"라고 하였다. 〔참고문헌〕『禪林象器箋』, 『叢林盛事』 권하(卍속장148, p.84a16).

차정표덕 遮情表德 정은 막고 덕은 드러내다. 『화엄오교지관』(대정장45, p.512c10)에 "'차정'이라 말한다. 〔문〕 연기란 이 있는 것인가? 〔답〕 아니다. 즉 〈공(空)이기 때문이다. 연기하는 법은 무성이어서 공이다. 〔문〕 무(無)인가? 〔답〕 아니다. 곧 유(有)이기 때문이다. 즉 연기라는 법은 무시이래로 있어 왔기 때문이다. 〔문〕〉 있기도 하고 없기도 한가? 〔답〕 아니다. '공'과 '유'는 두렷이 어울려 하나여서 둘이 없기 때문이다. 즉 연기라는 법은 '공'과 '유'로 하나같이 해서 두 가지 상은 없기 때문이니, 금과 장엄구 같음을 생각하라. … '표덕'이라 한다. 〔문〕 연기는 이 있는 것인가? 〔답〕 그렇다. 환으로 있기에 없지 않다. 〔문〕 '무'인가? 〔답〕 그렇다. 성이 없어서 공이기 때문이다. 〔문〕 있기도 하고 없기도 한가? 〔답〕 그렇다. 두 가지로 있어서 걸림이 없기 때문이다. 〔문〕 있지도 않고 없지도 않은가? 〔답〕 그렇다. 서로 빼앗아 쌍으로 사라지기 때문이다. … 가리고 표함이 원융무애하니, 모두 연기해서 자재하기 때문이다. 言遮情者 問 緣起是有耶 答 不也 卽〈空故 緣起之法 無性卽空 問 是無耶 答 不也 卽有故 以緣起之法 卽由無始 得有故 問也〉 亦有亦無耶 答不也 空有圓融 一無二故 緣起之法 空有一際 無二相故也 如金與莊嚴具思之 … 表德者 問 緣起是有耶 答 是也 幻有不無故 問 是無耶 答 是也 無性卽空故也 問 亦有亦無耶 答是也 不礙兩存故 問 非有非無耶 答是也 互奪雙泯故 … 遮表圓融無礙 皆由緣起 自在故也"라고 하였다. 〔참고문헌〕『華嚴五敎止觀』. ⇨ 연기 緣起

차제 次第 **1** Ⓢ anukrama, Ⓣ go-rims. 제법이 시위(時位)에 따라 행상을 달리하며 분위를 드러낼 때의 모습. 백법(百法) 또는 이십사불상응법(二十四不相應法) 중 하나다. 『대승아비달마집론』 권1(대정장31, p.665c26 : *Abh-s.*, p.11)에 "어떤 것들이 차제인가? 인과에 있어 낱낱으로 따로 흘러 구르니 임시로 차제를 세울 뿐이다. 何等次第 謂於因果一一流轉 假立次第 anukramaḥ katamaḥ. hetuphalaikatye pravṛttau anukrama iti prajñaptiḥ", 『대승아비달마잡집론』 권2(대정장31, p.700c27 : *Abh-s-bh.*, p.10)에 "인과가 각기 낱낱이 유전한다는 말은 함께 하지 않는다는 뜻이다. 因果一一流轉者 謂不俱轉 ekaikasyaiva pravṛttir ayugapatpravṛttirveditavyā", 『유가사지론』 권56(대정장30, p.607c21)에 "〔문〕 무엇에 의지하여 위를 나누고 차제를 건립하고 또 몇 가지나 되는가? 〔답〕 낱낱의 행상들이 유전하는 분위로 차제를 건립하는 것은 세 가지로 나누니, 찰나로 유전하는 차제와 몸 안에서 유전하는 차제, 그리고 지은 바에 따라 유전하는 차제가 있다. 問 依何分位建立次第 此復幾種 答 依一一行流轉分位建立次第 此復三種 謂刹那流轉次第 內身流轉次第 成立所作流轉次第", 『유가론기』 권15(대정장42, p.651c10・한불전14, p.160a22))에 "찰나유전차제란 전념이 흘러 구르는 차제고, 내신유전차제란 한 몸 중의 십시차제를, 성립소작유전차제란 저 밖의 기세간이 시간 속에서 전후로 자리를 잡는 등이다. 刹那流轉次第者 前念流轉次第 內身流轉次第者 如一身中十時次第 成立所作流轉次第者 如外器成立前後安布時中", 『법화현의』 권6하(대정장33, p.755b10)에 "차제라는 말은 무슨 뜻인가? 만약 말이 없으면 그만이지만 말은 반드시 연을 빌려야 하니 연이란 도를 받아들이는 사람이다. 도를 이미 받아들인 즉 권속이 된다. 所言次第者 若無說而已 說必被緣 緣卽受道人也 已受道故 卽成眷屬", 『법화현의석첨』 권20(대정장33, p.959a17)에 "처음에 차제라 한 말은 무슨 뜻인가? 『화엄경』 첫 머리에 '보리도량에서 처음 정각을 이루셨다'라고 하며 처음으로 밝혔다. 소승의 여러 부파에서 비록 '처음으로 이루었다'고 하지만 스스로 소승의 근기에선 견(見)이 시작이기 때문이다. 初言次第者 華嚴初云 於菩提道場 始成正覺 在初明矣 諸部小乘雖云初成 自是小機 見爲初耳", 『화엄경소초』 권45(대정장36, p.349c2)에 "여기에는 차제 체를 드러냄이 있다. 차제란 덕용이 자재하고 지가 가장 뛰어나기에 머리에서 밝혔다. 일체지를 갖춤으로 말미암아 모든 번뇌를 다하고, 지단을 갖춤으로 법을 설하여 중생을 교화한다. 먼저 생사의 인을 설하고 후에 생사에서 벗어나게 하니 이 하나의 문으로 이전 두 가지 이익의 문에서 이미 그 뜻을 거뒀다. 此中卽有次第出體 言次第者 德用自在 智最勝故 首而明之 由具一切智 能盡諸漏 由具智斷 說法化生 說法之中 先說生死因 後出生死故 而此一門 卽前二利門中 已攝此意", 『천태보살계소』 권중(대정장40, p.592b17)에 "차제는 원승의 계위니 행과 해가 뚜렷이 드러난다. 言次第者 圓乘階位 行解宛然", 『대승의장』 권7(대정장44, p.613b23)에 "차제란 업이 일어나는 차제로 이에 사중 있다. 첫째로 먼저 삼근번뇌를 일으키고, 둘째로 불선업사를 일으키며, 셋째 삼도번뇌를 일으키고, 넷째 몸과 입의 일곱 가지 업을 일으킨다. 예를 들면, 살생하고자 할 경우 먼저 탐욕을 일으키거나 분노와 어리석음을 일으키고, 다음으로 사심을 일으켜 목숨을 끊겠다고 생각하며, 이렇게 생각한 다음에 따라 거듭 탐욕을 일으키거나 거듭 분노와 어리석음을 일으키고, 이전의 생각을 거침없이 거들어 거듭 어떤 몸동작 취할 마음을 일으켜 몸과 손을 발동함으로써 저의 목숨을 끊어버린다. 살생의 예가 이러하니 도둑질 등도 그러하다. 차제는 이와 같다. 言次第者 業起次第 乃有四重 第一先起三根煩惱 第二次起 不善業思 第三次起 三道煩惱 第四次起 身口七業 如欲殺生 或先起貪 或起瞋癡 次起思心 思欲斷命 從此思後 次起重貪 或重瞋癡 通暢前思 然後重起威儀之心 發動身手 隔斷彼命 如殺旣然 盜等亦爾 次第如是"라고 하였다. 〔참고문헌〕『大乘阿毘達磨集論』, 『大乘阿毘達磨雜集論』, 『瑜伽師地論』, 『瑜伽論記』, 『法華玄義』, 『法華玄義釋籤』, 『華嚴經疏鈔』, 『天台菩薩戒疏』, 『大乘義章』, 60권본『華嚴經』 권1(대정장9, p.395a7), *Abh-s.*, *Abh-s-bh.* ⇨ 이십사불상응법 二十四不相應法, 심불상응법 心不相應法, 순차제 順次第, 인과차제 因果次第 **2** 밀교의 수법(修法)·법회(法會)·행사(行事) 등에서의 의식의 분위와 시차. 금강계염송차제金剛界念誦次第)·십팔도차제(十八道次第)·존승불차제(尊勝佛次第)·부동차제(不動次第) 등이 모두 그 예이다. ⇨ 금강계염송차제 金剛界念誦次第, 십팔도차제 十八道次第, 구경차제 究竟次第, 오차제 五次第

차제 車帝 경을 결집한 칠엽굴(七葉窟 Ⓢ Saptaparṇa guhā)이라 전한다. 『법현전』(대정장51, p.863a9)에 "다시 서쪽으로 5~6리 가면 산의 북쪽 그늘에 차제라는 석굴이 하나 있다. 부처님께서 열반에 드신 뒤에 오백아라한이 경을 결집한 곳이다. 출경할 당시에 세 개의 높은 법좌를 늘어놓고 장엄하며 꾸몄다. 사리불이 좌측 법좌에 앉고 목련이 우측 법좌에 앉았으며, 오백의 수에서 한 아라한이 적었는데 대가섭이 상좌에 앉았다. 又西行五六里 山北陰中 有一石室 名車帝 佛泥洹後 五百阿羅漢 結集經處 出經時 鋪三高座 莊嚴校飾 舍利弗在左 目連在右 五百數中 少一阿羅漢 大迦葉爲上座"라고 하였다. 〔참고문헌〕『法顯傳』. ⇨ 칠엽굴 七葉窟

차제 嗏帝 Ⓟ Sāti. 부처님 재세시 악견 비구. 『중아함경』 권54「차제경 嗏帝經」(대정장1, p.766c2)에 "차제비구 계화차자(Ⓟ Kevaṭṭa putta)는 이런 악견을 일으켰다. '내는 알기론 세존께서는 이렇게 「지금 이 식은 왕생해서도 고쳐 달라지지 않는다」고 설법하셨다'. … 제비구들이 차제비구를 꾸짖어 말했다. '그대는 이런 설을 짓지 말 것이며, 세존을 헐뜯지도 말라. … 지금 이 식은 인연으로 일어나느니라. 세존께서 무량방편으로 식은 인연으로 일어나니, 연이 있으면 나고 연이 없으면 사라진다고 설하셨다. 차제비구여, 그대는 빨리 이 악견을 버리는 것이 옳다'. … 이 차제비구 어리석었기에 뒤바뀐 채로 뜻과 글을 받아 풀었다. 저이는 스스로 받아 풀기를 거꾸로 하였기에 나를 헐뜯고 스스로를 상하게 했으니 범함도 있고 죄도 있다. 嗏帝比丘 雞和哆子 生如是惡見 我知世尊 如是說法 今此識 往生不更異 … 諸比丘訶嗏帝比丘曰 汝莫作是說 莫誣謗世尊 … 今此識 因緣故起 世尊無量方便 說識因緣故起 有緣則生 無緣則滅 嗏帝比丘 汝可速捨 此惡見也 … 此嗏帝比丘 愚癡之人 顚倒受解 義及文也 彼因自顚倒受解故 誣謗於我 爲自傷害 有犯有罪"라고 하였다. 〔참고문헌〕『中阿含經』.

차제걸식 次第乞食 Ⓢ sāvadāna-piṇḍapātika, Ⓟ sapadāna-cārika, sapadāna-cārin, Ⓣ mthar-gyis-slong-ba'i-bsod-snyoms-pa. 평등한 마음으로 인연 따라 걸식하다. 빈부도 귀천도 가려서는 안 되고 음식의 좋고 나쁨도 가리지 않아서 일체중생에게 일체종지의 씨앗 심을 인연을 차별없이 행하는 뜻이다. 비구의 십이두타(十二頭陀), 십육자구(十六資具) 그리고 육종식(六種食) 중 하나다. 『중아함경』 권31「뢰타화라경 賴吒和羅經」(대정장1, p.624b20)에 "존자 뢰타화라는 이렇게 생각했다. '세존께서 차제걸식을 좋다고 칭찬하셨으니 나는 차라리 이 유로타마을에서 차제걸식을 해야겠다'. 존자 뢰타화라는 곧 유로타 마을에서 차제걸식하면서 마침내 본가에 도달하였다. 尊者 賴吒和羅 作如是念 世尊稱歎 次第乞食 我今寧可於此鍮蘆吒 次第乞食 尊者 賴吒和羅 便於鍮蘆吒 次第乞食 展轉至本家, 『금강선론』 권1(대정장25, p.802b10)에 "여기서 차제라고 말한 것은 성 안의 사성 중 가난한 집은 지나치고 부잣집만을 찾지 않는 것이고, 또한 신분이 낮은 집은 지나치고 신분이 높은 집만을 좇지 않는 뜻이기에 차제걸식이다. 今言次第者 城內四姓中 不捨貧從富 又不棄賤從貴 故云次第乞食", 『대지도론』 권68(대정장25, p.538b2)에 "행자는 맛에 붙들리지 않고 중생을 가볍게 여기지도 않으며 가지런한 마음으로 연민하므로 차제로 걸식하며 빈부를 가리지 않기에 차제걸식의 법을 받아들인다. 行者不著於味 不輕衆生 等心憐愍故 次第乞食 不擇貧富故 受次第乞食法", 『십주비바사론』 권16(대정장26, p.111c19)에 "차제로 걸식하므로 중생 중에 평등한 마음을 일으켜 일체종지를 돕는 씨를 심는다. 次第乞食故 於衆生中 生平等心 卽種助一切種智", 『유가사지론』 권25(대정장30, p.422a17 : *Śrāv-bh.*, p.158)에 "차제걸식이라 한 것은 마을에 들어가되 집집마다 돌면서 걸식할 때 얻은 그대로 보이는 그대로 바로 음식을 받는다. 높이 손을 들고 거절하며 건너 뛰어 다른 집으로 가거나 '나 마땅히 맛있는 음식을 얻게 하소서'라고 원하거나 많이 얻기를 바라지도 않는다. 次第乞食者 謂入里巷 巡家而乞 隨得隨現 而便受食 不高擧手 越趣餘家 願我當獲 精妙飮食 乃至期願 多有所得 sāvadānapiṇḍapātikatayā veśyānuveśyakulāni bhikṣitvā … no tu uccaiḥ śuṇḍām praṇidhāya kulāni upasaṃkrāmati. ato ahaṃ lapsye praṇītaṃ khādanīyaṃ bhojanīyaṃ yāvadāptaṃ"라고 하였다. [참고문헌] 『中阿含經』, 『金剛仙論』, 『大智度論』, 『十住毘婆沙論』, 『瑜伽師地論』, 『十誦律』 권11(대정장23, p.80b14), *Śrāv-bh.* ⇨ 십이두타행 十二頭陁行, 십육자구 十六資具, 육종식 六種食

차제견 次第見 차제로 보다. 틈새없이(無間) 바로 이어 보다. 현행하는 번뇌를 버리는 무간도에서 틈새없이 바로 해탈도가 따르기에 붙인 이름이다. 원측(圓測)의 『인왕경소』에서 설하는 칠견(七見) 중 하나다. 『인왕경소』 권상(대정장33, p.383c9・한불전1, p.53b11)에 "여섯째 차제견은 바로 무간도다. 해탈도를 위해서 차제로 연을 짓기 때문이다. '곧 멸이라 함은 금강이다'라고 하였는데, 곧 굳세고 날카로운 용이 있기에 금강이라 한다. '또한 정이라고 한다'는 것은 정이 혜를 발하듯이 무간도로써 해탈도를 이끌어 내기 때문이다. 六 次第見 是無間道 爲解脫道作次第緣故 言卽滅爲金剛 便有堅利之用 故言金剛 亦名定者 以無間道 牢發解脫道 如定發慧"라고 하였다. [참고문헌] 『仁王經疏』. ⇨ 칠견 七見❶

차제삼관 次第三觀 천태에서 시설한 삼관(三觀) 중 별교(別教)의 관법으로 원교(圓教)는 불차제(不次第)라 한다. 공가중(空假中) 삼제(三諦)를 관하는 세 가지(別相 通相 一心三觀) 중 별상삼관(別相三觀)을 말한다. 『반야심경약소연주기』 권하(대정장33, p.564c23)에 "처음에 공으로 생사를 관한다. 다음에 공으로 열반을 관한다. 이 두 공으로 쌍으로 물리치는 방편을 삼는다. 처음에 용이 공함을 관하고, 다음에 용이 가임을 관한다. 이 두 용은 쌍으로 비추는 방편이다. 마음과 마음이 살바야의 바다를 향하여 돌아가게 하니 쌍으로 이제를 비춘다. 이것이 차제삼관이다. 初觀空生死 次觀空涅槃 此之二空 爲雙遮之方便 初觀用空 次觀用假 此之二用 爲雙照之方便 心心趣歸薩婆若海 雙照二諦也 是爲次第三觀", 『사교의』 권9(대정장46, p.753c5)에 "초심으로는 단박에 들 수 없다. 반드시 계를 지키고 정혜를 닦고, 차제삼관으로 마음을 조복한 후 중도에 든다. 삼제의 혹장을 만약 버린다면 그때야 도를 얻을 수 있고, 불성을 보고 대열반에 머무른다. 初心不可頓入 必須持戒修定慧 次第三觀調心而入中道 三諦惑障若除 方乃得道 見於佛性 住大涅槃"라고 하였다. [참고문헌] 『般若心經略疏連珠記』, 『四教儀』. ⇨ 삼관 三觀❶, 별상삼관 別相三觀, 일심삼관 一心三觀, 원융삼관 圓融三觀

차제삼제 次第三諦 천태에서 시설한 삼제(三諦) 중 하나. 공가중(空假中) 삼제가 각각 전중후(前中後)로 역력한 뜻으로 격력삼제(隔歷三諦)・역별삼제(歷別三諦)라고도 한다. 원융삼제(圓融三諦)가 아닌 뜻이다. 『지관보행전홍결』 권1(대정장46, p.169c27)에 "법성실제는 중실이라고 이름한다. 위는 십지에 머물지만 삼시가 각각 다르기에 또한 구별된다. 비록 다시 삼제가 모두 공가중이어서 다만 이 차제삼제의 상일 뿐이다. 法性實際 名爲中實 位在十地 三時各異 故亦別也 雖復三諦 皆空假中 秖是次第三諦之相", 『대명삼장법수』 권6(영락장181, p.608b3)에 "즉공은 진제이며, 즉가는 속제이며, 즉중은 중제이다. 이 셋이 떨어져 역력한 것이 곧 차제삼제이다. … 〈격력이란 삼제가 서로 어울리지 않는 것이다. 차제란 앞은 진제, 다음에 속제, 나중은 중제이니 곧 별교삼제이다〉. 卽空是眞諦 卽假是俗諦 卽中是中諦 此三隔歷 卽是次第三諦 … 〈隔歷者 三諦不互融也 次第者 前眞次俗後中 卽別教三諦也〉"라고 하였다. [참고문헌] 『止觀輔行傳弘決』, 『大明三藏法數』. ⇨ 삼제 三諦, 격력삼제 隔歷三諦❶, 원융삼제 圓融三諦, 별교 別教, 원교 圓教

차제연 次第緣 Ⓢ samanantara-pratyaya, Ⓣ mtshungs-pa-de-ma-thag-pa'i-rkyen. 틈새없이 이어지는 연. 사연(四緣) 중 하나로 전찰나의 식 또는 마음이 후찰나와 더불어 연이 되어 틈새없이 이어지는 뜻이다. 신역에서는 등무간연(等無間緣)이라 한다. 『대지도론』 권32(대정장25, p.296c23)에 "심과 심소법은 차제로 상속하면서 틈이 없기에 이를 차제연이라 한다. 心心數法次第相續無間故 名爲次第緣", 『구사석론』 권5(대정장29, p.194a5 : *Abh-k-bh.*, p.98)에 "아라한최후의 심심법을 제한 이미 생겨난 나머지 심심법을 차제연이라 한다. 어째서 차제연이라 하는가? 이 법 고르게 틈없이 연하기에 차제연이라 한다. 따라서 색법(色法)은 차제연이 아니다. 除阿羅漢最後心心法 已生餘心心法 名次第緣 云何名次第緣 此法等無間緣故 名次第緣 是故色非次第緣 arhataḥ paścimānapāsyotpannāścittacaitāḥ samanantarapratyayaḥ. samaścāyamanantaraśca pratyaya iti samanantarapratyayaḥ. ata eva rūpaṃ na samanantarapratyayo viṣamotpatteḥ", 『섭대승론석』 권2(대정장31, p.167c5)에 "전식이 멸하여 후식이 생겨나기에 이를 차제연이라 한다. 전식이 후식을 생겨나게 할 때 중간에 떨어짐이 없기에 '차제'라 한다. 前識滅後識生故 是次第緣 前識能與後識生時 中間無隔 故名次第", 『섭대승론석론』 권2(대정장31, p.278b28)에 "차제연이란 앞서 멸한 식이 연하여 잇따라 식을 일으키는 것이니, 만약 전식 버리지 않는다면, 후식은 생겨날 수 없다. 次第緣者 謂前滅識緣 次第生識 若前識不捨處 則後識不得生", 『대승의장』 권3(대정장44, p.516b29)에 "전심이 후심과 함께 차례로 연이 되기에 차제연이라 한다. 前心與後 次第爲緣 名次第緣"라고 하였다. [참고문헌] 『大智度論』, 『俱舍釋論』, 『攝大乘論釋』, 『攝大乘論釋論』, 『大乘義章』, *Abh-k-bh.* ⇨ 등무간연 等

無間緣, 사연 四緣, 육인 六因❶, 오과 五果❶

차제증 次第證 ❶Ⓢānupūrvika prāpti. 차제를 밟아 깨우쳐 가다. 시설(施設)된 위에 따라 과(果)를 얻는 것. 사향사과(四向四果)를 거치는 것으로 차제단(次第斷)과 함께하며 단박에 넘어서 깨우치면 초월증(超越證)이다. 『구사론』 권3(대정장29, p.17b7)에 "중간의 두 사문과는 그 경우에 따라 각기 일곱·여덟·아홉 가지 근에 의해 얻는다. 왜 그러한가? 먼저 일래과 차제증의 경우, 세간도(Ⓢlaukika mārga)에 의지해서는 일곱 근에 의해 얻으니, 의근·사근과 신 등의 오근이 그것이고, 출세간도(Ⓢlokottara mārga)에 의지해서는 여덟 근에 의해 얻으니, 앞의 일곱 근과 여덟째 이지근이 그것이다. … 또 차제증 불환과의 경우, 만약 제9해탈도 중에 근본지에 들어갈 때 세간도에 의지하면 여덟 근에 의해 얻는다. 中間二果 隨其所應 各爲七八九根所得 所以者何 且一來果次第證者 依世間道 由七根得 謂意及捨信等五根 依出世道 由八根得 謂卽前七根已知根第八 … 又次第證不還果者 若於第九解脫道中 入根本地 依世間道由八根得", 『현종론』 권5(대정장29, p.798b20)에 "차제증이라는 것은, 만약 제9해탈도중에 근본지에 들어간다면 세간도에 의지해서도 여덟 근을 얻어 희근이 여덟 번째가 되고, 출세간에 의지해서는 아홉 근을 얻으니 이지근이 아홉 번째가 된다. 次第證者 若於第九解脫道中 入根本地 依世間道 由八根得 喜爲第八 依出世道 由九根得 已知第九", 『법화의소』 권8(대정장34, p.570c7)에 "두 번째, 소승성불은 반드시 삼계 내에 있다. 『구사론』에서 두 가지로 푼다. 그중 하나는 이렇다. 즉 부처님께서 보리수아래 앉은 채로 부정관을 행하시고 나아가 차제로 다해 무생을 깨달은 후에, 지가 비로소 관에서 나왔기에 성불하셨다고 한다. 二者 小乘成佛定在三界內 俱舍論有二種釋 一云 佛於菩提樹下坐 作不淨觀 乃至次第證盡無生 智始出觀 名爲成佛", 『마하지관』 권6(대정장46, p.74c25)에 "다음으로 별교사문이란 곧 별도의 이치를 관해야 별도의 혹을 끊는다는 점에서 앞 통교와 다르고, 차제로 닦고 차제로 증하기에 뒤의 원교와도 다르다. 대경에서 '『대반열반경』에 (부처님의) 무상도와 대중정행이 있음을 듣고, 발심출가하고 계를 지키고 정을 닦고 사제라는 혜를 관하여 이십오삼매를 얻는다'고 하였는데, 사상차제가 삼장과 다르지 않다. 그러나 대열반심으로 제법을 인도한다는 점에서 앞 통교와 다르고, 다섯 가지 행을 점차로 닦는다는 점에서 뒤 원교와도 다르다. 그러므로 별교라 한다. 次別敎四門者 卽是觀別理斷別惑 不與前同 次第修次第證不與後同 大經云 聞大涅槃有無上道大衆正行 發心出家持戒修定觀四諦慧 得二十五三昧 事相次第 不殊三藏 但以大涅槃心導於諸法 以此異前 漸修五行以此異後 故稱爲別", 『전심법요』(대정장48, p.380c13)에 "도를 배우는 사람도 자기 본심을 미혹하여 그것이 부처임을 알지 못하고 밖을 향해 쫓아 구하고자 찾으니 공을 일으키고 행을 써서 차제에 의지해 증하려 하지만, 억겁을 애써 구한들 영원히 도를 이루지 못할 것이니 당장에 내려놓아 마음없이 함만 못하다. 故學道人迷自本心 不認爲佛 遂向外求覓 起功用行 依次第證 歷劫勤求 永不成道 不如當下無心"라고 하였다. 〔참고문헌〕『俱舍論』, 『顯宗論』, 『法華玄義』, 『摩訶止觀』, 『傳法心要』, *Abh-k-bh.49.* ⇨사향사과 四向四果, 초월증 超越證 ❷천태에서 시설한 육묘문(六妙門)의 네 가지 증상문(證相門) 중 하나. 『육묘법문』(대정장46, p.554b15)에 "여기서 다시 육묘문의 증상을 차별하고자 한다. 육문에는 네 가지 증상이 있으니, 첫째 차제증, 둘째 호증, 셋째 시전증, 넷째 원돈증이다. 今當更分別六妙門證相 六門有四種 一者 次第證 二者 互證 三者 旋轉證 四者 圓頓證"라고 하였다. 〔참고문헌〕『六妙法門』. ⇨육묘문 六妙門

차제청식 次第請食 승중(僧衆) 가운데 상좌(上座)부터 하랍(夏臘)이 높은 순서대로 청하여 공양하는 법. 『십송율』 권61(대정장23, p.469b23)에 "교살라국의 많은 비구들이 하안거에 들어 있을 때 모든 거사들은 많은 비구가 차제청식을 바라고 있음을 알았다. 憍薩羅國 衆多比丘 夏安居 諸居士等 見衆多比丘 便欲次第請食", 『사분율』 권13(대정장22, p.655b3)에 "단월이 베푸는 차제청식이나 거사의 아들이나 거사의 딸 또는 자매나 며느리가 베푸는 차제청식의 경우 범한 것은 아니다. 若檀越次第請食 若兒若女 若妹及兒婦 次第請食 無犯"라고 하였다. 〔참고문헌〕『十誦律』, 『四分律』.

차제항포문 次第行布門 차제대로 펼쳐놓는 문. 화엄(華嚴)에서 시설하였고 원융상섭문(圓融相攝門)과 마주한다. 『화엄경탐현기』 권1(대정장35, p.108c4)에 "첫째, 차제항포문이란 십신·십해·십행·십회향·십지를 채운 후에야 비로소 불지에 이르니, 미미함에서부터 현저함에까지 계위의 점차를 말한다. 一 次第行布門 謂十信十解 十行十迴向 十地滿後 方至佛地 從微至著 階位漸次"라고 하였다. 〔참고문헌〕『華嚴經探玄記』. ⇨항포문 行布門, 원융상섭문 圓融相攝門

차제현관 次第現觀 ❶Ⓢanupūrva-abhisamaya, krameṇa abhisamaya, Ⓣmthar-gyis-mngon-par-rtogs-pa. 차제로 드러내 보다. 사제(四諦)의 차제에 따라 드러내 관하는 것으로 차제관(次第觀)·점현관(漸現觀)이라고도 한다. 『구사론』 권22(대정장29, p.113c18 : *Abh-k-bh.*, p.327)에 "〔송〕 제의 네 가지 이미 설한 대로 고집멸도다. 저 자체 또한 그러하니 차제로

따라 드러난 대로 본다. 頌曰 諦四先已說 謂苦集滅道 彼自體亦然 次第隨現觀 satyāny-uktāni catvāri, duḥkhaṃ samudayas-tathā, nirodha-mārga iti. eṣāṃ yathā'bhisamayaṃ kramaḥ", "〔논〕 … 사제는 무슨 연으로 이와 같이 차제로 현관위를 따라 선후로 설하는가? 곧 현관 중에 먼저 볼 것을 우선 설한 것이다. … 여기서 설한 사제는 유가사들의 현관위 중 선후차제를 따른 것이다. 어떠한 연유에서 현관차제는 반드시 이러한가? 가행위 중에서 이와 같이 관하기 때문이다. 어떤 연유로 가행위 중에 반드시 이와 같이 관하는가? 어떤 법이 있게 되면 이는 애착처여서 능히 핍박하고 괴롭혀서 벗어날 인을 구하게 되니, 이 법의 이치를 가장 먼저 관한다. 論曰 … 四諦何緣如是次第 隨現觀位先後而說 謂現觀中先所觀者 便在先說 … 今說四諦隨瑜伽師現觀位中先後次第 何緣現觀次第必然 加行位中如是觀故 何緣加行必如是觀 謂若有法 是愛著處 能作逼惱 爲求脫因 此法理應最初觀察", "그래서 수행자는 가행위 중에서 가장 먼저 고를 관하니 고가 곧 고제다. 다음으로 다시 고는 무엇을 인으로 삼는지를 관하여 문득 고인을 관하니, 인은 곧 집제이다. 다음으로 다시 고는 어떤 것으로 멸하는지 관하여 문득 고멸을 관하니, 멸이 곧 멸제이다. 마지막으로 고의 멸함은 어떤 것을 길로 삼는지를 관하여 문득 멸도를 관하니, 도가 곧 도제이다. 이는 마치 병을 살핀 후 병인을 찾고, 계속해서 병의 치유를 생각한 후 좋은 약을 구하는 것과 같으니, 계경에서도 사제차제를 그와 같은 비유로 설했다. 故修行者加行位中 最初觀苦 苦卽苦諦 次復觀苦以誰爲因 便觀苦因 因卽集諦 次復觀苦以誰爲滅 便觀苦滅 滅卽滅諦 後觀苦滅以誰爲道 便觀滅道 道卽道諦 如見病已次尋病因 續思病愈後求良藥 契經亦說諦次第喩"라고 하였다. 〔참고문헌〕『俱舍論』, *Abh-k-bh*. ⇨ 현관 現觀, 점현관 漸現觀 **2**『현양성교론』에서 시설한 4·7·8의 차제현관을 말한다. 『현양성교론』 권16(대정장31, p.561b13)에 "이와 같은 현관은 어떠한 차제로 수습하는가? 〔송〕 발기·증득·등류·성만의 차제가 넷이고, 또 법주지 등의 차제로 여덟이다. 復次如是現觀 云何次第修習 應知 頌曰 發起證等流 成滿次第四 法住智等 次第八應知", "〔논〕 현관차제는 넷이거나 여덟이기도 하며, 일곱이기도 하다. 어떤 것이 넷인가? 첫째는 발기이니 문소성지 내지 세제일법이다. 둘째는 증득이니 견도이다. 셋째는 등류이니 수도이다. 넷째는 성만이니 구경도이다. 어떻게 여덟인가? 법주지에서 선청정지까지로 앞에서 설한 것과 같다. 論曰 現觀次弟或四或八 或復七種 何等爲四 一 發起 謂從聞所生智 乃至世第一法 二 證得 謂見道 三 等流 謂修道 四 成滿 謂究竟道 云何爲八 謂法住智乃至善淸淨智 如前所說"라고 하였다. 〔참고문헌〕『顯敭聖教論』. ⇨ 삼현관 三現觀, 육현관 六現觀, 팔현관 八賢觀, 현관 現觀

차조 箚劄 느닷없이 덫을 놓다. 『조당집』 권10 「장경혜릉장 長慶慧稜章」(대장경보편25, p.505b8)에 "'변방으로 날아가는 기러기는 갈대를 물어 위험에 대처하는 보증으로 삼는다는데 조사는 대대로 무엇에 의지하여 깨달음의 신표로 삼습니까?' '느닷없이 덫을 놓지 마라!' 問 塞鴈銜蘆爲質 祖代憑何爲信 師云 莫箚劄"라고 하였다. 〔참고문헌〕『祖堂集』.

차조 遮照 막고 비추다. 분별은 막아 적멸하게 하고 지혜는 비춰 완연하게 하는 뜻이다. 차(遮)의 뜻이 적멸(寂滅), 비실비허(非實非虛), 일상불립(一相不立), 체(體), 정(定)의 편에 서면, 조(照)는 일체지(一切智), 역실역허(亦實亦虛), 삼천완연(三千宛然), 혜(慧)의 뜻으로 용(用)의 편에 서서 마주해 어울린다. 『관음현의기』 권3(대정장34, p.909a11)에 "쌍으로 막으면 하나의 상으로 고요히 적멸이고, 쌍으로 비추면 갖가지 모두 알며, 막고 비춤 동시일 때 일체종지라 한다. 雙遮則一相寂滅 雙照則種種皆知 遮照同時 故名一切種智", 『금광명경현의습유기』 권3(대정장39, p.25a27)에 "법신은 평등하니 막고 비춤 모두 쌍이다. 쌍으로 비추기에 실이기도 하고 허이기도 하며, 쌍으로 막아서 실도 아니고 허도 아니다. 法身平等 遮照皆雙 雙照故 亦實亦虛 雙遮故 非實非虛", 『십불이문지요초』 권하(대정장46, p.717b1)에 "차조란 공중을 차라 하니 하나의 상도 세우지 않고, 가관을 조라 하니 삼천계가 완연하다. 또한 공가중 삼관을 함께 사라지게 해서 삼제가 가지런히 비추어야 이에 앞선 차조 모두 사라진다. 遮照者 空中名遮 一相不立 假觀名照 三千宛然 復令三觀俱亡 三諦齊照 乃亡前遮照", 『종경록』 권45(대정장48, p.679c16)에 "쌍으로 막은즉 모두 사라지고, 쌍으로 비춘즉 함께 남는다. 체와 용이 서로 있게 해서 차과 조에 걸림이 없다. 이 정과 혜 두 법이 수행의 요체다. 雙遮則俱泯 雙照則俱存 體用相成 遮照無礙 此定慧二法 修行之要", 『수심결』(대정장48, p.1008a9·한불전4, p.711c19)에 "이렇게 깨우쳐 적과 지에 자유롭고 차와 조가 둘이 아니라면 바로 돈문이니, 이것이 정과 혜를 쌍으로 닦음이다. 若悟如是 任運寂知 遮照無二 則是爲頓門 箇者雙修定慧也"라고 하였다. 〔참고문헌〕『觀音玄義記』, 『金光明經玄義拾遺記』, 『十不二門指要鈔』, 『宗鏡錄』, 『修心訣』.

차좌 次坐 차제로 앉는 것. 법랍 등을 물어 선후를 정해 앉는 것으로, 시간 등의 이유로 자유롭게 앉는 것은 수좌(隨坐)라 한다. 『오분율』 권29(대정장22, p.190b7)에 "부처님께서 말씀하셨다. '대중이 모일 땐 상좌 8인만이 서로 대소를 물어 차제로 앉고 나머지 사람들은 자리 얻는 대로 편하게 앉는 걸 허하노라'. 佛言 若大衆會時 聽上座八人 相問大小 以次坐 餘人得座便坐"라고

하였다. 〔참고문헌〕『五分律』. ⇨ 수좌 隨坐 **2**

차죄 遮罪 Ⓢ pratikṣepaṇa-sāvadya, Ⓣ bcas-pa'i-kha-na-ma-tho-ba-dang-bcas-pa. 하지 않아서 막을 수 있는 차계(遮戒)를 범한 죄. 이죄(性罪 遮罪) 중 하나로 대표적인 불음주계(不飮酒戒)를 어긴 것이 차죄이며, 방사를 짓기 위해 벌목을 하거나 땅을 파는 등으로 생물을 상하게 하는 행도 차죄라 한다. 음주는 특히 성죄를 지을 수 있는 허물을 미리 막는 뜻에서 차계라 한다. 『순정리론』 권38(대정장29, p.560b25)에 "차죄 그 상은 어떠한가? … 만약 저들(離欲者)이 행위한 것이라도 차죄라 한다. 또 만약 물든 마음에 의탁해 행하는 것이 성죄의 상이라면, 만약 어떤 이가 또한 물들지 않은 마음으로 행하는 것이면 차죄라 하니, 나머지 과실을 막기 위해 부처님께서 그치게 한 것이기 때문이다. … 술을 마시는 것이 차죄에 해당함을 알기에 그 자체로는 많은 과실이 없을 수 있지만, 혹여 탐정을 좇아 점차 많이 마셔 취해서 방일하게 되면 이로 인해 많은 성죄를 짓게 된다. 遮罪其相云何 … 若彼猶行 是名遮罪 又若唯託染汚心行 是性罪相 若有亦託不染心行 是名遮罪 爲防餘失 佛遮止故 … 由知飮是遮罪 無多過失 便縱貪情 漸次多飮 遂致醉亂 因斯放逸 造多性罪", 같은 책 권39(대정장29, p.561c13)에 "유정에 대한 성죄는 살생 등의 업이고, 그 차죄는 연인과 한 방에서 자는 일 등이다. 비유정에 대한 성죄는 타인의 재물을 훔키는 것이고, 그 차죄는 땅을 파거나 살아있는 초목을 베는 일 등이다. 於情性罪謂殺等業 遮謂女人同室宿等 非情性罪謂盜外財 遮謂掘地斷生草等", 『유가사지론』 권99(대정장30, p.869c26)에 "어째서 차죄라 하는가? 불세존께서, 그 행태들이 여법하지 않다고 보시기에, 또는 중생으로 하여금 정법을 무겁게 여기게 하기 위함이기에, 지은 바로 성죄법 일으킬 수 있다고 여기기에, 수순하면 타인을 보호할 수 있기에, 선취와 수명과 사문의 바탕을 장애한다고 여기기에, 정히 막아 그치게 하신 것이다. 만약 이와 같은 일이 일어난다면 차죄라 한다. 云何遮罪 謂佛世尊觀彼形相不如法故 或令衆生重正法故 或見所作隨順現行性罪法故 或爲隨順護他心故 或見障礙善趣壽命沙門性故而正遮止 若有現行如是等事 說名遮罪", 『섭대승론석』 권7(대정장31, p.426b25)에 "살아있는 풀 등을 꺾는 것처럼 탐 등으로 생겨나지 않은 죄를 차죄라 한다. 斷生草等 非貪等生 說名遮罪", 『구사론기』 권18(대정장41, p.287a10)에 "차죄에는 모두 두 가지가 있음을 알아야 한다. 첫째는 물든 마음에서 일어나는 것이니 악취에 떨어지게 되는 것이고, 둘째는 선무기의 마음에서 일어나는 것이니 염오된 마음에서 비롯하는 것이 아니기에 악취에 떨어지지는 않는다. 應知遮罪總有二種 一者染心所起 謂墮惡趣 二者 善無記心所起 由非染故 不墮惡趣"라고 하였다. 〔참고문헌〕『順正理論』, 『瑜伽師地論』, 『攝大乘論釋』, 『俱舍論記』, *Bodh-bh.112.* ⇨ 차계 遮戒, 차악 遮惡, 성죄 性罪, 성차이죄 性遮二罪, 이죄 二罪

차지 遮止 **1** Ⓢ pratikṣipati, parihāra. 막아 그치다. 외도 등의 사견을 막아 그치다. 『유가사지론』 권23(대정장30, p.411a29 : *Śrāv-bh.*, p.96)에 "이렇게 막아 그쳐서 먹을 것이 없게 한다. 다시 설한다면, 기갈이 없게 하기 위해서, 범행을 거두기 위해 내지 안은한 채로 머물기 위해서다. 이 때문에 불평등하게 먹는 것을 막아 그친다. 由此遮止 都無所食 若復說言 爲除飢渴 爲攝梵行 廣說乃至安隱而住 由此遮止 不平等食 anena tā vadabhojanaṃ ca pratikṣipati. yatpunarāha. jighatsoparataye, brahmacaryānugrahāya vistareṇa yāvat sparśavihāratāyai, anena viṣamabhojanaṃ pratikṣipati", 같은 책 권52(대정장30, p.585b13)에 "불세존께서는 두 가지 뜻을 관하였기에 다음처럼 말씀하셨다. 첫째, 불평등인론자(不平等因論者 Ⓢ viṣama-hetu-vādin)의 뜻을 막아 그치게 하기 위해 도리를 드러내셨으니, 그들은 그릇되게 대자재천·제석·범왕·자성·장부 및 여타의 것들에서 모든 유정의 청정함과 부정함이 일어난다고 본다는 것이다. 둘째는 모든 무인론자(無因論者 Ⓢ ahetu-vādin)의 주장을 막아 그치게 하기 위해 이러한 도리를 드러내셨으니, 그들은 그릇되게 인이란 것이 도무지 있지 않아도 모든 유정의 청정함과 부정함이 일어난다고 본다는 것이다. 佛世尊觀二義故 作如是說 一 爲遮止不平等因論者意故 顯此道理 謂彼妄見 從大自在 帝釋梵王 自性丈夫 及所餘等 一切有情 淨不淨轉 二 爲遮止一切無因論者意故 顯此道理 謂彼妄見 都無有因 一切有情 淨不淨轉", 『변중변론』 권상(대정장31, p.466b8 : *Madhy-vibh.*, p.26)에 "이는 보특가라와 법에 증익이 있다는 집착과 공이 손감이라는 집착을 막아 그치게 하기 위해 이런 차제로 두 공성을 세운 것이다. 此爲遮止 補特伽羅 法增益執 空損減執 如其次第 立後二空 pudgaladharmasamāropasya tacchūnyatāpavādasya ca parihārārthaṃ yathākramam"라고 하였다. 〔참고문헌〕『瑜伽師地論』, 『辯中邊論』, *Śrāv-bh.*, *Madhy-vibh.* **2** Ⓢ āvaraṇa-kriyā, Ⓣ ldog-par-bya-ba. 해서는 안 되는 일을 약속하고는 하지 않는 뜻. 『유가사지론』 권42(대정장30, p.524b6 : *Bodh-bh.*, p.133)에 "걸식함에 고에 처한다 한다. … 여섯 번째는 목숨 다하도록 인간의 모든 욕락 막아 그쳐서 청정하지 않은 행위와 음욕법을 여의는 것이다. 일곱 번째는 수명이 다할 때까지 인간유희를 하지 않아서 노래·춤·오락·광대놀음 등을 버려 떠난다. 乞行處苦者 … 六者 盡壽遮止人間諸欲 離非梵行婬欲法故 七者 盡壽遮止人間嬉戲 捨離觀聽歌舞笑戲倡伎等故 bhikṣākavṛtt amapi … yāvajjīvaṃ mānuṣyakebhyaḥ kāmebhya āvaraṇakriyā abrahmacaryamaithunadharmapra tivivaraṇatayā. yāvajjīvaṃ mānuṣyakebhyo ratik rīḍābhya āvaraṇakiyā naṭanartanakahāsakalāsak ādisaṃdarśanaprativiramaṇatayā"라고 하였다. [참고문헌] 『瑜伽師地論』, *Bodh-bh.* **3** 염마왕의 한역어. 『신화엄경론』 권30(대정장36, p.929b20)에 "염마왕은 차지로 한역하는데, 죄인을 막아 그치도록 훈계하여 괴로움을 여의게 하기 때문이다. 閻魔王者 此曰遮止 謂遮止誡勗罪人 能離苦故"라고 하였다. [참고문헌] 『新華嚴經論』. ⇨ 염마왕 閻魔王

차지구답 遮止句答 Ⓢ prātikṣepika. 막아 그치게 하는 한마디로 답하다. 더이상 묻지 못하도록 하는 뜻에서 칠구답(七句答) 중 질문 자체가 성립할 수 없을 경우다. 『대승아비달마잡집론』 권15(대정장31, p.768b9 : *Abh-s-bh.*, p.149)에 "차지구란, 묻는 바에 그렇지 않다고 답하는 것이다. 그렇지 않다고 말해서 질문을 막아 그치게 하는 것이니, 예를 들어 어떤 사람이 '온 밖에 제행은 몇 가지 제로 거두는가?'라고 물으면, '온 이외에 행은 없다'라고 마땅히 막아 그치도록 답한다. 遮止句者 謂於所問不爾而答 以不爾言 遮止所問 如有問言 蘊外諸行 幾諦攝耶 應遮止答 蘊外無行 prātikṣepikaṃ yatra neti pratikṣipyate tad-yathā skandha-vinirmuktāḥ saṃskārāḥ katibhiḥ satyaiḥ saṃgṛhītā iti prātikṣepikam na santi skandha-vinirmuktāḥ saṃskārā iti"라고 하였다. [참고문헌] 『大乘阿毘達磨雜集論』, *Abh-s-bh.* ⇨ 칠구답 七句答

차지답 遮止答 묻는 바가 뜻에 맞지 않을 때 막아 그치게 하는 답. 무사답(無事答)·치답(置答) 등과 통한다. 『유가사지론약찬』 권6(대정장43, p.88a27)에 "저 뜻에 맞지 않아 답할 수 없는 것이기에 무사답이라 하며, 또한 막아 답하지 않기에 차지답이라고도 이름한다. 不如理 名無事答 亦名遮止答"라고 하였다. [참고문헌] 『瑜伽師地論略纂』, 『大乘阿毘達磨雜集論』 권15(대정장31, p.768b9), 『瑜伽論記』 권3(한불전13, p.285a8). ⇨ 무사답 無事答, 치답 置答, 사치기 捨置記

차질 蹉跌 헛디뎌 어긋나다. 『일체경음의』 권34(대정장54, p.538b8)에 "차질〈차는 천과 하를 반절한 음, 질은 도와 결을 반절한 음이니, 차질이다. 『통속문』에 '헛디딤을 질이라 한다'라고 하였고, 『광아』에 '질은 어긋난다는 뜻의 차(差), 또는 넘어진다는 뜻의 언(偃)이다'라고 하였다〉. 蹉跌〈千何反 下徒結反 蹉跌也 通俗文 失蹋曰跌 廣雅云 跌 差也 亦偃也〉", 『무량수경』 권하(대정장12, p.276c23)에 "천도 본래 그러하여 어긋남이 없으니 자연히 삼도 또한 무량한 고뇌가 있을 수밖에 없다. 天道自然 不得蹉跌 故有自然三塗 無量苦惱", 『무량수경의소』(대정장37, p.124c9)에 "미래와 현재는 그 과거의 인에 의지하여 나아가 과를 받게 되니 과는 자연히 먼저 인과 나중 과에 차질이 없음을 나타낸다. 來現依其往因 趣向受果 果自然 先因後果 現無蹉跌"라고 하였다. [참고문헌] 『一切經音義』, 『無量壽經』, 『無量壽經義疏』.

차차불차차 借借不借借 빌리고 또 빌리지만 빌리고 빌린 적 없다네. 굉지사차(宏智四借) 중 하나다. 『오가종지찬요』 권중(卍속장114, p.544a4)에 "차차불차차다. 정중으로 오니 종횡으로 묘를 얻는다. 비록 빌리고 또 빌리지만 실로 빌리고 빌린 것 없었으니 체와 용이 하나 같았기 때문이다. 삼산등래(三山燈來)가 읊는다. '법과 법 그마다에서 스스로 그런 줄 듣기에 앞도 뒤도 중간도 끝도 나눈 일 없다네. 따라 거두고 따라 놓아서 펴고 거둘 뿐이다. 만리로 가득한 별들의 강은 저 한 하늘과 함께할 뿐이라네. 借借不借借 正中來 縱橫得妙 雖借借而實無借借 體用一如也 三山來頌云 法法頭頭聽自然 無分先後與中邊 隨收隨放隨舒卷 萬里星河共一天"라고 하였다. [참고문헌] 『五家宗旨纂要』, 『曹洞五位顯訣』 권중 「天童四借頌」(卍속장111, p.242a7). ⇨ 굉지사차 宏智四借

차차의발 借借衣鉢 옷이나 발우를 빌리다. 수계할 수 없는 경우다. 『선원청규』 권1 「수계 受戒」(卍속장111, p.877a7)에 "수계법에 따르면 이때 반드시 삼의와 발우를 준비하고 깨끗한 새 의물을 갖춰야 한다. 만일 새 옷이 없다면 더러운 옷을 잘 빨아서 깨끗하게 해야 한다. 수계단에 참여하여 계를 받더라도 의발을 빌려서는 안 되며 … 만약 의발을 빌린다면 비록 단에 참여하여 계를 받는다 해도 결코 정식으로 계를 얻지 못하게 된다. 受戒之法 應備三衣鉢具 并新淨衣物 如無新衣 浣染令淨 入壇受戒不得借借衣鉢 … 若借借衣鉢 雖登壇受戒竝不得戒"라고 하였다. [참고문헌] 『禪苑淸規』.

차천 差舛 어긋나고 어그러지다. 『일체경음의』 권47(대정장54, p.617c20)에 "차천〈아래 글자는 천과 선을 반절한 음이다. 고야왕 『옥편』에 '차천은 가지런하지 못하다는 말이다'라고 하였고, 『설문』에서는 '마주보고 눕는다는 뜻이다. 소와 소가 서로 등을 지고 있는 모양으로부터 속에서는 천이라 한다'라고 하였다〉. 差舛〈下川耎反 顧野王云 差舛 不齊也 說文 對臥也 從牛牛相背 俗作舛也〉", 『대보적경』 권56(대정장11, p.329c21)에 "비유하면 저 도예가와 그 제자가 좋은 진흙 덩어리를 골라서 물레에 올려놓으면 그 기물에 따라 형세가 안정되게 펴서 어긋나거나 기울어짐 없도록 하듯 한다. 譬如陶師 及彼弟子 取好泥團 安在輪上 隨其器物 形勢安布 令無差舛", 『임제록』 「서 序」(대정장4

7, p.496b6)에 "원각노연이 이제 유통코자 하여 점검해 보니 참으로 어긋남도 어그러짐도 없다. 오직 남겨놓은 한 번의 할만은 반드시 헤아려 보도록 하였으니, 안목 갖춘 선류라면 서툰 거량은 없기를 바랄 뿐이다. 圓覺老演 今爲流通 點撿將來 故無差舛 唯餘一喝 尙要商量 具眼禪流 冀無賺擧"라고 하였다. 〔참고문헌〕『一切經音義』, 『大寶積經』, 『臨濟錄』.

차천개지 遮天蓋地 하늘 가리고 땅마저 덮다. 개천개지(蓋天蓋地)와 통한다. 『속전등록』 권2 「운개지옹전雲蓋志顒傳」(대정장51, p.478a16)에 "'화상의 가풍은 어떤 것인지요?' '하늘 가리고 땅마저 덮지'. 問 如何是和尙家風 師曰 遮天蓋地", 『여정어록』 권하(대정장48, p.132b5)에 "정자의 방장 일으키다 : 사방 한 자 크기 암소의 우리에서, 불조 몰려와 관문 뚫으려 하네. 눈썹을 빌려서 서로 엮고, 하늘 가리고 땅 덮어 암흑만이 일렁이네. 起淨慈方丈 方方一丈牯牛欄 佛祖驅來要透關 聊借眉毛相架搆 遮天蓋地黑漫漫", 『나석령어록』 권2(가흥장28, p.643a30)에 "부모에게 나기 이전의 한 수로 하늘 가리고 땅 덮지만 이름도 글자도 없네. 가슴속 한 점 도려내 푸른 그곳, 흰 구름 머리 위엔 까마귀 한 마리. 비록 낯가죽을 바꾸고 올지라도, 코는 세로로 곧고 눈은 가로여서 그대인 것을. 父母未生前一著 遮天蓋地無名字 剔出懷中一點靑 白雲額上烏頭子 雖然換卻面皮來 鼻直眼橫原是你", 『삼산등래어록』 권1(가흥장29, p.695b29)에 "사방과 팔면 가림도 막음도 없는데 바람이 불어도 들지 못하고 비 내리쳐도 젖지 않네. 하늘과 땅 사이에 우뚝 홀로 서서 꺾고 물릴 것도 없네. 하늘 가리고 땅 덮은들 곧바로 지금 소반에 담아 보임이랴. 일러 보아라! 어떤 말로든지. 四方八面無遮障 風吹不入 雨打不著 獨立乾坤 不用枝卻也 遮天蓋地 卽今和盤托出 且道 如何下口"라고 하였다. 〔참고문헌〕『續傳燈錄』, 『如淨語錄』, 『懶石聆語錄』, 『三山燈來語錄』. ⇨ 개천개지 蓋天蓋地

차치 且置 …은 그렇다 치고. …은 그대로 두고. 차치(且致)라고도 한다. 『동산어록』(대정장47, p.512b12)에 "들기를, '문수보살이 무착과 차를 마시고 있을 때였다. 유리잔을 집어든 뒤 무착에게 물었다. 「남방에도 이것이 있습니까?」 「없습니다」 「그럼 평소에 무엇으로 차를 마십니까?」 무착이 아무 말 없었다'. 동산이 무착을 대신하여 손을 펼치며 말했다. '있는지 없는지는 그렇다 치고 이것 빌려도 되겠습니까?' 擧 文殊大士 與無著喫茶次 乃拈起玻璃盞 問無著曰 南方 還有這箇否 著云 無 文殊曰 尋常將甚麽喫茶 著無對 師代展手曰 有無且置 借取這箇看得否", 『위산어록』(대정장47, p.579a6)에 "위산이 앙산에게 물었다. '바로 지금의 일은 그렇다 치고 예부터 있어 왔던 일은 어떠한가?' 앙산이 차수하며 앞으로 가까이 왔다. 이에 위산이 '그래도 여전히 지금의 일이다. 예부터 있어 왔던 일은 어떠한가?'라고 하자 앙산이 뒤로 물러나 섰다. 이에 위산이 말하였다. '그대가 나를 꺾겠는가, 아니면 내가 그대를 꺾을까?' 앙산이 바로 절을 올렸다. 師問仰山 卽今事且置 古來事作麽生 仰山叉手近前 師云 猶是卽今事 古來事作麽生 仰山退後立 師云 汝屈我 我屈汝 仰山便禮拜", 『앙산어록』(대정장47, p.585c8)에 "앙산이 건주(虔州)의 처미(處微)를 찾아가자 처미가 물었다. '그대는 이름이 무엇인가?' '혜적입니다' '어떤 것이 혜이고, 어떤 것이 적이냐?' '바로 눈앞에 있습니다' '그래도 여전히 앞과 뒤가 있다' '앞과 뒤는 그렇다 치고, 화상께서는 무엇을 보십니까?' '차 한 잔 드시게'. 師到虔州處微 處微問云 汝名甚麽 師云 慧寂 處微云 那箇是慧 那箇是寂 師云 秖在目前 處微云 猶有前後在 師云 前後且置 和尙見箇甚麽 處微云 喫茶去"라고 하였다. 〔참고문헌〕『洞山語錄』, 『潙山語錄』, 『仰山語錄』.

차크라 Cakra ❶돌고 도는 둥근 바퀴 등을 뜻하는 범어의 소리말이다. 륜(輪)으로 한역되며 서가라(庶迦羅)·구타가(拘吒迦)·작탁나(斫託羅) 등으로 음사한다. 거듭 돌아 쉬지 않는 뜻에서 윤회(輪迴)를 상징하지만, 하늘에 떠서 언제나 빛을 발하는 일륜(日輪)이나 월륜(月輪)의 비유로 지혜를 상징하기도 한다. 한편 법륜(法輪) 즉 정법(正法)의 수레바퀴라는 이름으로 불교의 상징이 되었으며, 나아가 전륜성왕(轉輪聖王)이 모든 적을 물리칠 수 있게 하는 칠보(七寶) 중 하나이기도 하다. ⇨ 윤회 輪迴, 일륜 日輪, 월륜 月輪❶, 법륜 法輪, 전륜성왕 轉輪聖王, 금륜보 金輪寶 ❷밀교에서 말하는 차크라. 밀교경전인 탄트라(tantra)에서는 몸의 중심으로부터 사지(四肢) 끝까지 생명에너지가 흐르는 맥관(脈管) 즉 나디([S] ṇādī, ṇāḍī)라는 것이 퍼져 있다고 하는데, 그 관들이 서로 연결되는 지점을 차크라([S] cakra) 혹은 만달라([S] maṇḍala)라 하고 특별한 흐름이 모이는 토대라고 여긴다. 힌두 탄트라에서는 신체의 중심축에 흐르는 관을 수슘나([S] Suṣumnā), 그 양옆에 흐르는 관을 핑갈라([S] Piṅgalā), 이다([S] Iḍā)라고 부르는데, 특히 불교 탄트라에서는 가운데 차크라를 아바두티([S] Avadhūtī), 양옆의 관을 라라나([S] Lalanā)와 라사나([S] Rasanā)라 하고, 후대 특히 하타요가탄트라로 갈수록 차크라의 수는 다양하다. 각 차크라는 연꽃([S] pa

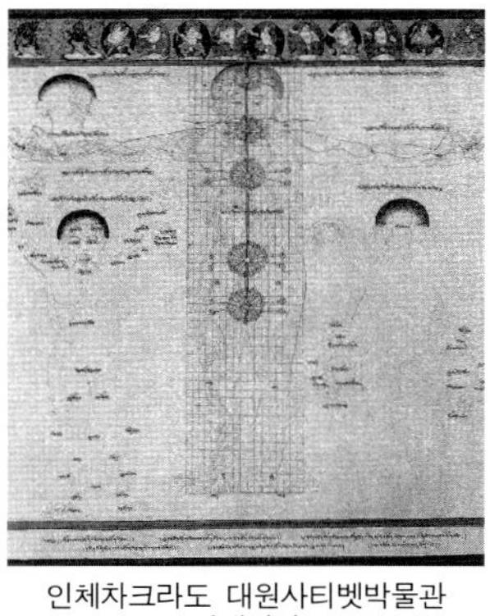

인체차크라도 대원사티벳박물관
시대미상

dma)으로 묘사된다. 예를 들어 요기니탄트라(Ⓢ Yoginītantra) 계열의 주요경전인 『헤바즈라탄트라 *Hevajratantra*』 p.4에 "(관상할) 니르마나차크라에 64개 꽃잎으로 핀 연꽃, 다르마차크라에는 8개의 꽃잎으로 핀 연꽃, 삼보가차크라에는 16개 꽃잎의 연꽃, 마하수카차크라에는 32개 꽃잎이 달린 연꽃이 있다. nirmāṇacakre padmaṃ catuḥṣaṣṭidalam, dharmacakre aṣṭadalam, saṃbhogacakre ṣoḍaśadalam, mahāsukhacakre dvātriṃśaddalam"라고 하였다. 특히 반야모탄트라에서는 24개 나디를 세우고 네 나디마다에 유가녀인 다키니(Ⓢ ḍākini)가 머물고, 네 개의 차크라가 그 중심에 있다고 한다. 이 네 개의 차크라(四輪)는 탄트라의 핵심교의에서도 네 갈래 순간(Ⓢ catvāraḥ kṣaṇāḥ : vicitra vipāka vimarda vilakṣaṇa), 네 가지 타트바(Ⓢ catvāri tattvāni : ātman mantra devatā jñāna), 네 가지 지복(Ⓢ catvāra ānandāḥ : ānanda paramānanda viramānanda sahajānanda)과 사성제(四聖諦) 등에 상응하는 뜻으로 푼다. 한편 처음 세 개의 차크라에 대해서는 같은 책 p.68에 "몸 안의 삼신 차크라를 설한다. 삼신의 오지(五智)를 갖추어서 대지복(大至福)차크라라 한다. trikāyaṃ dehamadhye tu cakrarūpeṇa kathyate, trikāyasya pañcajñānaṃ cakraṃ mahāsukhaṃ matam"라고 하였으나 여기서는 차크라의 위치는 밝히지 않고 있다. 신체 어디에 위치하는지는 『삼바로다야탄트라 *Samvarodaya*』 등에서 자세히 설하는데, 각각은 회음 혹은 배꼽 주변, 심장, 목, 그리고 정수리에 위치한다고 설한다. 〔참고문헌〕 *Ht., Samvarodayatantra.157~158.*

차타 蹉跎 걸려 넘어지다. 놓쳐 뜻을 얻지 못하다. 차타(蹉駝)라고도 한다. 『분양어록』 권하 「산승가 山僧歌」(대정장47, p.623b22)에 "만년 소나무 위 높이 솟은 가지 하나, 천성 숲 중에 밝게 매달린 달 한 덩이, 우주 간에 넘어지고, 상강에서 미끄러져 벗어난다. 萬年松上高聳一枝 千聖林中 明懸孤月 蹉跎於宇宙之間 蹭蹬於湘江避拙", 『굉지광록』 권1(대정장48, p.17a19)에 "종래로 닮지 않았는데 어디서 다시 물들어 온단 말인가? 그러나 향하려 한즉 물들고 넘어지면 등진다. 말해 보라! 바로 이러할 때 어떻게 해야 할까? 알겠는가? 머리 길이 석 자인데 누구인지 알겠는가? 마주한 채 아무 말 없이 외다리로 서 있을 뿐. 從來不相似 何處更著得汚染來 然而擬向則觸 蹉跎則背 且道 正恁麽時 作麽生 還會麽 頭長三尺知是誰 相對無言獨足立", 『정토수학』 권상(卍속장109, p.948b5)에 "극락이라는 고향은 원래 멀지 않다. 급히 되돌아가려거든 때를 놓치지 마라. 極樂家鄕原不遠 急須歸去莫蹉跎", 『선원청규』 권8 「좌선의 坐禪儀」(卍속장111, p.920b18)에 "한평생 취해 가려도 여전히 넘어질까 두려워하니, 하물며 머뭇거리면서 어떻게 업과 대적하겠는가? 一生取辨 尙恐蹉跎 況乃遷延 將何敵業"라고 하였다. 〔참고문헌〕 『汾陽語錄』, 『宏智廣錄』, 『淨土隨學』, 『禪苑淸規』.

차타가 遮吒迦 Ⓢ caṭaka의 음사어, Ⓣ bye'u. 하늘에서 내리는 빗물만을 마실 수 있는 새. 차타가(遮咤迦)라고도 음사하며, 사연(沙燕)이라고 한역한다. 『정법염처경』 권16 「아귀품 餓鬼品」(대정장17, p.93a24)에 "질투악업은 없어지지도 부서지지도 썩지도 않아 아귀세계에서 벗어날 수 없다. 업이 다하면 벗어나더라도 이 목숨을 마치면 축생 중에 나고 축생 중에서도 차타가조의 몸을 받는다〈이 새는 오직 하늘의 비만을 마신다. 위로 향한 주둥이로 하늘에서 내리는 빗물을 마실 뿐 물을 먹을 수 없다〉. 언제나 목마름에 시달리며 큰 고뇌를 당한다. 乃至嫉妬惡業 不失不壞不朽 於餓鬼中 不能得脫 業盡得脫 從此命終 生畜生中 於畜生中 受遮吒迦鳥身〈此鳥 唯食天雨 仰口承天雨水 而飮之 不得食餘水〉 常患飢渴 受大苦惱", 같은 책 권31 「관천품 觀天品」(대정장17, p.180b28)에 "아귀 중에 죽어서 축생 중에 나고 광야에서 차타가아조의 몸을 받아 타는 갈증으로 몸을 사른다. 餓鬼中死 生畜生中 於曠野中 受遮吒迦餓鳥之身 焦渴燒身", 『법원주림』 권6(대정장53, p.313a27)에 "만일 탐욕·질투·삿됨·아첨 등을 일으켜 남을 속이거나, 혹은 간탐으로 재물을 쌓아 두고 보시하지 않으면 모두 아귀도에 난다. 또 아귀의 목숨을 마치면 대부분 축생도에 나서 차타가라는 새의 몸을 받아 항상 목말라 큰 고뇌를 받는다. 즉 오직 하늘에서 비 내려야 마실 수 있으므로 입을 쳐들어야 받으니, 다른 물은 마시지 못한다. 그러므로 항상 기갈에 시달린다. 若起貪嫉 邪佞 諂曲 欺誑於他 或復慳貪 積財不施 皆生鬼道 從鬼命終 多生畜生道中 受遮吒迦鳥身 恒常飢渴 受大苦惱 唯飮天雨 仰口而承 不得更飮餘水 是故 常困飢渴也"라고 하였다. 〔참고문헌〕 『正法念處經』, 『法苑珠林』, 『地藏本願經科註』 권2(卍속장35, p.530b3), *Abh-k-bh.471.* ⇨ 사연 沙燕

차토육서 此土六瑞 부처님께서 『법화경』을 설하시려 함에 그 땅에 일어나는 여섯 가지 상서. 법화육서(法華六瑞)라고도 한다. 다른 국토에서도 육서가 일어났는데, 이를 구분하여 타토육서(他土六瑞)라고 한다. 양(梁)대 광택법운(光宅法雲)의 설이다. 『법화의소』 권2(대정장34, p.469b14)에 "〔문〕 상서에 몇 종이 있는가? 〔답〕 광택이 말하였다. '앞서 육서가 차토에 나타나고, 다음으로 육서가 타방에서 드러나니 합하여 십이서다. 육서가 차토에 나타난다 함은 첫째 설법, 둘째 입정, 셋째 우와, 넷째 지동, 다섯째 중환희, 여섯째 방광이다. 이 육서를 묶으면 세 쌍이 된다. 경(『무량의경 無量義經』)

설함은 기에 나아가 가르침 지음이요 정에 듦은 앞선 뜻 고요히 비춤이니, 이는 동정으로 한 쌍이다. 위로는 하늘에 네 꽃비가 내리고 아래로는 땅이 여섯 가지로 움직이니, 위아래로 한 쌍이다. 그때 모인 이들 내심으로 환희하고 여래께서는 밖으로 광명을 나투시니, 내외로 한 쌍이다'. 問 瑞有幾種 光宅云 前現六瑞於此土 次現六瑞於他方 合十二瑞也 現六瑞於此土者 一 說法 二 入定 三 雨華 四 動地 五 衆歡喜 六 放光 束此六瑞 以爲三雙 說經是趣機作教 入定是靜鑒前理 此動靜一雙也 上卽天雨四華 下卽地六種動 上下一雙也 時會內心歡喜 如來外放光明 內外一雙也", 『법화문구』 권3(대정장34, p.30b23)에 "물음에 나아가면 둘이 되니, 앞 4행은 차토를 물음이고, 뒤 50행은 타토를 물음이다. 장행은 모두 거두어 차토육서를 묻고 있다. 就問爲兩 前四行 問此土 後五十行 問他土 長行總問此土六瑞"라고 하였다. 〔참고문헌〕『法華義疏』, 『法華文句』. ⇨ 법화육서 法華六瑞

차토이근리 此土耳根利 이 사바세계(娑婆世界)의 중생은 이근이 잘 발달되어 소리(聲塵) 듣는 것에 이롭다는 말. 천태지의(天台智顗)의 설이다. 『법화현의』 권6하(대정장33, p.755b19)에 "다른 세계는 나머지 근이 모두 예리하여 그 씀에 따라 진을 일으켜 저들이 이익을 얻게 한다. 이 사바세계의 중생은 이근이 예리하기에 치우쳐 성진만을 쓴다. 그러므로 이만불의 때에는 무상도를 가르쳤던 것이다. 他土餘根皆利 隨所用塵起之 令他得益 此土耳根利故 偏用聲塵 故二萬佛時 教無上道"라고 하였다. 〔참고문헌〕『法華玄義』.

차행 遮行 막아 행하다. 근문(六根)을 방호하여 과실을 막는 행. 신구의로 적극 선행함은 행행(行行)이다. 『법화현찬』 권2말(대정장34, p.689c28)에 "근문을 틈없이 방호하는 것이 차행이다. 密護根門 是遮行", 『유가론기』 권22(대정장42, p.814a10 · 한불전14, p.689b20)에 "차행과 행행이 모두 원만하다 한 것은, 마치 저들 근이 근문 방호하는 것은 차행이라 하고, 삼업을 짓고 닦는 것은 행행이라 하는 예와 같다. 遮行行行 皆悉圓滿者 如彼根 或防護根門 名爲遮行 三業造修 名爲行行", 『법화경현찬섭석』 권2(卍속장53, p.104b11)에 "차행으로 말미암아 잃고 놓침이 없음을 드러낸다. 논에 '허물 짓지 않아 세간정려 등이라 하였으니'란 세간정려가 바로 낙도라 푼 것이다. 由遮行故 顯無忘失 論云 由不造過 世間靜慮等者 釋世間靜慮 而是樂道", 『무량수경기』 권상(卍속장32, p.387a2)에 "그 차행으로는 잘못을 막을 수 있고, 행행으로는 능히 선행을 행한다. 其遮行能遮過非 行行能行善行", 『반야등론석』 권3 「관거래품 觀去來品」(대정장30, p.59c19)에 "제일의 중에는 체를 얻을 수 없지만, 저 경계차별은 말로 할 수 있다. 인의 뜻이 성립하지 않기 때문이다. 저 차행도 기행도 같이 부순다. 第一義中 體不可得 彼境界差別可言說 因義不成故 如遮行起行 亦同破"라고 하였다. 〔참고문헌〕『法華玄贊』, 『瑜伽論記』, 『法華經玄贊攝釋』, 『無量壽經記』, 『般若燈論釋』, 『瑜伽師地論』 권83(대정장30, p.765a21).

차향문신 借香問訊 선원대중이 향을 올리며 인사하다. 동서양반이 함께 나와 향을 올릴 때 주지가 앞서 올린 후 인사하고는 대중이 서로 문안하는 일을 말한다. 『백장청규』 권4 「양서출반상향 兩序出班上香」(대정장48, p.1136b21)에 "출반하여 향을 올리고 행자가 행향발을 울리면 유나가 향로 앞에 나와 밖을 향해 한쪽으로 서서 주지가 향을 올리도록 읍한다〈시자는 향합을 들어 올린다〉. 다음으로 양서가 마주보며 나오도록 읍하고 나서 돌아서서 주지에게 인사한다〈차향이라 한다〉. 그런 뒤에 향을 올린다〈성절과 불조나 법사의 기일에는 차향문신을 하지 않는다〉. 凡出班上香 行者鳴鈸 維那出爐前 向外偏立 揖住持上香〈侍者捧合〉 揖兩序 相朝而出 轉身問訊住持〈謂之借香〉 然後上香〈若聖節佛祖嗣法師忌 無借香問訊〉", 『선림상기전』 권10(불광장, 禪藏, p.739)에 "차향문신 : 동서양반에게 향을 올리도록 읍하였는데 주지의 향을 빌리려는 이가 있다면 먼저 주지를 향해 인사한다. 이것을 차향문신이라 한다. 향을 사르고 나서 다시 주지 향해 인사하는데 이는 사향문신이라 한다. 借香問訊 揖班上香 有借住持香者 卽先向住持問訊 此爲借香問訊 燒香了 復向住持問訊 此爲謝香問訊", 『선림비용청규』 권9(卍속장112, p.128b7)에 "유나가 출반하여 주지에게 읍하고 소향시자가 향합을 들어 올리면 양반이 향을 올리고 차향하며 인사한다. 維那出班揖住持 燒香侍者捧香合 兩班上香 有借香問訊"라고 하였다. 〔참고문헌〕『百丈清規』, 『禪林象器箋』, 『禪林備用清規』. ⇨ 사향문신 謝香問訊

차화헌불 借花獻佛 꽃을 빌어 부처에게 바치다. 『수행본기경』 권상 「현변품 現變品」(대정장3, p.461c29)에는 과거 정광불(錠光佛 : 燃燈佛) 때 여인에게 꽃을 빌어 드리고 수기를 받은 석가세존의 전신인 유동보살(儒童菩薩) 이야기가 있다. 이를 선문에서 되새긴 일화다. 『오등엄통』 권24 「도민장 道忞章」(卍속장139, p.1030a7)에 "운문이 한 방에 때려죽인다고 했지만, 그 맛있는 미끼를 탐하다가 낚싯바늘에 걸렸다. 나 천동이 이렇게 판단하니, 비록 자리 봐가며 타령한다지만 여전히 고깃간 문 앞에서 크게 입을 벌리고 씹는 양한다. 그러나 이미 경찬하고 공양하였는데, 꽃 빌어 부처에게 바친들 무슨 방해가 되겠는가? 雲門一棒打殺 貪他香餌著他鉤 天童恁麽判斷 雖則相席打令 猶是大嚼對屠門 然旣慶讚因齋 何妨借花獻佛", 『숭산야죽후록』 권4 「시도헌 示道獻」(가흥장33, p.443a20)에 "부처가 무엇이냐 하니 '마를 똥막대기'라 하고, '술잔 떨어지자 평상 일곱 조각 났다'고도 하며, '공안이 드러났으니 그대에게 삼십방 놓는다'고도 한다. 이런 등 제창이 일찍이 꽃 빌려 부처님께 바치는 일이다. 눈 밝아 길가는 이들이여! 들어 보이기 전에 이미 알아차린다 해도 이미 여덟 각이나 늦을진대 하물며 강 건너온다니. 如何是佛 乾屎橛 或盞子撲落地 楪子成七片 或見成公案 放汝三十棒 此等提唱 早是借花獻佛 明眼道流 向未擧已前薦得 猶遲八刻 何況過江來"라고 하였다. [참고문헌]『修行本起經』, 『五燈嚴統』, 『嵩山野竹後錄』. ⇨ 유동 儒童❶, 연등불 燃燈佛

차회인 差會人 Ⓟ bhattuddesaka. 대중이 모일 때 자리를 정해 여법히 하는 비구. 대중갈마에서 백이갈마(白二羯磨)로 정한다. 차차회자(差次會者)·차수청인(差受請人)이라고도 한다. 『십송율』 권10(대정장23, p.75c12)에 "부처님께서 왕사성에 계실 때 당시 역사의 아들이었던 다표비구가 오법을 성취하여 대중갈마에 의하여 차회인이 되었다. 모든 비구들 모임이 있을 때마다 욕에 따르지 않고 분노에 따르지 않으며 두려움에 따르지 않고 어리석음에 따르지 않아서 차제를 알아 상하에 따라 앉게 해서 차제를 어기지 않았다. 佛在王舍城爾時 陀驃比丘 力士子 成就五法 僧羯磨 作差會人 差諸比丘會時 不隨欲 不隨瞋 不隨怖 不隨癡 知次第 隨上下坐不越次"라고 하였다. [참고문헌]『十誦律』, 『薩婆多毘尼毘婆沙』 권3(대정장23, p.523a9), *AN.3.274.*, *Vin. 2.75.* ⇨ 차수청인 差受請人, 차정 差定

착 著 Ⓢ anupraveśa, abhinivişta, Ⓣ mngon-par-chags-pa. 사로잡혀 놓지 않는 것. 중생은 모두 온갖 상(相)에 사로잡혀 선악을 짓고 염정으로 분별하지만, 특히 외도와 성문은 아견(我見), 문자(文字), 단상유무(斷常有無) 등에 붙들려 벗어나지 못한다. 『법화경』 권1 「방편품 方便品」(대정장9, p.5c1 : *Saddh-p.*, p.29)에 "사리불이여! 나는 성불한 이래로 갖가지 인연과 갖가지 비유와 말로 널리 가르치고 무수한 방편으로 중생을 이끌어 온갖 착에서 벗어나게 하였다. 舍利弗 吾從成佛已來 種種因緣 種種譬喩 廣演言教 無數方便 引導衆生 令離諸著 durvijñeyaṃ śāriputra saṃdhābhāṣyaṃ tathāgatānāmarhatāṃ samyaksaṃbuddhānām. tatkasya hetoḥ. svapratyayāndharmānprakāśayanti vividhopāyakauśalyajñānadarśanahetukāraṇanirdeśanārambaṇaniruktiprajñaptibhistairupāyakauśalyaistasmiṃstasmiṃllagnānsattvān pramocayitum", 『대승의장』 권2(대정장44, p.493c3)에 "사로잡히고 애착하여 버리지 못하는 것을 착이라고 한다. 纏愛不捨 名著", 『입능가경』 권1(대정장16, p.516c28 : *Laṅk.*, p.10)에 "능가왕이여! 그대 만약 그대가 증한 도를 버리지 못하고 삼매삼마발제를 잘 닦는다 해도 성문연각외도삼매경계 뛰어난 낙을 삼아 버리지 못한다면, 저 모도범부외도수행자와 같으리니, 그대 분별하지 말라. 능가왕이여! 외도가 아견에 착하여 아상이 있게 되면 허망한 분별일 뿐이다. 楞伽王 汝莫捨汝所證之道 善修三昧三摩跋提 莫著聲聞緣覺外道三昧境界以爲勝樂 如毛道凡夫外道修行者 汝莫分別 楞伽王 外道著我見 有我相故虛妄分別 evaṃ kriyamāṇe bhūyo 'pyuttarottaraviśodhako 'yaṃ laṅkādhipate mārgo yastvayā parigṛhītaḥ samādhikauśalasamāpattyā na ca śrāvakapratyekabuddhatīrthyānupraveśasukhagocaro yathā bālatīrthayogayogibhiḥ kalpyate ātmagrāhadṛśyalakṣaṇābhiniviṣṭair", 『중론』 권1 「관인연품 觀因緣品」(대정장30, p.1b29)에 "부처님 멸도 후 오백년 상법 중에 사람들의 근기 더욱 둔해져 제법에 깊이 집착하여 십이인연·오음·십이입·십팔계 등에 결정상만을 구해서 부처님의 뜻을 알지 못한 채 문자에만 착한다. 대승법 중에서 결국에는 공이라고 설한 말을 듣고도 어떤 인연으로 공인 줄 알지 못해 의심 품고 견을 일으킨다. 佛滅度後 後五百歲像法中 人根轉鈍 深著諸法 求十二因緣 五陰 十二入 十八界等決定相 不知佛意 但著文字 聞大乘法中 說畢竟空 不知何因緣故空 卽生疑見", 같은 책 권3 「관유무품 觀有無品」(대정장30, p.20b17 : *Pras.*, p.119)에 "반드시 있다 한즉 영원에 착하고 반드시 없다 하면 아무것도 없어 다 끝났다고 착하니, 이 때문에 지혜가 있는 이는 결코 있고 없고에 착하지 않는다. 定有則著常 定無則著斷 是故有智者 不應著有無 astīti śāśvatagrāho nāstītyucchedadarśanam, tasmādastitvanāstitve nāśrīyeta vicakṣaṇaḥ", 『전심법요』(대정장48, p.380b9)에 "악업을 짓거나 선업을 짓는 일 모두 상을 착함이다. 상에 착하여 악을 지으므로 공연히 윤회하고 상에 착하여 선업도 지으며 공연히 수고롭다. 이들 모두 말이 끝나자마자 바로 그 자리에서 본연의 법을 스스로 아는 것만 못하다. 이 법은 바로 마음이니 마음 밖에 법이 없으며, 이 마음은 바로 법이니 법 밖에 마음이 없다. 造惡造善 皆是著相 著相造惡 枉受輪迴 著相造善 枉受勞苦 總不如言下便自認取本法 此法卽心 心外無法 此心卽法 法外無心", 『돈오입도요문론』 권상(卍속장110, p.843b15)에 "[문] 마음이 정에 머물면 정에 착하는 것은 아닌가? [답] 정에 머물게 될 때 정에 머문다는 생각을 짓지 않으면, 정에 착하는 것이 아니다. 問 若心住淨時 不是著淨否 答 得住淨時 不作住淨想 是不著淨"라고 하였다. [참고문헌]『法華經』, 『大乘義章』, 『入楞伽經』, 『中論』, 『傳心法要』, 『頓悟入道要門論』, *Saddh-p.*, *Laṅk.*, *Pras.*

착 錯 '틀렸다!' 또는 '아니다!', '어긋났다!'라고 바로 가리켜 말하는 것. 선문(禪門)에서 말길(言語道)과 마음길(心行處)을 끊어(斷) 사라지게 해서(滅) 돌이켜(回光) 비출 뿐(反照)이게 하는 장치다. 『임제록』(대정장47, p.497a6)에 "어느 때라도 함부로 짐작하지 마라! 안다 해도 알지 못한다 해도 온통 닥친 것은 착이다. 一切時中 莫亂斟酌 會與不會 都來是錯", 『운문광록』 권상(대정장47, p.545b10)에 "학인이 운문에게 물었다. '무릇 언구는 모두 착이다 하니, 어떤 것이 착 아닌지요?' '지금 일어난 한마디 어디서 왔는가?' 나아가 일렀다. '다만 이것이라 하지 않고 문득 이것이다라고 하면 되는지요?' '착하지 마라!' 問 凡有言句 皆是錯 如何是不錯 師云 當風一句 起自何來 進云 莫秖者便是也無 師云 莫錯", 『황룡혜남어록』(대정장47, p.633c2)에 "밖을 향해 구한다면 그대 쫓아가 죽일 것이고, 오온 안에서 구한다 해도 그대 옥죄 죽일 것이다. 이 때문에 선은 안도 아니고 밖도 아니며, 있음도 없음도 아니며, 실도 허도 아니다. 이런 말 본 적 없나? 내견외견 모두 착일 뿐이니, 불도도 마도도 모두가 악이라네. 若向外求 則走殺汝 若住於五蘊內求 則縛殺汝 是故禪者 非內非外 非有非無 非實非虛 不見道 內見外見 俱錯 佛道魔道 俱惡", 『오조법연어록』 권상(대정장47, p.650b7)에 "법연이 학인에게 물었다. '한 방울 떨어져 어디에 있는가?' '착입니다' '착이다'. 학인이 다시 '착, 착입니다' 하니, 법연이 바로 때렸다. 師云 一滴落在什麽處 學云 錯 師云 錯 學云 錯 錯 師便打", 『원오어록』 권18(대정장47, p.796a14)에 "마조(馬祖)가 '지장(地藏)의 머리는 희고, 회해(懷海)의 머리는 검다'라고 한 말에 대하여 원오는 '착이요, 착이다!'라고 착어를 붙였다. 大師云 藏頭白 海頭黑 師著語云 錯 錯", 『통현백문』(卍속장119, p.335b10)에 "죄는 거듭 벌을 받지 않지만, 경전의 본래 뜻을 모르고 있도다. 말을 꺼내기도 전에 벌써 착이니, 모양을 바꾸고 교란함을 어찌 감당하겠는가? 하, 하, 하! 현과 현이 더불어 현을 다툼이 어떠한가? 罪不重科 閑管多羅 未語已前早錯 那堪變態譎詭 阿呵呵 玄與玄玄爭甚麽", 『벽암록』 4칙 「본칙 本則」(대정장48, p.143b6)에 "설두가 '감파해 마쳤다'라고 착어를 붙였다〈착! 과연 점했네〉. 雪竇 著語云 勘破了也〈錯 果然點〉", 『파암조선어록』 「선인청찬 禪人請讚」(卍속장121, p.850a15)에 "착이요, 착이요, 착이다! 한갓 이름과 모습일 뿐, 그려 다하더라도 발굽 빠지고 뿔도 없으니, 천하 사람들이 깎아내리는 대로 맡겨두어야 하리. 錯錯錯 徒名邈 畫得十成 欠蹄少角 一任天下人貶剝"라고 하였다. 〔참고문헌〕『臨濟錄』, 『雲門廣錄』, 『黃龍慧南語錄』, 『五祖法演語錄』, 『圜悟語錄』, 『通玄百問』, 『碧巖錄』, 『破菴祖先語錄』. ⇨ 장착취착 將錯就錯

착가사송 著袈裟頌 스님들이 가사를 수할 때 외우는 송. "가사를 입을 때, 마땅히 원하건대 모든 중생들 마음에 물들 일 없게 해서 부처님 가신 길 가게 하여 지이다. 着袈裟衣 當願衆生 心無所染 具大仙道"라고 읊는다. 〔참고문헌〕海印寺板『日用作法』52장 2항, 朴世敏『韓國佛敎儀禮資料叢書』 권3 p.548a2.

착개입진 著鎧入陣 갑옷 입고 적진에 들다. 『불수반열반약설교계경』(대정장12, p.1111c23)에 "념력 견강하면 비록 오욕이라는 도적중에 들더라도 해 입을 일 없다. 마치 갑옷 입고 적진에 들어 두려움 없는 것과 같다. 이것을 념해 잊지 않는다고 한다. 若念力堅强 雖入五欲賊中 不爲所害 譬如著鎧入陣 則無所畏 是名不忘念", 『불유교경론소절요』(대정장40, p.853c27)에 "갑옷은 념력에 비유하고, 적진은 오욕을 비유한다. 개는 갑옷이다. 鎧喩念力 陣喩五欲 鎧甲也", 『유교경보주』(卍속장59, p.18a17)에 "정념이 언제나 있다면 마군 끝내 남지 않는다. 正念常存 魔軍克殄", 『사분율행사초자지기』 권중1(대정장40, p.255c3)에 "그윽이 마음으로 받은 바 뜻을 오롯이 하여 다 거느려 가지면 경을 마주해도 고요하고 연을 만나도 흔들리지 않는다. 돌고서 모으고 묵묵히 알아채니 마치 허공에 손 저어도 걸릴 것 없는 것과 같다. 갑옷 입고 적진에 드니 무엇을 두려워하겠는가? 或冥心所受 專意通持 故得對境蕭然 遇緣確爾 翔而後集 默而識之 其猶揮手於空 了無滯矣 著鎧入陣 何所畏乎"라고 하였다. 〔참고문헌〕『佛垂般涅槃略說敎誡經』, 『佛遺敎經論疏節要』, 『遺敎經補註』, 『四分律行事鈔資持記』.

착두인적 鑿竇引賊 구멍 뚫어 도둑을 끌어들이다. 『허당록』 권4(대정장47, p.1016b14)에 "겨우 '임제삼구란 무엇인가?'라고 던진 말을 듣자마자 분명 이는 구멍 뚫어 도둑 들이는 것이다라고 알았다. 하룻밤 사량하고 나서 다음날 불과에게 '삼구인연을 제가 모두 알았습니다'라고 말하고 엄지손가락을 거꾸로 세운 뒤 '이것이 제1구'라 했고, 다시 첫째 손가락을 거꾸로 세우고 '이것은 제2구'라 했으며, 마침내 불과를 한 대 후려치며 '이것은 제3구'라고 한 다음 크게 웃으며 달아났다. 纔見便道 臨際三句作麽生 分明是鑿竇引賊 他一夜思量 明日謂佛果云 三句因緣 我會得了也 先倒拇指云 者箇是第一句 又倒一指云 者箇是第二句 遂與佛果一摑云 者箇是第三句 大笑趨去"라고 하였다. 〔참고문헌〕『虛堂錄』.

착득 著得 붙들어 가지다. 『무문관』 2칙 「평창 評唱」(대정장48, p.293b4)에 "인과에 떨어지지 않는다 해서 어찌 여우로 떨어지며, 인과에 어둡지 않다 해서는 어떻게 여우에서 벗어나는가? 만약 이곳 향해 일척안 붙들어 얻고서 문득 앞선 백장 알게 되리니 넉넉히 바람 따라 흐른 오백생마저 알게 되리라. 不落因果 爲甚墮野狐

不昧因果 爲甚脫野狐 若向者裏 著得一隻眼 便知得前百丈 贏得風流五百生"라고 하였다. [참고문헌]『無門關』,『五祖法演語錄』권상(대정장47, p.655b17).

착란 錯亂 Ⓢvikṣepa, vaiṣamaya, Ⓣmi-mnyam-pa. 뒤섞여 어지러움.『유가사지론』에서는 다섯 가지(想 數 形 顯 業)나 두 가지(心 見)를 더해 일곱 가지로 착란의 경계를 말하며, 이런 경계가 없는 것을 현량(現量)이라 여긴다.『법화경』권1「방편품」(대정장9, p.8b9)에 "지혜 없는 이 뒤섞여 어지럽다. 미혹하여 가르침 받지도 않는다. 나는 안다. 이런 중생 일찍이 선한 바탕 닦은 일 없고 오욕에 단단히 붙들려 어리석게 애착하기에 번뇌만을 낳을 뿐이다. 無智者錯亂 迷惑不受敎 我知此衆生 未曾修善本 堅著於五欲 癡愛故生惱",『유가사지론』권15(대정장30, p.357c1)에 "착란경계 아니어야 현량이라 한다. 혹은 다섯 가지고, 혹은 일곱 가지다. 다섯 가지란 다섯 가지 착란경계 아닌 것을 말하니, 어떤 것들이 다섯인가. 첫째는 상착란, 둘째 수착란, 셋째 형착란, 넷째 현착란, 다섯째는 업착란이다. 일곱 가지란 일곱 가지 착란경계 아닌 것들이니, 어떤 것들이 일곱인가. 곧 앞의 다섯에 나머지 두 가지 언제나 일어나는 착란을 합하면 일곱 가지가 된다. 어떤 것들이 둘인가. 첫째는 심착란, 둘째는 견착란이다. … 심착란이란 다섯 가지로 착란한 뜻에다가 마음으로 기뻐하고 즐거워하는 것이다. 견착란이란 다섯 가지로 착란된 뜻에다가 참아 받아들이고 드러내 말하면서 길상하다는 상마저 일으키고 굳게 잡고서 버리지 않는 것이다. 만약 이와 같은 착란경계가 아니면 현량이라 한다. 非錯亂境界現量者 謂或五種 或七種 五種者 謂非五種錯亂境界 何等爲五 一 想錯亂 二 數錯亂 三 形錯亂 四 顯錯亂 五 業錯亂 七種者 謂非七種錯亂境界 何等爲七 謂卽前五 及餘二種遍行錯亂 合爲七種 何等爲二 一 心錯亂 二 見錯亂 … 心錯亂者 謂卽於五種所錯亂義 心生喜樂 見錯亂者 謂卽於五種所錯亂義 忍受顯說 生吉祥想 堅執不捨 若非如是錯亂境界 名爲現量",『사념처』권4(대정장46, p.577c8)에 "지혜가 없는 이란 바로 알지 못해 어지럽고 미혹하여, 믿고 받아들이지 않는다. 無智者 錯亂迷惑 不信受"라고 하였다. [참고문헌]『法華經』,『瑜伽師地論』,『四念處』, *Bodh-bh.76.*, *Yogā-bh.13.* ⇨상착란 想錯亂, 수착란 數錯亂, 형착란 形錯亂, 현착란 顯錯亂, 업착란 業錯亂, 오종착란 五種錯亂, 현량 現量

착맥 錯麥 Ⓢkṛśara, kṛsara. 보리. 대맥(大麥). 음사어는 가사(迦師)·가사착(迦師錯) 등이다.『사분율행사초자지기』권중(대정장40, p.317a3)에 "착맥은 화언이고, 가사는 범어다. 錯麥是華言 迦師卽梵語"라고 하였다. [참고문헌]『四分律行事鈔資持記』,『翻譯名義集』권7(대정장54, p.1174b18),『四分律行事鈔批』권10(卍속장67, p.798b11),『四分律名義標釋』권27(卍속장70, p.820a8), *Mvyut.231.* ⇨가사 迦師[2], 가사착 迦師錯, 대맥 大麥, 십오종식 十五種食

착목극인설법계 著木屐人說法戒 나막신(木屐) 신은 이에게 설법해서는 안 되는 계. 위의와 공경을 갖추지 않은 이에게 설법하지 않는 뜻이다. 중학법(衆學法 : 式叉迦羅尼 Ⓢśikṣākāraṇi) 중 하나다.『사분승계본』(대정장22, p.1029b2)에 "나막신 신은 사람에게 법을 설해서는 안 되니, 병 들어 신은 이는 제한다. 마땅히 배워야 하리. 不得爲著木屐人說法 除病 應當學"라고 하였고, 이를 도선(道宣)의『신산정사분승계본』(卍속장61, p.552a6)에서는 '착목극인설법계'라 이름하고, 중학법 중에 제58조에 자리 매겼다. [참고문헌]『四分僧戒本』,『新刪定四分僧戒本』. ⇨중학법 衆學法, 목극 木屐

착무중생 著無衆生 무(無)라는 것에 붙들려 벗어나지 못하는 중생. 삼품중생(三品衆生) 중 하나다.『무상의경』권상(대정장16, p.471a22)에 "세간에는 세 부류의 중생이 있으니 … 둘째는 무에 붙들림이다. … 끊어져 아무것도 없다고 착하는 이들에게도 두 갈래가 있다. 첫째는 무의 방편을 수행하는 이들이고, 둘째는 유의 방편을 행하는 이들이다. 무의 방편을 행하는 이들에게도 두 갈래 사람들이 있다. 첫째는 불법 밖에 있는 96종의 이학외도이니 지라가파육파 등이다. 둘째는 불법 중에 있으면서 신심을 일으키지만 아견에 굳게 착하여 바른 뜻을 경애하지 않는 이들이다. … 유의 방편을 수행하는 이들에게도 두 갈래 사람들이 있다. 첫째는 성문승이니 오직 자신의 이익만을 닦되 남에게 이로운 일은 하지 않는다. 둘째는 연각승이니 조금은 남을 이롭게 하지만 작은 일에 머물러 조금 얻은 것으로 '이만하면 됐다'라고 한다. 世間中有三品衆生 … 二者 著無 … 著斷無者 亦有二種 一者 行無方便 二者 行有方便 行無方便 復有二人 一者 在佛法外 九十六種 異學外道 如支羅歌波育婆等 二者 在佛法中 能生信心 堅著我見 不愛正理 … 行有方便 亦有二人 一 聲聞乘 唯修自利 而不能爲利益他事 二 緣覺乘 少能利他 少事而住 少得云足"라고 하였다. [참고문헌]『無上依經』. ⇨삼품중생 三品衆生

착미 著味 붙들려 맛들이다.『대지도론』권17(대정장25, p.188a11)에 "보살은 제법실상을 알기에 입선 중에 마음이 안은하여도 붙들려 맛들이지 않으나, 나머지 외도들은 비록 선정에 들어도 마음이 안은치 않다. 제법실상을 알지 못하기에 선미에 착한다. 菩薩知諸法實相故 入禪中心安隱 不著味 諸餘外道 雖入禪定 心不安隱 不知諸法實故 著禪味", "[문] 아라한과 벽지불이 맛에 집착치 않음에도 왜 선바라밀을 얻지 못하는가? 〔답〕 아라한과 벽지불은 비록 맛에 집착하진 않으나 대비심이 없기에 선바라밀이라 하지 못한다. 問曰 阿羅漢辟支佛 俱不著味 何以不得禪波羅蜜 答曰 阿羅漢辟支佛 雖不著味 無大悲心故 不名禪波羅蜜", 『지관보행전홍결』 권4(대정장46, p.270b7)에 "맛에 착하기에 마땅히 녹은 구리물을 입에다 쏟음을 받아야 하고, 맛에 착하기에 부정중에 떨어진다. 以著味故 當受洋銅灌口 以著味故 墮不淨中"라고 하였다. 〔참고문헌〕『大智度論』, 『止觀輔行傳弘決』. ⇨ 착 著, 선바라밀 禪波羅蜜

착법 著法 법에 착함. 법의 상(相)만을 헤아려 법의 뜻(義)을 깨우치지 못하는 것을 말한다. 『법화경』 권6 「상불경보살품 常不輕菩薩品」(대정장9, p.51b24)에 "그때의 상불경보살(Ⓢ Sadāparibhūto nāma bodhisattvo mahāsattvaḥ)은 바로 나의 몸이고, 저 사부대중은 법에 붙들린 이들(Ⓢ opalambhikā)이다. 彼時不輕 則我身是 時四部衆 著法之者", 『중론』 권3 「관법품 觀法品」(대정장30, p.25a7)에 "〔문〕 경에서 '제법은 앞서부터 적멸상이니, 곧 열반이다'라 설한다. 어째서 '열반과 같다'고 말하는가? 問曰 經中說 諸法先來寂滅相 卽是涅槃 何以言如涅槃", "〔답〕 법에 착하는 이는 법에 세간과 열반이라는 두 가지 법이 있다고 분별하니, '열반은 적멸하다'고 설하며 '세간은 적멸하다'고 설하지 않는다. 이 논중에서는 일체법성을 공적멸상이라 설하여 법에 집착하는 이들 위한 것이다. 알지 못하기에 열반으로 비유하였다. 그대가 '열반상은 공하여 무상이고 적멸하며 희론이 없다'고 설하는 것처럼 일체세간법 또한 이와 같다. 答曰 著法者 分別法有二種 是世間是涅槃 說涅槃是寂滅 不說世間是寂滅 此論中 說一切法性空寂滅相 爲著法者不解故 以涅槃爲喩 如汝說涅槃相空 無相寂滅 無戲論 一切世間法 亦如是", 『법화문구』 권10(대정장34, p.141b19)에 "『중론』에서 '제불이 공법 설하심은 본래 있다고 여김을 교화하기 위함이네. 만약 공에 집착하는 이가 있다면 제불도 교화하지 못하시네'라고 하였다. 만약 제법이 있음도 없음도 아니라고 정해 말하면, 이를 '우치론'이라 한다. 만약 사실단의 뜻을 잃으면, 스스로 행하며 다른 이 교화함마저 모두 '법에 대한 착'이라 이름하리니, 사실단의 뜻을 얻어야만 자타에 모두 착함이 없게 된다. 中論云 諸佛說空法 本爲化於有 若有著空者 諸佛所不化 若定言諸法非有非無者 是名愚癡論 若失四悉檀意 自行化他 皆名著法 若得四悉檀意 自他俱無著也", 종보본 『단경』 「정혜 定慧」(대정장48, p.352c29)에 "길 잃은 이는 법상에 착하고 일행삼매를 고집하며, 바로 말하길 '늘 앉아 움직이지 않고 망령되이 마음 일으키지 않아야 바로 일행삼매다'고 한다. 이런 알음알이 짓는 이는 무정물과 같을 뿐이니 도리어 도인연을 막는다. 迷人著法相 執一行三昧 直言 常坐不動 妄不起心 卽是一行三昧 作此解者 卽同無情 却是障道因緣"라고 하였다. 〔참고문헌〕『法華經』, 『中論』 · 권2(대정장30, p.18c16), 『法華文句』, 『壇經』, *Saddh-p.384*. ⇨ 사실단 四悉檀

착벽투광 鑿壁偸光 벽 뚫어 불빛 훔치다. 가난 중에도 어렵게 책을 보던 광형(匡衡)의 고사에서 유래했다. 『서경잡기 西京雜記』 권2에 "광형의 자는 치규이다. 부지런히 배우고자 하였지만 등불이 없었다. 이웃집의 등불이 미치지 못하자 벽을 뚫고 그 빛을 끌어와 책을 비춰 읽었다. 匡衡字稚圭 勤學而無燭 隣舍有燭而不逮 衡乃穿壁引其光 以書映光而讀之"라고 하였다. 『종용록』 13칙 「송 頌」(대정장48, p.235c3)에 "마음과 마음이 서로 인치니〈공적 소금을 몰래 파는 이〉, 조사가 조사에게 등불 전한다〈벽을 뚫고 빛을 훔치는구나〉. 心心相印〈販私鹽漢〉 祖祖傳燈〈鑿壁偸光〉", 『투자의청화상어』(속고존숙어요2, 卍속장118, p.900b16)에 "부처님께서 세상에 출현하시어 병에 맞게 처방하셨고, 달마는 서쪽에서 와서 그루터기를 지켜 토끼 기다렸다. 곧바로 다 들어 소리치더라도 벽 뚫어 불빛 훔치듯 하고, 설사 남김없이 시행하더라도 허공에 칼 던짐과 다름없으리. 諸佛出世 應病施方 祖師西來 守株待兎 直饒全提擧唱 猶如鑿壁偸光 設使盡令施行 大似空中擲劍", 『영각광록』 권4(卍속장125, p.445a16)에 "대저 선 익히는 이라면 첫째로 벽을 뚫어 불빛 훔쳐서는 안 된다. 어떤 학인들은 오로지 옛사람의 공안만을 향하여 천착해설해서는 마땅히 알았다고 여긴다. 비록 그대가 물 한 방울 샐 틈 없이 할지라도 그것은 여전히 옛사람의 말일 뿐 여러분과는 터럭만큼도 간섭함이 없다. 大抵學禪者 第一 不得鑿壁偸光 有等學人專向古人公案上 穿鑿解說 以爲了當 殊不知 你雖說得 滴水不漏 依舊是古人底 與諸人毫無干涉", 『백치어록』 권14(가흥장28, p.72a24)에 "물어오고 답해가서 온갖 실마리 밟더라도, 벽 뚫고 빛 훔치듯 하니 스스로 속일 뿐이다. 신령스런 가죽 아래 끓는 피 있는 이라면 굼뜨기 전에 이미 만 겹의 관문 뚫으리라. 問來答去涉多端 鑿壁偸光秖自瞞 若是英靈皮有血 機先已透萬重關", 『운문광록』 권상(대정장47, p.546a15)에 "'벽 뚫어 불빛을 훔치면 어떻습니까?' '흡!' 問 鑿壁偸光時如何 師云 恰"이라고 하였다. 〔참고문헌〕『從容錄』, 『投子義靑和尙語』, 『永覺廣錄』, 『百癡語錄』, 『雲門廣錄』, 『五燈全書』 권93 「一徑章」(卍속장141, p.825b17).

착본도리 著本圖利 본전을 가지고 이익을 도모한다는 말. 『종용록』 80칙 「본칙 本則」(대정장48, p.278b23)에 "용아가 취미에게 물었다. '무엇이 달마가 서쪽에서 온 뜻인지요?〈한 차례 집어낼 때마다 또 한 번 새롭다〉' '나를 지나쳐 선판을 가져오게〈본전을 굴려 이자를 불린다〉'.

龍牙問翠微 如何是祖師西來意〈一迴拈出 一迴新〉 微云 與我過禪板來〈著本圖利〉", 『경충철벽기어록』 권19(가흥장29, p.656c16)에 "지금 초당은 이미 잘남을 팔고 총명함을 부풀렸지만 또한 사들여 가져올 것이 어긋나야 본에 붙여 이익을 도모하리니 아직은 분 밖이 아니다. 왜 인가? 재화 있음에 가난을 걱정하지 않는다. 今也草堂既已賣俏涪明 亦會買乖將來 著本圖利 未爲分外 何以故有貨不愁貧"라고 하였다. [참고문헌] 『從容錄』, 『慶忠鐵壁機語錄』, 『三山來語錄』 권13(가흥장29, p.744c14).

착상 著相 Ⓢ saṃga-nimitta, Ⓣ chags-pa'i-mtshan-ma. 상에 붙들리다. 『대반야경』 권507(대정장7, p.583c4)에 "저 선남자와 선여인들은 이름에 집착하고 상에 집착한다. 이런 고로 이 심심반야바라밀다에서 버리고 버려 멀리 떠난다. 彼善男子 善女人等 著名著相 是故於此甚深般若波羅蜜多 棄捨遠離", 『유가사지론』 권28 「성문지 聲聞地」(대정장30, p.438c19 : *Śrāv-bh.*, p.280)에 "응당 멀리 떠나야 할 상에 다시 넷이 있다. 첫째는 깊이 빠져 헤매는 침상, 둘째는 들떠 가라앉지 못한 도상, 셋째는 붙들려 어쩌지 못하는 착상, 넷째는 어지러워 고요하지 못한 난상이다. … 착상이란 소연상과 인연상으로 말미암아 마음으로 하여금 경에 대해 착을 일으켜 여러 뇌란을 짓게 한다. 應遠離相 復有四種 一者沈相 二者掉相 三者著相 四者亂相 … 著相者 謂由所緣相 因緣相故 令心於境 起染起著 作諸惱亂 tatra parivarjanīyanimittaṃ caturvidham. tadyathā layanimittam auddhatyanimittam saṃganimittam vikṣepanimittaṃ ca. … saṃganimittaṃ yenālambananimittena. nidānanimittena cittamālambane rajyate. saṃrajyate. saṃkliśyate", 『전심법요』(대정장48, p.380a14)에 "요즘 학도인은 이 마음바탕을 깨닫지 못하고 뜬금없이 마음 위에 마음을 일으키고서 밖을 향해 부처를 구한다. 상에 붙들려 수행하니 모두 악법일 뿐이고 보리로 가는 길은 아니다. 如今學道人 不悟此心體 便於心上生心 向外求佛 著相修行 皆是惡法 非菩提道"라고 하였다. [참고문헌] 『大般若經』, 『瑜伽師地論』, 『傳心法要』, *Śrāv-bh.*

착상 著想 상(想)에 붙들리다. 『대반야경』 권288(대정장6, p.465a11)에 "교시가여! 보살승에 머무는 모든 선남자와 선여인들은 상에 착하기에 착이 없는 반야바라밀다를 수행하여 무상정등보리로 회향하지 못한다. 憍尸迦 住菩薩乘 諸善男子 善女人等 由著想故 不能修行無著般若波羅蜜多 迴向無上正等菩提", 『대보적경』 권1(대정장11, p.4b4)에 "보살 가운데 아누다라삼막삼보리를 구하면서 조금이라도 얻고자 하는 것 있는 이들은 상에 붙들린다. 상에 착하면 불법 밖에서 유위상 일으키고, 유위 밖에서는 무위상 일으킬 것이니, 불법에서 상을 일으켜 착하다가 집을 풀어야 한다고 해서 해집마저 일으킨다면 불법중에 견고하게 머물며 버리지 못한다. 菩薩 乃至求於阿耨多羅三藐三菩提時 有所得者 卽爲著想 若著想者 於佛法外 起有爲想 於有爲外 起無爲想 卽於佛法 而生想著 及起解執 起解執時 於佛法中 堅住不捨", 『대방광삼계경』 권중(대정장11, p.695b2)에 "누구라도 상에 붙들리면 이 사람은 성스러운 법을 잃으리라고 알아야 한다. … 이렇게 상에 착하는 이는 무량한 겁 동안 무간지옥에서 거두게 된다. 若人著想 當知是人 敗失聖法 … 是著想者 無量劫中 爲無間獄之所攝故"라고 하였다. [참고문헌] 『大般若經』, 『大寶積經』, 『大方廣三戒經』.

착수피의 著樹皮衣 나무껍질로 엮은 옷을 입는 일. 이 욕행을 고행뿐이라 여기는 외도들의 행이다. 『니구다범지경』 권상(대정장1, p.223b21)에 "나무껍질로 엮은 옷을 입거나 땔나무 조각으로 엮은 옷을 입거나 과일나무껍질로 엮은 옷을 입는다. … 이와 같은 등 일은 바로 그대들 니구다(Ⓢ Nyagrodha) 수행자들이다. 이것만이 욕망을 벗어나는 행이라 여긴다. 或著樹皮衣 或柴木爲衣 或果樹皮爲衣 … 如是等事 是汝尼拘陀修行者 計爲出離之行"라고 하였다. [참고문헌] 『尼拘陀梵志經』. ⇨ 바구라 婆拘羅❷, 바희가 婆呬迦

착실 著實 진실을 붙들다. 실지(實地)에 발 붙이고 서다. 저 한 마디(底一句), 힘써 얻을 만한 곳(得力處), 참으로 사람 위할 만한 일(爲人處)들 보여, 진실이게 하다의 뜻이다. 『원오어록』 권10(대정장47, p.756c18)에 "대중에게 묻겠다. 붙들어 실다운 한 구절은 어떻게 말할까? 마음도장 찍는 일 밝히기 이전에는 조주의 관문을 뚫지 못한다. 敢問大衆 著實底一句 作麼生道 未明心地印 難透趙州關", 『대혜어록』 권24 「시묘총선인 示妙總禪人」(대정장47, p.916b4)에 "결국 어떻게 해야 옳을까? 실답게 득력처 붙들어야 하니 금강보검으로 머리를 자를 일이요, 인간세의 시비는 상관치 마라. 모든 선 다만 이렇게 참구하라! 畢竟如何是 著實得力處 金剛寶劍當頭截 莫管人間是與非 總禪但恁麼參", 『경덕전등록』 권7 「부용태육전 芙蓉太毓傳」(대정장51, p.253c12)에 "거사가 다시 부용에게 물었다. '마대사가 진실 붙들어 사람 위한 곳 돌이켜 우리 스님께도 나누어 주었는지요?' '저는 그를 만나지도 못했는데 어떻게 다른 이 착실처 알겠습니까?' '다만 보아 알 뿐이다. 마주해 따질 일 아니다'. 居士又問師 馬大師 著實爲人處 還分付吾師否 師云 某甲尚未見他 作麼知他著實處 居士云 只此見知 也無討處"라고 하였다. [참고문헌] 『圜悟語錄』, 『大慧語錄』, 『景德傳燈錄』. ⇨ 보보답착실지 步步踏著實地

착실 錯失 그르치거나 놓치다. 잘못이나 허물을 말한다. 『제법본무경』 권상(대정장15, p.763b14)에 "밤낮으로 이와 같이 세 때를 정하여, 부처님과 보살께 예를 올려야 한다네. 저들이 지닌 그릇됨이나 허물 찾지 말 일이니, 도를 행하려 한다면 언제나 닦고 행할 뿐이다. 晝夜如是作三時 當禮諸佛及菩薩 莫求彼所有錯失 如欲行道常修行", 『보리자량론』 권6(대정장32, p.538b12)에 "남의 허물을 찾지 말고, 스스로의 잘못을 알아차려야 한다. 勿求他錯失 自錯當覺知", 『법화경연의과』 「서 序」(卍속장52, p.3a4)에 "안타깝게도 당시 문인 영술이 강세축거사에게 부탁하여 옮겨 적은 곳에서 글자에 그릇되고 놓침이 많았다. 惜當時門人靈沭 囑康世綸居士轉錄者 字多錯失"라고 하였다. 〔참고문헌〕『諸法本無經』, 『菩提資糧論』, 『法華經演義科』.

착심 著心 붙들려 버리지 못하는 마음. 『대지도론』 권94(대정장25, p.718a19)에 "또한 만일 어떤 사람이 붙들린 마음으로 선한 법을 행한다면 이 사람은 모든 법이 필경에는 공임을 듣는 즉시 행한 법을 버리고 이 공이라는 법에 붙들려 상을 취해서는 이것만이 진실이라 여기고 앞선 법은 거짓으로 간주한다. 이 사람은 두 가지 법을 잃으니, 앞선 선한 법을 잃고 사견에 떨어진다. 붙들리는 마음은 이와 같은 허물이 있다. 비유하자면 중병에 걸린 사람은 비록 여러 가지 약으로 치료하여도 병을 덜어내지 못하고 약이 다시 병이 되는 것과 같다. 復次 若人以著心行善法 是人若聞諸法畢竟空 卽時 捨所行法 著是空法取相 以此爲實 先者爲虛誑 是人則失二種法 失先善法 而墮邪見 著心者 有如是過 譬如重病之人 雖有衆藥 療之無損 藥復作病", 『대승의장』 권14(대정장44, p.738c24)에 "누군가 '성인의 오음도 무상하니 오음이 무너질 때 성인도 괴로운가?'라고 묻자 용수는 '착하는 마음 있는 이는 법이 무너지면 괴롭지만 성인은 착이 없기에 비록 무상하지만 괴로움은 일어나지 않는다'라고 풀었다. 問曰 聖人五陰無常 五陰壞時 聖人苦不 龍樹釋言 有著心者 法壞則苦 聖人無著故 雖無常而不生苦", 『마하지관』 권10하(대정장46, p.137a5)에 "네 문이 비록 정법이지만 만일 착하는 마음으로 이 네 문에 착하면 사견 일으켜 네 문이 다르다고 본다. 四門雖是正法 若以著心著此四門 則生邪見 見四門異"라고 하였다. 〔참고문헌〕『大智度論』, 『大乘義章』, 『摩訶止觀』.

착심사급 著甚死急 '무엇 그리 급히 할 것 있는가'·'어째서 그리 급한가'라는 뜻. 『허당어록』 권1(대정장47, p.988a19)에 "여름 해제 소참 때 스님 묻기를 '세 달 안거를 이제 다 채웠습니다. 구순에 공들이신 일들 어떠합니까?' 하자 허당 이르길 '눈앞은 옛 그대로인데 급하기는 저 실오라기 일렁이듯 한다네' 하였다. '서천에서는 세월 채운 이라면 증험을 삼는데 뭐가 그리 죽을 듯 급하십니까?' '그놈 칠통이로군' '가리켜 보여주심에 감사드립니다' '황련은 아직 쓰지 않다'. 解夏小參 僧問 三月安居今已滿 九旬功用事如何 師云 眼前依舊急絣絣 僧云 西天以臘人爲驗 著甚死急 師云 者漆桶 僧云 謝指示 師云 黃連未是苦"라고 하였다. 〔참고문헌〕『虛堂語錄』.

착아견 著我見 아(我)에 붙들려 일체를 보는 것. 『승천왕반야경』 권2(대정장8, p.697b9)에 "아라는 견에 착하기에 아 없는 길을 설한다. 爲著我見 說無我道", 『보운경』 권4(대정장16, p.229c25)에 "아견에 붙들린 중생에게 공무아를 설하지 않듯이, 아견에 붙들리지 않는 이들에게도 고·공·무상·무아를 설하지 않는다. 著我見衆生 不爲說空無我 不著我見者 不爲說苦空 無常無我", 『방광대장엄경』 권7(대정장3, p.580c22)에 "내가 이제 오탁악세에서 벗어나 저들 하열중생과 온갖 외도들 등 아견에 붙들린 이들을 보아하니, 갖가지 고행을 닦지만 무명에 덮여서 허망하게 추구하며 스스로 몸과 마음을 괴롭힘으로써 해탈을 구한다. 我今出於五濁惡世 見彼下劣衆生 諸外道等 著我見者 修諸苦行 無明所覆 虛妄推求 自苦身心 用求解脫", 『대비바사론』 권109(대정장27, p.563c27)에 "아견에 붙들린 사람은 비아행상에 의지해 정성이생에 들고, 아소견에 착하는 이는 공행상에 의지해 정성이생에 든다. 著我見者 依非我行相 入正性離生 著我所見者 依空行相 入正性離生"라고 하였다. 〔참고문헌〕『勝天王般若經』, 『寶雲經』, 『方廣大莊嚴經』, 『大毘婆沙論』. ⇨ 집아 執我, 아견 我見, 집아견 執我見

착아장 著我障 아에 붙들려 일으키는 장애. 『석마하연론』 권1(대정장32, p.599a11)에 "아에 착하는 장애 버리게 해서 십주심을 얻는다. 除著我障 得十住心", 『화엄경소』 권34(대정장35, p.761a26)에 "또한 범부의 아에 착하는 장애를 영원히 끊기도 하니 밤낮으로 부지런히 닦으면서 게으름 피우지 않는다. 亦能永斷 凡夫著我障 日夜勤修 無有疲倦"라고 하였다. 〔참고문헌〕『釋摩訶衍論』, 『華嚴經疏』. ⇨ 집아 執我

착안 著眼 눈여겨 보다. 진실을 놓치지 않다. 『설두어록』 권2(대정장47, p.684c19)에 "설두가 들었다. '협산이 한 학인에게 물었다. 「어디서 왔는가?」 「호남에서 왔습니다」 「석상에 간 적이 있는가?」 「반드시 지나칠 곳인데 어찌 안 갈 수 있었겠습니까?」 「석상에게는 격구이야기 있다고 들었는데, 맞는가?」 「화상께서야말로 얼른 눈여겨 보셔야 합니다」 「어떤 것이 공이냐?」 「튀어 오르지 못합니다」 「어떤 것이 공채냐?」 「손발이 없습니다」 「노승은 사리와 서로 안 적이 없다」. 이에 학인이 나가 버렸다'. 이어서 설두가 말했다. '이 학인이 석상에서 온 것을 내가 직접 봤는데, 협산은 어째서 아는 사이가 아니라고 했을까?' 擧 夾山問僧 甚處來 云 湖南來 山云 曾到石霜麽 云 要路經過 爭得不到 山云 承聞石霜有毬子話 是否 云 和尙也須急著眼 山云 作麽生是鞠子 云 越不出 云 作麽生是鞠杖 云 勿手足 山云 老僧未曾與闍梨相識 出去 師云 雪竇親見 者僧從石霜來 夾山因甚麽道 不相識", 『대혜어록』 권2(대정장47, p.820b14)에 "'생이란 죽음으로서 나는 것이고 죽음 또한 낫기에 죽는 것이다. 두 길이 평탄하게 탁 트여 저것이 없으면 다시 이것도 없다. 이미 삶도 죽음도 없으며 피차마저 없으니, 밝고 밝아 풀 끝마다 어린 저 빛나고 빛나는 조사의 뜻이며, 저 하늘 가득 덮은 듯 저 땅 끝까지 들썩이네. 일념에 서로 응하고 일시에 맑고 깨끗하다'. 이어 대중을 부르며 말했다. '이미 삶도 죽음도 없다. 다만 단월 공양 오십칠년 전에는 이 무슨 일이었고, 다시 오십칠년 지난 후 지금은 무엇이란 말인가'. 한참을 말이 없었다. '대중들이여, 일시에 눈 높이 뜨시길, 그리고 내 눈썹 몇 줄기인지 살펴보시길'. 生是死之生 死是生之死 兩路坦然平 無彼復無此 旣無生死 又無彼此 明明百草頭 明明祖師意 如天普蓋 似地普擎 一念相應 一時淸淨 召大衆云 旣無生死 只如檀越給事 五十七年前 是箇甚麽 五十七年後 又是箇甚麽 良久云 大衆一時 高著眼 看我眉毛有幾莖", 『벽암록』 19칙 「수시 垂示」(대정장48, p.159a11)에 "한 티끌 일어나 대지 거두고, 꽃 한 송이 피면 세계가 일어난다. 다만 저 티끌이 일어나지 않고 꽃도 피지 않을 때는 어디다 눈 두어야 하나? 그래서 말한다. 저 한 타래 실무더기 같으니 하나 끊으면 일체가 끊어지고 하나 물들이면 온통 물든다. 다만 지금 얽힌 것 끊어버리고 자기집 꺼내 굴릴 수만 있다면 높고 낮은 곳 널리 응하고 앞도 뒤도 없게 하여서 각각이 나툰대로 또렷하리라. 당장에 그렇지 못하다면 저 아랫글 자세히 보라. 一塵擧大地收 一花開世界起 只如塵未擧花未開時 如何著眼 所以道 如斬一綟絲 一斬一切斬 如染一綟絲 一染一切染 只如今便將葛藤截斷 運出自己家珍 高低普應 前後無差 各各現成 儻或未然 看取下文"라고 하였다. [참고문헌] 『雪竇語錄』, 『大慧語錄』, 『碧巖錄』.

착어 著語 붙들어 말하다. 붙여 말하다. 했던 말이나 있었던 행위 또는 지금 일어난 사태 등에 마주해서야 드러내는 말이다. 정한 법이 없고(無有定法) 그 법마저 공(空)하기에 진실은 연기하는 당처(當處)를 붙들어 말할 뿐이다. 착어는 이런 뜻에서 선문의 뛰어나면서도 일상적인 방편이다. 그렇지만 구분교(九分敎)의 본사(本事)나 비유(譬喩)도, 율장(律藏)의 수범수제(隨犯隨制)나 제계연기(制戒緣起)도 돌이켜보면 세존(世尊)이 대중들과 함께 하며 일어났던 온갖 일들을 붙들어 말씀하신 것이다. 자료로 남아 전하는 것은 원오극근(圜悟克勤)의 『벽암록 碧巖錄』이며, 이후 『종용록 從容錄』·『청익록 請益錄』·『허당집 虛堂集』·『공곡집 空谷集』 등에서와 같이 본칙과 송구에 붙일 뿐만이 아니라 납승들의 일상적 법담(法談)도 착어라 하는데, 적극적으로 드러내 쓴 이는 설두중현(雪竇重顯)이다. 『벽암록』에서 "설두가 붙여 말했다. 雪竇著語云"라는 말은 설두의 말을 원오가 '착어'라고 이름 붙인 것이어서 설두의 착어 영향은 매우 컸다. 『벽암록』 4칙 「평창 評唱」(대정장48, p.144a7)에 "설두착어에 '견뎌 부수어 마쳤다'라고 하였는데 흡사 쇠 막대기 같다. 대중은 이를 착어라 한다. 비록 양편 어디에도 있지만 양편 어디에도 머물러 있지 않으니 어떻게 알아채야 하나. 감파해 마쳤다 말한 뜻을, 견뎌 부순 그곳! 일러보라. 덕산을 견뎌 부쉈는가. 위산을 감당해 무너뜨렸단 말인가. 雪竇著語云 勘破了也 一似鐵橛相似 衆中謂之著語 雖然在兩邊 却不住在兩邊 作麽生會他道勘破了也 什麽處是勘破處 且道 勘破德山 勘破潙山", 같은 책 23칙 「평창」(대정장48, p.164b23)에 "설두가 이렇게 말했듯이 험준함을 방해하진 않았으니 만약 한 가지 소리로 상응하지 못함이라면 어찌 이렇듯 고고히 위태로워 기괴하기까지 하겠는가? 이런 것을 착어라 하니, 양변에 떨어져 있을 수밖에. 비록 양변에 떨어져 있을 지라도 도리어 양변에 머물지도 않는다. 雪竇恁麽道也不妨險峻 若不是同聲相應 爭得如此孤危奇怪 此謂之著語 落在兩邊 雖落在兩邊 却不住兩邊", 같은 책 31칙 「평창」(대정장48, p.170c1)에 "옛사람의 착어는 주요 관문을 단단히 걸어 잠그고 이편도 옳다 하고 저편도 옳다 하지만 마침내는 양 끝 어디에도 마음 두지 않는다. 古人著語 鎖斷要關 這邊也是 那邊也是 畢竟不在這兩頭"라고 하였다. [참고문헌] 『碧巖錄』, 李智冠 『韓國佛敎所依經典硏究』 p.389. ⇨ 공안 公案, 대어 代語, 별어 別語, 구분교 九分敎, 율장 律藏

착염의인 著染衣人 물들인 옷 입은 사람. 출가한 비구들을 일컫는다. 『현우경』 권13(대정장4, p.438a21)에 "나는 예부터 여러 출가하여 물들인 옷 입은 사람에게 깊이 신심을 일으키고 공경하였기에 부처가 될 수 있었노라. 我由往昔 於諸出家著染衣人 深生信心 敬戴之故 致得成佛", 『경율이상』 권21(대정장53, p.116a22)에 "만약 중생이 한 번이라도 삼세불 등과 벽지불·아라한과 물들인 옷 입은 사람인 모든 사문들에 대해 나쁜 마음을 일으키면 무량한 죄 얻는다. 이유가 무엇인가? 색 물들인 옷이야말로 현성의 표식이다. 若有衆生起一惡心 向三世佛等 若辟支若羅漢 及著染衣人 諸沙門等 獲罪無量 所以者何 染色之衣 是賢聖標式"라고 하였다. [참고문헌] 『賢愚經』, 『經律異相』, 『四分律刪補隨機羯磨疏濟緣記』 권4(卍속장64, p.912b6). ⇨ 염의 染衣

착월암 着月庵 평안북도 영변군 백령산(白嶺山)에 있던 암자. 보월사(普月寺) 또는 보월암(普月庵)이라고도 한다. 『가람고』에는 착월사라고 기록되어 있기도 하다. 영변부 동쪽 110리에 위치했다고 한다. [참고문헌] 『伽藍考』, 『韓國寺刹全書』 권하 p.1058a16, 『北韓寺刹硏究』(寺刹文化硏究院, 1993) p.641. ⇨ 보월사 普月寺

착유중생 著有衆生 있다고 하는 것(有)에 붙들려 벗어나지 못하는 중생. 삼품중생(三品衆生) 중 하나다. 『무상의경』 권상(대정장16, p.471a23)에 "유에 붙들린 중생에게도 두 갈래다. 첫째는 열반에 이르는 길을 등지고 열반성도 없다고 하며 열반을 구하지 않고 생사 즐기고자 하는 이들이다. 둘째는 나의 법에 대해 우러러 목말라 하지 않으며 대승을 비방하는 이들이다. 아난이여! 이러한 중생은 불제자가 아니니 부처는 그들의 큰 스승도 아니고 귀의처도 아니다. 이러한 사람들은 이미 어리석고 눈멀어 반드시 험난하고 두려운 큰 어둠에 떨어지고, 광야에서도 다시 어둡게 물들어 가시나무숲에 들어가며, 생사의 결박으로 인해 윤회를 거듭하고, 일천제의 그물에 떨어져 스스로는 능히 나오지 못한다. 著有者 復有二種 一者 背涅槃道 無涅槃性 不求涅槃 願樂生死 二者 於我法中 不生渴仰 誹謗大乘 阿難 是等衆生 非佛弟子 佛非大師 非歸依處 如是人等 已住愚盲 必墮嶮怖大闇之中 於曠野地 更入黑穢 棘刺稠林 以生死縛 作於後際 落闡提網 不能自出"라고 하였다. [참고문헌] 『無上依經』. ⇨ 삼품중생 三品衆生, 착무중생 著無衆生

착융 笮融 ?~195. 후한(後漢)말의 인물. 단양(丹陽 : 河南省) 출신. 수하에 수백여 명을 모아 동향 출신인 도겸(陶謙 132~194)의 휘하로 들어갔다. 도겸이 광릉(廣陵)·하비(下邳)·팽성(彭城)의 곡물 수송을 맡겼는데, 오히려 곡물을 가로채고 자신의 것으로 만들었다. 축적한 재물로 부도사(浮屠祠)를 건립하고 금불상을 조성하며 불사를 크게 일으키기도 했다. 조조(曹操 155~220)가 도겸을 치기 위해 서주(徐州)를 침공하자 병력을 이끌고 달아났다. 도피 중에 광릉태수 조욱(趙昱)과 예장(豫章)태수 주호(朱皓)를 명분 없이 살해하였다. 결국 의탁하던 유요(劉繇)를 배반하고 쫓기다가 양민들에 의해 죽임을 당하였다. [참고문헌] 『佛祖統紀』 권35(대정장49, p.331b6), 『弘明集』 권1(대정장52, p.8c13), 『後漢書』 권73, 『三國志』 권49.

착의끽반 著衣喫飯 옷 걸치고 밥 먹다. 특별할 것 없는 일상. 그렇지만 만인에게 현전해 있어 누구나 보고 알며 늘 하는 일이고, 예외 없는 뜻에서 실(實)이기에 선문의 종사들이 놓치지 않는 말머리다. 『경덕전등록』 권6 「마조도일전 馬祖道一傳」(대정장51, p.246a16)에 "만일 이 마음을 깨우치면 때를 따라 옷을 입고 밥 먹는 중에 성태를 기르고 그대로 맡겨 때를 보낼 뿐이어서 다시 무슨 일이 있겠는가! 若了此心 乃可隨時 著衣喫飯 長養聖胎 任運過時 更有何事", 『임제록』(대정장47, p.498a16)에 "불법은 애써 공 들이는 곳 없다. 다만 평소의 생활에서 꾸미는 일이 없이 대소변을 보며 옷 입고 밥 먹으며 졸리면 잘 뿐이다. 어리석은 사람은 나를 비웃겠지만 지혜로운 사람은 알 것이다. 佛法無用功處 秖是平常無事 屙屎送尿 著衣喫飯 困來卽臥 愚人笑我 智乃知焉", 『운문광록』 권상(대정장47, p.546a1)에 "종일토록 옷을 입거나 밥을 먹어도 한 톨 밥알도 만진 일 없고 한 오라기의 실 걸친 적 없다. 비록 이렇다고 해도 여전히 문 달린 뜰에서나 하는 말이니 반드시 이와 같음 실로 얻어야 비로소 얻었다 하리. 終日著衣喫飯 未曾觸著一粒米 挂一縷絲 雖然如此 猶是門庭之說 須是實得與麽始得", 『조산어록』(대정장47, p.527b7)에 "운문이 조산에게 물었다. '사문의 행이란 어떤 것입니까?' '상주낟알 먹는 이가 그이다' '그냥 이렇게 살아도 됩니까?' '그대가 기르기라도 하겠는가?' '그렇습니다' '어떻게 기르느냐?' '옷을 입고 밥을 먹는 데 무슨 어려움이 있겠습니까?' '어째서 「털옷 입고 뿔 단다」고 말하지 못하는가?' 운문이 절을 올렸다. 雲門問 如何是沙門行 師曰 喫常住苗稼者是 門云 便恁麽去時 如何 師曰 爾還畜得麽 門云 畜得 師曰 爾作麽生畜 門云 著衣喫飯 有甚麽難 師曰 何不道披毛戴角 門便禮拜", 『법안어록』(대정장47, p.590c27)에 "다만 옷 입고 밥 먹으며 가거나 머물거나 앉거나 눕거나 하고 아침에 참구하고 저녁에 청문하면서 모든 것이 옛날 그대로이니 이를 일 없는 사람이라 한다. 但著衣喫飯 行住坐臥 晨參暮請 一切仍舊 便爲無事人也", 『황룡혜남어록』(대정장47, p.631a10)에 "법좌에 올라 할 한 번 하고 말했다. '대지 온통 할 한번에 맥없이 허물어졌다. 이제 여러분은 어느 곳 향해 옷 입고 밥 먹겠는가? 만일 옷 입고 밥 먹을 곳 없다면 반드시 옷을 입고 밥 먹을 곳을 찾아야 한다. 만일 옷 입고 밥 먹는 곳을 알았다면 콧구멍 잡을 줄도 알아야 하지 않겠는가'. 법좌에서 내려왔다. 上堂 喝一喝云 盡大地被同安一喝 瓦解氷消 汝等諸人 向什麽處 著衣喫飯 若未得箇著衣喫飯處 須得箇著衣喫飯處 若識得箇著衣喫飯處 識取鼻孔好 下座", 『원오어록』 권13(대정장47, p.773b15)에 "부처와 중생도 하나이고, 번뇌와 보리도 하나이며, 마음과 경계도 하나이고, 밝음과 어둠도 하나이다. … 도무지 다 섞어 한 덩이로 만들지만 하나도 세우지 않는다. 그런 다음에 가려면 가고 앉으려면 앉고 옷 입고자 하면 옷 입고 밥 먹으려 하면 밥 먹는다. 마치 밝은 거울 당해 호인 오면 호인 비추고 한인 오면 한인 비추듯 한다. 이처럼 헤아려 견주지 않고 처에 따라 그대로 보인다. 그런 까닭에 만 가지 기틀이 문득 다가서도 그 정신을 흔들지 못하며, 천 갈래 뒤섞여 제각각 마주해도 심려 또한 기울이지 않는다. 이 어찌 세간의 얕은 지견으로 헤아려 알겠는가! 佛與衆生爲一 煩惱與菩提爲一 心與境爲一 明與暗爲一 … 都盧混成一片 而一亦不立 然後 行是行 坐是坐 著衣是著衣 喫飯是喫飯 如明鏡當臺 胡來胡現 漢來漢現 初不作計校 而隨處見成 所以萬機頓赴 而不撓其神 千難殊對 而不干其慮 此豈世間 麤淺知見 所能測度", 『밀암어록』 「답복운속 答卜運屬」(대정장47, p.981c2)에 "평생의 기지와 기량이 깨끗이 다하여 느닷없이 일념에 문득 사라진다. 마음꽃 활짝 피어 티끌 같은 세월 좇아 온 일들 지금에서야 다 마쳐 여기 있네. 좋다 한들 한 오라기 더할 일 없고, 나쁘다 한들 한 오라기 더할 일 없다. 문득 이 일 전부터 옷 걸쳐 밥 먹던 그 사람 아니던가. 달리 기특한 묘리자성 설할 일 없으니 막을 길 없는 경쾌한 평생일세. 平生機智伎倆淨盡 驀然一念頓消 心花發現 塵劫來事 盡在于今 好也添一絲毫不得 惡也添一絲毫不得 便是從前 著衣喫飯箇官人 別無奇特玄妙理性可說 不妨慶快平生"라고 하였다. ［참고문헌］『景德傳燈錄』, 『臨濟錄』, 『雲門廣錄』, 『曹山語錄』, 『法眼語錄』, 『黃龍慧南語錄』, 『圜悟語錄』, 『密菴語錄』.

착의지발 著衣持鉢 Ⓟ nivāsetvā cīvaram, nivāseti cīvaram. 가사 수하고 발우 들다. 비구의 전형이다. 『장아함경』 권2 「유행경 遊行經」(대정장1, p.12b13 : *Mahāparinibbāna-sutta*, *DN.2*, p.85)에 "그때 세존께서 자리에서 일어나 가사 입고 발우 지니며 대중과 함께 저 강당으로 가서 손발을 씻고 가운데 자리하고 앉으셨다. 於是世尊 卽從座起 著衣持鉢 與大衆俱 詣彼講堂 澡手洗足 處中而坐 atha kho bhagavā nivāsetvā patta-cīvaraṃ ādāya saddhiṃ bhikkhu-saṃghena yena āvasathāgāraṃ ten'upasaṃkami"라고 하였다. ［참고문헌］『長阿含經』, *DN.* ⇨ 착의끽반 著衣喫飯

착인정반성 錯認定盤星 저울 눈금 잘못 알다. 『오조법연어록』 권상(대정장47, p.656a19에 "상당하자 학인이 물었다. '무엇이 등 켜기 전입니까?' '사람을 어리둥절케 하는군' '무엇이 바로 등불 타오를 때입니까?' '저울 눈금 잘못 알았다' '무엇이 꺼진 다음입니까?' '한바탕 부끄럽도다'. 이내 말하였다. '매월 언제나 보름날 있어, 무시이래로 거듭거듭 다하여 미륵이 하생함에 이르리니, 달기도 하고 쓰기도 함을 면치 못하리. 자, 말해 보시오. 끝내 어찌해야 할까. 남산의 하얀 이마의 대충은 원래 서산의 맹호였느니라'. 上堂 僧問 如何是燃燈前 師云 令人疑著 學云 如何是正燃燈 師云 錯認定盤星 學云 如何是燃燈後 師云 一場懡㦬 乃云 每月有箇十五 無始劫來 盡數數 到彌勒下生 未免有甛有苦 且道畢竟如何 南山白額大蟲 元是西山猛虎", 『무문관』 「즉심즉불 卽心卽佛」(대정장48, p.296c28)에 "〈본칙〉 마조에게 대매법상(大梅法常)이 물었다. '무엇이 부처입니까?' '마음이 곧 부처니라'. 〈평창〉 무문이 말한다. '만약 능히 곧바로 요점만 대략 얻어가게 하려면, 부처님 옷 입고 부처님 밥 먹으며 부처님 말씀 설하고 부처님 행을 행한즉 바로 부처다. 그런데 비록 이렇게 한다 하더라도 대매는 많은 사람들을 저울 눈금 잘못 알게 이끈 것이다. 어찌 한낱 불(佛)이라는 글자만 설해도 삼일은 입을 헹궈야 함을 알겠는가. 만약 이런 사람이었으면 곧바로 마음이 이 부처라 설함을 보자마자 귀를 덮고 곧장 달렸으리라'. 馬祖因大梅問 如何是佛 祖云 卽心是佛 無門曰 若能直下領略得去 著佛衣 喫佛飯 說佛話 行佛行 卽是佛也 然雖如是 大梅引多少人 錯認定盤星 爭知道說箇佛字 三日漱口 若是箇漢 見說卽心是佛 掩耳便走"라고 하였다. ［참고문헌］『五祖法演語錄』, 『無門關』. ⇨ 정반성 定盤星

착자 著者 Ⓢ grahītṛ, Ⓣ 'dzin-pa-po. 집착하는 이. 『중론』 권4 「관전도품 觀顚倒品」(대장장30, p.31c20)에 "〈게〉 착할 만한 것, 착하는 이, 착함과 착에 쓰이는 법이 모두 적멸상이거늘 어찌 착 있으리. 可著著者著 及所用著法 是皆寂滅相 云何而有著 yena gṛhṇāti yo grāho grahītā yac ca gṛhyate, upaśāntāni sarvāṇi tasmād grāho na vidyate", "착할 만한 것을 물(物), 착하는 이를 작자, 착함은 업을 말하고, 착에 쓰이는 법은 쓰이게 되는 일을 말한다. 이들 모두 자성 공한 적멸상이니, 저 「관여래품 觀如來品」 중에 설함과 같다. 이런 고로 착이란 있는 것이 아니다. 可著名物 著者名作者 著名業 所用著法名所用事 是皆性空寂滅相 如如來品中所說 是故無有著"라고 하였다. ［참고문헌］『中論』, 『般若燈論釋』 권2(대정장30, p.57c7), *Pras.203.* ⇨ 작자 作者

착적 著賊 도적질 당하다. 『무문관』 31칙 「평창 評唱」(대정장48, p.297a14)에 "노파 다만 후방에 앉아 주량할 줄만 알았지 도둑을 잡을 줄은 몰랐다. 조주노인은 적의 진영에 침투하고 요새를 빼앗는 기틀을 잘 썼지만 또한 대인의 면모는 없었다. 점검해 보면 두 사람 다 허물 있다. 일러 보라. 어떤 곳이 이 조주가 노파를 감파한 곳인가? 婆子只解坐籌帷幄 要且著賊不知 趙州老人善用偸營 劫塞之機 又且無大人相 撿點將來二俱有過 且道 那裏是趙州勘破婆子處", 『경덕전등록』 권11 「익주서목전 益州西睦傳」(대정장51, p.287c19)에 "어떤 속사가 손 들고 말했다. '화상은 한 마리 나귀입니다' '노승의 등에 그대가 탔군'. 그가 아무 말 없이 떠났다가 3일이 지나서 다시 찾아와 '제가 3일 전에 도둑을 잡았습니다'라고 하자 주장자를 들고 쫓아냈다. 有一俗士擧手云 和尙便是一頭驢 師曰 老僧被汝騎 彼無語去 後三日再來自言 某甲三日前著賊 師拈拄杖趁出"라고 하였다. ［참고문헌〕『無門關』,『碧巖錄』,『景德傳燈錄』.

착적료야 著賊了也 모르는 사이 도적질 당하다. 보이지도 잡히지도 않아 이리저리 오고 가는 마음길 잘 알아 알아채는 이를 도둑이라 하면 그 도둑질 알아보는 이가 있어 그 길 없지 않음을 증명한다. 마음 찾아 헤매는 전장(戰場)에서 분별(分別)의 포로가 되지 않으려 이름(名)도 모습(相)도 내려놓고 종횡자재하는 비유다.『벽암록』51칙「평창 評唱」(대정장48, p.186b21)에 "설봉이 덕산의 회중에서 밥을 짓고 있었다. 어느 날 공양을 마치고 덕산이 발우를 들고 법당으로 내려갔다. 설봉이 말했다. '종도 안 치고 북도 안 울렸는데 이 늙은이가 발우를 들고 어디로 가는게요?' 덕산이 말없이 고개를 숙이고 방장실로 돌아갔다. 설봉이 암두에게 이 일을 말하자 암두가 말했다. '알량한 덕산이 말후구도 모르는구나'. 덕산이 이것을 듣고 시자를 자기 방으로 불러서 물었다. '그대는 나를 긍정하지 않는가?' 암두가 은밀하게 일러주었다. 덕산이 다음날 법좌에 올랐는데 평소와 달랐다. 암두가 승당 앞에서 손뼉을 치고 크게 웃으며 말했다. '다행히 늙은이가 말후구를 알았구나. 이제 천하 사람들이 그를 어떻게 하지 못하리라. 비록 그렇다고 해도 삼년일 뿐이다'. 이 공안중에 설봉은 덕산이 아무 말 하지 못하는 것을 보고서 자기가 옳았다고 생각했지만 도적에게 보기 좋게 당한 줄을 몰랐던 것이다. 그가 일찍이 속았기에 나중에야 속일 줄도 알았다. 그러므로 옛사람이 '말후의 일구라야 비로소 굳게 닫힌 관문에 도달한다'라고 하였던 것이다. 어떤 사람 암두가 설봉보다 뛰어나다고 하지만 잘못 안 것이다. 雪峯在德山會下作飯頭 一日齋晚 德山托鉢下至法堂 峯云 鐘未鳴鼓未響 這老漢 托鉢向什麽處去 山無語低頭歸方丈 雪峯擧似巖頭 頭云 大小德山 不會末後句 山聞令侍者喚至方丈問云 汝不肯老僧那 頭密啓其語 山至來日上堂 與尋常不同 頭於僧堂前 撫掌大笑云 且喜老漢會末後句 他後天下人 不奈他何 雖然如是 只得三年 此公案中 如雪峯見德山無語 將謂得便宜 殊不知著賊了也 蓋爲他曾著賊來 後來亦解做賊 所以古人道 末後一句 始到牢關 有者道 巖頭勝雪峯 則錯會了也",『정법안장』권2(卍속장118, p.88b11)에 "태원부상좌가 설봉에서 욕실을 담당했다. 현사화상이 설봉에게 문안드리던 차에 설봉이 말했다. '나의 이곳에 늙은 쥐가 있는데 지금 욕실에 있다'. 현사는 '화상께 잘못을 감파해 보이겠습니다'라고 말하고 나가자 부상좌가 물 긷는 것을 보았다. '처음 뵙는군요' '이미 만났습니다' '어느 겁에 보았습니까?' '졸지 마십시오'. 현사가 다시 가서 설봉에게 말했다. '이미 감파했습니다' '어떻게 감파했는가?' 현사가 앞의 일을 말했더니 설봉이 말했다. '그대가 도적에게 당했구나'. 太原孚上座 在雪峯 掌浴室 玄沙和尙 問訊雪峯次 峯云 我此間有箇老鼠 今在浴室下 沙云 待與和尙勘過 纔去見孚上座打水次 乃云 新到相看 孚云 已相見了也 沙云 甚麽劫中曾相見來 孚云 莫瞌睡 沙復去白雪峯云 已勘破了也 峯云 作麽生勘 沙擧前話 峯云 汝著賊了也"라고 하였다. 〔참고문헌〕『碧巖錄』,『正法眼藏』. ⇨ 착패료야 捉敗了也

착정기 鑿井記 우물 판 이야기. 허정법종(虛靜法宗 1670~1733) 지음. 묘향산(妙香山) 보현사(普賢寺)의 우물을 판 내력을 적은 글로,『허정집』권하(한불전9, p.508a5) 기(記)에 전한다. 보현사는 서천(西川)의 물을 식수로 사용하였는데, 가뭄 때는 마르고 얼면 막혀서 골치거리였기에, "병인년(1686·숙종12) 가을에 월저대사(月渚道安 1638~1715)가 덕기스님과 함께 주발에 별을 비추어보는 운수완조성술로 마당을 뚫어 몇 척이나 되는 우물을 얻었다. 물이 달고 깨끗하면서 쉽게 길을 수 있었지만 우물담이 낮았다. … 얼마 지나지 않아 버려져 메워지고 말아 이전처럼 물 긷는 것이 힘들었다. 정해년(1707·숙종33)에 지현스님이 또 옛 터에서 열 길이나 팠는데 맑은 샘물이 솟아 마르지 않았다. 이때부터 산문은 까마귀가 쪼고 용이 뚫기를 기다리지 않고서도 단 물을 마실 수 있었다. … 지금 나의 우물을 파고 나의 물을 긷는 자는 반드시 도의 바탕 여기에 있음을 알아야 한다. 丙寅秋 月渚大師 乃與悳機師 運水椀照星之術 於中庭鑿 得井數尺 水甘潔可汲 而甃淺 … 未幾乃棄 以塡之 艱汲如舊 歲丁亥 智玄師 又於舊址 改鑿十餘丈 明泉湧出 浩浩不渴 自此山門 不待烏啄龍穿 而可以食甘液矣 … 今之鑿吾井運吾水者 須知道體之在玆"고 하였다. 〔참고문헌〕『虛靜集』. ⇨ 법종 法宗 ❷

착착 著著 한 수 한 수. 바둑돌을 놓는 모양이나 놓는 소리. 낱낱이 드러내 보이거나 행하지만 어긋남 없고 자재한 뜻이다.『인천안목』권1(대정장48, p.305b17)에 "손 가는 대로 집어도 그 하나하나가 본분에 들어맞는다. 信手拈來著著親",『오조법연어록』권상(대정장47, p.651c28)에 "전좌의 노고에 인사차 법좌에 올라 말했다. '작은 끈은 동전 꿰고, 큰 줄은 두레박 줄 엮고, 나날이 요긴하게 대조리와 표주박을 쓴다. 비록 낡은 살림도구라서 쓰다 보면 곳곳에서 손을 댈 때마다 잘못되지만 남북과 동서 어디서 물을 뿌려도 묻지 않는다'. 謝典座 上堂云 小繩錢貫 大繩井索 日急要用 笊籬木杓 雖然破家具 應用有處著著錯 南北東西 水洒不著",『원오어록』권6(대정장47, p.738c19)에 "나서기도 하고 머물기도 하며, 말하기도 하고 침묵하기도 하며, 호랑이 굴과 마구니 궁전, 예토와 정토, 고요한 산림과 복잡한 성시 또는 가시나무 숲이라 해도 만일 능히 드러나 부딪히는 것마다에서 벗어날 기틀 있으니, 처처마다에 치우친 분별을 넘어서는 견이 있어서 옳다 그르다 없이 하였기에 잡드려 고요했으니 부처나 조사도 엿볼 수 없고, 풀어놓아도 함께 살고 함께 죽을 것이다. 或出或處 或語或默 虎穴魔宮 穢邦淨土 林山城市 荊棘叢中 若能著著有出身之機 處處有超情之見 無可不可 把定也 祖佛不能窺 放行也 同生復同死", 『불과격절록』 47칙 「평창 評唱」(卍속장117, p.482a8)에 "설두가 옛 말씀 들어 보일 때마다 이 몸 벗어나는 길 보였다. 종횡자재하여 죽은 물 향해 잠겨 들일 없었다. 雪竇拈古 著著有出身之路 縱橫自在 不向死水裏浸却"라고 하였다. 〔참고문헌〕『人天眼目』, 『五祖法演語錄』, 『圜悟語錄』, 『佛果擊節錄』.

착착상묘 著著上妙 손길 닿을 때마다 더할 수 없는 길 보이다. 『무문관』 16칙 「평창 評唱」(대정장48, p.295a14)에 "무릇 참선하고 도를 익힘에 간절히 소리를 따르고 모양 좇지 마라. 설령 소리 듣고 도를 깨닫거나 색을 보고 마음을 밝힌다 하더라도 그저 그런 일일 뿐이다. 비록 알 수는 없더라도 납승이라면 소리 몰 줄 알고 색 덮을 줄 알아서 드러나는 것마다 밝혀 빛나고 손닿는 것마다 묘해야 하지 않겠나. 大凡參禪學道 切忌隨聲逐色 縱使聞聲悟道 見色明心 也是尋常 殊不知 衲僧家騎聲蓋色 頭頭上明 著著上妙"라고 하였다. 〔참고문헌〕『無門關』. ⇨ 두두상 頭頭上, 착착 著著

착착재기선 著著在機先 놓고 또 놓아 이미 마음 앞서 자리하다. 『무문관』 48칙 「송 頌」(대정장48, p.299a13)에 "발걸음 떼기도 전에 이미 이르렀고, 혀 움직일 새 없이 앞서 말해 마쳤다네. 아무리 한 수 한 수마다 기에 앞선다 해도 또다시 향상하는 통로 있음을 알아야 하리. 未擧步時先已到 未動舌時先說了 直饒著著在機先 更須知有向上竅"라고 하였다. 〔참고문헌〕『無門關』.

착초혜입이두리과야 著草鞋入爾肚裏過也 짚신 신은 채로 그대의 뱃속 지나가네. 『벽암록』 76칙 「본칙 本則」(대정장48, p.203b20)에 "단하가 학인에게 물었다. '어디서 오는가?〈참으로 온 곳 전혀 알 수 없다고 할 수는 없다. 온 곳 굳이 알고자 하면 어렵진 않겠지〉' '산 아래에서 옵니다〈(단하가) 짚신 신은 채로 그대 뱃속을 지나간다. 다만 이를 알 수 없었으니, 말 속에 여운을 남겨두었지만 다른 이가 익었는지 생 것인지 알 뿐이다〉'. 丹霞問僧 甚處來〈正是不可總沒來處也 要知來處 也不難〉 僧云 山下來〈著草鞋入爾肚裏過也 只是不會 言中有響諳含來 知他是黃是綠〉", 『남송원명선림승보전』 권14 「환야혜장 幻也慧章」(卍속장137, p.752a2)에 "긴요한 솜씨는 짚신을 신은 채로 석가뱃속으로 들어가 똥오줌을 싸고 크게 한 걸음 걸어나와 달마심중으로 뚫고는 머리에 뿔 이고 털옷을 입는다. 緊要在著草鞋入釋迦腹裡 屙屎放尿跨大步 穿達磨心中 戴角披毛"라고 하였다. 〔참고문헌〕『碧巖錄』, 『南宋元明禪林僧寶傳』.

착패료야 捉敗了也 사로잡혀 모든 것 내려놓다. 『허당록』 권3(대정장47, p.1010a26)에 "'오늘 밤 느닷없이 한 납승이 나와서는 「잡아버렸습니다」라고 말한다면 어떻게 하시겠습니까?' '그대가 상시를 사로잡았는가, 임제를 사로잡았는가?' '어느 편도 전혀 아닙니다' '그렇다면 무슨 뜻인가?' 그 학인 할하였다. 僧曰 今夜忽有箇衲僧 出來道 捉敗了也 又作麽生 答曰 爾捉敗常侍 捉敗臨際 僧曰 總不恁麽 答曰 畢竟作麽生 僧便喝", 『밀암어록』(대정장47, p.960a8)에 "위산이 껄껄대고 크게 웃었으니 (위산은) 장물인 채로 사로잡혔구나. 潙山呵呵大笑 和贓捉敗了也", 『초석범기어록』 권11(卍속장124, p.178b18)에 "금강제는 '나는 머물 곳이 있음에도 의지하지 않은 채 머물고, 머물 곳 없음에도 의지하지 않은 채 머무니, 이와 같이 머문다'고 말했다가 일시에 마왕에게 가로막혀 붙잡히고 말았다. 그러나 반드시 금강제 붙들지 않을 수 없어야 하리. 金剛齊道 我不依有住而住 不依無住而住 如是而住 一時 被障蔽魔王 捉敗了也 雖然 也須扶金剛齊 始得"라고 하였다. 〔참고문헌〕『虛堂錄』, 『密菴語錄』, 『楚石梵琦語錄』. ⇨ 착적료야 著賊了也

착할절의비구니 著割截衣比丘尼 Ⓟ bhinnapaṭa-dharā 'ti bhikkhunī. 누더기 입은 비구니. 조각난 것을 붙여 만든 것 곧 가사(袈裟) 걸친 비구니. 『사분율』 권22(대정장22, p.714a15)에 "저 비구니에는 이름만 비구니 … 할절의를 입은 비구니 … 대계를 받으며 백사갈마를 여법히 성취하고 처소를 얻은 비구니 등이 있다. 若比丘尼者 名字爲比丘尼 … 著割截衣比丘尼 … 受大戒白四羯磨如法成就得處所比丘尼", 『사분율명의표석』 권19(卍속장70, p.682a10)에 "착할절의비구니 : 여러 귀하고 값진 옷들이 찢어지거나 색이 바랜 다음에, 자르고 붙이기에 '할절의를 입은 이'라 한다. 이를 비구니라 함에 비록 할절의를 입는다 해도 계를 받지 않으면 진실한 비구니가 아니다. 著割截衣比丘尼 謂以諸貴價衣等 割截壞色 然後披著 名爲能著割截衣者 是名比丘尼 雖著割截衣 不受戒 非眞比丘尼"라고 하였다. 〔참고문헌〕『四分律』, 『四分律名義標釋』, *Vin.4.214.* ⇨ 비구니 比丘尼

착해즉도 著解則度 붙들린 것들 풀리면 바로 이 언덕 건넌다네. 『출요경』 권9(대정장4, p.656c19)에 "〈송〉 '붙들린 것들 풀리면 건너니, 그 다음은 다시 나지 않네. 모든 마계 넘어서, 저 해처럼 맑고 밝네'. 〈석〉 '붙들려 있던 것들 풀리면 건넌다' 하였는데, 행에 육품 있다. 욕계·색계·무색계에서 맺히고 뭉치며 묶이고 때 묻는데, 욕계로부터 나오는 어리석음·교만·우매함·미혹이 스스로를 얽어맨다. 이런 고로 '붙들린 것들 풀리면 건넌다'라 설한다. 著解則度 餘不復生 越諸魔界 如日淸明 著解則度者 行有六品 欲界色界無色界 結聚縛垢 欲界

所出 癡慢愚惑 以自纒絡 是故說曰 著解則度也"라고 하였다. [참고문헌]『出曜經』.

찬 贊 불조(佛祖)의 덕을 찬하는 게송. 또는 선덕(先德)들의 진영에 쓰는 게송을 가리키기도 한다. 찬(讚)이라고도 한다. 『선림상기전』 권21(대장경보편19, p.604b16)에 "찬 : 『총림성사』에 '앞선 무리들이 불조를 찬한 게구와 자찬의 말들에는 각각 긍식이 있었는데 지금의 예는 허다히 두찬이니, 마치 저 자찬이나 불조를 찬한 말과 같은 것들도 참으로 가소롭다. 贊 叢林盛事云 前輩贊佛祖偈句幷自贊語 各有矜式 今之例多杜撰 如自贊亦如贊佛祖之語 良可笑耶", "오직 밀암선사만이 가장 그 체를 얻었으니, 찬하길 「재가자들은 독서하지 않고 행각승들은 참선하지 않으면서 흐름 따라 쓸데없이 떠들어 대니 땅 파며 하늘 찾을 뿐이다. 이제 늙어서 공연히 돌이켜 후회뿐이니 사람들 아파하는 곳 비틀고 힘껏 채찍만을 더하네」. 唯密菴最得其體 贊云 在家不讀書 行脚不參禪 隨流閑打鬨 掘地覓靑天 如今老大空追悔 捻人痛處力加鞭", "도독선사 또한 이르길 「눈 멀고 귀마저 들리지 않네. 날다람쥐의 기량이 이미 다했네. 바위 주인을 보고 싶은가? 흰구름 천만 겹이다. 돌! 눈 있는 이라면 가려내야 하리!」'라고 하였다. 塗毒亦云 眼瞎耳恒聾 鼯鼠技已窮 要見巖中主 白雲千萬重 咄 具眼者 宜辨之"라고 하였다. [참고문헌]『禪林象器箋』. ⇨ 영찬 影讚

찬 鑽 주장자나 석장 등 땅에 닿는 부분을 닳지 않도록 붙이는 쇠(金具). 『백장청규』 권5 「주장 主杖」(대정장48, p.1139b26)에 "『십송율』에 '부처님께서 주장자를 비축하되 그 찬은 쇠를 쓰도록 허용하셨다. 견고하게 보호하기 때문이다'라고 하였다. 이는 대체로 다닐 때 잘 돕는다. 十誦律云 佛聽蓄杖 其鑽用鐵 爲堅牢故 斯蓋行李之善助也"라고 하였다. [참고문헌]『百丈淸規』, 『十誦律』 권56(대정장23, p.417a18). ⇨ 석장 錫杖

찬 羼 찬제(羼提 Ⓢ kṣānti)의 줄임말. 인(忍)·인욕(忍辱)이라 한역한다. 『대방등대집경』 권4(대정장13, p.24a20)에 "또한 찬인이 있는데, 찬은 인이라 말하며 여래는 인바라밀을 구족하고 있습니다. 復有羼印 羼之言忍 如來具足忍波羅蜜"라고 하였다. [참고문헌]『大方等大集經』. ⇨ 찬제 羼提, 인 忍, 인욕 忍辱

찬 酇 ➡ 찬자문 酇字門

찬 讚 ❶ 청중에 앞서 설한 법문에 대해 다른 이가 감탄하거나 칭찬해 올리는 게송형식의 찬어. 『장아함경』 권12(대정장1, p.79b9)에 "이때 네 정거천들 이르러 머리 숙여 발아래 예 올리고 한 쪽으로 비켜섰다. 그때 한 정거천이 부처님 앞에 서서 게송으로 찬탄해 노래했다. '금일 대회중에는 모든 하늘과 신들 다 모였다네. 모두 법을 위해 왔기에 위없는 무리들께 예하고자 합니다'. 이 게 마치고 물러나자 그때 또 한 정거천이 송을 지어 불렀다. '비구들 뭇 번뇌 보시고, 마음 단정해 스스로 방호한다네. 마치 바다 저 뭇 줄기 삼키듯이, 지혜로운 이들 모든 근을 보호한다네'. 이렇게 설해 마치자 한 쪽으로 물러섰고 그때 또 한 정거천 다시 노래했다. '갈망의 구덩이 끊어 다해 평화롭고, 무명의 무더기 무너져 다했네. 홀로 청정한 도량에 노니 참으로 코끼리 잘 다루는 듯 한다네'. 이 게송 설해 마치자 물러났고 그때 또 다른 정거천 다시 노래 하였다. '부처님께 귀의하는 모든 이들 마침내 악취에 떨어지지 않는다네. 지금 사람의 몸 버리고는 하늘 깨끗한 몸 받아 나리라'. 時 四淨居天猶如力士屈伸臂頃 於彼天沒 至釋翅提迦維林中 爾時四淨居天到已 頭面禮足 在一面立 時 一淨居天卽於佛前以偈讚曰 今日大衆會 諸天神普集 皆爲法故來 欲禮無上衆 說此偈已 退一面立 時 一淨居天復作頌曰 比丘見衆穢 端心自防護 欲如海呑流 智者護諸根 是偈已 退一面立 時 一淨居天復作頌曰 斷刺平愛坑 及塡無明塹 獨遊淸淨場 如善象調御 說此偈已 退一面立 時 一淨居天復作頌曰 諸歸依佛者 終不墮惡趣 捨此人中形 受天淸淨身"라고 하였다. [참고문헌]『長阿含經』. ❷ 의례나 법식에서 외우는 찬문. 의례나 법식을 행하는 준비로 『일용작법』 '불보살 모두 모셔 찬함. 佛菩薩通讚'은 "목숨 바쳐 귀의합니다. 성자이신 관자재보살께, 몸은 저 금빛 산과 같으신 이여! 목숨 바쳐 귀의합니다. 성자이신 대세지시여, 몸은 지혜광명만을 연으로 삼으시는 이여! 세 성인 지니신 공덕의 무더기 티끌 모래로 저 허공 품고도 넘는다네. 이래서 제가 지금 공경하고 예배합니다. 歸命聖者觀自在 身若金山薝蔔花 歸命聖者大勢至 身智光明照有緣 三聖所有功德聚 數越塵沙大若空 十方諸佛咸讚嘆 塵劫不能窮少分 是故我今恭敬禮"라고 하였다. 중봉화상의 『중봉화상삼시계념의범문』 권3에서 거주(擧呪)·운집찬(雲集讚)·등좌게(登座偈)·제강(提綱)·축향(祝香)·거대비주(擧大悲呪) 이후에 바로 극락세계와 아미타삼존과 더불어 성중들을 찬탄해 맞이하는 게송은 다음과 같다. '찬극락세계 讚極樂世界'·'찬아미타불 讚阿彌陀佛'·'찬관세음 讚觀世音'·'찬대세지 讚大勢至'·'찬청정해중 讚淸淨海衆'·'찬서방중성 讚西方衆聖'·'찬성현안좌 讚聖賢安座' 순으로 이어지게 찬하고 있다. 영산작법 등에서 외우는 '관음찬 觀音讚'(『석문의범』 권상, p.117)에 "돌이켜 들으니 듣는 그 바탕 원통한 줄 깨우쳤다. 관음 부처님께서 관음이라 이름 하셨으니 위로는 자애의 힘 같고 아래로는 대비로 같이 하시네. 서른 둘이나 되는 응신으로 티끌처럼 많은 세계 두루하신다네. 返聞聞性悟圓通 觀音佛賜觀音號 上同慈力下同悲 三十二應遍

塵刹"라고 하였다. 사방찬과 도량찬은 아침저녁으로 외우는 송 중에 있으며 재공시식(齋供施食) 때에도 도량을 깨끗이 하기 위해 외운다. '도량 사방을 찬해 깨끗이 하다. 四方讚'(『석문의범』 권상, p.97)에 "한 번 뿌려 동방도량 깨끗하고, 두 번 뿌려 남방도량 청량 얻었네. 세 번 뿌려 서방 함께 정토되고, 네 번 뿌려 북방 길이 안강하시다네. 一灑東方潔道場 二灑南方得淸凉 三灑西方俱淨土 四灑北方永安康", '도량을 찬하다. 道場讚'에 "도량 그지없이 깨끗해 티끌조차 없으며 삼보도 천룡도 이 땅에 오셨네. 제가 지금 묘진언 외우노니 원컨대 자비로 남모르게 가호하소서. 道場淸淨無瑕穢 三寶天龍降此地 我今持誦妙眞言 願賜慈悲密加護"라고 하였다. 〔참고문헌〕『日用作法』, 『中峯和尙三時繫念儀範文』, 『釋門儀範』. **3** 서사체(敍事體)로 연대기나 이야기 전한 다음 편집자가 그 이야기에 대한 감흥을 게송형식으로 적어 넣은 글. 『삼국유사』 권4(한불전6, p.348b16) 의해5 원효불기(元曉不羈)에 "뿔 달린 수레 처음에 삼매로 축을 열었고 담을 그릇 없었기에 마침내 온 세상에 불어 넘쳤네. 달 밝은 요석궁 봄날 깊더니 문 닫힌 분황에는 돌아볼 그림자조차 없었다네. 角乘初開三昧軸 舞壺終掛萬街風 月明瑤石春眠去 門掩芬皇顧影空"라고 하였다. 〔참고문헌〕『三國遺事』. ⇨ 찬탄 讚歎, 범찬 梵讚 **1**

찬가 讚歌 찬탄해 노래함. 부처님과 부처님의 가르침 등을 나눈 구분(九分) 또는 십이분교(十二分敎) 중에 기야(祇夜)와 중송(重頌) 등의 형식으로 경율론 삼장(三藏)에 찬집된 글을 찬가라 한다. 삼장 밖에서는 불교와 관계된 찬가라면 향가(鄕歌)류 등의 '보현십원가 普賢十願歌' 등과 『삼국유사』에서 서사(敍事) 뒤에 찬왈(讚曰)이라 하여 붙인 글들과 선문(禪門)에서 삼십삼조(三十三祖)와 그후 조사들에 대한 찬송인 문등(文燈)의 『천주천불신저제조사송 泉州千佛新著諸祖師頌』 등도 찬가의 범주에 넣을 수 있다. 『화엄경』 권25 「십지품 十地品」(대정장9, p.558a26)에 "이처럼 모든 천녀들 백천 가지 아름다운 소리로, 기려 찬하고 노래하여 칭송하고서 말없이 부처님을 뵈었다네. 如是諸天女 百千種妙音 稱讚歌頌已 默然而觀佛", 『삼국유사』 권3(대정장49, p.991c18・한불전6, p.322c7) 탑상(塔像)4 사불산굴불산만불산(四佛山掘佛山萬佛山)에 "찬하여 말한다. 하늘 가득 큰 달빛 사방에 넘실대고 땅은 솟아 밝은 붓털 하룻밤 만에 열렸네. 뛰어난 솜씨로 불붙듯 만 부처님 새겼으니, 저 진실의 바람 반드시 하늘과 땅과 사람에게 가득하리. 讚曰 天粧滿月四方裁 地湧明毫一夜開 妙手更煩彫萬佛 眞風要使遍三才"라고 하였다. 근대이후 민간에서 널리 외워 노래한 '월인찬불가 月印讚佛歌' 등도 찬가류에 넣을 수 있다. 〔참고문헌〕『華嚴經』, 『三國遺事』. ⇨ 찬 讚, 찬불가 讚佛歌, 가영 歌詠, 기야 祇夜, 중송 重頌, 응송 應頌, 가타 伽陀 **1** **2** **3**, 고기송 孤起頌, 불소행찬 佛所行讚, 장로장로니게 長老長老尼偈, 보현십원가 普賢十願歌, 월인찬불가 月印讚佛歌, 천주천불신저제조사송 泉州千佛新著諸祖師頌, 삼십삼조 三十三祖 **2**

찬고지 鑽故紙 옛 종이 뚫기만 하네. 문자와 언설에 의지해 벗어나지 못함을 경계하는 말이다. 『용서증광정토문』 권11 「승상정청지권수정토문 承相鄭淸之勸修淨土文」(대정장47, p.285a28)에 "삼승을 연구함에 교 그대로는 아니니다. 물고기 얻었으면 통발을 잊지 못함이다. 손가락으로 달을 보는 이도 옛 종이 뚫는 병을 면치 못한다. 硏究三乘莫如教 非得魚忘筌 因指見月者 未免鑽故紙之病", 『서장』 「답여낭중장 答呂郎中狀」(대정장47, p.930b1)에 "부처란 무엇인가? 마른 똥막대기! 이 말에서 꿰뚫지 못한다면 임종하는 날과 무엇이 다르겠습니까? 모두들 평생 동안 낡은 종이만 뚫어져라 보며 이 일을 알고자 온갖 책들 널리 펴보고 고상한 이야기만 끝도 없이 논할 뿐입니다. 如何是佛 乾屎橛 這裏不透 與臘月三十日何異 措大家 一生鑽故紙 是事要知 博覽群書 高談闊論"라고 하였다. 〔참고문헌〕『龍舒增廣淨土文』, 『書狀』. ⇨ 봉자투창 蜂子投窓, 찬지승 鑽紙蠅

찬구타와 鑽龜打瓦 거북등 뚫고 기와 깨뜨리다. 거북등 껍질에 구멍을 뚫고 불에 태워 균열된 모양이나 기와를 쪼개서 갈라지는 모양을 보고 길흉화복을 점치는 행위다. 어떻게 해도 알 수 없을 때 세간범부들이 하는 행위의 비유로, 멋대로 분별하고 임의로 행하는 일이나 아득해 알 수 없는 경계를 말한다. 『대혜어록』 권12(대정장47, p.861b8)에 "초종도인 청하여 찬하다. 한 자루 생짜의 방으로 부처나 조사나 모두 때리건만, 초종선인은 대담하여 겁이 없구나. 나를 그려오라 해서 찬 지어달라 하니, 죽음으로 통하는 문 위에 걸어두었네. 삼십년 뒤 이 이야기 크게 알려질 것이니, 모든 사람 거북등 뚫고 기와 부수도록 하리라. 超宗道人請讚 一條白棒 佛祖俱打 超宗禪人大膽不怕 畫我來乞讚 鬼門上帖卦 三十年後此話大行 任一切人鑽龜打瓦", 『무문혜개어록』 권상(卍속장120, p.514b8)에 "노승 가는 곳마다 점치는 점포 하나씩 열어 놓으니 30년 후에 아마도 점치듯이 헤아리는 이들 있을 것이다. 老僧隨處 設箇鑽龜打瓦底鋪子 三十年後 管取有人卜度", 『염팔방주옥집』 권중(卍속장119, p.258a18)에 "불해가 말한다. '진흙으로 빚으려 해도 빚어지지 않고, 그림으로 그리려 해도 그려지지 않는다. 기와 맞서고도 알아채지 못하고, 마주보고도 아득히 먼 산과 같다. 돌! 점치듯 해서는 안 된다'. 佛海云 塑也塑不成 畫也畫不就 當機不薦 對面千山 咄 不得鑽龜打瓦", 『천성광등록』 권22 「광제동장 廣濟同章」(卍속장135, p.823a2)에 "'사구를 떠나고 백비도 끊은 때 어떠한지요?' '의혹에 싸여 나가지 못하는구나' '어떻게 해야 한결같을 수 있는지요?' '거북등 뚫고 기와 던져 보라'. 問 離四句 絶百非時 如何 師云 疑而不進 進云 如何得一如去 師云 鑽龜打瓦"라고 하였다. 〔참고문헌〕『大慧語錄』, 『無門慧開語錄』, 『拈八方珠玉集』, 『天聖廣燈錄』.

찬기파랑가 讚耆婆郎歌 신라 경덕왕 때 스님인 충담(忠談)이 지은 10구체 향가. 화랑인 기파랑을 추모한 노래다. 『삼국유사』 권2(대정장49, p.974b23 · 한불전6, p.292a6) 기이(紀異)2 충담사(忠談師)에 "왕이 말하기를 '짐이 스님께서 지으신 찬기파랑사뇌가는 그 뜻이 깊고 높다고 들었는데 과연 그러합니까'라고 물으니, 스님이 '그러합니다'라고 답하였다. … 「찬기파랑사뇌가」는 '우러러 보니 나타난 달이 흰 구름을 좇아 떠가는 것이 아닌가! 새파란 시내에 기랑의 모습이 있다네. 일오내 조약돌에서 낭이 지니신 마음가를 좇으려 하노라. 아아! 잣나무 가지 드높아 서리 모를 화판이여!' 王曰 朕嘗聞師讚耆婆郎詞腦歌 其意甚高 是其果乎 對曰 然 … 讚耆婆郎歌曰 咽嗚爾處米 露曉邪隱月羅理 白雲音逐于浮去隱安支下 沙是八陵隱汀理也中 耆郎矣皃史是史藪邪 逸烏川理叱磧惡希 郎也持以支如賜烏隱 心未際叱肹逐內良齊 阿耶 栢史叱枝次高支好 雪是毛冬乃乎尸花判也"라고 하였다. 〔참고문헌〕『三國遺事』. ⇨ 충담 忠談

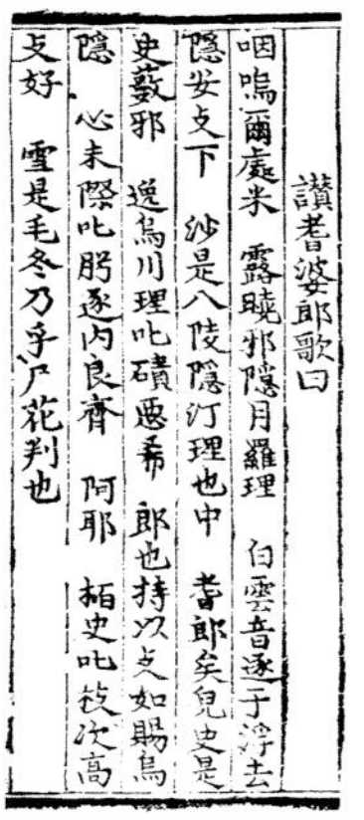
讚耆婆郎歌曰
咽嗚爾處米 露曉邪隱月羅理 白雲音逐于浮去隱安支下 沙是八陵隱汀理也中 耆郎矣皃史是史藪邪 逸烏川理叱磧惡希 郎也持以支如賜烏隱 心未際叱肹逐內良齊 阿耶 栢史叱枝次高支好 雪是毛冬乃乎尸花判也

찬기파랑가 『삼국유사』 고려대학교

찬나리명비 贊拏哩明妃 Ⓢ Caṇḍālī. 번뇌를 불사르는 공덕을 지닌 명비. 리는 리(梨)와 같이 쓴다. 『대비공지경』 권1(대정장18, p.588b9)에 "이와 같이 모든 네 가지의 최초는 찬나리명비이다. 바퀴처럼 둥근 그의 배꼽에서 큰 지혜의 불이 일어나 오온을 불사른다. 불안모는 모든 번뇌를 남김없이 불살라 허망한 인연을 버리기 때문이다. 如是一切四種最初 贊拏梨明妃 從彼臍輪 發大智火 焚棄五蘊 以佛眼母 焚燼諸漏 除妄因緣故", 같은 책 권4(대정장18, p.598b14)에 "아촉여래부에서 찬나리명비는 화계로서 탐의 이취다. 부처님께서 '탐애의 불은 적색을 자상으로 삼으니 탐에서 양설이 일어나기 때문이다'라고 하셨다. 阿閦如來部 說贊拏哩明妃 是卽火界卽貪理趣 佛言說 貪愛火 以赤色爲自相 由貪起兩舌故"라고 하였다. 〔참고문헌〕『大悲空智經』, *Ht.6 · 12 · 80.*

찬녕 贊寧 919~1001. 송(宋)대 스님. 호는 통혜대사(通慧大師), 시호는 원명(圓明), 속성은 고(高)씨. 덕청(德淸 : 浙江省) 출신. 조상은 발해(渤海) 사람이었다고 한다. 어릴 때 항주(杭州) 용흥사(龍興寺)에서 출가하였으며, 천태산(天台山) 상부사(祥符寺)에서 구족계를 받고, 경율론 삼장을 널리 공부했는데 특히 남산율(南山律)에 정통하였다. 유교와 노장을 비롯하여 백가(百家)의 학문에도 해박하고 담론에도 뛰어나 왕족과 지식인의 존경을 받았다. 오월왕(吳越王)의 신임을 받아 승통(僧統)이 되었고, 후에는 송의 불교중흥에 공헌하였다. 송 진종(眞宗) 함평년간(998~1003) 초년에 동경우가승록(東京右街僧錄)이 되었고 얼마 안 있어 좌가승록(左街僧錄)이 되었다. 1001년(함평4)에 입적하였으니, 세수 83세였다. 만년에 칙명으로 『송고승전 宋高僧傳』 30권과 『대송승사략 大宋僧史略』 3권을 지어 가장 저명한 불교사가의 한 사람으로 꼽힌다. 이외에 『물류상감지 物類相感志』 · 『순보 筍譜』 · 『내전집 內典集』 · 『외학집 外學集』 등을 저술하였다. 『대명고승전』 「서문序文」(대정장50, p.901a11)에 "육조대 여산혜원 · 당의 도선율사 · 송의 찬녕 등은 각각 약간 권의 승사와 고승전을 지었다. 六朝廬山遠公 唐宣律師 宋贊寧輩 乃修僧史 及高僧傳 各若干卷"라고 하였다. 〔참고문헌〕『大明高僧傳』, 『僧史略』 「僧史略序」(대정장54, p.234a12).

찬드라고민 Candragomin 620~680년 경. 인도불교의 논사로 7세기 날란다대학에서 활동했다. 티베트 『부톤불교사』에 따르면 찬드라고민은 동인도 벵갈지역에서 태어났으며, 타라(Tara)신에 대한 깊은 신심 때문에 왕의 노여움을 사 갠지스강에 빠지게 되었는데, 타라신이 섬으로 변하여 그를 지켜주었고 이후 날란다로 갔다고 한다. 찬드라키르티(Candrakīrti)와 몇 년에 걸쳐 논쟁한 이야기도 전하는데, 이때 그의 입장은 유가행파로 알려졌다. 한편 보살의 서원에 대한 찬가와 제자들에게 보내는 글 등 다수의 시를 남겼는데, 특히 방황하는 제자들을 위해 지은 '*Śiṣyalekha* 제자들에게 보내는 편지'가 전한다. 〔참고문헌〕 Mark Tatz *Difficult Beginnings* (Shambhala, 1985), Michael Hahn *Invitation to Enlightenment : Letter to the Great King Kaniṣka by Mātṛceṭa and Letter to a Disciple by Candragomin* (Dharma Publishing, 2000).

찬드라굽타 Candragupta 재위 기원전 322~298. 인도 마우리아왕조의 창시자. 본명은 찬드라굽타 마우리아(Candragupta Maurya)다. 마우리아족은 네팔의 테라이(Teraï)에 위치한 핍팔라바나(Pipphalavana)를 중심으로 작은 공화국을 이루었고, 석존 입멸 후 사리분배에 참여하여 다비(荼毘)에 쓰였던 숯을 받아 탑(塔)에 모셨다. 팔리본 *Mahāparinibbāna-sutta*(*DN.2*, p.166)에 "핍팔리숲의 모리야들도 세존께서 쿠시나라에서 반열반하셨다고 들었다. … '세존께서도 크샤트리야이시고 우리도 크샤트리야입니다. 우리도 사리를 나눌 자격이 있습니다. 우리는 세존의 사리로 큰 탑을 조성할 것입니다. … 세존의 사리들은 다 나누고 없습니다. 여기서 숯이라도 가져가십시요' 거기서 그들은 숯을 가지고 돌아갔다. assosuṃ kho pipphalivaniyā moriyā, bhagavā kira kusinārāyaṃ parinibbuto'ti … bhagavā pi khattiyo mayam pi khattiyā. mayam pi arahāma bhagavato sarīrānaṃ bhāgaṃ, mayam pi bhagavato sarīrānaṃ thūpañ ca mahañ ca karissāmāti … vibhattāni bhagavato sarīrāni, ito aṅgāraṃ harathāti. te tato aṅgāraṃ hariṃsu" 라고 하였다. 이 나라 백성들은 석가(釋迦)족과 친척이었기에 코살라국의 왕 비루다카(Virūdhaka)가 석가족을 학살할 때 함께 히말라야로 피난가야 했다. 찬드라굽타는 그 망명지에서 나서 마우리아왕조의 전 왕비였던 어머니에 의해 양육되었고, 아버지는 이웃 나라 왕에게 살해당했다. 기원전 327년 알렉산더왕이 인도북부지역을 점령하면서 신드와 펀잡지역이 페르시아의 관할 아래 들어갔고, 기원전 325년 알렉산더왕이 서거하자 혼란해진 틈을 타 찬드라굽타 마우리아가 군대를 일으켜 펀잡지역을 점령하였다. 청년시절 이후 탁샤쉴라(Takṣaśila) 출신의 바라문 짜나꺄(Cāṇakya)를 후견인으로 삼아, 이후 동쪽으로는 벵갈과 아쌈, 북서쪽으로 캬슈미르, 북동쪽으로 네팔, 남쪽으로 데칸고원에 이르는 큰 영토를 정복하였으니 실질적인 잠부드비파(Jambudvīpa : 인도)의 지배자가 되었다. 찬드라굽타는 기원전 298년 빈두사라(Bindusara)에게 왕위를 물려주고 자이나교 승려로 출가하였다고도 전한다. 그의 손자로 제3대 왕이 되는 이가 아쇼카왕으로서, 인도역사상 가장 넓은 영토를 거느리고 주변국의 조공을 받는 대제국을 건설하게 되었다. 찬드라굽타가 그를 출세시킨 짜나꺄대신의 영향으로 바라문 관습에 충실한 이였다는 설도 있지만, 자이나교의 후대 전승에 의하면 생애 말년에 티르탕카라(Tīrthaṃkara)교를 신봉했고, 아들에게 왕위를 물려준 뒤에는 성자(聖者) 바드라바후(Bhadrabāhu)와 함께 마이소르의 슈라와나 벨골라(śravaṇa Belgola)의 한 사원에 은거하다가 자이나교 방식으로 단식을 통해 사망했다는 설도 있다. 900년경까지 거슬러 올라가는 마이소르의 일부 비문에서도 바드라바후와 찬드라굽타의 이름이 남겨 전한다. [참고문헌] 에띠엔 라모뜨 호진 옮김 『인도불교사』(시공사, 2006) ⇨ 마우리아왕조 Maurya王朝

찬드라다스 Chandra Das 1849~1917. 인도 출신 불교학자로 티베트연구자. 영국령 인도 동(東)벵갈 치타공(Chittagong)의 힌두 바이디야 카스트(Vaidya caste : 醫療業에 종사하는 카스트) 가정에서 태어났다. 청년기에는 벵갈 중산층 지식인들의 산실로 명성이 높은 캘커타의 프레지던시 칼리지(Presidency College)에서 토목학을 공부했다. 명민한 학생으로 평판을 얻으면서 알프레드 크로프트(Sir Alfred Croft) 같은 영국인 교수이자 식민관리의 주목을 끌었고, 학업을 다 마치기도 전인 1874년 다르질링(Darjeeling)의 부티아(Bhutia) 공립학교 교장으로 임명되었다. 시킴(Sikkim)과 다르질링지역의 티베트인 및 시킴 청소년들에게 영어 등 기초교육을 제공한다는 취지로 개교한 학교지만, 실은 중앙아시아의 지도제작과 측량을 위한 인력 및 통역사를 양성하는 훈련소였다. 19세기에 중앙아시아는 남하하는 러시아세력과 이를 막으려는 영국이 정치 외교적으로 대치하던 곳이고, 특히 티베트는 영국인의 직접탐사가 어려운 지역이었던 만큼, 영국은 인도 토착지식인이나 빤디뜨(Pandit)를 활용해 티베트의 지정학정보를 얻고자 했다. 영국령 인도 정부 입장에서 찬드라다스는 활용 가치가 높은 최적의 정보원이었으니, 두 차례에 걸쳐 티베트 여행을 지원하며 지형과 인종, 문화, 언어에 관한 정보를 수집하라는 임무를 맡겼다. 찬드라다스의 1차 티베트 여행은 1879년에, 시킴의 티베트인 스님 우겐갸초(Ugyen gyatso)와 함께 4개월에 걸쳐 수행되었다. 2차 여행은 1881년 시작해 14개월에 걸쳐 진행되었고, 역시 우겐갸초와 동행했다. 1883년 다스는 다량의 희귀서적과 필사본을 들고 인도로 돌아왔는데, 그 필사본들 중에는 인도에 더 이상 전하지 않는 산스크리트필사본도 다수 있었다. 이 서적과 필사본들은 고스란히 불교학자 찬드라 다스의 학문적 명성의 토대가 되었다. 그가 두 번째 티베트 여행 뒤 영국령 인도정부를 위해 작성한 두 편의 보고서는 1900년 초까지 기밀문서로 분류되다가, 1902년 '*Journey to Lhasa and Central Tibet* 라싸와 중부 티베트 여행'이라는 책으로 출간, 대중에 공개되었다. 이 외에도 '*A Tibetan-English Dictionary with Sanskrit Synonyms* 티베트어-영어 사전'(1902), '*Indian Pandits in the Land of Snow* 雪國의 인도 학승들'(1893), '*An Introduction to the Grammar of the Tibetan Language* 티베트어 문법'(1915) 등을 남겼다. [참고문헌] W.W.Rockhill *Journey to Lhasa and Central Tibet* (London, 1902).

찬드라키르티 Candrakīrti Ⓣ Zla-ba-grags-pa. 기원후 7세기 무렵에 활약했던 인도 대승불교 중관학파의 핵심 논사로, 월칭(月稱)이라 한역된다. 중관학의 개조인 용수(龍樹 Ⓢ Nāgārjuna)와 그 뒤를 잇는 제바(提婆 Ⓢ Āryadeva)가 쓴 대부분의 저작에 주석을 남겼다. 『근본중론송 根本中論頌 *Mūlamadhyamakakārikā*』의 주석인 『정명구론 淨明句論 *Prasannapadā*』과 『

입중론 入中論 *Madhyamakāvatāra*』, 그리고 그에 대한 자주인『입중론주 入中論註 *Madhyamakāvatāra-bhāṣya*』 등이 전해진다. 용수와 제바에 의해 중관학파가 성립된 후, 공을 파악하는 방식에 따라 불호(佛護 Ⓢ Buddhapālita 470~540)가 세운 프라상기카(Ⓢ Prasaṅgika)와 이를 비판한 청변(Ⓢ Bhāviveka)의 스바탄트리카(Ⓢ Svātantrika)의 두 가지 큰 흐름이 일어나는데, 찬드라키르티의 경우는 귀류논증파(歸謬論證派)·필과성공파(必過性空派)·구연파(具緣派) 등으로 한역되는 프라상기카를 따르며, 자재논증파(自在論證派), 자립논증파(自立論證派) 등으로 한역되는 청변의 입장을 비판한다. 6세기에 활동했던 청변의 저작을 인용하는 점에 근거해 생몰연대를 600~650년경 무렵으로 보지만 이견도 있다. 실질적으로 찬드라키르티라는 이름을 가진 논사는 적어도 두 명 이상으로 전한다. 중관학의 찬드라키르티 이외에도 9~10세기 경의 인도밀교 비밀집회(Ⓢ Guhyasamāja) 해석전통 가운데 한 전통인 아리아학파에도 찬드라키르티라고 불리는 논사가 있기 때문이다. 학계는 이 두 인물의 시간차가 300년 이상 나기에 이들을 서로 다른 인물로 보지만, 티베트전통에서는 중관학과 밀교의 찬드라키르티를 구별해서 언급하면서도 동시에 이들을 서로 다른 인물로도 귀속시키지 않는다. 물론 티베트역사가인 타라나타(Tāranātha)도 삼백년이 넘는 찬드라키르티의 생애에 대한 의문이 티베트에서도 있었음을 언급한다. 6세기 찬드라키르티의 주요 저작인『입중론』은 두 개의 티베트역으로 전해지다가 근래에 범본게송이 확인되어 출판(Li 2012 vv.11-6.97)되었고, 자주인 Bhāṣya는 현재 비엔나와 교토에서 편집 중에 있다. [참고문헌] Karen C.Lang·Vincent Etschinger *Brill's Encyclopedia of Buddhism*(Brill, 2019) pp.125~131. ⇨ 월칭 月稱

찬려 讚勵 Ⓢ udvejayitavya, sam-ud-√tij, Ⓣ yang-dag-par-gzengs-bstod-pa. 칭찬하고 독려해서 물러남 없이 나아가게 하는 말이나 행동.『부자합집경』권9(대정장11, p.945a9)에 "이와 같이 저들 천자무리들이 법성을 잘 이해하여 마음에 집착이 사라지자 각각 수기의 말을 내려주길 바랐기에 나는 찬탄하고 격려하여 기쁜 마음으로 위로해 주었다. 如是彼諸天子衆 善解法性心無著 各各希望授記言 故我讚勵生忻慰",『유가사지론』권81(대정장30, p.752a27)에 "찬려라는 말은 저 유정이 알거나 행하거나 터득한 중에 마음에 퇴굴이 일어나는 바로 그때 그 마음을 칭찬하고 책려함으로써 저 일에서 이겨낼 힘이 생기도록 하는 것이다. 讚勵者 謂彼有情 若於所知 所行所得中 心生退屈 爾時 稱讚策勵其心 令於彼事 堪有勢力",『현양성교론』권12(대정장31, p.537c27)에 "찬려란 배워 마친 후 더 이상 나아가지 못할 때 그가 오르고 나아가도록 하는 말이다. 讚勵者 學已未進 令其昇進",『법화현찬의결』(대정장34, p.857a22)에 "찬려란 물러나 굽히려는 사람을 보고 칭찬하고 권함으로써 나아가도록 하는 말이다. 讚勵者 見退屈者 讚勸令進"라고 하였다. [참고문헌]『父子合集經』,『瑜伽師地論』,『顯揚聖敎論』,『法華玄贊義決』, *Śrāv-bh.234·352.*, *Yogā-bh.51.* ⇨ 칭찬 稱讚

찬반 饡飯 국밥. 국에 말은 밥. 또는 반찬과 밥을 함께 하는 비빔밥.『선림상기전』권16(불광장, 禪藏, p.1266)에 "찬반 :『옥편』에 '찬은 자와 단을 반절한 음이다. 국에 말은 밥이다'라고 하였다. 일산화상은 '찬반을 옛날부터 많이 썼지만 천승이 가장 즐겨 지었다. 다섯 가지 맛의 밥이다'라고 하였다. 어떤 이는 '일본에서 말하는 방반(음식 위에 국물을 붓는 양식)이 그것이다'라고 주장한다.『연등회요』권11「극빈선사장」(卍속장136, p.613a14)에 '홍화가 말했다.「극빈유나는 법전에서 이기지 못했으니 벌전 5관을 내어 승당의 대중에게 찬반을 베풀어라.」'라고 하였다. 饡飯 玉篇云 饡子旦切 以羹澆飯 一山和尙曰 饡飯古多用之 川僧最好造之 乃五味飯也 或曰 日本所謂芳飯 是也 聯燈會要 克賓禪師章云 興化云 克賓維那 法戰不勝 罰錢五貫 設饡飯一堂"라고 하였다. [참고문헌]『禪林象器箋』,『聯燈會要』.

찬법계송 讚法界頌 Ⓢ Dharmadhātustotra. 북송(北宋)대 시호(施護 Ⓢ Dānapāla) 한역. 1권. 대정장32, pp.754b8~756b14, No.1675에 수록되어 있다. 용수(龍樹)가 지었다고 하지만 5세기경의 작품으로 평가한다. 5자 1구 87게송으로 구성된 운문체(韻文體)다. 법계(法界)의 뜻은 물론 육근(六根)·육바라밀(六波羅蜜) 그리고 십지(十地)·불지(佛地) 등 대승의 요체를 송했다.

찬불 讚佛 부처님을 찬하다. 그 넓고 깊은 공덕과 가르침의 은혜 등을 찬탄하고 우러러 받드는 마음과 말과 행위로, 탄불(歎佛·嘆佛)이라고도 한다.『석씨요람』권중(대정장54, p.287a14)에 "찬불 :『보살본행경』권하(대정장3, p.121c28)에 전한다. 아난이 부처님께 여쭈었다. '만약 어떤 사람이 사구게로 여래를 찬탄한다면 그 공덕 얼마나 되는지요?' '억백천나술의 무수한 중생이 모두 벽지불도를 얻으니 설령 어떤 사람이 이와 맞먹는 의복·음식·의약·평상·와구·부구를 공양하여 백세를 채운다 한들 그 공덕이 많겠느냐?' '매우 많습니다' '만약 어떤 사람이 사구게 지어 환희에 찬 마음으로 여래께서 증득한 공덕을 찬탄한다면 위에서 말한 복보다 백천만배 더 많을 것이니 비유로 삼을 수 없다'.『대지도론』권30(대정장25, p.276c24)에는 전한다. '만약 제불공덕을 듣는다면 마음으로 존중하고 공경찬탄한다. 일체중생 중에 그 덕을 넘어설 이가 없음을 알기에 존(尊)이라 하고, 경외하는 마음이 군왕과 부모와 사장이 주는 이익의 무게를 넘어서므로 중(重)이라 한다. 겸손한 마음으로 두려워하므로 공(恭)이라 하고, 그 지혜와 덕을 헤아리므로 경(敬)이라 한다. 그 공덕을 아름답다 하므로 찬이라 하고, 아무리 찬탄하여도 부족하여 더욱 칭송하며 떠받치므로 탄이라 한다'. 讚佛 菩薩本行經 阿難白佛 若使有人 以四句偈 讚歎如來 得幾功德 佛言 正使億百千那術 無數衆生 皆得辟支佛道 設有人供養 是等衣服 飮食醫藥 床臥敷具 滿百歲 其功德多否 阿難言 甚多 佛言 若人以四句偈 用歡喜心 讚嘆如來 所得功德 過於上福 百千萬倍 無以爲喩 智度論云 若聞諸佛功德 心尊重 恭敬讚嘆 知一切衆生中 德無過者 故言尊也 敬畏之心 過於君王父母師長 利益重 故言重也 謙遜畏難 故曰恭也 推其智德 故曰敬也 美其功德 爲讚 讚之不足 又稱揚之 爲歎", 『유가사지론』 권82(대정장30, p.755c14)에 "간략히 부처님을 찬양하는 법에 다섯 가지 상을 따르니 마땅히 분명하게 알아야 한다. 첫째는 미묘한 색, 둘째는 고요 중에 고요, 셋째는 탁월한 지혜, 넷째는 바른 행, 다섯째는 위덕이다. … 더 넓게 부처님을 찬함은 불세존의 무한한 명칭과 그 덕이 헤아릴 수 없이 많기 때문이고, 베푸시는 광명에서 발하는 지혜가 밝기 때문이며, 그것으로 능히 어둠을 없애 일체지혜 없는 모든 어둠을 영원히 사라지게 하기 때문이고, 밝은 눈을 성취하여 삼안을 다 갖추기 때문이며, 승의제를 보아 견줄 이 없는 모든 성제를 분명하게 알기 때문이고, 금계를 성취하여 계마저 원만하기 때문이며, 계의 기숙이기 때문이다. 略讚佛者 由五種相 應當了知 一者妙色 二者靜寂 三者勝智 四者正行 五者威德 … 廣讚佛者 謂佛世尊 無邊名稱 德無量故 能施光明 發智明故 能除黑闇 永滅一切無智闇故 成就明眼 具三眼故 見勝義諦 了知無等 諸聖諦故 成就禁戒 戒圓滿故 戒耆宿故", 『유부율』 권4(대정장23, p.642c15)에 "무엇을 가리켜 부처님을 찬양한다고 하는가? 바가범・여래・응・정등각・명행족・선서・세간해・무상사・조어장부・천인사・불・세존이라고 부르니, 이것이 부처님을 찬양함이다. 云何讚佛 所謂薄伽梵 如來 應 正等覺 明行足 善逝 世間解 無上士 調御丈夫 天人師 佛 世尊 是名讚佛"라고 하였다. [참고문헌] 『釋氏要覽』, 『菩薩本行經』, 『大智度論』, 『瑜伽師地論』, 『有部律』. ⇨ 능찬불 能讚佛, 칭찬여래 稱讚如來

찬불가 讚佛歌 불보살이나 불교에 관련된 일들을 찬탄하는 노래. 전해내려오는 불교가사(佛敎歌辭)에 악곡을 붙이거나 새롭게 가사와 곡을 지어 부르는 것을 말한다. 전래하는 찬가(讚歌)류로는 멀리 향가류 '보현십원가 普賢十願歌'에서 가곡류인 '월인찬불가 月印讚佛歌' 등도 찬불가의 연원이라 할 수 있다. 『집신주삼보감통록』 권3(대정장52, p.434c12)에 "매년 사월팔일대회에는 평원에 각기 술과 떡을 가져왔고 깨끗하게 공양올릴 줄 알았다. 아침부터 정중(정오)까지 맛나게 마시며 즐거워하고 곧 정공도 행하는데 정중에 이르면 곧 멈춘다. 정오가 지난 뒤에는 함께 서로 부처님을 찬탄하고 삼보를 노래하여 기리기를 새벽까지 한다. 每年四月八日大會 平原各將酒餠 及以淨供 從旦至中 酣飮戲樂 卽行淨供 至中便止 過午已後 共相讚佛 歌詠三寶 乃至于曉"라고 하였다. 근대 이후 찬불가만을 말한다면, 조학유(曺學乳)의 「찬불가」(『불교』28)에 "일. 종래에 불교창가(佛敎唱歌)라고 기종(幾種)이잇섯스나 다만 가사뿐임으로 각처에서 주곡(奏曲)이 불일(不一)하야 사계(斯界)에 만흔 포부(抱負)를 가지시니의 통일을 숙망(宿望)하든 바이나 아즉 보이지 아니함으로 각갑함을 부득이 하야 본 찬불가를 술케 된 바이나 원래 사계(斯界)에 대한 작곡의 지식은 넉넉지 못함으로 타교회(他敎會)에서 사용치 안는 각종의 호곡(好曲)을 인용하고 다소의 첨삭을 가하야 편술(編述)한 바이오니 여러분의 양해(諒解)를 비는 바 임니다. 일. 본 찬불가는 오편(五編)에 분(分)하야 45종으로 편술한 바 제1편은 삼대예식(三大禮式), 제2편은 보통예식(普通禮式), 제3편은 석가일대(釋迦一代), 제4편은 일반단체(一般團體), 제5편은 일요학교급유치원(日曜學校及幼稚園)에 사용케하엿습니다", 조학유 「찬불가」(『석문의범』 권하, p.284)의 가사 중 제1절에 "둥글고 또한 발근 빗은 우주를 싸고, 고르고 다시 널분 덕은 만물을 길화, 억만겁토록 변함업는 부처님 전에, 한마음 함께 기우려서 찬양합시다"라고 하였다. 찬불가 모음집으로는 운문(雲門)스님의 『불교동요집』(1964)과 『불교성가집』(1983)이 있다. [참고문헌] 『集神州三寶感通錄』, 『佛敎』28(佛敎社, 1926), 『釋門儀範』. ⇨ 찬가 讚歌, 기야 祇夜, 중송 重頌, 고기송 孤起頌, 구부경 九部經, 십이분교 十二分敎, 불교가사 佛敎歌辭, 불교동요집 佛敎童謠集, 불교성가집 佛敎聖歌集

찬불게 讚佛偈 **1** 부처님의 공덕을 찬탄하는 게송. 인행시 석존이 과거 불사불(弗沙佛)을 찬탄해 부른 게송으로 지금은 설법을 마치고 대중이 모두 소리내 외우는 '십념정근 十念精勤'(『석문의범』 권하 「十念精勤」 p.213) 중 찬불게로 전승되고 있다. 『불본행집경』 권4(대정장3, p.670a2)에 "아난아, 내가 생각하건대 옛날에 여래 한 분이 세상에 출현하셨으니, 명호가 불사다타아가도아라하삼먁삼불타이셨다. 그때 부처님께서는 잡보굴 안에 계셨는데, 나는 저 부처님을 뵙고 환희심으로 합장하고 한 다리는 든 채로 칠일 밤낮으로 서서 저 부처님을 찬탄하였다. '하늘 위 하늘 아래 부처님 같은 이 없으시고, 시방세계 어디에도 견줄 이 없다네. 세간의 모든 것을 내가 다 보았으나, 일체 그 어느 것도 부처님 같지 않다네'. 阿難 我念 往昔 有一如來 出現於世 號曰 弗沙多陀阿伽度 阿羅呵 三藐三佛陀 時彼佛在 雜寶窟內 我見彼佛 心生歡喜 合十指掌 翹於一脚 七日七夜 而將此偈 讚歎彼佛 而說偈言 天上天下無如佛 十方世界亦無比 世間所有我盡見 一切無有如佛者"라고 하였다. [참고문헌]『釋門儀範』,『佛本行集經』,『大智度論』권5(대정장25, p.94a26). ⇨ 찬불사불게 讚弗沙佛偈 ❷ 팔상전 예불의 찬송(讚頌). 「예경편 禮敬篇」(『석문의범』 권상, p.55a1)에 "한량없는 겁 전에 일찍이 성불하시었으나, 중생을 제도코자 세상에 출현하시다. 높고 높으신 덕상 저 둥근 달 가득 찬 듯하시니, 삼계 중에 중생 이끄는 스승 되시었네. 塵墨劫前早成佛 爲度衆生現世間 巍巍德相月輪滿 於三界中作導師"라고 하였다. [참고문헌]『釋門儀範』.

찬불사불게 讚弗沙佛偈 Ⓢ Tiṣya-stotra, Ⓣ sKar-rgyal bstod-pa. 과거 부처님이신 불사불을 찬탄하는 게송. 불사불은 지사불(底砂佛)·제사불(帝沙佛·提沙佛)·보사불(補砂佛) 등으로도 일컫는다. 『구사론』 권18(대정장29, p.95b9)에 따르면 석존께서 성만(成滿)한 후 다시 일백겁 동안 상호업(相好業)을 닦으실 때 불사불께서 보배의 감실(龕室) 중에서 화계정(火界定)에 들어가 위광이 혁혁함을 보시고는 깊은 신심을 발하여 7주야 동안 발뒤꿈치를 든 채로 서서(翹足) 정진을 하고, 다음과 같은 게송으로 불사불을 찬양하였다. "하늘과 땅 이 세상 지혜롭다 하는 어느 곳에서도 저 멀리 하늘 궁전 처한 시방 어디에도 장부와 우왕과 대사문들에서도 땅과 산과 수풀 다 뒤져도 견줄 수 없으신 이여! 天地此界多聞室 逝宮天處十方無 丈夫牛王大沙門 尋地山林遍無等"라고 하였다. [참고문헌]『俱舍論』, *Abh-k-bh.267.* ⇨ 불사불 弗沙佛, 찬지사 讚底沙

찬불소 讚佛疏 무용수연(無用秀演 1651~1719)이 석가여래상과 제화갈라보살상과 미륵보살상 등 삼존상을 조성한 후, 부처의 공덕을 찬하고 그 내역을 적은 글로 『무용당집』 권하(한불전9, p.363b6) 문(文)에 전한다. "정해년(1707·숙종33) 모월 모일에 봉불제자인 지택과 여원조 등은 널리 단연을 모아 석가여래와 제화미륵의 세 존상을 삼가 조성하였습니다. … 바라건대 일체 단월과 돌아가신 부모님, 여러 친척, 육도함생이 십사에 있으면서 여의하게 몸 바꿔 구품연대에 왕생하도록 하소서. … 엎드려 바라건대 지금의 묘한 인연으로 반드시 수승한 과보를 얻게 하여지이다. 丁亥某月某日 奉佛弟子智擇呂圓照等 廣募檀緣 敬造釋迦如來及提花彌勒三大尊像 … 願與一切檀越及亡父母諸親六途含生 卽在十事 如意轉身 九蓮化往者 … 伏願今將妙因緣 畢獲勝果報"라고 하였다. [참고문헌]『無用堂集』. ⇨ 수연 秀演

찬불승 讚佛乘 불승(佛乘)을 찬탄하는 것. '불승'이란 '모든 중생이 성불할 수 있다'는 대승의 가르침을 뜻하니, 그 교법을 찬탄하는 것을 말한다. 『화엄경』이나 『법화경』의 가르침인 원교(圓敎)를 일컫는다. 『법화경』 권1(대정장9, p.9c13 : *Saddh-p.*, p.55)에 "내가 스스로 사유하니, 불승만을 찬탄하면, 중생은 고통 속에 빠져있어, 이 법을 믿지 않는다. 법을 파괴하고 믿지 않으므로 삼악도에 떨어지리니, 내가 차라리 설법을 하지 않고, 바로 열반에 들려 하였다. 지난 세상 부처님들께서 행하신 방편력을 생각하고는, 내가 지금 얻은 도를 삼승으로 말하리라. 我卽自思惟 若但讚佛乘 衆生沒在苦 不能信是法 破法不信故 墜於三惡道 我寧不說法 疾入於涅槃 尋念過去佛 所行方便力 我今所得道 亦應說三乘 aham ca bodhīya vadāmi varṇān ime ca duḥkhairabhibhūta sattvāḥ. te mahya dharmaṃ kṣipi bāla bhāṣitaṃ kṣipitva gaccheyurapāyabhūmim, śreyo mama naiva kadāci bhāṣituṃ adyaiva me nirvṛti rastu śāntā. purimāṃśca buddhānsamanusmaranto upāyakauśalya yathā ca teṣām, yaṃnūna ham pi ima buddhabodhiṃ tridhā vibhāṣyeha prakāśayeyam", 『법화현찬』 권4(대정장34, p.719c9)에 "(劫濁에는) 인천은 감소하고 악도생은 더욱 많아지니, 중생을 끝내 대승으로 교화하기 어렵기에 지방편으로 일불승을 분별하여 셋으로 설하여 점차 불도에 들어가도록 한다. 그러므로 경에서 '불승만을 찬탄하면 중생은 고통에 빠져있어 능히 믿고 받아들이지 못한다'고 하였다. 人天減少 惡道增多 衆生難可卒以大乘 而可敎化故 以智方便 於一佛乘 分別說爲三 令漸入道 故下經云 但讚佛乘 衆生沒苦 不能信受", 『대보적경』 권59(대정장11, p.343c24)에 "사리불아, 보살 가는 곳마다 모든 중생을 권하여 모두 무상보리에 나아가게 하고, 불승만을 찬탄하며 이승과 그와 함께 하는 법은 말하지 않는다. 그러므로 보살이 보리를 얻을 때, 그 불찰 중의 모든 중생들은 결정코 무상보리를 얻고, 영원히 성문벽지불은 여의고 한량없는 보살들이 그 국토를 가득 채우게 된다. 舍利弗 菩薩隨所至 方勸諸衆生 悉皆令趣 無上菩提 唯讚佛乘 不說二乘 及所共法 是故 菩薩得菩提時 彼佛刹中 所有衆生 決定當得 無上菩提 永離聲聞 及辟支佛 無量菩薩 充滿其國"라고 하였다. [참고문헌]『法華經』,『法華玄贊』,『大寶積經』, *Saddh-p.* ⇨ 불승 佛乘

찬불초구겁 讚佛超九劫 부처님을 찬탄하면 9겁을 넘어서 빨리 성불한다는 말. 백겁(百劫)에 성취할 일을 91겁 만에 이룬다는 뜻이다. 『대지도론』 등의 설에 근거한다. 『사분율행사초간정기』 권1(卍속장68, p.112b16)에 "다만 이전처럼 뒤꿈치를 들고 저사여래를 찬탄하며 7일 동안 정근하면 9겁을 넘어설 수 있으니 91겁 동안만 수행하여 상호를 원만하게 갖춘다. 이것도 소승에 근거한 말이다. 만약 대승설에 준한다면 40겁을 넘어선다. 머리카락을 펼쳐 진흙에 덮은 공덕으로 8겁을 넘어섰고〈이 연기 저 『사분율』 중에 있다〉, 뒤꿈치를 든 자세로 부처님을 찬탄하여 9겁을 넘어섰다〈저 『구사론』 중에 술했다〉. 但爲前來翹足 讚歎底沙如來 七日精勤 超於九劫 今但九十一劫 相好卽圓也 此亦且據小乘以言 若准大乘說 超四十劫也 布髮掩泥超八劫〈緣起如四分律中〉 翹足讚佛超九劫〈如俱舍論中述〉"라고 하였다. 〔참고문헌〕『四分律行事鈔簡正記』. ⇨ 구십일겁 九十一劫, 교족 翹足

찬사불해직 攛梭不解織 베틀 북 쉴 새 없이 던지지만 짜는 천 알 리 없다. 그저 오고 갈 뿐 만들어지는 것에는 관여하지 않거나 무심한 뜻이다. 『허당록』 권2(대정장47, p.996b11)에 "수산이 대중에게 들어 보였다. '안타깝다, 베 짜는 여인이여! 베틀 북을 끊임없이 던지지만 짜는 줄은 모른다네. 닭싸움에 빠진 저 사람들을 보라! 물소는 생각도 못하고 있구나. 안타깝다, 못난 낭군이여! 아름답게 꾸며도 알아보는 이 없구나. 봉림관문 때려 부순 뒤, 신발 신고 물 위에 섰다'. '수산은 스스로 임제의 바른 전통을 이었다고 여기면서 도리어 여우 울음소리를 짓고 천하의 임제후손들이 낱낱이 진흙탕 끌어들여 온몸 적시도록 했다네'. 復擧 首山示衆 咄哉巧女兒 攛梭不解織 看他鬪鷄人 水牛也不識 咄哉拙郎君 巧妙無人識 打破鳳林關 著靴水上立 師云 首山自謂得臨際正傳 却作野犴鳴 致令天下兒孫 箇箇拖泥帶水"라고 하였다. 〔참고문헌〕『虛堂錄』.

찬삼보행 讚三寶行 삼보(佛法僧)를 찬탄하는 행(行). 열 가지 선행 중 하나로 불방삼보계(不謗三寶戒)에 상대한 적극적 선행이다. 『범망보살계경소주』 권중1(卍속장59, p.537a15)에 "경론에는 열 가지 선행이 있는데 십종계다. 첫 번째는 자비행〈불살생계〉 … 열 번째는 찬삼보행〈불방삼보계〉이다. 이 열 가지는 모두 선법계에 속한다. 만약 이것으로 남을 교화하여 이익을 얻게 되면 이는 섭중생계이다. 經論中有 十種善行 卽十種戒 謂一慈悲行〈不殺〉 … 十 讚三寶行〈不謗〉 此十悉屬善法戒也 若以此敎他 令他獲利 卽攝衆生戒也"라고 하였다. 〔참고문헌〕『梵網菩薩戒經疏註』. ⇨ 불방삼보계 不謗三寶戒

찬수 鑽燧 Ⓢ araṇī-sahagataka, Ⓣ me-gtsub-shing-thogs-pa. 마찰을 일으켜 불을 일으키다. 『잡아함경』 권44(대정장2, p.320c5)에 "그대는 나는 것을 묻지 말고 행하는 것만 물어야 하느니라. 깎은 나무로 마찰을 일으키면 능히 불을 생할 수 있듯 하천종성 중에도 견고한 모니가 난다. 지혜로워 참괴 있고 정진하여 잘 조복하였기에 마침내 크게 밝은 경계에서 청정하게 범행을 닦으니, 지금이 남은 음식을 받들어 공양해야 할 바로 그때니라. 汝莫問所生 但當問所行 刻木爲鑽燧 亦能生於火 下賤種姓中 生堅固牟尼 智慧有慚愧 精進善調伏 究竟大明際 淸淨修梵行 而今正是時 應奉施餘食", 『유가사지론』 권27(대정장30, p.430b6 : *Śrāv-bh.*, p.214)에 "외화계란 … 인간계에서는 찬수 등과 소똥가루에 의지해서 불을 구하는 것이다. 外火界者 … 謂於人間 依鑽燧等 牛糞末等 以求其火 bāhyas-tejodhātuḥ … tat-punaryan-manuṣyā araṇī-sahagatakebhyo gomayacūrṇebhyaḥ samanveṣante"라고 하였다. 〔참고문헌〕『雜阿含經』, 『瑜伽師地論』, *Śrāv-bh.*

찬수구수 鑽水求酥 물을 저어 연유를 구한다는 말. 고행 등으로 열반을 얻을 수 없음을 비유한다. 『보살본연경』 권하(대정장3, p.65c17)에 "내가 수학했던 것들, 수염과 머리카락을 기르고 풀로 옷을 삼으며 열매를 먹었던 일을 이제 참으로 싫어한다. 그것은 마치 물을 저어 연유를 구하듯 하는 것이어서 진실로 얻을 수 없다. 나도 이와 같이 어리석었다. 종신토록 머리카락을 기르고 풀로 옷을 삼으며 열매를 먹으며 고행을 닦았지만 정법을 얻을 수 없었다. 我所修學 長養鬚髮 草衣 食果 今實厭之 譬如鑽水求酥 是實難得 我亦如是 終身長髮 草衣食果 雖修苦行 正法難得", 『대장엄론경』 권5(대정장4, p.282a2)에 "물을 저어 제호를 구하려 하면 비록 애쓰더라도 영원히 얻지 못한다. 鑽水求醍醐 雖勞永難得"라고 하였다. 〔참고문헌〕『菩薩本緣經』, 『大莊嚴論經』.

찬수굴 攢手窟 전라남도 장흥군 관산읍 천관산(天冠山)에 있던 암자. 금강굴(金剛窟) 아래에 있던 굴이다. 『지제지』 암실(庵室)에 "굴문이 겨우 큰 문짝과 같지만 굴 가운데는 네모나게 트여 방과 같다. 문 아래에 또한 창의 입구와 같은 구멍이 있는데, 안으로는 굴 바닥에 통하였다. 그 아래에 암자를 지어 동굴이라고 불렀다. 窟門僅如大戶 其中方而闊似房子 門下又有竇如窗口 內通窟底 其下構庵 亦名東窟"고 하였다. 같은 책 제영병서(題詠並序)에 '동암(東庵)'과 '찬수암(攢手庵)'이 있으므로 동굴은 동암, 찬수굴은 찬수암으로도 불린 듯하다. 〔참고문헌〕『支提誌』, 『韓國寺刹全書』 권하 p.1058a18.

찬아미타불게 讚阿彌陀佛偈 북위(北魏)대 담란(曇鸞) 지음. 1권. 대정장47, pp.420c13~424b19, No.1978에 수록되어 있다. 「대경봉찬 大經奉讚」·「무량수경봉찬 無量壽經奉讚」·「찬아미타게 讚阿彌陀偈」 등이라고도 한다. 『무량수경』에 의지해 칠언구(七言句)의 형식으로 아미타불의 공덕을 찬탄하는 게송이다. 총 195행 중 처음 28행은 십이광불(十二光佛)을 찬탄하는 내용이고, 그 이후 167행은 정토의 성중(聖衆)과 국토장엄

그리고 아미타불께 귀의하는 마음을 노래한다.

찬연 粲淵 1702~1768. 강원도 홍천 수타사(壽陀寺) 스님. 호는 서곡(瑞谷), 속성은 김씨, 본관은 경주. 아버지의 휘는 업상(業尙), 어머니는 완산 이씨(完山李氏). 어머니 이씨가 49세 때까지 자식을 얻지 못하다가 관음기도 끝에 별이 떨어져 품으로 들어오는 태몽을 꾸었고 1702년(숙종28) 3월 17일 축시(丑時)에 태어났다. 1718년(숙종44) 17세 때 발심 출가하여 사안장로(思岸長老)·담월각해(潭月覺惠)·관파두옥(寬坡斗玉)·기성쾌선(箕城快善)·만화원오(萬化圓悟) 5대 선지식을 친견하고 그들의 회하에서 선과 교를 배우고 돌아 앉아 강석을 열어 많은 후학을 지도하다가 만년에는 사교입선(捨敎入禪)하여 선을 닦았다. 제자에는 재명(再明) 등 백여 명이 있다. 1768년(영조44) 세수 67, 법랍 51세를 일기로 홍천 수타사에서 입적하였다. 다비 후 사리 2과·영골(靈骨) 1구를 얻어 사리 1과는 봉복사(鳳腹寺 : 橫城郡 晴日面 新垈里 德高山)에, 사리 1과와 영골 1구는 수타사에 각각 부도를 세우고 봉안하였다. 김상복(金相福)이 비문을 짓고 그의 친동생인 김상숙(金相肅)이 글씨를 써서 1769년(영조45)에 세운 비가 강원도 홍천군 동면 덕치리(德峙里) 공작산(孔爵山) 수타사에 있다. [참고문헌] 「洪川壽陀寺瑞谷堂粲淵大禪師碑」(『韓國金石文大系』 권7, pp.84~86), 『朝鮮寺刹史料』 권하 pp.120~122, 『朝鮮佛敎通史』 권상 pp.554~555, 智冠 『韓國高僧碑文總集 朝鮮朝·近現代』 pp.506~507. ⇨ 서곡당대선사사리탑비 瑞谷堂大禪師舍利塔碑

찬영 粲英 1328~1390. 고려후기 스님. 자는 고저(古樗), 호는 목암(木庵), 속성은 한(韓)씨. 아버지의 휘는 사복시직장(司僕寺直長)을 지낸 적(績), 어머니는 곽(郭)씨로 청주사람이다. 1328년(충숙왕15) 1월 8일 경기도 양주에서 태어났다. 1342년 14세 때 서울 삼각산(三角山) 노적봉(露積峰) 아래의 중흥사(重興寺)로 찾아가 태고보우(太古普愚)를 은사로 하여 스님이 되었다. 1347년 가지산(迦智山) 정혜(淨慧)국사의 회하에서 수좌(首座)로 있었고, 유점사(楡岾寺) 수자(守慈)에게서 법을 배웠다. 1350년(충정왕2) 구산선과(九山選科)에 응시하여 상상과(上上科 : 重大師)에 합격하였으며, 한때 개풍(開豊) 대흥사(大興寺) 주지에 취임하였다. 그러나 출가한 본의가 이것이 아니라고 벗어 던지고는 양평 소설산(小雪山)에 들어가 참선하다가 다시 삼각산으로 옮겨 3년간 정진하던 중, 1359년(공민왕8) 왕의 부름을 받아 지극한 존숭을 받는 한편 양가도승록(兩街都僧錄)이 되었다. 그로부터 원주 석남사(石南寺)·해주 신광사(神光寺)·청도 운문사(雲門寺) 등 가는 곳마다 선나(禪那)로써 후학을 지도하였다. 1372년(공민왕21) 44세 때는 왕이 내원감주(內院監主)로 임명하고 '정지원명 무애국일선사 淨智圓明無礙國一禪師'라는 호와 함께 금란가사·발우·묘필·관음상 등을 하사하였다. 1374년(공민왕23) 공민왕이 시해된 후 산중으로 은둔하려 하였으나, 우왕(禑王)이 즉위하여 간곡히 만류하고 가지산(迦智山) 보림사(寶林寺) 주지에 임명하고는 '선교도총섭 정지원명 묘변무애 현오국일 도대선사 禪敎都摠攝淨智圓明妙辯無礙玄悟國一都大禪師'라는 찬호를 올렸다. 1377년(우왕3)에 이르러서는 왕의 간절한 만류를 물리치고 철원 보개산(寶蓋山) 심원사(深源寺)로 갔다가 다음해에는 가지산으로 옮겼고, 그 다음해인 1379년(우왕5)에는 봉화 태자산 태자사(太子寺)로 이주하였다. 1382년 봄 안동 청량산(淸凉山)으로 이석하였고, 1383년 3월 22일(乙丑)에 왕사로 책봉하고 왕사호를 '대조계종사 선교도총섭 원명불일 명변대지 우세이생 보제무애 도대선사 묘변지 원응존자 大曹溪宗師禪敎都摠攝圓明佛日明辯大智祐世利生普濟無礙都大禪師妙辯智圓應尊者'라 하고 충주 억정사(億政寺)에 주석하게 하였다. 1384년(우왕10)에는 삼각산 중흥사(重興寺)에 원증국사(圓證國師) 태고보우의 비를 세웠으며, 1388년(창왕1) 창왕(昌王)이 즉위하자 다시 왕사의 직인을 보내오므로 스님은 부득이 받아들였다. 다시 개성 흥성사(興聖寺)로 옮겼다가 다음 해 2월에 다시 왕명으로 이석하였다. 1390년(공양왕2) 왕이 국사로 책봉하려 하였으나 유생들이 반대하자 산중으로 피하여 받아들이지 않았다. 그 해 6월 28일 세수 63, 법랍 49세를 일기로 억정사에서 입적하였다. 입적한 직후인 1390년 공양왕이 시호를 '지감국사 智鑑國師', 탑호를 '혜월원명 慧月圓明'이라 하였고, 입적한 4년 후인 1393년(조선 태조2) 태조가 다시 시호를 '대지국사 大智國寺', 탑호는 '지감원명 智鑑圓明'이라고 추증하였다. 박의중(朴宜中)이 비문을 짓고, 선진(旋軫)이 써서 1393년에 세운 비가 충주 억정사에 있다. [참고문헌] 『高麗史』 권135 禑王 9年·권137 禑王 14年, 『朝鮮佛敎通史』 권상 p.329, 『朝鮮金石總覽』 권하 pp.715~719, 『韓國金石文大系』 권2 pp.72~73, 李智冠 『校勘譯註歷代高僧碑文』 朝鮮篇1 pp.2~27, 智冠 『韓國高僧碑文總集 朝鮮朝·近現代』 pp.38~41). ⇨ 억정사대지국사지감원명탑비 億政寺大智國師智鑑圓明塔碑

찬영 대지국사탑비 충주 억정사지 보물제16호 1393년

찬영 璨英 1328~1390. 고려후기 대지국사(大智國

師) 찬영(粲英)의 다르게 전하는 이름. 1377년(우왕3)에 통암거사(通菴居士) 철성이구온보(鐵城李玖溫甫)가 쓴『백운화상어록』의「백운화상어록서 白雲和尙語錄序」(한불전6, p.637a2)에 "나와 뜻을 함께하는 벗인 선교도총통예원영공이 선사의 어록을 보여주었다. 吾契友禪敎都摠統芮院英公 以師之語錄見示"고 하였는데, 같은 책 권상에는「상예원선교도총통찬영 上芮院禪敎都摠統璨英」(한불전6, p.662c13)라는 시와 함께 오도(悟道)에 관한 생각을 적은 편지인「답예원선교총통찬영서 答芮院禪敎摠統璨英書」(한불전6, p.665a8) 등이 전한다. [참고문헌]『白雲和尙語錄』. ⇨ 찬영 粲英

찬영 贊永　조선후기 스님. 법호는 취암(鷲岩).『동사열전』권4「은봉대사전 隱峰大師傳」(한불전10, p.1035a23)에 "법명은 두운이고 호는 은봉이다. … 오파선사의 조실에서 염향하였고, 형암자옥과는 법형제 사이이다. 전법제자는 묵화준훤·취암찬영·여여서심이다. 師名斗云 號隱峰 … 拈香於鰲坡禪師 與荊庵自玉 爲法兄弟 有傳法弟子曰 默和俊暄鷲岩贊永如如瑞心"라고 하였다. [참고문헌]『東師列傳』.

찬영 贊英　1807~1887. 조선후기 순천 선암사(仙巖寺) 스님. 호는 벽파(碧波), 속성은 박(朴)씨, 아버지의 휘는 만근(萬根), 어머니도 박씨부인. 1807년(순조7) 7월 12일 전라남도 진도군(珍島郡 : 沃州) 벽파정(碧波亭)에서 태어났다. 11세 때 괴질로 부모를 모두 잃고 의지할 곳이 없다가 15세 때 홀연히 발심하고 해남 대흥사(大興寺)로 찾아가 식잠(寔岑)을 은사로 하여 스님이 되었다. 18세 때부터 제방강원으로 다니면서『능엄경』·『기신론』·『반야경』·『원각경』을 화담경화(華潭敬和)강백에게서,『화엄경』을 완호윤우(玩虎倫佑)강주로부터 수학하였다. 21세 때인 1827년(순조27) 은사인 식잠선사를 따라 장흥 보림사(寶林寺)로 옮겼고, 34세 때 연월(蓮月)화상에게 입실건당하였으니 편양언기(鞭羊彦機)의 10세 법손이 된다. 1867년(고종4) 61세 때 표충사도총섭(表忠祠都摠攝)이 되었으며, 1875년(고종12) 수천금(數千金)을 준비하여 보림사 삼성암(三聖庵)을 중수하였다. 1881년(고종18)에는 순천 송광사(松廣寺)로 옮겼다가 다음 해에 순천 선암사로 옮겨 매일 미타염불만념(萬念)을 6년 간 계속하던 중 1887년(고종24) 2월 20일 세수 81, 법랍 66세를 일기로 입적하였다. 입적하기 직전 문도들에게 이르기를 '불교가 점점 쇠퇴하여지니 내가 죽어 내생에는 왕가에 태어나 국력을 빌려 불교를 부흥시켜야겠다'는 원력을 피력하였다. 제자에는 자암(慈庵)·완명(玩溟)·청호(淸昊)·신봉(信峰)·경성(景星)·혼성(昏惺) 등이 있는데 모두 총림의 용상대덕들이었다. 윤희구(尹喜求)가 비문을 짓고 김돈희(金敦熙)가 써서 1928년 세운 비가 순천 선암사에 있다. [참고문헌]「曹溪山碧波堂大禪師碑銘」(智冠『韓國高僧碑文總集 朝鮮朝·近現代』pp.730~732). ⇨ 벽파당찬영대선사비 碧波堂贊英大禪師碑

찬영 讚詠　Ⓢ vighuṣṭa-śabda. 찬양해 읊다. 범패(梵唄)에서 패의 뜻이다.『별역잡아함경』권14(대정장2, p.469a8)에 "나는 이제 갖가지로 불법승을 찬영하리니, 이제 다만 간략하게 펼쳐 설하니, 뜻을 따라 기껍고 가득하여지다. 我今以種種 讚詠佛法僧 今但略宣說 隨意所樂足",『석씨요람』권상「범음 梵音」(대정장54, p.276a18)에 "패란 찬영하는 소리다. 夫唄者 讚詠之音也", 돈황본『관심론』(대정장85, p.1271b21)에 "혀라는 도적을 다스려 삿된 맛을 탐하지 않고 찬탄해 노래 부르고 강설함에 고단해 싫은 마음 없는 것을 정진이라 한다. 能制舌賊 不貪邪味 讚詠講說 無疲厭心 名爲精進"라고 하였다. [참고문헌]『別譯雜阿含經』,『釋氏要覽』,『觀心論』,『法華經』권5(대정장9, p.37a23), *Saṅ-v.231.*

찬원 贊元　?~1086. 송대 임제종(臨濟宗) 스님. 자는 만종(萬宗). 절강성(浙江省) 의오(義烏) 출신. 부대사(傅大士)의 후예. 세 살에 출가하였고, 일곱 살에 보살계를 받았다. 두루 다니며 수행하다가 결국은 석상초원(石霜楚圓) 문하에 들어가 그 법을 이었다. 그 뒤에 소대사(蘇臺寺)·천봉사(天峰寺)·용화사(龍華寺)·백운사(白雲寺) 등에 주석하였다. 또한 부수(府帥)의 청에 응하여 장산보지도량(蔣山寶誌道場) 곧 태평흥국사(太平興國寺)에 주석하기도 하였다. 왕안석(王安石)이 그 덕을 임금께 아뢰어 장복(章服)과 각해선사(覺海禪師)라는 호를 하사받았다.『선림승보전』권27(卍속장137, p.548a14)에 따르면 입적하기 얼마 전에 "물과 어긋나지 않으면 진실한 길은 넓어지고, 언제나 인연 따라 일어나면 스스로의 선 깊어지리라. 혀 끝 이미 깨끗하거늘 누가 능히 무너뜨리겠는가? 발걸음 저 허공과 같아도 나는 찾을 수 있다네. 不與物違眞道廣 每隨緣起自禪深 舌根已淨誰能壞 足跡如空我得尋"라는 임종게를 남겼다고 한다. 1086년(원우1)에 입적하였다. [참고문헌]『禪林僧寶傳』,『續傳燈錄』권7(대정장51, p.507c22),『五燈會元』권12(卍속장138, p.441b14).

찬유 璨幽　869~958. 신라말 고려초 스님. 휘는 찬유 또는 용백(容白), 자는 도광(道光), 속성은 김씨. 아버지의 휘는 용(容), 어머니는 이(李)씨. 869년(신라 경문왕9) 4월 4일 계림(鷄林 : 경주)의 하남(河南 : 안동부근)에서 태어났다. 881년(헌강왕7) 13세 때 스님이 되었고 상주 팔공산(八公山) 삼랑사(三郎寺)로 찾아가 융체선사(融諦禪師)를 법사로 모시고자 하였으나, '나는 그대의 스승이 될 만하지 못하다. 그러나 우리 종문(宗門)의 선화상(禪和尙)이 계신다'면서 진경대사(眞鏡大師)인 심희(審希)를 추천했다. 그리하여 스님은 여주 혜목산(慧目山) 고달원(高達院)으로 찾아가 진경 밑에서 정진하다가 22세 때 양주 삼각산(三角山) 장의사(莊義寺)에서 비구계를 받았다. 스승인 진경대사가 광주 송계선원(松溪禪院)으로 옮길 때 스님도 따라갔다. 입당구법(入唐求法)을 서원하고 892년(진성여왕6) 상선(商船)을 타고 중국 땅에 내려 서쪽으로 향해 순례하면서, 큰스님이면 모두 참방하고 불적(佛跡)이면 두루 답사하며 서주(舒州) 동성현(桐城縣) 적주산(寂住山)으로 찾아가 석두희천(石頭希遷)의 법손이고 취미무학(翠微無學)의 적윤(嫡胤)인 투자대동선사(投子大同禪師)의 법을 받았다. 921년(고려 태조4) 7월 귀국하는 고려의 배를 타고 강주(康州 : 지금의 晉州) 덕안포(德安浦)에 도착 즉시 창원 봉림사(鳳林寺)로 가서 진경께 귀국인사를 올린 후, 상주 삼랑사로 가서 주석하다가 태조의 명으로 경기도 광주 천왕사(天王寺) 주지로 있었다. 다시 여주 혜목산으로 옮겨 선풍을 떨치니 법을 배우려는 사람들이 구름처럼 모여들어 대선림(大禪林)을 이루었다. 고매한 이름이 널리 퍼져 사부대중이 숭앙하였을 뿐아니라, 태조·혜종·정종·광종에 이르기까지 4대 임금이 한결같이 숭봉하였다. 정종(재위 945~949)은 운납가사(雲衲袈裟)와 마납가사(磨衲袈裟)를 드렸고, 궁중으로 초빙하여 법문을 들었다. 광종(재위 949~975)은 증진대사(證眞大師)라는 호를 드리고 국사로 책봉하였다. 958년(광종9) 8월 20일 대중을 모아 놓고 "만법 모두 공하니 나도 곧 떠날 것이다. 너희들은 일심으로 본을 삼아 부지런히 공부하라. 마음이 일어나면 법도 생겨나고, 따라서 마음이 사라지면 법도 함께 가라앉는다. 어진 마음이 곧 부처이니 어찌 따로 부처의 종자가 있겠는가! 여래정계 잘 지키며 정진하라. 萬法皆空 吾將往矣 一心爲本 汝等勉旃 心生法生 心滅法滅 仁心卽佛 寧有種乎 如來正戒 其護勗之哉"고 당부하고 세수 90, 법랍 69세를 일기로 양평 사나사(舍那寺)에서 입적하였다. 시호는 '원종 元宗', 탑호는 '혜진 慧眞'이다. 제자에는 흔홍(昕弘)·동광(同光)·행근(幸近)·전인(傳印) 등 500여 명이 있었다. 김정언(金廷彦)이 비문을 짓고 장단열(張端悅)이 써서 975년 여주 고달사에 세웠는데, 현재 절 터에 귀부와 이수 및 2014년에 복원한 비신이 있고, 원래의 비신은 2016년부터 여주박물관에 있다. [참고문헌] 『朝鮮金石總覽』 권상 pp.207~215, 『韓國金石全文』 中世上 pp.391~401, 李智冠『校勘譯註歷代高僧碑文』 高麗篇2 pp.18~55. ⇨고달사원종대사혜진탑비 高達寺元宗大師慧眞塔碑, 고달사원종대사혜진탑비귀부및이수 高達寺元宗大師慧眞塔碑龜趺螭首

찬유 원종대사탑비귀부와이수
여주고달사지 보물제6호 975년

찬윤 讚允 ?~1912. 법호는 혼해(混海). 범어사 스님으로 산내암자를 중창하고 강백으로 활동하였다. 『경허집』 「범어사계명암창건기 梵魚寺鷄鳴庵創建記」(한불전 11, p.609b13)에 "10년 전 계사(1893·고종30) 3월에 우화장로가 제자 혼해강백와 금봉노사와 함께 큰 원력을 발하여 옛 계명암 터에 5칸 정사를 세워 8개월 만에 낙성하고 탱화를 그려 봉안하였다. 4년 뒤인 병신(1896·고종33)에 다시 칠성각 3칸과 요사 4칸을 짓고는 칠성·독성·산령 등 탱화를 그려 봉안하였다. 前十年癸巳三月 雨華丈老與其嗣混海講伯 同金峯老師 發大願力 於古鷄鳴庵基 起五間精舍 閱八個月而落之 畵之檀幀奉安 越四年丙申 又起七星閣三間與別寮四間 畵七星獨聖山靈等 幀奉安"고 하였고, 1911년에 작성한 「범어사선원연기록 梵魚寺禪院緣起錄」 『범어사지』에는 "원주(院主) 혼해찬윤강백(混海讚允講伯)이 성의(誠意) 협조(協助) ᄒᆞ야 수출(遂出) 방미(房米) 20두(二十斗)ᄒᆞ야 보급(補給) 선용(禪用)ᄒᆞ야"고 하였다. [참고문헌] 『鏡虛集』, 『梵魚寺誌』(亞細亞文化社, 1989) p.240.

찬율 贊律 조선후기 스님. 은철(銀哲)의 법을 이었다. 『동사열전』 권4 「화운선사전 化運禪師傳」(한불전10, p.1045b23)에 "법명은 은철이고 호는 화운이다. … 온곡영택에게 머리를 깎고 염의를 입었고, 만우에게서 계를 받았으며, 침교에게 염향하였으며, 초의의 법좌에서 보살대승계를 받았다. … 전등자는 두 명인데, 한 명은 설허지연이고 … 또 한 명은 찬율인데, 속성은 김씨로 영암홍해 사람이다. 조정에서 자헌대부를 증직하였다. 師名銀哲 號化運 … 剃染于溫谷永澤之室 受戒於萬愚之壇 拈香於枕蚊之堂 受菩薩大乘戒于草衣禪師之座 … 傳燈者 有二人 曰雪虛智演 … 曰贊律 姓金氏 靈岩洪海人 贈資憲大夫"고 하였다. [참고문헌] 『東師列傳』.

찬의 贊儀 1867~1929. 조선후기 순천 송광사(松廣寺) 스님. 호는 율암(栗庵), 속성은 김씨. 본관은 김해(金海). 아버지의 휘는 응식(應植), 어머니는 장흥위씨(長興魏氏)부인이다. 1867년(고종4) 10월 4일 전라남도 여천군 율촌면 사항리에서 태어났다. 어려서는 고향마을 서당에서 사서삼경을 배운 후 1886년(고종23) 승주군 선암사(仙巖寺)로 찾아가 월주(月宙)를 은사로 사미계를 받고 스님이 되었다. 이어 호운(浩雲)율사로부터 비구계를 받았다. 같은 절 대승암(大乘庵)의 경운(擎雲)강백으로부터 경론을 배웠고, 26세 때인 1893년에는 순천 송광사 보조암(普照庵)의 화성(華性)강백에게서 대교과(大教科)를 졸업했다. 그 후 다시 당시 최고 강백인 해남 대흥사(大興寺)의 범해각안(梵海覺岸)으로부터 내외전을 두루 이수하고 송광사로 돌아와 원해(圓海)강백의 강맥을 이었다. 이어 구례 천은사(泉隱寺)의 강주를 시작으로 4·5년 간 후학을 지도하다가 1900년부터 본사인 송광사 주지에 취임하였다. 1906년(광무10)에는 성수원(聖壽院)의 수호원장에 취임하였으며 1923년 7월에 송광사 주지에 재임하였다. 1924년 조선불교 중앙교무원 서무이사(庶務理事)에 선임되었고 이에 중앙 총무원장에 취임하였다. 1929년 4월 29일 세수 63, 법랍 48세를 일기로 입적하였는데, 저서는 『율암문집 栗巖文集』이 있다. 인산재덕(仁山再德)이 비문을 짓고 순봉(筍峰) 최건(崔鍵)이 써서 1982년에 세운 스님의 행적비가 순천 송광사에 있다. 〔참고문헌〕「順天松廣寺栗庵堂贊儀大宗師碑文」(智冠 『韓國高僧碑文總集 朝鮮朝·近現代』 pp.916~918). ⇨ 율암 栗庵, 율암당찬의대종사비문 栗庵堂贊儀大宗師碑文

율암당찬의진영
순천 송광사 근대

찬자문 鄼字門 Ⓢjha-kāra. 실담자 𑖖. 실담오십자문 중 하나. 차(嵯)·사(社·闍)·선(禪·膳) 등으로도 음사한다. 『문수문경자모품』(대정장14, p.509c7)에 "찬〈재와 가를 반절한 음〉자를 소리내어 말하면, 이는 나쁜 말 다스려 엎드리게 하는 소리다. 稱鄼〈才舸反〉字時 是制伏惡語言聲", 『유가금강정경석자모품』(대정장18, p.338c14)에 "𑖖찬〈거성〉자문은 일체법은 싸울 적을 얻을 수 없음을 뜻한다. 𑖖鄼〈去〉字門 一切法戰敵不可得故"라고 하였다. 〔참고문헌〕『文殊問經字母品』, 『瑜伽金剛頂經釋字母品』. ⇨ 차자문 嵯字門, 실담 悉曇[1], 사십이자문 四十二字門[1], 실담오십자문 悉曇五十字門, 자문 字門

찬저사 讚底沙 ➡ 찬지사 讚底沙

찬전 攢轉 나무를 부딪혀 불을 내는 일. 찬은 찬(鑽)으로도 쓴다. 『석마하연론통현초』 권3(卍속장73, p.239b3)에 "찬전이란, 찬은 재와 환을 반절한 음으로 모아 놓는다는 뜻이다. 나무 쌓아서 생긴다는 말이다. 아마도 잘못 쓴 글자로 보이며, 금(金) 변의 글자(鑽)라야 타당하다. 攢轉者 韻云 在丸反 蘂也 木蘂生也 或是悞書 應從金是"라고 하였다. 〔참고문헌〕『釋摩訶衍論通玄鈔』, 『釋摩訶衍論』 권5(대정장32, p.638b11). ⇨ 찬수 鑽燧

찬제 羼提 Ⓢkṣānti의 음사어. 찬지(羼底)·걸차지(乞叉底) 등으로 음사하고, 인(忍)·안인(安忍)·인욕(忍辱) 등으로 한역하며, 평화사(平和事)라 한다. 육바라밀(六波羅蜜)의 덕목 중 하나다. 『대승의장』 권12(대정장44, p.705b5)에 "찬제는 인욕이라 한역한다. 타인이 가하는 비방을 욕이라 하고, 욕을 당하고도 능히 편안히 함을 가리켜 인이라 한다. 言羼提者 此名忍辱 他人加毀 名之爲辱 於辱能安 目之爲忍", 『대지도론』 권14(대정장25, p.164b1)에 "〔경〕 마음이 동요하지 않으므로 찬제바라밀을 마땅히 구족한다. 〔논〕 왜 찬제라 하는가? 찬제는 인욕이라 한역한다. 經 心不動故 應具足羼提波羅蜜 論 問曰 云何名羼提 答曰 羼提 秦言忍辱", 『섭대승론석』 권9(대정장31, p.217a15)에 "인을 행하는 사람이라면 다섯 가지 덕을 지닌다. 첫째는 원한이 없고, 둘째는 책망하는 일이 없으며, 셋째는 많은 사람들에게 사랑을 받고, 넷째는 좋은 명성이 퍼지며, 다섯째는 선한 도를 일으킨다. 이들 다섯 가지 일을 고르고 화평하게 하는 일이라 한다. 이러한 뜻을 갖추기에 찬제라 부른다. 若行忍者 則有五德 一無恨 二無訶 三衆人所愛 四有好名聞 五生善道 卽此五德 名平和事 由具此義 故稱羼提"라고 하였다. 〔참고문헌〕『大乘義章』, 『大智度論』, 『攝大乘論釋』, *Bodh-c.178.* ⇨ 인 忍, 인욕 忍辱, 평화사 平和事, 인욕바라밀 忍辱波羅蜜

찬제 讚題 불보살 및 제성존 등의 그림(佛畵)이나 진영(眞影) 등에 올리는 찬사. 『대혜어록』 권18(대정장47, p.889a23)에 "묘심거사가 요즘 정에 드신 관음을 그렸는데, 내가 옛날 지었던 찬을 그 위에 적었다. 형양에 있을 때도 도반 인정언이 청하여 당시 마음가는 대로 붓 한 번 들어 썼는데, (동파의) 「유마찬」과 언어 비록 같지 않지만 대의는 서로 비슷하다. '세간의 갖가지 음성 중생들 귀로 듣지 눈으로 보지는 않네. 일체음성 모름지기 귀로 들어야 하지만, 관음은 도리어 눈으로 보아야 하리.' 妙心居士近日畫得入定觀音 且以妙喜昔年所作讚題其上 蓋在衡陽時 因道友藺庭彦所請 當時信意一筆寫成 與維摩讚 言語雖不同 大意相似 曰世間種種音聲相 衆以耳聽非目覩 一切音聲須以耳聽 觀音却以眼觀"라고 하였다. 〔참고문헌〕『大慧語錄』. ⇨ 찬 讚

찬제선인 羼提仙人 Ⓢ Kṣāntirṣi. 한역어는 인욕선인(忍辱仙人). 찬제파리(羼提波梨 Ⓢ Kṣāntipāla)·찬제비구(羼提比丘)라고도 한다. 석가모니부처님께서 인위(因位)의 보살행 중에 인욕행을 원만하게 성취해서 얻으신 이름이다. 『대지도론』 권14(대정장25, p.166c3)에 "비유컨대 마치 찬제선인이 큰 숲에서 인을 닦고 자비를 행한 듯하다. 그때 가리(Ⓢ Kāli)왕이 여러 채녀와 함께 숲에 들어가 놀다가 마시고 먹기를 마치자 왕은 잠깐 눈을 감고 쉬었다. 채녀의 무리는 숲에서 꽃놀이를 하다가 이 선인을 보고 공손한 자세로 절을 올리고 한 곳에 서 있었다. 선인이 그때 채녀들에게 자비와 인욕을 찬양하며 설법하였는데 그 말이 아름다워 듣는 이들이 싫은 기색이 없이 한참 동안 떠나지 않았다. 가리왕은 깨어나서 채녀들이 보이지 않자 칼을 빼들고 찾아다니다가 선인 앞에 서 있는 모습을 보고 교만과 질투가 무성히 일어나 분노의 눈길로 칼을 휘두르며 선인에게 물었다. '그대는 무엇을 하는 인간인가?' '저는 여기서 인욕을 닦고 자비를 행합니다' '내가 지금 그대를 시험하겠으니 잠시 후 예리한 칼로 그대의 귀와 코를 자르고 그대의 손과 발도 벨 것이다. 그럼에도 화내지 않는다면 그대가 인욕을 닦는다고 인정하겠다' '마음대로 하십시오'. 왕이 칼을 빼서 그의 귀와 코를 자르고 손과 발도 베고 나서 물었다. '그대의 마음이 동요하는가?' '저는 자비와 인욕을 닦아서 마음이 동요하지 않습니다' '그대의 한 몸은 이곳에 있지만 힘이 없으니 비록 입으로는 동요하지 않는다고 하지만 누가 믿겠는가?' 그때 선인이 맹세하며 '만약 제가 참으로 자비와 인욕을 닦았다면 피가 우유가 될 것이요'라고 말한 즉시 피가 우유로 변하였다. 왕이 크게 놀라움과 기쁨이 섞여 채녀들을 거느리고 그 자리를 떠났다. 그때 숲의 용신이 이 선인을 위하여 번개를 치고 천둥을 울리자 왕이 피해를 입고 궁으로 돌아가지 못하였다. 이 때문에 '뇌란 중에도 능히 인욕을 행한다'고 하는 것이다. 譬如羼提仙人 在大林中 修忍行慈 時 迦利王 將諸婇女 入林遊戲 飮食旣訖 王小睡息 諸婇女輩 遊花林間 見此仙人 加敬禮拜 在一面立 仙人爾時 爲諸婇女 讚說慈忍 其言美妙 聽者無厭 久而不去 迦利王覺 不見婇女 拔劍追蹤 見在仙人前立 憍妬隆盛 瞋目奮劍 而問仙人 汝作何物 仙人答言 我今在此 修忍行慈 王言 我今試汝 當以利劍 截汝耳鼻 斬汝手足 若不瞋者 知汝修忍 仙人言 任意 王卽拔劍 截其耳鼻 斬其手足 而問之言 汝心動不 答言 我修慈忍 心不動也 王言 汝一身在此 無有勢力 雖口言不動 誰當信者 是時仙人 卽作誓言 若我實修慈忍 血當爲乳 卽時血變爲乳 王大驚喜 將諸婇女而去 是時林中龍神 爲此仙人 雷電霹靂 王被毒害 沒不還宮 以是故言 於惱亂中 能行忍辱"라고 하였다. [참고문헌]『大智度論』. ⇨ 인욕선인 忍辱仙人

찬제제바 羼提提婆 Ⓢ Kṣāntideva의 음사어. 한역어는 인천(忍天). 석가모니불의 유년시절 무술을 가르쳤던 스승. 『불본행집경』 권11(대정장3, p.704c18)에 "찬제제바〈한역어는 인천〉는 태자에게 병술의 법식을 가르쳤다. 羼提提婆〈隋言忍天〉 堪教太子 兵戎法式", 『석가여래성도기주』(卍속장130, p.211b16)에 "태자의 스승 찬제제바는 한역하여 인천이라 하며 태자가 무술을 배웠다. 太子師 羼提提婆 此云忍天 學武"라고 하였다. [참고문헌]『佛本行集經』, 『釋迦如來成道記註』.

찬족 攢簇 무리짓다. 떼 지어 무리짓다. 『경덕전등록』 권6 「명계도행전 茗谿道行傳」(대정장51, p.248a27)에 "도행이 언젠가 '나에게 큰 병 있다. 세속에서는 치료할 방법이 없다'고 하였다. 후에 어떤 학인이 조산에게 물었다. '듣자하니 옛 사람의 말에 「내가 큰 병이 있어 세속에서는 치료할 수 없다」고 하였는데 무슨 병을 가리키는지요?' '떼 지어 모일 수 없는 병이다' '일체중생에게 이 병이 있는지요?' '사람이라면 누구에게나 있다'. 師有時云 吾有大病 非世所醫 後有僧問先曹山 承古人有言 吾有大病 非世所醫 未審喚作什麽病 曹云 攢簇不得底病 云 一切衆生 還有此病也無 曹云 人人盡有", 『석상초원어록』(卍속장120, p.169b17)에 "'도오의 경계는 무엇인지요?' '산도 있고 물도 있다' '이 경 중의 사람은 어떤지요?' '온갖 사람이 떼 지어 모였다'. 問 如何是道吾境 師云 有山有水 進云 如何是境中人 師云 衆人攢簇", 『할당혜원광록』 권4 「시무주도인 示無住道人」(卍속장120, p.978b6)에 "종래의 정결한 선 때려 부수자, 하고 많은 기틀 떼 지어 해골 앞에 모였네. 몸 뉘여 왔던 길 막아 끊으니, 한마디 기에 당하자 해가 하늘에 걸리네. 打破從來淨潔禪 萬機攢簇髑髏前 橫身塞斷來時路 一句當機日麗天"라고 하였다. [참고문헌]『景德傳燈錄』, 『石霜楚圓語錄』, 『瞎堂慧遠廣錄』. ⇨ 찬화족금 攢花簇錦

찬중 讚衆 법회 등에서 찬(讚)하는 무리. 『수요기』(대정장75, p.815c23)에 "다음으로 찬중이 한 소리로 사지찬 등을 부처님 모시듯이 외운다. 次讚衆同音四智讚等如供佛", 『전법관정사기』(대정장78, p.757c25)에 "일반 승중은 법복납가사를 입고 찬중은 청갑가사를 입는다. 凡僧著法服衲袈裟 讚衆著青甲袈裟也"라고 하였다. [참고문헌]『隨要記』, 『傳法灌頂私記』.

찬지 羼底 Ⓢ kṣānti의 음사어. 인욕(忍辱) 또는 안인(安忍)으로 한역한다. 찬제(羼提)로도 쓴다. 『일체경음의』 권13(대정장54, p.384b4)에 "찬지〈앞 자는 찰과 한을 반절한 음이고, 뒷 자는 정과 이를 반절한 음이다. 인욕 또는 안인이라고 한역한다〉. 羼底〈上察限反 下丁以反 唐云忍辱 或云安忍〉", 『대보적경』 권45(대정장11, p.261b26)에 "사리자야! 보살이 이와 같은 찬지바라밀다에 머물기에 인의 힘을 갖추고 성품을 견고하고 바르게 세운다. 모든 추위·더위·허기·갈증·뱀·도마뱀·모기·등에·바람이나 햇볕 등이 닿아도 견딜 수 있고 또한 거칠고 나쁜 말이나 세속의 비루한 말, 그리고 몸에 의지하여 일어나는 맹렬한 고통과 견고한 채찍을 맞는 매서운 고통과 목숨을 빼앗기고 죽음에 이르기까지 이와 같이 당하는 모든 고통도 참을 수 있다. 사리자야! 만약 보살마하살이 능히 이러한 것을 갖춘다면 이를 찬지바라밀다라고 한다. 舍利子 菩薩摩訶薩 由住如是羼底波羅蜜多故 具足忍力 立性堅正 於諸寒熱飢渴 蛇蝎蚊虻 風日等觸 志能堪忍 又能忍麤惡言說 鄙陋詞句 及以依身所起猛迅苦受堅鞕辛楚 奪命至死 諸如是等所有苦受 並能堪忍 舍利子 若諸菩薩摩訶薩 能具是者 是則名爲羼底波羅蜜多"라고 하였다. 〔참고문헌〕『一切經音義』, 『大寶積經』. ⇨ 안인바라밀다 安忍波羅蜜多, 인욕 忍辱, 찬제 羼提

찬지사 讚底沙 석가모니불이 인위에서 지사불(底沙佛 Ⓢ Tiṣya)을 찬탄한 인연. 찬(讚)은 찬(贊)으로도 쓴다. 석존이 인위에 계실 때 외도선인이었는데, 이때 지사불이 화정삼매(火定三昧)에 든 모습을 보고서 발돋움(翹足)하고 7일 동안이나 찬탄하였던 인연을 말한다. 『구사석론』 권13(대정장29, p.249c16 : *Abh-k-bh.*, p.267)에 "〔게〕 지사불 찬탄하시며 정진하였네. 〔석〕 옛날에 '지사'라는 이름의 여래가 있었는데, 보산암 중에 화계정에 들어 있었다. 그때 불세존은 옛 보살위였는데, 별의행을 하다가 우연히 이 여래를 보고서 한 다리는 땅에 대고 한 다리는 땅에 대지 않으신 채로 7일 밤낮을 이 한 게송 외우며 찬탄하였다네. 偈曰 讚底沙精進 釋曰 昔有如來號底沙 於寶山巖中 入火界定 今佛世尊昔在菩薩位 以別意行遇見此如來 一脚著地一脚未下 於七日七夜 誦一偈讚歎 〈kārikā〉 tiṣyastotreṇa vīryasya 〈bhāṣya〉 tiṣyaṃ tathāgataratnaguhāyāṃ tejodhātusamāpannadṛṣṭyā bhagavān bodhisattvabhūta ekena pādena sthitvā sapta divasān stutavānekagāthayā", 『원오어록』 권14 「시양노두 示良爐頭」(대정장47, p.779c5)에 "금색두타는 영겁토록 앉아 있고, 달마는 소림에서 구년이나 면벽하였으며, 조계는 사회현에서 사냥꾼을 돌보았다. 대위는 깊은 산속에 암자를 짓고 십 년을 지냈으며, 대매는 한 번 머물면 인적을 끊었으며, 무업은 대장경을 죄다 열람하였다. 옛 성인은 발돋움하고 칠일 밤낮으로 지사불을 찬탄하셨고, 상제보살은 한 달이나 심간을 팔려했으며, 장경은 앉은 채로 일곱 개 포단을 갈아치웠다. 이것들은 이 모두가 이것 일단대인연을 위함이었다. 金色頭陀論劫打坐 達磨少林面壁九年 曹溪四會縣看獵 大潙深山卓庵十載 大梅一住絶人迹 無業閱大藏 古聖翹足七晝夜讚底沙 常啼經月鬻心肝 長慶坐破七蒲團 是皆爲此一段大因緣", 『조정사원』 권6(卍속장113, p.152a14)에 "찬지사 : 『본생경』에 따른다. 과거 오래전에 부처님이 계셨으니 그 이름 '지사'였다. 그때 두 보살이 있었으니, 한 명은 석가이고 한 명은 미륵이었다. … 그때 석가보살은 외도선인이었다. 산 위에 올라 약초를 캐다가 지사불을 보았는데, 보고 나서 환희하고는 마음으로부터 공경과 믿음이 일어나 한 다리로 돋움하고 합장한 채 부처님을 향해 온마음으로 바라보았으니, 눈을 깜빡이지 않고서 칠일 밤낮을 한 게송으로 부처님을 찬탄하였다. 讚底沙 本生經云 過去久遠有佛 名曰底沙 時有二菩薩 一名 釋迦 二名 彌勒 … 時釋迦菩薩作外道仙人 上山採藥 見底沙佛 見已歡喜 心生敬信 翹一脚立 叉手向佛 一心而觀 目未曾瞬 七日七夜 以一偈贊佛"라고 하였다. 〔참고문헌〕『俱舍釋論』, 『圜悟語錄』, 『祖庭事苑』, 『佛本行集經』 권4(대정장3, p.670a7), 『景德傳燈錄』 권13 「風穴延沼傳」(대정장51, p.302c6), *Abh-k-bh.* ⇨ 지사불 底沙佛, 찬불게 讚佛偈

찬지승 鑽紙蠅 창호지 뚫으려는 파리. 유사한 비유로 봉자투창(蜂子投窓)이 있다. 백운수단(白雲守端 1025~1072)이 지은 「승자투창 蠅子透窓」에서 나온 말이다. 『임간록』 권하(卍속장148, p.626b13)에 "백운수단선사가 「승자투창게」를 지었다. '빛 찾길 좋아한 탓에 창호지 뚫으려 하지만, 뚫지 못하는 그곳에 얼마나 많은 어려움 있었던가! 문득 눈앞에 닥친 길목에서 비로소 깨우쳤네, 평생 제 눈에 속았음을'. 白雲端禪師 作蠅子透窓偈 曰 爲愛尋光紙上鑽 不能透處幾多難 忽然撞著來時路 始覺平生被眼瞞"라고 하였다. 〔참고문헌〕『林間錄』, 『白雲守端廣錄』 권3(卍속장120, p.432a4). ⇨ 봉자투창 蜂子投窓, 찬고지 鑽故紙

찬지승하 羼底僧訶 Ⓢ Kṣāntisiṁha의 음사어. 사자인(師子忍)으로 한역한다. 『자은전』 권3(대정장50, p.240a3)에 "두 대덕이 있었으니 한 분은 달타게다국다〈여래밀로 한역한다〉이고, 다른 한 분은 찬지승하〈사자인이라고 한역한다〉인데 모두 살바다부에 뛰어났다. 有二大德 一名 怛他揭多鞠多〈此云如來密〉 二名 羼底僧訶〈此云師子忍也〉 俱善薩婆多部"라고 하였다. 〔참고문헌〕『慈恩傳』.

찬집백연경 撰集百緣經 Ⓢ Avadāna-śataka, Ⓣ Gang-po-la-sogs-pa'i rtogs-pa-brjod-pa-brgya-pa. 삼국(三國)시대 오(吳)의 지겸(支謙) 한역. 10권. 고려장29, pp.684c1~756a15, No.981 · 대정장4, pp.203a3~257a2, No.200에 수록되어 있다. 『백연경 百緣經』이라고도 한다. 부처님께 귀의한 인연 · 불보살의 본생담(本生譚) · 수기(授記) 등에 관한 이야기를 모은 경이다. 「보살수기품 菩薩授記品」 · 「보응수공양품 報應受供養品」 · 「수기벽지불품 授記辟支佛品」 · 「출생보살품 出生菩薩品」 · 「아귀품 餓鬼品」 · 「제천래하공양품 諸天來下供養品」 · 「현화품 現化品」 · 「비구니품 比丘尼品」 · 「성문품 聲聞品」 · 「제연품 諸緣品」 등 10품으로 구성되어 있으며, 각각의 품에 다시 열 가지 이야기가 담겨 있어 총 백 가지 인연이야기이므로 백연(百緣)이라 한다. 스파이어(J.S. Speyer)가 1906~09년에 걸쳐 편집한 범본(Bibliotheca Buddhica Vol.III, Imperi al Academy of Science, St. Petersburg)과 바이디야(P.L. Vaidya)가 1958년에 편집출간한 범본(Buddhist Sanskrit Texts No.19, Mithila Institute, Dharbhanga)이 있으며, 지나미트라(Jinamitra)와 데와찬드라(Devacandra)역의 티베트역본(北京版 No.1012, 델게版 No.343)도 전한다.

찬집삼장급잡장전 撰集三藏及雜藏傳 동진(東晋 317~420)대 한역. 역자 미상. 1권. 고려장30, pp.579a1~583a13, No.1022·대정장49, pp.1a3~4a27, No.2026에 수록되어 있다. 『찬삼장급잡장전』·『불열반후찬집삼장경 佛涅槃後撰集三藏經』이라고도 한다. 부처님께서 열반에 드신 뒤 가섭(迦葉)과 아난(阿難)을 비롯한 여러 제자들이 경율론(經律論) 삼장(三藏)과 잡장(雜藏)을 결집한 것을 4자 4구의 게송으로 노래한 내용이다. 경전을 결집하는 과정에서, 부처님을 가까이에서 모시면서 그 가르침을 가장 많이 듣고 기억하던 아난이 처음에는 참여하지 못하다가 아라한과(阿羅漢果)를 증득하고서야 참여한 과정을 상세하게 전승하였다.

찬창 讚唱 찬미해 소리내다. 『방등반니원경』 권상(대정장12, p.916b19)에 "나를 떠나 아는 없으니, 공의 법을 찬미하여 노래하노라. 이제 세존께서 열반에 드시고자, 쌍수(雙樹) 사이에 몸져누우셨다네. 離吾無有我 讚唱於空法 今世尊泥曰 寢疾於樹間"라고 하였다. [참고문헌] 『方等般泥洹經』. ⇨ 찬 讚

찬탄 讚嘆 Ⓢ guru-karaṇīya, varṇita, Ⓟ vandikā, vandana, vandanā, Ⓣ btsun-par-bya-ba, bsngags-pa. 찬미하고 감탄하다. 부처님의 공덕을 기려 소리내 감탄한다는 말이다. 찬탄(讚歎)이라고도 쓴다. 『대반열반경의기』 권8(대정장37, p.821c2)에 "찬탄이란 입으로 받들어 기르기를 권하는 것이다. 言讚嘆者 勸口供養", 『아미타경직해정행』(卍속장33, p.762a2)에 "찬탄이라는 말에서 찬은 칭찬이고 탄은 감탄이다. 讚者 稱讚 嘆者 感嘆", 『왕생론주』 권하(대정장40, p.835b11)에 "〈논〉 찬탄이란 무엇인가? 구업으로 칭찬하고 감탄함이다. 〈주〉 찬은 칭찬해 들어올리는 찬양이고, 탄이란 노래해서 감탄함이다. 찬탄은 입이 아니면 펼칠 수 없으므로 구업이라 한다. 云何讚歎 口業讚歎 讚者 讚揚也 歎者 歌歎也 讚歎非口不宣 故曰口業也", 『화엄경탐현기』 권9(대정장35, p.289b1)에 "송에는 두 가지가 있다. 하나는 꾸밈이 뛰어난 말로 읊기에 적은 글자로 많은 의미를 거둔다. 다른 하나는 아름다운 말로 읊기에 찬탄하는 많은 이들이 대부분 게송의 형식에 담는다. 頌有二種 一言巧故 少字攝多義也 二言美故 諸讚嘆者 多以偈頌"라고 하였다. [참고문헌] 『大般涅槃經義記』, 『阿彌陀經直解正行』, 『往生論註』, 『華嚴經探玄記』, *Bodh-bh.20.*, *Śrāv-bh.100.*, *AN.1.294.*, *Mil.1.377.* ⇨ 찬불 讚佛

찬탄 讚歎 ❶ Ⓢ √stu, √bhās, Ⓟ vandanā. 우러러 소리내 높이다. 게송 등으로 불보살의 위덕(威德)이나 신통력을 칭송하는 것을 말하며, 찬탄하는 방법에는 언어로 표현하여 찬탄하는 기언탄(寄言歎)과 언어로 표현할 방법이 없어서 마음으로 찬탄하는 절언탄(絶言歎)이 있다. 또한 세친(世親)이 말하는 오념문(五念門) 중 하나가 찬탄문이다. 정토종에서는 정토에 왕생하기 위한 바른 행업인 오종정행(五種正行)의 하나로 든다. 『대지도론』 권30(대정장25, p.277a6)에 "찬탄이란 무엇인가? 그 공덕을 기리는 것을 찬이라 하고, 찬미로 부족하여 다시 불러 드러내기에 탄이라 한다. 讚歎者 美其功德爲讚 讚之不足 又稱揚之 故言歎", 『무량수경우파제사』(대정장26, p.231b11)에 "무엇 등이 오념문인가? … 둘째 찬탄문이다. … 무엇이 찬탄인가? 입으로 찬탄하며 저 여래의 명호를 부르는 것이니, 저 여래의 광명지상이나 저 이름의 뜻처럼 여실하게 수행하여 상응하고자 하는 것이다. 何等五念門 … 二者 讚歎門 … 云何讚歎 口業讚歎 稱彼如來名 如彼如來光明智相 如彼名義 欲如實修行相應故"라고 하였다. [참고문헌] 『大智度論』, 『無量壽經優波提舍』, *Abh-k-bh.1.*, *Vikī-n.83.*, *AN.1.294.* ⇨ 찬 讚, 오념문 五念門, 오종정행 五種正行 ❷ 패(唄) 또는 바사(婆師)의 한역어. ⇨ 패 唄, 바사 婆師

찬탄공양잡행 讚歎供養雜行 오종잡행(五種雜行) 중 하나. 아미타불 외 여러 불보살을 찬탄공양하는 행. 찬탄잡행이라고도 한다. 『선택본원염불집』(대정장83, p.3b16)에 "다섯 번째는 찬탄공양잡행이다. 위에서 말한 미타불 이외의 일체 모든 나머지 불보살과 모든 세간의 하늘 등을 찬탄공양하니, 이 모두를 찬탄공양잡행이라 한다. 第五 讚歎供養雜行者 除上彌陀佛已外 於一切諸餘佛菩薩等 及諸世天等 讚歎供養 悉名讚歎供養雜行"라고 하였다. [참고문헌] 『選擇本願念佛集』, 『四宗要文』 권상(대장경보편32, p.430c8). ⇨ 오종잡행 五種雜行

찬탄공양정행 讚歎供養正行 오종정행(五種正行) 중 하나. 일심으로 아미타불만을 찬탄공양하는 행을 말한다. 『선택본원염불집』(대정장83, p.3a16)에 "다섯 번째는 찬탄공양정행이니, 오로지 미타불만 찬탄공양한다. 第五 讚歎供養正行者 專讚歎供養彌陀也"라고 하였다. [참고문헌] 『選擇本願念佛集』. ⇨ 오종정행 五種正行

찬탄문 讚歎門 세친(世親) 『정토론』에서 내세운 오념문(五念門) 중 하나. 구업(口業)으로 아미타불의 명호를 찬탄하는 문이다. 『삼미륵경소』(대정장38, p.317a

15)에 "두 번째, 찬탄문은 지극한 마음으로 일생보살을 칭송하고 찬탄하여 그 지혜의 빛으로 하늘에 나기를 바라는 것이다. 二 讚歎門 謂至心稱歎 一生菩薩 智慧光 求生天", 『왕생예찬게』(대정장47, p.438c18)에 "두 번째, 구업으로 찬탄하는 문이다. 오롯한 뜻으로 저 불신의 상호와 광명, 일체성중의 신상과 광명 그리고 저 나라 중 일체 보배로 장엄한 모든 광명 등을 찬탄하므로 찬탄문이라 한다. 二者 口業讚歎門 所謂專意讚歎 彼佛身相光明 一切聖衆 身相光明 及彼國中 一切寶莊嚴光明等 故名讚歎門"라고 하였다. [참고문헌] 『三彌勒經疏』, 『往生禮讚偈』. ⇨ 오념문 五念門

찬패 讚唄 찬탄하여 소리내다. 『대방광총지보광명경』 권4(대정장10, pp.826b1)에 "갖가지로 아름다운 가타를 찬탄해 소리내고, 갖가지로 진실한 덕을 칭찬하며, 가없는 일체시방계에서 하나하나 모두 스스로 손으로 짓네. 種種讚唄妙伽陁 種種稱讚眞實德 無邊一切十方界 一一皆自手中作", 『계초심학인문』(한불전4, p.738b3)에 "사르고 닦음에 나아가 반드시 아침저녁으로 부지런히 행하고 스스로 게으름 꾸짖고 대중이 행하는 차례를 알아 잡란하지 않게 하며 찬탄해 소리내고 외우며 발원한다. 赴焚修 須早暮勤行 自嘖懈怠 知衆行次 不得雜亂 讚唄呪願", 『원종문류』 권22(한불전4, p.638a3)에 "찬패하여 서로 소리를 내도록 하다. 使讚唄交音", 『산보집』 권상(한불전11, p.464b10)에 "낭함 머리에 이고 팔보 가마를 타고 선동이 앞서 이끄는 범륜을 따르네. 음악소리 찬패소리 산골짜기 떠들썩한데 하늘에서 꽃비 내려 가득가득 드리우네. 頂戴琅函八寶輦 仙童前引梵倫隨 樂音讚唄喧山壑 花雨從天萬點垂"라고 하였다. [참고문헌] 『大方廣總持寶光明經』, 『誡初心學人文』, 『圓宗文類』, 『刪補集』. ⇨ 범패 梵唄, 패 唄

찬혜 贊慧 조선후기 스님. 호는 영허(永虛). 해봉유기(海峰有璣)의 제자. 1771년(영조47)에 가야산 중봉암(中峰庵)을 중창하여 정당(正堂)·장물방(藏物房)·연주(煙廚 : 공양간)·소실(小室) 좌우 각 1칸, 영감(影龕) 1칸과 그 횡각(橫閣) 1칸 등을 세웠다. 이듬해에 오십삼불초상(五十三佛綃像)·목조아미타불상·명부탱(冥府幀)·도리탱(忉利幀)·신중탱(神衆幀) 등을 조성하고 무쇠솥 등 모든 집기를 완비하였을 뿐만 아니라, 기와를 올리고 단청을 그렸으며, 샘물을 파서 물길을 만들고 화초를 심었다. 『호은집』 권4 「가야산중봉암기 伽耶山中峰菴記」(한불전9, p.726b5)에 "지난 영묘 신묘년(1771)에 본산 납자 찬혜가 서원을 발하고 사람들에게 권하여 점차 많은 비용을 마련하고 본 터에 선암을 다시 세웠다. … 이후로부터 모인 이들이 모든 일에 염려 없이 일심으로 수도하였으니 위대하도다, 혜공이여! 수고로움 하고많으셨도다. 往於英廟辛卯 本山衲子贊慧 發誓勸人 得物漸夥 乃依本址 復立禪菴 … 自後會者 百事無念 一心修道 偉哉慧也 勤苦多矣"라고 하였다. [참고문헌] 『好隱集』. ⇨ 중봉암 中峰庵 ❷

영허당대선사찬혜지영
해인사원당암 조선후기

찬호 撰號 불러 기억할 만한 것들을 엮어 적어넣는 일. 불전(佛典)의 머리에 기재하는 찬자의 이름. 더하여 지명(地名)·사명(寺名) 등을 쓰기도 한다. 스스로 쓰거나 타인이 사후에 써 넣는다. 대체로 처음 지은이가 있는 인도의 저술은 '아무개 조(造)' 또는 '아무개 서(書)'로 표기하고, 베껴 쓴 이나 엮은 이가 많은 중국 등에서는 '아무개 술(述)'·'아무개 집(集)'·'아무개 찬' 등으로 쓴다. 술·집·찬은 모두 옛사람의 말씀을 전수받아 서술하였을 뿐 창작이 아니며 새로운 뜻도 없다는 의미다. 만약 스승의 말씀을 제자가 기술했다면 제목을 '아무개 설(說), 아무개 기(記)'라고 하는데, 이 또한 찬호라 할 수 있다. 『아미타경의소문지기』 권상(卍속장33, p.231b11)에 "〈소〉 서호 영지 숭복사의 석원조가 술하다. [기] 찬호 가운데 호수는 군성의 서쪽에 있기에 서호라 한다. 영지는 전씨의 동산으로 일찍이 자지(紫芝)를 생산하다가 희사하여 절로 삼은 연유에 따라 미칭의 호로 남겨두었다. 숭복사는 소를 지은 저자가 입적한 장소이다. 석은 출가자에게 붙는 성씨이다. 술에 대하여 진제는 '부처님 친설은 찬이고, 보살이 논서를 지어 불경의 취지를 곧바로 펼친 것을 술이라 한다'고 하였다. 여기서도 이전과 변함없이 술이라 하였으니 찬에 따른다는 의미이다. 정강성은 '술은 그 뜻을 풀이하는 것이다'라고 하였다. 西湖 靈芝 崇福寺 釋元照 述 記 撰號中 湖在郡城之西 故曰西湖 靈芝 卽錢氏園苑 嘗產紫芝 捨爲佛祠 仍存美號 崇福寺 卽疏主傳道 終焉之處 釋乃出家之姓氏 述者 眞諦云 佛說 曰撰 菩薩造論 直申佛經 曰述 此亦一往述 卽撰也 鄭康成云 述謂訓其義也", 『사분율산보수기갈마소제연기』 권1(卍속장64, p.526a10)에 "〈소〉 대당사문 석도선이 종남산 풍덕사에서 찬하다. 〈기〉 처음 두 글자(대당)는 그 때를 표시한다. 다음 다섯 글자는 저자의 호를 드러낸다. 사문은 출가자에 공통으로 붙이는 이름이다. 석은 스승 석가모니의 성씨를 따른 것이다. 그 아래에는 장소를 기록한다. 종남은 옛날 장안의 서남쪽으로 50여 리 지점으로 태일산이라고도 한다. 풍덕사는 종남산의 풍곡에 있다. 『승전』의 기록에 따르면 본래 풍곡이라 부르다가 후대에 지장법사가 그곳에 살았던 인연으로 풍덕이라 개칭하였다. 찬은 훈술이라는 뜻이니 겸손하게 붙인 말이다. 大唐 沙門釋道宣 於終南山 豐德寺 撰 撰號中 上二字 標其時也 次五字 示其號也 沙門 卽出家之通名 釋 乃隨師之姓氏 於下記其處也 終南在古長安 西南五十餘里 亦名太一山 豐德寺 在終南之豐谷 準僧傳 本號豐谷 後因智藏法師居之 故改爲豐德耳 撰 卽訓述 示其謙也"라고 하였다. 〔참고문헌〕『阿彌陀經義疏聞持記』, 『四分律刪補隨機羯磨疏濟緣記』.

찬화득빙 鑽火得氷 불을 내서 얼음 얻으려 하다. 『법원주림』 권55 「요혹란중 妖惑亂衆」(대정장53, p.704c6)에 "듣자하니 소리 고르면 메아리도 순하고, 모습 곧으면 그림자도 단아하다. 불 내서 얼음 얻었다거나 콩을 심어 보리를 수확했다는 소리는 들어보지 못했다. 竊聞聲調響順 形直影端 未見 鑽火得氷 種豆得麥"라고 하였다. 〔참고문헌〕『法苑珠林』.

찬화족금 攢花簇錦 꽃 무리짓고 비단 엮다. 『벽암록』 38칙 「평창 評唱」(대정장48, p.176c4)에 "정주의 목주가 스님께 하안거를 그곳에서 보내기를 청하였다. 그때는 임제종만이 대성하였다. 그가 나눈 모든 문답과 대중에게 전한 법어는 틀림없이 참신한 어구였고, 꽃 무리짓듯 비단 엮듯 하였으며 글마글자마다 낙처가 있었다. 郢州牧主 請師度夏 是時臨濟一宗大盛 他凡是問答垂示不妨語句尖新 攢花簇錦 字字皆有下落"라고 하였다. 〔참고문헌〕『碧巖錄』. ⇨ 찬족 攢簇

찰 刹 ❶ Ⓢ kṣetra. 국토. 찰토(刹土). 음사어는 흘차달라(紇差呾羅)·찰다라(刹多羅)·차다라(差多羅)·찰마(刹摩) 등이며, 토전(土田)·토(土)·국(國)·처(處) 등으로 한역한다. 『일체경음의』 권21(대정장54, p.436a8)에 "불찰〈찰의 본래 음사어는 흘차달라이며, 토전이라고 한역한다. 차(差)는 초(初)와 개(芥)를 반절한 음이다〉. 佛刹〈刹具正云 紇差怛羅 此曰土田也 差音初芥也〉", 『번역명의집』 권7(대정장54, p.1167a21)에 "찰마의 올바른 음사어는 체다라이며, 토전이라 한역한다. 『정명약소』에서 '만 가지로 경이 같지 않은 것을 또한 찰이라고 한다'라고 하였으며, 『수유』에서는 '장엄의 차별을 취하여 찰이라고 한다' 하였는데, 이것은 모두 국토 가리켜 찰이라고 한 것이다. 刹摩 正音掣多羅 此云土田 淨名略疏云 萬境不同 亦名爲刹 垂裕云 蓋取莊嚴差別 名之爲刹 此乃通指國土名刹"라고 하였다. 〔참고문헌〕『一切經音義』, 『翻譯名義集』. ⇨ 찰토 刹土, 찰마 刹摩, 불찰 佛刹, 토전 土田 ❷ Ⓢ lakṣatā. 표지(標誌)나 기호(記號). 사원임을 나타내는 찰주(刹柱)·찰간(刹竿) 등을 말한다. 랄슬지(剌瑟胝)라고도 음사하며, 찰간찰(刹竿㩡)이라 한역하기도 한다. 보통 불당(佛堂) 앞이나 사찰 경계에 찰간을 세워서 표시하였기에 사원을 사찰(寺刹)·범찰(梵刹)·금찰(金刹) 등이라 한다. 『일체경음의』 권20(대정장54, p.431a20)에 "부도를 찰이라 하는 것은 잘못이고, 랄슬지라 음사해야 한다. 랄(剌)은 력(力)과 할(割)을 반절한 음이며, 간(竿)이라 한역한다. 사람들이 기둥으로 대신하여 찰주라 하는데, 부처님사리를 모시지만 뜻은 토전과 같기에 찰이라 하는 것이다. 저 인도에서는 탑 높이 세우고 사리를 안치하기 때문이다. 浮圖名刹者訛也 應言剌瑟胝 剌音力割反 此譯云竿 人以柱代之 名爲刹柱 以安佛骨 義同土田 故名刹也 以彼西國 塔竿頭安舍利故也", 『번역명의집』 권7(대정장54, p.1167a23)에 "가람을 범찰이라 부르는 것은, 저 『지관보행전홍결』에서 말한 다. '인도에서는 기둥을 세워 사찰임을 표시하며 거처하는 곳임도 알게 했다'. 伽藍號梵刹者 如輔行云西域 以柱表刹 示所居處也"라고 하였다. 〔참고문헌〕『一切經音義』, 『翻譯名義集』, 『止觀輔行傳弘決』 권2(대정장46, p.186c3). ⇨ 찰주 刹柱, 찰간 刹竿, 랄슬지 剌瑟胝 ❸ 실담오십자문 중 하나인 𑖎𑖿𑖬(kṣa)의 음사어 중 하나. 걸쇄(乞灑)·걸차(乞叉)라고도 음사한다. "일체법은 모두 얻을 수 없다" 또는 "일체의 문자가 구경에는 언설이 없다"는 것을 뜻하는 소리이다. ⇨ 걸쇄 乞灑, 걸차 乞叉 ❹ 찰제리(刹帝利)의 줄임말. ⇨ 찰제리 刹帝利

찰 拶 몰아치다. 들이닥치다. 머뭇거려 분별 끼어들 새 없이 하다 등의 뜻으로 선문 종사들간의 행의(行儀)를 수식하기도 하고, 쉴 새 없이 몰아쳐 념념에 쉴 수 없는(念念不息) 유정(有情)의 물결에 맞서 스스로를 다잡는 뜻으로도 쓴다. 유사한 뜻의 애(挨)와 곧잘 짝을 이룬다. 『운문광록』 권하 「유방유록 遊方遺錄」(대정장47, p.573b8)에 "3일째 되는 날 목주(睦州)가 문을 열자 운문이 곧장 밀치고 들어갔다. 목주가 곧바로 멱살을 잡고 말했다. '말해라, 말해'. 운문이 머뭇거리자 멱살 풀고 말했다. '진대 만든 탁력찬이군'. 운문이 이 말에 깨달았다. 至第三日 州始開門 師乃拶入 州便擒住云 道道師擬議 州托開云 秦時轅轢鑽 師從此悟入", 『벽암록』 2칙 「평창 評唱」(대정장48, p.141c18)에 "저에게 몰아세워져 왕왕에 앞도 잊고 뒤마저 놓친다. 被他拶著 往往忘前失後", 같은 책 권23칙 「평창 評唱」(대정장48, p.164b9)에 "하나 나오면 하나 들여서 서로 번갈아 몰아쳤다. 一出一入 遞相挨拶", 『천여유칙어록』 권1 「보설 普說」(卍속장122, p.826b15)에 "홀연히 부지불식간에 한번에 몰고 몰아 자기 한 수 사무칠 수만 있다면 마땅히 받을 일 기다리지 않고서도 자연스레 분명히 밝아지리니, 이 한 수 분명해지면 부모미생전면목 또한 분명히 드러날 것이고, 사대가 흩어진 후 떨어질 곳 또한 새벽 온 듯 할 것이며, 나날이 닥친 일들도 또렷이 밝으리라. 忽爾不知不覺 一拶拶透自己一著子 不待承當 而自然分曉

矣 者一著子旣分曉 父母未生前面目也分曉 四大分散後落處也分曉 日用中事也分曉"라고 하였다. 〔참고문헌〕『雲門廣錄』, 『碧巖錄』, 『天如惟則語錄』, 『禪關策進』「仰山古梅友禪師示衆」(대정장48, p.1103a26). ⇨ 애찰 挨拶

찰간 刹竿 부처가 계시고 승중이 머물며 법이 행하는 곳임을 알리기 위해 세운 높고 긴 장대. 찰주(刹柱)·번주(旛柱)·당간(幢竿)이라고도 한다. 또한 부처의 마음을 얻은 조사의 법이 대대로 전하는 종문(宗門)임을 드러낸다. 찰간은 범어찰([S] kṣetra)과 한역어 간이 합한 형태다. 『장아함경』 권12「자환희경 自歡喜經」(대정장1, p.79a11)·『번역명의집』 권7(대정장54, p.1167a25) 등에 근거하여 『선문염송설화』 81칙「설화 說話」(한불전5, p.88c14)에서 풀이한다. "삼문 앞의 찰간을 쓰러뜨리라 한 것은 예부터 전한다. '찰의 온전한 음사어는 찰슬치([S] kṣetra)이고 한역하면 간이다. 이 법에서 부지런히 수행하여 한 법 얻는 이는 문 밖에 찰간을 세움으로써 사방 먼 곳까지「여기에 욕심 없이도 족할 줄 아는 이가 있다」고 알린다'. 곧 법의 깃발을 꽂고 종지를 세우는 것이니, 이는 법을 전하는 사람이 꾸미는 일이다. 여기서는「쓰러뜨려라」고 하였으니 전한 일도 없고 받은 일도 없다는 뜻이다. 옛 사람은 '선의 등불은 가섭마음에 불 붙였고, 교의 바다 아난의 입에서 쏟아졌다'(『선문보장록』「서 序」, 卍속장113, p.985a2)라고 하였다. 또한 아난은 전적으로 많이 들어 아는 것만 구하여 도력이 온전하지 못했기에 금란가사를 전한 것 이외에 따로 어떤 법을 전했는지 물었다. 바라는 마음이 저 찰간 세운 듯 했기에 아난으로 하여금 쓰러뜨리라고 했던 것이다. 倒却門前刹竿着者 古云 刹 具云刹瑟致 此云竿 於此法中 勤苦得一法者 樹之於門外 以告四遠 今少欲知足者居之 則建法幢立宗旨 是傳法人邊事也 今云倒却著 則無傳無得也 古云 禪燈 點迦葉之心 教海 瀉阿難之口 又 阿難全求多聞 未全道力故 問傳金襴外 別傳何法 希求之心 如立刹竿故 令阿難倒却着"라고 하였다. 『석씨요람』 권상(대정장54, p.262c28)에 "범찰 : 범은 청정을 뜻한다. 『일체경음의』에 '범은 랄슬치라 음사하고 간이라 한역하며, 줄여서 찰이라 한다. 곧 절을 표시하는 깃발을 다는 기둥이다'라고 하였다. 『장아함경』에 '만약 사문이 이 절에서 열심히 수행하여 그 하나뿐인 법을 터득했다면 반드시 깃발 세워 사방 멀리까지「욕심 없어 족할 줄 아는 이들 이곳에 머문다네」라고 알려야 한다'라고 하였다. 梵刹 梵者 清淨之義 經音云 梵云 刺瑟致 此云 竿 今略名刹 卽幡柱也 長阿含經云 若沙門於此寺中勤苦 得一法者 便當竪幡告四遠 今有少欲知足人居此", 『선림보훈음의』 권1(卍속장113, p.281b11)에 "찰의 범어 음사어는 찰슬이고 한역어는 간이다. 곧 번을 매다는 기둥이다. 대체로 사문이 도를 얻는 곳이라면 깃발 세움으로써 사방에 알린다. 출전은 『석씨요람』이다. 刹 梵語刹瑟 此云竿 卽旛柱也 凡沙門得道者 建旛以告四方 出要覽", 『경덕전등록』 권13「자복정수전 資福貞邃傳」(대정장51, p.302a14)에 "강 건너 편에서 자복의 찰간을 보거든 곧바로 돌아오라. 隔江見資福刹竿 便迴去"라고 하였다. 〔참고문헌〕『長阿含經』, 『翻譯名義集』, 『禪門拈頌說話』, 『禪門寶藏錄』, 『釋氏要覽』, 『禪林寶訓音義』, 『景德傳燈錄』. ⇨ 찰주 刹柱, 당간 幢竿, 금찰 金刹 ■

찰나 刹那 [S] kṣaṇa, [P] khaṇa의 음사어, [T] skad-cig. 생각하거나 드러낼 수 있는 시(時)의 가장 짧은 또는 극히 적은 단위. 모든 것(諸法) 뭇 연이 화합(衆緣和合)해서야 있게 되므로 시(時)도 이름(名)도 유(有)의 입장에서 드러낼 뿐이다. 한 법(法)이 자체(自體)를 얻어서는 움직여 일극미에서 일극미로 옮겨 가는 때를 일찰나라 하거나, 여인이 길쌈함에 가는 털 가지런해서 길지도 짧지도 않은 하나 만드는 때를 일달찰나라 하여 120찰나를 한번에 비유해 역산하기도 한다. 원효는 생하자 사라지는 생멸찰나, 일심(一心)이라 여겨지는 상사찰나, 실 뽑아 한 길 되는 때를 말하는 방연찰나로 나누어 시를 알 수 있도록 했으며, 여래장도 찰나에 생멸하는 식들의 창고라는 식장(識藏)인 뜻에서 찰나라고 이름한다. 이렇게 찰나가 극히 짧은 시간의 이름을 얻었지만 그 이름의 정체는 모두 은유와 비유다. 차나(叉拏)·게사낭(揭沙囊) 등으로 음사하고 염(念)·수유(須臾)·염경(念頃)·발의경(發意頃)으로 한역한다. 설일체유부에서는 법(法 [S] dharma)과 같은 의미로 이해되었다. 120찰나는 1달찰나(怛刹那 [S] tatkṣaṇa)가 되고 60달찰나는 1납박(臘縛[S] lava)가 되며 30납박은 1모호율다(牟呼栗多 [S] muhūrta)가 되고 30모호율다는 하루가 된다. 결국 하루는 648만 찰나이고 현재의 시간 단위로 환산하면 75분의 1초이다. 그러나 1찰나의 단위는 문헌에 따라 전승이 다르다. 200분의 1초 또는 400분의 1초로 설명되는 경우도 있다. 찰나 사이의 생멸을 찰나생멸(刹那生滅 : 刹那無常)이라 하고, 현재의 1찰나를 현재, 이전의 찰나를 과거, 이후의 찰나를 미래라 하는데, 이것을 찰나삼세(刹那三世)라고 부른다. 『구사론』 권12(대정장29, p.62a18)에 "모든 색을 나눠 쪼개면 하나의 극미에 이른다. 그러므로 1극미는 색의 극소다. 이와 같이 모든 명(名)과 시도 나누고 쪼개면 1자(字)와 1찰나에 이르는데, '명'과 시의 극소다. 1자의 '명'이란 구(瞿)라는 말을 하는 것과 같다. 어떤 것이 1찰나의 양(量)인가? 뭇 연으로 화합한 법이 그 체를 얻는 순간이나 움직이는 어떤 법이 한 극미에서 다른 한 극미로 가서 건너는 순간(行度頃)을 말한다. 여러 대법논사는 말한다. '예를 들면 어떤 장사가 손가락을 빠르게 한 번 튀길 때가 65찰나이다'. 이와 같은 것을 1찰나의 양이라고 한다. … 1찰나의 120배가 1달찰나이며, 60달찰나가 1랍바이고, 30랍바가 1모호율다(牟呼栗多 : 須臾)이며, 30모호율다가 하루의 낮과 밤인데, 이 하루의 낮과 밤은 어떤 때는 길어지고, 어떤 때는 짧아지며, 어떤 때는 같아진다. 30번의 낮과 밤을 1달이라고 하며, 12달을 1년이라고 한다. 分析諸色 至一極微 故一極微 爲色極少 如是分析 諸名及時 至一字刹那 爲名時極少 一字名者 如說瞿名 何等名爲 一刹那量 衆緣和合法 得自體頃 或有動法 行度一極微 對法諸師說 如壯士一疾彈指頃 六十五刹那 如是名爲 一刹那量 … 刹那百二十爲一怛刹那 六十怛刹那爲一臘縛 三十臘縛爲一牟呼栗多 三十牟呼栗多爲一晝夜 此晝夜 有時增 有時減 有時等 三十晝夜爲一月 總十二月爲一年", 『법원주림』 권1(대정장53, p.273a13)에 "시 극히 짧은 것을 말하면 찰나다. 저 『신바사론』에서는 다음과 같이 말한다. '저 찰나의 양을 어떻게 알 수 있는가? 어떤 이는 이렇게 말한다. 『시설론』에서 말한다. 중년의 여인이 길쌈할 때, 가는 털을 털어 길지도 짧지도 않게 이것을 가지런하게 하는 것을 달찰나의 양이라 하는데, 이것은 털실의 짧고 긴 것을 말하려는 것이 아니라 단지 그 털실이 손가락에서 풀려 나올 때 그 따라 나온 양을 달찰나라고 할 뿐이다. 나는 앞에서 찰나를 물었는데 무슨 까닭에 『시설론』을 인용하여 달차나의 양을 말하는가? 여기서는 그 큰 것을 들어 미세한 것을 나타낸 것이니, 미세한 것은 알기 어려워 나타낼 수 없기 때문이다. 즉 120찰나가 1달찰나를 이루고, 60달찰나가 1랍바를 이루니, 여기에 7,200찰나가 있으며, 30랍바가 1모호율다를 이루니, 여기에는 2백16천 찰나가 있고, 30모호율다가 하루 낮과 밤을 이루니, 6십480천 찰나가 있게 된다'. 時極短者 謂之刹那也 如新婆沙論云 彼刹那量 云何可知 有作是言 依施設論說 如中年女 緝績毳時 抖擻細毛 不長不短 齊此說爲 怛刹那量 彼不欲說 毛縷短長 但說毳毛 從指開出 隨所出量 是怛刹那 問 前問刹那 何緣乃引施設說 怛刹那量 答 此中擧麤 以顯於細 以細難知 不可顯故 謂百二十刹那成一怛刹那 六十怛刹那成一臘縛 此有七千二百刹那 三十臘縛成一牟呼栗多 此有二百一十六千刹那 三十牟呼栗多成一晝夜 此有少二十不滿六十五百千刹那", 『금광명최승왕경소』(한불전2, p.207c23)에 "한 찰나에 대해 원효는 말하길 대략 세 가지가 있다고 했는데, 첫째 생멸찰나, 둘째 상사찰나, 셋째 방연찰나다. 생법멸찰나란 시간이 지극히 빨라 생한 즉시 멸하는 것이다. 『능가경』에서, '일체법불생이라 했으니, 내가 설한 찰나의 뜻이다. (일체법은) 처음 생하자마자 멸하지만 어리석은 이에게는 이 이치를 설할 수 없다'고 하고, 『인왕경』에서 '색수상행식은 공하니, 이 법은 바로 생했다가 바로 머물고 바로 멸하고 바로 있다가 바로 공하다. 찰나찰나도 또한 이와 같아 법을 생하고 법을 머물게 했다 법을 멸한다. 그 까닭은 무엇인가? 90찰나가 일념이 되니, 일념 중의 찰나에는 9백 번의 생멸이 지나간다'라고 한 것과 같다. 〔안〕 이중에서 90찰나가 제2문인 상사찰나이고, 9백 번의 생멸이 첫 번째 문인 생멸찰나이다. 一刹那者 曉云 略有三種 一者 生滅刹那 二者 相似刹那 三者 紡縒刹那 生法滅刹那者 時分極促 生時卽滅 如楞伽言 一切法不生 我說刹那義 初生卽有滅 不爲愚人說 仁王經言 色受想行識空 是法 卽生卽住卽滅卽有卽空 刹那刹那 亦如是 法生法住法滅 何以故 九十刹那 爲一念 一念中刹那 逕九百生滅 案云 此中九十刹那者 第二門 相似刹那 九百生滅者 乃是初門 生滅刹那也", "두 번째 문인 상사찰나는 『유가사지론』에서 '경에서 한 마음이나 여러 마음을 일으킨다고 하였는데, 어떻게 이 한 마음을 안립하는가? 세속에서 말하는 일심찰나는 생기찰나가 아니다. 한 곳을 의지삼아 한 경계의 있는 그대로 요별하게 되는 그 때를 다 거둬 일심찰나라고 한다. 또한 서로 닮은 것들이 서로 이어지는 것을 일심찰나라고 이름하기도 하는데 처음 념과 두 번째 념이 극히 서로 닮았기 때문이다'라고 한 것과 같다. 〔안〕 살바다종이 사상(生住異滅) 전후를 일찰나라고 하는 것은 여기서는 상사상속찰나이니, 단지 깨닫지 못하는 중에 생멸이 지나갈 뿐이다. 第二門 相似刹那者 如瑜伽論說 如經言起一心若衆多心 云何安立此一心耶 謂世俗言說一心刹那 非生起刹那 謂一處爲依止 於一境界事 有爾所了別生 總爾所時 名一心刹那 又相似相續亦說名一 與第二念極相似故 案云 薩婆多宗 四相前後爲一刹那者 在此相似相續刹那 但彼不覺中逕生滅有", "세 번째 방연찰나라 하였으니, 저 『마등가경』에서 '나 지금 다시 찰나분단을 설할 것이다. 부인이 실을 뽑아 한 길(尋 : 8자) 정도를 뽑는 시간을 한 찰나시라 한다'. 第三門 紡縒刹那者 如摩登伽經言 我今復說刹那分段 婦人紡縒得長一尋 則名爲刹那時也", 『기신론소』 권상(한불전1, p.707a19)에 "마치 저 4권 경에 '여래장은 무시의 악습에 훈습되었기에 식장이라 이름한다' 함과 같으며 또 '찰나라고도 하니 식장을 이름으로 삼았다'라고 말했기 때문이다. 如四卷經言 如來藏爲無始惡習所熏 名爲識藏 又言刹那者 名爲識藏故"라고 하였다. 〔참고문헌〕 『俱舍論』, 『法苑珠林』, 『金光明最勝王經疏』. 『起信論疏』, 『楞伽經』 권4(대정장16, p.512c18), 『仁王經』 권상(대정장8, p.826a7), 『瑜伽師地論』 권3(대정장30, p.291b12), 『摩登伽經』 권하(대정장21, p.408c25), 『翻譯名義集』 권2(대정장54, p.1092b22), *Abh-k-bh.176.*
⇨ 념경 念頃, 염념 念念, 삼극소 三極少, 시량 時量

찰나등기 刹那等起 Ⓢ kṣaṇa-samutthāna, Ⓣ dus-kyi-kun-nas-slong-ba. 찰나에 함께 일어나다. 앞선 업을 따라 같이 일어나서 이어지기에 업의 상속을 가능케 한다. 수전심(隨轉心)・후등기(後等起)・공찰나연기

(共刹那緣起)라고도 하며, 인등기(因等起 : 能發因)의 상대어다. 유식에서는 삼사(三思 : 審慮 決定 動發勝思) 중 '동발승사'로 거둔다. 『잡아비담심론』 권3(대정장28, p.896c23)에 "'등기에 두 가지가 있으니 인등기와 찰나등기다'란 두 가지 등기가 있다는 것이다. 인등기란 내가 할 것을 하는 것이며, 찰나등기란 마음이 머물러져 업을 짓는 것이다. 〔문〕 이 두 가지 등기는 어떤 것이 전(轉)이고, 어떤 것이 수전(隨轉)인가? 〔답〕 '전'이란 무엇인가? 저 앞의 인등기를 '전'이라 하고 뒤의 것을 '수전'이라고 하니, 저 찰나등기를 '수전'이라고 한다. 等起有二種 因 及彼刹那者 有二種等起 因等起者 我當作所作 彼刹那等起者 若心住作彼業 問 此二等起 何等爲轉 何等爲隨轉 答 轉者 謂彼前若彼因等起者名轉 後者說隨轉 彼刹那等起說隨轉", 『구사론』 권13(대정장29, p.71c4 : *Abh-k-bh.*, p.203)에 "표업과 무표업의 등기에 두 가지가 있으니, 즉 인등기와 찰나등기다. 앞선 것이 인이 되어서 저 찰나가 있게 되기에, 차례로 처음 것을 '구른 것'이라 하고, 두 번째 것을 '따라 구른 것'이라고 한다. 말하자면 인등기는 장차 업을 지으려 할 때, 능히 이끌어 내기에 '전'이라고 이름한다. 찰나등기는 바로 업을 지을 때 서로 떨어지지 않기에 '수전'이라고 한다. '수전'은 업에 대해 어떤 공능이 있는가? 비록 선행하는 인이 있어 능히 인발할지라도, 만약 '수전'이 없으면 죽은 것처럼 업은 없을 것이다. 表無表業等起有二 謂因等起 刹那等起 在先爲因故 彼刹那有故 如次初名轉 第二名隨轉 謂因等起 將作業時 能引發故 說名爲轉 刹那等起 正作業時 不相離故 名爲隨轉 隨轉於業 有何功能 雖有先因爲能引發 若無隨轉者 如死業應無 〈bhāṣya〉 dvividhaṃ samutthānaṃ hetusamutthānaṃ tatkṣaṇasamutthānaṃ ca. tatraiva kṣaṇe tadbhāvāt. 〈kārikā〉 pravartakaṃ tayorādyaṃ dvitīyamanuvartakam. 〈bhāṣya〉 hetusamutthānaṃ pravartakamākṣepakatvāt. tatkṣaṇasamutthānamanuvartakaṃ kriyākālānuvartanāt. kimidānīṃ tasya tasyāṃ kriyāyāṃ sāmarthyam. tena hi vinā 'sau mṛtasyeva na syādā kṣiptā 'pi sati"라고 하였다. 〔참고문헌〕 『雜阿毘曇心論』, 『俱舍論』, *Abh-k-bh.* ⇨ 등기 等起, 수전심 隨轉心[1], 심등기 尋等起, 동발사 動發思, 인등기 因等起

찰나류 刹那類 찰나들이 류를 성취해서 상사(相似)함이 있게 되고 상속하는 뜻도 성취한다. 식(識)이 무리지어 상속한다 하면 식류(識類)라 한다. 『섭대승론석』 권2(대정장31, p.389c9)에 "(경량부에서) 만약 '종류라는 구에 의지할 때 여섯 가지 전식도 (능훈과 소훈의) 두 찰나는 동일 식류이고, 또한 찰나류에는 차별이 있을 수 없고 품만 달리하기 때문이며, 저 식 또는 저 찰나가 서로 훈습함이 있을 뿐이지 일체가 훈습하는 것은 아니다'라고 주장한다면 이는 이치에 맞지 않다. 종류의 다른 사례가 과실을 이루기 때문이다. 아라한의 마음도 식류를 벗어나지 않게 되어서 그것 역시 불선의 소훈처라는 한 류의 법이기 때문이다. 若言依止 種類句義 六種轉識 或二刹那同一識類 或刹那類 無有差別 由異品故 或卽彼識 或彼刹那 有相熏習 非一切者 此不應理 種類例餘成過失故 阿羅漢心 不出識類 彼亦應是 不善所熏 一類法故", 『성유식론술기』 권4(대정장43, p.357b18)에 "『섭대승론석』에 따르면 모두 두 가지가 있다. 첫째는 식류이니 식의 무리들로서의 흐름이고, 둘째는 찰나류이니 무상해서 흐르는 것들이다. 둘 모두 가법이다. 如攝論總有二種 一 識類 識家之流 二 刹那類 卽無常之流 二皆假法"라고 하였다. 〔참고문헌〕 『攝大乘論釋』, 『成唯識論述記』. ⇨ 찰나 刹那, 유 類, 종류 種類, 상속 相續

찰나멸 刹那滅 찰나에 사라지다. 머무는 법(常法)이 있을 수 없는 뜻이고, 아뢰야식(阿賴耶識) 종자육의(種子六義) 중 하나이기도 하다. 『사자소타사왕단육경』(대정장3, p.392c9)에 "머리부터 발끝까지 이 몸 살펴보면 어느 한 가지 상주함이 있지 않네. 저 수중 거품처럼 찰나마다 사라지니, 늙고 병들고 죽는 괴로움 또한 무상하다네. 從頭至足驗此軀 無有一事是常住 如水中泡刹那滅 老病死苦亦無常", 『달마다라선경』 권하(대정장15, p.324c4)에 "한 찰나에 일어나고 한 찰나에 사라지니, 찰나가 일념이요 일념이 찰나다. 전찰나 모이자마자 사라지고, 사라질 때 더불어 뒤이어 일어난다. 一刹那起 一刹那滅 刹那如一念 一念如刹那 前刹那聚已滅 滅時與後起", 세친(世親)의 『섭대승론석』 권2(대정장31, p.329b27)에 "마땅히 알라. 이와 같은 일체종자에 다시 여섯 뜻이 있다. 찰나에 사라짐이란 곧 두 종자 모두 생기고서 틈없이 반드시 사라져 무너진다. 까닭이 무엇인가. 마땅히 상법으로서 종자체가 될 수 없기 때문이다. 應知如是一切種子 復有六義 刹那滅者 謂二種子 皆生無間 定滅壞故 所以者何 不應常法爲種子體", 무성(無性)의 『섭대승론석』(대정장31, p.389a27)에 "찰나멸이란 일어나자 틈새없이 바로 사라져 무너진다. 오래 머무는 일이 있을 수 없어야 종자를 이룰 수 있다. 刹那滅者 生已無間 卽滅壞故 無有常住 得成種子", 『성유식론』 권2(대정장31, p.9b7)에 "종자의 뜻에 대략 여섯 가지가 있으니, 첫째는 찰나멸이다. 곧 체가 겨우 생기자마자 틈새없이 반드시 사라지는 뛰어난 공력이 있어서 바야흐로 종자를 이룬다. 이는 머무는 법을 막는 것이니, 항상함에는 전변이 없어 능히 일어나 쓰임 있다고 말할 수 없기 때문이다. 種子義略有六種 一 刹那滅 謂體纔生 無間必滅 有勝功力 方成種子 此遮常法 常無轉變 不可說有能生用故"라고 하였다. 〔참고문헌〕 『師子素馱娑王斷肉經』, 『達摩多羅禪經』, 『攝大乘論釋』, 『成唯識論』, 『俱舍論』 권2

8(대정장29, p.145b4). ⇨ 찰나생멸 刹那生滅, 종자육의 種子六義, 종자 種子 ❶

찰나무상 刹那無常 찰나에도 생멸하여 멈출 수 없는 뜻. 염념무상(念念無常)이라고도 한다. 일기무상(一期無常)에 대칭한다. 『대명삼장법수』 권2(영락장181, p.472b8)에 "찰나무상에서 범어 찰나는 일념이라 한역하며, 무상이란 말은 이 일념의 마음이 생주이멸의 네 가지 모습으로 옮겨 흐르면서멈추지 못하는 것이다. 이를 찰나무상이라 한다. 刹那無常 梵語刹那 華言一念 而言無常者 謂此一念之心 生住異滅四相 遷流不停 是名刹那無常", 『대비바사론』 권151(대정장27, p.772c16)에 "찰나무상은 세진이라 하고, 일기무상은 겁진이라 한다. 刹那無常名世盡 一期無常名劫盡", 『순정리론』 권12(대정장29, p.400c3)에 "그 바탕 하나가 아니니, 찰나무상이어서 의지할 바 없이 펴고 구르며 차별하다. 其體非一 刹那無常 無所依止 展轉差別"라고 하였다. 〔참고문헌〕『大明三藏法數』, 『大毘婆沙論』, 『順正理論』. ⇨ 염념무상 念念無常, 일기무상 一期無常, 이무상 二無常

찰나사상 刹那四相 찰나도 생주이멸(生住異滅)로 움직인다는 뜻. 세사상(細四相)이라고도 하며 일기사상(一期四相)에 맞선다. 『인왕경소법형초』 권4(卍속장41, p.186a4)에 "생멸은 사상을 구족하지만, 두 종이 있다. 첫째는 찰나사상인데 세사상이라고도 이름하며 유위법에 두루한다. 저 경에서 생멸은 공의 뜻이라고 설함과 같다. 生滅具足四相 然有二種 一者 刹那四相 亦名細四相 遍有爲法 如此經說 生滅空義", 『법화경현찬요집』 권29(卍속장54, p.720a17)에 "사상에 둘이 있는데, 첫째는 찰나사상이니 심과 심소법을 말한다. 四相有二 一刹那四相 謂心心所法", 『성유식론소초』 권3(卍속장80, p.298b4)에 "정량부 논사들은 대지가 겁을 지나며 머문다고 하는 등을 세운 것은 오직 일기사상만 있을 뿐, 일기 위에 찰나사상은 없다. 만약 등불이나 불꽃 등이라면 오직 찰나사상만 있으니 찰나사상 위에 일기사상은 없기에 정량부에는 오직 찰나사상만 있다. 正量部師 立大地經劫住等 唯有一期四相 於一期上 無刹那四相 若燈炎等 唯有刹那四相 刹那四相上 而無一期四相 故正量部唯有刹那四相", 『유식개몽문답』 권하(卍속장98, p.470b7)에 "〔문〕 사상의 이름은? 〔답〕 생주이멸. 〔문〕 이 사상에 차별이 있는가? 〔답〕 두 종이 있으니 찰나와 일기를 이른다. 〔문〕 찰나는 가는가? 〔답〕 생주이멸이 찰나찰나 옮겨가고 멸하여 머물지 않으니 찰나사상이라 이름한다. 〔문〕 청하건대 행상을 보여 주시오. 〔답〕 유위의 법은 인연의 힘 때문에 본디 없다가 지금 있으니 있는 위를 생이라 이름하며, 생의 위에서 잠시 머문즉 설하여 주라 하며, 주는 전후로 다르므로 다시 이라는 이름을 세우며, 잠시 있다 없음으로 돌아가니 없음을 이에 멸이라 이름한다. 이 사상은 모두 념념을 잡아 설한다. 問 名四相 答 生住異滅 問 此之四相 有差別否 答 有二種 謂刹那 一期 問 刹那乃細 答 謂生住異滅 刹那刹那遷滅不停 名刹那四相也 問 請示行相 答 有爲之法 因緣力故 本無今有 有位名生 生位暫停 卽說爲住 住別前後復立異名 暫有還無 無乃名滅 此之四相 皆約念念而說"라고 하였다. 〔참고문헌〕『仁王經疏法衡鈔』, 『法華經玄贊要集』, 『成唯識論疏抄』, 『唯識開蒙問答』. ⇨ 찰나 刹那, 일기사상 一期四相, 사유위상 四有爲相

찰나삼세 刹那三世 ❶ 세 번의 연이은 찰나를 삼세로 보는 것. 『화엄현담회현기』 권12(卍속장12, p.160a5)에 "삼세에는 다섯 가지가 있다. 첫째는 찰나삼세〈전찰나는 과거이고 후찰나는 미래이며 중찰나는 현재다〉이다. 三世卽有五種 一 刹那三世〈前刹那爲過去 後刹那爲未來 中刹那爲現在〉"라고 하였다. 〔참고문헌〕『華嚴懸談會玄記』. ❷ 일찰나에서 삼세를 보는 뜻. 『달마다라선경』 권2(대정장15, p.324b28)에 "분단찰나란 삼세가 일찰나이고, 일찰나가 삼세라는 것이다. 법이 아직 일어나지 않았기에 미래라 하고, 일어날 때는 당시를 현재라 하며, 이미 일어났으니 과거라 한다. 分段刹那者 三世一刹那 一刹那三世 法未起名未來 起時名現在 已起名過去"라고 하였다. 〔참고문헌〕『達摩多羅禪經』. ⇨ 찰나 刹那, 삼세 三世

찰나상유팔의 刹那相有八義 찰나의 모습으로 나눈 여덟 가지 뜻. 『종경록』 권78(대정장48, p.846c11)에 "〔문〕 마음이 념념에 멸하는 찰나상이 있는데 내신과 외색도 찰나에 멸하는가? 〔답〕 내외 모든 색은 오직 마음으로 집수하는 것이어서 역시 마음 따라 념념으로 멸한다. 마음 밖에 한 법도 없으니 머물러 항상하게 해주는 것은 없다. 『대승아비달마잡집론』에서 말한다. '심과 심법이 이처럼 찰나상이듯이, 색 등도 찰나상임을 알아야 한다'. 거기에는 여덟 가지 뜻이 있다. 問 心念念滅刹那相 內身外色 亦刹那滅耶 答 內外諸色 唯心執受 亦隨心念念刹那滅 心外更無一法 可作常住 可作生滅 雜集論云 如心心法是刹那相 當知色等亦刹那相 有其八義", "첫째는 심이 집수하기 때문이니, 색 등신은 찰나심으로 념념이 집수되기에 찰나멸로 같이 한다. 一 由心執受故 謂色等身 由刹那心念念執受故 刹那滅等", "둘째는 안위를 함께 하기 때문이니, 색 등 신은 항시 식과 함께해서 식과 떨어지면 몸은 바로 허물어진다. 二 等心安危故 謂色等身恒與識俱 識若捨離 卽便爛壞", "셋째는 마음 따라 전변하기 때문이니, 세간에 보이는 대로 심이 고락탐진 등위에 있을 경우 유근신도 이에 따라 전변한다. 찰나심을 따라 전변하기에 유근신도 념념이 사라진다. 三 隨心轉變故 謂世間現見 心在苦樂貪瞋等位 身隨轉變 隨刹那心

而轉變故 身念念滅", "넷째는 이러한 심의 의지이기 때문이니, 세간은 모두 심이 유근신에 의지한다는 것을 알 수 있다. 마치 불이 땔나무에 의지하는 것과 같고, 싹이 씨앗 등에 의지하는 것과 같다. 따라서 이 유근신은 찰나심의 의지처이기에 마찬가지로 찰나멸한다. 四 是心所依故 謂世間共知 心依止有根身 如火依薪 如芽依種等 是故此身 是刹那心依止 故亦刹那滅", "다섯째는 심증상으로 생기하기 때문이니, 일체내외색은 모두 심의 증상으로 생겨난 것을 말한다. 능히 생인이 찰나멸이기에 생한 과 또한 찰나멸이다. 五 心增上生者 謂一切內外色 皆心增上所生 能生因刹那滅故 所生果亦刹那滅", "여섯째는 심은 자재하게 구르기 때문이니, 만약 승위덕심을 증득한다면 모든 색에 대해 바라는 대로 자재하게 전변하니, 찰나의 능변승해에 따라 전변해 생기하기 때문이다. 색 등도 찰나생멸도리를 성취한다. 六 心自在轉故 謂若證得勝威德心 於一切色 如其所欲 自在轉變 由隨刹那能變勝解轉變生故 色等刹那生滅道理成就", "일곱째는 최후위에서 변괴를 얻을 수 있기 때문이니, 모든 색 등은 처음부터 자성을 여의고서 념념으로 변괴하는 것을 말한다. 최후위에서 불꽃처럼 변괴한다는 것은 합당하지 않다. 하지만 이러한 변괴는 일어나기에, 색 등은 처음부터 념념이 변괴하고 자류로 상속하면서 점차 증대됨으로써 최후의 추상변괴를 이끌기에 색 등은 념념으로 생멸함을 알 수 있다. 七 於最後位變壞可得故 謂諸色等 初離自性念念變壞 於最後位欻爾變壞 不應道理 然此可得 故知色等從初已來 念念變壞 自類相續 漸增爲因 能引最後麤相變壞 是故色等 念念生滅", "여덟째는 생하고 난 뒤에는 연을 기다리지 않고도 저절로 변괴하기 때문이니, 일체법은 연을 좇아 생겨나서는 무너지는 연 기다릴 새 없이 자연히 무너져 사라져간다. 이렇기에 일체 가히 사라져 무너지는 법은 처음 거칠게 생겨난 이후로는 문득 무너져 사라져가니, 이래서 제법은 찰나의 뜻을 성취한다. 八 生已不待緣 自然壞滅故 謂一切法 從緣生已 不待壞緣 自然壞滅 故知一切可滅壞法 初纔生已 卽便壞滅 是故諸法刹那義成"라고 하였다. [참고문헌]『宗鏡錄』, 『大乘阿毘達磨雜集論』 권6(대정장31, p.721a12).

찰나생 刹那生 찰나에 나다. 『대비바사론』 권23(대정장27, p.119b4)에 "연이 있어 남에는 두 가지가 있으니 첫째는 찰나생, 둘째는 중동분생이다. 有緣生 亦有二種 一刹那生 二衆同分生", 『결정장론』 권1(대정장30, p.1023b29)에 "찰나에 일어난다는 것은 찰나찰나에 제행이 나고 일어나니 이를 찰나생이라 한다. 刹那起者 刹那刹那 諸行生起 是名刹那生", 『유가사지론』 권52(대정장30, p.586a19)에 "또한 생의 차별에는 여러 가지가 있다. … 이 중에서 제행이 찰나찰나 새롭고 새롭게 일어나는 것을 찰나생이라 한다. 復次生差別有多種 … 此中諸行 刹那刹那 新新而起 名刹那生", 같은 책 권100(대정장30, p.880c12)에 "또 일체행은 다 찰나생이니 생한 찰나 후에 결코 멈춰 머무는 일이 없다. 又一切行 皆刹那生 生刹那後 必無停住"라고 하였다. [참고문헌]『大毘婆沙論』, 『決定藏論』, 『瑜伽師地論』. ⇨ 찰나생멸 刹那生滅, 찰나 刹那, 행 行, 제행 諸行[1], 일체행 一切行

찰나생멸 刹那生滅 Ⓢ kṣaṇika-utpāda-nirodha, kṣaṇa-utpanna-bhagna, kṣaṇa-bhaṅga, Ⓣ skad-cig-la-byung-zhing-'jig-pa. 찰나에 나고 사라지다. 찰나(Ⓢ kṣaṇa)는 극히 짧은 시간 단위이다. 『십지경』 권3(대정장10, p.545a28 : *Daś-bh.*, p.19)에 "불자들이여, 보살이 이 제3지에 머물 때 일체제유위행을 관찰하여 모두 무상하고 괴로우며, 정하지 않고 믿고 의지할 수 없으며, 결국 모두 파괴되어 오래 머물지 못하며 찰나생멸하니, 미래는 오지 않고, 과거는 가지 않으며 현재 또한 머물지 않음을 본다. 唯諸佛子 菩薩住此第三地時 觀察一切諸有爲行 皆見無常 有苦 不淨 不可依怙 終皆敗壞 不得久住 刹那生滅 前際不來 後際不去 現在不住 punar-bhavanto jinaputrā bodhisattvas-tṛtīyāyāṃ bodhisattva-bhūmau sthito'nityatāṃ ca sarvasaṃskāragatasya yathābhūtaṃ pratyavekṣate, duḥkhatāṃ ca aśubhatāṃ ca anāśvāsikatāṃ ca vipralopatāṃ ca acirasthitikatāṃ ca kṣaṇikotpāda-nirodhatāṃ ca pūrvantāsaṃbhavatāṃ ca aparāntāsaṃkrāntitāṃ ca pratyutpanna-avyavasthitatāṃ ca sarvasaṃskāragatasya pratyavekṣate", 『유가사지론』 권34(대정장30, p.473b6 : *Śrāv-bh.*, p.485)에 "저 제행은 반드시 찰나생멸하기에 사라져 무너진다. 전후로 변이하기에 이와 같이 머물지 않고 변이한다. 그러므로 모든 행은 반드시 찰나생멸하고, 이런저런 뭇 연들이 화합해서 있기에 이러저러한 모든 행이 생겨나며, 생겨난 다음에는 사라져 무너지는 인연 기다리지 않고 자연히 사라지고 무너진다. 彼諸行 要有刹那生滅 滅壞方可得 有前後變異 非如是住 得有變異 是故諸行 必定應有 刹那生滅 彼彼衆緣 和合有故 如是如是 諸行得生 生已不待滅壞因緣 自然滅壞 kṣaṇa-utpannabhagna-vilīnānām-eṣāṃ saṃskārāṇām-iyaṃ pūrveṇa-aparā vikṛtir-yujyate. na tu thatā-eva-avasthitānāṃ, iti hi kṣaṇikāḥ saṃskārās-teṣu teṣu pratyayeṣu satsu tathā tathā-utpadyante. utpannāś-ca-anapekṣya vināśa-kāraṇaṃ svarasena vinaśyanti"라고 하였다. [참고문헌]『十地經』, 『瑜伽師地論』, *Daś-bh.*, *Śrāv-bh.* ⇨ 찰나무상 刹那無常, 염념생멸 念念生滅, 찰나 刹那, 생멸 生滅, 제행 諸行[1], 행 行

찰나성취 刹那成就 찰나에 성취하다. 『대비바사론』 권

152(대정장27, p.773c8)에 "정의 초찰나에 미래와 현재가 성취되고, 정의 나머지 찰나에 삼세가 성취되며, 이 정에서 나와 마쳐서는 과거와 미래가 성취된다. 定初刹那成就未來現在 定餘刹那成就三世 出此定已成就過去未來", 『잡아비담심론』 권7(대정장28, p.930c24)에 "안식이든 이식이든 신식이든 바로 그때 성취된다. 그 마음 흔들려 불은몰무기이기에 찰나에 성취되는 것이다. 저를 쫓아 일어나서 따라 구르지도 않는다. 若眼識若耳識若身識 爾時成就 心羸劣不隱沒無記故 是故刹那成就 從彼起已不隨轉"라고 하였다. [참고문헌] 『大毘婆沙論』, 『雜阿毘曇心論』. ⇨ 찰나 刹那, 성취 成就

찰나연기 刹那緣起 Ⓢ kṣaṇika-pratītya-samutpāda. 찰나로 연기하다. 사종십이인연(四種十二因緣) 중 하나로 한 찰나에 십이지(十二支) 모두 함께하는 뜻이다. 『구사론』 권9(대정장29, p.48c8)에 "또 모든 연기는 차별하여 넷으로 설한다. 첫째는 찰나연기, 둘째는 연박연기(Ⓢ sāṃbandhika-pratītya-samutpāda), 셋째는 분위연기(Ⓢ āvasthika-pratītya-samutpāda), 넷째는 원속연기(Ⓢ prākarṣika-pratītya-samutpāda)다. 찰나연기란 무엇인가? 탐으로 인해 살생을 할 때 십이지를 갖춘다. 치는 무명이며, 사는 행이며, 제경사를 요별하는 것을 식이라 하며, 식과 함께하는 세 가지 온을 총칭하여 명색이라 하며, 명색이 머무는 근을 육처라 하며, 육처가 나머지를 대해 화합한 것을 촉이라 하며, 촉을 받아들이는 것을 수라 하며, 탐하는 것은 애이며, 이것과 상응하는 모든 전을 취라 하며, 일어난 신업과 어업을 유라 하며, 이와 같은 모든 법의 생기를 생이라 하며, 익어 변하는 것을 노라 하며, 사라지고 무너지는 것을 사라 한다. 또 어떤 이는 '찰나연기와 연박연기는 『품류족론』에서 설한 바와 같이 유위에 빠짐없이 두루하다' 하였다. 又諸緣起 差別說四 一者 刹那 二者 連縛 三者 分位 四者 遠續 云何刹那 謂刹那頃 由貪行殺 具十二支 癡謂無明 思卽是行 於諸境事 了別名識 識俱三蘊 總稱名色 住名色根 說爲六處 六處對餘 和合有觸 領觸名受 貪卽是愛 與此相應 諸纏名取 所起身語 二業名有 如是諸法 起卽名生 熟變名老 滅壞名死 復有說者 刹那連縛 如品類足 俱遍有爲", 『순정리론』 권27(대정장29, p.493b23)에 "어떤 이는 다시 '법의 공능을 나타내는 것으로서, 이 중에 찰나연기는 인과 더불어 과가 동시에 세간에서 행하는 것을 말하니, 저 계경에서 「안과 색이 연이 되어 안식 등이 생기한다」라고 설한 것과 같다'라고 하였다. 有餘復說 顯法功能 此中刹那 謂因與果 俱時行世 如契經說 眼及色爲緣 生於眼識等"라고 하였다. [참고문헌] 『俱舍論』, 『順正理論』, *Abh-k-bh.133.* ⇨ 사종십이인연 四種十二因緣, 십이연기 十二緣起

찰나의 刹那義 찰나의 뜻. 제법(諸法)이 걸림없이 서로 의지해 일어날(依起) 수 있는 것은 법법(法法)이 찰나에 생멸하여 자성을 지키지(常住) 않기 때문임을 드러내 연기가 무위(無爲)라거나 사상(四相)을 일기로 보는 것을 가려내 연기생멸의 뜻을 분명히 한다. 『입능가경』 권8 「찰나품 刹那品」(대정장16, p.560a28)에 "일체법 난 일 없으니, 나 찰나의 뜻 설하리. 물은 나는즉 사라진다 하지만 범부 위해 설하진 않으리. 분별해 이어지는 법으로 망상하여 육도를 볼 뿐이라네. 만약 무명을 씨앗 삼아 능히 온갖 마음 낸다 한들 능히 모든 마음 일으키고 내지 색조차 아직 일어나지 않는다면 중간에 무엇 의지하여 머물 수 있겠는가. 나자마자 바로 사라질 뿐이라면 나머지 마음 저것 따라 날 뿐이네. 一切法不生 我說刹那義 物生卽有滅 不爲凡夫說 分別相續法 妄想見六道 若無明爲因 能生諸心者 乃至色未生 中間依何住 卽生卽有滅 餘心隨彼生", 『유가사지론』 권10(대정장30, p.324c3)에 "뭇 연에 의탁하여 빠르게 물러나 사라지면서, 이어 화합하여 일어나기에 이름하여 연기라 하니, 이는 찰나의에 의지하여 풂이다. 依託衆緣 速謝滅已 續和合生 故名緣起 此依刹那義釋", 같은 책 권54(대정장30, p.600a21)에 "마땅히 알라. 일체제행은 모두 맡겨 움직이다 사라지니 이런 도리로 말미암아 찰나의 뜻이 이뤄진다. 當知 一切諸行 皆任運滅 由此道理 刹那義成", 『유가론기』 권3(한불전13, p.189c20)에 "찰나의 뜻에 의지하여 풀었다란, 대중부와 화지부 등이 연기는 바로 무위라 함을 가린 것이다. 또한 정량부의 한 기(期)에 사상이 있다는 뜻마저 막는다. 依刹那義釋者 簡大衆部化地部等 緣起是無爲 亦遮正量部 一期四相義"라고 하였다. [참고문헌] 『入楞伽經』, 『瑜伽師地論』, 『瑜伽論記』, 『華嚴經探玄記』 권2(대정장35, p.141c3). ⇨ 찰나 刹那, 찰나사상 刹那四相, 일기사상 一期四相, 의기 依起

찰나정 刹那定 찰나에 정해지다. 『구사론』 권7(대정장29, p.37b8 : *Abh-k-bh.*, p.100)에 "심과 심소법 마치 소연에 있어 처와 사와 찰나 세 가지 모두 결정되듯이, 소의 또한 이와 같이 결정될 수 있는가? 心心所法 如於所緣 處事刹那三皆決定 於所依亦有如是決定耶 ta ete cittacaittā dharmā āyatanadravyalakṣaṇaniyamenālambane yathāsvaṃ niyatāḥ kim āśrayaniyamena api niyatāḥ om ity āha", 『구사론기』 권7(대정장41, p.137b3)에 "'소연에 있어 세 가지 정해진 것이다'라고 하였는데 … 셋째는 찰나에 정해진 것이다. … '찰나에 정'이란, 또 다시 사(事)에 나아가는 중에 찰나찰나 소연을 달리하는 것을 말한다. … 만약 이 찰나에 일어나면 일어나는 것이 마땅하며, 연이 결여되면 일어날 수 없게 되니, 이를 찰나정이라 한다. 於所緣三定者 … 三 刹那定 … 刹那定者 復就事中刹那刹那別緣 …

若應於此刹那起卽起 若緣闕卽不起 名刹那定"라고 하였다. [참고문헌] 『俱舍論』, 『俱舍論記』, *Abk-k-bh.*

찰나차별 刹那差別 Ⓢkṣaṇaśaḥ, Ⓣskad-cig-re-re-la. 찰나의 차별. 삼성(三性 : 善 不善 無記)의 심과 심소가 섞여 일어나서 전념과 후념으로 달라지는 것을 말한다. 『구사론』 권6(대정장29, p.36a1 : *Abh-k-bh.*, p.97)에 "유소연의 찰나차별에 의거한 선의 동류인에도 4구가 있다. 제1구는 선심과 무간에 염오심과 무기심이 일어나는 경우를 말하는 것이고, 제2구는 이와 서로 어긋나는 것이고, 제3구는 선심과 무간에 다시 선심이 일어나는 것이고, 제4구는 앞서 언급한 상을 제한 경우를 말한다. 約有所緣刹那差別 善同類因 亦有四句 第一句者 謂善心無間 起染無記心 第二句者 謂與上相違 第三句者 謂善心無間 還起善心 第四句者 謂除前相 sālambanani yamena tu kṣaṇaśaḥ. kuśalaḥ sabhāgahetuḥ phalaṃ pratigṛhlāti na dadātīti. catuṣkoṭikaḥ. prathamā koṭiḥ kuśalacittānantaraṃ kliṣṭamavyākṛtaṃ vā cittaṃ saṃmukhīkarotīti. dvitīyā viparyayāt. tṛtīyā kuśalacittānantaraṃ kuśalameva. caturthy etān ākārān sthāpayitvā", 『구사론기』 권2(대정장41, p.132b7)에 "유소연이란 말은 심과 심소를 나타냄이고, 찰나의 차별이란 전념과 후념을 드러낸다. 有所緣言 顯心心所 刹那差別 顯前後念"라고 하였다. [참고문헌] 『俱舍論』, 『俱舍論記』, *Abh-k-bh.*

찰니가 刹尼迦 Ⓢkṣaṇika의 음사어. 찰나. 『보성론』 권2(대정장31, p.824c26 : *Ratna-ut.*, p.15)에 "세존이시여! 찰니가의 선심도 번뇌에 물들지 않고 찰니가의 불선심 또한 번뇌에 물들지 않는다고 한다면, 번뇌는 마음에 닿지 않고 마음도 번뇌에 닿지 않는 것인데, 어떻게 닿지 않는 법이면서 마음을 물들일 수 있습니까? 世尊 刹尼迦善心 非煩惱所染 刹尼迦不善心 亦非煩惱所染 煩惱不觸心 心不觸煩惱 云何不觸法而能得染心 ata āha. kṣaṇikaṃ bhagavan kuśalaṃ cittam. na kleśaiḥ saṃkliśyate. kṣaṇikamakuśalaṃ cittam. na saṃkliṣṭameva taccittaṃ kleśaiḥ. na bhagavan kleśāstaccittaṃ spṛśanti. kathamatra bhagavan nasparśanadharmi cittaṃ tamaḥkliṣṭaṃ bhavati", 『입능가경』 권8(대정장16, p.559c1)에 "찰니가라는 말은 이름하자면 공이다. 言刹尼迦者 名之爲空"라고 하였다. [참고문헌] 『寶性論』, 『入楞伽經』, *Ratna-ut.*

찰다라 刹多羅 Ⓢkṣetra의 음사어. 차다라(差多羅)·흘차달라(紇差呾羅)·찰마(刹摩) 등으로도 음사하고, 국토(國土)·토(土)·전(田)·토전(土田) 등으로 한역한다. 음과 뜻을 섞어 찰(刹)이라 하고 찰토(刹土)라고 한다. 『법화현찬』 권3(대정장34, p.705c7)에 "찰은 찰다라라 음사하고, 한역하면 전 또는 전토라고 한다. 국이라고도 하고, 토라고도 하는데 뜻에 의한 번역이다. 刹 梵云刹多羅 此云田 田土也 有云國 亦云土 義譯之耳", 『번범어』 권8(대정장54, p.1034a21)에 "불찰〈찰다라라고도 한다. 찰다라를 한역하면 전이다〉. 佛刹〈亦云刹多羅譯曰刹多羅者田〉", 『법화경현찬요집』 권28(卍속장54, p.660b6)에 "여기서 찰이라 한 말은 범어를 잘못 음사하여 줄였으니 바르게 음사하면 찰다라다. 현응법사는 풀어 말하길 '차다라는 이 나라 말로 토전이다'라고 하였다. 이 소 중 뜻에 따르면, 찰은 탑 이름이다. 저 서국의 탑은 그 꼭대기에 사리를 안치하는데 그것을 미칭하여 토전과 같기에 찰이라고도 한다. 言今言刹者 是梵語訛而且略 正云刹多羅 玄應法師 解云 差多羅 此譯云 土田 今此疏中意 刹者塔名也 彼西國塔 竿頭安舍利 美同土田 故亦名刹也"라고 하였다. [참고문헌] 『法華玄贊』, 『翻梵語』, 『法華經玄贊要集』. ⇨ 찰 刹[1][2], 국토 國土, 불찰 佛刹[1], 찰토 刹土, 찰마 刹摩, 탑 塔, 토전 土田

찰당 刹幢 절에 세우는 당간(幢竿). 또는 찰간(刹竿)이라고도 한다. 『삼국유사』 권4(대정장49, p.1010a6 · 한불전6, p.354b13) 의해(義解)5 현유가해화엄(賢瑜珈海華嚴)에 "낮에 강론할 때 화로를 받들고 말 없이 있었는데, 잠깐 동안 우물물이 용솟음쳐 그 높이가 7장쯤 되어 당간만큼 솟았다. 궁궐 사람들 놀랐으며, 그 우물 이름을 금광정이라 하였다. 及晝講時 捧爐默然 斯須井水湧出 高七丈許 與刹幢齊 闔宮驚駭 因名其井曰 金光井"라고 하였다. [참고문헌] 『三國遺事』. ⇨ 찰 刹[2], 당간 幢竿, 당간지주 幢竿支柱, 찰간 刹竿, 찰주 刹柱

찰리 刹利 Ⓢkṣatriya, Ⓟkhattiya. 찰제리(刹帝利)의 줄인 음사어. 인도 사성(四姓) 중 왕족과 무사 등 귀족계급. 『일체경음의』 권72(대정장54, p.777b6)에 "찰리〈바른 음사어는 찰제리이다. 한역하면 토전주다. 왕족과 귀족의 종성이 이들이다〉. 刹利〈應言刹帝利 此譯云土田主也 謂王族貴種 是也〉", 『장아함경』 권13 「아마주경 阿摩晝經」(대정장1, p.82c6)에 "마납이 부처님께 아뢰었다. '세간에 찰리·바라문·거사·수다라라는 사성이 있습니다. 그중 세 족성은 항상 바라문을 존중공경공양해야 하니 저들 석가의 종족들은 도의상 그렇게 해서는 안 되었습니다. 저들 석가족은 비천한 종들로 비루하고 하열한 처지에 우리 바라문을 공경하지 않았습니다'. 摩納白佛言 世有四姓 刹利 婆羅門 居士 首陀羅 其彼三姓 常尊重恭敬供養 婆羅門 彼諸釋子 義不應爾 彼釋廝細 卑陋 下劣 而不恭敬 我婆羅門", 『대장엄론경』 권8(대정장4, p.300a29)에 "마치 석밀을 먹으면 귀하거나 천하거나 평등하게 음을 버리듯이, 찰리와 바라문을 가리지 않고 불법은 널리 평등하여 삼유가 다하는 때가 되면 모든 종성 평등하여 차이가 없으리라. 譬如食石蜜 貴賤等除陰 刹利婆羅門 佛法普平等 得盡三有時 諸姓等無異"라고 하였다. 〔참고문헌〕『一切經音義』, 『長阿含經』, 『大莊嚴論經』, *SN.1.6.* ⇨ 찰제리 刹帝利

찰리종 刹利種 찰리의 종성(種姓). 『석정토군의론』 권6(대정장47, p.63c21)에 "찰리종은 왕종이다. 刹利種王種也"라고 하였다. 〔참고문헌〕『釋淨土群疑論』.

찰마 刹摩 Ⓢ kṣetra, kṣamā의 음사어. 찰다라(刹多羅)라고도 하며 토전(土田) 등이라 한역하고 찰(刹)·찰토(刹土)로 쓴다. 『지관보행전홍결』 권2(대정장46, p.186c1)에 "불찰이란 무엇인가? 음을 모두 갖추어 바르게 음사하면 찰마이고, 한역하면 전이다. 한 부처님께서 다스리는 땅을 말한다. 표찰이라고도 하는데, 기둥으로 찰을 표시하여 거처임을 나타내기 때문이다. 言佛刹者 具存應云刹摩 此云田也 卽一佛所王土也 或云表刹者 以柱表刹 表所居處故也", 『번역명의집』 권7(대정장54, p.1167a21)에 "찰마의 바른 음사는 체다라이고 한역하면 토전이다. 刹摩 正音掣多羅 此云土田"라고 하였다. 〔참고문헌〕『維摩經略疏垂裕記』, 『止觀輔行傳弘決』, 『翻譯名義集』. ⇨ 찰다라 刹多羅, 불찰 佛刹

찰번 刹幡 찰간(刹竿)에 달린 깃발. 『경덕전등록』 권5「혜능전 慧能傳」(대정장51, p.235c3)에 "혜능이 회랑에 머물던 깊은 밤 찰번이 바람에 날렸다. 師寓止廊廡間 暮夜風颺刹幡"라고 하였다. 〔참고문헌〕『景德傳燈錄』. ⇨ 찰간 刹竿, 당간지주 幢竿支柱

찰변문 察辨問 살펴 가려주기를 바라서 묻다. 분양십팔문(汾陽十八問) 중 하나다. 『오가종지찬요』 권상 「분양십팔문」(卍속장114; p.524a12)에 "찰변문 : '단 하나 질문 있으니 화상의 안목에서는 어떻습니까?'라고 하며, 어려운 것 자세히 살펴 가려 받고자 묻는다. 察辨問 有一問在和尙處時如何 審察辨難而問也"라고 하였다. 〔참고문헌〕『五家宗旨纂要』. ⇨ 분양십팔문 汾陽十八問

찰설 刹說 찰토가 설하다. 신통력과 융통과 이(理) 등의 뜻으로 보면 국토도 법을 설한다. 무정설법(無情說法)과 통한다. 60권본 『화엄경』 권33(대정장9, p.611a24)에 "부처님께서 설하고 보살도 설하며, 찰도 설하고 중생도 설하노라. 삼세의 일체가 설하니, 보살은 분별하여 안다네. 佛說菩薩說 刹說衆生說 三世一切說 菩薩分別知", 『화엄경소』 권48(대정장35, p.871c7)에 "찰토가 설한다는 말에는 대략 세 가지 뜻이 있다. 첫째는 신통력에 따르고 둘째는 융통을 잡은 것이니 하나가 설하면 일체가 설하기 때문이며, 셋째는 이를 드러냄을 잡아서 말하니 이는 보살이 만나는 경이라면 다 깨우쳐 알기 때문이다. 刹說等者 略有三義 一 約通力 二 約融通 一說一切說故 三 約顯理 是說菩薩觸境 皆了知故"라고 하였다. 〔참고문헌〕『華嚴經』. ⇨ 무정설법 無情說法

찰수 刹修 자세한 행장은 알려지지 않았으니, 1919년 4월 4일 경남 밀양군 단장면 대룡리 장터에서 장옥(章玉)·학성(學城)·영식(永植)·성흡(性洽)·연운(蓮耘)·응석(應石) 등과 함께 주동이 되어 만세시위를 벌였다. 이 때 출동한 일본 헌병에 의해 364명이 검거되었고, 그 중 71명이 검사국으로 송치되었다. 〔참고문헌〕『독립운동사』(3·1독립운동사편찬위원회, 1971). ⇨ 장옥 章玉, 영식 永植, 성흡 性洽

찰슬 刹瑟 한역어는 간(竿). 찰간(刹竿)·번주(旛柱). 법이 있는 곳이고 널리 전하는 터전임을 알리기 위하여 깃발을 달아 세우는 당간(幢竿)을 가리킨다. 『선림보훈음의』(卍속장113, p.281b11)에 "찰 : 범어 찰슬은 간이라 한역한다. 곧 번주를 가리킨다. 무릇 사문으로서 도를 얻은 이라면 깃발을 세워 사방에 알린다. 출전은 『석씨요람』이다. 刹 梵語刹瑟 此云竿 卽旛柱也 凡沙門得道者 建旛以告四方 出要覽"라고 하였다. 〔참고문헌〕『禪林寶訓音義』. ⇨ 찰 刹❶❷, 찰간 刹竿, 당간 幢竿

찰제리 刹帝利 Ⓢ kṣatriya의 음사어. 고대 인도 사성계급(四姓階級) 가운데 두 번째 계급. 찰리(刹利)라고도 하며 한역어는 지주(地主)·전주(田主)·왕종(王種)이다. 왕족(王族)·귀족(貴族)·사족(士族)에 속하며 군사와 정치에 종사한다. 『석씨요람』 권상(대정장54, p.258a16)에 "천축의 종성에 네 가지가 있다. 첫째는 찰제리〈대대로 이어지는 군왕의 종성이다〉다. … 우리의 부처님 석가모니세존께서는 찰제리의 종성이다. 天竺種姓有四 一者 刹帝利〈謂奕世君王種〉 … 我佛釋迦牟尼世尊 卽刹帝利之種也", 『일체경음의』 권29(대정장54, p.500b16)에 "찰제리〈첫 글자의 음은 찰이고 범어 음사어이기도 하다. 한역하면 전주이다. 상고 이래로 왕족과 귀족에 속한 계급이다. 네 가지 베다를 학습하고 폭넓은 지식과 뛰어난 암기력을 지니고 있으며 어질고 큰 자비심으로 법을 전공한다. 그들 가운데 뛰어난 복의 형상을 지닌 이를 그 무리들이 왕으로 내세운다〉. 刹帝利〈上音察 亦梵語也 此譯爲田主 上古已來 王族貴種 亦習四圍陁論 博聞强記 仁恕弘慈 專攻於略 其中有皃福勝者 衆立爲王也〉", 『칠불경』(대정장1, p.150b8)에 "31겁 동안, 시기불과 비사부불처럼, 이와 같이 정등각을 이루신, 모든 부처님의 종성은 찰제리였다네. 구류손여래는 바라문성이고, 구나함불과 가섭불의 종성도 그러하다네. 나는 염부제에 살면서, 정반왕의 왕자로서, 비록 불보리를 증득하였지만, 종성은 찰제리라네. 三十一劫中 尸棄毘舍浮 如是正等覺 皆姓刹帝利 俱留孫如來 婆羅門之姓 俱那含迦葉 其姓亦復然 我處閻浮提 而爲淨飯子 雖證佛菩提 亦姓刹帝利"라고 하였다. [참고문헌] 『釋氏要覽』, 『一切經音義』, 『七佛經』. ⇨ 찰리 刹利, 사성 四姓

찰주 刹柱 ❶ 절 앞에 세우는 깃대 모양의 장엄물. 찰간(刹竿)·당간(幢竿) 등이라고도 한다. ⇨ 찰 刹❶❷, 찰간 刹竿, 당간 幢竿, 당간지주 幢竿支柱 ❷ 탑의 중심에 세우는 기둥. 찰주(擦柱)·심주(心柱)라고도 한다. 이 찰주가 중심이 돼서 탑신(塔身)이나 옥개(屋蓋)는 물론, 노반(露盤)·보주(寶珠) 등 상륜부(相輪部)의 여러 부재들이 겹겹이 꿰어져 안정되게 오를 수 있다. 『아미타경소』 권1(대정장37, p.316b2)에 "가섭불탑을 보니 찰주를 세워 승로반을 올렸다. 見迦葉佛塔 建立刹柱 安承露盤", 『삼국유사』 권3(대정장49, p.991a2·한불전6, p.321b6) 탑상(塔像)4 황룡사구층탑(皇龍寺九層塔)에 "탑 찰주에 쓰여지길, 철반 이상의 높이 42척이고 이하는 183척이다. 자장이 오대에서 모셔 온 사리 백립을 기둥 중에 나누어 모셨다. 其塔刹柱記云 鐵盤已上高四十二尺 已下一百八十三尺 慈藏以五臺所授舍利百

황룡사 구층목탑 금동찰주본기 국립경주박물관 통일신라

粒 分安於柱中"라고 하였다. 경주 황룡사구층목탑의 찰주기가 새겨진 금동판이 보물 제1870호로 지정되어 있다. [참고문헌] 『阿彌陀經疏』, 『三國遺事』. ⇨ 심주 心柱, 황룡사구층목탑 皇龍寺九層木塔

찰주 擦柱 탑(塔) 상륜부(相輪部)의 중심 기둥을 따로 부르는 용어. 목탑에서는 심주(心柱), 석탑에서는 찰주로 부른다. 통일신라시대 제작된 감은사지(感恩寺址) 삼층석탑에 3.9m 크기의 찰주가 남아 있다. 찰주에 노반(露盤)·복발(覆鉢)·앙화(仰花)·보륜(寶輪)·보개(寶蓋)·수연(水煙)·보주(寶珠)·용차(龍車) 등을 쌓아 올리고는 상륜이라 한다. ⇨ 상륜 相輪

찰첸로샐갸초 Tshar chen blo gsal rgya mtsho 1502~1566/7. 티베트 창(Tsang)지역 달당모체('Dar grang mo che) 사원중심의 샤카파의 찰(Tshar) 분파의 창시자. 로샐갸초(bLo gsal rgya mtsho)라고도 불린다. 스승이였던 도링파쿤장최키니마(rDo ring pa kun bzang chos kyi nyi ma 1449~1524)로부터 샤카의 모든 비밀가르침을 받았으며, 샤카파에서 구전으로만 전승되는 람데(Lam 'bras)라는 수행법의 전승자가 되었다. 헤바즈라 관상과 바즈라요기니 가르침 등에 관한 여러 저작들을 남겼다. 그의 생애는 자서전과 제자들이 쓴 전기들을 통해서 전해진다. 주요 제자들로 잠양켄체왕축('Jam dbyangs mkhyen brtse'i dbang phyug 1524~1568), 망퇴룹둡갸초(Mang thos klu sgrub rgya mtsho 1523~1596), 그리고 제3대 달라이라마 소남갸초(bSod nams rgya mtsho 1543~1588) 등이 있다. [참고문헌] Cyrus Sterns *Song of the Road : The Poetic Travel Journal of Tsarchen Losal Gyatso* (Wisdom Publication, 2013).

찰탄 察坦 조선후기 해남 대흥사 스님. 설곡윤훤(雪谷允暄 ?~1837)의 은사스님이다. 『동사열전』 권4 「설곡화상전 雪谷和尙傳」(한불전10, p.1034b21)에 "설곡의 휘는 윤훤이고 속성은 장씨니 해남군 현산면에서 태어났고, 두륜산의 찰탄을 은사로 하여 스님이 되었다. 師名允暄 號雪谷 姓張氏 海南縣山人 出家于頭輪山 剃染于察坦禪師"라고 하였다. [참고문헌] 『東師列傳』, 權相老 『朝鮮佛敎略史』. ⇨ 윤훤 允暄

찰토 刹土 음사어 찰마(刹摩 Ⓢ kṣetra)와 한역어 토전(土田)을 아울러 쓴 말. 『증일아함경』 권34(대정장2, p.736b24)에 "만약 여섯 해가 출현한다면 그때 이 삼천대천국토는 모두 녹아내릴 것이니, 마치 도예가가 질그릇을 태우듯 하리라. 이 때 삼천대천찰토도 이와 마찬가지로 통연히 불길 일어 두루 미치지 않는 곳이 없게 된다. 若六日出時 此三千大千國土 皆悉融壞 猶如陶家燒瓦器也 是時 三千大千刹土 亦復如是 洞然火出 靡不周遍", 『대보누각다라니경』 권상(대정장19, p.620b20)에 "이 다라니법을 닦으면서 이와 같이 원을 짓는다. '일체유정 나의 찰토에 나는 이들 저들 다 결정코 무상정등보리에서 물러나지 않게 하소서'라고. 修此陀羅尼法 作如是願 一切有情 生我刹土者 彼皆決定不退轉 無上正等菩提", 『대명삼장법수』 권14(영락장182, p.33b8)에 "찰은 범어 음사의 줄임말로 온전히 음사하면 찰마이고, 한역어는 토전이다. 여기서 찰토라 한 말은 한역어와 범어를 아울러 든 것이다. 刹梵語 具云刹摩 華言土田 此云刹土者 華梵兼擧也"라고 하였다. [참고문헌] 『增壹阿含經』, 『大寶樓閣陀羅尼經』, 『大明三藏法數』. ⇨ 찰 刹❶, 찰다라 刹多羅, 찰마 刹摩, 토전 土田

찰토자재 刹土自在 Ⓢ vaśitā kṣetre. 사종자재(四種自在) 중 하나다. 『대승장엄경론』 권5(대정장31, p.614b29 : *Sūtr.*, p.66)에 "두 번째, 찰토자재라 하니 공용에서 자유롭고 분별마저 없어서 찰토를 청정하게 한다는 뜻이다. 第二 刹土自在 由無功用 無分別故 由刹土淸淨故 kṣetre ca buddhakṣetrapariśodhanāt"라고

하였다. 〔참고문헌〕『大乘莊嚴經論』, *Sūtr.* ⇨ 사종자재 四種自在 ❶

찰해 刹海 모든 땅 모든 바다. 유정(有情)이 머무는 기세간(器世間)의 다른 이름이다. 가이없이 크고 깊어서 그 경계를 알 수 없고, 모습도 장엄도 하나도 같지 않지만, 찰해 중 어떤 티끌중이라도 나머지 모든 찰해 서로 품으니, 하나가 되지도 않지만 따로이지도 않아서 자재하다. 한편 법의 깃발 펄럭이는 부처님 나라이며, 향수해중에 떠 있어서 찰해라 하기도 한다 하였으며, 선문에서는 찰해라고 해서 당처인 여기를 떠나서 따로 있지 않다고도 한다. 『수설유가집요시식단의』(卍속장104, p.834b12)에 "찰이란 가장 넓고, 해란 가장 깊다. 찰해 이미 그 끝도 그 양도 헤아릴 수 없으니 성현인들 어찌 다 해 마칠 수 있으랴! 刹者最廣 海者最深 刹海既無邊量 聖賢寧有窮盡", 『대승본생심지관경천주』 권5(卍속장34, p.311b9)에 "찰은 찰토로서 세계의 별칭이다. 또한 찰에 해를 붙여서 말하면 한없이 넓다는 의미다. 刹者 刹土也 卽是世界之別稱 又刹以海言者 寬廣也", 60권본 『화엄경』 권3(대정장9, p.410c7)에 "찰해는 헤아릴 수 없지만, 다른 모습에 다르게 장엄한다. 刹海無有量 殊形異莊嚴", 『화엄경소』 권2(대정장35, p.515b27)에 "이 연꽃의 잎 낱낱 미진중에 각각 끝없는 찰해가 나타나고, 찰해중에 다시 미진이 있는데 그 미진 내에 또 찰해가 있다. 이와 같이 거듭거듭하여 겹쳐서 다함이 없으니 심식으로 사량할 경계가 아니다. 마치 천제궁전을 덮은 제망의 그물코마다에 하나의 밝은 구슬 안에 만상이 동시에 나타나고 구슬구슬이 다 그러하듯이 이 세계도 그와 같다. 此華葉一一微塵中 各現無邊刹海 刹海之中 復有微塵 彼諸塵內 復有刹海 如是重重 不可窮盡 非是心識思量境界 如天帝殿珠網覆上 一明珠內萬像俱現 珠珠皆爾", 『주화엄법계관문』(대정장45, p.690c7)에 "(廣陜無礙門을 푼다) 사와 이는 하나가 아니다〈그래서 좁다(陜)〉. 그대로 다른 것도 아니다〈그래서 넓다(廣)〉. 때문에 한 티끌 무너지지 않고서 시방찰해를 넓게 품는다. 다르지 않은 그대로 하나도 아니기에 시방법계를 넓게 품지만 미진은 크지 않다. 이처럼 하나의 티끌일 뿐인 사 넓고도 좁고 크고도 작아서 막힘도 걸림도 없다. 事與理非一〈故陜〉 卽非異故〈故廣〉 不壞一塵 而能廣容 十方刹海 由非異卽非一故 廣容十方法界 而微塵不大 是則 一塵之事 卽廣卽陜 卽大卽小 無障無礙", 『소석금강경과의회요주해』 권1(卍속장92, p.243b15)에 "찰해란 깃발 펄럭이는 부처님 나라다. 향수해 중에 있으면서 뜬 채로 머물기에 찰해라 한다. 刹海者 浮幢佛刹也 在於香水海中 漂浮而住 故云刹海", 『종용록』 25칙 「시중 示衆」(대정장48, p.243b19)에 "저 국토 저 바다 가이없지만 당장 처한 이곳 떠난 일 없고, 티끌처럼 아득한 겁전의 일들도 온통 지금 여기에 있다. 刹海無涯 不離當處 塵劫前事 盡在而今"라고 하였다. 〔참고문헌〕『修設瑜伽集要施食壇儀』, 『大乘本生心地觀經淺註』, 『華嚴經』, 『華嚴經疏』, 『註華嚴法界觀門』, 『銷釋金剛經科儀會要註解』, 『從容錄』. ⇨ 미진찰해 微塵刹海, 불찰해 佛刹海, 세계해 世界海 ❶

찰해모단현 刹海毛端現 모든 땅 모든 바다 털 끝에 나투다. 『장령수탁어록』 「동산례조탑 東山禮祖塔」(卍속장120, p.328b8)에 "옛 거울 저 빛은 앞뒤 몸을 자세히도 비춘다. 어디에서 먼지와 티끌을 털어내려고 하는가? 찰해가 털 끝에 나타남은 쉬이 볼 수 있지만, 저들에게 향하신 스승의 마음은 잡을 길 없네. 古鑑光分前後身 擬於何處拂埃塵 易觀刹海毛端現 難把師心說向人", 『영봉우익대사종론』 권2(가흥장36, p.289a10)에 "크게 보아도 작게 보아도 찰해이고 털 끝이다. 둘로 나눠 오백이여, 원래 한 덩이 천이라네. 이렇게 알아가야 하리니, 필경에기특하다 여기리라. 大觀小觀 刹海毛端 兩箇五百 元來一千 恁麽會去 畢竟可憐"라고 하였다. 〔참고문헌〕『長靈守卓語錄』, 『靈峰蕅益大師宗論』.

찰화소성 札火小星 Ⓢ śakalikāgni, parīttaḥ sakalikāgni, Ⓣ me-stag. 찰화의 소성. 나무조각 비벼 일으킨 작은 불꽃. 찰화미성(札火微星)이라고도 한다. 『구사론』 권8(대정장29, p.45a12 : *Abh-k-bh.*, p.122)에 "비유하면 저 나무조각에 부딪혀 일어난 작은 불꽃이 달아날 때는 겨우 일어난 듯 하다가 가까이서 바로 사라지듯, 첫 번째 선사도 이와 같다. 비유하면 쇠구슬의 작은 불꽃이 흩어질 때 일어난 불꽃이 중간 쯤 가서야 사라지는 것처럼, 두 번째 선사 이렇다. 비유하면 쇠구슬의 큰 불꽃이 흩어질 때는 멀리 가도록 떨어지지 않다가 소멸하는 것처럼, 세 번째 선사 이와 같다. 譬如札火小星迸時 纔起近卽滅 初善士亦爾 譬如鐵火小星迸時 起至中乃滅 二善士亦爾 譬如鐵火大星迸時 遠未墮而滅 三善士亦爾 tadyathā parīttaḥ sakalikāgnirabhinivarttamāna eva parinirvāyādevaṃ prathamaḥ. tadyathā 'yaḥ prapāṭikā utpatantyeva nirvāyādevaṃ dvitīyaḥ. tadyathā 'yaḥprapātikā utplutya pṛthivyāmapatitaiva nirvāyādevaṃ tṛtīyaḥ"라고 하였다. 〔참고문헌〕『俱舍論』, *Abh-k-bh.*, *Śrāv-bh.179.*

찰휘 察暉 조선후기 스님. 주로 관북(關北) 지방에 주석하였지만, 수천리 밖으로 풍계(豊溪)를 찾아가 배우고 금강산과 지리산 등을 유력하며 배움을 멈추지 않았다. 지리산 운봉 법화정사에 있던 추파홍유(秋波泓宥 1718~1774)를 참방하여 봄부터 가을까지 함께 경전을 공부하였다. 『추파집』 권2 「증찰휘대사서 贈察暉大師序」(한불전10, p.71a19)에 "금년 봄 풍계 형께서 천령

(天嶺 : 운봉)의 법화정사로 나를 찾아올 때에 상인도 따라와 『반야』와 『기신』 등 경을 배웠는데, 그 견해가 자못 깊어서 풍계의 법을 이을 만했다. 今年春豊溪兄 訪余於天嶺之法華精舍 上人亦從之 學般若起信等經 其見解頗深 足以繼豊溪之法"라고 하였다. [참고문헌] 『秋波集』.

참 參 ❶ 법(法) 있는 곳이나 법(法) 있는 이를 찾아 묻거나 마주하는 일. 함께 하기에 참이다. 대중과 함께 하는 참으로는 아침공양 후의 조참(早參), 저녁공양 후의 만참(晩參), 수시로 여는 소참(小參) 등이 있다. 『백장어록』(고존숙어록1, 卍속장118, p.162a15)에 "백장이 다시 마조를 찾아가자 마조 불자를 꼿꼿이 세웠다. 師再參馬祖 祖豎起拂子", 『운문광록』 권중(대정장47, p.567a4)에 "학인이 법을 묻고자 찾아온 모습을 보고 운문이 노주를 한 번 치고서 말했다. '이곳에 찾아와 나를 속이는구나'. 因見僧來參 師打露柱一下云 來這裏瞞我", 『선원청규』 권2 「소참 小參」(卍속장111, p.886a17)에 "손님과 주인 받으며 함께 아침공양 후에 참한다. 賓主問酬 並同早參", 『조정사원』 권8(卍속장113, p.236b4)에 "소참 : 선문에서 이른 아침에 법좌에 올라 행하는 법문을 조참이라 하고, 해질녘에 염송하면 만참이라 하며, 정해진 때가 없이 행하는 설법을 소참이라 하니, 이들 모두 참이라 하는 까닭은 무엇인가? 참이라는 말은 넓고도 또 크다. 그윽한 것 드러난 것들 다 모이고, 신과 용도 아울러 몰려들어 이미 성인과 범부에 틈도 없으니, 어찌 잠시라도 승과 속을 나눌 수 있으랴? 이런 까닭에 참이라 한다. 小參 禪門詰旦升堂 謂之早參 日晡念誦 謂之晩參 非時說法 謂之小參 夫是皆以謂之參者 何乎 曰 參之爲言 其廣且大矣 謂幽顯皆集 神龍並臻 旣無間於聖凡 豈輒分於僧俗 是以謂之參也", 『영각광록』 권9(卍속장125, p.509b17)에 "참이라는 말은 참으로 미묘하구나! 이것저것 섞인 마음으로 취할 수도 없고 마음을 다 없앤다고 합할 수도 없으며, 명언으로 구할 수도 없고 보이는 모습으로 찾을 수도 없다. 그것은 오직 일대사를 구하여 밝히려는 일념일 뿐이다. 參之爲言 微矣哉 不可以雜心取 不可以泯心合 不可以名言究 不可以境相尋 惟是究明大事一念", 『백장청규』 「만참 晩參」(대정장48, p.1119b29)에 "무릇 모인 대중에게 열어 보이니 다 이것을 일러 참이라고 한다. 凡集衆開示 皆謂之參", 『선림상기전』 권11(불광장, 禪藏, p.810)에 "참이란 서로 뜻을 헤아림이다. 參者 交參義", 『조주어록』 권상(고존숙어록13, 卍속장118, p.312b1)에 "조주가 참하던 차에 말했다. '날 밝았다고 해도 아직 다 밝지 않아 길은 어두운데 동트려 한다. 그대들은 어느 끝에 계신가?' 師因參次云 明又未明 道昏欲曉 你在阿那頭"라고 하였다. [참고문헌] 『百丈語錄』, 『雲門廣錄』, 『禪苑淸規』, 『祖庭事苑』, 『永覺廣錄』, 『百丈淸規』, 『禪林象器箋』, 『趙州語錄』. ⇨ 참문 參問, 변참 遍參, 소참 小參, 만참 晩參, 조참 早參 ❷ '참!' 하고 내지르는 소리. 보통 수시(垂示)나 법어(法語) 마지막에 붙인다. 할(喝)·돌(咄)·노(露) 등과 같이 한다. 『굉지광록』 권1(대정장48, p.12c14)에 "다만 이런 시절 와서 그 뜻 스스로 드러나면 어떻게 그 바탕 얻겠는가? 어머니의 치마를 빌려 입고 어머니께 절을 올리며, 풍광 모조리 사들이지만 돈 한 푼 쓰지 않는다. 마주해 다가올 때 회피하지 말지니, 바로 이 사람 그 속에 태어난 까닭 있기 때문이라네. 참! 祇如時節若至 其理自彰 又作麽生體得 借婆裙子拜婆年 買盡風光不著錢 劈面來時莫回避 箇人裡許有生緣 參"라고 하였다. [참고문헌] 『宏智廣錄』. ❸ 섞이다. 교차하다. 엇갈리다. 참잡(參雜) 등으로 쓴다.

참 慚 Ⓢ hrī, hiri, Ⓟ hirī, hiri, Ⓣ ngo-tsha-shes-pa. 자기의 허물을 알아 부끄러워함. 법(法)에 의지하고 현선(賢善)을 존중하는 증상력이 있어서 행하는 심소법 중에서도 선법(善法)이다. 오위칠십오법(五位七十五法) 중 대선지법(大善地法)의 하나이며 유식의 오위백법(五位百法) 중 십일선법(十一善法) 중 하나다. 『장아함경』 권2 「유행경 遊行經」(대정장1, p.11c15)에 "둘째는 참을 아는 것으로, 자신의 허물을 부끄러워하는 것이다. 二者 知慚 恥於己闕", 『현종론』 권5(대정장29, p.800a3)에 "이답게 향해 나아가는 데 있어 자신과 법 두 가지의 증상력에 의해 생겨난 것으로서, 애등류를 거스르는 마음의 자재성을 참이라고 한다. 趣向如理 自法二種 增上所生 違愛等流 心自在性 說名爲慚", 『유가사지론』 권44(대정장30, p.537b17 : *Bodh-bh.*, p.171)에 "모든 보살들이 죄가 현행함에 있어 아(Ⓢ ātman)는 법이 아니라고 올바르게 깨우쳐 알 수 있도록 안에서 생겨나는 부끄러움을 참이라고 한다. 謂諸菩薩 於罪現行 能正覺知 我爲非法 內生羞恥 是名爲慚 avadyasamudācāre ātmana evāpratirūpatāṃ viditvā bodhisattvasya lajjā hrīḥ", 『성유식론』 권6(대정장31, p.29c13)에 "무엇을 참이라고 하는가? 스스로의 법력 의지해 현선을 받들고 존중함을 성으로 삼고, 무참을 마주해 다스리고 악행을 그쳐 쉬는 것을 업으로 한다. 자신과 교법을 존귀하게 여기는 뛰어난 힘에 의지해서 현인과 선법을 받들고 존중하며 과오를 부끄러워해 무참을 마주해 다스리고 모든 악행을 그치는 것이다. 云何爲慚 依自法力崇重賢善爲性 對治無慚止息惡行爲業 謂依自法尊貴增上 崇重賢善羞恥過惡 對治無慚息諸惡行", 『대승아비달마잡집론』 권1(대정장31, p.697b23 : *Abh-s.*, p.6)에 "참은 과오와 악에 대해 스스로 부끄러워하는 것을 바탕으로 해서 악행을 멈추는 의지처로 삼는 업이다. 慚者 於諸過惡 自羞爲體 惡行止息 所依爲業 hrīḥ katamā. svayamavadyena lajjanā. duścaritasaṁyam asanniśrayadānakarmikā"라고 하였다. 〔참고문헌〕『長阿含經』, 『顯宗論』, 『瑜伽師地論』, 『成唯識論』, 『大乘阿毘達磨雜集論』, *Bodh-bh.*, *Abh-s.* ⇨ 참괴 慚愧, 대선지법 大善地法, 십일선 十一善, 무참 無慚

참 懺 참마(懺摩 Ⓢ kṣama, Ⓟ khama)의 줄임말. 참회(懺悔). 잘못을 스스로 뉘우치는 것이다. 『별역잡아함경』 권6(대정장2, p.415b21)에 "이처럼 참하는 이는 선법이 증장하고 물러나 잃음이 없다. 如是懺者 善法增長 無有退失", 『화엄경행원품소』 권10(卍속장7, p.761b14)에 "참은 범음으로 갖추어서 참마이고, 한역하여 '허물을 뉘우친다'이다. 懺者梵音 具云懺摩 此云悔過", 『번역명의집』 권4(대정장54, p.1121b24)에 "천태는 『금광명경문구』「석참회품」에서 화어와 범어를 가리지 않고 다만 곧장 해석하였다. '참은 드러냄(首), 회는 엎드림(伏)이다. 저 세인이 왕에게 죄를 인정하고 엎드려 순순히 따르며 감히 거스르지 못함과 같다. 거스르지 못함이 복, 순순히 따름이 수다. 天台光明 釋懺悔品 不辨華梵 但直釋云 懺者首也 悔者伏也 如世人得罪於王 伏款順從 不敢違逆 不逆爲伏 順從爲首", "행하는 이 또한 이렇다. 삼보의 발아래 엎드려 도리를 바르게 따라 감히 그릇되게 하지 않는다. 고로 참회라 한다. 또 참은 백법, 회는 흑법이다. … 또 참(懺)은 돌이킴(慚)이요, 회는 부끄러워함(愧)이다. 참(慚)은 하늘에 부끄러워함이요, 괴는 사람들 앞에서 부끄러워함이다'. 行人亦爾 伏三寶足下 正順道理 不敢作非 故名懺悔 又懺名白法 悔名黑法 … 又懺者名慚 悔者名愧 慚則慚天 愧則愧人"라고 하였다. 〔참고문헌〕『別譯雜阿含經』, 『華嚴經行願品疏』, 『翻譯名義集』, 『金光明經文句』 권3(대정장39, p.59a8). ⇨ 참마 懺摩[1], 참회 懺悔, 참 慚

참 讖 담무참(曇無讖 385~433)의 줄인 이름. 『자은전』 권1(대정장50, p.225c14)에 "등(迦葉摩騰)과 회(康僧會)는 오와 낙 땅에서 떨쳐 빛났고, 참(曇無讖)과 집(鳩摩羅什)은 진과 량 땅에서 아름다움을 알렸습니다. 騰會振輝於吳洛 讖什鍾美於秦涼"라고 하였다. 〔참고문헌〕『慈恩傳』. ⇨ 담무참 曇無讖

참 讒 허물 잡아 말하다. 『일체경음의』 권30(대정장54, p.509c15)에 "『모시전』에 '참은 말로써 남을 헐뜯는 것이다'라고 하였다. 毛詩傳云 讒以言毁人也", 『번역명의집』 권6(대정장54, p.1150b24)에 "남의 잘못 즐겨 말하는 것을 참이라 한다〈남의 허물을 듣고 퍼뜨리길 즐긴다〉. 好言人之惡 謂之讒〈聞人之過 好揚顯之〉", 『범지알바라연문종존경』(대정장1, p.877a19)에 "허물 잡아 말하길 즐기고, 어리석은 이와 서로 어울리고, 즐겨 화내고 즐겨 빈다. 이렇게 행하는 이들 어찌 지옥중에 떨어지지 않겠는가? 憙讒人 喜與癡人相隨 喜瞋怒 喜祠祀 作是行者 寧墮地獄中不"라고 하였다. 〔참고문헌〕『一切經音義』, 『翻譯名義集』, 『梵志頞波羅延問種尊經』.

참가 參假 참을 쉬다. 대중에서 서로 공부함을 놓다. 괘탑(掛搭)을 하고 산문에서 지내다가 잠시 대중을 떠나 있는 일로 보통 15일 내로 돌아와야 한다. 『종용록』 94칙 「본칙 本則」(대정장48, p.288a3)에 "동산양개(洞山良价)가 몸이 편치 않았다. 학인이 물었다. '화상께서는 병환중이신데, 병들지 않은 것도 있으신지요?〈마음대로 나누고 덧붙이는구나〉' '있다〈굳이 내세운다〉' '병들지 않은 그 무엇이 화상을 돌봅니까?〈세속의 진실 퍼트린다〉' '노승이 그분을 돌보지〈본분으로 서로 본다〉' '화상께서 그를 돌볼 때는 어떠십니까?〈어떤 안목이 있길래 서로 보는가?〉' '그것이 병 있는 줄 보는 것은 아니다〈다만 이것이 참을 그만두는 것은 아니다〉'. 洞山不安 僧問 和尙病還有不病者麽〈一任分疏〉 山云 有〈强主張〉 僧云 不病者還看和尙否〈世諦流布〉 山云 老僧看他有分〈本分相見〉 僧云 和尙看他時如何〈有甚麽眼相見〉 山云 則不見有病〈只是不肯參假〉", 『열조제강록』 권28(卍속장112, p.605b6)에 "목운통문(牧雲通門)선사가 참을 쉬었다 돌아와서 법좌에 올라 말했다. '가도 가도 실은 간 것이 아니다. 길 가는 중에 선하게 하는 것이 좋고, 오고 또 와도 실로 오지 못하니, 길 위에서 위태롭게 굴지 마라. 내가 문밖을 나선 지 오육일이었다. 두수 노고를 고맙게 생각한다'. 牧雲門禪師參假歸上堂 去去實不去 途中好善爲 來來實不來 路上莫虧危 山僧出外五六日 恭惟頭首執事"라고 하였다. 〔참고문헌〕『從容錄』, 『烈祖提綱錄』, 『虎丘紹隆語錄』(卍속장120, p.800a14). ⇨ 잠가 暫假, 청가 請假

참가 驂駕 네 필의 말(駟馬)이 끄는 수레. 참가(參駕)라고도 한다. 크고 넓기에 마부와 참승자가 균형을 위해 좌우로 앉고 그 중앙에 주인이 앉는다. 의장용 고급 수레다. 『방광대장엄경』 권12 「전법륜품 轉法輪品」(대정장3, p.615a10)에 "오통으로 참가 삼으니 하늘 날되 거리낌 없으시네. 일체심 훤히 보니 노닐며 생사 넘으시네. 五通爲驂駕 飛空無罣礙 洞見一切心 遊踐超生死", 『중본기경』 권상 「환지부국품 還至父國品」(대정장4, p.154c14)에 "왕이 우다에게 물었다. '실달이 집에 있을 적에 나가 노닐 때는 수레에 네 가지 있어 소·양·코끼리·말 등 마음대로 타고 다니셨는데, 지금은 나오셔서는 무엇을 타고 다니시는가?' '사제와 신족으로 네 필 끄는 수레 삼아 날아다니듯 하십니다'. 王問憂陀 悉達在家 若其出遊 車有四品 牛羊象馬 以充騎乘 於今出處 何所駕乘 憂陀答王 四諦神足 參駕飛行", 『태자모백경』(대정장3, p.409a10)에 "왕과 부인이 함께 참가를 타고 가서 태자를 맞이하였다. 王與夫人 便共驂駕 往迎太子",

『일체경음의』 권24(대정장54, p.460b3)에 "참가〈총과 참의 반절이다. 『설문』에 가(駕)는 '말 두 마리'라 하였다. 양 곁에서 끄는 말이 참(驂)이다. 오른쪽에 앉은 이로 참승자로 삼는다. 의장용이고 상시적인 것은 아니다. 경문에서 참(參)을 쓴 경우는 옳지 않은 서체다〉. 驂駕〈忩叅反 說文 駕 二馬也 旁馬曰 驂 居右爲驂乘者 倘非常也 經文作參 非體也〉"라고 하였다. 〔참고문헌〕『方廣大莊嚴經』, 『中本起經』, 『太子慕魄經』, 『一切經音義』, 『普曜經』 권8(대정장3, p.535b27), 『度世品經』 권4(대정장10, p.641a24).

참경법석 懺經法席 참법(懺法)을 겸해 설경(說經)법석을 연다. '법화참' 등 대승경마다에 의지한 나름 참법이 따로 있으나 대개 '자비도량참법 慈悲道場懺法'을 수행했다. 정기적으로 행하기도 하지만 슬프거나 불행한 일이 있을 때에도 베푼다. 생사를 건너 무생법(無生法)을 깨우치길 발원하며 승재(僧齋)를 베풀어 미래인과를 짓는다 하였으니, 지금의 고통을 지혜롭게 넘어서 미래를 약속하는 법석이다. 참경회(懺經會)라고도 불렸다. 이첨(李詹 1345~1405)이 지은 「전인천부여제참경법석소 前人薦父與弟懺經法席疏」(『쌍매당협장집』 권25·『동문선』 권111)에 "이미 현생보를 보았으니 마땅히 미래인연을 짓고자 합니다. 부처님의 자비에 귀의하고 지극한 마음으로 예념합니다. 업은 삼세에 통하지만 참은 현생에 성취되는 글이 있으므로 마음으로 시방을 꿰고 문득 초승하는 복을 짓습니다. 이에 명호 부르는 공덕이 저 세계 건너가 나도록 감통하소서. 旣見現在果報 當作未來因緣 依佛慈悲 至心禮念 業通三世 懺有現成之文 心貫十方 擬作超昇之福 倘玆稱號之功德 致彼度生之感通云云", 권근(權近 1352~1409)의 「참경법석소 대인작 懺經法席疏 代人作」(『양촌집』 권28·『동문선』 권113)에도 "자비참법은 널리 해탈의 문을 열어주는 문이다. 慈悲懺法 普開解脫之門"라 하였으니, 자비도량참법을 행하였음을 알 수 있다. 이어 "부처님께 귀의하고 스님들께 공양을 올려 생사를 넘어가는 이로움으로 이끄시길 바라서 찬실을 열어 특별히 훈연 베푸나이다. … 엎드려 바라건대 유루의 육신을 벗어던져 천궁에 곧바로 이르고 무생의 법성을 깨우쳐 불과를 증명하게 하소서. 歸佛齋僧 庶導超生之利 爰當殯室 特展熏筵 … 伏願 蛻形骸之有漏 直到天宮 悟法性之無生 證明佛果", 『고려사절요』 권28 공민왕 을사 14년(1365) 2월에 "(노국)공주가 얼마 지나지 않아 세상을 떠나니 왕은 매우 슬퍼하면서 … 또한 빈전에서 참경회를 베풀었다. 公主尋薨 王慟甚 … 又設懺經會 於殯殿"라고 하였다. 1408년(태종 8)에 태조가 승하(昇遐)하자, 『태종실록』 권15 태종 8년 6월 병술에 "장의사에서 참경법석을 베풀었다. … 임금이 항상 빈전에 나아가 별전을 베풀고 … 7인에게 니금으로 『묘법연화경』을 사경하게 하였는데, 명복을 돕기 위함이었다. 設懺經法席于藏義寺 … 上常詣殯殿 設別奠 … 七人泥金寫妙法蓮花經 爲資冥福"고 하여, 5월 25일에 흥덕사(興德寺)에 이어 참경법석을 베풀었다. 『세종실록』 권5 세종 1년(1419) 10월 을해에는 정종이 승하하자 "총제 홍섭이 수강궁에 나아가 향과 소문을 받들고 빈전에서 참경법석을 베풀었다. 摠制洪涉詣壽康宮奉香及疏文 設懺經法席于殯殿"고 하였다. 〔참고문헌〕『東文選』, 『高麗史節要』, 『太宗實錄』, 『世宗實錄』, 『雙梅堂篋藏集』(韓國文集叢刊6, p.393b10), 『陽村集』(韓國文集叢刊7, p.262a3). ⇨ 자비도량참법 慈悲道場懺法

참괴 慚愧 Ⓢ apatrāpya, hrīr-apatrapā, hrī-vyapatrāpya, Ⓟ hiri-ottappa, Ⓣ ngo-tsha-shes-pa-dang-khrel-yod-pa. 참과 괴. 허물을 돌이키고 부끄럽게 여김. 40권본 『대반열반경』 권19(대정장12, p.477b25)에 "두 가지 깨끗한 법이 능히 중생을 구한다. 하나는 참이고, 또 하나는 괴이다. 참은 스스로 죄를 짓지 않는 것이고, 괴란 남을 시켜 짓지 않게 하는 것이다. 참은 안으로 스스로 느끼는 부끄러움이고, 괴는 남에게 드러내는 것이다. 참은 사람에게 부끄러워하고, 괴는 하늘에 부끄러워한다. 이것을 참괴라 한다. 참괴가 없으면 사람이라 하지 않고 축생이라 한다. 참괴가 있기에 부모와 사장을 공경할 수 있고, 참괴가 있기에 부모와 형제자매가 있다고 말한다. 有二白法 能救衆生 一慚 二愧 慚者 自不作罪 愧者 不教他作 慚者 內自羞恥 愧者 發露向人 慚者羞人 愧者羞天 是名慚愧 無慚愧者 不名爲人 名爲畜生 有慚愧故 則能恭敬 父母師長 有慚愧故 說有父母兄弟姊妹", 『대비바사론』 권35(대정장27, p.181a5)에 "참과 괴는 어떻게 다른가? 〔답〕 자재한 이에 대해 두려워하는 마음이 드는 것은 참이고, 죄에 대해 깊이 두려움을 보는 것은 괴이다. … 또한 공경할 바가 있으면 참이고, 두려워할 바가 있으면 괴이다. 慚愧何差別 答 於自在者有怖畏轉是慚 於諸罪中深見怖畏是愧 … 復次有所恭敬是慚 有所怖畏是愧", 『성유식론술기』 권6(대정장43, p.435a18)에 "〔술〕 아래 두 번째 단은 참과 괴를 합해서 푼다. 여기에 두 가지가 있다. 처음은 따로 풀고, 다음은 묶어서 풀었다. '스스로의 법력에 의지해'라는 말을 풀이한다. 『현양성교론』에서는 '스스로의 증상력과 교법의 증상력에 의지해 과오를 수치스러워한다'고 하였다. 곧 두 가지 연에 해당한다. 여기서 참의 다른 모습을 나타낸다. 곧 현인과 선법 둘을 존숭하는 것이다. 범부든 성인이든 어진 덕이 있는 이에 대해 받들고 공경하는 마음을 일으키고, 일체의 유루무루선법에 대해서도 우러러 높이 사는 마음을 일으킨다. 이것이 바로 참의 구별된 상이다. … 〔술〕 세간력에 의지해 포악함을 가벼이 여겨 막는 것이다. 따로 풀면, 만약 다른 사람이 꾸짖고 악법들을 부끄럽게 여겨 하지 않게 하는 것은 다

'세간에 의지한다'고 한다. … 악이 있으면 폭력적이라 하니, 염법의 바탕이 되는 것이 악이다. 저 두 가지 법으로 악 있는 이를 가벼이 여기고 가까이 하지 않고, 악법의 업을 막아 짓지 않는다. … 이러한 것들이 괴의 각각의 모습이다. 述曰 下第二段慚愧合解 於中有二 初別解 後總解 依自法力者 顯揚云 依自增上及法增上羞恥過惡 卽是二緣 今此乃顯慚之別相 卽是崇重賢善二法 謂於有賢德者若凡若聖 而生崇敬 於一切有漏無漏善法 而生崇重 此是慚之別相 … 述曰 依世間力輕拒暴惡 別者謂若他人譏毁 及羞諸惡法而不作 皆名依世間 … 有惡者名暴 染法體名惡 於彼二法 輕有惡者而不親 拒惡法業而不作 … 此皆是愧別相", 『석씨요람』 권중(대정장54, p.278c9)에 "참괴 : 『대운경』에 '참괴란 뭇 선으로 지은 의복과 같다'고 하였다. 『성유식론』 권6(대정장31, p.29c13)에 '참이란 스스로의 법력에 의지하여 현선을 우러르고 과오를 부끄럽게 여기는 것으로 성을 삼는다. 괴란 세간의 힘에 의지하여 포악함을 가볍게 물리쳐 잘못에 대하여 부끄럽게 느끼게 하는 것을 성으로 한다' 하였다. 『대승아비달마집론』 권1(대정장31, p.664b7)에 '참이란 모든 과오에 대하여 스스로 부끄럽게 여김을 바탕으로 삼아 악행을 그쳐 쉬게 하는 것을 업으로 삼는다. 괴란 모든 잘못에 대하여 남에게 부끄러워함을 바탕으로 삼아 악행을 그치는 것을 업으로 삼는다' 하였다. 『증일아함경』 권9(대정장2, p.587b7)에 '부처님께서 비구들에게 이르셨다. 「세간의 두 가지 미묘한 법이 세간을 굳게 지킨다. 참과 괴가 그것이다. 비구들아, 만약 이 두 법이 없다면 세간은 부모와 형제, 처자와 벗, 존장과 노소를 구분하지 못하여 축생무리와 같을 것이다. 그러므로 비구여, 마땅히 참과 괴를 익혀야 한다」'라고 하였다. 慚愧 大雲經云 慚愧者 衆善之衣服 唯識論云 慚者 依自法力 崇重賢善 羞恥過惡爲性 愧者 依世間力 輕拒暴惡 羞恥過惡爲性 阿毘達磨論云 慚者 謂於諸過惡 自羞爲體 惡行止息 所依爲業 愧者 謂於諸過惡 羞他爲體 惡行止息 爲業 增一阿含經云 佛告諸比丘 世有二妙法 擁護世間 所謂有慚 有愧也 諸比丘 若無此二法 世間則不別 父母兄弟 妻子知識 尊長大小 卽與畜類同等也 是故 比丘 當習有慚 有愧"라고 하였다. [참고문헌] 『大般涅槃經』, 『大毘婆沙論』, 『成唯識論述記』, 『顯揚聖教論』 권1(대정장31, p.481b26), 『釋氏要覽』, 『成唯識論』, 『大乘阿毘達磨集論』, 『增壹阿含經』, *Abh-k-bh.55.*, *Bodh-bh.171·225.*, *AN. 4.336.* ⇨ 참 慚, 괴 愧, 무참무괴 無慚無愧

참교 塹橋 성을 에워싸는 해자에 놓은 다리. 『육도집경』 권5(대정장3, p.31a13)에 "성의 관문을 단단히 잠그고, 참교를 부수어버려라. 牢關門 廢塹橋"라고 하였다. [참고문헌] 『六度集經』.

참구 參句 구(句)만을 참하다. 참의(參意)와 맞선다. 화두(話頭)를 듦에 구(句)만을 오롯이 드는 단제(單提)와 온통 다 들어 의단(疑團)을 일으키는 전제(全提)로 나누고는 단제는 참구로, 전제는 참의에 배대한다. 한편 참의는 의리선(意理禪)에, 참구는 경절문(徑截門)에 배대하기도 한다. 『벽암록』 100칙 「본칙평창 本則評唱」(대정장48, p.223b28)에 "미쳐 사무치지 못한 사람에겐 참구가 참의만 못하지만, 미쳐 사무친 사람에겐 참의가 참구만 못하다. 未透底人 參句不如參意 透得底人 參意不如參句", 회암정혜(晦庵定慧)의 『법집별행록절요사기해』(한불전9, p.560a3)에 "화두에는 참의와 참구의 두 뜻이 있다. … 참구란 애초 법의 뜻이 없어서 듣고 알아 정에 당하여 곧바로 자미 없는 화두만을 다만 들어서 깨우칠 뿐이다. 또한 화두인 무자는 저 한 덩이 불과 같아서 가까이한 즉시 면문을 태워버리기에 불법과 지해로는 손댈 곳이 없다. 話頭有叅意叅句二義 … 叅句者 初无法義 聞解當情 直以无滋味話頭 但提撕擧覺而已 又云話頭无字 如一團火 近之則燒却面門 故无佛法知解措著之處也", 연담유일(蓮潭有一)의 『법집별행록절요과목병입사기』(한불전10, p.212c11)에 "목우자의 『간화론』에 이르길 '화두에는 둘이 있으니 첫째는 참의요 둘째는 참구다'라고 하였고, 『선가귀감』에 이르길 '참의는 의리선이어서 영지로 반조함이요, 참구는 경절문이니 활구로 참해 자세히 할 뿐이다'라고 하였는데, 근자에 설로는 이르길 '마치 저 무자화 중에 「조주의 뜻은 어떠합니까?」는 참의니 조주가 말한 「개에게 불성이 없다」라는 뜻을 참함이다. 이렇게 한즉 조금은 자미가 있게 되어 참하기가 쉽다. 하지만 「무자는 이 무엇인가?」를 참함은 참구니 이는 정히 자미 아예 없어서 참하기가 어렵다'라고 하였다. 牧牛子看話論云 話頭有二 一 叅意 二 叅句 龜鑑云 叅意 意理禪 靈知返照 叅句 徑截門 活句叅詳 近者雪老云 如無字話中 趙州意作麽生 叅意 叅趙州所云狗子無佛性之意也 此則小有滋味 叅之爲易也 但叅無字是什麽 叅句 此則正沒滋味 叅之爲難也", 백파긍선(白坡亘璇)의 『선문수경』(한불전10, p.527a17)에 "일체화두에는 모두 오롯이 듦이 있고, 온통 듦이 있다. 저 무자화와 같이 '조주는 어째서 없다고 말했을까?'라고 이르면 전제라 이름하고 또한 참의라 이름하지만, 무 자만을 홀로 들어 '이것은 무엇인가?'라고 이르면 단제라고 이름하고 또한 참구라 이름한다. 단제에는 순정한 이로움이 있지만 사심의 병이 있고, 전제에는 의심을 일으키는 이로움이 있지만 상을 어지럽히는 병이 있을 수 있으니, 초학은 반드시 단제하여 염상을 도무지 없게 해서야 비로소 가히 전제할 수 있다. 만약 의심 일으키지 못하면 조사의 뜻과 맞을 수 없으며, 또한 부지런히 듦도 있는데 마음에 간단 없게 함이다. 一切話頭 皆有單提全提 如無字話 云趙州因甚道無 則名全提 亦名叅意 單擧無字

云是什麽 則名單提 亦名叅句 單提有純正瘂 而有死心病 全提有起疑瘂 而有亂想病 初學必須單提 念想都亡 方可全提 若不起疑 未契祖意 又有勤提 心無間斷", 백파긍선(白坡亘璇)의 『무주경책』(한불전10, p.623b10)에 "참구〈단제라고도 이름함〉란 마치 저 '한 스님 조주〈종심이라 이름함〉에게 묻길 「개에게 불성이 있습니까?」 조주 말하길 「없다」' 한 것에서 무 자만을 홀로 들어 '이것은 무엇인가?'라고 하는 것이다. 叅句者〈亦名單提〉 如僧問趙州〈名宗諗〉 狗子還有佛性也无 州云 無 无字單提云 是甚麽也"라고 하였다. [참고문헌] 『碧巖錄』, 『法集別行錄節要私記解』, 『法集別行錄節要科目幷入私記』, 『禪文手鏡』, 『無住警策』, 『禪家龜鑑』(한불전7, p.636b19). ⇨ 사구 死句, 활구 活句, 참 參 1, 참의 參意, 단제 單提 1

참구 參扣 법을 물어 문을 두드리다. 『벽암록』 96칙 「평창 評唱」(대정장48, p.219a20)에 "이조(二祖)는 매번 '공자와 노자의 가르침은 선대가 말한 유풍을 그대로 답습하는 전통에 불과하다. 요즈음 듣자하니 달마대사가 소림사에 머물고 있다고 하더라'고 탄식하다가 그곳에 가서 아침저녁으로 법중에 묻고자 문을 두드렸지만 달마는 꼿꼿이 앉아 면벽할 뿐 어떠한 훈화도 독려도 들을 수 없었다. 每嘆曰 孔老之教 祖述風規 近聞達磨大師住少林 乃往彼晨夕參扣 達磨端坐面壁 莫聞誨勵", 『석계심월잡록』(卍속장123, p.143b16)에 "본사를 따라 노남으로 돌아가는 간시자를 전송하며 : 스승에 의지해 참구해 두드리다 참구함 없는 곳에 이르렀으니, 다만 그렇게 세 번 부르면 응답 또한 세 번 할 뿐이었지. 화두가 서로의 마음 등지지 않는 곳까지 이르렀으니, 노남 원래 옛 그대로 노남이지. 送艮侍者 隨本師歸瀘南 依師參扣到無參 只麽呼三應亦三 話到不相辜負處 瀘南元是舊瀘南"라고 하였다. [참고문헌] 『碧巖錄』, 『石溪心月雜錄』.

참구 參究 참하고 구하다. 스스로 이리저리 살펴 구하지만 화두만을 가질 뿐 그 어느 것에도 의지함 없이 의단(疑團)만을 부여잡고 묻고 또 묻는 일이다. 물어 구하기도 하니 선지식을 마주해서다. 『원오어록』 권10(대정장47, p.756a28)에 "이곳에 이르러 다시 무엇인가 설해서 방 휘두르고 할 하며, 정을 따지고 편을 논하며, 말하고 말하지 않으며, 현도 끊고 묘도 끊으며, 쌍으로 놓아버리고 쌍으로 거두며, 함께 죽고 함께 산다고 하면서 저 소굴 향해 그 속에서 활계 짓는다. 바로 이러한 때 다시 어떻게 참구하고 어떻게 더듬거리며 어떻게 가져놀고 어떻게 깨우쳐 들겠는가? 到這裏 更說什麽 行棒行喝 論正論偏 有語有默 絶玄絶妙 雙放雙收 同死同生 向窠窟裏作活計 正當恁麽時 且作麽生參究 且作麽生捉摸 作麽生拈弄 作麽生證入", 『대혜어록』 권14 「진국태부인 청보설 秦國太夫人請普說」(대정장47, p.869c20)에 "이 일 가려내고자 한다면 반드시 간경·예불·송주 따위 그만두고 마음 쉬어 참구할 뿐이니 공부에 빈틈이나 간단 없이 한다. 만일 일향에 간경예불하여 공덕을 바란다면 불도에 장애다. 要辦此事 須是輟去 看經禮佛誦呪之類 且息心參究 莫使工夫間斷 若一向執著 看經禮佛 希求功德 便是障道", 『종용록』 75칙 「시중 示衆」(대정장48, p.274b21)에 "여여라고 부르는 순간 이미 변해버리니, 지로 이르지 못하는 곳을 말로 표현하지 마라. 바로 이곳에 도리어 참구할 분이라도 있는가? 喚作如如 早是變也 智不到處 切忌道著 這裏 還有參究分也無", 『선종결의집』 「선림정려문 禪林靜慮門」(대정장48, p.1012a29)에 "입도 혀도 움직일 일 없이 묵묵히 참구하며 깨닫기만을 기약한다. 이것이 총림 중에 좌선하는 본보기다. 不用動口動舌 默默參究 以悟爲期 此是叢林中 坐禪儀式樣子", 『각호집』 권상 「천기본서선사 天奇本瑞禪師」(卍속장109, p.512a9)에 "그 뒤에 가사 입고 삭발하자 일귀하처화두를 간하게 하였으니 참구하길 수년 지나 매우 심한 이질을 앓고 있는데, 함께 참구하던 도반이 대혜선사가 등창을 앓았던 인연을 들려주었다. 활연히 크게 깨우쳤다. 後卽披剃 領看一歸何處話頭 參究數年 偶患痢疾甚重 有同參提 大慧患背疽因緣 豁然大悟", 『박산참선경어』 권하(卍속장112, p.966b7)에 "그저 공부함에 의정 일으켜 법신과 더불어 이로 상응할 뿐이다. … 저들 무지한 이들은 의정 놓아버리고 참구할 일 없다 하며 스스로 크게 깨닫는 문을 터득하였다고 한다. 그들 목숨 끊어지지 않는 한, 설령 이치를 깨닫더라도 모조리 분별하는 마음에 불과하며, 분별하는 마음으로 헤아리면 온몸 통째로 병들었을 뿐 선은 아니다. 做工夫 疑情發得起 與法身理相應 … 彼無知者 便放下疑情 不肯參究 自謂得大悟門 殊不知 命根不斷 縱能入理 全是識心 以識心卜度 通身是病 非禪也"라고 하였다. [참고문헌] 『圜悟語錄』, 『大慧語錄』, 『從容錄』, 『禪宗決疑集』, 『角虎集』, 『博山參禪警語』. ⇨ 참 參 1, 참구 參句, 참의 參意

참기 讖記 경험한 일을 가져 뒷날을 미리 말해두는 것. 『일체경음의』 권46(대정장54, p.614b10)에 "참기〈참은 초와 음을 반절한 음이다. 『삼창』에 '참은 비밀을 기록한 책이다. 『하도 河圖』와 『낙서 洛書』에 기록된 문구이다'라고 하였다. 참은 험(驗)이다. 곧 훗날을 점쳐서 효험이 있다는 의미다〉. 讖記〈楚蔭反 三蒼 讖秘密書也 出河洛記文 讖驗也 謂占後有效驗也〉"라고 하였다. [참고문헌] 『一切經音義』, 40권본 『大般涅槃經』 권21(대정장12, p.487a28).

참기탈고 攙旗奪鼓 깃발 가로채고 북마저 빼앗다. 진실의 땅 얻기 위한 마음의 전장(戰場)에서 온갖 분별의 수단들 빼앗아 거두는 은유다. 『벽암록』 81칙 「수시 垂示」(대정장48, p.207b8)에 "깃발 가로채고 북마저 빼앗으니 천성인들 도리가 있겠는가. 덧없는 소문 끊어버려 만 가지 수단 이르지 못한다. 신통묘용도 아니고 본래 바탕 그러함도 아니다. 말해 보라! 그 무엇에 달렸기에 이처럼 기특하단 말인가. 攙旗奪鼓 千聖莫窮 坐斷誵訛 萬機不到 不是神通妙用 亦非本體如然 且道 憑箇什麽得恁麽奇特", 『송원숭악어록』 권하(卍속장121, p.611a15))에 "장부의 기개를 떨치고 불조의 권위를 부리며 철벽은산에 한칼에 곧바로 든다. 깃발 가로채고 북마저 빼앗으니 번개 숨죽이고 별들 달아난다. 물물머리마다에 이 몸 벗어나는 길 있으니, 신령한 싹이든 신이한 풀잎이든 더할 나위 없는 뿌리마저 뽑아버려 대지 온통 가시만이 덮게 한다. 비록 이렇게 한다 해도 아직은 납승이라 부르지 못하리. 奮丈夫志氣 操佛祖威權 鐵壁銀山單刀直入 攙旗奪鼓 電卷星馳 物物頭頭 出身有路 靈苗異草和根拔 大地從教荊棘生 雖然如是 未稱衲僧"라고 하였다. [참고문헌] 『碧巖錄』, 『松源崇嶽語錄』.

참당 參堂 새롭게 대중의 일원으로 들어간다. 처음으로 승당에 들어간다는 뜻에서 초입당(初入堂)이라 한다. 또는 승당에 자리를 점하여 참선한다는 말이다. 『백장청규』 권5 「신계참당 新戒參堂」(대정장48, p.1138b28)에 "득도하고 사미계를 받은 다음 주지에게 '언제 참당합니까?'라고 아뢴다. 得度受沙彌戒已 覆住持 於何日參堂", 『선림상기전』 권9(불광장, 禪藏, p.670)에 "참당 : 사미가 승당으로 돌아감을 참당이라 한다. 당은 승당을 말한다. 參堂 沙彌歸堂 曰參堂 堂者 謂僧堂也", 『경덕전등록』 권8 「오구전 烏臼傳」(대정장51, p.259c20)에 "뒷편에 있던 학인이 앞으로 다가서려 하자 오구가 때리면서 말했다. '같은 보금자리에 다른 흙이 없음을 알아야지. 승당으로 가서 참선하거라'. 後面僧擬近前師便打云 信知同窠無異土 參堂去"라고 하였다. [참고문헌] 『百丈清規』, 『禪林象器箋』, 『景德傳燈錄』.

참당암 懺堂庵 전라북도 고창군 아산면 삼인리 선운산(禪雲山)에 있는 암자. 참당사(懺堂寺)·대참사(大懺寺) 등으로 불렸으며, 대한불교조계종 제24교구본사 선운사(禪雲寺)의 산내암자다. 선운사 암자 중 가장 오래되었다. 1707년(숙종33)에 작성된 「도솔산선운사창수승적기 兜率山禪雲寺創修勝蹟記」, 1713년에 현익(玄益)이 작성한 「대참사사적기 大懺寺事蹟記」와 1794년(정조18)에 임우상(林雨相)이 쓴 「대참사고사 大懺寺故事」·「대참사법당기 大懺寺法堂記」 등을 엮은 『참당사사적기 懺堂寺事蹟記』, 1850년(철종1)의 「도솔산참당사여선운사국내주회기록 兜率山懺堂寺與禪雲寺局內周回記錄」 등이 전한다. 이에 따르면 581년(위덕왕28)에 의운(義雲)이 창건했고 1329년(충숙왕16)에 상량(上良)이 대웅전을 중수했다고 한다. 1346년(충목왕2)부터 1398년(태조7)까지 약 52년간 43차의 생회(牲會)에 참석한 대중 목록이 남아 있다. 1470년(성종1)에는 예종(睿宗 재위 1468~1469)과 장순왕후(章順王后) 한씨의 수륙재(水陸齋)를 지내고 선가(仙駕)를 모신 어실(御室)을 설치하기도 하였지만, 성종 대(재위 1469~1494)에 선운사가 중심도량이 되면서 참당암의 사세가 약화되었다. 1983년에 대웅전을 해체복원하였고, 1996년과 1997년에는 대웅전을 보수하였다. 현존하는 당우로는 대웅전·약사전·응진전·명부전·도솔선원·요사 등이 있다. 성보문화재로는 보물 제803호 대웅전, 제2031호 석조지장보살좌상이 있다. 유형문화재 동종은 1788년에 제작되었다. 종을 매달기 위한 용뉴(龍鈕)는 한 마리의 용이 네 발을 종에 대고 웅크리고 있는 형상이고, 어깨 부분에는 둥근 원형의 문양을 돌렸으며 그 안에는 범자(梵字)를 새겼다. 유곽 사이로 보살입상 4구를 배치하였고, 보살상 아래쪽으로는 명문판을 불규칙하게 주조하였다. [참고문헌] 『東國輿地勝覽』, 『梵宇攷』, 『禪雲寺事蹟記』, 『朝鮮寺刹史料』 권상, 『韓國寺刹全書』 권하 p.1058b2·1059b12, 『禪雲寺懺堂庵大雄殿精密實測調查報告書』(文化財廳, 1999). ⇨ 대참사 大懺寺

참도 參到 참해서 이르다. 『원오어록』 권7(대정장47, p.743a5)에 "이 노한은 참해 무쇠 지은 곳에 이르렀고, 궁구한 끝에 한 터럭 풀 길조차 없는 때 도달하였다. 그런 까닭에 철벽은산 향한 곳에서 못 자르고 쇠 끊는다. 만일 향상하는 종승이 있는 줄 모른다면 어떻게 이렇게 말할 수 있겠는가! 這老漢 參到生鐵鑄就處 窮到無絲毫解路時 所以 向鐵壁銀山處 斬釘截鐵 若不知有 向上宗乘爭解與麽道", 같은 책 권20(대정장47, p.806a3)에 "참선하고 참해서 참할 것 없는 곳에 이르고, 깊은 이치를 궁하고 궁하다가 사무쳐 다한 끝에 이른다. 목마르면 물을 마시고 배고플 때 밥을 먹듯 다만 이렇게 할 뿐이니, 세간과 출세간 그 어디에도 자취가 전혀 남아 있지 않다. 參禪參到無參處 窮玄窮徹玄盡頭 渴飲饑飡只恁麽 世間出世沒蹤由", 『선관책진』 「천목중봉본선사시중 天目中峯本禪師示衆」(대정장48, p.1101c29)에 "참해 더는 힘써 미칠 수 없는 곳과 뜻마저 머물 때 없음에 이르러 홀연히 쳐버리고 벗어난다. 비로소 부처된 그 유래 오래인지를 안다. 參到用力不及處 留意不得時 驀忽打脫 方知成佛 其來舊矣", 『밀암어록』(대정장47, p.982b12)에 "설령 참해서 미륵이 하생할 때까지라도 깨달음을 얻을 수도 없고 안락을 얻을 수도 없으리라. 왜 그런가? 마음을 일으켜 생각 움직이자마자 정식에 사로잡혀서 앞서 묶이기 때문이다. 縱饒參到彌勒下生 也不能得悟也不能得安樂 何故 蓋起心動念 便被情識攙 先爲累也"라고 하였다. [참고문헌] 『圜悟語錄』, 『禪關策進』, 『密菴語錄』. ⇨ 참 參 1, 참구 參究, 참구 參句, 참의 參意

참동계 參同契 당대 석두희천(石頭希遷 700~790) 지음. 5언 44구 220자로 조성된 시. 『경덕전등록』 권30(대정장51, p.459b7) 등에 전한다. 원제목은 「남악석두화상참동계 南嶽石頭和尙參同契」이다. "축토의 부처님 마음 동토와 서천에 그윽이 서로 전했다. 竺土大仙心 東西密相付"라고 시작하여 "깊은 도를 참하는 이들에게 삼가 이르니, 빛과 그림자 바뀌는 세월 헛되게 보내지 마라. 謹白參玄人 光陰莫虛度"라는 말로 마무리한다. 동산양개(洞山良价)의 「보경삼매 寶鏡三昧」와 함께 조동종(曹洞宗)이 소중히 여긴다. 『벽암록』 40칙 「평창 評唱」(대정장48, p.178a26)에 따르면, 석두는 『조론 肇論』을 읽다가 "만물 어울린 것이 자기인 줄 안다. 會萬物爲己"라는 대목에 이르러 활연히 크게 깨닫고 이 시를 지었다고 한다. 제목의 유래에 대해 어떤 이는 도사 위백양(魏伯陽)의 『참동계』라는 책을 가차하여 불법의 깊은 도리를 드러내어 당시 남종선(南宗禪)과 북종선(北宗禪)이 상호 배척하는 병폐를 교정하려 지었다고 한다. 이러한 취지는 삼라만상(森羅萬象)에서 '참'을, 그 바탕 다르지 않은 뜻에서 '동'을, 그 둘이 함께 하는 뜻의 '계'를 뜻한다 하고, 체상용(體相用) 삼대(三大)가 함께 하는 뜻을 보인 작품이라 평하기로 하여 옛부터 주석서가 많았다. 법안(法眼)이 구마다 주석을 단 이후 각범(覺範)과 혜각(慧覺)의 『과단 科段』, 설두(雪竇)의 『폭천집 瀑泉集』, 영각(永覺)의 『동상고철 洞上古轍』 등이 널리 알려져 있다. [참고문헌] 『景德傳燈錄』, 『碧巖錄』.

참두 參頭 새로 들어온 학인들(新到僧)의 우두머리. 지도하는 스님으로 대체로 법랍(法臘)이 높은 스님을 대중이 뽑는다. 『선원청규』 권1 「괘탑 掛搭」(卍속장111, p.878b15)에 "가령 두 사람 이상이라면 인사를 세밀하게 잘 알거나 계랍(법랍)이 높은 사람 가운데 한 사람을 추천하여 참두로 삼는다. 如二人已上 則推一人 人事精熟 或戒臘高者 爲參頭"라고 하였다. [참고문헌] 『禪苑淸規』. ⇨ 소참두 小參頭, 선림직위 禪林職位

참두구활 斬頭求活 목 베고 살기를 바라다. 참두멱활(斬頭覓活)이라고도 한다. 『무이원래광록』 권4(卍속장125, p.146a9)에 "제일구에서 알아차리면 즉시 통렬한 몽둥이맛 보아야 하고, 제이구에서 알아차리면 목칼 쓰고 족쇄 차며, 제삼구에서 알아차리면 목을 베고 살기를 바라야 한다. 왜 그런가? 이중에 반 구도 얻지 못했는데 그 누가 그대에게 제이제삼구 말해 주었던가? 向第一句薦得 便合喫痛棒 向第二句薦得 添枷著杻 向第三句薦得 斬頭求活 何以故 箇中半句 也容不得 誰與伱論第二第三"라고 하였다. [참고문헌] 『無異元來廣錄』, 『景德傳燈錄』 권16 「樂普元安傳」(대정장51, p.332a9). ⇨ 참두멱활 斬頭覓活, 선림직위 禪林職位

참두멱활 斬頭覓活 머리 베고 살 길 찾다. 참두구활(斬頭求活)이라고도 한다. 『건중정국속등록』 권6 「법창의우장 法昌倚遇章」(卍속장136, p.107b11)에 "주장자를 잡고 대중에게 말했다. '이곳 향해 알아차리면 머리 위에 머리 두는 것이고, 만일 알아차리지 못한다면 이 또한 머리를 베고 살려 함이다. 여러분, 그렇다면 어떻게 해야 할까?' 拈拄杖 示衆云 若向遮裏會去 是頭上安頭 若也不會 又是斬頭覓活 汝等諸人 且作麽生承當", 『가태보등록』 권14 「동산각장 東山覺章」(卍속장137, p.224a7)에 "법좌에 올라 '세 번 북이 울리고 나니 모든 사람이 각각 법당에 올라와 조사서래의 알기를 기다린다. 칼 지나간 지 오래된 것은 알고 있느냐? 설사 지금 당장 깨닫더라도 목 베고 살 길을 찾는 일이다. 그 다음일랑 어떻게 해야 할지 살펴보라. 손바닥으로 선상을 치고 법좌에서 내려왔다. 上堂曰 三通鼓罷 諸人各各上來 擬待理會 祖師西來意 還知劒去久矣麽 設使直下悟去 也是斬頭覓活 東山事不獲已 且向第二頭鞠揚看 以手拍禪床 下座", 『종용록』 41칙 「본칙 本則」(대정장48, p.254a4)에 "낙포가 임종할 때 대중에게 일렀다. '지금 한 가지 일만을 그대들에게 묻겠다〈스스로 군사기밀을 누설하다〉. 만약 이것이다 하면 머리 위에 머리 얹는 것이고 〈이렇다고 해도 안 된다〉, 이것 아니다 하면 머리 베고 살 길 찾게 되리라〈이렇지 않다고 해도 안 된다〉'. 洛浦臨終 示衆云 今有一事 問爾諸人〈猶自說兵機〉 這箇若是 卽頭上安頭〈恁麽也不得〉 若不是 卽斬頭覓活〈不恁麽也不得〉"라고 하였다. [참고문헌] 『建中靖國續燈錄』, 『嘉泰普燈錄』, 『從容錄』, 『雲門廣錄』 권중(대정장47, p.554a11). ⇨ 참두구활 斬頭求活, 두상안두 頭上安頭

참두절비 斬頭截臂 머리 베이고 팔 잘리다. 온갖 수단 떨쳐버림은 물론 온몸 던져 얻을 것 없이 하여야 하는 비유다. 『종용록』 29칙 「평창 評唱」(대정장48, p.246c28)에 "서천의 외도들은 자신이 세운 뜻이 성립되지 못하면 '졌다'고 하여 머리를 베거나 팔을 자름으로써 자신의 어리석음을 사죄하였다. 西天外道立義 不成者謂之負墮 斬頭截臂 以謝不敏", 『운문광록』 권중(대정장47, p.560a12)에 "운문이 언젠가 '한 알의 둥근 빛이 밝은 지 이미 오래되었으니 물어볼 사람 있느냐?' 하자 학인이 '무엇을 한 알의 둥근 빛이 밝은 지 이미 오래되었다 합니까?'라고 물었고, 운문은 '서천이었다면 머리 베이고 팔 잘렸을 것이다'라 하고 또 말했다. '수미산 없애버리고 불전마루마저 집어던져야 하리'. 師有時云 一顆圓光明已久 還有人問麽 僧便問 如何是一顆圓光明已久 師云 西天斬頭截臂 又云 除却須彌山 拈却佛殿脊"라고 하였다. [참고문헌] 『從容錄』, 『雲門廣錄』.

참두행자 參頭行者 행자 중 참학한 지 가장 오래되어 행자들을 보살피는 이. 『백장청규』 권2 「훈동행 訓童行」(대정장48, p.1122a8)에 “단망과 오참 상당이 끝나면 참두행자는 할식행자를 시켜 각 국무에 알리고 행당 앞에 패를 걸어 대중에게 알린다. 凡旦望五參上堂罷 參頭行者 令喝食行者 報各局務 行堂前掛牌報衆”, 『선림상기전』 권8 「참두행자」(불광장, 禪藏, p.566)에 “행자 중 나이 많으며 오래 참학한 이 또는 여러 행자 중 우두머리인 이를 참두행자라고 한다. 行者中 高年舊參者 首于諸行者 曰參頭行者”라고 하였다. [참고문헌] 『百丈清規』, 『禪林象器箋』. ⇨ 참두 參頭

참득 參得 참하여 얻다. 『벽암록』 1칙 「평창 評唱」(대정장48, p.140b20)에 “스승이신 오조법연(五祖法演)께서는 일찍이 설하셨다. ‘이 확 트여 성스러울 것조차 없음을 만약 사무쳐 얻은 이 있다면 집으로 돌아가 평온하게 앉으리니, 한결같이 이 갈등 쳐보지만 그를 위해 칠통 깨뜨려주는 데 방해될 일 없었으니, 달마는 저들 중에서 기특하다. 그러므로 한 구 참해 사무치니 천구만구 일시에 사무쳤다 한다. 五祖先師嘗說 只這廓然無聖 若人透得 歸家穩坐 一等是打葛藤 不妨與他打破漆桶 達磨就中奇特 所以道 參得一句透 千句萬句一時透”, 『석옥청공어록』 권하(卍속장122, p.648b1)에 “조주무자를 참하여 얻고 사무쳤으니 현관의 자물쇠를 죄다 열어젖힌다. 參得趙州無字透 玄關金鎖盡開通”라고 하였다. [참고문헌] 『碧巖錄』, 『石屋清洪語錄』. ⇨ 참 參 ❶

참득저인 參得底人 참해 얻고자 하는 이들. 『경덕전등록』 권11 「대수법진전 大隋法眞傳」(대정장51, p.286b4)에 “한 행자 무리를 이끌고 도착하자 대수가 물었다. ‘참해 얻고자 하는 이들이여! 동을 무엇이라 불러야 할까?’ ‘동이라고 불러서는 안 됩니다’. 대수가 꾸짖으며 말하기를 ‘냄새나는 당나귀 같은 놈. 동이라 부르지 않고 무엇이라 말한단 말이냐?’라고 하자 행자는 말이 없었고 무리는 흩어졌다. 有行者領衆到 師問 參得底人 喚東作什麽 對曰 不可喚作東 師咄曰 臭驢漢 不喚作東 喚作什麽 行者無語 衆遂散”라고 하였다. [참고문헌] 『景德傳燈錄』. ⇨ 참득 參得, 참 參 ❶

참라반니의 讖羅半尼衣 십종의(十種衣) 중 하나로 친라발니(嚫羅鉢尼) 등으로 음사하고 회수(灰水 Ⓢ kṣāra-pāṇīya)로 한역한다. 『사분율』 권6(대정장22, p.602a13)에 “옷에는 열 종류가 있다. 시의 … 참라반니의이다. 衣者有十種 絁衣 … 讖羅半尼衣”라고 하였다. [참고문헌] 『四分律』. ⇨ 친라발니 嚫羅鉢尼, 십종의 十種衣

참료자집 參寥子集 송대 도잠(道潛) 지음. 12권. 『참료자시집 參寥子詩集』이라고도 한다. 참료자는 도잠의 호이다. 두 가지 판본이 유행하지만 권질은 동일하며 순서에 약간의 차이가 있을 뿐이다. 하나는 삼학법사(三學法嗣) 광빈(廣賓)이 교정하였고, 다른 하나는 법사 법영(法穎)이 엮었다. 법영과 화답하며 주고받은 시도 들어 있다. [참고문헌] 『補續高僧傳』 권23 「參寥子傳」(卍속장134, p.348b12), 『四庫提要別集類』.

참마 懺摩 ❶ Ⓢ kṣama의 음사어. 한역어는 회(悔)나 인서(忍恕)다. 타인에게 자신의 과오를 드러내 용서를 청하는 뜻이다. 참회(懺悔)는 음사어 참마에서 마를 버리고 한역어 회를 붙였기에 참은 음사어여서 뜻을 가지지 않는다. 『관무량수경의소』(대정장37, p.177c26)에 “참마는 범어 음사어로 한역하면 과오를 돌이켜 후회하는 회과다. 범어와 한역어를 아울러 들었기에 참회라 한다. 懺摩 胡語 此云悔過 胡漢並擧 故曰懺悔”, 『유부율』 권8(대정장23, p.665c17)에 “모든 사람이 다 같이 이와 같이 말하고 이것을 자세히 듣고 나서 함께 이런 말을 나누었다. ‘이 한 사람은 우리가 사는 곳에서 하는 일마다 항상 앞서서 행했지만 우리가 돕지 않자 화가 날 수밖에 없었습니다. 우리들이 식사를 마치고 그를 따라가서 화를 풀고 기뻐하도록 빕시다’. 식사를 마치고 그가 있는 곳으로 찾아가 모두 함께 참마하였다. 나이 어린 그 사람은 곧바로 자신의 이마를 그 발에 붙이고 절을 올렸고, 나이가 든 사람은 손으로 그의 어깨를 쓰다듬고 ‘구수여! 그대가 용서해 주겠는가?’라고 하였다. 諸人悉皆 作如是語 詳聞此已 共相謂曰 此之一人 於我等處 凡有所作 常爲先首 我不相助 彼定生瞋 我等食竟 從乞歡喜 食已 詳至其所 俱共懺摩 其少年者 卽便禮足 若老大者 手撫其肩 告言 具壽 汝可容恕”, 『사분율행사초자지기』 권중4하 「석참육취법편 釋懺六聚法篇」(대정장40, p.349b5)에 “참은 능히 뉘우치는 마음이고, 육취란 뉘우칠 만한 죄이며, 법이란 참하는 법도다. 범어 참마는 지나간 것을 돌이켜 뉘우치는 것이다. 회왕이라 한역한다. 懺是能懺之心 六聚卽所懺之罪 法謂懺之軌度 梵云懺摩 此翻悔往”, 『남해기귀내법전』 권2(대정장54, p.217c19)에 “참마는 인도의 음이다. 본래 인(忍)의 뜻에 당하며, 회는 중국의 글자다. 돌아보아 후회하는 마음을 가리킨다. 그러나 회와 인은 간섭함이 멀다. 만약 분명하게 범본에 따른다면 모든 죄를 버리려 할 때 ‘지극한 마음으로 지은 죄를 고백한다’라고 해야 한다. 이로써 상세히 살펴보면 참마를 뒤돌아 후회한다는 뜻의 추회로 한역하더라도 그 유래는 찾기 어렵다. 懺摩 乃是西音 自當忍義 悔乃東夏之字 追悔爲目 悔之與忍 逈不相干 若的依梵本 諸除罪時 應云至心說罪 以斯詳察 翻懺摩爲追悔 似罕由來”라고 하였다. [참고문헌] 『觀無量壽經義疏』, 『有部律』, 『四分律行事鈔資持記』, 『南海寄歸內法傳』. ⇨ 참회 懺悔 ❷ Ⓢ kṣauma. 야생의 삼으로 지은 옷. 참마의(讖摩衣)라고도 한다. 『사분율개종기』 권3(卍속장66, p.810b1)에 "참마는 야생의 마로 짓는다. 마는 재배한 삼이다. 懺摩者 野麻作 麻者 家麻"라고 하였고, 마로 옷을 지어 입는 인도의 풍습에 대하여 『대당서역기』 권2(대정장51, p.876b12)에 "교사야는 야생의 누에에서 뽑은 실로 만든 옷이고, 총마의는 삼류로 지은 옷이다. 憍奢耶者 野蠶絲也 叢摩衣 麻之類也"라고 하였다. 〔참고문헌〕『四分律開宗記』, 『大唐西域記』.

참마법 懺摩法 참회하는 법. 음사어 참마(懺摩)와 법(法)을 아우른 말. 『유부율』 권39(대정장23, p.841b20)에 "법을 따라 순하지 못하는 사람이라면 참마의 법을 수순해 짓지도 못한다. 未爲隨順法者 未作隨順懺摩之法", 『자백존자전집』 권8(卍속장126, p.766a4)에 "성인은 세 가지 장애가 우환의 근본이라고 아는 까닭에 참마법을 베풀어 한번에 없앤다. 세 장애 이미 없어지면 본심의 빛 두렷해서 스스로에게 이롭고 남도 이롭게 할 수 있어 어디로 가거나 이루지 못할 일이 없다. 세 장애란 무엇인가? 번뇌장·업장·보장을 말한다. 聖人知三障爲患之大 所以設懺摩法 而蕩除之 三障旣蕩 本心光圓 本心光圓 則自利利他 無往而不克矣 三障者何 所謂煩惱障 業障 報障"라고 하였다. 〔참고문헌〕『有部律』, 『紫柏尊者全集』. ⇨ 참마 懺摩 **1**, 참법 懺法

참모다 懺慕陀 Ⓢ kṣamuda, Ⓣ bzod-yas. 극대수(極大數)를 나타내는 백이십전(百二十轉)에 속한다. 80권본 『화엄경』 권45 「아승기품 阿僧祇品」(대정장10, p.237c14)에 "마로다의 제곱이 1참모다이고, 참모다의 제곱이 1예라다이다. 摩魯陀摩魯陀 爲一懺慕陀 懺慕陀懺慕陀 爲一堅攞陀"라고 하였다. 〔참고문헌〕『華嚴經』, *Mvyut.246.* ⇨ 백이십전 百二十轉

참문 參問 참해 묻다. 스승을 찾아 법을 묻다. 『원오어록』 권15 「시천선인 示泉禪人」(대정장47, p.782b26)에 "찾아 묻고서야 반드시 성을 보고 이를 깨우치니 곧바로 망정을 끊고 비춘다. 흉금 다 쓸어버려 어리석은 듯 멍청한 듯하여 득실을 따지지 않고 승열도 다투지 않는다. 순하거나 거스르는 것 모조리 잘라내서 이어지지 않도록 하여 오래되어 자연스러워지면 무위무사처에 도달하겠지만 한 터럭만큼이라도 무사를 바란다면 벌써 일은 생겨나고 말리라. 參問要見性悟理 直下忘情絶照 胸襟蕩然 如癡似兀 不校得失 不爭勝劣 凡有順違 悉皆截斷 令不相續 悠久自然 到無爲無事處 才毫髮要無事 早是事生也", 『원오심요』 권4 「시오교수 示吳敎授」(卍속장120, p.787b2)에 "보통 참문하는 인사들을 보면 세속지는 총명해서 단지 이야깃거리에 보탬이 되기를 바라고, 명성을 넓히는 일을 고상한 취향으로 여기며 남보다 낫게 되고자 애쓸 뿐입니다. 저들은 다만 아견을 늘릴 뿐이니 마치 기름을 안고 불에 뛰어들면 불꽃 더욱 치성할 뿐인 듯 합니다. 그러다 임종을 맞이하여 망연히 허둥댈 것입니다. 多見參問之士 世智聰明 只圖資談柄 廣聲譽以爲高上趣向 務以勝人 但增益我見 如以油投火 其炎益熾 直到臈月三十日 茫然繆亂", 『담연원징어록』 권4(卍속장126, p.209b12)에 "천룡(天龍)선사가 손가락 하나를 세워 보이자 구지(俱胝)가 그 자리에서 크게 깨달았다. 그때부터 학인들이 법을 물으러 찾아올 때마다 오로지 손가락 하나만 들을 뿐 그와 달리 내세우는 말은 없었다. 龍竪一指示之 師當下大悟 自此凡有學者參問 惟擧一指 別無提唱"라고 하였다. 〔참고문헌〕『圜悟語錄』, 『圜悟心要』, 『湛然圓澄語錄』. ⇨ 참 參 **1**

참방 參榜 누군가를 찾아 뵈올 때 드리는, 자기를 소개하는 짧은 글의 종이조각. 문장(門狀)·참장(參狀)이라고도 한다. 『선림상기전』 권15 「참방」(불광장, 禪藏, p.1163)에 "참방은 문장이다. 參榜 卽門狀也", 같은 책 권15 「문장」(불광장, 禪藏, p.1173)에 "옛 설에 문장은 어떤 사람을 알현할 때 드리는 짧은 글로 여섯이나 일곱마디 쯤 되는 종이다. 안쪽 면에는 글자를 쓰지 않고 왼쪽에서 오른쪽으로 둘둘 말고 실을 이용하여 가운데 조금 윗부분을 묶고 그 윗면에 성명을 적는다. 참방 또는 참장이라고도 한다. 舊說曰 門狀者 謁見人時 所呈單狀也 紙闊六七寸 內不書文字 自左方卷之 用絲束分中少已上 題姓名於其上 又名參榜 或曰參狀"라고 하였다. 〔참고문헌〕『禪林象器箋』. ⇨ 문장 門狀, 참장 參狀

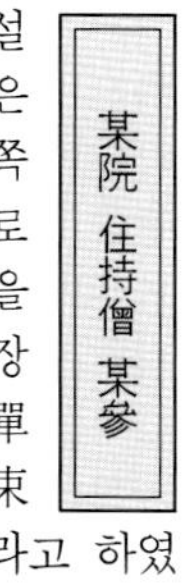

참배 參拜 직접 뵙고서 예를 올리다. 대중이 마주해서 절하다. 『자은전』 권5(대정장50, p.249c7)에 "가습미라(Ⓢ Kaśmīra)의 국왕은 삼장법사가 점점 가까이 오고 있다는 소식을 듣고서, 또한 먼 거리를 잊고 몸소 와서 뵙고 예를 올렸으며 며칠을 보내고서야 되돌아갔다. 迦濕彌王 聞法師漸近 亦忘遠躬來參拜 累日方歸", 『백장청규』 권3 「입원 入院」(대정장48, p.1125c13)에 "다음으로 수좌와 대중이 하례를 하고, 행자와 종복들 모두 바로 그 틈에 참배한다. 次首座大衆作賀 行僕皆當參拜"라고 하였다. 〔참고문헌〕『慈恩傳』, 『百丈淸規』.

참법 懺法 **1** 율장(律藏)에 의지해 여법히 허물을 드러내고 뉘우쳐 용서받는 일. 다른 이 앞에 숨김없이 드러내는 현전비니(現前毘尼)와 스스로 말해 다스리는 자언치(自言治) 등을 말한다. 『사분율』 권48(대정장22, p.921b4)에 "어떤 비구가 죄를 범하고서 다른 한 비구 앞에 참회하려면 청정한 비구 한 사람에게 가서 오른쪽 어깨를 드러내고, 상좌라면 발에 예를 올리고 오른 무릎을 꿇고 합장하고서 죄명과 죄의 갈래를 말하고 다음과 같이 말씀드려야 한다. '장로시여, 일심으로 저를 생각해 주십시오. 저 비구 아무개는 어떤 죄를 범했는데, 이제 장로님께 참회하며 숨기지 않겠습니다. 참회하면 안락하고 참회하지 않으면 안락하지 않으니, 범한 것을 기억하고 드러내어 아는 것을 숨기지 않겠습니다. 장로시여, 저의 청정한 계신을 기억하시고 청정포살을 구족하도록 해주십시오'. 이렇게 두세 번 말씀드린다. 그 장로는 '스스로 그대의 마음을 꾸짖고 싫어하여 여의는 마음을 내어야 한다'라고 말할 것이며, '그렇게 하겠습니다'라고 답한다. 이와 같이 하여 다툼이 사라지면 아난아, 이것이 범쟁을 두 가지 없애는 법으로 사라지게 한 것이다. 즉 현전비니와 자언치여서 풀로 땅을 덮듯이 하는 여초부지법은 쓰지 않은 것이다. 이 중에서 현전이란 법비니고, 위의 경우에서 인현전이란 참회를 받는 사람이다. 이 중에서 어떤 것이 스스로 말하는 자언인가? 죄명과 죄의 갈래를 말하고 참회하는 것이다. 어떤 것이 다스리는 것인가? 스스로 그대의 마음을 꾸짖고 싫어하여 여의는 마음을 내어야 한다. 만일 다툼이 없어진 다음에 다시 일으키면 바일제다. 수욕의 경우를 제하고, 그 이외의 것은 위와 같다. 두 비구에게 참회하고자 하면 청정한 두 비구에게 가서 오른쪽 어깨를 드러내며, 상좌이면 그의 발에 예를 올리고 오른 무릎을 꿇고 합장하고서 죄명과 죄의 종류를 말하고, 위에서와 같이 말씀드려야 한다. 참법은 위와 같다. 若比丘犯罪 若欲在一比丘前懺 應至一清淨比丘所 偏露右肩 若上座 禮足 右膝著地 合掌 說罪名 說罪種 作如是言 長老 一心念 我某甲比丘 犯某甲罪 今從長老懺悔 不敢覆藏 懺悔則安樂 不懺悔不安樂 憶念犯發露 知而不覆藏 長老 憶我淸淨戒身 具足淸淨布薩 如是第二 第三說 彼應語言 自責汝心 應生厭離 答言 爾 若作如是 諍事滅者 是爲阿難 犯諍 以二滅滅 現前毘尼 自言治 不用如草覆地 是中現前者 法毘尼 如上 人現前者 受懺悔者 是也 是中云何自言 說罪名說罪種懺悔者 是 云何治 自責汝心 生厭離也 若諍事滅已 後更發起者 波逸提 除受欲已 餘者如上 若欲在二比丘邊懺悔 應至彼二清淨比丘所 偏露右肩 若是上座 禮足已 右膝著地 合掌 說罪名 說罪種 作如是言 懺法如上"라고 하였다. 〔참고문헌〕『四分律』. **2** 의지하는 경(經)이나 종파에 따른 참법(懺法)이나 후대에 지은 참문(參文)에 의지해 예참하고 발원하고 회향하는 행의. 참 하는 법. 참의(懺儀)라고도 한다. 앞서 행하는 예참의(禮懺儀)와 그 중간에 참법을 행하고, 후에 행하는 발원과 회향 등의 참원의(懺願儀)로 구성된다. 의지하는 경이나 종파에 따라 매우 많은 참법이 홍행하였으며, 수많은 예찬문(禮讚文)과 참회문(懺悔文)이 출생하였다. 참법으로는 천태의 법화참법(法華懺法)·미타참법(彌陀懺法)·청관세음참법(請觀世音懺法)·금광명참법(金光明懺法)·방등참법(方等懺法)·방등삼매행법(方等三昧行法)과 화엄종의 화엄참법(華嚴懺法)과 그 밖에 대비참(大悲懺)·약사참(藥師懺)·정토참(淨土懺)·수참(水懺)·치성광법(熾盛光法)·점찰참법(占察懺法)·탑참법(搭懺法)과 같은 참법, 대승법에 따라 참회하는 대승참(大乘懺), 중국 선가(禪家)에서 행해온 능엄구경사참(楞嚴究竟事懺) 등도 있다. 참문으로는 열반참계(涅槃懺啓)·육근참문(六根懺文)·자비도량참(慈悲道場懺 : 梁皇寶懺)·금강반야참문(金剛般若懺文)·마하반야참문(摩訶般若懺文)·묘법연화경참문(妙法蓮華經懺文)·금광명참문(金光明懺文)·허공장보살참문(虛空藏菩薩懺文)·약사재참문(藥師齋懺文) 등도 전한다. 참법에 관한 저술로는 지의(智顗)의『법화삼매참의 法華三昧懺儀』·신행(信行)의『칠계불명 七階佛名』·선도(善導)의『정토법사찬 淨土法事讚』·법조(法照)의『오회염불약법사의찬 五會念佛略法事儀讚』·종밀(宗密)의『원각경도량수증의 圓覺經道場修證儀』·일행(一行)의『화엄참법 華嚴懺法』과 여러 가지 참법을 종합한 지승(智昇)의『집제경예참의 集諸經禮懺儀』가 있다. 특히 천태의 지례(知禮)·준식(遵式)·지반(志磐)은 예참을 지관(止觀)수행의 중요한 방법으로 여겼으며, 지례 또한 직접 법화참법·광명참법·미타참법 등을 닦았다. 또한 지례는『금광명최승참의 金光明最勝懺儀』·『대비참의 大悲懺儀』·『수참요지 修懺要旨』를 저술하였으며, 준식과 지반도 각각『금광명참법보조의 金光明懺法補助儀』와『수륙도량의궤 水陸道場儀軌』를 지었다. ⇨ 관음참법 觀音懺法, 미타참법 彌陀懺法, 방등참법 方等懺法, 법화참법 法華懺法, 자비도량참법 慈悲道場懺法 **3** 점찰법(占察法)과 박참법을 말한다.『삼국유사』권4(대정장49, p.1007c21·한불전6, p.350c12) 의해(義解)5 진표전간(眞表傳簡)에 "개황 13년(593) 광주의 어떤 스님이 참법을 행하였다. 그는 가죽으로 첩자 두 장을 만들어 선악 두 글자를 써서 사람에게 던지게 하여 선이라는 글자를 얻으면 길하다고 하였다. 또 스스로 박참법을 행하여 죄를 멸한다고 하니 남녀가 함께 받들어 은밀히 행하여 청주에까지 퍼져 같이 행했다. 관사가 조사해 보고 요망하다고 하니, 그들이 말하길 '이 탑참법은『점찰경』에 의한 것이고, 박참법은 여러 경중에서 오체를 땅에 던지니 마치 큰 산이 무너지듯 한다 하는 것이다'. 開皇十三年 廣州有僧行懺法 以皮作帖子二枚 書善惡兩字 令人擲之 得善者吉 又行自撲懺法 以爲滅罪 而男女合匝 妄承密行 青州接響同行 官司檢察謂是妖妄 彼云 此搭懺法依占察經 撲懺法 依諸經中 五體投地 如大山崩"라고 하였다. 〔참고문헌〕『三國遺事』. ⇨ 점찰법회 占察法會

참선 參禪 곧바로 자성 보아 부처되는(見性成佛) 길을 묻고 답하여 얻고 열어 보이는 일로서 조사(祖師) 또는 종사(宗師)에 의지해 공부하고 인증해온 전통에 따른 종문(宗門)의 공부법. 유래가 없고 격식마저 버려서(無由來 沒格式) 부처와 조사 가신 길 사무쳐 깨우침만을 요체로 삼는다. 이 공부하는 이들이 좌선(坐禪)을 주 방편으로 하기에 참선을 좌선이라 하기도 하지만, 공안(公案)을 들어 사자(師資) 간에 문답하고 화두(話頭)를 들어 참하는 등 선문(禪門)에서 행하는 수행을 널리 품어 일컫는 말이기도 한다. 『증도가』(대정장48, p.396a9)에 "강과 바다 떠돌고 산천 건너면서, 스승 찾아 길을 물어 참선한다네. 遊江海涉山川 尋師訪道爲參禪", 『통현백문』(卍속장119, p.336a13)에 "〔문〕 스승 찾아 길 묻는 것을 참선이라 한다. 그렇다면 선은 어떻게 참하는가? 〔답〕 옛부터 길 알리는 바람 불고 있었다. 〔송〕 오랫동안 도의 바람 일고 그 뜻도 그 일도 함께 어울렸다네. 말마다 반야요, 물물도 두렷이 밝았다네. 만일 마주한 진실 지나쳤다면, 숭양으로 가서 조옹에게 묻게나. 問 尋師訪道爲參禪 祇如禪作麽生參 答 久嚮道風 頌 久嚮道風 理事雙融 言言般若 物物圓通 其或蹉過當頭句 且向嵩陽問祖翁", 『정토신주』(卍속장110, p.291a10)에 "무릇 우리들 지금 여기 일념 마음바탕 비록 혼미하고 뒤집혀 어지럽더라도 신령하게 아는 그것 끝내 사라질 수 없다네. 비록 흘러 구르며 분분히 들떠 요동치지만 본바탕 마침내 조금도 움직인 일 없다네. 이 어찌 고요해 비추는 진실의 샘 아니랴. 그치고 또 보는 혈맥이요 고요해 지혜로운 뿌리 아니겠는가. 이 지금 여기 있는 일념심성 끝내 앎을 참선이라 한다네. 夫吾人現前 一念心性 雖昏迷倒惑 靈知終不可滅 雖流轉紛擾 本體終未嘗動 此豈非寂照眞源 止觀血脈 定慧根據乎 究此現前一念心性 名爲參禪", 『치문경훈』 권2 「팔일성해탈문 八溢聖解脫門」(대정장48, p.1053a18)에 "좌선이란 부처님의 경계에 통달함이고, 참선이란 부처님의 마음과 합하는 일이다. 坐禪者 達佛之境也 參禪者 合佛之心也", 『철오어록』 권상(卍속장109, p.771b4)에 "저 종문에서 참선하는 사람 곧바로 사람 마음 가리켜 자성 보아 부처 된다. 그러므로 십이시중 사위의중에 오롯이 사람의 본래면목 마주해 드러내고 본지풍광 받아 쓴다. 마음 떠난 자성 밖에 털끝 하나 취해 가질 것 없어서 저들이 천성이 나타났다 하지만 나에겐 천진불 부처 있다 하리라. 如宗門參禪者 以直指人心 見性成佛 故唯欲十二時中 四威儀內 獨露當人面目 受用本地風光 離心性外 毫無取著 所謂任他千聖現 我有天眞佛也", 『각호집』 권상 「시서인정공등 示西印淨公等」(卍속장109, p.534a11)에 "참선한다 하는 이들 흔히 삿된 스승에게 기만당하여 사견 숲에 끌려 들어가 아만귀에 떨어지고 외도종 늘린다. 이는 참으로 걱정할 만하다. 하물며 열 중에 한 사람도 해탈한 이 없음에랴! 參禪者 多被邪師過謬 引入邪見稠林 墮我慢魔 增外道種 是大可憂 況十無一人 得解脫處", 『증도가주』(卍속장111, p.369b18)에 "참선이라 하면 반드시 경론을 기준 삼아야 한다. 덕 있는 옛사람은 '요즘 사람들 옛 교설을 보면서도 마음 속 시끄러움을 벗어나지 못하지만, 마음 속 시끄러움을 벗어나려면 반드시 옛 교설을 보아야 한다' 하였다. 또한 전하는 말에 '경은 부처님 말씀이고 선은 부처님 마음이니, 모든 부처님의 마음과 말씀 반드시 서로 어긋날 일 없다'라고 하였다. 參禪者 必以經論爲準 古德云 今人看古教 未免心中鬧 欲免心中鬧 應須看古教 傳云 經是佛語 禪是佛心 諸佛心口必不相違也", 『영각광록』 권29(卍속장125, p.769b1)에 "'어떤 선사는 「참선하려면 먼저 반드시 교를 보아 대의를 얻어야 비로소 쓰고 도모할 수 있다. 그렇지 않으면 삿된 치우침에 떨어질까 염려된다」라고 하였고, 어떤 선사는 「참선하려면 교는 볼 필요는 없으니, 교를 보면 분별의 길을 늘려 스스로 깨닫는 문을 가로막을까 걱정되기 때문이다」라고 하였습니다. 두 주장 누가 옳은지 모르겠습니다' '교 보아야 한다고도 하고, 교 보아서는 안 된다고도 하지만, 이는 근기 같지 않음에 있으니 어느 한 편에 집착하여 말함은 타당하지 않다'. 問有師云 參禪者 先須看教 識得大意 方可用工 不然 恐墮於邪僻 有師云 參禪 不必看教 看教恐增解路 障自悟門 二說未知孰是 曰 或宜看教 或不宜看教 此在機器不同 未可執一而論", 『무문관』 1칙 「평창 評唱」(대정장48, p.292c25)에 "참선하려면 반드시 조사관을 뚫어야 하고, 묘를 깨우치려면 마음 다해 길도 끊어져야 한다. 조사관 뚫지 못하고 마음의 길 끊지 못하면, 온통 풀이나 나무에 붙어 사는 정령에 불과하다. 參禪 須透祖師關 妙悟要窮心路絶 祖關不透 心路不絶 盡是依草附木精靈", 『선관책진』 「양주소암전대사시중 楊州素菴田大士示衆」(대정장48, p.1099c28)에 "요즈음은 돈독한 뜻 가져 참선하는 이 드물고, 겨우 한낱 화두 참하자마자 곧바로 혼산의 두 마구니에 얽어매여 혼산도 의정도 곧바로 마주해 다스릴 줄 모른다. 신심이 깊은즉 의정 또한 틀림없이 깊고, 의정이 깊은즉 혼산도 저절로 사라진다. 近來篤志參禪者少 纔參箇話頭 便被昏散 二魔纏縛 不知昏散與疑情 正相對治 信心重則 疑情必重 疑情重則 昏散自無", 『나옹화상가송』 「해선자구게 海禪者求偈」(한불전6, p.739b18)에 "참선하여 근원 알아차릴 뿐, 무(無) 중에 묘하고 그윽한 것 찾지 마라. 홀연히 온몸 남김없이 놓아 버리면, 겁마저 공한 소식 바로 마주하리라. 參禪識得根源去 莫向無中覓妙玄 忽地全身都放却 劫空消息在於前", 『감산집』 권51 「시조계사미 示曹溪沙彌」(卍속장127, p.929b17)에 "가거나 머물거나 앉거나 눕거나, 차 마시고 밥 먹거나, 나무하고 물 긷거나, 손님 맞이하고 객을 접대하거나, 이륙시중 일체처에 드러난 것 들마다에서 불들어 끌어내 곧바로 마주한다. 정히 본래 한 물도 없음이라 분명히 보아서, '이 무엇인가', '어떤 것이 티끌 일지 않는 광경인가' 해야 한다. 만일 능히 이와 같이 마음을 쓸 줄 안다면 이를 참선이라 이름 붙일 수 있다. 行住坐臥 喫茶喫飯 搬柴運水 迎賓待客 二六時中 一切處 頭頭提撕 直使現前 定要見本來無一物 是箇甚麽 如何是不惹塵埃的光景 若能如此用心 是名參禪", 『무명혜경어록』 권1(卍속장125, p.15a11)에 "참선이란 반드시 선이라는 저 샘 깊은 곳의 묘를 길어 올려야 비로소 말할 분이 있게 된다. 이 말마저 유래가 없고 격식마저 사라졌다. 다만 기에 응해 문득 쓸 뿐 벌려 맞추고 붙여 헤아릴 말이라면 실로 없다. 그렇기에 말하기를 맛조차 없는 말씀이고 사람의 입이라면 막아 끊는다 한다. 마치 학인이 조주에게 묻기를 '무엇이 이 길입니까' 하니 '문밖이 바로 길이다' '저는 그 길 묻지 않았습니다' 하고 '무엇을 길이라 하는가' 하니, 다시 '큰길입니다' 답하고, '큰길은 장안을 뚫고 간다' 하는 등의 설화이니 가히 듣고 헤아리는 것이다. 온통 이것들 선의 저 샘 깊은 끝 닿은 이의 한마디여서 눈 갖춘 이라야 자연스레 서로 만날 수 있다. 이 길 배우고자 하는 이라면 곧바로 배울 곳마저 있지 않아야 비로소 배울 분 있다 하리니 털끝만큼이라도 가히 배울 것 있다 하면 이는 아직 배움일 수 없다. 參禪者 須得禪源底要妙 方有語話分 此語無來由沒格式 但應機便用 實無有鋪排 著量之言 所以云 無味之談 塞斷人口 如僧問趙州 如何是道 州曰 門外是 曰 不問那個道 州曰 甚麽道 曰 大道 州曰 大道透長安 此等語話可商量乎 盡是禪源到底句 但具眼者 自然相契 學此道者直須無有學處 始有學分 若有毫端許可學者 未是學也", 『천여유칙어록』 권2(卍속장122, p.832a18)에 "만약 선의 으뜸자리 논하자면 허다한 일 다 버려 없게 하는 것이리라. 문자 세울 일 없어서 교 밖에 따로 전하고 곧바로 사람마음 가리켜 그 바탕 보아 부처 되는 것을 말할 뿐이다. 이런 까닭에 참선하는 이라면 우선 평생 배워 기억한 것 보고 들은 것 알고 이해한 것들 모두 가져 온갖 분별 다한 곳으로 몰아 저 한쪽 벽을 향해 던져 버린다. 또 평생 가져 놓지 못한 이름 알려 명예 얻는 이양지사와 은애와 탐욕의 마음 진정으로 저 한구석 향해 던져 놓는다. 천 갈래 앉아 끊고 만 갈래 염려 또한 쓸어 비워서 오로지 정념만을 끌어당겨 힘차게 바로 앞으로만 갈 뿐이다. 마치 저 백만 군사 중에 한 칼 들고 곧바로 들 듯이 위망득실과 너도 나도 시비조차 돌아보지 않는다. 맹렬히 목숨 돌볼 일 없이 불조의 굳게 닫힌 문만을 몰아쳐 사무칠 뿐이어서, 섬돌도 사다리도 거칠 일 없이 불조 계신 저 깊은 곳으로 높이 오를 뿐이다. 이것이 선의 으뜸자리다. 若論禪宗 却無許多事 謂之不立文字 教外別傳 直指人心 見性成佛 所以參禪者 先將平生所學所記 所見所聞 所知所解 盡情颺在一壁 又將平生 名聞利養之事 恩愛貪欲之心 盡情拈向一邊 坐斷千差 掃空萬慮 單提正念 勇往直前 譬如百萬軍中 單刀直入 不顧危亡得失 人我是非 猛拚性命 拶透佛祖牢關 不歷階梯 高登佛祖堂奧 是謂禪宗也", 『영각광록』 권30(卍속장125, p.774a9)에 "이제 진실로 참선에 뜻을 품은 사람이라면 반드시 이들 악지악습을 앉아 끊고 단단히 꿰맨 흔적 없는 곳 향해 뚫고 단련할 뿐이다. 분연히 마주친 원수같이 여겨서 곧바로 없앤 후에야 아침 먹을 수 있듯 한다. 今眞有志參禪者 必須坐斷 此等惡知惡習 單單向無縫罅處鑽研 憤然如遇著 箇死對頭 直須滅此 而後朝食", 『올암보녕어록』 권상(卍속장123, p.14b5)에 "그런 까닭에 '참선이란 반드시 이 깨우침이고 깨우쳐 마쳐서는 반드시 사람 만난다' 한다. 만약 눈 밝은 종사 인증 없다면 저 책을 읽고 알아 급제하고도 관직에 나아가지 못함과 같다. 所以道 參禪須是悟 悟了須遇人 若不求明眼宗師印證 譬如讀書發解及第了 不得轉官相似", 『고봉원묘어록』 권하(卍속장122, p.692a3)에 "참선한다 하니 만약 날 정해 공을 성취하려면 저 천길이나 깊은 우물바닥 떨어지듯 하여 해 뜰 때부터 해 질 때까지 다시 날 저물고 해 뜰 때까지 천 가지로 생각하고 만 갈래로 떠올려 상상하지만 단단히 한즉 이것 벗어날 마음뿐이어서 끝내 두 마음 없이 함이다. 진실로 능히 이와 같이 공들이길 때론 3일 때론 5일 때론 7일이 되어도 사무치지 못 한다면 서봉 나는 오늘 큰 거짓말 범했으니 영원히 혀 뽑아 밭가는 지옥에 떨어지리라. 參禪 若要剋日成功 如墮千尺井底相似 從朝至暮 從暮至朝 千思想 萬思想 單單則是箇求出之心 究竟決無二念 誠能如是施功 或三日或五日 或七日 若不徹去 西峰今日犯大妄語 永墮拔舌犁耕", 『경덕전등록』 권4 「거현전 巨玄傳」(대정장51, p.232a27)에 "처음에는 경론을 강하다가 뒤이어 참선하였다. 初講經論 後參禪"라고 하였다. [참고문헌] 『證道歌』, 『通玄百問』, 『淨土神珠』, 『緇門警訓』, 『徹悟語錄』, 『角虎集』, 『證道歌註』, 『永覺廣錄』, 『無門關』, 『禪關策進』, 『懶翁和尙歌頌』, 『憨山集』, 『無明慧經語錄』, 『天如惟則語錄』, 『永覺廣錄』, 『兀菴普寧語錄』, 『高峰原妙語錄』, 『景德傳燈錄』. ⇨ 참 參[1], 참학 參學, 선 禪, 선종 禪宗, 간화선 看話禪, 공안 公案, 삼매 三昧, 좌선 坐禪, 행각 行脚, 화두 話頭, 종 宗[1], 종사 宗師, 조사 祖師, 견성성불 見性成佛

참선곡 參禪曲 참선을 독려하는 가곡(歌曲). 참선곡이라는 제명으로 3곡이 전한다. 첫째는 『지경영험전 持經靈驗傳』의 편저자인 인혜신사(印慧信士) 지형(智瑩)의 참선곡은 6행 22자의 구성의 총261구로 1794년(정조18) 개간한 양주 불암사판으로 총 7판이다. 둘째는 지금까지도 가장 많이 외우고 알려진 경허성우(鏡虛惺牛)스님의 참선곡으로 총165구이며 한불전11, p.630c10에 수록되어 있다. 셋째는 반농반선(半農半禪)의 불교개혁운동을 실천한 학명계종(鶴鳴啓宗 1867~1929)선사의 참선곡으로 총66구

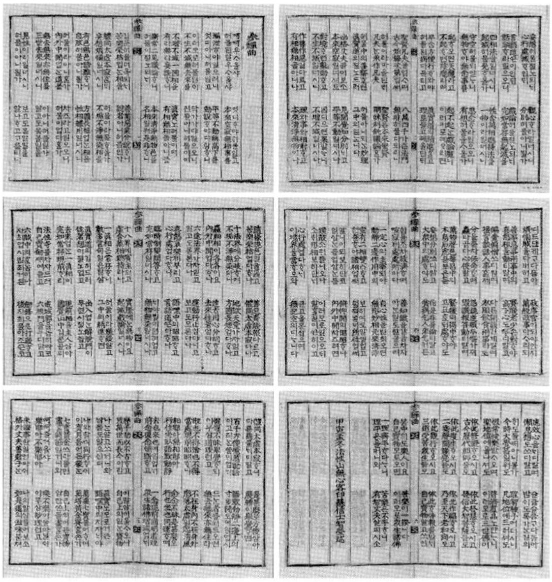

참선곡 양주 불암사판 1794년

다. [참고문헌] 『釋門儀範』 pp.231~235. ⇨ 지형 智瑩, 성우 惺牛, 계종 啓宗

참선문도 參禪問道 참선하고 도를 묻다. 『운문광록』 권상(대정장47, p.553a13)에 "여러분은 무단히 이곳으로 달려와 무엇 찾으려는가? 노승은 먹고 마시고 대소변 볼 줄만 알 뿐이니 달리 알아서 무엇 하겠는가? 그대들은 곳곳으로 행각하며 참선하고 도를 묻는다. 내가 묻겠다. 그대들 곳곳에서 참해 얻으려 하는 일 어떤 것인가? 한번 들어보라. 爾諸人 無端走來這裏 覓什麽 老僧秖解 喫飮屙屎 別解作什麽 爾諸方行脚 參禪問道 我且問 爾諸方參得底事 作麽生 試擧看", 『벽암록』 9칙 「평창 評唱」(대정장48, p.149a22)에 "무릇 참선하고 도를 묻는다 하니 자기를 밝혀 구할 뿐이지 언구간택 하는 일은 하지 말길. 大凡參禪問道 明究自己 切忌揀擇言句", 『경덕전등록』 권14 「단하천연전 丹霞天然傳」(대정장51, p.311a12)에 "요즘 공부하는 이들은 분주하고 떠들썩하게 모두들 참선하고 도를 묻지마는 나의 이곳에는 닦을 길도 없고 증할 법도 없다. 마시거니 먹거니 각자 원하는 대로 하고 짐짓 염려할 필요 없으니, 있는 곳마다 이러한 일이 있을 뿐이다. 석가를 알고자 하는가? 이들 범부가 그 분이다. 今時學者 紛紛擾擾 皆是參禪問道 吾此間 無道可修 無法可證 一飮一啄 各自有分 不用疑慮 在在處處 有恁麽底 若識得釋迦 卽者凡夫是"라고 하였다. [참고문헌] 『雲門廣錄』, 『碧巖錄』, 『景德傳燈錄』. ⇨ 참 參❶❷, 참선 參禪, 참문 參問, 문도 問道

참선학도 參禪學道 살펴 선하고 길을 익히다. 『전심법요』(대정장48, p.382b10)에 "'무엇이 도이고 어떻게 수행합니까?' '도 이것 무슨 물건이길래 그대는 수행하려 드는가?' '곳곳의 종사들이 서로 전한 참선하고도 익힌다 한 것 또한 무엇이란 말인가?' '둔근 이들 이끌어 마주해 한 말일 뿐이니 의지할 만한 것 없다'. 問 如何是道 如何修行 師云 道是何物 汝欲修行 問 諸方宗師相承 參禪學道 如何 師云 引接鈍根人語 未可依憑", 『운문광록』 권상(대정장47, p.551a19)에 "내가 다시 여러분에게 묻겠다. 주장자를 걸쳐매고 '나는 참선하고 도를 익힌다'라고 말하면서 문득 부처 넘어서고 조사 넘는 도리를 찾는다. 내가 여러분에게 묻겠다. 하루 모든 시각에 가거나 머물거나 앉거나 눕거나 대소변을 보는 것에서부터 똥구덩이 속 구더기와 시장에서 양고기 매매하는 가게의 시렁에 이르기까지, 어디에 부처와 조사를 뛰어넘는 도리가 있다는 것인가? 我更問爾諸人 橫擔拄杖道 我參禪學道 便覓箇超佛越祖底道理 我且問爾 十二時中 行住坐臥 屙屎送尿 至於茆坑裏蟲子 市肆賣買羊肉案頭 還有超佛越祖底道理麽", 『제방문인참문어록』 권하(卍속장110, p.855b14)에 "매일 밤 늦게까지 분주하게 돌아다니며 '나는 참선하고 도를 익히며 불법을 잘 안다' 말하지만 이와 같이 하면 할수록 만날 일 없게 된다. 이는 다만 소리와 색 쫓아 뛰어다닐 뿐이니 무슨 쉴 틈이 있겠는가! 每日至夜奔波 道我參禪學道 解會佛法 如此轉無交涉也 只是逐聲色走 有何歇時"라고 하였다. [참고문헌] 『傳心法要』, 『雲門廣錄』, 『諸方門人參問語錄』. ⇨ 참선문도 參禪問道, 참학 參學, 참선 參禪

참성증상만 僭聖增上慢 스스로를 성스럽고 뛰어나다 여기는 이. 『법화경』 권4 「권지품 勸持品」(대정장9, p.36b27)에 "혹 아련야 한가한 곳에 납의 입고 스스로 '참된 도 행한다' 이르며 사람들 가볍게 여기네. 이양에 탐착하는 고로 백의에게 법 설하고 세간의 공경 받으려고 육통나한처럼 하네. 이런 사람은 악심 품고 늘 세속사를 떠올리니 아련야라는 이름 빌려 우리들 허물 들추기를 즐기네. 或有阿練若 納衣在空閑 自謂行眞道 輕賤人間者 貪著利養故 與白衣說法 爲世所恭敬 如六通羅漢 是人懷惡心 常念世俗事 假名阿練若 好出我等過", "이처럼 지어 말하길, '이 여러 비구들 이양을 탐하여 외도논의를 설하며 스스로 이 경전을 지어 세간인을 속이고, 명성 구하기에 이 경을 분별하네'라 한다. 늘 대중 가운데 있으며 우리를 헐뜯고자 국왕과 대신, 바라문과 거사, 다른 비구중을 비방하며 우리가 나쁘다고 설하길, '이 사견인은 외도논의를 설하네'라 한다. 而作如是言 此諸比丘等 爲貪利養故 說外道論議 自作此經典 誑惑世間人 爲求名聞故 分別於是經 常在大衆中 欲毁我等故 向國王大臣 婆羅門居士 及餘比丘衆 誹謗說我惡 謂是邪見人 說外道論議"라고 하였다. 이 일곱 게송에 대해 『법화경과주』 권7(卍속장48, p.560b14)에서 "이상의 일곱 항은 참성증상만임을 밝혔다. 已上七行 明僭聖增上慢"라고 주석하였다. [참고문헌] 『法華經』, 『法華經科註』, 『法華文句記』 권8(대정장34, p.315a7). ⇨ 증상만 增上慢

참속 儳速 사람 말하는 중에 끼어들어 급히 말하다. 참은 참(巉)으로도 쓴다. 돈숙(敦肅)에 상대한다. 『유가사지론』 권15(대정장30, p.359b16)에 "돈숙이란 어떤 사람이 때와 장소를 기다려 말해서 끼어들어 급하게 하지 않는 것을 돈숙이라 한다. 敦肅者 謂如有一待時方說而不儳速 是名敦肅", 『유가사지론약찬』 권6(대정장43, p.95a21)에 "'끼어들어 발언하지 않고 급하게 하지 않는 것'이라고 하였는데, 타인이 말하고 있는 바로 그때 중간에 말하는 것을 '참'이라 하고, 천천히 기다리지 않고 급하게 하는 것을 '속'이라 한다. 而不巉速者 他正語時 中路卽言名巉 不徐徐中理名速"라고 하였다. [참고문헌] 『瑜伽師地論』, 『瑜伽師地論略纂』. ⇨ 돈숙 敦肅

참송 慚悚 부끄러워 몸둘 바 모르다. 『선원청규』 권2 「청지사 請知事」(卍속장111, p.889b5)에 "감사의 인사말로 '흠이 있는 저를 추천해 주셨으니, 부끄럽고 떨림을 이길 수가 없습니다'라고 한다. 謝詞云 有玷推揚 不勝慚悚"라고 하였다. [참고문헌] 『禪苑淸規』.

참수 參宿 ➡ 삼수 參宿

참역 參譯 역장(譯場) 구원(九員) 중 하나로 범어와 한문을 비교 검토하여 잘못을 바로잡는 소임. 『불조통기』 권43(대정장49, p.398b15)에 "일곱 번째, 참역은 두 나라의 문자를 번갈아 살펴보면서 잘못이 없도록 한다. 第七 參譯 參考兩土文字使無誤"라고 하였다. [참고문헌] 『佛祖統紀』. ⇨ 번역 翻譯, 번역관직 翻譯官職, 역경 譯經

참위 讖緯 조짐으로 앞날을 점치는 말이나 글. 도참(圖讖)이라고도 한다. 40권본 『화엄경』 권31(대정장10, p.805c9)에 "또 잘 살펴보아야 하니 천문과 지리, 참위와 음양, 인상의 길흉, 악성의 변괴, 구름과 노을의 기후, 새와 짐승의 소리, 물과 땅의 가고 옴, 징조에 응함과 재앙의 그침, 한 해 곡식 수확의 많고 적음, 국토의 안위다. 又善觀察 天文地理 讖緯陰陽 人相吉凶 惡星變怪 雲霞氣候 鳥獸音聲 水陸往還 徵應休咎 年穀豐儉 國土安危", 『집고금불도론형』 권2 「주고조등조론병불법안법사상론사 周高祖登朝論屛佛法安法師上論事」(대정장52, p.372a3)에 "북주(北周) 무제(武帝)는 처음에는 부처님을 믿었는데, 훗날 참위에 '흑의가 장차 왕이 된다' 한 것에 따라 마침내 도교의 법을 중히 여기고 … 마음으로 석문을 꺼리고 뜻으로 베어 없애고자 하였다. 周武初信佛 後以讖緯云 黑衣當王 遂重於道法 … 心忌釋門 志欲誅殄"라고 하였다. [참고문헌] 『華嚴經』, 『集古今佛道論衡』. ⇨ 도참 圖讖

참의 參椅 스승의 방에 늘 놓여있는 의자. 늘상 도를 찾고 묻는 이를 위해 준비된 의자로 선문의 가풍을 상징한다. 『백장청규』 권5 「유방참청 遊方參請」(대정장48, p.1140c9)에 "침당에는 참의를 반드시 갖추어 놓으니, 조사의 도를 존숭함을 보이는 것이다. 凡寢堂中 必設參椅 示尊師道也", 『선림상기전』 권19 「참의」(불광장, 禪藏, p.1537)에 "도충이 말한다. '참의란 교의이다. 다리 역할을 하는 나무를 예(乂) 자 모양으로 엇대어 덧붙였다. 참이란 주고받는 뜻이다'. 혹자가 말한다. '학인이 참문할 때 조사가 이 의자에 앉기에 참의라고 한다'. 忠曰 參椅者 交椅也 脚木乂字交加 令可折疊 參亦交也 或云 學者參問時 師家坐此椅 故云參椅也"라고 하였다. [참고문헌] 『百丈淸規』, 『禪林象器箋』. ⇨ 곡록 曲彔

참의 參意 뜻을 참하다. 품거나 드러내는 뜻을 다 들어 참하기에 전제(全提)라 한다. 화두(話頭)만을 오롯이 드는 단제(單提)는 참구(參句)라 한다. 서산휴정(西山休靜)의 『심법요초』(한불전7, p.649a19)에 "참의란 활구 중에 깨우쳐 활발함 얻지 못하고서 가르치는 말에 의지하여 심의식으로 상량하다 홀연히 열어 안다 하는 것이다. 叅意者 未得活句中省發 依教語却將心意識商量忽然開解者", 회암정혜(晦庵定慧)의 『법집별행록절요사기해』(한불전9, p.560a3)에 "참의란 관행으로 마음 씀이며 또한 견문해행의 공이 있다. 叅意者 觀行用心 亦有見聞解行之功也", 백파긍선(白坡亘璇)의 『무주경책』(한불전10, p.623b12)에 "참의〈전제라고도 이름함〉란 '일체 함령이 모두 불성이 있거늘 조주는 어째서 없다고 말했을까? 그 뜻은 무엇일까?'이다. 그러나 초심인은 무 자만을 오롯이 들어 성성하게 의심을 일으켜서 어둡지 않아야 하며 전후제가 끊어져 일념〈화두 일념〉만이 현전해야 비로소 온전히 들 수 있다. 또한 단제인즉 혼침의 병이 있을 수 있지만 전제인즉 상을 어지럽히는 병이 있을 수 있으므로 혼침하면 전제하고 산란하면 단제해서 순일무잡하면 공부가 쉽게 익으리니, 일체화두에는 모두 단제도 전제도 있을 수 있다. 叅意〈亦名全提〉者 一切含靈 皆有佛性 趙州因甚道无 意作麽生也 然初心人 須單提無字 惺惺起疑而不昧 前後際斷 一念〈話頭一念〉現前 方須全提 且單提 則有昏沉病 全提 則有亂想病 昏沉全提 散亂單提 純一无雜 工夫易熟 一切話頭 皆有單提全提"라고 하였다. [참고문헌] 『心法要抄』, 『法集別行錄節要私記解』, 『無住警策』. ⇨ 참 參[1], 참구 參句, 단제 單提[1], 활구 活句, 화두 話頭

참의 懺儀 ❶ 참법(懺法)의 행의(行儀). 법화참법(法華懺法)·방등참법(方等懺法)·관음참법(觀音懺法)·미타참법(彌陀懺法) 등이 있다. 『불조통기』 권33(대정장49, p.319a4)에 "참의의 강설 : 다음은 『승사략』 권상 「수재참법 受齋懺法」(대정장54, p.238c10)에 전하는 말이다. 한위 이래로 스님들을 초청하여 공양을 베푸는 행사는 사사(祠祀)와 동일하여 행동거지마다 위의가 간략하고 특별한 법도는 없었다. 그러다가 진대 조안법사가 처음으로 경율의 설에 따라 초청에 응하여 가거나 예찬 등에 관한 의식을 만들어 세 가지 범례를 세웠다. 첫째, 향을 돌리고 정해진 법좌에 올라가 강설한다. 둘째, 하루 밤낮 여섯 때에 예참을 올린다. 셋째, 포살 등의 법을 시행한다. 그 뒤 혜원(慧遠)법사가 다시 법사절도를 세웠다〈이에 관한 문구는 『여산집』에 수록되어 있다〉. 講懺儀 僧傳稱 漢魏以來 請僧設供 同於祠祀 起坐威儀 略無規矩 至晉朝安法師 始依經律 作赴請禮讚等儀 立爲三例 一 行香定座上講 二 六時禮懺 三 布薩等法 其後遠法師 復立法社節度〈有文在盧山集〉"라고 하였다. 〔참고문헌〕『佛祖統紀』, 『僧史略』. ⇨ 참법 懺法[2], 관음참법 觀音懺法, 미타참법 彌陀懺法, 방등참법 方等懺法, 법화참법 法華懺法 ❷ ➡ 집제경예참의 集諸經禮懺儀

참인 譖人 남을 무고하다. 거짓으로 남에게 죄를 뒤집어씌우다. 『수행도지경』 권1(대정장15, p.186c6)에 "억지로 속이며 남을 무고하기 좋아하고, 계를 멀리하면서 법은 따르지 않는다. 剛蔽喜譖人 遠戒不順法", 『일체경음의』 권75(대정장54, p.792c16)에 "참인〈참은 측과 금을 반절한 음이다. 『광아』에 '참은 헐뜯는다는 뜻이고, 또한 참의 뜻이기도 하다'라고 하였다〉. 譖人〈側禁反 廣雅 譖毁也 亦讒也〉"라고 하였다. 〔참고문헌〕『修行道地經』, 『一切經音義』, 『中本起經』 권하(대정장4, p.157b21).

참장 參狀 방문하여 알현할 곳에 자신을 알리는 쪽지. 문장(門狀) 또는 명함(名銜)을 말한다. 『선림상기전』 권22(대장경보편19, p.622a7)에 "옛 설에 따르면, 문장이란 누군가를 알현할 때 올리는 낱장의 글이다. 여섯 일곱마디 크기다. 문자는 쓰지 않고 마음대로 사방지게 접고 실로 묶은 다음 아주 적지 않게 성과 이름을 쓴 것이다. 참방 또는 참장이라 한다. 舊說曰 門狀者 謁見人時 所呈單狀也 紙濶六七寸 內不書文字 自在方卷之 用絲束分 中少已上 題姓名於其上 又名參榜 或曰參狀"라고 하였다. 〔참고문헌〕『禪林象器箋』. ⇨ 참방 參榜, 문장 門狀, 사문장식 寫門狀式

참장 慚藏 세세생생 온갖 부끄러운 일 모두 기억해 부끄러워하여 참회하는 일. 『화엄경』에서 시설한 보살의 십무진장(十無盡藏) 중 하나다. 60권본 『화엄경』 권12(대정장9, p.475c1)에 "불자야! 무엇을 가리켜 보살마하살의 참장이라 하는가? 이 보살은 스스로 과거 무수한 세상을 거쳐오며 육친에게 행한 무참한 행위, 업신여기고 오만하며 무례하고, 음란하여 절도가 없거나, 잔인하게 살해하여 친근함이란 전혀 없거나, 군사를 일으켜 정벌하며 미혹하고 전도되어 저지르지 않은 악이 없었다. 이것은 삼독과 삿된 의심과 번뇌의 결박과 거짓 그리고 아첨 등 온갖 선하지 않은 행위 때문이었다. … 그러므로 나는 마땅히 부끄러움을 아는 법과 구경의 보리를 닦고 익혀 널리 중생들에게 진실한 법을 설함으로써 그들이 영원히 모든 부끄러움을 모르는 법을 멀리 떠나 보리를 성취한다. 이것이 보살마하살의 세 번째 무진참장이다. 佛子 何等爲 菩薩摩訶薩慚藏 此菩薩 自憶宿 無數世來 於六親所行無慚行 或侮慢無禮 或婬亂無節 忍害無親 興師相伐 迷惑顚倒 無惡不造 斯由三毒邪疑 使纏虛僞 諂曲諸不善故 … 是故 我應修習慚法 究竟菩提 廣爲衆生 說眞實法 令其永離 諸無慚法 成就菩提 是爲菩薩摩訶薩 第三無盡慚藏", 『화엄경탄해집』 권상(卍속장12, p.766a13)에 "둘째, 참장은 어질고 선함을 우러러 무겁게 여기는 것이다. 二 慚藏 則崇重賢善", 『대명삼장법수』 권30(영락장182, p.634b9)에 "셋째, 참장 : 보살이 과거세를 기억하여 생각해 보면 하늘 부끄러운 줄도 모르고 모든 권속들에게 온갖 악행을 빠짐없이 저질렀지만 부처님께서 아시게 되면서 부끄러움이 일어났다. 이 때문에 죄를 드러내어 참회하고 범행을 수행하여 보리를 증득한 다음 모든 중생에게 진실한 법을 설하여 부끄러움을 아는 법을 닦도록 한다. 이를 참장이라 한다. 三 慙藏 謂菩薩憶念過去 不知慙天 於諸眷屬 備造衆惡 令爲諸佛所知 而生於慙 是故 發露懺悔 修行梵行 證得菩提 爲諸衆生 說眞實法 令修於慙 是名慙藏"라고 하였다. 〔참고문헌〕『華嚴經』, 『華嚴經呑海集』, 『大明三藏法數』. ⇨ 십무진장 十無盡藏[1], 참괴 慚愧, 참회 懺悔

참재 慚財 Ⓢ hrī-dhana, Ⓟ hiri-dhana, Ⓣ ngo-tsha-shes-pa'i-nor. 부끄러움이라는 재보. 칠성재(七聖財) 중 하나다. 『집이문족론』 권16(대정장26, p.436a24)에 "무엇을 참재라 하는가? 〔답〕 세존께서 말씀하신 바와 같다. '부끄러워할 줄 아는 이가 부끄러워할만한 악한 불선법에 대해서 온갖 잡염으로 후유를 초감하게 되고, 극히 치성한 괴로움의 이숙과가 있게 되며, 후세의 나고 늙고 죽는 법을 견인하는 줄 알아 깊이 부끄러워하는 것이니 이를 참재라 한다'. 云何慚財 答 如世尊說 有具慚者 於可慚羞 惡不善法 有諸雜染 能感後有 有極熾然 苦異熟果 能引後世 生老死法 深起慚羞 是名慚財"라고 하였다. 〔참고문헌〕『集異門足論』, *AN.4.5.* ⇨ 칠성재 七聖財, 참 慚

참적 讒賊 남을 거짓으로 비방하여 해를 끼치다. 『관불삼매해경』 권5(대정장15, p.673a22)에 "몰래 말해 해칠 마음을 품고 밤낮으로 악한 생각을 한다. 心懷讒賊 晝夜惡念", 『대지도론』 권53(대정장25, p.440b14)에 "만약 남을 헐뜯는다면 이는 남을 몰래 말해 해치는 사람이고, 남을 칭찬한다면 이는 남에게 아첨을 부리는 사람이다. 若毁他 是讒賊人 若讚他 是諂媚人", 『무량수경의소』(대정장37, p.124c1)에 "거짓으로 몰래 말해 해를 끼치고 어지럽게 다투는 일은 양설을 밝힌 것이다. 讒賊鬪亂 明兩舌"라고 하였다. [참고문헌] 『觀佛三昧海經』, 『大智度論』, 『無量壽經義疏』. ⇨ 참 讒

참정절철 斬釘截鐵 못 자르고 쇠 끊다. 『경덕전등록』 권17 「운거도응전 雲居道膺傳」(대정장51, p.335b16)에 "도응이 대중에게 '불법을 배우는 이는 마치 못 자르고 쇠 끊듯이 해야 한다'라고 말했다. 그때 한 학인이 나와서 말했다. '그렇다면 화상의 못과 쇠 청합니다' '입안에 있는 것 무엇이더냐?' 師謂衆曰 學佛法底人 如斬釘截鐵 始得 時一僧出曰 便請和尙釘鐵 師曰 口裏底是什麽", 『분양어록』 권하 「증도송 證道頌」 제3수(대정장47, p.624b4)에 "성인이 되고 범부 넘어서는 일은 사랑하는 어버이조차 잘라내야 하니, 그럭저럭 가을 봄 보내지 마라. 못 자르고 쇠 끊듯이 부지런히 정진하라. 가장 맛있는 제호가 최고의 음식이다. 入聖超凡割愛親 無令容易度秋春 斬釘截鐵勤精進 上味醍醐最是珍", 『원오어록』 권2(대정장47, p.721b23)에 "구구마다 부처와 조사 넘고, 티끌마다 고금을 빛내고, 처처에서 색도 명도 끊으며, 낱낱마다에서 못 자르고 쇠 끊듯 해서 마음 밖에 법 없고 법 밖에 마음 없이 한다. 왕 창고에서 칼을 휘두르고 십균의 쇠뇌를 쏘며 만 길 절벽에 우뚝 서서 시방을 앉아 끊으니, 대해탈의 문에 들어가 정법안장을 전한다. 句句超佛越祖 塵塵耀古騰今 處處離色絶名 箇箇斬釘截鐵 心外無法 法外無心 用王庫刀 發十鈞弩 壁立萬仞 坐斷十方 可以入大解脫門 傳正法眼藏"라고 하였다. [참고문헌] 『景德傳燈錄』, 『汾陽語錄』, 『圜悟語錄』.

참제 懺除 뉘우쳐 없애다. 자신의 허물을 부끄럽게 여겨 다른 이나 대중에게 말하여 용서를 빌고는 그 허물을 벗어나는 일. 『금광명경』 「서 序」(대정장16, p.335a17)에 "죄의 장애를 참회하여 없애니 본디 꿈과 같은 법문이다. 懺除罪障 本如夢之法門", 『대승집보살학론』 권21(대정장32, p.130b5)에 "자신의 두면을 부처님 발에 대고 공경하는 마음으로 절을 올리면 모든 죄의 허물을 참회하여 제거할 수 있다. 頭面接足 禮敬諸佛 則能懺除 一切罪垢", 『일체경음의』 권22(대정장54, p.443b22)에 "참제〈참은 범어 음사로서 온전한 음사어는 참마이고 한역어는 참기를 청하는 것이다. 현성이나 청정한 대중들께 참고 받아주시기를 청하여 잘못을 뉘우친다는 뜻이다〉. 懺除〈懺梵音也 具言懺摩 此云請忍 謂請賢聖 或淸淨僧 忍受悔過也〉"라고 하였다. [참고문헌] 『金光明經』, 『大乘集菩薩學論』, 『一切經音義』. ⇨ 참 懺, 참법 懺法 ❶❷

참제업장십이존불 懺除業障十二尊佛 업장을 참회하여 없애길 바라면서 부르는 열두 분의 여래. 소멸하는 열두 분의 부처님. 줄여서 십이존불이라고도 한다. 출전에 따라 명호에 차이가 있다. 『십이불명신주교량공덕제장멸죄경』(대정장21, p.860c28)에 "허공공덕청정미진등목단정공덕상광명화파두마유리광보체향최상향공양흘종종장엄정계무량무변일월광명원력장엄변화장엄법계출생무장애왕여래 … 호상일월광명화보련화견여금강신비로자나무장애안원만시방방광조일체불찰상왕여래 … 일체장엄무구광여래 … 변재영락사념여래 … 무구월상왕명칭여래 … 화장엄작광명여래 … 작등명여래 … 보상상명칭여래 … 무외관여래 … 무외무겁모공불수명칭여래 … 사자분신근여래 … 금광위왕상사여래. 虛空功德淸淨微塵等目端正功德相光明華波頭摩琉璃光寶體香最上香供養訖種種莊嚴頂髻無量無邊日月光明願力莊嚴變化莊嚴法界出生無障礙王如來 … 毫相日月光明華寶蓮華堅如金剛身毘盧遮那無障礙眼圓滿十方放光照一切佛刹相王如來 … 一切莊嚴無垢光如來佛 … 辯才瓔珞思念如來 … 無垢月相王名稱如來 … 華莊嚴作光明如來 … 作燈明如來 … 寶上相名稱如來 … 無畏觀如來 … 無畏無怯毛孔不竪名稱如來 … 師子奮迅根如來 … 金光威王相似如來", 「참제업장십이존불」(『석문의범』 권하, p.208)에 "참제업장보승장불, 보광왕화염조불, 일체향화자재력왕불,백억항하사결정불, 진위덕불, 금강견강소복괴산불, 보광월전묘음존왕불, 환희장마니보적불, 무진향승왕불, 사자월불, 환희장엄주왕불, 제보당마니승광불. 懺除業障寶勝藏佛 寶光王火燄照佛 一切香華自在力王佛 百億恒河沙決定佛 振威德佛 金剛堅强消伏壞散佛 普光月殿妙音尊王佛 歡喜藏摩尼寶積佛 無盡香勝王佛 獅子月佛 歡喜莊嚴珠王佛 帝寶幢摩尼勝光佛"이라고 하였다. [참고문헌] 『十二佛名神呪校量功德除障滅罪經』, 『釋門儀範』.

참제업장원 懺除業障願 보현보살십종대원(普賢菩薩十種大願) 중 네 번째 원. 「보현보살십종대원 」(『석문의범』 권상 p.86)에 "보현보살십종대원 … 참제업장원. 普賢菩薩十種大願 … 懺除業障願"라고 하였다. 40권본 『화엄경』 권40(대정장10, p.845a19)에 자세히 설한다. [참고문헌] 『釋門儀範』, 『華嚴經』. ⇨ 보현보살십종대원 普賢菩薩十種大願, 참회업장 懺悔業障

참주 懺主 송대 자운준식(慈雲遵式 964~1032)의 별호. 금광명참당(金光明懺堂)을 짓고 금광명참(金光明

懺)을 수행하며 『금광명참법보조의 金光明懺法補助儀』 등 여러 참회 의식문을 지었다. 이런 연기로 자운준식의 법호나 법명에 참주라는 별호를 덧붙여 자운참주(慈雲懺主)·천축참주(天竺懺主)·백본참주(百本懺主) 등으로 부른다. 『사명존자교행록』 권1 「서문 序文」(대정장46, p.856b9)에 "자운은 영산법석을 세우고 해행을 우뚝 세웠으니, 세간에서 천축참주라 불렀다. 慈雲建靈山法席 峙立解行 世號天竺懺主"라고 하였다. 〔참고문헌〕『四明尊者敎行錄』. ⇨ 준식 遵式

참지식인 參知食人 대중을 대표해서 단월의 청을 받아 대중을 차제에 맞게 보내거나 음식물을 받는 소임. 정인(淨人)들을 이끌고 음식을 받아오기도 한다. 애착과 분노와 두려움과 어리석음(愛 瞋 怖 癡)이 없고, 있고 없는 것을 잘 아는(知有無), 즉 오법(五法) 갖춘 이를 대중갈마에서 뽑는다. 『십송율』 권19(대정장23, p.133a29)에 "이제부터 참지식인 뽑는 갈마를 해야 한다. 일심화합승에서 한 비구가 묻는다. '누가 능히 승중 위해 참지식인을 지으시렵니까?' 만약 한 비구가 '제가 능히 하겠습니다'라고 말했는데, 저 오법을 가짐에 애진포치를 따르고 유무를 알지 못하면 응당 지식인 지음에 어울리지 않는다. 저 오법을 성취하였다면 응당 참지식인을 짓게 해야 하니, 애진포치를 따르지 않고 유무를 안다. 從今應羯磨參知食人 一心和合僧 一比丘問言 誰能爲僧作參知食人 若一比丘言 我能 若有五法 隨愛隨瞋 隨怖隨癡 不知有無 不應差作知食人 若成就五法 應令作參知食人 不隨愛不隨瞋 不隨怖不隨癡 知有無"라고 하였다. 〔참고문헌〕『十誦律』. ⇨ 지식인 知食人, 정인 淨人, 차수청인 差受請人, 차회인 差會人

참창 攙搶 혜성(彗星 Ⓢketu)의 다른 이름. 천참(天攙) 또는 천창(天搶)을 말한다. 창은 창(槍)이라고도 한다. 고대부터 재화(災禍)의 조짐을 미리 알리는 별이라 여긴다. 『금광명경문구기』 권2상(대정장39, p.102b12)에 "요성은 패성·혜성·장성이라 하며, 참창이라고도 한다. 『석명』에 '별빛이 흩어지는 모양이 빗자루(彗)와 흡사하다. 그 모양이 왕성하여 마치 쓸어내는 빗자루와 같다는 뜻이다. 또한 흩어지는 삼실과 같다고 하여 마혜라 한다'라고 하였다. 妖星 曰孛星 彗星 長星 亦曰攙搶 釋名云 星光稍稍似彗 言其孛孛然 似掃彗也 又類散麻 故云麻彗", 『일체경음의』 권96(대정장54, p.908a13)에 "참창〈참은 사와 함을 반절한 음, 창은 작과 양을 반절한 음이다. 『고성』에 '거꾸로 찌른다는 뜻이다'라고 하였다〉. 攙槍〈上仕銜反 下鵲養反 考聲云 逆刺也〉", 『능엄경전』 권2하(卍속장88, p.963a18)에 "혜는 혜성으로 장성 또는 검성 또는 참창성이라고도 한다. 彗乃彗星 亦云長星 亦云劍星 亦云攙槍星"라고 하였다. 〔참고문헌〕『金光明經文句記』, 『一切經音義』, 『楞嚴經箋』. ⇨ 혜성 彗星

참척 懺滌 참회하여 깨끗하게 씻어내다. 자신의 죄과를 부처님과 대중 앞에서 뉘우쳐 청정하게 한다는 뜻이다. 『보살본생만론』 권4(대정장3, p.342b1)에 "과오를 후회하며 스스로 질책하고 이전의 허물을 참회하여 깨끗하게 씻어낸 다음 오계를 구하여 받는다. 悔過自責 懺滌前咎 求受五戒", 『선원청규』 권9 「사미수계문 沙彌受戒文」(卍속장111, p.925a3)에 "선남자야, 계를 구하여 귀의하고자 하면 우선 잘못을 참회하여 깨끗하게 씻어내야 한다. 마치 옷을 빨고 난 다음에 색을 입힐 수 있는 것처럼 그대들은 이제 지극한 정성으로 나를 따라 참회하라. 善男子 欲求歸戒 先當懺滌愆瑕 如人浣衣 然後加色 汝今至誠 隨我懺悔"라고 하였다. 〔참고문헌〕『菩薩本生鬘論』, 『禪苑淸規』. ⇨ 참회 懺悔

참청 參請 조사에게 참문하여 가르침을 청하다. 참문청익(參問請益)이라고도 한다. 『임제록』 「곽천석서 郭天錫序」(대정장47, p.495b4)에 "그중 한 명의 대필추가 일대사인연을 위하여 황벽산에 의탁해 지내면서 세 번 참청했다가 세 번 두들겨 맞았다. 그런 후에 고안(高安) 탄두(灘頭)에 있는 대우(大愚)의 처소에서 비로소 온전히 인증받았다. 其中一大苾芻 爲一大事因緣 依棲黃蘗山中 三度參請 三度被打 後向高安灘頭 大愚老師處 始全印證", 종보본 『단경』(대정장48, p.358b16)에 "지성(志誠)은 (神秀의) 명을 받고 조계에 이르러 대중 따라 참청하면서도 어디에서 왔는지를 말하지 않았다. 志誠稟命至曹溪 隨衆參請 不言來處", 『벽암록』 7칙 「평창 評唱」(대정장48, p.147b12)에 "그런데 다만 현칙(玄則)이 감원으로 법안의 회하에 있으면서 일찍이 참청하러 입실하지 않았던 것과 같다. 하루는 법안이 현칙에게 물었다. '칙감원은 어째서 입실하러 오지 않는겐가?' 只如則監院在法眼會中 也不曾參請入室 一日法眼問云 則監院何不來入室"라고 하였다. 〔참고문헌〕『臨濟錄』, 『壇經』, 『碧巖錄』, 『百丈淸規』 권5 「遊方參請」(대정장48, p.1140a14). ⇨ 참 參❶, 참문 參問, 청익 請益

참치 參差 들고 남이 있어 가지런하지 않음. 『구사석론』 「서문 序文」(대정장29, p.161a17)에 "또한 전승과 번역이 들고 남이 있어 갖춰서 서술하기 어려웠다. 且傳譯參差 難可具述", 『무량수경연의술문찬』 권중(대정장37, p.150c17·한불전2, p.47a23)에 "그래서 이러한 차이가 있는 까닭은 대개 범본에도 갖추고 빠짐이 있기 때문이다. 그러므로 전승과 번역도 그에 따라 탈락이 있다. 所以有此參差者 蓋梵本有備闕 故傳譯逐而脫落也", 『밀암어록』(대정장47, p.967c12)에 "다시 들자면, 숙종황제가 혜충국사에게 '무엇이 십신조어입니까'

라고 묻자, 국사가 '단월이 비로자나불 머리 위로 간다'라고 하였다. 저번 개당법어 때 학인이 '무엇이 십신조어입니까?'라고 물음에, 내(山僧)가 그에게 '손을 늘어뜨리면 무릎 지난다'라고 하였다. 여러분들, 이제 말해보라. 내가 이렇게 답한 것이 혜충국사와 같은가 다른가? 만약 같다고 하면 언어에 들쭉날쭉함이고, 만약 다르다고 하면 불법에 어찌 두 쪽이 있겠는가? 필경엔 무엇일까? 바다 족하다 하면 그 많은 하천들 거꾸로 흐르리라. 復擧肅宗帝問忠國師 如何是十身調御 國師道 檀越蹈毘盧頂上行 前日開堂次僧問 如何是十身調御 山僧對他道 垂手過膝 諸人且道 山僧與麽答他 與國師是一是二 若道是一 語言參差 若道是二 佛法豈有兩般 畢竟如何 大海若知足 百川應倒流"라고 하였다. [참고문헌]『俱舍釋論』, 『無量壽經連義述文贊』, 『密菴語錄』.

참치 慚恥 부끄러워하다. 『대지도론』 권2(대정장25, p.68a8)에 "'지금 청정한 대중이 모여 경장을 결집하려 합니다. 그대 번뇌 아직 다하지 못하였으니 여기서 있을 수 없소'. 그때 아난은 부끄러워하며 슬피 눈물을 흘렸다. 今清淨衆中 結集經藏 汝結未盡 不應住此 是時 阿難慚恥悲泣", 『구사론』 권4(대정장29, p.21b5)에 "어떤 이는 '경이란 높여 무겁게 여기는 바다. 이것을 앞세울 줄 알아야 비로소 부끄러워함이 생겨난다. 따라서 경은 참은 아니다'라고 설하였다. 有說 敬者有所崇重 由此爲先 方生慚恥 故敬非慚", 『순정리론』 권36(대정장29, p.549b5)에 "참치가 있는 이는 무표의 힘을 수지하여 악을 짓지 않는다. 以有慚恥 受無表力不造惡", 『유가사지론』 권44(대정장30, p.538c11)에 "죄의 현행에 대해 깊이 부끄러워하는 마음을 품는다. 於罪現行 深懷慚恥"라고 하였다. [참고문헌]『大智度論』, 『俱舍論』, 『順正理論』, 『瑜伽師地論』. ⇨ 참 慚, 참괴 慚愧

참탈행시 攙奪行市 시장에 쳐들어가 빼앗다. 참행탈시(攙行奪市)라고도 한다. 『양기어록』(대정장47, p.641a1)에 "범부도 성인도 둔 적 없으니 부처나 조사가 어떻게 들어서겠는가? 대중이여, 청평한 세계에서는 누구도 시장에 쳐들어가 탈취하는 일은 허용하지 않는다. 凡聖不存 佛祖何立 大衆 清平世界 不許人攙奪行市"라고 하였다. [참고문헌]『楊岐語錄』. ⇨ 참행탈시 攙行奪市

참퇴 參退 참을 마친 후에. 참후(參後)라고도 한다. 『보봉어록』(고존숙어록43, 卍속장118, p.730a5)에 "오늘 장주가 국밥을 마련하고 친전을 나누어준다고 하니 만참 이후 승당 안에서 다 함께 차를 마시세. 今日莊主設饡飯 俵䞋錢 參退 僧堂內 普請喫茶去"라고 하였다. [참고문헌]『寶峰語錄』. ⇨ 참 參❶, 참후 參後

참포 參飽 참하여 배부르다. 굉지정각(宏智正覺)이 즐겨 썼으며 이러한 이를 참포인(參飽人)·포참인(飽參人)이라고 한다. 『종용록』 12칙 「송 頌」(대정장48, p.235a8)에 "참하여 배부른 이 아니라면 알 수 없으니〈알고자 해서 짓는다〉 참하여 배불러야 구할 것 없음을 분명히 안다〈또 다시 천동에게 가르침을 한 번 청해야 한다〉. 不是飽參人不知〈要知作麽〉 參飽明知無所求〈更須請益 天童一遍〉", 같은 책 20칙 「송 頌」(대정장48, p.240b2)에 "이제 참으로 배부른 듯함 바로 그 때이니〈나 오히려 그 때 옛사람인 듯하나 옛날 그 사람 아니다〉 털어 다하여 티끌마저 닿지 않았는데〈아직도 이러한 사람이 있었군〉 짧거나 길거나 자르고 꿰매지 않으니〈쓸모없이 시간만 허비한다〉, 높은 대로 낮은 대로 스스로 태평하리라〈생각 짜내느라 애쓸 필요 없다〉. 而今參飽似當時〈吾猶昔人非昔人也〉 脫盡廉纖到不知〈猶有這箇在〉 任短任長休剪綴〈枉費工夫〉 隨高隨下自平治〈不勞心力〉", 『굉지광록』 권2(대정장48, p.22a15)에 "죽 먹고 발우 씻게 한다. 활짝 트인 마음 저절로 들어맞네. 지금 참마저 배부른 총림 선객들아! 일러라, 그 사이 깨달음 있었던가? 粥罷令教洗鉢盂 豁然心地自相符 而今參飽叢林客 且道 其間有悟無", 같은 책 권8 「기선인발심개전 機禪人發心丐田」(대정장48, p.95b13)에 "온몸 더럽히며 남 위하는 일은 어느 집안 일일까? 참해 배부르니 원래 분 밖에 선이란 없는 법이라네. 和泥合水誰家事 參飽元無分外禪"라고 하였다. [참고문헌]『從容錄』, 『宏智廣錄』. ⇨ 참 參❶, 포참 飽參

참포총림객 參飽叢林客 참하여 배부른 총림의 나그네. 참포객(參飽客)이라고도 한다. 『종용록』 39칙 「송 頌」(대정장48, p.253b5)에 "죽 파하면 발우 씻게 한다〈쾌함 곧장 만나기 어렵다〉, 탁 트인 심지 저절로 서로 들어맞네〈비단 오늘만이 아니다〉. 이제 참해 배부른 총림의 나그네여〈하던 대로 죽 먹기 마치고 발우 씻으러 간다〉, 그간 깨달음 있었는지 말해보시게〈한 사람이 허를 전함에 만인은 실이라 전한다〉. 粥罷令教洗鉢盂〈快便難逢〉 豁然心地自相符〈非但今日〉 而今參飽叢林客〈依舊喫粥了 洗鉢盂去〉 且道其間有悟無〈一人傳虛 萬人傳實〉"라고 하였다. [참고문헌]『從容錄』, 『楞嚴經宗通』 권8(卍속장25, p.282b11), 『青州百問』(卍속장119, p.345b14). ⇨ 참포 參飽

참하 參暇 ➡ 참가 參假

참학 參學 나고 죽는 일 참하고 익히다. 묻고 답하며 배우길 평생 하다. 온갖 방편 내려놓고 마음자리 다스리며 생사 벗어나는 길에 서다. 『임제록』(대정장47, p.498a1)에 "삼세시방의 부처와 조사가 세상에 나오신 까닭 그저 법을 구하고자 할 뿐이고, 지금 참학하는 수행자들도 오직 법을 구하고자 할 뿐이다. 三世十方佛祖出

來 也秖爲求法 如今參學道流 也秖爲求法",『동산어록』(대정장47, p.509c11)에 "조사와 부처가 말로 전한 가르침 부모 죽인 원수인 듯 여겨야 비로소 참학할 분이 있다. 만일 조사와 부처 사무쳐 얻지 못한다면 조사와 부처에게 속임을 당하리라. 祖佛言敎 似生冤家始有參學分 若透祖佛不得 卽被祖佛謾去",『초석범기어록』 권15「송천녕익장주회정광 送天寧謚藏主回淨光」(卍속장124, p.234b15)에 "영가노자(현각)는 행각을 잘못하여 사람들 일숙각이라 불렀다. 조계(혜능)는 일개 나무꾼이었으니, 불법 어찌 일찍이 알아 참하고 익혔겠는가? 永嘉老子錯行脚 被人呼爲一宿覺 曹溪只是箇樵夫 佛法何曾解參學",『설두어록』 권2(대정장47, p.681b17)에 "장경이 대중에게 보여 말했다. '도반과 눈 마주치고 어깨 겨루며 일생 지나갈 수 있다면 공부할 일을 마칠 것이다'라고 하였다. '옳기는 옳지만, 바늘로 찌를 틈도 없고 바람 들일 곳 없는데 무슨 쓸모가 있겠는가?' 擧 長慶示衆云 撞著道伴交肩過 一生參學事畢 師云 是卽是針不箚 風不入 有甚麽用處",『박산참선경어』 권상(卍속장112, p.956b15)에 "서록선사가 말했다. '무릇 참학한다 하니, 반드시 묻는 법 배우는 것을 참학이라 할 수 없고, 반드시 화두 가리는 법 배우는 것을 참학이라 하지도 않으며, 반드시 상대해 말 할줄 아는 것을 참학이라 하지도 않고, 반드시 특별한 말 할 줄 아는 것을 참학이라 하지도 않으며, 반드시 경론에 적힌 기특한 말씀을 비틀어 파하는 것을 참학이라 하지도 않고, 반드시 조사의 뛰어난 말을 비틀어 파하는 것을 참학이라 하지도 않는다. 만일 이상과 같은 참학에 대하여 이것저것 어느 편에나 다 통달하더라도 불법중에 자신만의 견처가 없다면 도리어 마른 지혜 무리라 부른다. 어찌「총명으로는 생사와 대적할 수 없고, 다 마른 혜로 어떻게 고해의 수레바퀴 벗어나려 하겠는가!」라는 말을 모르는가?' 瑞鹿禪師云 大凡參學 未必學問話是參學 未必學揀話是參學 未必學代語是參學 未必學別語是參學 未必學捻破經論中奇特言語是參學 未必捻破祖師奇特言語是參學 若於如是等參學 任你七通八達 於佛法中 倘無見處 喚作乾慧之徒 豈不聞 聰明不敵生死 乾慧豈免苦輪",『선림보훈순주』 권2(卍속장113, p.478b3)에 "참학이라는 말은 자기 마음을 찾아서 다스린다는 뜻이다. 읽고 배움 비록 넓더라도 자기 마음자리 다스리지 않는다면 설령 배움이 넓은들 무슨 보탬이 되겠는가? 所謂參學者 求修理自心也 讀學雖廣 而自己心地不修理 縱學廣而有何所增益"라고 하였다.〔참고문헌〕『臨濟錄』,『洞山語錄』,『楚石梵琦語錄』,『雪竇語錄』,『博山參禪警語』,『禪林寶訓順硃』. ⇨ 참선학도 參禪學道, 참 參[1], 참선 參禪

참학고류 參學高流 참선하고 불도 익히는 저 높은 무리들.『경석적유집』 권3「보방진장 寶芳進章」(卍속장117, p.945a7)에 "참학하는 저 높은 이들이여, 눈은 어디에 두는가? 參學高流 眼在甚麽處",『염팔방주옥집』 권하(卍속장119, p.316a3)에 "불해가 말한다. '그 학인이라면 서천 떠나기 이전에 30방 맞아도 좋고, 이미 앙산문하에 도달했다 해도 30방 맞아야 하리. 참학하는 저 높은 무리들이여, 눈을 붙이고 살펴야 하리'. 佛海云 者僧未離西天時 好與三十棒 旣到仰山後 好與三十棒 參學高流 試著眼看"라고 하였다.〔참고문헌〕『徑石滴乳集』,『拈八方珠玉集』. ⇨ 참학 參學

참학대사 參學大事 생사 벗어날 때까지 참하고 익혀야 할 큰 일. 생사대사를 묻고 답하며 공부하다.『단교묘륜어록』 권하(卍속장122, p.426a1)에 "비록 알지는 못하지만 세상에 나자마자 이 땅에 뱉어내는 한마디 울음소리로 살피고 배울 큰 일 이미 마쳤다. 殊不知 纔生下來 呱地一聲 參學大事已畢",『반야고림어록』 권1(가흥장38, p.922a12)에 "만일 지금 바로 이 몸을 뒤칠 수만 있다면 일생을 묻고 답하며 배워야 할 큰 일 마친다. 若能直下解翻身 一生參學大事畢"라고 하였다.〔참고문헌〕『斷橋妙倫語錄』,『般若古林語錄』. ⇨ 참학사필 參學事畢, 일대사 一大事

참학사필 參學事畢 참학할 일 마치다.『여정어록』 권상(대정장48, p.125a5)에 "법좌에 올라 말했다. '연이은 비 처음으로 개더니 9월 1일이구나'. 원상 그리고는 말했다. '해는 옛 그대로 동에서 뜨고 오온이 모두 공이라고 비추어 보니 납승이 참학할 일을 마쳤다. 문득 비가 다시 내리면 어떻게 하겠는가? 한 자 물에 한 길 파도 치는데, 어부는 배 위에서 농부가를 부른다'. 上堂 連雨初晴 九月一 打圓相云 日頭依舊東邊出 照見五蘊皆空 衲僧參學事畢 忽然雨又落時如何 一尺水一丈波 謝郎船上唱山歌",『염팔방주옥집』 권상(卍속장119, p.237b16)에 "만일 이것 보아 마쳤다면 자기 일 분명할 뿐만 아니라 참학할 일마저 마친다. 갚기 어려운 은혜를 견뎌 갚고 무위의 교화마저 도울 수 있을 것이다. 其或於此見得 非但己事分明 亦乃參學事畢 堪報不報之恩 以助無爲之化",『초종혜방어록』(卍속장120, p.269b3)에 "만일 당장에 밝혀 얻는다면 평생 묻고 답해야 할 일을 마치겠지만, 만일 그렇지 못하다면 만 리로 퍼지는 신령한 광명 정수리 뒤에 그린 그림에 불과하리라. 若也直下明得去 平生參學事畢 其或未然 萬里神光頂後相"라고 하였다.〔참고문헌〕『如淨語錄』,『拈八方珠玉集』,『超宗惠方語錄』. ⇨ 참학대사 參學大事, 본분사 本分事

참학안 參學眼 일대사 묻고 답하길 끊임없이 할 줄 아는 안목.『신정홍인어록』(고존숙어록24, 卍속장118, p.469b14)에 "참하고 익히려면 반드시 그렇게 하는 바른 안목도 갖추어야 한다. 만일 타인의 어구를 좋아하여 기억해 의식에 담아두고 스스로 끊어내지 못한다면 세속의 인사들도 '남아라면 분가할 때 나누어 받은 재물은 쓰지 않는다'라고 하니 납승으로서 마땅히 어떻게 해야 할까? 정신을 바짝 차려야 하리. 夫參學須具參學眼 始得 若只愛它人語句 記在意識下 自不能截斷 俗士尙云 男兒不用分時財 衲僧家合作麽生 猛著精彩始得", 『무문관』 11칙 「평창 評唱」(대정장48, p.294b14)에 "만일 두 암주에게 우열이 있다고 하면 참학할 안목을 갖추지 못한 것이며, 우열이 없다고 하더라도 참학안 갖추지 못한 것이다. 若道二庵主有優劣 未具參學眼 若道無優劣 亦未具參學眼", 『오가종지찬요』 권상 「분양십지동진 汾陽十智同眞」(卍속장114, p.521b13)에 "만일 점검해 내지 못한다면 참학안 갖추지 못한 것이니 반드시 가려 취해야 한다. 옳고 그름 알고자 하는가? 얼굴도 눈도 드러나 있다. 若檢點不出 未具參學眼在 切須辨取 要識是非 面目現在", 『경덕전등록』 권13 「풍혈연소전 風穴延沼傳」(대정장51, p.302b17)에 "무릇 참학하는 안목이라면 사태에 임해 곧바로 남김없이 써서 드러내니 스스로 작은 마디에 얽히지 않는다. 설사 말 전에 알아차렸다 해도 오히려 껍데기에 막히고 봉함에 미할 것이다. 이리저리 말 아래 정통했더라도 길마다에서 마주쳐 헛것 보는 일까지 다했다 하지 못하리. 夫參學眼目 臨機直須 大用現前 勿自拘於小節 設使言前薦得 猶是滯㲉迷封 縱然句下精通 未免觸途狂見"라고 하였다. [참고문헌] 『神鼎洪諲語錄』, 『無門關』, 『五家宗旨纂要』, 『景德傳燈錄』. ⇨ 참학 參學, 일대사 一大事

참학인 參學人 다 버리고 온몸 다해 공부해 틈새 없이 하는 이. 『원오어록』 권12(대정장47, p.769c27)에 "무릇 참학하는 이라면 마땅히 씻고 씻으며 털고 털어야 하리. 곧바로 내리고 사무쳐 가니, 이야말로 경쾌하지 않는가! 大凡參學人 當須灑灑落落 直下徹去 豈不慶快", 『박산참선경어』 권하 「시의정발득기경어 示疑情發得起警語」(卍속장112, p.966b4)에 "만일 진실로 참학하는 이라면 느닷없이 번뜩이는 칼날 눈앞에 오가더라도 생각 움직일 틈 없어야 하니, 하물며 고요한 정 중에 실없는 경상이야 말해 무엇하랴! 若眞參學人 縱白刃交加於前 無暇動念 何況靜定中 不實境相耶", 『낭야혜각어록』(고존숙어록46, 卍속장118, p.780b13)에 "법좌에 올라 말했다. '무릇 참학인이라면 결코 성상에 걸리지 않아야 비로소 옳다. 성을 말하려면 상에 막히고, 상을 말하려면 성에 막힐 것이다. 이러한 상황에는 반드시 성상을 도무지 없이 하고, 이와 사 섞어 어울려야 비로소 사에도 이에도 성이라 해도 상이라 해도 알아차릴 수 있다. 바로 이러한 때 마치 열 손가락 쥐거니 펴거니 자유롭듯 하리라'. 주장자 잡고 말한다. '주장자 신라고려국에 뛰어들어 술에 흠뻑 취해 말하길 「올해 쌀값은 비싸다」라고 알리는 소리에 지신이 노기 일으켜 화를 내서 주장자 지금 지옥에 있다'라고 한 뒤 주장자를 던지고 법좌에서 내려왔다. 上堂云 夫參學人 須是不滯於性相始得 若談於性 卽滯於相 若談於相 卽滯於性 者裏須是 性相都泯 理事混融 方解卽事卽理 卽性卽相 當此之時 如拳十指 展縮自由 乃拈起拄杖云 拄杖走入 新羅高麗國中 大醉報道 今年米貴 地神惡發生嗔 拄杖卽今入地 便擲下拄杖 下座"라고 하였다. [참고문헌] 『圜悟語錄』, 『博山參禪警語』, 『瑯琊慧覺語錄』. ⇨ 참학 參學

참행탈시 攙行奪市 느닷없이 들이닥쳐 시장을 털다. 온갖 벌어져 있는 것들 그 자리에서 빼앗아 없게 하니, 저자거리 행로 막연하고 편의마저 사라지게 한다. 구습(舊習)의 법도 돌이켜 본분 챙겨 보게 하는 사태다. 참탈행시(攙奪行市)라고도 한다. 『현사사비어록』 권중(卍속장126, p.422a1)에 "설봉이 화로를 가리키며 '삼세 모든 부처님 저 불꽃 중에 계시면서 대법륜을 굴리신다'고 하자 현사가 말했다. '요즈음에는 왕령이 더욱 준엄해졌습니다' '무슨 뜻인가?' '느닷없이 뛰어들어 시장 터는 일 못합니다'. 師因雪峰指火曰 三世諸佛 在火談裏 轉大法輪 師曰 近日王令稍嚴 峰曰 作麽生 師曰 不許攙行奪市", 『언계광문어록』 권상(卍속장121, p.262a9)에 "달마가 동토에 오기 이전에는 대로로 다니는 사람이 드물었지만, 달마가 가죽과 골수 나눠 퍼뜨린 다음에는 은밀하게 빚은 술 많은 사람이 마신다. 동쪽에서는 싸게 파는데 서쪽에서는 비싸게 팔며 법도가 없는 형국이었다. 멈추어라, 멈추어! 요즈음 왕의 법령 점차 엄해져서 훔치고 시장 터는 일 못한다. 達磨未來東土 官路少人行 皮髓分張之後 私酒多人喫 東頭賣賤 西頭賣貴 住住 近日王令稍嚴 不許攙行奪市", 『올암보녕어록』 권하(卍속장123, p.38a9)에 "영조녀 : 망가진 대조리 집어 들고, 바람 앞에서 누구에게 파는가? 훔치고 시장 터는 그 법, 늙은 아비(龐居士)만 아는 일은 아니다. 靈照女 拈將破笊篱 風前賣與誰 攙行奪市處 非獨老爺知"라고 하였다. [참고문헌] 『玄沙師備語錄』, 『偃溪廣聞語錄』, 『兀菴普寧語錄』. ⇨ 참탈행시 攙奪行市, 참기탈고 攙旗奪鼓

참현 參玄 분별해 닿을 수 없는 저 깊은 곳 챙겨 살피다. 『인천안목』 권3 「늑담조삼삼루송 泐潭照三滲漏頌」 제2(대정장48, p.319a28)에 "그 옛날 일찍이 그윽함 챙기는 나그네였을 때, 두루 알 길 없는 관문 두드리며 긴요한 혈맥 찾았다네. 昔年曾作參玄客 遍扣玄關窮要脈", 『분양어록』 권중(대정장47, p.610a18)에 "어떤 학인이 지장에게 물었다. '이(以) 자도 아니고 팔(八) 자라고도 할 수 없으니 무슨 글자인지요?' '아래 주석을 살펴보라. 이도 팔도 아닌 것이 다만 목전에 생생하니,

경에 알려지지 않은 소식을 주 중에 살펴라. 자비 드리워 많이 알고 헤아릴 일 없게 하였다. 간절히 그윽함 챙겨 본래 샘에 다다르기만을'. 僧問地藏 以字不成 八字不是 未審是什麽字 藏云 看取下頭註脚 以八不成只目前 經中未識註中看 垂慈不爲多知解 切要參玄達本源"라고 하였다. [참고문헌] 『人天眼目』, 『汾陽語錄』. ⇨ 발초참현 撥草參玄, 참 參 1, 현관 玄關

참현상사 參玄上士 그윽한 그 자리 챙겨 놓지 않는 뛰어난 공부인. 대면해서 곧바로 주고 받을 뿐 문자 기다릴 일 없고, 천성(千聖)의 말씀에도 만 갈래 연들(萬緣)에도 걸림이 없어 언제나 자재하지만 먹과 그을음 가리지 못할까 활구(活句) 들어 놓지 못하는 진실의 공부인을 말한다. 『경덕전등록』 권22 「흥성만전 興聖滿傳」(대정장51, p.381c29)에 "얼굴 마주보고 직접 나눌 뿐 글로 펴길 기다리지 않는다. 안목을 갖춘 채로 마음 던지니 그윽함 살피는 뛰어난 이라 부르리라. 만일 능히 이와 같을 수 있다면 그 까닭에 종문의 바람 추락하지 않으리라. 覿面分付 不待文宣 具眼投機 喚作參玄上士 若能如此 所以宗風不墜", 『봉암집』(고존숙어록9, 卍속장118, p.263b9)에 "법좌에 올라 말했다. '그 끝 알 수 없는 곳 살피는 뛰어난 인사와 제방을 유행하는 저 높은 이라면 반드시 납승안목을 갖춘다'. 침묵하다가 말했다. '무슨 말을 하더라도 천성의 분별 다하고 만 갈래 연들 얽힐 일 없이 하며, 부모도 함께 잊고 나그네 주인도 없이 한다. 만일 이와 같이 알더라도 오히려 조금 납승의 견해라 하겠지만 아직은 납승의 온전한 바탕 받아 쓴 것은 아니다. 무엇 어떻게 해야 바로 온전한 그 바탕 받아 씀인가?' 침묵하다가 말했다. '승당으로 돌아가 차나 마시게'. 上堂云 參玄上士 遊方高人 直須具衲僧眼目 良久云 開口直教 千聖情盡 萬緣無繫 父母俱亡 賓主不立 若如是解者 猶是衲僧少許見解 未是衲僧全體受用 作麽生是全體受用 良久云 歸堂喫茶", 『초당청화상어』(속고존숙어요1, 卍속장118, p.868b17)에 "참현상사라면 활구를 참해야 하며 사구를 참하지 마라. 활구 참해서 기에 임해 태도 바꾸니, 그 마땅함 잃지 않고 나고 들며 거두고 폄에 씀에 따라 자재하다. … 말해 보라. 어느 것이 활구이고, 어느 것이 사구인가? 알겠는가? 눈 속 밀가루 구분하기 쉽지만, 먹 중에 그을음 가려내긴 어렵다. 參玄上士 須參活句 莫參死句 若參活句 臨機變態 不失其宜 出沒卷舒 應用自在 … 且道 那箇是活句 那箇是死句 會麽 易分雪裏粉 難辨墨中煤"라고 하였다. [참고문헌] 『景德傳燈錄』, 『鳳巖集』, 『草堂淸和尙語』. ⇨ 참현 參玄

참현인 參玄人 깊은 뜻 새겨 묻는 사람. 『설두어록』 권4 「석두대사참동계 石頭大師參同契」(대정장47, p.697b13)에 "삼가 참현인들에게 이르노니〈들으면 틀림없이 돌아감이 같다〉, 빛도 그늘도 헛되이 건너지 말기를〈진실이다! 이 말은〉. 謹白參玄人〈聞必同歸〉 光陰莫虛度〈誠哉 是言也〉"라고 하였다. [참고문헌] 『雪竇語錄』.

참화사 昆華寺 평안남도 순안군 앵천촌(櫻遷村)에 있었던 사원. 『동국여지승람』 권52 평안도 순안현 불우에 앵천촌 북쪽에 있으며, 신라 자장(慈藏)이 주석한 곳이라고 하였다. 『고려사절요』 권14 고종 3년(1216) 11월에 "서경유수가 아뢰기를 '적군이 안정·임원 등의 역과 참화·묘덕·화원 등의 사원을 노략질하였는데 삼군이 능히 막지 못했습니다.'라고 하였다. 西京留守奏 賊屠安定林原等驛 及昆華妙德花原等寺 三軍不能沮遏"라고 하였다. [참고문헌] 『東國輿地勝覽』, 『高麗史節要』.

참황 慚惶 부끄러워 어쩔 줄 모르다. 『오조법연어록』 권중(대정장47, p.657b18)에 "마조대사는 둘 곳 없이 부끄럽고 당황스러움에 처해서 다만 이렇게 말할 뿐이었으니, '지장(智藏)의 머리는 희고, 회해(懷海)의 머리는 검다'. 馬大師 無著慚惶處 只道得箇 藏頭白 海頭黑", 『벽암록』 1칙 「본칙 本則」(대정장48, p.140a19)에 "양무제(梁武帝)가 물었다. '짐을 마주하고 있는 이는 누구시오?〈당황스러움이 얼굴에 가득하면서 애써 성성한 척하네. 예측했던 대로 찾으려 했지만 찾지는 못하는구나〉'. 달마가 답했다. '모르겠소〈돌! 다시 물어오다니. 반 푼의 가치도 없다〉'. 帝曰 對朕者誰〈滿面慚惶 强惺惺 果然 摸索不着〉 磨云 不識〈咄 再來 不直半文錢〉"라고 하였다. [참고문헌] 『五祖法演語錄』, 『碧巖錄』.

참황쇄인 慚惶殺人 몹시도 부끄럽고 당황스러운 사람. 『대혜어록』 권1(대정장47, p.814a27)에 "법좌에 올라 '2월 중춘인데 오랜 비에 날이 개지 않는구나. 나, 운문이 한 번 찔러 보았다. 덕이 있어도 이웃은 없는 법이다'라고 말한 뒤 대중을 둘러보고 '찔러 보라!'고 한 다음 다시 말했다. '사람을 몹시 당황하게 만드는구나'. 上堂 二月仲春 久雨不晴 雲門一箚 德非有隣 乃顧視大衆云 箚 復云 慚惶殺人", 『고림청무어록』 권2(卍속장123, p.446a8)에 "석가노자의 낯가죽 두께는 세 치이니 바로 이렇게 두 곳의 낯가죽 두께는 합하여 여섯 치다. 우리들 사문석자는 이와 같은 말을 들으면 몹시 당황스럽다. 만일 외도파순이었다면 다투어 괴이하다 여겼을 것이다. 釋迦老子 面皮厚三寸 只者兩處 面皮共厚六寸 我輩沙門釋子 聞與麽道 慚惶殺人 若是外道波旬 又爭怪得"라고 하였다. [참고문헌] 『大慧語錄』, 『古林淸茂語錄』.

참회 懺悔 Ⓢ kṣamā, deśanā, āpatti-pratideśanā. 죄를 뉘우쳐 드러내서 용서를 구하는 일. 참(懺)은 범어 kṣama의 음사어로 타인의 용서를 구한다는 뜻이고, 차마(叉磨)・참마(懺摩)라고도 한다. 회(悔)는 범어 deśanā의 한역어로 뉘우쳐 고백한다는 뜻이다. 즉 죄를 뉘우치고 불보살이나 대중에게 자신이 저지른 죄를 말함으로써 죄가 소멸되기를 바라는 것이다. 범어 āpatti-pratideśanā는 자자설죄(自恣說罪)라고도 하며 아발지발라지제사나(阿鉢底鉢喇底提舍那)로 음사한다. 부처님 재세 시부터 스님들은 보름마다 정기적으로 포살(布薩)을 행하고 자자(自恣)를 행함으로써 참회하였다. 대승에서의 참회는 시방의 불보살을 영접하고는 경주(經呪)를 암송하며, 설죄(說罪)하고 서원을 세우며, 가르침 대로 증명받는 다섯 가지 연을 갖춘다. 참회하는 이는 오른쪽 어깨를 드러내고, 오른쪽 무릎을 땅에 대며, 합장하고 설죄하며, 예족하는 다섯 가지 법식을 갖춘다. 참회는 그 내용에 따라 이종참회(二種懺悔)・삼종참회(三種懺悔)・삼품참회(三品懺悔)・오종참회(五種懺悔)・육근참회(六根懺悔) 등으로 분류하는데, 이 참(懺)이란 뜻을 새겨 참회하는 이참(理懺)과 일어난 일 보아 참회하는 사참(事懺)이다. 이렇게 승중들의 행의였던 참회는 사부대중이 함께 하는 참법(懺法)의례로 정착하였는데, 도량을 장엄하며 향을 땅에 뿌리고 단(壇)을 설치하는 등의 법에 따른다. 미타참법(彌陀懺法)・관음참법(觀音懺法)・점찰참법(占察懺法)・법화삼매참법(法華三昧懺法)・대승육정참회(大乘六情懺悔) 등이 있으며, 이중 우리나라에서는 뒤의 세 가지 참법이 특히 많이 행해졌다. 『왕생예찬게』에서는 광요약(廣要略)의 세 가지 참회법을 말한다. 『별역잡아함경』 권3(대정장2, p.392a21)에 "'세존이시여, 저는 이제 진실로 죄를 지었고, 스스로 죄를 범했음을 알았습니다. 비유하자면 어리석은 범부가 어리석고 무지하여 착하지 못한 일 짓듯이 하였습니다. 바라옵건대 세존께서는 저를 가엾게 여기셔서 저의 참회를 받아 주시옵소서'. 부처님께서 파사익왕에게 말씀하셨다. '내가 이제 당신을 가엾게 여겨 당신의 참회를 받아주겠오'. 그때 파사익왕은 참회가 받아들여지자 마음으로 크게 기뻐하며 예를 올리고 떠나갔다. 世尊 我於今者 實有過罪 自知毁犯 譬如瓔愚 狂癡無知 所作不善 唯願 世尊 憐愍我故 聽我懺悔 佛告波斯匿王言 我今愍汝 聽汝懺悔 時 波斯匿王 旣蒙懺悔 心大歡喜 作禮而去", 『대승본생심지관경』 권3(대정장3, p.303c3)에 "능히 여법하게 참회하는 이라면 가진 번뇌를 다 없앨 것이니, 마치 겁화가 이 세간을 부수며, 수미산과 큰 바다를 태워버리는 것처럼 참회로 번뇌의 풀더미를 태우고, 참회로 천상에 태어나며, 참회로 사선락을 얻고, 참회로 마니보주를 뿌리며, 참회로 금강수명으로 늘리고, 참회로 상락궁에 들어가며, 참회로 삼계라는 감옥을 벗어나게 하고, 참회로 보리의 꽃을 피우며, 참회로 부처님의 대원경을 보고, 참회로 보물이 있는 곳에 이른다. 여법하게 참회하는 이라면 두 가지 관문에 의지하여 닦아야 하니, 첫째는 일어난 일을 보아 죄를 소멸하는 문이고, 둘째는 이치를 보아 죄를 소멸하는 문이라오. 若能如法懺悔者 所有煩惱悉皆除 猶如劫火壞世間 燒盡須彌幷巨海 懺悔能燒煩惱薪 懺悔能往生天路 懺悔能得四禪樂 懺悔雨寶摩尼珠 懺悔能延金剛壽 懺悔能入常樂宮 懺悔能出三界獄 懺悔能開菩提華 懺悔見佛大圓鏡 懺悔能至於寶所 若能如法懺悔者 當依二種觀門修 一者觀事滅罪門 二者觀理滅罪門", 40권본 『화엄경』 권40(대정장10, p.845a19 : *Gaṇḍ-vy.*, p.429)에 "보살이 스스로 생각하기를 '내가 과거 시작 없는 그때부터 탐진치 말미암아 몸과 말과 뜻으로 지은 모든 악업 한도 끝도 없다. 만약 이러한 악업 몸도 모습도 있다면 허공계를 다하더라도 수용할 수 없을 것이다. 내가 지금 모든 삼업을 청정히 하여서 온 법계의 티끌 같은 불국토의 모든 부처님과 보살님들 앞에서 진심으로 참회하고, 다시는 악업을 짓지 않으며 항상 청정한 계와 모든 공덕에 머무르리라'. 菩薩自念我於過去無始劫中　由貪瞋癡發身口意作諸惡業無量無邊 若此惡業有體相者 盡虛空界不能容受 我今悉以淸淨三業 遍於法界極微塵刹一切諸佛菩薩衆前 誠心懺悔 後不復造 恒住淨戒一切功德. yacca kṛtaṃ mayi pāpu bhaveyyā rāgatu dveṣatu mohavaśena, kāyatu vāca manena tathaiva taṃ pratideśayamī ahu sarvam", 『점찰선악업보경』 권상(대정장17, p.903c6)에 "선남자여, 만약 미래세의 모든 중생들이 생로병사에서 해탈하고자 하여 처음 배우면서 발심하고 선정과 무상지혜를 닦아 익히는 이라면, 우선 과거세에 지었던 악업의 많고 적음과 가볍고 무거움을 관해야 한다. 악업이 많고 두터운 이라면 곧바로 선정과 지혜를 배울 수 없고 먼저 참회법을 닦아야 한다. 왜냐하면 이 사람은 숙세에 익힌 악한 마음이 맹렬하기에 지금 현재 세상에서 틀림없이 악을 많이 짓고 무거운 계를 범할 것이다. 무거운 계를 범하기에 참회하여 그것을 청정하게 하지 않고 선정과 지혜를 닦으면, 곧 많은 장애가 있어서 그것을 이겨낼 수 없으니, 미쳐서 착란하거나 바깥의 삿된 것에 괴롭힘 받거나 삿된 법을 받아들여 악견이 더욱 증장하게 된다. 그러므로 먼저 참회법을 닦아야 한다. 만약 계근이 청정하고 과거세의 중한 죄가 미약해 엷아진다면 곧 모든 장애를 여읜다. 善男子 若未來世 諸衆生等 欲求度脫生老病死 始學發心 修習禪定無相智慧者 應當先觀宿世所作惡業多少及以輕重 若惡業多厚者 不得卽學禪定 智慧 應當先修 懺悔之法 所以者何 此人宿習惡心猛利故 於今現在必多造惡 毁犯重禁 以犯重禁故 若不懺悔令其淸淨而修禪定 智慧者 則多有障礙不能剋獲 或失心錯亂 或外邪所惱 或納受邪法 增長惡見 是故 當先修懺悔法 若戒根淸淨 及宿世重罪 得微薄者 則離諸障"라고 하였다. 〔참고문헌〕『別譯雜阿含經』, 『大乘本生心地觀經』, 『華嚴經』, 『占察善惡業報經』, 『往生禮讚偈』(대정장47, p.439b5), 『

一切經音義』 권59(대정장54, p.700c12), *Gaṇḍ-vy.*, *Suv-pr.2.* ⇨ 참 懺, 참마 懺摩[1], 포살 布薩, 자자 自恣, 참회오법 懺悔五法, 삼종참회 三種懺悔[1], 삼품참회 三品懺悔, 참법 懺法, 미타참법 彌陀懺法, 법화삼매참법 法華三昧懺法, 대승육정참회 大乘六情懺悔, 예참 禮懺[1]

참회게 懺悔偈 Ⓢdeśanā-gāthā. 참회하며 외우는 게. 모든 일용의례문 중에서 늘 외운다. 40권본 『화엄경』 권40(대정장10, p.847a16)에 "예부터 제가 지은 모든 악업 시작 없는 그 때부터의 탐진치 삼독 때문이라네. 몸과 말과 뜻을 좇아 일으킨 것이기에 남김없이 정성 다해 참회하나이다. 我昔所造諸惡業 皆由無始貪嗔癡 從身語意之所生 一切我今皆懺悔"라는 4구 게송이다. 『낙방문류』 권2(대정장47, p.178c21), 『석문의범』 등 의례문에 그대로 전승되었다. [참고문헌] 『華嚴經』, 『樂邦文類』, 『釋門儀範』 권상, 『作法龜鑑』 권상(『韓國佛教儀禮資料叢書』 권3 p.376a15), 『日用作法』 16張, *Suv-pr.17.* ⇨ 아석소조제악업 我昔所造諸惡業

참회멸죄 懺悔滅罪 참회하여 죄를 없애다. 『자비도량참법』 권1(대정장45, p.926c7)에 "범부를 버리고 성인에 들고자 한다면 부처님의 말씀에 의지하여 가르침대로 수행해야 하며, 작은 고를 마다하고 게으른 마음을 내서는 안 되며, 스스로 노력하고 참회하여 죄를 없앤다. 경에서 '죄는 인연으로부터 생겨나고 인연 좇아 없어진다' 하였다. 범부이기를 면하지 못했기에 만나는 곳마다에서 허다히 헤매니 스스로 참회에 기대지 않는다면 벗어날 까닭이 없다. 若欲捨凡入聖者 當依佛語 如教修行 莫辭小苦 生懶墮心 宜自努力 懺悔滅罪 經言 罪從因緣生 亦從因緣滅 旣未免凡類 觸向多迷 自非資以懺悔 無由出離", "그래서 다 같이 오늘 용맹심을 일으키고 참회의 뜻을 발하는데, 참회의 힘은 불가사의하다. 어떻게 그러한지 아는가? 아사세왕은 대역죄가 있었지만 참괴하고 뉘우치며 자책했기에 무거운 고통 가볍게 받았다. 相與今日 起勇猛心 發懺悔意 懺悔之力 不可思議 何以知然 阿闍世王 有大逆罪 慚愧悔責 重苦輕受"라고 하였다. [참고문헌] 『慈悲道場懺法』. ⇨ 참회 懺悔, 멸죄 滅罪

참회업장 懺悔業障 업장을 참회하는 일. 무수한 세월 걸쳐 지은 업의 장애들 돌이켜 후회하여 대중이나 불보살 앞에 드러내 말하고, 다시 약속하여 지켜서 과거로부터 지은 업장 지금 참회하여 미래에는 다시 없게 하는 뜻이다. 보현보살십종대원(普賢菩薩十種大願) 중 네 번째 원이기도 하다. 40권본 『화엄경』 권40(대정장10, p.844b23)에 "만약 이 공덕문을 성취하고자 한다면, 마땅히 열 가지 광대한 행원을 닦아야 한다. 무엇이 그 열 가지인가? … 넷째 업장을 참회함이다. 若欲成就此功德門 應修十種廣大行願 何等爲十 … 四者 懺悔業障", 『대승삼취참회경』(대정장24, p.1092b21)에 "여래정변지이신 분 현재 세간에 머무시는데, 저 불세존께서도 옛날 수행하실 적에 또한 이와 같이 업장을 참회하시고 일체법무장청정을 얻으셨다. 사리불이여! 이 때문에 선남자와 선여인이 성문승이나 벽지불승에 머물거나 대승에 머물면서 업장을 깨끗이 하고자 한다면, 응당 이와 같이 참회하고 드러내서 마땅히 덮어 감추는 일 없어야 하니 미래세에 다시 짓지 않는다. 如來正遍知者 現住在世 彼佛世尊 往昔修行 亦皆如是 懺悔業障 得一切法無障淸淨 舍利弗 以是之故 若善男子及善女人 若欲發住於聲聞乘辟支佛乘 若住大乘 欲淨業障 應當如是 懺悔發露 不應覆藏 於未來世 不應復作", 『권수정토절요』(卍속장109, p.923a9)에 "둘째는 업장을 참회함이다. 참이란 지나간 일 뉘우침이고, 회란 장래의 일 돌이켜 보는 것이다. 수행인은 참회를 요로 삼아야 하니, 보현보살도 참회의 원을 가졌거늘 하물며 범부는 어떻겠는가! 무량겁 이래 신구의삼업으로 지은 바가 이미 깊어 모두 능히 종종장애가 되니 고로 업장이라 이름한다. 만약 참회하지 않는다면 업장은 없어지지 않는다. 二者 懺悔業障 懺者 懺其已往 悔者 悔其將來 修行人 以懺悔爲要 普賢菩薩 尙有懺悔之願 何況凡夫 因無量劫來 身口意三業 所造已深 俱能爲種種障礙 故名業障 若不懺悔 業障不除"라고 하였다. [참고문헌] 『華嚴經』, 『大乘三聚懺悔經』, 『勸修淨土切要』. ⇨ 보현보살십종대원 普賢菩薩十種大願

참회업장가 懺悔業障歌 고려초에 균여(均如)가 지은 보현십원가(普賢十願歌) 11수 중 네 번째 노래. 지금까지 지은 모든 업장을 참회하고 계율을 지켜 깨달음을 구하는 노래. 『화엄경』의 보현보살십종대원에 의지하여 노래로 지은 글이다. 『균여전』 「가행화세분 歌行化世分」(한불전4, p.513b17)에 "전도 일령여서 보리 향하던 길 잃고 그 많은 악업 지어 가졌으니 법계에 넘쳐납니다. 모든 나쁜 업 익혀 삼업중에 숨었으니, 정계 가져 주인 삼아 머물며 남김없이 하렵니다. 오늘 문득 버릴 가르침 있어 참회하오니 시방제불께서는 증명하소서. 중생계 다하여야 나의 참회 다하리니 미래에도 영원히 악업 짓는 일 버려 없게 하리라. 顚倒逸耶 菩提向焉道乙迷波 造將來臥乎隱惡寸隱 法界餘音玉只出隱伊音叱如支 惡寸習落臥乎隱三業 淨戒叱主留卜以支乃遣只 今日部頓部叱懺悔 十方叱佛體閼遣只賜立 落句衆生界盡我懺悔盡 來際永良造物捨齊"라고 하였다. [참고문헌] 『均如傳』, 황패강 『향가문학의 이론과 해석』(일지사, 2001). ⇨ 균여전 均如傳, 보현십원가 普賢十願歌

참회업장송 懺悔業障頌 고려초에 균여(均如)가 지은 보현십원가(普賢十願歌) 중 제4송에 문신(文臣) 최행귀

(崔行歸)가 번역한 한시 11수 중 제4수. 『균여전』「역가현덕분 譯歌現德分」(한불전4, p.515b18)에 "시작 없는 겁으로부터 삼독으로 지어온 죄업이 얼마나 무거운가. 이 악연에 본래 모습이 있다면 허공계를 다하여도 수용할 수 없으리라. 업장을 생각해보니 슬프고 한스러워 참을 길 없고, 있는 정성 다할 길밖에 없으니 어찌 게으름에 떨어져 있으리오. 지금 참회하여 정계를 가져서 영원히 번뇌 벗어나 저 푸른 소나무와 같기를 원하노라. 自從無始劫初中 三毒成來罪幾重 若此惡緣元有相 盡諸空界不能容 思量業障堪惆悵 罄竭丹誠豈墮慵 今願懺除持淨戒 永離塵染似青松"라고 하였다. [참고문헌] 『均如傳』. ⇨ 보현십원가 普賢十願歌, 참회업장가 懺悔業障歌

참회오법 懺悔五法 비구가 참회 때 행하는 다섯 가지 법. 『원각경약소초』 권12(卍속장15, p. 437b17)에서 시설한 대로 『대명삼장법수』 권17(영락장182, p.130a9)에 다음과 같이 전한다. 비구에게 죄가 있을 때 대비구를 청하여 증인으로 삼고 다음의 오법을 갖춰 참회한다. "첫째, 편단우견한다. 참회를 행할 때는 가사를 수하고 반드시 오른쪽 어깨는 내린다. 문득 집시해서 하는 행의를 돌본다. 一 袒右肩 謂行懺悔時 須著袈裟 當袒右肩 以便執侍 作務使令也", "둘째, 오른 무릎을 땅에 댄다. 참회를 행할 때는 오른 무릎을 땅에 대어 간절한 정성을 드러낸다. 二 右膝著地 謂行懺悔時 當右膝著地 以顯翹勤懇切之誠也", "셋째, 합장한다. 참회를 행할 때는 합장하고 가슴에 대어 성심이 흔들림 없음을 나타낸다. 三 合掌 謂行懺悔時 須合掌當胷 以表誠心之不亂也", "넷째, 발에 예를 표한다. 참회를 행할 때는 이마로 대비구의 발에 예를 표하여 자신을 낮추고 가장 공경하는 예임을 보게 한다. 四 禮足 謂行懺悔時 當頂禮大比丘足 以見卑下至敬之禮也", "다섯째, 죄명을 말한다. 참회를 행할 때는 자신이 범한 죄명을 말해야 하고, 승잔죄나 바일제 죄류를 얻었음을 말해서 대중에게 드러내 알게 하니 덮어 없게 해서는 안 된다. 五 說罪名 謂行懺悔時 當說自身所犯罪名 或得僧殘罪 或波逸提罪之類 對衆發露 不得覆藏也"라고 하였다. [참고문헌] 『圓覺經略疏鈔』, 『大明三藏法數』. ⇨ 참회 懺悔, 참법 懺法 **1**

참회진언 懺悔眞言 참회 또는 예참중에 외우는 진언. "옴 살바못자 모지사다야 사바하. [Siddham script] 唵 薩婆菩陀 菩提薩陀耶 莎訶 Oṃ sarvabuddha bodhisattvāya svāha"이다. [참고문헌] 海印寺板 『日用作法』 제16張 右面 9항, 『釋門儀範』 권상 p.98.

참회품 懺悔品 Ⓢ Svapna-parivarta. 『금광명경』 권1(대정장16, p.336b10)과 『금광명최승왕경』 권2(대정장16, p.411a17)에 있는 품의 이름. 묘당보살(妙幢菩薩)이 금북을 크게 치며 참회게를 설한 꿈을 꾸고 나서 다음 날 이를 부처님 앞에서 진술한 내용이다. 『금광명경현의습유기』 권3(대정장39, p.27a11)에 "「참회품」 중에 꿈에 금빛 북을 보았는데 그 빛이 널리 비추었기에 바로 광이라 했다. 懺悔品中 夢見金鼓 其明普照 卽光也", 『금광명경문구기』 권1(대정장39, p.89c12)에 "「참회품」에서 펼치고자 한 것은 주로 악을 깨뜨리고 곁으로 선을 낳게 함이지만, 「찬탄품」에서 편 것은 주로 선을 낳고 곁으로 악을 깨뜨림이다. 敘懺悔品者 正爲破惡 旁爲生善故 敘讚歎品者 正爲生善 旁爲破惡故", 『금광명최승왕경소』 권1(대정장39, p.179c1)에 "또 「참회품」에서는 유통의 이로움을 밝혀 이르길 '만약 사중이 어디에 있든 남을 위해 이 『금광명미묘경전』을 강설한다면, 그 국토에서는 네 가지 복리선근을 얻는다. 첫째 국왕이 무병하여 온갖 재액들을 여의며, 둘째 수명이 연장되고 장애가 없으며, 셋째 원적들이 없고 병사들이 날래고 굳세며, 넷째 안온하고 풍요로우며 정법이 유통된다'. 又懺悔品 明流通益云 若有四衆 隨在何處 爲人講說 是金光明微妙經典 於其國土 皆獲四種福利善根 一者 國王無病 離諸災厄 二者 壽命延長 無有障礙 三者 無諸怨敵 兵衆勇健 四者 安穩豐樂 正法流通"라고 하였다. [참고문헌] 『金光明經』, 『金光明最勝王經』, 『金光明經玄義拾遺記』, 『金光明經文句記』, 『金光明最勝王經疏』, *Suv-pr.17.* ⇨ 몽견금고참회품 蒙見金鼓懺悔品

참후 參後 만참(晩參) 또는 방참(放參) 이후. 『백장청규』 권5 「좌선 坐禪」(대정장48, p.1142c23)에 "산문에 영접·기도·보청·간송·송망이 있거나 중료에 정발·세의가 있으면 좌선도 하지 않고 좌참도 하지 않는다. 참후의 좌선은 평소와 같이 한다. 或山門有迎接祈禱普請看誦送亡 及衆寮淨髮洗衣 則不坐禪 亦不坐參 參後坐禪如常", 『선림상기전』 권3 「참후」(불광장, 禪藏, p.196)에 "만참 또는 방참 후를 참후라고 한다. 거의 해질 무렵에 가까운 때다. 晩參 或放參之後 曰參後 稍近薄暮也"라고 하였다. [참고문헌] 『百丈淸規』, 『禪林象器箋』. ⇨ 참 參 **1**, 만참 晩參, 방참 放參

창 唱 **1** Ⓢ parikīrtayat, parikīrtayati. 소리 내다. 의미있는 실담(悉曇) 즉 범자(梵字)를 소리내 불러서 그 글자의 뜻문(字門)에 드는 것을 말한다. 60권본 『화엄경』 권57(대정장9, p.765c3 : *Gaṇḍ-vy.*, p.353)에 "선남자여! 나는 보살해탈을 얻었으니 온갖 예를 잘 안다고 이름한다. 나는 늘 이 해탈근본인 자들을 부르고 가져 드니, 아(阿 [Siddham] a)자를 부를 때 반야바라밀문에 들어가는데 보살의 위덕이 각각 다른 경계라고 이름한다. … 선남자여! 내가 불러 이와 같이 해탈근본자에 들 때 이 마흔두 자로 반야바라밀문의 으뜸으로 삼아서 무량무수반야바라밀문에 든다. 善男子 我得菩薩解脫 名善知衆藝 我恒唱持入此解脫根本之字 唱阿字時 入般若波羅蜜門 名菩薩威德各別境界 … 善男子 我唱如是 入諸解脫根本字時 此四十二 般若波羅蜜門爲首 入無量無數般若波羅蜜門 ahaṃ kulaputra śilpābhijñāvato bodhisattva vimokṣasya lābhī. tasya me kulaputra mātṛkāṃ vācayamānasya a-kāramakṣaraṃ parikīrtayato b odhisattvānubhāvena asaṃbhinnaviṣayaṃ nāma prajñāpāramitāmukhamavakrāntam … iti hi kul aputra mama mātṛkāṃ vācayata etāni dvācatvār iṃśat prajñāpāramitāmukhapramukhānyapramey āsaṃkhyeyāni prajñāpāramitāmukhānyavakrāntā ni"라고 하였다. [참고문헌] 『華嚴經』, *Gaṇḍ-vy.* ⇨ 실담사십이자문 悉曇四十二字門, 자문 字門 **2** 곡조 넣어 노래 부르다. 긴나라(緊捺洛)나 야마(夜摩)들이 하는 행위다. 『근본설일체유부필추니계경』(대정장24, p.515c19)에 "만약 비구니가 노래를 부른다면 바일저가다. 若復苾芻尼 唱歌者 波逸底迦", 『화엄경탐현기』 권2(대정장35, p.135b21)에 "제19긴나라는 신역에서 긴나락이라 하며 가신이라 한역한다. 능히 노래를 부르고 음악을 연주하기 때문이다. 『잡심』에서는 축생도로 거뒀으며 의신이라고도 하였다. 第十九緊那羅 新云緊捺洛 此云歌神 能唱歌詠作樂 雜心入畜生道攝 亦名疑神", 『사교의주휘보보광기』 권3(卍속장102, p.423b15)에 "야마는 선시라 번역하고 시분이라고도 한다. 때때로 쾌락을 노래하기 때문이다. 夜摩 此翻善時 亦名時分 時時唱快樂故"라고 하였다. [참고문헌] 『根本說一切有部苾芻尼戒經』, 『華嚴經探玄記』, 『四敎儀註彙補輔宏記』.

창경궁팔각칠층석탑 昌慶宮八角七層石塔 서울 종로구 와룡동 창경궁에 있는 석탑. 보물 제1119호. 높이 6.5m. 여러 단의 기단위에 복발형 초층탑신과 8각의 탑신부를 지닌 특수형 석탑이다. 현재 창경궁 춘당지 가에 세워져 있다. 기단부는 2단의 지대와 여러 단의 기단을 놓아 탑신을 높였다. 지대석은 2단으로 하단은 각면 안상(眼象)문을 넣어 장식했으며 상단은 모서리에 기둥모양을 새기고 각 면마다 둥근모양의 안상을 넣었다. 기단은 하중상대석 세 층으로 올렸다. 하대에는 복련의 연꽃을 둘러 장식하였다. 중대석 모서리마다 죽절형(竹節形)기둥을 세우고 면석에는 화문(花文)도 장식하고 테두리에도 장식을 더해 화려함을 더하였다. 상대석은 부연을 한 면당 2엽씩 총 16엽의 앙련문으로 처리한 후 팔각 갑석을 두었는데 각면에 안상문을 넣었다. 그 위로 탑신받침에 해당하는 3단의 괴임을 두었다. 탑신부는 팔각칠층인데 초층탑신은 최대 지름이 중상위에 있는 항아리형으로 4단의 석재를 쌓아 올렸다. 초층탑신 한쪽에는 가로·세로 50cm 정도의 판석에 명문이 새겨져 있다. 명문은 1행 3자씩 4행으로 말미에 '요양중개산도강정옥암수탑 대명성화육년 경인세추칠월 상한길일조 遼陽重開山都 綱琔玉巖壽塔 大明成化六年 庚寅歲秋七月

팔각칠층석탑 창경궁

上澣吉日造'라고 새겨져 있다. 이를 통하여 조성연대가 명대인 1470년임을 알 수 있다. 탑신은 각층 마모가 심한 편이지만 팔각형태를 유지하고 있으며 지붕은 칠층 모두 낙수면에 기와골과 처마에는 막새까지 세밀하게 표현하여 마무리 했다. 상륜은 노반과 보주가 하나의 돌로 되어 있으나 후대에 보수할 때 더한 것이다. 이 탑은 1911년 창경궁내에 이왕가박물관을 건립할 때 중국 만주에서 들여온 것이라 전할 뿐 원 소재지는 알 수 없다. 석탑은 전체적으로 원형을 유지하고 있고 원말부터 유행한 라마탑양식을 파악하는데 중요한 자료다. [참고문헌] 『서울의 문화재6』(경인문화사, 2011).

창공 瘡孔 **1** Ⓢ nāḍī-vraṇa, Ⓣ rma-'khyims-pa. 산문(産門). 자궁(子宮)을 말한다. 『구사론』 권9(대정장29, p.48a5 : *Abh-k-bh.*, p.130)에 "숙업에 이끌린 (어머니의) 몸 창공중에 분해지절하여 밖으로 끌어내야 한다. 그래서 이 태아는 숙세에 지은 순후수업에 올라 어떤 취를 택하는지 알기 어렵다. 宿業所引 身瘡孔中 分解肢節 牽出於外 然此胎子 乘宿所爲 順後受業 所趣難了 pūrvakarmavīpākarje mahati kāmanāḍīvraṇe hastaṃ praveśyā ṅgamaṅgaṃ nikṛtyādhyāharanti. sa cāpyaparaparyāyavedanīyena karmaṇā pūrvakeṇa kāmapi gatiṃ nīyate"라고 하였다. [참고문헌] 『俱舍論』, *Abh-k-bh.* **2** 일부러 내거나 종기로 인한 상처. 『대비바사론』 권182(대정장27, p.915a27)에 "교진나가 성제를 보고나자 부처님께서는 신통력으로 그의 어두운 장애를 버리게 해서 과거세의 일을 기억하게 하였다. 그는 곧 자신은 갈리왕이었고 부처님께서는 선인이셨는데 자신이 날카로운 칼로 부처님을 일곱 갈래로 베어 일곱 군데의 상처를 냈는데도 부처님께서는 노여워하지 않으시고 도리어 서원을 하여 이롭게 하려고만 하셨음을 보았다. 憍陳那見聖諦已 佛以神力除彼闇障 令其憶念過去世事 彼便自見 爲羯利王 佛爲仙人 自以利劍 斷佛七支 作七瘡孔 佛不瞋恨 反以誓願 欲饒益之", 『대승집보살학론』 권6(대정장32, p.92a7)에 "비유하면 큰 종기나 종기 구멍 가득 온갖 벌레가 가득찬 듯하다. 譬若大癰疽 亦如瘡孔中 種種諸蟲滿"라고 하였다. [참고문헌] 『大毘婆沙論』, 『大乘集菩薩學論』.

창규 瘡竅 Ⓢvraṇa, Ⓣrma. 살갗에 난 구멍. 『능가경』 권6(대정장16, p.627c7 : *Laṅk.*, p.285)에 "살갗에 난 구멍 아홉 가지가 만들어지고 손톱·발톱·치아·털이 갖추어져 때가 되면 출생한다. 瘡竅有九種 爪甲齒毛具 滿足卽便生 vraṇāścaiva navaiva tu, nakhadantaromasaṃcchannaḥ sphuramāṇaḥ prajāyate"라고 하였다. 〔참고문헌〕『楞伽經』, *Laṅk.*

창기 昶基 조선후기 스님. 법명은 완파(玩坡), 속성은 김씨. 영암 출신. 금월의관(錦月誼寬 1811~1890)의 제자로, 표충사어서각수호겸도내승풍규정도총섭(表忠祠御書閣守護兼道內僧風糾正都摠攝)을 역임하였다. 〔참고문헌〕『東師列傳』 권5 「錦月禪師傳」(한불전10, p.1055a11). ⇨의관 誼寬

창기 倡伎 Ⓟlaṅghaka. 소리하고 춤추는 이. 곡예사. 『나선비구경』 권상(대정장32, p.697c10)에 "나선비구가 말하였다. '비유컨대 저 곡예사가 곡예를 하려고 할 때 먼저 땅을 깨끗이 쓸고 나서 함과 같으니, 불제자들도 도를 구함에 먼저 경계를 행하고 선인을 지으며 괴로움을 알아 애욕들을 버린 뒤에야 팔종도행을 사념합니다'. 대왕이 말했다. '훌륭합니다. 훌륭합니다'. 那先言 譬若倡伎欲作 先淨掃地乃作 佛弟子求道 先行經戒 作善因 知懃苦 棄諸愛欲 便思念八種道行 王言 善哉 善哉"라고 하였다. 〔참고문헌〕『那先比丘經』, *Mil.34.*

창기 倡妓 Ⓢnaṭaḥ, nṛtta, Ⓣbro-gar, zlas-gar-mkhan. 노래하고 춤추는 여인. 『이출보살본기경』(대정장3, p.618b6)에 "왕은 도인의 말을 듣고 곧 태자를 위해 나라 안의 유명한 창기 사천명을 가려 뽑아 천 명씩 노래해서 즐겁게 하기를 밤낮으로 쉬지 않았다. 王聞道人所言 卽爲太子 選擇國中名倡妓 得四千人 令千人一番歌樂 晝夜不休息", 『대비바사론』 권179(대정장27, p.899a1)에 "나는 무시이래로 창기나 음녀 등의 비루하고 더러운 몸으로 태어나 백천 중생들이 나에 대해 번뇌를 일으켰으니 이로 인해 아직도 오랫동안 괴로움을 받고 있다. 我無始來 或作倡妓 或婬女等 鄙穢之身 百千衆生 於我起結 尙由此故 長夜受苦", 『구사론』 권16(대정장29, p.88a22)에 "창기들은 다른 이를 기쁘게 하기 위해 염오심으로 가사와 곡을 짓는다. 倡妓者 爲悅他情 以染汚心 作諸詞曲"라고 하였다. 〔참고문헌〕『異出菩薩本起經』, 『大毘婆沙論』, 『俱舍論』, *Abh-k-bh.48·247.*

창기사 昌期寺 경상북도 예천군 용문면 소백산(小白山)에 있는 용문사(龍門寺)의 옛이름. 870년(경문왕10)에 두운(杜雲)이 처음 초암(草庵)을 짓고 머물렀으며, 이후 고려 태조가 두운을 위해 크게 중창하였다. 『동국여지승람』 권24 경상도 예천군 불우에 "고려 태조가 두운을 위하여 창건하였다. 후에 명종 때 태자의 태를 절의 왼쪽 봉우리에 묻고 창기사라고 고쳐 불렀다. 산기상시 이지명이 기를 썼다. 高麗太祖 爲杜雲而創 後明宗 藏太子胎于寺之左峯 改號昌期寺 散騎常侍李知命爲記"라고 하였다. 〔참고문헌〕『東國輿地勝覽』, 『輿地圖書』, 『韓國寺刹全書』 권하 p.1060a1. ⇨용문사 龍門寺 ⑥

창내암 倉內庵 전라북도 정읍시 수광산(水光山)에 있던 암자. 『범우고』의 기록 이외에는 문헌자료가 없어서 위치 및 연혁에 대해서는 정확히 알 수 없다. 〔참고문헌〕『梵宇攷』, 『韓國寺刹全書』 권하 p.1060b4, 『한국사지총람』 권하(문화재청·불교문화재연구소, 2010) p.518.

창녕관룡사대웅전관음보살벽화 昌寧觀龍寺大雄殿觀音菩薩壁畫 조선후기 사찰벽화. 보물 제1816호. 세로 405cm·가로 303.5cm. 흙벽에 채색(土壁彩色). 경상남도 창녕군 관룡사 대웅전 후불벽 뒷면에 그려진 관음보살벽화이다. 벽면 전체에 관음보살좌상을 크게 묘사하고, 좌측 하단에는 합장한 선재동자(善財童子)를 작게 표현하였다. 관음보살 뒤쪽으로는 수묵의 기암괴석이 펼쳐지면서 화면 오른쪽에는 오죽(烏竹) 두 줄기가 솟아 있고, 맞은편에는 버들가지가 꽂힌 정병이 놓여 있다. 보타락가산(補陀落迦山)의 바위 위에 앉아 선재동자를 맞이하는 수월관음(水月觀音)의 도상이다. 수월관음은 왼손은 허리 옆으로 내려 바닥을 짚고 오른손은 무릎 위에 얹어 유희좌(遊戲座)를 취한 편한 자세이다. 머리에는 아미타불을 새긴 화려한 보관을 쓰고 녹색 두광을 표현하였으며, 전신을 영락으로 장엄하였다. 선재동자는 쌍상투에 천의자락을 어깨에 걸친 채 합장한 모습이다. 정면을 향하는 보살상의 자세와 근엄한 얼굴, 화려한 보관과 장신구, 짙은 녹색과 주홍의 채색 등 18세기 전형의 성보다. 〔참고문헌〕『한국의 사찰벽화』 부산광역시·경상남도2(문화재청·성보문화재연구원, 2009) pp.203~222. ⇨관룡사대웅전 觀龍寺大雄殿

창녕관룡사대웅전관음보살벽화

창녕관룡사목조석가여래삼불좌상및대좌 昌寧觀龍寺木造釋迦如來三佛坐像◯臺座 조선후기 불상. 보물 제1730호. 높이 석가불 150cm, 약사불 122cm 아미타불 124cm. 대웅전에 봉안된 삼불상으로 석가불상의 대좌 윗면에 적힌 묵서에 의해 1629년(인조7) 10월부터 1630년 5월까지 화원 현진(玄眞)을 비롯한 승일(勝一)·

창녕관룡사목조석가여래삼불좌상및대좌

천민(天敏)·수영(守英)·탄행(坦行)·철의(哲義)·지전(持殿)·인잠(印岑) 등 8명의 조각승이 함께 조성한 것이다. 현진은 17세기 전반에 활동했던 대표적인 조각승으로 목조 불상과 소조 불상을 주로 제작하였다. 삼불은 크기와 손모양·착의법 등에서 약간의 차이가 있을 뿐 거의 같은 모습이다. 네모난 얼굴과 머리 위의 이중 계주(髻珠), 평면적인 신체 등은 조선후기 불상에서 볼 수 있는 공통된 특징이다. 석가불은 드러난 오른쪽 어깨 위에 옷자락이 내려와 있는 변형 우견편단의 옷을 입고 있으나 협시불상은 양 어깨를 덮은 통견식이다. 내의는 모두 수평으로 입었으며 옷주름은 가슴 아래로 늘어지면서 다리 사이에서 넓게 펼쳐져 있는데 간략하게 처리되었다. 특히 오른쪽 어깨 위의 굵고 두터운 옷주름과 배부분에서 강하게 반전되어 법의 속으로 들어간 옷자락 표현 등은 전형적인 현진의 불상에서 볼 수 있는 특징이다. 석가불은 항마촉지인(降魔觸地印)이나 약사불상과 아미타불상은 좌우 손의 위치만 다를 뿐 설법인을 하고 있다. 대좌는 팔각형으로 중대에 난간을 두르고 기둥을 세웠으나 상대는 앙련과 복련을 맞댄 연화좌로 표현되었다. 관룡사 삼불상은 구성이나 특징, 대좌 형식 등에서 17세기 조선후기 불상의 특징을 보여주는 기준작으로 중요한 작품이다. [참고문헌] 송은석「17세기 조각승 현진과 그 유파의 조상」(『미술자료』70·71호, 2004) pp.84~86.

창녕송현동석불좌상 昌寧松峴洞石佛坐像 통일신라 석불좌상. 보물 제75호. 전체높이 148cm. 경상남도 창녕읍 송현동에 있다. 최대폭 296cm·높이 152cm 규모의 자연암반에 고부조로 새긴 마애불로, 바위자체가 광배 역할을 하고 있다. 소발(素髮)의 머리에는 커다란 상투형 육계가 있고, 상호는 원만상(圓滿相)이며, 이마에는 백호공이 있다. 귀는 어깨까지 내려오고, 목에는 삼도가 희미하게 표현되어 있다. 법의는 편단우견(偏袒右肩)으로 착용하였는데, 어깨와 가슴을 넓게 표현하였고, 수인은 항마촉지인(降魔觸地印)이다. 건장한 신체와 원만한 상호 그리고 계단식으로 처리한 의습선(衣褶線) 등이 경주 굴불사지사면석불(掘佛寺址四面石佛)이나 석굴암본존상과 유사하지만, 표현이 소략하고 도식화되어서 8세기 말에서 9세기경에 제작된 것으로 추정된다. 현재 마애불 인근에서 유구(遺構)의 흔적은 발견되지 않으나 과거 석탑재가 발견되었으며, 기와도자기편 등의 유물들도 확인되고 있어서 마애불을 중심으로 사찰이 운영되었을 것으로 추정한다. [참고문헌]『文化財大觀』寶物篇·石造Ⅱ(文化財廳. 2004) pp.150~151, 『韓國의 寺址』울산광역시·경상남도(문화재청·佛教文化財研究所, 2013) pp.346~348.

창녕송현동석불좌상

창녕술정리동삼층석탑 昌寧述亭里東三層石塔 경상남도 창녕군 창녕읍 술정리에 위치한 통일신라시대의 삼층석탑. 국보 제34호. 높이 5.6m. 이중기단에 삼층의 탑신을 가진 전형양식의 석탑이다. 탑 지대석 외곽으로으로 1열로 구획한 석렬이 남아 있는데, 한쪽 모서리에 탑구(塔區)로 보이는 석재가 남아 있다. 기단부는 상하층 2중으로 되어 있다. 하층기단은 지대석과 면석을 한 돌로 하여 5매의 판석으로 결구하였다. 하대갑석도 5매로 구성되었는데 갑석 상면은 단부쪽으로 약한 경사가 있으며 갑석 중앙에는 호각형(弧角形)의 2단괴임으로 상대면석을 받치고 있다. 상층기단 면석은 1면 1매의 판석으로 엇물림으로 결구하였다. 상대갑석은 4매로 하단에는 1단의 부연을 두고 상면 중앙에는 2단의 각형 괴임을 두어 초층탑신을 받치고 있다. 탑신부는 탑신석과 옥개석이 각각 1매로 구성하고 탑신부는 모두 모서리에 우주를 새겼으나 문비 등의 장식은 생략하였다. 옥개석은 3층이 모두 처마아래로 5단의 층급받침을 가지고 있으며 상면에 2단의 각형 괴임을 두어 위층 탑신을 받치고 있다. 옥개석의 낙수면은 모서리에서 경쾌한 반전을 보이고 있으며 각 옥개석 모서리에는 양쪽 전각부에 1개씩의 풍경공이 뚫려 있다. 상륜부는 남아 있는 것이 없고 3층 옥개석 중앙에 원형의 찰주공이 있다. 석탑을 구성하는 부재는 기단부에 18매, 탑신부 6매로 상하층 기단 탱주숫자 2:2의 석탑과 거의 유사한 구성을 보이고 있다. 특이한 점은 8세기 경주지역 석탑들이 하층기단 면석을 구성할 때 'ㄱ'자형 귀틀석을 쓰는 것과는

창녕술정리동삼층석탑

달리 판석만으로 결구한 특징이 있다. 이 석탑이 위치한 사찰에 대하여 확실한 기록은 알 수 없다. 인근 창녕읍 교동에 위치한 탑금당치성문기비(보물 제227호)에 기록된 인양사(仁陽寺) 혹은 대곡사(大谷寺)로 추정하기도 하였으나, 2008년 발굴조사에서 '송림사 松林寺'명 기와가 출토되어 해당 사찰의 원래 이름을 추정하는 근거가 되었다. 또한 가람배치에 있어서 탑과 금당의 배치가 남북축선 보다는 동서축선이었을 가능성이 높을 것으로 확인되었다. 한편 석탑은 1965년 문화재관리국에서 전면 해체수리를 진행하였는데, 이때 3층 탑신석 상면 방형사리공에서 동제잔형사리기와 항색유리사리병, 향편 및 소형구슬 등이 발견되어 국립중앙박물관에 보관하고 있다. 이 석탑은 결구수법과 각 부분의 조각수법이 매우 치밀하고 정교할 뿐만 아니라 안정적인 체감률과 적당한 비율로 8세기 전성기 석탑의 전형을 보여주고 있다. 이를 통해 왕경중심의 석탑문화가 8세기 무렵 경주를 벗어나 왕경 외곽지역으로 전파되는 과정을 보여주는 귀중한 석탑으로 평가되어 신라탑파사연구에도 중요한 의미를 지닌 성보다. [참고문헌]『창녕술정리사지』(국립가야문화재연구소, 2011), 『경남의 사지 I』(국립가야문화재연구소, 2009).

창녕탑금당치성문기비 昌寧塔金堂治成文記碑 통일신라시대 비석. 보물 제227호. 높이 160cm·너비 48cm·두께 18cm. 문화재지정명은 창녕인양사조성비(昌寧仁陽寺造成碑)로 인양사(仁陽寺) 관련 자료로 알려져 있으며, 비석의 정면과 좌우 측면에는 명문이 있고 후면

창녕탑금당치성문기비 및 탁본

에는 승상(僧像)이 새겨져 있는데 인양사 불사(佛事)의 주역이었던 스님상으로 추정한다. [참고문헌]『文化財大觀』寶物篇·石造Ⅱ, 改訂版(문화재청, 2005) pp.364~365. ⇨ 인양사 仁陽寺, 인양사조성비 仁陽寺造成碑

창녕포교당 昌寧布教堂 경상남도 창녕군 창녕읍 말흘리에 있는 포교당. 대한불교조계종 재15교구본사 통도사(通度寺)의 말사다. 창녕군지에 따르면 임진왜란 이전에 창녕읍 술정리에 있던 인왕사(仁旺寺)를 통도사의 동산(東山 1890~1966)이 재현하여 1920년대에 창건했다고 하였는데, 요사 현판에 있는 「불찰통도사본말사창녕포교당창건대시주공덕기 佛刹通度寺本末寺昌寧布教堂創建大施主功德記」에 따르면 1939년 7월 7일 포교사 춘담(春潭)이 『인왕경 仁王經』에 의지해 교화하기 위해 창녕의 대지주 하준석(河駿錫)과 서공덕화(徐功德華)와 함께 득남원(得男願)을 발원하며 세웠다고 하였다. 이후 그 아들 하영달(河永達)이 이름을 새겨 시주한 범종이 전한다. 현존하는 당우로는 적멸보궁·산신각·요사 등이 있다. 1730년 관룡사에 있던 석가여래상과 1897년 조성된 산신탱은 도성암(道成庵)에서 제작된 것을 옮겨 봉안하였다. 1978년 청운이 한국전쟁 당시 화마를 입은 창녕 관룡사(觀龍寺)에서 모셔온 유형문화재 통도사창녕포교당목조석가여래좌상은 복장기에 "옹정8년(1730·영조6) 경술 11월 19일 사시에 복장. 雍正八年庚戌十一月十九日巳時腹藏"라고 하였는데, 수화사(首畵師) 하천(夏天)이 부화사(副畵師) 득찰(得察) 등과 함께 관룡사에서 조성한 삼존상 중 한 존상이다. [참고문헌]『文化遺蹟分布地圖 昌寧郡』(昌寧郡·東亞文化研究院, 2005). ⇨ 통도사 通度寺

창덕암 昌德庵 전라북도 남원시 산동면 고남산(古南山)에 있는 절. 1933년 초막 형태의 절을 김보덕화 여사가 중창하였다. 문화재자료 제60호인 삼층석탑이 조선시대 작품으로 추정되므로 그 이전부터 법등이 이어져 온 것으로 보인다. 1997년에 대웅전과 삼성각을 헐고 서로 자리를 바꾸어 새로 지었고, 1999년에 원통보전을 세웠다. 현존하는 당우로는 대웅전·삼성각·요사 등이 있다. [참고문헌]『全羅北道의 佛教遺蹟 佛像 塔 石造物 篇』(國立全州博物館, 2001), 『南原文化遺蹟分布地圖』(南原市·全北大學校博物館, 2004).

창도 唱道 중생이 가야 할 길을 소리내 알리다. 법문을 설하고 불도를 널리 알린다는 뜻이지만, 바뀌어 교가(教家) 또는 그에 속한 사람을 가리키는 말로도 쓴다. 『천성광등록』 권22 「도원희랑장 桃園曦朗章」(卍속장135, p.815b10)에 "만일 소리내 길을 알리는 집안의 가풍이라면 권이란 억지로 붙인 이름이다. 조종에서 들어 보이고자 하는 것으로 말하자면 곧바로 입 여는 것도 어렵다. 그런 까닭에 '앞서 성인께서 가신 길 향상 일로여서 천성도 전하지 못했는데 배우는 이들 모양새만 수고롭게 함이 마치 저 원숭이 그림자 쫓듯 한다'라고 말한다. 若是唱道門風 權且强名 若論祖宗提綱 直下難爲開口 所以先聖道 向上一路 千聖不傳 學者勞形 如猿捉影", 『광지광록』 권4(대정장48, p.41a28)에 "바탕은 쓰임 있는 곳에 있을 뿐이어서 체용에 사사로움이 없어야 비로소 길을 알릴 수 있다. 일러보라. 어떻게 해야 이 바탕

도 쓴도 사사롭지 않은 그 시절일까. 물은 대숲 사이로 흘러 연을 따르고 바람은 꽃 그 품을 지나며 향은 향기로워지네. 體在用處 體用無私 方乃唱道 且道 作麽生是體用無私底時節 水向竹邊流出綠 風從華裏過來香"라고 하였다. 〔참고문헌〕『天聖廣燈錄』, 『宏智廣錄』.

창도 唱導 Ⓢ ud-√ghuṣ, udghoṣayati. 크게 소리내서 무리를 이끄는 일. 경설상에서는 부처님 설법회상에 큰 무리를 이끌고 동참하기 위해 소리내 앞장 서 인도하는 일로서 보살중(衆) 등 제존과 일체 무리 중의 우두머리(首)가 행한다. 또는 큰 재(齋)를 베풀어 법을 설해서(說法) 무리를 깨우치는 일을 말하는데 교가(敎家)에서는 강설하고 선문(禪門)에서는 상당(上堂)하여 법문(法門)을 열고, 재가의 인연을 빌어 도량(道場)을 열고 소리내 불법을 널리 펴는 일(說法)을 다 모아 창도라 한다. 『법화경』 권5(대정장9, p.39c28)에 "부처님께서 이것을 말씀하실 때, 사바세계 삼천대천국토의 땅이 다 떨쳐 열리더니 그 중에 무량천만억보살마하살이 동시에 솟아 올랐고, 이 모든 보살들의 몸 온통 금색의 삼십이상 한없이 빛났다. … 낱낱의 보살들 모두 이 대중을 소리쳐 이끄는 우두머리로서 각각 육만항하사권속을 거느린다. 佛說是時 娑婆世界 三千大千國土地 皆震裂 而於其中 有無量千萬億菩薩摩訶薩 同時踊出 是諸菩薩 身皆金色 三十二相 無量光明 … 一一菩薩 皆是大衆唱導之首 各將六萬恒河沙眷屬", 『양고승전』 권13(대정장50, p.417c7)에 "창도란, 대개 법리 소리내 베풀어 대중의 마음을 열어 이끈다. 그 옛날 불법이 처음 전래되었을 때 함께 모여 부처님의 명호를 소리내 부르고, 경문에 의지해 예를 다하며 밤 깊도록 피로 다 하는 일로 도와 깨우침 열게 하였으니, 이에 따로 덕 깊은 이를 청하여 법좌에 올라 설법하도록 하였다. 때론 온갖 실마리가 되는 인연으로, 때론 곁들여 비유로 이끌었다. 唱導者 蓋以宣唱法理開導衆心也 昔佛法初傳 于時齊集止 宣唱佛名 依文致禮 至中宵疲極 事資啓悟 乃別請宿德 昇座說法 或雜序因緣 或傍引譬喩", "그 후 여산의 혜원이 도업이 곧고 빛나며 재주가 우뚝 빼어났는데, 매번 재로 모일 때마다 문득 스스로 높은 자리에 올라 몸소 이끌기에 앞장서서 먼저 삼세인과를 밝히고 뒤쳐서는 단번에 재의 대의를 말하였다. 후대로 전해 받아 마침내 영원한 법칙이 되었다. 그러므로 도조(道照)·담영(曇穎) 등 십여 명이 모두 나란히 차례대로 창도사가 되어 각각 당대에 명성을 날렸다. 其後廬山釋慧遠 道業貞華 風才秀發 每至齋集 輒自昇高座 躬爲導首 先明三世因果 却辯一齋大意 後代傳受 遂成永則 故道照曇穎等十有餘人 並駢次相師 各擅名當世", "무릇 소리내 이끎에 있어 귀하게 여겨야 할 일에 네 가지가 있다. 목소리와 판단과 재주와 널리 앎이다. 목소리 아니고는 대중을 깨우칠 수 없고, 가릴 줄 모르면 때에 맞추지 못하며, 재주 아니고는 물들여 말할 수 없고, 널리 알지 못하고는 의거할 것이 없게 된다. 목소리 종이나 북처럼 울려 퍼진즉 사부대중의 마음 깨우칠 수 있으니, 이렇게 소리낼 수 있어야 한다. 하는 말마다 맞아 떨어져 어긋남 없게 하는 것이 가려 쓴다 하는 것이다. 잘 만들어 새기고 꽃으로 무늬 놓은 듯하고 그 수술마저 일렁이게 하는 것이 재주 있게 쓴다 함이다. 경론 헤아려 가져서 논으로 가려내고 서사마저 다 잡을 줄 아는 것을 가려 쓸 줄 안다 함이다. … 비록 이렇게 한다 해도 간절히 사람을 감하게 하고 기울여 정성 다해 만물을 움직일 수 있어야 참으로 더 없는 창도라 하겠다. 夫唱導所貴 其事四焉 謂聲辯才博 非聲則無以警衆 非辯則無以適時 非才則言無可採 非博則語無依據 至若響韻鍾鼓則四衆驚心 聲之爲用也 辭吐後發適會無差 辯之爲用也 綺製彫華文藻橫逸 才之爲用也 商推經論採撮書史 博之爲用也 … 雖然 故以懇切感人 傾誠動物 此其上也"라고 하였다. 〔참고문헌〕『法華經』, 『梁高僧傳』, *Divy.68.* ⇨ 설법 說法, 강설 講說, 담경 談經, 압좌문 押座文, 창도사 唱導師, 속강 俗講

창도사 唱導師 소리내 법을 말하여 이끄는 스승. 『낙방문류』 권3(대정장47, p.189c19)에 "세간에서는 부인이 숙세에 덕의 뿌리를 심어 부처님의 기별을 받았으며, 다시 인간으로 와서 부처님을 대신하여 가르침 베풀며 창도사 되었다. 世謂夫人宿植德本 受佛記莂 却來人間 代佛設敎 爲唱導師", 『법화경대관』 권5(卍속장50, p.266b5)에 "이 네 갈래행(四安樂行)을 갖추면 또한 육만항하사나 되는 창도사들의 상수가 되기에 창도사 중 최상의 상수가 된다고 하였다. 具此四行 又爲六萬恒河沙唱導師之上首 故曰 最爲上首唱導之師也"라고 하였다. 〔참고문헌〕『樂邦文類』, 『法華經大竅』.

창두 蒼頭 노비. 종. 『과거현재인과경』 권1(대정장3, p.626a22)에 "바로 이때 석가족들도 동일한 날 오백의 사내아이를 낳았다. 그때 왕의 마구간에서 코끼리도 흰 새끼를 낳았고 말도 흰 망아지를 낳았으며 소와 양도 오색의 새끼 양과 송아지를 낳았는데, 이와 같은 유들의 수가 각각 오백이었으며 왕실의 노비 또한 오백의 노비를 낳았다. 當爾之時 諸釋種姓 亦同一日 生五百男 時王廐中 象生白子 馬生白駒 牛羊亦生五色羔犢 如是等類 數各五百 王家青衣 亦生五百蒼頭", 『일체경음의』 권55(대정장54, p.673b19)에 "창두〈『한서』의 창두에 대해 응소(應劭)는 '진나라에서는 백성을 검수(黔首)라 불렀는데, 검어서 흑색이고 수는 머리이다. 노를 창두라 한 것은 순 흑색이 아니지만 보통 사람들과 다르기 때문이다'라고 하였다〉. 蒼頭〈漢書 蒼頭 應劭曰 秦稱民曰黔首 黔 黑也 首 頭也 奴曰蒼頭者非純黑 以別於人也〉"라고 하였다. 〔참고문헌〕『過去現在因

果經』, 『一切經音義』.

창락천 唱樂天 Ⓢ Yāmāḥ, Ⓣ 'thab-bral-ba. 노래하여 늘 즐거운 하늘. 육욕천(六欲天) 중 하나로 야마천(夜摩天)과 같다. 『구사석론』 권6(대정장29, p.198a28)에 "육욕천 중 … 셋째는 창락천이다. 六天者 … 三唱樂天", 『화엄경탐현기』 권6(대정장35, p.212c3)에 "야마는 갖추어 말하면 소야마다. 소는 선(善)으로 바꾸고 야마는 때(時)로 한역하는데, 이 하늘에는 해와 달이 없어서 시절을 가늠할 수 없다. 따라서 『대집경』에서는 '홍련화가 필 때는 낮이고 청련화가 필 때는 밤인 줄 안다'고 하였다. 『구사석론』에서는 창락천이라 하였고, 또는 다희락천이라 하였는데, 하늘이란 이 정이란 뜻이고 광명이란 뜻이다. 이 하늘이란 그저 즐거울 뿐이어서 전혀 선은 생각하지 못한다. 夜摩者 若具云蘇夜摩 蘇者此云善也 夜摩此云時也 謂此天無日月 可知時節 故大集經云 觀赤蓮華開是晝 靑蓮華開是夜 俱舍論釋名唱樂天 亦名多戲樂天 天者是淨義光明義 此天著樂 全不念善"라고 하였다. 〔참고문헌〕『俱舍釋論』, 『華嚴經探玄記』, *Abh-k-bh.111・171.* ⇨ 야마천 夜摩天, 육욕천 六欲天

창령 窓櫺 격자가 있는 창문. 영창(櫺窓)이라고도 한다. 창(窓)은 창(牕), 령(櫺)은 령(欞)으로도 쓴다. 『십송율』 권40(대정장23, p.294a21)에 "부처님께서 갖가지 꾸짖으셨다. '어찌하여 비구니가 창령으로 밖을 보느냐? 지금부터는 창령으로 보는 일은 안 된다. 바라보면 돌길라다'. 佛種種因緣呵責 云何比丘尼 窓櫺中看 從今不得窓櫺中看 看者 突吉羅", 『무문관』 38칙 「본칙 本則」(대정장48, p.297c13)에 "오조법연(五祖法演)이 말하였다. '비유하자면 물소가 창살을 지나가는 것과 같다. 머리와 뿔, 네 발굽은 모두 지나갔는데, 무슨 이유로 꼬리는 지나가지 못할까?' 五祖曰 譬如水牯牛過窓櫺 頭角四蹄都過了 因甚麽尾巴過不得"라고 하였다. 〔참고문헌〕『十誦律』, 『無門關』, 『有部律雜事』 권13(대정장24, p.263b15), 『五燈會元』 권7(卍속장138, p.238b15).

창령사 蒼嶺寺 강원도 영월군 북면 덕상리 배거리산에 있던 절. 『동국여지승람』 권46 강원도 영월군 불우에 석선산(石船山)에 있다고 이름과 위치가 전한다. 『범우고』에도 석선산에 있었으며 폐사되었다고 하였다. 자세한 연혁은 알 수 없으며, 경작지에서 다량의 나한상 및 기와와 도자기 등이 출토되어 절터(寺址)였음을 확인하였으며, 현재 시도기념물 영월창령사지(寧越蒼嶺寺址)로 지정되어 있다. 〔참고문헌〕『東國輿地勝覽』, 『梵宇攷』, 『韓國寺刹全書』 권하 p.1060b11, 『한국사지총람』 권상(문화재청・불교문화재연구소, 2010) p.228.

창례 唱禮 소리내 예(禮)를 올리다. 『관세음보살여의마니륜다라니염송법』(대정장20, p.203b18)에 "다만 별도의 처소에서 홀로 수행하는 이는 금강계로 오회를 창례하고, 십팔도에 의지하여 수업하게 한다. 但於別處獨身被修行者 以金剛界 唱禮五悔 依十八道 令修業之", 『낙방문류』 권3(대정장47, p.197a15)에 "일구일자를 무릇 소리내 부르고 절 하기를 세 번씩 하였으니, 『법화경』의 글 수만 언구(言句)을 삼 개월 만에 모두 암송하였다. 一句一字 凡唱禮者三 法華之文 幾數萬言 三月而能皆誦"라고 하였다. 〔참고문헌〕『觀世音菩薩如意摩尼輪陀羅尼念誦法』, 『樂邦文類』.

창룡굴 蒼龍窟 푸른 빛으로 빛나는 용이 서리는 굴. 밤에도 푸르게 빛나 쉬지 않는 바다 끝 어디에 있을 거라 여기지만 푸르게 빛나기만 하는 그 용이 서려 있을 그곳은 누구도 눈치 챌 수 없다는 말로, 보아 알 수 없는 아득한 마음자리의 은유다. 또는 중생을 접하여 가르친다는 뜻으로도 쓰인다. 『보각조심어록』(卍속장120, p.231a12)에 "들어 보이기는 쉬워도 보아 돌이키기는 어렵다. 수미산 정상 하늘 바람 서늘하고 높고 험한 그 아래 푸른 용 서린 굴 누군들 감히 엿볼 수 있겠는가? 擧則易 見還難 彌盧頂上天風寒 峩峩直下蒼龍窟 誰敢覰著", 『직주설두송고』 권2(卍속장117, p.530a8)에 "철퇴로 황금뼈 부수니 천지간에 무엇인들 남으리오?〈법신이 한 번 끊어지면 다시 무엇이 있겠는가?〉 삼천찰해 밤에도 맑고 맑으니 푸른 빛의 저 용굴에는 누가 드는지 알 수가 없네〈비록 한 점 티끌마저 없어 순전히 맑지만 누가 이곳에 능히 이르는지는 알 수 없다〉. 鐵鎚擊碎黃金骨 天地之間更何物〈法身一絶 更有什麽〉 三千刹海夜澄澄 不知誰入蒼龍窟〈須然絶點純淸 不知誰能到此〉"라고 하였다. 〔참고문헌〕『寶覺祖心語錄』, 『直註雪竇頌古』. ⇨ 창창 蒼蒼 ❶

창룡사 蒼龍寺 충청북도 충주시 직동 금봉산(金鳳山)에 있는 절. 대한불교조계종 제5교구본사 법주사(法住寺)의 말사이다. 금봉산은 남산(南山)으로 창룡사는 남산절이라고도 불렀다. 신라 문무왕(재위 661~681) 때 원효대사(元曉大師)가 터를 선택하여 창건한 이후 고려 공민왕 때 나옹화상(懶翁和尙)이 중건하였고, 조선 선조 때 서산대사(西山大師)가 중수한 대찰(大刹)이다. 1975년 개금 당시 발견된 1730년의 「창룡사관음상연기문 蒼龍寺觀音像緣起文」・1913년의 「충청북도충주군남변면금봉산창룡사중건후불준병기 忠淸北道忠州郡南邊面金鳳山蒼龍寺重建後佛準竝記」 등을 통해 연혁이 비교적 정확히 확인된다. 1729년(영조5)과 그 다음 해에 관음상을 봉안하는 등 상당히 큰 사세를 유지했으나 1870년(고종7)에 목사(牧使) 조병로(趙秉老)가 수비청(守備廳) 건립을 위해 법당을 헐어버리면서 절의 규모가 줄어들었다. 1905년에 청신녀 박씨의 원력으로 다시 법당이 세워진 후 꾸준히 가람을 가꾸어 1938년에 불상 1좌를 봉안하고 지금에 이른다. 현존하는 당우로는 극락보전·칠성각·산신각·요사 등이 있으며, 높이 80cm의 창룡사다층청석탑이 문화재자료 제56호로 지정되어 있다. 〔참고문헌〕『輿地圖書』, 『伽藍考』, 『梵宇攷』, 『朝鮮佛教通史』 권상, 『韓國寺刹全書』 권하 p.1060b8.

창룡향십처반 蒼龍向什處蟠 푸르게 빛나는 저 용 어딜 향해 서릴 수 있겠는가. 『벽암록』 18칙 「송 頌」(대정장48, p.158c23)에 "물 맑은 못이라면 푸른 용 서리지 못한다〈보았는가? 거대한 파도 넓고 아득하니 푸른 용 그 어딜 향해 서리겠는가? 여기서는 아무리 모색해도 찾을 길 없다〉. 澄潭不許蒼龍蟠〈見麽 洪波浩渺 蒼龍向什處蟠 這裏直得摸索不著〉"라고 하였다. 〔참고문헌〕『碧巖錄』. ⇨ 징담불허창룡반 澄潭不許蒼龍蟠

창리라 唱哩囉 소리내 흥얼거리다. 『굉지광록』 권2(대정장48, p.19a27)에 "신들이 노래하고 토지신 춤을 추니 저절로 곡조 되고, 손뼉 치는 사이에 소리내 흥얼거리네. 神歌社舞自成曲 拍手其間唱哩囉", 『검남회등록』 권7 「합린이거사 合鱗李居士」(卍속장145, p.799b3)에 "출중한 사내 태아검을 부여잡고 나고 죽는 일 무엇인지 물을 일 없네. 믿어 그러해서 곧바로 아무 일 없는 줄 깨우치고 절벽에서 손 놓고 소리내 흥얼거리네. 挺特男兒秉太阿 不將生死問如何 信然直下了無事 撒手懸巖唱哩囉"라고 하였다. 〔참고문헌〕『宏智廣錄』, 『黔南會燈錄』. ⇨ 나나리 囉囉哩

창림사 昌林寺 경상북도 경주시 내남면 용장리 금오산(金鰲山)에 있었던 사원. 포석정(鮑石亭) 동북쪽에 위치하였다. 『삼국유사』 권1(대정장39, p.964b28·한불전6, p.275a9) 기이(紀異)1 신라시조혁거세왕(新羅始祖赫居世王)에 의하면 박혁거세와 그의 아내 알영을 양육한 곳이 남산 서쪽 기슭의 궁궐이라고 하는데, 이후 그 땅에 창림사를 창건하였다고 한다. 고려시대에 부처님의 치아 사리가 봉안되어 있기도 했다. 보물 제1867호로 지정된 '경주 남산 창림사지 삼층석탑'이 전하고 있으며, 탑 내부에서 김입지(金立之)가 글을 지은 「창림사무구정탑지 昌林寺無垢淨塔誌」가 발견되었다. 『동국여지승람』 권21 경상도 경주부 고적(古跡)에는 당시 창림사가 폐사되었다고 전하고, 글씨가 없는 옛날 비가 있다고 하면서 원 학사 조맹부(趙子昂)의 창림사비의 발문을 인용하여 신라의 김생이 글씨를 쓴 비라고 하였다. 『고려사』 권4 세가(世家), 현종 12년(1021) 5월 무자일에 "상서좌승 이가도에게 명하여 경주 고선사에서 금라가사와 부처의 정수리 뼈, 창림사에서 부처의 치아를 가져오도록 하여 모두 내전에 두었다. 命尙書左丞李可道 往取慶州高僊寺金羅袈裟佛頂骨·昌林寺佛牙 並置內殿"라고 하였다. 〔참고문헌〕『三國遺事』, 『東國輿地勝覽』, 『高麗史』, 『高麗史節要』, 『韓國寺刹全書』 권하 p.1060a4.

창림사지삼층석탑 昌林寺址三層石塔 경상북도 경주시 배동에 있는 신라시대 석탑. 보물 제1867호. 높이 6.98m. 이중기단에 삼층탑신을 가진 전형의 신라석탑으로 상층기단부에 팔부중상(八部衆像)이 부조되어 있다. 경주 남산 서쪽에 위치한 창림사의 가장 높은 곳에 있다. 일제강점기에 '창림(昌林)'명 기와가 발견되어 절 이름을 알 수 있었다. 『삼국유사』에 의하면 창림사는 신라 최초의 왕궁이 있던 곳이며 『고려사』에 의해서는 부처님 치아사리를 모셨던 왕실의 원찰이었다. 무너져 있던 탑은 1976년 복원하였는데, 이때 새로운 부재로 보충하였다. 하층기단은 각 면마다 3개의 탱주와 모서리에 우주를 새겨 넣었는데, 이는 초기석탑인 감은사지 삼층석탑, 고선사지 삼층석탑에서만 볼 수 있는 특징이다. 기단면석은 여러매의 돌로 결구했으며 상부에 호각형 2단의 괴임을 두어 상층면석을 받고 있다. 상층면석은 중앙에 1주의 탱주를 두어 구분하고 각각 팔부중상을 새겨 넣었으나 현재는 4구만 남아 있다. 팔부중 조각상으로는 가장 규모가 크고 조각도 거의 반부조에 가까울 정도로 양감이 뛰어나다. 상층기단 갑석은 하단에 부연이 있고 상면에는 2단의 각형 괴임을 두어 탑신을 받고 있다. 탑신부는 몸돌과 지붕돌을 각각 한 돌로 쌓아 올렸다. 1층 몸돌에는 4방에 문 모양을 조각하고 내부에 고리까지 조각해 놓았다. 2층과 3층 몸돌은 새로운 부재로 복원한 것이다. 지붕돌의 밑면 옥개받침이 모두 5단이고 처마 하단에 물끊기 홈을 새겨 넣었는데 신라석탑 가운데 이탑에서 처음 등장하는 수법이다. 옥개석 처마는 중심부에서 수평을 이루다가 모서리에서 치켜 올라가 경쾌함을 보여준다. 탑의 상륜부는 모두 결실되었다. 이 탑은 현재 경주 남산에 남아있는 석탑 가운데 가장 크고 기단부의 팔부신중 조각이 우수하여 8세기 신라석탑을 대표하는 탑으로 손색이 없다. 2011년 계림문화재연구소의 절터 발굴로 창림사에는 본 석탑 외에도 쌍탑이 존재했던 것을 확인하였다. 또한 1824년 석공이 창림사석탑을 파괴할 때 경주를 찾은 김정희가 마침 필사해 남게 된 855년(문성왕17)명 「국왕경응조무구정탑원기 國王慶膺造無垢淨塔願記」 원본이 2012년 발견되어 용주사

창림사지삼층석탑

성보박물관에 보관중이다. [참고문헌] 『慶州南山の佛蹟』(朝鮮總督府, 1940), 『경주남산-정밀학술조사보고서』(국립문화재연구소, 2004), 『국왕경응조무구정탑원기』(문화재청·불교문화재연구소, 2013).

창망 悵望 Ⓢparitāpa. 바라는 바에 슬퍼하다. 『구사론』 권22(대정장29, p.117a10 : *Abh-k-bh.*, p.335)에 "이미 얻은 것에 묘하지도 많지도 않다 여겨 바라는 바 이루지 못해 슬퍼함을 불희족이라 이름하며, 아직 얻지 못한 의복 등 일에 대해 묘함과 많음을 구함을 대욕이라 한다. 於所已得 不妙不多 悵望不歡 名不喜足 於所未得衣服等事 求妙求多 名爲大欲 labdhena-apraṇītena-aprabhūtena paritāpo'saṃtuṣṭiḥ, alabdha-praṇīta-prabhūta-icchā mahā-icchatā", 『일체경음의』 권70(대정장54, p.767b2)에 "창망〈(첫 자는) 칙과 양을 반절한 음이다. 『설문』에 '창망은 한함이다'라고 하였다〉. 悵望〈勅亮反 說文 悵望 恨也〉"라고 하였다. [참고문헌] 『俱舍論』, 『一切經音義』, *Abh-k-bh.*

창문 瘡門 Ⓢvraṇa, vraṇa-bhūta, Ⓣrma'i sgo. 부정한 것이 흘러나오는 문. 입·요로·항문을 삼창문(三瘡門)이라 하고, 눈·귀·코·입·요로·항문을 여섯 가지 육창문(六瘡門)이라 하고, 눈·귀·코의 구멍이 둘이기에 다시 구창(九瘡)이라고도 한다. 『마하승기율』 권36(대정장22, p.514b24)에 "세 가지 창문이란 입·소행도·대행도를 말한다. 三瘡門 若口 若小行道 大行道", 『구사론』 권20(대정장29, p.108a27)에 "저 상속하기에 여섯 가지 창문에서 끊임없이 허물 흘러 끝이 없다. 由彼相續 於六瘡門 泄過無窮", 같은 책 권13(대정장29, p.67b14)에 "잡업을 지어 안의 신형을 감하면, 아홉 가지 창문에서 항시 부정한 것이 흐른다. 若造雜業 感內身形 於九瘡門 常流不淨", 『유가사지론』 권58(대정장30, p.625a28)에 "종기 구멍이 아직 벌어져 있어 염한다. 기름덩이나 기름천으로 틈을 붙여서 막으니 이와 같이 점차로 피부와 살이 단정하게 된다. 瘡門尙開 爲令斂故 或以膩團 或以膩帛 而帖塞之 如是漸次肌肉得斂"라고 하였다. [참고문헌] 『摩訶僧祇律』, 『俱舍論』, 『瑜伽師地論』, *Abh-k-bh.192·308.* ⇨삼창문 三瘡門, 육창문 六瘡門, 구창 九瘡

창박상수 唱拍相隨 노래하고 박자 맞춰 서로 따르다. 『벽암록』 64칙 「본칙 本則」(대정장48, p.195a14)에 "남전이 다시 앞선 공안(南泉斬猫)을 들어 조주에게 묻자〈반드시 마음도 같고 뜻도 같아야 된다. 같이 같아야 비로소 안다〉, 조주가 곧장 짚신을 벗어 머리에 이고 나갔다〈진흙탕에 드는 것 피할 수 없다〉. 남전이 말하였다. '그대가 만약 있었더라면 아마도 고양이를 살릴 수 있었을 텐데〈노래하고 박수쳐 서로 따르는군. 알아주는 이 없으니 착을 가져 착에 나아갈 뿐이다〉'. 南泉復擧前話 問趙州〈也須是同心同意始得 同道者方知〉 州便脫草鞋 於頭上戴出〈不免拖泥帶水〉 南泉云 子若在 恰救得猫兒〈唱拍相隨 知音者少 將錯就錯〉", 『가태보등록』 권16 「정당명변장 正堂明辯章」(卍속장137, p.249b12)에 "(潙山과 仰山의 天寒人寒 화두를) 알아챈다면 비로소 위앙부자(潙仰父子) 노래하고 박수쳐 서로 따르리. 若也見得 方知潙仰父子 唱拍相隨"라고 하였다. [참고문헌] 『碧巖錄』, 『嘉泰普燈錄』, 『圜悟語錄』 권3(대정장47, p.726b3).

창복사 昌福寺 황해북도 개성시에 있던 절. 이규보(李奎報 1168~1241)의 『동국이상국전집』 권25 방문(牓文) 「창복사담선방 昌福寺談禪牓」에 "우리 진강공(최충헌 1149~1219)이 … 대안3년(1211·희종7)에 성의 동남쪽에서 옛 창복사를 발견하고는 확장하여 새롭게 하였다. 금상이 즉위한 지 두 해째 되던 해(1215·고종2)에 크게 총림을 열고 심법을 천양하고자 하였다. 我晉康公 … 大安三年 得古昌福寺於城之東南 遂拓而新之 今上卽祚之二年 將大闢叢林 闡揚心法", 같은 책 권41 석도소(釋道疏) 「창복사동안거능엄법석소 昌福寺冬安居楞嚴法席疏疏」에 "저는 … 다만 범력에 기대어 나라의 기틀을 다지려 정성스럽게 수행하시는 스님들께 예를 다하기를 마치 친히 부처님 뵈옵듯 합니다. … 왕도의 정려에 산문의 개사가 되어 다행히 좋은 이들이 모두 모였습니다. … 엎드려 바라건대 재앙은 문득 사라지고 길상은 거듭 이르게 해서, 성상의 수명은 앞으로 더욱 오래되고 백성의 삶은 편안하게 되어 우환조차 없어지이다. 某 … 但憑梵力 圖築邦基 凡禮精修之衲流 有如親炙於佛面 … 於京輦之精廬 處以山門之開士 幸可人之皆集 … 伏願災沴頓消 吉祥荐至 聖算後天而益久 民居按堵而無虞"고 하여, 법회와 안거를 활발히 설행한 사찰이었음을 알 수 있다. 그 뒤에 이익배(李益培 ~1292)가 지은 「불대사자진원오국사정조탑비 佛臺寺慈眞圓悟國師靜照塔碑」에는 "기유년(1249·고종36)에 (진양)공(최이·최우 ~1249)이 창복사를 창건하고서 낙성법회를 열고는 스님을 주맹으로 청하였다. 己酉 公創昌福寺 設會落成 請師主盟"고 하였고, 『고려사』 권129 열전42 최충헌에는 "다음해(1250·고종37)에는 "왕이 최충헌의 진영을 창복사로 옮기도록 명하였다. 王命移忠獻眞于昌福寺"고 하였다. [참고문헌] 『東國李相國全集』(韓國文集叢刊1, p.549b17·같은책2, p.130a12), 李智冠 『校勘譯註歷代高僧碑文』 高麗篇4 p.166·176, 『高麗史』, 『韓國寺刹全書』 권하 p.1060a16. ⇨능엄도량 楞嚴道場

창복사담선방 昌福寺談禪牓 1215년(고종2)에 창복사에서 총림(叢林)을 열고 심법(心法)을 천양하고자 설행한 담선법회의 방문. 이규보(李奎報 1168~1241)가 지었으며 『동국이상국전집』 권25에 전한다. 1211년(희종7)에 진강공(晉康公 : 최충헌)은 개성 도성 동남쪽에서 창복사 옛 터를 발견하고는 확장하여 중건하였다. 그 뒤 깊은 산에서 진행에 힘쓰던 선(禪)의 사남(司南)인 변공(弁公)을 국왕의 초빙을 거쳐 주시관(主試官)으로 모시고 본인은 부시관(副試官)을 맡아, 28일 동안 『육조단경』과 『경산어록 徑山語錄』을 강설하고 밤마다 공(空)에 대하여 담론하였다. 특히 "날을 나누고 장을 마련한 다음, 교의 종지를 서로 말하도록 하였는데, 처음에는 각자의 생각만 말한 탓에 서로 모순이 생겨 비록 선법을 듣더라도 마음으로 승복하지 않았다. 서서히 뜻에 이르고 점점 경계에 들어 심요를 얻은 뒤에는 흙산이 한번에 무너진 듯 모두 따랐다. 分日得場 互談其教之宗旨 始也各執意相矛楯 雖聞禪法也 亦不甚心服 惘如也 及徐涉其趣 漸入蔗境 領得心要然後 槾山一破 翕然隨以定"고 하였다. [참고문헌] 『東國李相國全集』(韓國文集叢刊1, p.550a11). ⇨ 창복사 昌福寺, 담선법회 談禪法會

창살 唱薩 소리내 '살 薩'이라 하다. 선재(善哉)라 소리내 말하는 것으로 '살'은 범어 sādhu의 음사어이며 사도(娑度)라고도 음사한다. '착한 이여' 또는 '장하다, 훌륭하다' 칭찬해 말하는 뜻이다. 『양고승전』 권13 「도혜전 道慧傳」(대정장50, p.414a8)에 "만년에는 주방 죽림사로 옮겼으며 수만언을 송경했는데, 매일 저녁 외울 때마다 늘 어둠 속에서 손가락을 튕기며 '훌륭하다!' 라고 하는 소리가 들렸다. 송 대명 2년에 세수 51세를 일기로 입적하였다. 晩移朱方竹林寺 誦經數萬言 每夕諷詠 輒聞闇中有彈指唱薩之聲 宋大明二年卒 年五十一", 『번역명의집』 권5(대정장54, p.1137c23)에 "창살 : 이 말은 변했다. 바른 음은 사도이며 선재라고 한역한다. 唱薩 此言訛也 正言娑度 此云善哉"라고 하였다. [참고문헌] 『梁高僧傳』, 『翻譯名義集』. ⇨ 사도 娑度, 선재 善哉

창상 脹想 Ⓢ vyādhmātaka-saṃjñā, Ⓟ uddhumātaka-sañña, Ⓣ rnam-par-bam-pa'i-'du-shes. 구상관(九想觀) 중 하나로 주검이 썩어 부풀어 오르는 모습을 보는 관상(觀想). 방창상(膖脹想)·팽창상(膨脹想)이라고도 한다. 『법화현의』 권4(대정장33, p.719b17)에 "능히 구상을 닦아서 이 육적(六賊)을 없앤다. … 창상·괴상·담상으로 형모에 대한 욕을 깨뜨린다. … 구상으로 집착하는 사람이라는 욕을 없앤다. 能修九想 除此六賊 … 脹想 壞想 噉想 破形貌欲 … 九想通除所著人欲", "이 아홉 가지로 이미 욕을 없앴다면 진과 치도 약해지며 구십팔사라는 산도 흔들린다. 비록 이들은 부정관의 초문이지만 능히 대사를 이룰 수 있으니, 마치 저 바다 중의 시신에 의지하여 건널 수 있음과 같다〈이하 생략〉. 此九既除於欲 亦薄嗔癡 九十八使山動 雖是不淨初門 能成大事 如海中屍 依之得度〈云云〉", 『석선바라밀차제법문』 권9(대정장46, p.536a24)에 "첫째 창상. 행자는 주검 옆에 마주하여 그 부풀어 오름을 보는데, 마치 저 가죽 주머니에 바람 차올라 본 모습과 달라지듯 한다. 이 몸에 주인 없어 망식이 부려 보고 듣고 말하여 스스로 속이니, 지금 어디로 가고 있단 말인가? 다만 빈집 부풀어 목만 곧음을 본다. 一 脹想者 行者 對死尸邊 見膖脹 如韋囊盛風 異於本相 此身中無主 妄識役御 視聽言語 以此自誑 今何所趣 但見空舍膖脹項直", "이 몸의 자용은 곱고 아리따우며 살갗은 부드럽고 입술은 붉으며 이는 하얗고 눈은 길며 코는 곧고 이마는 반듯하며 눈썹은 높이 나서 이렇게 아름다운 몸으로 사람의 마음을 혹하게 하지만, 이제 단지 부풀어 오름만을 볼 뿐이니 그 좋던 것 어디에 있는가? 남녀의 모습마저 알아볼 수 없으니 바로 이 상을 취하여 내가 사랑하는 사람이라 관한다. 이를 지어 욕심을 꾸짖는다. 此身姿容 妖媚細膚 朱脣素齒 長眼直鼻 平額高眉 如是好身 令人心惑 今但見膖脹 好在何處 男女之相 亦不可識 卽取此相 以觀我所愛人 作此訶責欲心", "냄새 나는 똥주머니 부풀어 싫어할 만하니 어찌 족히 탐착하겠는가? 이 침몰하는 것을 가져 나의 몸도 이 법에서 벗어날 수 없음을 스스로 염하고서 일심으로 삼매에 들어 세간의 탐애를 없앤다. 臭屎囊膖脹可惡 何足貪著 爲此沈沒 自念我身未脫此法 一心三昧 除世貪愛"라고 하였다. [참고문헌] 『法華玄義』, 『釋禪波羅蜜次第法門』, *Mvyut.52.*, *DN.3.226.* ⇨ 방창 膖脹, 구상관 九想觀, 관신부정 觀身不淨

창생 蒼生 백성. 하늘 아래 나서 살아가는 것들. 중생을 뜻한다. 『불위우전왕설왕법정론경』(대정장14, p.799b10)에 "국왕이 있어 성이 본디 지족하고 능히 삼가 무탐의 깨끗한 법을 성취하였으니, 모든 창고를 열어 힘따라 가난한 이들과 외롭고 홀로 된 이들에게 베풀고, 유화와 인욕으로 허다히 부드러운 말로 나라 안을 깨우치며, 군신들 중 까닭 있어 죄를 지어 면할 수 없는 이들은 죄를 헤아려 불쌍히 여기고 용서하되 실과 때로써 이에 맞게 다스려 벌한다. 이와 같음을 일러 왕이 바른 화법으로 은혜롭게 창생을 기른다고 하며, 이 때문에 세간의 우러름과 사랑을 받는다. 有國王 性本知足 能爲謹愼 成就無貪白淨之法 所有庫藏 隨力給施 貧窮孤露 柔和忍辱 多以軟言 曉喻國界 諸有群臣 有故違犯 不可免者 量罪矜恕 以實以時 如理治罰 如是名王以正化法 恩養蒼生 故感世間之所敬愛", 『법화경의기』 권2(대정장33, p.585a29)에 "제4 '종종인연'이란 한 게에 대해 묻겠다. '어째서 나로 하여금 부처님의 설법을 듣고서 위로는 불도를 넓히고 아래로는 중생을 제도하게 하는가?' 처음 세 구는 위로 불도를 넓힘을 밝혔고, '열어 중생을 깨단게 해 주었네'라는 한 구는 아래로 창생건짐을 밝혔다. 第四種種因緣一偈 問言 何故令我聞佛說法 能上弘佛道 下濟衆生耶 初三句 明上弘佛道 開悟衆生一句 明下濟蒼生", 『조론소』 권중(대정장45, p.177a3)에 "창은 하늘의 색이니, 『장자』 「소요유」에 '하늘은 푸르고 푸른데 본래의 색인가?'라고 하였다. 지금 하늘에서 난다 하는 것이 창생이니 소위 중생이다. 蒼是天色 莊子逍遙篇云 天之蒼蒼 其正色耶 今云天生 故云蒼生 所謂衆生也"라고 하였다. 〔참고문헌〕『佛爲優塡王說王法政論經』, 『法華經義記』, 『肇論疏』. ⇨ 중생 衆生

창섭 昌燮 1898~1983. 근세 순천 송광사(松廣寺) 스님. 호는 취봉(翠峰), 속성은 임씨(林氏). 본관은 나주. 아버지의 휘는 상묵(相默). 1898년(광무2) 8월 29일 경상남도 하동군 화개면 운수리 쌍계사(雙磎寺) 아랫마을에서 태어났다. 15세 때 쌍계사로 찾아가 행자생활을 하다가 19세 때 순천 송광사로 가서 남호(南湖)를 은사로 하여 스님이 되었다. 다음해인 20세 때 화엄사 호은문성(虎隱文性)율사에게서 비구계와 보살계를 받았다. 26세 때 송광사 강원에서 대교과(大敎科)를 졸업하고 다음해에 송광사 부설 벌교(筏橋)의 송명학교(松明學校) 교사로 봉직했다. 1939년 일본 교토(京都)에 있는 임제전문대학교를 졸업하고 본사로 돌아와 강원(講院) 강주로 후학을 양성했다. 덕숭산 수덕사(修德寺)와 충무 용화사(龍華寺) 도솔암(兜率庵) 등에서 참선 정진하였다. 1949년·1963년·1970년 등 세 차례에 걸쳐 12년간 송광사 주지를 역임하였다. 1950년 6·25전쟁 때 전화로 전소된 송광사의 대웅전·설법전·명부전·응향각·종고루·차안당(遮眼堂) 등을 복구하였다. 1969년 송광사에 조계총림(曹溪叢林)이 설치될 때 구산(九山) 방장을 도와 염불원(念佛院) 회주가 되었고, 불일회(佛日會)가 결성됨에 따라 초대 회장을 맡기도 했다. 스님은 공과 사에 분명하였고 남의 신세 지는 것을 싫어하였으니, 이후에 신세 지는 일마저 꺼려 생전에 스스로를 위한 49일 지장기도를 정성껏 모시고 사후(死後)의 재(齋)도 몸소 지냈다. 입적하기 전 지녔던 물건들을 정리하여 이웃에게 모두 나누어 주고 갈아입을 옷마저 남기지 않았으며, 남아 있던 정재(淨財)도 사중에 내놓아 중창불사와 장학기금 및 사후(死後)의 일에 쓰도록 했다. 1983년 6월 28일 밤 삼경(三更: 子正前後)에 세수 86세를 일기로 입적하였다. 법정(法頂)이 비문을 짓고, 고광렬(高光烈)이 써서 1993년에 세운 스님의 행적비가 순천 송광사에 있다. 〔참고문헌〕智冠『韓國高僧碑文總集 朝鮮朝·近現代』 pp.1160~1163. ⇨ 송광사 松廣寺 [1]

창성사 彰聖寺 경기도 수원시 장안구 상광교동 광교산(光敎山)에 있던 절. 『동국여지승람』 권9 경기 수원도호부 불우에 이름과 위치가 전한다. 『태종실록』 권14 7년(1407) 12월 2일에 명찰(名刹)로 고을의 자복사(資福寺)를 대신하고자 할 때 자은종(慈恩宗) 사찰의 하나로 지정된 기록이 전하고, 고려말의 학자 이집(李集 1314~1387)의 시집인 『둔촌잡영』의 「방규헌어창성사불우 訪葵軒於彰聖寺不遇」의 글도 전한다. 『범우고』에는 폐사되었다가 다시 중수되었다고 하였으나, 사지(寺址)는 화전(火田)으로 변했고 석축·우물지 3곳·탑재·와편(瓦片) 등이 남아 수원창성사지(水原彰聖寺址) 이름으로 시도기념물 제225호로 지정되어 있다. 〔참고문헌〕『東國輿地勝覽』, 『太宗實錄』, 『遁村雜詠』, 『梵宇攷』, 『韓國寺刹全書』 권하 p.1060b13, 『한국사지총람』 권상(문화재청·불교문화재연구소, 2010) pp.97~98. ⇨ 진각국사대각원조탑비 眞覺國師大覺圓照塔碑

창소지론 彰所知論 원대 팍파(Ⓣ 'phags-pa: 發合思巴 1239~1280) 지음. 사라파(沙囉巴 1259~1314) 한역. 2권. 티베트 사캬파(Sa-skya-pa)의 법왕이자 제사(帝師)였던 팍파가 황태자를 위해 불교의 우주관과 인생관을 설한 책. 대정장32, pp.226a11~238a29, No.1645에 수록되어 있다. 원서는 티베트어 또는 몽고어로 쓰였다고 추정되지만 현재는 한역본만 전한다. 총 5품으로 구성되어 있는데, 제1 「기세계품 器世界品」에서는 사대(四大)·사대주(四大洲)·칠대해(七大海) 등 불교의 세계관을 설하였고, 제2 「정세계품 情世界品」에서는 육도(六道: 地獄 餓鬼 傍生 人 非天 天)와 오법(五法)·오온(五蘊)·십이처(十二處)·십팔계(十八界)와 전륜성왕의 기원 및 인도불교의 흥륭과 석존의 가보(家譜), 티베트와 몽고의 왕통 및 불교 전파의 상황을 설하였으며, 제3 「도법품 道法品」에서는 사제(四諦)·팔정도(八正道)와 자량도(資糧道)·가행도(加行道)·견도(見道)·수도(修道)·무학도(無學道)를 설하였고, 제4 「과법품 果法品」에서는 삼십칠보리분법(三十七菩提分法)과 불과(佛果)의 차별상 및 사사문과(四沙門果)·십력(十力)·사무소외(四無所畏) 등을 설하였으며, 제5 「무위법품 無爲法品」에서는 삼무위(三無爲: 虛空 擇滅 非擇滅)을 설하였다. 본서에 서술된 교리는 대체로 『구사론』에 근거하지만 저자의 독특한 견해도 일부 있으며, 왕통에 대한 관점은 후대 몽고역사서의 표준이 되었다. ⇨ 발합사파 發合思巴, 사라파 沙囉巴

창수 昌守 1842~1910. 근세 서울 동대문구 숭인동 청룡사(靑龍寺) 비구니. 속성은 김씨, 본관은 충주(忠州). 당시 정기(正基)와 창수 두 비구니는 함께 청룡사 계흔(桂昕)비구니의 상좌였는데, 정기가 사형(師兄)이고 창수가 사제(師弟)이다. 1842년(헌종8) 서울 연못

골에서 태어났다. 일찍이 남양(南陽) 홍영일(洪永日)에게로 시집가서 준택(俊澤)·기범(基範) 두 아들과 금전(錦典)·상근(祥根) 두 딸을 출산했다. 그는 가족들과 함께 신심이 돈독하여 재가에서 수행했으나 40세가 되던 1881년(고종18) 깊이 느낀 바가 있어 가족회의를 열어 스스로 스님이 될 것을 허락받고 청룡사로 찾아가 계흔비구니를 은사로 하여 창수라는 법명을 받고 비구니가 되었다. 스님이 출가하던 그 해 여름에 맏딸인 금전이 생모인 창수를 은사로 하여 비구니가 되었고, 그로부터 2년 후인 1883년 가을에는 둘째 딸인 상근도 역시 생모인 창수비구니를 은사로 스님이 되었으니, 세 모녀가 서로 스승과 상좌가 된 셈이다. 1902년(광무6) 61세가 되던 해에 도반인 정기(正基)비구니와 함께 회갑기념을 명목으로 정재를 모아 청룡사를 중수하였다. 1910년(융희4) 세수 69세를 일기로 청룡사에서 입적하였다. 〔참고문헌〕『靑龍寺誌』(靑龍寺誌編纂室, 1972) pp.153~154, 『法寶新聞』(1991.10.7). ⇨상근 祥根

창수 昌洙 1895~1961. 근세 합천 해인사 스님. 호는 인곡(麟谷), 속성은 박(朴)씨, 본관은 밀양. 아버지의 휘는 요숙(堯淑), 어머니는 송(宋)씨부인. 1895년(고종32) 2월 15일 인시(寅時 : 오전3~5시)에 전라남도 영광군 법성면 용덕리에서 둘째 아들로 태어났다. 천품이 총명하였고 효심 또한 깊었다. 1909년(고종32) 14세 때 장성 백양사(白羊寺)로 찾아가 금성(錦城)을 은사로 하여 스님이 되었다. 1912년 17세부터 경론과 율문을 수료하고 20세 때 금해(錦海)율사에게서 비구계를 받았다. 그로부터 일의일발(一衣一鉢)로 제방으로 다니면서 참선하였다. 예산 보덕선원(普德禪院)에서 보월(寶月)을 모시고 정진하다가 힘을 얻었다. 이어 금강산 마하연(摩訶衍)의 만공(滿空), 오대산 상원사(上院寺)의 한암중원(漢巖重遠)·수월음관(水月音觀)·혜월혜명(慧月慧明) 등 제방 선지식을 친견하면서 정진하였다. 서울 도봉산 망월사(望月寺)로 찾아가 용성진종(龍城震鐘)을 친견하니 용성이 묻기를 '무슨 물건이 이렇게 왔는가?' 하거늘 스님은 주먹을 들고 '이러한 물건이 이와 같이 있습니다'라 하니 용성이 크게 대소하면서 '여시여시' 즉 너의 견해가 옳다고 인증하고는 "어진 마음 천지를 품어 안으니 그윽한 골짜기가 밝고 밝구나. 짓고 변하는 일 이를 좇아 생겨날 뿐 그 옛적부터 생멸은 없었다네. 仁心抱天地 玄谷又明明 造化從斯起 亘古不生滅"라는 전법게와 함께 인곡(麟谷)이라는 당호도 내려주었다. 1925년 30세 때 본사인 백양사로 돌아오자마자 산내 운문선원(雲門禪院) 조실로 추대되었다. 1945년 50세 때부터 해인사(海印寺) 가야총림(伽倻叢林) 유나로 있으면서 납자의 지도와 총림규범을 바로 잡았다. 1946년 1월 15일부터 해인사 대장경판전에서 천일기도를 봉행할 때 날마다 사시마지를 올린 후 헌식(獻食)을 행할 때면 많은 새들이 날아와 스님의 손목에서 어깨와 머리에까지 겁 없이 앉아 그 밥을 먹었으니 스님은 살생의 습기 도저히 사라지고 없는 자비도인(慈悲道人)임에 틀림없었다. 1961년 7월 14일 문도를 모아 놓고 "고기가 놀면 물 탁해지고, 새가 나니 깃이 떨어지누나"라 하고는 "몽환공화 육십년이여, 인곡에 안개가 사라지고 물은 흘러 하늘에 닿네. 夢幻空花 六十年 麟谷煙沒 流水連天"라고 죽음을 예고하였다. 이때 상좌인 포공(飽空)이 간청하기를 '내일이 7월 15일 여름 해젯날이니 이왕이면 내일 떠나시지요' 하니 스님께서 빙긋이 웃으시면서 '그럼 그렇게 하리라' 하고 다음 날 진시에 시자를 불러 받아 적으라 한 후 "한 마음도 일지 않으면, 만법에 허물 없으리라. 一心不生 萬法無垢" 하고는 단정히 앉아 입적하시니 세수 67, 법랍 52세였다. 동곡일타(東谷一陀)가 비문을 짓고 혜암성관(慧庵性觀)이 써서 1980년에 세운 스님의 행적비가 해인사 일주문 동쪽에 있다. 〔참고문헌〕「陜川海印寺麟谷堂昌洙大禪師碑文」(智冠 『韓國高僧碑文總集 朝鮮朝·近現代』) pp.1130~1133, 李智冠『伽倻山海印寺誌』 pp.723~726. ⇨인곡 麟谷 ❷

창식게 唱食偈 공양을 베풀 때 외우는 『소심경 小心經』 중 십념이 끝난 후 수좌가 소리내 외는 게송. 『백장청규』 권4 「유나 維那」(대정장48, p.1132b13)에 "수좌의 창식이 제3구에 이르러 막 끝나려 함을 기다려, 몸을 돌려 입승판두에 가서 선다. 俟首座唱食至第三句將畢 轉身退至立僧板頭立", 『선림상기전』 권13 「창식」(불광장, 禪藏, p.997)에 "공양할 때 소리내 주문이나 원을 말하는 것을 창식이라고 하니, 곧 공양하려 할 때 주나 원을 소리내 말하는 것이다. 혹자는 할식이라고 하나 옳지 않다. 食時呪願 曰唱食 謂唱食之呪願也 或作喝食 非也", 「창식게」(『석문의범』 권상, p.105)에 "삼덕과 육미로 부처님과 스님들께 베푸노니 법계의 인천이 다 함께 공양하여지이다. 三德六味 施佛及僧 法界人天 普同供養"라고 하였다. 〔참고문헌〕『百丈淸規』, 『禪林象器箋』, 『釋門儀範』, 해인사판 『日用作法』. ⇨시식 施食❷, 시식게 施食偈, 소심경 小心經

창신사 彰信寺 황해북도 개성시에 있던 절. 『고려사』 권14 세가(世家)14 1121년(예종16) 3월 3일, 권17 세가(世家)17 1142년(인종20) 10월 15일에 왕이 행차한다는 기록이 전한다. 권21 세가(世家)21 1206년 9월 16일에는 "능 옆에 창신사를 중수하고 효신사로 이름을 바꾸어 (신종의)명복을 돕게 하였다. 重營陵傍彰信寺 改額曰孝信 以資冥福"라고 하였으며, 내시(內侍) 최정분(崔正份)이 감찰(監察)을 맡았는데, 왕에게 잘 보이고자 극도로 화려하게 꾸미느라 비용이 심히 컸다는 내용도 함께 전한다. 〔참고문헌〕『高麗史』, 『高麗史節要』, 『韓國寺刹全書』 권하 p.1060b17. ⇨ 효신사 孝信寺

창양갸초 Tshangs dbyangs rgya mtsho 1683~1706. 제6대 달라이라마로, 티베트계 소수민족인 몬파(Ⓣ mon pa)에 속했으며, 인도의 아루나찰 프라데쉬의 우르겔링(Urgelling)사원에서 태어났다. 정치적인 이유로 제5대 달라이라마의 죽음이 비밀에 부쳐졌던 때였기에 상게갸초(Ⓣ Sang rgyas rgya mstho 1653~1705)에 의해 처음에는 잘루사원 법주의 화신으로 모셔지다가, 이후 1697년에 이르러서야 제6대 달라이라마로 책봉되었다. 영민했으나 자유분방하였고, 자연과 영적인 삶을 노래했던 그의 시와 노래는 대중들의 사랑을 받아 지금까지도 티베트는 물론 중국에 걸쳐 불려진다. 주요 제자로는 게렉갸초(Ⓣ dGe legs rgya mtsho 1641~1713)와 몽고인 스님이었던 나왕잠파(Ⓣ Ngag dbang byams pa 1682~1762) 등이 있다. 〔참고문헌〕 Ngawang Lhundrup Dargyé *The Hidden Life of the Sixth Dalai Lama* (Lexington Books, 2011).

창연 摐然 모습 그대로 드러나 분명함. 삼라만상이 이리저리 뒤섞여 함께 하지만 각각이 자성을 가져 분명히 눈앞에 드러나 보이는 모습이다. 『벽암록』 60칙 「평창評唱」(대정장48, p.192b18)에 "여러분 이미 조사문하의 객일진대 저 홀으로 전한 마음 돌이켜 분명히 해야 하지 않는가? 흉중에 한 물건 있어서 산하대지 모습 그대로 드러나고, 저 한 물건 없다면 밖으로 터럭만한 것도 없음을 깨닫는데, 쓸데없이 이치와 지혜를 말하고 그윽한 경계와 신령한 이해를 말하겠는가? 諸人旣是祖師門下客 還明得單傳底心麽 胸中若有一物 山河大地 摐然現前 胸中若無一物 外則了無絲毫 說什麽理與智冥境與神會", 같은 책 91칙 「평창」(대정장48, p.215c15)에 "납월 30일에 이르러 힘을 얻고 주인공이 되면 만 가지 경계 있는 그대로여서 보아도 흔들리지 않으니, 공들인 적 없이 공이고 힘쓴 일 없이 얻은 힘이라고 할 만하다. 於臘月三十日著得力 作得主 萬境摐然 覩之不動 可謂無功之功 無力之力", 『선림보훈합주』 권4(卍속장113, p.402a16)에 "삼계는 오직 마음뿐이고 만법은 오직 식일 뿐이라고 하지만, 지금 눈앞에 만상 그대로 분명한데 마음과 식은 어디에 있는가? 三界唯心 萬法唯識 今目前萬象摐然 心識安在", 『화장퇴암선화상어』(속고존숙어요5, 卍속장119, p.112a3)에 "그러므로 육정 움직이자마자 만법 저절로 분명하고 일념이라도 심기를 잊으면 큰 허공 흔적을 끊는다고 한 것이다. 모든 불여래께서 여기에서 몸소 증했고, 육도중생도 이중에서 오고 갈 뿐이다. 所以六情纔動 萬法摐然 一念亡機 太虛絶點 諸佛如來 於中親證 六道衆生 於中往來"라고 하였다. 〔참고문헌〕『碧巖錄』, 『禪林寶訓合註』, 『華藏退菴先和尙語』.

창연 暢演 소리내서 널리 펴다. 『증일아함경』 권10(대정장2, p.593b5)에 "여래지진등정각께서 세상에 출현하셔서 마땅한 법보 설해주셨다. 그러나 지금 이후로는 더 이상 법의 맛을 소리내 알게 함이 없다. 오직 원컨대 여래께서는 모든 중생을 위하여 깊은 법을 널리 설해주십시오. 如來至眞等正覺 出現於世 應演法寶 然今復不暢演法味 唯願如來普爲衆生 廣說深法", 『출요경』 권6(대정장4, p.643a16)에 "지는 능히 분별하고, 혜는 능히 끊는다. 물을 알아 진실을 구별하는 것을 지라 하고, 높이 드러내 보여서 그윽함 비추는 것이면 혜라고 한다. 智能分別 慧能割斷 識物別眞謂之智 暢演玄鑒是謂慧", 『대지도론』 권26(대정장25, p.247b22)에 "저 사리불 제법을 능히 분별하고는 한마디로 드러내 펴서 통달하여 걸림이 없다. 부처님께서 칭찬하시길 '법성에 잘 통달했다'고 하셨다. 如舍利弗 能分別諸法 暢演一句 通達無礙 佛讚言善通法性"라고 하였다. 〔참고문헌〕『增壹阿含經』, 『出曜經』, 『大智度論』.

창우 瘡疣 부스럼과 혹. 세간에 대한 애(愛)와 욕(欲)의 비유다. 『잡아함경』 권39(대정장2, p.283c21)에 "사람에게 부스럼과 혹이 나면 자연히 괴로움과 근심 속에서 살아가니, 세간의 욕을 원하여 구함은 마음이 악탐에 의지해서다. 부스럼과 혹이 생겨나기에 구더기와 파리가 다퉈 몰려들 듯이, 애와 욕은 부스럼과 혹되어 구더기와 파리 같은 모든 나쁜 생각 일으킨다. 士夫作瘡疣 自生於苦患 願求世間欲 心依於惡貪 以生瘡疣故 蛆蠅競來集 愛欲爲瘡疣 蛆蠅諸惡覺", 『불본행집경』 권15(대정장3, p.725b8)에 "생로병사 온갖 부스럼과 혹들이니 태자는 이들의 괴로움을 여의고자 하였네. 길에서 저 출가자를 보고서 이것이야말로 진실이라 하며 마음으로 크게 기뻐했다네. 生老病死諸瘡疣 太子欲離彼等苦 道上見彼出家者 心生大喜此是眞"라고 하였다. 〔참고문헌〕『雜阿含經』, 『佛本行集經』. ⇨ 창이 瘡痍

창운 昶雲 1031~1104. 고려전기 홍호사(弘護寺) 스님. 시호는 등관승통(等觀僧統), 속성은 유(柳)씨. 아버지는 주탁(周鐸). 1039년 8세 때 출가하여 스님이 되었다. 12세에 비구계를 받았으며, 경율론 삼장에 정통하여 24세에 대덕법계(大德法階)에 올랐다. 그 후 여러 차례 진급하여 승통(僧統)이 되었다. 문종과 선종 두 임금이 이어 궁중으로 초빙하여 스승으로 모셨다. 의천(義天)에게 수학하였고 선종(宣宗)이 시작한 홍호사(弘護寺)를 예종(睿宗)이 준공하여 스님에게 주지토록 하였다. 1104년(숙종9) 11월 25일 74세를 일기로 입적하였다. 탑은 경기도 장단(長湍) 오관산(五冠山)에 있

다. [참고문헌] 「靈秀山弘護寺等觀僧統祀雲墓誌銘」(『韓國金石全文』 中世上, p.535). ⇨ 홍호사 弘護寺

창원사 創元寺 평안남도 평원군 용호면 청운리 복룡산(伏龍山)에 있던 절. 복룡산은 청운리의 북쪽 방향에 있다. 『사탑고적고』에 따르면 사지(寺址)에 석원(石垣)과 와편(瓦片)이 산재해 있다 하였다. [참고문헌] 『韓國寺刹全書』 권하 p.1060b6, 『北韓寺刹硏究』(寺刹文化硏究院, 1993) p.640.

창원성주사감로도 昌原聖住寺甘露圖 조선후기 불화. 보물 제1732호. 세로 190cm·가로 267cm. 비단바탕에 채색(絹本彩色). 경상남도 창원시 불모산(佛母山) 성주사 하단(下壇)에 봉안된 감로도다. 화기에 의하면 1729년(영조5)에 성징(性澄)이 증명과 수화승이 되어 신정(愼淨)·한영(漢英)·인행(印行)·세관(世冠)·국영(國暎)과 함께 조성하였다. 가로로 긴 화면 상단에는 아미타여래를 중심으로 칠여래와 백의관음이 강림하고 있고, 우측에는 극락보전과 방형연지(方形蓮池) 등 극락정토의 모습을 묘사하였다. 그 아래로는 입에서 화염을 내뿜는 아귀(餓鬼) 주위로 육도중생들의 온갖 모습이 그려져 있는데, 아귀들 우측에는 오색번을 거꾸로 든 인로왕보살(引路王菩薩)이 있고, 좌측에는 석장(錫杖)을 든 지장보살과 아난이 있다. 하단에는 생로병사와 전쟁 그리고 재난 등 고통받는 중생의 일들을 그려넣고는 그 여백에 구름과 기암절벽 등 산수도상을 적절하게 배치하였다. 채색은 갈색 바탕에 홍색과 녹색을 주로 하고, 일부 화려한 금니도 사용하였다. 현재 남아있는 감로도 중 비교적 이른 시기의 성보로, 이후 조성되는 감로도와 달리 중단의 재단(齋壇)과 의식장면이 보이지 않는다. [참고문헌] 『조선시대 감로탱 甘露』 권상(통도사성보박물관, 2005) pp.100~109. ⇨ 성주사 聖住寺 3, 감로탱화 甘露幀畵

창원성주사감로도

창원성주사목조석가여래삼불좌상 昌原聖住寺木造釋迦如來三佛坐像 조선후기 불상. 보물 제1729호. 높이는 석가불좌상 128.5cm, 약사불좌상 112.5cm, 아미타불좌상 112.5cm로 대웅전에 봉안된 삼불상이다. 복장에서 발견된 「조성시주기」에 의하면 1655년(효종6) 녹원(鹿元)을 비롯하여 지현(知玄)·찬인(贊印)·혜정(惠淨)·도성(道聖)·명신(明信)·긍성(肯聖)·명안(明眼)·학윤(學倫)·인종(印宗)·인신(印信) 등 11명의 조각승이 함께 조성했다. 삼불은 손모양만 조금씩 다를 뿐 착의법 등 모든 것이 유사하다. 전반적으로 다리에 비해 상체가 가늘고 긴 편이며, 머리와 육계는 큼직한 형태로 경계가 뚜렷하지 않고 정상 계주에 중앙 계주가 장식되었다. 양 귀가 두툼하고 유난히 크게 표현된 것이 특징적이다. 본존인 석가불상은 드러난 오른쪽 어깨를 가사로 덮은 변형 편단우견이며, 가슴 위로 보이는 내의는 연꽃모양이다. 가슴 아래로 흘러내린 가사주름은 왼쪽 무릎 위에서 나뭇잎 모양으로 마무리되었고, 다리 사이에는 넓은 띠주름이 펼쳐져 있다. 석가불의 항마촉지인을 하고 있다. 좌우 아미타불상과 약사불상은 크기와 형태가 같고 손의 위치만 반대로 되어 있다. 본존불과

창원성주사목조석가여래삼불좌상

달리 양 어깨를 덮은 통견의 착의법이며 내의 또한 간략하게 표현하였다. 전반적인 특징이나 착의법, 옷주름 표현 등에서 17세기 조선후기 불상에 나타나는 공통된 특징을 보인다. 특히 수화승 녹원이 제작한 불상으로 알려진 예가 많지 않은데, 그중에서도 이른 시기의 불상이라는 점에서 중요한 성보다. [참고문헌] 『2017년 중요동산문화재 불상 기록화 정밀조사보고서』 본문(문화재청, 2017) pp.46~56.

창유 窓牖 Ⓢ vedikā, Ⓣ stegs-bu. 들창. 햇볕이나 바람이 들어오도록 벽을 뚫어 만든 작은 창. 내외육입처(內外六入處)를 비유하기도 한다. 『잡아비담심론』 권1(대정장28, p.873a9)에 "촉이 머무는 곳이기에 촉입처라 하며, 촉이 없는 상태라면 단지 입처일 뿐이다. 부딪혀 들어오는 문이기 때문이니, 마치 들창과 같다〈천축에서는 창유를 바람이 드는 곳이라 한다〉. 觸所住故名觸入處 觸空者唯是入處 觸所入門故如窓牖〈天竺爲窓牖爲風入〉", 『대비바사론』 권69(대정장27, p.360b16)에 "그때 부처님께는 추봉산에 계셨는데 그를 연민하는 마음으로 자비의 광명을 놓으셨고, 창으로 들어간 빛이 왕의 몸에 닿았다. 爾時佛在鷲峯山中 憐愍彼故身放慈光 從窓牖入照觸王身", 『방광대장엄경』 권4(대정장3, p.559a19)에 "전당의 창에 서서 보살을 우러러보며 온갖 아름다운 꽃을 멀리서 뿌렸다. 處殿堂窓牖 瞻望菩薩 以衆妙花 而遙散之"라고 하였다. [참고문헌] 『雜阿毘曇心論』, 『大毘

婆沙論』, 『方廣大莊嚴經』, *Yogā-bh.92.* ⇨ 육입 六入

창유 牕牖 Ⓢ gavākṣa-vātāyana, Ⓟ vātapāna. 크고 작은 창들. 창유(窓牖)라고도 한다. 『잡아함경』 권19(대정장2, p.133c20)에 "이때 천제석이 존자 대목건련에게 말했다. '이 당관에서 바라보면 땅이 좋고 평평하며 벽과 기둥과 들보 그리고 겹쳐 있는 누각들과 크고 작은 창들, 구슬 달린 드리운 발과 장막 모두 아름답습니다'. 존자 대목건련이 제석에게 말했다. '교시가여! 앞서 선법을 닦은 복덕의 인연으로 이 묘과를 이룬 것입니다'. 時 天帝釋語尊者大目揵連 觀此堂觀 地好平正 其壁柱梁 重閣牕牖 羅網簾障 悉皆嚴好 尊者大目揵連語帝釋言 憍尸迦 先修善法 福德因緣 成此妙果", 『화엄경합론』 권52(卍속장6, p.394b13)에 "창유라 했는데, 큰 것을 창이라 하고 작은 것을 유라 한다. 牕牖者 大曰 牕 小曰 牖"라고 하였다. 〔참고문헌〕 『雜阿含經』, 『華嚴經合論』, *S addh-p.106., SN.2.103.*

창의 唱衣 망승(亡僧)이 입다 남긴 옷을 대중이 모인 가운데 소리내 나누는 일. 이를 주관하는 비구는 탐진치에 휘둘리지 않고 두려움 없으며 할 일과 하지 못할 일 구분할 줄 아는 비구를 선발하여 하게 하고, 그래도 남는 옷이 있으면 3일을 기다려 밖에다가 내다 판다. 이렇게 충당한 금전을 창의전(唱衣錢)이라 한다. 『석씨요람』 권하 「송종 送終」(대정장54, p.309b26)에 "창의 : 율에서 말하길 '스님의 경물을 오법 중 하나도 빠짐없이 갖춘 비구가 현전승에게 나누어 준다. 나누는 것이 고르지 않기에 부처님께서 말씀하시길, 대중을 모이게 하고 먼저 대중에게 말로 알려서 팔 만한 물건과 함께 나눌 물건을 대 함께 승인하라고 하셨다〈오법이란 애착을 따르지 않고, 성냄을 따르지 않고, 어리석음을 따르지 않고, 두려움을 따르지 않으며, 해야 할 것과 하지 말아야 할 것을 아는 것으로 또한 다섯 가지 덕이라고도 한다〉'. 『십송율』 권7(대정장23, p.53a21)에 이르기를 '옷을 팔 때는 세 번 소리내기 전에 비구는 값을 올려야 한다'고 하였다. 唱衣 律云 僧輕物 差一五法比丘 分與現前僧 爲分不均故 佛聽集衆 先以言白衆 和許可賣共分〈言五法者 不隨愛 不隨嗔 不隨癡 不隨怖 知得不得 亦名五德〉 十誦律云 賣衣未三唱 比丘益價", 『백장청규』 권6 「창의」(대정장48, p.1149a1)에 "경쇠를 한 번 울리고 말한다〈이 창의하는 법은 애초에 이어오던 상규입니다. 새로운 것과 옛 것의 단점과 장점에 대해서는 스스로 되돌아 잘 살펴야 합니다. 경쇠 소리가 그친 후에는 번복을 허용하지 않습니다. 삼가 알렸습니다〉. 다시 경쇠를 한 번 울리고 도첩을 집어서 입적한 스님의 이름자 위를 가로 질러 가위로 자르며 말한다〈입적한 스님의 본명이 적힌 도첩을 한 방향으로 대중 앞에서 가위로 자릅니다〉. … 당사행자가 차례대로 옷과 물건을 집어서 번갈아 들어 보이면 유나는 들어 보이며 '누구의 어떤 물건을 얼마에 일창합니다'라고 말한다. … 근래에는 소란스러운 점을 그치게 하려고 제비뽑기(鬮拈法)를 많이 한다〈주지장을 보라〉. 옷과 물건을 3일이 지나도 취하지 않으면 가격을 견주어 내다가 판다. … 『증휘기』에 다음과 같이 전한다. '부처님이 옷 나누기를 제정하신 뜻은 남은 이로 하여금 저 망자의 물건을 대중이 나누는 것을 보게 하여 이렇게 사유하게 한 것이다. 「저가 이미 그렇게 했듯이 나 또한 잃게 하리라」 하여 저렇게 마주해 다스려 탐하고 구함을 쉬게 하고자 하기 때문이다. 요즘 성찰하지 않고 거꾸로 창의할 때 가격만을 다투어 소란스럽게 부르니, 어리석음이 몹시 심해졌다'. 鳴磬一下云〈夫唱衣之法 蓋稟常規 新舊短長 自宜照顧 磬聲斷後 不許翻悔 謹白〉 再鳴磬一下 拈度牒 於亡僧名字上 橫剪破云〈亡僧本名度牒 一道 對衆剪破〉 … 堂司行者 依次第拈衣物 呈過遞與 維那提起云 某號某物 一唱若干 … 近來爲息喧亂 多作鬮拈法〈見住持章〉 衣物過三日不取者 照價出賣 … 增輝記云 佛制分衣意 令在者見其亡物分與衆僧 作是思惟 彼旣如斯 我還若此 因其對治 息貪求故 今不省察 翻於唱衣時 爭價喧呼 愚之甚也", 『운문광록』 권상(대정장47, p.547b24)에 "학인이 운문에게 물었다. '무엇이 살리는 것입니까?' '마음으로 다른 이를 저버리지 않는 것이다' '무엇이 죽이는 것입니까?' '3일이 지나면 창의할 수 없도다' '죽이지도 살리지도 않을 때는 어떻습니까?' 운문이 주장자 휘둘러 내쫓았다. 問 如何是活 師云 心不負人 學云 如何是殺 師云 三日後不得唱衣 學云 不殺不活時如何 師以拄杖趁出", 같은 책 권하(대정장47, p.569a9)에 "입적한 스님의 창의를 하던 차에 운문이 학인에게 물었다. '지금 창의하는 돌아가신 스님은 돌아와 여기 계신가요?' 대신 말하였다. '대중 번거롭게 하리니 추치러 갈 때까지 기다릴 수가 없구나'. 因爲亡僧唱衣次問僧 如今唱衣亡僧 還向這裏麽 代云 勞煩大衆 不能等候打遍槌去也", 『법안어록』(대정장47, p.589b8)에 "학인이 법안에게 물었다. '입적한 스님의 옷은 대중들이 창의하는데, 조사의 옷은 누가 창의합니까?' '그대는 입적한 스님의 어떤 옷을 창의하였는가?'. 問 亡僧衣衆人唱 祖師衣甚麽人唱 師云 汝唱得亡僧甚麽衣"라고 하였다. 〔참고문헌〕 『釋氏要覽』, 『十誦律』, 『百丈淸規』, 『雲門廣錄』, 『法眼語錄』. ⇨ 창의전 唱衣錢, 기창 寄唱, 고창 估唱, 삼분득일분 三分得一分, 상단 上單, 성정 聲定

창의전 唱衣錢 창의로 거두어들이는 금전. 고창의발전(估唱衣鉢錢)이라고도 한다. 『백장청규』 권4 「성승시자 聖僧侍者」(대정장48, p.1132a4)에 "유나와 함께 입적한 스님의 창의전을 교대로 거둔다. 同維那交收亡僧唱衣錢", 『선원청규』 권10 「백장규승송 百丈規繩頌」(卍속장111, p.935b15)에 "입적한 스님을 보낼 때는 웃고 떠들며 즐기는 일 해서는 안 된다. … 또 옷과 물건을 나눌 때는 본디 청정한 대중과 함께 해서 연을 맺음에, 간탐을 함께 깨뜨려 절대로 낮게 부르거나 비싸게 팔아서 깎거나 남김이 없이 해야 하니, 시방의 뜻을 모으기 위해서 창의전을 거두는 것이 아니기 때문이다. 送亡僧不可語笑作樂 … 或估唱衣物之時 本與淸衆 結緣共破慳貪 切不可輕唱貴賣 剝削餘直 非爲十方義聚 收唱衣錢"라고 하였다. [참고문헌]『百丈淸規』,『禪苑淸規』,『叢林校定淸規總要』 권하(卍속장112, p.44a8),『備用淸規』 권9(卍속장112, p.134a11). ⇨ 창의 唱衣

창의패 唱衣牌　창의를 대중에게 알리려고 내거는 패. 『백장청규』 권6 「창의」(대정장48, p.1148c18)에 "다비를 한 후 당사행자는 주지·양서·시자에게 알리고 재가 파하면 승당 앞에서 창의한다. 대중에게 알려야 하기에 창의패를 내건다. 茶毘後 堂司行者 覆住持兩序侍者 齋罷僧堂前唱衣 仍報衆掛唱衣牌"라고 하였다. [참고문헌]『百丈淸規』,『禪林象器箋』 권16(불광장, 禪藏, p.1253). ⇨ 창의 唱衣

창이 瘡痍　부스럼과 종기. 『출요경』 권3(대정장4, p.623a15)에 "저들 중 한 사람 족성은 가장 강했지만 몸에 부스럼과 종기가 나서 피고름 흘러넘쳐 밤낮으로 그치지 않아 악취 나고 더러웠다. 이를 본 이들이 모두 코를 막고 고통스러워했으며, 이를 본 많은 이들 싫어하고 걱정하지 않는 이가 없었다. 彼有一人 族姓最强 身生瘡痍 膿血流溢 晝夜不息 臭穢不淨 見皆掩鼻 疼痛苦惱 衆人見者 無不厭患", "부처님께서 그 마음을 아시고는 말씀하셨다. '무릇 사람이 몸을 받으면 사대로 한 류여서 여섯 문으로 흘러넘침이 저 사람과 다르지 않다. 일체 사람의 몸이란 것은 근심과 괴로움의 집일 뿐이니, 고통과 번뇌 그리고 근심과 두려움 등 온갖 실마리가 웅크리고 있다'. 佛知其心 而告之曰 夫人受身 四大一類 六門流溢 與彼不異 一切人身 患苦之室 安止苦惱憂畏萬端"라고 하였다. [참고문헌]『出曜經』. ⇨ 창우 瘡疣

창인 暢印　조선후기 스님. 호는 의암(義庵). 은암정호(銀岩正浩 ?~1834)에게 법을 전하였다. 『동사열전』 권4 「은암강사전 銀岩講師傳」(한불전10, p.1034b9)에 "가경 4년 기미(1799·정조23) 가을에 의암창인선사의 방에서 념향하였다. 嘉慶四年己未秋 拈香於義庵暢印禪師之室"라고 하였다. [참고문헌]『東師列傳』. ⇨ 의암 義庵[2], 정호 正浩

창입총림 創入叢林　처음으로 총림에 들다. 사입총림(乍入叢林)이라고도 한다. 『경덕전등록』 권28 「현사종일사비대사어 玄沙宗一師備大師語」(대정장51, p.447b1)에 "학인이 현사에게 물었다. '저는 처음으로 총림에 들었습니다. 스님께서 이끌어 주십시오'. 현사가 주장자로 가리키니 학인이 말했다. '저는 이해하지 못하겠습니다' '내가 이렇게 너를 위했는데 오히려 사람을 굴욕적이게 하는군. 그대 지금과 같이 해서 스스로 사람 만난 분상만을 기꺼워해야 한다. 처음 총림에 들어 배운다 하는 일 개의치 마라'. 僧問 學人創入叢林 乞師提接 師以杖指之 僧曰 學人不會 師曰 我恁麽爲汝 却成抑屈於人 如今若的自肯 當人分上 不論初學入叢林"라고 하였다. [참고문헌]『景德傳燈錄』·권12 「資福如寶傳」(대정장51, p.298a29). ⇨ 사입총림 乍入叢林

창정 倉正　고려 제23대 고종(재위 1213~1259) 때의 술승(術僧). 이름은 광효(光孝), 속성은 최(崔)씨. 삼계현(森溪縣 : 지금의 전라남도 영광)에서 태어났다. 당시 음양술수(陰陽術數)에 밝았던 금강사 주지인 최산보(崔山甫)가 그의 조카인 최광효(崔光孝 : 倉正) 등과 함께 약탈을 일삼았으니, 광효가 남의 소를 도둑질하여 잡아먹었으므로 현관(縣官)이 이를 체포하려 하였다. 광효는 도망하고 산보 역시 주연지(周演之)로 변성명(變姓名)하여 서울로 올라와서 점술로써 사람을 매혹시켰다. 산보는 권신 최우(崔瑀)의 문객(門客)이 되어 친해지면서 그의 고문이 된 후 최우를 등에 업고 세력이 강해져 거부(巨富)가 되었고, 술승인 도일(道一)을 제자로 삼고 공모하여 부인들을 유혹하여 능욕했다. 1228년(고종15)에 산보가 상장군(上將軍)인 노지정(盧之正) 등과 함께 희종(熙宗)의 복위와 최우의 제거를 모의하다가 발각되어 남해(南海)에 유배되었고, 이어 살해당했다. 창정은 산보와 함께 혹세무민하고 약탈과 반역 등을 꾀하다가 마침내 귀양살이 중 살해당했다. [참고문헌]『高麗史』 권129 列傳42 崔怡傳,『高麗史節要』 권15 高宗 14年(1227) 3月.

창준 昌準　1868~? 조선후기 해남 대흥사(大興寺) 스님. 호는 월초(月初), 속명은 경순(京順), 속성은 고(高), 본관은 제주(濟州). 아버지의 휘는 세홍(世弘)이고, 어머니는 광산 김씨부인(光山金氏夫人). 1868년(고종5) 2월 전라남도 완도에서 태어났다. 1882년(고종19) 15세 때 대흥사로 찾아가 만파(萬波)를 은사로 완파(完坡)를 계사로 하여 스님이 되었다. 그 후 여러 강원으로 다니면서 경론을 연마하고 본사로 돌아와 은사인 만파의 법을 받고 은법(恩法)을 겸하였다. 본사인 대흥사 중수를 위해 많은 사재(私財)를 헌납하였다. 정호석전(鼎鎬石顚)이 비문을 써서 1926년에 세운 스님의 행적비가 해남 대흥사에 있다. [참고문헌] 鼎鎬『石顚文鈔』 石林草(法寶院刊, 1962) pp.32~33, 「海南大興寺月初堂昌準大和尙碑文」(智冠 『韓國高僧碑文總集 朝鮮

朝·近現代』) pp.928~929. ⇨ 월초 月初[1], 완파 完坡, 월초당창준대화상비 月初堂昌準大和尙碑

창지 瘡紙 부스럼 투성이인 해진 종이. 선문에서 교(敎)에 의지해 분별만을 일삼는 일을 꾸짖어 부르는 말이다. 『벽암록』「삼교노인서 三教老人序」(대정장48, p.139c15)에 "어찌 하겠나. 말법 이래로 해진 종이에서 묘심을 구하며 입으로 말할 뿐인 것으로 정법을 부촉하고, 귀신들 명부에 올려 버리지 못하니. 柰何末法以來 求妙心於瘡紙 付正法於口談 點盡鬼神 猶不離簿", 『사종요문』 권중(대장경보편32, p.446a26)에 "오조홍인은 석가를 하천한 날품팔이라 하였고, 덕산은 십이분교로 이루어진 경전을 닳고 닳은 종이라고 하였다. 五祖弘忍曰 釋迦下賤客作兒 德山曰 十二分經拭瘡紙"라고 하였다. 〔참고문헌〕『碧巖錄』, 『四宗要文』.

창창 蒼蒼 ❶ 푸르러 더욱 푸르른. 『화엄경소초』 권17(대정장36, p.126b13)에 "푸르디 푸른 저 색을 우러른다 하니, 멀고 가까움조차 알기 어렵기에 지금 이를 헤아림은 대롱으로 하늘을 보고 표주박으로 바다 가늠하듯 한다. 仰蒼蒼之色者 難以知其遠近 故今測量者 以管窺天 用蠡酌海也", 『조론소』 권하(대정장45, p.190a24)에 "창생이란 천생이다. 『장자』에 '하늘은 푸르고 푸른데 본래의 색인가?'라고 하였다. 蒼生者 天生也 莊子云 天之蒼蒼 其正色也", 『원각경대소석의초』 권1(卍속장14, p.420b5)에 "창(滄)이란 물이 깊고 넓어 그윽이 먼 모습인데, 마치 저 하늘이 푸르고 푸르러 높고도 먼 모습인 것과 같다. 滄者 水之深廣幽遠之貌 如天蒼蒼 是高遠之貌也", 『증도가주』(卍속장111, p.397a6)에 "이제 영가대사는 세인들의 믿음이 미치지 못하여 함부로 비방을 낼까 은근히 걱정하였는데, 마치 저 어리석은 사람이 대롱으로 하늘을 엿본 뒤 자기 견의 자질구레함으로 푸르고 푸르러 가이없음 비방함과 같으리니 누구의 허물이겠는가! 今永嘉竊恐 世人信之不及 謾生誹謗 猶如愚人 握管窺天 以己見之細微 謗蒼蒼之無際 是誰之過歟", 『조정사원』 권3(卍속장113, p.91b12)에 "창창 : 푸르고 푸르러 더욱 푸른 저 하늘의 색이여, 둥근 듯 휜 듯한 저 하늘의 모습이여, 무릇 하늘과 땅의 큰 덕으로서 사사로움 없이 해서 바르게 다스리는 정치에 견준다. 蒼蒼 蒼蒼青靑天之色 穹穹窿窿天之形 蓋以天地之大德 以比無私之政治也"라고 하였다. 〔참고문헌〕『華嚴經疏鈔』, 『肇論疏』, 『圓覺經大疏釋義鈔』, 『證道歌註』, 『祖庭事苑』. ❷ 푸릇푸릇 무성하게. 『조론신소』 권중(대정장45, p.213c7)에 "창생은 즉 중생이니 푸릇푸릇 무성하게 나는 것을 말하며, 또 무성하게 하는 것은 하늘이고 하늘로부터 나기 때문이다. 蒼生 卽衆生也 謂蒼蒼然而生 亦可蒼者 天也 自天生故"라고 하였다. 〔참고문헌〕『肇論新疏』.

창천 蒼天 푸른 하늘. 『태자수대나경』(대정장3, p.419b22)에 "태자 이름이 유행하여 팔방에서 들려옵니다. 위로는 창천에 사무치고 아래로는 황천에 이르렀으니, 보시의 덕은 헤아릴 수조차 없습니다. 太子名字流聞八方 上徹蒼天下至黃泉 布施之德功不可量", 『운문광록』 권상(대정장47, p.545c16)에 "학인이 운문에게 물었다. '어떻게 해야 사은과 삼유에 보답할 수 있습니까?' '머리를 감싸고 하늘 향해 곡할 뿐이다'. 問 如何報得四恩三有去 師云 抱頭哭蒼天"라고 하였다. 〔참고문헌〕『太子須大拏經』, 『雲門廣錄』. ⇨ 창천창천 蒼天蒼天

창천중갱첨원고 蒼天中更添冤苦 하늘 향해 곡하는 중에 원통한 일 더하다. 무어라 말한다 해도 벗어나기는 커녕 화만 더하다. 분별만이 거듭하는 사태를 경계해서 사무치게 하는 뜻이다. 창천중간갱유원고(蒼天中間更有冤苦)라고도 한다. 첨(添)은 가(加)·유(有)로도 쓰고, 원(冤)은 원(怨)으로도 쓴다. 『오등회원』 권3「부배화상장 浮盃和尙章」(卍속장138, p.119a4)에 "능행파가 찾아와서 절을 올리자 부배가 앉으라 하고 차를 주었다. 노파가 부배에게 물었다. '온 힘 다해도 말할 수 없는 한마디 누구에게 나누어 주십니까?' '나 부배에게는 남아도는 말은 없습니다' '부배께 오지 않았더라면 틀림없이 의문이 풀리지 않았을 것입니다' '달리 좋은 말이 있다면 꺼내 보인들 방해되지 않습니다'. 두 손 공손히 맞잡고 곡하며 말했다. '하늘 보고 우는 중에 어찌 다시 원통한 일 더하다니'. 부배가 말이 없자 노파가 말하였다. '말로는 편정도 알지 못하고, 이로도 뒤집혔는지 삿된 지 알 수가 없습니다. 사람 위한다 하면 곧바로 화가 닥칩니다'. 凌行婆來禮拜 師與坐喫茶 婆乃問 盡力道不得底句 分付阿誰 師曰 浮盃無剩語 婆曰 未到浮盃 不妨疑著 師曰 別有長處 不妨拈出 婆斂手哭曰 蒼天中更添冤苦 師無語 婆曰 語不知偏正 理不識倒邪 爲人卽禍生", 『방거사어록』(卍속장120, p.58b8)에 "방거사가 하루는 송산(松山)에게 가는 중에 송산이 지팡이를 짚고 가는 것을 보았다. '손에 있는 것이 무엇입니까?' '노승이 해가 갈수록 늙어서 이것 없이는 한 걸음도 떼지 못하오' '비록 그러시기는 하지만 기운은 여전하시군요'. 송산이 때렸다. '손에 들고 있는 지팡이를 내려놓으십시오. 질문거리가 하나 있어서 왔습니다'. 송산이 지팡이를 던졌다. '이 노인네 말이 앞뒤가 맞질 않군'. 송산이 할하자 방거사가 말했다. '아이고, 그새 원통한 일이 또 생겼습니다'. 居士一日到松山 見山携杖子 便曰 手中是箇什麽 山曰 老僧年邁 闕伊一步不得 士曰 雖然如是 壯力猶存 山便打 士曰 放却手中杖子 致將一問來 山拋下杖子 士曰 這老漢 前言不付後語 山便喝 士曰 蒼天中更有怨苦"라고 하였다. 〔참고문헌〕『五燈會元』, 『龐居士語錄』, 『碧巖錄』 72則「著語」(대정장48, p.200c4).

창천창천 蒼天蒼天 하늘 향해 곡(哭)하는 소리. '아이고, 아이고'·'하늘이시여, 하늘이시여'·'큰일났다, 큰일났어' 등으로 번역한다. 『경덕전등록』 권6 「마조도일전 馬祖道一傳」(대장경51, p.246b8)에 "등은봉(鄧隱峯)이 마조에게 작별을 알리자 마조가 말했다. '어디로 가느냐?' '석두산으로 가렵니다' '석두산은 길이 미끄럽더라' '꼭두각시 부리는 간목 몸에 달고 무대를 만나면 마음껏 놀아보겠습니다'. 곧장 길을 떠나 석두희천(石頭希遷)이 머무는 절에 도착하자마자 선상(禪床)을 한 바퀴 돈 다음 석장을 흔들고서 석두에게 물었다. '이 무슨 종지란 말입니까?' '아이고, 아이고'. 등은봉은 아무 말도 하지 못하였다. 鄧隱峯辭師 師云 什麽處去 對云 石頭去 師云 石頭路滑 對云 竿木隨身逢場作戲 便去 纔到石頭 卽繞禪床一匝 振錫一聲 問 是何宗旨 石頭云 蒼天蒼天 隱峯無語", 같은 책 권9 「대자환중전 大慈寰中傳」(대정장51, p.266c21)에 "하루는 남전보원(南泉普願)이 대자를 찾아와 물었다. '무엇이 이 암중의 주인입니까?' '아이고, 아이고' '곡소리는 다음에 하십시오. 무엇이 암중에 주인입니까?' '알려 한즉 바로 안다. 초조해 하지 마라'. 남전이 소매 털고 나가버렸다. 一日南泉至問 如何是庵中主 師云 蒼天蒼天 南泉云 蒼天且置 如何是庵中主 師云 會卽便會 莫忉忉 南泉拂袖而出", 『조당집』 권15 「마곡보철장 麻谷寶徹章」(대장경보편25, p.581a13)에 "마곡이 단하천연(丹霞天然)과 산을 돌아다니다가 물속의 물고기를 보았다. 마곡이 손가락으로 단하를 가리키자, 단하가 '하늘 그대로군' 하였다. 마곡이 다음날 물었다. '어제 말한 뜻은 무엇인가?' 단하가 문득 눕는 자세를 취하자, 마곡이 '큰일났네, 큰일났어'라고 하였다. 師與丹霞遊山 見水中魚 師以手指丹霞 丹霞云 天然 師至明日卻問 昨日意作麼生 丹霞便作臥勢 師曰 蒼天蒼天"라고 하였다. [참고문헌] 『景德傳燈錄』, 『祖堂集』, 『雲門廣錄』 권중(대정장47, p.563b14), 『碧巖錄』 1則 「著語」(대정장48, p.141a4). ⇨ 창천 蒼天

창치금강도산사기 刱置金剛都山寺記 이곡(李穀 1298~1351) 지음. 『가정집』 권3과 『동문선』 권70에 전한다. 1339년(고려 충숙왕 복위8)에 금강산 서북쪽 임도현(臨道縣)에 도산사를 창건한 사적을 적은 기문이다. [참고문헌] 『稼亭集』(韓國文集叢刊3, p.115b16), 『東文選』. ⇨ 도산사 都山寺

창파갸레예쉐도르제 gTsang pa rgya ras ye shes rdo rje 1161~1211. 둑파카규('Brug pa bka' 'rgyud) 전통의 창시자. 어려서 출가하여 15세가 되던 해부터 8년 동안 아비다르마부터 인명(因明), 그리고 족첸수행까지 다양한 주제를 수학했다. 22세가 되던 해 스승인 링레파페마도르제(gLing ras pa pad ma rdo rje)를 만나 라룽(Rwa lung)이라는 이름을 받는데, 이후 1180년에 그 이름을 딴 사원을 창립하고 팰덴둑파계보(dPal ldan 'brug pa'i gdung brgyud)의 시조가 되었다. 옥도르제셍게(rNgog rdo rje seng ge)에게 밀교 가르침도 받았다. 또한 전설에 따르면 링레파의 지시에 따라 카르추(mKhar chu) 지역을 방문하여 레충파(Ras chung pa rdo rje grags 1085~1161)에게 전해졌던 인도 스승인 티푸파(Ti phu pa)의 가르침이 담긴 비전(gter ma)을 발견했다고 한다. 1205년에는 둑 사원('Brug dgon)을 창건했으며 말년에는 후생을 가르치는 데 더욱 힘썼다. 그의 주요 제자인 괴창파곤포도르제(rGod tshang pa mgon po rdo rje 1189~1258)와 로레파왕축촌두(Lo ras pa dbang phyug brtson 'grus 1187~1250)는 각각 둑파카규의 지파인 상둑파(stod 'brug)와 하둑파(smad 'brug)를 세웠다. [참고문헌] Sangs rgyas 'bum *Rwa lun dkar brgyud gser 'phreng* (Tibetan Craft Community, 1975), George Roerich *The Blue Annals* (Motilal Banarsidass, 1979) pp.664~670.

창포차 菖蒲茶 창포뿌리 말린 것을 우려낸 차. 단오(端午)에 술로 빚어 먹던 세간의 습속이 차로 변하여 절에 이어졌다. 『백장청규』 권7 「월분수지 月分須知」(대정장48, p.1155a5)에 "5월 : 단오날 새벽에 지사(知事)는 승당 안에 향을 피우고 창포차를 끓인다. 五月 端午日早晨 知事僧堂內燒香 點菖蒲茶", 『선림상기전』 권17 「창포차」(불광장, 禪藏, p.1284)에 "도충이 말한다. '재가에서는 이 날 창포주를 마시고 승가에서는 차로 대신하니, 세간의 습속을 따른 것이다'. 忠曰 居家此日 飮菖蒲酒 僧家以茶代之 準世禮也", 『무문혜개어록』 권상(卍속장120, p.510a4)에 "단오에 상당하여 '문수보살 선재동자에게 약초를 캐오라고 했던 인연'을 들어 말했다. '선재는 캘 줄 알았고, 문수는 쓸 줄 알았다. 비록 그렇기는 하나 눈으로 가려내고 손으로 직접 만져 점검해보니, 허접한 것 적지 않다. 나 초산(焦山 : 無門의 山號)은 오늘은 끝내 저 앞선 성인들 효험있다 한 것 본받지 않으리라. 다만 이 각각이 한 잔의 창포차 마시라. 탐욕의 병·성냄의 병·어리석음의 병·몸의 병·마음의 병·부처라는 병·조사라는 병 그 어떠한 것이라 해도 일시에 단박 나을 것이다. 비록 이와 같을지라도 은혜 아는 이는 적고 은혜 저버리는 이는 많다'. 端午上堂 擧文殊令善財採藥因緣 師云 善財能採 文殊解用 雖然眼辨手親 檢點將來 漏逗不少 焦山今日 終不効他先聖 只是各人喫一盃菖蒲茶 任是貪病嗔病癡病 身病心病 佛病祖病 一時頓愈 雖然如是 知恩者少 負恩者多"라고 하였다. [참고문헌] 『百丈淸規』, 『禪林象器箋』, 『無門慧開語錄』.

창학실담장 創學悉談章 ➡실지라솔도 悉地羅窣覩

창해변 滄海變 푸른 저 바다 변한다 해도. 그 어떤 일이 일어난다 해도 개의치 않을 만큼의 뜻이다. 『양기어록』(대정장47, p.643b13)에 "'말해보라. 그르쳐 들뜬 말 어디에 있을까? 노승이 오늘 눈썹 아낄 일 없이 널리 베풀리라'. 잠자코 있다 말했다. '정녕 그대들의 덕을 비난하더라도 아무 말 없어야 진실로 공덕이 있으리. 푸른 바다 변할지라도 끝내 그대들 통할 길은 없으리라'. 且道 譊訛在什麽處 老僧今日 不惜眉毛 一時布施 良久云 叮嚀損君德 無言眞有功 任從滄海變 終不爲君通", 『고봉원묘어록』 권상(卍속장122, p.666b7)에 "다만 이 마음 언제나 어둡지 않을 수 있다면 푸른 바다 뽕밭으로 변한들 어떠하리. 但得此心常不昧 從敎滄海變桑田"라고 하였다. [참고문헌] 『楊岐語錄』, 『高峰原妙語錄』, 『無門關』 27則 「頌」(대정장48, p.296b18), 『白雲守端廣錄』 권2(卍속장120, p.427a9). ⇨창창 蒼蒼❶

창현 昌玄 1925~2006. 호는 지옹(智翁), 속성은 김씨. 1925년 경상북도 울진(蔚珍)에서 태어났다. 1941년 17세 때 울진 천축산(天竺山) 불영사(不影寺)로 찾아가 행자생활을 하다가 1944년 금강산(金剛山) 마하연(摩訶衍)에서 철혜(哲慧)를 은사로 하여 스님이 되었다. 1944년 4월부터 도봉산(道峰山) 망월사(望月寺)에서 처음 안거를 시작으로 전국의 선방에서 줄곧 참선정진하였다. 1961년 합천 해인사(海印寺)에서 상월(上月)율사로부터 비구계를 받았다. 2006년 여름 안거를 밀양시 하남읍 남정리 반야정사(般若精舍)에서 정진하다가 그해 8월 28일(음력 7월 5일) 오전 3시 30분 세수 82, 법랍 53세를 일기로 입적하였다. [참고문헌] 『한겨레신문』(2006.8.31), 『佛敎新聞』(2006.9.6).

창화구명례 唱和求名禮 입으로 소리내서 이름 불러 예를 올리지만 아직 마음을 다하지 못하는 태도. 칠종예불(七種禮佛) 중 하나다. 『법원주림』 권20(대정장53, p.435a19)에 "둘째 창화구명례는 비록 교만해 높은 체하지 않지만 마음은 아직 깨끗한 생각이 없어 위의를 대충 갖추어 심신을 공손히 하는 듯 한다. 사람을 보면 몸을 가벼이 하여 급히 예를 행하고 가버린다. 몸이 게으르고 마음이 피로해지면 조금 공경하고 따르는 척하면서 문득 돕는 듯 하지만, 그 복 얇고 적어 참다운 공양이 아니다. 진실로 입으로만 부를 뿐 마음은 흩어지므로 창화례라고 부른다. 第二唱和求名禮者 雖非慢高 心無淨想 粗正威儀 身心詐恭 見人身輕 急禮人去 身惰心疲 稍似恭順 片有相扶 其福薄少 非眞供養 良由口唱心散 是名唱和禮也"라고 하였다. [참고문헌] 『法苑珠林』. ⇨칠종예불 七種禮佛, 구명례 求名禮

창화사 昌化寺 ❶경기도 개성시에 있던 절. 광통보제선사(廣通普濟禪寺)의 옛 이름이다. 광암사(光巖寺) 혹은 운암사(雲巖寺)라고도 불렸다. 『고려사』 권89 열전(列傳)2 후비(后妃)2 휘의노국대장공주(徽懿魯國大長公主)에 "운암사는 원래 교종 계열이었으나 지금 창화사로 이름을 고치고 선종에 속하게 하였다. 또 광암사로 이름을 고쳤다. 雲岩 元係敎宗 今改昌化 屬禪宗 又改光岩"라고 하였다. [참고문헌] 『高麗史』, 『東國輿地勝覽』. ⇨광암사 光岩寺, 광통보제선사 廣通普濟禪寺 ❷황해북도 장풍군 도라산(都羅山)에 있던 절. 『동국여지승람』 권12 경기 장단도호부 불우에 전하고 있어 조선 전기까지는 유지되었음을 알 수 있지만 『범우고』에는 폐사되었다고 전한다. [참고문헌] 『東國輿地勝覽』, 『梵宇攷』, 『韓國寺刹全書』 권하 p.1060a19.

창화사 昌和寺 경기도 장단군 임진현에 있던 절. 고려말 조선 초에 존재했던 총남종(摠南宗) 소속 절이다. 1360년(공민왕9) 8월 기축일에 공민왕(恭愍王)과 그의 아내 노국공주가 창화사에 이어(移御)한 적이 있고, 『목은시고』 권5와 권16에 이색이 창화사에 가서 지은 시가 전하고 있다. 『태종실록』 권14 1407년(태종7) 12월 신사일에 "의정부에서 명찰로 여러 고을의 자복사를 대신하기를 청하니 따랐다. … 총남종은 강음 천신사, 임진 창화사, 삼척 삼화사였다. 議政府請 以名刹代諸州資福 從之 … 摠南宗 江陰天神寺 臨津昌和寺 三陟三和寺"라고 하였다. [참고문헌] 『高麗史』, 『牧隱詩藁』, 『太宗實錄』, 『韓國寺刹全書』 권하 p.1060b1.

채 蔡 그림자(影), 음(陰), 영량(影量)의 뜻을 가진 범어 chāyā의 음사어. 옛날 인도에서 땅 위에 말뚝을 세우고 그 그림자로 시간을 쟀는데 이때의 그림자를 가리킨다. 해시계를 chāyā-graha라고 한다. 『번역명의집』 권3(대정장54, p.1108a9)에 "채 : 『삼덕지귀』에 '나란다 스님 길상월이 말했다. 「서역에서는 말뚝을 세우고 그 그림자를 재는데, 그림자를 범어로 채라고 하며 여기에선 그림자(影)라 한다. 아침의 그림자가 서쪽으로 옮겨 가면 발을 앞뒤로 하며 걸은 다음 움직인 그림자만큼의 발걸음 수를 셈한다」'라고 하였다. 蔡 指歸云 那爛陀僧 吉祥月云 西域立表量影 影梵云蔡 此云影 朝蔡倒西去 便以脚足 前後步之 數足步影也"라고 하였다. [참고문헌] 『翻譯名義集』.

채가방 菜街坊 대중이 먹는 채소를 담당해 단월들에게 때에 맞게 복을 짓게 하는 가방화주(街坊化主). 『선원청규』 권4 「가방수두탄두화엄두 街坊水頭炭頭華嚴頭」(卍속장111, p.896b14)에 "죽가방・미맥가방・채가방 … 경두・미타두는 모두 아울러 밖으로는 단월에게 권하여 복전을 증장하게 하고, 안으로는 선림이 도과를 길러 가질 수 있도록 돕는다. 粥街坊 米麥街坊 菜街坊 … 經頭 彌陀頭 竝是 外勸檀越增長福田 內助禪林資持道果"라고 하였다. 〔참고문헌〕『禪苑淸規』· 권3 「監院」(卍속장111, p.891a9). ⇨ 가방화주 街坊化主

채견 債牽 Ⓢṛṇa. 짐져 끌고 가야 할 일. 부채나 빚을 말한다. 『백오십찬불송』(대정장32, p.761c18 : *Śata-śa.*, p.142)에 "녹야원에서 교진여(俱隣)를 제도하셨고 사라수 숲(堅林)에서 수발다라(須跋)를 교화하시고 나서 이 땅에서의 근연이 다하자 더 이상의 짐져 끌고 갈 일 남아 있지 않았다네. 鹿苑度俱隣 堅林化須跋 此土根緣盡 更無餘債牽 sākṣād-vineya-vargīyān subhadrāntān vinīya ca, ṛṇaśeṣaṃ kim adyāpi sattveṣu yad abhūt tava"라고 하였다. 〔참고문헌〕『百五十讚佛頌』, *Śata-śa.* ⇨ 부채 負債

채공 菜供 ➡ 채두 菜頭

채과급수 採菓汲水 Ⓢpānīya phalādīni preṣya-karmāṇi kṛtvān. 열매 따고 물 긷다. 석존이 과거세 전륜왕의 몸으로 대승의 가르침을 설한 선인(仙人)을 위해 봉사한 일을 가리킨다. 『법화경』 권4 「제바달다품 提婆達多品」(대정장9, p.34c4)에 "왕은 선인의 말을 듣고 기뻐 뛰었으니 곧바로 선인을 따르며 필요한 바를 공급하였다. 열매 따고 물 긷고 땔감 줍고 밥을 차리거나 내지는 자기 몸으로 자리 삼게 하였지만 심신에 게으름 없었다. 이렇게 받들어 모셔 천 년을 보냈으니, 법을 위했기에 열심히 받들어 모시며 모자람이 없게 하였다. 王聞仙言 歡喜踊躍 卽隨仙人 供給所須 採菓汲水 拾薪設食 乃至以身 而爲床座 身心無惓 于時奉事 經於千歲 爲於法故 精勤給侍 令無所乏", 『법화경현찬요집』 권2(卍속장53, p.410a13)에 "(이 경을) 듣는 이는 반드시 보리를 증하므로 법을 우러르고 사람을 중히 여겨 받들어 모심에 싫증냄 없었으니, 열매 따고 물 긷고 땔감 줍고 밥을 차렸으며, 화내고 꾸짖고 때리고 욕해도 모두 다 받아들였기에 전륜성왕의 몸을 버리고 상좌가 되었다. 이렇게 봉사하고 고행에 힘쓰며 천 년을 보냈는데, 대승을 존중하였기에 일찍이 한 생각 물러나 뒤친 일 없었다. 聞者定證菩提 所以敬法重人 供承無倦 採菓汲水 拾薪設食 嗔責打罵 悉皆受之 捨輪王身 以爲床座 如是奉事勤苦 經于千歲 爲重大乘 曾無一念退轉也"라고 하였다. 〔참고문헌〕『法華經』, 『法華經玄贊要集』, *Saddh-p.257.*

채근담 菜根譚 명대 1602년(만력30) 홍응명(洪應明) 지음. 2권. 유불도 두루 살펴 청정을 지키고 덕을 닦는 공부에 대해 말한 것들을 모아놓은 책. 담(譚)은 담(談)으로도 쓴다. 서명은 송 왕신민(汪信民)의 "풀뿌리 씹을 수 있다면 어떤 일이라도 할 수 있다. 咬得菜根 百事可做"라는 말에서 유래한다. 어록의 형식을 채용하여 유가(儒家)의 사상을 바탕으로 노장과 선학(禪學)의 설을 끼워 넣었으며, 벼슬살이·보신(保身)·처세의 도 및 관직 사임 후 한가하게 지내는 즐거움도 설하고 있다. 전집(前集) 224장과 후집(後集) 134장으로 구성되어 있는데, 전 편에 걸쳐 압운이 사용되었고 유가와 선종의 용어들을 활용한 아름다운 구절들로 대구(對句)를 이루고 있다. 당시 유불도 삼교가 어울리던 사조와 부합하였으며 민간과 지식층에 널리 유행하였다.

채두 菜頭 채소를 가지고 반찬 등을 만드는 소임. 채로(菜露)·채공(菜供)이라고도 한다. 고청규(古淸規)에 해당하는 「선문규식 禪門規式」에 따르면 십무(十務) 중 한 소임이었던 것으로 보이나, 후대에는 전좌(典座)의 아래에 두는 소임이 되었다. 『경덕전등록』 권6 「선문규식 禪門規式」(대정장51, p.251a20)에 "채소를 주관하는 이를 지목하여 채두라고 한다. 主菜者 目爲菜頭", 같은 책 권10 「조주종심전 趙州從諗傳」(대정장51, p.277c24)에 "조주가 채두에게 '오늘 생채를 먹느냐, 숙채를 먹느냐?'라고 묻자, 채주가 채소를 뻬들어 보였다. 조주가 말하였다. '은혜를 아는 이 적고 은혜를 저버리는 이는 많다'. 師問菜頭 今日喫生菜熟菜 菜頭拈起菜呈之 師云 知恩者少 負恩者多"라고 하였다. 〔참고문헌〕『景德傳燈錄』, 『百丈淸規證義記』 권6(卍속장111, p.733b11). ⇨ 십무 十務, 전좌 典座, 갱두 羹頭

채려 採侶 가려 뽑아 함께 하다. 『장아함경』 권7 「폐숙경 弊宿經」(대정장1, p.45b1)에 "가섭이 다시 말했다. '모든 지혜로운 이라면 비유로써 알아차리게 하니, 나 이제 마땅히 다시 그대를 위해 비유를 끌어 오겠다. 아주 먼 과거에 한 국토가 있었는데 그 변방의 인민들이 흉년으로 무너졌다. 그 나라에 두 사람이 있었는데 한 사람은 지혜로웠고 한 사람은 어리석었다. 그들은 서로 말하였다. 「나는 당신의 친구이니 같이 성을 나가서 함께 다니며 재물을 구합시다」'. 迦葉復言 諸有智者 以譬喩得解 我今當更 爲汝引喩 乃往久遠 有一國土 其土邊壃人民荒壞 彼國有二人 一智一愚 自相謂言 我是汝親 共汝出城 採侶求財"라고 하였다. 〔참고문헌〕『長阿含經』.

채루자 彩樓子 꾸며 만든 수레. 거리를 돌면서 독경(讀經)을 하는 가구경행(街衢經行)에 사용되었다. 『고려사』 권6 세가(世家)6 정종(靖宗) 12년(1046) 3월 신축일에 "경성의 거리는 세 갈래 길이었는데, 꾸며 만든 수레에 『반야경』을 싣고 앞장서게 하였다. 分京城街衢爲三道 各以彩樓子 擔般若經前行"라고 하였다. 〔참고

문헌]『高麗史』. ⇨ 가구경행 街衢經行

채분착가 彩奔齪家 꾸며 분주해 이리 뛰고 저리 뛰다. 분은 분(犇)으로도 쓴다.『송원숭악어록』권상(卍속장121, p.574a11)에 "노자(老子)가 '상사는 도를 들으면 부지런히 행할 뿐이다' 하니, 흙덩이 만지며 노는 놈일 뿐이다. '중사가 도를 들으면 두거나 버린다' 하니 한 칼에 두 토막을 낸다. '하사는 도를 듣고는 크게 웃을 뿐'이니 꽃패로 분주해질 뿐이다'. 上士聞道 勤而行之 弄泥團漢 中士聞道 若存若亡 一刀兩段 下士聞道 大笑之 彩犇齪家",『석전법훈어록』권1(卍속장122, p.4a6)에 "단하는 목불을 태웠으니, 사람이 가난하면 지혜마저 작아진다. 원주 눈썹도 수염도 떨어졌으니 꾸며 분주할 뿐이다. 다시 마지막 붙들 것 있어 여러분에게 남길 터이니 화롯불 그 끝에서 찾아야 하리. 丹霞燒木佛 人貧智短 院主眉鬚落 彩奔齪家 更有末後著 留與諸人 火爐頭卜度",『무준사범어록』권5(卍속장121, p.941b10)에 "일체시에 있어 헛된 생각 일지 않으니 봄은 낳고 여름은 기른다. 담백한 밥에 거친 차로다. 물고기 뛰어든 냄새나는 그 물에 꽃패로 분주한 이 이리 뛰고 저리 뛰네. 居一切時不起妄念 春生夏長 淡飯麤茶 魚投臭水 彩奔齪家"라고 하였다. [참고문헌]『松源崇嶽語錄』,『石田法薰語錄』,『無準師範語錄』.

채색만다라 彩色曼荼羅 **1** 법도에 따라 오색으로 그린 만다라에 색을 칠하다.『소실지갈라경』권중(대정장18, p.623c9)에 "저 만다라는 반듯하게 사방이 되게 한 뒤 네 귀퉁이에 네 문을 안치하되 그 크기는 8주(肘), 혹 7주나 5주로 한다. 오직 네 문을 열게 해서 계도를 분명히 하고서는 다섯 색으로써 칠하여 그린다. 其曼荼羅 頓方四角 安置四門 其量八肘 或七肘五肘 唯開四門 分明界道 以五彩色 而用畫之",『소바호동자청문경』권중(대정장18, p.727b18)에 "저 위에서 설한 모든 만다라처럼 깨끗한 채색으로 뜻에 따라 팔방을 지키는 신을 한 분씩 그려서 반드시 저곳 등에 안치하면 능히 모든 가로막는 어려움을 무너뜨릴 수 있다. 如上所說 諸曼荼羅 以淨彩色 隨意作一護八方神 要須安置彼等 能摧諸障難"라고 하였다. [참고문헌]『蘇悉地羯羅經』,『蘇婆呼童子請問經』. ⇨ 만다라 曼荼羅 **2** 각수(角宿)인 채화수(彩畫宿)를 중심으로 도는 요성(要星)들을 함께 그린 만다라.『사두간태자이십팔수경』(대정장21, p.415c1)에 "채화수라 하니, 하나의 요성이 있는데 모양은 둥글고 색은 누르다. 30수유를 다니며 모시고 따른다. 세활천을 다스리고 성은 이라소승이다. 彩畫宿者 有一要星 形圓色黃 行三十須臾 而侍從矣 主細滑天 姓伊羅所乘"라고 하였다. [참고문헌]『舍頭諫太子二十八宿經』. ⇨ 각수 角宿, 이십팔수 二十八宿

채숙씨 採菽氏 Ⓢ Maudgalyāyana, Ⓟ Moggallāna. 목건련(目犍連)의 한역어.『화엄경소』권54(대정장35, p.913b3)에 "목건련을 채숙씨라 한다. 옛적에 선인이 산에 거하며 콩을 먹었는데, 존자의 어머니가 저 종이었기에 외가의 성을 따라 이름을 세웠다. 대신통이 있어서 이 성을 가진 다른 이들과 가려서 대라는 말을 붙였다. 目揵連 此云採菽氏 上古仙人 山居豆食 尊者母 是彼種 從外氏立名 有大神通 揀餘此姓 故復云大",『구사론기』권1(대정장41, p.8b28)에 "목건련은 채숙씨라 한역한다. 대는 당나라 말이다. 그래서『법온족론』에 대채숙씨라 하였다. 目乾連 此云採菽氏 大是唐言 故法蘊足論云 大採菽氏",『유가사지론약찬』권2(대정장43, p.25b22)에 "녹두를 취했던 이의 자손이라 했으니 바로 마하몰특가라이며『이부종륜론』에서 말한 채숙씨다. 구역에서는 대목건련이라 하였다. 이 연을 널리 설함은 저『삼미륵경소』와 같다. 取綠豆子者 卽摩訶沒特迦羅 宗輪所云採菽氏也 舊云 大目揵連 廣說此緣 如彌勒疏",『일체경음의』권6(대정장54, p.340b11)에 "채숙씨〈구역이다. 범어로 대목건련이라 하는데 잘못 줄였기에 온전하지 않다. 바른 범어는 마하몰특가라이며, 대채숙씨라 한역한다. 속설에 녹두자는 옛 선인의 이름이라 한다. 목건련은 이 선인의 종인데, 구리가・구례다・구율다라고도 하는데 모두 한 사람의 이름이다〉. 採菽氏〈古譯 梵語云 大目乾連 訛略不正 正梵語云 摩訶沒特伽羅 唐云 大採菽氏 俗云 菉豆子 古仙人號也 目乾連是此仙種 亦名俱利迦 或名拘肄多 或云俱律陀 皆一人之号〉"라고 하였다. [참고문헌]『華嚴經疏』,『俱舍論記』,『瑜伽師地論略纂』,『一切經音義』. ⇨ 대목건련 大目犍連

채습 采拾 따서 모으다. 쏟아낸 말을 주워 담다.『앙산어록』(대정장47, p.586a2)에 "내가 이렇다 저렇다 말하면 다들 앞다퉈 그 앞에서 주워 모으려 하지만, 저 빈 주먹으로 어린아이를 속임과 같아서 도무지 실다운 곳이라고는 없다. 我若東說西說 則爭頭向前采拾 如將空拳誑小兒 都無實處",『사교의집해』권중(卍속장102, p.48b2)에 "사천하에서 뭇 꽃들을 따 모아 대해에서 빚으며 술 되기를 바라지만 어룡의 업력으로 변하여 술의 맛 능히 내지 못하리라. 於四天下 采拾衆華 醞在大海 所冀成酒 而爲魚龍業力所變 其酒之味 不能成故"라고 하였다. [참고문헌]『仰山語錄』,『四教儀集解』.

채식 菜食 육식을 하지 않고 채소만을 먹다.『대방등대집경』권43(대정장13, p.285c22)에 "이와 같은 종종 악업을 속히 없애 다하고자 한다면 이 중생은 깨끗이 목욕하고 깨끗한 옷을 입고 채식하고 오랫동안 재를 지켜서 맵고 냄새나는 음식을 먹지 말아야 한다. 적정처에서 도량을 장엄하고 정념으로 결가부좌하거나 걷거나 앉은 채로 불신상을 염하되 마음을 어지럽게 함이 없으니, 다시 다른 것 연하지 않고 다른 일들 생각하지 않는다. 欲令如是 種種惡業 速滅盡者 而此衆生 應淨洗浴 著鮮潔衣 菜食長齋 勿噉辛臭 於寂靜處 莊嚴道場 正念結加 或行或坐 念佛身相 無使亂心 更莫他緣 念其餘事", 『관정경』 권12(대정장21, p.534a3)에 "만약 어떤 남자와 여인이 7일 밤낮으로 채식하며 재를 지켜 약사유리광불께 공양예배하며 마음속으로 원하는 바를 구한다면 획득하지 못할 게 없다. 若有男子女人 七日七夜 菜食長齋 供養禮拜 藥師瑠璃光佛 求心中所願者 無不獲得"라고 하였다. [참고문헌] 『大方等大集經』, 『灌頂經』.

채영 采永　조선후기 스님. 호는 사암(獅巖). 청허휴정(淸虛休靜)의 8세이며, 월저도안(月渚道安 1638~1715)의 5세법손이다. 그 법계는 청허휴정・편양언기(鞭羊彦機)・풍담의심(楓潭義諶)・월저도안・설암추붕(雪巖秋鵬)・벽허원조(碧虛圓照)・영허성준(靈虛性俊)・금파행우(錦波幸祐)・사암채영으로 이어진다. 그는 전등(傳燈)에 대한 생각이 깊어 한국불교의 법맥계통(法脈系統)이 분명하지 못함을 항상 유감으로 생각하고 있다가 마침내 『서역중화해동불조원류 西域中華海東佛祖源流』를 지어 큰 업적을 남겼다. 이능화(李能和)의 『조선불교통사』 권하 pp.869~870의 「채영씨간불조원류 采永氏刊佛祖源流」에 따르면 중국불교에는 도원(道原)의 『경덕전등록』과 『속전등록』・염상(念常)의 『불조역대통재』・각안(覺岸)의 『석씨계고략』 등이 있으나, 우리나라에는 다만 무학자초(無學自超)의 종파도(宗派圖)와 월저도안(月渚道安)의 족도(簇圖)가 있는 정도였다. 이에 어느 스님은 아모스님의 스승이 되고 아모스님은 어느 스님의 제자가 되는 등의 법계를 밝힌 것이 없음을 개탄하였다. 스님은 1762년(영조38) 봄부터 전국 8도를 돌아다니면서 각 종파의 고증될 만한 자료를 수집하고는 1764년(영조40) 7월 전국의 큰스님들을 전라북도 전주시 소양면 대흥리 종남산(終南山) 송광사(松廣寺)로 초청하여 편집방향을 의논하였고, 편집을 마친 후 같은 절 관음전에서 판각하여 그 판본을 전주 송광사에 진장(鎭藏)하였다. 그러나 그 후 순천 조계산(曹溪山) 송광사에 부휴선수(浮休善修 1543~1615)의 7세(浮休善修・碧岩覺性・翠微守初・栢岩性聰・無用秀演・影海若坦・楓岩世察・碧潭幸仁)인 벽담행인이라는 대강백이 있었다. 그는 『불조원류』의 저자인 사암채영이 청허휴정의 8세법손으로서 휴정의 문손을 현저하게 치우쳐 많이 수록하고, 자신의 7세조인 청허(淸虛)와 법형제간(法兄弟間)인 부휴문손에 대해서는 편협할 정도로 적게 게재하였다고 분노한 나머지 판목은 소각되고 말았다. 그가 남긴 『서역중화해동불조원류』 1권은 있다. [참고문헌] 『朝鮮佛敎通史』 권하, 『西域中華海東佛祖源流』(한불전10, p.108c16・p.124b18). ⇨ 서역중화해동불조원류 西域中華海東佛祖源流, 사암채영 獅巖采永

채오 采五　1828~?. 법호는 초엄(草广). 복초상인(復初上人)으로도 불렸으며, 박한영(朴漢永 1870~1948)의 은사(恩師)이다. 고성 옥천사(玉泉寺)에서 득도하고서 1852년(철종3) 이후에 박치복(朴致馥 1824~1894)에게 경사(經史)를, 강위(姜瑋 1820~1884)에게 시도(詩道)를 익혔고, 김정희(金正喜 1786~1856)와도 교유하면서 시문으로 일가를 이루었는데, 시 39편・문 15편을 수록한 『초엄유고』가 전한다. 1925년에 박한영이 지은 「초엄유고서 草广遺稿敍」(한불전12, p.304c2)에는 "근래의 선가사단에서는 마땅히 상인을 주맹으로 삼아야 부끄럽지 않을 것이다. 則近古禪家詞壇 當以上人爲主盟無愧矣"라고 하였다. [참고문헌] 『草广遺稿』.

채운사 綵雲寺　충청남도 괴산군 청천면 화양리 환희산(歡喜山)에 있는 절. 곧 채운암(彩雲庵)이다. [참고문헌] 『전통사찰총서』 권10 충북의 전통사찰 I (寺刹文化硏究院, 1998) pp.269~271. ⇨ 채운암 彩雲庵

채운암 彩雲庵　충청남도 괴산군 청천면 화양리 환희산(歡喜山)에 있는 암자. 대한불교조계종 제5교구 본사 법주사(法住寺)의 말사이다. 1277년(충렬왕3)에 도일(道一)이 수도암(修道庵)으로 창건하였고, 1610년(광해군2)에 중창되었다. 채운암으로 고쳐 불린 시기는 혜식(慧識)에 의한 중창 때였다고 전한다. 근처에 있는 환장사(煥章寺)와 같은 사찰로 여겨지기도 하는데, 1954년 무렵 주위의 여건으로 1~2년간 합해졌을 뿐 서로 다른 사찰이다. 『연경재전집』 권31 풍천록(風泉錄)1 화양동기(華陽洞記)에 채운암과 환장암이 구분되어 기록되어 있다. 현존하는 당우로는 대웅전・삼성각・요사 등이 있으며, 대웅전은 문화재자료 제30호로 지정되어 있고 그 내부에 있는 목조여래좌상은 유형문화재 제191호로 지정되어 있다. 복장기에 의하면, 목조여래좌상은 1723년(경종3)에 길쌍계사(吉雙溪寺)에서 제작되었다고 한다. [참고문헌] 『硏經齋全集』, 『朝鮮佛敎通史』 권상, 『韓國寺刹全書』 권하 p.1061a3, 『전통사찰총서』 권10(寺刹文化硏究院, 1998) pp.269~271.

채음 蔡愔　후한(後漢) 명제(明帝) 때 신하. 67년(영평10) 칙명으로 서역(西域)에 가서 『사십이장경 四十二章經』 등의 경 및 불상(佛像)과 함께 가섭마등(迦葉摩騰)과 축법란(竺法蘭)을 데리고 귀국하였다고 한다. 처음으로 중국에 불전(佛典)을 가져온 사람으로 알려져 있다. 『불조통기』 권35(대정장49, p.329b22)에 "(영평) 10년에 채음 등은 중천축 대월씨족의 땅에서 가섭마등과 축법란을 만났으며 불의상과 범본경 60만언〈의는 서 있다는 뜻이다〉을 백마에 싣고 낙양〈화덕이 왕하기에 낙(洛)을 낙(雒)으로 고쳤다〉으로 돌아왔다. 가섭마등과 축법란은 사문복으로 황제를 알현하였으며, 홍려시〈호광이 풀었다. '홍은 소리이고 려란 전한다는 뜻이다. 큰 소리로 전하여 예식을 돕고 구빈을 이끈다. 당대에 사빈시로 바꿨다'〉에 머물렀다. 十年 蔡愔等於中天竺大月氏 遇迦葉摩騰竺法蘭 得佛倚像梵本經六十萬言〈倚卽立也〉 載以白馬 達雒陽〈火德王故 改洛爲雒〉 騰蘭以沙門服謁見 館於鴻臚寺〈胡廣釋曰 鴻 聲也 臚 傳也 所以傳聲 贊導九賓 唐改爲司賓寺〉"라고 하였다. 〔참고문헌〕『佛祖統紀』. ⇨ 가섭마등 迦葉摩騰, 축법란 竺法蘭, 사십이장경 四十二章經

채제공 蔡濟恭 1720~1799. 조선후기 문신(文臣). 자는 백규(伯規), 호는 번암(樊巖), 본관은 평강(平康)이고 아버지의 휘는 응일(膺一)이다. 벼슬은 승문원권지부정자(承文院權知副正字)에서부터 수찬(修撰)·교리(校理) 등 주요 벼슬을 역임하고 마침내 영의정(領議政)에 이르렀다. 불교와의 인연도 깊어 스님들의 행장비를 많이 짓기도 했지만, 천주교에 대한 입장 또한 매우 관용적이었던 문사였다. 1790년(정조14) 천주교에 대한 박해가 시작되자 신서파(信西派)의 영수로서 공서파(攻西派)에 맞서 천주교 신봉의 묵인을 주장했다. 이듬해 진산사건(珍山事件 : 辛亥邪獄이니 최초의 천주교도에 대한 박해사건)으로 공서파의 배척을 받고 파직되었다가 1792년(정조16) 좌의정에 복직되었

채제공초상 국립부여박물관 조선후기

다. 그 후 여러 차례 공서파에 의해 삭직(削職)·부처(付處)·유배 등의 처벌을 받았으나, 정조의 특별한 신임으로 곧 등용되어 천주교처리문제를 위임받아 온건정책을 유지했고, 1793년(정조17) 영의정에 재직하여 10여 년간 재상(宰相)으로 있는 동안에는 천주교에 대한 박해도 크게 확대되지 않았다. 1801년(순조1) 정순왕후(貞純王后) 김씨의 수렴청정(垂簾聽政) 이후 다시 관직을 추탈(追奪)당했다가 1823년(순조23) 신원(伸寃)되었다. 시호는 '문숙 文肅'이고 저서로는 『번암집』 59권을 남겼다. 불교에 대해서도 우호적이었을 뿐만 아니라, 해남 대흥사의 상월당새봉대사비(海南大興寺霜月堂璽篈大師碑)·합천 가회면의 봉암당채환대사비(陜川佳會面鳳巖堂采歡大師碑)·고창 선운사의 설파당상언대사비(高敞禪雲寺雪坡堂尙彦大師碑)·안변 석왕사의 완월당궤홍대사영찬(安邊釋王寺翫月堂軌泓大師影贊)과 영변 보현사의 비구니정유여대사비문(寧邊普賢寺比丘尼定有女大師碑文) 등 많은 고승비문(高僧碑文)을 남겼다. 〔참고문헌〕『樊巖集』(標點影印『韓國文集叢刊』 권235~236), 智冠『韓國高僧碑文總集 朝鮮期·近現代』 pp.444~541.

채진암 采眞菴 **1** 강원도 이천군에 있었던 암자. 선주암(善住菴)과 가까운 거리에 있었다고 한다. 이의현(李宜顯 1669~1745)의 『도곡집』 권25 「이천제승유람기 伊川諸勝遊覽記」에 "채진암과 선주암의 폐사된 터를 지나서 부도령을 넘으면 부도가 4개 있고 벽허·천곡·취음 등의 비가 있다. 過采眞善住兩菴廢基 踰浮圖嶺 有浮圖四軀 又有碧虛天谷翠陰等碑"라고 하였다. 〔참고문헌〕『陶谷集』(韓國文集叢刊464, p.396a18). **2** 황해도 재령군 장수산(長壽山)에 있었던 암자. 채진암(採眞庵)이라고도 한다. 이의백(李宜白 1711~?)의 『오계일기집』에 그가 장사산의 채진암에서 머물며 스님과 나눈 대화가 전한다. 『범우고』에 현존한 것으로 전하고, 1925년에 발간된 『개벽』에 차상찬(車相瓚)과 박달성(朴達成)이 쓴 「황해도답사기 黃海道踏査記」에는 황해의 금강이라고 칭송되는 장수산에 있는 명승(名勝) 중 하나로 언급되기도 하였다. 〔참고문헌〕『梧溪日記集』, 『梵宇攷』, 『韓國寺刹全書』 권하 p.1061a5·p.1061a6, 『개벽』 60호.

채집심 採集心 채집하는 심. 갖가지 소연경이나 제행의 종자 등을 채집해 가지기에 아뢰야식으로서의 마음을 이렇게 부른다. 원측(圓測)의 『해심밀경소』 권3(한불전1, p.225c21)에 "범어 질다(citta)는 심으로 번역하는데 여러 뜻이 있다. … 셋째는 채집이라 하니 갖가지 소연경을 끌어 모으기 때문이다. 저 『해심밀경』과 『대승오온론』의 경우다. 梵音質多 此翻爲心 有其多義 … 三 名採集 採集種種所緣境故 如深密經及五蘊論", 『대승오온론』 권1(대정장31, p.849c27)에 "무엇이 식온인가? 소연경을 요별하는 것을 자성으로 삼는다. 또한 심의라고도 하니 채집하기 때문이고 뜻으로 거두기 때문이다. 최승심은 아뢰야식을 말한다. 왜 그러한가? 이 식 중에 모든 행의 종자가 다 채집되어 있기 때문이다. 云何識蘊 謂於所緣境 了別爲性 亦名心意 由採集故 意所攝故 最勝心者 謂阿賴耶識 何以故 由此識中 諸行種子 皆採集故"라고 하였다. 〔참고문헌〕『解深密經疏』, 『大乘五蘊論』. ⇨ 아뢰야식 阿賴耶識, 집기심 集起心

채착 采著 거둬 붙들다. 채착(采着·採著)으로도 쓴다. 『선관책진』 「고음금선사시중 古音琴禪師示衆」(대정장48, p.1104c27)에 "곧바로 화두가 어디에 떨어져 있는지를 볼 일이며, 간절히 혼도 침도 따르지 말아야 하리. 바깥 경에 있어서는 실오라기만큼도 거둬 붙들어서는 안 된다. 直看話頭落在何處 切莫隨昏隨沈 絲毫外境不可采著"라고 하였다. 〔참고문헌〕『禪關策進』, 『無準

師範語錄』 권4(卍속장121, p.931a17). ⇨ 집착 執著

채청 彩晴 1692~1754. 조선후기 김천 청암사(靑巖寺) 스님. 호는 용암(龍巖), 속성은 김씨. 1692년(숙종18) 7월 27일 진주 반룡촌(盤龍村)에서 태어났다. 1700년(숙종26) 하동군 진교면 고이리에 있었던 대흥사(大興寺)로 찾아가 문언(文彦)을 은사로 하여 스님이 되었다. 회당화상(晦堂和尙)에게서 수학한 후로는 방장산(方丈山 : 지리산)·덕유산(德裕山)·불령산(佛靈山 : 靑岩寺)·가야산(伽倻山 : 해인사)·황악산(직지사)·비슬산(琵瑟 : 대구 달성군) 등의 사찰에서 정진하였으며, 1744년(영조20)에 회암대사정혜(晦菴大師定慧)의 행장을 지었는데 회암의 『선원집도서과기』 끝에 붙어 있다. 1754년(영조30) 6월 3일 거창군 금광산(金光山) 용계사(龍溪寺)에서 세수 63세를 일기로 입적하였다. 문인(門人) 진철(振哲)이 비문을 짓고 백계환(白啓煥)이 써서 1765년(영조41)에 세운 스님의 행적비가 김천 청암사에 있다. [참고문헌] 「金泉靑巖寺龍岩堂彩晴大師碑文」(智冠『韓國高僧碑文總集 朝鮮朝·近現代』) p.468, 『禪源集都序科記』「晦菴大師行蹟」(한불전9, p.545b21). ⇨ 문언 文彦, 청암사 靑巖寺 ❸

용암당대선사채청지진영
김천 청암사 조선후기

채충순 蔡忠順 ?~1036. 고려전기 문신이자 서예가. 북한 국보급문화재 제40호인 현화사비(玄化寺碑)를 1021년(현종12)에 건립할 때 비신 앞면에 주저(周佇 ?~1024)가 지은 비문을 구양순체(歐陽詢體) 해서로 썼고, 다음 해에는 뒷면 음기(陰記)를 짓고 왕희지(王羲之) 행서를 더하여 썼다. [참고문헌] 『朝鮮金石總覽』 卷上 p.241. ⇨ 대자은현화사비 大慈恩玄化寺碑

채팽윤 蔡彭胤 1669~1731. 조선후기 문신(文臣). 자는 중기(仲耆), 호는 희암(希菴)·은와(恩窩). 본관은 평강(平康 : 강원도 鐵原 근방), 시상(時祥)의 아들이다. 19세 때 진사(進士)가 된 후, 검열(檢閱)·세자시강원(世子侍講院)·형조판서·부제학(副提學) 등 벼슬을 역임했다. 시와 문장에 뛰어났으며 불교와 관계되는 글도 많이 남겼는데, 곤양지리산영악사중건비(昆陽知異山靈嶽寺重建碑)·승주선암사중수비(昇州仙岩寺重修碑)·양산통도사석가부도비(梁山通度寺釋迦浮圖碑)·해남대둔사사적비명(海南大芚寺事蹟碑銘)·금강산장안사중창후수륙모연소(金剛山長安寺重創後水陸募緣疏)·지리산화엄사장륙전중건상량문(智異山華嚴寺丈六殿重建上樑文)·구봉산구봉암권선문(九峰山九峰庵勸善文)·호산남수제마사중창권선문(壺山南峀制馬寺重創勸善文) 등이 있다. [참고문헌] 蔡彭胤『希菴集』(影印標點 韓國文集叢刊 권182, pp.433~460), 『肅宗實錄』, 『英祖實錄』, 『朝鮮寺刹史料』 권상 pp.534~538, 『朝鮮金石總覽』 권하 pp.1037~1039.

채홍철 蔡洪哲 1262~1340. 고려후기 문신. 『고려사』 권108 열전(列傳)21 제신(諸臣)에 "자는 무민이고 평강현 사람이다. … 중암거사라고 자칭하면서 불교와 선지 그리고 거문고와 서예와 약짓기를 일상사로 삼았다. … 더욱이 불교를 좋아하여 일찍이 집의 북쪽에 전단원을 꾸며놓고 항상 선승을 모셨으며, 또 나라 사람들에게 약을 베풀기도 하여 많은 이들이 혜택을 받았기에 활인당이라고 불렀다. 字無悶 平康縣人 … 自號中菴居士 以浮屠禪旨琴書劑和爲日用 … 尤好釋敎 嘗於第北構栴檀園 常養禪僧 又施藥國人 多賴之 呼爲活人堂"라고 하였다. [참고문헌] 『高麗史』, 『高麗史節要』.

채화 蔡華 연꽃(蓮華). 채(蔡)는 중국 지명인데 이곳에서 천 살 먹은 신령스런 거북이 나타나 연꽃 위에서 노닐었다는 고사를 인연으로 지명이 연꽃을 가리키는 말이 되었다. 『관무량수불경소』 권4(대정장37, p.278a14)에 "분다리라 하면 인중호화·희유화·인중상상화·인중묘호화라 한다. 이 꽃이름 서로 전하여 채화라 이름하였다. 만약 염불하는 이라면 바로 이렇게 인중호인·인중묘호인·인중상상인·인중희유인·인중최승인이라 할 만하다. 言分陀利者 名人中好華 亦名希有華 亦名人中上上華 亦名人中妙好華 此華 相傳名蔡華 是 若念佛者 卽是人中好人 人中妙好人 人中上上人 人中希有人 人中最勝人也", 『선택전홍결의초』 권4(臺灣國圖善本42, p.172b3)에 "채화란 곧 연꽃이다. 단 채화란 이름은 예부터 정론이 없었는데 근래 어떤 유자가 이 뜻을 감득하였다. '『논어』「공야장 公治長」의 주에 「채란 천자나 제후가 점칠 때 쓰는 거북의 등딱지인데 채라는 땅에서 나왔기에 이 이름을 붙였다〈운운〉」라 했는데, 이 글에서 채란 신령스런 거북을 부르는 말이고 채라는 땅에서 나왔다는 말이다. 또 『사기』「구책열전 龜策列傳」에 「거북은 천 살이면 즉 연꽃 위에서 노닌다〈운운〉」라 했는데 이 글에서 연화란 채가 노닐던 꽃을 말한다. 천 년 산 거북이라면 신령한 거북이다. 『사기』의 글로써 지금의 해석을 생각해 보면 채화는 연꽃에 해당한다'. 言蔡華者 卽是蓮華 但蔡華名 振古未決 近比有儒者 勘得此義 謂論語之公治長篇註云 蔡 國君之守龜 出蔡地 因以爲名焉〈云云〉 斯文蔡者 靈龜之號也 出蔡地 史記龜策傳云 龜千歲乃遊蓮華之上〈云云〉 斯文蓮華者 蔡所遊之華也 千歲龜 卽

是靈龜故也 以史記文思 今解釋 蔡華者 當于蓮華也"라고 하였다. 〔참고문헌〕『觀無量壽佛經疏』, 『選擇傳弘決疑鈔』. ⇨ 분다리 分陀利, 연화 蓮華

채화위왕상불수결호묘화경 採華違王上佛授決號妙花經 동진(東晋)대 담무란(曇無蘭) 한역. 1권. 『채연화위왕상불수결호묘화경 採蓮華違王上佛授決號妙華經』·『채연화왕상불수결호묘화경 採蓮華王上佛授決號妙花經』·『채화수결경 採花授決經』·『채연화왕경 採蓮華王經』·『채연화위왕경 採蓮華違王經』이라고도 한다. 고려장11, pp.553a1~553c19, No.254·대정장14, pp.778b7~779a2, No.510에 수록되어 있다. 이역본으로 『아사세왕수결경 阿闍世王授決經』(대정장14, No.509)이 있다. 부처님께서 나열기(羅閱祇 : 王舍城)에서 법을 설하고 계셨는데, 이때 꽃을 채집하여 왕실에 바치는 일을 업으로 하던 수십 명의 사람들이 성 밖에서 꽃을 채집한 뒤 성으로 돌아오던 길에 부처님을 만나게 되었다. 부처님의 위엄 있는 상호를 보고 감동받은 이들은 국왕의 엄한 성격을 알고도 목숨을 걸고 왕실에 바칠 꽃을 부처님께 공양하였다. 부처님께서는 도를 구하고자 하는 이들의 마음을 어여삐 여겨 대승법을 설해 주셨고, 이들이 미래세에 성불하리라는 수기도 내려 주셨다. 왕은 자신에게 바칠 꽃을 다른 곳에 드린 것을 알고 크게 노여워하여 이들을 벌하려 하였지만, 이들 두려워하는 기색이 전혀 없었다. 그 까닭을 물었고 이들은 왕에게 사람은 누구나 나면 죽고 만물은 생하면 반드시 사라진다는 무상묘법을 말해주었고, 부처님께 꽃을 공양할 때도 틀림없이 죽게 될 것을 알았지만 공덕을 짓고 죽는 일이 공덕 없는 삶을 영위하는 것보다 낫다고 생각하였다. 생각 후 꽃 상자 돌아보니 꽃바구니 다시 가득 넘치고 있었으니, 부처님의 은덕이 틀림없다고 말하였다. 왕은 부처님이 계신 곳으로 갔고, 부처님께서는 저들이 목숨도 아까워하지 않고 법을 알아 환희심 냈음을 크게 칭찬하셨다. 이에 왕도 크게 기뻐하며 이들을 풀어주었고 자신의 잘못도 뉘우쳤다는 법문이다. 꽃공양을 인연한 법문이다. ⇨ 아사세왕수결경 阿闍世王授決經

채환 采歡 조선 숙종(재위 1674~1720) 때 스님. 호는 봉암(鳳巖), 속성은 조(趙)씨. 조종도(趙宗道 1537~1597)의 후손이고, 어머니는 윤(尹)씨 부인. 14세 때 율곡사(栗谷寺)로 찾아가 스님이 되었고, 16세 때 비구계를 받은 후 우암(雨巖)으로부터 경론을 배웠다. 경율론 삼장에 정통하여 가는 곳마다 후학을 위해 강설하니 남악태우(南嶽泰宇 ?~1732)·환성지안(喚醒志安 1664~1729)·영해약탄(影海若坦 1668~1754)·호암체정(虎岩體淨 1687~1748) 등 당시 명강(名講)들이 스님의 경안(經眼)에는 아무도 미치지 못했다. 법맥으로는 임제의현(臨濟義玄)의 제30대·태고보우의 제11대·청허휴정의 제5대·우암의 1대(제자)·봉암채환으로 이어진다. 채제공(蔡濟恭)이 비문을 짓고 썼으며 강세황(姜世晃)이 전액(篆額)을 써서 숭정기원후재주기해(崇禎紀元後再周己亥)라 하였는데, 채제공과 강세황의 생몰에 미루어 보건대 1779년이다. 경상남도 합천군 가회면 중촌리(大基마을)에 있다. 〔참고문헌〕「陜川郡佳會面鳳巖堂采歡大禪師碑」(智冠 『韓國高僧碑文總集 朝鮮朝·近現代』 pp.514~515). ⇨ 봉암당채환대선사비문 鳳巖堂采歡大禪師碑文

책근 策勤 힘써 쉬지 않음. 애써 부지런히 함. 『법온족론』 권3(대정장26, p.467b11)에 "'힘써 쉬지 않고 바르게 알아 뜻도 묶어둔다'란 부처님 제자라면 얻은 바 의복에 기뻐 만족하고 여법하게 수용하되 염착하지 않으며, 능히 허물을 보아 바르게 알아 벗어나고, 스스로 뽐내거나 다른 이를 업신여기지도 않는다는 것이다. 부지런히 노력한다는 말은 정정진을 나타낸다. 能策勤正知繫念者 謂佛弟子 於隨所得衣服喜足 如法受用 不生染著 能見過患 正知出離 不自憍擧 不欺蔑他 … 言策勤者顯正精進", 『성유식론』 권6(대정장31, p.34b13)에 "모든 물든 일들에 대해 애써 부지런히 한다 하면 해태라 한다. 선법을 물러나게 하기 때문이다. 선도 악도 아닌 일에 힘써 쉬지 않는다 하면 모든 선품에 있어서 진퇴할 일도 없게 된다. 於諸染事 而策勤者 亦名懈怠 退善法故 於無記事 而策勤者 於諸善品 無進退故", 『유가사지론』 권83(대정장30, p.762b17)에 "책근이란 혼침과 도거 두 가지 수번뇌의 모든 과실을 끊어 없애는 것이다. 言策勤者 謂爲斷除惛沈掉擧 二隨煩惱 諸過失故"라고 하였다. 〔참고문헌〕『法蘊足論』, 『成唯識論』, 『瑜伽師地論』.

책기미모 策起眉毛 눈썹을 들어 올리다. 긴 눈썹의 존자 빈두로(賓頭盧 Ⓢ Piṇḍola)의 특징적인 동작에서 유래한 말이다. 발개미모(撥開眉毛)·염기미모(拈起眉毛)라고도 한다. 『송고연주통집』 권3(卍속장115, p.31a8)에 "〈본칙〉 존자 빈두로가 아육왕의 궁에서 열린 대법회에 참석하였다. 아육왕이 향을 사른 다음 절을 올리고 물었다. '듣자하니, 존자께서는 부처님을 친견하셨다고 하는데, 정말로 그렇습니까?' 존자가 손으로 눈썹을 들어 올리며 말하였다. '알아차렸습니까?' '알지 못했습니다' '아누달지용왕이 부처님께 재 올리기를 청했을 때 저 역시 몇 번 참여했습니다'. 〔송〕 눈썹을 집어 올려서 아육왕에게 보였지만, 당시의 범부든 성인이든 헤아리지 못했고, 그 이후로도 대중 마주해 그렇게 했지만, 수습할 길은 없었다네. 눈 위는 여전히 두 갈래로 기다랗다네〈佛印了元의 송〉. 賓頭盧尊者 赴阿育王宮大會 王行香次 作禮問曰 承聞 尊者親見佛來是不 者以手策起眉毛曰 會

麽 王曰 不會 者曰 阿耨達池龍王 請佛齋 吾是時亦預其數 頌曰 拈起眉毛示育王 當時凡聖絶商量 從來對衆難收拾 眼上依前兩簇長〈佛印元〉"라고 하였다. 〔참고문헌〕『頌古聯珠通集』, 『如淨語錄』 권하(대정장48, p.130c8). ⇨ 발개미모 撥開眉毛, 빈두로 賓頭盧

책기정근 策起正勤 채찍질해 일어나게 해서 바르게 힘쓰다. 『유부율잡사』 권36(대정장24, p.386a12)에 "무엇을 비구가 정념으로 머문다 하는가? 그대들은 이제 마땅히 알아야 한다. 몸 안을 관하고 채찍질해 일어나게 해서 바르게 힘쓰니, 마땅히 잘 조복하며 모든 세간에 대해 근심과 고인 줄 안다. 云何苾芻正念而住 汝今當知 謂觀內身 策起正勤 應善調伏 於諸世間 知是憂苦", "다음으로 몸 밖·몸 안팎·안의 수·밖의 수·안팎의 수·마음속·마음 밖·마음 안팎·내법·외법·내외법을 관하고 이 제법에 대해 생각을 매어 관찰하며 마음을 거둬 머물고, 북돋아 일어나게 해서 바르게 힘쓰며 용맹하여 쉬지 않고 능히 잘 조복해서 세간에 대해 근심과 고인 줄 안다. 次觀外身 內外身 內受 外受 內外受 內心 外心 內外心 內法 外法 內外法 於此諸法 繫念觀察 攝心令住 策起正勤 勇猛不息 應善調伏 於諸世間 知是憂苦"라고 하였다. 〔참고문헌〕『有部律雜事』. ⇨ 정념 正念 1

책발사 策發師 독려하여 마음을 내게 하는 스승. 사미들이 구족계를 받도록 준비시키는 아사리다. 책몽사(策蒙師)·책발아사리(策發阿闍梨)라고도 한다. 『율원사규』 권2 「수구계책발의 受具戒策發儀」(卍속장106, p.12b7)에 "처음에 정인이 북을 쳐 법당으로 사미들을 불러 모은다. 두 시자는 책발사의 안하처로 가 문신하는데, 한 사람은 향로를 들고 다른 한 사람은 인경 쳐 소리 낸다. 책몽사가 법당에 이르러 향을 사르고 자리에 오르면 사미들 줄지어 향을 사르는데, 이렇게 모두에게 차례가 돌아가고 난 뒤 사미들은 다 같이 예를 갖춰 삼배한다. 그러면 시자가 사미들을 앉게 한 뒤 추를 한 번 내린다. 범음사가 범음을 마치면 대중은 한목소리로 전향게를 외운다. 初淨人打鼓 於法堂 集沙彌 兩人侍者 到策發師安下處問訊 一執手爐 一鳴引磬 策蒙師至法堂 燒香陞座畢 沙彌行道燒香 逈衆沙彌 同禮三拜 侍者敎沙彌坐 鳴槌一下 梵音師作梵訖 大衆同聲 誦傳香偈", 『홍계법의』 권상(卍속장106, p.997a5)에 "책발사는 말한다. '불자들이여! 그대들이 이미 간절하게 청하였기에 나 그대들을 위해 책발아사리가 되겠다. 모든 말과 가르침 마땅히 자세히 들어야 하느니라'. 策發師白云 諸佛子等 汝旣殷勤 伸請 我爲汝等 作策發阿闍黎 所有言敎 當須諦聽"라고 하였다. 〔참고문헌〕『律苑事規』, 『弘戒法儀』.

책수 磔手 Ⓢ vitasti, Ⓟ vidatthi, vidatthiya. 엄지와 중지를 벌린 길이. 걸수(搩手·傑手)라고도 한다. 『오분율』 권9(대정장22, p.71a2)에 "만약 비구가 니사단을 만든다면 양에 맞게 만들어야 하니, 길이는 2수가타책수고 너비는 일책수 반이다. 이를 넘기면 바일제다. 若比丘 作尼師壇 應如量作 長二修伽陀磔手 廣一磔手半 若過 波逸提", 『사분율』 권26(대정장22, p.749b5)에 "만약 비구니가 욕의를 만든다면 양에 맞게 만들어야 하니, 길이는 부처님의 6책수고 너비는 두 책수 반이다. 이를 넘기면 바일제다. 若比丘尼 作浴衣 應量作 應量作者 長佛六磔手 廣二磔手半 若過者 波逸提", 『백장청규』 권5(대정장48, p.1139a12)에 "범어 음사어 니사단을 수좌의라 한다. 『유부율』에 '니사단나를 좌구라 한다', 『오분율』에 '몸과 옷과 승상 및 요를 보호하기 위해 좌구를 모아 둔다', 『마하승기율』에 '율에 따른 크기로 만든다면 길이는 부처님 손 크기로 2책수고 너비는 한 책수 반〈부처님의 1책수 길이는 2척 4촌이므로 여기서는 합하면 길이는 4척 8촌이고 너비는 3척 6촌이다〉이다'라 하였다. 梵云 尼師壇 此云 隨坐衣 根本毘柰耶云 尼師但那 唐言坐具 五分律云 爲護身 護衣 護僧床褥故 蓄坐具 僧祇云 律應量作 長佛二磔手 廣一磔手半〈佛一磔手 長二尺四寸 此合長四尺八寸 廣三尺六寸〉", 『일체경음의』 권39(대정장54, p.564a7)에 "책수〈첫 자는 장과 혁을 반절한 음이다. 책은 편다는 뜻이다. 손을 펴 엄지에서 중지까지 이르는 길이를 취하여 헤아린다〉. 磔手〈上張革反 磔 開也 張其手 取大指中指所極 爲量也〉"라고 하였다. 〔참고문헌〕『五分律』, 『四分律』, 『百丈淸規』, 『一切經音義』, *Prāt-m.29.*, *Sp.567.* ⇨ 걸수 搩手, 일걸수 一傑手, 일책수 一磔手

책심 策心 Ⓢ cittaṃ pragṛhṇāti, Ⓣ sems-rab-tu-'dzin-par-byed-pa. 마음을 북돋우다. 이런 저런 불선(不善)한 마음은 분명히 보아 일어나지 않게 하지만, 선하고 깨끗한 마음은 일으켜 머물게 하는 뜻에서 북돋운다. 『법온족론』 권3(대정장26, p.468a27)에 "책심이란 이미 생겨난 탐욕이란 가리개를 끊기 위해 희와 함께하는 마음·흔과 함께하는 마음·책려와 함께하는 마음·하열하지 않음과 함께하는 마음·암매하지 않음과 함께하는 마음·사와 함께하는 마음·정과 함께하는 마음을 정미하게 힘써 수습하는 것이다. 그는 이와 같은 마음을 수습하기에 곧 이미 생겨난 온갖 탐욕이란 가리개를 끊는다. 策心者 謂爲斷已生 貪欲蓋故 精勤脩習 喜俱行心 欣俱行心 策勵俱行心 不下劣俱行心 不闇昧俱行心 捨俱行心 定俱行心 彼由脩習 如是心故 便斷已生 諸貪欲蓋", 『유가사지론』 권29(대정장30, p.443a8 : *Śrāv-bh.*, p.311)에 "책심이란, 마음이 사마타를 닦을 때 하나의 경성중에 정근방편으로 아직 일어나지 않은 모든 악인 불선법을 생겨나지 않게 하며 … 이미 생겨난 모든 선법을 머물게 해서 망실하지 않게 해서 닦아 원만하게 한다. 이 인연으로 그 마음이 내적으로 아주 미미하게 하열함을 또는 하열함에 대한 우려를 보고서 그 때마다 하나의 정묘한 거상을 취해서 은근히 책려해 그 마음을 기쁘게 하는 것이니 이를 책심이라 한다. 言策心者 謂若心於修奢摩他 一境性中 正勤方便 於諸未生 惡不善法 爲令不生 … 於其已生 一切善法 爲欲令住 令不忘失 令修圓滿 由是因緣 其心於內 極略下劣 或恐下劣 觀見是已 爾時隨取 一種淨妙擧相 慇懃策勵 慶悅其心 是名策心 tatra cittaṃ pragṛhṇāti. yadā taccittaṃ śamatha bhāvanāyāmekāgratāyāṃ prayuktaṃ bhavati. an utpannānāṃ pāpakānāṃ akuśalānāṃ dharmāṇām anutpādāya. … yāvadutpannānāṃ kuśalānāṃ dh armāṇāṃ sthitaye. asaṃmoṣāya bhāvanāparipūra ye. tacca tathā adhyātmamabhisaṃkṣiptaṃ līnat vāya paraiti. līnatvābhiśaṃki caivaṃ paśyati. ta dā anyatamānyatamena pragrāhakeṇa nimittena prasadanīyena pratigṛhṇāti. saṃharṣayatyevaṃ cittaṃ pragṛhṇāti"라고 하였다. 〔참고문헌〕『法蘊足論』, 『瑜伽師地論』, *Śrāv-bh*. ⇨ 사마타 奢摩他

책음풍영월서 責吟風咏月書 함월해원(涵月海源 1691~1770) 지음. 『천경집』 권중(한불전9, p.622c3)에 전한다. "지금 스님의 나이는 70세(稀嶺)에 이르렀기에 돌아가실 때 이르러 목숨 슬피 우는 계곡에 다다랐네. 힘써야 할 이에는 힘쓰지 않고 힘쓰지 않아도 되는 일에 힘쓴다. … 시 오히려 선이라 하겠으니, 선은 깨우쳐 듦을 말미암고 시란 신령하게 앎을 귀히 여기네. 요즈음 납자들 능히 깨우쳐 들고 능히 신령하게 안다면 시 또한 힘쓸 만하지만, 그렇지 않다면 무엇하러 시를 쓰겠는가. … 시는 성정을 본으로 하고 도는 몸과 마음에 있을진대, 만약 깨우쳐 들어 신령하게 알았다면 곧바로 시 또한 마땅하리라. 그러나 맑은 마음 묘한 구를 인간세상에 퍼뜨리는 일이라 하지만, 저 고요한 산 달 밝은 밤 물시계마저 고요한 중에 조용히 앉아 부처님 그리워 크게 한소리 부르는 그 기쁨과 같을 수는 없으리. 今師之齡 至於稀嶺 而限迫桑榆 命臨悲谷 不務於可務之理 惟務於不務之事 … 詩猶禪 禪由悟入 詩貿神解 今時衲子輩 能悟入 能神解 則詩亦可務 不爾 何可詩乎 … 詩本性情 道在身心 若悟入神解 則詩亦宜 道亦宜也 然而淸心妙句 播於人世 不如空山夜月蓮漏俱寂之中 閑坐念佛 一聲之樂也"라고 하였다. 〔참고문헌〕『天鏡集』. ⇨ 해원 海源

책자 策子 접어 묶은 서첩(書帖) 형태의 책. 두루마리인 권자(卷子)가 아닌 것으로 접고 겹쳐 묶기에 책자(冊子)라고도 한다. 『임제록』(대정장47, p.501c14)에 "요즘 배우는 이들이 터득하지 못하는 이유는 대개 개념이나 이름과 글자 아는 것을 이해하였다고 여기기 때문이다. 큰 책자 위에 죽은 노인들 말을 뽑아 적고 세 겹 다섯 겹으로 보자기에 싸서 다른 사람들 보지도 못하게 하고서는 '이것은 그윽한 뜻이요' 하면서 애지중지한다. 크나큰 착이로다. 눈 먼 이들이여! 그대들은 마른 뼈다귀에서 무슨 국물을 빼내 먹으려 하느냐? 今時學人不得 蓋爲認名字爲解 大策子上 抄死老漢語 三重五重複子裹 不敎人見 道是玄旨 以爲保重 大錯 瞎屢生 爾向枯骨上 覓什麽汁"라고 하였다. 〔참고문헌〕『臨濟錄』, 『法眼語錄』(대정장47, p.588c5). ⇨ 권자본 卷子本

책장 責狀 책임을 물어서 따져놓은 문서. 죄가 있는 이에게 책임의 소재를 따져 묻고 그 사실을 적어놓은 문서다. 『백장청규』 권2 「숙중 肅衆」(대정장48, p.1121c29)에 "죄가 무거우면 대중을 모아놓고 매질하여 쫓아내고, 죄가 가벼우면 벌로 금전·향·기름 등을 내게 하고서 방을 붙여 알린다. 돈이나 물건에 관계된 경우에는 책장을 덧붙인다. 오직 고르고 바르게 해서 스스로 돌이키고 스스로 징계하게 한다. 重則集衆箠擯 輕則罰錢罰香罰油 而榜示之 如關係錢物 則責狀追陪 惟平惟允 使自悔艾", 『동산어록』(대정장47, p.517b26)에 "남전이 황벽에게 물었다. '정혜를 고르게 익혀서 불성을 밝히어 본다고 하는데, 이 이치는 어떠한가?' '십이시중에 그 어떠한 것에도 의지하지 않는 것입니다' '장로가 볼 수 있는 경계가 아니네' '송구합니다' '간장 값은 내버려둠세. 신발값은 누구를 시켜 갚을 텐가?' 한 학인이 이 일을 동산에게 고스란히 전하자 동산이 말하였다. '책장 꾸리는 일 그만두고 방망이나 맞아야 하리'. 泉問 定慧等學 明見佛性 此理如何 蘗云 十二時中 不依倚一物 泉云 莫是長老見處麽 蘗云 不敢 泉云 醬水錢 卽且置 草鞋錢 敎什麽人還 有僧擧似師 師曰 責狀了喫棒"라고 하였다. 〔참고문헌〕『百丈淸規』, 『洞山語錄』.

책장 策杖 **1** 비구십팔물(比丘十八物) 중 하나인 석장(錫杖 Ⓟ kattara-daṇḍa)이라 하며 지장(智杖)·덕장(德杖)이라고도 한다. 『육도집경』 권1(대정장3, p.4a26)에 "열 살이 되었을 때 불교전적들과 세속에서 유행하는 기예들에 빠짐없이 통하였다. 부친에게 이별을 고하며 중생을 제도하고 가난한 이들에게 보시하겠다 하였다. 이에 부친이 '내게는 최고 부자라는 뛰어난 명성이 있으니 너는 뜻대로 가난한 이들에게 보시해도 좋다' 하자 '부족합니다. 사문 되기를 청하니 제게 법복과 응기와 책장을 주십시오. 이들 가져 중생을 제도함이 제 평생의 원입니다' 하였다. 年有十歲 佛諸典籍 流俗衆術 靡不貫綜 辭親濟衆 布施貧乏 親曰 吾有最富之上名也 爾可恣意布施衆貧矣 對曰 不足 乞作沙門 賜吾法服 應器 策杖 以斯濟衆 卽吾生願也"라고 하였다. 〔참고문헌〕『六度集經』. ⇨ 석장 錫杖 **2** 노인이 의지해 걷는 지팡이. 『

결정의경』(대정장17, p.651c4)에 "생을 연으로 노사가 있다. 늙는다 하니, 유정들 온법의 과가 익으면 심식이 미란하고 망실하는 바 많아지며 머리카락은 희고 얼굴은 주름지며 몸의 힘이 약해지고 거동함에 지팡이를 짚으며 숨을 헐떡이고 신음하며 점점 힘이 미해지고 근들마저 힘없이 늘어지니 이를 노라 한다. 由生爲緣 老死得有 老者 謂諸有情 蘊法果熟 心識迷亂 多所忘失 髮白面皺 身力羸弱 擧動策杖 喘息呻吟 漸漸力微 諸根衰朽 是名爲老"라고 하였다. [참고문헌]『決定義經』.

책진 策眞 ?~979. 법안종(法眼宗) 스님. 조주(曹州: 山東省 菏澤市) 출신. 속성은 위(魏)씨, 본명은 혜초(慧超). 법안문익의 제자. 여산 귀종사(歸宗寺)에 주석하다가 금릉 봉선사로 옮겼다. 『경덕전등록』「여산귀종사법시선사책진 廬山歸宗寺法施禪師策眞」(대정장51, p.417a4)에 "법안문익의 승당에 들어가 물었다. '무엇이 부처입니까?' '그대는 바로 혜초다'. 책진은 이 말을 듣고 깨달았다. 이 말이 제방에 널리 퍼졌다. 升淨慧之堂 問如何是佛 淨慧曰 汝是慧超 師從此信入 其語播于諸方"라고 하였다. [참고문헌]『景德傳燈錄』. ⇨ 법안혜초문불 法眼慧超問佛

책헌 策憲 조선후기 스님. 호는 월봉(月峯). 『서역중화해동불조원류』「취미법사취암문파 翠微法嗣翠嵓門派」(한불전10, p.125b9)에 "부휴선수(浮休善修) 하 제3세 취암해란(翠嵓海瀾) 법사〈4세〉 … 취봉국추(翠峯國樞) 법사〈5세〉 … 월봉책헌(月峯策憲) 법사〈6세〉는 대명천붕·한송득관이다. 浮休下第三世翠嵓瀾嗣〈四世〉 … 翠峯樞嗣〈五世〉 … 月峯憲嗣〈六世〉 大溟天鵬 寒松得寬"라고 하였다. [참고문헌]『西域中華海東佛祖源流』.

책활 策活 1782~1862. 조선후기 해남 대흥사(大興寺) 스님. 호는 자행(慈行), 속성은 장(張)씨. 1782년(정조6) 전라남도 영암군 옥천(玉泉: 지금의 海南郡 玉泉面임)에서 태어났다. 해남 대흥사로 찾아가 스님이 되었고, 완호윤우(玩虎倫佑)로부터 비구계를 받았으며, 중화덕홍(中和德弘)의 법을 이어 받고, 율(律)과 선(禪)은 삼여(三如)대사로부터 수학하였으며, 범패(梵唄)는 호훈(好訓)에게서 배웠다. 키는 작고 몸은 왜소하나 지행(智行)은 홍대했다. 특히 범패에 뛰어나서 마치 저 진감국사(眞鑑國師) 혜소(慧昭)를 닮은 듯이 해서 일세(一世)를 풍미했다. 법문을 듣고자 찾아오는 사람이 길을 메웠고, 사람을 대할 때는 존비·귀천·친소의 차별 없이 항상 자애로운 마음으로 대하였기에 모든 사람들이 자행대사(慈行大師)라고 일컬었다. 상좌에는 경은부인(敬恩富仁) 등 21명과 범패를 계승한 스님으로는 용연운파(龍淵雲坡) 등 수백 명에 달하고, 법을 전해 받은 법제자로는 응암학성(應庵學性) 등 세 명이 있다. [참고문헌]『東師列傳』 권4 「慈行禪師傳」(한불전10, p.1046a11). ⇨ 윤우 倫佑

처 處 **1** Ⓢ Ⓟ āyatana, Ⓣ skye-mched. 입(入)의 신역(新譯). 삼과(三科: 蘊處界) 중 하나로 심(心)과 심소(心所)를 생장시키는 문(生門 Ⓢ āya-dvāra). 십이처(十二處)를 말한다. 음사어는 아야달나(阿野怛那)이고, 구역에서는 입(入)이라고 한다. 『대비바사론』 권73(대정장27, p.379a11)에 "[문] 어째서 처라 하고, 처는 어떤 뜻인가? [답] 생문(生門)·생로(生路)·창고(藏)·곳간(倉)·날줄(經)·살해의 처소(殺處)·밭(田)·못(池)·흐름(流)·바다(海)·티 없음(白)·청정(淨)의 의미가 처의 의미라는 것을 알아야 할 것이다. 問 何故名處 處是何義 答 生門義是處義 生路義 藏義 倉義 經義 殺處義 田義 池義 流義 海義 白義 淨義 是處義應知", 『구사론』 권1(대정장29, p.5a2: *Abh-k-bh.*, p.13)에 "심과 심소법이 생장하는 문의 뜻이 처의 뜻이다. 말을 풀어보면 심과 심소법을 능히 생장시키기에 그 이름이 처가 되었으니, 이는 저들을 나게 해서 작용하는 뜻이다. 心心所法生長門義 是處義 訓釋詞者 謂能生長心心所法 故名爲處 是能生長彼作用義 cittacaittāyadvārārtha āyatanārthaḥ. nirvacanaṃ tu cittacaittānāmāyaṃ tanvantīti āyatanāni. vistṛṇvantītyarthaḥ", 『구사론기』 권1(대정장41, p.28c25)에 "심 등의 생장문이란 뜻이 처의 뜻이다. 저 열두 가지로 심 등을 능히 생장시키기에 처라 하는 것이다. 법이라는 체 먼저 있기에 생이라 할 수 없어서 다만 저들을 능히 생장하게 해서 작용하는 뜻일 뿐이다. 心等生長門義是處義 彼十二種 能生長心等故名爲處 法體先有不可云生 但能生長彼作用義", 『유가사지론』 권56(대정장30, p.611b5)에 "[문] 처라는 이름은 무슨 뜻인가? 무슨 뜻을 드러내기 위해서 처를 건립하는가? [답] 모든 심과 심소가 생장하는 문의 뜻이고 연·방편·화합성·소의·거주하는 곳의 뜻이니, 이를 처의 뜻이라고 한다. 등무간연·소연연·증상연이라는 세 가지 연의 뜻을 드러내기 위해서도 처를 건립하였다. 問 處名何義 爲顯何義 建立處耶 答 諸心心所生長門義 緣義 方便義 和合性義 所依止義 居住處義 是名處義 爲欲顯示等無間所緣增上三種緣義故 建立處", 『대승아비달마집론』 권1(대정장31, p.666c28: *Abh-s.*, p.15)에 "[문] 처의 의미는 무엇인가? [답] 식이 생장하는 문의 뜻 이것이 처의 뜻이다. 問 處義云何 答 識生長門義是處義 āyatanārthaḥ katamaḥ. vijñānāyadvārārtha āyatanārthaḥ", 『대승아비달마잡집론』 권2(대정장31, p.704c3: *Abh-s-bh.*, p.19)에 "종자의 뜻은 일체법의 차별을 거두는 뜻이고 또한 처의 뜻이라는 것을 알아야 할 것이다. 當知種子義 攝一切法差別

義 亦是處義 bījārthaḥ sarvaprakāradharmasaṃgrahārthaścāyatanārtho'pi veditavyaḥ", 『인왕호국경소』 권상(대정장33, p.454a6)에 "생하는 문이 처의 뜻이라고 했는데, 십이처인 육근과 육경을 말하니 심과 심소가 생장하는 문이 있는 곳이라는 말이다. 육식신을 말미암아 근에 의지하고 경을 취하므로 (識이) 생하는 문이라고 한다. 生門處義 謂十二處 六根六境 是心心所生長門處 由六識身 依根取境 名生門故", 『구사론송소론본』 권1(대정장41, p.823a21)에 "생하는 문이란 처의 뜻이다. 육근과 육경을 말하니 바로 심과 심소가 생장하는 문이 있는 곳이다. 육식이 생함은 반드시 근과 경에 의탁해야 비로소 일어날 수 있기 때문이다. 生門者 是處義也 謂六根六境 是心心所生長門處 由六識生 必託根境 方能起故", 『반야심경찬』(대정장33, p.546b27)에 "처음에는 십이처를 모두 거둬 밝혔으니, 십이는 수를 든 것이고 처는 생장의 뜻인데, 육근과 육경이 일체 심과 심소법을 생장시키기에 이름을 처로 삼았다. 初卽總明十二處者 十二是擧數 處是生長義 謂六根境 生長一切心心所法 故名爲處", 『대승법원의림장』 권5(대정장45, p.333c4)에 "또 처라는 말은 범어로 아야달나로서 구역에서는 '입'으로 한역했으나 이는 그렇지 않다. 가령 '입'이라는 말은 범어로 발라폐사(鉢羅吠舍 Ⓢ pradeśa)이다. 구역 경에서도 처라 하였는데, 예를 들면 공무변처 등과 아란야처이니 양자 모두 이 처와 같다. 又言處者 梵云阿野怛那 舊翻爲入 此亦不然 若言入者 梵云鉢羅吠舍 舊經亦有譯爲處者 如空無邊處等 阿練若處 竝與今同", 같은 책(대정장45, p.333c29)에 "구역에 십이입이라고 했는데 이는 죽이는 뜻이며, 지금 처라는 말은 출생의 뜻이다. 육식을 출생하게 하는 문이 있는 곳이기 때문이다. 舊云十二入者 是殺義 今云處者 是出生義 出生六識之門處故", 『능엄경비록』 권3(卍속장20, p.167b3)에 "십이처라고 하는데 근과 진이 각각 여섯이어서 모두 열둘이 되기 때문이다. 처는 소의이니, 진은 근을 소의로 하고 근은 진을 소의로 삼아서 서로 의지하기에 십이처라 한다. … 입은 능입이라는 측면에서 하는 말이고 처는 소입이라는 측면에서 세운 이름이다. 云十二處者 以根塵各六 爲十二也 處卽所依也 卽塵以根爲所依 根以塵爲所依故 互相爲依 名十二處 … 蓋入以能入爲言 處以所入立名也", 『반야심경소이모초』(卍속장41, p.675a7)에 "십이처에서 처는 생장의 뜻이니, 내육근이 육식을 능히 발생시키고 외육경이 육식을 이끌어 나게 한다는 말이다. 구역에 십이입이라고 했는데 밟아 든다는 뜻이니, 근과 진이 서로 마주하면 곧바로 식의 일어남이 있게 되는데, 식은 근과 진에 의지하므로 능히 들어감이고 근과 진은 바로 들어갈 곳이다. 十二處者 處以生長爲義 謂內六根 能發生六識 外六境 能牽生六識 舊名十二入 以涉入爲義 根塵相對 則有識生 識依根塵 仍爲能入 根塵卽是所入"라고 하였다. [참고문헌] 『大毘婆沙論』, 『俱舍論』, 『俱舍論記』, 『瑜伽師地論』, 『大乘阿毘達磨集論』, 『大乘阿毘達磨雜集論』, 『仁王護國經疏』, 『俱舍論頌疏論本』, 『般若心經贊』, 『大乘法苑義林章』, 『楞嚴經秘錄』, 『般若心經疏詒謀鈔』, *Abh-k-bh.*, *Abh-s.*, *Abh-s-bh.* ⇨ 아야달나 阿野怛那❶, 입 入❷, 삼과 三科, 십이처 十二處 ❷ Ⓢ sthāna, Ⓟ ṭhāna. 도리 또는 있을 수 있어 마땅한 일. 『십팔공론』(대정장31, p.867a9)에 "가령 악업에 의지했는데도 악도에 들지 않는다면 이는 도리가 아니며, 이러한 일은 있을 수 없다. 선업 또한 그러하다. 若依惡業不入惡道 名爲非處 無有是處 善業亦然"라고 하였다. [참고문헌] 『十八空論』, *AN.1.26·27.* ⇨ 비처 非處❶, 처비처 處非處 ❸ Ⓢ sthāna, deśa, Ⓣ gnas, yul. 처소 또는 장소. 욕계나 색계 등을 말한다. 『구사론』 권1(대정장29, p.1a20 : *Abh-k-bh.*, p.1)에 "'중생을 빼내어 생사의 수렁에서 나오게 하셨다' 하였으니, 저 생사란 중생들이 빠져있는 곳이며 벗어나기도 어렵기에 수렁에 비유한 것이다. 拔衆生出生死泥者 由彼生死是諸衆生沈溺處故 難可出故 所以譬泥 saṃsārapaṅkāj jagad ujjahāreti. saṃsāro hi jagadāsaṅgasthānatvāt duruttaratvāc ca paṅkabhūtaḥ"라고 하였다. [참고문헌] 『俱舍論』, *Abh-k-bh.* ❹ 머물다. 『법화경』 권5(대정장9, p.39c10 : *Saddh-p.*, p.295)에 "보리수아래 사자좌에 머물며 도를 구해서 7일이 지나 제불의 지혜를 얻는다. 在菩提樹下 而處師子座 求道過七日 得諸佛之智 siṃhāsane tatra niṣīdiyāno drumasya mūle tahi bodhi arthikaḥ, divasāna saptāna tathātya yena anuprāpsyate jñānu tathāgatānām"라고 하였다. [참고문헌] 『法華經』, *Saddh-p.*

처각별 處各別 Ⓢ deśa-viccheda, Ⓣ yul-rnam-par-chad-pa. 처함을 각기 다르게 하다. 『구사론』 권4(대정장29, p.18b25 : *Abh-k-bh.*, p.53)에 "소리는 없고 근은 있으니, 모든 극미취들로 함께 생기한 사태여서 아홉 또는 열이다. 신근이 있게 되는 극미취는 아홉 가지 사가 함께 생기하니, 여덟 가지 사는 앞의 경우와 같고 신근이 아홉 번째의 것이 된다. 나머지 근들 있게 되는 것은, 극미취는 열 가지 사로 함께 생기하니 아홉 가지 사는 앞의 경우와 같고 안근 등의 하나를 더한 것이 열 번째의 것이 된다. 안근·이근·비근·설근은 결코 몸을 떠나지 않지만 펴고 구르며 서로 바라서 처함은 각기 다르다. 無聲有根 諸極微聚 此俱生事 或九或十 有身根聚 九事俱生 八事如前 身爲第九 有餘根聚 十事俱生 九事如前 加眼等一 眼耳鼻舌 必不離身 展轉相望 處各別故 〈bhāṣya〉 sendriyastu paramāṇuraśabdako navadravyaka utpadyate daśadravyako vā. tatra tāvat 〈kārikā〉 kāyendriyī navadravyaḥ 〈bhāṣya〉 kāy endriyamatrāstīti so 'yaṃ kāyendriyī. tatra nav adravyāṇi. tāni cāṣṭau kāyendriyaṃ ca. 〈kārikā〉 daśadravyo 'parendriyaḥ. 〈bhāṣya〉 aparamindriy aṃ yatra paramāṇau tatra daśa dravyāṇi. tānye va nava cakṣuḥśrotraghrāṇajihvendriyāṇāṃ cāny atamam", 『구사석론』 권15(대정장29, p.264c10 : *Abh-k-bh.*, p.321)에 "처함이 멀다 한 것은, 서로 매우 멀리 떨어진 법은 처한 곳이 각각 다르므로 원이라 이름하였다. 비유하자면 동해와 서해 같다. 處遠者 最相去遠法 由處各別故說名遠 譬如東西海 deśavicchedadūratā yathā viprakṛṣṭadeśānāṃ deśavicchedāt pūrvapaś cimasamudravat", 『구사론기』 권4(대정장41, p.70c4)에 "'안근 · 이근 · 비근 · 설근은 결코 몸을 떠나지 않기 때문이다'란, 의지해야 움직일 수 있기 때문에 반드시 몸에 있음을 드러낸 것이고, '안 등 네 근이 펴고 굴러 서로를 바라서 그 처가 각기 다르기 때문이다'란 극미로 모인 것들이 같지 않음을 드러낸 것이다. 眼耳鼻舌必不離身 依身轉故 顯定有身 眼等四根 展轉相望 處各別故 顯非同聚"라고 하였다. [참고문헌] 『俱舍論』, 『俱舍釋論』, 『俱舍論記』, *Abh-k-bh.* ⇨ 처극원 處極遠, 처원성 處遠性, 극미 極微, 진 塵

처견 覰見 한눈에 알아보다. 살펴 바로 알다. 『서장』 「답강급사장 答江給事狀」(대정장47, p.920c24)에 "옛 조사들 손과 발 단번에 보아 알아서, 옛 조사들이 방편의 문자로 드리운 그물에도 걸려들지 않습니다. 覰見古人脚手 不被古人 方便文字所羅籠", 『황룡혜남어록』(대정장47, p.638b5)에 "옛사람 오히려 함께 도모할 수 없다고 했거늘, 지금 무단히 백오륙십여 인이 모여서 그 큰 일을 누설하고자 한다. 만일 지금 바로 눈 밝은 사람이 있다면 한바탕 재앙을 초래할 일임을 한눈에 알아보리라. 古人尙乃不同謀 如今無端聚集一百五六十人 欲漏洩其大事 如今忽有明眼人 覰見是一場禍事", 『선문제조사게송』 권상 「용아화상게송 龍牙和尙偈頌」(卍속장116, p.923a8)에 "사람이 무심하다면 도의 실정에 부합하고, 무명을 살펴 보기만 해도 길 이미 밝으리라. 사람이 길을 넓히면 길은 드러나리니, 길은 사람에게 있어서 사람 저절로 편안해지리라. 人若無心稱道情 覰見無明道已明 人能弘道道能顯 道在人中人自寧"라고 하였다. [참고문헌] 『書狀』, 『黃龍慧南語錄』, 『禪門諸祖師偈頌』.

처겸 處謙 1011~1075. 북송(北宋)대 천태종 스님. 호는 신오(神悟). 속성은 반(潘)씨, 이름은 종천(終倩). 영가(永嘉 : 浙江省) 출신. 9세에 상녕사(常寧寺) 계능(契能)에게 출가하여 배웠으며, 후에 신조본여(神照本如)를 스승으로 하여 원돈(圓頓)의 도리를 탐구하였고, 세 손가락을 태워서 불전에 공양하여 묘오(妙悟)를 얻었다. 계능이 입적하니, 그 뒤를 이어 자운(慈雲) · 묘과(妙果) · 적성(赤城) 등의 사찰에 머물며 강의하였다. 절도사 이단(李端)의 청에 따라 백련사(白蓮寺)에 머물렀으며, 왕안석(王安石)을 비롯하여 여러 관리들이 그의 덕을 기렸다. 40년간 설법하여 수많은 제자를 두었다. 1075년(희녕8) 입적하니, 세수 65세였다. 저서로 『십불이문현묘 十不二門顯妙』 1권이 있다. [참고문헌] 『佛祖統紀』 권13(대정장49, p.217c28), 『淨土聖賢錄』 권3(卍속장135, p.250b3). ⇨ 법화현기십불이문현묘 法華玄記十不二門顯妙

처경 處瓊 ?~1676. 조선후기의 요승(妖僧). 속성은 손(孫)씨. 본관은 평해(平海). 아버지는 손도(孫燾)이다. 일찍이 집을 나와 사방으로 돌아다니다가 호구지책(糊口之策)으로 거짓 스님이 되었다. 성품이 간교하고 행동이 거칠어 1671년(현종12) 스승의 뜻을 거역하고 경기도 지방으로 돌아다니면서 자칭 다년간 수도 끝에 도를 깨달은 신승이라고 참칭(僭稱)하여 사부대중 특히 재가신도를 현혹시켜 그들에게 자신을 살아있는 부처(生佛)라고 부르게 했다. 이어 부녀자를 통해 궁중의 여인(內人)들과 사통(私通)하였을 뿐 아니라, 한 사대부의 여종인 묘향(妙香)은 깊이 현혹되어 처경(處瓊)을 인조의 장자인 소현세자(昭顯世子 1612~1645)의 유복자를 닮은 이라는 말마저 퍼뜨렸다. 이에 처경이 큰 야심을 품고 인조의 둘째 왕자인 인평군(麟坪君)의 아들 복창군(福昌君)의 나인에게 접근하여 사통하는 한편, 상황을 자세히 알아낸 뒤 거짓으로 문서를 조작하여 영의정 허적(許積 1610~1680)에게 바치면서까지 소현세자의 유복자라고 호소했다. 이 허위사실이 숙종에게 알려져 묘향과 함께 1676년(숙종2)에 사형되었다. [참고문헌] 『肅宗實錄』 권5 2年(1676) 11月 1日 · 권18 13年(1687) 4月 30日, 『燃藜室記述』.

처관 處寬 조선조후기 스님. 다만 「화엄사사적」에 1768년(영조44)에 화엄사 각황전(覺皇殿)을 중수하였다고 하니 당시 화엄사 주지가 아니면 화주(化主)였던 것으로 보인다. [참고문헌] 『華嚴寺誌』. ⇨ 자운 慈雲 ⑤

처광 處光 신라말 고려초 스님. 광조사(廣照寺) 진철이엄(眞澈利嚴 866~936)의 제자이다. 「해주광조사진철대사보월승공탑비문」에 "전업제자로는 처광 · 도인 · 정비 · 경숭이 아울러 상족에 올라 모두 전심을 보전하였다. 傳業弟子 處光 道忍 貞朏 慶崇 並昇上足 皆保傳心"라고 하였다. [참고문헌] 李智冠 『校勘譯註歷代高僧碑文』 高麗篇1 pp.12~18. ⇨ 이엄 利嚴

처극원 處極遠 처함이 극히 먼 것. 이종극원(二種極

遠 : 處極遠 損減極遠) 또는 삼종극원(三種極遠 : 處極遠 時極遠 損減極遠) 중 하나다. 처소극원(處所極遠 Ⓢ deśa-viprakarṣa)이라고도 한다. 『유가사지론』 권15(대정장30, p.357b8)에 "'극히 먼 것이 아니다'란, 세 가지로 극히 멀리 떨어져 있지 않은 것을 말한다. 첫째는 처함이 극히 먼 것이고, 둘째는 시로 극히 먼 것이며, 셋째는 없애고 덜어내서 극히 먼 것이다. 非極遠者 謂非三種極遠所遠 一 處極遠 二 時極遠 三 損減極遠", 『유가론기』 권42(대정장42, p.333b27 · 한불전13, p.67b20)에 "처소극원이란 여러 곳으로 머물러 처함에 각각 멀어졌기 때문이다. 處所極遠者 謂諸方住處各遠故"라고 하였다. [참고문헌] 『瑜伽師地論』, 『瑜伽論記』. ⇨ 처소극원 處所極遠, 이종극원 二種極遠

처녀 處女 Ⓢ kanyā, Ⓣ bu-mo. 결혼하지 않은 여자. 남자와 접촉이 없었던 여자. 『법화경』 권5(대정장9, p.37b2)에 "문수사리여! 또 보살마하살은 여인의 몸에 대해 취하여 능히 욕상을 내어 설법해서는 안 되며 보기를 즐겨도 안 된다. 文殊師利 又菩薩摩訶薩 不應於女人身取能生欲想相 而爲說法 亦不樂見", "남의 집에 들어가 소녀 · 처녀 · 과부 등과 함께 말해서는 안 되며, 오종불남과도 가까이하여 친하고 도타워서도 안 되며, 홀로 남의 집에 들어가서도 안 된다. 인연이 있어 홀로 들어가야 할 땐 일심으로 부처님만을 염한다. 若入他家 不與小女 處女 寡女等共語 亦復不近五種不男之人 以爲親厚 不獨入他家 若有因緣 須獨入時 但一心念佛", 『법화문구』 권9(대정장34, p.121c5)에 "과부와 처녀라 했는데, 아난이 부처님께 물었다. '여래께서 입멸하신 후 여인을 보면 어떻게 해야 합니까?' 부처님께서 말씀하셨다. '서로 만나지 말며, 설령 보더라도 서로 말하지 말며, 설령 서로 말하게 되더라도 마땅히 전심으로 부처님을 념해야 한다'. 寡女處女者 阿難問佛 如來滅後 見女人云何 佛言 勿與相見 設見 勿共語 設共語 當專心念佛", 『법화경소의찬』 권5(卍속장45, p.555b14)에 "시집감이 불허됨을 처녀라 하는데 아직 문을 나간 적이 없기에 처녀라 한다. 또 뜻을 세워 시집가지 않음도 처녀라 한다. 不許嫁 爲處女 以未出門故 名處女 又立志不嫁 爲處女", 『법화경과주』 권7(卍속장48, p.564a14)에 "처녀란 집에 거처하면서 아직 시집가지 않은 여인이다. 處女者 居處在家 未嫁之女也"라고 하였다. [참고문헌] 『法華經』, 『法華文句』, 『法華經疏義纘』, 『法華經科註』, *Saddh-p.277.*

처능 處能 1617~1680. 조선후기 스님. 자는 신수(愼守), 호는 백곡(白谷), 속성은 전(全)씨. 어머니는 김씨. 아들이 없어 홍제사(弘濟寺)의 석불(石佛)께 기도하여 태몽을 꾼 다음, 1617년(광해군9) 5월 3일 일남일녀의 쌍둥이를 출산하였는데 그 중 아들이 바로 스님이다. 12세 때인 1628년(인조6) 보은 속리산(俗離山) 법주사(法住寺)로 찾아가 의현(義賢)을 은사로 하여 스님이 되었다. 내전을 두루 연마한 후 17세 때 서울로 올라가 척화오신(斥和五臣) 중 한 사람인 선조(宣祖)의 사위 신익성(申翊聖 1588~1644)으로부터 경사(經史)와 제자(諸子)를 수학하였다. 그 후 지리산(智異山) 쌍계사(雙磎寺)로 가서 벽암각성(碧巖覺性)을 모시고 20여 년을 수행한 후 각성의 법을 이어 받았다. 1674년(현종15) 남한수어사(南漢守禦使)인 김좌명(金佐明)의 추천으로 '팔도선교십육종도총섭(八道禪教十六宗都摠攝)'이 되었으나 3개월 만에 사임하고, 가야산(伽倻山) 해인사(海印寺) · 묘향산(妙香山) 보현사(普賢寺) · 설봉산(雪峰山) 석왕사(釋王寺) · 아미산(峨嵋山) 성주사(聖住寺) · 속리산 법주사 · 청룡산(青龍山) · 계룡산(鷄龍山) · 전주 대둔산(大芚山) 안심사(安心寺) 등 제방으로 다니며 종풍을 진작하였다. 1680년(숙종6) 봄 전주 금산사(金山寺)에서 큰 법회를 가지고는 그 해 7월 2일 세수 64, 법랍 49세를 일기로 입적하였다. 화장을 한 후 진명(眞明) 등 10여 인의 제자들이 힘을 모아 세 곳에 탑을 세웠고, 최석정(崔錫鼎)이 지은 비문이 전하나 비는 남아 있지 않다. 스님은 경율론 삼장(三藏)인 내전은 물론 제자백가도 두루 섭렵하여 문장이 뛰어나 당시 일류 문사(文士)들과 교류가 많았을 뿐 아니라 시문에도 일세를 떨쳤다. 특히 스님은 「간폐석교소 諫廢釋教疏」(『대각등계집』, 한불전8, pp.335b3~343a19)를 올려 당시의 척불정책과 배불사상을 논파했다. 이는 현종(재위 1659~1674)이 즉위하자 서울의 비구니 수행처였던 자수원(慈壽院)과 인수원(仁壽院)의 두 니원(尼院)을 철폐하고, 또 여러 사찰소속의 노비와 위전(位田)도 모두 본사(本司)에 돌리고 스님들을 엄중히 단속하였기 때문이다. 이 「소문」은 당시의 상소문 중 분량이 가장 많기도 했지만, 그 논조 또한 시종일관 당당하였고 간소(諫疏)의 체제를 조금도 잃지 않았으니, 조선조 오백년에 걸친 끊임없는 억불에 맞서 척불의 부당함과 불교의 정당한 입장을 주장하고 간쟁한 글이라 하겠다. 문하에는 귀암승각(龜巖勝覺) · 식영진명(息影眞明) 등이 있고, 손제자로는 대지해연(大池海淵) · 설빈사순(雪貧思順) 등이 있다. 저서로는 『대각등계집』 2권 · 『임성당대사행장 任性堂大師行狀』 1권 등을 남겼다. [참고문헌] 『大覺登階集』, 『西域中華海東佛祖源流』(한불전10, p.123c9), 『汾厓遺稿』 권10 「白谷處能師碑銘」(韓國文集叢刊129, pp.520~522), 『明谷集』 권21 「白谷禪師塔銘」(韓國文集叢刊154, pp.296~297), 『朝鮮佛教通史』 권상 p.512, 智冠 『韓國高僧碑文總集 朝鮮朝 · 近現代』 pp.262~263. ⇨ 백곡선사탑명 白谷禪師塔銘, 각성 覺性[3], 백곡문 白谷門, 대각등계집 大覺登階集

처득 處得 처를 얻다. 십이처(十二處)가 있게 됨 즉 득(Ⓢ prāpti)을 말한다. 심불상응행법(心不相應行法)의 하나인 득의 하나이며, 십이처인 내처(內處 : 六根)와 외처(外處 : 六根)가 있게 된 것을 말한다. 『품류족론』 권1(대정장26, p.692c5)에 "심불상응행은 무엇인가? 어떤 법이 심과 상응하지 않는 것이니 … 이를테면 득 … 의득·사득·처득 등을 말한다. … 처득은 무엇인가? 내처와 외처 얻음을 말한다. 心不相應行云何 謂若法心不相應 … 謂得 … 依得 事得 處得 … 處得云何 謂得內外處", 『대비바사론』 권172(대정장27, p.865b9)에 "무엇을 나락가취라 하는가? … 의득·사득·처득이란 말은 저 나락가취의 계와 온과 처의 얻음을 나타낸다. 云何㮈落迦趣 … 依得事得處得言 顯彼界蘊處得", 『순정리론』 권12(대정장29, p.396c11)에 "(심불상응행에는 … 등의) '류가 있다'라고 하였는데, 이는 나머지를 헤아린 법으로서 앞의 종류를 나타내는 것이니, 이를테면 득 등 이외에 온득 등의 성질의 것이 존재한다는 계탁이 있음을 말한다. 類者顯餘所計度法 卽前種類 謂有計度離得等有蘊得等性", 『구사론기』 권4(대정장41, p.85a6)에 "풀이한다. '나머지로 계탁되는 법'이란 설일체유부 중 후대의 부정의사(不正義師)가 함부로 계탁하여 득 등 이외에 온득·처득·계득·퇴 등의 성이 있다고 계탁하였는데 그들이 계탁하는 각각의 경우는 곧 득 등에서 거두는 것임을 여기서 나타낸 것이다. 解云 餘所計度 謂說一切有部中 後代不正義師浪作計度 離得等外計有蘊得 處得 界得 退等性 今顯彼計隨其所應卽得等攝", 『순정리론술문기』 권9(卍속장83, p.468a12)에 "유여사는 득 등 이외에 다시 온득 계득 처득 등에 대해 계탁하는데, 이것들은 득의 일종임을 알아야 할 것이다. 有餘師於得等外更計度蘊得界得處得等 當知此卽得之流類"라고 하였다. 〔참고문헌〕『品類足論』, 『大毘婆沙論』, 『順正理論』, 『瑜伽論記』, 『順正理論述文記』. ⇨ 득 得

처득투 覰得透 보자마자 사무치다. 마주해 본 즉시 알아채다의 뜻이다. 『종감법림』 권22(卍속장116, p.310b7)에 "천동담화(天童曇華)가 말한다. '임제가 세 차례 (황벽의) 몽둥이맛을 본 뜻을 여러분 도리어 사무쳐 얻었는가? 설령 한 번 깨물고 문득 판단하더라도 여전히 대장부다운 사람은 아니다. 삼세의 부처님도 입은 벽에 걸어둘 일이니, 천하의 노화상들은 무엇으로 밥을 먹을까?' 天童華云 臨濟三度喫棒底意旨 諸人還覰得透也未 直饒一齩便斷 也未是大丈夫漢 三世諸佛 口挂壁上 天下老和尙 將什麽喫飯", 『백운수단광록』 권2(卍속장120, p.423b8)에 "법좌에 올라 '옛사람이 남긴 일언반구라도 뚫기 전에는 철벽 마주한 듯 하리니, 홀연히 어느 날 문득 보아 얻어 사무친 후에라야 비로소 자기가 바로 철벽이었음을 알리라. 말해 보라. 이제 어떻게 사무쳐야 하리?'라 한 뒤 말했다. '철벽이다, 철벽이야'. 上堂云 古人留下 一言半句 未透時 撞著鐵壁相似 忽然一日 覰得透後 方知自己自是鐵壁 且道 如今作麽生透 乃云 鐵壁 鐵壁"라고 하였다. 〔참고문헌〕『宗鑑法林』, 『白雲守端廣錄』.

처림 處林 1279~1361. 원대 임제종(臨濟宗) 스님. 법호는 평산(平山). 속성은 왕(王)씨. 항주(杭州 : 浙江省) 인화(仁和) 출신. 12세 때 광엄사(廣嚴寺)로 출가하여 17세 때 구족계를 받았다. 제방을 유력하다가 금화(金華)에서 급암종신(及庵宗信)을 만나 법을 이었다. 이후 급암을 따라 도량사(道場寺)로 옮겼다. 그 후 앙산(仰山) 허곡희릉(虛谷希陵)을 참알하고 1313년(황경2) 대자산(大慈山) 정혜사(定慧寺)에서 개당하였다. 이어 복원사(福源寺)를 개창하였으며, 중천축사(中天竺寺)로 주석지를 옮겼다. 1343년(지정3) 항주 정자사(淨慈寺)를 중창하여 가람을 일신하였다. 그 후 영은사(靈隱寺)로 주석지를 옮겼다. 1361년(지정21)에 세수 83, 법랍 66세로 입적하였다. 법을 이은 제자로는 고려의 보제존자(普濟尊者) 나옹혜근(懶翁惠勤)이 있다. 『동국승니록』(한불전12, p.861b23)에, 나옹이 평산처림을 찾아 1350년(지정10) 8월에 지공(指空)과의 인연으로 문답한 일이 전한다. "지정 10년 경인년. … 가을 8월 평산처림에게 참학하였다. 평산이 나옹에게 물었다. '어떤 사람을 만났는가?' '서천 출신 지공입니다. 늘 천 개의 검을 씁니다' '지공의 천 개의 검은 차치하고 그대의 검 한 자루를 가져오게나'. 나옹이 평산의 좌구를 끌어당기자 평산이 선상에 고꾸라지며 크게 소리를 질렀다. '도둑놈이 나를 죽인다!' 나옹이 '제 칼은 사람을 죽이기도 하지만 살리기도 합니다'라고 말하며 평산을 부축해 일으켰다. 평산은 설암조흠(雪巖祖欽)이 급암종신에게 전하였던 가사와 불자를 줌으로써 신표를 보였다. 十年庚寅 … 秋八月參平山 山問 曾見何人 曰 西天指空 日用千釼 山云 且置 指空千釼 將汝一釼來 師以坐具提山 山倒在禪床 大叫 賊煞我 師曰 吾釼也能殺人能活人 乃扶起 山以雪岩所傳及庵衣拂子表信"라고 하였다. 이 내용은 『나옹어록』 「행장 行狀」(한불전6, p.710b13)에도 동일하게 전한다. 〔참고문헌〕『東國僧尼錄』, 『懶翁語錄』, 『五燈全書』 권51(卍속장141, p.130a7), 『增集續傳燈錄』 권6(卍속장142, p. 899b1). ⇨ 종신 宗信, 혜근 惠勤, 지공 指空

처명 處明 1858~1903. 조선후기 스님. 초명은 혜오(慧悟), 호는 설유(雪乳), 속성은 배(裵). 본관은 웅천(熊川). 아버지의 휘는 세엽(世曄), 어머니는 고령 박씨. 1858년(철종9) 3월 경상남도 웅천(熊川 : 昌原)에서 태어났다. 어릴 때부터 서당에서 공부하다가 15세 때인 1872년 아버지가 죽은 후 집을 나와 1873년(고종10) 16세 때 안변 석왕사(釋王寺)로 가서 도운(道雲)을 은사로, 완명주(玩溟舟)를 계사로 하여 스님이 되었다. 다음 해에 은사스님을 따라 남쪽으로 와서 순창(淳昌) 귀암사(龜巖寺)의 설두유형(雪竇有炯 1824~1889)의 회상이 수승하다는 소문을 듣고 찾아가 수학하였다. 얼마 후 은사인 도운이 환속하여 죽자 유형을 은사로 10여 년간 수학하였고, 유형의 사형인 다륜진화상(茶輪振和尙)의 법을 이었다. 유형이 입적한 뒤 그의 강석(講席)을 계승하여 20여 년간 많은 후학을 지도하다가, 1895년(고종32) 38세 때 문인인 한영정호(漢永鼎鎬)에게 넘겨주었다. 스님은 평소에 말하기를 "근년에 불교의 풍화(風化)가 위축된 것은 학도들이 내전(內典)만 전공하고 세학(世學)을 널리 섭렵하지 않은 탓으로 일반 학자들과 교류할 수 없기 때문이다. 그러므로 스님들도 반드시 모든 학문과 서학도 두루 알아야 한다"고 주장했다. 스님도 내전은 물론 제자백가(諸子百家)를 겸수하였고, 시문(詩文)에도 조예가 깊어 당대 명사(名士)인 매천(梅泉) 황현(黃玹 1855~1910)·송사(松沙) 기우만(奇宇萬 : 의병장)·운람(雲藍) 정씨(鄭氏) 등 방외(方外)의 친교가 많았다. 1903년(광무7) 12월 26일 밤에 세수 46, 법랍 31세를 일기로 입적하였다. 저서는 『설하잡저 雪下雜著』가 있다. 〔참고문헌〕『石顚文鈔』, 伽山智冠『한국불교계율전통』 p.338.

처무심정 處無心定 무심정(Ⓢ acittā samāpatti)에 처하다. 본식(本識 : 阿賴耶識)이 있음을 증명하는 여덟 가지 뜻인 팔의증유본식(八義證有本識) 중 하나다. 무상정(無想定)과 멸진정(滅盡定)인 무심정에 들 때는 육식(六識 : 麤識)이 사라져 명근(命根)을 버린 때와 같아서 유근신(有根身)이 허물어져야 하지만 이때에도 아뢰야식이 있어서 의식이 사라진 무심정에 들 수 있다는 뜻이다. 『유가사지론』 권51(대정장30, p.579c13)에 "어떤 까닭으로 만약 아뢰야식이 없다면 무심정에 처할 도리가 없다 하는가? 무상정 또는 멸진정에 들 때에는 마땅히 목숨을 버릴 때와 같아서 식이 몸을 버려야 하지만, 몸을 버리지 못한 것은 아니다. 세존께서 설하신 바와 같아서 그때에도 식은 몸을 여의지 않기 때문이다. 何故若無阿賴耶識 處無心定不應道理 謂入無想定或滅盡定 應如捨命識離於身 非不離身 如世尊說當於爾時識不離身故", 『대승아비달마잡집론』 권2(대정장31, p.701c25 : *Abh-s-bh.*, p.13)에 "어째서 무심정에 처하는 것이 가능하지 않은가? 세존께서 '무상정과 멸진정에 들어간다 해도 그때에도 식은 몸을 여의지 않는다는 것을 알아야 할 것이다'라고 설하신 것과 같다. 만약 아뢰야식이 없다면 이때 식은 마땅히 몸을 여읠 것이고, 식이 만약 몸을 여읜다면 곧 바로 목숨을 버리는 것이니, 이는 정에 처하는 것이 아니다. 云何處無心定不可得耶 如世尊說 入無想定及滅盡定 當知爾時識不離身 若無阿賴耶識爾時識應離身 識若離身便應捨命 非謂處定 kena kāraṇ enāsaty ālayavijñāne'cittā samāpattirna saṃbhavati. tathāhya saṃjñisamāpannasya vā nirodhasamāpannasya vā vijñānameva kāyādapakrāntaṃ syāt. nānapakrāntaṃ tataḥ kālakriyaiva bhavet. yathoktam bhagavatā, vijñānaṃ cāsya kāyādanapakrāntaṃ bhavatīti", 『유가론기』 권13(대정장42, p.595c9 · 한불전14, p.11b20)에 "일곱 번째 상으로서 '무심정의 상태에 처하는 것은 도리에 맞지 않은가? ~ 식은 몸을 여의지 않기 때문이다'라고 하였다. 열여덟 부파에 나아가서 보면 모두 두 가지 류가 있다. 그 말경부와 설일체유부 등은 단지 한 종의 의식을 세워 멸진정 중에는 없다고 하며, 나머지 열일곱 부파에서는 두 가지 종의 의식을 모두 세운다. 지금 이 논주는 의식이 없다는 주장을 직접 논파하는데, 여기에는 두 가지 뜻이 있다. 첫째는 비량에 어긋나고, 둘째는 성교량에 어긋난다. 마땅히 헤아릴 수 있음을 세워야 한다. 무심정에 들 때는 목숨을 버리는 것과 같을 것이다〈종〉. 식이 몸을 여의기 때문이다〈인〉. 마치 주검과 같다〈유〉. 또 성량에 어긋남에 대해서는 논의 글을 통해 알 수 있을 것이다. … 그들은 다음처럼 바로 반박하면서, 무심정에 들 때는 비록 식이 없지만 뒤에 이 정에서 나올 때는 그 식이 반드시 생하기에 식이 몸을 떠난 것은 아니라고 주장한다면, 다음처럼 논증식을 세워 논파한다. 그대들이 상정한 멸심정의 정에는 반드시 심이 있다〈종〉. 식은 몸을 떠나지 않는다〈인〉. 저 유심정과 같다〈유〉. 第七相中 處無心定不應道理乃至識不離身故者 就十八部總有二類 其末經部薩婆多等但立一種意識滅定中無 餘十七部立二種意識今此論主正破無者 此有二義 一 違比量 二 違聖教 應立量云 入無心定應如捨命〈宗〉 識離身故〈因〉 猶如死屍〈喩〉又違聖教 如文可知 … 彼正救云 入定雖無識 後出定時其識必生故 言識不離身 應立量破云 汝立滅心定定有心〈宗〉言識不離故〈因〉 如有心定"라고 하였다. 〔참고문헌〕『瑜伽師地論』, 『大乘阿毘達磨雜集論』, 『瑜伽論記』, *Abh-s-bh.* ⇨ 무심정 無心定, 팔의증유본식 八義證有本識, 종인유 宗因喩, 인명 因明, 아뢰야식 阿賴耶識

처묵 處默 조선후기 스님. 속성은 최(崔)씨. 어려서부터 시문에 능통하여 16세에 이미 진사(進士)에 급제하였으나, 출가한 후 거짓 광인(狂人) 행세를 하면서 겨울에도 맨발로 다녔다. 〔참고문헌〕『大東詩選』 권11.

처문 處門 Ⓢ āyatana-vyavasthā, Ⓣ skye-mched-rnam-par-bshag-pa. 처로 들고 나다. 십이처(十二處)라는 범주로 거두는 뜻이다. 『구사론』 권1(대정장29, p.3c23 : *Abh-k-bh.*, p.10)에 "〔논〕 앞에서 설한

색온성 중에서 오근과 오경을 십처와 십계로 인정한다. 처문에 있어서 십처를 세우니 안처색처 내지 신처촉처가 그것들이다. 論曰 此前所說 色蘊性中 許卽根境 爲十處界 謂於處門 立爲十處 眼處色處 廣說乃至 身處觸處 〈kārikā〉 indriyārthasta eveṣṭā aśāyatanadhātavaḥ. 〈bhāṣya〉 āyatanavyavasthāyāṃ daśāyatanāni. cakṣurāyatanaṃ rūpāyatanaṃ yāvat kāyāyatanaṃ spraṣṭavyāyatanamiti", 『순정리론』 권2(대정장29, p.342a2)에 "이러한 세 가지(受想行) 온과 무표색 그리고 세 가지 무위의 이러한 일곱 가지 법을 처문중에 세워서 법처라 하고, 계문중에서는 세워 법계라 한다. 謂此三蘊 及無表色 三種無爲 如是七法 於處門中 立爲法處 於界門中 立爲法界", 원측(圓測)의 『인왕경소』 권상(대정장33, p.364a15・한불전1, p.23a3)에 "미륵종(彌勒宗 : 唯識宗)에 따르면 수(數)와 시(時)는 곧바로 이 유위법상에 위를 나누어 임시로 세운 것이니 이십사 불상행법 중 수와 시다. 오온문중에서는 행온으로 거두고, 계와 처문에서는 각각 법처와 법계이니 의식의 경이기 때문이다. 彌勒宗 數時卽是 有爲法上 分位假立 二十四不相應中 數及時也 五蘊門中 行蘊所攝 界處門中 法處法界 意識境故"라고 하였다. 〔참고문헌〕『俱舍論』, 『順正理論』, 『仁王經疏』, *Abh-k-bh*. ⇨ 처 處 ❶

처밀 處密 조선후기 스님. 『호은집』 권1 「청련암기 青蓮菴記」(한불전9, p.711b20)에 "(달성 지장사 청련암은) 지난 경신년(1740・영조16) 승민대사가 초창한 후 35년째인 갑오년(1774)에 지월대사 처밀이 덕심・사순・명헌・선명 등 네 스님과 중창하였다. 지월이 손수 감나무 십여 그루를 심었다. 往者庚申 勝敏師草剏之後 三十五年甲午 池月大師處密 與德心思順明憲善明四師 重刱剏之 池月手植柿十餘株"라고 하였다. 〔참고문헌〕『好隱集』. ⇨ 청련암 青蓮庵 ❷

처변만장양 處遍滿長養 Ⓢ deśa-vyāptaupacayika, Ⓣ yul-la-khyab-pa'i-rgyas-pa-las-byung-ba. 음식 등으로 야윈 몸을 기르고 자라게 하는 일. 처관변장양(處寬遍長養)이라고도 한다. 『유가사지론』 권3(대정장30, p.290c22 : *Yogā-bh.*, p.56)에 "색취에는 세 가지로 유전함이 있으니 첫째는 장양이고, 둘째는 등류이며, 셋째는 이숙생이다. 장양에도 두 가지가 있으니 첫째는 처변만장양이고, 둘째는 상증성장양이다. 色聚有三種流轉 一者 長養 二者 等流 三者 異熟生 長養有二種 一 處遍滿長養 二 相增盛長養 tasya khalu punaḥ rūpasamudāyasya. tribhiḥ srotobhiḥ pravṛttirbhavatyaupacayikena naiṣyandikena vipākajena ca. tatraupacayikaṃ dvividhaṃ deśavyāptaupacayikaṃ lakṣaṇa puṣṭaupacayikaṃ ca", 『유가론기』 권1(대정장42, p.332c20・한불전13, p.65c2)에 "현재하는 음식 등으로 길러지고 자라는 것을 장양이라 한다. … 처변만이란 야윈을 자라게 해서 살찌게 하는 등을 말하고, 상증성이란 모습을 빛나고 깨끗하게 하는 것을 말한다. 現在飮食等之所資長 名長養 … 處遍滿者 謂養瘦令肥等 相增盛者 謂令光潔"라고 하였다. 〔참고문헌〕『瑜伽師地論』, 『瑜伽論記』, *Yogā-bh.* ⇨ 상증성장양 相增盛長養, 장양 長養 ❶

처분 處分 분(分)에 맞게 자리(處)하게 하다. 처분에 자유롭게 되는 일이야말로 공부하는 이들이 크게 쉬는(大休大歇) 구경안락이다. 『벽암록』 21칙 「수시 垂示」(대정장48, p.161c18)에 "법당을 건립하고 종지를 세우니 금상첨화이고, 멍에 벗고 짐도 내려놓으니 태평시절이다. 때로는 격외언구를 가려 얻을 수 있다면 하나를 들어 셋을 밝힐 수 있지만, 아직 그럴 수 없다면 전처럼 엎드려 처분만을 따라야 하리. 建法幢立宗旨 錦上鋪花 脫籠頭卸角馱 太平時節 或若辨得格外句 擧一明三 其或未然 依舊伏聽處分", 『운문광록』 권상(대정장47, p.546c8)에 "또한 그대들은 무엇이 부족한가? 대장부라면 어느 누구라도 분이 없겠는가? 스스로 깨달아 얻었다 해도 오히려 붙들어 가질 수 없거니, 사람에게 속고 다른 이의 처분을 취하려 하겠는가. 노화상 입 열려 하면 큼직한 돌 집어 곧장 그 입 막아야 하리. 且汝諸人有什麽不足處 大丈夫漢阿誰無分 獨自承當 尙猶不著便 不可受人欺瞞取人處分 纔見老和尙開口 便好把特石驀口塞", 『원오어록』 권12(대정장47, p.768c10)에 "만약 깨우쳐 얻었다면 노을 진 하늘 아래 홀로 걸어서 누군가의 처분도 받을 일 없으련만, 만약 아직도 이런 땅 밟지 못했다면 어떻게 해도 사람의 덫에 걸려 벗어나지 못하리. 若悟得可以丹霄獨步 不受別人處分 若未到恁麽田地 管取被人羅籠", 『서장』 「시여기의장 示呂機宜狀」(대정장47, p.902a19)에 "곧바로 저 물 마심에 차고 더움 스스로 아는 곳에 이르러 마주할 뿐, 다른 이 입 끝 보아 처분을 받지 않는다. 홀연히 분지 한번 솟아 올라 구경에 안락하여 크게 쉬고 크게 놓으니 비로소 스스로 기껍다. 直待到如人飮水冷煖自知 不向他人口頭受處分 忽然噴地一發 到究竟安樂大休大歇處 方始自肯"라고 하였다. 〔참고문헌〕『碧巖錄』, 『雲門廣錄』, 『圜悟語錄』, 『書狀』.

처불견 覰不見 보려 하면 보지 못하다. 『벽암록』 90칙 「송 頌」(대정장48, p.215a22)에 "한 덩이 텅 비어 맺힌 듯 말로 할 일 다 끊어졌다〈마음 들썩인 듯 곧바로 어긋나고 생각하려 한즉 또 다시 멀어진다. 부처의 눈이라 하니 보려 하면 보지 못하리〉. 一片虛凝絕謂情〈擬心卽差 動念卽隔 佛眼也覰不見〉", 『심문담분화상어』(속고존숙어요4, 卍속장119, p.60b8)에 "둥근 듯 둥글어 쪼개려 해도 부서지지 않고, 씻고 또 씻어버려 보려 해도 볼 수 없네. 바른 법을 보는 눈이라 부르려 하는가. 쏜살같이 지옥에 떨어지리. 團圝擘不破 瀟洒覷不見 喚作正法眼 入地獄如箭"라고 하였다. 〔참고문헌〕『碧巖錄』, 『心聞曇賁和尙語』.

처불퇴 處不退 사불퇴(四不退) 중 하나로 몸이 난 곳에서 물러남이 없는 것. 『서방요결석의통규』(대정장47, p.107b3)에 "넷째 처불퇴는 경문으로 증할 수는 없지만 이를 잡아 성립된다. … 단 정토에 나면 다섯 가지 뛰어난 일을 만난다. 첫째 오래 살고 병이 없으며, 둘째 뛰어난 도반들이 서로 손 잡으며, 셋째 순정하여 삿됨이 없고, 넷째 깨끗할 뿐 물듦 없으며, 다섯째 늘 성스런 분 섬긴다. 이 다섯 연을 말미암기에 물러남이 없다. 四處不退者 雖無文證 約理以成 … 但生淨土 逢五勝事 一者 長命無病 二者 勝侶提携 三者 純正無邪 四者 唯淨無染 五者 恒事聖尊 由此五緣 故得不退"라고 하였다. 〔참고문헌〕『西方要決釋疑通規』. ⇨ 사불퇴 四不退 [2]

처비처 處非處 Ⓢ sthāna-asthāna, Ⓟ ṭhāna-aṭhāna, Ⓣ gnas-dang-gnas-ma-yin-pa. 일어나거나 행한 일이 법이나 뜻에 어긋남이 없음을 시처(是處)라 하고 그 자리나 그 시간에 마땅하지 못하면 비처(非處)라 한다. 나아가 뜻대로 할 수 있거나(處) 해도 안 되는 것(非處)을 아울러서 하는 말인데, 『변중변론』에서는 일곱 가지로 이것을 가려 말한다. 『중아함경』 권47 「다계경 多界經」(대정장1, p.723b8)에 "아난이여! 만약 어떤 비구가 계를 알지 못하고, 처를 알지 못하고, 인연을 알지 못하고, 처인지 처 아닌지를 알지 못한다면, 아난이여! 이러한 비구는 어리석고 지혜롭지 못하다. 阿難 若有比丘 不知界 不知處 不知因緣 不知是處 非處者 阿難 如是比丘愚癡非智慧", 『유가사지론』 권57(대정장30, p.613a13)에 "〔문〕 어떠한 것을 처라 하는가? 이러저러한 일에 있어 뜻에 어긋남이 없는 것이다. 〔문〕 어떠한 것을 비처라 하는가? 이러저러한 일에 있어 이에 어긋남이 있는 것이다. 이를 처비처의 체라 한다. 問 何等爲處 答 於彼彼事 理無相違 問 何等非處 答 於彼彼事 理有相違 是名處非處體"라고 하였다. 『변중변론』 권중(대정장31, p.470c1 : *Madhy-vibh.*, p.46)에서는 "〔논〕 처비처는 무엇인가? 〔송〕 바라지 않는 것·바라는 것·청정·구생·승주·증득·현행에 있어 자재하지 못함이니 이것이 처와 비처의 뜻이다. 處非處義云何 頌曰 於非愛愛淨 俱生及勝主 得行不自在 是處非處義 aniṣṭeṣṭaviśuddhīnāṃ samotpattyādhipatyayoḥ, saṃprāptisamudācārapāratantryārthato 'paraṃ"라고 한 후, "처비처의 뜻에 간략히 일곱 가지가 있어 자재를 얻지 못하니 마땅히 그 상을 알아야 한다. 處非處義 略由七種 不得自在 應知其相 sthānāsthānaṃ saptavidhapāratantryārthena veditavyaṃ", "첫째 바라지 않는 것에 있어 자재하지 못함이란 악행으로 인해 애욕하지 않더라도 악취에 떨어진다. 一 於非愛不得自在 謂由惡行 雖無愛欲 而墮惡趣 tatrāniṣṭe pāratantryaṃ duścaritenānicchato 'pi durgatigamanād", "둘째 바라는 것에 있어 자재하지 못함이란 묘행(妙行 : 善行)으로 말미암아 애욕함이 없는데도 선취에 오른다. 二 於可愛不得自在 謂由妙行 雖無愛欲 而昇善趣 iṣṭe pāratantryaṃ sucaritena sugatigamanāt", "셋째 청정에 있어 자재하지 못함이란 오개를 끊지 못하고 내지 칠각지도 수습하지 않아서 결코 괴로움 저 끝에 이를 수 없다. 三 於淸淨不得自在 謂不斷五蓋 不修七覺支 決定不能作苦邊際 viśuddhau pāratantryaṃ pañca nivaraṇāny aprahāya yāvat saptabodhyaṅgāny abhāvayitvā duḥkhasyāntākaraṇāt", "넷째는 함께 남에 있어 자재하지 못함이란, 하나의 세계에는 두 여래나 두 전륜성왕이 동시에 출현하지 않는다. 四 於俱生不得自在 謂一世界 無二如來二轉輪王 俱時出現 samotpattau pāratantryaṃ dvayor apūrvācaramayos tathāgatayoś cakravartinoś caikasmin lokadhātāv anutpādād", "다섯째 승주에 있어 자재하지 못함이란 여성은 전륜성왕이 될 수 없는 것을 말한다. 五 於勝主不得自在 謂女不作轉輪王等 ādhipatye pāratantryaṃ striyāś cakravartitvādyakaraṇāt", "여섯째 증득에 있어 자재하지 못함이란 여성은 독각의 보리나 무상정등의 보리를 증득하지 못함을 말한다. 六 於證得不得自在 謂女不證 獨覺無上正等菩提 saṃprāptau pāratantryaṃ striyāḥ pratyekānuttarabodhyanabhisaṃbodhāt", "일곱째 현행에 있어 자재하지 못함이란 진실인 사제를 본 이에게는 결코 살생 등의 일이 현행하지 않고, 뭇 이생류에게 그러한 현행이 수용됨을 말한다. 七 於現行不得自在 謂見諦者 必不現行 害生等事 諸異生類 容可現行 samudācāre pāratantryaṃ dṛṣtisaṃpannasya vadhādyupakramāsamudācārāt pṛthagjanasya ca samudācārād vistareṇa bahudhātukasūtrānusārād anugantavyaṃ"라고 하였다. 〔참고문헌〕『中阿含經』, 『瑜伽師地論』, 『辯中邊論』, *Madhy-vibh.* ⇨ 처 處 [2], 비처 非處 [1], 칠묘법 七妙法 [2]

처비처력 處非處力 마땅해서 받아들일 만한 것과 까닭없어 받아들일 수 없는 것을 잘 아는 지혜로서의 힘. 여래십력(如來十力) 중 하나로 처비처지력(處非處智力 Ⓢ sthānāsthāna-jñāna-bala)이라고도 한다. 『대지도론』 권88(대정장25, p.683a27)에 "부처님께서는 이 처비처력으로써 일체법중인과를 정히 아시니, 이는 이른바 악업을 행하면 악도에 떨어지는 것은 맞는 것이고, 악업을 행하고도 천상에 난다면 맞지 않다고 한다. 佛用

是處非處力 定知一切法中因果 所謂行惡業 墮惡道 有是處 行惡業 生天上 無是處", 『섭대승론석』 권9(대정장31, p.441c3)에 "선취방편이란 모든 선업을 말하고, 악취에 나는 방편이란 불선업을 말한다. 이와 같이 취방편을 펴 말씀하실 때에도 마군은 그 중에서 기만하고 미혹해서 '그렇지 않다'고 말하고는 이와 어긋나게 해서 '불선업들은 선취에 나는 방편이고 선업들은 악취에 나는 방편이다'라고 설한다. 또는 '일체에는 모두 인이 없다' 설하고 또한 '일체는 자재천 등이 그 인이 된다'고 설한다. 하지만 처비처력으로 능히 저들의 설을 절복시킬 수 있다. 善趣方便 謂諸善業 惡趣方便 謂不善業 宣說如是趣方便時 魔於其中 誑惑而住 言不如是 與是相違 說不善業 爲善趣方便 說諸善業爲惡趣方便 或說一切 皆無有因 或說一切 自在天等 以爲其因 處非處力 能摧彼說", "자구를 풀면, 처란 그렇게 된 까닭이니 품어 받아들일 수 있는 것이고, 만약 까닭 없어 받아들일 수 없으면 비처라 이름한다. 처도 없고 받아들일 수도 없는 것을 말하니, 모든 중생류 인도 없고 또는 악인 뿐이어서 세간에 있게 되었다 하는 등이다. 이는 다시 어떻게 말해야 하는가? 이것이 있으므로 저것이 있고, 이것이 생하므로 저것이 생한다는 것이니, 무명이 행을 연으로 하는 등이지 자재천 등이 차제로 나게 하는 것은 아님을 말하는 것이다. 訓釋詞者 處名所以 有所容受 若無所以 無所容受 說名非處 謂無處無容 諸衆生類 無因惡因 而當得有 此復云何 由此有故彼有 此生故彼生 謂無明緣行等 非自在天等 令次第得生"라고 하였다. [참고문헌] 『大智度論』, 『攝大乘論釋』. ⇨ 처비처지력 處非處智力, 여래십력 如來十力

처비처선교 處非處善巧 Ⓢ sthāna-asthāna-kauśalya, Ⓣ gnas-dang-gnas-ma-yin-pa-la-mkhas-pa. 십선교(十善巧) 중 하나. 『법온족론』 권10(대정장26, p.502a27)에 "아난다가 여쭈었다. '무엇이 지혜로운 이의 처비처선교입니까?' 부처님께서 말씀하셨다. '지혜로운 이가 처와 비처에 대해 여실하게 알고 보는 것이 처비처선교이니, 이를테면 몸과 말과 뜻의 악행으로는 바라고 좋아하고 기뻐하고 뜻대로 이숙을 감하는 일은 있을 수도 없고 받아들일 수도 없다고 여실하게 아는 것이다. 신어의악행으로는 바라고 좋아하고 기뻐하고 뜻대로 되지 않는 이숙을 감하는 일이 있을 수 있고 받아들일 수 있는 것임을 여실하게 아는 것이다. 阿難陀言 云何智者於處非處善巧 佛言 智者於處非處 如實知見 是處非處善巧 謂如實知無處無容身語意惡行 感可愛可樂可欣可意異熟 有處有容身語意惡行 感不可愛不可樂不可欣不可意異熟", 『유가사지론』 권27(대정장30, p.434b9 : *Śrāv-bh.*, p.249)에 "가령 모든 선법들은 능히 바라는 바 과인 이숙법을 감해야 하고, 불선법들이라면 능히 바라지 않는 과인 이숙법을 감할 수 밖에 없다. 만약 이와 같이 여실하게 분명히 안다면 이를 처비처선교라 한다. 若諸善法 能感可愛果異熟法 諸不善法 能感非愛果異熟法 若能如是如實了知 名處非處善巧 asti kuśalākuśalānāṃ karmaṇāṃ phalavipākaḥ. akuśalānāmaniṣṭa iti. yad evaṃ jñānam idam ucyate sthānāsthānakauśalyaṃ", 같은 책 권57(대정장30, p.614a9)에 "만약 모든 전도됨 없는 도리에 대해 정지가 분명하게 현현한다면 이를 처비처선교라 한다. 若於一切無顚倒理 正智顯了 名處非處善巧"라고 하였다. [참고문헌] 『法蘊足論』, 『瑜伽師地論』, *Śrāv-bh.* ⇨ 십선교 十善巧

처비처승지 處非處勝智 처비처지력(處非處智力 Ⓢ sthānāsthāna-jñāna-bala)을 말한다. 『십팔공론』(대정장31, p.867a1)에 "자재자에 대한 주장을 깨뜨리기 위해 처비처승지를 설한다. 외도는 '자재천을 설정해 놓고 뜻대로 능히 선행을 해도 악도과보를 얻게 할 수 있고 악도에 나서도 능히 선도를 감할 수 있으며, 유에 흘러 번뇌해도 해탈을 얻게 할 수 있고 번뇌에 물들지 않아도 생사를 감하게 할 수 있다. 왜 그러한가? 자재를 얻었기 때문이다'라고 하니 이러한 주장을 깨뜨리기 위해 처비처승지를 설한다. 破自在者執故 說處非處勝智 外道計自在天 如意能作善得惡道果報 生惡能招善道 作有流得解脫 作無流感生死 何以故 以得自在故 爲破此執 說處非處", 『삼무성론』 권하(대정장31, p.877c5)에 "처비처승지는 아인 자재에 대한 주장을 없애기 위한 것이다. 處非處勝智者 爲除我自在執"라고 하였다. [참고문헌] 『十八空論』, 『三無性論』. ⇨ 여래십력 如來十力

처비처의 處非處疑 처와 비처에 대해 잘 알지 못해 의혹을 일으킴. 옳고 그름을 알지 못하는 것으로 불염오무지(不染汚無知)에서 일어나는 의혹이다. 『대비바사론』 권99(대정장27, p.511b9)에 "아라한들에게도 의혹이 있으니, 그 의에 두 가지가 있다. 첫째는 수면성의 의로 아라한이 이미 끊은 것이고, 둘째는 처비처의 의이니 아라한이 아직 끊지 못한 것이다. 諸阿羅漢亦有疑惑 疑有二種 一者 隨眠性疑 阿羅漢已斷 二者 處非處疑 阿羅漢未斷", 『잡아비담심론』 권6(대정장28, p.921b28)에 "성문과 연각은 염오의 무지는 없앴지만 불염오의 무지는 없애지 못한다. 여래께서는 두 가지 의를 버리셨으니, 처의 의와 처비처의 의가 그것이다. 聲聞緣覺 雖除染汚 不除不染汚 如來除二種疑 使處疑處非處疑", 『구사론송소기』 권1(卍속장86, p.204a17)에 "[술] 뜻에 맞다 함을 처라 하고, 뜻에 맞지 않는다면 비처라 한다. 이 두 가지 것에 대해 결정하지 못함을 처와 비처에 대한 의라 한다. 述曰 稱理名是處 不稱理名非處 於此二事不決 名處非處疑"라고 하였다. [참고문헌] 『大毘婆沙論』, 『雜阿毘曇心論』, 『俱舍論頌疏記』. ⇨ 처비처 處非處

처비처지력 處非處智力 Ⓢ sthāna-asthāna-jñāna-bala, Ⓣ gnas-dang-gnas-ma-yin-pa-mkhyen-pa'i-stobs. 여래십력(如來十力 : 佛十力) 중 첫 번째다. 시처비처지력(是處非處力)·처비처력(處非處力)·처비처승지(處非處勝智)·처비처중지력(處非處中智力) 등이라고도 한다. 『구사론』 권27(대정장29, p.140b9 : *Abh-k-bh.*, p.411)에 "〔논〕 부처님의 십력이란 첫 번째가 처비처지력이니 여래의 열 가지 지로써 바탕을 삼는다. 論曰 佛十力者 一 處非處智力 具以如來十智爲性 tatra … sthānāsthānajñānabalaṃ daśa jñānāni", 『무상의경』 권하(대정장16, p.476a6)에 "인이란 이 처비처지력을 성취해 얻으셨기에, 여래께서는 스스로의 업으로 스스로 받을 뿐이어서 자신이 짓고 다른 이가 과를 받는 일은 있을 수 없음을 알고 보셨다. 因是處非處智力得成 如來知見 自業自受 無有自作他受果者", 『대비바사론』 권31(대정장27, p.160b5)에 "〔문〕 이 대비는 어떤 지력으로 거두는가? 〔답〕 처비처지력으로 거둔다. 불세존만이 가져 함께 할 수 없는 공덕은 다분히 처비처지력중으로 거두기 때문이다. … 〔문〕 이 칠묘법은 어떤 지력에 포함되는가? 〔답〕 모두 처비처지력으로 거둔다. … 〔문〕 이 다섯 가지 고귀한 지혜(五聖智)의 삼마지는 어떤 지력으로 거두는가? 〔답〕 모두 처비처지력으로 거둔다. 問 此大悲何力攝 答 處非處智力攝 以佛世尊不共功德 多分攝在處非處智力中故 … 問 此七妙法 何力所攝 答 皆處非處智力所攝 … 問 此五聖智三摩地 何力所攝 答 皆處非處智力所攝", 『유가사지론』 권50(대정장30, p.571b8 : *Bodh-bh.*, p.271)에 "여래께서 지닌 처비처지력으로는 모든 인중에서 여실하게 그 인을 알고, 모든 과에 대해 여실하게 그 과를 알며, 인이 없다거나 그릇된 인을 가져 갖가지로 논쟁하는 모든 사문바라문 등을 항복받으신다. … 모든 여래께서 처음 성불할 때는 먼저 처비처지력을 일으켜 모든 법 건립함에 일체에 전도 없는 인과임을 관찰하신다. 謂如來所有處非處智力 於諸因中 如實知因 於諸果中 如實知果 及能降伏 無因惡因 種種諍論 一切沙門婆羅門等 … 謂諸如來 初成佛時 先起處非處智力 觀察諸法建立 一切無倒因果 eṣāṃ daśānāṃ balānāṃ tathāgataḥ kena kiṃ karmaṃ karoti. sthānāsthānajñānabalena tathāgataḥ hetuñca hetutaḥ phalañca phalato yathābhūtaṃ prajānāti. ahetuviṣamahetuvādinaśca śramaṇabrāhmaṇān nigṛhṇāti … abhisaṃbuddhamātra eva tathāgato dharmāṇāṃ samyageva hetuphalavyavasthānaṃ sthānāsthānajñāgabalena vyavalokayati", 『대승아비달마집론』 권7(대정장31, p.691b28 : *Abh-s.*, p.98)에 "무엇을 처비처지력이라 하는가? 정려에 의지함을 말한다. 일체종의 처비처지 구족한 중에 있으면서 때론 정에 들고 때론 혜를 드러내거나 저와 상응하는 모든 심과 심소를 말한다. 云何處非處智力 謂依止靜慮 於一切種 處非處智具足中 若定若慧 及彼相應 諸心心所 sthānāsthānabalaṃ katamat dhyānaṃ niśritya sarvaprakāra sthānāsthānajñānasamṛddhau yaḥ samādhiḥ prajñā tatsaṃprayuktāś ca cittacaitasikā dharmāḥ"라고 하였다. 〔참고문헌〕 『俱舍論』, 『無上依經』, 『大毘婆沙論』, 『瑜伽師地論』, 『大乘阿毘達磨集論』, *Abh-k-bh.*, *Bodh-bh.*, *Abh-s.* ⇨ 처비처 處非處, 여래십력 如來十力, 불십력 佛十力, 칠묘법 七妙法 ❷

처선교 處善巧 Ⓢ āyatana-kauśalya, Ⓟ āyatana-kusala, Ⓣ skye-mched-la-mkhas-pa. 십이처(十二處)에 대해 여실(如實)하게 아는 것. 십선교(十善巧) 중 하나로 입승지(入勝智)라고도 한다. 『법온족론』 권10(대정장26, p.502a8)에 "'어떤 것이 지혜 있는 이의 처선교입니까?' 부처님께서 말씀하셨다. '지혜 있는 이가 십이처에 대해 여실하게 알고 보는 것이 처선교다. 즉 여실하게 알고 보니 안처·색처·이처·성처·비처·향처·설처·미처·신처·촉처·의처·법처다. 이것을 지혜 있는 이의 처선교라고 한다'. 云何智者於處善巧 佛言 智者於十二處 如實知見 是處善巧 謂如實知見 眼處 色處 耳處 聲處 鼻處 香處 舌處 味處 身處 觸處 意處 法處 是名智者於處善巧", 『유가사지론』 권27(대정장30, p.434a14)에 "처선교라 하는 것은, 안을 증상연으로 하고 색을 소연연으로 하며, 등무간멸하는 의를 등무간연으로 삼아 안식과 상응법을 일으킨다. 이를 증상연으로 하고 성을 소연연으로 하며 등무간멸하는 의를 등무간연으로 하여 이식과 상응법을 일으키고, 이와 같이 나아가 의를 등무간연으로 삼는데, 이것을 일으키는 작의를 증상연으로 하고 법을 소연연으로 하여 의식과 상응법을 일으킨다. 處善巧者 謂眼爲增上緣 色爲所緣緣 等無間滅意爲等無間緣 生起眼識及相應法 耳爲增上緣 聲爲所緣緣 等無間滅意爲等無間緣 生起耳識及相應法 如是乃至 意爲等無間緣 此生作意爲增上緣 法爲所緣緣 生起意識及相應法", "이와 같이 육식신과 상응법은 모두 세 가지 연에 의하여 유전하니, 즉 증상연·소연연·등무간연이다. 이와 같은 모든 내외처가 연이 되는 것을 잘 아는 것을 처선교라고 한다. 如是六識身及相應法 皆由三緣而得流轉 謂增上緣 所緣緣 等無間緣 若於如是諸內外處 緣得善巧 名處善巧"라고 하였다. 〔참고문헌〕 『法蘊足論』, 『瑜伽師地論』, *Śrāv-bh.245.*, *Bodh-bh.22.*, *MN.3.62.* ⇨ 십선교 十善巧, 십이처 十二處

처성취 處成就 부처님 말씀이 설해진 처소가 성취되다. 오성취(五成就) 또는 육성취(六成就 : 信聞時處主衆) 중 하나이며, 전하는 경(經)이라면 반드시 설한 곳이 있어야 한다는 뜻으로 주처성취(住處成就)라고도 한다. 『아미타경의소』(대정장37, p.358a1)에 "다섯째로 사위성 모처에 있었다 했는데, 경을 설함에 처가 있게 된다. 사위성을 듦은 이에 다니시며 교화하시던 곳이고, 기원정사라 한 것은 의지해 머무신 곳이어서 이렇게 처 성취하였다. 五 在舍衛等者 說經有處 擧舍衛乃遊化之境 擧祇園卽依住之處 卽處成就", 『주대승입능가경』 권1(대정장39, p.435a12)에 "〈경〉 '대해의 빈마라산 꼭대기 능가성 중에 머무셨다'. 이는 처의 성취다. … 대해의 빈마라산정이란 말은 통으로 설한 곳을 든 것이고 … 능가란 자세히 설한 도량을 든 것으로 난왕이라 한역하며 뜻은 앞의 제목에 보인다. … 이제 성 중에 처하시며 자증법인 중도의 뜻을 설하셨다. 住大海濱摩羅山頂楞伽城中 此處成就也 … 言大海濱摩羅山頂者 通擧說處也 … 楞伽者 別擧說場也 此云難往 義見前題 … 今處城中 說自證法中道義也"라고 하였다. 〔참고문헌〕『阿彌陀經義疏』, 『注大乘入楞伽經』. ⇨ 오성취 五成就, 육성취 六成就 ■

처세간 處世間 만물이 자리해 머무는 세간. 삼세간(三世間 : 行 衆生 處) 중 하나로 해와 달이 뜨고 산과 바다에 지수화풍이 일렁일 수 있는 그 틈의 세계를 말한다. 『선견율비바사』 권4(대정장24, p.696c2)에 "무엇을 처세간이라 이르는가. 게로써 답한다. '해와 달 날아올라 세간을 비추네. 광명 비할 데 없어 가려 막을 일 없네'. 이것이 처세간이다. … 처세간이란, 묻는다. 무엇을 처세간이라 이르는가? 답한다. 철위산은 높이도 넓이도 이만삼천사백오십유순, 둘레 두르면 삼십칠만삼백오십유순, 땅 두께는 사나유타이만유순, 물 위의 물 두께는 팔나유타사만유순, 바람 위의 바람 두께는 육십구만유순이다. 이것이 처세간의 계다. 何謂處世間 以偈答曰 日月飛騰 照于世間 光明無比 無所障礙 此是處世間 … 處世間者 問曰 何謂處世間 答曰 鐵圍山 縱廣二萬三千四百五十由旬 周迴三十七萬三百五十由旬 地厚四那由他二萬由旬 在水上 水厚八那由他四萬由旬 在風上 風厚六十九萬由旬 是處世間界"라고 하였다. 〔참고문헌〕『善見律毘婆沙』. ⇨ 삼세간 三世間

처세계범 處世界梵 육언사구(六言四句)의 범패문(梵唄文). 처세계여허공(處世界如虛空)으로 시작하기에 붙여진 이름이다. 선원에서 사미득도(沙彌得度) 의식에 소리내 염한다. 『백장청규』 권5 「사미득도」(대정장48, p.1138b1)에 "계사가 나아가 앉으면 작범아사리가 경쇠를 울리며 말한다. '세계에 머물지만 허공인 듯하고 저 연꽃처럼 물 젖지 않네. 마음이 청정하여 저 곳으로 넘어서 가니 머리 숙여 위없이 존귀한 분께 예배합니다'. 戒師仍就坐 作梵闍梨鳴磬云 處世界如虛空 如蓮花不著水 心淸淨超於彼 稽首禮無上尊", 『교계율의』(대정장45, p.872b7)에 "셋째, 처세계범을 들으면 합장하고 게송을 외운다. 三 聞處世界梵 合掌念偈"라고 하였다. 〔참고문헌〕『百丈淸規』, 『敎誡律儀』.

처세상접속증상 處世相接續增上 Ⓢ kula-sandhāna ādhipatya. 세속에서 자식을 낳아 대를 잇는 일. 속가족(續家族)·능계사가족자손(能繼嗣家族子孫)과 같은 뜻이다. 『중변분별론』 권상(대정장31, p.457b16 : *Madhy-vibh.*, p.47))에 "처세상접속증상 때문에 남녀 이근을 설한다. 爲處世相接續增上 說男女二根 kula-sandhāne strī-puruṣendriyayor apatya-prasavādhipatyād"라고 하였다. 〔참고문헌〕『中邊分別論』, 『瑜伽師地論』 권98(대정장30, p.863a20), 『辯中邊論』 권중(대정장31, p.470c19), *Madhy-vibh.* ⇨ 속가족 續家族

처소극원 處所極遠 Ⓢ deśa-viprakarṣa, Ⓣ yul-gyis-bskal-ba. 이종극원(二種極遠 : 處所極遠 損減極遠) 중 하나로 떨어진 거리가 매우 먼 것을 말한다. 처극원(處極遠)이라고도 한다. 『유가론기』 권1(대정장42, p.333b27·한불전13, p.67b20)에 "처소극원이란 제방의 머무는 곳이 각각 먼 것이다. 處所極遠者 謂諸方住處各遠故"라고 하였다. 〔참고문헌〕『瑜伽論記』, 『瑜伽師地論』 권3(대정장30, p.291a19), 『瑜伽師地論略纂』 권2(대정장43, p.21a10), *Yogā-bh.58.* ⇨ 처극원 處極遠, 이종극원 二種極遠, 손감극원 損減極遠

처소근재 處所根栽 처소와 근재. 말하고 듣는 즉 소통함에 근본(敎體)이 되는 기본 단위로서의 소리(聲 : 處所)와 글자(字 : 根栽)를 말한다. 『유가사지론』 권15(대정장30, p.361a29)에 "어떤 것을 처소근재의 시설건립이라고 하는가? 처소에는 대략 다섯 가지가 있음을 알아야 한다. 첫째 상속, 둘째 명호, 셋째 총략, 넷째 피익, 다섯째 선설이다. 저 계송(界頌) 등도 근재라고 한다. 이와 같은 두 가지를 통틀어 처소근재의 건립이라고 한다. 云何處所根栽施設建立 當知處所略有五種 一相續 二 名號 三 總略 四 彼益 五 宣說 若界頌等 名爲根栽 如是二種 總名處所根栽建立", 『유가론기』 권5(대정장42, p.414a25·한불전13, p.325c9)에 "처소근재의 시설건립이란 무엇인가? 마치 나무의 뿌리와 어린 싹은 나무의 근본이듯이 소리의 근본을 근재라고 하니, 곧 이 글자다. 소리가 나는 곳을 처소라고 하는데, 소리가 나는 곳이니 근본은 성명이다. 즉 겁초에 범왕이 일백만송의 성명을 처음 지었는데 후에 수명과 지혜가 줄어드니 제석천이 다시 십만송으로 간략하게 하였으며, 다음에 가단설라선이 일만이천송으로 줄였으며, 다시 파니니선(Ⓢ Pāṇini)이 팔천송으로 간략하게 하였다. 이상의 네 논을 통틀어 처소라고 한다. 處所根栽施設建立者 如樹根栽 樹之根本 故聲根本 名曰根栽 則是字也

出聲處所 名爲處所 出聲所故 本聲明也 謂劫初起 梵王創造 一百萬頌聲明 後命惠減 帝釋復略爲十萬頌 次有迦單設羅仙 略爲一萬二千頌 次有波膩尼仙 略爲八千頌 此上四論 總名處所"라고 하였다. 〔참고문헌〕『瑜伽師地論』, 『瑜伽論記』. ⇨ 성명 聲明 ❶, 교체 敎體

처소원 處所遠 처한 곳이 서로 멀리 떨어져 있음. 유위법(有爲法) 네 가지로 서로 떨어져(四遠 : 性 相 處 時) 있어 함께 일어나지만 뒤섞일 일 없는 뜻이다. 『잡아비담심론』 권2 「행품 行品」(대정장28, p.882c25)에 "처소가 서로 멀다 함은, 저 천축과 진단의 땅과 같이 비록 일시에 일어나 합하여 한 몸인 듯하지만, 저 처함이 다르기에 멀다고 설한다. 處所遠者 如天竺震旦地 雖一時生 合成一體 然彼處異故說遠"라고 하였다. 〔참고문헌〕『雜阿毘曇心論』. ⇨ 사종원 四種遠 ❶

처소원만 處所圓滿 Ⓢ sthāna-saṃpad, Ⓣ gnas-phun-sum-tshogs-pa. 처하여 머묾에 원만함. 청정・고요・안락 등 대중을 유지하기 위한 의식주를 구비하기에 어렵지 않고, 특히 선지식과 동행해서 깨우쳐 지혜를 얻을 수 있는 곳을 말한다. 수행하는 이들이 머물기에 적합한 조건을 모두 갖춘 도량을 말한다. 『유가사지론』 권30(대정장30, p.450a4)에 "처소원만이란 무엇인가? 아련야나 숲속 나무 아래나 혹은 비어 조용한 방을 말한다. 산골짜기 동굴이나 볏짚을 쌓아 놓은 곳 등을 공한실이라고 하며, 큰 나무숲을 나무숲 아래라고 하며, 텅 비고 아득한 무덤 사이 가장자리의 눕거나 앉는 곳이 아련야이다. 이와 같이 산골짜기 동굴과 볏짚을 쌓아 놓은 곳 등과 큰 나무숲과 텅 비고 아득한 무덤 사이 가장자리의 눕고 앉는 아련야 혹은 나무숲 아래 혹은 공한실 모두를 처소라고 한다. 云何處所圓滿 謂或阿練若 或林樹下 或空閑室 山谷巖穴稻秆積等 名空閑室 大樹林中 名林樹下 空逈塚間邊際臥坐 名阿練若 當知如是山谷巖穴稻秆積等 大樹林中 空逈塚間邊際臥坐 或阿練若或林樹下或空閑室 總名處所", "처소원만에는 또 다섯 가지가 있다. 어떤 처소는 본래부터 형상이 단엄하여 대중들이 보고 기뻐하는 곳이어서 청정하며 더러움이 없고 원림과 연못이 모두 다 갖추어져 있으며 맑고 비어 즐길 수 있는 땅이라서 … 보는 이로 하여금 마음에 청정을 일으키며, 이곳에 즐거이 머물며 닦아 끊어 더욱 행하게 하고, 마음이 기쁘고 즐거워 끊음을 언제나 가질 수 있게 하니 이를 첫 번째 처소원만이라고 한다. 處所圓滿 復有五種 謂若處所從本已來形相端嚴 衆所憙見淸淨無穢 園林池沼悉皆具足 淸虛可樂 … 能令見者心生淸淨 樂住其中修斷加行 心悅心喜任持於斷 是名第一處所圓滿", "또 저 처소는 낮에는 시끄러움이 없고 밤에는 음성이 적으며, 또한 모기 … 뱀・전갈 등 여러 악독한 것과의 접촉이 없으니 이를 두 번째 처소원만이라고 한다. 又若處所 晝無憒鬧夜少音聲 亦少蚊 … 蛇蠍諸惡毒觸 是名第二處所圓滿", "또 저 처소는 흉악한 사자・호랑이・표범 … 원수・도적・인비인 등 여러 두려운 일들이 없어, 이 처소에는 몸과 마음이 태연하여 조금도 염려할 것이 없이 안락하게 머무르니 이를 세 번째 처소원만이라고 한다. 又若處所 無惡師子 虎豹 … 怨敵 盜賊 人非人等諸恐怖事 於是處所 身意泰然 都無疑慮 安樂而住 是名第三處所圓滿", "또 저 처소는 신명에 필요한 여러 도구를 얻기 쉽고, 의복 등을 구하는 등의 일이 그다지 어렵거나 힘들지 않으며, 음식을 유지하는 데 모자람이 없으니 이를 네 번째 처소원만이라고 한다. 又若處所 隨順身命衆具易得 求衣服等不甚艱難 飮食支持無所匱乏 是名第四處所圓滿", "또한 저 처소는 선지식이 섭수하는 곳이고 여러 지혜롭고 함께 범행하는 이가 머무는 곳이어서 아직 깨우치지 못한 곳은 능히 바르게 열어 깨닫게 하고, 이미 열어 깨달은 곳을 다시 맑고 청정하게 하며, 깊고 깊은 구의로 혜에도 통달하고 선교방편을 은근하게 열어 보이며 능히 지견으로 속히 청정을 얻게 하니, 이를 다섯 번째 처소원만이라고 한다. 又若處所 有善知識之所攝受及諸有智同梵行者之所居止 未開曉處能正開曉 已開曉處更令明淨 甚深句義以慧通達 善巧方便殷勤開示 能令智見速得淸淨 是名第五處所圓滿"라고 하였다. 〔참고문헌〕『瑜伽師地論』, *Śrāv-bh.359.*

처소종류 處所種類 육종종류(六種種類 : 界 趣 生 處所 自身 性種類) 중 하나. 처한 곳에 따른 종류. 『잡아비담심론』 권9(대정장28, p.943a21)에 "처소종류란 무엇인가? 무택옥에 나면 무택옥의 종류이고, 나아가 제일유 역시 이와 같다. 處所種類者 生無擇獄 無擇獄種類 乃至 第一有亦如是"라고 하였다. 〔참고문헌〕『雜阿毘曇心論』. ⇨ 육종종류 六種種類

처소차별 處所差別 Ⓢ sthānāntara-prabheda, Ⓣ gnas-gzhan-gyi-rab-tu-dbye-ba. 중생(衆生)이 삼계(三界)로 전전함에 처하는 곳을 다 달리하는 뜻. 『대비바사론』 권131 「연납식 緣納息」(대정장27, p.681b16)에 "〔문〕 같은 취 같은 땅에서 처소가 차별하여 전전함은 서로에 대하여 인인가, 아닌가? 〔답〕 어떤 이는 인이 없다 설하는데 이는 뜻에 맞지 않는다. 응당 대종이 있어서 찰나이기 때문이다. 곧 오정거에 있는 대종은 시작 없는 생사는 일찍이 일으킨 적이 없기 때문이다. 問 同趣同地 處所差別展轉 相望爲有因不 答 有說 無因此不應理 應有大種是刹那故 謂五淨居所有大種 無始生死曾未起故", 『유가사지론』 권9(대정장30, p.320b25 : *Yogā-bh.*, p.195)에 "처소차별이란 욕계 중에 삼십육처의 생차별이 있고, 색계 중에 십팔처의 생차별이 있으며, 무색계 중에 사처의 생차별이 있으니, 이와 같이 모두 오십팔처의 생이 있음을 말한다. 處所差別者 謂欲界中 有三十六處生差別 色界中 有十八處生差別 無色界中 有四處生差別 如是總有五十八生 sthānāntaraprabhedataḥ kāmadhātau ṣaṭtriṃśatsu sthānāntareṣu. rūpadhātāvaṣṭādaśasu. ārūpyadhātau caturṣu sthānāntareṣu janma. tadabhisamasyāṣṭapañcāśajjanmāni bhavanti", 같은 책 권33(대정장30, p.470b19)에 "저 모든 하늘에게는 형색이 있을 리 없다. 이런 까닭에 또한 처소차별이 없다고 하지만 지은 바가 있어서 머무르기에 차별은 있다. 由彼諸天 無有形色 是故亦無處所差別 然住所作 有其差別", 『대승아비달마집론』 권5(대정장31, p.683c3)에 "무색계중에 따로 처소는 없어야 하기에 나는 과로서의 처소차별을 세울 수 없다. 그러나 삼품으로 말미암아 무색정을 익혀 닦기에 저 이숙이 생할 때 높은 곳도 있고 낮은 곳도 있으며 열함과 뛰어남도 있다. 於無色界中 無別處所故 不立生果處所差別 然由三品 熏修無色定故 彼異熟生時 有高有下 有劣有勝"라고 하였다. [참고문헌] 『大毘婆沙論』, 『瑜伽師地論』, 『大乘阿毘達磨集論』, *Yogā-bh.*

처식 處識 유정이 처한 기세간(器世間)에 대한 알음알이. 십일식(十一識) 중 하나다. 기식(器識)이라고도 한다. 『섭대승론』 권상(대정장31, p.118a23)에 "의타성상이란 무엇인가? 본식을 종자로 삼아 허망분별로 거둔 모든 식의 차별이다. 어떤 것이 그 차별인가? 즉 신식 … 수식·처식·언설식 등과 같은 식은 언설훈습의 종자를 인으로 하여 생긴다. 依他性相者 本識爲種子 虛妄分別所攝諸識差別 何者爲差別 謂身識 … 數識 處識 言說識 如此等識 因言說熏習種子生", 『섭대승론석』 권5(대정장31, p.181c12)에 "수식이란 하나로부터 아승기에 이르는 수에 대한 분별이고, 처식이란 기세계에 대한 알음알이다. 數識謂從一乃至阿僧祇數識 處識謂器世界識"라고 하였다. [참고문헌] 『攝大乘論』, 『攝大乘論釋』. ⇨ 기식 器識, 기세간 器世間, 십일식 十一識

처안 處安 조선 제9대 성종(재위 1469~1494) 때 경기도 양평 용문사(龍門寺)를 중수할 때 감독한 스님. 권상로의 『한국사찰전서』 권하 p.869a17에 따르면 1480년(성종11) 세조의 비인 정희왕후(貞熹王后)가 처안을 보내어 감독하여 용문사를 중수토록 하였다. [참고문헌] 『韓國寺刹全書』 권하. ⇨ 용문사 龍門寺 ❷

처영 處英 조선중기 선조(재위 1567~1608) 때 승병장. 호는 뇌묵(雷默). 어려서 전주 금산사(金山寺)에서 휴정(休靜)을 은사로 하여 스님이 되었다. 임진왜란(1592) 때 휴정의 격문을 받고 호남지방에서 1,000여 명의 승병을 규합하였다. 유정(惟政)이 관동지방에서 규합한 700여 명과, 휴정이 관서(關西) 지방에서 모은 1,500여 명 등 5,000여 명의 의승군(義僧軍)이 함께 평안도 순안(順安) 법흥사(法興寺)에 집결하여 유정(劉綎) 총병(總兵)이 인솔하고, 명나라에서 온 응원군과 함께 왜병을 평양에서 몰아낸 다음, 이어 개성과 서울을 탈환하기에 앞서 전라도 순변사(全羅道巡邊使)인 권율(權慄)장군과 함께 금산 배고지 전투에서 크게 전공을 세웠고, 1593년(선조26) 2월 권율의 군사를 따라 북상하다가 수원 독왕산성(禿旺山城)에서 마주한 왜적의 공격도 격퇴했다. 그리고 권율과 함께 서울의 행주산성(幸州山城) 싸움에서 700여 승병을 이끌고 왜병 3만과 교전하여 적병 2만 4천여 명의 사상자를 내어 임진왜란 중 최대의 대첩(大捷)을 거두었다. 이로 인해 나라에서 절충(折衝)장군이라는 직함도 내렸다. 관군 및 명군(明軍)과 합하여 평양·개성·서울 등 전투에서도 혁혁한 전공을 세웠다. 1594년(선조27)에는 도원수인 권율장군의 명으로 의령(宜寧)에서 군사를 이끌고 남원(南原)의 교룡산성(蛟龍山城)을 쌓았다. 금산사에 전라우도(全羅右道)의 규정소(糾正所)를 두었을 때 제일세총섭(第一世總攝)의 명을 받아 전라우도의 모든 사찰을 통괄하였다. 이런 공적으로 1794년(정조18) 왕명으로 해남 대흥사(大興寺)의 표충사(表忠祠)와 묘향산(妙香山)의 수충사(酬忠祠)에 휴정(休靜)·유정(惟政)과 함께 스님의 영정(影幀)도 안치토록 했다. [참고문헌] 『宣祖實錄』, 『正祖實錄』, 『朝鮮佛敎通史』 권하 p.826. ⇨ 대흥사표충사 大興寺表忠祠, 수충사 酬忠祠

뇌묵대화상진
원광대박물관 조선후기

처용 處容 동해용의 아들. 신라 헌강왕(재위 875~886)의 정사를 도왔으며, 「처용가 處容歌」를 불러 역신(疫神)을 물리쳤다. 이후로 나라사람들은 처용의 모습을 문에 붙여 벽사진경하였고, 용들을 위해 왕은 망해사(望海寺)를 지었다. 『삼국유사』 권2(대정장49, p.976b28·한불전6, p.295b17) 기이(紀異)2 처용랑망해사(處容郞望海寺)에 "왕이 수레를 돌이키려고 하다가 낮에 물가에서 쉬는데 갑자기 구름과 안개가 자욱해져 길을 잃게 되었다. 왕은 괴이하게 여겨 좌우에게 물으니 일관이 아뢰기를, '이는 동해용이 일으킨 변괴입니다. 마땅히 뛰어난 일을 행하시어 푸십시요'라고 하였다. 이에 유사에게 칙명을 내려 용을 위해 불사를 열도록 했다. 王將還駕 晝歇於汀過 忽雲霧冥噎 迷失道路 怪問左右 日官奏云 此東海龍所變也 宜行勝事以解之 於是勅有司 爲龍創佛寺", "가까운 곳에 시행령이 내려지자 구름 걷히고 안개 흩어졌으므로 인하여 개운포라 이름하였다. 동해용이 기뻐하며 이에 일곱 아들을 데리고 수레 앞에 나타나 덕을 찬탄하고 춤을 추며 풍악을 연주하였다. 그 한 아들이 수레를 따라 서울로 들어와 왕정을 도왔으니 이름은 처용이다. 近境施令已出 雲開霧散 因名開雲浦 東海龍喜 乃率七子現於駕前 讚德獻舞奏樂 其一子隨駕入京 輔佐王政 名曰處容", "왕이 미녀로 아내를 삼아주어 그의 뜻을 머물게 했고, 또한 급간의 벼슬을 내렸다. 그 처가 매우 아름다워 역신이 흠모해 사람으로 변해서 사람이 없는 밤에 그 집에 이르러 몰래 함께 잤다. 처용이 밖에서 돌아와 잠자리에 두 사람이 있는 것을 보고는 이에 노래를 부르고 춤을 추며 물러났다. 王以美女妻之 欲留其意 又賜級干職 其妻甚美 疫神欽慕之 變無人夜至其家 竊與之宿 處容自外至其家 見寢有二人 乃唱歌作舞而退", "노래는 이렇다. 동경 밝은 달에 밤들어 노니다가 집에 들어와 자리를 보니 다리가 넷이러라. 둘은 내 것이고 둘은 뉘 것인고? 본디는 내 것이다마는 앗은 것을 어찌할꼬! 歌曰 東京明期月良 夜入伊遊行如可 入良沙寢矣見昆 脚烏伊四是良羅 二肹隱吾下於叱古 二肹隱誰支下焉古 本矣吾下是如馬於隱 奪叱良乙何如爲理古", "이때에 역신이 모습을 드러내 앞에 무릎 꿇고 말하기를, '제가 공의 아내를 탐내어 지금 범했습니다. 공이 보고도 노하지 않으니 감동하여 아름답게 여깁니다. 맹세코 지금 이후로는 공의 모습을 그린 것만 보아도 그 문에 들지 않겠습니다' 하였다. 時神現形 跪於前曰 吾羨公之妻 今犯之矣 公不見怒 感而美之 誓今已後 見畫公之形容 不入其門矣", "이로 인해 나라 사람들이 문에 처용의 모습을 붙여서 삿됨을 물리쳐 기쁨에 나아가게 되었다. 왕이 이미 돌아와서는 영취산 동쪽 기슭의 경치 좋은 곳에 절을 세우니 망해사인데, 또한 신방사라고도 이름하는데, 곧 용을 위해 세운 것이다. 因此國人門帖處容之形 以僻邪進慶 王旣還 乃卜靈鷲山東麓勝地置寺 曰望海寺 亦名新房寺 乃爲龍而置也"라고 하였다. [참고문헌] 『三國遺事』. ⇨ 망해사 望海寺 [1], 신방사 新房寺

처용무 處容舞 처용탈을 쓰고 추는 벽사(辟邪)춤이자 가장 오래된 궁중무용. 처용희(處容戱)라고도 한다. 『임하필기』 권12 문헌지장편(文獻指掌編) 「처용무」에 "처용놀이는 신라에서 비롯되었다. 헌강왕 때에 한 신인이 개운포에 나타나서 왕도로 들어왔는데 그가 이 가무를 잘하였다고 한다. 세종 때에는 그 가사를 고쳐 짓고서 이름하여 봉황음(鳳凰吟)이라 하였으며, 세조 때에는 그 제식을 늘려 연주하였다. 처음에는 승도들의 불공드리는 것을 모방하여 여러 무희들이 함께 영산회상을 제창하고 악공들이 각기 악기를 가지고 연주를 하며 한 쌍의 학인과 다섯의 처용과 열 사람의 가면들이 모두 이를 따르게 하였다. 또 연화대로 꾸미기도 하였는데 연못 앞에 큰 연꽃봉오리를 만들어 놓고는 작은 무희가 그 안에 들어가면 보허자를 연주하고 쌍학이 그 곡을 따라서 춤을 추다가 나아가서 연꽃봉오리를 터뜨리면 한 쌍의 작은 무희가 연꽃 속에서 뛰쳐나와 뛰면서 춤을 춘다. 그리고 또 다른 무희가 나무아미타불을 부르다가 다시 관음찬을 하면서 세 바퀴를 두루 돌아서 밖으로 나오게 한다. 창경궁에서는 여인들이 춤추고 노래하게 하였다 하고, 창덕궁에서는 악동이 노래하게 하였다 하였으니, 먼동이 틀 때까지 연주하고 악공과 무희들에게 각각 포물을 내려 주어서 벽사토록 하였다. 불꽃놀이(觀火禮)는 군기시가 주관하는데, 두꺼운 종이를 겹겹이 겹쳐 만든 포통 안에 석유황, 염초, 반묘, 유회 등을 채우고는 그 끝에 불을 붙였으며, 연기가 나고 불길이 치솟아서 포통의 종이가 찢어지면서 그 소리가 천지를 진동하였다. 이제현이 시를 지어 이와 같은 처용가무를 풀었는데, '저 옛날 신라에는 처용 노인이 있었다네. 저 푸른 바다중에서 나왔다 하네. 붉은 입술에 하얀 이 드러내며 밤달을 노래하고 소맷자락 날개인듯 봄바람에 춤추었다네'라 하였다. 處容之戱 肇新羅 憲康王時 有神人 現於開雲浦 來入王都 好歌舞 世宗改撰謌詞 名曰鳳凰吟 世祖增其制而奏之 初倣僧徒供佛 羣妓齊唱靈山會 伶人 各執樂器 雙鶴人 五處容 假面十人 皆隨行 又作蓮花臺戱 池前置大蓮萼 有小妓 入其中 樂奏步虛子 雙鶴隨曲而舞 就啄蓮萼 雙小妓挑萼而出 跳躍而舞 有妓唱南無阿彌陀佛 又唱觀音贊 三周回匝而出 昌慶宮用妓樂 昌德宮用歌童達曙奏樂 各賜伶妓布物 爲闢邪也 觀火之禮 軍器寺主之 以厚紙疊裡砲筒中 納石硫黃塩硝斑猫柳灰等物 付火其端 則烟生火熾 筒紙皆破 聲振天地 李齊賢 作詩解處容歌舞曰 新羅昔日處容翁 見說來從碧海中 貝齒頳唇歌夜月 鳶肩紫袖舞春風"라고 하였다. 『세종실록』 권30 7년(1425) 12월 29일 갑오(甲午)에 "그날 밤 나례를 올리고 … 전악서에서는 처용무를 올렸다. 是夜 進儺戱 … 典樂署進處容舞"고 하였고, 조선의 기본법전으로 1484년(성종15)에 반포된 『경국대전』 예전(禮典) 봉황음에는 "세종이 윤회에게 가사를 짓도록 명하였는데, 이내 옛 글귀를 모아 바쳤다. 모든 연향 및 처용무 정재에 연주하는데, 다만 처용무 가사는 처용가를 쓴다. 我世宗命尹淮 撰歌詞 乃集古句以進 一應宴享及處容舞呈才用之 但處容舞歌詞 則用處容歌"고 하였다. 처용무는 청홍황흑백의 다섯 가지 옷을 입은 처용이 추기에 '오방처용무 五方處容舞'라고도 하는데, 1867년(고종4)에 간행된 『육전조례』 권5 예전(禮典) 장악원(掌樂院) 총례(總例)에는 "처용무는 다섯 명이 춘다. 處容舞五名"라고 하였다. 현재 국가무형문화재로 지정되었으며, 2009년에 유네스코 인류무형문화유산으로 등재되었다. 〔참고문헌〕『林下筆記』, 『世宗實錄』, 『經國大典』, 『六典條例』. ⇨ 처용 處容

처원성 處遠性 Ⓢ deśa-viccheda-dūratā, Ⓣ yul-gyis-ring-ba-nyid. 처한 곳이 서로 멀리 떨어져 있는 성. 사종원성(四種遠性 : 相遠性 治遠性 處遠性 時遠性) 중 하나다. 『구사론』 권21(대정장29, p.111b28 : *Abh-k-bh.*, p.321)에 "멀다라는 자성에는 모두 네 가지가 있다. … 셋째 처원성이다. 동해와 서해처럼 비록 함께 한 세계 중에 있지만 방처가 떨어져 있기에 역시 원이라고 한다. 遠性總有四種 … 三 處遠性 如東西海 雖復俱在一世界中 方處隔故 亦名爲遠 aturvidhā kila dūratā … deśa-viccheda-dūratā yathā viprakṛṣṭa-deśānāṃ deśa-vicchedāt pūrva-paścima-samudravat", 『구사론소』 권21(대정장41, p.716b23)에 "'셋째 처원성이다에서 역시 원이라고 한다'까지는 세 번째 처원을 풀이한 것이다. 동해와 서해처럼 함께 한 세계 중에 있어 같은 물이고 그 모양 또한 다르지 않고, 현재 함께 하기에 그 시간으로도 멀지 않지만 동서로 떨어져 있기에 원이라고 한다. 三 處遠性 至 亦名爲遠 釋第三處遠也 如東西海 同在一世界中 同是水故 相又非遠 同現在故 時又非遠 東西處隔 故名爲遠"라고 하였다. 〔참고문헌〕『俱舍論』, 『俱舍論疏』, *Abh-k-bh.* ⇨ 사종원성 四種遠性, 상원성 相遠性, 치원성 治遠性, 시원성 時遠性

처율 處律 조선후기 스님. 법호는 해은(海恩). 『동사열전』 권5 「보운선사전 寶雲禪師傳」(한불전10, p.1055b1)에 보운석일(寶雲碩一 1813~1883)의 제자라고 하였다. 〔참고문헌〕『東師列傳』.

처익 處益 1813~1888. 조선후기 순천 송광사(松廣寺) 스님. 호는 용운(龍雲), 실호는 경암(警庵 또는 敬庵), 속성은 이(李)씨. 본관은 완산(完山). 효령대군(孝寧大君)의 후예. 아버지의 휘는 춘필(春弼), 어머니는 밀양 박씨. 1813년(순조13) 10월 7일 전라남도 곡성군 석곡면 용계리에서 태어났다. 총명하여 10세 전후에 이미 배운 것은 모두 외우지 않음이 없었다. 15세 때인 1827년(순조27) 순천 송광사로 찾아가 남일(南日)을 은사로 정하고 행자생활을 하다가 17세 때 스님이 되었고, 이어 20세에 기봉(奇峰)율사로부터 비구계를 받았다. 제봉운고(霽峰雲皐)에게 선참(禪懺)제자가 되었으며, 침명한성(枕溟翰醒) · 성암(惺庵) · 인파(印波) 등 선지식을 두루 참방하였다. 27세 때인 1839년(헌종5)에 보봉(寶峰)의 법을 이어 받았으니 석가(釋迦)의 제72세 적손(嫡孫)이며 태고(太古)의 제15세이고 부용영관(芙蓉靈觀)의 제10세 법손인 셈이다. 1842년(헌종8) 3월 2일 송광사의 낙하당(落霞堂 : 道成堂)에서 화재가 발생하여 법당 및 승료(僧寮) 등 2,152칸이 전소되었다. 이 때 스님이 서원을 세우고 앞장서서 이듬해에 대웅전 · 명부전 · 응향각 등을 중건하고, 14년 만인 1856년(철종7)에 복원 불사를 마무리하였으니 이 때 스님의 나이 30세였다. 또한 1860년(철종11)에는 지봉우기(智峰祐祈)와 함께 해남 대흥사(大興寺) 표충서원(表忠書院)을 중수하였으며, 이어서 산양(山陽 : 전남 寶城)의 대원사(大原寺) · 곡성(谷城)의 길상사(吉祥寺) · 운봉(雲峰)의 백장사(百丈寺) · 통도사(通度寺)의 계단(戒壇) · 해인사(海印寺)의 인경(印經) · 서울 봉은사(奉恩寺)의 간경(刊經) · 삼각산 태고사(太古寺)의 중수 · 정선 갈래사(葛來寺)의 석탑(石塔) · 양주 회암사(檜岩寺)의 산송(山訟) · 전주 금산사(金山寺) 큰법당 불상개금 · 전주 송광사 3종불상 개금 등 많은 불사를 봉행하였다. 그리고 1859년(철종10) 철종으로부터 호남표충사〈서산대사〉도총섭(湖南表忠祠都摠攝)과 함께 영남표충사〈사명대사〉도총섭 · 도내도총섭(道內道總攝) 등의 직책을 역임하였고, 1885년(고종22) 여름에는 조정에서 특별히 판서(判書)의 교지도 내렸다. 1888년(고종25) 5월 5일 세수 76, 법랍 61세를 일기로 순천 송광사에서 입적하였다. 제자에는 응해성홍(應海晟弘) · 한운한오(漢雲漢悟) · 구연법선(九淵法善) 등이 있다. 조성희(趙性熹)가 비문을 짓고 금명보정(錦溟寶鼎)이 써서 1924년에 세운 비가 순천 송광사에 있다. 〔참고문헌〕『東師列傳』 권4 「龍雲禪伯傳」(한불전10, p.1045a12), 『茶松文稿』 권1 「松廣寺大功德主龍雲堂大禪師行狀」(한불전12, p.713a23), 權相老 『朝鮮佛敎略史』 p.245, 「龍雲大宗師碑銘」(『曹溪山松廣寺史庫』, 亞細亞文化社, p.651), 「順天松廣寺龍雲堂處益大宗師碑文」(智冠 『韓國高僧碑文總集 朝鮮朝 · 近現代』, pp.738~741). ⇨ 경암 敬庵, 용운당처익대사행장 龍雲堂處益大師行狀

용운대종사비
순천 송광사 1924년

처장사 處藏寺 경상북도 성주군에 있었던 절. 1019년(현종10)부터 1031년(현종22) 동안 정도사(淨兜寺)에 5층석탑을 건립하는 과정을 기록한 「정도사오층석탑조성형지기」에 경산부에 있는 처장사의 주지가 탑이 완성된 1031년 12월에 사리를 봉안한 일이 기록으로 전한다. 〔참고문헌〕「淨兜寺五層石塔造成形止記」(노명호 등 『韓國古代中世古文書硏究』上, 서울대출판부, 2000), 『韓國寺刹全書』 권하 p.1061b10.

처적 處寂 648~734. 당대 정중종(淨衆宗) 스님. 속성은 당(唐)씨. 면주(綿州 : 四川省) 부성(浮城) 출신. 당화상(唐和尙)이라고도 한다. 『송고승전』 권20(대정장50, p.836b8)에는 주(周)씨로 되어 있다. 대대로 유학(儒學)의 가풍을 이어온 집안에서 태어났다. 열 살에 아버지를 잃고 출가한 뒤에 지선(智詵)에게 사사를 받았다. 보수(寶修) 문하에서 수행했다고도 한다. 북쪽으로 올라가 고행을 닦다가 측천무후(則天武后)의 부름을 받아 궁으로 들어가서 예가사(豫袈裟)를 받았다. 그 뒤에 사천성으로 돌아가 자주덕순사(資州德純寺)에 주석하였다. 제자로 정중사(淨衆寺) 무상(無相)이 있다. 734년(개원22) 세수 87세로 입적하였다. 생몰연대에 관해서 이설도 있다. [참고문헌] 『宋高僧傳』, 『景德傳燈錄』 권4(대정장51, p.224b22), 『傳法正宗記』 권9(대정장51, p.766a29). ⇨ 지선 智詵 ❷, 무상 無相 ❷

처중 處中 ❶ Ⓢ madhyama, madhyamā, Ⓣ dbu-ma. 중(中)에 처하다. 고락(苦樂), 선악(善惡), 상견(常見)과 단견(斷見), 증익(增益)과 손감(損減) 등 대립하는 것들의 그 끝을 떠나 중도(中道)를 취하는 것을 말한다. 『잡아함경』 권34(대정장2, p.245b21)에 "만약 본래부터 아가 있다고 하면 이는 상견이고, 지금 끊어져 사라진다 하면 단견이다. 여래는 이 두 끝을 여의어 중에 처해 법을 설하신다. 若先來有我則是常見 於今斷滅則是斷見 如來離於二邊 處中說法", 『유부율파승사』 권6(대정장24, p.127b25 : *Saṅ-v.*, p.134)에 "출가한 사람은 두 부류의 그릇된 스승을 가까이 하지 않아야 한다. 무엇이 두 부류인가? 첫째는 범부의 하열하고 세속적인 법에 즐겨 집착하고 음욕을 탐해 즐거워하는 이이고, 둘째는 스스로 자신의 몸을 괴롭혀 온갖 과실을 짓는 이다. 이 모두는 성자가 행할 법이 아니다. 이 둘은 그릇된 법으로서 출가한 사람이라면 멀리 버려야 할 것이다. 내게는 처중의 법이 있으니 이를 수행하는 이는 청정한 눈과 대지혜를 얻어 등정각인 적정열반을 성취한다. 무엇이 처중의 법인가? 바로 팔성도다. 出家之人不得親近二種邪師 云何爲二 一者 樂著凡夫下劣俗法 及耽樂婬欲處 二者 自苦己身 造諸過失 並非聖者所行之法 此二邪法 出家之人當須遠離 我有處中之法 習行之者 當得淸淨之眼及大智慧 成等正覺寂靜涅槃 何爲處中法 所謂八聖道 dvāv imau bhikṣavo 'ntau pravrajitena na sevitavyau, na vaktavyau, na paryupāsitavyau, yaś ca kāmeṣu kāmasukhālayānuyogo hīno grāmyaḥ prākṛtaḥ pārthagjanikaḥ, yaś cātmaklamathānuyogo duḥkho 'nāryo 'narthopasaṃhitaḥ. ity etāv ubhāv antāv anupagamya asti madhyamā pratipaccakṣuṣkaraṇī jñānakaraṇī upaśamasaṃvartanī abhijñāyaiva saṃbhodhaye nirvāṇāya saṃvartate. madhyamā pratipat katamā. āryāṣṭāṅgo mārgaḥ", 『유가사지론』 권13(대정장30, p.345b22)에 "또한 두 끝을 멀리 여의는 처중의 관행이 있으니, 무엇인가 더해 있게 하여 유(有)의 끝으로 가는 길을 여의는 것이고, 아무것도 없을 것이라 여겨 허무의 끝으로 달리는 것을 여의는 것이다. 復有遠離二邊處中觀行 謂離增益邊 離損減邊", 같은 책 권38(대정장30, p.504b14 : *Bodh-bh.*, p.78)에 "영원한 것의 그 끝에 삿되게 집착함을 능히 다스리기 위해 처중의 행을 설하고, 모든 것은 끝내 사라져 아무것도 없다는 삿된 집착을 버리게 하기 위해서도 중에 처하는 행을 설한다. 爲說能治常邊邪執處中之行 爲說能治斷邊邪執處中之行 śāśvatāntāsadgrāha pratipakṣeṇa madhyamāṃ pratipadaṃ deśayati. ucchedāntāsadgrāha pratipakṣeṇa madhyamāṃ pratipadaṃ deśayati", 『유가사지론석』(대정장30, p.883c6)에 "여래께서 출세하시어 마땅함을 따라 방편으로 갖가지 묘법으로써 처중의 실상을 설해 유정들로 하여금 일체법은 이러이러해서 공이기에 유가 아니고, 이러이러해서 유이기에 공이 아니며, 제법은 공도 아니고 유도 아님을 밝게 통달해 의혹과 전도와 편집을 멀리 여의고서 각 종성에 따라 처중의 행을 일으켜 점차 닦아 차오르게 하고, 그 응함에 따라 온갖 장애 사라지게 하여 삼보리(Ⓢ saṃbodhi : 正等覺)를 얻고 적멸의 낙마저 증하게 하셨다. 如來出世 隨其所宜 方便爲說 種種妙法 處中實相 令諸有情 知一切法 如是如是 空故非有 如是如是 有故非空 了達諸法 非空非有 遠離疑惑 顚倒僻執 隨其種姓 起處中行 漸次修滿 隨其所應 永滅諸障 得三菩提 證寂滅樂"라고 하였다. [참고문헌] 『雜阿含經』, 『有部律破僧事』, 『瑜伽師地論』, 『瑜伽師地論釋』, *Saṅ-v.*, *Bodh-bh.* ⇨ 중도 中道 ❷ 길지도 짧지도 않게 하다. 『유가사지론』 권85(대정장30, p.772c25)에 "또 나머지 것들은 중간 정도로 설하셨기에 중아급마라 한다. 復以餘相 處中而說 是故說名中阿笈摩", 『유가론기』 권22(대정장42, p.817a2 · 한불전14, p.706b22)에 "'중간 정도의 설'이라고 하였으니, 이는 길지도 소략하지도 않기 때문이다. 言處中而說者 以非廣非略故"라고 하였다. [참고문헌] 『瑜伽師地論』, 『瑜伽論記』.

처중도 處中道 중도에 처하다. 『증일아함경』 권9(대정장2, p.588c25)에 "모든 현자여! 마땅히 알라. 탐욕이라는 병은 매우 큰 재환이다. 진에 역시 그러하다. 탐음과 진에를 멸하면 곧바로 중에 처하는 길을 얻어서, 혜안이 생기며 지혜가 생기고 온갖 결박을 쉬어 열반에 이른다. 諸賢當知 貪之爲病 甚大災患 瞋恚亦然 貪婬瞋恚滅者 便得處中之道 眼生智生 諸縛休息 得至涅槃", 『대보적경』 권4(대정장11, p.25a17)에 "만약 표해 보이지 않거나 드러내 보일 것이 없게 하지도 않아야 중도에 처한다. 만약 중도에 머문다면 분별이 없다. 이 중(中)에서 분별해 끊기 때문이다. 若非表示 非不表示 則處中道 若處中道 則無分別 以於此中 分別斷故"라고 하였다. [참고문헌]『增壹阿含經』,『大寶積經』. ⇨ 중도 中道

처중무표 處中無表 처중으로 얻은 드러나 보이지 않는 업. 처중업에 따라 생겨난 무표이니 일부러 지어서 얻거나(由作故得), 받아 가져서 얻거나(由受故得), 아낌없이 버려서 얻는다(由捨故得). 지계(持戒)·서원(誓願)·보시(布施) 등에 의해 얻어지지만 보이지 않는 것들이다.『입아비달마론』권상(대정장28, p.981b22)에 "처중무표라 하니 때로는 짓는 것으로 말미암아 얻는 것이니 은근히 깨끗한 마음이나 맹리한 번뇌로 제다(Ⓢ caitya)를 예찬하거나 남을 때리는 일 등의 행위 등을 말한다. 또는 받아서 얻기도 하니, '만약 부처님을 위해 만다라를 만들기 전까지는 결코 먼저 식사하지 않겠다'라는 등의 서원 등이다. 또는 아낌없이 보시해서 얻으니, 정사·좌구·원림을 만들어 스님들에게 보시하는 등이다. 이러한 무표마저 버리려면 등기심도 지은 바 일들도 함께 끊어지고 무너져야 하기 때문이다. 處中無表 或由作故得 謂殷淨心猛利煩惱 禮讚制多及捶打等 或由受故得 謂作是念 若不爲佛造曼茶羅終不先食 如是等願 或由捨故得 謂造寺舍敷具園林 施苾芻等 捨此無表 由等起心及所作事俱斷壞故"라고 하였다. [참고문헌]『入阿毘達磨論』. ⇨ 처중 處中 [1], 무표 無表

처중무표사유육연 處中無表捨由六緣 처중무표를 버리는 여섯 가지 연. 수심·세력·작업·사물·수명·선근(受心 勢力 作業 事物 壽命 善根)이 끊어지고 무너지면(斷壞) 처중에 유지되던 무표는 사라진다.『구사론』권15(대정장29, p.80a27)에 "논한다. 처중무표를 버리는 것은 여섯 가지 연으로 말미암는다. 論曰 處中無表捨由六緣", "받은 마음 끊어져 무너져야 버리게 되니, 이전에 수지한 바를 버리면서 '나는 지금부터 이전에 수지한 바를 버리겠다'고 마음으로 말하는 것이다. 一 由受心斷壞故捨 謂捨所受 作是念言 我從今時棄先所受", "세력이 단괴됨으로써 버리게 되니 청정한 믿음이나 번뇌의 세력에 이끌린 무표이니, 저 두 가지가 세력이 다해 단괴될 때 이 무표는 곧바로 사라진다. 마치 시위를 떠난 화살이나 옹기장이의 물레가 당기는 세력이 다할 때 곧바로 멈추는 것과 같다. 二 由勢力斷壞故捨 謂由淨信煩惱勢力所引無表 彼二限勢若斷壞時無表便捨 如所放箭及陶家輪 弦等勢力盡時便止", "작업이 단괴됨으로써 버리니 앞서 받은 바대로 뒤에 다시 짓지 않는다. 三 由作業斷壞故捨 謂如所受後更不作", "사물이 단괴됨으로써 버리게 된다. 사물이란 무엇인가? 보시한 정사·자리·제다·원림과 설치한 덫·그물 등의 사물을 말한다. 四 由事物斷壞故捨 事物者何 謂所捨施寺舍敷具制多園林 及所施爲罝網等事", "수명이 단괴됨으로써 버린다. 의지하는 몸이 바뀌었기 때문이다. 五 由壽命斷壞故捨 謂所依止有轉易故", "선근이 단괴됨으로써 버리게 된다. 가행을 일으켜 선근을 끊을 때 곧바로 선근으로 이끌린 무표를 버리게 된다. 六 由善根斷壞故捨 謂起加行斷善根時 便捨善根所引無表"라고 하였다. [참고문헌]『俱舍論』.

처중사 處中捨 중에 처해 애착이 없는 것.『순정리론』권30(대정장29, p.511c2)에 "또한 모든 중생에게는 세 부류의 차별이 있다. 첫째는 치우쳐 애착해 즐기는 것이니 드러나 애착할 만한 경계이고, 둘째는 쉬지 않고 많이도 바라고 희망함이니 미래에 애착할 경이다. 셋째는 모든 경에 있어서 중에 처해 애착이 없는 것이다. 단식은 세 부류의 중생 모두를 이익되게 하며, 촉식은 현재의 경에 대해 애락하는 이만을 따로 이익되게 하며, 사식은 미래의 경에 대해 희구하는 이만을 따로 이익되게 하며, 식식은 모든 경계에 대해 처중의 사를 일으키는 이만을 따로 이익되게 한다. 或諸衆生 有三種別 一偏愛樂 現可愛境 二 多希求 當可愛境 三 於諸境 起處中捨 段食總益此三衆生 觸食別益愛現境者 思食別益希當境者 識食別益處中捨者"라고 하였다. [참고문헌]『順正理論』. ⇨ 처중 處中 [1], 사식 四食

처중수 處中受 Ⓢ vedanā madhya. 중에 처해 치우침이 없는 상태. 불고불락(不苦不樂)의 사수(捨受 Ⓢ upekṣā-vedanā)다.『구사론』권3(대정장29, p.14c20 : *Abh-k-bh.*, p.41)에 "'중'이란 즐겁지도 즐겁지 않지도 않은 것이니 바로 불고불락수에 해당하는데, 이는 중에 처하는 수로서 사근을 말한다. 이와 같은 사근은 신수인가, 심수인가? 두 가지에 통한다고 해야 할 것이다. 中謂非悅非不悅 卽是不苦不樂受 此處中受 名爲捨根 如是捨根 爲是身受 爲是心受 應言通二 〈bhāṣya〉 naiva śātānāśātā aduḥkhāsukhā vedanā madhyetyucyate. sopekṣendriyam. kiṃ kāyikī caitasikītyāha. 〈kārikā〉 ubhayī",『섭대승론석』권10(대정장31, p.446b24)에 "'이와 같은 청정불토를 수용함에 있어 일향에 깨끗하고 묘하다' 하였는데, 부정이 없기에, 더러움을 여의었기 때문이다. '한결같이 안락하다'라고 하였는데, 고수도 처중수도 없기 때문이다. '한결같이 죄가 없다'라고 하였는데, 불선도 무기도 없기 때문이다. '한결같이 자재하다'라고 하였는데, 바깥 연을 기다리지 않기에, 잠깐 마음을 일으켜서도 온갖 일을 이룰 수 있기 때문이다. 受用如是淸淨佛土一向淨妙者 無不淨故 離糞穢故 一向安樂者 無有苦受及處中受故 一向無罪者 無有不善及無記故 一向自在者 不待外緣故 暫起於心 衆事辦故"라고 하였다. [참고문헌]『俱舍論』,『攝大乘論釋』, *Abh-k-bh.*

⇨ 불고불락수 不苦不樂受, 사수 捨受, 처중 處中 ❶

처중업 處中業 처중의 업. 비율의비불율의(非律儀非不律儀)의 업이니, 선업이든 악업이든 작정하고 때를 정해 행하지 않기에 율의(律儀)를 지키는 일도 불율의(不律儀)를 행한 것도 아니어서 중에 처한 업이라고 한다. 말하자면 타인과 함께 해서 드러내 약속하고 행하거나 그 약속을 어기게 되는 행위 밖에 처중업을 따로 둠으로써 오히려 약속한 율의로 함께 하는 인간행위의 수승함을 의미있게 한다. 『대비바사론』 권70(대정장27, p.362b11)에 "(天中有를 제한) 나머지 세 중유는 처중의 업으로 얻은 과이기에 움직일 때마다 머리와 발이 같아 위 아래가 없다. 餘三中有 是處中業 所得果故 隨行動時 首之與足 等無上下", 『구사론』 권17(대정장29, p.90b21 : *Abh-k-bh.*, p.253)에 "아귀와 방생에게는 율의가 없으니 처중의 업도만이 있고, 색계 중생에게는 율의만이 있으며, (인취의) 세 주와 욕계천에는 두 가지 다 있다. 謂鬼傍生 有離律儀處中業道 若於色界 唯有律儀 三洲欲天 皆具二種 te punastiryakpreteṣu saṃvaranirmuktā rūpadhātau tu saṃvarasaṃgṛhītā anyatrobhayathā", 『유가론기』 권14(대정장42, p.616c11・한불전14, p.67a24)에 "아래에서는 불율의 등의 삼업에 대해 밝힌다. 글은 넷으로 나누었는데, 첫째는 악율의의 업을 밝히고, 둘째는 선율의의 업을 밝히며, 셋째는 처중의 업을 밝혔다. … 이 아래 세 번째에서는 처중의 업에 대해 밝힌다. 신어의의 업이 비록 선일지라도 율의는 아닌 것이니, 때를 정해 열반 구하기를 일으킨 것이 아니기 때문이고, 비록 온갖 악을 일으키더라도 평생을 하겠다고 정해서 일으킨 것이 아니기에 악율의로는 거둘 수 없다. 下明不律儀等三業 文分爲四 初 明惡律儀業 二 明善律儀業 三 明處中業 … 自下第三明處中業 身語意業雖善 非是律儀 以不要期求涅槃起故 雖起衆惡 而不要期一期活命故 非惡律儀攝"라고 하였다. [참고문헌] 『大毘婆沙論』, 『俱舍論』, 『瑜伽論記』, *Abh-k-bh.* ⇨ 비율의비불율의 非律儀非不律儀, 처중 處中 ❶

처중행 處中行 중에 처해 행하다. 『불지경론』 권6(대정장26, p.319b8)에 "모든 중생들 헤아리길 고행을 닦으면서 악을 그치고 선을 일으키면 비로소 보리를 얻는다고 생각하는데, 저들을 교화하기 위해 먼저 저들과 같이 온갖 고행을 닦아 보이셨고, 계만을 지켜서도 청정을 얻을 수 없고 반드시 정과 혜를 말미암아야 청정을 얻을 수 있음을 드러내기 위해 고행을 버리고 처중행을 닦아 비로소 보리 얻음을 나타내신 것이다. 謂諸衆生計修苦行止惡起善方得菩提 爲化彼故 先示同彼修諸苦行 爲顯非但持戒得淨 要由定慧方得淨故 現捨苦行修處中行方得菩提", 『대비바사론』 권114(대정장27, p.590b5)에 "집에 사는 법 싫어해서 버리고, 집이 아닌 데로 벗어나서 향하여 쉼 없이 닦아 고행하였으나, 다시 이것마저 싫어 떠나서 처중행을 닦아 무상정등보리를 증득하셨다. 厭捨家法 出趣非家 勤修苦行 復還厭離 修處中行 證得無上正等菩提", 『유가사지론』 권97(대정장30, p.854a24)에 "무엇을 내법 제자와 외도 제자는 품류를 함께 하지 않는다고 하는 것인가? 외도 제자는 유견(有見)으로 상변에 떨어지거나 또는 무견(無見)으로 단변에 떨어지지만 … 내법 제자는 처중행을 수행하여 이 두 극단을 멀리 여읜다. 云何內法弟子與外道弟子不同品類 謂外道弟子 或墮有見常邊 或墮無見斷邊 … 內法弟子 行處中行 遠離二邊"라고 하였다. [참고문헌] 『佛地經論』, 『大毘婆沙論』, 『瑜伽師地論』. ⇨ 처중 處中 ❶, 중도 中道

처진 處珍 1652~1726. 조선후기 간성(杆城 : 高城) 건봉사(乾鳳寺) 스님. 호는 해곡(海谷). 간성 출신. 아버지의 휘는 술(述), 어머니는 윤씨부인이다. 어느 날 밤 꿈에 큰 별빛이 방안을 비추어 주는 태몽을 꾼 다음 임신하여 1652년(효종3) 태어났다. 어릴 때 스스로 발심하여 건봉사로 찾아가 스님이 된 후, 계율을 배우고 비구계를 받았다. 배운 지식은 없으나 지혜 뛰어나 항상 대중을 이끄는 지도자의 품격을 지녔고 염불 수행 또한 게을리하지 않았다. 1726년(영조2) 2월 2일 세수 75, 법랍 57세를 일기로 입적하였다. 화장한 후 영골을 얻어 석종(石鍾)을 다듬어 안치한 부도가, 월봉쌍식(月峰雙式)이 비문을 짓고 익붕(翼鵬)이 써서 1739년(영조15)에 세운 비와 함께 간성 건봉사에 있다. [참고문헌] 「金剛山海谷堂大師出世碑」(『乾鳳寺本末事蹟』, p.53), 「高城乾鳳寺海谷堂處珍大師碑文」(智冠 『韓國高僧碑文總集 朝鮮朝・近現代』, p.354).

처진 處眞 당대 조동종(曹洞宗) 스님. 조산본적(曹山本寂 840~901)의 제자. 양주(襄州 : 湖北省) 녹문산(鹿門山) 화엄원(華嚴院)에 주석하였다. 『경덕전등록』 권20(대정장51, p.364b12)에 "'어떤 것이 화상의 가풍인지요?' '소금은 있지만 식초는 없다' '어찌해야 도인인가요?' '입은 있지만 콧구멍 닮았다'. 問 如何是和尙家風 師曰 有鹽無醋 問 如何是道人 師曰 有口似鼻孔"라는 등의 문답이 전한다. [참고문헌] 『景德傳燈錄』, 『聯燈會要』 권25(卍속장136, p.850a16), 『祖堂集』 권11(대장경보편25, p.524b5). ⇨ 본적 本寂 ❷

처착 覰著 간파하다. 알아차리다. 엿보다. 처파(覰破)와 통한다. 『조산어록』 권하(대정장47, p.541b1)에 "조산이 다시 어떤 학인에게 '크게 보임하는 사람은 그 무엇을 보임한단 말인가?' 하고는 스스로 답했다. '종일 등 뒤에 있지만 본 적은 없다네'. 師又擧問僧 大保任底

人 保任個什麽 自代曰 終日在背後 不曾覩著",『대우수지어록』(고존숙어록25, 卍속장118, p.480b1)에 "금강왕의 보검이라면 감히 정안으로도 엿볼 수 없으니, 보았다 한 즉시 몸도 목숨도 잃게 되리. 若是金剛王寶劍 不敢正眼覩著 覩著卽喪身失命"라고 하였다. 〔참고문헌〕『曹山語錄』, 『大愚守芝語錄』. ⇨ 처파 覩破

처처경 處處經 후한(後漢) 148년(건화2)에서 170년(건녕3) 사이에 안세고(安世高) 한역. 1권. 제법(諸法)에 관한 갖가지 법상을 모아 놓은 경전. 한역 경전 중 초기 역경에 속한다. 고려장20, pp.1093b1~1100b10, No.808・대정장17, pp.523c3~528b10, No.730에 수록되어 있다. 일관된 편제는 없이 50여 항목으로 되어 있는데, 불(佛)・보살(菩薩)・아라한(阿羅漢)・벽지불(辟支佛) 등의 법들을 매우 단적으로 기술하고 있으며, 계(戒)에 관한 항목도 시설하고 있다.

처처식 處處食 ⓢⓟ paraṃpara-bhojana. 때 아닌 때 여기저기 다니며 공양을 받는 일. 평소에는 금하지만 옷을 보시받을 때(衣施)만 예외로 행한다. 삭삭식(數數食)・전전식(展轉食) 등이라고도 한다. 『마하승기율』 권16(대정장22, p.352c21)에 "또 부처님께서는 사위성에 머무셨는데 비사거녹모가 해마다 승가를 청하여 음식과 옷을 보시하였다. 이때 기원정사에 60명의 병든 비구가 있어 그들만이 그 집에 당도하자 비사거녹모가 말했다. '아사리들이시여! 기원정사에는 500의 중승이 있는데 지금 무슨 인연으로 60의 비구들만 정해 오셨습니까?' 復次 佛住舍衛城 毘舍佉鹿母 年年請僧 飮食施衣時 祇洹精舍 有六十病比丘 來到其家 毘舍佉鹿母言 阿闍梨 祇洹精舍 有五百衆僧 今有何因緣 正有六十比丘來", "비구들이 우바이에게 말했다. '세존께서 제계하시길 처처식은 안 된다 하셨으니, 병자만은 괜찮다 하셨기에 병든 비구들이 온 것입니다'. 비사거녹모가 말했다. '아사리들이시여! 세인들에게는 정히 청식에 끝이 있습니다. 제 음식을 드신 이에겐 제가 마땅히 옷을 보시하겠지만, 제 음식을 드시지 않은 이에겐 제가 옷을 보시할 수 없습니다. 아사리들이시여! 이렇게 옷을 보시할 때엔 혹시 처처식 제계를 열어주실 수 있는지 가서 부처님께 말씀해 주십시오'. 諸比丘語優婆夷言 世尊制戒 不得處處食 唯聽病者 是故 諸病比丘來 毘舍佉鹿母言 阿闍梨 世人正以請食爲限 若食我食者 我當施衣 若不食者 我不施衣 阿闍梨 此施衣時 可往白佛 或有開聽", "비구들은 이 인연으로 가서 세존께 말씀드렸다. 이에 부처님께서 비구들에게 말씀하셨다. '비사거녹모는 지혜롭고 총명하다. 오늘부터 옷을 보시할 때에는 허락한다'. 諸比丘 以是因緣 往白世尊 佛告諸比丘 毘舍佉鹿母 是黠慧聰明 從今日聽施衣時", 『마하승기율대비구계본』(대정장22, p.552c10)에 "만약 비구가 병들었을 때나 의시가 아닌 때 처처식을 한다면 바야제다. 若比丘 處處食 除病時 衣時 波夜提"라고 하였다. 〔참고문헌〕『摩訶僧祇律』, 『摩訶僧祇律大比丘戒本』, *Prāt-m.35.*, *Vin.4.78.* ⇨ 삭삭식 數數食, 전전식 展轉食

처처자설명자부동 處處自說名字不同 곳곳에서 스스로 설하지만 이름은 같지 않다. 무시이래로 성불해 있는 여래가 중생의 기연에 응하여 시방삼세 곳곳에서 갖가지 이름으로 나투시어 불법을 설한다는 뜻. 『법화경』 권5 「여래수량품 如來壽量品」(대정장9, p.42c1)에 "선남자들이여! 어떤 중생이 내가 있는 곳으로 온다면 나는 불안으로 그 믿음 등 근들의 이둔을 관해서 마땅히 제도해야 할 곳에 따라 처처에서 직접 설해서, 이름이 다르고 수명도 다를 것이며 또 다시 나퉈 장차 열반에 들 것이라 말하고, 종종 방편으로 미묘법을 설하여 능히 중생으로 하여금 환희심을 발하게 할 것이다. 諸善男子 若有衆生 來至我所 我以佛眼 觀其信等諸根利鈍 隨所應度 處處自說名字不同 年紀大小 亦復現言 當入涅槃 又以種種方便 說微妙法 能令衆生 發歡喜心"라는 말에 의지해서 『법화경구해』 권6(卍속장48, p.149b11)에 "곳곳에서 응신이라 자칭하지만 명호는 각각 다르며 수명의 대소 또한 다르다. 處處自稱應身 名號各各不同 及以年紀大小亦異", 『법화경대성』 권7(卍속장51, p.363b6)에 "'처처' 이하는 모습을 달리하는 이익이다. 횡으로 논한즉 과거의 시방국토이고, 세워 논한즉 과거의 중간에 곳곳에서 인을 행했던 국토다. 處處下 形益也 橫論卽昔日十方國土 竪論卽過去中間之處處行因國土也", "'이름이 같지 않다'란, 모습이 이미 나타나면 바로 이름이 있게 되니 이름으로 몸을 부르기 때문이다. 기에 대소가 있으므로 모습에도 승열이 있으니, 열은 열응신으로 소승 근기에 입히고, 승은 승응신으로 대승 근기에 입힌다. 이는 불법계신을 잡아 이름이 같지 않다. 만약 9법계에 나툰 몸이라면 무량무변하니 가히 뜻으로 얻을 수 있다. 名字不同者 形旣現矣 則有名字 因名召體 機有大小 形有勝劣 劣是劣應 被小機 勝是勝應 被大機 此約示現佛法界身 名字不同也 若現九法界身 無量無邊 可以意得", "수명이 같지 않으며 이름도 같지 않고 나툰 몸도 다르니, 이들은 전부 제도해야 함에 따라 이익되게 함이다. 壽命不同 名字不同 現身亦異 此皆隨所應度而利益之"라고 하였다. 〔참고문헌〕『法華經』, 『法華經句解』, 『法華經大成』.

처처전진 處處全眞 처처가 온통 진실이라네. 물물전진(物物全眞)・물물전창(物物全彰)・두두전진(頭頭全眞)・두두현로(頭頭顯露) 등과도 통하는 뜻이다. 『벽암록』 36칙 「송 頌」(대정장48, p.174c8)에 "처음에는 향기로운 풀을 따라 떠났다가〈잘못이 적지 않다. 풀밭에 떨어진 일이 이번 한 번만이 아니다. 다행히 앞에서 말해버리긴 했다〉, 다시 지는 꽃을 좇아 돌아오네〈곳곳이 온통 참되거늘. 우습구나 돌아오다니. 발 빠진 진흙탕 그 깊이 석자라네〉. 始隨芳草去〈漏逗不少 不是一回落草 賴値前頭已道了〉 又逐落花回〈處處全眞 且喜歸來 脚下泥深三尺〉"라고 하였다. 〔참고문헌〕『碧巖錄』. ⇨ 물물전진 物物全眞, 물물전창 物物全彰, 두두전진 頭頭全眞, 두두현로 頭頭顯露

처태위 處胎位 Ⓢ garbha-avasthā, Ⓣ mngal-na-gnas-pa'i-dus. 통상팔위(通相八位) 중 모태에 머무는 때. 『유가사지론』 권2(대정장30, p.289a21)에 "(팔위 중) 처태위란 갈라람 등의 위를 말한다. 處胎位者 謂羯羅藍等"라고 하였다. 〔참고문헌〕『瑜伽師地論』, *Yogā-bh.49*. ⇨ 갈라람 羯羅藍, 통상팔위 通相八位, 태내오위 胎內五位, 태장팔위 胎藏八位

처파 覰破 간파하다. 엿보다. 처착(覰著)과 통한다. 『황룡혜남어록』(대정장47, p.637c25)에 "법좌에 올라 '승당이 부엌을 엿보고, 솔개는 불전 등성마루를 물었다. 분명하게 말해 주어도 오히려 알지 못하는데, 하물며 덮어 둔다면 어찌겠는가!'라고 말한 뒤 선상을 치고 법좌에서 내려왔다. 上堂 僧堂覰破香積廚 鴟鵂咬殺佛殿脊 明明向道 尙乃不會 豈況蓋覆將來 擊禪床 下座"라고 하였다. 〔참고문헌〕『黃龍慧南語錄』. ⇨ 처착 覰著

처포 覰捕 살펴 잡들이다. 눈여겨 보아 놓지 않다의 뜻이다. 『경석적유집』 권4 「남명혜광장 南明惠廣章」(卍속장117, p.968a13)에 "불꽃 일듯 하니 만유에 응해서 다함이 없고, 고요하다 하니 한 법 찾으려 해도 찾을 수 없다. 한 점(♦)은 신령하게 밝아서 저 쟁반 위의 구슬 같다. 이 밝은 마음으로 무슨 마음인들 밝히지 못하겠는가? 이것으로 뜻을 드러내면 무슨 이치인들 드러나지 않겠는가? 분별과 모양으로 찾는즉 치우쳐 보지 못하리니, 무심으로 기울여 잡들이면 그 자성이 온통 드러나리라. 그대들이여! 모름지기 발밑을 향하여 끝까지 가 보면 비로소 얻으리라. 其熾 也應萬有而不窮 其寂 也覓一法而不有 者點靈明 如珠在盤 以此明心 何心不明 以此顯理 何理不顯 所以道 有意相尋偏不見 無心覰捕體全彰 諸人 須向脚跟下 究取始得", 『금산퇴암도기선사어』 「보설 普說」(속고존숙어요6, 卍속장119, p.157a18)에 "십이시 중에 때때로 보아 잡들이다가 문득 분별의 티끌이 다하고 알음알이의 길도 끊어져, 저 푸른 하늘 만리에 한 조각 구름마저 없으니, 어찌 해 머리 들지 않을까 근심하랴! 十二時中 時時覰捕 驀然泯情塵 絕知解 如晴空萬里 不挂片雲 何患日頭不出也"라고 하였다. 〔참고문헌〕『徑石滴乳集』, 『金山退菴道奇禪師語』.

처현 處玄 신라 스님. 『삼국유사』 권3(대정장49, p.1001b12 · 한불전6, p.339b16) 탑상(塔像)4 오대산문수사석탑기(五臺山文殊寺石塔記)에 "절마당의 석탑은 신라인이 세운 것이다. … 옛날에 연곡현 사람이 배를 타고 바닷가에서 고기를 잡다가 홀연히 탑 하나가 배를 쫓아옴을 보았다. … 그러나 탑의 위치가 약간 동쪽이어서, 중앙이 아님을 이상히 여겨 현판 하나를 쳐다보았는데, '비구 처현이 예전에 이곳에 머물 때 갑자기 절마당 중심으로 옮겼더니 20여 년 동안 아무런 영험이 없었다'고 하였다. … 여러 스님이 바로 깨닫고는 옛 자리로 다시 옮겼는데 지금 자리이다. 庭畔石塔 盖新羅人所立也 … 昔連谷縣人具船沿海而漁 忽見一塔隨逐舟楫 … 然怪其置塔 稍東而不中 於是仰見一懸板云 比丘處玄曾住此院 輒移置庭心 則二十餘年間寂無靈應 … 衆僧乃悟 復移舊處 今所立者是也"라고 하였다. 〔참고문헌〕『三國遺事』.

처호 處湖 조선후기 스님. 호는 추곡(秋谷). 『서역중화해동불조원류』 「금상어제태고비각현판 今上御製太古碑閣懸板」(한불전10, p.108a18)에는 월저도안(月渚道安 1638~1715)의 십법사(十法嗣) 중 한 분이다. 월성비은(月城費隱 1710~1778)의 『월성집』 문(文)의 「추곡당수석권문 秋谷堂樹石勸文」(한불전10, p.396a18)은 추곡처호의 탑비를 세우고자 권하는 글인데, "우리 스님 때에 명백한 자취 있음은 대략 통문 중에 들어 이미 여러 곳에 알렸습니다. … 탑에 몸을 담지 말고 돌에 자취를 새기지 말라는 것은 또한 스님이 평소 쌓은 바이지만, 후예로 사모하고 슬퍼하는 이들은 위의 일을 일으키지 않을 수 없습니다. … 바라건대 뭇 단월은 어진 이가 재물 흩으는 풍모를 사모하고 군자가 선한 일을 즐기는 뜻을 본받아, 마땅히 써야할 곳에 재물을 쓰고 마땅히 베풀 곳에 베풀기를 바랍니다. 我師時明有事跡 擧大槩於通文中 已頒告於諸處 … 至於毋以塔藏形 毋以石記跡 亦師之素所蓄積 後裔之慕義悲愴者 不得不興於右務 … 願諸檀那 慕仁人散財之風 效君子樂善之志 用財於當用 施財於當施"라고 하였다. 〔참고문헌〕『西域中華海東佛祖源流』, 『月城集』.

척 尺 계척(戒尺) 또는 계척(界尺)을 말한다. 『선림상기전』 권18(대장경보편19, p.744a5)에 "척 : 계척을 줄여서 척이라 부르기도 한다. 『환주청규』 「개감로문법 開甘露門法」에 '자리에 들 때 척을 한 번 친다' 하였다. 도충이 말한다. '부대사가 (梁武帝 앞에서) 척을 휘둘렀다 탁자에 내려놨다고 했는데, 계척(界尺)이며 본서의 「기물문 器物門」 계척 항목을 보라'. 尺 戒尺 或單稱尺 幻住淸規 開甘露門法云 入座鳴尺一下 忠曰 傅大士 以尺揮桉者 界尺也 見器物門界尺處"라고 하였다. 〔참고문헌〕『禪林象器箋』. ⇨ 계척 戒尺, 계척 界尺

척구라 蹠俱羅 Ⓢ Cakra의 음사어. 새 이름. 비취조(翡翠鳥). 『일체경음의』 권34(대정장54, p.532c24)에 "척구라〈범어이고, 척(蹠 : 蹠)의 독음은 녹이다. 서역의 비취조 이름이다. 중국에는 이 새가 없다〉. 蹠俱羅〈梵語 音鹿 西方翠鳥名也 此方無此鳥也〉"라고 하였다. 〔참고문헌〕『一切經音義』, 『大乘百福相經』(대정장16, p.330a9).

척기미모 剔起眉毛 눈썹 치켜 올리다. 가리는 것 없도록 여지없이 보다. 『설두어록』 권2(대정장47, p.683c10)에 "법좌에 올라 말했다. '말벌은 해묵은 보금자리에 연연하지 않고, 용맹한 장수는 집에서 죽지 않는다. 만일 이러한 이라면 들려주는 소식 듣자마자 눈썹 치켜 올리고 문득 행한다'. 上堂云 胡蜂不戀舊時窠 猛將不在家中死 若是箇漢 聊聞擧著 剔起眉毛便行", 『대혜어록』 권12 「장령탁화상 長靈卓和尙」(대정장47, p.860a23)에 "지금 이 노인을 알고자 한다면 눈썹 치켜 올리고 가려내야 한다. 가주의 큰 코끼리가 한 방 맞았는데, 섬부의 무쇠소가 피를 흘린다. 而今要見這老人 剔起眉毛須辨別 嘉州大像喫一棒 陜府鐵牛流出血", 『벽암록』 22칙 「평창 評唱」(대정장48, p.164a15)에 "그대들 머뭇거린 즉시 목숨을 잃으리라. 눈썹 치켜 올리고도 보지 못하니, 어딜 향해 가버렸는가? 爾若擬議 則喪身失命 剔起眉毛還不見 向什麽處去也", 『속전등록』 권20 「화장허외전 華藏虛外傳」(대정장51, p.601c4)에 "'스님께서는 오랫동안 주머니 속에 보배를 쌓아두신 지 오래라고 알고 있습니다. 오늘 법연에 당해 빌려 볼 수 있는지요?' '눈썹이나 치켜 올리라!' '본 다음에는 어떻게 하는지요?' '다소 분명할 것이다'. 僧問 知師久蘊囊中寶 今日當筵 欲借看 師曰 剔起眉毛 僧云 見後如何 師曰 多少分明", 『박산참선경어』 권하(卍속장112 p.959a10)에 "현사가 말했다. '움직임은 생사를 일으키는 바탕이고 고요함은 혼침에 취하는 마을이며, 움직임과 고요함 모두 없애면 아무것도 없는 지경에 떨어지고 움직임과 고요함을 모두 거두어들이면 얼굴만 커서 아무 생각 없는 불성이리라'. 〔평〕 행하는 이들 다분히 움직임을 싫어하여 고요함에 취하지만 고요함이 오래되면 다시 움직일 생각을 한다. 반드시 눈썹 치켜 올리고 동정의 소굴 때려 부수어야 비로소 도인이 마음 쓴다 하리라. 玄沙云 動則起生死之本 靜則醉昏沉之鄕 動靜雙泯 卽落空亡 動靜雙收 顢頇佛性 評 行人多厭動取靜 靜久復思動 須剔起眉毛 打破動靜窠臼 始是道人用心也", 『통현백문』(卍속장119, p.340a15)에 "울음을 그치게 하려 노란 잎 보게 했으니, 눈썹 치켜 올리고 행할 일이지 분별하며 머뭇거리지 마라. 止啼黃葉好生看 剔起眉毛休擬議"라고 하였다. 〔참고문헌〕『雪竇語錄』, 『大慧語錄』, 『碧巖錄』, 『續傳燈錄』, 『博山參禪警語』, 『通玄百問』.

척담 尺潭 19세기 초 대구 팔공산(八公山) 동화사(桐華寺) 스님. 회암정혜(晦庵定慧 1685~1741)의 5세 법손이고, 영정이 동화사성보박물관에 봉안되어 있다. 〔참고문헌〕『팔공산 동화사』(동화사 · 국립대구박물관, 2009) p.184. ⇨ 정혜 定慧 ❸

척당 倜儻 ❶ 무리 중에 뛰어나다. 『양고승전』 권8 「석법원전 釋法瑗傳」(대정장50, p.376c4)에 "법원은 어려서 활달하였고 두루 뛰어나 무리와 달랐으며 길에서 빈한한 이를 보면 문득 옷을 벗어 주었다. 출가하고 처음에는 양주 사문 축혜개를 모셨다. 瑗幼而闊達 倜儻殊群 路見貧寒 輒脫衣爲惠 初出家事梁州沙門竺慧開", 『일체경음의』 권89(대정장54, p.874c1)에 "척당〈앞 자는 정과 력을 반절한 음이고, 뒤 자는 탕과 랑을 반절한 음이다. 사마상여의 「봉선서」에 '남보다 뛰어나며 변화를 다한다', 고야왕은 '척당은 출군과 같다', 『사기』에 '기위를 즐겼으니 무리중에 뛰어났다'라 한 말이 이것이다. 『고금정자』에서는 '척당 두 자는 전부 인(人)이 부수이며 척과 당은 다 소리다' 하였다〉. 倜儻〈上汀歷反 下湯朗反 司馬相如封禪書云 倜儻窮變也 顧野王云 倜儻猶出群也 史記云 好奇偉倜儻 是也 古今正字 倜儻二字 並從人 從倜黨皆聲也〉"라고 하였다. 〔참고문헌〕『梁高僧傳』, 『一切經音義』. ⇨ 척당불군 倜儻不群 ❷ 두루 어울려 구애되지 않음. 『운문광록』 권중(대정장47, p.554a1)에 "운문이 대중에게 보여 말했다. '서천의 28조와 이 땅의 6조와 천하노화상들 모두 다 주장자 끝에 있다. 곧바로 알아차려서 어딜 봐도 분명하지만 단지 절반쯤 왔을 뿐이다. 그렇지만 이마저도 허용해 주지 않는다면 온통 여우 귀신이리라'. 師示衆云 西天二十八祖 唐土六祖 天下老和尙 總在拄杖頭上 直饒會得 倜儻分明 秖在半途 若不放過 盡是野狐精", 『원오어록』 권9(대정장47, p.752c3)에 "어딜 보아도 분명하다면 눈앞에 법 없고 흉중에 마음 없어 위로는 성인들을, 아래로는 범부를, 밖으로는 일체경계를, 안으로는 안이비설신의 보는 일 없어서 문득 통하여 일체와 같게 되리니, 무슨 결제해제 말하겠는가! 쇠망치 단번에 성현의 보금자리를 때려 부수고 단칼에 생사의 그루터기 끊어버린다. 若向箇裏 倜儻分明 目前無法 胸中無心 上不見諸聖 下不見凡夫 外不見一切境界 內不見眼耳鼻舌身意 便能通同一切 說什麽結制解制 一鎚擊碎聖賢窠窟 一刀截斷生死根株"라고 하였다. 〔참고문헌〕『雲門廣錄』, 『圜悟語錄』.

척당불군 倜儻不群 기세 뛰어나 무리짓지 않는다. 『종용록』 86칙 「평창 評唱」(대정장48, p.823a9)에 "설두는 '임제 놓아버리는 곳 짐짓 위태롭지만 거둬들임 또한 매우 빠르다' 했고, 천동은 저 부자가 기세 뛰어나 무리짓지 않아서 황벽의 용처 임제가 전래했음을 보고는 긴요한 곳 가려내어 송을 내었다. 雪竇云 臨濟放處較危 收

來太速 天童見他父子倜儻不群 黃蘗用處 臨濟傳來 揀緊切處頌出", 『양고승전』 권2 「구마라집전 鳩摩羅什傳」(대정장50, p.330a11)에 "구마라집은 동수라 한역하며 천축 출신이다. 집안 대대로 국상이었으며 조부 달다는 빼어나 무리지을 수 없었으니 나라에 명성이 드높았고, 아버지 구마염 또한 총명하고 아름다운 절개가 있었다. 장차 국상의 자리를 이를 터였지만 사양하고 물러나 출가하였다. 鳩摩羅什 此云童壽 天竺人也 家世國相 什祖父達多 倜儻不群 名重於國 父鳩摩炎 聰明有懿節 將嗣相位 乃辭避出家"라고 하였다. [참고문헌] 『從容錄』, 『梁高僧傳』. ⇨ 불군 不群, 척당 倜儻 ❶

척륜 擲輪 간자(簡子)를 던져 선악(善惡)을 점치며 돌아보는 일. 『삼국유사』 권4(대정장49, p.1007b18・한불전6, p.350a20) 의해(義解)5 진표전간(眞表傳簡)에 "부처님이 말씀하시기를 '이는 진을 벗어나는 상으로, 베어내고 털어내는 물이다'라고 하셨다. 이에 의지하면 곧 『점찰경』에서 간자를 던져 상을 얻는 일과 어찌 다르겠는가. 佛言 是離塵之相 割拂之物也 據此則與占察經 擲輪得相之事 奚以異哉", 1137년(인종15)에 권적(權適 1094~1147)이 쓴 「지리산수정사기 智異山水精社記」(『동문선』 권64)에 "무릇 절에 드는 이는 존망을 묻지 않고 이름을 새겨 간자를 만들었다. 매 15일마다 『점찰업보경』의 말씀에 의지해 간자를 뽑아 던져 선악의 보를 점쳤다. … 악보에 빠진 사람은 모인 대중들이 대신 참회해야 했으니, 다시 간자를 던져서 선보가 나와서야 그칠 수 있었다. 또한 처음에 선보를 얻었다가 나중에 악보로 떨어질까 염려하기도 하였다. 해마다 한 번씩 간자를 던져 점치는데, 혹 거듭 떨어지게 되면 다시 대신 참회하길 처음과 같이 하게 했다. 凡與於入社者 無問存亡 刻名爲簡 每値半月 依占察業報經說 出簡擲輪 占善惡之報 … 其陷惡報者 會衆爲之代懺 還復擲輪 得善報乃已 又慮其有初得善報而後墮惡報 乃復於每年 一擲輪以占之 如或顚墜 則復代懺如初", 『연담대사임하록』 권2 「새해 첫날 元日」(한불전10, p.236c12)에 "세시에는 척륜목을 놀이 삼았다. 윤목에 홍점이 있으면 노라고 하고 우로 삼고, 흑점이 있으면 치로 부르고 열로 삼는다. 때문에 던질 때 치라고 노라고 외친다. 歲時 擲輪木爲戲 輪木紅點爲盧 爲優 黑點爲雉 爲劣 故擲時喝雉呼盧"라고 하였다. [참고문헌] 『三國遺事』, 『東文選』, 『蓮潭大師林下錄』. ⇨ 점찰법회 占察法會

척리 隻履 한 짝뿐인 신발. 서쪽으로 돌아가는 달마 손에 한 짝뿐인 신발 들려 있었으니, 나머지 한 짝은 장사 지낸 관 속에 남아 있었다. 이 고사에서 유래한 말이다. 『허당록』 권6 「불조찬 佛祖讚」(대정장47, p.1030b23)에 "서귀 : 벽보고 관하길 9년이더니 표주박물 맞아도 몸 벗어날 길 없자 굳이 살가죽과 골수 나누고 말았네. 신발 한 짝 들고 처량하게 어디로 돌아갔던가! 달 밝은 새벽에 웅이산 생각하네. 西歸 壁觀九年 葫蘆按水 無計脫身 强分皮髓 隻履恓恓何處歸 月明後夜思熊耳", 『불조통기』 권29(대정장49, p.291b12)에 "달마는 우문 천성사로 가 단좌한 채로 입적하였는데 대통 원년(527) 10월 5일이었으며, 문인들이 전신을 받들어 웅이산 정림사에 장사지냈다. 이듬해에 사자(使者) 송운이 서역에서 돌아오는 길에 손에 신발 한 짝을 들고서 날아가듯 혼자 가던 달마대사를 만났다. 송운이 귀국하여 이를 말하자 문인들이 무덤을 파 보았는데 빈 관 속에 신발 한 짝만 남아 있었다. 往禹門千聖寺 端坐示寂 卽大統元年十月五日也 門人奉全身 葬熊耳山定林寺 明年 使者宋雲西域回 遇師手携隻履 翩翩獨邁 雲歸爲言 門人開壙視之唯空棺隻履"라고 하였다. [참고문헌] 『虛堂錄』, 『佛祖統紀』. ⇨ 달마사후휴척리서귀 達磨死後攜隻履西歸, 수휴척리 手携隻履, 일척리 一隻履

척리서귀 隻履西歸 신발 한 짝 들고 서쪽으로 돌아가네. 『벽암록』 55칙 「송 頌」(대정장48, p.189c16)에 "신발 한 짝만 들고 서쪽으로 돌아갔다가 그것마저 잃어버렸다〈조상이 할 일 마치지 못하면 화는 후손에게 미친다. 나 같으면 때려서라도 '어째서 여기 있소!' 하리라〉. … '신발 한 짝만 들고 서쪽으로 돌아갔다가 그것마저 잃어버렸다' 하니, 영특한 거북이 꼬리 끌듯 하였네. 바로 이것이 설두가 몸 뒤쳐 소식을 전한 구다. 옛사람이 이르길 '살아 있는 구 참할 뿐이지, 죽은 구 참하지 마라' 하였다. 기왕에 잃어버렸으면 그만이지 저 한덩이 불되어 어째서 도리어 다투는 것일까? 隻履西歸曾失却〈祖禰不了 累及兒孫 打云 爲什麽却在這裏〉 … 隻履西歸曾失却 靈龜曳尾 此是雪竇轉身爲人處 古人道 他參活句 不參死句 旣是失却 他一火 爲什麽 却競頭爭"라고 하였다. [참고문헌] 『碧巖錄』. ⇨ 달마사후휴척리서귀 達磨死後攜隻履西歸

척맥 隻麥 보리 알 하나. 부처님께서 6년 동안 설산에서 고행 수도하실 때 하루에 삼씨와 보리 한 알씩 잡수셨다는 말. [참고문헌] 『元亨釋書』 권11. ⇨ 단마 單麻

척반대 擲盤臺 평안북도 희천군 남면 부성동 묘향산(妙香山)에 있었던 암자. 보운자희(普運子禧)가 1879년(고종16)에 쓴 「희천군묘향산척반대사적기 熙川郡妙香山擲盤臺事蹟記」(『조선사찰사료』 권하, p.162)에 "위성 남쪽 묘향 북쪽에 정사가 하나 있는데 그 이름이 척반대다. 이름을 정한 이 누구인가? 신라도인 원효가 이곳에서 도를 깨달았다네. … 어느 날 혜안으로 중원을 살펴보니 큰 절을 짓고 있었다. … 증사로 참여한 자가 천벌을 받아 땅이 무너질 연에 처하여 이 불사에 모인 대중이 모두 함몰되려 할 때 어디선가 날아온 소반 하나 높이 뜨기도 하고 낮게 뜨기도 하면서 도량을 둘러보다가 가버렸다. 대중이 모두 기괴하다 하며 좇아가보니 뒤에 땅은 내려앉았고 증사 또한 빠지는 화를 입었다. 소반이 멈춘 것을 보니 소반 중에 '해동원효가 소반을 날려 여러 사람을 구한다'는 글이 있었다. 이 까닭으로 편액하였다. 威城之南 玅香之北 有一精舍 厥號擲盤臺 安名者誰 新羅道人元曉 悟道於斯 … 一日 慧眼觀之中原有大作佛捨 … 衆證師天罰地陷緣 此會衆咸沒之際 有一盤自無何以來 或高或抵 揭道場而去 會衆咸言奇怪而隨出後地陷 證師被陷沒之禍 盤止視之 則盤中有海東元曉擲盤救衆人字 所以扁額也山"라고 하였다. 이 이야기는 『허정집』 권하 「속향산록 續香山錄」(한불전9, p.524a13)에도 전하는데, 삼화상(三和尙)이 거처하던 척반대에 중국 하무산(霞霧山)의 절에서 계법(戒法)도 듣지 않고 스스로 머리 깍고 스님이 된 이가 지전(知殿)이 되어 향화(香火)를 맡아 있다가 땅이 무너지려 한 화를 소반이 날아와 면한 일이다. [참고문헌] 『朝鮮寺剎史料』, 『虛靜集』, 『梵宇攷』, 『韓國寺剎全書』 권하 p.1061b11.

척수차일 隻手遮日 한 손으로 해를 가리다. 무어라 해도 진실 다 드러내지 못하고 어떻게 한다 한들 진실 다 가리지 못하는 비유다. 『허당록』 권2(대정장47, p.1001c23)에 "'임제 회하의 동서양당 수좌가 만나서 일제히 할하였다고 하는데, 이 뜻은 무엇인지요?' '가난해지려고 다투지 부자가 되려고 다투지 않는다' '어떤 학인이 「이 두 할에도 손님과 주인이 있습니까?」 묻자 임제가 「손님도 주인도 역연하다」라고 한 말은 또 무슨 뜻인지요?' '한 손바닥으로 해를 가린다'. 僧問 臨際會下 兩堂首座相見 齊下一喝 此意如何 師云 鬪貧不鬪富 僧云 有僧問 此兩喝 還有賓主也無 際云 賓主歷然 又作麼生 師云 隻手遮日"라고 하였다. [참고문헌] 『虛堂錄』.

척쌍금전 隻雙金錢 Ⓢ dīnāra-śatera, Ⓣ dong-tse-gcig-dang-gnyis. 하나가 둘이 되는 금전. 근사율의를 가진 이가 사미가 되어 근책율의를 가지고 다시 나아가 비구의 구족계를 가지게 됨을 비유한 말이다. 『구사론』 권14(대정장29, p.72c9 : *Abh-k-bh.*, p.206)에 "만약 재가계(近事律儀) 좇아 사미계(勤策律儀)를 받고, 다시 사미율의 좇아 비구계(苾芻律儀)를 받는다. 이 세 가지 율의 멀리 여의는 방편 늘려 구족하게 하기에 따로따로 이름 세웠다. 마치 하나가 두 개 되는 금인 듯하여 나아가 5에서 10과 20이 되고 그 바탕 각각 다르지만 구족함은 단번에 문득 생긴다. 세 가지 율의 그 바탕 서로 섞일 일 없고 그 모양도 각각 다르지만 갖추고 만족한 구족계는 문득 생겨난다. 若從近事律儀受勤策律儀 復從勤策律儀受苾芻律儀 此三律儀 爲由增足 遠離方便立別別名 如隻雙金錢 及五十二十 爲體各別 具足頓生 三種律儀 體不相雜 其相各別 具足頓生 〈bhāṣya〉 ya upāsakasaṃvarācchrāmaṇerasaṃvaraṃ samādatte tasmācca punarbhikṣusaṃvaraṃ kiṃ te saṃvarā virativṛddhiyogādanyo ′nya ucyante pañcadaśa viṃśativat dīnāraśateravacca āhosvit pṛthageva te sakalā jāyante. āha 〈kārikā〉 pṛthak 〈bhāṣya〉 avyāmiśrā eva te pṛthaglakṣaṇā upajāyante", 『구사론소』 권14(대정장41, p.640c25)에 "하나에 다시 하나를 더한 것을 쌍이라 한다. 隻上加一 名之爲雙"라고 하였다. [참고문헌] 『俱舍論』, 『俱捨論疏』, *Abh-k-bh.* ⇨ 근사율의 近事律儀, 근책율의 勤策律儀, 구족계 具足戒

척악인인 擲惡人印 환희모(歡喜母 Ⓢ Harītī) 삼인(三印) 중 하나. 엄지로 무명지 끝을 누른 형태의 수인. 『대락차녀환희모병애자성취법』(대정장21, p.288b12)에 "다음으로 척악인인을 맺는다. 오른손의 엄지로 무명지 끝을 누르고 진언을 한 번 염송할 때마다 한번씩 저 악인을 향해 그것을 던지면 그 인상이 성립한다. 次結擲惡人印 以右手大指 捻無名指甲上 每誦眞言一遍 一度向彼惡人擲之 其印相卽成"라고 하였다. [참고문헌] 『大藥叉女歡喜母幷愛子成就法』. ⇨ 환희모 歡喜母

척안조 斥鷃鳥 메추라기. 다루기 어려운 것의 비유다. 척(斥)은 척(尺)으로도 쓴다. 『유가사지론』 권12(대정장30, p.338c20)에 "지나치게 책려하는 과실 때문에 오히려 극히 하열해지니, 마치 척안조를 급히 잡으려는 것과 같다. 由有太過策勵過故 還極下劣 如急捉持斥鷃鳥者", 『유가론기』 권4(대정장42, p.396b6 · 한불전13, p.258c12)에 "척안조란 수찰조다. 尺鷃鳥者 水札鳥也"라고 하였다. [참고문헌] 『瑜伽師地論』, 『瑜伽論記』.

척잠 陟岑 조선후기 스님. 『동사열전』 권4 「벽파선사전 碧波禪師傳」(한불전10, p.1045a1)에 "법명은 찬영이고 호는 벽파이다. … 두륜산에 출가하여 척잠에게 머리를 깎고 염의를 입었다. 師名贊英 號碧波 … 出家於頭輪山 剃染於陟岑"고 하였다. [참고문헌] 『東師列傳』.

척전 陟顚 조선후기 스님. 전라도 백운산(白雲山)에 오랫동안 주석하였다. 『추파집』 권2 「여척전대사서 與陟顚大師書」(한불전10, p.67a21)에 "지금 공경의 자제가 영락하여 공문에 들어온 이가 진실로 한둘이 아닙니다. 어찌 오직 그대 뿐이겠습니까? 當今公卿之子 零落入空門者 固非一二 豈獨君耶"라고 하였다. [참고문헌] 『秋波集』.

척전 滌篆 새로 부임하는 주지가 사인(寺印)을 점검하는 의식. 시전(視篆)이라고도 한다. 척은 씻어낸다는 뜻이니 날카로운 나무 끝으로 묻어 오래된 인주를 닦아내는 뜻에서 유래했다. 『선림상기전』 권9(불광장, 禪藏, p.591)에 "척전 : 시전은 척전이라고도 한다〈시전 부분을 보라〉. 옛 설에는 '작은 그릇에 물을 가득 준비하여 곁에 두고 나무를 가늘게 깎아 인감을 씻어내는 용도로 썼다'고 하였다. 滌篆 視篆亦曰滌篆〈見視篆處〉 舊說曰 小器盛水備傍 削細木 以爲滌印之用"라고 하였다. 〔참고문헌〕『禪林象器箋』. ⇨ 시전 視篆

척주당 滌珠堂 남자영가(男子靈駕)를 처음으로 관욕하는 집. 순천 송광사(松廣寺) 입구 비림(碑林)을 지나 능허교(凌虛橋 : 羽化閣) 못 미쳐 오른쪽 세월각(洗月閣) 곁에 위치하고 있는데, 일주문 쪽으로 북향(北向)을 하고 있다. 1998년 현고(玄皐)주지가 보수할 때 발견된 상량문에 따르면 1804년(순조4)에 창건하였다고 한다. 건평은 국사당(局司堂) 비슷한데 1평 남짓한 공간으로 용도는 49재 또는 천도재를 봉행할 때 상주(喪主 : 齋者)가 영가를 모시고 절에 왔으나 세속의 불결한 몸 그대로는 청정한 부처님 도량에 들어갈 수 없으므로 일단 이곳에서 목욕 즉 처음으로 관욕(灌浴) 하는 곳이다. 척주(滌珠)란 동글한 구슬을 씻는다는 말이어서 남자영가를 목욕시키는 곳이고, 이와 달리 여자영가를 목욕시키는 곳을 세월각(洗月閣)이라 하는데, 이러한 척주당과 세월각은 서울 정릉 경국사(慶國寺) 비림 남쪽에도 설치된 특이한 건물이다. 〔참고문헌〕『曹溪山松廣寺史庫』 p.73·344. ⇨ 세월각 洗月閣, 천류구 天類區

척지타국 擲枳陀國 예전의 제자카북티(Ⓢ Jejakabhukti)왕국. 오늘날 인도의 분델칸드(Bundelkhand)에 해당한다고도 하고, 웃자인(Ujjain)보다 북쪽의 치토르가르(Chitorgarh)라고도 한다. 『대당서역기』 권11(대정장51, p.937a9)에 "척지타국의 둘레는 사천여 리이고, 이 나라에서 큰 도성의 둘레는 십오륙리다. 토지는 비옥하여 농사가 잘 되며, 콩과 보리 경작에 알맞고 꽃과 열매도 풍성하다. 기후는 고르고 화창하며 사람들의 성품은 선하고 순한데, 외도를 믿는 이들이 많고 불법을 공경하는 이는 적다. 가람은 수십 곳이지만 스님들은 적다. 천사(天祠)는 십여 곳이고 외도는 천여 명이다. 왕은 바라문종인데, 삼보를 독실하게 믿으며, 덕 있는 이를 존중하니, 제방의 해박한 인사들이 이 나라에 많이 모여든다. 이곳에서 북쪽으로 구백여 리를 가면 마혜습벌라보라국에 이른다. 擲枳陀國 周四千餘里 國大都城周十五六里 土稱沃壤 稼穡滋植 宜菽麥多華菓 氣序調暢 人性善順 多信外道 少敬佛法 伽藍數十 少有僧徒 天祠十餘所 外道千餘人 王婆羅門種也 篤信三寶 尊重有德 諸方博達之士 多集此國 從此北行九百餘里 至摩醯濕伐羅補羅國"라고 하였다. 〔참고문헌〕『大唐西域記』, 『釋迦方志』 권하(대정장51, p.968a7). ⇨ 천사 天祠

척투제사 拓鬪提奢 Ⓢ cāturdiśya, Ⓟ cātuddisa의 음사어로 사방승물(四方僧物)의 뜻으로 점점 변하여 초제(招提)·척제(拓提)라 하게 되고 사원의 뜻이 되었다. 『석씨요람』 권상(대정장54, p.262c13)에 "초제 : 『증휘기』에 '범어 음사어 척투제사는 사방승물(四方僧物)이라 한역한다. 베껴 쓴 이가 척(拓)을 초(招)라 잘못 쓰고 투(鬪)와 사(奢)를 없애고 제(提)를 남겼기에 초제라 부르는데, 바로 지금 시방에서 모여들어 머물며 불법을 지키는 사원이 이것이다'라고 하였다. 招提 增輝記 梵云拓鬪提奢 唐言四方僧物 但筆者 訛拓爲招 去鬪奢 留提 故稱招提 卽今十方住持寺院 是也"라고 하였다. 〔참고문헌〕『釋氏要覽』. ⇨ 초제 招提❶

척호사 陟岵寺 ❶ 중국 섬서성(陝西省) 서안(西安)에 있는 절. 창건 연대는 알 수 없지만 서위(西魏) 535~556년 사이에 지장(智藏)이 머물렀다 하기에 그 이전에 건립되었음을 알 수 있다. 북주(北周) 문제(文帝)는 이 절 이외에도 장안에 추원사(追遠寺)·중흥사(中興寺) 등 다섯 절을 지어 천 명의 스님을 출가시켰는데, 도안(道安)도 무제(武帝) 때 이곳에 머물렀다. 574년(건덕3) 무제는 폐불을 단행하여 사탑을 허물고 스님들을 강제로 환속시켰는데, 6년 후 북제를 멸망시키고는 북제의 절과 불경도 훼손하였다. 오래지 않아 선제(宣帝)가 즉위하자 선제(先帝)의 조치를 바로잡고 579년(대상1) 4월에 본사를 부흥시켰으며, 낙양에 별도로 척호사를 세운 뒤 도판(道判)·보습(寶襲)·법순(法純)·법장(法藏)·언종(彦琮)·영간(靈幹) 등 도력 있는 120인을 선발하여 머리를 깎지 않은 채로 스님이 되게 하였는데, 칙명을 내려 보살승(菩薩僧)이라 불렀으며 이들 중 법장을 사주(寺主)로 삼았지만 법장을 비롯한 다수가 이를 완강히 사양하고 산림에 은둔하였다. 수 문제(文帝)가 다시 불교를 부흥하면서 대흥선사(大興善寺)로 개칭하였는데 전국사찰의 으뜸이다. 〔참고문헌〕『唐高僧傳』 권19(대정장50, p.518a16), 『僧史略』 권하(대정장54, p.252c27). ❷ 중국 하남성(河南省) 숭산(嵩山) 소림사(少林寺). 수 문제 때 척호사로 이름했다가 당대에 옛 이름을 회복하였다. ⇨ 소림사 少林寺

척확 尺蠖 자벌레. 나방의 유충을 말한다. 기어가는 모습이 자로 재는 듯하여 이렇게 부른다. 척(尺)은 척(蚇)으로도 쓴다. 『대지도론』 권18(대정장25, p.192a2)에 "너희들은 지혜를 애착하기에 열반을 얻지 못한다. 비유하면 마치 자벌레가 움츠려 뒷발을 안전하게 한 다음 앞발을 나아가게 하는 것과 같아서, 의지해 기어갈 만한 것이 다하면 다시 나아갈 곳이 없어 되돌아오듯 한다. 汝等愛著智慧故 不得涅槃 譬如尺蠖屈安後足 然後進前足 所緣盡無復進處而還", 『현종론』 권13(대정장29, p.837a3)에 "어떤 논사는 또 말한다. '마치 자벌레가 먼저 앞발을 놓고 나서 뒷발을 옮겨 디디듯이, 이와 같이 죽고 나는 곳 비록 떨어져 있지만 먼저 취하고 후에 버려서 다른 곳에 이를 수 있거늘 중유 있을 필요가 있겠는가?' 그러나 이와 같다면 두 유정이 아니게 돼서, 두 갈래 취의 두 가지 마음이 함께 해야 하는 과실을 범하게 된다. 또한 자벌레의 몸은 중간에 단절이 없지만 사생은 사이가 끊어져 있으니 어떻게 비유로 삼을 수 있겠는가? 有餘復言 猶如尺蠖 前安前足 後足後移 如是死生方所雖隔 先取後捨 得至餘方 中有何用 如是便有 非二有情 二趣二心 俱行過失 又尺蠖身 中無間絶 死生間絶 如何爲喩"라고 하였다. 〔참고문헌〕『大智度論』, 『顯宗論』.

척환수번뇌 慼歡隨煩惱 척수번뇌(Ⓢ dainya upakleśa)와 환수번뇌(Ⓢ harṣa upakleśa). 수번뇌를 크게 두 갈래로 나눈 경우다. 척(慼)은 척(戚)으로도 쓴다. 척수번뇌란 우수근(憂受根)과 상응하는 질회분뇌해한(嫉悔忿惱害恨) 등을 말하며, 척행전수혹(慼行轉隨惑)이라고도 한다. 환수번뇌란 희수근(喜受根)과 상응하는 간교(慳憍) 등을 말하며, 환행전수혹(歡行轉隨惑)이라고도 한다. 『구사론』 권21(대정장29, p.110b18)에 "수번뇌 중에 질 등 여섯 가지 모두 다 우근과 상응하니, '척'이 행하고 구른 것이어서 오직 의지(意地)일 뿐이다. 간(慳)은 희근(喜根)과 상응하니, '환'으로 행하고 구른 의지일 뿐이다. '환'으로 행함이다 한 것은 '간'의 속성이 탐(貪)과 매우 유사하기 때문이다. 첨광면부는 우희로 서로 응하니, 환척으로 행하고 구른 것으로 의지일 뿐이다. 환척행이란 곧 어떤 때는 환희심으로 첨 등을 행하고, 어떤 때는 우척심으로 행한다. 교는 희락으로 서로 응하니, '환'이 행한 의지일 뿐이다. 隨煩惱中 嫉等六種 一切皆與憂根相應 以慼行轉 唯意地故 慳喜相應 以歡行轉 唯意地故 歡行轉者 慳相與貪極相似故 諂誑眠覆 憂喜相應 歡慼行轉 唯意地故 歡慼行者 謂或有時以歡喜心而行諂等 或時有以憂慼心行 憍喜樂相應 歡行唯意故", 『현종론』 권27(대정장29, p.906a14)에 "이 두 가지는 수번뇌에 두루 드러난다. 즉 수번뇌에는 다 거두면 두 종류가 있으니 첫째는 근심과 함께 하는 것, 둘째는 기쁨과 함께 하는 것인데, 질과 간에 두루 나타나는 것은 이러한 두 상이다. 또 이 두 가지는 두 부를 괴롭히기 때문이다. 즉 재가중은 재산과 지위에 대한 질과 간으로 극히 괴로워하며, 출가중의 경우에는 교(教)와 행(行)에 대한 질과 간으로 극히 괴로워한다. 혹 천중과 아소락중도 괴로우니, 즉 색미로 인해 서로 심하게 괴롭다. 二遍顯隨煩惱故 謂隨煩惱總有二種 一 慼俱行 二 歡俱行 嫉慳遍顯 如是二相 又此二能 惱二部故 謂在家衆 於財位中 由嫉及慳 極爲惱亂 若出家衆 於教行中 由嫉及慳 極爲惱亂 或能惱天阿素洛衆 謂因色味極相擾惱"라고 하였다. 〔참고문헌〕『俱舍論』, 『顯宗論』, *Abh-k-bh.317.* ⇨ 수번뇌 隨煩惱, 우근 憂根, 간질 慳嫉, 희근 喜根

천 千 Ⓢ sahasra, Ⓣ stong. 육십수(六十數) 중 하나로 하나부터 거듭해서 네 번째 수다. 1,000. 『구사론』 권12(대정장29, p.63b9)에 "경에서 설하길 '3겁의 아승기야(Ⓢ asaṃkhyeya) 동안 쉼 없이 수행하여 비로소 성불하였다'라고 한다. … 이미 헤아릴 수 없다고 했는데 어째서 다시 '3'이라고 말씀하신 것인가? 무수라는 말은 헤아릴 수 없음을 나타내는 것이 아니라 『해탈경』에서 육십수를 설하는 가운데 아승기야가 바로 그 중의 한 수이다. 무엇이 육십 가지인가? … 하나만 있고 다른 것이 없는 수의 시작을 1이라 한다. 1의 열 배를 10이라 한다. 10의 열배를 100이라 한다. 100의 열배를 1,000이라 한다. 1,000의 열배를 10,000이라 한다. 經說三劫阿僧企耶 精進修行 方得成佛 … 旣稱無數 何復言三 非無數言顯不可數 解脫經說 六十數中 阿僧企耶 是其一數 云何六十 … 有一無餘數始爲一 一十爲十 十十爲百 十百爲千 十千爲萬"라고 하였다. 〔참고문헌〕『俱舍論』, *Abh-k-bh.180.* ⇨ 육십수 六十數

천 天 Ⓢ deva, deva-loka, devatā, svarga, svarga-loka, Ⓟ deva, deva-loka, devatta, sagga, sagga-loka, Ⓣ lha, lha'i-'jig-rten, mtho-ris. 오취(五趣) 또는 육도(六道) 중 하나인 하늘. 또는 그곳에 머무는 유정(有情). 음사어는 제바(提婆 Ⓢ deva). 천상(天上)·천유(天有)·천취(天趣)·천도(天道)·천계(天界)·천상계(天上界) 등이라고도 한다. 유정(有情)으로 부를 때는 천인(天人), 무리는 천부(天部)·천중(天衆)이라 부른다. 선취(善趣 : 人 天 阿修羅)로 거두고 그중에 으뜸이지만 생사윤회하는 유정류(有情類)다. 〔천의 의미〕『정법염처경』 권22(대정장17, p.125a8)에 "모든 즐거움이 모여 있기에 천이라 이름한다. 諸樂集故 名之爲天", 『대비바사론』 권172(대정장27, p.868a16)에 "제취 중에 저 취가 가장 뛰어나고 즐겁고 선하고 묘하고 높기에 천취라 이름한다. 어떤 이는 '먼저 뛰어난 신어의묘행을 짓고 한층 더 길러서 저 하늘에 가고 나서 저 생으로 하여금 상속하기에 천취라 이름한다'라 설하고, 어떤 이는 '천이란 임시의 이름이고 임시의 생각이다'라 설하고 내지 광설했으며, 어떤 이는 '광명이 더하기에 천이라 이름한다. 저 자연스런 신광이 늘 주야로 비추기 때문이다'라 하고, 성론자는 '능히 비추기에 천이라 이름한다. 현세의 뛰어난 과로써 이전에 닦은 바 인을 비추기 때문이다'라 한다. 또 놀며 즐기기에 천이라 이름하니, 늘 유희하며 뛰어난 즐거움을 받기 때문이다. 於諸趣中 彼趣最勝 最樂最善 最妙最高 故名天趣 有說 先造作增長上身語意妙行 往彼生彼 令彼生相續 故名天趣 有說 天者是假名假想 乃至廣說 有說 光明增故名天 以彼自然身光 恒照晝夜等故 聲論者說 能照故名天 以現勝果 照了先時所修因故 復次戲樂故名天 以恒遊戲 受勝樂故", 『입세아비담론』 권6(대정장32, p.198a5)에 "어째서 천도를 제바(Ⓢ deva)라 하는가? 제바란 말은 선행의 이름이고 선행을 인하기에 이 도에 난다. 또 제바를 설하여 광명이라 이름한다. 늘 빛이 있기 때문이다. 또 제바란 성도·의요이고 상도라 이름하며, 일체선업을 마땅히 닦고 마땅히 기르니, 이런 뜻으로 제바라 이름한다. 云何天道 說名提婆 言提婆者 善行之名 因善行故 於此道生 復說提婆 名曰光明 恒有光故 又提婆者 名曰聖道 又提婆者 名曰意樂 又提婆者 名曰上道 又提婆者 應修應長 一切善業 以是義故 名曰提婆", 『유식개몽문답』 권하(卍속장98, p.485b10)에 "〔문〕 하늘이란 무슨 뜻인가? 〔답〕 밖에서는 풀기를 '위여서 아득하다'라 한다. 『설문』에 '꼭대기다. 끝간데로 높고 위 없어 천이라 한다'라고 하였다. 『이아』에 '봄에는 창, 여름에는 호, 가을에는 민, 겨울에는 상천이라 한다'라고 하였다. 내교에서는 풀어 말하길 '신묘한 작용에 그 빛 티없이 깨끗하고 자재하다 하니, 이 세 뜻 갖춘 것을 가리켜 천이라 한다'. 問 天者何義 答 外教釋云 上玄也 說文曰 顚也 至高無上 名天 爾雅曰 春蒼夏昊 秋旻冬上天 內教釋云 神用光潔自在 具此三義 目之爲天", 『이아』 「석천 釋天」에 "천을 굳이 말한다면 신이다. 天之爲言 神也", 『백호통』 「천지 天地」에 "천을 말로 하면 떨침이다. 높은 곳에 머물며 하계를 다스리니 인간을 누른다. 天之爲言 鎭也 居高理下 爲人鎭也"라고 하였다. 40권본 『대반열반경』 권18(대정장12, p.469b28)에 "천이란 낮이다. 천상은 낮이 길고 밤이 짧기에 천이라 한다. 또한 천은 근심과 번뇌가 없어 항상 쾌락을 누린다 여겨 천이라 한다. 또한 천이란 등의 밝은 빛이라 하니 능히 어둠을 물리치고 크게 밝기에 천이라 한다. 또한 악업의 어둠을 부수고 선업을 얻어 천상에 나기에 천이다. 또한 천은 길하다 하니 좋고 상서롭기에 천이라는 이름을 얻는다. 또한 천은 태양이니 광명이 있기에 천이다. 이런 뜻으로 하늘이란 이름을 얻었다. 天者 名晝 天上晝長夜短 是故名天 又復天者 名無愁惱 常受快樂 是故名天 又復天者 名爲燈明 能破黑闇 而爲大明 是故名天 亦以能破惡業黑闇 得於善業 而生天上 是故名天 又復天者名吉 以吉祥故 得名爲天 又復天者 名曰日 有光明故 名曰爲天 以是義故 名爲天也", 『구사론송소론본』 권8(대정장41, p.863b4)에 "천이라는 말은 광명이 있다는 뜻이다. 또는 우뚝 높으면서 신령스런 부림 자재하여 중생이 바라고 고하는 바 되기에 하늘이란 이름 얻는다. 言天者 有光明故 或復尊高 神用自在 衆所祈告 故名爲天", 『구사론송소기』 권8(卍속장86, p.310b9)에 "천이란 말은, 저 비바사 묻기를 '어찌하여 천이라 하는가?' '모든 저 유정이 나고 죽는 제취중에 가장 뛰어난 즐거움으로 가장 묘하고 가장 높기에 하늘이라 한다'. 또 다른 설에 따르면 광명이 더하기에 천이라 하는데, 저 자연스러운 몸의 광명으로 항상 밤낮 가리지 않고 고르게 비추기 때문이다. 또한 즐겁기에 천이라 한다. 『순정리론』 권21(대정장29, p.461a25)에서는 '천은 광명이어서 위덕이 치성하고 자유롭게 즐겨 이야기하고 용맹하고 굳세서 다른 유정을 넘어선다'라고 하였다. 言天者 婆沙 問云 何故名天 答曰 於諸趣中 彼趣最勝樂善 最妙最高 故名爲天 有說 光明增故名天 以彼自然身光 恒照晝夜等故 復次 戲樂故名天 正理論云 天謂光明 威德熾盛 遊戲談論 勇悍凌餘", 『유식개몽문답』 권하(卍속장98, p.508a7)에 "〔문〕 전에 말하던 천은 가장 수승하고 가장 높다고 하니 누구를 마주하여 최고인가? 〔답〕 나머지 오취에 대해서다. 問 前言天者最勝最尊 對誰爲最 答 對餘五趣", 『사교의주휘보보광기』 권3하(卍속장102, p.413a12)에 "천이란 번뇌가 없다는 말이니 항상 쾌락을 누리기 때문이다. 天者 名無愁惱 常受快樂故", 『잡아함경』 권30(대정장2, p.214a1)에 "내가 보기에 이들 성제자는 이곳에서 목숨을 마치면 천상에 나고 천상에서 열 가지 법을 얻는다. 열 가지란 하늘의 수명, 하늘색, 하늘의 이름, 하늘의 즐거움, 하늘의 자재, 그리고 하늘의 색성향미촉을 얻는다. 我見是聖弟子 於此命終 生於天上 於天上得十種法 何等爲十 得天壽 天色 天名稱 天樂 天自在 天色聲香味觸", 『업보차별경』(대정장1, p.893b5)에 "또한 열 가지 업 얻어야 중생이 욕계 하늘의 보를 얻는다. 말하자면 수행을 다하여 증상십선을 갖춘다. 復有十業 能令衆生 得欲天報 所謂具足修行 增上十善"라고 하였다. **[천의 분류]** 미혹의 인(因)인 중생(正報)이 사는 세계를 기세간(器世間 : 依報)이라 하고, 이를 나누면 욕계·색계·무색계 삼계로 나눈다. 이 삼계를 욕계와 사선(四禪)·사무색(四無色)으로 부르면 구지(九地)가 되고, 다시 욕계에서 지옥·방생·아귀·인간 4주를 제외한 6천과 색계18천·무색계 4천을 다하면 28천이 된다. **[三界諸天 그밖의 하늘들]** 부처님을 천중천(天中天)이라 부르고, 윤회를 벗어난 성중을 청정천(淸淨天)·제일의천(第一義天)이라 부르며, 이외에 황제나 임금을 가리켜 이름뿐인 하늘(名天)과 전륜성왕(轉輪聖王)이라 하고, 그리고 나머지 세상의 귀한 것들에 붙여진 수식어로서의 하늘 등이다. 『분별공덕론』 권3(대정장25, p.38b22)에 "하늘을 생각하면 세 가지가 있다. 들어 말하는 하늘, 나서 갈 수 있는 하늘, 그리고 청정한 하늘이다. 전륜성왕인데 뭇사람들이 들어올려 천자라 부르고, 성스런 왕이어서 십선으로 세간을 다스려서 사람들로 하여금 하늘에 나게 하고 사람들 그 위에 있기에 하늘이라 부른다. … 무엇이 하늘에 남인가. 사천왕을 좇아 이십팔천에 이르니 온갖 복을 받는 이들 다 이렇게 하늘에 난다. 이렇게 하늘에 나지만 흘러 굴러서 쉬지 못하고 나고죽는 일도 떠나지 못한다. 하늘에 난다는 뜻이다. 어떤 것이 맑고 깨끗한 하늘인가. 부처님과 연각 그리고 성문 세 사람들 번뇌 다 사라지고 삼계를 벗어나 깨끗해 욕심 없기에 맑고 깨끗한 하늘이라 부른다. 念天者 有三種天也 有擧天 有生天 有淸淨天 云何擧天 謂轉輪聖王 爲衆人所擧 所以名爲天者 以聖王有十善敎世 使人皆生天 在人之上 故稱爲天 … 云何生天 從四天王 至二十八天 諸受福者 盡是生天 所以言生天 流轉不息 不離生死 故曰生天也 云何淸淨天 謂佛緣覺聲聞三人 皆盡結使 出於三界 淸淨無欲 故曰淸淨天也"라 하였고, 또 『대지도론』 권5(대정장25, p.98a19)에서는 전륜성왕과 대왕들을 임시로 부르는 하늘(假號天), 사천왕부터 유정생처(非想非非想處)까지 삼계제천을 생천, 제불·법신보살·벽지불·아라한을 청정천(有三種天 一 假號天 二 生天 三 淸淨天 轉輪聖王 諸餘大王等 是名假號天 從四天王 乃至有頂生處 是名生天 諸佛法身菩薩 辟支佛 阿羅漢 是名淸淨天)이라 하였으며, 같은 책 권22(대정장25, p.227c22)에서는 천자라 이름하는 국왕을 이름뿐인 하늘(名天), 사천왕부터 비상비비상천까지를 생천, 인 중에 난 성인들을 정천, 삼계천중에 난 성인들을 생정천(復次 有四種天 名天 生天 淨天 生淨天 名天者 如今國王名天子 生天者 從四天王 乃至非有想非無想天 淨天者 人中生諸聖人 生淨天者 三界天中生諸聖人 所謂須陀洹 家家 斯陀含一種 或於天上 得阿那含 阿羅漢道)이라 하여 청정천을 다시 구분했고, 그 외에 40권본 『대반열반경』 권22(대정장12, p.494b21)에서는 국왕들을 세간천, 사천왕부터 비상비비상천까지를 생천, 수다원부터 벽지불까지를 정천, 십주보살을 의천(有四種天 一者 世間天 二者 生天 三者 淨天 四者 義天 世間天者 如諸國王 生天者 從四天王 乃至非有想非無想天 淨天者 從須陀洹 至辟支佛 義天者 十住菩薩摩訶薩等)이라 하였다. 같은 책 권18(대정장12, p.470c23)에서는 대열반에 머무는 제불보살을 제일의천(我曾聞有第一義天 謂諸佛菩薩 常不變易 以常住故 不生不老 不病不死 我爲衆生精勤求於第一義天)이라 하였으며, 또 부처님을 천중천(天中天 Ⓢ devātideva)·천인사(天人師 Ⓢ śāstā devānāṃ ca manuṣyānāṃ)·천인소봉존(天人所奉尊)이라 칭하여 하늘중에 가장 뛰어나신 분(天中最勝尊)으로 부른다. 이 밖에 『진실섭경』 권10(대정장18, p.373a13)에서는 천을 삼계주(三界主)·비행천(飛行天)·허공행천(虛空行天)·지거천(地居天)·수거천(水居天)의 다섯 갈래로 나누고, 다시 삼계주에 대자재천(大自在天)·나라연천(那羅延天)·구마라(拘摩羅)·범천(梵天)·제석(帝釋)의 5천, 비행천에 감로군다리(甘露軍茶利)·월천(月天)·대승장(大勝杖)·금강빙아라(金剛氷誐羅)의 4천, 허공행천에 말도말다(末度末多)·작감로(作甘露)·최승(最勝)·지승(持勝)의 4천, 지거천에 수장(守藏)·풍천(風天)·화천(火天)·구미라(俱尾囉)의 4천, 수거천에 박라하(嚩囉賀)·염마(焰摩)·필리체미조리갈(必哩體尾祖梨葛)·수천(水天)의 4천이 있음을 설하였다. 현도금강계만다라성신회(現圖金剛界曼茶羅成身會) 등의 제회(諸會)와 태장만다라외금강부원(胎藏曼茶羅外金剛部院)에는 이들 중 대자재천을 제한 20천 등을 도회하기도 하는데, 금강과 태장도상에는 불보살계를 시위하는 금강면천(金剛面天) 등 많은 신들이 있으며, 지·수·화·풍·이사나·제석·염마·범·비사문·나찰·일·월(地 水 火 風 伊舍那 帝釋 焰摩 梵 毘沙門 羅刹 日 月) 등 세간을 보호하는 12천(護世界·護世之天部)이 있는가 하면, 여러 경설상에 비사문천(毘沙門天)·대길상천녀(大吉祥天女)·마리지천(摩利支天)·하리제모(訶利帝母)·빙갈라천(氷揭羅天)·양우리동녀(穰虞梨童女)·대성환희천(大聖歡喜天)·금시조왕(金翅鳥王)·마혜수라천(摩醯首羅天)·나라연천·보장천녀(寶藏天女)·견뇌지천(堅牢地天)·대흑천(大黑天)·금비라동자(金毘羅童子)·염라왕(焰羅王)·심사대장(深沙大將)·십나찰녀(十羅刹女)·십육선신(十六善神)·팔방천(八方天)·십천(十天) 등도 다 하늘무리중(天衆)으로 거두고 있다. 또 화향(華香) 등에도 천자를 붙여 천화(天華)·천향(天香)·천악(天樂)·천고(天鼓)·천관(天冠)·천개(天蓋)·천의(天衣)·천궁(天宮)·천당(天堂) 등으로 부르는데, 『대지도론』 권9(대정장25, p.123b2)에 "또 천축국의 법에 좋은 물건들을 이름함에 모두 천물이라 한다. 復次 天竺國法 名諸好物 皆名天物"라고 하였듯이 지상의 좋은 물건에도 천 자를 붙여 귀하고 좋은 것의 뜻으로 쓴다. [하늘을 섬기지 않고 중생을 섬기다] 『대지도론』 권16(대정장25, p.174c20)에 "또한 보살은 정진하되 재리·부귀·권세 위해서가 아니며 자기 일신을 위해서도 천상이나 전륜성왕·범·석·천왕으로 나려고도 하지 않음이며, 자신의 열반을 구하지도 않으니, 오직 불도를 성취하여 중생에게 이익을 주고자 할 뿐이다. 이런 모습을 보살의 정진바라밀이라 한다. … 무색계천에서는 정을 즐기고 마음으로 빠져 지내다가 목숨이 다하는 줄도 모른 채 욕계에 떨어지면 금수의 몸을 받기도 한다. 색계의 모든 천도 이와 같아서 청정한 곳에서 떨어지면 다시 음욕을 누리며 부정중에 갇힌다. 욕계의 여섯 천에서는 오욕에 즐겨 집착하여 다시 지옥에 떨어져 갖가지 고통을 당한다. 復次 菩薩精進 不爲財利 富貴 力勢 亦不爲身 不爲生天 轉輪王 梵 釋 天王 亦不自爲以求涅槃 但爲佛道 利益衆生 如是相 名爲菩薩精進波羅蜜 … 無色界天 樂定心著 不覺命盡 墮在欲界中 受禽獸形 色界

諸天 亦復如是 從淸淨處墮 還受婬欲 在不淨中 欲界六天樂著五欲 還墮地獄 受諸苦痛", 『이취육바라밀다경』 권3(대정장8, p.878c26)에 "보살마하살은 설령 삼악도에 있더라도 중생이 선하지 않은 업을 버리고 선한 법을 닦아서 모든 고통에서 벗어나 해탈을 얻도록 하거늘, 하물며 사람 중에 있을 때야 말할 것도 없다. 이러한 인연으로 보살마하살은 시방의 모든 중생에게 이익과 즐거움을 준다. 이러한 뜻으로 도리천의 모든 하늘무리들과 대범천왕과 대자재천과 모든 선인들과 외도들이 공경하고 공양하더라도 모두 받아들인다. 이들 보살은 물러나지 않는 마음을 터득하여 삼세의 모든 부처님께서 함께 칭찬하시면서 기별을 주셨기 때문이다. 菩薩摩訶薩 設在三塗 能令有情 捨不善業 修習善法 免離衆苦 而得解脫 況於人中 以是因緣 菩薩摩訶薩 利樂十方一切有情 由此義故 忉利諸天 大梵天王 大自在天 諸仙外道 恭敬供養 皆悉容受 而此菩薩 得不退心 三世諸佛 所共稱讚 與授記別", 『석정토군의론』 권1(대정장47, p.33b7)에 "만약 실로 하늘이라면 여래정심이 변한 바일 터이니 어찌 욕계나 색계에 속하겠는가! 若實天者 如來淨心所變 豈是欲色界攝"라고 하였다. 〔참고문헌〕『正法念處經』, 『大毘婆沙論』, 『立世阿毘曇論』, 『唯識開蒙問答』, 『爾雅』, 『白虎通』, 『大般涅槃經』, 『俱舍論頌疏論本』, 『俱舍論頌疏記』, 『順正理論』, 『四敎儀註彙補輔宏記』, 『雜阿含經』, 『業報差別經』, 『分別功德論』, 『大智度論』, 『眞實攝經』, 『理趣六波羅蜜多經』, 『釋淨土群疑論』, 『中阿含經』 권9 「地動經」(대정장1, p.478a25), 『大樓炭經』 권4 「忉利天品」(대정장1, p.294a27), 『大般若經』 권403(대정장7, p.13b1), 『楞嚴經』 권9(대정장19, p.146a15), 『瑜伽師地論』 권4(대정장30, p.294c23), 『大乘義章』 권8(대정장44, p.625a2), *Abh-k-bh.56.*, *Yogā-bh.75.*, *Śrāv-bh.100.*, *Bodh-bh.135.*, *Vin.1.12·3.78.*, *DN.2.57.* ⇨ 기세간 器世間, 삼계구지 三界九地, 이십팔천 二十八天, 삼론 三論, 천계 天界, 천인 天人, 천취 天趣, 오취 五趣, 육도 六道, 십계 十界[2], 사천왕 四天王, 도리천 忉利天, 욕계육천 欲界六天, 육욕천 六欲天, 사선천 四禪天[1], 색계십육천 色界十六天, 색계십칠천 色界十七天, 색계십팔천 色界十八天[1], 사무색천 四無色天, 사색사공 四色四空, 사종천 四種天, 오천 五天[1], 십이천 十二天, 삼십삼천 三十三天, 천인오쇠 天人五衰, 욕천오음 欲天五淫, 제일의천 第一義天, 천부형 天部形, 천중천 天中天

천 泉 ❶ Ⓢ utsa, Ⓣ chu-mig. 샘. 물이 처음 솟아나오는 곳. 『현우경』 권11(대정장4, p.424c5)에 "네 성문 밖에 네 개의 큰 샘이 있는데, 성 동쪽 샘물을 취하여 벽돌을 구우면 검푸른 유리가 되고, 성 남쪽 샘물을 취하여 구우면 벽돌이 된 뒤에 모두 황금이 되며, 성 서쪽 샘물로 구우면 벽돌이 된 뒤에 은으로 변하고, 성 북쪽 샘물을 구우면 벽돌이 된 뒤에 백옥으로 변한다. 四城門外 有四大泉 城東泉水 取用作墼 成紺琉璃 城南泉水 取用作墼 其墼成已 皆成黃金 城西泉水 取用作墼 墼成就已 變成爲銀 城北泉水 取用作墼 其墼成已 變爲白玉"라고 하였다. 〔참고문헌〕『賢愚經』, *Yogā-bh.88.* ❷ 갈애(愛 Ⓢ tṛṣṇā, Ⓟ taṇhā)로 가득 차오르며 쉬지 않는 삼유(三有 : 欲有 色有 無色有)의 비유. 『출요경』 권18(대정장4, p.707c20)에 "'이 샘을 어디에 쓰겠는가? 물이 항상 가득 차 있다 한들'이란 무슨 말인가? 삼유를 임시로 샘이라고 하였으며, 갈애 또한 샘이라고 한다. '물이 항상 가득 차 있다 한들'이란 일체번뇌가 다 갈애의 샘에 모여 있다는 것이다. 그러므로 '이 샘을 어디에 쓰겠는가? 물이 항상 가득 차 있다 한들'이라 한 것이다. '갈애의 뿌리를 뽑아 버리면, 다시 무엇을 바랄 것인가?'란 무슨 말인가? 수행하는 이가 갈애의 뿌리를 뽑아 버리면 다시는 생사가 없으니, 마치 독을 가진 그 나무의 뿌리를 완전히 없애면 다시는 나지 않듯이 갈애도 그와 같아 다시는 가지나 잎이 없다는 것이다. '그 뿌리를 뽑아 버리면 다시 무엇을 바랄 것인가'란 다시는 후유(後有)를 받아 나지 않는다는 것이다. 그러므로 '다시 무엇을 바랄 것인가'라고 하였다. 是泉何用 水恒停滿者 三有者假謂爲泉 愛亦名爲泉 水恒停滿 一切諸結 皆集愛泉 是故說 是泉何用 水恒停滿也 拔愛根本 復欲何望者 行人以能拔愛根本 無復生死 猶如毒樹 究盡其根 無復出生 亦無枝葉 愛亦如是 無復枝葉 拔其根本 復欲何望者 更不受有更不復生 是故說 復欲何望也"라고 하였다. 〔참고문헌〕『出曜經』, *Udāna-v.236.* ⇨ 삼유 三有[1]

천 釧 Ⓢ kaṇṭhī. 목걸이. 밀교 도상(圖像)에서 명왕(明王)이나 명비(明妃)가 몸을 꾸미는 물건. 보천(寶釧)이라고도 한다. 『현법사의궤』 권하(대정장18, p.119b16)에 "분신구마라는 청련화에 머물렀으며, 몸은 황금색이고 머리카락은 붉고 위로 솟구쳤으며, 영락과 목걸이로 몸을 장엄하였네. 忿迅俱摩羅 住於青蓮華 身作黃金色 髮赤上撩亂 瓔珞釧嚴身"라고 하였다. 〔참고문헌〕『玄法寺儀軌』, *Ht.26.*

천가가 天家家 Ⓢ deva-kulaṃ-kula, Ⓣ lha'i-rigs-nas-rigs-su-skye-ba. 이가가(二家家) 중 하나. 일래향(一來向)으로서 욕계의 천취에 두 번이나 세 번 생을 받은 뒤 반열반(般涅槃 Ⓢ parinirvāṇa)에 드는 성자. 인가가(人家家 Ⓢ manuṣya-kulaṃ-kula)에 대칭한다. 『구사론』 권24(대정장29, p.124a5 : *Abh-k-bh.*, p.357)에 "첫째는 천가가이니 욕계의 천취에 세 번 또는 두 번 나서 원적을 증하는데, 또는 한 곳의 천처나 두 곳의 천처나 세 곳의 천처에 나기도 한다. 一 天家家謂欲天趣生三二家而證圓寂 或一天處或二或三 devakul aṃkulo yo deveṣa dve trīṇi vā kulāni saṃśritya parinirvāti tatra vā 'nyatra vā devanikāye", 『순정리론』 권64(대정장29, p.694c24)에 "만약 천가가로서 세 번의 생을 받는 이는 인간으로서 두 번 받고 천상에서 세 번 받으며, 만약 두 번의 생을 받는 이는 인간으로서 한 번 받고 천상에서 두 번 받는다. 若天家家受三生者 人間受二天上受三 受二生者人一天二"라고 하였다. 〔참고문헌〕『俱舍論』, 『順正理論』, *Abh-k-bh*. ⇨ 가가 家家, 인가가 人家家, 이가가 二家家

천각비공 穿却鼻孔 콧구멍 뚫어 꿰다. 『대혜어록』 권2(대정장47, p.816b27)에 "'만일 이곳 향해 나눠 쪼개서 얻어낼 수 있다면 석가도 앞서지 않았고 미륵도 뒤에 나지 않을 것이다. 비록 그렇더라도 산승불자로 콧구멍 꿰일 일 면치 못하리라'. 다시 불자를 들고서 말했다. '모양 따라 굴러도 불자에 코 꿰이고, 상 따라 구르지 않아도 불자에 코 꿰인다. 부처님의 뜻을 알아도 불자 코 꿰이고, 부처님의 뜻을 몰라도 불자 코 꿰인다'. 이어서 대중을 둘러보고는 '어떻게 하면 이 허물 벗을 수 있을까? 마침내 물줄기 반드시 바다로 들어가고, 처음부터 구름은 틀림없이 산 찾아 돌아간다'고 말한 뒤 선상을 치고서 법좌에서 내려왔다. 若向這裏 分剖得出 釋迦不先 彌勒不後 雖然如是 未免被山僧拂子 穿却鼻孔 復擧拂子云 隨相轉也 被拂子穿却鼻孔 不隨相轉也 被拂子穿却鼻孔 見佛也 被拂子穿却鼻孔 不見佛也 被拂子穿却鼻孔 乃顧視大衆云 且作麽生免得此過 畢竟水須潮海去 到頭雲定覓山歸 擊禪床 下座"라고 하였다. 〔참고문헌〕『大慧語錄』. ⇨ 비관삭두 鼻貫索頭

천각지 天覺智 십명(十明 : 十種神通) 중 하나로 언음통(言音通 : 分別一切言音智明)이다. 『범망경』 권상(대정장24, p.1001c24)에 "천각지로 일체중생이 이미 성불했는지 아직 성불하지 못했는지서부터 나아가 모든 육도인의 마음마음을 알고, 또한 시방부처님 심중에 설하시는 법도 안다. 以天覺智 知一切衆生已成佛未成佛乃至一切六道人心心 亦知十方佛心中所說法", 『범망경직해』 권상(卍속장61, p.100b14)에 "여덟째 천각지는 곧 언음통이다. 이 지혜로 일체중생 중에서 이미 성불한 이와 아직 성불하지 못한 이, 나아가 육도인이 마음으로 생각하는 것을 잘 안다. 저 『법화경』 권3(대정장9, p.19b27)에서 모든 중생의 종상체성, 어떤 일을 기억하고, 어떤 일을 생각하며, 어떤 것을 닦는지 등을 안다고 한 것과 같다. 모든 중생의 마음과 마음으로 기억하는 것을 알 뿐 아니라, 시방제불 마음중에 중생의 근기와 행에 따라 설하실 것도 안다. 八 以天覺智 卽言音通 此智了知一切衆生已成佛者未成佛者 乃至六道一切人之心心所念 如法華云 知諸衆生種相體性 念何事 思何事 修何事等 不但知諸衆生心心所念 亦知十方諸佛心中 隨爲衆生根行所說"라고 하였다. 〔참고문헌〕『梵網經』, 『梵網經直解』, 『法華經』. ⇨ 십명 十明, 십통 十通

천감 天鑑 조선후기 스님. 청허휴정(淸虛休靜 1520～1604)에게 게송을 구하여 받은 법어 1수가 전한다. 『청허집』 권1(한불전7, p.676b9)에 "천감선자가 나에게 한마디 구하니 은근하고 간절하였다. 나 먼저 자기를 꾸짖을 줄 알아야 스승이라 할 수 있기에 스승 또한 스스로 꾸짖을 뿐이다. 天鑑禪子 求我於一言 懃懃懇懇 我先嘖自己 以及於師 師亦自責可也"라고 하였다. 〔참고문헌〕『淸虛集』. ⇨ 휴정 休靜

천감로식 天甘露食 하늘의 맛난 음식. 천식(天食)·수다(須陀 Ⓢ Ⓟ sudhā)·소다미(蘇陀味) 등이라고도 한다. 『나운인욕경』(대정장14, p.769b16)에 "하늘의 맛난 음식을 저 뒷간의 돼지에게 준다 한들 돼지 달아나버린다. 이는 감로가 맛나지 않아서가 아니라 냄새나고 벌레가 들끓는 곳에서는 귀할 수 없기 때문이다. 以天甘露食彼溷猪 猪捨之走 非甘露之不美 乃臭蟲之所不珍矣", 『일체경음의』 권48(대정장54, p.626a21)에 "소다미〈구역 경전에서는 수다반이라고 썼는데, 이는 천감로식을 말한다〉. 蘇陀味〈舊經中作須陀飯 此天甘露食也〉"라고 하였다. 〔참고문헌〕『羅雲忍辱經』, 『一切經音義』. ⇨ 천식 天食, 수다 須陀 1, 수다식 須陀食

천개 天蓋 하늘 덮개. 위를 가리는 것. 곧 일산(日傘)을 말한다. 『장아함경』 권1 「대본경 大本經」(대정장1, p.5b25)에 "하늘 색 극히 부드럽고 하늘 덮개 자연히 덮이네. 범음에 몸은 자금 빛이어서 마치 처음 못 나와 핀 꽃인 듯하네. 天色極柔軟 天蓋自然覆 梵音身紫金 如華始出池", 40권본 『화엄경』 권28(대정장10, p.788c16)에 "백호 밝고 깨끗하며 무늬진 모습 오른쪽으로 감돌고 정수리 육계 마치 저 천개인 듯하다. 白毫皎潔 文相右旋 頂有肉髻 猶如天蓋", 『금강정경』 권상(대정장18, p.310c22)에 "만약 자기든 남이든 뛰어나고 큰 만나라를 건립하려거든 땅을 골라 단장을 맺고 경에서 설한 바처럼 위로는 아름다운 천개를 드리운다. 若自他建立 勝大曼拏囉 選地結壇場 如經之所說 上施妙天蓋", 『동자경염송법』(대정장19, p.744a4)에 "누각 위로 천개 펼쳐지자 온갖 보배 저절로 장엄한다. 樓閣上張天蓋 以衆寶自莊嚴"라고 하였다. 〔참고문헌〕『長阿含

천개를갖춘금동여래좌상
오호십육국 5세기초

經』, 『華嚴經』, 『金剛頂經』, 『童子經念誦法』. ⇨ 백개 白蓋, 번개 幡蓋, 보개 寶蓋, 불산 佛傘, 불천개 佛天蓋

천개벽락천 穿開碧落天 푸른 빛 뚫어 여니 하늘 쏟아지네. 『송원숭악어록』 권하(卍속장121, p.620a4)에 "천 길 봉우리 오르는 길 끊어 앉고, 푸른 빛 뚫어 열어 하늘 쏟아지네. 틀림없는 소식 물으니 어찌 품으랴. 분명한 소식 해골 앞에 있거늘. 坐斷千峰路 穿開碧落天 那容問端的 端的髑髏前", 『천성광등록』 권13 「극부도자장 尅符道者章」(卍속장135, p.714b14)에 "맑은 못에 잠긴 달 밟아 부수고, 푸르름 뚫어 하늘 쏟아져 내리네. 묘용을 밝히지 못해, 빠져 헤맬 뿐 연이라곤 없네. 踏破澄潭月 穿開碧落天 不能明妙用 淪溺在無緣", 『종용록』 32칙 「송 頌」(대정장48, p.249a18)에 "허공을 뚫고 나옴이여! 바람 차고 날으는 묘시조요〈푸르름 뚫어 열어 하늘 쏟아진다〉, 바다 차서 뒤집으니 번개 치며 날으는 용이로다〈경칩은 2월의 절기〉. 突出虛空兮風搏妙翅〈穿開碧落天〉 踏翻滄海兮雷送游龍〈驚蟄二月節〉"라고 하였다. 〔참고문헌〕『松源崇嶽語錄』, 『天聖廣燈錄』, 『從容錄』.

천개사 天盖寺 **1** 전라남도 강진군 천개산(天盖山)에 있던 절. 『대동지지』 권14 전라도 강진(康津)에 있었다 전한다. 〔참고문헌〕『大東地志』. **2** 황해북도 신계군 정봉리 화개산(華蓋山)에 있던 절. 『동국여지승람』 권42 황해도 신계현 불우에 전하고 『여지도서』 및 『범우고』에는 천개산(天盖山)에 위치한다고 기록되어 있다. 『가람고』에도 천개산에 있으며, 현(縣)에서 동쪽 30리에 있다고 전한다. 〔참고문헌〕『東國輿地勝覽』, 『輿地圖書』, 『伽藍考』, 『梵宇攷』, 『韓國寺刹全書』 권하 p.1063a3, 『北韓寺刹研究』(寺刹文化研究院, 1993) p.602.

천개산상원암기 天盖山上院菴記 침굉현변(枕肱懸辯 1616~1684) 지음. 천개산 상원암 창건 내력을 적은 글로, 『침굉집』 권하(한불전8, p.363a19)에 전한다. 상원암은 강진의 옛 이름인 금릉현(金陵縣)의 남쪽 천개산에 있는데, 쌍오(雙悟)가 경진년에 스승인 대수(大綏)를 위해 창건하였고, 대수가 직접 이름을 지었다고 하면서, "무릇 발과 무릎을 들이는 이 기쁘지 않을 수 없어, 밝고도 환해서 비루한 싹도 어둠도 녹여 속세 밖이라네. 밝은 길 정중에 은근히 잠긴 듯 드러나네. … 일 없는 중에 부처나라이고 고요한 중에 신선의 도시라네. 아! 훗날 여기 머무는 이, 이 낙 즐겨 낙으로 삼고 이 낙 불러 낙 밖의 진락이라 하리니, 이 낙 버리고 어찌 즐겁다 하리. 凡托足容膝者 莫不忻忻如也 皞皞如也 鄙萌暗鑠於塵外也 素趣潛生於之中也 … 可謂閑中佛界也 靜裡仙都也 吁後之居此者 樂此樂而爲樂 以樂乎樂外之眞樂 則捨此樂而奚樂也"라고 하였다. 〔참고문헌〕『枕肱集』.

천개암 天開庵 경상남도 통영시 광도면 우동리 벽발산(碧鉢山)에 있는 암자. 안정사(安靜寺)의 산내(山內)에 위치한다. 1902년(광무6)에 영해(永海)에 의해 창건되었으나 폐사되었다가 다시 지은 때 언제인지 알 수 없다. 인도에서 직접 모셔온 혜위등광불이 봉안되어 있었는데, 지금은 안정사로 옮겨 모셨다. 〔참고문헌〕『韓國寺刹全書』 권하 p.1062b20, 『文化遺蹟總覽』 卷中(文化財管理局, 1977) p.565. ⇨ 안정사 安靜寺 **3**

천개욕실 天蓋浴室 천개산유(天蓋山幽)의 욕실에 관한 기연(機緣)을 말하다. 『선림유취』 권12(卍속장117, p.155a8)에 "천개유선사가 무구정광선원에 있을 때 욕실을 꾸미려 하자 어떤 이가 물었다. '때 묻을 일 없어 깨끗이 빛나는 곳에 어찌 욕실을 짓습니까?' 하자 학인이 답하지 못했다. 이 일에 대해 나중에 대어를 청하니 말했다. '늦가을 달 밝은 밤이라도 완전히 둥글지 않다'. 天蓋幽禪師因有一院名無垢淨光禪院 化浴室 有人問 旣是無垢淨光 爲甚麽却造浴室 僧無語 後請師代 師云 三秋明月夜 不是騁團圓"라고 하였다. 〔참고문헌〕『禪林類聚』.

천거 天居 고려 스님. 스님에 시에 대하여 무의자(無衣子) 혜심(慧諶 1178~1234)이 화답한 「화천거상인우후간산 和天居上人雨後看山」(『무의자시집』 권하, 한불전6, p.63b14)이 전한다. 〔참고문헌〕『無衣子詩集』.

천게 千偈 조선후기 스님. 『동사열전』 권6 「청봉선백전 淸峯禪伯傳」(한불전10, p.1073b5)에 "법명은 세영이고 호는 청봉이다. … 해남 두륜산에 출가하여 천게선사의 조실에서 머리를 깎고 염의를 입었다. 師名世英 號淸峯 … 出家於海南頭輪山 薙染於千偈禪師之室"고 하였다. 〔참고문헌〕『東師列傳』.

천경 天鏡 **1** 조선후기 전남 장성 백양사(白羊寺) 순오(順旿)의 법호. 묵담성우(默潭聲祐 1896~1981)의 은사 스님이다. ⇨ 순오 順旿 **2** 함월해원(涵月海源 1691~1770)의 자(字). 『동사열전』 권3 「함월종사전 涵月宗師傳」(한불전10, p.1026b17)에 "스님의 법명은 해원, 자는 천경, 호는 함월이다. 師名海源 字天鏡 號涵月"라고 하였다. 1821년(순조21)에 함경남도 안변 석왕사(釋王寺)에서 간행한 3권 1책의 시문집 『천경집』이 전한다. 〔참고문헌〕『東師列傳』. ⇨ 해원 海源

천경만론 千經萬論 천이나 되는 경이나 만이나 되는 논이라도. 문자 저 너머를 가리키는 뜻에서 쓰는 말이다. 『법화현론』 권8(대정장34, p.433a13)에 "비록 천경만론 있다 해도 끝내는 이 법을 드러낸다. 일체교 모두 반야중에 드니 반야야말로 가장 크다. 용수가 어찌 헛된 말 하였으랴. 雖有千經萬論 終顯此法 以一切敎 皆入波若中 故波若最大 龍樹豈是虛言者哉", 『보장론』(대정장45, p.147b24)에 "그러므로 천경만론이 몸과 마음 떠나라고 설하지 않음 없으니, 저 집착 부수어야 진실에 들 수 있기 때문이다. 비유하자면 금 캐는 광부 광물 녹여 금을 취해야 비로소 그릇을 쓸 수 있는 것과 같다. 만일 몸이 있다고 집착한다면 몸의 장애가 생기고, 몸의 장애 때문에 법신은 모양 껍질중에 숨는다. 만일 마음이 있다고 집착한다면 마음의 장애가 생기고, 마음의 장애 때문에 진실한 지혜 염려중에 숨는다. 故千經萬論 莫不說離身心 破彼執著 乃入眞實 譬如金師 銷鑛取金 方爲器用 若執有身者 卽有身礙 身礙故卽 法身隱於形殼之中 若執有心者 卽有心礙 心礙故卽 眞智隱於念慮之中", 『소실육문』 제6문 「혈맥론 血脈論」(대정장48, p.375a20)에 "만일 본성을 본다면 십이부경은 모두 한가한 문자일 뿐이니, 수많은 경전과 논서는 단지 이 마음을 밝힘에 그칠 뿐이다. 若見本性 十二部經 總是閑文字 千經萬論 只是明心", 『개선광감영화상어』(속고존숙어요6, 卍속장119, p.170a6)에 "천경만론 다 하려 하는 이 바다에 들어 모래알 셀 뿐이니, 정안묘심으로 깨우친 자 도적을 자식이라 여길 뿐이다. 함도 없고 일도 없어 해탈이란 깊은 구덩이에 떨어져 있음이니, 부지런히 수행한다 한들 묶지 않아도 스스로 얽을 뿐이다. 그런 까닭에 옛 사람은 '이렇다 해도 안 되고, 이렇지 않다 해도 안 되며, 이렇다고 하거나 이렇지 않다고 하거나 모두 안 된다'라고 말했던 것이다. 지금 나와 손 잡을 납승 있는가? 있다면 대중 떠나 한소식을 전해 주오. 뛰어난 길짐승 뿔을 감추고, 영특한 날짐승은 깃털을 아낀다. 千經萬論 窮之者 入海筭沙 正眼妙心 悟之者 認賊爲子 無爲無事 墮在解脫深坑 勤苦修行 何異無繩自縛 所以 古人道 恁麽也不得 不恁麽也不得 恁麽不恁麽總不得 而今還有 與華藏把手底衲僧麽 離衆出來 通箇消息 異獸藏頭角 靈禽惜羽毛"라고 하였다. [참고문헌] 『法華玄論』, 『寶藏論』, 『少室六門』, 『開先廣鑒瑛和尙語』.

천경사 天慶寺 사적미상. 다만 『고려사』 권10 세가(世家)10 1090년(선종7) 9월 19일에 요(遼) 사신들에게 두 번이나 잔치를 열어주는 전례 없는 예우를 베풀자 반대하는 신하들에게 "사신은 황제가 친히 지은 천경사 비문을 가지고 온 것이니, 특별한 예우를 더하는 것이 마땅하다. 使者齎御製天慶寺碑文以來 宜加殊禮"라고 하였다. [참고문헌] 『高麗史』, 『高麗史節要』.

천경집 天鏡集 천경해원(天鏡海源 1691~1770)의 문집. 3권. 1821년 안변 석왕사(釋王寺)에서 취운성안(翠雲聖岸)이 편록하고 뇌묵등린(雷默等麟 1744~1825)이 교정하고 묵암거잠(默菴巨岑)이 글씨를 쓰며 덕암영제(德巖瀛濟 1778~1835)가 새김을 주관하며 간행한 유일본이 한불전9, pp.600b1~633b13에 있다. 권상에는 여러 스님들에게 드린 선시(禪詩) 등 201편, 권중과 권하에는 경(經) 등의 간행서문(序文)과 사찰관련 기문·상량문·권선문 및 의례문 등 44편이 있다. 서문으로는 「간도서법집해서 刊都序法集科解序」·「능엄의해초집서 楞嚴義海抄集序」·「의해능엄중수기 義海楞嚴重修記」·「중간기신론필삭기서 重刊起信論筆削記序」·「신편소금강경서 新篇疏金剛經序」·「중각금강경소기서 重刻金剛經疏記序」·「대방광원각경소초중편침재서 大方廣圓覺經疏鈔重編鋟梓序」·「선문오종강요서 禪門五宗綱要序」 등이 전하는데, 선과 교를 아우르는 종문(宗門) 전통에 따른 주요 전적들이 신편·중각·중편을 거쳐 유통되었음을 알 수 있다.

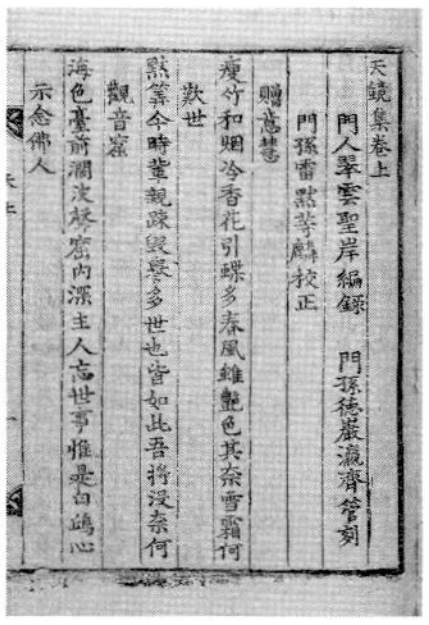

천경집 안변 석왕사본 1821년

「의해능엄중수기」(한불전9, p.618c14)에 "고원읍의 속가에서 얻은 3권, 함흥 천불산에서 얻은 1권, 북청 대동사에서 얻은 3권을 합하니 전부였다. … 건륭신사(1761·영조37년) 여름 중수하다. 高原邑中俗家得三卷 咸興千佛山得一卷 北靑大同寺得三卷 合爲全部 … 乾隆辛巳夏 重修", 「대방광원각경소초중편침재서」(한불전9, p.618c23)에 "(내가) 영남의 용천사에서 조심스레 손보니 곧 갑술(1754·영조30) 가을이었다. 관동의 건봉사에서 삼태기로 붓듯 하니 곧 기묘(1759) 봄이었다. 6년을 부지런히 일념으로 넘쳐흘러 다행이 원을 마쳤다. … 후세에 전하게 한 이 오직 완월궤홍법사도다. 만우익붕장로와 영파대사는 모연하여 재를 모아 이 역을 살폈으니 그 동 또한 크도다. 濫觴於嶺南之湧泉寺 卽甲戌秋也 覆簣於關東之乾鳳寺 卽己卯春也 六載矻矻 一念滔滔 幸而畢願 … 流傳於後世者 其惟翫月軌泓法師歟 萬愚翼鵬長老 影波大師 募緣鳩財 而相斯役 於始終 其功亦大矣"라고 하였다. 사찰관련 글들은 안변 석왕사 법당 중수와 관음전·명부전 중창 및 육대보살금상과 오백나한 금가사(錦袈裟) 조성기, 덕원부(德源府 : 함경도 원산) 명적사(明寂寺) 주종(鑄鍾)과 천주암(天柱庵) 창건기 등이 있고, 의례문으로는 「제환성선사문 祭喚惺先師文」·「대영송문인제선사문 代永松門人祭先師文」·「천사왕재소 薦師王齋疏」·「용연사중건낙성소 龍淵寺重建落成疏」·「수륙재소 水陸夜疏」·「위모생일재소 爲母生日齋疏」·「표충설초재소 表忠設醮齋疏」·「예참소 禮懺疏」·「생재표백 生齋表白」·「독성재표백 獨聖齋表白」·「讀玉樞經表白」등이 있다. 권수에는 1821년 관암(冠巖) 홍경모(洪敬謨)가 지은 서문이, 권말에는 숭정기원후삼신묘(1771년·영조47)에 제자 성안

(聖岸)이 지은 해안의 행적과 남유용(南有容)·황경원(黃景源)이 각기 지은 해안의 진찬(眞贊) 2편 및 오상현(吳尙顯)·화악지탁(華嶽知濯)이 각기 지은 발문 2편도 있다. ⇨해원 海源

천계 天界 Ⓢdeva-loka, Ⓣlha'i-'jig-rten. 하늘세계. 욕계육천(欲界六天)·색계이십삼천(色界二十三天)·사무색천(四無色天)의 33천이 있다. 『삼법장경』 권11(대정장8, p.627a26)에 "모든 천계에는 뛰어나고 묘한 즐거움이 있으니, 욕계에는 오욕의 즐거움이, 색계에는 선정의 즐거움이, 무색계에는 적멸의 정락이 있다. 諸天界中有勝妙樂 所謂欲界有五欲樂 色界有禪定樂 無色界有寂滅定樂", 『대승보살장정법경』 권12(대정장11, p.808c3)에 "만약 중생들이 몸과 말과 뜻의 업으로 온갖 선행들을 짓고, 현성을 비방하지 않으며 정견을 일으키면, 그 쌓인 정견의 인으로 몸이 무너지고 목숨이 마치면 천계중에 난다. 若諸衆生 身語意業 作諸善行 不謗賢聖 起於正見 以其積集正見因故 身壞命終 生天界中"라고 하였다. 〔참고문헌〕『三法藏經』, 『大乘菩薩藏正法經』, *Udāna-v.177.* ⇨천 天, 삼십삼천 三十三天, 욕계천 欲界天, 색계천 色界天, 무색계천 無色界天

천계사 天界寺 중국 강소성(江蘇省) 남경시(南京市)에 위치한 대룡상집경사(大龍翔集慶寺)의 다른 이름. ⇨대룡상집경사 大龍翔集慶寺, 선세원 善世院

천계사 天溪寺 경상남도 함안군 칠북면 무릉산(武陵山)에 있던 절. 『동국여지승람』 권32 경상도 칠원현 불우에 이름과 위치가 전한다. 『여지도서』 경상도 칠원 사찰에도 무릉산에 위치한다고 하였지만 "지금은 없다. 今無"라고 하였다. 『대동지지』에도 위치가 전하지만 『범우고』에는 폐사로 전한다. 〔참고문헌〕『東國輿地勝覽』, 『輿地圖書』, 『大東地誌』, 『梵宇攷』, 『韓國寺刹全書』 권하 p.1063a5, 『한국사지총람』 권하(문화재청·불교문화재연구소, 2010) pp.410~411.

천고 天固 고려후기 스님. 『고려사』 권31 세가(世家) 31 충렬왕 26년(1300) 5월 신축일(27일)에 "천고라는 스님이 옹기로 만든 거북의 등에 붉은 글씨로 괴상한 말을 써서 혜숙사 석탑 아래에 묻었다가 스스로 파내면서 '이 거북은 매우 신이하다'라고 뭇 사람들을 현혹시켰는데, 활리길사가 잡아서 장을 때렸고 또 동경유수 나윤은 금하지 않고 오히려 요술을 믿었다 하여 행성에 수감하였다. 有僧天固 朱書怪語于瓦龜背 埋惠宿寺石塔下 尋自堀曰 此龜甚神異 以眩惑衆人 闊里吉思 執而杖之 又以東京留守羅允 不行禁理 反信妖術 囚于行省"고 하였으며, 『고려사절요』 권22 충렬왕4 경자 26년(1300) 5월에도 활리길사가 중서성에 공문을 보내 천고에게 장형을 행하고 동경부유수 나윤을 행성에 가두었다고 하였다. 〔참고문헌〕『高麗史』, 『高麗史節要』.

천고 天鼓 ⓈⓅdundubhi, deva-dundubhi, Ⓣrnga. 하늘북. 도리천(忉利天) 선법당(善法堂)에 있는 큰 북(大鼓)으로, 치지 않아도 저절로 울려 하늘무리들(天衆)의 방일을 경계한다. 적(敵)이 오면 울리니, 천인(天人)은 듣고 용기를 얻지만 아수라(阿修羅)는 두려워한다. 중생을 위해 한량없는 이익을 주기에 부처님의 설법에 비유한다. 80권본 『화엄경』 권15 「현수품 賢首品」(대정장10, p.79a23)에 "도리천 가운데 하늘북 있으니, 하늘의 업보로 생긴다네. 모든 천중의 방일할 때를 알아 공중에 저절로 울리며 이런 소리를 내니 '일체오욕은 모두 무상하니, 물거품같아 그 바탕 허위라네. 모든 것 꿈 같고 아지랑이 같고 뜬 구름 같고 물속의 달과 같다. 방일함은 원수이고 고통이며 감로의 길이 아니어서 생사로 바로 든다네. 만약 온갖 방일함 짓는 이 있다면 죽어 사라지는 저 큰 물고기 입에 들어가리라. 세간에 있다 한 온갖 고통의 뿌리들 일체성인 모두 다 싫어했기에 오욕공덕 그 바탕 무너져 내렸으니, 그대 마땅히 진실한 법 아끼고 즐겨야 하리'. 忉利天中有天鼓 從天業報而生得 知諸天衆放逸時 空中自然出此音 一切五欲悉無常 如水聚沫性虛僞 諸有如夢如陽焰 亦如浮雲水中月 放逸爲怨爲苦惱 非甘露道生死徑 若有作諸放逸行 入於死滅大魚口 世間所有衆苦本 一切聖人皆厭患 五欲功德滅壞性 汝應愛樂眞實法", "삼십삼천 하늘들 이 소리 듣고 다 함께 선법당에 올라서 제석이 위해서 설하는 미묘법 들으니 모두 다 적멸 따라 탐애를 버린다네. 저 소리 모양 가히 볼 수 없어도 능히 모든 하늘무리 이익케 하니, 하물며 마음따라 색신 나투시는 이 온갖 군생 제도하지 못하리. 三十三天聞此音 悉共來昇善法堂 帝釋爲說微妙法 咸令順寂除貪愛 彼音無形不可見 猶能利益諸天衆 況隨心樂現色身 而不濟度諸群生", "하늘과 아수라 서로 다툴 때에도 모든 하늘 복덕 수승한 힘으로 하늘북 소리내서 대중에게 알리길 '그대들 마땅히 근심하고 두려워 마라'. 제천은 이 소리 듣고 모두 두려움 없어져 더할 나위 없는 힘 얻지만, 이때 아수라 마음 떨리고 두려워 데리고 온 병사들 데리고 물러나 도망친다. 감로의 묘한 삼매도 저 하늘북 같아서 언제나 마군들 항복시키는 고요한 소리라네. 크나큰 슬픔과 애민으로 일체를 구하여 널리 중생들 번뇌 사라지게 한다네. 天阿脩羅共鬪時 諸天福德殊勝力 天鼓出音告其衆 汝等宜應勿憂怖 諸天聞此所告音 悉除憂畏增益力 時阿脩羅心震懼 所將兵衆咸退走 甘露妙定如天鼓 恒出降魔寂靜音 大悲哀愍救一切 普使衆生滅煩惱", 『화엄경소』 권16(대정장35, p.625c8)에 "천고는 설법의 비유이다. 天鼓 說法喩"라고 하였다. 〔참고문헌〕『華嚴經』, 『華嚴經疏』, 『法華玄義釋籤』 권13(대정장33, p.905a12), *Saddh-p.160·174.*, *Bodh-bh.259.*, *Bv.35.* ⇨ 도리천 忉利天, 선법당 善法堂

천고 天瞽　타고난 맹인. 나면서부터 보지 못하는 이여서 생맹(生盲)이라 한다. 『굉지광록』 권4(대정장48, p.50c13)에 "분명하게 눈 있지만 마치 타고난 맹인 같다. 分明有眼如天瞽", 『가태보등록』 권2 「정각본일장 正覺本逸章」(卍속장137, p.63a16)에 "만약 저곳에 이르고자 하거든 모름지기 눈 속에 힘 있어야 한다. 눈에 힘 없다면 타고난 맹인과 다를 바 없다. 또한 반드시 살가죽 피 돌아야 아픔도 가려움도 안다. 아픈 줄 모른다면 어찌 토목과 다르다 하겠는가? 若到這裏 須是眼裏有筋 眼裏無筋 還同天瞽 又須皮下有血 知痛知痒 痛痒不知 何殊土木"라고 하였다. 〔참고문헌〕『宏智廣錄』, 『嘉泰普燈錄』, 『寶藏論』(대정장45, p.145b5), 『祖庭事苑』 권1(卍속장113, p.25b18). ⇨ 생맹 生盲, 생맹인 生盲人

천고뇌음불 天鼓雷音佛　Ⓢ Divya-dundubhi-megha-nirghoṣa. 하늘북 울려 천둥소리와 같으신 부처님. 태장(胎藏) 오불(五佛) 중 한 분. 금강계의 불공성취여래(不空成就如來)에 해당한다. 태장만다라(胎藏曼茶羅) 중대(中臺) 팔엽원(八葉院)의 북방여래(北方如來)이며, 고음여래(鼓音如來)·최승음불(最勝音佛)·미묘성불(微妙聲佛)·고음불(鼓音佛)·고음왕불(鼓音王佛)이라고도 한다. 밀호(密號)는 부동금강(不動金剛)이고, 삼매야형(三昧耶形)은 만덕장엄인(萬德莊嚴印) 또는 보라(寶螺)이며 종자는 (aḥ)이다. 몸은 황금색이고 왼손으로는 주먹을 쥐어 배꼽아래에 두며, 오른손으로는 손끝으로 땅을 짚은 촉지인(觸地印)을 맺은 채 연꽃 위에 가부좌 한 형상이다. 수인은 연화합장(蓮華合掌)이고 진언은 "나마 사만타붓다남 함 하 스바하 namaḥ samantabuddhānāṃ haṃ haḥ svāhā 모든 부처님께 널리 귀명합니다. 함 하 스바하"다. 『대일경』 권5 「입비밀만다라위품 入祕密漫荼羅位品」(대정장18, p.36c10)에 "북방 고음여래. 北方 鼓音如來", 『대일경소』 권4(대정장39, p.622c15)에 "다음으로 북방에서 부동불을 관하면 열을 여의고 청량하여 고요한 정에 머무는 상을 짓고 있는데 이는 여래의 열반지다. 이 때문에 뜻으로 부동이라 하지만 그것은 본명이 아니며, 본명은 마땅히 고음여래라 일러야 하니, 저 하늘북 도무지 형상도 머무는 곳도 없지만 능히 법음을 연설하여 중생을 놀라 깨닫게 함과 같다. 대반열반 또한 이와 같아서 이승의 길이 고요하여 도무지 묘용이 없음과 같지 않기에 이로써 비유로 삼았다. 次於北方 觀不動佛 作離熱淸涼住於寂定之相 此是如來涅槃智 是故義云不動 非其本名也 本名當云 鼓音如來 如天鼓都無形相 亦無住處 而能演說法音 警悟衆生 大般涅槃 亦復如是 非如二乘永寂都無妙用 故以爲喩也", 같은 책 권5(대정장39, p.627a12)에 "오여래색이란, 대일불이 가지하는 백색과 보당이 지니는 적색과 화개부가 가지는 황색과 무량수가 가지는 녹색과 고음불이 가지는 흑색을 이른다. 五如來色者 謂大日佛加持白色 寶幢持赤色 花開敷持黃色 無量壽持綠色 鼓音佛持黑色", 『법화경비석』(대정장56, p.186b9)에 "구불이란 누구인가? 즉 중앙의 대일존, 사방사엽 각각에 나타나는 사불이니, 동방의 보당불·남방의 개부화왕불·서방의 무량수불·북방의 천고뇌음불 등이다. 九佛者 謂中央大日尊 四方四葉 各現四佛 東方寶幢佛 南方開敷華王佛 西方無量壽佛 北方天鼓雷音佛是也", 『태장금강보리심의약문답초』 권5(대정장75, p.552c9)에 "『금광명경』에서는 '북방미묘성불'이라 하였으며, 『대일종』에서는 '북방천고뇌음불'이라 하였다. 『의석』에서 다음과 같이 말했다. '비유하면 천고가 의도하지 않고 이익을 주는 것처럼 이 부처님께서 중생을 이롭게 하는 것도 이와 같다. 그러므로 이것을 비유하여 명호로 하였음을 알라'. 金光明云 北方微妙聲佛 大日宗云 北方天鼓雷音佛 義釋云 譬如天鼓 不作意而能作利益 此佛利物 亦復如是 云云 故知以喩爲名"라고 하였다. 〔참고문헌〕『大日經』, 『大日經疏』, 『法華經祕釋』, 『胎藏金剛菩提心義略問答鈔』, 『曼茶羅図典』(大法輪閣, 2002). ⇨ 오불 五佛, 오여래 五如來, 사불 四佛 [2], 미묘성불 微妙聲佛, 부동금강 不動金剛 [1], 불공성취여래 不空成就如來

천고뢰음여래 天鼓雷音如來　➡ 천고뇌음불 天鼓雷音佛

천고만고흑만만 千古萬古黑漫漫　아득한 옛적부터 어둠 가득 일렁일 뿐이네. 『원오어록』 권1(대정장47, p.718a10)에 "저 멀리 홀로 가파르게 높고 높아, 처음도 끝도 활발발하다. 선도와 조불이라 부른다면 눈에 붙은 티끌이며, 선도와 조불이라 하지 않으면 땅 파며 하늘을 찾게 된다. 이에 들어간 사람 있는가? 아득한 세월 좇아 어둠 가득 일렁일 뿐이니, 들어간즉 메워 채울 일뿐이어서 사람 만날 길 없다. 孤迥峭巍巍 始終活鱍鱍 喚作禪道祖佛 眼中著屑 不喚作禪道祖佛 掘地覓天 還有得入者麽 從他千古萬古黑漫漫 塡溝塞壑無人會", 『종감법림』 권62(卍속장116, p.780a9)에 "세존의 은밀한 말씀을 덮어서 가리지 못하니, 가섭의 후손들이 저 흙 보듯 한다. 아득한 그 옛날부터 어둠 가득 일렁일 뿐이니, 꼬리 태운 큰 벌레 원래 호랑이라네. 世尊密語難覆藏 迦葉兒孫見如土 千古萬古黑漫漫 焦尾大蟲元是虎", 『무준사범어록』 권1(卍속장121, p.861a6)에 "한마디로 다 끊어앉으니 아득한 세월 어둠만이 만만한데 한 가닥 길 놓아 연다. 앞선 물결 뒤이는 파도 시끄럽게도 괄괄대네. 一言坐斷 千古萬古黑漫漫 線路放開 前波後波鬧聒聒"라고 하였다. 〔참고문헌〕『圜悟語錄』, 『宗鑑法林』, 『無準師範語錄』. ⇨ 대지흑만만 大地黑漫漫

천고방양 千古榜樣 천년의 세월 짐짓 그 모습 따라 하다. 오랜 옛날부터 본보기가 되다. 『벽암록』 16칙 「송頌」(대정장48, p.156c5)에 "고불에겐 가풍이 있는데〈말이 여전히 귓가에 있고 천고에 짐짓 따라 하니 석가노자를 비방하지 않는 게 좋다〉, 높이 날리려 하면 비난을 당한다네〈콧구멍은 어째서 산승의 손아귀에 있는가? 여덟 방은 열세 방에 맞먹는다. 그대는 어떻게 하겠는가? 한 수 봐주면 바로 때린다〉. 古佛有家風〈言猶在耳 千古榜樣 莫謗釋迦老子好〉 對揚遭貶剝〈鼻孔爲什麼却在山僧手裏 八棒對十三 爾作麼生 放過一著 便打〉", 『사미율의비니일용합참』 권중(卍속장106, p.581b9)에 "『설암록』에 '산두화상은 일찍이 성은화상이라 불렸다. 대중과 있을 때 부지런히 애쓰며 스스로를 북돋우니 참구하다 새벽이 되어도 잠들지 않았고, 신 끄는 소리에 남의 잠을 방해할까 걱정하여 신도 버선도 벗고 맨발로 경행하였고, 겨울에 추우면 신발만 벗었으니 매양 이와 같았다' 하였으니 참으로 천년을 따라 할 본보기다. 雪菴錄 山頭和尙 嘗稱聖恩和尙 在衆時 勤苦自勵 參究至後夜 未就寢 恐履聲妨人睡 則去鞋襪 跣足經行 冬寒 則但去鞋 每每如此 眞千古榜樣也", 『금강선등』 권11 「자한각전 自閒覺傳」(卍속장145, p.634b14)에 "자한각이 들기를 '임제대사가 처음 하북에 머묾에 보화와 극부에게 말했다. 「나 여기서 황벽의 종지를 건립하려 함에 그대 두 사람 나를 도울 만하지 않은가」. 두 사람은 인사하고 내려갔다. 3일 후 보화가 올라와 물었다. 「화상께선 3일 전 뭐라 하셨습니까?」 임제가 바로 때렸다. 3일 후 극부가 올라와 물었다. 「3일 전 화상께선 뭐하려고 보화를 때렸습니까?」 임제가 역시 때렸다'. 擧臨濟大師初住河北 爲普化克符云 我欲于此建立黃檗宗旨 汝二人可成褫我 二人珍重下去 三日後普化上來問 和尙三日前道甚麽 濟便打 三日後克符上來問 三日前和尙打普化作甚麽 濟亦打", "자한각이 말했다. '임제 노인이 이렇듯 황벽종지를 건립했으니 못도 쇠도 잘랐다 할 만하며, 보화와 극부는 이렇게 어울렸으니 역시 길이 새길 본보기다'. 師云 臨濟老漢恁麽建立黃檗宗旨 可謂斬釘截銕 普化克符如斯成褫 亦乃千古榜樣"라고 하였다. 〔참고문헌〕『碧巖錄』, 『沙彌律儀毗尼日用合參』, 『錦江禪燈』.

천고사 天固寺 전라북도 전주시 덕진구 만성동 황방산(皇方山)에 있는 절. 대한불교조계종 제17교구본사 금산사(金山寺)의 말사이다. 신라 원광(圓光 555~638)이 창건했다고 전하고 진감국사(眞鑑國師) 혜소(慧昭 774~850)가 당나라 유학 전에 머물렀던 절이라고 이야기하기도 하지만 확실하지 않다. 1919년에 송윤금(宋輪金)이 중창하였고, 1955년에 보운(寶雲)의 중창 이후 지금에 이르고 있다. 현존하는 당우로는 대웅전·미륵전·칠성각·요사 등이 있으며 미륵전 안에 있는 천고사석불좌상이 문화재자료 제145호로 지정되어 있다. 〔참고문헌〕『韓國寺刹全書』 권하 p.1063a7, 『全羅北道의 佛敎遺蹟』(국립전주박물관, 2001) pp.36~38.

천고성 天鼓聲 Ⓢ dundubhisvarā-śabda, Ⓣ rnga'i-sgra. 육십종성(六十種聲) 중 하나. 하늘북 소리. 『대승장엄경론』 권6(대정장31, p.619c23 : *Sūtr.*, p.80)에 "천고성은 마를 부수는 것을 첫째로 한다. 天鼓聲者破魔初故 dundubhisvarā sarvamārapratyarthikavijayapūrvaṃgamatvāt", 『화엄경소초』 권51(대정장36, p.405a11)에 "천고성은 삿된 마를 깨뜨린다. 天鼓聲者 破邪魔故"라고 하였다. 〔참고문헌〕『大乘莊嚴經論』, 『華嚴經疏鈔』, *Sūtr.* ⇨ 육십종성 六十種聲

천곡 泉谷 조선후기 낙암의눌(洛巖義訥 1666~1737)의 은사 스님. 경상북도 달성군 현풍 유가사(瑜伽寺)에 있는 낙암당 의눌대사비에 "의눌이 12세 때 경북 예천군(醴泉 : 基陽)의 비봉산(飛鳳山) 대곡사에 있었던 천곡학공(泉谷學公)을 은사로 하여 스님이 되었다. 十二出家 祝髮于基陽大谷寺 泉谷學公"라고 하였다. 〔참고문헌〕『霜峰門譜』(鮮一印刷所, 1922) 21張 左面 12項, 『朝鮮寺刹史料』 권상 p.428, 智冠 『韓國高僧碑文總集 朝鮮朝·近現代』 p.378. ⇨ 의눌 義訥

천곡사 泉谷寺 ❶ 강원도 인제군 인제읍 상동리 기룡산(騎龍山)에 있던 절. 백련정사(白蓮精舍)의 옛 이름이다. 용천(龍泉)의 물이 절 옆을 지나기에 천곡사라고 이름하였다고 한다. 〔참고문헌〕『韓國寺刹全書』 권상 p.427a19. ⇨ 백련정사 白蓮精舍 ❷ 강원도 통천군 학일면 황룡산(黃龍山)에 있던 절. 대본산 유점사(楡岾寺)의 말사였다. 흥국사(興國寺)라고 불리기기도 하였다. 『유점사본말사지』에 수록된 『말사천곡사지 末寺泉谷寺誌』의 연혁에 의하면, 1739년(영조15)에 만정선사(萬淨禪師)가 개산하여 흥국사(興國寺)라고 편액하였는데 1797년(정조21)에 증천대사(證天大師)가 절의 위치를 옮겨 천곡사라고 이름을 바꾸었다고 한다. 1802년(순조2)에 선율대사(善律大師)가 대웅전을 세웠으나 1833년(순조33)에 화재로 전각 모두 전소되었고, 1838년

(헌종4)에 대청대사(大淸大師)가 중건에 착수하여 1846년(헌종12)에 대웅전과 산신각을 중건하였다. 홍경모(洪敬謨 1774~1851)의 『관암전서』 권30에 전하는 「천곡사신건기적비 泉谷寺新建紀蹟碑」는 1820년(순조20)에 세워졌는데, 절을 세운 증천대사가 선율대사의 스승이며 청주김씨로 위첨화상(偉添和尙)을 스승으로 출가하여 학송장로(鶴松長老)에게 구족계를 받은 사실을 전하고 있다. 『유점사본말지』에는 1840년(헌종6)에 화은회경(華隱晦景)이 쓴 「안변부황룡산천곡사중건기 安邊府黃龍山泉谷寺重建記」와 1929년에 석왕사(釋王寺)의 송태호(宋太昊)가 쓴 「통천군학일면천곡사연혁기 通川郡鶴一面泉谷寺沿革記」가 전한다. 〔참고문헌〕 『冠巖全書』, 『楡岾寺本末寺誌』 pp.759~767, 『韓國寺刹全書』 권하 p.1085b9. ❸ 경상북도 포항시 북구 흥해읍 학천리 도음산(禱陰山)에 있는 절. 대한불교조계종 제11교구 본사 불국사(佛國寺)의 말사다. 과거 『태고사사법』과 『조선불교통사』에는 대본산 기림사(祇林寺)의 말사였다. 1689년(숙종15)에 법민(法敏)이 주도하여 완산(完山) 유생(柳生)에게 비문을 짓게 해서 건립한 비(『조선금석총람』 권하 p.993)가 경기도박물관에 전하는데, 비의 앞면에는 신라 창건과 고려 중창 및 조선 세조의 어필을 보권(寶券)으로 삼아 외호해온 내력을 기록하였으며, 뒷면에는 불량입답(佛糧入畓)의 명단과 대시주 및 사적비건립화주 법민과 소임자 명부를 새겼다. 비문에 "이 절을 중창할 때의 화주는 현원인데 예로부터 기록이 없으므로 법민스님 등이 장차 전말을 기록하여 돌에 새기고자 하였다. 此寺重刱時化主則釋玄元者 而古無記 僧法敏等 將欲識顚末 鑱之石"라고 하였다. 이외에도 선덕여왕(善德女王, 재위 632~647) 때 자장율사(慈藏律師)가 축리(祝釐)하여 효험이 있었다고 하며, 『범우고』에는 세조(世祖, 재위 1455~1468)가 천순(天順, 1457~1464) 연간에 친히 글을 써서 절에 보낸 일도 전한다. 이상정(李象靖 1711~1781)의 『대산집』 권2 시(詩)에 「숙천곡사향곡강 宿泉谷寺向曲江」도 전한다. 현존하는 당우로는 관음전·삼성각·요사 등이 있고, 관음전 석조보살좌상이 경상북도 문화재자료 제660호로 지정되어 있다. 〔참고문헌〕 『朝鮮金石總覽』, 『新增東國輿地勝覽』, 『輿地圖書』, 『梵宇攷』, 『伽藍考』, 『大山集』, 『朝鮮佛教通史』, 『韓國寺刹全書』 권하 p.1085b5. ❹ 전라북도 정읍시 망제동에 있던 절. 사지(寺址)에 보물 제309호인 칠층석탑이 있다. 〔참고문헌〕 『사찰지』(전라북도, 1990). ⇨ 천곡사지칠층석탑 泉谷寺址七層石塔

천곡사지칠층석탑 泉谷寺址七層石塔 전라북도 정읍시 망제동에 있는 고려시대 석탑. 보물 제309호. 높이 9.9m. 단층기단에 7층의 탑신으로 상승감을 극대화한 세장형(細長型)탑이다. 기단부는 주변을 여러매의 장대석으로 탑구를 형성하였다. 기단은 면석과 갑석의 구분없이 단일 부재로 이루어져 있는데, 갑석에 해당하는 상면은 약한 기울기를 주었고 상면 중앙에 초층탑신을 받치기 위한 1단의 괴임을 낮게 조출하였다. 탑신부는 초층은 4매, 2층과 3층은 각각 2매씩, 4층 이상은 1매로 구성하였는데, 일반적 석탑에 각출되는 우주(隅柱)는 모두 생략하여 간략화 된 모습이다. 옥개석의 경우 7층 모두가 1매석으로 상면에는 낙수면과 모서리에 합각선 표현하였으나 옥개 하단부분은 층급형이 아닌 연화문이 새겨진 것이 특징이다. 연화문은 각층 1변에 4판씩 총 16매의 단판이며 연판이 긴 느낌을 준다. 각 층 옥개석의 모서리마다는 풍경을 달았던 원공이 남아 있다. 상륜은 노반이 남아 있으나 7층 옥개와 같은 부재로 되어 있고 상면에 찰주공이 뚫려 있다. 이 석탑은 높이로 보면 대형에 속하나 단일부재로 이루어진 기단부와 탑신부에 있어 전체적인 체감이 급격하고 다층의 세장형을 강조하는 고려시대 다층석탑 양식을 따르고 있다. 특히 양식적으로는 남원 용담사지 칠층석탑과 유사하나 옥개받침의 변형은 이 석탑만의 특징으로 볼 수 있다. 〔참고문헌〕 『전라북도의 석탑』(국립문화재연구소, 2004).

천곡사지칠층석탑

천공 天供 하늘이 공양하다. 천제(天帝)가 내린 공양을 말한다. 『삼국유사』 권3(대정장49, p.993a27·한불전6, p.325a17) 탑상(塔像)4 전후소장사리(前後所藏舍利)에 "서로 전해오길 그 옛날 의상법사가 입당하여 종남산 지상사 지엄존자의 주석처에 이르렀는데, 이웃의 선율사가 항상 천공을 받아 매번 재를 베풀 때 하늘 주방에서 음식을 보내왔다. 하루는 율사가 의상에게 재를 베풀 것을 청하였는데, 의상이 좌정한 지 오래되었지만 천공이 올 시간이 지나도 오지 않아 의상은 발우가 빈 채로 돌아가고 말았다. 천사가 이내 내려오자 율사는 '오늘 왜 늦었는가'라고 물었는데, 천사는 '동네에 가득찬 신병이 막고 있어서 능히 들어오지 못하였다'고 하였다. 이에 율사는 의상에게 신들의 위호가 있음을 알고 그 도의 승함에 복종하여 천공을 그대로 두었다가 이튿날 또 지엄과 의상 두 스님을 재를 베풀면서 맞아 그 사유를 모두 말하였다. 의상이 조용히 선에게 '스님은 이미 천제의 공경을 받았다'고 하였다고 전한다. 相傳云 昔義湘法師入唐 到終南山至相寺智儼尊者處 隣有宣律師 常受天供 每齋時天廚送食 一日律師請湘公齋 湘至坐定既久 天供過時不至 湘乃空鉢而歸 天使乃至 律師問 今日何

故遲 天使曰 滿洞有神兵遮擁 不能得入 於是律師知湘公有神衛 乃服其道勝 仍留其供具 翌日又邀儼湘二師齋 具陳其由 湘公從容謂宣曰 師旣被天帝所敬"고 하였다. 『석가여래행적송』 권상(한불전6, p.493b18~21)에는 "주 소왕 계축년 7월 15일 밤에 부인이 상서로운 꿈을 꾸었는데 코끼리를 탄 사람이 품에 들어왔다. 바야흐로 태기가 있자 그 뒤로는 하늘공양만을 받으시고 인간세상의 온갖 맛난 음식 다시는 입에 대지 않으셨네. 周昭癸丑年 七月十五夜 夫人感瑞夢 人乘象入懷 旣而方有娠 自後受天供 人間諸勝味 不復需唇舌", 『아미타경소초힐』(卍속장91, p.848b2)에 "교범바제 : 우시라고 한역한다. 과거세 중에 사문을 가벼이 여기고 놀렸기에 병으로 인해 이름을 얻었다. 늘 천상에 거하는데 제천이 공경하여 받들기에 하늘의 공양 받음이 제일이다. 憍梵波提 此云牛呞 以過去世中 輕弄沙門故 乃因病得名 常居天上 諸天敬奉 故受天供養第一"라고 하였다. 〔참고문헌〕 『三國遺事』, 『釋迦如來行蹟頌』, 『阿彌陀經疏鈔擷』.

천과 穿過 뚫어 지나가다. 사무쳐 함께 해서 자타(自他)도 안팎(內外)도 없이 하는 뜻이다. 『황룡혜남어록』(대정장47, p.639a15)에 "승당과 불전 그리고 부엌과 삼문이 법왕의 몸 아닌 것이 없으니, 이것에서 능히 옮겨 얻을 것 있다면 하늘땅과 대지 그리고 일월성신이 그대들 눈동자 뚫고 지나다니고, 사해의 바닷물 그대들 콧구멍으로 흘러들 것이다. 僧堂佛殿 廚庫三門 無不是法王身 若能於此薦得 乾坤大地 日月星辰 穿過爾諸人眼睛 四大海水 流入爾諸人鼻孔", 『대혜어록』 권9(대정장47, p.849a26)에 "석가노자께서 주장자를 뚫어 지났고 주장자는 석가노자를 뚫고 지났다. 바로 이러한 때 돈인가 점인가? 권인가 실인가? 釋迦老子 穿過拄杖 拄杖穿過釋迦老子 正當恁麽時 是頓耶是漸耶 是權耶是實耶", 『벽암록』 4칙 「송 頌」(대정장48, p.144b14)에 "우뚝 선 그 머리 위 풀숲에 앉았네〈과연 코를 꿰었군. 그래도 뛰어난 솜씨는 아니다. 어째서 도리어 풀숲에 앉았을까?〉 孤峯頂上草裏坐〈果然 穿過鼻孔 也未爲奇特 爲什麽却在草裏坐〉", 『보봉어록』(고존숙어록45, 卍속장118, p.757a16)에 "평강 한 줄기 동으로 흘러 천이나 만이나 되는 문도 집도 뚫어 지난다. 불법의 대의가 분명하지만 요즘 사람들 돌아보지 못하네. 平江一派東流 穿過千門萬戶 佛法大意分明 自是時人不顧"라고 하였다. 〔참고문헌〕 『黃龍慧南語錄』, 『大慧語錄』, 『碧巖錄』, 『寶峰語錄』.

천과촉루 穿過髑髏 촉루 즉 죽은 몸 뚫고 지나다니다. 또는 지나가 버리다. 촉루란 죽어 뼈만 남은 몸을 말한다. 살아서도 망상분별뿐이라면 죽은 몸 드나들듯 함과 다르지 않지만, 그 몸 뚫고 사무쳐 자재한 살림살이 또한 할 수도 있어야 한다는 뜻이다. 『경덕전등록』 권20 「청봉전초전 靑峯傳楚傳」(대정장51, p.369b11)에 "해골 뚫고 지나갔네. 아픈 곳 알 리 없지. 穿過髑髏 不知痛處", 『종용록』 24칙 「평창 評唱」(대정장48, p.243b11)에 "설두 또한 말하길 '지금 유봉 앞에 감추어져 있으니 찾아오는 이들 낱낱이 그 방편 살펴라' 하였으며, 소리 높여 할하며 '다리 아래 잘 보라!'고 하였다. 만송이 말한다. '설두는 다리 아래 보느라 정신이 팔려 해골 꿰인 줄 모른다'. 雪竇亦云 如今藏在乳峯前 來者一一看方便 師高聲喝云 看脚下 萬松道 雪竇貪觀脚下 不知穿過髑髏", 『청주백문』(卍속장119, p.351b16)에 "〔문〕 알고 또 알아채서 언제나 알기에 말해서도 미칠 수 없다. 어째서 우렁찬 소리 대지 떨쳐도 귀머거리는 듣지 못할까? 〔답〕 해골 뚫고 지나갈 뿐이다. 問 了了常知故 言之不可及 爲甚麽洪音震地 聵者不聞 答 穿過髑髏", 『연등회요』 권5 「본계장 本谿章」(卍속장136, p.520a18)에 "본계가 방거사(龐居士)에게 말했다. '반드시 이렇게 해야 할 뿐이니, 비로소 조짐마저 끊어진 말 터득할 수 있으리' '눈 안에 한 물건 붙을 일 없게 해야 합니다' '햇볕 가득 쏟아져 눈 뜨기조차 어렵구나' '촉루 뚫고 지나가는 군요'. 師云 須是恁麽 始得爲絶朕之說 士云 眼裏著一物不得 師云 日正盛 難爲擧目 士云 穿過髑髏去在"라고 하였다. 〔참고문헌〕 『景德傳燈錄』, 『從容錄』, 『靑州百問』, 『聯燈會要』. ⇨ 촉루 髑髏

천관 天冠 ❶ 하늘의 관. 『관무량수경』(대정장12, p.343c17)에 "정수리 위에는 비릉가마니묘보로 된 천관을 쓰고 있었다. 그 천관중에 화신불 서 계셨고 그 높이가 25유순이었다. 頂上 毘楞伽摩尼妙寶 以爲天冠 其天冠中有一立化佛 高二十五由旬"라고 하였다. 〔참고문헌〕 『觀無量壽經』. ⇨ 보관 寶冠❶ ❷ 조선후기 연화당 승성(蓮華堂升誠 1624~1693)의 은사 스님. 「삼화보림사연화당승성대사비문 三和寶林寺蓮華堂升誠大師碑文」에 따르면 "20세를 전후할 때 서경 송태사(松泰寺)의 천관을 은사로 하여 스님이 되었다. 惟師生踰冠年 投天冠師於西京松泰寺(平南大同郡 古坪面 廣灘里 大寶山) 始圓戒體"라고 하였다. 〔참고문헌〕 智冠 『韓國高僧碑文總集 朝鮮朝·近現代』 p.276. ⇨ 승성 升誠

천관 天關 ❶ 북극성(北極星)을 달리 이르는 말. 『열반현의발원기요』 권3(대정장38, p.30b17)에 "북신(北辰)을 일명 천관 또는 북극이라고도 한다. 북극이란 자궁(紫宮 : 紫微垣)의 하늘 자리다. 『논어』에 '덕으로 바르게 다스림은 비유컨대 저 북신이 제자리에 거함에 뭇별들이 둘러쌈과 같다'라고 하였다. 北辰 一名天關 一名北極 北極者 紫宮天座也 論語 爲政以德 譬如北辰居其所而衆星拱之"라고 하였다. 〔참고문헌〕 『涅槃玄義發源機要』. ❷ ➡ 천관지축 天關地軸

천관사 天官寺 경상북도 경주시 교동 오릉(五陵) 동쪽에 있던 절. 김유신(金庾信 595~673)의 어릴 적 인연이었던 천관이라는 여인의 집이 절이 되었다. 김유신의 어머니는 그가 성장하여 공을 세워 임금과 어버이를 영화롭게 하기를 기대하면서 그 여인의 집에 드나드는 것을 엄하게 꾸짖었고 이에 김유신은 다시 가지 않겠다고 약속했으나, 술에 취해 귀가하던 차 늘 태워 다니던 말이 다니던 길을 따라 천관녀의 집에 이르고 말았다. 이에 김유신은 그 말의 목을 베고 돌아갔고, 천관은 원망하는 노래를 지었다고 전하는데 천관사는 그녀의 집이었다. 『삼국유사』 권3(대정장49 p.975a16·한불전6, p.281a1) 기이(紀異)2 원성대왕(元聖大王)에 김경신(金敬信)이 꿈에 복두를 벗고 소립을 쓰고 12현금을 든 채 천관사 우물로 들어가는 꿈을 꾸고 이후 즉위하여 원성왕(元聖王)이 되었다는 이야기도 전한다. 『동문선』 권12 칠언율시(七言律詩)에 이공승(李公升 1099~1183)의 시 「천관사 天官寺」가 전하고 있고, 이인로(李仁老 1152~1220)의 『파한집』도 김유신과 천관녀(天官女)의 일화를 전한다. 『동국여지승람』 권21 경상도 경주부 고적(古跡)에 폐사되었다 하였다. 사지(寺址)는 사적 제340호로 지정되었으며, 2000년대 발굴조사 결과 8세기 중후반경에 조성된 것으로 추정되는 팔각 탑신부 등 탑지와 건물지 등이 확인되었다. [참고문헌] 『三國遺事』, 『東文選』, 『破閑集』, 『東國輿地勝覽』, 『輿地圖書』, 『東京雜記』, 『韓國寺刹全書』 권하 p.1063a9, 『慶州天官寺址: 發掘調査報告書』(國立慶州文化財硏究所, 2004).

천관사지전경

천관사 天冠寺 ❶ 인도에 있던 절. 석존의 다비가 행해진 곳이다. 『장아함경』 권4 「유행경 遊行經」(대정장1, p.28a28)과 『석가여래행적송』 권상(한불전6, p.508c7·508c17)에 부처님의 죽음에 슬퍼하고 장례를 치르면서 "아나율이 말하였다. … 연후에 성의 북문으로 나가 희연선하를 건너 천관사에 이르러 다비를 하고자 합니다. 阿那律曰 … 然後出城北門 渡凞連禪河 到天冠寺而闍維之"고 하였다. [참고문헌] 『長阿含經』, 『釋迦如來行蹟頌』. ❷ 전라남도 장흥군 관산읍 농안리 천관산(天冠山)에 있는 절. 대한불교조계종 제21교구본사 송광사(松廣寺)의 말사이다. [연혁] 『동문선』 권68 석천인(釋天因 1205~1248)의 「천관산기 天冠山記」에 지제산의 포개진 돌이 아육왕의 팔만사천탑 중 하나라는 설화를 의지해 전륜성왕과의 인연으로 하늘 관, 즉 천관의 이름에 닿게 한다고 하면서, 신라 효소왕 때 의상이 머물렀다는 의상암(義湘庵)을 들어 그 시작이라 하였지만, 통령화상(通靈和尙)이 탑산사(塔山寺)를 창건하여 머물던 무렵 석장(錫杖)이 날아올라 꽂히는 꿈을 꾼 후라고도 적었다. 1779년(정조3)에 위백규(魏伯珪 1727~1798)가 지은 『지제지』에 "천관보살이 머무는 곳이기에 이름한다. 天冠菩薩所住故名之"고 하였고, 문무왕이 태자 시절에 이 절의 홍진대사(洪震大師)와 함께 밤낮으로 예를 올려 화엄신중을 감동시켜 즉위하였다고 하면서도 『화엄경』 「보살주처품 菩薩住處品」에 출현하는 천관보살(天冠菩薩)을 모시는 사찰로는 천관사가 유일하기에 화엄도량이라 말하기도 한다. 그 뒤 1561년(명종16)에 『묘법연화경 妙法蓮華經』, 1568년(선조1) 『불설장수멸죄호제동자다라니경 佛說長壽滅罪護諸童子陀羅尼經』·『대혜보각선사서 大慧普覺禪師書』, 1571년 『지장보살본원경 地藏菩薩本願經』, 1626년(인조4) 『간화결의론 看話決疑論』·『원돈성불론 圓頓成佛論』, 1631년 『염불작법 念佛作法』·『팔관재계비밀영생정토심요 八關齋戒秘密永生淨土心要』, 1632년 『대혜보각선사서』, 1634년 『고봉화상선요 高峰和尙禪要』·『선원제전집도서 禪源諸詮集都序』, 1637년 『제월당대사집 霽月堂大師集』, 1639년 『법집별행록절요병입사기 法集別行錄節要幷入私記』, 1640년 『몽산화상법어략록 蒙山和尙法語略錄』, 1657년(효종8) 언해 『불설광본대장경 佛說廣本大藏經』·『불설천지팔양신주경 佛說天地八陽神呪經』·『불설왕경 佛說王經』, 1659년 『지제산사적』 등 16세기 후반에서 17세기 중반에 이르는 동안 선교(禪敎)를 망라하는 주요 불전을 간행·유포하였는데, 천관사 전 주지 충인(忠印)·지전(持殿) 충습(忠習)·삼강 유감(唯鑑)을 중심으로 윤항(胤恒)·설준(雪俊)·지읍(智揖)·인민(認珉)·혜능(惠能)·응화(應和)·성통(性通) 등과 송월응상(松月應祥 1572~1654)의 문도인 석인(釋仁)이 주관하였다. 과거에는 팔십구 곳의 산내암자를 거느린 대도량으로, 『지제지』에 수정암(修定庵), 정자암(淨慈庵), 구정암(九精庵), 원통암(圓通庵), 영취대(靈鷲臺), 적명암(寂明庵), 수층암(數層庵), 수도암(修道庵), 하수도암(下修道庵), 명적암(明寂庵), 금강굴(金剛窟), 찬수굴(攢水窟), 심적암(深寂庵), 적조대(寂照臺), 백운대(白雲臺), 홍초당(洪草堂), 영은암(靈隱庵), 무학당(舞鶴堂), 서운암(瑞雲庵), 영일암(迎日庵), 금수암(金水庵), 장천암(長川庵), 송대(松臺), 동일암(東日庵), 내장암(內藏庵), 노초당(盧草堂), 해운암(海雲庵), 동전(東殿), 망해암(望海庵), 심원암(深源庵), 청학대(靑鶴臺), 청련암(靑蓮庵), 내원(內院), 남전(南殿), 원적암(圓寂庵), 금선대(金仙臺), 백학대(白鶴臺), 응진대(應眞臺), 법왕대(法王臺), 석두암(石頭庵), 극락대(極樂臺), 멸연암(滅緣庵), 가구암(可久庵), 하송라대

(下松蘿臺), 상송라대(上松蘿臺), 미타암(彌陀庵), 사자굴(獅子窟), 포암(蒲庵), 불영암(佛影庵), 불영대(佛影臺), 안심대(安心臺), 정심대(定心臺), 안초당(安草堂), 옥정암(玉井庵), 미륵암(彌勒庵), 초암(草庵), 선암(仙庵), 금신굴(金信窟), 금강대(金剛臺), 반야대(般若臺), 반야굴(般若窟), 삼일암(三日庵), 탑산암(塔山庵), 동암(東庵), 연화대(蓮花臺), 광선암(廣禪菴), 서전(西殿), 의상암(義湘庵), 도선암(道禪庵), 백련암(白蓮庵), 원효암(元曉庵), 용추암(龍湫菴), 가공암(架空庵), 좌명대(坐明臺), 이씨암(李氏庵), 송암(松庵), 석천암(石泉庵), 지장암(地藏庵), 윤판암(輪板庵), 법해암(法海庵), 일수암(一水庵), 이수암(二水庵), 삼수암(三水庵), 나한당(羅漢堂), 중수암(衆秀庵) 등이 실렸는데, 지금은 대부분 폐사되어 전하지 않는다. 1706년(숙종32)에 극락보전을 중수한 뒤, 『지제지』에는 화엄전・문수전・보현전・관음전・지장전・해장전(海藏殿)・용선각(龍仙覺)・청풍료(淸風寮)・동서남북 사당(社堂) 등 사십팔 채의 전각이 있었다고 하였다. 1747년(영조23)에 큰 화재로 건물 대부분이 소실되어 퇴락하였지만, 1963년에 한택이 대웅전을 중건하였고, 1986년에 도통이 칠성각을 중창하여 삼성각으로 바꾸었는데, 지금은 대웅보전을 주전으로 극락보전・삼성각・청풍당・요사 등이 있다. 성보문화재로는 보물로 지정된 삼층석탑과 유형문화재인 석등이 전한다. [관련사적 등기문] 「천관산기」과 『지제산사적』 외에 김여중(金汝重 1556~1630) 『헌헌헌문집 軒軒軒文集』의 「유천관산기 遊天冠山記」, 허목(許穆 1595~1682) 『기언 記言』의 「천관산기」, 김희조(金喜祖 1680~1752) 『방호집 放湖集』의 「천관산탑산암중창서 天冠山塔山庵重創序」・「천관산기우제문 天冠山祈雨祭文」, 노명선(盧明善 1707~1775) 『천풍가 天風歌』의 「기행가사 紀行歌辭」, 김몽룡(金夢龍 1708~1778)의 『은암집 隱岩集』 「천관산축문 天冠山祝文」, 위백규의 『지제지』와 『존재전서 存齋全書』 「탑산암중창기 塔山菴重創記」, 위도(魏道 1763~1830)의 『죽오선생유고 竹塢先生遺稿』 「천관산제홀기서 天冠山祭笏記序」・「천관산산제사 天冠山山祭祀」, 김희석(金僖錫 1804~1889) 『남파선생집 南坡先生集』의 「천관산기」, 김우(金玗 1833~1910) 『학남집 鶴南集』의 「천관문답 天冠問答」, 송병선(宋秉璿 1836~1905)의 『연재집 淵齋集』 「유월출산천관산기 遊月出山天冠山記」, 이정원(李正遠 1871~1957) 『낙오재유고 樂吾齋遺稿』의 「유천관산기」, 정노수(丁魯壽 1877~1965) 『송포유고 松圃遺稿』의 「관산사중수기 冠山寺重修記」 등이 전한다. [참고문헌] 『東文選』, 『支提誌』, 『支提山事跡』, 『韓國寺刹全書』 권하 p.1063b8, 『長興天冠山天冠寺』(順天大博物館・長興郡, 1999).

천관사삼층석탑 天冠寺三層石塔 전라남도 장흥군 관산읍 농안리 천관사에 있는 고려시대 석탑. 보물 제795호. 높이 3.9m. 이중기단에 삼층탑신을 지닌 통일신라 양식을 이어받은 고려전기의 석탑이다. 지대석은 4매의 장대석을 놓고 그 위에 하층기단 4매의 면석과 2매의 판석으로 갑석을 형성했다. 하층기단 면석에는 우주와 탱주를 모두 생략하였고 갑석 상면의 기울기도 약한 편이다. 갑석 상면중앙에 호각형 2단 받침을 모각하여 상층기단 면석을 받치고 있다. 상층기단은 4매의 판석으로 면석을 형성하였는데, 하층기단과 같은 H자형 결구를 보이고 있으나 방향은 상하층이 반대로 되어 있다. 하층기단 면석과는 달리 우주는 모각하고 탱주는 생략하였다. 갑석은 1매로 거의 수평에 가깝게 기울기가 없으며 상면 중앙에 호각형 2단 받침을 두어 초층탑신을 받고 있다. 탑신부는 탑신과 옥개가 각각 1매석으로 탑신은 모두 우주를 모각하였으며 흘림기법이나 별도의 부조상은 없다. 옥개석은 모두 전각부의 반전이 뚜렷하며 하층에는 4단의 층급받침을 두고 상면에는 1단의 각형받침을 두어 상층탑신을 받고 있다. 상륜은 노반석과 비교적 큰 크기의 복발이 남아 있다. 이 석탑은 기본적으로 이중기단에 삼층탑신인 신라의 양식을 따르고 있으나 기단부에 우주나 탱주를 생략하면서 부재의 숫자를 단순화하고, 옥개석 하단의 층급받침은 4단이지만 얇고 낮게 각출하는 등 전체적으로 생략과 변형이 두드러져 고려전기 10세기경에 제작된 것으로 보고 있다. 탑은 훼손된 채 방치되어 있다가 1984년 없어진 상층기단면석 1매를 보충하여 현재 위치에 복원하였다. [참고문헌] 『전라북도의 석탑』(국립문화재연구소, 2005).

천관사삼층석탑

천관사석등 天冠寺石燈 전라남도 장흥군 관산읍 칠관로에 있는 통일신라시대의 석등. 높이 264cm. 전라남도 유형문화재다. 천관사 극락보전 계단 앞에 오층석탑과 나란히 하고 있다. 일제강점기 사진자료에 의하면, 천관사 부근에 있던 삼층석탑 가까이 있었던 것을 옮겨온 것이다. 지대석 위에 기단과 받침이 되는 간주석, 상대석, 옥개석, 상륜부를 올려 놓은 완전한 형태다. 하대석은 팔각으로 하나의 돌로 제작되었는데 상하단으로 구성되었다. 하단 각 면에 안상

천관사석등

(眼象)을 새기고 그 위로 복련을 돌렸는데 8개의 잎이 서로 겹친 도드라진 양감이다. 하대석과 상대석을 연결하는 간주석은 팔각의 기둥으로 조금씩 줄어들게 하여 무게감이 있다. 상대석 역시 높고 두텁게 하여 앙련이 도드라져 보인다. 화사석(火舍石)은 등불이 퍼져 나올 수 있도록 네 곳은 창을 뚫었고 네 면은 닫힌 채다. 팔각지붕 옥개석의 낙수면은 완만하고 처마는 조금 위로 올렸다. 처마 아랫면에는 받침대만을 두었고, 절수구는 만들지 않았다. 상륜부는 원통형 받침대 위에 보주를 얹었다. 통일신라 때 조성된 장흥보림사석등과도 닮아 9세기에 제작된 것으로 추정한다. 〔참고문헌〕 불교문화재연구소·천관사 『장흥 천관사』(2013) p.38.

천관사오층석탑 天冠寺五層石塔 전라남도 장흥군 관산읍 농안리에 있는 고려후기 석탑. 전라남도 유형문화재. 높이 4.2m. 현재 천관사 경내 극락보전 앞에 석등과 나란히 서있다. 이중기단에 오층의 탑신을 올린 석탑이다. 하층기단 면석 아래로는 지면에 묻혀 있어 정확한 형태는 알 수 없다. 하층기단 면석과 갑석이 일체형이며 2매로 구성하였다. 면석에는 우주 및 탱주를 생략하고 각면 3구의 안상(眼象)도 새겨 놓았다. 탑주위로는 장대석으로 탑구를 형성하고 전면 양 옆에 보탑이건대공덕주(寶塔移建大功德主) 박덕임(朴德任) 불기이구구오년(佛紀二九九五年) 윤이월십오칠근립(閏二月十五日謹立)이라 쓰여진 비도 있다. 이로 미루어 탑은 근세에 이건되었으며 이때 탑에 대한 부재추가와 탑구를 두었음을 알 수 있다. 탑의 전체적인 구성과 기단부의 형태로 보아 고려후기에 건립되었을 것으로 보인다. ⇨ 천관사 天冠寺 **2**

천관사오층석탑

천관산기 天冠山記 전라남도 장흥군 천관산에 대한 기문. 백련사(白蓮社)의 2대 사주이자 정명국사(靜明國師)로 추증된 천인(天因 1205~1248)이 지었는데, 『동문선』 권68에 전한다. 천관산에 대한 다른 산지(山誌)로는 『지제지 支提志』 등이 있다. 기문에는 산 이름의 유래와 탑산사(塔山寺)를 창건한 통령화상(通靈和尙)이 천관사(天冠寺)를 창건한 영험담도 있다. 부석존자(浮石尊者 : 의상)가 살았다는 의상암(義湘庵)과 구정암(九精庵)·선암사(仙巖寺)·미타암(彌陀庵) 등의 사암을 비롯하여 석가모니와 가섭이 연좌(宴座)했다는 층대(層臺)와 신중암(神衆巖)·환희대(歡喜臺)·포암(蒲巖) 등에 대한 기록도 전한다. 기문에 "지난 경자년(고종27·1240) 7월에 내가 이 산을 유람하며 성스런 자취를 탐방한 적이 있는데, 탑산사 주지 담조가 고적을 보여주면서 '이 초본이 유락되어 산 뒤 민가에 있었는데 우연히 갔다가 찾았습니다. … 실마리를 찾아 새롭게 하여 비춰보게 하니 이 또한 유통의 한 가닥이 될 것입니다'라고 하였다. … 요즈음 한가한 날에 살펴보고 검토한 후 그 대강을 간략히 적어 그의 뜻에 부응하고 초본과 함께 돌려 보낸다. 曏者庚子秋七月 予嘗遊此山 搜訪聖迹 塔山主公曇照 示予古迹曰 此草木遺落 在山後民家 偶往而得之 … 若紬繹而新之 照示於後 斯亦流通之一段也 … 今於暇日 偶獲檢閱 粗記其梗槩 以副其意 幷其本而歸之"라고 하였다. 또 허목(許穆 1595~1682)이 지은 『기언』 권28에 전하는 것으로, 기문의 간기(刊記)에 '十三年九月旣望'이라 하였기에, 광해군 13년(1621) 또는 현종 13년(1672)으로 추정한다. 탑산사와 그 옆에 폐찰이 된 의상암을 비롯하여 구정사(九精社)·불영봉(佛影峯)·금강굴(金剛窟)·반야대(般若臺)·향로봉(香爐峯) 등의 이름을 남기고 있다. "탑산 위에 있는 석대장에 오르니 봉우리 모두 첩석으로서 돌이 모두 네모나서 모두 글이 있었는데 범자였다. … 그 봉우리 이름은 보현·비로·노사나·문수·지장이었느니 모두 불보살의 이름이다. 登石大藏在塔山上 峯皆疊石 石方而皆石函形 有文皆梵字 … 其峯名如普賢 毗盧 盧舍那 文殊 地藏 皆佛號"라고 하였다. 〔참고문헌〕 『東文選』, 『記言』(韓國文集叢刊98, p.141b9·p.142a4). ⇨ 천인 天因 **1**, 천관사 天冠寺 **2**, 지제지 支提志

천관지축 天關地軸 하늘을 붙들고 땅을 움직이게 하다. 『벽암록』 68칙 「수시 垂示」(대정장48, p.197c26)에 "천관 흔들고 지축을 뒤친다. 호랑이와 코뿔소를 사로잡으며 용과 뱀도 가려낸다. 이야말로 한낱 활발발한 이이니 구구마다 서로 맞고 심기마다 응한다. 掀天關翻地軸 擒虎兕辨龍蛇 須是箇活鱍鱍漢 始得句句相投 機機相應", 『요암청욕어록』 권6(卍속장123, p.709a2)에 "천관과 지축 온통 뒤쳤으니, 한에서도 거둔 적 없고 진에서도 거두지 못했다. 天關地軸總掀翻 漢不能收秦不攝", 『오등전서』 권103 「등용장 燈用章」(卍속장142, p.8a13)에 "오늘은 8월 16일, 천관지축 부여잡고 남산 호랑이 풀어놓는다. 원숭이일지언정 죽은 고기는 먹지 않는다. 今朝八月十六 把斷天關地軸 放出南山大蟲 猩猩不食伏肉"라고 하였다. 〔참고문헌〕 『碧巖錄』, 『了菴淸欲語錄』, 『五燈全書』.

천광사 泉光寺 전라도에 있던 절. 구봉령(具鳳齡 1526~1586)의 『백담집』에 관련 시 2구가 전한다. 「천광사우비 泉光寺遇雨」(권1, 한국문집총간39, p.32a5)는 전라도 지역을 지나면 쓴 시들과 함께 전하고 있어 천광사의 위치를 짐작하게 한다. 〔참고문헌〕 『栢潭集』.

천광안관자재보살비밀법경 千光眼觀自在菩薩秘密法經 당대 삼매소바라(三昧蘇嚩羅) 한역. 1권. 『천광안경 千光眼經』·『천광안비밀법경 千光眼秘密法經』이라고도 한다. 대정장20, pp.119c19~126c18, No.1065에 수록되어 있다. 부처님께서 아난에게 관자재보살이 중생을 위해 천비천안(千臂千眼)을 갖추었으나 사십수(四十手)의 법이 있음을 설하신다. 사십수는 식재(息災)·조복(調伏)·증익(增益)·애경(愛敬)·구소(鉤召)의 다섯 가지 법을 여래부(如來部)·금강부(金剛部)·마니부(摩尼部)·연화부(蓮華部)·갈마부(羯磨部)로 배대하였다. 관자재보살은 정수리에 십일면관음을 갖추었으며, 사십수를 구족한 이십오보살을 용출하여 이십오삼매(二十五三昧)를 증득하고서는 이십오유(二十五有)의 윤회마저 끊는 법문이다. 또한 갖가지 원을 성취하려는 이가 사십수법(四十修法)을 닦을 때 가지는 진언과 수인 및 만다라 등의 공덕도 설한다.

천구 天狗 혜성(彗星 Ⓢ ulkā) 또는 유성(流星). 우류가(憂流迦)라고도 한다. 『산해경 山海經』「서산경 西山經」에서는 음산(陰山)에 사는 살쾡이와 같은 모습의 괴수(怪獸)라고 하였다. 『정법염처경』 권19(대정장17, p.110c28)에 "그때 허공신과 모든 대신통을 가진 대야차들은 하늘이 말한 것을 듣고 기뻐 뛰면서 저 악룡과 아수라에 대해 크게 분노하고, 곧 내려와 저 법행용왕인 바수길과 덕차가 등의 용왕에게 가서 위의 인연을 말하려고 허공에서 내려오는데, 온몸에서 불꽃이 번쩍인다. 그 모습을 본 사람은 모두 우류가가 내려온다〈'천구가 내려온다'고 한역함〉고 한다. 밤에 내려오면 세상 사람이 다 보지만, 낮에 내려오면 보기도 하고 보지 못하기도 한다. 내려와서 큰 바다에 들어가 저 법행의 대용왕에게 가서 위의 인연을 말하는데, 이 모양을 본 세상의 사견주술사들은 모두 이상한 일로 지어 말한다. 時 虛空神 諸大神通 大夜叉等 聞天所說 歡喜踊躍 於彼惡龍 阿修羅所 生大瞋恚 卽下欲詣 法行龍王 婆修吉 德叉迦等 諸龍王所 說上因緣 從空而下 一切身分 光焰騰赫 見是相者 皆言憂流迦下〈魏言天狗下〉 若其夜下 世人皆見 若晝下者 或見不見 下入大海 至彼法行 大龍王所 說上因緣 見是相已 世間邪見 諸呪術師 咸作異說", 『법원주림』 권4(대정장53, p.300c20)에 "구름 없이도 천둥이 치는 것을 천구라 하는데, 이런 천둥이 치고서 삼 년이 지나기 전에 나라의 재난이 있다. 無雲而雷 名曰天狗 行不出三年 其國凶"라고 하였다. 〔참고문헌〕『正法念處經』, 『法苑珠林』.

천궁 天弓 하늘무지개. 제궁(帝弓)·천제궁(天帝弓)이라고도 한다. 『대보적경』 권35(대정장11, p.195c10)에 "면모는 단엄하고 이마는 평정하며, 눈썹은 빛나고 깨끗해서 저 무지개와 같네. 백호는 비춰 사무쳐서 티끌 없었으니, 빛 깨끗이 비추길 저 별의 왕 같았네. 面貌端嚴額平正 眉相皎淨若天弓 白毫映徹無瑕穢 光潔照曜如星王", 『일체경음의』 권12(대정장54, p.380c13)에 "천궁〈제궁이라고도 하는데 무지개다. 세속에선 홍 자를 항으로 소리 낸다. 『시경』에 체동(螮蝀)이라 했는데 모두 같다〉. 天弓〈或名帝弓 卽虹蜺也 俗呼虹字爲降音 詩云 螮蝀 皆一也〉", 『석가여래성도기주』 권하(卍속장130, p.241b6)에 "'눈썹 천제궁처럼 가로로 나 있네'. 『화엄경』에 '눈썹이 가늘고 굽음에 저 제석궁과 같네', 『일체경음의』에 '무지개를 천궁이라 한다' 하였다. 眉橫天帝弓 華嚴經云 眉細曲如帝釋弓 經音云 虹名天弓"라고 하였다. 〔참고문헌〕『大寶積經』, 『一切經音義』, 『釋迦如來成道記註』, 40권본 『華嚴經』 권28(대정장10, p.788c15).

천궁보장 天宮寶藏 미래불인 미륵보살에게 전한 법장(法藏). 미륵이 성불할 때까지 도솔천에 있기에 이렇게 말한다. 『석문정통』 권3(卍속장130, p.791b6)에 "용궁의 해장이라는 말은 용수가 바다에 들어가 경을 가져왔다는 전설에 따르는 말이고 또한 천궁의 보장이라는 일컫는 말은 자씨인 미륵보살이 거처에 부합하는 말이다. 그러므로 일체여래께서는 다만 입으로 읊으시고 마음으로 사유하며 법륜을 굴리시며 모든 품류의 중생에게 큰 이익을 주신다. 지금 보살은 특별히 자비를 일으켜 있는 곳 마다마다에서 이렇게 근기에 맞는 법륜을 새롭게 하여 굴리심에 쉬지 않으시니 굴림으로써 일체함령 빠짐없이 적셔 이익케 함이 미래재를 다해서 등정각을 성취하도록 한다. 위대하구나, 신통력이여! 어찌 생각으로 알거나 말로 표현하리오? 稱龍宮海藏者 乃約龍樹入海而言 又稱天宮寶藏者 乃附慈氏居處而說 然一切如來只令口誦 心惟轉我法輪 饒益羣品 今大士特興慈悲 在在處處 創此機輪 運轉不息 欲俾一切含靈 同霑利益 盡未來際 成等正覺 大哉神力 詎可思議耶"라고 하였다. 〔참고문헌〕『釋門正統』. ⇨ 용궁해장 龍宮海藏, 미륵 彌勒

천궁사 川弓寺 경상북도 경주시 천군동 명활산(明活山)에 있던 절. 『사탑고적고』의 3층 석탑 두 기(基)가 있다는 기록으로, 보물 제168호 천군동동서삼층석탑이 있는 사적 제82호 천군동사지를 절터로 추정한다. 금당·강당·중문·회당 등의 터가 확인되었으며, 전돌과 치미, 그리고 현각사(玄閣寺) 명의 기와도 발견되었다. 통일신라시대의 사찰로 추정한다. 〔참고문헌〕『寺塔古蹟攷』, 『韓國寺刹全書』 권하 p.1062b18, 『한국사지총람』 권하(문화재청·불교문화재연구소, 2010) p.126. ⇨ 경주천군리사지 慶州千軍里寺址, 경주천군리삼층석탑 慶州千軍里三層石塔

천궁사 天宮寺 당대 낙양(洛陽 : 河南省)에 있던 절.

본래 당 태종의 옛집이었는데, 632년(정관6) 조칙에 의하여 절이 되었다. 법호(法護)·『불공견삭다라니자재왕주경 不空羂索陀羅尼自在王呪經』을 한역한 보사유(寶思惟 Ⓢ Ratnacinta : 阿儞眞那)·북종선(北宗禪)의 신수(神秀)·천궁존자(天宮尊者)라 하는 혜위(慧威) 등 수많은 고승대덕이 이 절에 머물렀기에 동도(東都)의 명찰(名刹)이었으나 허물어져 없어졌다. 『불조통기』 권39(대정장49, p.364a26)에 "정관 6년 조칙으로 동도〈낙양〉의 용잠구택을 천궁사로 삼았다. 六年 詔以東都〈洛陽〉龍潛舊宅爲天宮寺"라고 하였다. [참고문헌] 『佛祖統紀』, 『宋高僧傳』 권7(대정장50, p.750a13).

천궁사 天宮事 Ⓟ Vimāna-vatthu. 소부경(小部經 Ⓟ Khuddaka-nikāya) 중 하나. 줄여서 비마나(毘摩那 Ⓟ Vimāna)라 한다. 여러 하늘에 나기 위한 인행(因行)과 그 하늘의 수승한 과보에 대한 짧은 게송들을 모은 경전으로, 7품(品) 85천궁(天宮)이다. 지옥의 인과를 설한 『아귀사경 餓鬼事經』에 대응하는 경으로, 수많은 이름의 하늘들이 등장하는데, 이미 천계에 나서 주인이 된 여신들과 천신들의 갖가지 이야기를 담았다. 삼보(三寶)와 탑파(塔婆)와 사리(舍利) 등에 공양하고 선행(善行)한 복업(福業)의 과임을 드러내, 정법(正法)이 오래가 세간이 깨끗해지길 바라서 생천(生天)의 방편을 널리 펴 드러낸 법문을 모은 경이다. 85편 중 제33편 굿틸라천궁사(Guttila-vimāna)는 『본생경』 제243경, 제52편 레와티천궁사(Revatī-vimāna)는 『법구경』 제219게와 제220게, 제83편 맛타쿤달리천궁사(Maṭṭakuṇḍalī-vimāna)는 『본생경』 제449경과 내용이 같다. 호법(護法)의 주석서 *Paramatthadīpanī*가 있고, 구네라트네(E.R.Gooneratne) 교정본(1886)과 자야윅크라마(N.A.Jayawickrama) 교정본(1977)이 출간되었다. ⇨ 비마나 毘摩那[1], 소부 小部, 굴타가니가야 屈陀迦尼迦耶, 쿳다카니카야 Khuddaka-nikāya

천궁존자 天宮尊者 천태종(天台宗) 제7조 혜위(慧威)의 별칭. 『천태지자대사재기예찬문』(대정장46, p.966b13)에 "일심으로 천태교관 제7조사 천궁존자를 받들어 청합니다. 一心奉請天台教觀第七祖師天宮尊者", 『불조통기』 권6(대정장49, p.177c14)에 "7조 전지교관 천궁존자 전진대선사 七祖傳持教觀天宮尊者全眞大禪師"라고 하였다. [참고문헌] 『天台智者大師齋忌禮讚文』, 『佛祖統紀』. ⇨ 혜위 慧威

천규 天圭 고려후기 나옹혜근(懶翁惠勤 1320~1376)의 제자. 「신륵사보제선사사리석종비음기 神勒寺普濟禪師舍利石鐘碑陰記」 수좌질(首座秩)과 『서역중화해동불조원류』 「나옹혜근사 懶翁惠勤嗣」(한불전10, p.101b19)에 이름이 보인다. [참고문헌] 『西域中華海東佛祖源流』, 李智冠 『校勘譯註歷代高僧碑文』 高麗篇4 p.375.

천근 天根 Ⓢ liṅga. 대자재천(大自在天)의 상징. 남근 형상과 유사하다. 『석가방지』 권상(대정장51, p.960a21)에 "바라닐〈녀와 힐을 반절한 음〉사국〈중인도이고, 옛날의 바라내이다〉은 둘레가 사천여 리이고, 도성의 서쪽은 갠지스강에 닿아 있다. … 천사는 백여 곳이고, 외도는 만여 명이며, 대부분 대자재천근을 섬긴다. 큰 성안에는 천사가 스무 곳이고, 천근은 높이가 백여 척이다. 婆羅痆〈女黠〉斯國〈中印度 古波羅奈也〉 周四千餘里 都城西臨殑河 … 天祠百餘 外道萬餘 多事大自在天根也 大城中天祠二十所 天根高百餘尺", 『법원주림』 권29(대정장53, p.499a23)에 "겁비타국은 중인도에 속하는데, 그곳에는 천사가 열 곳이며, 모두 대자대천을 섬겨 다 천상을 짓는다. 그 모습 인근과 같고 모양은 매우 길고 크다. 속인들은 그것을 싫어하지 않으니, 모든 중생은 천근에서 생겨났다고 말한다. 劫比他國 屬中印度 中有天祠十所 同事大自在天 皆作天像 其狀人根 形甚長偉 俗人不以爲惡 謂諸衆生 從天根生也"라고 하였다. [참고문헌] 『釋迦方志』, 『法苑珠林』. ⇨ 대자재천 大自在天

천긍 天亘 여말선초 조계종 스님. 호는 고암(古巖). 이색과 같은 해에 급제한 최병부(崔兵部)의 아우다. 『서역중화해동불조원류』에는 벽계정심(碧溪淨心)의 제자라 하였다. 벽계정심이 멀리 구곡각운(龜谷覺雲)의 법을 이어받았고 고암천긍 역시 구곡각운으로부터 법호를 받은 것으로 보아 동문 법형제인 듯하며 연대상으로도 구곡각운의 제자로 봄이 합당하다. [참고문헌] 『西域中華海東佛祖源流』, 「古巖記」(『牧隱文藁』 권6·『東文選』 권75), 『朝鮮禪敎史』, 『智嚴法係雜考』. ⇨ 각운 覺雲[2]

천기 天其 고려 고종대 스님. 다만 균여(均如 923~973)의 『석화엄지귀장원통초』 권하 말 「주기 註記」(한불전4, p.159b15)에 따르면 본강화상인 홍왕사 교학 승통천기가 1234년(고종21) 충청남도 논산군 연산 개태사(開泰寺)에 주석하면서 고장(古藏) 중에 이 『석화엄지귀장원통초』 책을 얻었다 하였다. [참고문헌] 『釋華嚴旨歸章圓通鈔』 권하말.

천기 天其 생몰연대 미상. 합천 해인사 주지로 있으면서 화엄종의 여러 스님들과 함께 『화엄일승법계도기』를 자세히 교정하여 3권으로 엮어 왕명에 의해 판각하였다. [참고문헌] 한불전4, p.39a2.

천기 天機 타고난 기지(機智). 『순정리론』 권22(대정장29, p.467c11)에 "부처님 법륜을 굴리시지만 문득 씀이 없이 해서 성취한다. 하늘이 굴리듯 저 천진한 기들이 입힘을 얻고 오직 하늘만이 알기에 사람이 아는 바 아니다. 佛轉法輪 便成無用 謂天所轉 還被天機 唯天能知 非人所了", 『수습지관좌선법요』 권1(대정장46, p.474c28)에 "무릇 나면서부터 아는 사람은 성덕 가득한 사람이다. 배워서 아는 사람은 타고난 기 깊은 이다. 夫生而知之者 蓋性德者也 學而知之者 天機深者也"라고 하였다. [참고문헌] 『順正理論』, 『修習止觀坐禪法要』.

천기 淺機 얕은 근기. 『문수사리근본의궤경』 권8(대정장20, p.863c18)에 "저들 얕은 근기 따라 간략하게 설한다. 隨彼淺機 而略說之", 『화엄오교장』 권2(대정장45, p.488c9)에 "첫째는 소승을 끌어들일 목적이고, 둘째는 낮은 근기를 위해 이를 설하니 시교다. 一 爲引小 二 爲淺機 是故說此 爲始敎也", 『도서』 권하1(대정장48, p.406c28)에 "초학자나 얕은 근기들 말 따라 집착을 일으킬 우려가 있다. 初學及淺機 恐隨言生執", 『경덕전등록』 권12 「진존숙전 陳尊宿傳」(대정장51, p.291a22)에 "하는 말마다 준험하고 늘 가던 궤적을 따르지도 않았으므로 낮은 근기의 무리들이 왕왕 비웃었다. 오직 깊이 공부하고 천성이 영민한 이들만이 흠모하며 엎드렸다. 詞語峻嶮 旣非循轍 故淺機之流 往往嗤之 唯玄學性敏者欽伏"라고 하였다. [참고문헌] 『文殊師利根本儀軌經』, 『華嚴五敎章』, 『都序』, 『景德傳燈錄』.

천기성절 天基聖節 천자(天子)의 생일 또는 즉위일. 『무문관』 「표문 表文」(대정장48, p.292b3)에 "1229년(소정2) 1월 5일 천기성절(理宗황제의 생일)을 맞아 신승 혜개는 1228년(소정1) 12월 5일에 벌써 불조의 기연 48칙을 인쇄 간행하여 들어 공부할 수 있도록 하였다. 황제께서 길이 장수하기를 기원합니다. 紹定二年正月初五日 恭遇天基聖節 臣僧慧開 預於元年 十二月初五日 印行拈提 佛祖機緣 四十八則 祝延今上皇帝"라고 하였다. [참고문헌] 『無門關』. ⇨성절 聖節

천기신 天妓神 Ⓢgandharva, Ⓟgandhabba. 음악의 신. 팔부중(八部衆) 또는 중유(中有) 중 하나이다. 향기만 먹고 살기에 심향(尋香)·식향(食香)이라고도 하며, 음사어는 건달바(乾闥婆 : 健達縛)다. 원측(圓測)의 『해심밀경소』 권1(한불전1, p.147a16)에 "생업에 종사하지 않고 향기만을 찾아 먹으며, 음악을 지어 구걸하므로 심향행이라고 한다. 이 신귀는 항상 음악을 짓고 모든 향기를 먹으므로 건달바라고 하는데, 『대지도론』 권10에서는 천기신이라고 하였다. 不事生業 尋食香氣 作樂乞求 名尋香行 今此神鬼 常能作樂 食諸香氣 名健達縛 智度論第十云 是天妓神"라고 하였다. [참고문헌] 『解深密經疏』, 『解深密經』 권1(대정장16, p.688b12), 『大智度論』 권10(대정장25, p.135a28). ⇨간다르바 Gandharva, 식향 食香, 중유 中有, 팔부중 八部衆

천길상 天吉祥 ❶중인도 마가다국(摩竭陀國 ⓈMagadha) 나란다사(那爛陀寺 ⓈNālanda) 출신의 역경승. 북송(北宋) 인종(仁宗) 때인 1051년(황우3)에 태평흥국사(太平興國寺)에 와서, 일칭(日稱)삼장의 역장(譯場)에 참여하였다. 1052년(황우4)에 소주(蘇州 : 江蘇省)에서 묘진(苗振)의 「능엄경백산개진언 楞嚴經白傘蓋眞言」에서 빠지고 누락된 부분을 보충하여, 이듬해 4월에 범문과 한문의 합본으로 항주(杭州 : 浙江省)에서 해당 진언을 조인(雕印)하였다. 철종(哲宗) 때인 1095년(소홍2)까지도 스님은 태평흥국사 전법원(傳法院)에 있으면서 역경에 종사했다. 광범대사(廣梵大師)라는 호를 하사받았다. 여타의 행장에 대해서는 알 수 없다. 『참천태오대산기』 권4(대장경보편32, p.369b18)에 "서천의 광범대사로 자의사문(紫衣沙門)인 천길상은 중천축 사람으로 역경에 종사하며 범학을 바로 잡았다. 西天廣梵大師 賜紫天吉祥 中天竺人也 譯經正梵學"라고 하였다. 고려의 대각국사 의천(義天)도 흥국사에서 스님과 교류하며 가르침을 받은 적이 있는데, 『대각국사외집』 권12 「영통사대각국사비문 靈通寺大覺國師碑文」(한불전4, p.592a17)에 "범학은 천길상과 소덕에게 자문하였다. 梵學則天吉祥紹德", 같은 책 권13 「선봉사대각국사비문 仙鳳寺大覺國師碑文」(한불전4, p.595b9)에 "또 흥국사를 찾아가 서천삼장 천길상을 뵙고 서천의 일을 매우 자세히 물었다. 又詣興國寺 叅西天三藏天吉祥 問西天事甚詳" 등에서 교류 기록을 볼 수 있다. [참고문헌] 『參天台五臺山記』, 『大覺國師外集』, 李智冠 『校勘譯註歷代高僧碑文』 高麗篇3 p.149. ⇨의천 義天❶ ❷겁(劫) 이름. 40권본 『화엄경』 권19(대정장10, p.747a10)에 "이 다음으로 다시 불국토가 있으니, 그 이름은 일체불보광명이고, 그 겁명은 천길상이니, 오백여래께서 세상에 출현하신다. 從此次第復有刹 名一切佛寶光明 其劫名爲天吉祥 五百如來出興世"라고 하였다. [참고문헌] 『華嚴經』.

천나 闡那 ➡차닉 車匿, 천다 闡陀❶

천녀 天女 Ⓢdevakanyā, Ⓣlha'i-bu-mo. 하늘여인들. 욕계천의 여인으로 음사어는 니바가이(泥縛迦儞)이다. 『방광대장엄경』 권2(대정장3, p.547b15)에 "부처님께서 여러 비구들에게 말씀하셨다. '욕계의 한량없는 천녀들은 보살몸의 형상이 미묘함을 보고 장차 하생하리라 보고 각기 말했다. 「어떤 여인이 보살을 낳을까? 반드시 훌륭한 덕이 있어야 존귀한 이를 회임할 수 있을 것이다」. … 마야성후께서 그 머무는 곳은 갖가지로 장엄하여 펴 놓은 것이 화려하고 깨끗하여 더러움이 없으며 광명으로 신묘한 위엄이 있었다. … 그때 모든 천녀들은 이 궁전을 찾아 허공에 머물며 성후를 보살폈다'. 佛告諸比丘 欲界無量天女 見菩薩身形相微妙 將欲下生 各作是言 何等女人 應生菩薩 必有勝德 堪懷尊者 … 摩耶聖后住在其中 種種莊嚴 敷置綺麗 淸淨無垢 光明威神 … 時諸天女 至此殿已 住在虛空 瞻於聖后", 『대지도론』 권56(대정장25, p.457b19)에 "천녀란 천제석의 부인인 사지(Ⓢ Śacī) 등 모든 천녀들이다. 天女者 是天帝釋夫人舍脂等諸天女"라고 하였다. [참고문헌] 『方廣大莊嚴經』, 『大智度論』, 『梵語雜名』(대정장54, p.1236b8), *Saddh-p.361·364.* ⇨ 비천 飛天

천녀이혼 倩女離魂 천녀의 혼이 몸을 떠났다는 말. 『전등신화 剪燈新話』에 나오는 이야기로 오조법연(五祖法演)에 의해 공안으로 활용되었다. 『송고연주통집』 권39(卍속장115, p.499a6)에 "오조연이 스님에게 물었다. '천녀의 혼이 떠나면 어느 쪽이 진짜인가?'〈왕주가 천랑에게 장가들어 아내로 삼고자 했지만 천랑의 부모가 허하지 않았다. 천랑은 마침내 병으로 자리에 누워 집에 있게 되었는데 왕주가 장차 멀리 가려고 함에 달 아래 천랑 옴을 보고 같이 배를 타고 갔다. 3년 후에 마침내 아들 하나를 낳았고 천랑은 마침내 부모의 집에 돌아갔는데, 막 문에 이르자마자 집 안에 있던 또 다른 천랑이 나와 서로 보고 두 사람이 마침내 합하여 한 몸을 이루었다〉. 五祖演問僧曰 倩女離魂 那箇是眞底〈王宙欲娶倩娘爲妻 倩父母不許 倩遂臥病在家 王宙將欲遠行 月下見倩來 同舟而去 三年後 遂生一子 倩遂歸父母家 纔到門 家中有一倩娘 出來相見 兩人遂合成一身〉", 『열경십이종』 권4(卍속장59, p.262b8)에 "사리불이 천녀가 되고 천녀가 사리불이 되었는데 천녀의 혼이 몸을 떠났다면 누가 진짜인가? 舍利弗爲天女 天女爲舍利弗 倩女離魂 孰是眞者", 같은 책 권13(卍속장59, p.324b2)에 "비록 이와 같아 그대는 내가 아니지만 나는 바로 그대이니, 천녀 떠난 혼이 몸을 떠난다면 필경 어느 쪽이 진짜이고 어느 쪽이 가짜인가? 然雖如此 渠不是我 我正是渠 倩女離魂 畢竟那個是眞 那個是假"라고 하였다. [참고문헌] 『頌古聯珠通集』, 『閱經十二種』. ⇨ 법연천녀이혼 *法演倩女離魂*

천년 天年 타고난 수명. 천수(天壽). 『일체경음의』 권25(대정장54, p.467b17)에 "타고난 수명을 마치지 못하는 것을 요라 한다. 不盡天年謂之夭", 『사명존자교행록』 권1(대정장46, p.864a20)에 "원하건대 방생한 이후에 너희들은 그물에 걸려 잡히지 말고 자신의 타고난 수명을 다하거라. 惟願放生已後 汝等不逢網捕 盡其天年", 『화엄경소초』 권21(대정장36, p.159a14)에 "장자가 말했다. '이 나무는 재목으로는 쓸모가 없어서 자신의 타고난 수명은 마칠 수 있었다'. 莊子曰 此木以不材 得終其天年"라고 하였다. [참고문헌] 『一切經音義』, 『四明尊者教行錄』, 『華嚴經疏鈔』. ⇨ 천수 天壽 ❷

천년가자근 千年茄子根 천년이 지나도 가지의 뿌리일 뿐이다. 『경덕전등록』 권12 「파초혜청전 芭蕉慧清傳」(대정장51, p.297c18)에 "학인이 파초에게 물었다. '옛 부처께서 아직 세상에 나오시기 전에는 어떠합니까?' '천년이 지나도 가지의 뿌리일 뿐이다' '일으킨 다음에는 어떠합니까?' '금강역사가 분노하여 눈이 번뜩인다'. 問 古佛未出興時如何 師曰 千年茄子根 曰 出興後如何 師曰 金剛努出眼"라고 하였다. [참고문헌] 『景德傳燈錄』, 『五家正宗贊』 권4(卍속장135, p.990a1).

천년고지 千年故紙 천년 묵은 종이. 경의 말씀 깨우쳐 한낱 묵은 종이이게 하지 말 것을 경계하는 비유다. 『종용록』 45칙 「평창 評唱」(대정장48, p.256a29)에 "'천년 묵은 종이로는 약 짓기가 딱이다'라는 말은 아직 깨우쳐 마치지 못한 사람에게는 틀림없이 눈을 가리기에 좋은 것이란 뜻이다. 자각이 '『원각경』과 『능엄경』을 항상 자신의 동반자로 삼는다'라고 하였지만, 하물며 세존께서 입멸하시고 올해 경진세에 이르러 이미 이천일백칠십년이 지났으니, 어찌 천년 묵은 종이겠는가! 千年故紙中合藥者 爲未了者 不妨遮眼也 慈覺道 圓覺楞嚴 恒爲己伴 況世尊入滅至庚辰歲 已二千一百七十年 豈但千年故紙", 『무명혜경어록』 권3(卍속장125, p.49b12)에 "천년 묵은 종이 약재 담기에 좋다 하니, 다만 용한 의사가 처방 내리길 바랄 뿐이네. 백만이나 되는 집안재물 온통 내어주며 글로 쓰지 않아도 된다니 참으로 훌륭하다. 千年故紙好合藥 祇要醫王解下方 百萬家財都付與 不消書契也爲良", 『무이원래광록』 권13 「시항견선인 示恒見禪人」(卍속장125, p.221b1)에 "한 마디 화두 저 쇠막대기와 같이 할 뿐이니, 천년 묵은 종이 뚫을 일 없으리. 一句話頭如鐵橛 千年故紙不須鑽"라고 하였다. [참고문헌] 『從容錄』, 『無明慧經語錄』, 『無異元來廣錄』.

천년도핵 千年桃核 천년 세월의 복숭아씨. 옛(古)도 지금(今)도 넘어서기에 의지해 지킬 것도 없고 고쳐 새로이 할 일도 없는 그 자리. 법신(法身) 삼킨 듯하여서는 고금(古今)을 벗어나 있지만 천번의 봄마다 늘 꽃 피우는 소식을 전한다. 『대혜어록』 권3(대정장47, p.821c20)에 "주장자 세우고는 '오직 이것만이 있어서 오래되고 새로움에 엮일 일 없으리니, 무심코 입 벌려 법신을 삼킨다'라고 말한 뒤 던지고서 말했다. '이것 무엇인가? 천년 세월의 복숭아씨 안이라면 본래 이것 그 옛날 그때 알맹이다'. 拈起拄杖云 唯有這箇 不屬故新 等閑開口 呑却法身 擲下云 是甚麼 千年桃核裏 元是舊時仁", 『환계유일어록』 권상(卍속장122, p.118b17)에 "설날 법좌에 올랐다. '정월 초하루 시작이다. 만물이 모두 새로우니,

한 터럭 옛 모습을 찾으려 해도 전혀 얻을 수 없다. 하지만 천년 세월의 복숭아씨 안에 본래부터 그 옛날 그때 알맹이 있었으니, 한 터럭 새로운 모습 찾으려 해도 찾을 수는 없다. 새롭거나 옛스런 모습은 기왕에 찾을 수 없고 찾을 수 없다는 그것 또한 알 수 없는 일이다. 도는 옛 그대로 언제나 맑고 세상은 안녕하시길'. 1266년(함순2) 정월 1일. 歲旦 上堂 元正啓祚 萬物咸新 覓一毫舊相 了不可得 千年桃核裡 元是舊時仁 覓一毫新相 了不可得 新舊之相 旣不可得 不可得亦不可得 道泰時淸萬國寧 咸淳二年正月一", 『병주승천숭어록』(고존숙어록10, 卍속장118, p.280a8)에 "천년 세월의 복숭아씨 냄새 맡을 일 없었네. 얼마나 많이 봄을 맞이하고도 맛볼 수 없었던가! 영특한 거북이 꼬리를 끌어 자취 지우지만, 모래 속 낳은 알 감추기는 한층 어렵네. 千年桃核未聞香 幾度逢春難得嘗 靈龜曳尾除蹤迹 沙中抱子更難藏", 『별봉보운화상어』(속고존숙어요6, 卍속장119, p.179b8)에 "그 옛날 한 노숙이 미칠사에게 물었다. '달밤에 끊어진 두레박줄을 보고 그때 사람들 뱀이라 하는데, 칠사는 부처를 보고 무엇이라 부르는가?' '부처 보려 하면 도리어 중생과 같다' '천 년 세월의 복숭아씨지'. 후대의 원화상이 집어 말했다. '천년 복숭아 씨라 하니, 싹 트고 가지 나더니 문득 꽃 피고 열매 맺어 참으로 아름답다 하지만 원래 이것 큰 참외다. 그럭저럭 원화상이여! 복숭아씨 한 알 얻어 심어 한낱 부스러기 과자 얻고는 감추기는커녕 한바탕 내어놓는다. 집안부귀를 따르지 않으니 풍류 어찌 옷 많이 걸침에 있으랴? 昔有老宿 問米七師 月中斷井索 時人喚作蛇 未審七師見佛喚作什麽 七師云 若作佛見 還同衆生 老宿云 千年桃核 後來遠和尙拈云 千年桃核也生芽 著葉抽枝便發花 結得果來能樣好 元來却是大甛瓜 … 大小遠和尙 拾得一枚桃核 種得些兒雜碎果子 更不囊藏 一時餖飣出來 可謂解使 不由家富貴 風流豈在著衣多"라고 하였다. [참고문헌] 『大慧語錄』, 『環溪惟一語錄』, 『幷州承天嵩語錄』, 『別峰寶雲和尙語』.

천녕사 天寧寺 **1** 중국 강소성(江蘇省) 양주시(揚州市) 한강구(邗江區)에 있는 절. 『강도현지 江都縣志』에 따르면, 절터는 원래 동진(東晉)의 재상 사안(謝安)의 별서(別墅)였다고 한다. 의희년간(405~418)에 불타발다라(佛駄跋陀羅)가 『화엄경』을 한역할 당시 사공(司空) 사담(謝琰)에게 청하여 흥엄사(興嚴寺)를 세웠다. 이 절을 북송(北宋)대 정화년간(1111~1118) 천녕사로 이름을 바꿔 강도의 팔대총림 중 하나가 되었다. 『양고승전』 권2 「불타발다라전」(대정장50, p.335c5)에 "의희 14년(418)에 오군내사맹부와 우위장군저숙도가 각현(覺賢 : 佛駄跋陀羅)을 청해 역장(譯匠)으로 삼았다. 이에 손에 『화엄경』 범본을 들고 사문 법업·혜엄 등 백여 인과 함께 도량에서 역출하였는데, 경문의 뜻을 헤아려 정하고 중국어와 범문을 회통하니 경의 아름다운 뜻을 얻었다. 그래서 도량사에는 지금도 화엄당이 남아 있다. 褚叔度至義熙十四年 吳郡內史孟顗 右衛將軍褚叔度 卽請賢爲譯匠 乃手執梵文 共沙門法業 慧嚴等百有餘人 於道場譯出 詮定文旨 會通華梵 妙得經意 故道場寺猶有華嚴堂焉"라고 하였다. [참고문헌] 『梁高僧傳』, 『古今圖書集成選輯』 권109(대장경보편15, p.564b6). ⇨ 각현 覺賢 **2** 중국 북경시(北京市) 외성(外城) 광안문(廣安門) 밖에 있는 절. 북위(北魏) 효문제(孝文帝 재위 471~499) 때는 광림사(光林寺)라 불렸으나 후에 여러 번 이름이 바뀌었고, 명 성조(成祖) 때 규모가 확대되었고, 1435년(선덕10) 천녕사로 개명하였다. 1445년(정통10) 이곳에 계단(戒壇)을 세우고 광선계단(廣善戒壇)이라 칭하였고, 종사 10인을 초빙하여 매년 4월 하순에 수계설법을 하면서 원계(圓戒)라 불렀다. 당시 모인 승니 대중이 만 명에 달하였다고 전한다. 모든 당우(堂宇)는 전탑(磚塔)을 중심으로 삼았고 탑은 팔각의 13층으로 높이는 60m에 이르렀다. 탑 안에는 2천여 존의 불상을 안치하였다. 명대 1525년(가정4) 주조한 동종(銅鐘)도 있는데 명대를 대표하는 걸작으로 평가받는다. [참고문헌] 『大淸一統志』 권7, 『嘉慶一統志』 「京師」2. **3** 중국 산서성(山西省) 흔주시(忻州市) 대현(代縣)에 있는 절. 632년(정관6) 창건하였다. 확대 건축과 수리를 대대로 거듭하였다. 현존하는 당우는 대부분 명청(明淸)대 건조물이다. [참고문헌] 『大淸一統志』 권114, 『嘉慶一統志』 「化州直隸州」17. **4** 중국 강소성 상주시(常州市)에 있는 절. 당대 천복년간(901~904) 세웠다. 본래 이름은 광복사(廣福寺)였는데 숭녕사(崇寧寺)로 개명하였다가, 정화년간에 다시 천녕사로 바꾸었다. 전당이 넓고 화려하며, 요사 만 칸에 승전(僧田)은 천무(千畝)에 달했다. 명말에 신이한 행적을 보인 해보(海寶)가 주석하였다. 청초에는 향설계윤(香雪戒潤)도 이곳에 주석하였다. 그는 금릉(金陵) 보화산(寶華山) 삼매적광(三昧寂光)의 문하로서 동문 견월독체(見月讀體)와 의견이 맞지 않아 보화산을 떠나 이 절에 주석하면서 율종을 크게 알렸고 『능엄경관주 楞嚴經貫珠』 10권도 저술하였다. 입적한 다음에 그 공덕을 기리는 탑을 세웠다. 그 뒤 또한 금산(金山) 강천사(江天寺)의 대효실철(大曉實徹) 선사가 주석하면서 학인이 만여 명에 이를 정도로 융성하였다. 그 뒤 임제종의 법등이 전해졌고 금산 강천사와 양주(揚州) 고민사(高旻寺)와 함께

천녕사전탑 중국 북경 11세기

강소성 삼대선림(三大禪林)으로 불렸다. 1762년(건륭27) 건륭제(乾隆帝)가 남쪽을 순례할 때 어련(御聯)과 편액(匾額)을 하사하였다. 대웅보전(大雄寶殿)·천왕전(天王殿)·진외루(塵外樓)·구련각(九蓮閣) 등이 남아 있다. [참고문헌] 『釋氏稽古略』 권4(대정장49, p.880c10), 『古今圖書集成選輯』 권110(대장경보편15, p.575a27), 『新續高僧傳』 권44 「海寶傳」(대장경보편27, p.335a5), 『大淸一統志』 권60. **5** 중국 광동성(廣東省) 담강시(湛江市) 뇌주(雷州)에 있는 절. 당대 건축할 당시의 이름은 보은사(報恩寺)였다. 산문에는 소동파(蘇東坡)가 쓴 만산제일(萬山第一)이라는 네 글자가 있다. 역대로 유명인사들이 좋아하여 이강(李綱)·조정(趙鼎)·호전(胡銓) 등이 남쪽으로 귀양할 때 모두 이곳에 머물렀다. [참고문헌] 『嘉慶一統志』 「雷州府」13. **6** 중국 하남성(河南省) 학벽시(鶴壁市) 준현(濬縣) 성 동남쪽의 대비산(大伾山 : 黎山)에 있는 절. 본래 이름은 대비산사였다. 창건연대는 알 수 없다. 절 안에 오대(五代) 후주(後周) 때인 959년(현덕6) 준칙부정발(准敕不停廢)이라고 새긴 비가 있다. 이 비는 대비산에서 가장 오래된 비로서 후주의 파불(破佛)을 연구하는 중요한 사료이다. 절 뒤에는 27m 높이의 석불좌상(石佛坐像) 한 기가 북위(北魏)대 세워진 이래로 보호받고 있었지만 전란으로 허물어졌다가 명대 중건되었다. 세 개의 누각(樓閣)보다 석불이 높았기에 팔장석불찰장루(八丈石佛七丈樓)라는 말이 붙기도 하였다. 석불 부근에는 당대의 저명한 대비산명(大伾山銘)이라는 마애제기(摩崖題記)와 장경각(藏經閣) 등이 있다. **7** 중국 절강성(浙江省) 금화시(金華市)에 있는 절. 본래 이름은 대장원(大藏院)이었다. 북송(北宋) 대중상부년간(1008~1016)에 창건하였고, 정화년간에 천녕만수선사(天寧萬壽禪寺)라는 사명을 받았다. 원대 1318년(연우5) 중건하였다. 『원사』 권51 「오행지 五行志」2에 "지정 28년(1368) 6월 임인일, 창덕로의 천녕사 탑이 문득 붉은 색으로 변하였다. 二十八年 六月 壬寅 彰德路 天寧寺塔 忽變紅色"라고 하였다. [참고문헌] 『元史』, 『金華縣志』.

천노 闡怒 Ⓢ Chandaka, Ⓟ Channa, Ⓣ 'dun-pa. 천탁가(闡鐸迦)·천특(闡特)·찬다(羼陀)·찬나(孱那)·손나(飡那)·차나(車那)·차닉(車匿)·천나(闡那)라고 음사하며, 응작(應作)·욕작(欲作)이라고 한역한다. 석존의 태자시절 마부였다가 출가하였다. 후에 육군비구들과 어울렸고, 교만하여 대중들과 화합하지 못하였다. 부처님께서 열반에 임하여 천다가 끝내 고치지 못하면 범단벌(梵檀罰 Ⓟ brahma-daṇḍa)로 다스리라고 하셨고, 후에 범단벌을 받고 뉘우친 후 아라한과를 얻었다. 『장아함경』 권4 「유행경 遊行經」(대정장1, p.26a18)에 "'천노비구는 제멋대로 행동하는데, 부처님께서 멸도하신 후에는 어떻게 합니까?' 부처님께서 아난에게 말씀하셨다. '내가 멸도한 후에 만일 저 천노가 위의가 불순하고 가르쳐도 안되면, 너희들이 함께 범단벌을 행하여 모든 비구들에게 더불어 말하지 말고, 또 서로 오가면서 알려주는 일도 하지 말게 하라'. 闡怒比丘 虜扈自用 佛滅度後 當如之何 佛告阿難 我滅度後 若彼闡怒 不順威儀 不受教誡 汝等當共 行梵檀罰 勅諸比丘 不得與語 亦勿往返 教授從事", 『비나야』 권9(대정장24, p.888b22)에 "그때 여러 비구들은 천노비구의 처소로 찾아가 그에게 이렇게 말했다. '참으로 「여래설법을 살펴보건대, 나는 이러한 악법을 범하여도 죄가 되지 않음을 안다」고 하였는가?' 천노비구가 대답하였다. '그렇습니다. 세존 설법하심에 악법을 범해도 죄는 되지 않음을 나는 알았습니다'. 時衆多比丘往至闡怒比丘所 語闡怒比丘言 審有是語 觀如來說法 我悉知 犯惡法者 不足爲罪耶 闡怒比丘答言 此事信然 世尊說法 我悉知 犯惡法者不足爲罪"라고 하였다. [참고문헌] 『長阿含經』, 『鼻奈耶』, *DN.2.154.* ⇨ 차닉 車匿, 천다 闡陀 **1**, 범단벌 梵壇罰

천다 闡陀 **1** 차닉(車匿) 즉 천노와 같다. 『법원주림』 권63(대정장53, p.768a18)에 "천다비구는 자신의 방을 만들기 위해 살라숲의 나무를 베려 하였고 그때 그 숲속에 목신은 '그 나무를 베지 마십시오. 이제 내 어린 아이들은 바람과 비를 맞아 의지할 곳이 없게 됩니다' 애원하였으나 천다는 '죽은 귀신아, 어서 떠나거라. 누가 너를 좋아하겠느냐?'하며 즉시 베었다. 목신은 크게 울면서 애들을 데리고 부처님께 아뢰었고 … 세존께서 이 귀신 위해 법을 설해주시고 슬퍼 고통받음을 없애주셨으며 부처님 계신 곳에서 멀지 않은 숲이 있어 세존께서 직접 마련하여 숲에 살도록 하셨다. 佛在世時 有闡陀比丘 須木造房 有薩羅林樹 便往伐之 持用成房 爾時 林中 有鬼神 依止此林 語闡陀言 莫斫是樹 今我小弱男女 暴露風雨 無所依止 闡陀答言 死鬼促去 莫住此中 誰喜見汝 卽便伐之 時 此鬼神 卽大啼哭 將諸兒子 詣世尊所 … 爾時世尊 爲此鬼神 隨順說法 憂苦卽除 去佛不遠 便有林樹 世尊指授 令得住止", 『번범어』 권2(대정장54, p.995b23)에 "천다〈욕작 또는 하라고 한역한다〉. 闡陀〈譯曰欲作 亦云霞也〉"라고 하였다. [참고문헌] 『法苑珠林』, 『翻梵語』, *Saṅ-v.86·90.* ⇨ 차닉 車匿, 육군비구 六群比丘, 범단벌 梵壇罰 **2** Ⓢ chandas. 『베다 *Veda*』의 보조학문인 여섯 가지 베당가(Ⓢ vedāṅga) 중 운율학(韻律學). 천다론(闡陀論)이라고도 한다. 『베다』 찬가(讚歌) 작법에서 음절의 장단(長短)과 운율 규칙을 이진법(二進法) 같은 수학적 체계를 동원해 간결하게 규격화한 것을 말한다. 불전(佛典)에서는 외도의 독송법이나 게송작법을 통칭하는 용어로 썼다. 『비화경』 권9(대정장3, p.227a25)에 "선남자야, 이와 같이 다시 한량없고 가없는 아승기겁을 지나서 … 본원으로 염부제의 바라문 가문에 태어나 이름을 수향이라 하였으며, 외도경전인 천다장구를 독송하였다. 善男子 如是復過 無量無邊 阿僧祇劫 … 以本願故 生閻浮提 婆羅門家 字曰須香 讀誦外典 闡陀章句", 『순정리론』 권14(대정장29, p.413c16)에 "가타(Ⓢgāthā)의 근거를 말하자면 천다문자이다. 천다란 송의 분량하여 말하는 것으로 바탕을 삼는다. 說伽他因 謂闡陀文字 闡陀謂造頌分量語爲體", 『대반열반경의기』 권6(대정장37, p.761a29)에 "천다론이란 교묘한 언사이다. 마치 이곳에서의 시를 읊은 류와 같다. 闡陀論者 巧妙言辭 如似此方詩頌之流"라고 하였다. 〔참고문헌〕『悲華經』, 『順正理論』, 『大般涅槃經義記』, E. Vernon Arnold *Vedic metre* (Cambridge University, 1905). ⇨ 베다 Veda **3** 단냥야나(檀孃耶那)바라문의 다섯째 아들. 『불본행집경』 권47(대정장3, p.873c5)에 "이름이 단냥야나〈길지라고 한역함〉라고 하는 매우 부유한 대바라문이 그 마을에 살고 있었다 … 그 바라문은 여덟 명의 아들을 두었는데, … 다섯째 아들의 이름은 '천다'였다. 巨富大婆羅門 名曰檀孃耶那〈隋言 吉至〉 … 彼婆羅門 具有八子 … 其第五子 名曰闡陀"라고 하였다. 〔참고문헌〕『佛本行集經』.

천다론 闡陀論 ➡ 천다 闡陀 **2**, 육론 六論

천다모 闡陀母 부처님 재세 시 비구니. 이름이 있지만 천다의 어머니인 점을 그대로 이름으로 불렀다. 『마하승기율』 권36(대정장22, p.517a4)에 "비구니들이 간언하였다. '천다모여, 이 천다를 승화합하여 여법히 갈마를 거행했습니다. 법답지 않게 했다면 수순하지 말아야 합니다. 천다모가 답하였다. '저는 그의 어미입니다. 제 소생인데 저마저 따르지 않으면 누가 마땅히 따르겠습니까?' 비구니들은 바로 대애도(ⓅMahāpajāpatī Gotamī)에게 말하였고, 대애도는 곧장 이 일로써 세존께 가서 아뢰었다. 比丘尼諫言 闡陀母 是闡陀 僧和合如法作擧羯磨 未作如法 莫隨順 答言 我是其母 是我所生 我不隨順 誰當隨順 比丘尼卽語大愛道 大愛道卽以是事 往白世尊", 같은 책 권38(대정장22, p.531a3)에 "부처님이 구섬미에 머무셨다. 그때 천다모비구니가 병 다스릴 줄 잘 알아 뿌리 약과 잎사귀 약과 열매 약을 지니고 왕가와 대신, 거사의 집을 드나들었다. 모든 부인이 앓는 태병과 눈병을 치료하였고, 토하게 하거나 목에 훈증하거나 코에 물을 붓거나 바늘과 칼을 썼다. 그런 다음 이 모든 약을 바르게 해서 병을 다스린 덕분에 공양을 크게 얻으니, 모든 비구니가 꾸짖으며 말하였다. '이는 출가법이 아니고, 의사일 뿐이다'. 모든 비구니가 대애도에게 말하였고, 대애도는 이 인연으로써 세존께 가서 아뢰었다. 부처님께서 말씀하셨다. 그 비구니 불러오게 해서 물어보셨다. '그대 실로 그렇게 하였는가' '사실입니다' '이런 의사라 하여 목숨을 살리리라 하는 나쁜 일 지금부터 해서는 안 된다'. 부처님께서 대애도구담미에게 중각당으로 비구니대중 모두 모이게 하시고는 '만약 비구니 의사라 하여 목숨을 살리라 하는 일 한다면 이는 바야제라' 하였다. 佛住拘睒彌 爾時闡陀母比丘尼 善知治病 持根藥葉藥果藥 入王家 大臣家 居士家 治諸母人胎病 眼病 吐下 熏咽 灌鼻 用針刀 然後持此諸藥塗之 由治病故 大得供養 諸比丘尼呵言 此非出家法 此是醫師耳 諸比丘尼語大愛道 大愛道以是因緣 往白世尊 佛言 喚是比丘尼來 來已問言 汝實爾不 答言 實爾 佛言 此是惡事 從今日後不聽作醫師活命 佛告大愛道瞿曇彌 依止拘睒彌比丘尼皆悉令集 乃至已聞者當重聞 若比丘尼作醫師活命 波夜提", 『오분율』 권11(대정장22, p.82c3)에 "천다모는 이름이 수마나였다. 사람 됨됨이가 악성이어서 당시 사람들이 마침내 '전다(旃荼 ⓈⓅcaṇḍāla) 수마나'라 불렀다. 다른 이와 함께 다투기를 좋아하여 대중이 이 일을 못하게 하면, 문득 말하길 '대중들도 애에치외를 따른다' 하였다. 모든 비구니가 말하였다. '그대는 타인과 다투기를 좋아해서는 안 되며, 승가는 애에치외를 따른다 해서는 안 된다. 왜인가? 승가는 애에치외를 따르지 않는다. 그대는 이 말을 버리라. 불법을 증광하며 안락주를 얻으라'. 闡陀母名修摩那 爲人惡性 時人遂號爲旃荼修摩那 好共他鬪 僧斷其事 便言 僧隨愛恚癡畏 諸比丘尼語言 汝莫好共他鬪 莫作是語 僧隨愛恚癡畏 何以故 僧不隨愛恚癡畏 汝捨是語 於佛法中增廣 得安樂住"라고 하였다. 〔참고문헌〕『摩訶僧祇律』, 『五分律』. ⇨ 천다 闡陀 **1**

천다비다서 闡陀鞞陀書 Ⓢchandas-veda. 천다론(闡陀論). 베다에 대한 운율학(韻律學)을 말한다. 『오분율』 권26(대정장22, p.174b14)에 "어떤 바라문 형제 두 사람이 천다비다서를 독송하다가 후에 정법에 출가했는데, 비구들의 독경이 바르지 못하다 하여 비난했다. '여러 대덕들은 출가한 지 오래되었는데, 남성과 여성형·단수와 복수·과거와 현재와 미래의 시제·장음과 단음·경음과 중음도 모르고 이렇게 불경을 독송하시는군요'. 비구들이 이 말을 듣고 부끄러워하거늘 두 비구가 부처님의 처소로 가서 그 일을 자세히 말씀드리니, 부처님께서 말씀하셨다. '나라의 음에 따라 독송하는 것을 허락한다. 단 부처의 뜻을 어기거나 잃어서는 안 된다. 붓다의 말을 외도의 말로 만드는 것은 허락하지 않는다. 이것을 범하면 투란차다'. 有婆羅門兄弟二人 誦闡陀鞞陀書 後於正法出家 聞諸比丘誦經不正 譏呵言 諸大德 久出家 而不知男女語 一語多語 現在過去未來語 長短音 輕重音 乃作如此誦讀佛經 比丘聞羞恥 二比丘往至佛所 具以白佛 佛言 聽隨國音讀誦 但不得違失佛意 不聽以佛語 作外書語 犯者偸蘭遮"라고 하였다. 〔참고문헌〕『五分律』, 『

翻梵語』 권1(대정장54, p.985c13). ⇨ 천다 闡陀 [2]

천답 踐踏 밟다. 짓밟다. 『대보적경』 권120(대정장11, p.683c2)에 "코끼리수레와 말수레가 밟고 오가니 황금색 먼지가 날려 곳곳이 황색이다. 象馬車乘 踐踏往來 飛颺金塵 處處黃色", 『선비요법경』 권중(대정장15, p.253c11)에 "다만 사방을 둘러보면 여러 검은 코끼리가 앞길을 짓밟자 앞길에 깔린 금강이 모두 산산이 부서졌다. 但見四方 有諸黑象 踐踏前地 前地金剛 一切摧碎", 『전심법요』(대정장48, p.380a27)에 "항하의 모래라 하였으니, 부처님의 말씀은 바로 이 모래와 같다. 모든 불보살과 석범과 제천이 발로 밟고 지나가도 모래는 기뻐하지 않고, 소와 양과 벌레와 개미가 밟고 가도 모래는 화내지 않으며, 값진 보배와 향기라 해도 모래는 탐하지도 않고, 똥오줌과 악취 나는 더러운 거름을 모래는 싫어하지도 않는다. 이러한 마음이 그대로 무심의 마음이니 모든 상에서 벗어나 중생과 제불이 더는 차별이 없다. 다만 능히 무심할 수만 있다면 바로 다해 마친 뜻이다. 恒河沙者 佛說是沙 諸佛菩薩 釋梵諸天 步履而過 沙亦不喜 牛羊蟲蟻 踐踏而行 沙亦不怒 珍寶馨香 沙亦不貪 糞尿臭穢 沙亦不惡 此心卽無心之心 離一切相 衆生諸佛 更無差別 但能無心 便是究竟"라고 하였다. [참고문헌] 『大寶積經』, 『禪祕要法經』, 『傳心法要』.

천당 天堂 하늘무리들이 머무는 집. 천궁(天宮 Ⓟ vyamha, vimāna)이라고도 한다. 육도윤회(六道輪迴) 중 천도(天道) 또는 천취(天趣)로서 삼계(欲界 色界 無色界) 중에 모든 천을 말한다. 선행의 과나 정(定)에 의지해 모든 천에 나지만, 복락(福樂)이 다하면 다시 나머지 취로 윤회한다. 『장아함경』 권8 「중집경 衆集經」(대정장1, p.50b14)에 "또 세 법이 있다. 삼당을 말하니 현성당·천당·범당이 그것이다. 復有三法 謂三堂 賢聖堂 天堂 梵堂", 『불명경』 권12(대정장14, p.232b3)에 "만족할 줄 모르는 사람은 비록 천당에 살더라도 여전히 마음에 들지 않는다. 不知足者 雖處天堂 猶不稱意", 『법화현의』 권1상(대정장33, p.685c21)에 "『석론』에 '삼계에 별도의 법은 없으니 오직 한 마음이 지을 뿐이다'라고 하였다. 마음이 능히 지옥이고, 마음이 천당이며, 마음이 범부고, 마음이 능히 현성이다. 釋論云 三界無別法 唯是一心作 心能地獄 心能天堂 心能凡夫 心能賢聖", 『삼론현의』(대정장45, p.1c2)에 "만약 결정코 인이 없이도 과가 있다면 선하고도 지옥을 불러들이고 악을 저지르고도 천당을 감할 것이다. 若必無因 而有果者 則善招地獄 惡感天堂", 『귀원직지집』 권하 「파불신지옥 破不信地獄」(卍속장108, p.303a4)에 "단지 지옥 따라가지도 않지만 천당 받을 일도 없다. 非但地獄不去受 天堂亦不去受也", 『굉지광록』 권5(대정장48, p.67c19)에 "만약 이런 시절에 이르지 못한다면 다시 윤회하여 생사를 거듭할 것이니 지옥천당 어느 날에 그치겠는가! 若不到恁麽時節 又入輪回生死去也 地獄天堂 幾時休息", 『능엄경소해몽초』 권10(卍속장21, p.860a11)에 "절도사 이단원이 달관에게 물었다. '천당과 지옥이 필경 있습니까, 없습니까?' '모든 부처들 저 없는 것 향해 있다고 말씀하시니 허공꽃 봄이며, 태위께서는 있는 것 중에서 없는 것을 찾으니 손으로 물속 달을 잡는 듯합니다. 웃지 못할 일이다. 눈앞에 단단한 지옥을 보고도 피하지 못하면서 마음 밖에 천당 소리 듣고는 나고 싶어 합니다. 기쁨도 두려움도 마음에 있고 선도 악도 경일 뿐인 줄 알지 못함이니, 다만 자기 마음만 깨우치면 저절로 미혹이 없을 것입니다'. 節使 李端愿 問達觀曰 天堂地獄 畢竟是有是無 觀曰 諸佛向無中說有 眼見空華 太尉就有裏尋無 手攎水月 堪笑 眼前見牢獄不避 心外聞天堂欲生 殊不知 忻怖在心 善惡成境 但了自心 自然無惑", 『운개본화상어』(속고존숙어요4, 卍속장119, p.21a14)에 "허공을 때려 부수고, 풍우를 불어 흩으니, 지옥도 천당도 붙일 곳 없구나. 물거품 그림자 속에서 마음껏 세월 보내고, 부싯불 반짝하는 중에 영원을 헤아려 머문다. 打破虛空 喝散風雨 地獄天堂無著處 浮漚影裏任經年 石火光中論劫住"라고 하였다. [참고문헌] 『長阿含經』, 『佛名經』, 『法華玄義』, 『三論玄義』, 『歸元直指集』, 『宏智廣錄』, 『楞嚴經疏解蒙鈔』, 『雲蓋本和尙語』. ⇨ 지옥 地獄

천당 穿堂 대중이 공양·갈마 등을 함께 하는 큰 방 중앙 한가운데 관음상 등을 모신 뒤로 뚫린 감실 그 뒤편을 말한다. 따라서 큰 방을 가로질러 다니는 것을 지금도 어간이라 하여 금한다. 『백장청규』 권6 「일용궤범 日用軌範」(대정장48, p.1145c10)에 "승당에서는 경전이나 책자를 보아서는 안 된다. 상간과 하간을 길처럼 다니거나 당을 가로질러 곧장 지나가서도 안 된다. 不得在僧堂中 看經看冊子 不得上下間行道 穿堂直過", 같은 책 권7 「중료결해특위중탕 衆寮結解特爲衆湯」(대정장48, p.1150c23)에 "배치도가 완성되면 대중들이 다 모여서 알게 하고는 한꺼번에 천당을 나온다. 圖成大衆和南時 俱出於穿堂", 『선림상기전』 권1 「천당」(불광장, 禪藏, p.96)에 "큰 방 관음감 뒤를 천당이라고 한다. 대중방 뒤에 당우 이름이다. 衆寮觀音龕後 曰穿堂 乃衆寮之後 堂名也"라고 하였다. [참고문헌] 『百丈淸規』, 『禪林象器箋』, 『緇門警訓』 권6 「慈受禪師示衆箴規」(대정장48, p.1070c14). ⇨ 중료 衆寮

천당래 天堂來 천당에서 오다. 항하(恒河 Ⓢ Gaṅgā)의 한역어로 높은 산마루 볼 수 없는 곳에서 흐르기에 이렇게 말한다. 『범망경고적기』 권상(대정장40, p.699a22·한불전3, p.441c15)에 "항하는 항산 꼭대기 무열뇌지(Ⓢ Anavatapta)에서 흘러나와 네 줄기 강으로 흐르는데, 이 동으로 흐르는 강의 폭이 40여 리나 된다. 범어 음사어는 긍가가 옳다. 별도의 바른 한역은 없지만 그 뜻인즉 천당래이다. 강물의 원천은 산마루지만 사람의 눈에 보이지 않는 곳이다. 恒河者 香山頂 無熱惱池 流出四河 此東河 水寬四十餘里 梵語應言殑伽 無別正翻 義天堂來 河源山頂 人所不見"라고 하였다. [참고문헌]『梵網經古迹記』. ⇨ 항하 恒河

천당불찰 天堂佛刹 하늘나라와 부처님이 계시는 국토. 『석문의범』 하 시식편(施食篇) 마지막 영가를 떠나보내며 외우는 법문 중에 "(영가의 생전 쓰던 물건들을 태우는 곳에 이르러) 지금까지 시식하고 송경하고 염불한 공덕으로 헛된 연 여의시라. 버리시면 천당이건 부처님의 품이건 그대 자성따라 자유로울 것이고 떠나지 못하면 또 산승에게 마지막 한마디 들으시라. (至燒臺)上來施食諷經 念佛功德 離妄緣耶 不離妄緣耶 離妄緣則 天堂佛刹 任性逍遙 不離妄緣則 且聽山僧 末後一偈"라고 하였다. 『고려사』 권26 세가(世家)26 원종 10년(1269) 추7월 갑자(20일)에 몽고사신이 왜인(倭人)과 함께 고려에 왔는데, 재상 신사전이 일찍이 왜인과 함께 몽고황제를 알현할 때 황제는 "물품을 후히 주고 칙을 내려 궁전을 관람하게 하였다. 그 뒤 왜인은 '신 등이 천당과 불찰이 있다고 들었는데, 바로 이곳입니다'고 아뢰었다. 賚予甚稠 勑令觀覽宮殿 旣而倭人奏云 臣等聞有天堂佛刹 正謂是也"고 하였다. 지관(智冠)은 '삶과 죽음은 하나와 같다. 生死一如'라는 고 노무현(盧武鉉 1946~2009) 대통령의 유언에 묘역에 돌새김 글로 위로하였는데, "마음 바탕 본래 공하다네. 온적도 없으니 가신 일 있겠는가. 천당이건 부처나라건 어디서든지 오고가시며 자재하시라. 心體本空寂 無來亦無去 天堂佛刹 逍遼自在"라는 법문을 남겼다. [참고문헌]『釋門儀範』,『高麗史』. ⇨ 불찰 佛刹[1], 천당 天堂

천대도 泉大道 북송(北宋)대 임제종(臨濟宗) 스님 파초곡천(芭蕉谷泉)의 별명. 광승(狂僧)의 경계를 거침없이 노래한 「대도가 大道歌」로 이름을 알렸기에 이런 별명이 붙었다. 파초곡천은 분양선소(汾陽善昭 947~1024)의 제자이다. 『운와기담』 권하(卍속장148, p.27a14)에 "남악에 있는 파초암주를 세간에서 '천대도'라고 부르는데, 그의 가송틈에 '대도'를 표제로 한 것이 있기 때문이다. 南嶽芭蕉菴主 世呼爲泉大道 以其歌頌間 有大道爲題"라고 하였다. 「대도가」는 『건중정국속등록』 권29(卍속장136, p.393a13)에 전한다. [참고문헌]『雲臥紀談』,『建中靖國續燈錄』. ⇨ 곡천 谷泉[2]

천대장군 天大將軍 Ⓢ Cakravarti-rāja. 전륜성왕(轉輪聖王) 또는 제석천주의 대장군. 이에 대해 길장(吉藏)의 소에서 범보천(梵輔天)·천역사(天力士)·귀신(鬼神)·위다천(韋陀天)·비뉴천(毘紐天)의 여러 가지 이름을 들고 있다. 『법화경』 권7(대정장9, p.57b2 : *Saddh-p.*, p.445)에 "천대장군의 몸으로 따라 응해야 제도할 수 있는 이에게는 천대장군몸을 나투어 법을 설한다. 應以天大將軍身得度者 卽現天大將軍身而爲說法 cakravartirājavaineyānāṃ sattvānāṃ cakravartirājarūpeṇa dharmaṃ deśayati", 『법화의소』 권12(대정장34, p.623a27)에 "천대장군은 범보천이다. … 어떤 이는 천대장군은 천역사이니, 발건제(Ⓢ Praskandin) 또는 나라연(Ⓢ Nārāyaṇa)류라고 한다. 어떤 이는 귀신이니, 『금강명경』의 산지대장이라고도 한다. … 어떤 이는 위다천(Ⓢ Skanda)·비뉴천(Ⓢ Viṣṇu)이라고 한다. 天大將軍是梵輔天 … 有人言天大將軍是天力士 如鉢建提之類 亦如那羅延之流 有人言 是鬼神 如金光明 散脂大將 … 有人言 是韋陀天 毘紐天也", 『수능엄의소주경』 권6(대정장39, p.904b25)에 "천대장군은 제석천 휘하의 장군이다. 天大將軍 卽帝釋所管將也", 『대명삼장법수』 권36(영락장183, p.29a8)에 "천대장군은 제석천주의 대장군으로 만약 중생들이 귀신을 통솔하여 국토를 구호하기를 좋아하면, 보살은 그 앞에 천대장군의 몸을 나투어 법을 설하여 그들이 바라는 바를 이룰 수 있도록 한다. 天大將軍 卽帝釋天主之大將軍也 謂若諸衆生愛統鬼神 救護國土 菩薩卽於彼前 現天大將軍身而爲說法令其成就也"라고 하였다. [참고문헌]『法華經』,『法華義疏』,『首楞嚴義疏注經』,『大明三藏法數』, *Saddh-p.* ⇨ 전륜성왕 轉輪聖王, 제석천 帝釋天

천덕병 天德甁 Ⓢ bhadra-ghaṭa. 하늘덕 가득 채운 천상의 병. 복도 위세도 갖춘 보리심(菩提心), 계구족(戒具足), 삼보(三寶) 등의 비유다. 60권본 『화엄경』 권59(대정장9, p.776a14)에 "보리심이란 바로 천상의 덕병이니 일체 하고자 하는 대로 만족시키기 때문이다. 菩提心者 則爲天德甁 滿足一切所欲樂故", 『화엄경탐현기』 권20(대정장35, p.488b1)에 "천상의 덕병이라 하니, 그중에서는 찾는 모든 것 다 얻을 수 있기 때문이니 마치 여의주와 같다. 天德甁者 於中所索 悉皆得故 如如意珠也", 『유마경의소』 권2(대정장38, p.928c22)에 "계를 다 갖춘다면 채우지 못할 원이 없으니 마치 천상의 덕병과 같다. 戒具則 無願不滿 如天德甁", 『대승본생심지관경천주』 권2(卍속장34, p.175a12)에 "천상에 병이 있는데 그 병에는 덕이 있다. 덕이 있는 곳에 이름을 붙여 천덕병이라 한다. 덕이 있다고 말한 이상 반드시 복도 위세도 함께 아우르니 흉악하고 삿된 것들을 능히 물리치고 재앙도 해소하고 수명마저 늘린다. 사람으로서 만약 이를 얻은 이라면 곧바로 안락을 얻지만 그 공은 병에 돌린다. 그래서 낙을 드린다 하여 여락이라 하니 삼보 또한 이러하다. 天上有甁 其甁有德 以德處爲名 曰天德甁 旣曰有德 亦必兼福兼威 則能除凶辟邪 消災延壽 人若得之 則得安樂 歸功於甁 故云與樂 三寶亦爾" 라고 하였다. [참고문헌] 『華嚴經』, 『華嚴經探玄記』, 『維摩經義疏』, 『大乘本生心地觀經淺註』, *Gaṇḍ-vy.397.*

천덕사 天德寺 **1** 강원도 회양군 금강산에 있었던 절. 천덕암(天德庵)이라고도 한다. 『한국사찰전서』에는 위치를 알 수 없다고 하였으나 『편양당집』 권1 「시송연경승 示誦蓮經僧」(한불전8, p.247a4)의 '금강산의 천덕사 金剛天德寺'라는 구절을 인용하고 금강산의 천덕암일 수 있다고 하였다. 『풍계집』 권하 「환적당대사행장 幻寂堂大師行狀」에 29세의 의천(義天 1603~1690)이 1631년(인조9)에 금강산 천덕암으로 가서 편양대사 언기(彦機 1581~1644)를 만났다고 하므로 금강산 천덕사는 천덕암이다. [참고문헌] 『鞭羊堂集』, 『楓溪集』, 『韓國寺刹全書』 권하 p.1075a1. ⇨천덕암 天德庵[1] **2** 경상남도 거창군 남상면 임불리(壬佛里)에 있었던 절. 합천댐 수몰지구의 지표조사 때 확인되었다. 사지의 규모는 남북 90m, 동서 60m 정도고 통일신라대인 8세기경 창건되어 1250년을 전후로 폐사되었다. 발굴 중에 8세기 초에 제작으로 추정되는 금동보살입상과 금동여래입상부터 고려시대의 청자 와편 등의 유물이 발견되었다. [참고문헌] 『居昌壬佛里天德寺址』(부산여대박물관, 1988). **3** 황해도 봉산군 산수면 천덕리 가덕산(嘉德山)에 있었던 절. 『여지도서』 황해도 봉산 불우(佛宇)에는 천덕산에 소재한다고 전한다. 『사탑고적고』에 "고려시대에 창건되었다고 한다. … 또 비가 있는데 표면에 상곡당 정율대사탑이라고 새겼고 옆에 건륭 46년(1781·정조5) 신축년 9월 일이라고 새겨져 있다. 高麗時代創建云 … 又有碑表面刻商谷堂貞律大師塔 傍刻乾隆四十六年辛丑九月日"라고 하였다. [참고문헌] 『輿地圖書』, 『寺塔古蹟攷』, 『梵宇攷』, 『韓國寺刹全書』 권하 p.1075a3.

천덕암 天德庵 **1** 강원도 회양군 금강산(金剛山)에 있던 암자. 창건의 사적은 전하지 않지만 편양언기(鞭羊彦機) 등 덕 높은 이들이 주석하였고, 금강산내 암자였기에 15세기 말에서 17세기 중반까지는 많은 문사나 관인들이 인연한 많은 일들이 전하지만 17세기 말의 저작들에서는 폐사의 기록이 보인다. 혼원세환(混元世煥 1853~1889)의 『혼원집』 권2 「금강록 金剛錄」 '만폭동 萬瀑洞'(한불전11, p.727a2)에 "(원통)암 아래에는 장군수가 있고, 오른쪽에는 사천왕암이 있었다. 암자의 맞은편 산에는 천덕암이 있었는데, 그 왼쪽에는 지덕암이 있었고, 오른쪽에는 산봉우리 위에 삼대가 있었다. 庵下有將軍水 右有四天王巖 庵之案山 有天德庵 左有地德庵 右有峯上三臺"고 하였다. 1647년(인조25)에 동주산인(東州山人)이 쓴 「편양당집서 鞭羊堂集序」(『편양당집』·한불전8, p.244a2)에 "옛 사람들은 '혜원의 덕도를 우두머리로 삼고 도림의 재치를 승함으로 삼았는데, 이 두 가지를 겸하고 있는 이 오직 편양자다'라고 하였다. 일찍이 풍악의 천덕사·구룡산의 대승암·묘향산의 천수암 등에 머물다가 마침내 갑신년(1644) 5월에 서악 내원에서 입적하였다. 古人謂惠遠德度爲長 道林才致爲勝 兼斯二者 唯鞭羊子乎 嘗住錫於楓岳之天德寺 九龍山之大乘庵 妙香山之天授庵 竟以甲申五月 示寂于西岳內院", 풍계명찰(楓溪明察 1640~1708)의 『풍계집』 권하 「환적당대사행장 幻寂堂大師行狀」(한불전9, p.156c15)에는 1631년(인조9)에 환적의천(幻寂義天 1603~1690)이 "14세이던 병진(1616)에 스승을 따라 금강산 정양사로 가서 서산대사의 문인인 편양당언기대사(1581~1644)를 배알하였다. … 29세가 되던 신미(1630)에는 금강산 천덕암에 가서 다시 편양대사를 배알하고 심요를 청하였다. 至十四歲丙辰 隨師入金剛山正陽寺 謁西山門人鞭羊堂彦機大師 … 至二十九辛未 入金剛山天德庵 再謁鞭羊大師 請心要", 기암법견(奇巖法堅 1552~1634)의 『기암집』 권3 「천덕암바라겸불기권선문 天德庵鈸羅兼佛器勸善文」(한불전8, p.174b22)에 "이 암자의 중창 이후 백사가 겨우 마련되었지만 빠진 것은 오직 두 가지(바라와 불기) 뿐이다. … 이 물건을 준비하고자 노력하였지만 산의 힘은 미약하여 반드시 다른 도움을 빌려야 하였기에 단월들에게 널리 알리게 되었다. 바라건대 여러 선사와 어진 이는 뜬 구름 같은 부귀를 살피고 곧은 뜻 해치는 진재는 희사하소서. 적선에 이름이 따른즉 뜻밖의 난처럼 기쁜 일 있을 것이다. 此庵重新之餘 百事粗完 而所乏者 惟兩物 … 欲辨此物 而事山力蚊 須假他助故 普告檀信 願諸善士仁人 省浮雲之富貴 捨損志之塵財 以遂積善之名 則門蘭餘慶"고 하였다. 금강산에 자리하였던 탓에 금강산 유람에 나섰던 조선시대 유학자나 관인의 글에 자주 거론되곤 하였는데, 남효온(南孝溫 1454~1492)의 『추강집』 권5 기(記) 「유금강산기 遊金剛山記」에는 수원부(水原府) 사족 집안에서 천덕암 스님을 모시고 도산재(都山齋)를 베풀었다고 하였고, 유몽인(柳夢寅 1559~1623)의 『어우집』 권4 서(序) 「유별천덕암법사법견서 留別天德菴法師法堅序」에는 천계(天啓)년간(1621~1627)에 가족을 데리고 금강산에 들어온 유몽인이 천덕암 법견법사와 교유하였던 일을 적었으며, 신익성(申翊聖 1588~1644)의 『낙전당집』 권7 기(記) 「유금강내외산제기 遊金剛內外山諸記」에는 "개심대의 동쪽 산기슭에는 천덕암이 있는데, 뜰 앞에 서 있는 오층석탑은 청련자 자휴가 중건하였고, 뒤쪽에는 나한전이 있다. 중향·용망·망고·향로·일출·월출 등 여러 봉우리가 그림처럼 두 손을 마주잡고 읍하듯 서 있다. 언기스님이 머물고 있는데 또한 명승이다. 開心臺之東麓有天德庵 庭前起五層石塔 青蓮子自休重刱 後有羅漢殿 衆香穴望望高香爐日出月出諸峯 拱揖如畫 僧彦機居之 機亦名僧云"라고 하였다. 이정구(李廷龜 1564~1635)의 『월사집』 권38 기(記) 「유금강산기하 遊金剛山記下」에는 "천덕암과 원통사를 지나 마하연에 이르렀다. 歷天德圓通 到摩訶衍"고 하였고, 김창협(金昌協 1651~1708)의 『농암집』 권1 부(賦) 「동정부〈신해〉 東征賦〈辛亥〉」에는 1671년(현종12)에 "천덕암의 폐허를 지나갔다. 略天德之廢墟兮"라고 하였지만, 같은 책 권23 기(記) 「동유기 東游記」에는 "신축일 … 묘덕암과 천덕암 두 암자에 거쳤는데, 묘덕암은 폐사된 지 오래되어 빈 터만 있을 뿐이었다. 歷妙德天德二菴 妙德廢久 只空基耳"라고 하여, 폐사 여부를 다르게 전하기도 한다. 〔참고문헌〕『混元集』, 『鞭羊堂集』, 『楓溪集』, 『奇巖集』, 『秋江集』(韓國文集叢刊16, p.91a3), 『於于集』(韓國文集叢刊63, p.389b13), 『樂全堂集』(韓國文集叢刊93, p.268a11), 『月沙集』(韓國文集叢刊70, p.125b12), 『農巖集』(韓國文集叢刊161, p.308a3·韓國文集叢刊162, p.166a14). ⇨ 천덕사 天德寺[1] **2** 전라북도 무주군 안성면 덕산리에 있었던 암자. 『불교사원지』에 덕곡마을에서 22 km 떨어진 남덕유산 등산로에 사지(寺址)가 있으며, 주춧돌 등의 흔적이 남아 있다고 전한다. 「천덕암 스님과 빈대」라는 폐사와 관련된 이야기가 전하기도 한다. 〔참고문헌〕『佛敎寺院址』 권하(대한불교조계종, p.358), 김경석 『내고장 전설집』(무주군, 1992) pp.143~144.

천도 天道 **1** Ⓢ deva-gati, Ⓣ lha'i-'gro-ba. 오도(五道) 또는 육도(六道) 중 하나로 천취(天趣)라고도 한다. 『대명삼장법수』 권7(영락장181, p.652b3)에 "(三善道 중) 첫째는 천도이다. 천이란 욕계색계무색계의 모든 하늘이다. 상품의 십선을 닦거나 또 세간의 선정을 닦은 인으로 그 중에 나게 되니 이를 천도라 한다. 一 天道 天卽欲界色界無色界諸天也 謂因脩上品十善 復脩世間禪定 得生其中 是名天道", 『입세아비담론』 권7(대정장32, p.202b3)에 "만약 범부가 네 가지 선정을 닦는다면 … 이 업으로 인해 이 천도를 얻고 천의 수명을 얻으며 천과 같은 류로서 머물 수 있다. 이미 그곳에 나 업의 과보를 받는데 두 가지 즐거움이 있다. 첫째는 핍박이 없어 즐겁고, 둘째는 즐거움을 누린다. 若凡夫人者 修習四種禪定 … 因是業得此天道 得天壽命 得住得天同類 已生於彼 受業果報 有二種樂 一 無逼樂 二 者受樂", 『대지도론』 권27(대정장25, p.258a23)에 "또 네 가지 천도가 있으니 이른바 사선이다. 復有四天道 所謂四禪"라고 하였다. 〔참고문헌〕『大明三藏法數』, 『立世阿毘曇論』, 『大智度論』, *Abh-k-bh.114.* ⇨ 천 天, 천취 天趣, 삼사인승제천 三事人勝諸天, 인도 人道[1] **2** 하늘아래 늘 그러해서 바꿀 수 없는 길. 벗어날 수 없는 천하의 도리로서 윤회하며 고통받는 세간을 말한다. 『무량수경』 권하(대정장12, p.276c23)에 "천도는 본래 그러해서 차질이 있을 수 없기에 자연히 삼도의 무량한 고뇌가 있게 된다. 그 중에서 펴고 구르며 세세생생의 겁을 보내면서도 벗어날 기약이 없고 해탈도 얻기 어려워 그 고통은 이루 말할 수 없다. 天道自然 不得蹉跌 故有自然三塗無量苦惱 展轉其中 世世累劫 無有出期 難得解脫痛不可言", 『무량수경의소』 권하(대정장37, p.114c24)에 "대개 세간에 있어 천하의 도리는 저절로 펼쳐지고 세워지는 것이기에 '천도가 펼쳐진다'라고 한 것이다. 凡在世間 天下道理 自然施立 是故名爲天道施張"라고 하였다. 〔참고문헌〕『無量壽經』, 『無量壽經義疏』.

천도소 薦度疏 옮겨 가게 하는 글. 죽은 이를 위해 재를 베풀어 고통받던 금생을 벗어나 번뇌 없는 세계로 옮겨 자재하기를 바래서 읊는 글. 스승·부모·친인척·배우자·형제·자식·친구 등의 칠칠재(七七齋)·백일재(百日齋)·소상재(小祥齋)·대상재(大祥齋)·기일재(忌日齋) 등에서 읊기에 추천소(追薦疏)라고도 불린다. 천도를 주재하는 이가 직접 작성하기도 하지만 「대이화녕천망구소 代李和寧薦亡舅疏」·「김제학천처칠칠소 金提學薦妻七七疏」처럼 주변에 부탁하여 짓는 경우도 있으며, 대체로 정토(淨土)나 천계(天界)에 나거나 보리(菩提)를 증득하여 열반에 들어가기를 바라거나 무생(無生)을 깨우치고 이 재의 인연으로 법계(法界)함생들도 함께 열반의 언덕에 오르기를 바란다. 스승을 위한 천사소(薦師疏)로는 법종(法宗 1670~1733)의 『허정집』 권하 소(疏)의 「천월저당소 薦月渚堂疏」(한불전9, p.516a17)에 "스승의 은혜는 산처럼 무겁기에 여러 제자들의 마음 하나되어 정성 다했으니 마땅히 자비로운 은혜에 의지하여 조금이나마 큰 은택 갚고자 생각해보면 우리 스님은 세상에 응해서 본원 따라 선을 넓히셨고 … 엎드려 바라건대 영가께서는 단박에 오랜 훈습을 일으켜 걸음마다 깨달음에 뛰어 오르고 본래 세우신 원 버리지 않아 티끌 가득한 세간에 교화의 문 열고 들어오소서. 師恩山重 羣弟心一貫而盡誠 宜仗慈庥 少酬洪祐 惟我師之應世 乘本願以弘禪 … 伏願靈駕 頓發舊熏 步步超登於覺 不遺本誓 塵塵重入於化門"라고 하였다. 부모를 위한 천모소(薦母疏)·천부소(薦父疏)로는 부휴선수(浮休善修 1543~1615)의 『부휴당대사집』 권5 문(文)의 「추천부모소 追薦父母疏」(한불전8, p.21b3)에 "법계에 가득한 영들 모두가 불법의 가피력 하늘 바라 끝없듯 부모님 나를 낳으신 은혜 갚을 길 없습니다. 마땅히 자비의 문 두드려 가시는 길 닦으려 합니다. … 제자 엎드려 생각하오니 태어나 겨우 열두 살에 어머니 잃고 나이 열여덟에 아버지마저 잃었습니다. 병들어 계심에 좋은 약드려 모시지 못했고 돌아가심에도 멀리 추모의 정성 다하지 못했습니다. … 이제서야 길일 택해 법회 열어 낮에는 연경의 묘를 펼치고 밤이 되어서는 수륙의 고혼들께 재를 베풉니다. 비록 소략하지만 비춰 덮음은 널리하길 바라옵니다. 法界含靈 皆蒙佛法加被之力 昊天罔極難報父母生我之恩 宜扣慈門 用修冥路 … 伏念弟子 生纔十二 早失慈堂 年甫十八 又喪嚴父 病不奉嘗藥之孝 死未行追遠之誠 … 爰擇吉辰 開建法會 晝展蓮經之妙 夜設水陸之齋 營締雖少 菱鑑卽周"라고 하였고, 무외국통(無畏國統) 정오(丁午)가 쓴 『동문선』 권111 소(疏)의 「대인천모소 代人薦母疏」에는 "제자는 엄부 일찍 잃고서 자모에게 의지하였습니다. 돌이켜보니, 여러 아이 기르신 은혜 저희에게 가장 깊었습니다. … 엎드려 바라건대 멀리 사갈라용녀가 남자의 몸으로 변하여 찰나에 정각을 이룬 것과 같이 하시고, 저 위제희부인이 부처님 수기를 받아 소요히 스스로 정토에 나아가듯 하셔서, 남은 은혜로는 저 어두워 헤매는 이들 적셔 쉬게 하소서. 弟子 嚴顏早喪 慈乳是依 顧衆兒鞠育之恩 最深於我 … 伏願云云 遠同娑竭羅龍女之變男身 刹那便成正覺 亦若韋提希夫人之受佛記 逍遙自適樂邦 餘澤所霑 迷倫等沐"라고 하였다. 장인을 위한 천도소로는 이첨(李詹 1345~1405)의 『쌍매당협장집』 권25 소류(疏類) 「대이화녕천망구소」에 "생각건대 장인(岳尊)께서는 저 집안 나그네라 부르셨지만, 외람되게 혼인의 이유만으로 치우쳐 마지않는 사랑 받았습니다. … 벼슬 마친 한가한 날에 모시고자 하였건만 … 저 기곡 남녘 기슭에 장례 지내고 취봉 아래 절에서 보내드리고자 합니다. … 엎드려 바라오니, 선령되시어 단박에 극락국에 나셔서 모든 보살들과 함께 노니시고 몸소 무량광여래 뵈옵고는 저 여래의 수기마저 받자옵길. 言念岳尊 呼余家客 猥以婚姻之故 偏承惓戀之知 … 致身晩境 欲以事之 … 葬彼箕谷之南崖 薦于鷲峯之下寺 … 伏願仙靈 超生極樂國 與諸菩薩同遊 親覩無量光 蒙彼如來受記"라고 하였다. 아내를 위한 천도소는 이달충(李達衷 1309~1385)이 대신 지은 『동문선』 권111 소(疏)의 「김제학천처칠칠소」에 "가버린 나의 처 방씨는 다행히 부처님 좋아하는 집안에 나서 듣고 봄에 따라 기뻐할 줄 알았습니다. 시부모 모시길 곡진히 하였으니 어찌 음식기거인들 어긋남 있었겠습니까. 부인의 도 잡아 한결 놓은 적 없이 하며 나와 백년해로 약속하였건만 모든 일 뜻대로 할 수 없으니 말해 가슴을 칠 뿐입니다. 엎드려 바라오니 시방무진삼보께서는 유정들 빠져있는 곳 밝게 비추시어 외로운 혼들 고해에서 구하시고 가로 더해 덮으셔서 아름다운 열매 맺고 저 극락에 놀게 하소서! 亡妻方氏 幸生好佛之家 可謂有見聞隨喜 曲盡事姑之禮 何嘗違飮食起居 執婦道一節匪隳 約吾心百年偕老 事則非意 言之痛心 伏願十方無盡三寶 洞照精忱 拔孤魂於苦趣 尋加覆護 成妙果於樂方"라고 하였고, 남편을 위한 천도소로는 권근(權近 1352~1409)이 대신 작성한 『양촌집』 권28 소어류(疏語類)의 「참경법석소〈다른 사람을 대신하여 짓다〉 懺經法席疏〈代人作〉」에 "자비참법으로 널리 해탈의 문을 열었고, 꽃 같은 빈 몸은 유명의 길을 닫아 걸었습니다. … 생각하면 선혼은 내 남편으로 … 겸손하고 공손한 모습이 독실하였고 늘 백년의 해로를 기약하였습니다. … 엎드려 바라건대 번뇌 가득했던 무너질 몸 벗어버리시고 곧바로 하늘 궁에 이르시고는 법성이란 남도 없는 일임을 알아 부처의 열매마저 깨우쳐 밝히소서. 慈悲懺法 普開解脫之門 幻化空身 奄隔幽明之路 … 言念仙魂 惟予皇辟 … 尙篤謙恭之節 常期百年之偕老 … 伏願蛻形骸之有漏 直到天宮 悟法性之無生 證明佛果"라고 하였다. 죽은 자식을 위한 천도소로는 태종의 넷째 아들인 성녕대군(誠寧大君 1405~1418)의 소상재 때 변계량(卞季良 1369~1430)이 대신 쓰게 한 『동문선』 권113 소(疏)의 「성녕대군법화법석소 誠寧大君法華法席疏」에 "천이나 되는 함에 담긴 말씀 사람 태워 실어 건네 다함이 없지만 여덟 권 『법화경』은 제불의 가장 근본 중에 으뜸이라 하니 일찍이 명 받아 그 전부 금으로 써서 죽은 아이 명복을 도우려 합니다. … 비통함만 돌아본들 어찌하겠습니까? 다음으로 할 일은 뒷일을 닦음에 힘쓸 뿐이어서 기일 닥침에 재 마땅히 베풀 뿐입니다. … 엎드려 원하오니 혼의 기운 밝고 자유로워 본래의 샘에 맑게 사무치고 공가중으로 몰록 깨우쳐 대보리 이루소서. 법보화삼신 몸소 만나셔서 온갖 기쁨 받으시옵소서. 무릇 고통받는 무리를 만나시거든 가리지 마시고 누구든지 남은 파도에 목욕하게 하소서. 千函藏教 莫非濟人之舟航 八卷法華 最是諸佛之根本 嘗命金書其全部 蓋資冥福於亡兒 … 顧悲痛其乃何 第追修之是勉 諱晨已逼 梵采宜張 … 伏願魂氣昭融 本源澄澈 空假中之頓悟 成大菩提 法報化之親參 受諸快樂 凡爲苦類 等沐餘波"라고 하였고, 어머니 원경왕후(元敬王后) 민씨(閔氏 1365~1420)가 변계량에게 대신 쓰게 한 「왕대비천성녕대군백재소 王大妃薦誠寧大君百齋疏」도 『동문선』 권113에 전하고, 친구를 위한 천도소로는 원감국사(圓鑑國師) 충지(冲止 1226~1292)의 『해동조계복암화상잡저』 「천망우이오상서소 薦亡友李敖尙書疏」(한불전11, p.377c15)에 "평생을 사겨 맺은 일 누가 감히 나에 앞서랴. 오늘 슬프고 아파서 실로 형제의 뒤가 아닙니다. … 마침 가신 지 백일 맞아 재를 베풀어 시방의 부처바다 널리 공양합니다. 平生交契 誰敢先於老愚 今日慟傷 實不後於昆季 … 適當百日齋晨 供遍十方佛海"라고 하였다. [참고문헌] 『虛靜集』, 『浮休堂大師集』, 『東文選』, 『雙梅堂篋藏集』(韓國文集叢刊6, p.390b10), 『陽村集』(韓國文集叢刊7, p.262b3), 『海東曹溪宓菴和尙雜著』.

천도재 薦度齋 옮겨 건너가게 하는 뜻에서 베푸는 재.

죽은 이들을 위해 베풀지만 살아서 베푸는 이들도 함께 고해(苦海)의 이곳(此岸)에서 열반(涅槃)의 저곳(彼岸)으로 옮겨 건너가게 하는 뜻에서 불교의 재(齋)는 제사(祭祀)가 아니다. 재란 공양의 뜻이다. (재가자는) 승중(僧衆)에게 재(財)를 베풀고 승가는 그 자리에서 법(法)을 베풀어 서로 거두기에 재회(齋會)라고 부른다. 특별히 천도재라 함은 죽은 이들을 위해 즉 죽음을 마주해서 모여 베푸는 일이기에 천도라 부른다. 천도재는 크게 증명과 가호를 위해 제불보살과 신중들을 모시는 청(請), 법사를 모시고 영가들과 함께 법을 청해 듣는 청문설법(請聞說法), 영가들을 위해 음식 등을 베푸는 영단시식(靈壇施食) 등 3단계 의식을 갖춘다. 우선 재를 위한 도량(道場)을 결계(結界)하고 단(壇)을 만드는데, 상단(上壇)은 제불보살을 모시고 중단에는 불법과 도량을 옹호하는 제신중(諸神衆) 들로 모셔 가피를 구하며 꽃과 과일 등으로 공양하고 찬양한다. 이렇게 청해 모시기에 청(請)이라 하는데, 제불통청(諸佛通請)이라 한다. 다음은 참여한 대중들이 다 모여 법문(法門)을 듣는 청법(聽法)의 시간을 갖는다. 이어 죽은 이들을 위해 차린 좌측 영단(靈壇)으로 자리를 옮겨 생전의 음식 등을 차리고 영가를 위한 의례를 행한다. 이때 재주(齋主)는 죽은 이와 이별을 위해 절하게 하고 대중과 함께 『금강경』 등 경전을 독송한다. 이때 죽은 이를 추모하는 글을 올리기도 하는데 이것을 천도소(薦度疏) 또는 대령소(對靈疏)·고혼소(孤魂疏)라 한다. 물론 앞서 상단과 중단에서도 법주가 이 재회의 뜻을 널리 알리는 소문(疏文)을 읽는다. 이러한 천도재는 과거 국가차원에서도 베풀었는데, 전쟁이나 나라의 재난을 당해서나 왕실 구성원의 죽음에 임해 행했고, 벗어날 수 없는 중생계에서의 일이기에 상례(常例)로 또는 일이 있을 때마다 베풀었다. 크게는 수륙대재(水陸大齋)로서 나라에서 물에서나 뭍에서 죽어간 일체영령들을 위로하기 위해 행했기에 '국행수륙대재'라고도 하였고, 절기에 따른 일체준동함령을 위한 천변수륙재(川邊水陸齋), 죽은 이를 위한 칠칠재(七七齋), 기일(忌日)을 맞아 행하는 기재(忌齋) 등이 있다. 특별히 종사(宗師)를 기려 문도들이 재를 올릴 때는 천도재라 하지 않고 종사영반(宗師靈飯)이라 하여 염불을 피하고 격외법문(格外法門)으로 대신하기도 한다. 감히 이미 생사를 초탈하신 종사를 천도케 한다 할 수 없기 때문이고, 종문(宗門)에서는 생사가 없는 자리에서 다시 일어나시어 속히 사바에 돌아오시길(速還娑婆) 기원한다. 위의 천도재가 열리게 되면 설령 천도의 주인공인 죽은 이가 반드시 있게 마련이지만, 큰 재든 작은 재든 모든 영단에는 '유무무주일체고혼등중 有主無主一切孤魂等衆'이라 영패를 모셔놓고 그들을 불러 함께 건너가길 염한다. 이는 재(齋)의 뜻이 고통의 바다를 건너는 일이기에 함께 하지 않고서 건널 수 없는 동체(同體)로 연기하는 중생계임을 간곡히 하는 뜻이기도 하다. ⇨관음청 觀音請, 지장청 地藏請, 천도소 薦度疏, 대령소 對靈疏, 고혼소 孤魂疏, 재 齋, 재회 齋會, 영산재 靈山齋, 수륙무차평등재 水陸無遮平等齋, 진관사국행수륙대재 津寬寺國行水陸大齋, 종사영반 宗師靈飯, 상용영반 常用靈飯, 시식 施食, 관음시식 觀音施食

천도촉범불사리인명 千渡觸犯不捨離印明 부동존(不動尊 : 不動明王)의 인명. ⇨부동명왕 不動明王

천동 天童 **1** Ⓢ sura-garbha. 하늘나라의 동자(童子). 『대보적경』 권110(대정장11, p.616a26)에 "천부천모 자리 같이 해 마주보더니, 감로욕바람 꽃 날리길 칠 일이더니, 보배 귀걸이 몸에 달고, 요동쳐 현란하더니, 하늘동자 맑고 깨끗한 모습으로 천모의 손 잡고 나타난다. 天父天母 同座視之 甘露欲風 吹花七日 寶璫嚴身 曜動炫煥 天童朗潔 現天母手", 『대장엄법문경』 권상(대정장17, p.825c6)에 "그 금색녀는 문수사리가 온갖 보배로 장엄한 채, 의복 정결하여, 광명이 멀리 비추는 것을 보고서 바로 이 하늘동자라 하고는, 자기 자신과 장자의 아들 모두 비루하다 하찮다 여겨 다시 아껴 사랑하지 않았다. 彼金色女 見文殊師利 衆寶莊嚴 衣服淨潔 光明遠照 謂是天童 自於己身 及長者子 而生鄙惡 不復愛樂"라고 하였다. 〔참고문헌〕『大寶積經』, 『大莊嚴法門經』, *Buddh-c.14.* **2** 남송대 조동종 스님 정각(正覺 1091~1157)의 호. ⇨정각 正覺[2] **3** 절강성(浙江省) 영파시(寧波市)에 있는 천동사. ⇨천동사 天童寺

천동곡 千洞谷 경상북도 경주시 동남산 계곡에 있는 불교유적지. 천동골이라고도 부른다. 천동곡의 상류 끝부분에는 두 개의 사지(寺址)가 있는데, 제1사지에는 석탑 옥개석 1매·옥신석 1매, 제2사지에는 '천동탑'으로 알려진 석주탑(石柱塔) 2기가 있다. 제1사지는 유존하는 석탑재 등으로 미루어 통일신라시대의 유지로 추정된다. 제2사지에는 길이 13m·높이 1.7m인 석축대 위에 불전으로 추정되는 건물지 두 곳이 남아 있고, 천동탑은 축대 양측에 남북으로 놓여있다. 건물지를 바라보는 방향에서 오른쪽에 있는 탑은 원형을 유지한 채 서 있으나, 왼쪽 탑은 윗부분 일부가 파손된 채 무너져 있다. 두 기 모두 자연석에 가까운 돌기둥으로, 약 2m 높이에 한 변이 60cm가량 된다. 탑신에는 약 100여 개의 감실(龕室)이 있는데, 높이 15cm·너비 13cm·깊이 6.5cm

천동곡 천동탑 서탑

전후다. 인접한 곳에 선방터와 디딜방아터가 있다. [참고문헌] 『慶州南山의 佛敎遺蹟 - 東南山 寺址調査報告書』(國立文化財研究所, 1998) pp.261~271.

천동사 天童寺 중국 절강성(浙江省) 영파시(寧波市) 은주구(鄞州區)에서 65리 떨어진 천동산에 있는 절. 서진(西晉)대 영강년간(300~301)에 의흥(義興)이 회계군(會稽郡) 무현(鄮縣)의 한 산간에서 집 하나를 지어 거처하고 있을 때 태백성(太白星)이 동자로 변화하더니 매일 나무 하고 물 길어 오는 일을 감응하였다. 이 인연으로 태백을 산 이름으로 삼고, 절은 '하늘에서 내려온 동자'라는 뜻의 천동이라 지었다. 동진(東晉)대 399년(융안3) 화재로 절이 허물어졌다. 당대 개원년간(713~741) 법선(法璿)이 산의 동쪽 기슭에 옛 자취에 따라 절을 세우고 태백정사라 불렀고, 다시 절의 서남쪽 모퉁이에 다보탑(多寶塔)을 조성한 뒤 매일 『법화경』을 독송했다. 757년(지덕2) 종필(宗弼) 등이 절터를 현재의 자리로 옮겼다. 당무종(唐武宗) · 당의종(唐懿宗) · 송진종(宋眞宗) 등 수백 년을 거치면서 절 이름도 759년(건원2)에 천동영롱사(天童玲瓏寺), 869년(함통10)에 천수사(天壽寺), 1007년(경덕4)에 경덕선사(景德禪寺) 등으로 바뀌었고, 그때마다 시방총림의 중심으로 자리를 굳혔다. 아울러 회청(懷清) · 보견(寶堅) · 보교(普交) 등의 명승들이 주석하였고, 굉지정각(宏智正覺)도 전후로 30년 정도 주석하면서 삼문을 대각(大閣)으로 바꾸고, 칠탑(七塔)을 건립하고 승당 · 중료 등을 정비하였으며, 사산(寺産)의 제도를 설립하고 절의 경관을 일신하였다. 이 때부터 사방의 납승들이 운집하여 그 수가 천 명을 넘어섰다. 명대 1631년(숭정4) 밀운원오(密雲圓悟)가 주지하면서 임제종의 선풍(禪風)을 크게 떨쳤다. 청대는 옹정제(雍正帝)가 자운밀포(慈雲密布)라는 편액을 하사하였다. 객전(客殿) · 가람당(伽藍堂) · 운수당(雲水堂) · 선당(禪堂) · 방장(方丈) · 천왕전(天王殿) · 불전(佛殿) · 법당(法堂) 등을 갖춘 대선찰(大禪刹)이다. [참고문헌] 『佛祖統紀』 권40(대정장49, p.374c20), 『古今圖書集成選輯』 권110(대장경보편15, p.569a21), 『天童寺志』. ⇨ 천동산 天童山

천동사 전경 · 대웅보전 · 사리전

천동사전영기 天童四轉靈機 굉지정각(宏智正覺) 신령한 기운 네 차례 굴리다. 천동각사전영기(天童覺四轉靈機) 또는 줄여서 '사전영기'라고도 한다. 가흥장(嘉興藏)에 입장된 『굉지어록』 권4(가흥장32, p.198b9)에 수록되어 있고, 『굉지광록』에는 수록되지 않았다. 네 단계는 4언 2구 32글자이고, 각각에 굉지가 부연한 시(詩)가 7언 또는 5언으로 2구씩 붙어 있다. 32자 전문에 "아직 영기가 구르지 않으니, 짊어져야 할 것 잊은 채로네. 기 비록 엮인 끈을 찍지만 그 무늬 나타내진 못했네. 영기가 그윽히 움직이니 찍힌 듯 무늬 드러났네. 보배 인장 바람 타고 그 문채 저 멀리 넘어가네. 未轉靈機 了忘擔荷 機雖轉紐 印未成紋 靈機密運 印已成紋 寶印當風 逈超文彩"라고 하였다. [참고문헌] 『宏智語錄』, 『永覺元賢廣錄』 권27(卍속장125, p.728a12), 『爲霖禪師雲山法會錄』(卍속장125, p.994a3). ⇨ 사전영기 四轉靈機

천동산 天童山 중국 선종(禪宗)에서 꼽는 다섯 산문(五山) 중 하나. 천동산(天潼山)이라고도 한다. 절강성(浙江省) 은현(鄞縣 : 寧波府) 동쪽으로 약 35km 지점에 있는 태백산(太白山)의 한 봉우리이다. 서진(西晉)대 300년(영강1) 의흥(義興)이 개산(開山)하고 암자를 지었다. 『불조통기』 권36(대정장49, p.338c24)에 "영강년간(373~375)에 사문 의흥이 산 꼭대기에 오두막을 짓고 살았는데 동자가 와서 나무 하고 물을 길러주며 한참 머물다가 인사하고 떠나면서 말했다. '나는 태백성의 한 별이다. 상제께서 보내시어 시봉하라 하셨소'. 말을 마치고는 모습이 보이지 않았다〈지금의 사명 천동산이 그곳이다〉. 永康中 沙門義興 廬于山上 有童子來給薪水 久而辭去曰 吾太白一辰 上帝遣侍左右 言訖不見〈今四明天童山是〉"라고 하였다. 당대 732년(개원20) 태백선사(太白禪師) 법선(法璿)이 산 동쪽 기슭에 태백정사(太白精舍)를 세웠는데 이것이 고천동사(古天童寺)이다. 숙종(肅宗) 때인 757년(지덕2) 종필(宗弼) 등이 지금의 터로 절을 옮기면서 모든 당우를 정비하였다. 869년(함통10) 천수사(天壽寺)라는 이름을 내렸다. 북송(北宋)대 1007년(경덕4) 경덕선사(景德禪寺)라 개명하면서 선종의 도량이 되었다. 명대 천동선사(天童禪寺)라 불렀고, 1392년(홍무25) 이 절을 천하 선종오산의 제이산(第二山)으로 책봉하였다. 청대 홍법사(弘法寺)라는 호를 내렸고, 그 뒤 천동홍법사(天童弘法寺)라 불렀다. 절은 대대로 굉지정각(宏智正覺) · 장옹여정(長翁如淨) · 밀운원오(密雲圓悟) 등이 주석하였기에 명성이 널리 퍼졌다. 일본의 영서(榮西)·도원(道元) 등도 이곳에 와서 법을 물으며 참선하였고 정각·여정·도원 등은 모두 자신의 법호에 천동이라는 이름을 올렸다. 천왕전(天王殿)·불전(佛殿)·법당(法堂)을 중심으로 삼고 별도로 여러 당우와 칠층탑(七層塔) 등이 있어 선종사찰로서 손색이 없다. 〔참고문헌〕『佛祖統紀』, 『大明一統志』 권46. ⇨ 대백봉 大白峯, 천동사 天童寺

천동자 天童子 하늘동자. 동자 모습을 한 천인(天人). 『대방등대집경』 권41(대정장13, p.274b12)에 "장성하여서는 선약을 먹게 하였는데 하늘동자와 밤낮으로 함께 놀았다. 及至長成 敎服仙藥 與天童子 日夜共遊", 『미륵대성불경』(대정장14, p.429c1)에 "이러한 인연으로 저 나라에 난 사람은 제근이 고요하고 모습은 단정하며 위엄 있는 형상을 갖추어 마치 하늘동자 같았다. 以此因緣 生彼國者 諸根恬靜 面貌端正 威相具足 如天童子"라고 하였다. 〔참고문헌〕『大方等大集經』, 『彌勒大成佛經』.

천동정각 天童正覺 ➡ 정각 正覺 ❷

천득 薦得 다 들어 얻다. 들어 올려 남김없이 해서 깨우치다. 『수산염화상어록』(고존숙어록8, 卍속장118, p.246b14)에 "제1구에서 들어 깨우치면 조사와 부처의 스승이라 할 만하고, 제2구에서 드러내 얻으면 인천의 스승이며, 제3구에서 그나마 얻는다면 스스로도 마치지 못하리라. 第一句薦得 堪與祖佛爲師 第二句薦得 堪與人天爲師 第三句薦得 自救不了", 『대혜어록』 권14 「진국태부인청보설 秦國太夫人請普說」(대정장47, p.870b4)에 "참학하는 이라면 반드시 활구를 참해야지 사구 아래 들어 올려서는 안 된다. 활구 아래서 들어내 남김없이 하면 영겁토록 잊지 않지만, 사구 아래서 얻어 봐야 스스로도 구하지 못하리라. 夫參學者 須參活句 莫參死句 活句下薦得 永劫不忘 死句下薦得 自救不了", 『허당집』 12칙 「시중 示衆」(卍속장124, p.528b13)에 "소리 그대로 알아차리면 분명히 새매가 신라로 날아가고, 구 밖에서 수긍하면 이미 불쾌한 칠통일 뿐이다. 聲前薦得 分明鷂過新羅 句外承當 已是不快漆桶"라고 하였다. 〔참고문헌〕『首山念和尙語錄』, 『大慧語錄』, 『虛堂集』, 『汾陽語錄』 권상(대정장47, p.601a16), 『圜悟語錄』 권10(대정장47, p.755c16), 『看話決疑論』(한불전4, p.737a9). ⇨ 천취 薦取, 투득 透得, 참학 參學

천득일 天得一 하늘도 하나로서 얻을 뿐. 『노자』 39장구를 들어 『조론』 「열반무명론 涅槃無名論」(대정장45, p.157a14)에서 "승조가 말했다. '승조가 듣자하니, 하늘 그 하나 얻어서 맑고, 땅도 그 하나 얻어서 안녕하며, 군왕도 그 하나 얻어서 천하를 다스린다'. 僧肇言 肇聞 天得一以淸 地得一以寧 君王得一 以治天下", 『조정사원』 권5(卍속장113, p.137b5)에 "하늘이 그 하나 얻었다 한다. 『노자』 그 옛날에 하나 얻었다 하는 장 있다. 설한다. 하나로서 하나 삼을 뿐이니, 두루하지 않음이 없음이며 있지 않은 곳이 없기 때문이니 참으로 깊고 그윽해서 말로 하기는 어렵다. 天得一 見老子 昔之得一章 說曰 一之爲一 無乎不遍 無乎不在 最爲奧密難言"라고 하였다. 〔참고문헌〕『肇論』, 『祖庭事苑』.

천등사 天登寺 ❶ 인천광역시 강화군 강화읍 남산리 화산(花山)에 있던 절. 화산은 곧 남산(南山)이다. 송시열(宋時烈 1607~1689)의 『송자대전』 권214 전(傳) 「민용암성전 閔龍巖垶傳」에 병자호란 때인 1637년(인조15)에 민성(閔垶)이 가족들을 이끌고 천등사로 피난했다가 순절했다고 한다. 당시 피난민이 천등사에 많았다고도 전한다. 사지에는 석축 2기가 남아 있으며, 와편(瓦片)과 청자편들이 산재되어 있다. 〔참고문헌〕『宋子大全』, 『韓國寺刹全書』 권하 p.1075a17, 『한국사지총람』 권상(문화재청·불교문화재연구소, 2010) p.39. ❷ 경상북도 안동시 서후면 태장리 천등산(天燈山)에 있는 절. 곧 개목사(開目寺)이다. 의상(義湘)이 이곳에서 수도할 때 하늘에서 큰 등불이 내려와 비추어 주었다고 한다. 이 연기 설화와 연결시켜 천등사라고 불렀다고 한다. ⇨ 개목사 開目寺

천등암 天燈庵 전라북도 고창군 아산면 선운산(禪雲山)에 있던 암자. 『선운사사적』에 당시 도솔산(兜率山) 선운사(禪雲寺) 산내에 있던 50여 개의 암자 중 하나였으며, 신라시대에 창건되었다고 전한다. 현존하지 않으며 자세한 연혁 또한 알기 어렵다. 〔참고문헌〕『禪雲寺事蹟』, 『韓國寺刹全書』 권하 p.1075a19.

천라국 天羅國 ➡ 반족왕 斑足王

천락 天樂 ❶ 하늘에 나는 즐거움. 삼락(三樂) 중 하나로 십선업(十善業)을 닦은 이가 욕계천에 나서 받는 즐거움을 말한다. 『복력태자인연경』 권3(대정장3, p.434a15)에 "복 많은 사람은 임종 때 천계의 즐거움을 누리니, 천궁누각이 그 앞에 나타난다. 福者臨終受天樂 天宮樓閣現其前", 『대장엄론경』 권2(대정장4, p.266c8)에 "고기잡이나 사냥으로는 보를 얻을 수 없듯이, 그대 지금 고행하는 일로는 역시 천상낙보는 얻을 수 없다. 그대 지금 어찌하여 몸과 마음을 돌리며 고행으로 천상의 낙 얻고자 하는가? 우리 불법 중에는 이런 다섯 가지 열로 몸을 지지는 고행법으로 저 천락을 얻는 일은 없다. 천락을 얻고자 한다면, 진실한 말 등 온갖 선공덕을 닦으면 비록 다시 탐하거나 두려워 하게 될 지라도, 천상에 나는 즐거움을 얻는다. 若使魚獵不得報者 汝今爲此苦行之事 亦不應得天上樂報 汝今何故 身心迴轉 欲以苦行得於天樂 我佛法中無有如斯 五熱炙身 受苦行法 得彼天樂 欲得天樂 修實語等 諸善功德 雖復貪怖 得生天樂", 40권본 『화엄경』 권23(대정장10, p.767c7)에 "이때 그 전륜왕은 저 중생들이 무리 지어 찾아와 자신에게 구걸하는 것을 보고, 경애심·비민심·환희심·존중심·광대심·선우심·상속심·정진심·불퇴심·보시하려는 마음·주변심·평등심·청정심·성취심·속질심·모든 선지식을 만나고자 하는 마음을 내었다. 時王見彼諸來集會 於己乞求 生愛敬心 生悲愍心 生歡喜心 生尊重心 生廣大心 生善友心 生相續心 生精進心 生不退心 生捨施心 生周遍心 生平等心 生淸淨心 生成就心 生速疾心 生見種種善知識心", "선남자여! 그때 저 전륜왕이 모든 구하는 이들을 보고 마음으로 크게 환희하는 일이 비록 잠깐 사이에 지나갈지라도, 가사 전륜성왕으로서 무변겁이 다하도록 받는 쾌락도 그에 미칠 수 없으며 … 대범천왕이 무변겁에 받는 범락도, 광음천왕이 난사겁에 받는 천락도, 변정천왕이 무진겁에 받는 천락도, 정거천왕이 불가설겁에 머무는 적정락도 그에 모두 능히 미칠 수 없다. 善男子 爾時 彼王見諸乞者 心大歡喜 經須臾頃 假使轉輪聖王盡無邊劫所受快樂 所不能及 … 大梵天王 於無邊劫所受梵樂 光音天王 於難思劫所受天樂 遍淨天王 於無盡劫所受天樂 淨居天王 不可說劫住寂靜樂 悉不能及", 『정법염처경』 권23(대정장17, p.131b11)에 "마치 독약을 섞은 꿀은 먹어서는 안 되는 것과 같다. 하늘의 즐거움도 이와 같으니 물러날 때 크게 괴롭다. 如蜜和毒藥 是所不應食 天樂亦如是 退沒時大苦"라고 하였다. 〔참고문헌〕『福力太子因緣經』, 『大莊嚴論經』, 『華嚴經』, 『正法念處經』. ⇨ 삼락 三樂❶❹, 삼론 三論 ❷ 하늘의 음악. 『방광대장엄경』 권1(대정장3, p.544a11)에 "한량없는 백천제천채녀들이 갖가지 노래와 춤으로 공양하니, 제천의 미묘음을 베풀어 보살의 무량공덕을 소리내 드러냈다. 無量百千諸天婇女 種種歌舞以爲供養 是諸天樂演微妙音 稱揚菩薩無量功德", 『섭대승론석』 권8(대정장31, p.366b6)에 "저 하늘음악은 두드려 소리내는 이 없어도 그곳에 나는 유정의요에 따라 갖가지 소리를 낸다. 모든 불보살의 무분별지도 이와 같아서 모름지기 분별을 여의었기에 능히 갖가지 사업 성취한다. 如天樂 無擊奏者 隨生彼處 有情意樂 出種種聲 如是應知諸佛菩薩無分別智 雖離分別而能成辦種種事業"라고 하였다. 〔참고문헌〕『方廣大莊嚴經』, 『攝大乘論釋』.

천락보 天樂報 하늘에서 누리는 즐거운 보. 선업(善業)으로 받는다. 『정법염처경』 권55(대정장17, p.324a27)에 "어떤 업보를 받으며, 어떤 즐거움을 누리는가? 간략히 말하면 야마천에서는 살생하지 않은 업으로 천명이 긴데, 하중상의 구별이 있고 이와 같은 천명으로 육욕천에서 도둑질하지 않았기에 하늘중에서도 크게 부유하여 칠보를 구족하고 동산수풀과 산봉우리 갖가지로 즐기며, 사음하지 않았기에 모든 천녀들은 다른 천자에게 가지 않고 물러나지도 않으니 목숨이 있는 동안에는 가지도 않지만 가까이 하지도 않는다. 그 천녀들은 모두 단정하고 아름다우며 광명은 승묘하여 눈으로 보기만 해도 마음이 즐겁다. … 이와 같이 몸으로 선업을 행하고 잘 지키며 범하지 않고 즐겨 닦고 많이 지으면 천중에 나서 천낙보를 누린다. 受何業報 受何等樂 略而言之 夜摩天中 不殺業故 天命則長 有下中上 如是天命 於六欲天 不偸盜故 天中大富 七寶具足 園林山峯 種種可愛 在如是處 遊戲受樂 不邪婬故 諸天女衆 於餘天子 悉皆不往 乃至未退 有命以來 不往不近 彼諸天女 一切端正 一切好色 光明勝妙 眼見心樂 … 此如是等 身善業行 善護不犯 樂修多作 生於天中 受天樂報"라고 하였다. 〔참고문헌〕『正法念處經』. ⇨ 천 天, 천락 天樂❶, 삼론 三論

천락사 天樂寺 고려전기부터 경상남도 합천(陜川)에 있던 절. 자세한 연혁은 알 수 없다. 다만 『동문선』 권117 「만덕산백련사원묘국사비명 萬德山白蓮社圓妙國師碑」에 따르면 "원묘국사가 12세 때 강양(陜川) 천락사 사문 균정(均定)을 은사로 하여 스님이 되었다. 十二出家 依江陽 天樂寺沙門 均定 爲沙彌"라고 하였다. 〔참고문헌〕『東文選』, 『萬德寺志』(亞細亞文化社, 1977) p.12.

천략 淺略 얕고 간략하게 하다. 세제(世諦)에 의지해 베푸는 뜻으로, 제일의제로 시설하는 심비(深祕)와 맞선다. 『대일경소』 권1(대정장39, p.582a8)에 "만약 얕고 간략하게 뜻을 밝힌다면, 비밀주는 곧 야차왕이니 금강저를 잡고 늘 부처님을 모시고 지키기에 금강수라 이른다. 그러나 이 중에 깊은 뜻으로는 야차란 말은 곧 여래의 신밀·어밀·의밀이니, 오직 부처님과 부처님들만이 이에 능히 알 수 있으며 내지 미륵보살 등도 오히려 이와 같은 비밀신통에 힘이 미치지 못하는 바이므로 비밀 중에 가장 비밀이다. 소위 심밀의 주이기에 비밀주라 이름하니 능히 이 인을 지니기에 집금강이라 이른다. 若淺略明義 祕密主 卽是夜叉王也 執金剛杵 常侍衛佛 故曰金剛手 然是中深義 言夜叉者 卽是如來身語意密 唯佛與佛 乃能知之 乃至彌勒菩薩等 猶於如是祕密神通 力所不及 祕中最祕 所謂心密之主 故曰 祕密主 能持此印 故云執金剛也", 같은 책 권6(대정장39, p.647a26)에 "윗글에서 이제의 뜻을 시설하였는데, 이름도 모양도 그대로 실제임을 알기에 능히 실제로 가지하여 이름도 모습도 짓는다. 천략이 곧 심비임을 알기에 능히 심비를 천략으로 삼을 수 있고 중생을 따라 이룬 뜻과 이로움 모두 실다워 헛되지 않다. 만약 능히 이 세제를 알게 된 때에는 저절로 마땅히 제일의제도 통달한다. 그래서 말하길 제불의 설법은 늘 두 가지 진실에 의지한다. 上文施設二諦之意 以知名相卽實際故 能以實際加持而作名相 以知淺略卽是深祕故 能以深祕爲淺略 隨衆生所成義利 皆實不虛 若能解此世諦時 自當通達第一義諦 故云 諸佛說法 常依二諦也"라고 하였다. [참고문헌]『大日經疏』. ⇨ 천략석 淺略釋, 천략심비 淺略深祕, 심비 深祕

천략석 淺略釋 쉽고 간략하게 풀다. 밀교의 사중비석(四重祕釋) 중 하나로 밀교의 비밀해석과 달리 세간에서 통용하는 풀이. 심비석(深祕釋)에 상대한다. 『대일경소』 권4(대정장39, p.621a16)에 "다음으로 구마이와 구모달라를 화합하여 바른다. 천략석의 경우 이것은 소의 똥과 오줌이니 그 지방의 세속법이 청정하다고 여김을 따른 것이다. 次用瞿摩夷瞿摸怛囉 和合塗之 若淺略釋者 此是牛糞及液 爲順彼方俗法 以爲淸淨故", 같은 책 권9(대정장39, p.675c29)에 "여래의 금강갑옷을 입었으므로 육도를 돌아다니고 생사에 들고나도 일체번뇌업고에도 해를 입지 않는다. 천략석에 따르면 진언행자가 이 진언으로 스스로를 가지하였기에 일체제천과 용등이 모두 금강살타의 몸과 같이 몸 전체에 견고하고 빈틈 없는 금강의 갑옷과 맹렬한 불꽃 같은 광명을 두른 것을 본다. 그러므로 일체장애가 되는 것이 모두 해칠 수 없다는 것이다. 以被如來金剛甲故 旋轉六道 出生入死 一切煩惱業苦 所不能傷 若就淺略釋者 由行人以此眞言 自加持故 一切諸天龍等 見皆同於金剛薩埵身 遍體皆被金剛甲冑 堅密無際 光如猛焰 是故一切爲障者 皆不能傷也"라고 하였다. [참고문헌]『大日經疏』. ⇨ 사중비석 四重祕釋, 심비석 深祕釋

천략심비 淺略深祕 천략석(淺略釋)과 심비석(深祕釋). 천략석은 쉽게 간략히 푸는 것이고 심비석은 숨겨진 깊은 뜻으로 푸는 것이다. 『대일경소』 권9(대정장39, p.674a22)에 "육종진동의 뜻은 다른 경에서 그 상을 갖추어 설하였다. 여기에서는 밀교의 비밀석에 의지하니 육종이란 탐진치견만의 여섯 가지 근본번뇌를 말한다. 일체중생의 마음 바탕은 항상 이러한 무거운 번뇌를 붙들고 있기에 능히 스스로 일어나지 못한다. 지금 세존의 지극 정성에 감동되어 모두 껍질이 터져 부처의 종자가 싹트게 되었다. 그러므로 육종진동이라 한 것이다. 이때 일체보살은 땅의 진동을 이해할 수 있는 천략심비의 두 가지로 땅이 움직이는 인연을 본다. 마음과 눈이 열리지 않음이 없는 미증유를 얻고서 미묘한 게송으로 대일세존을 찬탄하였다. 六種震動義 餘經具說其相 今依此宗祕密釋中 六種謂貪嗔癡見慢疑 六根本煩惱 一切衆生心地常爲此重垢所持 不能自起 今以世尊至誠之所感動 悉皆甲坼開散佛種萌生 故云六種震動也 爾時一切菩薩 見此淺略深祕二種地動因緣 無不心目開敷 得未曾有 以微妙偈 稱歎大日世尊"라고 하였다. [참고문헌]『大日經疏』. ⇨ 천략석 淺略釋, 심비석 深祕釋, 사종석의 四種釋義, 십육현문 十六玄門, 불전석례 佛典釋例, 근본번뇌 根本煩惱

천량암 天糧庵 경상북도 울진군 백련산(白蓮山)에 있었던 암자. 하늘에서 양식이 내렸다 하여 붙여진 이름이고 천량암(天糧菴)이라고도 한다. 『여지도서』 강원도 울진(蔚珍) 고적(古跡)에는 현에서 서쪽으로 40리에 있다고 하면서 천량석혈(天糧石穴) 혹은 미고촌(米庫村)이라고 불리기도 한다고 하였다. 『동국여지승람』 권45 강원도 울진현 불우에 "민간에서 전하기를, 원효가 거주할 때 바윗돌 사이에 구멍이 있었고 그곳에서 쌀이 나왔기에 천량암이라고 이름하였다. 諺傳 元曉住時 岩石間有穴産米 故名"라고 하였고, 『한거잡록』에 "민간에서 전하기를, 신라의 스님 원효가 일찍이 석실에서 거주하였는데 바위구멍에서 매일 쌀 2승이 나왔기에 이로 인하여 이름하였다고 한다. 후에 어떤 스님이 또 다른 구멍을 뚫자 다시는 쌀이 끊겨 나오지 않았다고 한다. 諺傳 新羅僧元曉 嘗住石室 有石穴 日産米二升 故因名焉 後有一僧鑿穴 米絶不出云"라고 하였다. [참고문헌]『輿地圖書』, 『東國輿地勝覽』, 『閑居雜錄』, 『梵宇攷』, 『韓國寺刹全書』 권하 p.1075a19.

천뢰 天籟 하늘의 퉁소소리. 구멍난 퉁소에 바람 불어 소리 일듯이, 허공중에 바람 일면 일어나는 모든 자연의 소리를 말한다. 『장자』 「제물론 齊物論」에 "너는 사람들의 퉁소는 들었어도 대지의 퉁소는 못 들었을 것이고, 대지의 퉁소를 들었더라도 하늘퉁소는 듣지 못했으리. 女聞人籟 而未聞地籟 女聞地籟 而未聞天籟夫", 『조정사원』 권4(卍속장113, p.99a18)에 "천뢰 : (뢰는) 락과 개를 반절한 음이다. 바람 불면 만물은 소리를 낸다. 天籟 落蓋切 風吹萬物有聲也", 『한거편』 권51 「주차유건원사 舟次遊乾元寺」(卍속장101, p.211a14)에 "조용히 읊조리니 물든 생각 끊어지고, 오래 앉았노라니 하늘 소리마저 그쳤도다. 閑吟塵想絶 久坐天籟息", 『응암담화어록』 권10 「찬이지부조의 贊李知府朝議」(卍속장120, p.889a16)에 "사람들은 공이 죽었다 하지만, 나는 공이 있다 하리라. 있다, 있다 하니 있는 곳 그 어디던가? 맑은 바람 하늘 소리 울리는 그곳. 人言公死 我言公在 在在在何處 淸風動天籟", 『개석지붕어록』(卍속장121, p.378a7)에 "면전의 안산이여, 때때로 겹겹의 구름 일고 때때로 하늘 퉁소 울린다. 마음도 아니고 부처도 아니고 중생도 아니라네. 面前案山子 時時生層雲 時時動天籟 不是心 不是佛 不是物"라고 하였다. [참고문헌]『莊子』, 『祖庭事苑』, 『閑居編』, 『應庵曇華語錄』, 『介石智朋語錄』.

천료백당 千了百當 천 갈래로 알아 마치고 백 가지로 마땅하게 하다. 여지없이 깨우치다. 『원오어록』 권12(대정장47, p.769c10)에 "곧장 은산철벽 사무쳐 얻은 후라야 천 갈래 알아 마치고 백 가지 마땅하게 하는 이라 하리라. 비로소 향상사 있는 줄 알아 가히 발우도 포대도 넘겨줄 수 있으리. 直須透得銀山鐵壁 然後是千了百當底人 方知有向上事 可以分付鉢袋子", 『서장』「답부추밀장 答富樞密狀」 제3서(대정장47, p.922b10)에 "홀연히 칠통을 깨트리고 단 한 번 웃는 중에 천 가지 백 가지 환히 알아 마땅하게 한다. 바야흐로 산승이 입 열어 속 보인 일을 믿으리다. 忽然打破漆桶 於一笑中 千了百當 方信山僧開口見膽"라고 하였다. 〔참고문헌〕『圜悟語錄』, 『書狀』, 『圜悟心要』 권하(卍속장120, p.767b18), 『無準師範語錄』 권1(卍속장121, p.867a5).

천룡 天龍 **1** 제천(諸天)과 용신(龍神). 팔부중(八部衆) 가운데 대표적인 두 무리다. 『법화경』「서품 序品」(대정장9, p.3a28 : *Saddh-p.*, p.12)에 "또한 보살이 고요히 정에 들어 묵묵히 있는 모습을 보고 천룡이 공경하였지만 보살은 기뻐하지 않았다. 又見菩薩 寂然宴默 天龍恭敬 不以爲喜 paśyāmi kāṃścit sugatasya śāsane saṃpūjitānnaramaruyakṣarākṣasaiḥ, suvismayantānsugatasya putrānanunnatāñśāntapraśāntacārīn", 『인왕호국반야바라밀다경소』 권하(대정장33, p.490c22)에 "천룡이란 팔부중을 가리킨다. 言天龍者 八部衆也"라고 하였다. 〔참고문헌〕『法華經』, 『仁王護國般若波羅密多經疏』, *Saddh-p.* ⇨ 천룡팔부 天龍八部, 팔부중 八部衆 **2** 하늘의 용. 사룡(四龍) 중 하나다. 『능엄경지장소사의』(卍속장24, p.845b13)에 "따로 행하기에 네 가지다. 첫째, 하늘용 구름 일으켜 비 내린다. 둘째, 땅에 사는 용은 강 지켜 물길 연다. 셋째, 천궁룡은 천궁전을 지킨다. 넷째, 복장룡은 복장을 수호한다. 別行有四種 一 天龍 興雲致雨 二 地龍 決江開瀆 三 天宮龍 守天宮殿 四 伏藏龍 守護伏藏", 『관자재보살여의심다라니경약소』 권하(卍속장37, p.516a3)에 "범어 나가(nāga)는 용이라 한역한다. 넷이 있다. 첫째, 천룡은 천궁전을 지킨다. 둘째, 나는 용은 구름 일으켜 비 내린다. 셋째, 지룡은 강 지켜 도량의 물길을 튼다. 넷째, 장룡은 전륜성왕과 복인의 창고를 수호한다. 梵語那伽 此云龍 有四 一 天龍 守天宮殿 二 飛龍 興雲致雨 三 地龍 決江開瀆 四 藏龍 守輪王福人庫藏"라고 하였다. 〔참고문헌〕『楞嚴經指掌疏事義』, 『觀自在菩薩如意心陀羅尼經略疏』. **3** 당대 남악(南岳)계 선사. 항주(杭州 : 浙江省) 출신. 마조도일(馬祖道一) 문하 대매법상(大梅法常)의 법을 이었다. 제자들에게 늘 손가락 하나를 세워 법을 보였다. 오직 그 선법을 계승하여 금화산(金華山)의 구지(俱胝)가 나왔는데, 그의 선풍이 크게 퍼지면서 천룡일지두선(天龍一指頭禪)으로 알려졌다. 『경덕전등록』 권10(대정장51, p.280a21)에 "'삼계에서 벗어나는 방법은 무엇인지요?' '그대는 지금 어디에 있는가?' 僧問 如何得出三界去 師云 汝卽今在什麽處"라는 등의 문답과 상당법문만 전하며 행적은 알 수 없다. 〔참고문헌〕『景德傳燈錄』, 『聯燈會要』 권7(卍속장136, p.554a15), 『五燈會元』 권4(卍속장138, p.142a6), 『祖堂集』 권17(대장경보편25, p.621a6). ⇨ 구지수일지 俱胝竪一指

천룡탱 대구 동화사 1765년

천룡사 天龍寺 **1** 경상북도 경주시 내남면 용장리 고위산(高位山)에 있는 절. 대한불교조계종 제11교구본사 불국사(佛國寺)의 말사이다. 원성왕대 창건설이 전한다. 『삼국유사』 권3(대정장49 p.1000b22・한불전6, p.338a4) 탑상(塔像)4 천룡사(天龍寺)에 의하면, 천녀(天女)와 용녀(龍女)라는 딸을 위하여 그녀들의 부모가 절을 창건하고 절의 이름을 천룡사라 했다고 한다. 천룡사는 『삼국유사』에도 전하는 대표적 호국사찰로 여러문헌과 발굴결과를 통해 고려시대를 거쳐 조선후기까지 수차례 중창을 통해 번성한 절이었음을 알 수 있다. 신라말에 파손되었는데 최승로(崔承老 927~989)의 손자인 최제안(崔齊顔 ?~1046)이 중수하고 석가만일도량(釋迦萬日道場)을 개설하였다고 한다. 『삼국유사』에는 최제안이 천룡사를 중수한 후 국가로부터 받은 신서(信書)를 전하는데, 그에 의하면 최제안이 천룡사를 중수하면서 토지를 시납하였고 주지 또한 사중에서 계행을 갖추고 덕 높은 스님을 스스로 선발할 수 있도록 허락받았다. 최제안은 사후 천룡사를 키지는 신이 되어 영험함도 보였다 한다. 1688년(숙종14)에 간행된 『묘법연화경』 간기(刊記)에 "경상도 경주부 남쪽의 고위산 천룡사에서 개판하였다. 慶尙道慶州府南高位山天龍寺開板"라 하여 조선후기까지 유지되다 폐사되었음을 알 수 있다. 현재 절터에는 보물로 지정된 1991년에 복원한 삼층석탑과 함께 석조유구 일부가 남아 있는데, 1990년~2016년의 다섯 차례 발굴조사에서 '천룡사' 글자를 새긴 기와 조각

천룡사삼층석탑출토유물 일괄

을 포함하여, 세 차례 중수한 금당터와 11곳의 건물터, 석조불상의 일부와 금동불상 여러 기, 다량의 청자와 분청사기 조각, 석조(石槽) 등을 수습하였다. 최근에 절터 동쪽의 고위봉 아래에 중창하여 현존하는 당우로는 대웅전·산신각·요사 등이 있다. [참고문헌]『三國遺事』, 『東國輿地勝覽』, 『輿地圖書』, 『韓國寺刹全書』 권하 p.1075b6. **2** 경상북도 영주시에 있던 절. 『한국사찰전서』에 용천동(龍天洞)에 있는데 그 터에 깨진 비가 전한다. [참고문헌]『韓國寺刹全書』 권하 p.1076a10欄外. **3** 전라북도 완주군 구이면 모악산(母岳山)에 있는 절. 『동국여지승람』 권33 전라도 전주부 불우에 전주부의 동쪽 성 아래에 있다고 하였다. 이규보(李奎報 1168~1241)의 『동국이상국전집』 권9 고율시에 「우거천룡사 寓居天龍寺」가 전하며, 『보한집』 권하에 혜문선사(惠文禪師)가 천룡사를 위해 지은 시 일부가 전한다. 현존하는 당우로 대웅전과 산령각 등이 있다. [참고문헌]『東國李相國全集』, 『補閑集』, 『東國輿地勝覽』, 『完山誌』, 『韓國寺刹全書』 권하 p.1075b4.

천룡사지삼층석탑 天龍寺址三層石塔 경상북도 경주시 내남면 용장리에 있는 신라시대 석탑. 보물 제1188호. 높이 7.0m. 단층기단에 삼층의 탑신을 올린 변형석탑이다. 탑은 원래 무너져 주변에 흩어져 있었으나 발굴을 통해 정확한 위치가 확인되어 1991년 현재의 모습으로 복원하였다. 기단은 이중기단 석탑의 아래층을 생략하고 지대석위에 면석을 올린 형태로 모서리에 우주와 내부에는 1개의 탱주를 새겼다. 기단갑석은 상면이 거의 수평에 가깝고 하단에 부연과 상부 중앙에 2단의 괴임을 두어 탑신을 받고 있다. 탑신은 몸돌과 지붕돌을 각각 한 개의 돌로 쌓았으며 몸돌은 3층 모두 우주를 새겼다. 지붕돌은 하단의 받침이 모두 5단이고 처마는 수평을 이루다가 모서리에서 약하게 치켜 올라갔다. 탑의 꼭대기의 머리장식은 원래 모두 없어진 것을 복원할 때 새롭게 만들어 넣은 것이다. 초층 몸돌 상면에는 깊이와 직경이 15cm인 원형 사리공이 있었다. 이 탑은 단층기단 석탑임에도 크기가 크고 지붕돌 아래의 옥개받침도 5단으로 전체적인 비례가 적당함을 유지하고 있다. 단층기단 석탑은 신라말인 9세기 경주남산과 경북북부지역을 중심으로 유행하는데 초기 단층기단 석탑으로 볼 수 있어 9세기 초에 제작된 것으로 파악된다. [참고문헌]『천룡사폐삼층석탑복원보고서』(동국대경주캠퍼스박물관, 1991), 『경주남산-정밀학술조사보고서』(국립문화재연구소, 2004).

천룡사지삼층석탑

천룡산석굴 天龍山石窟 중국 산서성 태원시(太原市)에서 남서쪽으로 약 40km지점에 위치한 석굴. 천룡산은 흰색 사암질의 산인데, 산의 동서 두 개 봉우리에 석굴을 개착했다. 동쪽에 8개굴, 서쪽에 13개굴이 있다. 가장 이른 굴은 동위(東魏 534~550) 말에 개착한 동쪽 봉우리의 제2굴과 제3굴인데 지금의 산서성 태원 부근인 진양(晉陽)에 거점을 둔 고환(高歡 496~547)과 그의 아들 고양(高洋 529~559, 北齊 文宣帝 재위 550~559)이 조성한 것으로 알려져 있다. 이후 북제와 수를 지나 당대인 8세기 중엽까지 이어져 조각의 변화를 살펴보는데 중요하다. 북제의 석굴은 제10굴과 황건원년(皇建元年 : 560)의 명문이 있는 제16굴이다. 불상에 걸친 가사(袈裟 kaṣāya)가 얇고 신체는 입체적이다. 수대의 굴은 전실(前室)에 개황사년(開皇四年 : 584)년의 비명(碑銘)이 있는 제8굴이 대표적이다. 제8굴은 유일하게 중심주굴(中心柱窟) 형식으로 조성했는데 석굴 중심부에 방형기둥을 두어, 오른쪽으로 돌면서 예배할 수 있도록 하였다. 몇 개의 굴을 제외하고는 석굴명문(銘文)이나 관련 문헌 자료가 전하지 않는데다가 각 굴의 손상이 심하다. 당대 굴은 서쪽 봉우리의 제9굴인데 천룡산석굴을 대표하는 굴이기도 한데 누각은 새로 복원했다. 제9굴은 상하 2층으로 구성돼 있으며, 상층에는 높이 8m의 소조미륵의좌상(塑造彌勒倚坐像), 하층에는 십일면관세음보살입상을 중심으로 좌우에 코끼리를 탄 보현보살과 사자를 탄 문수보살을 모셨다. 특히 이 당대 조각은 특히 우아하고 아름답기로 유명하다. 1920년대 인위적인 파손으로 대략 150구의 조각상이 해외로 유출되어 세계 각국으로 흩어져 아쉬움을 더했다. [참고문헌] 馬世長 外 저·양은경 번역 『중국 불교석굴』(다할미디어, 2006) pp.312~326.

천룡산석굴 전경

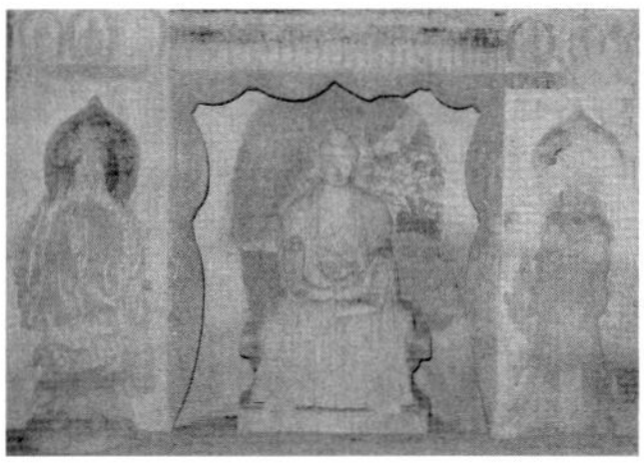

불좌상 천룡산2호굴 동위

천룡암 天龍庵 경상북도 경주시에 있던 절. 『동경잡기』에 "부 서쪽 화천 화도산의 서쪽 기슭에 있다. 在府西花川花桃山西麓"라고 하였다. [참고문헌]『東京雜記』.

천룡팔부 天龍八部 팔부중(八部衆)을 달리 이르는 말.

천룡팔부귀신(天龍八部鬼神)·천룡팔부중(天龍八部衆)이라고도 한다. 천(天 Ⓢdeva)·용(龍 Ⓢnāga)·야차(夜叉 Ⓢyakṣa)·아수라(阿修羅 Ⓢasura)·가루라(迦樓羅 Ⓢgaruḍa)·건달바(乾闥婆 Ⓢgandharva)·긴나라(緊那羅 Ⓢkiṃnara)·마후라가(摩睺羅迦 Ⓢmahoraga)의 팔부중 가운데 선두인 천과 용을 대표로 내세워서 부르는 말이다. 팔부중은 불법을 수호하기 위하여 큰 힘을 지닌 신들이다. 『법화경』 권4(대정장9, p.35c19)에 "그때 사바세계의 보살·성문·천룡팔부·인과 비인이 모두 그 용녀의 성불하는 모습을 멀리서 바라보았다. 爾時 娑婆世界 菩薩 聲聞 天龍八部 人與非人 皆遙見彼龍女成佛", 『사분율행사초간정기』 권7(卍속장68, p.391b2)에 "천룡팔부란 천·용·야차에서 마후라가 등에 이르기까지 여덟 대중이다. 天龍八部者 天龍夜叉 乃至摩睺羅伽等爲八也", 『사교의집해』 권상(卍속장102, p.12b10)에 "천과 용은 팔부를 모두 거둔다. 다 거두는 이름(팔부)과 따로인 이름(천룡)을 아울러 들어서 천룡팔부라 한다. 天龍 是八部攝 總別兼擧 故云天龍八部也"라고 하였다. [참고문헌] 『法華經』, 『四分律行事鈔簡正記』, 『四教義集解』, *Saddh-p.265.* ⇨ 팔부중 八部衆, 신룡 神龍❷, 용귀팔부 龍鬼八部, 용신팔부 龍神八部

천룡도 국립중앙박물관 1765년

천룡팔부찬 天龍八部讚 천룡팔부를 찬하는 글. 『무상경 無常經』·『대운륜청우경 大雲輪請雨經』·『보변광명청정치성여의보인심무능승대명왕대수구다라니경 普遍光明淸淨熾盛如意寶印心無能勝大明王大隨求陀羅尼經』·『불모대공작명왕경 佛母大孔雀明王經』 등의 권말에 붙어 있다. 찬게(讚偈). 『대운륜청우경』 권하(대정장19, p.492c8)에 "하늘 아수라와 야차 등 와서 법을 듣는 자는 마땅히 지심으로 불법을 옹호하길 오래 하며 각각 부지런히 세존의 가르침을 행하네. 법을 듣는 무리가 여기에 오거나 지상이나 공중에 머물며 항상 인간 세계에 자비심을 일으키고 낮밤으로 자기 몸을 법에 의지하여 머물며 모든 세계가 항상 안은하기를 바라네. 끝없는 복덕과 지혜로 뭇 중생을 이롭게 하니 소유한 죄업이 아울러 녹아 사라지고 갖가지 괴로움을 멀리 떠나 원적으로 돌아가네. 항상 계향으로 발라 몸 빛나게 하고 늘 정의 옷 입어 몸을 도우니 보리의 묘한 꽃으로 두루 장엄하고 머무는 곳마다 항상 안락하네. 天阿蘇羅藥叉等 來聽法者應至心 擁護佛法使長存 各各勤行世尊教 諸有聽徒來至此 或在地上或居空 常於人世起慈心 日夜自身依法住 願諸世界常安隱 無邊福智益群生 所有罪業並消除 遠離衆苦歸圓寂 恒用戒香塗瑩體 常持定服以資身 菩提妙花遍莊嚴 隨所住處常安樂"라고 하였다. [참고문헌] 『大雲輪請雨經』. ⇨ 천룡팔부 天龍八部

천류구 天類區 관욕당(灌浴堂) 중 천류(天類)를 목욕시키는 곳. 관욕당을 삼간육소(三間六所)로 나눈 중에 하나다. 『산보집』 권상 「하단관욕당제 下壇灌浴堂制」(한불전11, p.483a17)에 "욕실 3칸을 만드는데 높이 2,3자와 너비 4자를 넘지 않는다. 길이는 자수를 논하지 않으며 북벽은 모두 막는다. 중간에 두 곳을 두어 한 곳은 천류구고 한 곳은 제왕구다. 동쪽 한 칸에도 두 곳을 두니, 한 곳은 장상의 구고 다른 한 곳은 남신의 구다. 서쪽 한 칸에도 두 곳을 두니, 한 곳은 후비구고 다른 한 곳은 여신구이다. 합해서 여섯 곳 세 칸이다. 문 밖에는 각각 글로 이름을 써서 귀천 남녀의 혼으로 하여금 각기 있을 곳을 알게 한다. 저 귀천을 나누지 않으면 하천고혼들은 목욕할 수 없기 때문이며, 비록 목욕에 참예하더라도 장식과 빗 따위가 미진하기 때문이다. 법사가 '널리 예 올립니다'라고 창하면 어느 겨를에 삼보 앞에 나아가 예배할 수 있겠는가 作室三間 其高不過二三尺 廣四尺 長則不論尺數 北壁全蔽 中間設二所 一區天類區 一所帝王區 東一間設二所 一所將相區 一所男神區 西一間設二所 一所后妣區 一所女神區 合六所三間 門外各書表名 使貴賤男女之魂 各知其所 若不卞貴賤 則下賤孤魂 未得參浴 雖得參浴 粧梳未盡 法師 唱普禮云云 則何暇進禮三寶也"라고 하였다. [참고문헌] 『刪補集』, 『作法龜鑑』 권하(한불전10, p.588b9), 『五種梵音集』 권상(한불전12, p.165b17). ⇨ 하단관욕당제 下壇灌浴堂制, 욕실방 浴室榜, 척주당 滌珠堂, 세월각 洗月閣

천륜 天倫 하늘이 맺어준 인간 사이의 결. 여기서 하늘(天)은 억지로 할 수 없는(非使之然) 것의 뜻으로 부모와 자식, 형제 등으로 이어진 피할 수 없는 인연을 말한다. 반면 부부는 인륜(人倫)이다. 『수능엄의소주경』 권1(대정장39, p.831b19)에 "〈경〉 부처님께서 아난에게 이르셨다. '너는 나와 동기로서 정을 같이한 천륜이다'. 〈주〉 경희(아난)는 부처님의 사촌 동생이다. 조부 서로 전했으니 동기라고 한다. 또는 단지 형제만을 같이한 동일기류라 한다. 형제의 서는 상하로 서로 차례하고 은애로 서로 엮여 자연히 그렇게 되었지 억지로 그렇게 된 것이 아니므로 천륜이라 하니, 맺은 뜻이 고르고 같음이다. 佛告阿難 汝我同氣 情均天倫 慶喜是佛堂弟 祖父相傳 亦名同氣 或可但是兄弟 同一氣類也 兄弟之序 上下相次 恩愛相屬 蓋自然而然 非使之然也 故曰天倫 倫理均等

也", 『능엄경비록』 권5(卍속장20, p.243b11)에 "천륜이란, 저 군신과 부부 등과 같이 모두 사람의 합으로 말미암기에 인륜이라 부르고, 형제의 윤서는 타고나는 그대로 이루어지기에 천륜이라 한다. 天倫者 如君臣夫婦等 皆由人合 謂之人倫 其兄弟倫序 乃天然而成 謂之天倫"라고 하였다. 〔참고문헌〕『首楞嚴義疏注經』, 『楞嚴經祕錄』, 『楞嚴經』 권1(대정장19, p.106c21).

천리구 千里駒 하루에 천리를 나는 듯 달리는 말. 뛰어난 인물을 비유한다. 『석씨요람』 권중(대정장54, p.293a23)에 "석문천리구 : 장안과 상변 두 법사는 상경의 법장임에도 현장(玄奘)법사를 찬양하여 '당신은 석문의 천리구라 할 만하다'라고 하였다. 釋門千里駒 長安 常辯二法師爲上京之法匠 嗟賞奘法師曰 汝可謂釋門千里駒也", 『건중정국속등록』 권10 「문혜장 文慧章」(卍속장136, p.160b2)에 "천의의회(天衣義懷)가 법좌에 올라 거량하여 문혜를 인가하는 뜻으로 찬탄하며 말했다. '이 사람은 우리 가문의 천리구이다'. 懷爲陞堂擧揚 印可歎曰 此吾家千里駒也"라고 하였다. 〔참고문헌〕『釋氏要覽』, 『建中靖國續燈錄』. ⇨ 천마 天馬

천리동풍 千里同風 천리로 떨어져 있어도 부는 바람은 같다. 『운문광록』 권상(대정장47, p.551a9)에 "'무엇이 도인지요?' '한 자만을 사무쳐라' '사무친 다음에는 어떤지요?' '천리라도 같은 바람 분다'. 問 如何是道 師云 透出一字 進云 透出後如何 師云 千里同風", 『광지광록』 권5(대정장48, p.72a2)에 "설령 천리로 떨어져도 부는 바람은 같고 시방이 한 가지로 색이 같더라도 납승이 신명을 버릴 곳은 아니니 끝내 납승이 목숨 놓을 곳은 어디일까? 신령한 물건 찾을 곳 없이 대반만이 저 밑바닥까지 말랐다. 直饒千里同風 十方一色 未是衲僧放身命處 畢竟作麽生是 衲僧放身命處 神物無尋處 臺盤徹底乾"라고 하였다. 〔참고문헌〕『雲門廣錄』, 『宏智廣錄』. ⇨ 군자천리동풍 君子千里同風

천리만리 千里萬里 아득히 멀어 알 수 없는 경계를 일컫는 말. 천리만리 너머로 현격히 멀어진다는 뜻이다. 『벽암록』 65칙 「평창 評唱」(대정장48, p.195c10)에 "이 일은 기실 언구상에 있지 않고 또한 언구중을 떠나지도 못하니, 잠깐 생각하려 하는 즉시 곧장 천리만리로 멀어진다. 此事其實 不在言句上 亦不離言句中 若稍有擬議 則千里萬里去也", 『대혜어록』 권19 「시지통거사 示智通居士」(대정장47, p.893b22)에 "세간사를 배움에 마음 씀이 미치지 못하면 배움도 이루어지지 않지만 출세간법 익힌다 하면 그 마음 쓸 곳 없이 하는 것이니, 겨우 마음 쓰려 추구한 즉시 천리만리로 멀어져 어떻게 해볼 수 없게 된다. 비록 이와 같기는 하지만, 마음 쓸 것이 없는 곳, 모색할 것이 없는 곳, 힘을 붙일 일 없이 하는 것이야말로 바로 잘 힘쓰는 것이다. 學世間事 用心不到 則學不成 學出世間法 無爾用心處 纔擬用心推求 則千里萬里 沒交涉矣 雖然如是 無用心處 無摸𢱢處 無著力處 正好著力"라고 하였다. 〔참고문헌〕『碧巖錄』, 『大慧語錄』, 『宏智廣錄』 권6(대정장48, p.74b9).

천리미목 千里眉目 천리에 자랑거리가 될 만한 아름다움. 『선원청규』 권3 「서장 書狀」(卍속장111, p.894b10)에 "만약 언어가 점잖아서 쓰고 건냄에 법에도 맞으면, 천리에 자랑할 만한 아름다움이자 한 무리의 빛나는 광채이다. 若語言典重 式度如法 千里眉目 一衆光彩"라고 하였다. 〔참고문헌〕『禪苑淸規』.

천리암 泉利庵 전라북도 고창군 아산면 도솔산(兜率山)에 있던 암자. 선운사(禪雲寺)의 산내 암자였다. 1483년(성종14)에 작성된 「성화십구년계묘정월덕원군별원당선운산선운사중창산세사적형지안 成化十九年癸卯正月德源君別願堂禪雲山禪雲寺重創山勢事蹟形止案」의 기록에 백계치(白鷄峙)에서 서북쪽으로 5리 쯤 떨어진 곳에 있었다는 내용이 남아 있으나 자세한 위치와 연혁에 대해서는 알 수 없다. 〔참고문헌〕『韓國寺刹全書』 권하 p.1085b11. ⇨ 선운사 禪雲寺

천리추풍환득회 千里追風喚得回 천리를 바람처럼 달리다가도 부르면 문득 돌아온다. 『벽암록』 65칙 「평창 評唱」(대정장48, p.196b13)에 "(雪竇의 頌에서) '좋은 말 채찍그림자 엿본다는 말 생각해보자면, 천리를 바람처럼 달리다가도 부르면 돌아온다'고 하였으니, 이는 '바람처럼 달리는 말 채찍그림자를 보아 문득 천 리를 달리지만 돌아오라 하면 곧장 돌아온다'는 뜻이다. 因思良馬窺鞭影 千里追風喚得回 追風之馬 見鞭影而便過千里 教回卽回"라고 하였다. 〔참고문헌〕『碧巖錄』.

천리한매도암향 千里寒梅度暗香 천리 가득 한중 매화 은근한 향기 넘친다. 『종용록』 88칙 「송 頌」(대정장48, p.284b22)에 "푸른 바다 마르게 하고〈여전히 흰 파도가 하늘로 넘친다〉, 태허를 가득 채운다〈터럭과 실오라기 하나조차 보이진 않는다〉. 납승의 코는 길고〈천리 가득 한중 매화 은근한 향기 넘친다〉, 옛 부처님 혀끝은 짧으시다네〈한 자 진언마저 말하지 못한다〉. 滄海瀝乾〈依前白浪滔天〉 太虛充滿〈不見毫釐絲忽〉 衲僧鼻孔長〈千里寒梅度暗香〉 古佛舌頭短〈一字眞言道不滿〉"라고 하였다. 〔참고문헌〕『從容錄』.

천림사 千林寺 **1** 경상북도 안동시에 있던 절. 1608년(선조41)에 편찬된 『영가지』에 안기역(安奇驛) 북쪽 계곡의 서편에 있었으나 당시에는 이미 없다고 하였다.

〔참고문헌〕『永嘉誌』. ❷ 충청북도 충주시에 있던 절. 김구용(金九容 1338~1384)의 『척약재학음집』 권하에 「충주천림사여이찰방음주대취인수각이차작 忠州千林寺與李察訪飮酒大醉因睡覺而此作」라는 시가 전하고 있어 고려 말에 존재했던 절임을 알 수 있다. 〔참고문헌〕『惕若齋學吟集』(韓國文集叢刊6, p.29a10).

천림사 天林寺 평안남도 대동군 건지산(巾之山)에 있었던 사원. 『동국여지승람』 권51 평안도 평양부(平壤府) 불우에 수록되어 있어 조선 전기까지는 유지되었음을 알 수 있지만, 18세기 『여지도서』에는 폐사된 것으로 전한다. 『사탑고적고』에는 천림동(天林洞)의 서쪽 약 2백 칸의 땅을 차지하고 8척 정도의 5층석탑이 온전하게 남아 있고 흙으로 빚은 미륵불좌상도 있었고 온전한 6척 높이의 3단 돌담도 와편도 산재했었다고 하였다. 〔참고문헌〕『東國輿地勝覽』, 『輿地圖書』, 『寺塔古蹟攷』, 『韓國寺刹全書』 권하 p.1076a1.

천림사 泉林寺 경상북도 경주시 북천면 동천리에 있던 절. 『동경잡기』에도 사명(寺名)이 전하나 위치를 알 수 없다. 다만 『삼국사기』 권10 신라본기(新羅本紀) 헌덕왕(憲德王)에 "겨울 시월에 왕이 죽자 시호를 헌덕이라고 하고 천림사의 북쪽에 장사를 지냈다. 冬十月 王薨 謚曰憲德 葬于泉林寺北"는 기록이 남아 있어 위치를 추정할 뿐이다. 〔참고문헌〕『三國史記』, 『東京雜記』, 『韓國寺刹全書』 권하 p.1085b12 欄外, 『한국사지총람』 권하(문화재청·불교문화재연구소, 2010) p.127.

천마 天馬 하늘을 나는 말. 뛰어난 말인 준마(駿馬)의 미칭. 『조정사원』 권2(卍속장113, p.48b2)에 "천마는 천리구이다. 『한서』 「서역전」에 '대완국에 높은 산이 있는데 그곳에 사는 말이 있지만 잡을 수 없어 오색의 암컷 말을 잡아서 산 아래 놓아두자 두 마리 함께 해서 망아지를 낳았다. 태어난 망아지들은 모두 피땀을 흘렸기에 천마의 자식이라는 뜻에서 천마자라 불렀다. 말이 두 살이면 구라 한다. 天馬 乃千里駒也 漢書 西域傳云 大宛國有高山 其上有馬不可得 因取五色母馬 置其下 與集生駒 皆汗血 因號天馬子 馬二歲曰駒"라고 하였다. 〔참고문헌〕『祖庭事苑』. ⇨ 천리구 千里駒

천마 天魔 Ⓢ devaputra-māra, Ⓟ devaputta-māra, Ⓣ lha'i-bu'i-bdud. 사마(四魔) 중 하나로 천자마(天子魔)의 줄임말. 천마파순(天魔波旬 Ⓟ māra pāpimant)·파순 또는 자재천자마(自在天子魔) 곧 타화자재천마(他化自在天魔)라고도 한다. 정법을 가로막고 수행을 방해하며 지혜와 선근도 잃도록 한다. 『불지경론』 권1(대정장26, p.295b14)에 "천마는 욕계의 여섯 번째 자재천자를 말한다. 天魔者 謂欲界第六 自在天子", 『반야이취분술찬』 권1(대정장33, p.29c26)에 "혹은 십주의 여섯 번째 마음이라야 비로소 천마를 굴복시킨다. 이중에서야 영원히 생사를 여의고 삼계를 나오기에 천마를 굴복시킬 수 있다고 한다. 혹은 초지에 들어서야 바로 천마를 굴복시킨다고 한다. 或十住第六心 始伏天魔 是中永離生死出三界 故可伏天魔 或入初地 卽伏天魔"라고 하였다. 〔참고문헌〕『佛地經論』, 『般若理趣分述讚』, *Abh-k-bh.44.*, *Śrāv-bh.344.* ⇨ 천자마 天子魔, 사마 四魔 ❶, 사종대마 四種大魔, 삼마 三魔, 외마 外魔

천마구 天馬駒 하루에 천리를 달리는 뛰어난 말. 훗날 선문에서는 마조도일(馬祖道一) 또는 그 문하를 부르는 별명이 되었다. 『벽암록』 26칙 「송 頌」(대정장48, p.167a25)에 "조사의 영토 거침없이 달리는 천마구여!〈오백 년에 한 번 간혹 난다. 천 사람 만 사람 중에 한 명 있을까 말까 한다. 아들이 아비의 가업을 이었다〉. 祖域交馳天馬駒〈五百年一間生 千人萬人中有一箇半箇 子承父業〉", 같은 책 26칙 「평창 評唱」(대정장48, p.167a29)에 "천마구는 하루에 천리를 간다. 종횡으로 달려서 그 달리는 것이 마치 나는 듯하기에 천마구라고 한다. 설두 송하길 백장이 조사의 영토중에 동쪽으로 달려 서쪽 향하고 서쪽 달려 동을 향하면서 한 번은 오고 한 번은 가길 일곱 여덟이나 가로지름에 조금도 걸림이 없는 것이 마치 천마구처럼 능히 잘도 이리저리 뛰어다닌다고 하였다. 비로소 자유처를 보았으니, 이것이야말로 참으로 저 마조의 대기대용을 얻었음이다. 天馬駒日行千里 橫行竪走 奔驟如飛 方名天馬駒 雪竇頌百丈於祖域之中 東走向西 西走向東 一來一往 七縱八橫 殊無少礙 如天馬駒相似 善能交馳 方見自由處 這箇自是得他馬祖大機大用", 『조정사원』 권2(卍속장113, p.48a18)에 "천마구 : 천마구는 마대사를 가리킨다. 선사의 법휘는 도일이고 한주 십방 출신이다. 속성은 마씨다. (般若多羅) 조사가 예언을 남기기를 '훗날 망아지 한 마리가 나와서 천하 사람들을 짓밟아 죽일 것이다'라고 하였으니, 도일이 그 예언과 들어맞았기에 사람들이 모두 '마조'라고 불렀다. 천마는 곧 천리마이다. 『한서』 「서역전」에서 '대완국에 높은 산이 있는데, 그 위에 말이 있지만 잡을 수가 없었다. 이에 다섯 빛깔 털을 가진 어미 말을 구하여 그 아래에 두었더니 교접하여 망아지들을 낳았는데 모두 피땀을 흘렸다. 그로 인하여 천마자라고 불렀다. 말이 두 살이 되면 구라고 한다. 대완국의 완은 평성으로 발음한다. 天馬駒 天馬駒 指馬大師也 師諱道一 漢州什仿人 姓馬氏 以祖師遺讖云 向後出一馬駒子 踏殺天下人去在 以師適當其讖 人皆呼爲馬祖 天馬 乃千里駒也 漢書西域傳云 大宛國有高山 其上有馬不可得 因取五色母馬置其下 與集生駒 皆汗血 因號天馬子 馬二歲曰駒 宛 平聲呼"라고 하였다. 〔참고문헌]『碧巖錄』, 『祖庭事苑』, 『大慧語錄』 권10「頌古」(대정장47, p.856a8). ⇨ 마조도일 馬祖道一

천마산관음사중건비문 天磨山觀音寺重建碑文 조선후기 화원거사(花園居士)가 지은 개성 관음사 중건불사를 새긴 비. 『조선사찰사료』 권상 pp.12~14에 수록되었다. 1646년(인조24) 시작하여 1660년(현종1) 3월에 마치고 5월에 회향한 기록이다. 비문에 "눈썹에 서리내린 노납이 개탄하며 서로 의논하길 '… 이 절의 흥폐 불교의 성쇠와 관계되므로 마땅히 다시 건립해서 결코 폐사되지 않게 해야 한다'라 하고는 드디어 널리 부처님의 일을 펼쳤다. … 이 해(1660) 3월에 불사를 마치고 … 순치 17년(1660) 5월에 비를 세웠다. 雪眉雲衲 慨然相謂曰 … 況此寺之興廢係佛氏之盛衰 固當復建而決不可廢也明矣 遂乃廣張佛功矣 … 是年三月鳩工告訖 … 順治十七年夏五月日立"라고 하였다. [참고문헌]『朝鮮寺刹史料』. ⇨ 관음사 觀音寺 8, 관음굴 觀音窟 2

천마산사 天磨山寺 위치는 알 수 없다. 『고려사』 권45 세가(世家) 공양왕 2년(1390) 10월 27일에 "윤수태라는 사람은 나이가 96세에 이르는데 … 30세가 안되었을 때 왼쪽 다리가 좋지 않아서 하루는 천마산사의 약사부처님전에 맹세하기를 '부처님께서 만약 제 병을 고쳐주신다면 불전을 짓겠습니다.'라고 하였더니 꿈에 한 스님이 말하길 '너의 병이 치료된다면 능히 불전을 짓겠는가?'하고 꿈에서 깨니 병이 이미 나았습니다. 마침내 불전을 지어 삼매참법석을 설치하여 낙성식을 열었고, 이와 같이 장수를 얻었습니다. 今有尹壽台者 年至九十六 … 年未三十左脚不仁 一日往天磨山寺藥師前 誓曰 '佛若愈吾疾 爲作佛殿' 夢一僧曰 '汝病可療 能作佛殿乎' 夢覺病卽愈 遂作佛殿 設三昧懺法席以落之 故得壽如此"라는 내용을 듣고 왕이 중궁(中宮)을 위해 약사법석(藥師法席)을 열고 병이 나았다는 내용이 있다. 『세조실록』 권24 7년(1461) 4월 4일에 "교서관 노비 금음동과 양현고의 노비 백동이 양인 소근우 등 3인과 함께 천마산사의 불경 400여권을 도둑질하다가 산지기에게 걸려 사로잡혔다. 校書館奴今音同 養賢庫奴白同與良人小斤牛等三人 盜天磨山寺佛經四百餘卷 見捕於山直"라고 하였다. [참고문헌]『高麗史』, 『世祖實錄』.

천마외도 天魔外道 천마와 외도를 아울러 부르는 말. 불도수행을 장애하고 정법(正法)에 정면으로 배치되는 것들이기에 한 쌍으로 묶어서 부른다. 『대반야경』 권528(대정장7, p.712c12)에 "만약 보살마하살이 무소득의 깊고 깊은 반야바라밀다를 능히 행한다면 천마와 외도도 능히 파괴할 수 없으리라. 若菩薩摩訶薩 能行無所得 甚深般若波羅蜜多 天魔外道 不能破壞", 『금강반야소』 권1(대정장33, p.89a28)에 "또한 마치 금강보 있는 곳에는 악귀와 모든 독충이 흩어지듯이 반야도 그러하여 있는 곳마다에는 천마와 외도 그리고 악귀가 그 틈을 얻지 못한다. 復次 如金剛寶 所在之處 能銷惡鬼 及諸蠱毒 般若亦爾 所在之處 天魔外道惡鬼 不能得其便", 『수습지관좌선법요』(대정장46, p.466c22)에 "그때 마땅히 마음을 하나로 결정하여 수행하여 그쳐 관하면 마음 저 금강 같아 천마와 외도도 능히 허물어뜨리지 못한다. 爾時應當 一心決定 修行止觀 心如金剛 天魔外道 不能沮壞", 『완릉록』(대정장48, p.386b21)에 "설령 그대가 널리 배우고 부지런히 고행하며 나무껍질을 먹고 풀로 엮은 옷을 입더라도 자기 마음 알지 못하면 모두가 삿된 행이라 부를 것이고 모조리 천마나 외도나 물과 뭍의 잡다한 귀신이 될 것이니 마땅히 무슨 이익이 있겠는가! 縱爾廣學 勤苦修行 木食草衣 不識自心 皆名邪行 盡作天魔外道 水陸諸神 如此修行 當復何益", 『수심결』(대정장48, p.1009b13・한불전4, p.714a10)에 "말로 할 수 있는 길 끊어지고 마음 행하는 곳에서도 자취 없으니 천마외도 훼방하려 해도 파고들 문이 없다. 言語道斷 心行處滅故 天魔外道 毁謗無門"라고 하였다. [참고문헌]『大般若經』, 『金剛般若疏』, 『修習止觀坐禪法要』, 『宛陵錄』, 『修心訣』. ⇨ 천마 天魔, 외도 外道

천마파순 天魔波旬 Ⓢ māraḥ pāpīyas, Ⓟ māra pāpimant. 석존의 수행을 방해한 대표적인 마구니. 천마는 욕계 제6천인 타화자재천(他化自在天)의 마왕(魔王)이며 파순은 그 이름이다. 국토마다 출현하신 부처님들에게는 항상 그 수행을 방해하는 서로 다른 마구니가 출현한다. 파순은 석가모니불이 세상에 출현하셨을 때의 마왕으로 한량없는 권속을 거느리고 갖가지로 불도를 장애하였다. 석존의 정법(正法)은 하늘(天)을 섬기던 무리들에게 가장 큰 저항이 되었다. 불법도량에 들어온 하늘들은 정법에 저항하는 파순(波旬)으로 또는 법을 청하고(梵天勸請), 옹호하는 천중(天衆)등으로 모습을 드러낸다. 『일체경음의』 권23(대정장54, p.449c23)에 "천마파순〈온전한 음사어는 '제바마라파비'이다. 제바는 천이라 한역하고, 마라는 장애라는 뜻이며, 파비는 죄악을 뜻한다. 이 무리는 보로 천궁에 나지만 그 성품은 사람들에게 즐겨 권하니 악을 짓고 선에서 물러나도록 해서 그 굴레에서 벗어나지 못하도록 한다〉. 天魔波旬〈具云 提婆魔囉播裨 言提婆者 此云天也 磨囉 障导也 播裨 罪惡也 謂此類報生天宮 性好勸人 造惡退善 令不得出離故也〉", 40권본 『대반열반경』 권11(대정장12, p.432a25)에 "보살이 이와 같이 출가하고자 했을 때 천마파순은 매우 괴로워하며 '이 보살이 또 언젠가는 나와 더불어 큰 전쟁을 벌이게 될 것이다'라고 생각했다. 菩薩如是 欲出家時 天魔波旬 生大苦惱 言是菩薩 復當與我 興大戰諍", 『사십이장경주』(卍속장59, p.7

4b1)에 "부처님께서 처음으로 도를 이루자 천마파순이 옥녀로 요란하였다. 佛初成道 天魔波旬 以玉女嬈亂耳", 『잡아함경』 권9(대정장2, p.59a5)에 "그때 천마파순은 이렇게 생각했다. '사문 구담이 이른 아침에 가사를 입고 발우를 지니고서 왕사성에 들어가 걸식을 하고 있으니 나도 지금 당장에 가서 도에 대한 마음을 어지럽히리라'. 爾時 天魔波旬作是念 沙門瞿曇 晨朝著衣持鉢 入王舍城乞食 我今當往 亂其道意"라고 하였다. [참고문헌] 『一切經音義』, 『大般涅槃經』, 『四十二章經註』, 『雜阿含經』, *Vikī-n.38.*, *SN.1.67.* ⇨ 천 天, 천마 天魔, 파순 波旬, 범천권청 梵天勸請, 천신 天神

천만권 泉萬卷 장산법천(蔣山法泉)의 별명. 『석씨계고략』 권4(대정장49, p.873b6)에 "어려서 출가하여 온갖 서책을 널리 보았다. 눈이 지나가기만 해도 외웠기에 아호가 천만 권이다. 幼歲出家 群書博覽 過目成誦 雅號泉萬卷"라고 하였다. [참고문헌] 『釋氏稽古略』, 『雲臥紀談』 권하(卍속장148, p.43a6). ⇨ 법천 法泉

천망 天網 하늘에 드리워진 그물. 천도(天道)의 비유다. 『노자 老子』에 나오는 말로 범망(梵網)에 비견한다. 『보살계본소』 권상(대정장40, p.660c18・한불전2, p.258b9)에 "비록 거듭 일 따라 경중의 많은 조가 있으나 청정한 계라면 끝내 한 길로 돌아간다. 그러기에 비유로써 범망이라 이름한다. 또 계로 범행을 삼음이며 또한 법의 그물이기에 '범망'이라 한다. 저 『노자』에 '하늘망 널찍널찍 성긴 듯 하지만 샐 틈 없다' 하는 것처럼 계법 또한 그러하니, 모든 중생을 거두어 생사로 빠뜨리지 않는다. 雖復隨事 輕重多條 淸淨尸羅 終歸一道 是故從喩名曰梵網 又戒爲梵行 亦是法網 故云梵網 如云 天網恢恢 疎而不漏 戒法亦爾 攝諸衆生 不漏生死故", 『운문광록』 권중(대정장47, p.566c16)에 "하루는 운문이 말하였다. '천망 펼쳐 용 잡고, 실그물 덮어 새우와 바지락을 잡아올린다. 그대들이 말해보라. 소라와 가리비는 어디에 떨어져 있을까?' 대신 말하였다. '눈 갖추라'. 一日云 布幔天網打龍 布絲網撈鰕攏蜆 爾道 螺蚌落在什麽處 代云 具眼"라고 하였다. [참고문헌] 『菩薩戒本疏』, 『雲門廣錄』, 『釋摩訶衍論』 권4(대정장32, p.625a23).

천망 薦亡 죽음을 들어 옮기다. 망자를 위해 법문하여 죽음을 들어 올려 자유롭게 하다. 망자를 위한 상당설법을 천망상당이라 하고, 시아귀회(施餓鬼會)를 실행하는 의식은 천망시아귀라 하며, 그 참회법은 천망참법(薦亡懺法)이라 한다. 『선림소어고증』 권4(卍속장112, p.878b13)에 "천망 : 죄의 바탕 본래 공이라 관하면 바다 기울여 마르게 해서 황금의 땅 되리라. … 깨우쳐 오면 깨끗한 나라 되거늘 어찌 정토로 가는 배 애써 들려 하는가? 薦亡 觀罪性之本空 抒乾大海成金地 … 悟來成淨國 安庸入淨之舟", 『열조제강록』 권20(卍속장112, p.492b6)에 "고봉묘선사의 천망상당 : 우리법중에 와서는 범부와 성인을 말하지 않는다. … 분명하게 황금골 한 번 마주하였으니, 전단에 새긴 부처 필요 없다. 高峰妙禪師 薦亡上堂 入我法中 不論凡聖 … 分明一對黃金骨 不必旃檀入細雕"라고 하였다. [참고문헌] 『禪林疏語考證』, 『列祖提綱錄』. ⇨ 천도재 薦度齋

천망번 薦亡旛 명과번(命過幡)을 말한다. 목숨을 마친 영가를 위해 깃대 위에 황색 깃발을 달아 복덕을 빈다. 『선림상기전』 권28 「번 旛」(대장경보편19, p.768a13)에 "『석문정통』에 이르길 황백번자, 『석씨유원』에 이르길 천망황번자라고 하였다. 『관정경』에 이르길, 네 무리의 남녀가 목숨을 마칠 때, 또는 목숨을 마친 그 죽음의 날에 황색기를 만들어 저 찰간 위에 걸어 복덕을 얻게 해야 하니, 팔난의 고통 여의고 시방제불정토에 날 수 있으리. 이 번개 공양하면 마음에 바라는 대로 보리를 성취하리. 이 깃발 바람 따라 돈즉 남김없이 부셔서 미진이 되리니 그 또한 무량하리. 釋門正統云 黃白旛者 釋氏類苑云 或薦亡黃旛者 灌頂經云 若四輩男女 若命終時 若已命過 於其亡日 造作黃旛 懸著刹上 使獲福德 離八難苦 得生十方諸佛淨土 旛蓋供養 隨心所願 至成菩提 旛隨風轉 破碎都盡 至成微塵 其福無量"라고 하였다. [참고문헌] 『禪林象器箋』, 『釋門正統』 권4(卍속장130, p.809a13), 『灌頂經』 권11(대정장21, p.529c18), 『釋氏要覽』 권하(대정장54, p.305c9). ⇨ 천망 薦亡, 명과번 命過幡, 속명신번 續命神幡

천매 賤賣 싼 값에 팔다. 방편을 쓴다는 뜻이다. 귀매(貴買)와 맞선다. 『경덕전등록』 권29 「양보지화상대승찬십수 梁寶誌和尙大乘讚十首」(대정장51, p.449c8)에 "해탈하여 소요자재해서 가는 곳마다에서 싸게 팔아 바람 일으키네. 누가 마음 내어 사는가? 또한 나처럼 걱정 없음 얻으리. 解脫逍遙自在 隨方賤賣風流 誰是發心買者 亦得似我無憂", 『오조법연어록』 권하(대정장47, p.665b21)에 "오조가 법좌에 올라 말하였다. '싸게 팔 줄 아는 담판한이 삼 서 근을 저울에 매다네. 백년 천년 묵혀둔 물건을 어디에서 통째로 드러낼까?' 上堂云 賤賣擔板漢 貼稱麻三斤 百千年滯貨 何處著渾身"라고 하였다. [참고문헌] 『景德傳燈錄』, 『五祖法演語錄』, 『禪林寶訓』 권3(대정장48, p.1029c28). ⇨ 귀매천매 貴買賤賣

천명 天命 하늘이 내린 목숨. 대명(大命)이라고도 한다. 『심진문집』 권5(대정장52, p.671c12)에 "천명이란 하늘이 심은 바이고, 인명이란 사람으로서 거둔 것이다. … 천명을 얻은 이는 정통이라 이르고, 인도를 폐한 이는 인륜을 어지럽혔다고 이른다. … 천명이란 대명이다. 天命者 天之所鍾也 人命者 人之所授也 … 得天命者 謂之正統也 廢人道者 謂之亂倫也 … 天命者 大命也"라고 하였다. [참고문헌]『鐔津文集』. ⇨ 대명 大命[2]

천모 天母 ❶ 부처님의 어머니. 『장아함경』 권1 「대본경 大本經」(대정장1, p.4b15)에 "(毘婆尸菩薩이 어머니 옆구리로 나실 때) 보살의 어머니 손으로 나뭇가지를 잡고 앉지도 않고 눕지도 않으셨다. 이때 네 명의 천자가 손으로 향수를 받들고 보살의 어머니 앞에 선 채로 말씀드렸다. 「그렇습니다. 천모시여, 막 성자를 낳으셨으니 근심하지 마십시오」. 時 菩薩母 手攀樹枝 不坐不臥 時四天子 手奉香水 於母前立言 唯然 天母 今生聖子 勿懷憂慼"라고 하였다. [참고문헌]『長阿含經』. ❷ 천상세계의 어머니. ❸ 귀자모신(鬼子母神)의 한역 이름 중 하나. ⇨ 귀자모신 鬼子母神

천목 千目 Ⓟ Sahassakkha, Sahassa-cakkhu, Sahassa-netta, Sahassa-locana. 천 개의 눈을 갖다. 제석천(帝釋天)의 별명. 천안(千眼)이라고도 한다. 『불본행집경』 권15 「노봉사시품 路逢死屍品」(대정장3, p.723c19)에 "무량겁해공덕행으로 태자 목숨 마치는 이들 보았네. 마음이 크게 슬퍼 근심 품음에 궁에 와서도 죽음만을 생각했다. 오래된 이 성의 궁전 아름답고 태자도 나이 차서 극히 단엄하였네. 오욕을 마음껏 누려 심히 스스로 즐거워 마치 천목의 환희원에 있는 듯 하였다네. 無量劫海功德行 太子以見命終人 心大悵怏懷憂愁 還入宮內思當死 昔置此城宮殿妙 太子年盛極端嚴 五欲稱心甚自娛 猶在千目歡喜苑", 『불본행경』 권3 「항마품 降魔品」(대정장4, p.77a9)에 "서른두 개의 머리에 이름은 아락이니 천제석이 타는 코끼리네. 몸을 화하여 천 개의 눈과 구슬 갑옷 입으니 손에는 금강천릉저를 쥐었네. 三十二頭名阿樂 是天帝釋所乘象 化身千目被珠鎧 手執金剛千楞杵", 『잡아함경』 권40(대정장2, p.291a15 : *Deva-sutta*, *SN.1*, p.229)에 "저 석제환인 본디 사람이었을 때 총명하고 지혜로워 한 번 앉는 사이에 천 가지 뜻을 사유하며 관찰하고 헤아렸다. 이런 인연으로 저 천제석을 거듭 천안이라 부른다. 彼釋提桓因 本爲人時 聰明智慧 於一坐間 思千種義 觀察稱量 以是因緣 彼天帝釋復名千眼 sakko bhikkhave devānam indo sahassam pi atthānam muhuttena cinteti. tasmā sahassakkho ti vuccati"라고 하였다. [참고문헌]『佛本行集經』, 『佛本行經』, 『雜阿含經』, 『大日經疏』 권1(대정장39, p.579b15), *SN.* ⇨ 제석천 帝釋天

천목 天目 하늘 눈. 두 눈 외에 그 사이 미간에 있는 제3의 눈. 일심삼관(一心三觀)이나 이자(伊字 ∴)를 설명하는 데 비유로 활용한다. 『인왕호국반야경소』 권1(대정장33, p.254a7)에 "만약 색이 공이고 공이 색임을 관하면 둘이 아니되 둘이고, 둘이면서 둘이 없다. 함께 비추거나 모두 잊으면 이는 실상의 일심삼관이요 삼관일심이다. 마치 저 천목이 종만도 횡만도 아니어서 자재를 얻음과 같으니, 이는 원교에서 마음을 관하는 인왕이다. 若觀色空空色 不二而二 二而無二 雙照雙亡 此是實相 一心三觀 三觀一心 如彼天目 不縱不橫 而得自在 此圓教觀心仁王也", 『화엄경소초』 권80(대정장36, p.632a4)에 "서방의 이자(∴)는 두 점이 위에 있다. 그러나 천목의 비유는 두 눈이 아니어서 한 눈이 위에 있다. 여래께서는 사람들이 잘못 이해할까 걱정하시어 천목으로써 변화시켜 이자를 비유하셨다. … 서방의 이자는 세 눈 가운데 한 눈이고 마땅히 미간에 있다. 西方伊字 二點在上 天目之喩 不可二目 在一目上 如來恐人 誤作此解 故以天目 轉喩伊字 … 此西方伊字 三目之一 當於眉間"라고 하였다. [참고문헌]『仁王護國般若經疏』, 『華嚴經疏鈔』. ⇨ 천주삼목 天主三目, 이자 伊字

천목산 天目山 중국 절강성(浙江省) 항주시(杭州市) 임안구(臨安區) 서북쪽으로 안휘성(安徽省)과 접경지대에 있는 산. 옛날에는 부옥산(浮玉山)이라 하였으며, 동천목(東天目)과 서천목(西天目)의 양목이 있다. 본 산은 옛날부터 저명한 불상과 도승지(道勝地)가 많아 사찰과 도관((道觀)이 매우 많았는데, 비교적 유명한 곳으로는 동천목산의 소명선사(昭明禪寺)가 있고, 서천목산의 선원사(禪源寺)·사자정종선사(獅子正宗禪寺)·대각정선사(大覺正禪寺) 등이 있다. 『송고승전』 「석명각전 釋明覺傳」(대정장50,p.774b29)에 "원화 15년(820)에 명각선사는 속세의 시끄러움을 피해 천목산에 은거하였다. 이 산은 빼어나서 그 터에 네 개의 군이 깃들어있다. 위아래로 용담이 있었는데 그 깊이를 헤아릴 수 없었다. 元和十五年 避嫌遠囂 隱天目山 是山也 特秀基墟 跨涉四郡 有上下龍潭 深不可測"라고 하였다. [참고문헌]『宋高僧傳』, 『釋鑑稽古略續集』 권1(대정장49, p.905a12), 『天目中峰廣錄』 권30(대장경보편25, p.980a10), 『大清一統志』 권216, 『天目山名勝志』. ⇨ 대각사 大覺寺[5], 소명선사 昭明禪寺, 사자정종선사 獅子正宗禪寺

천목주 天目珠 Ⓢ rudrākṣa, rudrākṣa mālā. 수행자가 지니는 길상구 중 하나. 『금칠십론』 권하(대정장54, p.1257b8)에 "모든 출가자들의 수행도구에는 네 가지가 있다. 즉 삼장·조관·가사·길상이다. 길상에 다시 다섯 가지니, … 둘째는 천목주이다. 一切出家行道具 具有四種 謂三杖 澡灌 袈裟 吉祥等 吉祥有五 … 二 天目珠"라고 하였다. [참고문헌]『金七十論』. ⇨ 오로날라차 嗚嚕捺囉叉, 삼루영신 三縷纓身

천묘 天廟 Ⓢdeva-kula, devatā-āyatana, Ⓣlha'i-gnas. 하늘을 모시는 사당. 『방광대장엄경』 권4 「입천사품 入天祠品」(대정장3, p.558a10)에 "그때 석종의 기구들이 수단왕의 처소로 와서 아뢰었다. '대왕이시여, 이제 태자를 데리고 천묘에 알리고서 늘 길하기를 비는 것이 좋겠습니다'. 是時釋種耆舊 詣輸檀王所 白言 大王 今者可將太子 謁於天廟 以祈終吉", 36권본 『대반열반경』 권14(대정장12, p.694a14)에 "저 부처님께서 처음 태어나 천묘에 들었을 때 저 하늘모습한 이들이 일어나 예경 드리도록 하였다 하였는데, 이러는 등의 경을 미증유경이라 한다. 如佛初生 入天廟時 令彼天像 起下禮敬 如是等經 名未曾有經", 『범어잡명』(대정장54, p.1233a9)에 "천묘는 '니박구라'라고 음사한다. 天廟 泥縛矩羅" 라고 하였다. [참고문헌] 『方廣大莊嚴經』, 『大般涅槃經』, 『梵語雜名』, *Yogā-bh.186.* ⇨ 사당 祠堂

천무일실 千無一失 천이라 해도 한 명도 놓치지 않는다. 아미타불을 전념하여 닦으면(專修) 누구든지 정토에 난다는 뜻. 『석정토군의론』 권4(대정장47, p.50c17)에 "여러 가지 섞어 닦은 이 만 명 중에 한 명도 나지 못하지만, 전념하여 닦은 이는 천 중에 한 명도 놓치지 않는다. 雜修之者 萬不一生 專修之人 千無一失"라고 하였다. [참고문헌] 『釋淨土群疑論』. ⇨ 전수 專修

천묵 天默 조선후기 스님. 법호는 춘계(春溪). 『동사열전』 권4 「연파강사전 蓮坡講師傳」(한불전10, p.1033a7)에 "법명은 혜장이고 호는 연파인데, 또는 아암이라고도 한다. 설봉의 증손제자이고 송파의 손제자이며 정암의 상좌이다. … 탑명에 … 대둔사에 출가하였다. 월송재관에게 구족계를 받았고 춘계천묵을 따라 공부하였다. 천묵은 외전을 두루 꿰뚫었는데, 아암은 지혜가 도반 중에서 놀랄만 하였으므로, 공부한 지 수년 만에 이름이 승가에 자자하였다. 師名惠藏 號蓮坡 又曰兒庵 雪峯之曾孫 松坡爲孫 晶岩之嗣 … 塔銘曰 … 落髮於大芚寺 受月松再觀具 從春溪天默學 天默淹貫外典 而兒庵警慧出衆 學之數年 名噪緇林"고 하였다. 같은 책 권2 「청허존자전 淸虛尊者傳」(한불전10, p.1014c1)에 "대사 입적 후 185년인 건륭 무신년, 우리 정종대왕 12년(1788)에 대둔사 사승 계홍과 천묵이 임금에게 품은 바를 장문으로 보냈다. 이에 임금이 사당 건립을 명하였고 표충이라 사액하였다. 師入寂後 一百八十五年 乾隆戊申 我正宗大王十二年 寺僧戒洪天默 抱狀籲天 爰命立祠 賜額表忠"고 하였다. [참고문헌] 『東師列傳』.

천문 天文 Ⓢjyotiṣa, Ⓟjyotisā, Ⓣskar-mkhan. 하늘의 움직임을 아는 것. 또는 이것에 의지해 길흉 등을 점치는 일. 『장아함경』 권13 「아마주경 阿摩晝經」(대정장1, p.84b28)에 "마납이여, 저 다른 사문바라문들은 다른 이의 신시로 살아가면서 차도법을 행하고, 삿되게 목숨 위해 살아간다. 때론 물과 불에 빌고, 때론 귀신의 주문을 외우고, 때론 찰리주문을, 새의 주문을, 지절주를, 안택부적주를, 또는 불로 태운 쥐를 씹기도 해서 저주를 풀고, 별나게 죽고 사는 글을 외우고, 꿈해몽하는 일 하고 관상손금보고, 천문의 글을 외우며 일체 소리로 된 모든 글도 외운다. 나의 법에 든 이들은 이런 일 해서는 안 된다. 摩納 如餘沙門婆羅門食他信施 行遮道法 邪命自活 或呪水火 或爲鬼呪 或誦剎利呪 或誦鳥呪 或支節呪 或是安宅符呪 或火燒鼠嚙能爲解呪 或誦別死生書 或讀夢書 或相手面 或誦天文書 或誦一切音書 入我法者 無如是事", 『잡아함경』 권2(대정장2, p.13a20)에 "'구담이시여, 제게는 나이 어린 제자가 있는데, 천문과 족성을 알아 여러 대중을 위해서 길흉을 점쳤는데 있을 것이라 하면 반드시 있고, 없을 것이라 하면 반드시 없으며, 이루어진다 하면 반드시 이루어지고, 무너지리라 하면 반드시 무너집니다. 구담이시여, 어떻게 생각하십니까?' … 부처님께서 바라문에게 말씀하셨다. '어떻게 생각하는가? 자못 색으로 있게 된 것 영원히 머문다 한들 100세일 뿐인데, 다른 것으로 나고 다른 것으로 사라지더냐? 수상행식 상주하여 백세라 한들 다르게 나거나 다른 것으로 사라지더냐?' 답하길 '그렇습니다' 부처님께서 다시 바라문에게 말씀하시길 '그대 어린 제자가 있어 천문 족성 알아 대중에게 설하길 이루어진 것 무너질 일 없다 하니, 달라지지 않는 것 아님을 알거나 본적 있는가?' '그렇습니다'. 瞿曇 我有年少弟子 知天文 族姓 爲諸大衆 占相吉凶 言有必有 言無必無 言成必成 言壞必壞 瞿曇 於意云何 … 佛告婆羅門 於意云何 頗有色常住百歲耶 爲異生異滅耶 受想行識常住百歲耶 異生異滅耶 答曰 如是世尊 佛告婆羅門 於意云何 汝年少弟子知天文族姓 爲大衆說 成者不壞 知見非不異耶 答曰 如是世尊" 라고 하였다. [참고문헌] 『長阿含經』, 『雜阿含經』, 『大莊嚴論經』 권11(대정장4, p.317a23), 『大乘入楞伽經』 권7(대정장16, p.639a19), *Laṅk.366.*, *Mil.1.178.* ⇨ 차도법 遮道法❶❷, 천문도상 天文圖像

천문갑사 天門岬寺 경상북도 청도군에 있었던 절. 운문사(雲門寺)의 기원이 되는 5개 갑사 중의 하나다. 560년(진흥왕21)에 한 도승(道僧)이 작은 암자를 만들어 3년간 선정을 닦음을 시작으로, 도반 십여 명과 7년 동안 시주를 모아 5개 갑사를 창건하였다. 『운문사지』 「경상도청도군동호거산운문사사적 慶尙道淸道郡東虎踞山雲門寺事蹟」에 "5개의 사찰이 하나가 되었다. 지금 사원의 동쪽 9천 보 쯤에 가슬갑사가 있고, 남쪽 7리쯤에 천문갑사가 있고, 서쪽 10리쯤에 대비갑사가 있고, 북쪽 8리쯤에 보갑사가 있고, 가운데에 대갑작사가 있으니 지금의 운문사가 이것이다. 五刹者一 今寺之東九千步許 有嘉瑟岬寺 南七里許 有天門岬寺 西十里許 有大悲岬寺 北八里許 有所宝岬寺 中有大岬鵲寺 今雲門是也"라고 하였다. 『삼국유사』 권4(대정장39, p.1003b06 · 한불전6, p.343b1) 의해(義解)5 「보양이목 寶壤梨木」에 "신라 이래 (청도)군의 사원으로 작갑사 이하의 중소 사원은 삼한이 어지러이 망하는 사이에 대작갑 · 소작갑 · 소보갑 · 천문갑 · 가서갑 등 다섯 갑사가 모두 없어지고 무너졌다. 다섯 갑사의 기둥은 모두 대작갑사에 있다. 羅代已來 當郡寺院 鵲岬已下 中小寺院 三韓亂亡間 大鵲岬小鵲岬所寶岬天門岬嘉西岬等 五岬皆亡壞 五岬柱合在大鵲岬"라고 하였다. 〔참고문헌〕『三國遺事』, 『雲門寺志』(亞細亞文化社, 1977) p.7, 『韓國寺刹全書』 권하 p.1076a19. ⇨ 운문사 雲門寺 ❶

천문도상 天文圖像 천문을 밀교에 의지해 도상화함. 고대로부터 축적된 천문학적 지식과 상상력이 대일여래를 중심으로 우주삼라만상을 이해하는 도식인 태장만다라에 섭수되어 신격화한 별과 별자리들이 만다라 최외원(最外院)에 배치되었는데, 그 위치와 형태는 거듭 변천했다. 밀교 만다라의 세계는 메소포타미아의 천문학과 인도 · 중국 · 이집트 · 바빌론 등에서 관측된 천문지식을 받아들여서 불교사상을 중심으로 이해된 현실적 우주관이다. 밀교는 인도에서 시작되었지만 다양한 문화의 천문지식을 수용하였고, 동아시아에서 거듭 발전하면서 다양한 형태로 별자리와 그에 관련한 인간의 설화들이 결합되었다. 7세기 중반 인도에서 성립한 『대일경』의 태장만다라에서는 우주를 포함한 모든 존재에게 지혜와 행복을 주는 허공장보살과 태양을 신격화한 일천(日天)과 달을 신격화한 월천(月天)만이 등장하였지만, 선무외(善無畏)삼장의 아사리소전만다라(阿闍利所傳蔓茶羅)와 『섭대궤 攝大軌』 · 『광대궤 廣大軌』에서는 황도십이궁(黃道十二宮) · 이십팔수(二十八宿) · 계도(計都) · 라후(羅睺) 등의 성신(星辰)들도 등장하게 되었다. 또한 동아시아의 음양오행사상과 점성술의 영향을 받아 북극성 및 북두칠성에 관한 신앙과도 결합하게 되면서 인도밀교에서는 보이지 않던 북두만다라 등이 등장하였고, 북두성을 비롯한 제존(諸尊)을 공양하기 위한 별존만다라(別尊曼荼羅)가 따로 그려지고 공양되었다. 중국의 역법은 처음에는 태음력이었지만 계절과 날짜의 오차를 수정하기 위해 태양력과 조합한 태음태양력을 사용하였고, 이 과정에서 10간 12지를 조합한 60간지가 활용되었다. 당나라 때 일행(一行)은 칙명을 받아 729년에 대연력(大衍曆)을 작성하였는데, 밀교에서는 작법을 시작하는 날을 결정하기 위해 천문지식이 필요하였고 밀교의 아사리들은 실질적인 천문지식을 갖추고 있었다. 일행 이후에 작성된 만다라에서는 황도십이궁 · 구요(九曜) · 이십팔수 등 별자리의 위치가 상징적인 배치에서 천문학적 방위로 변화한다. 성좌의 구체적인 내용을 보면 다음과 같다. 〔**황도십이궁 黃道十二宮**〕 태양이 1년 동안 지나는 자리를 12등분 하여 각각의 성좌에 이름을 붙인 것으로 염소자리(摩竭宮) · 물병자리(寶甁宮) · 물고기자리(雙魚宮) · 양자리(白羊宮) · 황소자리(金牛宮) · 쌍둥이자리(雙子宮 · 夫婦宮) · 게자리(巨蟹宮) · 사자자리(獅子宮) · 처녀자리(處女宮) · 천칭자리(天秤宮) · 전갈자리(天蝎宮) · 궁수자리(人馬宮)라 하였다. 구요는 낮을 지배하는 태양(日), 밤을 지배하는 달(月), 황도십이궁 주변에 자리하는 화성(火星) · 수성(水星) · 목성(木星) · 금성(金星) · 토성(土星), 긴 꼬리를 끌고 갑자기 등장하는 혜성인 계도(計都), 일식 · 월식을 신격화한 라후(羅睺)를 가리킨다. 구요에서 계도와 라후를 제외하면 칠요(七曜)라고 부르는데 인도에서 특히 중시되었다. 〔**이십팔수 二十八宿**〕 달이 차고 지는 1개월의 주기 동안 달이 지나는 길〔白道〕에 있는 성좌(星座) 각각을 신격화한 것이다. 묘(昴 Ⓢ Kṛtiikā)는 6개의 별로서 플레이아데스 성단에 해당하고 신격은 화신(火神 Ⓢ Agni)이다. 필(畢 Ⓢ Rohiṇī)은 수레 모양을 닮은 5개의 별로서 로히니의 수레로 불린다. 프라자파티가 그 신격이다. 자(觜 Ⓢ Mṛgaśīrṣa)는 3개의 별로서 사슴의 머리를 닮은 모양이며 달의 신(Soma)이다. 삼(參 Ⓢ Ādrā)은 오리온 자리 중앙의 허리띠에 해당하는 별에서 유래하며 정주(頂珠) 모양으로 형상화되고 루드라(Rudra)로 신격화 된다. 정(井 Ⓢ Punarvasu)은 2개의 별로서 사람의 발걸음으로 형상화되고 신격은 태양신인 아디티(Aditi)다. 귀(鬼 Ⓢ Puṣya)는 3개의 별로서 물병 모양이며 신격은 브리하스파티(Bṛhaspati)다. 유(柳 Ⓢ Āśleṣā)는 6개의 별이며 뱀의 머리 모양이다. 신격은 쉐샤(Ⓢ Śeṣa)다. 성(星 Ⓢ Maghā)은 6개의 별로서 담장 모양이고 신격은 박가(薄伽)다. 장(張 Ⓢ Pūrvaphālgunī)은 6개의 별로서 방망이 모양이고 신격은 바수(Vasu)다. 익(翼 Ⓢ Uttaraphālgunī)은 2개의 별이며 발등 모양이고 신격은 아리아마(Ⓢ Arymā)다. 진(軫 Ⓢ Hasta)은 5개의 별이며 오른손바닥을 편 모양이고 신격은 사비트리(ā Savitṛ)다. 각(角 Ⓢ Citrā)은 1개 또는 2개의 별로서 긴 천 모양이며 신격은 트바슈트리(Ⓢ Tvaṣṭṛ)다. 항(亢 Ⓢ Svāyī)은 1개의 별이고 화주(火珠) 모양이며 신격은 풍신(Ⓢ Vāyu)이다. 저(氐 Ⓢ Viśākhā)는 4개의 별이며 소의 뿔 모양이고 신격은 인드라기니(Ⓢ Indrāgini)다. 방(房 Ⓢ Anurādhā)은 4개의 별로서 긴 천 또는 꿴 구슬 모양이며 신격은 미트라(Ⓢ Mitra)다. 심(心 Ⓢ Jyeṣṭhā)은 3개의 별이며 계(階) 또는 맥(麥)으로 설명되고 신격은 인드라(Ⓢ Indra)다. 미(尾 Ⓢ Mūla)는 9개의 별로서 사자의 정수리털 모양이고 신격은 니르리티

(Ⓢ Nirṛti)다. 기(箕 Ⓢ Pūrvāṣāḍhā)는 4개의 별로서 소걸음 모양이며 물의 신 아파스(Ⓢ Āpas)가 그 신격이다. 두(斗 Ⓢ Uttarāṣāḍhā)는 4개의 별로서 코끼리 걸음 모양이며 비슈바(Ⓢ Viśva)가 신격이다. 여(女 Ⓢ Śravaṇa)는 3개의 별이며 쟁기 모양으로 신격은 비슈누(Ⓢ Viṣṇu)다. 허(虛 Ⓢ Dhaniṣṭhā)는 4개의 별이며 가리륵(訶利勒 Ⓢ Karītakī)이라는 식물 모양이고 신격은 바사(婆娑)다. 위(危 Ⓢ Śatabhiṣaj)는 100개의 별로서 꽃송이 모양이며 신격은 바루나(Ⓢ Varuṇa)다. 실(室 Ⓢ Pūrvabhādrapadā)은 2개의 별이고 수레의 끌채 모양이며 신격은 아자파다(Ⓢ Ajapāda)이다. 벽(壁 Ⓢ Uttarabhādrapadā)은 2개의 별이며 세워진 장대 모양으로 신격은 니다라(尼陀羅)다. 규(奎 Ⓢ Revati)는 32개의 별이며 작은 배 모양으로 신격은 푸샤(Pūṣa)다. 루(婁 Ⓢ Aśvinī)는 2개의 별이고 말을 매는 것을 의미하는 마수(馬首) 모양이며 신격은 간다르바(Ⓢ Gandharva)다. 위(胃 Ⓢ Bharaṇī)는 3개의 별로서 솥의 발(鼎足) 모양의 삼각(三角)이며 그 신격은 야마(Ⓢ Yama)다. 우(牛 Ⓢ Abhijit)는 3개의 별로서 소머리 모양으로 신격은 브라흐마(Ⓢ Brahmā)다. 인도점성술에서 27수를 말할 때는 마지막 우수(牛宿)만이 제외된다. 이렇게 별자리에 대한 인간의 오래된 기억은 새로운 지식과 결합하며 새로운 세계를 구성해 왔다. 인도에서 출생한 불교가 동아시아에 들어온 이후에도 변화와 섭수를 거듭했는데, 특히 북두칠성에 대한 신앙과도 동화되어 밀교화 되었으니, 운명을 지배한다고 믿어졌던 북두칠성을 본존으로 공양하는 성공만다라(星供曼荼羅)가 만들어져 식재(息災)·연명(延命)·증익(增益) 등의 밀교의례로 정착했다. 북극성 및 북두칠성을 의인화하여 묘견보살이라 불렀고, 이 존격을 본존으로 모시고 공양하는 만다라를 묘견만다라 또는 북두만다라라고 하여 별존만다라로 제작하기도 하였다. 선무외삼장이 경전에 의지하여 그린 『태장도상 胎藏圖像』에는 이들 별자리들이 사방에 천문학적 방위에 따라 구체적인 모습으로 표현되어 있다. 태장도상의 위상에서는 말 그대로 사방(四方) 최외원(最外院) 즉 도상의 외곽에서도 가장자리에 위치해 있으며, 불보살(佛菩薩)을 시위하는 역할에 머문다. [참고문헌] 武田和昭『星曼荼羅の研究』(法藏館, 1995). ⇨ 일천 日天, 월천 月天, 이십팔수 二十八宿, 구요 九曜, 황도십이궁 黃道十二宮, 태장만다라 胎藏曼荼羅, 최외원 最外院

천문학 天文學 ➡ 천문도상 天文圖像

천반비부득 千般比不得 천 갈래로 견줘도 얻지 못한다. 비(比)는 유(喩)로도 쓴다. 『조동오위현결』 권하(卍속장111, p.265a1)에 "일체 있다 하는 물로 견주어도 얻을 수 없어야 비로소 뛰어난 구이자 묘한 구라 부른다. 그래서 옛사람이 말하기를 '천 갈래로 견줘도 어찌 할 수 없고, 만물로는 말할 것도 없다. 지혜로운 이라 해도 능히 알지 못하고, 상근기 또한 알지 못한다' 하였고, 또 '본래 닮은 듯한 것이 없기에 뛰어난 구이자 묘구다'라 하였다. 승구묘구란 천상과 인간이 헤아려도 얻지 못하는 일이다. 一切所有底物比不得 始呼爲勝句妙句 所以古人道 千般比不得 萬物況不成 智者不能知 上根亦不識 亦云 本來無相似 故勝句妙句 勝句妙句者 天上人間 測度不得底事", 『종경록』 권98(대정장48, p.946c18)에 "모든 부처님이 천 갈래 비유로도 얻지 못하고 만 가지로 견주어도 이루지 못하였다. 천 분 만 분의 성인이 다 이곳 쫓아 나왔으니 예전부터 조금도 변함없다. 고로 (『능엄경』에서) '시방의 박가범은 하나의 길로 열반문을 지나셨네'라 한다. 諸佛千般喻不得 萬種況不成 千聖萬聖 盡從這裏出 從來不變異 故云 十方薄伽梵 一路涅槃門", 『경덕전등록』 권24 「휴복오공전 休復悟空傳」(대정장51, p.400b22)에 "학인이 휴복에게 물었다. '무엇이 학인이 몸을 뺄 곳입니까?' '천 가지로 견줘도 얻지 못하고, 만 가지로 빗대도 미치지 못한다' '화상께서 말씀해주십시오' '옛적에도 있었고 지금 또한 있다'. 問 如何是學人出身處 師曰 千般比不得 萬般況不及 曰 請和尙道 師曰 古亦有 今亦有"라고 하였다. [참고문헌] 『曹洞五位顯訣』, 『宗鏡錄』, 『景德傳燈錄』.

천발문수 千鉢文殊 천 개의 팔 각각의 손에 발우 하나씩을 들고 있는 문수보살. 천개의 발우마다에 일천(一千)의 석가가 계신다. 돈황 천불동(千佛洞) 여섯째 굴의 벽개(壁蓋) 안에서 천발문수상이 발굴되기도 하였다. ⇨ 오자문수보살 五字文殊菩薩, 천비천발만수실리경 千臂千鉢曼殊室利經

천방백계 千方百計 천 가지 방법과 백 가지 꾀. 방편에 거침없는 뜻이다. 『원오어록』 권8(대정장47, p.751a23)에 "제불이 세간에 나시고 조사가 서쪽에서 온 은 바로 이 한 조각 밭을 일구어 밝히기 위함이셨다. 예로부터 종사와 천하노숙이 천 갈래 방도와 백 가지 꾀로 방편을 베푸셨으니, 힘 다해 이 한 조각 마음밭 일군 땅 끌어내 가지지 않음이 없었다. 諸佛出世 祖師西來 正爲發明這一片田地 從上宗師 天下老宿 千方百計 施設方便 無不盡力 提持這一片田地"라고 하였다. [참고문헌] 『圜悟語錄』, 『虛堂語錄』 권5(대정장47, p.1021c1).

천방사 千方寺 ❶ 전라남도 장성군 삼계면 내계리에 있던 절. 백제말에 창건되었다고 하나 확실하지 않다. 이 절의 이름은 천방마을이라는 마을의 이름과 관련 있는 것으로 보이는데, 백제 때 마을의 모양이 배(舟) 모양과 비슷하다고 하여 선방(船房)이라고 했다는 내용과, 마을에 방(房)이 천개인 사찰인 천방사가 있어 천방마을이라고 불렸다는 이야기가 전해지지만 확실하지 않다. 『호구총수』에는 천방(川防)이라고도 나와 있다. 위치 역시 확실하지 않으나 『사탑고적고』의 천방사지(千方寺址) 조사기록 중 7층 석탑이 남아 있다는 것을 통해 현재 유형문화재 지정되어 있는 내계리오층석탑이 있던 곳이 사지일 것으로 추정한다. 사지는 경작지로 이용되고 있으며, 주변에 와편(瓦片)이 산재하고 있다. ［참고문헌］『戶口總數』, 『寺塔古蹟攷』, 『韓國寺刹全書』 권하 p.1061b20, 『文化遺蹟分布地圖 - 全南長城郡』(장성군·전남문화재연구원, 2005) p.150, 『한국사지총람』 권하(문화재청·불교문화재연구소, 2010) p.602. ❷ 충청남도 서천군 문산면 신농리 천방산(千方山)에 있던 절. 『동국여지승람』 권19 충청도 서천군(舒川郡) 불우에는 천방산에 있다고 하였고, 『범우고』에서는 "지금은 폐사하였다. 今廢"고 하였다. 그 외의 연혁은 전하지 않으나 『효종실록』 권9 3년(1652) 12월 7일에 "또 군의 경내에 천방사는 지금 또한 궁가의 원당이 되어 승도가 기세를 부려 사람들이 감히 가까이 하지 못한다. 且郡境有千方寺 今又爲宮家之願堂 僧徒作氣 人不敢近", 『현종실록』 권10 6년(1665) 5월 1일에는 "서천 승들의 변고는 매우 놀랍다. 대개 천방사 승이며, 실제 난을 일으킨 적이다. 舒川僧變 極可驚駭 蓋千方寺僧 實是亂賊也"라고 하였다. ［참고문헌］『東國輿地勝覽』, 『梵宇攷』, 『孝宗實錄』, 『顯宗實錄』. 『韓國寺刹全書』 권하 p.1061b18. ❸ 충청남도 예산군 대술면 방산리 천방산(千方山)에 있는 절. 『여지도서』 충청도 예산현 사찰에 "현에서 동쪽 20리에 있고 5칸이다. 在縣東二十里 五間"라 전한다. 1631년(인조9) 겨울에 이경전(李慶全 1567~1644)은 절을 찾고서 『석루유고문집』 권1 「대설방천방사기 大雪訪千方寺記」에 "산허리 반쯤에 이르니 봉우리가 갑자기 우뚝 솟았는데, … 가파른 바위는 매우 험준하여 발붙일 곳 없는 형세였다. … 하인이 기뻐 뛰면서 '천방사입니다'라고 가리켰다. … 방장실은 편안한 모습인데 넓지도 좁지도 않았다. 불화 벽에 드리워져 있고, 가사 걸려 있었다. … 시렁 위에 책 몇 권이 있어 원각스님이 보여주었는데, 『연화경』과 『대혜선어』 등이었다. 山腰已半 有峯突然斗起 … 巉巖峻絶 更無攀緣之勢 … 奴人喜躍指示曰 是千方寺也 … 丈室翛然 不寬不窄 佛畫垂壁 袈裟在楲 … 架有冊子數卷 使僧圓覺取來見之 乃蓮花大慧禪語等偈也"고 하였다. 이남규(李南珪)도 『수당집』 권6 「유천방사구지기 遊千房寺舊址記」에 "우리집 동쪽 몇 리쯤에 무성하게 높고 커서 호서 연해군 여러 산중에 으뜸이니 바로 천방산이다. 산 서쪽에 마을은 셋인데 … 냇물이 흐르는 천방동이 있다. … 옛날에는 내의 상류에 절이 있어 천방이라 이름하였다. … 지금은 모두 흔적조차 없지만 주춧돌 등이 홀로 흩어져 있을 뿐이다. 余家東數里 鬱然高大爲湖西沿海郡諸山之祖曰千方山 山之西爲洞者三 … 有溪出其中曰千方洞 … 舊有寺在其源 亦以千方名 … 今皆蕩然無存 獨砌礎亂石"고 하였다. 법당에 모셔진 금동여래좌상은 선정인의 소형 금동불로, 바닥에 붉은색 글씨로 '제사십이(第四十二) 혜위등광불(惠威燈光佛)'라고 하여 다불(多佛) 중 하나로 추정한다. ［참고문헌］『石樓遺稿文集』(韓國文集叢刊73, p.426b13), 『修堂集』(韓國文集叢刊73, p.426b13), 『輿地圖書』, 『伽藍考』, 『梵宇攷』, 『韓國寺刹全書』 권하 p.1062a10, 『한국사지총람』 권상(문화재청·불교문화재연구소, 2010) p.511.

천방사 千房寺　전라남도 옥구군 천방산(千房山)에 있었던 사원. 『동국여지승람』 권34 옥구현 불우(佛宇)에 삼국통일 당시 소정방이 창건하였다고 전하고 선림사(禪林寺)라고도 불렸다고 하며 고려 숙종(肅宗 재위 1095~1105)년간에 이곳을 중수하고 불상을 봉안하여 다시 천방사라고 불렀다고 한다. 『동국여지승람』 권34 옥구현 불우 천방사에 "민간에서 전하기를, 신라 장수 김유신이 백제를 공격하려고 당에 병사를 요청하였는데 당은 소정방으로 하여금 배에 군사 12만 명을 데리고 가게 하였다. 천방산 아래에 도착하여 정박하였는데 안개가 덮이고 천지가 어두워서 소정방이 산의 신에게 기도하기를, '만약 안개를 개게 하여 주면 천 개의 사원을 세워 부처님을 받들겠습니다'라고 하였다. 그 날에 천지가 맑고 밝아졌다. 인하여 산에 올라 두루 살펴보니 지세가 매우 좁아 천 개의 사원을 세울 수가 없었다. 다만 돌 천 개를 배치하여 절의 형태를 본뜨고 한 개의 절을 세워 천방사라고 하였다. 諺傳 新羅將金庾信 欲攻百濟 請兵于唐 唐使蘇定方將船卒十二萬 來泊于山下 煙霧蔽暗 天地晦暝 禱于山靈 若使開霽 當建千寺以奉佛 卽日天地清明 因登山周覽 勢甚窄狹 不可建千寺 只排千石 以象寺形 建一寺 號千房"라고 하였다. ［참고문헌］『東國輿地勝覽』, 『韓國寺刹全書』 권하 p.1062a2.

천배 千拜　천 번을 절하다. 지극한 예배의 뜻이다. 『대보적경』 권81 「호국보살회 護國菩薩會」(대정장11, p.468c8)에 "호국이여, 그때 길리의여래께서 광명을 거두려 하자 복염왕자는 그 부처님 광명을 타고 여래의 앞에 이르러 온몸을 땅에 던져 저 큰 나무가 넘어지는 듯 저 여래께 천 번의 절을 올렸다. 護國 爾時吉利意如來 還攝光明 福焰王子 卽乘佛光 至如來前 擧身投地 如大樹倒 禮彼如來 一千拜已", 『호국존자소문대승경』 권4(대정장12, p.12b5)에 "오체투지로 부처님께 천배를 올리고 게송으로 부처님을 찬탄하였다. 五體投地 禮佛千拜 卽以伽陀讚歎佛", 『송고승전』 권24 「승현전 僧衒傳」(대정장50, p.863b22)에 "나이 96세에 도작선사가 저술한

『안락집』과 『관무량수경』의 강하심을 만나 비로소 염불로 회심하였고, 목숨 마치려 하자 밤낮으로 부처님께 천배 올리며 아미타불을 팔백만 번 염하였다. 年九十六 遇道綽禪師著安樂集講觀經 始迴心念佛 恐壽將終 日夜禮佛一千拜 念彌陀佛 八百萬遍"라고 하였다. [참고문헌]『大寶積經』, 『護國尊者所問大乘經』, 『宋高僧傳』, 『禪林象器箋』 권10(대장경보편19, p.372a3). ⇨ 배 拜

천백억화신 千百億化身 천백억이나 되는 몸으로 나투시다. 오교불신(五敎佛身) 중 대승시교(大乘始敎)의 불신이기도 하다. 『화엄경소초』 권4(대정장36, p.28b29)에 "노사는 진신이고 석가는 응신이다. 그러므로 경에서 '청정법신비로자나불이시고 천백억화신석가모니불'이라고 하였다. 遮那是眞 釋迦是應 故經云 淸淨法身 毘盧遮那佛 千百億化身 釋迦牟尼佛", 『번역명의집』 권1(대정장54, p.1059b17)에 "석가모니는 응신에 속한다. 『석마하연론』에서 '응이라 함은 근기를 수순하여 어긋나지 않고, 시처를 따르고 취에 따라 출현함에 안락한 상만은 아니기에 응이라 한다'고 하였다. 이 응신은 천 겹으로 둘러싼 꽃 위로 다시 천 분의 석가 나타나고, 꽃 하나에 백억의 국토가 있고, 한 나라에 한 분의 석가가 있다. 그래서 석가모니를 불러 천백억화신이라 한다. 釋迦牟尼 屬應身也 摩訶衍云 所言應者 隨順根機 而不相違 隨時隨處 隨趣出現 非安樂相 故名爲應 而此應身 周匝千華上 復現千釋迦 一華百億國 一國一釋迦 故召釋迦牟尼名千百億化身也", 『운문광록』 권하(대정장47, p.569c7)에 "운문이 반두에게 물었다. '부처님은 천백억화신인데 그대는 매일 밥을 지으며 한 주걱에 몇 분의 석가노자를 공양하는가?' 반두가 답이 없자 운문이 대신 말했다. '한 스님에 쌀이 한 되다'. 또 말하였다. '오늘 공양밥은 잘다'. 師問飯頭 佛是千百億化身 爾每日作飯 一杓幾箇釋迦老子 無對 代云 一僧一升米 又云 今日齋飯較細", 『법안어록』(대정장47, p.589a20)에 "학인이 법안에게 물었다. '천백억화신 중 어떤 분이 청정법신입니까?' '모두 다이시지'. 問 千百億化身於中 如何是淸淨法身 師云 總是"라고 하였다. [참고문헌]『華嚴經疏鈔』, 『翻譯名義集』, 『雲門廣錄』, 『法眼語錄』, 『釋摩訶衍論』 권6(대정장32, p.644a14), 종보본 『壇經』(대정장48, p.354b16). ⇨ 오교불신 五敎佛身, 삼신 三身

천법명문 千法明門 천 가지 법으로 더없이 밝은 문. 보살이 제2지 이구지(離垢地)에서 얻는 밝은 법문. 『대승본생심지관경』 권2 「보은품 報恩品」(대정장3, p.299a3)에 "두 번째 불신은 천엽연화에 앉아서 제2지의 보살에게 천 가지 법을 밝혀 여는 문을 설하였다. 보살이 깨달은 후 대신통을 일으켜 변화해서 천불세계에 가득하여 무량중생을 이롭고 안락케 하였다. 第二佛身 坐千葉蓮華 爲二地菩薩 說千法明門 菩薩悟已 起大神通 變化滿於千佛世界 利益安樂無量衆生", 『인왕호국경』 권상 「보살행품 菩薩行品」(대정장8, p.837a10)에 "보살마하살이 천불찰에 머물며 도리천왕을 지어 천법명문을 닦고 십선도를 설하면서 일체중생을 교화한다. 若菩薩摩訶薩住千佛刹 作忉利天王 修千法明門 說十善道 化一切衆生", 『영락본업경』 권하(대정장24, p.1019b2)에 "법문이란 이른바 십신심이니, 이는 일체행본이다. 그러므로 십신심 중 하나의 신심에 십품의 신심이 있어 백법명문이 되고, 다시 이로부터 백법명심 중 하나의 마음에 백 가지 마음이 있기에 천법명문이 되며 다시 이로부터 천법명심 중 하나의 마음에 천 가지 마음이 있어 만법명문이 된다. 法門者 所謂十信心 是一切行本 是故十信心中 一信心有十品信心 爲百法明門 復從是百法明心中 一心有百心故 爲千法明門 復從千法明心中 一心有千心 爲萬法明門", 『법화현론』 권4(대정장34, p.390a6)에 "초지에서는 백법명문을 얻기에 좁다 하고, 제2지에서는 천법명문을 얻기에 넓다 한다. 初地得百法明門故狹 二地得千法明門故廣"라고 하였다. [참고문헌]『大乘本生心地觀經』, 『仁王護國經』, 『瓔珞本業經』, 『法華玄論』, 『新華嚴經論』 권6(대정장36, p.753a24). ⇨ 이구지 離垢地

천법문 千法門 천법명문(千法明門)과 같다. 『인왕경』 권상 「보살교화품 菩薩敎化品」(대정장8, p.827a11)에 "보살이 천불국에 머무르면 도리천왕을 지어 천법문을 닦고 십선도로 일체중생을 제2지로 교화한다. 若菩薩住千佛國中 作忉利天王 修千法門 十善道化一切衆生二地", 『인왕반야경소』 권중(대정장33, p.331c16)에 "제2지의 넷이란, 첫째 '보살이 천불국에 머문다' 함은 교화할 국토를 밝힘이다. 둘째 '도리천을 짓는다' 함은 증상으로 나는 모습을 밝혔다. (셋째) 『십지경』에서는 '제2지에서 금륜왕을 짓는다' 하였는데, 『영락본업경』과 이 경은 함께 '도리천왕을 짓는다' 하였다. '천법문을 닦는다' 함은 알게 되는 법문을 밝힘이다. 넷째 '십선도로 일체중생을 교화한다' 함은 이타의 행상을 밝힘이다. 二地四者 初若菩薩住千佛下 明所化土 二 作忉利天王下 明增上生相 地經云 二地作金輪王 瓔珞與此經同作忉利王 修千法門下 明所解法門 四 十善道化一切衆生下 明利他行相"라고 하였다. [참고문헌]『仁王經』, 『仁王般若經疏』, 『十地經論』 권4(대정장26, p.152c15). ⇨ 천법명문 千法明門

천변 遷變 옮겨 변하다. 삼유위상(三有爲相) 중 하나다. 『증일아함경』 권12(대정장2, p.607c14)에 "이 세 가지 유위를 유위상이라고 한다. 무엇이 삼유위인가? 따라 일어나는 줄 아는 것 · 변해 옮겨감을 아는 것 · 사라져 다함을 아는 것이다. … 저 변하고 바뀐다는 것은 무엇을 말하는가? 치아가 빠지고 머리카락이 희어지고 기력이 고갈되고 해마다 쇠약해져 신체가 힘없이 풀어지는 것, 이를 변이법이라 한다. 此三有爲有爲相 云何爲三 知所從起 知當遷變 知當滅盡 … 彼云何變易 齒落髮白 氣力竭盡 年逐衰微 身體解散 是謂爲變易法", 『비바시불경』(대정장1, p.154c20)에 "오온으로 꿈 같은 몸이 생로병사 네 가지로 옮겨 변하니, 처음 영아동자로부터 깨닫지 못하는 사이에 장성하여 노년이 된다. 눈이 어두워지고 귀가 멀고 심신이 쇠약해지는 것을 늙음이라고 한다. 五蘊幻身四相遷變 始自嬰兒童子 不覺長盛老年 眼暗耳聾身心衰朽 名之爲老"라고 하였다. [참고문헌] 『增壹阿含經』, 『毘婆尸佛經』. ⇨ 삼유위상 三有爲相

천변수륙소 川邊水陸疏 강가에서 베푼 수륙제소문. 3월 3일 만물이 새로워지기 시작할 때 물과 뭍(水陸)에 사는 일체합령(一切合靈)을 위해 강이나 하천에서 베푼다. 그때 올리는 소문이다. 월저도안(月渚道安 1638~1715)의 『월저당대사집』 권하 소(疏)의 「평양천변수륙소〈경오년삼월삼일〉 平壤川邊水陸疏〈庚午年三月三日〉」(한불전9, p.104b23)에 "3월 3일은 하늘기운 새롭기에 천변에서 수륙재를 베풀만 합니다. … 三月三日天氣新可設川邊之水陸"라고 하였고, 「삼화부천변수륙소 三和府川邊水陸疏」는 「조사참소 祖師懺疏」·「야상소 夜上疏」·「중별소 中別疏」·「하별소 下別疏」 등 네 편으로 구성되었다. 진허팔관(振虛捌關 ?~1782)의 『진허집』 권2 소(疏)의 「평양천변수륙소 平壤川邊水陸疏」(한불전10, p.173c6)에 "생각건대 우리 평양은 실로 옛 도읍이라서 흥망이 교차하였으니 어찌 전쟁에서 죽은 가련한 영혼이 없겠습니까. 좌우로 강물이 합하니 익사한 슬픈 귀도 또한 있을 것입니다. … 이에 천지가 창성하는 시절에 재를 베푸니 사성께서는 반드시 수레 오른 정들에 응하시리니 육범이 어찌 애타는 바람을 어기겠습니까. 念我平壤 實其故都 興亡遞代 豈無戰亡之哀魂 左右合江 亦有溺死之愁鬼 … 乃設天地之昌期 四聖必應於輿情 六凡奚違於烝願"라고 하였다. [참고문헌] 『月渚堂大師集』, 『振虛集』. ⇨ 수륙재 水陸齋, 수륙재소 水陸齋疏

천병신중도량 天兵神衆道場 하늘의 병사, 즉 신중들을 모셔 나라의 안녕을 기원하는 도량. 신중도량(神衆道場) 또는 화엄신중도량(華嚴神衆道場)이라고도 한다. 고려 대몽항쟁기(對蒙抗爭期)인 고종 36년(1249)부터 43년(1256)까지 매년 개최되었으며, 한 해에 여러 차례 시설하기도 하였다. 주로 왕이 친설(親設)하여 내전(內殿)이나 본궐(本闕) 등 궁궐에서 행해졌다. 특히 고종 41년(1254)에는 정월 4일·4월 17일·6월 7일·7월 9일·9월 7일·12월 19일 등 여섯 차례나 설행되었는데, 이때는 몽골의 침입이 빈번하던 때로 이해된다. 『고려사』 권41 세가(世家)41 공민왕 18년(1369) 9월 30일 "임금이 왕륜사에 행차하여 천병신중도량을 7일간 설행하고 돌아왔다. 임금이 손수 소문을 썼고 스님들에게는 옷감 일천 오백 필을 공양하였다. 신돈 또한 일천오백 필을 보시하였다. 幸王輪寺 設天兵神衆道場七日乃還 王手書疏 賜僧布一千五百匹 辛旽亦施千五百匹"라고 하였다. [참고문헌] 『高麗史』. ⇨ 신중도량 神衆道場, 화엄신중도량 華嚴神衆道場

천보 天輔 1872~1965. 스님이자 독립운동가. 호는 구하(九河), 자호는 취산(鷲山), 속성은 김씨. 본관은 경주다. 아버지는 한술(漢述)이고 어머니는 신씨이다. 1872년(고종9) 5월 7일 경상남도 울주군 두동면 봉계리에서 태어나, 1884년(고종21)에 양산군 천성산(千聖山) 내원사(內院寺)의 주관(主管)을 은사로 하여 스님이 되었고, 경월(慶月)로부터 사미계를 받았다. 1890년(고종27) 예천 용문사(龍門寺)의 용호해주(龍湖海珠) 강석에 참석한 뒤 여러 선지식들을 방문하여 교선에 통한 후 본산으로 돌아와 정진하였다. 1906년에는 명진학교(明進學校)를 설립하고 교장이 되어 수년 동안 영재육성에 힘썼으며, 1908년 3월에는 전국의 승가대표자 52인이 원흥사(元興寺)에 모여 회의를 열고 새로이 원종 총무원을 구성하였을 때 종정 회광(晦光) 아래에서 회명일승(晦明日昇)과 함께 인사부장에 임했다. 또 1911년에는 통도사(通度寺) 주지가 되었으나 사규(寺規)가 점차 무너짐을 보고 물러나 있었다. 1919년 상완(尙玩)이 여러 차례 상해 임시정부를 다녀와서 재정이 매우 빈곤함을 범어사(梵魚寺) 스님들에게 전하자 범어사와 통도사가 앞장서서 임시정부에 상당한 금액을 출연하였는데, 통도사에서는 천보가 군자금을 지원하여 임시정부 국무총리인 안창호(安昌浩)선생이 보낸 밀사에게 5,000원, 경성화신공보 사장 초월동조(初月東照)에게 2,000원, 지암종욱(智庵鍾郁)이 군자금을 모집할 때 3,000원, 독립운동가 정인섭(鄭寅燮)에게 1,000원 등 모두 13,000원을 보냈다. 한편 이때 상해에서는 성월(惺月)과 함께 서명한 대한승가연합회 대표자 12명 명의의 선언서가 살포되었고, 이 선언서는 김규식(金奎植)이 파리평화회의에 전권대사로 갈 때 휴대했다고 한다. 그의 군자금 출연을 알 리 없는 통도사 대중이 사재를 횡령하였다고 주장하여 일본 경찰로부터 고통을 당하였으며 이후 1925년 주지직을 사임하였다. 1965년 10월 3일 세수 94, 법랍 81세로 입적하였다. [참고문헌] 『韓國佛教近世百年史』, 『鷲山文集』.

구하당 천보

천보사 天寶寺 **1** 경기도 남양주시 별내동 천보산(天寶山)에 있는 절. 869년(경문왕8)에 도선국사(道詵國師 827~898)가 창건하였다고 전한다. 해원(海源 1691~1770)의 『천경집』 권상 「회암사회고 檜巖寺懷古」(한불전9, p.613a18)에 양주(楊州)의 천보사를 방문했었다는 언급이 있다. 해방 이후 동훈이 중창하여 지금에 이른다. 2002년에 지한(志閑)이 대웅전과 요사를 신축하였고 불교대학과 템플스테이 등을 운영하고 있다. 현존하는 당우로는 대웅전・지장전・삼성굴・요사 등이 있으며, 자연적인 동굴에 조성한 천연보궁에 삼성을 모시고 있다. [참고문헌] 『天鏡集』. **2** 충청남도 부여군 홍산면 상천리 천보산(天寶山)에 있던 절. 『여지도서』 충청도 홍산현(鴻山縣) 사찰에 전한다. [참고문헌] 『輿地圖書』, 『韓國寺刹全書』 권하 p.1076b2欄外.

천보암 天寶庵 강원도 회양군 난곡면 토동리 천보산(天寶山)에 있던 절. 『범우고』에 부(府)의 서쪽 10리(里)에 위치한다고 전한다. 봉일암(鳳逸庵) 또는 봉일사(鳳逸寺)를 말한다. [참고문헌] 『梵宇攷』, 『韓國寺刹全書』 권하 p.1076b3. ⇨ 봉일사 鳳逸寺

천복 天福 하늘 복. 인간의 복을 넘어선 복 또는 정법(正法)을 등지고 하늘에 집착하는 복. 『장아함경』 권6 「전륜성왕수행경 轉輪聖王修行經」(대정장1, p.39b20)에 "나는 지금 이미 인간 중에서 복락을 받았으니, 다시 방편으로 옮겨 천복을 받고자 해서 지금 머리를 깎고 삼법의를 입고 출가하여 도를 이루고자 한다. 吾今已受人中福樂 當更方便遷受天福 今欲剃除鬚髮 服三法衣 出家爲道", 『대방편불보은경』 권6(대정장3, p.160b12)에 "목련이 스스로 생각하였다. '이 사람 본래 인간으로서 나의 제자일진대 지금 천복을 받고 하늘의 즐거움에 집착하여 완전히 본심을 잃었구나'. 目連自念 此本人中是我弟子 今受天福 以著天樂 都失本心"라고 하였다. [참고문헌] 『長阿含經』, 『大方便佛報恩經』. ⇨ 천복업 天福業

천복사 千福寺 섬서성(陝西省) 서안시(西安市) 연호구(蓮湖區)에 있는 절. 당대 673년(함형4) 장회태자(章懷太子)가 자택을 희사하여 그 터에 지었다. 선도(善導)의 문인 회감(懷感)이 머무를 때 사방에서 몰려드는 수행자들이 나날이 늘어났다. 개원년간(713~741) 말년에 초금(楚金)이 주석하던 어느 날 『법화경』을 독송하여 「보탑품 寶塔品」에 이르자 홀연히 보탑이 출현한 뒤로 6년 동안 좌선하면서 탑을 세우겠다는 서원을 일으켰다. 황제는 다보탑(多寶塔)이라고 쓴 액(額)과 겸민(縑緡)을 하사하였다. 744년(천보3) 탑을 조성하여 대덕을 탑 주변에 모으고 법화삼매(法華三昧)를 닦았다. 그때 칙명을 받들고 종남산(終南山) 초당사(草堂寺)에서 이 절의 법화도량(法華道場)으로 옮겨온 세월이 전후로 30년이었다. 761년(상원2) 숙종(肅宗)이 혜충(慧忠)을 궁정으로 초빙하여 사제의 예를 집행하고 이 절의 서선원(西禪院)에 주석하도록 하였다. 765년(영태1) 4월 이 절의 법숭(法崇)은 불공(不空)이 주지하던 『인왕호국반야경 仁王護國般若經』 역경사업에 참여하였다. 그 뒤 헌종(憲宗) 때 운수(雲邃)가 칙령을 받들어 이 절의 상좌가 되고 나서 정돈하면서 기강이 바로 섰다. 845년(회창5) 회창법난(會昌法難)이 벌어지면서 파괴를 당하였고, 선종(宣宗) 때인 852년(대중6) 부흥하면서 흥원사(興元寺)로 개명하였다. 경내에는 구양순(歐陽詢)이 쓴 「천복비 薦福碑」가 있었다. 그 뒤로 점차 쇠미해져 마침내 폐사되었다. [참고문헌] 『景德傳燈錄』 권5 「慧忠傳」(대정장51, p.244a11), 『古今圖書集成選輯』 권122 「西京千福寺多寶佛塔感應碑」(대장경보편15, p.698b3), 『大淸一統志』 권180.

천복사 薦福寺 **1** 광주광역시 무등산(無等山)에 있었던 사원. 『동국여지승람』 권35 전라도 광산현 불우에 전하고, 『범우고』에 폐사로 전한다. [참고문헌] 『東國輿地勝覽』, 『梵宇攷』, 『韓國寺刹全書』 권하 p.1085b16. **2** 중국 섬서성(陝西省) 서안시(西安市)에 있는 절. 684년(문명1)에 당의 측천무후가 고종의 명복을 빌고자 건립하여 천복사라고 불렀는데, 690년(천수1)에 확장하고 장엄하면서 대천복사로 바뀌 불렀다. 신라 원측의 제자인 승장(勝莊)이 대덕(大德)으로 머물렀고, 혜초(慧超 704~787)가 금강지와 함께 이곳에서 경전번역을 주도하기도 하였다. 현재는 청말(淸末)에 건립된 전각이 주로 자리한 채 퇴락한 상태이다. [참고문헌] 『開元釋敎錄』 권9 釋義淨. ⇨ 대천복사 大薦福寺

천복사다보불탑감응비 千福寺多寶佛塔感應碑 잠훈(岑勛)이 짓고 752년(천보11)에 세웠다. 글씨는 당대 안진경(顔眞卿)이 썼다. '대당서경 大唐西京'으로 시작하는 비제는 원래 천복사에 있다가 송대에 비림(碑林)으로 옮겼다. "오호라! 묘법연화여, 제불의 비장이니, 다보불탑이 솟아올랐다는 경의 말씀을 증명한 듯함이여! 粤若 妙法蓮華 諸佛之祕藏也 多寶佛塔 證經之踊現也"라는 찬사로 시작하였다. 현재까지 전해오는 안진경의 비갈(碑碣) 중 가장 이른 시대

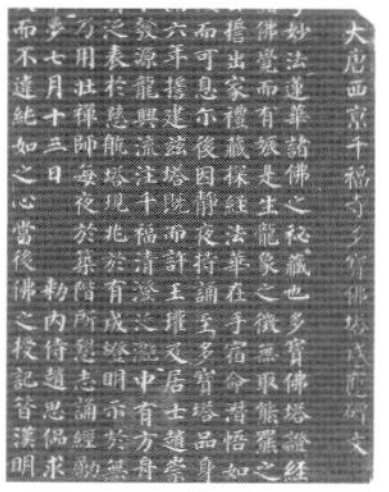
천복사다보불탑감응비 중국 서안비림박물관

의 글씨로 당시 나이 44세였고 서체 또한 화려하여 소박하다고 평가되는 후대 글씨와 구분된다. [참고문헌] 『全唐文』 권379.

천복산 薦福山 중국 강서성(江西省) 상효(上饒) 파양(鄱陽 : 饒州) 동쪽 인근에 있는 산. 파양호(鄱陽湖)와 접해 있다. 산내에 천복사(薦福寺)가 있고, 천복승고(薦福承古)·월간명(月澗明) 등의 선사가 주석하였다. [참고문헌] 『薦福承古語錄』(卍속장126, p.458a16), 『月澗語錄』 권상(卍속장150, p.1045a6).

천복서 天腹書 육십사서(六十四書) 중 하나. 『보요경』 권3 「현서품 現書品」(대정장3, p.498b2)에 "스승이 물었다. '그 육십사서는 모두 어떻게 불립니까?' 태자가 답하였다. '… 천복서〈서른네 번째〉'. 師問 其六十四書 皆何所名 太子答曰 … 天腹書〈三十四〉"라고 하였다. [참고문헌] 『普曜經』. ⇨ 육십사서 六十四書

천복승고선사어록 薦福承古禪師語錄 송대 천복승고(?~1045)의 어록. 문지(文智) 엮음. 1권. 卍속장126, pp.435a1~459b18에 수록되어 있다. 1097년(소성4)에 간행하였다. 운문문언(雲門文偃)의 제자라 자칭하는 천복승고는 고탑주(古塔主)라고도 불린다. 상당어(上堂語)·소참어록(小參語錄)·게송(偈頌)을 수록하였다. 책 머리에 영원유청(靈源惟淸)·대혜종고(大慧宗杲)의 「서 序」가 붙어 있고, 말미에 『오등엄통 五燈嚴統』 권16의 전기와 『석문문자선 石門文字禪』 권25의 「제고탑주설 題古塔主說」 두 편이 수록되어 있다. ⇨ 승고 承古, 고탑주 古塔主

천복업 天福業 하늘의 복을 받는 업. 『장아함경』 권4 「유행경 遊行經」(대정장1, p.23c12)에 "왕이 다시 스스로 생각했다. '나는 지금 이미 인간의 복의 과보를 받았고, 다시 천복의 업을 닦을 것이다. 마땅히 스스로 겸손하며 시끄러운 곳을 멀리하여 조용한 곳에 머무르며 도술을 숭상하리라'. 王復自念 我今已受人間福報 當復進修天福之業 宜自抑損 去離憒鬧 隱處閑居 以崇道術", 『보살본생만론』 권11(대정장3, p.365c16)에 "무엇이 재난과 장애를 뒤쳐서 베풂이 되게 하는가? 세간의 가장 묘한 자성을 획득하는 것이다. 저 천복업은 선하고 깨끗한 힘이 있어 오온의 명색으로 들어 지니는 것을 구족하니, 지은 모습 뛰어나 더할 바 없다. 云何災障顚倒施爲 獲得世間上妙自性 彼天福業善淨有力 五蘊名色具足聞持 造作相貌殊勝無盡"라고 하였다. [참고문헌] 『長阿含經』, 『菩薩本生鬘論』. ⇨ 천복 天福

천본경 天本經 Ⓢ Ⓟ nidāna. 과거 하늘을 오가며 닦은 인연을 설한 경으로 십이부경(十二部經) 중 하나인 인연(因緣)을 말하며 음사어는 니다나(尼陀那)다. 『장아함경』 권3 「유행경 遊行經」(대정장1, p.16c14)에 "비구들아 이렇게 알아야 한다. 나는 이 법을 몸소 지어 깨우쳤기에 그대들에게 널리 보인다. 즉 관경 … 천본경 … 대교경이다. 너희들은 잘 수지하고 헤아려 분별하며 이러한 사례를 수행해야 한다. 왜냐하면 여래께서는 머지않은 삼 개월 뒤에 열반에 드실 것이기 때문이다. 比丘 當知 我於此法自身作證 布現於彼 謂貫經 … 天本經 … 汝等當善受持 稱量分別 隨事修行 所以者何 如來不久是後三月當般泥洹"라고 하였다. [참고문헌] 『長阿含經』. ⇨ 니다나 尼陀那, 인연경 因緣經, 십이부경 十二部經

천봉 千峰 고려말 조선초 스님. 만우(卍雨)의 호이다. ⇨ 만우 卍雨

천봉대선사탑비명 天峯大禪師塔碑銘 천봉태흘(天峰泰屹 1710~1793)의 탑비명. 수관거사(水觀居士) 이충익(李忠翊)이 짓고 글씨를 썼다. "불로 씻기신 후 흙이 되지 않는 정골 2편과 사리 64매를 호국사(황해도 연백)와 문화현의 월정사, 양주의 망월 여러 절에 탑을 세워 분장했다. 火浴 頂骨不壞者 二片 舍利六十四枚 建塔于護國 及文化之月精 楊州之望月諸寺 分藏之"라고 하였다. 현재 팔각원당형의 탑, 기단·비신·옥개석으로 구성된 탑비가 망월사에 있다. [참고문헌] 智冠 『韓國高僧碑文總集 朝鮮朝·近現代』 pp.532~533. ⇨ 태흘 泰屹

천봉집 千峰集 고려말 조선초에 활동한 스님인 만우(卍雨·屯雨 1357~?)의 시문집. 현재 전하지 않는다. 『천봉시집 千峰詩集』 또는 『천봉집시초 千峰集詩抄』라고도 한다. 『증보문헌비고』 권250 예문고(藝文考)9 문집류(文集類)에 "『천봉집』 1권, 고려 스님 만우의 저술이다. 호가 천봉이다. 千峰集一卷 高麗僧卍雨著 號千峰", 『용재총화』 권6에 "스님 둔우는 환암의 고제이다. … 지금 『천봉집』이 세상에 전한다. 釋屯雨者 幻庵之高弟 … 今有千峯集 行於世"라고 하였다. 만우의 시는 『동문선 東文選』 권10 오언율시(五言律詩) 「송일본승문계 送日本僧文溪」와 「산중 山中」이 전한다. [참고문헌] 『慵齋叢話』, 『增補文獻備考』. ⇨ 만우 卍雨

천부 天府 하늘 다스리는 집. 사부(四府 : 天 地 水 冥) 중 하나다. 『불조통기』 권33(대정장49, p.322c3)에 "마음법으로는 능히 변하게 하고 지을 수 있기에 천부든 명관이든 또한 사람 마음 따라 돌아간다. 由心法之能變造故 天府冥關 亦隨人心而轉", 『예념미타도장참법』 권3 「용서허중정토법문 龍舒虛中淨土法門」(卍속장128, p.180a1)에 "해진 상자에 눈곱만큼 쌓는 이가 어찌 천부의 차고 넘침 있다는 것을 알 수 있으리오. 그러므로 사바의 물든 세간에서는 청정불토가 있음을 믿지 못한다. 弊篋錙銖之蓄者 安知有天府之充溢 故處娑婆濁世 不信有淸淨佛土"라고 하였다. [참고문헌]『佛祖統紀』, 『禮念彌陀道場懺法』, 『集神州三寶感通錄』 권하(대정장52, p.426a29). ⇨ 사부 四府 ❶

천부관음 千部觀音 천수천안관자재보살(千手千眼觀自在菩薩). 홍찬재삼(弘贊在犙 1611~1685)의 『관음자림집』 권하 당(唐) 석자장(釋慈藏)(卍속장149, p.627b14)에는 "평소에 부처님 뜻 우러러 받들었으므로 이에 가호를 구하여 천부관음경을 조성하였다. 素仰佛理 乃求加護 造千部觀音經", 『삼국유사』 권4(대정장49, p.1005a15・한불전6, p.346a3) 의해(義解)5 자장정률(慈藏定律)에 "아버지는 청요직을 지냈고 후사가 없자 삼보에 마음 기울여 천부관음을 조성하고 자식 하나를 바라면서 축원하길 '만일 남자아이를 낳으면 떠나서 법해의 나루가 되게 하겠습니다' 하였는데, 어머니가 홀연히 별이 떨어져 품으로 들어오는 꿈을 꾸고는 아이를 품었다. 태어난 날이 석존과 같았다. 其父歷官淸要 絶無後胤 乃歸心三寶 造于千部觀音 希生一息 祝曰 若生男子捨作法海津梁 母忽夢星墜入懷 因有娠 及誕 與釋尊同日"고 하였다. [참고문헌]『觀音慈林集』, 『三國遺事』. ⇨ 천수천안관자재보살 千手千眼觀自在菩薩

천부논주 千部論主 ❶ 세친(世親 : 天親)의 별명. 천부논사(千部論師)라고도 한다. 대소승 각각 오백부의 서를 지었기에 붙여진 이름이다. 『백론소』「서소 序疏」(대정장42, p.234c1)에 "천친은 본디 소승을 배우고 오백 부 소승론을 지었다. … 그때 대승 오백 부 논서를 지으니, 당시 사람들이 천부논주라 불렀다. 天親本小乘學 造五百部小乘論 … 於是造大乘五百部論 時人呼爲千部論主", 같은 책 권1(대정장42, p.234c1)에 "보살 천친은 본래 소승을 배워 오백의 소승논을 지었으나 모조리 없어져 전하지 않는다. 형 아승가(Ⓢ Asaṅga : 無著)는 대승인인데 동생이 소승을 홍포하는 것을 보고는 대도를 막을까 우려해 그를 교화하고자 일부러 병들었으니, 동생은 형이 병이 났다는 말을 듣고 위로차 마주하게 되었으니 동생이 물었다. '어째서 병이 들었습니까?' '너 때문에 아프다' '어째서 그렇습니까?' '네가 소승을 펴 대도를 막아 덮으니 그 죄과 심중하기에 병이 났다' '그렇다면 이 혀가 화근이니 잘라버리겠습니다'. '그렇게 하지 않아도 된다. 다시 대승논을 지어 대도를 널리 유통시키거라'. 이렇게 대승오백부론을 지었으니 당시 사람들이 천부논주라 불렀다. 開士者天親 本小乘學 造五百部小乘論 方等遂沒翳而不傳 兄阿僧伽是大乘人見弟盛弘小乘 恐覆障大道 欲引誘化之 故爲之現病 弟聞兄有病 來參慰之 弟問兄曰 何故病哉 答云 爲汝故病 弟問曰 何故爾耶 答 汝弘小乘障覆大道 罪過深重 故爲汝病也 弟曰 若爾此是舌過 當斷其舌 兄曰 不須 汝可更造大乘論 令大道宣流 於是 造大乘五百部論 時人呼爲千部論主", 『석씨계고략』 권1(대정장49, p.758c26)에 "세존께서 입멸하시고 오백세 후 천축국에 무착보살이 있었는데, 그의 동생 천친보살은 처음엔 소승을 높여 오백부를 지었다. 훗날 대승을 깨달아 다시 대승론 오백부 지으니 천부논사라 불렀다. 世尊入滅五百歲 天竺國無著菩薩 其弟天親菩薩 初尙小乘 造論五百部 後契悟大乘 復造大乘論五百部 號千部論師"라고 하였다. [참고문헌]『百論疏』, 『釋氏稽古略』, 『隋天台智者大師別傳』(대정장50, p.191b24), 『釋氏通鑑』 권1(卍속장131, p.763a18). ⇨ 세친 世親 ❷, 무착 無著 ❷, 바수반두 婆藪槃豆, 천친 天親 ❷ 용수(龍樹)의 별명. 『마하지관』 권7(대정장46, p.97c5)에 "보살은 혹은 통론을 지어 경을 풀고, 혹은 별론을 지어 경을 풀었다. 저 용수가 천부론을 지었던 것과 같다. 又菩薩 或造通論釋經 或造別論釋經 如龍樹作千部論", 『법화전기』 권1(대정장51, p.50a29)에 "용수는 거꾸로 남천축 출신임에도 불교를 크게 넓히며 외도를 굴복시키고 마하연을 널리 펴고자 삼부대론과 천부별론을 지었다. 龍樹逆出於南天竺 大弘佛教 摧伏外道 廣摩訶衍 作三部大論 千部別論"라고 하였다. [참고문헌]『摩訶止觀』, 『法華傳記』. ⇨ 용수 龍樹

천부선신 天部善神 ➡ 천부중 天部衆, 천중 天衆

천부중 天部衆 하늘에 속한 무리. 팔부중(八部衆)에 하나이기도 하다. 『법원주림』 권2 「제천부 諸天部」(대정장53, p.282b13)에 "저 『바사론』 중에 설하길 하늘에 서른두 가지가 있다 하였으니, 욕계는 열이고 색계는 열여덟이며 무색계는 넷이다. 합하여 서른둘의 하늘이 있다. 제1 욕계십천은 첫째 우수천 … 열 번째 타화자재천이다. … 제2 색계에 십팔천이 있으니, 초선에 세 하늘이 있다. 첫째 범중천, 둘째 범보천, 셋째 대범천이다. … 제4선중에 홀로 아홉 하늘이 있으니, 첫째는 복생천 … 아홉째 색구경천이다. … 제3 무색계중에 네 하늘이 있으니, 첫째는 공처천 … 넷째는 비상비비상처천이다. 如婆沙論中說 天有三十二種 欲界有十 色界有十八 無色界有四 合有三十二天也 第一欲界十天者 一名于手天 … 十名他化自在天 … 第二色界 有十八天者 初禪有三天 一名梵衆天 二名梵輔天 三名大梵天 … 第四禪中獨有九天 一名福生天 … 九名色究竟天 … 第三無色界中有四天 一名空處天 … 四名非想非非想處天", 『법화경지음』 권6(卍속장49, p.651b14)에 "천부들만 '와서 들었다'고 하고, 나머지 칠부들은 '직접 가까이 와서 공양하였다'고 하였다. 天部但曰來聽 餘七部則曰親近敬養", 『

원각경석의소』 권4(卍속장94, p.202b13)에 “하늘은 천부에서 꾸리고 용은 용부에서 거두며 귀는 야차로 꾸린다. 天該天部 龍該龍部 鬼該藥叉”라고 하였다. [참고문헌] 『法苑珠林』, 『法華經知音』, 『圓覺經析義疏』, 『阿毘曇毘婆沙論』 권7(대정장28, p.49a29), 『經律異相』 권1(대정장53, p.1a27). ⇨ 천중 天衆, 천 天, 천룡팔부 天龍八部, 팔부중 八部衆

천부천모 天父天母 선업(善業)을 지은 이가 하늘에 태어날 때(生天) 인연하는 부모. 『대보적경』 권110(대정장11, p.616a19)에 “(善業을 지은 이가) 목숨을 버리려 할 때 천부와 천모가 같이 한자리에 앉는데, 천모의 수중에 절로 꽃이 피니 천모가 그 꽃을 보고 천부를 돌아보며 이렇게 말한다. ‘매우 복되고 길하며 드물고 기이하며 수승한 과보입니다. 하늘 이제 마땅히 아들이 태어날 경사가 멀지 않았습니다’. 천모 마침내 두 손으로 꽃을 흔들고, 그 꽃 흔들릴 때 문득 목숨은 다하였네. 將捨壽時 天父天母 同止一座 天母手中 自然花出 天母見花 顧謂天父 甚爲福吉 希奇勝果 天今當知 子慶之歡 時將不久 天母遂以兩手 搖弄其花 弄花之時 命便終盡”, “… 식은 선업의 도움으로 옮겨 하늘보를 받으니, 저 맥의 바람 옮아가 속히 꽃 속으로 의탁하는 것과 같다. 천부와 천모는 함께 앉아 이것을 보는데, 감로의 욕풍이 꽃에 불어 칠일이었으니, 보배 귀고리 온몸 장엄하여 요동치며 빛났다. 하늘동자 맑고 깨끗한 채로 하늘엄마 품에 나투네. … 識資善業 遷受天報 如脈風移 速託花內 天父天母 同座視之 甘露欲風 吹花七日 寶璫嚴身 曜動炫煥 天童朗潔 現天母手”라고 하였다. [참고문헌] 『大寶積經』.

천부형 天部形 하늘무리(天衆)들의 모습. 밀교에서는 모든 존상에 밀호(密號)와 종자(種字)와 삼형(三形)과 존형(尊形)과 인상(印相) 등을 시설한다. 크게 여래형(如來形), 보살형(菩薩形) 그리고 천부형(天部形)이다. 그중 하늘무리들의 정형화된 도상(圖像)을 천부형이라 하는데 〈그림〉과 같다. 태장만다라에서는 허공장원(虛空藏院)에 공덕천(功德天)들과 최외원(最外院) 동방에 이사나천(伊舍那天)과 비상천(非想天)·무소유처천(無所有處天) 및 일천(日天), 남방에 증장천(增長天), 서방에 대자재천(大自在天), 북방에 제석천(帝釋天)과 광음천(光音天) 등을 위시하여, 각 방에 별들의 신인 칠수(七宿)와 그외 궁(宮)과 성(星)·요(曜) 등에 이어 천후(天后)에 이르는 여러 천부형을 도상화하고 있다. 금강계만다라에서는 만다라 외곽에 지수화풍 사천(四天)을 비롯해 나라연천(那羅延天)과 염마천(焰摩天)에 이르기까지 이십여 존을 천부형으로 도상화했다. 『조상양도경해』 권1 「사호법상 四護法像」(대정장21, p.948b13)에 “일체호법신은 다 남녀 두 종으로 돌아가는데, 남종은 대흑신을 머리로 하고, 여종은 복녀천을 머리로 한다. … 대범천〈상방신을 누른다〉 대자재천〈동북방을 누른다〉 나라연천〈또한 산진방신이다. 청색이며 조금 화난 모습이

고 눈을 찡그리며 입은 벌리지 않은 채 착하게 꾸민다. 오른손은 금륜을 끌어 잡고 왼손은 사타구니에 닿도록 보장을 잡는다. 이상은 세간삼존이라 말한다〉. 욕자재천〈곧 마왕천이며 현겁천불의 아우로서 탁마하여 천이나 되는 형보다 빨리 성도한 이다. 홍색의 착한 모습이며 왼손에 활을 잡고 오른손으로 화살은 잡아 용맹한 모습으로 만든다〉 … 수천〈서방을 누르는 신이다. 백색의 착한 모습이며 두 손에 뱀줄을 지닌다〉 … 증장천왕 광목천왕 금강밀적 산지대장 화천〈동과 남방을 누르는 신이다. 홍색의 착한 모습이며 머리카락이 귀밑까지 이어 있고 수염은 모두 적황색이다. 보관·귀걸이·수천을 갖추고 비단옷을 입었으며, 오른손에 염주를 쥐고 왼손에 물병을 들었다〉. 一切護法神 總歸於男女二宗 男宗以大黑神爲首 女宗以福女天爲首 … 大梵天〈鎭上方神〉 大自在天〈鎭東北方〉 那囉延天〈亦算鎭方神 青色微怒相 顰目睜目 而不張口也善扮 右手擎執金輪 左手觸胯執寶杖 以上謂之世間三尊〉 欲自在天〈卽魔王天 賢劫千佛之弟 琢磨千兄速成道者 紅色善相 左手執弓 右手執箭作武扮〉 … 水天〈鎭西方神 白色善相 兩手持蛇索〉 … 增長天王 廣目天王 金剛密迹 散脂大將 火天〈鎭東南方神 紅色善相 頭髮連鬢 鬍鬚俱赤黃具寶冠耳環手釧 著緞衣 右手持念珠 左手持澡甁〉”라고 하였다. [참고문헌] 『造像量度經解』, 『曼荼羅圖典』(大法輪閣, 2002). ⇨ 천부중 天部衆, 호법선신 護法善神, 여래형 如來形, 삼밀 三密, 삼매야형 三昧耶形, 길상천 吉祥天, 광목천 廣目天, 비사문천 毘沙門天, 증장천 增長天, 지국천 持國天, 사천왕상 四天王像, 나라연 那羅延, 대범천 大梵天, 대자재천 大自在天, 변재천 辯才天, 염마천 焰摩天, 이사나천 伊舍那天, 제석천 帝釋天❷, 수천 水天❶, 지천 地天, 풍천 風天, 화천 火天, 일천 日天, 월천 月天

천불 千佛 Ⓢbuddha-śata-sahasrāṇi, Ⓣsangs-rgyas-stong. 천 분의 부처님. 본래는 백천불(百千佛)이

라 한다. 현재현겁(現在賢劫)에 세상에 출현하시는 천불, 과거장엄겁(過去莊嚴劫)에 출세하시는 천불, 미래성수겁(未來星宿劫)에 이 세상에 나타나시는 천불 등 삼겁(三劫) 각각에 세 부류 천불이 계시다. 『대승본생심지관경』 권1(대정장3, p.292c15)에 "장엄겁 중에 천불이 출현하셨는데, 이러한 여러 왕들이 항상 시주가 되었으며, 현겁 중에도 천불이 출현하시는데, 이러한 왕들이 항상 시주가 된다. 앞으로 올 세상의 성수겁 중에도 천불이 출현하시는데, 시주가 될 것이다. 나아가 미래에 일체의 모든 부처님께서 세간에 출현하시면, 이러한 모든 왕들이 역시 본원력으로 항상 보시를 행하여 유정중생들을 이롭게 하고, 이치에 맞게 모든 방편문에 잘 들어간다. 莊嚴劫中 千佛出現 如是諸王 常爲施主 賢劫之中 千佛出現 如是諸王 亦爲施主 於當來世 星宿劫中 千佛出現 當爲施主 乃至未來 一切諸佛 出現世間 如是諸王 以本願力 常行檀施 饒益有情 隨宜善入 諸方便門", 『관약왕약상이보살경』(대정장20, p.664a22)에 "그 천인이라 하였으니, 화광불을 처음으로 하여 아래로 비사부불에 이르기까지는 장엄겁에 성불했는데, 과거천불이 이들이다. 중간의 천불이란 누구인가? 구류손불을 처음으로 하여 아래로 루지여래에 이르기까지이니, 현겁 중에 차례로 성불한다. 뒤의 천불이란 누구인가? 일광여래를 처음으로 하여 아래로 수미상불에 이르기까지이니, 성수겁 중에 성불하게 된다. 其千人者 花光佛爲首 下至毘舍浮佛 於莊嚴劫 得成爲佛 過去千佛是也 此中千佛者 拘留孫佛爲首 下至樓至如來 於賢劫中 次第成佛 後千佛者 日光如來爲首 下至須彌相 於星宿劫中 當得成佛"라고 하였다. [참고문헌] 『大乘本生心地觀經』, 『觀藥王藥上二菩薩經』, *Lal-v.265.*, *Mah-v.2.372.*, *Sukh-vy. I.19.* ⇨ 과거장엄겁 過去莊嚴劫, 미래성수겁천불 未來星宿劫千佛, 삼세천불 三世千佛, 현겁천불 賢劫千佛

천불도 千佛圖 과거와 현재 그리고 미래세의 대겁 각각에 출현하시는 천불 중 현재의 현겁천불(賢劫千佛)을 그려 모신 불화. 천불이라 하지만 과거현재미래를 함께하는 삼천불에서 만오천불(萬五千佛)에 이르기까지여서 천(千)이라는 숫자를 넘나든다. 『현겁경 賢劫經』, 『현겁천불명경 賢劫千佛名經』 등을 소의로 한다. 천불은 인도에서 유래한 도상이지만 천불을 주제로 한 조각이나 회화는 거의 비슷한 시기에 중앙아시아의 석굴사원이나 중국 등에서도 조성되었다. 인도에서 가장 오래된 천불도는 5세기 후반경에 조성된 아잔타석굴(Ajantā石窟) 제2굴 입구의 천불도〈그림1〉이고, 병령사석굴(炳靈寺石窟) 제169굴〈그림2〉과 5세기 후반의 중국 운강석굴(雲崗石窟) 등에서도 천불상을 볼 수 있다. 행과 열을 가지런히 하여 형상화한다. 우리나라도 현겁천불을 중심으로 한 신앙은 삼국시대부터 성행하였는데, 현존 최고(最古)의 기년명 불상인 연가칠년명(延嘉七年銘, 539년)금동불입상도 현겁천불 중 29번째인 인현의불(因現義佛)이다. 석상으로는 계유명삼존천불비상(癸酉銘三尊千佛碑像)이 남아 전한다. 통일신라와 고려시대에는 천불신앙이 대승불교의 제불(諸佛) 또는 다불(多佛)사상과 어울려 만불(萬佛)로 까지 확장되었고, 고려불화 「만오천불도 萬五千佛圖」등 『만오천불명경 萬五千佛名經』을 소의로 하여 조성되기도 하였다. 조선전기에는 『양촌집 陽村集』 등의 기록을 통해 석왕사(釋王寺)에서 삼천불도(三千佛圖)를 조성하였고, 왕실에서는 자수(刺繡) 천불도를 제작한 사실 등을 전하고 있으나 실물은 전하지 않는다. 무경자수(無竟子秀 1664~1737)의 『무경집』 권3 「화성천불모연문 畵成千佛募緣文」(한불전9, p.411c10)에서 "천불을 그려서 엄연히 한 전 중에 모두 모셨으니 사람들이 차제로 예족하여 부르길 '이 아무 부처님, 저 아무 부처님'이라 한다. 천불에 이르도록 이렇게 많이 부를 수 있으니, 단지 한둘 서넛만을 베낌만이 아니니 불자의 공덕이 어찌 다만 만만일 뿐이리요! 繪畫千佛 而儼然咸奉一殿中 使人次第禮足而稱之曰 此某佛也 彼某佛也 以至於千佛之多 則與只寫一二三四 佛者功德 奚但萬萬"라고 하였다. 현재 4기가 전한다. 「용문사(龍門寺)천불도」(1709)는 주존 없이 가로로 44존을 모시고, 세로 23존을

〈그림1〉천불 부분도 아잔타석굴 5세기 후반

〈그림2〉천불 부분도 병령사석굴 169굴 5세기전반

〈그림3〉천불부분도 선운사 1754년 동국대박물관

〈그림4〉천불부분도 포벽화 해남 미황사

모셔 모두 1008불로 장방형을 이루고 있다. 검은색 육계와 살색을 제하고는 거의 붉은 바탕에 모셔져 있어서 홍탱(紅幀)에 가까우며, 대시주자 묘정(妙淨)과 조연(助緣) 화주 신원(信元)이 모두 비구니인 점이 특징이다. 「선운사(禪雲寺)천불도」(1754)〈그림3〉는 현재 4축(軸)이 동국대박물관에 소장되어 있는데, 2축의 화면 상단에는 중앙에 오존(五尊)·좌우에 삼존(三尊)을 모신 '주존' 중심의 천불도다. 많은 시주자들이 동참하고 있다. 미황사(美黃寺) 포벽화(包壁畵)인 「천불도」〈그림4〉는 맑은 중간색으로 설채했으며 보색 대비가 뛰어나다. 〔참고문헌〕『賢劫經』, 『無竟集』, 『觀藥王藥上二菩薩經』, 『中國の石窟寺』(講談社, 1969), 『실크로드에서 온 천불도』(국립중앙박물관, 2006). ⇨ 계유명삼존천불비상 癸酉銘三尊千佛碑像, 연가칠년명금동여래입상 延嘉七年銘金銅如來立像, 용문사천불도 龍門寺千佛圖

천불동 千佛洞 수많은 부처님을 모신 동굴. 암벽 등을 파서 많은 불상과 탑 등을 조성하여 큰 무리를 이룬 사원. 이들 불동은 대부분 화려하게 채색된 불상(塑像)이나 벽화(壁畵)로 내부를 장식하고 있다. 벽화 중에서도 천불도(千佛圖)나 정토변상도(淨土變相圖)가 다수 모셔져 있기에 '천불이 앉아 계시는 동굴'이라는 뜻으로 천불동이라 한다. 인도에도 석굴사원이 많지만 중국에도 육조대(六朝代)부터 당(唐)과 오대(五代)에 이르기까지 강물을 임하고 있는 암벽을 굴착하여 조성한 암굴사원(巖窟寺院)의 유적이 많이 전한다. **1** 중국 감숙성(甘肅省) 돈황현(敦煌縣) 동남쪽 명사산(鳴沙山) 기슭의 삼계사(三界寺)가 있는데 상중하사(上中下寺)로 부른다. 처음에 붙여진 이름은 막고굴(莫高窟)〈그림1〉이며, 스타인(A.Stein)이 이를 천불동이라 이름하였다. 석실(石室)이 매우 많아 전하는 말에 따르면 부진(苻秦)대 366년(건원2)부터 착굴하기 시작하였다고 하나, 현존하는 가장 오래된 굴이 개착된 연대는 5세기 초로 추정하며, 그 뒤 북위(北魏)·서위(西魏)·북주(北周)·수(隋)·당·오대·송(宋)·서하(西夏)에서 원(元)대에 이르기까지 끊임없이 조성되었다. 보존된 굴은 모두 492굴이다. 벽화의 총 면적은 약 4만 5천㎡이고, 채색 부조는 2천 4백여 존(尊)에 이른다. 벽화는 불경의 고사와 불상으로 크게 구분되고 경작(耕作)·혼상(婚喪)·의복(醫卜) 등 당대 생활상을 겸하여 그려넣기도 하였기에 5·6세기부터 14세기까지 당대의 사회상을 반영한다. 청대 1900년(광서26) 보수작업시 이중의 벽이 설치된 석실 한 곳에서 서고를 발견하였는데 전적과 비판(碑版) 등과 많은 불경이 공개되었다. 이들 대부분은 당대 필사본으로 서하(西夏)의 병란을 피하여 보존된 것들이다. 1907년(광서33) 스타인이 이곳에 와서 필사본·그림·수예품 등 30여 상자를 챙겨 영국 런던박물관(Museum of London)에 전시하였다. 프랑스의 폴 펠리오(P.Pelliot)가 그 뒤를 이어 가져다 프랑스 국립도서관(Bibliothèque nationale de France)에 천여 권의 전적을 소장하게 하였다. 중국은 1930년에서야 남은 서적을 모두 경사도서관(京師圖書館)으로 옮겼지만 이미 중요 자료는 남아 있을 수 없었다. 이외에도 도교(道教)·마니교(摩尼教)·경교(景教) 등과 관련된 자료들도 있었으며, 문자로 보면 한문·법로문(法盧文)·회골문(回鶻文)·강거문(康居文)·고화전문(古和闐文)·구자문(龜茲文)·서장문(西藏文) 등의 자료들이 보존되었는데 경전과 역사, 통속 소설 그리고 소곡곡보(小曲曲譜)의 종류에 이르기까지 매우 다양하다. 아직까지도 현존하는 세계최대의 불교문화의 보고로 평가받는다. ⇨ 돈황 敦煌, 돈황막고굴 敦煌莫高窟, 돈황석굴 敦煌石窟 **2** 중국 신장위구르자치구 쿠차(Kutcha 옛 龜茲, 지금의 庫車) 지역의 천불동. 키질(Kizil)과 쿰트라(Kumtura) 석굴을 비롯해 심심(Sim-Sim)·키질가하(Kizil-Kargh)·아이(Aai)·타이타르(Tai-Taier)·원바시(Wenbashi) 등 많은 석굴사원이 있다. 이 중 키질석굴〈그림2〉이 가장 규모가 큰데, 3세기 경 부터 굴착이 시작되어 8~9세기까지 벽화 조성이 이어졌다. 키질석굴은 신강성(新疆省) 배성현(拜城縣) 동쪽으로 50km 지점의 무자트(Mujart) 강변 북쪽 언덕에 약 2km 동서로 이어지면서 모두 세 무리의 석굴과 200좌의 석굴이 있다. 이곳의 석굴은 장방형 동굴로 인도의 차이티야(Caitya 支提)를 모방하였다. 불상 대부분은

〈그림1〉천불장엄 돈황막고249굴 서위

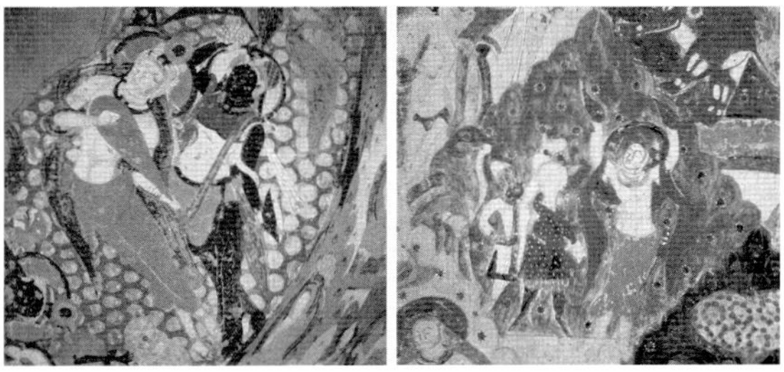

〈그림2〉키질전경 · 천불부분도 제8굴 · 제17굴 6세기

소조(塑造)이며 분홍·황색·옅은 녹색·밝은 남색 등의 색채벽화는 매우 선명하고 대부분 부처님 전기와 본생도(本生圖)가 중심이 된다. 설법도(說法圖)·열반도(涅槃圖)·다비도(茶毘圖)·분사리도(分舍利圖)·등명왕본생도(燈明王本生圖)·사신사호도(捨身飼虎圖) 등이 있다. 이외에도 인물·풍속·장식·화문(花紋) 등을 묘사하였다. 대부분 인도 간다라나 그리스와 페르시아 등의 영향을 받은

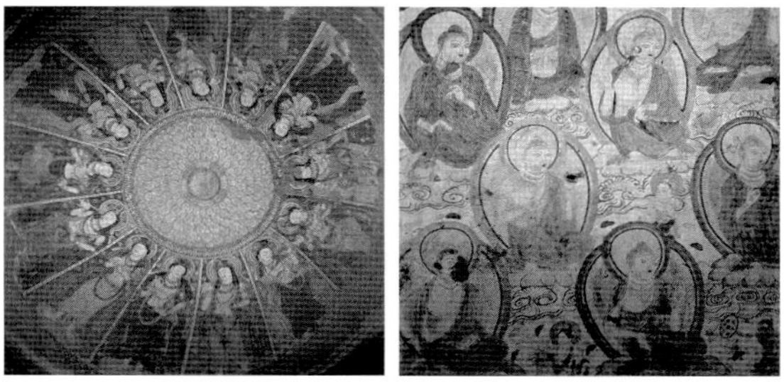

〈그림3〉천불도단편 쿰트라 쿠차 9세기 국립중앙박물관 · 천장화와 벽화부분도 쿰트라 쿠차 9세기

양식을 보인다. 쿰트라천불동〈그림3〉은 약 100좌의 석굴사원 중 대부분은 7세기에 개착한 방형굴이며 굴 정상에 고차 특유의 공작 깃 장식의 원형 덮개가 있고 주위에는 인도에서 유행한 삼단굴법(三段屈法) 형식으로 소조 보살군상(菩薩群像)이 나란히 배치되어 있다. 동굴 안에는 자연스럽게 묘사된 중국양식의 불상이 대부분이고 당대 벽화기법으로 표현된 벽화의 주제는 큰 화면의 경변상도(經變相圖)와 중국식 산수도(山水圖) 등이며 특히 열반동(涅槃洞)·비천동(飛天洞)·금시조동(金翅鳥洞)이 대표적이다. ⇨ 구자 龜玆, 구자천불동 龜玆千佛洞, 키질석굴 Kizil石窟 **3** 중국 신장 북쪽 투루판(吐魯番)

〈그림4〉천불도단편 야르호 투루판 9세기 국립중앙박물관

의 베제클릭(Bezeklik) 천불동. 베제클릭은 '아름답게 장식한 방실'의 뜻이다. 화염산(火焰山) 기슭에 있는 목두구하(Murtuk, 河) 서쪽 언덕의 절벽을 개착하여 위쪽의 석굴과 이어지도록 조성한 석굴이 모두 57개이다. 이곳 석굴은 모두 9~10세기에 개착하였고 대부분 구자의 장방형과 방형을 모방하였다. 벽화의 태반은 수기(授記)의 서원도(誓願圖)와 각종의 변상도(變相圖)다.

〈그림5〉일만오천불감 용문석굴 중국 낙양 680년

이밖에 마니교의 성자와 경교의 교도가 남긴 벽화도 있는데 변화가 풍부한 특징에 따라 일반적으로 위구르양식으로 불리며 예술적 가치도 크다. 투르판 지역에는 이외에도 토욕(Toyuk)·야르호(Yarkhoto)〈그림4〉·생김(Sengim)과 같은 석굴사원이 남아있다. ⇨ 베제클릭 Bezeklik **4** 중국 낙양 용문석굴(龍門石窟) 만불동〈그림5〉. ⇨ 용문석굴 龍門石窟 **5** 중국 하북성(河北省) 방산현(房山縣) 석경산(石經山)의 석경동(石經洞). ⇨ 석경산 石經, 석경산장경 石經山藏經 **6** 중국 하남성(河南省) 부구산(浮丘山)의 천불사(千佛寺) 경내에 석각(石刻) 960여 존(尊)을 모시고 있는 천불동. ⇨ 부구산 浮丘山, 천불사 千佛寺 [3]

천불명경 千佛名經 일천이나 되는 부처님의 명호를 적어 남긴 경. 과거와 현재 그리고 미래에 당하는 각각의 일천불을 각각의 1권으로 남기고 있어서, 합하여 삼천불명경(三千佛名經)이라고 한다. 『과거장엄겁천불명경 過去莊嚴劫千佛名經』(대정장14, No.446a·446b)·『현재현겁천불명경 現在賢劫千佛名經』(대정장14, No.447)·『미래성수겁천불명경 未來星宿劫千佛名經』(대정장14, No.448) 등이다. 『벽암록』 36칙 「평창 評唱」(대정장48, p.174c1)에 "옛날 '장졸'이라는 수재가 『천불명경』을 보다가 문득 장사경잠(長沙景岑)에게 물었다. '백천제불을 다만 그 이름만 들었습니다. 어느 국토에 머물며 중생을 돌이켜 교화하시는지 모르겠습니다' '황학루를 주제로 최호가 시로 지었는데, 수재는 그 주제로 지은 적이 있나요?' '그 제목으로는 쓴 적이 없습니다' '한가하면 그 주제로 시 한 편 짓는 것이 좋겠군요'. 잠대충(景岑의 별명)은 평소에 사람들에게 곧장 옥구슬 굴리듯 그들이 당면함에 딱 맞게 알게 했다. 昔有張拙秀才 看千佛名經 乃問 百千諸佛 但聞其名 未審居何國土 還化物也無 沙云 黃鶴樓崔顥題詩後 秀才曾題也未 拙云 未曾題 沙云 得閑題取一篇也好 岑大蟲平生爲人 直得珠回玉轉 要人當面便會"라고 하였다. [참고문헌] 『碧巖錄』. ⇨ 삼천불명경 三千佛名經, 과거장엄겁천불명경 過去莊嚴劫千佛名經, 현재현겁천불명경 現在賢劫千佛名經, 미래성수겁천불명경 未來星宿劫千佛名經

천불사 千佛寺 ❶ 평안남도 숙천군 천불산(千佛山)에 있었던 사원. 『동국여지승람』 권52 평안도 숙천도호부 불우(佛宇)에는 천불암(千佛菴)이라는 이름이 전한다. 〔참고문헌〕『東國輿地勝覽』, 『梵宇攷』, 『韓國寺刹全書』 권하 p.1062a11. ⇨ 천불암 千佛菴❶ ❷ 황해도 장연군에 있었던 사원. 『신증동국여지승람』 권43 황해도 장연현 불우(佛宇)에 불타산(佛陀山)에 위치한다고 전한다. 『경종실록』 권7 경종 2년(1722) 4월 12일에 "황해도 장연 땅의 천불사 금불상이 땀을 흘렸는데 하루가 지나서야 그쳤다. 땀 흐른 자국이 오래 남아있었다. 黃海道長淵地 千佛寺金佛像 汗流成行 經日乃止 流痕久存"라고 하였다. 『여지도서』 황해도 장연 사찰에는 "부 남쪽 20리 약산방 불타산 중턱에 천불 가득한 듯하여 붙여진 이름이다. 在府南二十里 樂山坊佛陀山中 有千佛盡像故名"라고 하였고, 고적에는 "천불사 서당에서 임진왜란 당시 부역으로 향교의 일을 맡은 이 절의 승려 해일이 훈도 강신조와 재생 김덕원 등과 함께 급하게 성묘를 옮겼다. 千佛寺西當壬辰倭變時 本寺僧海日適役鄕校事急與訓導姜信祖齋生金德源等移安聖廟"라고 「천불사사적비기 千佛寺事蹟碑記」에 전한다고 기록하였다. 『범우고』에는 "지금은 폐사되었다. 今廢"라고 하였다. 〔참고문헌〕『東國輿地勝覽』, 『景宗實錄』, 『輿地圖書』, 『梵宇攷』, 『韓國寺刹全書』 권하 p.1062a13. ❸ 중국 하남성 부구산(浮丘山)에 있는 절. 당(唐)대에 조성된 천불동(千佛洞)을 품고 있다. 『하삭방고록』에 "천불사의 비롯함과 건립에 관한 고찰은 사라졌다. 절 안에 석벽이 있는데 … 위로는 각을 올려 진무를 기리고 기슭 아래로 굴을 두 개 뚫어 거기에다 크고 작은 불상신구를 아울렀다. 千佛寺始建失考 寺內有石崖 … 上建閣以祀眞武 崖下鑿洞二 幷大小佛像身軀"라고 하였다. 〔참고문헌〕『河朔訪古錄』. ⇨ 부구산 浮丘山, 천불동 千佛洞❻

천불사 天佛寺 함경남도 문천군에 있었던 사원. 『동국여지승람』 권49 함경도 문천군 불우조에 천불산(天佛山)에 있는 사원으로 전한다. 『일성록』의 1795년(정조 19) 6월 무자일에 의하면 함경도 감사(監司)가 그 지역의 역사(役事)와 귀주사(歸州寺) 스님의 신역(身役)을 줄여주는 일을 아뢰는 장계에서 귀주사 주변의 천불사와 백운사(白雲寺)를 언급하고 있고, 1799년(정조23)에 완성된 『범우고』에는 폐사로 전하고 있어 1795년부터 1799년 짧은 기간에 폐사되었을 것으로 짐작한다. 〔참고문헌〕『東國輿地勝覽』, 『日省錄』, 『梵宇攷』, 『韓國寺刹全書』 권하 p.1076b4.

천불산 千佛山 중국 산동성(山東省) 제남(濟南) 남쪽에 있는 산. 역산(歷山)·미산(靡山)이라고도 하고, 순(舜)임금이 이곳에서 경작을 하였다는 전설에 따라 순경산(舜耕山)이라고도 한다. 수(隋) 개황년간(581~600) 때부터 석굴을 파고 부조로 불보살상을 만들기 시작하여 천여 존(尊)을 조성하였다. 이 무렵 사찰도 함께 건립하여 천불사(千佛寺)라 하였다. '천불산'이라는 명칭 역시 이때부터 붙여진 이름이다. 이후 천불사는 당(唐) 정관년간(627~649)에 중수되고, 흥국선사(興國禪寺)라 불리기도 하였다. 〔참고문헌〕『折疑論』 권3 「釋謗」(대정장52, p.810a16), 『古今圖書集成選輯(上)』 권108 「山東通志」(대장경보편15, p.551a24).

천불상수 千佛上首 천불 중에 으뜸. 현겁천불에서는 구류손불이시다. 『현재현겁천불명경』(대정장14, p.376a20)에 "그때 세존께서 게송으로 모든 부처님의 이름을 설하시니, 구나제불이 천불의 상수가 되신다. 爾時世尊卽以偈說 諸佛名字 拘那提佛 爲千佛上首", 『번역명의집』 권1(대정장54, p.1058b2)에 "구류손을 한역하면 '마땅히 끊어야 할 것'이라는 뜻이고, 또 '짓고 써서 장엄하다'라 번역한다. 현겁의 아홉 번째, 수명이 6만세로 줄 때 나타나 불도를 이루고 천불의 머리가 되시다. 俱留孫 此云所應斷 又翻作用莊嚴 賢劫第九 減六萬歲 出成佛道 爲千佛首", 『속일체경음의』 권6(대정장54, p.958b17)에 "구류손〈'구류진'이라고도 하는데, 응당 '가라구촌태'라 음사해야 한다. 한역하면 '반드시 끊어내야 할 것을 이미 끊었다'라는 뜻이다. 곧 현겁천불의 우두머리다〉. 拘留孫〈或云 拘留秦 應云 迦羅鳩忖馱 此云 所應斷已斷也 卽賢劫千佛之首也〉"라고 하였다. 〔참고문헌〕『現在賢劫千佛名經』, 『翻譯名義集』, 『續一切經音義』. ⇨ 구류손불 拘留孫佛, 천불 千佛

천불암 千佛庵 ❶ 강원도 철원군 근남면 양지리 천불산(千佛山)에 있었던 암자. 대본산 유점사(楡岾寺)의 말사였다. 『유점사본말사지』 「천불암지 千佛庵誌」에 의하면 1868년(고종5)에 유보살(劉菩薩)이라는 여성이 창건하여 천불암이라고 이름지었다고 하고 1936년 주지 한여하(韓汝河)가 새롭게 중건했다고 한다. 〔참고문헌〕『楡岾寺本末寺誌』(亞細亞文化社, 1977) pp.813~817, 『韓國寺刹全書』 권하 p.1062a19. ❷ 경상남도 진주시 지리산(智異山)에 있었던 암자. 천불암(千佛菴)이라고도 한다. 천왕봉 동쪽에 위치하며, 법계사(法戒寺)와 가까이에 있었다. 『동국여지승람』 권30 경상도 진주목 불우(佛宇)에 "돌이 집처럼 생겼는데, 수십 명을 가릴 만하다. 有石如屋 可庇數十八"라고 하였는데, 『속동문선』 권21 「유지리산록 遊智異山錄」과 『연려실기술』 별집(別集) 권16 산천형승(山川形勝)에서는 '암범주굴 巖法主窟'이라고 지칭하였다. 〔참고문헌〕『東國輿地勝覽』, 『續東文選』, 『輿地圖書』, 『燃藜室記述』, 『梵宇攷』, 『韓國寺刹全書』 권하 p.1062a15. ❸ 경상북도 김천시 대항면 운수리 황악산(黃嶽山)에 있는 암자. 직지사(直指寺)의 부속암자이다. 『직지사지』 「직지사연혁 直指寺沿革」에 의하면, 1908년에 이혼허(李混虛)가 발기(發起)하고 연암화상(然庵和尙)과 이춘담(李春潭)이 화주(化主)가 되어 부도암(浮屠庵)을 천불전(千佛殿)의 오른쪽에 이건(移建)하고 천불암이라고 이름을 고쳤다고 하였다. 〔참고문헌〕『直指寺誌』(亞細亞文化社, 1980) pp.214~215. **4** 평안남도 숙천군 천불산(千佛山)에 있었던 암자. 천불사(千佛寺)라고도 한다. 『동국여지승람』 권52 평안도 숙천도호부 불우에 전하고 있다. 〔참고문헌〕『東國輿地勝覽』, 『韓國寺刹全書』 권하 p.1062b1. ⇨ 천불사 千佛寺[1] **5** 평안남도 평원군 동송면 백운리 동방산(東方山)에 있었던 암자. 1759년(영조35)에 불이 나서 폐사되었다. 『사탑고적고』에 "읍지에 석탑의 4면이 비늘 조각 같은데, 불상 천 기나 새겨져 있다. 임진왜란 후 암자가 폐사되어 영유의 영천사로 비를 옮겼는데 그 후에 마을도 허물어졌다. 강희 갑신년(1704・숙종30)에 부사 구봉창이 암자를 중건하고 비도 옮겨 세웠다고 하였다. 邑誌云 有石塔四面 如鱗片狀 刻佛像千體 壬辰役後 庵廢故 移其碑於永柔靈泉寺 厥後府基殘罷 故康熙甲申 府使具鳳昌 復建其庵 移立碑矣"라고 하였다. 〔참고문헌〕『寺塔古蹟攷』, 『韓國寺刹全書』 권하 p.1062b3.

천불인연경 千佛因緣經 후진(後秦)대 구마라집(鳩摩羅什) 한역. 1권. 고려장13, pp.1171a1~1179c3, No.452・대정장14, pp.65c23~72a28, No.426에 수록되어 있다. 현겁천불(賢劫千佛)이 부처가 되신 과거일(本事)을 설한 경이다. 육바라밀을 비롯한 대승의 주요 덕목을 강조하였다. ⇨ 현겁천불 賢劫千佛

천불전 千佛殿 천 존(尊)의 불상을 봉안한 전각. 천불각이라고도 한다. 『삼겁삼천불연기경 三劫三千佛緣起經』에 의하면 과거와 현재 그리고 미래의 삼세(三世) 각각에 과거장엄겁(過去莊嚴劫) 천불, 현재현겁(現在賢劫) 천불, 미래성수겁(未來星宿劫) 천불이 계셔서 모두 삼천불이 있는데, 천불전에서는 주로 현겁천불을 봉안한다. 현겁천불은 구류손불(拘留孫佛)・구나함모니불(拘那含牟尼佛)・가섭불(迦葉佛)・석가모니불(釋迦牟尼佛) 등

천불전 해남 대흥사

과거칠불과 미륵불(彌勒佛) 등을 상수로 한 일천부처님이다. 사찰 유구(遺構)로 파악되는 우리나라 천불전의 가장 이른 사례는 비로자나불상(毘盧遮那佛像)을 주존으로 모셨던 보령 성주사(聖住寺)의 고려시대 삼천불전지(三千佛殿址)다. 현존하는 대표적 천불전은 해남 대흥사(大興寺) 천불전(보물 제1807호)인데, 1818년(순조18)에 일본에 표류되었다가 돌아온 옥석제(玉石製) 천불상(전남유형 제52호)을 봉안하고 있다. 이외 예산 향천사(香泉寺) 천불전(문화재자료 제173호), 구례 화엄사(華嚴寺) 구층암(九層庵) 천불보전, 순천 선암사(仙巖寺) 천불전 등이 있다. 〔참고문헌〕『聖住寺』(보령시・충남대박물관, 1998). ⇨ 성주사지 聖住寺址, 대흥사천불전 大興寺千佛殿

천불출세 千佛出世 천 분의 부처님이 세상에 출현하다. 『현겁경』 권6 「천불명호품 千佛名號品」(대정장14, p.50a21)에 "이 현겁 동안에 이 천 분의 부처님이 세상에 출현하여 시방의 일체중생을 건너고 벗어나게 하는데, 이 천 분의 부처님들은 각기 명호를 가지고 있으며 모두 그와 같은 형상이다. 是賢劫中 有斯千佛 興現出世 度脫十方 一切衆生 是千佛等 各有名號 皆如是像"라는 경문에 의지한다. 『천수경』(대정장20, p.107a19)에 "어떤 중생이든 대중을 위한 상주음식과 재물에 손해를 끼치면 천 분의 부처님이 세상에 출현하여도 참회가 전혀 통하지 않는다. 若諸衆生 侵損常住飮食財物 千佛出世 不通懺悔", 『벽암록』 37칙 「평창 評唱」(대정장48, p.175a27)에 "만약 머뭇거리며 생각으로 찾으려 하면 천 분의 부처님이 세상에 출현하시더라도 찾아 더듬어 잡을 수 없다. 若擬議尋思 千佛出世 也摸索他不著", 『서장』 「답왕장원장 答汪狀元狀」(대정장47, p.932b4)에 "스승 구담께서는 증상만인을 가리켜 반야를 해치는 사람, 대망어를 하는 사람, 부처님의 혜명을 끊는 사람이라고 하였으니 천 분의 부처님이 세상에 출현하여도 참회가 전혀 통하지 않습니다. 老瞿曇指爲增上慢人 亦謂之謗般若人 亦謂之大妄語人 亦謂之斷佛慧命人 千佛出世不通懺悔", 『종용록』 13칙 「평창 評唱」(대정장48, p.235b20)에 "기실 이 일은 천 분의 부처님이 세상에 출현한다 해도 더할 일 없고, 천 분의 성인이 입멸한다 해도 덜할 일 없다. 其實此事 千佛出世不增 千聖入滅不減"라고 하였다. 〔참고문헌〕『賢劫經』, 『千手經』, 『碧巖錄』, 『書狀』, 『從容錄』, 『三國遺事』 권3(대정장49, p.989b11・한불전6, p.318c14) 塔像4 迦葉佛宴坐石. ⇨ 천불 千佛, 삼세제불 三世諸佛

천불출현 千佛出現 천 분의 부처님이 출현하시다. 과거겁・현재겁・미래겁 삼겁(三劫)에 걸쳐 각각에 천불이 출현하신다는 천불출현을 설한 경들에 의지하며 천불출흥(千佛出興)・천불출세(千佛出世)・천불현(千佛現) 등이라고도 한다. 『대승본생심지관경』 권1 「서품 序品」(대정장3, p.292c15)에 "장엄겁 중에 천 분의 부처님이 출현하여 이와 같은 모든 왕들이 늘 시주가 되고, 현겁 중에 천 분의 부처님이 출현하여 이와 같은 모

든 왕들이 또한 시주가 되며, 장차 앞으로 올 성수겁 중에 천 분의 부처님이 출현하여 시주가 되리라. 나아가 미래의 일체의 모든 부처님이 세간에 출현하면 이와 같은 모든 왕이 본원력으로 언제나 단시를 행해서 유정을 넉넉히 하며 마땅함 따라 모든 방편문에 잘 들 것이다. 莊嚴劫中 千佛出現 如是諸王 常爲施主 賢劫之中 千佛出現 如是諸王 亦爲施主 於當來世 星宿劫中 千佛出現 當爲施主 乃至未來 一切諸佛 出現世間 如是諸王 以本願力 常行檀施 饒益有情 隨宜善入諸方便門", 『불공견삭주심경』(대정장20, p.406c4)에 "이로써 부처님 공덕의 힘을 기억해 가지면 저 시방 각 면에 계신 천불이 그 앞에 출현하시는데, 행자가 이를 보면 가진 죄업 모두 녹아 사라진다. 由此憶念佛功德力 彼十方面各有千佛出現其前 行者見已 所有罪業 皆悉銷滅", 『법원주림』 권8 「출시부出時部」(대정장53, p.333a20)에 "현겁에 의지해 일대를 네 때로 나누면 첫째는 성, 둘째는 주, 셋째는 괴, 넷째는 공이다. 이 넷에 나아가면 성겁은 이미 갔고 괴겁과 공겁은 아직 오지 않았으며 지금은 주겁에 있다. 그러므로 천 분의 부처님이 출현함은 크게 잡아서 말함이다. 세 분 부처님이 이미 가셨고, 지금은 네 번째이신 석존의 법이 남은 때다. 據賢劫 一代分爲四時 一成二住 三壞四空 就此四中 成劫已往 壞空未至 今在住劫 故有千佛出現 大約而言 三佛已往 今是第四釋尊遺法", "이 사시 중 각각 이십소겁으로 나뉘니 거두면 총 팔십소겁이 된다. 시작은 일대의 수화풍겁으로 현겁이라 한다. 주겁 중에 나아가 별도의 이십소겁의 안은 『입세아비담론』에 따르면 '십일겁은 미래요, 팔겁은 과거인데, 지금 석가불은 제9겁에서 부처를 이루었다'라고 하였다. 今此四時中 各分二十小劫 總爲八十小劫 始爲一大水火風劫 名爲賢劫也 就住中 二十別小劫內 依立世阿毘曇論云 十一劫是未來 八劫是過去 今釋迦佛當第九劫內成佛", "〔문〕 이 현겁 중에 성괴공겁에는 부처님이 세상에 나오지 않고, 오직 주겁만을 취하면 이 주겁 중에 다시 미래는 십일소겁만이 있는데, 어떻게 구백아흔여섯 분의 부처님이 한꺼번에 세상에 출현하는가? 〔답〕 진실로 논란인 바와 같다. 고래로 제불이라 함에 이런 것들이 방해가 되는데 그 뜻을 알기는 좀체로 어렵다 한다. 問 此賢劫中 成壞空劫 佛不出世 唯取住劫 此住劫中 復未來唯十一小劫 何得須有九百九十六佛 一時出世耶 答曰 實如所難 古來諸佛 亦有斯妨 會意稍難", "펴고 구르길 장엄겁과 현겁과 성수겁 등으로 각기 천 분의 부처님이 세상에 출현하신다. 그러므로 대겁아승기겁이 지나는 동안 지금의 현겁 중에 네 분 부처님이 세상에 나오심은 또한 아승기겁이지 주겁의 소겁이 아님을 알 수 있다. 이미 대겁인 까닭에 현겁 동안 천 분의 부처님이 세상에 출현함은 의심할 바 없다. 展轉名莊嚴劫賢劫星宿劫等 各有千佛出世 故知是過於大劫阿僧祇劫 至今賢劫中 四佛出世者 亦是阿僧祇劫 非是住小劫也 既是大劫故於賢劫之中 千佛出世 無所疑也"라고 하였다. 〔참고문헌〕『大乘本生心地觀經』, 『不空羂索呪心經』, 『法苑珠林』, 『大智度論』 권64(대정장25, p.514a22). ⇨ 천불출세 千佛出世

천불회 千佛會 천불에게 공양하는 법회. 『선림상기전』 권16(대장경보편19, p.508b10)에 "천불회 : 원오극근 선사의 천녕사 어록에 '교귀비가 베푼 천불회에서 원오가 상당하여 말하길 「천 송이 꽃이 상서롭게 어리고 만 갈래로 선을 쌓은 신령한 저 높은 단이여, 널리 해탈문 열고 값 매길 수 없는 보배 활짝 연다. 〈내지〉 가없는 복록을 모으고 황제 또한 무궁하기를 축원한다. 〈운운〉'라고 하였다. 千佛會 圓悟勤禪師天寧錄 喬貴妃設千佛會 上堂云 千華顯瑞應 萬善積靈臺 廣闢解脫門 大開無價藏 〈乃至〉 集無涯福祿 祝睿算無疆 〈云云〉"라고 하였다. 〔참고문헌〕『禪林象器箋』.

천비구 天比丘 Ⓢ Devasava, Ⓟ Devasabba. 석존 재세시 제천을 이끌던 비구. 『증일아함경』 권3(대정장2, p.558b2)에 "모든 하늘의 스승이 되어 이끌고 정법을 가리켜 전하니 천비구가 바로 그 이다. 諸天師導 指授正法 所謂天比丘是"라고 하였다. 〔참고문헌〕『增壹阿含經』, 『釋譜』 권1(대정장50, p.11c6).

천비성 天臂城 Ⓟ Devadaha. 인도의 고대 도시. 석존의 생모인 마야부인이 이곳 출신이다. 『불본행집경』 권5(대정장3, p.676a6)에 "이때 가비라에서 멀지 않은 곳에 또 한 성이 있었으니 이름하여 천비라 하였다. 저 천비성에 한 석종 부호장자 있었으니 이름하여 선각이라 하였는데, 큰 부에 재가 많았으며 온갖 진보들 쌓아 자산이 풍요로웠고 위덕 구족하여 뜻 따라 저절로 가져 모자란 바 없었고 사택은 마치 저 비사문왕의 궁전과 같아 다름이 없었다. 時 迦毘羅 相去不遠 復有一城 名曰天臂 彼天臂城 有一釋種 豪貴長者 名爲善覺 大富多財 積諸珍寶 資產豐饒 具足威德 稱意自然 無所乏少 舍宅猶如毘沙門王宮殿無異", 『석가여래성도기주』(卍속장130, p.209a6)에 "범어 마하마야는 대술이라 한역하니 곧 부처님의 어머니이다. 이분 천비성 중 선각장자의 여덟 번째 딸이다. 梵語摩訶摩耶 華言大術 卽佛母也 是天臂城中 善覺長者 第八女也"라고 하였다. 〔참고문헌〕『佛本行集經』, 『釋迦如來成道記註』. ⇨ 데바다하 Devadaha

천비천발만수실리경 千臂千鉢曼殊室利經 10권. 740년 불공(不空) 한역. 천발경(千鉢經)·천발문수경(千鉢文殊經)·천발만수경(千鉢曼殊經)·천비천발경(千臂千鉢經)·천비천발만수사리경(千臂千鉢曼殊師利經)이라고도 한다. 온전한 이름은 대승유가금강성해만수실리천비천발대교왕경(大乘瑜伽金剛性海曼殊室利千臂千鉢大教王經)이다. 범본 저본은 733년 신라스님 혜초(慧超)가 천복사에서 금강지(金剛智)에게 받았다고 전한다. 금강지가 한역했다는 설도 있으나 『정원석교록』에 기재되지 않았고 원문이 난삽하여 위경이라는 설도 있다. 내용은 잡밀에서 순밀로 이행하는 과도기의 경전으로 분류하기도 한다. 천 개의 팔을 가진 문수보살이 팔 하나마다 발우 하나씩 들고 있는데, 발우마다 천 분의 석가모니부처님이 현신하신다. 문수보살정수리 위의 오불여래근본비밀법과 문수보살부사의력을 설하는 내용으로 무생문(無生門)·무동문(無動門)·평등문(平等門)·정토문(淨土門)·해탈문(解脫門) 등 5문으로 열어 보인다. 관련 경으로는 『천발문수일백팔명찬 千鉢文殊一百八名讚』이 있다. ⇨ 대승유가금강성해만수실리천비천발대교왕경 大乘瑜伽金剛性海曼殊室利千臂千鉢大教王經

천비천발만수실리보살 千臂千鉢曼殊室利菩薩 천 개의 팔과 각각의 손에 발우를 드신 모습의 문수사리보살. 갖춘 이름은 '오정오지존천비천수천발천불석가만수실리보살 五頂五智尊千臂千手千鉢千佛釋迦曼殊室利菩薩'이고, 줄임말은 천발문수(千鉢文殊)다. 돈황(敦煌) 천불동(千佛洞) 제6굴과 제72굴에 이 보살의 벽화가 있다. 오대송초(五代宋初)에 제작된 것으로 천불동 벽화 가운데 뛰어나다. 『문수대교왕경』 권5(대정장20, p.748c14)에 "대가섭은 만수실리에게 머리숙여 예를 올리고서 발우 안을 보았다. 발우 안을 보니 백억의 삼천대천세계·백억의 무색계·백억의 색계·백억의 육욕계·백억의 수미산·백억의 사천하·백억의 남염부제·백억의 사하세계·백억의 석가여래·백억의 천비천발만수실리보살·백억의 가섭 등이 있었다. 大迦葉則於曼殊室利前頭面禮敬訖 便於鉢內觀看 及見鉢中 有百億三千大千世界 百億無色界 百億色界 百億六欲界 有百億須彌山 百億四天下 百億南閻浮提 百億娑訶世界 百億釋迦如來 百億千臂千鉢曼殊室利菩薩 百億迦葉"라고 하였다. [참고문헌] 『文殊大教王經』. ⇨ 문수보살 文殊菩薩, 오자문수보살 五字文殊菩薩, 천불동 千佛洞 **1**

천사 天寺 Ⓢ deva-kula, Ⓣ lha-khang. 외도의 천신(天神)을 모신 사당. 『잡아함경』 권23(대정장23, p.166c25)에 "또한 장차 왕이 천사에 이르니 왕에게 말하길 '태자가 나셨을 때 저 신들에게 예를 올리게 하였지만 그때 모든 신들은 다 보살에게 예를 올렸습니다. 그때 모든 백성들이 보살을 위해 이름하기를 이제 이 분이야말로 하늘 중에 하늘이시다 하였습니다'. 又將王至天寺中 語王言 太子生時 令向彼神禮 時諸神悉禮菩薩 時諸民人爲菩薩立名 今是天中天", 『유가사지론』 권39(대정장30, p.506a21 : *Bodh-bh.*, p.82)에 "모든 보살은… 저 제사 지냄에 있어 끝내 스스로 짓는 것도 아니고 다른 이를 시켜 짓게 하는 것도 아니며 저 모든 천사에서 양을 죽여 제사 지내지 않는다. 諸菩薩… 於彼祠祀 終不自作 亦不教他 亦不於彼諸天寺中殺羊祠祀 bodhisattvas … tad-rūpān yajñān-na svayaṃ yajati na parair-yājayati. na-api ca devakuleṣu paśuvadham-anuprayacchati", 혜초(慧超 704~780)의 『왕오천축국전』(한불전3, p.375c12)에 "곧 중천국 남쪽으로 3개월 정도 가면 남천축국 왕이 머무는 곳에 이른다. … 그 산중에 천사가 있는데 용수보살이 야차신으로 하여금 만들게 한 것이지 사람이 만든 것이 아니다. 卽從中天國南行三箇餘月 至南天竺國王所住 … 於彼山中有一天寺 是龍樹菩薩使夜叉神造 非人所作"라고 하였다. [참고문헌] 『雜阿含經』, 『瑜伽師地論』, 『往五天竺國傳』, *Bodh-bh.* ⇨ 천사 天祠, 천중천 天中天

천사 天使 **1** Ⓟ devadūta. 하늘이 보낸 사람. 노(老)와 병(病)과 사(死) 이 셋을 염라왕(閻羅王)이 보낸 삼천사(三天使)라 하거나, 여기에 생(生)과 뇌옥(牢獄)을 더해 오천사(五天使)라고도 한다. 『장아함경』 권19 「세기경 世記經」(대정장1, p.126b19)에 "부처님이 비구에게 말하였다. '세 천사가 있으니, 무엇이 그 셋인가? 첫째는 늙음이고, 둘째는 병듦이고, 셋째는 죽음이다. 중생은 몸으로 악을 행하고 입으로 악을 말하며 마음으로 악을 떠올려 몸이 무너져 목숨 마치면 지옥 중에 떨어진다. 옥졸이 이 죄인을 데리고 염라왕의 처소에 이르면 이렇게 말한다. 「이 자는 천사에 의해 소환되었습니다. 오직 바라건대 대왕께서 그 말을 잘 살펴 주십시오」. 佛告比丘 有三使者 云何爲三 一者老 二者病 三者死 有衆生身行惡 口言惡 心念惡 身壞命終 墮地獄中 獄卒將此罪人 詣閻羅王所 到已白言 此是天使所召也 唯願大王善問其辭", "염라왕은 죄인에게 묻는다. 「그대는 첫 사자를 보았는가?」 「보지 못했습니다」 「그대가 인간계에 있을 적에 자못 늙은 사람이 머리는 희고 이는 빠지고 눈은 어둡고 피부와 살은 축 늘어지고 등은 굽어서 지팡이 짚은 채 웅얼거리며 다님에 몸은 부들부들 떨고 기력은 쇠미해진 이런 사람을 보지 못했단 말인가?」 … 王問罪人言 汝不見初使耶 罪人報言 我不見也 王復告曰 汝在人中時 頗見老人頭白齒落 目視矇矇 皮緩肌皺 僂脊柱杖 呻吟而行 身體戰掉 氣力衰微 見此人不 … ", "왕은 다시 말한다. 「지금 그대가 죄 받음은 부모의 허물이 아니고 형제의 허물도 아니며, 천제 때문도 아니고, 선조 때문도 아니고, 아는 사람과 동복과 심부름꾼 때문도 아니고, 사문이나 바라문의 허물 때문도 아니다. 그대 스스로 악을 지녀 그대가 지금 스스로 받을 뿐이다」'. 王又告言 今汝受罪 非父母過 非兄弟過 亦非天帝 亦非先祖 亦非知識 僮僕使人 亦非沙門 婆羅門過 汝自有惡 汝今自

受", 같은 책 권19「세기경」(대정장1, p.127a17 : *Devadūta-sutta*, *MN.3*, p.187)에 "세존께서 게송으로 설하셨다. '비록 천사를 보고도 여전히 방일하다면, 그 사람은 늘 근심 품고서 비천한 곳에 나리. 만약 지혜로운 사람이 천사를 본다면, 현성법을 가까이하며 방일치 않으리'. 世尊以偈頌曰 雖見天使者 而猶爲放逸 其人常懷憂 生於卑賤處 若有智慧人 見於天使者 親近賢聖法 而不爲放逸 coditā devadūtehi ye pamajjanti māṇavā te dīgharattaṃ socanti hīnakāyūpagā narā. ye ca kho devadūtehi santo sappurisā idha coditā nappamajjanti ariyadhamme kudācanaṃ"라고 하였다. [참고문헌]『長阿含經』, 『出曜經』 권11(대정장4, p.668c4), 『有部律雜事』 권17(대정장24, p.283b7), *MN*. ❷ 황제인 천자(天子)의 말을 전하기 위해 오고 가는 이. 『경덕전등록』 권5「사공산본정전 司空山本淨傳」(대정장51, p.242b33)에 "천하 선종의 석학이 모두 수도에 모여 있으니, 천사는 조정에 돌아가면 족히 결단 지음을 물을 수 있을 겁니다. 이 빈도는 산수를 곁하여 지낼 뿐이어서 딱히 마음 쓸 일 없습니다. 天下禪宗碩學 咸會京師 天使歸朝 足可咨決 貧道限山傍水 無所用心"라고 하였다. [참고문헌]『景德傳燈錄』, 『大唐靑龍寺三朝供奉大德行狀』(대정장50, p.295a7).

천사 天師 ❶ 하늘들의 스승. 부처님의 명호 중 하나로 인천사(人天師)・천인사(天人師 Ⓢ śāstā deva-manuṣyāṇām)・천중천(天中天)이라고 한다. 『장아함경』 권2「유행경 遊行經」(대정장1, p.16a16)에 "무상이족존은 세간 비추는 대사문이네. 아난이 천사께 땅 흔들리는 인연을 청해 여쭈니, 여래께서 자비로운 음성 펼치심에 그 소리 가비릉과 같네. 無上二足尊 照世大沙門 阿難請天師 地動何因緣 如來演慈音 聲如迦毘陵", 『보살영락경』 권14(대정장16, p.116c26)에 "다시 보살 있으니 이름이 청정장이었다. 부처님 앞에 나아가 아뢰었다. '천사가 오래도록 나타나지 않아 세상 사람들이 늘 어둠에서 지냈사온데, 우러를 분이 이제 내려와 모습을 보이시니, 오직 원컨대 때 맞는 법을 설하여 주옵소서'. 復有菩薩名淸淨藏 前白佛言 天師久不現 世人恒在冥 尊今旣降形 唯願時說法"라고 하였다. [참고문헌]『長阿含經』, 『菩薩瓔珞經』, 『佛本行經』 권1(대정장4, p.55b16). ⇨ 인천사 人天師, 천인사 天人師, 천중천 天中天 ❷ 천자(天子)의 스승. 『불조통기』 권51(대정장49, p.454a17)에 "현종은 사문 일행을 칭하여 천사라고 하였다. 玄宗沙門一行號稱天師"라고 하였다. [참고문헌]『佛祖統紀』.

천사 天祠 Ⓢ deva-kula. 하늘신이라 여겨 제사 지내는 곳. 석존이 태자로 나던 때에도 세간의 일은 하늘이 주관한다고 여겨 하늘신을 섬겼다. 성도한 후 석존은 하늘이 세간사를 주관하는 것이 아니라 중생이 밭에서 스스로 씨 뿌리고 거두듯이 보시하고(施) 계 지켜서(持戒) 하늘(天) 등 선취(善趣)에 날 뿐이라 가르치셨다. 불교는 이렇게 하늘신앙을 거두었으니 이를 시계천(施戒天) 삼론이라 한다. 『보요경』 권3(대정장3, p.497a29)에 "높고 귀한 여러 석종들이 함께 모여 왕의 처소로 와서 아뢰었다. '왕께서는 태자를 데리고 천사에 가셔야 합니다'. 왕은 그렇게 하겠다고 하고 명을 내려 성내 가도를 청소시켰다'. 尊豪諸釋 咸共集會來至王所 前啓白言 王當知之 宜將太子至於天祠 王然可之 皆勅城內掃除衢路", 『대장엄론경』 권10(대정장4, p.314c15)에 "중생들은 업을 짓고 각각 그 보를 받을 분이다. 내가 그 옛날 들었는데, 한 가난한 이가 생각했다. '천사에 가서 현세에 넉넉한 재보를 구하겠다'. 생각하고 동생에게는 '너는 부지런히 농사지어 생계를 잘 꾸려서 집안에 부족한 것이 없도록 해라'. … 그런 다음 천사로 가서 천사의 제자가 되어 대재회를 지어 향화로 공양하고, 향반죽을 땅에 바르고, 밤낮으로 예배하며 은혜와 복을 구하고 현세에 재산이 늘기를 바랐다. 이때 천신은 이렇게 생각했다. '저 가난한 이 선세 중에 보시공덕인연 있는 이인가 살폈다. 만약 연이 조금이라도 있다면 마땅히 방편을 베풀어 유익하게 하여야 하리. 만약 저 사람 이미 보시등 어떤 적은 인연도 없은 줄 알면 저 사람 이미 인연 없으니 이제 부지런히 나에게 청하여 수고롭게 해도 장차 이익이 없으면 나를 원망하리라' 하고는, 문득 그 동생으로 변화해서 천사로 갔다. 이때 형이 말하길 '너는 어디에 씨를 심었기에 이렇게 가져왔는가?' 변화한 동생 스스로 말하길 '저 또한 천신에게 구하고 청해 와서 신으로 하여금 기쁘게 해서 의식을 구하고자 합니다. 나 비록 씨 뿌리지 않아도 천신의 힘으로 저 밭에서 곡식들이 스스로 자라 족함을 얻으리라' 하였다. 형이 꾸짖어 동생에게 말했다. '어떤 밭인들 씨 뿌리지 않고도 거둬 들일 수 있겠는가?' 그리고 게를 가져 말했다. '사해바다 대지 일체처에 씨 뿌리지 않고 열매 맺는 일 있다 하는가'. 衆生造業 各受其報 我昔曾聞 有一貧人 作是思惟 當詣天祠 求於現世 饒益財寶 作是念已 語其弟言 汝可勤作田作 好爲生計 勿令家中 有所乏短 … 向天祠中 爲天祀弟子 作大齋會 香華供養 香泥塗地 晝夜禮拜求恩請福 悕望現世增益財産 爾時天神作是思惟 觀彼貧人於先世中頗有布施功德因緣不 若少有緣 當設方便使有饒益 觀彼人已了無布施少許因緣 復作是念 彼人既無因緣 而今精勤求請於我 徒作勤苦 將無有益 復當怨我 便化爲弟來向祠中 時兄語言 汝何所種 來復何爲 化弟白言 我亦欲來求請天神 使神歡喜求索衣食 我雖不種 以天神力 田中穀麥自然足得 兄責弟言 何有田中不下種子望有收獲 無有是事 卽說偈言 四海大地內 及以一切處 何有不下種 而獲果實"라고 하였다. [참고문헌]『普曜經』, 『大莊嚴論經』, *Lal-*

v.83. ⇨ 삼론 三論, 천중천 天中天

천사 遷謝 버리고 옮겨 가다. 생사계(生死界)를 버리고 열반계(涅槃界)로 옮겨 가는 뜻으로 죽음을 뜻한다. 천화(遷化)라고도 한다.ki 『대반열반경』 권하(대정장1, p.202c15)에 "나는 이제 이미 늙고, 죽을 때가 장차 이르렀다. 그 옛날 모든 왕들도 존귀와 쾌락을 누려 나와 다름없었지만 또한 버려 떠났으니 무상으로 돌아갔다. 我今已老 死時將至 古昔諸王 尊貴快樂 如我不異 亦復遷謝 歸於無常", 『유부율잡사』 권36(대정장24, p.387a19)에 "부처님은 여름이 되자 몸이 병고를 더했고 온갖 고통마저 받으셨기에 장차 명이 다하리라 아시고는 생각하셨다. '내 몸에 병이 있어 머지않아 떠나리라. 그런데 모든 필추들 여러 곳에 흩어져 있으니, 나는 지금 모든 대중을 버리고 열반에 들 수는 없다. 응당 무상삼매로 내 몸을 살펴 고통 잠시 멈추게 해야 하겠다'. 佛於夏內 身嬰病苦 受諸痛惱 幾將命終 作如是念 我身有疾 不久遷謝 然諸苾芻 散在餘處 我今不應離諸大衆 而般涅槃 應以無相三昧 觀察自身 令苦停息"라고 하였다. [참고문헌] 『大般涅槃經』, 『有部律雜事』, 『別譯雜阿含經』 권12(대정장2, p.456a13), 『楞嚴經』 권2(대정장19, p.110a29). ⇨ 천화 遷化, 반열반 般涅槃

천사주 天祠主 천사의 주인. 천제(天祭)를 집전하는 이. 사(祠)는 사(祀)로도 쓴다. 『귀문목련경』(대정장17, p.536a26)에 "한 아귀가 물었다. '저는 한 생 이후로 칼산의 검수지옥을 오르거나 불구덩이의 확탕지옥에 떨어져 갖가지로 고통 받아 다시 쉴 날이 없으니 무슨 죄를 지었기 때문입니까?' 一鬼問言 我一生已來 或登刀山劍樹地獄 或墮火坑 鑊湯地獄 種種受苦 無復休已 何罪所致", "목건련이 답하였다. '그대가 사람일 때 천사주가 되어 세 가지 희생물을 삶아 죽여 천신에게 제사를 지내며 피와 살을 사방에 뿌리며 뭇 사람들에게 말하길 「여러분이 제사를 지내면 길함과 이로움을 크게 얻으리」라 하며, 이 마구니의 삿된 말을 지으며 괴이한 말로 가벼이 백성을 속이고 부모를 꾀어 미혹케 하였다. 이런 까닭에 그 과로 지옥에 드는 것이다'. 目連答言 汝爲人時 作天祠主 烹殺三牲 祭祀天神 血肉灌灑四方 語衆人言 汝等祠祀 大得吉利 作此魔邪之言 妖孽之語 輕欺百姓 誑惑父母 以是之故 果入地獄"라고 하였다. [참고문헌] 『鬼問目連經』, 『法苑珠林』 권57(대정장53, p.718c10).

천산남북로 天山南北路 천산(天山)산맥을 중심으로 남과 북으로 열린 길. 인류문명이 동서로 가로지른 길을 실크로드라 부르게 된 것은 근대 이후다. 옛부터 이 길은 크게 셋으로 나뉜다. 그 첫 번째는 중앙아시아 곳곳의 여러 오아시스(Oasis)를 거쳐 중앙아시아와 서아시아를 지나 로마까지 1만 2천km에 이르는 '오아시스로'이고, 다음은 북방의 초원로(草原路 Steppe Road), 세 번째는 지중해로부터 아라비아해와 인도양을 지나는 해로(海路 Sea Road)다. 이 중에 가장 오래된 오아시스로 중에서도 천산산맥을 남북으로 연한 중앙아시아 실크로드를 통상 천산남북로라 부른다. 이 길은 기원전 8세기경부터 본격적으로 열리기 시작했다 하지만, 기록으로는 기원전 2세기 전한무제(前漢武帝 BC140~87) 때 장건(張騫)의 견문록을 근거로 『한서 漢書』 등에 실리고, 이후 수대(隋代 581~618) 배구(裵矩)의 『서역도기 西域圖記』에도 자세히 전하게 되었다. 『불조통기』 권32(대정장49, p.312a20)에 "양제 때 서역의 주변국들 허다히 있었고 중국의 도시들과 교역하였기에 황제들 그 일들을 잘하기 위해 『서역도기』를 짓게 하였다. 돈황에서 서해에 이르기까지 세 갈래 길이 있었다. 煬帝時 西域諸蕃 多至張掖 與中國交市 帝令裵矩 掌其事 撰西域圖記云 發自敦煌 至於西海 凡爲三道"라고 하였다. 이에 의지해 보면 남북로는 다음과 같다. 우선 전한대(BC 202~ AD 8)에 한에서 서역으로 가는 오아시스로는 남도(南道)와 북도(北道)의 두 길이 있었다. 남로는 돈황(敦煌)의 북방에 있는 옥문관(玉門關)이나 그 서남방에 있는 양관(陽關)으로부터 선선(鄯善 : 누란)을 지나 곤륜(崑崙)산맥의 북쪽 기슭을 따라 타림 분지의 남쪽가에 점재한 우기(于闐) 등 오아시스 국가들을 지나면서 두 갈래 길로 나뉜다. 한 길은 계속 서행(西行)하여 사차(莎車 : 야르칸드)를 거쳐 파미르 고원을 넘어 중앙아시아의 대하(大夏 : 박트리아)와 대월지(大月氏 : 사마르칸트) 및 서아시아의 안식(安息 : 파르티아)에 이른다. 다른 한 길은 사차에 이르기 전 장안으로부터 10,050리 거리에 있는 피산(皮山)에서 서남쪽으로 오차(烏秅)와 계빈(罽賓 : 간다라)을 지나 장안에서 12,200리 떨어진 오익산리(烏弋山離 : 아프가니스탄 칸다하르)

천산남북로

에 이른 후(계빈-오익산리도) 계속 서남밭향으로 100일 간 가면 조지(條支 : 시리아)에 이른다. 북로는 역시 옥문관이나 양관에서 출발하여 차사전왕정(車師前王廷 : 투르판)을 지나 천산(天山)산맥의 남쪽 기슭을 따라 타림 분지의 북연(北緣)에 점재한 언기(焉耆 : 카라샤르)·위리(尉犁 : 庫爾勒·쿠얼러)·오루(烏壘 : Chādir)·구자(龜慈 : 쿠차) 등 오아시스 국가들을 지나 장안에서 9,350리 거리에 있는 소륵(疏勒 : 카슈가르)에 이르러서 파미르 고원을 넘은 다음 장안에서 12,250리 떨어진 대완(大宛 : 페르가나)에 도달한다. 이 길은 대완에서 다시 두 갈래로 갈라지는데, 한 길은 서북향으로 전진하여 강거(康居)를 지나 이곳에서 약 2,000리 되는 암채(庵蔡)에 이른 후 계속하여 씨르다리아강 연안을 따라 서북쪽으로 가서 아랄해(北海) 북단까지 이어진다. 다른 한 길은 서남쪽으로 690리 지점에 있는 대월지로 뻗어가, 거기서부터 서남방향으로 49일이 걸리는 안식에 이른다. 특히 위의 두 길이 중심 거점으로 하는 곳에는 고대 불교의 아카이브라 할 수 있는 광범위한 유적이 자리하고 있다. 구마라집(鳩摩羅什)과 현장(玄奘)이 구법했던 여정 곳곳의 기록이 이 두 길에 새겨져 있고, 우리나라의 구법승 혜초(慧超) 또한 귀국길에 이 길을 지나왔다. 4세기 전진(前秦)의 황제 부견(苻堅)의 명을 받은 여광(呂光)이 구자국(龜玆國)을 평정하고 선물한 이가 다름 아닌 명승 구마라집이었고, 그때 장안에 유입된 35부 294권의 경전 중에 라집이 번역한 『반야』·『법화』·『유마』 등의 주요 대승경전들도 유통되기 시작하였다. 목숨을 건 구법승들이 오가던 이 길을 따라 서역 최대의 유적이 남게 되었는데, 쿠차강을 사이에 두고 동서로 펼쳐진 스바시고성 등에는 엄청안 수의 불탑과 예배당 그리고 천불동(千佛洞)이 어우러져 그 길이만도 7,000km에 이른다. 이 유적들은 20세기초 일본, 프랑스, 독일 등 제국의 탐험대에 의해서 유출훼손되기도 하면서 널리 알려지게 되었다. 현지인들이 위아래 천불동으로 나누어 부르는 키질과 천산남로의 쿰트라 천불동은 무자트강 북안 동서로 2km에 달하는데, 돈황(敦煌)의 막고굴(莫高窟)과 더불어 실크로드 불교유산의 꽃이라 불릴 만큼 장엄하고 아름답다. [참고문헌] 정수일 『실크로드학』(창비, 2013). ⇨ 실크로드 Silk Road, 돈황 敦煌, 천불동 千佛洞, 키질석굴 Kizil石窟, 구자 龜玆, 고창국 高昌國, 이오 伊吾, 대불림국 大拂臨國, 선선국 鄯善國, 우전 于闐, 범연나국 梵衍那國, 비마성 媲摩城

천산만수 千山萬水　천이나 솟은 산봉우리와 만 갈래 물길. 『경덕전등록』 권24 「곡은지엄전 谷隱知儼傳」(대정장51, p.406a15)에 "곡은에게 물었다. '천산만수는 어떻게 오르고 건넙니까?' '걸음 내딛자마자 문득 천리만리다' '걸음 내딛지 않을 때는 어떻습니까?' '그 또한 천리만리다'. 問 千山萬水 如何登涉 師曰 擧步便千里萬里 曰 不擧步時如何 師曰 亦千里萬里", 『설두어록』 권1(대정장47, p.675c1)에 "상당하자 스님이 물었다. '스승님께서 언젠가 말씀하시길, 삼경에 철문을 지난다 하셨는데 뜻이 무엇입니까?' '충언은 혀 잘리는 화를 면치 못한다'. 스님이 절 올리자 설두가 말했다. '통발 놓아봐야 물고기 잡기 어려운 줄 안다' '천이나 솟은 산봉우리와 만 갈래 물길 구름 뚫고 갑니다. 풀 뽑고 바람 올려다보는 일은 어떻습니까?' '짚신 해질 뿐이지' '무엇 위해서 그렇게 합니까?' '사람에게 먼 생각이 없으면 반드시 가까운 것 근심한다'. 上堂 僧問 承師有言 三更過鐵門 意旨如何 師云 忠言不避截舌 僧禮拜 師云 臨筌方覺取魚難 問 千山萬水穿雲去 撥草瞻風事若何 師云 蹋破草鞋 進云 爲什麽如此 師云 人無遠慮 必有近憂", 『오가종지찬요』 권중 「부산원록공십육제 浮山遠錄公十六題」(卍속장114, p.547b2)에 "첫 번째, 스스로 으뜸인 것 안다. 스스로 종을 안다는 것은 비록 본래 종취 안다 해도 말 그물에 떨어지지 않아야 한다. 문득 헤아려 논한 들 산은 천으로 솟고 물은 만 갈래로 흐른다. 一 識自宗 識自宗者 須識本來宗趣 不落言詮 纔擬論量 千山萬水"라고 하였다. [참고문헌] 『景德傳燈錄』, 『雪竇語錄』, 『五家宗旨纂要』. ⇨ 삼라만상 森羅萬象

천산북로 天山北路 ➡ 천산남북로 天山南北路

천상 天上 Ⓢ svarga, svarga-loka, Ⓟ sagga, sagga-loka, Ⓣ mtho-ris-kyi-'jig-rten. 하늘 그 위. 또는 하늘에 오르다. 삼계(三界 : 欲界 色界 無色界)의 모든 하늘. 육도(六道)나 십계(十界) 중 하나인 천상계(天上界)를 말한다. 『잡아함경』 권37(대정장2, p.272c29)에 "'무슨 인연으로 모든 중생들은 몸이 무너지고 목숨이 다한 후 천상에 납니까?' 부처님께서 바라문장자에게 말씀하셨다. '법다운 행을 하고 바른 행을 행하면, 이런 인연으로 몸이 무너지고 목숨이 다하면 천상에 난다'. 다시 여쭈었다. '세존이시여, 어떤 법다운 행을 하고 바른 행을 해야 몸이 무너져 목숨이 다한 후 천상에 납니까?' 부처님께서 바라문장자에게 말씀하셨다. '즉 살생을 여의고 나아가 정견 등 십선업을 지은 인연으로 몸이 무너지고 목숨이 다하면 천상에 난다'. 何因緣 諸衆生身壞命終 得生天上 佛告婆羅門長者 行法行 行正行 以是因緣故 身壞命終 得生天上 復問 世尊 行何等法行 何等正行 身壞命終 得生天上 佛告婆羅門長者 謂離殺生 乃至正見 十善業跡因緣故 身壞命終 得生天上", "'바라문장자여 만일 이런 법다운 행동을 하고 바른 행동을 한 사람이 찰리의 훌륭한 가문이나 바라문의 좋은 가문이나 거사의 훌륭한 가문에 나기를 바란다면 다 거기에 나게 된다. 왜냐하면 법다운 행을 하고 바른 행을 한 인연 때문이다. 또 사왕천이나 삼십삼천이나 나아가 타화자재천 등에 나기를 바란다면 다 거기에 난다. 왜냐하면 법다운 행을 하고 바른 행을 한 인연 때문이니, 깨끗이 계를 행하는 이는 마음에 원하는 것을 다 스스로 그렇게 얻는다'. 婆羅門長者 若有行此法行 行此正行者 欲求刹利大性家 婆羅門大性家 居士大性家 悉得往生 所以者何 以法行

正行因緣故 若復欲求生四王 三十三天 乃至 他化自在天 悉得往生 所以者何 以法行正行故 行淨戒者 其心所願 悉自然得", 60권본 『화엄경』 권32(대정장9, p.605a8)에 "보살마하살이 도솔천에서 큰 광명을 놓으니, 그 이름 당왕이다. 시방세계의 미진세계를 널리 비추니, 그곳 지옥 중생들을 두루 비추어 고통을 없애주고, 저 중생들의 열 가지 안이비설신의 제근의 행업을 모두 청정하게 한다. 저 모든 중생들은 그 광명을 보고 모두 크게 기뻐하며, 목숨을 마쳐서는 다 도솔천에 난다. 菩薩摩訶薩 於兜率天放大光明 名曰幢王 普照十世界 微塵數刹 遍照彼處 地獄衆生 滅除苦痛 令彼衆生十種眼耳鼻舌身意諸根行業 皆悉淸淨 彼諸衆生 見光明已 皆大歡喜 命終皆生兜率天上", "천상에 나서는 하늘의 묘한 음성을 들으니, 그 이름 불가락이다. 이 음성이 여러 천자에게 말한다. '방일하지 않았기에, 제불이 계신 곳에서 선근을 심었기에, 선지식을 만났기에, 노사나불의 위신력 때문에, 지옥에서 목숨을 마치고는 이 천상에 났다네'. 生天上已 聞天妙音 名不可樂 此音聲語諸天子言 以不放逸故 於諸佛所種善根故 遇善知識故 盧舍那佛 威神力故 於地獄命終 生此天上", 『대지도론』 권13(대정장25, p.154a18)에 "계를 지키는 이의 명예로운 향기는 현세에도 후세에도 천상과 인간 중에 두루 가득할 것이다. 또한 계를 지키는 이는 사람들이 좋아하는 것을 보시하며 재물을 아끼지 않고, 세간의 이익을 기르지 않아도 부족함이 없으며, 천상에 난다. 持戒之人 名稱之香 今世後世 周滿天上及在人中 復次 持戒之人 人所樂施不惜財物 不修世利而無所乏 得生天上"라고 하였다. 〔참고문헌〕『雜阿含經』, 『華嚴經』, 『大智度論』, *Udāna-v.147.*, *Kāśy.155.*, *Pv.21.* ⇨ 천 天, 삼계 三界, 삼계구지 三界九地, 육도 六道, 십계 十界❷, 삼론 三論❷, 생천론 生天論

천상 天常 하늘이 변함없이 늘 거기에 있듯 언제나 그래야 할 것. 인간이 지켜 바꿀 수 없는, 언제나 그래야 할 도(道)를 말한다. 『불조역대통재』 권8(대정장49, p.537c12)에 "옛날 후한대 어리석고 아둔한 군주가 삿되고 거짓된 것을 믿고 미혹하여 하늘의 떳떳함을 어지럽혔다. 옛부터 구주 안에 일찍이 이렇게 터무니없는 말로써 인정을 거스른 일 없었으니, 말세라 할 만하니 어지럽지 않은 때 없었다. 이로써 바르게 다스려 행하지 못하고 예의마저 크게 무너졌다. 昔後漢荒君 信惑邪僞 以亂天常 自古九州之中 未嘗有此誇誕大言 不本人情 叔季之世 莫不眩焉 由是 政化不行 禮儀大壞", 『조정사원』 권4(卍속장113, p.116b6)에 "천상 : 양자(揚雄)는 '누군들 글쓸 때 붓에 의지하지 않고 말할 때 혀에 의지하지 않던가? 나는 천상 보기를 제왕의 붓과 혀라 여긴다' 하니, 설하여 말하길 '천상은 오상이다. 제왕이 다스리고 받들어야 할 것이다'라고 풀었다. 天常 楊子 孰有書不由筆 言不由舌 吾見天常 爲帝王之筆舌 說者曰 天常 五常也 帝王之所制奉也"라고 하였다. 〔참고문헌〕『佛祖歷代通載』, 『祖庭事苑』. ⇨ 천도 天道❷

천상 天祥 신라후대 가족과 함께 수도하여 도를 깨친 부설(浮雪)거사의 자(字)이다. ⇨ 부설 浮雪

천상 闡祥 ?~1141. 고려 인종(재위 1122~1146) 때 현화사(玄化寺 : 경기도 開豊郡 嶺南面 玄化里) 스님. 현화사 주지를 역임했다. 묘지명에 "유세차. 신유(1141·인종19) 2월 28일 전 현화사 주지 승통 천상이 입적하였다. 維歲次 辛酉 二月朔 庚午 二十八日丁酉 前玄化寺住持 僧統闡祥亡"라 하였고, 왕실에서 99,990관의 문전(文錢)을 내어 묘지를 매입하고 그 사방의 경계를 정해 영원히 침범하지 못한다는 명을 내리기도 했다. 〔참고문헌〕『韓國金石全文』 中世上, 『金石文追補』 p.106,1, 金龍善 編 『高麗墓誌銘集成』 p.72, 李智冠 『校勘譯註歷代高僧碑文』 高麗篇3 pp.236~239.

천상굴 天上窟 전라북도 고창군 아산면 삼인리 도솔산(兜率山)에 있던 굴. 『사탑고적고』에는 천상암(天上庵)이라 하였으며, 선운사(禪雲寺)의 산내암자였다. 『도솔산선운사창수승적기』에 "신라 때 비로소 창건되었고 성화 2년(1466·세조12) 병술에 중창하였는데 화주는 지연이었다. 羅代始刱 而成化二年丙戌重刱 化主智淵", 『사탑고적고』에 "동서로 약 30칸, 남북으로 약 35칸이다. 석등과 돌담이 있고 오래된 기와 조각이 산재한다. 東西約三十間 南北約三十五間 有燈石石垣 及古瓦片散在"라고 하였다. 〔참고문헌〕『兜率山禪雲寺刱修勝蹟記』, 『寺塔古蹟考』, 『韓國寺刹全書』 권하 p.1076b6.

천상미탈윤회 天上未脫輪廻 하늘에 태어난다 해도 윤회를 벗어날 수는 없다는 말. 『금강경감응분류집요』(卍속장149, p.298b13)에 "귀일거사가 가려 말하길 '서쪽으로 돌아가 하늘에 나는 것은 특별한 일이어서 대개 하늘에 나도 윤회를 벗어나지 못한다 하지만 서방극락에 가면 길이 생사를 여읜다' 하였다. 무어라 말해도 윤회란 공히 육도라 하였으니 천도, 인도, 수라, 축생, 아귀, 지옥이다. 육도여서 돌고 돌지 않음이 없다. 천상에서 복을 받음이 비록 인간보다 뛰어나지만 그 수명 다하면 다시 생사를 거듭한다. 마치 저 도리, 야마, 도솔, 화락 등 제천도 그 수명이 천이라 하고 많다 해도 수천세 지날 수 없고 타화마신, 광음, 변정제천에 그 수명 만이라 한들 수만을 넘길 수 없다. 헤아려 다하는 때 이르면 이에 욕계로 와서 몸 받으니 영원히 천상에 머물 수 없다. 그러므로 윤회를 벗어날 수 없다고 한다. 歸一居士論曰 歸西與生天有別 蓋生天尙未脫輪廻 歸西則永離生死也 何

言之 輪廻共有六道 一曰 天道 二曰 人道 三曰 修羅 四曰 畜生 五曰 餓鬼 六曰 地獄 六道生死 皆輪轉不已 天上受福 雖勝人間 然壽命 亦皆有數 如忉利 夜摩 兜率 化樂諸天 壽以千計 多者不過數千歲 他化魔身 光音 徧淨諸天 壽以萬計 多者亦不過數萬 到數盡時 仍來欲界受生 不能永居天上 故曰未脫輪廻也"라고 하였다. [참고문헌]『金剛經感應分類輯要』. ⇨ 윤회 輪廻, 육도 六道

천상사탑 天上四塔 제석천(帝釋天)이 도리천(忉利天 Ⓢ Trāyastriṃśa) 사방에 각기 부처님의 머리카락·법의·발우·치아를 따로 봉안한 후 세운 4기(基)의 탑. 제석사탑(帝釋四塔)이라고도 한다. 『관허공장보살경』(대정장13, p.679c18)에 천상사탑은 도리천성 동쪽 조명원에 있는 불발탑(天上四塔者 忉利天城東照明園中 有佛髮塔), 도리천성 남쪽 추삽원에 있는 불의탑(忉利天城南麤澁園中 有佛衣塔), 도리천성 서쪽 환희원에 있는 불발탑(忉利天城西歡喜園中 有佛鉢塔), 도리천성 북쪽 가어원에 있는 불아탑(忉利天城北駕御園中 有佛牙塔)이라고 하였다. [참고문헌]『觀虛空藏菩薩經』, 『景德傳燈錄』 권30(대정장51, p.464a6). ⇨ 사탑 四塔 ■

천상오쇠 天上五衰 삼계(三界) 천신의 수명이 다하려고 할 때 나타나는 다섯 가지 특이한 양상. 천인오쇠(天人五衰)라고 한다. 『석가보』 권4(대정장50, p.73b26)에 "부처님께서 반열반에 드시려고 하니 마야부인에게 천상오쇠상이 나타났다. 佛般涅槃 摩耶夫人 天上五衰相現"라고 한 후, 머리 위의 꽃이 시들고(頭上花萎), 겨드랑이 아래서 땀이 흐르며(腋下汗出), 정수리의 빛이 사라지며(頂中光滅), 두 눈을 자주 깜박이고(兩目數瞬), 본래 자리를 좋아하지 않는다(不樂本座)는 다섯 가지를 설하였다. [참고문헌]『釋迦譜』, 『經律異相』 권4(대정장53, p.19a21). ⇨ 천인오쇠 天人五衰, 오쇠상 五衰相 ■

천상천하유아독존 天上天下唯我獨尊 Ⓟ aggo'ham asmi lokassa. 석존께서 태자로 태어나자마자 '하늘 위와 하늘 아래에 오직 나만이 홀로 높다'고 하신 말. 『장아함경』 권1 「대본경 大本經」(대정장1, p.4b28)에 "부처님께서 비구들에게 이르셨다. '모든 부처님의 변함없는 법이다. 비바시보살도 탄생할 때에 모친의 오른쪽 옆구리에서 나오면서 오롯한 생각 흔들리지 않았다. 오른쪽 옆구리에서 나와 땅에 떨어진 뒤 일곱 걸음을 걸었을 때 아무도 붙들거나 모시지 않았다. 사방을 두루 보고서 손을 들고 말했다. 「하늘 위와 하늘 아래에 오직 나만이 높을 뿐이니, 중생을 생로병사에서 건지려 할 뿐이다」. 이것이 변함없는 법이다'. 佛告比丘 諸佛常法 毗婆尸菩薩 當其生時 從右脇出 專念不亂 從右脇出 墮地行七步 無人扶侍 遍觀四方 擧手而言 天上天下 唯我爲尊 要度衆生 生老病死 此是常法", 『태자서응본기경』 권상(대정장3, p.473c1)에 "4월 8일 밤 명성이 나타날 때가 되었다. 화하여 오른 옆구리를 따라 나서 땅에 떨어지셨고,

천상천하유아독존 비람강생상 팔상도
송광사성보박물관 1725년

곧바로 일곱 걸음 걸으시고 오른 손을 들고 머문 채 말씀하셨다. '하늘 위와 하늘 아래 오직 나만이 우뚝할 뿐이다. 삼계 온통 고통일 뿐이니 어찌 좋은 일이라 하겠는가!' 到四月八日夜明星出時 化從右脇生墮地 卽行七步 擧右手住而言 天上天下 唯我爲尊 三界皆苦 何可樂者", 『방광대장엄경』 권12(대정장3, p.613c15)에 "이 게를 마치고 나자 사리불에게 고하였다. '저희들이 모시는 스승은 천상인 중 가장 높고 가장 뛰어나니 쌓은 공덕 말로 다할 수 없습니다. 도솔천을 따라 염부제에 강생하시고 처음 나셨을 때 능히 시방을 향해 각각 일곱 걸음 걸으시고는 손을 들고 소리쳐 말씀하시길 「하늘 위와 하늘 아래 오직 나만이 가장 높고 오직 나만이 가장 뛰어나도다. 삼계 고뇌일 뿐이니 나 마땅히 건네리라」 하니, 석범과 사천왕이 모두 와 받들어 모셨으니 부처님의 공덕은 갖춰 펼 수조차 없었다'. 說是偈已 告舍利弗 我所事師 天上人中 最尊最勝 積功累德 不可稱載 從兜率天 降生閻浮 初生之時 能於十方 各行七步 擧手唱言 天上天下 唯我最尊 唯我最勝 三界苦惱 吾當度之 釋梵四天 咸來供事 佛之功德 不可具述", 『이출보살본기경』(대정장3, p.618a17)에 "태자는 4월 8일 야반일 때 나셨는데, 어머니의 오른 옆구리를 따라 나서 땅에 내려온 뒤 일곱 걸음을 걷는 중에 발을 높이 4촌이나 들었는데도 발이 땅을 밟지 않았으며 곧 다시 오른 손을 들어 '하늘 위와 하늘 아래 높음이 나를 넘어서는 이는 없다'라고 말씀하셨다. 太子以四月八日 夜半時生 從母右脇 生墮地 行七步之中 擧足高四寸 足不蹈地 卽復擧右手言 天上天下 尊無過我者", 『설두어록』(대정장47, p.673a24)에 "설두가 신도에게 물었다. '요사이 어디를 떠나왔는가?' '홍교입니다' '달마라는 그 일종이 이 땅을 다 휩쓸었다' 스님 말 없자 설두가 말했다. '하늘 위와 하늘 아래 오직 나만이 홀로 높다'. 問新到 近離甚處 僧云 興教 師云 達磨一宗 掃土而盡 僧無語 師云 天上天下 唯我獨尊", 『대혜어록』 권18(대정장47, p.887c28)에 "부처님께서 처음 나셨을 때 한 손으론 하늘을 가리키고 한 손으론 땅을 가리키며 '하늘 위와 하늘 아래 오직 나만이 홀로 높다'라고 하셨다. 그래서 '삼계에 홀로 높은 것을 가리켜 아라 한다'라고 하니, 소위 아란 인아의 아는 아니며 저 맹자의 이른

바 '만물이 모두 나에게 갖춰져 있다'와 같다. 佛初生下一手指天 一手指地 云 天上天下 唯我獨尊 所以云 三界獨尊之謂我 所謂我者 非人我之我 如孟子所謂萬物皆備於我也", 『조주어록』 권하(고존숙어록14, 卍속장118, p.325b1)에 "한 스님 조주에게 물었다. '도에 이르는 데에는 어려움이 없으니 오직 간택만을 꺼릴 뿐이라 하는데, 어떻게 간택하지 않을 수 있습니까?' '하늘 위와 하늘 아래 나만이 홀로 높다' '이것도 여전히 간택입니다' '이 촌뜨기야! 어느 곳이 간택이란 말이냐!' 問 至道無難 唯嫌揀擇 如何得不揀擇 師云 天上天下 唯我獨尊 云 此猶是揀擇 師云 田厙奴 什麽處是揀擇", 기화(己和)의 『금강경오가해설의』 권상(한불전7, p.16b2)에 "〔설의〕 일체중생은 안으로 지혜의 씨앗 머금고 있어 부처와 다름없지만, 다만 미하고 뒤집혀 망령되이 아와 인을 헤아리기에 업의 구덩이에 빠지고도 반성할 줄 모른다. 그래서 석가노인이 도솔을 따라 왕궁에 강신하여 마야부인의 태에 든 뒤 달이 차 태에서 나와 두루 일곱 걸음 걷고서 눈으로 사방을 둘러보고는 하늘과 땅을 가리키며 사자후를 지어 '하늘 위와 하늘 아래 오직 나만이 홀로 높다'라고 하심을 보이신 것이다. 說誼 一切衆生 內含種智 與佛無殊 但以迷倒 妄計我人 淪沒業坑 不知反省 所以釋迦老人 示從兜率 降神王宮 入摩耶胎 月滿出胎 周行七步 目顧四方 指天指地 作獅子吼 天上天下 唯我獨尊", 백운경한(白雲景閑)의 『백운화상어록』 권상(한불전6, p.641b21)에 "'보지 못했는가! 석가노자가 처음 나서 내려왔을 때 한 손으론 하늘을 가리키고 한 손으론 땅을 가리키며 「하늘 위와 하늘 아래 오직 나만이 홀로 높다」라고 한 것을. 이 홀로 높고 홀로 귀한 면목은 비록 온몸이 눈이라 해도 보아 얻을 수 없고, 온몸이 귀라 해도 들어 얻을 수 없으며, 온몸이 입이라 해도 설하여 얻을 수 없으며, 온몸이 마음이라 해도 비춰 낼 수 없지만, 온몸은 차치하고 문득 눈이 없으면 어떻게 보고 귀가 없으면 어떻게 들으며 입이 없으면 어떻게 설하고 마음이 없으면 어떻게 비추겠는가! 만약 여기에서 가려낼 수 있다면 문득 옛부처님과 동참하리라. 말해 보라. 어떤 사람과 함께 하겠는가?' 문득 자리에서 내려왔다. 不見釋迦老子 初生下時 一手指天 一手指地 云 天上天下 唯我獨尊 是獨尊獨貴底面目 雖是通身眼 見不得 通身是耳 聞不得 通身是口 說不得 通身是心 鑑不出 通身且置 忽若無眼作麽見 無耳作麽聞 無口作麽說 無心作麽鑑 若向這裏辨得出 便與古佛同參 且道 箇什麽人 便下座", 백파긍선(白坡亘璇)의 『선문수경』(한불전10, p.520a1)에 "저 세존께서 처음 나셨을 때 '하늘 위와 하늘 아래 오직 나만이 홀로 높다'라고 이르신 것은 교화의 문으로 나오시어 사람사람마다 본래 나눠 가진 저 참된 나를 보이신 것이기에 말후구로 세우신 것이다. 如世尊初生時云 天上天下 唯我獨尊者 是出來化門 示人人本分眞我 故立末後句也"라고 하였다. 〔참고문헌〕『長阿含經』, 『太子瑞應本起經』, 『方廣大莊嚴經』, 『異出菩薩本起經』, 『雪竇語錄』, 『大慧語錄』, 『趙州語錄』, 『金剛經五家解說誼』, 『白雲和尙語錄』, 『禪文手鏡』, 『修行本起經』 권상(대정장3, p.463c14), *DN.2.15.* ⇨ 유아독존 唯我獨尊, 세존강탄 世尊降誕, 세존초생 世尊初生, 세존탄생 世尊誕生

천생사안 千生捨眼 천 번의 생을 거듭해 눈을 보시하다. 석존이 인위(因位)에서 천 번의 생을 바꿔가며 눈을 희사한 일을 말한다. 『자은전』 권2(대정장50, p.230b4)에 "가니색가가람의 동북쪽으로 백여 리를 가서 큰 강을 건너면 포색갈라벌지성에 이른다. … 곧 석가불이 과거세에 보살도를 행하실 때, 혜시를 즐겨 행하신 곳이다. 석가불께서는 이 나라에 천 번의 생을 바꿔가며 왕이 되었는데, 그때마다 눈을 희사하신 곳이다. 迦膩色迦伽藍 東北百餘里 渡大河 至布色羯羅伐底城 … 卽釋迦佛昔行菩薩道時 樂行惠施 於此國 千生爲王 卽千生捨眼處", 『대당서역기』 권2(대정장51, p.881a20)에 "가람 옆에 솔도파 있는데 높이는 수백척이며 무우왕이 세웠다. 나무를 새기고 돌에 무늬하였는데 자못 남다른 이들의 솜씨다. 이는 석가불께서 옛날 국왕이셨을 때 보살행을 닦았는데 중생이 원하는 대로 베풀어줌에 조금도 아낌이 없었으니 몸을 상해서 버리듯 하였다. 이 국토에서만도 천 생을 왕이 되었는데 바로 이 승지에서 천 생 동안 눈을 희사하셨다. 伽藍側有窣堵波 高數百尺 無憂王之所建也 雕木文石 頗異人工 是釋迦佛 昔爲國王 修菩薩行 從衆生欲 惠施不倦 喪身若遺 於此國土 千生爲王 卽斯勝地 千生捨眼"라고 하였다. 〔참고문헌〕『慈恩傳』, 『大唐西域記』. ⇨ 포색갈라벌저성 布色羯羅伐底城

천서암 天書庵 강원도 고성군 금강산(金剛山) 대선봉(大仙峯) 아래에 있었던 암자. 『범우고』에 "대선봉 아래에 있었으나 지금은 폐사되었다. 암자 아래에 있는 돌의 무늬가 전서처럼 보이기에 이름한 것이다. 在大仙峯下今廢 庵下有石紋如篆書故云"라고 하였다. 〔참고문헌〕『梵宇攷』, 『韓國寺刹全書』 권하 p.1076b8.

천석후난 薦席厚暖 앉는 자리 두텁고 따뜻함. 『첨품묘법연화경』 권2(대정장9, p.151a2)에 "음식은 충족하고 앉는 자리가 두텁고 따뜻하다. 飮食充足 薦席厚暖", 『법화문구』 권6하(대정장34, p.89b13)에 "앉는 자리가 두텁고 따뜻하다면, 관련훈수의 정으로 산동도 버릴 수 있다. 薦席厚暖 卽是觀練熏修定 能除散動也", 『법화경대관』 권2(卍속장50, p.172a4)에 "앉은 자리가 두텁고 따뜻하다는 말은 몸을 편안하게 한다는 뜻이다. 薦席厚暖者 逸其體也"라고 하였다. 〔참고문헌〕『添品妙法蓮華經』, 『法華文句』, 『法華經大窾』.

천선 天仙 Ⓢ deva-ṛṣi, Ⓟ deva isi. 하늘과 선인. 오취(五趣) 중에 뛰어난 하늘과 사람 가운데 뛰어난 선(仙人)을 아울러 부르는 말. 부처님을 가리키기도 한다. 『반야이취분술찬』 권2(대정장33, p.38b1)에 "〔경〕 현성과 천선이 아껴 좋아한다. 〔찬〕 이것은 (化土의) 네 번째 덕으로 보배가 귀중하고 뛰어남을 나타낸다. 오승의 범부를 현이라 하고, 삼승의 증과를 성이라 하며, 오취의 극을 천이라 하고, 사람으로서 신덕을 갖춘 이를 선이라 한다. 經曰 賢聖天仙之所愛樂 讚曰 此卽第四 寶重勝也 五乘凡夫曰賢 三乘證果曰聖 五趣之極曰天 人有神德曰仙", 『대일경소』 권2(대정장39, p.595b18)에 "천선이라 하면 오통을 터득한 신선으로 그 수가 무량하므로 이름을 나열하지 않는다. 天仙 謂諸五通神仙 其數無量 故不列名", 『소의석』 권16(남전장47, p.245a8 : *Nidd. II*, p.243)에 "천선이라 하니, 세존께서는 천이면서 또 선인이기도 해서 천선이라 한다. 마치 왕 가운데 출가한 이를 왕선이라 하고, 바라문 가운데 출가한 이를 바라문선이라 함과 같다. 이처럼 세존께서는 천이면서 선인이기도 하므로 천선이라 한다. 또는 세존께서는 출가자이므로 선이라고도 한다. 天仙者 世尊是天 而且是仙人 故爲天仙 譬如王之出家者 言王仙 婆羅門之出家者 言婆羅門仙 斯世尊是天 而且是仙人 故爲天仙 或又世尊 是出家者 故亦爲仙 bhagavā devo ceva isi cāti devisi. yathā rājapabbajitā vuccanti rājisayo, brāhmaṇapabbajitā vuccanti brāhmaṇisayo, evameva bhagavā devo ceva isi cāti devisi. athavā bhagavā pabbajito tipi isi"라고 하였다. 〔참고문헌〕 『般若理趣分述讚』, 『般若燈論釋』, 『大日經疏』, 『小義釋』, *Nidd. II*. ⇨ 천인 天人, 천중천 天中天, 선인 仙人 ❶

천선 天亘 고려후기 스님. 법호는 고암(古巖). 『목은문고』 권6 「고암기 古巖記」에 "조계의 신해(1371·공민왕20) 대선에 천선이 뽑혔는데, 나의 (과거)동년인 최병부의 아우이다. … 하루는 와서 나에게 '나의 호는 고암으로, 귀곡이 지어준 것인데, 내가 옛 것을 좋아하고 바위에 살기 때문이다'고 하였다. 曺溪辛亥大選天亘 吾同年崔兵部之弟也 … 一日來語予曰 吾之號 古岩也 龜谷之所命也 吾所好古也 所居岩也", 『서역중화해동불조원류』(한불전10 p.103c16)의 「금상어제태고비각현판 今上御製太古碑閣懸板」에는 "환암혼수의 제자 … 귀곡각운 … 귀곡각운의 제자 … 천봉만우 고암천선. 幻菴修法嗣 … 龜谷覺雲 … 龜谷雲法嗣 … 碧溪淨心 … 千峯萬雨 古巖天亘"이라고 하였다. 〔참고문헌〕 『牧隱文藁』 권6 (韓國文集叢刊5, p.47a5), 『西域中華海東佛祖源流』.

천선단작법 天仙壇作法 제천선중(諸天仙衆)을 모시고 작법함. 수륙재 오주야작법(五晝夜作法) 중 사일째 되는 날에 거불(擧佛)·청천선중(請天仙衆)·인영부욕(引迎赴浴)·관욕(灌浴)·수수게(漱水偈)·다약게(茶藥偈)·천선참례성현(天仙參禮聖賢)·산화락(散花落)·천수주(千手呪)·문해월(聞海月)·보례게(普禮偈)·삼정례(三頂禮)·위리게주(爲利偈呪)·안좌게주(安座偈呪) 등의 순서로 행한다. 『산보집』 권하 「천선단작법 天仙壇作法」 '다약게 茶藥偈'(한불전11, p.512b14)에 "청정하다고 일컬어지는 다약은 능히 병으로 어둡고 가라앉은 마음을 없애줍니다. 오직 바라건대 천선중이시여, 가엾이 여겨 부디 받아주소서. 淸淨名茶藥 能除病昏沉 惟冀天仙衆 願垂哀納受"라고 하였다. 〔참고문헌〕 『刪補集』. ⇨ 수륙무차평등재 水陸無遮平等齋, 천지명양수륙재의범음산보집 天地冥陽水陸齋儀梵音刪補集

천선원 天禪院 황해북도 개성시에 있었던 사원. 보제사(普濟寺)의 옛 이름. 고려 태조가 919년(태조2)에 철원에서 개경으로 수도를 옮긴 후 창건한 10대 사찰 중 하나다. 『삼국유사』 권1(대정장39, p.955b04·한불전6, p.267a27) 왕력(王曆)1에 "태조 무인년(918년) 6월에 궁예가 죽자, 태조는 철원경에서 즉위하였고 기묘년에 송악군으로 도읍을 옮겼다. 이 해에 법왕·자운·왕륜·내제석·사나사를 창건하였고 또 천선원〈즉 보응사다〉·신흥·문수·□통·지장사를 창건하였다. 앞의 10 대사는 모두 이해에 창건하였다. 太祖戊寅六月裔死 太祖卽位于鐵原京 己卯 移都松岳郡 是年 創法王·慈雲·王輪·內帝釋·舍那 又創天禪院〈卽普膺〉·新興·文殊·□通·地藏 前十大寺 皆是年所創"라고 하였다. 〔참고문헌〕 『三國遺事』, 『韓國寺刹全書』 권하 p.1076b10. ⇨ 보제사 普濟寺 ❷

천성광등록 天聖廣燈錄 북송(北宋)대 이준욱(李遵勗 ?~1038)이 찬집해 천성 7년(1029)에 완성하여 인종(仁宗)에게 헌상한 광등록. ⇨ 광등록 廣燈錄, 이준욱 李遵勗, 오등록 五燈錄

천성궤철 千聖軌轍 천성이 모두 행하신 자취. 목우자(牧牛子) 지눌(知訥)의 『수심결』(한불전4, p.709b6)에 "도(道)로 드는 문은 많지만 가려 말하면, 돈오점수 두 문을 벗어나지 않는다. 비록 돈오돈수라 함이 최상근기가 깨달아 든다 하나, 과거를 되짚어보면 이미 다생에 깨우쳐 닦음에 의지해 점차 익혀 왔기에 지금 생에 이르렀다. 듣건대 깨달음이 열릴 때는 일시에 몰록 마친다고 하였다. 실제로 말하자면 이 역시 먼저 깨닫고 그 다음에 닦는 일이다. 곧 이 돈과 점의 두 문이야말로 천성이 행하신 자취다. 이러한즉 위로는 모든 성인들 좇음이어서 먼저 깨우쳐 뒤에 닦음 닦고, 닦음 인해서 이에 증하지 않음이 없다. 夫入道多門 以要言之 不出頓悟漸修兩

門耳 雖曰頓悟頓修 是最上根機得入也 若推過去 已是多生 依悟而修 漸熏而來 至于今生 聞卽開悟 一時頓畢 以實而論 是亦先悟後修之機也 則而此頓漸兩門 是千聖軌轍也 則從上諸聖 莫不先悟後修 因修乃證"라고 하였다. 〔참고문헌〕『肇論』, 『修心訣』.

천성동귀저도리 千聖同歸底道理 천성이 함께 돌아가고야 마는 저 도리. 『경덕전등록』 권23 「반야계유전 般若啓柔傳」(대정장51, p.389b1)에 "'무엇이 천성이나 되는 성인들께서 마침내 돌아가고야 마는 저 도리입니까?' '고공의 경 달하지 못함에 슬퍼서 탄식하지 않는 이가 없다'. 問 如何是千聖同歸底道理 師曰 未達苦空境 無人不歎嗟"라고 하였다. 〔참고문헌〕『景德傳燈錄』.

천성동지 千聖同志 천성이 뜻을 같이하다. 『당고승전』 권2 「언종전 彥琮傳」(대정장50, p.439a11)에 "천성이 뜻을 같이해서 구십일 함께 모인다. 千聖同志 九旬共集"라고 하였다. 〔참고문헌〕『唐高僧傳』.

천성동철 千聖同轍 천성이 한결같이 하신 자취. 『조론』 「열반무명론 涅槃無名論」(대정장45, p.159b16)에 "그러나 다시 그 길 없지 않으니, 그 도가 없지 않은즉 그윽한 그 길 찾아야 하리. 이런 까닭에 천성이 한결같이 다니신 자취 일찍이 헛되이 되돌아간 이 없다 하네. 然復不無其道 其道不無 則幽途可尋 所以千聖同轍 未嘗虛返者也", 『주유마힐경』 권9(대정장38, p.405b3)에 "승조(僧肇)가 말한다. '진나라 말로 여래이고, 또한 여거라고도 한다. 여법히 오시고 여법히 가시니, 고금에 천성이 함께 하신 길 고칠 일 없었기에 이름하여 여래이자 여거라 한다'. 肇曰 秦言如來 亦云如去 如法而來 如法而去 古今不改千聖同轍 故名如來 亦名如去", 『종경록』 권98(대정장48, p.944a13)에 "일법을 설하여도 시방제불은 일법중에 거둬들이시고 백천 갈래 묘한 문 또한 한 털끝 위에 두시지 않나니 천성이 함께 가신 흔적 결정코 다르지 않다네. 若說一法 十方諸佛 收入一法中 百千妙門 在一毛頭上 千聖同轍 決定不別"라고 하였다. 〔참고문헌〕『肇論』, 『注維摩詰經』, 『宗鏡錄』.

천성만성귀투처 千聖萬聖歸投處 천 분 만 분의 성인이 돌아가 몸을 던지고야 마는 그 곳. 『선문염송설화』 947칙(한불전5, p.677c16)에 "닦고 증할 것 없다는 말은 오늘 좇아 가버리지 않는 저 담연한 본바탕이니 삼승의 근기인들이 모두 이곳으로 돌아와 받들어 마땅하다 하며, 또한 '천 분 만 분의 성인이 귀의하여 몸을 던진 곳'이라고 부른다. 無修無證者 不從今日去 淡然本體 三乘根機人 皆歸此處承當 亦喚作千聖萬聖歸投處也"라고 하였다. 〔참고문헌〕『禪門拈頌說話』. ⇨ 무위경 無爲境

천성부전 千聖不傳 천성인이라도 전하지 못한다. 『경덕전등록』 권7 「반산보적전 盤山寶積傳」(대정장51, p.253b8)에 "학인이 반산에게 물었다. '무엇이 도입니까?' '나오라' '저는 아직 종지 받은 바 없습니다' '가거라'. 반산이 법좌에 올라 대중에게 보여 말하였다. '마음에 아무런 일이 없으면 만상 생겨나지 않고, 뜻에 미세한 기틀마저 끊기면 가는 티끌이 그 어디에 붙겠는가? 도 본디 바탕 없으나 도로 인하여 이름 섰을 뿐이고, 도마저 이름이 없으나 이름으로 인하여 불려질 뿐이다. 만약 마음 그대로 부처라고 한다면 지금 바로 미세하고 그윽한 경계로 들지 못하고, 마음도 아니고 부처도 아니라고 말하면 오히려 가리켜 좇는 그 끝이 될 것이고, 향상일로라 하면 천성도 전하지 못하니, 배우는 이 몸 수고롭게 함이 마치 원숭이 물속 달그림자 잡으려 하는 듯하다'. 僧問 如何是道 師曰 出 僧曰 學人未領旨在 師曰 去 師上堂示衆曰 心若無事萬象不生 意絶玄機纖塵何立 道本無體因道而立名 道本無名因名而得號 若言卽心卽佛 今時未入玄微 若言非心非佛 猶是指蹤之極則 向上一路 千聖不傳 學者勞形 如猿捉影", 『대혜어록』 권2(대정장47, p.818b18)에 "법좌에 올라 말하였다. '반산보적은 「향상일로는 천성이 전하지 못한다」 하였고, 자명초원(慈明楚圓)은 「향상일로 천성도 그렇게 할 수 없다」 하였다. 나(徑山)는 말한다. 「향상일로는 끓는 다완에 물 소리다」'. 법좌에서 내려왔다. 上堂 盤山道 向上一路 千聖不傳 慈明道 向上一路 千聖不然 徑山道 向上一路 熱盌鳴聲 下座", 『벽암록』 90칙 「수시 垂示」(대정장48, p.214c19)에 "소리 전에 한 구는 천성이라도 전하지 못하고, 면전에 한 오라기 실 언제까지라도 틈새 없다. 깨끗이 벗어던져 다 드러나고 더벅머리에 귀만 쫑긋하다. 말해보라. 어떠한가? 시험 삼아 들어보라. 聲前一句 千聖不傳 面前一絲 長時無間 淨裸裸赤灑灑 頭鬔鬆耳卓朔 且道 作麼生 試擧看"라고 하였다. 〔참고문헌〕『景德傳燈錄』, 『大慧語錄』, 『碧巖錄』, 『雲門廣錄』 권상(대정장47, p.549a19), 『楊岐後錄』(대정장47, p.648a23).

천성불휴 千聖不携 천성도 끌어내지 못한다. 스스로 깨우쳐 얻어야 할 뿐의 뜻이다. 휴(携)는 휴(攜)로도 쓴다. 『경덕전등록』 권11 「향엄지한전 香嚴智閑傳」(대정장51, p.284a28)에 "학인이 향엄에게 물었다. '어떠한 성인도 우러르지 않고 자기의 영조차 중히 여기지 않을 때는 어떠합니까?' '온갖 기틀 놓아버렸으니 천성도 끌어내지 못한다'. 그때 소산광인(疏山匡仁)이 대중에 있으면서 토하는 소리를 내었다. 僧問 不慕諸聖 不重己靈時如何 師曰 萬機休罷 千聖不携 此時疏山 在衆作嘔聲", 『굉지광록』 권1(대정장48, p.5c13)에 "온갖 기틀 놓아버리기에 천성도 끌어내지 못한다 하니, 부모도 나의 혈통이 아니요 제불 또한 나의 길이 아니다. 본래 모습 납승 이것에 이르러야 한 가닥 살아나갈 길 얻는다. 萬機休罷 千聖不携 父母非我親 諸佛非我道 本色衲僧 到這裡有一條活路"라고 하였다. [참고문헌]『景德傳燈錄』,『宏智廣錄』,『眞歇淸了語錄』(卍속장124, p.642b7).

천성사 千聖寺 **1** 경상북도 봉화군에 있는 절. 1952년에 이화성(李化星)이 창건하였다. 무량수전에 봉안된 석조여래입상은 봉화군 성화곡 절터에서 옮겨온 것이고, 삼층석탑은 절 입구에 있던 것을 옮겨 세운 것이다. 원래 쌍탑이었으나 다른 하나는 봉성초등학교로 옮겨졌다. 현존하는 당우로는 무량수전·산신각·종루·요사 등이 있다. [참고문헌]『文化遺蹟總覽』卷中(文化公報部文化財管理局, 1977) p.412. **2** 중국 하진(河津 : 山西省) 우문(禹門 : 龍門)에 있던 절. 달마대사(達磨大師)가 혜가(慧可)에게 법을 전한 뒤 이곳에서 주석하다가 입적을 맞았다.『불조통기』권38(대정장49, p.356a22)에 "초조 달마는 소림에 앉은 채로 9년을 지냈으니 앞서 법과 가사를 혜가에게 전하고 우문의 천성사로 가서 10월 5일 단정히 앉아 열반을 보였다. 문인들이 전신을 봉안하여 웅이산 정림사에 장사지냈다. 初祖達磨坐少林九年 先傳法及袈裟於慧可 乃往禹門千聖寺 十月五日端坐示滅 門人奉全身 葬熊耳山定林寺"라고 하였다. [참고문헌]『佛祖統紀』,『景德傳燈錄』권3「菩提達磨傳」(대정장51, p.220a3). ⇨ 달마대사 達磨大師

천성사삼층석탑

천성사 天城寺 경상남도 합천군 가야산에 있었던 사원. 대각국사(大覺國師) 의천(義天 1055~1101)은 1094년(헌종 즉위) 5월부터 다음해 10월까지 해인사(海印寺)로 퇴거한 적이 있는데, 그 당시 잠깐 머물렀던 사원이다.『대각국사문집』권20(한불전4, p.565b23)에「숙가야산천성사 宿伽耶山天城寺」라는 시가 전한다. [참고문헌]『大覺國師文集』.

천성사 天聖寺 **1** 충청남도 천안시 성거산(聖居山)에 있었던 절. 현재 성거산 만일사(晩日寺)에 모셔진 천성사명금동보살입상(天聖寺銘金銅菩薩立像) 뒷면에 "통화 20년(1002·목종5) 천성사. 統和二十年天聖寺"라 하고, 일본 도쿄대학에 금동보살입상 3구가 있는데 '통화 28년 성거산 천성사 統和二十八年聖居山天聖寺'라는 명문이 전한다. [참고문헌]『韓國寺刹全書』권하 p.1076b13欄外. ⇨ 만일사 晩日寺 **2** 평안남도 순천군 천보산(天寶山)에 있었던 절.『세종실록』권154 지리지(地理志) 평안도 안주목 은산현에 "천성사는 현의 동북쪽 관음봉 아래에 있다〈민간에서 전하기를, 동명성제가 평양 조천궁으로부터 관음봉에 내려왔을 때 궁전이었는데, 후에 사원이 되어 붙여진 이름이다〉. 天聖寺在縣東北觀音峯下〈諺傳 東明聖帝自平壤朝天宮 降于觀音峯 時有宮殿 後爲佛宇 因以名之〉"라고 하였다.『범우고』에는 폐사로 전한다. [참고문헌]『世宗實錄』,『新增東國輿地勝覽』,『東國輿地志』,『梵宇攷』,『韓國寺刹全書』권하 p.1076b13.

천성석교총록 天聖釋教叢錄 북송(北宋)대 유정(惟淨) 등 지음. 3권.『천성석교록 天聖釋教錄』이라고도 한다. 후한(後漢)으로부터 북송 1027년(천성5)까지의 한역경전과 대장경에 수록된 중국 찬술 불전 목록이다. 현재 전하는 판본이 온전하지 않기에 그 전체적인 내용은 알 수 없다. 또한 이 책은『대중상부법보록 大中祥符法寶錄』과『경우신수법보록 景祐新修法寶錄』의 중간에 지어졌으며, 이 두 목록이 신역경전만을 수록한 것에 비해 본서는 역대의 한역경전을 모두 수록한 특징이 있다.『불조통기』권45(대정장49, p.409a21)에 "(천성) 5년 삼장법사 유정이 대장경목록 두 질을 올리니,『천성석교록』이라고 하였는데, 모두 6,197권이었다. 五年 三藏惟淨 進大藏經目錄二袠 賜名天聖釋教錄 凡六千一百九十七卷"라고 하였다. [참고문헌]『佛祖統紀』.

천성암 天成庵 경상북도 경산시 화촌면 동리 팔공산(八公山)에 있는 암자. 주위에 바위가 많아 독좌암(獨座庵)이라고도 불렸다. 의상(義湘 625~702)이 창건했다고 전한다. 1954년에 요사, 1959년에 관음전, 1960년에 산신각을 중수하였다. 현존하는 당우로 관음전·산신각·요사 등이 있으며, 의상이 참선했다고 전하는 참선바위가 있다. [참고문헌]『文化遺蹟分布地圖 慶山市』(慶山市·大邱大學校中央博物館, 2006).

천세 千歲 중인도(中印度) 출신 입당(入唐) 스님인 보장(寶掌)의 별명. ⇨ 보장 寶掌

천세계 千世界 Ⓢ sāhasrikam lokadhātu, Ⓟ sahassadhā loka, Ⓣ stong-gi-'jig-rten-gyi-khams. 일세계(一世界)가 일천이나 되는 세계. 천 개의 달·해·수미산·사천하 등으로 이루어진 세계. 일세계(一世界)가 천 개 모여 이루어진 소천세계(小千世界 Ⓢ sāhasrika-cūḍika-loka-dhātu)를 말한다.『기세인본경』권1(대정장1, p.365b22)에 "비구들이여! 천세계에는 천 개의 달, 천 개의 해, 천 개의 수미산왕(Ⓢ Sumeru), 사천의 소주, 사천의 대주, 사천의 소해, 사천의 대해, 사천의 용의 종성, 사천의 대룡의 종성, 사천의 금시조의 종성, 사천의 대금시조의 종성, 사천의 악도처의 종성, 사천의 대악도처의 종성, 사천의 소왕, 사천의 대왕, 칠천의 갖가지 대수, 팔천의 갖가지 대산, 만의 갖가지 대니리(Ⓢ Mahāniraya), 천의 염마라왕(Ⓢ Yamarāja), 천의 염부주(Ⓢ Jambudvīpa), 천의 구다니(Ⓢ Godānīya), 천의 불바제(Ⓢ Pūrvavideha), 천의 울다라구류(Ⓢ Uttarakuru), 천의 사천왕천(Ⓢ cātur mahārājakāyikāḥ), 천의 삼십삼천(Ⓢ devās trayastriṃśāḥ), 천의 야마천(Ⓢ Yāma), 천의 도솔타천(Ⓢ Tuṣita), 천의 화락천(Ⓢ Nirmāṇarati), 천의 타화자재천(他化自在天 Ⓢ Paranirmitavaśavartinaḥ), 천의 온갖 마라천(Ⓢ Māra), 천의 범세천이 있다. 諸比丘 千世界中 千月 千日 千須彌山王 四千小洲 四千大洲 四千小海 四千大海 四千龍種姓 四千大龍種姓 四千金翅鳥種姓 四千大金翅鳥種姓 四千惡道處種姓 四千大惡道處種姓 四千小王 四千大王 七千種種大樹 八千種種大山 十千種種大泥犁 千閻摩羅王 千閻浮洲 千瞿陀尼 千弗婆提 千鬱多囉究留 千四天王天 千三十三天 千夜摩天 千兜率陀天 千化樂天 千他化自在天 千諸摩囉天 千梵世天"라고 하였다. [참고문헌] 『起世因本經』, *Bodh-bh.41.*, *MN.1.328.*, *AN.1.227.* ⇨ 소천세계 小天世界

천세보장 千歲寶掌 천 세를 누린 보장화상. 『석씨계고략』 권3(대정장49, p.816c29)에 "천 세를 누린 보장화상은 서축의 중인도 사람이다. 나자마자 왼손을 쥐고 있다가 일곱 살에 축발하자 그제서야 폈다. 이로써 이름을 보배손이라 하였다. … 하루는 대중에게 말하길, '나는 천년을 세상에 머무리라 원을 세운 까닭에 천세라 부른다'고 하였다. 다음으로 오대에 노닐다가 축융봉의 화엄, 황매의 쌍봉, 여산의 동림으로 거처를 옮겼다. … 후에 포강의 보암에 머물렀으며 정사년인 현경 2년 설날 아침에 손으로 상을 하나 빚었는데, 9일만에 완성하고는 그 문도 혜운에게 물었다. '누굴 닮았느냐?' 혜운이 '화상과 다름 없습니다' 하자, 곧 목욕하고 가부좌를 한 채 혜운에게 말하였다. '내가 세상에 머문 지 이미 □천칠십이년이다. 이제 세상을 뜨려 하니 나의 게를 들으라. 본래 나고 죽음 없지만 이제 또한 나고 죽음 보일 뿐이다. 내 비록 가긴 하지만 마음만은 머물게 해서 다른 이로 나서 다시 여기로 오리라'. 말을 마치고서 가셨다. 千歲寶掌和尙 西竺 中印度人也 生而拳左手 七歲祝髮乃展 因名寶掌 … 一日謂衆曰 吾有願住世千歲 故以千歲稱之 次遊五臺 徙居祝融峰之華嚴 黃梅之雙峰 廬山之東林 … 後居浦江之寶巖 至是丁巳顯慶二年正旦 手塑一像 九日像成 問其徒慧雲曰 肖誰 雲曰與和尙無異 卽沐浴趺坐 謂雲曰 吾住世已□千七十二年 今謝世 聽吾偈曰 本來無生死 今亦示生死 我得去住心 他生復來此 言訖而逝"라고 하였다. [참고문헌] 『釋氏稽古略』, 『佛祖歷代通載』 권5(대정장49, p.514c10). ⇨ 보장 寶掌

천소생녀 天所生女 하늘이 낳은 딸. 『금강침론』(대정장32, p.169c20)에 "하늘이 낳은 딸은 바라문이 아닌 것은 위의 말과 같은데, 어떤 이유로 고집을 부리며 바라문을 인간에서 최상이라 말하는가? 天所生女 非婆羅門 如上所說 何因固執 言婆羅門 人間最上"라고 하였다. [참고문헌] 『金剛針論』. ⇨ 천녀 天女

천송필기 千松筆記 명대 대소(大韶) 지음. 1권. 명말 간행. 卍속장114, pp.773a1~788a15에 수록되어 있다. 대소가 변산(辨山 : 浙江省 湖州市) 천송선원(千松禪院)에 주석할 당시에 기술한 「천송필기」·「선종합론 禪宗合論」·「능엄격절 楞嚴擊節」·「잡저 雜著」 등 4편을 모아 묶은 후 첫머리에 수록한 「천송필기」로 제명을 삼았다. 참선하여 도를 깨달으면 세간법 중에서도 출세간법을 점검해 낼 수 있고, 출세간법 안에서 세간법을 가려 알 수 있다고 하였다. 본서는 본래 5편이라는 주장도 있는데, 「금강정안 金剛正眼」 1편은 卍속장에서는 누락되고 전하지 않았다고 한다.

천수 千手 천수천안관세음보살(千手千眼觀世音菩薩)의 줄인 이름. 천수안(千手眼)·천수천안(千手千眼)이라고도 한다. 『조상양도경해』(대정장21, p.946b22)에 "천수라 한 것은 법신의 8수, 보신의 40수, 화신의 952수를 모두 합하여 천수를 채운다. 千手者 法身八手 報身四十手 化身九百五十二手 共計滿千手也"라고 하였다. [참고문헌] 『造像量度經解』. ⇨ 천수천안 千手千眼, 천수천안관세음보살 千手千眼觀世音菩薩

천수 天殊 하늘만큼 다르다. 차이가 두드러지다는 뜻. 『천태보살계소』 권상(대정장40, p.582c29)에 "이로는 비록 차별이 없지만, 사로는 그 증함이 저 하늘만큼 다르다. 理雖無別 事證天殊", 『화엄경탐현기』 권10(대정장35, p.296b10)에 "과위가 드러났기에 십지의 깊고 깊은 뜻을 드러내보이니, 인과 과의 높낮이가 하늘만큼 다르다. 어떤 모습이 드러나 그러한가? 이것은 비록 사람 따라 높고 낮을 뿐이지 법체는 다르지 않다. 果位顯故 擧顯十地 甚深之義 因之與果 高下天殊 云何相顯然 此雖復隨人高下 法體不別", 『관무량수불경소묘종초』 권3(대정장37, p.210b26)에 "안양의 정토를 감수하지만 그 차별된 상은 하늘과 땅 사이처럼 현격하다. 感安養土 其相天殊"라고 하였다. [참고문헌] 『天台菩薩戒疏』, 『華嚴經探玄記』, 『觀無量壽佛經疏妙宗鈔』.

천수 天授 Ⓢ Ⓟ Devadatta. 하늘(天)로부터 받다. 제바달다(提婆達多)의 한역어다. 조달(調達)이라고도 한다. 『대비바사론』 권6(대정장27, p.30b16)에 "[문] 만약 그렇다면 천수는 정위를 얻지 못했을 것이다. 그는 사견을 일으켰고 선근을 끊었기 때문이다. 問 若爾天授應未得頂 彼起邪見斷善根故", 『법화현찬』 권9(대정장34, p.815a20)에 "제바(Ⓢ deva)는 하늘이고, 달다(Ⓢ datta)는 받다로 한역한다. 부처님의 일가 동생이고 곡반왕의 아들인데, 하늘에 얻기를 빌었고 하늘로부터 받았다 하여 천수라 한다. 提婆天也 達多授也 佛之黨弟 斛飯王之子 從天乞得 天授與之 故名天授", 같은 책 권1(대정장34, p.665b9)에 "정사 동쪽에는 긴 형태의 바위가 있는데, 부처님께서 경행을 하면서 밟으신 곳이다. 곁에 큰 바위가 있는데 높이는 1장4~5척이고 둘레는 30여 걸음 정도이다. 이 돌을 천수가 멀리서 부처님께 던졌고 상처가 난 발에서 피가 나도록 했던 것이다. 精舍東有長石 佛經行所履也 傍有大石 高丈四五 周三十餘步 是天授遙擲擊佛傷足出血者也", 『금광명경문구기』 권6(대정장39, p.154b21)에 "조달 또는 제바달다는 천수로 한역하는데, 부모가 하늘에 아들 얻기를 빌어 하늘로부터 받았다 하고, 부처님의 사촌동생이다. 調達亦提婆達多 此云天授 父母從天乞子 天授與之 是佛堂弟"라고 하였다. [참고문헌] 『大毘婆沙論』, 『法華玄贊』, 『金光明經文句記』. ⇨ 제바달다 提婆達多, 사수 祠授

천수 天壽 ❶ Ⓟ devānaṃ āyuppamāṇam. 하늘 즉 천계(天界)의 수명. 『장아함경』 권7 「폐숙경 弊宿經」(대정장1, p.43c20)에 "이 세간의 100세는 도리천 상에서는 하룻낮 하룻밤에 불과하다. 이렇게 계산하여 30일을 한 달로 삼고 12달을 1년으로 삼을 경우 이와 같이 그 하늘의 수명은 천세다. 此間百歲 正當忉利天上 一日一夜耳 如是亦三十日爲一月 十二月爲一歲 如是彼天壽千歲", 『지관보행전홍결』 권9(대정장46, p.412a8)에 "이전에 계를 가진 힘으로 다시 천계에 나지만 천계의 수명이 다하고는 사람으로 난다. 以前持戒力故 復得生天 天壽旣盡 來生人中"라고 하였다. [참고문헌] 『長阿含經』, 『止觀輔行傳弘決』, *DN.2.327.* ❷ 타고난 수명. 『유마경의소』 권2(대정장38, p.934c23)에 "천수는 비록 정해진 것 없지만 죽음이야 정해진 일이다. 天壽雖無定而死事則定"라고 하였다. [참고문헌] 『維摩經義疏』.

천수경 千手經 ❶ 당대 가범달마(伽梵達摩)가 한역한 『천수천안관세음보살광대원만무애대비심다라니경 千手千眼觀世音菩薩廣大圓滿無礙大悲心陀羅尼經』(대정장20, No.1060)의 줄인 이름. 대비심다라니경(大悲心陀羅尼經)이라고도 한다. ⇨ 천수천안관세음보살광대원만무애대비심다라니경 千手千眼觀世音菩薩廣大圓滿無礙大悲心陀羅尼經 ❷ 당대 불공(不空)삼장이 한역한 『천수천안관세음보살대비심다라니 千手千眼觀世音菩薩大悲心陀羅尼』(대정장20, No.1064)의 줄인 이름 ⇨ 천수천안관세음보살대비심다라니 千手千眼觀世音菩薩大悲心陀羅尼 ❸ 당대 지통(智通)이 한역한 『천안천비관세음보살다라니신주경 千眼千臂觀世音菩薩陀羅尼神呪經』(대정장20, No.1057)의 줄인 이름. ⇨ 천안천비관세음보살다라니신주경 千眼千臂觀世音菩薩陀羅尼神呪經 ❹ 당대 보리유지(菩提流志)역 『천수천안관세음보살모다라니신경 千手千眼觀世音菩薩姥陀羅尼身經』(대정장20, No.1058)의 줄인 이름. ⇨ 천수천안관세음보살모다라니신경 千手天眼觀世音菩薩姥陀羅尼身經

천수경궤 千手經軌 천수관음(千手觀音)을 본존(本尊)으로 하는 경과 그에 따른 의궤를 같이 설한 경전. 당대 가범달마가 한역한 『천수천안관세음보살광대원만무애대비심다라니경 千手千眼觀世音菩薩廣大圓滿無礙大悲心陀羅尼經』 1권(대정장20, No.1060)·당대 지통(智通)이 한역한 『천안천비관세음보살다라니신주경 千眼千臂觀世音菩薩陀羅尼神呪經』 2권(대정장20, No.1057)·당대 보리유지가 한역한 『천수천안관세음보살모다라니신경 千手千眼觀世音菩薩姥陀羅尼身經』 2권(대정장20, No.1058)·당대 삼매소바라(三昧蘇嚩羅)가 한역한 『천광안관자재보살비밀법경 千光眼觀自在菩薩祕密法經』 1권(대정장20, No.1065)·당대 불공(不空)이 한역한 『대비심다라니수행염송약의 大悲心陀羅尼修行念誦略儀』 1권(대정장20, No.1066)·『금강정유가천수천안관자재보살수행의궤경 金剛頂瑜伽千手千眼觀自在菩薩修行儀軌經』 2권(대정장20, No.1056)·『천수천안관세음보살대비심다라니 千手千眼觀世音菩薩大悲心陀羅尼』 1권(대정장20, No.1064)·당대 선무외(善無畏) 삼장이 한역한 『천수관음조차제법의궤 千手觀音造次第法儀軌』 1권(대정장20, No.1068)·당대 금강지(金剛智) 삼장이 한역한 『천수천안관자재보살광대원만무애대비심다라니주본 千手千眼觀自在菩薩廣大圓滿無礙大悲心陀羅尼呪本』 1권(대정장20, No.1061)·『천수천안관세음보살대신주본 千手千眼觀世音菩薩大身呪本』 1권(대정장20, No.1062A)·당대 가범달마가 한역한 『천수천안관세음보살치병합약경 千手千眼觀世音菩薩治兵合藥經』 1권(대정장20, No.1059)·송대 사명지례(四明知禮)가 찬집한 『천수안대비심주행법 千手眼大悲心呪行法』 1권(대정장20, No.1050) 등이 있다.

천수경언해 千手經諺解 ➡ 관음보살주경언해 觀音菩薩呪經諺解

천수관음 千手觀音 ➡ 천수천안관자재보살 千手千眼觀自在菩薩

천수관음만다라 千手觀音曼茶羅 천수관음의 본서(本誓)와 공덕을 나타내는 만다라. 경전과 의궤에 따라 다르게 설명된다. 먼저 불공(不空)역『금강정유가천수천안관자재보살수행의궤경』(대정장20, p.75a19)에 의하면 다음과 같이 묘사된다. "묘고산 정상에 팔엽의 대연화가 있다고 관상한다. 연화 위에 팔대금강주가 있어 보배누각이 되고 연화태중의 흘리 자에서 대광명을 유출하여 일체 불세계를 널리 비추어 고통 받는 중생이 광명을 만나 모두 해탈한다고 관상한다. 於妙高山頂上 想有八葉大蓮華 於蓮華上有八大金剛柱 成寶樓閣 於蓮華胎中想紇哩字 從字流出大光明 遍照一切佛世界 所有受苦衆生遇光照觸皆得解脫", "이 대광명에서 천수천안관자재보살이 용출하는데 무량한 상호와 치성한 위덕을 갖추었고 십바라밀보살이 주위를 둘러싸고 있으며 팔공양보살이 각각 제 자리에 머문다. 보배누각 네 모서리에 백의·대백·다라·비구지 등의 네 보살이 있어 각각 무량한 연화부중과 함께 앞뒤에서 둘러싸고 있고 제천팔부를 권속으로 삼는다. 於此大光明中 涌出千手千眼觀自在菩薩具無量相好熾盛威德 十波羅蜜菩薩周匝圍遶 八供養菩薩各住本位 於寶樓閣四隅 有白衣 大白 多羅 毘俱胝等四大菩薩 各與無量蓮華部衆前後圍遶 諸天八部以爲眷屬", "이와 같이 무량한 성중과 본존을 관상하되 분명하게 하여 순서를 망실하지 말도록 하라. 如是觀想無量聖衆及本尊極須分明勿令忘失次第", "수인으로 몸 앞의 단상에 안치하면 연화부세계조복대만다라가 된다. 수인을 가슴 앞에 두면 자기 몸이 대만다라가 된다. 이 수인을 본존상에 대면 그 상 또는 그림 또는 동상이나 조소가 모두 대만다라가 된다. 이 수인을 몸 앞의 허공에 안치하면 허공계 전체가 대만다라가 된다. 卽以印置於身前壇上 卽成蓮華部世調伏大曼荼羅 以印安於心上 卽自身成大曼荼羅 以印觸本尊像 彼像或畫或銅或塑 皆成大曼荼羅 以印置身前空中 卽滿虛空界成大曼荼羅"라고 하였다. 한편 삼매소바라(三昧蘇嚩羅)가 한역한『천광안관자재보살비밀법경』(대정장20, p.125a16)에서는 다음과 같이 설명된다. "부처님께서 대중의 마음을 아시고 무애삼매에 머물러 관자재 대만다라의 상을 연설하시네. 제일내심지에 구정월륜이 있는데 중앙의 월륜 안에 시무외를 안치하네. 절묘한 색신은 삼계를 초월하였고 금색은 광휘를 갖추었으며 머리에는 발계관을 쓰고 보관의 감발을 늘어뜨렸네. 정수리의 십일면은 모두 위에서 설명한 대로 모든 보관속에서 화신불의 자리에 머무네. 佛知大衆心 住無礙三昧 演說觀自在 大曼荼羅相 第一內心地 有九淨月輪 中央月輪中 安置施無畏 妙色超三界 金色具暉曜首持髮髻冠 寶冠紺髮垂 頂上十一面 皆如上所說 諸頭寶冠中 安住化佛身", "보살은 몸에 사십수를 구족하였고 모든 손바닥 안에 자비로운 눈 하나씩이 있으니 중생의 부류를 따라 갖가지 보물을 쥐고 연화대에 머물러 청정한 대광명을 방출하네. 왼손에는 일륜을 쥐고 오른손에는 월륜을 쥐었네. 왼손에는 궁전을 쥐고 오른손에는 오색운을 쥐었네. 왼손에는 창을 쥐고 오른손에는 석장을 쥐었으며 왼손은 견삭의 모양이고 오른손은 보검의 손이네. 왼손은 보궁형이고 오른손은 보전형이며, 왼손은 홍련화이고 오른손은 자연화이네. 왼손은 백련화이고 오른손은 청련화이며 왼손은 군지병이고 오른손은 호병을 쥐었다. 왼손은 옥환을 쥐고 오른손은 금륜을 쥐었어며 왼손은 보협형이고 오른손은 보경전이네. 菩薩於身上 具足四十手 一一手掌中 各有一慈眼 隨諸衆生類 執持雜寶物 住於蓮華臺 放大淨光明 左定持日輪 右惠淨月輪 左理持宮殿 右智五色雲 左定執戟鞘 右惠持錫杖 左理羂索形 右智寶劍手 左定寶弓形 右惠寶箭形 左理紅蓮華 右智紫蓮華 左定白蓮華 右惠靑蓮華 左理軍持甁 右智執胡甁 左定執玉環 右惠持金輪 左理寶篋形 右智寶經典", "왼손은 쇠갈고리형이고 오른손은 모끼형이며 왼손은 금강저이고 오른손은 삼검을 쥐었네. 왼손은 보배소라형이고 오른손은 포도형이네. 왼손은 불자형이고 오른손은 버드나무가지이네. 왼손은 보배영탁이고 오른손은 보배지혜인이네. 왼손은 여의주이고 오른손은 시무외인이네. 왼손은 화불존이고 오른손은 정상불이네. 왼손은 뵤경주이고 오른손은 촉루장이네. 왼손은 방배형이고 오른손은 염주를 쥐었네. 左定鐵鉤形 右惠鉞斧形 左理金剛杵 右智持三劍 左定寶螺形 右惠蒲桃形 左理白拂形 右智楊柳枝 左定寶鈴鐸 右惠寶智印 左理如意珠 右智施無畏 左定化佛尊 右惠頂上佛 左理寶鏡珠 右智髑髏杖 左定榜排形 右惠持念珠", "이지로 보배발우를 들었고 정혜로 연꽃봉오리네. 각각의 수승한 보배 팔은 니구지와 같고 팔찌로 팔을 두르고 천의와 영락으로 대비의 몸을 장엄하였네. 원만한 광명은 미묘한 색이고 오른발로 왼발을 눌러 가부좌하였는데 수승한 상은 눈으로 미치지 못하네. 理智持寶鉢 定惠蓮華合 各各妙寶臂 猶如尼瞿枝 環釧爲臂上 天衣又瓔珞 莊嚴大悲體 圓光微妙色 跏趺右押左 妙相眼不及", "다음으로 앞의 월륜에 금강관자재보살이 있고 남방의 월륜에 여의관자재보살이 있으며 서방 월륜에 현경관자재가 있고 북방 월륜에 구소관자재가 있네. 본존과 사존은 오지와 오부를 나타낸다. 제포관자재는 동남쪽 월륜에 있고 보검관자재는 서남쪽 월륜에 있으며 지인관자재는 서북쪽 월륜에 있고 부전관

〈표〉 천수관음만다라

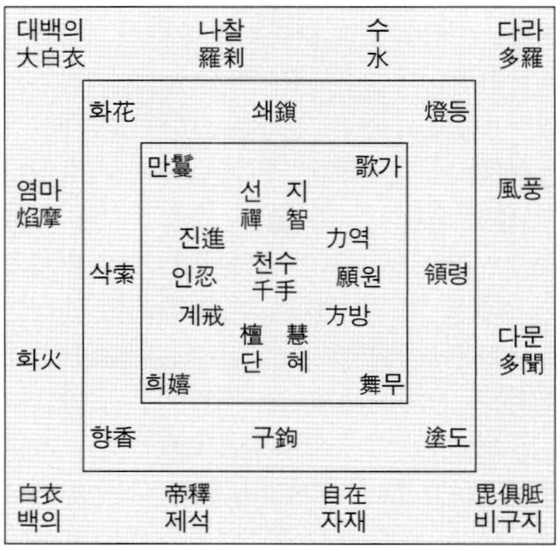

자재는 동북쪽 월륜에 있다. 이 사대관음은 법리인어를 나타내네. 진언행자는 반드시 알아야 하네. 이상의 구월륜은 오고저로 경계를 삼네. 다시 네 개의 월륜이 있으니 구월륜을 떠나 모서리에 머무네. 금강무보살은 동북륜에 머물고 금강희보살은 동남월륜에 머물며 금강만보살은 서남륜에 머물고 금강가보살은 서북월륜에 머무네. 이상으로 내원의 설명을 갈음하네. 次當前月輪 金剛觀自在 南方月輪中 與願觀自在 西方月輪中 現敬觀自在 北方月輪中 鉤召觀自在 本尊及四尊 表五智五部 除怖觀自在 在於東南輪 寶劍觀自在 在西南月輪 智印觀自在 在於西北輪 不轉觀自在 在東北月輪 是四大觀音 表法利因語 行者應知之 已上九月輪 五智杵以界 亦有四月輪 離九輪住隅 金剛舞菩薩 在於東北輪 金剛嬉菩薩 在東南月輪 金剛鬘菩薩 住於西南輪 金剛歌菩薩 住西北月輪 已說內院竟", "이제 제2원을 설하리라. 동문에 금강구 남문에 금강삭, 서문에 금강쇄, 북문에 금강령, 동북에 금강도, 동남에 금강향, 서남에 금강화, 서북에 금강등보살을 안치하네. 팔공양보살과 사섭보살의 본래 모습은 금강계와 같네. 동문 남쪽에 유지저관음·대세관음·보발관음·일정관음을 안치하고 다음으로 동문 북쪽에 유지삭관음·방패관음·백불관음·월정관음을 안치하네. 다음으로 남문 동쪽에 유보궁관음·보경관음·백련관음·자련관음을 안치하고 다음으로 남문 서쪽에 보전관음·호병관음·청련관음·포도관음을 안치하네. 다음으로 서문 남쪽에 보경관은·옥환관음·정상관음·군지관음을 안치하고 다음으로 서문 북쪽에 홍련관음·석장관음·화불관음·수주관음을 안치하네. 다음으로 북문 서쪽에 보라관음·촉루관음·보협관음·오색운존을 안치하고, 다음으로 북문 동쪽에 월부관음·극초관음·양류관음·보탁관음을 안치하네. 이상 40존의 형상은 위에서 설한 바와 같네. 今說第二院 東門金剛鉤 南門金剛索 西門金剛鎖 北門金剛鈴 東北金剛塗 東南金剛香 西南金剛花 西北金剛燈 八供四攝智 本形如金界 於東門南邊 有持杵觀音 次大勢觀音 次寶鉢觀音 次日精觀音 次於東門北 有持索觀音 次榜排觀音 次白拂觀音 次月精觀音 於南門東邊 有寶弓觀音 次寶經觀音 次白蓮觀音 次紫蓮觀音 次於南門西 安寶箭觀音 次胡瓶觀音 次青蓮觀音 次蒲桃觀音 於西門南邊 安寶鏡觀音 次玉環觀音 次頂上觀音 次軍持觀音 次於西門北 安紅蓮觀音 次錫杖觀音 次化佛觀音 次數珠觀音 於北門西邊 安寶螺觀音 次髑髏觀音 次寶篋觀音 次五色雲尊 次北門東邊 安鉞斧觀音 次戟䂎觀音 次楊柳觀音 次寶鐸觀音 已上五八尊 形像如上說", "제2원에 대한 설명이 끝났으니 다음으로 천등원을 설하네. 동북쪽 이사나 동방 제석천·동남 화광존·남방 염마야·서남 나찰천·서방 수신천·서북 풍운천·북방 비사문천을 안치하네. 다음으로 이사나방에 대범천을 안치하고 제석천 남쪽에 하방의 지천이 있네. 다음으로 화천의 서쪽에 산개야가가 있고 염마천의 서쪽에 파삭야가를 안치하네. 일천이 어둠을 비추니 나찰 북쪽에 있고, 월천의 청량한 광명은 수천의 북쪽에 있네. 풍천의 동쪽에 파궁야가를 안치하고 파검의 야가주는 다문천의 동쪽에 안치하네. 이상의 16천과 비나야가의 형상과 인명은 나머지 부의 설명과 같네. 제존의 형상과 위치를 설하였다. 第二院說竟 次說天等院 東北伊舍那 東方帝釋天 東南火光尊 南方焰魔耶 西南羅刹天 西方水神天 西北風雲天 北方毘沙門 於伊舍那南 安於大梵天 於帝釋南邊 有下方地天 次於火天西 有傘蓋夜迦 於焰魔天西 安把索野迦 日天照衆闇 在於羅刹北 月天淸冷光 在於水天北 於風天東邊 安把弓夜迦 把劍夜迦主 在於多聞東 已上二六天 及毘那夜迦 形像及印明 如余部法說 旣說尊色位", "이제 자리의 모양 등을 설하리라. 내원의 땅은 감청색이고 금색 꽃을 뿌려 놓았다. 내원에서 다음 칸까지 독고저를 경계로 삼는다. 제2원의 땅 색은 옅은 검은 색에 은색 꽃을 뿌려 놓은 모양이네. 제3원까지 백은의 삼고저로 경계를 감아 원과 원을 구분하네. 제3 천등의 땅은 허공의 색계와 같네. 땅 밖의 대지는 연꽃으로 장엄하였네. 今說地色等 內院地紺青 而散金色花 從內至次間 獨鈷杵爲界 第二院地色 淺黑散銀花 至第三院間 以白銀三古 而界於院院 第三天等地 如虛空色界 於地外大地 蓮華以爲嚴"라고 하였다. 〔참고문헌〕『金剛頂瑜伽千手千眼觀自在菩薩修行儀軌經』, 『千光眼觀自在菩薩祕密法經』. ⇨ 천수천안관세음보살 千手千眼觀世音菩薩, 천수천안관자재보살 千手千眼觀自在菩薩

천수관음보살도 千手觀音菩薩圖 천 개의 손과 천 개의 눈을 가진 천수관음보살을 그린 그림. 천수관음은 천수천안관세음(千手千眼觀世音)·대비관음(大悲觀音)이라고도 하며, 관음보살의 대자대비의 덕을 특별히 드러내 보인 변화관음(變化觀音) 중 하나다. 『천수경』 권1(대정장20, p.106c5)에 "'만약 내가 내세에 일체중생의 이익과 안락을 감당할 수 있다면 나로 하여금 즉시 이 몸에 천수천안을 구족하게 하여 주십시오'라고 발원하자 이때 몸에 천 개의 손과 천 개의 눈이 생겨나 모두 구족하게 되었다. 若我當來 堪能利益安樂 一切衆生者 令我卽時 身生千手千眼具足 發是願已 應時身上 千手千眼 悉皆具足"라고 하였다. 그러나 천수관음이 그림이나 조각으로 형상화될 경우 보통 11면의 얼굴이며 팔은 40비(臂), 손마다에 눈이 있고 각기 다른 지물(持物)을 들고 있다. 천수관음의 도상에 대해서는 『천광안경』 권1(대정장20, p.120a25)에 "관자재보살이 … 크게 발원하자 천수천안을 구족하였고 … 삼매광중에 이십오보살이 용출하였다. 이 여러 보살들의 몸은 모두 금색이고, 관자재보살과 같은 여러 상호를 구족하였다. 정수리 위에는 11면을 갖추었고, 각각의 몸 위로 40개의 손을 구족하였는데, 모든 손바닥에는 한 개의 자비의 눈이 있었다〈이십오보살이 각각 40개의 손과 눈을 구족하니 합하여 천수천안이 된다〉. 觀自在菩薩 … 發大誓願 應時具足千手千眼 … 於三昧光中 涌出二十五菩薩 是諸菩薩身皆金色 具諸相好如觀自在 亦於頂上具十一面 各於身上具足四十手 每手掌中有一慈眼〈二十五菩薩各具四十手目 合爲千手千眼〉"라고 하였다. 우리나라의 경우는 『삼국유사』에서 신라 경덕왕 때 희명(希明)이라는 여인이 눈먼 아이를 위해 분황사(芬皇寺) 벽에 그려진 천수관음 앞에 나아가 노래를 지어 기도했더니 눈이 밝아졌다는 이야기가 전하고 있어 8세기경 이미 천수관음보살이 널리 신앙되었던 것을 알 수 있다. 현존하는 고려대의 천수관음도(삼성미술관 리움 소장)와 조선전기의 일본 지광사(持光寺) 소장 천수관음도(1532)가 있으며, 이후 통도사 화엄변상도(1811), 고운사 천수관음도(1828), 대흥사 천수관음도(19세기), 법인사 천수관음도(19세기) 등은 대부분이 19세기에 조성되었다. 〔참고문헌〕『千手經』, 『千光眼經』, 『三國遺事』. ⇨ 천수천안관세음보살 千手千眼觀世音菩薩

천수관음보살도
삼성리움미술관 고려

천수관음보살도 의성 고운사 1828년

천수관음소주인언 千手觀音小呪印言 『무량수여래관행공양의궤』에서 시설한 관자재보살의 수인과 진언. 『무량수의궤』(대정장19, p.71a23)에 "관자재보살인을 맺고 네 곳을 가지하니 가슴·이마·목·정수리를 말한다. 이 인은 양손을 밖으로 깍지끼고 양손의 엄지를 받쳐 연꽃잎처럼 만들고 양손의 중지를 나란히 곧게 세우면 완성된다. 관자재보살진언을 외우는데 '옴 바일라 달마 흘리'이다. 이 수인을 맺고 진언을 염송하여 가지하면 곧 자신이 관자재보살과 똑같고 다름이 없음을 관한다. 卽結觀自在菩薩印 加持四處 所謂心額喉頂 其印以二手外相叉 二頭指相柱如蓮花葉 二大指並竪卽成 卽誦觀自在菩薩眞言曰 唵 嚩日囉 達磨紇哩 由結此印及 誦眞言加持故 卽自身同觀自在菩薩 等無有異", 『계람습엽집』 권31(대정장76, p.609a10)에 "육관음 중 인법불이를 증거함은 천수관음의 공덕이 있기 때문이다. 천수관음간심진언은 '옴〈귀명삼신〉 바즈라〈금강지인의 이름〉 다르마〈법이라는 뜻이고 이치라는 뜻이다〉 흐리히〈불이관음〉'다. 구전에서 '이 진언 구절의 뜻에 인법불이의 뜻이 있다'고 하였다. 六觀音中 人法不二證據 千手觀音有功德 仍千手觀音肝心眞言曰 oṃ〈歸命三身〉 vajra〈金剛智人名也〉 dharma〈法也 理也〉 hrīḥ〈不二觀音〉 口傳云 此眞言句義 人法不二義 有之也"라고 하였다. 〔참고문헌〕『無量壽儀軌』, 『溪嵐拾葉集』.

천수관음이십팔부중 千手觀音二十八部衆 ➡ 이십팔부중 二十八部衆

천수관음인계 千手觀音印契 천수관음의 수인. 천수관음을 본존으로 모시고 행하는 작법에서의 근본인. 『천광안경』(대정장20, p.126b2)에 "이제 본존의 인계를 설하니 천신안인이라 하고, 『천비경』에서 나왔는데 큰 영험을 얻을 수 있다. 양손 각각의 중지·무명지·소지의 등을 붙이고 양손의 검지를 세워서 가깝게 하고 양손 엄지를 검지의 두 번째 마디에 붙인다. 팔을 다섯 치 정도 벌리고 수인을 미간에 위치시킨다. 今說本尊契 名千身眼印 出千臂經中 能得大靈驗 以二火水地 各甲背相著 其二風竪跓 二空側博附 風第二文側 腕開五寸許 置於眉間上"라고 하였다. 〔참고문헌〕『千光眼經』.

천수관음종자 千手觀音種子 실담자 (hrīḥ). 『비장금보초』 권5(대정장78, p.359c14)에 "오른쪽 원명 안에 흐리 자가 천수관음을 성취한다. 右圓明中有 紇哩字 成千手觀音"라고 하였다. 〔참고문헌〕『祕藏金寶鈔』.

천수국만다라수장 天壽國曼荼羅繡帳 고대에 수놓아 만든 만다라 휘장. 일본 나라현(奈良縣) 중궁사(中宮寺) 소장. 전세품(傳世品)으로는 동아시아에서 가장 오래된 자수만다라 중 하나다. 지은원(知恩院) 소장의 「상궁성덕법왕제설 上宮聖德法王帝說」에 의하면 622년(추고30) 성덕태자(聖德太子) 사후 그의 비(妃 : 橘大郎女)가 태자의 명복과 극락왕생을 빌기 위하여 추고(推古)천왕의 윤허를 받아 채녀(采女)들에게 수놓아 제작하게 하였다. 신라계의 진구마(秦久麻)가 총감독을 맡고, 고구려계의 고려가서일(高麗加西溢), 가야계의 동한말현(東漢末賢)과 한노가기리(漢奴加己利)가 원본 밑그림을 그렸다. 현재 남아 전하는 잔편들은 7세기 초 비조시대(飛鳥時代)의 구장(舊帳)과 13세기 겸창시대(鎌倉時代)의 신장(新帳)이 섞여 있다. 본래 2장(張)이었고, 원래 크기는 1장 6척 정도의 대작으로 추정한다. 자사(紫紗)와 황릉(黃綾)으로 짜여진 포(布) 위에 보살·비구 등의 인물, 궁전·종루(鐘樓) 등의 전각, 월상(月象)·화조(花鳥)·초목(草木)을 백적황청녹자 등의 다양한 색채로 수놓았다. 수장에 등장하는 인물들이 입고 있는 긴 저고리와 주름치마는 덕흥리벽화고분(德興里壁畵古墳)·쌍영총(雙楹塚)·수산리벽화고분(修山里壁畵古墳) 등에서 보이는 고구려 복식과 같고, 종루 등의 모습은 고대 한반도의 건축양식과도 닮아 있다. 고대 한반도와 일본의 불교에 의지한 문화교류를 보여주는 중요한 작품이다. 〔참고문헌〕 안휘준 『韓國繪畵史研究』(시공사, 2000) pp.144~155.

천수국만다라수장
자수장 한상수 재현 2007년

천수궤 千手軌 ➡ 금강정유가천수천안관자재보살수행의궤경 金剛頂瑜伽千手千眼觀自在菩薩修行儀軌經, 천수경궤 千手經軌

천수근본인 千手根本印 연화오고인(蓮華五股印)을 달리 이르는 말. 『천수천안의궤경』 권하(대정장20, p.79b16)에 "다음으로 본존인 천수천안관자재보살의 근본인을 맺는다. 두 손으로 금강합장하니 오른손 중지(忍)와 왼손 중지(願)가 서로 합하고 오른손 소지(檀)와 왼손 소지(慧) 그리고 오른손 엄지(禪)와 왼손 엄지(智)의 네 손가락으로 안을 둥글게 만든 다음 열어 모든 손가락을 곧게 세워 연꽃 핀 모습을 성취한다. 근본다라니를 외운다. 次結本尊千手千眼觀自在菩薩根本印 二手金剛合掌 以忍願二度相合 檀慧禪智四度坼開 各直竪卽成誦根本陀羅尼", "이 다라니를 일곱 편 외우고 나서 정수리 위에서 인을 푸는데, 근본인을 맺고 이 다라니를 외우면 능히 네 가지로 짓고 일을 성취할 수 있다. 첫째는 식재이고 둘째는 증익이며 셋째는 항복이고 넷째는 경애와 구소 등 있는 바 희망하는 세간과 출세간의 과보를 모두 얻어 원을 채울 수 있다. 본교 중에 설하지 않은 성취법도 연화부 중의 법을 써서 이 상 마주해 앞에서와 같이 짓는다면 반드시 성취해 얻을 것이다. 誦此陀羅尼七遍已 頂上散印 由結根本印 誦此陀羅尼 能作四種成就事 一者 息災 二者 增益 三者 降伏 四者 敬愛鉤召等 所有希望 世間出世間果報 皆得滿願 本敎中所不說成就法者 用蓮花部中法 對此像前作 必獲成就"라고 하였다. 〔참고문헌〕 『千手千眼儀軌經』. ⇨ 연화오고인 蓮華五股印

천수념 天隨念 Ⓢ devānusmṛti, devatānusmṛti, Ⓟ devatānussati, Ⓣ lha-rjes-su-dran-pa'o. 육수념(六隨念) 중 하나. 『집이문족론』 권16(대정장26, p.433a28)에 "무엇을 천수념이라 하는가? 〔답〕 세존께서는 이렇게 말씀하셨다. '필추들이여! 고귀한 제자들은 다음과 같이 제천을 따라 기억해야 하니 사대왕중천이 있고 삼십삼천이 있으며, 야마천이 있고 도사다천이 있으며, 낙변화천이 있고 타화자재천이 있다고 념한다. 만약 전도됨 없이 믿음·계·들음·평정·지혜를 성취함이 있다면 여기서 수명을 버리고는 저 천계에 난다. 나 역시 전도됨 없는 믿음·계·들음·평정·지혜·선(참·괴)을 성취하였으니, 어찌 마땅히 저 하늘에 나지 않을 수 있겠는가?' 云何天隨念 答 如世尊說 苾芻當知 有聖弟子以如是相隨念諸天 謂有四大王衆天 有三十三天 有夜摩天 有覩史多天 有樂變化天 有他化自在天 若有成就無倒信戒聞捨慧者 從此捨命得生彼天 我亦成就無倒信戒聞捨慧善云何不得當生彼天"라고 하였다. 〔참고문헌〕 『集異門足論』, *AN.1.30.*, *AN.3.284.* ⇨ 육수념 六隨念

천수다라니 千手陀羅尼 **1** 천수관음(千手觀音)의 공덕을 찬탄하고 그 삼매를 성취하게 하는 다라니. 갖춘 이름은 '천수천안관자재보살광대원만무애대비심다라니 千手千眼觀自在菩薩廣大圓滿無礙大悲心陀羅尼'고, 대비심다라니(大悲心陀羅尼)·천수주(千手呪)라고도 한다. 천수관음의 근본주(根本呪)로서 82구의 게송으로 『천수경』에 수록되어 있다. 밀교와 선종 등 여러 종파에서 지송(持誦)한다. 『천수경』(대정장20, p.110a2)에 "부처님께서 아난에게 말씀하셨다. '이 신주에는 갖가지 이름이 있다. 광대원만이라고도 하고, 무애대비라고도 하며, 구고다라니라고도 하고, 연수다라니라고도 하며, 멸악취다라니라고도 하고, 파악업장다라니라고도 하고, 만원다라니라고도 하고, 수심자재다라니라고도 하며, 속초상지다라니라고도 하니 이와 같이 수지하라'. 佛告阿難 如是神呪有種種名 一名 廣大圓滿 一名 無礙大悲 一名 救苦陀羅尼 一名 延壽陀羅尼 一名 滅惡趣陀羅尼 一名 破惡業障陀羅尼 一名 滿願陀羅尼 一名 隨心自在陀羅尼 一名 速超上地陀羅尼 如是受持"라고 하였다. 〔참고문헌〕 『千手經』. ⇨ 대비심다라니 大悲心陀羅尼 **2** 『천수경 千手經』의 다른 이름. ⇨ 천수경 千手經

천수대비 千手大悲 천수천안관세음보살(千手千眼觀世音菩薩)의 다른 이름. 『원오어록』 권13(대정장47, p.774c15)에 "진실한 사람이라면 곧바로 알아차려 생이 본래 불생이고, 사가 본래 불사임을 분명하게 알 것이다. 불생불사의 자리는 천 사람의 성인이 눈을 붙여도 보지 못하고 천수대비도 꼼짝할 수 없다. 지금 형제들이 반조할 수 있다면 둘째 사람이 없으니 다시 산승이 두 번 세 번 눈썹을 아끼지 않고 진흙탕에 들어가듯이 말하는 것이 필요하지 않을 것이다. 若是眞實人 直下承當 了知生本不生 知死本不死 向不生不死處 千聖著眼覰不見 千手大悲提不起 而今兄弟 若能返照 更無第二人 更不待山僧兩回三度不惜眉毛入泥入水", 『대명고승전』 권8 「밀암함걸전 密庵咸傑傳」(대정장50, p.931c17)에 "나에게 일전어가 있으니 향상향하의 자리에 있지 않고 천수대비도 모색할 수 없다. 我有一轉語 不在向上向下 千手大悲摸索不著"라고 하였다. [참고문헌] 『圜悟語錄』, 『大明高僧傳』. ⇨ 천수천안관세음보살 千手千眼觀世音菩薩, 천수천안관자재보살 千手千眼觀自在菩薩

천수대비가 千手大悲歌 ➡ 도천수대비가 禱千手大悲歌

천수물 千手水 천수다라니(千手陀羅尼) 또렷이 비추게 하는 물. 절수(折水)라고도 한다. 대중이 모여 발우공양할 때 마지막으로 각자의 발우에 천수물을 받아 씻은 후 다시 모은다. 이때 굶주린 아귀중이 배불리 먹기를 기원하며 절수게(折水偈)를 외운다. 다 모아진 큰 통의 천수물은 대중이 보는 앞에서 다시 큰 방 한가운데 천장에 붙어 있는 복잡하고도 미세한 천수다라니 바로 아래 놓이게 된다. 또렷이 실담자 등의 글이 보일 정도로 비추게 해서 천수물의 청탁을 헤아린다. 그림자 제대로 비추일 정도로 깨끗해서 찌끼라곤 없게 맑아야 그 물은 큰 방 밖에 설치된 자갈과 모래 등으로 채운 샘 모양의 천수대에 버릴 수 있다. 그곳에는 목마른 아귀들이 늘 기다리고 있고 아귀의 목구멍은 탐욕의 과보로 가늘게 나서 티끌도 삼키기 어렵기 때문이다. 단월의 정재(淨財)를 소중히 여겨 한 톨의 양식도 함부로 버리지 못하게 하는 뜻에서도 천수물은 매일 아침 대중이 함께 공양하며 서로를 경계하는 청정행의 척도라 할 수 있다. ⇨ 절수 折水, 절수게 折水偈

천수보리 天須菩提 Ⓢ Deva-subhuti. 수보리라는 이름을 가진 세 사람의 불제자 중 한 분. 오백세 동안 하늘에 나서 좋은 과보를 받고, 인간세상에 나서도 좋은 옷과 맛있는 음식을 먹기에 그를 착호의제일(著好衣第一)이라고 하였다. 『증일아함경』 권3(대정장2, p.558a2)에 "좋은 옷 입기를 좋아하는데, 행업이 본디 청정한 이는 천수보리비구이다. 喜著好衣 行本淸淨 所謂天須菩提比丘是", 『분별공덕론』 권5(대정장25, p.47b24)에 "천수보리를 착호의제일이라고 하는 까닭은 무엇인가? 오백제자 중에는 두 명의 수보리가 있으니, 하나는 왕자종이고 다른 하나는 장자종이다. 천수보리는 왕자종 출신이다. 천이라고 하는 까닭은 무엇인가? 오백세 중 항상 위로는 화응성천(化應聲天 : 他化自在天)에 나고, 아래로는 왕의 집안에 나서 식복이 자연스러워 부족함이 없었기 때문이다. 所以稱天須菩提著好衣第一者 五百弟子中 有兩須菩提 一 王者種 一 長者種 天須菩提 出王者種 所以言天者 五百世中 常上生化應聲天 下生王者家 食福自然 未曾匱乏"라고 하였다. [참고문헌] 『增壹阿含經』, 『分別功德論』. ⇨ 삼수보리 三須菩提

천수사 天水寺 황해북도 개성시에 있었던 절. 천수사(天壽寺)라고도 불렸다. 고려의 수도였던 개경(開京)의 동교(東郊)에 위치하고 도성의 문에서 1백보 정도 떨어져 있었다고 하며, 원당의 역할에 충실하였고, 개경에서 동쪽으로 통하는 중요한 길목 앞에 자리하였기에 사람을 맞이하고 보내는 곳으로도 활용되었다. 조선시대에는 사원의 기능을 상실하고 숙박기관인 역원으로 변화하였는데, 『동국여지승람』 권4 개성부(開城府) 상(上) 역원(驛院)에 천수사의 옛 터에 천수원이 있다 하였다. 이색(李穡 1328~1396)은 『목은집』에서 천수사에 여러 차례 방문한 사실을 전하면서 천수사 내에 연못이 있었다고도 하였다. 『고려사』에 의하면 숙종년간(재위 1095~1105)에 창건되었다가 1111년(예종6)에 지세가 좋지 못하다는 이유로 약사원(藥師院)이 있었던 땅으로 옮겨 1116년(예종11) 3월 계묘일에 낙성하였다. 숙종과 그 아내인 명의태후(明懿太后)의 초상화와 충숙왕의 초상화가 봉안된 원당의 역할을 하였다. 『고려사』 권44 세가(世家) 1373년(공민왕22) 1월 "경진일에 (임금이) 천수사에 가서 충숙왕의 진영을 알현하고 환궁하였다. 庚辰 如天水寺 謁忠肅王眞 還宮"라고 하였고, 『고려사절요』 권30 1376년(우왕2) 8월에 "최영이 승리하여 돌아오니 우왕이 재추에게 명하여 천수사에 연회에 필요한 장막을 설치하도록 하였고 순위부에게 잡희를 갖추도록 하였다. 崔瑩凱還 禑命宰樞 供帳于天水寺 巡衛府具雜戲"라고 하였다. 『태조실록』 권6 1394년(태조3) 8월 18일에 "드디어 (왕이) 송경으로 돌아오니 왕세자가 길에서 알현하였고 각 사에서는 천수사 앞에서 맞이하였다. 遂還松京 王世子謁于道 各司迎于天水寺前"라고 하였고, 『태종실록』 권8 1404년(태종4) 9월 3일에는 "상왕이 내관으로 하여금 술과 음식을 임진으로 보내어 세자가 돌아오는 것을 맞이하게 하였다. 삼부도 또한 술과 음식을 준비하여 천수사에서 맞이하였다. 上王 使內官 送酒饌於臨津 迎世子之還也 三府亦備酒饌 迎于天水寺"라고 하였다. [참고문헌] 『東國輿地勝覽』, 『牧隱集』, 『高麗史』, 『高麗史節要』, 『太祖實錄』, 『太宗實錄』, 『韓國寺刹全書』 권하 p.1076b15. ⇨ 천수사 天壽寺 2

천수사 天壽寺 1 인천광역시 강화군에 있던 절. 『한국사찰전서』에 『강도지 江都志』를 인용하여 고려시대의 수도였던 개경의 절을 모방하여 만든 곳이라고 하였고 당시 그 터마저 상고할 만한 것이 없다고 하였다. 고려시대에 몽골의 침략을 받아 개경에서 강화도로 천도하면서 수도였던 개경에 존재했던 사원을 강화도에 다수 다시 창건하였는데, 그 중 하나로 이해된다. [참고문헌] 『韓國寺刹全書』 권하 p.1077b15. ❷ 황해도 장단군 진서면 전체리에 있던 절. 천수사(天水寺)라고도 불렸다. 고려조에는 대각국사 의천(義天)의 제자들이 주지하기도 하여 천태종 사원으로 알려졌는데, 『고려사』 권12 세가(世家)12 1106년(예종1) 9월에 "평장사 윤관에게 천수사의 공사를 감독하게 하고 서대 1개를 하사하였으며 여러 요좌들에게도 비단을 차등있게 내렸다. 以平章事尹瓘 監督天壽寺役 賜犀帶一腰 諸僚佐束帛有差"라 하였고, 같은 책 권14 세가14 1116년(예종11) 7월에 "무신일에 왕이 천수사에 가서 명의태후의 명복을 빌었다. 戊申 王如天壽寺 薦明懿太后冥福"라고 하였으며, 「인동선봉사대각국사비문 仁同僊鳳寺大覺國師碑文」에 "숙종이 또 대원을 세워 지금의 천수사를 창건하고자 하여 교관을 받들었으나 시작한 것을 마치지 못하고 승하하시니, 예종께서 그 터를 닦아 숙종의 서원을 크게 이루셨다. 肅祖又尋大願 欲創今所謂天壽寺 以奉教觀 經始未畢 龍馭遺弓 睿考肯堂 而肅祖之願大成"라고 하였다. 이색(李穡)이 지은 「서천제납박타존자부도명 西天提納薄陁尊者浮圖銘」에 의하면 지공(指空)이 생전에 천수사가 자신의 영당(影堂)이라고 이야기하였고 입적한 후 천수사의 감실(龕室)에 그의 몸을 임시로 안치했다고도 한다. 고려시대 수도였던 개경의 동교(東郊)에 위치하여 영빈송객(延賓送客)하던 곳으로 『동국이상국집』과 『목은집』·『동문선』 등에 관련된 글들이 많이 전한다. 『태종실록』과 『세종실록』에도 이동의 거점으로 언급되고 있기도 하다. 이후 교통로에 위치했던 지정학적 역할로 인해 역원(驛院)으로 그 성격이 바뀌어, 『동국여지승람』에서는 천수원(天壽院)으로 전한다. [참고문헌] 『東國李相國集』, 『牧隱集』, 『東文選』, 『太宗實錄』, 『世宗實錄』, 『東國輿地勝覽』, 『高麗史』, 『高麗史節要』, 『韓國寺刹全書』 권하 p.1076b18, 李智冠 『校勘譯註歷代高僧碑文』 高麗編3 p.185. ⇨ 천수사 天水寺

천수산사 天壽山寺 충청북도 청주시 운청동에 있었는데 686년(신라 신문왕6)에 창건하였다. 해심법사(海心法師) 등이 왕과 시방단월(十方檀越)과 법계의 고혼을 위하여 창건하였다. [참고문헌] 「清州新羅天壽山寺蹟碑」(『韓國金石全文』 古代, p.106).

천수안대비심주행법 千手眼大悲心呪行法 송대에 사명지례(四明知禮)가 모은 『대비참법 大悲懺法』(대정장46, No.1950)의 갖춘 이름. 『천수천안대비심주행법 千手千眼大悲心呪行法』이라고도 한다. 『사명존자교행록』 권7(대정장46, p.919b28)에 "스님은 함평 2년(999) 이후부터는 오로지 강참에만 힘을 쓰며 늘 앉아 눕지 않으셨다. 밖을 나가지도 않으시고 갖춰서 찾아와도 모두 돌려보내셨다. 앞뒤로 『법화현의』를 강함이 일곱 번 … 저술은 『광명현속유기』 3권 … 『천수안대비심주행법』 1권 등이다. 師自咸平二年已後 專務講懺 常坐不臥 足無外涉 修謁盡遣 前後講法華玄義七遍 … 著述 光明玄續遺記三卷 … 千手眼大悲心呪行法一卷", 『중화대장경총목록』 권4(대장경보편35, p.589a16)에 "『천수천안대비심주행법』 1권〈송대 지례가 처음 모으고, 청대 독체가 중편하였으며, 적섬이 상을 더하였다. 원명대의 본 등 제가에서 제목을 한편 『대비심주참법』 혹은 간단히 『대비참범』이라 하였다〉. 千手千眼大悲心呪行法一卷〈宋知禮始集 清讀體重纂 寂暹補像 元明本等 諸家題詞 又云 大悲心呪懺法 或單云 大悲懺法〉"라고 하였다. [참고문헌] 『四明尊者教行錄』, 『中華大藏經總目錄』. ⇨ 대비참법 大悲懺法

천수암 千手庵 충청북도 제천시 봉양읍 학산리(鶴山里)에 있었던 암자. 『문화유적총람』에는 천수암지(千數庵址)라 하였다. [참고문헌] 『文化遺蹟總覽』 권중(문화재관리국, 1977) p.593, 『韓國寺刹全書』 권하 p.1062b8.

천수암 天水庵 전라북도 전주시 완산구 교동 승암산(僧巖山)에 있는 암자. 진묵일옥(震默一玉)의 제자 원응(圓應)이 승암사에 머물면서 마신 약수에 근거하여 천수암이라고 불렀다고 한다. 한원진(韓元震 1682~1751)의 『남당집』 권13 「허령지각설 虛靈知覺說」에서 "경인(1710·숙종36) 10월 10일 고산 천수암에서 쓰다. 庚寅十月十日 書于高山之天水庵"라고 하여, 성리학에서 말하는 허령(虛靈)과 지각(知覺)에 대한 자신의 생각을 이 암자에서 서술했음을 밝혔다. [참고문헌] 『南塘集』(韓國文集叢刊202, p.149a1), 『寒國寺刹全書』 권하 p.738b20. ⇨ 승암사 僧巖寺 ❷

천수암 天授庵 ❶ 평안남도 묘향산(妙香山)에 있었던 사원. 천수암(天授菴)이라고도 한다. 편양언기(鞭羊彦機 1581~1644)가 금강산의 천덕사(天德寺)와 구룡산의 대승암(大乘庵)과 함께 주석했던 곳이다. 태율(兌律 1695~?)의 『월파집』 「향산지 香山誌」에는 거의 파손되었다고 하는데 비해 그 이후 법종(法宗 1670~1733)의 『허정집』 권하 「속향산록 續香山錄」에는 새로 지은 지 얼마되지 않았다고 기록되어 이 무렵 중창되었음을 알 수 있다. 『월파집』 문(文) 「향산지」(『한불전』9, p.673a22)에 "남쪽으로 10리를 가면 천수암이 있다. 즉 옛날에 편양선사가 강경하고 교화하던 곳인데, 거의 무너져 파손된 지경이니 가히 안타까울 뿐이다. 南去十里 有天授菴 卽古鞭羊禪師講經教化之處 而幾至毀破之境 則可不惜乎"라고 하였고, 『허정집』 권하 「속향산록」(한불전9, p.526c4)에 "장항을 지나 작은 언덕을 넘고 깊은 계곡을 돌아 돌문으로 들어가면, 보전에 오르니 천수암이다. 새로 창건한 지 얼마 되지 않아 단청이 어제인 듯 했다. 過獐項踰小峙 轉深谷入石門 登寶殿 曰天授庵 新刱未久 丹雘如昨"라고 하였다. 『설암잡저』 권1에 「천수암회고 天授菴懷古」(한불전9, p.252b15)라는 시도 전한다. [참고문헌] 『月波集』, 『虛靜集』, 『雪巖雜著』, 『東州集』. **2** 함경남도 영흥군 독산(禿山)에 있었던 암자. 『여지도서』 함경도 사찰에 "부에서 서쪽으로 15리인 독산 아래에 있고, 승도는 6명이다. 在府西十五里禿山下 僧徒六名"라고 하였다. [참고문헌] 『輿地圖書』, 『伽藍考』, 『韓國寺刹全書』 권하 p.1076b17.

천수왕 天樹王 Ⓢ Pārijāta. 도리천(忉利天)에 자라는 파리질다라수(波利質多羅樹). 나무 중에도 왕이어서 이렇게 부른다. 『법화경』 권1(대정장9, p.3b27)에 "국토의 경계가 저절로 빼어나고 아름다우니, 마치 천수왕에서 꽃이 핀 모습과 같다네. 國界自然 殊特妙好 如天樹王 其華開敷", 『법화문구기』 권3중(대정장34, p.202c12)에 "경에서 말하는 천수왕은 도리천의 파리질다라수를 가리킨다. 經云天樹王者 卽忉利天 波利質多羅樹", 『법화경요해』 권1(卍속장47, p.546a6)에 "천수왕은 도리천의 원생수다. 보배꽃이 필 때면 천계가 저절로 장엄하여 아름답다. 불멸후에 사리에 공양한 과보가 이것이다. 天樹王者 忉利天 員生樹 寶華開時 天界自然 嚴飾妙好 乃佛滅後 供養舍利果報也"라고 하였다. [참고문헌] 『法華經』, 『法華文句記』, 『法華經要解』, *Saddh-p.15.* ⇨ 파리질다라수 波利質多羅樹

천수천안 千手千眼 천수천안관세음보살(千手千眼觀世音菩薩)의 약칭. 『천안천비관세음보살다라니신주경』 「서 序」(대정장20, p.83b8)에 "천수천안보살은 관세음의 변현이며 마구니와 원수를 조복시키는 신령한 자취다. 千手千眼菩薩者 卽觀世音之變現 伏魔怨之神迹也", 『천수경』(대정장20, p.106c3)에 "나는 이때 비로소 초지에 머물러 이 다라니를 한 번 듣고 팔지에 올랐다. 나는 이때 마음으로 환희하였으므로 서원을 일으켜 말하기를 '만약 내가 미래에 일체중생을 이롭게 하고 안락하게 하려는 이라면 즉시 나의 몸에 천 개의 팔이 생기고 천 개의 눈을 구족하리라'라고 하였다. 서원을 일으킨 후에 곧바로 몸에 천 개의 손과 천 개의 눈이 모두 구족되었다. 我於是時 始住初地 一聞此呪故 超第八地 我時心歡喜故 卽發誓言 若我當來 堪能利益 安樂一切衆生者 令我卽時 身生千手 千眼具足 發是願已 應時身上 千手千眼 悉皆具足", 『종용록』 54칙(대정장48, p.261c16)에 "천각이 말했다. '천수는 미혹한 중생을 이끌어 교화함이 많음을 보인 것이고, 천안은 광명을 발하여 어둠을 비춤이 광대함을 보인 것이다'. 天覺曰 千手者 示引迷接物之多也 千眼者 示放光照暗之廣也"라고 하였다. [참고문헌] 『千眼千臂觀世音菩薩陀羅尼神呪經』, 『千手經』, 『從容錄』. ⇨ 천수천안관세음보살 千手千眼觀世音菩薩

천수천안관세음보살 千手千眼觀世音菩薩 Ⓢ Sahasrabhujārya-avalokiteśvara. 일체중생을 이롭게 하기 위해 천수천안(千手千眼)을 갖추겠다는 원을 일으킨 즉시 그 몸을 얻은 보살. 천수천안관자재보살(千手千眼觀自在菩薩)이라고도 한다. 육관음(六觀音) 중 한 분이시다. 『천수안대비심주행법』(대정장46, p.974a28)에 "천수천안관세음보살마하살은 본원력을 타고 내 앞에 와서 신주로 가지하여 세 가지 장애를 단박에 없앴다. 대세지보살총지왕 등의 모든 대보살과 마하가섭 등의 대성문들이 함께 자비를 일으켜 때를 같이 해 내려왔다. 千手千眼觀世音菩薩摩訶薩 乘本願力 來到我前 神呪加持 頓消三障 大勢至菩薩總持王等 諸大菩薩 摩訶迦葉諸大聲聞 同運慈悲俱時來降", 『천수경』(대정장20, p.106b27)에 "세존이시여! 제가 과거의 무량억겁을 기억해보니 천광왕정주여래라는 명호의 부처님께서 세간에 출현하실 때 그 불세존께서 저를 불쌍히 여기고 일체중생을 위해 이 광대원만무애대비심다라니를 설하셨습니다. 금색 손으로 저의 정수리를 어루만지며 이렇게 말씀하셨습니다. '선남자야! 그대는 이 심주를 지니고 미래의 악세에 널리 일체중생을 위해 큰 이익을 지으라'. 저는 이때 비로소 초지에 머물렀는데 이 다라니를 한 번 듣고서 제8지를 뛰어 넘었습니다. 저는 이때 마음으로 환희하여 서원하였습니다. '만약 제가 미래에 일체중생을 이롭게 하고 안락하게 할 수 있는 이가 될 수 있다면 즉시 저의 몸에서 천 개의 손과 천개의 눈이 생겨 갖추게 될 것입니다'. 이러

천수천안관음 대족보정산85굴 중국

천수천안관음 돈황3굴 원 杜顯淸外摹

한 원을 일으키자마자 곧바로 몸에 천수천안이 모두 갖추어졌습니다. 시방의 대지가 육종으로 진동하고 시방의 천불이 모두 광명을 내뿜어 저의 몸과 시방과 끝없는 세계를 비추었습니다. 世尊 我念過去 無量億劫 有佛出世 名曰千光王靜住如來 彼佛世尊 憐念我故 及爲一切 諸衆生故 說此廣大圓滿無礙大悲心陀羅尼 以金色手 摩我頂上 作如是言 善男子 汝當持此心呪 普爲未來惡世 一切衆生 作大利樂 我於是時 始住初地 一聞此呪故 超第八地 我時心歡喜故 卽發誓言 若我當來 堪能利益 安樂一切衆生者 令我卽時 身生千手 千眼具足 發是願已 應時身上千手千眼 悉皆具足 十方大地 六種震動 十方千佛 悉放光明 照觸我身 及照十方 無邊世界"라고 하였다. [참고문헌] 『千手千眼大悲心呪行法』, 『千手經』. ⇨ 천수천안관자재보살 千手千眼觀自在菩薩, 육관음 六觀音

천수천안관세음보살광대원만무애대비심다라니경 千手千眼觀世音菩薩廣大圓滿無礙大悲心陀羅尼經 Ⓢ Āryāvalokiteśvara-sāhasrikabhujalocananirmāṇa-vistāraparipūrṇāsaṅga-mahākāruṇikadhāraṇī, Ⓣ 'phags-pa spyan-ras-gzigs dbang-phyug phyag stong spyan stong-du sprul-pa rgya-chen-po yongs-su rdsogs-pa thogs-pa med-par thugs-rje chen-po-dang ldan-pa'i gzungs. 당대 가범달마(伽梵達摩) 한역. 1권. 『천수경』·『천수관음대비심다라니경 千手觀音大悲心陀羅尼經』·『천수다라니경 千手陀羅尼經』·『천수대비심다라니 千手大悲心陀羅尼』·『천수무애대비심다라니경 千手無礙大悲心陀羅尼經』·『천수천안관세음보살대비심다라니 千手千眼觀世音菩薩大悲心陀羅尼』·『천수천안대비심경 千手千眼大悲心經』이라고도 한다. 고려장11, pp.963a1~971c21, No.294·대정장20, pp.105c7~111c19, No.1060에 수록되어 있고, 티베트역본(北京版 No.368)도 전한다. 천수천안관세음보살의 다라니를 설하는 경전이다. 현세적 이익과 공덕을 강조하고 있어 『대일경』 이전에 성립된 잡밀계통의 경으로 분류된다. 주요 내용은 다라니의 목적·천수관음의 연기·대비심다라니·사십수(四十手)·일광보살(日光菩薩)과 월광보살(月光菩薩)의 다라니를 설한다. 다라니를 설하는 목적으로 일체중생의 악업을 없애고 장애와 곤란을 여의게 하며 선근공덕을 증장하고 원하는 것을 신속히 이루기 위한 것이라고 설한다. 무량억겁 이전 천광왕정주여래(千光王靜住如來)는 관음보살을 불쌍히 여기시고 또 일체중생을 위해 광대원만무애대비심다라니를 설하셨는데, 관음보살이 이 다라니를 듣자마자 초지에서 8지로 초월하였고 일체중생을 안락하고 이롭게 하리라는 원을 세운 것이 천수관음이 천수천안을 구족하게 된 인연이다. 본 한역본의 대비심다라니는 82구로 되어 있어서 이역본 또는 유사한 계통의 천수관음다라니와는 동일하지 않다. 천수관음의 사십수는 사십수진언으로 발전 하여 후대에 부가 되었다. 또한 일광보살과 월광보살의 다라니를 설하였는데 이는 대비심다라니를 지송하는 이를 수호하는 호신주 역할을 한다. 우리나라에서는 천수관음 계통의 다양한 경전과 의궤 중 가범달마 역의 『천수경』이 가장 널리 유포되고 수지·독송되었으며, 경전 앞뒤에 의식문을 첨가하여 의궤로서 활용되어왔다. 다라니만 별도로 발췌하여 유통되기도 하였으며 다라니의 본질을 선정으로 설하고 있어서 밀교 뿐 아니라 선종 등 다양한 종파에 의해 널리 수용되어 지금에 이른다. 우리나라의 대표적인 유통본은 〈표〉와 같다. 다라니를 음석(音釋)하여 범(梵)·한(漢)과 한글을 병기하거나 수인(手印) 도판을 진언의 상단에 수록하는 경우도 있고, 사십이수진언(四十二手眞言)·영험략초(靈驗略抄) 등과 합간(合刊)한 예도 있다. 이역본으로 당 불공(不空)이 한역한 『천수천안관세음보살대비심다라니 千手千眼觀世音菩薩大悲心陀羅尼』(대정장20, No.1064)가 있다. ⇨ 천수천안관세음보살대비심다라니 千手千眼觀世音菩薩大悲心陀羅尼

천수천안관세음보살대비심다라니 千手千眼觀世音菩薩大悲心陀羅尼 당대 불공(不空)삼장 한역. 1권. 줄여서 『천수경』이라고도 한다. 대정장20, pp.115b18~119c1, No.1064에 수록되어 있다. 당 가범달마(伽梵達摩) 한역의 『천수천안관세음보살광대원만무애대비심다라니경 千手千眼觀世音菩薩廣大圓滿無礙大悲心陀羅尼經』(대정장20, No.1060)에서 발췌한 경으로, 천수관음의 발원·열다섯 가지 좋은 태어남과 열다섯 가지 나쁜 죽음을 받는 일·대원만무애대비심다라니와 사십수(四十手) 등의 내용을 발췌한 것이다. 가범달마 한역본의 사십수 도상과는 다르게 구성되어 있는데, 처음 시작에 감로수(甘露手)를 더하여 모두 사십일수(四十一手)의 진언과 인상(印相)을 도시하고 있다. ⇨ 천수천안관세음보살광대원만무애대비심다라니경 千手千眼觀世音菩薩廣大圓滿無礙大悲心陀羅尼經

천수천안관세음보살모다라니신경 千手天眼觀世音菩薩姥陀羅尼身經 당대 보리유지(菩提流志) 한역. 2권. 『천수관음모다라니신경 千手觀音姥陀羅尼身經』·『천수경 千手經』이라고도 한다. 고려장11, pp.951a1~961b16, No.293·대정장20, pp.96b12~103c3, No.1058에 수록되어 있다. 현세적 이익을 강조하는 잡밀계통의 경전으로, 서두에서 모다라니와 그 공덕을 찬탄하고 이어서 총섭신인 등 호신(護身)을 위한 열두 가지 수인을 소개한 후 천수관음의 화단법(畫壇法) 및 진언행자의 지계(持戒)를 강조하는 내용이 이어진다. 귀신을 조복시키는 항복법과 도적을 방지하며 수명을 연장하고 순산을 위한 작법 및 눈병을 치료하는 방법에 이어서 천수관음보살상에 관한 내용과 주사(呪師)와 화장(畵匠)의 지계작법에 관한 내용으로 상권을 마친다. 하권에서 이어서 변재인(辯才印) 등 열세 가지 수인을 설명하고 있다. 열두 번째 수인과 열세 번째 수인의 내용 사이에 화상법과 작법 등이 소개되어 있는데, 이는 앞뒤의 수인과 관련이 없는 것으로 후대에 첨가된 것으로 보인다. 당의 지통(智通)이 한역한 『천안천비관세음보살다라니신주경 千眼千臂觀世音菩薩陀羅尼神呪經』(대정장20, No.1057)과 동본이역이다. ⇨ 천안천비관세음보살다라니신주경 千眼千臂觀世音菩薩陀羅尼神呪經

천수천안관자재보살 千手千眼觀自在菩薩 Ⓢ Avalokiteśvara-sahasrabhuja-locana, Sahasrabhujārya-avalokiteśvara. 천 개의 손길로 중생의 소리를 듣다. 모든 중생들에게 이익을 주기 위하여 천수(千手)와 천안(天眼)을 갖추겠노라 발원하여 성취한 보살이다. 갖춘 이름은 천수천안관자재보살(千手千眼觀自在菩薩)이며 천수관음(千手觀音)·천수천안관음(千手千眼觀世音)·천안천비관음(千眼千臂觀音)·천수성관자재(千手聖觀自在)·천비관음(千臂觀音)·천광관자재(千光觀自在)·천안천수천족천설천비관자재(千眼千首千足千舌千臂觀自在)·대비관음(大悲觀音)이라

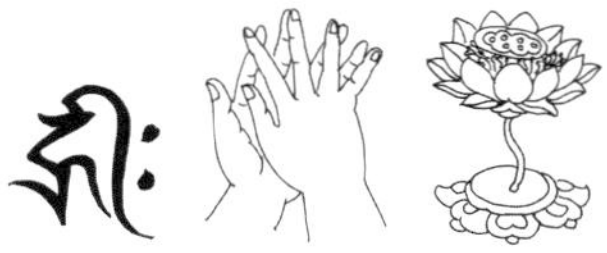

고도 한다. 모든 중생들의 소원을 성취하게 하고, 고통을 소멸시켜 중생을 제도하는 구경의 대자대비를 상징하는 대표적인 관음보살이다. 밀교에서는 태장만다라 허공장원(虛空藏院)에 자리하는 존격으로서 본래 연화부(蓮華部)의 주존(主尊)이며 연화왕(蓮華王)이라고도 한다. 존형은 일면천비(一面千臂)·십일면사십수(十一面四十手)·천비천안오백면(千臂千眼五百面) 등으로 다양하지만 태장만다라에는 황금색 몸에 이십칠면천비(二十七面天臂)로 묘사되어 있다. 이십칠면은 삼계에 윤회하는 중생을 포괄하는 이십오유(二十五有)와 본면(本面) 및 본지(本地)의 아미타불을 나타낸다. 천수 각각에 눈이 하나씩 있어서 천안이 되는데 천수는 자비의 광대함을, 천안은 원만한 지혜의 자재함을 나타낸다. 태장만다라에서는 천수 중 사십이수(四十二手)가 강조되고 있으며 사십이수 중 양손의 둘째 손과 셋째 손으로 합장인과 아미타불인을 맺고 있다. 나머지 수상(手相)과 지물(持物)은 다음과 같다. 오른손에는 순서대로 청련(青蓮)·발(鉢)·포도(蒲桃)·범협(梵篋)·삼고저(三鈷杵)·보인(寶印)·석장(錫杖)·시원인(施願印)·염주(念珠)·호병·화살(箭)·오색운(五色雲)·칼·백련(白蓮)·해골·거울·달·구(鉤)·화불(化佛)을 쥐고 있고, 왼손에는 홍련(紅蓮)·경협(經篋)·보주(寶珠)·소라·독고저·탁(鐸)·삼고저·천(釧)·삭(索)·조병(燥甁)·활(弓)·방패(楯)·도끼

천수천안관자재보살
프랑스 기메미술관 북송 981년

천수천안관자재보살 전도(좌)·부분도(우)
대만 고궁박물관 남송 12세기

(鉞)・자련(紫蓮)・양류(楊柳)・백불(白拂)・륜(輪)・일(日)・궁전(宮殿)을 쥐고 있다. 밀호는 대비금강(大悲金剛), 삼매야형은 활짝 핀 연꽃, 종자는 (hrīḥ)이다. 『무량수의궤 無量壽儀軌』(대정장19, p.71a27)에 의하면 진언은 '옴 바즈라다르마 흐리히 oṃ vajra-dharma hrīḥ 唵 嚩日囉達磨 紇哩 옴 금강법이여 흐리히'이다. 수인은 구산팔해인(九山八海印)이다. 금강합장한 다음 양손을 떼는데 양손의 중지 끝을 붙이고 양손의 엄지와 검지는 완전히 떨어뜨린 채 곧게 세운다. 진언은 "옴 바즈라다르마 흐리하 oṃ vajra-dharma hrīḥ 옴 금강법이여 흐리히"이다. 본래 관음원(觀音院)에 위치하는 보살이지만 관음보살에 의탁된 일체 서원을 갖춘 과덕의 보살이므로 불부(佛部)・연화부・금강부(金剛部)를 아울러 삼부(三部)의 과덕을 드러내는 허공장원에 속한다. 금강계만다라에서 금강법보살(金剛法菩薩)과 동체이다. 천 개의 눈을 가지고 있다는 힌두교의 인드라신(Ⓢ Indra)이나 비쉬누신(Ⓢ Viṣṇu)이 불교에 수용된 것으로 본다. 『승군부동명왕사십팔사자비밀성취의궤』(대정장21, p.36b3)에 "열아홉째 가비라수법왕은 천수관음의 화신이다〈오른손으로 연꽃을 쥐고, 왼손은 허리를 짚는다. 사람이 열병을 멈추고자 하면 이 사자(使者)를 부른다〉. 第十九 迦毘羅修法王 是千手觀音所變身〈右持蓮華左押腰 赤色形 若人欲得止熱病者 此呼使者〉", 『천광안관자재보살비밀법경』(대정장20, p.120a24)에 "다음으로 아난보살이 무외지에 머물러 이십오삼매를 증득하여 이십오유를 무너뜨렸다. 선남자는 관자재보살이다. 옛날에 천광왕정주여래로부터 직접 대비심다라니를 받아 제8지를 뛰어 넘었고 마음으로 환희하여 큰 서원을 일으켜 곧바로 천수천안을 구족하고 무소외삼매에 들었다. 삼매의 광명에서 이십오보살이 용출하였으니 이 보살들의 몸은 모두 금색이고 관자재보살과 같은 상호를 구족하였으며 또한 정수리에 십일면을 갖추고 각각의 몸에 사십수를 갖추었다. 모든 손바닥에 하나의 자비로운 눈이 있었다〈이십오보살 각각 사십개의 손과 눈을 구족하였으니 합치면 천수천안이 된다〉. 復次 阿難菩薩 住無畏地 得二十五三昧 壞二十五有 善男子 是觀自在菩薩 昔於千光王靜住如來所 親受大悲心陀羅尼已 超第八地 心得歡喜 發大誓願 應時具足 千手千眼 卽入三昧 名無所畏 於三昧光中 涌出二十五菩薩 是諸菩薩 身皆金色 具諸相好 如觀自在 亦於頂上 具十一面 各於身上 具足四十手 每手掌中 有一慈眼〈二十五菩薩 各具四十手目 合爲千手千眼〉"라고 하였다. [참고문헌] 『無量壽儀軌』, 『勝軍不動明王四十八使者祕密成就儀軌』, 『千光眼觀自在菩薩祕密法經』, 『千手觀音造次第法儀軌』(대정장20, p.138a13), 『曼荼羅図典』(大法輪閣, 2002). ⇨ 관세음보살 觀世音菩薩, 관음신앙 觀音信仰, 육관음 六觀音, 사십관음 四十觀音, 사십이수관세음보살 四十二手觀世音菩薩, 사십이비 四十二臂, 십일면관음 十一面觀音, 천수천안 千手千眼

금동천수관음보살좌상
서울 홍천사 고려말조선초

금동천수관음보살좌상 명

천수관음상 중국개봉상국사
청 건륭년간

천수천안의궤경 千手天眼儀軌經 ➡ 금강정유가천수천안관자재보살수행의궤경 金剛頂瑜伽千手千眼觀自在菩薩修行儀軌經

천승 天乘 Ⓢ deva-yāna, Ⓣ lha-mi'i-theg-pa. 하늘에 오를 수 있는 가르침이나 수행법. 오승(五乘) 중 하나다. 천계에 날 수 있게 하는 수레라는 뜻으로, 십선(十善)은 욕계의 천에 나는 인(因)이고, 선정은 색계와 무색계천에 나는 인이다. 『대보적경』 권94(대정장11, p.535c10)에 "세 가지 승에 대해 알아야 할 것이니, 이는 천승・범승・성승이다. 무엇을 천승이라 하는가? 초선・제2선・제3선・제4선을 천승이라 한다. 卽知三乘 所謂天乘 梵乘聖乘 云何天乘 初禪二禪三禪四禪 是名天乘", 『보리자량론』 권3(대정장32, p.526c16)에 "또 범승으로 교화해 감당할 수 없는 이라면 하늘에 오르는 열 가지 선업도와 보시 등의 복 짓는 일을 세워 교화해야 하지 버려서는 안 된다. 若復不堪梵乘化者 應當教化置於天乘十善業道 及施等福事中 不應捨棄", 『법화현론』 권7(대정장34, p.418b12)에 "다만 사람들 중에서 둔근은 수명이 짧고 즐거움은 적으며 괴로움이 많다. 여기서 벗어나려 한다면 십선을 닦아야 할 것이다. 십선의 인연은 곧 천보를 초래하니 이를 천승이라 한다. 但人中鈍根短壽 樂少苦多 欲離斯事 當修十善 十善因緣則招天報 名爲天乘", 『대명삼장법수』 권16(영락장182, p.101b6)에 "(오승 중) 넷째는 천승이다. 천은 색계천이다.

저 천들은 근본의 유루선관을 닦아 욕계의 번뇌에는 물들지 않으니, 이 근본선정을 통해 욕계를 벗어나기에 천승이라 한다〈유루란 생사에 누락함을 말하고, 근본선이란 색계선이니 능히 일체선정을 낳기 때문이다〉. … 둘째는 천승이다. 천이란 저절로 본래 그러하게 즐거움이 뛰어나고 몸도 뛰어난 존재이다. 천은 십선을 수레로 삼아 오도를 벗어나니, 욕계의 하늘에 나게 하는 것이다. 십선을 닦을 때에는 다시 선정도 수습하니, 곧 색계와 무색계의 하늘에 난다. 따라서 천승이라 한다. 四 天乘 天卽色界天也 謂彼諸天 修根本有漏禪觀 欲惑不染 以此根本禪定運出欲界 是名天乘〈有漏者 謂漏落生死也 根本禪 卽色界禪 謂能出生一切禪定故也〉… 二 天乘 天者 謂天然自然 樂勝身勝也 天以十善爲乘 運出五道 得生欲天 於修十善時 更能修習禪定 卽生色界無色界天 故名天乘"라고 하였다. 〔참고문헌〕『大寶積經』, 『菩提資糧論』, 『法華玄論』, 『大明三藏法數』, *Laṅk.134・322.* ⇨ 오승 五乘, 천 天, 인천승 人天乘, 세간승 世間乘

천승 天勝 조선후기 스님. 임성충언(任性沖彦 1567~1638)의 제자. 운곡충휘(沖徽雲谷 ?~1613)가 강촌에서 여숙하면서 보낸 시가 전한다. 『운곡집』「여숙강촌기천승사 旅宿江村寄天勝師」(한불전8, p.269a16)에 "연잎 옷 오경 추위 견딜 수 없어 근심하여 시주머니 베고 밤이 지나기를 기다리네. 멀리 옛사람 일 없던 시절 떠올려 보니 홀로 원숭이 학을 따라 가을 산 속에서 잠들었으리. 荷衣不耐五更寒 愁枕詩囊待夜闌 遙想故人無一事 獨隨猿鶴宿秋山"라고 하였다. 〔참고문헌〕『雲谷集』, 『西域中華海東佛祖源流』(한불전10, p.122a4).

천승 薦僧 ➡ 천화 遷化

천승각 千僧閣 남송(南宋)대 대혜종고(大慧宗杲 1089~1163)가 항주(杭州 : 浙江省) 경산(徑山) 흥성만수사(興聖萬壽寺 : 徑山寺)에 건립한 승당(僧堂). 1141년(소흥11) 대혜가 주석할 때 창건하였다. 이병(李邴)의 「천승각기 千僧閣記」(『경산지』 권7)에 따르면 "대혜가 흥성만수사의 주지로 취임했을 때(1137년)는 대중 겨우 삼백이었으나 2년 만에 법석이 크게 홍하여 대중이 이천에 육박하였다. 당시 승당이 두 채뿐이어서 제대로 수용하지 못하자 절 동쪽에 터를 닦고 기둥 천 개의 전각을 세웠다. 師至之始 衆纔三百 二年法席大興 衆將二千 而院有僧堂二 不足以容 於寺之東 鑿山開址 建層閣千楹" 『허당록』 권9(대정장47, p.1054c7)에 따르면 규모가 300단(單)이었음을 알 수 있는데, 곧 허당지우(虛堂智愚 1185~1269)는 "이미 이름이 천승각임에도 300단인 점을 들어 법문하였다. 旣是千僧閣 因甚只安三百單" 또 효종(孝宗)이 직접 편액(扁額)을 써서 전하였고, 훗날에는 관음전(觀音殿)으로 이름이 바뀌었다. 〔참고문헌〕『徑山志』, 『虛堂錄』, 『宗統編年』 권24(卍속장147, p.354a13), 『大慧普覺禪師年譜』(가홍장1, p.801b32), 『徑山集』 권3. ⇨ 경산사 徑山寺, 대혜종고 大慧宗杲

천승공양 千僧供養 천 명의 스님을 청하여 음식을 공양하고 법회를 여는 것. 천승재(千僧齋)・천승회(千僧會). 천승공(千僧供)이라고도 한다. 우리나라에서는 신라와 고려대에 많이 행하였으며, 중국에서는 남북조시대부터 성행하였다. 『대지도론』 권2(대정장25, p.67c17)에 "〔문〕 이때 이렇게 무수한 아라한이 있었는데, 어찌하여 딱 천 명만 뽑고 더 뽑지 않았는가? 〔답〕 빈바사라왕이 도를 얻었을 때, 팔만사천의 관속들도 각각 도를 얻었다. 이때 왕은 궁중에 칙령을 내려 항상 음식을 마련하여 천 명에게 공양했으며, 아사세왕도 이 법을 끊지 않았다. 이때 대가섭은 사유하고서 말했다. '우리들이 항상 걸식하면 외도들 굳이 와서 질문을 하여 법사를 폐지하게 될 것이다. 이제 왕사성에서 항상 음식을 베풀어 천 명에게 공양할 수 있으리니, 여기에 머물면 경장을 결집할 수 있을 것이다'. 그러므로 천 명만 뽑고 더 뽑지 않았다. 問曰 是時 有如是等 無數阿羅漢 何以故 正選取千人 不多取耶 答曰 頻婆娑羅王得道 八萬四千官屬亦各得道 是時 王敎勅宮中 常設飯食 供養千人 阿闍貰王不斷是法 爾時 大迦葉思惟言 若我等常乞食者 當有外道强來難問 廢闕法事 今王舍城 常設飯食 供給千人 是中可住 結集經藏 以是故 選取千人 不得多取", 『자은전』 권3(대정장50, p.236a28)에 "정사의 북쪽에 석주가 있으니 높이 삼십여 척이다. 기록에 무우왕이 세 번 섬부주를 불법승 삼보에 보시하기 위해 세 번이나 진보로 사서 희사하였다. 옛성의 동남쪽에 굴타아람마(Ⓢ Kukkuṭārāma)〈계원이라 한역함〉가 있으니, 승가람의 옛터로 무우왕이 만든 것이며, 천 명의 스님을 초청하여 사사(四事 : 의복 음식 침구 탕약)를 공양한 곳이다. 精舍北有石柱 高三十餘尺 書記 無憂王三 以贍部洲 施佛法僧 三以珍寶贖嗣也 故城東南 有屈屈吒阿濫摩〈唐言鷄園〉 僧伽藍故基 無憂王所造 是召千僧 四事供養處", 『불조통기』 권45(대정장49, p.415b10)에 "원풍 3년(1080) 정월에 칙명으로 궁궐에서 천승재를 베풀어 가사와 『금강경』을 보시하고 자성태후의 명복을 빌었다. 三年正月 勅大內設千僧齋 施袈裟金剛經 爲慈聖太后追福", 『송고승전』 권1 「불공전 不空傳」(대정장50, p.713b8)에 "황제가 자라의와 잡채 백필 그리고 제자의 7부를 하사하고 천승재를 베풀어 기우제의 공로에 보답하였다. 帝賜紫羅衣 并雜綵百匹 弟子衣七副 設千僧齋 以報功也", 『불조역대통재』 권10(대정장49, p.560b16)에 "개황 11년(591) 11월 23일, 양주에서 천승회를 베풀고 왕에게 계를 주었다. 開皇十一年 十一月 二十三日 於楊州 設

千僧會 爲王授戒", 요원(了圓)의 『법화영험전』 권하(한불전6, p.559c1) 제10단 「발삼전이첩자장 髮三剪而輒自長」에 "홀연히 길이 백 자에 머리만 한 길이나 되는 오색으로 무늬를 두른 뱀이 암자로 와서 몸 숙여 기울여(『법화경』 독송을) 들었다. … 그 후 빈번히 오기를 쉬지 않았는데, (홍)조스님은 … 거사에게 쫓아 버리라고 하였다. 밧줄로 묶고는 숲속 큰 나무에 매어 놓았다. 밤에 홍조스님과 (이)신, 거사가 같은 꿈을 꾸었는데, 한 여인이 눈물을 흘리며 … '제자는 산신의 딸로, 원래 법 듣기를 좋아하였습니다. … 지금 쫓기고 묶여 스님에게 인사드리고 멀리 가고자 합니다. 대승의 독송을 듣지 못하게 됨만이 한이 될 뿐입니다'고 하였다. 영조스님 등 각각은 매우 놀랐고 … 혹 뱀이 죽은 것이 아닌가 하며 찾아가 보니, 과연 일이 일어나고 말았다. 거사는 땅에 몸을 던진 채 흐느껴 울면서 진정으로 참회하였고, 그 자리에서 함께 경을 외우고 또 천승재도 베풀고자 하였는데, 암자 옆에 많은 은마저 얻었다. 하산하여 재에 올릴 공양을 넉넉히 마련하였다. 忽一蛇長百尺 斑文五色 頭高丈餘 直來庵所 低身俛聽 … 自尒頻來不息 照 … 令居士驅之 其乃以繩纏 頸引致深叢 繫於大樹 至夜照信 及居士同夢 一女人掩泪 … 弟子是此山神女 性樂聞法 … 今被驅繫 辭師遠去 不復聞誦大乘 以此爲恨 照等各自驚覺 … 疑其致死 卽執炬往看 果有斯事 居士呼泣投地 披誠懺謝 就其屍所 共爲誦經 又欲設千僧齋 乃於庵側 獲銀數鉼 下山饌會 恰然周足"라고 하였다. 〔참고문헌〕『大智度論』, 『慈恩傳』, 『佛祖統紀』, 『宋高僧傳』, 『佛祖歷代通載』, 『法華靈驗傳』. ⇨ 재 齋, 만승공양 萬僧供養

천승재 天乘載 하늘로 실어 나르다. 보시의 공덕으로 하늘에 나는 도(道)를 말한다. 『보살본연경』 권중(대정장3, p.59a3)에 "대왕이시여! 신이 지금 보시한 것은 불로도 태울 수 없고 물에도 떠내려가지 않으며 왕가·도적·원수·빚쟁이도 보시한 것을 빼앗아갈 수 없습니다. 모든 취의 중생과 친우가 될 수 있으니, 이것은 하늘로 실어 나르는 것이니, 이것은 베푼 시주물입니다. 생사중에도 저를 따르리니 마치 송아지가 어미소를 따르는 것과 같습니다. 大王 臣今所施 火不能燒 水不能漂 王家盜賊 怨家債主 不能侵奪所施之物 於諸趣中 能作親友 是天乘載 是所施物 在生死中 隨逐臣身 如犢隨母"라고 하였다. 〔참고문헌〕『菩薩本緣經』. ⇨ 천승 天乘

천식 天食 Ⓢ sudhā, sudhā-deva-bhojanam, Ⓟ sudhā, sudhā-bhojana. 천계(天界)의 음식. 수다(須陀 Ⓢ Ⓟ sudhā : 須陀味)·천감로식(天甘露食) 등을 가리킨다. 『마하가섭도빈모경』(대정장14, p.762c20)에 "천식의 향기는 세간에 알려진 바와 같지 않으니, 만약 먼저 병뚜껑을 열어보면 풀향기가 날 것입니다. 天食之香 非世所聞 若豫開甁 苾芬之香", 『번역명의집』 권7(대정장54, p.1174b22)에 "수다는 백으로 한역한다. 또는 수다(須陀)라고도 하는데 천식을 말한다. 修陀 此譯云白 或云須陀 此天食也", 『유마경』 권상(대정장14, p.538c27 : *Vikī-n.*, p.13)에 "비유하면 천중들이 보배 그릇으로 식사를 하는 것은 같지만, 그 복덕에 따라 음식 빛깔에 차이가 있는 것과 같다. 譬如諸天 共寶器食 隨其福德 飯色有異 tadyathā … devaputrāṇām ekapātryāṃ bhuñjānānāṃ yathā puṇyopacayaviśeṣeṇa sudhādevabhojanam upatiṣṭhataḥ"라고 하였다. 〔참고문헌〕『摩訶迦葉度貧母經』, 『翻譯名義集』 『維摩經』, *Vikī-n.* ⇨ 천 天, 수다 須陀❶, 수다식 須陀食

천식 天識 타고난 식. 배워 익히지 않아도 본래 아는 일. 종보본 『단경』 「대감선사비 大鑒禪師碑」(대정장48, p.364a27)에 "능히 학인들로 하여금 타고난 식을 돌이키게 하였으니, 마치 어둠에서 헤매다가 북두의 끝을 올려본 것과 같았다. 能使學者 還其天識 如黑而迷 仰目斗極"라고 하였다. 〔참고문헌〕『壇經』.

천식 喘息 ❶ Ⓢ śvāsa, Ⓟ sāsa. 나고 드는 숨. 호흡. 『별역잡아함경』 권4(대정장2, p.400a2 : *Doṇapāka-sutta, SN.1*, p.81)에 "그때 파사익왕은 신체가 비대하여 숨을 거칠게 몰아쉬며 부처님 처소에 나아갔다. 爾時波斯匿王 身體肥大 喘息極麤 往詣佛所 atha kho rājā pasenadī kosalo bhuttāvī mahassāsī yena bhagavā ten upasaṅkami"라고 하였다. 〔참고문헌〕『別譯雜阿含經』, *SN.* ❷ Ⓢ khara-kharāvasakta-kaṇṭhaḥ, kharu-kharāvasakta-kaṇṭhaḥ, Ⓣ mgul-pa-sgra-ngar-ngar-pos-'gags-pa. 기침병. 질환(疾患). 『방광대장엄경』 권5(대정장3, p.570a1 : *Lal-v.*, p.136)에 "그때 정거천은 노인으로 변하였는데, 백발에 몸은 여위고 피부색은 파리하였으며, 구부정한 허리에 지팡이를 짚고 고개를 떨군 채 기침을 하였다. 피골이 상접하고 근육은 말랐으며 이빨은 빠져 떨어졌고 눈물 콧물을 줄줄 흘리며 쉬다가 걷다가 엎어졌다 쓰러졌다가 하였다. 時 淨居天 化作老人 髮白體羸 膚色枯槁 扶杖傴僂 喘息低頭 皮骨相連 筋肉銷耗 牙齒缺落 涕唾交流 或住或行 乍伏乍偃 atha … śuddhavāsakāyikair-devaputrais-tasmin mārge puruṣo jīrṇo vṛddho mahallako dhamanīsaṃtatagātraḥ khaṇḍadanto valīnicitakāyaḥ palitakeśaḥ kubjo gopānasīvakro vibhagno daṇḍaparāyaṇa āturo gatayauvanaḥ khara-kharāvasakta-kaṇṭhaḥ prāg-bhāreṇa kāyena daṇḍamavaṣṭabhya pravepayamānaḥ sarvāṅga-pratyaṅgaiḥ purato mārgasyopadarśito'bhūt"라고 하였다. 〔참고문헌〕『方廣大莊嚴經』, *Lal-v.*

천식시 天食時 하늘이 먹는 때. 사식시(四食時) 중 하나다. 『대명삼장법수』 권13(영락장181, p.875a8)에 "첫째는 천식시다. 천식시란 이른 아침 때로서 모든 천신들이 먹는 때다. 一 天食時 天食時者 謂淸旦時 卽諸天所食之時也", 『법원주림』 권42(대정장53, p.612a1)에 "먹는 때에는 네 가지가 있으니 아침은 천식시이다. 食有四種 旦天食時", 『금강경찬요간정기』 권3(대정장33, p.189b15)에 "하루 열두 때는 모두 넷으로 이루어져 있으니, 첫째 초분인즉 인묘진시는 모든 하늘의 식사 때다. 謂一日夜十二時總成四分 一 初分 卽寅卯辰 諸天食時"라고 하였다. 〔참고문헌〕『大明三藏法數』, 『法苑珠林』, 『金剛經纂要刊定記』. ⇨ 사식시 四食時

천식재 天息災 ?~1000. 북송(北宋)대 역경승(譯經僧). 북인도 가습미라국(迦濕彌羅國) 출신. 980년(태평흥국5) 시호(施護)와 함께 중국에 왔다. 982년 칙명으로 태평흥국사의 서쪽에 역경원을 건립하여 시호・법천(法天) 등과 함께 가지고 온 범본경전(梵本經典)의 한역에 종사하도록 하고, 명교대사(明敎大師)라는 호를 하사하였다. 그는 역주(譯主)・증의(證義)・증문(證文)・필수(筆受)・참역(參譯)・간정(刊定)・윤문(潤文) 등 역경의 직위를 정하였으며, 50명의 동자를 선발하여 범어도 교육하였다. 1000년(함평3) 입적하였는데, 세수는 알 수 없다. 982년으로부터 987년(옹희4)에 이르기까지 『불모성소자반야바라밀다경 佛母聖小字般若波羅蜜多經』 1권・『대승장엄보왕경 大乘莊嚴寶王經』 4권・『대방광보살장문수사리근본의궤경 大方廣菩薩藏文殊師利根本儀軌經』 등 18부 57권을 한역하였으며, 이 외에 『중허마하제경 衆許摩訶帝經』 13권・『묘길상최승근본대교왕경 妙吉祥最勝根本大敎王經』 3권 등이 있다. 『불조통기』 권53(대정장49, p.465b25)에 "송 태종이 법천을 경사(京師)에 불러들여, 처음으로 역경을 시작하였다. 천식재삼장과 시호삼장이 오니, 궁궐로 불러 만나보았다. 역경원을 건립하도록 하여 천식재 등을 거주하도록 하고, 역경의식을 시행하였는데, 역주로부터 윤문에 이르기까지 아홉 위였다. 太宗召法天入京師 始興譯事 三藏天息災施護至 勅赴闕召見 詔建譯經院 令天息災等居之 述譯經儀式 自譯主至潤文 凡九位"라고 하였다. 〔참고문헌〕『佛祖統紀』. ⇨ 역경원 譯經院

천식지간 喘息之間 숨 한번 쉬는 사이. 『장아함경』 권5 「전존경 典尊經」(대정장1, p.33b17)에 "그때 일곱 나라의 왕이 대전존에게 말했다. '그대는 칠 년 동안 세상의 오욕락을 서로 한 후 각자 자제들에게 나라를 맡기고 함께 출가하는 것이 좋지 않겠는가? 그대가 얻은 것을 우리도 당연히 함께하겠다'. 그때 대전존이 일곱 나라의 왕에게 말했다. '세간은 무상하고, 사람의 목숨은 빨리 지나 숨 쉬는 짧은 순간조차 보장하기 어렵거늘 칠 년은 너무 멀지 않는가?' 爾時 七國王語大典尊曰 汝可留住 七歲之中 極世五欲 共相娛樂 然後捨國 各付子弟 俱共出家 不亦善耶 如汝所獲 我亦當同 時 大典尊報七王曰 世間無常 人命逝速 喘息之間 猶亦難保 乃至七歲 不亦遠耶"라고 하였다. 〔참고문헌〕『長阿含經』.

천식출입명기 喘息出入命氣 Ⓟ abbhantare vāyo jīvo. 들숨 날숨으로 드나들며 목숨을 유지하는 기. 『나선비구경』 권상(대정장32, p.696c9)에 "나선비구는 첨미리망군에게 물었다. '경께서는 어느 곳이 나선이라고 생각하십니까?' 첨미리망군은 말했다. '저는 들숨 날숨으로 드나드는 목숨의 기운이 나선이라고 생각합니다'. 나선비구가 물었다. '사람의 숨이 한 번 나가서 다시 들어오지 않으면 그 사람 정녕 다시 살겠습니까?' 첨미리망군이 답했다. '숨이 나가서 다시 돌아오지 않는다면 곧 바로 죽음입니다'. 那先問沾彌利望群 卿意何所爲那先者 沾彌利望群言 我以爲喘息出入命氣爲那先 那先問言 人氣一出 不復還入 其人寧復生不 沾彌利望群言 氣出不復還入者 定爲死", "나선이 말했다. '어떤 사람이 갈잎 피리를 불 때 숨을 내보내면 다시 들어오지 못합니다. 사람이 쇠로 만든 큰 통을 가져 크게 숨을 불어내면 한번 나간 숨이 다시 돌아옵니까?' 첨미리망군이 말했다. '다시 돌아오지 않습니다'. 나선이 말했다. '같은 숨인데 나갔다가 돌아오지 않는데도 이 사람은 어찌하여 죽지 않습니까?' 첨미리망군이 말했다. '들숨 날숨 사이의 일은 제가 알지 못합니다. 원컨대 나선께서 저에게 그 의문을 풀어주십시오'. 나선이 말했다. '날숨과 들숨은 다 몸으로 일어나는 일입니다. 사람이 마음에 생각하는 바가 있으면 혀가 그 일을 말하니 그것은 혀의 일이고, 뜻에 의심되는 바가 있어서 그것을 생각한다면 이는 마음의 일입니다. 각각 그 주인이 있을 뿐이어서 이를 보아 허공과 같다 하면 나선은 있을 리 없습니다'. 이에 첨미리망군은 마음이 열렸고 우바새가 되어 오계를 받았다. 那先言 如人吹笳 氣出不復還入 如人持鍛金筩 吹大氣 一出時 寧得復還入不 沾彌利望群言 不復還 那先言 同氣出不復入 人何故猶不死 沾彌利望群言 喘息之間 我不知 願那先爲我曹解之 那先言 喘息之氣 皆身中事 如人心有所念者 舌爲之言 是爲舌事 意有所疑心念之 是爲心事 各有所主 視之虛空 無有那先 沾彌利望群 心卽開解 便作優婆塞 受五戒"라고 하였다. 〔참고문헌〕『那先比丘經』, *Mil.30.* ⇨ 천식 喘息 ❶, 첨미리망군 沾彌利望群

천신 天信 조선후기 월저도안(月渚道安 1638~1715)의 은사 스님. 묘향산(妙香山) 보현사(普賢寺)에 있는 「월저당도안대사비」에 따르면 "1650년(효종1) 12세 때 소종산(小鍾山)에 있는 천신을 은사로 하여 스님이 되었다. 始庚寅 大師 學於剃戒師 小鍾山 天信"라고 하였다. 〔참고문헌〕『朝鮮金石總覽』 권상 p.1084, 『大芚寺志』(亞細亞文化社, 1980) p.255. ⇨ 도안 道安 ❸

천신 天神 Ⓢ Ⓟ deva, devatā. 하늘의 신들. 육취(六趣 : 六道) 중에 선취(善趣)로 뛰어나지만 그 업이 다하면 다시 다른 취로 떨어진다. 천(天)과 천신(天神)을 구분하기도 한다. 혜원(慧遠)의 『대반열반경의기』 권3(대정장37, p.698a27)에 "천이라 하면 범천이나 자재천 등을 가리키고, 천신이라 하면 세간의 갖가지 귀신을 말한다. 天謂梵天自在等 天神謂世間種種鬼神", 40권본 『대반열반경』 권7(대정장12, p.403c10)에 "보살이 천신을 공양하기 위하여 천사에 들어가니 범천·대자재천·위다천·가전연천들이다. 들어간 까닭은 뭇 천인을 조복시키기 위함이다. 만약 그렇지 않다면 옳은 일은 아니다. 菩薩爲欲供養天神 故入天祠 所謂梵天 大自在天 違陀天 迦旃延天 所以入者 爲欲調伏諸天人故 若言不爾 無有是處", 『집이문족론』 권2(대정장26, p.372a27)에 "내가 만약 몸으로 악행을 저지른다면 저절로 혐오스럽게 드러나 저들 천신과 모든 부처님의 꾸짖음 받으리라. 我若行身惡行者 現自厭毁 亦復爲他天神諸佛之所訶責", 『대일경소』 권2(대정장39, p.597b25)에 "스무 번째, 무엇이 자재심인가? 사유하여 나로 하여금 일체를 뜻대로 할 수 있는 이가 되고자 함이다. 자재는 외도가 섬기는 천신이다. 저들 종에서는 자재천은 생각대로 모든 중생과 고락 등 모든 일을 짓는다고 분별한다. 이 법을 닦는 사람도 항상 매달리길 '원하옵건대 그 본존처럼 되도록 하소서'라든가, 진언을 행하는 사람도 끊임없이 념하길 이와 같이 다 이루어지소서 하며 내가 생각하는 대로 성취되기를 념할 뿐이다. 마땅히 알아야 한다. 이 자재심 또한 먼저 익혔기에 하여금 그렇게 되었을 뿐이다. 모든 법을 관해서 보면 모두 다 뭇 인연들에 속할 뿐이여서 자재란 있을 수 없다. 이것만이 맞서 다스릴 일이다. 第廿 云何自在心 謂思惟欲我 一切如意者 自在卽外道所事天神也 彼宗計 自在天能隨念 造諸衆生 及苦樂等事 修此法者 亦常係念 願得如其本尊 若眞言行人 數念如是悉地 念我隨念成就 當知 是自在心 亦先習使然也 當觀諸法 皆悉屬衆因緣 無有自在 是所對治", 『인왕호국반야바라밀다경소』 권상2(대정장33, p.448a12)에 "천신이란, 과거로부터 수레나 주택이나 음식으로 삼보와 부모와 성현에게 공양하면서도 여전히 아깝다는 생각을 품어 아첨하고 질투하였으므로 천신의 몸을 받아 태어난다. 저 보광정승천이 그 예이다. 天神者 過去以車輿 舍宅 飮食 供養三寶 父母賢勝之人 猶懷慳儉 諂佞嫉妬 故受天神身 如普光淨勝天也", 『주사십이장경』(대정장39, p.520c26)에 "천신이란 천계를 주재하는 신이다. 天神者 主天界之神也", 『인왕경소법형초』 권3(卍속장41, p.166a18)에 "천신은 경문에서 이미 열거한 삼계천중을 말한다. 그러므로 '아수라 등'이라 하였다. 『사리불문경』에 따르면, 별도로 한 무리가 있는데 천취 가운데 신으로서 신령스레 통하여 변화하기에 천신이라 한다. 광명이 번득이는 몸으로 공계의 궁전에 머문다. 天神者 經文已列 三界天衆 故言阿修羅等也 依舍利弗問經 別有一類 天趣中神 靈通變化 名爲天神 身有光明 住於空界宮殿中也"라고 하였다. 〔참고문헌〕『大般涅槃經義記』, 『大般涅槃經』, 『集異門足論』, 『大日經疏』, 『仁王護國般若波羅蜜多經疏』, 『註四十二章經』, 『仁王經疏法衡鈔』, *MN.3.100.* ⇨ 천 天, 천취 天趣, 육취 六趣, 자재천 自在天, 존우 尊祐, 삼론 三論 ❷, 생천론 生天論

천신래하산화어사인시상 天神來下散華於死人屍上 천신이 내려와 죽은 이 주검 위에 꽃 뿌리다. 『천존설아육왕비유경』(대정장50, p.171c10)에 "그 옛날 한 사람 길 가다가 죽은 이가 귀신에게 몽둥이로 매질 당함을 보았다. 행인이 물었다. '이 사람은 이미 죽었는데, 무슨 까닭에 매질하는가?' 귀신이 말했다. '이는 나의 옛적 몸이오. 살아생전에 부모께 불효하고, 임금에 불충하였으며, 삼존을 공경치 않고, 사부의 가르침도 따르지 않았소. 나를 죄에 떨어뜨렸으니 고통을 이루 다 말할 수 없소. 모두 나의 옛 몸 때문이니 와서 매질할 뿐이외다'. 昔有人在道上行 見道有一死人 鬼神以杖鞭之 行人問言 此人已死 何故鞭之 鬼神言 是我故身 在生之日 不孝父母 事君不忠 不敬三尊 不隨師父之教 令我墮罪 苦痛難言 悉我故身 故來鞭耳", "점점 앞으로 가다 다시 죽은 이를 보았다. 천신이 내려와 죽은 이의 몸 위로 꽃을 뿌리고 손으로 어루만졌다. 행인이 물었다. '보아하니, 그대는 하늘처럼 보이는군요. 무슨 까닭으로 이 주검을 어루만지고 있습니까?' 천신이 답하였다. '이는 제 옛 몸입니다. 살아생전에 부모에게 효순하고, 충신으로 임금을 섬기고, 삼존을 받들어 공경하며, 스승의 가르침을 받아 이었습니다. 나의 신은 하늘에 남을 얻었으니, 모두 옛 몸이 이룬 은혜입니다. 이 때문에 와서 갚는 것일 뿐입니다'. 稍稍前行 復見一死人 天神來下散華於死人屍上 以手摩抄之 行人問言 觀君似是天 何故摩抄是死屍 答曰 是我故身 生時之日 孝順父母 忠信事君 奉敬三尊 承受師父之教 令我神得生天 皆是故身之恩 是以來報之耳", "행인은 하룻동안 두 가지 변을 보고서는 바로 집에 돌아가 오계를 받들어 지니고 십선을 닦아 행하면서 부모께 효순하고 충신으로 임금을 섬기며 후세인에게 이 일을 말해주었다. 죄와 복이란 사람을 좇아 오래도록 내버려 두지 않으니 삼가지 않을 수 없다. 行人一日 見此二變 便還家 奉持五戒 修行十善 孝順父母 忠信事君 示語後世人 罪福追人 久而不置 不可不愼"라고 하였다. 한편 이 인연은 『경율이상』 권37(대정장53, p.201c12)에 '유인로행우견삼변신행정진 有人路行遇見三變身行精進'이라는 표제로 실려 있다. 다만 어떤 이가 천상에는 났으나 보시를 게을리한 탓에 신 대추(酸棗)만 먹는다는 인연도 더하였다. 〔참고문헌〕『天尊說阿育王譬喩經』, 『經律異相』.

천신사 天神寺 황해도 강음군 천신산(天神山)에 있었던 사원. 1131년(인종9)에 김공칭(金公稱)과 그의 처인 양씨(梁氏)가 천신사에 별전(別殿)을 짓고는 그곳에 대장경 5천 여권을 봉안하였다고 한다. 1407년(태종7)에는 의정부가 아뢰어 유명 사찰로 여러 주의 자복사(資福寺)를 대신하도록 하였는데, 이때 총남종(摠南宗)의 사원으로 전한다. 「김공칭처양씨묘지명」에 "부인〈양씨〉과 공〈김공칭〉이 지난 신해년에 삼가 정성스러운 마음을 발원하여 패수 북쪽(浿北)의 천신사에 별전을 창건하고 대장경 5천여 권을 완성하여 봉안하였다. 인하여 곡식을 시납하고 자모의 법을 세워 향화의 자산으로 충당하게 하였으니, 이야말로 무궁한 복을 거둬들이는 일이라 할 만하다. 夫人與公 去辛亥年 謹發丹誠 創成別殿於浿北天神寺 □成佛大藏五千餘卷 以安之 因捨納穀米 立爲子母之法 以充香火之資 此可謂摃無窮之福矣"라고 하였고 『태조실록』 권9 태조 5년(1396) 4월 갑진일에 "내시를 유휴사에 나누어 보냈다. … 포주의 해룡왕사와 강음의 천신사에 재를 베풀어서 비가 오기를 기원하였다. 分遣內侍於留後司 … 於抱州海龍王寺·江陰天神寺 設齋以祈雨"라고 하였다. 〔참고문헌〕金龍善「金公稱妻梁氏墓誌銘」(『高麗墓誌銘集成』, 한림대아시아문화연구소, 2012), 『太祖實錄』, 『高麗史』, 『太宗實錄』, 『新增東國輿地勝覽』, 『韓國寺刹全書』 권하 p.1077b18.

천신지기 天神地祇 하늘의 신들과 땅의 영기들. 기(祇)는 기(秖)로도 쓴다. 『불반니원경』 권하(대정장1, p.172b16)에 "만약 사람들이 후세에 이 법을 실천한다면, 공경하고 기뻐하지 않는 천신과 지기가 없을 것이다. 若曹後世 施行是法 天神地祇 靡不敬喜", 『경율이상』 권37(대정장53, p.202b4)에 "왕이 말했다. '불자는 계를 가져 정진하여 천신이 귀하게 여긴다. 부처님께서는 대자비로 나는 벌레와 기는 벌레까지 일체를 구호하시기에 천신과 지기나 온갖 귀신과 용 등이 모두 공경하고 귀히 여긴다'. 王言 佛子有戒精進天神所貴 佛以大慈救護一切蜎飛蠕動 天神地祇 諸鬼龍等 皆敬貴之", 『능가경참정소』 권8(卍속장27, p.128b3)에 "『관불삼매해경』에서는 '부처님께서는 피골이 상접한 모습으로 보리수 아래에서 불도를 성취하셨는데, 파순이라는 이름의 마군은 부처님을 찾아가서 해하려고 천신과 지기, 정매와 요괴 등 온갖 귀신들을 불러모았으니 오지 않은 것들이 없었다'라고 하였다. 觀佛三昧海經云 佛坐道樹 肌骨枯槁 以成佛道 有魔 名波旬 欲往征之 乃興天神地祇 精魅妖怪 一切鬼部 莫不畢至"라고 하였다. 〔참고문헌〕『佛般泥洹經』, 『經律異相』, 『楞伽經參訂疏』, 『觀佛三昧海經』 권2(대정장15, p.651a2). ⇨ 천신 天神, 지기 地祇

천심 天心 육십심(六十心) 중 하나. 제천(諸天)이 뜻대로 일을 이루는 것처럼 모든 일이 어렵지 않게 성취되기를 바라는 마음. 『대일경』 권1(대정장18, p.2c24)에 "천심이란 무엇인가? 마음으로 사유하고 념하는 대로 성취되는 것을 말한다. 云何天心 謂心思隨念成就", 『대일경소』 권2(대정장39, p.597a27)에 "열다섯째 천심이란 무엇인가? 마음이 생각한 대로 성취되는 것은 이러하다. 천들은 선세과보로 필요한 것이 있으면 힘들이지 않고도 마음대로 생기게 한다. 이와 같은 원락이 자주 일어난다면 이것이 천심이라는 것을 안다. 또한 일찍이 상계에 난 적이 있어서 이러한 습이 있다. 진언행인의 경우 원대한 과보를 기약하지 않고 다만 자기 마음대로 하면 정보리심을 장애할 수 있으니, 마땅히 스스로 깨우쳐 알아 세간실지를 탐하지 말아야 한다. 이것이 저것을 마주해 다스림이다. 第十五 云何天心 謂心思隨念成就者 如諸天以先世果報故 若有所須 不加功力 隨心而生 數起如是願樂 當知是天心 亦由曾生上界故 有此習也 如眞言行人 不期遠大之果 但爲自心所率 能障淨菩提心 當自覺知 勿貪世間悉地 是彼對治"라고 하였다. 〔참고문헌〕『大日經』, 『大日經疏』. ⇨ 육십심 六十心

천십법 天十法 하늘들의 열 가지 법. 천들이 가진 열 가지 특징을 말한다. 『장아함경』 권20 「세기경 世記經」(대정장1, p.132c9)에 "천신에게는 열 가지 법이 있으니, 무엇이 열 가지인가? 첫째 날아서 가는 데 한계가 없음, 둘째 날아서 오는 데에도 한계가 없음, 셋째 가는 데 걸림이 없음, 넷째 오는 데 걸림이 없음, 다섯째 천신의 몸에는 피부·뼈와 몸체·근육과 혈관·피와 살이 없음, 여섯째 몸에 부정한 대소변이 없음, 일곱째 몸에 피곤함 없음, 여덟째 천녀는 출산하지 않음, 아홉째 천신은 눈을 깜빡이지 않음, 열째 몸이 뜻대로 색을 띠니 청색이 마음에 들면 청색을 띠고 황색이 마음에 들면 황색을 띠며, 붉은 색이든 흰색이든 온갖 색을 뜻대로 나툰다. 이것이 천신들의 열 가지 법이다. 天有十法 何等爲十 一者 飛去無限數 二者 飛來無限數 三者 去無碍 四者 來無碍 五者 天身無有 皮膚骨體 筋脉血肉 六者 身無不淨大小便利 七者 身無疲極 八者 天女不産 九者 天目不眴 十者 身隨意色 好靑則靑 好黃則黃 赤白衆色 隨意而現 此是諸天十法"라고 하였다. 〔참고문헌〕『長阿含經』.

천아암 天峨庵 전라북도 정읍시 천아산(天峨山)에 있던 암자. 태인면(泰仁面)·옹동면(甕東面)·감곡면(甘谷面) 경계에 있었다. 〔참고문헌〕『井邑郡誌』(1974).

천악 天樂 Ⓢdivyāni tūryāni. 하늘의 음악. 저절로 울리며 일부러 지은 것이 아닌 훌륭한 음악. 『장아함경』 권3 「유행경 遊行經」(대정장1, p.21c6)에 "미풍이 사방에서 일어나 모든 보배 나무에 불자 천계의 음악과 같이 부드러운 소리를 내었다. 微風四起 吹諸寶樹 出柔軟音 猶如天樂", 『법화경』 권7(대정장9, p.55c10)에 "백천 가지 하늘음악은 두드리지 않아도 저절로 울린다. 百千天樂 不鼓自鳴"라고 하였다. 〔참고문헌〕『長阿含經』, 『法華經』, *Saddh-p.69.* ⇨천고 天鼓

천안 千眼 ❶Ⓟsahassa-akkha, sahassa-cakkhu. 제석천(帝釋天 ⓅSakka) 또는 범천(梵天)의 별명 중 하나. 한순간에 일체의 진실을 보고 아는 눈이다. 천안천(千眼天)이라고도 한다. 『불본행집경』 권20(대정장3, p.744b2)에 "천상의 제석은 천안을 가진 천주다. 天上帝釋 千眼天主", 『잡아함경』 권40(대정장2, p.291a14)에 "한 비구가 부처님께 여쭈었다. '세존이시여, 어떤 인과 어떤 연으로 석제환인(제석천)을 천안이라고도 하는지요?' '저 석제환인이 본래 사람이었던 때에 총명한 지혜로 한 번 앉은 자리에서(한순간에) 천 가지 뜻을 생각하며 관찰하고 헤아렸다. 이러한 인연 때문에 저 천제석을 천안이라고도 한다'. 比丘白佛言 世尊 何因何緣 釋提桓因 復名千眼 佛告比丘 彼釋提桓因 本爲人時 聰明智慧 於一坐間 思千種義 觀察稱量 以是因緣 彼天帝釋 復名千眼", 『대반열반경소』 권28(대정장38, p.199c29)에 "(제석천의) 천안이라 하니, 일시에 천 가지 뜻을 알아 천 가지 일을 판단한다. 千眼者 一時知千義斷千事", 『증일아함경』 권7(대정장2, p.581a6)에 "어떤 범천의 이름은 천안이다. 그는 이 천세계를 보는데 마치 눈이 달린 인사가 스스로 손바닥 중에 보관을 보듯 한다. 有梵天名曰千眼 彼見此千世界 如有眼之士 自於掌中 觀其寶冠", 『대비바사론』 권72(대정장27, p.371a25)에 "가령 천제석은 삭갈라라고도 하고 … 천안이라고도 하며 삼십삼천존이라고도 한다. 이와 같이 하나의 주인에게 열 가지 이름이 있다. 소리냄에 비록 다르지만 바탕은 다르지 않다. 如天帝釋 亦名鑠羯羅 … 亦名千眼 亦名三十三天尊 如是一主有十種名 聲雖有異 而體無別"라고 하였다. 〔참고문헌〕『佛本行集經』, 『雜阿含經』, 『大般涅槃經疏』, 『增壹阿含經』, 『大毘婆沙論』, *Jā.5.394.*, *SN.1.229.* ⇨석제환인 釋帝桓因, 제석천 帝釋天 ❷중생을 남김없이 살펴 이끄는 관세음보살의 천 가지 눈. 『금강정경유가관자재왕여래수행법』 권1(대정장19, p.77a22)에 "삼편을 외워 깨끗이 마쳐서는 자심으로 관음대비를 생각한다. '천 개의 눈과 입에서 대비의 아름다운 말과 글이 나오시네. 誦三遍淨契已 自心想觀音大悲 千眼口中出大悲妙言文字", 『관세음보살묘응시현제중감로』 권2 「강시덕행화 降示德行華」(한불전11, p.794b8)에 "참되고 두렷하신 묘지력으로 능히 일체 고통들 구하시니 일념으로 진실하여 변함없는 저 곳 천개의 눈이어서 그 땅 그대로 밝으시네. 眞圓妙智力 能救一切苦 一念眞常處 千眼卽地明"라고 하였다. 〔참고문헌〕『金剛頂經瑜伽觀自在王如來修行法』, 『觀世音菩薩妙應示現濟衆甘露』. ❸일체(一切)를 다잡아 볼 수 있는 눈. 『벽암록』 32칙 「수시 垂示」(대정장48, p.171b23)에 "시방을 앉아 다 차지하니 천의 눈 문득 뜨고, 한마디 만 갈래 생각 잘라낸다. 十方坐斷 千眼頓開 一句截流 萬機寢削", 『종용록』 54칙 「평창 評唱」(대정장48, p.261c16)에 "천수로 미혹한 무리를 이끌고 하고많은 중생들 맞이하고, 천안으로 빛을 놓아 어둠 비추기를 한없이 한다. 千手者 示引迷接物之多也 千眼者 示放光照暗之廣也", 『무문혜개어록』 권상(卍속장120, p.503b12)에 "격 벗어난 하나의 기틀 만령이라도 헤아리지 못하고, 향상하는 한 수는 천안으로도 엿볼 수 없다. 格外一機 萬靈莫測 向上一著 千眼難窺", 『조계진각국사어록』 「시거열상인 示居悅上人」(한불전6, p.31a13)에 "보지 못했는가, 남전노화상이 '그대 위해 소 먹이는 본보기를 가리켜주겠다. 시내 동쪽에 풀어놓거나 냇물 서쪽에 풀어놓거나 왕토의 물과 여물을 축내어 고삐와 멍에를 씌우게 되니, 분에 따라 세금 조금씩 내고 먹이느니만 못하다'라고 한 말. 돌! 천 개의 눈으로 이마에 손을 대고 바라본다 한들. 不見南泉老和尙 爲君指出牧牛樣 溪東放 溪西放 犯王水草招羈鞅 不如隨分納些些 咄 千眼無由斫額望"라고 하였다. 〔참고문헌〕『碧巖錄』, 『從容錄』, 『無門慧開語錄』, 『曹溪眞覺國師語錄』. ⇨천수천안 千手千眼, 일척안 一隻眼

천안 天眼 Ⓢdivya-cakṣur, divyaṃ cakṣuḥ, Ⓟdibba-cakkhu, Ⓣlha'i-mig. 불보살의 보(報)나 사정려(四靜慮) 등의 수(修)로 얻는 색계(色界)의 사대정색(四大淨色)으로서의 천안, 삼안(三眼 : 肉眼 天眼 慧眼) 중 하나로 막힘없이 보는 눈, 나아가 지혜를 바탕으로 하여 미래를 보는 눈도 천안이다. 『대지도론』 권5(대정장25, p.98a7)에 "눈에 있어 색계사대로 지은 청정색을 얻은 것을 천안이라 한다. 천안으로 볼 수 있 바는 자기자리는 물론 하지까지의 육도중생과 모든 무정물이니, 가까이 있는 것이든 멀리 있는 것이든 거친 것이든 세한 것이든 온갖 색에 대해 비추지 못하는 바가 없다. 이 천안에는 두 가지가 있으니 첫째는 보에 따라 얻는 것이고, 둘째는 닦아 얻는 것이다. 於眼得色界四大造淸淨色 是名天眼 天眼所見 自地及下地 六道中衆生諸物 若近若遠 若麤若細諸色 無不能照 是天眼有二種 一者 從報得 二者 從修得", 같은 책 권67(대정장25, p.530a15)에 "천안에는 두 가지가 있으니 첫째는 불안으로 거두는 것이고, 둘째는 거두지 않는 것이다. 불안으로 거두지 않는 천안은 현재중생을 보는 데 한량이 있는 것이고,

불안으로 거두는 천안은 삼세중생을 볼 수 있으니 한계가 없다. 天眼有二種 一者 佛眼所攝 二者 不攝 佛眼所不攝者 見現在衆生 有限有量 佛眼所攝者 見三世衆生 無限無量", 『유가사지론』 권14(대정장30, p.349c11)에 "(三眼 중) 둘째는 천안이니 드러나든 드러나지 않든 장애가 있든 장애가 없든 볼 수 있는 모든 색을 능히 비춘다. 二者 天眼 能照顯露不顯露 有障無障有見諸色", 원측(圓測)의 『인왕경소』 권상(대정장33, p.369a24・한불전1, p.31a2)에 "천안에는 세 가지가 있다. 첫째는 보로 얻음이니 사천왕 등과 색계의 눈과 천취의 눈을 말하니 이 때문에 천안이라 한다. 둘째는 불보살이 보로서 얻은 안근으로 정인의 눈이기에 또한 천안이라 한다. 셋째는 사종정려에 의해 생겨난 안근으로 또한 천안이라 한다. 天眼有三種 一者 報得 謂四天王等 及色界眼 天趣之眼 故名天眼 二 佛菩薩報得眼根 淨人眼故 亦名天眼 三者 四種靜慮所生眼根 亦名天眼", 『구사론』 권27(대정장29, p.144c9)에 "〔논〕 이 말은 오직 천안과 이근으로 인한 것이니, 사정려에 의해 생겨난 정색이다. 빛과 소리를 연하여 가행을 닦았기 때문이다. … 이와 같은 안근과 이근을 어째서 '천'이라고 하는 것인가? 바탕이 곧 천이어서 정의 지로 거두기 때문이다. … (修得과 生得 이외에) 셋째는 천인 듯한 것으로 나머지 취에 난 이가 승업 등으로 이끈 생이니, 능히 멀리 보고 듣는 것이 하늘의 눈귀인 듯함을 말하니, 가령 장신보・보살・전륜왕・용・귀신・중유 등이다. … (얻은 바 천안과 천이는) 처소를 반드시 갖춰서 어떤 흠결도 없다. 論曰 此言唯因天眼耳根 卽四靜慮所生淨色 謂緣光聲修加行故 … 如是眼耳何故名天 體卽是天 定地攝故 … 三者 似天 謂生餘趣 由勝業等之所引生 能遠見聞似天眼耳 如藏臣寶菩薩輪王諸龍鬼神及中有等 … 處所必具無翳無缺", 『대승의장』 권20(대정장44, p.852b12)에 "천안에는 두 가지다. 첫째는 색상을 비추어보는 것이니 색근을 바탕 삼고, 둘째는 미래를 비추어보는 것이니 지혜가 체다. 天眼有二 一 照見色像 色根爲體 二 照見未來 智慧爲體"라고 하였다. 〔참고문헌〕『大智度論』, 『瑜伽師地論』, 『仁王經疏』, 『俱舍論』, 『大乘義章』, *Abh-k-bh.32・124.* ⇨ 삼종안 三種眼, 천안통 天眼通, 천안지증통 天眼智證通

천안 泉眼 샘물이 솟아나는 곳. 샘구멍. 『대비바사론』 권42(대정장27, p.219c14)에 "또 저 물이 샘의 눈에서 솟아나듯 도거 또한 그러해서 마음으로 하여금 들떠 움직이게 하기 때문이고, 물이 솟아나와 흘러 모든 못을 가득 채우듯 심란 또한 그러하니 마음으로 하여금 흘러 흩어지게 하게 때문이다. 又如令水從泉眼出 掉擧亦爾 令心躁動故 令水出已流滿諸池 心亂亦爾 令心流散故", 『비바사론』 권13(대정장28, p.514b2)에 "'저 물처럼 고요히 머문다'란, 샘구멍에서 물이 흘러나와 샘을 덮더라도 그 눈 버리지 않듯이, 저 삼매를 연하여 나지만 저연 버리지 않는 것과 같다. 如水定住者 如泉眼出水 覆泉眼不捨 如是彼三昧所緣生 而不捨彼緣"라고 하였다. 〔참고문헌〕『大毘婆沙論』, 『鞞婆沙論』.

천안게 天眼偈 천안을 읊은 게송. 『신수과분육학승전』 권14 「당지현전 唐知玄傳」(卍속장133, p.679b4)에 "상은이 영숭리에 머물던 언젠가 눈병으로 괴로워하다가 지현의 거처를 바라보며 기도하였다. 다음 날 지현이 보낸 천안게 3장을 보고는 눈병이 마침내 나았다. 商隱居永崇里 嘗苦眼疾 望禱玄 明日玄寄天眼偈三章 疾遂愈"라고 하였다. 〔참고문헌〕『新修科分六學僧傳』.

천안력 天眼力 Ⓢcyuty-upapatti-jñāna-bala, Ⓟsattānaṃ cutūpapāte yathābhūtaṃ ñāṇaṃ tathāgata-balam. 여래만이 가지시는 뛰어난 힘. 불십력(佛十力) 중 하나로, 천안으로 나고 죽는(生死) 중생 미래세의 일을 자재하게 보고 아는 힘. 숙주생사지력(宿住生死智力)・사생지력(死生智力)・천안무애지력(天眼無礙智力)이라고도 한다. 『장아함경』 권7 「폐숙경 弊宿經」(대정장1, p.44a25)에 "바라문이여! 비구가 초저녁과 새벽녘 동안 잠자지 않고 정근하여 게으르지 않아서 도품만을 오로지 념하고 삼매의 힘으로 정한 천안을 닦는 일이 있으니, 천안력으로 중생을 관한다. 이에서 죽어 저에 날 때 수명의 장단, 안색의 호추, 행함에 따라 보를 받음에 선취나 악취 어디에 나는지 모두 다 알고 본다. 婆羅門 有比丘 初夜後夜 捐除睡眠 精勤不懈 專念道品 以三昧力 修淨天眼 以天眼力 觀於衆生 死此生彼 從彼生此 壽命長短 顔色好醜 隨行受報 善惡之趣 皆悉知見", 『법계차제초문』 권하(대정장46, p.694c2)에 "아홉째는 천안력이다. 부처님 천안의 깨끗함은 모든 사람의 눈을 넘어선다. … 이 모든 중생들 악한 신구의로 성인을 비방하는 사견업을 성취하였으니, 이러한 인연으로 몸이 무너져 죽을 때 악도에 들어 지옥중에 나며, 이러한 모든 중생들 선한 신구의를 성취하여 성인을 비방하지 않는 정견과 정업을 성취하였으니, 이러한 인연으로 몸이 무너져 죽을 때 선도에 들어 천상에 남을 여실히 빠짐없이 아신다. 九 天眼力 佛天眼淨過諸人眼 … 是諸衆生 惡身口意成就 謗毀聖人邪見業成就 是因緣故 身壞死時 入惡道生地獄中 是諸衆生 善身口意業成就 不謗聖人正見正業成就 是因緣故 身壞死時 入善道生天上 如實遍知", 『대승의장』 권20(대정장44, p.865b26)에 "천안력이란, 경에서는 생사지력이라고도 한다. … 모든 선정을 하늘에 머문다 하는데, 선정에 의지해 얻은 눈을 천안이라 한다. 이 천안에 의지해 비추고 봄에 자재하니 천안력이라 한다. … 천안력이란 바로 천안통이다. 天眼力者 經中亦名生死知力 … 一切禪定 名爲天住 依禪得眼

名爲天眼 依於天眼 照見自在 名天眼力 … 天眼力者 卽天眼通", 『마하지관』 권7(대정장46, p.95c29)에 "미래의 생처에서 아름다운 모습이나 비루한 모습으로 태어날지 비추어 안다는 의미에서 천안력이라 한다. 照未來生處好醜 名天眼力"라고 하였다. 〔참고문헌〕『長阿含經』, 『法界次第初門』, 『大乘義章』, 『摩訶止觀』, *AN.3.420.*, *Kv-a.1.231.* ⇨숙주생사지력 宿住生死智力, 사생지력 死生智力, 불십력 佛十力, 여래십력 如來十力

천안명 天眼明 삼명(三明) 중 하나로 아라한 등 성자만이 얻는 눈으로서 자신과 중생의 업에 따른 생사의 과를 명료하게 아는 것. 사생지증명(死生智證明)·천안지(天眼智)·천안지명(天眼智明)·사생지통(死生智通 Ⓢ cyuty-upapatti-jñāna)·생멸지통(生滅智通 Ⓢ cyuty-upapāda-jñāna-sākṣāt-kriyā abhijñā)이라고도 한다. 『대지도론』 권38(대정장25, p.338b23)에 "그대에게는 천안명이 없기에 다음 세상을 의심하여 스스로 죄악에 떨어지려 하는구나! 이 죄업인연을 막기 위해 갖가지 왕생을 설한다. 汝無天眼明故疑後世 欲自陷罪惡 遮是罪業因緣故 說種種往生", 『법화현찬』 권6(대정장34, p.763c13)에 "삼명이란, 숙명명·천안명·누진명이다. 三明者 宿命明 天眼明 漏盡明", 『대승의장』 권20(대정장44, p.862a6)에 "미래세에 이에 죽어 저에 남을 알기에 천안통이라 하고, 업에 따른 과와 인연의 도리를 알기에 천안명이라 한다. 知未來世死此生彼 名天眼通 知業知果因緣道理 名天眼明", 『속화엄경약소간정기』 권5(卍속장5, p.210b13)에 "둘째는 천안명이다. 사생지증명이라고도 하니, 미래의 법에 대해 남김없이 알기 때문이다. 二 天眼明 亦名死生智證明 通達解了後際法故", 『대명삼장법수』 권6(영락장181, p.596b7)에 "둘째는 천안명이니, 다만 여기서 죽어 저기에 남을 본다는 의미에서 천안통이라고 할 뿐이다. 또 나와 중생이 죽거나 나는 때, 몸과 입과 뜻으로 지은 선행이나 악행, 선도나 악도 어디에 나는지 등 모두 다 보기에 이를 천안명이라 한다. 二 天眼明 謂但見死此生彼 名天眼通 復見我及衆生死時生時 及身口意所作善惡之行 或生善道惡道 皆悉能見 是名天眼明"라고 하였다. 〔참고문헌〕『大智度論』, 『法華玄贊』, 『大乘義章』, 『續華嚴經略疏刊定記』, 『大明三藏法數』, *Saṅ-v.118.*, *Bodh-bh.48.* ⇨사생지명 死生智明, 사생지작증명 死生智作證明, 천안 天眼, 삼명 三明[1], 삼명지 三明智, 삼달 三達, 안명 眼明[1]

천안삼태리마애불 天安三台里磨崖佛 고려시대 마애불. 보물 제407호. 높이 660cm·어깨너비 187cm. 충청남도 천안시 동남구 풍세면 삼태리 태학산(泰鶴山) 정상의 자연암벽에 새긴 대형 마애불이다. 상체에서 하체로 내려올수록 얕게 부조한 고려시대의 전형적 양식이다. 소발(素髮)의 머리에는 상투형 육계가 있고, 넓적한 방형의 상호에 광대뼈가 두드러진다. 삼도의 목에 이마에 백호공이 있으며, 귀는 어깨까지 닿았다. 대의 안에 승기지(僧祇支)가 보이고, 의습(衣褶) 또한 아래로 얇아졌고 군의(裙衣)와 소매의 옷주름은 선각으로 처리하였다. 수인은 양손을 복부에 두고 왼손 손바닥을 위로 펴고, 오른손은 그 위에 살짝 올려놓은 형상이다. 발과 대좌 부분은 남아 있지 않다. 마애불에서 100여 미터 떨어진 곳에 있는 해선암(海仙庵) 절터에서 고려로 편년되는 석탑재와 기와편 등이 출토되어 마애불과 관련이 있을 것으로 추정한다. 〔참고문헌〕『文化財大觀』 寶物篇·石造Ⅱ(文化財廳. 2004) pp.542~543, 『韓國의 寺址』 세종특별자치시·충청남도(문화재청·佛敎文化財硏究所, 2014) pp.495~498. ⇨해선암 海仙庵

천안삼태리마애불

천안용정 天眼龍睛 하늘눈에 용의 눈동자. 뛰어난 안목을 비유한다. 『종용록』 86칙 「수시 垂示」(대정장48, p.282c4)에 "구리 머리에 쇠 이마요, 하늘눈에 용의 눈동자라네. 독수리의 부리에 물고기의 아가미요, 곰의 심장에 표범의 쓸개라네. 금강검 아래에서는 이런 계략 들일 일 없으니, 헤아림 막대기 하나라도 얻지 못한다. 무엇이 이와 같을까? 銅頭鐵額 天眼龍睛 雕觜魚顋 熊心豹膽 金剛劍下是計不納 一籌不獲 爲甚麽如此", 같은 책 52칙 「착어 著語」(대정장48, p.260a14)에 "하늘눈에 용의 눈동자로도 엿볼 수가 없다. 天眼龍睛不可窺", 『공곡집』 57칙 「평창 評唱」(卍속장117, p.593a9)에 "비로에게 스승이 있고, 법신에게 주인이 있다. 하늘눈에 용의 눈동자 갖추지 못한 이 도저히 엿볼 수 없다. 毘盧有師 法身有主 非具天眼龍睛者 莫能覰見"라고 하였다. 〔참고문헌〕『從容錄』, 『空谷集』.

천안제일 天眼第一 천안이 제일이라는 말. 석가모니부처님의 십대제자 중 한 분인 아나율(阿那律 Ⓢ aniruddha)을 일컫는 말이다. 『증일아함경』 권3(대정장2, p.557b9)에 "천안제일이어서 시방곳곳을 보니 소위 아나율비구가 이 사람이다. 天眼第一 見十方域 所謂阿那律比丘 是", 같은 책 권7(대정장2, p.581b12)에 "이때 세존께서 비구들에게 고하셨다. '나의 성문제자 중 천안제일을 얻은 이는 소위 아나율비구가 이 사람이다'. 爾時 世尊告諸比丘 我聲聞中弟子 得天眼第一者 所謂阿那律比丘 是", 『주유마힐경』 권3(대정장38, p.354c9)에

"구마라집이 말했다. '천안제일이다'. 승조가 말했다. '아나율은 여의라고 한역하는데 찰리종이다. 제자 중에 천안제일이다'. 什曰 天眼第一也 肇曰 阿那律 秦言如意 刹利種也 弟子中天眼第一"라고 하였다. [참고문헌]『增壹阿含經』, 『注維摩詰經』. ⇨ 아나율 阿那律

천안지 天眼智 Ⓟ sattānaṃ cutūpapāte ñāṇaṃ vijjā. 삼명(三明) 중 하나인 천안명(天眼明). 『장아함경』 권9 「십상경 十上經」(대정장1, p.53b4 : *Dasuttara-sutta, DN.3*, p.275)에 "무엇을 삼증법이라 하는가? 삼명을 말하는 것이니, 숙명지·천안지·누진지가 그것이다. 云何三證法 謂三明 宿命智 天眼智 漏盡智 katame tayo dhammā sacchikātabbā? Tisso vijjā : pubbenivāsānussatiñāṇaṃ vijjā, sattānaṃ cutūpapāte ñāṇaṃ vijjā, āsavānaṃ khaye ñāṇaṃ vijjā : ime tayo dhammā sacchikātabbā", 같은 책 권12 「자환희경 自歡喜經」(대정장1, p.78b17)에 "천안지란, 사문과 바라문들이 갖가지 방편으로 정의삼매에 들어 삼매심을 따라 중생들을 관하는데 … 어떤 중생은 몸의 악행·말의 악행·뜻의 악행을 성취하고 현성을 비방하며 거짓되고 전도된 견해를 믿어 몸이 무너지고 목숨이 다할 때 삼악도를 따른다. 또 어떤 중생은 몸으로 선을 행하고 입으로 선을 말하며 마음으로 선을 생각하니 현성을 비방하지 않아 … 몸이 무너지고 목숨이 다할 때 천신과 인간으로 나는데, 청정한 천안으로 중생들을 관하여 여실히 알고 본다. 天眼智者 諸沙門婆羅門 種種方便 入定意三昧 隨三昧心 觀諸衆生 … 或有衆生 成就身惡行 口惡行 意惡行 誹謗賢聖 信邪倒見 身壞命終 墮三惡道 或有衆生 身行善 口言善 意念善 不謗賢聖 … 身壞命終 生天人中 以天眼淨 觀諸衆生 如實知見"라고 하였다. [참고문헌]『長阿含經』, *DN*. ⇨ 천안명 天眼明, 사생지증명 死生智證明, 삼명 三明[1], 삼증 三證[1]

천안지력 天眼智力 Ⓢ cyuty-utpatti-jñāna-balam, cyuty-upapatti-jñāna-bala, Ⓟ sattānaṃ cutūpapātajānana, Ⓣ 'chi-'pho-ba-dang-skye-ba-mkhyen-pa'i-stobs. 불십력(佛十力) 중 하나. 천안으로 중생의 생사나 그 선·악취(善惡趣)를 잘 아는 힘. 사생지력(死生智力)·지천안무애지력(知天眼無礙智力)·숙주생사지력(宿住生死智力)·천안력(天眼力)이라고도 한다. 『잡아함경』 권26(대정장2, p.187c23)에 "만일 어떤 사람이 와서 여래천안지력을 물으면, 여래께서 천안으로 보신 그대로 저에게 기별한 것과 같다고 하라. 若有來問如來天眼智力 如如來天眼所見 爲彼記說", 『불십력경』(대정장17, p.719b2)에 "여래께서는 청정천안으로 인간의 눈을 넘어서 세간의 일체중생들이 나는 때와 죽는 때를 관하여 보신다. 즉 아름다운지 추한지, 귀한지 천한지, 선취에 태어나는지 악취에 태어나는지를 그가 지은 업에 따라 여실하게 보고 아신다. … 이와 같은 일들을 모두 여실하게 아는데, 여실하게 알기에 이것을 여래의 아홉 번째 천안지력이라고 한다. 이런 힘을 구족한 여래응공정등정각은 곧 광대하고 수승한 도리를 잘 알아 대중 가운데서 사자후를 하여 묘한 범륜을 굴리신다. 如來淸淨天眼 過於人眼 觀見世間一切有情 生時滅時 若好若醜 若貴若賤 若生善趣 若生惡趣 隨所作業 如實知見 … 如是等事 皆如實知 由實知故 是爲如來第九天眼智力 如來應供正等正覺 具是力者 卽能了知廣大勝處 於大衆中 作師子吼 轉妙梵輪"라고 하였다. [참고문헌]『雜阿含經』, 『佛十力經』, *Bodh-bh.265·275.*, *AN.3.420.* ⇨ 불십력 佛十力, 사생지력 死生智力

천안지명 天眼智明 Ⓟ sattānaṃ cutūpapāte ñāṇaṃ vijjā. 천안명(天眼明)을 이르는 말. 『장아함경』 권8 「중집경 衆集經」(대정장1, p.50b3 : *Saṅgīti-sutta, DN.3*, p.220)에 "또 세 가지 법이 있다. 삼명을 말하는 것이니, 자식숙명지명·천안지명·누진지명이다. 復有三法 謂三明 自識宿命智明 天眼智明 漏盡智明 tisso vijjā, pubbenivāsānussatiñāṇaṃ vijjā, sattānaṃ cutūpapāte ñāṇaṃ vijjā, āsavānaṃ khaye ñāṇaṃ vijjā", 『유마의기』 권2(대정장38, p.465b5)에 "천안지명으로 미래에 대한 어리석음을 제거한다. 天眼智明 除後際愚", 『화엄경장』(대정장85, p.206c6)에 "(삼명 중) 두 번째는 걸림 없는 천안지명이다. 여래의 경계로서 이에 죽어 저에 나서 돌고 도는 것 다 볼 수 있다. 第二無閡天眼智明 如來境界 迴轉死此生彼 悉能都見"라고 하였다. [참고문헌]『長阿含經』, 『維摩義記』, 『華嚴經章』, *DN*. ⇨ 천안명 天眼明, 사생지작증명 死生智作證明

천안지증통 天眼智證通 Ⓢ divya-cakṣur jñāna-sākṣātkriyā abhijñā. 오신통(五神通) 또는 육신통(六神通) 중 하나로 견생사지증(見生死智證)·천안지통(天眼智通)·천안통(天眼通)이라고도 한다. 『대반야경』 권9(대정장5, p.46b15)에 "사리자여! 어떤 보살마하살의 천안지증통은 가장 수승하고 청정하여 인간과 천상의 눈을 넘어 능히 시방 각각의 항하사 모래알만큼 많은 세계에 유정과 비유정류 갖가지 색상을 여실히 본다. … 이와 같이 유정들의 갖가지 업류와 받는 과의 차별도 모두 여실히 안다. 舍利子 有菩薩摩訶薩 天眼智證通 最勝淸淨 過人天眼 能如實見 十方各如殑伽沙界 情非情類 種種色像 … 如是有情 種種業類 受果差別 皆如實知", 『구사론』 권27(대정장29, p.142c24)에 "신통에는 여섯 가지가 있다. … 둘째는 천안지증통이다. 通有六種 … 二天眼智證通", 『구사론기』 권27(대정장41, p.410a24)에 "천안과 천이는 소의근이고, 지란 두 식이 상응하는 혜다. 이 지가 두 가지 경을 연할 때 막힘이 없는 것을 통이라 한다. 근과 능히 증함을 따라 이름을 삼아서 천안지증통과 천이지증통이라 하는 것이다. 天眼天耳是所依根 智是二識相應慧 智緣二境無擁名通 從根及能證爲名 名天眼智證通 天耳智證通", 원측(圓測)의 『인왕경소』 권상(대정장33, p.369b9 · 한불전1, p.31a20)에 "둘째는 천안지증통이다. 수승함을 천이라 하는데, 이 안은 수승하기에 천이라 한 것이고, 색계의 대종으로 만들어진 정색안으로 거둬 멀리 보아 걸림이 없기에 천안이라 한다. 二 天眼智證通 殊勝名天 此眼殊勝 故名爲天 色界大造淨色眼攝 遠見無礙 故名天眼"라고 하였다. [참고문헌] 『大般若經』, 『俱舍論』, 『俱舍論記』, 『仁王經疏』, *Abh-k-bh.421.* ⇨ 견생사지증 見生死智證, 천안통 天眼通, 오신통 五神通, 육신통 六神通

천안지통원 天眼智通願 아미타불(阿彌陀佛)이 인위(因位)에서 발한 48원(願) 중 여섯 번째 원(願). 천안통원(天眼通願)이라고도 한다. 『무량수경』 권상(대정장12, p.267c27)에 "만일 제가 부처가 되었을 때 국토의 사람과 천이 천안을 얻지 못하여 백천억나유타의 모든 부처님의 국토를 보지 못하는 이가 있다면 저는 정각을 취하지 않을 것입니다. 設我得佛 國中人天不得天眼 下至不見百千億那由他諸佛國者 不取正覺"라고 하였다. [참고문헌] 『無量壽經』. ⇨ 미타인행사십팔원 彌陀因行四十八願, 사십팔원 四十八願

천안천 千眼天 제석천(帝釋天)을 달리 이르는 말. 『법화현의석첨』 권3(대정장33, p.835b17)에 "저 제석천에게 천 가지 이름이 있음과 같다 하였으니, 제석천은 교시가라고도 하고 … 천안천이라고도 한다. 如天帝釋有千種名者 亦名憍尸迦 … 亦名千眼天"라고 하였다. [참고문헌] 『法華玄義釋籤』. ⇨ 천안 千眼 [1], 제석천 帝釋天

천안천비관세음보살다라니신주경 千眼千臂觀世音菩薩陀羅尼神呪經 당대 지통(智通) 한역. 2권. 줄여서 『천수경』이라고도 한다. 고려장11, pp.941a1~950a18, No.292 · 대정장20, pp.83b3~96b9, No.1057에 수록되어 있다. 최둡(chos-grub)이 『천수천안관세음보살광대원만무애대비심다라니경 千手千眼觀世音菩薩廣大圓滿無礙大悲心陀羅尼經』에서 역출(譯出)한 티베트역본(北京版 No.369 Ⓣ'phags-pa byang-chub-sems-dpa' spyan-ras-gzigs dbang-phyug phyag stong spyan stong-dang ldan-pa thogs-pa mi-mnga'-ba'i thugs-rje chen-po'i sems rgya-cher yongs-su rdsogs-pa shes-bya-ba'i gzungs)의 후반부와 상응한다. 관세음보살이 근본대신주(根本大身呪)의 인상(印相)과 공덕을 설한다. 총섭신인(總攝身印) · 총지다라니인(總持陀羅尼印) · 해탈선정인(解脫禪定印) · 천안인주(天眼印呪) · 천비총섭인(千臂總攝印) · 통달삼매성인(通達三昧成印) · 호소천룡팔부신귀집회인(呼召天龍八部神鬼集會印) · 호소대범천왕급교시라래문법인(呼召大梵天王及憍尸羅來問法印) · 관희마니수의명주인(觀喜摩尼隨意明珠印) · 걸원수심인(乞願隨心印) · 입멸진정삼매인(入滅盡定三昧印) · 청불삼매인(請佛三昧印) 등 열두 가지 수인과 천수천비관세음보살십주만다라법문(千手千臂觀世音菩薩十肘曼荼羅法門)을 설한다. 이어서 변재무애인(辯才無礙印) · 보살파대천세계멸죄(菩薩破大千世界滅罪) · 보살항복삼천대천세계마원인(菩薩降伏三千大天世界魔怨印) · 보살광대무인(菩薩廣大無印) · 수정보살호지천안인주(水精菩薩護持天眼印呪) · 보살성취인(菩薩成就印) · 보살성등정각인(菩薩成等正覺印) · 보살호소삼십삼천인(菩薩呼召三十三天印) · 보살호소천룡팔부귀신인(菩薩呼召天龍八部鬼神印) · 보살해탈인(菩薩解脫印) · 보살자재신족인(菩薩自在神足印) · 보살신변자재인(菩薩神變自在印) · 청천비관음보살심왕인주(請千臂觀音菩薩心王印呪)를 설한다. 당 보리유지(菩提流志)가 한역한 『천수천안관세음보살모다라니신경 千手千眼觀世音菩薩姥陀羅尼身經』(대정장20, No.1058)과 동본이역이다. ⇨ 천수천안관세음보살모다라니신경 千手千眼觀世音菩薩姥陀羅尼身經

천안천주 天眼天主 천 개의 눈을 가진 하늘의 주인. 제석천(帝釋天)을 말한다. 『불본행집경』 권20(대정장3, p.744b2)에 "천상제석이시자 천안천주이시자 사지(Ⓢ Śacī)의 부군이시자 대력천왕이시자 모든 천중이 좌우로 위요하는 분이시여, 부디 제 아들이 마음으로 구하는 바를 이루도록 도움을 주시옵소서! 天上帝釋 千眼天主 舍脂之夫 大力天王 及諸天衆左右圍遶 願爲我子 所有心求 願作佐助", 『유부율파승사』 권16(대정장24, p.184a13)에 "천안천주시여! 저의 아들들 구해주소서, 천한 몸을 벗어나 해탈하도록. 千眼天主救我子 令離賤身得解脫"라고 하였다. [참고문헌] 『佛本行集經』, 『有部律破僧事』. ⇨ 제석천 帝釋天, 천안 千眼 [1]

천안청철 天眼淸徹 Ⓟ dibba cakkhu visuddha. 하늘눈 티 없이 맑아 사무쳐 보다. 『장아함경』 권2 「유행경 遊行經」(대정장1, p.12b26)에 "그때 세존께서는 새벽녘 동틀 무렵 고요한 곳에 이르셨다. 하늘눈 티 없이 맑고 사무쳤으니, 대천신들이 각기 자신들의 영토를 다스리고 있는 것과 중층 · 하층의 신들도 각기 자신들의 영토를 다스리고 있는 것을 보셨다. 爾時 世尊 於後夜明相出時 至閑靜處 天眼淸徹 見諸大天神各封宅地 中神下神亦封宅地"라고 하였다. [참고문헌] 『長阿含經』, *DN.2.329.* ⇨ 천안 天眼

천안통 天眼通 Ⓢ divya-cakṣur-abhijñā, divyaṃ cakṣuḥ, Ⓟ dibba-cakkhu, Ⓣ lha'i-mig-gi-mngon-par-shes-pa, lha'i-mig, lha'i-spyan. 하늘눈으로 보다. 오신통(五神通) 또는 육신통(六神通) 중 하나로, 욕계(欲界)와 색계(色界)를 남김없이 다 사무쳐 보는 것으로 천안지통(天眼智通)·천안통증(天眼通證)·천안지증통(天眼智證通)이라고도 한다. 천안에는 인계(人界)에서 사선정(四禪定)을 닦아 정안(淨眼)을 얻는 수득(修得)과 색계에 태어나 정안을 얻는 보득(報得)이 있다. 천안통은 나고 죽는 일을 다 알기에 사생지증통(死生智證通 Ⓢ cyuty-upapatti-jñānābhijñā : 死生智通)이라고도 한다. 『대지도론』 권5(대정장25, p.98a7)에 "천안통이란, 눈이 색계사대로 지은 청정색이어서 천안이라 한다. 천안으로 보이는 것은 자신의 지경과 그 아래 지경인 육도 중의 중생과 갖가지 사물이니, 멀거나 가깝거나 거칠거나 미세한 것 등 모든 물을 훤히 보지 못함이 없다. 천안에는 두 가지가 있으니, 첫째는 과보에 따라 얻는 것, 둘째는 수행에 따라 얻는 것이다. 이 오통(五通) 중의 천안은 수행으로 얻는 것이고, 과보로 얻는 것이 아니다. 왜냐하면 항상 갖가지 광명을 억념해서 얻기 때문이다. … 모든 부처님의 법신·보살·벽지불·아라한 등은 청정천이라 한다. 이러한 청정천이 닦아서 얻는 천안을 천안통이라 한다. 부처님의 법신과 보살의 청정한 천안은 일체욕을 여의었으니, 오통의 범부 중생은 얻을 수 없으며 성문이나 벽지불들도 얻지 못한다. 왜냐하면 작은 아라한은 작은 마음으로 일천세계를 보고, 커다란 마음으로는 이천세계를 보며, 큰 아라한은 작은 마음으로 이천세계를 보고 큰마음으로는 삼천대천세계를 보는데, 벽지불 또한 그러하다. 이것을 천안통이라고 한다. 天眼通者 於眼得色界四大造淸淨色 是名天眼 天眼所見 自地及下地 六道中衆生諸物 若近若遠 若麤若細 諸色無不能照見 天眼有二種 一者 從報得 二者 從修得 是五通中天眼從修得 非報得 何以故 常憶念種種光明得故 … 諸佛法身 菩薩 辟支佛 阿羅漢 是名淸淨天 是淸淨天修得天眼 是謂天眼通 佛法身菩薩淸淨天眼 一切離欲五通凡夫 所不能得 聲聞辟支佛 亦所不得 所以者何 小阿羅漢小用心 見一千世界 大用心 見二千世界 大阿羅漢小用心 見二千世界 大用心 見三千大千世界 辟支佛亦爾 是名天眼通", 『보살선계경』 권2(대정장30, p.972c2)에 "어떤 것을 천안통이라 하는가? 보살마하살이 사람의 눈을 벗어나 깨끗한 천안으로 모든 중생들이 이에 죽어 저에 남에 좋은 모습·나쁜 모습·아름다운 것·추악한 것 등을 보며, 중생의 선악업 등의 선악과인 늙음·젊음·스스로 하는 것·남을 시켜 하는 것·거친 것·미세한 것·사람의 모습·하늘의 모습·삼악도의 모습, 나아가 한없는 시방세계의 한량없는 불국토의 중생모습 등을 명료하게 보고, 무량한 시방세계의 모든 부처님께서 널리 설법하시는 것을 분명히 안다. 이것을 천안통이라고 한다. 云何天眼 菩薩摩訶薩 以淨天眼 過於人眼 見諸衆生 死此生彼 若好色 若惡色 若好若醜 明見衆生善惡等業善惡果 若老若少 若自造作 若敎他作 若麤若細 若人天色 若三惡道色 乃至無量十方世界 無量佛土衆生之色 明了無量十方諸佛演說法時 是名天眼通"라고 하였다. [참고문헌] 『大智度論』, 『菩薩善戒經』, *Abh-k-bh.451.*, *Bodh-bh.269.*, *It.52.* ⇨ 오신통 五神通, 육신통 六神通, 천안 天眼, 견생사지증 見生死智證, 사생지작증통 死生智作證通, 수득 修得, 보득 報得

천안환희원 千眼歡喜園 천안을 가진 제석천이 노니는 환희의 동산(Ⓢ Nandanavana : 歡喜園). 『유부율파승사』 권3(대정장24, p.113b16)에 "이 가장 훌륭한 성을 더욱이 장식하였으니, 천자 중 가장 뛰어난 천자가 오래도록 머물 수 있으리라. 오욕을 배가하여 환락 즐길 수 있으니, 마치 저 천안이 노니는 환희의 동산과 같다네. 此最勝城甚嚴飾 天中天子可久住 倍加五欲能歡樂 猶如千眼歡喜園"라고 하였다. [참고문헌] 『有部律破僧事』, *Divy.194·286.* ⇨ 천안 千眼 ■

천암사 穿岩寺 경상북도 의성군 춘산면 빙계리에 있었던 절. 『세종실록』 권150 지리지(地理志) 경상도 의성현에 "또 빙혈이 있었는데 아래로 너비가 1척이었고 깊이는 헤아릴 수 있는 곳이 5척이었다. … 옆으로 천암사의 유지가 있다. 又有氷穴 直下廣一尺 深可量處五尺 … 傍有穿岩寺遺址"라고 하였다. [참고문헌] 『世宗實錄』.

천암화상어록 千巖和尙語錄 원대 임제종(臨濟宗) 천암원장(千巖元長 1284~1357)의 어록. 1권. 또는 2권. 천암의 제자 조(詔)가 기록한 것을 명말 탁력도인(䡾櫟道人) 대참(大參)이 중교(重校)하여 1618년(만력 46)에 발행하였다. 가흥장32, pp.203a1~234a28, No.B273에 있다. 상당(上堂)·소참(小參)·보설(普說)·법어(法語)·송고(頌古)·게송(偈頌)·찬발(讚跋)·불사(佛事)로 이루어져 있고, 본문의 앞뒤로 송렴(宋濂 1310~1381)의 서문(序文)과 종륵(宗泐 1317~1391)의 발문(跋文)이 붙어 있다. 부록으로 송렴이 찬한 천암의 탑명(塔銘)도 있다. ⇨ 원장 元長 ■

천애 天愛 Ⓢ devānāṃ priya, Ⓣ lha-rnams-dga'-ba. 하늘이 사랑하는 이. 인도의 마우리아왕조시대에는 아쇼카왕을 천애희견왕(天愛喜見王)이라 한 것처럼 왕의 위엄을 드러내기 위해 부르기도 하였다. 그러나 역설적으로 하늘이나 구제할 어리석은 사람을 조롱하거나 처량하게 여겨 쓰기도 한다. 『성유식론』 권5(대정장31, p.28c11)에 "어떤 사람은 말한다. '그 때에도 혜는 일어났지만 상이 미약하고 은미할 뿐이다. 저 하늘이 아끼는 이가 어찌 알겠는가? 『대법론』에서 설하길 대지법(大地法)이라 했기 때문이다'. 有說 爾時 亦有慧起 但相微隱 天愛寧知 對法說爲大地法故", 『성유식론장중추요』 권상(대정장43, p.626a7)에 "천애라는 말은 범어로 몰겁(沒劫 Ⓢmoha)인데, 우(愚)라 한역하고 우에는 세 가지 이름이 있다. 첫째는 제바(提婆 Ⓢdeva)이니 천(天)이라 한역한다. 둘째는 일바(昵縛 Ⓢjvala)이니 광명이라 한역한다. 셋째는 발라사발지(鉢刺闍鉢底 Ⓢprajāpati)이니 생주(生主)라 한역한다. 음사어 발라사는 생(生)이고, 발지는 주(主)이며, 구역(舊譯)은 세주(世主)다. 마하파사파제를 대생주(大生主)라 하는 것이 이것이며, 이것은 또 범왕이니, 세간의 뛰어난 것은 하늘보다 나은 것이 없고, 세간의 열한 것으로도 어리석은 이보다 더한 것이 없다. 어리석은 이를 하늘이라 부르는 것은 조롱하는 것이니, 노비를 낭군(郎君)이라 하는 등이다. 광명이란 비추어 아는 뜻이다. 어리석은 이의 치암(癡闇)을 조롱하여 광명이라 하는데, 마치 가난한 사람을 부유한 이라 하고, 우둔한 사람을 총명한 이라 하는 것과 같다. … 이 어리석은 이는 처량히 여겨 천애라 할 뿐이다. 言天愛者 梵云沒劫 此名爲愚 愚有三名 一 提婆 此云天 二 昵縛 此云光明 三 鉢刺闍鉢底 此云生主 鉢剌闍生也 鉢底主也 舊云世主也 摩訶波闍波提名大生主是也 此卽梵王 世間之勝 莫過於天 世間之劣 莫過愚者 喚愚爲天 調之故也 喚奴爲郎君等 光明者 照了義 愚人癡闇 調喚爲光明 如名貧人 爲富財物 亦如喚鈍人 爲聰明物 … 此癡夫可怜故 曰天愛也"라고 하였다. [참고문헌] 『成唯識論』, 『成唯識論掌中樞要』, 『成唯識論述記』 권2(대정장43, p.287c5), *Abh-k-bh.56·76.*

천애제수 天愛帝須 데바남피야팃사(Ⓟ Devānaṃpiya-tissa)의 한역어. 실론 즉 스리랑카에서 가장 먼저 불교를 받아들인 다음 널리 전파하는 데 힘쓴 왕. ⇨ 데바남피야팃사 Devānaṃpiya-tissa

천양 穿楊 버드나무 잎을 뚫다. 백 보 거리에서 버드나무 잎을 맞추는 활솜씨로 양유기(養由基)의 고사 백발백중(百發百中) 또는 백보천양(百步穿楊)에서 시작된 말이다. 『조정사원』 권1(卍속장113, p.8b17)에 "천양 : 『사기』에 '양숙의 자는 유기이다. 백 보 거리에서 버드나무 잎을 쏘면 백 번 쏘아 백 발 모두 적중하였다. 穿楊 史記云 養叔 字由基 百步射楊葉 百發百中"라고 하였다. [참고문헌] 『祖庭事苑』. ⇨ 백발백중 百發百中

천어 天魚 Ⓢmīna. 십이궁(十二宮) 중 열두 번째인 어궁(魚宮) 또는 쌍어궁(雙魚宮)으로 12월의 별이다. 『대방등대집경』 권42 「성수품 星宿品」(대정장13, p.280c29)에 "칠성(七星)이 밤에 행하고 천사 한 해의 별로 세사를 쓰는 때가 12월이고, 천어의 신이 그 달을 주관한다. 七星夜行 天師歲星 用事之時 是十二月 天魚之神 主當其月"라고 하였다. [참고문헌] 『大方等大集經』, *Mañj-m.14.* ⇨ 쌍어궁 雙魚宮, 십이궁 十二宮

천어 天語 하늘의 언어. 고대 인도의 바라문이 범어(梵語)를 범천(梵天)의 말로 여겨 부른 말. 『석가방지』 권상(대정장51, p.950b25)에 "설산 이남을 바라문국이라 한다. 호국과 멀리 떨어져 글과 말이 같지 않다. 이 때문에 오천축의 모든 바라문은 자신들의 글을 천서라 하고 말은 천어라 하였다. 곧 겁초에 범천이 내려와서 비옥한 땅을 맛보면서부터 사람이 있게 되었으니, 본래부터 그 말과 글은 하늘법을 끊지 않았기에 저들의 풍속에는 하늘을 섬기는 이가 많았다. 나면서부터의 인이기 때문이다. 호란 본래 서융이며 도술을 들어본 적이 없고 글과 말은 나라마다 달라서 바꿔 전해야 비로소 통할 수 있다. 雪山以南 名婆羅門國 與胡隔絶 書語不同 故五天竺 諸婆羅門 書爲天書 語爲天語 謂劫初成 梵天來下 因味地肥 便有人焉 從本語書 天法不斷 故彼風俗 事天者多 以生有所因故也 胡本西戎 無聞道術 書語國別 傳譯方通", 『사분율함주계본소행종기』 권1(卍속장62, p.343a9)에 "천지가 처음 열릴 때 사람도 물도 없었다. 색계에 범왕이 이 땅에 강생하여 이전부터 익혀왔던 글과 말을 사람에게 전하였다. 이것이 천어와 천서다. 天地初闢 未有人物 色有梵王 降生此土 仍傳本習書語於人 是則天語天書"라고 하였다. [참고문헌] 『釋迦方志』, 『四分律含注戒本疏行宗記』. ⇨ 범어 梵語

천언사 天彦寺 전라남도 구례군 광의면 방광리 지리산(智異山)에 있는 천은사의 옛 이름. 감로사(甘露寺)라고도 불렸고, 임진왜란 이후 중창되면서 천은사(泉隱寺)로 이름을 고쳤다고 한다. 『난중잡록』 권3 「계사하〈만력21년 선조26년〉 癸巳下〈萬曆二十一年宣祖二十六年〉」에 의하면 1593년(선조26) 7월 중에 왜군이 구례로부터 군사를 나누어 천언사 등의 사원을 약탈하였고, 『각사등록』에는 1736년(영조12) 4월 3일에 남원(南原)에 할당된 초주지(草注紙) 80권 중 천언사가 19권을 담당한 사실이 전하고 있고, 같은 책에서 1737년에 남원현에서 보낸 「이문구례현 移文求禮縣」에는 "상고하는 일, 폐현(남원현)의 천언사는 처음에는 유명한 대찰이었으나 최근 심히 조잔해졌습니다. 승역이 번거롭고 무거워지자 장차 텅 빌 지경에 이르렀습니다. 爲相考事 弊縣天彦寺 初以有名大刹 近甚凋殘 僧役煩重 將至於虛空之境"라고 하였다. [참고문헌] 『亂中雜錄』, 『各司謄錄』, 『梵宇攷』, 『韓國寺刹全書』 권하 p.1078a7. ⇨ 천은사 泉隱寺

천엄사 天嚴寺 옛 경주에 있었던 절. 애장왕대 삼랑사(三郎寺)와 황룡사(皇龍寺) 사이에 위치했던 것으로 전한다. 『삼국유사』 권5(대정장49 p.1015a21 · 한불전6, p.246c3) 감통(感通)7 정수사구빙녀(正秀師救氷女)에 "제40대 애장왕대 사문 정수가 황룡사에 머물렀다. … 삼랑사에서 돌아오다가 천엄사 문밖을 지나는데 한 거지 여인이 아이를 낳고 언 채로 버려져 죽음에 임박해 있었다. 스님이 이를 보고 불쌍히 여기고 안아 주었더니 조금 있다가 소생하였다. 옷을 벗어 덮어주고 벌거벗은 채 본사로 돌아왔다. 第四十哀莊代 有沙門正秀 寓止皇龍寺 … 自三郎寺還 經由天嚴寺門外 有一乞女産兒 凍臥濱死 師見而憫之 就抱 良久氣蘇 乃脫衣以覆之 裸走本寺", 『조선금석총람』 권상 「창녕읍내석불조상기 昌寧邑內石佛造像記」에 "임오년(802 · 애장왕3) 서울의 봉덕사 · 영□사 · 천엄사 · 보장사에서 □식 2713석을 올렸다. 壬午年 京奉德寺永□寺天嚴寺寶藏寺□食二千七百十三石"라고 하였다. [참고문헌] 『三國遺事』, 『朝鮮金石總覽』, 『韓國寺刹全書』 권하 p.1077b20.

천업비유 天業譬喩 Ⓢ Divyāvadāna. 인연담과 비유를 모은 저자 미상의 범어 문집. 성립연대는 3세기 무렵으로 추정한다. 서른여덟 개 아바다나(avadāna)로 구성되어 있는데, 그 중 일부는 근본설일체유부 율장과 상응한다. 아쇼카왕 이야기를 담은 「아쇼카바르나바다나 *Aśokavarṇa-avadāna*」가 11번째와 29번째에 걸쳐 있는가 하면, 33번째 「샤르둘라카르나바다나 *Śārdūlakarṇa-avadāna*」는 티베트대장경에 입장(入藏)된 『마등가경 摩登伽經』(北京版 No.1027, *stag-rna'i rtogs-pa brjod-pa*)과도 상응한다. *Mahāparinirvāṇa-sūtra*(『대반열반경』)의 편린도 보일 뿐 아니라, 디가니카야(Ⓟ Dīgha-nikāya)와 테라가타(Ⓟ Theragāthā)를 비롯해 아슈바고샤(Ⓢ Aśvaghoṣa : 馬鳴)의 『대장엄론경 大莊嚴論經』 등 인용한 불전(佛典)의 범위가 넓어 대승불교 성립사연구에서 중시되는 문헌이다. 1959년 바이디야(P.L.Vaidya)가 편집 출간한 범본 외에, 1886년 영국의 인도학자 에드워드 코웰(Edward Cowell)과 로버트 닐(Robert Neil)이 당시까지 알려진 네팔 필사본들을 모아 대조교감하였다. 코웰과 닐의 편집본은 1970년 재출간되었다. [참고문헌] L.Renou · J.Filliozat *L'Inde classique*(Paris, 1953). ⇨ 비유 譬喩

천여 天如 ❶ 1794~1878. 조선후기 스님. 일명 여보살(如菩薩). 호는 금암(錦巖), 속성은 나(羅)씨. 나주(羅州) 출신. 아버지는 경인(景仁), 어머니는 회진(會津) 박씨. 1794년(정조18) 4월 8일에 출생하였다. 어려서 아버지를 여의고 15세에 선암사(仙巖寺) 물암(勿庵)을 은사로 하여 스님이 되고 2년 뒤 구족계를 받았다. 그림에 재주가 뛰어나 금파도일(金波道鎰)로부터 비수법(毘首法)을 배워 입신의 경지에 들었다. 18세 때인 1812년(순조12) 전라남도 장흥군 관산면 천관산(天冠山) 금수암(金水庵) 대비상(大悲像) 앞에서 300일 정진을 하고 감응을 받았다. 묘향산 향로봉 방위의 남쪽면에 불상을 그렸다. 1837년(헌종3)에 불상(佛像) 53불을 도금하고 팔상전(八相殿) · 원통각(圓通閣)을 개수하여 서응(瑞應)을 한 달 동안 세 번씩이나 발하는 이적(異蹟)도 남겼다. 46세 때인 1839년부터 1842년까지 4년 동안 운수암(雲水庵)에서 대비주(大悲呪 : 神妙章句大陀羅尼)를 백만 번 독송하여 성취하였다. 1878년(고종15) 충청북도 황간 심묘사(深妙寺)의 개금불사에 85세의 고령으로 100여 리를 걸어 참여하고, 본사에 돌아와 9월 4일 법랍 68세로 청련암(青蓮庵)에서 입적하였다. 수법제자로는 수성일운(守誠一芸) · 설암덕언(雪巖德彦) · 혜명승의(惠明僧儀) 등이 있다. [참고문헌] 猊雲散人 「故宗門大德錦巖大禪師傳」(『朝鮮佛教叢報』8, 1918) p.47, 『韓國佛教雜誌叢書』 권14(寶蓮閣, 1979) p.483. ❷ ➡ 유칙 惟則❷

금암당천여진영
선암사성보박물관 1864년

천여 天與 Ⓢ Devadatta, Ⓣ lhas-byin. 제바달다(提婆達多)의 한역 이름. 천열(天熱) · 천수(天授)라고도 한다. 『비니관요』 권5(卍속장63, p.689a10)에 "제바달다는 제바달도라고도 하고 번역하면 천수 또는 천여다. 부모가 하늘에 빌어서 받았다는 말이다. 천열이라고도 한다. 태어날 때 인천 등 대중의 마음이 모두 놀라서 열이 났다는 뜻이다. 줄여서 조달이라고도 음사한다. 부처님의 사촌 동생이자 아난의 친형이다. 提婆達多者 又云提婆達兜 此翻天授 亦云天與 謂父母從天乞故 又翻天熱 以其生時 人天等衆心 皆驚熱故 略云調達 是佛堂弟阿難親兄"라고 하였다. [참고문헌] 『毘尼關要』, 『翻譯名義集』 권1(대정장54, p.1062c4), *Mvyut.181.* ⇨ 제바달다 提婆達多, 데바닷타 Devadatta

천여 天與 석가모니부처님 재세 시 비구니. 『증일아함경』 권3(대정장2, p.559a18)에 "게송 만드는 일을 맡아 여래의 공덕을 찬탄하니 천여비구니이다. 堪任造偈讚如來德 所謂天與比丘尼是"라고 하였다. [참고문헌] 『增壹阿含經』, 『釋譜』 권1(대정장50, p.12b2).

천여니사귀여금벽 賤如泥沙貴如金璧 하찮기로 말하면 진흙이나 모래 같다 해야 하고, 귀하다 하면 황금이나 벽옥 같다 해야 하리. 『허당록』 권2(대정장47, p.1002c9)에 "들었다. '천태유서화상이 하루는 종 치는 소리에 법좌에 올랐다. 대중이 모이자마자 유서가 「누가 종을 쳤느냐?」라고 물으니, 학인이 「유나입니다」 하였다. 유서가 「앞으로 가까이 오라」 함에 학인이 앞으로 가까이 가자 유서가 손바닥으로 한 대 후려치고서 방장실로 돌아갔다'. 허당이 말하였다. '값싸기는 진흙이나 모래 같고, 비싸기는 황금이나 벽옥 같다. 당시에 아무 일 없이 법좌에 올랐더라면 살아난 이는 학인이었을 것이다'. 擧天台幽棲和尙 一日鳴鐘上堂 衆纔集 棲云 誰打鐘 僧云維那 棲云 近前來 僧近前 棲遂與一掌 歸方丈 師云 賤如泥沙貴如金璧 當時若安詳登座 活得者僧", 『무준사범어록』 권1(卍속장121, p.855b1)에 "법좌에 올라 말하였다. '열넷이든 열다섯이든 하찮기로 말하면 저 진흙 같고, 열여섯이나 열일곱이라 해도 귀하다면 저 황금이나 벽옥 같다. 이 뜻 분명하니 누구에게 말해야 할까? 천상과 인간 중에 오직 나만이 안다'. 上堂 十四十五 賤如泥土 十六十七 貴如金璧 此意分明說向誰 天上人間惟我知"라고 하였다. 〔참고문헌〕『虛堂錄』, 『無準師範語錄』.

천여유칙 天如惟則 ➡ 유칙 惟則[2]

천연 天然 ❶ 조선후기 지문(智文 1681~1749)의 호. 『허정집』 권상(한불전9, p.496b3)에 "천연 무희자 보내며〈지문. 3수 모두 호남에서 북으로 보내며 읊은 시〉. 送天然無餙子〈智文 三皆在湖南 送北之歎〉"라고 하였다. 〔참고문헌〕『虛靜集』. ⇨ 지문 智文[2] ❷ ➡ 단하 丹霞[1]

천연외도 天然外道 인(因)도 연(緣)도 없이 세상이 생겨났고 진실은 스승도 없이 알 수 있다고 여기는 외도. 무인외도(無因外道)·자연외도(自然外道)를 말한다. 종보본 『단경』(대정장48, p.357c4)에 "현책(玄策)이 말했다. '위음왕 이전이라면 타당하지만 위음왕 출현 이후에 스승 없이 스스로 깨달았다고 한다면 모두가 천연외도다. 策云 威音王已前卽得 威音王已後 無師自悟 盡是天然外道", 『능엄경소해몽초』 권10(卍속장21, p.830b11)에 "만약 지금 비추어 보는 대로만 지켜 머문다면 이것도 마구니의 주장과 같고 또 천연외도라 한다. 지금 비춰보는 그대로를 자기 부처라고 주장하니, 이는 자로 잰 말이고 헤아린 끝에 나온 말이니 여우 울음을 닮았다. 若守住如今鑑覺 亦同魔說 亦名天然外道 說如今鑑覺是自己佛 是尺寸語 是圖度語 似野干鳴", 『거사분등록』 권상 「향거사장 向居士章」(卍속장147, p.868a15)에 "향거사는 빠른 길로 진실을 보고 손무(孫武)와 오기(吳起)를 은근히 합한 듯하지만 이조의 인증을 받지 않아 천연외도를 면치 못했다. 向居士 直捷見諦 暗合孫吳 然非二祖印證 不免天然外道"라고 하였다. 〔참고문헌〕『壇經』, 『楞嚴經疏解蒙鈔』, 『居士分燈錄』. ⇨ 무인외도 無因外道, 자연외도 自然外道, 삼십종외도 三十種外道

천연자 天然子 조선시대 영조(재위 1724~1776) 때 스님인 의원(義圓)의 호이다. ⇨ 의원 義圓

천엽대 千葉臺 노사나불(盧舍那佛)이 앉아 계시는 천엽 연꽃대. 『범망경』 권하(대정장24, p.1003c29)에 "나 이제 노사나불 비로소 연화대에 앉았으니, 둘러 싼 천 잎의 연꽃 위에 다시 천 분의 석가불을 나투리. 我今盧舍那 方坐蓮花臺 周匝千花上 復現千釋迦", 『범망경고적기』 권하(대정장40, p.701b5)에 "천 잎의 연꽃대라 하였으니, 모두 모아 이지보살의 정토를 성취한 뜻이다. 이 가운데 대 위란 불신이 머무는 곳이고, 천 엽이란 교화할 곳을 나누어 낱낱이 흩음이다. 千葉臺 總成二地菩薩淨土 此中臺上 是身所居 千葉卽是 所化部落"라고 하였다. 〔참고문헌〕『梵網經』, 『梵網經古迹記』.

천영 天英 1215~1286. 고려후기 스님. 휘는 천영(天英), 시호는 '자진원오국사 慈眞圓悟國師', 탑호는 '정조 靜照'. 속성은 양(梁)씨. 아버지의 휘는 택춘(宅椿), 어머니는 김씨이다. 1215년(고종2) 6월 13일 전라남도 남원(南原)에서 태어났다. 12세 때 송광사(松廣寺) 진각국사(眞覺國師) 혜심(慧諶)을 찾아가 행자로 있다가 15세 때인 1229년(고종16)에 혜심을 은사로 하여 스님이 되었다. 1236년(고종23) 23세 때 선선고시(禪選考試)에 응시하여 상상과(上上科)에 합격하였으나, 모든 명예와 영광을 훌훌 던져 버리고, 다시 조계산(曹溪山)으로 가서 수선사의 제3세 법주인 청진국사(淸眞國師) 몽여(夢如)로부터 공부하다가, 다시 진명국사(眞明國師) 혼원(混元)에게서 법을 배우고 크게 깨달음을 얻은 후 그 이름이 널리 알려졌다. 1246년(고종33) 혼원을 따라 진양공(晋陽公) 최우(崔瑀)의 원찰인 강화도 선원사(禪源寺)에 갔다가 혼원이 수선사 제4세의 법주로 내려가자 스님도 따라갔다. 최우의 천거로 삼중대사(三重大師)가 되었고, 1248년(고종35)에 선사(禪師)에 올라 왕명으로 산청 단속사(斷俗寺) 주지로 취임하였다. 1249년에는 진양공이 경

조계산수선사제5세
원오국사천영진영

기도 개풍군(開豊郡)에 창복사(昌福寺)를 창건하고 그 낙성법회에 스님을 법주로 모셨다. 1250년(고종37) 왕명으로 강화도 선원사 주지가 되었으며, 1251년 최항(崔沆 ?~1257)이 개성에 보제사(普濟寺)를 창건하고 그 별원(別院)에 구산선려(九山禪侶)를 초청하여 법회를 가질 때 법주가 되었다. 1252년(고종39) 청진국사 몽여(夢如)가 입적하자 왕명으로써 진명국사 혼원을 조계산 수선사의 제4세로, 자진국사 원오를 선원사의 주지에 추대했다. 1256년(고종43) 가을에 진명국사가 물러나 쉬고자 자신의 후임으로 스님을 천거하므로 고종이 스님을 수선사의 제5세 법주로 명하고, 대선사의 법계를 올렸다. 왕궁으로 초빙되어 공양함을 받고, 중사(中使)인 한영위(韓瑛衛)의 호종을 받으면서 그 해 8월 28일 뱃길로 남하(南下)하여 9월 19일 수선사에 도착했다. 스님은 법좌에 앉아 주불(麈拂 : 拂子)을 지동지서(指東指西)하면서 사부대중을 지도하다가 1286년(충렬왕12) 2월 12일 고흥군에 있는 불대사(佛臺寺 : 一名 佛盖寺)의 공양청을 받아 나아가서 그 곳 장로(長老)스님에게 '내가 돌아가고자 하니 스님들은 잘 지내면서 정진하라'하고 지필(紙筆)을 가져오게 하여 임금과 평소에 잘 알고 지내던 전후의 재상인 염·홍(廉洪) 두 승상(承相)에게 보내는 편지를 쓰고, 삭발 목욕하고 가사를 입은 다음 선상에 앉았다. 이 때 어떤 스님이 묻기를 "목우자(牧牛子)스님이 이르기를 일착자를 매하지 말아야 한다 하였으니 스님께서도 매하지 않으십니까?" 스님이 "매하든 매하지 않든 아무런 관계가 없다"고 답하자 곁에 있던 다른 스님이 또 묻기를 "스님께서 육신을 벗어 던지신 후 어디서 다시 만나 뵐 수 있습니까?" 하니, "도를 묻는 말이거든 내가 간 뒤에 다시 다른 스님에게 물어보라. 때가 곧 다가왔으니 많은 말을 할 시간이 없다" 하고 "태어남이란 마치 바지를 입는 것 같고, 죽음이란 또한 치마를 벗는 것과 같다. 옷을 벗고 입는 이 누구인가?". 조금 있다가 "듣지 못하였는가! 목우자 스님이 이르기를 천 가지 만 가지 모두 이에 있다" 하고는 조용히 입적하였다. 세수 72 법랍 57세였다. 제자에는 밀암충지(宓庵冲止)·만항혜감(萬恒慧鑑)·자원묘엄(慈圓妙嚴) 등이 있다. 이익배(李益培)가 비문을 짓고 석굉묵(釋宏默)이 써서 1286년(충렬왕12)에 세운 비가 고흥 불개사(佛盖寺 : 一名 佛臺寺)에 있다. [참고문헌]『東國輿地勝覽』 권40 興陽縣 佛宇條, 『著譯叢譜』 권3(한불전12, p.482a10), 『朝鮮金石總覽』 권상 pp.595~596, 『韓國寺刹全書』 권상 p.564a2, 『韓國金石全文』 中世下 pp.1053~1057, 李智冠 『校勘譯註歷代高僧碑文』 高麗篇4 pp.164~187. ⇨ 자진원오국사정조탑비문 慈眞圓悟國師靜照塔碑文

천영 자진국사부도
보성대원사 고려후기

천오 天旿　조선후기 합천 해인사(海印寺) 스님. 호는 용성(龍星). 인파당(仁波堂) 유안(由安 ?~1846)의 제자이다. 자세한 행장은 알 수 없고, 다만 1885년(고종22)에 「화엄법화약찬게총지병서 華嚴法華略纂偈摠持並序」를 지었다. [참고문헌]『華嚴法華略纂偈』(海印寺板).

천옥 天玉　조선후기 스님. ❶ 청허휴정(淸虛休靜 1520~1604)이 보낸 선게(禪偈) 2수가 전한다. 『청허집』 권2 「증천옥산인 贈天玉山人」(한불전7, p.682a9)에 "푸른 솔 밝은 달 아래 있고, 황학은 흰구름 곁했네. 솥발처럼 앉아서 삼소를 열었으니, 사람들이 말하는 세상 밖 하늘이네. 靑松明月下 黃鶴白雲邊 鼎坐開三笑 人言物外天", 같은 책 보유(補遺) 「천옥선자 天玉禪子」(한불전7, p.733a4)에 "날 밝아오면 한 잔 차 마시고, 밤이 오면 한바탕 잠들며 청산 백운과 더불어 무생의 일을 이야기하네. 晝來一椀茶 夜來一場睡 靑山與白雲 共說無生事"라고 하였다. [참고문헌]『淸虛集』. ❷ 양성혜능(養性堂惠能 1622~1696)의 제자. 「불영사양성당혜능대사비문 佛影寺養性堂惠能禪師碑文」에 "그 수제자 천옥이 비석을 세워 행적을 기록하고자 우해 홍만종을 통해 나(崔錫鼎)에게 명문을 구하였다. 其首弟天玉 將立石紀其蹟 因洪于海萬宗 求銘於余"라고 하였다. [참고문헌] 智冠 『韓國高僧碑文總集 朝鮮朝·近現代』 p.270.

천옥 天獄　천당(天堂)과 지옥(地獄). 육도 중 천선과 최악의 갈래다. 『금강경찬요간정기』 권4(대정장33, p.198c12)에 "천옥에 화생한다 하니 천상과 지옥은 (四生 : 胎卵濕化 중) 오직 화생일 뿐이어서 가장 좁은 뜻이다. 天獄化生者 天上地獄 唯是化生 最狹也", 『원각경대소석의초』 권11(卍속장14, p.904a16)에 "오직 천옥뿐만이 아니라는 말에서 천은 천궁이고 옥은 지옥이다. 云非唯天獄者 天是天宮 獄是地獄"라고 하였다. [참고문헌]『金剛經纂要刊定記』, 『圓覺經大疏釋義鈔』.

천왕 天王　❶ Ⓢ deva-rāja, Ⓣ lha'i-rgyal-po. 하늘의 왕. 욕계(欲界)와 색계(色界) 등 모든 하늘의 주인. 『대지도론』 권56(대정장25, p.457b15)에 "천왕이란 사천에 머무는 사천왕, 삼십삼천의 왕인 석제환인, 그리고 모든 범천의 왕에 이르기까지 모든 하늘의 왕을 말한다. 범천 이상에는 다시는 왕이 있을 수 없다. 제천이란 욕계천이고 제범이란 색계천이다. 이사나란 대자재천왕과 그 권속이다. 天王者 四天處 四天王 三十三天王 釋提

桓因 乃至諸梵天王 梵天已上 更無有王 諸天 是欲界天 諸梵 是色界天 伊賒那 是大自在天王 幷其眷屬", 『법화경과습』 권1상(卍속장93, p.205a13)에 "천왕이란 모든 하늘의 주인으로 모든 하늘을 거느려 다스린다. 言天王者 謂爲諸天主 統治諸天"라고 하였다. 〔참고문헌〕 『大智度論』, 『法華經科拾』, *Bodh-bh.234·236.* ⇨ 범천왕 梵天王, 사천왕 四天王, 석제환인 釋帝桓因 **2** 제화라야(提和羅耶)의 한역어. 『법화문구』 권8(대정장34, p.116c4)에 "『분다리경』에 이르길 '조달이 부처가 되었을 때 명호는 제화라야인데 천왕이라 한역한다'라고 하였다. 分陀利經云 調達作佛 號提和羅耶 漢言天王"라고 하였다. 〔참고문헌〕 『法華文句』. ⇨ 제화라야 提和羅耶

천왕문 天王門 사천왕(四天王)이 지키는 문. 동방 지국천(持國天)이 검(劍)을, 북방 다문천(多聞天)이 비파(琵琶)를, 서방 광목천(廣目天)은 탑을, 남방 증장천(增長天)은 용을 잡은 채로 무서운 모습으로 묘사되고 있다. 중국과 일본은 천왕전(天王殿)이라 부르기도 하고 전각 형태로 모시기도 하며 바로 산문(山門)에 진입하지만, 우리나라 사찰의 천왕문은 산문과 보제루 등 사이에 있어 산문에 드는 일주문(一柱門)을 지나서 도량에 들기 전에 지난다. 『월파집』 「향산지」(한불전9, p.674c13)에 "그(보현사 명월당) 동쪽 천왕문엔 사천왕이 좌우로 줄지어 앉았는데, 위엄과 신령함 두려워할 만하여 감히 똑바로 보지 못하였다. 其東有天王門 四天王列坐左右 威靈可畏 不敢直視也"라고 하였다. 사찰 유구(遺構)로 파악되는 우리나라 천왕문의 가장 이른 사례는 회암사지(檜巖寺址) 천왕문지이고, 현존하는 사례로는 통도사 천왕문(경남유형 제250호)과 태천 양화사(陽和寺) 천왕문(1656년) 등 조선시대 지어진 천왕문 약 20건이 전한다. 〔참고문헌〕 『月波集』, 『聖住寺』(보령시·충남대박물관, 1998). ⇨ 사천왕 四天王, 사천왕문 四天王門, 산문 山門 **1**, 삼문 三門 **1**

천왕문 양산 통도사

천왕문 태천 양화사

천왕사 天王寺 **1** 강원도 원주시 봉산동에 있던 절. 『동국여지승람』 권46, 강원도 원주목 고적에 "주 동쪽 2리쯤에 있었는데, 지금은 폐사하여 사청으로 삼았다. 在州東二里許 今廢爲射廳"고 하였고, 『범우고』 원주에 "지금은 열무당이 되었다. 今爲閱武堂"고 하였다. 절터는 봉산과 원주천 사이의 들판인 듯한데, 고려시대에 조성된 것으로 추정하여 유형문화재 봉산동 당간지주가 서 있다. 원주역사박물관에 고려시대 조성으로 보이는 전 천왕사터 석조미륵보살입상이 소장되어 있으며, 봉산동 석조보살입상은 비마라사에 봉안되어 있다. 〔참고문헌〕 『東國輿地勝覽』, 『梵宇攷』, 『韓國寺刹全書』 권하 p.1078b21. **2** 경기도 하남시 하사창동에 있던 절. 김정언(金廷彦)이 짓고 975년(광종26)에 건립한 「고달원원종대사혜진탑비문 高達院元宗大師惠眞塔碑文」에 "(태조)대왕은 대사의 도덕이 고매하고 법신이 원현하신 분이라고 존경하면서 광주 천왕사에 주석하도록 청하므로, 스님은 왕청에 따라 주지하면서 사부대중을 크게 교화하였다. 大王以大師 玄道周行 法身圓對 艻請住廣州天王寺 遂從之住焉 居則化矣"고 하였다. 『고려사절요』 권28 공민왕 15년(1366) 하4월에 "신돈이 재추와 함께 광주 천왕사 불사리를 맞아 왕륜사에 모셨는데, 왕이 백관을 거느리고 가서 배관하였다. 辛旽與宰樞 迎廣州天王寺佛舍利 置之王輪寺 王率百官 往觀之"라고 하였다. 『세종실록』 권112, 28년(1446) 4월 23일에 "광주 천왕사의 사리 10매를 궐내에 드렸다. 納廣州天王寺舍利十枚于內"라고 하였다. 〔참고문헌〕 李智冠 『校勘譯註歷代高僧碑文』 高麗篇2 p.20·pp.36~37, 『高麗史節要』, 『世宗實錄』. **3** 경상북도 경주시 배반동 낭산(狼山)에 있던 사천왕사(四天王寺). 『삼국유사』 권3(대정장49, p.986a29·한불전6, p.313c8) 흥법(興法)3 아도기라(阿道基羅)에 "경도 안에는 일곱곳의 절터가 있다. … 여섯째 신유림이다〈지금의 천왕사로, 문무왕 기묘(679)에 개창하였다〉. 其京都內有七處伽藍之墟 … 六曰神遊林〈今天王寺 文武王己卯開〉"라고 하였고, 같은 책 권5(대정장49, p.1010c13·한불전6, p.355c1) 신주6 혜통항룡(惠通降龍)에 "이보다 앞서 밀본의 뒤에 고승 명랑이 용궁에 들어가 신인을 얻어 … 신유림〈지금의 천왕사이다〉를 창건하고는 여러 차례 주변 국가의 침입을 물리치기를 빌었다. 先是 密本之後 有高僧明朗 入龍宮得神印 … 祖創神遊林〈今天王寺〉 屢禳鄰國之寇"라고 하였으며, 같은 책 권4(대정장49, p.1004a4·한불전6, p.344a14) 의해(義解)5 양지사석(良志使錫)에 "(양지가) 여러 기예에 능통하여 신묘함을 비할 데가 없었다. 또 필찰도 잘하여 … 천왕사 탑 아래 팔부신장, 법림사 주불삼존과 좌우금강신 등을 모두 소상으로 조성하였다. 旁通雜譽 神妙絶比 又善筆札 … 天王寺塔下八部神將 法林寺主佛三尊左右金剛神等 皆所塑也"라고 하였다. 『태종실록』 권14, 7년(1407) 12월 2일에 "의정부에서 명찰로 여러 고을의 자복사를 대신하도록 청한다. 議政府請以名刹 代諸州資福"고 하였는데, 강음(江陰) 천신사(天神寺)·임진(臨津) 창화사(昌和寺)·삼척 삼화사(三和寺)·화순 만연사(萬淵寺)·나주 보광사(普光寺)·창평(昌平) 서봉사

(瑞峰寺)·인제 현고사(玄高寺) 등과 함께 총남종(摠南宗)에 속하였다. 하륜(河崙 1347~1416)의 『호정집』 권2 「혜리원기〈경주〉 惠利院記〈慶州〉」에 "계림은 신라의 고도인데 … 길이 성남을 지나치므로 천왕사에서 잤다. 雞林新羅氏之古都 … 道過城南 寄宿天王寺"고 하였고, 김시습(金時習 1435~1493)의 『매월당시집』 권12 「천왕사지 天王寺址」 제하(題下)에는 "지금은 살림집이 되었다. 今爲人家"라고 하였다. [참고문헌] 『三國遺事』, 『太宗實錄』, 『浩亭集』·권2(韓國文集叢刊6, p.465a5), 『梅月堂詩集』 권12(韓國文集叢刊13, p.272b2), 『韓國寺刹全書』 권하 p.1078a10. ⇨ 사천왕사 四天王寺 **4** 경상북도 성주군에 있던 절. 자세한 사적은 전하지 않는다. 1618년(광해군10)에 간행된 이직(李稷 1362~1431)의 『형재시집』 권2에 「천왕사 서루에서 쓰다〈을미년(1415·태종15)에 성산에 귀양갔을 때 이 절에 머물며 여름을 보냈다〉. 題天王寺西樓〈乙未年謫星山寓此寺過暑〉」라는 시가 전한다. [참고문헌] 『亨齋詩集』 권2(韓國文集叢刊7, p.540a22). **5** 제주특별자치도 제주시 노형동 한라산(漢拏山)에 있는 절. 대한불교조계종 제23교구 본사 관음사(觀音寺)의 말사이다. 1955년에 비룡이 수영산선원으로 창건한 뒤 1967년에 천왕사로 이름을 바꾸었으며, 1992년 월서가 중수하였다. 현존 당우로는 대웅전·삼성각·나한전·염화실 등이 있다. [참고문헌] 『전통사찰총서』21 제주의 사찰과 불교문화(사찰문화연구원, 2006) p.79. **6** 충청남도 부여군 부여읍에 있던 절. 『삼국사기』 권28 백제본기(百濟本紀)6 의자왕 20년(660) 5월에 "풍우가 사납게 불어 천왕사·도양사 두 절의 탑에 벼락이 쳤다. 風雨暴至 震天王道讓二寺塔"고 하였다. 1944년에 부소산 서남쪽 아래 부여읍 구아리의 경찰서 신축 과정에서 '천왕(天王)'이라는 글자가 새겨진 기와조각이 발견된 이후 그 주변을 전천왕사지(傳天王寺址)라고 하였다. 그 뒤 부여읍 금성산(金城山) 중턱의 건물터에서도 동일한 기와조각이 발견되는 등 계속된 발굴작업(1992~1993년)이 진행되었다. [참고문헌] 『三國史記』, 『扶餘舊衙里百濟遺蹟 發掘調査報告書』(扶餘文化財研究所·忠淸南道, 1993), 『扶餘傳天王寺址 文化財保存地區 發掘調査報告書』(扶餘文化財研究所, 1993). **7** 충청남도 서천군 한산면 종지리에 있던 절. 기와 조각과 경질토기 등이 발견되었으나 건물터 등은 확인되지 않았다. [참고문헌] 『한국사지총람』 권상(문화재청·財團法人 佛敎文化財研究所, 2010) p.465. **8** 평안남도 강서군 수산면 천왕산(天王山)에 있던 절. 『동국여지승람』 권52 평안도 함종현 불우에는 "아선산에 있다. 在牙善山"고 하였는데, 『여지도서』 평안도 함종 사찰에는 "부 동쪽 2리 선산에 있다. 在府東二里善山"고 하였고, 『범우고』에는 "지금은 폐사되었다. 今廢"고 하였다. 『사탑고적고』에 "함종 구읍에서 동북쪽으로 약 5정 정도 떨어진 산의 정상에는 성터가 있는데, 안에 부도 3위가 있다. … 비석 2기도 있다. … 함종 아선산 천왕사 십이전각이 낙성된 내용으로, 곧 비는 강희 49년(1710·숙종36)에 건립하였다. 自咸從舊邑東北約五町山上城址 內有浮屠三個 … 有碑石二個 … 咸從牙善山天王寺十二殿成者 卽此碑乃康熙四十九年建立"라고 하였다. [참고문헌] 『東國輿地勝覽』, 『輿地圖書』, 『伽藍考』, 『梵宇攷』, 『寺塔古蹟攷』, 『韓國寺刹全書』 권하 p.1079a2·p.1079a12. **9** 평안남도 순천군 자모산에 있던 절. 『동국여지승람』 권54 평안도 자산군 불우에 "자모산에 있다. 在慈母山"고 하였고, 『가람고』 평안도 자산과 『범우고』 자산에는 "자모산성 안에 있다. 在慈母山城內"고 하였다. [참고문헌] 『東國輿地勝覽』, 『伽藍考』, 『梵宇攷』, 『韓國寺刹全書』 권하 p.1079a10. **10** 평안남도 안주군에 있던 절. 『동국여지승람』 권52 평안도 안주목 불우에 "성 안에 있다. 在城內"고 하였다. 권근(權近 1352~1409)의 『양촌집』 권5 시(詩)에 「안주 천왕사에 머물면서 벽상에 쓰다. 題寓居安州天王寺壁上」라는 시가, 서거정(徐居正 1420~1488)의 『사가집』 권3 시류(詩類)에도 「안주 천왕사에서 외조 양촌의 시운에 차하다. 安州天王寺次外祖陽村詩韻」라는 시가 있고, 같은 책 권5에 1476년(성종7)에 쓴 「송준상인유묘향산서 送峻上人遊妙香山序」에는 "내 나이 11세 때 안주 천왕사에서 독서하였다. 予年十一歲時 讀書于安州之天王寺"라고 하였다. 『범우고』에는 "지금은 폐사되었다. 今廢"라고 하였다. [참고문헌] 『東國輿地勝覽』, 『梵宇攷』, 『陽村集』 권5(韓國文集叢刊7, p.52a7), 『四佳集』 권3(한국문집총간10, p.268b2·11, p.257a16), 『韓國寺刹全書』 권하 p.1079a8. **11** 평안남도 평원군 영유면 미두산에 있던 절. 영천사(靈泉寺)의 옛 이름이다. 『동국여지승람』 권52 평안도 영유현 불우에 "미두산에 있다. 在米豆山"고 하였는데, 『여지도서』에는 "현 동쪽 7리 미두산 북쪽에 있으며, 예전에는 천왕사로 불렸다. 在縣東七里米豆山北 古所謂天王寺"라고 하였으며, 『범우고』 영유에도 "영천사〈미두산에 있다. 옛 이름은 천왕사이다〉. 靈泉寺〈在米豆山 古名天王寺〉"라고 하였다. 다만 같은 조에 "북천왕사〈지금은 폐사되었다〉. … 〈모두 미두산에 있다〉. 北天王寺〈今廢〉 … 〈俱在米豆山〉"라고 하였는데, 북천왕사와의 관계는 자료가 전하지 않아 알 수 없다. [참고문헌] 『東國輿地勝覽』, 『輿地圖書』, 『梵宇攷』, 『韓國寺刹全書』 권하 p.1079a7. ⇨ 영천사 靈泉寺[9] **12** 평안북도 강계군 전천면 천마산(天摩山)에 있던 절. 『태고사사법 太古寺寺法』에는 대본산 보현사(普賢寺)의 말사라고 하였다. [참고문헌] 『韓國寺刹全書』 권하 p.1079a16. **13** 평안북도 의주군 석숭산(石崇山)에 있던 절. 『태고사사법』에는 대본산 보현사(普賢寺)의 말사라고 하였다. 『중종실록』 권12 5년(1510) 9월 27일에 "평안도관찰사 정광세가 계를 올렸는데, '… 미을관 이남은 대해로 배

들이 통행하지 못합니다. 미을관 이북 2리 쯤에 천왕사가 있는데, 절이 산 정상에 있어서 위아래를 다 바라볼 수 있습니다 …'. 平安道觀察使鄭光世馳啓曰 … 彌乙串以南 無涯大洋 不通舟楫 彌乙串以北二里許 有天王寺 寺在山頂 通望上下 … "라고 하였다. 판관(判官)을 역임한 홍정주(洪正柱)의 시주로 6개월 만에 중수하고는 당시 세자였던 순종의 축수를 매월 초하루와 15일에 지내도록 하였는데, 1891년(고종28)에 의주 용궁산(龍宮山) 화주승(化主僧) 삼오(三悟)가 쓴 「천왕사중수대시주전판관홍공정주씨기혜문 天王寺重修大施主前判官洪公正柱氏記惠文」(『조선사찰사료』 권하)에 "본사의 창건은 오래되어 해마다 심하게 바람에 쓸리고 비에 씻겨 기울어 무너짐이 이미 극에 달하였다. … 사원을 새롭게 하고자 한 이후 역사는 반년만에 낙성을 고하였다. 本寺之刱建歲久 年深風磨雨洗 傾頹已極 … 惟新寺院之役半年告成矣", "다듬고 지어 두렷한 법륜을 아름답게 하니 휘조가 날아 들고, 고루 색을 입혀 궁기마저 빛나게 하니 제비와 참새가 와서 축하한다. 산 같은 수명은 더욱 길어지고 바다 같은 복은 더욱 그윽해지리. 制度美於輪圓 翬鳥斯飛 圓艧耀於窮奇 燕雀來賀 壽山長翠 福海益深"라고 하였다. [참고문헌] 『中宗實錄』, 『朝鮮寺刹史料』 권하 pp.158~159, 『韓國寺刹全書』 권하 p.1079a18. **14** 평안북도 정주군 봉두산에 있던 절. 『동국여지승람』 권52 평안도 가산군 불우와 『범우고』 가산에 "봉두산에 있다. 在鳳頭山"고 하였고, 『여지도서』 평안도 가산 사찰에 "군 북쪽 3리 봉두산에 있다. 在郡北三里鳳頭山"고 하였다. [참고문헌] 『東國輿地勝覽』, 『梵宇攷』, 『輿地圖書』, 『韓國寺刹全書』 권하 p.1079a14.

천왕사탑 天王寺塔 경상북도 경주시 배반동 낭산(狼山)의 사천왕사(四天王寺)에 있던 탑. 『삼국유사』 권4(대정장49, p.1004a4・한불전6, p.344a14) 의해(義解)5 양지사석(良志使錫)에 "(양지가) 온갖 기예에 방통하여 신묘함을 비할 데가 없었다. 또 필찰도 잘하여 … 천왕사 탑 아래 팔부신장, 법림사 주불삼존과 좌우금강신 등을 모두 소상으로 조성하였다. 旁通雜譽 神妙絶比 又善筆札 … 天王寺塔下八部神將 法林寺主佛三尊左右金剛神等 皆所塑也"라고 하였다. [참고문헌] 『三國遺事』. ⇨ 천왕사 天王寺 **3**

천왕성 天王聲 Ⓢ devendra-madhura-nirghoṣā, Ⓣ lha'i-dbang-po-sgra-dbyangs-ltar-snyan-pa. 육십종성(六十種聲) 중 하나. 『대승장엄경론』 권6(대정장31, p.619c22 : *Sūtr.*, p.80)에 "천왕의 소리란 것은 감히 어김이 없기 때문이다. 天王聲者 無敢違故 devendramadhuranirghoṣā anatikramaṇīyatvāt"라고 하였다. [참고문헌] 『大乘莊嚴經論』, 『華嚴經疏鈔』 권51(대정장36, p.405a10), *Sūtr.* ⇨ 육십종성 六十種聲

천왕여래 天王如來 **1** 아주 오래전 부처의 이름. 가사를 걸치지도 발우를 쓰지도 않았을 때의 부처다. 『자재왕보살경』 권하(대정장13, p.934b17)에 "과거세 연등불 이전의 때에 출현한 위덕불・제사불・불사불・광명불 그 전에 천왕여래응정변지명행족선서세간해무상사조어장부천인사불세존이 계셨다. … 이 천왕불과 모든 보살들은 가사를 입지 않고 모두 자생정묘천의 옷을 입었고 결혹도 없었다. 過去然燈佛前 威德佛 提沙佛 弗沙佛 光明佛前 有佛號 天王如來 應 正遍知 明行足 善逝 世間解 無上士 調御丈夫 天人師 佛 世尊 … 是天王佛 及諸菩薩 不著袈裟 皆著自生淨妙天衣 亦無結惑", 『법화경문구보정기』 권8(卍속장45, p.278a3)에 "경에서 부르길 천왕이라 하는 것은, 『대론』에서 '먹을 때 발우를 쓰지 않고 가사를 입지도 않으니(재가의 형상) 마치 왕이 다스리듯 해서 인으로 말한즉 마땅히 돌이켜 도과에 합하지만 이에 류를 버리고 진실과 같아질 뿐이므로 천왕여래라 부른다'고 하였다. 經號曰天王者 大論云 食不用鉢 不被袈裟 如王治也 故曰天王也 因卽返當合道果 乃失類同眞 故曰天王如來也"라고 하였다. [참고문헌] 『自在王菩薩經』, 『法華經文句輔正記』. **2** Ⓢ Devarājo nāma tathāgata. 제바달다(提婆達多)가 미래에 성불하고 나서 얻는 명호. 『법화경』 권4 「제바달다품」(대정장9, p.35a1 : *Saddh-p.*, p.259)에 "제바달다는 훗날 무량겁을 지나 성불하리니, 그 호는 천왕여래・응공・정변지・명행족・선서・세간해・무상사・조어장부・천인사・불・세존이라 하고, 그 세계는 천도라 한다. 提婆達多却後過無量劫 當得成佛 號曰 天王如來 應供 正遍知 明行足 善逝 世間解 無上士 調御丈夫 天人師 佛 世尊 世界名天道 eṣa devadatto bhikṣuranāgate 'dhvany aprameyaiḥ kalpairasaṃkhyeyairdevarājo nāma tathāgato 'rhansamyaksaṃbuddho bhaviṣyati vidyācaraṇasaṃpannaḥ sugato lokavidanuttaraḥ puruṣadamyasārathiḥ śāstā devānāṃ ca manuṣyāṇāṃ ca bhagavāndevasopānāyāṃ lokadhātau"라고 하였다. [참고문헌] 『法華經』, *Saddh-p.* ⇨ 제바달다 提婆達多

천왕위 天王位 Ⓢ devādhipatya. 하늘왕의 자리. 제석천(帝釋天)을 가리킨다. 『별역잡아함경』 권2(대정장2, p.385a1)에 "'또 무슨 인연으로 인다라(因陀羅)라고 합니까?' 부처님께서 비구에게 이렇게 말씀하셨다. '제석이 천왕위에 있으면서 하늘의 일을 판단하고 다스렸기 때문에 인다라라고 한다'. 復以何緣 名因陀羅 佛告比丘 帝釋居天王位 斷理天事故 名因陀羅", 『대승입능가경』 권6(대정장16, p.623c22 : *Laṅk.*, p.250)에 "석제환인은 천왕위에 있으면서 과거에 고기를 먹던 여습

(餘習) 때문에(Ⓢ pūrvajanma-māṃsādavāsanā-doṣāc) 몸을 변하여 매가 되어서 비둘기를 쫓았다. 나는 그때 시비(尸毘 Ⓢ Śibī)왕이었는데, 그 비둘기를 가엾이 여겨 내 몸의 살을 베어 비둘기의 목숨을 대신하였다. 釋提桓因 處天王位 以於過去 食肉餘習 變身爲鷹 而逐於鴿 我時作王 名曰尸毘 愍念其鴿 自割身肉 以代其命"라고 하였다. [참고문헌] 『別譯雜阿含經』, 『大乘入楞伽經』, *Laṅk.* ⇨ 석제환인 釋提桓因, 제석천 帝釋天

천왕점안 天王點眼 새로 조성한 대범천(大梵天)·제석천(帝釋天)·사천왕(四天王) 등 존상을 눈뜨게 하는 일. 『권공제반문』(한국불교의례자료총서1, p.697a6)·『제반문』(같은 책2, p.535b6)·『요집』(같은 책4, p.562a2)·『석문의범』 권하 「점안편 點眼篇」(p.94a1) 등에 의식문이 수록되어 있다. 1574년(선조7) 안변 석왕사(釋王寺) 개판본 『권공제반문』 천왕점안문 유치(由致)에 "이로써 사바세계〈모처모인〉 복위〈모사〉 삼가 양공을 모셔서〈조성한〉 범왕·제석·사대천왕존상 이제 이미 조성해 마치고 모셨으니 〈모사에〉봉안하고 금월〈모일〉에 법연을 베풀어 삼가 향등을 갖추고 점안하여 천안을 열고자 합니다. 오직 바라건대 오통 구족하고 오력이 밝게 비추사 잠시 천계 떠나 향연 내려오소서. 삼가 일심을 붙들어 먼저 세 번 청하고 아뢰나이다. 是以娑婆世界〈某處某人〉 伏爲〈某事〉 敬請良工〈造成〉 梵王帝釋四大天王尊像 今旣畢功 安于〈某寺〉 以今月〈某日〉 修設法筵 謹具香燈 點開天眼 惟冀五通具足 五力昭彰 暫辭天界 略降香筵 謹秉一心 先陳三請"라고 하였고, 『기암집』 권2 「유점사천왕점안낙성소이 楡岾寺天王點眼落成疏二」(한불전8, p.170c24)에 "이에 천왕상을 빚고 … 특별히 천상의 길일을 가려 삼가 만선의 승회를 베푸니, 이에 새로 빚은 여러 상이 모두 오통의 힘을 내어 함께 일승의 문으로 듭니다. 爰塑天王之像 … 特占千祥之吉晨 敬設萬善之勝會 於是新塑諸像 皆放五通之力 共入一乘之門"고 하였다. [참고문헌] 『勸供諸般文』, 『諸般文』, 『要集』, 『釋門儀範』, 『奇巖集』. ⇨ 점안 點眼 ❶

천왕태자벽라경 天王太子辟羅經 한역자 미상. 1권. 고려장14, pp.47b1~48a4, No.513·대정장15, pp.130b22~131a6, No.596에 수록되어 있다. 『천왕태자경』·『태자벽라경』이라고도 한다. 벽(辟)은 비(譬)로도 쓴다. 천왕의 태자인 벽라가 천계에서 부처님 처소에 날아와 부처님께서 설한 선악응보(善惡應報)의 법문을 듣는다. [참고문헌] 『衆經目錄』 권1(대정장55, p.120c28), 『開元釋敎錄』 권4(대정장55, p.518b14), 『貞元新定釋敎目錄』 권6(대정장55, p.815a23).

천욕 天欲 하늘을 향한 의욕. 『중아함경』 권38 「수한제경 鬚閑提經」(대정장1, p.671b12)에 "'인간욕이라 함은 냄새나서 깨끗하지 못하며, 뜻 또한 매우 더럽고 악하여 나아갈 것 못 되어서 미워하며 다투어 매우 괴롭습니다. 구담이시여, 인간욕에 비하여 하늘욕은 최상이니 더없이 묘하고 승합니다. 저 하늘과 하늘의 아들이 천상의 오묘욕을 버리고 인간욕을 좋아하여 환희하며 생각하는 일은 있을 수 없습니다'. '그렇다. 수한제여, 나는 인간욕을 끊고 천상의 욕락마저 건너려고 수염과 머리를 깎고서 가사를 입고 지극한 믿음으로 집을 버렸고, 집도 없이 도를 배워 저 오묘욕과 익힘과 멸함과 집착과 근심과 그것을 벗어나는 방법을 참되게 알아서 안으로 마음을 쉬고 자유롭게 행한다'. 人間欲者 臭處不淨 意甚穢惡 而不可向 憎諍極苦 瞿曇 於人間欲 天欲最上最妙最勝 若彼天及天子 捨於天上 五欲功德 樂人間欲 歡喜念者 終無是處 如是 鬚閑提 我斷人間欲 度於天欲 剃除鬚髮 著袈裟衣 至信 捨家 無家 學道 彼五欲功德 習 滅味 患 出要 見如眞 內息心遊行", 『법구경』 권하(대정장4, p.571c4)에 "비록 하늘에 바램이 있을지라도, 지혜로 버려 탐하지 않고, 기꺼이 은애마저 여의어야, 부처님 제자라네. 雖有天欲 慧捨無貪 樂離恩愛 爲佛弟子"라고 하였다. [참고문헌] 『中阿含經』, 『法句經』.

천우 天雨 1653~1701. 조선후기 평안북도 순안현(順安縣) 자화산(慈化山) 조계암(曹溪庵) 스님. 자는 등등(騰騰), 호는 영허(靈虛), 속성은 고(高)씨. 본관은 제주(濟州). 1653년(효종4) 기성(箕城 : 平壤의 옛 이름)에서 태어났다. 20세를 전후한 때 자화산 조계암으로 찾아가 종안(宗眼)을 은사로 하여 스님이 되었다. 그 후 제방으로 다니면서 선지식을 친견하여 정진하다가 다시 묘향산(妙香山)으로 돌아가 설암(雪庵)의 문화에서 10여 년 간 법을 배운 후 그의 법을 이어 받았다. 1701년(숙종27) 1월 본사인 자화산 조계암에서 세수 49세를 일기로 입적하였다. 화장 후 영골(靈骨) 1편을 얻어 법종당허정(法宗堂虛靜)이 비문을 지어 부도와 함께 비를 세웠는데, 그 비가 자화산 조계암에 있다. [참고문헌] 『虛靜集』 권하(한불전9, p.512b4), 『東國輿地勝覽』 권52 順安縣 山川. ⇨ 영허 靈虛

천우 天祐 1817~? 조선후기 스님. 호는 자운(慈雲), 전라남도 영암에서 태어났다. 어릴 때 영암 월출산(月出山)으로 찾아가 스님이 되었고, 뒤에 인허(仁虛)선사의 법을 이어 받았다. 모든 일을 남에게 시키는 일 없이 스스로 하였고, 공사(公私)에 분명해 사중승물 남용(濫用)함이 없어 언제나 자신의 물건처럼 아끼고 보호하였다. 높고 낮은 손님 가리지 않고 흔연히 영접하였으며, 공양에 있어서도 아침 죽과 점심 밥(朝粥午齋)의 계율을 엄격히 지켰다. 아무리 참기 어려운 역경(逆境)이라도 진심(瞋心)을 일으키지 않았으며, 어른을 공경하고 후배를 아끼는 마음 간절하였고, 부모와 스승에 대한 효심 또한 지극하였다. 장성(長城) 하청사(下淸寺 : 전라남도 장성군 장성읍 流湯里 佛臺山에 있었던 절)·함평(咸平) 용천사(龍泉寺 : 전라남도 함평군 海保面 光岩里 母岳山)·영광(靈光) 불갑사(佛岬寺)·영광 해불암(海佛庵 : 靈光郡 佛甲面 母岳里 母岳山 佛岬寺의 산내 암자)·무안 법천사(法泉寺 : 전라남도 務安郡) 등 많은 퇴락한 사찰을 말끔히 복구하였다. 제자에는 월응(月應)과 예순(禮淳) 두 사람이 있다. 『동사열전』에 따르면 범해각안(1820~1896)이 『동사열전』을 찬술하던 1894년(고종31)에 스님의 나이 78세로 법천사 목우암(牧牛庵)에 생존(生存)하고 있었다고 하였으니, 향수(享壽)가 78세 이상이었음은 분명하나, 어느 해 어느 날 입적하였는지는 정확히 알 수 없다. 〔참고문헌〕『東師列傳』권6 「慈雲禪師傳」(한불전10, p.1074a14).

천우도인 天右道人 백암성총(栢庵性聰 1631~1700)의 필호(筆號). 1695년(숙종21) 쌍계사본 『치문경훈』 서문 말미에 인장(印章)으로 전한다. ⇨성총 性聰

천우도인장
하동 쌍계사본 『치문』

천우만다라화 天雨曼陀羅華 하늘에서 내리는 만다라화(Ⓢmāndārava). 더불어 마하만다라화(Ⓢmahā-māndārava)·만수사화(Ⓢmañjūṣaka)·마하만수사화(Ⓢmahā-mañjūṣaka) 등 네 가지 꽃비를 내리기에 법화육서 중 우화서(雨華瑞)라 한다. 『법화경』 권1(대정장9, p.2b9)에 "부처님께서 이 경을 설해 마치시고는 가부좌하셨으니 무량의처삼매에 드시어 몸과 마음이 움직이지 않으셨다. 그때 하늘에서 만다라화·마하만다라화·만수사화·마하만수사화가 부처님 위로, 그리고 모든 대중에게 비내리듯 하였다. 佛說此經已 結加趺坐 入於無量義處三昧 身心不動 是時 天雨曼陀羅華 摩訶曼陀羅華 曼殊沙華 摩訶曼殊沙華 而散佛上 及諸大衆", 『법화경요해』 권1(卍속장47, p.543b12)에 "꽃은 정인을 나타낸다. 인은 반드시 과로 이어지기 때문이다. '부처님 머리 위로 그리고 모든 대중에게 비내리듯 하였다'는 말은 이 법회가 정인을 얻었음을 보인 것이다. 華表正因 以因必趣果故 散佛上而又及大衆者 示此會當得正因也"라고 하였다. 〔참고문헌〕『法華經』, 『法華經要解』, *Saddh-p.5.* ⇨사화 四華, 우화서 雨華瑞

천우바새 天優婆塞 뛰어난 남성 재가신도를 일컫는 말. 『석가보』 권1(대정장50, p.13a16)에 "모든 근이 고요한 이라면 하늘우바새다. 諸根寂靜 卽天優婆塞"라고 하였다. 〔참고문헌〕『釋迦譜』.

천운 天雲 1932~2010. 휘는 상원(尙遠). 호는 천운(天雲). 오대산 월정사 스님. ⇨상원 尙遠

천원사 天原寺 『약목정도사석탑조성형지기』에 주지는 청윤(靑允)이고 식(食) 1석(石)을 시주했다는 기록이 남아 전하기에, 경상북도 칠곡군 주변에 위치했을 것으로 추정한다. 〔참고문헌〕『若木淨兜寺五層石塔造成形止記』(鮎貝方之進, 1934), 『韓國寺刹全書』 권하 p.1079a20.

천유 天有 **1** Ⓢdeva-bhava, Ⓣlha'i-srid-pa. 하늘품성의 존재. 일곱 갈래로 존재하는 유정(七有) 중 하나로 과거에 계정(戒定)을 닦은 인연으로 현재 하늘의 즐거움을 감득하는 유정. 『대비바사론』 권60(대정장27, p.309b14)에 "존자 묘음은 이렇게 설했다. '그것은 능히 후유를 이끌어 온갖 업이 있게 되는 것을 유라고 설하신 것이다'. 가령 '칠유 중 … 넷째는 천유다'라고 설하신 것과 같다. … 오취와 오취의 인과 오취의 방편을 유라고 이름한다. 지옥유 등은 바로 오취이고, 업유란 바로 저에 나는 인이다. 중유는 오취에 나는 방편에 해당한다. 尊者妙音作如是說 彼說能引後有諸業名有 如說七有 … 四 天有 … 五趣及彼因彼方便名有 謂地獄有等 卽是五趣 業有是彼因 中有是彼方便", 『대명삼장법수』 권23(영락장182, p.342a2)에 "넷째 천유 : 천이란, 하늘 그대로 스스로 그러해서 즐거움이 뛰어나고 몸도 뛰어나다. 중생이 과거 계와 정의 인에 의해 현재 기쁘고 즐거운 과를 감득한 것을 말한다. 그 인과 과가 잊혀지지 않았기에 천유라 한다. 四 天有 天者 天然自然 樂勝身勝也 謂衆生由過去戒定之因 感現在快樂之果 因果不亡 故名天有"라고 하였다. 〔참고문헌〕『大毘婆沙論』, 『大明三藏法數』, *Abh-k-bh.114·121.* ⇨천 天, 칠유 七有 **2** 조선후기 스님. 호는 구룡(九龍). 청허계 편양문파(鞭羊門派) 호암체정(虎岩體淨 1687~1748)의 5세손으로 호암체정·용파도주(龍坡道周)·취봉궤붕(鷲峰軌鵬)·해송관준(海松寬俊)·삼성서징(三星瑞澄)으로 이어지는 법맥을 이었다. 선교양종(禪敎兩宗)의 도총섭(都摠攝)을 지냈는데, 1792년(정조16)에 삼성서징을 도와 양산 통도사(通度寺) 영산전을, 1822년(순조22)에는 사숙(師叔) 홍명궤관(鴻溟軌觀)과 함께 통도사 금강계단을 중수하였다. 1825년(순조24)에 조성한 부도·비·진영은 통도사에 있는데, 부도는 '선교양종대각등계구룡당천

양종도총섭구룡당천유대선사진
통도사성보박물관 조선후기

유부도 禪敎兩宗大覺登階九龍堂天有浮圖'이며, 진영의 영제(影題)는 '양종도총섭구룡당천유대선사진 兩宗都摠攝九龍堂天有大禪師眞'이다. 1825년에 홍명궤관이 지은 영찬(影讚)에 "세 별의 발꿈치 멀고 멀며 구룡의 뿔마저 저 높이서 빛나네. 광탕하여 매일 일 없이 뛰어나 기울 일도 없었으니, 호암 일문 가풍 떨친 까닭이다. 진실로 빼어난 용의 파도여, 삼세의 영웅이로다. 三星之脚跟超邁 九龍之頭角崢嶸 廣蕩不羈卓犖不傾 所以振虎岩一門之風 眞箇秀龍波三世之英"라고 하였다. [참고문헌] 『新編通度寺誌』 上 p.219.

천유 天游 송대 임제종 스님. 법호는 전우(典牛), 속성은 정(鄭)씨. 속가의 이름이 천유(天遊)인데, 출가하고도 법명으로 썼다. 대대로 이름난 학자(鴻儒) 가문에서 태어나 초시와 복시에 모두 급제하였으나, 이름을 숨기고 관을 벗어났다(竄名出關). 이때 산곡도인(山谷道人) 황정견(黃庭堅)을 만나 배를 타고 여산(廬山)까지 동행하였다. 출가하고 먼저 황룡사심(黃龍死心)을 참했으나 맞지 않았다. 이어 늑담문준(泐潭文準)에게 참하여 그의 보설을 듣고 법을 받았는데, 『속전등록』 권26 「전유천유전」(대정장51, p.644c25)에 따르면 "하루는 늑담이 보설하였다. '여러분들이 고되고 괴롭게 문준 위 자리에서 불법을 찾는구나'. 그리고는 무릎을 어루만지며 말하였다. '알겠는가. 눈 위에 서리만 더할 뿐이다'. 다시 무릎을 쓸며 말하였다. '만약 이렇게 해도 알아채지 못하다니, 어찌 본 적 없다 하겠는가. 건봉이 시중하길, 「하나는 드는데 둘은 들 수 없고, 한 수 놓아 버린다 하고는 두 번째 떨어져 있다」는 말을'. 이 말 듣고는 전우는 벗어난 듯이 몰록 깨달았다. 一日潭普說曰 諸人苦苦就準上座覓佛法 遂拊膝曰 會麽 雪上加霜 又拊膝曰 若也不會 豈不見 乾峯示衆曰 擧一不得擧二 放過一著 落在第二 師聞脫然穎悟"라고 하였다. 이 무렵 대혜종고(大慧宗杲)는 문준의 시자였고, 전우스님은 서사(書司) 소임을 맡아 조석으로 서로 따랐다. 후에 고약산(古藥山)으로 가서 대사(大事)를 밝혔고, 여산 소보봉(小寶峰)에서 이름을 알리다가 융흥(隆興) 운암(雲巖)에서 머물렀다. 충도자의 「목우송 牧牛頌」에 화답한 송(兩角指天 四足踏地 拽斷鼻繩 放甚屎屁) 때문에 무진거사(無盡居士) 장상영(張商英)에게 전유(顚游)라고 놀림을 받았다. [참고문헌] 『續傳燈錄』, 『叢林盛事』 권상(卍속장148, p.57a13). ⇨ 전유 顚游

천은 天隱 조선후기 스님. 편양언기(鞭羊彦機 1581~1644) 행각중 봉래산정(蓬萊山頂)에서 함께 머물다 남긴 증별시(贈別詩)가 전한다. 『편양당집』 권1 「증별천은사 贈別天隱師」(한불전8, p.246a6)에 "잡을 길 없는 이 몸 놓을 곳마저 없으니, 놓아 파도치길 가을 구름처럼 하네. 잠시 봉래의 끝에 머물고는 바람 따라 석문으로 향하리. 幻身無着處 放浪若秋雲 暫宿蓬萊頂 隨風向石門"라고 하였다. [참고문헌] 『鞭羊堂集』.

천은사 天恩寺 ❶ 강원도 삼척시 미로면 내미로리 두타산(頭陀山)에 있는 절. 대한불교조계종 제4교구 본사(本寺) 월정사(月精寺)의 말사이다. 758년(경덕왕17)에 두타삼선(頭陀三仙)이 백련(白蓮)을 가지고 와서 백련대(白蓮臺)를 창건했다고 전한다. 839년(문성왕1)에 범일국사(梵日國師)가 극락보전을 건립하여 규모를 키웠고, 이승휴(李承休 1224~1300)가 머물면서 두타산 아래에 별장인 용안당(容安堂)을 짓고 10여 년간 삼화사(三和寺)의 대장경을 빌려 공부하였다. 이승휴는 이 절의 용계(龍溪)에서 『제왕운기 帝王韻紀』를 서술했으며, 별장의 이름을 간장암(看藏庵)으로 바꾸고 후에 이 절에 시주하였다. 1322년(충숙왕9)에 그의 맏아들 이임종(李林宗)과 둘째 아들 담욱(曇昱)이 간장암을 중수했다. 1598(선조31)에 서산대사(西山大師)가 절을 중건하면서 흑악사(黑岳寺)라고 하였고, 1706(숙종32)에 화재로 소실되었다가 이듬해와 1831년(순조31), 그리고 1897년에 중수되었다. 1899년에 이성계의 4대조인 목조(穆祖)의 능을 수축하고 목조의 원당(願堂)으로 삼으면서부터 천은사라고 부르기 시작했다. 6·25전쟁 당시 큰불로 인해 거의 폐허가 되었다가 1976년 문일봉(文一峰)스님의 부임 이후 중창하여 지금에 이르고 있다. 천은사는 사적 제421호인 두타산이승휴유적이 많은 부분을 차지하고 있으며, 개금 시 복장유물에서 간장사(看藏寺)가 쓰인 『묘법연화경』이 나온 유형문화재 제147호인 목조아미타삼존불좌상과 제148호인 금동약사여래입상이 지정문화재로 되어 있다. 현존하는 당우로는 극락보전·약사전·삼성각·영월루·종각·육화료·요사 등이 있으며, 산내 암자로 조운암(祖運庵)·화엄암(華嚴庵) 등이 있다. 성보문화재인 유형문화재 제147호 목조아미타삼존불좌상의 복장물인 삼존상개금후불정개채원문(三尊像改金後佛幀改彩願文)에 주지 법능(法能)이 1596년(선조29) 불상을 개금하고 새로운 불상을 모셨다고 하였다. 법능이 주지일 때 작성한 사찰중수기도 함께 발견되었다는 점, 불상의 형태 및 복장물의 내용이 일치하는 점 등 통해 고려후기 불상으로 추정한다. 제148호 금동약사여래입상은 높이 약 14.3cm로 1985년 발견되었다. 광배가 없고, 대좌는 훼손되었으며, 얼굴은 윤곽만 나타나지만 균형이 알맞고 단정한 통일신라시대 양식을 갖추었다. [참고문헌] 『韓國寺刹全書』 권하 p.1078a5, 『전통사찰총서』 권1 강원도의 전통사찰 I (寺刹文化研究院, 2008) pp.201~207. ❷ 경상북도 경주시 탑동에 있던 절. 『삼국유사』 권1(대정장49 p.972a5·한불전6, p.287b3) 기이(紀異)2 문호왕법민(文

虎王法敏)에 "왕이 처음 즉위하여 남산에 장창을 설치하였다. … 천은사 서북산 위에는 좌창이다. 王初卽位置南山長倉 … 天恩寺西北山上是爲左倉"라고 하였다. 『신라고와연구』 중 "경주군 내 서면 탑동 자월 남쪽에 초석과 등석이 산재되어 있다. 慶州郡內西面塔洞字月南礎石燈石散在"라고 하여 탑동에 있었을 것으로 추정한다. [참고문헌] 『三國遺事』, 『韓國寺刹全書』 권하 p.1078a1, 『新羅古瓦の硏究』(民族文化, 1984).

천은사 泉隱寺 전라남도 구례군 광의면 방광리 지리산(智異山)에 있는 절. 대한불교조계종 제19교구본사 화엄사(華嚴寺)의 말사이다. 감로사(甘露寺) 혹은 천언사(天彦寺)라고도 불렸다. 천은사에 전하는 필사본 사적기 「호좌남원부지리산감로사〈금칭천은사〉사적 湖左南原府智異山甘露寺〈今稱泉隱寺〉事蹟」에 의하면, 828년(흥덕왕3)에 범승(梵僧)인 덕운(德雲)이 창건했는데, 병든 사람을 샘물로 고쳐 주는 신이를 보여 처음에 감로사라고 이름하였다 하고, 『용성지』에서는 875년(헌강왕1)에 연기조사(緣起祖師)가 창건했다고도 전한다. 충렬왕(재위 1274~1308) 때는 남방제일선찰(南方第一禪刹)로 번성하였으나 임진왜란 이후 대부분이 소실되었다. 1610년(광해군2)에 혜정선사(惠淨禪師)가 중창하였고, 1638년(인조16)에는 『수륙무차평등재의촬요 水陸無遮平等齋儀撮要』가 개간되기도 하였다. 1679년(숙종5)에 단유선사(袒裕禪師)가 크게 중수하면서 천은사(泉隱寺)로 개명하였다고 한다. 중수가 진행되던 당시에 절의 샘가에 큰 구렁이가 자주 나타났는데 이를 한 스님이 죽인 이후 샘이 솟지 않자 '샘이 숨었다'는 뜻으로 개명하였다는 설화도 전한다. 이후 여러 차례 화재가 발생하자 수기(水氣)를 지키던 이무기가 죽은 탓이라고 소문이 났고 이광사(李匡師 1705~1777)가 물이 흐르는 듯한 필체로 지리산 천은사(智異山 泉隱寺)라는 글씨를 써서 일주문에 걸은 이후에는 화재가 일지 않았다고도 한다. 한편 1774년(영조50) 5월에 혜암선사(惠庵禪師)가 크게 중수하였는데, 이후부터는 화기(畵記) 등에서 천은사로 적고 있어 중창을 계기로 지금의 이름이 정착되었을 것으로 말한다. 장오(藏旿 1776~1853), 승정(勝正 1816~?), 기현(基玄 1853~1928) 등이 주석하였다. 현존하는 당우로는 극락보전·팔상전·응진당·명부전·삼성전·요사 등이 있다. 성보문화재로는 보물 제924호 극락전아미타후불탱화·제1340호 괘불탱·제1546호 금동불감·제1888호 삼장보살도·제1889호 목조관세음보살좌상 및 대세지보살좌상·제2024호 극락보전이 있으며 천은사 일원이 문화재자료로 지정되었다. [참고문헌] 『東師列傳』, 『曹溪高僧傳』, 『龍城誌』, 『輿地圖書』, 『朝鮮寺刹史料』, 『韓國寺刹全書』 권하 p.1085b13, 『泉隱寺 괘불』(국립중앙박물관, 2009). ⇨감로사 甘露寺❸, 천언사 天彦寺

천은사전경

천은사 일주문

천은사괘불탱 泉隱寺掛佛幀 조선시대 대형불화. 보물 제1340호. 세로 894cm·가로 567cm. 삼베에 채색(麻本彩色). 화면 중앙에 황색·녹색 채운(彩雲)을 배경으로 하여 녹색 거신광(擧身光)으로 장엄한 독존의 석가모니불입상을 모셨다. 길고 갸름한 얼굴에 고요히 아래를 응시하는 시선, 높고 뾰족한 육계에 자리한 정상계주와 중앙계주, 분홍빛의 바림으로 음영을 드러낸 상호는 강렬하면서도 우아하다. 법의는 편단우견(偏袒右肩)이고 수인은 오른손은 아래로 내리고 왼손은 살짝 들어 올렸다. 전체적으로 황색과 녹색의 강한 대비로 멀리서도 형용을 체감할 수 있도록 하여 괘불의 효용을 극대화하였다. 화기에는 1673년(현종14)에 화원(畫員) 경심(敬心)·지감(志鑑)·능성(能聖)이 '지리산 감로사 대영산교주존상 智異山 甘露寺 大靈山敎主尊相'을 조성하였다고 하고 있어, 17세기에 천은사의 사명(寺名)이 감로사였을 때 조성되었음도 알 수 있다. 이 외에도 바탕·후배지·공양·소금(食鹽)·복장(腹藏)·등촉(燈燭) 등의 시주물품과 시주자 명단이 자세히 전하고 있어, 불사란 무량대중의 동참으로 성취할 수 있음을 보여주는 좋은 본보기다. 독존형 괘불의 초기 형식이자 17세기 후반 전라도지역에서 활동한 경심 등의 불화양식을 확인할 수 있는 중요한 성보다. 석가세존영산회상의 재현을 꿈꾸며 법회를 열었던 조선후기불교를 대표하는 작품이다. [참고문헌] 『韓國의 佛畫

천은사괘불

畵記集』(성보문화재연구원, 2011) pp.24~25.

천은사극락보전 泉隱寺極樂寶殿 아미타불을 모신 보전. 조선후기 목조건축. 보물 제2024호. 정면 3칸·측면 3칸의 다포계(多包系) 팔작지붕건물. 기단(基壇)은 장대석을 5단으로 정연하게 쌓고, 중앙에는 면석을 갖춘 격식 있는 7단의 계단을 두었다. 초석(礎石)은 자연석으로 하고 그 위에 외진주 12기, 내진주 2기, 활주 4기를 포함해서 총 18기의 두리기둥을 놓았다. 공포(栱包) 정후면은 각 칸에 2조, 측면 칸은 1조의 주간포를 놓은 다포식으로 외3내4출목이다. 가구(架構)는 1고주 5량가로, 내부 고주의 상부에서 대보와 퇴보를 일체화하여 구조적 안정성을 높였다. 지붕은 용마루와 내림마루, 추녀마루로 구성한 팔작집이고, 용마루 끝단에 용두장식을 올렸다. 불전 내부 천장(天障)은 대보와 종보의 동자주 사이에 한단 낮은 1칸 반자천장을 두었고, 종보 사이의 중앙 칸이 한단 높은 층급 우물천장으로 반자틀 내부 소란을 둘러 격식을 갖췄다. 불전 중앙에 화려한 '亞'형의 닫집과 불단을 조성하고 아미타삼존상과 아미타후불도와 관음보살을 후불벽화로 봉안하고 있다. 제공 살미의 판재화와 일체화를 비롯하여 초화문(草花文)과 봉두(鳳頭)를 새긴 화려한 공포형식과 공포구성의 법식화 등은 18세기말 다포식 건축의 특징을 잘 보여주고 있는 건물이다. 「천은사법당상량문 泉隱寺法堂上樑文」에 의하면 이 건물은 1774년에 혜암선사(惠庵禪師)가 중창하였다.

천은사극락보전

천은사극락전아미타후불탱화 泉隱寺極樂殿阿彌陀後佛幀畵 극락전 아미타삼존불 뒤에 모신 조선후기 탱화. 보물 제924호. 세로 361.5cm·가로 276cm. 비단바탕에 채색. 아미타불이 팔대보살·십대제자·사천왕 등의 청중을 거느리고 사리불존자(舍利弗尊者)에게 설법하는 장면을 도해한 것으로, 주요 존상 옆에 존명을 써넣은 방제(傍題)가 있다. 본존 옆에는 '광명보조수명난사사십팔대원무량수여래불 光明普照壽命難思四十八大願無量壽如來佛'이라 하였고 사리불, 팔대보살, 사천왕 각각에도 방제를 써넣었다. 화기에 의하면 1776년(영조52)에 수화승 신암당(信庵堂) 화연(華蓮)과 덕잠(德箴)·행정(幸正)·민휘(敏徽) 등 14명의 화승이 대법당미타회(大法堂彌陀會)로 모여 조성하였다. 화면을 장황(裝潢)의 변(邊) 부분까지 확대해 기하학적인 보상화문을 그려넣고, 상회장(上繪粧)에는 9개의 붉은 원 안에 금색으로 칠구지불모심대준제다라니(七俱胝佛母心大準提陀羅尼) 범자(梵字)도 써 놓았다. 존상들의 원만한 상호와 유려한 선과 정묘한 채색 위에 베풀어진 화려하고 섬세한 문양 등은 서방극락세계의 장엄함을 재현해 놓은 듯하다. 방제에 존명을 새겨 넣은 것은 정토대중과 사천왕도상 등에 관한 충실한 정보를 대중에게 보여주는 성보다. [참고문헌] 『韓國의 佛畵 畵記集』(성보문화재연구원, 2011) pp.305~306, 『韓國의 佛畵11-華嚴寺本末寺篇』(聖寶文化財硏究院, 1998) pp.52~58.

천은사극락전아미타후불탱화
보물제924호 1776년

천은사금동불감 泉隱寺金銅佛龕 고려후기 금동불감. 보물 제1546호. 불감높이 43.4cm·폭 38cm·불상높이 16.5cm. 나옹화상(懶翁和尙 1320~1376)의 원불(願佛)로서 극락보전에 안치되었던 불감으로 전한다. 전각형 불감의 여닫이문 안쪽 면에 인왕상이 양각되어 있고, 불감 안에는 두 존의 금동불상이 봉안되었으며, 벽면에는 비로자나불회도(毘盧遮那佛會圖)를 부조하였다. 금동불상은 크기와 착의법과 대좌 등이 거의 같고, 수인만은 대칭하고 있어서 삼존불의 좌우불상으로 추정된다. 비로자나불회도는 비로자나삼존상과 십대제자와 사천왕을 배치했다. 불감 뒷면 상단부 우측에 새겨진 명문에, "불상은 신승, 불감은 김치가 만들었고, 조수는 박어산, 시주는 박씨 부부, 연화는 신음·중보·신선·해옥이다. 造像 信勝 造藏 金致 造手 朴於山 施主 朴氏 兩主 緣化 信音 重寶 信禪 海玉"라고 하였다. 국립중앙박물관 소장 금동불감과 함께 고려후기에 유행한 전각형 불감의 대표적인 사례이며, 고려시대 불전의 내부구

천은사금동불감

천은사금동불감 내부
비로자나불회도

조를 추측할 수 있게 하는 귀중한 성보다. [참고문헌] 『泉隱寺 괘불』(국립중앙박물관, 2009) pp.17~19. ⇨ 천은사 泉隱寺, 불감 佛龕

천은사목조관세음보살좌상및대세지보살좌상 泉隱寺木造觀世音菩薩坐像◯大勢至菩薩坐像　조선후기 불상. 보물 제1889호. 높이 관음보살좌상 93cm, 대세지보살좌상 96.7cm. 극락전 주존인 아미타불좌상의 좌우 협시보살상이다. 관음보살상의 복장에서 발견된「복장기 腹藏記」에 의해 1614년(광해군6) 6월에 화사(畵士) 현진(玄眞)·명은(明隱)·사인(四印) 등이 함께 제작한 불상으로 밝혀졌다. 특히 현진은 17세기 전반에서 중반까지 활동했던 대표적인 조각승으로 대형 소조불상과 소형 목조불상을 많이 제작하였다. 두 보살상은 손의 위치만 다를 뿐 형태와 착의법 등은 같다. 전반적으로 상체가 긴 세장한 형태미다. 높은 보관을 쓰고 있는데 끝부분에 장식된 화염문의 입식(立飾)은 17세기 전반 보살상에서 볼 수 있는 특징이다. 보관 아래로는 세가닥 보발을 팔꿈치까지 길게 늘어뜨렸고, 얼굴은 갸름하고 순박하다. 양 어깨를 덮은 통견의 여래식착의법이며, 특히 반전한 옷자락이 예리하게 처리된 점이나 왼쪽 어깨 옆면에 U자형의 옷주름을 중심으로 좌우에 Ω형 문양이 표현된 점은 현진계가 제작한 불상에서만 볼 수 있는 특징이다. 이 두 보살상은 전형적인 현진파 불상양식이 확립되기 이전의 초기 불상의 특징을 살펴볼 수 있다는 점에서 의미가 있다. [참고문헌] 송은석「17세기 조각승 현진과 그 유파의 조상」(『미술자료』70·71, 2004) pp.76~79.

천은사목조관세음보살좌상및대세지보살좌상

천은사불량서 泉隱寺佛粮序　경허성우(鏡虛惺牛 1849~1912)가 춘명(春溟)의 청을 받아 지음. 『경허집』(한불전11, p.607b6)에 전한다. 남원 지방의 관원들이 불량계를 결성하여 향과 공양을 올린 내용을 기록한 글이다. [참고문헌] 『鏡虛集』. ⇨ 불량계 佛糧契

천은사삼장보살도 泉隱寺三藏菩薩圖　조선후기 불화. 보물 제1888호. 세로 187cm·가로 393.5cm. 비단바탕에 채색. 극락전의 중단(中壇)탱화이다. 1776년(영조52)에 극락전 아미타후불탱화를 조성하였던 수화승 신암당(信庵堂) 화연(華蓮)과 내숙(來淑)·덕잠(德箴)·민휘(敏徽) 등 14명의 화승이 대법당삼장회(大法堂三藏會)를 꾸려 조성하였다. 가로 폭이 넓은 중대형 불화로서, 존격의 형식과 규모를 주존(主尊) 중심에서 회상(會上) 중심으로 재편한 새로운 경향의 군집형 도상이다. 주존인 대비력(大悲力)의 천장(天藏)보살의 권속으로는 좌우보처인 진주(眞珠)·대진주(大眞珠)보살을 비롯한 26존의 천부중(天部衆)을 아우르고, 지행력(智行力)의 지지(持地)보살을 중심으로는 용수(龍樹)와 다라니(陀羅尼)보살을 비롯한 27존의 지부중(地部衆)을 모이게 했으며, 서원력(誓願力)의 지장(地藏)보살 옆으로는 도명존자(道明尊者)·무독귀왕(無毒鬼王)을 비롯한 27존의 명부중(冥府衆) 등을 군락케 하여 총 80존의 도상을 한 화면에 가득 채우고 있다. 안정적인 구도에 협시 및 권속들의 비례나 균형감이 살아있으며, 특히 천장보살은 단순한 보색대비 위주로 설채(設彩)하고 주변 권속도 섬세하게 도안된 문양으로 화려하게 장엄하였다. 또한 각 보살의 화기에는 주요 권속들의 존명이 기록되어 있어서 삼장보살도의 도상을 이해할 수 있는 중요한 성보다. [참고문헌] 『韓國의 佛畫 畵記集』(성보문화재연구원, 2011) pp.508~509, 『韓國의 佛畫11-華嚴寺本末寺篇』(聖寶文化財硏究院, 1998) pp.99~104. ⇨ 중단탱화 中壇幀畵

천은사삼장보살도

천은사영산회상도 泉隱寺靈山會上圖　1715년. 세로 162.5·가로 186cm. 마본채색. 이 불화는 석가모니여래설법도로 항마촉지인을 결한 여래 좌우에 4대보살과 사천왕, 10대제자, 인왕, 호계·복덕대신, 용왕·용녀, 동녀·동자 등이 시위하고 있다. 구도는 여래를 중심으로 좌우 권속들이 위아래 여러 층으로 둘러싸고 있는데, 위쪽으로 가면서 권속들의 크기는 작지만 수는 많아져 위가 장엄하게 보인다. 존상은 육계가 높고 안면 크기에 비해 어깨와 무릎 등 신체는 아래로 내려올수록 비율이 어색하지만 연화좌를 자연스럽고 밝게 드러내서 마무리하였다. 이는 조선후기 불화의 형식화 이전의 특징으로 17~18세기 초기양식으로 알려졌다.

천은사제석천룡도 泉隱寺帝釋天龍圖　조선후기 불화. 세로 165.5cm·가로 175cm. 비단바탕에 채색. 극락보전에 봉안되어 있는 신중탱(神衆幀)으로, 1833년(순조33)에 칠불사(七佛寺)에서 조성하여 천은사 대법당에 봉안하였다. 선암사(仙巖寺)를 중심으로 활동하였던 수화승 금암당(錦巖堂) 천여(天如)의 전성기작품이다. 화면 상단중앙에 팔비(八臂)를 한 자재천왕(自在天王)을 중심으로 범왕(梵王)·제석(帝釋)의 삼존과 신중권속들을 도상화하였다. 뇌록과 적색을 주조색으로 하여 명징한 채색을 운용하였고, 면과 선을 오린 듯 경계를 두어 도드라지게 하면서도 장대한 신체와 기운생동하는 의습자락중에 세밀하고도 화려한 문양을 넣는 등 다양한 화법을 구사하였다. [참고문헌]『韓國의 佛畫11-華嚴寺本末寺篇』(聖寶文化財硏究院, 1998) pp.124~129.

천은사제석천룡도

천은사칠성도 泉隱寺七星圖 조선후기 불화. 세로 105cm·가로 136cm. 비단바탕에 채색. 용학암(龍鶴庵)에 봉안되었다가 천은사로 이안된 탱화이나 현재는 소재불명이다. 1749년(영조25)에 수화승 의겸(義謙)과 색민(色敏)·완인(完印)·호영(好英)이 조성하였다. 조선후기에 유행하는 설법도(說法圖) 형식이 아닌, 전대의 '치성광여래광림도 熾盛光如來光臨圖'를 새롭게 해석하여 엄격한 삼단(三段) 구도에 중단을 중심으로 화면이 구성된 독특한 도상이다. 상단에는 칠성여래와 그 권속이, 중단의 중앙에는 거대 신광(身光)에 치성광여래(熾盛光如來) 삼존이 현현해 있고 그 주변을 아래 하단에 이르기까지 28수(宿)가 동남서북의 네 방향으로 각각 7존씩 배립하고 있다. [참고문헌]『韓國의 佛畫 畵記集』(성보문화재연구원, 2011) p.1026. ⇨ 치성광여래 熾盛光如來, 이십팔수 二十八宿

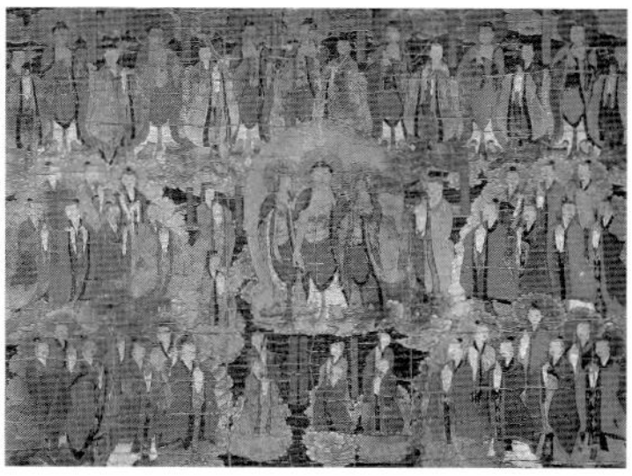
천은사칠성도

천읍 天邑 **1** 천비성(天臂城 Ⓟ Devadaha). 석존의 어머니 마야부인(摩耶夫人)이 태어난 곳. 구리족(拘利族)이 살던 곳이다. 『중아함경』 권4 「니건경 尼乾經」(대정장1, p.442c1)에 "어느 때 부처님께서 석기수국(釋羇瘦國 Ⓟ Sakkesu)을 유행하시며 천읍에 계셨다. 그때 세존께서 여러 비구들에게 이렇게 말씀하셨다. '모든 니건(尼乾)들은 이와 같이 보고 이와 같이 말한다. 「사람이 받는 바는 모두 본래 지은 바로 인한다. 만일 그 옛날 업이 고행을 인해 행을 사라지게 해서 새로운 것을 짓지 않는다면 곧 모든 업이 다하며, 모든 업이 다하여 마쳐서는 곧 고도 다하고, 고가 다한 다음에는 고의 끝을 얻는다」'. 一時 佛遊釋羇瘦 在天邑中 爾時 世尊告諸比丘 諸尼乾等 如是見 如是說 謂人所受 皆因本作 若其故業 因苦行滅 不造新者 則諸業盡 諸業盡已 則得苦盡 得苦盡已 則得苦邊"라고 하였다. [참고문헌]『中阿含經』, *MN.2.214.* ⇨ 천비성 天臂城, 니건자외도 尼犍子外道 **2** 한 나라의 도읍지(都邑地)를 말한다. [참고문헌]『梁高僧傳』 권5(대정장50, p.357a21).

천의 天衣 **1** Ⓢ divya-vastra. 하늘나라의 옷. 『보살영락본업경』 권하(대정장24, p.1019a23)에 "정거천의 옷은 무게가 3수다. 以淨居天衣重三銖", 『대지도론』 권34(대정장25, p.310b28)에 "사천왕옷은 무게가 2량, 도리천옷의 무게가 1량, 야마천옷은 두께가 18수, 도리천 옷은 12수, 화락천옷은 6수, 타화자재천옷은 3수이고, 색계천옷은 무게감마저도 없다. 四天王衣 重二兩 忉利天衣 重一兩 夜摩天衣 重十八銖 兜率天衣 重十二銖 化樂天衣 重六銖 他化自在天 衣重三銖 色界天衣無重相"라고 하였다. [참고문헌]『菩薩瓔珞本業經』, 『大智度論』, *Saṅ-v.115.* **2** 북송대 운문종(雲門宗) 선승(禪僧) 의회(義懷 993~1064)의 법호. ⇨ 의회 義懷

천의 天意 하늘의 뜻. 여의(如意)와도 통한다. 『장아함경』 권2 「유행경 遊行經」(대정장1, p.12c1)에 "'이것은 우사대신이 쌓은 것인데, 이것으로 발지국을 방어하고 있습니다'. 부처님께서 아난에게 다음과 같이 말씀하셨다. '이 성을 쌓은 사람은 참으로 하늘의 뜻을 얻었다'. 此是禹舍大臣所造 以防禦跋祇 佛告阿難 造此城者 正得天意", 『열반론』(대정장26, p.280b3)에 "비유하면 타화자재천에 한 나무가 있는데 이는 능히 모든 하늘들의 뜻으로 얻었기에 여의수라 하는 것과 같다. 喻他化自在天有一樹 能隨諸天意所得故 名如意樹"라고 하였다. [참고문헌]『長阿含經』, 『涅槃論』.

천의 襜衣 Ⓢ kusūla, kusūlaka, Ⓣ shing-nga-dpung-bcad. 비구니가 가사 아래 입는 하의. 오의(五衣) 중 하나로 천의(圖衣)라고도 쓰고 내의(內衣)라고도 한다. 구역 음사어는 구수라(瞿修羅)·구수라(狗修羅)·궐수라(厥修羅)·지수라(祇修羅) 등이라 하고, 신역 음사어는 궐소락가(厥蘇洛迦)·구소락가(俱蘇洛迦) 등이라 하며, 한역어는 하군(下群)이다. 비구가 입는 하의를 군(裙)이라 한다. 『남해기귀내법전』 권2 「십이니의상제

十二尼衣喪制」(대정장54, p.216a13)에 "구소락가라는 범어 음사어는 천의라 한역한다. 두 끝 부분을 꿰매어 작은 대나무 그릇 모양이다. 길이는 4주, 너비는 2주이고, 위로는 배꼽을 덮고 아래로는 복사뼈 위 네 손가락마디 지점까지 내려온다. 梵云俱蘇洛迦 譯爲篅衣 以其兩頭縫合 形如小篅也 長四肘寬二肘 上可蓋臍 下至踝上四指"라고 하였다. 〔참고문헌〕『南海寄歸內法傳』, 『百丈淸規』 권5(대정장48, p.1139a24), *Mvyut.272.* ⇨ 구소락가 俱蘇洛迦, 군 裙, 오의 五衣

천의무봉 天衣無縫 하늘의 옷은 꿰맨 자국이 없다는 말. 지은 자취 없어 자연스럽고 뛰어나거나 실마리 찾지 못해 아득한 것을 비유하는 말이다. 『대지도론』 권34(대정장25, p.310b28)에 "사천왕의 옷은 무게가 2냥(兩)이고, 도리천의 옷은 무게가 1냥이며, 야마천의 옷은 무게가 18수(銖)이고, 도솔천의 옷은 무게가 12수이며, 화락천의 옷은 무게가 6수이고, 타화자재천의 옷은 무게는 3수이며, 색계천의 옷은 아예 무게가 없다. 욕계천의 옷은 나무 끝에서 생겨나 실도 없고 짠 일도 없으니, 비유하자면 얇은 얼음에 빛이 비치면 맑고 깨끗하여 갖가지의 색이 비추듯 한다. 색계천의 옷은 온통 금빛 광명이어서 무어라 말할 수 없다. 四天王衣重二兩 忉利天衣重一兩 夜摩天衣重十八銖 兜率天衣重十二銖 化樂天衣重六銖 他化自在天衣重三銖 色界天衣無重相 欲界天衣從樹邊生 無縷無織 譬如薄氷 光曜明淨 有種種色 色界天衣 純金色光明 不可稱知", 『금강경역해』 권상(卍속장92, p.888b10)에 "이 경전은 천의무봉과 같아 본디 단락을 찾아볼 수조차 없었는데 천친보살에 이르러 처음으로 스물일곱 가지 뜻으로 가려냈다. 此經如天衣無縫 本無段落可尋 迨天親菩薩 始判爲二十七疑"라고 하였다. 〔참고문헌〕『大智度論』, 『金剛經易解』.

천의불진 天衣拂盡 더없이 가벼운 하늘 옷으로 바위산 스쳐 다하다. 반석겁(盤石劫)이라고도 한다. 『증일아함경』 권51(대정장2, p.825c12)에 "마치 저 일유순이나 되는 넓고 높은 거대한 바위산을 설령 어떤 이가 천의 끝자락 손으로 잡고 백년마다 한 번 스쳐서 그 바위가 닳아 없어지는 세월이라 해도 겁이라는 수는 헤아릴 순 없다. 왜냐하면 겁이라는 수는 길고도 멀어서 끝이 있을 수 없기 때문이다. 猶如大石山 縱廣一由旬 高一由旬 設有人來 手執天衣 百歲一拂 石猶磨滅 劫數難限 所以然者 劫數長遠 無有邊際", 『성유식론술기』 권9(대정장43, p.558a23)에 "저 『영락경』 권하의 설과 같이 사방 팔백 리나 되는 큰 바위를 정거천의 옷자락으로 스쳐 다하게 하는 세월을 일대승기겁이라 한다. 如瓔珞經下卷說 八百里石 淨居天衣拂盡 名一大僧祇劫"라고 하였다. 〔참고문헌〕『增壹阿含經』, 『成唯識論述記』. ⇨ 겁 劫, 반석겁 盤石劫, 아승기 阿僧祇, 아승기겁 阿僧祇劫

천의수 天意樹 하늘의 뜻대로 크는 나무. 『일체경음의』 권25(대정장54, p.467a15)에 "천의수〈모든 하늘에는 나무가 있는데 하늘 뜻대로 움직이며 구하는 대로 다 따르기에 이렇게 이름을 붙였다〉. 天意樹〈諸天有樹 隨天意轉 所求皆遂 故得名也〉"라고 하였다. 〔참고문헌〕『一切經音義』, 40권본 『大般涅槃經』 권3(대정장12, p.380a8).

천의파 天衣派 Ⓢ Digaṃvara. 자이나교의 공의파(空衣派) 즉 나체로 수행하는 교파를 일컫는 말. 하늘을 옷 삼기에 인간계의 옷은 벗은 사람들이다. ⇨ 자이나교 Jainism, 공의파 空衣派, 백의파 白衣派

천이 天耳 Ⓢ divyaṃ śrotram, Ⓟ dibba-sota, Ⓣ lha'i-rna-ba. 하늘 귀. 육신통(六神通) 중 하나인 천이통(天耳通). 『대승본생심지관경』 권4(대정장3, p.311c9)에 "천안을 지닌 분이시고, 천이를 지닌 분이시며, 타심을 아는 분이시고, 모든 것을 자재롭게 운전하는 분이시여! 제가 중생을 위하여 대비심을 부려 몸도 목숨도 버리고 모든 고난을 제도하겠나이다. 有天眼者 有天耳者 知他心者 衆自在者 我爲衆生 運大悲心 棄捨身命 濟諸苦難", 『선법요해』 권하(대정장15, p.296b4)에 "들리는 소리마다 상념해야 한다. 만약 마음이 다른 것 연한다면 거두어 돌아오게 하고 항상 한 마음으로 념을 닦아야 한다. 그러면 이근중에 색계사대로 지은 청정한 색을 얻을 수 있다. 이를 가리켜 천이를 닦는다고 한다. 이 천이로써 시방무량국토에서 울리는 모든 음성을 듣는다. 곧 천성·인성·용성·아수라성·건달바성·전다라성·마후륵성 그리고 축생·아귀의 소리와 지옥에서 울리는 거칠거나 미세하거나 크거나 작거나 그 모든 소리를 다 들을 수 있다. 보살이 정에 들어 마음이 깊어질수록 시방 모든 부처님의 음성을 듣게 되니, 부처님에게서 법을 듣고도 상을 취할 일 없고 법만을 진실로 여기고 법만을 최상으로 여기며 깊은 뜻에 의지할 뿐 말에는 의지하지 않는다. 所聞之聲 常當想念 若心餘緣 攝之令還 常當一心修念 卽於耳中 得色界四大所造 淸淨之色 是名修習天耳 以是天耳 聞十方無量國土音聲 所謂天聲 人聲 龍聲 阿修羅聲 乾闥婆聲 栴陀羅聲 摩睺勒聲 及畜生餓鬼之聲 地獄苦痛 麤細大小音聲等 皆悉聽聞 菩薩定心轉深 乃聞十方諸佛音聲 從佛聞法 而不取相 以法爲眞 法爲最上 而依深義 不依於語", 『법계차제초문』 권중상(대정장46, p.678c3)에 "둘째는 천이통이다. 하늘 귀를 닦는 사람이 만약 깊은 선정중에 색계사대 청정조색을 일으켜 그것에 머문다면, 이근에서 육도중생의 말을 비롯하여 세간의 갖가지 음성을 다 들을 수 있다. 이것을 천이통이라 한다. 二 天耳通 修天耳者 若於深禪定中 發

得色界四大 清淨造色住 耳根中卽 能聞六道衆生語言 及世間種種音聲 是爲天耳通"라고 하였다. [참고문헌]『大乘本生心地觀經』,『禪法要解』,『法界次第初門』, *Bodh-bh. 40.*, *Kv-a.1.254.* ⇨ 천이통 天耳通, 육신통 六神通

천이 遷移 ❶ 옮겨 가다. 그대로 머물지 않고 끊임없이 옮겨 다르게 되는 뜻이다.『잡아함경』권12(대정장2, p.85b16)에 "무엇을 죽음이라 하는가? 이러저러한 중생이 이러저러한 종류로 사라지고, 천이하며, 몸이 무너지고, 목숨이 다하며, 온기가 떠나고, 명이 소멸해 음을 버릴 때에 도달하면 이를 죽음이라 한다. 云何爲死 彼彼衆生 彼彼種類沒 遷移 身壞 壽盡 火離 命滅 捨陰時到 是名爲死",『증일아함경』권6(대정장2, p.573b12)에 "색이 갑자기 파괴되고 변하며 유지되지 않으면 이에 대해 근심과 걱정과 고뇌를 일으킨다. 色便敗壞 遷移不停 於中復起愁憂苦惱",『종경록』권33(대정장48, p.606a13)에 "심이 만약 일어나지 않는다면, 바깥 대상은 본래 공하니, 이는 식으로부터 변현한 것이기 때문이다. 만약 심식을 여읜다면 오히려 단 한 법도 항상 머무는 바가 없는데 어찌 만법에 천이하는 일이 있겠는가. 心若不起 外境本空 以從識變故 若離心識則尙無一法常住 豈況有萬法遷移",『일체경음의』권23(대정장54, p.453b11)에 "천이〈천은 비와 연을 반절한 음이다. 정현(鄭玄)의『예기』주석에서는 '천은 변하고 바뀐다(變改)는 의미와 같다'라고 하였고,『모시전』에서는 '천은 지나가버린다(去)는 의미와 같다'라고 하였다〉. 遷移〈遷匕延切 鄭注禮曰 遷猶變改也 毛詩傳曰 遷猶去也〉"라고 하였다. [참고문헌]『雜阿含經』,『增壹阿含經』,『宗鏡錄』,『一切經音義』. ⇨ 천화 遷化 ❷ Ⓢ saṃcāra. 타인에게 전해주다.『백오십찬불송』(대정장32, p.761c14 : *Śata-śa.*, p.140)에 "여래의 승묘한 법이 전달될 수 있는 것이었다면, 반드시 조달(Ⓢ Devadatta)이나 선성(Ⓢ Sunakṣatra)에게조차도 이 교법을 주었을 것이다. 如來勝妙法 若或可遷移 調達與善星 不應投此敎 yadi saṃcāriṇo dharmāḥ syur ime niyataṃ tvayā devadattam upādāya sarvatra syur niveśitāḥ"라고 하였다. [참고문헌]『百五十讚佛頌』, *Śata-śa.*

천이객 穿耳客 귀를 뚫어 귀고리 건 나그네. 이국인 달마대사를 가리키기도 한다. 더하여 진실을 알아듣도록 귀가 뚫렸다는 의미로 지혜로운 이를 비유한다. 세간의 소리값 대로 고수하는 이를 각주인(刻舟人)이라 한다.『조정사원』권6(卍속장113, p.159a4)에 "천이객 : 달마조사를 말한다. 그러나 귓불을 뚫는 것은 불교의 법제에 맞지 않기에 그렇게 부름으로써 인도인의 형상을 나타낸다. 穿耳客 謂達摩祖師也 然穿耳非佛制 稱之 蓋表梵人之相",『별봉보운화상어』(속고존숙어요6, 卍속장119, p.177b11)에 "보살수레에 걸터앉아 적멸행을 닦고, 모든 번뇌에 물듦을 떠나 육근육진도 깨끗하게 한다. 마치 멀쩡한 살 상처내고 바람 없는데도 물결을 일으키듯 한다. 비록 그렇기는 하지만 귀 뚫린 나그네 만나기는 드물고, 대부분 본보기 가져 배를 깎을 뿐이다. 踞菩薩乘 修寂滅行 離諸垢染 清淨根塵 大似好肉剜瘡 無風起浪 然雖如是 罕逢穿耳客 多是刻舟人"라고 하였다. [참고문헌]『祖庭事苑』,『別峰寶雲和尙語』. ⇨ 천이호승 穿耳胡僧, 각주인 刻舟人

천이백나한 千二百羅漢 Ⓢ śatā dvādaśime anāsravā, dvādaśa vaśībhūta-śatāni.『법화경』의 회좌(會座)에 모인 천이백의 나한. 이들 무리가 제3주(周)의 설법에서 수기를 받았는데, 다른 경전 첫 머리에 나오는 천이백오십인의 비구와 같은 형식이다.『법화경』권1(대정장9, p.10a20 : *Saddh-p.*, p.57)에 "보살은 이 법을 듣고 의심의 그물 모두 이미 사라졌다. 천이백나한도 모두 마땅히 당래에 부처가 되리라. 菩薩聞是法 疑網皆已除 千二百羅漢 悉亦當作佛 saṃdṛśya caitādṛśabuddhaputrāṃstavāpi kāṅkṣā vyapanīta bheṣyati, ye cā śatā dvādaśime anāsravā buddhā bhaviṣyantimi loki sarve", 같은 책 권1(대정장9, p.7a2)에 "저희들 천이백(나한)과 그 나머지 불도를 구하는 이들, 원하옵건대 이 대중들에게, 분별하여 말씀을 내려주시옵소서. 我等千二百 及餘求佛者 願爲此衆故 唯垂分別說", 같은 책 권4(대정장9, p.28b26)에 "이들 천이백아라한에게 내가 이제 앞에 보이는 차제로 아누다라삼막삼보리를 성취하리라는 기별을 주겠노라. 是千二百阿羅漢 我今當現前次第 與授阿耨多羅三藐三菩提記"라고 하였다. [참고문헌]『法華經』, *Saddh-p.206.*

천이백설공덕 千二百舌功德 Ⓢ dvādaśabhir-jihvā-guṇa-śataiḥ. 설근(舌根)이 청정하여 받는 천이백 가지의 공덕.『법화경』권6(대정장9, p.49b15 : *Saddh-p.*, p.366)에 "또한 항상 정진하라! 만약 선남자나 선여인이 이 경을 받아서 지니고 읽거나 외우거나 해설하거나 서사한다면 천이백설공덕을 얻게 되리라. 復次 常精進 若善男子 善女人 受持是經 若讀 若誦 若解說 若書寫 得千二百舌功德 punaraparaṃ satatasamitābhiyukta sa kulaputro vā kuladuhitā vemaṃ dharmaparyāyaṃ dhārayamāṇo deśayamānaḥ prakāśayamāno likhamānastairdvādaśabhirjihvāguṇaśataiḥ samanvāgataṃ jihvendriyaṃ pratilapsyate",『법화경구해』권6(卍속장48, p.178b11)에 "천이백설공덕 : 혀로 맛보는 순간 백 가지 일을 다 분별하여 삼세와 사방으로 뚜렷하게 알지 못할 것이 없으니, 천이백 가지 공덕을 갖출 것이다. 千二百舌功德 以舌嘗時 百事俱別 三世四方 無不了了 則具千二百功德",『법화경대관』권6

(卍속장50, p.291b16)에 "천이백설공덕이란 말은 모양내서 나눌 수 있지만 이에는 다하지 못한다는 뜻이다. 千二百舌功德者 言有方分 理無窮盡故", 『법화경수수』 권8(卍속장51, p.894b5)에 "이는 그 덕을 다 모아 나타낸다. 설근으로 세법과 출세법을 널리 드러내므로 천이백을 갖춘다. 此總標其德 以舌能宣揚 世出世法 故具千二百"라고 하였다. 〔참고문헌〕『法華經』, 『法華經句解』, 『法華經大窾』, 『法華經授手』, *Saddh-p.*

천이백오십인 千二百五十人 석존 재세시 늘 따르던 비구무리. 경의 첫머리에서 드러내는 대중의 수. 경을 성취시키는 여섯 가지(六成就 : 信聞時處主衆) 중에 중성취(衆成就)다. 세 가섭과 목련·신자(舍利佛) 등 부처님 제자들과 그들에게 딸린 무리를 합한 수다. 『장아함경』 권1 「대본경 大本經」(대정장1, p.1b12)에 "어느 때 부처님께서 사위국 기수 화림굴에서 대비구 대중 천이백오십인과 함께 계셨다. 一時 佛在舍衛國 祇樹 花林窟 與大比丘衆 千二百五十人俱", 『금강선론』 권1(대정장25, p.801c15)에 "천이백오십인이란 현재하는 큰 수를 든다. 千二百五十人者 擧現在大數也", 『금강반야경소』(대정장33, p.76b14)에 "천이백오십인이란 세 가섭의 무리 1천, 목련·신자의 무리 250을 말한다. 千二百五十人者 三迦葉 一千 目連身子 二百五十", 『금강반야소』 권2(대정장33, p.96c14)에 "천이백오십인이란, 부처님께서 처음 성도하셔서는 먼저 다섯 제자를 제도하셨고, 다음으로 우루빈라가섭과 마하가섭을 제도하면서 오백인을 얻었으며, 다음으로 나제가섭과 가야가섭 형제 두 사람을 제도하면서 다시 그들 각각에 250의 제자가 있어 합하면 천 사람이 되었다. 다음으로 사리불과 목련을 제도하면서 다시 250인을 얻어서 총합 일천이백오십인이다. 여기서는 다만 그 큰 수만 들었을 뿐이니, 이름이 알려진 제자만을 취해서 '천이백오십'이라 한다. 千二百五十人者 佛初成道 前度五人 次度優樓頻螺迦葉 摩訶迦葉 得五百人 次度那提迦葉 伽耶迦葉 兄弟二人 各有二百五十弟子 合成千人 次度舍利弗目連 復得二百五十人 合有一千二百五十五人 今但擧其大數 取有名聞者 正云千二百五十也", 『금강경주해』(대정장33, p.228b15)에 "천이백오십인과 함께 계셨다는 말은 이들 제자 모두가 부처님께서 설법하는 곳에 항상 따라다니며 모셨다는 뜻이다. 千二百五十人俱者 此諸弟子 凡佛說法之處 常隨侍也", 『관무량수불경의소』 권중(대정장37, p.286c26)에 "천이백오십인은 권속제자를 말한다. 세 가섭에게 모두 제자 천 사람이 있고, 목련과 신자에게는 모두 250이다. 입문하기 이전에는 모두 불을 섬기는 외도로서 오랜 세월 혹독한 고통만을 자청하여 받으며 수행했지만 전혀 증한 바가 없다가 여래를 친견하는 순간 곧바로 성과위에 올랐다. 이들은 부처님의 깊은 은혜에 감동하였기에 항상 따라다니며 모셨다. 千二百五十人 卽眷屬弟子 三迦葉 共有弟子千人 目連身子 共二百五十 其先並是 事火外道 久受勤苦 都無所證 一見如來 便登聖果 感佛恩深 故常隨侍", 『법화의소』 권9(대정장34, p.580a15)에 "〔문〕 천이백오십인이 항상 부처님을 따라다녔는데 이 경 전후로 어떤 까닭에 다만 천이백이라고만 하는가? 〔답〕 경에 나오는 사람으로 그 온전한 수를 말하기도 했을 것이고, 본래 천이백오십이었지만 『법화경』을 설할 당시에 50인이 이미 사망하였으므로 천이백이라고만 말했을 따름이다. 問 千二百五十人 常隨佛 此經前後 何故但言 千二百耶 答 或可出經人 語其全數 或可本有千二百五十 至法華時 五十已亡 故但言千二百耳"라고 하였다. 〔참고문헌〕『長阿含經』, 『金剛仙論』, 『金剛般若經疏』, 『金剛般若疏』, 『金剛經註解』, 『觀無量壽佛經義疏』, 『法華義疏』, 『法華文句』 권1상(대정장34, p.7a15), 『觀無量壽佛經疏』(대정장37, p.189c7), 『首楞嚴義疏注經』 권1(대정장39, p.828a12).

천이백의공덕 千二百意功德 Ⓢ dvādaśabhir-manaskāra-guṇa-śataiḥ. 의근(意根)이 청정하여 받는 천이백 가지 공덕. 『법화경』 권6(대정장9, p.50a18 : *Saddh-p.*, p.371)에 "또한 항상 정진하라! 만약 선남자선여인이 여래멸후에 이 경을 받아 지니고 읽거나 외우거나 해설하거나 서사한다면 천이백의공덕을 얻게 되리라. 이 청정의근으로 한 게나 한 구만을 듣더라도 무량무변의 뜻을 통달하고 이 뜻을 알아 마쳐서는 능히 한 구 한 게라도 연설하여 한 달이나 넉 달에서 일 년에 이른다면 설하는 법마다 그 의취 따라 모두 실상과 더불어 서로 어긋나지 않으리. 復次 常精進 若善男子 善女人 如來滅後 受持是經 若讀 若誦 若解說 若書寫 得千二百意功德 以是淸淨意根 乃至聞一偈一句 通達無量無邊之義 解是義已 能演說一句一偈 至於一月四月 乃至一歲 諸所說法 隨其義趣 皆與實相不相違背 punaraparaṃ satatasamitābhiyuktasya bodhisattvasya mahāsattvasya tathāgate parinirvṛta imaṃ dharmaparyāyaṃ dhārayato deśayataḥ saṃprakāśayato likhato vācayatastairdvādaśabhirmanaskāraguṇaśataiḥ samanvagataṃ manaindriyaṃ pariśuddhaṃ bhaviṣyati. sa tena pariśuddhena manaindriyeṇa yadyekagāthāmapyantaśaḥ śroṣyati tasya bahvartham ājñāsyati. sa tāmavabudhya tannidānaṃ māsamapi dharmaṃ deśayiṣyati, caturmāsamapi saṃvatsaramapi dharmaṃ deśayiṣyati. yaṃ ca dharmaṃ bhāṣiṣyati sā 'sya smṛto na sa saṃpramoṣaṃ yāsyati", 『법화경구해』 권6(卍속장48, p.178b16)에 "천이백의공덕 : 뜻으로써 사유할 때 백 가지가 함께하는데, 삼세와 사방을 모두 능히 품어 거둔즉 천이백

가지 공덕을 갖춘다. 千二百意功德 以意思時 百種俱可 三世四方 悉能含攝 則具千二百功德",『법화경대관』권6(卍속장50, p.291b17)에 "천이백의공덕이란 성과 범을 안아 들이지 않음이 없다는 뜻이다. 千二百意功德者 唯聖與凡 無不包容故"라고 하였다.〔참고문헌〕『法華經』,『法華經句解』,『法華經大窾』, *Saddh-p.*

천이백이공덕 千二百耳功德 Ⓢ dvādaśabhiḥ śrotra-guṇa-śataiḥ. 이근(耳根)이 청정하여 받는 천이백 가지 공덕.『법화경』권6(대정장9, p.47c23 : *Saddh-p.*, p.355)에 "또한 항상 정진하라! 만약 선남자나 선여인이 이 경을 받아서 지니고 읽거나 외우거나 해설하거나 서사한다면 천이백이공덕을 얻게 되리라. 이 청정한 이근으로 삼천대천세계 중 아래로 아비지옥에서 위로 유정천에 이르기까지 그 안에서 내는 안팎의 갖가지 음성을 듣는다. … 비록 천이를 얻지 못했더라도 부모에게서 타고난 청정한 이근으로 모두 듣고 안다. 이와 같이 갖가지 음성 분별하지만 이근이 무너지지 않는다. 復次 常精進 若善男子 善女人 受持此經 若讀 若誦 若解說 若書寫 得千二百耳功德 以是清淨耳 聞三千大千世界 下至阿鼻地獄 上至有頂 其中內外 種種語言音聲 … 雖未得天耳 以父母所生 清淨常耳 皆悉聞知 如是分別 種種音聲 而不壞耳根 punaraparaṃ satatasamitābhiyukta sa kulaputro vā kuladuhitā vemaṃ dharmaparyāyaṃ saṃprakāśayamānaḥ pareṣāṃ ca saṃśrāvayamānastairdvādaśabhiḥ śrotraguṇaśataiḥ samanvāgataḥ. ye trisāhasramahāsāhasrāyāṃ lokadhātau vividhāḥ śabdā niścaranti yāvadavīcirmahānirayo yāvacca bhavāgraṃ sāntarbahiḥ … na ca tāvaddivyaṃ śrotramabhinirharati teṣāṃ teṣāṃ ca sattvānāṃ rutānyavabudhyate vibhāvayati vibhajati tena ca prākṛtena śrotrendriyeṇa teṣāṃ teṣāṃ ca sattvānāṃ rutāni śṛṇvatastasya taiḥ sarvaśabdaiḥ śrotrendriyaṃ nābhibhūyate",『법화경구해』권6(卍속장48, p.178b6)에 "천이백이공덕 : 이근으로 들을 때 백 개의 귀로 함께 듣고 삼세사방의 소리를 뚜렷하게 알아듣지 못함이 없다면 천이백공덕을 갖춘다. 千二百耳功德 以耳聽時 百耳俱聞 三世四方 無不了了 則具千二百功德",『법화경대관』권6(卍속장50, p.291b14)에 "천이백이공덕이란 시방에서 북을 치면 시방 곳곳에서 일제히 듣는다는 뜻이다. 千二百耳功德者 十方擊鼓 十處齊聞故"라고 하였다.〔참고문헌〕『法華經』,『法華經句解』,『法華經大窾』, *Saddh-p.*

천이승 穿耳僧 귓볼 뚫린 스님. 인도 출신의 스님을 구별해 하는 말이다.『대당서역기』권7(대정장51, p.907c28)에 "지금 이후로 모든 천이승은 우리 이 가람에 머물러서는 안 된다. 自今已來 諸穿耳僧 我此伽藍 不得止舍"라고 하였다.〔참고문헌〕『大唐西域記』. ⇨ 천이객 穿耳客, 천이호승 穿耳胡僧

천이식 天耳識 천이통.『잡아비담심론』권6(대정장28, p.920c17)에 "천이통은 천이식과 상응하는 혜이다. 天耳通是天耳識相應慧"라고 하였다.〔참고문헌〕『雜阿毘曇心論』. ⇨ 천이통 天耳通

천이정 天耳淨 Ⓟ dibbasota. 하늘귀로 깨끗함. 이근이 깨끗함이며 육신통(六神通) 중 천이통이다.『장아함경』권13「아마주경 阿摩晝經」(대정장1, p.86a18)에 "그 마음 정이어서 청정하고 때 없으며, 부드럽게 받아들여 조복하여서는 움직임이 없는 경지에 머물고 한마음으로 수습해 천이지를 증한다. 그 천이 청정하여 사람의 귀를 넘어 두 가지 소리인 천의 소리도 사람의 소리도 듣는다. 彼以心定 清淨無穢 柔濡調伏 住無動地 一心修習 證天耳智 彼天耳淨 過於人耳 聞二種聲 天聲人聲",『대지도론』권87(대정장25, p.672a9)에 "보살은 인간의 귀를 뛰어넘는 천이정으로 시방제불의 설법을 듣는다. 菩薩用天耳淨 過於人耳 聞十方諸佛說法"라고 하였다.〔참고문헌〕『長阿含經』,『大智度論』, *SN.5.304.* ⇨ 천이통 天耳通, 천이지 天耳智

천이지 天耳智 Ⓢ divya-śrotra-abhijñā, divyaṃ śrotra-jñānam, Ⓣ lha'i-rna-ba'i-mngon-par-shes-pa, lha'i-rna-mkhyen-pa. 하늘귀로 듣는 지혜. 육신통(六神通) 중 하나인 천이통(天耳通)이다.『유가사지론』권69(대정장30, p.681c8)에 "만약 닦은 과로서의 이근으로 거두는 청정색이라면 이는 천이라 하고, 이 이식과 상응하는 지라면 천이지라 한다. 謂若修果耳所攝清淨色 是名天耳 與依耳識相應智 名天耳智",『범망경직해』권상(卍속장61, p.99b11)에 "둘째 '천이지로써'라 한 것은 곧 천이통이다. 이 지를 얻으면 시방삼세 육도중생과 … 갖가지 온갖 법의 음성을 들을 수 있다. 二以天耳智者 卽天耳通 謂得此智 能聞知十方三世 六道衆生 … 種種諸法音聲",『대승장엄경론』권2(대정장31, p.599b19 : *Sūtr.*, p.25)에 "'언음'이란 천이지의 경이다. 言音者 謂天耳智境 vāci jñānaṃ divyaśrotrābhijñāyāṃ"라고 하였다.〔참고문헌〕『瑜伽師地論』,『梵網經直解』,『大乘莊嚴經論』, *Sūtr.* ⇨ 천이통 天耳通

천이지작증통 天耳智作證通 하늘귀의 지혜로 직접 증한 신통. 천이통(天耳通)·천이지증통(天耳智證通)이라고도 한다.『유가사지론』권37(대정장30, p.491b27)에 "무엇이 제불보살의 신통위력인가? 육신통을 말한다. … 셋째는 천이지작증통이다. 云何諸佛菩薩神通威

力 謂六神通 … 三者 天耳智作證通"라고 하였다. 〔참고문헌〕『瑜伽師地論』. ⇨ 천이통 天耳通, 천이지증통 天耳智證通, 육신통 六神通

천이지증통 天耳智證通 하늘귀 열린 지혜로 온갖 소리 다 들어 알다. 천이지통(天耳智通)이라고도 한다. 『집이문족론』 권15(대정장26, p.432b22)에 "무엇을 천이지증통이라고 하는가? 〔답〕 하늘귀로서 갖가지 음성을 들을 수 있으니 인간의 소리·인간이 아닌 것의 소리·멀리서 나는 소리·가까이서 나는 소리 등 갖가지 소리를 듣는 것으로서 이를 천이지증통이라 한다. 云何天耳智證通 答 以天耳聞種種音聲 謂人聲非人聲遠聲近聲等是名天耳智證通", 『대비바사론』 권186(대정장27, p.932b9)에 "천이지증통은 어떻게 애써 행하고, 어떻게 이끌어 일으키는가? 처음 업을 닦는 이는 세속삼마지로 이미 잘 수습해서 자재하게 되면 일으켜 현전하게 하여 천이통을 끌어 일으키고자 의욕하기에 먼저 코끼리·말·수레의 소리, 또는 종소리·북소리·고동소리·퉁소소리·피리소리·노랫소리·찬탄소리·염송소리 등, 또는 지수화풍 사대가 모여 서로 부딪혀서 나는 음성을 취하고, 이와 같은 여러 소리의 특징을 잘 취할 수 있게 되고 나서는 임시의 상을 지어 힘쓰니 듣지 않을 때에도 온갖 소리를 능히 일으킬 수 있게 되면 승혜로 하늘귀를 상속해서 이끌어 낸다. 天耳智證通云何加行 云何引發天耳智證通 謂初修業者 於世俗三摩地 已善修習 善得自在 令起現前 爲欲引發天耳通故 先取象馬車聲 或鍾鼓螺貝簫笛歌詠讚誦等聲 或四大聚互相扣擊所發音聲 善取如是諸聲相已 由假想作意力 於離聞時 能起諸聲 勝解相續引發天耳"라고 하였다. 〔참고문헌〕『集異門足論』, 『大毘婆沙論』. ⇨ 천이통 天耳通

천이지통원 天耳智通願 아미타불(阿彌陀佛)이 인위에서 발한 사십팔원(四十八願) 중 일곱 번째 서원(誓願). 극락에 왕생한 모든 사람과 천인이 천이통을 얻게 하는 서원. 『무량수경』 권상(대정장12, p.267c29 : *Sukh-vy. I*, p.16)에 "설사 제가 부처가 되더라도 그 나라의 인천이 천이통을 얻지 못하여 백천억나유타의 제불께서 설하시는 바를 모두 받아 지니지 못하는 이가 있는 한, 저는 정각을 취하지 않을 것입니다. 設我得佛 國中人天不得天耳 下至聞百千億那由他諸佛所說 不悉受持者 不取正覺 sacen me bhagavaṃs tasmin buddhakṣetre ye sattvāḥ pratyājāyeraṃs te sarve na divyasya śrotrasya lābhino bhaveyur antaśo buddhakṣetrakoṭīnayutaśatasahasrād api yugapat saddharmaśravaṇatayā mā tāvad aham anuttarāṃ samyaksaṃbodhim abhisaṃbudhyeyam"라고 하였다. 〔참고문헌〕『無量壽經』, *Sukh-vy. I*. ⇨ 미타인행사십팔원 彌陀因行四十八願, 사십팔원 四十八願

천이통 天耳通 Ⓢ divya-śrotra, divya-śrotrābhijñā, Ⓟ dibba-sota, Ⓣ lha'i-rna-ba, lha'i-rna-ba'i-mngon-par-shes-pa. 하늘귀로 모든 소리에 통하다. 오통(五通) 또는 육통(六通) 중 욕계(欲界)와 색계(色界) 등의 모든 소리를 들을 수 있는 능력. 천이지증통(天耳智證通)·천이지통(天耳智通)·천이통증(天耳通證)이라고도 한다. 닦아 얻는 수득(修得)과 타고나는 보득(報得)의 두 가지다. 전자는 사선(四禪)의 수행인 정력(定力)에 의지해 천계의 사대(四大)로 지은 천이의 작용이고, 후자는 사선천(四禪天)에 태어나게 된 과보(果報)로서 얻음이다. 이식(耳識)과 상응하는 혜(慧)가 바탕(體)이고, 성류(性類)는 무부무기(無覆無記)이며, 유루(有漏) 세속지(世俗智)에 속한다. 『제석소문경』 권1(대정장1, p.246c4)에 "제불여래께서는 천이통을 갖추시기에 멀리 있는 것이든 가까이 있는 것이든 모두 다 능히 들으신다. 諸佛如來 具天耳通 無遠無近 皆悉能聞", 『대지도론』 권5(대정장25, p.98a28)에 "무엇을 천이통이라고 하는가? 이근에 있어 색계사대로 지은 청정한 색을 얻어 능히 일체성을 들을 수 있으니 하늘소리·인간소리·삼악도소리다. 무엇을 천이통을 닦아 얻는다 하는가? 갖가지 음성을 언제나 기억하고 있는 것이니 이를 천이통이라 한다. 云何名天耳通 於耳得色界四大造清淨色 能聞一切聲 天聲 人聲 三惡道聲 云何得天耳通修得 常憶念種種聲 是名天耳通", 『아비담심론경』 권4(대정장28, p.855a23)에 "천이통은 천이식과 상응하는 혜이다. 天耳通者 天耳識相應慧", 『대승의장』 권20(대정장44, p.855c9)에 "천이통이란 … 선에 의지해서 얻을 뿐이기에 천이라고 하는 것이다. 듣는 데에 막힘이 없기에 천이통이라고 한다. 天耳通者 … 依禪得耳 故名天耳 聽聞無壅 名天耳通", 『법계차제초문』 권중(대정장46, p.678c3)에 "천이통에 대해 말하자면, 천이를 닦는 이가 깊은 선정 중에서 색계사대의 청정하게 만들어진 색을 일으켜 얻어서 색계에 머물면서 이근으로 육도중생의 말소리와 세간의 온갖 소리를 듣는 것이니 이를 천이통이라 한다. 天耳通 修天耳者 若於深禪定中 發得色界四大清淨造色住 耳根中卽能聞六道衆生語言 及世間種種音聲 是爲天耳通", 『신화엄경론』 권18(대정장36, p.839c8)에 "천이통은 이근으로 항시 시방의 일체 모든 소리를 듣는 것이다. 天耳通者 耳根常聞十方一切諸聲"라고 하였다. 〔참고문헌〕『帝釋所問經』, 『大智度論』, 『阿毘曇心論經』, 『大乘義章』, 『法界次第初門』, 『新華嚴經論』, *Abh-k-bh.32.*, *SN.5.304.* ⇨ 천이지증통 天耳智證通, 오신통 五神通, 육신통 六神通

천이호승 穿耳胡僧 귓불 뚫은 먼 나라 스님. 달마대사의 별명이며, 나아가 진실을 들어 알 수 있는 지혜로운 이의 뜻이다. 『분양어록』 권상(대정장47, p.604b7)에 "상좌들이여, 귓불 뚫은 먼 나라 스님이 이 땅에 온 이래로 조사가 서천에서 찾아온 까닭을 물었다. 가령 백마사에 경이 도착했을 때도 또 같이 무엇을 얻었는가? 그러므로 경에 말씀하시길 '법 가히 설할 것이 없어야 바로 설법이라 한다'라고 한 것이다. 諸上座 穿耳胡僧 到此土來 便問祖師西來意 假如白馬馱經時 又問箇甚麼得 故經云 無法可說 是名說法", 『경덕전등록』 권24 「광평현지전 廣平玄旨傳」(대정장51, p.401c23)에 "'무엇이 이 체 중의 물인가?' '한 덩이 밝은 달이 가을 강에 흩어진다' '체와 물은 나눠는가 나눌 수 없는가 알 수 없습니다' '조금전에 무어라 했느냐?' '그렇다면 나누어지지 않는다는 말씀이군요' '귀 뚫린 달마대사가 웃으며 고개를 끄덕이리'. 曰 如何是體中物 師曰 一輪明月散秋江 曰 未審體與物分不分 師曰 適來道什麽 曰 恁麽卽不分也 師曰 穿耳胡僧笑點頭"라고 하였다. [참고문헌] 『汾陽語錄』, 『景德傳燈錄』, 『金剛經』(대정장8, p.751c14). ⇨ 천이객 穿耳客, 천이승 穿耳僧

천인 天人 ❶ Ⓢ deva, devatā, Ⓟ deva, Ⓣ lha. 하늘의 유정(有情). 욕계의 육천(六天)과 색계의 모든 하늘에 사는 천중(天衆)을 말하며, 비천(飛天)·낙천(樂天)이라고도 한다. 『대루탄경』 권4(대정장1, p.296a24)에 "모든 하늘들에는 열 가지 일이 있으니, 어떤 것이 그 열 가지인가? 첫째 날아다님에 끝이 없고, 둘째 가고 옴에도 끝이 없으며, 셋째 모든 하늘에는 도둑이 없고, … 일곱째 머리카락이 감청색이고 윤기가 흐르며 길이는 여덟 자이고, 여덟째 천인의 머리카락이 청색이면 몸도 청색이며, 아홉째 희게 되고 싶으면 몸이 곧 흰색이 되고, 열째 검게 되고 싶으면 몸이 곧 흙색이 된다. 이것이 모든 하늘의 열 가지 일이다. 諸天有十事 將何等爲十 一者 飛行無極 二者 往還無極 三者 諸天無盜賊 … 七者 髮紺青色滑澤長八尺 八者 天人青色髮者 身亦青色 九者 欲得白者 身卽白色 十者 欲得黑者 身卽黑色 是爲諸天十法事"라고 하였다. [참고문헌] 『大樓炭經』, *Saṅ-v.104.*, *Sūtr.123.* ⇨ 천 天, 천중 天衆, 낙천 樂天❶, 비천 飛天 ❷ Ⓢ deva-manuṣya, divya-mānuṣyaka, Ⓣ lha-dang-mi. 하늘과 사람. 인천(人天)이라고도 한다. 『아미타경통찬소』 권3(대정장37, p.347b20)에 "하늘과 사람이라 하였다. 하늘이란 바로 욕계육천이니, 빛나고 깨끗하며 자재한 것의 이름이 천이다. 인이란 곧 사람의 무리로 난 것들이니 하고 많이 참아야 하는 뜻에서 사람이다. 天人者 天卽欲界六天 天者 卽光潔自在名天 人卽人趣 謂多忍義名人"라고 하였다. [참고문헌] 『阿彌陀經通贊疏』, *Abh-k-bh.226·339.*, *Bodh-bh.154·200.* ⇨ 천 天, 인 人, 천인사 天人師, 인천 人天

천인 天因 ❶ 1205~1248. 고려후기 스님. 강진 만덕사(萬德社 : 전라남도 강진군 도암면 만덕리) 백련결사(白蓮結社)의 8세 법주(八世法主) 중 제2세인 정명국사(靜明國師)이다. 속성은 박(朴)씨. 본관은 연산(燕山 : 지금의 충북 文義). 1205년(희종1) 연산군(燕山郡)에서 태어났다. 약관(弱冠)의 나이에 이미 학문을 성취하고 진사(進士)는 되었으나, 과거에 급제하지 못하고 실망한 나머지 1224년(고종11) 20세 때 동사생(同舍生)인 허적(許迪)·진사인 신극정(申克貞 : 萬德寺第三世인 眞靜國師 天頙인 듯함)과 함께 출가 입산을 결심하고 천태종 사찰인 강진 만덕사(萬德寺)로 찾아가 원묘국사 요세(圓妙國師 了世)를 은사로 하여 스님이 되었다. 얼마 후 순천 조계산 수선사(修禪社 : 松廣寺)의 진각국사 혜심(慧諶)을 찾아가 조계선(曹溪禪 : 達磨禪)의 종지를 터득한 다음, 다시 본사인 만덕사로 돌아와 요세(了世)의 지도를 받아 『법화경』을 외우면서 보현도량(普賢道場)을 개설하고 2년간 정진하였다. 이후 지리산으로 옮겼다가 다시 비슬산(琵瑟山) 유가사(瑜伽寺)로 가서 자취를 감추고 여러 해 동안 수행하다가 다시 본사로 돌아와 요세로부터 천태교관(天台敎觀)을 전해 받고서는 더욱 지혜가 깊어지고 변재에도 걸림이 없었다. 원묘국사가 늙어서 스님에게 법석(法席)을 넘겨주려하자 뛰쳐나와 상락(上洛 : 지금의 尙州)의 공덕산(功德山 : 지금의 四佛山)으로 피했다. 그 때 마침 상국(相國 : 영의정)인 최자(崔滋 1188~1260)가 상락에 미면사(米麵寺)를 창건하고 스님을 모셔 주지를 맡게 하였고, 스님도 그 곳에서 오래 머물고자 하였으나, 요세가 재차 사람을 보내 그의 후임을 맡으라고 강하게 요청하였고 부득이 만덕사의 제2세의 법석을 맡게 되었다. 1247년(고종34) 7월 몽고 장주 아모간(阿母侃)이 군사를 거느리고 염주(鹽州 : 황해도 延安郡)까지 와서 주둔하다가, 그 해 겨울에는 강진 부근까지 다가왔으므로 부득이 회상을 해산하고 완도군 상왕산(象王山) 법화사(法華寺)로 피난하던 중 가벼운 병을 얻었으나 스님은 전의(典醫)가 보내는 약을 중단하도록 했다. 1248년 7월 7일 칠석날 원환(圓睆)국사에게 법을 전하여 백련사의 제3세가 되게 하고, '내가 죽거든 후장(厚葬)도 하지 말 것이며 탑비(塔碑)도 세우지 말고 산에 가져다 버리는 기장(棄葬)하라'고 당부하고, 상왕산 남쪽에 있는 용혈암(龍穴庵)으로 가서 지냈다. 그 해 8월 4일 최상국(崔相國)과 정참정(鄭叅政)에게 전하라 하고는 8월 5일 목욕하고 가사와 장삼을 갈아입은 뒤, "반쯤 밝은 저 달 흰 구름 가을인데, 바람 타고 들려오는 샘물소리 어디던가, 시방가득 빛 비추는 부처님 나라, 미래제가 다하도록 중생을 건지리! 半輪明月白雲秋 風送泉聲何處是 十方無量光佛刹 盡未來際作佛事"라는 임종게를 설하시고 조용히 입적하니 세수 44, 법랍 23세였다. 시호는 '정명국사 靜明國師'이다. 저서로는 『정명국사시집』 3권이 있었으나, 지금은 전하지 않는다. 현재 상당수의 시문이 『동문선』에 실려 있는데, 권4에 「차운환인산중작 次韻皖人山中作」·권18에 「차운답홍영상인 次韻答洪英上人」·권110에 「초입원축성수재소 初入院祝聖壽齋疏」 등이 있다. 『미타찬 彌陀讚』과 『묘법연화경찬 妙法蓮花經贊』 등을 내용으로 한 『만덕산 백련사 제2대 정명국사 후집』은 스님이 입적한 후 1262년에 편집간행된 것이다. [참고문헌] 「萬德山白蓮社靜明國師詩集序」(『東文選』83), 『萬德寺誌』(亞細亞文化社, 1977) pp.34~39, 崔滋 『補閑集』. ⇨ 만덕산백련사제2대정명국사후집 萬德山白蓮社第二代靜明國師後集 ❷ 고려후기 진정국사(眞靜國師) 천책(天頙)의 자(字). ⇨ 천책 天頙

천인 天忍 고려후기 스님. 혜심(慧諶 1178~1234)의 문인(門人). 『무의자시집』 권하에 수록된 「상주보기 常住寶記」(한불전6, p.65b20)에 "이에 문인 천인 등에게 부촉하여 곡식을 쌓고 늘리도록 하였는데 천인이 '곡식을 쌓아두는 일은 쉬우나 장차 어디에 두고 출납을 하겠습니까'라고 하여, 내가 '무릇 사원이란 나라와 조정에 주현의 비보로 위치하지 않음이 없습니다. … 나라에 변고가 많고 주현에 재해가 성행하여 장차 폐잔이 일어난다면, 길을 여는 이들이라면 향화의 주인이기도 하지만 겸하여 곡식도 관장하여야 할 것입니다'라고 대답하였다. 囑門人天忍等 貿穀滋長 忍曰留穀則易矣 將置何所而出納耶 予曰凡寺院者 無非爲國朝及州縣裨補所置也 … 致使國朝多變 州縣興災 吾將起廢興殘 使有道者 以主香火兼使之掌穀"고 하였다. [참고문헌] 『無衣子詩集』.

천인교사 天人敎師 Ⓢ śāstā deva-manuṣyāṇām, Ⓣ lha-dang-mi-rnams-kyi-ston-pa. 하늘과 인간을 가르쳐 이끄는 이. 『대지도론』 권2(대정장25, p.72c4)에 "사다제바마누사남(舍多提婆魔㝹舍喃)이라고도 한다. 사다는 교사라는 진나라 말이고, 제바는 천이라 하며, 마누사남은 인이라 하니, 이것은 하늘과 인간의 스승을 말한다. 어째서 하늘과 인간의 스승이라 하는가? 부처님께서는 '마땅히 해야 한다'·'반드시 해서는 안 된다'·'이것은 좋다'·'이것은 좋지 않다'고 보여 이끄시니, 이 사람을 따라 배우고 행하여 도법을 버리지 않으면 번뇌에서 해탈하는 보를 얻으니, 하늘과 인간의 스승이라고 한다. [문] 부처님께서는 용·귀신 등 다른 길에 떨어진 중생들도 제도하시거늘 어찌하여 하늘과 인간의 스승이라고만 하는가? [답] 다른 길의 중생을 제도한 것은 적고, 인간과 하늘 중의 중생을 제도한 일은 많기 때문이다. … 또한 인간세계에는 즐거움의 원인을 행함이 많고, 하늘에는 즐거운 과보가 많다. 선법(善法)은 즐거움의 원인이며, 즐거움은 선법의 과보인데, 다른 길에는 선인의 보가 적다. 그러므로 부처님은 하늘과 인간의 스승이시다. 復名舍多提婆魔㝹舍喃 舍多秦言教師 提婆言天 魔㝹舍喃言人 是名天人教師 云何名天人教師 佛示導是應作 是不應作 是善 是不善 是人隨教行 不捨道法 得煩惱解脫報 是名天人師 問曰 佛能度龍鬼神等 墮餘道中生者 何以獨言天人師 答曰 度餘道中生者少 度天人中生者多 … 復次 人中行樂因多 天中樂報多 善法是樂因 樂是善法報 餘道中善因報少 以是故 佛爲天人師"라고 하였다. [참고문헌] 『大智度論』, *Bodh-bh.64*.

천인룡 天人龍 천인이라는 용. 불보살이 천계와 인계의 중생을 제도하는 일이 저 금시조(金翅鳥)가 바다에서 잡는 용을 낚아채 언덕으로 옮기는 듯 한다는 비유다. 60권본 『화엄경』 권43(대정장9, p.670c13)에 "보살인 금시왕이 생사대해중에 천인이라는 용을 잡아채서 열반의 언덕에 둔다. 菩薩金翅王 生死大海中 搏撮天人龍 安置涅槃岸", 『화엄오십요문답』 초권(대정장45, p.522a24)에 "모든 유정을 위해서는 중생을 교화하고자 거대한 교설의 그물을 펼쳐 생사의 바다에 펼치고 천인이라는 용을 건져서 열반의 언덕에 둔다. 爲諸有情 可化衆生 張大教網 絙生死海 漉天人龍 置涅槃岸"라고 하였다. [참고문헌] 『華嚴經』, 『華嚴五十要問答』.

천인몽 天人夢 하늘 사람들이 나타나는 꿈. 『선견율비바사』 권12(대정장24, p.760a8)에 "천인몽이란 선지식천인이나 악지식천인이 있어서 선지식천인이 나타나는 선한 꿈이라면 선을 얻게 하고, 악지식은 사람으로 하여금 악한 생각을 일으키게 하여 나쁜 꿈으로 나타난다. 이 꿈은 진실하다. 天人夢者 有善知識天人 有惡知識天人 若善知識天人 現善夢 令人得善 惡知識者 令人得惡想 現惡夢 此夢眞實"라고 하였다. [참고문헌] 『善見律毘婆沙』. ⇨ 몽 夢, 사종몽 四種夢

천인부동중청정지해생 天人不動衆清淨智海生 하늘사람 동요함 없는 무리이니 청정지혜의 바다에서 난다네. 『왕생론주』 권상(대정장40, p.832b19)에 "하늘사람 동요함이 없는 무리여서 청정한 지혜의 바다에서 난다. … 천인이라면 모두 여래의 지혜청정한 바다에서 출생한다. 바다란 부처님의 일체종지를 말한다. 깊고 넓으며 끝이 없지만 이승의 잡다한 선이나 중하기의 죽은 주검은 머물지 못하기에 바다에 비유한다. 그러므로 '천인으로 동요없는 무리만이 청정지혜의 바다에서 출생한다'라고 한다. 동요하지 않는다는 말은 저들 천인이 대승의 뿌리를 성취했기에 기울어 움직이지 않는다. 天人不動衆 清淨智海生 … 所有天人 皆從如來 智慧清淨海生 海者 言佛一切種智 深廣無涯 不宿二乘雜善 中下死屍 喩之如海 是故言 天人不動衆 清淨智海生 不動者 言彼天人

成就大乘根 不可傾動也"라고 하였다. [참고문헌]『往生論註』, 『無量壽經連義述文贊』 권중(대정장37, p.156a9). ⇨ 일체종지 一切種智, 불숙사시 不宿死屍

천인사 天人師 Ⓢ śāstā deva-manuṣyāṇām, Ⓟ satthā deva-manussānaṃ, Ⓣ lha-dang-mi-rnams-kyi-ston-pa. 하늘과 인간들의 스승. 여래 즉 부처님 십호(十號) 중 하나로 음사어는 사다제바마누사남(舍多提婆魔笯舍喃)이고 천인교사(天人教師)라고도 한다. 천인의 중생을 이끄는 스승이라는 뜻. 『장아함경』 권1 「대본경 大本經」(대정장1, p.9b24)에 "몸소 가까이 하여 법륜 굴리고, 하늘과 인간무리 넉넉히 이롭게 하리. 이와 같은 하늘과 인간의 스승이시기에 피안으로 건너가게 한다네. 親近轉法輪 饒益天人衆 此等天人師 得度于彼岸", 『대지도론』 권24(대정장25, p.236b2)에 "세 가지 교법으로 중생을 제도하므로 천인사라 한다. 以三種教法 度衆生故 名天人師", 같은 책 권93(대정장25, p.711c11)에 "부처님 나심은 중생을 제도하시려 하지만 삼악도의 중생은 제도할 수 없고 다만 선근을 심도록 할 뿐이다. 이런 이유로 부처님을 천인사라 한다. 佛出爲度衆生故 而三惡道衆生不可度 但可令種善根而已 是故 佛名天人師", 『대승의장』 권20말 「십호의 十號義」(대정장44, p.864c2)에 "천인사는 인간에 다가가서 세운 이름이다. 스승이 이익을 도모함은 사람에게 달려 있기 때문이다. 중생으로 하여금 악을 끊고 선을 닦도록 가르치기에 스승이라 한다. 여래는 참으로 육도의 스승이지만 천과 인에서 성도를 깨달아 이익을 얻는 중생이 가장 많다. 이 때문에 육도 중 천인만 가려내어 천인사라는 이름을 붙였다. 天人師者 就人立稱 爲師匠益 在於人故 能教衆生 斷惡修善 故名爲師 如來實是 六道之師 天之與人能入聖道 受益最多 是故偏名 天人師矣", 『유가사지론』 권38(대정장30, p.499b29)에 "진실 그대로 보는 눈이기 때문이고, 진실 그대로 아는 지혜이기 때문이며, 진실한 뜻이기 때문이고, 진실한 법이기 때문이며, 분명한 뜻을 드러내서 열고 이끌기 때문이고, 모든 뜻을 의지하게 하며, 분명하지 않은 뜻도 분명하게 알려주기 때문이고, 일어나는 모든 의심을 끊어주기 때문이며, 깊고 깊은 곳도 드러나게 해주기 때문이고, 밝고 깨끗하게 하기 때문이며, 일체법의 근본이 되기 때문이고, 길잡이이기 때문이며, 의지하기 때문이고, 정교와 계교로 천인에게 가르쳐 주어 그들이 갖가지 온갖 괴로움에서 벗어나도록 하는 이러한 이유 때문에 부처님을 하늘과 인간의 스승이라 한다. 爲實眼故 爲實智故 爲實義故 爲實法故 與顯了義 爲開導故 與一切義 爲所依故 與不了義 爲能了故 與所生疑 爲能斷故 與甚深處 爲能顯故 令明淨故 與一切法 爲根本故 爲開導故 爲所依故 能正教誡教授天人 令其出離 一切衆苦 是故說佛 名天人師", 『무량수경의소』 권상(대정장37, p.101b12)에 "하늘과 인간의 스승이란, 능히 법을 가르쳐주고 정법으로 하늘과 사람을 가까이 하여 가르치기에 천인사라 한다. 天人師者 能授與法 能以正法 近訓天人 名天人師"라고 하였다. [참고문헌]『長阿含經』, 『大智度論』, 『大乘義章』, 『瑜伽師地論』, 『無量壽經義疏』, *Bodh-bh.64.*, *AN.1.168.* ⇨ 사다제바마누사남 舍多提婆魔笯舍喃, 여래십호 如來十號

천인상마조어사 天人象馬調御師 하늘도 사람도 코끼리나 말 다루듯 고르게 이끄시는 스승이시여. 천인사와 조어장부의 뜻을 합한 말이다. 『무량의경』(대정장9, p.384c29)에 "위대하시도다, 크게 깨우치신 대성주이시여! 번뇌의 때도 망상의 얼룩도 없고 아무런 집착도 없으시네. 하늘과 사람 코끼리나 말처럼 고르게 이끌어 주시는 스승이시여! 그 도의 바람과 덕의 향기가 세상 가득 남김없이 스며드시네. 大哉大悟大聖主 無垢無染無所著 天人象馬調御師 道風德香熏一切"라고 하였다. [참고문헌]『無量義經』. ⇨ 천인사 天人師, 조어장부 調御丈夫

천인소봉존 天人所奉尊 Ⓢ nara-maru-yakṣa-pūjitaḥ. 하늘도 사람도 우러러 받드는 이. 『법화경』 권1(대정장9, p.4c29 : *Saddh-p.*, p.25)에 "하늘도 인간도 우러러 받드는 존자께서 때마침 삼매에서 일어나시어 묘광보살을 찬탄하셨다. 天人所奉尊 適從三昧起 讚妙光菩薩 acirācca so naramaruyakṣapūjitaḥ samādhito vyutthita lokanāyakaḥ, varaprabhaṃ putra tadādhyabhāṣata yo bodhisattvo vidu dharmabhāṇakaḥ"라고 하였다. [참고문헌]『法華經』, *Saddh-p.*

천인오쇠 天人五衰 천계(天界)의 중생이 수명이 다해 하늘을 떠나야 할 때 나타나는 다섯 가지 쇠락의 징조. 소소한 징후(天小五衰相)와 심대한 징후(天大五衰相) 두 징후가 있다. 『증일아함경』 권24(대정장2, p.677b29)에 "그때 삼십삼천 중 한 천자의 몸에 죽음의 징조 다섯 가지가 나타났다. 무엇이 다섯 가지인가? 첫째는 화관이 저절로 시들고, 둘째는 옷가지에 때가 타고, 셋째는 겨드랑이에 땀이 흐르고, 넷째는 있었던 자리가 즐겁지 않고, 다섯째는 옥녀가 배반한다. 爾時 三十三天有一天子 身形有五死瑞應 云何爲五 一者 華冠自萎 二者 衣裳垢坋 三者 腋下流汗 四者 不樂本位 五者 玉女違叛"라고 하였다. 『구사론』 권10(대정장29, p56b29 : *Abh-k-bh.*, p.157)에 "천자들의 수명이 끝나려 할 때 먼저 다섯 가지 소소한 쇠퇴의 모습이 나타나는데, 첫째는 옷에 달린 장엄구에서 사랑스럽지 못한 소리가 난다. 諸天子將命終時 先有五種小衰相現 一者 衣服嚴具出非愛聲 vastrāṇāmābharaṇānāṃ ca manojñaḥ śabdo niścarati", "둘째는 자기 몸의 광명이 홀연히 어둡고 약해진다. 二者 自身光明忽然昧劣 śarīraprabhā mandībhavati", "셋째는 목욕할 때 물방울이 몸에 붙는다. 三者 於沐浴位水滴著身 snātasyodabindavaḥ kāye saṃtiṣṭhante", "넷째는 본성이 여기저기 골고루 살폈는데 이제는 한 경에만 멈춘다. 四者 本性囂馳今滯一境 capalātmanā 'pyekatra viṣaye buddhiravatiṣṭhate", "다섯째는 눈 본래 가만히 응시했지만 이제는 자주 깜빡인다. 五者 眼本凝寂今數瞬動 unmeṣanimeṣau cākṣṇoḥ saṃbhavataḥ", "이 다섯 가지가 나타나더라도 반드시 죽는 것은 아니다. 此五相現非定當死"라고 하였다. 또 다섯 가지 심대한 쇠퇴의 모습이 나타나는 일이 있으니 "첫째는 옷에 때가 타고, 一者 衣染埃塵 vāsāṃsi kliśyanti", "둘째는 화만이 시들고, 二者 花鬘萎悴 mālā mlāyanti", "셋째는 양쪽 겨드랑이에서 땀이 흐르고, 三者 兩腋汗出 kakṣābhyāṃ svedo mucyate", "넷째는 악취가 몸에 배고, 四者 臭氣入身 daurgandhyaṃ kāye' vakrāmati", "다섯째는 본래의 자리가 즐겁지 않다. 五者 不樂本座 sve cāsane devaputro nābhiramate", "이 다섯 가지 모습이 나타나면 반드시 죽는다. 此五相現必定當死"라고 하였다. [참고문헌] 『增壹阿含經』, 『俱舍論』, *Abh-k-bh*. ⇨ 오쇠상 五衰相

천인장부관음 天人丈夫觀音 준제관음(准提觀音)을 달리 이르는 말. 『삼보감응요략록』 권하(대정장51, p.853c9)에 "천인장부관음이 말했다. '만약 인도에서 옮기겠다면 내가 정토로 난 도로를 보여주겠다'. 天人丈夫觀音言 若移人道 我示淨土道路"라고 하였다'. [참고문헌] 『三寶感應要略錄』. ⇨ 준제관음 准提觀音

천인중 天人中 하늘과 사람 중. 육도(六道) 중 선취(善趣)인 천도(天道)와 인도(人道)를 말한다. 『장아함경』 권8 「산타나경 散陀那經」(대정장1, p.49a6)에 "혹은 어떤 중생이 몸으로 선을 행하고, 또 입과 뜻으로도 선을 행하며, 현성을 비방하지 않고, 정법을 보고 믿어 행하여 몸이 부서지고 목숨이 다하면 하늘이나 사람 중에 난다. 或有衆生身行善 口意亦善 不謗賢聖 見正信行 身壞命終 生天人中", 『대지도론』 권34(대정장25, p.309c2)에 "[문] 어떻게 하면 삼악도 중 중생들도 모두 해탈을 얻게 할 수 있겠는가? 부처님도 할 수 없거늘 하물며 보살이겠는가? [답] 보살의 마음으로 원하여 할 수 있을 뿐이니, 허물이 없게 한즉 대부분 해탈을 얻기에 '일체'라고 한다. 저 모든 부처님과 큰 보살들이 몸으로 한량없는 광명을 놓으니, 이 광명을 좇아 한량없는 화신이 나와서는 시방으로 빠짐없이 두루 들어가니 삼악도 중에서는 지옥불을 꺼서 차게 하여, 그 안의 중생들 마음 청정하게 하여 천상과 인간계에 나게 하고, 아귀도에서는 배고픔과 목마름을 채워주며 선심을 개발하여 천상과 인간계에 나게 하며, 축생도에서는 뜻대로 먹게 해서 모든 두려움을 여의게 하고는 선심을 개발하니 또한 천상과 인간계에 나게 한다. 이와 같은 것을 '일체 삼악도의 중생들이 해탈을 얻도록 한다'고 하는 것이다. 問曰 云何能令 三惡道中衆生 皆得解脫 佛尙不能 何況菩薩 答曰 菩薩心願欲爾 則無過咎 又多得解脫 故言一切 如諸佛及大菩薩身遍出無量光明 從是光明 出無量化身 遍入十方三惡道中 令地獄 火滅湯冷 其中衆生 心淸淨故 生天上人中 令餓鬼道 飢渴飽滿 開發善心 得生天人中 令畜生道 隨意得食 離諸恐怖 開發善心 亦得生天人中 如是名爲一切三惡道得解脫"라고 하였다. [참고문헌] 『長阿含經』, 『大智度論』. ⇨ 선취 善趣, 악취 惡趣

천일대 天一臺 강원도 회양군 내금강면 장연리 금강산(金剛山)에 있던 대. 신익성(申翊聖 1588~1644)의 『낙전당집』 권7 「유금강내외산제기 遊金剛內外山諸記」에 "(정양)사의 남쪽에 천일대가 있다. 정양사보다 높고 넓다. 寺之南有天一臺 比正陽尤高爽", 윤휴(尹鑴 1617~1680)의 『백호전서』 권34 「풍악록 楓岳錄」에 "천일대라고 하며, 또는 천을대라고도 한다. 云天一臺 亦曰天乙臺"라고 하였다. 김창협(金昌協 1651~1708)의 『농암집』 권23 「동유기 東游記」에도 천일대에 올라 산의 진면목을 본 내용이 기록되어 있으며, 황경원(黃景源 1709~1787)의 『강한집』 권2에 「천일대」라는 시가 있다. 서영보(徐榮輔 1759~1816)의 『죽서관유집』 책3 「풍악기 楓嶽記」에 "헐성루와 천일대가 중향성과 정면으로 마주보고 있다. 有樓曰歇惺 臺曰天一 與衆香城正相對"라고 하였고, 홍직필(洪直弼 1776~1852)의 『매산집』 권1 동쪽을 유람하고 돌아오는 길에 쓴 시에서 언급하였다. 김정희(金正喜 1786~1856)의 『완당전집』 권3에서도 진기한 구경거리(瑰觀) 중 하나로 언급한 곳이기도 하다. [참고문헌] 『樂全堂集』(韓國文集叢刊93, p.269b5), 『白湖全書』, 『農巖集』(韓國文集叢刊162, p.166a14), 『江漢集』, 『竹石館遺集』(韓國文集叢刊269, p.384a20), 『梅山集』(韓國文集叢刊295, p.54a19), 『阮堂全集』(韓國文集叢刊301, p.61a11).

천일사 千日寺 황해남도 장연군 오반산(五盤山)에 있던 절. 『동국여지승람』 권43 황해도 장연현에 이름과 위치가 전하고, 『범우고』에도 오반산에 있었으며 "지금은 폐사다. 今廢"라고 하였다. [참고문헌] 『東國輿地勝覽』, 『梵宇攷』, 『韓國寺刹全書』 권하 p.1062b10.

천일암 千日庵 ❶ 충청남도 아산시 도고면 도고산(道高山)에 있던 암자. 『동국여지승람』 권20 충청도 신창현 불우에 이름과 위치가 언급되어 있다. 『범우고』에 "지금은 폐사되었다. 今廢"라고 기록되어 있다. [참고문헌〕『東國輿地勝覽』, 『梵宇攷』, 『韓國寺刹全書』 권하 p.1062b12. ❷ 평안남도 평원군 자덕면 양수리 법홍산(法弘山)에 있던 암자. 『동국여지승람』 권52 평안도 순안현 불우와 『범우고』에 이름과 위치가 전하며, 폐사라 하였다. 『사탑고적고』에도 석축과 와편(瓦片) 등이 산재해 있으며 폐사라 하였다. 〔참고문헌〕『東國輿地勝覽』, 『梵宇攷』, 『寺塔古蹟攷』, 『韓國寺刹全書』 권하 p.1062b14, 『北韓寺刹硏究』(寺刹文化硏究院, 1993) p.642.

천일청 千一淸 1849~? 구한말 고종(재위 1863~1907) 때 상궁(尙宮). 1895년(고종32) 스님들에 대한 도성(都城) 출입금지가 해제되자 이를 기념하여 현재의 조계사(曹溪寺)인 각황사(覺皇寺)를 창건할 때 왕실 소유인 조계사(종로구 수송동 40번지)의 부지를 왕실로부터 기증받도록 주선하였다. 또 회광사선(晦光師璿 1862~1933)이 1912년부터 1921년까지 12년간 해인사(海印寺) 주지에 재직시 시주하여 해인사 궁현당(窮玄堂) 중건을 도왔으며, 1917년에는 관음전(觀音殿 : 一名 尋劍堂)을 중창하게 하는 등 불교에 많은 공헌을 남겼다. 그의 공덕을 길이 전하기 위해 1919년 11월 11일에 세운 '상궁천일청정공심수공송덕비 尙宮千一淸淨空心樹功頌德碑'가 해인사 일주 남쪽 비림(碑林)에 있다. 〔참고문헌〕李智冠『伽倻山海印寺誌』 pp.162~163 · p.768, 『韓國佛敎最近百年史』 권3 「塔碑佛像編年」 p.19.

천자 天子 ❶ Ⓢ deva-putra, Ⓟ deva-putta, Ⓣ lha'i-bu. 하늘의 아들. 사람 중의 왕으로서 하늘의 보호를 받는 이. 『금광명경』 권3(대정장16, p.347a18)에 "비록 사람 중에 나서 사람의 왕이 되었지만 하늘이 돌보기에 다시 하늘의 아들이라 불린다. 雖在人中 生爲人王 以天護故 復稱天子", 『청관음경소천의초』 권4(대정장39, p.1003b6)에 "왕숙은 '왕이란 비록 제라고 불리지만 천제라 부를 수는 없다'고 하였다. 그러나 천자라는 말은 하늘의 아들을 뜻하니 아들과 아버지는 그 높고 낮음이 멀다. 王肅云 王者 雖號稱帝 而不得稱天帝 而曰天子者 乃天之子 子之與父 尊卑相去遠矣"라고 하였다. 〔참고문헌〕『金光明經』, 『請觀音經疏闡義鈔』, *Abh-k-bh.157.*, *Yogā-bh.89.* ❷ 모든 하늘들. 십선(十善)을 닦은 과보로 날 뿐이지 하늘이 낳았다는 뜻이 아니다. 『대방등대집경』 권23(대정장13, p.166c28)에 "이 천자라 한 것은, 이미 무량한 모든 여래 계신 곳에서 갖가지 선근을 심고 무량세중에 법을 연하고 자비를 닦았으며 과거세에 품었던 원력 때문에 사천처에 났다. 是天子者 已於無量 諸如來所 植諸善根 無量世中 修法緣慈 本願力故 生四天處", 『인왕경』 권상(대정장8, p.825a26)에 "또한 억억의 육욕천의 모든 천자는 십선을 닦은 과보로 신통도 공덕도 다 성취한다. 復有億億 六欲諸天子 十善果報 神通功德皆成就"라고 하였다. 〔참고문헌〕『大方等大集經』, 『仁王經』. ⇨ 천인 天人❶

천자 賤者 Ⓟ nīcakulīnā. 신분이 낮은 사람. 『대장엄론경』 권8(대정장4, p.304a10)에 "고행하신 선인이시며 의왕 중 최상이신 분께 귀의합니다. 저는 이제 부처님 덕분에 하천한 이들에게도 경례합니다. 저 수미산을 의지해서는 까마귀도 사슴도 모두 금색인 줄은 그분께 이 일을 들음으로써 저는 이제 분명히 알았습니다. 수미산 같은 부처님께 의지하니 신분이 낮은 사람도 모두 귀하니, 일체종지의 바다에서는 깨끗한 마음이면 저 언덕에 오른다는 것을. 南無苦行仙 醫王中最上 我今以佛故 敬禮於下賤 如依須彌山 烏鹿同金色 從他聞此事 我今現證知 依佛須彌山 賤者皆可貴 一切種智海 淨意度彼岸"라고 하였다. 〔참고문헌〕『大莊嚴論經』, *MN.3.*

천자구족 千子具足 천 명의 아들을 둔다는 말. 전륜성왕(轉輪聖王)이 사천하(四天下)를 다스리기 위하여 갖추는 인연 중에 하나다. 『과거현재인과경』 권1(대정장3, p.623a17)에 "천 명의 아들을 두고, 그들이 모두 용감하고 건실하여 원적을 능히 물리친다. 千子具足 皆悉勇健 能伏怨敵"라고 하였다. 〔참고문헌〕『過去現在因果經』. ⇨ 전륜성왕 轉輪聖王

천자마 天子魔 Ⓢ deva-putra-māra. 정법(正法) 성취를 가로막는 네 가지 마구니(四魔) 중 하나. 온전한 이름은 타화자재천자마(他化自在天子魔)이고, 악마파순(惡魔波旬), 파순, 천마라고도 한다. 욕계(欲界) 제육천(第六天)에 머무는 마왕(魔王)과 그 권속으로 불법을 수행하는 이들을 장애하여 출세간의 선근을 성취하지 못하도록 한다. 전생의 업혹으로 이 과보를 초래했기에 천자업마(天子業魔)라고도 한다. 사마 가운데 유일한 외마(外魔)이기도 하다. 『대지도론』 권68(대정장25, p.534a4)에 "천자마란 욕계의 주인으로 세간락에 깊이 빠져 얻을 것이 있기에 사견을 일으켜 일체현성의 열반도법을 싫어하고 질투한다. 이것을 천자마라 한다. 天子魔者 欲界主 深著世間樂 用有所得 故生邪見 憎嫉一切賢聖 涅槃道法 是名天子魔", 『유가사지론』 권29(대정장30, p.447c28 : *Śrāv-bh.*, p.345)에 "부지런히 선을 닦는 이가 죽음마저 넘어서기 위하여 정히 가행하고자 할 때, 저 천자마가 대자재를 얻어 능히 장애하니 그 장애로 때로는 죽음의 함정에서 나오지 못하게 하고, 때로는 긴 시간 극히 큰 어려움을 겪고 나서야 비로소 넘어선다. 勤修善者 爲超死故 正加行時 彼天子魔 得大自在 能爲障礙 由障礙故 或於死法 令不能出 或經多時 極大艱難 方能超越 devaputramārāśca maraṇa samatikramāya prayuktasyāntarāyamupasaṃharati. yena naiva vā śaknoti maraṇadharmatāṃ samatikramitum. kālāntareṇa vā samatikrāmati", 『석선바라밀차제법문』 권4(대정장46, p.507a1)에 "네 번째, 천자마란 바로 이 파순이다. 이 마는 불법의 원수로서 항상 행인 자신의 경계에서 벗어날까 두려워하기에 모든 귀신권속을 시켜 갖가지 뇌란을 일으켜서 행자의 선근을 파괴한다. 이를 타화자재천자마라 한다. 四 天子魔者 卽是波旬 此魔是佛法怨讐 常恐行人 出離其界故 令諸鬼神眷屬 作種種惱亂 破壞行者善根 是爲他化自在天子魔"라고 하였다. [참고문헌] 『大智度論』, 『瑜伽師地論』, 『釋禪波羅蜜次第法門』, *Śrāv-bh.* ⇨ 사마 四魔 ❶, 타화자재천자마 他化自在天子魔, 악마파순 惡魔波旬, 파순 波旬

천자암 天子庵 전라남도 순천시 송광면 신평리 조계산(曹溪山)에 있는 암자. 대한불교조계종 제21교구본사 송광사(松廣寺)의 산내암자다. 보조국사(普照國師) 지눌(知訥 1158~1210)의 제자인 담당(湛堂)이 창건하였다 하는데 담당이 금(金) 황제의 셋째 아들이라고 하여 이를 드러내고자 천자암이라고 이름하였다고 전한다. 1604년(선조37)에 응선(應禪)과 청운(靑雲)이 중창하고, 1633년(인조11)에 영묵(靈默)과 태운(太雲)이 세 번째로 개창하였다. 이어서 1730년(영조6)에 자원(自願), 1797년(정조21)에 제운(霽雲) 등이 중창하였다. 『조계고승전』 「조계종사두월선사전 曹溪宗師斗月禪師傳」(한불전12, p.404c23)에서는 두월우홍(斗月禹洪 1684~1756)이 1737년(영조13)에 천자암을 중창하고 1756년(영조32)에 이곳에서 입적하였으며, 「조계종사원해선사전 曹溪宗師圓海禪師傳」(한불전12, p.415a1)에서는 원해봉옥(圓海鳳玉 1850~1888)이 1882년(고종19)에 주석하였다고 전한다. 현존하는 당우로는 법당·나한전·산신각·법왕루·요사 등이 있으며, 성보문화재로 천연기념물인 쌍향수(雙香樹)가 있다. 보조국사 지눌이 담당을 제자로 데리고 귀국하고서 두 스님의 지팡이를 꽂아 둔 것이 향나무가 되었다는 설화도 전한다. [참고문헌] 『曹溪高僧傳』, 『韓國寺刹全書』 권하 p.1079b11, 『松廣寺』(一志社, 1975), 『曹溪山松廣寺史庫』(亞細亞文化社, 1983) pp.198~201.

천장경허 天藏鏡虛 ➡ 성우 惺牛

천장사 天藏寺 ❶ 전라북도 김제시 금구면 선암리 구성산(九城山)에 있던 절. 천장암(天藏庵)이라고도 한다. 『동국여지승람』 권34 전라도 금구현 불우에 이름과 함께 굴선산(掘禪山)에 있다고 하였다. 『여지도서』 보유편(전라도) 금구읍지 사찰에 "예전에는 있었으나 지금은 없다. 古有今無"라고 하였고, 『범우고』에도 위치와 함께 폐사라 전한다. [참고문헌] 『東國輿地勝覽』, 『輿地圖書』, 『梵宇攷』, 『韓國寺刹全書』 권하 p.1079b3. ⇨ 천장암 天藏庵 ❶ ❷ 충청남도 서산시 고북면 장요리 연암산(燕巖山)에 있는 절. 대한불교조계종 제7교구 본사 수덕사(修德寺)의 말사다. 633년(무왕34)에 담화선사(曇和禪師)가 제자와 함께 수도하기 위해 창건했다고 전한다. 조선후기 경허성우(鏡虛惺牛 1849~1912)가 이 절에 머물면서 수도하고 후학을 양성하셨다. 조선후기의 문신(文臣)인 이건창(李建昌 1852~1898)의 시문집인 『명미당집』의 시(詩) 「천장사 天藏寺」에서 언급되기도 하였다. 현존하는 당우는 인법당·산신당·요사 등이 있다. 성보문화재인 유형문화재 제186호 아미타후불탱화는 1788년(정조12)에 금어(金魚) 보윤(普允)과 양공(良工) 상겸(尙鎌) 등이 관음사(觀音寺)의 후불탱으로 제작하였다. 이외에도 문화재자료 제202호 천장사칠층석탑(天藏寺七層石塔)이 있다. [참고문헌] 『明美堂集』, 『韓國寺刹全書』 권하 p.1079b1, 『전통사찰총서』 권13 충남의 전통사찰Ⅱ(寺刹文化硏究院, 1999) pp.78~81. ⇨ 서산천장사아미타후불탱화 瑞山天藏寺阿彌陀後佛幀畫, 천장사칠층석탑 天藏寺七層石塔

천장성우 天藏醒牛 ➡ 성우 惺牛

천장암 天藏庵 ❶ 전라북도 김제시 금구면에 있었던 암자로 지금의 굴선산(堀禪山) 천장사(天藏寺)다. 『동국여지지』 권5 전라도 금구현 사찰에는 천장암(天藏菴)으로 전한다. [참고문헌] 『東國輿地志』, 『梵宇攷』, 『韓國寺刹全書』 권하 p.1079b5. ⇨ 천장사 天藏寺 ❶ ❷ 충청남도 서산시 고북면 장요리 연암산(燕巖山)에 있는 암자. 마곡사(麻谷寺)의 말사였는데, 현재는 대한불교조계종 제7교구 본사 수덕사(修德寺) 말사다. 천장사(天藏寺)라고도 한다. 경허성우(鏡虛惺牛 1849~1912)가 32살 때 주석하였는데 형인 태허선사(太虛禪師)가 어머니를 모시고 이곳에 있었다. 송상기(宋相琦 1657~1723)의 『옥오재집』 권13 「유계룡산기 遊雞龍山記」에 계룡산과 동학사(洞壑寺)를 유람하던 중 천장암을 거쳐간 사실이 전한다. 현존하는 당우로는 인법당·산신당·요사 2채 등이 있고 유형문화재 천장사아미타후불탱화가 인법당 안에 봉안되어 있으며 문화재자료 칠층석탑도 있다. [참고문헌] 『玉吾齋集』, 『鏡虛集』, 『續陰晴史』, 『韓國寺刹全書』. ⇨ 천장사 天藏寺 ❷

천장제부모문 遷葬祭父母文 무경자수(無竟子秀 1664~1737)가 부모님의 묘소를 옮기면서 지은 제문. 『무경집』 권2(한불전9, p.389b16)에 전한다. 1689년(숙종15)에 선친의 장례를 치른 뒤 1708년(숙종34)에 모친이 세상을 떠나자 함께 옮겨 모셨다. "강희 61년 임인(1722) 병진삭 21일 병자에 출가한 아들 모는 감히 부모님 존령께 밝게 아뢰옵니다. … 15년 만에 비로소 가파른 산기슭에 한 조각 땅을 얻었는데, 성봉으로는 떨어지지만 현규로는 합당한 자리여서, 신령이 마땅히 안주할만합니다. 길일을 택하여 한곳에 함께 옮겨 영원히 안장하니, 소자의 힘이 아니고 모두 도반 스님들의 도움이므로, 다행이 이보다 클 수는 없습니다. 維康熙六十一年 歲次壬寅丙辰朔二十一日丙子 出家子某 敢昭告于考妣尊靈 … 于今十有五載 始得一片殘麓 星峯落局 玄竅合格 庶使神理宜安 乃涓吉辰 同遷一所而永窆 此非小子之力 皆是玄侶之助 則幸莫大焉"고 하였다. 이 글 앞에는 「사묘제부모문 祠廟祭父母文」(한불전9, p.388b19)이 실려 있다. [참고문헌]『無竟集』.

천재암 天齋庵 인천광역시 강화군 화도면 문산리 마니산(摩尼山)에 있었던 사원. 천재궁(天齋宮)이라고도 한다. 조선 태조 이성계가 잠저 시절에 이곳에서 산신제를 지냈으므로 천재암이라고 불렸다고 한다. 『여지도서』 강도부 강화 사찰에 "우리 태조가 잠저시에 대언이 되어 일찍이 이곳에 머물며 산에 제를 설행했기에 인하여 천재암이라고 불렀다. 我太祖 潛邸時 爲代言 嘗齋宿于此 設行山祭 故仍稱天齋庵云"라고 하였다. [참고문헌]『輿地圖書』, 『伽藍考』, 『韓國寺刹全書』 권하 p.1079b8.

천적 遷寂 몸을 옮겨 고요에 듦. 입적(入寂)·천화(遷化)·원적(圓寂) 등이라고도 한다. 『불조역대통재』 권19(대정장49, p.681b10)에 "그해(1117년) 융흥부 황룡산의 영원선사(惟淸)가 몸을 옮겨 고요에 들었다. 是年 隆興府 黃龍山 靈源禪師 遷寂", 『석씨통감』 권7(卍속장131, p.899a10)에 "이 옮겨가심 지극하여 황제가 애도하였으니 모든 기관에 칙령을 내려 상례에 필요한 물품을 공급하도록 명했다. 至是遷寂 皇上哀悼 勅令百司 供給喪事"라고 하였다. [참고문헌]『佛祖歷代通載』, 『釋氏通鑑』. ⇨ 원적 圓寂, 입적 入寂 ❷, 천화 遷化

천적백신식 天賊魄神識 심식(心識)을 혼백(魂魄)의 관점에서 분류한 것 중에 하나. 『지장시왕경』(卍속장150, p.769b9)에 "일곱 가지 백식이 있으니 첫째 작음백신식이고, 둘째 천적백신식이다. 七種魄識 一名 雀陰魄神識 二名 天賊魄神識"라고 하였다. [참고문헌]『地藏十王經』. ⇨ 삼혼칠백 三魂七魄, 칠종백식 七種魄識

천전 穿錢 동전을 꿴다는 말. 가운데 구멍이 난 동전 여러 개를 끈으로 꿰어 한 꿰미로 만드는 일. 『백장청규』 권6 「일용궤범 日用軌範」(대정장48, p.1145c12)에 "자리에 앉아 동전을 꿰어서는 안 된다. 不得席上穿錢"라고 하였다. [참고문헌]『百丈淸規』.

천전다라니관세음보살주 千轉陀羅尼觀世音菩薩呪 지통(智通) 한역. 1권. 고려장11, pp.1241a1~1242a18, No.313·대정장20, pp.17b23~18b13, No.1035에 수록되어 있다. 『천전다라니』·『천전관세음주경 千轉觀世音呪經』이라고도 한다. 이 주를 외우면 악업이 소멸되고, 일곱 차례 외우면 오역죄가 소멸하며, 열 차례 외우면 소멸되지 못할 죄업이 없고, 십만 번 외우면 장엄한 관세음보살을 친견한다고 설한다. [참고문헌]『續古今譯經圖紀』「大唐傳譯之餘」(대정장55, p.368a11), 『開元釋敎錄略出』 권2상(대정장55, p.730b14), 『貞元新定釋敎目錄』 권29(대정장55, p.1031a19).

천전대명다라니경 千轉大明陀羅尼經 시호(施護) 한역. 1권. 고려장34, pp.73a1~74b17, No.1160·대정장20, pp.18b18~19b22, No.1036에 수록되어 있다. 『천전경』이라고도 한다. 제석천왕(帝釋天王)이 부처님 앞에서 모든 귀신의 피해·병독(病毒)·군중(軍衆)·수화(水火)·악수(惡獸)·악몽(惡夢) 등의 두려움을 물리치는 이 다라니의 효험을 설한 경전이다.

천정 穿井 Ⓢ udapānaṃ khānaka, Ⓣ khron-pa-rko-ba. 우물을 파다의 뜻. 『대법고경』 권하(대정장9, p.297b9)에 "마치 어떤 사람이 우물을 파는 중에 마른 흙이 나오면 물이 아직 멀었음을 알고, 젖은 흙이 나오면 물에 점점 가까워짐을 알며, 물을 얻으면 마침내 이루었다고 여기는 것과 같다. 이와 같이 부처님이나 성문연각을 만나서 선행을 닦는 일도 번뇌라는 흙을 파내고 여래성이라는 물을 얻는 것과 같다. 如人穿井 若得乾土 知水尙遠 得濕土埿 知水漸近 若得水者 則爲究竟 如是 値遇諸佛 聲聞緣覺 修習善行 掘煩惱土 得如來性水", 『법화경』 권4 「법사품 法師品」(대정장9, p.31c9)에 "약왕이여, 비유컨대 어떤 사람이 목말라 물을 찾는 것과 같다. 저 고원에 땅을 뚫어 구하면 오히려 마른 흙을 보고 물이 여전히 멀리 있음을 아나, 공들여 그치지 않으면 바뀌어 젖은 흙을 보고 드디어 점점 진흙에 이른다. 그 마음을 결정하고 물이 반드시 가까이 있음을 안다. 藥王 譬如有人渴乏須水 於彼高原 穿鑿求之 猶見乾土 知水尙遠 施功不已 轉見濕土 遂漸至泥 其心決定 知水必近", 『좌선삼매경』 권하(대정장15, p.279b26)에 "저 사람이 우물을 파다가 축축한 진흙에 이르면, 마땅히 물 얻기가 머지않음을 안다. 如人穿井 得至濕泥 知當得水不久", 『대지도론』 권15(대정장25, p.172b9)에 "비유컨대 우물 파다가 물 젖은 진흙 보았다면, 굴려 한껏 나아감을 더하여 반드시 물 얻기를 바람과 같다. 譬如穿井 已見濕泥 轉加增進 必望得水", 『경덕전등록』 권22 「사관명교전 師寬明教傳」(대정장51, p.386c29)에 "영주 관음화상이 우물을 파던 차에 학인이 물었다. '우물 얼마나 깊습니까?' '그대 콧구멍은 잠기겠네'. 英州觀音和尙 因穿井 僧問 井深多少 師曰 沒汝鼻孔"라고 하였다. [참고문헌]『大法鼓經』,『法華經』,『坐禪三昧經』,『大智度論』,『景德傳燈錄』, *Saddh-p.233.*

천정공덕정미 天定功德定味 천정(天定)과 공덕정(功德定)에 잠기다. 과보나 수행의 공덕으로 하늘에 나서 정을 얻어 듦을 말한다.『인왕호국반야경소』권2(대정장33, p.262b7)에 "천정공덕정미라 하였으니, 세 갈래 덕을 찬탄한 것이다. 천정이란 보로 천상에 나서 이 정 얻음이며, 공덕정이란 수행의 공덕으로 하늘에 나서 이 정을 얻음을 말한다. 미라 한 것은 한 글자로 구를 삼은 것이니, 곧 선정을 맛보아 앎이다. 어떤 이는 '공덕정미를 구로 삼았다' 하는데, 아니다. 天定功德定味者 三歎德 天定者 謂報生天上 得此定 功德定者 謂修德生天 而有此定 味者 一字爲句 卽是味著禪定也 有人云 功德定味爲句 非也"라고 하였다. [참고문헌]『仁王護國般若經疏』,『仁王經』권상(대정장8, p.825a25).

천정사 天井寺 경상북도 청도군 풍각면 송서동 부락(部落) 주변에 있던 절. 사지(寺址)로 추정되는 곳 서쪽 밭에 삼층석탑이 남아 있으며, 석대(石臺)의 높이가 15척이었다는 기록도 있다. 석탑은 보물 제113호 봉기리 삼층석탑으로 지정되어, 현재 풍각초등학교 교정과 주변에 반파된 배례석과 함께 남아 있다. [참고문헌]『寺塔古蹟考』,『韓國寺刹全書』권하 p.1083a1 欄外,『한국사지총람』권상(문화재청·불교문화재연구소, 2010) pp.306~307. ⇨ 청도봉기동삼층석탑 淸道鳳岐洞三層石塔

천정암 天井庵 충청남도 보령시 청라면 오서산(烏棲山)에 있던 절.『여지도서』충청도 보령 사찰과『범우고』에 오서산에 있다 하였고,『가람고』에도 현(縣)의 북쪽 17리에 있다 하였다. 오도일(吳道一 1645~1703)의 시집『서파집』의「천정암」과 정약용(丁若鏞 1762~1836)의『다산시문집』권2「등천정암 登天井菴」에 전한다. [참고문헌]『輿地圖書』,『伽藍考』,『梵宇攷』,『西坡集』,『茶山詩文集』,『韓國寺刹全書』권하 p.1083a2.

천제 天帝 Ⓢ Śakra, Śakrasya deva-indra. 제석천(帝釋天)을 말하며, 인도인들이 섬기는 인다라(因陀羅 Ⓢ Indra, Ⓟ Inda) 신에서 파생되었다.『유마경』권상(대정장14, p.537b18 : *Vikī-n.,* p.3)에 "또한 일만이천의 천제가 나머지 사천하에서 찾아와 부처님회상에 자리하였다. 復有萬二千天帝 亦從餘四天下 來在會坐 dvādaśa ca śakrasahasrāṇy anyānyebhyaś caturmahādvīpakebhyo 'bhyāgatāni tatraiva parṣadi saṃnipatitāny abhūvan",『주유마힐경』권2(대정장38, p.340c17)에 "천제는 도리천의 궁전에 살면서 오욕을 스스로 즐긴다. 天帝處忉利宮 五欲自娛"라고 하였다. [참고문헌]『維摩經』,『注維摩詰經』, *Vikī-n., Yogā-bh. 93.* ⇨ 제석천 帝釋天, 천제석 天帝釋, 인다라 因陀羅 ❶

천제 天梯 ❶ 하늘에 오르는 사다리. 삼도보계(三道寶階)라고도 한다. 도리천에 계신 어머니를 위하여 법을 설하시고 인간세계로 내려오실 부처님을 위하여 제석천이 만든 하늘 계단을 말한다.『자은전』권1(대정장50, p.226a9)에 "아스라한 다리도 솟구치는 물도 걱정하지 않고, 천제와 도수의 본향에 참배하는 것도 늦지 않았다. 懸度陵溪之險 不復爲憂 天梯道樹之鄕 瞻禮非晩"라고 하였다. [참고문헌]『慈恩傳』,『梁高僧傳』권3(대정장50, p.343b25). ⇨ 삼도보계 三道寶階 ❷ 천태산(天台山)을 달리 이르는 말.『지관보행전홍결』권1(대정장46, p.149c21)에 "본래는 천제(산)라고 하니, 그 산은 높아서 가히 밟고 하늘에 오를 수 있음직함을 말했으니, 후세의 사람이 달리 전하여 천태라고 하였다. 本名天梯 謂其山高 可登而升天 後人訛轉 故云天台"라고 하였다. [참고문헌]『止觀輔行傳弘決』. ⇨ 천태산 天台山

천제 闡提 ❶ Ⓢ icchantika. 일천제(一闡提)의 줄임말.『대승기신론』「서 序」(대정장32, p.583c23)에 "또 한 경에 '천제에 속하는 사람도 미래에 불성의 힘으로 선근이 다시 생한다'라고 하였다. 마치 저 정주가 탁한 물을 맑게 하듯이 이 승의의 변함없는 선은 태허의 무기와는 다르다. 又經云 闡提之人 未來以佛性力故 善根還生 如彼淨珠 能淸濁水 是勝義之常善 異太虛之無記",『화엄경소초』권8(대정장36, p.59b11)에 "천제는 참으로 부처가 될 수 없음에도 '천제도 부처가 된다'라고 한 말은 무슨 뜻인가? 발심한 이후라야 비로소 부처가 될 수 있는데 크나큰 마음을 일으키기 이전을 가리켜 천제라고 할 뿐이다. 闡提實不作佛 今言闡提作佛者 以發心之後 方能作佛 從其未發大心前 名闡提耳",『마하지관』권6하(대정장46, p.79b22)에 "천제에게도 마음이 있으니 여전히 부처가 될 수 있다. 闡提有心 猶可作佛",『열반현의발원기요』권1(대정장38, p.19a17)에 "경에 '천제에게 불성이 없다'고 한 말은 악행하는 사람을 일깨워 부추키려는 의도이지 참으로 불성이 없다는 의미는 아니다. 그 악을 보게 해서 악이 없지는 않음을 밝힘으로써 반드시 드러내 알게 하는 때에 당해서 중생을 끌어들이는 묘가 있으니, 어찌 글 그대로를 지키겠는가! 經言闡提無者 欲擊勵惡行之人 非實無也 以其見惡 明無無惡 必有抑揚 當時誘物之妙 豈可守文哉",『전심법요』(대정장48, p.381c19)에 "천제라는 말은 신을 갖추지 못함이다. 일체의 육도중생부터 이승에 이르기까지 불과가 있음을 믿지 못한다면 그들 모두를 선근이 끊어진 천제라 한다. 보살이란 불법이 있음을 깊이 믿고 대승과 소승이 있음을 보지 않는다. 부처와 중생 한 가지로 법성임을 가리켜 선근천제라 한다. 言闡提者 信不具也 一切六道衆生 乃至二乘 不信有佛果 皆謂之斷善根闡提 菩薩者 深信有佛法 不見有大乘小乘 佛與衆生 同一法性 乃謂之善根闡提"라고 하였다. 〔참고문헌〕『大乘起信論』, 『華嚴經疏鈔』, 『摩訶止觀』, 『涅槃玄義發源機要』, 『傳心法要』, 40권본 『大般涅槃經』 권32(대정장12, p.554a21), *Laṅk.27., Ratna-ut.27.* ⇨ 일천제 一闡提, 이종천제 二種闡提, 천제무불성 闡提無佛性, 천제성불 闡提成佛 **2** 비구 이름. 40권본『대반열반경』권26(대정장12, p.520a23)에 "도살하는 집의 아들로서 항상 악업을 지어왔지만 나를 보았기에 곧바로 버리고 떠났으니 천제비구가 그이다. 屠家之子 常修惡業 以見我故 卽便捨離 如闡提比丘"라고 하였다. 〔참고문헌〕『大般涅槃經』.

천제궁 天帝弓 천제의 활. 활처럼 휜 모양으로 무지개를 가리키기도 한다. 『중허마하제경』권3(대정장3, p.940c1)에 "(삼십이상 중) 서른 번째, 태자의 눈썹 모양 길게 휘었으니 저 천제의 활 같다. 三十 太子眉相彎長如天帝弓", 『미륵상생경서응초』권하(卍속장35, p.934a7)에 "저 천제의 활과 같다 한 것을 어떤 이는 '천제석의 활'이라 하고, 어떤 이는 '무지개'라 한다. 곧 세속에서 강이라 부르는 그것이다. 如天帝弓者 有云天帝釋弓 有云螮蝀 卽俗呼爲絳"라고 하였다. 〔참고문헌〕『衆許摩訶帝經』, 『彌勒上生經瑞應鈔』. ⇨ 천제 天帝

천제망 天帝網 제석천(帝釋天)의 그물. 인다라망(因陀羅網)이라고도 한다. 화엄(華嚴)에서 서로 비춰 끝이 없는 중중무진(重重無盡) 등의 뜻을 비유한다. 80권본『화엄경』권8(대정장10, p.40a10)에 "마니의 묘한 보배로 그물 삼아 여래의 모든 경계를 두루 나투니, 마치 천제망 그 중에 펼쳐 벌린 듯 하다. 摩尼妙寶 以爲其網 普現如來 所有境界 如天帝網 於中布列", 『화엄경소』권11(대정장35, p.580a29)에 "뒤의 한 게송에서 천제망과 같다고 한 그 말은, 하나의 보배구슬에 일체구슬을 거둔즉 저 국토의 모든 티끌 하나하나가 다시 다른 모든 티끌을 거두어 거듭거듭함이다. 後一偈頌 如天帝網 謂一寶旣收一切 則彼剎諸塵 復攝一切 卽重重也", 『신화엄경론』권24(대정장36, p.882c13)에 "제망차별이란 저 천제그물 겹겹으로 빛을 비춰 서로서로 품는다. 이와 같이 세계 겹겹이 함께 머무니 화장장엄세계가 이것이다. 帝網差別者 如天帝網 重重光影 互相容也 如是世界 重重共住 卽華藏莊嚴世界是", 『금사자장운간유해』(대정장45, p.665c27)에 "이와 같이 중중무진하니 마치 천제망의 구슬 같다 : 범어로는 석가환제인다라이고, 한역하면 능인천주이다. 망의 구슬은 (천제가 거처하는 도리천의) 선법당을 장엄한 맑은 구슬그물로서 서로 비추는 빛이 끝이 없음을 비유한 것이다. 如是重重無盡 猶天帝網珠 梵語 釋迦提桓因陀羅 此云能仁天主 網珠 卽善法堂護淨珠網 取譬交光無盡也"라고 하였다. 〔참고문헌〕『華嚴經』, 『華嚴經疏』, 『新華嚴經論』, 『金師子章雲間類解』. ⇨ 제석망 帝釋網, 인다라망 因陀羅網 **1**

천제무불성 闡提無佛性 천제에게는 불성이 없다. 『대반열반경집해』권56(대정장37, p.557b2)에 "보량이 말한다. '부처님께서 만약 보리심을 불성이라 하셨고, 천제는 선근이 끊어졌다고 드러내 보였다면, 이는 천제에게 불성이 없어야 한다. 그렇다면 어떻게 중생에게 모두 불성이 있다고 하는가?' 寶亮曰 佛若以菩提心 名爲佛性者 現見闡提斷善根 是則闡提無佛性 云何言衆生 悉有佛性耶", 『화엄경합론찬요』권상(卍속장88, p.710a6)에 "이마 넓은 백정으로 하여금 현겁에 성불토록 하여 천제에게 불성이 없다는 견해를 무너뜨렸다. 令屠兒廣額 賢劫成佛 以破闡提無佛性見", 『조론약주』권4(卍속장96, p.616b5)에 "『열반경』을 한역하다가 '천제에게 불성이 없다'라는 뜻에 이르러 생공(道生)이 말했다. '꿈틀거리는 미물과 신령한 식을 머금은 것들이라면 모두 불성이 있는 법이다. 천제가 비록 믿지 않지만 선근이 발현되는 때도 있거늘 어째서 불성이 없다고 말하는가? 경의 전래가 아직 다하지 못한 탓이라 생각한다'. 대중이 모두 그렇지 않다고 하자 생공은 마침내 역장을 떠났다. 그러므로 '중도에 남쪽으로 돌아갔다'라고 한 것이다. 因譯涅槃經 至闡提無佛性義 生公曰 蠢動含靈 皆有佛性 闡提雖不信 有時善根發現 何以言無佛性 想經來未盡耳 衆皆不然 生公遂去譯場 故云 中途南還", 『열경십이종』권14(卍속장59, p.330a13)에 "나는 대천제 집안 출신의 자녀로 열반당 안에서 멋대로 풍류를 팔았다. 천제에게 불성이 있다고도 하고, 천제에게 불성이 없다고도 하였으니, 여기서 애써 다시 밝히지는 않겠다. 꿈틀거리는 미물과 신령한 식을 머금은 중생에게는 모두 불성이 있는 법인데 어째서 개에게는 불성이 없을까? 노조주여, 노조주여! 업식이 아득하다 하니 사람을 심하게도 속이시는구려. 我是大闡提 人家男女 涅槃堂裏 儘賣風流 闡提有佛性 闡提無佛性 這也不勞再辯了 蠢動含靈 皆有佛性 爲甚麽狗子無佛性 老趙州 老趙州 業識茫茫 欺人太煞"라고 하였다. 〔참고문헌〕『大般涅槃經集解』, 『華嚴經合論纂要』, 『肇論略註』, 『閱經十二種』. ⇨ 천제 闡提 **1**, 일천제 一闡提, 천제성불 闡提成佛

천제산 天梯山 천태산(天台山)을 달리 이르는 말. 『지관보행전홍결』권1(대정장46, p.149c21)에 "어떤 이는 '본래 이름은 천제다. 그 산이 높아서 오르면 하늘까지 오를 수 있다는 뜻인데 후인들이 와전한 탓에 천태라 하였다'라고 한다. 有云 本名天梯 謂其山高 可登而升天 後人訛轉 故云天台",『사교의집해』 권상(卍속장102, p.1b8)에 "이 산 꼭대기에 하늘과 감응하는 태성이라는 별이 있기에 천태산이다. 천제산이라고도 하는데 이 산이 높고 험하여 마치 사다리 밟고 오르면 하늘까지 오를 수 있다 하여 천제산이라 한다. 후인들이 거듭 바꿔 옮겨 천태라 할 뿐이다. 此山上 應天之台星 故曰天台山也 亦云天梯山 謂此山高險 如梯可以登而升天 故曰天梯山 後人譌轉云天台耳"라고 하였다. [참고문헌]『止觀輔行傳弘決』,『四教義集解』. ⇨ 천태산 天台山

천제생 天帝生 Ⓢ aindra. 상키야(Ⓢ Sāṃkhya : 數論)에서 말하는 여덟 가지 천도(Ⓢ aṣṭa-vidho deva-sargaḥ) 중 하나. 천제(天帝 Ⓢ Indra)의 길을 말한다. 『금칠십론』 권하(대정장54, p.1259b9)에 "천도에 여덟 가지가 있으니, … 셋째, 천제생이다. 天道有八分者 … 三 天帝生"라고 하였다. [참고문헌]『金七十論』, *Sāṃkhy-k.51.* ⇨ 제석천 帝釋天 ❶, 아수라생 阿修羅生

천제생려태 天帝生驢胎 천제 나귀의 태에서 나다. 삼보에 귀의하기만 하면 축생에 떨어질 죄과마저 사라진다는 뜻을 전한다. 『지관보행전홍결』 권4(대정장46, p.259c21)에 "『법구경』에 전하는 이야기이다. 옛날 천제가 목숨을 마친 다음에 나귀로 나리라는 것을 알고 근심이 그치지 않자 '고액을 구제할 분은 오직 불세존 뿐이시다'라고 생각한 끝에 곧바로 부처님 처소에 이르러 고개 숙이고 바닥에 엎드려 부처님께 귀의하였다. 일어나기도 전에 목숨을 마치고 나귀의 태에 나서는 재갈을 끊고 옹기장이의 굽지 않은 질그릇을 깨뜨리자 그릇 주인이 때려서 마침내 그 태를 상하게 만드는 바람에 다시 천제의 몸으로 돌아왔다. 부처님께서 '죽는 순간에 삼보에 귀의하면 죄까지 그와 짝이 되어 사라지고 만다'라고 말씀하셨다. 천제가 그 말씀을 듣고는 초과를 얻었다. 그러므로 잠깐이라도 귀의한즉 능히 악도에 물든 마음을 뒤쳐 부순다. 法句經云 昔有天帝 自知命終 生於驢中 愁憂不已云 救苦厄者 唯佛世尊 便至佛所 稽首伏地 歸依於佛 未起之間 其命便終 生於驢胎 鞚斷破他陶家坏器 器主打之 遂傷其胎 還入天帝身中 佛言 殞命之際 歸依三寶 罪對已畢 天帝聞之得初果 故暫歸依卽 能翻破惡道心也"라고 하였다. [참고문헌]『止觀輔行傳弘決』,『法句譬喩經』 권1(대정장4, p.575b19).

천제석 天帝釋 Ⓢ Śakra, Śakratva, Śakrasya devendra, Śakra devānām-indra, Ⓣ brgya-byin-nyid, lha'i-dbang-po-brgya-byin, lha-rnams-kyi-dbang-po-brgya-byin. 삼십삼천을 다스리는 제석천(帝釋天) 또는 천제(天帝), 교시가(憍尸迦), 석제환인(釋提桓因), 인다라(因陀羅)라고도 한다. 『신화엄경론』 권16(대정장36, p.826c19)에 "천제석이 그 위에 자리잡고 보궁전에 머문다. 다들 제석천이라고도 한다. 삼십삼천은 모두 제석을 주인으로 한다. 풀이하면 네 가지 이름이 있다. 첫째는 천제석이라 하고, 둘째는 교시가라 하며, 셋째는 석제환인이라 하고, 넷째는 인다라라 한다. 큰 뜻으로는 능주라 이름한다. 능히 모든 천의 주인이 될 만하다는 뜻이다. 天帝釋在其上 居寶宮殿 通爲帝釋天 三十三天 總以帝釋爲主 釋有四名 一名 天帝釋 二名 憍尸迦 三名 釋提桓因 四名 因陀羅 大意名能主 爲能爲諸天作主故",『아미타경소초사의』(卍속장33, p.495b17)에 "공생(空生 : 須菩提)이 석실에서 좌선하고 있는데 허공에서 제석천이 꽃을 흩뿌려 공양하였다. 공생이 말했다. '꽃을 뿌리는 이는 누구요?' '저는 천제석입니다' '어째서 꽃을 뿌리시오?' '존자께서 반야를 잘 설하시기 때문이오' '나는 본래 아무 말도 없었소' '존자께서 말이 없으시니 저 또한 들을 일이 없소. 한 말도 없고 들은 일도 없으니 이야말로 진실로 반야를 설한 것입니다'. 空生宴坐石室中 空中帝釋天 散華供養 空生曰 散華者誰 曰 我天帝釋也 何以散華 曰 以尊者善說般若 尊者曰 我本無說 帝釋曰 尊者無說 我乃無聞 無說無聞 乃眞說般若也"라고 하였다. [참고문헌]『新華嚴經論』,『阿彌陀經疏鈔事義』, *Bodh-bh.156.*, *Yogā-bh.93.* ⇨ 제석천 帝釋天 ❶, 천제 天帝, 석제환인 釋提桓因

천제석도량 天帝釋道場 천제석 모시고 기원하는 도량. 제석도량(帝釋道場)·제석재(帝釋齋)라고도 한다. 『고려사』에 의하면 문종 14년(1060) 1월 23일·선종 2년(1085) 2월 3일·숙종 4년(1099) 1월 13일·숙종 6년(1101) 1월 8일·예종 2년(1107) 1월 24일·인종 14년(1136) 2월 4일·의종 23년(1169) 1월 27일·명종 6년(1176) 2월 22일·고종 38년(1251) 1월 23일 등에 설행했다. 주로 1월에 본궐(本闕)·문덕전(文德殿)·명인전(明仁殿) 등에서 7일 또는 3일 동안 설행되었다. 『고려사』 권12 세가(世家)12 예종 2년(1107) 1월 24일에 "문덕전에서 천제석도량을 설행하여 하늘의 변고를 없애려 기도하였다. 設天帝釋道場於文德殿, 以禳天變"라고 하였다. [참고문헌]『高麗史』. ⇨ 제석도량 帝釋道場, 제석재 帝釋齋

천제성불 闡提成佛 일천제(一闡提 Ⓢ icchantika)도 성불한다. 도생(道生)의 주장이 대표적이다. 구마라집(鳩摩羅什)의 제자 도생의 설이 처음에는 보수적인 승도들의 공격을 받았지만, 담무참(曇無讖) 한역의 『열반경』이 유통된 후로는 널리 수용되어 천태나 화엄 등에서도 찬동하는 견지를 펼쳤다. 『삼론유의의』(대정장45, p.122b5)에 "축도생스님은 『열반경』이 한나라 땅에 미쳐 오기 이전에 (法顯 한역의) 6권본『니원경』의 일천제성불을 보았다. 그때 나라 안 대덕들은 '『열반경』에 천제성불이라는 말이 없기에 도생스님이 독단적으로 천제성불이라 말할 뿐이다'라고 말했다. 이런 이유로 대덕들은 도생스님을 호구산(虎丘山) 오백 리 밖으로 쫓아냈다. 진말송초 원가 7년(430)에 『열반경』이 양주에 이르렀다. 이때 이산의 혜관스님이 도생법사를 불러 이 경을 강하도록 하였다. 竺道生師 涅槃未至漢地時 看六卷泥洹 一闡提成佛 爾時 國中諸大德云 泥洹無言 闡提成佛故 而生師獨言 闡提成佛 是故 諸大德 擯生師虎山五百里也 晉末初宋 元嘉七年 涅槃至陽州 爾時里山慧觀師 令喚生法師 講此經也", 『화엄경소초』 권8(대정장36, p.59b14)에 "용녀가 부처가 되었다는 말은 부처가 되려는 바로 그 아주 짧은 순간에 남자의 몸으로 변한 것이니 어찌 여인의 몸으로 부처가 되었다 하는가? 천제성불도 이와 같다. 이것은 성불을 잡아 말한 것일 뿐, 만약 불성을 잡는다면 이치상 본래 있다고 해야 한다. 今言龍女作佛者 當作佛時 忽然之間 變成男子 豈是女身作佛耶 闡提成佛 亦復如是 此約成佛 若約佛性 理本有之", 『유마경무아소』 권5(卍속장30, p.170a5)에 "오직 부처님만이 성에 물들고 성의 악함을 끊을 일 없다. 그러므로 과지에 이르러 악에서도 자재롭고 성의 악함에 관한 법문을 넓게 써서 중생을 제도하신다. 천제는 성의 선함을 끊지 않았기에 나중에 다시 선을 일으켜 닦고 악을 마주해 다스린다. 그러므로 『열반경후분』에서 말한 천제성불의 뜻은 대체로 이것에 뿌리를 둔 것이다. 惟佛不斷 性染性惡 故至果地 於惡自在 廣用性惡法門 化度衆生 闡提不斷性善 故後時還起修善 對治修惡 故涅槃後分 言闡提成佛義 蓋本乎此也"라고 하였다. [참고문헌] 『三論遊意義』, 『華嚴經疏鈔』, 『維摩經無我疏』. ⇨ 천제 闡提❶, 일천제 一闡提, 도생 道生❷, 천제무불성 闡提無佛性

천제왕 天齊王 태산(泰山)의 신. 당태종(唐太宗)이 동악(東嶽) 태산에 내린 봉호(封號). 『구당서』「예의지 禮儀志」3에 "724년(개원13) 태산의 신을 봉하여 천제왕이라 했다. 開元十三年 封泰山神 爲天齊王", 『송고승전』 권3 「자린전 子隣傳」(대정장50, p.722a4)에 "좌구를 펴고 앉아 『법화경』 외우면서 맹세코 천제왕 만나기를 기약하였더니, 과연 그날 밤 동악의 신이 자린을 부르며 물었다. '무엇 때문에 이렇게 애쓰는가?' '어머니 왕씨가 돌아가신 뒤로 벌써 탈상도 지났으니 어머니께서 지금 어디 계신지 대왕께 묻겠습니다'. 천제왕이 명부를 담당하는 관리를 돌아보자 그가 '왕씨는 지옥에 갇혀서 고통받고 있습니다'라고 했다. 자린이 물었다. '제 어머니는 무슨 죄인지요?' '화상을 나을 당시 계란을 먹었다'. 卽敷坐具 誦法華經 誓見天齊王爲期 其夜嶽神果召隣 問 何故懇苦如是 隣曰 母王氏亡來 已經除服 敢問大王 母今何在 王顧簿吏 對曰 王氏見繫獄受苦 隣曰 我母何罪 王曰 生和尙時食雞卵"라고 하였다. [참고문헌] 『舊唐書』, 『宋高僧傳』. ⇨ 동악 東嶽

천제장 闡提障 Ⓢ icchantikānām āvaraṇam, Ⓣ 'dod-chen-pa-rnams-kyi-sgrib-pa. 사장(四障) 중 하나로 대승(大乘)을 믿어 기꺼워하지 않는 천제의 장애. 『무상의경』 권상(대정장16, p.471b25)에 "사혹장(四惑障)이 있으니, 여래법신과 무상보리를 증득하지 못한다. 어떤 것이 그 네 가지인가? 대승을 버리는 천제장이니, 이 장애를 버리기 위해 나는 보살에게 대승진법을 닦고 믿어 기꺼워 할 것을 설한다. 有四惑障 不能證得如來法身 無上菩提 何者爲四 棄捨大乘 是闡提障 爲除此障 我說菩薩 修行信樂 大乘眞法", 『불성론』 권2(대정장31, p.797c19)에 "어떤 것이 네 가지 장애인가. 첫째 대승을 싫어해 등지는 천제장이다. 이것을 대치하기 위해 부처님께서는 보살에게 대승법을 수습하고 믿어 즐기게 하신다. 何者四障 一 憎背大乘 是闡提障 爲對治此故 佛說菩薩 修習信樂 大乘之法", *Ratna-ut.*, p.29에 "곧 대승법을 비방하는 것은 일천제의 장애다. 보살들이 대승법을 믿고 행하게 하여 이 장애를 다스린다. tad-yathā mahāyānadharma-pratigha icchantikānām-āvaraṇaṃ yasya pratipakṣo mahāyānadharma-adhimukti-bhāvanā bodhisattvānām"라고 하였다. [참고문헌] 『無上依經』, 『佛性論』, *Ratna-ut.* ⇨ 사장 四障❶, 천제 闡提❶, 일천제 一闡提

천제저 天帝杵 Ⓢ śakra-āyudha. 천제의 방망이. 『백오십찬불송』(대정장32, p.760a27 : *Śata-śa.*, p.89)에 "무명의 어둠을 모조리 없애니, 천 개의 태양 빛과 같고, 아만의 산을 꺾어 부수니 천제의 방망이와 같도다. 能殄無明闇 喩如千日光 摧碎我慢山 譬猶天帝杵 divākarāyate bhūyo 'py ajñānatimiraṃ nudat, śakrāyudhāyate mānagirīn abhividārayat"라고 하였다. [참고문헌] 『百五十讚佛頌』, 『佛本行經』 권6(대정장4, p.101a10), *Śata-śa.* ⇨ 천제석 天帝釋

천존 天尊 하늘 중에서도 높은 이. 또는 하늘들이 받드는 이. 여래의 덕을 기리는 칭호다. 『무량수경의소』 권상(대정장37, p.100a11)에 "'오늘 천존'이라 한 말은 부처님을 가리키는 다른 이름이다. … 부처님께서는 이와 같은 오천 중에서도 높아 천존이라 한다. 今日天尊是佛異名 … 佛於如是 五天中上 故曰天尊", 『무량수경연의술문찬』 권중(대정장37, p.146c10 · 한불전2, p.41a19)에 "천존이란 무엇인가? … 오로지 부처님만 가지고 계셔서 함께 할 수 없는 불법을 가리켜 여래덕이라 한다. 그 나머지 성인에게는 없기에 여래덕으로써 천존이란 이름으로 풀었다. 天尊者 … 卽唯佛所有 不共佛法名如來德 餘聖所無故 以如來德 釋天尊之名"라고 하였다. 〔참고문헌〕『無量壽經義疏』, 『無量壽經連義述文贊』. ⇨ 제일의천 第一義天, 천중천 天中天

천존불 千尊佛 천이나 되는 존상부처. 『보타락가산전』(대정장51, p.1138a29)에 "1332년(지순3) 강서 만안의 진각화는 대중을 이끌고 권하여 재물 모으기를 무릇 8년이 걸렸으니 구리로 본을 떠 대사상과 천존불을 조성하였다. 至順二年 江西之萬安陳覺和 率衆化財凡八載範銅爲大士像 千尊佛"라고 하였다. 〔참고문헌〕『補陀洛迦山傳』. ⇨ 천불동 千佛洞, 천불전 千佛殿

천좌 遷座 자리를 옮기다. 사리나 유골을 모신 탑 등의 자리를 옮기는 일. 『불조역대통재』 권16(대정장49, p.629b21)에 "입실제자 충허 등이 (藥山惟儼의 유골을) 안장하고 탑을 절(禪居)의 동쪽에 세웠다. 이전의 교시에 따르는 시행이었다. 入室弟子沖虛等遷座 建塔于禪居之東 遵本敎也", 『송고승전』 권9 「신회전 神會傳」(대정장50, p.764b7)에 "문인 제자인 승속이 본원의 북쪽 모퉁이에 안치하였다. 門人弟子緇俗 遷座于本院之北隅"라고 하였다. 〔참고문헌〕『佛祖歷代通載』, 『宋高僧傳』.

천주 天主 ❶ 대자재천(大自在天 Ⓢ Maheśvara : 摩醯首羅)의 다른 이름. 『구사론기』 권13(대정장41, p.200b22)에 "한 주란 한 천주이니, 대범왕 또는 대자재천 등인데, 외도들은 이 천주가 만물을 능히 지었다고 계탁한다. 一主謂一天主 或大梵王 或大自在天等 諸外道等計此天主能造萬物"라고 하였다. 〔참고문헌〕『俱舍論記』. ⇨ 대자재천 大自在天 ❷ 제천(諸天)의 주인. 제석천(帝釋天 Ⓢ Śakra Devānām-Indra)의 다른 이름으로, 천주제석(天主帝釋)이라고도 한다. 『대지도론』 권56(대정장25, p.458a23)에 "앞 글자 '석(Ⓢ Śakra)'은 이름이고 '제환인(Ⓢ Devānām-Indra)은 천주의 뜻이다. … 옛적 마가다국에는 이름이 마가이고 성은 교시가라는 복덕과 대지혜를 갖춘 바라문이 있었는데, 그는 벗 33인과 함께 복덕을 닦았고 목숨이 다한 뒤에는 모두 수미산 정상의 두 번째 천상에 태어났다. 마가바라문은 천주가 되고 나머지 33인은 보좌하는 신하가 되었으니, 이 33인 때문에 삼십삼천이라는 이름을 얻었다. 그 본래 성을 불러 교시가라고 하고, 천주라고도 하며, 천안 등이라고도 한다. 先言釋是字 提桓因是天主 … 昔摩伽陀國中 有婆羅門名摩伽 姓憍尸迦 有福德大智慧 知友三十三人共修福德 命終皆生須彌山頂第二天上 摩伽婆羅門爲天主 三十二人爲輔臣 以此三十三人故 名爲三十三天 喚其本姓 故言憍尸迦 或言天主 或言千眼等", 『일체경음의』 권41(대정장54, p.576c1)에 "석제환인〈도리천의 왕으로서 삼십삼천의 주인이니 제석천왕을 말한다〉. 釋提桓因〈忉利天王 三十三天主 卽帝釋天王〉"라고 하였다. 〔참고문헌〕『大智度論』, 『一切經音義』. ⇨ 교시가 憍尸迦, 제석천 帝釋天 ❶, 천주제석 天主帝釋 ❸ Ⓢ Śaṃkara-svāmin. 『인명입정리론 因明入正理論』의 저자 상갈라주(商羯羅主)의 한역 이름. 『성유식론연비석』 권1(卍속장79, p.895b18)에 "천주란 상갈라보살을 말한다. 그를 천주라고 이름한 것은 대자재천에 제사를 지내고 얻은 자식이었기 때문이다. 天主者 商羯羅菩薩也 此名天主 祭天得故", 『인명입정리론직소』 권1(卍속장87, p.136a4)에 "범어 상갈라는 천으로 한역하고, 주란 당나라 말이다. 역자가 범어와 한자를 함께 이름으로 삼았다. 따라서 천주라 하였다. 梵語商羯羅 此云天 主者 唐言也 譯師存梵兼唐爲名 故云天主"라고 하였다. 〔참고문헌〕『成唯識論演祕釋』, 『因明入正理論直疏』. ⇨ 상갈라주 商羯羅主

천주 天住 ❶ Ⓢ divyo vihāra, Ⓟ dibba-vihāra, Ⓣ lha'i-gnas-pa. 삼주(三住) 중 하나로 사정려(四靜慮 : 色界)에 머묾을 말한다. 『집이문족론』 권6(대정장26, p.389a7)에 "천주란 무엇인가? 〔답〕 사정려를 말한다. … 이와 같이 세간의 사정려 중에서 하나의 정려를 따라 가까이 해 거듭 익히고, 은근히 거듭 틈새없이 부지런히 하여 버리지 않는 것이 천주다. 天住云何 答 謂四靜慮 … 如是世間四靜慮中 隨於一靜慮親近數習 殷重無間勤修不捨 是名天住", 『대비바사론』 권26(대정장27, p.136c30)에 "자성이 빛나고 깨끗하기에 천주라 한다. 自性光淨 故名天住", 『유가사지론』 권38(대정장30, p.499b5)에 "사정려와 사무색정을 천주라 한다. … 천주 중에 다분히 무동제사정려주에 머문다. 四種靜慮四無色定 是名天住 … 於天住中 多住無動第四靜慮住"라고 하였다. 〔참고문헌〕『集異門足論』, 『大毘婆沙論』, 『瑜伽師地論』, *Bodh-bh.63*. ⇨ 사정려 四靜慮, 삼주 三住 ❷ Ⓟ divā-vihāra. 오후에 하는 선정. 주정수(晝正受)·주일주(晝日住)·주행(晝行)이라고도 한다. 『별역잡아함경』 권12(대정장2, p.454b15)에 "그때 마왕은 다음처럼 생각했다. '사문구담이 사위국의 기수급고독원에 있는데, 연화색비구니는 가사를 입고 발우를 가지고 성에 들어가 걸식하였고, 걸식을 마치고는 발우를 씻고 좌구를 챙겨서 득안림 한 그루 나무 아래에서 천주에 머물고 있다. 내가 그를 흔들어 어지럽게 해야겠다'. 爾時 魔王而作是念 沙門瞿曇 在舍衛國祇樹給孤獨園 蓮華色比丘尼 著衣持鉢 入城乞食 食訖洗鉢 收攝坐具 至得眼林中 坐一樹下住於天住 我當爲其而作擾亂"라고 하였다. 〔참고문헌〕『別譯雜阿含經』, *Pv.28*. ❸ 사주(四住) 중 하나로 육욕천(六欲天 : 欲界)에 머무는 것. 보시·지계·선심으로 머무는 때를 말한다. 『대지도론』 권3(대정장25, p.75c18)에 "육욕천에 머무는 법을 하늘에 머문다고 한다. …

또한 보시하고 지계하며 선심인 세 가지를 섬겨 하기에 천주라 한다. 六欲天住法 是爲天住 … 復次 布施 持戒 善心三事 故名天住"라고 하였다. [참고문헌]『大智度論』. ⇨사주 四住, 육욕천 六欲天

천주사 天柱寺 ❶경기도 광주시 남한산성면 산성리 남한산성(南漢山城)에 있던 절. 1624년(인조2) 남한산성 축성 후 창건된 사찰 중 하나다. 1907년에 폐사되었다. 명찰(明察 1640~1708)의『풍계집』권중 畿內錄(기내록)에「천주사 天柱寺」(한불전9, p.143c1) 기록이 전한다.『범우고』에 "병자년(1636·인조14) 후에 창건하였고 각각 승장을 두었다. 6도의 승려가 교대로 절에 와서 지키도록 정하고 성첩으로 보호하도록 하였다. 후에 스님을 교대해야 하는 폐단이 있어서 교대하는 것을 없애고 돈으로 납부하도록 하고, 본사(천주사) 스님들이 대신 지키도록 하였다. 丙子後刱建各置僧將 定六道僧分番來寺守 以護城堞 後因番僧有弊 廢番納錢 令本寺僧代守"라고 하였고,『중정남한지』권2 불우에는 "천주사는 서장대 아래 있고, 누각 앞에 연못이 있다. 天柱寺 在西將臺下 樓前有池"라고 하였다. [참고문헌]『楓溪集』,『梵宇攷』,『重訂南漢誌』,『正祖實錄』,『輿地圖書』,『韓國寺刹全書』권하 p.1083a3. ❷경상북도 경주시 월성 서북(西北)에 있던 절. 신라 진평왕(眞平王) 대에 창건되었고 내제석궁(內帝釋宮)이라고도 불렸다. 안압지(雁鴨池) 남쪽에 위치하는데, 1976년 안압지 일대의 발굴조사 중에 천주사라는 명문이 새겨진 와편이 출토되었다. 안압지 일대가 동궁전을 포함한 궁궐터이므로 내제석궁의 내(內)는 궁궐 안이라는 뜻이다. 김시습(金時習 1435~1493)의『매월당시사유록』권4「천주사간화 天柱寺看花」(한불전7, p.337c2)에, 신라 때 내불당(內佛堂)은 제석원(帝釋院)이라고 하였다.『삼국유사』권1(대정장49 p.968b12·한불전6, p.281a1) 기이(紀異)1 천사옥대(天賜玉帶)에 "(진평왕이) 내제석궁에 행차하였다〈또는 천주사라고 한다. 왕이 창건하였다〉. 駕幸內帝釋宮〈亦名天柱寺 王之所創〉"라고 하였고,『동국여지승람』권21 경상도 경주부 불우에 "월성의 서북쪽에 있다. 세상에 전하기를, 소지왕이 금갑을 쏘아 넘어뜨렸는데 이 절의 스님이었다고 한다. 그 북쪽에 안압지가 있다. 在月城西北 俗傳 炤智王射琴匣而倒 乃是寺僧也 其北有雁鴨池"라고 하여『삼국유사』권1 기이 사금갑(射琴匣)에 언급된 내전(內殿)과 같은 절로 알려진다. [참고문헌]『梅月堂詩四遊錄』,『三國遺事』,『東國輿地勝覽』,『輿地圖書』,『梵宇攷』.『韓國寺刹全書』권하 p.1083a6. ⇨내원 內院❺, 내제석궁 內帝釋宮 ❸경상북도 문경시 동로면 간송리에 있던 절. 사지(寺址)는 묘지와 경작지가 되었다. [참고문헌]『聞慶大觀』(聞慶文化院, 1986),『聞慶誌』(聞慶誌編纂委員會, 2002). ❹경상북도 예천군 천주산(天柱山)에 있던 절.『한국사찰전서』에서는 운부사(雲浮寺)의 다른 이름이라고 하였다. [참고문헌]『梵宇攷』,『韓國寺刹全書』권하 p.1083a14. ⇨운부사 雲浮寺 ❺경상북도 청도군에 있던 절.『조선환여승람』경상도4에 "군 서쪽 30리에 있다. 在郡西三十里",『취산군지』에 "숭정 무오(1678·숙종4)에 창건하였다. 刱於崇禎戊午"라고 하였다. [참고문헌]『朝鮮寰輿勝覽』,『鷲山郡誌』. ❻경상북도 칠곡군 동명면 남원리 팔공산(八公山)에 있던 절. 대본산 동화사(桐華寺)의 말사였다. 유기(有璣 1707~1785)의『호은집』권1「천주사기 天柱寺記」(한불전9, p.710a1)에 따르면, 1701년(숙종27)에 선원(善元)이 창건하고 1712년(숙종38)에 처밀(處密)과 종안(宗眼)이 중창하며 1758년(영조34) 홍눌(弘訥) 등 여섯 스님들이 삼창하였다.『승정원일기』고종 1년(1864) 8월 무자일에 칠곡 천주사의 승도들이 선당(禪堂)을 수리할 수 있도록 청하였으며,『한국사찰전서』에 "고종 7년 경오(1870) 무겸스님이 재창하였다. 高宗七年庚午 武謙師再刱"라고도 하였다. 사성(師誠 1836~1910)의『극암집』의 발(跋)과 후서(後序)에 의하면 사성이 말년에 천주사에서 머물렀다고 한다. 관련 기록으로『조선사찰사료』권상「가산천주사전총섭유공비각기 架山天主寺前摠攝有功碑閣記」와 의첨(義沾 1746~1796)의『인악집』권2「천주사선당중창기 天柱寺禪堂重創記」,「천주사선당상량문 天柱寺禪堂上梁文」등이 전한다. [참고문헌]『好隱集』,『承政院日記』,『輿地圖書』,『伽藍考』,『梵宇攷』,『克庵集』,『仁岳集』,『朝鮮佛敎通史』,『朝鮮寺刹史料』,『韓國寺刹全書』권하 p.1083a12. ❼평안남도 평성시 어중리 자모산성(慈母山城)에 있던 절.『여지도서』평안도 자산부(慈山府) 사찰과『범우고』,『가람고』등에 기록이 전한다. [참고문헌]『輿地圖書』,『梵宇攷』,『伽藍考』,『韓國寺刹全書』권하 p.1083a17.

보광전 · 천주루 약산 천주사

❽평안북도 영변군 영변읍 약산(藥山)에 있는 절. 대본산 보현사(普賢寺)의 말사였다. 법종(法宗 1670~1733)의『허정집』권하「영변철옹성천주사기 寧邊鐵瓮城天柱寺記」(한불전9, p.510b9)에 이광한(李光漢)이 영변부사로 부임하여 철옹성을 중수하고 천주사를 창건하였는데, 의상(義湘)과 그 문도 그리고 삼언(三彥)이 참여하여 1723년(경종3)에 낙성하였다고 한다.「영변철옹축성비 寧邊鐵瓮築城碑」(『조선금석총람』권하, p.980)는『조

선사찰사료』 권하 「천주사고적비문 天柱寺古蹟碑文」에서도 1683년(숙종9)에 부임한 이광한이 약산(藥山)에 성을 쌓고 성 안 원수대(元帥臺) 아래쪽에 80여 칸의 천주사를 창건하였다고 하였다. 현존하는 당우로는 보광전・천주루・망월루・향일헌・요사 등이 있으며, 절 전체가 북한의 국가지정문화재 국보급 제46호 및 보물급 제17호로 지정되어 있다. 〔참고문헌〕『虛靜集』, 『朝鮮金石總覽』, 『朝鮮佛教通史』, 『朝鮮寺刹史料』, 『韓國寺刹全書』 권하 p.1083a18, 『북한국보유적연혁자료집』(국립문화재연구소, 2012) pp.126~127. **9** 함경북도 회령군 영통산(靈通山)에 있던 절. 『가람고』에 "영통산에 있고 부에서 동남쪽으로 85리에 있다. 在靈通山府東南八十五里"라고 하였다. 〔참고문헌〕『伽藍考』, 『梵宇攷』, 『韓國寺刹全書』 권하 p.1083a16.

천주사고적비문 天柱寺古蹟碑文 조선후기 유상운(柳尙運) 지음. 『조선사찰사료』 권하 pp.204~206에 수록되어 있으며, 『조선금석총람』 권하 pp.980~981에는 「철옹축성비 鐵瓮築城碑」라는 제목으로 실려있다. 1684년(숙종10)에 비를 건립하였으며, 평안북도 영변(寧邊) 철옹산성(鐵甕山城 : 鐵瓮山城)을 수축한 내력과 그 아래에 천주사를 창건한 사적을 기록하였다. 비문에 의하면 성은 1416년(태종16) 도안무사(都按撫使) 신유정(辛有定)이 왕명을 받들어 쌓았지만, 269년 동안 방치되어 있다가 용계군(龍溪君) 이광한(李光漢)이 1683년(숙종9)에 백성과 병사 3천명을 동원하여 약산(藥山) 아래에 성을 새로 쌓았다고 한다. 1684년에는 주변 네개 고을의 군인 1만 4백명을 동원하여 북산(北山)에 내성(內城)을 쌓아 약산성과 짝을 이루게 했다. 「철옹축성비」 뒷면에는 천주사 성조도감(成造都監)인 전별감(前別監) 박흥창(朴興昌)과 네 명의 대시주(大施主), 그리고 도화주(都化主) 전총섭(前摠攝) 지운(智運) 등의 명단이 전한다. 비문에 "약산의 위아래에 원수대를 건립하였는데 기둥은 모두 철봉을 썼다. 그 아래에 80여 칸의 천주사를 창건하였다. 藥山上下 建元帥坮 柱皆用鐵峰 下創置天柱寺八十餘間"라고 하였다. 〔참고문헌〕『朝鮮寺刹史料』, 『朝鮮金石總覽』. ⇨ 천주사 天柱寺 **8**

천주사목불좌상 天柱寺木佛坐像 조선전기 목조불상. 높이 56.76cm・너비 37.74cm・어깨너비 18.81cm. 국립대구박물관 소장. 이국적인 상호와 상반신이 긴 세장한 신체가 특징적인 불상이다. 원래 육계와 나발・오른쪽 손가락 등이 파손되었으나, 현재는 모두 복원하였다. 편단우견의 오른쪽 어깨에 대의가 걸쳐 있고, 대의 안으로는 군의(裙衣) 띠매듭이 보인다. 수인은 하품중생인이다. 일제강점기 조선총독부에서 조사할 당시에는 경상북도 칠곡군 가산성(架山城) 천주사에 있었는데, 이때 발견된 묵서지편에 "성화 18년(1482・성종13) 3월에 다밀지 정수사에서 무량수・관세음보살・지장보살 삼존상을 조성하고 복장하였다. 옹정7년(1729・영조5) 7월에 … 팔공산 대장사 운수암에서 아미타상을 중수하였다. 皇明成化十八年壬寅三月日 多密地正水寺願成方教主無量壽如來 左補觀世音菩薩 右補處地藏菩薩 造像三尊腹藏 擁正七年己酉七月日 … 八空山大長寺雲水庵阿彌重修"라고 하였다. 현재 복장공에 있던 묵서지편과 협시보살상은 모두 소실되었다. 조성시기가 확실한 희귀한 목조 불상으로, 조선전기 불교조각 편년에 기준이 되는 중요한 불상이다. 〔참고문헌〕『李王家博物館所藏品寫眞帖 : 佛像ノ部』(李王家博物館編, 1929) 圖48, 『국립중앙박물관소장 불교조각 조사보고』 Ⅰ(국립중앙박물관, 2014), pp.264~298. ⇨ 천주사 天柱寺 **6**

천주사목불좌상

천주사전총섭유공비각기 天柱寺前摠攝有功碑閣記 1797년(정조21) 윤6월 15일에 영파성규(影波聖奎) 지음. 『조선사찰사료』 권상 pp.417~418에 수록되어 있다. 전총섭(前摠攝) 삼원선원(三願善元)이 1701년(숙종27)부터 가산(架山 : 경북 칠곡)의 외성(外城)을 축성하고 천주사를 창건하기 시작하여 몇 년 만에 완공한 공적을 새긴 비(碑)와 각(閣)에 대한 기문이다. "병진년(1736년・영조12)에 이르러 공을 기릴 것을 논의하여 비를 세웠으나 세월이 오래되어 비 또한 이끼가 끼었다. 지금 가경 2년(1797년・정조21) 정사에 총섭 보혜가 돌을 캐서 다시 세우고 또 비각을 건립하여 비바람을 피하게 하였다. 보혜는 스님의 육세승손이니 그 아름다움이 남다르다. 이때 나는 은해사의 운부암에 있었는데, 총섭 보혜가 일을 마친 후 찾아와서 그 기문을 부탁하였다. 逮至丙辰 以道論褒功樹碑 而歲久碑亦塵署 今嘉慶二年丁巳 摠攝寶慧 採石而重刊 又建閣而免風雨 寶慧卽師之六世僧孫也 其美異 是時余在銀海之雲浮 摠攝慧公待事畢來求其記"라고 하였다. 〔참고문헌〕『朝鮮寺刹史料』. ⇨ 선원 善元, 천주사 天柱寺 **6**

천주삼목 天主三目 천주의 세 개의 눈(三眼). 대자재천(大自在天 Ⓢ Maheśvara : 摩醯首羅)의 얼굴에는 제3의 눈이 있어 눈이 세 개다. 삼안은 해탈(解脫)・법신(法身)・반야(般若)라는 열반의 세 가지 덕(涅槃三德)을 드러낸다. 『능가경주해』 권3(대정장39, p.403a11)의 "이른바 여래의 비밀장은 이자삼점(∴ 또는 ∵)과 천주의 삼안과 같아 가로나 세로로 줄지어 있지 않으니, 사유나 논의를 넘어서 있다. 이와 같이 안주하는 것이 구경열반이다. 所謂如來祕密之藏 如伊字三點 天主三目 不縱不横 絶思絶議 如是安住 是爲究竟涅槃", 『천태사교의(대정장46, p.779c9)에 "다음으로 초주에 들어 한 품의 무명을 끊고 일분의 세 가지 덕을 증득하니 해탈·반야·법신이 그것이다. 이 세 가지 덕은 마치 세간의 이자삼점이나 천주의 삼안처럼 차별한 것도 평등한 것도 아니다. 次入初住 斷一品無明 證一分三德 謂解脫般若法身 此之三德不縱不横 如世伊三點 若天主三目"라고 하였다. [참고문헌] 『楞伽經註解』, 『天台四教儀』. ⇨ 이자삼점 伊字三點, 열반삼덕 涅槃三德

천주암 天柱庵 함경남도 함흥시 반룡산에 있던 암자. 1730년(영조6)에 미타를 매일 염하던 맹천덕(孟天德)이 주도하여 성불암(成佛庵)을 개창했으나 이후 1736년(영조12)에 자리를 옮겨 천주암이라고 이름을 고쳤다. 『천경집』 권중 「덕원부반룡산천주암신건기 德原府盤龍山天柱庵新建記」(한불전9, p.617b2)에 "춘성부 가운데 큰 신사가 있으니 성은 맹, 이름은 천덕이다. … 경술년(白狗) 봄에 조일남·홍여상 등과 일심으로 노력하여 산수 중에 큰 역사를 마치고 하나의 암자를 만들어 성불암이라고 이름하였다. 그러나 땅이 영험하지 않고 신이 보호하지 않아 스님들이 떠나고 흩어져 암자 역시 폐사되었다. … 이러한 까닭에 병진년(赤龍)에 형제봉 밑으로 옮겨 세웠는데 그 봉우리는 곧 반룡의 여맥이었다. 때문에 산의 이름을 반룡이라고 하고 그 암자의 이름을 천주암이라고 하였다. 春城府中 有一大信士 姓其孟 名其天德也 … 歲白狗春 與趙日男洪呂尚等 一心拮据竣浩役於山水之中 結搆一庵 名之曰成佛 地非靈而神不護 僧猶散而庵亦廢 … 故歲舍赤龍 移建于兄弟峯下 其峯則盤龍之餘脉也 故名其山曰盤龍 名其庵曰天柱"라고 하였다. [참고문헌] 『天鏡集』.

천주제석 天主帝釋 하늘의 주인 제석. 제석천(帝釋天). 『아육왕경』 권6(대정장50, p.150a16)에 "부처님께서 천제석을 생각하시자 이때 하늘의 주인 제석이 부처님의 마음을 알아차리고는 곧 부처님의 처소로 왔다. 그때 세존께서는 제석에게 말씀하셨다. '교시가여! 그대는 법장을 보호하고 유지하여야 할 것이다'. 제석이 부처님께 아뢰었다. '세존이시여! 저는 당연히 그렇게 하겠습니다'. 佛念天帝釋 時天主帝釋知佛心已 卽至佛所 爾時世尊告帝釋言 憍尸迦 汝當護持法藏 帝釋白佛言 世尊我當如是", 『창소지론』 권상(대정장32, p.229c20)에 "하늘의 주인인 제석은 선주라는 코끼리를 타고서 삼십삼천의 무리들에게 말하였다. '그대들에게 알려야 할 것이 있다. 지금 아수라의 군대가 묘고산 정상에 이르렀으니 튼튼한 갑옷을 입고 탈 전차를 취해 아수라의 군대와 싸우도록 하라'. 天主帝釋乘善住象 告三十三天衆等曰 汝等應知 今修羅軍至妙高頂 當服堅鎧取所乘車與修羅戰"라고 하였다. [참고문헌] 『阿育王經』, 『彰所知論』. ⇨ 제석천 帝釋天 **1**, 교시가 憍尸迦

천주집 天柱集 원대 임제종(臨濟宗) 양기파(楊岐派) 축선범선(竺仙梵僊 1292~1348) 지음. 1권. 『축선화상어록』 권하(대정장80, pp.425a1~447a9)에 수록되어 있다. 『축선화상천주집 竺仙和尙天柱集』이라고도 한다. 1329년(천력2) 범선이 불법을 알리고자 일본에 갔을 때 지은 게송(偈頌)·자찬(自贊)·잡저(雜著)를 수록했다. 게송은 춘옥(春屋)·별원(別源)·중암(中岩)·명극(明極)·물외(物外)·무용(無用) 등의 문인에게 붙인 게송과 당대의 기숙(耆宿)·막부장군(幕府將軍) 족리존(足利尊)의 법어 등과 잡저에는 여몽창국사서(與夢窓國師書)·여당대무장서(與當代武將書)·서(序)·발(跋)·화소(化疏)·동명혜일탑명(東明慧日塔銘) 등을 함께 담았다. ⇨ 범선 梵僊

천주천불신저제조사송 泉州千佛新著諸祖師頌 천주(泉州) 초경사(招慶寺) 정수선사(淨修禪師) 문등(文僜 : 省僜) 찬. 1권. 대정장85, pp.1320c11~1322c5, No.2861에 수록되어 있다. 마하가섭에서 혜능까지의 33조사와 육조 이하 남악회양(南嶽懷讓)·청원행사(靑原行思)·혜충국사(惠忠國師)·석두희천(石頭希遷)·마조도일(馬祖道一)을 찬탄하는 게송이 『조당집』에서 조사들의 전기(傳記) 끝에 부가된 찬(讚)과 같은 내용이다. 현존하는 유일한 사본인 돈황본(S.1635)의 서두에는 종남산(終南山) 혜관(慧觀)의 서문이 있고, 말미에 사주(沙州) 삼계사(三界寺) 도진(道眞)의 기(記)가 있다. 『조당집』과 『경덕전등록』 등의 전등사서와 달리 혜충국사가 육조혜능이 아니라 청원행사(靑原行思)의 법을 이었다고 하였다. ⇨ 성등 省僜

천준 天俊 **1** 조선후기 스님. 은사 혜전대사(惠全大師)를 천도할 때 사명유정(四溟惟政 1544~1610)이 천준을 대신하여 소문(疏文)을 지었다. 『사명당대사집』 권6 「천준천사소 天俊薦師疏」(한불전8, p.62c21)에 "효를 행하는 제자 비구 천준 등이 은사를 봉양한 지 지금까지 60년이더니, 수성(壽星 : 수명을 관장하는 노인성)이 운행을 멈추어 선실이 갑자기 비었으므로 슬퍼하기만 해서는 보탬이 없으므로 오직 천도함이 마땅합니다. … 천도하며 엎디어 바라오니, 새로이 원적에 드신 대선사 혜전 존령이시여! 육근청정과 삼지원명으로 장자 가문의 진보를 받으시어 자타를 아울러 이롭게 하시고 연꽃 핀 보배로운 연못에 노니시며 성현과 함께 하소서. 行孝弟

子比丘天俊等 侍養恩師 將六十年于玆 壽星步盡 禪室忽空 徒傷痛而無益 唯薦拔之是宜 … 庶幾薦之伏願 新圓寂大禪師 惠全尊靈 六根淸淨 三智圓明 受用長者家珍 自他兼利 逍遙蓮花寶地 聖賢同流"라고 하였다. 1588년(선조21) 7월 경상도 청도 호거산(虎踞山) 운문사(雲門寺) 개판 『법집별행록절요병입사기』(한불전4, p.766b23) 각자질(刻字秩)에 스님의 이름이 보인다. [참고문헌] 『四溟堂大師集』, 『法集別行錄節要幷入私記』. ❷ 조선 후기 천안 광덕사 청소희옥(淸霄熙玉 1670년 경 스님)의 은사스님. 천안 광덕사에 있는 「청소당희옥대사비」에 따르면 "희옥이 9세 때 금강산 은매사(隱寐寺)로 찾아가 천준을 은사로 스님이 되었다. 九歲捨身 蓬萊山隱寐寺 從天俊山人"라고 하였다. [참고문헌] 「忠淸南道寺刹史料集」(『佛敎學報』2 附錄 pp.15~16), 智冠 『韓國高僧碑文總集 朝鮮朝·近現代』 p.242.

천중 天衆 Ⓢ deva-gaṇa, deva-nikāya, Ⓟ deva-parisā. 하늘 무리. 모든 천계의 무리를 가리킨다. 『장아함경』 권1 「대본경 大本經」(대정장1, p.9a27)에 "부처님께서 세간에 출현하셔서는 위없는 법륜을 굴리시어, 모든 하늘 무리들은 더욱 이롭게 하시고 아수륜은 감해 덜어내셨다. 佛出於世間 轉無上法輪 增益諸天衆 減損阿須輪", 『유부율파승사』 권6(대정장24, p.128a10)에 "팔만의 하늘 무리 법에서 또한 법의 진실을 보는 눈을 증득하였다. 八萬天衆 於法中亦證法眼", 『대비바사론』 권177(대정장27, p.890a1)에 "만약 업으로 능히 대범천왕위를 감하고서 초정려천과 욕계천 무리를 자재로 굴리니, 이것이 백 가지 복중에 한 복의 양이다. 若業能感 大梵天王位 於初靜慮 及欲界天衆 自在而轉 是一福量"라고 하였다. [참고문헌] 『長阿含經』, 『有部律破僧事』, 『大毘婆沙論』, *Abh-k-bh.167.*, *Saṅ-v.89.*, *AN.2.185.* ⇨ 천 天, 사대왕중천중 四大王衆天衆

천중득도과 天衆得道果 하늘 무리들이 도과를 얻다. 『인왕경』 권상(대정장8, p.828a15)에 "부처님께서 모든 도과를 얻은 실제 천중들에게 말씀하셨다. '선남자여, 이 월광왕은 이미 과거십천겁중에 용광왕법중에 사주개사였고 나는 팔주보살이었다'. 佛告 諸得道果實天衆 善男子 是月光王 已於過去十千劫中 龍光王佛法中 爲四住開士 我爲八住菩薩", 원측(圓測)의 『인왕경소』 권중(대정장33, p.398a23·한불전1, p.77a5)에 "청중중에 하늘 무리들이 가장 뛰어나다. 때로 성과를 얻으니 실제여서 화가 아니기에 득도과실천중이라 한다. 聽衆中 天衆最勝 或得聖果 是實非化 故名得道果實天衆言"라고 하였다. [참고문헌] 『仁王經』, 『仁王經疏』.

천중무일 千中無一 천 중 하나도 없다. 성취하기 어렵다는 뜻으로 만불일생(萬不一生)과 같으며, 천무일실(千無一失)과는 맞선다. 『낙방문류』 권4 「정업전잡이수 淨業專雜二修」(대정장47, p.210a13)에 "전업과 잡업의 다름이 있다. 다만 뜻을 오롯이 하여 짓는 이는 열이면 열 모두 왕생하지만, 닦음이 여러 가지여서 마음에 이르지 못하는 이는 천중에 한 사람도 없다. 專雜有異 但使專意作者 十卽十生 修雜不至心者 千中無一"라고 하였다. [참고문헌] 『樂邦文類』. ⇨ 만불일생 萬不一生, 천무일실 千無一失, 전잡이수 專雜二修

천중백잡 千重百匝 천겹에 백겹으로 둘러치다. 겹겹이 둘러쳐져 소식을 전할 길이 없는 뜻이다. 『불과격절록』 42칙 「본칙 本則」(卍속장117, p.480a12)에 "학인이 향림에게 물었다. '무엇이 의 아래에서 일어나는 일인지요?〈사리여, 일찍이 행각은 하였는가?〉' '납월에 불 붙은 산이다〈천겹 백겹으로 둘러쌓다. 물방울 떨어지자 그대로 얼어붙는다〉'. 僧問香林 如何是衲衣下事〈闍黎 還曾行脚麽〉 林云 臘月火燒山〈千重百匝 滴水滴凍〉", 『북간거간어록』(卍속장121, p.139a6)에 "방장에서 : 일곱 번 좇고 여덟 번 가로지르다가 천겹 백겹으로 둘러친다. 엄정한 법령을 온전히 들었으니, 어떤 분별도 들이지 않노라〈한 소리 크게 내질렀다〉. 方丈 七縱八横 千重百匝 正令全提 是計不納〈喝一喝〉", 『원오어록』 권13(대정장47, p.771c9)에 "한마디로 교란 끊으면 천리 만리 소식조차 없으리라. 티끌 하나 법계를 머금고 천겹 백겹으로 둘러싸니 더할 나위 없이 크게 막으리라. 一句絶誵訛 千里萬里無消息 一塵含法界 千重百匝太周遮"라고 하였다. [참고문헌] 『佛果擊節錄』, 『北間居簡語錄』, 『圜悟語錄』.

천중성인 天中聖人 하늘나라(天界)의 성인. 생정천(生淨天 Ⓢ upapatti-viśuddhadeva)과 같다. 세간에 돌아올 일 없어 색계천에서 불환과(不還果)를 얻는 이들이다. 『대방등대집경』 권43(대정장13, p.287c24)에 "만약 불여래께서 저희들을 가엾이 여기셔서 이렇게 수용하시고 신통력을 지으시니, 삼천대천세계의 사바찰중에 있는 보살·대아라한 … 아수라왕·가루라왕·긴나라왕·마후라가왕 등 입니다. 또한 큰 힘과 복덕이 있는 중생·천중성인·인중성인이 모두 다 와서 부처님을 공양하며, 부처님을 뵙고 부처님께 예배하며 불법을 들으므로, 이러한 무리들까지 이 수미산에 수용하신다면 저희들은 미래에 더욱 수승한 즐거움으로 커다란 편안함을 얻겠습니다. 若佛如來 憐愍我者 如是受用 神通力作 及此三千大千世界 娑婆刹中 所有菩薩 大阿羅漢 … 阿修羅王 迦婁羅王 緊那羅王 摩睺羅伽王 復有大力 福德衆生 天中聖人 人中聖人 一切皆來 供養佛故 見於佛故 禮拜佛故 聽於法故 如是等衆 此須彌山 若受用者 我於當來 增大勝樂 得大安隱", 『대지도론』 권22(대정장25, p.227c

25)에 "생정천이라 하니 삼계의 하늘중에 나는 모든 성인들이다. … 생정천이란 무엇인가? 색계중에는 다섯 부류의 아나함이 있으니, 이 세간에는 돌아오지 않고 곧 거기에서 아라한을 얻는다. 무색계 중에는 한 부류의 아나함이 색계를 떠나 무색계에 나서는 그곳에서 무루도를 닦고 아라한과를 얻어 열반에 든다. 生淨天者 三界天中 生諸聖人 … 生淨天 色界中有 五種阿那含 不還是間卽於彼得阿羅漢 無色界中 一種阿那含 離色界 生無色界是中修無漏道 得阿羅漢 入涅槃"라고 하였다. [참고문헌]『大方等大集經』,『大智度論』. ⇨ 생정천 生淨天❶

천중천 天中天 Ⓢ Ⓟ devātideva, deva-deva, Ⓣ lha 'i-yang-lha. 모든 하늘 중에서 가장 뛰어난 하늘. 부처님의 존호(尊號) 중 하나이니 모든 하늘이 우러러 받들기에 이렇게 부른다.『보요경』권3「입천사품 入天祠品」(대정장3, p.497a27)에 "이때 백정왕께서 보살이 만채녀 함께 와서 모시게 하였고, 제가친족 이만채녀마저 보살에게 드렸으며, 대신백관이 다시 채녀 이만을 보살에게 받들어 올렸다. … 왕은 후궁에 들어가서 대애도(Ⓢ Mahāprajāpatī)에게 말했다. '태자를 데리고 천사에 가겠소'. 태자는 자리에서 곧 미소 가득한 얼굴로 '제 몸은 편안하옵니다. 무엇 때문에 저를 데리고 천사에 가시려고 하십니까?' 하였다. 태자 목욕하고 나서 거듭 크게 미소지으며 게를 설해 말했다. 처음 나서는 삼천세계 울려서 석범이 온갖 신들과 함께 하고, 일월도 천왕을 쉬게 하고는 와서 머리 숙여 예배하시네. 어느 곳에 하늘 있은들 이와 같으리. 내가 이곳에 이른 곳 하늘 넘어 하늘 중에 하늘이라네. 어느 하늘 견줄 수 있고 하물며 더 뛰어나다 하리. 세간 따라 이곳에 몸을 나투고 상서로운 사람모습 하였기에 모두가 기뻐할 뿐이네. 갖가지 올려 공양한다 해도 저 성인을 지나는 하늘 중에 하늘이라네. 爾時白淨王 供給菩薩二萬婇女走使所當 諸家親族二萬婇女 貢上菩薩 大臣百官復有婇女二萬 奉上菩薩 … 王還入後宮 以告大愛道 擁護太子將詣天祠 太子在座卽時微笑 面目喜悅 頒宣此言 吾身和安 何緣相將欲詣天祠 太子沐浴 重加大笑 卽說偈言 初生動三千 釋梵須倫神 日月息天王 來稽頭面禮 何有天過是 將吾到其所 超天天中天 天無比況勝 隨俗來現此 現瑞人歡喜 若干種奉養 過聖天中天",『대반열반경의기』권1(대정장37, p.632b15)에 "하늘에는 다섯이 있다. 그 처음은 세간의 천이니『대지도론』중에서 임시로 하늘이라 부른 것으로, 세간의 왕을 천자나 천왕이라 부르는 것이고, 둘째는 (유정이) 하늘에 나는 것이니 사천왕에서 비상천까지를 말하며, 셋째는 정천(淨天)이니 수다원에서 벽지불에 이르기까지고, 넷째는 뜻으로 오르는 하늘(義天)이니 초지에서 법운지까지의 제보살 등이 공의 뜻을 깨우쳐 통달하였기에 뜻으로 깨우친 하늘이며, 다섯째 제일의천이니 불여래께서 자성을 보아 구경에 이른 것이어서 제일의 뜻에서 부처님 이와 같으시니, 이 다섯 하늘 중에서 최상의 하늘은 천중천이라 하셨다. 天有五種 一是世天 大智論中名假號天 謂世人王名爲天子 或云天王 二者生天 從四天王乃至非想 三者淨天 從須陀洹乃至辟支 四者義天 從初地上乃至法雲諸菩薩等解達空義 故名義天 五第一義天謂佛如來見性窮極 名第一義 佛於如是 五天之中 最爲上天 名天中天"라고 하였다. [참고문헌]『普曜經』,『大般涅槃經義記』, *Lal-v.60·84.*, *Saddh-p.27·169.* ⇨ 오천 五天❶, 제일의천 第一義天

천즉지지즉천 天卽地地卽天 하늘이 바로 땅이고, 땅 그대로 하늘이다. '천시지지시천 天是地地是天'이라고도 한다.『서장』「답왕장원장 答汪狀元狀」(대정장47, p.932b12)에 "공의 안목동정을 보니 분명히 알아 얻음이 아흔아홉이고, 다만 힘써 소리쳐 단 한 번 내려놓음만이 모자랄 뿐입니다. 만약 소리쳐 단 한 번 분명히 내려놓으면, 유가 불이요 불이 유며, 승이 속이고 속이 승이며, 범이 그대로 성이요 성이 바로 범이며, 내가 너이고 네가 나이며, 하늘이 땅이요 땅이 하늘이며, 물결이 물이요 물이 그대로 물결일 것입니다. 見公眼目定動 領覽得九分九釐 只欠囮地一下爾 若得囮地一下了 儒卽釋釋卽儒 僧卽俗俗卽僧 凡卽聖聖卽凡 我卽爾爾卽我 天卽地地卽天 波卽水水卽波",『조계진각국사어록』「시각운상인 示覺雲上人」(한불전6, p.29c15)에 "저 바다에 그대로 무늬지듯이 널리 일체에 무늬지는 줄 이미 알아 마친 이라면, 하늘 바로 땅이요 땅 그대로 하늘이며, 산 바로 물이고 물 그대로 산이며, 승은 속이고 속은 승인 줄 바로 알리라. 문득 알아차린 이라면 산은 산이요 물은 물이며, 승은 승일 뿐이고 속은 속일 뿐임도 바로 알리라. 如海印普印一切 旣會得者个 便會得天是地地是天 山是水水是山 僧是俗俗是僧 旣會得者个 便會得山是山水是水僧是僧俗是俗"라고 하였다. [참고문헌]『書狀』,『曹溪眞覺國師語錄』·「示空藏道者」(한불전6, p.32a19).

천지 天智 Ⓢ Devaprajña. 당대 역경승 제운반야(提雲般若)의 한역 이름.『불조통기』권39(49, p.369c11)에 "우전국 사문 천지는『조상공덕경』등 여섯 부를 한역하였다. 于闐國 沙門天智 譯造像功德等六部"라고 하였다. [참고문헌]『佛祖統紀』. ⇨ 제운반야 提雲般若

천지 淺智 Ⓢ alpa-buddhi. 얕은 지. 부족한 앎.『부자합집경』권3(대정장11, p.927c26)에 "여래의 삼매력 능히 흔들지 못하니, 얕은 지혜의 사람이 헤아려 알 수는 없다. 행주좌와 모두가 선정과 상응하여, 갖가지 이익과 즐거움을 주는 신통한 일을 드러내노라. 如來定力無能動 非淺智者所能測 行住坐臥定相應 現諸利樂神通

事", 『대반열반경소』 권33(대정장38, p.229c28)에 "삼승이 한가지로 중도를 관하면 깊은 지혜로 무상보리를 증득하지만, 얕은 지로는 다만 벽지와 성문보리만을 증득할 뿐이다. 三乘同觀中道 深智卽得無上菩提 淺智但得辟支與聲聞菩提", 『십주비바사론』 권8(대정장26, p.62c11)에 "안이비설신의는 항상 색성향미촉법을 즐긴다. 이는 범부의 얕은 지와 약한 의지로는 항복시킬 수 없다. 오로지 지혜롭고 굳은 마음 바른 뜻이어야 이에 능히 육정의 도적을 꺾어서 항복시키고 근심하지 않도록 하니 자재하여 두려움이 없을 것이다. 眼耳鼻舌身意 常樂色聲香味觸法 非是凡夫 淺智弱志 所能降伏 唯有智慧 堅心正念 乃能摧伏 六情寇賊 不令爲患 自在無畏", 『반야심경주해』(대정장33, p.569c19)에 "깊은 반야란 실상반야다. 초심의 얕은 지로는 볼 수 없기에 깊다고 한다. 深般若者 實相般若也 非初心淺智者所觀 故云深也"라고 하였다. [참고문헌] 『父子合集經』, 『大般涅槃經疏』, 『十住毘婆沙論』, 『般若心經註解』, *Pras.54.* ⇨ 소지 少智, 소혜 小慧, 심지 深智

천지가경 闡地迦經 Ⓢ Nandika-sūtra, Ⓣ dga'-byed-kyi-mdo. 천지가(闡地迦)는 근사(近事)의 뜻이므로 근사계(近事戒 : 在家戒)를 설한 경임을 알 수 있다. 『유가사지론』 권9(대정장30, p.320b17 : *Yogā-bh.*, p.194)에 "네 가지 불선업도가 있다. 그리고 음주가 다섯 번째다. 불박가범께서는 범하는 일이 있게 되는 선남자 학처에 의지하여 많은 과환(過患)을 설하셨다. 마땅히 알게 널리 설하셨으니 저 『천지가경』이다. 有四種不善業道 及飮諸酒 以爲第五 依犯事善男學處 佛薄伽梵 說多過患 應知廣說 如闡地迦經 caturṇāṃ punarakuśalānāṃ karmapathānāṃ surāmaireyasya pañcamasyopāsakaśikṣāsambandhenādīnavā uktā bhagavatā te'pi vistareṇa veditavyāḥ. tadyathā nandikasūtre", 『유가론기』 권3(대정장42, p.364c3 · 한불전13, p.172c6)에 "네 가지 불선업도란 곧 다섯 가지 근사계 중 앞의 네 가지 계이니, 몸에 관한 계 세 가지와 말에 관한 계 한 가지다. 업도는 성계이고 음주는 차계이기에 이것을 구별하여 설한다. 천지가란 근사를 일컫는데, 이를 번역한 것이 없고 예로부터 범본으로 있다. 四種不善業道者 則五近事戒中 前四支戒 身三語一 業道性戒 飮酒是遮 故此別說 闡地迦者 近事之名 此無所譯 故在梵本"라고 하였다. [참고문헌] 『瑜伽師地論』, 『瑜伽論記』, *Yogā-bh.* ⇨ 근사 近事❷, 근사계 近事戒

천지경 天地鏡 하늘도 땅도 비추는 거울. 반야바라밀(般若波羅蜜)의 다른 이름이다. 『인왕경』 권하(대정장8, p.832c23)에 "대왕이시여! 이 반야바라밀은 모든 불보살과 일체중생의 심식의 신령한 뿌리이며 모든 국왕의 부모라 하겠습니다. 신령한 부적(신부)이라고도 하고, 귀신을 물리치는 구슬이라고도 하며, 뜻대로 이루어주는 구슬이라고도 하고, 호국의 구슬(호국주)이라고도 하며, 천지를 비추는 거울이라고도 합니다. 大王 是般若波羅蜜 是諸佛菩薩 一切衆生 心識之神本也 一切國王之父母也 亦名神符 亦名辟鬼珠 亦名如意珠 亦名護國珠 亦名天地鏡", 『인왕호국반야바라밀경소신보기』 권4(대정장33, p.313b21)에 "천지경이라고도 한다는 말은 지혜로 능히 만물을 비춘다는 말이니, 마치 저 하늘과 땅을 거울로 삼아 비추지 못할 일이 없는 것과 같다. 성인의 마음 고요하여 천지를 비추니, 만물의 거울이라는 말이 이것이다. 亦名天地鏡者 言智能照物 如以天地爲鏡 靡不照了 猶聖人之心 靜於天地之鑒 萬物之鏡 是也", 『인왕반야경소』 권하5(대정장33, p.356a3)에 "천지의 거울이란, 반야로 세계를 비추지만 어디에도 없기 때문이다. 天地鏡者 波若照世界 無所有故"라고 하였다. [참고문헌] 『仁王經』, 『仁王護國般若波羅蜜經疏神寶記』, 『仁王般若經疏』. ⇨ 반야바라밀 般若波羅蜜

천지기경 天地記經 『입세아비담론 立世阿毘曇論』(대정장32, No.1644)의 다른 이름. 『천지기경록 天地記經錄』이라고도 한다. [참고문헌] 『開元釋敎錄』 권7(대정장55, p.545c20). ⇨ 입세아비담론 立世阿毘曇論

천지동근만물일체 天地同根萬物一體 천지는 한 뿌리이고 만물은 한 몸이다. 장자(莊子)에 기원한 말이나 승조(僧肇)의 『조론』 「열반무명론 涅槃無名論」(대정장45, p.159b28)에서 "천지는 나와 더불어 뿌리 같고 만물은 나와 더불어 한 바탕이다. 天地與我同根 萬物與我一體"라 하였다. 『직주설두송고』 권상(卍속장117, p.516b7)에 "육긍대부가 남전에게 말했다. '승조 법사는 「천지는 나와 뿌리 같고 만물은 나와 한 몸이다」라고 하였으니 심히 기괴하다〈구절이 기괴한 줄만 알았지 스스로 미한 줄은 모른다〉'. 남전이 꽃을 가리키며 말했다. '대부! 요즘 사람들은 이 한 그루 꽃나무를 보고는 마치 꿈을 꾸듯 말합니다〈한복판에 곧바로 도달했다. 상대의 잘못됨을 밝히는군〉'. 陸亘大夫 語南泉云 肇法師道 天地同根萬物一體 也甚奇怪〈只見句奇 不知自昧〉 泉指花云 大夫 時人見此一株花 如夢相似〈當央直截 點他錯認〉", 『호구소륭어록』(卍속장120, p.792b16)에 "조화의 깊은 샘인 저 정은 그쳐 고요한 물과 같으니, 천지는 같은 뿌리이고 만물은 한 몸이다. 삼계를 다 거느려 하나의 집으로 삼아 사생의 중생이 기대어 살게 한다. 온전히 크게 쓰고 큰 기틀 나투니 검은 저 용의 빛나는 달구슬 부수고 봉황의 오색 골수를 두드려 꺼낸다. 여러분에게 묻겠다. 도대체 짓고 변하는 저 깊은 샘 무엇이란 말인가? 봄바람 맞지 않으면 꽃 필 수 없고, 꽃이 피려면 반드시 봄바람을 빌려야 한다. 造化淵源情同止水 天地同根萬物一體 統三界以爲家 作四生之依倚 全大用 顯大機 擊碎驪龍明月珠 敲出鳳凰五色髓 敢問諸仁 且作麽生 是造化之淵源 不得春風華不開 華開須藉春風力"라고 하였다. 〔참고문헌〕『肇論』, 『直註雪竇頌古』, 『虎丘紹隆語錄』. ⇨ 승조 僧肇

천지명양수륙의문 天地冥陽水陸儀文 양무제(梁武帝 502~549)대의 지공(誌公 : 志公)에 의해 찬술된 것으로 전하는 『수륙의문』을 본으로 하여 송대 희녕(熙寧 1068~1077)년간에 동천(東川) 양악(楊鍔)에 의해 『수륙의』 3권이 찬술되었다. 금대에 들어 양악의 『수륙의』 3권을 본으로 하여 자기(子夔)에 의해 100편으로 구성된 『천지명양수륙의문』이 찬집되었다. 이 의례문을 '자기문'이라 한다. 청대에 들어 의진(依眞)이 자기의 『천지명양수륙의문』 산보하여 『자기산보문』이 편찬되었다. ⇨ 자기문 仔夔文, 자비도량참법 慈悲道場懺法

천지명양수륙잡문 天地冥陽水陸雜文 수륙재와 관련하여 의례 절차를 모은 책. 약칭하여 『수륙잡문 水陸雜文』·『배비문 排備文』이라 한다. 1531년에 순천 송광사에서 간행된 자료에는 천엄무외(薦嚴無外)와 설당야납(雪堂野納)의 서문과, 오거인吳居仁과 필자를 밝히지 않은 '홍치(弘治) 9년'의 발문 등이 있다. 이 홍치 9년의 발문에 "수륙의문으로 자기(仔夔)·지반(志槃)·중례(中禮)·결수(結手)가 있는데 이들은 모두 판본이 있다. 그런데 유독 배비소방(排備疏榜)만 간행되지 못하였는데, 갑신년에 세조대왕이 중국에서 이를 구해와 주자(鑄字)로 수십 권을 인쇄반포하여 어찰(御刹)에 봉행하게 하였다. 그 책자가 귀해 사람들이 병통으로 여겼는데 왕대비께서 다시 목활자로 200권을 인출하였다. 水陸儀文廣略非一焉曰仔夔曰志槃曰中禮曰結手皆有板本而獨排備疏榜未有歲甲申我 世祖大王求諸中國以鑄字印出數十件頒施 御刹如法奉行然猶人得罕見識者病焉我 王大妃殿下出施內帑判造木字印出二百件爲"라는 내용에서 배비문의 이름을 확인할 수 있다. 1531년 송광사 간행본을 기준으로 한 책의 내용은 변상도(變相圖)와 서(序)를 시작으로, 권상에는 문(文)·표장(表章)·방(榜)을, 권하에는 소(疏)와 첩(牒)과 윤단도(輪壇圖)를 그려 넣었는데, 윤단도는 천륜도(天輪圖)·지륜도(地輪圖)·법계도(法界圖)·약사회단(藥師會壇)·파지옥단(破地獄壇)·정토삼성왕생환단(淨土三聖往生圜壇) 6개 항목이 있다. 끝으로 정순(正淳)의 발문이 있다. 〔참고문헌〕『韓國佛教儀禮資料叢書』 권1 pp. 501~571. ⇨ 수륙재 水陸齋, 수륙재의 水陸齋儀

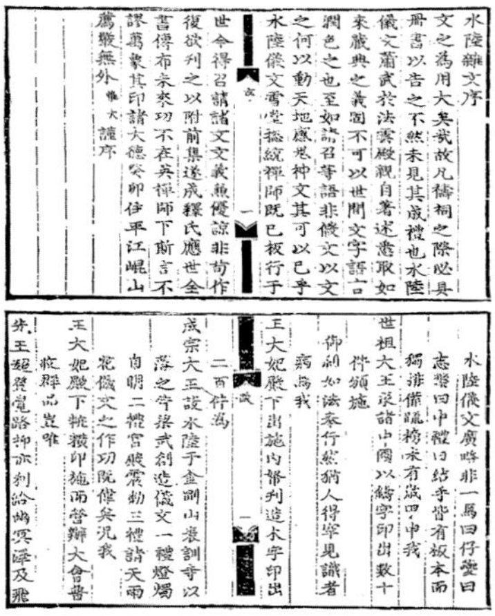
천지명양수륙잡문 서문·발문
순천 송광사 1531년

천지명양수륙재의범음산보집 天地冥陽水陸齋儀梵音刪補集 18세기 조선시대 지환(智還)에 의해 간행된 수륙재 관련 의례집. 한불전11, pp.458c1~523b19에 수록되어 있다. 하루 밤낮·삼일·칠일에 걸쳐 설행할 수 있도록 다양한 편제의 수륙재의문을 수록하고 있다. 책머리에 수록된 명안(明眼)이 쓴 「서문」에 의하면, 당시 유통되는 의례문에 글자글귀에 착오가 있어 『소례문 小禮文』·『대례문 大禮文』·『예수문 預修文』·『지반문 志磐文』·『자기문 仔夔文』 등 『오종범음집 五種梵音集』을 참고하여 산보(刪補)하고 절충하여 편제하였음을 밝히고 있다. 현전하는 자료로는 1721년(경종1) 9월 삼각산(參角山) 중흥사(重興寺)에서 개간(開刊)한 것과 1739년(영조15) 6월 곡성(谷城) 도림사(道林寺)에서 개간한 자료가 전한다. 상중하 3권 1책으로 구성하였으며, 권상의 첫머리에 석실명안(石室明眼)과 무용수연(無用秀演)의 서문이 있고, 지반삼주야십칠단배설도(志磐三晝夜十七壇排設圖)·예수이주야십단배설도(預修二晝夜十壇排設圖)·상중하삼단시련위의도(上中下三壇侍輦威儀圖)·상단봉송위의역회도(上壇奉送威儀逆回圖)·중하단봉송위의순회도(中下壇奉送威儀順回圖)를 자세히 그려넣었다. 상권에는 차례로 분수작법(焚修作法)과 각종 이운의례 그리고 상중하 삼단의례가 중심이

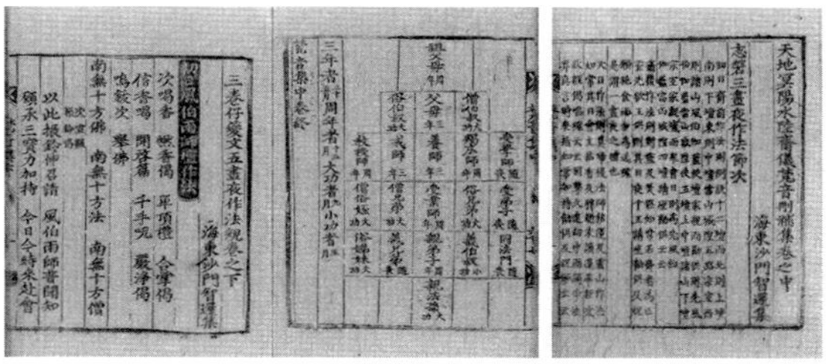
천지명양수륙재의범음산보집 서울 중흥사 1721년

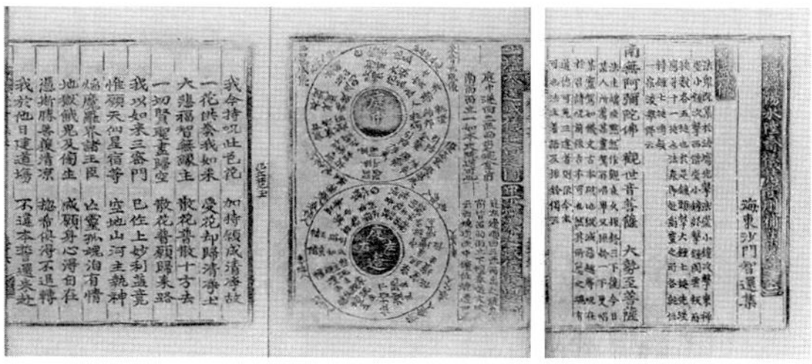
천지명양수륙재의범음산보집 곡성 도림사 1739년

되었고, 중권에는 삼일재와 예수재작법과 선문조사예참(禪門祖師禮儀)과 별식당작법(別食堂作法), 총림사명일영혼시식절차(叢林四明日迎魂施食節次) 등도 자세히 하였으며, 하권에서는 풍백우사단(風白雨師壇)·가람단(伽藍壇)·당산천왕단(當山天王壇)·삼대가친단(三代家親壇) 등 상설된 단 외의 '별단' 차림을 자세히 하고 있다. ⇨ 수륙재 水陸齋, 수륙재의 水陸齋儀, 범음집산보 梵音集刪補, 신간산보범음집 新刊刪補梵音集

천지명양수륙재의소방문첩절요 天地冥陽水陸齋儀疏榜文牒節要 수륙재의 소(疏)·방문(榜文)·첩(牒) 서식을 모은 책. 찬술시기와 찬술자는 전하지 않는다. 현전하는 판본의 다수가 『수륙무차평등재의촬요 水陸無遮平等齋儀撮要』(『결수문 結手文』)에 부록으로 실려 있거나, 또는 『천지명양수륙재의찬요 天地冥陽水陸齋儀纂要』(『중례문 中禮文』)에 합철된 경우도 있다. 조선시대 주요 수륙재 의례서인 『결수문』·『중례문』과 함께 의례문으로 간행되었던 탓이다. 1470년(성종1)에 견성사(見性寺)에서 개판한 『수륙무차평등재의촬요』는 최고(最古) 판본으로 보물로 지정되었고, 1483년(성종14) 진안 성수산(聖壽山) 중대사(中臺寺)본·1571년(선조4) 강진 무위사(無爲寺)본·1573년(선조6) 월악산 덕주사(德周寺)본 등 여러차례 개간인출되었다. [참고문헌] 『韓國佛教儀禮資料叢書』, 『全國寺刹所藏木板集』(文化財管理局, 1987). ⇨ 수륙무차평등재의촬요 水陸無遮平等齋儀撮要

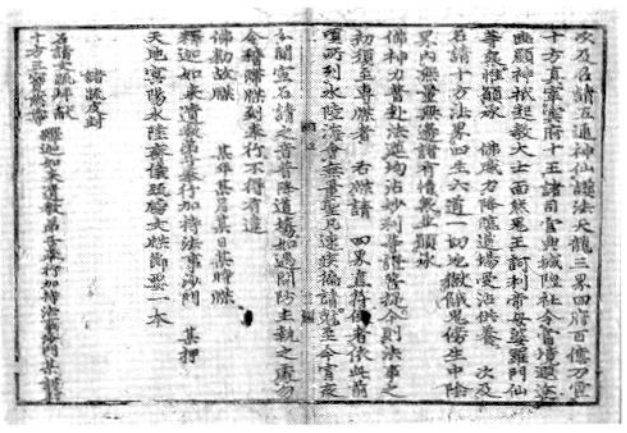
천지명양수륙재의소방문첩절요
월악산 덕주사본 1573년

천지명양수륙재의찬요 天地冥陽水陸齋儀纂要 고려조 스님 죽암유공(竹庵猷公 생몰연대미상)에 의해 편찬된

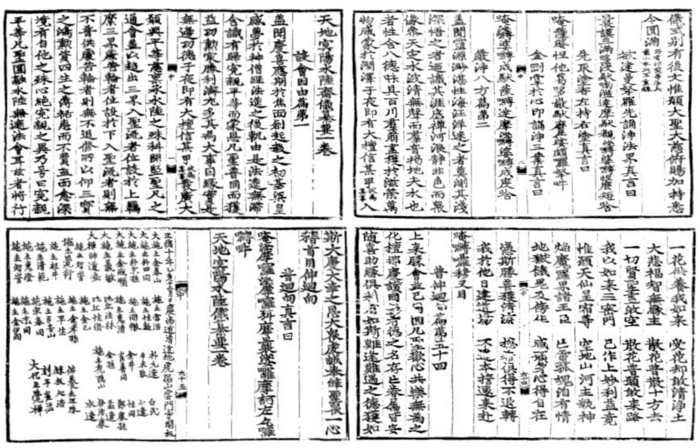
천지명양수륙재의찬요 청도 운문사 1515년

수륙재 설행의식문으로 수륙재의 기원을 밝히는 '설회인유분제일 設會因由分第一'로 시작한다. 1권 1책 66장. 물과 땅에 인연한 일체함식(一切含識)을 위해 차별없이 법연(法筵)을 베풀기에 무차재회(無遮齋會)라 하며, 『중례문 中禮文』이라고도 부른다. 도량을 청정하게 하는 '엄정팔방편제이 嚴淨八方篇第二'를 시작으로 널리 회향하는 '보신회향편제오십사 普伸回向篇第五十四'를 끝으로 모두 54편목으로 구성되었다. 1513년(중종8) 순천 대광사(大光寺) 판본을 시작으로 이제현(李齊賢) 발문의 1515년(중종10) 65장의 청도 운문사(雲門寺) 개간판, 1562년(명종17) 화순 쌍봉사(雙峯寺)와 1694년(숙종20) 해인사 간행에 이르기까지 30종 이상의 판본이 유통되었다.

천지인물 天地人物 하늘과 땅과 사람과 사물. 세상의 모든 것 또는 만물(萬物)의 뜻으로 천지인 삼재(三才)에 물(物)을 더했다. 『장아함경』 권3 「유행경 遊行經」(대정장1, p.16c24)에 "천지인물 중에 생겨나서 사라지지 않은 것은 없다. 있어 함이 있는 유의의 것들에 변하고 바뀌지 않는 일이란 있을 수 없다. 내가 앞서 설한 대로 고마움과 사랑마저도 무상할 뿐이니, 합쳐 모이면 떨어져야 하고 몸마저 자기 것이 아니고 목숨 또한 오래 가지 못한다. 天地人物 無生不終 欲使有爲 不變易者 無有是處 我亦先說 恩愛無常 合會有離 身非己有 命不久存", 『불개해범지아발경』(대정장1, p.262b22)에 "과거에 선하게 목숨을 이은 이는 다시 나서 사람이 되고 부귀와 장수를 누리지만, 선하지 못한 이는 고통받고 단명하니 각기 본업에 말미암는다. 천지인물은 하나같이 네 기운을 받으니, 첫째는 땅, 둘째는 물, 셋째는 불, 넷째는 바람이다. 사람의 몸 중에 강한 것은 땅이고, 부드럽게 적심은 물이며, 따뜻함은 불이고, 숨은 바람이다. 나면서 이를 빌려 쓰고 죽어서는 본래로 돌아가니 그 시작과 끝을 따져보면 각각 스스로가 다른 것에 의지해 있을 뿐임을 보통 사람은 깨닫지 못한다. 宿命善者 復生爲人 則富貴長壽 其不善者 則苦短命 各由本業 天地人物 一仰四氣 一地二水 三火四風 人之身中 强者爲地 和淖爲水 溫熱爲火 氣息爲風 生借用此 死則歸本 計其本末 各自爲他 凡人不覺", 『변정론』 권1(대정장52, p.493b20)에 "오상이라는 것이 하늘에 있으면 오위가 되고, 땅에 있으면 오악이 되며, 자리에 있으면 오방이 되며, 사람에게 있으면 오장이 되고, 물에 있으면 오행이 된다. 넓게 말하자면 다 거둬 꿰지 못함이 없다. 五常也者 在天爲五緯 在地爲五嶽 在處爲五方 在人爲五藏 在物爲五行 廣而言之 無所不統", 『저주낭야산각화상어록』(고존숙어록46, 卍속장118, p.783a13)에 "혜각이 주장자를 집어 세우고 말하였다. '하늘에 있은즉 맑고 땅에 있어서는 탁하며 사람에게 있을 때는 신(神)이고 물에 있으면 영(靈)이다. 말해보라. 이 산승의 손 안에 있으면 무엇이라 부르겠는가?' 잠깐 잠자코 있다가 말하였다. '주장자지!'. 師乃拈起拄杖云 在天則清 在地則濁 在人則神 在物則靈 且道在山僧手裏 喚作什麽 良久云 拄杖子",『천여유칙어록』 권2(卍속장122, p.846b8)에 "원래부터 다만 이 하나뿐인 자기다. 이 일개 자기가 하늘에 있으면 하늘과 같아지고, 땅에 있으면 땅과 같으며, 사람에게 있으면 사람과 같아지고, 물에 있으면 물과 같다. 자기분상에서 때로는 '본래 갖추었다' 하고, 때로는 '본래 공하다'라고 하며, 때로는 '깨우쳤다 미했다' 하며, 때로는 '닦아 얻었다' 한다. 元來只是一箇自己 這箇自己 在天同天 在地同地 在人同人 在物同物 於自己分上 或說本具 或說本空 或說悟迷 或說脩證"라고 하였다. 〔참고문헌〕『長阿含經』, 『佛開解梵志阿颰經』, 『辯正論』, 『滁州瑯琊山覺和尙語錄』, 『天如惟則語錄』. ⇨ 만물 萬物, 삼재 三才

천지팔양신주경 天地八陽神呪經 당(唐)대 의정(義淨) 한역. 1권. 대정장85, pp.1422b14~1425b3, No.2897에 수록되어 있다. 『천지팔양경』·『팔양경』 등이라고도 한다. 내용은 무변신(無邊身)보살의 『천지팔양경』이라는 제목의 뜻을 묻는 질문에 천지는 음양(陰陽)을 가리키고, 팔양은 잘 분별해서 밝히는 것이라고 한다. 또한 팔은 팔식(八識)이니 대승의 깊은 이치를 알고 팔식의 인연이 공해서 아무런 얻을 바가 없음을 잘 분별하는 것이라고 하였다. 따라서 『천지팔양경』은 팔식을 음양 조화방편에 의지해서 풀이한 경이다. 조선중기 이후의 인출본과 필사본이 다수 전한다. 1549년(명종4)에 지리산(智異山) 신흥사(神興寺)에서 『불설광본대세경 佛說廣本大歲經』·『불설지심다라니경 佛說地心陀羅尼經』·『불설조왕경 佛說竈王經』 등과 함께 간행한 한문본이 시기상 가장 앞선다. 이후 한문본 경문(經文)에 한글 독음을 병기하거나, 한문 경문 없이 한글 독음만 기술한 언해본이 간행되었다. 한문 경문에 한글을 병기한 언해본은 1635년(인조13) 태인 용장사(龍藏寺) 간행본, 1657년(효종8) 장흥 천관사(天冠寺) 간행본, 1791년(정조15) 순천 송광사(松廣寺) 간행본, 1797년(정조21) 양주 불암사(佛巖寺) 간행본, 1908년(순종2) 강재희(姜在喜)본 등이 있다.

천지팔양신주경언해 天地八陽神呪經諺解 1839년(헌종5)에 화담경화(華潭敬和 1786~1848)가 철원 석대암(石臺庵)에서 간행한 『천지팔양신주경』의 한글 음석본(音釋本). 목판본 70장(張). 한불전10, pp.795a2~820a24에 전한다. 『천지팔양신주경』의 원래 이름은 당대 의정(義淨 635~713)이 번역한 『불설천지팔양신주경 佛說天地八陽神呪經』이다. 이 언해본은 한문 경문과 한글 독음을 병기한 것으로, 맨 앞에는 1831년(순조31)에 경화가 쓴 서문이 있고, 맨 뒤에도 같은 때 작성한 발문과 함께 시주질·연화질·산중질 등을 덧붙였다. 서문에서 "무릇 불설천지팔양신주경은 시방제불의 골수이고 삼세보살의 명맥이다. … (불설천지팔양신주경) 아홉자를 다 거둬서 한 부의 홍전으로 삼았으니, 무진법문 구족함이다. 이 경을 한 편 읽으면 일체경 한 편을 읽은 것과 같고, 한 권을 베끼면 일체경을 베낀 것과 같다. 夫佛說天地八陽神呪經者 十方諸佛之骨髓 三世菩薩之命脉也 … 摠斯九字爲一部之弘典 卽無盡法門具足矣 若讀此經一遍 如讀一切經一遍 若寫一卷 如寫一切經"라고 하였다. 한문 경문 없이 한글 독음만 기술한 책은 주로 필사본으로 유통되었다.

천지팔양신주경주 天地八陽神呪經註 1831년(도광11) 경화(敬和 1786~1848)지음. 1권. 한불전10, pp.795a1~820a24에 수록되어 있다. 철원 보개산(寶蓋山) 심원사(深源寺) 석대암(石臺庵) 판본으로 경전의 원문 좌편에 한글음을 달았다.

천지합덕 天地合德 천지와 합한 덕. 본래 『주역』「건괘 乾卦」에 "무릇 대인이란 천지와 더불어 그 덕을 합하고, 일월과 더불어 그 밝음을 함께 하며, 사시와 더불어 그 시작을 함께 하고 귀신과 더불어는 길흉으로 만난다. 하늘보다 먼저이나 하늘이 거스름이 없고, 하늘 그 뒤라해서는 하늘의 때를 받든다. 夫大人者 與天地合其德 與日月合其明 與四時合其序 與鬼神合其吉凶 先天而天弗違 後天而奉天時", 『주역선해』 권6(가흥장20, p.441c1)에 "〔문〕 공자도 천둥 치고 바람 세차면 필시 변하였는데, 다시 어떻게 통했다 하는가? 〔답〕 이것이야말로 천지와 더불어 합한 덕이니, 변한즉 함께 변하니 근심하고 두려워할 일 아니다. 問曰 孔子迅雷風烈必變 復云何通 答曰 此是與天地合德 變則同變 亦非憂懼", 『속전등록』 권33 「자항료박전 慈航了朴傳」(대정장51, p.699b3)에 "법좌에 오르자 '긴 장마로 개지 않아 자는 듯 깬 듯 하늘과 땅이 그 덕을 합한 듯하다. … 귀신과도 길흉을 함께한다' 하니, 드디어 할하여 이르되 '그대로, 그대로 있으라. 내괘 이미 이루었는데 다시 밖으로 상 구할 일 있겠는가'. 上堂 久雨不晴 半睡半醒 可謂天地合其德 … 鬼神合其吉凶 遂喝曰 住住 內卦已成 更求外象"라고 하였다. 〔참고문헌〕『周易』, 『周易禪解』, 『續傳燈錄』.

천지현격 天地懸隔 하늘과 땅만큼 멀리 떨어지다. 크게 어긋나거나 멀어지다의 뜻이다. 『화엄경소초』 권6(대정장36, p.41a9)에 "소승을 대승에 견주면 마치 반딧불을 햇볕에 견줌과 같다. 소승은 불교임에도 배척받고 꾸짖는데, 하물며 유교와 도교를 불법과 견주겠는가. 이들은 하늘과 땅만큼 멀리 떨어져 있다. 小乘比大 由若螢光 方於日照 小是佛敎 尙被斥訶 況於儒道 比之佛法 則天地懸隔矣", 『설두어록』 권3(대정장47, p.691c2)

에 "투자고불이 몰랐다고 말할 수는 없지만 점검해 보면 곧바로 하늘 땅만큼 멀리 떨어져 다르다. 묻자마자 바로 때려 화답해야 했다. 投子古佛 不可道不知 若點撿來 直是天地懸隔 纔問 便和聲打", 『대혜어록』 권2(대정장47, p.818c12)에 "법좌에 올라 '조주에게 어떤 학인이 「털끝만큼이라도 어긋날 때 어떠합니까?」라고 묻자 조주가 「하늘과 땅만큼 벌어진다」라고 답하고, 다시 「털끝만큼도 차이가 없을 때에는 어떠합니까?」라는 물음에 「하늘과 땅만큼이나 벌어진다」고 답한 문답을 들어 말했다. '여러분, 조주를 알고자 하는가? 평소 하던 대로 오봉루 앞을 지나면서 손에는 금 채찍을 들고 태평가를 부른다'. 上堂 擧 僧問趙州 毫釐有差時如何 州云 天地懸隔 僧云 毫釐無差時如何 州云 天地懸隔 師云 諸人 要識趙州麼 慣從五鳳樓前過 手握金鞭賀太平"라고 하였다. [참고문헌] 『華嚴經疏鈔』, 『雪竇語錄』, 『大慧語錄』.

천진 天眞 ❶ 자성 그대로의 진실. 제법(諸法)이 실상 그대로여서 어떤 지음(造作)도 없어 진여(眞如)와 뜻을 같이 한다. 『지관보행전홍결』 권1(대정장46, p.143c27)에 "이는 지어낼 수 있는 것이 아니므로 천진이라 한다. 理非造作 故曰天眞", 『심부주』 권2(卍속장111, p.52b9)에 "법이 온통 없는 길에서 합하고, 념념이 모두 얻을 것 없는 바탕으로 돌아가니 천진하고 자연스러워 지어낸 바 아니다. 法法盡合 無言之道 念念皆歸 無得之宗 天眞自然 非干造作", 『원각경대소석의초』 권3(卍속장14, p.535a5)에 "지금 천진이라는 말은 진여이고, 나아가 익힌다는 말은 온갖 선행을 구하여 익힌다는 뜻이다. 今云天眞者 卽眞如也 進習者 卽求學諸善行也", 『시식단의』(卍속장104, p.838b6)에 "천진이란 본래 자성의 하늘같은 진실이다. 天眞者 本來自性天眞也", 『불성법태선사어』(속고존숙어요3, 卍속장118, p.996b1)에 "사유하지 말고 조작도 그친다. 손을 펴 주먹도 연다. 돌, 돌, 돌! 뜻대로 말해서 천진에 맡긴다. 진주에서 나는 무는 세 근이라 하는구나. 가소롭다! 달마 아는 것 없이 9년 동안 면벽하며 정신을 몹시 괴롭혔도다. 勿思惟 休造作 展手開拳 咄咄咄 隨意說 任天眞 鎭州蘿蔔重三斤 堪笑 老胡不知有 九年面壁太勞神"라고 하였다. [참고문헌] 『止觀輔行傳弘決』, 『心賦注』, 『圓覺經大疏釋義鈔』, 『施食壇儀』, 『佛性法泰禪師語』. ❷ 고려중기 스님. 진각혜심(眞覺慧諶 1178~1234)이 내린 상당법어가 『조계진각국사어록』(한불전6, p.2c16)에 "(1223년·고종1) 10월 초하루 가지산문대선사 천진이 돌아가신 어머니를 위해 상당법문을 청하였다. 十月初一日 迦智大禪師天眞 爲先妣請上堂", 같은 책(한불전6, p.13b2)에 "천진선사를 위해 상당하여 말했다. '방망이로 두들겨 오르려 함에 덕산을 등지고, 할하여 맞다 하려니 임제를 묻어버린다. 하물며 다시 횡설수설해서 막아 말하고 드러내 말할 수 있겠는가. 산승은 입으로 옹알이하고 대중들 눈만 껌벅거린다. 설사 귀 안에 향수해 담고 눈 속에 수미산 담은들 무슨 소용 있으랴? 왜이겠는가?' 침묵하다가 말하였다. '동에 바르고 서에 문질러서 천 가지 맡긴들 어찌 천진한 본래 모양만 하겠는가? 잘들 지내시게'. 爲天眞禪師上堂云 棒頭取登 辜負德山 喝下承當 埋沒臨濟 況復橫說竪說 遮詮表詮 山僧口子吧吧 大衆眼兒貶貶 直使 耳裏着得香水海 眼裏着得須彌山 有甚用處 何故 良久云 東塗西抹任千般 爭似天眞本來樣 珍重"라고 하였다. [참고문헌] 『曹溪眞覺國師語錄』. ⇨ 혜심 慧諶 ❸ 일본 스님. 『정종실록』 권1 1년(1399) 9월 10일에, 2년(1400) 8월 21일에 이어 예물을 조정에 바치고 잡힌 이들을 데려갔다. 『태종실록』에도 권1 1년(1401) 4월 29일에 "일본 자운사 스님 천진이 … 해도에서 붙잡아 판 사람들을 돌려보냈다. 日本慈雲寺僧天眞 … 發還海島掠賣人"고 하였고, 권2(1402) 1년 9월 29일에도 "박다 자운 주지 천진이 석고 5근과 백반 30근을 바쳤다. 博多慈雲住持天眞 獻石膏五斤 白礬三十斤"라고 하였다. [참고문헌] 『定宗實錄』, 『太宗實錄』.

천진 天塵 하늘이 낳은 티끌. 상키야(Ⓢ Sāṃkhya : 數論)의 오유(五唯)를 달리 이르는 말. 『금칠십론』 권중(대정장54, p.1254b15)에 "'오유는 무차별이다'라 한 것은, 너는 무엇을 차별이라 하고 무차별이라고 하는가? 지금 답해야 한다. 아만으로부터 오유가 생겼으니 미세적정하며 희락으로 상을 삼았다. 이것은 그대로 모두 '천진'이어서 차별이 없다. 하늘은 근심도 어리석음도 없기 때문이다. 五唯無差別者 汝說何者差別 無差別者 今當答 從我慢生五唯 細微寂靜 以喜樂爲相 此卽諸天塵 無有差別 天無憂癡故"라고 하였다. [참고문헌] 『金七十論』, 『華嚴懸談會玄記』 권35(卍속장12, p.536b5). ⇨ 오유 五唯, 아만 我慢

천진교상한 天津橋上漢 하늘로 가는 다리 위의 그 사람. 전란(戰亂)을 미리 알아차린 이의 고사에서 유래하여, 언제나 생사(生死)라는 전장(戰場) 중에 있어서 늘 그 험난을 알아차리는 이의 비유다. 송대 소옹(邵雍)이 낙양(洛陽)의 천진교에서 두견새의 울음소리를 듣고 장차 천하에 전란이 일어나리라고 예지한 고사에서 기원한 말이다. 이는 『소씨문견전록 邵氏聞見前錄』 권19 등에 전한다. 『허당록』 권1(대정장47, p.988b9)에 "다음날 법좌에 올라 말했다. '가거나 머물거나 앉거나 눕는 사위의 중에 항상 한 곳 있어 험하지만, 사람들 점검해 내지 못할 뿐이다. 만일 점검해 낸다면 그는 천진교 위의 사람과 같다 하겠지만, 만일 점검해 내지 못한다면 90일 동안 정신만 허비할 것이다. 답해 보라! 무엇이 그 한 곳인가?' 주장자를 세우고 말했다. '위험하다, 위험해!' 次日 上堂 行住坐臥 四威儀中 常有一處險 只是諸人 檢點不出 若檢點得出 許爾是箇天津橋上漢 若檢點不出 九十日內 枉費精神 且道 那箇一處 卓主丈 險險", 『염팔방주옥집』 권하(卍속장119, p.293a1)에 "불과가 집어내 말했다. '그 학인은 쇠와 돌 섞인 금과 옥일 뿐이니 복강은 큰 화로를 넓게 열어 두고 백 번 천 번 단련하여 단 하나 금강왕보검 얻는다. 그 뜻을 알겠는가? 천진교 위의 사람과 같이 해야 북두의 남쪽 끝 보리라'. 佛果拈云 這僧 渾金璞玉 覆舡 大冶宏開 百鍛千煉 成一箇金剛王寶劍 還委悉麼 也是天津橋上漢 北斗南頭著眼看"라고 하였다. [참고문헌] 『虛堂錄』, 『拈八方珠玉集』.

천진대 天鎭臺 전라북도 완주군 운주면 산북리 대둔산(大芚山) 안심사(安心寺) 산내 있던 대(臺). 1759년(영조35)에 세워진 「안심사사적비 安心寺事蹟碑」의 음기(陰記)에 나열된 부속암자 중에서 이름을 확인할 수 있으나, 폐사된 것으로 보인다. [참고문헌] 『朝鮮金石總覽』 권하, 『韓國寺刹全書』 권하 p.1083b13.

천진독랑 天眞獨朗 천진(天眞)이 명랑(明朗)한 것. 불생무작(不生無作)의 본성을 깨달아 생사열반의 차별을 뛰어넘어 밝게 빛나는 경지를 말한다. 천태종에서는 지관(止觀)이 완전한 경지를 가리킨다. 『마하지관』 권1(대정장46, p.1a11)에 "나면서부터 아는 이가 최상이고, 배워서 알면 그 다음이다. 법문은 넓고도 묘하니 천진하여 오롯이 밝은가. 저 남을 좇아 더욱 푸르른 것인가. 生知者上 學而次良 法門浩妙 爲天眞獨朗 爲從藍而青", 『지관보행전홍결』 권1(대정장46, p.143c26)에 " '천진독랑하다'라고 한 것은, 스승 없이도 아는 법인가 물은 것이다. '남에서 나온 푸르름이란' 무슨 말인가? 배워 이룬 것 물은 것이다. 이란 지은 일 없기에 천진이고 깨우친 지혜 두렷이 밝아 오롯이 밝다 한 것이고, 스승에 따라 물들고 익히기에 '남에서 나온 것'이며, 배워서 공을 이루기에 '푸르르다' 한다. 爲天眞獨朗者 問無師法 爲從藍而青者 問學成法 理非造作 故曰天眞 證智圓明 故云獨朗 由師染習 故曰從藍 由學功遂 故曰而青"라고 하였다. [참고문헌] 『摩訶止觀』, 『止觀輔行傳弘決』.

천진무작 天眞無作 타고난 그대로여서 지은 일 없이 하다. 지눌(知訥)의 『수심결』(대정장48, p.1008c11・한불전4, p.713a2)에 "타고난 그대로여서 지은 일 없고 동정이 언제나 선이어서 스스로 그러한 이치를 성취하니, 어찌 수상문 빌어 마주해 다스리는 뜻이겠는가. 병이 없으면 약도 구하지 않는 법이다. 天眞無作 動靜常禪 成就自然之理 何假隨相門 對治之義也 無病不求藥"라고 하였다. [참고문헌] 『修心訣』.

천진보탑 天眞寶塔 충청남도 공주시 계룡면 중장리 계룡산에 있는 천연바위탑. 충남 문화재자료 제68호. 갑사(甲寺)에서 동쪽으로 약1.3km 떨어진 신흥암(新興庵) 뒤에 솟은 자연암반이다. 『공주군지』 고적조에 부처님 열반 후 인도를 통일한 아소카왕이 쿠사나가라국에 있던 사리탑에서 사리를 꺼내 여러곳에 나누어 주었는데, 이때 북쪽을 담당하던 비사문천(毘沙門天)이 이 바위에 사리를 모셔와 안치하였다고 전한다. 이후 아도화상이 선산 도리사를 창건하고 돌아가던 중 상서로운 빛이 발하는 이 바위를 보고는 '천진보탑(天眞寶塔)'이라 이름했다고 한다. 이 외에도 울주 석남사(石南寺)에서 가지산(迦智山) 정상의 바위탑을 아육왕탑이라 부르며 예를 올리는 등 아육왕의 팔만사천탑 건립의 원을 입으로 전하고 행하기 위해 산 높은 곳 탑 모양 곳곳에 아육왕탑의 이름을 붙인 곳이 많이 있다. [참고문헌] 『공주군지』(공주시, 1979). ⇨ 아육왕탑 阿育王塔

천진불 天眞佛 자성(自性) 그대로 부처인 뜻. 법신불(法身佛), 여여불(如如佛)의 다른 이름이다. 『증도가』(대정장48, p.395c10)에 "법신 깨닫고 나니 아무것도 없고, 본원의 자성이 타고난 그대로의 부처라네. 法身覺了無一物 本源自性天眞佛", 『종경록』 권16(대정장48, p.499a29)에 "조사와 부처가 한결같이 이 마음을 가리켜 부처를 이루면 천진불・법신불・성불・여여불이라고도 한다. 祖佛同指此心 而成於佛 亦名天眞佛 法身佛 性佛 如如佛", 『한산자시집』(가흥장20, p.661a24)에 "우리 집에 굴 하나 있으니, 그 굴 안엔 한 물건도 없어서 맑고 깨끗해 비어 당당하고 빛으로 꽃피우니 나날이 밝을 뿐이라네. 소박한 음식으로 하찮은 몸을 기르고 누더기로 꿈같은 바탕 둘렀으나 천성이 임하신들 나는 천진의 부처라네. 余家有一窟 窟中無一物 淨潔空堂堂 光華明日日 蔬食養微軀 布裘遮幻質 任你千聖現 我有天眞佛"라고 하였다. [참고문헌] 『證道歌』, 『宗鏡錄』, 『寒山子詩集』. ⇨ 본원자성천진불 本源自性天眞佛

천진암 天津菴 강원도 회양군 금강산(金剛山)에 있었던 암자. 『한국사찰전서』는 이이(李珥 1536~1584)의 「풍악록 楓岳錄」에서 천율암이라 전하지만 『율곡전서』에는 천진암(天津菴)이라고 하였다. 권1 시(詩) 「여지유풍악야 余之遊楓嶽也」에 "만회와 백운 … 천진과 안심・돈도와 신림・이엄과 오현・안양과 청련・운점과 송라는 차제로 별처럼 펼쳐져 있다. 이상은 모두 암자의 이름이다. … 천진암과 안심암은 개심암의 북쪽에 있다. … 萬回與白雲 … 天津與安心 頓道與神林 利嚴與五賢 安養與青蓮 雲岾與松蘿 次第如星羅 已上皆菴名 … 天津安心在開心北"라고 하였다. [참고문헌] 『栗谷全書』, 『韓國寺刹全書』 권하 p.1076a11.

천진암 天眞庵 ❶경기도 광주시 퇴촌면 우산리 앵자산(鶯子山)에 있던 암자. 정약용(丁若鏞 1762~1836)이 1779년(정조3)에 서학의 강학회(講學會)를 열었던 곳으로 당시 이벽(李檗 1754~1786)이 찾아오기도 하였다. 이후 한국천주교 발상지의 하나가 되었다. 『한국사찰전서』에 수십 년 전에 폐사되었다고 전하고 있다. [참고문헌] 『與猶堂全書』, 『輿地圖書』, 『梵宇攷』, 『伽藍考』, 『韓國寺刹全書』 권하 p.1083b2. ❷경상남도 고성군 하이면 와룡리 와룡산(臥龍山)에 있는 암자. 운흥사(雲興寺)의 산내암자이다. 『한국사찰전서』에 "조선 숙종 8년(1682) 임술년에 박응화가 창건하였다. 朝鮮肅宗八年壬戌 朴凝化建"라고 하였다. [참고문헌] 『韓國寺刹全書』 권하 p.1083b8. ❸전라남도 장성군 북하면 약수리 백양산(白羊山)에 있는 암자. 대한불교조계종 백양사(白羊寺)의 산내암자다. 1350년(충정왕2)에 각진국사(覺眞國師)가 창건하였고, 1690년(숙종16)에 소요대사(逍遙大師) 때는 백양사의 종무소 역할을 하였으며, 1701년(숙종27)에 비구니들의 수행처였으나 한국전쟁 이후 소멸되었다가 1971년에 정공(淨空)이 인법당과 삼성각을 건립하면서 중창되었으나 유지되지 못하였다. 1986년에 월정사 지장암(地藏庵)에서 득도하고 운문사 강원을 졸업하고 제방선원에서 수행하던 비구니 정안(淨岸)이 방장 서옹(西翁)의 뜻을 받들어 법당·삼성각·요사 등을 중건하였고, 1992년에는 '비구니정공 공적비'도 건립하였다. 1996년에 비구니선원(禪院)을 개원하여 여법한 비구니 수행도량으로 거듭나기에 이르렀다. 한국불교 사찰음식의 수승한 전통을 지구촌 곳곳에 알리고 있는 비구니 정관(正寬)이 주지가 된 이후로는 한국사찰음식의 전통과 멋을 체험하는 여법한 도량이 되었다. 현존하는 당우로는 법당·삼성각·요사 등이 있다. [참고문헌] 『韓國寺刹全書』 권하 p.1083b6. ❹ 전라북도 완주군 운주면 산북리 대둔산(大芚山)에 있던 절. 안심사(安心寺)의 산내 암자였다. [참고문헌] 『韓國寺刹全書』 권하 p.1083b4. ❺함경북도 북청군 속후면에 있던 암자. 곧 수암사(水巖寺)이다. 세조(世祖) 성화(成化) 연간에 성화현(成化峴) 천진암으로 이름지어졌다. [참고문헌] 『韓國寺刹全書』 권하 p.1083b11. ⇨수암사 水巖寺 ❻평약북도 초산군(楚山郡) 도원면(桃源面)에 있었던 암자. 보현사(普賢寺)의 산외 말사였다. [참고문헌] 『朝鮮佛教通史』 권상.

천진이묘 天眞而妙 타고난 진실 그대로 묘하다. 『동산어록』(대정장47, p.515a28)에 "타고난 진실이어서 묘할 뿐, 미함에도 깨우침에도 속하지 않는다. 인연이 시절을 만나면 고요히 그대로 분명하게 드러난다네. 天眞而妙 不屬迷悟 因緣時節 寂然昭著", 『조동오위현결』 권하(卍속장111, p.259a12)에 "천진으로 묘하다. : … 경에서 이르길 '허공은 움직여 구르지 않지만 일체유위법 출생시키고, 만법 변하고 사라지지만 허공은 무너질 일 없다'라고 하였다. 어찌 미혹과 깨달음이 있겠는가! 만나는 연마다 그대로 으뜸에 부합하니 모든 법을 세우고, 따라 밝게 드러내니 마치 사계절 때를 따라 오고가듯 한다. 天眞而妙 … 經云 虛空無動轉 出生一切諸有爲法 萬法變滅 虛空無壞 豈有迷悟哉 遇緣卽宗 建立諸法 隨其昭著 如四時行焉"라고 하였다. [참고문헌] 『洞山語錄』, 『曹洞五位顯訣』. ⇨천진 天眞❶

천착 舛錯 어긋나 뒤섞이다. 『섭대궤』 「발 跋」(대정장18, p.87a6)에 "거듭 전하고 베껴서 천착이 매우 많다. 展轉傳寫 舛錯頗多", 『법화삼매참의』 「서 序」(대정장46, p.949a16)에 "부처님 가르침이 점차로 멀어지면서 그 문구 또한 어긋나 뒤섞이니 주고받는 이들이 부실하고 어둡기 때문이다. 聖教浸遠 文句舛錯 由傳者浮昧", 『위산경책주』 「서 序」(卍속장111, p.284a9)에 "글자 갈수록 어긋나 뒤섞였으니 따라 고쳐 바르게 하였으니, 만학과 후진들 본보기 가지게 되었다. 字之舛錯者 又從而校正之 晚學後進 有所矜式"라고 하였다. [참고문헌] 『攝大軌』, 『法華三昧懺儀』, 『潙山警策註』.

천착만착 千錯萬錯 천으로 어긋나고 만 번이나 그르치다. 거듭 어긋나 닿을 길 없는 뜻이다. 『벽암록』 98칙 「착어 著語」(대정장48, p.221b8)에 "어찌하랴, 이 두 갈래로 어긋남을. 천으로 어긋나고 만 갈래 그르치네. 어찌하랴 만날 길 없으니, 그대 보면 볼수록 어쩌지 못하게 하니. 爭奈這兩錯何 千錯萬錯 爭奈沒交涉 轉見郎當愁殺人", 『무문관』 2칙 「송 頌」(대정장48, p.293b8)에 "떨어질 일도 없고 어둡지도 않으니 한 판에 두 개로 빛나고 매하지도 않고 떨어질 일도 없다하니 천 번 어긋나고 만 번 뒤집힌다. 不落不昧 兩采一賽 不昧不落 千錯萬錯"라고 하였다. [참고문헌] 『碧巖錄』, 『無門關』.

천찬 天饌 하늘의 음식. 『중허마하제경』 권1(대정장3, p.933b6)에 "과거세에는 … 땅에서 나는 먹을 것들의 맛조차도 하늘의 음식과 같았지만, 후대에 이 맛있는 음식을 두고 탐착을 일으켰기에 몸은 무겁게 가라앉고 광명은 멸하여 이 세간 가득 어디나 깜깜하여 어두워졌다. 過去之世 … 所食地味 猶如天饌 而於後時 於此美食 生貪著故 身卽沈重 光明卽滅 於是世間 普皆黑暗"라고 하였다. [참고문헌] 『衆許摩訶帝經』.

천책 天頙 고려 제25대 충렬왕(재위 1274~1308)대를 전후하여 활동하였던 스님. 강진 만덕사 백련사(萬德寺白蓮社)의 8대국사 중 제4세 법주이다. 휘는 천책(天頙 : 頙字는 바를(正) 척字이므로 마땅히 '천척'으로 하여야 옳지만, 從來로 '천책'으로 읽어 왔다), 자는 천인(天因) 또는 몽차(蒙且), 별호는 용혈대존숙(龍穴大尊宿) 또는 내원당(內願堂), 속성은 신(申)씨. 본관은 고령(高靈)이니, 개국공신 신염달(申厭達)의 11대손이다. 선조 대대로 명문가인 고령 신씨의 후손으로서 자긍심을 가졌다. 20세 때 문과에 급제하여 문장을 떨치다가 충렬왕 때 홀연히 세속을 등지고 금릉(金陵 : 지금의 전라남도 康珍)의 만덕산 백련사로 찾아가 연율(蓮律)을 은사로 하여 스님이 되었다. 경율론 삼장의 연마는 물론, 수행에 수행을 거듭하여 명실상부한 부종수교(扶宗樹敎)의 대종사로서 원묘요세(圓妙了世)의 법을 이었다. 만년에 국사로 책봉되어 왕으로부터 융숭한 존경을 받았다. 한때 백련사를 떠나 경상북도 안동의 용혈사(龍穴寺)로 옮겨서 주석하였으므로 사람들이 용혈대존숙이라고 불렀다. 시호는 '진정국사 眞靜國師'이고, 탑호는 '고암 杲庵'이다. 법을 이은 제자로는 백련사의 제5세 법주인 원조국사(圓照國師) 정오(丁午 : 一名 釋敎都僧統인 靜照而安) 등이 있고, 손제자에는 운묵무기(雲默無寄) 등이 있다. 저서로는 1293년(충렬왕19) 11월에 『선문보장록 禪門寶藏錄』 3권을 지었고, 이어 『선문강요집 禪門綱要集』 1권·『해동전홍록 海東傳弘錄』 4권·『실부록 室簿錄』 1권·『호산록 湖山錄』 2권 등을 남겼으나 거의 일실되었고, 『선문보장록』 3권과 『선문강요집』 1권만이 현존한다. 같은 절 백련사 제2세 법주인 정명국사(靜明國師)는 휘가 천인(天因)이었다. 제4세 법주인 천책(天頙)은 자가 천인(天因)이다. 〔참고문헌〕『東師列傳』 권1 「眞靜國師傳」(한불전10, p.1004b13), 『萬德寺志』(亞細亞文化社, 1977) pp.42~55, 『韓國佛敎撰述文獻總錄』(동국대출판부, 1976) pp.141~144. ⇨ 만덕산백련사제4대진정국사호산록 萬德山白蓮社第四代眞靜國師湖山錄, 용혈대존숙 龍穴大尊宿

천천 千泉 하늘 못. 파미르(Pamir)고원 북부지역에 있던 오아시스. 오늘날의 프룬제(Frunze) 서쪽 약 120km인 메르케(Merke) 부근을 말한다. 『자은전』 권2(대정장50, p.227c2)에 "이곳(素葉城)으로부터 서쪽으로 사백여 리를 가면 병률에 이르는데, 이곳을 '천천'이라고 한다. 이곳의 사방 수백 리에는 본래 많은 연못과 늪이 있고, 또 수목도 울창하여 시원하므로 가한의 피서처다. 自此西行 四百餘里 至屛聿 此曰千泉 地方數百里 旣多池沼 又豐奇木森沈涼潤 卽可汗 避暑之處也", 『대당서역기』 권1(대정장51, p.871a19)에 "소엽성에서 서쪽으로 사백여 리를 가면 '천천'에 이른다. 천천이라 하니 걸쳐 있는 땅이 사방 이백여 리인데, 남쪽으로는 설산에 접하고, 다른 삼면은 평지에 접한다. 땅에는 물이 많아서 비옥하고, 숲은 울창하며, 늦은 봄에는 온갖 꽃들이 피어나 비단을 펼친 듯하다. 샘이나 못이 천 곳이나 되기에 이렇게 부른다. 돌궐의 '가한'이 매번 더위를 피해 이곳으로 오니 많은 사슴떼들이 풀을 뜯었는데, 방울과 고리로 장식하였고 사람에게 길들어서 놀라 달아나지 않았다. '가한'이 사랑하여 군속들에게 사슴을 살해하면 벌 주어 용서하지 않겠노라 하였기에 이 무리의 사슴들 그 수명을 다할 수 있었다. 素葉城西行四百餘里 至千泉 千泉者 地方二百餘里 南面雪山 三陲平陸 水土沃潤 林樹扶踈 暮春之月 雜花若綺 泉池千所 故以名焉 突厥可汗 每來避暑 中有群鹿 多飾鈴鐶 馴狎於人 不甚驚走 可汗愛賞 下命群屬 敢加殺害 有誅無赦 故此群鹿 得終其壽"라고 하였다. 〔참고문헌〕『慈恩傳』, 『大唐西域記』.

천청무사 天聽無私 하늘 귀로 들을 뿐이어서 사사로움 없다. 비춰 밝히되 삿됨이 없다는 뜻의 조감무사(照鑑無私)와 통한다. 『허당록』 권4 「시무파이신은 示無波李新恩」(대정장47, p.1012b22)에 "달마조사가 서천에서 십만리의 물과 구름을 지나 이 동토에 와서는 처음에 양주군과 머리를 마주하고 황종대려와 같은 음성으로 아뢰었다. 비록 하늘 귀 사사로움 없다 하지만 음절로는 그 뜻 잃을 수밖에 없었기에 마침내 강을 가로질러 갈대타고 소림에서 면벽하였다. 곧바로 앉아 다 끊었으니 천길 절벽처럼 우뚝할 뿐이었다.達磨祖師 自西天歷十萬里水雲 而至此土 首對梁主 奏以黃鐘大呂之聲 雖天聽無私 而音節失旨 遂絶江航葦 面壁少林 直下坐斷 壁立萬仞"라고 하였다. 〔참고문헌〕『虛堂錄』. ⇨ 조감무사 照鑑無私

천청사 天淸寺 중국 하남성(河南省) 개봉시(開封市)에 위치한 국상사(國相寺)의 다른 이름. ⇨ 국상사 國相寺

천청일두출 天晴日頭出 하늘 맑으니 저 햇님 머리 들고 나오시네. 『무문관』 34칙 「송 頌」(대정장48, p.297b14)에 "하늘 개니 저 햇님 나오시고, 비 내리시어 땅을 적시네. 정성 다하여 설해 마쳤으니, 다만 믿어 미치지 못할까 염려할 뿐이네. 天晴日頭出 雨下地上濕 盡情都說了 只恐信不及", 『대혜어록』 권1(대정장47, p.812b4)에 "만일 분명히 한다 하면 '비 내려야 땅 젖고 하늘 맑아야 해 뜨며, 작은 달은 29일이고 큰 달은 30일이다'라고 할 것이다. 만약 분명히 하지 않아도 된다면, 금강역사도 토지신도 뒤섞어 단번에 문질러 뼈만 튀어 나온다'라고 하리라. 若也分去 雨下地上濕 天晴日頭出 小盡二十九 大盡三十日 若也不分 金剛與土地 揩背一擦骨出", 『증도가주』(卍속장114, p.919a8)에 "진실 굳이 세울 일 없고〈맑은 하늘에 해 뜬다〉, 거짓은 본디 공하다〈해 높이 뜨면 꽃 그림자 겹친다〉. 眞不立〈天晴日頭出〉 妄本空〈日高花影重〉", 『오등전서』 권64 「밀운원오장 密雲圓悟章」(卍속장141, p.371a12)에 "법좌에 올라 '하늘 맑으면 해 머리 들고 나오고, 비 내려야 땅 젖는다. 이 일

극히 분명하지만 물어 착하면 모든 것 헤아려야 한다. 쉬어 헤아리지 마라. 마음 들어 보라! 길 가는 사람들 우산 들고, 밭일하는 사람들 삿갓 쓴다. 만일 헤아리려 든다면 삼생육십겁 참해야 하리'라고 한 뒤 할 한 번 크게 하였다. 上堂 天晴日頭出 雨下地上溼 此事極分明 問著皆擬測 休擬測 試看 途中人頂傘 田中人戴笠 若擬測 更參三生六十劫 喝一喝",『송원숭악어록』권하(卍속장121, p.610a15)에 "단오 때 법좌에 올랐다. '일이삼사오, 오사삼이일! 바람 스치면 나무 끝 흔들리고, 하늘 개면 해 뜬다. 알아차린즉 태양이 머리 내밀고 만날 일 없으면 스스로 숨어야 하리'. 端午 上堂 一二三四五 五四三二一 風過樹頭搖 天晴日頭出 會得日頭出 不會而自屈"라고 하였다. [참고문헌]『無門關』,『大慧語錄』,『證道歌註』,『五燈全書』,『松源崇嶽語錄』.

천체 天體 ❶ 타고난 바탕.『증일아함경』권3(대정장2, p.557c21)에 "타고난 바탕 단정하여 세상 사람과 매우 다르니, 난다비구가 그런 사람이다. 天體端正 與世殊異 所謂難陀比丘是",『당고승전』권15(대정장50, p.547b20)에 "의포 스님은 … 타고난 바탕 고원하고 성품마저 명랑하였다. 출가한 이후에도 자유롭게 말 주고받으며 애썼다. 釋義褒 … 天體高遠 履性明朗 出家已後 遊談在務"라고 하였다. [참고문헌]『增壹阿含經』,『唐高僧傳』. ❷ 하늘 바탕.『불조역대통재』권2(대정장49, p.490c25)에 "천체 아주 둥글고 주위는 365도의 4분의 1이다. 지구(땅)는 왼쪽으로 도는데, 항상 하루에 한 번 돌면 1도를 지난다. 天體至圓 周圍三百六十五度四分度之一 繞地左旋 常一日一周而過一度",『사분율행사초간정기』권12(卍속장68, p.764a2)에 "남산의『귀경의』에서 이른다. '천체는 오른쪽으로 운행하고 해와 달은 왼쪽으로 돈다. 아침이면 부상에서 떠올라 저녁에는 몽기로 진다네'. 南山歸敬儀云 天體右行 日月左轉 朝起扶桑 暮入濛記"라고 하였다. [참고문헌]『佛祖歷代通載』,『四分律行事鈔簡正記』.

천초사 淺草寺 일본 동경에 있는 절. 금룡산전법원(金龍山傳法院)인데 천초관음사라고 부른다. 628년(추고36) 빈성(浜成)과 무성(武成) 형제가 그물에서 얻은 관음상을 봉안하려고 집을 고쳐 향당(香堂)을 지은 것이 시원이다. 645년(대화1) 승해(勝海)가 당우를 정비하여 개산하였고, 연력사(延曆寺) 원인(圓仁 794~864)이 1척8촌의 관음상을 조성봉안하였다. 942년(천경5)에 안방수평공아(安房守平公雅)가 지금의 위치로 옮기고 본당(本堂)·탑(塔)·종루(鍾樓)·누문(樓門)·경장(經藏)·법화당(法華堂)·상행당(常行堂)의 칠당가람(七堂伽藍)으로 정비했는데, 지금까지 남아있는 뇌문(雷門)과 보장문(保藏門)도 이때 건립한 것이다. 1590년(천정18)에는 덕천가강(德川家康)의 기원소(祈願所)가 되기도 하였으며, 이후 소실과 중건을 거듭하며 오늘에 이른다. 현존 당우로는 본당인 관음당(觀音堂)과 오층탑·윤장(輪藏)·대보전(大寶殿)·염라전(閻羅殿)·약사당·염불삼매당 등이 있다. 우리나라 고려 혜허(慧虛)스님이 그린 양류관음도(楊柳觀音圖)를 소장하고 있는데, 커다란 물방울 중에 양류관음을 모셨기에 일명 '물방울관음도'라고도 불린다. ⇨ 양류관음도 楊柳觀音圖

천추절 千秋節 황후(皇后)나 황태자(皇太子)의 탄생일. 천추영절(千秋令節)이라고도 한다. 왕의 생일인 성절(聖節)과 구분하여 부르는 이름이다. 만수무강을 기원하며 경전을 읽는 축수풍경(祝壽諷經)을 행한다.『백장청규』권1(대정장48, p.1114c1)에 "천추절 : 때가 되면 당사행자는 전날 밤에 대중에게 알리고자 풍경패를 내건다. … 〈모월 모일에 공경하는 마음으로 황태자의 천추영절을 맞이하옵니다〉. 千秋節 至期 堂司行者 隔宿報衆 掛諷經牌 … 〈某月某日 敬遇皇太子 千秋令節〉"라고 하였다. [참고문헌]『百丈淸規』. ⇨ 성절 聖節

천축 天竺 ❶ Ⓢ Sindhu. 인도(印度)를 일컫는 말. 계독(雞毒)·신도(信度)·신두(辛頭)·신독(身毒)·천독(天篤·天督·天毒)·현두(賢豆) 등으로 음사한다. 이것이 변하여 전한 말로서 한대부터 쓰였다. 세계의 중심이라 여겨 중국(中國)이라 부르기도 하였다.『대당서역기』권2(대정장51, p.875b16)에 "천축이라 부른 것에 대해 자세히 살펴보면 의견이 달라 분분하다. 구역으로는 신독이라고 하였으며, 혹은 현두라고도 하였다. 이제 바른 음에 따라 인도라고 해야 한다. 인도 사람은 지역에 따라서 나라를 부르고, 지방에 따라 풍속도 다른데 멀리 다 거둬 이름하였으니 그 아름다움만을 말해 인도라고 한 것이다. 인도란 당나라 말로 월(月)이다. '월'에도 많은 이름이 있는데, 인도는 그 명칭 가운데 하나다. 詳夫天竺之稱 異議糺紛 舊云身毒 或曰賢豆 今從正音 宜云印度 印度之人 隨地稱國 殊方異俗 遙擧總名 語其所美 謂之印度 印度者 唐言月 月有多名 斯其一稱",『석가방지』권상(대정장51, p.949a14)에 "옛날에 송 동해의 하승천이란 이는 만물에 박식한 것으로 저명하여 많은 뛰어난 이들 가운데에서 최상이었다. 그가 사문 혜엄에게 물었다. '부처님의 나라는 어떤 역술로 중이라 부르는가?' 혜엄은 말했다. '천축국은 하짓날 모든 곳의 중앙이 되어 그림자가 없으니, 즉 천지의 중심으로 모든 곳에서 평이 되는 곳이다. 중국의 중원은 경규로 측정하면 여분이 있다'. 昔 宋朝東海 何承天者 博物著名 群英之最 問沙門慧嚴曰 佛國用何曆術而號中乎 嚴云 天竺之國 夏至之日 方中無影 所謂天地之中平也 此國中原 景圭測之 故有餘分"라고 하였다. [참고문헌]『大唐西域記』,『釋迦

方志』. ⇨ 인도 印度, 계독 雞毒, 남천축 南天竺, 동천축 東天竺, 신도국 信度國, 신독 身毒[2], 오인도 五印度, 오천축국 五天竺國, 중국 中國[1] [2] ➡ 천축사 天竺寺[3]

천축구의 天竺九儀 인도(天竺)에서 전승된 예경을 드리는 아홉 가지 법식. 『대당서역기』 권2(대정장51, p.877c12)에 "서역에는 예경을 드리는 법식에 아홉 가지가 있다. 첫째 말로 안부를 여쭈는 것, 둘째 머리를 숙여 경의를 나타내는 것, 셋째 손을 들어 높이 맞잡는 것, 넷째 양손을 합장하는 것, 다섯째 무릎 꿇는 것, 여섯째 길에 엎드리는 것, 일곱째 손과 무릎으로 땅을 짚는 것, 여덟째 오체를 모두 구부리는 것, 아홉째 오체를 땅에 대는 것이다. 이러한 아홉 가지는 궁극적으로 절한 번 하는 것일 뿐이다. 무릎 꿇고 앉아 그 덕을 찬미하는 것이 예경을 다하는 것이다. 致敬之式 其儀九等 一發言慰問 二 俯首示敬 三 擧手高揖 四 合掌平拱 五 屈膝 六 長踞 七 手膝踞地 八 五輪俱屈 九 五體投地 凡斯九等 極唯一拜 跪而讚德 謂之盡敬"라고 하였다. [참고문헌] 『大唐西域記』. ⇨ 구의 九儀, 굴슬 屈膝, 발언문신 發言問訊, 부수시경 俯首示敬, 수슬거지 手膝踞地, 오륜착지 五輪著地, 오체투지 五體投地, 예경 禮敬

천축다라엽본 天竺多羅葉本 인도(天竺)의 다라엽(多羅葉)에 쓰여진 경전. 범본(梵本)을 말한다. 『첨품묘법연화경』 「서 序」(대정장9, p.134c14)에 "보요사 사문 상행의 청으로 굴다삼장과 급다의 두 법사가 대흥선사에서 천축의 다라엽본을 거듭 교감했다. 因普曜寺沙門上行所請 遂共三藏崛多笈多二法師 於大興善寺 重勘天竺多羅葉本"라고 하였다. [참고문헌] 『添品妙法蓮華經』. ⇨ 다라엽경 多羅葉經, 패엽경 貝葉經

천축사 天竺寺 [1] 서울특별시 도봉구 도봉동 도봉산(道峯山)에 있는 절. 『조선불교통사』 권상에 의하면 봉은사(奉恩寺)의 말사였고, 현재는 조계사(曹溪寺)의 말사이다. 『봉은본말사적』과 「도봉산천축사사적 道峰山天竺寺事蹟」에 673년(문무왕13)에 의상대사가 옥천암(玉泉庵)으로 창건하였고, 고려 명종(明宗 재위 1170~1197) 대에 영국사(寧國寺)의 부속암자로 귀속되었으며, 1398년(태조7)에 태조가 예전에 백일기도 하던 것을 상기하여 절을 중창하고 천축사라 하였다고 전한다. 1474년(성종5)에 왕명을 받아 중창하였고, 명종(재위 1545~1567) 대에 문정왕후가 화류용상(樺榴龍床)을 헌납하여 불좌(佛座)를 만들었다. 1812년(순조12)에 경학대사(敬學大師)가 중창하였으며, 1816년에 신도 김연화(金蓮花), 1862년(철종13)에는 상공(相公) 김흥근(金興根)·판서(判書) 김보근(金輔根)·참판(參判) 이장오(李章吾)가 불량(佛糧)을 희사하였다. 1863년(철종14)에 주지 긍순(肯順)이 칠성탱·독성탱·산신탱 등을 조성하였고, 1895년(고종32) 화주인 성암 응부(星巖應夫)가 후불탱·신중탱·지장탱을 조성하였다. 1911년에 화주 보허축전(寶虛竺典)이 관음탱을 봉안하였으며, 1931년에는 주지 김용태(金瑢泰)가 천축사 길을 확장하고, 1964년에 무문관을 신축하는 등 여러 차례 중창을 거쳤다. 1959년의 중수와 2003년의 주지 현공(玄公)의 중수 이후 지금에 이른다. 현존하는 당우로는 대웅전·독성각·산신각·원통전·무문관·요사 등이 있다. 성보문화재 중 유형문화재 제292호 비로자나삼신불도 및 복장유물은 1891년(고종28)에 경선당(慶船堂) 응석(應釋)이 편수(片手)를 맡아 여러 화승들과 함께 그렸는데 화폭의 오른쪽 하단 시주질에 "신상궁 기유생 박씨, 상궁 기유생 김씨 등이 받들어 원합니다. 왕비전하인 신해생 민씨의 옥체가 항상 편안하며, 성수 만세하시길 바랍니다. 臣尙宮己酉生朴氏 尙宮己酉生金氏等○○奉爲 王妃殿下辛亥生閔氏 玉體恒安 聖壽萬歲"라고 하였다. 제293호 비로자나삼신괘불도는 하운당(河雲堂) 유경(有鏡)이 1858년(철종9)에 제작하였는데 세로 507cm·가로 312cm의 크기로 지권인(智拳印)의 비로자나불, 설법인(說法印)의 노사나불, 항마인(降魔印)의 석가모니불을 크게 배치하였다. 제347호 목조석가삼존불은 석가불상 88.5cm, 미륵보살상 84.5cm, 제화갈라보살상 82.5cm 높이의 삼존상이다. 석가불 안에 있던 중수발원문에 만력(萬曆) 연간에 조성하였다 하였고, 1713년(숙종39)에 화원 진열·영희·태원 등에 의하여 경기도 고양 노적사(露積寺)에서 중수하였다 적었다. 제366호 목조불단은 대형 불감(佛龕)의 일부로 3단으로 구성되었다. 원래는 대웅전에 안치되어 있었으나 현재는 불교중앙박물관으로 옮겼다. 이외에도 문화재자료 제65호 마애사리탑이 있다. [참고문헌] 『朝鮮佛敎通史』, 『奉恩本末事蹟』, 『韓國寺刹全書』 권하 p.1083b15. [2] 경상북도 영양군 일월면 오리동 장항(獐項)에 있던 절. 『사탑고적고 寺塔古蹟攷』에 돌담과 와편이 잔존해있다고 전한다. [참고문헌] 『韓國寺刹全書』 권하 p.1084b12, 『英陽郡誌』(1998). [3] 중국 절강성(浙江省) 항주시(杭州市) 서호구(西湖區)에 있는 절. 하천축(下天竺)·중천축(中天竺)·상천축(上天竺) 등 세 절을 합하여 부른다. 하천축사가 가장 오래되었고, 중천축·상천축 순으로 이어졌다. ① 하천축사 : 항주시(杭州市) 서호구 서쪽으로 12리 지점의 영은산(靈隱山) 비래봉(飛來峰) 기슭에 있는 절. 삼론종(三論宗) 길장(吉藏)과 동문인 천태지의(天台智顗)의 법우 진관(眞觀 538~611)이 595년(개황15) 도안(道安)과 함께 창건하였다. 최초 이름은 천축사이고, 당대는 천축영산사(天竺靈山寺)라 하였으며, 당말 병화를 겪고 나서는 오월왕(吳越王) 전류(錢鏐)가 그 터에 오백나한원(五百羅

漢院)을 건립하여 부흥하였고, 송초에는 영산사라 불렸다. 대중상부년간(1008~1016)에 천태종(天台宗) 산가파(山家派)의 자운준식(慈雲遵式)이 중건한 뒤 주석하였고, 조소(祖韶)가 그 뒤를 이었다. 『연종보감』 권4 「천축자운참주 天竺慈雲懺主」(대정장47, p.325b16)에 "준식이 하천축사 수백 칸을 세웠다. 師建下天竺寺數百間"라고 하였다. 1017년(천희1) 천축이라는 본래 이름을 회복하였고, 원말에는 화재를 맞았으며, 명대 홍무년간(1368~1398) 중건하였고, 청대 1699년(강희38)에도 중수하였다. 하천축법경사(下天竺法鏡寺)라고도 불린다. [참고문헌] 『蓮宗寶鑑』, 『佛祖統紀』 권48(대정장49, p.432b27), 『武林梵志』 권5 「下天竺寺」(대장경보편29, p.583a7), 『大明一統志』 권38, 『大淸一統志』 권217. ② 중천축사 : 하천축사의 남쪽과 계류봉(稽留峰) 북쪽이 맞물린 지점에 위치한다. 법정사(法淨寺)라고도 한다. 수대 597년(개황17) 중천축국 출신 스님 보장(寶掌)이 건립하였다. 일설에는 당대 641년(정관15)에 건립되었다고도 한다. 송초에는 숭수원(崇壽院)이라 하였고, 휘종(徽宗) 때 천녕영조선사(天寧永祚禪寺)라 개칭하였으며, 원대 다시 천력영조선사(天曆永祚禪寺)라 개칭하였다. 전당(錢塘) 400여 곳의 절 가운데 영은사(靈隱寺)·정자사(淨慈寺)와 함께 가장 널리 알려진 선원(禪院)이다. [참고문헌] 『釋氏稽古略』 권3(대정장49, p.817a14), 『佛法金湯編』 권14 「高宗」(卍속장148, p.957a14), 『護法錄』 권2 「淨慈禪寺第七十六代住持無旨禪師授公碑銘」(가흥장21, p.627c7), 『武林梵志』 권5 「中天竺寺」(대장경보편29, p.584b5). ③ ➡ 상천축사 上天竺寺

천축사성 天竺四姓 고대 인도의 사성계급. 바라문(婆羅門 Ⓢ brāhmaṇa)·크샤트리야(Ⓢ kṣatriya : 刹帝利)·바이샤(Ⓢ vaiśya : 吠舍)·수드라(Ⓢ śūdra : 首陀羅)를 말한다. 사종성(四種姓)이라고도 한다. 『정명경관중석초』 권상(대정장85, p.517c19)에 "찰리·바라문·비사·수다는 천축사성이다. 찰리는 위와 같으며, 바라문은 도학이 하는 일이고, 비사란 좌라고 하니 즉 앉아서 재화를 매매한다. 수다란 농사를 짓는 이나 내시를 말한다. 刹利 婆羅門 毘舍 首陀 天竺四姓 刹利如上 婆羅門 道學爲業 毘舍者 此云坐 謂坐估財貨也 首陀者 謂田農宦學者也"라고 하였다. [참고문헌] 『淨名經關中釋抄』, 『北山錄』 권3(대정장52, p.586a16), 『釋氏要覽』 권상(대정장54, p.258a16). ⇨ 사성 四姓

천축삼시 天竺三時 인도의 세 계절. 인도에서 일년을 열시(熱時)·우시(雨時)·한시(寒時)로 나눈 것을 말한다. 삼시(三時 Ⓢ traya ṛtavaḥ : 三際)·천축삼제(天竺三際)라고도 한다. 『약사경소』(대정장85, p.319c1)에 "저 천축국의 법에 일 년은 단지 삼시만 있다. 삼시 가운데 각 첫 달에 재계를 가지는데, 이는 일 년 내내 늘 선을 닦음을 나타낸다. 彼天竺國法 一年但有三時 三時之中 各於初月持齋戒 卽表一年常修善也"라고 하였다. [참고문헌] 『藥師經疏』. ⇨ 삼시 三時❸, 삼제 三際❷

천축삼제 天竺三際 인도의 세 계절. 일년을 열제(熱際 Ⓢ grīṣma-ṛtu)·우제(雨際 Ⓢ varṣa-ṛtu)·한제(寒際 Ⓢ hemanta-ṛtu)로 구분하여 삼제(三際 Ⓢ traya ṛtavaḥ : 三時)·천축삼시(天竺三時)라고도 한다. 석존의 태자시절 삼시전(三時殿)도 이에 근거한 것이다. 인도 각 지역의 풍속에 따라 2월 16일~6월 15일을 열제, 6월 16일~10월 15일을 우제, 10월 16일~2월15일을 한제라고 하기도 하고, 1월 16일~5월 15일을 열제, 5월 16일~9월 15일을 우제, 9월 16일~1월 15일을 한제라고 하기도 한다. 『교량수명경』(대정장17, p.602a12)에 "비구여, 백 년이 다하기 전에, 시(時)에는 삼제가 있으니, 한제·열제·우제를 말한다. 또한 삼시라고도 한다. 백 년이 다하기 전에, 열두 달은 삼제의 이름을 얻으니, 넉 달씩의 한제·열제·우제이다. 苾芻 未終百年 時有三際 所謂寒 熱及雨 亦名三時 未終百年 及十二月 得三際名 四月寒際 四月熱際 四月雨際", 『원각경협송집해강의』 권1(卍속장87, p.726a13)에 "천축국은 춘하추동을 구분하지 않고, 삼제를 말할 뿐이다. 1월 16일부터 5월 15일까지는 열제가 되고, 5월 16일부터 9월 16일까지는 주제라 하며, 9월 16일부터 1월 15일까지는 한제라고 한다. 天竺國不分春夏秋冬 只云三際 正月十六日 至五月十五日 爲熱際 五月十六日 至九月十五日 名雨際 九月十六日 至正月十五日 名寒際"라고 하였다. [참고문헌] 『較量壽命經』, 『圓覺經夾頌集解講義』, 『俱舍論記』 권11(대정장41, p.187c17). ⇨ 삼시 三時❸, 삼제 三際❷, 삼시전 三時殿, 육시 六時❷

천축서어 天竺書語 인도(印度)의 글과 말. 『송고승전』 권2(대정장50, p.719b15)에 "석혜지는 그 부친이 인도인이다. … 인도의 글과 말을 잘 알았는데, 당에서 태어나 다시 당나라 말을 익혔으니, 삼장 지바하라(地婆訶羅)·제운야나(提雲若那)·보사유(寶思惟) 등이 번역할 때가 있으면 모두 혜지를 불러 증의로 삼고 아울러 통역하게 하였다. 釋慧智 其父印度人 … 善閑天竺書語 生于唐國 復練此土言音 三藏地婆訶羅 提雲若那 寶思惟等 所有翻譯 皆召智爲證 兼令度語", 『법현전』(대정장51, p.857a21)에 "(鄯鄯國의) 왕은 불법을 신봉하였고, 사천여 명의 스님들이 있었는데 모두 소승을 배웠으며, 나라의 속인과 사문들은 다 인도의 법을 행하되 정도의 차이가 있을 뿐이었다. 이곳으로부터 서쪽으로 가며 경유하는 여러 나라가 다 이와 비슷하였다. 다만 나라마다 언어가 다르되 출가한 이들은 모두 인도의 글과 말을 배웠다. 其國王奉法 可有四千餘僧 悉小乘學 諸國俗人及沙門盡行天竺法 但有精麤 從此西行 所經諸國 類皆如是 唯國國胡語不同 然出家人 皆習天竺書 天竺語"라고 하였다. 〔참고문헌〕『宋高僧傳』, 『法顯傳』. ⇨ 천축 天竺 ❶

천축선사 天竺禪師 Ⓢ Buddhabhadra. 359~429. 인도 출신의 선사. 60권본 『화엄경』 권60(대정장9, p.788b5)에 "양주사공 사석이 세운 도량사에서 천축선사 불도발다라에게 청하니, 선사가 손에 범문을 잡고 범어를 한역하고, 사문 석법업이 직접 받아 적었다. 於揚州司空謝石所立道場寺 請天竺禪師 佛度跋陀羅 手執梵文 譯梵爲晉 沙門釋法業 親從筆受"라고 하였다. 〔참고문헌〕『華嚴經』, 『梁高僧傳』 권3(대정장50, p.338c18). ⇨ 불타발다라 佛馱跋陀羅

천축오산 天竺五山 석존 재새 시 중인도 왕사성 주변의 다섯 산. 영추산(靈鷲山 Ⓟ Gijjhakūṭa : 영취산) · 광보산(廣普山 Ⓟ Vepulla) · 백선산(白善山 Ⓟ Paṇḍava) · 부중산(負重山 Ⓟ Vebhāra) · 선인굴산(仙人掘山 Ⓟ Isigili)을 말한다. 과거세부터 선인이 머물던 곳으로 석존 재세 시부터 석굴 형태의 정사가 있어 오정사(五精舍) 이름과도 함께 한다. 『증일아함경』 권32(대정장2, p.723a6)에 "한때, 부처님께서는 왕사성(王舍城 : 羅閱城)의 기사굴산에서 대비구들 오백무리와 함께 계셨다. 그때 세존께서 모든 비구들에게 다음과 같이 말씀하셨다. '너희들은 이 영추산을 보고 있느냐?' 비구들은 답하였다. '예. 보고 있습니다' '너희들은 다음과 같은 것을 알아야 한다. 과거의 아주 먼 옛날에 이 산은 다른 이름이었다. … 저 산은 과거의 아주 먼 옛날에도 이름이 같았으니 다른 이름이 없었다. 왜냐하면 저 선인산에는 항상 신통보살과 도를 얻은 아라한이 있었으며, 여러 선인들이 거주한 곳이고, 또한 벽지불도 저 산에서 노닐었기 때문이다'. 一時 佛在羅閱城耆闍崛山中 與大比丘衆五百人俱 爾時 世尊告諸比丘 汝等見此靈鷲山乎 諸比丘對曰 唯然 見之 卿等當知 過去久遠世時 此山更有異名 … 此山過去久遠 亦同此名 更無異名 所以然者 此仙人山恒有神通菩薩 得道羅漢 諸仙人所居之處 又辟支佛 亦在中遊戲", 『대지도론』 권3(대정장25, p.77c3)에 "법신은 생신보다 수승하기에 두 성 가운데 왕사성에 많이 머무셨다. 또한 좌선할 정사(精舍)가 많기 때문이었으니, 다른 곳은 그렇지 못하였다. 예를 들면 죽원(竹園 Ⓢ Veṇuvana) · 비바라발서(Ⓢ Vaibhāravana) · 살다반나구하(Ⓢ Saptaparṇaguhā) · 인다세라구하(Ⓢ Indrasālaguhā, Indraśailaguhā) · 살파서혼직가발바라(Ⓟ Sappasoṇḍikapabbhāra)와 같은 곳이다. 왕사성에는 (이런) 다섯 개의 정사가 있는데, 죽원은 평지에 위치해 있다. 다른 나라에는 이렇게 많은 정사는 없다. 法身於生身勝故 二城中多住王舍城 復次 以坐禪精舍多故 餘處無有 如竹園 鞞婆羅跋恕 薩多般那求呵 因陀世羅求阿 薩簸恕魂直迦鉢婆羅 王舍城有五精舍 竹園在平地 餘國無此多精舍", 『법화문구』 권1(대정장34, p.5c6)에 "오정사가 있다. 비바라발서이니 천주혈이라 한역하고, 살다반나구하이니 칠엽혈이라 한역하며, 인다세라구하이니 사신산이라 한역하고, 살파서혼직가발바라이니 소독력산이라 한역하며, 다섯째는 기사굴산이다. 有五精舍 鞞婆羅跋恕 此云天主穴 薩多般那求訶 此云七葉穴 因陀世羅求訶 此云蛇神山 薩簸恕魂直迦鉢婆羅 此云少獨力山 五是耆闍崛山"라고 하였다. 〔참고문헌〕『增壹阿含經』, 『大智度論』, 『法華文句』. ⇨ 광박협산 廣博脇山, 기사굴산 耆闍崛山, 비바라산 毘婆羅山, 비부라산 毘富羅山, 영추산 靈鷲山, 오정사십탑 五精舍十塔

천축자원 天竺字源 북송(北宋)대 유정(惟淨)과 법호(法護) 등 지음. 7권. 갖춘 이름은 『경우천축자원 景祐天竺字源』이다. 범어문자(梵語文字)를 분류하고, 그 음의(音義)를 해설한 내용이며, 12전성(轉聲) · 34자모(字母) · 5음(音) 등을 간략하게 풀이하고, 4장(章)으로 자세하게 설명한다. 『불조통기』 권45(대정장49, p.409c24)에 "경우 2년(1035)에 임금이 『천축자원』의 서문을 지어 역경원에 주셨다. 이 책은 법호와 유정이 한문과 범문을 대조번역하여 7권으로 만든 것이니, 성명학은 진실로 이 책에서 시작되었다. 二年 上御製天竺字源序 賜譯經院 是書卽法護惟淨 以華梵對翻爲七卷 聲明之學 實肇於玆"라고 하였다. 〔참고문헌〕『佛祖統紀』, 『廣淸涼傳』 권중(대정장51, p.1110b20).

천취 天趣 Ⓢ deva-gati, Ⓣ lha'i-'gro-ba. 오취(五趣) 또는 육취(六趣) 중 하나인 천계(天界)로 천도(天道)라고도 한다. 『집이문족론』 권11(대정장26, p.416a14)에 "무엇이 천취인가? … 천상에 나서 있게 된 무부무기의 색수상행식인데 이들을 천취라 한다. 또한 상품인 신묘행과 어묘행과 의묘행을 따라서 익히고 닦고 많이 짓는다면 천상으로 가고 천상에 나서 천상의 생을 맺으니 이를 천취라 한다. 云何天趣 … 若諸所有生天上已 無覆無記色受想行識 是名天趣 復次由上品 身妙行 語妙行 意妙行 若習若修若多所作 往於天上 生於天上 結天上生 是名天趣", 『유부율』 권34(대정장23, p.811c26)에 "'성자시여! 이러한 천취는 일찍이 어떤 업을 지었기에 뛰어나고 묘한 즐거움을 받습니까?' … '이는 은근하고 깊은 마음으로 십선업을 닦고 삼보를 공경하여 믿으며 금계를 수지하였기 때문이니, 그 업력으로 지금 천상에 나서 뛰어나고 묘한 기쁨을 누린다'. 聖者 此之天趣曾作何業 受勝妙樂 … 此由以慇重心 修十善業 敬信三寶受持禁戒 由彼業力 今得生天受勝妙樂", 『대비바사론』

권172(대정장27, p.868a15)에 "〔문〕 어째서 저 취를 천이라 하는가? 〔답〕 모든 취 중에 저 취가 가장 뛰어나고 가장 즐거우며 가장 선하고 가장 아름답고 가장 높기에 천취라 한다. 問 何故彼趣名天 答 於諸趣中 彼趣最勝 最樂最善 最妙最高 故名天趣"라고 하였다. 〔참고문헌〕『集異門足論』, 『有部律』, 『大毘婆沙論』, *Abh-k-bh.1 14*. ⇨ 천도 天道 **1**, 오취 五趣, 육취 六趣

천취 薦取 옮겨 취하다. 마주한 사람이든 사물이든 마주쳐 바로 알아차리는 뜻으로, 밖의 것인 듯한 것 취한다 하지만 안팎(內外)이 없게 하여 다 알아차린다는 뜻이다. 천득(薦得)과 통한다. 『운문광록』 권중(대정장47, p.555a13)에 "들기를, 협산이 말씀하셨다. '온갖 것 피어난 그 끝에서 노승의 뜻 옮겨 취해야 한다' 하니, 운문이 합장하고 '살피지 못했습니다. 살펴야 하는데'라 하였다. 다시 주장자로 노주를 가리키며 말했다. '협산이 변한 것이 노주다. 잘 살펴보라!' 擧 夾山語云 百草頭上 薦取老僧 師合掌云 不審 不審 又以拄杖指露柱云 夾山變作露柱也 看看", 『굉지광록』 권1(대정장48, p.3b12)에 "(부처님께서는) 마갈에서 문 닫아 걸고 법을 설하신 일 없고, (달마대사는) 소림사에서는 면벽한 채로인데 벗은 찾았다네. 만약 본색 납승이라면 발걸음 떼기 전에 옮겨 취한다네. 摩竭 閉門無法說 少林 面壁訪知音 若是本色衲僧 未擧步前薦取"라고 하였다. 〔참고문헌〕『雲門廣錄』, 『宏智廣錄』. ⇨ 천득 薦得

천츤암 天櫬庵 강원도 회양군 금강산(金剛山)에 있던 암자. 곧 천친암(天親庵)이다. 백헌 이경석(白軒 李景奭, 1595~1671)의 『풍악록』에 신림의 서쪽에 있다는 내용이 기록되어 있기도 하다. 〔참고문헌〕『楓嶽錄』, 『韓國寺刹全書』 권하 p.1085a1. ⇨ 천친암 天親庵

천친 天親 Ⓢ Vasubandhu. 인도 논사인 세친(世親)의 구역어. 바수반두(婆藪槃豆)로 음사한다. 천부논주(千部論主)라고도 한다. 『섭대승론석』 「서 序」(대정장31, p.153b17)에 "법사의 동생 바수반두는 천친으로 한역한다. … 그 형의 드높은 가르침을 이어받아 대승의 큰 종지를 익혔다. 法師次弟婆藪槃豆 此曰天親 … 稟厥兄之雅訓 習大乘之弘旨", 『구사론소』 권1(卍속장83, p.554a12)에 "직접 지은 이는 범어로 바수반두라고 하는데, 진제논사의 천친 한역은 기록한 사람의 잘못이다. 지금 현장법사는 바수(Ⓢ vasu)를 세(世), 반두(Ⓢ bandhu)를 친(親)이라 한역하였다. 즉, 서방에는 바수천(Ⓢ Vasu-deva : Viṣṇu)의 천묘(天廟)가 있으니 그 바수천상은 대부분 세간사람들이 가까이하며 공양을 올리는데 서방사람들은 이를 세친천(世親天)이라 부른다. 그 세친보살의 부모는 이 세친천 모신 곳에 기도하여 이 아들을 얻었는데, 기도처를 따 이름지어 바수반두라 하였다. 범어 제바(Ⓢ deva)는 천(天)으로 한다. 하지만 범어로 제바반두라 하지는 않는데 어떻게 번역하여 천친이라 하겠는가? 연유를 생각해보면 바수반두라는 말은 모두 천의 별명이고, 진제삼장이 모두 거두어 바수반두천이라 한 것은 다분히 세간사람들이 친근히 공양을 올리게 한 것인데, 기록하는 이가 그저 천친이라 한 것이다. 親造者 本音云婆藪槃豆 眞諦師翻爲天親 此錄文人謬也 今奘法師 譯婆藪 此云世 槃豆 此云親 謂西方有天廟 是婆藪天廟也 其婆藪天像 多爲世人親近供養 西方人呼爲世親天 其世親菩薩父母 於世親天處 祈請得於此子 從所祈請處爲名 故云婆藪槃豆 本音云提婆 此云天 本音既不言提婆槃豆 何得翻爲天親也 良由婆藪槃豆 總是天之別名 眞諦三藏總云 婆藪槃豆天 多爲世人親近供養故 錄文者總言天親也"라고 하였다. 〔참고문헌〕『攝大乘論釋』, 『俱舍論疏』. ⇨ 세친 世親 **2**, 바수반두 婆藪槃豆, 벌소반도 伐蘇槃度, 천부논주 千部論主 **1**

천친섭론 天親攝論 오섭론(五攝論) 중 하나. 진제삼장(眞諦三藏)이 한역한 천친(Ⓢ Vasubandhu : 世親)의 『섭대승론석 攝大乘論釋』(대정장31, No.1595)을 말한다. 『세친섭론 世親攝論』이라고도 한다. 『대명삼장법수』 권15(영락장182, p.39a9)에 "(오섭론 중) 둘째 천친섭론 : 천친보살은 무착보살이 대승의 『섭대승론』을 짓자 다시 논에 대한 주석을 지어 그 논의를 해명하고 대승의 『섭대승론석』이라 이름하였다. 15권으로 글을 완성하였으니 이것이 천친섭론이다. 二 天親攝論 謂天親菩薩 因無著菩薩造大乘攝論 復造論釋 申明論議 名大乘攝論釋 一十五卷成文 是爲天親攝論"라고 하였다. 〔참고문헌〕『大明三藏法數』. ⇨ 세친섭론 世親攝論, 섭대승론석 攝大乘論釋 **1**, 오섭론 五攝論

천친암 天親庵 **1** 강원도 회양군 금강산(金剛山)에 있던 암자. 천친암(天櫬庵)이라고도 한다. 신림사(神林寺)·원각암(圓覺庵) 등과 가까이 위치해 있었다. 양대박(梁大樸 1543~1592)의 『청계집』 권4 「금강산기행록 金剛山紀行錄」, 이의현(李宜顯 1669~1745)의 『도곡집』 권25 「유금강산기 遊金剛山記」 등에도 전한다. 남효온(南孝溫 1454~1492)의 『추강집』 권5 「유금강산기 遊金剛山記」에 "을사년(1485·성종16) … 윤4월 신사일에 … 신림사로부터 천친암에 올랐다. 천친암으로부터 정양사에 오르니 배점이 오른쪽에 있었다. 乙巳 … 後四月辛巳 … 自新林上天親 自天親上正陽則拜岾在右"라고 하였고, 이경석(李景奭 1595~1671)의 『백헌집』 권10 「풍악록 楓嶽錄」에 "서쪽 신림사에는 스님이 없었다. 신림사의 서쪽에는 천친암이 있고, 천친암으로부터 서쪽으로 원각암이 있다. 西有神林寺而無僧 神林

之西有天襯庵 由天襯而西有圓覺庵"라고 하였다. [참고문헌] 『東國輿地勝覽』, 『青溪集』(韓國文集叢刊53, p.560a19), 『陶谷集』(韓國文集叢刊181, p.385a11), 『秋江集』(韓國文集叢刊16, p.98b2), 『白軒集』, 『韓國寺刹全書』 권하 p.1084b14·p.1085a1. ❷ 강원도 회양군 금강산(金剛山)에 있던 암자. 표훈사(表訓寺)의 부속 암자 중 하나다. 『동국여지승람』 권47 강원도 회양도호부(淮陽都護府) 불우와 『범우고』에 이름과 위치가 전한다. [참고문헌] 『東國輿地勝覽』, 『梵宇攷』, 『韓國寺刹全書』 권하 p.1084b14. ⇨ 표훈사 表訓寺

천친전 天親傳 진(陳)대 진제(眞諦) 역 『바수반두법사전 婆藪盤豆法師傳』(대정장50, No.2049). 『성유식론요의등』 권1(대정장43, p.659b28)에 "『천친전』에 따르면, 부처님 멸도 후 300년경에 가전연자라는 아라한이 있었다. 依天親傳 佛滅度後三百年中 有阿羅漢名迦旃延子"라고 하였다. [참고문헌] 『成唯識論了義燈』. ⇨ 바수반두법사전 婆藪盤豆法師傳

천칠백칙공안 千七百則公案 천칠백칙 또는 일천칠백공안(一千七百公案)이라고도 한다. 대장경의 교설 일체를 팔만사천법문(八萬四千法門) 또는 일대장교(一大藏教)라 하듯 선문에서 행한 공안 일체를 말한다. 『천여유칙어록』 권4 「무문규장주 無文奎藏主」(卍속장122, p.874b5)에 "일대장교라 해도 냄새 나는 고기나 문드러진 젓갈이고, 천칠백칙이라 하니 오(烏)와 언(焉)을 하다가 마(馬)가 되는 꼴이다. 一大藏教 臭肉爛鮓 千七百則烏焉成馬", 『영각광록』 권2(卍속장125, p.418b13)에 "삼세제불은 오래된 무덤의 귀신이고, 천칠백칙은 쓰고 버린 풀강아지다. 三世諸佛古塚精 千七百則棄芻狗", 『금강경과의회요주해』 권6(卍속장92, p.362b5)에 "일대장교라 하지만 일찍이 한 글자 이야기한 적이 없고, 천칠백칙공안이라 하지만 터럭 하나 움직인 적도 없다. 一大藏教 不曾談著一字 千七百則公案 未嘗動著絲毫", 『열경십이종』 권14 「영아행품 嬰兒行品」(卍속장59, p.332b16)에 "대장경의 교설 전체는 울음 그치려 돈 대신한 은행잎이고, 천칠백칙도 울음 그친 은행잎일 뿐이다. 一大藏教 是止啼黃葉 千七百則 是止啼黃葉", 『반야심경일관소』(卍속장42, p.11b6)에 "가령 선종에서 비록 천칠백칙을 뜰 안에 세웠지만 구멍 없는 쇠망치 아닌 것 없다. 허공 때려 부수려 함에 어찌 조금이라도 헤아릴 틈을 허용하겠는가? 如禪宗中 雖有千七百則 建立門庭 無非無孔鐵錘 擊碎虛空 安容擬議卜度乎"라고 하였다. [참고문헌] 『天如惟則語錄』, 『永覺廣錄』, 『金剛經科儀會要註解』, 『閱經十二種』, 『般若心經一貫疏』. ⇨ 일천칠백공안 一千七百公案, 공안 公案

천태각 天台閣 나반존자(那畔尊者)를 모신 각. 독성각(獨聖閣)이라고도 한다. 나반존자는 십육나한(十六羅漢) 중 빈두로(賓頭盧 Ⓢ Ⓟ Piṇḍola) 존자다. 『아함경』 등에서 성문(聲聞) 중 유독 열반에 들지 않고 세간에 머물며 정법(正法)을 지키는 제자로 남았다. 그 주처(住處)로 인도의 건다마라(Ⓢ Gandhamādana : 『잡아함경』 권23·대정장2, p.170a21) 등이 거론되지만, 석존열반 후 미륵불이 출현하기 전까지 열반을 미루고 부처님 안 계신 때(無佛時代)를 견디는 세간에 남아, 나반존자는 선문(禪門)이나 율문(律門)의 선지식들과의 인연도 적지 않다. 『양고승전』 권5(대정장50, p.353b17)에 도안(道安)의 제자 혜원(慧遠)은 스승이 꿈에서 본 빈두로존자를 모시고 공양을 올렸고, 『승사략』(대정장54, p.238b15)에서는 도선율사가 계단 설립 후 눈썹 긴 빈두로존자를 감응하기도 하였다. 우리나라에서는 특별히 독성 또는 천태각에 빈두로인 나반존자를 따로 모셔 기도한다. 1634년에 간행된 『영산대회작법절차』 「독성의문 獨聖儀文」에는 "바라옵건대 독성이라 하시니, 석존께서 이미 돌아가시고 자씨께서는 아직 세간에 나기 전인 이 때 세간에 나아가지 않고 숨고 보임을 걸림없으시니, 때론 층층바위 위에 고요히 머물러 선에 드시고 때로는 낙낙장송 사이 오가며 뜻대로 오가신다네. … 일심으로 우러러 청하옵니다. 영산 당시 부처님께 부촉 받으시고는 천태산상에서 외로이 닦으시는 이여! 자나 깨나 정혜 쌍으로 닦으시기에 열반에 드실 날 없으시다네. 복전 짓고 용화회상 기다리는 이들 위해 나반존자와 따르는 권속들께서는 오직 원하옵나니 자비로 이 도량에 강림하시어 이 공양 받으시길 간절히 바라옵니다. 仰惟獨聖者 釋尊既滅之後 慈氏未生之前 不往塵垢 隱現無碍 或於層層臺上 靜居安禪 或於落落松間 往返任意 … 南無一心奉請 靈山當時 受佛付囑 恒居天台山上 獨修寤寐 定惠雙修 不入涅槃 爲作福田 待俟龍華 那畔尊者 幷從眷屬 惟願慈悲 降臨道場 受此供養"라고 하였다. 그러나 천태산과 나반존자의 인과관계 살필 수 있는 자료 뚜렷하게 보이지 않는다. 대표적인 사례로는 청도 운문사(雲門寺) 사리암(邪離庵)의 천태각이 있으며, 전각 안에는 나반존자상과 독성탱·산신탱이 봉안되어 있다. [참고문헌] 『雜阿含經』, 『梁高僧傳』, 『僧史略』, 『靈山大會作法節次』, 『作法龜鑑』 권상(한불전10, p.571b4), 『韓國佛教儀禮資料叢書』 권2 p.149. ⇨ 독성각 獨聖閣, 나반존자 那畔尊者, 빈두로 賓頭盧

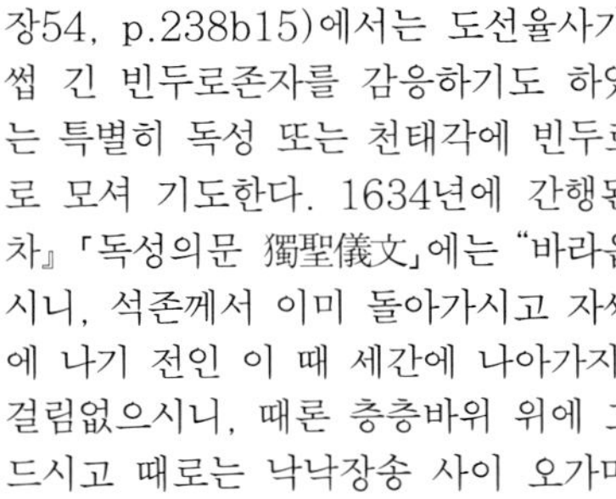

천태각 사리암 운문사 청도

천태교학 天台教學 『법화경』을 소의경전으로 교(教)와 행(觀)을 체계화한 교학. 천태대사 지의(智顗)에 의해 확립되었다. 지의는 당시까지 한역된 대소승불전을 분류하여 부처님의 일대교설을 모두 『법화경』의 일승(一乘)으로 돌아가게 하는 교학체계를 세웠다. 그는 『법화경』의 전반부 14품(品)을 삼승(三乘)을 개회(開會)해서 일승으로 들어가게 하는 적문(迹門)이라고 보고, 후반부 14품은 역사적 부처를 통해 구원불(久遠佛)을 현현하는 본문(本門)이라고 하여 본적불이(本迹不二)의 입장에서 법의 보편성과 불의 영원성을 개현(開顯)한다고 보았다. 방편이 곧 진실(方便卽眞實)임을 『법화경』을 통해 알 수 있다고 본 것이다. 천태교학은 크게 교문(教門)과 관문(觀門)으로 나눈다. 교문은 『법화경』을 중심에 두고 오시설(五時說)을 수용하여 화의사교(化儀四教)와 화법사교(化法四教)로 교판하였다. 지의는 일체경의 부처님 모든 설법을 돈교(頓教)인 『화엄경』과 점교(漸教)인 『아함경』·『방등경』·『반야경』, 『법화경』과 『열반경』으로 나누었다. 당시 여러 스승들이 돈·점·부정교(不定教)의 교판에 의지하였지만, 지의는 여기에 비밀교(祕密教)를 더해서 부처님의 교화에 따른 화의사교와 설하신 법에 따른 삼장교(三藏教 : 『아함경』)·통교(通教 : 『반야경』)·별교(別教 : 기타 대승경류)·원교(圓教 : 『법화경』) 화법사교를 조직하였다. 삼장교·통교·별교가 단혹수증(斷惑修證)의 가르침이라면, 원교는 세간과 열반의 체현이 둘이 아닌 구경의 가르침이라고 여겼다. 오시팔교(五時八教)의 『천태사교의』는 천태교학의 입문서다. 관문(觀門)에서는 정수(正修)와 이십오방편(二十五方便)을 내용으로 하는데 정수에 들기 전에 예비수행이고, 정수는 십승관법(十乘觀法)으로 장통별원(藏通別圓) 화법사교에 통되는 수행법으로 공가중(空假中)의 삼관(三觀)을 말한다. 이렇게 교관쌍수(教觀雙修)를 강조한 지의는 소대승의 선관을 스스로 실천하고 지관(止觀)으로 체계화해 『마하지관』을 썼는데, 그 기조가 되는 공가중삼관은 『법화문구』에서 관심석(觀心釋)이라 이름하기도 하였다. 공관(空觀)으로 본래 체가 없음을 보고, 가관(假觀)으로 공이지만 연에 따라 존재하는 현실을 직관하며, 중도관(中道觀)으로 둘이 아님을 알아 체현하는 것이다. 이렇게 점차적으로 관하면 차제삼관(次第三觀)이고, 삼관을 일시에 관하면 일심삼관(一心三觀)이다. 이 뜻을 넓혀 일심이 삼천법을 갖춘다고 주장하는 것이 일념삼천설(一念三千說)이다. 이상의 교학을 기조로 이어 계승된 천태의 가르침을 천태교학이라 한다. ⇨ 천태종 天台宗, 천태사상 天台思想, 지의 智顗, 관문 觀門[1], 교상문 教相門, 삼관 三觀[1], 공가중 空假中, 십승관법 十乘觀法, 오시팔교 五時八教, 일념삼천 一念三千, 일심삼관 一心三觀, 삼제원융 三諦圓融, 육즉 六卽, 차제삼관 次第三觀, 이십오방편 二十五方便, 교상판석 教相判釋

천태구조 天台九祖 천태종 제1조 용수(龍樹)보살로부터 제9조 형계담연(荊溪湛然)까지의 아홉 조사. 용수는 인도 출신이지만 제2조인 중국의 남제혜문(南齊慧聞)이 『중관론 中觀論』에 의지해 일심삼관(一心三觀)의 묘지를 증명하였으므로 용수를 제1조로 추봉하였다. 그러므로 실질은 혜문이 천태종 초조라 할 수 있다. 『석씨계고략』 권2(대정장49, p.805a26)에 "천태구조 : 처음 남악혜문선사가 장경을 탐구하여 서천 용수대사가 지은 『중관론』 종지를 깨우쳤으니, 멀리 좇아 용수를 스승으로 삼아 섬겼다. 공가중 삼관과 지관법문을 열어 법화의 종지로 삼았고, 혜사대선사에게 전수하였다. 혜사는 지자대선사지의에게, 지의는 관정장안존자에게 전수하였다. 관정은 진운지위에게 전하였고, 진운은 동양혜위에게 전하였다. 동양은 좌계원랑에게 전하였고, 원랑은 담연형계존자에게 전수하였으니 통틀어 구조가 된다. 天台九祖 初南嶽慧聞禪師探藏經 得西天龍樹大士所造中觀論悟旨 遂遙禮龍樹爲師 開空假中三觀止觀法門 以法華宗旨授慧思大禪師 思授智者大禪師智顗 顗授灌頂章安尊者也 頂授縉雲威 縉雲傳東陽威 東陽傳左溪元朗 朗傳湛然荊溪尊者也 通爲九祖"라고 하였다. [참고문헌]『釋氏稽古略』, 『天台九祖傳』. ⇨ 천태종 天台宗, 용수 龍樹, 혜문 慧聞, 혜사 慧思, 지의 智顗, 관정 灌頂, 지위 智威[1], 혜위 慧威, 현랑 玄朗, 담연 湛然

천태구조전 天台九祖傳 남송(南宋) 때 1208년(가정원년)에 운간사문(雲間沙門) 사형경(士衡敬) 편찬. 1권. 대정장51, pp.97a19~103b21, No.2069에 수록되어 있다. 천태의 고조(高祖) 용수(龍樹)에서 9조 형계담연(荊溪湛然)까지 9세 조사의 전기를 기록한 글이다. ⇨ 천태구조 天台九祖

천태대사 天台大師 천태종 개조(開祖)인 지의(智顗 538~597)를 부르는 말. 천태산 석성(石城)에서 입적하였다. 『불조통기』 권49(대정장49, p.440b15)에 "혜문과 혜사는 때론 도약하면서 서로를 이었지만, 법 천둥쳐 널리 떨치지는 못했다. 그러므로 목탁의 무거움은 천태대사에게 전수되었다. 대사의 모습은 신자인 듯 선현인 듯 빼어나게 깨우쳤고, 요와 순임금의 훌륭한 모습마저 갖추었다. 慧文慧思 或躍相繼 法雷之震未普 故木鐸重授於天台大師 大師象身子善現之超悟 備帝堯大舜之休相"라고 하였다. [참고문헌]『佛祖統紀』, 『蓮宗寶鑑』 권8(대정장47, p.338b27). ⇨ 지의 智顗

천태말학운묵화상경책 天台末學雲默和尙警策 1330년(충숙왕17)에 부암운묵(浮庵雲默) 지음. 출가자를 깨우쳐 권려하는 내용을 간략하게 적은 글. 『석가여래행적송』 권말에 부재(附載)되어 전했고, 한불전6, pp.541a1~542b20에 수록되었다. 전체 다섯 부분 중 네 분은 운묵 자신의 글인 『석가여래행적송』을 발췌한 것이고, 나머지 한 부분만을 더하였다. "시주하는 이는 복을 구하고자 처자를 봉양하는 몫을 줄여 스님에게 시주한다. 其有施主爲求福故 減已養妻子之分 用施於僧"고 하면서, 출가 수행자는 "처음 삭발한 날에 존상을 마주하고 분향하고 우러러 고백하길 '은혜를 갚고 중생을 구제하겠다'는 약속 등져서는 안 된다. 卽不負最初削髮之日對於尊像 焚香奉白 報恩拔濟之言"라고 하였다. 〔참고문헌〕『釋迦如來行蹟頌』, 『韓國佛敎全書』 권6. ⇨ 석가여래행적송 釋迦如來行蹟頌, 운묵 雲默

천태밀교 天台密敎 일본 천태종에서 전하는 밀교. 최징(最澄 766~822)을 개조로 하며, 원인(圓仁 794~864)과 원진(圓珍 814~891)이 전한 바를 더해 연력사(延曆寺)와 원성사(園城寺)를 중심으로 발전하였다. 줄여서 태밀(台密)이라 하고, 공해(空海 774~835)가 전한 동밀(東密)과 마주하여 일본 밀교의 양대 유파 중 하나가 된다. 『원형석서』 권23(대장경보편32, p.293b1)에 "(연력24 : 805년) 8월 최징법사가 표(表)를 짓고 천태밀교의 경소 500권과 아울러 도구, 기물 등을 올리자 황제가 크게 기뻐하였다. 八月最澄法師 表進天台密敎 經疏五百卷 及道具器物等 帝大悅"라고 하였다. 〔참고문헌〕『元亨釋書』. ⇨ 밀교 密敎, 태밀 台密

천태법문의 天台法門議 당(唐)대 양숙(梁肅) 지음. 『불조통기』 권49 「명문광교지 名文光敎志」(대정장49, p.440a26~c11)에 「지자대사전론 智者大師傳論」이라는 제명(題名)으로, 또 卍속장99, pp.206a6~207a6에도 「천태지자대사전론 天台智者大師傳論」이라는 제명으로 수록되어 있다. 천태지의(天台智顗)의 교학은 혜문(慧文)·혜사(慧思)를 계승한 것으로, 삼종지관(三種止觀)으로 일대사인연(一大事因緣) 밝히는 것이다. 지의는 재세시에는 황제들의 스승이었지만, 입적 후에는 법력이 쇠했으나 9조 형계담연(荊溪湛然)에 이르러 중흥하게 되었다는 내용도 전한다. ⇨ 지의 智顗

천태보살계소 天台菩薩戒疏 당(唐)대 명광(明曠)이 산보(刪補)한 『범망경 梵網經』(대정장24, No.1484) 주석서. 3권. 『범망보살계경소산보』라고도 한다. 명광은 형계담연(荊溪湛然 711~782)의 제자다. 대정장40, pp.580b5~602a19에 실려 전한다. 현재 전하는 본은 1669년(寬文10)에 일본에서 간행된 본이다. 이 주석은 총 7문으로 짜여 있는데, 첫째 명체(名體), 둘째 종용(宗用), 셋째 교섭(敎攝), 넷째 수법(受法), 다섯째 전역(傳譯), 여섯째 약료간(略料簡), 일곱째 수문해석(隨文解釋) 등이다. 『중화대장경총목록』 권4(대장경보편35, p.513a13)에 "『범망보살계경소산보』 3권 〈당대 명관이 산보하고 후서를 아우름. 안의 제목은 『천태보살계소』다〉. 梵網菩薩戒經疏刪補三卷〈唐 明曠刪補 幷後序 內題 天台菩薩戒疏〉"라고 하였다. 〔참고문헌〕『中華大藏經總目錄』. ⇨ 범망경 梵網經 1, 명광 明曠 2

천태사교 天台四敎 천태종에서 시설한 교판(敎判). 부처님의 일대교설을 때에 기준해 다섯으로 나누고(五時敎) 설법방식과 법에 따라 화의사교(化儀四敎)와 화법사교(化法四敎)로 분류하고, 이를 합해 오시팔교(五時八敎)라고 한다. 사교 중 화의란 근기에 따라 구별한 것으로 돈교(頓敎)·점교(漸敎)·비밀교(祕密敎)·부정교(不定敎)를 말한다. 돈교는 처음부터 일승을 설하는 것으로 『화엄경』이 이에 속한다. 점교는 삼승의 근기를 성숙하게 하는 차제(次第)의 가르침으로, 삼장교(三藏敎) 경전부터 반야 등의 경전을 이른다. 비밀교는 부처님의 한 가르침이 근기에 따라 받아들여지는 것이 다르지만 중생들이 서로 알지 못한다. 부정교는 부처님의 가르침에 따라 중생이 얻는 이익이 다르다는 것이다. 법에 따른 화법사교는 장교(藏敎)·통교(通敎)·별교(別敎)·원교(圓敎)가 있다. 장교는 경율론 삼장의 교리내용이므로 삼장교라고도 하며 대소승의 삼장교로 나누어진다. 통교는 대소승에 통하는 가르침이다. 별교는 보살승에 관한 가르침으로 이승(二乘)에는 통하지 않는다. 원교는 가르침과 이치가 원만한 일불승(一佛乘)을 설하는 가르침으로 『법화경』·『화엄경』이 이에 속한다. 고려(高麗)의 제관(諦觀)이 쓴 『천태사교의』는 이것을 가장 잘 설명한 저술이다. 『화엄경소초』 권82(대정장36, p.646a22)에 "〔답〕 이름과 글자는 비록 다르지만 한결같이 무학이다. 응공은 두 가지 열반을 얻어 함께 돌아가니 번뇌를 끊고 과를 증한다. 하나의 이름과 뜻으로 다르지 않으니, 이를 같은 뜻이라고 한다. 구경에는 모두 같은 것이니, 천태사교에서 널리 밝힌 것과 같다. 答名字雖異 同是無學 應供得二涅槃共歸 灰斷證果 是一名義不殊 是名同義 究竟俱同也 廣如天台四敎", 『사명존자교행록』 권2(대정장46, p.871b12)에 "어떤 객이 갑자기 내게 물었다. '『기신론』은 천태사교에서 어디에 속합니까?' 내가 상대하여 답했다. '『기신론』은 당조의 삼장법사가 소를 지어서 유통시킨 것으로, 천태는 문구해석을 보지 못했다. 이것은 각기 일가에서 제작한 것이니 (사교에) 맞추기가 어렵다'. 有客忽問余曰 起信論於天台四敎 攝屬何耶 余偶對曰 起信論是唐朝藏法師製疏申通天台不見文句解釋 此乃各是一家製作 難可和會", 『종경록』 권87(대정장48, p.891a8)에 "천태사교에 의하면 장통별원에는 각기 4문이 있어 도에 들어간다. 앞의 삼교의 4문은 다른 곳에 상세히 설하였다. 여기서는 원교의 4문을 이끌어서 도에 들어감을 감당한다. (4문은) 첫째 유문, 둘째 공문, 셋째 역유역공문, 넷째 비유비공문이다. 今約天台四教 藏通別圓 各有四門入道 前三教四門 廣在彼說 今引圓教四門 堪當入道 一 有門 二 空門 三 亦有亦空門 四 非有非空門"라고 하였다. [참고문헌] 『華嚴經疏鈔』, 『四明尊者教行錄』, 『宗鏡錄』, 『阿彌陀經疏』 권3(卍속장33, p.450a8). ⇨ 오시팔교 五時八教, 화법사교 化法四教, 화의사교 化儀四教, 돈교 頓教[2], 점교 漸教, 비밀교 祕密教[1], 부정교 不定教, 장교 藏教, 통교 通教, 별교 別教[1], 원교 圓教, 천태사교의 天台四教儀

천태사교의 天台四教儀 고려대 체관(諦觀) 지음. 1권. 대정장46, pp.773c19~780c29, No.1931 · 한불전4, pp.517b1~527c21에 수록되어 있다. 『사교의』 · 『체관록 諦觀錄』이라고도 한다. 『천태사교의』가 저술되어 세상에 빛을 보기까지의 과정은 다음과 같다. 불교를 크게 부흥시키고자 한 오월왕(吳越王) 전숙(錢淑)이 고려에 천태종 계통의 전적을 요청하였고, 이에 고려왕 광종(光宗)은 제관에게 관련 서적을 오월(吳越)에 전하게 하였다. 제관은 오월에 갔다가 의적(義寂 919~987)에게 의지하여 천태학을 익히고 널리 알리다가 입적하였는데, 후에 그가 남긴 상자 안에서 이 책을 발견하게 되었다. 이 책은 제법실상(諸法實相) · 일념삼천(一念三千) 등의 요지를 밝히기 위하여 천태종을 개창한 지의(智顗 538~597)의 교판론(教判論)과 수행론(修行論)을 간결하게 정리하여 저술한 천태학입문서 또는 개론서다. 즉 『법화경』의 「신해품 信解品」 · 『열반경』의 오미(五味) · 『화엄경』의 삼조(三照)의 비유 등에 의지해 오시팔교(五時八教)와 이십오방편(二十五方便)과 십승관법(十乘觀法)에 대해 설명하였다. 이 책에 대한 연구는 우리나라는 물론 중국과 일본에서도 매우 활발하게 진행되었는데, 종의(從義)의 『사교의집해 四教儀集解』 3권 · 원수(元粹)의 『사교의비석 四教儀備釋』 2권 · 몽윤(蒙潤)의 『사교의집주 四教儀集註』 3권을 3대 주석서라 한다. 경기도박물관에 상권(1책)이 소장되어 있으며, 1626년 일본 낙양본국사(洛陽本國寺)에서 개판(改版)한 판본과 1851년 일본 동예산(東叡山)에서 중간(重刊)한 판본도 전한다. ⇨ 체관 諦觀[3]

천태사교의
국립중앙도서관 1626년

천태사교의비석 天台四教儀備釋 원(元)대 초계사문(苕谿沙門) 원수(元粹)가 술(述). 고려 제관(諦觀)의 『천태사교의』(대정장46, No.1931)를 풀이하였다. 2권. 줄여서 『사교의비석』이라고도 한다. 卍속장102, pp.142a1~205b13에 수록되어 전한다. 『천태사교의』 문장은 풀이에 앞서 보이되 중간은 생략하였으며, 한 단 내려 주석하였다. 풍부한 도시(圖示)로 뭇 법을 분별하며 이해를 돕고 있다. 『중화대장경총목록』 권4(대장경보편35, p.546a17)에 "『사교의비석』 2권〈원대 원수가 술하다〉. 四教儀備釋二卷〈元 元粹 述〉"라고 하였다. [참고문헌] 『中華大藏經總目錄』. ⇨ 천태사교의 天台四教儀

천태사교의집주 天台四教儀集註 원대 몽윤(蒙潤) 지음. 3권 또는 10권. 영락장189, pp.13a1~289a5, No.1629에 2권부터 10권까지 수록되어 있다. 줄임말은 『사교의집주』이다. 산가파(山家派)의 정의(正義)에 의하여 체관(諦觀)의 『천태사교의』(대정장46, No.1931)를 상세하게 풀이한 주석서이며, 천태학을 처음 배우는 이에게 적합한 지침서이다. ⇨ 천태사교의 天台四教儀

천태사교의집해 天台四教儀集解 송(宋)대 1076년(희녕9)에 천태종 스님 종의(從義) 찬(撰). 전3권. 卍속장102, pp.1b1~140b10에 수록되어 있다. 『사교의집해 四教儀集解』 · 『사교집해 四教集解』 · 『천태사교의과해 天台四教儀科解』라고도 한다. 체관(諦觀)이 저술한 『천태사교의』(대정장46, No.1931)를 따라가면서 과단(科斷)하고 해석하였다. 『천태사교의』의 3대 주석서 중에 하나로 가장 먼저 지어진 것이다. 종의는 산외파(山外派)에 속하여 본서도 산외파의 교문(教門) 중심적인 입장에 따라 주석하였다. [참고문헌] 『新編諸宗教藏總錄』 권3(대정장55, p.1178a20 · 한불전4, p.696b16).

천태사대석례 天台四大釋例 천태종에서 경론을 푸는 네 가지 방법. 사석(四釋) · 사종석의(四種釋義)라고도 하며, 인연석(因緣釋) · 약교석(約教釋) · 본적석(本迹釋) · 관심석(觀心釋)의 네 가지를 가리킨다. ⇨ 사석 四釋, 사종석의 四種釋義, 인연석 因緣釋, 약교석 約教釋, 본적석 本迹釋, 관심석 觀心釋

천태사상 天台思想 『법화경』을 소의경전(所依經典)으로 하여 중국 천태대사 지의(智顗)에 의해 체계화되고 전승된 불교사상. 중국에서 성립하였지만 인도의 용수(龍樹)보살을 기원으로 하며, 북제(北齊)의 혜문(慧文)과 수(隋)의 남악혜사(南岳慧思)를 거쳐 지의에 이르러 정립되었다. 지의가 지은 『법화현의 法華玄義』 · 『법화문구 法華文句』 · 『마하지관 摩訶止觀』을 법화삼대부(法華三大部)라 하며, 천태학의 강요서(綱要書)로 중시한다. 천태는 『법화경』에서 설한 제법실상(諸法實相)에 바탕한다. 제법이란 현상하는 모든 것들을 가리키며, 실상이란 현상하는 것들의 진실을 말한다. 실상이란 공가중(空假中) 삼제로 드러나 있는 일체가 진실이라는 뜻으로 삼제원융(三諦圓融)이라 말한다. 모든 것은 실체없는 공(空)으로서 존재하고, 또한 연(緣)에 의지해 임시로(假) 존재하기에 공도 가도 아닌 중(中)으로서 존재한다. 이렇게 일체가 삼제로 원융한 것이 진실이기에 한 생각으로 삼천에 담을 수 있다는 것이 일념삼천(一念三千)설이다. 이를 관법(觀法)으로 행하는 것이 일심삼관(一心三觀)인데, 모든 것들에서 삼제의 진신을 관찰하면 즉공즉가즉중(卽空卽假卽中)의 실상에 들 수 있다고 한다. 특히 천태에서는 교(教)와 관(觀)의 두 문(教觀二門)을 갖추어야 깨달음을 얻을 수 있다고 강조한다. [중국 천태사상의 기원과 전개] 지의는 혜사로부터 『법화경』의 법화삼매(法華三昧)를 체득하고 천태교학을 확립하는데 큰 영향을 받았으니, 바로 관법과 그 실천이었다. 그 후 천태산에 들어가 경전연구와 관법에 전념하며 교학과 관심(觀心)이라는 두 체계를 위해 노력하였고, 이때 제자들에게 강의한 것을 제자 관정(灌頂)이 기록하고 보완한 것이 『법화문구』 등의 법화삼대부다. 그가 『법화경』에 의지해 조직한 교상문(教相門)과 관심문(觀心門)이 바로 『법화문구』와 『법화현의』 그리고 『마하지관』이다. 교상문은 오시팔교(五時八教)의 교상판석이며, 관심문은 삼제원융을 일념 중에 체득하는 것으로 일념삼관(一念三觀)이라고도 한다. 이를 체득하기 위해 사종삼매(四種三昧)·이십오방편(二十五方便)·십승관법(十乘觀法) 등을 시설한다. 지의 이후 제6조 담연(湛然)에 의해 다시 중흥되었는데, 교관이문을 모두 『대승기신론 大乘起信論』에 의지해 드러냈기에 지의가 『법화경』의 실상론(實相論)을 중시한 것과는 차이가 있다. 그는 또 북종선(北宗禪) 계통의 선법에 영향을 받아 원돈지관(圓頓止觀)도 강조하였고, 일념삼천설에는 화엄의 이론도 섭수하였다. 원래 지의 당시에만 해도 중국에 다른 종파가 성립되지 않았으나, 담연 때는 선이나 화엄 등의 교학과도 경쟁하는 위치에 있었기에 담연은 『법화경』이 다른 경보다 우위에 있음을 드러내기 위해 법화초팔(法華超八)이라는 입장도 내세웠다. 그 후 중국에서의 불교는 선종 이외의 다른 교학이 힘을 잃어가는 중에도 천태만은 고려(高麗)의 체관(諦觀)이 963년(광종14) 천태서적을 가지고 되돌려 유포한 이후 다시 부흥하였다. 천태종 제12조 정광의적(淨光義寂) 때 고려의 의통(義通)과 지종(智宗)이 입문하였고, 의적의 수제자 의통의 문하에서 지례(知禮)·준식(遵式) 등이 배출되어 정통파라 부르는 실상계(實相系)의 산가파(山家派)와 이에 대응하는 유심계(唯心系)의 산외파(山外派)도 출현하였다. 관심에 있어서도 산가파는 망심(妄心)을, 산외파는 진심(眞心)을 주장하였는데, 제법실상을 주장한 산가파를 대표하는 이는 지례이며, 제법유심(諸法唯心)을 주장하는 산외파의 대표는 지원(智圓)이다. 지례 이후 남송 때의 천태종은 선종과 정토종 등과도 교류하였는데, 지례문하 중 범진(梵臻)계가 선종과 가장 밀접하게 교류하였다. 특히 종간(從諫)의 문인들이 대혜(大慧) 등의 선사들과 깊이 교류하면서 천태사상을 선의 실천으로 실증하려 하였다. [한국 천태사상의 기원과 전개] 삼국시대 천태사상의 기원은 『법화경』 전승과 천태 지의와의 교류를 통해 유추할 수 있다. 고구려의 고승 혜자(慧慈)는 595년(영양왕6)에 일본에 건너가 성덕태자(聖德太子)의 스승이 되어 『법화경』과 『열반경』을 가르쳤다고 전한다. 이때 『법화경』의 권실이지(權實二智)의 뜻을 깨닫게 하고 『법화경소』를 지었다고 전한다. 파야(波若)는 596년(영영왕7) 천태산으로 지의를 찾아가 직접 천태지관법을 전수받은 뒤 천태산 화정봉에서 입적하는 신이한 행적도 남겼다. 천태사상이 일찍부터 고구려에 전해졌음을 짐작할 수 있는 일들이다. 백제도 위덕왕(威德王) 때 현광(玄光)은 중국으로 가서 남악혜사에게 수학하여 법화삼매를 증득하고 귀국하였고, 신라의 연광(緣光)도 중국으로 가서 지의의 제자가 되었고 몇 년 뒤 대오하였는데, 지의의 인가를 받고 귀국하여 항상 『법화경』을 강설하여 널리 홍포하였다. 이렇듯 삼국시대의 천태사상은 지의와의 직접적 인연으로 시작되었다고 할 수 있다. 통일신라대에는 『법화경』 연구가 활발하였으니 원효(元曉)·경흥(憬興)·순경(順璟)·현일(玄一)·의적(義寂)·둔륜(遁倫)·태현(太賢)·현범(玄範) 등의 많은 『법화경』 주석서들이 출현하였는데, 이 중에 원효의 『법화종요 法華宗要』와 의적의 『법화경논술기 法華經論述記』 권상만 현전한다. 통일신라의 천태사상이라면 『법화경』 주석을 통해 살펴볼 수 있는데, 원효는 『법화현의』에서 시설한 오중현의(五重玄義)와 유사한 형식으로 『법화경』을 해석하였고, 『법화종요』에서는 그만의 독특한 입장으로 천태사상을 촬약하게 개관하였다. 또한 원효의 『대승기신론소 大乘起信論疏』에는 천태 소지관(小止觀) 중 이십오방편 중의 다섯 가지 인연을 갖추는 법을 수용하기도 하였다. 법융(法融)·이응(理應)·순영(純英) 세 선사는 당에 유학하여 당시 천태종 제8조인 현랑(玄朗)에게 사사하고 730년(성덕왕29)에 귀국한 후 천태교학을 홍포하였다. 천태사상은 고려대에 들어와 교세를 확장하게 된다. 오랜 전란으로 천태전적이 소실된 송은 고려에 천태종 관련전적 기증해 줄 것을 요청하였고, 이때 체관이 파견되었다. 체관은 송에서 10년을 머무르며 천태 제12조 의적문하에서 천태교관을 익히고 『천태사교의』를 남겼는데, 천태교학을 계승하여 오시팔교로 교상판석하고 이십오방편문과 십승관법을 체계화하였다. 이렇게 체관이 송에 가져간 천태전적과 『천태사교의』는 이후 중국의 천태교학을 부흥시키는 데 크게 기여하였다. 이 책은 천태 뿐만 아니라 불교입문서로도 널리 학습되었다. 1101년(숙종6) 대각국사 의천(義天)에 의해 천태종은 종파로 창립되었고, 개창 목적은 선종과 교종을 어울려 함께하게 해서 그 대립을 지양하는 데 있었다. 의천은 회삼귀일(會三歸一)과 일심삼관의 교관겸수(敎觀兼修)를 고양하면서 화엄을 비롯한 모든 불교사상을 천태에 거둬들여 함께 하려 하였지만, 의천 생전에 융성하였을 뿐 그의 사후에는 그 세력을 잃었다가 창건 백 년 후 만덕산 백련사(白蓮社)에서 중흥하게 되는데 원묘국사(圓妙國師) 요세(了世)가 보현도량을 열고 법화삼매를 실천수행하면서다. 1208년(희종4) 요세는 천태묘법을 체득하고 지례의『관무량수경묘종초 觀無量壽經妙宗鈔』를 강의하면서 대중에게 참회행도 행하게 하였다. 1232년(고종19)에는 법화삼매 중 반행반좌삼매(半行半坐三昧)를 닦으며 법화삼매 참의도량(懺儀道場)인 보현도량을 결성하기도 하며 이후 큰 영향을 끼쳤다. 요세의 법은 천인(天因)에게 전해졌다. 백련사 제2세 천인은 조계산 수선사(修禪社) 제2세 혜심(慧諶)과 교류하였다. 천인의 문집인『정명국사후집 靜明國師後集』에는「법화경찬 法華經讚」서문이 있는데, 여기에 백련사에서 시행하였던 법화참법의례문도 전한다. 이는 현재 일본에서 현행되는 법화참법의례문과 같기에 당시 일본에까지 영향을 미쳤음을 알게 한다. 백련사 제3세는 원완(圓睆)이며, 제4세 진정국사(眞靜國師) 천책(天頙)은『선문보장록 禪門寶藏錄』·『선문강요 禪門綱要』·『호산록 湖山錄』을 저술하였고, 규봉종밀(圭峰宗密)의 교선일치에 영향을 받아 조계산 수선사계의 선사들과도 교류하였으며, 나아가 중국 천태종 산외파의 종의(從義)가 주창한 천태교관을 선과 통합하여, 교·선·경·마음(心)이 하나라는 교선일치를 전개하며 조사선(祖師禪)의 입장에서 천태교관에 새로운 바람을 불어넣었고, 여기에 밀교까지 회통하는 독창적인 천태사상을 주장하기도 하였다. 이후 제5조 원조국사(圓照國師)의 제자 운묵(雲默)은 석가존 일대기를 노래한『석가여래행적송 釋迦如來行蹟頌』을 지었는데, 그 내용 또한『천태사교의』오시팔교의 교상판석에 근거하고 있다. 운묵 이후 천태종의 요원(了圓)은『법화영험전』을 지었다. 고려말 천태종의 교세는 강력하였지만, 조선시대인 1424년(세종6)에 선종으로 통폐합되어 공식적인 종파의 이름마저 사라지게 되었다. 연구자들에 의해 조선전기 왕실이나 귀족중심으로 한『법화경』신행이나 조선전기 고승 기화(己和)의『법화경』송찬(頌讚)을 지은 일, 세조 9년(1463)『묘법연화경』7권 계환해(戒環解) 간행, 나아가 초의(草衣)의 지관수행 등의 일들을 들어 천태의 명맥을 설명하기도 하지만, 초의와 동시대에 월창거사 김대현(金大鉉)이 지의의『석선바라밀차제법문 釋禪波羅密次第法門』을 요약하여 저술한『선학입문 禪學入門』이후로는 한국에서의 천태사상의 자취는 뚜렷하지 않다. 연구자들은 한국 천태사상은 교리적으로는 선과 화엄과 회통하였고, 실천적으로는 정토종(淨土宗)과도 결합하여 유행하였다고 말하지만 이는 중국의 송대이후 천태사상과 크게 다른 면모는 아니다. [참고문헌] 趙明基『고려대각국사와 천태사상』(동국문화사, 1964), 불교문화연구소편『한국천태사상연구』(동국대출판부, 1983). ⇨천태종 天台宗, 천태교학 天台敎學, 교상문 敎相門, 관심문 觀心門, 삼관 三觀❶, 공가중 空假中, 십승관법 十乘觀法, 오시팔교 五時八敎, 이십오방편 二十五方便, 일념삼천 一念三千, 혜사 慧思, 지의 智顗, 체관 諦觀, 천태사교의 天台四敎儀

천태사석 天台四釋 천태지의(天台智顗)가『법화경』을 네 갈래로 푼 인연석(因緣釋)·약교석(約敎釋)·본적석(本迹釋)·관심석(觀心釋)으로, 사종석의(四種釋義)라고 한다. ⇨사종석의 四種釋義, 인연석 因緣釋, 약교석 約敎釋, 본적석 本迹釋, 관심석 觀心釋

천태산 天台山 중국 절강성(浙江省) 태주시(台州市) 천태현(天台縣)에 있는 산. 천제산(天梯山)·태악(台嶽)이라고도 한다. 상태(上台)·중태(中台)·하태(下台)의 삼태성(三台星)인 태수(台宿)와 상응한다 하여 이렇게 불린다.『지관보행전홍결』권1(대정장46, p.149c18)에 "천태란 무엇인가? 천은 산꼭대기다. 원기가 갈라지기 전에는 섞여 하나였다. 두 개의 모습으로 나누어지고 나서 맑은 것은 하늘이 되고 탁한 것은 땅이 되었다. 천태는 본래 세속의 이름이니 세간의 해석에 따른다. 태(台)란 별이름인데 그것이 땅을 나눠 하늘의 삼태성에 응하게 했기에 그렇게 부른 것이다. 어떤 사람은 말한다. 본래는 천제라고 하니, 그 산은 높아서 밟고 하늘에 오를 수 있음을 말한다. 후세의 사람이 잘못 전하여 천태라고 하였다. 天台者 天者巓也 元氣未分 混而爲一 兩儀旣判 淸而爲天 濁而爲地 此本俗名 且依俗釋 台者星名 其地分野 應天三台 故以名焉 有云 本名天梯 謂其山高 可登而升天 後人訛轉 故云天台"라고 하였다. 최고봉은 화정봉(華頂峰)이며, 이를 동백(桐柏)·적성(赤城) 등의 일곱 봉우리가 둘러싸고 있다. 징관(澄觀)은『화엄경』「보살주처품 菩薩住處品」에서 설한 동남방의 지제산(支提山)을 적성봉에 견주기도 하였으며, 예부터 주(周) 영왕(靈王)의 태자였던 진(晋)이 우필진인(右弼眞人)이 된 뒤 동백산에 들어갔다는 도가(道家)의 전설이 전하고, 오(吳)의 갈현(葛玄)과 허매(許邁) 등도 적성봉에 살았다고 하는 등 신선이 머무는 곳으로 믿어져 왔다. 동진(東晋) 이후로는 불교와의 인연이 더해졌는데, 지둔(支遁)이 석성산(石城山)에 서광사(棲光寺)를 짓고 주석하였으며 우법란(于法蘭)도 그 기슭에 거처하였다. 담광(曇光)은 우법란의 원화사(元華寺)를 고쳐 짓고 지둔과 즉색즉공(卽色卽空)에 대해 논쟁하였으며, 담유(曇猷)가 적성산에 중엄사(中嚴寺)를 지었는데 왕희지(王羲之)가 멀리서 찾아와 예를 올리기도 하였다. 지담란(支曇蘭)도 머물렀으며, 법순(法順)은 폭포사(瀑布寺)를 건립하였고, 승종(僧從)은 폭포산에서 은사(隱士) 저백옥(褚伯玉)과 교유하였으며, 혜명(慧明)이 와불사(臥佛寺)를 짓는 등 많은 스님들이 절을 짓고 주석하였다. 손작(孫綽)은 『천태산부 天台山賦』를 짓고 석교(石橋)에 오백나한이 머문다고 하였다. 진대(陳代)에는 지의(智顗)가 이 산에 들어와 수선사(修禪寺) 등에서 10년 간 머물렀으며 석성산 미륵석상(彌勒石像) 앞에서 입적하였는데, 지의의 평소 유지를 받들어 진왕(晉王)이 불롱산 남쪽 기슭에 천태산사(天台山寺)를 창건하고 605년에 국청사(國淸寺)로 개명하는 등 천태종을 대표하는 도량이 되었다. 관정(灌頂)·지월(智越)·보명(普明) 등 다수의 제자들이 이를 계승하였고, 지위(智威)·현랑(玄郎)·담연(湛然) 등이 주석하기도 하였다. 당대(唐代)에는 일행(一行)이 이곳에서 역법(曆法)을 전하였으며, 선종의 풍간(豊干)·한산(寒山)·습득(拾得)도 머문 적이 있다. 이후 천태덕소(天台德韶)·영명연수(永明延壽) 등의 선사들이 주석하였으며, 북송대 의적(義寂)·의통(義通) 등이 주석하면서 다시 천태종을 부흥하였지만 준식(遵式)·지례(知禮) 등이 활약하던 때에는 그 중심이 사명(四明)과 전당(錢塘)으로 옮겨가게 되었다. 송말(宋末) 이후로는 천태종 교세가 쇠퇴하여 명대에는 예전의 왕성했던 모습들이 거의 사라졌고, 현재는 국청사·고명사(高明寺)·진각사(眞覺寺)·방광사(方廣寺) 등이 전한다. [참고문헌] 『止觀輔行傳弘決』, 『隨天台智者大師別傳』(대정장50, p.191a21), 『梁高僧傳』 권4(대정장50, p.348c21)·권5(대정장50, p.350a1)·권11(대정장50, p.396a15), 『宋高僧傳』 권7(대정장50, p.752b4)·권12(대정장 50, p.789a20), 『天台山方外志』, 『古今圖書集成』「山川典」.

천태산방외지 天台山方外志 명(明)대 천태종 스님 무진전등(無盡傳燈 1554~1628) 지음. 30권. 『천태산지』라고도 한다. 지(志) 문체에 맞추어 천태산에 관한 앞선 기록을 잘 정리하며, 출세(出世)에 관련된 기록도 충실하게 수록하였으므로 방외(方外)라는 이름을 덧붙였다. 본문에 앞서 여러 종의 서문과 목록이 붙어 있다. 권1~3은 산의 지리, 권4는 산사(山寺), 권5는 성승(聖僧), 권6은 조사(祖師), 권7은 천태종, 권8은 고승, 권9는 신선, 권10은 은사(隱士)와 신명(神明), 권11은 금탕(金湯), 권12는 성전(盛典)과 영이(靈異), 권13은 탑묘(塔廟)·고적(古蹟) 등과 산물·생태에 관한 이산(異産), 권14는 칙(勅), 권15~17은 서(書), 권18은 소(疏), 권19는 서(序), 권20~22는 기(記), 권23은 비(碑), 권24는 탑명·행장·전(傳), 권25는 찬(贊), 권26은 부(賦), 권27~29는 시(詩)를 제재에 따라 나눈 것, 권30은 기증(寄贈)이며 마지막에 발문이 붙어 있다. 천태산에 관한 인문과 지리 뿐만 아니라 천태종 인물과 유적에 관한 자료를 풍부히 수록하고 있다.

천태산지자대사별전 天台山智者大師別傳 신라 원측(圓測 613~696)의 제자 도증(道證) 지음. 1권. 중국 천태학(天台學)을 정립한 천태지의(天台智顗 538~597)의 전기(傳記)로, 『전교대사장래태주록』(대정장55, p.1056a21)에 "『천태산지자대사별전』 1권〈사문 도증 지음. 12장〉. 天台山智者大師別傳 一卷〈沙門道證述 一十二紙〉"이라고 하였다. [참고문헌] 『傳教大師將來台州錄』.

천태삼관 天台三觀 천태종에서 세운 공관(空觀)·가관(假觀)·중관(中觀)의 세 관법. 이를 다시 차제삼관(次第三觀)과 일심삼관(一心三觀)으로 분류한다. ⇨ 삼관 三觀❶, 차제삼관 次第三觀, 일심삼관 一心三觀

천태삼교 天台三教 천태종에서 시설한 교판(教判) 중 삼교를 일컫는 말. ❶ 대강삼교(大綱三教). 화의사교(化儀四教) 중 비밀교를 제외한 돈교·점교·부정교를 가리킨다. 이 삼교로 『법화경』 이전의 모든 경을 거둔다. 『법화현의』 권10(대정장33, p.806a16)에 "대강삼종은 첫째 돈교, 둘째 점교, 셋째 부정교다. 이 셋은 이름은 옛날과 같지만 뜻은 다르다. 一 大綱三種 一 頓 二 漸 三 不定 此三名同舊義異也"라고 하였다. [참고문헌] 『法華玄義』. ❷ 권문삼교(權門三教). 화법사교(化法四教) 중 원교를 제한 장교·통교·별교를 가리키는데 권문삼교라고 한다. 『법화경현참증석』 권1(卍속장44, p.810a2)에 "아홉번째 권을 연다 : 역시 삼교를 알아야 했으니 장·통·별 삼교다. 보살도 또한 알아야 한다. 九 開權 亦須會三 謂藏通別三教 菩薩亦須會也"라고 하였다. [참고문헌] 『法華經玄籤證釋』. ❸ 석존(釋尊)의 일대교법을 돈교·점교·원교로 거두는 뜻. 원교는 『법화경』이다. 『천태명목류취초』 권2(臺灣國圖善本40, p.139b9)에 "또한 지증대사 당결에 대강삼교는 돈·점·원 삼교를 세운다. 세 번째 원교를 세우니, 법화경이 원교다. 又智證大師唐決 大綱三教立頓漸圓三教 立第三圓法華圓也"라고 하였다. [참고문헌] 『天台名目類聚鈔』.

천태삼대부 天台三大部 천태법문의 소의가 되는 지의(智顗)의 세 작품을 아울러 일컫는 말. 『법화문구 法華文句』, 『법화현의 法華玄義』, 『마하지관 摩訶止觀』이다. 법화삼대부(法華三大部)라고도 한다. 『법화삼대부과문』 권16 「간기 刊記」(卍속장43, p.631a1)에 "천태삼대부의 과문은 세간에 두 본이 있는데 같지가 않다. 얻어서 보니 각각 떨어져나간 것이 있기에 이제 당본을 합하여 교정한다. 天台三大部 科文 世有二本 不同者 因乞而見之 各有脫簡故 今以唐本合校之", 『무이원래광록』 권24 「종교답향 宗教答響」(卍속장125, p.303a7)에 "이통현(李通玄) 장자는 천태삼대부를 틀림없이 보았겠지만, 천태는 이장자의 『화엄경합론』을 보지 못하였으니, 만약 보았더라면 또 어떻게 되었을지 알 수 없다. 李長者必看天台三大部 天台未見李長者合論 若見時 又不知當何如"라고 하였다. 〔참고문헌〕『法華三大部科文』, 『無異元來廣錄』. ⇨ 법화삼대부 法華三大部, 법화문구 法華文句, 법화현의 法華玄義, 마하지관 摩訶止觀, 지의 智顗

천태삼생 天台三生 천태에서 시설한 종숙탈(種熟脫)의 세 단계. 종은 씨를 뿌리는 것으로 처음 성불할 씨앗인 보리심을 심는 단계다. 숙은 고르게 익히는 것으로 수행하여 점차 성숙해가는 단계다. 탈은 해탈(解脫)을 의미하며 행이 성취되어 인과가 원만해지는 단계다. 구원의 과거·중간·금세나, 일생(一生) 또는 일념(一念)에도 배대한다. ⇨ 종숙탈 種熟脫, 삼생 三生 ❷

천태석교 天台石橋 중국 절강성(浙江省) 태주시(台州市) 천태산에 있는 천연 암석으로 이은 돌다리. 인근에 오백나한(五百羅漢)이 머문다고 하며 이를 묘사한 그림도 전한다. 길이가 멀고 폭도 좁으며 건너기에 매우 험난하다. 선문답의 소재로 자주 등장한다. 『사명존자교행록』 권7(대정장46, p.926b16)에 "무릇 남쪽에서 험한 곳이라 하면 제일 먼저 천태석교를 가리킨다. 다리 아래로 만 길의 절벽과 임해 있고, 폭포수는 사방으로 흩어지며, 위태롭게 미끄러운 바닥은 가로지른 무지개 모양이다. 사명존자가 언젠가 밤중에 건널 때 빛이 있어 인도하였는데, 마치 늘어선 횃불과 던져진 불과 같았지만 아무도 그 유래는 알지 못한다. 凡道南險者 首稱天台石橋 下臨萬仞 飛泉四射 危滑欹側 狀如橫虹 師嘗夜度 有光前導 如列炬擲火 皆不知其來", 『천태산방외지』 권1(中國佛寺史志彙刊88, p.66a4)에 "『서역기』에도 '진단의 천태석교에 있는 방광사에 오백나한이 거처한다'라고 하였다. 西域記亦云 震旦 天台石橋 方廣寺 五百阿羅漢居焉", 『선종잡독해』 권4(卍속장114, p.153a14)에 "천태석교 : 돌다리 가로지르며 날아 적시는 그 위로 봉우리 치솟았고, 천 길 폭포소리 천둥치듯 한다. 오백성문 보아 부수지 못해서, 지금껏 산 채로 바위 틈에 묻혀 있다네. 〈천목례 지음〉 天台石橋 橋橫飛澗上崔嵬 澗瀑千尋吼怒雷 五百聲聞看不破 至今活葬在嵓隈 〈天目禮〉", 『분양어록』 권상(대정장47, p.605b3)에 "'그렇다면 화상 몸시 번거롭게 하였군요' '천태석교 비좁아 앉을 틈 없고, 청량자리 드넓기만 하다'. 恁麽則聒煩和尙也 師云 天台石橋窄 淸凉座具寬", 『요당유일어록』 권1(卍속장123, p.899a1)에 "천태석교 밟고 서서 신창의 거대한 석불 향해 웃어 넘어진다. 蹈斷天台石橋 笑倒新昌石佛"라고 하였다. 〔참고문헌〕『四明尊者教行錄』, 『天台山方外志』, 『禪宗雜毒海』, 『汾陽語錄』, 『了堂惟一語錄』, 『天如惟則語錄』 권6 「五百尊者名號序」(卍속장122, p.905b2).

천태소지관 天台小止觀 수(隋)대 지의(智顗)가 지은 『수습지관좌선법요 修習止觀坐禪法要』(대정장46, No.1915). ⇨ 수습지관좌선법요 修習止觀坐禪法要

천태암 天台庵 ❶ 전라남도 곡성군 목사면 아미산(峩嵋山)에 있는 암자. 송광사(松廣寺)의 말사였다. 665년(문무왕5)에 혜암율사(慧庵律師)가 창건하였다. 1195년(명종25)에 보조국사(普照國師)가 법당과 요사 등을 세워 중창하였고 후학을 길렀다. 중국의 아미산과 산세가 비슷하여 아미산 천태암이라고 이름하였다. 보정(寶鼎 1861~1930)의 『다송문고』 권1 「송광사대공덕주 용운당대선사행장 松廣寺大功德主龍雲堂大禪師行狀」과 『동사열전』 권4 「용운선백전 龍雲禪伯傳」에 의하면 처익(處益 1813~1888)이 천태암을 중수하였다고 전한다. 『다송문고』 권2 「천태암불답기 天台庵佛畓記」에서는 지장대성(地藏大聖)이 봉안되어 있다 하였고, 『동명유고』 「천태암중수화문 天台菴重修化文」에서는 16아라한이 상주하는 도량이라고 하였다. 이후 1957년에 산불로 전소하여 폐사되었다. 2000년 10월에 고영환(高永煥)과 강정원(姜楨遠) 등이 중창복원하였는데 보광전, 법당, 요사, 산신각 등을 2004년에 준공하여 지금에 이른다. 현존 당우로는 극락보전·산신각·요사 등이 있다. 〔참고문헌〕『茶松文稿』, 『東師列傳』, 『東溟遺稿』, 『朝鮮佛教通史』 권상, 『韓國寺刹全書』 권하 p.1085a5, 『文化遺蹟總覽』 권하 p.210. ❷ 전라북도 남원시 둔덕산(屯德山)에 있던 암자. 『용성지』 권4에 "단구의 남쪽, 풍악의 북쪽에 있었으나 지금은 폐사되었다. 그 아래 석량이 있는데 속세에서 이르기를 과석량이라 한다. 丹丘之南楓嶽之北 今廢 其下有石梁 俗謂之跨石梁"라고 하였다. 〔참고문헌〕『龍城誌』, 『韓國寺刹全書』 권하 p.1085a3. ❸ 전라북도 임실군에 있던 암자. 『임실군지』 권하에 "백련산 남쪽 기슭에 있었으나 지금은 없다. 在白蓮山南麓 今無"라고 하였다. 조현기(趙顯期 1634~1685)의 『일봉집』 권1에 「천태암〈재임실〉 天台菴〈在任實〉」도 전한다. 〔참고문헌〕『任實郡誌』, 『一峯集』.

천태의빙집 天台依憑集 일본 천태종 개조 전교대사(傳教大師) 최징(最澄)이 지은 『대당신라제종의장의빙천태의집 大唐新羅諸宗義匠依憑天台義集』의 줄인 이름. 『의빙천태집 依憑天台集』이라고도 한다. 당(唐)과 신라(新羅)에서의 제종(諸宗)의 전적 중에 천태의 뜻에 의지해 쓴 글들을 모은 책이다. 총 13장으로 되어 있는데, 1장은 「대당종남산풍덕사율종사문도선조양대사전 大唐終南山豊德寺律宗沙門道宣造兩大師傳」(『대당내전록 大唐內典錄』 권5에 나옴), 2장은 「대당월주가상사삼론종사문길장의천태종조인왕경소이권 大唐越州嘉祥寺三論宗沙門吉藏依天台宗造仁王經疏二卷」, 3장은 「대당박양법상종사문지주의천태종조보살계경소오권 大唐樸陽法相宗沙門智周依天台宗造菩薩戒經疏五卷」, 4장은 「대당청룡사번경강론신법상종사문양분의천태의판인왕경 大唐青龍寺翻經講論新法相宗沙門良賁依天台義判仁王經」(『인왕경소 仁王經疏』 권하의 글을 인용함), 5장은 「대당경조위국서명사화엄종사문법장의천태의조화엄의등이십삼권 大唐京兆魏國西明寺華嚴宗沙門法藏依天台義造華嚴義等二十三卷」(『화엄오교장 華嚴五教章』 권1 및 『화엄경탐현기 華嚴經探玄記』 권1의 글을 인용함), 6장은 「大唐京兆靜法寺華嚴宗沙門惠苑判云法藏師所立義影響天台義」(『속화엄경약소간정기 續華嚴經略疏刊定記』 권1의 글을 인용함), 7장은 「대당오대산거사화엄종이통현판천태위조화엄회석십사권 大唐五臺山居士華嚴宗李通玄判天台位造華嚴會釋十四卷」, 8장은 「대당태원부숭복사신화엄종번경사문징관판천태의이치원만 大唐太原府崇福寺新華嚴宗翻經沙門澄觀判天台義理致圓滿」(『화엄경소 華嚴經疏』 권1의 글을 인용함), 9장은 「신라국화엄종사문원효찬천태덕증제종교시 新羅國華嚴宗沙門元曉讚天台德證諸宗教時」(『열반종요 涅槃宗要』의 글을 인용함), 10장은 「대당남악진언종사문일행동천태삼덕수식삼제의 大唐南岳眞言宗沙門一行同天台三德數息三諦義」(『대일경소 大日經疏』 권7하의 글을 인용함), 11장은 「대당대천복사대불정종사문유각인천태의조경소병초 大唐大薦福寺大佛頂宗沙門惟慤仁天台義造經疏幷鈔」, 12장은 「천축명승문대당천태교적최감간사정갈앙방문연 天竺名僧聞大唐天台教迹最堪簡邪正渴仰訪問緣」(『법화경문구기 法華經文句記』 권10말의 글을 인용함), 13장은 「천태대사진법고어천축문 天台大師振法鼓於天竺文」과 「출삼론종길장청천태대사서 出三論宗吉藏請天台大師書」(『국청백록 國淸百錄』 권5의 글을 인용함)이며, 권 앞에 「자서 自序」와 권 끝에 천태지의의 「찬문 讚文」이 실려 있다. 권말에 "홍인 4년(813) 계사 9월 1일. 弘仁四年 癸巳 九月 一日"라고 쓰여 있으며, 서문 끝에 "때는 일본을 일으킨 제52엽인 홍인 7년(816) 병신년. 其時與日本第五十二葉 弘仁七年 丙申之歲也"이라고 되어 있어 서문을 지은 때로 추정된다. 경안 4년(1651)의 간본(刊本) 등이 있으며, 『전교대사전집 傳教大師全集』 권2와 『일본대장경 日本大藏經』 제46책에 수록되어 있다. 『천태종장소』(대정장55, p.1137a13)에 "『천태의빙집』 1권〈전교 술〉. 天台依憑集一卷〈傳教 述〉"라고 하였다. [참고문헌] 『天台宗章疏』. ⇨ 대당신라제종의장의빙천태의집 大唐新羅諸宗義匠依憑天台義集

천태전불심인기 天台傳佛心印記 원대 회측(懷則) 지음. 1권. 『불심인기』라고도 한다. 대정장46, pp.934a11~936c16, No.1938에 수록되어 있다. 화엄과 선, 법상종 등의 교의를 비판하고, 교관쌍수(教觀雙修)와 성구성악(性具性惡) 등 천태의 우수함과 사명지례(四明知禮) 뜻을 부흥시키고자 하였다. 주석서로는 명(明)대 전등(傳燈)이 지은 『천태전불심인기주 天台傳佛心印記註』 2권이 있다. ⇨ 불심인기 佛心印記

천태종 天台宗 [중국의 천태종] 중국 수나라 때 천태지의(天台智顗)가 창립한 교종의 한 종파. 『법화경 法華經』을 소의로 하여 지의가 천태산(天台山) 국청사를 중심으로 활동하며 문호를 열었다. 지의는 하남성 대소산(大蘇山)에서 혜사(慧思)에게 배워 선관(禪觀)을 닦고 법화경의 진수를 터득한 후 금릉에서 활동하다 절강성 천태산으로 은둔하여 사색과 수행에 전념했다. 지의는 법화삼대부(法華三大部)라 불리는 저술, 곧 법화경에 의해 불교를 체계화한 법화현의(法華玄義)·지관(止觀) 수행을 사상적으로 정립한 마하지관(摩訶止觀)·법화경을 독자적으로 해석한 법화문구(法華文句)를 편찬하여 천태종의 사상적 토대를 형성했다. 지의는 교학뿐만 아니라 수행도 체계화함으로써 중국적인 불교를 열어 이후 오랫동안 큰 영향을 끼쳤다. 이런 특성으로 인해 천태종은 교종 중에서도 가장 실천적 면모가 강한 종파로 꼽힌다. 한편 천태종의 중심사상은 삼제원융(三諦圓融)·일념삼천(一念三千)·일심삼관(一心三觀)·육즉(六卽) 등인데, 지의를 이어 제자인 관정(灌頂)을 비롯하여 담연(湛然)으로 계승되었다. 이들은 지의의 삼대부를 상세하게 풀이한 저술을 지어 천태교학을 선양하였다. 당대 말에 폐불사태를 맞아 천태종도 전적이 흩어지고 교세마저 쇠퇴했으나 고려의 체관(諦觀)이 오월국왕의 요청으로 많은 천태전적을 전해 중국 천태종이 부흥하는 계기를 맞았다. 체관이 지은 『천태사교의 天台四教儀』는 천태종에서 기본전적으로 중시되었으며 다른 교학에서도 널리 읽혔다. 12조인 의적(義寂)과 그의 동문 지인(志因)의 양 계통에서 많은 학승이 배출되었는데, 전자를 산가파(山家派), 후자를 산외파(山外派)라고 하였다. 사명지례(四明知禮)와 자운준식(慈雲遵式) 종의(從義) 인악(仁岳) 등이 중심이 된 산가파는 천태독자의 실상론을 중시하였고, 범천경소(梵天慶昭)와 고산지원(孤山智圓) 등이 주축을 이룬 산외파는 선과 화엄 등 다른 종파의 사상을 수용한 유심론적 경향을 보였다. 지례의 계통이 송대에 융성하여 천태종의 주류가 되었으며, 남송대는 선월(善月)과 지반(志盤) 등이 활동하였다. 원대는 불교계 전반의 쇠퇴와 함께 천태종도 부진했으나, 명대 다시 부흥하여 산가파의 정통 천태학이 다시 이어졌고 명말에는 지욱(智旭)이 유식과 선종의 사상을 수용하며 천태교관을 진흥시켰다. [**삼국이후 조선조까지의 천태종**] 우리나라에는 삼국시대부터 천태교학이 전해져 백제의 현광(玄光)은 지의와 함께 혜사에게 수학했고 신라의 연광(緣光)은 지의에게 천태교학을 배웠다. 원효는 『법화경』 관련 저술을 통해 법화천태사상 확립에 선구적 역할을 하였다. 고려 광종 때 중국의 오월왕이 사신을 보내 천태전적을 구하자 고려에서는 체관이 천태서적들을 가지고 가서 중국의 천태종 부흥에 크게 기여하였다. 의천(義天)은 송 천태종의 자변종간(慈辯從諫)과 교류를 맺고 고려에서 새로운 선종계통으로 국청사(國淸寺)를 중심으로 한 천태종을 개창하였다. 고려 후기에 들어 침체된 천태종을 다시 드날린 이가 원묘(圓妙)국사 요세(了世)이다. 요세는 전남 강진 만덕산 백련사(白蓮社)를 중심으로 천태결사운동을 전개하여 천태교학과 참법의 실천을 이끌어 지눌의 수선사결사와 함께 고려후기 불교계의 양대세력을 형성하였다. 원간섭기에는 개경에 묘련사(妙蓮社)를 세워 천태종이 교계와 정계에 큰 영향을 주기도 하였다. 보선초기교단 통합시에 천태종은 그동안 소자종과 법화종 둘로 나뉘어 있던 것이 태종 7년에 천태종으로 합쳐졌고, 1424년(세종6)에 조계종 총남종(摠南宗)과 함께 선종으로 통합되기에 이르렀다. [**근대이후 천태종**] 현재 한국불교 주류종단으로 활동하고 있는 '대한불교천태종'을 말한다. 근대 천태종 개창은 상월(上月)에 의해 이루어졌다. 상월은 1951년 11월에 깨달음을 성취하였고, 1963년부터 적극적인 교화활동을 전개하였다. 상월의 새불교운동은 1967년 1월에 '삼대지표'로 정립되었는데, 애국불교·생활불교·대중불교다. 1966년 상월은 천태종 중창을 선포하였고, 1967년에는 문교부에 '천태종대각불교포교원'으로 등록하였으며, 1970년 1월 15일에 정부로부터 종단을 인가받고 전문 17장으로 구성된 종헌종법을 제정선포하였다. 1974년 상월원각이 열반하였다. 1986년 구인사에 강원이 설립되었으며 1996년 종립연구기관으로 천태불교문화연구원과 1999년에 사회복지재단도 설립하였다. 2002년 충남 논산에 금강대학교를 개교하여서는 본격적으로 천태종 종지를 연구하기 위해 2007년에 천태불교문화연구원을 원각불교사상연구원으로 개칭되었다. 2009년에 '일심청정관음정진' 백만독 불사를 수행하였고, 2010년에는 십선(十善) 실천운동을 전개하였다. 1970년 선언문에서는 '오랫동안 역사의 진토 속에 묻혔던 신성한 정신문화를 발굴하여 조국재건 민족중흥의 과업에 이바지하기를 약속하며 대한불교천태종을 재건하여 개권현실(開權顯實)의 최상종승(最上宗乘)으로써 불교의 대중화 생활화를 지향하며 이 종헌을 제정하여 선포한다'고 하는 등 천태종의 정체를 재확인하기도 하면서, 천태종은 종헌·종법에 의거한 새불교운동의 목표로서 삼대강령을 다시 선언하였는데, 첫째, 생명의 참뜻을 자각하여 밝은 자아를 개현함으로써 '인간 즉 불타'의 진리를 체득한다. 둘째, 정법(正法)의 대도(大道)를 실천하여 밝은 생활을 창조함으로써 '생활 즉 불법'의 이념을 구현한다. 셋째, 착실한 교화를 전개하여 밝은 사회를 건설함으로써 '사회 즉 승가(僧伽)'의 이상을 실현한다라고 하였다. [참고문헌] 李能和 『朝鮮佛教通史』(1918, 신문관), 權相老 『朝鮮佛教略史』(1917, 신문관), 金煐泰 『한국불교사』(2000, 경서원), 『韓國天台宗史』(원각불교사상연구원, 2010). ⇨ 천태교학 天台教學, 천태사상 天台思想, 묘법연화경 妙法蓮華經, 법화삼대부 法華三大部, 천태사교의 天台四教儀, 산가산외 山家山外, 지의 智顗, 의천 義天 [1], 체관 諦觀, 혜사 慧思, 담연 湛然, 준식 遵式, 요세 了世, 국청사 國淸寺 [2] [6], 백련사 白蓮寺 [12]

천태지자대사별전 天台智者大師別傳 수(隋)대 관정(灌頂) 찬(撰). 1권. 성서(成書)연대는 미상. 대정장50, pp.191a21~198a1, No.2050에 전한다. 『지자대사별전』이라고도 한다. 천태지의(天台智顗)의 전기를 연대순으로 엮고 말미에 상서로운 열 가지 행적과 찬술에 대해 전한다. 『국청백록 國淸百錄』 「서문」에서는 저궁(渚宮)의 법론(法論)과 회계(會稽)의 지과(智果)도 지의의 별전을 지었다고 하나 전하지 않는다. 관정은 지의의 가장 가까운 제자였다. 또한 도선(道宣)의 『당고승전』 「지의전」과 비교해 출입이 있어 지의행장 연구에 두 전기와 함께 『국청백록』의 「서문」을 참조한다.

천태팔교대의 天台八教大意 수(隋)대 관정(灌頂 561~632) 지음. 1권. 『팔교대의』라고도 한다. 대정장46, pp.769a9~773c15, No.1930에 수록되어 있다. 천태종의 화의사교(化儀四教)와 화법사교(化法四教)에 대해 서술하였는데, 먼저 화의사교를 화엄(華嚴) 등 오시(五時)에 배대하여 설명하고, 다음에 화법사교의 명의(名義)·근기·행위(行位)·득과(得果) 및 관행사문(觀行四門)과 십승관법(十乘觀法)을 서술하였으며, 아울러 오시의 통별(通別)과 권실(權實) 등도 밝혔다. 체관(諦觀)의 『천태사교의 天台四教儀』·지욱(智旭)의 『교관강종 教觀綱宗』 등과 함께 천태학의 입문서로 담연(湛然)의 제자 명광(明曠)이 지었다고도 한다. ⇨ 천태사교의 天台四教儀, 교관강종 教觀綱宗

천택 天澤 1394년(조선 태조3)에 혼수(混修)의 제자인 희진(希進)이 주선하여 보각국사(普覺國師) 혼수(混修)의 비를 세울 때 비음(碑陰 : 비의 陰記)을 썼다고 전하나, 보각비에는 문도질(門徒秩)만 있고 비음은 없다. [참고문헌] 『朝鮮金石總覽』 권하 pp.719~725.

천택사 天澤寺 경상남도 통영시 봉평동 미륵산에 있는 용화사(龍華寺). ⇨ 용화사 龍華寺 14

천평양착 天平兩錯 천평 거듭 어긋나다. 서원사명(西院思明)이 천평종의(天平從漪)를 향해 두 번에 걸쳐 착이라 소리친 이야기. 『선원몽구』 권중(卍속장148, p.254b18)에 "천평양착〈청계산주는 홍진의 법을 이은 이. 『경덕전등록』〉: 천평화상이 행각할 때 서원에게 참문하였는데, 그는 늘 말하길 '불법 알았다고 하지 마라. 화두 든 이 찾지 못했다'라고 하였다. 어느 날 서원이 멀리서 보고 '종의야!' 하자 천평이 고개 들자 '착이다!' 하였고, 다시 두세 걸음 떼자 '착이다!' 하였다. 가까이 다가가자 서원이 물었다. '거듭 착이라 하였는데 나 서원의 착인가, 상좌의 착인가' '저 종의입니다' '착이다!' 천평이 놓아버렸다. 天平兩錯〈淸溪山主 洪進法嗣 傳燈〉 天平和尙 行脚時參西院 常云 莫道會佛法 覓箇擧話人也無 一日西院遙見召云 從漪 平擧頭 西院曰 錯 平行三兩步 西院曰 錯 平近前 西院云 適來這兩錯 是西院錯 是上坐錯 平云 從漪 西院曰 錯 平休去", 『단교묘륜어록』 권하(卍속장122, p.432b7)에 "나아간즉 기세등등한 뱀이 다리 감고, 물러난즉 땅에 잠자던 놈이 머리 내민다. 천평은 참으로 어찌할 바를 몰랐다. 감히 여러분에게 묻겠다. 서원의 두 차례 착 끝내 어떻게 해야 할까? 설령 헤아려 터득하더라도 한여름 베푼 쌀밥과 묽은 죽 그대가 감당해야 하리. 進前則騰蛇遶足 退後則土宿臨頭 天平固是無柰何處 敢問諸人 西院兩錯 畢竟如何商量 縱使商量得 一夏陳米飯 淡虀羹 也要你喫在"라고 하였다. [참고문헌] 『禪苑蒙求』, 『斷橋妙倫語錄』, 『碧巖錄』 98칙 「著語」(대정장48, p.221a24), 『景德傳燈錄』 권12(대정장51, p.299a3), 『頌古聯珠通集』 권37(卍속장115, p.474a4).

천폭륜 千輻輪 천 번으로 감긴 바퀴 무늬. 불족천폭륜(佛足千輻輪)·불족형(佛足形). 『방광대장엄경』 권10(대정장3, p.599b27)에 "세존의 발바닥에 새겨진 천폭륜, 마치 연꽃처럼 매우 청정하여, 항상 제천의 보관이 닿을 곳이니, 이 때문에 저(普花天子)는 머리 숙여 절을 올리옵니다. 世尊足有千輻輪 猶如蓮華甚淸淨 恒爲諸天寶冠接 是故我今稽首禮", 『법화경소의찬』 권5(卍속장45, p.552a1)에 "천폭륜이란 손발바닥에 천폭륜을 구족해 뚜렷하니, 마치 도장이 찍힌 듯하다. 千輻輪者 手足掌中 千輻輪 具足明了 如印文現"라고 하였다. [참고문헌] 『方廣大莊嚴經』, 『法華經疏義纘』. ⇨ 백보륜장 百寶輪掌, 불족천폭륜 佛足千輻輪, 불족형 佛足形, 수족륜상 手足輪相

천폭륜상 千輻輪相 S cakrāṅkapādatā, cakrāṅkita hastapādatā, P heṭṭhāpādatalesu cakkāni jātāni honti sahassārāni sanemikāni sanābhikāni sabbā kāraparipūrāṇi, T phyag-dang-zhabs-kyi-mthil-'khor-lo'i-mtshan-dang-ldan-pa. 삼십이상(三十二相) 중 하나로 부처님의 손과 발바닥에 새겨진 천 개의 수레바퀴 문양. 숙세에 걸친 보살의 행업(行業)의 과(果)로서 전법륜(轉法輪)의 원만함을 상징한다. 족하륜상(足下輪相)·족하구족천폭륜상(足下具足千輻輪相)·족천폭륜상(足千輻輪相)·족하천폭륜상(足下千輻輪相 S cakrāṅka-pādatā)·족하천폭륜문망곡중상(足下千輻輪文輞轂衆相)·족하이륜상(足下二輪相)·망곡중상(輞轂衆相)·불족천폭륜(佛足千輻輪)·불족형(佛足形) 등이라고도 한다.

천폭륜상 대영박물관

천폭륜상 불족석
첸나이주립박물관 인도 2세기

『잡아함경』 권4(대정장2, p.28a22)에 "그때에 바라문 종성의 두마(S Doṇa)가 그 길을 따라 부처님께서 지나가신 길을 찾다가 부처님 족적의 천폭륜상을 보게 되었는데, 새겨진 무늬가 또렷하였으니 가지런한 바퀴살이 둥글게 돌아 모든 모습에 일그러짐이 없었다. 보고 나서는 생각했다. '나 일찍이 이와 같은 족적을 본 적이 없으니 이제 이 족적을 따라 그 사람을 찾아볼 것이다'. 時 有豆磨種姓婆羅門 隨彼道行 尋佛後來 見佛脚跡千輻輪相 印文顯現 齊輻圓輞 衆好滿足 見已作是念 我未曾見人間有如是足跡 今當隨跡以求其人", 『관무량수경』(대정장12, p.344a5)에 "발걸음 뗄 때마다 발 아래 천폭륜상이 남아 저절로 오백억 빛나는 대로 변화하였다. 擧足時 足下有千輻輪相 自然化成 五百億光明臺", 『사분율』 권51(대정장22, p.950b8)에 "세존이시여! 과거세에 어떤 복덕을 지으셨길래 이렇게 발 아래 천폭륜상 남기시고 그곳에서 빛이 번득여 삼천대천 국토를 비추십니까? 世尊 往昔作何福德 得此足下千輻輪相 光明晃曜 輪中出光 光照三千大千國土", 『사분율행사초자지기』 권상1하(대정장40, p.183a21)에 "두 발 아래의 천폭륜상〈부모와 화상과 사장 그리고 축생에 이르기까지 여법하게 재물로 공양공급하여 생긴다〉. 二 足下千輻輪相〈於父母所 和上師長 乃至畜生 以如法財 供養供給〉", 『대비바사론』 권177(대정장27, p.888a6)에 "삼십이대장부상 중 … 둘째는 천폭륜상이다. 부처님께는 두 발바닥에 문양이 있다. 마치 천 개의 바퀴살 가득한 바퀴 같았으니 축과 테도 원만해 분명하고 교묘하니 묘업천자(Ⓢ Viśvakarman)가 비록 있는 생각 다 하더라도 능히 본떠 지을 수 없다. 왜 그러한가? 묘업천자가 짓는 것들 무부무기의 지로 끌어내지만, 이 모습 더 없이 청정한 업에 의해 도출된 것이기 때문이다. 또한 저 천신의 창조물은 태어나면서 얻은 지혜의 산물이지만, 이 모습 순정한 업으로 이끈 것이기 때문이다. 또한 저 하늘들은 일생을 익힌 지혜로 짓지만, 이 모습 무량한 생을 거치며 익힌 지혜로 이끈 것이기 때문이다. 三十二大丈夫相者 … 二者 千輻輪相 謂佛於雙足下有文 如輪千輻具足 轂輞圓滿 分明巧妙 妙業天子雖極作意 不能擬之而別化作 所以者何 妙業天子所化作事 是無覆無記智所引 此相是純淨業所引故 復次 彼天所作是生得智所引 此相是增上加行智所引故 復次 彼天所作是一生所習智所引 此相是無量生所習智所引故", 『자은전』 권3(대정장50, p.236a22)에 "그 정사 안에는 여래께서 디뎠던 돌이 있는데 그 돌 위에 부처님의 두 발자국이 있으니 길이는 1척8촌, 너비는 6촌 정도로 두 발바닥에 천폭륜상이 있다. 열 발가락에 만자 단정하고 꽃문양・물단지・물고기 등도 아름답게 빛난다. 이곳은 여래께서 장차 열반에 드시려 할 때였는데, 베사리에서 출발하여 이곳에 도착해 강의 남쪽 언덕 네모난 큰 바위 위에 서신 채로 아난을 돌아보시며 말씀하시었다. '이것이 이제 내가 최후로 금강좌와 왕사성을 바라보며 남긴 자취가 되리라' 하셨다. 舍中有如來所履石 石上有佛雙跡 長一尺八寸 廣六寸 兩足下有千輻輪相 十指端有萬字 花文及甁魚等 皎然明著 是如來將入涅槃 發吠舍釐至此 於河南岸大方石上立 顧謂阿難 此是吾最後望金剛座及王舍城 所留之跡也"라고 하였다. [참고문헌] 『雜阿含經』, 『觀無量壽經』, 『四分律』, 『四分律行事鈔資持記』, 『大毘婆沙論』, 『慈恩傳』, *Bodh-bh.261., Dharm-s.334., DN.3.143.* ⇨ 망곡중상 輞轂衆相, 상현천폭륜상 常現千輻輪相, 불족도 佛足圖, 불족석 佛足石, 불족천폭륜 佛足千輻輪, 족하천폭륜상 足下千輻輪相, 삼십이상 三十二相

천학초징 天學初徵 명대 지욱(智旭) 지음. 1권. 제목은 '천주학(天主學)에 대해 처음으로 묻다'라는 제목의 최초의 비판서다. 명말 천주교가 중국에 전래될 당시(1582) 예수회 소속으로 최초의 선교사였던 마테오 리치(Matteo Ricci)는 『천주실의 天主實義』 2권을 지어 유가(儒家)의 천(天)과 천주교의 천은 일치한다고 주장한 반면에 불교는 성현의 도와 어긋난다고 비판하였다. 이 설을 반박하고자 주굉(袾宏)은 「천설 天說」 4편(『죽창삼필 竹窓三筆』에 수록)을 지었고, 지욱도 이 책을 지어 천주교의 허망한 논리를 22조목으로 간추려 반론을 펼쳤는데, 다시 28조목으로 비판한 『천학재징 天學再徵』을 짓기도 하였다. 지욱의 이 두 저술을 가리켜 천학이징(天學二徵)이라 하는데, 『벽사집 闢邪集』(가흥장23, No.B120, pp.47a1~53b20)에 수록되어 있다. 본서에는 창조주재(創造主宰)・항생속죄(降生贖罪)・봉사배찰(奉事拜察)・영혼불멸(靈魂不滅)・천당지옥(天堂地獄)・임종번회(臨終翻悔) 등을 주제로 다루고 있다. ⇨ 지욱 智旭, 주굉 袾宏

천행 天行 보살의 다섯 갈래 행(五行) 중 하나다. 40권본 『대반열반경』 권11(대정장12, p.432a10)에 이름만 있을 뿐 설명이 없어 후대의 논사들이 각자의 관점에서 푼다. 천태에서 천연 그대로의 행을 천행이라 한다. 별교(別敎)의 뜻에 따르면 천행은 지전(地前)의 내증(內證)이고, 원교(圓敎)라면 『법화경』에서 설한 여래좌(如來座)를 천행으로 삼는다. 『법화현의』 권4상(대정장33, p.724b10)에 "세 번째, 천행이라 한다. 천은 제일의천인 천연의 이이니, 이것은 도의 전으로 이로 말미암아 행을 성취하는 것이고, 도 중에 행으로 말미암아 이가 드러나는 것은 도를 행한 이후다. 이로 말미암아 행을 성취함만을 잡을 때 천행이라 한다. 보살이 비록 초지에 들어갔더라도 초지에 머물러서는 안 되니 소득이 있게 되기 때문이다. 상위 십지를 닦고 열 겹으로 진심을 발하여 지혜를 닦으면 이로 말미암아 행을 성취하니 이 이름이 천행이다. 천행이란 바로 지혜의 장엄일 뿐이다. 위로 불도를 구하므로 성행과 천행이 있고, 아래로 중생을 교화하므로 범행과 병행 그리고 영아행이 있다. 三 天行者 第一義天 天然之理 此語道前 由理成行 此語道中 由行理顯 此語道後 今約由理成行 故言天行 菩薩雖入初地 初地不應住 以有所得故 修上十地慧 十重發眞修慧 由理成行 名爲天行 天行卽智慧莊嚴 上求佛道 故有聖行天行 下化衆生故 有梵行病行 嬰兒行也", 『대반열반경집해』 권27(대정장37, p.477c14)에 "천행은 범행자를 가리킨다. 천이란 정을 말함이고 범 또한 정을 뜻하는데, 어째서 다르게 말하는가? 이 두 이름은 과에 나아가 세운 부름이다. 아래 문에서 천이라 한 말은 제일의천이다. 또한 경론에서 아울러 말하지만 '각각의 뜻이 있다'고 하였다. 범이란 욕계의 무겁고 거친 것을 마주해서 붙인 이름이고, 천이란 사람에 맞선 이름이다. 天行 梵行者也 天者言淨 梵亦淨也 云何爲異 此二名者 就果立稱 下文言天者 謂第一義天 又經論並云 各有旨也 梵 以對欲界重麤得名 天者 以對人爲稱"라고 하였다. [참고문헌] 『大般涅槃經』, 『法華玄義』, 『大般涅槃經集解』. ⇨ 오행 五行[2], 제일의천 第一義天

천행선 天行仙 십종선(十種仙) 중 하나로 외도가 행한다. 『능엄경』 권8(대정장19, p.145c7)에 "진액을 견고하게 단련하기를 그치지 않아 덕을 기름지게 하여 성취한다고 여기는 것을 천행선이라 한다. 堅固津液而不休息 潤德圓成 名天行仙", 『수능엄의소주경』 권8(대정장39, p.941b2)에 "천행이라는 말에서 천은 육욕천이 아니고, 세인들이 말하는 신령한 선인들의 거처를 천이라 한다. 가령 장건이 황하의 근원을 찾다가 곤륜산에 이르러 보았다는 천궁과 같은 류가 그것이다. 또는 행한 바가 욕심의 경계와 섞이지 않아 저 천과 다르지 않다는 이유로 천행이라 한다. 言天行者 此非六欲 乃是世人謂靈仙居處 名之爲天 如張騫尋河源至崑崙 見天宮之類 或所行不交欲境 如天無異 故云天行"라고 하였다. 〔참고문헌〕『楞嚴經』, 『首楞嚴義疏注經』. ⇨ 십종선 十種仙

천행이과 天行已過 하늘이 하는 일 이미 지나가다. 문득 떠돌다 가버리고 마는 일로 유행병을 말한다. 일어나는 일마다에 잠시 약이 있을 뿐이어서 방편은 그 자체로 진리가 아님을 경계하는 비유다. 『종용록』 2칙 「송 頌」(대정장48, p.228c17)에 "잇고 잇는 가사와 발우 아손에 부촉한다〈망상하지 마라〉, 이를 좇아 인간과 하늘이 약도 병도 있게 했다〈하늘이 행하는 것 이미 지나가는 줄 사자 알아야 하리〉. 繩繩衣鉢付兒孫〈莫妄想〉 從此人天成藥病〈天行已過 使者須知〉", 『언계광문어록』 권상(卍속장121, p.268b18)에 "단오 때 법좌에 올라 들었다. 그 옛날 한 노숙이 문 위에 마음 심 자를 써 두고 창에도 벽에도 심 자를 써 두었다. 훗날 법안화상이 말했다. '문에는 문자 써 두고 창에는 창 자 쓸 뿐이며 벽에는 벽 자 쓸 뿐이다'라고. '지금 보아하니 한결같이 삿됨 따르고 악함 좇을 뿐이었다. 만약 하얗게 칠한 바탕 없다면, 어떻게 이와 같은 요괴가 있겠는가! 나라면 그렇게 하지 않으리라'. 불자로 한 획 긋고 말했다. '하늘이 행하는 것 이미 지나갔으니 사자 알아야 하리'. 端午 上堂 擧 古有老宿 於門上書心字 窗上書心字 壁上書心字 後來法眼和尙道 門上但書門字 窗上但書窗字 壁上但書壁字 今日看來 一等是隨邪逐惡 若無白澤之圖 豈有如是妖怪 雪竇不然 以拂子畫一畫云 天行已過 使者須知"라고 하였다. 〔참고문헌〕『從容錄』, 『偃溪廣聞語錄』.

천형 遷形 모습을 옮겨 바꾸다. 『남해기귀내법전』 권1(대정장54, p.210c6)에 "마치 귤과 탱자가 땅을 인연함에 따라 모습을 바꾸듯 한다. 其猶枳橘 因地遷形", 『정명경집해관중소』 권상(대정장85, p.446b14)에 "또한 내가(我) 짓고(造) 받는다(受) 하는 세 가지를 '아'라 헤아려 따로 이름한다. 이것으로 업에 따라 모습 옮겨감을 밝혔으니, 어찌 변함없는 아가 있어 모습 달리하는 주인이라 하는가! 승조(僧肇)는 말한다. '모든 법은 모조리 연을 좇아 일어날 따름이어서 참으로 주재하는 주인은 있을 리 없다. 그러므로 아는 없다'. 又我造受三 計我之別名 此明由業遷形 豈有常我 主其異形哉 肇曰 諸法皆從緣生耳 無別有眞宰主之者 故無我也", 『능엄경전』 권8(卍속장89, p.248b16)에 "죽음은 변해 흐른다 한즉 익힌 대로 타고나서 업과 은근히 이루어지고, 과가 익으면 인을 갚는다. 마음은 업을 따라 움직이다가 모습 없는 생각을 바꾸고는 모습 있는 것 빌리고 나서 업을 타고 몸을 바꾼다. 그러므로 흘러 변한다고 한다. 死從變流 則乘生所習 業果冥成 果熟酬因 心隨業轉 變無形之念 成有相之資 乘業遷形 故曰流變"라고 하였다. 〔참고문헌〕『南海寄歸內法傳』, 『淨名經集解關中疏』, 『楞嚴經箋』.

천혜 天慧 제운반야(提雲般若 Ⓢ Devaprajñā). 『대승법계무차별론소』 권1(대정장44, p.63c22)에 "우전국 삼장법사 제운반야는 천혜를 말한다. 有于闐國三藏法師提雲般若 此云天慧"고 하였다. 〔참고문헌〕『大乘法界無差別論疏』. ⇨ 제운반야 提雲般若

천혜실철 天慧實徹 ?~1745. 청대 임제종(臨濟宗) 스님. 속성은 당(唐)씨. 강소성(江蘇省) 홍화(興化) 출신. 19세에 출가하였다. 천은원수(天隱圓修) 문하인 영추성(靈鶖誠 : 또는 영취성)의 법제자로 30년 동안 행각하였다. 청 세종(世宗) 때인 1733년(옹정11) 황제의 초청에 응하여 궁에 들어가 자의(紫衣)를 받았다. 다음해 칙령으로 경산성월사(磬山聖月寺)에 주석하였다. 옹정 13년에 양주(揚州) 고민사(高旻寺)로 옮겼고, 원상(圓相) 부호의 선요(禪要)를 들어 법석이 극성하였다. 『정원약집』 권14(卍속장145, p.459a17)에 "납팔일(성도일)의 상당 : 오늘은 석가모니불께서 등정각하신 날이다. 만일 이렇게 말한다면 우리의 후손을 망치고, 이렇게 말하지 않더라도 우리의 후손을 망칠 것이다. 답해 보라. 어떻게 해야 할까? 만일 밝은 눈 달린 납승이라면 이렇게 해도 드는 말 듣는 순간 눈썹을 찌푸리며 떠나겠지만, 영특한 거북이 등에는 그림 있다 하여 스스로 취해 목숨을 잃는 잘못 면치 못하리라. 臘八日 上堂 今日乃釋迦 成等正覺之辰 若恁麽道 喪我兒孫 若不恁麽道 亦喪我兒孫 且道 作麽生始得 若是明眼衲僧 聞恁麽擧 便攢眉而去 未免也是靈龜負圖 自取喪身之兆"라는 법문이 전한다. 제자로는 요범제성(了凡際聖)·패림제원(霈霖際源) 등이 있다. 1745년(건륭10) 입적하였다. 어록 1권을 남겼다. 〔참고문헌〕『正源略集』.

천호 天浩 고려후기 스님. 『백운화상어록』 권상 「기내불당감주장로천호서 寄內佛堂監主長老天浩書」(한불전6, p.666c4)에 "임진년(1352·공민왕1)에 성각사에서 헤어진 이래 스무 해나 바뀌었습니다. … 근래에 장로께서는 임금을 가까이에서 만나 조사의 맑은 바람 높이 드러내고 문명의 성스런 교화 도우신다 들었습니다. 歲在壬辰 於性覺寺 辭違已來 星霜已換於廿秋 … 近聞長

老詔入天庭 利覲天顔 擧揚祖師之淸風 以助文明之聖化" 라고 하였다. 〔참고문헌〕『白雲和尙語錄』.

천혼문 薦魂文 재를 베풀 때 혼을 들어 깨우치게 하는 글. 「축원편 祝願篇」'망축식 亡祝式'(『석문의범』 권상, p.78a2)에 "천혼문. 금일 지극지성으로 사십구일이 되는 날 옮기고자 하는 영을 위해 재를 베푸니 모도모군 모면모리 모번지에 거주하는 행효자 모와 질자 모 등이 엎드려 망부를 천도하고자 합니다. 언제 태어난 모 영가시여. 이 인연공덕으로 삼보대성 우러러 가피 바라오니 가엾이 여겨 묘력으로 섭수하셔서 저승길 밟을 일 없이 극락에 뛰어 나길 크게 발원합니다. 을해 2월 초5일 받들어 축원하나이다. 薦魂文 今日至極至誠 四十九日之辰 薦靈齋者 某道某郡 某面某里 某番地居住 行孝子某 姪子某等伏爲 所薦亡父 何生何某 靈駕 以此因緣功德 仰蒙三寶大聖 哀愍攝受之妙力 不踏冥路 超生極樂之大願 乙亥二月初五日 奉祝"라고 하였다. 〔참고문헌〕『釋門儀範』.

천화 天花 ➡ 천화 天華

천화 天畫 하늘이 그린 그림. 『관무량수경』(대정장12, p.342c22)에 "부처님께서 위제희에게 이르셨다. '저 부처님 뵈옵고자 하는 이는 마땅히 생각 일으켜 가져야 하니 칠보 가득한 땅에서 연꽃 핀 것 관상하고, 그 연잎 하나하나에 백 가지 귀한 색이며 팔만사천 갈래져 피었으니 마치 저 하늘이 그린 그림같다. 낱낱 줄기마다 팔만사천으로 빛나서 분명하고 또렷하니 모두가 본다'. 佛告韋提希 欲觀彼佛者 當起想念 於七寶地上 作蓮花想 令其蓮花一一葉 作百寶色 有八萬四千脈 猶如天畫 一一脈有八萬四千光 了了分明 皆令得見", 『관무량수불경의소』 권하(대정장37, p.294c17)에 "그 문채 잘 다듬어 하늘이 그린 듯하다. 其文工巧 故如天畫"라고 하였다. 〔참고문헌〕『觀無量壽經』, 『觀無量壽佛經義疏』.

천화 天華 Ⓢ divya puṣpa, divyāni māndāra-puṣpāṇi, Ⓟ dibbaṃ puppha, dibbaṃ mandāravaṃ puppha. 하늘꽃. 『대승본생심지관경』 권1(대정장3, p.293b28)에 "색계의 모든 하늘과 십팔범왕이 온갖 색깔의 셀 수 없는 하늘꽃 백천만 가지로 뿌리니, 범천의 좋은 향 허공 가득 채우며 구름처럼 내렸다. 色界諸天 十八梵王 雨衆雜色 無數天華 百千萬種 梵天妙香 徧滿虛空 如雲而下", 『대지도론』 권9(대정장25, p.123a22)에 "무엇을 하늘꽃이라 하는가? 하늘꽃 그 향기 뿜으면 바람 거스르고, 모든 하늘 구슬 달고 부처님 위에서 흔드니 하늘이 뿌린 향으로 부처님 계신 땅 바르듯 하였고, 가루향 부처님 위로 흩으니 하늘 연꽃 푸르고 붉고 곱고도 하얗게 피어나네. 어찌 황금이 없다 하는가. 황금은 불에 속하니 불은 물에서 피어나는 꽃에 마땅하지 않기 때문이다. 하늘 보련화 유리로 줄기 삼고 금강으로 받침하며 염부제나타금으로 잎이 되었네. 부드럽게 향기로운 저 하늘나무 잎과 향 함께 가져 부처님 계신 곳으로 나아갔다네. 云何爲天華 天華芬熏 香氣逆風 諸天瓔珞懸在佛上 天澤香以塗佛地 天末香以散佛上 天蓮華靑赤紅白 何以無黃 黃屬火 火非水華所宜故 天寶蓮華 琉璃爲莖 金剛爲臺 閻浮那陀金爲葉 柔軟且香 幷天樹葉香 持詣佛所", "〔문〕 모든 하늘이 공양하려 하늘꽃 가져야 한다면 인간과 인간 아닌 것들은 어떻게 '천화'를 얻는가? 〔답〕 부처님께서 신통력으로써 큰 빛을 놓으사 여섯 가지로 땅을 진동시키며, 모든 하늘은 갖가지 아름다운 꽃을 뿌려 삼천대천세계를 가득 채워서 부처님께 공양할 수 있게 하니, 인간과 인간 아닌 것들도 혹 이 꽃을 취하여 공양하는 것이다. 또한 천축국법에서는 여러 가지 좋은 물건을 '천물'이라 한다. 이 인간의 꽃과 인간 아닌 것의 꽃들이 천상의 꽃은 아닐지라도 매우 아름답기에 '천화'라고 한다. 問曰 若諸天供養 應持天華 人及非人 云何得天華 答曰 佛以神足 放大光明 地六種震動 諸天雨種種妙華 滿三千大千世界 以供養佛 是人非人 或取此華 而以供養 復次 天竺國法 名諸好物 皆名天物 是人華非人華 雖非天上華 以其妙好故 名爲天華"라고 하였다. 〔참고문헌〕『大乘本生心地觀經』, 『大智度論』, *Aṣṭ-pr.39.*, *Vikī-n.68.*, *Bv.2.* ⇨ 사화 四華

천화 遷化 옮겨 가다. 고승의 죽음을 가리키는 말이기는 하지만, 그저 죽어 사라지는 죽음(死)이 아닌 뜻에서 쓰는 말이다. 입적(入寂)·귀적(歸寂)·입멸(入滅)·원적(圓寂)·멸도(滅度)·순세(順世)·시적(示寂) 등이라고도 한다. 허망한 몸(幻身)을 버려 옮겨갈 뿐이라는 뜻으로, 몸을 바꿔 옮겨가서 여전히 유정(有情)과 함께하며 교화한다는 뜻이다. 『선림상기전』 권14 「천화」(불광장, 禪藏, p.1055)에 "천화는 옮겨 가서 화하여 멸함을 이른다. 사실 재가에도 통하지만, 『석씨요람』에서 세상의 치우친 부름에 따라 구분했을 뿐이다. 그러나 어떤 이는 특별한 의미를 부여하여 '존숙이 세상에 출현하여 할 일을 마치고 타방세계로 옮겨서 교화하고 제도하는 일이다'라고 하기도 한다. 저 『열반경』에서 설하길 여래께서 염부제 중생이 큰 괴로움을 당하는 현실을 목격하시고 감로와 같은 법의 약을 설해 다스리신 다음에 다시 타방의 번뇌의 독화살 가득한 곳으로 가셔서 부처가 돼서는 다시 그 병을 치료한다〈『약초』〉고 하였으며, 또한 당대 혜지는 임종을 맞아서 '나는 타방으로 가서 교화하겠다'〈『속고승전』〉라고 했다거나, 또한 불안이 입적하자 원오가 법좌에 올라 '이 세계 인연이 다하고 저 세계에 나투어 교화하니 이 세계 몸은 죽고 저 세계에 출현한다'〈『원오록』〉라고 하였다. 또 명극의 부고가 이르자 축선이 상당하여 말했다. '지난 달 27일에 명극화상이 삼세여래와 함께 손을 잡고 함께 걸어서 다른 나라로 굴러 화하여 가셨다'〈『정지록』〉. 이것이 옮겨서 교화한다는 뜻이지만 나는 아니라고 말한다. 망승에 대하여 이미 천화라고 하는 이상 진실로 출세한 존숙에만은 아니거늘 어찌 교화하여 제도하는 일만이라 하겠는가! 그러므로 천화라고 하는 안목에는 출세와 미출세 그리고 출가와 재가에 모두 통해야 한다. 遷化者 謂遷移化滅也 其實可通在家 要覽且從世之偏稱而已 然或設義曰 尊宿出世 能事畢 遷化度事 於他方世界也 如涅槃經說 如來見閻浮衆生受大苦 說甘露法藥療治已 復至他方有煩惱毒箭處 示現作佛 療其病〈略鈔〉 又唐慧持臨終曰 吾欲往他方教化〈續高僧傳〉 又佛眼寂 圓悟上堂云 此方緣盡 他方顯化 此界身死他界出現〈圓悟錄〉 明極訃至 竺仙上堂云 前月二十七日 明極和尙 與三世如來 把手共行 轉化他國而去〈淨智錄〉 是遷於化之義 余謂非也 亡僧已言遷化 固非出世尊宿 何化度事之有 故可知 遷化之目 通出世 未出世 出家 在家矣", 『현사광록』 권중(卍속장126, p.372a9)에 "설봉이 들었다. '신초사리가 나에게 물었다. 「망승이 천화하면 어디로 가는지요?」 그에게 일러주었다. 「얼음 녹아 물로 돌아가듯 할 뿐이지」'라는 이야기를 들려주자 현사가 말했다. '옳기는 옳지만 저 같으면 그렇게 일러주지 않겠습니다' '당신이라면 어떻게 하겠소?' '물이 물로 돌아가는 것과 같다고 하겠습니다'. 雪峯擧 神楚闍梨問我 亡僧遷化 向什麽處去 我向伊道 如冰歸水 師云 是卽是 某不與麽道 峯云 你作麽生 師云 如水歸水"라고 하였다. [참고문헌] 『禪林象器箋』, 『玄沙廣錄』, 40권본 『大般涅槃經』 권5(대정장12, p.391c8), 『唐高僧傳』 권14(대정장50, p.538a4), 『圜悟語錄』 권4(대정장47, p.730a8).

천화불교 天華佛教 1951년 충청남도 천안시 월봉산(月峰山)에서 광명사(光明寺)를 창건한 후 만든 불교 종파. 1979년에 서울 용운사(龍雲寺)에서 광명사로 종무소를 옮기고 천화불교라고 명칭을 바꾸었다. 『약사여래본원경 藥師如來本願經』과 『약사경고적기 藥師經古迹記』를 소의경전으로 하여 이숙봉(李淑峰)여사가 창종(創宗)하였다. 석가여래를 귀명(歸命)의 원불(願佛), 약사여래를 본존(本尊)으로 삼았고, 약사여래의 12대원에 의해 중생을 질병과 죄악, 궁핍 등에서 구제하여 안심입명(安心立命)토록 하고자 하였다. 또한 단군(檀君)과 사직신(社稷神) 등을 함께 모셔 민족의 주체의식과 애국애족정신을 선양하고자 하였다. 1954년 서울시 종로구 누상동에 용운사(龍雲寺), 1962년 충청남도 천안시 봉황산(鳳凰山)에 봉관사(鳳官寺)를 창건하였다. 1964년 천화불교포교원으로 불교 단체를 등록하였고, 1979년에 천화불교로 명칭을 변경하였다. 주요 행사로는 매년 음력 2월 15일과 10월 3일의 단군사직대제봉행(檀君社稷大祭奉行), 4월 8일 석탄절(釋誕節), 매월 6일과 9일 관음법회(觀音法會), 12월 8일 성도기념일(成道紀念日) 등이 있다. [참고문헌] 『韓國佛教總覽』(한국불교총람편찬위원회, 1998), 『天安市誌』(천안시지편찬위원회, 1997). ⇨ 광명사 光明寺 1

천화불변 千化不變 천 갈래로 변화하지만 변하는 일 없다. 『조론』 「부진공론 不眞空論」(대정장45, p.153a1)에 "성인 천 가지 변화에 오르더라도 변할 일 없다. 聖人乘千化而不變", 『조론소』 권상(대정장45, p.174b4)에 "'그러므로 성인 천 가지 변화에 오르더라도 변하지 않는다' 하였다. 만법은 공하여서 성인은 이를 변화시키지만 물들지 않는다. 천화만변이란 많음을 뜻한다. 변화해 하나가 아니므로 천화라고 한다. 어두워 뒤집힘이 하나가 아니므로 만혹이라 한다. 비록 천 가지 변화에 올라 생사를 드나들더라도 생사에 물들 일 없기에 불변이라 한다. 是以聖人乘千化而不變下 以萬法是空 故聖人變之 而不染也 千化萬變者 意言多也 變化非一 故云千化 惑倒非一 故云萬惑 雖乘千化 出生入死 而不爲生死所染 故云不變"라고 하였다. [참고문헌] 『肇論』, 『肇論疏』.

천화사 天和寺 황해도 장단군 진서면 대원리에 있던 절. 1120년(예종15)에 국왕이 천화사에 행차한 것이 처음 기록이다. 1377년(우왕3) 경에 이색(李穡)의 『목은문고』 권14 「광통보제선사비 廣通普濟禪寺碑」에 의하면, 선왕(先王)이 본래 조계종(曹溪宗) 천화사를 시홍종(始興宗)으로 예속시켰다고 하였다. 대감국사(大鑑國師) 탄연(坦然 1070~1159)이 1126년(인종4) 천화사 주지로 임명되었고 1147년(의종1)에도 잠시 머물렀으며, 김승용(金承用 1268~1329)이 충렬왕 연간에 천화사진전(天和寺眞殿)에 임명된 것으로 보아 천화사에 왕실의 진전이 설치되었음도 알 수 있다. 이규보(李奎報 1168~1241)의 『동국이상국전집』 권3에 「유천화사음다용동파시운 遊天和寺飮茶用東坡詩韻」이라는 시도 전하며, 『동국여지승람』 권12 경기 장단도호부 고적(古跡)에 "옛 터가 성의 동쪽에 있다. 古基在城東"라고 하여 당시 이미 폐사되었음을 알 수 있다. [참고문헌] 『高麗史』, 『牧隱文藁』, 『東國輿地勝覽』, 『東國李相國全集』 권3(韓國文集叢刊1, p.320b20), 「金承用墓誌銘」(金龍善 『高麗墓誌銘集成』, 한림대아시아문화연구소, 2012), 『韓國寺刹全書』 권하 p.1085a11.

천화생대자 千華生碓觜 천송이 꽃들 돌절구 끝에 피었네. 대는 취(嘴)로도 쓴다. 대취생화(碓嘴生花)·절후재생(絶後再生)이라고도 쓴다. 『가태보등록』 권21 「중암혜공전 中庵慧空傳」(卍속장137, p.299b16)에 "석가도 길도 없이 자취 감추셨고, 미륵도 급히 천리를 달아

났네. 문수만이 돌이켜 떨어질 곳 알아서 박수쳐 크게 웃으며 기뻐하네. 말해 보라! 저 기뻐할 일 무엇인가? 어젯밤 몰래 봄바람 오시더니, 천송이 꽃들 문득 돌절구 끝에 피었네. 釋迦無路潛蹤 彌勒急走千里 文殊却知落處 撫掌大笑歡喜 且道 他歡喜箇甚麽 春風昨夜入門來 便見千華生碓觜", 『요암청욕어록』 권1(卍속장123, p.584a17)에 "무쇠 자르고 못 끊으며, 진흙과 물 합하듯 한다. 유래는 있겠지만 본래 고향 알 수 없다네. 높다한 관문 부숴 가루되니, 천송이 꽃은 돌절구 끝에 피네. 截鐵斬釘 和泥合水 有來由 無本據 擊碎上頭關 千華生碓觜" [참고문헌] 『嘉泰普燈錄』, 『了菴淸欲語錄』. ⇨ 대취생화 碓嘴生花, 고목재생화 枯木再生花

천화파 千華派 율종(律宗)의 일파(一派). 당 도선(道宣)을 고조(高祖), 명 여형(如馨)을 태조(太祖), 적광(寂光)을 초조(初祖)로 하는 남산율종(南山律宗)의 일파이다. 적광이 금릉(金陵) 보화산(寶華山) 융창사(隆昌寺)에서 천화대사(千華大社)를 개설하고 그 계단(戒壇)에서 계(戒)를 전했기에 이렇게 부른다. 여형은 오대산에서 문수보살을 뵙고서 율지(律旨)를 깨닫고, 평생 계율을 선양하는 데 힘을 쏟았다. 그는 금릉의 고림사(古林寺)에 율도량(律道場)을 건립한 것을 시작으로 영곡사(靈谷寺)·서하사(棲霞寺)·영은사(靈隱寺)·천녕사(天寧寺) 등에서 계를 가르쳐 전하여 제자가 매우 많았으므로 중흥율조(中興律祖)라 하며, 고림사에서 그 법을 이은 성리(性理)와 성박(性璞)은 고림파(古林派)라고도 부른다. 적광 역시 여형에게 구족계를 받고 그 법맥을 이었으나, 보화산 융창사에 율도량을 세우고 계를 전하여 매우 많은 제자를 두었으므로 지파(支派)의 이름을 얻었다. 그의 법맥은 제2세 독체(讀體)를 거쳐 덕기(德基)·진의(眞義)·상송(常松)·실영(實瑛)·복취(福聚) 등으로 이어졌다. 적광은 『범망경직해 梵網經直解』·『십육관참법 十六觀懺法』 등을 지어 종지를 확립하였는데, 제악막작(諸惡莫作)을 뜻하는 지지(止持)와 중선봉행(衆善奉行)을 뜻하는 작지(作持) 두 가지 중 작지를 더 중요하게 여기고, 사분율(四分律)은 형식상 소승이라 하지만 그 뜻은 대승에 통한다고 여겨 대소승율을 아울러 가지게 했다. 한국불교의 율풍을 진작하신 자운대율사(慈雲大律師)께서도 「보살계첩」에 '천화계단 千華戒壇'이라 이름 붙여 그 뜻을 전승하였다. [참고문헌] 果燈 『明末淸初律宗千華派之興起』(法鼓文化, 2004). ⇨ 율 律, 율종 律宗, 남산종 南山宗, 적광 寂光, 여형 如馨, 지지계 止持戒, 작지계 作持戒, 칠불설계 七佛說戒, 연화대장금강계가야산해인사천화계단보살계호계첩 蓮華臺藏金剛界伽倻山海印寺千華戒壇菩薩戒護戒牒

천황 天皇 당대 도오(道悟 748~807). 형주(荊州) 천황사에 주석하였기에 이렇게 부른다. [참고문헌] 『景德傳燈錄』 권14(대정장51, p.310a20). ⇨ 도오 道悟 **3**

천황사 天皇寺 **1** 경상남도 밀양시 산내면 남명리에 있는 절. 자세한 연혁은 알 수 없으나 8세기 후반 제작으로 추정되는 보물 제1213호인 밀양 천황사 석조비로자나불좌상이 경내(境內)에 모셔져 있다. [참고문헌] 『動産文化財指定報告書』(文化財管理局, 1996) pp.149~152. **2** 전라남도 영암군 영암읍 개신리 월출산(月出山) 사자봉에 있는 절. 창건 연대를 알 수 없으나, 4차에 걸친 발굴조사에서 '사자사(師子寺)'가 새겨진 통일신라시대 명문기와와 고려대 목탑지 등이 발견되었다. '순치병술년(順治丙戌年, 1646·영조24)'이 쓰여 있는 암막새기와의 발견으로 중창사적으로 확인된다. 『영암군향토지』에는 1906년 11월 30일에 중창회향을 전하고 있어 이때 천황사로 불렀다고도 한다. 현존하는 당우로는 대웅전·칠성각·요사 등이 있으며, 건물지 및 대좌·탑부재편·석조 등이 남아 있다. [참고문헌] 『靈巖郡鄕土誌』(전남문화사, 1972), 『靈巖 天皇寺 4차 발굴조사 보고서』(靈巖郡·南道文化財硏究院, 2006). **3** 전라북도 진안군 정천면 갈룡리 구봉산(九峯山)에 있는 절. 숭암사(崇巖寺)라고도 불렸다. 금산사(金山寺) 말사이다. 『조선불교통사』 권상에는 보석사(寶石寺)의 말사라고 하였고 18세기 이후 지금의 천황사로 이름하였지만 일제강점기에 '천황 天皇'을 쓰지 못하게 해서 해방 전까지는 숭암사로 불렸다. 현존하는 당우로는 유형문화재 제17호인 대웅전·명부전·설선당·요사 등이 있다. 문화재자료 천황사부도·천연기념물 전나무·등록문화재 괘불도도 있다. [참고문헌] 『東國輿地勝覽』, 『輿地圖書』, 『伽藍考』, 『梵宇攷』, 『朝鮮佛敎通史』 권상, 『韓國寺刹全書』 권하 p.1085b1. ⇨ 숭암사 崇巖寺 **2** **4** 평안북도 박천군 가산면 동문동 봉두산(鳳頭山)에 있던 절. 대본산(大本山) 보현사(普賢寺)의 말사였다. [참고문헌] 『朝鮮佛敎通史』 권상, 『韓國寺刹全書』 권하 p.1085b3, 『北韓寺刹硏究』(寺刹文化硏究院, 1993) p.642. **5** 황해도 장단군 소남면 과곡리에 있던 절. 근대까지 동서(東西) 약 25칸·남북(南北) 약 15칸의 건물이 남아 있었으며, 석축 및 기와편이 남아 있었다고 전한다. [참고문헌] 『韓國寺刹全書』 권하 p.1085a19, 『北韓寺刹硏究』(寺刹文化硏究院, 1993) p.554. **6** 중국 호북성(湖北省) 형주시(荊州市)에 있는 절. 남조(南朝) 양(梁)대 건립하였으며, 창건시 이름은 도인사(導因寺)였고 법론(法論)이 주석하며 제자를 이끌었다. 북주(北周) 무제(武帝) 때 법난(法難)이 현재의 호북호남 일대인 형초(荊楚) 지역에까지 파급되었으나 절에 장승요(張僧繇)가 그린 공자(孔子)의 형상을 국상(國庠)으로 바꾸면서 피해를 면했다. 이에 관하여 『불조통기』 권37(대정장49, p.352a29)

에 "강릉(江陵 : 湖北省 荊州) 천황사에 측백나무로 지는 당우는 명제 때 건립하였다. 장승요가 이곳에 노사나불과 중니(공자)와 열 제자(十哲)의 형상도 그렸다. 경제(敬帝)가 '부처님 문하에서 무슨 까닭으로 유학의 성인들을 그렸소?'라고 묻자 장승요는 '훗날 이 그림의 덕을 볼 것입니다'라고 대답했다. 그 뒤 북주대 불교를 탄압하며 천하의 절과 탑을 불사랐지만 오직 이 불전만은 중니의 상이 있다는 이유로 훼손하지 않았다〈출전은 『역대명화기 歷代名畵記』〉. 江陵天皇寺有柏堂 明帝之所建 張僧繇畫 盧舍那像 及仲尼十哲 帝問 釋門何爲畫孔聖 僧繇曰 後當賴此耳 及後周滅佛法 焚天下寺塔 獨此殿有宣尼像 乃不毁〈名畫記〉"라고 전한다. 당 덕종(德宗) 때 주지 영감(靈鑒)이 석두희천(石頭希遷)의 제자 도오선사(道悟禪師)를 맞아들이면서 당우를 수리한 뒤에 불법을 알리는 거점이 되었다. 송초에는 태평흥국사(太平興國寺)라 하였으나 그 뒤에 건명사(乾明寺)로 개명하였다. 명대 홍무년간(1368~1398)에 중건하였다. [참고문헌] 『佛祖統紀』. ⇨ 도인사 導因寺

천황사석조비로자나불좌상 天皇寺石造毗盧遮那佛坐像 통일신라후기 불상. 보물 제1213호. 높이 불상 83cm, 대좌 123.5cm. 밀양 천황사 대광명전에 봉안되었는데 드물게 사자(獅子)가 새겨진 대좌 위에 모신 불상이다. 머리와 손 등이 파손되었으나 1998년 때 지권인의 비로자나불상으로 복원하였다. 어깨와 가슴은 당당하며 허리가 잘록하여 양감이 살아 있다. 얇은 편단우견(偏袒右肩)의 옷을 걸치게 하여 곡선이 잘 드러나게 하였다. 왼손으로 오른손의 둘째손가락을 감싸고 있어 지권인의 위치가 바뀌어 있다. 왼쪽 다리를 오른쪽 다리 위에 올린 항마좌(降魔坐)를 하고 있는데 대부분의 비로자나불상이 길상좌(吉祥坐)인 것과도 다르다. 대좌는 마멸이 심하지만 상중하 삼단으로 구성되었다. 상대에는 활짝 핀 연꽃잎을 이중으로 돌렸으며, 중대는 두 줄의 띠가 새겨진 원형받침이다. 하대에는 복판연화문 위에 11마리의 사자를 환조하였다. 사자 모두 앞다리를 위로 올려 상대의 앙련을 받치게 하였는데 엉덩이와 꼬리의 정교한 조각기법이 돋보인다. 사자를 환조한 사자좌형식은 우리나라 불상에서는 거의 유일한 예로 중요한 성보이다. [참고문헌] 이숙희 『통일신라시대 밀교계 불교조각 연구』(학연문화사, 2009) pp.143~144.

천황사석조비로자나불좌상

천효불로 天曉不露 하늘 밝아 오면 드러나지 않는다. 동이 트는 새벽에는 오히려 모습을 드러내지 않는다는 뜻으로 '한밤에는 또렷이 밝게 드러난다. 夜半正明'와 댓구다. 밝고 어둠(明暗)에 자재히 응하는 뜻이다. 동산양개(洞山良价)의 「보경삼매가 寶鏡三昧歌」 구절이다. 『동산어록』「보경삼매가」(대정장47, p.515a20)에 "밤 깊음에 반듯하고 밝더니 하늘이 밝아지려 함에 드러나지 않는다. 夜半正明 天曉不露", 『조동오위현결』 권하(卍속장111, p.258a15)에 "깊은 밤 참으로 밝게 빛난다 하니 마땅히 어둠에서 밝음을 구하고, 새벽에는 오히려 드러나지 않는다고 하니 밝음에서 어둠을 구해야 한다. 만일 어둠 속에서 밝음을 얻는다면 어둠이 장애가 되지 않고, 밝음 속에서 어둠을 얻는다면 밝음이 장애가 되지 않는다. 그런 까닭에 여래의 견밀신(법신)은 일체 티끌 중에서 나타난다고 한다. 夫夜半正明 當求明於暗 天曉不露 當求暗於明 若也暗中得明 暗不爲礙 若也明中得暗 明不爲礙 所謂如來堅密身 一切塵中現", 『오가종지찬요』 권중(卍속장114, p.539a10)에 "물을 위하는 것으로 본보기 삼은즉 써서 모든 고통 뿌리채 뽑는다. 爲物作則 用拔諸苦", 『선문제조사게송』 권상(卍속장116, p.915a8)에 "깊은 밤에는 아주 밝게 보이더니, 새벽에는 오히려 드러나지 않는다〈임금이 신하로 내려오고, 아들이 아버지에게로 나아간다. '앞뒤의 구별이 없고, 오가는 움직임도 끊어졌다'라고도 한다. 이슬기둥 전이라야 비로소 종지의 묘함 깨우치리〉. 夜半正明 天曉不露〈君向臣 子就父 亦云無先後 絕去來 露柱已前 方達旨妙〉", 『통현백문』(卍속장119, p.336b18)에 "새벽이 오면 오히려 드러나지 않으니, 용은 지난밤 안개 속에서 신음한다. 말은 온전히 드러내기를 꺼리고, 기틀은 서로 자리 바꾸기를 귀하게 여긴다. 天曉不露 龍吟宿霧 語忌十成 機貴回互"라고 하였다. [참고문헌] 『洞山語錄』, 『曹洞五位顯訣』, 『五家宗旨纂要』, 『禪門諸祖師偈頌』, 『通玄百問』. ⇨ 도해야반 道楷夜半

천효사 天孝寺 황해도 개성시에 있던 절. 『고려사』 권20 세가(世家)20 명종 16년(1186) 8월 23일(정유) "왕이 장릉과 순릉을 배알하고 드디어 천효사에 행차하였다. 謁長純二陵 遂幸天孝寺"라고 하였다. [참고문헌] 『高麗史』, 『高麗史節要』, 『韓國寺刹全書』 권하 p.1085a7.

천후 天后 **1** 하늘(天)들의 비(妃). 시바신이나 제석천의 배우자로 명비(明妃)라고도 한다. 『마하마야경』 권상(대정장12, p.1007b24)에 "사지미나천후·아가람파천후 … 막저리사천후 등 … 여러 천후들은 용모가 세상에 뛰어나다. 이들을 보면 곧 정념을 잃고 삿된 생각으로 산란하여 마치 사람 아닌 것과 같아서 설사 훌륭한 의원이 갖가지로 치료해도 그 마음을 돌이켜 정념을 돌아오게 하지 못한다. 이들 또한 모두 무상으로 돌아간다. 舍脂迷那天后 阿伽藍波天后 … 藐底梨沙天后 … 及衆天后 容貌絶世 若有見者 卽失正念 邪意散亂 如非人持設復良醫 種種療治 不能迴改 令還正念 此等亦皆 歸就無常", 『진실섭경』 권10(대정장18, p.373b4)에 "일체의 여래께서 이익과 안락을 위하여 모두 금강관정으로 명자를 건립하시는데, 그 이름이 오마천후(烏摩天后 Ⓢ umā)인 이는 분노금강화(忿怒金剛火 Ⓢ krodha-vajra-agni)라 하고, 은색천후(銀色天后 Ⓢ hema-vatī)는 금강금색천(金剛金色天 Ⓢ vajra-hemā)이라 하며, 사슬치천후(沙瑟恥天后 Ⓢ ṣaṣṭhī)는 금강동녀천(金剛童女天 Ⓢ vajra-haumārī)이라 하고, 범천후(梵天后 Ⓢ Brahmāṇī)는 금강적정(金剛寂靜 Ⓢ vajra-śānti)이라 하며, 제석천후(帝釋天后 Ⓢ indrāṇī)는 금강권(金剛拳 Ⓢ vajra-muṣṭi)이라 하였다. 이와 같은 다섯이 곧 금강관정의 명비들이다. 一切如來 爲利樂故 悉與建立 金剛灌頂名字 其名曰烏摩天后 號忿怒金剛火 銀色天后 號金剛金色天 沙瑟恥天后 號金剛童女天 梵天后 號金剛寂靜 帝釋天后 號金剛拳 如是等五 卽金剛灌頂明妃"라고 하였다. [참고문헌] 『摩訶摩耶經』, 『眞實攝經』. ❷ 석가모니부처님의 어머니. 마야부인(摩耶夫人)을 말한다. 『신화엄경론』 권40(대정장36, p.1000c9)에 "선재동자가 마야부인의 처소에 나아가 부처의 경계를 관하는 지혜를 얻으니, 이 세계란 부처님 지혜의 경계다. 마야라고 한 것은 천후라고 하며, 또한 부인이라고도 말하니, 바로 국대부인이다. 以善財詣摩耶夫人所 獲得觀佛境界智 以此世界者 是佛智境界也 名摩耶者 此云天后 亦曰夫人 是國大夫人"라고 하였다. [참고문헌] 『新華嚴經論』. ⇨ 마야부인 摩耶夫人 ❸ 측천무후(則天武后). 『불조역대통재』 권12(대정장49, p.583c16)에 "고종이 붕어하고 중종이 즉위한 지 수개월 만에, 천후가 그를 폐하여 여릉왕으로 삼아 방주에 유폐하였다. 천후가 국사를 맡아 천자라 하였으니, 측천무후다. 高帝於是年崩 中宗卽位數月 天后廢爲廬陵王 幽于房州 天后臨朝稱制 是爲則天"라고 하였다. [참고문헌] 『佛祖歷代通載』, 『佛祖統紀』 권39(대정장49, p.370c20). ⇨ 측천무후 則天武后

천휘 遷輝 빛으로 옮겨 가시다. 옮겨 빛이 되시다. 부처님의 반열반(般涅槃 Ⓢ parinirvāṇa)을 말한다. 천휘(遷暉)라고도 한다. 『출삼장기집』 권12 「살바다부기목록서 薩婆多部記目錄序」(대정장55, p.89a1)에 "큰 성인께서 큰 빛 남기시고 가셨지만 세월 가도록 멀리 이어져 법과 승단이 추락하지 않은 까닭은 오직 저 율 때문이리라! 大聖遷輝 歲紀綿邈 法僧不墜 其唯律乎", 『아비담비바사론』 「서 序」(대정장28, p.1a9)에 "석가세존께서 빛으로 옮기신 지 육백여 년이 지났다. 自釋迦遷暉 六百餘載"라고 하였다. [참고문헌] 『出三藏記集』, 『阿毘曇毘婆沙論』. ⇨ 반열반 般涅槃, 대열반 大涅槃

천흥사 天興寺 ❶ 충청남도 천안시 성거읍 천흥리 성거산(聖居山)에 있던 절. 1407년(태종7)에 명찰(名刹)로써 여러 지방의 자복(資福)을 대신하도록 결정하였을 때 조계종 소속으로 직산의 천흥사가 언급되었다. 『동국여지승람』 권16 충청도 직산현 고적에는 폐사되었다고 전하는데, 당대(唐代) 세운 동으로 만든 기둥이 있다고 하였다. 성보문화재인 국보 제280호 동종이 국립중앙박물관에 소장되어 있고, 보물 제99호 당간지주와 보물 제354호 오층석탑이 사지(寺址)에 남아 있다. [참고문헌] 『太宗實錄』 권14 7年(1407) 12月 2日(辛巳), 『東國輿地勝覽』, 『韓國寺刹全書』 권하 p.1085a9. ❷ 충청북도 청주시 상당구 수동 우암산(牛岩山)에 있던 절. 우암산에 있던 크고 작은 사암(寺庵) 80여개 중 하나로 1980년 지표조사 중 '천흥사'라고 쓰인 기와조각과 고려대 기와조각이 발견되었다. [참고문헌] 『牛岩山地域文化遺蹟地表調査報告書』(忠北大博物館, 1980).

천흥사명동종 天興寺銘銅鍾 고려전기 범종. 국보 제280호. 전체높이 187cm・입지름 95cm・두께 8.8cm. 충남 천안시 성거산 천흥사의 종으로서 절이 폐사된 뒤 경기도 광주(廣州)의 관아로 옮겨졌다가, 일제강점기 때 이왕가박물관(李王家博物館)으로 이안되었고 지금은 국립중앙박물관에 있다. 정상부에는 정면을 응시하는 용뉴와 음통이 있고 종신의 상하대에는 보상당초문(寶相唐草文)을 정교하게 시문하였고, 연곽(蓮廓) 사이 종신 하부에는 두 개의 당좌와 두 존의 주악상(奏樂像)도 표현하였다. 연곽 아래 위패형(位牌形) 명문곽에 "성거산 천흥사종명 통화 28년(1010・현종1) 경술 2월일. 聖居山天興寺鍾銘 統和二十八年 庚戌二月日"이라고 쓰여 있다. 국내에 남아있는 고려 범종 가운데 가장 이른 시기의 성보로서 통일신라 범종양식을 충실히 계승하면서도 고려범종의 새로운 모습도 보여준다. [참고문헌] 『韓國金石全文』 中世上 p.434, 『韓國의 梵鍾』(國立文化財研究所, 1996) pp.266~267. ⇨ 천흥사 天興寺 ❶

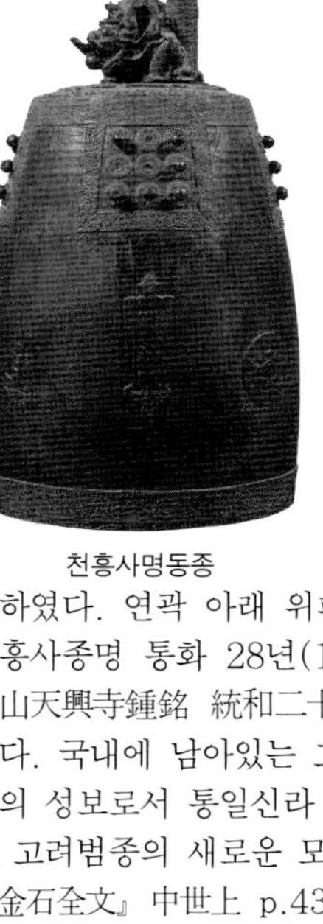

천흥사명동종

천흥사지당간지주 天興寺址幢竿支柱 충청남도 천안시 서북구 성거읍 천흥리에 있는 고려시대 당간지주. 보물 제99호. 높이 3.0m. 천흥사지 오층석탑에서 북쪽으로 약 250여 m 지점 천흥마을 한 가운데 위치해 있다. 원래 기단부의 일부가 흩어져 있던 것을 복원했다. 당간지주로서의 부재들인 지대석・기단부・간대석・지주 등이 온전히 남아 있으나 기단부에 일부 균열과 지주 상단부의 파손이 있는 상태이다. 지대석은 긴 장대석을 남북으로 두고 짧은 대석을 끼운 H자형 결구인데, 상면을 거칠게 다듬은 반면 모서리는 합각선을 돋을새김 하였다. 기단석은 원래 2매의 대석을 이용하여 남북으로 결구하고 하단부에 받침부와 호각형의 괴임을 두고 남북면에 4구, 동서면에 2구씩의 꽃무늬 안상(花形眼象)을 양각하여 화려함을 더했다. 그 위로 갑석형 받침을 두었고 간대석상부는 수평으로 고르게 다듬었으나 중앙부에 굵게 돌대로 구획하고 네 모서리의 합각선도 돋을새김하여 마무리했다. 기단상부에는 직사각형의 홈을 파서 동서로 지주석을 세우고 중앙에 간대석을 두었는데, 상면에는 당간을 고정할 수 있게 돋을새김으로 지름 44.5cm의 둥근 자리(圓座)도 마련하였다. 양 지주석은 평면 사각형으로 위로 갈수록 좁아지며, 양측면에 반원형의 굵은 세로띠와 좌우로 낮고 좁은 띠를 붙여 돋을새김 하였다. 지주석 상면 안쪽에 당간을 고정할 수 있는 간구(杆溝)를 마련하였다. 『대동여지도』·『충청도읍지』·『직산현지』에 '동장(銅檣)'이라고 전하고 있어 금속제 당간이었음을 짐작할 수 있다. 속설에는 흥선대원군이 경복궁 중건때 당백전을 주조하기 위한 공출로 파손했다고 한다. 이 당간지주는 전체적으로 규모가 크고 기단부와 지주부의 치석수법도 뛰어나 천흥사의 사세와 함께 당시 석조기술을 파악할 수 있는 귀중한 자료다. 제작시기는 천흥사의 창건 때인 10세기로 볼 수 있다. [참고문헌] 엄기표 『한국의 당간과 당간지주』(학연문화사, 2004), 『한국의 사지』(문화재청·불교문화재연구소, 2011). ⇨천흥사 天興寺 ❶

천흥사지당간지주

천흥사지오층석탑 天興寺址五層石塔 충청남도 천안시 서북구 성거읍 천흥리에 있는 고려시대 석탑. 보물 제354호. 높이 5.27m. 이중기단에 오층의 탑신을 올렸다. 탑 기단부의 형태와 탑신의 둔중함에서 고려석탑의 특징이 잘 드러난다. 기단부는 여러매의 장대석을 이용하여 탑구처럼 형성하였고 그 위로 이중기단을 놓았다. 기단부는 전체적으로 파손이 심한 편이다. 하층기단면석은 저석·면석·갑석을 한돌로 하였다. 면석에는 각면 7구씩의 안상(眼象)을 새겼다. 갑석상면 중앙에 호각형 괴임을 두어 상층기단을 받고 있다. 상층기단 면석은 4매로 우주(隅柱)는 각출하고 탱주는 생략하였다. 특이한 점은 갑석 하면의 부연을 호형으로 깎고 밑부분에 1단의 구획을 두었고 상면 중앙에는 호각형의 탑신받침을 두었고 갑석 모서리에는 뚜렷한 합각선을 돌출하였다. 탑신부는 초층탑신의 경우 4매로 H자형 결구하였고 1층 옥개부터는 각각 1매로 구성하였다. 탑신은 각층 모두 우주를 새겼을 뿐 별다른 부조나 흘림기법은 보이지 않는다. 옥개석은 하단에 모두 3단의 탑신받침을 두었으나 옥개받침이 매우 얕고 층급받침과 처마선 사이에 비교적 넓고 깊은 물끊기 홈을 두었다. 처마의 낙수면은 모서리에서 크게 반전하지만 처마의 두께가 얇아 전체적으로 둔중하다. 상륜은 모두 없어졌으나 현재 몇 개의 석재를 올려놓았다. 1966년 해체수리가 있었는데, 이때 5층 옥개석을 찾아 복원한 바 있고 초층탑신부에서 사리공이 확인되었지만 내용물은 없었다. 기단부의 변형이 두드러지고 옥개처마를 얇게 처리한 오층석탑은 고려전기 개성과 중부지방에서 크게 유행하였다. 양식적으로 예천 개심사지오층석탑·칠곡 정도사지오층석탑·정산 서정리 구층석탑 등과 예를 같이 한다. [참고문헌] 박경식 『탑파』(예경, 2001), 강우방·신용철 『탑』(솔출판사, 2003). ⇨천흥사 天興寺 ❶

천흥사지오층석탑

천희 千熙 1307~1382. 고려후기 수원 창성사(彰聖寺) 스님. 휘는 천희(千熙), 호는 설산(雪山). 속성과 아버지의 휘는 비문의 결락(缺落)으로 알 수 없다. 어머니 최(崔)씨니, 큰 배에 많은 스님들이 타고 범패를 부르면서 물이 점점 불어 대문 앞까지 이르렀고 흰 학이 그녀의 배를 쪼아 푸른 가사를 입은 한 스님이 뛰어 나오는 태몽후 임신하여 1307년(충렬왕33) 5월 21일 경상북도 포항시 흥해면에서 태어났다. 1319년(충숙왕6) 13세 때 화엄종 사찰인 경상북도 고령군 쌍림면 용동 미숭산(美崇山)에 있는 반룡사(盤龍寺)로 찾아가 주지인 일비(一非)를 은사로 하여 스님이 되었다. 1325년(충숙왕12) 승과의 상품에 합격하여 널리 이름을 떨쳤다. 그후 충북 중원(中原) 김생사(金生寺)·단양(丹陽) 덕천사(德泉寺)·대구 부인사(符仁寺)·논산 개태사(開泰寺) 등 10여 개 사찰의 주지를 역임했다. 지조가 고상하고 계행이 청정하였다. 참선을 깊이 탐구하여 묘한 경지에 이르렀으며, 소백산에 있을 때 몽산으로부터 의발(衣鉢)과 함께 법을 전해 받는 꿈도 꾸었다. 이어 구법과 견문을 넓히기 위해 1364년(공민왕13) 가을 해로를 통해 항주(杭州)에 이르렀고, 휴휴암(休休庵)으로 찾아가 몽산스님의 영당(影堂)에 참배했다. 그로부터 약 2년 간 두루 원의 선지식을 친견하고, 1366년(공민왕15) 봄에 성안사(聖安寺)로 찾아가 만봉시울(萬峰時蔚)을 친견하여 불법을 묻고는 그로부터 가사와 선장(禪杖)을 전해 받았다. 떠나오는 길에 만봉 회하의 스님이 의발을 뺏으려 오강(吳江)까지 따라 왔으나 미치지 못했다. 간신히 원을 벗어나 귀국하였다. 공민왕이 스님을 불러 구법의 노고를 위로했다. 그후 치악산(雉岳山)과 동해를 거쳐 관음도량인 낙산사(洛山寺) 관음굴을 참배하고는 1367년(공민왕17) 1월 치악산으로 돌아왔다. 그해 5월에 천희(千熙)를 국사로, 나옹선각(禪覺)을 왕사로 책봉하였는데 두 스님 모두 신돈(辛旽)과 친근하였다. 이때 공민왕으로부터 "대화엄종사선교도총섭전불심인대지무애성상원통복□□□□□□□□□□원응존자 大華嚴宗師禪教都摠攝傳佛心印大智無礙性相圓通福□□□□□□□□□□圓應尊者"란 칭호를 받았다. 1370년(공민왕19) 9월 공민왕이 왕사인 나옹화상을 청하여 공부절목(工夫節目)인 고시를 행할 때 스님을 증명법사(證明法師)로 추대하였다. 경천사(敬天寺)에 주석하다가 1371년에는 금강산에 있었으나, 그해 5월 왕명으로 개성에 있다가 다시 치악산으로 돌아갔다. 1372년 영주 부석사(浮石寺) 주지로 있으면서 퇴락한 당우를 일신하였다. 1382년(우왕8) 6월 16일 수원 창성사(彰聖寺)에서 세수 76, 법랍 63세를 일기로 입적하였다. 시호는 '진각국사 眞覺國師', 탑호는 '대각원조 大覺圓照'이다. 비문에 따르면 저서로 『삼보일경관 三寶一鏡觀』이 세상에 유행한다고 하였으나 지금은 전하지 않는다. 이색(李穡)이 비문을 짓고 제자인 개태사 주지 통조대사(通照大師) 충술(冲述)이 주관하여 1386년(우왕12)에 세운 비가 수원 창성사에 있다. 〔참고문헌〕『朝鮮金石總覽』 권상 p.529, 『海東金石苑』 권8 제30장, 『韓國金石全文』 中世上 pp.1234~1238, 李智冠 『校勘譯註歷代高僧碑文』 高麗篇4 pp.488~504, 『朝鮮佛教通史』 권상 p.319. ⇨ 삼보일경관 三寶一鏡觀, 설산국사 雪山國師, 진각국사대각원조탑비 眞覺國師大覺圓照塔碑

철 綴 ➡ 오철 五綴

철가 鐵枷 ❶ 쇠도리깨. 『정법염처경』 권6 「지옥품 地獄品」(대정장17, p.30c14)에 "염라왕이 부리는 옥졸들은 손에 쇠칼·쇠도리깨·쇠화살을 쥐고 있다. 모두 불이 붙어 있는 그것들로 베고 때리고 쏜다. 閻魔羅人 手執鐵刀鐵枷鐵箭 皆悉炎燃 斫打射之"라고 하였다. 〔참고문헌〕『正法念處經』. ❷ 죄지은 이에게 씌우는 쇠칼. 벗을 길 아득한 분별망상. 또는 부처나 조사라면 함께 할 수밖에 없는 벗어날 기약없는 생사해의 중생계. 『선림승보전』 권2 「운문문언전 雲門文偃傳」(卍속장137, p.448a3)에 "머리에 인 삼백 근의 쇠칼을 어째서 벗어버리지 못하는가! 項上三百斤鐵枷 何不脫却", 『밀암어록』(대정장47, p.965b14)에 "때로는 참선하는 자리에서나 때로는 시끌벅적한 거리에서 부처 되고 조사 짓는다. 털옷에 뿔난 모습으로 천당에 오르고 지옥에 들며, 쇠칼 쓰고 쇠몽둥이를 맞기도 한다. 온통 분 밖의 일이라 할 수 없다. 或則三條椽下 或則鬧市門頭 成佛作祖 披毛戴角 上天堂 入地獄 擔鐵枷 喫鐵棒 總不爲分外", 『무문혜개어록』 권하(卍속장120, p.521b14)에 "달마대사 : 도적 몸 들키기도 전에 죄상 모조리 드러났네. 서천탕 끓듯 하였고, 머리에 쇠칼 벗을 궁리도 없이 도리어 동토로 와서는 굳이 보따리 풀어 헤치네. 達磨大師 賊身未露罪全彰 攪得西乾沸似湯 項上鐵枷無計脫 却來東土强攤臟"라고 하였다. 〔참고문헌〕『禪林僧寶傳』, 『密菴語錄』, 『無門慧開語錄』. ⇨ 운문철가 雲門鐵枷

철가무공 鐵枷無孔 씌울 길 없는 쇠칼. 지은 죄 엄연하다 단정해서는 죄인 있게 되었지만, 쇠칼엔 구멍 없어 씌울 길 없어서 어쩌지 못하게 된 사태다. 허망(虛妄)한 분별(分別)로 공(空)하고 묘(妙)한 자리 이름 붙여 놓고는 돌이킬 수 없이 아득하게 된 말끝 즉 화두끝을 오가게 된 심연의 비유다. 『무문관』 17칙 「송 頌」(대정장48, p.295b2)에 "구멍 없는 쇠목칼 누군가에게는 씌워야 하리. 그 피해 후손에게 미치리니 한가할 수만은 없다네. 선문도 기둥도 장악하려 하는가. 다시 한번 맨발로 칼산에 올라야 하리. 鐵枷無孔要人擔 累及兒孫不等閑 欲得撑門幷拄戶 更須赤脚上刀山"라고 하였는데, 혜충국사가 시자를 세 번 부르고 시자가 세 번 답하자 '처음부터 그대 내가 베푼 마음 등졌구나'라고 한 말을 구멍 없는 쇠칼로 비유하여 읊었다. 『종감법림』 권6(卍속장116, p.102a7)에 "구멍 없는 쇠칼 죄인에게 씌우려 하니, 그 피해 후손에게 미칠까 하여 한가히 할 수 없네. 한밤 느닷없이 석 자 포대기 잃고는, 다시 빈 손 되어 부끄러워 얼굴 가리네. 〈법림음의 송〉. 鐵枷無孔要人擔 累及兒孫不等閒 夜半忽忘三尺布 却將空手掩慚顔 〈法林音〉"라고 하였는데, 신회(神會)가 일물(一物)을 불성(佛性)이라 한 말을 6조 혜능이 잘못이라고 질타함에 대하여 재차 들어 읊은 송이다. 〔참고문헌〕『無門關』, 『宗鑑法林』. ⇨ 철가 鐵枷 ❷

철감 哲鑒 798~868. 신라중기 구산선문의 하나인 강원도 영월 사자산 법흥사(法興寺)를 창건한 도윤(道允)의 시호. 철감(澈鑒)이라고 한다. ⇨ 도윤 道允

철갑사 鐵甲寺 경기도 여주시에 있던 절. 『동국여지승람』 권7 경기 여주목 불우에 환희산(歡喜山)에 있다고 되어 있으나 자세한 위치를 확인하기 어렵다. 『범우고』에도 같은 위치가 언급되어 있으나, "지금은 폐사되었다. 今廢”라고 하였다. [참고문헌] 『東國輿地勝覽』, 『梵宇攷』, 『韓國寺刹全書』 권하 p.1085b20.

철갑지옥 鐵鉀地獄 쇠로 만든 갑옷을 입고 움직이지 못해 고통을 받는 지옥. 갑은 갑(甲)과 개(鎧)로도 쓴다. 『교계신학비구행호율의』 「대대기오하사리법 對大已五夏闍梨法」(대정장45, p.871b4)에 “양쪽 어깨를 다 드러내는 통견으로 가사를 입어서는 안 된다〈경에 ‘비구는 부처와 스님 그리고 상좌를 마주하고서는 통견으로 가사를 입어서는 안 된다. 이를 어기면 죽어서 철갑지옥에 떨어진다’라고 하였다〉. 不得通肩被袈裟〈經云 比丘 對佛僧及上座 不得通肩披袈裟 死入鐵鉀地獄〉”라고 하였다. [참고문헌] 『教誡新學比丘行護律儀』. ⇨ 지옥 地獄

철강 徹綱 1626~?. 청초 임제종(臨濟宗) 스님. 호는 불원(佛冤), 속성은 이(李)씨. 사천성 내강(內江) 출신. 나이 스물셋에 동재우산(桐梓牛山)의 장설통취(丈雪通醉) 문하로 출가하였다. 1654년(순치11) 스승을 따라 쌍계파산해명(雙桂破山海明)을 친견하였고, 1656년(순치13)에는 효봉(堯峰)의 비은통용(費隱通容)을 친견하고 그 문하에서 수행하였다. 그 뒤 통용이 복엄사(福嚴寺)의 청을 받아 주지로 가자 초계도봉(苕溪道峰)으로 가서 목화상(木和尙)에게 귀의한 뒤 통취 문하로 돌아왔다. 오래 지나지 않아 다시 통용을 찾아가 구족계를 받음과 동시에 삼탑용연사(三塔龍淵寺)의 이은행밀(二隱行謐)에게 법을 물었다. 1670년(강희9) 내강고자산(內江古字山)의 여러 절과 사천성의 성도소각원(成都昭覺院)과 낙가산조음원(洛伽山潮音院)에도 주석하였다. 1693년(강희32) 당시 68세였으나 연대는 미상이다. 『불원강선사어록 佛冤綱禪師語錄』 12권(가흥장37, No. B371)을 남겼는데, 권10 말미에 행적에 당하는 「행요行繇」(가흥장37, p.52c10)가 있다. [참고문헌] 『五燈全書』 권87(卍속장141, p.755a12).

철경 掣鯨 조선후기 강진 만덕사(萬德寺) 스님. 응언(應彦)의 법호이다. ⇨ 응언 應彦

철경 鐵鏡 1819~1889. 조선후기 순천 선암사(仙巖寺) 스님. 영관(永寬)의 호이다. ⇨ 영관 永寬

철경당영관대사행장 鐵鏡堂永寬大師行狀 영관(1819~1889) 행적을 기록한 행장. 1896년(건양1)에 조성희(趙性喜)가 지었는데, 『조선불교총보』 제10호(『한국불교잡지총서』 권14 pp.656~658)에 수록되어 있다. [참고문헌] 『朝鮮佛教叢報』. ⇨ 영관 永寬

철곤 徹困 사무쳐 애쓰다. 노파철곤(老婆徹困)을 말한다. 『임제록』(대정장47, p.504c17)에 “대우가 말하길 ‘황벽이 손자 대하는 노파처럼 그대 위해 사무쳐 애썼는데, 다시 와서 이렇게 허물 있고 없음을 묻느냐?’라고 했다. 大愚云 黃蘗與麽老婆 爲汝得徹困 更來這裏 問有過無過”, 『직주천동송고』 권하 「착어 著語」(卍속장117, p.805b1)에 “마음 다하고 기력 다해도 능히 분별해 알 수 없으니 노파의 마음은 여전히 곤궁하다. 盡心盡力 無能分解 婆心尙困”라고 하였다. [참고문헌] 『臨濟錄』, 『直註天童頌古』. ⇨ 노파철곤 老婆徹困

철곤륜 鐵崑崙 쇠로 만든 곤륜인(崑崙人). 검은 살갗의 곤륜인을 가리키는 말로, 자세히 보아도 분간하기 어려운 뜻에서 혼돈(混沌)이나 혼륜(渾崙)의 뜻으로 쓴다. 분별해 가늠하기 어려운 저 끝 또는 사무쳐 다하지 못한 어딘가를 비유한다. 『경덕전등록』 권12 「노조교전 魯祖敎傳」(대정장51, p.298b9)에 “‘무엇이 쌍림수인지요?’ ‘모양 가진 몸중에 모양 없는 몸이다’ ‘무엇이 유상신 중 무상신인지요?’ ‘황금향로 아래 철곤륜이다’. 問如何是雙林樹 師曰 有相身中 無相身 曰 如何是有相身中無相身 師曰 金香爐下 鐵崑崙”, 『굉지광록』 권4(대정장48, p.36c27)에 “‘만 가지 움직임 다 놓아버려 천성도 이끌지 못하는 이 사람 누군가?’ ‘금강들 틈 아래 철곤륜이다’. 僧問 萬機休罷 千聖不携底 是甚麽人 師云 金剛際下 鐵崑崙”, 『공수종인선사어』(속고존숙어요5, 卍속장119, p.119a4)에 “철곤륜 한 대 맞고 고꾸라지자 남쪽 바다 파사의 춤 거둘 수 없고, 밤 깊어 비단 허리띠 놓쳤다 하니 동쪽 마을 왕씨 늙은이가 웃다 자빠진다. 鐵崑崙兒喫一攧 南海波斯舞不徹 夜半失却攔腰帛 笑倒東村王大伯”라고 하였다. [참고문헌] 『景德傳燈錄』, 『宏智廣錄』, 『空叟宗印禪師語』.

철골철수 徹骨徹髓 골수에 사무치다. 남김없이 깨우쳐 알다. 『분양어록』 권상(대정장47, p.604b5)에 “‘무엇이 조사께서 서쪽에서 오신 뜻인지요?’ ‘골수에 사무친다’ ‘이 뜻 무엇인지요?’ ‘하늘에도 땅에도 통한다’. 問如何是祖師西來意 師云 徹骨徹髓 此意如何 師云 通天通地”, 『원오어록』 권4(대정장47, p.730b12)에 “조사와 부처의 뜻을 알 수만 있다면 바로 그곳에서 문득 초월한다. 상근의 예리한 지혜는 천 리라도 같은 바람이다. 한 칼로 토막 내듯 하니 귀 기울여 듣는 순간 골수에 사무치고 불쑥 일으켜 문득 행하니, 가는 곳마다 주인 되고 만나면 으뜸이다. 若人識祖佛 當處便超越 上根利智 千里同風 一刀兩段 聊聞擧著 徹骨徹髓 剔起便行 隨處作主 遇緣卽宗”, 『대혜어록』 권8(대정장47, p.844b2)에 “태자 대부의 청에 따라 대중에게 보였다. ‘골수에 사무쳐 한 마디 말한다. 삼요삼현으로 버리고 둠 모두 끊고, 축건의 스물여덟조사 온통 어둡게 하고 진단의 육대조사마저 어두워 깨우치지 못하리니 내가 설한 이 말 바른 것도 삿된 것도 아니다. 마음 당해 마주 보아 주고 받음 쉴 뿐이다. 은근히 구름 위에 계신 분들께 알리노니, 날쌘 매 울타리 맴돌며 토끼 잡지 않는다'. 儲大夫請 示衆 徹骨徹髓道一句 三要三玄絶遮護 竺乾四七例皆迷 震旦二三渾未悟 我說是言非正邪 當機覿面休回互 慇懃爲報雲臺公 俊鷹不打籬邊兎", 『선관책진』「철산애선사보설 鐵山瓊禪師普說」(대정장48, p.1101c8)에 "어느 날 정중에 문득 모자라다(欠)는 글자에 부딪히는 순간 몸도 마음도 활짝 트이고 골수에 사무쳤다. 마치 연일 내리던 눈이 문득 그쳐 갠 듯하였다. 참아 숨길 수 없어서 저 아래로 뛰어 내려가 몽산의 멱살 잡고 말했다. '나에게 모자란 것 무엇인지요?' 몽산이 세 차례 뺨을 때렸다. 철산이 삼배 올리자 몽산이 말하길 '이것 하나 붙들고 몇 년이더냐! 오늘 비로소 마쳤다'. 一日定中 忽觸著欠字 身心豁然 徹骨徹髓 如積雪卒然開霽 忍俊不禁 跳下地來 擒住山云 我欠少箇甚麽 山打三掌 某禮三拜 山云 鐵山這一著子幾年 今日方了"라고 하였다. [참고문헌] 『汾陽語錄』, 『圜悟語錄』, 『大慧語錄』, 『禪關策進』.

철굴 鐵窟 경상남도 함양군 마천면 지리산(智異山)에 있던 굴. 1531년(중종26)에 『선문보장록』과 『선문강요집』을 간행한 장소다. 국립중앙도서관에 소장되어 있는 천책(天頙)의 『선문보장록』 간기(刊記)에 "가정 10년 신묘년 일에 경상도 진주땅 지리산 철굴에서 개간하였다. 嘉靖十年辛卯日 慶尙道晋州地智異山鐵窟開刊"라고 하였다. [참고문헌] 『禪門寶藏錄』, 『禪門綱要集』, 『韓國寺刹全書』 권하 p.1086a2.

철굴지옥 鐵窟地獄 온통 쇠뿐인 지옥. 『관불삼매해경』 권5(대정장15, p.673b3)에 "무엇을 철굴지옥이라 하는가? 철굴지옥은 아귀도에서 가장 고통받는 곳이다. 철산 하나 있는데 종횡으로 똑같이 25유순이고, 산 위에 오백만억의 크고 뜨거운 쇠 알이 있는데 그 하나하나의 쇠 알은 둥근 덩어리로 똑같이 13유순이다. 산 사이에는 백천의 칼도 꽂혀 있다. 云何名鐵窟地獄 鐵窟地獄者 餓鬼道中 最上苦法 有一鐵山 縱廣正等 二十五由旬 山上復有 五百萬億 大熱鐵丸 一一鐵丸 團圓正等 十三由旬 山間復有 百千刀劍"라고 하였다. [참고문헌] 『觀佛三昧海經』. ⇨지옥 地獄

철궐 鐵橛 쇠말뚝. 소나 말을 매어두는 것으로 묶어 어쩌지 못하게 하는 일 외에는 아무 것도 아닌 것의 비유다. 『대혜어록』 권19(대정장47, p.891a22)에 "경의 말씀이나 옛 사람 도 깨달은 인연 보고 듣지만 마음 밝고 분명하지 않아 그저 알 수 없고 막막할 뿐이니, 저 쇠뭉치 맛본 듯할 것이다. 때는 바로 힘쓰기 좋은 때이니 무엇보다 앞서 놓아버리지 말아야 한다. 이에 의식 움직이지 않고 사상마저 어쩌지 못하는 곳에 이르러 분별도 끊어지고 뜻길마저 사라진다. 늘 이렇게 할 수만 있다면 말한즉 도리 얻고 분별한즉 행처 있게 되서 온통 이것들 정식 언저리 일이어서 왕왕에 도적을 자식삼는 일임을 모를 수가 없다. 凡看經教 及古德入道因緣 心未明了 覺得迷悶沒滋味 如咬鐵橛相似 時正好著力 第一不得放捨 乃是意識不行 思想不到 絶分別滅理路處 尋常可以 說得道理 分別得行處 盡是情識邊事 往往多認賊爲子 不可不知也", 『종문무고』(대정장47, p.950b2)에 "수보리 해공제일이었으니 태어날 때조차 그 방 온통 비어 있었다. 세존께서 법좌에 오르자마자 수보리가 대중 속에서 나와 '희유하십니다, 세존이시여!'라고 하였다. 말해 보라! 무슨 도리를 보았기에 이처럼 말했을까? 천친보살은 수많은 게송을 지었지만 '희유'라는 두 자만 칭찬하였다. 원오선사는 '한 마디 그저 일개 쇠말뚝이다' 하였다. 그러므로 6조는 '마땅히 머무는 바 없이 마음 낸다'는 한마디 듣고 곧바로 깨달았다. 須菩提 解空第一 生時家室盡空 世尊纔陞座 須菩提 便出衆云 希有 世尊 且道見箇什麽道理 便恁麽道 天親菩薩 作無量偈 只贊希有二字 圓悟禪師云 一句是一箇鐵橛 故六祖聞 應無所住而生其心 便悟去", 『벽암록』 4칙 「평창 評唱」(대정장48, p.144a7)에 "설두가 착어해 이르길 '감파해 마쳤다' 했지만 그저 일개 쇠막대기 닮았다. 대중들은 그것을 착어라 한다. 비록 양 끝에 둔다 해도 양 끝에 머물러 있을 수 없다. 그가 '감파해 버렸다' 한 말을 어떻게 이해해야 할까? 무엇이 감파한 곳일까? 답해 보라! 덕산을 감파했을까? 위산을 감파했을까? 雪竇著語云 勘破了也 一似鐵橛相似 衆中謂之著語 雖然在兩邊 却不住在兩邊 作麽生會 他道勘破了也 什麽處是勘破處 且道 勘破德山 勘破潙山", 『운문광록』 권중(대정장47, p.556b3)에 "그대는 참으로 하나의 쇠막대기를 닮았구나. 子大似箇鐵橛"라고 하였다. [참고문헌] 『大慧語錄』, 『宗門武庫』, 『碧巖錄』, 『雲門廣錄』. ⇨철궐자 鐵橛子

철궐자 鐵橛子 쇠뭉치. 『벽암록』 6칙 「평창 評唱」(대정장48, p.146a17)에 "운문은 늘 삼자선을 즐겨 말했는데 고와 감과 이다. 또 일자선도 말했다. … 또 묻기를 '무엇이 정법안장인가?' 하니, 운문은 '보!'라고 답했다. 곧바로 이렇게 해서 조금도 생각할 여지 없게 해서 아무 일 없게 하고는 다시 사람을 꾸짖었다. 이처럼 한 마디라도 하려 하면 마치 쇠말뚝 보듯 했다. 雲門尋常愛說三字禪 顧鑒咦 又說一字禪 … 又問 如何是正法眼藏 門云 普 直是不容擬議 到平鋪處 又却罵人 若下一句語如鐵橛子相似", 『연월어록』 권5 「시운숭선인 示雲嵩禪人」(가흥장29, p.419c16)에 "불법을 배우는 이는 마치 저 쇠뭉치 같아야 하리. 이렇게 해서 아무리 흔들어도 움직이지 않으니, 역순과 비난칭찬에 마음 갈라질 일 없고, 득실과 시비에도 그 뜻 바꾸지 않는다. 學佛法人 如一箇鐵橛子相似 直是搖撼不動 逆順毁譽 不二其心 得失是非 不變其志"라고 하였다. 〔참고문헌〕『碧巖錄』, 『蓮月語錄』. ⇨ 철궐 鐵橛, 일개철궐자 一箇鐵橛子

철기지옥 鐵機地獄 쇠로 만든 기틀로 죄인을 징벌하는 지옥. 부모에게 불효하는 등의 죄업을 지은 사람들이 떨어진다. 『관불삼매해경』 권5(대정장15, p.673a2)에 "철기지옥이란, 종횡으로 사백유순이나 되는 쇠 평상 하나에 갖가지 부판이 놓여 있고, 부판 사이에는 모두 만억 철뇌 있으며, 철뇌의 화살촉과 백억의 칼로 뾰족하다. 세간에 어리석은 중생 있어 탐욕 때문에 부모에게 불효하고 어른을 공경하지 않으며, 선한 가르침을 따르지 않고 중생을 살해하며 간사한 사람들 먹여살린다. 이 죄보로 목숨이 끊어지려 함에 온 몸 떨려 진동하면서 몸의 여섯 구멍에서 즙이 저절로 흘러나온다. 鐵機地獄者 有一鐵床 縱廣正等 四百由旬 上安諸梐 梐間皆有 萬億鐵弩 鐵弩鏃頭 百億鋒刃 世間自有 愚癡衆生 爲貪欲故 不孝父母 不敬師長 不順善教 殺害衆生 食諸姦人 此人罪報 命欲終時 身體振動 身諸六竅 汁自流出"라고 하였다. 〔참고문헌〕『觀佛三昧海經』. ⇨ 지옥 地獄

철단 鐵團 무쇠덩이. 부술 수도 맛볼 수도 없고 흔적마저 내기 어려워 그 무엇도 할 수 없는, 화두(話頭) 들어 의단(疑團) 가득한 것의 비유다. 『태고어록』 권하(한불전6, p.696a25)에 "훗날 문득 조주의 무자화 들다가 입 댈 수조차 없게 되니, 마치 쇳덩이 씹은 듯 하였으나 그저 저 쇳덩이 향해 그 끝닿은 데까지 곧장 밀고 간다. 後忽擧趙州無字話 下口不得 如嚼鐵團 驀向鐵團處崖去", 『대혜어록』 권10(대정장47, p.853c5)에 "어리석은 이 앞에서 꿈 이야기 그쳐야 하리. 분명 무쇠 덩어리에서 꿰맨 흔적 찾으리라. 다 밝혀 말해 주더라도 벙어리인 양하며, 저 밖 저 끝에서는 쓸데없이 시끄럽게 다툴 뿐이라네. 癡人面前休說夢 生鐵團上須尋縫 明明說與却佯聾 只管外邊閑打閧", 『석계심월어록』(卍속장123, p.158b9)에 "무쇠덩이 겹겹이 꿰매 흔적 내고, 번갯불 그림자 속에서 천둥소리 집어낸다. 과연 아무데나 눈 붙이고는 저 사람 뜻 알았다 하고, 문득 삼경을 부여잡고 오경이라 한다. 生鐵團上重重縫 電光影裡撮雷聲 果然點眼知人意 便把三更作五更", 『오등전서』 권36 「지선조등장 志瓊祖燈章」(卍속장140, p.829a13)에 "법좌에 올라 '하늘 땅과 대지 온통 뜨거운 쇳덩이다. 여러분 어딜 향해 입 대리요?' 한 뒤 침묵하다가 말했다. '삼키려 해도 들이지 못하고, 토하려 해도 나오지 않는다'. 上堂 盡乾坤大地 是個熱鐵團 汝等諸人 向甚麽處下口 良久曰 呑不進 吐不出", 『박산참선경어』 권하(卍속장112, p.967a17)에 "마른똥막대기 공안 참하는 지백선자에게 보낸다 : '부처가 무엇이냐 하니 마른똥막대기라. 대천세계가 한덩이 쇠로다. 온몸으로 쇳덩어리 중에 앉았으니, 벗어날 수 없는 그때 누굴 향해 말해야 하나?' 지백이 절을 올리자 다시 말했다. '절하지 마라. 다만 여유롭게 벗어날 수 있을 때 30방을 받아들여라'. 示知白禪者 參乾屎橛公案 如何是佛乾屎橛 大千世界一團銕 渾身坐在鐵團中 不得出時向誰說 白禮拜 復云 莫禮拜 只饒出得時 領取三十棒"라고 하였다. 〔참고문헌〕『太古語錄』, 『大慧語錄』, 『石谿心月語錄』, 『五燈全書』, 『博山參禪警語』. ⇨ 철단란 鐵團圞, 화두 話頭, 의단 疑團

철단란 鐵團圞 둥근 쇳덩이. 온통 둥글어 어딜 보아도 다르지 않고 붙들려 해도 잡히지 않는다. 『허당록』 권1(대정장47, p.986b15)에 "법좌에 오르다. '계림에는 낙엽 지고 변방에는 기러기 울어 쓸쓸하다. 공안 눈앞에 성성하지만 참으로 큰일났네, 큰일났어! 둥글둥글 무쇠덩이 산산이 부숴야 하리! 따뜻한 저 바람 옥난간에 걸려 있기를'. 上堂 溪林葉墮 塞雁聲寒 見成公案 大難 大難 百雜碎鐵團圞 和風搭在玉闌干", 『종범』 권하(卍속장114, p.645b8)에 "나무 끝에 금빛열매 쇳덩이로 둥글기만 하다네. 천성이 보려 해 눈에 잡히지 않으니, 때가 되면 거둬 간다 말해서는 안 되리. 저 화반에 올린 채로 번듯하게 드러날 것이기에. 樹頭金果鐵團圞 千聖猶難著眼看 莫道臨機曾掇退 當陽托出已和盤"라고 하였다. 〔참고문헌〕『虛堂錄』, 『宗範』. ⇨ 철단 鐵團, 몰파비 沒巴鼻

철령성황당중수권선문 鐵嶺城隍堂重修勸善文 영허선영(暎虛善影 1792~1880)이 철령 성황당 중수를 위해 지은 권선문. 『역산집』 권하(한불전10, p.962b16) 권선문에 전한다. "관북은 한 편에 풍패라는 땅이 있고, 한쪽에 철령이 자리했는데 그곳에 큰길 내어 춘추 사시로 공사에 길 나서는 나그네 끊이지 않습니다. … 고개위 오래된 성황당 있는데, 언제 누가 창건하였는지 알 수 없지만 신의 영험은 밝았습니다. … 중간에 여러 차례 중수하였으나 지금은 또 퇴락하였습니다. … 중수하고자 하지만 맡은 일 힘 모자라 부끄러움이나 나무람 꺼리지 않고 뜻을 함께 하는 이들에게 널리 알립니다. 엎드려 바라오니 분에 따라 베풀고 도와 이 일 성취되길. 關北一方 豊沛之地 一座鐵嶺 是爲大路 故春秋四時 公私行客 未尙不絡 … 嶺上有一城隍古廟 未知何歲何人之所創建 然神之爲靈 昭昭焉 … 中間凡幾閱重脩 而今又頹落 … 欲夫重修 事瞻力乏 不憚愧責 普告同志 伏惟隨分施助 以成此事"라고 하였다. 〔참고문헌〕『櫟山集』.

철륜 鐵輪 **1** Ⓢ Cakravāḍa, Ⓟ Cakkavāḷa. 수미산(須彌山)을 중심으로 둘러싼 아홉 겹의 산에서 가장 바

깥에 자리한 산. 철륜위산(鐵輪圍山)·철위산(鐵圍山)이라고도 한다. 『입세아비담론』 권1(대정장32, p.173b28)에 “이러한 흑암지옥은 어느 곳에 있는가? 양양세계 철륜 밖 끝을 계외라고 하는데 이는 한지옥이다. 如是黑闇地獄 住在何處 兩兩世界鐵輪外邊 名曰界外 是寒地獄”라고 하였다. 〔참고문헌〕『立世阿毘曇論』, *Abh-k-bh.159.* ⇨철위산 鐵圍山, 철륜위산 鐵輪圍山 ❷윤보(輪寶) 중 하나로 이를 얻은 이가 남염부주를 다스린다. 『십이유경』(대정장4, p.146b12)에 “희살왕은 수명이 이천오백세이고 철륜을 얻어 남쪽 천하를 다스린다. 喜殺王 壽二千五百歲 得鐵輪 主南天下”라고 하였다. 〔참고문헌〕『十二遊經』. ⇨철륜왕 鐵輪王

철륜보 鐵輪寶 사륜보(四輪寶) 중 하나. 『대비바사론』 권30(대정장27, p.156c7)에 “왕이 한 주를 다스리려면 천륜보가 있어야 하고, 그 양은 정해져 고른데 일구로사다. 王一洲者 有鐵輪寶 其量正等 一俱盧舍”, 『법화경지장소』 권1(卍속장93, p.483b9)의 “넷째 철륜왕(Ⓢ Ayaś cakravartin)은 인간수명 팔만세 때 세상에 출현하여 철륜보를 타고 일천하를 다스린다. 四 鐵輪王 人壽二萬歲時出世 乘鐵輪寶 王一天下”라고 하였다. 〔참고문헌〕『大毘婆沙論』, 『法華經指掌疏』, *Abh-k-bh.184.* ⇨사륜보 四輪寶, 철륜왕 鐵輪王

철륜봉정교족 鐵輪峯頂翹足 철륜봉 저 꼭대기 위로 한껏 발돋움하다. 탑의 꼭대기 상륜 향해 발돋움한다는 말이다. 『허당록』 권1(대정장47, p.989a29)에 “설날 아침 법좌에 올랐다. ‘년년이 좋은 해이고 날마다 좋은 날인데, 어째서 새로움과 낡음이 있을까? 만약 저 멀리 손 닿지 않는 한마디 얻을 수만 있다면, 그대 철륜봉 위로 발돋움할 뿐 아니라 큰 바다밑 모래알도 헤아리리라. 만약 그렇게 하지 못한다면 들불 꺼지지 않은 채로 있다가 봄바람 불면 다시 일어나리’. 正旦上堂 年年是好年 日日是好日 爲甚有新有舊 若道得箇隔手句子 許爾鐵輪峯頂翹足 大洋海底算沙 不然野火燒不盡 春風吹又生”라고 하였다. 〔참고문헌〕『虛堂錄』.

철륜왕 鐵輪王 Ⓢ Ayaś cakravartin. 사륜왕(四輪王) 중에 철륜보를 얻어 남염부주(南閻浮州)만을 다스리는 전륜성왕. 『영락본업경』 권하(대정장24, p.1017a19)에 “이 사람이 다시 십선을 행하고, 1겁2겁3겁에 걸쳐 십신을 닦으면 여섯하늘 과보를 받는다. 위의 십선에 삼품이 있으니, 상품은 철륜왕으로 일천하를 교화하고, 중품은 속산왕이, 하품은 인중왕이 다스린다. 是人復行十善 若一劫 二劫 三劫 修十信 受六天果報 上善有三品 上品鐵輪王 化一天下 中品粟散王 下品人中王”, 『인왕호국반야경소』 권4(대정장33, p.272b21)에 “『십지경』에서는 초지에서 철륜왕이 된다고 하였으니 이것은 별교에서의 뜻이고, 『영락본업경』과 이 경에서는 십선으로 철륜왕이 된다고 하니 이것은 원교의 뜻이다. 十地經 初地作鐵輪王 此別敎意也 瓔珞及此經 十善作鐵輪王 圓敎意也”라고 하였다. 〔참고문헌〕『瓔珞本業經』, 『仁王護國般若經疏』, *Abh-k-bh.184.* ⇨사륜왕 四輪王, 전륜성왕 轉輪聖王, 철륜보 鐵輪寶

철륜위산 鐵輪圍山 Ⓢ Cakravāḍa. 수미산 밖을 둥글게 둘러싼 철위산(鐵圍山). 『구사론』 권11(대정장29, p.57b10 : *Abh-k-bh.*, p.159)에 “〔논〕 금륜 위에는 아홉 개의 거대한 산이 있는데, 묘고산왕(妙高山王 : 須彌山)이 그 중앙에 자리하고 있고 나머지 여덟 개의 산은 묘고산의 주변을 둘러싸고 있다. 여덟 개의 산 중에 앞의 일곱 개의 산을 내산이라 한다. 일곱 번째 산 밖에는 대주(大洲) 등이 있고, 그 밖에는 다시 철륜위산이 있어 마치 바퀴 모양으로 하나의 세계를 둘러싸고 있다. 論曰 於金輪上有九大山 妙高山王處中而住 餘八周匝繞妙高山 於八山中前七名內 第七山外有大洲等 此外復有鐵輪圍山 周匝如輪圍一世界 〈bhāṣya〉 itīme kāñcanamaṇḍalapratiṣṭhā aṣṭau mahāparvatāḥ. madhye sumeruḥ. śeṣāḥ sumeruparicāyāvasthitāḥ. tasyānyasaptaparvataprākāraparikṣiptasya yo bāhyaḥ parvate nimindharagiriḥ. 〈kārikā〉 tataḥ, dvīpāḥ 〈bhāṣya〉 tato bahiścatvāro dvīpāḥ. tebhyaḥ punaḥ 〈kārikā〉 bahiścakravāḍaḥ 〈bhāṣya〉 tena cāturdvipakaścakrīkṛtaḥ. teṣāṃ tu”라고 하였다. 〔참고문헌〕『俱舍論』, *Abh-k-bh.* ⇨철위산 鐵圍山

철마 鐵馬 ❶쇠로 빚은 말. 세간에 있을 법한 것 아니지만 격외(格外)에서 유희하는 선문(禪門) 사물들 중 하나다. 『낙방문류』 권5(대정장47, p.230c4)에 “진흙소가 연꽃밭을 갈고, 철마는 공덕산을 차서 뒤집는다. 泥牛耕破蓮華土 鐵馬踢翻功德山”, 『원오어록』 권5(대정장47, p.734c17)에 “학인이 물었다. ‘제2구는 어떤 것인지요?’ ‘순금을 얻으려면 화로에서 단련해야 한다’ ‘쇠말을 거꾸로 타고 수미산에 오르고, 조계에서 흐르는 물소리마저 밟아 끊는군’ ‘참으로 길 중간에 있구나’. 進云 如何是第二句 師云 眞金須向爐中煆 進云 倒騎鐵馬上須彌 踏斷曹溪流水聲 師云 正在半途間”, 『오가종지찬요』 권상(卍속장114, p.512a2)에 “제2현 중 제1요 : 철마 흐느끼는 소리에 마음 흔들 일 없다 하지만, 한 물결 움직이자마자 만겹으로 물결치게 마련이다. 第二玄中第一要 鐵馬嘶聲無蕩意 一波纔動萬波隨”라고 하였다. 〔참고문헌〕『樂邦文類』, 『圜悟語錄』, 『五家宗旨纂要』. ❷철갑으로 무장한 말. 갑옷을 입힌 기마(騎馬). 날래고 용맹스러운 기병(騎兵). 『벽암록』 24칙 「송 頌」(대정장48,

p.165b10)에 "일찍이 철마 타고 겹겹의 성에 쳐들어갔건만〈전투에 익숙한 작가이고 변방의 장군 일곱 가지로 몸에 항상 지닌다〉, 임금의 명으로 여섯 나라 평정했다는 소식 들었다네〈개가 사면장을 물고 간다. 환중에 천자 있고, 어찌하랴! 바닷물 잠잠하고 황하 맑아진 것을〉. 曾騎鐵馬入重城〈慣戰作家 塞外將軍 七事隨身〉 勅下傳聞六國淸〈狗銜赦書 寰中天子 爭奈海晏河淸〉"라고 하였다. [참고문헌]『碧巖錄』.

철마 鐵磨 ➡ 유철마 劉鐵磨

철마노자우 鐵磨老牸牛 비구니 유철마(劉鐵磨)가 늙은 암소로 불리운 일. 『위산어록』(대정장47, p.581a26)에 "위산스님이 하루는 유철마가 오는 것을 보고서 말했다. '늙은 암소야, 네가 왔구나'. 유철마가 말했다. '내일 대산에서 큰 재가 열리는데 화상께서도 가십니까?' 위산이 곧 몸을 늘어뜨려 눕는 모양새를 취했다. 유철마가 곧장 나가버렸다. 師 一日見劉鐵磨來 師云 老牸牛汝來也 劉云 來日臺山大會齋 和尙還去麽 師乃放身作臥勢 劉便出去"라고 하였다. [참고문헌]『潙山語錄』, 『碧巖錄』 24칙(대정장48, p.165a4), 『從容錄』 60則(대정장48, p.264c26). ⇨ 유철마 劉鐵磨

철마사 鐵馬寺 전라북도 진안군 인천면 삼락리 철마산(鐵馬山)에 있던 절. 산의 정상 부근에 사지(寺址)만 남아 있다. [참고문헌]『文化遺蹟分布地圖 鎭安郡』(鎭安郡・全州大學校博物館, 2007).

철망지옥 鐵網地獄 철침 가득 박힌 철망지옥. 살생업으로 받는 과보다. 『관불삼매해경』 권5 「관불심품 觀佛心品」(대정장15, p.673a19)에 "무엇이 철망지옥인가? 철망지옥은 여든아홉 겹 모든 철그물과 낱낱 그물 사이에 백억 철침이 있다. 낱낱 철침에는 다섯 돗바늘도 펴져 있다. … 철망 사이에 나면 몸을 비적대며 아래로 지나는데 뭇 돗바늘이 모두 움직인다. 헤아릴 수 없는 모든 침이 쏘면 모공을 찌른다. 이렇게 구르다보면 찰나에 죽고 산다. 云何名鐵網地獄 鐵網地獄者 八十九重 諸鐵羅網 一一網間 百億鐵針 一一鐵針 施五鬬緦 … 生鐵網間 捙身下過 衆緦皆動 無量諸針 射入毛孔 如是婉轉 諸鐵網間 刹那頃死 刹那頃生", 『수십선계경』 「십시보품 十施報品」(대정장24, p.1025a26)에 "살생업으로 철망지옥에 난다. 대철산은 높이가 백천유순에 철탕 가득하다. 철망 위 낱낱 망 사이로 철 부리 벌레들 무량무변하고, 정수리 위로 들어가 골수를 뚫고서는 발바닥 찢고 나온다. 하루 밤낮 팔만사천 번 나고 죽으니, 살생업 그 일이 이와 같다'. 殺生之業 生鐵網地獄 有大鐵山 高百千由旬 滿中鐵湯 鐵網在上 一一網間 鐵觜諸蟲 無量無邊 從頂上入 貫骨徹髓 劈足而出 一日一夜 八萬四千生 八萬四千死 殺生之業 其事如是"라고 하였다. [참고문헌]『觀佛三昧海經』, 『受十善戒經』, 『慈悲道場懺法』 권9(대정장45, p.958c22). ⇨ 지옥 地獄

철면퇴석 鐵面退席 법수철면(法秀鐵面)이 자리에서 물러나다. 철은 철(銕)로도 쓴다. 『선원몽구』 권하(卍속장148, p.278a7)에 "철면이 법석에서 물러나다〈흥화의 법을 이었다. 『선림승보전』에 실렸다〉: 장산채원 선사가 입적하자 서왕이 예를 다하여 법수철면이 그 법석을 잇도록 했다. 법수가 산에 이르자 서왕이 먼저 기다리다가 맞이했다. 법수가 총림의 일을 처리하다가 예기치 않게 서왕이 오만하게 구는 것을 보았다. 결국 영합하지 않고 떠나갔다. 銕面退席〈興化法嗣 僧寶傳下〉 蔣山元禪師歿 舒王以禮致秀銕面嗣其席 秀至山 王先候謁 而秀方理叢林事 不時見王以爲慢己 遂不合棄去"라고 하였다. [참고문헌]『禪苑蒙求』. ⇨ 법수 法秀[2], 수철면 秀鐵面

철문 綴文 역장(譯場)에서 필수(筆受)가 받아 적은 범문직역의 글들을 다듬어 좋은 문장이 되도록 잘 엮는 소임. 역장의 구원(九員) 중 하나다. 『자은전』 권6(대정장50, p.253c26)에 "또 철문 대덕 아홉 사람이 이르렀으니, 곧 경사 보광사 사문 서현, 홍복사 사문 명선, 회창사 사문 변기, 종남산 풍덕사 사문 도선, 간주 복취사 사문 정매, 포주 보구사 사문 행우, 서암사 사문 도탁, 유주 조인사 사문 혜립, 낙주 천궁사 사문 현칙 등이다. 又有綴文大德九人至 卽京師普光寺沙門栖玄 弘福寺沙門明璿 會昌寺沙門辯機 終南山豐德寺沙門道宣 簡州福聚寺沙門靜邁 蒲州普救寺沙門行友 捿巖寺沙門道卓 幽州照仁寺沙門慧立 洛州天宮寺沙門玄則等", 『불조통기』 권43(대정장49, p.398b13)에 "여섯째, 철문이니 문자를 바꿔 엮으며 아홉 가지 뜻이 온전할 수 있게 한다〈저 필수가 '오온을 비춰보니 저 자성은 공하다'라 함을 보고 이제는 '오온이 모두 공함을 비춰본다'라 함과 같다. 대체로 범음은 능(能)이 앞서고 소(所)가 뒤에 옴이 많다. '염불'을 '불념', '타종'을 '종타'라고 함이 그렇다. 고로 자구를 바꿔가며 엮음으로써 이 땅의 글에 순하게 한다〉. 第六綴文 回綴文字 使成句義〈如筆受云 照見五蘊 彼自性空 見此今云 照見五蘊皆空 大率梵音 多先能後所 如念佛爲佛念 打鐘爲鐘打 故須回綴字句 以順此土之文〉"라고 하였다. [참고문헌]『慈恩傳』, 『佛祖統紀』, 『開元釋敎錄』 권9(대정장55, p.563b13). ⇨ 번역 翻譯, 번역관직 翻譯官職, 역경장구직 譯經場九職, 필수 筆受

철발 綴鉢 Ⓟ bandhana patta. 발우(鉢盂)를 꿰매다. 금이 간 발우는 꿰매 수리하니 철우(綴盂)라고도 한다. 『유부율』 권22(대정장23, p.745b10)에 "부처님이 말씀하셨다. '모든 필추여, 저 발우에 구멍이 나면 반드시 보수해야 한다'. … 부처님께서 말씀하셨다. '기름 바르고 구석구석 닦되 저 발우에 가는 구멍이 생겼거든 사당과 진흙을 버무려 구멍난 곳에 두루 바르고 법에 따라 굽는다. 저 발우에 금(璺)이 가면 송곳으로 구멍내고 거멀못으로 꿰맨다. 이를 철발하는 법이라 한다'. 부처님은 필추에게 다섯 가지로 철발케 하셨다. 佛言 諸苾芻 若鉢有孔 應可補治 … 佛言 油拭方揩 若鉢有細孔 以沙糖和泥 遍塗孔處 准法燒之 若鉢有璺 應鑽作孔 以鍋綴之 是名綴鉢法 佛令苾芻五種綴鉢", 『치문경훈』 권1 「명교숭선사존승편 明教嵩禪師尊僧篇」(대정장48, p.1043c20)에 "이것이야말로 바르게 목숨을 가짐이다. 음식을 빌어서 먹어도 부끄러이 여기지 않고, 그 과욕함에 분소와 철발로도 가난이라 여기지 않는다. 其正命也 丐食而食 而不爲恥 其寡欲也 糞衣綴鉢 而不爲貧"라고 하였다. 〔참고문헌〕『有部律』, 『緇門警訓』·권8(대정장48, p.1084a5), 『釋氏要覽』 권2(대정장54, p.279a11), *Vin.3.247.*

철발 鐵鉢 Ⓟ ayo-patta, ayo-kapāla. 철제로 만든 발우(鉢盂). 『오분율』 권26(대정장22, p.169c27)에 "그때 이름이 우가라인 바라문이 있었다. 딸 중에 한 명이 항상 백동 발우로 먹었다. 그녀는 출가한 후에도 예전에 쓰던 그릇으로 걸식하였다. 모든 거사들이 나무라며 꾸짖기를 '사문 석가모니의 제자가 동발을 쓰다니, 외도와 분별이 되지 않는다' 하였다. 모든 비구들이 아뢰자 부처님께서 말씀하셨다. '외도의 동발을 허용치 않는다. 범하면 돌길라다. 세 가지 발우 씀을 허하니 철발·와발(Ⓟ mattikā-patta : 泥鉢)·소마발이다'. 時有婆羅門 名優柯羅 有一女常用白銅鉢食 彼女出家後 猶用先器乞食 諸居士譏呵言 沙門釋子用銅鉢 與外道不可分別 諸比丘以是白佛 佛言 不聽用外道銅鉢 犯者 突吉羅 聽用三種鉢 鐵鉢 瓦鉢 蘇摩鉢", 『마하승기율』 권29(대정장22, p.461c20)에 "부처님께서 사위성에 머무실 때다. 다섯 가지 일이 이익이 되는지를 살피기 위해 여래응공정변지께서는 닷새에 한 번 모든 비구의 방을 둘러보았다. 한 비구가 손을 떠는 것을 보고서 부처님께서 짐짓 물으셨다. '비구여, 그대는 안락한가?' '세존이시여, 저는 손이 떨려 발우를 놓쳐 땅에 떨어뜨렸습니다. 깨진 발우 때문에 안락할 수 없습니다'. 부처님께서 말씀하셨다. '오늘부터 모든 비구의 철발 씀을 허한다'. 佛住舍衛城 五事利益故 如來應供正遍知 五日一行 諸比丘房 見一比丘病手 佛知而故問 比丘 汝安樂不 答言 世尊 我手病 失鉢墮地 破鉢故是以不樂 佛言 從今日後 聽諸比丘用鐵鉢", 『사분율』 권52(대정장22, p.952b20)에 "당시 병사왕이 비구들에게 철발을 보시하였는데, 비구들이 받지 않으며 말하였다. '저희들이 철발을 가져도 되는지, 아직 부처님께 청해 듣지 못했습니다'. 모든 비구가 이를 아뢰자 부처님께서 말씀하셨다. '철발 지녀도 좋다'. 時瓶沙王 布施比丘鐵鉢 比丘不受言 佛未聽我等畜鐵鉢 諸比丘白佛 佛言 聽畜鐵鉢", *Sutta-vibhaṅga*(*Vin.4*, p.243)에 "어떤 비구니라도 발우를 쌓아두는 것은 니살기바일제다. … 발우는 두 가지로 철발과 니발이다. yā pana bhikkhunī pattasannicayaṃ kareyya, nissaggiyaṃ pācittiyan ti … patto nāma dve pattā ayopatto mattikāpatto"라고 하였다. 〔참고문헌〕『五分律』, 『摩訶僧祇律』, 『四分律』, *Vin.*, *AN.4.70.* ⇨발 鉢, 발우 鉢盂, 육종발 六種鉢

철벽기선사어록 鐵壁機禪師語錄 명말 임제종(臨濟宗) 철벽혜기(鐵壁慧機 1603~1668)의 어록. 환민(幻敏) 중편(重編). 20권. 가흥장29, pp.557b11~677b20, No.B241에 수록되어 있다. 청대 절강성(浙江省) 가흥부(嘉興府) 능엄사(楞嚴寺)에서 중간(重刊)하였다. 온전한 제목은 『경충철벽기선사어록 慶忠鐵壁機禪師語錄』이다. 상당(上堂)·병불(秉拂)·보설(普說)·소참(小參)·시중(示衆)·다화(茶話)·법어(法語)·기연(機緣)·문답(問答)·편책어(鞭策語)·불사(佛事)·상찬(像讚)·자찬(自讚)·시(詩)·송(頌)·게(偈)·연방(聯芳)·가(歌)·명(銘)·송고(頌古)·잡저(雜著)·서문(書問)·청계(請啓)·행장(行狀)·탑명(塔銘)·제문(祭文) 등으로 구성되었고, 연보(年譜)가 붙어 있다. 책머리에 제자 웅여학(熊汝學)이 1642년(숭정15) 지은 「서 序」와 행홍오(行弘悟)가 지은 「서」가 있다. 형식상 광록(廣錄)이기에 삼산등래(三山燈來)가 1642년 편집하여 간행한 3권본 『철벽기선사어록』(가흥장29, No.B240)도 함께 편제하였다.

철벽은산 鐵壁銀山 철벽과 은산. 흔히 은산철벽이라 한 말을 뒤쳤다. 『허당록』 권6 「영가주상좌기감 永嘉住上座起龕」(대정장47, p.1034a10)에 "머물면 절이라 할 수 없고, 절이면 머물지 않는다. 하나는 철벽 하나는 은산, 붉게 노을진 하늘을 홀로 거닌다. 住則不寺 寺則不住 鐵壁銀山 丹霄獨步", 『설암조흠어록』 권4 「시평천리시자 示平川履侍者」(卍속장122, p.558b1)에 "도에는 남북이 없으니 넓히는 일은 사람에게 달려 있고, 일에는 어렵거나 쉬운 차이가 없으니 그 결단은 나에게 달려 있다. 옳거나 옳지 않거나 한 칼에 두 토막내면 철벽과 은산이지만, 그것마저 갈아 부셔야 한다. 이런 구덩이 저런 구멍 있어야 자유라고 할 수 있으니, 이것 벗어나 간다 해도 나는 본색의 도류라는 존재를 알지 못한다. 道無南北 弘之在人 事無難易 斷之在我 是與不是 一刀兩段 便是鐵壁銀山 也須粉碎 八穴七穿 可謂自由 外此以往 吾不知所謂 本色道流也", 『원오어록』 권7(대정장47, p.744c18)에 "저 아득해 은빛인 산 가로막힌 듯하다. 만일 그가 안목을 갖춘 자라면 여기에서 양단의 짝을 모두 비추거나 모두 막는다. 함께 살거나 함께 죽으며, 온통 밝거나 온통 어두우며, 온통 다 죽이거나 온통 다 살린다. 바로 이러할 때 어떻게 해야 주장자 끝에서 금강왕을 빼내어 철벽과 은산을 산산이 부수리? 如銀山橫路 許他是具眼底 向箇裏 雙照雙遮 同生同死 全明全暗 全殺全活 正與麽時 且作麽生 杖頭點出金剛王 鐵壁銀山百雜碎"라고 하였다. 〔참고문헌〕『虛堂錄』, 『雪巖祖欽語錄』, 『圜悟語錄』. ⇨ 은산철벽 銀山鐵壁

철봉 哲峯 고려후기 스님. 태고보우(太古普愚 1301~1382)의 문인(門人). 『태고화상어록』에 수록된 1385년(우왕11) 이색(李穡 1328~1396)의 「태고화상어록서 太古和尙語錄序」(한불전6, p.669a2)에는 "철봉은 태고문인의 영수이다. 哲峯 太古門人之領袖也"고 하였고, 문인 유창(維昌)이 쓴 태고보우행장 「이웅존자시원증행장 利雄尊者諡圓證行狀」(한불전6, p.695c11)에 "모셔 가까이 하길 아주 오래하였고, 남겨진 대사를 몸소 이끈 이는 철봉화상이다. 其服膺悠久 督身後大事者曰哲峰和尙"라고 하였다. 〔참고문헌〕『太古和尙語錄』.

철불 鐵佛 철로 주조한 불상. 문헌상으로 중국에서는 육조시대에 장륙(丈六)의 철불상이 만들어졌다고 하나 현재 남아있는 예가 없고, 12세기 이후 송대부터 원명대에 제작된 철불이 다수 전하고 있다. 우리나라의 경우는 통일신라말 고려초에 걸쳐 일시적으로 유행하였다. 대표적인 철불로는 859년경에 조성된 장흥 보림사 비로자나불좌상을 비롯하여 863년경의 철원 도피안사 비로자나불좌상과 고려전기의 광주 춘궁리 절터에서 발견된 석가불좌상, 서산 보원사지 발견의 석가불좌상 등이 있다. 철불상은 밀랍주조법(蜜蠟鑄造法)인 금동불(金銅佛)과 달리 분할주조법(分割鑄造法)으로 조성하기에 그 이음새를 가리기 위해 호분을 입혀 채색하거나 금을 입히기도 한다. 따라서 조상기(造像記)도 양각이다. 철불의 중국기원은 『태평광기 太平廣記』에 수대 개황년간에 70척 불상이 주조되어 분수(汾水) 서편 대불사(大佛寺)에 봉안되었다 하였고, 9세기 원인(圓仁)의 『입당구법순례기』에도 태원부 개원사(開元寺)에서 철제 미륵불을 보았다 하였다. 당대에서 송대를 거쳐 명청대에 이어졌는데, 당무종 폐불로 대부분 파괴되고 오대와 송 이후 작품이 남아 전한다. 이후 철 생산이 성행했던 산서성 석벽산에 위치한 천불각(天佛閣)에 천 분의 철불상을 모셨는데, 현재 70cm 크기의 225구〈그림1〉가 전한다. 우리나라에는 주로 구산선문(九山禪門) 개창기인 통일신라말에서 고려초에 집중조성되었다고 알려졌다. 연대가 가장 앞선 불상은 859년 장흥 보림사와 863년 도피안사의 철조비로자나좌상이다. 보림사철조비로자나불좌상은 보림사 주존 노사나불로서 통일신라대 발원으로 조성되었는데, 금을 입혔고 불상 오른쪽 팔뚝에 조성기가 양각되어 있다. 도피안사 철조비로자나불은 높은 철제대좌 위에 모셔진 유일한 경우이고, 전남 해남의 은적사철조비로자나불좌상은 상체만 남아 있다. 오랫동안 노천에 방치되었던 남원 실상사철불좌상은 1896년 해체수리시 철제 양손을 찾아 아미타불임이 알려졌고, 실상산문 제2대인 수철(秀澈)화상 때 조성된 것으로 본다. 이외에 1970년 국립중앙박물관에서 구입 보전하고 있는 통일신라 철불의 불두〈그림2〉가 전하는데, 부드럽고 아름다운 미소와 조형미가 발군이다. 성주사지(聖住寺址)에서 반출된 것으로 알려졌다. 이외에도 광주시 증심사 철조비로자나불좌상, 충남 청양 장곡사 약사불좌상 등이 전하며, 1910년 일본 골동품상에서 국립중앙박물관으로 옮겨진 철조비로자나불좌상〈그림3〉은 8세기에서 10세기까지 조성연대에 대한 의견이 분분하지만 가지런한 나발과 포근한 미소, 원만하고 장대하면서도 자연스러운 편단의 옷주름과 가부좌 아래로 꽃잎인듯 접힌 옷주름 등이 매우 아름답다. 〔참고문헌〕『철불』(대원사, 1995). ⇨ 보림사철조비로자나불좌상 寶林寺鐵造毘盧遮那佛坐像, 도피안사철조비로자나불좌상 到彼岸寺鐵造毘盧遮那佛坐像

〈그림1〉천불각 중국 산서성 현중사

〈그림2〉철제불두
국립중앙박물관 통일신라

〈그림3〉 철조비로자나불좌상
국립중앙박물관

철비밀지 徹祕密地 벽지불십지(辟支佛十地) 중 아홉 번째 비밀을 사무친 경지. 『대승동성경』 권하(대정장16, p.650a14)에 "벽지불지에는 십종이 있으니, 어떤 것이 그 열인가? … 아홉 번째가 철비밀지이다. 辟支佛地 有其十種 何等爲十 … 九者 徹祕密地"라고 하였다. 〔참고문헌〕『大乘同性經』, 『證契大乘經』 권하(대정장16, p.661b26). ⇨ 벽지불십지 辟支佛十地

철사찬불입 鐵蛇鑽不入 쇠뱀 뚫는다 해도 들어가진 못한다. 『오등회원』 권18 「금승문장 金繩文章」(卍속장138, p.718b7)에 "'무엇이 범할 수 없는 법령인지요?' '쇠뱀이 뚫으려 하나 들어가지 못한다'. 曰 如何是不犯之令 師曰 鐵蛇鑽不入", 『경덕전등록』 권17 「육통소전 六通紹傳」(대정장51, p.343a25)에 "처음 참할 때 용천화상에게 입실하여 종지를 받았다. 하루는 화전밭에 불 놓고 절에 돌아오자 용천이 물었다. '어디 갔다가 오는가?' '화전밭에 불 놓고 옵니다' '불 태운 다음에는 어떻게 할 텐가?' '쇠뱀이 뚫는다 해도 들어가지 못합니다'. 용천이 그 대답을 인정해주었다. 初參涌泉和尙 入室領旨 一日燒畬歸院 泉問 去什麽處來 師曰 燒畬來 泉曰 火後事作麽生 紹曰 鐵蛇鑽不入 泉許之", 『선림승보전』 권28 「법창의우전 法昌倚遇傳」(卍속장137, p.551a12)에 "'어찌하랴, 범성으로 다른 길 없음을! 방편으로는 많이도 열려 있다' '쇠뱀 뚫는다 해도 들진 못한다'. 遇曰 爭奈聖凡無異路 方便有多門 英曰 鐵蛇鑽不入", 『오등전서』 권44 「서선문련장 西禪文璉章」(卍속장141, p.2b13)에 "한결같이 이렇게 해 가면 범성의 길 끊어지고 물 한 방울 통할 길 없어, 쇠뱀이 뚫는다 한들 들지 못하리니 천리만리로 나는 새라도 건널 수는 없다네. 一向恁麽去 直得凡聖路絶 水泄不通 鐵蛇鑽不入 鐵鎚打不破 至於千里萬里 鳥飛不度", 『민수어록』 권3(가흥장39, p.481b8)에 "15일 전에는 쇠뱀이 뚫는다 해도 들지 못한다 하였고, 15일 후엔 금강역사 뛰듯 해도 벗어나지 못한다 하였고, 15일 당해서는 저 길목 막아 끊고는 범성의 한마디도 통할 수 없다 하니, 이제 무어라 해야 하나? 上堂 十五日已前 爲人鐵蛇鑽不入 十五日已後 爲人金剛跳不出 正當十五日 爲人把斷要津 不通凡聖一句 作麽生道"라고 하였다. 〔참고문헌〕『五燈會元』, 『景德傳燈錄』, 『禪林僧寶傳』, 『五燈全書』, 『敏樹語錄』. ⇨ 파주 把住

철사횡고로 鐵蛇橫古路 쇠뱀이 옛 길 가로지르다. 『속전등록』 권20 「오조법연전 五祖法演傳」(대정장51, p.604a21)에 "오조법연이 깜깜한 곳에서 말했다. '각자 한마디 해보라' 하자 불감혜근(佛鑑慧懃)은 '고운 빛의 봉황이 붉은 노을 아래 춤을 추네' 하였으며, 불안청원(佛眼淸遠)은 '쇠뱀이 옛 길 가로질러 갑니다'라고 응답하였고, 원오극근(圜悟克勤)은 '다리 아래 살펴보십시오!' 하였다. 이에 오조법연이 말했다. '우리 종 사라지게 할 자 바로 극근이로구나'. 師於暗中曰 各人下一轉語 佛鑑曰 彩鳳舞丹霄 佛眼曰 鐵蛇橫古路 佛果曰 看脚下 師曰 滅吾宗者 乃克勤爾", 『요암청욕어록』 권1(卍속장123, p.597a8)에 "법좌에 올라 주장자 잡고 말했다. '이렇게 온 사람 고운 빛의 봉황이 붉은 노을 아래 춤추고, 이렇게 오지 않은 이는 쇠뱀 옛 길 가로지른다. 설령 이렇게 해도, 이렇게 하지 못해 오고 가는 길 끊어졌더라도, 이것이야말로 저울추를 식초에 담가 상하게 하는 짓이다'. 주장자를 세우고 법좌에서 내려왔다. 上堂 拈拄杖云 與麽來者 彩鳳舞丹霄 不與麽來者 鐵蛇橫古路 直饒與麽不與麽 去來道絶 也是秤鍾蘸醋 卓拄杖 下座"라고 하였다. 〔참고문헌〕『續傳燈錄』, 『了菴淸欲語錄』.

철산 鐵山 Ⓢ āyasa-parvata, Ⓣ lcags-kyi-ri. 지옥에 있는 철로 된 산. 두 산이 늘 그 중에 지옥중생 밀치며 피흘리게 한다. 『흥기행경』 권하(대정장4, p.170b26)에 "부처님께서 사리불에게 말씀하셨다. '나는 그때 재물을 탐내 아우를 해쳤는데, 이 죄 때문에 셀 수 없는 천년 동안 지옥중에 타고 삶아졌으며, 철산으로 밀쳐졌다. 그때 남은 인연으로 이제 비록 아유삼불(阿惟三佛 Ⓢ abhisaṃbuddha : 現等覺)을 얻었으나 진실로 이 숙업 마주하는 일 면할 수 없었다'. 佛語舍利弗 我爾時貪財害弟 以是罪故 無數千歲 在地獄中燒煮 爲鐵山所搥 爾時殘緣 今雖得阿惟三佛 故不能免此宿對", 『이취육바라밀다경』 권3(대정장8, p.876b19)에 "저 지옥 있어 사면이 철산인데, 중생이 그중에 있게 해서 두 산이 서로 밀친다. 어떤 때는 남북으로 혹은 동서로 두 산이 합할 때 그중에 중생 피고름 흘러넘친다. 復有地獄 四面鐵山 衆生處中 二山相搻 或時南北 或復東西 二山合時 其中衆生 膿血流出"라고 하였다. 〔참고문헌〕『興起行經』, 『理趣六波羅蜜多經』, *Vijñ-v.4.*

철산경 鐵山瓊 남송(南宋)대 임제종(臨濟宗) 스님. 휘(諱)는 소경(紹瓊), 호는 철산. 상담(湘潭 : 湖南省) 출신. 나이 열셋에 한 스님을 따라 불법을 알게 되면서 경 읽고 예불하며 일삼아 좌선하였다. 22세(또는 18세)에 출가하였고 24세에 구족계를 받았다. 앙산(仰山)에 이르러 설암조흠(雪巖祖欽 ?~1287)을 친견하고 가르침을 받은 뒤 크게 깨달았다. 그후 여산(廬山)으로 가서 동암(東巖)에게 법을 물었는데, 『오등회원속략』 권2 「철산경장」(卍속장138, p.927b1)에 "동암이 '마음은 부처가 아니고 지혜라도 도는 아니다'라는 말 들었다. '어떻게 이해하는가?'라고 철산경에게 물었다. '훔친 물건을 끌어안고 억울하다고 부르짖습니다' '마음도 아니고 부처도 아니고 중생도 아니라 하니, 어떻게 생각하는가?' '두 눈썹 사이에서 하늘 멀리 나는 송골매가 거꾸로 튀어 나옵니다'. 擧問 心不是佛 智不是道 作麽生會 師云 抱贓叫屈 曰 不是心 不是佛 不是物 是如何 師曰 眉間逆出遼天鶻"라고 하였다. 고려 충렬왕(忠烈王)이 그 덕을 흠모한 나머지 사신을 파견하여 예폐(禮幣)를 갖추고 입국을 청하자 1304년(충렬왕30)부터 3년 동안 고려에 머물렀다. 당시 득도한 이들이 많았다. 원주(袁州) 자화사(慈化寺)로 가서 교화를 폈다. 탑은 관음각(觀音閣) 뒤에 세웠다. 〔참고문헌〕『五燈會元續略』, 『

五燈全書』 권56(卍속장141, p.219a15), 『增集續傳燈錄』 권5(卍속장142, p.849b16). ⇨ 소경 紹瓊

철산함 鐵酸饀 쇠로 빚은 소. 만두나 떡 속에 넣는 소를 철로 빚었다 하니 철준도(鐵餕餡)라고도 한다. 맛볼 수도 삼킬 수도 없어 만날 길 없는 것의 비유다. 『오가정종찬』 권2 「오조법연장 五祖法演章」(卍속장135, p.940b18)에 "소참이 있었다. '나 십여 년 바다 떠돌며 참하러 다녔는데, 여러 존숙을 뵙고 맞게 마쳤다고 자임하였다. 그런데 부산원감회하에서 차마 입도 열 수 없었고, 훗날 백운문하에서 철산함 한 개 씹어 부수고는 곧바로 백미구족함을 얻었다. 자, 말해보라. 만두일구를 어떻게 말해야 할까?' 小參有云 某十有餘年 海上參尋 見數人尊宿 自謂了當 及到浮山圓鑒會下 直是開口不得 後到白雲門下 咬破一箇鐵酸饀 直得百味具足 且道 饅子一句 作麽生道", 『여정어록』 권상(대정장48, p.125c5)에 "상당하여 말했다. '대중이여, 철산함과 금강검을 삼키고 베어 마치고는 살아 있음으로써 증험하라. 작가 이렇게 함께 들어 가져서야 불조를 뛰어넘고 불꽃 한층 더해야 하리'. 上堂 大衆 鐵酸饀金剛劍 吞了斬了 以活爲驗 作家恁麽共提持 超過佛祖增光焰"라고 하였다. [참고문헌] 『五家正宗贊』, 『如淨語錄』. ⇨ 철준도 鐵餕餡

철산횡재로 鐵山橫在路 철산 길을 막다. 오도 가도 못하게 된 사태의 비유다. 『연등회요』 권26 「덕산연밀장 德山緣密章」(卍속장136, p.867b17)에 "'크게 깨달은 사람도 허물이 있는지요?' '철산이 그 길 가로막겠지'. 云 大悟底人 還有過也無 師云 鐵山橫在路", 『법창의우어록』 「삼현송 三玄頌」(卍속장126, p.487a6)에 "제3구 : 어머니에게 받은 고쟁이 벗어던지고, 곧바로 문득 알아차리니, 철산이 가던 길 막네. 第三句 脫却孃生袴 直下便承當 鐵山橫在路", 『자수회심광록』 권4(卍속장126, p.608a2)에 "떨어질 일도 없고 어두울 것도 없어 앞뒤로 백 길이나 되는 말 있다. 터럭이라도 어긋나 있다면 저 철산이 그 길 막으리. 不落與不昧 前後百丈語 毫髮若參差 鐵山橫在路"라고 하였다. [참고문헌] 『聯燈會要』, 『法昌倚遇語錄』, 『慈受懷深廣錄』, 『從容錄』 17則 「著語」(대정장48, p.237c19).

철살라 鐵薩羅 사자국(師子國) 출신 비구니. 433년(원가10) 상인 축난제(竺難提)의 배를 타고 다른 비구니 10인과 함께 유송(劉宋)의 건강(建康 : 江蘇省 南京市)에 들어왔다. 마침 이부승수계(二部僧授戒)를 하려 해도 비구니중을 갖추지 못해 어려움 있었다. 이에 철살라 비구니무리를 청해 남림사(南林寺)에 계단(戒壇)을 설치하고 승가발마(僧伽跋摩)를 전계사(傳戒師)로 청하여 비구니 대중 수백 명이 여법하게 구족계를 받게 되었다. 비구니중이 구족계를 받으려면 앞서 계를 구족히 받고 십증사(十證師)를 갖춘 비구니대중에게서 갈마를 마친 후에야 다시 비구승가로 옮겨 가서 계를 받는다. 이를 중수구계(重受具戒) 또는 이부승수계라고 한다. 『양고승전』 권3 「승가발마전 僧伽跋摩傳」(대정장50, p.342b19)에 전한다. "애초에 삼장법사(求那跋摩)는 계품에 밝았고, 장차 영복사의 비구니 혜과 등에게 거듭 구족계를 받게 하려고 하였으나, 당시 이부중(比丘比丘尼二部衆)이 갖추어지지 않은 채였고 삼장은 입적하였다. 뜻하지 않게 사자국 비구니 철살라 등이 수도에 와 있었고, 대중은 바로 공히 승가발마를 전계사로 청하여 삼장의 법도에 따라 계를 잇게 하였다. 初三藏法師 明於戒品 將爲影福寺尼慧果等 重受具戒 是時二衆未備 而三藏遷化 俄而師子國比丘尼 鐵薩羅等至都 衆乃共請跋摩爲師 繼軌三藏"라고 하였다. [참고문헌] 『梁高僧傳』, 『比丘尼傳』 권2(대정장50, p.941a20), 『新修科分六學僧傳』 권2(卍속장133, p.451b3). ⇨ 이부승수계 二部僧授戒, 사자국 師子國, 승가발마 僧伽跋摩, 수계 受戒

철선 鐵船 1791~1858. 조선후기 해남 대흥사(大興寺) 스님 혜즙(惠楫)의 법호. ⇨ 혜즙 惠楫

철선당혜즙대사비 鐵船堂惠楫大師碑 조선후기 해남 대흥사(大興寺) 철선혜즙(鐵船惠楫 1791~1858)의 행장을 새겨 넣은 비. 전라남도 해남군 삼산면 구림리 대흥사에 있는데, 남병철(南秉哲 1817~1863)이 비문을 지어 1876년(고종13)에 세웠다. [참고문헌] 『大芚寺誌』(亞細亞文化社, 1980) pp.308~311, 智冠 『韓國高僧碑文總集 朝鮮朝·近現代』 pp.700~701. ⇨ 혜즙 惠楫

철선소초 鐵船小艸 조선후기 스님 철선혜집(鐵船惠楫 1791~1858)의 시집. 필사본 1권 1책. 한불전10, pp.885c2~893a14에 전한다. 필사본은 부산 금정산 미륵사(彌勒寺)에 소장되어 있으며, 복사본 2종이 동국대학교 도서관에 있다. 혜집은 서산계 소요문파의 후예로, 두륜산 대둔사(大芚寺·大興寺) 성일(性一)에게 출가한 뒤, 대둔사 12강사 중 마지막 강백인 아암혜장(兒庵惠藏 1772~1811)의 제자 수룡색성(袖龍賾性 1777~1806)에게 법을 받았다. 74수의 시를 시체 구별 없이 오언절구와 칠언절구, 오언율시와 칠언율시, 오언고시 순서로 수록하였는데, 칠언율시가 가장 많다. 「산에 살다. 山居」 2수와 「산에 살면서 이것저것 읊다. 山居雜詠」 2수 등 산중에 머무는 수행자의 심경을 읊었으며, 고려말 태고보우(太古普愚 1301~1382)가 법을 이은 원 석옥청공(石屋淸珙 1272~1352)의 「산거시」를 차운한 「석옥화상 한거음 삼가 차운하다. 謹次石屋和尙閒居韻」이 전한다. 초의의순(草衣意恂 1786~186

6)에게 쓴 「또 초의화상에게 주다. 又贈艸衣和尙」 등 스님들과 교유한 시도 많고, 김정희(金正喜 1786~1856)가 제주 유배에서 풀려날 때 쓴 시 「김추사 제주에서 풀려나다. 金秋史自濟州宥還」와, 정약용 아들인 정학연(丁學淵 1783~1859)·정학유(丁學游 1786~1855)의 「유산과 운포와 초의에게 화답하다. 和酉山耘逋草衣」, 정약용 제자인 황상(黃裳 1788~1863)의 「황치원의 일속산방을 술회하고는 차운하여 드린다. 述懷次呈黃巵園一粟山房」 등 여러 문사와 교유한 시도 전한다. 권두에는 1875년(고종12)에 쓴 백파거사(白坡居士) 신헌구(申獻求 1823~?)의 서문이 실려 있다.

철선수상부 鐵船水上浮 철선 물 위로 뜨다. 철선 물위에 뜨는 일이 지금은 상식이지만 그때는 격 밖(格外)의 일이었다. 『방거사어록』(卍속장120, p.61a15)에 "원화년간(806~820)에 방거사가 북쪽 양한에서 놀며 곳곳에 머물렀는데, 딸 영조가 항상 대조리를 팔아 조석으로 공양하였다. 이에 방거사가 게송 한 수를 지었다. '마음 여하니 경계 또한 그러해서 실도 없고 허도 없어라. 있어도 상관없고 없어도 얽매이지 않노라. 성현은 아니지만 일 마친 범부일새. 쉽고도 쉽구나! 그대로 오온에 진지 있거늘 시방세계 한 수레로 함께 하니 모양없는 법신에 어찌 둘이 있겠는가! 만일 번뇌 버려 보리에 든다고 하면 어느 곳이 부처땅인지 알 수 없으리라. 온전히 살려고 하면 반드시 죽여야 하고, 죽여 다해야 비로소 편안하게 살 것이다. 이 속의 뜻을 알아차리면 철선이라도 물 위에 뜨리라'. 元和中 居士北遊襄漢 隨處而居 有女靈照 常鬻竹漉籬 以供朝夕 士有偈曰 心如境亦如 無實亦無虛 有亦不管 無亦不拘 不是賢聖 了事凡夫 易復易 即此五蘊有眞智 十方世界一乘同 無相法身豈有二 若捨煩惱入菩提 不知何方有佛地 護生須是殺 殺盡始安居 會得箇中意 鐵船水上浮", 『검관자익어록』(卍속장122, p.92a3)에 "개에게 불성이 없다고 하니, 철선은 물 위로 뜨고, 바람 따라 돛 걸기도 전에, 이미 동정호 지났다네. 狗子佛性無 鐵舡水上浮 順風帆未掛 已過洞庭湖", 『서암요혜어록』 권상(卍속장122, p.346b5)에 "철선 떴다. 두루 모든 사람에게 권한다. 각각 발 씻고 배에 올라타, 함께 여래의 대원각 바다로 들어가세. 바람에 돛 달고 거침없이 나아가세. 날이 길든 짧든 말해 무엇하랴. 노도 삿대도 없고 생각 붙잡을 일도 놓을 일도 없이 하여, 일 없이 뱃전 두드리며 한 곡조 노래할 뿐이네. 鐵船浮也 普請諸人 各各洗脚上船 同入如來大圓覺海 風帆快便 說甚長期短期 櫓棹不施 亦無得念失念 無事扣舷歌一曲"라고 하였다. 〔참고문헌〕『龐居士語錄』, 『劍關子益語錄』, 『西巖了慧語錄』. ⇨ 방거사 龐居士

철섭 鐵鍱 ❶ 쇠로 만든 판. 『출요경』 권22(대정장4, p.726c28)에 "니건자(尼揵子 Ⓢ Nirgrantha)들은 스스로 존귀하다 여겨 철판으로 배를 감싸고 세상을 돌아다녔다. 尼揵子等 自稱爲尊 以鐵鍱腹 跨行世間", 『삼마갈경』(대정장2, p.843b3)에 "난국왕은 항상 교만하여 스스로 지혜는 겨룰 자가 없다 여겨 철판으로 그 배를 감쌌으니, 지혜가 배에서 빠져나갈 것을 항상 두려워했기 때문이다. 難國王 常喜貢高 自謂智慧無雙 以鐵鍱其腹 常恐智慧從腹橫出"라고 하였다. 〔참고문헌〕『出曜經』, 『三摩竭經』. ❷ ➡철섭림대지옥 鐵鍱林大地獄

철섭림대지옥 鐵鍱林大地獄 Ⓟ mahantaṃ asipatta vanam. 쇠로 된 나뭇잎이 가득 우거진 지옥. 『중아함경』 권12 「천사경 天使經」(대정장1, p.505a25)에 "저 철첩림대지옥은 사방에서 뜨거운 바람 분다. 바람 불면 철섭이 바로 떨어지고, 철섭이 떨어질 때 손발 끊어지며 … 혹은 귀를 베이거나 코를 베이며 … 미쳐서는 나머지 사지도 몸도 베어 피투성이 된다. … 또 저 철섭림대지옥에 사는 매우 커다란 개는 이빨이 매우 긴데, 저 중생들을 잡아 … 머리부터 발까지 껍질을 벗겨 먹는다. … 다시 저 철섭림대지옥에 사는 커다란 까마귀는 머리 둘이고 쇠부리를 가져 중생들 이마에 앉아 산채로 눈 뽑아 먹고 부리로 머리뼈 부수고 골 쪼아 먹는다. 저 중생들은 이렇게 핍박받으며 무량백천세월 동안 극한의 고통을 받지만 마침내 죽지도 못하니, 악하고 불선한 업이 다하기를 기다릴 뿐이다. 彼鐵鍱林大地獄中 四方則有大熱風來 熱風來已 鐵鍱便落 鐵鍱落時 截手截足 … 截耳截鼻 …及餘支節 截身血塗 … 復次 彼鐵鍱林大地獄中 生極大狗 牙齒極長 擘彼衆生 … 從頭剝皮 至足便食 … 彼鐵鍱林大地獄中 生大烏鳥 兩頭鐵喙 住衆生額 生挑眼吞 啄破頭骨 取腦而食 彼衆生等 如是逼迫 無量百千歲 受極重苦 終不得死 要令彼惡不善業盡"라고 하였다. 상응하는 맛지마니카야 제130경 *Devadūta-sutta*(*MN. 3*, pp.178~187)이 있다. 〔참고문헌〕『中阿含經』, *MN.3.185.* ⇨ 지옥 地獄

철섭처지옥 鐵鍱處地獄 십육소지옥(十六小地獄) 중 한 곳. 『정법염처경』 권15(대정장17, p.89b7)에 "다시 다른 곳이 있으니 철섭처라고 하는데, 이곳은 그 지옥의 열다섯 번째 장소이다. 중생은 어떤 업으로 그곳에 태어나는가? … 어떤 사람이 가볍게 여기고 속이려는 나쁜 마음으로, 흉년에 비구들을 청하여 말한다. '올해 저희 집에서 하안거를 지내십시오. 약이나 기타 필요한 것은 제가 다 공급하겠습니다. 조금도 걱정하지 마시고 다른 생각을 하지 마십시오'. … 이윽고 비구들이 하안거를 지내러 가니, 그 나쁜 마음을 먹은 사람은 아무것도 주지 않고 가라고 내쫓았다. … 그는 이런 악업의 인연으로 몸이 무너지고 목숨이 다하면 악처에 떨어지는데, 저

지옥에서 철섭처에 태어나 커다란 고통을 받는다. 고통이란 어떤 것인가? 앞에서 말한 바와 같은 활·흑승 등의 칠대지옥에서 받는 고통이다. 그 모든 고통을 여기에서 다 받는데, 백 배 더 심하다. 復有異處 名鐵鍱處 是彼地獄 第十五處 衆生何業 生於彼處 … 有人輕心誑心惡意 於儉時世 請喚比丘 作如是言 於此年中 我家夏坐 病藥所須 我皆供給 一切勿憂 莫生異意 彼諸比丘 心皆生信 … 既赴夏坐 彼惡心人 一切不與 驅令使去 … 彼人以是惡業因緣 身壞命終 墮於惡處 在彼地獄 生鐵鍱處 受大苦惱 所謂苦者 如前所說 活黑繩等 七大地獄 所受苦惱 彼一切苦 此中具受 百倍更重"라고 하였다. [참고문헌]『正法念處經』. ⇨ 십육소지옥 十六小地獄

철성 鐵城 Ⓢ ayaḥ-prākāra. 쇠로 만든 성(城). 지옥을 일컫는다.『중아함경』권34「상인구재경 商人求財經」(대정장1, p.642c2)에 "저 염부주에 지혜로운 상인 있어 남쪽으로 가다가 문득 동쪽 길가에 커다란 철성 보았다. 자세히 둘러보아도 문이 없었으니 고양이마저 드나들 수 없었다. 저 염부주 지혜로운 어떤 상인은 철성의 북쪽에 있는 커다란 숲을 보고, 곧 그곳으로 가서 천천히 나무에 오른다. 彼閻浮洲一智慧商人 進行南已 忽見東邊有大鐵城 見已遍觀 不見其門 乃至可容猫子出處 彼閻浮洲一智慧商人 見鐵城北有大叢樹 卽往至彼 大叢樹所 安徐緣上",『철성니리경』(대정장1, p.828a18)에 "사람들이 멀리서 철성을 보고 모두 기뻐하며 큰 소리로 만세를 부르니, 염라왕이 듣고서 곧 니리(泥犁 Ⓢ niraya : 地獄)의 방졸에게 물었다. '이것이 무슨 소리인가?' 방졸이 답하였다. '이 환호성은 전에 이 지옥을 거쳐 간 이들의 소리입니다'. 염라왕이 말했다. '이들은 다 부모에게 효도하지 않고, 하늘을 두려워하지 않았으며, 제왕을 두려워하지 않고, 사문과 도인을 섬기지 않았으며, 금계를 두려워하지 않았던 이들이다'. … '사람으로 태어나 세상에 있을 때, 지은 그 죄가 작고 가벼워도 죽어서 땅 밑의 지옥에 가면 크고 무거우니, 사문과 도인을 만나 그 도를 받들어 섬겨 아라한이 되면 모든 지옥길은 다 닫히리라'. 人遙見鐵城 皆歡喜大呼稱萬歲 閻羅聞之 卽問泥犁旁 是何等聲 旁卽言 是呼聲者 是前過泥犁中者 閻羅言 是皆不孝父母 不畏天 不畏帝王 不承事沙門道人 不畏禁戒者 … 人生在世間時 罪過小且輕 死在地下泥犁大且重 得沙門道人 當承事其道 當得阿羅漢者 諸泥犁道皆爲閉塞"라고 하였다. [참고문헌]『中阿含經』,『鐵城泥犁經』, *Abh-k-bh.163.*, *Jā.2.130.* ⇨ 지옥 地獄

철성니리경 鐵城泥犁經 동진(東晉)대 담무란(曇無蘭 Ⓢ Dharmarakṣa) 한역. 1권. 고려장19, pp.550a1~552a15, No.684 · 대정장1, pp.826c23~828b7, No.42에 수록되어 있다. 이 경은 아쇼카왕이 파견한 전법사(傳法師)가 소지하고 있던 경으로 알려졌기에 그 원형은 기원전 3세기까지 거슬러 올라갈 수 있다. 부처님께서 중생들의 모든 업과 그 과를 환히 알고 계심을 밝혀 설하셨다. 곧 선업을 행하면 하늘에 나고 악업을 지으면 염라왕이 다스리는 세계로 간다. 그곳에서 염라대왕은 죄인에게 다섯 천사(天使)를 이미 보내어 삶의 무상(無常)함을 깨우치게 해서 선업 쌓을 것을 권하였는데 이를 보지 못하였느냐고 힐책한다. 여기에서 다섯 가지 천사란 태어나는 고통 받는 모습(生), 늙어서 고통 받는 모습, 병들어 고통 받는 모습, 죽어서 불에 태워지고 승냥이에게 먹히며 썩어가는 모습, 왕법(王法)에 의해 온갖 고초를 겪는 모습이다. 이어 죄인은 지옥에 보내지고 지옥의 여러 가지 모습을 설한다. 본경은 사문출유(四門出遊)의 배경이 된 것으로 추정하기도 한다.『중아함경』제64「천사경 天使經」(*Devadūta-sutta*, *MN.3*, pp.178~187)에 상당하며, 이 법문을 함께 하는 경으로는『염라왕오천사자경 閻羅王五天使者經』·『증일아함경 增壹阿含經』「선취품 善聚品」의 제4경과 팔리경전 앙굿타라니카야 티카니파타(*Tika-nipāta*) 제35경 *Devadūta*(*AN.1*, pp.138~142) 등이 있다.

철송 掇送 매듭지어 보내다. 송사(送死)·송종(送終). 송원(宋元)대에는 단송(斷送)이라 하였다.『조당집』권9「낙포원안장 落浦元安章」(대장경보편25, p.473a1)에 "낙포가 돌아갈 날을 맞아서 말했다. '노승이 여러분에게 물을 일 하나 있다. 이것 그대로 옳다면 머리에 머리를 얹는 일이고, 이것 그대로 옳지 않다면 머리 베이고는 살 길 찾는 격이다'. 제1좌가 말했다. '청산은 다리 들어올릴 일 없고, 태양 아래서는 등불 돋울 일 없습니다'. 낙포가 할해서 말했다. '내 집에서는 상대할 사람이 없구나. 대중 가운데 새로 온 달사 있는가? 있다면 나와서 노승과 더불어 매듭지어 보내주오'. 師臨遷化時云 老僧有事問諸人若道這個是 頭上更安頭 若道這個不是 斫頭更覓活 第一座云 青山不擧足 日下不挑燈 師便喝出 我這裏無人對 衆中還有 新來達士 出來與老僧掇送"라고 하였다. [참고문헌]『祖堂集』. ⇨ 단송 斷送

철수 鐵樹 쇠로 된 나무. 지옥의 나무이기도 하다.『정법염처경』권7「지옥품 地獄品」(대정장17, p.35c13)에 "저 지옥에 쇠나무 있고 나무에 쇠까마귀 앉아 있다. 까마귀 몸 불 붙은 채로 저 나무에 가득하다. 彼有鐵樹 樹有鐵烏 烏身炎然 滿彼樹上",『대승유식론』(대정장31, p.71b26)에 "쇠나무 숲 중에 쇠나무에 붙은 가시 아래로 또는 위로 찌를 듯 하다. 鐵樹林中 鐵樹利刺 或低或竪",『원오어록』권8(대정장47, p.748a20)에 "오월 단오에 법좌에 올라 말했다. '쇠나무 더벅머리하고 돌소 울부짖으며, 불타는 구름은 하늘에 닿아 만 길로 뻗었으며, 금까마귀는 큰 광명 두루 비춘다'. 五月旦日 上堂云 鐵樹鬅鬆 石牛哮吼 火雲亘天長萬丈 金烏普照大光明", 『소은대흔어록』 권2(卍속장121, p.220a18)에 "돌소 하늘가 달 향해 길게 울고, 쇠나무 거듭 피어나 겁 밖에 봄이로다. 石牛長吼天邊月 鐵樹重開刦外春"라고 하였다. 〔참고문헌〕『正法念處經』, 『大乘唯識論』, 『圜悟語錄』, 『笑隱大訢語錄』. ⇨ 철마 鐵馬

철수개화 鐵樹開花 쇠로 된 나무 꽃 피우다. 『허당집』 90칙 「시중 示衆」(卍속장124, p.606a16)에 "언 강물에서 불꽃 일고, 쇠나무에선 꽃이 핀다. 조화의 기 좇은 일 없는데 어찌 음양의 갈무리 중에 있겠는가! 혼돈 나뉘지 않았을 때 반드시 살펴보아야 하리. 冰河發焰 鐵樹開花 非從造化之機 豈在陰陽之轂 向混沌未分之際 試定省看", 『벽암록』 40칙 「수시 垂示」(대정장48, p.177c29)에 "쉬고 또 쉬어야 하리! 쇠나무에서 꽃 피리라. 있는가, 있기는 있는가? 영리한 사람 잘리고 끊긴다. 설령 일곱 번 뛰어 오르고 여덟 번 가로지르더라도 누군가 코 꿰는 일 면치 못하리. 말해 보라! 효와는 어디에 있을까? 休去歇去 鐵樹開花 有麼有麼 黠兒落節 直饒七縱八橫 不免穿他鼻孔 且道 誵訛在什麽處", 『속전등록』 권31 「혹암사체전 或庵師體傳」(대정장51, p.682c6)에 "(임종게) 쇠나무 꽃 피고, 수탉은 알 낳는다. 일흔두 해나 되어서 요람 끈 끊는다. 鐵樹開華 雄雞生卵 七十二年 搖籃繩斷"라고 하였다. 〔참고문헌〕『虛堂集』, 『碧巖錄』, 『續傳燈錄』. ⇨ 철수 鐵樹

철시 徹視 ❶ 사무쳐 보다. 『대보적경』 권49(대정장11, p.287a21)에 "사리자야, 이 보살이 얻은 천안은 극히 선하고 명랑하여 사무쳐 보고 드러내 나툰다. 있는 바 색상들 크고 작음, 크든 적든, 승하든 열하든, 멀던 가깝던 이와 같이 모든 경계 모두 눈앞에 있게 해서 다 능히 밝게 볼 수 있다. 또 사리자야, 보살마하살은 이런 눈에 의지하기에 일체 가려진 색상들도 보살의 눈을 지나면 사무쳐 보아 밝게 빛나니 어떤 장애도 없다. 舍利子 由是菩薩 所獲天眼 極善明朗 徹視顯現 所有色相 若麤若細 若勝若劣 若遠若近 如是諸境 皆對目前 悉能明見 又舍利子 菩薩摩訶薩 由是眼故 一切有障 諸色像等 經菩薩眼 徹視明朗 皆無障礙", 『수진천자경』 권2(대정장15, p.103c18)에 "현자 아나율이 다시 묻기를 '어떤 것을 보살이 천안으로 사무쳐 본다 하는가?' 문수사리가 답하였다. '아나율이여, 보살은 시방의 모든 색을 다 비추어 보아 마쳤으니 색에 물든 이가 있으면 드러내 보여주되, 일체법에 모두 집착할 것이 없음을 나타내 보여 주어서 자취를 찾아 벗어날 수 있게 하는데, 이것이 보살이 천안으로 사무쳐 본다 함이다'. 賢者阿那律復問 云何菩薩得天眼徹視 答言 唯阿那律 菩薩於十方諸色 悉照見已 有色習者 而爲示現 於一切法 悉示現無所著 令尋跡而得出 是爲菩薩天眼徹視視"라고 하였다. 〔참고문헌〕『大寶積經』, 『須眞天子經』. ⇨ 천안 天眼 ❷ 가람 수호신. 『법원주림』 권39(대정장53, p.592c26)에 "『칠불경』에서 말하였다 '승가람을 보호하는 신으로 열여덟 신이 있다. … 열입곱째 신은 철시라고 한다'. 七佛經云 護僧伽藍神 斯有十八神 … 十七 名徹視"라고 하였다. 〔참고문헌〕『法苑珠林』. ❸ 『대애경』의 열여덟 번째 품명(品名). 〔참고문헌〕『大哀經』 권5(대정장13, p.431c7).

철심명 徹心明 오상성신(五相成身) 중 하나로 통달보리심(通達菩提心)의 진언(眞言). 『연화부의궤』(대정장18, p.302a18)에 "제불께서 함께 말씀하셨다. '마음은 헤아리기 어려우니 심진언을 주리라. 곧 철심명을 염송하여 마음을 달처럼 관하고 가벼운 안개 속에 있듯이 이치대로 자세하게 관찰하라'. 諸佛咸告言 心相難可測 授與心眞言 卽誦徹心明 觀心如月輪 若於輕霧中 如理諦觀察"라고 하였다. 〔참고문헌〕『蓮華部儀軌』. ⇨ 오상성신관 五相成身觀, 통달보리심 通達菩提心

철아 鐵啞 1899~1964. 불교학자, 독립운동가, 정치가. 호는 범산(梵山), 동국대학교 제4대 총장을 역임한 김법린(金法麟)의 필명(筆名)이다. ⇨ 김법린 金法麟

철안 鐵眼 쇠로 된 눈. 뛰어난 안목을 빗댄 말. 동정(銅睛)과 함께 쓰기도 한다. 『대혜어록』 권11 「시상운의장로 示祥雲懿長老」(대정장47, p.857c25)에 "납승 주장자만을 빼앗을 뿐, 당하에 기량은 없네. 할 아래에서 철안 번쩍 뜨고, 곧바로 천봉정상에 오른다. 奪却衲僧拄杖 當下便無伎倆 喝下鐵眼忽開 直據千峯頂上"라고 하였다. 〔참고문헌〕『大慧語錄』, 『圜悟語錄』 권6(대정장47, p.741a15). ⇨ 철안동정 鐵眼銅睛

철안동정 鐵眼銅睛 쇠로 된 눈에 구리 눈동자. 『오등회원』 권19 「상방일익장 上方日益章」(卍속장138, p.737b8)에 "개당일에 상수가 백추 마치자 상방이 말했다. '백추 전에 관했다면 하나도 이루지 못할 것이고, 백추 후에 관했다면 둘 다 아니게 된다. 이 궁지에서는 쇠로 된 눈에 구리 눈동자일지라도 가루가 되도록 부수어야 한다'. 開堂日 上首白槌罷 師曰 白槌前觀 一叉不成 白槌後觀 二叉不是 到這裏 任是鐵眼銅睛 也須百雜碎", 『벽암록』 1칙 「평창 評唱」(대정장48, p.141a18)에 "설령 쇠로 된 눈에 구리 눈동자일지라도 뒤져 찾을 수 없다. 이 안에서 정식인들 헤아릴 수 있겠는가? 直饒鐵眼銅睛 也摸索不著 到這裏 以情識卜度得麽", 『묘담혜화상어』(속고존숙어요2, 卍속장118, p.937b7)에 "저 사자왕 자재하여 두려움 없이 한 소리로 크게 내니 여우 떼거리

자취 감추듯 한다. 마침내 주장자를 가로잡고 말했다. '때로는 가로잡고 외로운 저 정상에 거침없이 차지하니 쇠눈에 구리 눈동자 감히 엿보지 못한다. 如師子王 自在無畏 哮吼一聲 羣狐屛跡 遂橫按拄杖云 有時橫按孤峯頂 鐵眼銅睛不敢窺", 『수암연선사어』(속고존숙어요5, 卍속장119, p.96a18)에 "(芭蕉拄杖子에 대한 송) 독사 거꾸로 잡은 채로 옛 길 가로지르고, 호랑이 등에 타고 삼대 위에서 춤춘다. 가져오고 놓아가길 셀 수 없이 하니 쇠로 된 눈에 구리 눈동자 산채로 묻히리라. 倒握毒蛇橫古路 背騎猛虎舞三臺 收來放去無多子 鐵眼銅睛被活埋"라고 하였다. 〔참고문헌〕『五燈會元』, 『碧巖錄』, 『妙湛慧和尙語』, 『誰菴演禪師語』.

철암 哲庵 경상북도 영주시 단산면 소백산(小白山)에 있던 암자. 이황(李滉 1501~1570)의 『퇴계집』 권41 「유소백산록 遊小白山錄」에 "이 날은 철암과 명경암을 거쳐 석륜사에서 묵었는데, 철암이 가장 소쇄하였다. 是日 歷哲庵明鏡 宿于石崙寺 哲庵最爲瀟灑"라고 하였다. 권정침(權正忱 1710~1767)의 『평암집』 권6 「소백유록 小白遊錄」, 김진동(金鎭東 1727~1800)의 『소암집』 권3 「유소백산록 遊小白山錄」, 이야순(李野淳 1755~1831)의 『광뢰집』 권2 「유소백산〈십팔수〉 遊小白山〈十八首〉」, 성해응(成海應 1760~1839)의 『연경재전집』 권51 「기영남산수 記嶺南山水」 등 문사들 문집에 널리 전한다. 〔참고문헌〕『退溪集』(韓國文集叢刊30, p.427a2), 『平庵集』, 『素庵集』, 『廣瀨集』, 『硏經齋全集』, 『韓國寺刹全書』 권하 p.1095b18.

철오 徹悟 ❶ 사무쳐 깨우치다. 남김없이 알게 되다. 『중관론소』 권2(대정장42, p.31b27)에 "하나에서 바르게 볼 줄 알게 되면 일체 불법을 속속들이 깨닫게 된다. 이 때문에 석가모니불께서도 화엄성 안의 네거리 입구에서 연등불을 친견하고 불생이라는 하나를 깨닫고 일체불법을 빠짐없이 갖추었던 것이다. 令得一正觀 卽徹悟一切佛法 故釋迦於華嚴城內 四衢道頭 見燃燈佛 悟一不生 卽是具足一切佛法", 『금강경법안주소』 권하(卍속장92, p.691a17)에 "여래법신을 사무쳐 깨달으면 모든 상 단박에 벗어날 것이니, 소리와 색의 경계에서는 불법신을 볼 수 없다. 그런 까닭에 종문의 법안은 그 언저리 일이 아니라 하니 이 어찌 헛되고 그릇된 말이겠는가! 徹悟如來法身 頓離諸相 不可以聲色境上 而見佛法身也 所謂宗門法眼 非是色邊際事 豈虛謬語耶", 『원오어록』 권12(대정장47, p.768c4)에 "산승은 다음 날 헤아려 견줄 것 없는 곳에서 멋대로 이 말 저 말 해 본들 점점 더 어떤 일도 없게 될 뿐이었다. 나중에 사무쳐 깨우쳐서는 실로 알고 실로 쓰니 마치 밝은 거울 마주한 듯하고 밝은 구슬 손에 쥔 듯해서 대자재 얻었다. 山僧明日便於無計校處 胡道亂道 轉沒交涉 後來徹悟 實見實用 如明鏡當臺 明珠在掌 得大自在", 『선관책진』 「천목중봉본선사시중 天目中峯本禪師示衆」(대정장48, p.1102a9)에 "열 번을 나든 백 번을 나든 만약 사무쳐 깨우치지 못한 즉 결정코 쉴 수 없으리. 이 정인 있어야만 일대사 밝히 알지 못할까 근심하지 않게 된다. 十生百生 若不徹悟 決定不休 有此正因 不患大事之不了明也", 『선림보훈순주』 권1(卍속장113, p.451b8)에 "오직 크게 사무쳐야 하리. 만약 크게 사무쳐 깨우친 이라면 신도 뜻도 조화하고 기와 식도 고르고 용모 공손하고 색상 단정해 아름다우리라. 惟求大徹 若大徹悟的人 則神志調和 氣息恬靜 容貌恭謹 色相端莊"라고 하였다. 〔참고문헌〕『中觀論疏』, 『金剛經法眼註疏』, 『圜悟語錄』, 『禪關策進』, 『禪林寶訓順硃』. ❷ ➡ 제성 際醒

철오요삼 綴五饒三 다섯 점 펠 줄 알고 석 점 보태다. 바둑에서 오목(五目)과 석 점 보태고 시작하는 놀이를 말한다. 진실을 깨우침에는 그 어떤 방편도 예외가 없기에 쉽고 하찮은 것 있다 여겨서도 안 되지만 석 점 자비도 잊어서는 안 된다는 바둑을 인연한 법문이다. 『오등회원』 권12 「부산법원장 浮山法遠章」(卍속장138, p.433a17)에 "문충공 구양수(歐陽脩)가 법원선사의 범속을 넘어선 뛰어난 면모를 소문으로 알고 그 방장에 이르렀지만 남다른 점은 볼 수 없었다. 그곳에서 손님과 바둑을 두고 있는데 선사는 그 곁에 앉아 구경하고 있었다. 문충공이 마침내 대국을 거두고 바둑을 소재로 법을 설해 달라고 청하였다. 선사가 북을 울려 대중 모으고 법좌에 올랐다. '이 일(본분사)을 말하자면 마치 두 사람 바둑을 두는 것과 비슷하다. 무슨 말인가? 적수는 상대가 품은 생각을 잘 알기에 대결해 양보하지 않는다. 설령 오목과 석 점 접바둑일지라도 승부를 결정짓는 한 길에는 통해야 하거늘 저 한 류의 사람들 다만 헤아려 문닫아 걸고 살 길 찾을 줄만 알았지 귀 빼앗고 부딪혀 꾸리고 굳게 끊고 크게 여는 등 가지런히 드러낼 줄 모르고 상황 끝나서야 한갓되이 여유 부려 간섭한다. … 말해 보라! 흑돌과 백돌이 나누기 전에 한 수 어디에 두어야 할까?' 침묵하다가 말했다. '종래도 바둑판 19로로 얼마나 많은 사람들 헤메고 깨우쳤는가?' 문충공이 찬탄하며 조용히 동료에게 말했다. '오래전부터 선사들은 허탄하다고 의심해왔소. 하지만 오늘 이 노승의 기연을 보아하니 얻은 바 짓는 바 심지 깨우쳐 밝지 않음이 없으니 어찌 이다지도 미묘한 뜻을 지닐 수 있겠습니까!' 歐陽文忠公 聞師奇逸 造其室 未有以異之 與客碁 師坐其旁 文忠遽收局 請因碁說法 師卽令撾鼓陞座 曰 若論此事 如兩家著碁相似 何謂也 敵手知音 當機不讓 若是綴五饒三 又通一路始得 有一般底 祇解閉門作活 不會奪角衝關 硬節與虎口齊彰 局破後徒勞綽斡 … 且道 黑白未分時 一著

落在甚麽處 良久曰 從來十九路 迷悟幾多人 文忠嘉歎 從容謂同僚曰 脩初疑禪語爲虛誕 今日見此老機緣 所得所造非悟明於心地 安能有此妙旨哉", 『우산어록』 권3(가흥장40, p.535c22)에 "'솜씨 좋고 가려볼 줄 아는 고수라면 훌쩍 넘어 곧바로 행하겠지만, 오목이나 석 점 접바둑을 두는 하수라면 어떻게 보임해야 합니까?' '누가 모자라단 말이냐?' '신령한 단약(丹藥) 한 알이면 쇠에 점을 찍어 금이 되고, 지극한 이치 한 마디로 범을 뒤쳐 성인 된다 말해야 하리.' '말해 보라! 나의 능력에 달렸는가, 수좌분상에 달렸는가?' '만일 오르지 않고서 어찌 분명한 종지를 알았겠습니까?' 進云 手親眼辨底 逵得便行 綴五饒三底 如何保任 師云 阿誰欠少 進云 可謂靈丹一粒 點鐵成金 至理一言 轉凡成聖 師云 且道 在堂頭分上 在首座分上 進云 若不上來 焉知端的"라고 하였다. 〔참고문헌〕『五燈會元』, 『雨山語錄』.

철요 鐵鷂 조선후기 안변 석왕사(釋王寺) 스님. 휘는 사문(師文), 호는 철요 또는 단파(檀波). ⇨사문 師文

철우 綴盂 ➡철발 綴鉢

철우 鐵牛 ❶무쇠소. 분별 일으킬 일 없어 무심(無心)하지만 그 어떤 것에도 물러날 일 없어 온갖 속박에서 자유로운 것의 비유다. 하남성(河南省) 섬부성(陝府城) 밖에 있었던 대철우(大鐵牛)로서 황하의 범람을 막기 위한 수호신으로 우왕(禹王)이 조성하였다. 『굉지광록』 권7(대정장48, p.80b1)에 "청산이 빼어남을 다투고 백운은 끝 간 데 없이 흩어진다. 이런 중에 목동은 집으로 돌아갔는지 돌아가지 못했는지, 무쇠소 한 번 당겨 금줄 끊는다. 靑山崢嶸 白雲零亂 裏許牧童歸未歸 鐵牛一掣金繩斷", 『방거사어록』(卍속장120, p.78b6)에 "다만 저절로 만물에 마음 없이 하면, 만물 언제나 둘러싼들 무슨 방해가 되랴! 무쇠소는 사자 울음 두려울 일 없고 장승이 꽃새 본 듯하리라. 但自無心於萬物 何妨萬物常圍遶 鐵牛不怕師子吼 恰似木人見花鳥"라고 하였다. 〔참고문헌〕『宏智廣錄』, 『龐居士語錄』. ⇨섬부관철우 陝府灌鐵牛, 섬부철우 陝府鐵牛, 무각철우 無角鐵牛, 문자상철우 蚊子上鐵牛, 철우기 鐵牛機 ❷지옥의 무쇠소. 『불명경』 권24(대정장14, p.282a10)에 "그 지옥에서는 무쇠소 밭 갈 때 불꽃도 인다. 其地獄中 有鐵牛犂地 火焰俱起"라고 하였다. 〔참고문헌〕『佛名經』, 『治禪病祕要法』 권상(대정장15, p.336b20). ❸?~1846. 조선후기 해남 대흥사(大興寺) 스님. 휘는 표운(表云) 또는 표운(表雲). 철우는 호이다. ⇨표운 表云 ❹1628~1700. 일본 황벽종 스님. 이와미(石見 : 島根縣) 출신. 법명은 도기(道機)이며, 자목자(自牧子)라고도 한다. 11세에 용봉사(龍峰寺)의 제종(提宗)을 모셨고 15세에 출가하여 구족계를 받고 혜각(慧覺)이라 불렸다. 후에 교토로 가 묘심사(妙心寺)·동선사(東禪寺)·법운사(法雲寺) 등에 출입하였고 이어 나가사키로 가서 숭복사(崇福寺)로 은원(隱元)을 찾아뵈었으며 다시 목암성도(木菴性瑫)를 찾아가 상견하고 이름을 철우도기(鐵牛道機)로 바꾼 뒤 그의 인가를 받았다. 생전에 소태사(紹太寺)·서성사(瑞聖寺)·홍복사(弘福寺)·서림사(瑞臨寺)·대년사(大年寺)·복취사(福聚寺)·정주사(淨住寺)를 비롯한 60여 사원을 개창하였으며, 은원과 목암을 도와 황벽산의 중홍에 힘썼고 법제(法弟)인 철안(鐵眼)의 장경개판(藏經開版)에도 가담하였다. 1678년(연보6)에는 시모우사(下總 : 千葉縣)의 츠바키누마(椿沼) 개간에 힘써 새로 8만 석을 얻는 성과를 얻었다. 1700년(원록13) 8월에 세수 73, 법랍 59세를 일기로 입적하였다. 대자보응국사(大慈普應國師)라는 시호가 내려졌으며, 저서에 『철우선사어록 鐵牛禪師語錄』 6권·『칠회어록 七會語錄』 15권·『자목적고 自牧摘稿』 15권이 있다.

철우기 鐵牛機 무쇠소 기틀. 천성(千聖)이 전한 일 없어 늘 새롭고, 잡아 둘 곳 없어 하늘 아래 우뚝하며, 번개 치는 틈에나 언뜻 만나서 종적조차 찾을 길 없는 것의 빌린 이름이다. 조사의 마음 쓰는 일(祖師心印)에 견준다. 『보봉어록』(고존숙어록45, 卍속장118, p.763b11)에 "일 있어 말한다. 조사심인 무쇠소 움직이듯 한다. 곧바로 칼끝 맞서 시비 가린다. 번갯불 거두기 전 천둥치는 그때 누군가 만났다면 그대 바로 장부이리라. 因事祖師心印鐵牛機 直要當鋒決是非 掣電未收轟霹靂 相逢誰是丈夫兒", 『원오어록』 권3(대정장47, p.725c13)에 "이런 까닭에 말한다. 향상하는 한 길 천성이 전한 적 없다. 배우는 이들 애쓰는 모습 저 물속 그림자 잡으려는 원숭이인 듯하네. 이곳에 이르러서 생각도 끊고 보이는 것도 끊고 움직임도 끊으며, 비추지도 말고 쓰지도 말게. 방편도 버리고 실마져 모른 채 하고서는 곧바로 저 하늘 끝 닿은 긴 칼인 듯 늠름하게 신인듯 위세 떨치고 저 무쇠소 움직이듯 해서 둥지엘랑 머물지 말아야 하네. 오늘 다행히도 눈 밝은 이 마주했으니, 감히 덮어 감출 일 없게 되었으니 활짝 열어 치고 가야 하리. 所以道 向上一路 千聖不傳 學者勞形 如猿捉影 到這裏 理絶事絶行絶 照絶用絶 權絶實絶 直似倚天長劍 凜凜神威 如鐵牛之機 羅籠不住 今日幸對 明眼人前 不敢被蓋囊藏 八字打開去也", 같은 책 권5(대정장47, p.733c26)에 "'조사의 마음 쓰는 그 모양새 무쇠소 움직이듯 하니, 가버린즉 찍혀 머물고 머물러 모양 보인즉 찍은 물건 부서져 버린다. 다만 저 콧구멍 없는 납승은 무엇으로 찍어야 하는지요?' '문득 그대뿐이겠지' '천하조사의 콧구멍은 모두 화상의 한 꿰미에 다 꿰어 버렸으니 화상의 콧구멍은 누구에게 꿰였는지요?' '나를 비방하지 마라'. 進

云 祖師心印 狀似鐵牛之機 去卽印住 住卽印破 只如無鼻孔衲僧 作麽生印 師云 便是闍黎 進云 天下祖師鼻孔 盡被和尙一串穿却 未審和尙鼻孔 被什麽人穿 師云 莫謗佛果好", 『굉지광록』 권3(대정장48, p.32a20)에 "만일 본색을 터득한 사람이라면 조사심인 들어 무쇠소 기틀 굴리고 주장자 부여잡고 일시에 뚫어 버려야 납승의 수단 볼 수 있으리라. 若是本色漢 提祖師印 轉鐵牛機 把拄杖一時穿却 方見衲僧手段", 『횡천행공어록』 권하 「시연시자 示然侍者」(卍속장123, p.404a1)에 "법으로 법을 전하니 사자 울음이고, 마음으로 마음을 전하니 무쇠소의 기틀일세. 시방세계 그 어디에 길 없다지만, 두렷이 깨우쳐 막힘없는 그곳에는 길도 있고 돌아갈 수도 있다네. 以法傳法獅子吼 以心傳心鐵牛機 十方世界無行路 圓覺空中有路歸", 『정원약집』 권16 「향림벽운보선사 香林碧雲寶禪師」(卍속장145, p.480a11)에 "조사가 마음 드리우든 무쇠소 움직이든 진흙에 찍고 물에 찍듯 하는 일이니 온통 다 된 일이다. 그 밖에 저 향상이다 향하다 하고 말후니 최초니 하지만 이 무슨 뜨거운 사발 물 끓는 소리란 말인가. 오늘 산승은 끝내 곧은 것 적어 굽게 하지는 않으리라. 다행히 그대들 낱낱이 눈썹 가로이고 코는 곧으시다. 비록 이렇기는 하지만 비비상천에 진실의 터를 밟아본 이 몇이나 되는가? 祖師印鐵牛機 印泥印水總全非 其他向上向下 末後最初 是甚熱碗鳴聲 今日山僧 終不拗直作曲 幸爾諸人 箇箇眉橫鼻直 雖然如是 非非想天 有幾人脚踏實地"라고 하였다. [참고문헌] 『寶峰語錄』, 『圜悟語錄』, 『宏智廣錄』, 『橫川行珙語錄』, 『正源略集』. ⇨ 철우 鐵牛 [1], 인파 印破

철운 鐵雲 1906~1989. 시인이며 대한불교관음종 종정(宗正)을 역임한 종현(宗玄)의 법호. ⇨ 종현 宗玄

철위결집 鐵圍結集 철위산에서 결집하다. 문수(文殊)와 미륵 등 대보살이 아난과 함께 철위산에서 대승경들을 결집한 전설이다. 『대반열반경의기』 권1(대정장37, p.613b1)에 "부처님께서 열반에 드신 후에 가섭과 아난은 왕사성에서 삼장을 결집하여 성문장을 남겼으며, 문수와 아난은 철위산에 대승경을 모아 보살장을 삼았다. 佛滅度後 迦葉阿難 於王舍城 結集三藏 爲聲聞藏 文殊阿難 於鐵圍山 集摩訶衍經 爲菩薩藏", 『법원주림』 권12(대정장53, p.373a15)에 "이 중에서 결집한 것을 널리 밝히면 모두 네 번이다. 첫째는 『대지도론』과 『금강선론』에 의지했으니, 여래께서 이 철위산 밖에 계시면서 문수사리와 시방의 부처님과 함께 대승법장을 결집하셨다. … 첫 번째 대승결집부제일이라 하였다. 『대지도론』과 『금강선론』에 의지해 말하는 것으로, 문수사리가 결집 중에 밝히길 여래께서는 이 세계 밖에 계셨으나 타방세계에는 가시지 않았으며, 시방의 모든 부처님들이 다 구름처럼 모여 설법하시고 또 경의 이름도 말씀하셨다. 문수사리는 그 뒤에 결집할 때 모든 보살과 대아라한을 불렀는데 무량무변하였다. 그들 각각이 '이 경 내가 부처님에게서 들었다'라고 하였으니, 수보리는 '『금강반야경』은 내가 부처님께 들었다'고 하였으며, 모든 경을 마땅히 제자들이 동시에 들었으면, 모두 '내가 부처님께 직접 들었다'고 할 수 있다. 그러므로 아난에 국한되지 않음을 알 수 있다. 그러나 아난은 모든 경을 두루 다 들었고, 다른 제자는 들은 그 경에만 국한되었다. 또 『열반경』에 의하면 부처님의 설법에 이미 삼승이 있고, 법을 전하는 사람에게도 세 가지 이름이 있다. 첫째는 아난다이니, 환희라고 한역하는데 소승법장을 지닌 이다. 둘째는 아난다발다이니, 환희현이라 한역하고 중승법장을 지닌 이다. 셋째는 아난다사가라이니, 환희해라 한역하고 대승법장을 지닌 이다. 이름은 세 가지로 다르지만 그 몸은 오직 하나이니 『유마경』에서 설하길, 사리불이 천녀에게 묻기를 '너는 삼승에서 무엇을 구하고자 하느냐?' 천녀가 답하길 '만일 소승법으로 교화하면 나는 성문이 될 것이고, 중승법으로 교화하면 나는 연각이 될 것이며, 대승법으로 교화하면 나는 보살이 될 것이다'. 그러므로 아난은 대소승을 다 지녔음을 알 수 있다. 이 셋 중에 앞의 두 사람은 직접 듣고 전한 사람이다. 그러므로 제2·제3 등 결집에서는 아난이 자리에 올랐다 하였고, 『대지도론』의 게송으로 말하자면 '부처님께서 처음 설법하실 때에는 듣지도 보지도 못하였으나, 이와 같이 차츰차츰 듣게 되었다. 부처님께서 바라나에 계실 때에는 다섯 비구들을 위해 말씀하셨으니, 사제의 법륜이었다'. 此中廣明結集 具有四時 第一 依智度金剛仙二論 如來在此鐵圍山外 共文殊師利 及十方佛 結集大乘法藏 … 大乘結集部第一 依大智度論金剛仙論云 文殊師利結集中明 如來在此世界之外 不至他方世界 十方諸佛 並皆雲集 說法亦名話經 文殊後結集 召諸菩薩 及大羅漢 無量無邊 各言某經 我從佛聞 須菩提言 金剛般若我從佛聞 諸經當部 各有弟子 同時聞者 並云我親從佛聞 故知不局阿難 然阿難 則遍聞諸經 餘之弟子 則偏局當部 又依涅槃經 大聖說法 旣有三乘 傳法人還有三名 一 名阿難陀 此云歡喜 謂持小乘法藏 二 名阿難陀跋陀 此云歡喜賢 謂持中乘法藏 三 名阿難陀娑伽羅 此云歡喜海 謂持大乘法藏 三名雖異 據體唯一 故維摩經云 舍利弗問天女曰 汝於三乘 當何志求 天曰 若以小乘法化 我作聲聞 若以中乘法化 我作緣覺 若以大乘法化 我作菩薩 故知阿難通持大小乘人 此三人中 前二人者 有親聞傳聞 故下結集中 阿難昇座 依智度論說偈云 佛初說法時 爾時不聞見 如是展轉聞 佛游波羅柰 爲五比丘說 四諦之法輪"라고 하였다. [참고문헌] 『大般涅槃經義記』, 『法苑珠林』. ⇨ 대승결집 大乘結集, 보살장 菩薩藏, 결집 結集

철위산 鐵圍山 Ⓢ Cakravāḍa-parvata, Ⓟ Cakkavāḷa-pabbata, Ⓣ 'khor-yug. 구산팔해(九山八海) 그 끝을 둘러싼 산. 수미산(須彌山)을 둘러싸고 있는 구산팔해 중 가장 바깥에 위치하며 철로 이루어진 산. 사가파라(娑迦婆羅)라고 음사하며, 철륜위산(鐵輪圍山)·윤위산(輪圍山)·금강산(金剛山)·금강위산(金剛圍山)이라고도 한다. 『기세경』 권2(대정장1, p.320b24)에 "비구들이여! 사대주에 팔만소주와 나머지 모든 대산과 수미산왕 밖에 따로 산 하나가 있는데 작가라라 한다〈전대의 구역에서는 철위산이라고 하였다〉. 높이는 680만유순이고, 세로와 너비도 680만유순이며, 빽빽하고 견고하며 금강으로 이루어져 가히 파괴하기 어렵다. 비구들이여! 이 철위산 밖에 다시 대철위산 둘러 있는데 높고 넓고 반듯하고 앞의 거리와 같다. 諸比丘 於四大洲 八萬小洲 諸餘大山及須彌山王之外 別有一山 名斫迦羅〈前代舊譯云鐵圍山〉 高六百八十萬由旬 縱廣亦六百八十萬由旬 彌密牢固 金剛所成 難可破壞 諸比丘 此鐵圍外 復有一重大鐵圍山 高廣正等 如前由旬", 『입세아비담론』 권2(대정장32, p.181b24)에 "함해 밖에 산이 있는데 철위산이라고 한다. 물에 잠긴 부분은 312유순 반이고, 물 밖의 부분도 또한 이와 같다. 너비 역시 이와 같다. 둘레는 36억 1만350유순이다. 니민다산(Ⓢ Nimindhara-giri, Nemindhara-giri) 가장자리부터 철위산 가장자리까지는 3억6만3천288유순이고, 니민다해 가장자리부터 철위산 가장자리까지는 3억6만2천663유순이며, 염부제 남쪽 가장자리부터 철위산까지는 3억6만663유순이다. 鹹海外有山 名曰鐵圍 入水三百十二由旬半 出水亦然 廣亦如是 周迴三十六億一萬三百五十由旬 從尼民陀山際 取鐵圍山際 三億六萬三千二百八十八由旬 從尼民陀海際 取鐵圍山際 三億六萬二千六百六十三由旬 從剡浮提南際 取鐵圍山 三億六萬六百六十三由旬"라고 하였다. 〔참고문헌〕『起世經』, 『立世阿毘曇論』, *Vikī-n.4.*, *Abh-k-bh.160.*, *Ap.585.* ⇨ 구산팔해 九山八海, 대철위산 大鐵圍山, 금강산 金剛山[1], 윤위산 輪圍山

철유 喆侑 1851~1918. 조선후기 함경남도 안변 설봉산(雪峰山) 석왕사(釋王寺) 스님. 호는 석옹(石翁), 속성은 김씨. 불화와 산수화에 뛰어났다. 서울 정릉 경국사 감로탱(甘露幀)의 화기에 따르면 증명에 보운긍엽(寶雲亘葉)·보응인혜(普應潾穗)·등운수은(騰雲修隱), 화사(畵師)에 훈산죽연(薰山竹衍)·석옹철유(石翁喆侑)·금운순민(錦雲詢玟)·돈조(頓照)라 하였고, 간기에 1887년(광서13)이라 하였으니 이 감로탱은 철유가 37세 때 그린 셈이다. 석정(石鼎)의 말에 의하면, 철유는 안변 석왕사 스님인데 입적할 때 유언하기를 내가 죽거든 집을 팔아서 그 대금의 반(半)은 석왕사 중수비용에 헌납하라고 했다고 전한다. 18세기 말 우리나라 불화단에 있어 인물(人物)에는 보응(普應)·그림에는 훈산(薰山)·다름다리에는 석옹철유(石翁喆侑)를 꼽고 있다. 조선조 영조(재위 1724~1776) 때에는 상겸(尙謙)·유성(有誠)·계백거사(季伯居士) 등이 유명하였고, 근세에 이르러서는 석왕사의 김석옹(金石翁)·갑사의 김보응(金普應)·마곡사의 이정연(李定淵)·해인사의 지송파(池松坡)·송광사의 김일섭(金日燮) 등의 뛰어난 화가들이 성보제작을 위해 활동하였다. 〔참고문헌〕李智冠『伽倻山海印寺誌』 p.1204.

철자림 鐵刺林 Ⓢ Ayaḥ-śālmalī-vana, Ⓣ lcags-kyi-śal-ma-li-nags. 쇠로 된 가시나무 숲. 팔염화지옥 중 하나인 철자림지옥을 말하며, 철수림(鐵樹林)·철겸마리림(鐵鉆摩利林)라고도 한다. 『구사론』 권11(대정장29, p.58c4 : *Abh-k-bh.*, p.164)에 "셋째는 철자림이다. 즉 이 숲은 날카로운 쇠가시나무가 있어 그 길이 열여섯 마디다. 유정이 핍박을 당하니, 오르내리며 뾰족한 가시에 찔리고, 철취조마저 유정의 눈과 심장과 간을 다투어 먹는다. 三 鐵刺林 謂此林上 有利鐵刺 長十六指 有情被逼 上下樹時 其刺銛鋒 下上鑱刺 有鐵觜鳥 探啄有情 眼睛心肝 爭競而食 ayaḥśālmalīvanaṃ tīkṣṇaṣoḍśāṅgulakaṇṭakam. teṣāṃ sattvānāmabhirohatāṃ kaṇṭakā avāṅmukhībhavantaḥ kāyaṃ bhindanti avataratāṃ cordhvībhavantaḥ. ayastuṇḍāśca vāyasā akṣīṇyutpāṭyotpāṭya bhakṣayanti"라고 하였다. 〔참고문헌〕『俱舍論』, *Abh-k-bh.*, *Vijñ-v.5.*

철자림지옥 鐵刺林地獄 팔염화지옥(八炎火地獄) 중 하나로 쇠가시나무 숲이다. 『대지도론』 권16(대정장25, p.177a23)에 "만일 사음을 범하여 남의 부녀를 해하고 탐하고 즐기면, 이러한 갖가지 인연으로 '철자림지옥'에 떨어진다. 철자림의 가시나무 높이는 1유순인데, 위에는 커다란 독사가 미녀의 몸으로 변해서 죄인을 부르며 '올라와서 함께 즐깁시다'라 하고, 옥졸은 그를 몰아 위로 오르게 한다. 가시가 모두 아래로 향하여 죄인을 찌르는데, 몸이 가시에 찔려 골수를 꿰뚫는다. 마침내 나무 꼭대기에 오르면, 미녀는 다시 독사로 변하여 죄인의 머리를 가르고 뱃속으로 들어가서 곳곳에 구멍을 내어 모두 다 짓뭉갠다. 잠깐 사이에 다시 살아나서 몸이 전과 같이 회복되는데, 변화한 미녀는 다시 나무 밑에서 이 죄인을 부르고, 옥졸은 활을 위로 쏘면서 내려오라고 하니, 가시가 다시 위로 향해 찌른다. 마침내 땅에 이르면 여자는 다시 독사로 변하여 죄인의 몸마저 망가뜨린다. 若犯邪婬 侵他婦女 貪受樂觸 如是等種種因緣 墮鐵刺林地獄中 刺樹高一由旬 上有大毒蛇 化作美女身 喚此罪人 上來共汝作樂 獄卒驅之令上 刺皆下向 貫刺罪人 身被刺害 入骨徹髓 既至林上 化女還復蛇身 破頭入

腹 處處穿穴 皆悉破爛 忽復還活 身體平復 化女復在樹下喚之 獄卒以箭仰射 呼之令下 刺復仰刺 旣得到地 化女身復毒蛇 破罪人身"라고 하였다. [참고문헌] 『大智度論』. ⇨ 팔염화지옥 八炎火地獄, 철자림 鐵刺林

철적도취 鐵笛倒吹 일본 강호(江戶)시대 공안집. 조동종 스님 현루오룡(玄樓奧龍 1720~1813)이 1783(천명3)에 찬집. 2권. 『벽암록』을 본떠 공안 100칙을 모아 평창(評唱)과 송고(頌古)를 더했다. 상권은 문수입문(文殊入門)부터 의충승좌(義忠陞座)에 이르는 50칙, 하권은 보복불전(保福佛殿)부터 위산방장(潙山方丈)에 이르는 50칙을 각각 수록하고 있다. ⇨ 오룡 奧龍

철전지기 掣電之機 번개 치듯 할 뿐인 마음. 『벽암록』 37칙 「수시 垂示」(대정장48, p.175a7)에 "번개 치듯 할 뿐인 것이 한갖되고 우두커니 생각한다. 하늘에서 벼락이 쳐도 귀 막고 못 듣는 채 한다. 掣電之機 徒勞佇思 當空霹靂 掩耳難諧", 『금산퇴암도기선사어』(속고존숙어요6, 卍속장119, p.153b10)에 "두 노장 마주친 진실을 알고자 하는가? 검은 용 여의주를 굴리고, 송골매 토끼를 좇는다. 백장은 걸터앉아 있을 뿐이고, 황벽은 우러러보기만 하였다. 우러러보지 마라. 번개 치듯 할 뿐이니 가지런히 모두가 손놓아 잡을 것 없게 되었다. 要會二老相見處麽 驪龍翫珠 蒼鷹逐兎 百丈踞坐 黃檗慕顧 休慕顧 掣電之機齊罔措"라고 하였다. [참고문헌] 『碧巖錄』, 『金山退菴道奇禪師語』.

철정지옥 鐵釘地獄 쇠못이 온몸에 박히는 과보를 받는 지옥. 『장아함경』 권19 「세기경 世記經」(대정장1, p.122a20)에 "똥오줌 넘쳐나는 지옥에서 오랫동안 고통받고 나면 그 지옥 벗어나서 두려움에 떨며 도망쳐 스스로 구호하려 하지만 철정지옥에 이르고 만다. 이르러 옥졸이 그를 때려 뜨거운 철판에 넘어뜨리고, 그 몸 눕혀 놓고 손·발·심장·온몸 등 곳곳에 오백 개의 못을 박는다. 괴로움에 온몸이 부서지는 듯하고 신음하며 소리 지르지만 남은 죄가 다하지 못해 여전히 죽지도 못한다. 於沸屎地獄久受苦已 出沸屎地獄 慞惶馳走 求自救護 到鐵釘地獄 到已 獄卒撲之令墮 偃熱鐵上 舒展其身 以釘釘手釘足釘心 周遍身體盡五百釘 苦毒辛酸 號咷呻吟 餘罪未畢 猶復不死"라고 하였다. [참고문헌] 『長阿含經』, 『法苑珠林』 권7(대정장53, p.323a29).

철주 徹肘 팔을 거두다. 중도에 그친다는 뜻이다. 『선원청규』 권7 「존숙주지 尊宿住持」(卍속장111, p.916a9)에 "삼가 중도에 그치지는 마라. 愼無徹肘"라고 하였다. [참고문헌] 『禪苑淸規』.

철준도 鐵餕餡 쇠로 빚은 만두. 맛볼 수도 삼킬 수도 없는 분별(分別)의 경계에서는 어떻게 할 수 없는 것의 비유다. 철산함(鐵酸餡)으로도 쓴다. 『동림운문송고』(고존숙어록47, 卍속장118, p.820b13)에 "소양(雲門文偃)의 비춰 밝은 그 한 마디, 무쇠로 빚어낸 만두인 듯 곧바로 씹어 부순다〈이!〉. 속인다고 이상하게 여기지 마라. 韶陽一鑒 生鐵餕餡 直下咬破〈咦〉 莫怪相賺", 『송원숭악어록』 권상(卍속장121, p.592b15)에 "금강 울타리를 뚫고, 쇠 만두를 아작아작 씹는다. 일단 배부르고 나면 수없이 굶주렸던 지난 날 다 잊는다. 그제서야 비로소 속이지 않았음을 안다. 透得金剛圈 細嚼鐵餕餡 一飽忘百飢 始信不相賺", 『요당유일어록』 권4(卍속장123, p.962a1)에 "묘선인이 요청하여 지은 송 : 어찌 깊은 것 말하고 묘한 것 설할 필요 있으랴! 은밀하게 줄 일도 몸소 전할 일도 없다네. 한 덩이 쇠로 빚은 만두 하나, 바스러지게 씹고서 온갖 맛 비로소 알게 되리라. 妙禪人求 何用談玄幷說妙 亦無密授與親傳 渾崙一箇鐵餕餡 細嚼方知百味全", 『벽암록』 7칙 「본칙 本則」(대정장48, p.147a26)에 "학인이 법안에게 물었다〈무슨 말이냐? 목칼을 쓰고 죄상 건네는구나〉. '혜초가 화상께 물었다. 「무엇이 부처입니까?」〈무슨 말이냐? 눈동자가 튀어나오겠다〉라고 물어보라 했습니다'. 법안이 말했다. '그대가 바로 혜초이니라〈본보기 좇아 나온 듯하니 쇠만두마저 빼앗겼다〉'. 僧問法眼〈道什麽 檐枷過狀〉 慧超咨和尙 如何是佛〈道什麽 眼睛突出〉 法眼云 汝是慧超〈依模脫出 鐵餕餡 就身打劫〉"라고 하였다. [참고문헌] 『東林雲門頌古』, 『松源崇嶽語錄』, 『了堂惟一語錄』, 『碧巖錄』. ⇨ 철산함 鐵酸䭔

철질려 鐵蒺藜 ❶ 가시 돋힌 쇠질려. 바닷가 모래밭에 나는 약초로 만생(蔓生)이며 과실에는 삼각의 뾰족한 가시가 붙어 있다. 손대기 어렵고 잡으려면 다칠 뿐인 것의 비유다. 『벽암록』 12칙 「본칙 本則」(대정장48, p.152c19)에 "학인이 동산에게 물었다. '부처란 무엇인지요?〈쇠질려다. 천하 납승들 뛰어보았자 벗어나지 못한다〉'. 僧問洞山 如何是佛〈鐵蒺藜 天下衲僧跳不出〉", 『희수소담광록』 권7 「위장상좌쇄감 爲璋上坐鎖龕」(卍속장122, p.328a7)에 "쇠질려 이 사람아, 얼굴 앞에 던져졌구나! 생사의 관문 부수고도 조짐조차 남기지 않았다니. 천하기는 규장과 같고 귀하기는 티끌과 같으니, 그 한 덩이 쪼개어 부수면 어지러이 흩어지리라. 鐵蒺藜兒 面門拋擲 碎死生關無朕迹 賤似圭璋貴似塵 渾崙擘破成狼籍"라고 하였다. [참고문헌] 『碧巖錄』, 『希叟紹曇廣錄』. ❷ 명대 별전도경(別傳道經) 지음. 원현(元賢)·원황(元晃) 등 엮음. 1권. 1625년(보영2) 간행. 온전한 제명은 『여산별전선사철질려 廬山別傳禪師鐵蒺藜』이다. 『벽암록』 100칙의 본문을 제시하고 각각에 송을 붙인 형태이다.

철찰 鐵札 명부(冥府)에서 쓰는 철로 만든 장부. 죄인의 악업을 기록한다. 선업은 금찰(金札)에 적는다. 『금강정유가최승비밀성불수구즉득신변가지성취다라니의궤』(대정장20, p.647b19)에 "염라왕이 제석에게 말했다. '이 죄인은 어떤 지옥에 떨어지며, 죄의 경중은 어떠합니까?' '이 사람의 죄는 셀 수 없어, 수로는 헤아릴 수 없습니다. 선금찰에 어떤 선업도 없고 악철찰에는 다 헤아릴 수 없으니, 속히 아비지옥으로 보냄이 옳습니다'. 閻羅王白帝釋言 此罪人賜何地獄 罪輕重何 帝釋告白 是人罪不可量 算數不可計 善金札無一善 惡鐵札不可盡計 速阿鼻地獄可送遣"라고 하였다. [참고문헌] 『金剛頂瑜伽最勝祕密成佛隨求卽得神變加持成就陀羅尼儀軌』.

철철 惙惙 ❶ 매우 근심스러워 함. 『불소행찬』 권2(대정장4, p.15c21 : *Buddh-c.*, p.90)에 "말을 마치고는 마음이 미란하여, 울거나 허튼 소리를 하며, 멍하니 바라보면서 생각에 빠지고, 흐느껴 울면서 어쩔 줄 모르며, 근심에 겨워 숨이 끊어질 지경에 이르러, 진흙 속에 누웠다네. 言已心迷亂 或哭或狂言 或瞪視沈思 哽咽不自勝 惙惙氣殆盡 臥於塵土中 itīha devī patiśokamūrchitā ruroda dadhyau vilalāpa cāsakṛt, svabhāvadhīrāpi hi sā satī śucā dhṛtiṃ na sasmāra cakāra no hriyam"라고 하였다. [참고문헌] 『佛所行讚』, *Buddh-c.* ❷ 사람 몸 속에 사는 벌레 중 하나. 『정법염처경』 권65(대정장17, p.385a13)에 "수행하는 사람은 내신을 돌아가며 관하여, 열 종류의 벌레가 있어 근중에 다니는데 모든 사람의 몸에서 생긴다. 어떤 것이 그 열 가지인가? … 둘째 철철충이다. … 다시 수행하는 사람은 내신을 차례대로 관한다. 그는 문혜나 혹은 천안으로 철철충을 본다. 사람의 몸에 살면서 음중에서 행하는데 온몸중에 아무런 장애 없이 돌아다니면서 음황으로 몸을 덮는다. 이 벌레가 뼛속에 들어가면 사람의 온몸을 매우 뜨겁게 하고, 살 속을 다니면 밤낮으로 늘 열이 나 손발이 뜨거우며, 피부 속으로 들어가면 몸에서 땀이 난다. 철철충을 관하고 나서야 여실하게 몸을 안다. 修行者 內身循身觀 觀十種蟲 行於根中 一切人身 皆從中生 何等爲十 … 二 名惙惙蟲 … 復次 修行者 內身循身觀 彼以聞慧或以天眼 見惙惙蟲 住在人身 行於陰中 一切身中 行無障礙 陰黃覆身 如此蟲者 若入骨中 令人身體 皆大蒸熱 若行肉中 晝夜常熱 手足皆熱 若入皮裏 身則汗出 觀惙惙蟲已 如實知身", 같은 책 권67(대정장17, p.397a21)에 "(이 벌레들은) 피 속에 생기며, 그 모양은 짧고 둥글며 발이 없고 미세하며 눈이 없고, 사람의 몸을 가렵게 하고 고달프게 움직이는데, 그 벌레의 맛은 짜다. 生於血中 其形短促 團圓無足 微細無眼 能作身痒 惙惙而動 其蟲味鹹"라고 하였다. [참고문헌] 『正法念處經』, 『法苑珠林』 권67(대정장53, p.795b24).

철청 徹聽 사무쳐 듣다. 남김없이 듣다. 천이통(天耳通)을 의미한다. 『범망육십이견경』(대정장1, p.264b5)에 "부처님께서는 사무쳐 들으시고 멀리서도 들으신다. 비구들이 이 일을 함께 논의하자 문득 일어나 강당으로 가셨다. 佛徹聽遙聞 諸比丘共議說是事 佛便起往至講堂", 『대보적경』 권49(대정장11, p.288a4)에 "보살마하살은 하늘귀 바탕으로 사무쳐 듣는 힘 있기에 모두 능히 드러내 듣는다. 菩薩摩訶薩 以天耳性徹聽之力 悉能現聞", 2권본 『나선비구경』 권상(대정장32, p.695a20)에 "스스로 아라한도를 성취하니 날아다니면서 다 듣고 다 본다. 自成得羅漢道 能飛行徹視徹聽", 『법원주림』 권23(대정장53, p.458c28)에 "'어떤 인연으로 천이를 얻어 사무쳐 듣습니까?' … '절 앞에서 기쁜 마음으로 음악을 연주한 연고로 천이를 얻어 사무쳐 듣는다'. 何因緣得天耳徹聽 … 由喜持伎樂於佛寺前 是故得天耳徹聽"라고 하였다. [참고문헌] 『梵網六十二見經』, 『大寶積經』, 『那先比丘經』, 『法苑珠林』. ⇨ 천이통 天耳通

철취조 鐵嘴鳥 Ⓢ ayas-tuṇḍa vāyasa, Ⓣ kha-lcags-kyi-mchu-can. 쇠부리를 가진 새. 『대비바사론』 권172(대정장27, p.866c24)에 "나락가(Ⓢ naraka : 地獄)에는 발 없는 것이 있으니 양구타충(針口蟲) 등과 같은 것이고, 발이 둘인 것이 있으니 철취조 등이다. 㮈落迦中 有無足者 如孃矩吒虫等 有二足者 如鐵嘴鳥等", 『순정리론』 권31(대정장29, p.516c29)에 "끝으로 철자림이다 … 철취조가 있어 유정의 눈알과 심장과 간을 다투어 쪼아 먹는다. 後鐵刺林 … 有鐵嘴鳥 探啄有情 眼睛心肝 爭競而食"라고 하였다. [참고문헌] 『大毘婆沙論』, 『順正理論』, *Abh-k-bh.164.*

철취충 鐵嘴蟲 아비지옥(阿鼻地獄)에 있는 독충. 『수십선계경』(대정장24, p.1025a26)에 "여섯째, 살생의 업으로 철망지옥에 나는데 … 그곳에는 쇳물이 가득 끓고 그 위에 철망이 있으며, 낱낱 그물 사이에는 철취충들이 무량무변하여 정수리로 들어가서 골수를 뚫고서는 발을 가르고 나오는데, 하루 낮 하루 밤에 팔만사천 번 났다가 팔만사천 번 죽는다. 살생의 업은 그 사정이 이와 같다. 六者 殺生之業 生鐵網地獄 … 滿中鐵湯 鐵網在上 一一網間 鐵嘴諸蟲 無量無邊 從頂上入 貫骨徹髓 劈足而出 一日一夜 八萬四千生 八萬四千死 殺生之業 其事如是", 『대지도론』 권16(대정장25, p.176b24)에 "아비지옥을 보니 … 철취독충이 있는데, 코로 들어가서 발밑으로 나오고, 발밑으로 들어가서 입으로 나온다. 見阿鼻地獄 … 有鐵嘴毒虫 從鼻中入脚底出 從足下入口中出"라고 하였다. [참고문헌] 『受十善戒經』, 『大智度論』. ⇨ 아비지옥 阿鼻地獄, 지옥 地獄

철탑상승 鐵塔相承 철탑으로 서로 전하다. 대일여래(大日如來)의 설법을 금강살타(金剛薩埵)가 결집(結集)하여 남인도의 철탑 안에 모셔 두었다가 용수보살(龍樹菩薩)에게 이어 전한 일. 『대일경소초』 권1(대정장60, p.2a27)에 "『대일경』을 탑 안과 탑 밖에서 서로 전한 일은동사일가인 진언종의 뜻이다. 양부 모두 대일여래·금강살타·용맹보살·용지보살 등으로 서로 전했다. 용맹보살이 밀교를 전한 일은 남천축의 철탑에 들어가 상승했고, 이외에 용맹보살이 밀종을 상승한 일은 보이지 않는다. 이에 양부의 대경은 모두 철탑 안에서 이어 전했다. 大日經塔內塔外相傳事 東寺一家意 兩部共大日金薩龍猛龍智等相傳之 龍猛菩薩傳密教事 入南天鐵塔相承之 此外 龍猛菩薩密宗相承事不見 仍兩部大經共塔內相承也", 『보리심론견문』 권1(대정장70, p.35a28)에 "다만 진언종의 동사에서 이를 회통하여 말하기를 '양부가 모두 철탑상승이고 용지에게 보였다. 이때 태장밀교를 선무외에게 전하여 삼매인 정의 제자 삼았고, 금강계 밀교는 금강지에게 전하여 지혜의 제자로 삼았다. 불공삼장은 두 스승에게 태장밀교와 금강계 밀교를 받아서 혜과에게 전했다. 但東寺會之云 兩部共鐵塔相承 示龍智時以胎授 善無畏爲定弟子 以金界授金剛智爲慧弟子 爰不空三藏受兩師胎金 授惠果也"라고 하였다. 〔참고문헌〕『大日經疏鈔』, 『菩提心論見聞』.

철학 哲學 1740~1801. 조선후기 삼각산(三角山) 승가사(僧伽寺) 스님. 호는 성월(城月), 속성은 강(姜)씨. 본관은 진양(晋陽), 아버지의 휘는 순필(順弼). 어머니 김해김씨(金海金氏)부인이 태양이 품 안으로 들어오는 태몽을 꾼 후 1740년(영조16)에 태어났다. 14세 때 성원(星源)을 은사로 하여 스님이 되었고, 허준(虛俊)을 계사로 하여 비구계를 받았으며, 지리산에서 영오(映悟)의 법을 전해 받았으니 청허휴정(淸虛休靜)의 9세이며, 환성지안(喚惺志安)의 5세 법손이다. 1789년(정조13) 정조대왕이 그의 아버지인 장조(莊祖 : 思悼世子)의 능(隆陵)을 화성군 안룡면 화산(花山 : 지금의 龍珠寺의 곁)으로 옮기고 명복을 빌기 위해 용주사를 창건하고는 그 초대 주지에 철학을 모시고 조정으로부터 "호종연교 보혜정각 엄정비니 원융법계 총지제방 대법사 겸 팔로도승통 경기도 수원부 화산 용주사 도총섭자 護宗演教普慧正覺嚴淨毘尼圓融法界摠持諸方大法師兼八路都僧統京畿道水原府花山龍珠寺都摠攝者"라는 교지로써 용주사의 도총섭과 현륭원의 관리를 맡겼다. 특히 정조의 존경을 받았으며, 천수대비주(千手大悲呪 : 神妙章句大陀羅尼) 십만 독을 하여 큰 가피력도 입었다. 1801(순조1) 11월 27일 세수 62, 법랍 48세로 입적하였다. 화장 후 사리 8과가 출현하였으므로 인석귀(印錫龜)의 비문을 받아 1802년(순조2)에 세운 비와 탑이 삼각산 승가사에 있다. 〔참고문헌〕 서울僧伽寺城月堂哲學大師碑文(智冠 『韓國高僧碑文總集 朝鮮朝·近現代』 pp.622~623). ⇨ 지안 志安

철한 鐵漢 쇠로 만든 사람. 한 생각마저 없이 하여 고금을 잊은 듯한 이. 『원오어록』 권13(대정장47, p.772c20)에 "다만 여러분들 앉거나 서거나 엄연해서 나면서부터 늙을 때까지 바로 이러할 뿐, 더 이상 무엇을 의심하겠는가? 그런 까닭에 '참선이란 반드시 쇠로 만든 이인 듯하니 마음 끝 손 닿으면 문득 가려내 곧바로 무상보리에 나아가 모든 시비에서 자유롭다' 하였으니, 모름지기 한 생각도 일지 않아 전후 경계 끊는다. 只如諸人坐立儼然 從生至老 只是這箇 更疑什麼 所以云 參禪須是鐵漢 著手心頭便判 直趣無上菩提 一切是非莫管 須是一念不生 前後際斷"라고 하였다. 〔참고문헌〕『圜悟語錄』.

철혜 鐵鞋 철로 엮은 신. 밟아 부수고는 진실에 우뚝 서게 한다. 『허당록』 권7(대정장47, p.1034c7)에 "닳아버린 인장에 철신마저 구멍나 끝 간 데 없이 바람과 서리만이 가득한데, 해 저물어 돌아와서는 돌 침상에 누웠다네. 銷印鐵鞋無底飽風霜 歲晚歸來臥石床", 『요암청욕어록』 권6 「송능장주지금릉 送能藏主之金陵」(卍속장123, p.708b13)에 "금릉산천 온통 옛 고향이건만, 높아 가히 붙들 수도 헤아릴 수도 없네. 가을바람 불어 오래된 계수나무 꽃가지 흔들 때, 발 아래 철신엔 양날개 돋아나네. 金陵山川皆故國 高不可攀深叵測 秋風吹老桂華枝 脚下鐵鞋生兩翼", 『속지월록』 권12 「정법설광장 正法雪光章」(卍속장143, p.956b9)에 "참으로 천성도 전하지 못할 비밀이니, 옷 속에 숨은 구슬과 다르지 않다. 문득 오래된 유물 지킨다 하지만 한 번 심어 저절로 있던 것이었으니, 진실로 받아쓰길 다했던 것이다. 말하기를 철신 신고 찾아 헤매어도 찾을 길 없던 것이, 얻고 나니 공들일 것도 아닌 것이 바로 이것이다. 直得千聖不傳之祕 不異繫珠衣裏 頓護故物 自有一種 眞切受用處 卽所謂踏破鐵鞋無覓處 得來全不費工夫者 是也"라고 하였다. 〔참고문헌〕『虛堂錄』, 『了菴淸欲語錄』, 『續指月錄』. ⇨ 궁자유 窮子喩, 의내명주 衣內明珠

철호 鐵虎 나옹혜근(懶翁惠勤)의 제자 조선(祖禪)의 법호. 「안심사지공나옹사리석종비음기 安心寺指空懶翁舍利石鐘碑陰記」에 "전청계사주지 철호조선 前淸溪寺住持 鐵虎祖禪"이라 하였다. 〔참고문헌〕 李智冠 『校勘譯註歷代高僧碑文』 高麗篇4 p.427. ⇨ 조선 祖禪

철환 鐵丸 Ⓢ ayoguḍa, Ⓟ ayaguḷa, ayoguḷa, Ⓣ lcags-kyi-thu-lum. 쇠구슬. 지옥에선 뜨겁게 달군 채로 구르기에 열철환(熱鐵丸) 또는 소철환(燒鐵丸)이라고도

한다. 『대집회정법경』 권5(대정장13, p.994c9)에 "중생이 악업 지으면 반드시 지옥중에 떨어지네. 배고프면 쇠구슬 삼키고, 목타면 다시 구리즙 마시네. 衆生作惡業定墮地獄中 饑時呑鐵丸 渴復飮銅汁", 『임제록』(대정장47, p.497c22)에 "맑아 좋다거나 비와 좋다는 이와 같이 흘린 것들 죄다 빚을 갚아야 하니, 염노 앞에서 뜨거운 쇠구슬 삼킬 날 반드시 오리라. 好晴好雨 如是之流盡須抵債 向閻老前 呑熱鐵丸有日", 『무문관』 1칙 「평창 評唱」(대정장48, p.293a3)에 "한낱 이 무자 참하며 밤낮으로 들되, 허무라 해도 안 되고, 유무로 알아도 안된다. 저 한낱 뜨거운 쇠구슬 삼킨 듯 하리니, 토하고 또 토하려 해도 나오지 않는다. 종전의 악지악각을 탕진해야 하리. 參箇無字 晝夜提撕 莫作虛無會 莫作有無會 如呑了箇熱鐵丸相似 吐又吐不出 蕩盡從前惡知惡覺"라고 하였다. 〔참고문헌〕『大集會正法經』, 『臨濟錄』, 『無門關』, *Yogā-bh.84.*, *Vin.3.90.* ⇨ 철환지옥 鐵丸地獄

철환지옥 鐵丸地獄 뜨거운 쇠구슬로 벌하는 지옥. 『장아함경』 권19 「세기경 世記經」(대정장1, p.123a13)에 "철환지옥은 높고 넓어 오백유순이다. 죄인이 들어가면 뜨거운 쇠구슬이 저절로 굴러온다. 옥귀가 몰아다 집어서 손발을 문질러 허물면, 온몸이 불타 고통에 울부짖는다. 만 가지 독이 함께 이르는데 여죄가 끝나지 않았기에 죽지도 못한다. 鐵丸地獄 縱廣五百由旬 罪人入已 有熱鐵丸 自然在前 獄鬼驅捉 手足爛壞 擧身火然 苦痛悲號 萬毒竝至 餘罪未畢 故使不死", 『관불삼매해경』 권5 「관불심품 觀佛心品」(대정장15, p.673b26)에 "무엇을 철환지옥이라고 하는가? 철환지옥 팔십유순으로 철성으로 가득하다. 여든여덟 솥이 있고, 낱낱 솥 속에 다섯 칼산이 버티고서 위를 덮는다. 아래는 열여덟의 크고 독한 철 뱀이 있다. 혀 끝 철검으로 불타오른다. … '원컨대 하늘이시여, 저를 아끼시어 단비 내려주소서' 하면 곧바로 크고 뜨거운 쇠구슬 비내려 정수리로 들어가 발아래로 나온다. 云何名鐵丸地獄 鐵丸地獄者 八十由旬 滿中鐵城 八十八鬲 一一鬲中 有五刀山持用覆上 下有十八大惡鐵蛇 蛇皆吐舌 舌出鐵劍 劍頭火然 … 願天愛我 降注甘雨 應念卽雨大熱鐵丸 從頂而入 足下而出"라고 하였다. 〔참고문헌〕『長阿含經』, 『觀佛三昧海經』, 『慈悲道場懺法』 권9(대정장45, p.958c22). ⇨ 지옥 地獄

첨 諂 Ⓢ śaṭha, śāṭhya, śāṭhiya, Ⓣ g.yo, g.yo-byed-pa. 바르게 말하지 않아 삼업(三業 : 身口意)을 왜곡하게 하는 것. 소번뇌지법(小煩惱地法) 또는 육번뇌구(六煩惱垢 : 六垢) 중 하나다. 이양에 탐착하기에 삼독(三毒) 중 탐과 치의 일분이다. 허물을 은폐하여 가르쳐 받을 기회를 장애한다. 『집이문족론』 권13(대정장26, p.422c18)에 "무첨이라 하였으니, 첨이란 무엇인가? 〔답〕 모든 마음의 험한 성품이고, 마음의 간사한 성품이나 마음의 굽은 성품이며, 마음의 뒤섞여 어지러운 성품이고, 마음의 분명하게 드러나지 않은 성품이며, 마음의 정직하지 못한 성품이고, 마음의 고르고 착하지 않은 성품 등을 모두 '첨'이라고 한다. 이와 같은 '첨'이 없기 때문에 '무첨'이라고 한다. 言無諂者 諂云何 答 諸心險性若心姦性 若心曲性 心雜亂性 心不顯了性 心不正直性 心不調善性 皆名爲諂 無如是諂 故名無諂", 『대승아비달마집론』 권1(대정장31, p.665a15 : *Abh-s.*, p.8)에 "무엇이 첨인가? 이양에 탐착하기에 탐과 치의 일분이다. 방편을 거짓으로 시설하여 실제의 과실과 죄악을 감추는 것으로 바탕 삼아, 바른 가르침을 장애하는 것이 그 업이다. 何等爲諂 謂耽著利養 貪癡一分 矯設方便隱實過惡爲體 障正敎授爲業 śāṭhyaṃ katamat. lābhasatkārādhyavasitasya rāgamohāṁśikā bhūtadoṣavimālanā. samyagavavādalābhaparipanthakaram", 『대승아비달마잡집론』 권1(대정장31, p.699a13 : *Abh-s-bh.*, p.7)에 "'방편을 거짓으로 시설하여 실제의 과오를 감추는 것'이란 무슨 말인가? 다른 일을 핑계대어 나머지 일을 피하는 것이다. '바른 가르침을 장애하는 것'이란 무슨 말인가? 지은 죄를 있는 그대로 드러내지 않음으로 가르침을 받지 않는 것이다. 諂者 耽著利養 貪癡一分 矯設方便隱實過惡爲體 障正敎授爲業 矯設方便隱實過惡者 謂託餘事以避餘事 障正敎授者 由不如實發露所犯不任敎授故 bhūtadoṣavimālanā anyenānyasya pratisaraṇaṁ veditavyam. samyagavavādalābhaparipanthakarmakatvaṁ yathābhūtamātmānamanāviṣkṛtyāvavā dāyogyatvāt"라고 하였다. 〔참고문헌〕『集異門足論』, 『大乘阿毘達磨集論』, 『大乘阿毘達磨雜集論』, 『俱舍論』 권15(대정장29, p.83b6), *Abh-s.*, *Abh-s-bh.*, *Bodh-bh.13・174.* ⇨ 첨곡 諂曲, 소번뇌지법 小煩惱地法, 육구 六垢, 수번뇌 隨煩惱

첨 簽 서류 등에 서명(署名)하는 일. 『선원청규』 권4(卍속장111, p.896a4)에 "11일 차에 날짜를 세는데 먼저 지사와 함께 서명하고 도장 찍는다. 한 달에 한 번 통계하는데 주지인 이하 다함께 서명한다. 十日一次計曆 先同知事簽押 一月一次通計 住持人已下同簽"라고 하였다. 〔참고문헌〕『禪苑淸規』. ⇨ 첨압 僉押

첨 籤 **1** 대나무 등으로 만든 가늘고 끝이 뾰족한 바늘. 구멍 뚫는 도구로 쓴다. 『유부율잡사』 권3(대정장24, p.218a3)에 "실라벌성에서 있었던 일이다. 이때 비구들이 삼의가 찢어지자 대나무바늘이나 새의 깃으로 만든 것으로 꿰맸다. 옷 마침내 망가졌으니 이에 부처님께서 말씀하시길, '응당 쇠로 된 바늘을 써야 한다'. 緣在室羅伐城 時 諸苾芻刺三衣時 便以竹籤 或用鳥翮 衣遂

損壞 佛言 應可用針"라고 하였다. [참고문헌]『有部律雜事』. ❷ 문자 등을 새겨넣는 대나무 등 가늘고 긴 바탕. 전(箋)·첨(簽) 등과 같이 쓴다. 『법화현의석첨』 권1(대정장33, p.815b5)에 "옛날 태령에서 물음 따라 첨에 다 기록해 뒀는데 한간히 살피지 못했다. 문세는 살아 있었지만 세밀하게 분절하고 구두 찍진 못하였다가 뒤늦게 비단(毘壇 : 毘陵)으로 돌아와 즉시 꾸밈을 더하고 관견을 보탰다. 昔於台嶺 隨諸問者 籤下所錄 不暇尋究 文勢生起 亦未委細分節句逗 晚還毘壇 輒添膚飾 裨以管見"라고 하였다. [참고문헌]『法華玄義釋籤』.

첨각상 尖脚床　다리가 뾰족한 상. 비구들이 좌선이나 광야에서 머물 때 앉거나 눕기 위해 다리 달아 만든 상. 『마하승기율』 권15(대정장22, p.344c3)에 "부처님이 광야정사에 계실 적에 두 비구가 함께 머물렀다. 상좌는 층 아래, 하좌는 층 위에 자리했다. … 상좌는 공양하고서 발우를 씻어 늘 두던 곳에 두고, 발을 씻고는 결가부좌하였다. 하좌가 늦게 공양하고 돌아와서는 중각 위로 올라가 늘 두던 곳에 발우 두려 하다가 '헉'하고 소리를 내며 격하게 몸을 던져 앉았다. 상다리가 떨어져 상좌 머리를 상하게 해서 머리에 피가 흘렀다. 佛住曠野精舍 有二比丘共住 上座閣下 下座閣上 … 上座食已 澡鉢舉置常處 洗足結跏趺坐 下座晚得食乃還 還已上重閣上 置鉢常處 並作是言噓 極卽縱身而坐 床脚下脫 卽傷上座頭 頭血流出", "부처님께서 모든 비구들에게 고하셨다. '광야에 의지하여 머무는 이는 모두 모이게 하라. 열 가지 이로움 있으니 모든 비구 위해 제계한다. 이내 이미 들은 이도 마땅히 거듭 들으라. 저 비구가 2층에서 다리 뾰족한 상을 펴고 앉거나 누우면 바야제니라'. 佛告諸比丘 依止曠野住者 皆悉令集 以十利故 爲諸比丘制戒 乃至已聞者 當重聞 若比丘在閣屋上敷尖脚床 若坐若臥 波夜提", "각이란 2층이다. 옥이란 세존께서 허락하신 바와 같다. 뾰족한 다리란 말뚝과 같은 것이다. 상은 열네 가지가 있으니 앞서 설한 바와 같다. 閣者 第二重 屋者 如世尊所聽 尖脚者 如橛 床者 有十四種 如上說", 『오분계본』(대정장22, p.203a19)에 "비구가 만약 층 위에서 다리 달린 침상에 힘을 써 앉거나 누우면 바야제니라. 若比丘重閣上尖脚床 用力坐臥者 波夜提", 『십송율』 권11(대정장23, p.79b8)에 "비구가 만약 비구방 층 위에 뾰족한 다리 달린 상 위에서 힘을 들여 앉거나 누우면 바일제니라. 若比丘 比丘房閣中 尖脚床用力坐臥 波逸提"라고 하였다. 한편, 『사분율』과 『유부율』에서는 첨각상에 상응하는 것을 탈각상(脫脚床)이라 하였다. [참고문헌]『摩訶僧祇律』, 『五分戒本』, 『十誦律』, 『優波離問佛經』(대정장24, p.906a7). ⇨ 탈각상 脫脚床, 상 床

첨곡 諂曲　Ⓢ kuhanā, vaṅka, śaṭha, śāṭhya, śāṭhiya, Ⓣ gyo-byed-pa. 바르고 곧지 못한 마음. 깨끗하고 곧지 못한 마음으로 다른 이를 속여서 이익을 챙기고 생사에 집착하는 마음. 『불수반열반약설교계경』(대정장12, p.1111b25)에 "너희들 비구여, 아첨해 굽은 마음은 도와 서로 어긋나기에 그 마음은 깨끗하고 곧아야 한다. 마땅히 알아야 한다. 아첨하여 굽게 함은 단지 타인을 속여 헛되이 할 뿐이니, 도에 들어온 사람이라면 이럴 수 없다. 그러므로 너희들은 마음을 단정히 하여 깨끗하고 바르게 함으로 본을 삼아야 한다. 汝等比丘 諂曲之心 與道相違 是故宜應 質直其心 當知諂曲 但爲欺誑 入道之人 則無是處 是故汝等 宜應端心 以質直爲本", 『해탈도론』 권1(대정장32, p.403a26)에 "첨곡이란 무엇인가? 마음속 생각대로 헛되이 모양내 보여서 좋은 말로 칭찬하여 물건 팔아 호오(好惡)로 희롱해서 조정하여 이익을 보거나, 해학과 농담으로 서로 즐기되 이익은 자신에게 돌리는 것을 첨곡이라고 한다. 諂曲者 如其心念 虛相推擧 善言稱讚 販弄好惡 爲調要利 排諧相悅 引利自向 此謂諂曲", 『정법염처경』 권33(대정장17, p.193b11)에 "천자들이여, 어떤 것을 첨곡이라고 하는가? 마음이 정직하지 못하고, 생사에 굳게 집착하므로 첨곡이라고 한다. 諸天子 云何諂曲 心不正直 堅著生死 故名諂曲"라고 하였다. [참고문헌]『佛垂般涅槃略說教誡經』, 『解脫道論』, 『正法念處經』, *Abh-k-bh.59.*, *Abh-vy.420.*, *Saddh-p.48.* ⇨ 사곡 邪曲, 첨 諂, 무첨곡 無諂曲

첨광 諂誑　아첨하여(諂 Ⓢ śāṭhya) 속이다(誑 Ⓢ māyā). 『구사론』 권4(대정장29, p.20c20 : *Abh-k-bh.*, p.59)에 "'오직 불선일 뿐이다'란, 삼독의 진번뇌에서 첨광교를 제한 나머지 분(忿) 등과 무참·무괴를 말한다. 唯不善者 謂瞋煩惱 除諂誑憍 所餘忿等 及無慚愧 pratighaḥ śāṭhyamadamāyāvarjyāśca krodhādaya āhrīkyānapatrāpye ca. anyatsarva tathaiva", 같은 책 권21(대정장29, p.110a5 : *Abh-k-bh.*, p.315)에 "첨과 광은 오직 욕계의 초정려에만 있다. 어떻게 범세계에 첨과 광이 있음을 아는가? 대범왕이 자기의 정사를 숨기고 모양내 아는 체하여 마승비구를 속여 미혹하였기 때문이다. 諂誑唯在欲界初定 寧知梵世有諂誑耶 以大梵王匿已情事 現相誑惑馬勝苾芻 etau dvau kāmadhātau prathame ca dhyāne. kathaṃ brahmaloke māyāḥ. … sa hi tatra mahābrahmā vitathātmasaṃdarśanatayā āyuṣmantamaśvajitaṃ vañcayituṃ pravṛttaḥ"라고 하였다. [참고문헌]『俱舍論』, 『佛地經論』 권1(대정장26, p.295a29), *Abh-k-bh.* ⇨ 진 瞋 ❶, 첨 諂, 광 誑, 삼독 三毒, 참괴 慚愧

첨단 僉單　장부에 서명한다는 말. 첨(僉)은 서명한다는 말로 첨(簽)이라고도 쓴다. 단(單)은 장부를 말한다.

『백장청규』 권3(대정장48, p.1129b8)에 “창의가 끝나고 초수를 결정하고 상주가 이름을 장부에 적는다. 唱衣畢 結定鈔數 主喪僉單”, 『선림상기전』 권12(불광장, 禪藏, p.886)에 “첨단은 서명한다는 뜻이다. 「첨압」 부분을 보라. 단은 장부라는 뜻이다. 「문소」를 보라. 僉單 僉義 見僉押處 單帳也 見文疏類”라고 하였다. 〔참고문헌〕『百丈淸規』, 『禪林象器箋』. ⇨ 첨 簽

첨대 瞻對 마주해 우러러 보다. 『보요경』 권8(대정장3, p.536c8)에 “구이가 라운을 데리고 와서 부처님 발에 머리 숙여 예배하고 마주해 우러러 보며 안부를 여쭈었다. 俱夷携羅云來 稽首佛足 瞻對問訊”, 『대방등대집경』 권6(대정장13, p.37a17)에 “각각 부처님 바로 앞에 나타나 계심을 보고서는 우러러 마주해 하거나 눈 마주쳐 깜박일 수조차 없는 것을 불공법이라 한다. 各各見佛正在已前 瞻對之時目未曾眴 名不共法”라고 하였다. 〔참고문헌〕『普曜經』, 『大方等大集經』.

첨도 瞻覩 S vy-ava-√lok, vyavalokayati, T rnam-par-lta-bar-byed-pa. 우러러 가까이 보다. 『비화경』 권2(대정장3, p.176a6)에 “그때 전륜왕은 날이 새자 부처님 처소에 찾아와 부처님의 존안과 비구들을 우러러 가까이 뵈옵고는 묘법을 받아 지녔다. 時 轉輪王日至佛所 瞻覩尊顔 及比丘僧 聽受妙法”, 『유가사지론』 권24(대정장30, p.414b7 : *Śrāv-bh.*, p.114)에 “그는 정지를 성취하였기에 스스로 알고 또 보았다. 스스로 알고 몸소 보았기에 볼 것을 보고, 우러를 것을 우러르며, 마땅히 보고 마땅히 우러르고, 보아야 할 것이나 우러러 볼 것을 여법히 그대로 보고 우러르는 것을 이와 같이 이름 붙였으니, 보고 또 우러러 바로 알아 머문다. 彼由成就 此正知故 自知而覩 自知而瞻 覩所應覩 瞻所應瞻 於應覩時 於應瞻時 而正瞻覩 如所應覩 如所應瞻 如是而覩 如是而瞻 如是名爲 若覩若瞻 正知而住 sa tena saṃprajanyena samanvāgataḥ. sacedavalokayamāno jānātyavalokayāmīti. yaccāvalokayitavyaṃ vyavalokayitavyaṃ tadālokayati vyavalokayati. yadā ālokayitavyaṃ, vyavalokayitavyaṃ. tadā ālokayati, vyavalokayati yathā ālokayitavyaṃ vyavalokayitavyaṃ tathā ālokayati, vyavalokayati. iyamasyocyate saṃprajānadvihāritā”라고 하였다. 〔참고문헌〕『悲華經』, 『瑜伽師地論』, *Śrāv-bh.*

첨례 瞻禮 S pary-upāsana, pary-upāsita. 우러러 예배하다. 『이취육바라밀다경』 권7(대정장8, p.897a8)에 “불탑에 우러러 예배하고 정법을 듣는다. 瞻禮佛塔 聽聞正法”, 『지장보살본원경』 권상(대정장13, p.778b4)에 “만약 미래세에 어떤 선남자나 선녀인이 지장보살의 이름을 들으면 때론 그 모습 찬탄하거나, 때론 우러러 예배하고 때론 이름 부르고 때론 공양하거나, 내지는 칠해 그리고 깎아 만들거나 빚어 칠한다면, 이 사람 삼십삼천에 백 번 태어나고 영원히 악도에 떨어지지 않으리라. 若未來世 有善男子 善女人 聞是菩薩名字 或讚歎 或瞻禮 或稱名 或供養 乃至彩畫 刻鏤 塑漆形像 是人當得百返生於三十三天 永不墮惡道”라고 하였다. 〔참고문헌〕『理趣六波羅蜜多經』, 『地裝菩薩本願經』, *Vikī-n.3.*

첨릉 詹陵 명 세종(재위 1521~1566) 초기의 유학자. 자는 양경(良卿), 호남성(湖南省) 낙평(樂平) 출신. 『이단변정 異端辨正』을 지어 당송(唐宋)대의 배불론(排佛論)을 주도하여 불교를 공격하고 아울러 도교를 비판하면서 유교를 변호했다. ⇨ 이단변정 異端辨正

첨리 瞻履 돌아보며 다니다. 『양고승전』 권6 「혜원전 慧遠傳」(대정장50, p.358b6)에 “다시 절 안에다 따로 선림을 두었더니 빽빽한 나무들 사이로 안개 자욱하고 너럭바위에는 이끼 덮여 있다. 언제나 돌아보며 다닐 수 있어 모두들 정신이 맑아지고 기운도 차분해졌다. 復於寺內 別置禪林 森樹烟凝 石筵苔合 凡在瞻履 皆神淸而氣肅焉”라고 하였다. 〔참고문헌〕『梁高僧傳』, 『出三藏記集』 권15(대정장55, p.109c3).

첨명 僉名 서명한다는 말. 『백장청규』 권2 「고향 告香」(대정장48, p.1120c1)에 “향 올려 마치면 법당 아래 줄서서 차를 청하고 각각 서명한다. 告香罷 列法堂下間請茶各僉名”, 『선림상기전』 권12(불광장, 禪藏, p.886)에 “첨명 : 도충이 말한다. ‘첨은 첨(簽)으로 하는 것이 바르다. 첨명의 뜻은 「청압」을 보라’. 僉名 忠曰 僉作簽爲正 及僉名義 見僉押處”라고 하였다. 〔참고문헌〕『百丈淸規』, 『禪林象器箋』. ⇨ 첨압 僉押

첨목산 檐木山 S khadiraka, T seng-ldeng-can. 칠금산(七金山) 중 하나인 갈지라산(羯地羅山 S khadiraka)의 한역 이름. 『구사론송소론본』 권11(대정장41, p.879a24)에 “갈지락가산〈갈지락가는 인도의 나무이름이다. 중국의 남방에도 이 나무가 있는데, 첨목산이라고 한다. 산 위 보배나무 형상이 저와 유사하므로 이렇게 이름하였다〉. 竭地洛迦山〈竭地洛迦 西國樹名 此國南方 亦有此樹 名檐木山 山上寶樹 其形似彼 故以爲名也〉”라고 하였다. 〔참고문헌〕『法集名數經』, 『俱舍論頌疏論本』, *Abh-k-bh.158.*, *Dharm-s.338.* ⇨ 갈지라 羯地羅 2, 칠금산 七金山

첨미리망군 沾彌利望群 P Devamantiya. 미란왕(彌蘭王 P Milinda : 彌蘭陀王)의 신하로 나가세나와 만나게 주선한 이다. 팔리어본 *Milindapañha*에는 나가

세나를 추천한 이들로 네 명의 신하들(Ⓟ Devamantiya · Anantakāya · Maṅkura · Sabbadinna) 이름이 나온다. 『나선비구경』 권상(대정장32, p.695b18)에 "임금이 곁에 있는 신에게 말했다. '요즈음 경에 밝은 사문으로서 나와 함께 더불어 경에서 설한 도를 묻고 답할 이는 없겠는가?' 임금의 곁에 있던 첨미리망군이라는 신이 임금에게 말했다. '그렇습니다. 야화라라는 사문이 있는데, 경도에 밝아서 임금님과 더불어 경도를 논할 수 있을 것입니다'. 王語傍臣言 是間寧有明經沙門 能與我共難經說道者不 王傍臣名沾彌利望群 白王言 然 有沙門字野惒羅 明經道能與王難經道"라고 하였다. [참고문헌] 『那先比丘經』, *Mil.1.22·29.* ⇨ 미란다 彌蘭陀

첨밀밀지 甜蜜蜜地 달콤하여 입에 붙다. 그럴듯하고 설득력 있게 매혹시키는 말을 비유한다. 『벽암록』 28칙 「평창 評唱」(대정장48, p.168c22)에 "산승은 늘 말했다. 만약 한 구라도 더 얹어 달콤하게 되더라도 잘 관해 보면 바로 이것 독약이다. 만약 척추가 부서지도록 때리고 입 틀어막아 후려쳐 끌어내야 비로소 친절하게 학인을 위한 일이 될 것이다. 山僧常說 若是添一句 甜蜜蜜地 好好觀來 正是毒藥 若是劈脊便棒 驀口便摑 推將出去 方始親切爲人"라고 하였다. [참고문헌] 『碧巖錄』.

첨박가화 瞻博迦花 향기 멀리 퍼지는 첨박가 나무의 꽃. 『일체경음의』 권8(대정장54, p.351c4)에 "첨박가화〈범어이니, 꽃나무 이름이다. 예전의 음사어는 첨복인데, 잘못된 준말이다. 이 꽃의 향기는 몇 리까지 퍼지고, 크기는 개오동나무의 꽃과 같으며, 눈부신 금색인데, 역시 향기로 유명하다〉. 瞻博迦花〈梵語 花樹名也 舊云 瞻匐 訛略也 此花芬馥香聞數里 大如楸花 爛然金色也 亦是香名也〉"라고 하였다. [참고문헌] 『一切經音義』. ⇨ 첨복수 瞻蔔樹

첨병 瞻病 병든 이를 보살피는 일. 간병(看病)이라고도 한다. 『우바새계경』 권5(대정장24, p.1060c3)에 "궁핍하여 재물이 없으면, 의사의 처방이나 갖가지 주술을 외우고, 돈과 탕약을 구하는 이에게 베풀며, 지극한 마음으로 병자를 보살펴 점차 회복되어 치료되도록 해야 한다. 若窮無物 應誦醫方 種種呪術 求錢湯藥 須者施之 至心瞻病 將養療治", 40권본 『대반열반경』 권11(대정장12, p.431b24)에 "가섭아, 세상에서 세 부류 사람에게 든 병은 고치기 어려우니, 첫째는 대승을 비방하는 사람, 둘째는 오역죄인, 셋째는 일천제다. 이런 세 가지 병은 세상에서 가장 위중한 것으로 성문과 연각이나 보살 누구도 치료할 수 없다. 선남자야, 저 병은 들면 반드시 죽을 만큼 고치기 어렵다. 병을 살펴 뜻에 맞게 치료하고 약을 베풀거나 하는데, 살필 수도 치료해 약을 줄 수도 없다면 이 병은 결코 고칠 수 없다. 이런 이들은 반드시 죽게 됨에 의심의 여지가 없다. 迦葉 世有三人 其病難治 一 謗大乘 二 五逆罪 三 一闡提 如是三病 世中極重 悉非聲聞 緣覺 菩薩之所能治 善男子 譬如有病 必死難治 若有瞻病 隨意醫藥 若無 瞻病 隨意醫藥 如是之病 定不可治 當知 是人 必死不疑"라고 하였다. [참고문헌] 『優婆塞戒經』, 『大般涅槃經』. ⇨ 간병 看病, 첨병오덕 瞻病五德, 난화삼기 難化三機

첨병소수 瞻病所須 병자를 돌보는 데 필요한 물건. 죽(粥)이나 칠일약(七日藥)과 같은 것을 말한다. 『유부율』 권29(대정장23, p.786b12)에 "오다이(Ⓢ Udāyin)가 물었다. '구수여, 너희들은 어디로 가는가?' '실라벌성으로 돌아갑니다' '잠깐 있어보라. 내가 너희들에게 병자를 돌보는데 필요한 물건을 주겠다'. 鄔陀夷曰 具壽汝等何之 答言 還室羅伐 報云 且住 我當與汝 瞻病所須"라고 하였다. [참고문헌] 『有部律』, 『大方等大集經』 권7(대정장13, p.41c9). ⇨ 첨병 瞻病

첨병오덕 瞻病五德 Ⓟ pañcahi dhammehi samannāgato gilānupaṭṭhāko. 병자를 보살피는 이의 다섯 가지 덕목. 간병오덕(看病五德)이라고도 한다. 『사분율』 권41(대정장22, p.862b15)에 "병든 이가 먹을 만한 음식인지 아닌지를 가리고 一者 知病人可食不可食 可食能與", "대소변과 침이나 토한 것들을 꺼려하지 않으며 二者 不惡賤病人大小便唾吐", "자비롭고 가여운 마음만을 가질 뿐 옷과 음식 등을 바라지 않는다. 三者 有慈愍心 不爲衣食", "차도가 있거나 설사 죽음에 이르더라도 탕약 달이는 일 등을 놓지 않고 四者 能經理湯藥 乃至差若死", "병든 이를 위해 설법하여 기쁘게 하니, 자신에게는 선법이 한층 더한다. 五者 能爲病人說法 令病者歡喜 己身於善法增益"라고 하였다. [참고문헌] 『四分律』, 『法苑珠林』 권95(대정장53, p.986a18), 『釋氏要覽』 권하(대정장54, p.306a28), *Vin.1.303.*, *AN.3.144.* ⇨ 첨병 瞻病, 간병오덕 看病五德

첨병자 瞻病者 Ⓢ glāna-upasthāyaka, Ⓟ gilānupaṭṭhāka. 아픈 이를 돌보는 사람. 간병인(看病人)이라고도 한다. 『사분율』 권56(대정장22, p.981b14)에 "어느 때 한 비구가 오랫동안 앓으니, 돌보는 이가 싫증이나 먹지 못할 음식을 주어 목숨을 잃지 않았나 의심하게 하였다. 부처님께서 여쭈었다. '너는 무슨 마음으로 그리하였느냐?' '죽이려는 마음이었습니다'. '바라이를 범한 것이다'. 時有比丘長病 時瞻病者 厭患 與非所應食 令斷命疑 佛問言 汝以何心 答言 殺心 佛言 波羅夷"라고 하였다. [참고문헌] 『四分律』, 『雜阿含經』 권5(대정장2, p.29c9), *Divy.50.*, *AN.3.143·144.* ⇨ 간병자 看病者

첨복 瞻蔔 ⓈⓅ Campaka. 첨복(瞻蔔)이라는 이름의 나무. 복(蔔)은 복(匐)으로도 쓴다. 『유마경』 권중(대정장14, p.548a25 : *Vikī-n.*, p.70)에 "사리불이여, 어떤 사람이 첨복숲에 들어가면 오직 첨복향만 맡을 뿐이고 다른 냄새는 맡지 못하는 것처럼, 그와 같이 이 방에 들어오면 부처님 공덕향만 맡을 뿐이어서 성문이나 벽지불공덕향 맡고자 하지 않습니다. 舍利弗 如人入瞻蔔林 唯嗅瞻蔔 不嗅餘香 如是 若入此室 但聞佛功德之香 不樂聞聲聞 辟支佛功德香也 api tu khalu punar bhadantaśāriputra na campakavanaṃ praviṣṭā eraṇḍagandhaṃ jighranti. campakavanaṃ tu praviṣṭāś campakagandham eva jighranti. evam eva bhadantaśāriputra neha gṛhe buddhadharmaguṇagandhike vasantaḥ śrāvakapratyekabuddhagandhaiḥ jighranti"라고 하였다. 〔참고문헌〕『維摩經』, 『大莊嚴論經』 권10(대정장4, p.310a9), *Vikī-n.*

첨복가 瞻蔔迦 첨복(瞻蔔)의 다른 음사어. 『속일체경음의』 권4(대정장54, p.948b8)에 "첨복가〈예전의 음사어는 첨복인데, 바르게 하면 첨박가다. 구역은 울금화이며, 『대론』에서는 황색화라고 하였다. 그 나무는 높고 크며 꽃향기는 멀리까지 퍼지는데, 인도에는 이 나무가 많다〉. 瞻蔔迦〈舊云 瞻蔔 正云瞻博迦 舊翻爲鬱金花 大論云黃色花也 其樹高大 花氣遠聞 西國多有此樹也〉"라고 하였다. 〔참고문헌〕『續一切經音義』. ⇨ 첨복수 瞻蔔樹, 울금 鬱金

첨복수 瞻蔔樹 Ⓢ campaka, campaka-vṛkṣa, Ⓟ campaka, Ⓣ tsam-pa-ka. 인도의 열대삼림이나 산지(山地)에 분포하는 목련과(木蓮科)의 꽃나무. 첨파수(瞻波樹·瞻婆樹)·첨박가수(瞻博迦樹)·점파수(占婆樹)·점박가수(占博迦樹)라고도 하며, 금색화수(金色花樹)·황화수(黃花樹)라고 한역한다. 학명은 *Michelia champaca, Linn.* 금색화(金色花) 또는 황색화(黃色花)라고 하는 황금색의 향기로운 꽃을 피우는 높고 큰 나무이며, 그 잎사귀는 윤기가 있고 매끄러우며 길이는 6~7마디 정도되고 잎사귀 안에는 하얀 가루가 있고, 부드러운 털도 나 있다. 꽃향기가 멀리까지 퍼지며 금시조(金翅鳥)가 와서 이 나무에 깃든다고 한다. 나무껍질·잎·꽃 등으로 약재와 향료를 만든다. 『일체경음의』 권28(대정장54, p.497a19)에 "첨복〈포(蒲)와 비(比)를 반절한 음이다. 바른 음사어는 '첨박가'이다. 『대지도론』 권10(대정장25, p.134a27)에서는 '황화수'라고 한역하는데, 그 나무는 높고 크며, 꽃향기는 멀리에서도 맡는다. 생각해보건대, 인도에는 이런 숲이 많기에 비유로 쓴다〉. 瞻蔔〈蒲比反 正言瞻博迦 大論云 此言黃花樹 其樹高大 花氣遠聞 案西國多有此林 故以喩也〉"라고 하였다. 〔참고문헌〕『一切經音義』, 『大智度論』, 『阿育王傳』 권5(대정장50, p.120c5), 『翻譯名義集』 권3(대정장54, p.1104b20), 『仏教植物辭典』(國書刊行會, 1982), *Divy.325.*, *Mvyut.241.*, *Jā.6.151.* ⇨ 금색화수 金色花樹

첨복화 瞻蔔華 ⓈⓅ Campaka. 첨복수(瞻蔔樹)의 꽃. 꽃도 아름답지만 그 향기 널리 멀리 퍼지는 것으로 유명하다. 첨박가화(瞻博迦花)·첨복화(瞻蔔花·瞻伏華)라고도 한다. 한역어는 금색화(金色花)·황색화(黃色花)이다. 우리나라에서는 담복화(薝蔔花)라고 한다. 『대방광십륜경』 권3(대정장13, p.694b24)에 "첨복화가 비록 시든다 해도 다른 꽃보다 뛰어나니, 계 어긴 모든 비구라 해도 여러 외도보다는 그래도 낫다. 瞻蔔華雖萎 勝於諸餘華 破戒諸比丘 猶勝諸外道", 『금요동자경』(대정장14, p.851a5)에 "'내가 전에 날 때에 첨복가나무 세상에 희유하였고, 발심할 때에는 첨복가나무가 저절로 나고, 그 나무에 달린 첨복가꽃은 하늘 자금색이었다'. 그때 동자가 손으로 첨복가꽃를 꺾어서 세존 위에 흩으니 흩어진 꽃이 부처님의 몸 위에 머물러서 부처님의 몸을 장엄하였다. 그 중에 어떤 것은 부처님의 정수리 위에 머물렀고, 어떤 것은 부처님 가슴으로 품었으며, 어떤 것은 부처님의 발 아래 놓였고, 그 중에 어떤 것들은 꽃으로 엮은 옷이 되었으니 이렇게 갖가지로 공양하였다. 그때에 왕이 놀라고 괴이하게 여겨 동자에게 이렇게 물었다. '너는 어떻게 공양하였기에 이렇게 신통한 능력이 있느냐?' 동자는 다음과 같이 답하였다. '저는 기수급고독원에서 이와 같이 일체장엄하였습니다'. 그때에 동자는 또 최상지혜 내어 이렇게 말했다. '나의 첨복가나무는 나를 따라 발심하여 첨복가꽃을 피웠는데, 그 꽃 때로는 나무에서 피기도 하고, 열매 위에서 피기도 하며, 나뭇가지에서 피기도 하고, 잎사귀 위에 피기도 하였습니다. 또한 그 첨복화 허공중에 출현하기도 하고, 기원의 허공에서 온갖 금보의 방울로도 출현합니다'. 我先生時 瞻蔔迦樹 世所希有 於發心時 瞻蔔迦樹 而自出生 其樹執持 瞻蔔迦華 天紫金色 卽時童子 以手掬瞻蔔華 散世尊上 所散之華 住佛身上 莊嚴佛身 其中或有住佛頂上 住佛懷中 住佛足下 其中或有成華鬘衣 如是種種供養 時王驚怪 問童子言 汝云何供養 作如是神力 童子答言 我於祇樹 作如是一切莊嚴 彼時 童子又生最上智慧 我瞻蔔迦樹 隨我發心 生瞻蔔華 其華或生樹身 或生菓上 或生樹枝 或生葉上 其瞻蔔華 亦有出現住虛空中 又於祇園虛空之中 出現一切金寶鈴鐸"라고 하였다. 〔참고문헌〕

『大方廣十輪經』, 『金耀童子經』, *Lal-v.267.*, *Saddh-p.342.* ⇨ 첨복수 瞻蔔樹, 담복 薝蔔

첨복화수 瞻蔔花樹 첨복수(瞻蔔樹). 『보리장장엄다라니경』(대정장19, p.669b25)에 "그 땅은 갖가지 꽃나무로 장엄하니 이른바 다마라수, 첨복화수 등이다. 其地種種花樹 以爲莊嚴 所謂多摩羅樹 瞻蔔花樹", 『선견율비바사』 권14(대정장24, p.770a23)에 "그대는 이 나라의 머무는 곳에 꽃 피고 열매 달리는 나무를 많이 심으시오. 이름하여 암라수, 파나사수, 야자수 이러한 많은 뭇 나무들과 첨복화수, 사제화, 말리화 이러한 많은 뭇 꽃들 말입니다. 汝於此國住處 多種華果樹 名菴羅樹 波那沙樹 椰子樹 如是衆多樹 瞻蔔華樹 闍提華 末利華 如是衆多華"라고 하였다. [참고문헌] 『菩提場莊嚴陀羅尼經』, 『善見律毘婆沙』. ⇨ 첨복수 瞻蔔樹

첨산사 尖山寺 전라남도 고흥군 동강면 장덕리 첨산(尖山)에 있는 절. 곧 홍덕사(興德寺)이며, 한국불교태고종 사찰이다. 1929년 기불대사가 석로암(石老庵)으로 창건하였던 것이 1962년에 첨산사로 바뀌었고, 1973년 중건하면서 홍덕사가 되었다. [참고문헌] 『高興郡誌』, 「尖山興德寺事蹟碑」. ⇨ 홍덕사 興德寺

첨성 瞻星 사찰 소임 중 하나. 지금의 노전(爐殿)이나 부존(扶尊). 날씨예보가 없던 시절 새벽 3시에 목탁석(木鐸釋)을 시작으로 노전스님은 여러 차례 하늘의 별을 보고 때를 잘 알아 대중의 일과를 앞서 조정하여 무리없게 하였다. ⇨ 육색방 六色榜

첨소 僉疏 소(疏)에 서명을 한다는 말. 첨은 첨(簽)이라고도 쓴다. 『백장청규』 권1 「성절 聖節」(대정장48, p.1113a9)에 "유나가 누런 종이로 소를 작성하고 시종을 데리고 소반과 보자기·노촉·향합을 올리고 방장에 올라 주지에게 소에 서명할 것을 청한다. 維那用黃紙書疏 帶行僕 捧盤袱爐燭香合 上方丈請住持僉疏", 『선림상기전』 권12(불광장, 禪藏, p.881)에 "첨소 : 도충이 말한다. '첨은 첨(簽)으로 쓰는 것이 바르다. 성명을 적는 것이다. 僉疏 忠曰 僉作簽爲正 簽書姓名也"라고 하였다. [참고문헌] 『百丈淸規』, 『禪林象器箋』.

첨시 瞻視 Ⓢ nirīkṣaṇa, prekṣā, prekṣamāṇa, Ⓟ ulloketi, Ⓣ gcig-gi-gdong-la-gcig-lta-ba, mi-'dzums-par-lta-ba. 돌아보다. 우러러보다. 『장아함경』 권1 「대본경 大本經」(대정장1, p.6b18)에 "태자는 다시 마부에게 수레를 준비해 나가자고 하였다. 중도에 병든 이를 만났고, 몸은 야위고 배는 부풀었으며 얼굴은 검었다. 홀로 오물 위에 누웠으나 돌아보는 이도 없었으니, 병이 깊고 고통이 심해 말도 할 수 없는 지경이었다. 太子復命御者嚴駕出遊 於其中路 逢一病人 身羸腹大 面目黧黑 獨臥糞穢 無人瞻視 病甚苦毒 口不能言, 『능가경』 권2(대정장16, p.493a26)에 "대혜야, 모든 국토에 언설이 있는 것은 아니다. 언설이란 다만 모양 지은 것이다. 때론 어떤 불국토에서는 바라보는 것만으로도 법을 드러내며 … 어떤 국토에서는 움직임만으로도 알 수 있다. 대혜야, 바라보는 것만으로도 통하는 세계는 향적세계나 보현여래국토이니, 단지 우러러보기만 해도 모든 보살이 무생법인과 수승한 삼매를 얻는다. 그러므로 언설만이 있어서 세상의 모든 법을 알 수 있는 것은 아니다. 大慧 非一切刹土有言說 言說者 是作相耳 或有佛刹瞻視顯法 … 或念刹土 或動搖 大慧 如瞻視 及香積世界 普賢如來國土 但以瞻視 令諸菩薩 得無生法忍 及殊勝三昧 是故 非言說有性有一切性"라고 하였다. [참고문헌] 『長阿含經』, 『楞伽經』, *Laṅk.15·105.*, *AN.4.86.*

첨시호양 瞻視護養 Ⓟ dhammikārakkhāvaraṇa-gutti susaṃvihitā. 돌보고 보호하며 공양하다. 『장아함경』 권2 「유행경 遊行經」(대정장1, p.11b11)에 "'아난아, 만일 그렇다면 어른과 어린이들 서로 화목하여 따르게 하여 점점 더 강성해져서, 그 나라는 오래도록 평안하여 침략할 수 없을 것이다. 아난아, 너는 발지국 사람들이 사문을 으뜸으로 섬기고 계 가지는 이를 존경해서 돌보고 보호하며 공양함에 일찍이 게으른 적이 없었음을 들었느냐?' '들었습니다'. 阿難 若能爾者 長幼和順 轉更增盛 其國久安 無能侵損 阿難 汝聞跋祇國人 宗事沙門 敬持戒者 瞻視護養 未嘗懈惓不 答曰 聞之", 상응하는 *Mahāparinibbāna-sutta*(*DN.2*, p.75)에 "아난다여, 밧지들이 아라한을 법답게 돌보고 잘 보호한다고 들었느냐. kin ti te ānanda sutaṃ vajjīnaṃ arahantesu dhammikārakkhāvaraṇa-gutti susaṃvihitā"라고 하였다. [참고문헌] 『長阿含經』, *DN.* ⇨ 첨시 瞻視

첨압 僉押 서명하고 날인한다는 말. 첨은 첨(簽)이라고도 하는데 이름 두 자를 쓰는 것이고, 압(押)은 화압(華押)이라고도 하는데 그림 그리듯 수결(手決)해서 날인하는 것을 말한다. 『백장청규』 권1 「성절 聖節」(대정장48, p.1113b28)에 "매일 당사행자는 윤차의 승부를 가지고 반드시 하루 전에 예고하고 주지·두수·중승에 청하여 각각 자와 이름을 서명하고 날인하게 하여 대중의 수를 헤아린다. 每日堂司行者 將輪差僧簿 須預先一日 請住持頭首衆僧 各書雙字名僉押 量衆多少", 『선림상기전』 권12(불광장, 禪藏, p.882)에 "도충이 말한다. '첨압은 본래 관리의 용어인데 선림에서 따라 쓴 것이다. 첨은 두 자 이름을 쓰는 것을 말하고, 압은 꽃처럼 초서체(草書體)로 그려 쓰는 것을 말한다. 『백장청규』

「입원」에서 「신임 주지는 시전을 마친 뒤 임명장에 먼저 서명해 눌러쓰고 다음으로 날짜를 적고 그 위에 도장 찍는다」 하였다'. … 도충이 말한다. '신임주지가 임명장에 서명하는 경우 독압이라 하고 첨압이라고도 하는데, 모두 모아서 서명한다는 뜻이 아님이 분명하다. 또한 첨(僉)은 첨(簽)으로 써야 한다. 첨(簽)은 첨(籤)이라고 쓰는 것이 바르다'. 忠曰 簽押 本官吏語 禪林循用 僉書雙字名也 押書華押也 敕修淸規入院云 新命視篆訖 就狀上 先僉押 次題日子 使印於上 … 忠曰 如言新命就狀上僉押 則獨押 亦言僉押 非皆集押義 明矣 又僉當作簽 簽作籤爲正"라고 하였다. 〔참고문헌〕『百丈淸規』, 『禪林象器箋』. ⇨첨 簽, 첨단 僉單

첨장 僉狀 서명한 문서. 『백장청규』 권3(대정장48, p.1130b11)에 "여러 산의 여론을 모은 후에 차례로 이름을 적고 서명한다. 又當合諸山輿論 然後列名僉狀", 『선림상기전』 권12(불광장, 禪藏, p.882)에 "첨장 : 도충이 말한다. 첨은 첨(簽)으로 쓰는 것이 바르다. 「첨압」조를 보라. 『백장청규』 「의거주지」에서 '양서와 근구는 이름을 적고 소사에 알려서 청한다'라고 하였다. 僉狀 忠曰 僉作簽爲正 見僉押處 敕修淸規 議擧住持云 兩序勤舊 列名僉狀 保申所司 請之"라고 하였다. 〔참고문헌〕『百丈淸規』, 『禪林象器箋』. ⇨첨단 僉單

첨첨모하인 尖簷帽下人 첨첨모(尖簷帽)를 쓴 사람. 첨첨모는 농부라면 쓰는 모자다. 『허당록』 권5(대정장47, p.1022b23)에 "위산이 앙산에게 물었다. '어디에서 오는가?' '밭에서 옵니다' '하루에도 서너 번은 가고 오네. 어느 때는 환희하고 어느 때는 화나 있네. 머리 돌려 얼굴 바꾸고 의심을 그치니, 원래 저 밭에서 일하는 사람일 뿐이네'. 溈山問仰山 甚處來 仰云 田中來 一日須來三五度 有時歡喜有時嗔 改頭換面休疑著 元是尖簷帽下人"라고 하였다. 〔참고문헌〕『虛堂錄』.

첨탑 尖塔 아래는 크고 위로 갈수록 점점 좁고 뾰족하고 높은 탑. 탑의 일반적인 형태를 말한다. 불탑신앙이 인도에서 기원해 아시아로 퍼진 이래 수많은 탑들이 오랫동안 건립되었다. 1세기에 조성된 초기의 산치대탑은 복발형(覆鉢形)으로 탑신이 넓고 크며 둥글고 위를 장식하는 소위 상륜(相輪)은 몇 개의 사각의 노반(露盤)과 보주만으로 간결하게 마무리되었으나, 중국과 한국 등으로 오면서는 탑신(塔身)도 하나가 아닌 여러 층으로 분화되었고, 탑신을 보호하기 위한 옥개(屋蓋) 또한 층마다 설치하게 되어 삼층·오층·십층탑 등의 다층탑으로 변화하게 되었다. 이에 따라 상륜부 또한 다층의 보륜(寶輪)과 보주(寶珠) 그리고 뾰족한 찰주(刹柱)마저 더해 더 높은 곳에 위치하게 됨으로 결국 탑은 '첨탑'이라고 불리게 된다. 탑 뿐만 아니라 사원의 형태 또한 그 안에 모셔진 차이티야(Caitya) 즉 불탑이나 불상을 모신 불단과 합체로 지어지는 때에는 사원 또한 첨탑의 형태를 띤다. ⇨탑 塔, 스투파 stūpa, 상륜 相輪, 산치 Sanchi, 찰주 刹柱, 차이티야 Caitya, 지제 支提

첨파 瞻波 ❶ 나라 이름. 중인도에 있던 첨파국(瞻波國 Ⓢ Ⓟ Campā). 『중아함경』 권9 「첨파경 瞻波經」(대정장1, p.478b15)에 "어느 때 부처님께서 첨파국을 유행하실 때 항가 못가에 계셨다. 그때 세존께서 보름날 별해탈계인 바라제목차 따라 외우는 포살 때 비구들 앞에 자리를 펴고 앉으셨다. 一時 佛遊瞻波 在恒伽池邊 爾時世尊 月十五日 說從解脫時 於比丘衆前 敷座而坐", 『대방등대집경』 권41(대정장13, p.274a27)에 "대왕이여, 과거세 이 현겁초에 하나의 커다란 성이 있었으니, 그 이름 첨파인데 그 안의 백성들은 화합하여 치성하였다. 大王 過去世時 此賢劫初 有一大城 名曰瞻波 彼中人民和合熾盛"라고 하였다. 〔참고문헌〕『中阿含經』, 『大方等大集經』, *AN.4.59.*, *SN.1.195.* ⇨첨파국 瞻波國❶ ❷ 첨복수(瞻蔔樹 Ⓢ Campaka)의 음사어. 『성관자재보살공덕찬』(대정장20, p.69a11)에 "보살은 항상 삼매에 머물며, 가없는 공덕에 의지한다오. 방편에 따라 거주하는 곳을 드러내는데, 보타락산에 머문다오. … 그 산에는 보배나무가 매우 많으니, 지라가와 첨파 등이다. 菩薩常住三摩地 無邊功德爲所依 隨順方便現所居 補陀落山爲住止 … 彼有寶樹數甚多 低羅迦及瞻波等"라고 하였다. 〔참고문헌〕『聖觀自在菩薩功德讚』, 『佛本行集經』 권5(대정장3, p.675b16). ⇨첨복수 瞻蔔樹

첨파가화 瞻波迦花 첨파가(瞻波迦 : 瞻蔔樹) 나무의 꽃. 첨박가화(瞻博迦花)라고도 한다. 『기세인본경』 권7(대정장1, p.398c5)에 "육지에서 자라는 꽃으로 가장 향기가 좋은 것이라 하면 아제목다가화·첨파가화 … 타노사가이가화 등이다. 其陸生華 最香好者 所謂阿提目多迦華 瞻波迦花 … 陀奴沙迦膩迦花等"라고 하였다. 〔참고문헌〕『起世因本經』. ⇨첨박가화 瞻博迦花

첨파건도 瞻波犍度 Ⓟ Campeyya-kkhandhaka. 첨파(Campa)에서 있었던 일. 율장 건도부(犍度部)에 편제된 이름으로 『팔리율』·『사분율』·『십송율』에서는 '첨파건도'라 하였고, 『유부근본율』과 그 범본에서는 '갈마건도(Karma-vastu)'라는 이름으로 전승했다. 까시(Kasi)에 있는 바샤바가나마을에 가섭(迦葉)이라는 성을 가진 비구가 머물고 있었는데, 어느날 마을을 돌아다니는 객비구들이 여법하지 못한 일로 마을을 어지럽히자 가섭비구가 이를 꾸짖었다. 이에 도리어 객비구들에 의해 갈마하지 않은 채로 쫓겨나 첨파에 머물게 된다.

비구는 이 일을 부처님께 아뢰었고, 석존께서는 몸소 첨파로 오셔서 대중을 모아놓고 죄가 있다면 반드시 드러내 밝히고 난 뒤에야 출빈해야 하며, '거죄갈마 擧罪羯磨'하지 않은 이가 있으면 포살할 수 없음을 분명히 하셨다. 이 일은 모든 율장에서 전승한다. 『사분율행사초자지기』 권상 「석서제 釋序題」(대정장40, p.158a17)에 "첨파건도10〈권43의 후반부 성을 따라서 이름을 삼았다〉. 瞻波犍度十〈四十三後半 從城爲名〉"라고 하였다. [참고문헌] 『四分律行事鈔資持記』, 『四分律』 권44(대정장22, p.885a14), 『十誦律』 권30(대정장23, pp.218a1), *Vin. 1.312.* ⇨ 이십건도 二十犍度, 율장 律藏

첨파경 瞻波經 『중아함경』의 제37경과 제122경 이름. 제37경은 『중아함경』 권9, 고려장17, pp.1108a4~1109c20・대정장1, pp.478b13~479c10, 제122경은 권29, 고려장18, pp.30b11~31c18・대정장1, pp.610c22~611c25에 있다. 율장에서는 「첨파건도 瞻波犍度」로 전한다. 부처님께서 첨파국(瞻波國)에서 있었던 일을 설하신 경이다. 부처님께서 첨파국 유행하시다가 갠지스강가에서 포살할 15일을 맞으셨다. 대중이 모두 모였으나 석존께서는 끝내 움직이지 않으셨다. 이에 여러 번 포살의 때가 되었음을 말씀드렸지만 새벽이 오도록 움직이지 않으셨다. 하룻밤 지난 후에 석존께서 말씀하시길, 이 대중중에 범계하여 부정(不淨)한 비구가 있어 설계할 수 없음을 밝히셨고, 대목건련이 나서서 그 비구를 쫓아내고서야 포살을 하게 되었다. 포살 즉 종해탈(從解脫)을 행하려면 모인 대중이 청정해야 하기 때문이니, 범계한 비구가 있어 바로 참회하거나 대중에 의해 거죄갈마(擧罪羯磨)로 처분받은 비구가 아니라면 바라제목차를 따라 외우는 포살을 시행할 수 없다. 이 일은 모든 율장 건도부에 '첨파건도'라는 이름으로 편제되어 전승되고 있다. 제37경의 이역본으로는 법거(法炬)가 한역한 『항수경 恒水經』(대정장1, No.33)・『법해경 法海經』(대정장1, No.34)과 구마라집이 한역한 『해팔덕경 海八德經』(대정장1, No.35)이 있으며, 상응하는 팔리경전은 앙굿타라니카야 앗타카니파타(Aṭṭhaka-nipāta) 제20경 *Uposatha-sutta*(*AN.4*, pp.204~208)다. 제122경의 이역본으로는 법거(法炬)가 한역한 『첨파비구경 瞻婆比丘經』(대정장1, No.64)이 있으며, 상응하는 팔리경은 앙굿타라니카야 앗타카니파타(Aṭṭhaka-nipāta) 제10경 *Kāraṇḍava-sutta*(*AN.4*, pp.168~172)다. ⇨ 항수경 恒水經, 법해경 法海經, 해덕팔경 海德八經, 첨파비구경 瞻婆比丘經, 포살 布薩

첨파국 瞻波國 **1** Ⓢ Ⓟ Campā, Ⓣ tsam-pa. 고대 인도 십육대국(十六大國) 중 하나로 중인도 폐사리국(吠舍離國 Ⓢ Vaiśālī) 남쪽 지역에 있던 나라이고 석존의 자취가 뚜렷이 전하는 곳이다. 점파국(占波國)・첨파대국(瞻波大國)・첨파성(瞻婆城)이라고도 음사한다. 현재 비하르(Bihar)주 동부의 바갈푸르(Bhāgalpur)에 해당한다. 36권본 『대반열반경』 권28(대정장12, p.788b16)에 "그때 첨파국의 모든 이들은 다 육사를 섬기는 무리로서 일찍이 불법승이라는 말을 듣지도 못하였고, 대부분의 사람들은 아주 나쁜 업을 짓고 있었다. 내가 그때 중생을 위해 첨파성에 갔다. 時瞻婆國一切人民 悉共奉事六師之徒 初未曾聞佛法僧名 多有諸人作極惡業 我於爾時爲衆生故 往瞻婆城", 『대당서역기』 권10(대정장51, p.926c18)에 "첨파국은 그 둘레가 사천여 리이고, 나라의 큰 도성은 북쪽으로 긍가강을 등지고 있는데, 그 둘레가 사십여 리다. … 그 옛날 겁초 인간은 야생의 땅을 파고 살았지 집 짓고 살 줄 몰랐다. 훗날 천녀가 인간세상으로 내려와 갠지스강에서 노닐면서 자신의 아름다움을 뽐내다가 신령에 감응해 임신하였고 네 명의 자식을 낳았다. 섬부주를 나누어 제각기 구역을 정하고 도읍을 마련하였으며 경계를 획정하였는데, 이곳이 바로 한 아들의 수도로서 섬부주 여러 성들의 시초다. 瞻波國周四千餘里 國大都城北背殑伽河 周四十餘里 … 在昔劫初 人物伊始 野居穴處 未知宮室 後有天女 降迹人中 遊殑伽河 濯流自媚 感靈有娠 生四子焉 分瞻部洲 各擅區宇 建都築邑 封疆畫界 此則一子之國都 瞻部洲諸城之始也"라고 하였다. [참고문헌] 『大般涅槃經』, 『大唐西域記』, *Divy.369.*, *AN.4.59.*, *SN.1.195.* ⇨ 십육대국 十六大國 **2** 인도차이나 반도 남동쪽에 존속하였던 나라. 마하첨파(摩訶瞻波)라고도 하며, 임읍국(林邑國)이라 한역한다. ⇨ 마하첨파 摩訶瞻波, 임읍국 林邑國

첨파비구경 瞻婆比丘經 서진(西晉)대 법거(法炬) 한역. 1권. 고려장19, pp.540a1~541b9, No.679・대정장1, pp.862b5~863b6, No.64에 수록되어 있다. 『중아함경』 권29 「대품 大品」에 수록된 제122경 「첨파경 瞻波經」의 이역본이다. 상응하는 팔리경은 앙굿타라니카야 앗타카니파타(Aṭṭhaka-nipāta) 제10경 *Kāraṇḍava-sutta*(*AN.4*, pp.168~172)다. 부처님께서 첨파국(瞻婆國)에 머무실 때 목건련(目揵連 Ⓢ Maudgalyāyana)을 비롯한 대중들을 위해 포살을 여법히 할 것을 가르치셨다. ⇨ 첨파경 瞻波經

첨파성 瞻婆城 첨파국(瞻波國). 『사분율』 권38(대정장22, p.843c23)에 "그때 첨파성의 성주는 부처님의 여러 방편설법을 듣고는 마음에 큰 환희가 일어나 부처님 주변을 위요하는 예를 표하고 난 뒤 자리를 떠났다. 爾時瞻婆城主 聞佛種種方便說法 心大歡喜 卽從坐起 作禮遶佛而去", 『일체경음의』 권26(대정장54, p.477c11)에 "첨파성〈첨파화의 이름을 딴 것이다. 이 꽃 황금색이고 기이하며 그 향은 정결하다. 이 성에 많이 있는데 꽃의 이름을 따 성의 이름을 붙였다〉. 瞻婆城〈瞻婆花名 其花黃色 奇異香潔 此城多有 因花得名也〉"라고 하였다. [참고문헌] 『四分律』, 『一切經音義』. ⇨ 첨파국 瞻波國 ❶, 첨복화 瞻蔔華

첨파왕 瞻婆王 첨파족 출신의 왕. 전륜성왕을 많이 배출하였다. 첨파는 첨비(瞻鞞)·차파(遮波)라고도 한다. 『장아함경』 권22(대정장1, p.149a16)에 "인간이 좋은 생각을 한 이후로는 열 갈래 종족이 있어 전륜성왕이 이어져 끊임이 없었다. … 여섯째가 첨파이고, … 첨파왕으로서 전륜성왕은 열네 명이나 있었다. 從善思已來有十族 轉輪聖王 相續不絶 … 六 名瞻婆 … 瞻婆王有十四轉輪聖王"라고 하였다. [참고문헌] 『長阿含經』, 『佛祖統紀』 권1(대정장49, p.140a11). ⇨ 전륜성왕 轉輪聖王

첨파화 瞻波花 첨파나무 꽃. 『월등삼매경』 권7(대정장15, p.598b24)에 "그때 덕음왕이 두 손으로 (안은덕비구의) 팔을 끌어안고 크게 소리쳐 우니, 모두가 또한 이렇게 하였다. 안은덕비구가 태운 그 팔과 어깨를 보니 저 첨파화 꽃다발 같았으며, 팔이 다시 가늘게 길어져 저 코끼리왕 코 같았다. 일체 모든 보았던 이들이 기이하다 찬탄하고, 부르짖으며 슬픈 눈물 비처럼 흘리지 않은 이 없었다. 爾時 德音王兩手抱臂而大號泣 一切大衆皆亦如是 以見安隱德比丘然其臂髆 如瞻波花鬘 臂復纖長如象王鼻 一切衆人見者奇歎 莫不呼嗟悲泣雨淚", 『섭대승론석』 권2(대정장31, p.166a7)에 "저 서로 이어져 굳게 머물러 무너지기 어려운즉 능히 적실 수 있다. … 저 첨파화에 적셔진 기름 백 유순 이내를 훈습한즉 능히 따라 좇아가 굳게 머물기 때문이다. 若相續堅住難壞 則能受熏 … 若瞻波花所熏油 百由旬內熏習則能隨逐 以堅住故"라고 하였다. [참고문헌] 『月燈三昧經』, 『攝大乘論釋』. ⇨ 첨파 瞻波 ❷, 첨복수 瞻蔔樹

첨품묘법연화경 *添品妙法蓮華經* Ⓢ Saddharmapuṇḍarīka-sūtra, Ⓣ dam-pa'i-chos-pad-ma-dkar-po-shes-bya-ba-theg-pa-chen-po'i-mdo. 수대(隋代) 601년(인수1)에 사나굴다(闍那崛多)와 달마급다(達摩笈多)가 장안 대흥선사(大興善寺)에서 공역. 줄여서 『첨품법화』·『첨품법화경』이라고도 한다. 7권 또는 8권. 총 27품. 고려장9, pp.899a1~976b12, No.118·대정장9, pp.134b24~196a18, No.264에 수록되어 있다. 서문에 따르면, 천축의 다라엽본(多羅葉本)을 거듭 교감하여 서진(西晉)에서 축법호(竺法護)가 한역한 『정법화경 正法華經』(대정장9, No.263)과 후진(後秦)에서 구마라집(鳩摩羅什)이 한역한 『묘법연화경』(대정장9, No.262)의 누락분을 보충하였다 밝히고 있다. 대체로 구마라집 역본을 승계했는데, 다만 『정법화경』과 같이 「제바달다품 提婆達多品」을 제11 「견보탑품 見寶塔品」에 합하고, 구마라집 역본에서 제22품인 「촉루품 囑累品」을 마지막 제27품으로 옮겼다. 그리하여 제21품 이하의 차제는 「다라니품 陀羅尼品」, 「약왕보살본사품 藥王菩薩本事品」, 「묘음보살품 *妙音菩薩品*」, 「관세음보살보문품 觀世音菩薩普門品」, 「묘장엄왕본사품 *妙莊嚴王本事品*」, 「보현보살권발품 普賢菩薩勸發品」, 「촉루품」의 순이 된다. 한편 「약초유품 藥草喩品」 후반은 문장을 증보한 데 반해 「보현보살권발품」 끝은 구마라집 역본에 있는 42자(佛說是經時 普賢等諸菩薩 舍利弗等諸聲聞 及諸天龍 人非人等 一切大會 皆大歡喜 受持佛語 作禮而去)가 빠져 있다. 또 「다라니품」 및 「보현보살권발품」의 주문(呪文)의 음사를 고쳐 썼다. 이외의 문단과 자구 등은 전체적으로 『묘법연화경』과 다르지 않다. [참고문헌] 『*添品妙法*蓮華經』 「序文」(대정장9, p.134c2), 『開元釋教錄』 권20(대정장55, p.703c23). ⇨ 묘법연화경 *妙法*蓮華經, 정법화경 正法華經

첨풍 瞻風 바람을 보다. 발초첨풍(撥草瞻風)으로 쓴다. 『벽암록』 66칙 「평창 評唱」(대정장48, p.196c4)에 "무릇 바랑 메고 발우 지고 풀 뽑고 바람 본다 해야 비로소 행각안 갖추었다 한다. 이 학인의 안목은 흐르는 별인 듯 하지만 암두에게 감파당해 마쳐서는 단번에 꿰뚫는다. 大凡挑囊負鉢 撥草瞻風 也須是具行脚眼始得 這僧眼似流星 也被巖頭勘破了一串穿却", 『속전등록』 권22 「도솔종열 兜率從悅」(대정장51, p.617a5)에 "(무명의) 풀 뽑고 바람 본다 하면 다만 그려 성을 보고자 함인데, 지금 상좌의 성 어디에 있는가? 撥草瞻風 只圖見性 卽今上座 性在甚麽處"라고 하였다. [참고문헌] 『碧巖錄』, 『續傳燈錄』. ⇨ 발초첨풍 撥草瞻風

첩 疊 ❶ 포개다. 『대반열반경』 권중(대정장1, p.197b20)에 "혈변을 보고 나무 아래로 돌아와서 석존께서는 아난에게 명하셨다. '내 승가리의를 가져와서 네 번 포개어 땅에 펼쳐다오. 앉아서 쉬고 싶구나. 전처럼 돌아갈 순 없겠구나'. 而便下血 旣還樹下 而勅阿難 汝可取我僧伽梨衣 四疊敷地 我欲坐息 不堪復前", 『동산어록』 「보경삼매가 寶鏡三昧歌」(대정장47, p.515a25)에 "중화리괘(☲)의 6효는 편정으로 서로 바꾸네. 포개 3이 되게 하고 변화 다해서는 5를 이루네. 重離六爻 偏正回互 疊而爲三 變盡成五"라고 하였다. [참고문헌] 『大般涅槃經』, 『洞山語錄』. ❷ 실로 짠 천. 『장아함경』 권3 「유행경 遊行經」(대정장1, p.19b7)에 "복귀는 두 벌의 황금빛 천을 걸치고 있었는데, 값어치가 백천은 되었다. 바로 자리에서 일어나더니 무릎 꿇고 차수하며 부처님께 아뢰었다. '지금 이 천을 세존께 받들어 올립니다. 원컨대 받아주옵소서'. 부처님이 복귀에게 말하였다. '그대는 하나는 나에게 베풀고, 다른 하나는 아난에게 베풀라'. 福貴被二黃疊 價直百千 卽從座起 長跪叉手 而白佛言 今以此疊 奉上世尊 願垂納受 佛告福貴 汝以一疊施我 一施阿難"라고 하였다. 〔참고문헌〕『長阿含經』.

첩 氎 Ⓢkarpāsa, Ⓟkappāsa. 털로 짠 천. 겁패(劫貝)·겁파라(劫波羅)·겁파사(劫波沙) 등으로 음사한다. 『불반니원경』 권하(대정장1, p.168b25)에 "부처님께서 아난을 불러 말씀하셨다. '금실로 짠 덮개를 가져오라. 색이 아주 좋은 황금색이구나!' '제가 부처님을 모신 지 스무 해나 됐는데, 일찍이 이렇게 좋은 모포는 본 적이 없습니다'. 佛呼阿難 持金織成氎布來 色大好正黃 阿難言 我侍佛二十餘年 未曾見氎 好乃如是", 『기세경』 권2(대정장1, p.320a26)에 "향즙으로 씻긴 후에 먼저 겁파사첩으로 몸속을 채우고, 그 다음 손질하지 않은 털옷으로 그 위를 거듭 싼다. 그 다음 다시 더 좋고 섬세한 천으로 오백 단 두 겹으로 그 위를 차례로 싸매며, 싸맨 다음에는 금관에 소유 가득 채우고 전륜성왕의 몸을 안치한다. 香汁洗已 先用劫波娑氎儭身裹之 然後乃以不擣氎衣 於上重裹 次復更以殊妙細氎足五百段 就二氎上次第纏之 裹纏畢已 又取金棺 滿盛蘇油 持輪王身 置之棺內", 『일체경음의』 권27(대정장54, p.487c2)에 "첩〈도와 혐을 반절한 소리이다. 가는 털로 짠 모포인데, 지금의 것은 그렇지 않다. 별도의 첩화로 짜서 베를 만드는데, 그 가는 털로 만들어진 모든 베옷이 이것이다〉. 氎〈徒協反切韻 細毛布 今謂不然 別有氎花 織以爲布 其毛所作 諸褐罽是〉"라고 하였다. 〔참고문헌〕『佛般泥洹經』, 『起世經』, 『一切經音義』, *Divy.212.*, *MN.3.175.* ⇨ 겁패 劫貝

첩변 捷辯 칠종변(七種辯) 중 하나. 거침없는 말솜씨. 『화엄경소』 권17(대정장35, p.634a8)에 "무착이란 이름을 논에서 이름하길 불착이라 하였다. 변재로 설한 법에 대해 주착함이 없었다. 곧 칠변 중 첩변이라 할 수 있으며, 말해야 하면 바로 말하므로 무착이다. 無著者 論名不著 辯才於所說法 無住著故 卽七辯中捷辯 須言卽言 故無著也", 『원오어록』 권3(대정장47, p.726a9)에 "마조대사의 거침없는 말솜씨는 저 세찬 물살 가르는 칼날 같다. 馬祖大師捷辯 如奔流度刃", 『종용록』 35칙 「시중 示衆」(대정장48, p.250b20)에 "날쌘 기량과 거침없는 말솜씨로 외도와 천마를 무찌르고, 격을 벗어나고 종도 넘어서서 간절히 상근리지를 위한다. 홀연히 한 방망이 맞는다 해도 고개 돌리지 않는 이 만나면 어찌하겠는가? 迅機捷辯 折衝外道天魔 逸格超宗 曲爲上根利智 忽遇箇一棒打 不迴頭底漢時如何"라고 하였다. 〔참고문헌〕『華嚴經疏』, 『圜悟語錄』, 『從容錄』, 『大明三藏法數』 권22(영락장182, p.306b5). ⇨ 칠종변 七種辯

첩사 㯙師 신라후기 포산의 성인인 관기(觀機)와 도성(道成)을 이은 아홉 명의 도인(道人) 중 한 스님. 『삼국유사』 권5(대정장49, p.1016c8·한불전6, p.365b18) 피은(避隱) 포산이성(包山二聖)에 "이 모두 두 성사의 영감이고 산신이 거둔 뜻이다. 산신의 이름은 정성천왕으로 일찍이 가섭불 때 부처님께 부촉받은 본서에 기다려 산중에 일천인이 출세하여서 거듭 나머지 보를 받으리라 하였는데, 지금 이 산중에 일찍이 9성이 기록되었다 하나 남겨진 일인즉 자세하지 않다. 9성은 반사·첩사·도의·자양·성범·금물녀·백우사다. 乃二聖之靈感 或岳神攸助也 神名靜聖天王 嘗於迦葉佛時受佛囑有本誓 待山中一千人出世 轉受餘報 今山中嘗記九聖遺事則未詳 曰 觀機 道成 搬師 㯙師 道義 子陽 成梵 今勿女 白牛師"라고 하였다. 〔참고문헌〕『三國遺事』 권5 包山二聖. ⇨ 관기 觀機, 도성 道成

첩삼변오 疊三變五 거듭해서 셋이 되고 변하여 다해서는 다섯이 된다는 첩이위삼변진성오(疊而爲三變盡成五). 『종통편년』 권15(卍속장147, p.227b8)에 "「보경삼매가」에서 육효(六二·六五)가 거듭하고 변해서 첩삼변오한다는 말뜻은 분분하여 하나가 아님을 유추할 뿐이다. 寶鏡三昧 重離六爻 疊三變五之言 紛紛不一 可類推也", 『열경십이종』 권4 「유마요설 維摩饒舌」(卍속장59, p.261a16)에 "(『유마경』에) '무위를 보고 정위에 든다 한 것은 고원육지에서는 연꽃이 피지 못함과 같다' 하였으니, 이는 성문이 정위에 듦이다. 보살은 비록 제법에 남이 없음을 알지만 정위에 들지 않고, 정중에서 기울고 기우는 중에 바로하니, 첩삼변오하며 번갈아 바꾸기를 분명히 한다. 若見無爲入正位者 高原陸地不生蓮華 聲聞入正位 菩薩雖知諸法不生 而不入正位 正中偏 偏中正 疊三變五 回互分明"라고 하였다. 〔참고문헌〕『宗統編年』, 『閱經十二種』, 『維摩經』 권중(대정장14, p.549b6). ⇨ 첩이위삼변진성오 疊而爲三變盡成五

첩상 貼相 만조의(縵條衣)에 천 조각을 붙여서 가사의 조(條)인 듯 밭 모양(田相)을 짓는 것. 『석씨요람』 권상(대정장54, p.269b19)에 "첩상 : 이 법은 만조의로부터 생겨났다. 『십송율』에 '비구가 산이나 들에 머물 때는 만조의 입는 것을 허락하였지만 입고서 취락에 들어가는 것은 허하지 않았으니, 반드시 그 위에다 붙여서 밭 모양의 전상을 지어야 한다' 하였다. 또 '비구가 옷이 적어서 할절할 수 없으면 반드시 옷 위에다 붙여야 한다. 5조·7조·9조나 15조를 넘게 하는 등이다'라고 하였다. 貼相 此法自縵條起也 十誦律云 比丘居山野 許著縵條衣 不許著入聚落 應於衣上 貼作田相 又云 比丘貧少衣 不能割截 應於衣上安貼 若五七九條 若過十五條等", 『조정사원』 권8(卍속장113, p.238a13)에 "또 『법안전통기』에 따르면 이렇게 전한다. '납의가 혹은 푸른색 비단이거나 첩상을 함은 당숙종이 남양국사를 입궐하라 부름에서 비롯하였다. 국사의 납의가 해지고 닳았었는데 궁의 여인네들이 자주색 비단이 섞인 푸른색 비단으로 첩상을 하였다. 국사가 이를 자주 입었는데, 이로써 이어졌다. 又法眼傳通記云 衲衣 或青絹者 或貼相者 始於唐肅宗詔南陽國師入內 衲衣損壞 宮嬪以青絹幫紫絹貼相 國師多著 由此相承矣"라고 하였다. [참고문헌]『釋氏要覽』,『祖庭事苑』. ⇨ 만의 縵衣, 만조 縵條, 전상 田相

첩신사계 貼身死計 몸에 붙어 죽기만을 헤아리네.『오가정종찬』권1(卍속장135, p.909b17)에 "이 몸 섬기는 이 죽음만을 계책할 뿐이니, 저 너럭바위 이는 구름 위에 앉은 듯하고, 믿어 말하고 답하여 선이라 하지만, 저 녹슬어 푸른 부스러기 던져 비오듯 할 뿐이라네. 貼身死計 磐石坐生雲 信口答禪 碌磚拋似雨"라고 하였다. [참고문헌]『五家正宗贊』.

첩어 喋語 쉽고 편하게 덧붙여 말함. 끊임없이 재잘대는 말로 첩어(喋語)라고도 쓴다.『정심계관법발진초』권하말(卍속장105, p.434a1)에 "첩어는 한 글자로 첩(喋)〈도와 협을 반절한 음〉이라 한다. 쉽고 편하게 말함을 뜻한다. 대사가 지은「불도논형서」(대정장52, p.363b3)에서 '재잘재잘 떠들던 백성들은 감히 맞서서 말할 줄은 모른다'고 한 대목에 그 예가 보인다. 牒語合作喋〈徒協切〉 便語也 大師撰 佛道論衡序云 喋喋黔首 無敢抗言"라고 하였다. [참고문헌]『淨心戒觀法發眞鈔』.

첩여우왕상 睫如牛王相 ➡ 안첩여우왕상 眼睫如牛王相

첩엽의 帖葉衣 옆옆이 조각을 이어 붙인 옷. 가사는 조각을 이어 짓기에 종횡으로 조(條)가 있게 된다. 그 각각의 이음새를 접어 잎새처럼 이어붙이기에 붙인 이름이다. 할절의(割截衣)와 통한다.『사분율』권41(대정장22, p.863a29)에 "그때 어떤 비구가 넓고 긴 만의를 얻었기에 잘라서 가사를 만들려 하였으니, 첩엽의를 짓고자 했던 것이다. 이를 부처님께 여쭙자 부처님께서 '짓도록 허락한다'고 하셨다. 그때 그 비구가 넓고 긴 만의를 얻은 뒤에 오납의를 짓고자 부처님께 여쭈었더니 부처님께서 '짓도록 허락한다'고 하셨다. 爾時比丘 得縵衣廣長足 卽裁割作衣 少欲作帖葉衣 白佛 佛言 聽作 爾時比丘 得縵衣廣長足 欲作五納衣 白佛 佛言 聽作"라고 하였다. [참고문헌]『四分律』. ⇨ 첩상 貼相, 할절의 割截衣, 가사 袈裟, 만의 縵衣

첩육한삼 貼肉汗衫 몸에 붙는 속옷. 한삼(汗衫)은 속옷을 말하며 법에 대한 집착이 강하여 쉽게 벗어버리지 못함을 비유한다.『종문염고휘집』권21(卍속장115, p.757b15)에 "점검해보면 살에 들러붙은 속옷인 듯 능히 벗을 수 없다. 檢點將來 大似貼肉汗衫未能脫體",『열조제강록』권14(卍속장112, p.387a6)에 "마조가 큰 소리를 질러 백장의 귀가 먹었으니, 바로 살에 들러붙은 속옷 벗어던진 듯 하였으니 해골 앞의 망상을 집어낸 것이다. 馬祖一喝百丈耳聾 正是去却貼肉汗衫 拈却髑髏前妄想",『원오심요』권상(卍속장120, p.733b5)에 "도 본래 말 없으나 말로 인하여 그 길 드러낸다. 진실로 그 길 체득한 사람은 마음에서 통하고 바탕에도 밝아 여지없이 곧바로 천 겹 만 겹으로 살에 때묻은 옷 곧장 벗어던지고 본래의 진정묘명을 활연히 깨닫는다. 道本無言 因言顯道 若眞體道之人 通之於心 明之於本 直下脫却千重萬重貼肉汗衫 豁然契悟本來眞淨明妙"라고 하였다. [참고문헌]『宗門拈古彙集』,『列祖提綱錄』,『圜悟心要』. ⇨ 첩체의삼 貼体衣衫

첩이위삼변진성오 疊而爲三變盡成五 거듭해 셋이 되고, 변해 다해서는 다섯을 이룬다. 동산양개(洞山良价)가「보경삼매가 寶鏡三昧歌」에서『주역』의 리괘(☲)를 들어 한 법문이다.『동산어록』「보경삼매가」(대정장47, p.515a25)에 "거듭 떠나는 육효는 편정을 서로 바꾸고, 거듭해 셋이 되게 하고는 변해 다해서는 다섯이 된다네. 重離六爻 偏正回互 疊而爲三 變盡成五"라고 하였다. 이 네 구에 대해『영각원현광록』권27「보경삼매주 寶鏡三昧註」(卍속장125, p.707b6)에서 "'편정회호'는 음양변이다. '첩이위삼'이란 거듭해 변하여 3효에 이른다는 뜻이다. 偏正回互 謂陰陽變易也 疊而爲三者 謂疊變至三爻也", "'변진성오'란 위 세 효가 변한즉 불과 불 되어서 이미 건널 괘(䷾) 이루니 정중편을 보이고, 아래 세 효가 변하면 화수미제괘(䷿)를 이루니 편중정을 나타낸다. 중간 제345효 체를 바꾸어 변한즉 풍뢰익괘(䷩)를 이루니 겸중지를 나타내고, 제234효가 바뀌어 변하면 산택손괘(䷨)를 이루니 겸중도를 나타낸다. 變盡成五者 以上三爻變 則成水火旣濟卦 象正中偏 以下三爻變 則成火水未濟卦 象偏中正 以中間互體三四五爻變 則成風雷益卦 象兼中至 以二三四爻變 則成山澤損卦 象兼中到", "기제괘와 미제괘, 이미 두 괘 화(火 : ☲)를 편(偏)에 짝짓고 수(水 : ☵)를 정(正)에 짝지었으니 그 뜻을 알 수 있다. 손괘와 익괘, 두 괘는 모두 서로 바뀜에서 나왔으니, 바로 겸의 뜻이다. 풍(風 : ☴)·뢰(雷 : ☳)는 모두 움직이니, 겸지가 용을 발함을 나타낸다. 산(山 : ☶)·택(澤 : ☱)은 모두 고요하니, 겸도가 체로 돌아감을 나타낸다. 旣未二卦 以火配偏 以水配正 其義可見 損益二卦 皆出於互 卽兼義也 風雷俱動 象兼至之發於用 山澤俱靜 象兼到之歸於體", "이괘(☲) 본 괘는 정중래를 본떴으니, 이괘는 이에 마음이다. 마음이 일신중에 거함을 나타낸다. 또 정중래는 안은 검고 밖은 명백함을 나타내니, 바로 이괘의 모양새다. 離本卦象正中來 以離乃心 象心居一身之中 叉正中來 象內黑而外白 正離之象也"라고 하였다. 〔참고문헌〕『洞山語錄』, 『永覺元賢廣錄』, 『寶鏡三昧本義』(卍속장111, p.270a1). ⇨삼첩오변 三疊五變, 변진성오 變盡成五, 중리육효 重離六爻, 정편회호 正偏回互, 보경삼매가 寶鏡三昧歌

첩질귀 捷疾鬼 야차(夜叉 Ⓢyakṣa)의 한역어 중 하나. 아육왕이 원을 세우고 야사존자(耶舍尊者)가 광명을 놓아 사바세계 가득 팔만사천세존사리탑을 세우고자 할 때 그 탑들을 낱낱이 안치했다. 『주대승입능가경』 권9(대정장39, p.498b18)에 "야차는 첩질귀 또는 고활이라 한역한다. 夜叉 此云捷疾鬼 亦云苦活", 『석씨계고략』(대정장49, p.755a15)에 "석가문불사리보탑 : 동천축국의 아육왕은 칠보를 가루로 잘게 부수어 팔만사천개의 보탑을 조성하고 나서 서역과 용궁에 감춰진 세존사리를 모두 거두어 그 낱낱의 탑에 안치하고자 하였다. 왕은 야사존자로 하여금 손가락 펼쳐 빛을 놓게 하였으니, 팔만사천 갈래 길을 열게 했다. 이어 명하여 첩질귀들이 각각 낱낱의 빛줄기 다하는 곳에 탑 하나씩 안치하도록 하니 사바세계에 가득하게 되었다. 釋迦文佛舍利寶塔 東天竺國 阿育王 碎七寶末 造八萬四千寶塔 盡收西域 及龍宮所藏 世尊舍利 一一塔之 命耶舍尊者 舒指放光 八萬四千道 令捷疾鬼 各隨一光盡處 安置一塔 遍娑婆界"라고 하였다. 〔참고문헌〕『注大乘入楞伽經』, 『釋氏稽古略』. ⇨야차 夜叉, 아육왕탑 阿育王塔

첩질변 捷疾辯 칠종변(七種辯) 중 하나로 거침없이 말하고 빠르게 가려 답할 수 있는 말솜씨. 첩질변재(捷疾辯才)라고도 한다. 『대지도론』 권55(대정장25, p.450c26)에 "반야바라밀을 행하여 일체법에 어떤 장애도 없기에 첩질변을 얻는다. 어떤 이 비록 첩질을 얻는다 해도 근기가 둔하면 깊이는 들어갈 수 없다. 行般若波羅蜜於一切法無礙故 得捷疾辯 有人雖能捷疾 鈍根故不能深入", 『법집경』 권5(대정장17, p.638a5)에 "첩질변재란, 가리는 재능을 따라 말해 던짐이 빠르니 모든 중생을 교화한다. 捷疾辯才者 隨以辯才 言辭速疾 敎化一切衆生", 『심부주』 권2(卍속장111, p.55a12)에 "칠변재라 하였으니, 첫 번째 첩질변은 바로 답할 수 있어 생각하지 않는다. 有七辯才者 一 捷疾辯 卒答不思"라고 하였다. 〔참고문헌〕『大智度論』, 『法集經』, 『心賦注』. ⇨첩변 捷辯, 칠종변 七種辯, 법무애 法無礙

첩질상지 捷疾相智 Ⓟtakkī hoti vīmaṃsī. 빠르지만 얇은 지식. 사견의 사문이나 외도의 견해(迷智)를 말한다. 첩질지(捷疾智)라고도 한다. 『장아함경』 권14 「범동경 梵動經」(대정장1, p.90b3)에 "어떤 사문과 바라문은 첩질상지가 있어 능숙히 관찰하는데, 첩질상지의 방편관찰로 진실을 살핀다 하고는 자기 소견과 자기의 말솜씨로 말하길 '아와 세간은 상주한다' 하니 이것이 바로 네 가지 견해다. 사문과 바라문은 이 본겁본견을 인으로 아와 세간이 상이라고 계탁한다. 或有沙門 婆羅門 有捷疾相智 善能觀察 以捷疾相智方便觀察 謂爲審諦 以己所見 以己辯才作是說言 我及世間是常 此是四見 沙門 婆羅門 因此於本劫本見 計我及世間是常", 『사리불아비담론』 권20(대정장28, p.658c19)에 "또한 어떤 사문 바라문은 첩질상지 있어 능히 관찰한다고 하는데, 저들이 첩질상지로 이렇게 말한다. '이 세계는 인 없이도 존재한다. 이것 실이고 나머지는 허망하다'. 或有沙門婆羅門 有捷疾相智 善能觀察 彼以捷疾相智觀察已 如是說 此世間無因而有 此實餘虛妄"라고 하였다. 〔참고문헌〕『長阿含經』, 『舍利弗阿毘曇論』, *DN.1.16.*

첩채 貼菜 평소에 대중이 먹는 채소 이외에 별도로 더하여 공양하는 채소. 『선림상기전』 권16(불광장, 禪藏, p.1274)에 "첩채 : 상주대중이 먹는 채소 외에 스스로 별도로 덧붙여서 공양하는 뜻을 드러낸 것을 첩채라 한다. 貼菜 常住所飯菜外 自別貼附 表供養意 曰貼菜"라고 하였다. 〔참고문헌〕『禪林象器箋』.

첩체분명 貼體分明 끝내 그 바탕 떨쳐낼 수 없음이 분명하다네. 회신멸지(灰身滅智) 하지 않는 한 떨쳐낼 수 없는 이 몸과 마음, 또는 모든 것 사무쳐 벗어나서 육근을 탈각한 듯 해도 여섯 갈래 근과 경 또 다시 저 멀리 과거와 미래로, 동과 서로 분주할 수밖에 없는 사태를 분명히 보아 깨우친 것의 비유다. 『벽암록』 24칙 「송頌」(대정장48, p.165b10)에 "일찍이 철마에 올라 겹겹의 성에 드네〈싸움 잘하는 작가요 변방의 장군이니 일곱 무기 늘 몸을 따르네〉 칙명 내리자마자 여섯 나라 평정했다 들려오네〈개에게 사면장 물리고, 환중천자여! 바다 고요하고 강마저 맑으니 어찌하랴〉. 여전히 금채찍 부여잡고 돌아가는 나그네에게 묻노니〈이 무슨 소식인가? 한 자루 주장자 두 사람 붙들고는 서로 불러 함께 가고 또 함께 오네〉, 밤 깊은데 누구와 더불어 대궐길 나서리〈그대 소상을 향하고 나는 진으로 간다네. 말해 보라. 가서 무엇하려나〉 曾騎鐵馬入重城〈慣戰作家 塞外將軍 七事隨身〉 勅下傳聞六國淸〈狗銜赦書 寰中天子 爭奈海晏河淸〉 猶握金鞭問歸客〈是什麽消息 一條拄杖兩人扶 相招同往叉同來〉 夜深誰共御街行〈君向瀟湘我向秦 且道 行作什麽〉", 같은 책 24칙 「평창 評唱」(대정장48, p.165b14)에 "설두가 송한 것들 제방에서 극칙으로 삼지만 일백송 중에 이 송, 뜻으로 낸 길 중엔 참으로 더할 나위 없고, 나아가서도 극히 묘하고 어쩌지 못하는 그 바탕 분명하게 노래해 드러냈다. 雪竇頌 諸方

以爲極則 一百頌中 這一頌最具理路 就中極妙 貼體分明頌出"라고 하였다. 〔참고문헌〕『碧巖錄』. ⇨ 제종칠사수신 濟宗七事隨身, 구칠사 俱七事, 칠사 七事

첩체의 貼體衣 몸에 달라붙는다는 옷. 『굉지광록』 권3(대정장48, p.28c13)에 "은밀한 땅에서는 절대 공훈에 떨어지지 말아야 한다. 몸에 붙은 옷 반드시 벗어던져야 한다. 穩密田地 忌墮功勳 貼體衣裳 會須脫却", 『정법안장』 권1(卍속장118, p.4b14)에 "중하다 여기는 순간 문득 소굴이 된다. 옛사람은 몸에 들러붙는 옷이라고 하였는데, 이 병 다스리기 참으로 어렵다. 纔有所重便成窠臼 古人喚作貼體衣 病最難治"라고 하였다. 〔참고문헌〕『宏智廣錄』, 『正法眼藏』.

첩체의삼 貼体衣衫 몸에 붙은 적삼. 벗으려 해도 벗어던질 수 없는 분별망상과 심지어 보리열반 진여불성이라 이름붙인 것들을 일컫는다. 삼은 복(腹)으로도 쓴다. 『종용록』 57칙 「본칙 本則」(대정장48, p.263a24)에 "엄양존자가 조주에게 물었다. '한 물건도 가져오지 않았을 때는 어떻습니까?〈여전히 분 밖의 일이다〉' '내려놓으시게'〈몸에 붙은 적삼마저 벗어야 하리〉' '한 물건도 가져온 일 없는데 무엇을 내려놓습니까?〈사람은 자기 잘못을 모르고, 소도 힘 센 줄 모른다〉' '그렇게 하면 짊어지고 가야 한다〈불러도 돌아볼 줄 모르니 어찌하겠는가?〉' 擧 嚴陽尊者問趙州 一物不將來時如何〈猶是分外〉 州云 放下著〈貼体衣衫會須脫却〉 嚴云 一物不將來 放下箇甚麽〈人不知己過 牛不知力大〉 州云 恁麽則擔取去〈喚不回頭爭奈何〉", 『경덕전등록』 권28 「조주종심화상어 趙州從諗和尙語」(대정장51, p.446b19)에 "진정한 부처는 집안에 앉아 있다. 보리다 열반이다 진여다 불성이다 모조리 몸에 붙는 의복일 뿐이어서 번뇌라고도 부른다. 眞佛內裏坐 菩提涅槃 眞如佛性 盡是貼體衣服 亦名煩惱"라고 하였다. 〔참고문헌〕『從容錄』, 『景德傳燈錄』. ⇨ 첩육한삼 貼肉汗衫

첩츤 疊襯 옷가지를 개어서 감싸다. 『선원청규』 권2 「소참 小參」(卍속장111, p.886b18)에 "가사는 잠자리에 들 때 개어서 깨끗한 수건으로 덮는다. 袈裟臨臥 淨巾疊襯"라고 하였다. 〔참고문헌〕『禪苑淸規』.

첩친 貼櫬 특별히 수고롭게 지낸 날 대중이나 소임에게 한층 더하여 나누는 보시. 친은 보시(Ⓢ dakṣiṇā)한다는 뜻이다. 『백장청규』 권2 「영시존숙 迎侍尊宿」(대정장48, p.1122c11)에 "청객시자는 장을 갖추고 특위관대를 청하며 산문은 음식과 보시할 것 준비하고 방장은 첩친을 준비한다. 請客侍者具狀 請特爲管待 山門置食備櫬 方丈備貼櫬", 『선림상기전』 권20(불광장, 禪藏, p.1614)에 "첩친 : 도충이 말한다. '특별히 수고롭게 한 이가 있으면 보시물을 한층 더한다. 이를 첩친이라 한다'. 貼櫬 忠曰 修法會等 有特勞者 加增其施物 此謂貼櫬"라고 하였다. 〔참고문헌〕『百丈淸規』, 『禪林象器箋』.

첩혜 捷慧 팔혜(八慧) 중 하나로 지체 없이 아는 지혜. 『불지경론』 권2(대정장26, p.299a15)에 "부처님께서 설하신 법과 율에 대해 빠르게 그 뜻에 들기에 첩혜라고 한다. 於佛所說法毘柰耶 速入其義 故名捷慧", 『유가사지론』 권83(대정장30, p.761a18)에 "'첩혜'는 신속하게 잘 아는 것이다. 言捷慧者 速疾了知故"라고 하였다. 〔참고문헌〕『佛地經論』, 『瑜伽師地論』. ⇨ 팔혜 八慧

첩화 疊華 보기좋게 꽃무늬져 겹겹으로 쌓아놓은 옷감. 『대방등대집경』 권13(대정장13, p.87b26)에 "마치 꽃무늬진 천으로 한 가지라 해도 뛰어난 솜씨로 지었으면 비싼 값의 옷이 되고, 서툰 솜씨라면 싼 값의 옷이 되는 경우와 같다. 如一疊華 無有差別 巧方便故 得上價衣 拙方便故 得下價衣", 『법화현의』 권9상(대정장33, p.791c22)에 "무명 베 천근이 순금 한 냥만 못하다. 그러므로 이것을 기준으로 추한 질과 아름다운 질을 나눈다. 疊華千斤 不如眞金一兩 故約此判麤妙也", 『낙방문류』 권4 「만선동귀집간시서방 萬善同歸集揀示西方」(대정장47, p.199a27)에 "그러므로 알아야 하리. 선과 악 정한 바 없고 인연의 바탕 공하다 하지만, 그 자취 오르고 내림 있고 일에는 우열 구분이 있음을. 순금 한 냥이 백 냥의 수놓은 베보다 낫고, 잦아진 불의 꺼질 듯한 빛이라도 만 길로 쌓인 풀을 불사른다. 故知 善惡無定 因緣體空 跡有升沈 事分優劣 眞金一兩 勝百兩之疊華 爝火微光 爇萬仞之積草"라고 하였다. 〔참고문헌〕『大方等大集經』, 『法華玄義』, 『樂邦文類』.

청 請 ❶ Ⓢ adhi-√iṣ, adhyeṣaṇā, adhyeṣanti, Ⓟ ajjhesati, Ⓣ gsol-ba-btab-pa. 법(法)이나 제계(制戒) 등을 청함. 법(法)을 설해주시기를 청하거나 제계(制戒)를 청한 일 때문에 이 세간에 경법(經法)과 율장(律藏)이 있게 되었다. 석존(釋尊)의 생애를 통해 가장 의미있는 청이라면 단연코 성도직후(成道直後) 범천이 법을 청(梵天勸請)한 일이다. 일대장교(一大藏教)인 십이분교(十二分教) 중 상품(上品)의 수승한 인연을 위해 무문자설(無問自說 Ⓢ Udāna)하신 외에는 청함을 인연으로 법을 설하셨으니, 이는 부처님 스스로 법에 집착함이 없으셨고, 중생이 청법하여 복 지을 수 있게 하기 위함이었으며, 나아가 외도의 비난에서도 자유로우셨기 때문이었다. 경과 율이 있게 된 연기(緣起)를 크게 셋으로 나누었으니, 첫째 청함이 있어 설하셨고, 둘째 범(犯)함이 있어 제계하셨으며, 셋째 일이 일어나도(因事) 법을 설하셨다. 따라서 중생이 근기 따라 청하고,

범함이 있어 청하고, 세간에 예측할 수 없는 일이 있어 부득이 청해 그 많은 부처님법이 있게 되었다. 『보살본행경』 권상(대정장3, p.112c8)에 "그 옛날 부처님께서 처음 도를 얻고 생각하셨다. '중생의 어리석고 뒤바뀐 견해가 강경하여 교화하기 어려우니, 내가 설령 설법해도 누가 기꺼이 믿고 받아들이겠는가? 부처를 찾아와 법을 청하는 이도 있을 리 없다. 차라리 반열반을 취하는 것이 낫겠구나'. 범천이 부처님께서 열반에 들고자 하심을 알고 … 부처님께 아뢰었다. '삼계중생이 눈멀어 어두운지 매우 오래인데, 대성께서 출현하셨습니다. 세존이시여, 대자대비와 한량없이 큰 자애로움으로 저희 청을 들어주시고, 꼭 저희 청을 받아주셔서 법장을 열어 연설하여 혜의 광명을 베풀어주십시오'. 昔佛初得道 惟念 衆生愚癡倒見剛强難化 吾設當爲說法者 誰肯信受 不如取般涅槃 亦無有來請佛說法者 梵天知佛意欲取涅槃 … 白佛言 三界衆生盲冥甚久 大聖出現 唯願世尊 以大慈大悲 無量大哀 願受我請 必受我請 開演法藏施慧光明", 『방광대장엄경』 권10(대정장3, p.598b12)에 "부처님께서는 중생을 위해 큰 보리심을 내시어, 이제 이미 마를 항복시키고 무상도를 성취하셨으니, 청컨대 아직 제도하지 못한 이를 속히 제도하고 대법륜을 굴려주소서. 佛爲衆生故 起大菩提心 今已降魔怨 得成無上道 請速度未度 轉于大法輪", 『대성문수사리보살불찰공덕장엄경』 권상(대정장11, p.904b6)에 "이때 미원생왕이 부처님께 말했다. '세존이시여 참으로 기특합니다. 여래응공정등각께서 이렇게 훌륭하게 설해주셨으니, 저는 차라리 법을 듣다가 요절할지언정, 법문을 듣지 않고 목숨을 늘이기를 원치 않습니다'. 이때 대왕은 다시 세존께 저녁 설법을 청했고, 그때 세존께서는 즉시 청을 들어주셨다. 爾時未生怨王白佛言 世尊 甚奇甚特 如來應正等覺 如是善說 我今寧可聞法中夭 不願不聞壽命長遠 是時大王復請世尊晡時說法 爾時世尊卽便聽許", 『대방등대집경』 권20(대정장13, p.142b13)에 "그때 세존께서 곧 칠보사다리를 밟고 연꽃 위에 올라 시방을 관하시고 파순에게 말씀하셨다. '파순아, 너도 마땅히 기쁜 마음을 내거라. 왜냐하면, 너로 인해 이 대집(大集)이 있게 되었기 때문이다. … 이러한 일들은 모두 너로 인한 것이니, 네가 나에게 청한다면 내 마땅히 설법해 주리라'. 爾時 世尊卽蹬寶梯坐蓮華上 遍觀十方告波旬言 波旬 汝亦當生歡樂之心 何以故 以汝因緣有是大集 … 如是等事 皆因於汝 汝當請我 我當說法", 『입능가경』 권1(대정장16, p.516a9 : *Laṅk.*, p.7)에 "라바나 등 대중들이 설법할 이에게 공양한 것은 설하신 법과 몸소 행하신 경계를 관하고자 함이었다. 대혜보살께 공양을 올리며 거듭 청했다. '보살은 능히 부처님께 몸소 행하신 경계를 물을 수 있습니다'. 羅婆那等衆 供養說法者 觀察所說法 內身證境界 供養大慧士 數數而請言 大士能問佛 內身行境界 rāvaṇo yakṣavargāśca saṃpūjya vadatāṃ varam, mahāmatiṃ pūjayanti adhyeṣanti punaḥ punaḥ, tvaṃ praṣṭā sarvabuddhānāṃ pratyātmagatigocaram", 『유부율』 권10(대정장23, p.678b19)에 "사리자가 말했다. '구수여, 그대들은 법 아닌 것을 지어 덕망 있는 필추를 곤란하게 하지 마라. 큰 스승이신 세존께서는 일체지를 구족하고 일체사에 대자재를 얻으셨으니, 너희들은 지금 마땅히 가서 부처님께 청해 의심을 풀어라. 부처님의 가르침에 따르고 그대들은 마땅히 받들어 행해야 한다'. 舍利子言 具壽 汝等勿作非法 惱亂耆宿有德苾芻 大師世尊具一切智 於一切事得大自在 汝今應往請佛決疑 隨佛所教汝當奉行"라고 하였다. 한편 상수(上首)와 대중이 거듭 청하는 중청(重請)도 있으니, 『장아함십보경』 권상(대정장1, p.233b26)에 "부처님께서 사위국 기수급고독원에 계셨다. 이때 현자 사리불이 아뢰길 '여러 비구들이 법문 듣기를 청합니다. 처음도 좋고 중간도 좋고 끝도 좋으며, 혜도 있고 방편도 좋고, 번뇌를 멸하고 구경에 이르게 하는 으뜸의 가르침을 설하시리니, 하나에서 열에 걸쳐 듣고, 기울여 듣고 마음을 다해 새겨들으며, 참다운 말씀 듣고자 합니다'. 여러 비구들이 현자 사리불을 따라 청했다. '원컨대 듣고자 합니다'. 佛在舍衛國祇樹給孤獨園 是時 賢者舍利曰 請諸比丘聽說法 上亦好 中亦好 竟亦好 有慧有巧 最具淨除至竟說行 聽從一增至十法 聽向意著意 聽說如言 諸比丘從賢者舍利曰 請願欲聞"라고 하였다. 또 『대지도론』 권7(대정장25, p.109b6)에 "〔논〕 청에는 두 가지다. 첫째 부처님께서 처음 성도하심에 보살이 밤에 세 번 낮에 세 번 육시로 예청하였으니, 편단우견하고 합장하며 말하길 '시방불토의 무량제불께서 처음 성도하셨을 때 아직 법륜을 굴리지 않으셨으니 저 아무개가 청하옵건대 일체제불께서 중생을 위하여 법륜을 굴리시어 일체를 건너 벗어나게 해 주십시오'라고 한다. 論 請有二種 一者 佛初成道 菩薩夜三晝三 六時禮請 偏袒右肩 合掌言 十方佛土 無量諸佛 初成道時 未轉法輪 我某甲請一切諸佛爲衆生轉法輪度脫一切", "둘째 제불께서 무량한 수명을 버리고 열반에 들려 하실 때에 보살이 또한 밤에 세 때 낮에 세 때로 편단우견하고 합장하며 말하길 '시방불토의 무량제불이시여! 저 아무개는 청하오니 세간에 오래 머무시어 무앙수겁 동안 일체를 건너 벗어나게 해 주시고 중생을 이롭게 해 주소서'라고 한다. 이를 능히 무량제불께 청한다고 이름한다. 二者 諸佛欲捨無量壽命 入涅槃時 菩薩亦夜三時 晝三時 偏袒右肩 合掌言 十方佛土 無量諸佛 我某甲請令久住世間 無央數劫 度脫一切 利益衆生 是名能請無量諸佛", "〔문〕 제불의 법이란, 반드시 법을 설하여 널리 중생을 건네야 하기에 청이든 불청이든 법은 본래 응당 그러해야 하거늘 어째서 청을 기다리는가? 만약 눈앞에서 제불을 뵙고 청한다면 가하겠지만, 이제 시방의 무량한 불토의 제불 또한 눈으로 볼 수 없으니 어떻게 가히 청한다 하겠는가? 問曰 諸佛之法 必應說法 廣度衆生 請與不請 法自應爾 何以須請 若於目前 面請諸佛 則可 今十方無量佛土諸佛 亦不目見 云何可請", "〔답〕 제불이 비록 반드시 법을 설하셔야 해서 남의 청을 기다리지 않으시지만 청하는 이 또한 복을 얻어야 한다. 마치 저 대국왕이 비록 맛난 음식 많지만 청하는 이 있어야 반드시 은혜도 복도 얻을 수 있는 것과 같으니 그 마음 남기기 때문이다. 또 마치 저 자심으로 모든 중생들 생각하여 쾌락을 얻게 함에 중생이 비록 얻는 바 없더라도 생각하는 이는 크게 그 복을 얻음과 같으니, 부처님께 설법 청함 또한 이와 같다. 答曰 諸佛雖必應說法 不待人請 請者 亦應得福 如大國王 雖多美饍 有人請者 必得恩福 錄其心故 又如慈心 念諸衆生 令得快樂 衆生雖無所得 念者大得其福 請佛說法 亦復如是", "또한 제불 계시지만 청하는 이 없으면, 문득 열반에 들어 법을 설하시지 않으신다. 마치 저『법화경』중에 다보세존께서 청하는 이 없자 문득 열반에 드셨다가 후에야 화불의 몸과 칠보탑으로『법화경』설함을 증하려 잠시 출현하셨던 것과 같다. 또한 저 수선다불의 제자는 본행이 익지 않았기에 문득 버리고 열반에 드셨는데 화불로 일겁을 머무시면서 중생을 건네셨던 것과 같다. 復次 有諸佛無人請者 便入涅槃 而不說法 如法華經中 多寶世尊 無人請故 便入涅槃 後化佛身 及七寶塔 證說法華經故 一時出現 亦如須扇多佛 弟子本行未熟 便捨入涅槃 留化佛一劫 以度衆生", "이제 이 석가문니불께서는 도를 얻으신 후 57일 동안 고요히 법을 설하시지 않으시고는 스스로 말씀하시길 '나의 법은 심히 깊어 이해하기도 알기도 어렵다. 일체중생은 세법에 묶이고 붙들려 능히 풀려날 수 없으니 저 말없이 있다가 열반락에 듦만 못하리라'라고 하셨다. 이때 보살들과 석제환인과 범천왕과 제천이 합장하고 경례하며 부처님께 중생들을 위해 처음으로 법륜을 굴려 주시길 청하였다. 부처님께서는 이때 말없이 청을 받으시고는 후에 바라내녹림 중에 이르시어 법륜을 굴리셨다. 이와 같으니 어찌 청함에 이로운 바 없다 말하겠는가! 今是釋迦文尼佛 得道後五十七日 寂不說法 自言 我法甚深 難解難知 一切衆生 縛著世法 無能解者 不如默然 入涅槃樂 是時 諸菩薩及釋提桓因 梵天王諸天 合掌敬禮 請佛爲諸衆生初轉法輪 佛時 默然受請 後到波羅棕鹿林中轉法輪 如是 云何言請無所益", "또한 불법 등으로 중생을 관함에 귀천도 없고 경중도 없으니, 사람이 청함 있으면 그 청 때문에 문득 설법하신다. 비록 중생이 얼굴 맞대고 부처님께 청하지 않아도 부처님께서는 늘 그 마음 보시고는 또한 저이의 청을 들어주신다. 가령 제불께서 듣지도 않고 보지도 않으셔도 부처님께 청하면 또한 복덕이 있거늘 하물며 부처님께서 다 듣고 보시는 데 이로운 바 없겠는가! 復次 佛法等觀衆生 無貴無賤 無輕無重 有人請者 爲其請故 便爲說法 雖衆生不面請佛 佛常見其心 亦聞彼請 假令諸佛 不聞不見 請佛亦有福德 何況佛悉聞見而無所益", "〔문〕 이미 부처님께 청하면 이로움 있음을 알았는데, 어째서 바로 두 일로써 청하는가? 〔답〕 나머지는 청을 기다리지 않지만 이 두 일만은 반드시 청을 기다려야 한다. 만약 청하지 않았는데도 설하신다면 외도무리 있어 말하길 '바탕의 도는 늘 정해져 있거늘 어째서 법에 붙들려 말도 많고 일도 많은가?'라고 할 것이다. 이 때문에 청을 기다려 설하신다. 問曰 旣知請佛有益 何以正以二事請 答曰 餘不須請 此二事 要必須請 若不請而說 有外道輩言 體道常定 何以著法 多言多事 以是故 須請而說", "만약 어떤 사람 말하길 '만약 제법상을 알았으니 목숨을 탐하여 오래 세간에 머물지 말아야 할텐데 빨리 열반에 들지도 않는군' 할 것이다. 이 때문에 모름지기 청해야 한다. 또 만약 청하지 않았는데 설한다면, 사람들은 마땅히 '부처님은 법에 애착하니, 사람들로 하여금 알게 해야겠다'라고 말한다. 이 때문에 사람들의 청을 기다렸다가 법륜을 굴리신다. 若有人言 若知諸法相 不應貪壽久住世間 而不早入涅槃 以是故須請 若不請而說 人當謂 佛愛著於法 欲令人知 以是故 要待人請 而轉法輪", "외도무리들은 스스로 법에 붙들려 청하든 청하지 않든 스스로 남을 위해 설하지만, 부처님께서는 제법에 애착할 일 없으시지만 중생을 불쌍히 여기시기에 부처님 설법을 청하는 이 있으면 문득 설해 주시니, 모든 부처님 청함이 없다면 법륜 굴리시려 하지 않으신다. 諸外道輩 自著於法 若請若不請 而自爲人說 佛於諸法 不著不愛 爲憐愍衆生故 有請佛說者 佛便爲說 諸佛不以無請而初轉法輪", "또한 부처님께서 청이 없는데도 스스로 법을 설하신다면 이는 스스로 법에 집함이 있음을 스스로 드러내신 것이니 응당 반드시 십사난에도 답하셔야 한다. 이제 제천이 부처님께 설법을 청함은 다만 노병사를 끊기 위함이지 희론에 처함은 없게 하셨으니 이 때문에 십사난에 답하지 않아 허물이 없으시다. 이런 인연 때문에 청을 기다려 법륜을 설하신다. 復次 佛若無請 而自說法者 是爲自顯自執法 應必答十四難 今諸天請佛說法 但爲斷老病死 無戲論處 是故不答十四難 無咎 以是因緣故 須請而轉法輪", "또한 부처님께서는 사람 중에 나셔서는 대인법을 쓰셨다. 비록 대비가 있으셔도 청하지 않으면 설하지 않으신다. 만약 청하지 않았는데도 설하신다면 외도가 비웃는 바이리라. 이 때문에 처음에는 반드시 청을 기다리시는 것이며, 또 외도들 범천을 으뜸으로 섬기기에 범천 스스로 청하게 한즉 외도 마음으로 엎드리게 하였다. 復次 佛在人中生 用大人法故 雖有大悲 不請不說 若不請而說 外道所譏 以是故 初要須請 又復外道 宗事梵天 梵天自請 則外道心伏", "또한 보살법은 낮에 세 때 밤에 세 때 늘 세 일을 행한다. … 셋째로 현재의 시방제불께 처음으로 법륜 굴리시길 권청하고, 제불께서 세간에 오래 머무시고, 무량겁 동안 일체를 건너 벗어나게 해 주시길 청한다. 보살이 이 세 가지 일을 행하면 공덕이 무량하여 뒤쳐 부처 얻음에 가까워진다. 이 때문에 청을 기다린다. 復次 菩薩法 晝三時 夜三時 常行三事 … 三者 勸請現在十方諸佛 初轉法輪 及請諸佛 久住世間 無量劫 度脫一切 菩薩行此三事 功德無量 轉近得佛 以是故須請", 『유가사지론』 권81(대정장30, p.750c22)에 "기청이란, 근기 따라 청하고 묻는 일 있게 해서 언설 일으킴을 말한다. 이는 또한 근 등의 차별로 27종의 보특가라가 있음을 알아야 하니, 이 중에 근의 차별 때문에 2종이 성립하니, 첫째는 둔근이요 둘째는 이근이다. 機請者 謂因機請問 而起言說 此復根等差別 當知 有二十七種補特伽羅 此中由根差別 故成二種 一者 鈍根 二者 利根", 같은 책 권81(대정장30, p.753a10)에 "법에는 대략 12종이 있으니, 계경 등 십이분교를 이른다. … 자설이란 청이 없어도 설하실 수 밖에 없었으니, 제자들로 하여금 승해를 얻게 하기 때문이고, 상품의 교화해야 할 유정으로 하여금 뛰어난 뜻에 안주하게 하기 위해 자연스럽게 설하신 것이다. 저 경에 '세존께서 지금 자연스럽게 펼치고 설하신다'라고 함과 같다. 法者 略有十二種 謂契經等 十二分教 … 自說者 謂無請而說 爲令弟子 得勝解故 爲令上品所化有情 安住勝理 自然而說 如經言 世尊今者 自然宣說", "연기란, 청이 있어서 설하게 됨이다. 저 경에 '세존께서 한때 흑록자에 의지하여 필추들을 위해 법요를 펴 설하셨다'라고 말함과 같으며, 또 별해탈의 인에 의지해 일으킨 도로서 비나야로 거두신 말씀들이다. 또 이곳에선 이와 같은 말씀하셨으니 '세존께선 이와 같고 이와 같은 인연에 의지하시고, 이와 같고 이와 같은 일에 의지하시어, 이와 같고 이와 같은 말씀을 하셨다'라고 한다. 緣起者 謂有請而說 如經言 世尊一時 依黑鹿子 爲諸苾芻 宣說法要 又依別解脫因起之道 毘奈耶攝所有言說 又於是處 說如是言 世尊依如是如是因緣 依如是如是事 說如是如是語", 『현양성교론』 권6(대정장31, p.509a6)에 "자설이란, 제경 중에 청한 이의 성명을 드러내는 일 없이도 정법으로 하여금 오래 머물게 하기 위함이고, 성스런 가르침 또한 오래 머물게 하고자 자연스레 펴시고 설하심을 말하는 것이니, 이것으로 자설을 삼았다. 自說者 謂諸經中 不列請者姓名 爲令正法久住故 及爲聖教久住故 自然宣說 是爲自說", "연기란, 제경 중에 청한 이의 성명을 드러내 보이고 나서 펴고 설하심을 말한다. 모든 남아 있게 되어 비나야 즉 율장으로 거둔 것들은 연기한 일들 있을 때마다 각각 풀어 말씀하신 것이 별해탈계경 등이니, 이것이야말로 연기로 삼아야 하는 것이다. 緣起者 謂諸經中 列請者姓名已 而爲宣說 及諸所有毘柰耶攝 有緣起教 別解脫戒經等 是爲緣起", 『금강경찬요간정기』 권2(대정장33, p.179b28)에 "청함이 있어 갚았다는 수청이란, 부처님께서 처음 성도하심에 범왕과 제석 등이 법륜 굴리시길 청한 일을 말한다. 그러므로 『법화경』 권1 「방편품」(대정장9, p.9c9)에 '이때 모든 범왕과 모든 천제석과 호세사천왕과 대자재천과 나머지 천중들과 권속 백천만이 공경하고 합장하여 예를 표한 다음 나에게 법륜 굴려 주길 청하였다네'라고 하였다. 여래께서는 말없이 청을 받으셨고 이미 그 청을 받으셨기에 녹원을 시작으로 마지막 학림에 이르러 마치실 때까지 49년 동안 모든 경의 가르침들을 설하셨고 중생을 구하고 건네셨다. 그러므로 『법화경』 권2 「비유품」(대정장9, p.12a18)에 '곧바로 바라내에서 사제법륜을 굴렸다네' 등이라고 한 것이다. 酬請者 佛初成道 梵王帝釋等 請轉法輪 故法華云 爾時諸梵王 及諸天帝釋 護世四天王 及大自在天 幷餘諸天衆 眷屬百千萬 恭敬合掌禮 請我轉法輪 如來默然受請 旣受其請故 始於鹿苑 終至鶴林 四十九年 說諸經教 救度衆生 故法華云 卽於波羅奈 轉四諦法輪等也", 『법화의소』 권3(대정장34, p.491a24)에 "삼청이란 말은, 첫째 의문 있어 청한다. 둘째 대중이 과거세에 선근을 심어 들은즉 의심 없이 설하시길 청함을 밝혔다. 셋째 대중이 현재에 들을 만한 덕이 있어 들으면 반드시 믿어 받을 수 있으니 이 때문에 청할 수 있게 됨을 밝혔다. 言三請者 第一 有疑故請 第二 明大衆過去世種善根 聞卽不生疑 故請說 第三 明大衆現在 有堪聞之德 聞必信受 是故致請", 같은 책 권4(대정장34, p.508c20)에 "〔문〕 부처님께서는 중생을 위하시기에 세간에 나오시니 본래 응당 법을 설하셔야 하거늘 무슨 일로 청을 기다리시는가? 〔답〕 『논』에 이르길 '부처님께서는 비록 청을 기다리시지 않지만 청하는 이 복을 얻게 하기 위함이다'라고 하였으며, 7권 『금광명경』에서 말씀하시길 '부처님께 법륜 굴리시길 청하였기에 능히 12부경 헐뜯는 죄 사라지게 하셨다'라고 하였다. 또 먼저 청하게 하고 뒤에 설하시니 제불의 법은 이러하다. 또 청하지 않았는데도 설하시면 외도가 비웃고 헐뜯으리라. 또 외도 흔히 범천을 섬긴다. 범천이 이미 청한즉 외도 이미 마음으로 엎드린 것이다. 또 만약 청하지 않았는데 설한다면 응당 십사난에 답해야 하지만, 청하길 기다렸다 비로소 설하시기에 답하지 않으실 수 있었다. 問 佛爲衆生故出世 自應說法 何事待請耶 答 論云 佛雖不須請 而令請者獲福 七卷金光明云 請佛轉法輪 能滅謗十二部經罪 又先請後說 諸佛法爾 又不請而說 則外道譏呵 又外道多事梵天 梵天旣請 則外道心伏 又若不請而說 則應答十四難 以待請方說 故不答也", 『법화현찬』 권4(대정장34, p.721b24)에 "연기에는 세 모습 있으니, 첫째는 청함을 인하여 설하시고, 둘째는 범함을 인하여 제계하시며, 셋째는 일어난 일을 인하여 법을 설하신다. 『대법론』에 '인연이란 청함이 있어서 설함을 말하며, 또 인연 있어 학처를 만들고 세운다'라고 하였으니 여기서는 처음의 두 뜻만을 연기로 여졌다. 緣起有三相 一 因請而說 二 因犯制戒 三 因事說法 對法論云 因緣者 謂因請而說 又有因緣制立學處 卽初二義 名爲緣起", 같은 책 권5(대정장34, p.744c2)에 "처음 글에 둘 있으니, 처음에는 추자가 청하였고 후에는 부처님께서 이로움 설하셨다. 추자는 비록 알았지만 이제 또 청하는 것에는 대략 세 인이 있다. 첫째는 동류를 이롭게 하기 때문이고, 둘째는 다른 이를 이롭게 하기 때문이며, 셋째는 부처님 교화를 따르기 때문이다. 初文有二 初鶖子請 後佛說利 鶖子雖解 今復請者 略有三因 一 益同類故 二 利他行故 三 順佛化故", 『화엄경탐현기』 권7(대정장35, p.254a1)에 "셋째 권청이라 하였다. 『지론』(대정장25, p.109b6)에 설하길 '제불께 권청함에 둘 있으니, 처음 성도하셨을 때 법륜 굴리시길 권청함이요, 반열반의 때에 세간에 오래 머무시길 권청함이다'라고 하였으니, 비록 제불께서 스스로 때를 알아 하심을 알지만 뛰어난 복 나게 하기 위해서는 반드시 권청해야 한다. 三 勸請者 智論說 勸請諸佛有二 謂初成道時 勸請轉法輪 般涅槃時 勸請久住世間 雖知諸佛 而自知時 然生勝福 故須勸請", 같은 책 권9(대정장35, p.289b5)에 "첫째 묻는 징과 청함을 분별한다. 징이란 그 말 없는 뜻을 물어 온갖 의심들을 떨쳐 보내버림을 이르며, 청이란 저분들께 청하여 설하시게 함으로써 중생이 마음에서 일어난 것들을 이루게 한다. 一 徵請分別 謂徵者 徵其默意 拂遣衆疑 請者 請彼令說 遂衆心欲", 『대방광보협경』 권상(대정장14, p.470a22)에 "지등이 물어 말했다. '문수사리시여! … 어찌 청하고 묻는가? … 만약 문답이 오고가는데도 잘못을 구해 찾지 못한다면, 묻는 바를 따라 여래께서는 인가하시고 대중은 환희하여 다른 이 묻는 것을 시샘하지 않는다. 물을 것 있을 때 무량중생으로 하여금 장엄한 길 일으키게 할 수 있고 이어서 도량에도 이르게 하리니, 대덕 지등이여! 이를 이름하여 부처님께 청하고 묻는다고 합니다. 智燈問言 文殊師利 … 云何請問 … 若往來問答 不求覓過 隨順所問 如來印可 大衆歡喜 不嫉他問 有所問時 令無量衆生 起莊嚴道 乃至道場 大德智燈 是則名爲請問於佛", 『대승법원의림장』 권2(대정장45, p.277a12)에 "[답] 청에는 두 가지 있으니, 첫째는 마음속으로 생각함이요, 둘째는 입으로 폄이다. 입으로 베풀어 업을 움직이면 은근하고 무겁기에 그래서 청이 이뤄지지만, 마음으로만 생각한즉 가볍게 지나간다. 그래서 경 중에서는 이름하여 청이라고만 하지 않았다. … 또 제경 중에서 부처님께서는 그들의 생각만을 아시고도 곧 설법하셨으니, 그러므로 비록 말이 없어도 또한 이름하여 청이라 할 수 있다. 答曰 請有二種 一 心念 二 口宣 口宣動業 爲慇重故 所以成請 但心念輕 所以經中 不名爲請 … 又諸經中 佛知其念 卽爲說法 故雖無言 亦名爲請"라고 하였다. [참고문헌] 『菩薩本行經』, 『方廣大莊嚴經』, 『大聖文殊師利菩薩佛刹功德莊嚴經』, 『入楞伽經』, 『大方等大集經』, 『有部律』, 『長阿含十報法經』, 『大智度論』, 『瑜伽師地論』, 『顯揚聖敎論』, 『金剛經纂要刊定記』, 『法華義疏』, 『法華玄贊』, 『華嚴經探玄記』, 『大方廣寶篋經』, 『大乘法苑義林章』, *Laṅk.*, *MN.3.10.* ⇨ 범천권청 梵天勸請, 초전법륜 初轉法輪, 십이분교 十二分敎, 보특가라 補特伽羅, 무문자설 無問自說, 자설 自說, 연기 緣起, 십사무기 十四無記, 보현보살십대원 普賢菩薩十大願, 청법 請法, 청문 請問 **2** Ⓢ nimantraṇa, Ⓟ nimantana, nimantita. 공양을 청함. 『불소행찬』 권5(대정장4, p.46b3)에 "그때 장자의 아들이 있어 그 이름이 순다였는데, 부처님을 자신의 집으로 초대하여, 최후의 공양을 마련해 올렸네. 時有長者子 其名曰純陁 請佛至其舍 供設最後飯", 디가니카야 *Mahāparinibbāna-sutta*(*DN.2*, p.126)에서는 "대장장이의 아들 춘다는 세존께서 설하신 법을 듣고 고양되었으며, 들떠 기뻐하여 세존께 말씀드렸다. '세존이시여, 내일 비구승가와 함께 저의 공양을 허락하소서'. 세존께서 침묵으로 허락하셨다. cundo kammāra-putto bhagavatā dhammiyā kathāya sandassito samādapito samuttejito sampahaṃsito bhagavantaṃ etad avoca. adhivāsetu me bhante bhagavā svātanāya bhattaṃ saddhiṃ bhikkhu-saṃghenāti. adhivāsesi bhagavā tuṇhī-bhāvena"라고 하였다. 『백오십찬불송』(대정장32, p.761b5 : *Śata-śa.*, p.126)에 "그릇된 가르침을 믿는 이가 질투심으로 독이 든 음식과 불구덩이를 청하여도, 비원으로 못은 맑아지고 독은 감로로 변한다. 邪宗妬心請 毒飯與火坑 悲願化淸池 變毒成甘露 yato nimantraṇaṃ te 'bhūt saviṣaṃ sahutāśanam, tatrābhūd abhisaṃyānaṃ sadayaṃ sāmṛtaṃ ca te", 『현우경』 권7(대정장4, p.400c25)에 "그때 비사리는 믿음이 활짝 열려 부처님과 스님들을 집으로 청하여 공양하였고, 부처님께서 설법해주시니 온 집안의 권속들이 수다원과를 얻었다. 時毘舍離 信心開解 請佛及僧於舍供養 佛爲說法 合家眷屬 得須陀洹"라고 하였다. [참고문헌] 『佛所行讚』, 『百五十讚佛頌』, 『賢愚經』, *DN.*, *Śata-śa.* ⇨ 청식 請食 **3** 초빙하다. 『주유마힐경』 「서문 序文」(대정장38, p.327b9)에 "홍시 8년(406) 음력 5월에 일명대장군 상산공과 우장군 안성후 및 의학사문 2천여 인은 장안의 대사에서 구마라집법사를 초빙하여, 정본을 중역하였다. 以弘始八年歲次鶉火 一命大將軍常山公右將軍安成侯與義學沙門千二百人 於長安大寺 請羅什法師 重譯正本", 『불조통기』 권54(대정장49, p.474a4)에 "한유는 조주(潮州 : 廣東省)에 이른 후 대진선사의 명성을 듣고, 군으로 초빙하여 도를 묻고 열흘간 머물게 했다. 愈至潮聞大顚禪師名 請入郡問道 留旬日"라고 하였다. [참고문헌] 『注維摩詰經』, 『佛祖統紀』.

청 聽 ❶소리 등을 듣다. 십법행(十法行 : 書寫 供養 施他 聽 披讀 受持 正開演 諷誦 思 修) 중 하나. 타인의 설법이나 독경 또는 일체소리를 귀 기울여 듣는 것. 청문(聽聞)·제청(諦聽) 등의 자세한 행의도 있다. 『유가사지론』 권13(대정장30, p.343a21)에 “앞서 초정려 등을 증득하였지만 사제는 보지 못했더라도 정법을 기울여 듣고 또 많이 들었기에 연좌하여 삼마지에 의지해 고제 등에 대해 현관을 일으킬 수 있다. 先已證得初靜慮等 而未見諦 由聽正法 及多聞故 而能宴坐 依三摩地 於苦等諦 發起現觀”, 『현양성교론』 권6(대정장31, p.509b18)에 “들음의 청정에는 다섯이 있다. 첫째는 허물을 찾는 뜻으로 듣지 않고, 둘째는 열반을 구하려는 뜻으로 듣기 때문이며, 셋째는 아주 잘 자세히 듣기 때문이고, 넷째는 단어·구절·문장의 의미에 의지해 아주 잘 분별해 듣기 때문이며, 다섯째는 바르게 행하려는 뜻으로 듣기 때문이다. 聽清淨有五 一 不以求過意聽故 二 以求涅槃意聽故 三 極善諦聽故 四 依名句字身義極善分別聽故 五 以正修行意聽故”, 『순정리론』 권23(대정장29, p.473c16)에 “모든 듣는 이는 먼저 본래 소리를 듣고 그런 뒤 비로소 그 소리에 의해 일으켜진 메아리를 듣는다. 謂諸聽者 先聞本聲 於後方聞聲所發響”라고 하였다. [참고문헌] 『瑜伽師地論』, 『顯敭聖教論』, 『順正理論』. ⇨ 제청 諦聽, 청문 聽聞, 청법 聽法, 십법행 十法行 ❷어떤 일이 일어남에 묻고 그 일을 말로 드러내 답하여 허락하거나 결정하는 것을 청이라 한다. 율장에 전승된 하고많은 일들은 이렇게 세존께 여쭙고 답하시게 하여 안착하게 되었다. 청허(聽許 Ⓟ anujānāti)와 같은 뜻이다. 『장아함경』 권3 「유행경 遊行經」(대정장1, p.19b20)에 “저는 지금 부처님께 귀의하고, 법에 귀의하며, 승가에 귀의합니다. 오직 바라옵건대, 여래께서는 제가 정법 가운데서 우바새가 되고자 함을 들어주소서. 저는 지금 이후로 목숨이 다할 때까지 살생·투도·음행·망어·음주를 하지 않겠습니다. 我今歸依佛 歸依法 歸依僧 唯願如來聽我於正法中爲優婆塞 自今已後 盡壽不殺 不盜 不婬 不欺 不飮酒”, 『유가사지론』 권75(대정장30, p.711c15)에 “또 만약 출가한 보살이 삼의밖에 나머지 가진 물품을 부처님께서는 몸소 수용하도록 허락하셨다면, 별일 없이 지내다가 구하는 이가 있어 잘 생각하여 시여하면 죄가 되지 않음을 알아야 할 것이다. 復次若有出家菩薩 除三衣外所有長物 佛所聽畜身所受用順安樂住 若故思擇施來求者 當知 無罪”라고 하였다. [참고문헌] 『長阿含經』, 『瑜伽師地論』. ⇨ 청허 聽許

청가 請假 휴가를 청하다. 대중의 공간에서 잠시 떨어져 지내게 되었을 때 외출을 청한다. 가(假)는 가(暇)라고도 쓰고 잠가(暫假·暫暇)라고도 한다. 청가를 마치고 돌아오는 것을 참가(參假·參暇)라고 한다. 결재중엔 거의 행하지 않으며, 해제중에도 날을 정해 청한다. 『선원청규』 권1 「괘탑 掛搭」(卍속장111, p.880b1)에 “만약 휴가를 청하여 산을 다녀도 보름이 지나면 사부에 알려야 한다. 若請假遊山 若過半月 須呈祠部”, 『경덕전등록』 권21 「선종수빈전 僊宗守玭傳」(대정장51, p.376c10)에 “하루는 상당법문이 없었다. 대중이 방장실에 들어가 뵈었다. 선사가 말했다. ‘오늘 대중과 더불어 휴가를 청한다. 휴가를 주겠는가? 만약 휴가 줄 수 없다 하는 그 말 먼저 한 이가 지는 것이네’. 一日不上堂 大衆入方丈參 師曰 今夜與大衆同請假 未審還給假也無 若未聞給假 卽先言者負”라고 하였다. [참고문헌] 『禪苑淸規』, 『景德傳燈錄』. ⇨ 잠가 暫假, 참가 參假

청각 淸覺 1043~1121. 송대 스님. 호는 본연(本然). 속성은 공(孔)씨. 낙양(洛陽 : 河南省) 등봉(登封) 출신. 어릴 때부터 유학을 익히다가 27세에 『법화경』을 읽은 뒤로 비로소 불도를 구하려는 뜻을 굳히고 여주(汝州) 용문산(龍門山) 보응사(寶應寺)의 해혜(海慧) 문하에서 출가하였다. 이어서 남쪽으로 유행하다가 가주(嘉州 : 四川省) 아미산(峨嵋山) 천세화상(千歲和尙)을 친견한 다음 회서(淮西) 서주(舒州 : 安徽省)의 부산(浮山)에 이르러 태수암(太守巖)에서 암자를 짓고 20년을 보냈다. 1092년(원우7) 절강성(浙江省) 일대를 돌아다니다가 다음 해에 항주(杭州) 영은사(靈隱寺)로 가서 대중과 함께 머물렀다. 그 뒤 학인이 나날이 늘어나 마침내 절 뒤의 백운산(白雲山) 암자에 거처하면서 조석으로 경전을 지송하면서 스스로 경작하였다. 따르는 이들이 점차 많아지면서 백운화상(白雲和尙)·백운도사(白雲導師)라 불렸으며 그 문도들은 스스로 백운채(白雲菜)라 하면서 백운종(白雲宗)을 형성하였다. 그 뒤에 다시 여항(餘杭) 용문산(龍門山)에 거주하면서 복지암(福地庵)을 지은 뒤로 대중이 운집하였다. 또한 도속의 청을 받고 정제사(正濟寺)에서 『화엄경』을 강설하였다. 『증종론 證宗論』·『삼교편 三教編』·『십지가 十地歌』 등을 지었다. 1107년(대관1) 호주(湖州) 천금시(千金市) 십지암(十地庵)에 거처하다가 오정(烏程) 청산(菁山)에 출진암(出塵庵)을 짓고 살 때 세수 79세로 입적하였다. [참고문헌] 『佛祖統紀』 권46(대정장49, p.419b22), 『釋氏稽古略』 권4(대정장49, p.886a3), 『補續高僧傳』 권23(卍속장134, p.346b4). ⇨ 백운종 白雲宗

청간사 淸澗寺 충청남도 부여군 규암면 신리에 있었던 절. 고려시대의 절로 추정한다. 1959년의 발굴조사 당시 건물지는 발견되지 않았고 금동여래좌상·동제보살입상·청동보살입상·청동입상 등만 발견되어 국립부여박물관에 소장되었다. 동남쪽에 청관사지(淸觀寺址)가 있고 서쪽에 왕흥사지(王興寺址)가 있다. [참고문헌] 『

文化遺蹟總覽』寺刹篇(충청남도, 1990) pp.402~403.

청갈마아사리법 請羯磨阿闍梨法 대계(구족계)를 받을 비구니가 갈마아사리(Ⓢ karma-ācārya)를 청하는 법. 청갈마사법(請羯磨師法)·청계사법(請戒師法)이라고도 한다. 『니갈마』 권상(대정장40, p.543a8)에 "〈저 계를 받을 이는 비구니승과 함께 비구승가에 가서 아사리 앞에서 예를 갖추고 이와 같이 청한다〉. '대덕께서는 한마음으로 생각해 주십시오. 저 아무개는 지금 대덕에게 갈마아사리가 되어 주시기를 청하옵니다. 원하옵건대 대덕께서는 저의 갈마아사리가 되어 주십시오. 저는 대덕을 의지하는 까닭에 대계를 받을 수 있으니, 자비로운 마음으로 불쌍히 여기시기 때문입니다'. 〈세 번을 청하며 이에 응해 답한다〉. '알겠다'. 〈彼受戒者 與比丘尼僧俱 至比丘僧中 於阿闍梨前 具儀作如是請〉 大德一心念 我某甲 今請大德 爲羯磨阿闍梨 願大德 爲我作羯磨阿闍梨 我依大德故 得受大戒 慈愍故〈三說 彼應答言〉 可爾"라고 하였다. [참고문헌] 『尼羯磨』, 『七衆受戒儀軌』(『韓國佛教儀禮資料叢書』 권3, p.701b17). ⇨ 갈마아사리 羯磨阿闍梨

청강 請講 경전 등을 풀어 말씀해 주시길 청하다. 『고승전』 권3 「구나발타라전 求那跋陀羅傳」(대정장50, p.344a5)에 "구나발타라는 공덕현이라고도 하며 중천축국 사람이다. … 초왕이 『화엄경』 강하시길 청하고자 하였다. 求那跋陁羅 此云功德賢 中天竺人 … 譙王欲請講華嚴等經"라고 하였다. [참고문헌] 『高僧傳』. ⇨ 강원상강례 講院上講禮, 상강례 上講禮

청강사 晴岡寺 경상남도 합천군 대병면 장단리 허굴산(墟窟山)에 있는 절. 1944년 밀양후인(密陽后人) 변영만(卞榮晩)이 지은 「청강사비 晴岡寺碑」에 "고 청강거사 정씨 휘 규락(1871~1942)이 창건하기 시작해 그 아들 방해가 완성하였다. 故晴岡居士鄭氏諱逵洛之所刱始 而其嗣君邦海之所完成之者也"라고 하였다. 고려시대 사지(寺址)였던 곳에 청강사를 지었다 하며, 현존하는 당우로는 대웅전·산신각·관음전·약사선원 등이 있다. 대웅전의 현판은 독립운동가 오세창(吳世昌 1864~1953)이 썼고, 노전과 신신각은 오제봉(吳齋峯 1908~1991), 칠성각은 서예가 정현복(鄭鉉福 1909~1973)이 썼다. 승탑이 문화재자료 제594호로 지정되어 있다. 정호(鼎鎬 1870~1948)의 『석림수필』에 「황매산청강사창건비기 黃梅山晴岡寺創建碑記」도 전한다. [참고문헌] 『石林隨筆』, 『韓國寺刹全書』 권하 p.1100a16, 『陝川誌』.

청객시자 請客侍者 주지가 손님을 접대하고 존숙을 관대하며 절랍특위에 행장의 예를 갖출 때 일을 보좌하는 시자. 소향시자(燒香侍者)·서장시자(書狀侍者)와 함께 산문(山門)의 삼대(三大) 시자 중 하나이며, 여기에 의발시자(衣鉢侍者)와 탕약시자(湯藥侍者)를 더하면 오대(五大)시자다. 『선림상기전』 권6(불광장, 禪藏, p.412)에 "청객시자 : 주지의 내빈을 모시는 일을 담당한다. 외객의 경우 지객이 담당한다〈「오시자」 부분을 보라〉. 『백장청규』 「시자」에서 '주지가 손님을 접대하고 존숙을 자리에 맞게 모시고 법납이나 특별하게 챙겨야 할 것들을 갖추어 적고 예를 행하는 일은 청객시자가 담당한다'. 請客侍者 侍客掌住持之內客 若外客則知客主之〈又見五侍者處〉 敕修清規侍者云 凡住持 應接賓客 管待尊宿 節臘特爲 具狀行禮 請客侍者職之"라고 하였다. [참고문헌] 『禪林象器箋』. ⇨ 산문삼대시자 山門三大侍者, 오시자 五侍者, 시객 侍客, 육색방 六色榜

청거로인 請車輅印 십팔계인(十八契印) 중 하나. 『십팔계인』(대정장18, p.782c25)에 "다음으로 보거로인을 맺는다. 양손을 안으로 깍지끼고 손바닥을 보이며 양손의 검지를 횡으로 서로 지탱하고 양손의 엄지를 검지 뿌리 아래에 붙인다. … 다음으로 청거로인을 맺는다. 앞의 수인에서 엄지를 몸쪽으로 향하게 하고 중지를 세운다. 次應結寶車輅印 二手內相叉仰掌 頭指橫相柱 以二大指各捻頭指根下 … 次結請車輅印 準前印 以大指向身撥中指頭"라고 하였다. [참고문헌] 『十八契印』. ⇨ 십팔계인 十八契印

청결물태 清潔勿怠 깨끗이 하여 게으르지 않음. 사위의(行住坐臥)로 십이시중(十二時中)에 도를 행해 쉬지 않음. 『출요경』 권15(대정장4, p.692b6)에 "'청결하고 게으르지 마라'란, 밤낮으로 부지런히 정진하며, 앉거나 눕거나 거닐면서 본업을 잃지 않고, 아침부터 저녁까지 다시 새벽이 오기까지 사유하고 지관해서 조금도 쉬지 않는다. 이것을 '청결하여 게으르지 않는다'고 하는 것이다. 清潔勿怠者 晝夜精勤 坐臥經行 不失本業 清旦至暮 暮經達曉 思惟止觀 食息不廢 是故說曰 清潔勿怠也"라고 하였다. [참고문헌] 『出曜經』.

청경관음 青頸觀音 Ⓢ Nīlakaṇṭha. 삼십삼관음(三十三觀音) 중 한 분. 이 관세음보살을 관념(觀念)하면 일체의 두려움과 재난을 멀리 여의어 모든 괴로움에서 벗어난다고 한다. 이 보살을 본존으로 하여 제병(除病)·멸죄(滅罪)·연명(延命) 등을 기원하며 닦는 비법(祕法)을 청경관음법(青頸觀音法)이라고 한다. 바다의 독을 삼켜 목이 파랗게 된 쉬바신(Ⓢ Śiva神)의 모습으로 불교에 수용된 존위(尊位)로서 보통은 왼손으로

는 연꽃을 들고 오른손의 손바닥은 위로 하고서 결가부좌를 한 모습이다. 지물(持物)은 연꽃이나 장(杖)·윤(輪)·나(螺) 등을 든다. 종자(種子)는 (sa)·(hrīḥ). 『승어집』 권하(대정장78, p.215b20)에 의하면 진언은 '옴 파드메 니라칸테 쉬바라 브루브루 훔 唵 鉢頭迷 儞羅建制 濕縛羅 步嚕步嚕 吽 oṃ padme nīlakaṇṭhe śvara bhrubhru hūṃ 옴 연꽃 든 청경관음 자재하신 이여! 브루브루 훔'이다. 수인은 허심합장(虛心合掌)하고 양손의 엄지를 손바닥 안으로 넣고 양손의 검지를 각각 구부려서 엄지의 윗마디에 붙이며 양손의 중지·무명지·소지를 살짝 구부려서 끝을 붙이는 형태를 만든다. 하지만 의궤에 따라 존상과 지물은 다르게 전승되었다. 『청경관자재보살심다라니경』(대정장20, p.490b3)에 "청경관자재보살상을 그리는 법을 말하겠다. 그 상(像)은 삼면이니, 바로 정면은 자비로 기뻐하는 모습이고, 오른쪽은 사자얼굴이며, 왼쪽은 돼지얼굴이고, 머리에는 보관(寶冠)을 쓰는데, 보관 안에는 화현한 무량수불이 있다. 또 네 팔이 있으니, 오른쪽의 첫 번째 팔로는 지팡이를 잡고, 두 번째 팔로는 연꽃을 쥐며, 왼쪽의 첫 번째 팔로는 법륜(法輪)을 잡고, 왼쪽의 두 번째 팔로는 법라(法螺)를 잡는다. 當說此靑頸觀自在菩薩畫像法 其像三面 當前正面作慈悲熈怡貌 右邊作師子面 左邊作猪面 首戴寶冠 冠中有化無量壽佛 又有四臂 右第一臂執杖 第二臂執把蓮花 左第一執輪 左第二執螺", 『부쌍지』 권5(대정장78, p.664a27)에 "단 위에 (aḥ) 자가 보배 누각으로 변하고 그 안에 (hrīḥ) 자가 팔엽연화로 변성한다. 그 위에 (a) 자는 월륜이 되고 위에 있는 (sa) 자는 연꽃이 되어 청경관자재보살로 변성한다. 신체는 홍백색이고 삼면 팔비이다. … 수인〈심인〉은 합장하고 양손의 엄지는 손바닥 안으로 넣고 양손의 검지를 각각 엄지의 윗마디를 누른다. 양손의 검지·무명지·소지는 세워서 붙인다. 구전에는 '양손의 중지는 연꽃 모양으로 구부리고, 양손의 무명지는 세워서 붙이며, 양손의 소지는 교차한다'고 하였다. 壇上有字成寶殿樓閣 內有字變成八葉蓮花 上有字成月輪 上有字變成蓮花 變成靑頸觀自在菩薩 身色紅白三面四臂 … 印〈心印〉合掌二大指入掌中 二頭指各握大母指上節 二中指立合 二無名指立合 二小指立合 口傳云 二中指蓮葉 二無名直立合 二小指立交也"라고 하였다. [참고문헌] 『勝語集』, 『靑頸觀自在菩薩心陀羅尼經』, 『溥雙紙』, 『不空羂索神變眞言經』 권9(대정장20, p.271a27), 『新編仏像図鑑』(國書刊行會, 2001). ⇨ 삼십삼관음 三十三觀音, 허심합장 虛心合掌

청경관자재법궤경 靑頸觀自在法軌經 청경관자재보살법의 근거가 되는 의궤와 경전. 당(唐) 불공(不空) 한역의 『청경관자재보살심다라니경 靑頸觀自在菩薩心陀羅尼經』 1권(대정장20, No.1111)·불공 한역의 『대자대비구고관세음자재보살광대원만무애자재청경대비심다라니 大慈大悲救苦觀世音自在菩薩廣大圓滿無礙自在靑頸大悲心陀羅尼』 1권(대정장20, No.1113)·당 금강지(金剛智) 한역의 『금강정유가청경대비왕관자재염송의궤 金剛頂瑜伽靑頸大悲王觀自在念誦儀軌』 1권(대정장20, No.1112) 등을 말한다. ⇨ 청경관자재보살심다라니경 靑頸觀自在菩薩心陀羅尼經, 대자대비구고관세음자재보살광대원만무애자재청경대비심다라니 大慈大悲救苦觀世音自在菩薩廣大圓滿無礙自在靑頸大悲心陀羅尼, 청경대비왕관자재염송의궤 靑頸大悲王觀自在念誦儀軌

청경관자재보살 靑頸觀自在菩薩 Ⓢ Nīlakaṇṭha-avalokiteśvara. 관자재보살이 변현(變現)한 명왕(明王). 줄여서 니라건타(儞羅建他)로 음사하기도 한다. 이 보살의 명호를 염송하면 일체의 공포와 횡액에서 벗어난다. 『청경관자재보살심다라니경』(대정장20, p.490b3)에 "다음으로 청경관자재보살의 화상법을 설하리라. 그 상은 얼굴이 셋인데 정면은 자비롭고 기쁜 모습이다. 오른쪽은 사자의 얼굴이며, 왼쪽은 돼지의 얼굴이다. 머리에는 보관을 썼는데 보관 중앙에 무량수불의 화현이 있다. 또한 팔은 넷이다. 오른쪽 첫째 팔에는 몽둥이를 들었고, 둘째 팔은 연꽃을 들었으며, 왼쪽 첫째 팔에는 륜(輪)을 들었고, 왼쪽 둘째 팔에는 소라를 들었다. 호랑이 가죽 치마를 입었고 검은 사슴 가죽으로 왼쪽 어깨를 감쌌으며 검은 뱀을 신령한 줄로 삼아 둘렀다. 팔엽연화 위에 서서 영락 팔찌를 끼고 광염으로 신체를 장엄하였으며 그 신령한 줄을 왼쪽 어깨에서 아래로 늘어뜨렸다. 청경인은 양손을 밖으로 깍지 끼되 왼손의 엄지는 손바닥 안으로 넣고 오른손 엄지는 곧게 세운다. 양손의 중지는 연꽃잎 모양으로 만들고 양손의 무명지는 곧게 세우며 양손의 소지는 왼손가락으로 오른손가락을 눌러 교차한다. 次當說此靑頸觀自在菩薩畫像法 其像三面 當前正面 作慈悲熈怡貌 右邊作師子面 左邊作猪面 首戴寶

冠 冠中有化無量壽佛 又有四臂 右第一臂執杖 第二臂執把蓮花 左第一執輪 左第二執螺 以虎皮爲裙 以黑鹿皮 於左膊角絡 被黑蛇以爲神線 於八葉蓮花上立 瓔珞臂釧鐶珮光焰莊嚴其身 其神線從左膊角絡下 其靑頸印 二手外相叉左大母指揷入掌 右大母指直竪 二中指作蓮花葉形 二無名指直竪 二小指左押右竪相叉"라고 하였다. 〔참고문헌〕『靑頸觀自在菩薩心陀羅尼經』. ⇨ 관자재보살 觀自在菩薩

청경관자재보살심다라니경 靑頸觀自在菩薩心陀羅尼經 당대 불공삼장(不空三藏) 한역. 1권. 대정장20, pp.489a5~490b16, No.1111에 수록되어 있다. 세존께서 비사문천(毘沙門天)에게 청경관자재보살의 과거 인연과 그 다라니를 설하신 내용으로 다음과 같다. 헤아릴 수 없이 오랜 과거세에 관조관찰여래(觀照觀察如來)께서 성불하시고 스무이레 동안 설법하신 후에 열반을 앞두고 월나라연력(越那羅延力)이라는 천자에게 청경관자재보살심진언을 설하셨다. 천자는 진언을 듣고 대비삼매(大悲三昧)를 증득하여 일체중생이 어떠한 공포나 액난을 당하더라도 자신의 명호를 들으면 고통에서 벗어나 신속하게 무상정등각을 성취하리라고 서원을 세웠다. 이 경전을 유포하여 심진언으로 끝없는 중생을 이롭게 하여 무상정등각에 이르는 도에 들어서도록 도우려는 것이 이 다라니경의 취지임을 설하고 있다. 청경관자재보살상을 짓는 화상법과 수인을 더하여 설한다.

청경대비심다라니 靑頸大悲心陀羅尼 당대 불공(不空)이 한역한『대자대비구고관세음자재보살광대원만무애자재청경대비심다라니 大慈大悲救苦觀世音自在菩薩廣大圓滿無礙自在靑頸大悲心陀羅尼』(대정장20, No.1113B)의 줄인 이름. ⇨ 대자대비구고관세음자재보살광대원만무애자재청경대비심다라니 大慈大悲救苦觀世音自在菩薩廣大圓滿無礙自在靑頸大悲心陀羅尼

청경대비왕관자재염송의궤 靑頸大悲王觀自在念誦儀軌 밀교 의궤. 당대 금강지(金剛智) 한역. 1권. 갖춘 이름은『금강정유가청경대비왕관자재염송의궤 金剛頂瑜伽靑頸大悲王觀自在念誦儀軌』이다. 대정장20, pp.490b20~497c7, No.1112에 수록되어 있다.『금강정경유가관자재왕여래수행법 金剛頂經瑜伽觀自在王如來修行法』(대정장19, No.932)에서 청경다라니(靑頸陀羅尼)와 천수천안광대원만묘신대비보당다라니(千手千眼廣大圓滿妙身大悲寶幢陀羅尼)를 부가하였다. 어떠한 중생이라도 이 가르침을 듣고 밤낮을 가리지 않고 정진하여 수행하면 현세에 환희지를 증득하고 이후의 16생 안에 정각을 성취한다고 서술하고 있다. ⇨ 금강정경유가관자재왕여래수행법 金剛頂經瑜伽觀自在王如來修行法

청경암 淸景庵 전라북도 정읍 운주산(雲住山)에 있던 암자. 1936년 발행한『정읍군지』에는 운주산에 있었으나 지금은 폐사되었다 전한다. 〔참고문헌〕『井邑郡誌』.

청계 請啓 법을 청하는 글. 이에 대해 내리는 염송을 염청계(拈請啓)라고 한다.『백장청규증의기』권5「주지장 住持章」'새 주지를 청함 請新住持'(卍속장111, p.695a4)에 "전사(專使)가 저 절에 이르면 객당에서 객례로 접대하고 차로 점다한 다음 한 지객이 방장에게 아뢰며 고방과 유나에게도 널리 알린다. 다음으로 청계·수지·예물을 법좌 위에 바친다. 專使到彼寺 客堂 以客禮接待 用茶點 一知客白方丈 及通告庫房 維那 次將請啓 須知 禮物 供法座上"라고 하였다. 〔참고문헌〕『百丈淸規證義記』. ⇨ 염청계 拈請啓

청계사 淸溪寺 **1** 경기도 의왕시 청계동 청계산(淸溪山)에 있는 절. 대한불교조계종 제2교구본사 용주사(龍珠寺)의 말사이다.『조선불교통사』권상에 의하면, 봉은사(奉恩寺)의 말사였다고 한다.『봉은본말지 奉恩本末志』에 의하면, 신라 때 창건되었고 1284년(충렬왕10)에 조인규(趙仁規 1237~1308)가 중창하였다고 한다.『동국여지승람』권8 경기 과천현(果川縣) 불우(佛宇)에는 청계사가 있는 청계산에 이곡(李穀 1298~1351)이 작성한 조인규의 사당기(祠堂記)가 있었다고 전한다. 이곡이 지은 사당기인『가정집』권3의「조정숙공사당기 趙貞肅公祠堂記」에는 조인규가 일찍이 자신의 집 뒤에 절을 창건하고는 사후 그곳에 초상화를 걸고 제사지내고 비석도 세우려 했다고도 전한다. 고려말에 무학자초(無學自超)와 철호조선(鐵虎祖禪) 등이 주지를 역임하였다. 1407년(태종7)에 자복사(資福寺)로 지정되어 천태종 사찰이 되었고, 1445년(세종27)에는 왕실에서 광평대군(廣平大君)과 평원대군(平原大君) 등을 위해 송경(誦經)법회를 행하기도 하였다. 이자(李耔)의『음애일기』에 의하면, 1503년(연산군10)에 도성 내 사찰을 없애게 되면서 청계사가 선종(禪宗)을 대표하는 사원이 되었다고 한다. 1689년(숙종15)에는 화재로 전소된 것을 성희(性熙)가 중건하였고 1701년(숙종27)에 동종(銅鐘)도 조성봉안하였다. 1761년(영조37)에 당시 세손이었던 정조(正祖)가 원당(願堂)을 설치하고 1789년(정조13)에 현륭원제각(顯隆園祭閣)을 세우고 매년 2번의 제사를 드렸다. 1798년(정조22)에 풍책(豊策)·태성(太性)이 중창하였다. 1844년(헌종10)에 신중탱과 후불탱, 1862년(철종13)에 괘불을 조성봉안하였다. 1876년(고종16)에 또다시 화재가 나서 1879년에 중건을 시작하였고 그 회향을 기념해「경기좌도광주군청룡산청계사중건기 京畿左道廣州郡靑龍山淸溪寺重建記」가 지어졌다. 1900년(고종37)에 극락보전을 세웠고, 1955년에 주지 아연(娥演)이 중창한 이후 월덕(月德), 탄성(呑星), 월탄(月誕) 등이 지속적으로 중건하여 지금에 이른다. 청계사는 조선선교양종본찰로 이 절에서 출가한 경허대선사(鏡虛大禪師 1849~1912)와 그 맥을 이은 만공(滿空 1871~1946)·보월(寶月 1884~1924)·금오(金烏 1895~1968)·월산(月山 1912~1997)의 뜻을 기려 매년 다례제(茶禮祭)를 봉행하고 있다. 현존하는 당우로는 극락보전·삼성각·종각·요사 등이 있으며, 성보문화재로는 보물인 동종이 있다. 경기도유형문화재 제135호 청계사소장목판은 총 14종 462판으로 1622년(광해군14)~1623년(인조1)에 개판하거나 판각한 『묘법연화경』·『고봉화상선요 高峯和尙禪要』·『법집별행록절요병입사기 法集別行錄節要幷入私記』 등과 1831년(순조31)·1834년에 새긴 『불설천지팔양신주경 佛說天地八陽神呪經』·『대장경목록 大藏經目錄』, 1902년에 각판한 『수구대명왕대다라니 隨求大明王大陀羅尼』 등이 포함되었다. 신중도는 1844년(헌종10)에 제작되었다. 사적기비는 1689년(숙종15)에 조운(趙橒)이 글을 짓고 윤창적(尹昌績)이 썼다. [참고문헌] 『東國輿地勝覽』, 『輿地圖書』, 『稼亭集』, 『太宗實錄』, 『世宗實錄』, 『陰崖日記』, 『朝鮮佛教通史』, 『韓國寺刹全書』 권하 p.1094a8, 李智冠 『校勘譯註歷代高僧碑文』 高麗篇4 p.408·427. ❷ 경상북도 상주시 화서면 하송리 성산(城山)에 있는 절. 대한불교조계종 제8교구 본사 직지사(直指寺)의 말사이다. 이전에는 김룡사(金龍寺)의 말사였다. 1895년(고종32)에 병화(兵火)로 모두 전소되었는데, 1924년에 비구니스님이 남장사(南長寺)로부터 금불을 옮겨오고 불우(佛宇)를 창건한 이후 1992년에 도민(道敏)이 주석하면서 비구니 수행처로 거듭나 지금에 이른다. 현존하는 당우로는 극락보전·산신각·요사 등이 있고, 견훤사당이 민속문화재 제157호로 지정되어 있다. [참고문헌] 『輿地圖書』, 『伽藍考』, 『梵宇攷』, 『朝鮮佛教通史』, 『韓國寺刹全書』 권하 p.1096a6. ❸ 충청북도 영동군(永同郡) 천마산(天磨山)에 있던 절. 『동국여지지』 권3 충청도 영동현(永同縣) 사찰에 전한다. [참고문헌] 『東國輿地志』. ❹ 평안남도 강동군 대박산(大朴山)에 있던 절. 『여지도서』에 의하면 현에서 북쪽으로 4리 떨어져 있다고 하였다. [참고문헌] 『輿地圖書』, 『伽藍考』, 『梵宇攷』, 『韓國寺刹全書』 권하 p.1096b7. ❺ 평안남도 순천군 자모산성(慈母山城) 내에 있던 절. 『여지도서』 평안도 자산부(慈山府) 사찰과 『가람고』, 『범우고』에 전한다. [참고문헌] 『輿地圖書』, 『伽藍考』, 『梵宇攷』, 『韓國寺刹全書』 권하 p.1096b5. ❻ 함경북도 무산군 청계산(淸溪山)에 있던 절. 『범우고』에 이름과 위치가 전한다. [참고문헌] 『梵宇攷』, 『韓國寺刹全書』 권하 p.1096a15. ❼ 함경북도 부령군 연천면 남원동 청계산(淸溪山)에 있던 절. 대본산 귀주사(歸州寺)의 말사였다. 『범우고』에 이름과 위치가 전한다. 1433년(세종15)에 창건되었고, 1875년(고종12)에 중수되었다. 조선총독부박물관에서 조사한 고적 기록에 건륭 12년(乾隆十二年)이 쓰인 와편(瓦片)의 탁본이 남아 있다. [참고문헌] 『梵宇攷』, 『韓國寺刹全書』 권하 p.1096b3, 『北韓寺刹研究』(寺刹文化研究院, 1993) p.92, 『국립중앙박물관소장 조선총독부박물관문서』(국립중앙박물관, 2016). ❽ 함경북도 온성군 훈계면 오봉산(五峰山)에 있던 절. 대본산 귀주사(歸州寺)의 말사였다. [참고문헌] 『韓國寺刹全書』 권하 p.1096b1.

청계사동종 淸溪寺銅鐘 조선후기 범종. 보물 제11-7호. 전체높이 111.8cm·입지름 76.4cm. 17세기의 명장 사인비구(思印比丘)의 말년 작품이다. 정상부에는 반구형으로 솟은 천판 위에 일체쌍두의 용뉴만 있고, 음통은 없다. 종신은 두 줄의 횡선을 중심으로 상하로 구획하였고, 넝쿨무늬가 새겨진 상대와 연곽(蓮廓) 안에 납작하게 도식화된 연봉오리와 연꽃가지를 들고 구름 위에 서 있는 보살상 등에서 사인비구만의 특징적인 표현도 보인다. 하부에는 당좌를 표현하지 않는 대신 종신을 빙 둘러가며 긴 명문을 새겨 놓았는데, 명문에 "강희 40년(1701·숙종27) 광주 청룡산 청계사종을 주성하니, 무게는 700근이고 통정화원 사인·명간·계일·여석·수강 등이다. 康熙四十年辛巳四月日 鑄成 廣州靑龍山淸溪寺鍾 重七百斤 通政畫員 思印 明侃 戒日 餘釋 首岡"라고 하였다. 종구(鐘口)에 넝쿨무늬를 섬세하게 시문하였다. [참고문헌] 『중요동산문화재 범종기록화사업 보고서1』(문화재청, 2006) pp.81~87. ⇨ 사인비구제작동종 思印比丘製作銅鐘, 청계사 淸溪寺 ❶

청계사동종

청계암 淸溪庵 ❶ 전라남도 구례군 백운산(白雲山)에 있던 암자. 『범우고』에 위치만 전한다. [참고문헌] 『梵宇攷』, 『韓國寺刹全書』 권하 p.1096b9. ❷ 전라북도 김제시 금산면 모악산(母岳山) 금산사(金山寺) 산내에 있던 암자. 『한국사찰전서』에 "지금은 폐사되었다. 今廢"라고 하였다. [참고문헌] 『韓國寺刹全書』 권하 p.1096b5 欄外. ❸ 전라남도 강진군 보리산(菩提山)에 있었던 암자. 수인사(修仁寺) 안에 있었던 암자이다. 설우대운(雪藕大雲 1830~1868)이 입적한 곳이기도 하다. 『동사열전』 권6 「설우대사전 雪藕大士傳」(한불전 10, p.1066b9)에 대운이 강진 보리산 수인사의 청계암에서 시적(示寂)했다고 전한다. [참고문헌] 『東師列傳』.

청계암 聽溪庵 전라남도 여수시 중흥동 영취산(靈鷲山)에 있던 암자. 흥국사(興國寺) 산내에 있던 14개의 암자 중 하나로 대본산(大本山) 선암사(仙巖寺)의 말사였다. [참고문헌] 『韓國寺刹全書』 권하 p.1103a1.

청고 靑杲 1738~1823. 조선후기 스님. 자는 염화(拈花), 호는 율봉(栗峰), 속성은 백(白)씨. 아버지의 휘는 시호(時皓)다. 어머니 문(文)씨 부인이 태양이 떨어지는 것을 두 손으로 받는 태몽을 꾸고, 1738년(영조14) 1월 8일 순천(順天)에서 태어났다. 재주가 뛰어났으며 행동 또한 비범하였다. 1756년(영조32)에 무구대준(無垢大俊)을 은사로 하여 스님이 되었고, 다음 해인 1757년 운월숙민(雲月淑敏)으로부터 비구계를 받았다. 환암탁계(喚庵卓戒)에게서 선법(禪法)을 받았고, 청봉거안(靑峰巨岸)의 법도 이었다. 삼장에 정통하였고 특히 『화엄경』에 밝았다. 선교를 겸비하였으며 기회 있을 때마다 『금강경』은 보살의 정토라면서 강석을 게을리하지 않았다. 스님은 법력이 고매하여 살아 있는 부처(活佛)라고 부르기도 하였다. 1823년(순조23) 1월 그믐날(晦日)에 대중을 불러 앉히고 "서방국토에 가지 않았건만 구품연지에는 이미 연꽃 활짝 폈네! 구름 자욱 다한 곳에 해도 달도 하늘 맑게 비추리라. 不去西方國 蓮池已出蓮 雲烟都盡處 日月淨當天"라는 임종게를 읊은 다음 세수 86, 법랍 67세를 일기로 입적하였다. [참고문헌] 「栗峯禪師行狀」, 『楡岾寺本末寺誌』(亞細亞文化社, 1977) pp.529~530, 權相老 『朝鮮佛教略史』 p.231.

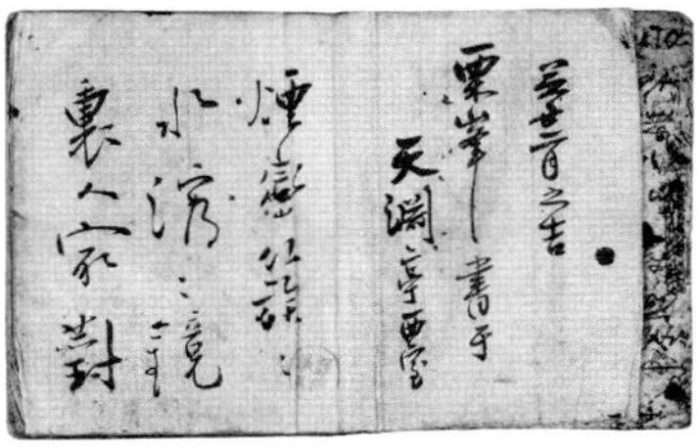
율봉서첩 직지성보박물관 1793년

청고 請鼓 ➡ 보청고 普請鼓

청곡사 靑谷寺 경상남도 진주시 금산면 갈전리 월아산(月牙山)에 있는 절. 대한불교조계종 제12교구본사 해인사(海印寺)의 말사이며, 청곡사(靑谷寺)라고도 한다. 『조선사찰사료』 권상 「진양동월아산청곡사불상개금겸□개채기 晋陽東月牙山靑谷寺佛像改金兼□改彩記」에는 879년 기해년(헌강왕5)에 호가 연기(烟起)인 도선국사(道詵國師)가 창건하였고, 1380년(우왕6)에 실상장로(實相長老) 상총(尙聰)이 중흥하였다고 하였다. 『동국여지승람』 권30 경상도 진주목 불우에 이름과 월아산의 서쪽에 있다 하였고, 『경상도속찬지리지』에는 선종(禪宗)에 속한다 하였다. 『여지도서』와 『범우고』에 "홍무 정축년(1391·태조6) 신덕왕후 원당으로 삼고는 향로 2좌를 제작하였는데, 글씨 완연한 원문 70자가 모두 은자였다. 洪武丁丑神德王后願堂所製香爐二坐蒙書宛然有願文七十字皆銀字"라고 하였다. 그 뒤 임진왜란 때 불탄 것을 1602년(선조35)에 계행(戒行)·극명(克明)이 중창했고, 1612년(광해군5)에 제석천과 대범천 불상을 새로 조성했다. 1661년(현종2)에 인화가 업경전(業鏡殿) 시왕상을 조성하였고, 1722년(경종2)에 의겸(義謙)이 괘불을 조성했으며 조선말 포우대사(布雨大師)가 중창하였고, 6.25전쟁 이후 2000년도에 서강에 의해 중창되었다. 현존하는 당우로는 대웅전·적묵당·칠성각·나한전·선불장·업경전·설선당·응향각·천왕문·화학루·범종각·산신각 등이 있다. 성보문화재로는 국보인 영산회괘불탱, 보물인 목조제석천대범천의상·목조석가여래삼존좌상·목조지장보살삼존상및시왕상일괄이 있다. 경상남도 유형문화재 제5호 삼층석탑이 있으며, 제51호 대웅전은 1612년(광해군4)에 지어진 정면 3칸, 측면 2칸의 팔작지붕 건물이다. 괘불탱을 넣어놓는 괘불함도 1722년에 제작된 것으로 높이 10m, 너비 5.2m이다. 모서리를 금속으로 장식하였다. 영산회상도는 1750년(영조26)에 명열(明悅)이 제작하였다. [참고문헌] 『慶尙道續撰地理誌』, 『東國輿地勝覽』, 『輿地圖書』, 『伽藍考』, 『梵宇攷』, 『朝鮮寺刹史料』 권상 p.500, 『韓國寺刹全書』 권하 p.1096b10.

청곡사괘불 靑谷寺掛佛 조선시대 대형불화. 국보 제302호. 세로 1,022.3cm·가로 635cm. 석가모니불을 본존으로 문수와 보현이 시위하는 삼존상을 전면에 모시고, 뒤편에 다보불, 아미타불, 가섭·아난존자, 관음·대세지보살을 안치하였다. 석가·다보·아미타 삼존에 문수·보현·관음·세지보살이 결합한 칠존(七尊)은 『오종범음집 五種梵音集』 등에서 의지하는 영산작법중 봉청(奉請)해 모시는 불보살들이다. '영산교주석가모니불'을 필두로 다보불은 '증청묘법다보여래'로, 아미타불은 '극락도사아미타불'로 불러 모시며 여기에 네 보살을 함께 모셔 '영산회상불보살'을 재현하는 뜻이다. 특히 이 괘불화면 곳곳에 범자(梵字)를 새겨 넣었는데 위치는 존상들의 정상계주와 중앙계주, 미간과 눈썹, 눈 위아래와 눈동자, 입술, 가슴, 겨드랑이, 배꼽, 다리

청곡사영산회괘불탱

와 발에 이르기까지 가득 적어 넣었다. 화기(畵記)에 의하면 왕실의 안녕 기원을 시작으로 다섯 달 동안 시주하여 1722년 3월 16일부터 4월 24일까지 40일 동안 조성하였다. 의겸(義謙)을 수화승으로 체일(体一)·즉심(卽心)·홍신(興信)·향민(向敏)·양운(良運)·민희(敏熙)·채인(採仁)·일민(日敏)·대운(大隱) 등 10명이다. 의겸이 조성하여 전하는 5점의 괘불 중 4점이 영산회상도상을 따랐으며, 의겸을 계승한 화승에 의해 확산되면서 조선후기 괘불의 전형적인 형식이 되었다. 한편 이 괘불의 화기에는 131인의 시주자명부가 전하는데 93인이 스님들이었고 나머지는 신심깊은 단월이었다. 시주품목으로는 바탕천인 삼베필, 배접을 위한 종이, 채색안료 등과 행사를 위한 식재료 등 다양하다. 대개 왕실의 안녕을 기원하는 문구만 인용해 제작배후를 왕실재원으로 추정하지만, 이 화기에는 재원을 마련하기 위해 가을과 겨울에 걸쳐 동분서주한 기록도 함께 전한다. 그린 이들도 금어(金魚)인 스님들이었고 시주 또한 스님들이 주축이 되어 조성된 성보 중 하나다. 이 기록은 청곡사에서 성취된 불사들이 외연에 의탁하기 보다 사찰 내 스님들이 적극 주도한 불사의 면면을 남기고 있다. 〔참고문헌〕『법당 밖으로 나온 큰 불화 : 국보 제302호 청곡사괘불』(국립중앙박물관, 2006), 『대형불화 정밀조사보고서』(문화재청·성보문화재연구원, 2019).

청곡사목조석가여래삼존좌상 青谷寺木造釋迦如來三尊坐像 조선후기 삼존불상. 보물 제1688호. 높이 석가불좌상 175cm, 문수보살좌상(좌) 163cm, 보현보살좌상(우) 158cm. 진주 청곡사 대웅전에 봉안되어 있다. 불상의 복장에서 발견된 『개금불사동참결연작복록 改金佛事同參結緣作福祿』에 1615년(광해군7)에 제작, 1750년에 개금중수되었다고 하였다. 개금중수 때 수조각승 상정(尙淨)을 비롯하여 각심(覺心)·유순(宥淳)·묘징(妙徵)·금선(錦線)·선휘(禪輝)·칭숙(稱淑)·경학(敬學)·광인(廣仁)·계초(戒初)·막영(漠英) 등의 이

청곡사목조석가여래삼존좌상

름이 전하는데, 특히 상정은 18세기의 대표적인 조각승으로 개금 불사도 주도했던 것으로 보인다. 본존불인 석가불상은 얼굴과 신체 모두 각이 진 사각형으로 평면이고 머리와 육계의 경계도 뚜렷하지 않다. 정상과 중앙에 각각 계주(髻珠)가 장식되었다. 법의는 드러난 오른쪽 어깨 위를 옷자락이 덮고 있는 변형된 편단우견이며 가슴 위의 내의는 연꽃 모양으로 마무리되었다. 흘러내린 옷자락은 왼쪽 무릎 위에서 나뭇잎 모양의 옷주름으로 마무리하여 좌우로 넓게 펼쳤다. 좌우의 협시보살상은 화려한 보관을 쓰고 있는데 손모양과 착의법만 다를 뿐 본존불과 그 특징이 같다. 두 손은 엄지와 셋째손가락을 맞댄 모습인데 손가락으로 작은 보주를 살짝 잡고 있어 보기 드문 경우다. 특히 오른쪽 어깨 위에서 내려온 옷자락이 배부분에서 예리하게 꺾여 옷 속으로 들어간 점이나 왼쪽 어깨 옆면에 U자형의 옷주름을 중심으로 Ω형의 문양이 표현된 점 등은 조선후기의 현진계에서 제작한 불상과 유사하여 비교할 만하다. 청곡사 석가삼존불상은 17세기 전반에 제작된 불상의 전형을 보여주는 성보다. 〔참고문헌〕『목조불』 2013중요동산문화재 기록화사업(문화재청, 2013) pp.266~279.

청곡사목조제석천대범천의상 青谷寺木造帝釋天大梵天倚像 조선후기 목조 제석천·범천상. 보물 제1232호. 높이 210cm. 경상남도 진주시 금산면 청곡사 업경전(業鏡殿)에 봉안되었던 것으로 지금은 청곡사문화박물관에 있다. 제석천과 범천의 모습을 나무로 제작해 의자에 앉게 한 유일한 경우다. 봉황과 화염으로 장식한 보관(寶冠)을 쓰고 있다. 제석천과 범천의 얼굴은 사각형에 가깝고 하얀 호분(湖粉)이 두껍게 칠해져 있다. 둥글고 긴 눈썹과 단정한 눈코입을 갖고 있다. 대개 불화 속 제석천과 범천은 합장한 모습이지만, 제석천상은 두 손을 들어 엄지와 검지를 맞대어 그 사이에 연꽃가지를 들고 있고, 범천상은 오른손은 중지와 검지를 엄지와 맞대어 옆으로 하고, 왼손은 중지와 검지를 엄지와 맞대어 무릎 위에 두었다. 두 상 모두 하얀 목깃이 달렸고, 허리에 띠를 둘렀다. 제석천의 옷자락은 무릎 위에서 교차한 후 발목에서 허리띠와 다시 교차하며 마무리하였다. 제석천과 범천상이 조형으로 제작된 국내 유일의 성보다. 〔참고문헌〕『경상남도문화재총람Ⅰ』(경상남도·우리문화재연구원, 2014) p.132.

청곡사목조제석천대범천의상

청곡사목조지장보살삼존상및시왕상일괄 青谷寺木造地藏菩薩三尊像◯十王像一括 조선후기 지장전의 제존상. 보물 제1689호. 높이 지장보살좌상 106.3cm, 도명존자입상(좌) 138cm, 무독귀왕입상(우) 176.5cm. 업경전에 봉안되었다. 지장보살삼존상을 중심으로 좌우에 시왕, 귀왕, 판관, 인왕 등 모두 21구가 배치되었다.

시왕상의 권속 중에는 제석천상과 범천상이 있었는데 현재 청곡사 성보박물관에 따로 전시되어 있다. 복장에서 발견된 발원문에는 1657년(효종8)에 수화승 인영(印迎)을 중심으로 탄준(誕準)·지변(智邊)·학겸(學兼)·서명(瑞明)·법률(法律)·종연(宗延)·선우(善祐) 등 이름이 전한다. 17세기 이후에는 각 사찰마다 명부전이나 지장전이 건립되면서 지장시왕상과 그 권속들이 무리져 조성되었다. 본존인 지장보살상은 머리와 상체가 큰 편으로 안정적이나 둔중한 느낌을 준다. 승상에 넓적한 얼굴이며 매서운 눈매에 코와 입은 작다. 양어깨를 덮은 옷과 수평으로 처리된 내의를 입고 있으며 옷자락은 넓게 펼쳤다. 이러한 착의법과 옷주름은 조선 후기불상의 전형이다. 좌우의 도명존자와 무독귀왕은 입상이다. 시왕 및 귀왕, 판관 등 권속들도 도상에 따라 다양한 표정과 자세를 하고 있으며 주로 적색과 녹색으로 채색되었다. 청곡사 지장시왕상은 17세기 중엽 불상의 특징을 잘 보여주는 조각승 인영의 작품으로는 거의 유일하게 남아 있는 성보다. [참고문헌] 『문화재대관』 보물 불교조각(문화재청, 2017) pp.308~314.

청곡사불상개금겸개채기 靑谷寺佛像改金兼改彩記 경상남도 진주시 금산면 월아산(月牙山) 청곡사의 불상과 시왕상을 개금하고 채색한 내력을 기록한 글. 1750년(영조26)에 벽파사문(碧坡沙門) 낭정(朗靜)이 글을 지었다. 『조선사찰사료』 권상에 「진양동월아산청곡사불상개금겸□개채기 晋陽東月牙山靑谷寺佛像改金兼□改彩記」라는 이름으로 수록되어 있다. 879년(헌강왕5)에 연기(烟起 : 도선국사)가 청곡사를 창건하였고 1380년(우왕6)에 상총(尙聰)이 중건하였다. 1602년(선조35)에 계행(戒行)과 극명(克明)이 임진왜란 때 피해를 수리하였다. 법당과 불상은 극명이 1613년(광해군5)과 1615년에 각각 새로 봉안하였으며, 시왕상은 인화(印和)가 1661년(현종2)에 새롭게 조성하였다. 불상과 시왕상이 만들어진 지 오래되면서 퇴색되자 1749년(영조25) 봄에 전승통(前僧統)인 인해(印海)와 묘담(妙湛)이 함께 개금과 채색을 계획하였고 사일(思日)과 태한(太閑)의 제자들이 모금한 뒤, 겨울에 지변(智辨)이 간선(幹善)이 되어 다음해 봄에 완성하여, "때묻어 희미해진 모습 빛나게 되고 쇠잔해진 모습 다시 환하게 되었으니 모든 사람들 우러러 공경하며 귀의하네. 지변과 인해 공 과연 정토를 장엄한 이들이라 하여야 하리. 向漫漶者光禪 彫殘者復煥 使一切人民 瞻敬歸依 辨公海公 可謂知因識 果莊嚴淨土者也"라고 하였다. [참고문헌] 『朝鮮寺刹史料』 권상. ⇨ 청곡사 靑谷寺

청공 淸恭 고려 충숙왕(재위 1313~1330) 때 스님. 자세한 행장은 알 수 없다. 『고려사』 권56 지(志)10 청풍현(淸風縣)에 "본래 고구려 사열이현으로, 신라 경덕왕 때 지금 이름으로 고쳐 내제군의 영현이 되었다. 현종 9년(1018)에 (충주목에) 내속하였다. 뒤에 감무를 두었는데 충숙왕 4년(1317)에 현의 스님 청공이 왕사가 되었으므로, 지군사로 승격시켰다. 本高句麗 沙熱伊

청곡사목조지장보살삼존상및시왕상일괄　무독귀왕입상·지장보살좌상·도명존자입상·제1진광대왕의좌상·제2초강대왕의좌상·제3송제대왕의좌상·제4오관대왕의좌상·제5염라대왕의좌상·제6변성대왕의좌상·제7태산대왕의좌상·제8평등대왕의좌상·제9도시대왕의좌상·제10오도전륜대왕의좌상·귀왕상·판관상·사자상·금강역사상(왼쪽상단부터)

縣 新羅景德王 改今名 爲柰隄郡領縣 顯宗九年 來屬 後置監務 忠肅王四年 因縣僧淸恭爲王師 陞知郡事"라고 하였다. ［참고문헌］『高麗史』.

청공 淸珙 1272~1352. 원대 임제종(臨濟宗) 호구파(虎丘派) 스님. 자는 석옥(石屋). 속성은 온(溫)씨. 소주(蘇州：江蘇省) 상열(常熱) 출신. 소주 흥교숭복사(興敎崇福寺)의 영유(永惟)를 은사로 출가하였다. 20세에 축발(祝髮)하고 23세에 구족계를 받았다. 고봉원묘(高峰原妙) 문하에서 공부한 뒤에 급암종신(及庵宗信)의 법을 이었다. 가화(嘉禾：浙江省) 당호(當湖)에 새롭게 건립한 복원선찰(福源禪刹)의 초빙을 받아 2세 주지가 되어 7년 동안 주석하다가 다시 천호(天湖)로 돌아갔다. 1341년(지정1) 황후(皇后)에게 금란의(金襴衣)를 하사받았다. 1352년(지정12) 7월 23일 "청산 썩어가는 주검 붙일 일 없거늘, 죽어 어찌 굳이 땅 파고 묻으랴? 나 돌아본들 삼매의 불 일지 않으리니, 전에 빛나던 것 끊어져 한 무더기 섶으로 남으리라. 靑山不著臭尸骸 死了何須掘土埋 顧我也無三昧火 光前絶後一堆柴"라는 임종게를 쓴 다음 세수 81, 법랍 54세로 입적하였다. 원으로 찾아온 고려의 태고보우(太古普愚)와 백운경한(白雲景閑)을 만나기도 하였다. 문도들이 천호에 탑을 세우고 급암의 탑과 나란히 안치하였다. 불자혜조선사(佛慈慧照禪師)라는 호를 받았다. 원욱(元旭)은 「복원석옥공선사탑명 福源石屋珙禪師塔銘」을 지었다. 『석옥청공선사어록』 2권을 남겼다. ［참고문헌］『石屋淸珙語錄』「塔銘」(卍속장122, p.651b1), 『補續高僧傳』 권13(卍속장134, p.231b10), 『南宋元明禪林僧寶傳』 권10(卍속장137, p.710b14), 『朝鮮佛敎通史』 권중 p.189. ⇨ 석옥청공선사어록 石屋淸珙禪師語錄

청공사 靑空寺 전라남도 화순군 이서면 무등산(無等山)에 있던 절. 『동국여지승람』 권40 전라도 화순현 불우에 무등산의 다른 이름인 서석산(瑞石山)에 있다 하였고, 『범우고』에도 서석산에 있었으며 폐사로 전한다. ［참고문헌］『東國輿地勝覽』, 『梵宇攷』, 『韓國寺刹全書』 권하 p.1086a13, 『한국사지총람』 권하(문화재청·불교문화재연구소, 2010) p.640.

청관세음보살소복독해다라니주경 請觀世音菩薩消伏毒害陀羅尼呪經 동진(東晉)대 축난제(竺難提)가 한역한 『소복독해경』(대정장20, No.1043)의 갖춘 이름. ⇨ 소복독해경 消伏毒害經

청관세음참법 請觀世音懺法 관세음보살을 청해 모시고 행하는 참법. 관음참법(觀音懺法)이라고도 한다. 『국청백록』 권1 「청관세음참법 請觀世音懺法」(대정장46, p.795b17)에 "삼칠일과 칠칠일 다 육재에 응해 세운다. 먼저 도량을 엄식하는데, 향내나는 진흙을 땅에 바르고 모든 번개를 매달고, 불상은 남으로 향하게 하는데 관세음상을 모신다. 따로 동향에는 양지와 깨끗한 물을 날마다 바꾸며 향을 사르고 꽃을 뿌린다. 행자 10인이 이미 돌아와 서향하여 땅에 앉는데, 땅이 만일 낮고 습하다면 다리 있는 낮은 상에 앉는다. 정의를 벗고 좌우로 출입하며 씻기를 마치고는 정복을 입고 날마다 힘을 다해 공양한다. 만약 능히 차리지 못한다면 첫날에는 베풀어 모셔 마치지 못해서는 안 되므로 각기 향로를 잡고 한마음 한뜻으로 저 서방을 향해 오체투지한다. 三七日 七七日 悉應六齋建 首當嚴飾道場 香泥塗地 懸諸幡蓋 安佛像南向觀世音像 別東向日別楊枝淨水 燒香散華 行者十人 已還當西向席地 地若卑濕 置低脚床 當脫淨衣 左右出入洗浴竟 著淨服 當日日盡力供養 若不能辦 初日不可無施安畢 各執香爐 一心一意 向彼西方五體投地"라 하고, 본사석가모니세존을 필두로 서방무량수세존·칠불·시방일체불께 일심정례(一心頂禮)하고, 이어 소복독해다라니(消伏毒害陀羅尼)와 파악업장다라니(破惡業障陀羅尼)와 육자장구다라니(六字章句陀羅尼)와 시방일체존법(十方一切尊法) 및 관음세지와 일체제보살과 성문연각현성승에 일심정례한다. 정례 후엔 모든 대중이 호궤(互跪)하여 향을 사르고 꽃을 뿌려 시방법계삼보에 공양하며, 서방을 향해 결가부좌하고 정(定)에 들어 마음을 산란치 않게 한다. 정에서 나와 나무본사석가모니문불(南無本師釋迦文佛) 등을 일심으로 받들어 소청(召請)하고서는 버들가지로 뜬 깨끗한 물을 뿌리며 유원대비애련섭수(唯願大悲哀憐攝受)를 세 번 외운다. 삼보 이름과 관세음 이름을 세 번 부르고 합장하여 설게(說偈)하고 사장행(四長行)의 경문(經文)을 읽고 소복독해주(消伏毒害呪)를 송한 후엔 칠행(七行)의 경문을 읽는다. 삼보 이름을 부르며 파악업장다라니주(破惡業障陀羅尼呪)와 육자장구주(六字章句呪)를 외워 마친다. "스스로 지력으로 들어 펼친 참회로써 범행인이 지은 십악업을 부수고 더러움 말끔히 씻어 버리고 돌이켜 청정을 얻었네. 다음으로 마땅히 발원하고 참원해 마친다. … 이는 하룻 날 하룻 밤의 법규이다. 自以智力披陳懺悔 破梵行人作十惡業 蕩除糞穢 還得淸淨 次當發願懺願竟 … 是爲一日一夜規矩"라고 하였다. ［참고문헌］『國淸百錄』. ⇨ 관음참법 觀音懺法, 참법 懺法❷, 청관음경 請觀音經

청관음경 請觀音經 동진(東晉)대 축난제(竺難提) 한역. 1권. 고려장12, pp.83a1~88a10, No.353·대정장20, pp.34b7~38a20, No.1043에 수록되어 있다. 『청관세음경 請觀世音經』·『청관세음소복독해다라니경 請觀世音消伏毒害陀羅尼經』·『청관세음보살소복독해다라니주경 請觀世音菩薩消伏毒害陀羅尼呪經』·『소복독

해다라니경 消伏毒害陀羅尼經』이라고 한다. 관세음보살이 비사리국(毘舍離國) 인민에게 질병의 곤액에서 벗어나게 하기 위하여 삼보와 관세음보살 본신의 명호(名號)를 칭념하도록 하고 아울러 업장을 물리치고 독해를 누르는 시방제불의 다라니주 등을 설해준다. 부처님께서 뒤이어 관세음보살의 명호와 다라니의 공덕을 설하시고 아울러 대길상육자장구구고신주(大吉祥六字章句救苦神呪)·관정길상다라니(灌頂吉祥陀羅尼)를 설하시며, 또한 사리불(舍利弗)에게 다라니의 유래와 공덕 등도 설해 주신다. 본경은 천태에서 중시하였는데 관음참법(觀音懺法)의 소의경전으로 수대 지의(智顗)도 본경에 대한 소 1권을 저술하였고, 『마하지관 摩訶止觀』 권2상에서 본경에 의지해 비행비좌삼배(非行非坐三昧)도 천명하였으며, 『국청백록 國淸百錄』 권1에서 이에 의지해 관음참법(觀音懺法)을 설하였다. 송대 준식(遵式)이 지은 『청관세음보살소복독해다라니삼매의 請觀世音菩薩消伏毒害陀羅尼三昧儀』 1권도 관음참법(觀音懺法)을 기술한 것이다. 본경을 역출한 연대와 작자에 관하여 세 가지 이설이 있다. 『개원석교록』 권12(대정장55, p.601a10)에 따르면 본경은 동진 때인 419년(원희1) 역출되었다. 『중경목록』 권1(대정장55, p.116c5)에는 남조유송(南朝劉宋 420~479)대에 축난제가 한역하였다고 하며, 『출삼장기집』 권4(대정장55, p.22b22)에 따르면 본경의 한역자는 알 수 없다고도 하였다. 〔참고문헌〕『開元釋教錄』, 『衆經目錄』, 『出三藏記集』.

청관음경삼매의주해 請觀音經三昧儀註解　낙북흥성사문(洛北興聖沙門) 도운석제(道雲石梯) 지음. 2권. 1681년(연보9) 간행. 『관음참법주해 觀音懺法註解』라고도 한다. 『청관음경』에 대한 천태의 소(疏)와 고산지원(孤山智圓)의 초(鈔) 등에 기반을 두고 준식(遵式)이 지은 『원통참 圓通懺』에 대하여 붙인 주해이다. 제1 서연(敍緣)에 이어 제2 정의(正意)를 엄정도량(嚴淨道場)·작례(作禮)·소향산화(燒香散華)·계념수식(繫念數息)·청삼보(請三寶)·구양지정수(具楊枝淨水)·송주(誦呪)·피진(披陳)·예배(禮拜)·좌선(坐禪)의 단계로 나누어 상세하게 해설하고, 제3 권수(勸修)는 사법(四法)으로 나누어 결론짓는다.

청관음경소 請觀音經疏　수대 천태지의(天台智顗) 설(說). 제자 관정(灌頂) 기(記). 1권. 대정장39, pp.968a3~977a17, No.1800에 수록되어 있다. 인법(人法)을 명(名)으로 삼고, 영지적조(靈知寂照)의 법신(法身)을 체(體)로 삼으며, 감응(感應)을 종(宗)으로 삼고, 위태로운 현실을 구제하여 고통의 뿌리를 뽑는 것을 용(用)으로 삼으며, 대승(大乘)을 교상(教相)으로 삼는다 하였다. 크게 경문을 서분·정종분·유통분으로 나눠 풀었다. 〔참고문헌〕『傳教大師將來台州錄』(대정장55, p.1056c3), 『天台宗章疏』(대정장55, p.1136c4), 『東域傳燈目錄』(대정장55, p.1152c24).

청관음법 請觀音法　『청관음경 請觀音經』에 의지하여 닦는 수법(修法). 왼손으로 버드나무 가지를 잡고 오른손에는 정병(淨瓶)을 쥐고 있는 관음보살의 형상대로 이 수법을 행할 때에는 버드나무 가지와 깨끗한 물을 담은 정병을 갖추기에 양지정수법(楊枝淨水法)이라고도 한다. 버드나무 가지는 지혜(智慧)를, 정병에 담긴 깨끗한 물은 선정(禪定)을 상징한다. 『마하지관』 권2(대정장46, p.14c23)에 "『청관음경』에 의지해 그 모습을 보인다. 고요한 곳에 도량을 장엄하는데 번과 개와 향과 등으로 장엄하고, 아미타불상과 관음보살상과 대세지보살상 서쪽에 모신다. 버드나무 가지와 깨끗한 물을 준비한다. 約請觀音 示其相 於靜處嚴道場 旛蓋香燈 請彌陀像 觀音勢至 二菩薩像 安於西方 設楊枝淨水"라고 하였으며, 이어 관세음보살의 명호를 부르고 다라니를 외운다. 〔참고문헌〕『摩訶止觀』. ⇨ 관음참법 觀音懺法

청관음소복독해참의 請觀音消伏毒害懺儀　송대 자운준식(慈雲遵式) 지음. 1권. 천태지의(天台智顗)의 『청관음경소 請觀音經疏』를 이어 관음참법(觀音懺法)을 시설한 저술이다. 〔참고문헌〕『佛祖統紀』 권10(대정장49, p.207b21). ⇨ 관음참법 觀音懺法

청광사 靑光寺　충청남도 홍성군 구항면 청광산(靑光山)에 있던 절. 『동국여지승람』 권19 충청도 홍주목 불우에 이름과 위치가 전하며, 『범우고』에는 청광산에 있었고 폐사되었음을 기록했다. 〔참고문헌〕『東國輿地勝覽』, 『梵宇攷』, 『韓國寺刹全書』 권하 p.1086a15.

청교 聽教　❶ 가르침을 듣다. 『허당록』 권1(대정장47, p.991a8)에 "저녁 소참에 학인이 물었다. '화상께서 하신 말씀 듣자오니 「납승의 집안에서 어떤 성인도 구하지 않고 자기의 영 또한 귀하게 여기지도 않는다」고 하셨습니다. 참으로 그렇습니까?' '들은 대로 분명히 깨우친다' '다만 선방에서 무슨 일을 밝히겠습니까?' '돌사람 둘이서 서로 귓속말을 한다'. 當晩小參 僧問 承聞和尙有言 衲僧家不求諸聖 不重己靈 還端的也無 師云 聽教分曉 僧云 只如三條椽下 明甚麽邊事 師云 兩箇石人相耳語"라고 하였다. 〔참고문헌〕『虛堂錄』. ❷ 상황에 맞게 허용된 법. 부처님께서 직접 제정하신 가져 행해야 하는(作持) 계목과 반드시 해서는 안 되는(止持) 계목에 해당되지 않는 법을 말한다. 『사분율행사초』 권중(대정장40, p.91b6)에 "지와 범 두 가지는 두 가르침에 상대한다. 그러므로 제교에 두 가지가 있음을 밝힌다. 첫째, 행하도록 한 것인데, 행하면 잘못이 없고 따르지 않으면 죄가 되는 것이다. 둘째, 해서는 안 되게 제정한 것으로 행하면 과실이 있게 되고, 그치면 위반함이 없는 조목이다. 청교란 행하든 행하지 않든 모두 죄가 없는 조목이다. 持犯二種 並對二教 以明制教有二 一制作 作則無愆 不順有罪 二制止 作則有過 止則無違 言聽教者 作與不作一切無罪"라고 하였다. [참고문헌]『四分律行事鈔』. ⇨ 작지계 作持戒, 지지계 止持戒, 제교 制教 **3** 선원(禪院)에서 초야(初夜)에 좌선을 마치고 개침(開枕)하기 전까지 요사(寮舍)에서의 담론(談論)을 허용하는 것. 『선림상기전』 권11(불광장, 禪藏, p.822)에 "청교 : 의당의 『일공집』에서 '중국의 선원에서는 매일 밤 좌선이 끝나면 요사들에서 자유롭게 이야기하고 고금의 일들을 헤아렸는데 이를 청교라 한다'라고 하였다. 聽教 義堂日工集云 中華禪院 每夜坐禪罷 隨意就于諸寮而夜話 商量古今事 謂之聽教"라고 하였다. [참고문헌]『禪林象器箋』.

청구승전보람 青丘僧傳寶覽 박봉석(朴奉石)이 지은 한국고승전(韓國高僧傳). 고승의 전기를 모아 1940년부터 1943년까지 학술지 『불교』 제21~56호에 연재하였다. [참고문헌]『佛教』(신판).

청규 清規 총림대중 간에 약속하여 지키는 규범. 승당(僧堂)에서의 행주좌와(行住坐臥) 등 위의(威儀)에 관한 승제(僧制)이며 대중(衆僧)이 반드시 따라야 할 법도들을 모은 것이다. 청은 청정대해중(清淨大海衆)의 줄임말이고, 규는 약속한 규범에 따라 모든 일을 판단하고 의지하는 끈과 같아 규구준승(規矩準繩)이라 한다. 정한 의궤(儀軌)로 대중을 청정하게 하기에 청규라 한다. 『사미율의요략술의』 권하(卍속장106, p.412a14)에 "청규란 총림의 기강이자 승중(僧衆)을 거두어 여법히 제도함이다. 이 법도로써 총림을 깨끗하게 다스리기에 청규라 한다. 마치 세간에서 규구가 없이는 둥글고 모남을 가리지 못하듯이 출세간에서도 법도로 대중을 거두지 않을 수 없다. 그러므로 여래의 설법은 꺾고 거두는 두 갈래 문을 여의지 않으셨다. 清規者 乃叢林之綱紀 攝僧之法度也 以此法度 清理叢林 故曰清規 如世間不以規矩 不能成方圓 出世間 不以法度 則不能攝大衆 故如來說法 不離折攝二門"라고 하였다. 선종은 달마 이후 삼백년 동안 선승들이 대부분 율원(律院)에 더부살이하거나 암혈(巖穴)이나 나무 아래 살면서 선찰(禪刹)만의 상가를 세우지 못하였다. 당대에 와서 홍주(洪州) 백장산(百丈山)의 회해(懷海)선사가 선찰을 건립하고 대소승의 경율을 참조하여 총림법도를 제정하였으니 『청규』 2권이다. 이것이 널리 유행하여 세칭 『고규 古規』·『고청규 古清規』 또는 『백장청규 百丈清規』라 하였으니 선종 청규의 시원이다. 이 한 책에서 총림의 모든 사무를 다 거두고 있다. 법당(法堂)·승당(僧堂)·방장(方丈)의 설치와 승중 가운데 십현중(十賢衆)을 선출하여 십직(十職)을 맡기고, 십직은 양서(兩序)로 나뉘니, 서서(西序)는 수좌(首座 : 前堂·後堂)·서기(書記)·지장(知藏)·지객(知客)·지욕(知浴)이고, 동서(東序)는 감사(監寺)·유나(維那)·부사(副寺)·전좌(典座)·직세(直歲)이다. 또한 여기에 요원(寮元)·당주(堂主)·화주(化主)·장주(莊主)·지전(知殿) 등을 설치하여 전담하는 직책을 두었다. 대중의 조참(朝參)·석취(夕聚)·재죽(齋粥)·보청(普請) 등과 같이 모든 세부조목이 담겨 있다. 학중(學衆)이 승당에 모여 생활함에는 계를 받은 연차에 따라 안배하고, 장련상(長連床)을 설치하여 함께 좌선하고 쉬도록 한다. 주지는 반드시 도안(道眼)과 덕행(德行)을 갖춘 사람이라야 하며 방장(方丈)에 거처하면서 그때마다 법당(法堂)으로 나와 상당(上堂)이나 소참(小參)형식으로 대중에게 법문을 한다. 이렇게 성립된 총림법도를 세인들이 『백장청규』라 불렀다. 천하의 총림은 모두 이를 본보기로 삼았다. 『선림보훈필설』 권중(卍속장113, p.699a9)에 "백장이 청규를 세우고자 했던 까닭은, 그 대체적인 의사는 다만 정법을 드러내고 사사로운 행위를 살펴 가리며 법도로 사람을 이끌고 대중생활을 정비해 가지런하게 하고자 했던 것이다. 이에 때에 따라 그 쓸을 취하게 하니 후인의 정식을 적절히 다스릴 수 있게 하였다. 百丈所以 欲立清規者 大槩的意思 只要標顯正法 檢束邪行 軌法于人 整齊大衆 乃因時取用 以調制後人之情識而已", "대체로 사람의 정이란 규구예법을 제방으로 삼아 방비해야 하니, 설사 제방의 토석이라도 견고하지 못하면 반드시 터져 갑자기 흘러나온다. 인간의 정도 또한 그러하니 망정을 다스려 그치지 못하면 반드시 진을 뚫고 음란해지리니, 그런 까닭으로 정식을 버리고 망상을 그쳐 악념을 내지 않고 삿된 행을 쉬게 하려면 한시라도 맺은 바 약속을 잃지 말아야 한다. 且夫人之情 猶之乎水也 規矩禮法爲隄岸 以防備之 設使隄岸之土石 如不堅固 其水必致奔衝 而突出之也 人之情亦然 若使妄情不制止 必放肆而淫亂之 故所以去情識 止妄想 禁惡念 息邪行 不可一時一刻 亡失規矩"

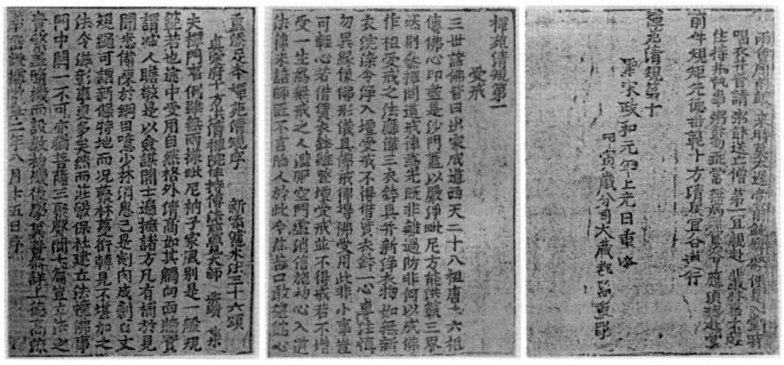

선원청규 중첩족본고려판 서 · 권수 · 간기

라고 밝혔다. 『백장청규』 권8 「백장산대지수성선사천하사표각기 百丈山大智壽聖禪寺天下師表閣記」(대정장48,

p.1157b13)에 "이 무리를 이끌되 선사는 제정한 바 청규로 일상에서 행할 위의의 절도를 삼았다. 領其徒 而以禪師所制淸規 爲日用動作 威儀之節"라고 하였다. 그 뒤로도 선림청규가 시행되는 동안 청규가 율장의 본령에 충실한지는 늘상 논쟁이 있어 왔다. 그러나 율장은 본령임에 틀림없고 청규는 그 본령에 근거하여 시절과 지역문화를 감안하여 대중이 새롭게 합의하고 약속하며 지켜온 대중중심의 부령이다. 『백장청규』는 당말(唐末)·오대(五代)를 거쳐 점차 흩어지기도 하여 지금은 양억(楊億)의 『선문규식 禪門規式』과 『백장규승송 百丈規繩頌』이라는 두 책에 남아 전한다. 『백장청규』 이후 청규로는 송대 종색(宗賾)의 『선원청규 禪苑淸規』 10권, 서암(瑞巖)의 무량종수(無量宗壽)선사가 지은 『일용소청규 日用小淸規』(『입중일용청규 入衆日用淸規』·『입중청규』·『일용규범 日用規範』) 1권, 무주금화(婺州金華)의 유면(惟勉)선사가 지은 『총림교정청규총요 叢林校定淸規總要』(『함순청규 咸淳淸規』·『교정청규 校定淸規』·『무주청규 婺州淸規』) 2권, 원대 동림택산(東林澤山)의 일함(一咸)선사가 지은 『선림비용청규 禪林備用淸規』(『지대청규 至大淸規』·『택산청규 澤山淸規』·『동림청규 東林淸規』) 10권, 중봉명본(中峰明本)선사가 지은 『환암청규 幻住庵淸規』 1권, 강서백장산(江西百丈山) 주지 덕휘(德輝)가 칙령(敕令)에 따라 중편한 『칙수백장청규 敕修百丈淸規』 2권, 도제(道齊)의 『선원청규총요 禪苑淸規總要』 2권, 『계홍(繼洪)의 『촌사청규 村寺淸規』 1권, 명대 수창(壽昌) 문하 제3조 천계(天界)의 도성(道盛)선사가 지은 『수창청규 壽昌淸規』 1권 등이 있다. 『칙수백장청규』는 숭녕(崇寧)·함순(咸淳)·지대(至大) 삼본과 『환주청규』 등을 보완하여 9장으로 나누고 2권으로 정비하였다. 명대부터 오늘날까지 모두 이 본이 유통되고 있으며 비록 이름은 『백장청규』이지만 고청규와는 거리가 멀다. 9장 가운데 앞의 4장은 축성(祝聖)·국기(國忌)·기도(祈禱)·불탄절(佛誕節)·열반절(涅槃節)·달마기(達摩忌)·백장기(百丈忌) 그리고 각 총림 역대 제조기(諸祖忌) 등과 관련된 규정인데 모두 율장에는 없고 고청규에도 없던 내용이지만, 부처님의 탄신과 열반 및 선종의 조사를 기리고, 나라와 민생을 위해 축원하는 등이다. 인도기원의 율장에는 있을 리 없는 후대 중국 총림이 수행할 수밖에 없었던 행리들이 율장이 아닌 청규에 남아 전한 것은 자연스러운 일이다. 5장부터 9장까지는 대중을 위한 규장(規章)이다. 다른 종파에서도 선종 청규를 모방하였다. 예를 들면 율종의 성오(省悟)는 『율원사규 律苑事規』 3권을, 천태종(天台宗)의 자경(自慶)은 『교원청규 敎苑淸規』 1권을 각각 지었다. 명대 이후 교문(敎門)의 행리뿐 아니라 총림의 행법도 해이해졌다. 한국도 선문의 전통에 의지한 『청규』의 유통과 전승이 분명하였다. 그러나 13세기 보조지눌은 선림의 퇴퇴한 실상을 걱정하며 1205년(희종1)에 순천 송광사에서 수선결사를 맺고 『계초심학인문 誡初心學人文』(한불전4, pp.738a1~739a12)을 지어 초심자들의 일용청규(日用淸規)로 삼게 하였다. 3절(節)로 나누어 첫째 '부초심지인(夫初心之人)'부터 '영향상종(影響相從)'까지는 사미스님을 경계(警誡)하고, 둘째 '거중요(居衆寮)'부터 '기위유지혜인야(豈爲有智慧人也)'까지는 중료(衆寮) 즉 큰방생활을 경계하였고, '주사당(住社堂)'부터 끝까지는 사당 즉 결사대중인 선방대중을 위한 훈책이다. 1636년(인조14)에 나암진일(懶庵眞一)이 지은 『석문가례초 釋門家禮抄』 권하 부록(한불전8, p.288c11)에도 백장화상청규법(百丈和尙淸規法)에 의지하여 다음과 같은 28조항으로 간략한 경책을 마련하기도 하였다. 근세의 경허(鏡虛)선사는 1899년(광무3) 11월 1일 해인사팔만대장경 인경불사 회향법회 때 결사맹주(結社盟主)가 되어 지은 「해인사결동수정혜동생도솔동성불과계사문 海印寺結同修定慧同生兜率同成佛果稧社文」(한불전11, pp.601b9~607b5)에 30조항에 달하는 규례를 남기는가 하면, 『경허집 鏡虛集』 「범어사계명암수선사 방함청규 梵魚寺鷄鳴庵修禪社芳啣淸規」(한불전11, p.599c14)에 따르면, 1902년(광무6) 경허스님이 54세 때 부산 범어사 계명암에 수선사(修禪社)를 맺고 설정한 열 가지 조항의 청규를 정해 시행하기도 하는 등 간간히 청규를 대신한 규약을 만들기도 하였다. 구산선문 이후 면면히 이어오던 청규전통은 근대 봉암사결사를 계기로 총림과 선문에 다시 본격정화개시되었고, 이를 계기로 현재 총림은 물론 제방선원에서 정비된 청규를 시행 전승해 오고 있다. [참고문헌] 『沙彌律儀要略述義』, 『禪林寶訓筆說』, 『百丈淸規』, 최법혜譯註 『고려판선원청규역주』, 최법혜譯註 『칙수백장청규역주』, 伽山智冠 『한국불교계율전통』. ⇨ 교원청규 敎苑淸規, 내원선원청규 內院禪院淸規, 대감선사소청규 大鑑禪師小淸規, 대감청규 大鑑淸規, 백장청규 百丈淸規, 백장총림청규 百丈叢林淸規, 선문규식 禪門規式, 비용청규 備用淸規, 선림비용청규 禪林備用淸規, 선원청규 禪苑淸規, 승당청규 僧堂淸規, 영평청규 永平淸規, 총림교정청규총요 叢林校定淸規總要, 함순청규 咸淳淸規, 환주암청규 幻住庵淸規, 황벽청규 黃檗淸規, 승제 僧制, 명규 明規, 불교의례 佛敎儀禮

청규 聽叫 주지(住持)를 곁에서 모시면서 명(命)을 받아 대중에게 전하는 소임. 『백장청규』 권7 「판장식 板帳式」(대정장48, p.1149b24)에 "방장의 청규는 향합을 받든다. 方丈聽叫捧香合", 『선림상기전』 권8(불광장, 禪藏, p.561)에 "청규 : 도충이 말한다. '주지를 곁에서 모시면서 부름을 듣고 명령을 받는 이다'. 聽叫 忠曰 侍住持左右聽其叫呼 受使令者"라고 하였다. [참고문헌] 『

百丈淸規』, 『禪林象器箋』.

청금강 靑金剛 십육집금강신(十六執金剛神) 중 한 분. 음사하여 니람바라다라(尼藍婆羅陀羅) 또는 니람발라다라(尼藍跋羅陀囉)라고도 한다. 『대일경』 권5 「비밀만다라품 祕密漫荼羅品」(대정장18, p.34b28)에 "다시 내가 설하는 바의 금강자재는 … 적연금강, 대금강과 아울러 청금강이며 연화금강, 광안금강 등이니라. 復次我所說 金剛自在者 … 寂然大金剛 并及靑金剛 蓮華及廣眼", 『대일경소』 권16(대정장39, p.743a19)에 "적연금강〈적정의 뜻으로 열반의 뜻과 같다〉, 대금강〈이름이다〉, 청금강, 연화금강, 광안금강 등이다. 寂然金剛〈寂靜義 如涅槃義也〉 大金剛〈名也〉 靑金剛 蓮華金剛 廣眼金剛", 『다라니집경』 권12 「제불대다라니도회도장인품 諸佛大陀羅尼都會道場印品」(대정장18, p.895b13)에 "(남면 동쪽에서부터) 제3좌주의 이름은 니람발라다라〈이쪽 말로 풀자면, 청금강이다〉이며, 연화좌 위에 발절라 불꽃 에워싸게 한다. 第三座主 名尼藍跋羅陀羅〈此云 靑金剛也〉 蓮花座上作跋折囉光焰圍繞"라고 하였다. 한편, 『불공견삭신변진언경』 권9 「광대해탈만나라품 廣大解脫曼拏羅品」(대정장20, p.270c23)의 집청금강저보살(執靑金剛杵菩薩)과 상응한다. 〔참고문헌〕『大日經』, 『大日經疏』, 『陀羅尼集經』, 『不空羂索神變眞言經』. ⇨ 니람바라다라 尼藍婆羅陀羅, 집청금강저보살 執靑金剛杵菩薩, 십육집금강신 十六執金剛神, 집금강신 執金剛神

청납 靑衲 청색으로 물들인 스님들의 옷. 납의(衲衣). 『승사략』 권상(대정장54, p.237c28)에 "미사새부에서는 청색의 법의를 입었다. … 후량 혜랑법사는 늘 청색 납의를 입었다. 彌沙塞部 靑色衣也 … 後梁有慧朗法師常服靑衲", 『조정사원』 권8 「변복색 辨服色」(卍속장113, p.238a1)에 "『승사략』에 '후량 혜랑법사는 청색 납의를 입었다'라고 하였다. 지공의 예언을 담은 기록에 따르면 '흥황사에 장차 푸른 법의의 개사(보살)가 대승을 널리 퍼뜨릴 것이다'라고 하였다. 혜랑이 오자 예상대로 그 말이 들어맞았다. 당말에 예장의 관음선사는 남방의 선객들 가운데 백색 납의를 입은 이들이 많은 현실을 보고 항상 항아리에 염색 재료를 담아 다니면서 물들이도록 권하였다. 오늘날 천하에서 모두들 관음납이라 한다. 근래에도 백색을 입은 이들이 있는데 크게 잘못된 일이다. 僧史云 後梁有慧朗法師服靑衲 誌公預記云 興皇寺 當有靑衣開士 廣行大乘 至朗 果符其言 唐末 豫章有觀音禪師 見南方禪客 多搭白衲 常以瓿器盛染色 勸令染之 今天下皆謂觀音衲也 近有衣白色者 失之太甚"라고 하였다. 〔참고문헌〕『僧史略』, 『祖庭事苑』, 『唐高僧傳』 권7(대정장50, p.477c21).

청냉각기 淸冷閣記 사명유정(四溟惟政 1544~1610) 지음. 1586년(선조19)에 북원이라 불린 원주의 청냉천(淸冷川)에 누각과 다리를 중수한 내력을 적은 글로, 『사명당대사집』 권6(한불전8, p.67b7) 잡문(雜文)에 전한다. "북원 동쪽 20리에 큰 내가 있어 청냉이라 불린다. 물은 치악으로 흘러서 길은 장안으로 흐른다. 영동에서 서울로 가거나 장안에서 영동으로 내려올 때 … 오직 이 길을 거치지 않을 수 없다. 때문에 이곳에 다리와 누각이 옛부터 있었지만, 일찍이 사나운 물로 없어져 오르내리는 이들이 근심하였다. … 만력 병술년(1586·선조19) 봄에 원성 사람 지씨가 자신의 재물을 내놓고 운수자 정수와 함께 단월 약간 명을 깨우쳐 마음을 함께 하고 힘을 모아 다섯 칸 누각을 다시 세웠다. … 한번 교각을 세우니 이에 백성들이 몸을 씻고 바람을 쐬는 풍경이 되었다. 어찌 지씨의 공이 현군자의 아래라 하겠는가. 北原東二十里 有大川曰淸冷 水流雉岳 路出長安 自嶺東如京師 從長安下嶺東 … 唯莫由斯道焉 由是橋於斯樓於斯古矣 曾爲虐浪傾奪 而上下者病焉 … 萬曆赤狗之春 原城人智氏出己財 與雲水子正受 喩檀子若干輩 同心戮力 重起五間樓閣 … 一成橋閣 使斯民至於浴乎風乎之境也 智氏之功 當不置賢君子之下也歟"라고 하였다. 〔참고문헌〕『四溟堂大師集』. ⇨ 유정 惟政 ❶

청녀 靑女 전설상 서리와 눈을 관장하는 여신(女神). 또는 서리와 눈. 눈서리. 『송고승전』 권18 「혜안전 慧安傳」(대정장50, p.823b22)에 "마침 머물던 골짜기에 때 이른 서리가 내려 곡식이 상하였다. 혜안의 거처만은 피해가 없었으나 40리 밖까지 모두 청녀의 재난으로 고통받았다. 時所居原谷之間 旱霜傷苗稼 安居處獨無四十里外 皆苦靑女之災矣", 『인사집현어록』 권1(卍속장114, p.13a15)에 "서리 : 곤명에 이슬 맺히고, 태액은 한파가 닥쳤다. 바람의 신 비렴이 노하여 포효하자 교외 곳곳의 초목 모두 시들어 떨어지고, 서리 여신 청녀가 위세 떨치자 사방의 들판원림이 모두 적막하였다. 잎 떨어져 뿌리로 돌아가는 계절 맞이하였으니, 꽃다발 엮어 부처님 친견한 인연 열어보이노라. 霜 露結昆明 波寒太液 飛廉怒吼 千郊草木盡凋零 靑女威稜 四野園林俱寂寞 當葉落歸根之候 結花開見佛之緣", 『청익록』 13칙(卍속장117, p.824a14)에 "새벽 밝아오니 옥인은 꿈에서 깨어나고〈깨달았다 하면 깨달음이 아니다〉, 밤 공기 차니 청녀는 베틀에 오르지 못하네〈공이 없다 하면 이미 공에 떨어진 것이다〉. 獨曉玉人初破夢〈有覺非爲覺〉 夜寒靑女未登機〈無功已墮功〉", 『한산자시집』(가흥장20, p.662b19)에 "마른 버들에서 움트는 새싹 해마다 보건만, 그때마다 서리 맞아 죽고 만다네. 屢見枯楊荑 常遭靑女殺"라고 하였다. 〔참고문헌〕『宋高僧傳』, 『因師集賢語錄』, 『請益錄』, 『寒山子詩集』. ⇨ 연등불 燃燈佛

청다라보살 靑多羅菩薩 푸른 모습으로 나타나신 다라보살. 『지명장유가대교존나보살대명성취의궤경』 권4(대정장20, p.690c26)에 "자(字)를 관하여 다라보살을 성취한다 하니, 모습은 크고 푸른 빛이며 분노한 모습을 나툰다. 若觀字成多羅菩薩者 身大靑色 現忿怒相", 『염송결호법보통제부』(대정장18, p.907a4)에 "다라보살을 염송하며 연화 중에서 글자를 관하고 보며 놀다 보면 변화여 청련화를 이루고 다라보살이 된다. 몸에 선홍빛의 갖가지로 장엄하고, 머리에 쓴 관 위에는 관자재왕여래가 있다. 왼손에 청련을 쥐어 가슴 위에 두고, 오른손은 시무외인이다. 若多羅菩薩念誦 於蓮花中 觀覩弄字 變成靑蓮花 成多羅菩薩 身肉紅色種種莊嚴 冠上有觀自在王如來 左執靑蓮當心上 右施無畏", 『불공견삭신변진언경』 권9 「광대해탈만나라품 廣大解脫曼拏羅品」(대정장20, p.270b16)에 "다라보살은 왼손에 청련화를 지니고 오른손은 펴서 들며 반가부좌를 한다. 多羅菩薩 左手持靑蓮花 右手揚掌 半加趺坐"라고 하였다. [참고문헌] 『持明藏瑜伽大敎尊那菩薩大明成就儀軌經』, 『念誦結護法普通諸部』, 『不空羂索神變眞言經』. ⇨ 다라보살 多羅菩薩

청단 淸旦 새벽 고요한 아침. 『유부율잡사』 권36(대정장24, p.385a4)에 "음식 마련하고 나서 새벽이 밝아오면 자리를 정돈하여 깔고 정수 그릇과 비누와 치목을 제자리에 엄중하게 갖추고 두루 살핀 다음 누군가를 시켜 '때가 되었습니다. 음식이 구비되었으니 부처님께서도 때가 되었음을 아시기 바라옵니다'라고 가서 알린다. 食旣辦已 至明淸旦 敷設座席 安淨水盆 澡豆齒木 嚴辦旣周 卽令使人往白 時至 飮食具備 願佛知時", 『아미타경』(대정장12, p.347a7)에 "또한 사리불아! 저 불국토 항상 하늘 음악 울리고 황금의 땅이며 밤낮 여섯 때에 하늘에선 만다라꽃이 비 오듯 한다. 저 국토중생은 항상 고요한 아침에 각자 옷자락에 갖가지 아름다운 꽃을 담아 타방의 십만억 부처님께 공양한다. 又舍利弗 彼佛國土 常作天樂 黃金爲地 晝夜六時 天雨曼陀羅華 其國衆生 常以淸旦 各以衣裓 盛衆妙華 供養他方十萬億佛"라고 하였다. [참고문헌] 『有部律雜事』, 『阿彌陀經』.

청담 淸潭 **1** 조선후기 스님. 강진 만덕사(萬德寺)와 해남 미황사(美黃寺)에 주석한 석홍(碩泓)의 법호. ⇨ 석홍 碩泓 **2** 조선후기 나주 운흥사(雲興寺) 이현(理玄)의 법호. ⇨ 이현 理玄 **3** 조선후기 스님 준일(俊一)의 법호. 『동사열전』 권6 「성담강백전 聖譚講伯傳」(한불전10, p.1072a8)에 "(성담은) 청담준일을 이었다. 淸潭俊一之嗣"라고 하였다. [참고문헌] 『東師列傳』. **4** 근세불교교단정화의 주역이며, 조계종 종정을 역임한 순호(淳浩)의 법호. ⇨ 순호 淳浩

청담당순호대종사비 靑潭堂淳浩大宗師碑 근대 대한불교조계종 종정을 역임한 청담순호(靑潭淳浩 1902~1971)의 행적을 담은 비. 서울특별시 도봉구 우이동 삼각산 도선사(道詵寺)에 있는데, 비문은 운허용하(耘虛龍夏 1892~1980)가 지어 1972년에 세웠으며, 탄허택성(呑虛宅成)이 비문을 지어 1981년에 세운 비는 고성 옥천사(玉泉寺)에 있다. [참고문헌] 『耘虛禪師語文集』 pp.326~329, 智冠 『韓國高僧碑文總集 朝鮮朝·近現代』 pp.1200~1201. ⇨ 순호 淳浩

청담사 靑潭寺 서울특별시 은평구 진관내동 삼각산(三角山 : 一名 負兒山)에 있던 절. 의상(義湘 625~702)의 화엄전교십찰(華嚴傳敎十刹) 중 한 곳이다. 최치원(崔致遠)이 지은 『법장화상전』(대정장50, p.285a28·한불전3, p.775c19)에 "가르침은 온 나라를 호령하고, 학도들이 십산에 두루 하였다〈우리나라에 화엄의 큰 가르침이 펼쳐진 곳으로 열 곳이 있으니 … 한주 부아산 청담사 등이다〉. 誘令一國 學遍十山〈海東華嚴大學之所 有十山焉 … 漢州 負兒山 靑潭寺也〉"라고 하였다. 2008년 은평뉴타운 예정지 발굴조사 때 '삼각산청담사삼보초 三角山靑潭寺三寶草'라는 문구가 새겨진 기와가 발견되었다. [참고문헌] 『法藏和尙傳』, 『韓國寺刹全書』 권하 p.1086a17, 『退耕堂全書』 권3 p.434. ⇨ 십찰 十刹 **2**

청도대비사영산회상도 淸道大悲寺靈山會上圖 조선시대 불화. 보물 제1957호. 세로 407cm·가로 311.7cm. 삼베에 채색. 대웅전에 봉안되었던 대형 후불탱화로서, 1988년에 도난당한 것을 2014년 8월에 회수하였다. 화기에 의하면 1686년(숙종12)에 수화승 해웅(海雄)과 의균(義均)·호선(顥瑄)·상명(尙明) 4인이 조성한 '영산회탱'이다. 석가모니불을 중심으로 팔대보살과 십대제자와 천룡팔부 그리고 용왕용녀 등이 위호(衛護)하고 있다. 화면 맨 아래 가장 자리에 사천왕이 자리하고, 상단 양 끝의 원 안에는 타방불(他方佛)께서 화현하였다. 공간감 있는 화면 배치와 안정된 구성이 특징이다. 적녹황색을 주조색으로 하여 차분하면서도 선명한 안료의 사용, 적절한 문양 포치 등이 17세기 후반 경상북도에서 유행한 불화양식을 대표한다. 해웅이 수화승으로 제작

청도대비사영산회상도

한 첫 번째 불화이자, 의균화파(義均畫派)의 일원인 상명도 동참하고 있어서 17세기 후반에서 18세기에 팔공산(八公山)을 중심으로 활동한 의균화파 계보 연구에도 시사점이 크다. 하동 쌍계사(雙磎寺) 팔상전 영산회상도(1688년·숙종14), 여수 흥국사(興國寺) 대웅전 영산회상도(1693년·숙종19)와 함께 현재까지 알려진 3점의 17세기 주불전 후불탱화 중 하나다.

청도박곡동석조석가여래좌상 淸道珀谷洞石造釋迦如來坐像 통일신라 석불좌상. 보물 제203호. 전체높이 276cm·불상높이 135cm. 경상북도 청도군 금천면 박곡리 미륵당마을 보호각에 봉안되어 있다. 1928년의 대화재로 광배·대좌·불상이 모두 크게 손상되어 상호는 알아볼 수 없지만 풍만한 인상이다. 불신은 어깨가 넓고 건장하며 몸에 밀착한 편단우견의 법의에 옷주름은 간략하다. 수인은 항마촉지인이다. 대좌는 팔각연화좌로 표면 탈락이 심하여 상대석은 앙련좌(仰蓮座)의 흔적만 보이며, 중대석에는 안상이 있고, 하대석은 복련좌(覆蓮座)다. 편단우견의 착용형태와 항마촉지인·불신의 당당한 조형감 등에서 석굴암본존 양식계열의 9세기 불상으로 추정한다. ［참고문헌］『文化財大觀』 實物篇·石造Ⅱ(文化財廳, 2004) pp.330~331, 『문화유적분포지도-청도군』(청도군·경상북도문화재연구원, 2003) p.247.

청도박곡동석조석가여래좌상

청도봉기동삼층석탑 淸道鳳岐洞三層石塔 경상북도 청도군 풍각면 봉기리에 있는 통일신라시대 석탑. 보물 제113호. 높이 5.47m. 이중기단에 삼층탑신을 가진 전형양식으로 상륜부 전체와 하층기단 갑석, 상층기단 갑석의 일부가 파손 결실되었다. 기단은 이중기단으로 지대석은 지표에 매몰되어 확인할 수 없으나 하대저석(下臺底石)과 면석은 한 돌로 되어 있다. 상층면석과 연결되는 부위의 중대받침은 각형과 호형의 2단 돋음이 있다. 탑의 기단부는 상하층 기단면석이 모두 "ㄱ"자형 귀틀석을 네 모서리에 두고 2주의 탱주가 새겨진 "ㅡ"자형 면석 4매를 결구하여 8매의 면석으로 구성하였다. 상대갑석은 크기가 비슷한 4매로 구성되었으며 갑석하단에는 1단의 부연이, 상단에는 2단의 각형 탑신받침이 있다. 모서리에는 합각선이나 솟음기법은 없으며 갑석의 이음위치는 상층기단 면석 중앙부에 위치한다. 탑신은 3층으로 각 층 탑신석과 옥개석이 각각 1매로 총 6매로 구성되어 있다. 탑신석은 모두 모서리에 우주를 모각하였으나 문비 등의 장식이나 흘림기법은 없다. 옥개석은 5단의 옥개받침으로 상단에는 2단의 각형 탑신받침이 있다. 낙수면은 완만한 경사이며 단부에서 반전을 보이며 귀마루의 합각선이 뚜렷하다. 처마의 저부는 수평이고 물끊기 홈도 없이 모서리마다 2개의 풍경공이 있다. 이 탑은 초층탑신이 비교적 고준하며 2층 탑신부터 절반 이상으로 급감하며, 각층 옥개석이 길게 뻗어 고준하면서도 안정된 비례를 보이고 있다. 노반을 포함한 상륜부는 모두 결실되었으며 찰주공은 확인 할 수 없다. 석탑을 구성하는 면석의 숫자는 기단부에 28매, 탑신부 6매로 총 34매이다. 기단부를 구성하는 석재의 숫자뿐 만 아니라 결구법 또한 균일하다. 상하층기단부의 탱주숫자가 각각 2주씩이며, 탑신모두 5단의 옥개받침을 유지하는 등 8세기 신라석탑의 전형적 특징이 잘 나타나 있다. 또한 왕경중심의 석탑문화가 경주 외곽에서도 시도되었다는 점도 주목되는 성보다. ［참고문헌］ 高裕燮『高裕燮全集1』(通文館, 1993), 『경상북도의 석탑Ⅳ』(국립문화재연구소, 2010).

청도봉기동삼층석탑

청도용천사영산회상도 淸道湧泉寺靈山會上圖 조선시대 불화. 보물 제1956호. 세로 339.5cm·가로 283cm. 비단에 채색. 건륭 14년(1749·영조25)에 조성된 주불전의 대형 후불탱화이다. 화면 중앙에 항마촉지인(降魔觸地印)을 결한 석가여래를 중심으로 여러 보살상과 십대제자·사천왕·팔부중 등 영취산 설법청중을 빼곡히 묘사하였다. 권속에 비해 본존을 현저히 크게 표현하고, 본존을 에워싸는 듯한 구성과 조감(鳥瞰)하는 시점을 적용하여 화면의 깊이와 본존의 권위를 더욱 강조하였다. 안정된 화면 구성과 각 존상들의 유려한 신체 표현과 상호묘사, 적갈색에 가까운 차분한 적색과 녹색의 조화, 광배나 천의의 문양 등에서 임한(任閑 1718~1759) 화풍과 관련성이 높다. 2000년대의 도난 및 회수과정에서 화기가 소실되

청도용천사영산회상도

었지만, 영취산 설법을 웅장한 화면 속에 치밀하게 구현한 18세기 영산회상도의 수작(秀作)이라 평가되는 성보다. ⇨ 용천사 涌泉寺 ❶

청동은입사포류수금문향완 靑銅銀入絲蒲柳水禽文香垸 고려시대 향완. 보물 제778호. 전체높이 30.4cm·입지름 27.5cm·받침대지름 22.3cm. 삼성미술관 리움 소장. 넓은 전(摂)과 몸체·나팔형 굽으로 이루어진 전형적인 고배형(高杯形) 향완이다. 포류수금문이란 버드나무 아래에서 오리가 헤엄치는 풍경을 묘사한 문양으로, 상감청자나 금속제 정병에서는 많이 볼 수 있지만, 향완에서는 드문 예이다. 위패형(位牌形) 문양 안에 새겨진 명문에는 "상사직장동정 한언호가 삼가 정성스런 마음을 내어, 성수만년과 일체만겁의 유정들이 고통에서 벗어나 열반락을 얻어서 속히 보리를 증하기를 발원하며 시납하였다. 尙舍直長同正韓彦浩 謹發丹誠 聖萬年兼一切萬劫有情 離苦得樂速證菩提願施納"라고 하였다. 〔참고문헌〕『발원 發願, 간절한 바람을 담다 : 불교미술의 후원자들』(국립중앙박물관, 2015) pp.156~157.

청동은입사포류수금문향완·명문 삼성리움미술관 고려 12~13세기

청두관음 靑頭觀音 ➡ 청경관음 靑頸觀音

청람 聽覽 귀 기울여 살펴보다. 『출삼장기집』 권8 「주해대품서 注解大品序」(대정장55, p.54b12)에 "짐은 기울여 살피고 남은 날에 명승 이십인을 불러들였다. 천보사의 법총 등과는 그 거취에 대하여 상의하였으며, 영근사의 혜령 등과는 함께 붓으로 『대지도론』의 구절을 탐색함으로써 경의 본문에 주석을 붙였고 번잡한 풀이는 간략히 하여 긴요한 해석만 취했다. 朕以聽覽餘日 集名僧二十人 與天保寺法寵等 詳其去取 靈根寺慧令等 兼以筆功 探採釋論 以注經本 略其多解 取其要釋"라고 하였다. 〔참고문헌〕『出三藏記集』.

청래목록 請來目錄 구법승(求法僧)에게 청하여 가져온 경율론(經律論)·장소(章疏)·법구(法具) 등의 목록. 장래목록(將來目錄)·장래록(將來錄)·청래록(請來錄)이라고도 한다. 『대당서역기』 권12(대정장51, p.946c2)에 "(당대 현장은) 여래 육사리 150립, 금불상 1구 … 대승경 224부, 대승론 190부, 상좌부 경율론 14부 … 총 657부를 청하여 가져왔다. 請得如來肉舍利 一百五十粒 金佛像一軀 … 大乘經 二百二十四部 大乘論 一百九十部 上座部經律論 一十四部 … 總六百五十七部"라고 하였다. 〔참고문헌〕『大唐西域記』, 『御請來目錄』(대정장55, p.1060b14), 『常曉和尙請來目錄』(대정장55, p.1068c6), 『智證大師請來目錄』(대정장55, p.1102a4), 『錄外經等目錄』(대정장55, p.1112a14).

청량 淸亮 맑고 밝은 좋은 소리. 『방광대장엄경』 권12(대정장3, p.615c7)에 "그때 세존의 발이 문지방을 넘자 땅은 크게 진동하였으며, 하늘에서는 아름다운 꽃비가 내렸고, 악기는 저절로 울렸으며, … 금수가 서로 화답하니 그 소리 또한 청량하였다. 爾時 世尊足蹈門閫 地爲大動 天雨妙花 樂器自鳴 … 禽獸相和 其聲淸亮", 『대비바사론』 권118(대정장27, p.613b14)에 "부지런히 추악한 말을 버리고 깨끗이 하니, 대사상과 미묘범음을 얻으며, 이 범음으로 일체외도의 사견을 꺾어 조복시킨다. 부지런히 잡예어를 버려 깨끗이 하니, 언사 위엄있고 청량하니, 이 언사로 일체세속의 거친 주장들의 빛을 무색케 했다. 由勤淨除麤惡語故 得大士相 微妙梵音 由此梵音 摧伏一切 外道他論 由勤淨除雜穢語故 感得言詞威肅淸亮 由此言詞 映奪一切世俗異論"라고 하였다. 〔참고문헌〕『方廣大莊嚴經』, 『大毘婆沙論』.

청량 淸涼 ❶ 맑고 서늘하다. 번뇌의 열기가 식거나 열반의 고요한 경계를 묘사한다. 『대반야경』 권567(대정장7, p.926b11)에 "마치 어떤 사람이 여름의 더위 속에서 물의 청량한 기운을 만난 듯하니 뜨거운 번뇌에 시달리는 유정이 이와 같이 깊고 깊은 반야바라밀다를 들으면 반드시 청량함을 얻어 온갖 뜨거운 번뇌에서 벗어날 것이다. 如人夏熱 遇水淸涼 熱惱有情 得聞如是 甚深般若波羅蜜多 必獲淸涼 離諸熱惱", 60권본 『화엄경』 권6(대정장9, p.432b23)에 "심한 더위의 타는 듯한 불꽃에서 중생이 번뇌의 열기 벗어나 맑고 서늘한 고요 얻기를 원하옵니다. 盛暑炎熾 當願衆生 離煩惱熱 得淸涼定", 『기신론소필삭기』 권14(대정장44, p.375c5)에 "진여는 혹이 없으니 뜨거운 번뇌 아니다. 이미 번뇌 없기에 청량이라 한다. 眞如無惑 則非熱惱 旣無熱惱 故曰淸涼", 『대승광백론석론』 권6(대정장30, p.216b9)에 "청량이란 모든 고와 고의 인이 구경에 고요함이다. 오로지 저 공관만이 있느니 바로 증득의 인이다. 言淸涼者 則是一切苦 及苦因 究竟寂靜 唯有空觀 是證得因"라고 하였다. 〔참고문헌〕『大般若經』, 『華嚴經』, 『起信論疏筆削記』, 『

大乘廣百論釋論』. ❷ 진언밀교(眞言密敎)에서 말하는 삼십이종혈맥(三十二種血脈) 중 하나. 『대비공지경』 권1(대정장18, p.588a11)에 "그 삼십이종혈맥은 … 열세 번째는 청량이다. 彼三十二種血脈者 … 十三者 淸凉"라고 하였다. [참고문헌] 『大悲空智經』. ⇨ 삼십이종혈맥 三十二種血脈 ❸ 계(戒)인 시라(尸羅)의 한역어. 『화엄경소』 권1(대정장35, p.507b10)에 "시라라고도 하며, 갖춰 말하면 시달라다. 한역하면 청량이다. 뜨거운 번뇌의 인을 떠나 청량한 과를 얻기 때문이다. 或名尸羅 具云翅怛羅 此云淸凉 離熱惱因 得淸凉果故"라고 하였다. [참고문헌] 『華嚴經疏』. ⇨ 시라 尸羅[1] ❹ ➡ 청량산 淸凉山 ❺ ➡ 청량국사 淸凉國師, 징관 澄觀

청량국사 淸凉國師 당 덕종(德宗)이 징관(澄觀)에게 드린 호. 『조론신소유인』 권상(卍속장96, p.472a5)에 "청량은 당 덕종이 드린 호이다. 배휴의 비에 '「부처님 법으로 짐의 마음 청량하게 하였다」 이런 연유로 청량국사라는 호를 드렸다'고 하였다. 淸凉者 卽有唐德宗賜號也 故裴公休碑云 能以聖法淸凉朕心 因賜淸凉國師之號", 『불조통기』 권42(대정장49, p.385c13)에 "838년(개성3) 3월 청량국사 징관 적멸을 보이시다. 三年三月 淸凉國師 澄觀 示寂"라고 하였다. [참고문헌] 『肇論新疏游刃』, 『佛祖統紀』. ⇨ 징관 澄觀

청량굴 淸凉窟 경상북도 영천시 신녕면 치산리 팔공산(八公山)에 있던 굴. 보조국사(普照國師) 지눌(知訥 1158~1210)이 세속의 명성을 떠나 가장 먼저 공산의 청량굴로 들어왔다고 전한다. 지눌의 제자이자 수선사의 2대 사주였던 진각국사(眞覺國師) 혜심(慧諶 1178~1234)이 이를 되새기며 『무의자시집』 권하 「제청량굴〈병서〉 題淸凉窟〈幷序〉」에 "옛 굴에 깃들어서 선사를 우러르고 사모하였다. 삼가 원적하신 날 새벽에 고요한 곳에 머무시던 뜻 시운을 받들어 잇는다. 依栖古窟 仰慕先師 謹當圓寂之晨 奉繼幽居之韻"라고 하였다. [참고문헌] 『無衣子詩集』, 『韓國寺刹全書』 권하 p.1098a20.

청량답순종심요법문 淸凉答順宗心要法門 당대 청량국사(淸凉國師) 징관(澄觀)이 순종(順宗)에게 설한 심요법문. 1권. 『답순종심요법문』·『화엄심요법문주 華嚴心要法門註』라고도 한다. 고려 25대 충렬왕 23~24년(1297~1298)에 간행된 것으로, 호접장(胡蝶裝) 20쪽이다. 본문은 목판이

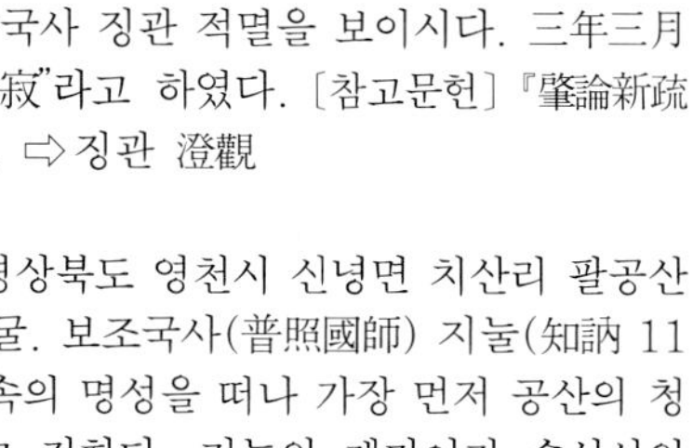

청량답순종심요법문 순천 송광사 1531년

고 마지막에 금속활자로 인쇄된 86자의 발문이 붙어 있다. 보물로 지정된 목판 2장은 송광사에 있는데, 본문의 제1~4장은 이 목판에 새겼지만, 제5장과 간기는 송광사 소장의 『종경촬요』 목판의 끝부분에 판각하였다. 간기에 "가정 10년(1531·중종26) 신묘 늦은 봄 전라도 순천부 조계산 송광사에서 개간하였다. 嘉靖十年辛卯季春 全羅道順天府土 曹溪山松廣寺 開刊"라고 하였다.

청량문익 淸凉文益 법안종의 개조 법안문익(法眼文益 885~958)의 법호. 『치문세보』 「서 序」(卍속장147, p.677b8)에 "현사사비 아래에서 나한계침선사가 나왔고, 나한계침문하가 청량문익선사다. 입적한 후에 대법안선사라고 시호되었다. 이로 인하여 법안종 일파를 창립하였다. 備下出羅漢桂琛禪師 琛下出淸凉文益禪師 以示寂後 謚大法眼禪師 由是遂創立法眼一宗"라고 하였다. [참고문헌] 『緇門世譜』. ⇨ 법안문익 法眼文益

청량불변자재의 淸凉不變自在義 청량하여 변함 없이 자재한 뜻. 『대승기신론』에서 말하는 진여(眞如)의 뜻 중 하나이다. 『대승기신론의소』 권하(대정장44, p.194b27)에 "'청량하고 변함 없어 자재한 뜻이다'한 것은 여섯 번째 구로서 바탕에 물듦이 없기에 청량이라 하고 생멸에 따라 옮기지 않기에 '변함 없어 자재하다'라고 한다. 言淸凉不變自在義故者 此第六句 體無染故 名爲淸淨 生滅所不遷故 名不變自在也", 돈황본 『대승기신론약술』 권하(대정장85, p.1109b11)에 "만약 마음에 흔들림이 있고 뜨거운 번뇌로 쇠하며 변한다면 자재할 수 없다. 심성에 흔들림이 없어서 청량불변자재의 뜻이다. 갖가지 번뇌로 마음을 태우므로 뜨거운 번뇌이고, 헛되이 물들어 옮기므로 시들어 변하며, 업과에 얽히고 자재하지 못하다. 심성이 흔들리지 않은 즉 이러한 뜻이 없다. 그러므로 '진여는 청량하여 변함없이 자재하다'라고 한다. 若心有動 熱惱衰變 則不自在 心性無動 卽是淸凉不變自在義也 諸惑燒心 故名熱惱 妄染遷故 則名衰變 業果繫縛 是不自在 心性不動 則無此義 故說眞如淸凉不變自在義也"라고 하였다. [참고문헌] 『大乘起信論義疏』, 『大乘起信論略述』, 『大乘起信論』(대정장32, p.579a17). ⇨ 청량 淸凉[1], 자재 自在[1], 진여 眞如

청량사 淸凉寺 ❶ 서울특별시 동대문구 청량리동 천장산(天藏山)에 있는 절. 대한불교조계종 조계사(曹溪寺)의 말사이며, 한양도성 주변 사대비구니승방 중 하나로, '돌곶이승방'이라고도 불린다. 원래 돌곶이승방은 석관사(石串寺)로, 돌곶이승방 대중이 그대로 청량사로 옮겼기에 청량사가 비구니승방의 사격을 그대로 이었다. 『고려사절요』 권8 예종 12년(1117) 9월에 "(왕이) 청평거사 이자현을 행재소로 불렀다. … 조용히 서로 말을

나누고 이윽고 삼각산 청량사에 머물도록 명하였다. 召淸平居士李資玄赴行在 … 從容相語 仍命留三角山淸凉寺"고 하였고, 『동국여지승람』 권3 한성부 불우에는 "일찍이 불러 보고 양성의 요지를 물으니 (이자현이) 심요 한편을 올렸다. 嘗引見問養性之要 遂進心要一篇"라고 하였으나, 정조 때 이후에 편찬된 것으로 추정되는 『동국여지비고』 권2 한성부 불우에는 "今廢 지금은 없어졌다"고 전하고 있으나, 이후 김정호(金正浩 ?~1864)의 『대동여지도』 제1폭 경조오부(京兆五部)에는 현재의 홍릉 자리에 청량사가 표시되어 있으며, 1897년(광무1)에 명성왕후의 홍릉을 조성하면서 석관사 대중들 그대로 현재의 위치로 옮겼다. 비구니승방의 전통을 이어 1890년대부터 비구니들의 큰 원력으로 은계(恩係)가 다른 네 문중이 나름 도량을 성취했다. 1984년 이후에는 십여 년 동안은 묘길스님의 뒤를 이은 동별당주 동숙스님의 원력으로, 경내 별채를 동국대 수학차 제방에서 상경한 비구니학인스님들을 위한 기숙사 겸 수행처로 제공하고 뒷바라지를 겸하여 당시 종단비구니교육진흥에 크게 기여하였으며, 2000년에 유마어린이집을 개원하여 모범적인 활동으로 지역사회에 공헌해오고 있다. 2004년 8월에 자운문인(慈雲門人) 가산지관(伽山智冠)이 찬하고 도량에 세운 「서울청량리천장산청량사사적비명 淸凉里天藏山淸凉寺事蹟碑銘」에 의거하여 연혁과 불사를 정리하면 아래 〈표〉와 같다. 특히 1939년 8월 29일에는 이광(李洸)·이원혁(李原赫)·장도환(張道煥)·김관호(金觀鎬)·오세창(吳世昌)·권동진(權東鎭)·이병우(李炳宇)·안종원(安鍾元) 등 지사 이십여 명이 모여 만해(卍海) 한용운(韓龍雲)의 회갑연을 열고는 망국의 한을 달래면서 자주독립의 의지를 다졌으며, 1940년에는 조선불교교정(朝鮮佛敎敎正) 정호(鼎鎬) 박한영(朴漢永)이 청량사 편액과 큰 방채 주련을 썼다고 전한다. 현존 당우로는 대웅전·극락보전·무량수전·관음전·대법전(大法殿)·산신각·칠성각·설선당·적묵당·염화실·요사 등이 있다. 전각 중 가장 오래된 극락보전은 돌곶이승방에서 옮겨 복원하였고, 1938년에 조성한 후불탱·신중탱·칠성탱은 1980년에 건립한 대웅전에, 1871년에 조성한 신중탱은 무량수전에 봉안되어 있으며, 무량수전 왼쪽 마당에는 1996년에 세운 대법전건립기념탑이 있다. 〔참고문헌〕『高麗史節要』, 『東國輿地勝覽』, 『東國輿地備考』, 『大東輿地圖』, 『韓國寺刹全書』 권하. ❷ 부산광역시 강서구 명지동에 있는 절. 대한불교조계종 범어사(梵魚寺) 말사다. 홍수에 잠긴 절이 연꽃 같다고 하여 연호사(蓮湖寺)로 불렸고, 홍경선사(弘經禪師)가 이곳에 주석한 후 1961년에 청량사로 이름을 고쳤다. 문화재자료 제34호로 지정되어 있는 석가모니후불탱 화기(畵記)에 따르면 1917년에 김해 장유암(長遊菴)의 주지 금도(錦嶋)가 당산각(堂山閣)이 있던 자리에 교당(敎堂)을 세우고 1920년에 이 후불탱을 모셨다고 한다. 『대동여지도』에 낙동강 하구의 작은 암자에서 마을 주민들이 지극정성으로 당산제를 모셨다고 전하는데, 현재 청량사의 전신이다. 현존 당우로는 극락보전·민중각(民仲閣)·요사 등이 있다. 〔참고문헌〕『大東輿地圖』. ❸ 인천광역시 연수구 옥련동 청량산(淸凉山)에 있던 절. 『동국여지승람』 권9 경기 인천도호부 불우에 기록되어 있고, 『범우고』에는 폐사되었다고 전한다. 〔참고문헌〕『東國輿地勝覽』, 『梵宇攷』, 『韓國寺刹全書』 권하 p.1096b18. ❹ 강원도 양구군 양구읍 안대리 사명산(四明山)에 있던 절. 『동국여지승람』 권47 강원

〈표〉 연혁 및 불사 현황 *이하 법명은 모두 비구니

연도	사적
1117(예종12)	· 이자현 주석
1861(철종12)	·『대동여지도』 경조오부 석관천 옆 위치
1895(고종32)	· 남채백(南彩白) 들꽂이승방 법당·칠성각을 청량사 이건복원
1897(광무 1)	· 홍릉에서 홍릉 주변 현재 위치로 이전, 극락보전 건립
1924	· 대석(大昔) 김봉학(金奉學) 서별당 건립
1928	· 남채백 상좌 신자영(申慈英)·묘길(妙吉) 장동일(張東日) 동별당 증축
1930	· 신자영 주지 취임
1932	· 남채백 상좌 정부연(鄭富淵)·신자영 큰 방채 건립
1935	· 장동일 당우 중수, 담장 조성, 임야 매입 · 김봉학·신원삼(申元三) 서별당 중수
1937	· 정부연·신자영 칠성각·극락보전 중수
1939	· 만해 한용운 회갑연
1953	· 장동일 주지 취임 · 만봉(萬峰) 극락보전 단청과 아미타불상·관음보살상·대세지보살상·지장보살상 개금
1963	· 신원삼 청량리 일대 토지 매입
1966	· 혜은(蕙恩) 남별당인 관음전 중창
1967	· 신원삼 극락사(極樂寺) 대웅전을 옮겨 건립
1969	· 장동일·신원삼·혜은·상길(相吉) 아미타불상·관음보살상·대세지보살상·지장보살상·독성상 개금
1973	· 장동일·신원삼·혜은·상길 강당·주지실 중창
1974	· 장동일 법회장 확장중수 · 유마힐법회 창립
1979	· 장동일 상좌 동성(東成) 주지 취임
1980	· 5월 9일 장동일 입적 · 신원삼 서별당인 대웅전 중창
1982	· 신원삼·혜은·상길 극락전 삼존불상·지장보살상·독성상 개금
1984	· 태은(太恩) 김동숙(金東淑) 주지 취임 · 이후 당료(堂寮) 확장중수 · 동국대 수학 재경 비구니 학인을 위한 기숙사 겸 수행 도량 10여년 간 역할 · 신행법회 활성화
1987	· 상길 주지 취임
1988	· 전통사찰 제5-2호 지정
1989	· 상길 주지 극락보전 중수 · 김동숙 동별당 법당인 무량수전 건립 착공 · 큰 방채 화재
1990	· 한동희(韓東熙) 무형문화재 영산재(靈山齋) 이수자 제50호 지정 · 강당을 관음전으로 변경 · 큰 방채 복원
1992	· 혜명(惠明) 주지 취임, 서별당 중창
1995	· 김동숙 동별당 요사채 신축 착공
1996	· 성법(性法) 주지 취임 도량 확장 · 혜명 절 부지 매입
2000	· 김동숙 주지 취임 · 유마어린이집 개원 및 확장
2003	· 무량수전 주변 토지 매입 사역 확장

도 양구현 불우와 『범우고』에 전한다. 〔참고문헌〕『東國輿地勝覽』, 『輿地圖書』, 『梵宇攷』, 『韓國寺刹全書』 권하 p. 1097b16. ❺ 경상남도 김해시 신어산(神魚山)에 있던 절. 『동국여지승람』 권32 경상도 김해도호부 불우와 『여지도서』 경상도 김해도호부 사찰에 전한다. 〔참고문헌〕『東國輿地勝覽』, 『輿地圖書』, 『韓國寺刹全書』 권하 p. 1098a17. ❻ 경상남도 합천군 가야면 황산리에 있는 절. 대한불교조계종 해인사(海印寺)의 산내 암자 16개 중 하나이다. 신라말에 최치원(崔致遠)이 머물렀던 곳이기도 하다. 『삼국사기』 권46 열전(列傳)6 최치원에 "경주의 남산, 강주의 빙산, 합주의 청량사, 지리산의 쌍계사, 합포협의 별서는 모두 (최치원이) 노닐던 곳이다. 若慶州南山・剛州氷山・陜州淸涼寺・智異山雙溪寺・合浦縣別墅 此皆遊焉之所"라고 하였다. 이후 폐사되었다가 1811년(순조11)에 회은대사(悔隱大師)가 법당과 요사를 중건하였고, 1960년 경암(景庵)의 중건 이후 지금에 이른다. 현존하는 당우로는 대웅전・적연당・상락당・약광전・요사 등이 있으며, 성보문화재로는 보물 제253호 석등・제265호 석조여래좌상・제266호 삼층석탑, 유형문화재 제656호 아미타설법도가 있다. 〔참고문헌〕『三國史記』, 『東國輿地勝覽』, 『梵宇攷』, 『韓國寺刹全書』 권하 p.1098a13・p.1098a15. ⇨ 청량암 淸凉庵[2] ❼ 경상북도 봉화군 명호면 북곡리 청량산(淸凉山)에 있는 절. 대한불교조계종 고운사(孤雲寺)의 말사이다. 원효(元曉)와 의상(義湘)이 수행에 전념한 곳으로, 663년(문무왕3)에 원효가 창건하였고 당시 약 27개의 건물이 있었다. 이해(李瀣 1496~1550)의 『온계일고』 연보에 의하면, 1535년(중종30)에 송재선생청량십일절현판(松齋先生淸涼十一絶縣板)을 쓰고 시를 지었는데 그 서문에 "이 (청량)산은 명산으로 예부터 고인과 시인이 노닐며 구경한 것이 셀 수 없다. 김생과 최치원의 자취도 있다. 이로 인하여 암자의 이름도 전한다. 玆山 名山也 自古 高人韻士遊賞者 不知幾許 而惟金生與致遠之迹 因庵名而傳之"라고 하였다. 조선의 숭유억불의 시간을 지나며 그 많은 당우 중 내청량사인 유리보전(琉璃寶殿)과 외청량사인 응진전 등만이 남았다. 성보문화재인 보물 제1666호 목조지장보살삼존상, 제1919호 건칠약사여래좌상 및 복장유물이 있다. 유형문화재인 제47호 유리보전은 정면 3칸, 측면 2칸의 다포계 팔작지붕 건물이다. 불전에 걸려 있는 유리보전 현판은 고려의 공민왕(恭愍王 재위 1351~1374)이 쓴 것으로 전한다. 〔참고문헌〕『溫溪逸稿』, 『伽藍考』, 『梵宇攷』, 『韓國寺刹全書』 권하 p.1097b12, 『文化遺蹟總覽』 卷中(文化財管理局, 1977), p.419. ⇨ 청량암 淸凉庵[3] ❽ 전라북도 무주군 설천면 청량리 덕유산(德裕山)에 있던 절. 『여지도서』 전라도 무주부 사찰, 『가람고』와 『범우고』에 전한다. 〔참고문헌〕『輿地圖書』, 『伽藍考』, 『梵宇攷』, 『韓國寺刹全書』 권하 p.1098a11. ❾ 충청남도 공주시 반포면 학봉리 계룡산(鷄龍山) 비로봉(毘盧峯)에 있던 절. 「동학사사적기 東鶴寺事蹟記」에 동학사가 창건된 해인 724년(성덕왕23)에 창건되었고 남매탑(娚妹塔) 혹은 오뉘탑이 있는데 회의화상(懷義和尙)이 스승인 상원조사(上願祖師)가 수도하고 입적한 곳에 세웠다. 전설에 의하면, 백제의 왕족이었던 이가 이곳에 토굴을 짓고 수행하다가 호랑이를 깨우친 일이 있었고 이 인연으로 만난 경상도 상주의 여성을 만나 함께 수행하며 남매로 지냈는데 이들의 사후 사리가 나와 봉안하고 남매탑이라고 명명하였다. 사지(寺址)에는 보물 제1284호 오층석탑과 제1285호 칠층석탑이 남아 있다. 〔참고문헌〕『韓國寺刹全書』 권하 p.1097a1, 『文化遺蹟總覽』(忠淸南道, 1990) pp.139~141.

연화문대좌 계룡산 청량사지

건물지 계룡산 청량사지

❿ 충청남도 부여군 초촌면 세탑리에 있던 절. 현재의 사지(寺址)에 있는 유형문화재 세탑리오층석탑은 기단부가 거의 없고, 5층의 탑신만이 있다. 상륜부에는 후대 것으로 보이는 노반(露盤)과 복발(覆鉢)을 얹었다. 〔참고문헌〕『文化遺蹟總覽』(忠淸南道, 1990) pp.381~382. ⓫ 충청북도 옥천군 청산면 삼방리 천둔산(千芚山)에 있던 절. 『동국여지승람』 권16 충청도 청산현 불우, 『여지도서』 충청도 청산현 사찰, 『가람고』, 『범우고』 등에 전한다. 『충청도읍지』 권20에 "지금은 신흥사로 이름을 바꾸었다. 今改名新興寺"라고 하였다. 〔참고문헌〕『東國輿地勝覽』, 『輿地圖書』, 『伽藍考』, 『梵宇攷』, 『忠淸道邑誌』, 『韓國寺刹全書』 권하 p.1096b20. ⓬ 평안남도 강서군 국령산(國靈山)에 있던 절. 『동국여지승람』 권52 평안도 증산현 불우에 전하며, 『범우고』에는 폐사로 전한다. 〔참고문헌〕『東國輿地勝覽』, 『梵宇攷』, 『韓國寺刹全書』 권하 p.1097b20. ⓭ 평안남도 성천군 백운산(白雲山)에 있던 절. 『동국여지승람』 권54 평안도 성천도호부 불우에 기록되어 있고, 『범우고』에는 폐사로 전한다. 〔참고문헌〕『東國輿地勝覽』, 『梵宇攷』, 『韓國寺刹全書』 권하 p.1097b18. ⓮ 황해도 송화군 약산(藥山)에 있던 절. 청량암(淸凉庵)이라고도 한다. 『동국여지승람』 권43 황해도 풍천도호부 불우와 『여지도서』 황해도 풍천부 사찰에 전하고 『범우고』에는 폐사라 하였다. 〔참고문헌〕『東國輿地勝覽』, 『輿地圖書』, 『伽藍考』, 『梵宇攷』, 『韓國寺刹全書』 권하 p.1098a2・p.1098a18. ⇨ 청량암 淸凉庵[5] ⓯ 중국 강소

성(江蘇省) 남경시(南京市) 서청량문(西清涼門) 안의 석두산(石頭山) 기슭에 있는 절. 청량보은선원(清涼報恩禪院)이라고도 한다. 별칭으로 홍교사(興教寺)·광혜사(廣慧寺)라고도 한다. 당대 884년(중화4) 창건하였다. 처음에는 휴복(休復 : 悟空)이 거처하였고, 그 뒤에 청량태흠(清涼泰欽)·흠산문수(欽山文邃)도 주석하였다. [참고문헌] 『金陵梵刹志』 권19(대장경보편29, p.215b20), 『大明一統志』 권6. **16** 중국 강소성(江蘇省) 상열(常熟)의 우산(虞山)에 있는 절. 한월법장(漢月法藏)이 개산하였고, 명대 만력년간(1573~1615)에 창건하였다. 본래는 삼봉선원(三峰禪院)이라 하였지만, 1699년(강희38) 칙령에 따라 삼봉청량선사(三峰清涼禪寺)라는 편액을 하사받았다. **17** 중국 산서성(山西省) 오대산(五臺山) 중대(中臺)의 청량곡(清涼谷)에 있는 절. 북위(北魏) 효문제(孝文帝 471~499)가 창건하였다. 『화엄론 華嚴論』 100권을 지은 영변(靈辯 477~522)이 이곳에 와서 문수보살의 가지(加持)를 기구하였다. 측천무후(則天武后) 치세 시기였던 702년(장안2) 대덕감선사(大德感禪師)가 칙령을 받들어 이 절에 와서 주지를 맡았다. 839년(개성4) 일본 원인(圓仁)이 찾아와 예불을 드렸는데 그의 저술 『입당구법순례기 入唐求法巡禮記』에 상세하게 기록하고 있다. 이에 따르면 청량사는 오대산에 최초로 건립한 절이라 하지만, 일반적으로 중대의 대부사(大浮寺)를 최초로 건립한 절이라 간주한다. 현재 청량사는 폐허가 되고 청량석(清涼石)과 천불탑(千佛塔)만 남아 있다. 『불조통기』 권53(대정장49, p.467c26)에 "오대산 중대는 높이 40리이고, 꼭대기에 문수석상과 미륵석상이 있으며, 동남쪽에 청량사가 있는데 이곳은 문수보살의 거처이다. 中臺高四十里 上有文殊彌勒石像 東南有清涼寺 文殊所居"라고 하였다. [참고문헌] 『佛祖統紀』, 『清涼山志』 권2(中國佛寺史志彙刊79, p.81a7). **18** 대만(臺灣) 대중현(臺中縣) 태평향(太平鄉)에 있는 절. 자운법사(煮雲法師)가 1983년(만국72) 창건하였다. 큰 규모를 갖춘 정토종의 도량이다. 1985년(민국74)에 정토전종불학원(淨土專宗佛學院)을 설립하였다. **19** 일본 경도시(京都市) 우경구(右京區) 차아정(嵯峨町)에 있는 정토종 소속의 절. 석가당(釋迦堂)이라고도 부른다. 석가여래입상(釋迦如來立像)과 『융통염불연기 融通念佛緣起』 2권·『석가당연기 釋迦堂緣起』 등은 모두 일본 국보로 지정되어 있다. ⇨ 석가당 釋迦堂

청량사건칠약사여래좌상및복장유물 清涼寺乾漆藥師如來坐像○服藏遺物 경상북도 봉화 청량사에 있는 고려후기 불상. 보물 제1919호. 높이 91.5cm. 유리보전에 봉안된 것으로 삼존불상 중 본존불이다. 불상의 제작시기에 대해서는 여러 설이 있다. 복장에서 발견된 발원문에는 조성시기에 대한 내용이 없지만 지원(至元) 5년 10월에 개금했던 사실이 기록되어 있다. 지원 5년은 중국 원대에 사용된 연호로 1268년 또는 1339년에 해당되므로 고려후기에 제작된 불상으로 추정하였다. 그러나 양식상으로는 다리에 비해 상체가 크고 당당한 편이며 근엄한 얼굴과 편단우견(偏袒右肩)의 법의, 항마촉지인(降魔觸地印)의 손 모양 등에서 8세기 중엽의 석굴암 본존불상을 따르고 있다. 불상 바탕직물의 측정 결과 역시 8세기에서 9

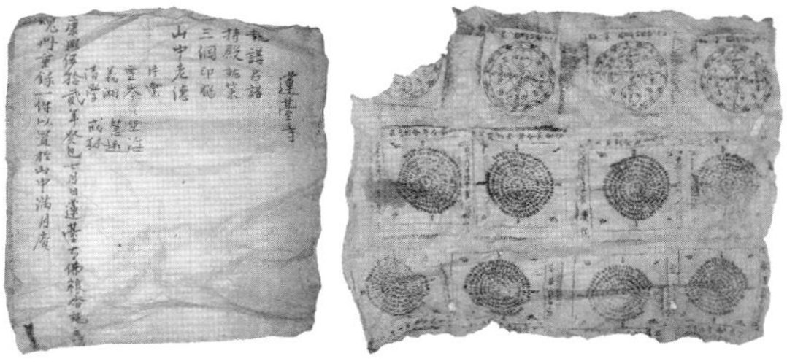

청량사건칠약사여래좌상·발원문·삼십칠존종자만다라팔엽일륜다라니

세기로 추정되었다. 따라서 청량사 약사불상은 9세기 통일신라에 제작된 불상으로 우리나라 건칠불상 중 가장 오래된 예로서 의의가 큰 성보다. 복장물로는 1239년(고종26)에 인출한 삼십칠존종자만다라팔엽일륜다라니(三十七尊種字曼陀羅八葉一輪陀羅尼), 1560년(명종15)에 작성한 결원문(結願文)·천인동발원문(千人同發願文), 후령통 등 208점을 확인하였다. [참고문헌] 최은령 『한국 건칠불상 연구』(세종출판사, 2014) pp.60~64. ⇨ 청량사 清涼寺 **7**

청량사삼층석탑 清涼寺三層石塔 경상남도 합천 청량사에 있는 통일신라 석탑. 보물 제266호. 높이 4.85m. 대웅전 앞 마당 석등 앞에 서있다. 이중기단에 삼층의 탑신을 지닌 전형양식의 신라석탑이다. 탑 주변에 여러 매의 장대석을 두르고 내부에 흙을 다져 별도의 탑구(塔區)를 형성하고 하층기단은 저석, 면석을 한 돌로 처리하였는데, 면석은 4매로 우주와 내부 2주씩 탱주를 모각하였다. 갑석도 4매로 상면은 거의 수평으로 처리하였으나 약한 기울기가 있고 상면에는 각호각형 3단 괴임을 두어 상층기단을 받고 있다. 상층기단 면석은 4매로 각면 우주와 1주씩의 탱주를 모각하였다. 상대갑석은 하층갑석처럼 거의 수평에 가깝지만 네 모서리에서 전각처럼 약간의 반전을 주었다. 갑석 하단에는 1단의 부연과 상면에는 2단의 각형받침을 두어 탑신을 받

고 있다. 탑신석은 탑신, 옥개 모두가 각각 별석으로 탑신석은 각층 우주를 모각하였으나 홀림이나 문비 등의 조각은 생략하였다. 옥개석의 하단 받침은 모두 5단이며 상면에 2단의 각형받침을 두어 상층 탑신을 받게 하였다. 상륜은 노반석만 남아 있는데, 형태는 정육면체이며 상단에 2단으로 층급을 두었다. 각층 옥개는 전각의 반전이 경쾌하고 체감비도 좋아 전체적으로 적절함 비례감을 보이고 있는 9세기의 석탑으로 볼 수 있다. 1958년 전체적인 해체수리가 있었는데, 이때 2층 옥개석에서 사리공이 확인되었다. 특이한 점은 옥개석 상면과 하면 2곳에 사리공이 있었는데, 상단은 너비 깊이 10.0cm, 하단은 너비 높이 15.1cm의 정방형이었다고 한다. [참고문헌] 박경식『탑파』(예경, 2001),『경상남도의 석탑Ⅱ』(국립문화재연구소, 2017). ⇨ 청량사 清凉寺 6

청량사삼층석탑

청량사석등 清凉寺石燈　경상남도 합천 청량사에 있는 통일신라 석등. 보물 제253호. 높이 3.4m. 대웅전 앞마당에 있다. 원래 탑 앞에 위치했으나 근래 탑 뒤쪽 법당 앞으로 이건되었다. 전형적인 고복중대석 석등으로 현재 남아 있는 통일신라 고복형석등 가운데 가장 화려한 부조상을 가진 석등이다. 장대석으로 지대석을 마련하고 그 위에 8각의 하대저석을 두었다. 하대저석은 동서남북에 안상(眼象)내에 사자상을 중심으로 좌우측에 구름위에 날고 있는 듯 한 서로 다른 형태의 향로를 새겨넣었다. 하대복련석은 8엽의 큼직한 연꽃과 사이에 귀꽃으로 장식하여 화려함을 더하였다. 그위로는 별석으로 간주석 받침을 두었는데, 24장의 연꽃을 복련으로 새기고 상단에 2단의 각형 괴임을 두어 간주석을 받치고 있다. 간주석은 중앙에 편구형 복발을 중심으로 상하에 16엽씩 복련과 앙련을 새겼으며 복발은 4면에 꽃을 배치하고 2줄의 띠매듭으로 연결하였다. 상대석도 별석으로 8엽의 단판 앙련으로 조각하였는데, 상면 모서리에 각각 2개씩 원공이 있어 장식을 부착했음을 알 수 있다. 화사석은 동서남북에 장방형으로 마련하였고 나머지 4면은 입상의 사천왕상을 부조하였다. 화창주위로는 상면에 4개 좌우로 3개씩의 원공이 남아 있어 창호를 고정했던 시설이 있었던 것으로 보인다. 팔각의 옥개석은 하면에는 낮게 각출된 2단 받침이 있고 처마선 사이에 물끊기 홈을 마련하였다. 옥개석 합각선 좌우와 전각부 좌우에도 일정한 간격으로 부착용 원공이 있어 옥개석 전체를 덮었던 장식이 있었음을 알 수 있다. 상륜부는 거의 유실되었으며 일부 부재로 보이는 파편이 올라가 있다. 석등 앞에는 상면에 연꽃이 부조된 배례석이 남아 있다. 이 석등은 각부분의 부조상이 매우 화려하고 전체적인 비례가 아름다워 통일신라시대 고복형 석등을 대표하는 석조물로 높이 평가할 수 있다. 제작시기는 석탑과 같은 시기인 9세기로 볼 수 있다. [참고문헌]『석등조사보고서Ⅱ』(국립문화재연구소, 2001), 홍선『석등』(눌와, 2011). ⇨ 청량사 清凉寺 6

청량사석등

청량사석조석가여래좌상 清凉寺石造釋迦如來坐像　경상남도 합천 청량사에 있는 통일신라 석불좌상. 보물 제265호. 불상높이 135cm · 대좌높이 75cm. 불상 · 광배 · 대좌를 온전히 갖춘 불상이다. 상호는 가늘고 긴 눈에 비해 코와 입이 작고, 턱을 풍만하게 표현하였으며, 둥글고 납작한 나발 위에는 육계가 융기되어 있다. 어깨가 넓은 장대한 불신에는 편단우견(偏袒右肩)의 법의를 착용하고, 항마촉지인(降魔觸地印)을 결하였다. 광배는 주형거신광(舟形擧身光)으로 화불 · 화염 · 비천 등을 섬세하게 시문하였다. 대좌는 방형좌로 중 · 하대의 각 면에는 다양한 모습의 보살상과 팔부신장상을 두 존씩 조각하였는데, 부조상의 조각양식과 표현기법도 뛰어나다. 석굴암 본존 양식계열의 상으로서, 전체적으로 양감이 강조되고 장식이 증대하는 경향을 보이는 9세기경의 불상이다. [참고문헌]『文化財大觀』寶物篇 · 石造Ⅱ(文化財廳, 2004) pp.420~423, 최성은『석불, 돌에 새긴 정토의 꿈』(한길아트, 2003) pp.224~226. ⇨ 청량사 清凉寺 6

청량사석조석가여래좌상

청량사지오층석탑 清凉寺址五層石塔　충청남도 공주 계룡산에 있는 고려시대 석탑. 보물 제1284호. 높이 4.9m. 동학사의 부속암자인 상원암에 있는 석탑으로 칠층석탑(보물 제1285호)과 나란히 있어 예로부터 '계룡산 오누이탑', '남매탑'이라는 별칭으로 불렸다. 석탑이 위치한 장소에서 '청량사(清凉寺)'명 막새기와가 발견되어 현재는 청량사지 오층석탑으로 부르고 있다. 탑은 단층기단에 오층의 탑신을 갖고 각각의 부재를 별석화해 결구한 백제계 석탑으로 분류되고 있다. 기단부는 4매로 지대석을 놓고 그 위에 또 4매이 판석으로 하대석을 구성하였다. 면석은 탱주와 면석을 별석으로 짜 맞추었으며 그 위에 갑석을 놓았는데, 하단의 부연과 상단의 괴임을 생략한 1매석으로 올려놓았다. 탑신은 1층부터 5층까지 서로 다른 형태를 보이고 있다. 초층탑신 몸돌은 우주와 면석을 별석으로 하고 지붕돌은 아래에 2단의 받침돌을 놓고 6매의 돌로 옥개를 올렸는데 물매가 없어 거의 수평에 가깝다. 윗면에는 2층 탑신을 받치기 위한 괴임이 있다. 2층 탑신도 1층과 같이 우주와 면석이 별석으로 되어 있고 옥개받침 역시 2단으로 이루어졌다. 옥개는 4매로 구성되었으며 상면에 3층 탑신을 받는 괴임이 있다. 3층 탑신은 1매석으로 모서리에 우주가 새겨져 있으며 옥개받침 역시 2단으로 되어 있다. 지붕돌은 1매석으로 축소되었다. 4층 탑신은 3층과 같이 1매석으로 모서리에 우주가 새겨져 있으며 옥개받침은 1단으로 줄어들었으며 지붕돌도 1매이다. 5층은 몸돌 위로 파손된 옥개석 일부만 남아 있는 상태이다. 상륜은 낮은 형태의 노반석(露盤石)과 보주(寶珠)가 남아 있다. 기단부와 탑신부의 면석 1매씩 결실되고 5층탑신 이상의 파손이 있으나 전체적으로 원형을 유지하고 있다. 탑의 조형방식이 백제 정림사지 오층석탑에서 시작되어 서천 성북리 오층석탑에서 나타나는 결구식 방법을 보여주고 있어 백제계석탑 연구에 귀중한 자료를 제공한다. 각 부재의 치석수법이나 부재의 결구법이 고르지 않은 점 등을 미루어 고려중기의 석탑으로 볼 수 있다. [참고문헌] 천득염 『백제계석탑 연구』(전남대출판부, 2000). ⇨ 청량사 清凉寺[9]

청량사지오층석탑

청량사지칠층석탑 清凉寺址七層石塔 충청남도 공주 계룡산에 있는 고려시대 석탑. 보물 제1285호. 높이 6.9m. 동학사의 부속암자인 상원암에 있는 석탑으로 오층석탑(보물 제1284호)과 앞뒤로 나란히 있어 예로부터 '계룡산 오누이탑', '남매탑'이라는 별칭으로 불렸다. 단층기단에 7층의 탑신을 지닌 탑으로 여러부재가 새롭게 교체된 상태이다. 기단부는 지대석을 생략하고 하대석과 면석 갑석으로 이루어져 있다. 하대석은 2매로 우주와 면석을 별석으로 구성해다. 갑석은 2매석으로 두께가 두껍고 하단의 부연과 상단의 괴임을 생략하였고 물매도 거의 없이 수평상에 가깝다. 탑신은 몸돌과 지붕돌을 각각 별석으로 구성하였다. 초층탑신은 모서리에 우주를 생략하고 표면이 거친편인데 한쪽면에 직사각형의 감실과 다른 한쪽에도 소형 감실이 있어 원래 4면 모두 감실을 조성하려 했던 것으로 보인다. 몸돌위에 별석으로 끼워 넣은 옥개받침이 있는데, 원래부터 있었던 것인지 후대에 추가된 것인지 알 수 없다. 옥개석은 하단에 2단의 괴임이 있고 지붕처마의 낙수면을 표현하였다. 2층부터 4층까지의 탑신은 탑신이라기보다 판석에 가까워 결실후 별도의 석재를 끼워 넣은 것으로 보인다. 각층 지붕돌의 아래 층급받침은 모두 2단이며 상단에 괴임을 두어 위층 탑신을 받치게 했다. 5층부터 7층까지의 탑신은 모서리에 우주가 새겨져 있으나 5층 탑신은 2매로 되어 있고 크기가 맞지 않아 원래 층수의 것은 아닌 것으로 보인다. 상륜은 노반석과 방형으로 장식한 앙화로 보이는 부재가 올라가 있다. 석탑은 부재를 쌓아 올리는 신라계 양식의 탑이며 수직의 상승감을 나타내어 바로 옆에 있는 오층석탑과 전혀 다른 조형성을 보이고 있다. 부재의 결구방식이나 구성 방법으로 볼 때 오층석탑과 같은 시기인 고려중기석탑으로 보인다. 남매탑은 1950년대에 파손되어 도괴되어 있던 것을 1961년 복원한 것이다. [참고문헌] 천득염 『백제계석탑 연구』(전남대출판부, 2000). ⇨ 청량사 清凉寺[9]

청량사지칠층석탑

청량산 清凉山 ❶ 중국 강소성(江蘇省) 남경시(南京市) 서청량문(西清凉門) 안에 있는 산. 석두산(石頭山)이라고도 한다. 산 기슭에 청량사가 있고, 서쪽에는 소엽루(掃葉樓)가 있으며, 산 꼭대기에는 취미정(翠微亭)이 있는데, 이들이 어울려 금릉(金陵)의 명승지 중 하나로 유명하다. [참고문헌] 『金陵梵剎志』 권19 「石頭山清凉寺」(대장경보편29, p.208b12). ⇨ 청량사 清凉寺[15] ❷ 중국 산서성(山西省) 오대산(五臺山)의 별칭. 여름에도 맑고 서늘한 기운이 떠나지 않기에 붙여진 이름이다. 『화엄경탐현기』 권15 「보살주처품 菩薩住處品」(대정장35, p.391a15)에 "다섯 번째, 청량산은 대주의 오대산이 그것이다. 이 산에 지금도 옛 청량사가 있다. 겨울과 여름 모두 눈이 쌓이기에 그러한 이름이 붙었다. 五 清凉山 則是代州 五臺山是也 於中現有 古清凉寺 以冬夏積

雪 故以爲名”, 『청량산지』 권1(中國佛寺史志彙刊79, p.15a8)에 “동쪽의 진단국(중국) 청량산은 만수대사(문수보살)의 교화하는 터전으로 오대산이라고도 한다. 일년 내내 견고한 얼음이 쌓여 있고 여름에도 눈이 날리며 더위라곤 전혀 없기에 청량이라 한다. 다섯 봉우리가 솟았고 정상에는 숲과 나무가 없으며 흙을 쌓아올린 대와 같기에 오대라 한다. 東震旦國 淸涼山者 乃曼殊大士之化宇也 亦名五臺山 以歲積堅冰 夏仍飛雪 曾無炎暑 故曰淸涼 五峯聳出 頂無林木 有如壘土之臺 故曰五臺”라고 하였다. [참고문헌] 『華嚴經探玄記』, 『淸涼山志』. ⇨ 오대산 五臺山 ❸ 중국 섬서성(陝西省) 연안(延安) 동북쪽에 있는 산. 당송(唐宋)대 조성한 석굴사(石窟寺) 만불동(萬佛洞)이 있고, 그 안에 조각된 수만 개의 크고 작은 불상(佛像)·보살상(菩薩像)·역사상(力士像) 등이 서로 다른 자태로 실물과 같은 생동감을 준다. [참고문헌] 『廣淸涼傳』 권상(대정장51, p.1108a12).

청량산괘불탱 淸涼山掛佛幀 보물 제1210호 1725년 세로 9.27m, 가로 4.39m, 한국불교미술관 소장. 청량산 괘불탱은 보관을 쓴 석가여래가 양 손에 연꽃가지를 쥐고 있는 보살형여래도다. 이 불화의 화기에 “옹정3년(1725·영조1) 을사 정월 석가여래상은 안동 청량산 ◯◯사에서 받들어 봉안하였다. 雍正參年乙巳五月 釋迦如來像 安于安東 淸涼山 ◯◯寺 奉安”라 하였다. 여래는 손에 세 송이가 매달린 연화가지를 들고, 밑에 연꽃을 밟고 정면을 향해 있다. 보관의 중앙에 5위의 화불이 묘사되어 있고, 보관 좌우에는 청조와 백조가 한껏 날개짓을 하고 있으며, 존신의 배경에는 예외적으로 광배를 그리지 않고, 모란꽃으로 장엄하였다. 이 모습이 마치 몸에서 꽃이 품어져 나오는 듯한 신비로움을 자아낸다. 이 괘불탱은 포항보경사괘불탱(1708)과 구도 및 형태가 일치해 이 불화가 모본일 것으로 추정한다. 특히 여래의 긴 눈매와 눈매 좌우 가장자리의 선염, 수염형태, 입매 등 섬세한 이목구비 묘사에서 이 두 작품의 친연성이 매우 높아 포항보경사괘불탱을 그린 화승 의균(義均)의 작품으로 본다. 다만 복식 등에서 장식적 요소가 더해졌다.

청량산지 淸涼山志 중국 섬서성(陝西省) 청량산(淸涼山 : 五臺山)에 관한 지리지. 명(明)대 1596년(만력24) 진징(鎭澄)이 집성. 근대 민국시기 1933년(민국22) 인광(印光 1862~1940)이 중수(重修). 8권. 『청량통전 淸涼通傳』이라고도 한다. 대만(臺灣)에서 집성한 중화대장경(中華大藏經)에 수록되어 있다. 총 4편의 서문(序文)이 전하는데, 연대순으로 가장 앞서는 것은 명(明)대 1596년 연산(燕山) 광응사(廣應寺)의 법사 진징이 쓴 것이다. 이로써 당(唐)대 법사 남곡혜상(藍谷慧祥)이 쓴 『청량전 淸涼傳』과 송(宋)대 스님 연일(延一)이 쓴 『광청량전 廣淸涼傳』, 그리고 무진거사(無盡居士) 장상영(張商英)이 쓴 『속청량전 續淸涼傳』 등을 모두 참고했음을 알 수 있다. 청(淸) 강희제(康熙帝)가 1706년(강희45)에 쓴 「어제청량산지서 御製淸涼山志序」와 1755년(건륭20) 금단(金壇)에서 사진림(史震林)이 쓴 「회음중각청량산지서 淮陰重刻淸涼山志序」를 통해 청대에 두 번 간행되었음을 알 수 있다. 이어 1933년 인광이 현재의 유통본을 중수하며 쓴 자서 「청량산지중수유통서 淸涼山志重修流通序」가 있다. 8권에 총 10장(章)으로 구성되어 있다. 권1은 제1장 총표화우(總標化宇)와 제2장 약기화주(略紀化主), 권2는 제3장 오봉영적(五峯靈迹)과 제4장 가람승개(伽藍勝概), 권3은 제5장 고승의행(高僧懿行), 권4는 제6장 보살현응(菩薩顯應), 권5는 제7장 제왕숭건(帝王崇建), 권6은 제8장 명공외호(名公外護), 권7은 제9장 이중감통(異衆感通), 권8은 제10장 명공제영(名公題詠) 등의 내용을 싣고 있다. ⇨ 청량산 淸涼山❸, 오대산 五臺山

청량삼매 淸涼三昧 ❶ 증오와 애착의 열기에서 모두 벗어난 삼매. 『대방등대집경』 권16(대정장13, p.113a24)에 “삼매의 이름이 청량이니 능히 증오도 애착도 끊고 떠난다는 뜻이다. 有三昧 名曰淸涼 能斷離憎愛故”라고 하였다. [참고문헌] 『大方等大集經』. ❷ 불을 섬기는 화룡외도의 악한 열기를 조복한 반야의 청량한 삼매. 『아미타경직해정행』(卍속장33, p.728b17)에 “가섭윤불은 화룡(火龍) 외도와 굴에서 편안히 쉬기를 한참 지나자 화룡은 일곱 구멍에서 불을 쏟아내며 여래의 몸을 태우려 하였다. 여래께서 반야의 청량한 삼매에 드시자 이 불길이 도리어 본래의 용을 태웠다. 화룡은 여래 면전에 놓인 발우 하나에 청량한 기운이 있음을 알아채고 들어가서 몸을 숨겼다. 가섭은 부처님의 위광을 보고 250의 제자를 거느리고 부처님께 투신하여 출가하였다. 그 뒤 삼가섭이 모두 제자를 거느리고 부처님 문하로 출가하였다. 迦葉允佛 與火龍窟中 安歇更深 火龍七竅出火 燒如來身 如來以般若淸涼三昧而坐 此火返燒本龍 龍見如來面前 一鉢淸涼 而入藏之 迦葉見佛威光 領二百五十弟子投佛出家 在後三迦葉 俱領弟子 從佛出家”라고 하였다. [참고문헌] 『阿彌陀經直解正行』.

청량선사 淸涼禪師 ➡ 혜홍 惠洪

청량십원 淸涼十願 청량징관(淸涼澄觀)이 스스로를 위해 세운 열 가지 서원. 청량십사(淸涼十事)라고도 한다. 『선원몽구』와 『송고승전』에 전하는데 차이가 있다. 『선원몽구』 권중(卍속장148, p.238a4)에 “청량의 열 가지 서원 : 청량국사 징관의 자는 대휴이고, 회계 출신이며 성은 하후씨이다. 열 가지 일로 스스로를 독려했다. 몸으로는 사문의 표상을 훼손하지 않는다. 마음으로는 여래께서 지으신 법을 어기지 않는다. 법계의 경을 등지고 앉지 않는다. 성품은 분별과 장애의 경에 물들지 않는다. 발로는 비구니 절 먼지도 밟지 않는다. 옆구리는 거사의 침상에 대지 않는다. 눈으로 의롭지 않은 것을 보지 않는다. 혀로는 정오를 지난 음식을 맛보지 않는다. 손으로는 원명의 구슬 놓지 않는다. 잠잘 때는 의발 곁을 떠나지 않는다.『육학승전』에 보인다. 淸涼十願 和補曰 淸涼國師澄觀 字大休 會稽人 姓夏侯氏 卽以十事自勵曰 体不損沙門之表 心不違如來之制 坐不背法界之經 性不染情礙之境 足不履尼寺之塵 脇不觸居士之榻 目不視非義之綵 舌不味過午之餚 手不釋圓明之珠 宿不離衣鉢之側 見六學僧傳",『송고승전』 권5(대정장50, p.737c14)에는 "첫째, 항상 방장에 머물되 다만 삼의일발뿐 더는 두지 않는다. 둘째, 당대의 명리를 버려지는 똥오줌과 같이 여긴다. 셋째, 눈으로는 여인을 보지 않는다. 넷째, 몸으로는 속가에 그림자조차 비추지 않는다. 다섯째, 항상『법화경』을 수지하고 독송한다. 여섯째, 대승경전 독송하여 널리 함령에게 베푼다. 일곱째, 언제나『화엄경』을 강설한다. 여덟째, 평생 동안 밤낮으로 눕지 않는다. 아홉째, 명예를 위해 중생을 현혹시켜 선을 해치지 않는다. 열째, 대자비에서 물러나지 않고 널리 법계를 구하되 목숨을 마칠 때까지 항상 이 원에 의지하여 수행한다. 一 長止方丈 但三衣鉢 不畜長 二 當代名利 棄之如遺 三目 不視女人 四 身影不落俗家 五 未捨執受 長誦法華經 六 長讀大乘經典 普施含靈 七 長講華嚴大經 八 一生晝夜不臥 九 不邀名 惑衆伐善 十 不退大慈悲 普救法界 觀逮盡形期 恒依願而修行也"라고 하였다.〔참고문헌〕『禪苑蒙求』,『宋高僧傳』. ⇨ 징관 澄觀

청량암 淸涼庵 ❶ 대구광역시 달성군 팔공산(八公山)에 있던 암자. 진각국사 혜심(慧諶)이 1231년(고종18) 당시 머물면서 상당(上堂) 설법하였다.『조계진각국사어록』 상당(한불전6, p.11c18)에 "신묘년 여름, 공산 청량암에 있었는데 울주의 수령이 청하자 상당하여 말했다. '모든 산악의 으뜸이여, 이는 우리의 공산이다. 청량의 동굴이여, 바로 그 사이에 있구나'. 辛卯年夏 在公山淸涼庵 蔚州守請 上堂云 衆岳之宗兮 是我公山 淸涼之窟兮 在乎其間"라고 하였다.〔참고문헌〕『曹溪眞覺國師語錄』,『韓國寺刹全書』 권하 p.1098a9. ❷ 경상남도 합천군 가야면 가야산(伽倻山)에 있는 절. 청량사(淸涼寺) 혹은 남산(南山) 절이라고도 불린다. 대한불교조계종 해인사(海印寺)의 산내 암자이다.『범우고』에 "월유봉에 있다. 최치원이 항상 이곳에서 노닐었다고 한다. 在月留峯 崔致遠常遊于此云"라고 하였다.〔참고문헌〕『梵宇攷』,『韓國寺刹全書』 권하 p.1098a6欄外, 李智冠『伽倻山海印寺誌』 pp.626~627. ⇨ 청량사 淸涼寺❻, 해인사 海印寺 ❸ 경상북도 봉화군 명호면 청량산(淸涼山)에 있는 절. 상하청량사(上下淸涼寺)로 구분되기도 한다.『태고사사법』에 대본산 고운사(孤雲寺)의 말사라고 하였다.〔참고문헌〕『太古寺寺法』,『韓國寺刹全書』 권하 p.1098a7. ⇨ 청량사 淸涼寺❼ ❹ 경상북도 안동시에 있던 절. 고려후기에 고봉지숭(高峯志崇)이 창건하였다. 혜심(慧諶 1178~1234)의『조계고승전』 권하(한불전12, p.387c18)「조계종고봉화상전 曹溪宗高峯和尙傳」에 "스님의 휘는 법장이고 속성은 김씨이며 신천 사람이다. … 어린 나이에 출가하여 수도하면서 나옹(1320~1376)을 뵙고 은사로 모셨다. 법명은 지숭이고, 법호는 고봉이다. … 손수 안동부에 청량암을 창건하고는 녹수청산과 홍진자맥에서 30여 년을 소요하면서 오랫도록 성인의 자질을 길렀다. 諱法藏 姓金 愼川人 … 丱年出家修道 謁懶翁爲師 名志崇 號高峯 … 手成安東府淸涼菴 綠水靑山 紅塵紫陌 逍遙三十餘年 長養聖胎"라고 하였다.〔참고문헌〕『曹溪高僧傳』. ❺ 황해도 개성시 천마산(天磨山)에 있던 암자.『동국여지승람』 권4 개성부상 불우 지족암(知足庵)에 "절 곁에는 또 고선 … 청량·성등·불교·영안·보성 등의 암자가 있다. 寺傍又有高禪 … 淸涼 聖燈 佛敎 永安 寶聖等庵"라고 하였다.〔참고문헌〕『東國輿地勝覽』,『韓國寺刹全書』 권하 p.1098a5. ❻ 황해도 송화군 청량동에 있던 암자. 청량사(淸涼寺)로 불리기도 하였다.『가람고』에 "청량산에 있다. 부의 동쪽 20리에 있다. 在淸涼山府東二十里"라고 하였고,『범우고』에 "지금은 폐사다. 今廢"라고 하였다.〔참고문헌〕『伽藍考』,『梵宇攷』,『韓國寺刹全書』 권하 p.1098a18. ⇨ 청량사 淸涼寺⓮

청량월 淸涼月 맑고 서늘한 달. 삼계로 불타는 세간의 번뇌를 식혀주는 보살의 자비의 비유다.『대장엄론경』 권2(대정장4, p.263b19)에 "세간이 온통 불타오르고 있으니, 갖가지로 얽혀 찌는 듯한 번뇌 가득한데, 자비롭고 청량한 저 달, 뜨거운 고통을 비추어 없애시네. 世間皆熾然 多諸鬱蒸惱 慈悲淸涼月 照除熱惱苦",『대방광만수실리경』(대정장20, p.450c17)에 "청량한 빛으로 중생을 두루 비추니 마치 세간의 청량한 달과 같아 뜨거운 괴로움을 능히 사라지게 하네. 以淸涼光 普照衆生 猶如世間 淸涼月輪 能除熱惱", 60권본『화엄경』 권43(대정장9, p.670c21)에 "보살의 청량한 달, 끝내 공한 곳에 자유로워, 빛을 드리워 삼계를 비추니, 나타나지 못할 마음과 법이 없다네. 菩薩淸涼月 遊於畢竟空 垂光照三界 心法無不現",『화엄경탐현기』 권20(대정장35, p.485c17)에 "처음의 아름다운 달이라 하였으니, 비덕으로 청량하므로 이름 붙였고 위에서 '보살의 청량한 달, 필경 공한 곳에서 노닌다'라고 한 대목은 이것을 말함이다. 初中妙月者 悲德清涼 故以爲名 上文云 菩薩淸涼月遊於畢竟空 此之謂也", 『화엄경소』 권5(대정장35, p.539c29)에 "맑게도 하고 비추기도 하니 보살이 청량한 자비를 얻어 생사의 밤을 비춤을 나타내었다. 마치 '보살의 청량한 달' 등이라 한 구절과 같다. 能冷能照 表菩薩得淸涼慈 照生死夜 如云菩薩淸涼月等"라고 하였다. [참고문헌] 『大莊嚴論經』, 『大方廣曼殊室利經』, 『華嚴經』, 『華嚴經探玄記』, 『華嚴經疏』, 『理趣六波羅蜜多經』 권9(대정장8, p.908a4). ⇨ 청량 淸涼 **1**

청량정 淸涼定 맑고도 시원한 고요. 색계 초선(初禪)을 말한다. 『좌선삼매경』 권하(대정장15, p.277c8)에 "행자가 일심으로 정근하여 믿고 즐기며 마음 한층 나아간다면 뜻이 산란하지 않아 욕심을 관하여 떠나고 번뇌 덮개 버림으로써 초선정을 얻는다. 탐욕의 무성한 불길에서 벗어나 청량정을 얻으면 열기에서 그늘을 얻은 듯하고 가난하다가 부를 얻은 듯할 것이다. 行者一心 精懃信樂 令心增進 意不散亂 觀欲心厭 除結惱蓋 得初禪定 離欲盛火 得淸涼定 如熱得陰 如貧得富", 『대지도론』 권17(대정장25, p.185c4)에 "음한 불 떠남 이미 얻었으니, 맑고도 시원한 고요 얻었네. 마치 이 사람 뜨거운 열기로 괴로워하다가, 시원한 못으로 들어가 기쁜 듯하리라. 已得離婬火 則獲淸涼定 如人大熱悶 入冷池則樂"라고 하였다. [참고문헌] 『坐禪三昧經』, 『大智度論』.

청량지 淸涼池 Ⓢ puṣkariṇī. 맑고도 시원한 못. 번뇌가 고요해진 삼매(定)나 열반(涅槃)의 비유다. 아누달용왕(阿耨達龍王)이 머무는 아누달지(阿耨達池 : 無熱惱池)를 가리키기도 한다. 이 못에 머물면 염부제(閻浮提)용왕에 시달리는 열기의 괴로움은 없다고 한다. 『대승본생심지관경천주』 권4(卍속장34, p.292b7)에 "청량이라 하였으니 생사는 큰 불덩이 같고, 열반은 맑고 시원한 못과 같다. 淸涼者 生死 如大火炬 涅槃 如淸涼池", 『대지도론』 권22(대정장25, p.221c25)에 "또한 번뇌가 없는 선정은 기쁨과 즐거움을 일으킨다. 온몸 가득 누리기에 모든 열기 사라진다. 비유하자면 저 사람 큰 열기에 시달리다가 청량한 못에 들어 차갑게 식어 시원해지면서 더 이상 뜨거운 번뇌 없는 것과 같다. 復次無漏禪定生喜樂 遍身受故 諸熱則除 譬如人大熱悶 得入淸涼池中 冷然淸了 無復熱惱", 『법화현의』 권2상(대정장33, p.698b4)에 "세 법을 수레로 삼아 이 수레를 타고 청량한 못으로 들어가 모든 위에 오른다. 三法爲乘 乘於是乘 入淸涼池 登於諸位", 『석선바라밀차제법문』 권5(대정장46, p.511b15)에 "그 옛적에 항상 탐욕의 불에 태워지다가 초선을 얻는 순간 청량한 못에 들어간 이 같았다. 다만 이 느낌이 일어나는 순간 욕계의 신근의 감각 다름이 있게 되니 왜 그런가? 삼매는 선법과 더불어 일시에 함께 일어난다. 昔常爲欲火所燒 得初禪時 如人入淸涼池 但此覺生時 與欲界身根 生覺有異 何以故 與定等善法 一時俱發", 『화엄경소』 권7(대정장35, p.550b7)에 "이 열기 없는 용(아누달용왕)이 머무는 청량한 못에서는 향기롭고 맛있는 물이 넘친다. 此無熱龍 住淸涼池 出香美水"라고 하였다. [참고문헌] 『大乘本生心地觀經淺註』, 『大智度論』, 『法華玄義』, 『釋禪波羅蜜次第法門』, 『華嚴經疏』, *Suv-pr.20.* ⇨ 아누달지 阿耨達池, 무열뇌지 無熱惱池

청량징관 淸涼澄觀 중국 화엄종(華嚴宗) 징관(澄觀 738~839). ⇨ 청량국사 淸涼國師, 징관 澄觀

청량초적결은과 淸涼鈔摘抉隱科 조선후기 설파상언(雪坡尙彦 1707~1791)의 화엄주석서. 전하지 않는다. 『조선불교통사』 중편(中編) 인지연원나려유파(印支淵源羅麗流派) 화엄종(華嚴宗)에는 "설파상언이 청량의 소초를 깊이 탐구하여 『적결은과』 1권을 짓고 아울러 『구현기』 1권도 지었다. 雪坡尙彦 深究淸涼疏鈔 摘抉隱科 著述一卷 幷著鉤玄記一卷"라고 하였다. 1796년(정조19)에 채제공(蔡濟恭 1720~1799)이 지은 「선운사설파당상언대사비문 禪雲寺雪坡堂尙彦大師碑文」에는 "뛰어난 풀이로 화엄에 부합해서 더욱 도타워졌다. … 그 옛날 청량대사가 엮은 초 중의 소과는 그 뜻이 복잡하고 은근해 어두웠다. 대사가 한번 보고는 그려 표하고는 소다, 과다 하고는 거두어 잠자게 하였으니 저 나그네 집으로 돌아간 듯하였다. 契神解於華嚴尤篤 … 在昔淸涼大師 有所撰抄中疏科 其義多隱晦 講解者病之 師一覽 圈而表之 曰疏 曰科 各有攸宿 如客得歸焉"라고 하였다. 1924년에 석전(石顚) 박한영(朴漢永)이 원래비를 기초로 또 다른 「선운사설파당상언대사비문」을 지었는데, "대사께서 『화엄은과도』를 지었다. 연경에 이르러 고승에게 살펴주십사 편지를 보냈다. … 고승이 받아 보고서는 멀리서 예 올리며 '보살이 세상에 계신 듯하다'고 하였다. 師著華嚴隱科圖 聞達于燕京 高僧書以要見 … 高僧受覽已 遙禮以頂曰 菩薩在世"라고 하였다. 현재 1권 55장으로 전하는 동화사 소장 『화엄은과』는 설로(雪老)·연로(蓮老)·묵로(嘿老) 등을 인용하였으므로, 『청량초적결은과』와 연담유일(蓮潭有一 1720~1799)·묵암최눌(默庵最訥 1717~1790)의 사기를 참고하여 이후에 정리한 듯하다. [참고문헌] 『朝鮮佛敎通史』·권하 敎林結果迺於雜花, 高橋亨 『李朝佛敎』.

청련 靑蓮 **1** Ⓢ nīlotpala. 푸른 빛의 연꽃. 음사어는 우발라(優鉢羅 Ⓢ utpala). 수련(睡蓮)의 일종. 잎이 길고 넓으며 청색과 백색의 뚜렷함 때문에 부처님 지니신 눈을 이것에 비유하기도 한다. 『유마경』(대정장14,

p.537c8)에 "눈동자 길고도 깊으시니 마치 청련과 같다. 目淨脩廣如靑蓮", 『법화경』 권7(대정장9, p.55c10)에 "이 보살의 눈은 넓고 큰 청련의 꽃과 잎 닮았다. 是菩薩目 如廣大靑蓮華葉", 『유마의기』 권1본(대정장38, p.432a21)에 "청련과 같다는 말은 닮은꼴로써 찬탄한 것이다. 같음에는 두 종류가 있다. 첫째, 맑기가 청련과 같으니 앞의 맑은 바탕을 비유한다. 둘째, 형태가 청련과 같으니 길고 넓은 모양을 비유한다. 如靑蓮者 類以歎之 如有兩種 一 淨如靑蓮 喩前淨也 二 形如靑蓮 喩修廣", 『주유마힐경』 권1(대정장38, p.332b24)에 "(僧肇의 설) 천축에는 청련화가 있다. 그 잎이 크고도 길고 넓으며 청백이 분명하여 대인의 눈동자인 듯하여 이를 비유로 삼는다. 天竺有靑蓮華 其葉修而廣 靑白分明 有大人目相 故以爲喩也", 『조계진각국사어록』 「시지주상인 示智珠上人」(한불전6, p.38a9)에 "옛날 세존께서 푸른 연꽃 같은 눈으로 가섭을 바라보시자 가섭이 미소짓듯 하지 않았는가. 말해 보라! 전한 것 무엇인가? 안타깝다! 후인들이 호오도 가리지 못하면서 억지로 교외별전·이심전심이라 소리칠 뿐이니 납승의 숨소리 꿈에도 본 적이 없으리. 只如昔日 世尊以靑蓮眼顧迦葉 迦葉微笑 且道 傳个甚麽 惜乎 後人不識好惡 强喚作教外別傳 以心傳心 都未夢見 衲僧氣息"라고 하였다. [참고문헌] 『維摩經』, 『法華經』, 『維摩義記』, 『注維摩詰經』, 『曹溪眞覺國師語錄』, *Saddh-p.428.* ⇨ 우발라 優鉢羅 ❶, 청련화 靑蓮華 ❶ ❷ 조선후기 스님. 청허휴정(淸虛休靜)의 제자이며 사명유정(四溟惟政)의 사형(師兄)이다. 휴정이 풍악으로 떠나는 스님을 보내며 쓴 시 「송청련선자지풍악 送靑蓮禪子之楓岳」(『청허집』 권3·한불전7, p.693c16)이 전한다. 『편양당집』 권2 「보개산대승암기 寶盖山大乘庵記」(한불전8, p.253a6)에 "색름(賾凜)이 17세에 묘향산에 들어가 등계대사(휴정)를 모시다가 봉래산으로 와서 청련에게 입실하니 배움은 팔교를 통하고 심법을 모두 전해받았다. 年十七 西入妙香山 事登階大師 尋抵蓬萊 入靑蓮之室 學通八教 盡傳心法", 같은 책 권2 「봉래산운수암종봉영당기 蓬萊山雲水庵鍾峰影堂記」(한불전8, p.253b17)에 "또한 청련대사가 사람을 시켜 휴정의 사리 1편을 가져오게 하였고 봉래산으로 돌아와서는 오색구슬 2매를 얻어 부도를 건립하였다. 청련이 입적하자 문인이 또 청련의 사리를 등계대사의 아래에 탑을 세워 봉안하니 한 터에 두 정려가 있게 되었다. 현재 유점사의 북쪽이다. 且靑蓮大師 使人取一片 還蓬萊 乞五色珠二枚 仍建浮圖焉 及靑蓮順世 門人又以靑蓮舍利 降登階立石藏之 一基雙旌 見在楡岾之北矣"라고 하였다. [참고문헌] 『淸虛集』, 『鞭羊堂集』. ❸ 구한말 해인사 스님 하영(夏永)의 법호. ⇨ 하영 夏永

청련교 靑蓮教 청 인종(仁宗) 때인 가경년간(1796~1820) 이후에 결성된 민간결사체. 오행십지불교(五行十地佛教)라고도 한다. 나교(羅教)의 영향을 받아 달마조사(達摩祖師)·무생노모(無生老母)를 최고의 신격(神格)으로 숭배하였다. 『무상묘품경 無上妙品經』을 염송하고, 삼귀(三歸)·오계(五戒) 등을 행하였다. 수병도화(水兵刀火) 등 대겁(大劫)이 장차 도래하여 종말을 맞이하리라고 선전하였고, 채식을 하는 청가(靑家), 채식을 하지 않는 홍가(紅家), 무력(武力)에 종사하는 이가(裏家)로 구분하였다. 사천(四川)·섬서(陝西)·양호(兩湖) 등지에서 성행하였다. 1845년(도광25) 사천성에서 교도를 조직하고 행사를 거행하였다.

청련나락가 靑蓮那落迦 Ⓢ naraka utpala, Ⓣ au-tpa-la-ltar-gsa-pa'i-sems-can-dmyal-ba. 팔한나락가(八寒那落迦 : 八寒地獄) 중 다섯 번째 지옥 이름. 극심한 추위에 온몸 검푸르게 얼룩지고 찢어진 모습이 청련화(靑蓮花)와 같기에 이렇게 부른다. 줄여서 청련이라고도 한다. 올발라(嗢鉢羅)·우발라(優鉢羅) 등으로 음사한다. 『유가사지론』 권4(대정장30, p.294c13 : *Yogā-bh.*, p.74)에 "이 외에 또 추위에 시달리는 여덟 가지 나락가처가 있다. 무엇이 여덟 가지인가? … 여섯째는 청련나락가이다. … 청련나락가에서는 그 땅이 엄중하고 광대한 추위와 만나 온 몸이 온통 검푸르게 얼룩지고 다섯 여섯 갈래로 터지고 찢어지기에 이 나락가를 청련이라 한다. 此外復有 八寒那落迦處 何等爲八 … 六 靑蓮那落迦 … 靑蓮那落迦中 由彼地極重廣大寒觸所觸 一切身分 悉皆靑瘀 皮膚破裂 或五或六 故此那落迦 名曰靑蓮 pareṇa-aṣṭau śīta-naraka-sthānāni. tadyathā … utpalaḥ … utpale punaḥ śīta-narake tadbhūmikenodāreṇa śītena spṛṣṭā vyānīlāyamānāḥ pañcadhā ṣaḍdhā tvacāṃ sphoṭamāpadyante. tasmācca sa naraka utpala ity-ucyate", 『구사론기』 권11(대정장41, p.187b1)에 "올발라는 한역하는 청련화라 한다. 엄혹한 추위에 핍박 받아 몸 변하고 터지고 찢어진 모습이 마치 청련화와 같다. 嗢鉢羅 此云靑蓮花 嚴寒逼切 身變拆裂 如靑蓮花"라고 하였다. [참고문헌] 『瑜伽師地論』, 『俱舍論記』, *Yogā-bh.* ⇨ 올발라 嗢鉢羅 ❷, 우발라 優鉢羅 ❷, 팔한지옥 八寒地獄

청련목 靑蓮目 푸른 연꽃 닮은 눈동자. 『유마경』 권상 「불국품 佛國品」(대정장14, p.537c8 : *Vikī-n.*, p.5)에 "눈동자 맑고 깊고 넓어 저 푸른 연꽃 같고 마음 맑아 온갖 고요의 바다 이미 건넜네. 目淨脩廣如靑蓮 心淨已度諸禪定 śubhaśuddhakamalavarapatraviśālanetra śuddhāśayā śamathapāramitāgraprāpta", 『능엄경보경소』 권1(卍속장90, p.558a3)에 "푸른 연꽃과 같은 눈이라 하였으니, 저 천축의 푸른 연꽃잎 길고 넓

으며 청과 백이 분명하여 대인이 지닌 눈 모습이기에 비유로 삼았다. 靑蓮眼者 以天竺靑蓮花瓣 修長而廣 靑白分明 有大人目相 故以爲喩"라고 하였다. 〔참고문헌〕『維摩經』, 『楞嚴經寶鏡疏』, *Vikī-n.*

청련사 靑蓮寺 ❶ 서울특별시 성동구 하왕십리동 종남산(終南山)에 있다가 2010년에 경기도 양주시 장흥면 석현리 개명산(開明山)으로 옮겼다. 안정사(安定寺·安靜寺)라고 불렸으며 청련암(靑蓮庵)이라고도 하였다. 『태고사사법』에는 대본산 봉은사(奉恩寺)의 말사였으나 지금은 태고종 사찰이다. 『일성록』 순조 8년(1808) 무진 11월 갑자(3일)에 안정곡(安靜谷) 청련사 송림(松林)이 울창하다 하였다. 「화엄산청련사중창기 華嚴山靑蓮寺重創記」에 827년(흥덕왕2)에 창건되었다고 하지만, 『봉은본말지』에서는 1395년(태조4)에 무학대사(無學大師)가 창건하여 안정사(安定寺) 혹은 안정사(安靜寺)로 불리다가 후에 청련사로 바뀌었다고 전한다. 1726년(영조2) 10월에 화주(化主) 경림(敬林)이 중창하였고, 이후에도 계속 개창하였다. 6·25전쟁 때 소실되었다가 1965년에 중수하였다. 현존하는 당우로는 대웅전·삼성전·대적광전·원통보전·명부전·극락원·윤장대·범종루·요사 등이 있다. 2010년에 '청련사범음범패보존회'를 설립한 뒤 2014년에 '예수시왕생칠재보존회 豫修十王生七齋保存會'로 바꿨다. 경기도유형문화재로 지정된 성보문화재를 다수 소장하고 있다. 목조아미타여래삼존좌상 및 복장물은 불상 3구와 복장물 7점으로, 1670년(현종11)에 수(首)조각승 녹원(鹿苑) 등이 조성하였다. 관음보살좌상 및 복장물은 1940년에 개금보수하였는데 그때 1651년(효종2)에 전라도 팔영산(八影山) 지장암(地藏庵)의 좌협시보살로 조성하였다는 발원문이 발견되었다. 대웅전에 봉안되어 있는 현왕도는 1880년(고종17)에 금어(金魚) 고산축연(古山竺衍)이 제작한 것으로, 가로가 긴 화면을 현왕을 중심으로 전륜성왕(轉輪聖王)과 대륜성왕(大輪聖王) 등 많은 권속이 채우고 있다. 대웅전의 비로자나괘불도도 비로자나불을 중심으로 가섭과 아난을 협시로 두었으며 구성이 짜임새 있고 인물묘사도 섬세하다. 1866년(고종3)에 왕실 발원으로 제작한 것으로 추정되는 칠성도는 구도가 안정적이며, 지장시왕도는 조성 연대는 미상이지만, 화기가 남아 있다. 감로도는 1880년에 혜과봉간(慧果奉侃)과 고산축연 등이 제작하였는데, 시주질 22명 중에 상궁(尙宮) 등이 포함되었으며, 상단에는 칠여래(七如來)와 아미타삼존 및 지장삼존 등이 있고 중단에는 의식 장면이 비중 있게 묘사되었으며 하단에는 풍속과 재난 장면 등을 담았다. 1880년에 제작된 산신도는 기사생(己巳生) 이대연(李大淵) 등이 부귀를 위해 발원·시주한 것이고, 독성도는 같은 해에 축연이 그린 것으로 삼성각에 봉안되어 있다. 〔참고문헌〕『日省錄』, 『奉恩本末志』, 『朝鮮佛敎通史』 권상, 『韓國寺刹全書』 권하 p.1086a17. ⇨ 안정사 安定寺❶, 안정사 安靜寺❶ ❷ 인천광역시 강화군 강화읍 국화리 고려산(高麗山)에 있는 절. 전등사(傳燈寺)의 말사였는데, 『전등본말사지』 「청련사지 靑蓮寺誌」에 416년(장수왕4)에 천축(天竺)의 조사(祖師)가 개산하고 청련사라고 이름지었다고 하였다. 1821년(순조21)에 비구니 포겸(包謙)이 중건하고 1906년 비구니 계근(戒根)이 법전을 중창하였다. 1909년에 비구니 신선혜(辛善慧) 등이 산신각을 새롭게 만들었다. 현존하는 당우로는 큰법당·구법당·원통전·삼성각·산신각·요사 등이 있다. 성보문화재는 보물 제1787호 목조아미타여래좌상, 유형문화재 제53호 큰법당삼장탱, 제54호 큰법당현왕탱, 제55호 원통암감로왕탱이 봉안되어 있다. 보물 목조아미타여래좌상의 조성 시기를 알려주는 자료는 없지만, 고려시대 불상 양식으로 평가된다. 유형문화재 제53호 큰법당삼장탱은 1881년(고종18)에 금어(金魚) 체훈(體訓)·봉법(奉法)·상기(庠基) 등이 천장·지지·지장보살 중심으로 제작하였다. 제54호 큰법당현왕탱은 1881년에 금어(金魚) 우진(雨珍)이 제작하였는데 현왕을 중심으로 판관·녹사·동자 등의 권속이 자연스럽고 생동감 있게 배치되어 있다. 제55호 원통암감로왕탱은 1916년에 금어 원각(圓覺)과 축연(竺演), 편수(片手) 보현(普現)이 제작하였는데, 전통적인 감로도 도상을 충실하게 이행하였다. 〔참고문헌〕『傳燈本末寺誌』(亞細亞文化社, 1978) pp.61~66, 『朝鮮佛敎通史』 권상, 『韓國寺刹全書』 권하 p.1087b1, 『한국의 불화』(성보문화재연구원, 2005), 『청련사 I』(대한불교조계종청련사). ❸ 경상북도 영덕군 달산면 덕산동에 있던 절. 대본산 기림사(祇林寺)의 말사였다. 『한국사찰전서』에 1936년 8월 27일 밤의 폭우로 산이 무너져 건물 전체가 유실되었고 주지 전명준(田明俊)과 21명이 압사하였으며 그 터가 전부 무너져 내려 재건될 희망이 없다고 하였다. 〔참고문헌〕『朝鮮佛敎通史』 권상, 『韓國寺刹全書』 권하 p.1087b8. ❹ 충청남도 공주시 계룡산(鷄龍山)에 있던 절. 『한국사찰전서』에 자매탑(姊妹塔)의 아래에 있다고 전한다. 〔참고문헌〕『韓國寺刹全書』 권하 p.1087b7. ❺ 함경남도 문천군 구산면 천화산(天華山)에 있던 절. 대본산 석왕사(釋王寺)의 말사였다. 〔참고문헌〕『朝鮮佛敎通史』 권상, 『韓國寺刹全書』 권하 p.1087b12. ❻ 함경남도 문천군 천보산(天寶山)에 있던 절. 김수증(金壽增 1624~1701)의 『곡운집』 권6 「법성전 法性傳」에 1616년(광해군8)에 태어나 17살에 가야산 해인사에서 출가한 법성이 천보산 청련사에 1년간 머물렀다 하였다. 『여지도서』 함경남도 문천군 사찰에 "군에서 북쪽 40리 천보산에 있고 승도는 17명이다. 在郡北四十里天寶山 僧徒十七名"라고 하였다. 〔참고문헌〕『谷雲集』, 『輿地圖書』, 『梵宇攷』, 『韓國寺刹全書』 권하 p.1087b16. ❼ 함경남도 문천군 천불산(天佛山)에 있던 절. 『동국여지승람』 권49 함경도 문천군 불우에 전하며, 『범우고』에는 폐사로 전한다. 〔참고문헌〕『東國輿地勝覽』, 『梵宇攷』, 『韓國寺刹全書』 권하 p.1087b14. ❽ 황해도 옹진군 서면 망해산(望海山)에 있던 절. 패엽사(貝葉寺)의 말사였다. 〔참고문헌〕『朝鮮佛教通史』 권상, 『韓國寺刹全書』 권하 p.1087b17.

청련사목조아미타여래좌상 青蓮寺木造阿彌陀如來坐像 고려후기 불상. 보물 제1787호. 높이 85cm. 강화 청련사 큰법당에 봉안된 것으로 아미타삼존불상의 주존불로 조성되었으나 현재 협시보살상은 남아 있지 않다. 2016년 불상의 밑바닥 안쪽에서 1720년(숙종 46)에 중수하였다는 묵서가 발견되었다. 고개를 약간 숙인 모습으로 안정적이다. 육계의 구분이 뚜렷하지 않고 정상과 중앙에 각각 계주(髻珠)가 장식되었다. 얼굴은 둥근 편이고 이목구비가 단정하다. 통견(通肩)의 법의로 늘어진 옷자락과 Ω형 주름 등으로 고려후기 불상의 특징이 나타나 있다. 양 옷깃과 법의 가득 반원형과 격자문의 꽃문양이 장식되어 특징이다. 가슴 위로 수평의 내의와 띠매듭이 표현되었다. 왼쪽 무릎 위에 나뭇잎 모양의 옷자락이 표현되었는데 이는 조선후기 불상에까지 이어졌다. 두 손은 설법인이다. 청련사 아미타불상은 1274년 중수한 서울 개운사 아미타불좌상과 수국사 아미타불좌상, 1280년 중수의 서산 개심사 아미타불좌상 등 13세기 불상과 비교할 만한 강화도에 전하는 보기 드문 고려시대 불상 성보이다. 〔참고문헌〕『東國輿地勝覽』, 김형우·안귀숙·이숙희 『강화의 유형문화재』(강화군·강화역사문화연구소, 2017) pp.75~77. ⇨ 청련사 青蓮寺 ❷

청련사목조아미타여래좌상

청련숙화상 青蓮淑和尙 조선후기 스님. 경담서관(鏡潭瑞寬 1824~1904)의 은사. 『석전문초』 「화엄종주경담대율사비명 華嚴宗主鏡潭大律師碑銘」에 "15세에 고부 정토사(지금의 장성 백양사) 청련숙화상에게 가서 득도하였다. 年甫十五 投古阜淨土寺青蓮淑和尙得度"라고 하였다. 〔참고문헌〕『石顚文鈔』. ⇨ 서관 瑞寬

청련암 青蓮庵 ❶ 서울시 동작구 대방동 용마산(龍馬山)에 있던 암자. 대본산 봉은사(奉恩寺)의 말사였다. 『동작구지』에 의하면, 원효(元曉 617~686)가 창건하여 삼한고찰(三韓古刹)이었다 하고, 노사신(盧思愼 1427~1498)이 그 아버지의 무덤 옆에 절을 짓고 명복을 빌게 되면서 노씨 사람들이 모시게 되어 '노씨절'이라고 불렀다고도 한다. 이후 노진(盧禛 1518~1578)이 부모의 극락왕생을 위해 초당을 짓기도 하였으나, 절은 1857년(철종8)에 화재로 소실되었다. 1860년(철종11)에 지준(持準)이 당시 남아 있는 삼존불을 모시기 위해 노봉주(盧鳳周), 신완월화(申翫月華) 등의 시주를 받아 재건하였다고 한다. 한국전쟁 당시 건물의 일부가 소실되는 법란을 겪었다. 〔참고문헌〕『朝鮮佛教通史』 권상 p.630, 『韓國寺刹全書』 권하 p.1087b19, 『銅雀區誌』(서울특별시 동작구 편, 1994). ❷ 대구광역시 달성군 가창면 최정산(最頂山)에 있는 남지장사(南地藏寺)의 산내암자. 『조선사찰사료』 권상 「남지장사 南地藏寺」에 의하면 1680년(숙종6)에 대덕(大德) 승민(勝敏)이 처음 창건했고 1714년(숙종40)에 지월대사(池月大師) 등이 중수했다. 반면 『한국사찰전서』에는 창건을 1679년으로, 지월대사 중건 후 1920년 보명대사(普明大師) 삼창 기록도 전한다. 유기(有璣 1707~1785)의 『호은집』 권1에 「청련암기 青蓮菴記」(한불전9, p.711b17)가 전한다. 현존하는 당우로는 인법당과 요사 등이 있으며, 암자 전체가 유형문화재 제34호에 지정되어 있다. 정면 3칸 측면 2칸 팔작지붕의 법당은 강당의 기능도 함께 지니고 있다. 〔참고문헌〕『好隱集』, 『朝鮮寺刹史料』 권상 pp.398~403, 『韓國寺刹全書』 권하 p.1088b15. ⇨ 승민 勝敏 ❸ 부산광역시 금정구 청룡동 금정산(金井山)에 있는 암자. 대한불교조계종 범어사(梵魚寺)의 산내암자다. 1709년(숙종35)에 신주대사(信珠大師)가 창건하였고, 이후 연혁은 전하지 않으나 3·1운동 당시 부산 지역의 본거지였으며, 선무도(禪武道)의 대가 양익(兩翼)이 머물면서 불교금강영관(佛教金剛靈觀)을 수련하는 곳이 되었다. 절의 입구 양쪽에 금강역사(金剛力士)가 지키고 있고 현존 당우로는 대자비전·지장원·삼성각·법향각·요사 등이 있다. 2001년에 제작된 동산혜일(東山慧日 1890~1965)의 진영 2점을 모시고 있다. 〔참고문헌〕『韓國寺刹全書』 권하 p.1088b1, 『천년고찰 梵魚寺』(범어사성보박물관·부산박물관, 2015). ❹ 강원도 고성군 간성읍 신안리 금강산(金剛山)에 있던 건봉사(乾鳳寺)의 산내암자였다. 『여지도서』 강원도 간성군(杆城郡) 사찰에서는 건봉사에서 5리 떨어져 있고 6칸의 건물이 있다고 하였다. 『건봉사본말사적』에 따르면 945년(혜종2)에 창건하였고, 1606년(선조39)에 신묵대사(信默大師)가 중수하였으며, 1878년(고종15)에 산불로 건봉사와 그 소속 암자 3183칸이 전소한 이후 1879년에 서암대사(西庵大師)가 중건하였으나 1888년(고종25)의 화재로 폐사하였다. 〔참고문헌〕『輿地圖書』, 『韓國寺刹全書』 권하 p.1089a10, 『乾鳳寺本末事蹟』(亞細

亞文化社, 1977) pp.2~11. ❺ 강원도 삼척시 근덕면 태백산(太白山)에 있는 암자. 신흥사(新興寺) 소속이다. 복장유물 기문(記文)을 통해 1711년 조성되었음을 알 수 있는 관음보살좌상이 모셔져 있다. 1984년에 원행(圓行 1948~)이 하안거를 지냈으며, 2014년에 요사가 화재로 전소하였다. [참고문헌] 『朝鮮佛敎通史』 권상 p.664, 『韓國寺刹全書』 권하 p.1089a16. ❻ 강원도 삼척시 북삼동에 있던 암자. 『사탑고적고』에 신라 흥덕왕(興德王)대에 지어졌다 하고, 초석 2개와 높이 3척 5촌의 철불 좌상이 남아 있었다고 전한다. [참고문헌] 『寺塔古蹟攷』, 『韓國寺刹全書』 권하 p.1089a7 · p.1089a17. ❼ 강원도 양양군 양양읍 설악산(雪岳山)에 있던 암자. 「영혈사사적 靈穴寺史蹟」에 689년(문무왕9)에 창건되었으나 이미 폐사되었다고 한다. [참고문헌] 『乾鳳寺本末事蹟』(亞細亞文化社, 1977) pp.175~177. ❽ 강원도 양양군 현북면 어성전리 만월산(滿月山)에 있던 명주사(明珠寺)의 산내암자. 「명주사사적 明珠寺史蹟」에 1123년(인종1)에 창건되었고 1860년(철종11)에 불이 났다고 전한다. [참고문헌] 『乾鳳寺本末事蹟』(亞細亞文化社, 1977) pp.161~162. ❾ 강원도 회양군 금강산(金剛山)에 있는 암자. 이이(李珥 1536~1584)의 『율곡전서』 권1의 시에도 장안사(長安寺)의 동쪽에 청련암이 있다고 하였고, 이경석(李景奭 1595~1671)의 『백헌집』 권10 「풍악록 楓嶽錄」에는 백화암(白華庵)의 서남쪽에 위치한다고 전한다. 『여지도서』 강원도 회양부(淮陽府) 사찰에서는 운지암(雲知菴) 서쪽에 있고 8칸의 건물이 있다 하였다. [참고문헌] 『栗谷全書』(韓國文集叢刊201, p.467a8), 『白軒集』(韓國文集叢刊95, p.497a1), 『輿地圖書』, 『韓國寺刹全書』 권하 p.1089a1. ❿ 강원도 회양군 장양면 금강산(金剛山)에 있던 암자. 표훈사(表訓寺)의 산내암자였고 대본산 유점사(楡岾寺)의 말사였다. 신익성(申翊聖 1588~1644)의 『낙정당집』 권7 「유금강내외산제기 遊金剛內外山諸記」에는 신림사(神林寺)에서 1리쯤 떨어진 곳에 있다고 하였다. 정근(淨根)의 「표훈사청련암중창기 表訓寺靑蓮庵重刱記」에서는 신라 때 창건되었다고 추정하고 있다. 『유점사본말사지』 「표훈사지 表訓寺誌」에 1838년(헌종4)에 비구니 정근(淨根)이 청련암을 중건하고 1891년(고종28)에 중수하였다고 한다. [참고문헌] 『樂全堂集』, 『朝鮮佛敎通史』 권상 p.663, 『韓國寺刹全書』 권하 p.1089a14, 『楡岾寺本末寺誌』(亞細亞文化社, 1977) p.417 · 480. ⓫ 경기도 수원시 장안구 조원동 광교산(光敎山)에 있는 암자. 대한불교조계종 용주사(龍珠寺)의 말사이다. 1778년(정조2)에 청련(淸蓮)으로 불리던 비구니 임씨가 옛 창성사(彰聖寺) 자리에 심락서(沈樂瑞) 등의 시주를 받아 창건하였고 1902년에 영친왕의 생모 순빈(淳嬪) 엄씨가 중창하였다. 1893년(고종30)에 법당인 극락보전이 중건되었고, 1955년 10월에 비구니 영선(永善)이 요사 2동을 짓고 1980년에 주지 김상용(金常湧)이 대웅전 중창하였으며 1982년에 주지 김도문(金道文)이 대방(大房)을 신축하였다. 현존하는 당우로는 대웅전 · 극락보전 · 칠성각 · 독성각 · 요사 등이 있으며, 성보문화재인 유형문화재 제221호 영산회상도는 화기(畵記)에 의하면 1891년(고종28)에 의암현조(義庵炫眺)가 그린 것인데, 세로 124.5cm 가로 449.0cm로 폭이 더 넓은 작품이다. 문화재자료 제146호 아미타회상도 · 제147호 신중도 · 제148호 독성도 · 제149호 산신도 · 제150호 칠성도 등이 있다. [참고문헌] 『朝鮮佛敎通史』 권상 p.632, 『韓國寺刹全書』 권하 p.1088a3, 『畿內寺院誌』(京畿道, 1988) pp.53~55. ⓬ 경기도 안성시 이죽면 칠현산(七賢山)에 있던 암자. 대본산(大本山) 용주사(龍珠寺)의 말사였다. [참고문헌] 『朝鮮佛敎通史』 권상 p.632, 『韓國寺刹全書』 권하 p.1088a1, 『京畿道佛蹟資料集』(경기도박물관, 1999) p.407. ⓭ 경상남도 고성군 개천면 북평리 연화산(蓮華山)에 있는 암자. 대한불교조계종 쌍계사(雙磎寺)의 말사인 옥천사(玉泉寺)의 산내암자다. 1678년(숙종4)에 묘욱선사(妙旭禪師)가 창건하였다고 전한다. 1879년(고종16) 서봉(瑞峯)과 혜우(惠雨)의 입적과 다비 때 크게 방광(放光)하였다고 전한다. 1895년(고종32)에 호월화상(皓月和尙)이 크게 중창하였다. 1901년에 금남(錦南)과 기운(奇雲)이 아미타불회도(문화재자료 제626호)를 조성봉안하였다. 서응동호(瑞應東濠 1876~1950)가 1919년 10월 15일에 이곳에서 만일계(萬日契)를 창립하였고 1997년에 정토만일봉사회로 재창립하였다. 현존하는 당우로는 대웅전 · 삼성각 · 요사 등이 있으며, 성보문화재로 유형문화재 제631호 목조관음보살좌상이 옥천사박물관에 보관되어 있다. [참고문헌] 『韓國寺刹全書』 권하 p.1088b3. ⓮ 경상남도 창녕군 계성면 사리 영추산(靈鷲山)에 있는 암자. 대한불교조계종 통도사(通度寺)의 말사인데, 예전에는 신라 때 창건되었다가 폐사된 대흥사(大興寺)의 산내암자였다. 조긍섭(曺兢燮 1873~1933)의 『암서집』 권3 시에 의하면, 청련암은 관룡사(觀龍寺)와 규굴암(窺窟巖) 인근에 위치하였다. 『조선사찰전서』에서는 1628년(인조6)에 처음 창건되었다고 하지만, 청련암에 전하는 「산령각신건기 山靈閣新建記」에 "옛날에 서역 지공법사가 이곳에 와서 말하기를, '이 산이 천축의 영취산과 그 형세가 같다'고 하였다. 昔西域指空法師到此云 玆山與天竺靈鷲山同其形"라고 하여 고려대 창건으로 앞당기기도 한다. 1842년(헌종8)에 덕암(德庵)이 중창하였다고 하는데, 청련암에 전하는 「영산현영추산청련암수보유공록기 靈山縣靈鷲山靑蓮庵修補有功錄記」에 덕암이 지역 현감 송계백(宋啓栢 1781~?) 등의 후원을 받아 중건하였다 하였다. 1983년에 법당을 허물고 극락전을 새로 건립하였으며 1993년에 산령각·종각·요사 등을 새로 지은 후 지금에 이른다. 성보문화재인 유형문화재 제463호 청련사목조아미타삼존여래좌상은 불상의 조성 기록은 없으나 1628년 창건 기록과 1842년(헌종8)에 대흥사에서 옮겨왔다는 기록을 근거로 17세기 후반 작품으로 추정된다. 제464호 청련사영산회후불탱은 화기(畵記)에 1863년(철종14)에 제작임을 밝히고 있다. [참고문헌]『巖棲集』, 『朝鮮佛敎通史』 권상 p.647, 『朝鮮寺刹史料』 권하, 『韓國寺刹全書』 권하 p.1088b11, 『한국의 사찰현판』2(혜안, 2005) pp.123~131. ⇨ 대흥사 大興寺 [2], 영추산대흥사청련암법당이건중창기 靈鷲山大興寺靑蓮庵法堂移建重創記 [15] 경상북도 영덕군 달산면 덕산동에 있던 암자. 곧 청련사(靑蓮寺)이다. 대본산 기림사(祇林寺)의 말사였다. [참고문헌]『韓國寺刹全書』 권하 p.1087b8·p.1088b17. ⇨ 청련사 靑蓮寺 [3] [16] 경상북도 포항시 송라면 내연산(內延山)에 있는 암자. 대본산 기림사(祇林寺)의 말사였으나 현재는 보경사(寶鏡寺)의 산내암자이다. 「청하군내연산보경사금당탑기 淸河郡內延山寶鏡寺金堂塔記」(『조선사찰사료』 권상, pp.366~370)에서는 1677년(숙종3)의 보경사 중창 때 도인(道仁)이 청련암을 세웠다고 전한다. 1882년(고종19)에 화주 비구니 도신(道信)이 중수하였고, 1947년에 청신녀 심광희(沈光熙)가 화주 겸 도감으로 중창하였고, 도일(道日)이 암자를 인수하였다. [참고문헌]『朝鮮寺刹史料』, 『韓國寺刹全書』 권하 p.1088b19, 『寶鏡寺의 事蹟과 史話』(寶連閣, 1980) pp.66~67. [17] 전라남도 순천시 승주읍 죽학리 조계산(曹溪山)에 있던 암자. 선암사(仙巖寺) 동쪽 산내암자로 한국전쟁시 폐사하였다. [참고문헌]『韓國寺刹全書』 권하 p.1088a15. [18] 전라남도 장흥군 관산면 지제산(支提山)에 있던 암자. 천관사(天冠寺)의 89개 산내암자 중 하나였다. [참고문헌]『韓國寺刹全書』 권하 p.1088a19. [19] 전라남도 해남군 삼산면 구림리 두륜산(頭輪山) 대흥사(大興寺) 산내에 있던 암자. 관련 기록으로 충허(沖虛 1721~1809)가 쓴 「대둔사청련암중수상량문 大芚寺靑蓮庵重修上樑文」(『충허대사유집』 권1·한불전10, p.339a1)에 남아 있다. 대둔사(大芚寺)는 1911년에 대흥사로 개칭되기 전 이름인데, 상량문에 의하면 청련암은 강희(康熙)·옹정(雍正) 연간에 다시 지어졌고 이후에도 중창을 계속했다고 한다. [참고문헌]『沖虛大師遺集』, 『朝鮮佛敎通史』 권상 p.652. ⇨ 대흥사 大興寺 [9] [20] 전라남도 화순군 춘양면 천불산(千佛山)에 있던 암자. 대한불교조계종 송광사(松廣寺) 말사인 개천사(開天寺)의 산내암자였다. 『동국여지지』 능주현 사찰 개천사(開天寺)에 "그 동서쪽 산기슭에 또 청련과 백련 두 암자가 있다. 其東西山麓 又有靑蓮白蓮二庵"라고 전한다. [참고문헌]『東國輿地志』, 『韓國寺刹全書』 권하 p.1088a17. [21] 전라북도 고창군 아산면 삼인리 도솔산(兜率山)에 있던 암자. 선운사(禪雲寺)의 산내암자로 1666년(현종7)에 학철(學哲)이 창건하였다고 한다. [참고문헌]『韓國寺刹全書』 권하 p.1088a14欄外. [22] 전라북도 김제시 금산면 금산리 모악산(母嶽山)에 있는 암자. 대한불교조계종 금산사(金山寺)의 산내암자다. 일제강점기에는 대본산 위봉사(威鳳寺)의 말사였다. 원래는 청사굴(靑社窟)로 불렸으나, 임진왜란 이후 이름을 고쳤다고 한다. 1959년 당시 극락전과 삼성각 등이 있었으며, 1962년에 대법화보살이 중창하였다. 1974년에 법당과 칠성각을 중수하여 지금에 이른다. [참고문헌]『韓國寺刹全書』 권하 p.1088a13·p.1091a9欄外, 『金山寺誌』(亞細亞文化社, 1982) p.171. [23] 전라북도 부안군 산내면 석포리 변산(邊山)에 있는 암자. 대한불교조계종 선운사(禪雲寺) 말사 내소사(來蘇寺)의 부속 암자이다. 일제강점기에는 대본산 백양사(白羊寺)의 말사였다. 『내소사지 來蘇寺誌』에 553년(성왕31)에 초의선사(草衣禪師)가 창건하였다고 전한다. 1937년에 능파(楞坡)가 중수하였고, 1984년에 우암혜산(愚岩慧山)이 해체·복원 중수하였다. 일제 강점기에는 송진우·김성수·여운형 등이 은거지로 머물기도 하였다. 현존하는 당우로는 인법당과 삼성각이 있다. [참고문헌]『韓國寺刹全書』 권하 p.1088a11, 『寺刹誌』(전라북도, 1990) p.481. [24] 충청남도 공주시 사곡면 운암리 태화산(泰華山)에 있는 암자. 대한불교조계종 마곡사(麻谷寺)의 산내암자다. 1840년(헌종6) 「의병승장비문 義兵僧將碑文」(『조선불교통사』 권상, pp.465~468)에는 영규(靈圭 ?~1592)가 공주의 청련암에서 무예를 익히고 수도했다고 하였고, 청련암 인법당에 소장된 「청련암중수기 靑蓮庵重修記」에 의하면 1921년에 이득심(李得心) 등이 중수하였다. 현존 당우로 법당·요사 등이 있다. 유형문화재 제223호 목조관음보살좌상은 높이 73.5cm으로, 복장유물 중 발원문에 1701년(숙종27)에 조각승 마일(摩日)이 상현(尙玄)·대심(大心) 등의 제작으로 밝히고 있다. 세련된 옷 주름과 균형미가 잘 드러나는 성보다. [참고문헌]『朝鮮佛敎通史』, 『韓國寺刹全書』 권하 p.1088a9. [25] 충청북도 단양군 대강면 사인암리 도락산(道樂山)에 있는 암자. 대한불교조계종 법주사(法住寺)의 말사이다. 1373년(공민왕22) 나옹혜근(懶翁惠勤 1320~1376)의 창건으로 전한다. 1592년(선조25)에 임진왜란으로 소실되어 폐허가 되었다. 「단양군청련암중창기 丹陽郡靑蓮庵重刱記」(『조선사찰사료』 권상, pp.158~159)에는 이명(以明)이 자신의 스승인 양장로(涼長老)가 서방정토에 태어나기를 염원하여 1710년(숙종36)에 청련암을 재건하였으며 이후 1741년(영조17)에 장마로 떠내려갔고, 1746년(영조22)에 마을 사람들의 시주로 중건되었으나 다시 폐허가 되었다. 1954년의 소개령으로 인해 현재의 위치로 옮겨왔다. 현존하는 당우로는 극락보전·삼성각 등이 있다. 성보문화재인 유형문화재 제309호 목조보살좌상은 1954년에 청련암의 위치를 옮길 때 본존불로 봉안되었다. 원래 청련암에 모셔져 있던 아미타삼존불 중 대세지보살상만이 옮겨졌는데 18세기 전반 충북지역 불보살양식을 닮아 있다. [참고문헌]『朝鮮寺刹史料』, 『韓國寺刹全書』 권하 p.1088a5. ㉖ 충청북도 보은군 속리산면 사내리 속리산(俗離山)에 있던 암자. 법주사의 말사였으며, 『한국사찰사전』에는 현존하지 않는다고 하였다. [참고문헌]『法住寺本末寺法』(法住寺, 1912), 『韓國寺刹全書』 권하 p.1088a7. ㉗ 함경남도 북청군 덕성면 대덕산(大德山)에 있던 암자. 귀주사(歸州寺)의 말사였다. [참고문헌]『朝鮮佛敎通史』 권상 p.674, 『韓國寺刹全書』 권하 p.1089b1. ㉘ 황해도 개성시 천마산(天摩山)에 있던 암자. [참고문헌]『韓國寺刹全書』 권하 p.1087b10.

청련암중창기 靑蓮庵重刱記 1746년(영조22) 5월에 추월(秋月)이 충청북도 단양군 대흥사(大興寺) 남쪽에 있는 청련암 중창을 적은 글이다. 『조선사찰사료』(권상 pp.158~159)에 있다. 1710년(숙종36)에 이명(以明)이 중국 혜원(慧遠 334~416)의 백련사(白蓮社)를 본받아 스승인 양장로(涼長老)의 서방정토왕생을 기원하여 청련암을 창건하였으니 "이야말로 생각하면 서방의 연화세계다. 이에 참선하고 강경하지만 염서의 무리 수레바퀴 돌 듯하고 문득 선에 들고 세간밖의 진신인 듯 풍경 즐기는 무리 구름처럼 달밝은 뜨락으로 모이네. 是可謂念西蓮花世界也 故叅禪講經 念西之輩輻輳禪忽 物外身眞 翫景之徒雲臻月庭"라고 하였다. 세월이 지나면서 퇴락하자, 1741년(영조17)에 마을을 돌며 연화하여 중창하였다. 이 사적이 사라질 것 걱정하고, 단월과 고생한 이들의 아름다운 이름도 기록하여 후대 사람들 감동하도록 하겠다고 하였다. [참고문헌]『朝鮮寺刹史料』 권상. ⇨ 청련암 靑蓮庵㉕

청련제일 靑蓮第一 푸른 빛 연꽃이 으뜸이라는 말. 『유마경의소』 권2(대정장38, p.924c26)에 "『대지도론』에 '뭍에서 나는 것으로는 수만이 최고이고, 물에서 나는 것으로는 청련이 으뜸이다. 智度論云 陸生須曼爲最水生靑蓮第一", 『대지도론』 권9(대정장25, p.123a17)에 "뭍에서 나는 꽃으로는 수만제가 으뜸이고, 물에서 나는 꽃으로는 청련화가 으뜸이다. 陸地生華 須漫提爲第一 水中生華 靑蓮華爲第一", 같은 책 권27(대정장25, p.260a15)에 "모든 연꽃 가운데 청련화가 으뜸이다. 一切蓮華中 靑蓮華爲第一"라고 하였다. [참고문헌]『維摩經義疏』, 『大智度論』. ⇨ 연화 蓮花

청련화 靑蓮華 Ⓢ utpala, nīlotpala, Ⓟ uppala, nīla-uppala, Ⓣ brlabs-yas. ❶ 푸른 빛 꽃을 피우는 연꽃. 이종연화(二種蓮華) 또는 사화(四華) 중 하나로 음사어는 우발라화(優鉢羅華)이다. 가장 진귀하고 빼어난 꽃이라고 하며, 부처님의 눈동자에 비유한다. 『니건자소설경』 권6(대정장9, p.343a6)에 "(부처님의 三十二相 중) 서른째, 사문 구담의 눈동자 선명하여 청련의 꽃잎과 같다. 三十者 沙門瞿曇 目相鮮明 如靑蓮華葉", 『대지도론』 권9(대정장25, p.123a16)에 "여러 하늘들이 부처님 몸의 청정하고 큰 광명을 보고서 갖가지로 공양하였으니, 물과 육지에서 나는 갖가지 꽃. 그 중에서도 육지에서 나는 꽃은 수만제(須漫提)가 제일이고, 물에서 나는 꽃은 청련화가 제일인데 그것들과 나무에서 피는 꽃이나 넝쿨에서 피는 꽃 등 여러 가지 이름난 꽃들은 갖가지 기이한 색과 향기를 내는데, 각기 이런 천화(天華)를 가지고 부처님께서 머물고 계시는 곳으로 왔다. 諸天見佛身淸淨 大光明淨 持諸供具 水陸諸華 陸地生華 須漫提爲第一 水中生華 靑蓮華爲第一 若樹生華 若蔓生華 是諸名華 種種異色 種種香熏 各持天華 來詣佛所"라고 하였다. [참고문헌]『尼乾子所說經』, 『大智度論』, *Guhy-s.56.*, *Saddh-p.352·360.*, *MN.3.70.* ⇨ 니라오발라 尼羅烏鉢羅, 우발라 優鉢羅❶, 사화 四華 ❷ 부처님 명호. 『불본행집경』 권1(대정장3, p.658b20)에 "아난아, 저 범덕여래도 한 보살에게 수기하였다. '다음에 반드시 성불하리니 청련화여래다'. 아난아, 저 청련화여래도 다시 한 보살에게 수기하였다. '다음에 마땅히 성불하리니 선견여래다'. 阿難 彼梵德如來 復授一菩薩記 次當作佛 號靑蓮花如來 阿難 彼靑蓮華如來 復授一菩薩記 次當作佛 號善見如來"라고 하였다. [참고문헌]『佛本行集經』. ❸ 비구니 이름. 『찬집백연경』 권8(대정장4, p.240c8)에 "부처님께서 대중들에게 말씀하셨다. '그때 선도(仙道)를 배우던 왕자가 누구인지 알고 싶으냐? 그는 바로 나의 전신이다. 그때의 긴나라녀는 바로 지금의 청련화비구니이다. 그때 발원했던 힘으로 지금 나를 만나 출가하여 득도한 것이다'. 佛告大衆 欲知彼時王子學仙道者 則我身是 彼時緊那羅女 今靑蓮花比丘尼是 由於彼時發願力故 今得値我出家得道"라고 하였다. [참고문헌]『撰集百緣經』. ❹ Ⓟ Uppalaka niraya. 팔한지옥(八寒地獄) 중 하나로 온몸이 푸르게 부풀고 터져 이렇게 부른다. 『교적의기』 권상(대정장39, p.1027a23)에 "어떤 것이 구파라지옥인가? 청련화지옥이라 한다. 순전히 얼음으로만 만들어진 지옥이니, 피부색이 청련화와 같다. 云何漚波羅地獄 唐云靑蓮華獄 純氷所成 色如靑蓮華", 『법원주림』 권7(대정장53, p.326a19)에 "한 지옥도 여덟 가지다. … 여섯째 울파라지옥이라 하니, 이곳은 청련화지옥이다. 이 꽃잎은 매우 가는데, 살갗이 가늘게 찢어지는 것이 마치 이 꽃 뜨거운 햇볕에 피는 것과 같다. 寒地獄亦八 … 六 名鬱波羅地獄 此是青蓮華 此華葉細 由肉色細拆 似此華烈日而開"라고 하였다. 〔참고문헌〕『教跡義記』, 『法苑珠林』, *AN.5.173.* ⇨ 우발라 優鉢羅 ❸, 팔한지옥 八寒地獄

청련화니 青蓮花尼 비구니 연화색(蓮華色 Ⓟ Uppalavaṇṇā)의 다른 이름. 『유부율』 권49(대정장23, p.898c28)에 "그때 여러 필추가 모두 의심이 나서 세존께 청하였다. '무슨 인연으로 청련화니는 몸에 세 덕을 갖추고도 남자가 없지 않았고 자기 가까운 곳이 늘 잡란하였음에도, 출가하여 아라한과를 얻고 신력에 있어 제일이라고 부처님께 칭찬을 받았습니까'. 時諸苾芻 咸皆有疑 請世尊曰 以何因緣 青蓮花尼 身具三德 不乏男子 於己親處 常爲雜亂 既出家後 得阿羅漢果 於神力中 佛讚第一"라고 하였다. 〔참고문헌〕『有部律』, 『撰集百緣經』 권8(대정장4, p.240c10). ⇨ 연화색 蓮華色

청련화안 青蓮華眼 푸른 연꽃 같으신 부처님의 눈. 『능엄경』 권1(대정장19, p.107a12)에 "아난이 부처님께 아뢰었다. '세존이시여, 일체세간에 열 가지 이생이 다 함께 식심을 몸 안에 두고 있으며, 여래의 청련화와 같은 눈을 보더라도 부처님 얼굴에 있고, 저의 이 부근인 이비설신이라는 네 티끌 보더라도 제 얼굴에 있지만, 이와 같이 알아채는 마음은 참으로 몸 안에 있습니다'. 阿難白佛言 世尊 一切世間 十種異生 同將識心 居在身內 縱觀如來 青蓮花眼 亦在佛面 我今觀此浮根四塵 秖在我面 如是識心 實居身內"라고 하였다. 〔참고문헌〕『楞嚴經』. ⇨ 청련화 青蓮華 ❶, 칠처징심 七處徵心

청련화제근녀 青蓮華除饉女 연화색(蓮華色 Ⓟ Uppalavaṇṇā)의 다른 이름. 제근녀는 비구니의 한역이다. 『육도집경』 권5(대정장3, p.29b21)에 "남동생은 지금의 추로자고, 여동생은 지금의 청련화제근녀다. 男弟者 鶖鷺子是也 女妹者 青蓮華除饉女是也"라고 하였다. 〔참고문헌〕『六度集經』. ⇨ 연화색 蓮華色

청련화형 青蓮花形 푸른 연꽃 위의 문수보살. 『삼국유사』 권3(대정장49, p.998b19·한불전6, p.334a4) 탑상(塔像)4 대산오만진신(臺山五萬眞身)에 신라 성덕왕 때 보천태자(寶川太子)와 효명태자(孝明太子)가 오대산(五臺山)에 입산하여 각각 청련(青蓮)이 핀 곳에 암자를 짓고 부지런히 정업을 닦을 때 현신한 문수보살의 모습을 말한다. "매일 새벽에 문수대성이 진여원(지금의 오대산 상원사)에 이르러 삼십육종의 모습으로 변화해 나투셨다. … 어느 때는 푸른 연꽃 위에 있는 모습이었다"고 하였다. 每日寅朝 文殊大聖到眞如院今上院 變現三十六種形 … 或青蓮花形"고 하였다. 〔참고문헌〕『三國遺事』. ⇨ 삼십육종형 三十六種形

청료 淸了 ➡ 진헐청료 眞歇淸了

청룡 青龍 푸른 용. 하늘 나르듯 하는 명마(名馬)라는 뜻도 있다. 『벽암록』 20칙 「본칙 本則」(대정장48, p.160a20)에 "용아가 취미에게 물었다. '무엇이 조사께서 서쪽에서 오신 뜻입니까?' 취미화상이 말했다. '나에게 선판을 가져오라'. 용아선사가 선판을 취미화상에게 건넸다〈비록 그렇다고 해도 틀어쥐지 않았다. 청룡을 태워주어도 몰 줄 모른다. 안타깝다. 마주보고도 알아차리지 못한다〉. 龍牙問翠微 如何是祖師西來意 微云 與我過禪板來 牙過禪板與翠微〈也是把不住 駕與青龍不解騎 可惜許 當面不承當〉"라고 하였다. 〔참고문헌〕『碧巖錄』.

청룡사 青龍寺 ❶ 서울특별시 종로구 숭인동 삼각산(三角山)에 있는 절. 대한불교조계종 조계사(曹溪寺)의 말사이다. 창건 이래 비구니스님만이 주석한 유일한 절로, 몇 차례 중창을 거쳤고 절 이름은 처음에는 정업원이었지만 청룡사로 바뀌었다가 다시 정업원으로 바뀌었다. 한양도성 주변 사대비구니승방 중 하나로, '새절승방'이라고도 불리고, 단종과 단종비의 애사(哀史)로 인해 '영리정(永離亭)절'이라고도 불렀다. 1900년대에 왕실과의 인연이 소원해진 이후로는 비구니 묘성(妙惺) → 묘담(妙湛) → 수인(守仁) → 상근(祥根) → 윤호(輪浩)로 이어졌으니, 금강산 법기암(法起庵)을 근거로 승계된 법기문중(法起門中) 비구니들의 여법한 승가를 회복하여 오늘에 이르고 있다. 〔연혁〕 이색(李穡 1328~1396)이 지은 「서천제납박타존자부도명병서 西天提納薄陁尊者浮圖銘幷序」(『동문선』 권119)에는 "나옹 제자 모가 '나의 스승도 또한 일찍이 스승의 스승을 섬겨왔으니, 스승이란 우리의 조상입니다'라고 하면서, 스승이면서 제자인 정업원 주지 묘장 비구니와 함께 연석을 구해서 장차 회암의 언덕에 이 비를 세우고자 한다. 懶翁弟子某曰 吾師亦嘗師師 師吾祖也 與師之弟子淨業院住持妙藏比丘尼 買燕石 將樹之檜巖之崖"라고 하였고, 『태종실록』 권15 8년(1408) 2월 3일에는 "혜화궁주이씨의 상에 부의를 내렸다. 궁주는 고려 시중 제현의 딸이다. 공민왕이 아들이 없자 후궁으로 들여 혜비(?~1408)에 봉하였다. 뒤에 비구니가 되었는데 (입적)당시 정업원 주지였다. … 소도군(태조 제8자 이방석)의 처 심씨가 이어서 정업원 주지가 되었다. 賜賻惠和宮主李氏之喪 宮主高麗侍中齊賢之女 恭愍王無子 選入後宮 封惠妃 後爲尼 時住淨業院 … 以昭悼君妻沈氏 代爲淨業院住持"라고 하였다. 또한 『세종실록』 권16 4년(1422) 6월 21일에는 "(태종 후궁)신녕궁주신씨가 태상을 위하여 금자로 『법화경』을 사경하려 한다. … 또 정순스님을 불러 청룡사에서 그 일을 맡게 하였다. 愼寧宮主辛氏爲太上欲金寫法華經 … 又召僧正恂于靑龍寺 掌其事"라고 하였고, 『광해군일기』 권40 광해 9년(1617) 7월 15일에는 "청룡사는 조종조의 내원당이다. 靑龍寺乃祖宗朝內願堂"라고 하였다. 『조선왕조실록』을 비롯하여 1972년에 사중(寺中)에서 간행한 『청룡사지』와 탄허택성(呑虛宅成)이 지은 「청룡사중창사적비기」, 그 밖의 자료에도 관련 기록이 제법 전한다. 이를 중심으로 주요 연혁을 정리하면 〈표1〉과 같다. 청룡사는 단종비 정순왕후송씨와 특별히 인연이 깊다. 『영조실록』 권117 47년(1771) 8월 28일에는 "정업원은 흥인문 밖 산골짜기에 있는데, … 단종대왕의 왕후 송씨가 자리를 버린 뒤에 머물던 옛 터다. 院在興仁門外山谷中 … 端宗大王王后宋氏遜位後 所住舊基也"라고 하였고, 같은 책 9월 6일에는 "때에 광묘(세조)는 정순왕후를 위해 서울 안에 거처를 마련하고자 하였지만, 왕후가 동문 밖의 동쪽 땅(영월 청령포)이 보이는 곳에 머물고자 하였기에, … 곧 정업원 터이다. 사형은 윤씨로 법명은 혜은이다. … '사당 3칸, 숙설청 2칸'이라는 글이 있으므로, 왕후가 친히 이곳에서 단종의 제사를 지낸 것은 분명하다. … 정업원 주지 노산군부인이라고 일컬었다. 其時光廟憐定順王后孤孑無依 欲賜第於京中 后願得東門外望東地居之 … 卽淨業院基址而師兄尹氏名惠誾 … 有祠堂三間熟設廳二間之文 聖后之親行端廟祭祀於此處明矣 … 稱淨業院住持魯山君夫人"라고 하였다. 1456년(세조2) 이후 정순왕후는 청룡사에서 허경(虛鏡)이란 법명으로 82세까지 무려 65년 동안 주석하였는데, 옷감에 자줏물을 들여서 내다 팔아 연명하기까지 하였기에, 물들인 옷감을 널어 말린 바위는 '자주바위', 바위 아래 우물은 '자지동천(紫芝洞泉)', 그 마을은 '자주동'이라고 불렸고, 한양 아낙네들은 왕후를 도우려 일부러 자주끝동을 달아 입었다고 전한다. 그 뒤 영조는 1771년 8월 28일에 왕후가 머물렀던 옛터에 전각과 함께 비석을 세우도록 명하고, '정업원구기' 다섯 자를 친히 썼으며, 9월 6일에는 거둥하여 비각을 살피고 사배례(四拜禮)를 행한 다음, 정순왕후가 늘 올라 영월 쪽을 바라보았던, 정업원과 마주한 봉우리 바위에 직접 쓴 '동망봉 東望峰' 세 글자도 새기도록 하였다. 1961년~1970년 10년간에는 비구니 대강백인 법계명성(法界明星)이 동국대학교 외전학습을 위해 상경해 있는 동안 주석하면서 비구니를 위한 강설도량으로서의 역할도 하였다. 현존 당우로는 대웅전·명부전·심검당·산령각·우화루·정업원구기 비각이 있다. 1868년(고종5)에 대웅전을 중수하면서 후불영산회상도를 비롯하여 지장시왕도·칠성도·현왕도·신중도 등을 조성하여 봉안하였는데, 후불영산회상도는 옥석으로 조성한 아담한 석삼불상에 맞춘 듯 특별히 가로를 넓게 하여 눈에 띈다. 1954년에 원래 3칸이었던 대웅전을 9칸으로 늘렸고, 1959년 시왕상의 이안과 맞물려 시왕전을 증축하였으며, 1960년 심검당과 우화루 중수는 청신사 서병석의 시주로 성취하였다. 특히 우화루는 단종과 정순왕후가 이별한 곳이어서 영리정(永離亭)으로도 불리며, 원래 1층을 통해서 경내로 들어와야 하나 지금은 따로

〈표1〉 청룡사 연혁 및 불사 현황

연도	사적·내역
922(태조 5)	·도선국사(道詵國師) 유언, 왕명 창건, 풍수지리상 한양 외청룡, 청룡사라 부름, 혜원(慧圓) 주석
1036(정종 2)	·1차 중창 만선(萬善)
1158(의종12)	·2차 중창 회정(懷正)
1299(충렬왕 25)	·3차 중창 지환(知幻)
1398(태조 7) 이후 1407(태종 7) 사이	·태조비 신덕왕후(神德王后) 딸 경순공주(慶順公主 ?~1407) 주석 (*이하 법명은 모두 비구니)
1405(태종 5)	·4차 중창 무학왕사(無學王師)
1408(태종 8) 전후	·공민왕 후궁 혜비 주지, 태조 아들 이방석 처 심씨 주지
1422(세종 4)	·태종 후궁 신녕궁주신씨 『법화경』 사경, 청룡사 정순 주관
1447(세종29)	·6월 주석 인원 보충 없는 점진적 혁파
1457(세조 3)	·9월 비구니 주석처로 복치
단종 홍거(1457) 후	·윤혜은 중수, 비구니 허경(虛鏡)이 된 단종비 정순왕후 주석
1459(세조 5)	·5월 경상도 공포 비용으로 중창
1460, 1461, 1463(세조9)	·국왕과 왕비 거둥
1482(성종13) 이전	·세종 아들 수춘군(壽春君) 이현(李玹) 처 주지, 봉안 예정인 인수대비(仁粹大妃) 조성 불상을 유생 이벽(李鼊)이 태움
연산군(1495~1506)	·퇴락
1506(중종 1)	·사가독서(賜暇讀書) 장소로 지정
1512(중종 7)	·5차 중창 법공(法空) 법당·승당·명부전·산신각·우화루 등 복구
1522(중종17)	·연산군 후궁 곽씨(郭氏) 주지
1524(중종19)	·안일원(安逸院)으로 바꿔 부름
1546(명종 1)	·선왕 후궁 처소인 인수궁(仁壽宮)에 소속, 수리
1549(명종 4)	·인수궁·자수궁(慈壽宮)의 후궁이 병을 앓을 경우 옮겨 살게 하는 곳으로 지정
1624(인조 2)	·6차 중창 자수원(慈壽院) 예순(禮順) 중창
1771(영조47)	·7차 중창 어필 '정업원구기(淨業院舊基)' 하사 및 정업원 사액
1814(순조14)	·8차 중창 1813 소실, 묘담(妙湛)·수인(守仁) 대웅전·요사 건립
1823(순조23)	·순원왕후(純元王后)의 쾌유 기원, 청룡사 사액
1868(고종 5)	·11월 5일 정기(正基)·영성(永成) 대웅전 중수, 대웅전후불영산회상도 및 불화 5점 조성
1902(광무 6)	·정기·창수(昌洙)가 창수회갑기념 중수
1918	·상근(祥根) 요사채 건립
1932	·9차 중창 상근 회갑 기념으로 당우 중수
1954~1960	·10차 중창 윤호(輪浩) 주지 6.25전쟁 피해 복구·1954 대웅전 6칸 증축·1957 시왕전 6칸 중창 대구 보현사 지장시왕상 22위 옮겨 봉안 ·1958 명부전·산령각·요사·객실 중창 ·1959 시왕전 불화 조성 ·1960 심검당 22칸과 우화루 21칸 중수 ·비구니 전문강원 개설
1988 이후	·11차 중창 진우(眞愚) 주지 ·1988 유치원 건립·1996 대웅전·심검당 중수 ·2000 묘각당윤호대선사 사리탑 건립 ·2003 약사불상 조성·2009 우화루 중수 ·그 밖에 인제 을지부대 군법당 신설

출입문을 두었다. 우화루 2층과 심검당 사이로 낸 대문 형식의 일주문 위에는 홍살문을 장엄해 왕실과 관련한 격식을 갖추어야 하는 신성한 곳임을 표시하였다. 경내의 뒤 언덕에는 2003년에 봉안한 약사불좌상과 2000년에 조성한 법기문중의 큰 어른이셨던 묘각당윤호대선사사리탑이 자리하고 있다. [성보문화재] 성보와 문화재 현황은 〈표2〉와 같다. 석조지장보살삼존상및시왕상일괄 22위는 지장보살삼존상 좌우에 시왕 10위, 귀왕 2위, 판관 2위, 사자 2위, 동자 1위, 장군 2위 등 스물 두 위의 존상을 모신 것인데, 동자상과 장군상은 1959년에 화사 김일섭(金日燮)스님에게 청하여 새로 모셨다고 전한다. 처음에는 경산 동학산(動鶴山) 용밀사(龍密寺)에 봉안되었으나 일제강점기에 대구 보현사로 옮겨 모셔졌고, 그 뒤 1957년에 청룡사에서 가장 오래된 당우인 명부전으로 이안(移安)되었다. 지금은 윤호스님을 이은 상좌 진우가 전통을 잇고 있다. [참고문헌]『東文選』, 『太宗實錄』, 『世宗實錄』, 『光海君日記』, 『英祖實錄』, 『青龍寺志』(『청룡사-青龍寺의 歷史와 文化』, (사)한국미술사연구소, 2010), 『韓國寺刹全書』 권하. ⇨정업원 淨業院, 왕실여인출가 王室女人出家, 윤호 輪浩 ❷서울특별시 도봉구 도봉동 도봉산(道峯山)에 있던 절. 『동국여지승람』 권11 경기 양주목 불우에 이름과 위치가 기록되어 있고, 『범우고』에 "지금은 폐사하였다. 今廢"라고 하였다. [참고문헌]『東國輿地勝覽』, 『梵宇攷』, 『韓國寺刹全書』 권하 p.1089b12. ❸강원도 평강군 청룡산(青龍山)에 있던 절. 곧 은적사(隱寂寺)이다. 『유산기』에 김수증(金壽增 1624~1701)의 「청룡산청룡사기 青龍山青龍寺記」가 실려 있다. [참고문헌]『遊山記』, 『韓國寺刹全書』 권하 p.1090a5. ❹경기도 안성시 서운면 청룡리 서운산(瑞雲山)에 있는 절. 대한불교조계종 용주사(龍珠寺)의 말사다. 1720년(숙종46)에 안정나준(安定羅浚)이 짓고 황하민(黃夏民)이 썼으며 김진상(金鎭商)이 전액(篆額)을 쓴 「조선국경기도안성서운산청룡사중수사적비명 병서 朝鮮國京畿道安城瑞雲山青龍寺重修事蹟碑銘幷序」에는 지정년간(1341~1367)에 보제존자(普濟尊者) 나옹(懶翁 1320~1376)이 서운산 청룡사로 창건하여 지장전·만세루·향응각·극락당과 사대각(四大閣)인 은적각(隱寂閣)·은신각(隱神閣)·청련각(青蓮閣)·내원각(內院閣) 등을 건립하였다고 하였으나 이면에서는 원 세조(世祖) 지원년간(1264~1293)에 대장암(大藏庵)이라는 작은 암자로 창건되었다고 하였다. 이후 1372년에는 『능엄경 楞嚴經』을 인출하였고, 조선 세조는 수원의 토지와 한양 내 용흥사(龍興寺)·진관사(津寬寺)의 기물을 청룡사에 보내도록 하였으며, 인조의 삼남인 인평대군(麟坪大君 1620~1658)의 원당이 되기도 하였다. 1601년·1633년에 대웅전을 중수하였고, 1658년에 괘불, 1669년에 시왕상, 1674년에 동종, 1682년에 감로탱화 등을 조성하였다. 1872년에는 봉향각을 중건, 1863~1874년에 관음전과 명부전을,

〈표2〉 청룡사 성보 및 문화재 현황 **보물 ***유형문화재

지정종목	명칭	조성연대	규격·내용·인연대중
탱화	괘불도	1806 (순조 6)	·화원 민관(旻官)·영탄(永坦)·보연(普演)·의정(義定), 도봉산 원통사(圓通寺)에 왕실 발원으로 조성, 청룡사에 이안, 18세기 최고 괘불도에 버금가는 불화
	후불영산회도	1868	·세로 100cm·가로 163cm, 대웅전, 화승 창엽(瑲燁) 조성, 최소 존상만 배치, 다홍색 주조색, 흰색 옷깃, 녹색 광배, 금색 신광 등 독특한 색감
	감로도***	1898 (고종35)	·세로 183cm·가로 214cm, 대웅전, 당시 서울 경기 지역 감로도의 전형, 증명 경선응석, 화승 종운(宗運) 조성
	가사도***	1902 (광무 6)	·세로 115cm·가로 239cm, 대웅전, 125위 존상, 수가사(繡袈裟), 황실 안녕 및 장수 기원의 황실 발원, 금어 한봉응작(漢峰應作), 명응윤감(明應允鑑)·계사봉법(啓思奉法)·보산복주(寶山福住)·금운정기(錦雲正基)·예운상규(禮雲尙奎)·재겸(在謙) 등 조성, 양주 수락산 학림암(鶴林庵) 봉안 후 청룡사 심검당 옮겨 봉안
	관음탱	1960	·세로 224cm·가로 260cm, 심검당
	지장시왕도***	1868 (고종 5)	·세로 100cm·가로 185cm, 대웅전, 비구니 정기(正基) 발원, 1867년 경선응석(慶船應釋) 조성의 보문사(普門寺) 지장시왕도 초본 이용, 증명 월조(月照), 송주(誦呪) 보관(普寬), 금어 응륜(應崙) 조성
	지장탱	1959	·세로 170cm·가로 253cm, 명부전
	현왕도***	1868	·세로 118cm·가로 92cm, 대웅전, 인물 크고 적색 뚜렷, 증명 월조, 송주 보관, 금어 승의, 윤감(允鑑)응륜 등 조성
	신중도***	1868	·세로 160cm·가로 188cm, 대웅전, 서민 염원 적은 묵서가 복장낭(腹藏囊)에서 발견, 증명 월조, 송주 보관, 금어 금곡당영환(金谷堂永煥), 응륜·윤감·응훈(應訓) 등 조성
	칠성도***	1868	·세로 127cm·가로 155cm, 산령각, 백우거(白牛車) 탄 치성광여래 묘사, 증명 월조, 송주 보관, 금어 응륜, 창엽(瑲燁)·승의(勝宜) 등 조성
	십대왕탱	1959	·세로 167cm·가로 106cm, 10폭, 명부전
	사자탱	1959	·세로 167cm·가로 106cm, 2폭, 명부전
	독성탱	1891 (고종28)	·세로 106cm·가로 78cm, 산령각
	산신탱	1902	·세로 102cm·가로 139cm, 산령각
불상	석삼불상***	1902	·소조, 대웅전, 높이 35.5~37cm, 천불상의 일부, 1위(位) 개금 및 2위 도분(塗粉), 화주 비구니 성기(性基), 금어 한봉창엽(漢峰倉曄), 철원 심원사(深源寺)에서 옮겨 대웅전 봉안
	석조지장보살삼존상및시왕상일괄 22위**	1660 (현종 1)	·석조지장보살좌상 높이 97cm, 석조좌우보처보살상 높이 107.5cm, 명부전, 상화원(上畫員) 증명 단허(丹虛), 상화원(上畵員) 승일(勝一) 등 조성, 동학산 용밀사에 조성 뒤 대구 보현사로, 1957년 청룡사로 옮겨 봉안
왕실관련유적	정업원구기비와 편액***	1771 (영조47)	·어필 '정업원구기(淨業院舊基)'비와 '전봉후암어천만년(前峯後巖於千萬年)' 편액, 전면·측면 1칸 비각

1997년에 산신각을 건립하였다. 현존 당우로는 대웅전·봉향각·관음전·범종각·지봉각·명부전·산신각·요사 등이 있다. 〔성보문화재〕 동종·대웅전·영산회괘불탱·감로탱·청룡사소조석가여래삼존상 등은 모두 보물로 지정되었고, 사적비와 금동관음보살좌상은 경기도유형문화재다. 〔참고문헌〕『東國輿地勝覽』, 『梵宇攷』, 『大東輿地圖』, 『朝鮮金石總覽』 권하 pp.1091~1093, 『韓國寺刹全書』 권하 p.1089b14, 『京畿金石大觀』(경기도, 1982) pp.188~190, 『안성청룡사대웅전』(문화재청, 2013). ⇨ 대장암 大藏庵[2] **5** 경상남도 산청군 북동면 수월리에 있던 절. 『사탑고적고』에 "단성읍 북방 약 1리에 있었으나 지금은 논이 되었다. 丹城邑北方 凡一里 今變爲畓"라고 하였다. 〔참고문헌〕『寺塔古蹟考』, 『韓國寺刹全書』 권하 p.1090a3. **6** 경상북도 상주시 중동면 오상리 비봉산(飛鳳山)에 있는 절. 1674년(현종14) 창건으로 전한다. 중창 관련한 문건이 도남서원(道南書院)에 있다고 전하나 확인되지 않는다. 현존당우로는 극락전·약사전·삼성각·요사 등이 있다. 송근수(宋近洙 1818~1903)의 『입재집』 김사긍에게 답하는 서(書) 「답김사긍 答金士兢」에 "윤우는 근래에 청룡사에서 생활한다고 들은 듯하다. 胤友似聞近棲龍寺"라고 하였다. 또한 같은 책 이대언에게 주는 서(書) 「여이대언 與李大彦」에서 "지난 가을 도남서원의 강회에 그대도 참석을 하였는가. 자호 등이 상룡사(청룡사)에서 심경 일부를 강론한다고 하여 금년 본에 이곳에서 다시 만나기로 약속하였네. 前秋道院講會 足下亦往參否 子皜輩因上龍寺 講心經一部 約以今春會於此中"라고 하였다. 〔참고문헌〕『立齋集』권12(韓國文集叢刊253, p.219b1)·권18(韓國文集叢刊253, p.303a8). **7** 경상북도 예천군 용문면 선리에 있는 절. 대한불교조계종 직지사(直指寺)의 말사이다. 676년(문무왕16) 의상(義湘)이 부석사의 허한 곳을 보충하기 위해 한천사(寒天寺)와 함께 세웠다 하고, 호수에서 청룡이 하늘로 오르는 것을 보고 우물을 메워 창건하였다는 설화가 전한다. 이후의 연혁은 1935년 청신사 김준팔(金俊八)이 법당과 요사를 짓고, 석조여래좌상과 석조비로자나불좌상을 봉안하면서 사격을 이었다. 1970년과 1978년 두 차례 법당을 증축하였다. 현존당우로는 대적광전·요사 등이 있으며, 성보문화재로는 보물 제424호 석조여래좌상과 제435호 석조비로자나불좌상이 있다. 〔참고문헌〕『내고장전통가꾸기』(예천군, 1981) pp.132~134. **8** 전라북도 군산시 대야면 죽산리 건장산에 있는 절. ⇨ 보탑정사 寶塔精舍 **9** 전라북도 김제시 금산면 모악산(母岳山)에 있는 절. 1079년(문종33)에 금산사(金山寺)의 주지 혜덕왕사(慧德王師)가 금산사 중창 시 모악산 내 설치한 40여개의 암자 중 하나였다. 정유재란시 소실되었다가 1956년 임씨 대법화가 2칸 토굴을 만들어 용천대라고 불렀고, 1963년 월정이 3칸 토굴과 요사를 건립하고 용천암으로 개명하였으며, 1974년 진입로와 관음전을 복원하였다. 1975년 비로자나불과 관세음대세지 삼존상을 봉안하였다. 1983년에 청룡사로 개명하면서 선방과 요사를 건립하였고, 1998년에 전통사찰로 지정되었다. 보물 제1833호인 목조관음보살좌상은 6·25전쟁 당시 소실할 것을 피하여 완주 봉서사(鳳棲寺)에서 진묵이 모셔온 것이다. 현존당우로는 관음전·요사 등이 있다. 〔참고문헌〕『우리고장 역사문화의 전통』(김제문화원, 2004), 『文化遺蹟分布地圖』(圓光大學校馬韓·百濟文化研究所, 2007). **10** 충청남도 부여군 규암면 진변리 부산(浮山)에 있는 절. 부근 암벽에 "여름에는 청룡사에 머물고, 가을에는 백마강을 노닐다. 夏留青龍寺 秋遊白馬江"라고 새겨져 있다. 옛 절은 폐사되었고, 1958년과 1968년에 각각 출토된 금동여래입상 2점은 통일신라 때 작품으로 추정한다. 1958년 출토 불상은 국립부여박물관에 있다. 이후 1987년 문행석이 중창하여 지금에 이른다. 현존당우로는 대웅전·요사 등이 있다. 〔참고문헌〕『文化遺蹟總覽』(忠淸南道, 1990) pp.401~402. **11** 충청남도 예산군 신암면 중경리에 있던 절. 신암변전소 신축공사로 유적이 대부분 훼손되었고 남동쪽 울타리 밖에 이 절의 우물지만 남아 있다. 〔참고문헌〕『文化遺蹟總覽』(忠淸南道, 1990) pp.596~597, 『文化遺蹟分布地圖』(忠淸南道, 2001). **12** 충청북도 청주시 가덕면 청룡리에 있던 절. 부락 전체가 이 절의 땅이었다고 전한다. 사지(寺址)에는 2층 방탑(方塔) 1기가 파손된 채 남아 있다. 〔참고문헌〕『韓國寺刹全書』 권하 p.1089b20. **13** 충청북도 청주시 흥덕구 구룡산(九龍山)에 있는 절. 767년(혜공왕3)에 대가람이 있었다고 전한다. 1975년에 건립한 「청신녀박문수행공덕비 淸信女朴文殊行功德碑」에 현재의 청룡사는 1925년 박문수(朴文殊)가 토굴 3칸으로 시작한 이후 청룡암(青龍庵)이라 이름하였고, 1967년 법당을 지었다. 1968년에는 산신각을, 1982년에 미륵불상을, 1995년에 삼성각을 지었다. 천불전은 2004년 9월에 마무리되었다. 현존당우로는 대웅전·삼성각·삼신각·요사 등이 있다. 〔참고문헌〕『청주의 문화재』(청주시, 1999). **14** 충청북도 충주시 소태면 오량리 청계산(淸溪山)에 있는 절. 고려시대 한 도승(道僧)에 의한 창건설이 전한다. 「충주청룡사보각국사환암정혜원융탑비 忠州青龍寺普覺國師幻庵定慧圓融塔碑」에 태조가 즉위한지 3년째인 1393년에 환암혼수(幻庵混修 1320~1392)의 입적을 슬퍼하며 권근(權近 1352~1409)에게 비문을 작성하도록 명하였으며, 아울러 절을 중건하도록 하였다. 『예성춘추』에도 고려말 한 암자가 있어 보조국사가 은거하였고 태조가 보각국사를 위해 백여 년에 걸쳐 절을 지었다고도 한다. 『선림실훈 禪林實訓』의 권미(卷尾)에 "선광 8년(1378·우왕4) 무오 2

월, 연회암에서 쓰고고 청룡선사에 판을 남겼다. 宣光八年戊午二月 書于宴晦庵 留板忠州青龍禪寺"라고 하였으며, 『동문선』 이색의 「발호법론 跋護法論」에 1379년(우왕5)에 『호법론 護法論』을 중간한 기록, 『산기문고』의 권미에 1381년(우왕7)에 『선종영가집 禪宗永嘉集』을 간행한 기록 등이 남아 있다. 조선시대에도 사세를 이어 1612년(광해군4) 6월에 『천지명양수륙제의찬요 天地冥陽水陸齋儀纂要』, 1614년(광해군6)에 『묘법연화경 妙法蓮華經』 등을 개판하였다. 1665년(현종6)에 중수하였다. 19세기 말에 당시 판서 민대룡(閔大龍)이 소실의 묘를 쓰기 위해 절에 불을 지르도록 하여 폐사시켰다고 전하며, 1870년제 작성한 『충주읍지』에 "지금은 폐사하였다. 今廢"라고 하였다. 1921년 혜종(惠宗)이 옛 터에서 200m 떨어진 곳에 전각을 새로 청룡사를 지은 후 1959년 중수하였고, 1996년 주지 현우가 대지 640평에 59평의 요사를 건립하여 지금에 이른다. 현존하는 당우로는 약사전·삼성각·요사 등이 있다. 성보문화재로는 국보 제197호 청룡사지 보각국사탑·보물 제656호 청룡사지 보각국사탑 앞 사자석등, 제658호 보각국사탑비가 있다. 유형문화재 제242호 청룡사위전비는 1692년(숙종18)에 통정대부(通政大夫) 숭휘(崇徽)가 신도들의 시주 및 품목 등을 새겨 제작하였다. 문화재자료로는 제54호 청룡사지 석종형승탑이 지정되어 있다. 〔참고문헌〕『藥城春秋』, 『東文選』, 『山氣文庫』, 『韓國寺刹全書』 권하 p.1089b17, 李智冠『校勘譯註歷代高僧碑文』 朝鮮篇1 pp.30~63, 『忠州青龍寺址 發掘調査報告書』(忠州産業大學校博物館, 1996). ⇨ 혼수 混修 **15** 평안남도 대동군 시족면 청운리 청운산(青雲山)에 있던 절. 『사탑고적고』에 "남쪽에 돌담 일부가 남아 있고, 와편이 산재하고 있다. 南石垣一部 瓦片散在"라고 하였다. 〔참고문헌〕『寺塔古蹟考』, 『韓國寺刹全書』 권하 p.1090a11. **16** 평안남도 안주군 대니면 문남리 오도산(悟道山)에 있던 절. 『동국여지승람』 권52 평안도 안주목 불우와 『여지도서』에 이름과 위치가 전하고, 『범우고』에 "지금은 폐사하였다. 今廢"라고 하였다. 〔참고문헌〕『東國輿地勝覽』, 『輿地圖書』, 『梵宇攷』, 『韓國寺刹全書』 권하 p.1090a13. **17** 평안남도 평원군 동송면 청룡리 오도산(悟道山)에 있던 절. 대본산 법흥사(法興寺)의 말사였다. 『동국여지승람』 권52 평안도 숙천도호부 불우와 『여지도서』 및 『범우고』에 이름과 위치가 전한다. 〔참고문헌〕『東國輿地勝覽』, 『輿地圖書』, 『梵宇攷』, 『韓國寺刹全書』 권하 p.1090a15. **18** 평안북도 가산군 청룡산(青龍山 : 봉미산)에 있던 절. 『동국여지승람』 권52 평안도 가산군 불우와 『범우고』에 이름과 위치가 전한다. 법종(法宗 1670~1733)의 『허정집』 권하 「봉미산청룡사기 鳳尾山青龍寺記」에 "가평군 동쪽 십리에 산이 있는데, 날개를 펴고 날아오르듯 하여 봉미라 이름하였다. … 이 절은 신라시대 도선공이 비보로 초창하였고, 용의 뿔과 같은 바위가 절 동쪽 기슭에 있는 까닭에 절의 이름을 청룡이라고 하였다. 嘉平郡之東十里有山 若翔翥者 曰鳳尾其號也 … 寺乃羅代道詵公之初刱裨補 而有石若龍角者 在寺之東麓故 仍以青龍名其寺"라고 하였다. 1592년(선조25)에 임진왜란으로 황무지가 되었다가 누군가 다시 일으켰으나 1709년(숙종35)에 화재로 훼손되었다. 이에 시승(詩僧)인 충연(沖衍)과 대계(大戒)가 모금하여 불사를 시작해 1713년(숙종39)에 마무리 하였다. "이에 대웅을 모신 아전과 동서의 상실, 좌우의 앙려가 각기 제자리를 찾아 웅장하고 아름다우며 크고 빛났다. 於是大雄之鵝殿 東西之上室 左右之鴦廬 各得其宜 壯麗宏曠"라고 하였다. 〔참고문헌〕『東國輿地勝覽』, 『梵宇攷』, 『虛靜集』, 『韓國寺刹全書』 권하 p.1090a9. ⇨ 봉미산청룡사기 鳳尾山青龍寺記 **19** 함경남도 삼수군 을암산(乙岩山)에 있던 절. 『범우고』에 이름과 위치가 기록되어 있다. 〔참고문헌〕『梵宇攷』, 『韓國寺刹全書』 권하 p.1090a6. **20** 함경북도 회령군 타락산(駝駱山)에 있던 절. 『동국여지승람』 권50 함경도 부령도호부 불우에 이름과 위치가 기록되어 있고, 『범우고』에 "지금은 폐사하였다. 今廢"라고 하였다. 〔참고문헌〕『東國輿地勝覽』, 『梵宇攷』, 『韓國寺刹全書』 권하 p.1090a7. **21** 중국 장안(長安 : 陝西省 西安) 서남부에 있던 절. 수문제(隋文帝)가 성안의 묘를 교외로 옮기고 절을 지어 영감사(靈感寺)라 하였는데, 당 무덕 4년(621) 폐사되었고, 용삭 2년(662) 관음사(觀音寺)라고 하였으며, 신룡 2년(706) 청룡사라 하였다. 당대 불공(不空)의 제자 혜과(惠果)를 비롯하여 의조(義操)·법전(法全)·도세(道世)·법랑(法朗) 등이 이 절에 머물며 저술·주송(呪誦)·수선(修禪) 등으로 밀교의 가르침을 선양함으로써 밀종(密宗)의 근본도량이 되었다. 『인왕경소법형초』 권1(卍속장41, p.92b18)에 "청룡사는 장안성 동남쪽에 있다. 청룡사지(青龍寺記)에서 이렇게 말한다. 옛날 수대, 장안에 창건하였다. 장안성의 남쪽은 본래 전쟁터로 뼈를 이곳에 모았는데, 임금이 '이곳은 국가의 청룡의 머리에 해당하거늘, 분묘가 많으니, 자손이나 친척이 있는 이는 이장(移葬)하도록 하고, 그 중에서 친척이 없는 이는 관(官)에서 이장하되, 성의 동남쪽 7리쯤에 무덤을 파서 묻도록 하라'고 하였다. 그 후 귀신의 울음소리가 들렸다. 유사(有司)가 이 일을 임금에게 말씀드리니, 칙령으로 뼈를 묻은 곳에 절을 지어 영감사라고 하도록 하였다. 후에 당태종 때에 이르러, 태종의 딸 성양공주가 병이 들어 소주(蘇州)의 법랑(法朗)을 초청하여 관음신주(觀音神呪)를 지념(持念)하고 병이 나았다. 이에 공주는 태종에게 간청하여 폐사된 영감사터에 절을 지어서 성은(聖恩)에 보답하였다. … 신룡 2년 이름을 바꾸어 청룡사라고 하였다. 青龍寺 在長安城東南隅也 青龍寺記

云 昔隋朝時 創置長安 以於城南 本是戰場 聚骨於此 帝曰 以此處是國家青龍之首 多諸墳墓 有子孫親戚者 令移葬之 其中無親戚者 官與移之 去城東南約七里餘 穿坑埋之 後有鬼哭之聲 有司聞奏 有勅令 於埋骨之處 與置其寺號靈感焉 後至唐太宗 皇帝女 城陽公主 有疾 請蘇州僧法朗 持念觀音神呪 而獲疾愈 公主上請 所廢靈感寺地 可以置寺 以答聖恩 … 於神龍二年 改爲青龍寺焉"라고 하였다. [참고문헌]『仁王經疏法衡鈔』, 『大唐青龍寺三朝供奉大德行狀』(대정장50, p.295b24). ⇨ 불공 不空

청룡사감로탱 青龍寺甘露幀 경기도 안성 청룡사 대웅전의 하단(下壇) 탱화. 1692년. 보물 제1302호. 세로 204cm · 가로 236.5cm. 삼베바탕에 채색. 화면 위의 중앙에는 아미타삼존을 모시고 그 위로 인로왕보살과 석가모니불 · 관세음보살 · 지장보살 · 아난존자 · 칠여래가 내영하고 있다. 중간의 시식단(施食壇)에는 재를 집전하는 법주(法主)와 한 쌍의 아귀(餓鬼) 등이 있고, 아랫쪽 면에는 소청(所請)하는 이들과 그들의 극적인 죽음이 묘사되어 있는데, 특히 연희(演戲)하는 우바새(優婆塞)와 재인(才人) 등 당시의 풍속을 알 수 있는 그림도 그려져 있다. 이 감로탱은 수륙재(水陸齋) 하단의 례이면서도, 귀명(歸命)하기 위해 모시는 상단청중에 석가모니불과 아난존자를 거불(擧佛)의 아미타삼존 위에 배치함으로써 '수륙연기(水陸緣起)' 설화를 가장 잘 도해(圖解)하고 있는 작품이다. 전체적으로 뇌록과 적색의 대비가 선명하며, 법회가 베풀어지고 있는 단(壇)의 바로 위에는 화면의 반을 차지하는 거불 · 귀명 · 선양성호(宣揚聖號)의 존격 도상들이 볼륨감 있는 선묘로 장대하고 긴장감 넘치게 표현되어 있다. 수화승 법능(法能)은 진천「영수사(靈水寺) 괘불」(1653) · 「청룡사영산회괘불」(1658) 등 주로 괘불제작에 동참화승으로 참여하였다. 17세기 경기지역 불화의 선구적 양식을 보여주며, 당시 청룡사를 중심으로 불사를 후원한 단월들의 모습까지 생동감있게 구현하고 있다. [참고문헌]『조선시대감로탱 甘露』 권상(통도사성보박물관, 2005) pp.40~50. ⇨ 청룡사 青龍寺 4

청룡사감로탱

청룡사금동관음보살좌상 青龍寺金銅觀音菩薩坐像 경기도 안성 청룡사 관음전의 금동관음보살좌상. 보물. 높이 93cm 무릎폭 52.1cm. 단정한 신체에 대의(大衣)를 겹쳐 입고 영락(瓔珞)으로 장엄하였으며, 띠매듭이 있는 군의를 입고 상투를 높이 묶었고 양 옆으로 늘어뜨린 보발은 둥근 어깨 위로 내려졌으며, 갸름하고 복스러운 상호에 이목구비가 또렷하고 이마에는 큰 백호가 있다. 오른 손을 위로 올리고 왼손은 아래로 살짝 내렸으며 엄지와 중지를 맞댄 설법인(說法印)을 하였다. 고려말 조선초 보살상의 양식을 지닌 보살상으로서 금동으로 조성했다. 복장에서 발견된 중수발원문에 1722년(경종2) 간기가 남아 있고, 화려한 보관과 대좌는 후대에 새로 만든 것이다. [참고문헌]『효심으로 나툰 불심의 세계 花山용주사』(불교중앙박물관, 2020) pp.150~151. ⇨ 청룡사 青龍寺 4

청룡사금동관음보살좌상

청룡사대웅전 青龍寺大雄殿 경기도 안성 청룡사의 조선후기 목조건축. 보물 제824호. 정면 3칸 · 측면 4칸의 다포계(多包系) 팔작지붕 건물. 「청룡사사적비」(1720 · 숙종46), 「서운산청룡사법당중수급단확기 瑞雲山青龍寺法堂重修及丹雘記」(1745 · 영조21), 「청룡사대법당수보문」(1821 · 순조21), 「중수공덕기」(1863 · 철종14), 「중수기」(1881 · 고종18) 현판 등에 대웅전 내력이 자세히 전하고 있는데, 지금의 모습은 사간도인(思侃道人)이 대웅전 · 관음전 · 문수전 등을 중수하고 사적비를 조성한 1720년경에 형성한 것으로 추정되며, 광복 이후에도 여러 차례 중수하여 지금에 이른다. 대웅전의 기단은 장대석 위에 갑석을 올려 마감하고, 양 측면에는 계단을 놓았다. 초석은 자연석이고 그 위에 16기의 자연목 기둥을 놓은 것이 특징이다. 공포(栱包)는 정면은 각 칸에 2조, 측면은 전후 칸에만 1조, 후면은 협칸 2조 · 정칸 1조의 주간포를 놓은 다포식으로 내 · 외3출목 7포작이다. 가구(架構)는 1고주(高柱) 7량(樑)으로 측면이 넓으며, 불전 내부 천장은 서까래를 그대로 노출시킨 연등형(緣燈形)이다. 내부에는 소조여래삼존상(보물 제1789호) · 금동관음보살좌상(유형 제170호) · 후불도 등을 봉안하였다. 청룡사의 주불전(主佛殿)이자 경기도권 사찰 중에 가장 오래된 불전의 하나

청룡사대웅전

이다. [참고문헌]『朝鮮金石總覽』(朝鮮總督府, 1919) pp.1091~1093, 『안성 청룡사 대웅전 정밀실측조사보고서』(문화재청, 2013). ⇨ 청룡사 青龍寺 4

청룡사동종 青龍寺銅鍾 경기도 안성 청룡사에 있는 조선후기 동종. 보물 제11-4호. 1674년 제작. 안성 청룡사 소장. 높이 132.0cm. 1674년 사인(思印)스님이 다른 종장들과 함께 조성했다. 사인스님은 17세기 경기도와 경상도 일대에서 활동한 주종장으로 포항 보경사 서운암 동종(1667년, 보물 제11-1호) 등 8점이 보물로 지정되어 있다. 한국종의 전통양식을 따르지만, 사인스님과 당대 종장들의 독창성이 드러난 작품이다. 먼저 반원형 천판 위에는 한 마리의 용과 음통이 있고, 몸체 상단에는 원권 안에 육자대명왕진언(六子大明王眞言) '옴마니파드메훔'을 2단으로 배치하고 범자문대 아래 4곳에 연곽을 배치하였다. 연곽과 연곽 사이에는 보살상과 위패도 새겼다. 보살상은 구름 위에서 양손으로 연꽃을 잡고 있으며, 보관을 쓴채 시선은 오른쪽이다. 김룡사 동종과 수타사 동종의 보살상도 같은 모습이어서 동일한 문양판을 사용했음을 알 수 있다. 위패에는 "으뜸의 얼굴을 한 저 푸른 돌, 나라 융성하고, 지혜의 해 길이 밝아 법계 가득 그 열매 맺으리. 宗面碧石王道彌隆 惠日長明 法周泌果"라는 기원문이 새겨져 있다. 이처럼 연곽 사이에 보살상과 위패를 배치하는 것은 17세기 전반 범종에 자주 등장하는 형식이다. 연곽의 태두리에도 구름문을 새기고, 연곽 안에는 5엽의 연화 위에 돌출한 연뢰 9개를 배치하였다. 몸체는 문양없이 명문만 새기고 여백의 공간으로 두었고, 하대는 2단으로 나누어 상부에는 연화당초문, 하부에는 구름문이 있다. 명문에 강희 13년인 1674년 안성 청룡사에 봉안하기 위해 만든 대종으로 무게는 8백근이고, 사인스님을 비롯해 지준(智俊)·태행(太行)·도겸(道兼)·담연(淡衍)·청윤(淸允) 스님 등 참여자의 이름을 새겼다. 청룡사 동종은 17세기 우두머리 승장들이 함께 제작한 중요한 성보다. [참고문헌] 염영하 『한국의 종』(서울대출판부, 1994) pp.469~470. ⇨ 청룡사 青龍寺 4

청룡사동종

청룡사목조관음보살좌상 青龍寺木造觀音菩薩坐像 전라북도 김제 청룡사에 모셔진 조선후기 불상. 보물 제1833호. 높이 47cm. 불상의 복장 발원문에 의해 1655년(효종 6)에 화원 조능(祖能)을 비롯하여 천행(天行)·문일(文一)·문찬(文贊)·영열(英悅)·춘엽(春曄) 등 6명이 함께 조성하여 전주 봉서사(鳳栖寺) 향로전에 봉안했음이 밝혀졌다. 특히 조능은 17세기 전반을 대표하는 조각승 법령과 혜희의 제자로 알려졌다. 청룡사 관음보살상은 크기가 작은 편으로 몸에 비해 얼굴이 크고 어깨와 거의 붙어 있어 육중한 느낌이다. 머리 위에는 화려한 보관을 쓰고 있는데 후보된 것이다. 보관 아래로 길게 내려온 보발이 귀를 감싸면서 세가닥으로 나누어져 양 어깨 위에까지 흘러내렸다. 양 어깨를 덮은 여래식의 통견(通肩)이며 가슴 위의 내의도 간략하게 표현하였다. 오른쪽 어깨에서 내려온 옷자락은 오른팔을 거쳐 법의 속으로 들어가 있다. 다리 사이로는 옷자락에 넓게 펼쳐져 있는데 옷주름이 깊고 입체감 있게 표현되는 등 전반적으로 조선후기 불상의 형식을 따르면서도 얼굴 모습이나 옷주름 표현 등에서 다른 점을 보여준다. [참고문헌]『2018년 중요동산문화재 불상 기록화 정밀조사보고서』(문화재청, 2018) pp.333~340. ⇨ 청룡사 青龍寺 9

청룡사목조관음보살좌상

청룡사보각국사정혜원융탑비 青龍寺普覺國師定慧圓融塔碑 환암혼수(幻庵混修 1320~1392)의 탑과 비. 충청북도 충주시 소태면 청룡사터에 석등·탑·비가 일렬로 잘 갖추어 배치되어 있다. 국보인 탑은 높이 263cm로, 팔각을 기본으로 하면서도 탑신을 구형(球形)에 가깝게 표현하였다. 탑신에는 용이 휘감고 있는 여덟 개의 기둥을 새기고, 그 사이에는 신장상(神將像)을 한 구씩 배치하였다. 팔각 옥개석의 합각마루에는 용이 장식되어 있으며, 기와골은 표현하지 않았다. 보물인 비는 전체높이 265.4cm·비신높이 232.2cm·너비 115.5cm·두께 19.6cm으로, 방형의 대석 위에 귀접이식으로 비신을 조성하였다. 1394년(태조3)에 권근(權近 1352~1409)이 지었다. [참고문헌]『朝鮮金石總覽』 권하 pp.719~725, 李智冠『校勘譯註歷代高僧碑文』 朝鮮篇1 pp.30~63, 『文化財大觀』 國寶1 : 木造建築·塔婆·佛像·石造物(韓國文化財保護協會, 1993) pp.228~229. ⇨ 혼수 混修

청룡사보각국사정혜원융탑

청룡사보각국사정혜원융탑전사자석등 青龍寺址普覺國師定慧圓融塔前獅子石燈 조선전기 석등. 보물로 높이 218cm이며, 보각국사정혜원융탑 앞에 있다. 석등의 전체적인 외형은 방형이지만, 하대석이 엎드려 있는 사자상이다. 하대석과 방형 간주석(竿柱石)·팔엽복판앙련(八葉複瓣仰蓮)의 상대석이 모두 한 돌로 조각되었다. 화사석(火舍石)에는 앞뒤로 관통하는 화창(火窓)을 표현하고, 네 모서리에는 원주(圓柱)를 모각하였다. 옥개석의 낙수면은 삿갓모양으로 두툼하게 경사를 이룬다. 고려석등의 양식과 수법을 계승하면서도 간주석이 낮아지고 점점 간결해지는 고려말 조선초 석등양식을 잘 보여준다. [참고문헌]『文化財大觀』 寶物篇·石造Ⅱ(문화재청, 2005) pp.682~685.

청룡사보각국사
정혜원융탑전사자석등

청룡사석조비로자나불좌상 青龍寺石造毘盧遮那佛坐像 경상북도 예천 청룡사에 모셔진 고려 석불좌상. 보물 제425호. 불상높이 111cm·대좌높이 96cm. 대웅전에 석조여래좌상과 함께 봉안되어 있는데, 원래는 소백산 장군봉 아래에 매몰되어 있었다. 크고 굵게 표현된 나발은 육계와 구분되지 않으며, 방형의 상호는 평면적이지만 이목구비가 뚜렷하다. 통견(通肩)의 법의에는 어깨부터 양손, 양다리에 걸쳐 평행 옷주름이 표현되어 있다. 수인은 지권인(智拳印)이다. 현재 광배는 소실되었지만, 불신 뒷면에는 광배를 부착하였던 구멍이 남아있다. 대좌는 사각 연화대좌로, 상대석에는 단판연화문(單瓣蓮花紋)·중하대석에는 안상을 새겼다. 평면적인 신체표현·형식화된 옷주름·간략한 대좌 등으로 볼 때 통일신라양식을 계승한 고려전기의 불상으로 추정된다. [참고문헌]『文化財大觀』 寶物篇·石造Ⅱ(文化財廳. 2004) pp.550~551, 정태호·이숙희 『깨달음의 빛, 비로자나불』 권하(안그라픽스, 2017) pp.201~203. ⇨ 청룡사 青龍寺

청룡사석조비로자나불좌상

청룡사석조여래좌상 青龍寺石造如來坐像 경상북도 예천 청룡사에 모셔진 통일신라 석불좌상. 보물 제424호. 불상높이 93cm·대좌높이 67cm·광배높이 150cm. 청룡사 대웅전에 석조비로자나불좌상과 함께 봉안되어 있으며, 광배와 대좌를 모두 갖추었다. 상호는 작고 원만하며, 머리에는 나발 위에 육계가 높이 솟아 있다. 통견(通肩)의 법의는 앞자락이 길게 늘어져 내의의 띠매듭이 보이며, 길상좌(吉祥坐)를 취한 다리 아래에는 부챗살 모양으로 옷자락이 모여 있다. 수인은 항마촉지인(降魔觸地印)이다. 광배는 화염문과 연화문이 화려하게 장식된 주형거신광(舟形擧身光)이며, 대좌 역시 화려한 팔각연화좌이다. 상대석은 앙련좌(仰蓮座), 중대석은 우주(隅柱) 사이에 보살좌상을 양각하였으며, 하대석은 복련좌(覆蓮座)이고, 그 아래에는 안상이 새겨진 받침석이 있다. 작고 원만한 상호·아담한 불신·화려한 주형거신광·천인상이나 보살상이 새겨진 팔각연화좌 등 8세기 말에서 9세기경 경상도지역에서 많이 조성된 단아한 불상양식을 잘 보여준다. [참고문헌]『文化財大觀』 寶物篇·石造Ⅱ(文化財廳. 2004) pp.546~549, 최성은, 『석불, 돌에 새긴 정토의 꿈』(한길아트, 2003) pp.202~204. ⇨ 청룡사 青龍寺

청룡사석조여래좌상

청룡사소조석가여래삼존상 青龍寺塑造釋迦如來三尊像 경기도 안성 청룡사에 모셔진 조선후기 불상. 보물 제1789호. 높이 석가불상 179cm, 문수보살상 163cm, 보현보살상 164cm. 대웅전에 봉안된 삼존불상으로 석가불좌상을 중심으로 입상 형식의 협시보살상이 배치되어 있다. 불상복장 발원문에 1603년(선조36) 화원 광원(廣圓)을 비롯한 만주(萬珠)·유일(有一)·이금정(李今貞)·각통(覺通)·정현(晶玄) 등 조성이라 하였다. 특히 광현은 처음 등장하는 수화승으로 남아있는 유일한 불상으로 알려져 있다. 본존불인 석가불상은 머리와 육계(肉髻)가 구분이 되지 않을 정도로 큼직하며 정상에 계주(髻珠)가 장식되었다. 얼굴은 턱이 둥근 편으로 역삼각형에 가까우며 콧등이 편평한 코와 작은 입이 표현되었다. 몸에는 변형 편단우견(偏袒右肩)의 법의를 입었는데 양 어깨 위에 옷자락이 길게 내려와 있고 입체적으로 표현되었다. 가슴 위의 내의는 끝부분이 꽃모양으로 마무리되었다. 왼쪽 무릎 위에는 나뭇잎 모양의 넓은

청룡사소조석가여래삼존상

옷자락이 표현되었고 다리 사이로도 굵은 띠모양의 옷주름이 펼쳐져 있는데, 조선후기 정형화된 양식이다. 머리 위에 화려한 보관을 썼고 귀 양 옆으로 복잡하고 장식적인 관대(冠帶)가 내려와 있다. 청룡사 삼존불상은 제작시기와 조각승을 분명하게 알 수 있는 17세기 불상 중 가장 이른 시기의 소조불상으로 중요한 성보다. 〔참고문헌〕『국보 보물 지정보고서 2012』(문화재청, 2012) pp.226~229. ⇨청룡사 青龍寺❹

청룡사영산회괘불탱 青龍寺靈山會掛佛幀 경기도 안성 청룡사에 모셔진 조선후기 괘불탱. 1658년, 보물 제1257호. 삼베에 채색, 세로 739cm·가로 605cm. 석가모니불의 영산회상을 도해한 17세기 경기지역의 대표적인 괘불이다. 사과(司果) 박란(朴蘭)·명옥(明玉)·응상(應尙)·정심(淨心)·법능(法能)의 4명이 제작했다. 박란에 대해서는 전해지는 기록이 없으나 정6품에 해당하는 '사과'라는 관직과 청룡사가 인평대군(1622~1658)의 원당이었던 사적기에 근거해 도화서 출신 화원으로 추정하기도 한다. 명옥과 법능은 청룡사 괘불을 조성하기 5년 전에는 영수사영산회괘불탱(1653)을 제작했다. 영수사괘불은 140명에 달하는 인물을 도해해 현존하는 영산회괘불 중 가장 많은 인물이 등장해 장대한 설법회상을 재현한 작품이다. 청룡사괘불탱에서는 권속을 간략화하했으나, 불화의 기본 구도나 석가모니불에게 법을 묻는 뒷모습의 사리불존자를 등장시킨 점에서 특별하다. 적색·녹색·청색의 주조색과 노란색, 하늘색, 분홍색 등의 담채가 이루는 밝은 화면, 안면의 섬세한 음영 표현, 선호 문양에서 16세기 궁정불화 요소도 확인된다. 성주(城主) 김홍석(金弘錫) 부부가 대시주자로, 성주지역 유력 인사 이외 일곱 가구의 단월과 11명의 스님이 불사의 주축이었다. 법능은 두 괘불 이후에도 1659년『효종빈전도감의궤』등 국가 주도의 공역에 참여했으며, 1692년에는 수화승으로 청룡사감로탱을 조성했다. 〔참고문헌〕『韓國의 佛畫 畵記集』(성보문화재연구원, 2011) pp.23~24. ⇨청룡사 青龍寺❹

청룡사영산회괘불탱

청룡사의궤 青龍寺儀軌 당대 법전(法全) 한역. 『대일경』의 사부의궤(四部儀軌) 중 하나. 3권. 갖춘 이름은『대비로자나성불신변가지경연화태장보리당표치보통진언장광대성취유가 大毘盧遮那成佛神變加持經蓮華胎藏菩提幢幖幟普通眞言藏廣大成就瑜伽』다. 대정장18, pp.143c19~164b14, No.853에 수록되어 있다.『대일경』에 근거한 의궤로서 법전이 현법사(玄法寺)에서 저술한『현법사의궤 玄法寺儀軌』에 상대하여 청룡사로 옮긴 후에 저술한 것을 청룡사의궤라 한다. 줄여서『청룡궤』또는『청궤』라고도 한다. 권상은 순서대로 구방편(九方便)·사무량심(四無量心)·입불삼매야(入佛三昧耶)·법계생(法界生)·금강살타(金剛薩埵)·금강갑(金剛甲)의 공양법을 설한다. 권중에서는 삼부사처륜(三部四處輪)·십이진언왕(十二眞言王)·비밀팔인(祕密八印)·백광변조(百光遍照) 등의 인명(印明)을 설한다. 이어서 권중 후반부터 권하에서는 만다라 제존의 인명과 염송법 및 공양법을 설한다.『현법사의궤』와 대체로 일치하지만 더욱 정돈된 체제를 보여주며,『금강정경』에 기반한 공양법을 부분적으로 수용한 부분도 보인다.

청룡소 青龍疏 ❶당대 도인(道氤)이 현종(玄宗)의 명을 받아『금강경』에 주소(注疎)를 붙인『어주금강반야바라밀경선연 御注金剛般若波羅蜜經宣演』. ⇨어주금강반야바라밀경선연 御注金剛般若波羅蜜經宣演 ❷당대 청룡사 역경사문(譯經沙門) 양분(良賁)이『인왕경』에 붙인 주소(注疏).『신역인왕경소 新譯仁王經疏』3권을 가리킨다. 현재는 1권만 남아 있다. 현종의 명을 받아서 지었으며, 돈황본으로 대정장85, No.2745)에 수록되어 있다. 〔참고문헌〕『諸阿闍梨眞言密教部類總錄』권상(대정장55, p.1120b2).

청룡암 青龍庵 ❶서울특별시 종로구 숭인동 청룡사(青龍寺). ⇨청룡사 青龍寺❶ ❷경상남도 의령군 창락면 화왕산(火旺山)에 있던 암자. 관룡사(觀龍寺)의 산내암자였다. 〔참고문헌〕『韓國寺刹全書』권하 p.1091a1 欄外. ⇨관룡사 觀龍寺 ❸경상북도 상주시 중동면 청룡산(青龍山)에 있던 암자.『상산지』에 "낙동강변에 있고, 도남서원에 속해 있다. 지금은 없다. 洛江之邊 屬道南書院 今無"라고 전한다. 〔참고문헌〕『商山誌』,『韓國寺刹全書』권하 p.1091a2.

청룡형 青龍形 청룡을 탄 문수보살.『삼국유사』권3(대정장49, p.998b19·한불전6, p.334a4) 탑상(塔像)4 대산오만진신(臺山五萬眞身)에 신라 성덕왕 때 태자 보천(寶川)과 효명(孝明)이 오대산(五臺山)에 들어가 각각 청련(青蓮)이 핀 곳에 암자를 짓고 정업을 닦던 어느 날 오대를 찾아 오만진신에게 모두 첨례하였는데, "매일 새벽에 문수대성이 진여원에 이르러 삼십육종의 형상으로 변하여 나투셨다. … 어느 때는 청룡을 타고 있는 모습을 지었다. 每日寅朝 文殊大聖到眞如院今上院 變現三十六種形 … 或作靑龍形"라고 하였다. [참고문헌] 『三國遺事』. ⇨ 삼십육종형 三十六種形

청류각기 淸流閣記 월성비은(月城費隱 1710~1778)이 1739년(영조15)에 청류각 내력을 적은 글. 『월성집』(한불전10, p.395a13) 문(文)에 전한다. "기미년(1739) 봄에 산승 초옥이 절의 골짜기 입구에 누각을 짓고는 청류각이라 이름 붙였다. 그 뜻은 어디에 있는가. … 각의 청이라 함은 그 덕 흐린 것을 맑게 하고 맑은 것은 드러낸다. 이 각에서 흐른다 함은 그 덕 흘러 통하고 흘러 겸손하여 부드럽고 약하게 함이다. … 내 마음이 맑고 자연스러워야 각의 맑음 나에게 있고 나 또한 각일 수 있고, 내 마음 흐르게 된 뒤에야 각의 류가 나에게 있어 나 또한 각이 될 수 있을 것이다. 뒤에 각을 오르는 자 중에는 반드시 나를 잃었다 하는 이 있을 것이니, 나는 눈을 씻고 기다리리라. 歲哉己未春 山之僧楚玉 建閣於寺之洞門之口 名之曰淸流 其意安在 … 此閣之淸 卽斯德之激濁揚淸者也 此閣之流 卽斯德之流通流謙而柔弱者也 … 吾心淸然後 閣之淸在我 而我亦閣矣 吾心流然後 閣之流在我 而我亦閣矣 後之登斯閣者 必有其喪我者乎 吾拭眸以俟"고 하였다. 같은 책(한불전10, p.394b11)에 「청류각 淸流閣」이라는 칠언절구(七言絶句)도 실려 있다. [참고문헌] 『月城集』.

청류암 淸流庵 전라남도 장성군 북하면 약수리 백양산(白羊山)에 있는 암자. 대한불교조계종 백양사(白羊寺)의 산내암자다. 1890년(고종27)에 작성된 「관음전중건기 觀音殿重建記」에 각진국사 복구(復丘 1270~1355)가 1350년(충정왕2)에 창건하였다고 전한다. 소요태능(逍遙太能 1562~1649), 도암인정(道庵印定 1805~1883), 금해관영(錦海瓘英 1856~1937), 환응탄영(幻應坦泳 1847~1929), 만암종헌(曼庵宗憲 1876~1956), 인곡창수(麟谷昌洙 1895~1961) 등 백양사의 큰스님들이 주석했던 암자다. 관련 설화로는 주지가 수성리에 계시는 부처님을 관음전에 모시라는 꿈을 꾸고는 젊은 처녀가 보리밭에서 캐낸 불상을 백미 3말을 주고 모셔왔고 부처님의 영험이 신통하여 사람들이 몰리자 관음전을 따로 지었다는 이야기가 전하는데, 이것이 문화재자료 제179호 관음전이다. [참고문헌] 『韓國寺刹全書』 권하 p.1098b1.

청림사 靑林寺 ❶ 충청남도 공주시 탄천면 가척리(加尺里)에 있던 절. 『광여도』와 『해동지도』에서 명칭이 확인되며, 『범우고』 공주 지역에 이름이 언급되어 있다. 『공산지』에 부에서 남쪽 40리에 위치하고 사지(寺址)는 향교에 속한다는 기록이 남아 있다. 721년(성덕왕20)에 회의화상(懷義和尙)이 창건했고, 화재로 소실되었다고 전하지만 정확한 창건연대와 연혁은 알 수 없다. 『명재유고』에 전하는 윤증(尹拯 1629~1714) 연보에 의하면, 1678년(숙종4)에 그의 거처와 가까웠던 청림사에서 모임을 가지고 시를 지었다고 한다. 윤증의 사후에 윤증을 제향한 용계서원(龍溪書院)을 건립하기 위한 모임을 청림사에 개최하자는 글이 『덕촌집』 권6 「홍주용계서원영건통문 洪州龍溪書院營建通文」에 전한다. 『한국사찰전서』에 19세기경 훼철(毁撤)되었으며, 1960년경에 이만희(李萬熙)가 3칸의 건물을 지었다고 하였다. 사지(寺址)에는 초석과 와편(瓦片) 이외에도 석탑·승탑재 2매·비좌1매·맷돌·돌확 등이 남아 있으며, 유형문화재 고려시대 가척리석탑은 높이 196cm로 4층 탑신까지만 남아 있다. [참고문헌] 『明齋遺稿』, 『德村集』, 『廣輿圖』, 『海東地圖』, 『梵宇攷』, 『公山誌』, 『韓國寺刹全書』 권하 p.1091a5, 『文化遺蹟總覽』 忠淸南道編(문화공보부문화재관리국, 1977) p.640, 『한국사지총람』 권상(문화재청·佛敎文化財硏究所, 2010) p.398, 『韓國의 寺址－세종특별자치시·충청남도』(문화재청·불교문화재연구소, 2014) p.98~101. ⇨ 가척리석탑 加尺里石塔 ❷ 충청남도 금산군 진산면 대둔산(大芚山)에 있던 절. 『한국사찰전서』에는 전라북도 진산(珍山) 대둔산군(大芚山郡)에 속해 있었으며, 청림암(靑林庵)이라고도 하였다. 『여지도서』 보유편 전라도 진산현 사찰에 "군에서 서쪽 10리에 있다. 在郡西十里" 하였고, 『가람고』에서도 같은 위치를 말하고, 『범우고』에는 청림암으로 전한다. [참고문헌] 『輿地圖書』, 『伽藍考』, 『梵宇攷』, 『韓國寺刹全書』 권하 p.1091a6·1091a7.

청림사 淸臨寺 전라북도 부안군 변산면 변산(邊山)에 있던 절. 『동국여지승람』 권34 전라도 부안현 불우에 이름과 위치와 고려후기 스님 선탄(禪坦)의 시(詩)도 함께 전한다. 『범우고』에 "지금은 폐사되었다. 今廢"라고 하였다. [참고문헌] 『東國輿地勝覽』, 『梵宇攷』.

청림사건 靑林師虔 ?~904. 조동종(曹洞宗) 스님. 속성은 진(陳)씨. 항주(杭州 : 浙江省) 출신. 동산양개(洞山良价)의 법을 이었다. 한동(漢東)의 청림(靑林)에 머물렀다. 『동산어록』(대정장47, p.522b29)에 "청림사건 선사가 동산선사를 뵈었다. 동산이 물었다. '최근에 어디를 떠나 왔는가?' '무릉입니다' '무릉의 법도가 어찌 이곳과 비슷하겠는가?' '변방에서는 겨울에 죽순을 뽑습니다' '다른 시루에 좋은 밥을 지어 이 사람을 공양하라'. 청림이 소매를 걷고 바로 나갔다. 동산이 말했다. '이 사람의 자손이 나중에 세상 사람들을 좇아버릴 것이다'. 靑林師虔參師 師問 近離甚處 靑林云 武陵 師云 武陵法

道 何似此間 青林云 胡地冬抽笋 師云 別甑炊香飯 供養此人 青林拂袖便出 師云 此子 向後走殺天下人在"라고 하였다. [참고문헌] 『洞山語錄』. ⇨ 사건 師虔

청림사사 青林死蛇 동산양개(洞山良价)의 법을 이은 청림사건(青林師虔 ?~904) 선사가 학인과 나눈 문답. 『선원몽구』 권중(卍속장148, p.254b2)에 "청림사사 : 청림사건선사에게 학인이 물었다. '길이 수 없이 다른데 어떻게 단박에 깨닫습니까?' '발아래 여주를 등지고 공연히 하늘 달을 원망하는군' '학인이 지름길로 가면 어떻습니까?' '죽은 뱀이 큰 길에 있으리니 그대는 마주치지 마라' '마주치면 어떻습니까?' '그대의 목숨을 상한다' '마주치지 않으면 어떻습니까?' '역시 피할 곳이 없다' '바로 이렇게 될 때는 어떻습니까?' '잃어버린다' '어디로 갑니까?' '풀이 깊어서 찾을 수 없다' '화상이야말로 대비하셔야 합니다'. 청림선사가 따귀를 때리고서 말했다. '똑같이 독기가 있다'. 青林死蛇 青林虔禪師 問 千差路別 如何頓曉 師曰 足下背驪珠 空怨長天月 問 學人徑往時如何 師曰 死蛇當大路 勸子莫當頭 曰 當頭者如何 師云 喪子命根 曰 不當頭者如何 師云 亦無回避處 曰 正當恁麽時如何 師云 失却也 曰 向甚麽處去 師曰 草深無覓處 曰 和尙也須隄防始得 師拊掌曰 一等是箇毒氣"라고 하였다. [참고문헌] 『禪苑蒙求』. ⇨ 사건 師虔

청매 青梅 1548~1623. 임진왜란(1592) 때 승병장(僧兵將). 자는 묵계(默契), 휘는 인오(印悟)이니, 청허휴정(淸虛休靜)의 제자이다. ⇨ 인오 印悟

청매문파 青梅門派 조선중기 스님 청매인오(青梅印悟 1548~1623)의 문파. 청허휴정(淸虛休靜 1520~1604) 문하에서 일어난 여러 문파들 중 하나다. 청매는 일찍이 묘향산으로 출가하여 청허를 은사로 출가하여 법을 이어 받고, 임진왜란 때는 승병장으로 활동하였다. 『서역중화해동불조원류』 「청허정법사 淸虛靜法嗣」(한불전10, p.107a5)에 "청허의 법을 이은 청매문파. 청허문하 제1세 청매인오의 법을 이은 제2세는 호감혜일·벽운쌍운·백월담의이다. 벽운쌍운의 법을 이은 제3세는 무영탄헌이다. 무영탄헌의 법을 이은 제4세는 쌍명현응이다. 쌍명현응의 법을 이은 제5세는 취봉해영·축민이다. 취봉해영의 법을 이은 제6세는 경일·남인이다. 淸虛法嗣 青梅門派 淸虛下第一世 青梅悟嗣 二世 灝鑑慧日 碧雲雙運 白月湛義 碧雲運嗣 三世 無影坦憲 無影憲嗣 四世 雙明玄應 雙明應嗣 五世 翠峯海瀛 竺敏 翠峯瀛嗣 六世 敬一 南印"라고 하였다. [참고문헌] 『西域中華海東佛祖源流』. ⇨ 인오 印悟, 휴정 休靜

청매집 青梅集 조선중기 청매인오(青梅印悟 1548~1623)의 글을 모아 놓은 문집. 2권. 한불전8, pp.128a1~156c25에 있다. 권두에 월사(月沙) 이정구(李廷龜 1564~1635)가 1631년(인조9)에 쓴 서문이 붙어 있다. 상권에는 모두 고칙공안(古則公案)에 대한 송고시(頌古詩) 총 148수가 상재되어 있고, 하권에는 그외 시문과 산문으로 편재되어 있는데, 5언과 7언의 절구·율시·고시 200여 수와 함께 기행문인 「아차봉기 丫嵯峯記」, 서산휴정(西山休靜)과 송운유정(松雲惟政)을 기리는 제문(祭文), 「지마론 指馬論」·「십무익송 十無益頌」 등이 수록되어 있다. 끝에 기재(寄齋) 박동량(朴東亮)이 1631년 금성(錦城 : 羅州)에서 쓴 발문이 있다. 고판본은 단일본으로 1633년(인조11) 지리산 영원암(靈源庵)에서 간행한 2권 1책이며, 고려대학교·동국대학교·서울대학교 등에서 소장하고 있다. ⇨ 인오 印悟

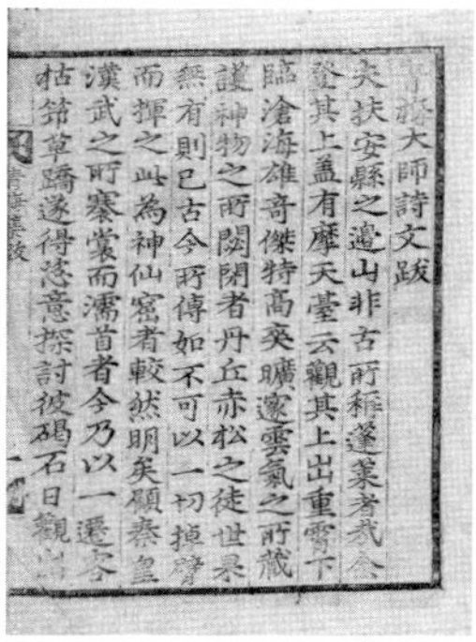
청매집 지리산영원사간본
범어사성보박물관 1633년

청맹 青盲 눈뜬장님. 겉으로는 그대로이지만 보지 못하는 사람. 『대승광백론석론』 권7 「파근경품 破根境品」(대정장30, p.225c2)에 "또한 근처로만 본다면 몸의 형상 단엄하다. 마치 눈뜬장님이 보기에는 비루하지 않은 것과 같다. 又由根處 身相端嚴 如青盲人 形非鄙陋", 『유부율』 권31(대정장23, p.798c1)에 "그 어머니는 오래 지나지 않아 질병을 앓다가 목숨을 마쳤고 아버지는 이미 나이가 들고 늙어서 두 눈 모두 하나도 볼 수 없었다. 其母不久 染患命終 父既年衰 兩目青盲 一無所覩", 『법화경안락행의』(대정장46, p.699a10)에 "만약 눈이 보는 것이라면 눈뜬장님도 색을 보아야 맞다. 왜 그런가? 안근이 파괴되지는 않았기 때문이다. 이와 같이 본다 할 때에는 눈도 없고 색도 없으며 보는 이도 없다. 若眼能見 青盲之人 亦應見色 何以故 根不壞故 如是觀時 無眼無色 亦無見者", 『열반론』(대정장26, p.280c17)에 "모든 중생은 삼승인을 보고 법이라 여기지만 삼승이란 눈뜬장님이다. 삼승인뿐만 아니라 모든 중생도 눈뜬장님이다. 법이라 볼 수 있거나 볼 수 없는 것, 열거나 열 수 없는 것, 이르거나 이를 수 없는 것이 아니다. 가르치기 위해 눈뜬장님이라 하지만 뜻으로는 눈뜬장님이 있다거나 눈뜬장님이 없다거나 단정하여 말하지 못한다. 그러므로 (그 반대로) 눈뜬장님이라거나 눈뜬장님이 아니라고 할지라도 법상에 어긋나지는 않는다. 一切衆生 視三乘人 以爲法 三乘者 名青盲 非但三乘人 一切衆生 亦青盲 法非可見不可見 可開不可開 可至不可至 以敎故道青盲 理不道青盲無青盲 是故 道青盲不青盲

不乖法相"라고 하였다. 〔참고문헌〕『大乘廣百論釋論』, 『有部律』, 『法華經安樂行義』, 『涅槃論』.

청면금강 青面金剛 제석천(帝釋天)의 사자(使者). 야차신(夜叉神 Ⓢ yakṣa). 대청면금강(大青面金剛)·청색대금강야차(青色大金剛藥叉)라고도 하며, 육비상(六臂像)인 경우도 있다. 『다라니집경』 권9(대정장18, p.868c25)에 "하나의 몸에 네 개의 손이 있는데, 왼쪽 윗손은 삼고차를 쥐고, 아랫손은 '봉'을 잡으며, 오른쪽 윗손의 손바닥에 한 개의 '윤'을 들고, 아랫손에는 '견삭'을 잡고 있다. 그 몸은 청색이고, 입을 크게 벌리며, 개의 이빨이 위로 솟아있다. 핏빛의 눈이 세 개 있으며, 해골을 머리에 이고 있다. 머리카락은 위로 솟아 있는데, 불꽃

색이며, 목에는 큰 뱀이 감고 있다. 양 어깨에 각각 거꾸로 늘어진 한 마리의 용이 서로 머리를 마주하고 있다. 허리에는 두 마리의 큰 붉은 뱀이 얽혀 있고, 양 발목에도 큰 붉은 뱀이 얽혀 있다. … 양 다리 아래에는 각각 귀신을 안치한다. 좌우 양쪽에는 푸른 옷의 동자가 한 명씩 있는데, 두 개의 상투를 틀고, 손으로는 향로를 들었다. 또 오른쪽에는 두 명의 야차가 있는데, 한 명은 적색이고 한 명은 황색이며, 칼과 동아줄을 쥐고 있다. 왼쪽에도 두 명의 야차가 있는데, 한 명은 백색이고 한 명은 흑색이며, 창과 작살을 잡고 있다. 그 모습 모두 다 매우 두려워할 만하고, 손발 또한 야차의 손발이어서 그 손톱은 길고 예리하다. 一身四手 左邊上手 把三股叉 下手把棒 右邊上手 掌拓一輪 下手把羂索 其身青色 而大張口 狗牙上出 眼赤如血 而有三眼 頂戴髑髏 頭髮聳竪 如火焰色 項纏大蛇 兩髆各有 倒垂一龍 龍頭相向 其像腰纏 二大赤蛇 兩脚腕上 亦纏大赤蛇 … 像兩脚下 各安一鬼 其像左右兩邊 各當作一青衣童子 髮髻兩角 手執香鑪 其像右邊 作二藥叉 一赤一黃 執刀執索 其像左邊 作二藥叉 一白一黑 執矟執叉 形狀並皆 甚可怖畏 手足並作 藥叉手足 其爪長利"라고 하였다. 〔참고문헌〕『陀羅尼集經』. ⇨ 대청면금강 大青面金剛, 경신 庚申, 삼원 三猿

청명 清明 ❶ Ⓢ virocate. 맑고 밝음. 구름과 안개 사라져 태양 빛 가득하듯 오개(五蓋 : 貪 瞋 睡眠 調戲 疑) 사라져 맑고 밝은 뜻이다. 『증일아함경』 권39(대정장2, p.762b15)에 "그때 왕의 좌측에 있던 기바가(Ⓟ Jīvaka)왕자에게 왕이 돌아보며 말하길, '오늘처럼 밤이 이렇게 청명할 때는 마땅히 어디엔가 보시를 해야 하지 않은가?' 하였다. 이때 기바가가 '지금 여래께서 이곳에서 멀지 않은 곳인 빈취원에서 일천이백오십제자들을 이끌고 유행하시고 계십니다. 원컨대 대왕께서 찾아 뵙고 그 뜻을 여쭈시면, 여래께서는 밝은 빛과 같이 의심도 걸림도 없으시어, 삼세의 일을 꿰뚫어 널리 알지 못함이 없으시니, 왕과 함께 그 일을 펼치시어 어떤 의심도 없이 환히 깨닫게 하실 것입니다'. 爾時 耆婆伽王子 在王左側 王顧語耆婆伽曰 如今夜半 極爲清明 應何所施行 是時 耆婆伽 … 而白王言 今如來近在不遠 遊貧聚園中 將千二百五十弟子 唯願大王 往問其義 然彼如來 爲明爲光 亦無疑滯 知三世事 靡不貫博 自當與王 演說其事 王所有狐疑 燿然自悟", 『출요경』 권9(대정장4, p.657a2)에 "'마치 해처럼 청명하다'라 한 것은, 마치 저 해와 같이 밝아 다섯 가지 가림이 없다. 오폐란 구름·연기·티끌·안개·아수라의 손이니, 이렇게 다섯 가지 근심이 없는 것이 저 일월이 청명한 것 같다. 수행하는 비구도 이렇게 오음개를 여의어야 하니, 무엇이 그 오개인가? 탐욕개·진에개·수면개·조희개·의개다. 수행하는 비구가 이 오음개를 여의면 청명하여 내외통달하니 마치 자마금과 같다. 그러므로 '저 해처럼 청명하다'라고 한 것이다. 如日清明者 猶如日明 無有五蔽 云何爲五蔽 一者 雲 二者 烟 三者 塵 四者 霧 五者 阿須倫手 無此五患者 卽日月清明 修行比丘 亦復如是 離五陰蓋 云何爲五蓋 一者 貪欲蓋 二者 瞋恚蓋 三者 睡眠蓋 四者 調戲蓋 五者 疑蓋 修行比丘 離此五蓋者 卽得清明 內外通達 如紫磨金 是故說曰 如日清明"라고 하였다. 〔참고문헌〕『增壹阿含經』, 『出曜經』, *Udāna-v.151.* ⇨ 오개 五蓋 ❷ 석가모니부처님 재세 시 비구니. 『증일아함경』 권3(대정장2, p.559b10)에 "많이도 자애로운 마음으로 다니며 중생을 가엾이 여겼으니 바로 청명 비구니다. 多遊於慈 愍念生類 所謂清明比丘尼是"라고 하였다. 〔참고문헌〕『增壹阿含經』, 『釋迦譜』 권1(대정장50, p.12b16). ❸ 24절기 중 하나이며 춘분(春分)과 곡우(穀雨) 사이이며, 양력으로 4월 5일경이다. 『경덕전등록』 권13 「규봉종밀전 圭峰宗密傳」(대정장51, p.307a18)에 "(종밀선사는) 유계하길 '주검은 새와 짐승에게 주고, … 슬퍼하고 그리워하며 고요히 보기를 어지럽히지 말며, 매년 청명절에는 산에 올라 반드시 칠일간 강설하라. … 이상을 어기는 이는 나의 제자가 아니다'라고 하였다. 遺誡令舁屍施鳥獸 … 勿得悲慕以亂禪觀 每清明上山必講道七日 … 違者非吾弟子"라고 하였다. 〔참고문헌〕『景德傳燈錄』, 『七曜攘災決』 권중(대정장21, p.450d1).

청명 請命 ❶ 임명하기를 청하다. 『운문광록』 권하(대정장47, p.575c23)에 "지성선사는 그가 오는 것을 이미 알고서 북을 쳐 대중에게 알려서 가서 수좌를 맞이하기를 바랐는데 이때 운문선사가 과연 그곳에 왔다. 일찍

이 지성선사는 영수사에 머문 지 수십년이 되었으나 승당 수좌의 자리를 비워 놓았다. 대중이 누차 상좌를 임명하기를 원하였으나 지성은 허락하지 않았다. 知聖夙已憶其來 忽鳴鼓告衆 請往接首座 時師果至 先是知聖住靈樹凡數十年 堂虛首席 衆屢請命上座 知聖不許"라고 하였다. 〔참고문헌〕『雲門廣錄』. **2** 목숨 구하기를 청하다. 『현우경』 권1(대정장4, p.352b27)에 "여래께서 자비로 아껴 아난을 왕에게 보내 그의 목숨 구하기를 청하니, 왕이 부처의 가르침을 듣고 곧바로 그를 놓아 주었다. 如來慈矜 卽遣阿難 詣王請命 王聞佛敎 卽便放之"라고 하였다. 〔참고문헌〕『賢愚經』.

청명대월 淸明對越 관리들이 하늘 대하듯 깨끗하고 맑게 해서 민생을 다스린 기록. 엄정한 법령을 공명정대하게 집행한 판례집을 말한다. 『벽암록』「삼교노인서 三敎老人序」(대정장48, p.139c12)에 "책 모양 갖춰 둘 만한 것들 정리했으니 기연과 그 풍경들 펼쳐 본보기 되게 하였다. 세간에서 금과옥조로 여기는 청명대월이란 모든 글들이 처음부터 무엇이 달랐겠는가? 具方冊 作案底 陳機境 爲格令 與世間所謂金科玉條 淸明對越諸書 初何以異"라고 하였다. 〔참고문헌〕『碧巖錄』.

청명용왕 靑明龍王 Ⓢ Pāṇḍur nāgarājā, Ⓣ klu'i-rgyal-po-skya-bseng. 팔십일용왕(八十一龍王) 중 하나. 〔참고문헌〕 *Mvyut.168.* ⇨ 팔십일용왕 八十一龍王

청목 靑目 **1** Ⓢ Piṅgalanetra. 부처님께서 열반 후 천 년경의 중관논사(中觀論師). 용수의 『중론 中論』을 주석한 논사이며, 빈가(賓伽)·빈가라(賓伽羅)·빈두라가(賓頭羅伽)라고 음사한다. 제바(提婆 Ⓢ Deva)의 별명이라고 주장하는 이도 있다. 『법장화상전』(대정장50, p.284c24)에 "인도에는 두 명의 뛰어난 논사가 있으니, 첫째는 계현이고 둘째는 지광이다. 계현은 멀리 자씨와 무착을 계승하였으며, 가까이는 호법과 난다를 이어 법상종〈일승을 방편이라 하고, 삼승을 진실이라 한다. 당의 현장삼장이 섬겨 받든 것이다〉을 세웠다. 지광은 멀리 문수(文殊)와 용수를 근본으로 하며, 가까이는 청목과 청변을 품받아 법성종〈삼승을 방편이라 하고, 일승을 진실이라 한다. 청목은 어떤 판본에서는 제바라고 한다〉을 세웠다. 天竺有二大論師 一 名戒賢 二 稱智光 賢則遠承慈氏無著 近踵護法難陀 立法相宗〈以一乘爲權 三乘爲實 唐三藏奘之所師宗〉 光卽遠體曼殊龍勝 近稟靑目淸辯 立法性宗〈以三乘爲權 一乘爲實 靑目 有本云 提婆〉", 『번역명의집』 권1(대정장54, p.1066c25)에 "빈가라는 누구인가? 『중론』「서 序」에서 말한다. '인도의 여러 나라에서 학자들이 이 논을 익혀 맛보아 품어 소중히 하지 않는 이가 없으며, 주석서를 쓴 이도 적지 않다. 지금 역출한 것은 인도의 범지 빈가라, 진나라 말로는 청목이 푼 것이다. 賓伽羅 中論序云 天竺諸國 敢預學者之流 無不翫味斯論 以爲喉襟 其染翰申釋者 甚亦不少 今所出者 是天竺梵志 名賓伽羅 秦言靑目之所釋也"라고 하였다. 〔참고문헌〕『法藏和尙傳』, 『翻譯名義集』. ⇨ 빈두로가 賓頭盧伽**2** **2** 동진(東晉)대 계빈국(罽賓國) 출신의 율사(律師) 비마라차(卑摩羅叉)의 별명. ⇨ 비마라차 卑摩羅叉

청몽 淸夢 맑은 채 꿈꾸다. 잠들지 않은 채로 꾸는 꿈. 깨어있는 채로 일체가 꿈인줄 알고 보고 듣는 때를 말한다. 『청허당집』 권1「숙원효암 宿元曉庵」(한불전7, p.676c7)에 "구름 깊어 스님은 정에 들고, 소나무 오래되자 학도 보금자리 옮기네. 바둑 두던 사람 어디로 갔을까? 가던 길 이끼 덮여 알 수가 없네. 밤이 오면 맑은 꿈에서 깨어나니, 배꽃도 달빛도 창 아래로 내려앉네. 雲深僧入定 松老鶴移栖 著局人何去 封苔路欲迷 夜來淸夢罷 梨月向窓低", 『서중무온어록』 권6(卍속장123, p.873a11)에 "매미 울음 듣다 : 동틀 무렵 나무더미에 앉았는데, 매미 울음 숲에서 터진다. 분명히도 조사의 뜻 알리거늘 어디에 속된 마음 있으랴? 력력해 맑은 꿈 사라지고 고요해 홀로 읊는 소리 도와서 지금 사람들 모두 함께 들을 수 있거늘, 듣는 이 없다고 누가 말하는가? 聞蟬 侵曉堆梔坐 蟬聲出樹林 分明宣祖意 何處有凡心 歷歷消淸夢 悠悠助獨吟 時人皆共聽 誰謂少知音"라고 하였다. 〔참고문헌〕『淸虛堂集』, 『恕中無慍語錄』.

청묘 淸妙 **1** Ⓢ acchatva, Ⓣ dang-bái-phyir. 맑고 묘해 색계(色界)와 같이 보거나 만질 수 없는 것으로 무색(無色)으로 이름하는 것들. 『구사론』 권28(대정장29, p.145c23 : *Abh-k-bh.*, p.434)에 "만약 저 몸 극히 청묘하기에, 중유와 색계도 무색이라고 해야 한다. 만약 저 몸 청묘 중에서도 극하기에, 오직 유정처만이 무색이라는 이름을 얻는다. 저 정생신처럼 승열이 있기 때문이다. 若謂彼身 極淸妙故 中有色界 應名無色 若謂彼身 淸妙中極 應唯有頂 得無色名 如定生身 有勝劣故 acchatvāc-cet. antarā-bhava-rūpāvacareṣv-api prasaṅgaḥ. yato na-acchataraṃ cet. bhavāgram-eva-ārupyaṃ syāt. samāpattivat-tad-upapatti-viśeṣāt", 『순정리론』 권23(대정장29, p.470b19)에 "지금 우선 그대 위해 동취리를 알려주겠다. 즉 저 상색은 극히 청묘하여 나머지 색들을 가려 보이지 않게 하지 못한다. 거울과 영상이 매우 서로 가깝기에 증상만을 일으켜 처를 같이해 취한다. 今且爲仁 解同取理 謂彼像色 極淸妙故 不能擁蔽 所餘諸色 以鏡與像 最極相隣 起增上慢 謂同處取"라고 하였다. 〔참고문헌〕『俱舍論』, 『順正理論』, *Abh-k-bh.* **2** 석존의 생모이신 마야부인(摩耶夫人)의 한역 이름. 『범마유경』(대정장1, p.883b25)에 "마

납의 스승이 말하길, '경에서 말하지 않았는가? 「내세에 왕이 있으니, 이름은 백정이고, 왕후는 청묘인데, 명덕을 한결같이 갖췄다. 그녀가 낳는 거룩한 아들은 천중천이어서 홀로 거룩한 이의 표상이니, 몸은 장륙이고 삼십이상이다. 나라를 다스린다면 비행황제가 될 것이고, 나라를 버리고 도를 위해 사문이 된다면 반드시 부처가 될 것이다」라 하였다'. 摩納師曰 經不云乎 來世有王 厥名白淨 后名淸妙 明德純備 其生聖子 有天中天 獨尊之表 軀體丈六 相有三十二 處國當爲飛行皇帝 捨國爲道 行作沙門者 必得爲佛"라고 하였다. ［참고문헌］『梵摩喩經』. ⇨ 마야부인 摩耶夫人, 천중천 天中天

청묘회 靑苗會 논밭에 심은 묘목들이 잘 자라기를 기원해 대중이 모여 독경하며 기도하는 일. 5월 5일 단오절에 행한다. 청묘승회(靑苗勝會)라고도 한다. 『선림상기전』 권16(대장경보편19, p.514b10)에 "청묘회 : 씨앗 심어 잘 자라도록 기원한다. 『백장청규』 「월분수지」에 '5월 단오일에 주지가 상당하고 차제로 청묘회를 열면 당사는 각 료에서 나와 독송할 경의 이름을 적은 종잇조각을 미리 내준다'라고 하였고, 靑苗會 祈保田稼也 敕修淸規 月分須知云 五月端午日 住持上堂 次第建靑苗會 堂司預出諸寮 看誦經單", "『환주암청규』에 '5월 28일에 청묘경회를 일으켜 3일 후인 6월 초하루가 되면 흩어지는데, 향초공양할 것들을 미리 갖춰야 하며 소문을 짓고 경단을 미리 내놓고 대중을 청한다. 연을 맺어 경을 펼쳐 읽은 연후에 경목을 모으고 소를 들여 회향한다'라고 하였으며, 幻住菴淸規云 五月二十八日 起靑苗經會 三日 至六月初一日散 須預備香燭供料 幷立疏文 及預出經單 請大衆 結緣披閱 然後聚其經目 入疏回向", "또 「청묘경소」에 '매년 음력 5월 식물이 무성하게 자랄 때를 당하면 청묘승회를 열어 밭작물이 잘 자라기를 기원하고 보호한다'라고 하였다. … 도충이 말한다. '대개 청묘회에서는 『화엄경』을 전독한다'. 又靑苗經疏云 歲遇中夏 當植物長茂之時 啓建靑苗勝會 用保田疇 仰祈護祐 … 忠曰 蓋靑苗會 轉華嚴經也"라고 하였다. ［참고문헌］『禪林象器箋』, 『百丈淸規』 권7(대정장48, p.1155a5), 『幻住庵淸規』(卍속장111, p.975a6·981a17).

청무 淸茂 ➡ 고림청무 古林淸茂

청문 請問 마음 기울여 청하여 법을 묻는 일. 『분양어록』 권중(대정장47, p.608b27)에 "무업선사는 누구든 청해 묻고자 하면 항상 '망상하지 마라'라고 하였다. 無業禪師 凡有請問 皆云莫妄想", 『보왕삼매염불직지』 권하(대정장47, p.375b23)에 "대승경을 외우고 제일의를 풀며 선우를 가까이 하고 선각에게 청하여 물으며 자기의 견해를 고집하지 않고 자기를 드러내려 하지 않는다. 誦大乘經 解第一義 親近善友 請問先覺 不執己見 不引己長"라고 하였다. ［참고문헌］『汾陽語錄』, 『寶王三昧念佛直指』. ⇨ 청법 請法

청문 聽聞 Ⓢ śravaṇa, śruta, Ⓟ savana, Ⓣ nyan-pa, mnyan-pa. 귀 기울여 듣다. 마음 다해 법을 듣는 일. 듣는 데 그치지 않고 믿어 알아(信解) 능히 받아 가지는(受持) 데까지 이르러야 청문이다. 십법행(十法行) 중 하나이기도 하다. 『금광명최승왕경』 권4(대정장16, p.422a5)에 "만약 이 경전을 청문할 수 있는 이라면, 모두 아누다라삼막삼보리에서 물러서지 않는다. 若得聽聞是經典者 皆不退於阿耨多羅三藐三菩提", 『증일아함경』 권43(대정장2, p.781c3)에 "그때 세존께서는 하늘귀로 비구들이 이와 같이 논의하는 것을 들으시고는 보회강당으로 가셨다. 爾時 世尊 以天耳聽聞諸比丘各作是論 卽往至普會講堂所", 『유가사지론』 권14(대정장30, p.349a29)에 "또 법을 청문하는 데에는 세 가지가 있다. 첫째는 법과 의에 대해 받아 가지지 못하는 것이고, 둘째는 듣기만 할 뿐 능히 맡겨 가지지 못하는 것이며, 셋째는 받아 능히 기억하는 것이다. 又有三種聽聞法者 一於法於義不能受持 二 唯能領受不能任持 三 能受能持", 같은 책 권37(대정장30, p.497c10 : *Bodh-bh.*, p.58)에 "청문이란, 부처님의 말씀에 대해 깊이 신해를 일으켜 쉼 없이 계경 등의 법을 청문하고 수지하며 독송하는 것을 말한다. 聽聞者 謂於佛語深生信解 精勤聽聞受持讀誦契經等法 tatra śrutaṃ katamat. yo bauddhapravacanādhimuktasya sūtrādīnāṃ dharmāṇāṃ śravaṇodgrahaṇa-dhāraṇasvādhyāyābhiyogaḥ", 『법화현의』 권6(대정장33, p.755b14)에 "수계할 때에 이 계법을 설하여 앞에 있는 사람에게 수여하면, 앞에 있는 이는 기울여 듣고는 계를 일으켜 얻게 되니, 스승과 제자의 인연은 이로 인해 생겨난다. 受戒之時 說此戒法 授於前人 前人聽聞 卽得發戒 師弟所由生也", 『유가사지론석』(대정장30, p.887b12)에 "들음이란 청문을 말하는 것이니, 이근이 이식을 발생시켜서 말로 하신 가르침 듣는 것이다. 聞謂聽聞 卽是耳根發生耳識 聞言敎故"라고 하였다. ［참고문헌］『金光明最勝王經』, 『增壹阿含經』, 『瑜伽師地論』, 『法華玄義』, 『瑜伽師地論釋』, *Bodh-bh.* ⇨ 청 聽❶, 청문정법 聽聞正法

청문요집 請文要集 조선조 해운(海運)이 불가에서 행하는 의식문을 모아 필사한 책. 총 141장 중 43장과 139장이 일실되었고, 목차에 따르면 약 63종이 실려 있다. 도량 내 모신 불보살들께 상시로 올리는 상주권공(常住勸供)과 각 단의 존상(彌陀 地藏 藥師 彌勒 羅漢 神衆 山神 竈王 七星 現王 袈裟) 등께 올리는 청문들과 대례와 약례로 왕공(王供), 삼단창불(三壇唱佛)과 조석으로 하는 신중작법(神衆作法)과 운수청(雲水請), 상용영반(常用靈飯) 등 시식문(施食文) 외에 각 소문(疏文)과 이운작법(移運作法)과 성도재작법(成道齋作法), 산당결제절차(山堂結制節次) 외 각종 규식을 모았다. 〔참고문헌〕『韓國佛敎儀禮資料叢書』 권4 pp.581~651.

청문정법 聽聞正法 Ⓢ sad-dharma-śravaṇa, Ⓟ sad-dhamma-savana, Ⓣ dam-pa'i-chos-mnyan-pa, dam-pa'i-chos-nyan-pa. 바른 법 기울여 듣다. 네 가지로 늘 가까이해야 하는 사친근행(四親近行) 중 하나다. 『집이문족론』 권6(대정장26, p.393a20)에 "무엇이 청문정법인가? 〔답〕 정법이란, 앞서 설한 선사가 드러나 알지 못하는 바를 바르게 드러내 알게 하고, 아직 열어 깨우치지 못한 바를 바르게 열어 깨닫게 하고, 지혜로써 깊고 묘한 구의 뜻을 통달하여 방편으로 타인에게 설해 베푸는 것이고 … (정법을) 가져 기억하게 하고자 자주 이근으로 설법하는 소리를 마주하게 해서 수승한 이식을 일으키는 것이니, 이것을 청문정법이라 한다. 云何聽聞正法 答 正法者 謂前說善士 未顯了處爲正顯了 未開悟處爲正開悟 以慧通達深妙句義 方便爲他宣說施 … 爲受持故 數以耳根 對說法音 發勝耳識 如是名爲聽聞正法"라고 하였다. 〔참고문헌〕『集異門足論』, *Śrāv-bh.19.*, *Sūtr.28.* ⇨ 사친근행 四親近行 ❶

청문중 聽聞衆 법회 중에 마음 기울여 법을 듣는 무리들. 육성취(六成就 : 信聞時處主衆) 중에 듣는 무리를 성취시켜야(衆成就) 경(經)은 원만한 지위를 얻게 된다. 『장아함경』 권2 「유행경 遊行經」(대정장1, p.11a8)에 "이와 같이 나는 들었다. 일시에 부처님께서 나열성 기사굴산 중에 비구대중 천백오십인과 함께 머무셨다. 如是我聞 一時 佛在羅閱城 耆闍崛山中 與大比丘衆千二百五十人俱", 『법화삼매경』(대정장9, p.289c13)에 "그때 불상보살이 부처님께 아뢰었다. '금일 대중이 법화삼매로 여신 사요를 풀어 말씀하셨지만 도무지 결택해 받지 못하였습니다'. 부처님께서 보살에게 고하셨다. '오늘 법화삼매 설한 것 자체가 모두에게 수결한 것이다. 겁과 그 수가 있고 각각 저마다의 국토와 처소가 스스로 있기에 다시 설하지 않았을 뿐이노라'. 時不想菩薩白佛言 今日大衆 聽聞法華三昧 解說事要 都未受訣 佛告菩薩 今日說法華三昧者 皆以授訣 有劫數 各各自有國土處所 是故不復說耳", 『대법고경』 권상(대정장9, p.290b15)에 "이와 같이 나는 들었다. 일시에 부처님께서 사위국 기수급고독원에 대비구중 오백인과 함께 머무셨다. 또 백천대보살중도 있었고, 다시 무리 여럿이 있었으니 하늘·용·야차·건달바의 무리가 있었다. 다시 백천의 모든 우바새와 우바이 무리가 있었고, 다시 사바세계주·범천왕과 천제석과 사천왕중이 있었고, 다시 시방세계의 무량한 비구비구니와 우바새우바이와 모든 보살이 함께 있었다. 그때 여래께서 저 사중에게 이와 같은 법을 설하셨다. '유(有)가 있으면 고락이 있고, 유가 없으면 고락이 없다. 이런 까닭에 고락 여의면 바로 열반제일의 즐거움이니라'. 如是我聞 一時 佛住舍衛國祇樹給孤獨園 與大比丘衆 五百人俱 復有百千大菩薩衆 復有衆多 天龍夜叉 健闥婆衆 復有百千 諸優婆塞 優婆夷衆 復有娑婆世界主 梵天王 及天帝釋 四天王衆 復有十方世界 無量比丘比丘尼 優婆塞 優婆夷 諸菩薩俱 爾時如來於彼四衆 說如是法 有有則有苦樂 無有則無苦樂 是故離苦樂 則是涅槃第一之樂", 『대성문수사리보살불찰공덕장엄경』 권상(대정장11, p.902b11)에 "이와 같이 나는 들었다. 일시에 박가범께서 왕사성 추봉산 중에 머무셨다. 더불어 대필추중 일천인과 함께 보살 팔만사천 모두 무상정등보리에서 불퇴전을 얻었으니 이른바 자씨보살, 문수사리보살, 관자재보살, 득대세보살로 상수로 삼았다. 다시 칠십이구지의 제천중도 함께 모두 보살승에 머물렀다. … 다시 네 아소라왕이 있었고 … 다시 육만이천의 모든 대용왕이 있었으며 … 다시 사대천왕이 있었다. … 그때 왕사성의 국왕과 대신 그리고 모든 사부대중, 천룡야차와 사람과 비인 등이 각각 의복, 음식, 와구, 의약과 갖가지 자구를 여래께 공경존중으로 받들어 올렸다. 이에 세존께서 왕의 청식을 받고 이른 아침 가사 둘러 발우 지닌 채 모든 필추와 하늘과 사람 백천 무리의 앞뒤 에워쌈을 받으시며 왕사성 미생원왕궁으로 향하셨다. 如是我聞 一時薄伽梵 住王舍城鷲峯山中 與大苾芻衆一千人俱 菩薩八萬四千 皆於無上正等菩提得不退轉 所謂慈氏菩薩 文殊師利菩薩 觀自在菩薩 得大勢菩薩而爲上首 復有七十二俱胝諸天衆俱 皆悉住於菩薩之乘 … 復有四阿蘇羅王 … 復有六萬二千諸大龍王 … 復有四大天王 … 時王舍城 國王大臣 及諸四衆 天龍藥叉 人非人等 各以衣服 飮食臥具 醫藥種種資具 於如來所恭敬尊重而爲奉獻 爾時世尊受王請食, 於晨朝時 著衣持鉢, 與諸苾芻及 於天人百千之衆 前後圍繞, 向王舍城 未生怨王宮", 『심성죄복인연집』 권하 「법숭화상계제자어 法崇和尙誡弟子語」(卍속장149, p.476a10)에 "심왕법사가 몸이라는 당의 안을 둘러보니, 법문을 들어 받는 사부대중이 당 가득 섞여 머무르고 있었다. 心王法師 見身堂內聽聞四衆 滿堂雜住"라고 하였다. 〔참고문헌〕『長阿含經』, 『法華三昧經』, 『大法鼓經』, 『大聖文殊師利菩薩佛刹功德莊嚴經』, 『心性罪福因緣集』. ⇨ 육성취 六成就

청미 淸靡 맑고 고움. 말소리의 수사다. 『양고승전』 권1 「강승회전 康僧會傳」(대정장50, p.326a22)에 "또 열반의 울림 깊은 소리 전해주었으니, 맑고 아름다우면서도 슬픈 듯 낭랑했으니 일대의 본보기다. 又傳泥洹唄聲 淸靡哀亮 一代模式", 『당고승전』 권21 「석혜광전 釋

慧光傳」(대정장50, p.607b24)에 “하는 말 이미 맑고 고운데다가 뜻마저 높고 빛나서 당시 사람들이 그를 ‘성스러운 사미’라 불렀다. 辭旣淸靡 理亦高華 時人號之 聖沙彌也”라고 하였다. [참고문헌] 『梁高僧傳』, 『唐高僧傳』, 『過去現在因果經』 권4(대정장3, p.651c20).

청방 靑膖 검푸르게 부풀어 오르는 것. 청어(靑瘀)라고도 한다. 주로 주검이 변해가는 모습으로 부정관(不淨觀)의 대상이다. 『오백제자본기경』(대정장4, p.193b10)에 “옛날에 어떤 도인 하나가 마을에 들어가 구걸하다가 죽은 여인을 보았는데 검푸르게 부푼 것에서 심한 악취가 풍겼다. 가부좌 맺고 앉아 덧없이 변해버리는 것 보아 무너지고 깨끗할 수 없는 것 성찰하였으니, 오롯한 뜻으로 정심을 익혔다. 昔有一道人 入聚落乞匄 見死亡女人 靑膖甚臭惡 結跏趺而坐 觀視無常變 省察敗不淨 一志學定心”, 『음지입경』 권하(대정장15, p.177b8)에 “마음 모아 주검 이미 무너져 검푸른 종기 모양이라 여기니, 이것이 부정사상이다. 處已見身屍已壞 靑膖爲受是相 是爲不淨思想”라고 하였다. [참고문헌] 『五百弟子本起經』, 『陰持入經』, 『鼻奈耶』 권1(대정장24, p.855a29), 『止觀門論頌』(대정장32, p.492b6). ⇨ 방창 膖脹, 청어 靑瘀, 청어상 靑瘀想

청백 淸白 Ⓢ pary-avadāta, vy-avadāta. 맑고 깨끗함. 삼매 닦아 자성이 선(善)하기를 처음도 중간도 끝도 한결같고 정법(正法)으로 여일(如一)해서 비법(非法)이란 없으니, 자성에 물듦 없어서 언제나 드러나는 모습 맑고 깨끗함을 말한다. 『대승아비달마잡집론』 권9(대정장31, p.736a25 : *Abh-s-bh.*, p.79)에 “맑고 깨끗하다 하니, 깨끗한 정려에는 색이 없다는 뜻이다. 성이 선하기에 맑고 깨끗하다고 한다. 비록 세간일지라도 번뇌의 허물 벗어났기 때문이니 정이라고도 한다. 淸白者 謂淨靜慮無色 由性善故 說名淸白 雖是世間 離纏垢故 亦名爲淨 kathaṃ vyavadānataḥ. śuddhakā dhyānārūpyā laukikā api kuśalatvātparya vasthāna malāpagatatvena vyavadātā ityucyante”, 『법화경』 권1(대정장9, p.3c20 : *Saddh-p.*, p.17)에 “바른 법 연설하니 처음도 선이고 중간도 선이며 끝도 선이다. 그 뜻 깊고 아득하고 그 말은 세련되고 묘하며 순해 한결같고 잡되지 않아서 맑고 깨끗한 범행의 모습 빠짐없이 갖췄다. 演說正法 初善中善後善 其義深遠 其語巧妙 純一無雜 具足淸白 梵行之相 sa dharmaṃ deśayati smādau kalyāṇaṃ madhye kalyāṇaṃ paryavasāne kalyāṇam svarthaṃ suvyañjanaṃ kevalaṃ paripūrṇaṃ pariśuddhaṃ paryavadātaṃ brahmacaryaṃ saṃprakāśayati sma”, 『법화의소』 권2(대정장34, p.479b25)에 “청백이란 앞에서 밝힌 ‘순일정법 법 아닌 것과 섞이지 않는다’ 한 것이어서, 곧 교의 바탕 밝힌 말이다. 淸白者 上明純一正法 不雜非法 卽明敎體也”, 『금강삼매경론』 권하(대정장34, p.993b8)에 “‘깨끗한 마음 맑고 깨끗하다’는 말은 이 믿음이 부처의 성품 얻음에 이른다는 뜻이다. 곧 도에 이른 다음에야 모든 번뇌에서 벗어나고 자성 깨끗한 마음에서 맑고 깨끗함 드러나기 때문이다. 言淨心淸白者 是信至得佛性 謂至道後離一切垢 自性淨心 顯現淸白故”라고 하였다. [참고문헌] 『大乘阿毘達磨雜集論』, 『法華經』, 『法華義疏』, 『金剛三昧經論』, *Abh-s-bh.*, *Saddh-p.*

청백용왕 靑白龍王 Ⓢ Piṅgalo nāgarājā, Ⓣ klu'i-rgyal-po-ser-skya. 팔십일용왕(八十一龍王) 중 하나. 『공작왕주경』 권2(대정장19, p.454c11)에 “아난아, 뭇 용왕이름을 취해야 하니 그 이름은 이렇다. … 청백용왕이다. 阿難 汝當取諸龍王名 其名如是 … 靑白龍王”이라고 하였다. [참고문헌] 『孔雀王呪經』, *Mvyut.168.* ⇨ 팔십일용왕 八十一龍王

청백전가객 淸白傳家客 맑고 깨끗함 전하는 나그네. 『굉지광록』 권2(대정장48, p.21a11)에 “뒤쳐 맑고 깨끗함 전하는 저 집 나그네 회상해보니, 귀를 씻은 시냇가에서는 소도 물 먹이지 않았네. 翻思淸白傳家客 洗耳溪頭不飮牛”라고 하였다. [참고문헌] 『宏智廣錄』.

청백지법 淸白之法 Ⓢ śukla-dharma. 맑아 티없는 법. 『출요경』 권13(대정장4, p.679c22)에 “마침내 범계마저 마친 사람이란, 터럭만큼의 계도 그의 마음에 남아 있지 않아 청백의 법마저 없음이다. 至竟犯戒人者 無毫釐戒 存在心懷 亦無淸白之法”, 『무량수경』 권상(대정장12, p.269c15)에 “용맹하게 정진하여 게으름 피우지 않겠노라는 원을 품고 오롯이 맑고 깨끗한 법을 구한다. 勇猛精進 志願無惓 專求淸白之法”라고 하였다. [참고문헌] 『出曜經』, 『無量壽經』, *Sukh-vy. I.29.*

청범 淸梵 맑아 성스러운 소리. 염불이나 독경소리를 말한다. 청과 범은 모두 맑거나 고요하다는 뜻을 내포한다. 『당고승전』 권3 「혜정전 慧淨傳」(대정장50, p.445a20)에 “큰 종을 두드림에 시끄럽지 않고, 맑은 소리 높여 부르지만 더없이 고요하다. 洪鍾扣而弗諠 淸梵唱而逾靜”라고 하였다. [참고문헌] 『唐高僧傳』, 『大乘菩薩藏正法經』 권7(대정장11, p.796c1).

청법 請法 법을 청하다. 법 듣기를 원해 마음 기울여 청하는 일. 80권본 『화엄경』 권78(대정장10, p.428c21)에 “선지식을 좋아하여 가까이 모시고 공양하고, 곳곳을 찾아다니며 법을 청한다. 樂善知識 親近供養 處處尋

求 承事請法", 『화엄경소초』 권54(대정장36, p.429c9)에 "무릇 법을 청하는 이라면 반드시 설법하는 사람도 찬탄하고 그 법도 찬탄해야 한다. 법을 찬탄함에는 교도 들어 있고 증도 있으며, 사람을 찬탄함에는 설함도 찬탄하고 듣는 일도 찬탄한다. 그러므로 청하는 모양새 갖춘다. 夫請法者 必歎人歎法 歎法有敎有證 歎人歎說歎聽 故請儀具矣", 『기신론소필삭기』 권17(대정장44, p.390c17)에 "법을 청한다는 말은 저마다의 세계에서 저마다의 대중중에 자기를 독려하여 몸소 앞서고 무리를 이끄는 머리가 되어서는 부처님께 법을 설해주시길 청하는 것이다. 請法者 於彼彼世界 彼彼衆中 勵已率先 爲衆導首 請佛說法", 『백장청규』 권2 「위행자보설 爲行者普說」(대정장48, p.1122a27)에 "양서가 문안인사를 마치면 시자가 향을 사르고 법을 청한다. 兩序問訊畢 侍者燒香請法"라고 하였다. [참고문헌] 『華嚴經』, 『華嚴經疏鈔』, 『起信論疏筆削記』, 『百丈淸規』. ⇨ 청 請 ❶

청법 聽法 Ⓢ dharma-śravaṇa, dhārma-śravaṇika. 법을 듣다. 『대장엄론경』 권2(대정장4, p.262c8)에 "무릇 법 듣는 이에게 큰 이익이 있다. 지혜를 한층 넓혀서 마음과 뜻 모두 다 고르고 순하게 한다. 夫聽法者 有大利益 增廣智慧 能令心意 悉皆調順", 『법화경』 권3(대정장9, p.19b15 : *Saddh-p.*, p.123)에 "이때 무수천만억 갈래 중생이 부처님 계신 곳에 와서 법을 들었다. 여래께서 이때 영리함과 둔함, 정진과 게으름 등으로 중생들의 근기를 관하시고 감당할 만큼만 설법하셨다. 爾時 無數千萬億種衆生 來至佛所而聽法 如來于時 觀是衆生諸根利鈍 精進懈怠 隨其所堪而爲說法 tatra kāśyapa bahūni prāṇikoṭīnayutaśatasahasrāṇi tathāgatasya dharmaśravaṇāyopasaṃkrāmanti. atha tathāgato 'pi teṣāṃ sattvānāmindriyavīryaparāparavaimātratāṃ jñātvā tāṃstāndharmaparyāyānupasaṃharati", 60권본 『화엄경』 권24(대정장9, p.553b1)에 "법을 들은 인연으로 능히 바른 생각 얻을 수 있고, 바르게 생각하는 인연으로 온갖 선정을 일으킬 수 있다. 以聽法因緣 能得正憶念 正憶念因緣 能生諸禪定", 『유마경』 권상(대정장14, p.540a18 : *Vikī-n.*, p.22)에 "법을 설하는 이 설함도 없고 보여줌도 없다. 법을 듣는 이 들음도 없고 얻음도 없다. 비유컨대 환사가 환인에게 법을 설하는 것과 같다. 이 뜻을 세우고 법을 설해야 한다. 夫說法者 無說無示 其聽法者 無聞無得 譬如幻士 爲幻人說法 當建是意 而爲說法 yatra bhadantamaudgalyāyana asamāropapadaṃ na tatra deśyate na śrūyate na vijñāyate. tadyathā māyāpuruṣo māyāpuruṣebhyo dharmaṃ deśayati. evaṃ hi cittāvasthānena dharmo deśayitavyaḥ", 『임제록』(대정장47, p.497b7)에 "그대가 념념으로 치달아 구하려는 마음을 그칠 수 있다면 부처나 조사와 다르지 않다. 그대는 조사와 부처를 알고 싶은가? 오직 그대, 눈앞에 법 들을 뿐이다. 이야말로 학인이 믿는 데 미치지 못하면 밖으로 치달아 구할 뿐이다. 설령 구해 얻는 것이 있더라도 모두 문자 뛰어난 모습일 뿐, 다른 이 살리는 조사의 뜻 끝내 얻지 못하리. 爾若能歇得念念馳求心 便與祖佛不別 爾欲得識祖佛麽 秖爾面前聽法底 是學人信不及 便向外馳求 設求得者 皆是文字勝相 終不得他活祖意"라고 하였다. [참고문헌] 『大莊嚴論經』, 『法華經』, 『華嚴經』, 『維摩經』, 『臨濟錄』, *Saddh-p.*, *Vikī-n.*

청법보살 돈황272굴 북량 李振甫摹

청법게 請法偈 법사를 모셔 대중이 소리내 법을 청하는 게송. "이 경의 깊고 깊은 오묘한 뜻을, 대중은 마음다해 듣기를 갈망하오니, 원컨대 고매하신 대법사시여! 중생들을 위하사 널리 설해 주소서. 此經甚深意 大衆心渴仰 唯願大法王 廣爲衆生說"라고 하였다. [참고문헌] 『作法龜鑑』 권하(『韓國佛敎儀禮資料叢書』 권3 p.446a7), 『釋門儀範』 권상 p.109.

청법문신 請法問訊 설법을 청하여 인사드리다. 소향시자(燒香侍者)가 향을 사르고 설법을 청한다. 『선림비용청규』 권1(卍속장112, p.61a6)에 "시자가 자리에 올라 향합을 열고 왼손에 향을 들어 불을 붙이고 향합을 닫고 몸을 돌려서 좌구를 들고 주지에게 인사드린다. 이를 청법이라 한다. 侍者登座 開合 左手上香一炷 蓋合 轉身 提坐具 問訊住持 謂之請法", 『선림상기전』 권10(불광장, 禪藏, p.777)에 "주지가 법좌에 올라 가부좌하고 있을 때 시자와 동서의 양서가 설법을 청하여 인사 드린다. 住持登法座趺坐時 侍者及東西序 請法問訊"라고 하였다. [참고문헌] 『禪林備用淸規』, 『禪林象器箋』.

청법오부작이의 聽法五不作異意 법을 청해 들음에 있어 달리 생각해서는 안 되는 다섯 가지(異意 : 壞戒·壞色·壞族·壞文·壞美). 『유가사지론』 권44(대정장30, p.535b20 : *Bodh-bh.*, p.165)에 "첫째, 계를 어기지 않았나 하며 다른 생각 품지 않는다. '이 사람 파계하여 율의에 머물지 않으니, 나는 지금 그에게 법을 듣지 않으리라'고 생각하지 않는다. 一 於壞戒不作異意 謂不作心此是破戒不住律儀 我今不應從彼聽法 śīlabhraṃśe ' manasikāraḥ karaṇīyaḥ. naivaṃ cittamabhisaṃskartavyaṃ duḥśīlo 'yamasaṃvarasthaḥ nāhamataḥ śroṣyāmi", "둘째, 비루한 족성이라 생각하여 청법하지 않으려는 생각 짓지 않는다. 二 於壞族不作異意 謂不作心此是卑姓 我今不應從彼聽法 kulabhraṃśe 'pyamanasikāraḥ karaṇīyaḥ. naivaṃ cittamabhisaṃskartabyaṃ nīlakulo 'yaṃ nāhamataḥ śroṣyāmi", "셋째, 모습이 아름답지 않다고 여겨 청법하지 않으려는 생각 짓지 않는다. 三 於壞色不作異意 謂不作心此是醜陋 我今不應從彼聽法 rūpabhraṃśe 'pyamanasikāraḥ karaṇīyaḥ. naivaṃ cittamabhisaṃskartavyaṃ virupo 'yaṃ nāhamataḥ śroṣyāmi", "넷째, 말솜씨가 좋지 못하다 여겨 청법하지 않으려는 생각 짓지 않는다. 다만 뜻에 의지해야지, 글에 의지해선 안 된다. 四 於壞文不作異意 謂不作心此於言詞不善藻飾 我今不應從彼聽法 但依於義不應依文 vyañjanabhraṃśe 'pyamanasikāraḥ karaṇīyaḥ. naivaṃ cittamabhisaṃskartavyam anabhisaṃskṛtavākyo 'yaṃ nāhamataḥ śroṣyāmi. nānyatrārthapratisaraṇena bhavitavyaṃ na vyañjanapratisaraṇena", "다섯째, 위의가 아름답지 못하다는 생각 품지 않아야 하니, 그의 말 거칠고 분에마저 많으니 좋지 않은 설법이라는 생각 짓지 않는다. 五 於壞美不作異意 謂不作心 此語麤惡多懷忿恚不以美言宣說諸法 我今不應從彼聽法 mādhuryabhraṃśe 'pyamanasikāraḥ karaṇīyaḥ. naivaṃ cittamabhisaṃskartavyaṃ paruṣavākyoyaṃ krodhano na ca madhuraṃ dharmaṃ bhāṣate nāhamataḥ śroṣyāmīti"라고 하였다. [참고문헌] 『瑜伽師地論』, *Bodh-bh.* ⇨ 청법 請法, 청법 聽法

청변 淸辨 Ⓢ Bhāvaviveka, Bhavya, Ⓣ legs-ldan-'byed, skal-ldan. 부처님께서 열반에 드신 후 천백년경 남인도(南印度)에 출현한 중기중관학파(中期中觀學派)의 논사(論師). 바비베가(婆毘吠伽)·바비설가(婆毘薜迦) 등으로 음사하며, 명변(明辯)·명분별(名分別)·분별명(分別明)·분별조명(分別照明) 등으로 한역한다. 변은 변(辯)으로도 쓴다. 남인도 말라야라국(Ⓢ Malayāra) 왕족출신이며 자립논증파의 주창자다. 일찍이 중인도의 승호(僧護 Ⓢ Saṃgharakṣita)에게 대승경전과 용수(龍樹 Ⓢ Nāgārjuna)의 가르침을 배우고 남인도로 돌아와 공의 뜻 선양하였으며, 마가다국의 유가논사 호법(護法 Ⓢ Dharmapāla)과 공유논쟁(空有論爭)을 벌이기도 하였다. 인명(因明)에서는 귀류논증파(歸謬論證派)의 불호(佛護 Ⓢ Buddhapālita)와 대립했다. 저서로 『중관심론 中觀心論』·『사택염 思擇炎』·『반야등론석 般若燈論釋』·『대승장진론 大乘掌珍論』 등이 있다. 『반야심경찬』(대정장33, p.544a17·한불전1, p.3a4)에 "부처님께서 열반에 드시고 난 뒤 천 년 후에, 남인도의 건지국에 두 보살이 일시에 세상에 출현하였으니, 한 사람은 청변이고 다른 한 사람은 호법이다. 유정이 부처님의 가르침에 깨우쳐 들게 하기 위하여 공과 유를 으뜸으로 세워 부처님의 뜻을 성취하였다. 청변보살은 공(空)을 잡아 유(有)를 떨쳐버려서 유에 대한 집착을 버리도록 하였으며, 호법보살은 유를 세우고 공을 버려서 공에 대한 집착을 없애도록 했다. 佛滅沒已一千年後 南印度界 健至國中 有二菩薩 一時出世 一者淸辨 二者 護法 爲令有情 悟入佛法 立空有宗 共成佛意 淸辨菩薩 執空撥有 令除有執 護法菩薩 立有撥空 令除空執", 『자은전』 권4(대정장50, p.241b25)에 "성의 남쪽 멀지 않은 곳에 하나의 커다란 돌산이 있었다. 이곳은 바비베가〈청변이라 한역함〉논사가 아소락궁에 머물며 자씨보살의 성불을 기다려 의문을 풀려던 곳이다. 법사는 그 나라에서 두 스님을 만났으니, 한 명은 소부지(蘇部底 Ⓢ Subhūti)이고, 다른 한 명은 소리야(蘇利耶 Ⓢ Sūrya)였는데, 대중부의 삼장을 잘 이해했다. 그리하여 법사는 여러 달을 머물며 대중부의 『근본아비달마』 등의 논을 배웠다. 城南不遠 有一大石山 是婆毘吠迦〈唐言淸辯〉論師 住阿素洛宮 待慈氏菩薩成佛 擬決疑處 法師在其國 逢二僧 一名 蘇部底 二名 蘇利耶 善解大衆部三藏 法師因就停數月 學大衆部 根本阿毘達摩等論"라고 하였다. [참고문헌] 『般若心經贊』, 『慈恩傳』, 『仁王經疏』 권상(대정장33, p.360b6·한불전1, p.17a13). ⇨ 바바비베카 Bhāvaviveka, 바비베가 婆毘吠伽, 자립논증파 自立論證派, 반야등론석 般若燈論釋

청변처정 靑遍處定 Ⓢ nīla-kṛtsnāyatanam-samādhi, Ⓟ nīla-kasiṇāyatana-samādhi, Ⓣ zad-par-sngon-po'i-skye-mched. 십변처(十遍處) 중 하나. 세상이 온통 푸르다고 관하는 삼매. 청정(靑定)을 일체처로 한층 증진하는 관법이다. 『집이문족론』 권19(대정장26, p.447b2)에 "온통 푸르다고 한 가지로 상상한다. 이와 같이 상하 등 모든 곳에 펼쳐 있어 다른 것도, 그 끝도 가도 없으니, 이것이 다섯 번째의 청변처다. 靑遍一想如是上下傍布 無二無邊無際 是第五遍處", 같은 책 권20(대정장26, p.449c10)에 "[문] 청변처정의 가행은 어떻게 하는가? 관행을 닦는 이는 어떤 방편으로 청변처정에 실제로 들어가는가? [답] 처음 이 업을 닦는 이가 관을 닦기 시작할 때는 이 세계에 있어 푸른 나무나 푸른 잎이나 푸른 꽃이나 푸른 옷이나 … 갖가지 그 밖의 푸른 것들을 취한다. 그는 이러한 하나의 상을 취한 후 승해력으로 마음을 묶어 사유하고 가상으로 관하여 이것은 어떠어떠한 푸른 상이라고 믿어 알아 안립한다. … 이렇게 하면서 마음이 상속하여 오래도록 이와 같이 행하면 점차로 청변처정에 든다. 問 靑遍處定加行云何 修

觀行者 由何方便 而能證入青遍處定 答 初修業者 創修觀時 於此世界 或取青樹 或取青葉 或取青花 或取青果 或取青衣 … 或取種種諸餘青物 彼於如是 隨取一相 以勝解力 繫念思惟 假想觀察 安立信解 是某青相 … 乃至令心相續久住 由斯如行 乃漸能入青遍處定", 같은 책 권20(대정장26, p.450a17)에 "마음으로 안주해서 한결같이 머물게 하고 가까이 하며, 끊어지지 않게 한 곳으로 나아가 한 경에 마음을 묶어 사유하길 온통 푸르러 둘도 없고 바뀜도 없으니, 이렇게 청변처정에 들어간다. 由心安住 等住近住 相續一趣 繫念一境 思惟此境 遍皆是青 無二無轉 從此乃入青遍處定"라고 하였다. [참고문헌] 『集異門足論』, 40권본『華嚴經』권2(대정장10, p.667c3), *DN.3.268.*, *MN.2.14.*, *Mvyut.72.* ⇨ 십변처 十遍處

청변호법공유쟁론 清辨護法空有諍論 신라 원효(元曉 617~686) 지음. 1권. 현재는 전하지 않는다. 『동역전등목록』 잡술록(雜述錄)4(대정장55, p.1145c14)에 "청변호법공유쟁론 1권〈또는 『공유성불성쟁론』이라고도 한다〉. 清辨護法空有淨論一卷〈又云空有成不成諍論〉"이라고 하였다. [참고문헌] 『東域傳燈目錄』, 『新羅章疏錄長編』(東國大學校, 1959), 『韓國佛教撰述文獻總錄』(동국대출판부, 1976). ⇨ 공유논쟁 空有論爭

청봉 清峰 조선후기 해남 대흥사 스님인 세영(世英1855~1894)의 법호. ⇨ 세영 世英

청봉 晴峰 조선후기 현종(재위 1659~1674) 때 스님인 수영(秀暎)의 법호. ⇨ 수영 秀暎

청봉거안 晴峯巨岸 조선후기 스님. 『동사열전』 권4 「용암선백전 龍巖禪伯傳」(한불전10, p.1034c15)에 "법명은 혜언이고 호는 용암이다. 율봉청고(1738~1823)의 제자이고 월송성일과는 법형간이며, 청봉거안의 손제자이고 호암체정(1687~1748)의 증손제자이다. 師名慧彥 號龍岩 栗峰青杲之嗣 與月松性日鴈行 晴峯巨岸之孫 虎岩淨之曾孫"고 하여 호암체정의 증손이라고 하였지만, 『서역중화해동불조원류』 「해동선파정전도 海東禪派正傳圖」(한불전10, p.128b1)에는 서산휴정(西山休靜 1520~1604)의 세 제자 중에 무염성정(無染性淨) 문도라고 하면서, 무염성정 - 무영색름(無影嗇凜 숭정년간 활동) - 영규의규(靈圭義奎) - 백월옥혜(白月玉慧) - 청월연철(淸月演哲) - 청봉거안이라고 하였고, 서산휴정의 6세로 1764년(영조40)에 건립한 「벽하대종사비명병서 碧霞大宗師碑銘幷序」에는 문형(門兄)인 청월연철의 제자라고 전한다. 『몽암대사문집』 권하 「해인사불량계서문 海印寺佛糧契序」(한불전10, p.380b7)에는 "호남의 청봉화상은 치백에서 성품이 유하고 바램이 뚜렷한 이를 가려 모아서 단금으로 마음에 맹서하여 해인사대장전불량계를 만들었다. 湖南青峰和尙 募緇白性柔願牢者如干 斷金矢心 爲海印寺大藏殿佛粮契"라고 하였다. [참고문헌] 『東師列傳』, 『西域中華海東佛祖源流』, 『蒙庵大師文集』. ⇨ 혜언 慧彥, 체정 體淨

청봉대사 青峰大事 청봉전초(青峰傳楚)가 크나큰 일에 대해 답하다. 『허당집』 57칙 「본칙 本則」(卍속장124, p.576a16)에 "학인이 청봉전초선사에게 물었다. '큰 일 이미 밝혔는데 무슨 일로 부모상 치르듯 합니까?〈분별이 모두 다했다 해도 법에 대한 애착이 남아있다〉' '봄바람이 불지 않으면 꽃 피울 일 없다. 꽃이 피더라도 다시 바람 불면 떨어진다〈되어도 소하고 안 되어도 소하다〉'. 擧僧問青峰楚禪師 大事已明 爲甚麼 亦如喪考妣〈雖盡情塵 猶存法愛〉 峰云 不得春風花不開 及至花開又吹落〈成也蕭何 敗也蕭何〉"라고 하였다. [참고문헌] 『虛堂集』.

청부 清剖 북송대 조동종(曹洞宗) 스님. 영주(郢州 : 湖北省) 흥양사(興陽寺)에 주석하였고, 대양경현(大陽警玄 943~1027)의 법을 이었다. 『오등회원』 권14 「흥양청부장 興陽清剖章」(卍속장138, p.526a7)에 "대양 문하에서 원두소임 맡아 참외종자 심을 때 대양이 물었다. '참외는 언제 익는가?' '지금 익었습니다' '단 것 골라 가져오라' '누구에게 먹이실 것입니까?' '밭에 들어오지 못하는 이지' '밭에 들어오지 못해도 먹습니까?' '그대는 그를 아는가?' '비록 알지 못하지만 주지 않을 수 없군요'. 대양이 웃으며 가버렸다. 在大陽作園頭 種瓜次 陽問 甛瓜何時得熟 師曰 卽今熟爛了也 曰 揀甛底摘來 師曰 與甚麼人喫 曰 不入園者 師曰 未審不入園者還喫也無 曰 汝還識伊麼 師曰 雖然不識 不得不與 陽笑而去"라고 하였다. [참고문헌] 『五燈會元』. ⇨ 경현 警玄

청부대사종 青鳧大寺鍾 고려전기 범종. 1032년(덕종1)에 청부현(青鳧縣 : 지금의 경북 청송)의 큰절에서 주조하였다. 당좌(撞座)와 비천상(飛天像) 사이에 장방형의 명문곽을 마련하여 명문을 새겼는데, "태평 12년 임신 12월 일 청부대사의 종은 170근이다. 대장 김경이 주도적인 역할을 하였으며, 원길 14인은 호장 갱현 등이다. 太平十二年壬申 十二月 日 青鳧大寺鍾 百七十斤 大匠位金慶則棟梁 元吉十四人 戶長 阬賢等"라고 하였는데 알 수 없는 때에 옮겨져 현재는 일본 대진시

청부대사종 · 명문

(大津市) 원성사(園城寺)에 안치되어 있다. [참고문헌] 『韓國金石全文』 中世上 p.474.

청부좌문신 請趺坐問訊 ➡ 부좌문신 趺坐問訊

청분 淸玢 고려후기 스님. 보각국존(普覺國尊) 일연(一然 1206~1289)의 제자로서 청도 운문사 주지를 역임하였으며, 시호는 통오진정대선사(通奧眞靜大禪師)이다. 「보각국존행장」을 지었으나 전하지 않는다. 인각사 일연선사비를 세울 때 주간하였는데, 여기서는 청진(淸珍)이라 하였으나 진(珍)은 분(玢)의 오자다. [참고문헌] 「軍威麟角寺普覺國尊靜照塔碑文」(李智冠 『校勘譯註歷代高僧碑文』 高麗篇4 p.254), 『韓國佛敎撰述文獻總錄』 p.131. ⇨ 보각국존행장 普覺國尊行狀, 일연 一然

청불주세 請佛住世 청컨대 부처님께서 극미진겁 지나도록 언제나 세상에 머물기를 바라다. 보현보살십종대원(普賢菩薩十種大願) 중 일곱째 원이다. 40권본 『화엄경』 권40 「보현행원품 普賢行願品」(대정장10, p.845b26)에 "부처님께서 세상에 머물러주시기를 청한다 한 것은, '있는 바 모든 법계와 허공계 그리고 시방삼세일체불국토에 계시는 티끌보다 하고많은 제불여래께 청하옵나니, 장차 반열반을 보이려는 분과 모든 보살과 성문연각과 유학무학 내지 일체선지식들께 이르도록 나 모든 분들께 권청하오니, 열반에 드시지 마시어 일체불국토 티끌처럼 무수한 겁이 지나도록 일체중생을 이락케 하옵소서. 이와 같이 허공계가 다하고 중생계가 다하며 중생업이 다하고 중생번뇌가 다하도록 저의 이 권청 또한 다함이 없으리니, 념념으로 이어져 간단이 없고 몸과 말과 뜻으로 행함에 피곤함도 싫어함도 없으리라'. 言請佛住世者 所有盡法界 虛空界 十方三世 一切佛刹 極微塵數 諸佛如來 將欲示現 般涅槃者 及諸菩薩 聲聞緣覺 有學無學 乃至一切諸善知識 我悉勸請 莫入涅槃 經於一切佛刹 極微塵數劫 爲欲利樂 一切衆生 如是虛空界盡 衆生界盡 衆生業盡 衆生煩惱盡 我此勸請 無有窮盡 念念相續 無有間斷 身語意業 無有疲厭"라고 하였다. [참고문헌] 『華嚴經』. ⇨ 보현보살십종대원 普賢菩薩十種大願

청불주세가 請佛住世歌 고려초에 균여(均如)가 지은 「보현십원가 普賢十願歌」 11수 중 제7수. 반열반에 드시려는 부처님께 이 세상에 오래도록 머물러 주시기를 청하는 노래. 요즘 말로 푼 글과 향찰(鄕札)로 표기된 원문은 다음과 같다. 『균여전』 「가행화세분 歌行化世分」(한불전4, p.513c15)에 "모든 부처님께서 비록 화연이 다하여도 움직이시길 손을 빌어 울려서 이 세상에 머무시길 아뢰오리라. 새벽으로부터 아침과 밤이 오기까지 손 잡아 이끄실 벗 알았도다. 이를 알게 되니 길 잃은 무리들 더없이 가련할 뿐이네. 〈낙구〉 우리 마음 저 물 인양 맑으니 부처님 그림자 어찌 아니 응하시리. 皆佛體 必于化緣盡動賜隱乃 手乙寶非鳴良爾 世呂中止以友白乎等耶 曉留朝于萬夜未 向屋賜尸朋知良闊尸也 伊知皆矣爲米 道尸迷反群良哀呂舌 落句 吾里心音水淸等 佛影不冬應爲賜下呂"라고 하였다. [참고문헌] 『均如傳』, 황패강 『향가문학의 이론과 해석』(일지사, 2001). ⇨ 보현십원가 普賢十願歌, 균여전 均如傳

청불주세송 請佛住世頌 고려초 균여(均如)가 향찰(鄕札)로 지은 보현십원가(普賢十願歌)를 당대의 문신(文臣) 최행귀(崔行歸)가 번역한 한시 11수 중 제7수. 『균여전』 「역가현덕분 譯歌現德分」(한불전4, p.515c9)에 "티끌만큼 하고많은 현성들께서 이 뜬 구름 같은 생에서 교화의 연을 마치시고는 열반을 보이시고 적멸로 돌아가려 하신다네. 모래알처럼 많은 겁이 지나도록 인간과 하늘을 이롭게 해주시길 청하옵니다. 참을 말씀하시는 저 성대히 모여야 감히 변화해 견딜 수 있으련만, 세속에 매인 무리 미하여 참으로 가련할 뿐입니다. 지혜의 등불 장차 꺼지려 하는 것 보니 어찌 붉은 마음 기울여 간절히 오래도록 머무시기를 청하지 않겠나이까. 極微塵數聖兼賢 於此浮生畢化緣 欲示泥洹歸寂滅 請經沙劫利人天 談眞盛會猶堪變 滯俗群迷實可憐 若見惠燈將隱沒 盍傾丹懇乞淹延"라고 하였다. [참고문헌] 『均如傳』. ⇨ 보현십원가 普賢十願歌, 청불주세가 請佛住世歌

청불주세원 請佛住世願 보현보살십종대원 중 제7원. 부처님을 비롯한 모든 선지식들께 열반에 들지 마시고 세간에 머물러 주실 것을 권청하겠다는 서원. 『석문의범』 권상 p.86에 "보현보살십종대원 … 청불주세원. 普賢菩薩十種大願 … 請佛住世願"라고 하였다. [참고문헌] 『釋門儀範』, 『華嚴經』. ⇨ 보현보살십종대원 普賢菩薩十種大願, 청불주세 請佛住世

청빈두로법 請賓頭盧法 유송(劉宋)대 457년 혜간(慧簡) 한역. 고려장30, p.673a1~c4, No.1042·1권. 대정장32, p.784b4~c17, No.1689에 수록되어 있다. 『청빈두로』·『청빈두로법경』·『청빈두로경』이라고도 한다. 부처님 제자 빈두로(Ⓢ Piṇḍola)존자, 즉 나반존자(那畔尊者)를 청하여 모시고 행하는 재. 빈두로존자는 석존 열반 후 미륵이 하생하기까지 성문제자이지만 열반에 들지 않고 말법 세상의 복전이 되라는 석존의 유촉을 받은 인연 때문에 세간의 요익을 위한 재회에 청해 모신다. [참고문헌] 『歷代三寶紀』 권10(대정장49, p.93b17), 『出三藏記集』 권4(대정장55, p.23b24). ⇨ 나반존자 那畔尊者, 빈두로경 賓頭盧經, 빈두로 賓頭盧

청사 靑史 티베트 고로차와 쇤누펠(Ⓣ 'gos lo tsā ba gShon nu dpal 1392~1481)이 1476~8년 동안 저술한 인도와 티베트의 불교서사인 *Deb-ther-sngon-po*를 'Blue Annals'라 번역한 데서 기원한 이름이다. 총 15권으로, 15세기까지의 티베트불교의 초기 역사와 계보 등 귀중한 기록들이 전한다. 이전의 부톤(Ⓣ Bu ston rin chen grub 1290~1364)이 1322년에 지은 불교사(Ⓣ Bde gshegs bstan pa'i gsal byed chos kyi 'byung gnas)와 쿤가도르제(Ⓣ Kun dga' rdo rje 1309~1364)가 1346년에 지은 *Deb-ther-dmar-po*(Red Annals)의 내용을 잇는다. 이 책의 목판은 라사 근처의 양파첸(Ⓣ Yangs pa chen)에서 처음 새겨졌으며, 이후 쿤델링(Ⓣ Kun bde gling)으로 옮겨졌다. 암도 지역의 간덴 사원(Ⓣ dGa' ldan chos 'khor gling)에서도 목판으로 제작전승되었다. 〔참고문헌〕 Lokesh Chandra *Deb ther sngon po*(New Delhi : International academy of Indian culture, 1974), Gzhon nu dpal *Deb ther sngon po*(Khreng tu'u : Si khron mi rigs dpe skrun khang, 1984), G.Roerich *The Blue Annals*(New Delhi : Motilal Banarsidass, 1979). ⇨ 쇤누펠 gShon-nu-dpal

청사 請師 수계삼사(受戒三師) 중 인청사(引請師) 또는 인례사(引禮師)를 말한다. 득도(得度)하는 사미(沙彌)나 구족계를 받을 수계자(受戒者)를 인도하고 계를 받도록 지도하여 계사에게로 이끄는 스님. 인청사리(引請闍梨)라고도 한다. 『보살계의소』 권상(대정장40, p.568b15)에 "먼저 청사가 말한다. '족성대덕이여! 저 아무개는 오늘 대덕께 보살계를 받기를 바랍니다. 오직 대덕께서 가엾이 여기시어 수계를 허락하여 주시기를 바랍니다'. 先請師云 族姓大德 我某甲 今從大德乞受菩薩戒 唯願大德忍許聽受憐愍故"라고 하였다. 〔참고문헌〕 『菩薩戒義疏』. ⇨ 인청사리 引請師梨

청사 請辭 간절하게 부탁하거나 청하여 드리는 말. 『선원청규』 권5 「당두전점 堂頭煎點」(卍속장111, p.902b1)에 "간절히 청하여 말하기를 '오늘 밤 방참 후에 당두는 특히 아무개를 위해 차를 끓여주시기를 바랍니다' 라고 한다. 請辭云 今晩放叅後 堂頭特爲某人煎湯", 같은 책 권7 「청입승 請立僧」(卍속장111, p.914a12)에 "부탁하여 말하기를 '대중은 마음을 기울여 오랫동안 가르침을 바라고 있습니다. 엎드려 자비를 바라오니 허락해 주시기를 바랍니다. 請辭云 大衆傾心 久思示誨 伏望慈悲俯賜開允"라고 하였다. 〔참고문헌〕 『禪苑淸規』.

청산골좌 靑山骨剉 청산은 늘 뼈 채로 부서져 내린다 하다. 황벽희운(黃蘗希運)의 법을 이은 나한종철(羅漢宗徹)이 늘 학인의 물음에 답했던 말. 『선원몽구』 권하(卍속장148, p.272a3)에 "청산골좌 : 항주 나한원 종철선사에게 학인이 물었다. '무엇이 서쪽에서 오신 뜻입니까?' '뼈 부서져 내려앉았다'. 선사는 학인을 상대할 때 이 말을 자주 썼기에 사람들이 골좌화상이라고 불렀다. 靑山骨剉 杭州羅漢院宗徹禪師 僧問 如何是西來意 師云 骨剉也 師對機多用此語 時人因號骨剉和尙"라고 하였다. 〔참고문헌〕 『禪苑蒙求』. ⇨ 골좌화상 骨剉和尙

청산단발 靑山斷髮 싯달태자 성을 나와 강 기슭에서 스스로 머리카락을 자른 일. 『백장청규』 권5(대정장48, p.1137b1)에 "대각이신 세존께서 금륜왕의 보위를 버리고 한밤중에 성을 넘어 용의를 벗으시고 청산에서 머리카락 자르셨다. 정수리에 까치집 생기고 미간에 거미줄 치도록 닦아 적멸하시고 진상을 증하셨으며, 번뇌를 끊고 정각을 이루셨다네. 所以大覺世尊捨金輪之寶位 子夜踰城 脫珍御之龍衣 靑山斷髮 容鵲巢於頂上 掛蛛網於眉間 修寂滅而證眞常 斷塵勞而成正覺"라고 하였다. 〔참고문헌〕 『百丈淸規』. ⇨ 야반유성 夜半踰城

청산단발 『석씨원류응화사적』 양주불암사판 1673년

청산백운 靑山白雲 **1** 청산과 백운. 움직임이 없는 청산을 체(體)로 삼고, 청산에 의지하여 변화하는 구름을 용(用)에 배대하여 활용한 선어. 『조당집』 권20 「은산화상장 隱山和尙章」(대장경보편25, p.682a14)에 "은산화상이 게송으로 말했다. '청산은 백운의 아버지이고 백운은 청산의 아이라네. 백운 종일 의지하지만 청산 도무지 알지 못한다네. 이 뜻 알고 싶은가? 한 걸음 내딛지 않았네'. 동산이 이 송에 송을 지었다. '도는 무심하게 사람과 합하고 사람은 무심해서 도와 합하네. 이 뜻을 알고 싶은가? 하나는 늙고 하나는 늙지 않네'. 又偈曰 靑山白雲父 白雲靑山兒 白雲終日依 靑山都不知 欲知此中意 寸步不相離 洞山因此頌曰 道無心合人 人無心合道 欲知此中意 一老一不老", 『동산어록』(대정장47, p.512a3)에 "학인이 물었다. '어떻게 청산이 백운의 아버지입니까?' '우거져 울창하지 않은 것이 이것이다' '어째서 백운이 청산의 아이입니까?' '동서를 가리지 않는 것이 이것이다' '백운이 종일 기댄다는 말은 무슨 뜻입니까?' '떨어질 수도 없다' '청산이 전혀 모른다는 말은 무슨 뜻입니까?' '거들떠보지 않는다는 것이다'. 이에 송으로 말했다. '청산은 백운의 아버지요, 백운은 청산의 아이라네. 백운은 종일 의지하지만 청산은 전혀 모른다네'. 僧問 如何是青山白雲父 師曰 不森森者是 云如何是白雲青山兒 師曰 不辨東西者是 云如何是白雲終日倚 師曰 去離不得 云如何是青山總不知 師曰 不顧視者是 乃頌曰 青山白雲父 白雲青山兒 白雲終日倚 青山總不知"라고 하였다. [참고문헌] 『祖堂集』, 『洞山語錄』. ❷ 총림에서 대중이 공사 등으로 함께 하는 큰 방(大房) 동서벽에 붙이는 자리 표시. 백운(白雲)은 수좌(首座)나 노덕(老德)들의 자리이고, 청산(青山)은 주지(住持) 등 소임자들이 앉는다. 옛 총림청규에 동서반(東西班)에 당한다. ⇨ 총림대중좌위도 叢林大衆座位圖

청산상거족 青山常擧足 청산 언제나 발 든 채로라네. 낙포원안(洛浦元安 834~898)선사의 말이다. 『경덕전등록』 권16 「낙보원안전 樂普元安傳」(대정장51, p.331b22)에 "'가서 이른 곳 부사의처라 하니, 어떤 곳입니까?' '푸른 산은 언제나 발 든 채로이고, 밝은 해 옮겨 구르지 않는다'. 問 行到不思議處如何 師曰 青山常擧足 白日不移輪", 『종용록』 41칙 「본칙 本則」(대정장48, p.254a4)에 "낙포선사가 임종에 대중에게 보였다. '지금 한 가지 일 뿐이다. 그대들에게 묻겠다. 이것이 옳다 하면 머리 위에 머리를 얹는 일이고, 옳지 않다고 하면 머리를 베고 살기를 바라는 격이다'. 이때 수좌가 말했다. '청산 언제나 발 든 채이고, 태양은 심지 돋울 일 없습니다' '어떤 시절인데 그런 말을 하는가?' 洛浦臨終示衆云 今有一事 問爾諸人 這箇若是卽頭上安頭 若不是卽斬頭覓活 時首座云 青山常擧足 白日不挑燈 浦云 是甚麼時節 作這箇說話"라고 하였다. [참고문헌] 『景德傳燈錄』, 『從容錄』. ⇨ 청산상운보 青山常運步

청산상운보 青山常運步 푸른 산 언제나 움직여 걷는다네. 『열조제강록』 권10 「부용도해 芙蓉道楷」(卍속장112, p.313a9)에 "부용도해선사가 법좌에 올라 한동안 침묵하다 말했다. '청산 언제나 움직여 걷고 석녀는 밤에 아이 낳는다'. 바로 법좌에서 내려왔다. 上堂 良久曰 青山常運步 石女夜生兒 便下座", 『조당집』 권9 「낙포화상장 落浦和尙章」(대장경보편25, p.471b11)에 "'가다가 헤아릴 수 없는 자리에 도달했을 때는 어떻습니까?' '청산 항상 걸음 옮기고 밝은 달 움직여 돌지 않는다'. 問 行到不思議處時如何 師云 青山常運步 白月不移輪"라고 하였다. [참고문헌] 『列祖提綱錄』, 『祖堂集』.

청산좌 青山座 청산의 자리. 총림대중이 한자리에 모일 때 어칸문 왼쪽 자리인 동당(東堂)을 말하며, 오른쪽은 백운좌(白雲座)로 서당(西堂)이라고도 한다. 청산좌에는 주지와 삼직(三職)과 도감(都監) 등 사판중(事判衆)과 강원(講院) 학인(學人)이 앉고, 백운좌에는 방장・조실・수좌・유나・선덕과 선원대중 및 한주(閑主) 등 이판중(理判衆)이 앉는다. ⇨ 총림대중좌위도 叢林大衆座位圖, 육두수 六頭首

청삼계제천진언 請三界諸天眞言 신중청(神衆請)의 법요식에 욕계・색계・무색계의 이십팔천을 청하는 진언. 진언은 다음과 같다. "옴 삼만다 아가리 바리 보라리 다가 다가 훔 반탁. 唵 三滿多 阿迦里 婆里 菩羅里 多迦多迦 吽 泮吒". [참고문헌] 『釋門儀範』 권하 p.29.

청상원 淸上院 위치미상. 보우(普愚 1301~1381)의 『허응당집』 권하에 「시청상원 示淸上院」이 전한다. [참고문헌] 『虛應堂集』.

청색보 青色寶 유리(瑠璃)로 된 보석. 불원산보(不遠山寶)라고도 한다. 『삼미륵경소』(한불전2, p.93c22・대정장38, p.314a15)에 "범어 폐유리는 청색보라 한역하는데, 태워도 능히 깨뜨릴 수 없으며 이는 금시조의 알이다. 梵云吠瑠璃 此云青色寶 燒不能破 是其金鳥翅卵也", 『일체경음의』 권18(대정장54, p.418c4)에 "유리〈위 음은 유이고 아래 음은 리인데, 청색보다. 가짜와 진짜가 있는데, 진짜는 얻기 어려우며 외국에서 나지만, 가짜는 곧 이 나라에서 돌을 불려 만들며 물들여 오색을 삼는다〉. 瑠璃〈上音留 下音离 青色寶也 有假有眞 眞者 難得出外國 假者 卽此國鍊石作之染爲五色也〉", 같은 곳(대정장54, p.420a20)에 "폐유리〈범어이며 청색보의 이름이다. 경중에 벌류리라 했는데 벌의 음은 벌이어서 바르지 않다〉. 吠瑠璃〈梵語 青色寶名也 經中作茷瑠璃 茷音伐 不正也〉", 『능엄경보경소』 권10(卍속장90, p.919b6)에 "유리는 갖춰 폐유리라 하는데 청색보라 한역하고 또한 불원이라 뒤집는다. 서역에 산 있어 바라내성과 거리가 멀지 않다. 이 산에서 이 보물이 나오므로 인하여 이름으로 삼았다. 瑠璃 具云吠瑠璃 此云青色寶 亦翻不遠 西域有山 去波羅奈城不遠 山出此寶 因以名焉"라고 하였다. [참고문헌] 『三彌勒經疏』, 『一切經音義』, 『楞嚴經寶鏡疏』. ⇨ 불원산보 不遠山寶

청석 淸錫 당말송초(唐末宋初) 법안종 스님. 천주(泉州) 출신. 법안문익(法眼文益 885~958)의 법을 이었다. 처음에는 용수산(龍須山) 광평원(廣平院)에 머물다가 후에 홍주(洪州) 운거산(雲居山) 진여원(眞如院)과 천주 서명원(西明院)에 차례로 주석했다. 『경덕전등록』 권25 「운거청석전 雲居淸錫傳」(대정장51, p.416b3)에 "어떤 학인이 물었다. '무엇이 광평의 경계입니까?' '광평을 알음알이로 취한다' '무엇이 경중의 사람인가?' '그저 취할 뿐이다'. 다음에 운거산에 주석했다. 학인이 물었다. '운거의 경계 어떠합니까?' '그대 어떻게 경계 짓는가?' '경중의 사람 어떠합니까?' '방금 그대 향해 뭐라고 했나?' 有僧問 如何是廣平境 師曰 識取廣平 曰如何是境中人 師曰 驗取 次住雲居山 僧問 如何是雲居境 師曰 汝喚什麼作境 曰如何是境中人 師曰 適來向汝道什麼"라고 하였다. 〔참고문헌〕『景德傳燈錄』.

청석대장소장 靑石大藏小藏 청원행사(靑原行思)와 석두희천(石頭希遷)이 나눈 문답으로 대승의 보살장(菩薩藏)과 소승의 성문장(聲聞藏)이라 달리 분별하지만 그 가르침 온 곳 깨우치지 못한다면 모두 다 계곡 메운 높은 벽일 뿐이라는 뜻이 담겼다. 『경덕전등록』 권14 「석두희천전」(대정장51, p.309b7)에 "어느 날 청원행사가 석두에게 물었다. '어떤 이는 영남에 소식이 있다고 말한다' '어떤 이는 그렇게 말하지 않습니다' '만약 그렇다면 대승과 소승은 어디에서 왔겠는가?' '모두 이곳 좇아 나왔건만 끝내 다른 일 없애지 못합니다'. 행사가 크게 긍정했다. 一日思問師曰 有人道嶺南有消息 師曰 有人不云云 曰若恁麽大藏小藏從何而來 師曰 盡從遮裏去終不少他事 思甚然之" 『원오어록』 권18(대정장47, p.798c21)에 "소식이 있다 해도 크고 깊은 굴에 빠지고, 소식이 없다 해도 거듭 땅에 묻히리. 대장과 소장이 이로부터 나왔거늘 모래 거두고 흙을 뿌려 끝날 날 없으니, 달기는 꿀이고 쓰기는 황벽 같고, 밝기는 저 해와 같고 어둡기는 칠통이라네. 천년 묵은 여우굴 때려 부수니, 계곡 가득 메워 막힌 벽 되어 알아보는 이가 없다네. 有消息太沈屈 無消息轉埋沒 大藏小藏從玆出 撒沙撒土無終極 甛如蜜苦如檗 明如日黑如漆 擊碎千年野狐窟 塡溝塞壑少人識", 『금강경주』 권하(卍속장38, p.740b1)에 "옳다면 옳겠지만 대장소장 어디에서 왔는가? 〔송〕 있다 하면 비방이고, 없다 하면 들일 곳 없게 되네. 그대에게 한 길 통하게 할 뿐이니, 해는 대유령 동쪽 붉게 물들인다네. 是卽是 大藏小藏 從甚處得來 頌曰 有說皆成謗 無言亦不容 爲君通一線 日向嶺東紅"라고 하였다. 〔참고문헌〕『景德傳燈錄』, 『圜悟語錄』, 『金剛經註』.

청석사 靑石寺 황해도 신천군 용진면 구월산(九月山)에 있던 절. 『동국여지승람』 권42 황해도 문화현 불우에 이름과 위치가 전하고, 『범우고』에 "지금은 폐사다. 今廢"라고 하였다. 〔참고문헌〕『東國輿地勝覽』, 『梵宇攷』, 『韓國寺刹全書』 권하 p.1091a8, 『北韓寺刹硏究』(寺刹文化硏究院, 1993) p.602.

청설선문 請說禪文 법 설해주시길 청하는 글. 이규보(李奎報 1168~1241)의 『동국이상국전집』 권41에 「광명사선회설재청설선문 廣明寺禪會設齋請說禪文」 등 6편이 있는데, 「청설선문」에서는 "조사 심인을 증해 전함에 입으로 인쳐 겸하여 열기를 꺼리지 않았고, 중생이 성근을 훈련하는 데는 반드시 이근으로 먼저 받아야 하니, 감히 지극한 정성 펴서 옥음 듣기를 기다릴 뿐입니다. 삼가 바라오니 모 사 장하께서는 … 하물며 나라 운수 바야흐로 어려운 즈음에 닥쳤으니 지금은 법왕이 반드시 구할 때입니다. 엎드려 바라옵건대 높은 법상에 앉기를 허락하시고 잠깐이라도 비밀의 그곳 열어주소서. 祖師證傳心印 不嫌口印之兼開 衆生熏練性根 必自耳根之先受 敢披霞懇 佇聽玉音 恭惟某師丈下 … 矧國步方艱之會 是法王痛救之時 伏望許據高床 略開秘藏"라고 하였다. 이외에도 김양감(金良鑑 생몰년 미상)의 「진양부청설선문 晉陽府請說禪文」(『동문선』 권114), 조문발(趙文拔 ?~1227)의 「만덕사청설선문 萬德社請說禪文」 두 편(『동문선』 권114), 김구(金坵 1211~1278)의 「내전청설선문 內殿請說禪文」(『동문선』 권114), 정추(鄭樞 1333~1382)의 「태조기신청설선문 太祖忌晨請說禪文」(『원재고』 권하) 등이 전한다. 〔참고문헌〕『東國李相國全集』(韓國文集叢刊2, p.131a2), 『東文選』, 『圓齋槀』.

청성 淸性 조선후기 해남 대흥사(大興寺) 스님. 호는 두륜(頭輪) 또는 명주(明晝), 속성은 김씨. 해남군 화산(華山) 방석전(坊石田) 마을에서 태어났다. 어릴 때 두륜산 대흥사로 찾아가 인원(印元)을 은사로 하여 스님이 된 후, 경율론 삼장을 연마하고 화악문신(華岳文信 1629~1707)·환성지안(喚醒志安 1664~1729)·설암추붕(雪巖秋鵬 1651~1706) 등 여러 선사를 참방하여 선지를 닦았다. 특히 문장과 시에 조예가 깊었으며, 무용수연(無用秀演 1651~1719)의 법을 이었다. 영해약탄(影海若坦)·금파(金波) 등과는 친한 도반이었다. 1727년(영조3) 무주(茂朱)로 가서 희암 채팽윤(希庵蔡彭胤 1669~1731)에게 '대둔사사적비문 大芚寺事蹟碑文'을 쓰게 하는 등 주관하였다. 스님의 행장에는 문집(文集) 1권이 편집되었다고 하나 전하지 않는다. 〔참고문헌〕『東師列傳』 권3 「頭輪大師傳」(한불전10, p.1028a3~23). ⇨ 두륜 頭輪

청세 淸稅 당말(唐末) 조동종(曹洞宗) 스님. 청세(淸歲) 또는 청예(淸銳)라고도 한다. 조산본적(曹山本寂 840~901)과의 기연(機緣)이 전한다. 『조정사원』 권2(卍속장113, p.33b13)에 "청세는 청예라고 해야 한다. 『전등록』에 보인다. 淸稅 當作淸銳 見傳燈錄"라고 하였다. 〔참고문헌〕『祖庭事苑』, 『曹山語錄』(대정장47, p.537b22), 『景德傳燈錄』(대정장51, p.336a26).

청세고빈 淸稅孤貧 청세(淸稅) 외롭고 가난하다 하였네. 조산본적(曹山本寂)에게 청세(淸稅)의 가난을 구할 것을 청했다. 『조산적선사어』(속고존숙어요2, 卍속장118, p.896a15)에 "학인이 물었다. '청세가 외롭고 가난합니다. 선사의 구제를 바랍니다'. 조산이 불렀다. '청세스님' '네' '청원 술집의 술이 석 잔인데 아직 입술도 적시지 못했다는구려'. 僧問 淸稅孤貧 乞師賑濟 師召云 稅闍黎 稅應諾 師云 淸源白家酒三盞 猶道未霑脣", 『무문관』 10칙 「청세고빈」(대정장48, p.294a28)에 "무문이 말한다. '청세가 몸소 심기를 드러냄은 무슨 심보인가? 조산은 안목을 갖추고 찾아오는 근기를 잘 분별하였다. 비록 그렇더라도 말해보라! 어디가 청세스님 술 마신 자리인가?' [송] 가난은 범단과 같고 기세는 항우와 같네. 비록 살아갈 계책 없더라도 더불어 감히 부는 다툴 만 하네. 無門曰 淸稅輸機 是何心行 曹山具眼深辨來機 然雖如是 且道 那裏是稅闍梨喫酒處 頌曰 貧似范丹 氣如項羽 活計雖無 敢與鬪富", 『조동오위현결』 권상(卍속장111, p.240a17)에 "조산에게 물었다. '청세〈세(稅) 또는 예(銳)라고도 한다〉가 가난합니다. 청컨대 화상의 구제를 바랍니다' '가까이 오시오'. 그 학인이 가까이 다가갔다. '천주 술집의 술을 석 잔이나 마시고는 일찍이 맛본 일도 없다 하시는군요'. 又問曹山 淸歲〈或本作稅又銳〉孤貧 請師接濟 山云 近前來 其僧近前 山云 泉州白家三盞酒 喫後猶道未嘗盃"라고 하였다. [참고문헌] 『曹山寂禪師語』, 『無門關』, 『曹洞五位顯訣』.

청소 淸疎 천태조사 청송(淸竦)을 달리 이르는 말. 『내전진로장』(대장경보편32, p.532c21)에 "행만 아래 광수가 있고, 다음은 물외, 다음은 양대의 원수, 다음은 주대 청소, 다음은 송대의 의적, 다음은 사명통의, 다음은 사명지례존자다. 行滿下有廣修 次物外 次梁元琇 次周淸疎 次宋義寂 次四明義通 次四明知禮尊者"라고 하였다. [참고문헌] 『內典塵露章』. ⇨ 청송 淸竦

청소 淸霄 1603~1671. 조선후기 금강산 은매사(隱寐寺) 스님인 희옥(熙玉)의 호. ⇨ 희옥 熙玉

청소동자 請召童子 Ⓢ Ākarṣaṇī. 태장만다라 문수원의 존격. 소구동자(召鉤童子)·소청동자(召請童子)라고도 한다. 밀호는 보집금강(普集金剛). 종자는 (a) 또는 (aḥ). 삼매야형은 창(鉤). 존형은 황색 몸에 오른손에 독고구(獨鈷鉤)를 들었고 왼손은 청련화를 들고 적련화 위에 반가부좌한 동녀형이며 몸 전체에서 화염이 치솟는 모습으로 그려진다. 독고형(獨鈷形)의 창은 중생을 소구(召鉤)하여 깨달음에

이르도록 한다는 뜻이다. 삼매야만다라에서는 구(鉤)의 형상으로 대체된다. 수인은 오른손을 주먹 쥐고 검지를 펴서 창의 모양으로 만든다. 진언은 '나마 사만타붓다남 아카샤야 사르밤 쿠루 아즈남 쿠마라샤 스바하 namaḥ samantabuddhānāṃ ākarṣya sarvām kuru ājñaṃ kumārasya svāhā 널리 제불께 귀명합니다. 일체를 구소(鉤召)하는 이여. 문수동자의 교령을 실행하는 이여. 스바하'이다. [참고문헌] 『大日經義釋』 권7(卍속장36, p.753b14), 『曼荼羅図典』(大法輪閣, 2002). ⇨ 소청동자 召請童子

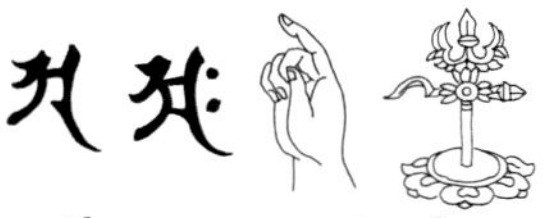

청속대양 靑續大陽 청이 대양을 잇다. 투자의청(投子義靑 1032~1083)이 대양경현(大陽警玄 943~1027)의 법을 잇게 된 인연. 대양경현의 부촉을 받은 부산법원(浮山法遠 991~1067)이 조동의 종지를 깨달은 투자의청에게 대양경현의 가사와 신발을 전한 고사를 말한다. 『선원몽구』 권하(卍속장148, p.261a6)에 "청속대양 : 투자의청은 나이 일곱에 이미 남달랐다. 묘상사에 가서 출가하고 경을 시험쳐 도첩을 받았으며 『백법론』을 익혔다. 얼마 되지 않아 '삼아승기겁 저 길 아득한데 스스로 곤하게 하니 무슨 이익이 있겠는가?' 탄식하고 낙양에 들어가 화엄을 들었는데 뜻이 구슬 꿰듯 하였다. 제림보살의 게송을 읽다가 마음 자성에 이르자 크게 깨우쳐 말하길 '법은 문자를 떠났는데 어찌 강설하겠는가' 하고 떠나버린 뒤 종문의 법석을 찾아나섰다. 靑續大陽 投子靑 七齡穎異 往妙相寺出家 試經得度 習百法論 未幾歎曰 三祇塗遠自困何益 乃入洛聽華嚴 義若貫珠 嘗讀諸林菩薩偈 至卽心自性 猛省曰 法離文字 寧可講乎 卽棄游宗席", "앞서 부산원감선사가 대양에게 와서 심기도 말도 계합하였으나 대양경현은 '내가 늙었다. 동산 한 길 섬기는데 마침내 사람이 없겠는가?'라고 탄식하며 평소 입었던 가사와 가죽신을 보여주었다. 원감이 '이 옷과 신발을 갖고 있다가 사람을 구하면 부촉해도 되겠습니까?'라고 물었다. 대양경현이 허락하며 '언젠가 법을 이을 사람을 얻으면 나의 게송을 말하여 증명하라' 하고서 게송을 읊었다. '양광산 앞 풀은 그대 의지하여 값 오르기를 기다리네. 기이한 싹이 우거진 자리에 깊고도 견고한 신령한 뿌리 있네'. 말미에 말하기를 '법을 얻었다 하는 이 대중에 잠겨서 10년을 지내야 비로소 드러내 펼칠 수 있다'. 법원은 예배하고 떠난 후 부산에 머물렀고 늙어서는 회성암에 물러나서 지내고 있었다. 先是浮山圓鑒禪師 因至大陽 機語與明安延公相契 延嘆曰 吾老矣 洞上一宗遂竟無人耶 以平生所著直裰皮履示之 遠曰 當爲持此衣履求人付之如何 延許之曰 他日果得人 出吾偈爲證 偈曰 楊廣山前草 憑君待價焞 異苗翻茂處 深密固靈根 其尾云 得法者潛衆十年方可闡揚 遠拜受辭去 後住浮山 旣老退休於會聖岩", "어느 날 저녁 청색 보라매

를 기르는 꿈을 꾸었는데 상서로운 징조로 여겼다. 아침이 되자 투자의청이 왔다. 법원선사가 그를 예우하였고 외도가 부처님께 '묻지 않음에도 말 있고 묻지 않음에 말 없었던' 인연을 참구하도록 하였다. 삼년이 지나서 어느 날 물었다. '그대는 화두를 기억하는가? 한번 말해보게'. 투자선사가 답하려 하자 법원이 그 입을 막아버렸다. 이에 투자선사가 확연하게 깨닫고서 예배했다. 법원이 말했다. '그대는 현묘한 기틀을 깨달았는가?' '설령 있다고 해도 토해내야 합니다'. 이때 자시자가 곁에서 말했다. '청화엄이 오늘 병에 걸린 것처럼 땀을 흘리는 군요'. 투자가 돌아보며 말했다. '개 주둥이를 닫아라. 다시 떠든다면 내가 바로 때릴 것이다'. 다시 삼년 동안 스승을 모셨다. 법원이 동산의 종지를 보였는데 모두 묘하게 계합하였으니, 대양의 정상과 가죽신과 가사를 부촉하며 말했다. '나를 대신하여 조동의 선풍을 이으라. 나는 세간에 오래 머물지 못하니 잘 보호해 가질지니 여기에 머물지 말라'. 투자의청 마침내 작별하고 산을 떠났다. 一夕夢畜青色鷹爲吉徵 届旦師來 遠禮延之 令看外道問佛不問有言不問無言因緣 經三載 一日 問曰 汝記得話頭麽試擧看 師擬對 遠掩其口 師了然開悟 遂禮拜 遠曰 汝妙悟玄機耶 師曰 設有也須吐却 時資侍者在旁曰 青華嚴 今日如病得汗 師回顧曰 合取狗口 若更忉忉 我便卽打 服勤又三年 遠出洞下宗旨示之 悉皆妙契 付以大陽頂相皮履直裰曰 代吾續洞上之風 吾住世非久 善自護持 無留此間 師遂辭出山"라고 하였다. 〔참고문헌〕『禪苑蒙求』. ⇨ 경현 警玄, 의청 義青

청송 淸竦 오대(五代) 스님. 대주(台州 : 浙江省 台州市) 출신. 천태종(天台宗) 제14조. 원수(元琇)에게서 수업을 받고 은밀하게 천태십승삼관(天台十乘三觀)의 법을 닦으며 밤낮으로 게을리하지 않았다. 오래 지나지 않아 원수의 뒤를 이어 국청사(國淸寺)의 주지를 지냈다. 당시 오월국(吳越國)을 건립한 전씨(錢氏)가 스님의 덕행을 흠모하여 지극한 정성으로 지켜주어 전란의 화를 모면하였고, 고론존자(高論尊者)라는 호도 얻었다. 제자로는 의적(義寂)·지인(志因)·각진(覺珍) 등이 있다. 〔참고문헌〕『佛祖統紀』 권8(대정장49, p.190c4), 『釋氏稽古略』 권4(대정장49, p.861c11), 『永覺元賢廣錄』 권20(卍속장125, p.635a11), 『釋門正統』 권2(卍속장130, p.761a11). ⇨ 고론존자 高論尊者

청송사 青松寺 ❶ 울산광역시 울주군 청량면 율리 문수산(文殊山)에 있던 절. 『동국여지승람』 권22 경상도 울산군 불우에 이름과 위치가 전하고 『가람고』에 "부에서 서쪽 25리에 있다. 府西二十五里"라고 하였다. 사지에 보물 제382호 삼층석탑과 유형문화재 제3호 부도가 있는데 석종형으로 신장상(神將像)·수신상(獸身像)·화문(花文)을 새긴 하대석과 연꽃좌대 위 탑신으로 이루어져 있다. 〔참고문헌〕『東國輿地勝覽』, 『伽藍考』, 『韓國寺刹全書』 권하 p.1091a16. ❷ 강원도 강릉시 연곡면 방내리 소금강산(小金剛山)에 있는 절. 대한불교조계종 월정사(月精寺)의 말사다. 신라 효소왕 때 처묵(處默)이 창건했다고 전하고, 길에 방치된 철불을 위해 극락보전을 지은 것에서 유래했다. 1898년(고종35)에 대웅전 및 산신각과 요사 등을 중건하였다. 1925년에 초암(草庵)을 마련한 후 1954년에 중수하여 청송사라고 하였으나 1991년에 철불을 도난당하였다. 현존당우로는 대웅전·산령각·요사 등이 있다. 〔참고문헌〕『溟州郡의 歷史와 文化遺蹟』(關東大學校博物館·溟州郡, 1994) pp.160~161. ❸ 경상남도 함안군 대산면 장암리 용화산(龍華山)에 있던 절. 고려말에 윤환(尹桓 1304~1386)이 창건했다. 조임도(趙任道 1585~1664)의 『간송속집』 「청송사 青松寺」에는 절이 창건된 지 7백년이 되었다 하며, 권1의 「기증허희화〈목〉 寄贈許熙和〈穆〉」에 허목(許穆 1595~1682)이 머문 자취도 전한다. 사지(寺址)는 현재 경상남도 문화재자료 제422호 함안윤환묘역(咸安尹桓墓域)으로 지정되어 있다. 『범우고』에 "고려말에 칠원백 윤환이 폐허가 된 곳에 원을 짓고 인하여 청송사라고 불렀다고 한다. 麗末有柒原伯尹桓 因廢墟作院 仍謂青松寺云"라고 하였다. 〔참고문헌〕『東國輿地勝覽』, 『輿地圖書』, 『澗松集』, 『澗松續集』, 『梵宇攷』, 『伽藍考』, 『韓國寺刹全書』 권하 p.1091a12. ❹ 충청남도 홍성군 팔봉산(八鳳山)에 있던 절. 1279년(충렬왕5) 『수능엄경환해산보기』 필사명부에 청송사 스님의 동참기록이 남아 있어, 고려시대에 존재했던 절임을 알 수 있다. 『동국여지승람』 권19 충청도 홍주목 불우에 수록되었고, 『범우고』에는 폐사로 전한다. 『수능엄경환해산보기』 권하(한불전6 p.468c17)의 지문(誌文)에 의하면 "임금의 명령으로 홍법사 선사 조환과 청송사 선사 천기를 불러 산보기 2권을 나누어 필사하게 하였다. 有旨召興法寺禪師祖桓青松寺禪師天其 分寫刪補記二卷"라고 하였다. 〔참고문헌〕『首楞嚴經環解刪補記』, 『東國輿地勝覽』, 『梵宇攷』, 『韓國寺刹全書』 권하 p.1091a10. ❺ 황해도 연백군 시산(匙山)에 있던 절. 『동국여지승람』 권43 황해도 배천군 불우에 전하나 『범우고』에는 폐사로 전한다. 〔참고문헌〕『東國輿地勝覽』, 『梵宇攷』, 『韓國寺刹全書』 권하 p.1091a20. ❻ 황해도 연백군에 있던 절. 『범우고』에는 송청사(松青寺)라고 하였다. 『동국여지승람』 권43 황해도 연안도호부 불우에 송청사는 부에서 서쪽으로 20리에 있다고 하였고 『범우고』에는 폐사로 전한다. 〔참고문헌〕『東國輿地勝覽』, 『梵宇攷』, 『韓國寺刹全書』 권하 p.1091b2. ⇨ 송청사 松青寺

청송사지삼층석탑 青松寺址三層石塔 울산광역시 울주군 청송사지에 있는 통일신라시대 석탑. 보물 제382호. 높이 550cm. 청송사지에 있는 2층 기단에 3층 탑신으로 전형적인 신라탑이다. 기단부에 우주와 탱주를 모각하였으나, 탑신부에는 우주만 새겼다. 각 층 옥개받침은 모두 5단이며, 처마 끝에서 살짝 반전을 보이는데, 모서리 부분에는 풍탁공(風鐸空)이 두 개씩 남아 있고 상륜부에 노반(露盤)도 있다. 1962년 해체수리시 상층기단 청동제 사리합(높이 9.4cm)에서 청동여래입상 1구・유리구슬 16점・수정곡옥(水晶曲玉) 1점・관옥(管玉) 1점 등 사리장엄구 30여 점이 발견되어, 현재 국립경주박물관에 있다. 〔참고문헌〕『文化財大觀』 寶物篇・石造Ⅰ(문화재청, 2004) pp.408~409, 『청송사지삼층석탑 실측조사보고서』(울산광역시, 2001). ⇨청송사 靑松寺❶

청송사지삼층석탑과 사리장엄구

청송포교당 靑松布敎堂 경상북도 청송군 청송읍 월막리에 있는 포교당. 은해사(銀海寺)의 말사다. 경허선사(鏡虛禪師 1849~1912)가 포교를 위해 머물렀던 곳에 1936년 청송읍의 신도들이 힘을 모아 창건하였다. 지역사회에 공덕을 쌓는 활동을 꾸준히 이어가고 있다. 〔참고문헌〕『靑松郡誌』(청송군, 1990).

청수 淸水 ❶Ⓢprasādita-toya, Ⓟudakaṃ vippasannaṃ anāvilaṃ. 맑고 깨끗한 물. 부처님께서 천안으로 보시는 중생계. 또는 본래 물들 일 없는 자성의 비유다. 『니리경』(대정장1, p.909b17)에 "사람이 배를 타고 맑은 물을 지날 때는 물속에 있는 물고기나 돌을 모두 볼 수 있다. 부처님께서도 천안으로 천하의 사람들이 천상에 나는 이와 지옥에 떨어지는 이를 보시니, 마치 사람이 맑은 물속의 구슬 보듯 하신다. 如人乘船 行淸水中 皆見水中 魚石所有 佛持天眼 視天下人 生天上者 入泥犁者 如人視淸水中珠", 『대승장엄경론』 권6(대정장31, p.622c28)에 "맑은 물 더러워 혼탁해지고 후에 맑게 하려면 더러움만을 없앨 따름이다. 청정함 밖에서 오는 것이 아니고 본성이 청정한 것이므로, 마음을 청정하게 하는 방편 역시 이와 같다. 마음의 성품은 본래 청정한데 밖의 티끌 때문에 물든 것이다. 후에 청정하게 하려면 객진을 없앨 따름이다. 청정함은 밖에서 오는 것이 아니니 본성이 청정하기 때문이다. 譬如淸水 垢來則濁 後時若淸 唯除垢耳 淸非外來 本性淸故 心方便淨 亦復如是 心性本淨 客塵故染 後時淸淨 除客塵耳 淨非外來 本性淨故"라고 하였다. 〔참고문헌〕『泥犁經』, 『大乘莊嚴經論』, *Sūtr.88.*, *Mil.35.* ❷삼십삼천(三十三天)에 있는 연못. 『정법염처경』 권35(대정장17, p.203a3)에 "계 가지는 이는 강이나 연못가에서, 혹은 다른 곳에서 버들가지나 꿀물이 있더라도 행인에게 보시하려 한다. 이런 사람 목 마르고 궁핍할지라도 가지거나 마시지 않으니 자비심 때문이다. 이것을 도둑질하지 않는 것이라고 한다. 이런 사람은 목숨이 다하면 삼십삼천에 난다. … '나는 마땅히 저 비유리보로 장엄한 난간으로 둘러싸인 숲속으로 가겠다'. … 그 숲 속에는 연못이 있으니 '청수'라고 하는데, 청정하여 좋아할 만하다. 여러 하늘무리들 그 연꽃 핀 못에서 유희하며 즐거워한다. 是持戒人 若河池岸邊 或於異處 見有楊枝 或有蜜漿 爲施行人 是人渴乏 不取不飮 以慈心故 是名不盜 如是之人 命終生於三十三天 … 我當往詣 毘琉璃寶 莊嚴欄楯 圍遶林中 … 林中有池 名曰淸水 淸淨可愛 諸天衆等 於蓮花池 遊戲受樂"라고 하였다. 〔참고문헌〕『正法念處經』.

청수암 淸修庵 ❶인천광역시 강화군 강화읍 신문리 남산(南山)에 있는 암자. 대한불교조계종 직할 말사다. 1936년 봉법(奉法)이 창건하였고, 1969년 덕룡(德龍)이 미륵전을 새로 지었다. 1972년에는 대웅전을 중수하였고, 1976년에는 현존하는 당우인 대웅전・미륵전・칠성각・요사 등이 중건되었고, 1994년 해운이 요사를 고쳐지었다. 〔참고문헌〕『전통사찰총서』 권5 인천・경기도의 전통사찰Ⅱ(寺刹文化硏究院, 1995) pp.98~99. ❷황해도 신천군 용진면 구월산(九月山)에 있던 암자. 『한국사찰전서』에 기록된 「팔공진인담 八公眞人談」의 기록에 "나는 임진왜란 때 청수암에 은거하며 지냈다. 余於壬辰之亂隱居淸修庵經過"라고 되어 있어, 팔공진인이라는 사람이 임진왜란 당시 이 암자에 숨어 지냈음을 알 수 있다. 이외에 정확한 위치와 연혁에 대해서는 알 수 없다. 〔참고문헌〕『韓國寺刹全書』 권하 p.1098b7, 『北韓寺刹硏究』(寺刹文化硏究院, 1993) p.602.

청수주 淸水珠 Ⓟudakappasādako maṇi. 물을 맑게 하는 구슬. 수청주(水淸珠)라고도 한다. 『승천왕반야경』 권6(대정장8, p.717b19)에 "세존이시여, 저 청수주 탁한 물에 있게 되면 곧바로 맑게 하듯이, 보살마하살의 반야바라밀이라는 구슬은 일체중생의 번뇌 모두 청정하게 합니다. 世尊 如淸水珠 若在濁水 卽爲之淸 菩薩摩訶薩般若波羅蜜珠 能使一切衆生煩惱 悉得淸淨", 『성실론』 권4(대정장32, p.266a5)에 "청수주로 인하여 물이 곧 맑아지고, 물 맑은즉 이 물이라 한다. 이와 같은 믿음의 구슬 얻으면 마음의 연못이 맑아지고, 이렇게 마음 맑아야 바로 마음이다. 如因淸水珠 水卽爲淸 水淸卽是水 如是得信珠 則心池淨 是心淨卽是心"라고 하였다. ［참고문헌］『勝天王般若經』, 『成實論』, *Mil.35.*

청시자비 請侍者批 시자를 청하는 문서. 비(批)는 표주(表奏) 등의 말미에 서명한다는 뜻으로 문서를 가리킨다. 『선림상기전』 권22(대장경보편19, p.625a11)에 "청시자비 : 『백장청규』 「시자진퇴」에 '주지가 당사에게 비를 내려 새로운 시자를 청하면, 유나는 행자와 비를 대조하여 청한다'라고 하였다. 請侍者批 敕修淸規 侍者進退云 住持 批下堂司 請新侍者 維那 令行者照批請" 라고 하였다. ［참고문헌］『禪林象器箋』, 『百丈淸規』 권4(대정장48, p.1134c15).

청식 請食 Ⓟ nimantita bhuñjati, nimantana bhuñjati. 단월(檀越)의 청으로 가서 공양을 받음. 현전대중을 함께 청하는 것으로 별청(別請)은 금한다. 『중아함경』 권51 「발타화리경 跋陀和利經」(대정장1, p.746b29)에 "세존께서 말씀하시길 '발타화리여, 만일 내가 청을 받았을 때 그대 역시 따라온다면 너의 청식도 허하리니, 한자리의 공양 가져가게 하리라. 발타화리여, 그렇게 한다면 그대는 유쾌하게 생활할 수 있으리라. 世尊告曰 跋陀和利 若我受請 汝亦隨我 聽汝請食 持去一坐食 跋陀和利 若如是者 快得生活", 『십송율』 권37(대정장23, p.264c22)에 "과거 모든 부처님께서는 걸식을 찬탄하시고 걸식을 허락하셨다. 이제 나도 또한 걸식을 찬탄하고 허락하지만 청식 또한 허락한다. 過去諸佛 讚歎乞食 聽乞食 我今亦讚歎乞食 聽乞食 亦聽請食", 『마하승기율』 권28(대정장22, p.454c5)에 "청식이란 단월이 현전승을 청하면 차제로 가서 공양받음을 청식이라 한다. 請食者 檀越請現前僧食次第往 是名請食"라고 하였다. ［참고문헌］『中阿含經』, 『十誦律』, 『摩訶僧祇律』, *MN.1.437.*, *Vin.4.78.* ⇨ 별청 別請, 걸식 乞食

청신 淸愼 조선후기 한계현일(寒溪玄一 1630～1716)의 제자이나, 자세한 행장은 알 수 없다. 1709년(숙종35) 79세 때 보운당도엄(寶雲堂道嚴 1621～1706)의 행장을 지었다. ［참고문헌］『華嚴品目問目貫節圖』(한불전8, p.379a1). ⇨ 현일 玄一

청신구계 淸信具戒 맑은 믿음으로 계를 갖추다. 청신사(淸信士)와 청신녀(淸信女)가 삼귀오계(三歸五戒) 갖춤을 말한다. 『육도집경』 권3(대정장3, p.12b4)에 "예를 들면 유람(維藍)이 보시하여 서민들을 구제하기를 목숨이 다하도록 해서 단 하루라도 피곤해하거나 게으름피우지 않는다 해도, 하루 동안 계 갖춘 청신녀 한 사람에게 한 끼를 대접하는 것만 못하니, 그 복이 저보다 배나 되어서 헤아릴 수 없다. 또 앞서 보시하고 아울러 청신녀 백 명에게 보시하여도 계 갖춘 청신남 한 사람에게 한 끼를 드린 것만 못하고, 계를 갖춘 남자 백 명에게 보시하는 것은 계를 갖춘 비구니에게 한 끼 드린 것만 못하며, 비구니 백 명에게 보시하는 것은 수행이 높은 사미 한 사람을 공양하는 것만 못하다. 如維藍惠 以濟凡庶 畢其壽命 無日疲懈 不如一日 飯一淸信具戒之女 其福倍彼 不可籌算 又爲前施 幷淸信女百 不如淸信具戒男一飯 具戒男百 不如具戒女除饉一飯 女除饉百 不如高行沙彌一人飯"라고 하였다. ［참고문헌］『六度集經』. ⇨ 청신사 淸信士, 청신녀 淸信女

청신남 淸信男 Ⓢ Ⓟ upāsaka. 남성 재가신도. 청신사(淸信士)라고도 한다. 『인왕호국반야경소』 권2(대정장33, p.260c17)에 "범어 우바새는 청신남으로 한역한다. 불법중에 깨끗한 신심을 내기 때문이다. 梵云優婆塞 此云淸信男 於佛法中 生淨信心故"라고 하였다. ［참고문헌］『仁王護國般若經疏』, 『三彌勒經疏』(대정장38, p.311a11), *Saddh-p.237.* ⇨ 청신사 淸信士, 우바새 優婆塞, 오파삭가 鄔波索迦

청신녀 淸信女 Ⓢ Ⓟ upāsikā. 사중(四衆) 또는 칠중(七衆) 중 하나로 삼귀오계(三歸五戒)를 수지하는 재가여성신도. 우바이(優婆夷)라고 음사하며, 근사녀(近事女)·신녀(信女)·여단월(女檀越)이라고 한역한다. 『불반니원경』 권하(대정장1, p.174c18)에 "미륵보살께서 성불하여 첫 번째로 경을 설하시면 구십육억비구가 아라한이 되는데, 미륵불께서는 중생들 위해 경을 설하실 것이다. '이런 모든 신통들 모두 석가문불의 시대에 탑을 세우고, 비단으로 된 번을 달며, 향을 피우고 등불을 켜며, 부처님의 계율을 가져 행한 청신사와 청신녀들이다'. 彌勒成佛 第一說經 九十六億 比丘得羅漢 彌勒當爲衆生說經云 斯諸神通 皆是釋迦文佛時 作塔者 懸繒 燒香 燃燈 執行佛戒 皆淸信士 淸信女也", 『법원주림』 권88(대정장53, p.934c13)에 "우바이는 청신녀라고 한역하며, 근불녀라고도 한역한다. 優婆夷者 亦云淸信女 亦云近佛女也"라고 하였다. ［참고문헌］『佛般泥洹經』, 『法苑珠林』, *Saddh-p.237.* ⇨ 우바이 優婆夷, 근사녀 近事女, 사중 四衆❶, 칠중 七衆

청신녀품 淸信女品 『증일아함경 增壹阿含經』 권3의 품명(品名). 고려장18, pp.327c18～328b10·대정장2, p.560a28～c4, No.125에 수록되어 있다. 30명의 청신녀에 대해 자세하게 설하신 내용이다. 본품에 상응하는 팔리경전은 앙굿타라니카야 Eka-nipāta 제14품(Etadagga-vagga) 중 제7경 *Upāsikānam-sutta*(*A*

N.1, p.26)이다. ⇨ 청신녀 清信女

청신사 清信士 Ⓢ Ⓟ upāsaka. 삼귀오계(三歸五戒)를 수지하는 재가 남성신도. 우바새(優婆塞)·오파삭가(鄔波索迦) 등으로 음사하며, 근사남(近事男)·근선남(近善男)·신사(信士)·신남(信男)·청신남(清信男) 등으로 한역한다. 사중(四衆) 또는 칠중(七衆) 중 하나이다. 제위(提謂 Ⓟ Tapassu)와 바리(波利 Ⓟ Bhallikā)가 최초의 청신사이다. 『증일아함경』 권20(대정장2, p.649c20)에 "청신사법으로서의 계는 다섯이 있다. 그 중에서 한 가지 계·두 가지 계·세 가지 계·네 가지 계·다섯 가지 계를 수지할 수 있으면 마땅히 지녀야 한다. 세 번 물을 때 '능히 지키겠습니다' 하는 이에게 계를 받아 지니게 한다. 만약 청신사가 한 가지 계라도 범하면 몸이 무너지고 목숨이 다한 후에 지옥에 떨어지고, 또 만약 청신사가 한 가지 계라도 받들어 지키면 좋은 곳인 천상에 난다. 하물며 둘·셋·넷·다섯 계를 지키는 경우이겠는가? 夫清信士之法 限戒有五 其中能持一戒 二戒 三戒 四戒 乃至五戒 皆當持之 當再三問 能持者 使持之 若清信士 犯一戒已 身壞命終 生地獄中 若復清信士 奉持一戒 生善處天上 何況二 三 四 五", "그때 저 사람은 부처님의 가르침을 듣고서 머리를 조아려 발에 예를 올리고 곧 물러나 갔다. 그가 가고 오래지 않아 세존께서 모든 비구들에게 말씀하시길, '지금부터 이후로는 우바새들에게 오계와 삼귀의를 수여하는 것을 허락한다. 만일 비구가 청신사와 청신녀에게 계를 주려고 할 때에는 팔을 드러내고 합장하게 한 후 자기 이름을 말하고 불법승에 귀의한다고 거듭 세 번 말하게 한다'. 是時 彼人 從佛受教已 頭面禮足 便退而去 彼人去不遠 是時 世尊告諸比丘 自今已後 聽授優婆塞五戒及三自歸 若比丘欲授清信士女戒時 教使露臂 叉手合掌 教稱姓名 歸佛法衆 再三教稱姓名 歸佛法衆 復更自稱 我今已歸佛 歸法 歸比丘僧", "이것은 석가모니부처님께서 최초로 오백상인들에게 삼자귀를 수지하도록 하고, '목숨이 다할 때까지 살생하지 않고, 도둑질하지 않으며, 음행하지 않고, 속이지 않으며, 술 마시지 않겠습니다'라고 한 것이다. 만약 한 가지 계만을 지니고 다른 네 가지 계를 봉하거나, 두 가지 계를 받고 세 가지 계를 봉한다. 세 가지 계를 받고 나머지 두 계를 봉하고, 네 가지 계를 받고 나머지 한 가지 계를 봉하며, 만약 오계를 받으면 다 갖추어 지니게 한다. 如釋迦文佛 最初五百賈客 受三自歸 盡形壽不殺 不盜 不婬 不欺 不飮酒 若持一戒 餘封四戒 若受二戒 餘封三戒 若受三戒 餘封二戒 若受四戒 餘封一戒 若受五戒 當具足持之"라고 하였으니, 이는 분계(分戒)와 만계(滿戒) 형태로 전승되었다. 오계를 다 지킬 수 없는 청신사녀들이 선택하여 수계하고, 반드시 지키게 함이다. 『법원주림』 권88(대정장53, p.934c12)에 "우바새는 여러 경전에서 청신사나 근불남으로 한역하였다. 優婆塞者 諸經亦云清信士 亦云近佛男"라고 하였다. 〔참고문헌〕『增壹阿含經』, 『法苑珠林』, *Saddh-p.237.*, *DN.2.85.* ⇨ 우바새 優婆塞, 사중 四衆❶, 삼귀오계 三歸五戒, 만분계 滿分戒, 칠중 七衆

청신사녀 清信士女 Ⓢ upāsakā upāsikāḥ. 청신사와 청신녀. 『법원주림』 권90(대정장53, p.952c19)에 "삼귀와 오계를 수지하면 귀신이 보호하고, 모든 하늘이 기뻐하며, 시방의 한량없는 부처님과 보살과 아라한이 모두 다 찬탄하니, 바로 청신사와 청신녀이다. 勸受歸戒者 鬼神護助 諸天歡喜 十方無量 諸佛菩薩羅漢 皆共稱歎 是清信士女"라고 하였다. 〔참고문헌〕『法苑珠林』, *Saddh-p.237.* ⇨ 청신사 清信士, 청신녀 清信女

청신사품 清信士品 『증일아함경 增壹阿含經』 권3의 품명(品名). 고려장18, p.327a14~c17·대정장2, pp.559c8~560a27에 수록되어 있다. 40명의 청신사에 대해 자세하게 설하신 내용이다. 상응하는 팔리경전은 앙굿타라니카야 Eka-nipāta 제14품(Etadagga-vagga) 중 제6경 *Upāsakānam-sutta*(*AN.1*, pp.25~26)이다. ⇨ 청신사 清信士

청신암 淸神庵 ❶ 경상북도 청도군 운문면 신원리 호거산(虎踞山)에 있는 암자. 운문사(雲門寺)의 산내 암자 중 가장 오래된 곳이다. 1840년(헌종6)에 운악두안(雲岳斗晏)이 중수를 시작하여 1924년·1937년·1956년·1958년에도 계속되었고 법당은 1889년 최현화화상(崔玄化和尙)이 중수하였다. 현존하는 건물로는 인법당·북극전·요사 등이 있다. 〔참고문헌〕『韓國寺刹全書』 권하 p.1098b11, 『호거산 운문사』(대한불교진흥원, 2011). ⇨ 운문사 雲門寺❶ ❷ 전라남도 해남군 삼산면 구림리 두륜산(頭輪山)에 있는 암자. 대한불교조계종 대흥사(大興寺)의 산내암자다. 금명보정錦溟寶鼎(1861~1930)의 『다송문고』 권1 「해남군두륜산대흥사청신암중수기〈정사춘〉 海南郡頭崙山大興寺淸神庵重修記〈丁巳春〉」(한불전12, p.706b5)에 의하면 신라시대 아도(阿度)가 개창한 곳인데, 청신암의 주지였던 학운장로(學雲長老)가 1916년에 중수하였다고 한다. 응암학성(應庵學性 1830~1866)이 입적한 곳이기도 하다. 현존하는 당우로는 법당·요사 등이 있으며, 비구니들의 수행처이다. 〔참고문헌〕『梵宇攷』, 『茶松文稿』, 『韓國寺刹全書』 권하 p.1098b9·1098b13, 『佛敎』.

청신원림 清信園林 Ⓟ Pubbārāma. 녹모강당(鹿母講堂 Ⓟ Migāramātu pāsāda : 東園精舍)이 있는 숲속 동산. 『장아함경』 권6 「소연경 小緣經」(대정장1, p36b

29)에 "한때 부처님께서는 사위국 청신원림에 있는 녹모강당에 대비구대중 1,250인과 함께 머무셨다. 一時佛在舍衛國淸信園林鹿母講堂 與大比丘衆千二百五十人俱"라고 하였다. [참고문헌] 『長阿含經』, *DN.3.80.* ⇨ 녹모강당 鹿母講堂, 동원정사 東園精舍

청심사 淸心寺 충청북도 청주시 상당구 산성동 상당산성(上黨山城)에 있던 절. 청심암(淸心庵)이라고도 불린다. 『여지도서』·『호서읍지』·『청주읍지』 등에 상당산성에 있다고 전하고, 『가람고』에는 "주 북쪽 7리에 있다. 州北七里" 하였고, 『범우고』에서는 청심암이라고 하였다. 사지(寺址)는 경작지로 바뀌었으며, 우물 및 와편(瓦片)들이 남아 있다. [참고문헌] 『輿地圖書』, 『伽藍考』, 『梵宇攷』, 『湖西邑誌』, 『淸州邑誌』, 『韓國寺刹全書』 권하 p.1098b8, 『한국사지총람』 권상(문화재청·佛敎文化財硏究所, 2010) p.371.

청아 廳庌 큰 집. 『집이문족론』 권8(대정장26, p.401a15)에 "여기서 와구란, 원우·방당·누각·대관·장랑·원실·감굴·청아·풀잎 등으로 된 덤불·흙과 돌로 된 굴 등을 말한다. 此中臥具者 謂院宇房堂 樓閣臺觀 長廊圓室 龕窟廳庌 草葉等菴 土石等穴", 『일체경음의』 권66(대정장54, p.745c24)에 "청아〈앞글자는 적과 정을 반절한 음이고, 뒷글자는 아와 가를 반절한 음이다. 하동인은 청을 아라고 부른다. 『광아』에서는 '남행편사', 정현(鄭玄)의 『예기』 주에는 '큰 집(廡)'이라 했다〉. 廳庌〈上逷丁反 下牙賈反 今河東人呼廳爲庌也 廣雅云庌南行偏舍也 鄭注禮云廡也〉"라고 하였다. [참고문헌] 『集異門足論』, 『一切經音義』.

청아설자득대지혜 聽我說者得大智慧 나의 법문 듣는 이 큰 지혜 얻어지이다. 지엄(智儼)의 11원(願) 중 하나다. 『수보살계의』 「제십일광원 第十一廣願」(卍속장105, p.15a18)에 "원컨대 중생으로서 나의 이름을 듣는 이 보리심 일으키고, 나의 몸을 본 이 악을 끊고 선을 닦으며, 나의 말을 듣는 이 대지혜 얻고, 나의 마음을 아는 이 정각 성취하기를 바랍니다. 願衆生 聞我名者 發菩提心 見我身者 斷惡修善 聽我說者 得大智慧 知我心者 卽成正覺"라고 하였다. [참고문헌] 『授菩薩戒儀』.

청악 淸岳 조선후기 강진 수인사(修仁寺 : 또는 修因寺) 스님. 만하(晩霞)의 호이다. 『동사열전』 권6 「청악선백전 淸岳禪伯傳」(한불전10, p.1072b3)에 "스님 이름은 만하, 호는 청악이다. 師名晩霞 號淸岳"라고 하였다. [참고문헌] 『東師列傳』. ⇨ 만하 晩霞

청안 靑眼 푸른 눈의 비마라차(卑摩羅叉). 『북산록』 권4(대정장52, p.597b8)에 "비마라차는 『십송율』을 잘 알았으며, 당시 청안이라 불렸다〈무구안(無垢眼)이라 한역한다. 계빈국 출신이며, 율장을 굳게 지켰다. 구마라집과 만났는데 구마라집이 예를 갖춰 스승으로 대했다. 『십송율』 60권을 한역했으며, 수춘(壽春) 석간사(石澗寺)에서 입적하였다. 당시 청안율사라 불렸다〉. 卑摩羅叉善十誦 時號靑眼也〈此云 無垢眼 罽賓國人 苦節律藏 與羅什相遇 什禮爲師 譯十誦律爲六十卷 卒壽春石澗寺 時號靑眼律師也〉"라고 하였다. [참고문헌] 『北山錄』, 『梁高僧傳』 권2 「卑摩羅叉傳」(대정장50, p.333b21). ⇨ 비마라차 卑摩羅叉

청안 淸眼 1651~1717. 조선후기 금강산 건봉사(乾鳳寺) 스님. 자는 법장(法藏), 호는 운파(雲坡), 속성은 전(全)씨, 본관은 정선(旌善). 아버지의 휘는 충량(忠亮), 어머니는 엄(嚴)씨부인. 빛나는 구슬(明珠)을 머금는 태몽을 꾸고 임신하여 1651년(효종2)에 태어났다. 어려서부터 오신채와 고기 등을 먹지 않았으며 친구들과 탑 쌓고 놀았다. 16세 때인 1666년(현종7) 금강산 유점사(楡岾寺) 대적암(大寂庵)으로 찾아가 허곡나백(虛谷懶白)을 은사로 하여 스님이 되었으니, 청허휴정(淸虛休靜)·사명유정(四溟惟政)·송월응상(松月應祥)·춘파쌍언(春坡雙彦)·허곡나백(虛谷懶白)·운파청안(雲坡淸眼)으로 이어져 휴정의 5대 법손이며, 태고보우(太古普愚)의 11대이고, 임제의현(臨濟義玄)의 20대 법손이다. 경전을 깊이 공부한 다음 중간에 영남과 호남으로 두루 다니면서 선지식을 친견하였다. 이후 청도 운문사(雲門寺)에서 여름 안거(安居)를 마친 후, 금강산에 들어가 간성 건봉사(乾鳳寺)에서 10여 년 동안 동구불출(洞口不出) 정진하여 도덕이 더욱 높았다. 1717년(숙종43) 12월에 세수 67, 법랍 53세를 일기로 입적하였다. 이의현(李宜顯)이 비문을 짓고, 유척기(兪拓基)가 전액(篆額)을 쓰며, 홍득복(洪得福)이 비문을 써서 1730년(영조6)에 세운 비가 간성 건봉사에 있다. [참고문헌] 『韓國金石文大系』 권7 pp.69~71, 『乾鳳寺本末事蹟』(亞細亞文化社, 1977) pp.54~55, 李宜顯 『陶谷集』, 「高城乾鳳寺雲坡堂淸眼大師碑文」(智冠 『韓國高僧碑文 朝鮮朝·近現代』 pp.350~351).

청안 請案 간경(看經)이나 염경(念經)을 위한 자리를 청하는 것. 『선원청규』 권3(卍속장111, p.894b15)에 "청안의 법이란, 먼저 간경당수좌에게 알려 책상 놓을 자리가 있는지 묻는다. 請案之法 先白看經堂首座 借問有無案位"라고 하였다. [참고문헌] 『禪苑淸規』.

청안사 靑安寺 경상남도 산청군 신안면 안봉리 월명산(月明山)에 있던 절. 『동국여지승람』 권31 경상도 단성현 불우와 『여지도서』 보유편 경상도 단성현읍지 불우에 이름과 위치가 전하고, 『범우고』에 "지금은 폐사되었다. 今廢"고 하였다. 〔참고문헌〕『東國輿地勝覽』, 『輿地圖書』, 『梵宇攷』, 『韓國寺刹全書』 권하 p.1091b4.

청안사 淸眼寺 세종시특별자치시 전의면 양곡리에 있는 절. 1900년(고종37)에 대한불교태고종 성불사(成佛寺)로 창건하였다 전하는데, 약 50m아래 옛 사지(寺址)에서 조선중기로 추정되는 와편과 백자편 등이 출토되기도 하였다. 1950년경 곽재순이 요사 터에 법당을 지었고, 1987년 법진이 현재의 법당을 개축하였다. 2001년 이후 청현(靑峴)의 주도로 청안사로 개명하여 2018년 전통사찰로 등록되었다. 현존하는 당우로 대웅전·삼성각·요사 등이 있다. 성보문화재로는 유형문화재인 19세기 불화 지장시왕도가 있다. 〔참고문헌〕「세종특별자치시고시」 제2019-353호.

청암 靑庵 황해도 수안군 아달산(阿達山)에 있던 암자. 청암사(靑巖寺)라고도 불린다. 『동국여지승람』 권42 황해도 수안군 불우에 이름과 위치가 전하고, 『범우고』는 아달산에 위치한다 하였다. 〔참고문헌〕『東國輿地勝覽』, 『梵宇攷』, 『韓國寺刹全書』 권하 p.1091b6.

청암난야 淸巖蘭若 경상북도 김천시 청암사(靑巖寺)의 옛 이름. 1761년(영조37) 5월에 호은유기(好隱有機 1707~1785)가 지은 『호은집』 권2 문(文)의 「청암난야상량문〈신사오월상량〉 淸巖蘭若上梁文〈辛巳五月上梁〉」(한불전9, p.718b17)에는 "이 청암 생각해보니 조령아래 최고의 선원이고, 낙동강 우측에 대강당입니다. … 상하의 전각과 누각, 동서의 요사 모두 구(口)자로 어울렸다. … 오랜 세월 흘러 서계는 자취를 감췄고, 세월이 꽃피는 날을 바꾼 지 여러 차례여서 서까래와 평고대도 손상되었습니다. 지난 숙묘년간(1675~1720)에 보광 큰스님이 새롭게 중창하였고, 그 뒤 경묘년간(1721~1724)에 회당법안이 개창하였습니다. … 주지 모암은 보광의 법손이자 회당의 법제자로, 화사 하우로 하여금 널리 모연하여 법당을 개수하도록 하였고, 또한 문인 체징이 재물 넉넉히 기울여 선실 건립하였으며, 따로 영각 열었으니 회옹용모 살아 있는 듯하였습니다. … 납자 법을 위함에 산 넘고 물 건너는 수고 꺼리지 않게 하고, 종사 사람 맞이함에 반드시 가르고 쪼개는 수고 부지런히 하게 하소서. 維玆淸巖者 嶺下之最禪苑 江右之大講堂 … 上下殿樓 東西寮室 則渾如口字之形 … 多經劫燼流災 書契蔑跡 幾見歲華換序 椽梠傷身 前在肅廟之年 葆光大老重新矣 後於景廟之紀 晦堂法眼改刱焉 … 主人慕菴公 葆光之孫 晦堂之子 乃令化士夏雨 廣募緣修法堂 且以門人體澄 厚傾財建禪室 別開影閣 晦翁之厖容如生 … 衲子爲法 勿憚跋涉之勞 宗師接人 須勤剖析之款"라고 하였다. 〔참고문헌〕『好隱集』. ⇨ 청암사 靑巖寺 ❸

청암리사지 淸巖里寺址 평안남도 평양시 대동군 임원면 청암리에 있는 고구려의 옛 금강사지(金剛寺址). 1938년 발굴시 '청암동 폐사'로 기록되었다. 〔참고문헌〕『고구려고고학』(최무장, 1995). ⇨ 금강사 金剛寺 [10]

청암사 靑巖寺 ❶ 서울특별시 성북구 정릉동 삼각산(三角山)에 있는 절. 지금의 경국사(慶國寺)이다. 〔참고문헌〕『韓國寺刹全書』 권하 p.1091b9欄外. ⇨ 경국사 慶國寺 ❷ 경상남도 진주시 지리산(智異山)에 있던 절. 『여지도서』 경상도 진주목 사찰과 『범우고』에 이름과 위치가 전한다. 〔참고문헌〕『輿地圖書』, 『梵宇攷』, 『韓國寺刹全書』 권하 p.1091b10. ❸ 경상북도 김천시 증산면 평촌리 불령산(佛靈山)에 있는 절. 대한불교조계종 직지사(直指寺)의 말사이며 비구니전문교육도량이다. 산내 암자로는 수도 도량인 수도암(修道庵)과 1905년에 비구니 유안(有安)이 창건한 백련암(白蓮庵)이 있다. 도선국사(道詵國師 ?~898)가 창건한 천년고찰이자 조선시대 국가원당이었다. 1914년에 혜근(惠勤)이 찬술한 「경상북도김천군불령산청암사사적비명 慶尙北道金泉郡佛靈山靑岩寺事蹟碑銘」에는 "(도선)국사가 석장을 세워 개산하니 청암·쌍계·수도이다. 곧 헌안과 헌강 두 임금 사이로 1060여 년 전에 제일창이다. 國師所以卓錫開山 靑岩雙溪修道 幷時以刱 卽憲安憲康二朝間 距今一千六十餘年 是爲第一刱也"라고 하였고, 신라 말에 동리산문(桐裏山門) 개조 혜철(慧徹 785~861)이 밀인을 이은 뒤 조선 인조대로 이어진 칠백년 동안 의룡율호(義龍律虎)들이 면면히 법등을 이었다. 1898년(광무3)에 간행된 『홍릉등록』에는 "불령산 청암사는 또한 삼한고찰이며 국가원당으로, 17조의 어제어필을 봉안해온 큰 도량이니, 그 소중함은 다른 절과는 크게 다르다. 佛靈山靑巖寺 亦三韓古刹國家願堂 十七朝御製御筆奉安留鎭之大基 其所重大與他逈別"라고 하였다. 다만 859년(헌안

청암사 현판

청암사 전경

왕3) 창건설이 전하기도 한다. [연혁] 「경상북도김천군불령산청암사사적비명」을 비롯하여 1744년(영조20)의 「유명조선국불령산쌍계사정혜대사비 有明朝鮮國佛靈山雙溪寺定慧大師碑」 · 1765년(영조41)의 「용암대사상탑비문 龍巖大師像塔碑銘」 · 1940년의 「조선불교선교양종대교사대운당비 朝鮮佛敎禪敎兩宗大敎師大雲堂碑」 등과 1854년(철종5)에 응와(凝窩) 이원조(李源祚)가 지은 「청암사중수기 靑巖寺重修記」 등에 의지하여 연혁을 정리하면 〈표1〉과 같다. 1647년에 경내가 모두 불탔을 때, 덕유산에 머물던 벽암각성은 반운지선(伴雲智僊)을 보내 지금의 김천시 증산면 옥동 불령산 쌍계사

〈표1〉 연혁 및 불사 현황

연도	사적
헌안왕· ~ 헌강왕··	· 도선국사 창건 ·재위 857~861 ··재위875~886
1647(인조25)	· 화재 · 벽암각성(碧巖覺性) 문인 허정혜원(虛靜惠遠) 중창, 1차 중창
1672(현종13)	· 명승(明勝) 선원과 강원 개원
1680(숙종 6)	· 벽암 법손 보광원민(葆光圓旻) 장실(丈室) 복원
1689~1694 (숙종15~20)	· 숙종비 인현왕후(仁顯王后) 폐서인으로 극락전에서 기도
1695(숙종21)	· 5월 「어제등록 御製謄錄」 하사받음
1736(영조12)	· 보광원민 제자 회암정혜(晦庵定慧) 문루 중수, 강설 법석 진작, 학인 삼백명 이상, 2차 중창
1761(영조37)	· 회암 제자 모암체규(慕庵體糾) 법당·장실 중수
1781(정조 5)	· 회암 4대 법손 환우연찬(喚愚演贊) 지장존상 중수, 주불·불화 등 일신
1782(정조 6)	· 4월 화재, 법당·영감(影龕)·장실·육화료·문루·익랑 전소
1783(정조 7)	· 모암체규 권선문 찬술, 환우연찬 모연, 가을 신궁보전(新宮寶殿)·누당(樓堂) 중건, 육화료 보수, 3차 중창
1852(철종 3)	·이후 회암 5대 법손 포봉일오(苞峯日午)과 화운관진(華雲觀眞) 회암 이하 고승진영 봉안 위해 영각 건립, 화재, 재건립
1899(광무 3)	· 불령산 적송산림 홍릉(洪陵) 향탄진공처(香炭進供處) 지정
1905(광무 9)	· 용각(龍覺) 극락전 중건, 1897 이후 대운병택(大雲丙澤)과 전국 모연
1906(광무10)	· 응운영호(應雲永護) 보광전 건립 중 입적, 대운병택 완공, 가야산 동쪽 성주군 수륜면 용기사(龍起寺) 터의 청동사십이수관세음보살상 이운, 보광전 봉안, 만일회 결사
1911	· 9월 21일 화재, 전각 모두 소실
1912	· 대운병택 대웅전·육화료 중건, 진영각 신축 후 진영 22위 봉안
1919	· 대운병택 숭덕강습소(崇德講習所) 개소
1920	· 화재로 전소
1921	· 중국 항주 영은사(靈隱寺) 노반전(魯般殿)에서 목조석가모니불상 조성·이운, 대웅전 봉안, 4차 중창
1950 이후	· 퇴락
1979	· 청동사십이수관세음보살상 도난
1987	· 3월 25일 비구니승가대학 설립 · 비구니 의정지형(義淨志炯)·의진상덕(義眞相德) 목조사십이수관세음보살상 조성, 보광전 봉안, 대웅전·육화료·진영각·보광전·극락전·정법루 보수, 사천왕문·일주문 이전, 회당비각(晦堂碑閣)·대운비각(大雲堂碑閣) 보수, 중현당·선열당 신축
1993	· 극락전 중수
1997	· 범종각 신축
1999~2005	· 보광전 보수, 이후 백화당·자양전 신축, 5차 중창
2007	· 비구니 교육전문기관 청암사율학승가대학원 개원
2019	· 장경각 신축

의 창신(創新)을 발원하면서 아울러 허정혜원을 함께 보내 청암사를 중창하도록 하였다. 1672년 즈음 명승의 선원과 강원 개원 이후에는 선장(禪匠)과 강백(講伯)들이 다투어 강교설선(講敎說禪)의 꽃을 피웠다. 특히 왕실과의 인연이 깊어서, 숙종비 인현왕후(仁顯王后 1667~1701)가 극락전을 기도처로 삼은 인연으로 1694년(숙종20)에 폐서인에서 복위되고서 다음해에 「어제등록」을 보냈다. 1897년(광무1)에 폐사 위기에 놓였을 때는 영각과 대운병택(大雲丙澤)은 함께 발원하여 전국으로 모연하였는데, 대운이 빨간 주머니를 얻는 꿈을 꾼 뒤, 한양의 노보살로부터 사후 염불의 부탁과 함께 대시주를 받고서 극락전을 건립하고 염불만일회(念佛萬日會)를 결성하니 염불소리가 끊이지 않았다고 하는데, 1906년(광무10) 계룡산인(鷄龍山人) 동은원규(東隱元奎)가 지은 「청암사극락전신창기 靑巖寺極樂殿新創記」에는 당시 대운이 "극락전은 옛 인현왕후 원당터다. 殿故仁顯王后之願堂遺址也"라면서 신창하였다고 하였다. 1904년과 1906년에 걸쳐 수행된 「극락전만일회창건시동참대시주록 極樂殿萬日會創建時同參大施主錄」에는 32명 상궁 이름이 전한다. 1987년에 지형과 상덕비구니가 주석하면서 비구니전문교육도량으로 자리잡아 오늘에 이르고 있다. [당우] 현존하는 당우로는 대웅전 · 자양전(慈養殿) · 장경각 · 진영각 · 육화료 · 정법루 · 중현당(重玄堂) · 선열당 · 양진소(養眞所) · 범종각 · 회당비각 · 대운당비각 · 시은고(施恩庫) · 부도군 등이 있고, 계곡 건너편에도 극락전 · 보광전 · 백화당(白華堂) 등이 있다. 주요 당우의 내용은 〈표2〉를 참고하라. [부도군] 부도전에는 회암정혜(1685~1741)의 승탑, 진철선사(振哲禪師)가 세운 회암 법제자인 용암채청(龍巖彩晴 1692~1754)의 승탑과 탑비, 태감(泰鑑)장로 · 지성(智性)장로 등의 공덕비가 있다. 따로 마련된 부도전에는 이곡당(利谷堂) · 백심당(白心堂) · 신곡당(新谷堂) · 이곡당(梨谷堂) 등 석종형 부도 4기가 나란히 자리하였고, 그 앞에 팔각원당형으로 조성한 고봉태수(高峰泰秀)의 부도와 덕민풍수(德旻豊水)가 짓고 현산(顯山)이 쓴 탑비가 있다. 그외에도 1906년 극락전만일회헌답공덕주 이종승(李鍾承) · 1907

청암사신중도 직지성보박물관 1781년

년 백련암대공덕주 비구니 유안·1907년 상궁 천정공심(千淨空心)·1924년 염불회대시주 이청정공(李淸淨空)·1930년 비구니 명윤(明允)·최송설당(崔松雪堂) 등의 공덕을 기린 비와 각석 등이 비림을 이루고 있다. [성보문화재] 청암사 성보문화재를 정리하면 아래 〈표2〉와 같다. 특히 1687년(숙종13)에 조성된 강희26년명 범종과 조선후기부터 일제강점기까지 고승진영 22위, 신중도, 청암사인현왕후어제등록 등은 현재 본사인 직지성보박물관에 모셔져 있다. [관련 성적] 1668년(현종9)~1685년(숙종11)과 그 전후 인출로 추정되는 『묘법연화경』 제1~제2와 제5, 1635년(인조13)에 인출된 『대불정여래밀인수증료의제보살만행수능엄경 大佛頂如來蜜因修證了義諸菩薩萬行首楞嚴經』 제9·제10은 진영각에, 1757년(영조33)에 청암사에서 판각한 회암

〈표2〉 주요 당우 및 성보문화재 일람표 **보물 ***유형문화재

지정 종목	명칭	조성연대	규격·내용·인연 대중
전각	대웅전	1912	·대운병택 중건, 1921 중국 항주 영은사 노반전 목조석가모니불상 이안, 육계없이 계주만, 청말 양식·대웅전 후불탱인 신중탱·산신탱·칠성탱·독성탱은 금어 이혜고·김계은·홍한곡 조성·편액 김돈희(金敦熙) 서(書)
	보광전	1905 (고종9)	·응운영호 발원, 대운병택 낙성, 성주군 용기사터 청동사십이수관세음보살상 이운·봉안·1979 도난·1992 목조사십이수관세음보살상 봉안, 후불탱·신중탱·칠성탱·산신탱·독성탱
	극락전	1905	·대운병택 건립, 석조아미타여래좌상·탱화 등 봉안
	육화료	1912	·대운병택 중건, 을(乙)자형, 경내 최대 건물, 청암사승가대학 대방·조선 정조 때 조성 추정 높이 57cm 석가불좌상 봉안·1791 후불탱 조성, 흑견은니(黑絹銀泥) 미타탱
	진영각	1912	·대운병택 중건, 고승진영 22위, 직지성보박물관
탱화	아미타불회도***	1790 (정조14)	·세로 184cm·가로 211.4cm, 아미타불좌상 좌우에 관음·지장보살 협시, 직지사 내원암(內院庵) 제한(濟閑) 등 일곱 스님 조성, 삼베에 검은 안료 바탕색, 신체는 금채, 주름·무늬는 금니, 섬세·화려
	신중도	1781 (정조5)	·세로 143cm·가로 103cm, 유봉(有奉) 조성, 상단 제석천·권속, 하단 위태천·팔부중, 18세기후반 신중도 변화, 색감 차분, 직지성보박물관 소장
불상	수도암 석조비로자나불좌상**	통일신라 말	·높이 251cm, 민머리, 사실적 손 묘사, 받침대 앞면에 사자상·용머리 특이
	수도암 석조보살좌상**	고려 초	·높이 154㎝
불탑	수도암 동서삼층석탑**	859 도선국사 건립설	·받침돌 단수, 지붕돌 받침·넓이, 감실 여부 등이 다른 석탑 2기
	다층석탑	1938	·높이 453cm
범종	강희26년명 범종	1687 (숙종13)	·높이 117㎝, 직지성보박물관
비각	회당비각	1912	·신축. 1852 포봉 찬술 높이 173cm 회당탑비, 회당비각 편액 김돈희 서
고문서	인현왕후 어제등록	1695 (숙종21)	·세로 30.8cm·가로 24cm, 종이, 중수 불사에 비녀·잔·신발 시주

정혜의 『선원집도서착병 禪源集都序着柄』은 서울대 규장각에, 『별행록사기화족 別行錄私記畫足』은 동국대 도서관에 각각 소장되어 있다. 고문서류도 다수 봉안되어 있는데, 1785년 『시주록』·1788년 『헌답록 獻畓錄』·1869년 『불량시주록 佛糧施主錄』·1873년 『수도암불량시주록』·조선후기 『쌍계사소납진상사역교구절목 雙溪寺所納進上事役矯捄節目』·1908년 『청암사극락전전장유지기 靑巖寺極樂殿傳掌維持記』 등이다. 이외에도 각 전각에 역대 중건불사의 시주현판이 다수 전한다. [포교활동] 1987년부터 어린이법회를 연 이래 1988년 장학사업, 1989년 법화경특별기도, 1991년 금강회, 1994년 불서보급, 1997년 태극권 시행 등 일반 대중에 대한 포교 활동을 활발히 진행하고 있다. 2011년부터는 비구니승가대학으로는 최초로 '청암사스마트캠퍼스'와 '청암사참살이앱'을 개통하여 전통으로만 여겨지던 교육과 문화면에서 변화와 도약을 주도하여, 세계인들과 젊은이들에게 한국불교문화를 알리고 있다. [참고문헌] 『洪陵謄錄』, 『梵宇攷』, 『朝鮮寺刹史料』 권상, 『韓國寺刹全書』 권하 p.1091b12, 『韓國近世佛敎百年史』 권2 「僧尼」(民族社, 1994) pp.1~52, 『한국의 사찰문화재』 경상북도Ⅱ 자료집(문화재청·재단법인 불교문화재연구소, 2008) pp.166~179. ⇨ 청암난야 靑巖蘭若

청암사 淸庵寺 위치미상. 진각국사(眞覺國師) 혜심(慧諶 1178~1234)의 『무의자시집』 권하 「류제청암사 留題淸庵寺」(한불전6, p.56c9)에서 "봄나들이에 좋은 곳 골라 맑은 가람에 이르니, 세상 밖 가풍 마음껏 누렸네. 경계 고요하고 사람도 한가로워 속계라곤 없으니, 이름 그대로 맑은 암자다. 春遊選勝到精藍 物外家風得飽參 境靜人閑無俗界 命名眞箇是淸庵"라고 하였다. [참고문헌] 『無衣子詩集』. ⇨ 혜심 慧諶

청암사강원 靑巖寺講院 경상북도 김천시 증산면 평촌리 불령산(佛靈山) 청암사의 강원. 조선시대 벽암각성(碧巖覺性 1575~1660)의 강맥을 이은 허정혜원(虛靜惠遠)이 1672년(현종13) 경에 설립한 선원과 강원에 벽암의 법손들이 주석하면서 이어졌다. 『시주록』에 "대찰 청암은 일국의 명승강당이다. 이로부터 선장강백이 다투어 머물며 강하고 선지를 높였다. 大刹靑巖爲一國之明勝講堂 自此以後 禪匠講伯 爭先相投 講敎說禪"고 하였다. 1711년(숙종37) 경부터 화엄 대강백 회암정혜(晦庵定慧 1685~1741)가 주석하면서 더욱 융성하여, 『충허대사유집』 권1(한불전10, p.329a16)에는 "회암이 불령의 청암에서 어둠을 밝혔다. 晦庵燭微於佛靈之靑巖"고 하였으며, 당시 삼백여 학인이 운집하여 세간의 추앙을 받았다. 이어 용암채청(龍巖彩晴)·모암체규(慕庵體糾)·금명오우(錦溟五祐)·화운관진(華雲觀眞) 등

대강백이 주석하였다. 그 뒤에도 1919년부터 주지 대운병택(大雲丙澤)이 학령아동을 위한 숭덕강습소(崇德講習所)를 설치하고서 아동교육에도 힘썼고, 1926년 12월에 불교전문강당을 설치한 뒤에는 금란사(金蘭寺) 진해대사(震海大師)를 초빙하여 강설하기도 하였다. 1960년대에는 고봉태수(高峰泰秀)와 제자 우룡종한(雨龍鐘漢)·고산혜원(杲山慧元)·일해덕민(一海德旻) 등의 강백이 주석하였으나, 그 후 20여 년 동안 쇠락하였다. 1987년 3월 25일에 비구니 의정지형(義淨志炯)과 의진상덕(義眞常德)이 비구니청암사승가대학을 개원하면서 옛 명성을 승계하여 2005년까지 칠백여 명의 학인을 배출하였고, 2007년에는 청암사율학승가대학원을 개원하여 비구니승가전문교육도량으로서의 위상을 높였다. 역대강백의 주석 및 불사 내역은 허정혜원(1647 1차중창)→이곡효선(梨谷曉善, 1686 주석)→모운진언(慕雲震言, 1690년대 주석)→회암정혜(1736 2차중창)→용암채청(1744 주석)→모암체규(1761 중수)→취봉진철(翠峰振哲, 1765 주석)→환우연찬(喚愚演贊, 1783 3차중창)→금명오우(1809 주석)→포봉일오(苞峯日午, 1844 주석 1852 불사)→화운관진(1852 불사 1854 주석)→대운병택(1897~1936 주석)→퇴경권상로(退耕權相老, 1950년대 강설)→고봉태수(1960년대 주석)→우룡종한(1960년대 주석)→고산혜원(1960년대 주석)→일해덕민(1960년대 주석)→의정지형(비구니, 1987~현재)→의진상덕(비구니, 1987~현재)이다. [참고문헌]『施主錄』, 『冲虛大師遺集』, 『東亞日報』(1926.12.25), 『時代日報』(1926.6.3).

청암사고승진영 靑巖寺高僧眞影 경상북도 김천시 증산면 평촌리 불령산(佛靈山) 청암사 주석 고승의 진영. 조선후기에서 일제강점기에 이르는 동안 주석하며 교학과 선법을 펼친 고승 22분의 진영으로, 현재 직지성보박물관에 봉안되어 있는데 〈표〉와 같다. 영찬(影讚)의 찬자는 용담후손 순·경허성우·보운 등 스님과 조현명·이인설·이원조·이규진·김동선·김인길 등이다. 1854년(철종5)에 응와(凝窩) 이원조(李源祚)가 지은 「청암사중수기 靑巖寺重修記」(『조선사찰사료』 권상 p.514)에 "영각을 건립하고서 회암정혜(1685~1741) 이하 모든 스님의 진영을 불사르고 다시 그려 봉안하였다. 刱影閣 奉晦堂以下諸師象 煅而重新之"고 하였다. [참고문헌]『朝鮮寺刹史料』 권상, 『한국의 사찰문화재』 경상북도Ⅱ 자료집(문화재청·재단법인 불교문화재연구소, 2008) pp.168~169. ⇨청암사 靑巖寺 3

〈표〉청암사고승진영

번호	영제	크기·내역
1	허정당대선사진영虛靜堂大禪師眞影	100.5·68.6·제찬(題贊) 이인설(李寅卨)
2	선교양종회암당대선사정혜진영禪敎兩宗晦庵堂大禪師定慧眞影 1685~1741	110·72.7·영찬 조현명(趙顯命)
3	용암당대선사채정진영龍巖堂大禪師彩晴眞影 1692~1754	101·66.5·제찬 이원조(李源祚)
4	모암당대선사진영慕庵堂大禪師眞影	102.8·66.8·제찬 이원조
5	환우당대선사진영喚愚堂大禪師眞影	103·69.2·제찬 이규진(李奎鎭)
6	선교양종정사포봉당대사진영禪敎兩宗正事苞峯堂大師眞影 화운관진 스승, 19세기중반 이후 입적	125.5·85.3·제찬 김동선(金東選)
7	취봉당대선사진영翠峯堂大禪師眞影	105.9·70.2·제찬 이원조
8	선사취산당대선사진영先師翠山堂大禪師眞影	123·83·제찬 김인길(金寅吉)
9	낙하당대선사진영洛河堂大禪師眞影	100.5·67.2·제찬 이인설
10	금파당대선사진영金坡堂大禪師眞影	118·74·제찬 이인설
11	오봉당대선사진영五峯堂大禪師眞影	98.5·68.2·제찬 미상
12	몽암당대선사진영夢庵堂大禪師眞影	117·74·제찬 이인설
13	설악당대선사진영雪岳堂大禪師眞影 1718 청암사 주석	127·73.5·제찬 이원조
14	오송당대선사진영五松堂大禪師眞影	125·90
15	영송당대선사진영影松堂大禪師眞影	117·84.5·제찬 이인설
16	선교양종금명당대선사오우진영禪敎兩宗錦溟堂大禪師五祐眞影 1809 청암사 주석	118·74
17	귀암당대선사대흔진영歸庵堂大禪師大昕眞影 1899 주석	116·75·제찬 경허성우(鏡虛惺牛)
18	선교양종화운당대선사진영禪敎兩宗華雲堂大禪師眞影 19세기후반 화운관진 추정	120·81·제찬 이인설
19	사송당대선사진영泗松堂大禪師眞影	118·74·제찬 이원조
20	봉암당대선사석홍진영鳳巖堂大禪師碩洪眞影	111.5·70.2·제찬 용담(龍潭) 후손 순(詢)
21	고암당대선사태순진영古庵堂大禪師太順眞影 19세기후반 입적 추정	110·70.5·제찬 경허성우(鏡虛惺牛)
22	선교양종대운당대선사금운진영禪敎兩宗大雲堂大禪師金雲眞影 1868~1936	109·79·제찬 대교사 보운(寶雲)

청암사수도암삼층석탑 靑巖寺修道庵三層石塔 경상북도 김천시 증산면 수도리 청암사에 있는 통일신라시대 석탑 2기. 보물 제297호. 높이 동탑 3.85m, 서탑 4.1m. 석탑은 대적광전과 약사전을 사이에 두고 전면에 동서로 서 있다. 양식적 차이가 커서 쌍탑으로 보기는 어렵다. 동탑은 기단부의 구성이 특이한데, 탑구석과 하층 기단석, 상층기단으로 이루어졌고, 탑구석은 일부 더하여 여러 매로 구성하였으며 측면에 안상이 새겨져 있다. 하층 기단석은 면석과 갑석을 구분하지 않고 상면에 2단의 괴임을 두어 상층면석을 받고 있고 모서리에 약하지만

청암사수도암삼층석탑 동탑

합각선을 표현하였다. 상층기단 면석은 1매의 통석으로 우주 및 탱주를 생략하고 1구의 안상(眼象)만을 새겨 넣었다. 상층 갑석은 2매로 하부의 부연을 생략하고 상면 중앙에 2단의 호형 받침을 각출하여 초층탑신을 받고 있다. 갑석은 단부쪽으로 약한 기울기가 있으며 모서리에 합각선을 새겨 넣었다. 탑신부는 3층으로 모두 1매씩으로 구성하였는데, 초층탑신은 각 면을 감실처럼 파고 사방불을 새겨모셨다. 옥개석은 하단받침이 1·2층은 4단, 3층은 3단으로 차이를 보이며 상단에 1단 괴임을 두어 상층 탑신을 받게 했다. 옥개석의 낙수면은 사선으로 내려오다가 처마끝에서 반전하는데, 유독 3층 옥개석만은 낙수면을 볼륨감 있게 처리하여 차이를 보인다. 2·3층 옥개석은 하단에 물끊기 홈이 있고 또 모서리에 풍경공이 남아 있다. 상륜은 노반과 보륜, 복발로 보이는 부재가 남아 있다.

청암사수도암삼층석탑 서탑

서탑은 이중기단으로 지대석위에 하층기단을 두었는데, 면석과 갑석이 일체형으로 되어 있다. 면석에는 우주와 1주의 탱주를 표현하였고 갑석의 너비가 짧아 거의 상층기단 갑석과 같은 내밀기를 보인다. 하층 갑석상면의 기울기가 급하고 모서리 합각선과 함께 반전도 있다. 상면에는 1단의 괴임을 두어 상층갑석을 받고 있다. 상층면석은 4매로 H자형으로 동서축에 긴 면석이 드러나도록 결구하였으나 별도의 우주나 탱주는 모각하지 않았다. 상층갑석은 1매로 하단에 부연은 없고 상면에는 약한 낙수면과 함께 합각선이 있고 상단에는 2단의 괴임을 두어 탑신을 받고 있다. 탑신부는 3층으로 탑신과 옥개석 모두 1매석으로 초층탑신은 동탑과 달리 연화좌에 앉아 있는 보살좌상을 4면 모두 부조로만 표현하였다. 옥개석은 동탑에 비해 추녀선이 매우 넓은 것이 특징인데, 층급받침과 처마선 사이의 간격이 넓다. 옥개의 층급받침은 1·2층이 5단이고 3층은 4단으로 차이를 보이며 상면에는 1단의 괴임을 두어 상층 탑신을 받고 있다. 각층 옥개석 하단에는 물끊기 홈이 있으며 2·3층 옥개석 모서리에는 풍경공이 남아 있다. 상륜은 노반석과 보륜 2매, 보주 1매로 추정되는 부재가 남아 있다. 양 석탑의 구성을 살펴보면, 기단부의 결구방식, 초층탑신의 부조내용과 부조방법, 옥개석의 구성과 형태, 노반석 형태 등 공통되는 양식을 전혀 관찰할 수 없다. 또한 대적광전과 약사전 사이의 건물간격도 통일성이 없어 동일시기 같은 의도로 만들어진 쌍탑으로 보기는 어렵다. 대적광전 내의 불상의 양식 및 석탑의 세부양식으로 볼 때 9세기 후반경의 작품으로 보인다. [참고문헌] 박경식 『탑파』(예경, 2001), 『경상북도의 석탑Ⅶ』(국립문화재연구소, 2013). ⇨ 수도암 修道庵 6

청암사수도암석조비로자나불좌상 靑巖寺修道庵石造毘盧遮那佛坐像 나말여초 석불좌상. 보물 제307호. 불상높이 251cm·대좌높이 119cm. 대적광전에 봉안된 본존불로, 전체높이가 4m에 달하는 거불(巨佛)이다. 방형의 상호는 단정한 이목구비에 위엄이 있으며, 소발(素髮) 위에는 상투형 육계를 표현하였다. 이마 위로 낮은 층단이 띠처럼 둘러져 있고 그 위로 작은 구멍이 돌아가며 뚫려 있어서 별도의 보관이 있었을 것으로 추정된다.

청암사수도암석조비로사나불좌상

불신은 장대하면서도 하체의 폭이 매우 좁다. 통견(通肩)의 법의 안에는 사선의 승기지(僧祇支)가 보이고, 허리에는 군의(裙衣) 띠매듭이 있다. 수인은 지권인(智拳印)이다. 대좌는 팔각연화좌로 상대석에는 이중앙련(二重仰蓮)과 정면의 사자·용두모양을 조각하고, 중대석 각 면에는 안상을 새겼으며, 중대석 아래 3단의 괴임돌을 받치고 하대석 복련좌(覆蓮座)를 배치하였다. 비현실적인 신체비례·형식적인 옷주름 등의 세부표현을 볼 때 통일신라에서 고려 석불로 넘어가는 과도기의 불상으로 추정된다. [참고문헌] 『文化財大觀』 寶物篇·石造Ⅱ(文化財廳, 2004) pp.448~451, 정태호·이숙희, 『깨달음의 빛, 비로자나불』 권하(안그라픽스, 2017) pp.70~74. ⇨ 수도암 修道庵 6

청암사수도암약광전석불좌상 靑巖寺修道庵藥光殿石佛坐像 고려 석불좌상. 보물 제296호. 불상높이 103cm·광배높이 145cm·대좌높이 122cm. 불상·광배·대좌를 모두 갖춘 불상으로, 불두에는 보살상처럼 보관을 쓰고 있다. 상호는 마멸이 심해 분명하지 않지만 오뚝한 코와 작은 입 등을 단아하게 표현하였다. 통견(通肩)의 법의에는 양어깨와 발끝부분에만 의습선을 묘사하였다. 수인은 대일여래(大日如來)의 법계정인(法界定印)을 맺어 무릎 위에 얹었고, 그 사이로 보주를 올려놓았다. 광배는 주형거신광(舟形擧身光)으로

청암사수도암약광전석불좌상

연화문·화염문·당초문을 시문하였고, 방형대좌에는 상대에 앙련(仰蓮)·중대에는 안상(眼象)·하대에는 복련(覆蓮)을 조각하였다. 평면적·도식적 조형기법, 형식적인 광배와 대좌의 표현으로 보아 고려전기의 불상으로 추정되며, 보관여래상의 드문 사례이다. 〔참고문헌〕『國寶4』 석불(웅진출판, 1992) p.110, 최성은『KOREAN ART BOOK 석불·마애불』권11(예경, 2003) pp.344~345. ⇨수도암 修道庵 6

청암사인현왕후어제등록 靑巖寺仁顯王后御製謄錄 1695년(숙종21) 5월에 청암사에 보낸 왕실 고문서. 종이, 세로 30.8cm·가로 24cm, 직지성보박물관 소장. 조선 숙종의 계비 인현왕후는 왕비의 지위를 잃은 폐서인 때 청암사 극락전에서 기도하였는데, 1694년 4월 복위한 뒤에 청암사불사소식을 듣고서 이듬해에 보낸 글이다. "세간에는 일곱가지 무거운 은혜가 있으니, 불법승 삼보와 부모, 임금, 선지식입니다. … 제가 본래의 자리로 돌아온 이래, 우리 고한존자께서 충과 힘을 다하니, 그 길 불심에 합하여 깨달음의 달 세간에서 빛나게 하였고 나를 빨리 바른 자리로 돌이켜 욕망의 구덩이에 빠지지 않게 하여 오늘에 이르게 되었습니다. 스님의 공과 다겁 부처님의 힘이 아니라면 어찌 능히 이와 같겠습니까! … 다만 스님들을 위해 비녀·잔·신발 세 가지 신표로 보내드리오니 늘 삼보의 예물로 삼으시고, 축원하는 전각은 함원전으로 이름을 바꾸어 길이 복을 비는 곳으로 삼으소서. … 을해년 5월 어느 날 성산 불령산에 부침. 世間有七重三寶及父母君善知識 … 自予還本以來 我孤閑尊者 盡忠竭力 道合佛心 朗覺月於塵溝 使我迅返正位 不沈欲坑 致有今日 非師之功耶 非多劫之佛力 安能如是耶 … 故爲師等 替送釵盞鞋三種之信 恒爲三寶之禮 祝閣改額爲含元殿永爲祝釐之所 … 乙亥五月日 星山佛靈山"라고 하였다. 〔참고문헌〕『한국의 사찰문화재』경상북도Ⅱ 자료집(문화재청·재단법인 불교문화재연구소, 2008) p.178. ⇨청암사 靑巖寺 3

청양석조삼존불입상 靑陽石造三尊佛立像 고려전기 석불입상. 보물 제197호. 본존 310cm·좌협시 223cm·우협시 225cm. 충청남도 청양군 청양읍 읍내리 충령사(忠靈祠) 앞 전각에 봉안되어 있다. 원래는 읍내리의 한 이름을 알 수 없는 사지(逸名寺址)에 삼층석탑과 함께 있던 것을 1961년에 현재의 위치로 탑(충청남도 문화재자료 제148호)과 함께 이안(移安)하고, 1981년에 보호각을 건립하였다. 삼존은 각각 광배와 대좌를 따로 갖춘 독립상으로 광배와 상호·불신(佛身)의 일부가 심하게 훼손되었다. 본존의 상호는 육계부분과 윤곽만 남아있으며, 주형거신광(舟形擧身光)에는 아무런 문양이 없다. 통견(通肩)의 법의는 가슴부터 발목까지 U형 주름이 흘러내리면서 몸에 밀착하였다. 수인은 시무외여원인(施無畏與願印)이다. 별석으로 제작한 대좌의 정측면에는 안상을 새겼고, 윗면에는 발을 따로 돋을새김 하였다. 좌우의 협시보살상 역시 파손된 부분이 많지만, 허리를 틀어 본존을 향하고 있는 유연한 자세·신체에서 여러 번 감기다 양팔에서 갈무리되는 U형 천의(天衣)·X형 영락(瓔珞) 등 세부표현이 동일하다. 수인은 서로 바깥쪽 손을 들어 대칭을 이루고, 대좌역시 본존과 동일하게 양발을 돋을새김 하였다. 많은 부분이 훼손되었지만, 통일신라의 전통양식을 계승한 고려초의 대형 삼존불로서 사례가 드문 귀중한 불상이다. 〔참고문헌〕『文化財大觀』寶物篇·石造Ⅱ(文化財廳, 2004) pp.306~309, 『한국사지총람』권상(문화재청·불교문화재연구소, 2010) p.533.

청양석조삼존불입상

청어 靑瘀 Ⓢnīla, vinīlaka, Ⓟvinīlaka, Ⓣrnam-par-bsngos-pa. 주검에 나타나는 검푸른 반점. 『십송율』권2(대정장23, p.7b26)에 "죽은 뱀이나 죽은 개 또는 죽은 사람에게서 냄새나고 문드러져 청어가 생긴다. 새와 짐승이 뜯어먹어 피고름에서 벌레가 나와 그의 목에 걸어준다면, 악취 나는 시신을 매우 부끄럽게 여길 것이다. 若以死蛇 若以死狗 或以死人臭爛靑瘀 鳥獸所食膿血蟲出以繫其頸 厭惡臭屍深懷慚愧", 『대비바사론』권40(대정장27, p.205a19)에 "관행을 닦는 이가 이와 같이 미간 등에 마음을 메어두면서 시신의 검푸른 반점 등의 모습을 관하는 것이 부정관이다. 修觀行者 如是繫念在眉間等 觀察死屍靑瘀等相 卽不淨觀", 『섭대승론석』권4(대정장31, p.338c13)에 "정심 중에 따라가며 보는 모든 청어 등이라 여겨지는 영상은 따로 존재하지 않고 단지 스스로의 마음으로 본다. … 또 이와 같은 청어 등에 대한 것은 기억해 가질 식도 아니니 소연경으로 현전해 머문 것을 볼 뿐이다. 於定心中隨所觀見 諸靑瘀等所知影像 一切無別靑瘀等事 但見自心 … 又於如是靑瘀等中非憶持識 見所緣境現前住故"라고 하였다. 〔참고문헌〕『十誦律』, 『大毘婆沙論』, 『攝大乘論釋』, *Śrāv-bh.101., Jā.2.40.* ⇨청어상 靑瘀想

청어상 靑瘀想 Ⓢvinīlaka-saṃjñā, Ⓟvinīlaka, vinīlaka-saññā, Ⓣrnam-par-bsngos-pa'i-'du-shes. 구상(九想) 중 하나로 시신의 검푸른 반점을 현전시켜 관하는 부정관(不淨觀). 청어상(靑瘀相)·청상(靑

想·青相)이라고도 한다. 『현종론』 권29(대정장29, p.917b8)에 "현색에 대한 탐을 조복해 다스리고자 청어상과 이적상을 닦는다. 爲欲伏治顯色貪故 修青瘀想及異赤想", 『유가사지론』 권98(대정장30, p.865b11)에 "청어상부터 관공상까지가 모두 부정상으로 거둠을 알아야 한다. 또 여기서는 청어상을 처음으로 하고 방창상을 마지막으로 하여 아름답다 여기는 색상탐을 다스린다. 從青瘀想乃至觀空想 當知皆是不淨想攝 又於此中青瘀想爲初 膖脹想爲後 對治美色貪", 같은 책 권32(대정장30, p.460b26 : *Śrāv-bh.*, p.416)에 "이미 이러한 광명상을 취했다면, 다시 무덤가로 가서 청어상을 취하고 … 골쇄상을 취한다. 그대가 만약 무덤가로 갈 수 없는 상황이라면, 나무나 돌에 그려 칠한 상들로 취해야 할 것이다. 既取如是光明相已 復詣塚間取青瘀相 … 取骨鎖相 汝若不能往詣塚間 當取彩畫木石所作如是諸相 śmaśānādyupasaṃkramya, vinīlakādvā nimittamudgṛhāṇa. yāvadasthināmvā, asthiśaṃkalikānāmvā, no cecchmaśānādapi tu citrakṛtādvā, kāṣṭhaśmaśānakṛtādvā nimittamudgṛhāṇa", 『유가론기』 권6(대정장42, p.437c28·한불전13, p.456a3)에 "청어상에서 관공상까지가 구상이다. … 이 아홉 가지 관상법은 상을 체로 한다. 從青瘀想至觀察空想是名九想 … 九想想爲體", 『중아함경』 권34 「식지도경 息止道經」(대정장1, p.646c23)에 "검푸른 반점이 드러나고 썩어 문드러지는 몸이라고 관하고, 새와 벌레에 먹히는 마디마디 이어진 것들 관하라. 當觀於青相 及以爛腐壞 觀鳥蟲所食 骨骨節相連", 『보우경』 권8(대정장16, p.318a12)에 "모든 보살 등은 항상 몸 여기저기 관하면서 청상을 일으킨다. 諸菩薩等 常觀於身分 起青想"라고 하였다. 〔참고문헌〕 『顯宗論』, 『瑜伽師地論』, 『瑜伽論記』, 『中阿含經』, 『寶雨經』, *Śrāv-bh.*, *DN.3.226.*, *AN.5.106·310.* ⇨ 구상 九想, 부정관 不淨觀

청연 淸淵 조선후기 스님. 휘 월영(月影)의 법호이다. ⇨ 월영 月影

청연사 青淵寺 경기도 양주에 있던 절. 『고려사』 권5 세가(世家)5 현종(顯宗) 18년(1027) 6월 계미에 "양주에서 아뢰기를, '장의·삼천·청연사 등의 스님들이 술 빚는 일 금하는 것을 어기고 쌀 360여 석으로 술을 빚었으니, 율에 의거하여 벌을 주기를 청합니다'라고 하자 그대로 따랐다. 楊州奏 莊義 三川 青淵等寺僧犯禁釀酒 共米三百六十餘石 請依律斷罪 從之"라고 하였다. 〔참고문헌〕 『高麗史』, 『韓國寺刹全書』 권하 p.1093a15.

청연사 淸淵寺 전라남도 장성군 불대산(佛臺山)에 있던 절. 『범우고』에 절의 이름과 위치가 전한다. 〔참고문헌〕 『梵宇攷』, 『韓國寺刹全書』 권하 p.1098b17.

청오 淸悟 조선후기 스님. 1665년(현종6) 전라도 순천 영추산(靈鷲山) 흥국사(興國寺)에서 『금강경오가해 金剛經五家解』를 개간할 때 간행대시주이자 화사(化士)였다. 〔참고문헌〕 『全國寺刹所藏木板集』 p.267.

청옥 淸玉 조선후기 스님. ❶ 『무경집』 권2 「임실신흥사사적사인 任實新興寺事蹟詞引」(한불전9, p.400b12)에 "만력 기미세(1619·광해군11)에 인화·청옥 등이 쇠를 끊을 정도로 굳게 약속하고 굴릴 수 없는 돌처럼 굳건한 마음으로 단월에게서 재물을 모으니 보시하는 마음도 정성스러웠다. 일터에 공장(工匠)을 모으니 솜씨 좋은 이들이 많이 모였으므로 이에 금전을 열어 범찰을 크게 건립하였다. 至萬曆己未歲 有印和淸玉等 斷金爲約 匪石其心 鳩財檀門 施心翼翼 聚工役所 巧手陝陝 爰闢金田 大建梵刹"라고 하였다. 〔참고문헌〕 『無竟集』. ❷ 영해약탄(影海若坦 1668~1754)의 『영해대사시집초』 「송청옥상인 送淸玉上人」(한불전9, p.483c17)에 "이 시대에 서로 칭송하는 이들이 몇이던가? 사미 나이 어리나 아름다운 이름이 새롭도다. 안색은 곤륜산 옥이요 정신은 물 같으며, 뜻은 서릿대요 기운은 봄이로다. 當世相稱有幾人 沙彌年少美名新 顔如崑玉神如水 志是霜筠氣是春"라고 하였다. 〔참고문헌〕 『影海大師詩集抄』.

청옥사 青玉寺 경상북도 의성군 점곡면 명고리에 있던 절. 『의성군지』에 빈대가 많아서 폐사하고 고운사(孤雲寺)로 옮겼다고 하였다. 〔참고문헌〕 『義城郡誌』(義城郡, 1998). ⇨ 고운사 孤雲寺[1]

청욕 淸欲 1288~1363. 원말 선승. 자는 요암(了庵 : 了菴), 호는 남당(南堂), 시호는 자운보제선사(慈雲普濟禪師), 속성은 주(朱) 씨. 대주(臺州 : 浙江省) 임해현(臨海縣) 출신. 9세에 부친을 여의었고 16세에 호암정복(虎岩淨伏) 문하로 출가하였다. 희백명(希白明) 장주(藏主)의 권유로 소주(蘇州) 개원사(開元寺)의 고림청무(古林淸茂)를 찾아 깨달은 뒤 그 법을 이었다. 1312년(황경1)에 청무가 개원사 주지를 다시 맡자 입원시자(入院侍者)가 되었고, 그 후 경산(徑山)으로 돌아와 허곡희릉(虛谷希陵)의 후당수좌(後堂首座)가 되었으며, 청무가 건강(建康) 보령사(保寧寺)로 옮겨가자 제일좌(第一座 : 首座)로서 도왔다. 1329년(천력2)에 청무가 입적하자 물러나 표수(漂水) 개복사(開福寺)에 머물렀다. 1333년(원통1)에 가흥(嘉興) 본각사(本覺寺)로 옮겨가 10년간 종풍을 크게 떨쳤고 도를 묻는 사대부 대단히 많았으며 황제로부터 금란가사와 자운보제선사라는 사호도 받았다. 후에 남당(南堂)으로 물러났다가 1345년(지정5)에 오중(吾中 : 江蘇省) 영암사(靈巖寺)에 한 차례 머문 뒤 전란으로 제자들과 피난을 갔다. 그 후 취리정(檇李亭) 북쪽의 자운원(慈雲院)에 머물다가 1363년(지정23) 8월에 세수 76세를 일기로 입적하였다. 제자로 목암문강(穆庵文康)이 있으며, 『요암청욕선사어록』 9권이 전한다. 묵적(墨蹟)에 뛰어나 명성이 널리 퍼졌다. [참고문헌] 『了菴淸欲禪師語錄』 권19 「慈雲普濟禪師了菴欲公行道記」(卍속장123, p.784a13), 『五燈全書』 권52(卍속장141, p.138b8).

청용 淸聳 오대(五代)대 법안종(法眼宗) 스님. 복주(福州) 복청현(福淸縣) 출신. 법안문익(法眼文益 885~958)선사를 만나서 인가 받고 그의 법을 이었다. 『법안어록』(대정장47, p.591b9)에 "영주 청용선사는 복주 출신이다. 처음 법안문익선사를 찾아뵈었을 때 선사가 비를 가리키며 말했다. '방울방울져 떨어지네. 상좌 눈속으로'. 청용은 처음엔 그 비유를 알지 못했다. 후에 『화엄경』을 열람하다가 깨닫고 법안선사의 인가를 받았다. 靈隱淸聳禪師 福州人 初參師 師指雨謂云 滴滴落在上座眼裏 淸聳初不喩旨 後因閱華嚴感悟 承師印可", 『경덕전등록』 권25 「영은청용전 靈隱淸聳傳」(대정장51, p.413a15)에 "청용선사가 법좌에 올라 대중에게 보였다. '시방의 모든 부처 언제나 그대 앞에 계신다네. 보이는가? 만약 보인다면 마음으로 보는 것인가? 눈으로 보는 것인가? 그래서 모든 법은 나지도 않고, 모든 법은 사라지지도 않는다고 하는 것이다. 만약 이와 같이 안다면 모든 부처가 항상 나타나 앞에 있으리라'. 師上堂示衆曰 十方諸佛常在汝前 還見麼 若言見 將心見將眼見 所以道 一切法不生一切法不滅 若能如是解 諸佛常現前"라고 하였다. [참고문헌] 『法眼語錄』, 『景德傳燈錄』.

청우 青牛 고려중기 스님. 보조지눌의 상좌이며, 진명국사(眞明國師) 혼원(混元)의 스승이다. ⇨ 홍변 洪辯

청우 聽雨 1912~1971. 해남 대흥사 경운(景雲)의 호. ⇨ 청우당경운대화상비 聽雨堂景雲大和尙碑

청우경 請雨經 비를 기원하는 내용을 담은 밀교 경전. 이 『청우경』에는 4종의 동본이역이 있는데, 북주(北周) 사나야사(闍那耶舍) 한역의 『대방등대운경청우품제육십사 大方等大雲經請雨品第六十四』 1권(대정장19, No.992)과 『대운경청우품제육십사 大雲經請雨品第六十四』(대정장19, No.993), 수(隋) 나련제야사(那連提耶舍) 한역의 『대운륜청우경 大雲輪請雨經』 2권(대정장19, No.991), 당(唐) 불공(不空) 한역의 『대운륜청우경 大雲輪請雨經』(대정장19, No.989)이다. ⇨ 대운륜청우경 大雲輪請雨經, 대방등대운경청우품제육십사 大方等大雲經請雨品第六十四

청우경만다라 請雨經曼荼羅 『청우경』의 만다라(曼荼羅). 『청우경』에 의한 청우법(請雨法)을 닦을 때 사용하는 만다라를 말한다. 『대운륜청우경』 권하(대정장19, p.500a7)에 "이때 부처님께서 이 진언을 설하시고 용왕에게 말씀하셨다. '만약 가뭄 때 청우라고자 한다면 … 빈 터의 진실하고 청정한 땅에 모래와 자갈 및 온갖 가시나무와 잡초를 제거한 후에 사방 12보(步)의 깨끗한 도량 가운데 높이는 1척(尺)이고, 사방 10보인 단(壇)을 만들며 … 그 중앙에 (용왕의) 고좌를 마련하고 자리 위에 새로 지은 청정한 요를 깔고 새로 지은 청색 깃발을 펼친다. 爾時 世尊說此呪已告龍王言 若天旱時欲請雨者 … 當於空地實淨土上 除去沙礫無諸棘草 方十二步以爲道場場中起壇方十步 壇高一尺 … 於壇中央施一高座 座上敷設新靑淨褥張新靑帳", "고좌에서 동쪽으로 3주(肘)쯤 밖에 한 몸에 머리가 셋인 용과 그 좌우에서 위요하는 권속을 그린다. 고좌에서 남쪽으로 5주쯤 밖에 한 몸에 머리가 다섯인 용과 그 용의 좌우에서 위요하는 권속을 그리며, 고좌에서 서쪽으로 7주쯤 밖에 한 몸에 머리가 일곱인 용과 그 용의 좌우에서 위요하는 권속을 그린다. 고좌에서 북쪽으로 9주쯤 밖에 한 몸에 머리가 아홉인 용과 그 용의 좌우에서 위요하는 권속을 그린다.

청우경만다라

從高座東量三肘外 … 畫作龍王一身三頭 亦畫彼龍左右眷屬圍遶龍王從高座南量五肘外 畫作龍王一身五頭 亦畫諸龍左右圍遶 從高座西量七肘外 畫作龍王一身七頭 亦畫諸龍左右圍遶 從高座北量九肘外 畫作龍王一身九頭 亦畫諸龍左右圍遶", "단의 네 모서리에는 네 개의 화병(華甁)을 안치하고 … 도량의 네 문에 각각에는 하나의 커다란 향로(香爐)를 안치하여 훈향·육향·침향·수향·소향·합향·안식향 등의 갖가지 향을 사른다'. 其壇四角安四華甁 … 道場四門 各各置一大妙香爐 燒種種香熏陸沈水蘇合栴檀及安息等"라고 하였다. [참고문헌] 『大雲輪請雨經』. ⇨ 청우법 請雨法

청우경법 請雨經法 용왕(龍王)에게 청하여 비가 내리도록 기원하는 밀교 작법. 밀교 전래 이전에 동진(東晋)의 불도징(佛圖澄)·여산(廬山) 혜원(慧遠)·지도림(支道林) 등이 기우(祈雨)의식을 행한 예가 있으며, 이후

밀교 경전의 한역을 통해 본격적인 청우법이 작법으로 시행되었다. 북주(北周)대 사나야사(闍那耶舍)가 『대운경청우품제육십사 大雲經請雨品第六十四』를 한역하였고, 수대 585년 나련제야사(那連提耶舍)가 『대운륜청우경 大雲輪請雨經』을 한역하였으며, 당대 불공삼장(不空三藏)이 한역한 동본이역이 있다. 또한 『다라니집경 陀羅尼集經』 11권과 『불정존승유가법궤의 佛頂尊勝瑜伽法軌儀』 권하에도 기우에 관한 작법을 설하고 있다.

청우당경운대화상비 聽雨堂景雲大和尙碑 해남 대흥사 청우경운(聽雨景雲 1912~1971)의 행적을 담은 비. 전라남도 해남군 삼산면 대흥사에 있는데, 운허용하(耘虛龍夏 1892~1980)가 지어 1972년에 세웠다. 〔참고문헌〕『耘虛禪師語文集』 pp.330~331, 智冠『韓國高僧碑文總集 朝鮮朝·近現代』 pp.1304~1305.

청우법 請雨法 용왕(龍王)에게 권청하여 강우(降雨)를 기원하는 밀교의 수법(修法). 기우법(祈雨法) 또는 우걸법(雨乞法)이라고도 한다. 증익법(增益法)에 속하며 사대법(四大法) 중 하나이다. 『청우경 請雨經』에 의거한 수법은 청우경법(請雨經法)이라 하고, 『대공작주왕경 大孔雀呪王經』에 의한 수법은 공작경법(孔雀經法)이라고 한다. 수인은 지길상인(智吉祥印)이다. 인도는 물론이고 동아시아에서도 옛날부터 청우법을 많이 행하였다. 일본에서는 824년 홍법(弘法)대사 공해(空海)가 처음 시행하였다. 전승에 의하면 본존을 용왕으로 하지 않고 대일여래 또는 대일여래가 변한 석가여래로 하는 이설(異說)도 있으며 보주(寶珠)를 본존으로 삼는 것은 비전(秘傳)으로 전한다. 『대일여래검인』(대정장18, p.200b6)에 "기우단법(祈雨壇法)을 설명하겠다. 매우 가물 때, 비를 기원하려면, 공터에 단(壇)을 만들어 자갈과 여러 가지 더러운 물건을 제거하고, 푸른 장막을 설치하고 푸른 기를 달며, 향기나는 진흙을 발라 네모난 '단'을 만들고, '단' 안에 칠보의 연못을 그리며, 연못 안에는 바다 용왕의 궁전을 그리고, 용궁 안에는 설법을 하고 계신 석가모니부처님이 계신다. 부처님의 오른쪽에는 관자재보살(觀自在菩薩)을 그리고, 왼쪽에는 금강수보살(金剛手菩薩) 등의 시위(侍衛)를 그린다. 또 부처님 오른쪽 앞에는 삼천대천세계의 주인인 윤개용왕(輪蓋龍王)을 그리고, 부처님의 왼쪽 앞에는 난다(難陀 Ⓢ Ānanda)·발난다(跋難陀 Ⓢ Upananda) 등 두 용왕을 그린다. 說祈雨壇法 若天亢旱時 欲祈請雨者 於露地作壇 除去瓦礫及諸穢物 張設青幕懸青幡 香埿塗拭 作一方壇 於壇中畫七寶水池 池中畫海龍王宮 於龍宮中 有釋迦牟尼如來住說法相 佛右畫觀自在菩薩 佛左畫金剛手菩薩等侍衛 於佛前右畫三千大千世界主輪蓋龍王 佛前左畫難陀 跋難陀二龍王", 『법륜보참』 권1(卍속장129, p.791b17)에 "『불설대방등대운청우경』·『대운청우경』·『대운륜청우경』·『대운륜청우경』 등의 경전을 한 마음으로 공경하여 받드옵니다. … 부처님께서 용궁에 계실 때, 용이 공양을 올리고, 커다란 서원(誓願)을 발하며 괴로움을 소멸하는 법의 요체를 여쭈었다. (이에) 부처님께서는 자비로운 마음이 가장 으뜸임을 말씀하셨으며, 그에게 주문과 여래의 명호를 말씀하셨고, 청우법에 대해 말씀하신 것이다. 一心奉請 佛說大方等大雲請雨經 及大雲請雨經 大雲輪請雨經 大雲輪請雨經 … 佛在龍宮 龍興供 發大願 問滅苦法要 佛說慈心爲最 爲說呪 及如來名 說請雨法", 『대비공지금강대교왕의궤경』(대정장18, p.589a6)에 "만약 가뭄에 비를 청하고자 한다면 먼저 만다라를 건립한다. 시타림을 활용하여 선으로 결계하되 단 중심에 시타림의 오색분을 활용하는데 오색분이란 뼈로 만든 백분, 재로 만든 흑분 벽돌로 만든 적분, 웅황으로 반든 황분, 추라 잎으로 만든 연분〈석록으로 대신한다〉이다. 오색분으로 공지금강대명왕을 그리되 팔면·사족·십육비이고 사면 각각에 눈 셋이 달린 분노형으로 아난다용왕을 밟은 모습이다. 若天旱時欲請雨者 先建曼荼羅 用寒林線絣量界道 於壇中心以寒林中五色粉 骨作白粉 炭作黑粉 甎作赤粉 雄黃作黃粉 陬羅葉作綠粉〈以石碌代之〉 粉畫空智金剛大明王 八面 四足 一十六臂 面各三目 作忿怒相 踏阿難陀龍王", "또한 향니를 반죽하여 아난다용왕의 상을 만든다. 그 용왕 및 용왕비의 종자는 모두 박악을 쓴다. 다섯 감로수로 목욕시키고 흑색 꽃을 뿌린 다음 용화수즙을 바른다〈백호즙으로 대신할 수 있다〉. 또한 상의 눈물을 용왕의 정수리에 바르고 흑월 14일에 흑우의 젓을 구하여 그릇에 가득 채우고 흑색 동녀로 하여금 청색 줄을 합하여 단의 서북쪽 모둥이에서 작은 연못을 열게 하고 아난다용왕을 그 연못에 안치한다. 그렇게 한 후에 아사리가 법에 따라 큰 소리로 끊임없이 이 청우진언을 염송한다. 復以香泥捏造阿難陀龍王像 其龍王及妃種子字並用朴垩以五甘露沐浴 散黑色花 次以龍華樹汁塗之〈或以白蒿汁代之〉 復以象膠 塗龍王頂上 於黑月十四日取黑牛乳盛滿器中 令黑色童女合青色線 於壇西北隅開一小池 以阿難陀龍王安彼池中 然後阿闍梨依法 厲聲無間 誦此請雨眞言", "이 진언을 염송했을 때 비가 내리지 않으면 이 진언을 거꾸로 염송하면 큰 비가 내린다. 만약 비가 내리지 않으면 저 용왕의 머리를 난향의 말단처럼 일곱 조각으로 부순다. 만약 비를 그치게 하려면 시타림에서 옷을 구해 고좌 아래에 안치하고 이 진언을 외우면 비를 멎게 할 수 있다. 誦此眞言若時不雨 卽當倒誦此呪 降霔大雨 又若不雨 令彼龍王頭破七分如蘭香梢 若欲止雨 取寒林衣置於坐下 誦此眞言卽能止雨"라고 하였다. 〔참고문헌〕『

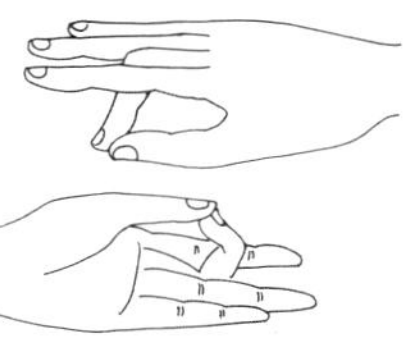

청우경지길상인

大日如來劍印』, 『法輪寶懺』, 『大悲空智金剛大敎王儀軌經』. ⇨ 걸우 乞雨, 기우 祈雨, 청우경법 請雨經法, 공작명왕경법 孔雀明王經法, 지길상인 智吉祥印

청운사 靑雲寺 황해북도 개성시에 있던 절. 『한국사찰전서』에는 921년(태조4)에 창건되어 고려 수도인 개성에 있었고, 『동국여지승람』 권5 개성부 하 고적과 『여지도서』에 보국사(補國寺) 옆에 있다고 전한다. 『고려사』 권35 세가(世家)35 1321년(충숙왕8) 5월 4일에 "백관이 청운사에 이르러 의비의 영정을 묘련사로 옮겨 안치하였다. 百官詣靑雲寺 奉懿妃眞 移安妙蓮寺"라고 하였다. 〔참고문헌〕『高麗史』, 『東國輿地勝覽』, 『輿地圖書』, 『韓國寺刹全書』 권하 p.1093a18. ⇨ 묘련사 妙蓮寺 ❸, 보국사 補國寺 ❶

청운사 淸雲寺 ❶ 함경북도 경원군 용덕면 탑향산(塔香山)에 있던 대본산(大本山) 귀주사(歸州寺)의 말사였다. 〔참고문헌〕『韓國寺刹全書』 권하 p.1098b18, 『北韓寺刹硏究』(寺刹文化硏究院, 1993) p.670. ❷ 황해북도 개성시에 있던 절. 청운사(靑雲寺)다. 〔참고문헌〕『韓國寺刹全書』 권하 p.1098b17 欄外. ⇨ 청운사 靑雲寺

청운암 靑雲庵 경상북도 청송군 청송읍 청운리에 있던 암자. 실제로는 부동면 이전리 위치다. 『사탑고적고』에 마을사람이 전하길 고려 때 건립되었으며 45년 전에 없어졌다고 한 것으로 보아 19세기 말 전후로 폐사된 것으로 보인다. 주변이 대부분 경작지로 변하여, 와편(瓦片)만이 산재되어 있다. 〔참고문헌〕『寺塔古蹟考』, 『韓國寺刹全書』 권하 p.1093b1, 『韓國의 寺址－경상북도Ⅲ』(문화재청·불교문화재연구소, 2012) pp.225~226.

청원 靑原 ➡ 청원행사 靑原行思

청원 淸院 신라대 스님. 중국으로 유학가서 구봉도건(九峰道虔 ?~921)의 제자가 되었다. 『경덕전등록』 권17(대정장51, p.334b24)에 구봉도건의 제자 열 명 중 '신라 청원화상'이라 하였다. 〔참고문헌〕『景德傳燈錄』.

청원 淸源 혜안(慧眼 1912~2005)의 호. ⇨ 혜안 慧眼

청원 淸遠 ❶ 1067~1120. 송(宋)대 임제종 스님. 법호는 불안(佛眼) 또는 용문(龍門). 임공(臨邛 : 四川 成都) 이(李)씨의 아들. 어려서부터 글을 배움에 엄정하고 말이 적었다. 열넷에 출가하여 구족계를 받고 비니(毘尼)에 의지하여 궁구하였다. 이때 『법화경』 「방편품」의 "이 법은 사량분별로 능히 풀 바 아니다. 是法非思量分別之所能解"라는 글의 뜻을 강사에게 물었으나, 답을 얻지 못하였다. 이에 의학명상(義學名相)으로는 생사대사(生死大事)를 밝히지 못할 거라 여겨 남쪽으로 떠났다. 이때 서주(舒州) 태평(太平)의 오조법연(五祖法演)의 법석에서 머무르며 법을 전해 받았다. 『오가정종찬』 권2(卍속장135, p.945a17)에 "매번 오조에게 물으면 오조는 문득 '나는 모르고, 내가 너만 못하다'고 하고는 또 말하길 '그대가 스스로 아는 게 좋겠다' 하였다. 오래도록 깨우친 바 없자 이에 물었다. '화상의 문과 담장은 너무 높습니다. 제가 감히 그 자리 아래 들어갈 수 조차 없습니다. … ' 오조가 말했다. '원례수좌의 견처가 나와 한 모양이다'. 불안은 곧장 가서 두드렸다. … 원례는 바로 불안의 귀를 잡아당기고 다니며 말하길 '나는 모르고, 내가 너만 못하다. 그대가 스스로 아는 게 좋겠다' 하였다. … 불안은 부끄러워 급히 지객료로 돌아와 밤새 앉은 채로 끙끙대다 한기느껴 불을 뒤적이던 그때 크게 깨달았으니 두 노장의 견처를 단박에 보고, 이내 말하였다. '깊고 깊이 뒤적이다 보니 조그만 것 있구나. 평생의 일 다만 이 같을 뿐'. 每問祖 祖輒曰 我不會 我不如儞 又曰 儞自會得好 久無所入 乃問曰 和尙門牆高峻 某甲不能入座下 … 祖曰 元禮首座見處 與我一般 師卽扣之 … 禮卽引師耳行 且語曰 我不會 我不如儞 儞自會得好 … 師慚 急歸知客寮 夜坐沈吟間 覺寒 撥火大悟 頓見二老用處 乃曰 深深撥 有些子 生平事 只如此"이라 하였다. 이후 용문에서 법석을 열어 이름을 날렸는데, 당시 원오극근(圓悟克勤)·불감혜근(佛鑑慧勤)과 함께 "법연문하의 두 명의 근과 한 명의 원. 演門二勤一遠"이라 불리며, 총림삼걸(叢林三傑)로 꼽혔다. 선화(宣和) 원년(1119)에 병세를 보이자 장산(蔣山)의 동당(東堂)으로 옮겼다. 이듬해 세수 54, 법랍 40세로 합장하고 미소 머금은 채 고요함에 드니, 문인들이 사리를 수습해 용문에 탑을 세웠다. 법어가 담긴 『서주용문불안화상어록 舒州龍門佛眼和尙語錄』 8권(고존숙어록27~34)이 卍속장118, pp.499a1~609a18에 전한다. 법을 이은 제자로는 용상사규(龍翔士珪)·운거선오(雲居善悟) 등이 있다. 〔참고문헌〕『五家正宗贊』, 『續傳燈錄』 권25(대정장51, p.636b21)·권28(대정장51, p.664c14). ❷ 고려후기 비구니 스님. 혜심(慧諶 1178~1234)의 『조계진각국사어록』 법어(法語)에 청원에게 보낸 「시청원도인 示淸遠道人」(한불전6, p.26c13)이 전하는데, "이는 옛 사람이 모든 것을 털어 자세하게 남긴 자비깊은 설화입니다. 청원도인은 오직 이에 의지하여 수행하십시오. 此是古人 吐心吐膽 委曲垂慈底說話也 淸遠道人 但依此修行"라고 하였고, 같은 책 법어의 「시종민상인 示宗敏上人」(한불전6, p.24c13)에는 "숭경 2년(1213·강종2) 계유 여름에 종민도인이 청원·희원·요연 등 삼형제와 함께 사에 이르러 법회를 설행하였다.

崇慶二年癸酉夏 宗敏道人與淸遠希遠了然等三兄弟 到社設會"고 하였으며, 「승주월남사진각국사원소탑비문 昇州月南寺眞覺國師圓炤塔碑文」(이지관 『교감역주역대고승비문』 고려편4)의 음기(陰記)에는 "비구니 □민 청원 희원 정심 比丘尼□敏淸遠希遠正心"이라고 하였다. [참고문헌] 『曹溪眞覺國師語錄』, 李智冠 『校勘譯註歷代高僧碑文』 高麗篇4 p.126·153.

청원 淸願 통일신라 스님. 『삼대실록』 권7 청화천황(淸和天皇) 정관(貞觀) 5년(863·경문왕3) 4월 21일 계축에 "대재부에서 '신라 사문 원저·보숭·청원 등 3인이 박다진 해안에 표착하였다'고 하자, 칙을 내려 홍려관에 머물게 하고 양식을 대주면서 당인의 배를 기다려 돌아가게 하였다. 大宰府言 新羅沙門元著普嵩淸願等三人 着博多津岸 至是 勅安置鴻臚館 資給糧食 待唐人船令得放却"고 하였다. [참고문헌] 『三代實錄』.

청원계급 靑原階級 청원이 계급에 대하여 육조혜능(六祖慧能)에게 묻다. 『선원몽구』 권상(卍속장148, p.209b15)에 "청원계급 : 청원이 조계에 가서 예배하고 물었다. '무슨 일을 해야 계급에 떨어지지 않습니까?' '그대 일찍이 무엇을 하고 있었나?' '성스런 진리 행하지 않는데 어찌 계급이 있겠습니까?' 육조는 그가 법기임을 깊이 알아보았으니 혜가가 소림에서 기상을 드러낸 것과 같다고 하겠다. 靑原階級 靑原往曹溪作禮問曰 當何所務卽不落階級 祖云 汝曾作什麽來 原曰 聖諦亦不爲 何階級之有 祖深器之 謂有二祖見少林氣象"라고 하였다. [참고문헌] 『禪苑蒙求』. ⇨ 성제불위 聖諦不爲

청원답서래의 靑原答西來意 청원이 조사서래의(祖師西來意)에 답하다. 『종감법림』 권55(卍속장116, p.698a18)에 "청원행사에게 학인이 물었다. '조사께서 서쪽에서 오신 뜻이 무엇입니까?' '역시 이러할 뿐이다'. 학인이 다시 물었다. '요즈음 어떤 언구로 말씀하십니까? 선사께 한 두 칙을 부탁드립니다' '가까이 와라'. 학인이 가까이 가자 청원선사가 말했다. '분명히 기억해라'. 靑原因僧問 如何是祖師西來意 師曰 又恁麽去也 僧又問 近日有何言句 乞師一兩則 師曰 近前來 僧近前 師曰 分明記取"라고 하였다. [참고문헌] 『宗鑑法林』.

청원돌부 靑原鈯斧 청원의 무딘 도끼. 청원행사(靑原行思)와 석두희천(石頭希遷) 그리고 남악회양(南嶽懷讓) 세 선사 사이에 있었던 기연(機緣)에서 유래한 말이다. 『선원몽구』 권상(卍속장148, p.195a6)에 "청원여부 : 길주 청원행사선사가 석두에게 남악회양화상이 계신 곳에 가서 편지를 전하도록 시키며 말했다. '돌아오면 그대에게 무딘 도끼를 줄 것이다'. 석두가 그곳에 가서 물었다. '성인들을 우러르지도 않고 자기의 신령함도 귀하게 여기지도 않을 때는 어떻습니까?' 남악이 말했다. '그대 물음 한껏 높기만 하다. 어찌 겸손하게 묻지 않는가?' '차라리 영겁에 윤회할지언정 성인들의 해탈 구하지 않겠습니다'. 석두가 바로 돌아왔다. 청원이 말했다. '왜 이리 빨리 돌아왔는가?' '편지도 전하지 못했고, 소식도 전하지 못했습니다. 떠날 때 무딘 도끼를 허락하셨습니다. 돌아왔으니 부탁드립니다'. 행사가 한 발을 내밀자 석두가 예배하고 남악에 돌아가 암자에 머물렀다. 靑原與斧 吉州靑原行思禪師令石頭馳書往南岳讓和尙處 乃云 回來與汝鈯斧子去 石頭到彼便問 不慕諸聖 不重己靈時如何 岳曰 子問太高生 何不向下問 頭曰 寧可永劫沈淪 不求諸聖解脫 便回 原曰返何速乎 頭曰 書亦不達 信亦不通 去時蒙許鈯斧子 住山便請 思垂下一足 頭便禮拜 歸南岳住菴"라고 하였다. [참고문헌] 『禪苑蒙求』. ⇨ 돌부자화 鈯斧子話

청원미가 靑原米價 청원행사가 쌀값으로 물어 답하다. 법을 묻는 이들에게 여릉(廬陵)의 쌀값이 얼마인지 되물어 답한 일. 여릉미가(廬陵米價)라고도 한다. 『경덕전등록』 권5 「청원행사전」(대정장51, p.240c2)에 "학인이 물었다. '무엇이 불법의 큰 뜻입니까?' '여릉의 쌀값 얼마던가?' 僧問 如何是佛法大意 師曰 廬陵米作麽價", 『종범』 권하(卍속장114, p.670a13)에 "학인이 물었다. '무엇이 구중현입니까?' 옛사람은 '부처님의 답은 어제 다르고 오늘 다르다'고 하였다. 조사가 '여릉의 쌀값 얼마인가?'·'호떡'·'마삼근'이라고 답한 류이다. 이들 구 중에 깨달아서 현묘를 체득하면 견해가 깨끗이 다하여 사라지고 문득 타인의 못과 쐐기를 뽑아 줄 수 있으리라. 僧問 何等是句中玄 古曰 佛答昨日定今日不定 祖答廬陵米作麽價 餬餠麻三斤類 此等句中 悟入體玄 見解淨盡 便能與人去釘拔楔", 『대혜어록』 권10(대정장47, p.854c3)에 "학인이 청원행사에게 물었다. '불법의 큰 뜻은 무엇입니까?' '여릉의 쌀값이 얼마던가?' [송] '청원화상은 꿰맨 흔적이 없었으니 불법을 물었는데 쌀값으로 답했네. 털끝만큼이라도 어긋나면 이야깃거리가 되고 얼굴마저 없이 하면 남을 놀라게 하리. 僧問靑原思和尙 如何是佛法大意 原云 廬陵米作麽價 頌云 老靑原沒縫罅 問佛法酬米價 差毫釐成話欛 無面目得人怕"라고 하였다. [참고문헌] 『景德傳燈錄』, 『宗範』, 『大慧語錄』. ⇨ 미작마가 米作麽價, 여릉미가 廬陵米價

청원사 靑原寺 경상남도 진주시 지수면 청담리 방어산(防禦山)에 있던 절. 정확한 위치와 연혁에 대해서 알 수 없다. 『경상도속찬지리지』에 선종(禪宗)에 속한다고 전한다. 임진왜란시 소실되었으며, 사지(寺址)에는 석축과 주춧돌의 일부 등이 남아 있다. [참고문헌] 『慶尙

道續撰地理志』, 『韓國寺刹全書』 권하 p.1093b5.

청원사 青園寺 중국 강소성(江蘇省) 남경시(南京市) 교외의 복주산(覆舟山) 기슭에 있는 절. 동진(東晉)의 공사황후(恭思皇后) 저(褚)씨가 창건하였다. 축도생(竺道生)이 돈오성불(頓悟成佛)의 이치를 강설한 곳이다. 유송(劉宋)대 423년(경평1) 불전(佛殿)이 진동하면서 용 한 마리가 하늘로 올라갔다는 소문이 퍼진 뒤로 용광사(龍光寺)라 개명하였다. 보림(寶林)·법보(法寶)·혜생(慧生) 등이 이어가며 왕래하였다. 당대 회창년간(841~846)에 폐사되었다가 오래 지나지 않아 861년(함평2)에 중흥하고 칙명으로 용광원(龍光院)이라는 사액을 내렸다. 남당(南唐)대 938년(승원2) 중수한 뒤 징개(澄忋)·태흠(泰欽) 등이 주석하면서 선법(禪法)을 널리 알렸다. [참고문헌] 『梁高僧傳』 권7 「竺道生傳」(대정장50, p.366c6), 『出三藏記集』 권5(대정장55, p.40b13), 『釋氏通鑑』 권4(卍속장131, p.811a8), 『南朝寺考』(대장경보편14, p.651a2), 『金陵梵刹志』 권48(대장경보편29, p.343a2). ⇨ 도생 道生 ❷

청원사 青遠寺 경상남도 의령군 대의면 하촌리 구룡산(九龍山)에 있던 절. 『동국여지승람』 권31 경상도 의령현 불우와 『가람고』에는 청원사(青猿寺)라고 하였으며, 구룡산(龜龍山)에 있다고 하였다. 『가람고』에는 "현 남쪽 2리에 있다. 縣南二里"라고 하였다. 『사탑고적고』에는 옛 터가 화양면 하촌리에 있으며, 와편(瓦片)이 산재한다고 하였는데, 현재는 수풀로 덮여져 있다. [참고문헌] 『東國輿地勝覽』, 『伽藍考』, 『寺塔古蹟攷』, 『韓國寺刹全書』 권하 p.1093b7, 『한국사지총람』 권하(문화재청·佛教文化財研究所, 2010) p.378.

청원사 清源寺 ❶ 경기도 안성시 원곡면 성은리 천덕산(天德山)에 있는 절. 청원사(青原寺), 청원사(淸願寺)라고도 불렸다. 대한불교조계종 제2교구 본사 용주사(龍珠寺)의 말사이다. 『신증동국여지승람』 권10 경기 양성현 불우에 청원사(青原寺)는 천덕산에 있다고 전한다. 대웅전 본존불의 복장유물인 『감지은니보살선계경』 권8의 사경 여백 비단에 먹글씨로 쓰인 '아진견불자청원사일동 我鎭見佛者淸願寺一同'을 통해 13세기 이전에 이미 절이 존재했고, 당시 이름은 청원사(淸願寺)였음이 확인되었다. 요사 현판에도 융희이년(隆熙二年) 즉 1908년이라고 기록되어 있으며, 이후 1936년에 중수되었다. 1973년에 대웅전 불상을 개금하고, 다음해 대웅전을 보수한 후 단청하였다. 현존하는 당우로는 대웅전·산신각·요사 등이 있으며, 성보문화재로는 보물 제1795호 건칠아미타여래좌상복장전적이 있다. 유형문화재 제116호 칠층석탑은 높이 3.5m로 6층까지는 양식이 동일하고 7층은 옥개석과 옥신을 하나의 돌로 조각하였는데 조선 초기 작품으로 추정한다. 제174호 대웅전은 정면 3칸, 측면 3칸의 맞배지붕에 전면 기둥은 배흘림이며, 후면은 원주(圓柱)와 팔각주(八角柱)를 사용하였다. [참고문헌] 『新增東國輿地勝覽』, 『伽藍考』, 『梵宇攷』, 『韓國寺刹全書』 권하 p.1098b20. ❷ 전라남도 담양군에 있던 절. 보조국사(普照國師) 지눌(知訥 1158~1210)이 1182년(명종12) 승과에 합격하고 얼마 후에 머물렀던 곳이다. 지눌은 이곳에서 『육조단경 六祖壇經』을 읽고 깨달음을 얻었다고 한다. 『동문선』 권117 비명(碑銘) 「조계산수선사불일보조국사비명 曺溪山修禪社佛日普炤國師碑銘」에서 "얼마 안 되어 남쪽으로 떠나 창평 청원사에 도착해서 주석하였다. 우연히 하루는 학료에서 『육조단경』을 열람하였다. 未幾南遊 抵昌平清源寺 住錫焉 偶一日 於學寮 閱六祖壇經"라고 전한다. [참고문헌] 『東文選』.

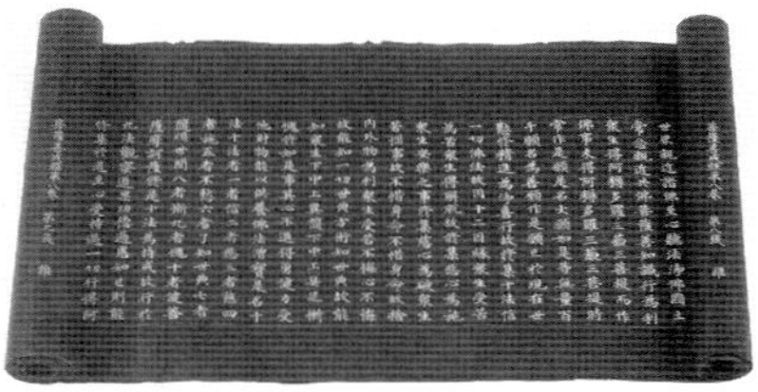

청원사 『감지은니보살선계경』 권8
보물제740호 동국대학교박물관

청원사건칠아미타여래좌상복장전적 清源寺乾漆阿彌陀如來坐像腹藏典籍 고려후기 불상. 보물 제1795호. 높이 120cm. 대웅전에 봉안된 삼존불상 중 본존불이다. 1973년 불상을 개금하면서 머리부분을 보수하여 원래의 모습을 많이 잃어버렸다. 불상의 복장에서는 고려후기의 경전과 사경만 발견되었고 조성발원문이 없어 정확한 조성연대나 유래는 알 수 없다. 개금 전의 사진을 보면, 머리를 약간 숙인 자세로 두 손은 가슴 앞에서 설법인(說法印)을 하고 있는데 지금의 모습과는 다르게 손의 좌우가 바뀌어 있다. 법의는 통견식(通肩式)으로 가슴 위로 사선의 띠매듭 내의를 걸쳤다. 특히 왼쪽 손목 위로 폭이 좁은 옷주름이 집중적으로 표현되어 있는 것이 특징적이다. 이러한 불상의 자세나 착의법, 옷주름 표현 등은 13세기후반 고려후기 불상에서 볼 수 있다.

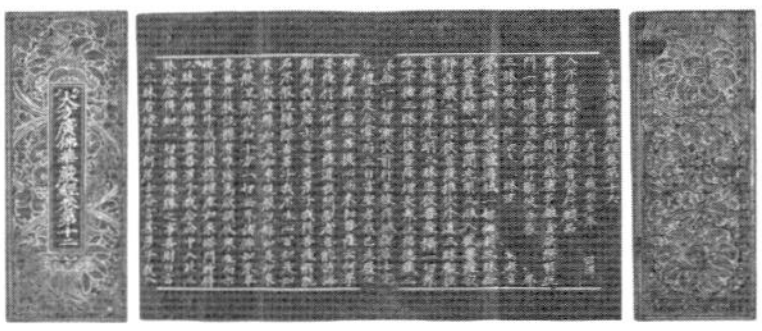

청원사건칠아미타여래좌상복장전적

청원사대웅전 淸源寺大雄殿 경기도 안성 청원사의 조선후기 전각. 경기도 유형문화재 제174호. 정면 3칸·측면 3칸의 다포계 맞배지붕. 청원사 대웅전의 기단(基壇)은 자연석을 1단으로 낮게 쌓아 마감하고 있다. 초석(礎石)은 자연석으로 조성하고 그 위에 외진주 12기의 두리기둥을 놓아 평면을 구성하고 있다. 공포(栱包)의 정면은 주심 기둥 상부 주두에 주심포를 놓고, 3칸 사이에 1조의 주간포를 놓는 다포식(多包式)으로 내·외2출목 5포작이고, 후면은 출목익공으로 되어 있어 차이가 있다. 가구(架構)는 맞배집으로 내부와 측면에서 차이가 있는데 내부는 무고주 5량가로 전면에서 이어진 대보 2기가 후면까지 한 번에 이어진다. 측면은 2고주 5량가 방식으로 전칸과 후칸 중간에 고주 2기를 올려 상부의 종보를 받고 있으며, 종보 상부로 대공을 올려 종도리를 받는다. 지붕은 용마루와 내림마루로 구성되어 있는 맞배집이다. 불전의 천장(天障)은 서까래가 그대로 노출되는 연등천장이다. 불전 내부는 '아(亞)'자형의 닫집과 불단을 고주와 후불벽 없이 건물 후면에 붙여 조성하고 아미타삼존좌상과 후불도 등을 봉안하고 있다. 대웅전은 2001년 수리 당시 상량문이 발견되어 1740년과 1854년에 중수한 사실을 알 수 있다. ⇨청원사 淸源寺 ❶

청원사대웅전

청원산 靑原山 중국 강서성(江西省) 여릉(廬陵 : 吉安) 동남쪽 15km 지점에 있는 산. 청원안은산(靑原安隱山)이라고도 한다. 낙타봉(駱駝峰)·자고령(鷓鴣嶺) 등이 높이 솟아 있고, 그외 뇌천(雷泉)·석천(錫泉)·호포천(虎咆泉) 등이 유명하다. 행사선사(行思禪師 ?~740)가 이 산에서 정거사(靜居寺)를 창건하고, 북송(北宋) 1066년(치평3) 안은사(安隱寺)라는 사액을 받았지만, 청 태종(太宗) 때인 숭덕년간(1636~1643)에 옛 이름을 회복하였다. 원말에 불에 탔다가 명말에 다시 수리하여 총림이 되었으며 지금도 남아 있는데 속칭 대묘(大廟)라 한다. 절에는 천왕전(天王殿)·대웅전(大雄殿)·비로각(毘盧閣) 등의 건축물이 있고, 사대금강(四大金剛)·십팔나한(十八羅漢)·관음보살(觀音菩薩) 등이 봉안되어 있으며, 천인동과(千人銅鍋)·백근향로(百斤香爐)·천근대종(千斤大鐘) 등의 유물이 있고, 절 정문에는 문천상(文天祥)의 글씨로 청원산이라는 세 글자가 새겨져 있다. 이 밖에 산에는 명승고적이 여러 곳 있다. 칠조탑(七祖塔)·비래탑(飛來塔)·열반성(涅槃城)·단갈탑실(斷碣塔室)·청우암(靑又庵)·화개산방광사(華蓋山方廣寺)·계강산청원안록원(鷄岡山靑原岸鹿苑)·서도암장로(西度庵藏盧)·자복사(資福寺) 등이 그것이다. 행사의 뒤를 이어 청원제(靑原齊)·청원유신(靑原惟信)·본적진원(本寂眞元)·전우관형(顓愚觀衡)·미암행수(眉菴行秀)·소봉대연(笑峰大然) 등의 고승들이 이곳에 주석하였다. [참고문헌]『大明一統志』권46, 『大淸一統志』권249, 『靑原山志略』.

청원산지략 靑原山志略 청대 소봉대연(笑峰大然) 편집, 시윤장(施閏章) 보집(補輯). 13권. 1702년(강희41) 간행. 청원행사가 입산하여 개창한 이래 천여 년 간 산중에 살았던 선사·거사·문인·묵객(墨客)들의 시문(詩文)·소(疏)·비명(碑銘)·유기(遊記)·기사(紀事) 등을 수록하였다. 소봉대연이 고심하여 『청원산지』를 엮었고 그 방면의 대가 우산거사(愚山居士)가 보집하여 지(誌)의 형태를 정비한 결과가 이 책이다. 책머리에는 「서문 序文」·「발범 發凡」, 권1에는 「산수도량 山水道場」, 권2에는 「승전 僧傳」, 권3에는 「서원 書院」, 권4에는 「비명 碑銘」, 권5에는 「서 序」·「설 說」, 권6에는 「유기 遊記」·「기사 紀事」, 그 이하에는 「소 疏」·시 詩」·「잡기 雜記」 등이 수록되어 있다.

청원세발 靑猿洗鉢 푸른 원숭이 발우를 씻다. 천세보장(千歲寶掌)과 정계낭성(淀溪朗聖)간에 주고받은 고사(故事)다. 『선원몽구』 권중(卍속장148, p.255a15)에 "청원세발 : 천세화상은 중인도 출신이다. 주 위열왕 12년 정묘세에 신이 내린 자질 받아 났는데 왼손은 주먹 쥐고 있었다. 일곱 살에 머리를 깎자 비로소 손이 펴졌다. 이로 인하여 보장(寶掌)이라 하였다. 위진시대 동쪽으로 와서 촉땅으로 들어와 보현에 예배하고 대자에 머물며 언제나 먹지 않았다. 하루에 『반야경』 등의 경전 천여 권을 독송했다. … 후에 포강의 보엄에 머물렀다. 낭선사와 교우를 맺고 매번 흰색 개를 보내서 소식을 물었으며 낭선사 역시 초록 원숭이를 심부름 보냈다. 그리하여 「제랑벽」에서 '흰 개는 편지 물고 오고 초록 원숭이 발우 씻고 돌아가네'라고 하였다. 靑猿洗鉢 千歲寶掌和尙 中印度人也 周威烈十二年丁卯降神受質 左手握拳七歲祝髮乃展 因名寶掌 魏晉間東遊此土 入蜀禮普賢 留大慈 常不食 日誦般若等經千餘卷 … 後居浦江之寶嚴 與朗禪師友善 每通問 遣白犬馳往 朗亦以靑猿爲使令 故題朗壁曰 白犬銜書至 靑猿洗鉢回"라고 하였다. [참고문헌]『禪苑蒙求』. ⇨백견함서 白犬銜書

청원염불자 靑原拈拂子 청원이 불자를 집어들다. 청원행사(靑原行思)가 석두희천(石頭希遷)을 처음 만난 기연(機緣). 염(拈)은 거(擧)로도 쓴다. 『송고연주통집』 권9(卍속장115, p.96b12)에 "청원이 석두에게 물었다. '그대는 어디에서 오는가?' '조계에서 왔습니다'. 청원선사가 불자를 집어들고 말했다. '조계에 이것이 있나?' '비단 조계 뿐 아니라 인도에도 없습니다' '그대는 인도에 가보았는가?' '갔다면 있었을 것입니다' '아니라면 다시 말해보게' '화상 역시 반만 옳다고 하셔야 합니다. 학인을 저버리지 마십시오' '그대 향해 사과하지 않겠다. 이후에 알아차리는 사람이 없을까 걱정이다'. 淸源問石頭 汝什麽處來 曰曹溪 師乃擧拂子曰 曹溪還有這箇麽 曰非但曹溪 西天亦無 師曰 子莫曾到西天否 曰若到卽有也 師曰 未在更道 曰和尙也須道取一半 莫全靠學人 師曰 不辭向汝道 恐已後無人承當"라고 하였다. [참고문헌]『頌古聯珠通集』. ⇨ 청원행사 靑原行思

청원일린 靑原一麟 청원의 기린 한 마리. 청원행사(靑原行思)가 석두희천(石頭希遷)의 법기(法器)를 인정한 인연. 『선원몽구』 권상(卍속장148, p.208a16)에 "청원일린 : 석두희천이 청원행사에게 물었다. '조계대사께서 화상을 아셨습니까?' '그대는 지금 나를 아는가?' '안다 한들 어찌 알았다 하겠습니까?' '비록 뿔 달린 짐승 많지만 기린 한 마리면 충분하다'. 靑原一麟 石頭遷問靑原思禪師 曹溪大師還識和尙不 思曰 汝今識吾否 曰 識亦爭識得 思曰 衆角雖多 一麟足矣"라고 하였다. [참고문헌]『禪苑蒙求』. ⇨ 일린족 一麟足

청원저개화 靑原這箇話 청원행사가 이것(這箇)에 대해 묻고 답하다. 청원행사(靑原行思)가 석두희천(石頭希遷)과 불자(拂子) 들어 본분(本分)을 거량한 일이다. 『연등회요』 권19 「청원행사장」(卍속장136, p.736a16)에 "석두희천이 찾아와 청원행사를 만났다. 청원이 물었다. '어디에서 왔는가?' '조계에서 왔습니다'. 청원이 불자를 세워들고 말했다. '조계에 이것이 있는가?' '비단 조계 뿐 아니라 인도에도 없습니다'. 石頭來參 師問 甚處來 云曹溪來 師竪起拂子云 曹溪還有這箇麽 云非但曹溪 西天亦無"라고 하였다. [참고문헌]『聯燈會要』.

청원제 靑原齊 송대 조동종(曹洞宗) 스님. 속성은 진(陳)씨. 복주(福州 : 福建省) 장락(長樂) 출신. 스물여덟 살에 운개수지(雲蓋守智)선사에게 출가했다. 수좌의 설법을 듣고 병불(秉拂)이 끝난 후에 다시 그 뜻을 물었는데 이틀이 지나서야 깨닫고 게송을 지어 바쳤다. 수좌가 이 일을 수지화상에게 전하여 득도시켰다. 제방을 편력하다가 석문(石門)을 만나 인가 받고 그의 법을 이었다. 청원산에서 20년 간 머무르다 입적했다. 『속전등록』 권17 「청원제전」(대정장51, p.582a20)에 "수좌가 타이르듯 유도하여 집착을 없애도록 하고 이 법을 설하여 이틀이 지나자 깨달음이 있었으니 게송으로 심기를 드러냈다. '설법에는 이것만큼 가까운 것이 없고 시방세계 국토 바다 티끌 하나일 뿐이네. 만약 여기에서 참된 도리를 밝힌다면 이 큰 땅에 어찌 한 사람이라도 본 적 있겠는가?' 座諄諄誘之 使究無著 說這箇法 踰兩日有省 以偈呈曰 說法無如這箇親 十方刹海一微塵 若能於此明眞理 大地何曾見一人", 『가태보등록』 권9 「청원제장」(卍속장137, p.154a18)에 "입적하는 날 대중에게 게송을 남겼다. '지난 밤 삼경에 급한 물길을 지나는데 물가는 운무 가득 캄캄했네. 주장자 하나 지기 삼아 천번 만번 빗장 때려 부쉈다네'. 示寂日 說偈遺衆曰 昨夜三更過急灘 灘頭雲霧黑漫漫 一條拄杖爲知己 擊碎千關與萬關"라고 하였다. [참고문헌]『續傳燈錄』, 『嘉泰普燈錄』.

청원하 靑原下 중국 선종(禪宗)의 한 파. 청원행사(靑原行思)의 법계를 말하며, 여기에서 운문종(雲門宗)·법안종(法眼宗)·조동종(曹洞宗)이 갈라져 나왔다. 『석문정통』 권3(卍속장130, p.780b5)에 "청원하에서 조동·운문·법안의 세 종이 갈라졌다. 淸原下 分曹洞雲門法眼三宗", 『선림보훈필설』 권중(卍속장113, p.738b5)에 "설봉의존선사는 남안 노 씨의 아들로 덕산선감선사를 이었으며 청원하 5세이고, 운문문언선사는 가흥 장 씨의 아들로 설봉존선사를 이었으며 청원하 6세다. 雪峯義存禪師 南安魯氏子 嗣德山宣鑑禪師 靑原下五世 雲門文偃禪師 嘉興張氏子 嗣雪峯存禪師 靑原下六世", 『임야기선사어록』 「임야선사어록서 林野禪師語錄序」(가흥장26, p.625a22)에 "달마에게 '한 송이 꽃에서 다섯 잎이 갈라져 결과가 자연히 이뤄지리라'라는 게가 있은 이후로 남악하에 위앙·임제의 두 종이 있었고 청원하에 조동·운문·법안의 세 종이 있었으니 합하여 오종이 되므로 다섯 잎에 응하였다. 自達祖有一花開五葉結果自然成之偈 而後來南嶽下有潙仰臨濟二宗 靑原下有曹洞雲門法眼三宗 合爲五宗 以應五葉", 『취만선사어록』 권17(가흥장29, p.538c29)에 "『전등록』에 이르길 '마사(馬師 : 馬祖道一)하에 두 종 있으니 위앙과 임제이고, 청원하에 세 종 있으니 조동과 운문과 법안이다'라고 하였다. 傳燈謂馬師下有二宗潙仰臨濟也靑原下有三宗曹洞雲門法眼也"라고 하였다. [참고문헌]『釋門正統』, 『禪林寶訓筆說』, 『林野奇禪師語錄』, 『吹萬禪師語錄』. ⇨ 남악하 南嶽下, 오가칠종 五家七宗

청원행사 靑原行思 ?~740. 당대 선승(禪僧). 속성(俗姓)은 유(劉), 여릉(廬陵 : 江西省) 출신. 유년에 출가하여 육조혜능(六祖慧能)의 법을 이었다. 그의 문하에서 석두희천(石頭希遷)이 나왔고, 그 문하에서 조동종(曹洞宗)·운문종(雲門宗)·법안종(法眼宗)이 분파되었다. 남악회양(南嶽懷讓)과 더불어 남종선(南宗禪)의 적자(嫡子)로서 수많은 선사들이 그의 문하에서 배출되었다. 길주(吉州 : 江西省) 청원산에 머물며 법을 펼쳤다. 입적한 후 희종(僖宗)이 홍제선사(弘濟禪師)로 시호(諡號)하였고 탑호(塔號)는 귀진(歸眞)이다. 『경덕전등록』 권5 「청원행사전」(대정장51, p.240a18)에 "청원이 후에 혜능의 법석에 대해 듣고 찾아가서 예를 올렸다. '어떤 일을 해야 계급에 떨어지지 않습니까?' '그대 일찍이 무엇을 하였는가?' '성스러운 진리마저 행하지 않았습니다' '어떤 계급에 떨어졌는가?' '성스러운 진리도 행하지 않았는데 어찌 계급이 있겠습니까?' 육조가 그의 법기를 인정하였다. 後聞曹谿法席 乃往參禮 問曰 當何所務 卽不落階級 祖曰 汝曾作什麽 師曰 聖諦亦不爲 祖曰 落何階級 曰聖諦尙不爲 何階級之有 祖深器之", 『인천안목』 권6 「후서 後序」(대정장48, p.333b20)에 "먼저 임제와 위앙의 두 종파는 함께 남악회양과 마조도일의 문하에서 나왔다. 다음으로 조동종·운문종·법안종의 세 종파는 모두 청원과 석두 문하에서 나왔다. 初列臨濟潙仰 蓋此二宗 同出南岳馬祖下 次列曹洞雲門法眼 蓋此三宗 同出靑原石頭", 『조당집』 권3 「정거행사장 靖居行思章」(대정장보편25, p.354a10)에 "학인이 물었다. '불법의 근본은 무엇입니까?' '여릉의 쌀값이 얼마인가?' 청원선사가 신회에게 물었다. '그대는 어느 지방에서 왔는가?' '조계에서 왔습니다' '무엇을 가지고 왔나?' 신회가 몸을 흔들어 보였다. '아직 돌멩이를 쥐고 있구나' '화상의 이곳은 진짜 황금을 사람들에게 주십니까?' '설사 있더라도 그대의 어느 곳에 주겠는가?' 僧問 如何是佛法大意 師曰 廬陵米作摩價 師問神會 汝從何方而來 對曰 從曹溪來 師曰 將得何物來 會遂震身而示 師曰 猶持瓦礫在 會曰 和尙此間莫有眞金與人不 師曰 設使有 與汝向什摩處著", 『전법정종기』 권7(대정장51, p.749b14)에 "혜능의 제2대는 청원행사선사이니 길주 안역 출신이다. 처음에 혜능의 문하 중 으뜸이었다. 혜능이 일찍이 말하기를 '위로부터 가사를 법과 함께 전하여 후세에 신뢰를 얻었다. 지금 나는 사람을 얻었으니 어찌 신뢰받지 못할 것을 근심하겠는가? 나는 법의를 받은 후 항상 잃어버릴 것을 걱정하였으니 이제 다시 그것을 전한다면 분쟁을 일으키리라 생각한다. 의발은 산문에 남겨두고 그대는 한 지방을 맡아 교화하여 끊어지지 않도록 하라'라고 하였다. 청원이 고향으로 돌아와 청원산 정거사에 머무르니 많은 학인이 귀의하였다. 그의 법을 한 사람이 이었으니 석두희천이다. 大鑒之二世 曰淸源行思禪師 吉州安城人也 初於大鑒之衆 最爲首冠 大鑒嘗謂之曰 從上以衣與法偕傳 蓋取信於後世耳 今吾得人 何患乎不信 我受衣來 常恐不免於難 今復傳之 慮起其諍 衣鉢宜留鎭山門 汝則以法分化一方 無使其絶 思尋歸其鄕邑 居淸源山之靜居寺 最爲學者所歸 其法嗣一人 曰南嶽石頭希遷者"라고 하였다. 〔참고문헌〕『景德傳燈錄』, 『人天眼目』, 『祖堂集』, 『傳法正宗記』.

청월 淸月 조선후기 국선(國禪)의 법호. 1740년(영조16) 3월 영변 묘향산 보현사(普賢寺)에 유진(留鎭)한 『선원제전집도서과평』 「후발 後跋」(한불전9, p.236a24)에 "건륭 2년(1737·영조13) 정사 자자월일에 청월 국선이 적다. 乾隆二年丁巳 自恣月日 淸月國禪誌"라고 하였다. 〔참고문헌〕『禪源諸詮集都序科評』. ⇨ 국선 國禪

청위 靑位 신라시대 승관(僧官). 성전(成典)에 소속되어 있었다. 『삼국사기』 권38 잡지(雜志)7 직관상(職官上)에 "(사천왕사의) 청위는 2명으로 경덕왕이 주부로 바꾸었으나, 혜공왕이 다시 청위라고 하였다. 애장왕이 대사로 바꾸고, 인원 1명을 줄였다. 사지부터 나마까지가 청위로 임명되었다. 靑位二人 景德王改爲主簿 惠恭王復稱靑位 哀莊王改爲大舍 省一人 位自舍知至奈麻爲之"라고 하였다. 사천왕사 외에 봉성사(奉聖寺)·감은사(感恩寺)·봉덕사(奉德寺)·영묘사(靈妙寺) 성전에도 있었으나, 경덕왕이 녹사(錄事)로 바꾸었다는 점과 인원이 1~2명으로 정해지지 않았다는 점이 다르다. 〔참고문헌〕『三國史記』. ⇨ 승관 僧官

청음각 淸音閣 중국 사천성(四川省) 낙산시(樂山市) 아미산(峨眉山)에 있는 절. 4세기에 창건하였고 당대는 우심사(牛心寺)라 불렸으며, 명대 1368년(홍무1) 광제선사(廣濟禪師)가 늘려서 수복한 다음에 청음각으로 개명하였다. 절 부근에는 개울과 폭포가 있어 경관이 아름다워 아미십경(峨眉十景) 중 하나에 속하며, 문인들이 애호하였다. 깊은 못 위 가설된 돌다리 맞은편에 붉은색으로 쓴 쌍교청음(雙橋淸音)이라는 편액 하나가 있다. 가파르게 솟은 돌계단을 따라 올라가면 백의관음루(白衣觀音樓)에 이른다. 중요한 건축으로는 쌍비정(雙飛亭)·우심정(牛心亭)·홍색육각정(紅色六角亭) 등이 있다. 〔참고문헌〕『南嶽總勝集』 권중(대정장51, p.1071c19), 『峨眉山志』 권1 「廣福寺至淸音閣圖說」(中國佛寺史志彙刊第45冊, p.37a11), 『雞足山寺志』 권4(中國佛寺史志彙刊第81冊, p.307a4).

청음각 우심정

청의금강 靑衣金剛 ➡ 청면금강 靑面金剛, 니람바금강 尼藍婆金剛

청익 請益 청하길 더하다. 거듭 깨우쳐 주길 청하는 일을 말한다. 원래는 『예기 禮記』 「곡례 曲禮」에 "학업을 청할 때 일어나고, 더 가르쳐 주시기를 청할 때에도 일어난다. 請業則起 請益則起"라고 한 말에서 유래하는데,

정현(鄭玄)은 이에 대해 "(청익의) 익이란 가르침을 받았는데 깨우치지 못해서 스승에게 다시 밝히 설해 주기를 바란다는 말이다. 益 謂受說不了 欲師更明說之"라고 하였다. 『선림상기전』 권12(불광장, 禪藏, p.863)에 "청익 : 『경덕전등록』 권6 「선문규식 禪門規式」(대정장51, p.251a14)에서 말하길 '입실하여 다시 더한 가르침 청하는 일 말고는 학인의 근면이나 나태에 대해 맡겨 두니, 고하를 막론하고 늘 지킬 것에 구애되지 않는다'라고 하였고, 請益 傳燈錄 禪門規式云 除入室請益 任學者勤怠 或上或下 不拘常準", "『논어』 「자로」에 '자로가 정치에 대해 묻자 공자께서 말씀하셨다. 「앞서 하고 애쓸 뿐이다」. 다시 가르침을 청하자 말씀하셨다. 「게으름이 없는 것이다」'라고 하였는데, 소(疏)에서는 '청익이란, 자로는 적은 것을 싫어했기에 또 다시 가르침을 청했다는 말이다'라고 하였다. 論語 子路篇云 子路問政 子曰 先之勞之 請益 曰 無倦 疏 請益者 子路嫌其少 故更請益之", "도충이 말한다. '이미 준 것이 있는데 다시 여분을 청하면 이를 청익이라 한다. 선가에서 유가 경전에 나오는 말을 차용하여 입실하고 법을 청하도록 했다'. 『벽암록』 9칙 「평창」(대정장48, p.149b1)에 '오랫동안 참학한 수행자가 보기만 하고 사무치지 못했거나 사무치긴 했다 하지만 제대로 밝히지 못했으면 이를 청익이라 한다. 만일 철저하게 꿰뚫어 보고서 다시 가르침을 청하는 경우라면, 언구를 활용함에 있어 의심이나 막힘이 없어야 한다. 오랫동안 참선하고서 가르침을 청하는 일은 도둑에게 사다리를 건네는 격이니, 실상 이 일은 언구로는 얻을 수 없다'라고 하였고, 같은 책 15칙 「평창」(대정장48, p.155a24)에서 하나의 설을 뒤집는다고 했던 운문의 말을 비평하여 '이 학인은 대단한 작가라서 이렇게 물을 줄 알았다. 앞부분을 청익이라 한다'라고 하였다. 忠曰 有所已與 更復請餘分 言請益 禪家借儒典字 以命入室請法也 碧巖錄云 久參先德 有見而未透 透而未明 謂之請益 若是見得透請益 却要語句上周旋 無有疑滯 久參請益 與賊過梯 其實此事 不在言句上 又雲門倒一說話評云 這僧不妨 是箇作家 解恁麽問 頭邊 謂之請益", "『조정사원』 법영(法英)의 「서 序」(卍속장113, p.1a15)에서 '목암선경(睦庵善卿)상인이 「전에 총림을 두루 돌아다니다가 가만히 보니, 대종사들은 법좌에 오르거나 입실할 때 외에는 학인들에게 소위 운문·설두 등 여러 대가들의 선어록을 기억하고 외우는 걸 허락하였으며, 대중 가운데 누군가가 나와 그 선어록들에 나오는 말들을 제기하면 해당 기연에 대해 설해 주었는데, 이를 청익이라 한다」라고 하였다'라고 하였다. 도충이 말한다. '이것이 강소와 절강의 총림에서 말하는 청익이다'. 祖庭事苑 法英序云 睦菴卿上人曰 曩游叢林 竊見大宗師 陞堂入室之外 復許學者記誦 所謂雲門雪竇諸家禪錄 出衆擧之 而爲演說其緣 謂之請益 忠曰 此是江浙叢林 所謂請益也", "『연등회요』 권20 「동산양개장」(卍속장136, p.764b10)에 '동산이 혜충국사에게 무정설법에 대해 물은 후에 위산으로 갔다. 위산이 말했다. 「나의 여기에 조금 있을 뿐」. 그러고는 불자로 점을 한번 찍었다. 동산은 위산에게 작별 인사를 올린 뒤 곧장 운암으로 가서 앞서 있었던 일에 대해 가르침을 청했다. 이에 운암이 말했다. 「『미타경』에서 「물새도 우거진 나무들도 모두 부처님을 생각하고 불법을 생각한다」라고 한 말을 모르는가?」 동산이 이에 깨달은 바가 있었다'라고 하였고, 聯燈會要 洞山价禪師章云 師問忠國師無情說法 後到潙山 潙云 我這裡 也有些子 便以拂子點一點 師辭潙山 直造雲巖 請益前話 巖云 不見 彌陀經云 水鳥樹林 悉皆念佛念法 師因有省", "『염팔방주옥집』 권하(卍속장119, p.299b8)에 '금봉화상이 법좌에 올라 설법을 한 후 늦은 시간이 되자 한 학인이 다시 가르침 거듭 청하며 말했다. 「화상께서 오늘 법어 내리셨고 학인은 나와 물었는데, 어째서 답하지 않으셨습니까?」 「돈을 잃고 죄까지 받는구나」' 하였고, 『설암조흠어록』 권2 「보설 普說」(卍속장122, p.513a14)에 '자리 옮겨 정자로 가 대중에 이름 올린 뒤 향 품고 방장으로 가서 가르침 거듭 청하였다'라고 하였다. 八方珠玉集云 金峯和尙上堂 至晩 有僧請益云 和尙今日垂語 有僧出問 爲什麽不答 峯云 大似失錢遭罪 雪巖欽禪師錄 普說云 移單過淨慈挂搭 懷香詣方丈 請益"라고 하였다. [참고문헌] 『禪林象器箋』, 『景德傳燈錄』, 『碧巖錄』, 『祖庭事苑』, 『聯燈會要』, 『拈八方珠玉集』, 『雪巖祖欽語錄』. 『百丈淸規』 권6(대정장48, p.1143c25). ⇨ 사인연 謝因緣, 청 請 1

청익록 請益錄 송 굉지정각(宏智正覺)의 염고(拈古)와 원 만송행수(萬松行秀)의 평창(評唱)으로 구성된 공안집. 2권. 명 만력 35년(1607) 간행. 갖춘 이름은 『만송노인평창천동각화상염고청익록 萬松老人評唱天童覺和尙拈古請益錄』이다. 卍속장117, pp.811a1~901a17에 수록되어 있다. 총 99칙의 공안이 수록되어 있는데, 권상은 제1칙인 「문수과하 文殊過夏」부터 제50칙인 「육긍좌와 陸亘坐臥」까지 실려 있고, 권하는 제51칙인 「문수출정 文殊出定」부터 제99칙인 「동산발대 洞山鉢袋」까지다. 먼저 고칙(古則)을 든 후 이어서 굉지정각의 염고가 붙고 다시 만송행수의 착어(著語)와 평창이 더하는데, 형식이나 내용 면에서 『종용록 從容錄』(대정장48, No.2004)과 유사하지만 본칙(本則)에 대한 송(頌)이나 본칙에 앞서는 시중(示衆)이 없다는 점에서 차이가 있다. 자서(自序)에 따르면 본서는 남송 때인 1230년(소정3)에 성립되었지만 송대에 간행되지는 않았고, 명대 1607년에 이르러 각허성일(覺虛性一)이 교정하고 생생도인(生生道人) 서림(徐琳)이 판각하여 간행한 것이 초간본이다.

청익문 請益問 분양십팔문(汾陽十八問) 중 하나로 한 층 더 깊이 물어 청하는 일. 『오가종지찬요』 권상 「분양십팔문」(卍속장114, p.524a9)에 "청익문 : '부처란 무엇입니까?'라는 등의 질문으로 더욱 덧붙일 가르침이 남아 있어서 던지는 질문이다. 請益問 如何是佛 有所請益而問也"라고 하였다. 〔참고문헌〕『五家宗旨纂要』. ⇨ 분양십팔문 汾陽十八問, 청익 請益

청일 請日 Ⓟ pannarasa, pannarasika, pañcadasa. 법을 청해 듣는 날. 하안거를 마치고 자자(自恣)하고 포살(布薩)하는 날. 청청일(請請日)이라 한다. 『중아함경』 권29 「청청경 請請經」(대정장1, p.610a10)에 "어느 때 부처님께서 왕사성을 유행하시며 죽림(Ⓟ Veḷuvana)의 가란다원(Ⓟ Kalandakanivāpa)에서 오백 대비구중과 함께 하좌(夏坐 Ⓟ vassāvāsa : 夏安居)를 지내셨다. 그때 부처님께서는 그 달 보름에 바라제목차(從解脫 : 波羅提木叉)를 설하시고, 서로 청청할 때 … 모든 비구들에게 말씀하셨다. '나는 범지로서 적멸을 얻어 최상의 의왕이 되었으며, 내가 지금 받은 몸은 최후의 몸이다'. … 존자 방기사는 부처님과 비구대중 앞에서 이 뜻 다운 송으로 찬탄하였다. '오늘 보름인 청일에, 모여 앉은 오백대중, 모든 번뇌 끊어 버리고, 걸림이 없고 유가 다한 신선이시네. 청정한 광명으로 비추어, 일체유에서 벗어났으며, 생로병사를 다하고, 번뇌를 멸하여 해야 할 일을 성취하셨네. 一時 佛遊王舍城 在竹林加蘭哆園 與大比丘衆五百人俱 共受夏坐 爾時 世尊 月十五日說從解脫 相請請時 … 告諸比丘 我是梵志 而得滅訖 無上醫王 我今受身 最是後邊 … 尊者 傍耆舍 在佛及比丘衆前 以如義相應 而讚頌曰 今十五請日 集坐五百衆 斷除諸結縛 無礙有盡仙 清淨光明照 解脫一切有 生老病死盡 漏滅所作辦"라고 하였다. 〔참고문헌〕『中阿含經』, *SN.1.191.* ⇨ 자자일 自恣日, 안거 安居

청일암 請日庵 전라북도 부안군 부안읍 동중리에 있던 암자. 1924년 해인사(海印寺)의 스님이 부안향교 옆에 작은 집을 세워 부처님을 모시고 청일암으로 창건하였다. 이후 상좌 김혜경(金慧鏡) 등이 성황산(城隍山) 정상 부근에 요사 한 채를 짓고 지내던 중 1970년 9월 9일에 대한불교조계종 선운사의 말사 혜원사(慧園寺)라 하였다. 〔참고문헌〕『文化遺蹟分布地圖 扶安郡』(扶安郡·圓光大學校博物館, 2004). ⇨ 혜원사 慧園寺

청입대송구법표 請入大宋求法表 대각국사(大覺國師) 의천(義天 1055~1101)이 1085년(선종2)에 고려 선종(宣宗 재위 1083~1094)에게 송의 화엄종 정원(淨源)을 만나고자 왕실의 허락 받지 않은 채 제자 담진(曇眞) 등과 함께 송상(宋商) 임녕(林寧)의 배를 타고 입송(入宋)한 이유를 알린 글이다. 『대각국사문집』 권5(한불전4, p.533c23) 표(表)에 전한다. "도류가 고요하고 강진마저 적막해져, 마침내 진실의 길이 이단에 무릎꿇었으니, 그윽한 말씀 떠다니는 거짓들에 숨어버렸습니다. 글 가져 즐기고 공허하게 옛 현인을 그리워만 할 뿐, 경전을 짊어지고서 좋은 스승을 만나기도 드물어졌습니다. 만약 물 건너 묻지 않으면, 동방에서는 진실로 얇은 눈꺼풀마저 벗겨내기 어렵습니다. … 지난해 8월에 대송양절의 화엄화상 정원법사가 한 통의 글 써서 보냈습니다. … 삼가 바라건대 주상은 신이 법을 위하는 것을 가엾이 여기고, 신이 형벌도 무릅쓰는 것을 용서해 주소서. 만번 죽을 것을 가벼이 여겨 긴 파도를 건너고, 이 한몸 맡겨 피안에 이르고자 합니다. … 지금 쌍계사 대사 담진 등 스님과 속인 11명이 함께 약속하여 상선의 객으로 가고자 하는데, 감히 전행한 것은 아닙니다. 道流寂爾 講肆闃然 遂使眞趣 屈於異端 玄言 隱於浮僞 玩文味義 空戀於古賢 負笈橫經 罕逢於善匠 若不問津於中國 固難抉膜於東方 … 於去年八月 得大宋兩浙 華嚴闍梨淨源法師書一道其書 … 伏望主上 愍臣爲法 恕臣冒刑 輕萬死於涉長波 委一身於到彼岸 … 今與雙溪寺大師曇眞等 緇素共一十一人 同約欲隨商客船發行 不敢專擅"라고 하였다. 〔참고문헌〕『大覺國師文集』. ⇨ 의천 義天❶

청자상감연지원앙문정병 青磁象嵌蓮池鴛鴦文淨瓶 고려시대 청자 정병. 국보 제66호. 높이 37.0cm. 간송미술관 소장. 정병은 원래 인도에서 비구가 두타(頭陀)를 행하거나 행각(行脚)할 때 지니던 물병이었으나, 점차 불전에 올리는 정수(淨水)를 담는 공양구(供養具)로 사용되었다. 이 정병은 몸체에 달린 볼록한 주구(注口)·목·첨대(尖臺)로 구성된 기본형에 환대(環帶)가 부착되고 목이 더 길어진 전형적인 고려양식이다. 팔각첨대는 통일신라 이래 전통이며, 주구의 뚜껑은 소실되었다. 몸체의 문양은 버드나무와 갈대·대나무·연꽃·한 쌍의 원앙 등 고려시대 금속기나 청자에서 자주 보이는 '버드나무 늘어진 물가에 금수들 노니는 풍경 蒲柳水禽文'을 백토상감(白土象嵌)하였다. 긴 목과 연결되는 몸체 윗면에는 변형 여의두문, 목에는 모란문을 백상감하였다. 첨대 끝에는 구름무늬(雲紋)와 세 줄 무늬가 있다. 정제된 비색(翡色)과 자유롭게 포치된 문양들이 조화를 이루면서도 단아하다. 국립중앙박물관 소장 국보 제92호 청동은입사포류수금문정병(青銅銀入絲蒲柳水禽文淨瓶)과 함께 고려시대를 대표하는 정병이다. 〔참고문

청자상감
연지원앙문정병

헌] 『문화재대관 국보』 도자기 및 기타(문화재청, 2011) pp.150~153. ⇨ 정병 淨甁

청자퇴화점문나한좌상 靑磁堆花點文羅漢坐像 고려시대 청자 나한좌상. 국보 제173호. 높이 22.3cm. 개인소장. 1950년경 강화도 국화리에서 발견된 것으로 여러 개의 조각으로 파손되어 있던 것을 원래의 모습으로 복원했다. 경상(經床)에 기댄 채 오른쪽 다리는 결가부좌하고 왼쪽 무릎을 약간 세우면서 편안하게 앉아 있다. 머리 깎은 스님의 모습으로 이마에 깊게 패인 주름살과 반쯤 뜬 눈·살짝 튀어나온 광대뼈·꽉 다문 얇은 입술 등으로 수행자의 표상이다. 특히 눈썹은 희고 유난히 길게 표현하여 나반존자상(那畔尊者像)의 특징을 보인다. 몸에는 가사(袈裟)를 걸치고 있으며 두 손은 소매자락 속에 감추고 있다. 눈과 눈썹, 옷주름선에는 철분이 섞인 흑토와 백토로 점을 찍듯이 문양을 일률적으로 그려 넣어 장식적인 효과를 더했는데, 이런 퇴화기법은 중국 북송의 요주요와 남송의 용천요 청자에서도 볼 수 있고 고려시대 10세기 후반에 나타나기 시작하여 12세기에 다양한 기법으로 발전하였다. 이 나한상은 청자의 퇴화기법으로 만들어진 특이한 형식이지만 얼굴과 앉아 있는 자세, 바위 형태의 대좌 등에서 고려시대 나한상의 특징을 잘 그려낸 성보다. [참고문헌] 『천하제일 비색청자』(국립중앙박물관, 2012) p.115.

청자퇴화점문나한좌상

청장 靑藏 Ⓢ nīla-piṭa. 나라 안팎에서 일어난 일이나 조정 안팎에서 일어난 일들을 기록한 문서. 사고(史誥)를 총칭하는 말로서 음사어는 니라폐다(尼羅蔽茶)이다. 『번역명의집』 권5(대정장54, p.1145b13)에 "니라폐다 : 『서역기』에서 '한역하면 청장이다. 말을 기록하고 사건을 적는데는 각각 유사(有司)가 있었으니, (그들의) 사고를 통틀어 니라폐다라고 한다'. 尼羅蔽茶 西域記云 唐言靑藏 記言書事 各有司存 史誥總稱 謂尼羅蔽茶" 라고 하였다. [참고문헌] 『翻譯名義集』, 『大唐西域記』 권2(대정장51, p.876c15). ⇨ 니라폐다 尼羅蔽茶

청장 淸藏 청대 간행된 대장경. 다음의 세 종류가 있다. 용장(龍藏) : 청 세종이 1735년(옹정13)에 칙명을 내려 1738년(건륭3)에 완성한 대장경. 명(明)대의 북장(北藏)을 저본으로 증감하였으며, 총 1,662부 7,168권으로 구성되어 있다. 대승경전인 반야부(般若部)에서부터 서역 현성들이 찬술한 전적들에 이르기까지 북장의 편차를 전적으로 따르고 있으며 목록을 따로 더했다. 1행 17자이며 한 면이 5행으로 된 절본(折本)이고, 경판은 무영전(武英殿)에서 북경 백림사(柏林寺)로 옮겨 보관하고 있다. 백납장(百衲藏) : 청 목종 1866년(동치5)에 간행된 대장경. 양인산(陽仁山)이 금릉(金陵)에서 대장경을 새기겠다고 발원하여 전국 각지의 대사원에서 분담하여 새기게 하였고, 이에 따라 북평(北平)·천진(天津)·금릉·강북(江北)·양주(揚州)·비릉(毘陵)·소주(蘇州)·항주(杭州) 등에서 판각하여 완성되었기에 백납장이라 하며 백납본(百衲本)으로도 불린다. 용장에 비해 경부(經部) 18종과 논부(論部) 29종이 빠져 있으며, 경판의 형식은 경산본(徑山本)을 따르고 있다. 빈가장(頻伽藏) : 청 선통년간(1909~1911)에 상해(上海) 빈가정사(頻伽精舍)에서 간행한 대장경. 일본 홍교서원(弘敎書院)에서 편집인쇄한 대장경을 저본으로 하고 사호활자(四號活字)로 고쳐 활판 인쇄하였다. 40개의 함(函)과 414책(冊)으로 구성되어 있는데, 함호(函號)는 천자문의 순서로 엮었으며 총목 1책이 있다. 본 대장경은 홍교장(弘敎藏)에 의지했지만 교감기(校勘記)는 삭제되어 있다. ⇨ 대장경 大藏經

청장 請狀 글로 써서 법문 등을 청하는 편지. 장청(狀請)이라고도 한다. 『백장청규』 권3(대정장48, p.1126b8)에 "다탕방을 승당 앞 상하간에 미리 붙인다. 고사(庫司)는 청장〈식은 뒤에 보임〉을 갖추고서 쟁반과 이를 덮는 보자기와 향로 그리고 초를 마련하여 방장으로 간 다음 향을 꽂고 절하며 청한다. 茶湯榜預張僧堂前上下間 庫司仍具請狀〈式見後〉 備柈袱爐燭 詣方丈 插香拜請" 라고 하였다. [참고문헌] 『百丈淸規』.

청재 淸齋 약속한 위의를 지켜 깨끗이 함. 지재(持齋) 즉 단월이 육재일에 팔재계(八齋戒)를 지켜서 어기지 않음을 말한다. 오후부터 다음 날 아침까지 하루 동안 먹지 않고 약속한 계를 지킨다. 『석씨요람』 권하(대정장54, p.304c26)에 "청재 : 오늘날 민간 풍속에는 진시에 한 잔의 물을 마시고 종일 먹지 않는 것을 청재라 한다. 『대지도론』 권13(대정장25, p.160a6)에 '겁초에 성인이 계셔 사람들에게 지재를 가르쳤으니 선을 닦고 흉사를 피하게 하셨는데 다만 하루 동안 먹지 않는 것을 재라 하였다. 훗날 부처님께서 세상에 출현하시어 정오를 지나서는 먹지 말도록 가르치면서 재를 삼으셨다' 하니 이것이 정법이다〈과중(過中)의 중(中)이란 정오(日午)이다. 오시를 지나서 먹어서는 안 된다는 뜻이다〉. 淸齋 今有民俗 以辰飮一盃水 終日不食 謂之淸齋 智度論云 劫初有聖人 敎人持齋 修善避凶 直以一日不食爲齋 後佛出世 敎人過中不食爲齋 此爲正法〈言中者日午也 過午不得食〉", 『수능엄의소주경』 권5(대정장39, p.896b3)에 "청정한 방은 마음을 씻는 곳이므로 청재라 한다. 淸靜之室 洗心之處 故名淸齋", 『능엄경지장소』 권5(卍속장24, p.464b4)에 "청재란 청정한 재실이니 물러나서 수행하는 곳이다. '실'이라고만 하지 않고 재라 한 까닭은 재가 가지런하게 한다는 뜻으로 청정하고 매우 결백함을 취함이니, 가히 사려를 가지런히 함이 관행을 닦는 것이기 때문이다. 요즘 사람들이 편안히 거하는 방을 재라 하는 것도 이것이다. 淸齋者 淸淨齋室 卽退修之處 不云室 而云齋者 齋之爲言 齊也 意取其淸淨嚴潔 可以齊思慮 修觀行故 今人名晏居之室 爲齋者 以此"라고 하였다. 〔참고문헌〕『釋氏要覽』, 『大智度論』, 『首楞嚴義疏注經』, 『楞嚴經指掌疏』. ⇨ 재 齋, 지재 持齋, 팔재계 八齋戒, 육재일 六齋日

청재 請齋 재를 청하다. 혜교(慧皎)의 『고승전』 권2(대정장50, p.330a10) 「구마라집 鳩摩羅什」에 "구마라집이 뱃속에 있을 때 그 어머니는 신통한 깨달음과 초월적 이해력이 평소에 비해서 배가 된 것을 느꼈다. 작리대사에 이미 명덕이 많이 계시지만, 또한 득도한 스님도 계심을 듣고는 곧 왕족과 귀녀, 덕행이 있는 여러 비구니와 함께 여러날 동안 공양을 베풀고 재를 청하여 법문을 들었다. 什在胎時 其母自覺神悟超解有倍常日 聞雀梨大寺名德旣多 又有得道之僧 卽與王族貴女德行諸尼 彌日設供 請齋聽法", 『삼국유사』 권3(대정장49, p.998b19・한불전6, p.334a4) 탑상(塔像)4 대산오만진신(臺山五萬眞身)에 "(자장법사가) 영험한 자취를 두루 찾아보고 장차 신라로 돌아오려고 할 때 태화지의 용이 현신하여 재를 청하므로, 7일 동안 공양하였다. 遍尋靈迹 將欲東還 太和池龍現身請齋 供養七日"라고 하였다. 〔참고문헌〕『高僧傳』, 『三國遺事』. ⇨ 재 齋

청전 靑田 푸르른 밭. 번뇌 사라져 깨끗한 마음 밭의 비유다. 『당고승전』 권13 「승봉전 僧鳳傳」(대정장50, p.526c9)에 "푸르른 밭에 잡초 나고 흰머리 이에 자라네. 靑田有穢 白首斯興", 『사미율의비니일용합참』 권하(卍속장106, p.677a15)에 "대유령 그 꼭대기 솟은 적이 없는 것은, 다만 도둑마음 일찍이 죽은 적 없음이라. 곧바로 깨달아 선악을 헤아리지 않아야, 온 몸을 푸른 밭위에 뉘울 수 있으리라. 大庾嶺頭提不起 秖爲偸心未肯死 直饒善惡不思量 渾身臥在靑田裏", 『오등전서』 권99 「경운서장 景雲瑞章」(卍속장141, p.945a7)에 "법좌에 올라 '꾀꼬리는 우거진 나무에서 울고, 백로 푸른 밭에서 봄날이라 하네. 예나 지금이나 모든 조사의 뜻 보고 듣는 연에 어둡지 않네. 문 밖에 떨어지는 구름 뭉게뭉게, 돌 뿌리 흐르는 물 졸졸, 이를 버리고는 따로 한 뜻도 있을 리 없을진대 어찌 다시 삼현마저 있을소냐' 한 소리 크게 소리지르네. 上堂 黃鸝鳴綠樹 白鷺春靑田 古今諸祖意 不昧見聞緣 門外落雲冉冉 石根流水濺濺 舍此別無一要 何方更有三玄 喝一喝"라고 하였다. 〔참고문헌〕『唐高僧傳』, 『沙彌律儀毘尼日用合參』, 『五燈全書』.

청전법륜 請轉法輪 Ⓢ adhyeṣami nāthāṃ cakru anuttaru vartanatāyai. 법륜이 항상 구르기를 청함. 보현보살십종대원(普賢菩薩十種大願) 중 여섯 번째 원이다. 40권본 『화엄경』 권40(대정장10, p.845b19 : *Gaṇḍ-vy.*, p.429)에 "낱낱의 세계 중 염념마다에 불가설불가설수 부처님 세계 있고 티끌 수와 같은 일체제불 등정각을 이루시고, 모든 보살들 부처님 둘러싸고 모여 있을 때에 내가 몸과 말과 뜻으로 행하는 모든 방편으로 부처님께 법을 설해주실 것 간절히 청하옵니다. 一一刹中念念有不可說不可說佛刹極微塵數一切諸佛成等正覺 一切菩薩海會圍遶 而我悉以身口意業種種方便 慇懃勸請轉妙法輪 ye ca daśaddiśi lokapradīpā bodhi-vibuddha asaṅgata prāptāḥ. tān ahu sarvi adhyeṣami nāthāṃ cakru anuttaru vartanatāyai", 『화엄경탐현기』 권7(대정장35, p.254a1)에 "『대지도론』에 설하기를 모든 부처님께 올리는 권청에는 두 가지가 있다. 곧 처음 성도하셨을 때 법륜을 굴려주실 것을 권청하였고, 열반에 드실 때 세간에 오래 머무르시도록 권청한 일이다. 智論說 勸請諸佛有二 謂初成道時 勸請轉法輪 般涅槃時 勸請久住世間", 『화엄경행원품소초』 권4(卍속장7, p.922b17)에 "이 권청이란 법을 비방하는 장애를 버리고 자비로운 선근을 일으킨다. 卽是勸請 除謗法障 起慈善根", 『대승기신론열망소』 권5(대정장44, p.455b22)에 "모든 부처님께 공양하고 법륜을 굴려달라고 청하니 오직 중생에게 이익이 되어주시면 될 뿐 아름다운 소리와 말을 바라지 않는다. 供養諸佛 請轉法輪 唯爲衆生 而作利益 不求聽受 美妙音詞"라고 하였다. 〔참고문헌〕『華嚴經』, 『華嚴經探玄記』, 『華嚴經行願品疏鈔』, 『大乘起信論裂網疏』, *Gaṇḍ-vy.* ⇨ 전법륜 轉法輪, 보현보살십종대원 普賢菩薩十種大願, 보현행원 普賢行願

청전법륜가 請轉法輪歌 고려초 균여(均如)가 향가로 지어 대중이 부르게 한 보현십원가(普賢十願歌) 11수 중 제6수. 법륜 끊이지 않고 구르기를 청하는 노래다. 『균여전』 「가행화세분 歌行化世分」(한불전4, p.513c8)에 "저 넓은 법계 중에 부처님 회상 있으니, 나 바로 나아가 법의 비 적시리라. 깊은 지 오래되고 번뇌마저 뜨거워 선의 싹 얼어 숨은 지 오래 되었습니다. 중생의 밭을 젖게 하심이여. 보리 열매 익으면 깨우침의 달 밝은 가을 펼쳐지리라. 彼仍反隱 法界惡只叱佛會阿希 吾焉頓叱進良只 法雨乙乞白乎叱等耶 無明土深以埋多 煩惱熱留煎將來出米 善芽毛冬長乙隱 衆生叱田乙潤只沙音也 後言 菩提叱菓音烏乙反隱 覺月明斤秋察羅波處也"라고 하였

다.［참고문헌］『均如傳』, 황패강 『향가문학의 이론과 해석』(일지사, 2001). ⇨ 보현십원가 普賢十願歌

청전법륜송 請轉法輪頌 균여(均如)의 청전법륜가(請轉法輪歌)를 최행귀(崔行歸)가 번역한 한시. 『균여전』「역가현덕분 譯歌現德分」(한불전4, p.515c4)에 "부처님 도 이루심 어찌 말로 다 펼 수 있으리. 저의 원 오직 정각의 인 따를 뿐입니다. 감로주로 번뇌열 식히고 계향 쐬여 죄의 티끌 사라지게 하리. 선우 따라 자비의 방 엿보고 능인께서 법륜 굴려주시길 권청하나이다. 법보의 비 사바 널리 적신 후로 다시 어느 곳에 미혹한 이 있겠습니까. 佛陁成道數難陳 我願皆趨正覺因 甘露洒消煩惱熱 戒香熏滅罪愆塵 陪隨善友瞻慈室 勸請能人轉法輪 雨寶遍沾沙界後 更於何處有迷人"라고 하였다.［참고문헌］『均如傳』. ⇨ 보현십원가 普賢十願歌

청절 請折 이미 받은 음식을 덜어내거나 남기는 일. 『선림상기전』 권16(불광장, 禪藏, p.1276)에 "청절이란 받은 밥이나 국 등의 잔여분을 버린다는 뜻이다. 請折者捨所受飯羹等餘殘也", 『백장청규』 권6 「일용궤범 日用軌範」(대정장48, p.1145a25)에 "양에 적절하게 음식을 받아야 하며, 필요 이상으로 받았다가 버려서는 안 된다. 隨量受食 不得請折", 『입중수지』(卍속장111, p.950a11)에 "양에 적절하게 음식을 받으면 받았다가 버리는 잘못 면할 수 있다. 隨量受食 免請折"라고 하였다.［참고문헌］『禪林象器箋』, 『百丈清規』, 『入衆須知』.

청점정 青點淨 푸른색으로 점 찍어 여법함을 표하는 일. 점정이란 삼의(三衣) 등을 새로 받을 때 먹으로 점을 찍음으로써 여법하게 받아 청정함을 나타내는 것이다. 『마하승기율』 권18(대정장22, p.369b24)에 "만약 새 승가리를 얻어 정을 지으면 선이지만 정을 짓지 않으면 바야제다. 이와 같이 울다라승・안다회・우욕의・부창의・니사단에 정을 지으면 선이지만 정을 짓지 않으면 바야제다. 흠바라의에는 두 종의 정을 지으니 절루정과 청점정이다. 절루정을 지었지만 청정은 짓지 않으면 바야제고, 청정을 지었지만 절루정은 짓지 않으면 월비니죄며, 청정도 짓지 않고 절루정도 짓지 않으면 하나의 바야제와 하나의 월비니죄를 얻지만, 절루정도 짓고 청정도 짓는다면 죄 없다. 若得新僧伽梨 作淨者 善 不作淨者 波夜提 如是鬱多羅僧 安陀會 雨浴衣 覆瘡衣 尼師壇 作淨者 善 不作淨者 波夜提 欽婆羅衣 作二種淨 截縷淨 青點淨 作截縷淨 不作青淨 波夜提 作青淨 不作截縷淨 越毘尼罪 不作青淨 不作截縷淨 得一波夜提 一越毘尼罪 作截縷淨 作青淨者 無罪"라고 하였다.［참고문헌］『摩訶僧祇律』. ⇨ 점정 點淨, 작정 作淨 ❶

청정 清淨 Ⓢ śuddha, pariśuddha, viśuddha, Ⓟ suddha, parisuddha, visuddha, Ⓣ dag-par-gyur-pa, yongs-su-dag-pa, rnam-par-dag-pa. 맑고 깨끗함. 음사어는 비수다(毘輸馱)・수다(輸陀)・미수다(尾戍馱)・수다(戍馱) 등이다. 범마(梵摩 Ⓢ Ⓟ brahma)라고도 한다. 번뇌 없으며 장애 벗어난 뜻이고 팔상(八相)을 성취하신 제불여래 또는 법신(法身)을 가리키며, 나아가 염(染)도 정(淨)도 다 분별(妄)이어서 실(實)이 아님을 여실히 아는 것이 청정이라 해서 공적(空寂)한 바탕의 여래나 법신을 가리키기도 한다. 『대견고바라문연기경』 권하(대정장1, p.211c19)에 "이와 같이 모든 번뇌 멀리 여의면 사람중에 청정을 얻으니, 모든 번뇌바다 그 근원마저 막아버려서 고요한 범천계에 나리라. 遠離如是諸煩惱 即於人中得清淨 諸煩惱海塞其源 得生寂靜梵天界", 『섭대승론석』 권2(대정장31, p.391a16)에 "청정이란 선명하고 깨끗하니 말끔히 버리는 뜻이다. 言清淨者 是鮮是潔 是掃除義", 『화엄경소』 권20(대정장35, p.653c25)에 "청정이란 저들 장애를 다스림이다. 言清淨者 治彼障故", 『관무량수불경소』 권2(대정장37, p.260b16)에 "또한 청정이라는 말은 아래로 관문에 의지하고 오롯한 마음으로 부처님을 생각하며 서방정토에 생각을 기울여 념념이 죄 사라지므로 청정이다. 又言清淨者 依下觀門 專心念佛 注想西方 念念罪除 故清淨也", 『속화엄경약소간정기』 권8(卍속장5, p.311a17)에 "청정이란 지로써 경을 비추어 밝고 깨끗하여 걸림이 없는 뜻이다. 言清淨者 智照於境 明淨無障故", 돈황본 『지지의기』 권4(대정장85, p.949b28)에 "청정이란 여덟 가지로 도를 성취하시고 길 열어 법으로 중생을 교화하였기에 청정이라 한다. 言清淨者 八相成道 道法化物 故曰清淨", 돈황본 『인연심석론개결기』(대정장85, p.1178b21)에 "청정이란 제불여래께서 지니신 팔십종 상호와 십력사무외 등의 광대한 공덕으로 범부들의 불선업으로 물든 번뇌로 생장함과 같지 않은 것이니, 오로지 순결한 출세도법으로 일으키신 것이기에 청정이라 한다. 言清淨者 謂諸佛如來 所有相好 力無畏等 廣大功德 不同異生 不善之業 染汚煩惱之所生長 唯是白淨出世 道法之所生起 故言清淨", 『승만경술기』 권하(卍속장30, p.617a16)에 "청정이란 법신이다. 言清淨者 即法身", 『마하지관』 권8하(대정장45, p.114c18)에 "죄와 복을 깊고 멀리 깨우쳐 마침내 물듦이 없으므로 청정이라 하니 이것이 법신이다. 深達罪福 究竟無染 故名清淨 即是法身", 『대반야경』 권396(대정장6, p.1049a23)에 "아와 아소에 머무는 모든 유정들은 허망분별하여 잡염과 청정이 있다고 여기며, 진실을 보지 못한 이도 잡염과 청정이 있다고 한다. 저 실을 본 이라면 잡염과 청정이 없음을 안다. 이와 같이 잡염청정은 없다. 住我我所 諸有情類 虛妄分別 謂有雜染 及清淨者 非見實

者 謂有雜染 及淸淨者 如見實者 知無雜染 及淸淨者 如是亦無雜染淸淨", 『대반야경강요』 권10(卍속장37, p.871b15)에 "만약 진실이 아니라면 실체도 없지만 실상 또한 없다. 만약 이와 같이 여실히 널리 안다면 그 이름이 청정이다. 이에 잡염과 청정이라는 두 법은 모두 상이 있는 것이 아니니 원성실이 아니다. 若非眞實 則無實體 亦無實相 若能如是 如實遍知 卽名淸淨 是故雜染淸淨二法 俱非有相 非圓成實", 『반야이취분술찬』 권1(대정장33, p.31c13)에 "온갖 헛된 것을 영원히 버리면 청정이라 한다. 온갖 망상 필경에 그 바탕 공하니, 세간과 출세간의 염정등법은 공적하지 않음이 없다. 공한 바탕 그 성이 바로 진여다. 諸妄永棄 名爲淸淨 此諸妄想 畢竟體空 世出世間 染淨等法 無不空寂 空寂之體 性卽眞如", 돈황본 『단경』(대정장48, p.341c25)에 "보리 본디 청정이니, 마음이 일어난 즉시 망이다. 菩提本淸淨 起心卽是妄"라고 하였다. [참고문헌] 『大堅固婆羅門緣起經』, 『攝大乘論釋』, 『華嚴經疏』, 『觀無量壽佛經疏』, 『續華嚴經略疏刊定記』, 『地持義記』, 『因緣心釋論開決記』, 『勝鬘經述記』, 『摩訶止觀』, 『大般若經』, 『大般若經綱要』, 『般若理趣分述讚』, 『壇經』, *Bodh-bh.38・48・62.*, *Vin.1.114.*, *MN.1.347.* ⇨ 이종청정 二種淸淨, 삼종청정 三種淸淨, 삼업청정 三業淸淨, 사종청정 四種淸淨, 육근청정 六根淸淨, 국토청정 國土淸淨, 법계청정 法界淸淨, 본래청정 本來淸淨, 본성청정 本性淸淨, 자성청정 自性淸淨, 잡염 雜染, 염오 厭惡, 불청정 不淸淨, 여래 如來, 법신 法身

청정각상 淸淨覺相 청정한 깨달음의 상. 두렷이 비춰(圓照) 드러난 모습이다. 『원각경』(대정장17, p.913b21)에 "일체여래는 본래 인지에서 일어나서는 모두 두렷이 비춤에 의지한 청정각상으로 길이 무명을 끊고 비로소 불도를 이룬다. 一切如來 本起因地 皆依圓照 淸淨覺相 永斷無明 方成佛道", 『원각경대소석의초』 권1하(卍속장14, p.437a6)에 "모두 두렷이 비춤에 의지한 〈능히 비추는 지〉 청정각상〈비춰 드러나는 진실〉. 皆依圓照〈能照智〉 淸淨覺相〈所照眞體〉", 『원각경약소』 권상1(대정장39, p.533a3)에 "청정한 각상 : 비춰진 것이다. 고요해 텅비어 아득해서 번뇌의 티끌이라곤 없게 되어야 가히 비춘다 한다. 바탕 청정한 것이야말로 깨달음의 상이니, 비추는 것이나 빛나는 것에 관계없이 단지 처음 깨달음에 능소를 아직 놓지 못했기에 상이라 할 뿐이다. 이것은 선재동자가 문수를 처음으로 만났을 때와 매우 같으니, 믿음에 뿌리를 둔 지혜로 상을 보았을 뿐이고, 나중에 문수를 친견했을 때는 증지였기에 몸의 상을 보지 않았을 뿐이다. 淸淨覺相 卽所照也 寂寥虛廓 了無情塵 亦可照 體淸淨是覺之相 非關能所 但以初悟 能所未忘 故云相也 此正同善財初遇文殊 表信智見其身相 後見文殊 表證智不見身相라고 하였다. [참고문헌] 『圓覺經』, 『圓覺經大疏釋義鈔』, 『圓覺經略疏』.

청정경 淸淨境 Ⓢ viśuddhi-gocara. 깨끗해 티없는 경계. 청정한 경계. 청정한 대상. 『중변분별론』 권상(대정장31, p.456b19 : *Madhy-vibh.*, p.42)에 "청정경에 두 가지 모두 한 곳에 거둔다. 한 곳이란 진실성(眞實性 : 圓成實性)이다. 어째서 이와 같은가? 분별이 없어야 청정지와 경을 짓기 때문이다. 淸淨境二種 攝在於一處 一處者 眞實性 云何如此 無別性作淸淨智境故 〈kārikā〉 viśuddhigocaraṃ dvedhā ekasmād eva kīrtitam. 〈bhāṣya〉 pariniṣpannād eva svabhāvān na hy anyasvabhāvo viśuddhijñānadvayagocaro bhavati", 『임제록』(대정장47, p.499a13)에 "만약 누군가가 와서 나에게 부처를 구하기를 묻는다면 나는 곧바로 마땅히 청정경을 드러내리니, 누군가가 나에게 보살에 대해 묻는다면 나는 바로 자비로운 경 드러내며, 누군가가 나에게 보리를 물으면 나는 바로 정묘경을 드러내고, 누군가가 나에게 열반을 물으면 나는 바로 적정경을 드러낸다. 이렇게 경인 즉 만 갈래로 차별하지만 사람이 다른 것은 아니다. 물을 따라 그 모습 나툴 뿐이어서 저 물속의 달과 같다. 若有人出來 問我求佛 我卽應淸淨境出 有人問我菩薩 我卽應慈悲境出 有人問我菩提 我卽應淨妙境出 有人問我涅槃 我卽應寂靜境出 境卽萬般差別 人卽不別 所以 應物現形 如水中月"라고 하였다. [참고문헌] 『中邊分別論』, 『臨濟錄』, *Madhy-vibh.*

청정경계진실 淸淨境界眞實 Ⓢ viśuddhi-gocara-tattva. 번뇌장과 소지장을 깨끗이 해서 드러난 진실. 청정경진실(淸淨境眞實)이라고도 한다. 현장 역 『변중변론』에는 정소행진실(淨所行眞實)이라 하였다. 『중변분별론』 권상(대정장31, p.455a29 : *Madhy-vibh.*, p.37)에 "아견을 상대해 다스림에 열 가지 진실이 있다. 무엇이 열 가지인가? … 일곱째는 청정경계진실이다. … 청정경계진실에는 두 가지가 있다. 첫째는 번뇌장을 청정하게 하는 지경(Ⓢ kleśāvaraṇa-viśuddhijñāna-gocaraṃ)이고, 둘째는 지장(소지장)을 청정하게 하는 지경(Ⓢ jñeyāvaraṇa-viśuddhijñāna-gocaraṃ)이다. 爲對治我見 如是十種眞實 何者爲十 … 七 淸淨境界眞實 … 淸淨境眞實有二種 一 淸淨煩惱障智境 二 淸淨智障智境"라고 하였다. [참고문헌] 『中邊分別論』, 『辯中邊論』 권중(대정장31, p.468c14), *Madhy-vibh.* ⇨ 정소행진실 淨所行眞實, 이장 二障

청정계 淸淨戒 ❶ Ⓢ pariśuddhaṃ śīlam, Ⓣ yongs-su-dag-pa'i-tshul-khrims. 사종지계(四種持戒) 중 하나로 범계(犯戒)와 범계의 인을 여의고 대치와 열반(滅)에 의지해 사덕(四德)을 갖춘 계. 또는 무루계로 혹

법을 여읜 뜻이다. 『잡아비담심론』 권8(대정장28, p.933b12)에 "청정계란 무루계이니, 번뇌를 여의었기 때문이다. 淸淨戒者 謂無漏戒 離垢故", 『구사론』 권18(대정장29, p.97b24)에 "만약 네 가지 덕을 갖추고 있다면 청정이란 이름 얻는다. … 네 가지 덕에 대해 말한다. 첫째는 범계로 무너질 일 없으니, 범계란 앞에서 말한 모든 불선한 색이다. 둘째는 저 범계인에 의해 무너지지 않으니, 범계인이란 탐 등의 번뇌와 수번뇌를 말한다. 셋째는 다스림에 의지함이니, 기억해 가지는 것에 의지하는 것으로 이는 능히 범계도 그 인도 다스리기 때문이다. 넷째는 멸에 의지함이니, 열반에 의지하고 열반에 회향함이니 더 좋은 생을 바래서가 아니다. … 유여사는 '계에는 네 가지가 있다. … 넷째는 청정계이니, 무루계를 말하는데 그것은 업과 번뇌의 허물을 길이 여의기 때문이다'라고 하였다. 若具四德 得淸淨名 … 言四德者 一者 不爲犯戒所壞 犯戒謂前諸不善色 二者 不爲彼因所壞 彼因謂貪等煩惱隨煩惱 三者 依治 謂依念住等 此能對治犯戒及因故 四者 依滅 謂依涅槃 迴向涅槃 非勝生故 … 有餘師說 戒有四種 … 四 淸淨戒 謂無漏戒 彼能永離業惑垢故"라고 하였다. [참고문헌] 『雜阿毘曇心論』, 『俱舍論』, *Abh-k-bh.273.* ⇨ 사종지계 四種持戒 ❷ Ⓢ viśuddhaṃ śīlam, Ⓣ rnam-par-dag-pa'i-tshul-khrims. 보살의 계바라밀다(戒波羅蜜多 Ⓢ śīla-pāramitā)로서 구종상계(九種相戒) 중 하나인 보살청정계로 열 가지 모습을 갖춘다. 『유가사지론』 권42(대정장30, p.522c1 : *Bodh-bh.*, p.128)에 "첫째, 처음부터 깨끗한 마음으로 계를 받는다. 이는 오직 사문의 세 가지 보리를 위함이지 생활을 위함이 아니다. 一者 初善受戒 唯爲沙門三菩提故 非爲命故 tatra viśuddhaṃ śīlaṃ bodhisattvasya katamat. taddaśavidhaṃ veditavyam. ādita eva sugṛhīta bhavati śrāmaṇyasabodhikāmatayā na jīvikānimittam", "둘째, 무너져 내리는 일 없게 하는 계이니, 위범했을 때도 가벼이 여기지 않고 바로 뉘우치고, 또 극도로 들뜨지 않게 하는 계로서 아닌 것은 멀리 여의고 뉘우친다. 二者 不太沈戒 於違犯時 遠離微薄 生悔愧故 及不太擧戒 遠離非處 生悔愧故 nātilīnaṃ bhavati vyatikrame mandakaukṛtyāpagatatvāt. nātisṛtaṃ bhavatyasthānakaukṛtyāpagatatvāt", "셋째, 해태를 여의는 계이니, 잠자고 기대거나 눕기를 즐겨 탐착하지 못하게 해서 밤낮으로 모든 선품을 쉼없이 닦는다. 三者 離懈怠戒 於睡眠樂倚樂臥樂不耽著故 晝夜勤修諸善品故 kausīdyāpagataṃ bhavati nidrāsukhapārśvasukhaśayanasukhāsvīkaraṇatayā rātriṃdivaṃ kuśalapakṣābhiyogācca", "넷째, 온갖 방일함을 떠나게 해서 거두는 계이니, 앞서 말한 다섯 가지 불방일을 수습한다. 四者 離諸放逸所攝受戒 修習如前所說 五支不放逸故 apramādaparigṛhītaṃ bhavati. pūrvavat pañcāṅgāpramādapratiniṣevaṇatayā", "다섯째, 바른 원을 가진다. 이양과 공경의 탐욕을 멀리 여의기에, 천상에 나기를 원하지 않고 스스로 때를 기다리면서 범행을 수습한다. 五者 正願戒 遠離利養恭敬貪故 不願生天而自要期修梵行故 samyakpraṇihitaṃ bhavati lābhasatkāragardhavigamāt devatvāya praṇidhāya brahmacaryāvāsānābhyupagamācca", "여섯째, 궤칙을 구족히 해서 섭수하는 계이니, 모든 위의로 짓는 바의 모든 일이 선품가행이어서 훌륭하고 원만하여 여법하니 몸과 말을 바르게 드러내고 행한다. 六者 軌則具足所攝受戒 於諸威儀所作 衆事善品加行 妙善圓滿如法 身語正現行故 ācārasaṃpattyā parigṛhītamīryāpathetikaraṇīyakuśalapakṣaprayogeṣu susampannapratirūpakāyavāk samudācāratayā", "일곱째, 정명구족으로 섭수하는 계이니, 기만 등의 온갖 삿된 생활 방식과 과실의 법을 떠난다. 七者 淨命具足所攝受戒 離矯詐等一切邪命過失法故 ājīvasaṃpattyā parigṛhītaṃ kuhanādisarvamithyājīvakarakadoṣavivarjitatayā", "여덟째, 두 극단을 여의는 계이니, 욕락도 스스로를 괴롭히는 일도 두 극단의 법을 수용하지 않는다. 八者 離二邊戒 遠離受用欲樂自苦二邊法故 antadvayavivarjita kāmasukhallikātmakaklamathānuyogavivarjitatvāt", "아홉째, 길이 벗어나는 계이니, 온갖 외도의 견해를 멀리 여읜다. 九者 永出離戒 遠離一切外道見故 nairyāṇika sarvatīrthikadṛṣṭivivarjitatayā", "열째, 앞서 받아 가진 것들 버려 잃는 일 없이 한다. 앞서 받아 가진 보살정계에서 빠뜨리거나 줄거나 파괴함이 없게 한다. 十者 於先所受無損失戒 於先所受菩薩淨戒 無缺減故 無破壞故 samādānāparibhraṣṭaṃ śīlaṃ bodhisattvānāmachidrīkaraṇāvipādanatayā"라고 하였다. [참고문헌] 『瑜伽師地論』, *Bodh-bh.* ⇨ 구종상계 九種相戒, 계바라밀다 戒波羅蜜多

청정과보 淸淨果報 청정한 과보. 60권본 『화엄경』 권16(대정장9, p.502c14)에 "모든 중생이 일심으로 부처께 향해 무량한 청정과보를 지체 없이 획득하게 한다. 令一切衆生一心向佛 逮得無量淸淨果報"라고 하였다. 『미륵보살소문경론』 권6(대정장26, p.260a11)에 "'그 마음은 복전과 보시 등의 세 가지로 화합하기 때문이다'라 하였는데 이는 어떤 뜻인가? 만약 보시하는 이 보면 존중해 보시의 마음을 일으키고, 복전 등의 무량공덕 알게 된다. 모든 불여래의 복전을 만나거나, 때로는 여래제자를 만나서 존중하는 마음 나서 보시의 마음을 일으키기에 보시할 물건 회사하기 어려운 것이라도 능히 보시하니, 이 세 가지가 화합하여 비로소 청정보 성취될 수 있으니 마음으로 중히 여기고 뛰어나다 여긴다. 心以福田 及施事等 三種和合 此明何義 若布施者 從所尊重

起布施心 知福田等無量功德 值遇諸佛如來福田 或時值遇如來弟子 從尊重心起布施心 所可施物是難捨事能捨布施三種和合方得成就清淨果報而心爲重爲勝",『법화경입소』권10(卍속장47, p.422b16)에 "'무량한 무루청정과보를 얻는다'라고 하였는데, 이승의 한계 버리게 하기 위해 '무량하다'라고 한 것이고, 묘한 인으로 감할 수 있기에 '청정하다'라고 한 것이며, 장애가 없는 국토이기에 '과보'라고 한 것이니 이승의 과보가 없는 것과는 다르다. 得無量無漏清淨果報者 揀異二乘有量 故言無量 妙因所感 故言清淨 無障礙土 故言果報 異二乘無報也"라고 하였다. [참고문헌]『華嚴經』,『彌勒菩薩所問經論』,『法華經入疏』. ⇨ 복전 福田

청정관 清淨觀 Ⓢ śuddha-locanā. 오관(五觀) 중 하나로 중생의 본래 바탕 물듦이 없음을 보게 해서 자비를 일으키게 하기에 천태(天台)에서 삼관(三觀 : 空 假 中) 중 가관에 배대한다.『법화경』권7(대정장9, p.58a18 : *Saddh-p.*, p.452)에 "진실로 관하고 청정으로 관하며 광대지혜로 관하고 비로 관하며 자로 관하니 늘 원하고 늘 우러른다. 眞觀清淨觀 廣大智慧觀 悲觀及慈觀 常願常瞻仰 śubha-locana maitra-locanā prajñā-jñāna-viśiṣṭa-locanā, kṛpa-locana śuddha-locanā premaṇīyā sumukhā sulocanā",『법화경문구보정기』권10(卍속장45, p.360a10)에 "경에서 말한 진관은 공관이고, 청정관은 가에 들어 물듦이 없으니 곧 가관이며, 광대지혜관은 곧 중관이다. 중의 바탕은 끝이 없기에 광대하다 한다. 經眞觀者 空觀也 清淨觀者 入假無染 卽假觀也 廣大智慧 卽中觀也 謂中體無邊 故云廣大也",『법화경구해』권8(卍속장48, p.240b2)에 "법이 공적함이 저 태허공과 같음을 아는 것이 청정관이라 한다. 了法空寂 如太虛空 名清淨觀",『법화경통의』권7(卍속장49, p.944b13)에 "중생의 심성이 본래 청정하여 어떤 잡염도 없는 것을 청정관이라 한다. 衆生心性 本來清淨 無諸雜染 故云清淨觀",『법화경회의』권7(卍속장50, p.775b18)에 "청정관이란 부사의한 가를 증함이다. 清淨觀者 證不思議假也",『법화경연의』권7(卍속장52, p.540b9)에 "능히 혹을 깨뜨리기에 청정이라 한다. 能破惑故 言清淨"라고 하였다. [참고문헌]『法華經』,『法華經文句輔正記』,『法華經句解』,『法華經通義』,『法華經會義』,『法華經演義』, *Saddh-p.* ⇨ 가관 假觀[1], 오관 五觀[1]

청정관세음보살보현다라니경 清淨觀世音菩薩普賢陀羅尼經 당대 지통(智通) 한역. 1권. 고려장13, pp.1167a1~1169b2, No.449 · 대정장20, pp.21b14~23a29, No.1038에 수록되어 있다.『청정관세음보현다라니경』이라고도 한다.『관자재보살설보현다라니경』(대정장20, No.1037)과 동본이지만 화상(畵像) · 입단(入壇)의 수지법(受持法)이 덧붙여 있다. [참고문헌]『大周刊定衆經目錄』권1(대정장55, p.379a26),『開元釋敎錄』권8(대정장55, p.562b14). ⇨ 관자재보살설보현다라니경 觀自在菩薩說普賢陀羅尼經

청정광명신 清淨光明身 청정하여 빛으로만 밝으신 몸. 다 버려 고요하고 맑아서 중생 따라 비추고 나툴 뿐인 삼덕(三德)의 불신(佛身)을 가리킨다.『법화경』권4(대정장9, p.32b5)에 "적막하여 사람의 소리라곤 없는 그때, 이 경전을 소리내어 일그면, 나는 그때 청정한 광명을 갖춘 몸을 드러내어 주리라. 寂寞無人聲 讀誦此經典 我爾時爲現 清淨光明身",『법화경문구보정기』권8(卍속장45, p.266a6)에 "청정한 광명을 갖춘 몸이란 법신이다. 清淨光明身者 卽法身也",『법화경구해』권4(卍속장48, p.83b3)에 "적막한 곳에 사람의 소리라곤 없으니 청정한 몸이다. 미묘한 경전을 읽으면서 부처님의 지혜광명이 발하는 몸을 본다. 청정이란 바로 법신광명이니 바로 혜신이다. 성품 닦아 다 버려 합하여 곳곳에서 몸을 드러내니 그것은 응신이다. 고요하게 독송함으로 인하여 친견하는 여래는 삼덕의 법신이다. 寂寞之處 無有人聲 清淨身也 讀妙經典 見佛智慧光明身也 清淨卽法身 光明 卽慧身 修性泯合 隨處現形 卽應身也 因靜讀誦 得見如來 三德法身"라고 하였다. [참고문헌]『法華經』,『法華經文句輔正記』,『法華經句解』.

청정교방편 清淨巧方便 Ⓢ viśuddha upāyaḥ. 청정하여 적멸의 몸인 법신을 성취하셨으나 중생 위해 세간에 나투신 온갖 모습. 육종교방편(六種巧方便) 중 하나다. 도솔천에서의 강생 · 출가 · 고행과 무상보리증득 · 범천권청 · 전법륜 등 석존의 위대한 행적을 말한다.『보살지지경』권8(대정장30, p.933c14)에 "무엇이 보살의 청정교방편인가? 구경지에 머물던 보살이 보살도 깨끗이 하여 도솔천에 태어난 것을 중생들은 '아무개보살께서 도솔천에 태어나셨으니 오래지 않아 염부제에 하생하시어 여래무상등각을 이루실 것이다'라고 생각하는데, 이는 중생들을 기쁘게 하여 그 분께서 나신 곳에 중생들도 따라 나도록 한 것이니 무량중생들로 하여금 기꺼이 이 원을 닦게 하기 위함이다. 云何菩薩清淨巧方便 住究竟地菩薩 淨菩薩道生兜率天 衆生念言 某菩薩生兜率天 不久當下生閻浮提 當成如來無上等覺 令我愛樂 莫令不樂 彼所生處 我亦隨生 無量衆生樂修是願", "또 보살은 도솔천에서 세간에 내려와 나셨는데 왕궁이나 바라문의 집안에 나서도 뛰어난 즐거움을 버리고 출가하여 도를 배우니, 이는 중생들로 하여금 교만을 버리게 하기 위함이다. 又復菩薩 從兜率天來生世間 若生王宮若婆羅門家 捨上妙樂出家學道 令諸衆生捨離憍慢", "또 보리수 아래에서 6년 동안 고행을 하니, 이는 그 밖의 중생들로 하여

금 고행자는 자신이 믿는 즐거움을 끊었다는 것을 믿게 하기 위함이다. 또 무상보리를 성취한 것은 그 밖의 중생들로 하여금 믿음을 굳게 하여 함께 불도를 기꺼이 구하게 하기 위한 것이다. 또 성불한 뒤 침묵하며 권청을 기다린 것이니, 이는 중생들이 그 법을 깊이 받들게 하기 위함으로, 범천의 권청이 있은 뒤에 설하신 것이다. 又於樹下苦行六年 令餘衆生信苦行者斷其信樂 又復既成無上菩提 令餘衆生堅固信樂同求佛道 又成佛已 默然待請 爲令衆生敬重法故 梵天勸請然後乃說", "또 불안으로 세간을 관하셨으니, 이는 중생들로 하여금 '다만 범천이 권청한 힘 때문이지 여래의 대비 때문에 설법하신 것은 아니다'라고 비방하지 못하게 함이니, 중생이 사견에 빠지는 것을 막고자 다른 세간에서는 일찍이 굴린 바 없는 정법륜을 굴리시고 계율도 제정하셨다. 이를 보살청정교방편이라 한다. 又以佛眼觀察世間 莫令衆生作是謗言 但以梵天勸請力故 非是如來大悲故說 爲除衆生邪攝受故 轉正法輪 諸餘世間所未曾轉 及制戒律 是名菩薩清淨巧方便"라고 하였다. 〔참고문헌〕『菩薩地持經』, *Bodh-bh.184*. ⇨ 육종교방편 六種巧方便

청정근 淸淨根 승의근(勝義根)을 말한다. 『법화경대성』 권8(卍속장51, p.384b4)에 "부근과 오진인즉 청정근을 붙들어 경을 비출 뿐이지 자체로는 능히 비출 수 없다. 부근은 거칠게 드러난 색이어서 청정근의 소의가 되기 때문이다. 이 중 청정이란 역시 승의근이다. 浮根五塵 卽扶淸淨根照境 自體不能照 以浮根是麤顯色 爲淸淨根之所依故 此中淸淨 亦卽勝義根也"라고 하였다. 〔참고문헌〕『法華經大成』. ⇨ 승의근 勝義根

청정대섭수 淸淨大攝受 청정하시기에 크게 거두어 들이시는 분. 아미타불(阿彌陀佛)의 37종 명호 중 하나다. 청정은 필경에 청정한 열반덕이고, 섭수는 48원으로 중생을 거둬들임이다. 『찬아미타불게』(대정장47, p.423a2)에 "서방의 아미타불께 지극한 마음으로 목숨 돌려 예를 올리옵니다. 미묘한 국토는 광대하여 헤아릴 수 없고, 자연히 칠보 모여 이루어졌다네. 부처님 본원력으로 장엄하여 세우셨으니, 청정대섭수께 머리 숙이옵니다. 南無至心歸命禮 西方阿彌陀佛 妙土廣大超數限 自然七寶所合成 佛本願力莊嚴起 稽首淸淨大攝受"라고 하였다. 〔참고문헌〕『讚阿彌陀佛偈』.

청정도론 淸淨道論 Ⓟ Visuddhimagga. 5세기 중엽 인도의 불음(佛音 Ⓟ Buddhaghosa : 覺音) 지음. 3권. 스리랑카 중부에 있는 고대 유적지 아누다라푸라의 마하비하라라는 사원에 머물며 이 논을 지었다고 한다. 주석서로는 법호(法護 Ⓟ Dhammapāla)가 지은 대주(大注 Ⓟ Mahā-ṭīkā : 眞諦筐 Ⓟ Paramattha-mañjūsā)가 있다. 『섭대승론석』 권11(대정장31, p.234b14)에 "〔논〕 간략하게 설하여 여섯 가지 차별에 의지함을 알아야 한다. 〔석〕 자세하게 설명하면 대승장경에서 말하는 삼마발제의 체와 류의 차별에는 오백종이 있으며, 소승의 『청정도론』에서 말하는 삼마발제의 체와 류의 차별에는 육십칠종이 있다. 여기서는 간략하게 여섯 가지 차별을 설명할 뿐이니, 이 뜻 알아야 한다. 論曰 略說由六種差別應知 釋曰 若廣說如大乘藏所立三摩跋提體類差別有五百種 小乘淸淨道論所立三摩跋提體類差別 有六十七種 今略說止明六種差別 應知此義"라고 하였다. 〔참고문헌〕『攝大乘論釋』. ⇨ 비숫디막가 Visuddhimagga, 아비담맛타상가하 Abhidhammattha-saṅgaha

청정문 淸淨門 Ⓢ vyavadāna-mukha, Ⓣ rnam-par-byang-ba'i-sgo. 팔연기문(八緣起門) 중 하나로 순해탈분(順解脫分)의 선(善)을 연(緣)으로 한다. 『유가사지론』 권9(대정장30, p.322a19 : *Yogā-bh.*, p.203)에 "연기문이란 무엇인가? 여덟 가지 문에 의지해 연기로 유전하는 것이다. … 여덟 째는 청정문이다. 緣起門云何 謂依八門緣起流轉 … 八 淸淨門 mukhaṃ katamat. aṣṭābhirmukhaiḥ pratītyasamutpādaḥ pravartate … vyavadānamukhena", 『유가론기』 권3(대정장42, p.374b11 · 한불전13, p.200b23)에 "청정문이란 도품인 무루여서 연기하지만 뜻으로는 또한 십이지 연은 아니다. … 순해탈분으로서의 선 등을 청정문이라 하는데, 유전과 함께해서 거스르고 해롭게 하는 연이다. 淸淨門者 卽是道品無漏從緣起 義亦非十二支緣 … 順解脫分善等 名淸淨門 而與流轉爲違害緣"라고 하였다. 〔참고문헌〕『瑜伽師地論』, 『瑜伽論記』, *Yogā-bh.* ⇨ 팔연기문 八緣起門, 십이지 十二支

청정범행 淸淨梵行 청정한 범행. ❶ 범천에 나는 과보를 얻는 행. 또는 보살이 성취해야 할 다섯 가지 청정한 수행. 『장아함경』 권16 「삼명경 三明經」(대정장1, p.106a24)에 "만약 비구가 사문답지 않은 청정하지 않은 행을 버리고, 사문의 청정범행을 행해서 범천에 나고자 한다면 이는 있을 수 있는 일이다. 若比丘捨非沙門不淸淨行 行於沙門淸淨梵行 欲生梵天者 則有是處"라고 하였다. 〔참고문헌〕『長阿含經』. ❷ Ⓢ viśuddha brahmacarya. 보살이 오법(五法)을 행하는 것. 『대승아비달마집론』 권7(대정장31, p.694b4 : *Abh-s.*, p.107)에 "또 계경에서 말씀하시길 보살마하살이 다섯 가지 법을 성취하면 범행자라 이름하고 으뜸가는 청정범행을 성취한다고 하였다. 又契經言 菩薩摩訶薩成就五法 名梵行者成就第一淸淨梵行 何等爲五 punaś ca-uktaṃ sūtre. bodhisattvo mahāsattvaḥ pañcadharmasamanvāgato brahmacārī bhavati parameṇa viśuddhena br ahmacaryeṇa samanvāgataḥ. katame pañca"라 한 후, 다섯 가지 법이란 "늘 욕탐 여의기를 바란다. 一者 常求以欲離欲 nānyatra maithunyānmaithunasya niḥsaraṇaṃ paryeṣate", "욕탐을 버리고 끊는다. 二者 捨斷欲法 maithunaprahāṇenopekṣako bhavati", "욕탐이 이미 생겨났다면 곧바로 굳게 잡는다. 三者 欲貪已生卽便堅執 utpannaṃ ca maithunarogamadhi vāsayati", "욕탐을 두려워하고 다스린다. 四者 怖治欲法 maithunapratipakṣeṇa ca dharmeṇottrasyati", "두 가지와 두 가지를 거듭 되새긴다. 五者 二二數會 ab hīkṣṇaṃ ca dvayadvayaṃ samāpadyate"라고 하였다. 이에 대해 『대승아비달마잡집론』 권16(대정장31, p.773c19)에서는 "으뜸가는 청정범행을 성취한다란 출세간도다. 成就第一清淨梵行者 謂出世間道", "늘 욕탐 여읨을 바란다란 여실변지로써 영구히 그것을 끊는 것이다. 여실변지란 진여지다. 常求以欲離欲者 謂卽以此如實遍智永斷彼故 此如實遍智者 謂能通達此眞如智", "욕탐을 버리고 끊는다란 늘 관찰해서 범행 아닌 것을 버리는 방편이다. 捨斷欲法者 謂恒觀察捨斷非梵行方便", "욕탐이 생겨났다면 곧바로 이를 굳게 잡아둔다란 안에서 욕탐이 이미 생겨났다면 곧바로 굳게 잡아두어 밖으로 물리쳐 내보내는 것이다. 欲貪已生 卽便堅執者 謂於內欲貪已生 卽便堅執擯出於外", "욕탐을 두려워하고 대치한다란 욕탐의 잘못과 고통을 설하여 유정들을 두렵게 하여 대치도를 세워 일체를 구제하는 것이다. 怖治欲法者 謂說欲過患怖諸有情 立對治道拔濟一切", "두 가지와 두 가지를 거듭해서 깨닫는다란 염정의 인과차별을 사제중에서 세출세의 두 가지 길과 사마타비발사나의 두 가지 길로써 거듭해 깨우쳐 아는 것이다. 二二數會者 謂於染淨因果差別四眞諦中 以世出世二道及奢摩他毘鉢舍那二道 數數證會"라고 풀이하였다. [참고문헌] 『大乘阿毘達磨集論』, 『大乘阿毘達磨雜集論』, *Abh-s.*, *Abh-s-bh. 156.* ⇨ 범행 梵行

청정법 清淨法 **1** Ⓢ dharmaṃ viśuddham. 부처님께서 설하신 모든 법. 『증일아함경』 권23(대정장2, p.673a22)에 "사제의 묘법 여실하게 알지 못하면 남도 죽음도 있어서 저 길게 흐르는 저 바다 벗어나지 못하네. 그러하니 마땅히 이 생각 내어 온갖 청정법을 닦으면 틀림없이 고뇌를 여의고 더는 근심의 몸 받지 않으리. 四諦之妙法 如實而不知 有生亦有死 不脫長流海 是故當起想 修諸清淨法 必當離苦惱 更不受有患", 『법화경』 권4(대정장9, p.28a29 : *Saddh-p.*, p.204)에 "일찍이 대신통을 얻고 사무애지를 갖추셨으니, 모든 이들의 이둔을 알아 언제나 청정법을 설하시네. 已度大神通 具四無礙智 知諸根利鈍 常說清淨法 mahā-abhijñāsu sadā gatiṃ-gataḥ pratisaṃvidānāṃ ca abhūṣi lābhī, sattvāna ca indriya-gocara-jño dharmaṃ ca deśeti sadā viśuddham", 60권본 『화엄경』 권8(대정장9, p.447c1)에 "가장 승하고 뛰어나 견줄 데 없는 심심미묘청정법. 보살은 이로써 중생을 교화하네. 이와 같이 설하는 이는 물러남 없이 가르치시네. 最勝最上無有比 甚深微妙清淨法 菩薩以此化衆生 如是說者不退教", 『대방등대집경』 권22(대정장13, p.156b18)에 "부처님은 청정대법왕이시니 … 중생 위해 청정법 설하여 괴로움과 번뇌를 여의게 하네. 여래의 마음 평등하기 허공과 같아 그 말씀 미묘하니 참된 길 알게 하신다네. 佛是清淨大法王 … 爲衆生說清淨法 令離諸苦及煩惱 如來心等如虛空 其語微妙知眞道"라고 하였다. [참고문헌] 『增壹阿含經』, 『法華經』, 『華嚴經』, 『大方等大集經』, *Saddh-p.* **2** 사제(四諦) 중 멸제(滅諦)와 도제(道諦). 즉 세간도(波羅蜜)·출세간도(無漏對治)·무위과(斷果)를 말한다. 『성유식론』 권3(대정장31, p.14b15)에 "청정법이란 멸제와 도제이니, 증득하고 증득해 갈 열반과 팔정도다. 清淨法者 謂滅道諦 卽所能證涅槃及道", 같은 책 권4(대정장31, p.19a10)에 "모든 청정법에 세 가지가 있으니, 세간도와 출세간도와 끊어 얻는 과 다름이다. 諸清淨法 亦有三種 世出世道 斷果別故", 『성유식론술기』 권4(대정장43, p.355c5)에 "청정법이란 무루법이다. … 유루의 육바라밀을 세간도라 하고, 무루로서 능히 다스림은 출세간도, 그 얻은 바 무위는 단과이니 끊음이 바로 과이다. 清淨法者 卽無漏法 … 有漏六行名世道 無漏能治名出世道 所得無爲名斷果 斷是果也"라고 하였다. [참고문헌] 『成唯識論』, 『成唯識論述記』. **3** 번뇌에 물들지 않아 깨끗한 선법(善法). 80권본 『화엄경』 권14(대정장10, p.70c18)에 "저 길 티끌투성이임을 보고는 마땅히 모든 중생이 티끌무더기 멀리 여의고 청정법 얻기를 원한다. 먼지 없는 길을 보면 마땅히 중생이 항상 대비를 행하여 그 마음 윤택해지길 원한다. 見路多塵 當願衆生 遠離塵坌 獲清淨法 見路無塵 當願衆生 常行大悲 其心潤澤", 『백론』 권상(대정장30, p.168b24)에 "어떤 것이 선인가? 몸과 입과 뜻을 바르게 행하는 것이다. 몸으로는 맞이하고 보냄에 합장하고 예경하는 등이다. 입으로는 실답고 화합하고 부드럽고 이익 주는 말을 한다. 뜻을 바르게 행함은 자비와 정견 등이다. 이와 같은 갖가지 청정법이니 그대로 선법이다. 何等爲善 身正行 口正行 意正行 身迎送合掌 禮敬等 口實語 和合語 柔軟語 利益語 意慈悲正見等 如是種種清淨法 是名善法"라고 하였다. [참고문헌] 『華嚴經』, 『百論』. ⇨ 염오법 染汚法 **4** 포살(布薩)시에 대중이 범계한 일 없음을 밝혀 포살이 여법히 개시되도록 하는 것. 『십송율』 권56(대정장23, p.415a27)에 "청정법이란 비구가 다른 비구에게 '나는 청정하여 죄가 없다'고 말하는 것이니 청정법이다. 清淨法者 比丘語他 我清淨無罪 是名清淨法"라고 하였다.

〔참고문헌〕『十誦律』. ⇨ 포살 布薩

청정법계 淸淨法界 ❶ Ⓢ śubha-dharma-dhātu, Ⓣ gtsang-ba'i-chos-kyi-dbyings. 일체의 분별상을 떠난, 진실하고 평등하여 온갖 공덕 남김없이 갖추고도 걸림없는 법계. 『불지경론』 권3(대정장26, p.302a3)에 "청정법계란 일체번뇌로 거둔 객진장애를 떠남이고, 일체유위무위 등 법으로 전도 없는 진실한 성이며, 일체성법이 생장해 의지하는 인이고, 일체여래의 진실한 자체이며, 무시이래 자성 청정하여 갖가지 시방계극미진수를 능가하는 수많은 성상공덕을 구족함이다. 나고 사라짐도 없어서 저 허공과 같고, 일체법으로 일체유정에 가득하여 평등하게 함께 있으며, 일체법과 더불어 같지도 않고 다르지도 않으며, 있는 것도 아니고 없는 것도 아니어서 일체상과 일체분별 그리고 일체이름을 떠나 모두 불가득이다. 오직 청정한 성지로써만이 증할 것이어서, 인법 모두 공한 무아로 나툰 진여로 그 자성을 삼을 뿐이니, 모든 성인께서 분증하신 것이고 제불이 원증한 바다. 이와 같아야 그 이름 청정법계다. 淸淨法界者 謂離一切煩惱所知客塵障垢 一切有爲無爲等法無倒實性 一切聖法生長依因 一切如來眞實自體 無始時來自性淸淨 具足種種過十方界極微塵數性相功德 無生無滅猶如虛空 遍一切法一切有情 平等共有 與一切法不一不異 非有非無 離一切相一切分別一切名言 皆不能得 唯是淸淨聖智所證 二空無我所顯眞如 爲其自性 諸聖分證諸佛圓證 如是名爲淸淨法界", 『칠불경』(대정장1, p.152b9)에 "부처님은 청정한 법계가 있으시고 진각지 증득하여 요달하여 알지 못하는 것이 없으시니, 원컨대 풀이하여 설해주시기 바랍니다. 佛有淸淨法界 證眞覺智 無不了知 願爲解說", 『화엄경탐현기』 권7(대정장35, p.240b18)에 "진성은 담연하여 일찍이 변화한 적 없으나 진실한 변화 또한 녹아 어울려 하나의 걸림없는 청정법계가 되었다. 眞性湛然無曾不化 眞化鎔融爲一無礙淸淨法界"라고 하였다. 〔참고문헌〕『佛地經論』, 『七佛經』, 『華嚴經探玄記』, *Ratna-ut.32.* ❷ 대일여래(大日如來)의 내증(內證)으로 귀의하는 행자의 바탕과도 둘이 아니다. 청정이란 일체번뇌를 떠난, 있는 그대로의 진여(眞如)이고, 법계란 세간과 출세간의 공덕이 의지하는 바탕이다. 『대일경』 권7(대정장18, p.46c11)에 "원하건대 범부가 머무는 자리에 온갖 고통으로 쌓인 몸 속히 버려서 더러움 없는 자리에 이르러 청정법계신에 안주하기를 바랍니다. 願令凡夫所住處 速捨衆苦所集身 當得至於無垢處 安住淸淨法界身", 『대일경소』 권10(대정장39, p.680b5)에 "이러한 보살금강들은 이 법을 원만하게 성취하고자 하므로 각각 대일여래께 머리 숙인 후, 자심으로 청정법계법문에 통달하고 각각 즐겨 스스로 펴 설한다. 그렇게 되는 까닭은 이와 같은 대만다라왕청정법계의 바탕이기 때문이다. 모든 보살 각각이 하나의 문을 따라 자재를 얻고 각자가 이해한 바에 맞추어 그것을 널리 설한다. 만약 어떤 중생이 그 하나의 문을 따라 나아가는 이가 있다면 오래지 않아 다른 보살과 같아지게 된다. 이 보살들은 모두 대일여래 내증의 덕이고 이러한 지견의 문을 널리 펼치고자 하므로 모든 보살 각자가 하나의 문을 연설한다. … 이때 허공장보살이 청정법계의 삼매에 들어 마음으로 설했다는 것은 이 삼매에 머물러 자기 마음의 본성이 청정함을 알았다는 것이니 이와 같은 청정법계의 경계에 요달하는 것은 대공의 비장과 같다. 또한 이러한 허공장은 대비태장과 같고 보리를 장양하고 성취할 수 있는 마음이다. 是諸菩薩金剛 爲欲圓滿成就此法故 各各稽首大日如來已 於自心以通達淸淨法界法門 各各樂欲自陳說之 所以然者 如是大漫荼羅王淸淨法界之體是 一一菩薩 各從一門而得自在 稱其所解而廣說之 若有衆生 從彼一門而進行者 不久卽得同彼菩薩 此諸菩薩 皆是大日如來內證之德 爲欲廣開是知見門故 一一菩薩各演一門也 … 爾時虛空藏菩薩 入淸淨境界三昧自心說者 所謂住此三昧能知自心本性淸淨 了達如是淸淨法界之境 卽是大空之祕藏也 又此虛空藏 卽是大悲胎藏 能長養成就菩提之心也"라고 하였다. 〔참고문헌〕『大日經』, 『大日經疏』.

청정법계지 淸淨法界智 오지(五智) 중 하나로 무시시래로 본래 있어 잃지 않는(無始時來本有) 부증불감(不增不減)의 여래지혜. 법계체성지(法界體性智 : 法界淸淨智)라고도 한다. 『반야이취석』 권상(대정장19, p.607b20)에 "여래의 청정법계지는 시작 없는 그때부터 본래 있는 것이니, 번뇌에 처하더라도 덜하지 않고, 정법과 더불어 상응해서 청정을 증하지만 더할 일도 없다. 如來淸淨法界智 無始時來本有 處煩惱而不減 與淨法相應 證淸淨而不增也", 『화엄경행원품소』 권2(卍속장7, p.527b4)에 "(오지는) 사지의 보리와 청정법계지를 말한다. 법상종에서는 청정법계는 증득되는 리이지 지는 아니라고 하지만, 금강정유가에서는 오지 있음을 설하면서 청정법계가 곧바로 본지(本智)라고 한다. 謂四智菩提及淸淨法界智 諸法相宗 淸淨法界 是所證理而非是智 金剛頂瑜伽之中 說有五智 淸淨法界卽是本智"라고 하였다. 〔참고문헌〕『般若理趣釋』, 『華嚴經行願品疏』. ⇨ 청정법계 淸淨法界, 법계체성지 法界體性智, 오지 五智 ❶

청정법당고봉관삼매 淸淨法幢高峯觀三昧 본불생(本不生)의 𑖀(a 阿)자에 머무는 삼매. 온전한 이름은 만일체원출광장설상변부일체불찰청정법당고봉관삼매(滿一切願出廣長舌相遍覆一切佛刹淸淨法幢高峯觀三昧)다. 『대일경』 권2(대정장18, p.12c1)에 "이때 비로자나세존께서 만일체원출광장설상변부일체불찰청정법당고봉관삼매에 머무셨다. 이 때 부처님께서 정에서 일어나시며 일체여래법계 가득히 모든 중생을 남김없이 가엾이 여기시는 소리를 내셨다. 爾時 毘盧遮那世尊 住於滿一切願出廣長舌相遍覆一切佛刹淸淨法幢高峯觀三昧 時 佛從定起 爾時 發遍一切如來法界 哀愍無餘衆生界聲",『대일경소』권9(대정장39, p.673a13)에 "이 삼매는 여래의 광장설상이 일체불찰을 가득 채우는 교색마니보문대용중에 가장 으뜸이어서 저 대장의 깃발과 같기에 청정법당이라 한다. 범어로 타바야(Ⓢ dhvaja)라 하고 당으로 한역한다. 범어 계도(Ⓢ ketu)는 기라 한역하는데 그 모양은 조금 다르다. 당은 갖가지 다양한 색으로 표치장엄한 것이고 그려 만든 모습 역시 대략 같다. 그러나 기마다에 각각 밀호를 더했으니 군대에서 거북·용·날짐승·들짐승의 갖가지 형상을 깃발에 그려서 삼군의 절도로 삼은 것과 같다. 어떤 경우에는 번을 당이라 하므로 같이 쓴다. 만약 범본에 따라 갖추어 말한다면 청정법당기라고 해야 한다. 이는 대장이 높은 봉우리 위에 깃발을 세움과 같기 때문이다. 此三昧 於如來廣長舌相遍滿一切佛刹 巧色摩尼普門大用中 最爲上首 猶如大將之幢 故云淸淨法幢也 梵云馱嚩若 此翻爲幢 梵云計都 此翻爲旗 其相稍異 幢但以種種雜綵 摽幟莊嚴 計都相亦大同而更加旗旗密號 如兵家 畫作龜龍鳥獸等 種種類形 以爲三軍節度 有處亦翻爲幢 故合言之 若具存梵本 當云淸淨法幢旗也 如大將於高峯之上 建立幢旗",『대일경공양차제법소』권상(대정장39, p.797b9)에 "만일체원출광장설상변부일체불찰청정법당고봉관삼매에 머물렀다는 말에서 '출'이라고 한 것은 범본에 따라 바르게 한역하면 '발생'이라 해야 한다. 구역에서는 간혹 '분신'이라고도 하였다. 이러한 광장설상을 출현시키는 것이니 여래께서 대신통력을 분신시현하시는 것이다. 住於滿一切願出廣長舌相遍覆一切佛刹淸淨法幢高峯觀三昧 此中言出者梵本正翻 當云發生 舊譯云或奮迅 出此廣長舌相 卽是如來奮迅示現大神通力"라고 하였다. [참고문헌]『大日經』,『大日經疏』,『大日經供養次第法疏』.

청정법성 淸淨法性 맑아 깨끗한 저 법들의 바탕. 제불이 출현하여 부사의한 힘으로 중생을 거둬도, 중생이 부처 닮으려 해서 여래가 됨도 모두 이 때문이다.『대지도론』권77(대정장25, p.606b23)에 "때로는 대인이 출세하여 제법실상을 주량사유하고는 영원하지도 않고 영원하지 않은 것도 아니며, 끝이 있는 것도 아니고 끝이 없는 것도 아니며, 있는 것도 아니고 없는 것도 아니라고 한다. 이와 같은 도를 행하여 전도된 견해를 부수고, 다시 이 도마저 버리고서 곧장 법성에 들어 언제나 청정법성중에 머문다. 或時有大人出世 籌量思惟 諸法實相 所謂非常非無常 非有邊非無邊 非有非無等 行如是道 破顚倒見 還捨此道 直入法性 常住是淸淨法性中",『불공견삭신변진언경』권16(대정장20, p.311b26)에 "더러움 없는 곳에 이르러 법신에 머무르니 자신을 관하기를 법계의 상과 같아서 자성이 평등하고 청정법성이며 그 크기 법계와 청정공과 같다고 자신의 몸을 보아 기억한다. 至無垢處 住於法身 觀置自身 如法界相 自性平等 淸淨法性 量同法界 淸淨虛空 觀念我身",『신화엄경론』권13(대정장36, p.801a27)에 "불보살의 세계해는 대원력에 의지하고, 자체청정법성력에 의지하며, 모든 바라밀행의 바다에 의지하니 자체청정력에 의지하여 중생을 제도한다. 대자비와 지혜의 힘은 부사의한 변화력으로 성취한 것이다. 佛菩薩世界海 依大願力 依自體淸淨法性力 依諸波羅蜜諸行海等 自體淸淨力依 爲度衆生 大慈悲智力 以不思議變化力之所成就故",『대승법계무차별론』(대정장31, p.892c20)에 "사리불이여! 이 청정법성이 바로 법계다. 나는 이 자성청정심에 의지하여 부사의법을 설한다. 舍利弗 此淸淨法性 卽是法界 我依此自性淸淨心 說不思議法",『종경록』권77(대정장48, p.842a22)에 "두렷이 관해 행하는 사람은 불안을 연 이로 옛 부처님과 같이 본다. 두렷한 눈으로 보는 바 무명의 본래 바탕은 곧바로 청정법성이다. 저 태양이 항상 비추어 바닷물 일찍이 언 적 없는 것과 같다. 圓觀行人 開佛眼者見同古佛也 圓眼所見 無明本元 是淸淨法性 如太陽常照海水未曾作氷也"라고 하였다. [참고문헌]『大智度論』,『不空羂索神變眞言經』,『新華嚴經論』,『大乘法界無差別論』,『宗鏡錄』. ⇨ 청정 淸淨, 법성 法性

청정법신 淸淨法身 **1** 깨끗이 맑아서 모양도 이름도 벗어난 법신이 갖가지 다른 모습과 이름 가져 온 곳에 나툰 뜻.『운문광록』권상(대정장47, p.552c27)에 "학인이 운문에게 물었다. '무엇을 청정한 법신이라 하는가?' '난간 가득 핀 작약이다' '문득 이러한 때 마주해선 어떻습니까?' '황금빛으로 빛나는 사자지'. 問 如何是淸淨法身 師云 花藥欄 進云 便與麽會時 如何 師云 金毛師子",『법안어록』(대정장47, p.589a20)에 "학인이 법안에게 물었다. '천백억 화신 중에 무엇이 청정한 법신입니까?' '온통 다이지'. 問 千百億化身 於中 如何是淸淨法身 師云 總是",『원오어록』권17(대정장47, p.795c3)에 "원오가 들었다. '한 학인이 운문에게 물었다.「무엇이 청정법신입니까?」「여섯으로는 거둘 수 없다」'. 원오가 이 공안의 핵심을 집어내어 말했다. '절반만 말했을 뿐이다. 만약 나(道林)에게 묻는다면 단지 그를 마주해서 말할 때는「하나로도 세우지 못한다」라고 답하지만 '하나로도 세울 수 없고 여섯으로도 거둘 수 없는데, 돌연 어찌 다시 그 자취 있으리요. 끝도 없이 펼쳐진 청산에 깃들지만 머물 줄은 모르니, 꽃잎 떨어져 흐르는 저 물 유유히 흐를 뿐'. 擧 僧問雲門 如何是淸淨法身 門云 六不收 師拈云 只道得一半 若問道林 只對他道 一不立 遂成頌 一不立 六不收 突然那更有蹤由 無限靑山留不住

落華流水太悠悠", 『전심법요』(대정장48, p.383b21)에 "그대들이 다만 유무제법에서 벗어나 버린다면, 마음이 마치 태양 늘 허공에 떠 있어 언제나 그 광명 자연스러워 비추지 않으려 해도 비추니 힘써 하는 일 아니다. 이에 이르렀을 때 깃들고 머물 곳 있을 리 없다. 행한 즉 부처행이어서 문득 이것 마땅히 머무는 바 없이 그 마음 낸다고 한 것이니, 이것이야말로 저 청정법신이고 그 이름 아뇩보리라네. 爾但離却 有無諸法 心如日輪 常在虛空 光明自然 不照而照 不是省力底事 到此之時 無棲泊處 卽是行諸佛行 便是應無所住而生其心 此是爾淸淨法身 名爲阿耨菩提"라고 하였다. [참고문헌] 『雲門廣錄』, 『法眼語錄』, 『圜悟語錄』, 『傳心法要』. **2** 보리(菩提)를 성취하고 일체제불(一切諸佛)을 출생케 하는 진실의 법신. 아자륜(阿字輪)을 방편으로 한다. 『대비로자나성불경소』 권14 「비밀만다라품 祕密漫荼羅品」(대정장39, p.726b16)에 "만약 중생이 이와 같은 실담자륜의 뜻을 잘 안다면 곧바로 보리를 성취한다. 그래서 일체제불 이것으로 좇아 난다 한 것이다. 그러나 제불법신이라 하면 생멸을 여의었으니, 만약 여래에게 생이 있다 하면 즉시 상에 착함이라 한다. 무릇 상에 착하게 되면 오히려 능히 생사 벗어날 수 없게 되리니 하물며 능히 대보리 성취할 수 있겠는가. 그러나 지금 여기서 '생(生)'이라 한 것은 진실로 상을 떠나서 생하는 것이니, 청정법신이라 해서 일체상을 떠나게 한 것이다. 그러나 부처는 이 가지력을 쓰기에 이 자륜을 써서 여래비밀내증의 덕을 열어 보일 수 있으니 불자재신력으로 가지할 수 있기 때문이다. 이에 유상방편으로 능히 무상의 모습을 냄이다. 오히려 저들이 미쳐 깨우치지 못했을 때 이 자륜을 방편 삼아 점차로 능히 아(𑖀)자의 문으로 관찰해 깨우치고 안다. 아자문에 들기에 구경에는 자재법신이 된다. 若有衆生 了知如是字輪之義 卽成菩提故 云一切諸佛從是生也 然諸佛法身離於生滅 若如來有生卽是著相 夫著相者 尙不能離生死 況能成大菩提 今言生者 是眞實離相之生也 以淸淨法身離一切相 然佛以加持力故 用此字輪 開示如來祕密內證之德 由佛自在神力所加持故 因此有相方便 能生無相之相也 猶彼未覺了時 因此字輪以爲方便 漸能了達觀察阿字之門 以入阿字門故 卽能究竟自在法身也"라고 하였다. [참고문헌] 『大毘盧遮那成佛經疏』. ⇨ 법계생 法界生, 사십이자문 四十二字門, 아자문 阿字門

청정법신비로자나불 淸淨法身毘盧遮那佛 화엄에서는 깨끗해 모양 없는 법신이지만 모양 가져 나투기도 하기에 이름만 다를 뿐이라 하고, 밀교에서는 법신일 뿐인 비로자나부처님이라 하지만 행자가 삼밀(三密)로 상응하면 곧 그 몸에 의지해 현현한다. 연종(蓮宗)에서는 사토(四土) 중 적광토(寂光土)에 머무시는 여래를 말한다. 『화엄경소초』 권4(대정장36, p.28b28)에 "다른 교에서는 비로자나는 진신이고 석가모니는 응신이라 한다. 그러므로 경에 '청정법신 비로자나불 천백억화신 석가모니불'이라 한다. 이제 이미 서로 마주해 진신과 응신이 서로 어울림을 밝히고는 「명호품」에 때로는 '비로자나라고도 하고 때로는 석가모니라고도 한다'라고 하였으니, 이름이 다를 뿐이다. 또 「화장품」에서 '(20중 화장세계) 열세 번째 겹 세계 있어 사바라 하니, 그곳의 부처님은 비로자나다'라고 하였으므로 어울린다는 뜻이다. 餘敎遮那是眞 釋迦是應 故經云 淸淨法身毘盧遮那佛 千百億化身釋迦牟尼佛 今旣相卽 明是眞應相融故 名號品云 或云毘盧遮那 或名釋迦牟尼 但名異耳 又華藏品中明第十三重有世界 名娑婆 其佛卽是 毘盧遮那 故知融也", 『금강정유가삼십칠존례』(대정장18, p.337a29)에 "청정한 법신인 비로자나불께 귀의하옵니다. 南慕淸淨法身毘盧遮那佛", 『연종보감』 권2(대정장47, p.314c45)에 "구경에는 열반산정에 머무시고, 상적광토에 꿋꿋이 머무시니, 청정법신비로자나불이라 하고, 도피안이라 하며, 공겁 이전의 자기라고도 한다. 究竟居涅槃山頂 端居常寂光土 名淸淨法身毘盧遮那佛 名到彼岸 亦名空劫以前自己也"라고 하였다. [참고문헌] 『華嚴經疏鈔』, 金剛頂瑜伽三十七尊禮』, 『蓮宗寶鑑』. ⇨ 비로자나 毘盧遮那, 법신비로자나 法身毘盧遮那, 사토 四土**1**, 적광토 寂光土, 이십중화장장엄세계해 二十重華藏莊嚴世界海

청정법신비로자나심지법문성취일체다라니삼종실지 淸淨法身毘盧遮那心地法門成就一切陀羅尼三種悉地 한역 연대 및 역자 미상. 1권. 『비로자나별행경 毘盧遮那別行經』·『청정법신비로자나심지법문성취일체다라니』라고도 한다. 대정장18, pp.776c25~781c18, No.899에 수록되어 있다. 법신 비로자나불이 군다리명왕(軍茶利明王)·관세음보살·보현보살·문수보살·금강장왕보살(金剛藏王菩薩)의 질문에 답하여 중생이 대일여래의 심지법문을 증득하여 실지(悉地)를 성취하기 위한 진언과 그 염송법을 설한 것이다. 심지법문을 장애하는 번뇌망상을 제거하기 위한 다라니와 염송법에 이어서 죄업을 소멸하는 다라니와 염송법을 설한다. 다음으로 상중하 삼종실지를 구분하고 그 실지에 상응하는 염송법을 설하고, 다음으로 망념을 조복하고 치병(治病)·멸죄(滅罪)하는 다라니와 염송법을 설한다. 비나야가(毘那夜迦)로부터 몸을 수호하는 방호주(防護呪)를 설하고, 마지막으로 이 의궤유포의 공덕을 설한다.

청정법안 淸淨法眼 Ⓢ dharma-cakṣur viśuddham. 정법(正法)을 성취해 다툴 일이 없는(無諍) 법을 보고, 생멸(生滅)하는 제법이 공(空)인 줄도 보며, 무량중생이 위없는 마음을 얻는 줄도 보는 눈이며, 세존께서 가섭에게 부촉하신 정법안장(正法眼藏)이기도 하다. 『잡아함경』 권38(대정장2, p.281b25)에 "만약 저들이 나를 미워하다가 이 정법을 듣는다면 청정한 법안을 얻고 나 수행 견뎌 알아 더 이상 다툼이 없으리니 부처님 은혜의 힘을 입었기 때문이다. 若彼我怨憎 聞此正法者 得淸淨法眼 於我修行忍 不復興鬪訟 蒙佛恩力故", 『불본행집경』 권47(대정장3, p.870b21)에 "저 대중 중에 무량천수 무리들 있고 저 법중에서 청정법안을 얻게 되리라. 於彼衆中 無量千數衆等 於彼法中 當得淸淨法眼", 『대반야경』 권404(대정장7, p.22a4)에 "또한 사리자야, 보살마하살은 법안으로 있는 바 모인 법 모두 다 사라지는 법임을 진실 그대로 안다. 이것을 알기에 오안을 얻는다. 사리자야, 이것을 보살마하살의 청정한 법안이라 한다. 復次 舍利子 菩薩摩訶薩法眼 能如實知 所有集法 皆是滅法 由知此故 便得五眼 舍利子 是名菩薩摩訶薩淸淨法眼", 60권본 『화엄경』 권7(대정장9, p.442c27)에 "제법이 공임을 알지 못하여 언제나 무량한 고통을 받으니 그 사람 청정법안을 성취하지 못하였기 때문이다. 不見諸法空 常受無量苦 彼人不成就 淸淨法眼故", 『대보적경』 권85(대정장11, p.489c9)에 "이와 같이 인연으로 지은 것들 공이라고 분명히 통달한 그 사람은 물듦을 떠나 청정법을 능히 알기에 청정한 법안으로 모든 여래를 본다. 如是能了達 因緣作者空 彼則能了知 離染淸淨法 以淸淨法眼 得見諸如來", 『무량수경』 권하(대정장12, p.279a19 : *Sukh-vy. I*, p.66)에 "그때 세존께서 이 경법을 설하시자 무량중생이 모두 무상정각을 성취하겠다는 마음을 일으켰고 만이천나유타의 사람들이 청정법안을 얻었다. 爾時 世尊 說此經法 無量衆生 皆發無上正覺之心 萬二千那由他人 得淸淨法眼 asmin khalu punar dharmaparyāye bhagavatā bhāṣyamāne dvādaśānāṃ sattvanayutakoṭīnāṃ virajo vigatamalaṃ dharmeṣu dharmacakṣur viśuddhaṃ … prāptam", 『경덕전등록』 권1 「석가모니불전 釋迦牟尼佛傳」(대정장51, p.205b26)에 "후에 부처님께서 제자 마하가섭에게 이르셨다. '나는 청정법안과 열반묘심과 실상무상인 미묘정법을 그대에게 전하려 한다'. 後告弟子摩訶迦葉 吾以淸淨法眼 涅槃妙心 實相無相 微妙正法 將付於汝"라고 하였다. [참고문헌] 『雜阿含經』, 『佛本行集經』, 『大般若經』, 『華嚴經』, 『大寶積經』, 『無量壽經』, 『景德傳燈錄』, *Sukh-vy. I.*, *Pañca-pr.4.125.* ⇨ 법안 法眼[1], 법안정 法眼淨

청정법행경 淸淨法行經 서진(西晉)대 왕부(王浮)가 지은 『노자화호경 老子化胡經』에 대응하여 양(梁) 이전에 편집된 위경(僞經). 1권. 현재 전하지 않아 자세한 내용은 알 수 없으나, 『광홍명집 廣弘明集』·『파사론 破邪論』·『유마경현소 維摩經玄疏』·『지관보행전홍결 止觀輔行傳弘決』 등에 의하면 노자(老子)·공자(孔子)·안회(顔回) 등이 가섭(迦葉)·광정보살(光淨菩薩) 등의 화현이라는 내용이 담겨있다. 『광홍명집』 권12(대정장52, p.174a18)에 "『청정법행경』에서는 '마하가섭이 노자로 화현하였다'고 하는데, 가섭은 이미 소심하고, 노자도 큰 뜻이 없었으니, 『법행경』의 말은 믿을 만하고 잘못된 것이 아니다. 공자는 예술(藝術)로 백성을 가르치고, 예교(禮敎)로 풍속을 다스리며, 조금 배워서 남을 이롭게 하고, 점차 배워 모두를 제도하였으니, 어찌 보살의 이타(利他)와 같지 않겠는가? 그러므로 『청정법행경』에서는 '유동보살(儒童菩薩)이 공구(孔丘)로 화현하였다'고 하는데, 유동은 이미 마음이 크고, 공구도 모두 제도하였으니, 『법행경』의 설이 이치적으로 어찌 허황되다고만 하겠는가? 淸淨法行經云 摩訶迦葉化爲老子 迦葉旣是小心 老子又無大志 法行之言 信而非謬也 孔子以術藝訓民 禮教齊俗 少習利他 漸學兼濟 巨同菩薩之利他也 故淸淨法行經云 儒童菩薩化作孔丘 儒童旣是大心 孔丘復有兼濟 法行之說 理豈虛哉"라고 하였다. [참고문헌] 『廣弘明集』, 『折疑論』 권5(대정장52, p.816c19). ⇨ 노자화호경 老子化胡經

청정본각 淸淨本覺 맑고 깨끗한 본래의 깨달음. 염정본각(染淨本覺)과 마주한다. 『석마하연론』 권3(대정장32, p.613c20)에 "어찌하여 청정본각이라 이름하는가. 본디 있는 법신이 시작 없는 때부터 두렷이 가득 항사를 넘는 덕을 갖추어 늘 밝고 깨끗하기 때문이다. 어째서 염정본각이라 이름하는가. 자성의 깨끗한 마음이 무명의 훈습을 받아 흘러 구르며 나고 죽음에 끊어 사라짐이 없기 때문이다. 云何名爲淸淨本覺 本有法身 從無始來 具足圓滿過恒沙德常明淨故 云何名爲染淨本覺 自性淨心 受無明熏 流轉生死 無斷絶故", 『중화전심지선문사자승습도』(卍속장110, p.870a5)에 "달마가 서쪽에서 와 오직 심법만을 전하였다. 그래서 스스로 말하길, 내 법은 마음으로 마음을 전함에 문자를 세우지 않는다. 이 마음은 일체중생의 맑고 깨끗한 본각이니, 또한 불성이라고도 이름하고, 혹 영각이라 한다. 헤매어 일체번뇌를 일으킴에 번뇌 또한 이 마음을 떠나지 않고, 깨달아 가없는 묘용을 일으킴에 묘용 또한 이 마음을 여의지 않는다. 묘용과 번뇌는 그 공과 허물이 비록 다르긴 하나 깨달음에 있거나 헤매임에 있거나 이 마음이란 점은 다르지 않다. 불도를 구하고자 한다면, 모름지기 이 마음을 깨달아야 한다. 達磨西來 唯傳心法 故自云 我法 以心傳心 不立文字 此心 是一切衆生 淸淨本覺 亦名佛性 或云靈覺 迷 起一切煩惱 煩惱亦不離此心 悟 起無邊妙用 妙用亦不離此心 妙用煩惱 功過雖殊 在悟在迷 此心不異 欲求佛道 須悟此心"라고 하였다. [참고문헌] 『釋摩訶衍論』, 『中華傳心地禪門師資承襲圖』. ⇨ 본각 本覺, 염정본각 染淨本覺, 법신 法身, 자성 自性[1]

청정본연 清淨本然 북송(北宋)대 선사 장수자선(長水子璿)과 낭야혜각(瑯琊慧覺)의 문답을 소재로 한 공안. 낭야청정본연(瑯琊清淨本然)・낭야산하(瑯琊山河)라고도 한다. 장수자선이 낭야혜각에게 "청정본연이라 하는데 어떻게 문득 산하대지가 생겨났습니까? 清淨本然 云何忽生山河大地", 『능엄경』 권4(대정장19, p.119c15)의 "세존이시여! 만약 다시 세간의 일체육근과 육진과 오음과 12처와 18계 등이 온통 여래장이어서 청정본연한 것들이라면 어째서 문득 산하대지와 온갖 유위의 모습들 차제로 옮겨 흐르고 마침내는 다시 시작합니까? 世尊 若復世間 一切根 塵 陰 處 界等 皆如來藏 清淨本然 云何忽生山河大地 諸有爲相 次第遷流 終而復始"라는 말에서 유래한다. 『오조법연어록』 권2(대정장47, p.658b20)에 "법연이 법좌에 오르자 학인이 물었다. '무엇이 세간이 있게 된 저 마지막 일입니까?' 그러자 '어째서 특별한 것 있어야 하는가?'라 하고는 이에 들기를 '학인(長水子璿)이 낭야에게 가르침을 청했다. 「청정하여 본래 그러한데 어째서 갑자기 산하대지가 생겨났습니까?」 이에 낭야가 「청정본연인데 어찌 홀연히 산하대지 생겼을까?」라고 답했다. 이에 학인이 깨달았다'. 上堂 僧問 如何是極則事 師云 何須特地 乃擧 僧請益瑯琊 清淨本然 云何忽生山河大地 瑯琊云 清淨本然 云何忽生山河大地 其僧有省", 『원오어록』 권19(대정장47, p.801b20)에서는 "욕 하면 그대들 마주해 욕해도 좋고, 침을 뱉으면 그대들 물을 끼얹어도 좋다. 티끌 일어나면 대지가 이에 거두고, 꽃 피면 세계가 일어난다. 한가지 모양새로 빠져 나와 공훈마저 없게 하고서야 한마디 말 속에 떠밀려져 크고도 넓은 문 열어 젖혀야 하리. 相罵饒爾接嘴 相唾饒爾潑水 塵擧大地收 華開世界起 一模脫出絶功勳 句裏挨開大施門"라고 평하였다. 〔참고문헌〕『楞嚴經』, 『五祖法演語錄』, 『圜悟語錄』. ⇨ 낭야산하 琅琊山河

청정분 清淨分 Ⓢ viśuddhi-bhāgīya, Ⓣ rnam-par-dag-pa'i-cha-dang-mthun-pa. 의타기성(依他起性)의 두 갈래 중 진실성(眞實性). 염오분(染汚分 : 雜染分)과 대칭한다. 『화엄오교장』 권4(대정장45, p.501c19)에 "의타성 가운데 분별성을 염오분으로 삼고 진실성을 청정분으로 삼기에 의타성은 염오청정분으로 삼는다. 이 뜻에 의하여 삼분을 설한다. 〔석〕 『아비달마수다라』에 '분별성은 번뇌를 성으로 삼고 진실성은 청정분을 성으로 삼기에, 의타성은 양을 다 갖춤으로서 두 가지 성을 성으로 삼는다'라고 하였다. 그러므로 법을 설함에 세 가지다. 첫째는 번뇌를 분으로 삼고, 둘째는 청정을 분으로 삼으며, 셋째는 이법을 분으로 삼는다. 於依他性中 分別性 爲染汚分 眞實性 爲清淨分 依他性 爲染汚清淨分 依此義說三分 釋曰 阿毘達磨修多羅中說 分別性 以煩惱爲性 眞實性 以清淨分爲性 依他性 由具兩分 以二性爲性 故說法有三種 一煩惱爲分 二清淨爲分 三二法爲分", 『섭대승론본』 권중(대정장31, p.140c9)에 "의타기자성 중에 변계소집자성은 잡염분이고, 원성실자성은 청정분이다. 곧 의타기는 그렇게 이분이다. 於依他起自性中 遍計所執自性 是雜染分 圓成實自性 是清淨分 卽依他起 是彼二分"라고 하였다. 〔참고문헌〕『華嚴五教章』, 『攝大乘論本』, 『攝大乘論』 권중(대정장31, p.121a5), *Mah-saṃ.67.* ⇨ 의타기성 依他起性, 염오분 染汚分, 염오청정분 染汚清淨分, 원성실성 圓成實性

청정불국토 清淨佛國土 맑고 깨끗한 부처님 나라. 제불이 대보리를 성취해 장엄한 세계여서 중생이 다시 열반에 들게 하는 국토이고, 보살은 늘 갖가지 법과 뜻으로 뭇 상을 안립한다. 60권본 『화엄경』 권52(대정장9, p.730a2)에 "청정한 불국토여! 무량한 보배로 장엄하였구나. 모든 부처님과 대보살들, 항상 즐기며 그곳에 머문다네. 清淨佛國土 無量寶莊嚴 諸佛大菩薩 常樂於中住", 『섭대승론석』 권9(대정장31, p.436a9)에 "청정한 불국토에서는 갖가지 대승법의 즐거움을 마음껏 누리니 그 뜻을 이해하기 때문이다. 또는 청정한 불국토에서는 갖가지 금은 등의 보배를 마음껏 쓴다. 모든 불보살이 아름다운 색신 등을 거듭 수용하고 경전 등이 전하는 갖가지 법과 뜻을 받아 자상과 공상을 안립하기 때문이다. 於清淨佛國土中 受用種種大乘法樂 領解義故 或於清淨佛國土中 受用種種金銀等寶 諸佛菩薩 展轉受用 妙色身等及受經等 種種法義 安立自相及共相故", 『금강반야바라밀경론』 권중(대정장25, p.791c18)에 "만약 보살이 없다면 제불 역시 대보리를 성취할 수 없고 중생도 대열반에 들지 못하며 청정불국토 역시 없을 것이다. 만약 참으로 이와 같다면 무슨 뜻 있기에 모든 보살마하살이 발심하여 중생이 열반에 들도록 하겠으며 또한 마음을 일으켜 수행하여 불국토 청정하게 하겠는가? 若無菩薩者 諸佛亦不成大菩提 衆生亦不入大涅槃 亦無清淨佛國土 若如是 爲何義故 諸菩薩摩訶薩 發心欲令衆生入涅槃 起心修行 清淨佛國土", 『주유마힐경』 권9(대정장38, p.404b19)에 "〈경〉 때론 청정한 불국토 있지만 적막하여 어떤 언설도 없다. 〈주〉 형색은 있지만 말에 의한 교법은 없다는 뜻이다. 마치 유마힐의 침묵과 같아 비유해 논할 수 있다. 或有清淨佛土 寂寞無言無說 什曰 有形色無言教 如維摩詰默然 成論比也"라고 하였다. 〔참고문헌〕『華嚴經』, 『攝大乘論釋』, 『金剛般若波羅蜜經論』, 『注維摩詰經』. ⇨ 불국토 佛國土, 청정 清淨

청정비구 清淨比丘 ❶ 마음에 번뇌없고 정계 가져 다른 이 깨우치게 하는 비구. 『능엄경』 권7(대정장19, p.133a25)에 "아난아! 이와 같이 말세에 청정비구비구니와 백의단월이 마음에 탐욕과 음심을 없애고 부처님 정계 가져 도량 중에 보살의 원을 일으키고 목욕하고 육시로 도를 행하되 이와 같이 잠들지 않고 삼칠일을 지내면 나 스스로 몸을 드러내어 저 사람 앞에 가서 정수리 어루만져 편안히 해서 깨우치게 한다. 阿難 如是末世 淸淨比丘 若比丘尼 白衣檀越 心滅貪婬 持佛淨戒 於道場中 發菩薩願 出入澡浴 六時行道 如是不寐 經三七日 我自現身 至其人前 摩頂安慰 令其開悟"라고 하였다. [참고문헌]『楞嚴經』. ❷ 팔대동자(八大童子) 중 한 분. 부동명왕(不動明王)의 사자(使者)이다. 부동진언의 귀명구인 바(va) 자에서 출생하여 종자(種子)는 . 보바라밀(寶波羅密)의 복덕심행(福德心行)을 주재한다. 수인은 범협인(梵夾印)으로 왼손은 손끝을 오른쪽으로 향하여 손바닥을 위로 하고, 오른손은 왼손 위에 두고 손끝을 왼쪽으로 향하여 손바닥을 위로 향하게 한다. 진언은 '옴 마니 비슈다다르마구루 락샤다르마 바 Oṃ maṇi viśuddha-dharma-guru rakṣa-dharma va'이다. '옴'은 귀명, '마니'는 보주(寶珠), '비슈다 다르마 구루'는 청정법사(淸淨法師), '락샤다르마'는 호법(護法)을 뜻한다.『팔대동자궤』(대정장21, p.31c4)에 "보바라밀의 복덕심행으로 사자를 출생하였으니 청정비구라 한다. 이 비구가 법보를 수호하는 것을 보였다. … 청정비구는 머리카락을 삭발하고 가사 걸쳐 왼쪽 어깨에서 묶어 내리고 왼손에 범협을 쥐었다. 오른손은 가슴에 높이에 오고저를 쥐었고 오른쪽 어깨는 드러냈다. 허리는 동여매고 붉은 치마를 입었다. 얼굴은 젊지도 늙지도 않았고 눈은 푸른 연꽃 같으며 입에는 위쪽 송곳니가 아래쪽으로 드러난 모습이다. 寶波羅蜜福德心行 所以出生使者 名淸淨比丘 表比丘能守護法寶故 … 淸淨比丘 剃除首髮 而著法袈裟 於左肩結垂 左手執梵夾 右手當心 持五股杵 右肩現露 於腰纏赤裳 其面貌非若非老 目如靑蓮 其口上牙 於下顯出"라고 하였다. [참고문헌]『八大童子軌』.

청정비니방광경 淸淨毘尼方廣經 후진(後秦)대 구마라집(鳩摩羅什 344~413) 한역. 1권. 고려장14, pp.449b1~457b6, No.539·대정장24, pp.1075c6~1081a11, No.1489에 수록되어 있다. 축법호(竺法護)의 한역이라는 설도『중경목록』권5(대정장55, p.139b15)·『대당내전록』권6(대정장55, p.294a27) 등에서 확인할 수 있다.『청정비나야방광경 淸淨毘奈耶方廣經』·『청정비니경』·『비니방광경』등이라고도 한다. 방광대승(方廣大乘)의 청정율을 설함에 적조복음천자(寂調伏音天子)와 문수(文殊)가 문답한다. 성문과 보살계가 같지 않은 뜻을 17갈래로 밝히고 있다. 본경의 이본으로 송대 법해(法海)가 한역한『적조음소문경 寂調音所問經』1권(대정장24, No.1490), 서진(西晉)대 축법호(竺法護)가 한역한『문수사리정율경 文殊師利淨律經』1권(대정장14, No.460)이 있으며,『정율경 淨律經』·『정경 淨經』·『문수정율경 文殊淨律經』등이라고도 한다. 티베트 역도 있는데, 본 제목은 '세속제(世俗諦)와 승의제(勝義諦)에 대한 해설'이라 한다. [참고문헌]『衆經目錄』,『大唐內典錄』,『歷代三寶紀』권13(대정장49, p.114b20),『大周刊定衆經目錄』권6(대정장55, p.405a22),『開元釋敎錄』권4(대정장55, p.513a3). ⇨ 문수사리정율경 文殊師利淨律經, 여래소설청정조복경 如來所說淸淨調伏經, 성문계 聲聞戒, 보살계 菩薩戒

청정삼매 淸淨三昧 Ⓢ prasādavatī-samādhi. 육근이 청정해 법신으로 현현해서 삼혹을 버리고 삼덕 드러나게 하는 삼매. 삼매의 티끌(境)마저 깨끗이 한다. 십육삼매(十六三昧) 중 하나로『법화경』권7(대정장9, p.55a29)에서 시설하였다.『법화의소』권12(대정장34, p.622a28)에 "청정삼매라 하였다. 마치 여의보주 있으면 모든 티끌 깨끗이 할 수 있듯이, 이 삼매로 모든 삼매의 티끌 깨끗이 한다. 번뇌의 때는 쉽게 다스리지만 삼매의 티끌 끊기 어렵다. 淸淨三昧者 如有如意寶珠 能淨諸垢 是三昧能淨 諸三昧垢 煩惱垢易治 三昧垢難斷",『법화경문구보정기』권10(卍속장45, p.341b13)에 "청정삼매란, 삼덕이 필경 물듦이 없어서 청정이라 한다. 淸淨三昧者 三德畢竟無染 故云淸淨也",『법화경구해』권7(卍속장48, p.224a14)에 "청정삼매로 성품 본래 공하여 티끌도 번뇌도 멀리 떠남을 깨우친다. 淸淨三昧 了性本空遠塵離垢",『법화경통의』권7(卍속장49, p.936b1)에 "법신이 드러나므로 청정삼매라 한다. 以法身顯現 故云淸淨三昧",『법화경회의』권7(卍속장50, p.738b6)에 "육근 청정하여 서로 씀에 자재하여 청정삼매라 한다. 六根淸淨 互用自在 名淸淨三昧",『법화경연의』권7(卍속장52, p.520a13)에 "청정삼매 : 청정이란 삼혹을 남김없이 부순다는 뜻이다. 淸淨三昧 淸淨者 能圓破三惑故也"라고 하였다. [참고문헌]『法華經』,『法華義疏』,『法華經文句輔正記』,『法華經句解』,『法華經通義』,『法華經會義』,『法華經演義』, *Saddh-p.424.* ⇨ 십육삼매 十六三昧, 삼덕 三德, 삼혹 三惑

청정상 淸淨相 Ⓢ prakṛti-pariśuddha, viśuddhi-lakṣaṇa, Ⓣ rnam-par-dag-pa'i-mtshan-nyid. 맑고 티없는 진여의 바탕. 이장(煩惱障 所知障)을 여읜 진여상으로 그 바탕에서 부처가 출생한다.『입능가경』권7(대정장16, p.557a3 : *Laṅk.*, p.222)에 "이 여래의 마음인 아리야식과 여래장의 모든 경계는 어떤 성문이나 벽지불 또는 외도 등은 능히 알 수 없다. 왜인가? 여래장은 청정상이지만 객진번뇌에 물들어 깨끗하지 않기 때문이다. 此如來心阿梨耶識如來藏諸境界 一切聲聞辟支佛諸外道等不能分別 何以故 以如來藏是淸淨相 客塵煩惱

垢染不淨 mahāmate ayaṃ tathāgatagarbha-ālaya vijñāna-gocaraḥ sarva-śrāvaka-pratyekabuddha-tīrthya-vitarka-darśanānāṃ prakṛti-pariśuddho 'pi sanna-śuddha ivāgantu-kleśa-upakliṣṭatayā teṣāmābhāti na tu tathāgatānām. tathāgatāṇāṃ punar-mahāmate karatalāmalakavat-pratyakṣa-gocaro bhavati", "대혜여, 나는 이 뜻에 의지하고 승만부인과 다른 보살마하살인 깊은 지혜있는 이에 의지해 여래장아리야식이 7종식과 함께 나는 것을 전멸상이라 이름한다고 설하게 하였다. 이는 성문벽지불들에게 법무아를 보이기 위함 이었으니, 마주해 승만에게 '여래장이 여래경계'라고 설했다. 大慧 我依此義依勝鬘夫人 依餘菩薩摩訶薩深智慧者 說如來藏阿梨耶識 共七種識生名轉滅相 爲諸聲聞辟支佛等示法無我 對勝鬘說言 如來藏是如來境界 etad-eva mahāmate mayā śrīmālāṃ devīmadhikṛtya deśanāpāṭhe anyāṃś-ca sūkṣma-nipuṇa-viśuddha-buddhīn-bodhisattvān-adhiṣṭhāya tathāgatagarbha ālayavijñāna-saṃśabditaḥ saptabhir-vijñānaiḥ saha pravṛtty-abhiniviṣṭānāṃ śrāvakāṇāṃ dharma-nairātmya-pradarśana-artham śrīmālāṃ devīmadhiṣṭhāya tathāgata-viṣayo deśito", 『섭대승론석』 권9(대정장31, p.371b18)에 "진여의 청정상이란, 청정한 진여의 바탕이 상주하기에 성불을 드러낼 수 있다. 眞如清淨相故者 清淨眞如體是常住 顯成佛故", 『대승장엄경론』 권3(대정장31, p.606a10 : *Sūtr.*, p.44)에 "두 가지 장을 이미 영원히 버렸기에 법여로 청정을 얻어 청정상이라 하니 번뇌장과 소지장이 모두 다 사라졌기 때문이다. 二障已永除 法如得清淨者 謂清淨相 由煩惱障及智障 悉永盡故 kleśajñeyā varaṇadvayāt sarvadharmatathatāviśuddhilakṣaṇaś ca"라고 하였다. [참고문헌] 『入楞伽經』, 『攝大乘論釋』, 『大乘莊嚴經論』, *Laṅk.*, *Sūtr.* ⇨ 진여 眞如

청정선 清淨禪 **1** 맑고 깨끗해 범성의 분별도 진여를 향함도 버려서 생멸 없는 뜻으로 닦고 증하는 선을 말한다. 『능가경종통』 권3(卍속장26, p.490b1)에 "어리석은 범부는 망상을 끊어 없앤다 하고, 보살은 진여를 향해 좇지만 모두 청정이 아니다. 청정선이라면 범성의 분별이 다 사라져 바탕 스스로 여여할 뿐이다. 그러므로 생멸하지 않는 마음을 본으로 삼아 닦아 인이 되기에 능히 두렷이 성취하고 과지 또한 닦아 증할 수 있다. 愚夫斷除妄想 菩薩趣向眞如 皆非清淨 若清淨禪者 凡聖情盡 體自如如 是以 不生滅心爲本 修因故能圓成 果地修證也"라고 하였다. [참고문헌] 『楞伽經宗通』. ⇨ 여래청정선 如來清淨禪 **2** 금강삼매(金剛三昧)를 달리 이르는 말. 『석선바라밀차제법문』 권3(대정장46, p.493c25)에 "금강삼매도 이와 같다. 자신은 헛된 미혹에 침범당하지 않고 모든 번뇌의 속박을 능히 끊어야 아라한을 성취한다. 만약 보살심에 있을 수 있다면 곧바로 금강반야여서 무명의 미세한 혹마저 깨뜨리고 일체종지를 증하니 그 이름이 청정선이다. 보살은 이 선에 의지하므로 대보리과를 얻는다. 金剛三昧 亦復如是 不爲妄惑所侵 能斷一切結使 成阿羅漢 若在菩薩心 卽是金剛般若 破無明細惑 證一切種智 亦名清淨禪 菩薩依是禪故 得大菩提果", 『석마하반야바라밀경각의삼매』(대정장46, p.622b12)에 "보살마하살이 금강삼매인 청정선 중에서 환하게 대오하여 일념상응혜를 얻고 고요하게 두렷이 비추어 일체가 뚜렷하고 분명해진다. 이를 원극칠각이라 하고, 무상묘각이라고도 하며, 무학칠각이라고도 한다. 이와 같은 모든 칠각의 뜻 때문에 보살은 초발심으로 지니게 된 관행법문부터 극과에 이르기까지 통틀어 칠각의라 하고, 관심상이라고도 하며, 반조식이라고도 한다. 若菩薩摩訶薩住金剛三昧 清淨禪中 朗然大悟 得一念相應慧 寂然圓照一切了了分明 是名圓極七覺 亦名無上妙覺 亦名無學七覺 以如是等 諸七覺義故 菩薩從初發心 所有觀行法門 終至極果 通名七覺意 亦名觀心相 亦名反照識"라고 하였다. [참고문헌] 『釋禪波羅蜜次第法門』, 『釋摩訶般若波羅蜜經覺意三昧』. ⇨ 금강삼매 金剛三昧, 칠각의 七覺意 **3** 구종대선(九種大禪) 중 하나. 『화엄경소초』 권41(대정장36, p.313a28)에 "아홉 번째, 청정선에는 열 가지가 있다. 第九 清淨禪有十"라고 하였다. [참고문헌] 『華嚴經疏鈔』. ⇨ 구종대선 九種大禪

청정성 清淨聲 Ⓢ śuddhā vāc. 육십종성(六十種聲) 중 하나. 『대승장엄경론』 권6(대정장31, p.619c1 : *Sūtr.*, p.80)에 "청정성이란 위없이 세간을 나온 뒤에야 얻는 것이다. 清淨聲者 無上出世後得故 śuddhā niruttaralokottarapṛṣṭhalabdhatvāt", 『대명삼장법수』 권37(영락장183, p.72a2)에 "청정성이란 여래음성은 청정하여 물들지 않음을 말한다. 清淨聲 謂如來音聲 清淨而不雜染也"라고 하였다. [참고문헌] 『大乘莊嚴經論』, 『大明三藏法數』, *Sūtr.* ⇨ 육십종성 六十種聲

청정수 清淨水 맑고 깨끗한 물. 온갖 번뇌 씻어내는 선(禪), 한맛(一味)으로 온갖 중생 적시는 보살의 대비(大悲), 온갖 자취로 일체중생 오고가지만 세간 가득 고요히 머무시는 법신(法身) 등의 비유다. 『대지도론』 권17(대정장25, p.180c19)에 "선이란 맑은 물과 같아서 능히 온갖 욕의 티끌 씻어낸다. 禪爲清淨水 能洗諸欲塵", 『불성론』 권3(대정장31, p.801a19)에 "보살이 대비를 수습함이 저 맑은 물과 같으니, 일체세간중생을 한맛으로 적셔 빛나게 하기 때문이다. 비유컨대 저 큰 바닷물 오직 한가지로 짠맛인 것과 같으니 보살대비로 모든 중생을 적심도 이와 같다. 修習菩薩大悲 如清淨水 於

一切世間衆生 潤滑一味故 譬如大海 唯一鹹味 菩薩大悲潤諸衆生 亦復如是", 『관무량수불경의소』 권상(대정장37, p.282b3)에 "비록 세간에 있지만 세간에 물들지 않는다. 마치 저 맑은 물에 비춘 그림자 오고감 없듯이, 법신으로 세간 가득함을 마땅히 알아야 하니 또한 이와 같다. 雖在於世間 於世無所著 譬如清淨水 影像無去來 法身遍世間 當知亦如是"라고 하였다. [참고문헌] 『大智度論』, 『佛性論』, 『觀無量壽佛經義疏』.

청정승 清淨僧 계 가지고 율 지켜(持戒律) 화합(和合)하는 스님 또는 승가. 『대반열반경』에서는 범계잡승(犯戒雜僧)과 우치승(愚癡僧)을 이끌며 무수한 마구니의 미혹도 이겨내는 호법비구(護法比丘)를 말하기도 한다. 60권본 『화엄경』 권6(대정장9, p.433b19)에 "만약 청정승을 믿고 공경한다면 믿음이 견고해져 무너뜨릴 수 없으리라. 若信恭敬清淨僧 則信堅固不可壞", 『능엄경』 권7(대정장19, p.133a21)에 "만약 참된 청정승을 만나지 못한다면 그대의 계율의도 결코 성취할 수 없으리라. 若其不遇 眞清淨僧 汝戒律儀 必不成就", 『대반열반경의기』 권2(대정장37, p.662b6)에 "스스로를 깨끗이 하고 남도 깨끗하게 함을 청정승이라 한다. 自淨淨他 名清淨僧", 『열반경회소』 권3(卍속장56, p.833a2)에 "무엇을 청정승이라 하는가? 비구승 있게 되니 백천억마구니일지라도 무너뜨릴 수 없다. 云何名清淨僧 有比丘僧 百千億魔 所不能壞"라고 하였다. [참고문헌] 『華嚴經』, 『楞嚴經』, 『大般涅槃經義記』, 『涅槃經會疏』. ⇨ 화합승 和合僧, 삼종승 三種僧 3

청정시 清淨施 Ⓢ viśuddhaṃ dānam, Ⓣ rnam-par-dag-pa'i-sbyin-pa. 상(相)도 복(福)도 과(果)도 바라지 않아 다 비워 깨끗한 보시. 베푸는 이와 받는 이 그리고 오고가는 물건 모두 청정해야 하니, 셋 모두 영원한 것 아니어서 공하다 여겨 집착함이 없어야(三輪清淨) 하고, 복(福)이나 과보 바라지 않아서 오직 무상도(無上道) 향해 회향한다. 『보우경』 권1(대정장16, p.287a17)에 "선남자야, 무엇을 가리켜 보살이 청정시를 성취했다고 하는가? 보살이 시를 행할 때 시물과 능히 베푸는 이와 받는 이 모두 실로 있는 것 아니라 여겨 온갖 장애와 탐욕에 물든 허물들 여의니 이것을 가리켜 보살이 청정시를 성취했다고 한다. 善男子 云何菩薩成就清淨施 所謂菩薩行施之時 觀察施物 及能所施 皆非實有 離諸障礙 貪染過患 是名菩薩成就清淨施", 60권본 『화엄경』 권41(대정장9, p.660a3)에 "세 가지로 원만한 청정시라 하니, 베푸는 이·받는 이·그 재물 평등하고 청정하여 저 허공과 같게 하는 뜻이다. 三種圓滿清淨施 施者 受者 財物 平等清淨 如虛空故", 『십주비바사론』 권8(대정장26, p.63c15)에 "누군가 비심으로 베푼다면 이를 청정시라 하니, 이 복전이다 말하지 않고 복전이 아니라고도 하지 않는다. 보시하는 사람이라면 함이 없이 주어야 하니, 만일 과보를 얻고자 한다면 이는 숨을 내쉬는 것일 뿐이다. 이에 보시를 하고 나면 마음에 회한이 있지 않게 해야 하니 미소한 복일지라도 모두 무상도를 향하게 해야 한다. 若人悲心施 是名清淨施 不言是福田 不言非福田 若人行布施 無所爲故與 若人爲果報 是名爲出息 是故說施已 心無有悔恨 乃至微小福 皆向無上道", 『유가사지론』 권74(대정장30, p.709a22)에 "(보시물의 청정한 열 가지 상 가운데) 다섯 번째는 청정시다. 부정한 물로 섞여 더럽히는 일 없게 한다. 五 清淨施 謂非不淨物 所雜穢故", 『설무구칭경소』 권4(대정장38, p.1061a16)에 "상도 없고 번뇌도 없이 보시를 행할 때 이를 청정시라 한다. 세간의 오온자체도 큰 재물과 지위 등의 이숙과를 바라지 않는다. 無相無漏 行布施時 名清淨施 不希世間 五蘊自體 大財位等 異熟果故"라고 하였다. [참고문헌] 『寶雨經』, 『華嚴經』, 『十住毘婆沙論』, 『瑜伽師地論』, 『說無垢稱經疏』, *Bodh-bh.93*. ⇨ 삼륜체공 三輪體空, 삼륜청청 三輪清淨, 불청정시 不清淨施

청정시라 清淨尸羅 Ⓢ pariśuddhaṃ śīlam, Ⓣ yongs-su-dag-pa'i-tshul-khrims. 계(Ⓢ śīla)를 가져 깨끗이 함. 『구사론』 권22(대정장29, p.116c4 : *Abh-k-bh.*, p.334)에 "모든 유정들 발심하여 장차 진실을 보게 하려면, 먼저 청정시라에 안주케 하고, 그런 뒤에 문소성혜 등을 부지런히 닦는다. 諸有發心將趣見諦 應先安住清淨尸羅 然後勤修聞所成等 satyāni ha draṣṭukāma ādita eva śīlaṃ pālayati", 『구사론소』 권22(대정장41, p.728a27)에 "우선 모름지기 발심하여 진실을 보기 위해 나아가고, 둘째 청정시라에 안주한다. 셋째 진실을 보고 지혜를 들음을 구하고, 넷째 사유하고, 다섯째 정을 익힌다. 바로 먼저 계에 머물고 그런 뒤에 (문사수) 삼혜를 닦는다. 先須發心將趣見諦 第二安住清淨尸羅 第三求順見諦聞慧 第四思惟 第五習定 卽是先住於戒 後修三慧"라고 하였다. [참고문헌] 『俱舍論』, 『俱舍論疏』, *Abh-k-bh.273*. ⇨ 시라 尸羅, 정계 淨戒

청정식 清淨識 Ⓢ amala-vijñāna. 제9식인 아마라식(阿摩羅識)의 다른 이름. 『지관보행전홍결』 권3(대정장46, p.221c5)에 "암마라식인 제9식은 청정식이라 하는데, 정인이다. 당삼장(玄奘)은 이 식을 인정하지 않았으니 '제9식은 제8식의 다른 이름일 뿐이다'라고 하였다. 따라서 신역본 『섭대승론』에는 이 제9식은 두지 않았고, 『십지경론』 중에도 제9식은 없다. 菴摩羅九識名 清淨識 卽是正因 唐三藏不許此釋云 第九乃是第八異名 故新譯攝論不存第九 地論文中亦無第九"라고 하였다. [참고문헌] 『止觀輔行傳弘決』. ⇨ 아마라식 阿摩羅識

청정신 淸淨身 번뇌 다해 적정한 법신. 『화엄경탐현기』 권8(대정장35, p.275c25)에 "(十身行相 중) 넷째, 깨끗한 덕이 안으로 넘치면 청정신이라 한다. 四 淨德內充 名淸淨身", 『금강경찬요간정기』 권5(대정장33, p.209a13)에 "청정신은 법신이다. 淸淨身 卽法身也", 『금강경약소』 권상(대정장33, p.244b13)에 "부처님께서는 '몸이 아닌 것을 대신이라 한다'고 말씀하셨다. 분별에 물든 상이 없기에 그 몸 몸 아니어서 온갖 번뇌에 시달리는 몸이 아니다. '대신이라 한다'는 말은 청정신으로 있다는 뜻이다. 佛說非身 是名大身 以無分別相故 彼身非身 非諸漏身 是名大身者 以有淸淨身故", 『법화문구』 권8하(대정장34, p.115c25)에 "몸과 마음이 적정하면 자리이고, 중생을 괴롭지 않게 하니 이타이다. 그런 다음에 청정신을 받아 안온하여 열반을 얻는다. 身心寂靜 是自利 不惱衆生 是利他 後受淸淨身 安隱得涅槃", 『담연원징어록』 권8(卍속장126, p.275b14)에 "관음 : 뇌에 박힌 쐐기 뽑아내고, 눈에 박힌 못 빼내니, 뚜렷하게 밝은 거울, 눈 앞 티끌 따르지 않누나. 여섯 뿌리 두렷이 사라졌으니, 무엇이 관음이련가? 맑은 물 푸른 산 이 모두 청정신이라네. 觀音 抽却腦楔 拔却眼釘 歷歷明鑑 不綠前塵 六根圓泯 孰是觀音 綠水靑山 此淸淨身"라고 하였다. [참고문헌] 『華嚴經探玄記』, 『金剛經纂要刊定記』, 『金剛經略疏』, 『法華文句』, 『湛然圓澄語錄』.

청정신분위엄부사의명덕지 淸淨身分威嚴不思議明德地 『대승동성경』의 설에 따르는 불십지(佛十地) 중 두 번째. 원측(圓測)의 『인왕경소』 권상말(대정장33, p.376c14·한불전1, p.42c7)에 "두 번째는 청정신분위엄부사의명덕지라 한다. 바른 법 수레 굴려 깊고 깊은 뜻 드러내냄이다. 二名 淸淨身分威嚴不思議明德地 轉正法輪 顯甚深義"라고 하였다. [참고문헌] 『仁王經疏』, 『大乘同性經』 권하(대정장16, p.649a29). ⇨ 불십지 佛十地

청정심 淸淨心 Ⓢ prasanna-citta, prasāda-citta. 맑고 깨끗한 마음. 삼독(三毒) 벗어나 삼명(三明) 얻고 삼해탈(三解脫) 얻음을 말하며, 나아가 마음 바탕(體性) 구족·부동·질직해서 허위 없는 뜻이며, 육진(六塵)에 머물지 않아서 온갖 재난과 허물에서 벗어나며, 자유롭고 깨끗해 맑은 마음을 말한다. 『중아함경』 권41 「범마경 梵摩經」(대정장1, p.689a7)에 "청정심을 잘 알고, 음노치를 모두 벗어나, 삼명을 성취한다면, 이것을 삼달로 여기리라. 善知淸淨心 盡脫婬怒癡 成就於三明 以此爲三達", 『청정심경』(대정장17, p.749a17)에 "비구들이여! 청정심이라 하니, 심해탈을 달리 부르는 말이고, 혜해탈을 달리 부르는 말임을 알아야 한다. 탐욕에 물듦으로 마음이 청정하지 못하고 무명에 물듦으로 혜가 청정하지 못하다. 諸苾芻 所言淸淨心者 當知卽是 心解脫增語 慧解脫增語 由貪染汚 心不淸淨 由無明染汚 慧不淸淨", 『보운경』 권3(대정장16, p.223a12)에 "선남자야, 보살에게는 열 가지 법이 있어 청정심이라 한다. 무엇이 그 열 가지인가? 체성이 구족하고, 체성이 동요하지 않으며, 체성이 질직해서 거짓된 상이 없으며, 모든 악행을 버리고, 성문의 마음을 일으키지 않으며, 벽지불의 마음을 일으키지 않고, 스스로 자기의 번뇌와 장애를 해결하고자 공덕을 닦지 않으며, 적은 은혜라도 오히려 기억할지니 게다가 큰 은혜는 보답을 생각하지 않지만, 남에게 베푼 은혜마저 스스로 자랑하지 않는다. 善男子 菩薩復有十法 名淸淨心 何等爲十 體性具足 體性不動 體性質直 無虛僞相 除諸惡行 不發聲聞心 不發辟支佛心 不自爲己 結使垢障 而修功德 少恩尙憶 況復大恩 而不念報 施恩於人 而不自恃", 『금강경』(대정장8, p.749c20 : *Vajr-pr.*, p.78)에 "모든 보살마하살은 마땅히 이와 같이 청정심을 일으켜야 한다. 색에 머물러 마음을 일으켜서는 안 되고, 성향미촉법에 머물러 마음을 일으켜서는 안 된다. 諸菩薩摩訶薩 應如是生淸淨心 不應住色生心 不應住聲香味觸法生心 bodhisattvena mahāsattvena evamapratiṣṭhitaṃ cittamutpādayitavyaṃ yanna kvacitpratiṣṭhitaṃ cittamutpādayitavyam. na rūpapratiṣṭhitaṃ cittamutpādayitavyaṃ na śabdagandharasaspraṣṭavyadharmapratiṣṭhitaṃ cittamutpādayitavyam", 『유가사지론』 권12(대정장30, p.339c8)에 "청정심이란 사념청정과 상응한다는 말이다. 하지의 모든 재환을 넘어서기 때문이다. 淸淨心者 謂與捨念淸淨相應 超過下地 諸災患故", 『화엄경소』 권19(대정장35, p.647c19)에 "처음의 청정심이란 보리심에 대하여 듣고 마음 바탕 보게 되는 뜻이다. 今初淸淨心者 以聞菩提心 見心性故"라고 하였다. [참고문헌] 『中阿含經』, 『淸淨心經』, 『寶雲經』, 『金剛經』, 『瑜伽師地論』, 『華嚴經疏』, *Vajr-pr.*, *Sam-r.43·57·125.*, *Śikṣ.302.* ⇨ 자성청정심 自性淸淨心, 낙청정심 樂淸淨心, 무염청정심 無染淸淨心, 안청정심 安淸淨心

청정악 淸淨樂 아미타불의 37명호 중 하나로 청정훈(淸淨勳)이라고도 한다. 『찬아미타불게』(대정장47, p.423b10)에 "또한 자연스레 울리는 아름다운 기악 있으니, 그 법음 맑아 마음을 화하고 기쁘게 한다네. 애절하고도 곱고 우아하고 밝아 시방을 넘어서니, 이에 저는 청정악께 머리 숙여 절하옵니다. 復有自然妙伎樂 法音淸和悅心神 哀婉雅亮超十方 故我稽首淸淨樂"라고 하였다. [참고문헌] 『讚阿彌陀佛偈』, 『安樂集』 권상(대정장47, p.9c12). ⇨ 아미타삼십칠호 阿彌陀三十七號

청정암 淸淨庵 경상북도 예천군 용문면 내지리 소백산(小白山)에 있는 암자. 용문사(龍門寺) 산내에 있는 두

운암(杜雲庵)의 처음 이름이다. [참고문헌]『韓國寺刹全書』 권하 p.1099a3. ⇨ 두운암 杜雲庵

청정업 淸淨業 ❶ Ⓢ śuci-karman, Ⓣ gtsang-ba'i-las. 살생하지 않는 등의 행위. 『불소행찬』 권1(대정장4, p.5a16 : *Buddh-c.*, p.18)에 "마치 저 겁초의 때에, 선왕이 머물던 도와 같아서, 청정한 업을 즐겨 행하고, 제사지내지만 산목숨을 해치지 않는다. 猶若劫初時 仙王所住道 愛行淸淨業 祠祀不害生 putrasya me putragato mameva snehaḥ kathaṃ syāditi jātaharṣaḥ, kāle sa taṃ taṃ vidhimālalambe putrapriyaḥ svargamivāruruksan"라고 하였다. [참고문헌]『佛所行讚』, *Buddh-c.*, *Yogā-bh.193.* ❷ 이어지던 죄를 버려 깨끗하게 하는 참회법과 염불하여 청정하게 하는 업. 『관무량수불경소』 권2(대정장37, p.260b14)에 "청정업이라 한 것은, 이는 여래께서 중생의 죄를 보시고는 그들에게 참회의 방법을 설하시어 그 상속을 끊도록 하시고 필경에는 영원히 청정케 함을 밝혔다. 또한 청정이란 그 이하의 관문에 의지하여 오롯이 염불하면서 서방정토에 생각을 기울이면 념념이 죄 없게 됨으로 청정이라 한다. 言說淸淨業者 此明如來 以見衆生罪故 爲說懺悔之方 欲令相續斷除 畢竟永令淸淨 又言淸淨者 依下觀門 專心念佛 注想西方 念念罪除 故淸淨也"라고 하였다. [참고문헌]『觀無量壽佛經疏』.

청정업처 淸淨業處 깨끗한 업이어야 머물 수 있는 곳. 정토(淨土)를 말한다. 『관무량수경』(대정장12, p.341b20)에 "오직 바라옵건대 부처님의 태양 같은 지혜로 저를 가르쳐 저 청정한 업으로 머물 수 있는 곳 보게 하소서. 唯願佛日教我 觀於淸淨業處", 『관무량수경의소』(대정장37, p.178a4)에 "'저에게 청정업처 관하도록 해주시옵소서'라는 말은, 부처님께 청한 소원 밝혔다. 나머지 모든 묘한 불국토는 순수한 선행으로만 돌아갈 수 있는 곳이다. 이에 청정업처라 한다. 이 정업으로 처하는 곳 제가 볼 수 있도록 해주시기를 바란다는 말이다. 教我觀於淸淨業處 正明所請 餘妙佛土 純善所歸 是故名爲 淸淨業處 此淨業處 願教我觀"라고 하였다. 지례(知禮)는 『무량수경소묘종초』 권4(대정장37, p.215b28)에서 관한다는 말을 십육묘관(十六妙觀)으로 풀이했다. [참고문헌]『觀無量壽經』, 『觀無量壽經義疏』, 『無量壽經疏妙宗鈔』.

청정여 淸淨如 Ⓢ viśuddhi-tathatā, Ⓣ rnam-par-dag-pa'i-de-bzhin-nyid. 깨끗해 더할 나위 없이 자유로움. 칠종여여(七種如如) 중 하나로 번뇌장(煩惱障)과 소지장(所知障)을 여읜 진여(眞如)이며 이를 자성으로 삼으면 여래다. 청정여여(淸淨如如)・청정진여(淸淨眞如)라고도 한다. 『대승장엄경론』 권12(대정장31, p.653a26)에 "청정여란 멸제다. 여기에는 두 가지가 있으니, 첫째는 번뇌장 깨끗하고 둘째는 소지장도 비었다. 淸淨如者謂滅諦 此有二種 一 煩惱障淨 二 智障淨", 같은 책 권3(대정장31, p.603c13 : *Sūtr.*, p.38)에 "제일무아는 청정여이니, 저 청정여는 모든 부처님의 아라 할 자성이다. 제불아는 깨끗하기 때문이다. … 청정여를 얻어 자성으로 삼으면 여래라고 부른다. 第一無我謂淸淨如 彼淸淨如卽是諸佛我自性 諸佛我淨故 … 得淸淨如以爲自性 故名如來 agraṃ nairātmyaṃ viśuddhā tathatā sā ca buddhānām ātmā svabhāvārthena tasyāṃ viśuddhāyām … tadviśuddhisvabhāvaś ca tathāgataḥ"라고 하였다. [참고문헌]『大乘莊嚴經論』, *Sūtr.* ⇨ 청정진여 淸淨眞如, 칠종여여 七種如如

청정여여 淸淨如如 맑고 깨끗해 여여함. 멸제(滅諦)를 말한다. 『삼무성론』 권상(대정장31, p.872b3)에 "(칠종진여 중) 여섯째 청정여여란 멸제이니, 또한 세 가지가 있다. 첫째로 멸류로서 사사문과를 말하는데, 견사두 혹이 남김없이 사라져 생겨나지 않는다. 둘째로 멸제이니 전도되지 않음을 말하는데, 이 멸류는 결정의 적정이니 제의 뜻이다. 셋째는 멸성제이니 한맛으로 변함이 없다. 六 淸淨如如者 所謂滅諦 亦有三種 一 滅類者 謂四沙門果 卽是見思兩惑滅盡不生 是其類也 二 滅諦者 謂不顚倒 此滅類決定寂靜 是其諦義 三 滅聖諦者 謂滅一味亦不異前", 『금광명최승왕경소』 권3(대정장39, p.231a28)에 "일체장이 사라져 일체장정을 얻었기에 청정여여를 증득한다. 以一切障滅得一切障淨故證淸淨如如"라고 하였다. [참고문헌]『三無性論』, 『金光明最勝王經疏』. ⇨ 청정여 淸淨如, 진여 眞如

청정열반 淸淨涅槃 무명도 생사도 벗어난 뜻이니, 성불해 얻었다 하면 여법히 베푼 공덕으로 성취한다. 본래자성청정열반(本來自性淸淨涅槃)의 줄임말이기도 하다. 『대반야경』 권576(대정장7, p.977b3)에 "무상정등보리를 빠르게 증해서 묘법륜을 굴려 유정의 무리 생사의 크나큰 고통에서 건져내 구경의 청정열반에 머물도록 한다. 疾證無上正等菩提 轉妙法輪 拔有情類 生死大苦 令住究竟 淸淨涅槃", 40권본 『대반열반경』 권18(대정장12, p.470c8)에 "보살이 베풂에 법에 맞게 재물을 구하고 빼앗아 베풀지 않기에 성불하여 청정열반을 얻는다. 菩薩施時 如法求財 不侵彼施 是故 成佛得淸淨涅槃", 『원각경석의소』 권4(卍속장94, p.168a17)에 "청정열반이란 무명 이미 벗어났음을 말한다. 설령 과를 증한 여래일지라도 마침내 열반 또한 마음 중에서 깨우쳐 취한 바 임을 알지 못하니, 이 모두가 아상이라 말한다. 淸淨涅槃者 顯無明已脫 殊不知 縱使果證如來 畢知涅槃

亦是心中 有所證取 故云皆是我相"라고 하였다. [참고문헌]『大般若經』, 『大般涅槃經』, 『圓覺經析義疏』. ⇨ 본래자성청정열반 本來自性淸淨涅槃, 사종열반 四種涅槃

청정영단 淸淨永斷 여래(如來)의 교법 아닌 것을 영원히 끊다. 『집이문족론』 권17(대정장26, p.439b1)에 "구수여! 마땅히 알아야 하니, 고귀한 제자는 여래 계신 곳에서 깨끗한 믿음을 닦고 심어 뿌리내려 안주한다. 사문바라문이나 천마범천이나 그 밖의 세간 등의 법에 이끌리거나 빼앗기지 않으니, 이를 첫 번째 허물 없는 일이라 한다. … 허물될 일이 없다는 것은 청정하여 길이 끊었음을 드러내 보인 것이다. 具壽當知 有聖弟子 於如來所 修植淨信 根生安住 不爲沙門或婆羅門或天魔梵或餘世間如法引奪 是名第一無過失事 … 無過失事者 謂能顯示淸淨永斷"라고 하였다. [참고문헌]『集異門足論』.

청정위 淸淨位 Ⓢ viśuddha-avasthā, Ⓣ rnam-par-dag-pa'i-gnas-skabs. 청정한 자리. 『섭대승론』에서는 초지(初地)에 들어 소지장을 버리는 위이고, 『변중변론』에서는 무학위(無學位)라 하며, 『유가론』 등에서는 몸과 마음을 버리는 위이고, 원측(圓測)의 『해심밀경소』에서는 십신위(十信位)라 하였다. 『섭대승론석』 권9(대정장31, p.215c19)에 "청정위란 먼저 지전위에서 점차 혹장을 버리고는 그 뒤 초지에 올라 점차 지장을 버리는 위다. 淸淨位者 先於地前 漸除惑障 後登初地 漸除智障", 『변중변론』 권중(대정장31, p.473a15 : *Madhy-vibh.*, p.56)에 "진법계위에 대략 셋이 있다. … 셋째는 청정위이니 무학위다. 於眞法界位略有三 … 三淸淨位 謂無學位 dharmadhātau tridhā … viśuddhāvasthā aśaikṣāṇāṃ", 『유가사지론』 권80(대정장30, p.745c6)에 "또 4위9상을 말미암아 종성의 상을 알아야 한다. 무엇이 네 가지 위인가? … 둘째는 청정위이다. … 가령 청정위는 평등일미여서 또 몸과 마음을 멀리 여의는 것이다. 復由四位九相 應知種性相 何等四位 … 二 淸淨位 … 若淸淨位平等一味及身心遠離", 『유가론기』 권21(대정장42, p.798b9・한불전14, p.631a19)에 "둘째인 청정위는 승해행이다. … 청정위에는 두 가지 상이 있으니 하나는 평등일미상이고, 둘째는 몸과 마음을 멀리 여의는 상이다. 二 淸淨位者勝解行 … 於淸淨位有二相 一 平等一味相 二 身心遠離相", 원측(圓測)의 『해심밀경소』 권4(한불전1, p.253b9)에 "둘째 청정위는 십신에 해당한다. 분에 따라 죄업을 깨끗이 하기 때문이다. 二 淸淨位 謂卽十信 謂能隨分淨罪業故"라고 하였다. [참고문헌]『攝大乘論釋』, 『辯中邊論』, 『瑜伽師地論』, 『瑜伽論記』, 『解深密經疏』, *Madhy-vibh.*

청정율의 淸淨律儀 일체악계종자를 길이 버리고 얻은 율의. 마주해 다스리는(對治) 청정력(淸淨力)에 의해 견인되는 율의로서 아라한과를 얻은 성자의 무루율의(無漏律儀)를 말한다. 『유가사지론』 권53(대정장30, p.590b23)에 "만약 받은 바 율의에 대해 결함이나 범함이 없다면 이를 의지처로 삼아 돌이킬 것이 없음 등을 수습하고 내지 구족하여 초정려에 들어가서 사마타의 능히 조복하는 힘에 의지해 모든 범계의 종자를 조복한다면, 이야말로 정려율의라 할 수 있다. 초정려와 같이 제2 제3 제4정려에서도 이와 같음을 알아야 할 것이다. 若卽於此所受律儀能無缺犯以爲依止修無悔等 乃至具足入初靜慮 由奢摩他能損伏力 損伏一切犯戒種子 是名靜慮律儀 如初靜慮如是 第二第三第四靜慮當知亦爾", "이 중 차별이란 원분대치로 거두는 사마타도 점점 깊어지면 악계종자를 덜어 엎드리게 하니, 이는 초청정력으로 이끈 청정율의임을 알아야 한다. 此中差別者 由遠分對治所攝奢摩他道轉深 損伏惡戒種子 當知此名初淸淨力所引淸淨律儀", "만약 이 시라율의에 결함이나 범함이 없고 또 정려율의에 의지해 사제현관에 들어가서 불환과를 얻으면, 그때에는 모든 악계종자를 모두 다 버린다. 만약 미지정에 의지해 초과를 증득하면, 그때에는 악취에 가게 하는 악계종자가 모두 다 영구히 사라지니, 이를 성인이 좋아하는 계라 하고 이를 두 번째의 청정력에 의해 견인되는 청정율의라 하며, 무루율의라고도 함을 알아야 한다. 만약 이 무루율의는 아라한과를 얻을 때라고 한다면 이는 단지 능히 다스려 청정함이 승하다 한 것이지, 다스려 끊음이 승하다는 것은 아니다. 若卽於此尸羅律儀無有缺犯 又復依止靜慮律儀 入諦現觀得不還果 爾時一切惡戒種子皆悉永害 若依未至定證得初果 爾時一切能往惡趣惡戒種子皆悉永害 此卽名爲聖所愛戒 當知此名第二淸淨力所引淸淨律儀 卽此亦名無漏律儀 此無漏律儀 若得阿羅漢果時 但由能治淸淨勝故勝 不由所治斷勝故勝"라고 하였다. [참고문헌]『瑜伽師地論』. ⇨ 팔종율의 八種律儀, 율의 律儀 ❶, 정려율의 靜慮律儀, 원분대치 遠分對治, 제현관 諦現觀, 성소애계 聖所愛戒

청정의지주식 淸淨依止住食 Ⓢ śuddha-āśraya-sthitikaḥ āhāra. 삼계혹(三界惑)을 다한 다음 다해 깨끗한 몸에 의지해 머물러 머무는 식. 사종식(四種食) 중 하나다. 진제(眞諦) 역 『섭대승론석』 권14(대정장31, p.259b3)에 "(사종식 중) 셋째는 청정의지주식이다. 단식(段食) 등의 사식을 말한다. 성문과 연각의 몸이 상속해서 머물기 때문이다. 이승인은 삼계혹을 이미 다했기에 의지가 청정하다. 이 의지는 사식으로 유지되기에 청정의지주식이라 한다. 三 淸淨依止住食 謂段等四食 令聲聞緣覺身得相續住 二乘人三界惑已盡故 依止淸淨 此依止由四食得住 故名淸淨依止住食", 『대승아비달마잡집론』 권5(대정장31, p.716c17 : *Abh-s-bh.*, p.45)에 "셋째는 청정의지주식이니, 아라한 등은 모든 굴레에서 해탈하기 때문이다. 三 淸淨依止住食 謂阿羅漢等解脫一切縛故 śuddhāśrayasthitiko'rhatām, sarvabandhanavinirmuktatvāt"라고 하였다. 현장(玄奘) 역 『섭대승론석』 권10(대정장31, p.374b1)에는 일향정의지주식(一向淨依止住食)이라 하였다. 〔참고문헌〕『攝大乘論釋』, 『大乘阿毘達磨雜集論』, *Abh-s-bh.* ⇨ 사종식 四種食

청정인 淸淨人 ❶ 청정한 사람. 범행(梵行)을 닦는 이. 또는 그 과(果)로 부처가 된 이. 『사분율』 권4(대정장22, p.588a20)에 "그때 세존께서 비구들에게 말씀하셨다. '그대들은 이 자지비구에게 다음처럼 따져 물어야 한다. 근거 없이 범행이 아니라고 비방하지 마라. 답바마라자비구는 청정한 사람이다. 만약 근거 없이 범행이 아니라고 하면서 비방하는 이는 중대한 죄를 짓는다'. 時世尊告諸比丘 汝等應檢問此慈地比丘 莫以無根非梵行謗 此沓婆摩羅子比丘淸淨人 若以無根非梵行謗者 獲大重罪", 『방광대장엄경』 권9(대정장3, p.590b15)에 "마왕파순은 광명 중에서 이같은 게송을 들었다. '세간에 가장 뛰어나 청정한 사람, 오랜 세월 닦고 행함 가득 채웠다네. 석종으로 왕위 버린 그 사람, 지금은 보리도량에 앉아 있네'. 魔王波旬於光明中 聞如是偈 世有最勝淸淨人 經歷多時修行滿 是彼釋種捨王位 今現坐於菩提場"라고 하였다. 〔참고문헌〕『四分律』, 『方廣大莊嚴經』. ❷ 정토(淨土)에 계신 저 맑아 깨끗하신 분. 아미타불(阿彌陀佛)을 가리킨다. 『십주비바사론』 권5(대정장26, p.43a10)에 "아미타불의 본원 이와 같으니, '만약 어떤 사람이 나의 이름을 부르며 스스로 귀의하면 곧바로 정히 아누다라삼막삼보리를 얻을 것이다'라고 하였다. 따라서 항시 억념해야 하니 게송으로 찬탄하겠다. … 모든 부처님의 무량한 겁, 공덕을 찬양해도 다할 수 없네. 맑아 깨끗하신 저 분께 귀명하나이다. 阿彌陀佛本願如是 若人念我稱名自歸 卽入必定得阿耨多羅三藐三菩提 是故常應憶念以偈稱讚 … 諸佛無量劫 讚揚其功德 猶尙不能盡 歸命淸淨人"라고 하였다. 〔참고문헌〕『十住毘婆沙論』.

청정인 淸淨因 Ⓢ viśuddhi-hetu. 청정한 인. 출세간(出世間)의 과(果)를 불러내는 것들로 도제(道諦)인 바라밀을 말한다. 『유가사지론』 권55(대정장30, p.605b6)에 "몇 가지가 청정인 드러내는 행인가? 도제일체를 말한다. 幾是淸淨因所顯行 謂道諦一切", 같은 책 권94(대정장30, p.834b23)에 "청정인이란 제(諦)로 연기함이다. 淸淨因 謂諦緣起", 『유가론기』 권24(대정장42, p.850c10·한불전14, p.860b4)에 "'청정인이란 제로 연기함이다'라는 말은 능히 연하는 지를 청정인으로 삼음이다. 淸淨因謂諦緣起者 卽能緣智爲淸淨因", 『섭대승론석』 권1(대정장31, p.323a12)에 "세간시 등 바라밀다를 청정인이라 한다. 능히 출세간을 이끌어 내기 때문이다. 世間施等波羅蜜多名淸淨因 由能引發出世間故"라고 하였다. 〔참고문헌〕『瑜伽師地論』, 『瑜伽論記』, 『攝大乘論釋』, *Ratna-ut.37.* ⇨ 도제 道諦

청정적 淸淨積 청정 즉 무루를 쌓음. 사신삼매(四神三昧) 중 하나다. 『묘경문구사지기』 권5(卍속장45, p.878a6)에 "청정적이란 능히 유루를 교화하여 무루계를 얻게 함이다. 淸淨積 能化有漏 令得無漏故"라고 하였다. 〔참고문헌〕『妙經文句私志記』. ⇨ 사신삼매 四神三昧

청정적멸 淸淨寂滅 일체제법도 일체불법도 그 바탕 공하기에 깊고 넓게 연기한 것일 뿐 그 바탕 청정하고 적멸할 뿐인 뜻. 『대보적경』 권35(대정장11, p.199b26)에 "갖가지 모든 법은 오직 임시로 베푼 것들이니 이 중에 도무지 나거나 늙거나 죽는 이 없다. 오직 모든 갈래 영원히 끊어져 청정하고 적멸함만이 있을 뿐이니 가히 돌아가 의지할 곳이다. 이에 그대들은 마땅히 이와 같이 알아야 한다. 一切諸法 唯假施設 此中都無 生者老者死者 盡者起者 唯有永斷諸趣 淸淨寂滅 可以歸依 是故 汝等應如是知", 『달마다라선경』 권하(대정장15, p.324b20)에 "일체불법 깊고 깊은 연기로 다 나타나 드러내 보이고는 이내 무너져 버린다. 일체 모두 공하여 청정하고 적멸일 뿐이어서 있을 곳이라곤 없다. 마치 저 허공 같아서 의지할 바라곤 없다. 一切佛法 甚深緣起 悉現在前 然後乃壞 一切皆空 淸淨寂滅 無有處所 猶如虛空 無所依止"라고 하였다. 〔참고문헌〕『大寶積經』, 『達摩多羅禪經』.

청정정변지신 淸淨正遍知身 보리심으로 대승을 행하여 얻은 몸. 『관보현보살행법경』(대정장9, p.391a7)에 "대승을 염원하는 이들이여! 우리들도 과거세에 보리심을 일으켰을 때 그대들과 같이 간절한 마음을 잃지 않았었다. 우리들은 앞선 생에 대승을 행하였기에 금생에 청정정변지신을 성취하였으니, 그대들도 이제 마찬가지로 부지런히 수행하여 게으르지 않도록 해야 한다. 念大乘者 我等昔日 發菩提心時 皆亦如汝 慇懃不失 我等先世行大乘故 今成淸淨正遍知身 汝今亦當 勤修不懈"라고 하였다. 〔참고문헌〕『觀普賢菩薩行法經』. ⇨ 정변지 正遍知

청정정선 淸淨淨禪 보살의 9종 선바라밀(禪波羅蜜) 중 하나. 일체번뇌와 혹업을 모두 끊어 대보리라는 청정한 과를 얻게 하는 선. 다시 10종으로 나뉜다. 『보살지지경』 권6(대정장30, p.921b29)에 "무엇이 보살의 선바라밀인가? 간략히 9종을 설한다. … 아홉째는 청정선이다. 云何菩薩禪波羅蜜 略說九種 … 九者淸淨禪", "무엇이 보살의 청정선인가?간략히 10종을 설한다. 첫째는 세간의 청정하고 깨끗해 맛 들리지도 물들어 더러워지지도 않는 선이고, 둘째는 출세간의 청정하고 깨끗한 선이며, 셋째는 방편이 청정하고 깨끗한 선이고, 넷째는 근본의 청정하고 깨끗함을 얻은 선이며, 다섯째는 근본 위에 승진하는 청정하고 깨끗한 선이고, 여섯째는 들고 머물고 일으킴에 힘이 청정하고 깨끗한 선이며, 일곱째는 버리고 다시 듦에 힘이 청정하고 깨끗한 선이고, 여덟째는 신통으로 짓는 힘이 청정하고 깨끗한 선이며, 아홉째는 일체견을 여의어 청정하고 깨끗한 선이고, 열째는 번뇌장과 지장이 끊어져 청정하고 깨끗한 선이다. 이와 같이 보살은 무량한 선으로 대보리과를 얻으니, 보살은 이에 의지하여 아누다라삼먁삼보리를 얻는데 이미 얻었고 마땅히 얻을 것이다. 云何菩薩淸淨禪 略說十種 一者 世間淸淨淨 不味不染汚禪 二者 出世間淸淨淨禪 三者 方便淸淨淨禪 四者 得根本淸淨淨禪 五者 根本上勝進淸淨淨禪 六者 入住起力淸淨淨禪 七者 捨復入力淸淨淨禪 八者 神通所作力淸淨淨禪 九者 離一切見淸淨淨禪 十者 煩惱障智障斷淸淨淨禪 如是菩薩無量禪 得大菩提果 菩薩依是 得阿耨多羅三藐三菩提 已得當得", 『대명삼장법수』 권26(영락장182, p.479b10)에 "아홉째 청정정선. 이 선정에 의지하면 일체번뇌와 혹업이 모두 끊어져 다한즉 대보리라는 청정한 과를 얻기에 이름하여 청정이라 한다. 거듭 정이라 말한 것은 청정의 상을 또한 얻을 수 없기 때문이다. 九 淸淨淨禪 謂依此禪定 一切煩惱惑業 悉皆斷盡 卽得大菩提淸淨之果 名爲淸淨 重言淨者 以淸淨之相 亦不可得也"라고 하였다. 〔참고문헌〕『菩薩地持經』, 『大明三藏法數』. ⇨ 선바라밀 禪波羅蜜

청정제개 淸淨諸蓋 Ⓢ nivaraṇa-viśuddhi, Ⓣ sgrib-pa-rnam-par-dag-pa. 온갖 덮힘 깨끗이 하다. 반열반(般涅槃 Ⓢ parinirvāṇa)의 열두 가지 열연(劣緣) 중 하나다. 『유가사지론』 권21(대정장30, p.397b26 : *Śrāv-bh.*, p.13)에 "무엇이 청정제개인가? 그는 이와 같이 아련야 또는 나무 아래 또는 고요한 방 등에 머물면서 다섯 가지로 덮힌 마음을 깨끗이 닦는데, 탐욕·진에·혼침과 수면·도거와 악작·의심 등의 덮개들이다. 저 모든 개로부터 마음을 깨끗이 닦은 다음, 마음이 모든 개를 여의어 현선의 뛰어난 삼마지에 안주하니, 이것을 청정제개라 한다. 云何淸淨諸蓋 謂彼如是住阿練若或復樹下或空室等 於五種蓋淨修其心 所謂貪欲瞋恚 惛沈睡眠 掉擧惡作 及以疑蓋 從彼諸蓋淨修心已 心離諸蓋安住賢善勝三摩地 如是名爲淸淨諸蓋 nivaraṇaviśuddhiḥ katamā. so araṇyagato vā, vṛkṣamūlagato vā, śūnyāgāragato vā, paṃcabhyo nivaraṇebhyaścittaṃ viśodhayati. kāmacchandād vyāpādātstyānamiddhādauddhatyakaukṛtyādvicikitsāyāḥ. sa ebhyo nivaraṇebhyaścittaṃ viśodhya vinivaraṇaṃ samādhikalpatāyāmavasthāpayatīyamucyate nivaraṇa viśuddhiḥ"라고 하였다. 〔참고문헌〕『瑜伽師地論』, *Śrāv-bh.* ⇨ 열연 劣緣, 오개 五蓋

청정중 淸淨衆 계(戒)와 법(法)에 의지해 화합(和合)해서 바다와 같이 한 맛(一味)인 무리. 화합승(和合僧)을 말한다. 『장아함경』 권7 「폐숙경 弊宿經」(대정장1, p.46c18)에 "그대가 넉넉하게 보시하고 중생을 해롭게 하지 않으며 매서운 몽둥이로 하인을 때리지 않고 기쁜 마음으로 모임을 베풀어 청정승중에게 베푼다면 큰 복을 얻는다. 마치 기름진 밭에 때에 알맞게 씨를 뿌리면 반드시 그 열매를 수확하는 일과 같다. 若汝大施 不害衆生 不以杖楚 加於僮僕 歡喜設會 施淸淨衆 則獲大福 猶如良田 隨時種植 必獲果實", 『능엄경보경소』 권1(卍속장90, p.546b10)에 "청중이란 청정한 바다같은 무리들을 말한다. 저들은 다섯 가지 덕을 구비하고 모두 세 가지 죄가 없기 때문에 청정중이라 한다. 淸衆者 謂淸淨海衆 以其人具五德 咸無三罪 故名淸淨衆也"라고 하였다. 〔참고문헌〕『長阿含經』, 『楞嚴經寶鏡疏』. ⇨ 청중 淸衆, 화합승 和合僧, 계 戒, 법 法

청정증상의요 淸淨增上意樂 Ⓢ śuddha-adhyāśaya, Ⓣ lhag-pa'i-bsam-pa-dag-pa. 청정하고 더없이 뛰어난 의요. 의(意)란 뜻을 내서 바라 구함(希求)이고 요(樂)란 뛰어나게 알기에(勝解) 기꺼운 뜻이다. 이 의요에는 자량(資糧)·감인(堪忍)·소연(所緣)·작의(作意)·자체(自體)·서상(瑞相)·승리(勝利)의 일곱 가지 상(相)이 있다. 『섭대승론석』 권7(대정장31, p.354c16)에 "〔석〕 이와 같은 청정증상의요에는 어떠한 상이 있어 저 바라밀다를 섭수할 수 있는가? 이 물음에 답하고자 다음 세 게송으로 그 상을 드러낸다. 釋曰 如是淸淨增上意樂有何等相 而能攝彼波羅蜜多 爲答此問 次說三頌顯示其相", "'이미 백법을 가득 채웠다'란, 앞서 저 승해행지에서 자량을 잘 준비했기에 이 중에서 백법을 원만히 하였다는 것이다. 已圓滿白法者 謂先於彼勝解行地善備資糧故 於此中白法圓滿", "이 중 최상은 이름으로 예리하고 빠른 인이라 한다. 이 소연으로 청정을 얻는다. 此中最上名利疾忍 由是所緣而得淸淨", "'보살이 스스로 깊디깊고 광대한 교법에 오른다'라 하였으니, 대승에 스스로 올라 이 중에 무량하고 심심하며 광대한 일을 널리 펴니, 법무아성으로 이름하길 깊고 깊은 일이라 부른다. 허공장 등의 모든 삼마지를 광대사라 이름한 것이다. 이 작의에 의지해 청정을 얻는다. 菩薩於自乘甚深廣大敎者 謂於大乘名於自乘 此中宣說無量甚深廣大事故 法無我性名甚深事 虛空藏等諸三摩地名廣大事 由是作意而得淸淨", "'오직 분별일 뿐임을 치우침 없이 깨달아 무분별지를 얻는다'란, 만약 일체제법 오직 유분별일 뿐임을 깨닫는다면, 곧바로 무분별지를 얻는 것이다. 의요

자체이다. 等覺唯分別得無分別智者 謂若覺知一切諸法唯有分別 卽能獲得無分別智 意樂自體", "'바라 구함도 뛰어나게 앎도 깨끗하기에 의요청정하다' 하니, 의욕(欲)도 승해도 모두 청정하므로 의요청정하다 한다. 이 중에서 의욕을 희구, 신을 승해라 함을 알아야 한다. 의요의 서상이다. 希求勝解淨故 意樂淸淨者 欲及勝解俱淸淨故 意樂淸淨 應知此中欲名希求 信名勝解 意樂瑞相", "'이전과 이 법류들이 모두 제불을 볼 수 있다'라고 하였는데, '이전'이란 말은 의요청정위 전, '이'란 말은 의요청정위다. 모두 부처를 본다 함은 바로 이 서상에 당한다. '법류'란 말은 정위 중에 의요 뛰어나고 이로운 뜻이다. 前及此法流皆得見諸佛者 前謂意樂淸淨位前 此謂意樂淸淨位中 皆得見佛是其瑞相 言法流 謂定位中 意樂勝利", "'보리가 가까움을 알아, 얻는 데 어려움이 없기 때문이다'란, 지위에서 보리가 머지않았음을 본다는 것이다. 그는 수승한 방편을 얻었으므로 얻음도 어렵지 않다. 了知菩提近以無難得故者 謂此位中見菩提近得 彼能得勝方便故 得不爲難"라고 하였다. [참고문헌] 『攝大乘論釋』, 『攝大乘論本』 권2(대정장31, p.144a12), *Bodh-bh.195.* ⇨ 증상의요 增上意樂, 의요 意樂

청정증상의요지 淸淨增上意樂地 Ⓢ śuddhādhyāśaya-bhūmi, adhyāśayaśuddhi bhūmi, Ⓣ lhag-pa'i-bsam-pa-dag-pa'i-sa. 보살이 승해행지로 성취하는 청정하고 한층 뛰어난 의요지. 『유가사지론』 권49(대정장30, p.568b16 : *Bodh-bh.*, p.263)에 "이와 같은 서른두 가지 대장부상과 여든 가지 수호는, 보살이 종성지에 있을 때는 오직 종자로 몸에 의지해 머물고, 보살이 승해행지에 있을 때 닦아 저들 능히 방편을 얻는다. 보살이 청정증상의요지 중에서 비로소 그 이름을 얻는다. 當知如是三十二種大丈夫相八十隨好 菩薩若在種性地中 唯有種子依身而住 菩薩若在勝解行地 始能修彼能得方便 菩薩若在淸淨增上意樂地中 乃名爲得 tatra gotrabhūmau bodhisattvānāmetallakṣaṇabījamātre 'vasthānaṃ veditavyam. adhimukticaryābhūmau prāptyupāye vṛttireṣāṃ veditavyā. adhyāśayaśuddhi bhūmau prāptireṣāṃ veditavyā", 같은 책 권60(대정장30, p.636a25)에 "만약 이미 청정증상의요지에 증입한 보살은 일체불선업을 모조리 필경에 끊는다. 이는 다만 불망의 염력으로 다스려 가진 것이지 번뇌얽힘 벗어났기 때문은 아니다. 若已證入淸淨增上意樂地 菩薩一切不善業 皆畢竟斷 此但由不忘念力所制持故 非由煩惱得離繫故"라고 하였다. [참고문헌] 『瑜伽師地論』, *Bodh-bh.* ⇨ 청정증상의요 淸淨增上意樂

청정증상의요행보특가라 淸淨增上意樂行補特伽羅 Ⓢ śuddhādhyāśayika, śuddhādhyāśaya-cārin, Ⓣ lhag-pa'i-bsam-pa-dag-pa-la-spyod-pa. 오보특가라(五補特伽羅) 중 하나. 초지(初地)에 들어 진여(眞如)에 통달한 행자. 청정증상의요행이라고도 한다. 『섭대승론본』 권하(대정장31, p.146a25)에 "무릇 얼마의 시간이 지나야 모든 지를 수행해서 원만을 얻을 수 있는가? 다섯 보특가라가 있어 삼무수대겁을 지나야 한다. … 이를테면 청정증상의요행보특가라와 유상행보특가라와 무상행보특가라는 앞의 여섯 지와 제7지 동안에 두 번째 무수대겁을 지나야 수행을 원만히 한다. 凡經幾時修行諸地可得圓滿 有五補特伽羅 經三無數大劫 … 淸淨增上意樂行補特伽羅及有相行 無相行補特伽羅 於前六地及第七地 經第二無數大劫修行圓滿", 『섭대승론석』 권7(대정장31, p.360b11)에 "이를테면, 승해행보특가라는 해행지에서 첫 번째 무수대겁을 지나야 수행을 채우고 이미 원만해 마치면 진여에 통달한 것이니 청정증상의요행보특가라를 성취한다. 이 청정증상의요행은 십지 중 변재하니, 이 여섯 지에 있으면 유상행보특가라라 하고, 제7지에 있으면 무상유공용행보특가라라고 한다. 謂勝解行補特伽羅 於解行地中 經初無數大劫 修行圓滿 旣圓滿已 通達眞如故 成淸淨增上意樂行補特伽羅 此淸淨增上意樂行 遍十地中 此在六地 名有相行補特伽羅 在第七地 名無相有功用行補特伽羅", 『성유식론소초』 권16(卍속장80, p.850a17)에 "(오보특가라 중) 두 번째인 청정증상의요행은 바로 초지다. 二 淸淨增上意樂行 謂是初地"라고 하였다. 이 청정증상의요행을 진제(眞諦) 역 『섭대승론』 권하(대정장31,p.126c4)에서는 행청정의행(行淸淨意行), 불다선다(佛陀扇多) 역 『섭대승론』 권하(대정장31, p.107b15)에서는 정심심행(淨深心行), 달마급다(達磨笈多) 역 『섭대승론석론』 권7(대정장31, p.304b20)에서는 정심행(淨心行)이라 하였다. [참고문헌] 『攝大乘論本』, 『攝大乘論釋』, 『成唯識論疏鈔』. ⇨ 오보특가라 五補特伽羅 ❷, 의요 意樂

청정지 淸淨地 Ⓢ vasudhāṃ śodhayet. 땅을 깨끗이 하다. 관정작법을 위해 결계한 땅에 지신을 깨우고 장소를 청정하게 하는 일. 『대비공지경』 권2(대정장18, p.593c26)에 "제자의 관정만나라법은 그 순서대로 내가 이제 설하리라. 진언유가를 닦는 이는 먼저 땅을 청정하게 해야 한다. 수승한 정원이나 보살・성현이 득도한 자리에서 훔 자 의궤로 땅을 깨운 후에 전각에서 다섯 가지 보배 가루 또는 쌀가루로 최상대만나라를 그린다. 復次弟子 灌頂曼拏羅法 如其次第 我今當說 修瑜伽者 先淸淨地 或殊妙園林 菩薩聖賢 得道之處 以吽字儀軌 作警覺已 然後於殿閣中 以五寶末 或米粉末 粉畫最上大曼拏羅", 『대일경』 권5(대정장18, p.32b5)에 "번뇌를 떠난다면 마음에 두려움이 없으니 참다운 청정을 얻게 되어 모든 허물을 떠나 이와 같은 지혜에 견고하게 머물며 자신의 삼보리를 본다. 이와 다르다면 땅을 청정하게 할 수 있는 것이 아니다. 若離於過患 心地無所畏 當得成眞淨 離一切諸過 堅住如是知 見自三菩提 若異於此者 非能淸淨地"라고 하였다. [참고문헌] 『大悲空智經』, 『大日經』, *Ht.34.* ⇨ 관정 灌頂 1

청정지 淸淨智 Ⓢ śuddha-jñāna, Ⓣ dag-pa'i-ye-shes. 제불보살의 제일의지(第一義智). 일체번뇌 없어서 무구식(無垢識)이라 하고, 지혜의라는 상도 이름도 없는 뜻이다. 『대승의장』 권15(대정장44, p.763c17)에 "청정지란 불보살의 제일의지다. 제불보살은 진실을 증하고 물듦을 떠나므로 청정이라 한다. 淸淨智者 是佛菩薩 第一義智 諸佛菩薩 證實離染 故曰淸淨", 같은 책 권19(대정장44, p.844c19)에 "청정지란 불여래의 제일의지다. 제일의를 관하여 오주성결의 번뇌를 끊고 장애를 벗어나 물듦이란 없으니 이를 청정지라 한다. 淸淨智者 是佛如來 第一義智 觀第一義 斷離五住性結煩惱 離障無染 名淸淨智", 『이취육바라밀다경』 권10(대정장8, p.912a19)에 "여래의 번뇌 없는 식은 영원히 그 모든 습기를 끊었으니, 청정지 두렷이 밝아 현성이 돌아갈 곳이다. 如來無垢識 永斷諸習氣 淸淨智圓明 賢聖所歸趣", 『불퇴전법륜경』 권2(대정장9, p.235a1)에 "이와 같이 청정지는 모든 번뇌를 멀리 벗어났지만, 이것이 지혜라는 상조차도 없이 하니 이를 길을 구할 뿐이라 한다. 如是淸淨智 遠離一切垢 不得是智相 是名爲求道", 『유가사지론약찬』 권5(대정장43, p.82c14)에 "청정한 지혜란 번뇌를 제거하였다는 뜻이다. 淸淨智者 除煩惱故"라고 하였다. [참고문헌] 『大乘義章』, 『理趣六波羅蜜多經』, 『不退轉法輪經』, 『瑜伽師地論略纂』, *Bodh-bh.62.* ⇨ 오주지혹 五住地惑, 무구식 無垢識

청정지계인 淸淨持戒印 청정하게 계를 가지는 수인. 밀교의 삼부(佛部 菩薩部 天部) 중 불부(佛部)의 삼매야인(三昧耶印)에 해당한다. 『관자재보살달바다리수심다라니경』(대정장20, p.465a23)에 "스물한 째 청정지계인. 오른쪽 무릎을 땅에 대고 머리를 들어 위를 향하며 가슴 높이에 합장한다. 양손의 검지로 중지의 첫마디 뒤를 누르고 양손의 엄지를 각각 양손의 검지 곁에 붙인다. 진언은 '옴 살바바라제약 걸차회율다나 사바하'이다 이 수인과 진언을 맺고 염송할 때 무량무변한 세계의 일체중생이 청정한 계를 얻는다. 淸淨持戒印第二十一 以右膝著地 擧頭向上 合掌當心 又以二頭指 壓中指背上第一節 二大指 各附二頭指側 眞言曰 唵 薩婆波羅提藥 乞叉哂嘌陀那 娑嚩訶 作此印眞言之時 無量無邊世界 一切衆生之類 得淸淨戒"라고 하였다. [참고문헌] 『觀自在菩薩怛嚩多唎隨心陀羅尼經』. ⇨ 불부 佛部

청정지안 淸淨智眼 부처와 같은 일체중생의 진실한 바탕만을 비춰 보는 눈. 『화엄경결의론』 권2상(대정장36, p.1023a9)에 "다만 청정지안의 광명으로 가득 비추어 오직 일체중생의 참다운 바탕 볼 뿐이며 정식 따라 물든 육안으로 보지 않는다. 이로써 모든 중생공덕의 과체 저 제불상과 같음을 볼 뿐이고, 인천과 악도와 지옥 등의 상은 보지 않는다. 但以淸淨智眼 光明普照 唯見一切衆生眞體 不隨情識 肉眼所見 但見一切衆生 功德果體 如諸佛相 不見人天惡道地獄等相"라고 하였다. [참고문헌] 『華嚴經決疑論』.

청정지족인 淸淨知足人 맑고 깨끗하고 족함을 아는 이. 『대보적경』 권90(대정장11, p.518c9)에 "나는 항상 닦아 고행하기를 찬탄해 설하고, 두타의 고요한 법을 아껴 좋아하노라. 능히 제법 불가득임을 알기에 맑고 깨끗하며 족함을 아는 이라 한다. 我常歎說修苦行 愛樂頭陀寂靜法 能知諸法不可得 是名淸淨知足人"라고 하였다. [참고문헌] 『大寶積經』.

청정진실 淸淨眞實 Ⓢ viśuddhi-tattva. 차별진실(差別眞實 Ⓢ prabheda-tattva) 중 하나로 여래의 교법을 말한다. 그 중에서도 멸제(滅諦)를 말한다. 『변중변론』 권2(대정장31, p.470a2 : *Madhy-vibh.*, p.43)에 "차별진실에는 크게 일곱 가지가 있다. … 여섯째는 청정진실이다. 差別眞實略有七種 … 六 淸淨眞實 sapta vidhaṃ prabhedatattvaṃ … viśuddhitattvaṃ", 『현양성교론』 권8(대정장31, p.518c16)에 "보살들에게는 다섯 가지 진실공덕이 있다. … 셋째는 여래께서 설하신 청정진실이니, 가르치든 깨우치든 지자이며 총예자의 무리에 든다. 諸菩薩五種眞實功德 … 三 於如來所說淸淨眞實 若敎若證 得預智者聰叡者數", 『십팔공론』(대정장31, p.864b1)에 "청정진실이란 곧 멸제이다. 淸淨眞實 卽是滅諦"라고 하였다. [참고문헌] 『辯中邊論』, 『顯揚聖敎論』, 『十八空論』, *Madhy-vibh.* ⇨ 차별진실 差別眞實, 최청정진실현현 最淸淨眞實顯現, 멸제 滅諦

청정진실상 淸淨眞實相 Ⓢ viśuddha-lakṣaṇa. 심(心)만으로 상응해 드러나는 모습. 『대승입능가경』 권7(대정장16, p.637a13 : *Laṅk.*, p.355)에 "청정진실상은 크나큰 지와 함께하니, 오직 심과 상응할 뿐, 의(意) 등과는 화합하지 않는다. 淸淨眞實相 而與大智俱 但共心相應 非意等和合 cittena saha saṃyuktaṃ visaṃyuktaṃ manādibhiḥ, viśuddhalakṣaṇaṃ sattvaṃ jñānena saha tiṣṭhati"라고 하였다. [참고문헌] 『大乘入楞伽經』, *Laṅk.* ⇨ 청정진실 淸淨眞實

청정진여 淸淨眞如 Ⓢ viśuddhi-tathatā, Ⓣ rnam-p

ar-dag-pa'i-de-bzhin-nyid. 일체 물듦을 떠난 멸제(滅諦)의 바탕이고 일체보리(一切菩提)를 출생시킨다. 시작없는 때로부터(從無始來) 생멸도 거래도 없고(不生不滅 無去來) 머무는 곳도 없어(無所住) 평등평등(平等平等)한 여래상주의 바탕이다. 칠진여(七眞如) 중 하나다. 『성유식론』 권8(대정장31, p.46c24)에 "청정진여란 사라져야 드러나는 실성이다. 淸淨眞如 謂滅實性", 『해심밀경』 권3(대정장16, p.699c24)에 "(칠종진여 중) 여섯째는 청정진여이니 내가 설한 모든 멸성제다. … 청정진여를 말미암기에 일체성문보리와 독각보리와 아누다라삼막삼보리는 평등하고 평등하다. 六者 淸淨眞如 謂我所說諸滅聖諦 … 由淸淨眞如故 一切聲聞菩提 獨覺菩提 阿耨多羅三藐三菩提 平等平等", 『유가사지론』 권80(대정장30, p.748b19)에 "〔문〕 상이라고 해야 하는가? 무상이라고 해야 하는가? 〔답〕 상이라고 해야 한다. 〔문〕 어떤 이유에서 상이라고 해야 하는가? 〔답〕 청정진여로 나툰 바이고, 연으로 생하지 않았으며, 생멸이 없기 때문이다. 問 當言是常 當言無常 答 當言是常 問 何因緣故當言是常 答 淸淨眞如之所顯故 非緣生故 無生滅故", 『섭대승론석』 권5(대정장31, p.347b23)에 "청정진여를 무상법이라 한다. 謂淸淨眞如 名無相法", 같은 책 권8(대정장31, p.363b24)에 "물듦이 없는 법이란 청정진여인데, 온갖 장애번뇌에 물들지 않기 때문이다. 無染法者 淸淨眞如 一切障垢所不能染", 같은 책 권9(대정장31, p.371b19)에 "청정진여체는 상주하니 드러나 부처가 된다. 여래는 상주를 상으로 함을 알아야 한다. 淸淨眞如體是常住 顯成佛故 應知如來常住爲相", 『석마하연론』 권3(대정장32, p.614a1)에 "무엇을 청정진여라 하는가? 두 가지 깨끗한 깨우침으로 증한 진여로서 훈습을 떠난 것이다. … 청정진여는 무시이래로 평등하고 평등하여 자성이 청정하며 불생불멸이고 가고 옴도 머무는 바도 없다. 云何名爲淸淨眞如 二種淨覺所證眞如 離熏習故 … 淸淨眞如 從無始來 平等平等 自性淸淨 不生不滅 亦無去來 亦無住所", 『대명삼장법수』 권22(영락장182, p.305a1)에 "여섯 번째 청정진여 : 청정이란 때묻지도 물들지도 않는다는 뜻이니 여래께서 설하신 열반의 청정하고 적멸한 뜻을 말한다. 본래 물들고 때묻지 않아서 청정진여라 한다. 六 淸淨眞如 淸淨者 不垢不染之義 謂如來所說涅槃淸淨寂滅之理 本無染汚 是名淸淨眞如"라고 하였다. 〔참고문헌〕 『成唯識論』, 『解深密經』, 『瑜伽師地論』, 『攝大乘論釋』, 『釋摩訶衍論』, 『大明三藏法數』, *Sūtr.168.* ⇨ 칠진여 七眞如, 진여 眞如

청정진여작의 淸淨眞如作意 청정진여인 멸(滅)의 진실을 깨우치고 나서는 유정을 위해 뜻을 내 설하는 일. 칠종진여작의 중 하나다. 『현양성교론』 권3(대정장31, p.493b24)에 "여섯째는 청정진여로 뜻을 짓는다. 앞에서 말한 바와 같고, 내지 청정법체에 이르러 멸제를 사유하며, 사유해 마쳐서는 증하고자 하는 유정들 위해 설함이다. 六 淸淨眞如作意 謂如前說 乃至於淸淨法體 思惟滅諦 旣思惟已 欲令證故爲有情說"라고 하였다. 〔참고문헌〕 『顯揚聖敎論』. ⇨ 칠종진여작의 七種眞如作意

청정천이 淸淨天耳 맑고 깨끗한 하늘귀. 인간과 천상의 멀고 가까운 모든 소리 듣는다. 정천이(淨天耳)라고도 한다. 『유가사지론』 권33(대정장30, p.469c25 : *Śrāv-bh.*, p.465)에 "이에 수습하고, 많이 수습하기에 수습의 과인 청정천이를 증득한다. 이로 인해 멀리 있든 가까이 있든 인간과 천상의 모든 음성을 능히 듣는다. 於此修習多修習故 證得修果淸淨天耳 由是能聞人間天上若遠若近一切音聲 tasyāsya bahulīkārānvayād bhāvanāphalaṃ divyaṃ śrotraṃ pratilabhate. yena divyamānuṣyakāṃ śabdāṃ śṛṇoti", 『잡아비담심론』 권6(대정장28, p.920c18)에 "하늘귀 방편으로 문득 큰 소리 사유하는데, 그 방편이 점차 증대되면 색계사대로 지은 청정천이를 얻어 멀고 가까운 모든 소리 따라 다 들을 수 있다. 天耳方便思惟大聲 彼方便漸增 得色界四大所造淸淨天耳 隨聲遠近一切悉聞"라고 하였다. 〔참고문헌〕 『瑜伽師地論』, 『雜阿毘曇心論』, *Śrāv-bh.* ⇨ 정천이 淨天耳, 천이 天耳, 천이통 天耳通

청정최승 淸淨最勝 맑고 깨끗함이 가장 뛰어남. 번뇌 소지 두 장애 사라진 뜻이다. 칠최승(七最勝) 또는 육종최승(六種最勝) 중 하나다. 『성유식론』 권9(대정장31, p.51b26)에 "반드시 일곱 가지 최승 거둬들여야 바야흐로 바라밀다를 건립한다. … 일곱째는 청정최승이니, 결코 두 가지 장애 사이로 섞이지 않는다. 要七最勝之所攝受 方可建立波羅蜜多 … 七 淸淨最勝 謂要不爲二障間雜", 『섭대승론본』 권중(대정장31, p.144b8)에 "이 여섯 가지(육바라밀다)의 상을 어떻게 볼 수 있는가? 여섯 가지 최승에 의지하기 때문이다. … 여섯째는 청정최승을 말미암는다. 번뇌와 소지의 두 갈래 장애가 없어야 비로소 보이고 일어난다. 此六種相云何可見 由六種最勝故 … 六 由淸淨最勝 謂煩惱所知二障無障所集起故", 『섭대승론석』 권7(대정장31, p.355c7)에 "청정최승이란 불과에 이르면 보시 등이 비로소 청정해지니, 그때 번뇌장과 소지장 모여 일어나는 것에서 해탈하기 때문이다. 淸淨最勝者 謂至佛果 施等方淨 爾時 解脫煩惱所知二種障礙所集起故"라고 하였다. 〔참고문헌〕 『成唯識論』, 『攝大乘論本』, 『攝大乘論釋』. ⇨ 칠최승 七最勝, 육종최승 六種最勝, 이장 二障 ❶

청정취 淸淨聚 ❶ Ⓢ śuddha-rāśi. 물들지 않아 깨끗한 무더기. 반야바라밀로 행하는 오온 등을 말한다. 『대반야경』 권302(대정장6, p.536c3)에 "선현아, 모든 부처님의 무상정등보리는 청정하므로 반야바라밀다도 청정하다. 그러므로 반야바라밀다를 맑고 깨끗한 것들의 무더기라 한다. 善現 諸佛無上正等菩提淸淨故 般若波羅蜜多淸淨 是故 般若波羅蜜多 名淸淨聚", 『대품반야경』 권13(대정장8, p.316c5)에 "세존이시여! 이것이 반야바라밀의 청정 무더기입니다. 색이 청정하기에 반야바라밀은 청정 무더기입니다. 수상행식이 청정하고 나아가 일체종지도 청정하기에 반야바라밀은 청정 무더기입니다. 世尊 是般若波羅蜜 淸淨聚 色淸淨故 般若波羅蜜淸淨聚 受想行識淸淨 乃至一切種智淸淨故 般若波羅蜜淸淨聚"라고 하였다. 〔참고문헌〕『大般若經』, 『大品般若經』, *Aṣṭ-pr.109*. ❷ 유루를 벗어난 몸. 『장아함경』 권19 「세기경 世記經」(대정장1, p.128b11)에 "처음 수태로부터 무덤에 묻히기까지 사대로 있는 이 몸 이처럼 펴고 구르다가 마지막으로 일곱 번째 몸을 받고 나서는 몸도 목숨도 행하길 다하면 나는 청정취에 들어간다. 이에 그는 '나는 끝이 있다'고 말한다. 從初受胎 至於塚間 所有四大身 如是展轉 極至七生 身命行盡 我入淸淨聚 是故彼言 我有邊"라고 하였다. 〔참고문헌〕『長阿含經』.

청정토 淸淨土 불보살의 원력과 중생들의 공업(共業)으로 성취한 땅. 그곳에 사는 이들이 깨끗한 나라. 『비화경』 권2(대정장3, p.179a24)에 "모든 보살들은 원력 때문에 청정토를 취하고 오탁악 버린다. 諸菩薩等 以願力故 取淸淨土 離五濁惡", 『법화경』 권4(대정장9, p.31a19)에 "묘법연화경 능히 받아서 지니는 모든 사람 청정토를 버리니, 중생 가엾이 여겨 이 땅에 난다. 諸有能受持 妙法華經者 捨於淸淨土 愍衆故生此", 『법화통략』 권하본(卍속장43, p.135b5)에 "무릇 청정토를 얻는 이라면 반드시 자신의 마음과 타인의 마음이 모두 깨끗함 말미암는다. 夫得淸淨土者 要由自他心俱淨", 원효(元曉)의 『무량수경종요』(대정장37, p.126b25 · 한불전1, p.555a13)에 "예토인 외기세계와 같지 않으니, 오직 중생의 공업으로 이루어진 국토이므로 걸림없이 청정토라 한다. 不如穢土 外器世界 唯由衆生共業所成 是故通名淸淨土也", 『낙방유고』(대정장47, p.235b22)에 "정토라는 이름의 뜻 : 『법원주림』에는 '세계 빛나고 깨끗하면 청정이라 하고, 깨끗이 머무는 곳을 토라 한다' 하였으며, 『섭대승론석』에는 '머무는 땅에 오탁이 없으면 이를 청정토라 한다'라고 하였다. 淨土名義 法苑珠林曰 世界皎絜 目之爲淨 卽淨所居 名之爲土 攝論云 所居之土 無於五濁 名曰淸淨土也"라고 하였다. 〔참고문헌〕『悲華經』, 『法華經』, 『法華統略』, 『無量壽經宗要』, 『樂邦遺稿』.

청정품 淸淨品 Ⓢ vyavadāna-pakṣa, Ⓣ rnam-par-byang-ba'i-phyogs. 염정혜(念定慧) 등 각분(覺分)이라 이름하는 것들과 지(智)를 근본으로 하며 진실성(眞實性)을 자성으로 삼는 법들을 모아 부르는 이름. 『변중변론』 권하(대정장31, p.476a7 : *Madhy-vibh.*, p.69) 에 "이 힐난을 풀기 위해 잡염과 청정에는 덜함도 없고 더함도 없다고 설한다. 또 유정계도 청정품도 모두 무량하기 때문이다. 爲釋此難 說染及淨無減無增 又有情界及淸淨品俱無量故 tasyāhīnāviśiṣṭatayā parihāraḥ. aprameyatvāt satvadhātor vyavadānapakṣasya ca", 『순정리론』 권71(대정장29, p.728c20)에 "염정혜를 따로 세운다 한 것은 이 세 가지로 청정품에 순하여 세를 씀에 더욱 강하기에 각분으로 세우지만, 상 · 사 · 촉 · 욕은 염분으로 그 세용이 한층 강하기에 따로 세우지 않는다. 別建立念定慧者 由此三種順淸淨品 勢用增强 可立覺分 想思觸欲 於染分中 勢用增强 故不別立", 『대비바사론』 권9(대정장27, p.44c7)에 "모든 청정품 중에서는 지를 근본으로 한다. 謂一切淸淨品中 智爲根本", 『섭대승론석』 권6(대정장31, p.193a22)에 "진실성이란 청정품을 자성으로 한다. 眞實性以淸淨品爲性"라고 하였다. 〔참고문헌〕『辯中邊論』, 『順正理論』, 『大毘婆沙論』, 『攝大乘論釋』, *Madhy-vibh.*, *Bodh-bh.71*.

청정행 淸淨行 물듦(染)을 여읜 행위. 삼학(三學)을 수습해 한층 뛰어나(增上) 열반을 증득하기에 대승에서는 십주(十住) 또는 십지(十地) 이상을 특정하기도 한다. 『대승입능가경』 권6(대정장16, p.623b19)에 "만약 나의 제자가 고기를 먹는다면, 세간 사람들은 비방하는 마음으로 이렇게 말할 것이다. '사문은 정행인데 어떻게 천신과 선인이 먹는 맛을 버리고, 오히려 사나운 짐승이 먹는 고기로 배를 채운 채 세간을 유행하면서 중생들로 하여금 놀라움과 두려움을 품게 하여 청정행을 허물고 사문도마저 잃으려 하는가'. 若我弟子食噉於肉 令諸世人悉懷譏謗 而作是言 云何沙門修淨行人 棄捨天仙所食之味 猶如惡獸食肉滿腹 遊行世間 令諸衆生悉懷驚怖 壞淸淨行失沙門道", 『유가사지론』 권81(대정장30, p.752a11)에 "청정행에는 크게 삼학과 오지(資糧 加行 通達 修習 究竟)가 있으니, 이는 자량지에서 구경지까지로 앞에서 이미 설한 바와 같다. 학처 등에는 아홉 가지 근본구가 있다. 증상계학과 증상심학에는 무탐 · 무진 · 무치가 있고, 자량지와 가행지의 증상혜학에는 네 가지 무전도가 있으며, 명과 해탈은 견지와 수지와 구경지에 있다. … 잡염행은 생사를 부르지만 청정행은 능히 열반을 증한다. 淸淨行者 略有三學五地 謂資糧地乃至究竟地 如先已說 當知學等有九根本句 謂增上戒學及增上心學 有無貪無瞋無癡 在資糧地及加行地增上慧學 有四無顚倒 明及解脫 在見地脩地及究竟地 … 雜染行能感生死 淸淨行能證涅槃", 『화엄경소』 권32(대정장35, p.748a26)에 "교법을 새겨 지녀서 깨끗한 혜로 의심마저 없으니 청정행이다. 念持於教 得淨慧無疑 名清淨行", 『대승장엄경소』 권4(卍속장34, p.574b5)에 "초지 이상으로 (번뇌의) 물든 허물을 여의었기에 청정행이라 한다. 初地已上 離染過故 名清淨行"라고 하였다. 〔참고문헌〕『大乘入楞伽經』, 『瑜伽師地論』, 『華嚴經疏』, 『大乘莊嚴經疏』. ⇨ 삼학 三學, 오위 五位, 십지 十地

청정현량 清淨現量 청정한 현량. 정심(淨心)이나 정(定)에 의지한 현량과 출세간지(出世間智)의 현량을 말한다. 『유가사지론』 권15(대정장30, p.357c24)에 "청정현량이란, 세간현량 또한 청정현량이다. 또는 청정현량이지만 세간현량이 아닌 경우가 있으니, 출세간지로 행한 경계로 있는 것은 있는 것으로 알고, 없는 것은 없다고 알며, 끝이 있는 것은 유상으로 알고, 위없는 것은 무상으로 알기에 이와 같은 류를 세간과는 함께 하지 않는 청정현량이라 한다. 清淨現量者 謂諸所有世間現量 亦得名爲清淨現量 或有清淨現量 非世間現量 謂出世智於所行境 有知爲有 無知爲無 有上知有上 無上知無上 如是等類 名不共世間清淨現量", 둔륜의 『유가론기』 권5(대정장42, p.413a24 · 한불전13, p.318c8)에 "세간에도 청정현량이 있으니, 따라서 깨끗한 정의 마음 또한 현량으로 거둔다. … 오구의식 등이 현량의 바탕이다. 世間亦有清淨現量 故淨定心亦現量攝 … 五俱意等 名現量體"라고 하였다. 〔참고문헌〕『瑜伽師地論』, 『瑜伽論記』. ⇨ 현량 現量, 오구의식 五俱意識

청정현행 清淨現行 Ⓢ pariśuddha samudācāra, Ⓣ kun-tu-spyod-pa-yongs-su-dag-pa. 보살이 정계(淨戒)를 수습해 삼업(身口意)을 행함에 언제나 허물이 없는 것. 『유가사지론』 권41(대정장30, p.521c2 : *Bodh-bh.*, p.125)에 "모든 보살은 정계 중에 행하여 놓치거나 범함이 없으니, 몸과 말과 뜻에 청정으로 현행한다. 謂諸菩薩於淨戒中 行無缺犯 於身語意清淨現行 yathāpi tadbodhisattvaḥ śīleṣvakhaṇḍacārī bhavati pariśuddhakāyavāṅmanaḥsamudācāro", 같은 책 권79(대정장30, p.737c4)에 "〔문〕 이미 제2지에 들어간 보살은 어떤 모습인가? 〔답〕 비나야(毘奈耶 Ⓢ vinaya : 律) 중에서 법답게 그쳐 쉬는 일체성문이 익혀야 할 자성을 얻고, 몸 · 말 · 뜻으로 짓는 업에 있어 청정으로 현행하기에 범계의 때를 멀리 여읜다. 問 已入第二地菩薩當言何相 答 當言於毘奈耶中法爾獲得止息一切聲聞所學自性 能於身語意業清淨現行故 能遠離諸犯戒垢"라고 하였다. 〔참고문헌〕『瑜伽師地論』, *Bodh-bh.*

청정혜보살 清淨慧菩薩 Ⓢ Viśuddhamati. 법자재(法自在)를 얻어 부처의 지를 얻은 보살. 미술타마제(尾秫馱摩帝)로 음사하고 법생(法生) · 청정혜(清淨惠)라고도 한다. 종자(種子)는 (gataṃ 伽丹)이다. 『불공견삭신변진언경』(대정장20, p.271a12)에 "다음으로 청정혜보살은 왼손으로 연꽃을 쥐었는데 꽃대 위에 소라가 세워져 있다. 오른손은 손바닥을 펼쳤으며 반가부좌하였다. 次清淨慧菩薩 左手持蓮華臺上豎螺 右手揚掌 半加趺坐", 『청룡사의궤』 권중(대정장18, p.156c6)에 따르면 진언은 "나막 삼만다 몰다남 달마〈법〉 삼바바〈생. 이 보살은 법자재를 얻어 부처님의 경계와 같다. 부처님을 따라 태어나므로 법생이라 한다〉 사바하 namaḥ samanta buddhānāṃ dharma saṃbhava svāhā 曩莫 三曼多 沒馱喃 達磨〈法〉 三婆嚩〈生言此菩薩 得法自在 同佛境界 從佛而生 故名法生也〉 娑嚩賀 일체제불께 귀의합니다. 법생이여, 스바하"이다. 『대일경』 「밀인품 密因品」(대정장18, p.118a8)에는 생념처보살(生念處菩薩)이라는 이름으로 나온다. 〔참고문헌〕『不空羂索神變眞言經』, 『青龍寺儀軌』, 『大日經』. ⇨ 생념처보살 生念處菩薩

청제 青帝 푸름의 제왕. 봄과 동쪽을 맡는 신. 동군(東君)이라고도 한다. 『화엄경소』 권5(대정장35, p.538c7)에 "방위를 주재하는 동방청제 등류다. 主方神 卽東方青帝等類也", 『화엄경소초』 권19(대정장36, p.149b21)에 "〔소〕 동방청제 등류다. 〈소초〉 이 오방을 맡음에 오제가 있다. 동방은 갑을목으로 그 색은 청색이기에 동방을 청제라 한다. 疏 卽東方青帝等類者 此主五方有五帝 東方甲乙木 其色青故 東方爲青帝"라고 하였다. 〔참고문헌〕『華嚴經疏』, 『華嚴經疏鈔』, 『大寶積經』 권10(대정장11, p.53c3), 『釋禪波羅蜜次第法門』 권8(대정장46, p.533b27). ⇨ 동군 東君, 오방 五方

청제 青提 마하목건련(摩訶目犍連)의 어머니의 과거세 이름. 『우란분경소』 권하(대정장39, p.509c15)에 "〈경〉 부처님이 말씀하셨다. '그대 어머니의 죄근이 깊이 맺혔다'. 〈소〉 어떤 경에 설하길 '정광불 때 목련의 이름은 나복이고 어머니 이름은 청제였다. 나복이 여행을 떠나면서 어머니에게 당부하기를 「만약 나그네 오거든 반드시 음식을 차려 주십시오」 하고 떠났다. 나그네 찾아왔지만 어머니는 공양하지 않고 거짓으로 음식을 차린 척 하였다. 아들이 물었다. 「어제 손님이 왔는데 대접을 한 것 같네요」 「음식을 마련한 이 자리가 보이지 않느냐」'. 佛言 汝母罪根深結 有經中說 定光佛時 目連名羅卜 母字青提 羅卜欲行 囑其母曰 若有客來 孃當具膳 去後客至 母乃不供 仍更詐爲 設食之筵 兒歸問曰 昨日客來 若爲備擬 母曰 汝豈不見 設食處耶", "이렇게 오백 생중에 인색함이 이어졌다. 그래서 '죄근이 깊이 맺혔다' 하였다. '죄'는 몸과 입으로 지은 업이고, '근'이란 간탐하는 마음이다. 여러 생 계속되어서 '깊다' 하고, 뒤섞임이 단단하여 풀기 어려워서 '맺혔다' 한다. 從爾已來 五百生中 慳慳相續 故云 罪根深結 罪謂身口之業 根謂慳貪之心 多生相續爲深 交固難解爲結"라고 하였다. [참고문헌]『盂蘭盆經疏』, 『大目乾連冥間救母變文幷圖』. ⇨ 마하목건련 摩訶目犍連, 우란분 盂蘭盆

청제여래제현성진언 請諸如來諸賢聖眞言 법회도량에 모든 여래 모든 현성 청해 모시는 진언. 『예수시왕생칠재의찬요』(한불전11, p.429a1)에 "성위를 불러 청하다. 그 여덟 번째. 〈다음은 단 위에 모시기 위해 나무상주시방불을 념하며 법사가 소를 편다〉 이제 요령 흔들어 사방불찰에 널리 들게 하리니. 원컨대 이 요령소리 법계 가득 퍼져서 가이 없는 부처님과 성현들 다 오셔서 모이시길. 모든 여래 청하고자 진언으로 외우니 옴 미포라 발라라려 도로도로 훔훔. 召請聖位 第八次 〈至迎請壇 擧念南無常住十方佛法僧 宣疏〉 以此振鈴伸召請 十方佛刹普聞知 願此鈴聲遍法界 無邊佛聖咸來集 請諸如來眞言曰 唵 微布囉鉢囉囉黎 杜嚕杜嚕 吽吽", "모든 현성 청하고자 진언으로 외우니 옴 아가로 모항 살바 달마나 아냐아녹다 반나다. 請諸賢聖眞言曰 唵 阿哥嚕 目亢 薩哩嚩 達哩摩拏 阿鞞阿耨怛 半那𠼪", "대개 듣자오니 달은 드넓은 저 하늘 가득 비추고, 그 빛 천 강물에 떨어져 비추듯이 능인께서 세상에 나오셔서 만 갈래 중생들 향해 지혜 떨치셨네. 강물 깨끗해야 가을달 임하듯 신심 일으켜야 모든 부처님 강림하시리. 여래진실지 모든 중생 가엾이 여기심이니, 원컨대 저의 정성 아셔서 자비 드리워 증명하소서. 일심으로 머리 조아리고 목숨 바쳐 예 올려 청하옵니다. 盖聞月照長空 影落千江之水 能仁出世 智投萬彙之機 是以江水淨而秋月臨 信心生而諸佛降 如來眞實智 悲愍諸衆生 願知我虔誠 垂慈作證明 一心稽首 歸命禮請"라고 하였다. [참고문헌]『預修十王生七齋儀纂要』, 『眞言集』 권상, 『釋門儀範』 권상 p.169.

청좌문신 請坐問訊 자리에 앉게 하고서 드리는 인사. 『선림상기전』 권10(대장경보편19, p.394b16)에 "청좌문신 : 『남선규식』 「입원방장전점」에 '법당에서 인사가 끝나면 시자는 방장 문 좌측에 서서 대중에게 읍하고 들어간다. 〈내지〉 읍하고 자리에 앉을 것을 권하며 읍하고 향 사른다. 탕 권함이 끝나면 시자는 일반의 시자를 이끌고 들인 뒤 주지 앞에 이르러 인사〈주지 좌측이 상수 된다〉하는데, 이를 청좌문신이라 한다'라고 하였다. 請坐問訊 南禪規式 入院方丈煎點云 法堂人事畢 侍者立方丈門左 揖衆而入 〈乃至〉 揖坐 揖香 勸湯畢 侍者引一班侍者入 至住持前問訊〈住持左邊爲上首〉 謂之請坐問訊"라고 하였다. [참고문헌]『禪林象器箋』. ⇨ 문신 問訊

청좌화상계후학명 青剉和上誡後學銘 청좌여관(青剉如觀) 지음. 1권. 사본. 백마둔유(白馬遁儒)의 제자인 청좌여관이 흥원부(興元府 : 陝西省) 청좌산에서 후학을 경계하는 마음가짐을 시를 통해 표현한 작품. 돈황본 P 3591에 있으며, 그중에는 동산양개(洞山良价)와 단하천연(丹霞天然)의 시가(詩歌)도 함께 실려 있다. 당대(唐代) 선승의 시인으로서의 면모를 엿볼 수 있다.

청주 青州 중국 산동성(山東省) 중부 일대. 중국 고대 구주(九州) 중 하나. 현재의 청주시(青州市)에 비정되기는 하나 시대에 따라 강역에 차이가 있다. 익도(益都)·동양(東陽)·광현(廣縣)·북해(北海)라고도 불리었으며, 선진(先秦) 때부터 물산이 풍부하여 산동의 중심이 된 고래의 도시다. 인근의 타산(駝山) 석굴과 운문산(雲門山) 석굴에는 수많은 석불이 전하고, 관내의 용흥사(龍興寺)와 법경사(法慶寺)는 일본 평안(平安)시대 스님 원인(圓仁)이 머물렀던 곳이다. 이곳 출신의 이름난 스님으로는 향엄지한(香嚴智閑)·천발중원(天鉢重元)·정인자각(淨因自覺) 등이 있다. 한편 선종의 화두에도 청주가 등장하는데, 조주종심(趙州從諗)의 '내가 청주에 있을 적에 무명 적삼을 하나 지어 입었는데, 무게가 7근이었다. 我在青州 作一領布衫 重七斤'와 오조법연의 '정주는 배고 청주는 대추지. 鄭州梨青州棗'라는 화두가 그 예다. [참고문헌]『五祖法演語錄』 권상(대정장47, p.650a5), 『碧巖錄』 45칙(대정장48, p.181c18), 『祖庭事苑』 권7(卍속장113, p.213b11), 『入唐求法巡禮行記』 권2(대장경보편18, p.40b7·58a14).

청주거사 青州居士 수(隋)대 청주(山東省 일대)에서 탑참법(塔懺法)을 행하여 세간을 어지럽힌 거사. 『당고승전』 권2 「달마급다전 達摩笈多傳」(대정장50, p.435c27)에 "개황 13년(593) 처음으로 광주의 어떤 스님이 탑참법을 행했는데, 가죽으로 첨자 2매를 만들어 각각에 선과 악 한 자씩을 써두었다. 그것을 사람들에게 던지게 하여 선이라 쓴 첨자를 얻으면 길하다 하였다. 또 자박법을 행하여 죄를 사라지게 한다고 하며 남녀를 모아서 섞어두고 망령되게 밀행을 이어갔다. 청주거사가 이를 듣고 함께 행하였다. 관사가 단속하여 살펴보고는 '요망하고 괴이하다'고 하자, 그가 말하기를 '이 탑참법은 『점찰경』에 따르고 자박참법은 여러 경에 나오니 「오체를 땅에 던짐에 큰 산이 무너지듯이 한다」라는 구절에 따릅니다'라 하였다. 初開皇十三年 廣州有僧行塔懺法 以皮作帖子二枚 書爲善惡兩字 令人擲之 得善者吉 又行自撲法 以爲滅罪 而男女合雜 妄承密行 青州居士 接響同行 官司檢察 謂是妖異 其云 此塔懺法 依占察經 自撲懺法 依諸經中 五體投地 如太山崩", 『삼국유사』 권4(대정장49, p.1008a2·한불전6, p.351a11) 의해(義解) 5 진표전간(眞表傳簡)에 "이제 살펴 논하자면 청주거사 등이 행한 탑참 등의 일은 마치 큰 유자가 『시경』·『서경』을 운운하며 무덤 파헤치는 것과 같으니, 가히 호랑이 그리려다 개 닮은 것이 된 것과 같다. 今試論之 青州居士等 搭懺等事 如大儒以詩書發塚 可謂畫虎不成 類狗者矣"라고 하였다. [참고문헌] 『唐高僧傳』, 『三國遺事』. ⇨ 탑참법 塔懺法, 점찰경 占察經

청주계산리오층석탑 淸州桂山里五層石塔 충청북도 청주시 상당구 가덕면 계산리에 있는 고려시대 석탑. 보물 제511호. 높이 5.9m. 단층기단에 오층의 탑신을 지닌 석탑으로 전체적으로 둔중함과 각 부분의 생략이 두드러지는 탑이다. 10매의 장대석으로 지대석을 깔고 그 위로 괴임돌 형식의 면석 받침을 놓았다. 기단갑석은 4매로 매우 두껍게 처리하였고 하단에 1단의 부연을 두었으나 상단의 탑신받침은 두지 않았다. 탑신부는 각층이 모두 별석으로, 1층과 3층이 4매다. 나머지 2층과 4층, 5층은 1매인데 모두 우주나 문비 등의 문양을 새기지 않았다. 옥개는 1층과 2층이 2매로 나머지는 1매로 구성하였다. 옥개받침은 1～2층이 5단·3～4층이 4단·5층이 3단으로 위로 갈수록 줄어드는 양상이다. 상륜부는 모두 결실되었고 원형의 찰주공(擦柱孔)만이 남아있다. 이 석탑은 기단부를 낮고 갑석을 두껍게 처리하는 등과 탑신부가 지나치게 낮고 옥개석을 두껍게 하여 전체적으로 둔중하다. 이 같은 우주(隅柱)의 생략과 기단부와 탑신부의 정연하지 못한 결구방법, 전체적인 비례감 등으로 고려중기 작품으로 추정한다. [참고문헌] 『한국사지총람上』(문화재청·불교문화재연구소, 2010).

청주계산리오층석탑

청주백문 青州百問 송대 조동종(曹洞宗) 스님 일변(一辯:一辨 1081～1149)이 묻고 자운각(慈雲覺)이 답하고 임천종륜(林泉從倫)이 게송을 붙인 책. 1권. 1673년(관문13) 간행. 卍속장119, pp.345a1～356b7에 수록되어 있다. 녹문자각(鹿門自覺)의 사법제자인 청주 보조사(普照寺)의 일변화상이 선화년간(1119～1125)에 연경(燕京)의 대만수사(大萬壽寺)에 있을 때 시방대중을 모은 다음 종문의 종지를 100개 설정하여 대중에게 보였는데, 대중 가운데 십신사(十身寺)의 자운각이 낱낱이 다 답하였다. 후에 만송행수(萬松行秀)의 사법제자인 임천종륜이 이들 문답 낱낱에 게송을 붙였으며, 생생도인(生生道人) 서림(徐琳)이 간행하였다. 본서는 『종용록 從容錄』(대정장48, No.2004)과 유사점이 많은 조동종의 공안집이며, 후에 일변의 문인인 통현원통(通玄圓通)이 지은 『통현백문 通玄百問』과 묶여 '통현청주이백문 通玄青州二百問'으로 불리며 함께 유통되었다. ⇨ 통현백문 通玄百問

청주비중리석조여래삼존상및석조여래입상 淸州飛中里石造如來三尊像◯石造如來立像 삼국시대 불상. 보물 제1941호. 높이 185cm. 1979년에 처음 조사된 석조 일광삼존불상(一光三尊佛像)이다. 현재 본존불의 머리와 상체는 심하게 파손되었고 좌협시보살상은 결실된 상태이다. 본존불은 시무외인과 여원인의 통인(通印)을 하고 있고 두꺼운 옷자락이 대좌를 덮은 상현좌(裳懸座)만 확인된다. 대좌 아래에는 마멸이 심하지만 삼존불상과 좌우에 사자(獅子)가 새겨져 있는데, 인도나 중국 불상에서는 흔히 볼 수 있으나 우리나라에서는 보기 드문 예다. 두광은 동심원으로 간략하게 표현하였고 좌우에 화불(化佛)이 배치되어 있는데 오른쪽에 5구, 왼쪽 1구가 남아 있어 모두 10구의 화불이 있었던 것으로 보인다. 우협시보살상 역시 머리와 얼굴부분이 손상되었으나 입상으로 X자형 천의다. 이러한 천의 표현은 6세기 삼국시대 불상에서 유행하여 7세기 중엽까지 나타나고 있다. 6세기 후반에 조성된 삼국시대 불상으로 추정하지만, 고구려와 백제 불상의 특징도 나타나 있으면서 다른 지역에서는 볼 수 없는 중국불상의 새로운 요소도 반영된 점에서 7세기 초의 신라 불상으로 보기도 한다. 그러나 청주 지역은 5세기 후반에서 6세기 중반까지 백제와 고구려와 신라가 오랫동안 영토분쟁을 했던 곳이어서 불상의 제작국을 특정하기 어렵다. [참고문헌] 문명대 「청원 비중리 삼국시대 석불상의 연구」(『불교학보』19, 1982) pp.266～269, 서영일 「6세기 신라의 북진로와 청원 비중리 석불」(『사학지』30, 1997) pp.108～113.

청주비중리석조여래삼존상및석조여래입상

청주상 請主喪 입적한 이를 위한 의례를 주관할 이를 모시는 일. 『백장청규』 권3 「청주상」(대정장48, p.1127c25)에 "주상인이 도착하면 큰 종을 울려 대중이 모이게 해서 삼문에서 영접한다. 主喪人至 鳴大鐘 集衆門迎", 『증수교원청규』 권하 「청주상」(卍속장101, p.779b10)에 "주상이 되는 이는 반드시 나이가 지긋하고 명망과 덕행을 갖추어야 한다. 凡主喪者 須老成名德"라고 하였다. 〔참고문헌〕『百丈淸規』, 『增修敎苑淸規』.

청주용두사철당간기 淸州龍頭寺鐵幢竿記 용두사 철당간을 세운 인연을 적은 기문. 충청북도 청주시 남문로(南門路)에 세웠는데, 962년 2월 29일에 주리(州里)의 호족(豪族)과 향리(鄕里)의 관족(冠族)들이 콜레라의 유행을 두려워하여 이를 퇴치하고자 불천(佛天)에 기원하는 뜻에서 세웠는데, 30개의 차제로 철통(鐵筒)을 주조하여 60척이나 되는 당주(幢主)를 구름 뚫고 오르듯 하늘 높이 세웠다. 김원(金遠)이 짓고 손석(孫錫)이 새겼다. 〔참고문헌〕『韓國金石全文』 中世上 p.374.

청주응기 靑州應記 투자의청(投子義靑)이 투자대동(投子大同)의 예언에 응하여 투자산에 다시 찾아가 주석했다는 고사. 『선원몽구』 권중(卍속장148, p.227a4)에 "청주응기 : … (투자의청이) 처음에 개산했을 때 자제(慈濟 : 투자대동)가 현기를 남겨 '나의 탑이 붉어지는 그때 내가 다시 오리라'라고 하였다. 마을 사람들이 우연히 보수해 꾸미다가 그 탑이 마노의 붉은색이 되었고, 얼마 지나지 않아 의청은 원의 일을 맡았다. 靑州應記 … 初開山 慈濟有記曰 吾塔若紅 是吾再來 邦人偶修飾 其塔作瑪瑙色 未幾靑領院事"라고 하였다. 〔참고문헌〕『禪苑蒙求』, 『禪林僧寶傳』 권17 「投子義靑傳」(卍속장137, p.511b12).

청주정좌 靑州正座 투자의청(投子義靑) 꼿꼿한 자리. 『선원몽구』 권중(卍속장148, p.250b5)에 "청주정좌 : 서주(舒州 : 安徽省) 투자의청선사는 청사(靑社 : 靑州) 이씨로 부산을 찾아뵙고 (大陽警玄의 心法인) 조동종(洞下)의 종지를 이어받았다. 부산이 이에 게송을 지어 보냈다. '수미산 허공에 우뚝하고 해와 달 서로 도와 돌고, 산봉우리도 서로 의지하며 점차 변하고 흰구름마저 드디어 뒤쳐 변한다. 소림의 바람이 총림을 일으키고 조계골마저 발을 말아올리네. 금빛 봉황 용자리에서 잠들어 있으니, 이끼 덮인 집에 어찌 수레소리 들리랴?' 이로부터 원통법수선사에게 의탁하게 되어 의청이 그곳에 가서는 법 묻는 일 없이 그저 졸기만 할 뿐이었다. 집사(執事)가 이를 원통에게 고했다. '승당 안에서 한 학인 날마다 졸고 있으니, 법도대로 행해야 합니다' '그 학인이 누구냐?' '의청상좌입니다' '하지 마라. 함께 가서 잘못을 조사해 보자'. 말을 마치자 원통은 주장자를 끌고 승당에 들어갔는데, 의청이 마침 졸고 있는 것을 보고 바로 주장자로 선상을 내리치며 질책했다. '나의 이곳에서는 먹고 잠이나 자라고 상좌에게 줄만큼 남아도는 밥은 없다'. 이에 의청이 말했다. '화상께서는 저더러 뭘 하라는 겁니까?' '어째서 참선하지 않느냐?' '맛난 음식도 배부른 사람이 먹기엔 적합하지 않습니다' '상좌를 기꺼워하지 않는 이들이 있는 것 어쩌겠느냐?' '사람들이 수긍한다 한들 뭘 할 수 있겠습니까?' '상좌는 지금까지 누구 보러 왔었는가?' '부산입니다' '괴이하게도 이렇게 단단히 붙드는구나'. 원통은 결국 의청과 악수하고 서로 미소지은 뒤 방장으로 돌아갔다. 이로 인해 의청의 명성이 자자해졌다. 처음에는 백운산(白雲山)에 주석하였고, 이어서 투자〈절 이름이다〉로 옮겨 갔다. 靑州正座 舒州投子義靑禪師 靑社李氏 參浮山 嗣洞下宗 山遂書偈送曰 須彌立虛空 日月輔而轉 群峯漸倚化 白雲方改變 少林風起叢 曹溪洞簾卷 金鳳宿龍巢 宸苔豈車輾 令依圓通透禪師 師至彼 無所參問 唯嗜睡而已 執事白通曰 堂中 有僧日睡 當行規法 通曰 是誰 曰 靑上座 通曰 未可 待與按過 通卽曳杖入室 見師正睡 乃擊床呵曰 我這裏無閑飯與上坐喫了打眠 師云 和尙敎某何爲 通曰 何不參禪去 師云 美食 不中飽人喫 通曰 爭奈大有人不肯上座 師云 待肯堪作甚麽 通曰 上座曾見甚麽人來 師云 浮山 通曰 怪得恁麽頑賴 遂握手相笑歸方丈 由是 道聲籍甚 初住白雲 次遷投子〈寺名也〉"라고 하였다. 〔참고문헌〕『禪苑蒙求』.

청주집 淸珠集 정토에 관한 법어 120칙을 발췌요약하여 수록한 책. 조선후기 스님 환공치조(幻空治兆)가 편집하여 1870년(고종7)에 경기도 파주 고령산(古靈山) 보광사(普光寺)에서 발행. 1권. 금속활자본. 한불전11, pp.734b1~776b9에 수록되어 있다. 권두에 소하거사(少荷居士) 조성하(趙成夏)의 「서문」과 편자가 보광사에서 쓴 「자서 自序」가 실려 있으며, 『정토십의론 淨土十疑論』을 비롯한 37권의 책에서 인용한 구절들을 엮었다. 권말에는 「결사문 結社文」·「발원문 發願文」·「모연소 募緣疏」·「계참소 戒懺疏」가 부록으로 있으며, 문인인 육연거사(六然居士) 정신(淨信)의 「발문 跋文」과 삼사(三沙)가 보광사 묘의재(妙意齋) 보리수 아래에서 쓴 발문이 함께 실려 있다.

청주포삼 靑州布衫 청주에서 지은 베적삼. 조주(趙州)가 '만법귀일일귀하처 萬法歸一一歸何處'라는 물음에 답한 말이다. 『대혜어록』 권4(대정장47, p.828a1)에 "운거순노부는 '진주에서 나는 무는 크고, 청주에서 지은 베적삼은 무겁다. 이중에 숨은 뜻을 알고자 하는가? 닭은 오경에 운다' 하였다. 대혜가 말한다. '운거가 이렇게 한 말은 익숙한 것 잊기 어렵다는 뜻과 크게 다르지 않다. 나라면 그렇게 말하지 않으니, 「진주 무 본래 크고, 청주 베적삼 무게가 분명하다」 하겠다. 납자들이 맞대고 분명한 뜻을 구하지만 모기 쇠못 부리 꽂듯 할 뿐이다'. 雲居舜老夫道 鎭州蘿蔔大 靑州布衫重 要會箇中意 雞向五更啼 師云 雲居恁麽道 大似熟處難忘 若是徑山卽不然 鎭州蘿蔔從來大 靑州布衫斤兩明 衲子聚頭求的旨

却似蚊虻咬鐵釘", 『소은대흔어록』 권1(卍속장121, p.211a6)에 "소은이 어느 날 말했다. '청주 적삼 일곱 근이다. 옛사람은 이렇게 말할 뿐이다. 마침내 만법은 하나로 돌아가는데, 그 하나는 어디인가?' 그때 학인이 나와서 말했다. '동쪽 회랑 끝 서쪽 회랑 아래입니다'라고 하자 소은은 '어디서 조주를 만났느냐?'라고 물었다. 학인이 답하려는 순간 소은이 말했다. '위로 떠받든다고 용이 되지는 않는다'. 師一日云 靑州布衫重七斤 古人道了也 畢竟萬法歸一 一歸何處 時有僧出云 東廊頭西廊下 師云 什麽處見趙州 僧擬對 師云 捧上不成龍"라고 하였다. 〔참고문헌〕『大慧語錄』, 『笑隱大訢語錄』. ⇨ 조주칠근포삼 趙州七斤布衫, 만법귀일 萬法歸一

청중 淸衆 승가(僧伽 Ⓢ Saṃgha) 즉 화합하는 무리(和合僧)를 말한다. 청정중(淸淨衆)·청정대해중(淸淨大海衆)이라고도 한다. 『경덕전등록』 권6 「선문규식 禪門規式」(대정장51, p.251a22)에 "내쫓아서 사원을 나가게 하는 것은 청중을 귀하게 여기고 편안하게 하는 일이다. 혹 그가 범한 일이 있으면 주장자로 때리는 듯해서 대중을 모은 뒤 그의 의발과 수행 시 필요한 기물들을 모두 태운 다음 쫓아내는데, 이때 옆문으로 나가게 하는 것은 치욕을 보임이다. 자세하게 하자면, 이 한 조항을 제정한 데에는 네 가지 이익이 있다. 첫째는 청중을 물들이지 않게 해서 공경과 믿음을 일으키게 한다〈삼업이 불선한 이와는 함께 머물지 않는다. 그러므로 율에 맞게 범단법으로 다스린 이는 내쫓아서 사원 밖으로 내보내야 한다. 청중은 이미 평온해서야 받들게 된다〉. 擯令出院者 貴安淸衆也 或彼有所犯 卽以拄杖杖之 集衆燒衣鉢道具遣逐 從偏門而出者 示恥辱也 詳此一條 制有四益 一 不汚淸衆生恭信故〈三業不善 不可共住 準律合用梵壇法治之者 當驅出院 淸衆旣安 恭信生矣〉"라고 하였다. 〔참고문헌〕『景德傳燈錄』. ⇨ 화합승 和合僧, 청정중 淸淨衆

청중계랍패 淸衆戒臘牌 대중의 법랍(法臘)을 적어 알리는 패. 『백장청규』 권7 「중료결해특위중탕 衆寮結解特爲衆湯」(대정장48, p.1150c21)에 "요원은 계랍에 의거하여 경궤도·다탕문신도·청중계랍패·입료자차패·정발패·하중행다탕병잔도를 배정한다. 寮元依戒排經櫃圖 茶湯問訊圖 淸衆戒臘牌 入寮資次牌 淨髮牌 夏中行茶湯甁盞圖", 같은 책 권7 「계랍패 戒臘牌」(대정장48, p.1152a27)에 "당사와 시사와 중료는 계랍에 의지해 미리 준비한다. 십사일 오후가 되면 당사패는 승당 앞 상간에 게시하고, 시사패는 법당 하간에 게시하며, 중료패는 요사 안에 게시한다. 각각 향궤와 노촉을 준비하여 공양하고 대중이 각자 향을 사르고 절을 마치면 각각 패를 거두어 걸고 일어난다. 堂司侍司衆寮 預依戒臘寫造 至十四日午後 堂司牌列僧堂前上間 侍司牌列法堂下間 衆寮牌列寮內 各備香几爐燭供養 大衆各炷香展拜畢 仍各收牌掛起"라고 하였다. 〔참고문헌〕『百丈淸規』. ⇨ 계랍패 戒臘牌, 법랍 法臘

청진 淸眞 고려중기 수선사(修禪社) 제3세인 청진국사(淸眞國師) 몽여(夢如)의 시호. ⇨ 몽여 夢如

청진암 淸眞庵 전라남도 순천시 송광면 신평리 조계산(曹溪山)에 있던 송광사(松廣寺)의 산내 암자. 보정(寶鼎 1861~1930)의 『다송문고』 권1 「청진암중건화문 淸眞菴重建化文」에 보조국사(普照國師) 지눌(知訥 1158~1210)이 위치를 잡고 청진국사(淸眞國師) 몽여(夢如 ?~1252)가 처음 창건하였다고 전한다. 『조계산송광사사고』 「청진암제사창건기 淸眞庵第四創建記」에 청진국사 몽여가 창건한 후 안선(安禪)하다가 입종한 별실(別室)이고 1589년(선조22)에 세 번째로 중창했다고 전한다. 1793년(정조17)에 치홍(致弘)과 창설(昶說)이 공루(空樓)를 중수한 것을 1799년(정조23)에 봉연(奉衍)이 다시 고쳤고, 1857년(철종8)에는 성산각(星山閣)을 중건하였다. 1919년에 청진암의 춘성(春盛)·두현(斗玹)과 주지인 설월(雪月)이 중창하였으나 한국전쟁 때 폐사되었다. 장선(章宣 1824~1907), 봉린(鳳麟 1833~1912), 지수(智藪 1841~1923), 행성(幸性 1850~1884), 기순(琪珣 1852~?), 보정(寶鼎 1861~1930), 진홍(振弘 1863~1937) 등이 주석하였다. 〔참고문헌〕『茶松文稿』, 『曹溪高僧傳』, 『曹溪山松廣寺史庫』(亞細亞文化社, 1983), 『松廣寺』(한국불교연구원, 1975).

청참 聽參 듣고자 해서 법을 묻다. 『선원청규』 권9 「훈동행 訓童行」(卍속장111, p.927b14)에 "또한 청참과 행익, 그리고 부다탕을 할 때에는 반드시 신발과 버선을 갖춘다. 又聽參 行益 及赴茶湯 須具鞋襪", 『불안어록』(고존숙어록29, 卍속장118, p.536b2)에 "대중들이여! 그대들은 지난밤에 어째서 일시에 노주 속으로 몸을 숨겼는가? 그리고 날이 밝자 죽 먹은 후에 올라와 청참하고 왜 난간 앞에 서 있단 말인가? 보았는가? 설령 이렇게 신통변화하여도 탑 안에 계신 이에게 구름 이는 일 다시 묻는다. 大衆 你諸人昨夜爲什麽一時在露柱裏藏身 及乎天旣明 喫粥了上來聽參 爲什麽却在欄干上立地 見麽 直饒如此通神變 更問起雲塔裏師"라고 하였다. 〔참고문헌〕『禪苑淸規』, 『佛眼語錄』.

청천굉벽력 靑天轟霹靂 푸른 하늘에 벼락 치다. 『벽암록』 79칙 「본칙 本則」(대정장48, p.205b28)에 "학인이 투자에게 물었다. '모든 소리는 부처님 소리입니다. 맞습니까?〈호랑이 수염 당길 줄 아는군. 마른하늘에 벼락 쳐지만 자기 똥 냄새는 모르는군〉'. 僧問投子 一切聲是佛聲 是否〈也解捋虎鬚 靑天轟霹靂 自屎不覺臭〉", 『선가귀감』(한불전7, p.644c5)에 "임제가풍 : 맨손에 단도 들고 부처 조사 죽인다. 고금에 현요 가려 주인과 손님으로 용뱀을 검증한다. 금강보검 부여잡고 대나무 정령들 쓸어버리며, 사자의 뛰어난 위엄 빼앗아 여우의 심장쓸개도 찢는다. 임제종지 알고 싶은가? 마른하늘에 벼락 치고 평지에 파도 인다. 臨濟家風 赤手單刀 殺佛殺祖 辨古今於玄要 驗龍蛇於主賓 操金剛寶釰 掃除竹木精靈 奪獅子全威 震裂狐狸心膽 要識臨濟宗麼 靑天轟霹靂 平地起波濤"라고 하였다. [참고문헌] 『碧巖錄』, 『禪家龜鑑』.

청천백일 靑天白日 푸른 하늘 맑은 날에. 분별(分別)의 구름 일지 않아 탕탕하고 자유로운 경계의 비유다. 『운문광록』 권상(대정장47, p.551b29)에 "학인이 운문에게 물었다. '무엇이 조사가 서쪽에서 온 뜻입니까?' '푸른 하늘 빛나는 태양 아래 잠꼬대 웬일인가?' '무엇이 불법의 큰 뜻입니까?' '해 속 기린이 북두 보고 있네'. 問 如何是祖師西來意 師云 靑天白日 寱語作麼 問 如何是佛法大意 師云 日裏麒麟看北斗", 『대혜어록』 권21(대정장47, p.899a19)에 "이 일이란 것이 저 푸른 하늘에 밝은 태양 비추듯 하여, 밝게 비추고 청정하여 변할 일도 움직일 일도, 더할 것도 덜할 것도 없다. 각각의 사람에 당하여 나날이 쓰고 연 따라 처하니, 만나는 것마다에 한껏 밝게 드러나 취하지만 얻는 일 없다. 버려도 언제나 있고 탕탕하여 걸림도 없다. 알고 깨우쳐 비워 없게 하니, 물 위로 표주박 띄우듯 끌고 당기지도 묶지도 않는다. 此事 如靑天白日 皎然淸淨 不變不動 無減無增 各各當人 日用應緣處 頭頭上明 物物上顯 取之不得 捨之常存 蕩蕩無礙 了了空虛 如水上放葫蘆 拘牽他不得 惹絆他不得", 『허당록』 권2(대정장47, p.996b3)에 "하안거 소참 때 허당이 말했다. '이 일이란 것이 저 푸르러 티 없는 하늘 같아서 실 한 오라기 한끝 두지 못하니, 가리지도 막지도 못한다. 본래 그대들의 지혜안목 높지 못해 구석진 곳에 떨어질 뿐이다'. 結夏小參 此事如靑天白日 無一絲頭許 爲障爲礙 自是爾諸人智眼不高 墮在區宇", 『벽암록』 4칙 「수시 垂示」(대정장48, p.143b1)에 "하늘 푸르러 티 없이 맑은 날에 어찌 동을 가리키고 서쪽이라 이름 짓는가. 시절인연 역시도 병 따라 약 주는 일일 뿐이다. 말해보라, 놓아 자유로이 가려느냐, 잡아 고요히 즐기려느냐? 시험 삼아 살펴보라. 靑天白日 不可更指東劃西 時節因緣 亦須應病與藥 且道 放行好 把定好 試擧看"라고 하였다. [참고문헌] 『雲門廣錄』, 『大慧語錄』, 『虛堂錄』, 『碧巖錄』. ⇨ 본분사 本分事

청천사 碃川寺 고려전기 경상북도에 있었던 절. 경상북도 칠곡군 약목면 정도사(淨兜寺) 석탑의 조성형지기(造成形止記)에 따르면 정도사 인근의 사원으로 추정된다. 형지기에 청천사주(碃川寺主) 진굉(眞宏)과 청사주인(碃寺主人) 행승(幸僧)의 존재가 확인되는데, 『한국사찰전서』에서는 청천사의 청이 적(磧)의 오류로 의심된다고 여겨 경상북도 청도군에 소재한 적천사(磧川寺)로 잘못 기록한 것으로 추정한다. [참고문헌] 『韓國寺刹全書』 권하 p.1103a4, 李基白 編著 『韓國上代古文書資料集成』(一志社, 1987). ⇨ 적천사 磧川寺

청청 請請 ❶Ⓢpravāraṇā, Ⓟpavāraṇa. 자자(自恣)를 달리 이르는 말. 『중아함경』 권29 「청정경」에(대정장1, p.610a10)에 "어느 때 부처님께서 왕사성을 유행하실 때 죽림가란다에 계시며, 오백의 대비구대중과 함께 여름 안거를 맞으셨다. 그때 세존께서는 그 달 15일에 바라제목차를 설하시고 서로 청청하고자 해서 비구들 앞에 자리를 펴고 앉아, 모든 비구들에게 이렇게 말씀하셨다. … '나는 범지로서 멸을 얻어 마친 뒤에는 위없는 의왕이 되었다. 내가 지금 받은 이 몸은 최후의 몸이다. 그러므로 너희들은 나의 참 제자이니, 내가 말한 법으로 교화하였기 때문이다. … 너희들은 마땅히 가르쳐 변해서 거듭 서로 전하고 말해야 한다'. 一時 佛遊王舍城 在竹林加蘭哆園 與大比丘衆五百人俱 共受夏坐 爾時 世尊月十五日 說從解脫相請請時 在比丘衆前敷座而坐 告諸比丘 … 我是梵志 得滅訖後 無上醫王 我今受身最是後邊 謂汝等輩是我眞子 從口而生 法法所化 … 汝當教化 轉相教訶"라고 하였다. [참고문헌] 『中阿含經』, *SN.1.190.* ⇨ 자자 自恣 ❷『중아함경』 권29 「대품 大品」에 속한 소경 이름. 상윳타니카야 제8 Vaṅgīsa thera samyutta의 제7경 *Pavāraṇā-sutta,* pp.190~192이다. 자자에 대한 자세한 내용을 담고 있으며, 이역본(異譯本)으로는 『신세경 新歲經』(대정장1, No.62)과 『해하경 解夏經』(대정장1, No.63)이 있다. ⇨ 신세경 新歲經, 해하경 解夏經

청청취죽울울황화 靑靑翠竹鬱鬱黃花 푸르고 또 푸른 저 대나무 여울져 빛나는 황금빛 저 꽃들. 만법이 자성 그대로 자재하고 걸림없는 경계다. 『굉지광록』 권5(대정장48, p.71b17)에 "푸릇푸릇 저 대나무 여울져 빛나는 저 금빛 꽃들, 손에 맡겨 집어 오네. 가는 곳 어디서나 드러나 나투니 너도 없고 나도 없네. 靑靑翠竹鬱鬱黃花 信手拈來 隨處顯現 了無他自"라고 하였다. [참고문헌] 『宏智廣錄』.

청초승쟁기 淸初僧諍記 1912년에 중국 학자 진원(陳垣)이 지은 명말청초 승쟁을 기록한 글. 대략 세 갈래다. 첫째, 임제종과 조동종 간의 쟁론으로 대혜종고(大慧宗杲)의 간화선(看話禪)과 천동굉지(天童宏智)의 묵조선(默照禪) 양계파 간의 논쟁을 다루었다. 둘째, 조동종 내 문파 간의 대립, 특히 밀운원오(密雲圓悟 1566~1642)와 그의 제자인 한월법장(漢月法藏 1573~1635 : 三峯法藏) 간의 분쟁을 다루었다. 셋째, 명말(明末) 보수구세력과 청초(淸初)의 혁신진보파 간의 분쟁 과정을 상세히 논술하고 있다. 특히 주목받는 일은 천동파(天童和尙密雲圓悟) 간의 분쟁 중 법장(法藏)이 그의 스승인 밀운원오에 문도들과 맞서면서까지 중국선종에 일대파란을 일으킨 일이다. 법장이 삼봉사관(三峯死關 : 蘇州 虞山)에서 10여 년 간 정진하던 중 대나무 쪼개지는 소리 듣고 크게 깨달았으나(聞折竹聲大悟) 무사자오(無師自悟)에 대한 의심이 남아있어, 1624년(천계4) 당시 가장 연고유덕(年高有德)한 선지식으로 추앙받던 원오선사가 있는 금속사(金粟寺)로 찾아가 인가를 구했다. 원오는 법장을 보는 즉시 계합하여 곧바로 수좌(首座)를 맡기기도 하였다. 나름의 지견이 생겨나자 법장은 1628년(숭정1)에 『오종원』 1권(卍속장114, pp.201a1~218b4)을 지어 조동종과 오가종지(五家宗旨)를 모두 반대하여 부처님께서 영산회상(靈山會上)에서 대중(大衆)들에게 연꽃을 들어 보이신 거염화(擧拈花) 외에는 다 밀실전수사법(密室傳授之死法)이라 비판하고, 오직 일원상(一圓相)만이 천불만불(千佛萬佛)의 조종(祖宗)일 뿐이어서 위음왕불(威音王佛) 이래로 일언일법(一言一法)도 오가종지마저도 다 그 속에 있다고 강조하며, 선가의 일대파란을 일으켰다. 이로 맞서 법장의 사제(師弟)인 목진도민(木陳道忞 1595~1674)이 오종종지를 천양하는 뜻으로 『오종벽 五宗闢』을 지어 법장의 주장을 비판했고, 또 다시 원오의 손제자이며 법장의 제자인 담길홍인(潭吉弘忍 1599~1638)은 법장의 『오종원』을 지지하는 『오종구 五宗救』를 지어 도민의 『오종벽』에 맞서 법장을 극력 비호하였다. 이와 같이 원오의 문중끼리 계속 싸우는 것을 본 스승인 원오는 양파 모두 명리를 위한 무리(爲名利之徒)라고 크게 꾸짖었다. 이에 1638년(숭정11) 『벽망구략설』(卍속장114, pp.219a1~377a7 : 『天童和尙闢妄救略說』) 10권을 지었고, 시자인 진계(眞啓)가 편집하였다. 원오는 이 책의 서문격인 「벽망구략설연기 闢妄救略說緣起」에서 이 광경을 지켜 본 밀운원오가 『벽망구약설』 10권을 짓게 된 것은 선종의 종지는 '불립문자직지인심 不立文字直指人心'에 있을 뿐이어늘 일원상 내세워 천불만불의 조종이 된다고 주장하나, 선종은 어디까지나 달마가 전한 불립문자직지인심 이외의 설은 정설(正說)이 될 수 없다. 이를 묵인 방치한다면 선종의 혜명(慧命)이 머지않아 끊어지고 후세 선문수행자들이 이를 잘못 이해하여 사견에 빠져 일원상을 망인(妄認)함을 면하게 하려고 이 글을 지어 불법대의(佛法大意)를 천양코자 하는 것이라고 밝혔다. 이렇게 원오문손 간의 논쟁은 백년에 가깝도록 끝나지 않았고, 청 세종인 옹정황제(재위 1723~1735)가 1733년(옹정11)에 『간마변이록』(卍속장114, pp.379a1~506a9 : 『御製揀魔辨異錄』) 8권을 지어 법장의 『오종원』과 홍인의 『오종구』 등을 사마이설(邪魔異說)로 반박하였다. 또 저들 무리가 음주・식육・계율파괴 등으로 불교를 위해(危害)함이 적지 않으므로 마땅히 전제(剪除)해야 한다고 주장하고는 마침내 정령(政令)으로 법장일파를 해산시킴으로써 백여년 간 계속된 이들간의 법전(法戰)은 끝이 났다. 밀운원오의 3대 법손(밀운원오 → 한월법장 → 구덕홍례 → 회산계현)인 회산계현(晦山戒顯)은 이상과 같이 명말청초 불교의 쇠퇴원인이 외세 때문이 아니라 과도한 승쟁과 그에 따른 정치적 개입으로 끝난 현실을 개탄하여 지은 것이 『선문단련설』(卍속장112, pp.986a1~1008a10)이다. [참고문헌] 『五宗原』, 『闢妄救略說』, 『揀魔辨異錄』, 『禪門鍛鍊說』. ⇨ 원오 圓悟 [4], 법장 法藏 [9], 선문단련설 禪門鍛鍊說, 회산 晦山

청측 圊厠 뒷간. 청(圊)은 청(淸)으로도 쓴다. 『중아함경』 권16 「비사경 蜱肆經」(대정장1, p.526b16)에 "촌락 밖에 공동 청측이 있는데, 사람 머리 빠지는 깊이까지 똥이 가득하다. 村邑外有都圊厠 深沒人頭 糞滿其中", 36권본 『대반열반경』 권27(대정장12, p.786c10)에 "주방과 욕실과 발 씻는 곳과 대소변을 위한 뒷간 등 갖추어지지 않음이 없었다. 廚坊浴室 洗脚之處 大小圊廁 無不備足", 『유부율송』 권하(대정장24, p.656b22)에 "청측 가운데 응당 시다림상 지으라. 若於圊厠中 應作尸林像"라고 하였다. [참고문헌] 『中阿含經』, 『大般涅槃經』, 『有部律頌』, 『一切經音義』 권15(대정장54, p.395c17). ⇨ 정랑 淨廊

청태 淸泰 [1] 맑고 너그러움. 『출요경』 권27(대정장4, p.756b24)에 "지혜로운 사람의 배움은 필히 위로 미쳐 있기에 서로 보아 함께 기뻐한다. 먼저 미소짓고 뒤에 말하며 온화하고 기쁜 낯빛으로 안팎이 맑고 너그러워 다툴 일 없다. 智人所學 必當上及 相見同歡 先笑後語 和顏悅色 內外淸泰 無有諍訟", 『순정리론』 권8(대정장29, p.375a12)에 "저 의식이 또한 몸도 따라서 구르니, 풍병 등으로 몸이 괴로울 때는 의식 바로 흩어지고, 몸이 맑고 편안할 때에는 의식도 안정된다. 若爾意識 亦隨身轉 謂風病等損惱身時 意識卽亂 身淸泰時 意識安靜"라고 하였다. [참고문헌] 『出曜經』, 『順正理論』. [2] 극락(極樂)의 다른 이름. 『아미타경요해』(대정장37, p.367a5)에 "극락은 범어로 '수마제'다. 이를 바꾸어 극락 또는 안양, 안락, 청태라 하니, 이는 뭇 고통을 길이 여읜 제일의 안온을 일컫는다. 言極樂者 梵語須摩提 此翻極樂 亦翻安養 亦翻安樂 亦翻淸泰 乃永離衆苦第一安隱之謂"라

고 하였다. 〔참고문헌〕『阿彌陀經要解』. ⇨ 극락 極樂

청태국 淸泰國 아미타부처님께서 머무는 국토. 『아미타고음성왕다라니경』에서 말하는 아미타부처님의 국토이며, 청정하고 편안하기에 이렇게 부른다. 『무량수경』·『아미타경』 등에서 아미타불의 국토라고 하는 서방극락세계(西方極樂世界)와 다른 곳으로, 『안락집』에서는 서방극락세계는 아미타불의 보신(報身)이 머무시는 정토(淨土)이고 청태국은 그 화신(化身)이 머무는 예토(穢土)라 하고, 『대승법원의림장』에서는 같다고 하였으며, 『석정토군의론』에서는 아미타부처님께서 나신 곳이 청태국이고 깨달음을 얻으신 곳이 극락세계라고도 하였다. 『아미타고음성왕다라니경』(대정장12, p.352b21)에 "아미타부처님께서 성문과 함께 계시는데, 이 부처님의 나라 이름을 청태라 하고, 성왕이 거주하는 그 성 넓고 큼이 십천유순이며, 그 안에는 찰리종이 가득하다. 아미타불여래응정변지의 아버지 이름은 월상전륜성왕이고, 그 어머니 이름은 수승묘안이며, 아들 이름은 월명이고, 받들어 모시는 제자의 이름은 무구칭이며, 지혜로운 제자의 이름은 현광이고, 신족통으로 정근하는 제자의 이름은 대화이다. 阿彌陀佛與聲聞俱 如來 應 正遍知 其國號曰淸泰 聖王所住 其城縱廣十千由旬 於中充滿 刹利之種 阿彌陀佛 如來 應 正遍知 父名月上轉輪聖王 其母名曰 殊勝妙顔 子名月明 奉事弟子 名無垢稱 智慧弟子名曰賢光 神足精勤 名曰大化", 『석정토군의론』 권6(대정장47, p.64b3)에 "화광불께서는 다른 세계에서 수태로 나시고, 정토중에서 깨달음을 얻으셨다. 태로 나지 않고서 어떻게 왕자가 되며, 나라를 포기하여 세상의 영예도 버렸겠는가? 지금 아미타불 역시 그러하니, 청태국에서 태 받아 나고, 극락국에서 깨달음을 얻으셨다. 花光佛 於他世界 受於胎生 於淨土中 成等正覺 若非胎生 寧爲王子 棄國捨世榮也 今阿彌陀佛亦爾 於淸泰國 受彼胎生 於極樂國 成等正覺也"라고 하였다. 〔참고문헌〕『阿彌陀鼓音聲王陀羅尼經』, 『釋淨土群疑論』. ⇨ 극락세계 極樂世界, 정토 淨土, 아미타불 阿彌陀佛

청택법보은문 請擇法報恩文 1767년(영조43)에 기성 쾌선(箕城快善 1693~1764)이 편집한 수행지침서로 법을 가리고 행해서 부처님과 나라의 은혜를 갚는다는 취지의 글이다. 목판본 1권 1책. 경상남도 밀양시 화악산(華岳山) 봉천사(鳳泉寺) 운주암(雲住庵)에서 개간(開刊)한 뒤 동화사(桐華寺)에 옮겨 진장하였다. 한불전6, pp.633c1~650b28에 전한다. 총서청의(摠叙請意)·미로청익(迷路請益)·대익정행(大益正行)·기익불행(其益不行)·정청작익(正請作益)·중지가성(衆智可成)·위익극대(爲益極大)·총변손익(摠卞損益)·손종무지기(損從無知起)·익종유지기(益從有知起)·불은심중(佛恩深重)·보불심은(報佛深恩)·별명국은(別明國恩)·학불차제(學佛次第)·선사행리(先師行履)·입사공심(立祠功深)·가계종래(可繼從來)·정법류래(正法流來)·결청작익(結請作益) 20장에다가 장문의 별명정토문(別明淨土門)과 별명학불구경(別明學佛究竟)을 덧붙여 모두 22장으로 구성하였다. 쾌선은 선대의 서산휴정(西山休靜 1520~1604)이 선교(禪敎)와 염불문을 거두어 『선가귀감 禪家龜鑑』, 『심법요초 心法要抄』 등을 짓는 등 시대를 선도했음을 높이 평가하고, 조선의 억불정책과 불교계를 향해 때에 맞는 정법(正法)을 결택(決擇)하여 불은(佛恩)과 국은(國恩)에 보답할 것을 간청하고 교계(敎界)의 자각을 촉구한 시대적 절규라고 평가되기도 한다. 책은 국립중앙도서관·동국대학교·계명대학교에 소장되어 있는데, 계명대 소장본에만 1767년에 용산포은(龍山逋隱)이 쓴 서문이 수록되었다. 권말에는 "죽계산인 유동신 발원하여 쓰다 竹溪散人柳東新發願謹書"라고 하였고, 그 뒤에 시주질(施主秩)과 간역설변주사(刊役設辨主事) 등이 덧붙여 있다. 〔참고문헌〕高翊晋 「請擇法報恩文의 著者와 그 思想」(『佛敎學報』17, 1980). ⇨ 쾌선 快善

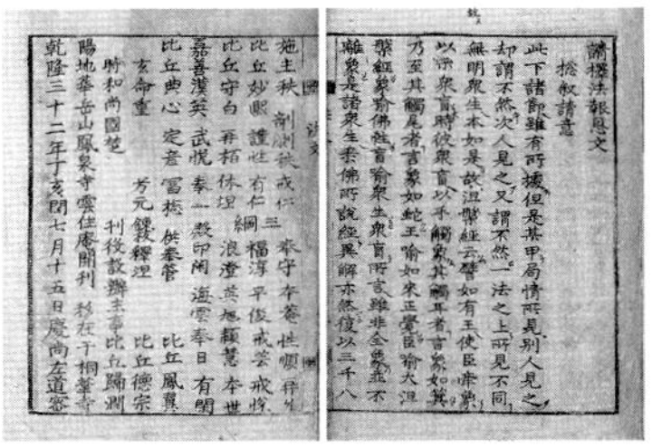

청택법보은문 권수와 간기
밀양 봉천사 운주암 1767년

청파 淸波 조선후기 스님. 수월영민(水月永旻 1817~1893)의 은사이다. 「고운사수월당영민대선사비문」에 "17세에 고향의 고운사로 들어가 청파화상에게 머리를 깎고 스님이 되었다. 年十七入鄕之孤雲寺 祝髮於淸波和尙"라고 하였다. 〔참고문헌〕智冠 『韓國高僧碑文總集 朝鮮朝·近現代』 p.760. ⇨ 영민 永旻

청파무투로 淸波無透路 맑게 파도쳐 뚫을 길마저 없네. 『운문광록』 권상(대정장47, p.545b2)에 "관원이 물었다. '불법은 저 물에 잠긴 달과 같다는데 그런가요?' '맑게 파도쳐도 뚫을 길이 없지'. 有官問 佛法如水中月 是不 師云 淸波無透路", 『선문염송설화』 1041칙(한불전5, p.739a4)에 "맑게 파도쳐 뚫고 들어간 길 없다 한 것은 하늘에 뜬 달 일찍이 물에 떨어진 적이 있었던가? 물이 맑다 해도 달은 나타나지 않는다. 중생의 마음이라는 물은 본래 맑고 고요하다 해도 저 천상의 달인들 어떻게 하겠는가. 淸波無透路者 眞月何嘗在水中耶 水淸月不現 衆生心水 本來澄寂 要他天上月作麽也"라고 하였다. 〔참고문헌〕『雲門廣錄』, 『禪門拈頌說話』.

청판대장경 淸版大藏經 청대 간행된 대장경. 청장(淸藏)이라고도 부르지만 흔히 용장(龍藏)이라고 일컫는 건륭판대장경(乾隆版大藏經)이다. 이는 옹정제(雍正帝)가 서거하는 1735년(옹정13)부터 칙명(勅命)으로 시작하여 1738년(건륭3)에 완성하였다. 북장(北藏)을 저본으로 하고 다시 교감하여 새로 간행한 것이다. 전체 718함에 1,662부(1,669부 또는 1,660부 라는 설도 있음)이며 총 7,168권이다. 1면 5항(行), 1항 17자(字), 1판 25항의 4절 절첩판이다. 사판(私版)으로 두 장경이 더 있다. 먼저 1866년(동치5) 양문회(楊文會)가 금릉각경처(金陵刻經處)에서 판각을 발기한 백납장(百納藏)이 있다. 이는 여러 사찰이 연합하여 북평(北平)·천진(天津)·금릉(金陵)·강북(江北)·양주(揚州)·비릉(毘陵)·소주(蘇州)·항주(杭州) 등 여러 지역에서 분할하여 판각하였기에 '백납'이라는 이름이 붙었다. 다음은 빈가장(頻伽藏) 또는 빈가판대장경(頻伽版大藏經)이라 불리는 것이다. 이는 청 붕괴 직전인 1911년 상해(上海)의 빈가정사(頻伽精舍)에서 활자로 인쇄를 시작하여 1920년(민국9)에 완성하였는데, 일본에서 간행한 축쇄장경(縮刷藏經)의 영향을 받았다. 이상은 한자(漢字)로 된 대장경이고, 청초 강희년간(1684~1700)에 티베트어로 된 서장대장경(西藏大藏經)을 간행하였다. ⇨ 대장경 大藏經

청평 淸平 맑고 고르다. 나라를 다스림(國政)에 깨끗하고 고르게 해서 공평무사함을 말한다. 『중본기경』 권하 「수달품 須達品」(대정장4, p.156c4)에 "장로들이 '땅값은 이미 결정되었으니 응당 돌이키지 마라. 나라 다스림에 깨끗하고 고르게 해야 한다'하자, 태자 기타(祇陀)는 법을 어길 수 없어 바로 청한대로 전(錢)을 펴기 시작했다. 耆老斷當 地價已決 不應得悔 國政淸平 祇不違法 卽聽布錢", 『법원주림』 권32(대정장53, p.535c15)에 "부처님이 말씀하셨다. '아홉 번째 왕의 꿈에 큰 봇물이 중앙은 탁하고 사변이 맑은 것이 보였습니다. 이는 후세에 중앙국은 장차 요란하게 다스려 행해서 인민을 평등히 여기지 않고 부모에 효순치 않으며 장로를 공경치 않을 것이고, 변국의 사면은 장차 깨끗해 고르게 해서 인민이 화목하고 양친에 효순할 것이다'. 佛言 第九王夢 見大陂水 中央濁四邊淸者 此後世中國 當擾亂治行 不平人民 不孝父母 不敬長老 邊國四面 當淸平 人民和穆 孝順二親", 『양기방회어록』(대정장47, p.641a1)에 "양기가 법좌에 올라 말하였다. '범성이 있지 않은데, 불조를 어떻게 세우는가? 대중이여, 청평세계는 저자거리 터는 것을 허용치 않는다'. 上堂 凡聖不存 佛祖何立 大衆 淸平世界 不許人攙奪行市"라고 하였다. 〔참고문헌〕『中本起經』, 『法苑珠林』, 『楊岐方會語錄』, 『仁王護國般若波羅蜜多經疏』 권3(대정장33, p.488b8), 『楞嚴經講錄』 권6(卍속장90, p.58a8).

청평사 淸平寺 강원도 춘천시 북산면 청평리 오봉산(五峰山)에 있는 절. 보현원(普賢院)·문수사(文殊寺)·문수원(文殊院)이라고도 불렸다. 대한불교조계종 신흥사(新興寺)의 말사다. 『태고사사법 太古寺寺法』과 『조선불교통사』 권상에는 유점사(楡岾寺)의 말사라고 하였다. 선사 영현(永玄)이 973년(광종24)에 백암선원(白巖禪院)을 창건하였고 1068년(문종22)에 이의(李顗)가 그 터에 절을 세워 보현원이라고 하였는데, 아들인 이자현(李資玄 1061~1125)이 은거하면서 문수보살을 두 번 친견하고는 문수원이라고 바꾸었다. 이제현(李齊賢 1287~1367)의 「유원고려국청평산문수사시장경비 有元高麗國淸平山文殊寺施藏經碑」에는 1327년(충숙왕14)에 원 황후가 황태자와 황자를 위해서 대장경을 문수사에 봉안하고서 탄생일마다 반승(飯僧)을 베풀기를 청하였다고 하였고, 1555년(명종10)에 보우(普雨 1509~1565)가 주지로 머물며 중창불사를 베풀어 2년 후에 낙성한 뒤에 청평사로 바꾸어 불렀다. 1711년(숙종37)에 환성지안(喚醒志安 1664~1729)이 중창하였고, 1728년(영조4)에 각선(覺禪)이 삼존불상을 조성하였다. 1861년(철종12)에 대웅전이 전소되었고, 1880년(고종17)에 다시 화재가 일어났다. 1900년에 행랑채 10칸을 중건하였고, 1932년 주지 청암(靑庵)이 불상을 개금하였으나 6·25전쟁 당시 경내의 회전문을 제외한 대부분이 소실되었다. 1977년에 공철(空徹)이 극락보전과 삼성각을 중건하였고, 1978년에는 5층 석탑을 새로 건립하였다. 1979년에 향봉(香峯)이 해탈문과 적멸보궁을 중건 및 복원하였다. 1984년에 서호(西昊)가 요사·청평루·청평선방 등을 중건하였고, 1989년에는 석진(石眞)이 능인전 터에 대웅전을 중건하였으며, 2000년에 향적전과 사성전, 구광전 터에 관음전과 나한전, 2002년에는 원해문과 강선루 터에 각각 행각과 경운루를 세웠다. 이로써 전각은 대체로 복원되었으나 암자 및 선원 공간은 대부분 유지(遺址)로 남았다. 보우의 『나암잡저』에 「청평사제석탱중수기 淸平寺帝釋幀重修記」, 「청평사미타탱중수기 淸平寺彌陀幀重修記」, 「청평사중창기 淸平寺重創記」, 「청평사중창경찬제상점안법회소 淸平寺重創慶讚諸像點眼法會疏」, 「청평사보상춘추수륙재소 淸平寺保上春秋水陸齋疏」와 『허응당집』에 「유청평사시이십이운〈병서〉 遊淸平寺詩二十二韻〈幷序〉」가 전하고, 『유점사본말사지』에 이수인(李守寅 1855~?)의 「청평산문수사고사기 淸平山文殊寺故事記」(1901), 이학규(李鶴圭 1852~?)의 「청평사역사서 淸平寺歷史序」(1915) 등이 실렸다. 현존 당우로는 대웅전·극락보전·적멸보궁·삼성각·관음전·나한전·요사 등이 있으며, 성보문화재로는 보물로 지정된 회전문과 명승인 고려선원 등이 있다. [참고문헌]『高麗史』, 『益齋亂藁』(한국문집총간2 p.558a3), 『懶庵雜著』, 『虛應堂集』, 『春川府邑誌』, 『朝鮮佛敎通史』, 『韓國寺刹全書』 권하 p.1099b9, 『楡岾寺本末寺誌』(亞細亞文化社, 1977) p.685~720, 『韓國金石全文』(亞細亞文化社, 1984). ⇨ 문수원 文殊院 ❷, 보현원 普賢院 ❶

청평사중창기 淸平寺重創記 강원도 춘천시에 있는 청평사를 1557년(명종12)에 허응보우(虛應普雨)가 중창하고 지은 글. 『나암잡저』(한불전7, p.579b4)에 수록되어 있다. 1555년에 청평사로 은퇴한 보우는 "퇴락한 것이 융성하게 되리라 하는 것은 어머니요, 이루어진 것이 무너질까하는 것은 자식이니, 옛 것을 고쳐 새 것을 도모하는 것은 자식과 어머니가 가히 화답하는 것이다. 衰惟盛母 成乃壞子 脩舊圖新 可應子母"고 하면서, 양종(兩宗)이 중흥하는 시기를 만나 1557년에 명종의 어머니인 문정왕후(文定王后)의 후원과 여러 시주를 받아 중창하였다. 요사는 새롭게 지었으나 능인보전은 서까래만을 바꾸었다. 단월의 성씨를 기문 뒤에 기록하여 후세의 귀감으로 삼고자 한다고 하였지만 누락되었다. 청평사는 당승(唐僧) 영현(永玄)이 창건하였다고 하였으나 1130년(인종8)에 김부철(金富轍)이 쓴 「청평산문수원기 淸平山文殊院記」(『동문선』 권64)에는 영현(永賢)은 당에서 신라로 왔다고만 기록되어 있다. [참고문헌]『懶菴雜著』, 『東文選』. ⇨ 청평사 淸平寺

청평사지장보살도 淸平寺地藏菩薩圖 1562년. 세로 95.2cm·가로 85.4cm. 비단 바탕에 채색. 일본 고묘지(光明寺) 소장. 문정왕후(文定王后) 시기에 보우(普雨)에 의해 조성된 것으로, 삼각산 향림사(香林寺)의 「오백나한도」(1562)를 5월에 마치고 나서, 6월에 춘천 청평사에 조성한 것이다. 지장보살 삼존의 상호는 둥근 안면에 인중이 짧고 이목구비가 또렷하며 시왕들은 도석인물화처럼 세밀히 그려져 있다. 화려한 보탑(寶榻)·삼백법(三白法)·오조룡문(五爪龍紋)·보상화문·금니의 사용 등은 문정왕후 시기의 왕실발원 불화를 대표한다.

청평사지장보살도

청평사회전문 淸平寺廻轉門 조선전기 목조건축. 보물 제164호. 정면 3칸·측면 1칸의 익공계(翼工系) 맞배지붕건물. 대웅전에 진입하기 위한 중문(中門)으로, 조선 명종대(재위 1546~1567)에 보우선사(普雨禪師)가 중건하였다. 『약헌유집』 권5 「청평산기 淸平山記」에서는 '회전문 回轉門', 『청평사지 淸平寺誌』에서는 '남문 南門'이라고 하였다. 기단은 장대석을 이용하여 쌓은 대지기단 위에 정면에는 계단을 놓았다. 초석(礎石)은 운두가 높은 가공석으로 조성하고 그 위에 10개의 두리기둥을 놓았다. 공포는 주심 기둥 상부 머리에서 출목 없이 두공을 직접 올리는 익공식이다. 가구(架構)는 중앙 칸과 측벽의 구분 없이 3량가이며, 정면에서 후면까지 한 번에 대보가 이어지고 있다. 천장은 대들보와 마루대공이 전부인 연등천장(椽燈天障)이고, 상인방을 가로질러 홍살을 설치하였다. 좌우 협칸의 하단에는 약간 높여 마루를 깔아 벽을 둘러 사천왕상이나 역사상을 놓을 수 있게 했지만 별도로 안치하지 않고 있다. 회전문은 익공의 결구와 지붕 처마를 받치는 부재들도 간결한 형태로 짜여 지는데, 이는 주심포에서 익공계로 변화하는 모습으로 16세기에 조성된 것으로 보고 있다. [참고문헌]『藥軒遺集』, 『寶物 第164號 修理實測報告書 淸平寺 廻轉門』(春川市, 2002). ⇨ 청평사 淸平寺

청평사회전문

청평산문수사시장경비 淸平山文殊寺施藏經碑 1327년(태정4) 원 진종(晉宗)의 근신(近臣)인 사도(司徒) 강탑리(剛塔里)와 중정원사(中政院使) 홀독첩목아(忽篤帖木兒)가 원의 진종황제와 황후의 사신으로 와서 성징(性澄)과 사인(寺人 : 宦官)인 윤견(允堅)에게 전해준 경전을 받아 고려 충숙왕(忠肅王)에게 바친 것을 청평산 문수사에 봉안한 전말을 기록한 비석. 비문은 익재(益齋) 이제현(李齊賢 1287~1367)이 짓고 군해(君亥) 이암(李嵒)이 썼다. 갖춘 이름은 '유원고려국청평산문수사시장경비 有元高麗國淸平山文殊寺施藏經碑'이다. 언제인지는 알 수 없으나 비석은 파손되었고 비좌(碑座)만 청평사 경내에 남아있다. [참고문헌]『益齋亂藁』 권7(韓國文集叢刊2, p.

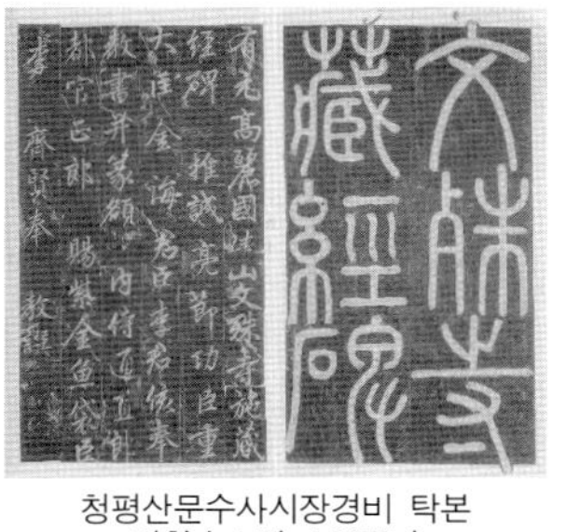
청평산문수사시장경비 탁본
임창순소장 1327년

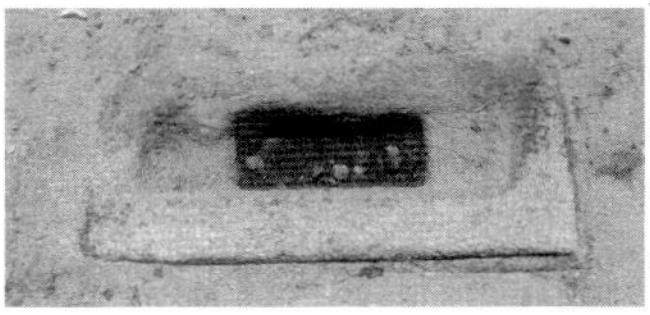
청평산문수사시장경비좌

558a3), 『東文選』 권118, 『大東金石苑』, 『高麗史』 列傳 권23 李齊賢傳. ⇨ 문수원 文殊院 ❷, 청평사 清平寺

청평표삭 清平杓索 청평영준(清平令遵)이 두레박줄이라 답하다. 『선원몽구』 권중(卍속장148, p.255a11)에 "청평표삭〈출처는 『오등회원』 권5〉 : 학인이 '무엇이 큰 수레입니까?'라고 문자 청평화상이 답했다. '우물의 두레박줄이다' '무엇이 작은 수레입니까?' '돈꿰미다' '유루(有漏)란 무엇입니까?' '조리다' '무루란 무엇입니까?' '나무로 된 국자다'. 清平杓索〈會元五〉 清平和尚 僧問 如何是大乘 師云 井索 日 如何是小乘 師云 錢貫 問 如何是有漏 師曰 笊籬 日 如何是無漏 師曰 木杓"라고 하였다. [참고문헌] 『禪苑蒙求』.

청평풍검 清平豐儉 청평영준(清平令遵)이 넉넉함과 검소함을 말하다. 『선원몽구요림』 권하(卍속장148, p.286a13)에 "청평풍검〈취미무학의 법사. 『경덕전등록』 권15〉 : 악주 청평산 영준선사 상당하여 말하길, '상좌들이여! 무릇 출가인이라면 부처의 뜻을 알아야 한다. 부처의 뜻이 승속과 남녀나 귀천에 있지 않음을 안다면, 다만 집안의 넉넉함과 검소함 따른 뿐으로도 안락함 문득 얻으리라. … 그대들 다행히도 받은 몸 안녕하고 건강해서 온갖 어려움 만난 일 없었으니 무엇인들 그 앞을 막으리요. 이 공부 힘써 하려 하니 온몸으로 부처님 뜻 가져 취함이 좋으리'. 清平豐儉〈翠微無學法嗣 傳燈十五〉 鄂州清平山令遵禪師 上堂曰 諸上坐 夫出家人 須會佛意 始得 若會佛意不在僧俗男女貴賤 但隨家豐儉 安樂便得 … 在諸人幸值色身安健 不值諸難 何妨近前 著此工夫 體取佛意好"라고 하였다. [참고문헌] 『禪苑蒙求瑤林』.

청포복 青布袱 물건을 포장하는 데 쓰는 푸른색 보자기. 『백장청규』 권5 「裝包」(대정장48, p.1140a4)에 "지금 정포와 장포의 법에는 푸른색 보자기 두 개를 쓴다. 今則頂包裝包之法 用青布袱二條", 『선림상기전』 권19(불광장, 禪藏, p.1545)에 "『백장청규』「장포법」에서 '장포의 법에는 푸른색 청포복 두 개를 쓴다'고 하였다. 포복이란 겹친 것을 말한다. 敕修清規裝包云 裝包之法 用青布袱二條 布袱卽複子也"라고 하였다. [참고문헌] 『百丈清規』, 『禪林象器箋』.

청풍사 清風寺 전라남도 영암군 영암읍 학송리에 있던 절. 『사탑고적고』에 기와의 파편과 돌담이 남아 있으며 화강석으로 만들어진 13척의 4각 5층탑이 남아 있다고 전한다. 『조선보물고적조사자료』에도 전한다. [참고문헌] 『寺塔古蹟攷』, 『朝鮮寶物古蹟調査資料』(朝鮮總督府, 1942), 『韓國寺刹全書』 권하 p.1100a9.

청풍암 清風庵 전라북도 고창군 아산면 도솔산에 있던 선운사(禪雲寺)의 산내 암자. 『도솔산선운사창수승적기 兜率山禪雲寺創修勝蹟記』에 "청풍암 신라 때 비로소 창건되었고 정덕 2년(1507·중종2) 정묘에 중창하였는데 화주는 지은이었다. 清風庵 羅代始刱 而正德二年丁卯重刱 化主智誾"라고 하였다. [참고문헌] 『兜率山禪雲寺刱修勝蹟記』, 『韓國寺刹全書』 권하 p.1100a12.

청풍잡지 清風匝地 맑은 바람 온누리 가득하네. 『원오어록』 권1(대정장47, p.717b22)에 "조사심인을 높이 들어 온나라 떨치니, 만리로 외로이 빛나는 저 오랜 빛 눈 가득 넘치리. 곧바로 맑은 바람 온누리 가득하고 아득한 하늘 가득 비 뿌려 두 머리 베어 끊고 집으로 돌아가 편안히 앉으리. 高提祖印擄寰中 萬里孤光長溢目 直得清風匝地 雨灑長空 截斷兩頭 歸家穩坐", 『대혜어록』 권5(대정장47, p.830b5)에 "'천고에 드리운 꽃다운 소식 누구와 함께 안다 하리? 맑은 바람 온누리 가득하니 어찌 그 끝 있으리' '또 바람 부니 곡조 달리 불어보네'. 進云 千古垂芳孰共知 清風匝地有何極 師云 又被風吹別調中", 『산당순선사어』(속고존숙어요4, 卍속장119, p.10a8)에 "사람마다 정수리 위로 밝은 해가 허공에 걸려 있고, 누구나 다리 아래 맑은 바람 가득하다. 그러니 부처와 조사 따를 일 없이 하고, 납승의 보금자리 지킬 일도 없으리. 흉중에 흐르는 대로 하늘땅 뒤덮고 손 가는 대로 집어들고 바람도 맞고 비도 적시리. 人人頂門上 杲日當空 箇箇脚跟下 清風匝地 不由佛祖規模 不守衲僧窠臼 胸中流出 蓋地蓋天 信手拈來 打風打雨"라고 하였다. [참고문헌] 『圜悟語錄』, 『大慧語錄』, 『山堂洵禪師語』. ⇨ 고일리천청풍잡지 杲日麗天清風匝地

청하 清霞 ❶ 조선후기 탄정(彈靜 1841~1912)의 법호. ⇨ 탄정 彈靜 ❷ 현대 양산 통도사 성원(性源 1927~2001)의 법호. ⇨ 성원 性源

청하미윤 青霞美允 조선후기 스님. 『동사열전』 권6 「호연선사전 浩然禪師傳」(한불전10, p.1071b7)에 "법명은 유우이고 호는 호연이다. … 제자는 청하미윤인데, 속성은 주씨이고 영암 옥천방 사람이다. 미윤의 전계제자는 응허성안 등 열 다섯 분인데, 수은상족인 경윤은 속성이 최씨로 영암 신풍 사람으로 주지를 역임하였다. 경윤의 상족 민오는 수인사 주지를 지냈다. 師名有愚 號浩然 … 師有弟子 青霞美允 姓朱氏 靈岩玉泉坊人 允有傳戒弟子 應虛聖眼等十五人 受恩上足有慶允 姓崔氏 靈岩新豊人 行住持 允有上足敏悟 行修仁住持"고 하였다. [참고문헌] 『東師列傳』.

청학 清學 1570~1654. 조선후기 장흥 보림사(寶林

寺) 스님. 자는 수현(守玄), 호는 영월(詠月), 속성은 홍(洪)씨. 아버지의 휘는 광명(光明), 어머니는 강(姜)씨. 1570년(선조3) 유치명촌(有恥名村)에서 태어났다. 13세 때 장흥 보림사를 찾아가 스님이 되었다. 한 때 부휴선수(浮休善修)를 친견하여 법문을 들었고, 뒤에 청허휴정(淸虛休靜)의 법을 이었다. 1592년(선조25)에 내침한 임진왜란 때에는 승병으로 참여하지는 않았으나, 국가의 존망과 도탄에 빠진 민생을 생각하여 나반존자입정(繼那畔之入定)하듯 그 모습 본받아 고행정진하다가, 1654년(효종5) 10월 29일 축시(丑時 : 새벽 1~3시)에 세수 85(枕肱懸辯 이 지은 行狀에는 '年九旬有五'라 하였다), 법랍 73세로 입적하였다. 저서는 『영월당대사문집』 1권이 있는데 한불전8, pp.221~236에 수록되어 있다. 목판은 1656년(효종7) 제자인 청계(淸溪)·법정(法正) 등이 판각하여 낙안(樂安 : 寶城郡 筏校邑) 금화산(金華山) 징광사(澄光寺)에 진장하였다 하였다. 〔참고문헌〕『詠月堂大師文集』「詠月大師原始要終行狀」(한불전8, pp.235c13~236c6·356a2~c5).

청학대 靑鶴臺 **1** 강원도 회양군 금강산에 있던 대. 표훈사(表訓寺)의 왼쪽에 위치하였다. 금강대(金剛臺)라고도 하였다. 허정법종(虛靜法宗 1670~1733)의 『허정집』 권하 녹(錄) 「유금강록 遊金剛錄」(한불전9, p.521b12)에 "옆에 은적대가 있었다. … 그 북쪽에 청학·금강대와 대향로·소향로봉이 흰 구름 사이로 층층이 솟아 있었다. 傍有隱寂臺 … 其北靑鶴金剛兩臺 大香爐小香爐兩峯 層出白雲中矣"라고 하였고, 이의현(李宜顯 1669~1745)의 『도곡집』 권25 기(記)에 "향로봉 아래, 천일대 북쪽에 기이한 암석이 크게 솟아 있는데 모양이 마치 축대와 같아서 가히 바라볼 수는 있으나 올라갈 수 없으니 금강대이다. 일명 청학대라고도 한다. 香爐之下 天逸之北 奇巖嶐起 狀如築臺 可望而不可上者 金剛臺也 一名靑鶴臺"라고 하였으며, 『죽석관유집』 권3 기(記) 「풍악기 楓嶽記」에 "거슬러 올라가면 표훈사 골짜기이다. 큰 절이 있다. 그 위로는 정양사 골짜기이다. 또 몇 리 가면 왼쪽에 청학대, 오른쪽에는 소향로봉을 끼고 있다. 溯而上曰表訓寺之洞 大伽藍在焉 其上曰正陽寺之洞 又數里 左挾靑鶴之臺 右挾小香爐之峯"라고 하였다. 이현보(李賢輔 1467~1555)의 『농암집』 「동유기 東游記」에 "이를 금강대라고 한다. 예전에 듣기로는 푸른 학이 그 정상에 둥지를 틀었다고 하였으나 지금은 볼 수 없다. 是爲金剛臺 舊聞靑鶴巢其顚 今不可見矣"라고 하였다. 경허성우(鏡虛惺牛 1849~1912)의 『경허집』 보유(補遺) 가(歌) 「금강산유산가 金剛山遊山歌」(한불전11, p.641b12)에서도 노래하였다. 〔참고문헌〕『虛靜集』, 『陶谷集』, 『竹石館遺集』, 『聾巖集』(韓國文集叢刊162, p.169a17), 『鏡虛集』. **2** 경기도 포천시에 있었던 대. 이항복(李恒福 1556~1618)이 지은 박순(朴淳 1523~1589) 행장에 물러나 영평 백운산에 머물면서 노닐던 곳이라고 했고, 『동국여지지』 권2 경기 영평현 산천(山川)에 "창옥병이라고 이름한다. 그 남쪽 2·3리에 또 청학대와 백학대가 있다. 모두 본조의 박순이 노닐고 감상하던 곳이다. 名曰蒼玉屛 其南二三里 又有靑鶴臺白鶴臺 皆本朝朴淳遊賞處"라고 하였다. 〔참고문헌〕『東國輿地志』, 『白沙集』. **3** 전라남도 장흥군 관산읍 천관산(天冠山)에 있던 대. 『지제지』 「사우 寺宇」에 "청학대는 학서암 위에 있으며 진주천을 품고 있다. … 이상은 모두 지금 없다. 靑鶴臺 在鶴棲岩上 飲眞珠泉 … 以上皆今無"라고 하였다. 〔참고문헌〕『支提誌』, 『韓國寺刹全書』 권하 p.1093b16, 『長興天冠山天冠寺 地表調査報告書』(順天大學校博物館·長興郡, 1999) p.133. **4** 평안북도 희천군 동창면 백산(白山)에 있던 대. 대본산 보현사(普賢寺)의 말사였다. 〔참고문헌〕『朝鮮佛敎通史』 권1.

청학사 靑鶴寺 **1** 강원도 강릉시 구정면 구정리에 있는 절. 1457년(세조3) 상원사(上院寺)에 머물던 세조(世祖)의 꿈에 백의대사(白衣大士)가 찾아와 50리 쯤 떨어져 있는 청학사를 중건해달라 청하였다. 불량미(佛糧米) 50석을 보시하고 교지를 내려 일체요역도 감면해 중창하였고 이로써 오대산 근처 제1의 사원이 되었다고 한다. 『조선사찰사료』 권하 「오대산청학사창건사적 五臺山靑鶴寺創建事蹟」에 1752년(영조28)부터 1812년(순조2)까지의 중창 내역이 전한다. 1569년(선조2)에는 율곡 이이(李珥 1536~1584)가 그 동생 이우(李瑀 1542~1609) 등과 함께 참방한 기록도 전한다. 현존하는 당우로는 극락전·삼성각·요사 등이 있으며, 성보문화재인 유형문화재 '석조관음보살상 및 복장유물'이 봉안되어 있다. 석조관음보살은 약 42cm의 반가좌상이고 복장유물에서 순치(順治) 14년명(1657·효종8)의 다라니(陀羅尼), 건륭(乾隆) 56년명(1791·정조15)의 개금발원문, 『묘법연화경 妙法蓮華經』, 오색 천과 실, 곡식 낟알 등이 확인되었는데, 개금발원문에 대승사(大乘寺)의 성암홍안(聖巖弘眼)과 김룡사(金龍寺)의 퇴운신겸(退雲信謙) 등 사불산(四佛山) 화승(畵僧)들이 제작하여 태백산 운흥사(雲興寺)에 봉안되었던 불상임을 적어 남겼다. 이외에도 문화재자료 청동불입상, 청동보살입상, 석불좌상 등이 있다. 〔참고문헌〕『朝鮮寺刹史料』. **2** 강원도 강릉시 연곡면 삼산리 청학산(靑鶴山)에 있던 절. 『범우고』에 이름과 위치가 전하며, 『증수임영지』 사찰에 "청학암은 부의 북쪽 70리의 청학산 아래에 있다. 15칸이다. 靑鶴庵 在府北七十里靑鶴山下 十五間"라고 하였다. 〔참고문헌〕『梵宇攷』, 『增修臨瀛誌』, 『韓國寺刹全書』 권하 p.1093b11, 『溟州郡의 歷史와 文化遺蹟』(關東大學校博物館·溟州郡, 1994) p.163. **3** 강원도 양양군 현북면 대치리 만월산(滿月山)에 있던 절. 대본산 월정사(月精寺)의 말사였다. [참고문헌] 『朝鮮佛教通史』, 『韓國寺刹全書』 권하 p.1093b9. **4** 경상남도 하동군 지리산에 있던 사원. 청학암(靑鶴庵)이라고도 불렸으며 청학동(靑鶴洞)으로 추정하는데, 쌍계사(雙磎寺) 인근에 위치한다. 김종직(金宗直 1431~1492)의 『점필재집』 권2 「유두류록 遊頭流錄」에서 "또 악양현의 북쪽을 가리키며 말하길 청학사 골짜기다. 아. 이곳이 그 옛날에 신선이 살던 곳이라 했던가. 인간 경계와 심히 멀지 않는데 이미수(이인로)가 어찌 찾다가 얻지 못했다 하는가. 호사자들 그 이름을 사모하여 절을 짓고 알리고자 함이 아닌가. 又指岳陽縣之北曰 靑鶴寺洞也 噫此古所謂神仙之區歟 其與人境 不甚相遠 李眉叟何以尋之而不得歟 無乃好事者慕其名 構寺而識之歟"라고 하였다. [참고문헌] 『佔畢齋集』, 『續東文選』, 『靑莊館全書』. ⇨ 청학암 靑鶴庵 **2** **5** 경상북도 의성군 입암리 청학산(靑鶴山)에 있던 절. 『의성군지』에 250여 년 전에 암자가 있었다고 하였다. [참고문헌] 『義城郡誌』(1998).

청학사사적 靑鶴寺事蹟 찬술자와 연도 미상. 보천(寶川)과 효명(孝明)의 오대산 행적을 적은 글이다. 『조선사찰사료』 권하 pp.52~54에 「강릉군청학사사적 江陵郡靑鶴寺事蹟」이라는 이름으로 수록되어 있다. 본문 내제(內題)로 「오대산성적병신라정신대왕보천태자효명태자전기 五台山聖跡幷新羅淨神大王寶川太子孝明太子傳記」라고 하였는데, 내용은 『삼국유사』 권3 탑상(塔像)4 '대산오만진신 臺山五萬眞身'과 '명주오대산보질도태자전기 溟州五臺山寶叱徒太子傳記'와 『조선불교통사』 권하에 수록된 민지(閔漬 1248~1326)의 「오대산성적병신라정신태자효명태자전기 五臺山聖迹幷新羅淨神太子孝明太子傳記」의 글들과 같다. 청학사를 직접 언급하진 않았지만 『조선사찰사료』 이 글의 바로 끝에 「청학사창건사적 靑鶴寺創建事蹟」이라 하였고, 그 전반부에 오대산 사적을 적었으므로, 관련 기록이라고 판단하여 「청학사사적」이라는 제목으로 편집한 것으로 추정한다. [참고문헌] 『朝鮮寺刹史料』, 『三國遺事』, 『朝鮮佛教通史』. ⇨ 오대산보질도태자전기 五臺山寶叱徒太子傳記

청학사창건사적 靑鶴寺創建事蹟 1876년(고종13)에 해붕전령(海鵬展翎 ?~1826) 지음. 오대산이 신라 이래로 명승임을 밝히고 청학사 중건 역사를 기록한 글이다. 『조선사찰사료』 권하 pp.54~59에 「오대산청학사창건사적 五台山靑鶴寺創建事蹟」이라는 이름으로 수록되어 있다. 사적에 의하면, 오대산에는 여러 결사(結社)들이 자리하였는데, 동대의 동쪽 산기슭 아래 오십리 쯤에서는 청련(靑蓮)이 핀 곳에 관음예참(觀音禮懺)을 베풀며 청련결사(靑蓮結社)라고 하였다. 그 뒤 영락년간(1403~1424)에 처묵화상(處默和尙)과 운인사(雲印師) 등이 불탄 터에 중건하고 청학사라고 부른 듯하다. 그 뒤 1457년(세조3)에 왕이 상원사(上院寺)에 머물던 중 꿈에 백의관음이 나타나 "동대의 동쪽기슭 아래 오십리 쯤에 절이 있어 청학사라고 불리는데, 내가 상주하는 곳이다. 매일 아침 인시에 삼십이응신으로 나타나 가없는 중생을 제도한다. 절의 동서가 무너졌으니, 만약 대왕의 살핌과 보호가 아니라면, 머무는 납자들 감히 보존할 수 있겠는가. 東坮東麓下五十里許有寺 號曰靑鶴寺 其地我身常主 每日寅朝 現三十二應身 度無邊衆生 而梵刹東頹西圮 若非大王之顧護 所居衲子難敢支保"라고 하였다. 세조가 꿈에서 깬 뒤, 청학사를 찾고는 환희심을 이기지 못해 불량미(佛糧米) 오십석을 보시하고 교지를 내려 모든 요역을 감면하였기에, 오대산에 가장 가까운 제일의 사찰이 되었다. 이후 1569년(선조2)에는 이이(李珥 1536~1584)가 관직을 쉴 때 동생 이우(李瑀 1542~1609) 등과 함께 와서 주변 암자와 명승의 이름을 변경해주었으며, 그 뒤에도 1752년(영조28)부터 1812년(순조2)까지 여러 번의 중창 내역을 기록하였다. [참고문헌] 『朝鮮寺刹史料』. ⇨ 청학사 靑鶴寺 **1**

청학암 靑鶴庵 **1** 강원도 강릉시 연곡면 삼산리 청학산(靑鶴山)에 있던 암자. 『여지도서』 강원도 강릉 산천에 "청학동은 부의 서북쪽 80리 북산에 있다. … 세상에서 소금강이라고 칭한다. 청학동에는 구룡연·학소암·백마봉·식당암이 있고, 동의 입구에 청학암이 있다. 靑鶴洞 在府西北八十里北山 … 世以小金剛稱之 洞中有九龍淵鶴巢巖白馬峯食堂巖 洞口有靑鶴菴"라고 하였다. 신흠(申欽 1580~1639)의 『하음집』 권1 시(詩) 「유주방산 遊周房山」의 5수 중 '청학암 靑鶴菴', 같은 책 권6 녹(錄) 「유주방산록 遊周房山錄」에서 청학암을 언급하고 있다. [참고문헌] 『輿地圖書』, 『梵宇攷』, 『河陰集』, 『韓國寺刹全書』 권하 p.1093b14. **2** 경상남도 하동군 청암면 묵계리 청학동에 있던 암자. 남효온(南孝溫 1454~1492)이 1487년(성종18)에 지리산을 유람하면서 남긴 글에 청학동의 위치로 추정한 곳에 있었던 암자이다. 『추강집』 권6 「지리산일과 智異山日課」에 "정미년 … 10월 … 을해일 … 석문 안 1·2리쯤에 쌍계사가 있다. 내가 스님에게 묻기를 '어디가 청학동인가?'라고 하니 의문이 말하기를, '석문에서 3·4리 못 미쳐 동쪽에 큰 골짜기가 있고 그 골짜기 안에 청학암이 있으니 아마 이곳이 옛날의 청학동인 듯합니다'라고 하였다. 丁未 … 十月 … 乙亥 … 石門內一二里許 有雙溪寺 余問僧曰 誰是靑鶴洞 義文曰 未及石門三四里 有東邊大洞 洞內有靑鶴庵 疑是古之靑鶴洞也"라고 하였다. [참고문헌] 『秋江集』(韓國文集叢刊16, p.125b3). ⇨ 청학사 靑鶴寺 **4**

청한자 淸寒子　매월당(梅月堂) 김시습(金時習)의 자호. 〔참고문헌〕『十玄談要解諺解本』. ⇨ 김시습 金時習

청한전 淸閑錢　부역 면제의 대가로 스님들이 냈던 세금. 면정전(免丁錢)이라고도 한다. 『불조통기』 권54(대정장49, p.473a4)에 "고종 소흥 15년(1145)에 칙명을 내려 천하의 승도에게 처음으로 정전을 내게 하였다. 일만전부터 일천삼백전까지 모두 아홉 등급이었는데 청한전이라 하였다. 60세 이상과 병 있는 이는 면하였다. 高宗紹興十五年 勅天下僧道 始令納丁錢 自十千 至一千三百 凡九等 謂之淸閑錢 年六十已上及殘疾者免"라고 하였다. 〔참고문헌〕『佛祖統紀』. ⇨ 면정전 免丁錢

청해 淸海　조선후기 해남 대흥사(大興寺) 스님. 혜운(惠雲 1795~1851)의 호다. ⇨ 혜운 惠雲

청향 請香　대중이 모인 곳에서 향을 사르도록 청하다. 『선원청규』 권5 「당두전점 堂頭煎點」(卍속장111, p.902b15)에 "어느 곳에서는 대중이 좌정하면 시자는 먼저 주지 곁에 서서 좌구를 청하고 향을 사르도록 청하여 은근하고 두터운 예를 표한다. 향대 옆에서 주지에게 안부를 묻고는 향을 사르도록 해서 예의를 표하게 한다. 有處衆坐定 侍者 先在住持人邊立 請坐具 及請香 以表慇重之禮 今香臺邊 向住持人 問訊 乃表請香之禮意者也"라고 하였다. 〔참고문헌〕『禪苑淸規』.

청향지류 聽響之流　메아리 들을 뿐인 무리. 근진(根塵)으로 울린 소리 분별해 듣는 일 아닌 저 이근(耳根)과 성진(聲塵) 떠난 소리 듣기를 바라서 이곳에서 듣는 무리들을 앞서 드러내 보인 말이다. 『건중정국속등록』 권5 「승천전종장 承天傳宗章」(卍속장136, p.93a8)에 "소리 듣고 도 깨달았다 해도 여전히 메아리 듣는 무리일 뿐이고, 색을 보고 마음 밝힌다고 한들 어찌 눈에 티끌 붙은 것과 다르겠는가? 진여불성이라 해도 고통의 샘 벗어나지 못하고, 항포원융이라 해도 흡사 끈 없이 스스로 묶은 듯하다. 만약 참으로 납승가라면 소리쳐 흰 구름 흩으고 푸른 하늘 부딪혀 열어젖히고는 삼계로 몸 가로지르며 홀로 온 세상 걸어가야 하리. 聞聲悟道 猶是聽響之流 見色明心 何異眼中著屑 眞如佛性 要且 未出苦源 行布圓融 恰似無繩自縛 若是衲僧家 喝散白雲 衝開碧落 橫身三界 獨步大方", 『서장』 「답황문사절부장 答黃門司節夫狀」(대정장47, p.940a15)에 "만일 메아리 들을 뿐인 무리라면 그저 거북이 금가고 기와 깨트려 맡길 뿐이니, 다시 견주고 가려 여래선이니 조사선이니 한다면 묘희 주장자 맞아 마땅하리라. 일러보라. 이 상인가 벌인가. 若是聽響之流 一任他鑽龜打瓦 更批判得 如來禪祖師禪 好儘喫得 妙喜拄杖也 且道 是賞伊罰伊", 『경덕전등록』 권21 「가륭요공전 可隆了空傳」(대정장51, p.376c7)에 "대단히 좋겠네. 그 요를 깨우쳤다니! 스스로 선타라고는 하지 못하네. 만일 메아리 듣는 무리라면 법당 돌아가 불 쪼이느니만 못하리라. 大好省要 自不仙陀 若是聽響之流 不如歸堂向火", 『허당록』 권2(대정장47, p.1003a5)에 "흠산은 단지 말하려 하였지만, 덕산과 암두 모두 잘못을 드러냈다. 만일 용문에 오른 선객이라면 반드시 고개 끄덕였을 것이다. 메아리 듣는 이들이라면 저 구석에 떨어져 있으리. 欽山只箇擬議 德山巖頭 俱納敗闕 若是龍門上客 必爲點頭 其如聽響之流 墮在區宇"라고 하였다. 〔참고문헌〕『建中靖國續燈錄』, 『書狀』, 『景德傳燈錄』, 『虛堂錄』.

청허 淸虛　❶ 맑아 텅 빔. 담긴 것도 가릴 것도 없어 맑고 텅 비어 이름조차 붙일 수 없는 사문이나 참선하는 이의 마음자리다. 『장아함경』 권1 「대본경 大本經」(대정장1, p.7a3)에 "태자가 또 수레 끄는 이에게 물었다. '어떤 이를 사문이라 부르는가?' '사문은 은애 버리고 출가하여 도를 닦습니다. 모든 근 거두어 다스리고 외욕에 물들지 않습니다. 일체에 자심이어서 해치고자 함이 없습니다. 괴로움 만나도 슬퍼하지 않고, 즐거움 만나도 기뻐하지 않습니다. 능히 참아 여여히 자리하기에 사문이라고 부릅니다' '좋은 일이다! 이 도는 참되고 바르며 길이 번뇌 쌓임 끊어 미묘하고도 청허하니, 오직 이것만이 기쁜 일이다'. 又問 何謂沙門 答曰 沙門者 捨離恩愛 出家修道 攝御諸根 不染外欲 慈心一切 無所傷害 逢苦不慼 遇樂不欣 能忍如地 故號沙門 太子曰 善哉 此道眞正 永絶塵累 微妙淸虛 惟是爲快", 『조산어록』(대정장47, p.537b25)에 "경청도부(鏡淸道怤)가 조산에게 물었다. '맑아 다 비운 뜻으로 필경에 몸마저 없을 때는 어떻습니까?' '뜻인즉 이렇지만, 사에서는 어떤가?' '리답고 사답습니다' '조산 한 사람이야 속이겠지만, 모든 성인의 눈은 어떻게 하려는가?' '모든 성인의 눈이 없으면 어찌 그렇지 않은지 비추겠습니까?' '관은 바늘 하나 들이지 않지만, 사사롭게는 수레와 말도 오간다'. 鏡淸問 淸虛之理 畢竟無身時如何 師曰 理卽如此 事作麽生 鏡淸云 如理如事 師曰 謾曹山一人卽得 爭奈諸聖眼何 鏡淸云 若無諸聖眼 爭鑑得箇不恁麽 師曰 官不容針 私通車馬"라고 하였다. 〔참고문헌〕『長阿含經』, 『曹山語錄』, 『唐護法沙門法琳別傳』 권중(대정장50, p.203c7). ❷ 신라 스님. 청원행사(靑原行思)의 4세인 석상경저(石霜慶諸) 법사(法嗣) 마흔 한 명 중 한 명이자 흠충·행적·낭 등 신라 스님 네 명 중 한 명이다. 『경덕전등록』 권16(대정장51, p.325b22)에 "담주 석상경저선사 법사 41인 … 신라흠충선사, 신라행적선사 … 신라 낭선사, 신라 청허선사 … 이상 20인은 관련 어구가 전하지 않아 싣지 못하였다. 潭州石霜慶諸禪師法嗣四十一人 … 新羅欽忠禪

師 新羅行寂禪師 … 新羅朗禪師 新羅淸虛禪師 … 已上二十人無機緣語句不錄"고 하였다. [참고문헌] 『景德傳燈錄』. ⇨경저 慶諸 **3** 조선중기 선조(재위 1567~1608)조를 전후하여 선종을 중흥하는 한편, 임진왜란(1592) 때 전국에 격문을 보내어 5,000여 의승병(義僧兵)을 규합하여 왜적을 물리치는데 크게 기여하는 한편, 왜병에 짓밟힌 국토와 국민을 구제한 호국호민의 영납(英衲)인 휴정(休靜 1520~1604)의 호이다. ⇨휴정 休靜

청허 聽許 Ⓟadhivāseti. 청을 듣고 받아들이다. 『장아함경』 권2 「유행경 遊行經」(대정장1, p.12b5)에 "저는 불법성중에 귀의하고자 하옵니다. 오직 세존께서는 애민히 여기셔서 우바새가 되는 것을 청하니 허락하여 주소서. 오늘 이후로는 불살·부도·불음·불기·불음주를 받들어 지켜 잊지 않겠습니다. 我欲歸依佛法聖衆 唯願世尊哀愍 聽許爲優婆塞 自今已後 不殺不盜不婬不欺不飮酒 奉戒不忘", 『별역잡아함경』 권5(대정장2, p.406a1)에 "그때 바라문은 이 법 듣고서는 네 가지 진실 깨닫고 견법을 얻었으며, 얼마 후 출가할 것을 구하니 부처님께서 그 청을 허락하셨다. 時 婆羅門聞是法已 悟四眞諦 已得見法 尋求出家 佛卽聽許"라고 하였다. [참고문헌] 『長阿含經』, 『別譯雜阿含經』, 『大般若經』 권10(대정장5, p.53c12), *Vin.1.17.*, *DN.1.109.*

청허냉담 淸虛冷淡 맑고 비워 차고도 고요함. 『시시호염불』 「지족가 知足歌」(卍속장110, p.327a2)에 "맑고도 텅 비워 차고도 고요한 사람, 영예도 굴욕도 없구나. 세간사 마땅히 담박하게 살필 줄 알고, 뜻을 세움에 더없이 도탑다. 淸虛冷淡人 無榮亦無辱 世事宜看淡 立志須要篤", 『대휴주어록』 권6(가흥장27, p.201c21)에 "산빛 깊고 달그림자 고요한데, 맑고 텅 비워 차고도 고요함 아는 이 드물다. 이런 소식 아는 사람아, 그대는 어떤 인물이고 나는 누구인가? 山色深深月影希 淸虛冷淡少人知 識得個中消息子 爾是何人我是誰", 『종용록』 98칙 「송 頌」(대정장48, p.291a21)에 "하얀 부평초에 잔잔한 바람 불고 가을 강물 저물었네〈맑고 텅 비며 시원하다〉, 옛 언덕으로 안개 두른 배 돌아온다〈눈길이 하늘가에서 끊어진다〉. 白蘋風細秋江暮〈淸虛冷淡〉 古岸舡歸一帶煙〈目斷天涯〉"라고 하였다. [참고문헌] 『時時好念佛』, 『大休珠語錄』, 『從容錄』.

청허당집 淸虛堂集 청허당 서산휴정(西山休靜 1520~1604)의 글을 모아 놓은 문집. 7권과 보유편으로 한불전7, pp.658c1~736c18에 수록되어 있다. 본문에 앞서 권두에 세 편의 서문이 실려 있다. 연대 상 가장 앞서는 것은 1612년(광해군4) 비야거사(毗耶居士) 단보(端甫) 허균(許筠 1569~1618)이 썼고, 그 다음은 1630년(인조8) 7월에 여고보(汝固父) 덕수(德水) 이식(李植 1584~1647)이 쓰고, 마지막은 같은 해 1630년 9월에 낙전당(樂全堂) 낙옹(樂翁) 신익성(申翊聖 1588~1644)이 썼다. 권1부터 권3은 모두 시문(詩文)인데, 권1은 사(辭)·고시(古詩)·율시(律詩) 등, 권2는 5언 절구(絶句), 권3은 6언과 7언 절구를 모았다. 권4는 게(偈)와 잡저(雜著), 권5는 「두류산신흥사능파각기 頭流山神興寺凌波閣記」·「봉은사기 奉恩寺記」 등을 비롯한 기문(記文)·명문(銘文)·발문(跋文), 권6은 「염불문 念佛門」·「참선문 叅禪門」과 같은 수행 지침과 함께 각종 소문(疏文)·모연문(募緣文) 등으로 이루어져 있다. 권7은 「상완산노부윤서 上完山盧府尹書」·「상퇴계상국서 上退溪相國書」·「상남명처사서 上南溟處士書」 등의 여러 서간문(書簡文)들이 모여 있다. 보유편은 7권본 고판본에 없고 다른 고판본에만 실려 있는 것을 망라한 것인데, 서산이 쓴 시문과 「자찬 自贊」, 서산의 문인 편양언기(鞭羊彦機 1581~1644)가 쓴 「금강산퇴은국일도대선사선교도총섭사자부종수교겸등계보제대사청허당행장 金剛山退隱國一都大禪師禪敎都摠攝賜紫扶宗樹敎兼登階普濟大師淸虛堂行狀」, 선조(宣祖)가 서산에게 드린 「선조대왕사서산대사묵죽시 宣祖大王賜西山大師墨竹詩」, 정조(正祖)가 쓴 「정종대왕어제서산대사화상당명병서 正宗大王御製西山大師畵像堂銘幷序」 등이 실려 있다. 이상에서 보듯이 『선가귀감 禪家龜鑑』·『심법요초 心法要抄』·『선교석 禪敎釋』·『선교결 禪敎訣』 등 그의 사상을 드러낸 저작들은 상재되어 있지 않다. 1612년에 상하 두 권을 처음 인출한 이래, 1630년 경기도 삭녕(朔寧 : 현재의 연천·철원) 용복사(龍腹寺) 인출 권4~7 판본, 1666년(현종7) 전라도 곡성 태안사(泰安寺) 인출 상하권 판본, 1794년(정조18) 묘향산 보현사(普賢寺) 인출 권1~4 판본이 각각 고려대·동국대·통도사 극락암·프랑스 BULAC(Bibliothèque universitaire des langues et civilisations)

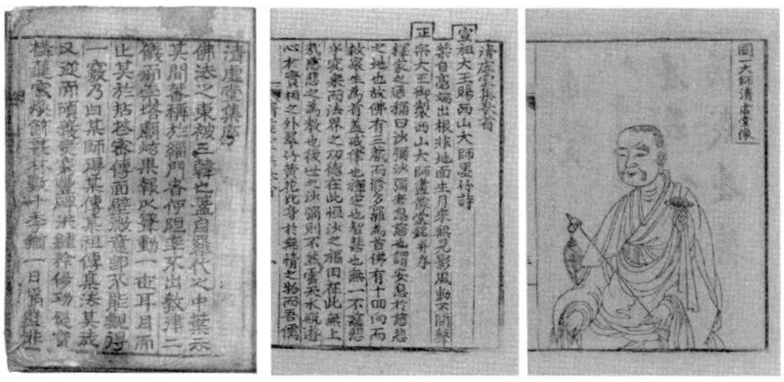

청허당집 1612년 · 묘향산 보현사본 1794년 동국대도서관

등지에 전하며, 인출 시기가 전하지 않는 묘향장판(妙香藏板) 권1~4 판본도 통도사 극락암·규장각·부산대 등에 있다. ⇨휴정 休靜, 선가귀감 禪家龜鑑, 심법요초 心法要抄, 선교석 禪敎釋, 선교결 禪敎訣

청허당휴정대사행장 淸虛堂休靜大師行狀 청허휴정(淸虛休靜 1520~1604)의 행적을 기록한 글. 1604년(선조37)에 스님의 적자(嫡子)인 편양언기(鞭羊彦機)가 지었고, 『청허집』 권7 보유(補遺)에 수록되어 있다. ［참고문헌］『淸虛集』 권7(한불전7, p.735a1), 『鞭羊堂集』 권2(한불전8, p.254a22), 『霽月堂敬軒大師集』 권상 淸虛大師行蹟(한불전8, p.120b14), 『西山大師行錄』(『朝鮮寺刹史料』 권상, pp.320~323). ⇨ 휴정 休靜

청허대사행적 淸虛大師行蹟 제월당(霽月堂) 여여자(如如子) 순명경헌(順命敬軒 1544~1633)이 1612년(광해군4)에 쓴 청허당(淸虛堂) 서산휴정(西山休靜 1520~1604)의 행장. 여여자는 서산의 상수(上首)가 되는 문인이다. 『제월당대사집 霽月堂大師集』 권상(한불전8, pp.120b14~121b6)에 수록되어 있다. ⇨ 제월당대사집 霽月堂大師集, 경헌 敬軒, 휴정 休靜

청허문 淸虛門 청허휴정(淸虛休靜)의 제자와 법손(法孫)들의 문중. 부휴문(浮休門 : 浮休善修 문중)과 더불어 조선후기 양대문파를 이루었다. 『서역중화해동불조원류』(한불전10, p.104c4)에 청허하 1세로 완허원준(玩虛圓俊)을 시작으로 사명유정(泗溟惟政)・편양언기(鞭羊彦機)・소요태능(逍遙太能)・정관일선(靜觀一禪)・중관해안(中觀海眼) 등 30여 스님을 들었다. 그 중 사명・편양・소요 등의 문파가 융성하여 조선후기 해남 대흥사(大興寺)의 열두 대강사(大講師)가 모두 편양과 소요의 문하였고, 편양의 경우 제자와 문손(門孫)들이 더욱 번성하여 풍담(楓潭)・환성(喚醒) 등의 문파로 이어졌다. 1887년(고종24)에 가허영응(駕虛靈應)이 지은 역산선영(櫟山善影)의 행장(『역산집』・한불전10, p.966c22)에 "청허께서 사막에 위엄을 떨쳐 땅을 열어 세우신 공은 하도 많아 적기에도 불가하다. 부처와 조사의 비전에 훤히 밝아 경에 통하고 논을 파헤침에 저 미천과 청량 같았고, 두드려 치고 불자를 세우심은 저 덕산과 임제 같았다. 그러므로 우리 동방에서 선교를 설한 갈래들 모두 스님을 중흥조로 삼았다. 삼세로 전하여 환성이 있었으니, 편양・풍담・월담 다음이 환성이다. 환성은 곧 청허문의 주금강(덕산)이다. 淸虛之振威沙漠闢地立功 不可煩錄 洞明佛祖秘典 通經析論 如彌天淸凉 拈搥竪拂 如德山臨濟 故我東方禪教說派者 咸以爲中興之祖 三傳而有喚惺 曰鞭羊也 楓潭也 月潭也 次是喚醒 喚醒卽淸虛門之周金剛也"라고 하였다. ［참고문헌］『西域中華海東佛祖源流』, 『櫟山集』. ⇨ 휴정 休靜, 부휴문 浮休門, 편양문 鞭羊門, 소요문 逍遙門

청허비각 淸虛碑閣 서산휴정(西山休靜 1520~1604)의 비를 보호하려고 세운 건물. 전라남도 해남군 대흥사(大興寺) 표충사(表忠祠) 내에 있는데, 표충비각(表忠碑閣)으로도 불린다. 『초의시고』 권하 「청허비각상량문 淸虛碑閣上樑文」(한불전10, p.861b16)에 "편액을 표충이라고 사액하고서 춘추에 천향이 계속 이어지게 하였습니다. … 이에 양선에 영당을 옮기고 비각은 천괴에 옮겼습니다. … 엎드려 바라건대 상량 이후에 법의 바다 넘쳐 깨끗하고 부처의 등불 높이 비추어, 이 흐름 만난 이 문득 반야연 이루고 그 빛 이은 이 간절히 보리의 원 일으켜서, 금상과 옥궤는 영원히 담복의 불길을 담고 봉자와 용손은 오랫도록 지란의 반열에서 빼어날 것입니다. 賜金額而表忠 天香繼降於春秋令節…於是影堂移坐於陽璇 碑閣運隨於天魁 … 伏願上梁之後 法海彌淸 佛燈高照 挹其流者 頓成般若之緣 承其光者 濬發菩提之願 金床玉机 永盤薝蔔之熏 鳳子龍孫 長秀芝蘭之列"라고 하면서, 1836년(헌종2)에 잘못 옮긴 비각을 1840년에 왕명을 받아 다시 현재의 위치에 세웠다고 하였다. 「청허비각상량문」은 원응계정(圓應戒定 1856~1927)이 엮은 『일지암문집』의 목차 뒤부분에 "이하 본 전서 제10책 … 실린 『초의시고』에서 삭제한 문의 목차인데, 이 목차는 편자가 작성한 것으로 독자의 편의를 위해서 여기에 덧붙여 실었다. 此下 本全書第十冊 … 所載 艸衣詩藁中削除之文目次 此目次編者作成 於此附載 而爲讀者之便宜"고 하였다. ［참고문헌］『艸衣詩藁』, 『一枝庵文集』. ⇨ 대흥사청허대사비 大興寺淸虛大師碑, 휴정 休靜

청현 靑現 ❶ 눈으로 보아 푸르다 알게 된 것. 『대비바사론』 권85(대정장27, p.440a17)에 "푸르게 나타난다란, 저 청색을 안식으로 구별한 다음에 의식을 이끌어내서 또한 분별하는 것을 말한다. 그러므로 청현이라고 한다. 靑現者 謂彼靑色 如爲眼識 所了別已 引生意識 亦分別之 故名靑現"라고 하였다. ［참고문헌］『大毘婆沙論』. ❷ Ⓢ nīla-nidarśanāni, Ⓟ nīla-nidassanāni. 물들여 푸르게 된 것. 『대승아비달마잡집론』 권13(대정장31, p.759a11 : *Abh-s-bh.*, p.127)에 "청현이란 화합해 푸른 것이다. … 청현이란 옷이 푸른 것에 의지해 말하는데, 화합하여 비로소 성립하기 때문이다. 靑現者 是和合靑 … 靑現者 依衣靑說 以和合方成故 nīlanidarśanāni saṃyoga-nīlatām-upādāya … nīlanidarśanam iti vastram adhikṛtya tasya sāṃyogika-nīlatva-saṃbhavāt"라고 하였다. ［참고문헌］『大乘阿毘達磨雜集論』, *Abh-s-bh.*, *AN.1.40.*

청현 靑顯 Ⓢ nīla-varṇāni, Ⓟ nīla-vaṇṇāni. 네 가지 현색(顯色) 중 하나로, 푸른색 이미 갖추고 있어 눈으로 보아 알 수 있게 드러난 색을 말한다. 『대비바사론』 권85(대정장27, p.440a16)에 "푸르게 나타난 것이란, 저 청색을 눈으로 비춰 아는 것으로 눈으로 행한 경이기에 청현이라고 한다. 靑顯者 謂彼靑色 眼所照了 眼所行境 故名靑顯", 『대승아비달마잡집론』 권13(대정장31, p.759a10 : *Abh-s-bh.*, p.127)에 "청현이란 갖춰 일어난 푸름이다. … 푸른 빛 드러났다 함은 꽃이 푸른 것에 의지해 말하는데, 다 갖춰 이미 푸른 것이다. 靑顯者 是俱生靑 … 靑顯者 依花靑說 以俱生故 nīlavarṇāni sahajāṃ nīlatām-upādāya … nīlavarṇam-iti puṣpam-evādhikṛtya tasya sahaja-nīlatvāt"라고 하였다. [참고문헌] 『大毘婆沙論』, 『大乘阿毘達磨雜集論』, *Abh-s-bh.*, *AN.1.40.* ⇨ 현색 顯色

청호 靑昊 부산 범어사(梵魚寺) 스님. 2006년 5월 6일 범어사 청련암(靑蓮庵)에서 입적한 양익(兩翼). [참고문헌] 『법보신문』(2006.5.24). ⇨ 양익 兩翼

청호 靑湖 조선후기 장흥 보림사(寶林寺) 화일(華日)의 법호. ⇨ 화일 華日

청호 淸浩 1910~1990. 서울 성북구 보문동 보문사(普門寺) 비구니 일조(日照)의 법호. 대한불교 보문종(普門宗) 제5대 종정을 역임하였다. ⇨ 일조 日照 [4]

청호 晴湖 1875~1934(또는 1877~1936). 서울 삼성동 봉은사(奉恩寺) 스님. 봉은사 주지로 있던 1925년(을축) 7월 일백여 년만에 처음 있는 큰 홍수(洪水)로 한강 물의 수고(水高)가 40척에 이르러 잠실(蠶室)·부리(浮里)·신천(新川) 등 강변의 세 개 마을이 유실 직전에 있을 때, 봉은사 주변에 배를 가진 주공들을 모두 삯을 주어 동원하고 봉은사 대중과 함께 결사적인 구출작전으로 표류하여 죽게 된 수재민 708명을 구제하여 살아 있는 활불(活佛)이라 칭송하였다. 퇴경(退耕) 권상로(權相老)가 비문을 짓고, 성당(惺堂) 김돈희(金敦熙)가 써서 1929년에 세운 '대본산 봉은사주지나청호대선사수해구제공덕비 大本山奉恩寺住持羅晴湖大禪師水害救濟功德碑'가 봉은사에 있다. [참고문헌] 『奉恩寺本末寺誌』(亞細亞文化社) pp.70~71, 『奉恩寺誌』(寺刹文化硏究院, 1997) p.252, 『佛敎』26 附錄(『韓國佛敎雜誌叢書』3, p.411), 智冠 『韓國高僧碑文總集 朝鮮朝·近現代』 p.1012. ⇨ 학밀 學密

청화 淸化 당말오대(唐末五代) 위앙종 스님 전부(全付)의 법호. ⇨ 전부 全付

청화 淸華 1923~2003. 근대 전라남도 장성군 백양사(白羊寺) 스님. 호는 무주(無住), 속성은 강(姜)씨, 속명은 호성. 본관은 진주(晋州). 아버지의 휘는 대봉(大奉), 어머니는 밀양 박씨 양녀(良女) 부인이다. 1923년 음력 11월 6일(양력 12월 13일) 전라남도 무안군 운남면 연리 697번지에서 2남 3녀 중 둘째 아들로 태어났다. 위로는 형님과 누님 한 분이 있다. 스님은 광주사범학교를 졸업한 후 일본 유학을 마치고 귀국하여 1947년 25세 때 백양사 운문암(雲門庵)으로 찾아가 송만암(宋曼庵)의 상좌인 벽상금타(碧上金陀)를 은사로 하여 스님이 되었다. 그로부터 9년 동안 고행 정진하던 중 크게 깨달음을 얻고 다음과 같은 견처(見處)를 읊었다. "미한즉 삼계 이루어지고, 깨우친즉 시방이 공했네! 본래 동서 없거늘, 어찌 남북으로 처함 있겠는가! 迷故三界成 悟故十方空 本來無東西 何處有南北". 때로는 일중식(日中食), 때로는 오후불식(午後不食), 때로는 장좌불와(長坐不臥) 등으로 고행정진하였다. 무안 혜운사(慧雲寺), 구례 사성암(四聖庵), 함양 마천 벽송사(碧松寺), 함양 백장사(百丈寺), 남해 금산 부소암(扶蘇庵), 해남 대흥사(大興寺) 진불암(眞佛庵)·상원암(上院庵)·남미륵암(南彌勒庵), 장흥 천관산(天冠山) 금선암(金仙庵), 영암 월출산 상견성암(上見性庵), 동리산 태안사(泰安寺), 정읍 내장산(內藏山) 백련선원, 미국 L.A. 금강선원, 광주 추강사(秋江寺), 안성 칠현산(七賢山) 칠장사(七長寺) 등은 모두 스님께서 정진 또는 사부대중을 교화한 곳들이다. 스님은 투철한 계율정신으로 정혜쌍수(定慧雙修)를 기본으로 하는 염불선(念佛禪)을 제창하였다. 2003년 11월 12일 오후 10시 30분 곡성사 성륜사(聖輪寺) 조선당(祖禪堂)에서 문도를 모아 놓고 청정 지계(持戒)와 철저한 수행을 당부한 다음, "이승저승 사이라지만 오고 감에 걸림이 없네. 은혜 입은 것 대천계이나 그 얼마라도 갚지 못했네! 此世他世間 去來不相關 家恩大千界 報恩恨細澗"라는 임종게를 읊은 다음 입적하였으니 세수 81, 법랍 57세였다. 저서로는 『正統性의 香薰』·『圓通佛法의 要諦』·『마음의 고향』·『진리의 길』·『가장 행복한 공부』 등이 있고, 번역한 경으로는 『약사경 藥師經』·『정토삼부경 淨土三部經』·『육조단경 六祖壇經』 등이 있다. 상좌로는 월성·금성·혜산·용타·벽봉·성본·도웅·원명·도일·지호 등 64명을 두었다. [참고문헌] 『無住堂淸華大宗師行狀』, 無住堂淸華大宗師永訣式(大韓佛敎曹溪宗元老會議葬彙報), 『佛敎新聞』(2003.11.18). ⇨ 무주 無住 [6]

청화사 淸華寺 충청북도 청주시 서원구 모충동에 있는 절. 일제 강점기에 중건되었으나 2001년 화재로 소실되었다. 삼성각이 남아 있으며, 보호각 안에 석조비로자나불좌상과 동종을 봉안하였다. 유형문화재 석조비로자나불좌상이 있다. [참고문헌] 『寺誌』(충청북도, 1982).

청환 淸奐 신라시대 스님. 보조체징(普照體澄 804~880)의 제자다. 「보림사보조선사창성탑비문 寶林寺普照

禪師彰聖塔碑文」에 "제자 영혜·청환 등 팔백 여 사람이 뜻으로는 어버이보다 깊었고 마음은 하늘과 땅에 사무쳐 추모하여 부르는 소리가 계곡을 울렸다. 弟子英惠清奐等 八百餘人 義深考妣 情感乾坤 追慕攀號 聲動溪谷" 라고 하였다. [참고문헌] 李智冠『校勘譯註歷代高僧碑文』 新羅篇 p.111. ⇨ 체징 體澄

청활 清豁 ?~976. 설봉의존(雪峰義存) 법계의 선승. 복주(福州 : 福建省) 영태(永泰) 출신이다. 어려서부터 총명하였으며, 고산신안(鼓山神晏)을 찾아가 출가하였다. 대장산(大章山) 계여암주(契如庵主)를 찾아뵈었으며, 나중에 수룡도부(睡龍道溥)에게 참학하고 그의 법을 이었다. 장주(漳州 : 福建省) 보복원(保福院)에 주석하며 선풍을 드날렸기에 보복청활이라 한다. 후에 게송을 남기고 산에 은거하다 976년(태평흥국1)에 입적하였다. 『선원몽구요림』 권중(卍속장148, p.249b3)에 "청활귀산〈천주(泉州) 수룡도부(睡龍道溥)선사의 법사. 『경덕전등록』 권23〉 : 장주(漳州) 보복원(保福院) 청활선사가 장차 순세하려 대중을 버리고 산으로 들어가 입멸을 기다리려 하였다. 저계의 석교를 지나가다 '세인들 쉬어가며 길 감이 어렵다 하나, 조도나 양창으론 지척 간이네. 저계의 계반수에 작별을 고하니, 너는 푸른 바다로 돌아가고 나는 산으로 돌아가노라'라는 게를 남기고 귀호(貴湖)의 탁암(卓庵)으로 갔다. 清豁歸山〈泉州睡龍溥禪師嗣 傳燈二十三〉 漳州保福院清豁禪師 將順世捨衆 欲入山待滅 過苧豁石橋 乃遺偈曰 世人休說路行難 鳥道羊腸咫尺間 珍重苧溪溪畔水 汝歸滄海我歸山 卽往貴湖卓庵", "얼마 후 문인들에게 말하길, '나 입멸 후 유체는 벌레들에게 베풀고 무덤이나 탑을 세우지 마라'. 말을 마치자 호숫가의 산으로 숨어 들어간 뒤 너럭바위에 엄연히 앉아 입적하였다. 제자 계인이 산에 들어가 청활을 찾아낸 뒤 유명을 받들어 7일 간 머물렀는데 끝내 벌레들이 먹지 않자 마침내 다비하여 임야에 흩뿌렸다. 未幾謂門人曰 吾滅後將遺體 施諸蟲蟻 勿置墳塔 言訖潛入湖頭山 坐盤石儼然長往 弟子戒因入山尋見 稟遺命延留七日 竟無蟲蟻之所侵食 遂就闍維 散於林野"라고 하였다. [참고문헌] 『禪苑蒙求瑤林』, 『景德傳燈錄』 권22(대정장51, p.384a27). ⇨ 의존 義存

청황적백 青黃赤白 Ⓢ nīlaṃ pītaṃ lohitam-avadātam, Ⓣ sngon-po-dang-ser-po-dang-dmar-po-dang-dkar-po. 푸르고 누르며 붉고 하얀 것. 현색(顯色)을 대표하는 네 가지 색이다. 『아미타경』(대정장12, p.347a4)에 "못에 연꽃이 큰 수레바퀴만 하다. 청색은 청색 빛으로, 황색은 황색 빛으로, 적색은 적색 빛으로, 백색은 백색 빛으로 빛나며 미묘향으로 맑다. 사리불이여, 극락국토는 이와 같은 공덕장엄을 성취한다. 池中蓮花 大如車輪 青色青光 黃色黃光 赤色赤光 白色白光 微妙香潔 舍利弗 極樂國土 成就如是功德莊嚴", 『구사론』 권1 「분별계품 分別界品」(대정장29, p.2b24 : *Abh-k-bh.*, p.6)에 "색이 둘이라 함은 첫째는 현색이고, 둘째는 형색이다. 현색에 넷이 있으니 청황적백이다. 나머지 현색은 이 네 가지 색의 차별이다. 言色二者 一顯二形 顯色有四 青黃赤白 餘顯是此四色差別 rūpaṃ dvidhā. varṇaḥ saṃsthānaṃ ca. tatra varṇaś-caturvidho nīlādiḥ. tad-bhedā anye", 『유가사지론』 권1 「오식신상응지 五識身相應地」(대정장30, p.279b5)에 "현색이란 청황적백과 빛과 그림자, 밝음과 어둠과 구름과 연기, 먼지와 안개와 공하여 한결같은 현색이다. 顯色者 謂青黃赤白 光影明闇 雲煙塵霧 及空一顯色", 『경덕전등록』 권9 「천복홍변전 薦福弘辯傳」(대정장51, p.269b15)에 "마음은 부처의 별명이다. 백천의 다른 이름 있으나 그 바탕 오직 하나일 뿐. 본디 형상이라곤 없으니 청황적백과 남녀 등의 상이 아니다. 하늘에 있으나 하늘 아니고 사람에게 있으나 사람 아닌데도 하늘과 사람으로 나타나며 능히 남자거나 능히 여자일 수 있다. 처음도 끝도 아니며 일어남과 사라짐도 없다. 그래서 영각의 성이라 부른다. 心者佛之別名 有百千異號 體唯其一 本無形狀 非青黃赤白 男女等相 在天非天 在人非人 而現天現人 能男能女 非始非終 無生無滅 故號靈覺之性"라고 하였다. [참고문헌] 『阿彌陀經』, 『俱舍論』, 『瑜伽師地論』, 『景德傳燈錄』, *Abh-k-bh.*, *Yogā-bh.4.* ⇨ 현색 顯色

청황적흑자색 青黃赤黑紫色 가사 물들이는 데 쓰는 색. 모두 정색(正色)이 아니고, 괴색(壞色)에 해당한다. 『범망경』 권하(대정장24, p.1008b24)에 "응당 몸에 입는 가사는 모두 괴색이게 해서 도와 상응케 한다. 모두 청황적흑자색으로 물들이는데, 일체의 염의에서 와구까지 다 괴색으로 하라. 몸에 입는 옷 일체를 염색하되 저 일체국토 중의 나라사람 입는 의복이라면 비구는 모두 응당 속복과 달라야 한다. 應教身所著袈裟 皆使壞色 與道相應 皆染使青黃赤黑紫色 一切染衣 乃至臥具 盡以壞色 身所著衣一切染色 若一切國土中 國人所著衣服 比丘皆應與其俗服有異", 『범망경직해』 권하(卍속장61, p.190a10)에 "'모두 ~으로 물들인다'고 한 이하는 괴색을 펼쳐 밝힘이다. 모두 낱낱이 물들이되 청황적흑자색과 비슷하게 까닭을 일컫는다. 미사새부에 따르면, 사유해 현묘로 들고 깊고 그윽함 끝내 드러내려면 응당 청색으로 입는다. 마하승기율에 따르면, 뭇 경을 부지런히 배우고 참된 뜻을 베풀어 설하려면 응당 황색을 입는다. 담무덕부에 따르면, 뜻 깊은 맛에 통달하고 이익을 열어 이끌려면 응당 적색을 입는다. 살바다부에 따르면, 넓고 빠르게 통달하여 법으로 이끌어 교화하려면 응당 흑색을 입는다. 가섭유부에 따르면, 정근히 용맹하며 중생을 기꺼이 섭하려면 목란색을 입는다. 이 오부 중에서는 모두 오종괴색을 쓰기에 정오색이 아니다. 皆染使下 申明壞色也 謂皆一一染之 而似青黃赤黑紫色故也 彌沙塞云 思入玄妙 究暢幽密 應著青色 摩訶僧祇律云 勤學衆經 宣說眞義 應著黃色 曇無德云 通達理味 開導利益 應著赤色 薩婆多云 博通敏達 導以法化 應著黑色 迦葉遺云 精勤勇猛 快攝衆生 應著木蘭色也 此五部中 皆用五種壞色 非正五色",『범망경보살계초진』 권7(卍속장95, p.174b16)에 "'모두 청황적흑자색으로 물들인다'란 청색은 심청이나 순청이 아니니, 곧 니청이다. 황색은 대황이나 천황이 아니고 이내 황색에 적색을 겸해 물들인 것이니, 곧 목란색이다. 흑은 온통 새까만 외도복과 같은 것이 아니고, 이내 자색을 겸해 물들인 것으로 무르익은 오디 빛깔이니 이를 치의라 한다. 그러므로 이 오종색 중에 나아가 모두 괴색이게 해서 세속의 청황적흑자 오종의 아리따운 색과는 달리 한다. 皆染使青黃赤黑紫色者 謂青非深青及純青 迺泥青也 黃非大黃及淺黃 迺黃兼赤染 卽木蘭色也 黑非全烏 如外道服 迺兼紫染 如熟桑椹 名爲緇衣 故就此五種色中 皆使壞色 以別世俗青黃赤黑紫 五種艶麗色也"라고 하였다. 〔참고문헌〕『梵網經』, 『梵網經直解』, 『梵網經菩薩戒初津』. ⇨ 가사 袈裟, 괴색 壞色

체 剃 Ⓢ muṇḍana, Ⓣ bregs-pa. 머리카락을 자르는 일. 『방광대장엄경』 권6(대정장3, p.577b12)에 "'내 아들이 떠날 때, 너에게 부탁하지 않았느냐? 내 아들의 머리카락은 지금 어디에 있으며, 또 누가 깎아 주었느냐?' 차익이 울음을 참지 못하고 대애도에게 답하였다. '태자께서 저에게 부탁하시길 「궁에 도착하면 나의 어머님께 두 번 절하고 간곡히 슬퍼하지 마시라고 말씀드리라」고 하셨으며, 또 한편 「저는 머지않아 아누다라삼막삼보리를 얻고 돌아가서 뵙겠습니다」라고 하시면서 보검을 잡고 스스로 머리카락을 깎아 허공에 던지시니, 모든 하늘이 받아 가지고 돌아가 공양하였습니다'. 我子當去之時 向汝何囑 我子頭髮 今在誰邊 復誰剃也 車匿啼哭不能自勝 報夫人言 太子囑我 汝至宮時 再拜我母 慇懃勸請 莫生憂念 道 我不久得阿耨多羅三藐三菩提 還當相見 卽執寶劒 自剃頭髮 擲置虛空 諸天接取 將還供養",『불본행집경』 권18(대정장3, p.737c16)에 "그때 저 변신한 정발사는 날카로운 칼로 태자 정수리의 검푸른 소라 상투를 잘랐다. 머리카락을 자를 때, 제석천왕은 희유한 마음을 내어 땅에 떨어진 자른 머리카락이 하나도 없도록 하나하나 천의로 받아서 삼십삼천으로 가서 공양하였다. 爾時 彼化 淨髮之師 卽以利刀 剃於太子 無見頂相紺螺髻髮 當剃頭時 帝釋天王 生希有心 所落之髮 不令一毛墜墮於地 一一悉以天衣承之 受已將向 三十三天 而供養之", "이때부터 모든 천상이 명절로 세우고 보살의 발계관에 공양하는 날이라 하여 지금까지 끊이지 않고 있다. 從此已來 令諸天上 因立節名 供養菩薩髮髻冠節 至今不斷"라고 하였다. 〔참고문헌〕『方廣大莊嚴經』, 『佛本行集經』, *Bodh-bh.133.* ⇨ 체발 剃髮, 삭발 削髮

체 嚏 재채기. 교감에 따라 삽(唼)이라고도 하는데, 동일한 뜻이다. 『대장엄론경』 권14(대정장4, p.333a12)에 "부처님의 이모 구담미비구니가 열반에 들려 할 때 갖가지로 장엄하여 훌륭하고 아름답게 하고자 하였다. 그때 세존께서는 사부대중에 둘러싸여 있었는데, 대중 속에 있다가 재채기를 하였다. 구담미비구니는 부처님의 재채기 소리를 들었다. 그녀는 부처님을 키우며 자식처럼 아꼈기에 이렇게 말하였다. '장수하십시오. 세존이시여!' 이와 같은 말소리가 여기저기 옮겨 다니며 범천의 귀에까지 들어갔다. 부처님께서 구담미에게 '이는 부처를 공경하는 주원법은 아닙니다'라고 말씀하시고는 바로 게송으로 설하셨다. '응당 부지런히 정진하여 자기 마음을 조복해야 하고, 부지런히 견실한 법을 닦아 정진으로 고행해야 하며, 성문대중을 보면 모두 함께 화합해야 하네. 부처에게 예경할 때는 응당 이와 같이 서원해야 한다네'. 佛之姨母 瞿曇彌比丘尼 將入涅槃時 種種莊嚴 欲令勝妙 爾時世尊 四衆圍遶 在大衆中嚏 時瞿曇彌比丘尼 聞佛唼聲 以其養佛愛子之故 而作是言 長壽世尊 如是之聲 轉轉乃至梵天 佛告瞿曇彌言 此非敬佛呪願之法 卽說偈言 應當勤精進 調伏於我心 勤修堅實法 苦行於精進 見於聲聞衆 悉皆共和合 敬禮於佛時 應作如是願",『사분율』 권53(대정장22, p.960b11)에 "언젠가 세존께서 재채기를 하자 여러 비구가 주원하며 '장수하십시오'라고 하였고, 비구·비구니들과 우바새와 우바이 역시 '장수하십시오'라고 하였다. 대중들이 소란스럽게 되자 부처님께서 말씀하셨다. '그렇게 말해서는 안 됩니다'. 그 무렵 거사가 재채기를 하자 여러 비구가 삼가 '장수하십시오'라고 말하지 못하였다. 거사들이 모두 불평하며 말하였다. '우리들이 재채기를 하는데, 여러 비구들이 장수하라고 주원하지 않는다'. 여러 비구들이 부처님께 이를 아뢰자 부처님께서 말씀하셨다. '장수하라고 주원하는 것을 허락한다'. 時世尊嚏 諸比丘呪願言 長壽 諸比丘比丘尼 優婆塞優婆夷亦言 長壽 大衆遂便閙亂 佛言 不應爾 時有居士嚏 諸比丘畏愼 不敢言長壽 居士皆譏嫌言 我等嚏 諸比丘不呪願長壽 諸比丘白佛 佛言 聽呪願長壽",『마하승기율』 권35(대정장22, p.513c6)에 "선방에서 재채기를 하는 이는 방자하게 크게 재채기를 해서는 안 된다. 만약 재채기가 나오려 하면 마땅히 참고서 손으로 코를 가려야 한다. 만약 참을 수 없다면 응당 손으로 코를 가리고 재채기를 해야 한다. 절대로 눈물이나 콧물 등 오염된 것이 옆자리로 튀게 해서는 안 된다. 재채기 하는 이가 있거든 말을 걸어서는 안 된다. 윗사람이 재채기를 하면 합장을 해야 하고, 아랫사람이면 말없이 있는다. 재채기하는 법 이와 같이 하니, 이렇게 하지 않으면 위의법을 어김이다. 禪坊中嚏者 不得放恣大嚏 若嚏來時 當忍以手掩鼻 若不可忍者 應手遮鼻而嚏 勿使涕唾汚濺比坐 若有嚏者 不得言語 若上座嚏者 應言和南 下坐者默然 嚏法應如是 若不如是 越威儀法"라고 하였다. 〔참고문헌〕『大莊嚴論經』, 『四分律』, 『摩何僧祇律』.

체 體 ❶ 제법(諸法) 또는 일체법(一切法)의 바탕. 공(空)이며 적멸(寂滅)이고, 제일의공(第一義空)이며 진여(眞如)인 뜻에서의 바탕이다. 원측(圓測)의 『인왕경소』 권중(한불전1, p.85b17)에 "혹을 끊고 멸을 증하기에 적멸이라 말하며, 체가 곧 일미진여이기에 제일의공이라 말한다. 斷惑證滅 故言寂滅 體卽一味眞如 故言第一義空", 원효(元曉)의 『금강삼매경론』 권하(한불전1, p.662b3)에 "체·상·용이라 하니, 무릇 일체법은 이 셋을 넘어서지 못한다. 법의 체는 공하기에 공삼매를 세우고, 작용이 없기에 무작삼매이며, 모습 없기에 무상삼매다. 體用相者 凡一切法 莫過此三 法體空故 立空三昧 無作用故 無作三昧 無相狀故 無相三昧"라고 하였다. 〔참고문헌〕『仁王經疏』, 『金剛三昧經論』. ⇨ 적멸 寂滅, 체대 體大[1], 삼대 三大 ❷ 가르쳐 알게 하는 바탕. 교체(敎體) 또는 종체(宗體)를 말한다. 원측(圓測)의 『해심밀경소』 권1(한불전1, p.124a5)에 "체란 곧 능히 말해 전하고자 하는 것을 다 거둬 밝힌 것이고, 종이란 제교의 말씀을 따로 드러내 말하는 것을 말한다. 體卽總明能詮敎體 宗言別顯諸敎所詮", 같은 책(한불전1, p.126b6)에 "여래의 성교는 네 가지 법을 바탕으로 삼으니, 소위 음성과 명구문신이다. 이와 같은 네 가지 법을 여래께서 스스로 설하신 것을 이름하여 본바탕이라 하고, 듣는 이의 식이 변한 것을 이름하여 그림자라 하는데, 이와 같은 본바탕과 그림자에는 차별이 없다. 如來聖敎 四法爲體 所謂音聲名句文身 如是四法 如來自說 名爲本質 聞者識變 名之爲影 如是本影 有無差別"라고 하였다. 〔참고문헌〕『解深密經疏』. ⇨ 교체 敎體, 명구문신 名句文身, 음성교체 音聲敎體, 종체 宗體[1] ❸ 인명 용어. 드러내 표할 수 있는 주어. 유법(有法)·소별(所別)·자성(自性)과 같은 뜻이며, 술어를 뜻하는 의(義)·법(法)·능별(能別)·차별(差別)의 상대어다. 〈표〉와 같다. 『인명입정리론소』 권상(대정장44, p.98b3)에 "일체법 중에는 대략 두 가지가 있으니 첫째는 체, 둘째는 의다. 마치 저 오온에서 색 등은 체이고, 여기에서 유루·무루 등의 뜻은 의라고 한다. 체는 의와 더불어 각각 세 이름 있다. 체의 세 이름이란, 첫째를 자성이라 이름하니 유가 등 중에 옛 스님이 설한 자성이 이것이다. 둘째를 유법이라 이름하니 곧 여기서 설하는 바 유법이란 것이 이것이다. 셋째를 소별이라 이름하니 저 아래에서 종의 잘못 중에 소별이 성취되지 못했다고 한 것이 이것이다. 一切法中 略有二種 一 體 二 義 且如五蘊 色等是體 此上有漏無漏等義 名之爲義 體之與義 各有三名 體三名者 一名自性 瑜伽等中古師所說自性 是也 二名有法 卽此所說有法者 是 三名所別 如下宗過中名所別不成是"라고 하였다. 〔참고문헌〕『因明入正理論疏』. ⇨ 유법 有法[3], 소별 所別, 능별 能別, 국통대局通對, 인명 因明 ❹ 설하거나 논함에 바탕으로 삼는 것. 『변중변론』 권상(대정장31, p.464b10)에 "여기에서는 가장 먼저 논한 바탕을 안립한다. … 〔논〕 이 논에서는 오직 다음과 같은 일곱 가지 뜻만을 설한다. 첫째 상, 둘째 장, 셋째 진실, 넷째 닦아 마주해 다스리는 모든 것, 다섯째 이 닦음의 분위, 여섯째 과를 얻음, 일곱째 무상승이다. 此中最初安立論體 … 論曰 此論唯說 如是七義 一 相 二 障 三 眞實 四 修諸對治 五 卽此修分位 六 得果 七 無上乘"라고 하였다. 〔참고문헌〕『辯中邊論』, 『中邊分別論』 권상(대정장31, p.451a10). ❺ Ⓢ dhātu의 한역어 중 하나. 계(界)·성(性) 등으로 한역한다. ⇨ 계 界[1] ❻ 몸을 말한다. ⇨ 신체 身體[1]

〈표〉 체

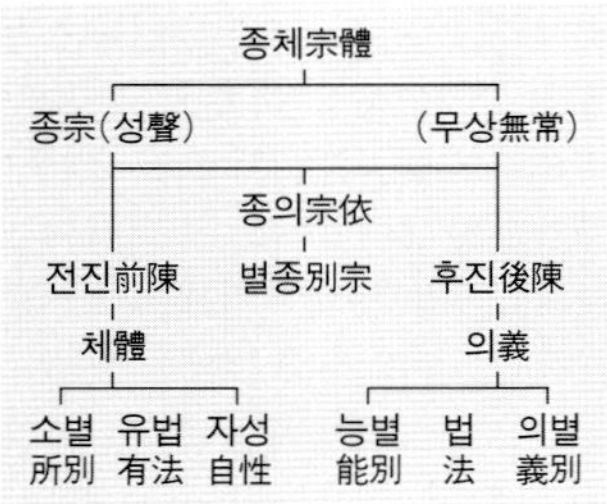

체가 諦家 진실의 집. 사가(四家) 중 하나로 원교(圓敎)를 뜻한다. 제로도 읽는다. 『십지경론』 권9(대정장26, p.175c14)에 "가라 하니, 반야가·체가·사번뇌가·고청정가다. 家者 般若家 諦家 捨煩惱家 苦淸淨家故", 『법화현의』 권10(대정장33, p.812b28)에 "체가의 체란 실상의 리(理)니, 곧 원교다. 실상을 잡아 도품을 닦는다. 諦家者 諦卽實相之理 卽是圓敎 約實相而修道品也", 『화엄공목장』 권3(대정장45, p.568b28)에 "머무는 곳에서 거두는 것들을 '가'라 하고, 가란 집(家宅)이다. … 체가는 자성이 실답기에 이름하여 '체'라 한다. 住處所攝 稱之爲家 家者家宅也 … 諦家者 性實故名諦"라고 하였다. 〔참고문헌〕『十地經論』, 『法華玄義』, 『華嚴孔目章』. ⇨ 사가 四家[1]

체격 體格 서로 주고 받음에 그 바탕(體)이 되는 것들과 모양새인 틀(格). 내용(體)과 형식(格)을 가져서 말하고 행할 수 있기에 체격에 의지한다. 『경덕전등록』 권16 「구봉도건전 九峯道虔傳」(대정장51, p.329a22)에 "늘 그렇듯이 제방의 선덕들 허다한 명목을 세워 가리켜 펴기 이전에, 형제들은 어떤 바탕과 모양 가져 드러내 헤아려 여기에 도달하였는가? 且如 諸方先德 未建許多名目指陳已前 諸兄弟 約什麽體格商量 到遮裏"라고 하였다. 〔참고문헌〕『景德傳燈錄』.

체곡지옥 涕哭地獄 ⓢ Raurava-naraka, ⓟ Roruvaṃ niraya. 팔대지옥(八大地獄) 중 하나로 호규지옥(號叫地獄). 규환지옥(叫喚地獄)이라고도 한다. 『증일아함경』 권36(대정장2, p.748a1)에 "또 어떤 이유로 체곡지옥이라 하는가? 그곳의 중생들은 선의 뿌리가 완전히 없어져 털끝만큼도 남아있지 않다. 그 지옥에서 고통받음이 끝이 없어 억울하다고 울부짖는데, 그 소리가 끊어지지 않는다. 이러한 이유로 체곡지옥이라 한다. 復以何因緣 名爲涕哭地獄 然彼衆生善本斷滅 無毛髮遺餘在 在彼地獄中 受惱無量 於中稱怨喚呼 聲不斷絶 由此因緣 名爲涕哭地獄"라고 하였다. [참고문헌] 『增壹阿含經』, *Abh-k-bh.111.*, *Kv.623.* ⇨ 호규지옥 號叫地獄, 규환지옥 叫喚地獄, 팔대지옥 八大地獄

체공 體空 바탕이 공함. 제법(諸法)의 바탕이 공한 뜻에서 하는 말로 열반의 뜻이다. 『니건자소설경』 권2(대정장9, p.325a15)에 "제법상을 들어 제법의 바탕 공함을 알고, 항상 열반에 처하나 세간을 버리지도 않는다. 以入諸法相 知諸法體空 常處於涅槃 而不捨世間", 『기신론소필삭기』 권8(대정장44, p.340a23)에 "체공이라 하였으니, 변계의 법으로 정으로는 있지만 뜻으로는 없다. 그러므로 『대승기신론』(대정장32, p.576a9)에 '일체제법 오로지 망념에 의지하여 차별 등이 있을 뿐이다' 하였으며, 또한 의타의 법은 상은 있지만 성은 없다는 뜻이다. 그러므로 『대승기신론』(대정장32, p.577b21)에 '이에 일체법은 저 거울 속 상과 같아서 체 가히 얻을 수 없다'고 한다. 體空者 遍計之法 情有理無故 故論云 一切諸法 唯依妄念 而有差別等 又依他之法 相有性無故 故論云 是故一切法 如鏡中像 無體可得", 『원각경협송집해강의』(卍속장87, p.752a4)에 "꿈꾸는 때 없지 않아서 이에 사(事)라는 뜻이 성립한다. 무명으로 인한 마음이 움직이면 선악의 일이 일어나고, 깨어난즉 마침내 얻을 바가 없으니 이것이 체공의 뜻이다. 夢時非無 乃成事義也 因無明心發 善惡之事成 及至於醒 了無所得 此體空義也"라고 하였다. [참고문헌] 『尼乾子所說經』, 『起信論疏筆削記』, 『大乘起信論』, 『廣覺經夾頌集解講義』. ⇨ 체 體❶, 체공관 體空觀, 석공 析空, 석공관 析空觀

체공관 體空觀 인연(因緣)으로 일어난 일체법이 공(空)임을 관함. 체색입공관(體色入空觀)·체가입공관(體假入空觀)·체법입공관(體法入空觀)·체법관(體法觀)·즉공관(卽空觀)이라고도 하며, 분별하여 쪼개 '공'이라고 보는 석공관(析空觀)의 상대어다. 천태에서는 체공관을 통교(通教)의 보살이 닦는 교도관(巧度觀), 석공관을 장교(藏教)의 졸도관(拙度觀)이라 하고는, 모두 계내(界內)의 견혹(見惑)과 사혹(思惑)을 부수는 관법이며, 종가입공관(從假入空觀)으로 거둔다. 『교관강종』(대정장46, p.936c28)에 "장교는 석공으로 관하고 통교는 체공으로 관하며, 별교는 차제로 관하고 원교는 일심으로 관하는데, 이 네 가지 관은 각각 십법성승관(十乘觀法)으로 행인을 움직여 열반지에 이르게 한다. 장통의 교관은 진제열반으로 움직여 이르고, 별원의 교관은 중제대반열반으로 옮기며, 장통별교 세 가지를 방편이라 하고, 오직 원교관만을 진실이라고 한다. 藏以析空爲觀 通以體空爲觀 別以次第爲觀 圓以一心爲觀 四觀各用十法成乘 能運行人 至涅槃地 藏通二種教觀 運至眞諦涅槃 別圓二種教觀 運至中諦大般涅槃 藏通別三 皆名爲權 唯圓教觀 乃名眞實", 『아미타경요해편몽초』 권중(卍속장91, p.930a2)에 "석공과 체공이란 무엇인가? 사대오온으로 이 몸을 분석하여 아아소를 찾게 해서 얻지 못하니 석공이라고 한다. 체공은 비단 아공뿐만 아니라 법 또한 허깨비와 같아 당체가 본디 공하여 체공이라고 하는 것이다. 言析空體空者 以四大五蘊 分析此身 覓我我所 不可得 故曰析空 體空 則非但我空 法亦如幻 當體本空 故曰體空也"라고 하였다. [참고문헌] 『教觀綱宗』, 『阿彌陀經要解便蒙鈔』. ⇨ 교도관 巧度觀, 종가입공관 從假入空觀, 석체졸교 析體拙巧, 석공관 析空觀

체관 諦觀 ❶ 진실로 마주해 보다. 진실의 모습 관하다. 『관보현보살행법경』(대정장9, p.389b29)에 "존자 아난은 자리에서 일어나 의복을 정돈하고 두 손을 모아 합장하고는 부처님을 세 번 돌고 나서 부처님께 절을 올린 다음 한쪽 무릎을 꿇고 합장한 채 여래를 진실로 바라보아 눈길 잠시도 떼지 않았다. 尊者阿難 卽從座起 整衣服 叉手合掌 遶佛三匝 爲佛作禮 胡跪合掌 諦觀如來目不暫捨", 『관무량수경』(대정장12, p.343c4)에 "그러므로 지혜로운 이 마음을 묶어 무량수불 자세히 살핀다. 무량수불을 관하는 사람은 하나의 상호를 쫓아 들어가 다만 미간백호만을 관하여 극히 분명하게 알아채도록 한다. 미간백호상을 보는 사람은 팔만사천의 상호를 저절로 보게 된다. 是故智者 應當繫心 諦觀無量壽佛 觀無量壽佛者 從一相好入 但觀眉間白毫 極令明了 見眉間白毫相者 八萬四千相好 自然當見"라고 하였다. [참고문헌] 『觀普賢菩薩行法經』, 『觀無量壽經』. ❷ 모든 법의 진실을 분명하게 꿰뚫어본다는 말. 자세히 관찰하다. 『무량의경』(대정장9, p.385c20)에 "보살은 이와 같이 사상의 시말을 관찰하여 모두 두루 알고 나서 다음으로 다시 갖가지 모든 법이 념념으로 머물러 있지 않고 거듭 새롭게 생멸함을 자세히 관찰한다. 菩薩如是 觀察四相始末 悉遍知已 次復諦觀 一切諸法 念念不住 新新生滅", 『변중변론술기』 권하(대정장44, p.36b9)에 "체관이란 자세히 살핌이다. 연을 살핌으로 마음 문득 움직이지 않는다. 諦觀者 審緣也 由審緣故 心便不動", 『능엄경직해』 권2(卍속장89, p.590a8)에 "체관이란 마음을 진실에 잠기게 하여 그 변함을 관찰한다는 뜻이다. 諦觀者 謂以潛心諦實 觀察其變也", 『능엄경정맥소』 권5(卍속장18, p.599b17)에 "체관이란 뜻을 살펴 관찰한다는 뜻이다. 諦觀者 審實而觀也", 『대승본생심지관경천주』 권6(卍속장34, p.383a8)에 "체관이란 이치 그대로 관찰한다는 말이다. 諦觀者 如理觀察也", 『법집별행록절요』(한불전4, p.761b8)에 "다만 살도음망이 한 마음 쫓아 일어나는 줄 자세히 본다면 당처에서 곧바로 고요하리니 어찌 수고로이 다시 끊겠는가? 그러므로 다만 한 마음을 뚜렷이 알면 저절로 만 갈래 경이 허깨비와 같으리라. 但諦觀殺盜婬妄 從一心上起 當處便寂 何須更斷 是以 但了一心 自然萬境如幻"라고 하였다. [참고문헌] 『無量義經』, 『辯中邊論述記』, 『楞嚴經直解』, 『楞嚴經正脈疏』, 『大乘本生心地觀經淺註』, 『法集別行錄節要』. ❸ ?~970?. 고려전기 천태종 스님. 원효(617~686)가 신라에 전래된 천태소의경론인 『법화경종요 法華經宗要』·『법화경방편품요간 法華經方便品料簡』·『법화경요략 法華經要略』·『법화약술 法華略述』 등 주소를 지었는데, 그 후 체관이 천양(闡揚)하여 고려전기 천태종이 왕성하여, 『조선불교통사』 권하 p.297에 "예전에 원효보살이 앞서 그 이름 아름답게 하였고, 체관법사가 그 후 이어서 드러냈다. 昔者 元曉菩薩 稱美於前 諦觀法師 傳揚於後"라고 하였다. 법난으로 사라진 천태의 성적을 중국에 다시 전한 행적이 『불조통기』 권10(대정장49, p.206a18)에 전한다. 오월의 왕 전홍숙이 아육왕이 팔만사천탑 조성한 것을 흠모하여 금동주강(金銅鑄鋼)으로 팔만사천탑을 조성하였으니 『보협인다라니심주경 寶篋印陀羅尼心呪經』을 필사하여 탑 속에 넣기도 하면서 10년 만에 불사를 마쳤다. 왕이 『영가집 永嘉集』을 읽다가 삼승점차제칠조(三乘漸次第七條 : 대정장48, p.392c21)에 동제사주(同除四住 : 見一切住地 欲愛住地 色愛住地 有愛住地)를 일시에 문득 사라지게 하는 뜻을 알 수 없어서 천태종 제15조인 나계사(螺溪寺) 정광존자(淨光尊者) 의적(義寂)에게 문의하였다. 동제사지(同除四地)란 문구가 『법화현의』에 있다 하였으나 『인왕호국반야바라밀경소신보기』 권3(대정장33, p.301c1·p.304a27)에 동제사주 네 자가 그대로 전하고 있고, 사주(四住)란 두 자는 『법화경의기』 권1(대정장33, p.573b4·p.588a1)과 천태지의의 『법화경현의』 권1하(대정장33, p.691c6)에 지복사주(止伏四住)로, 같은 책 권5상(대정장33, p.732c1)에는 단살사주지적(但殺四住之賊)이라 하였다. 체관이 답하길, "이는 지의(智顗)의 『법화경현의』에 있는 말인데, 천태의 소의경전인 법운(法雲)의 『법화경의기』·길장(吉藏)의 『법화경의소』·지의의 『법화경현의』 등 삼대부(三大部)가 회창법란과 5대전란으로 모두 소실되고 해외로 흩어져 지금 본국에서는 얻어 볼 수 없습니다"라 했다. 그리하여 960년(광종11)에 오월왕이 50가지의 각종 보물과 함께 사신을 고려에 보내와 소실된 천태종경론과 기타전적을 구하였다. 광종은 왕명으로 『지론소 智論疏』·『인왕경소 仁王經疏』·『화엄골목 華嚴骨目』·『목련문계율중오백경중경 目連問戒律中五百輕重經』 등의 경론을 갖고 체관으로 하여금 가게 했다. 체관은 이상의 경론을 가지고 오월왕에게 드렸고, 천태종 제15조 의적을 찾아 그 문하에서 천태재흥에 공헌하다가 970년(광종21) 그곳에서 입적하였다. 『불조통기』 권10(대정장43, p.394c28)에서 말하길 의적은 체관이 전한 성적들을 왕으로부터 전해 받아 이를 16조인 보운존자(寶雲尊者) 의통(義通)에게, 의통은 법지(法智)에게 전하여 중국 천태종을 크게 중흥시켰다 하였다. 『천태사교의 天台四教儀』 2권을 지었으나 상권만 남아, 한불전4, pp.517~527에 수록되어 있다. 이 책은 스님의 생전에는 알려지지 않았는데 입적하신 후 책상자(箱子)에서 오색광명 나와 열어 보니, 이 원고가 있었다고도 전한다. 내용은 천태지의가 교판(教判)한 장통별원돈점부정비밀(藏通別圓頓漸不定秘密) 중 화의사교(化儀四教)를 바탕으로 풀어낸 천태학입문서로서 널리 유포되었다. [참고문헌] 『朝鮮佛教通史』, 『佛祖統紀』, 『仁王護國般若波羅密經疏神寶記』, 『法華經義記』, 『法華經玄義』, 『天台四教儀』, 『韓國佛教撰述文獻總錄』(동국대출판부, 1976) pp.99~100. ⇨ 천태사교의 天台四教儀

체구 締構 매듭지어 얽다. 개창하다. 『일체경음의』 권83(대정장54, p.848c4)에 "체구〈앞 글자의 음은 제이다. 『초사』에 대한 왕일(王逸)의 주석에 '체는 매듭짓다는 뜻의 결이다'라고 하였고, 『설문해자』에 '매듭지어 풀 수 없게 함의 뜻이다'라고 하였다〉. 締構〈上音提 王注楚辭 締結也 說文 結不解也〉", 『사명존자교행록』 권6 「황송명주신수보은원기 皇宋明州新修保恩院記」(대정장46, p.910b15)에 "이에 앞서 이 사원을 개창한 세월이 오래되자 나날이 심하게 기울어졌다. 先是此院 締構年深 頹毀日甚", 『불조역대통재』 권12(대정장49, p.577c19)에 "듣자하니 하늘과 땅이 얽히는 처음이자 만물이 싹트던 시작의 때에는 싣지 못할 것이 없을 만큼 두터운 땅이 하늘을 뒤집었다고 한다. 蓋聞 乾坤締構之初 品物權輿之始 莫不載形厚土藉覆穹蒼"라고 하였다. [참고문헌] 『一切經音義』, 『四明尊者教行錄』, 『佛祖歷代通載』.

체구자미 滯句者迷 구에 막혀 미혹함. 동산초유사구(洞山初有四句) 중 하나이기도 하다. 『동산수초어록』(고존숙어록38, 卍속장118, p.648b8)에 "동산이 법좌에 올라 말했다. '말로는 사실을 펴 보일 수 없고, 말로는 근기에도 맞힐 수 없으며, 말 받드는 이는 본분을 잃고, 구에 막혀있는 이 미혹된다. 그렇다면 이대로 좋은가? 그대들 납승본분사에 이르려면, 법 가려내는 안목을 갖춰야만 비로소 얻는다. 내가 이렇게 한 말에도 또한 한바탕 허물 드러냄이다. 말해 보라. 허물은 어디에 있는가?' 上堂云 言無展事 語不投機 承言者喪 滯句者迷 還得麽 你衲僧分上事 到者裏 須具擇法眼 始得 只如洞山與麽道 也有一場過 且道 過在什麽處",『대혜어록』권10(대정장47, p.853c20)에 "'동산이 말했다.「말로는 사실을 펴 보일 수 없고, 말로는 근기에 던질 수 없으며, 말 받드는 이 본분을 잃고, 구에 막힌 이는 미혹된다」. 게송으로 읊는다. '말로는 사실을 펴 보일 수 없고, 말로는 근기에 던질 수 없으며, 말 받드는 이 본분을 잃고, 구에 막혀있는 이 미혹된다네. 사람 만나서는 그르쳐 들어서는 안 된다네'. 洞山云 言無展事 語不投機 承言者喪 滯句者迷 頌云 言無展事 語不投機 承言者喪 滯句者迷 逢人不得錯擧",『무문관』37칙「정전백수 庭前柏樹」(대정장48, p.297c5)에 "'학인이 조주에게「조사가 서쪽에서 온 뜻은 무엇입니까?」라고 묻자 조주가 말했다.「뜰 앞의 잣나무이다」. 무문이 말한다. '조주의 답에서 바로 알아 몸소 끊는다면 앞서 석가도 없었고 뒤에 미륵도 없으리라'. [송] 말로는 사실을 펴 보일 수 없고, 말로는 근기에 던질 수 없으며, 말 받드는 이 본분을 잃고, 구에 막혀있는 이는 미혹하리라. 趙州因僧問 如何是祖師西來意 州云 庭前柏樹子 無門曰 若向趙州答處 見得親切 前無釋迦 後無彌勒 頌曰 言無展事 語不投機 承言者喪 滯句者迷",『능엄경소해몽초』권10(卍속장21, p.767b13)에 "자백(紫柏 : 達觀眞可)이 말했다. '물고기 살아 있으면 통발 쓸데 없고, 뜻 살아 있으면 말은 사라진다. 그래서「말 받드는 이 본분을 잃고, 구에 막힌 이 미혹된다」라고 말하였다'. 紫柏曰 魚活而筌死 意活而言死 故曰 承言者喪 滯句者迷"라고 하였다. [참고문헌]『洞山守初語錄』,『大慧語錄』,『無門關』,『楞嚴經疏解蒙鈔』. ⇨ 동산초유사구 洞山初有四句

체내방편 體內方便 천태(天台)에서 체외방편(體外方便)과 함께하는 이종방편(二種方便). 체 안의 방편. 동체방편(同體方便)이라고도 한다.『법화현의석첨』권15(대정장33, p.927b11)에 "이제 이『법화경』에서 오직 일불승만의 체내방편을 방편이라 한다. 今此法華 唯一佛乘 體內方便 故名方便",『지관보행전홍결』권3(대정장46, p.249c17)에 "이 권(방편) 본래 제불의 묘체로서 그 체내방편이므로 권모라 한다. 此權本是 諸佛妙體 體內方便 故名權謀", 같은 책 권6(대정장46, p.349a25)에 "뛰어난 솜씨는 바로 체내방편이니, 이에 상응하고 기에 부합하여 때에 맞게 변화해 쓴다. 善巧秖是 體內方便 應理稱機 適時化用",『사명존자교행록』권5(대정장46, p.899a5)에 "체 밖의 권은 반드시 부수고, 체 안의 방편은 반드시 닦는다. 사(事)를 벗어난 이(理)라면 거칠고, 권 그대로의 실이라야 묘하다. 그러므로 소승은 다른 부처님 계시지 않다고 주장하지만, 대승교법에는 불국토 가득한 말씀이 있다. 體外之權須破 體內方便須修 離事之理則麤 卽權之實方妙 故小乘無他佛之說 大教有刹海之談"라고 하였다. [참고문헌]『法華玄義釋籤』,『止觀輔行傳弘決』,『四明尊者教行錄』,『法華經文句記箋難』권2(卍속장46, p.430a4). ⇨ 방편 方便, 체외방편 體外方便, 이종방편 二種方便 4

체니 滯泥 빠져 뒤척여 나오지 못하다.『서장』「답이참정별지 答李參政別紙」(대정장47, p.922b21)에 "오늘 또 편지를 받자하니 여전히 고요히 앉음을 훌륭하다 집착하더군요. 이에 빠져 뒤척임이 이와 같을 진데 어떻게 경산의 선을 참득할 수 있겠습니까? 今又得書 復執靜坐爲佳 其滯泥如此 如何參得徑山禪",『종문십규론』「이사상위불분촉정 理事相違不分觸淨」(卍속장110, p.879b7)에 "만약 사(事)는 있지만 이(理)가 없다면 빠져 뒤척일 뿐이어서 통하지 않을 것이다. 반면에 이는 있지만 사가 없다면 한없이 아득하여 돌아갈 곳 없을 것이다. 둘이 아니고자 한다면 두렷이 어울려 있게 함만을 귀하게 여겨야 한다. 若有事而無理 則滯泥不通 若有理而無事 則汗漫無歸 欲其不二 貴在圓融"라고 하였다. [참고문헌]『書狀』,『宗門十規論』.

체다라 掣多羅 Ⓢ kṣetra의 음사어. 불국토, 사찰이나 탑을 뜻하기도 한다. 찰마(刹摩)와 같다.『법화현찬』권7(대정장34, p.789a23)에 "장표금찰이라 하였으니, 금으로 찰간을 만든 것이니, 범어는 체다라이다. 長表金刹 以金爲刹 梵云掣多羅"라고 하였다. [참고문헌]『法華玄贊』,『法華經』권3(대정장9, p.22a5). ⇨ 찰 刹 1, 찰토 刹土, 찰마 刹摩, 금찰 金刹

체단 體段 모양새 분명히 가져 몸이라 여겨지는 것. 형단(形段)이라고도 한다.『종용록』49칙「시중 示衆」(대정장48, p.258a12)에 "그려 그림이게 할 수도 없다. 보화는 몸을 뒤집어 물구나무를 섰고, 용아는 반만 몸을 드러냈다. 마침내 저 사람 어떤 모습으로 그려내야 하나? 示衆云 描不成畫不就 普化便翻斤斗 龍牙只露半身 畢竟那人是何體段",『경덕전등록』권28「남양혜충국사어 南陽慧忠國師語」(대정장51, p.439a23)에 "'내가 그대에게 묻겠다. 마음 짓는다면 어떤 모습으로 드러날까?' '마음은 모습 없습니다' '그대는 이미 마음에 모습이 없음을 알고 있다. 마음은 본래 없는데 어떻게 있다고 말하는가?' '산속에서 호랑이를 만난다면 어떻게 마음 씁니까?' '보아도 보지 못한 듯 하고, 오더라도 오지 못한 듯 해야 한다. 그에게 마음이 없으면 사나운 짐승도 해치지 못할 것이다' '적연해 일이 없고, 홀로 벗어나 마음마저 없다면 무엇으로 이름해야 합니까?' '금강대사'

라 부른다. '금강대사는 어떤 몸을 가졌습니까?' '본래 형단이란 없다' '이미 형단 없거늘 무엇을 금강대사라고 부릅니까?' '형단 짓지 않음을 금강대사라 한다'. 師曰 我問汝 有心 心作何體段 曰 心無體段 師曰 汝旣知無體段 則是本來無心 何得言有 曰 山中逢見虎狼 如何用心 師曰 見如不見 來如不來 彼卽無心 惡獸不能加害 曰 寂然無事 獨脫無心 名爲何物 師曰 名金剛大士 曰 金剛大士有何體段 師曰 本無形段 曰 旣無形段 喚何物作金剛大士 師曰 喚作無形段金剛大士"라고 하였다. [참고문헌] 『從容錄』, 『景德傳燈錄』.

체달 體達 저 바탕에 도달함. 깨우쳐 다 아는 뜻이다. 『법화문구』 권1하(대정장34, p.16a18)에 "근과 진에 체달하면 여래와 더불어 진제의 방에 함께 묵을 것이니 이야말로 통교의 뜻이다. 體達根塵 卽共如來同宿 眞諦之房 是通敎意", 『유가사지론』 권39(대정장30, p.510b10)에 "세간을 체달해서 명예 소리 높여 허망분별하고 문자로 일으켜 헛된 소리 할 뿐이니 부질없는 메아리에 얽힐 뿐이다. 體達世間 稱譽聲頌 虛妄分別 文字所起 唯是虛音 繫屬妄嚮", 『화엄법계현경』 권하(대정장45, p.680a23)에 "마음에 체달하면 범부가 곧 성인이다. 體達於心 卽凡成聖矣", 『정토생무생론』(대정장47, p.383a24)에 "이 마음에 체달하면 텅 비어 어떤 것도 없으니 이를 공이라 한다. 體達此心 空洞無物 謂之空", 『금광명경현의』 권하(대정장39, p.10c19)에 "체는 달의 뜻이다. 이 체의 뜻을 얻으면 통달하여 막힘이 없다. 마치 허공 가르는 바람 같아 자재하여 걸림없다. 體是達義 得此體意 通達無壅 如風行空中 自在無障礙", 『마하지관』 권5상(대정장46, p.56b24)에 "일단 체달이 이루어지면 망상은 물론 법성조차 얻을 수 없다. 본래의 자리로 돌아가 법계 온통 고요하다. 이를 그친다 한다. 이와 같은 지가 실현될 때 그간의 모든 흐름과 뒤침이 남김없이 멈춘다. 體達旣成 不得妄想 亦不得法性 還源反本 法界俱寂 是名爲止 如此止時 上來一切流轉皆止", 『능엄경현의』 권하 「석체의자 釋體義者」(卍속장20, p.414b15)에 "이 체를 안다 하니 일체제법 두루 통달하여 머물고 걸림 없으므로 체달이라 한다. 『능엄경』 권2(대정장19, p.111c26)에 '만약 능히 물을 굴리니 여래와 같다'라고 하였다. 知此體者 卽能徧達 一切諸法 無有留礙 故名體達 經云 若能轉物 卽同如來"라고 하였다. [참고문헌] 『法華文句』, 『瑜伽師地論』, 『華嚴法界玄鏡』, 『淨土生無生論』, 『金光明經玄義』, 『摩訶止觀』, 『楞嚴經玄義』, 『楞嚴經』.

체대 體大 **1** 바탕 커서 안팎도 염정도 없는 뜻. 깊고 넓어 범성(凡聖)이 함께 하며 일체법의 평등한 바탕이고 중생심(衆生心)인 진여(眞如)를 말한다. 『대승기신론열망소』 권1(대정장44, p.423a23)에 "수연과 불변의 온전한 바탕인 진여를 체대라 한다. 隨緣不變 全體眞如 名爲體大", 『대승법계무차별론소』(대정장44, p.71c21)에 "체대란 진여평등하여 더함도 덜함도 없다. 體大者 眞如平等 不增減故", 『기신론속소』 권상(卍속장72, p.79b9)에 "체대란 중생심의 바탕이니 네 위의 성인이나 여섯 갈래의 범부와 더불어 평등하여 둘이 아니니 진여라 한다. 이 진여의 성은 모든 곳에 두루하여 중생의 아뢰야식이라는 굴 안에 머물더라도 그 체 일찍이 크지 않은 적이 없다. 言體大者 謂衆生心體 與四聖六凡 平等無二 名曰眞如 此眞如性 遍一切處 卽局在衆生黎耶窟中 其體未嘗不大也", 『대승기신론소략』 권상(卍속장45, p.447b16)에 "체대란 진성은 깊고 넓어 범성염정이 모두 의지처로 삼기에 대라 이름 붙인다. 진여는 이와 같이 일체법평등한 바탕이기 때문이다. 言體大者 眞性深廣 凡聖染淨 皆以爲依 故受大名 以眞如是一切法平等體故", 『석마하연론통현초』 권1(卍속장73, p.179b1)에 "첫째, 체대〈법〉부터 '때문이다'까지를 말한다〈문〉. 일체법이란〈수연으로서 세간이다〉, 진여평등이란〈불변으로서 출세간이다〉, 증감이 없기 때문이라는 말은〈위의 두 가지에 모두 통한다〉. 一者 體大〈法也〉 謂下至故〈門也〉 言一切法者〈卽隨緣也 亦世間也〉 眞如平等者〈卽不變也 亦出世間也〉 不增減故者〈通上二也〉", 『기신론소필삭기』 권2(대정장44, p.303c17)에 "진여문은 오직 체대만을 보일 뿐이고, 생멸문은 갖추어 삼대를 드러낸다. 眞如門 唯示體大 生滅門 具示三大"라고 하였다. [참고문헌] 『大乘起信論裂網疏』, 『大乘法界無差別論疏』, 『起信論續疏』, 『大乘起信論疏略』, 『釋摩訶衍論通玄鈔』, 『起信論疏筆削記』. ⇨ 육대체대 六大體大 **1**, 삼대 三大, 상대 相大 **1**, 용대 用大 **2** 색법(色法)의 바탕이 되는 사대(四大)를 말한다. 『법화경현찬요집』 권4(卍속장53, p.516b8)에 "둘째, 체대는 지수화풍이니 이름하여 체대다. 二 體大 地水火風 名體大也"라고 하였다. [참고문헌] 『法華經玄贊要集』.

체대상승 遞代相承 대를 바꾸며 서로 이어 받다. 『허당록』 권1(대정장47, p.989c7)에 "(부처님께서) 푸른 연꽃 같은 눈동자로 바라보시자 (가섭이) 미소 지으며 돌아갈 곳 알아챈 이후 대를 바꿔 서로 이었으니 넝쿨져 넘치는 이야기 그려내기도 어렵네. 靑蓮瞬視 微笑知歸 遞代相承 難圖滋蔓", 『치절도충어록』 권상(卍속장121, p.501b16)에 "정법안장이 영산회상에서 음광(가섭)에게 잘못 전해진 뒤로 대를 바꾸며 서로 이어받았으니 잘못 가져 잘못에 나아갔다네. 正法眼藏 自靈山錯付飮光之後 遞代相承 將錯就錯", 『선문단련설』 「정엄조리 精嚴操履」(卍속장112, p.1001a13)에 "스승이 바른 법을 이어받으면 배우는 이들의 해행 반드시 단정하고 대를 바꾸며 서로 이어 받을 수 있어 마치 그릇에 담아 그릇 그대로 전하듯 하니, 샘은 깊고 흐름도 길다. 蓋師承正

則學者之行解必端 而遞代相承 如以器傳器 而源深流長矣"라고 하였다. [참고문헌]『盧堂錄』, 『痴絶道沖語錄』, 『禪門鍛鍊說』. ⇨ 상승 相承

체도 剃刀 수염과 두발을 깎는 데 쓰는 칼. 스님이라면 반드시 지닌다. 또한 스승의 예리하고 엄격한 교화나 가풍에 비유하기도 한다. 『오분율』 권26(대정장22, p.169c2)에 "또 비구들이 뜰 안 곳곳에서 수염과 두발을 깎고서 치우지 않았다. 이를 부처님께 말씀드리자 부처님께서 말씀하셨다. '한 곳에서만 수염과 두발을 깎아야 하며, 깎고 나서는 청소하여 물이나 불 속에 버리거나 혹은 땅에 묻어야 한다. 만일 이발사가 없으면 비구 가운데 이발을 할 줄 아는 이도 얼마든지 이발을 해도 되며, 이때 쓰는 체도 지녀도 좋다'. 有諸比丘 於庭中 處處剃髮 不掃除 以是白佛 佛言 應在一處剃 剃已掃除 著水中火中 若埋之 若無剃髮師 比丘能剃者 亦聽 聽畜剃刀", 『선림상기전』 권19(불광장, 禪藏, p.1517)에 "체도 : 『백장청규』 「사미득도 *沙彌得度*」(대정장48, p.1137b14)에 '계사는 정병의 물로 관정하고 손가락을 써서 정수리 위에 물을 뿌린 다음 칼을 집어 머리를 깎는다'라고 하였다. 『경덕전등록』 「남원보응전 南院寶應傳」(대정장51, p.298c4)에 '사명(思明)화상이 아직 서원(西院)에 머물지 않았을 적에 남원보응을 찾아와 절을 올린 후 말했다. 「특별히 드릴만한 좋은 선물이 없어서 허주(許州)에서 강서(江西)의 체도 하나를 사 왔으니 화상께 바칩니다」. 이에 남원이 말했다. 「그대는 허주에서 왔는데 어디서 강서의 체도는 얻었느냐?」 사명이 남원의 손을 손톱으로 한 번 누르자 남원이 말했다. 「시자는 이 칼을 거둬 가라」. 사명이 소매를 털고 가 버렸다. 그러자 남원이 말했다. 「아랄랄」'라고 하였다. 剃刀 敕修清規 *沙彌得度*云 戒師 用淨瓶灌頂 以指滴水於頂上 執刀剃頭 傳燈錄 南院寶應和尙章云 思明和尙 未住西院時 到參禮拜後白曰 別無好物人事 從許州 買得一口江西剃刀來獻和尙 師曰 汝從許州來 什麽處得江西剃刀 明把師手掐一下 師曰 侍者收取 明拂袖而去 師曰 阿剌剌"라고 하였다. [참고문헌]『五分律』, 『禪林象器箋』, 『百丈清規』, 『景德傳燈錄』.

체도 剃度 체발득도(剃髮得度)라 한다. 출가하여 머리를 깎고 계를 받아 스님이 되는 것. 『선종결의집』(대정장48, p.1014c17)에 "지철은 원통년간(1333~1340) 을해년(1335)에 세속에서 계를 받고 나서 경진년(1340) 5월에 세속에서 벗어났으며 12월 초팔일에 출가하여 머리를 깎고 계를 받아 스님이 되었다. 智徹 自元統乙亥在俗受戒 至庚辰五月出俗 十二月初八日剃度爲僧", 『선원청규』 권9 「사미수계문 *沙彌受戒文*」(卍속장111, p.923a4)에 "행자가 처음 도첩을 얻기를 청하면, 두 겹으로 된 상자를 본사(本師)와 지사(知事)·두수(頭首)에게 내밀어 보이고 각자에게 사례하는 뜻에서 삼배를 올린 뒤 날을 택해 머리를 깎이고 계를 주어 스님이 되게 한다. 行者 初請得度牒 以箱複托呈本師竝知事頭首 各禮謝三拜 選日剃度"라고 하였다. [참고문헌]『禪宗決疑集』, 『禪苑清規』. ⇨ 득도 得度❶, 체발 剃髮

체도심 剃刀心 육십심(六十心) 중 하나로 머리 깎고 출가하였기에 구할 것이 전혀 없다고 여기는 마음. 무명주지인 삼독만을 끊을 뿐이지 선법마저 자른다는 뜻은 아니어야 한다. 『대일경소』 권2(대정장39, p.600a7)에 "쉰다섯째 체도심이란 무엇인가? 오직 이와 같이 의지해 잘라내는 법일 뿐이라고 함은 그 뜻이 이러하다. 수염과 머리를 깎는 것은 속세를 떠나 출가하는 모습이니 이 사람은 마음으로 다만 이렇게 생각한다. '나 이미 속상을 버려 악법 또한 다시 자라지 못하게 하였으니 다시 무엇을 더 구하겠는가?' 마땅한 이 마음 최악일 수 있음 알아야 한다. 스스로 분한을 짓고 있는 선근마저 잘라내 자랄 수 없게 만든다. 이렇게 생각해야 한다. 일체현성이 마땅히 끊어야 할 것은 무명주지인 삼독의 뿌리일 뿐이니 이것을 끊어 망상이 생기지 않도록 할 수 있다면 그것이 진정한 출가이다. 第五十五 云何剃刀心 謂唯如是依止剃除法者 剔除鬚髮 是離俗出家相 謂此人心但作是念 我已剔除俗相 令惡法不得復滋 更何所求 當知此心最惡 以自作分限故 能剃所有善根 令不得生 當念 一切賢聖 所應斷者 所謂無明住地 三毒之根 若能剃此 令妄想不生 乃名眞出家也"라고 하였다. [참고문헌]『大日經疏』. ⇨ 육십심 六十心

체두 剃頭 Ⓢ muṇḍa, Ⓟ muṇḍa, muṇḍiya. 두발을 깎다. 체발(剃髮)·삭발(削髮) 등이라고도 한다. 『잡아함경』 권44(대정장2, p.320c1)에 "오직 사문만이 두발을 깎지만은 않았으니 바라문 중에도 두발을 깎은 이들이 있다. 非獨沙門 是剃頭者 婆羅門中 亦有剃頭", 『구담미기과경』(대정장1, p.856a27)에 "그대 구담미야! 두발을 깎고 가사를 입은 뒤에 끝까지 청정한 범행을 닦겠는가? *汝瞿曇彌* 剃頭被著袈裟 至竟行清淨梵行", 『석씨요람』 권상(대정장54, p.264b3)에 "비록 두발을 깎고 가사를 입은 뒤에 갖가지 경을 읽고 능히 묻고 답하지만 저 불법에서 보면 공일 뿐이어서 얻기 어렵다. 雖剃頭染衣 讀種種經 能難能答 於佛法中 空無所得"라고 하였다. [참고문헌]『雜阿含經』, 『瞿曇彌記果經』, 『釋氏要覽』, *SN.1.159·160.* ⇨ 삭발 削髮, 체발 剃髮, 축발 祝髮

체두사 剃頭師 Ⓟ nahāpita. 머리 깎는 사람. 이발사. 『장아함경』 권17 「노차경 露遮經」(대정장1, p.113a18 : *Lohicca-sutta, DN.1,* p.225)에 "체두사가 가르

침 받아 행하니, 부처님 처소에 이르러 세존의 발에 이마를 대고 절을 올리고 나서 아뢰었다. 剃頭師 受教卽行往到佛所 禮世尊足白 evaṃ bhatteti kho bhesikā nahāpito lohiccassa brāhmaṇassa paṭissutvā yena bhagavā tenupasaṅkami. upasaṅkamitvā bhagavantaṃ abhivādetvā ekamantaṃ nisīdi. ekamantaṃ nisinno kho bhesikā nahāpito bhagavantaṃ etadavoca", 『오분율』 권15(대정장22, p.102b9)에 "보살이 다시 수마나 나무 앞으로 다가서자 나무 아래 체두사가 머리를 자르도록 하였으니 그에게 머리를 잘랐다. 菩薩 復前向須摩那樹 樹下有剃頭師 求令除髮 卽爲剃之", 『백론소』 권상(대정장42, p.257a17)에 "부처님께서 체두사를 보내 난타의 머리를 깎게 했지만 난타는 싫다고 내치며 머리를 깎으려 하지 않았다. 佛遣剃頭師 剃難陀頭 難陀弩惓 不肯受剃"라고 하였다. [참고문헌] 『長阿含經』, 『五分律』, 『百論疏』, *DN*. ⇨ 체두 剃頭

체두사미 剃頭沙彌 머리 깎고 계 받은 사미. 또는 계 받은 제자. 『선원청규』 권9(卍속장111, p.926a13)에 "당두화상은 언제나 고해의 나루터와 다리 되고, 일 맡은 높은 이 길이 법문의 대들보며, 모든 당의 청중은 다 함께 반야라는 배를 타고, 체두사미는 속히 보리라는 언덕에 이르라. 堂頭和尙 常爲苦海津梁 執事高人 永作法門梁棟 合堂淸衆 同乘般若之舟 剃頭沙彌 速至菩提之岸"라고 하였다. [참고문헌] 『禪苑淸規』. ⇨ 체두 剃頭, 사미 沙彌

체두수계아사리 剃頭受戒阿闍梨 계 받는 제자의 머리를 깎아 주는 아사리. 화상인 은사를 말한다. 『선원청규』 권9(卍속장111, p.923b17)에 "대덕께선 일심으로 생각해 주십시오. 저 아무개 이제 대덕께 청하오니 저를 위해 체두수계아사리가 되어 주십시오. 저 대덕께 의지하기에 머리 깎고 계 받을 수 있으니, 자비로 가엾이 여기시기 때문입니다〈세 번 설하는데 세 번째에는 '자민 때문입니다'란 말을 세 번 거듭한다〉. 大德一心念 我某甲今請大德爲我作剃頭受戒阿闍梨 我依大德故 得剃頭受戒 慈愍故〈三說 第三疊慈愍故三遍〉"라고 하였다. [참고문헌] 『禪苑淸規』. ⇨ 아사리 阿闍梨

체두행자 剃頭行者 출가하고 계 받을 때 머리 깎는 소임. 『선원청규』 권9(卍속장111, p.923a12)에 "체두행자는 승당 앞에서 대중이 모여 정하기를 삼가 기다리며, 계사와 두 아사리는 성상 앞에서 좌구를 크게 펼치고 삼배를 마친다. 剃頭行者 卽從僧堂前 祇候大衆集定 戒師二闍梨 於聖像前 大展三拜訖"라고 하였다. [참고문헌] 『禪苑淸規』. ⇨ 체두 剃頭

체득 體得 몸소 얻다. 바탕채로 알아 깨우치다. 『동산어록』(대정장47, p.524b1)에 "동산이 어느 때에 말했다. '부처 그 위로 오르는 일을 체득해야 비로소 조금이나마 말할 분이 있게 된다'. 그러자 학인이 물었다. '무엇이 말한다는 것입니까?' '말할 때 사리는 듣지 못한다' '화상은 듣습니까?' '말하지 않을 때 듣는다'. 師有時云 體得佛向上事 方有些子語話分 僧問 如何是語話 師云 語話時 闍黎不聞 僧云 和尙還聞否 師云 不語話時卽聞", 『굉지광록』 권1(대정장48, p.14b2)에 "굉지가 법좌에 올라 말했다. '사라지지 못하니 허공과 더불어 그 바탕 합하여 신령스러우며, 생하지만 난 일 없으니 삼라와 더불어 함께 써서 묘하다. 공겁 전에 조짐도 없었는데 몸 있은 이후로 집도 있다. 저 학 차디찬 보금자리에서 꿈에 잠겼고 푸른 숲 사이로 달빛 여울지네. 용 깊은 밤 내내 신음하고 고목사이 구름 이리저리 떠돈다. 선덕들이여! 바로 이러할 때 생멸도 없고 오고 감도 끊어지지만, 묘하게도 납승의 행리만은 있으니 도리어 몸소 얻지 않겠는가?' 잠시 침묵한 뒤 말했다. '안개 푸른 갈대 가득 품고 모래 끝엔 눈 내렸네. 바람은 하얀 부평초 끝에서 놀고 강 위론 가을 깊었네'. 上堂云 滅而不滅 與虛空合體而靈 生而不生 與森羅同用而妙 劫前無朕 身後有家 鶴夢巢寒 耿耿蒼林之月 龍吟夜永 依依枯木之雲 諸禪德正恁麽時 無生滅絶去來 妙有衲僧行履 還體得麽 良久云 煙含碧葦沙頭雪 風弄白蘋江上秋"라고 하였다. [참고문헌] 『洞山語錄』, 『宏智廣錄』. ⇨ 체 體

체득기리 逮得己利 Ⓢ anuprāpta-svakārtha, Ⓟ anuppattasadattha, Ⓣ bdag-gi-don-rjes-su-thob. 뜻대로 성취하다. 성취・구족(成就・具足 Ⓢ anuprāpti)과 스스로의 뜻대로(自義 Ⓢ svakārtha)의 합성어로서, 선득기리(善得己利)・득대선리(得大善利)・수득의의(隨得義義)으로도 한역되었다. 『대품반야경』 권1(대정장8, p.217a7)에 "왕사성 기사굴산 대비구 오천중에게 말씀하시길, '마음으로도 지혜로도 잘 해탈하였기에, 마음은 조화롭고 유연한 마하나가(Ⓢ mahānāgā)였으니, 해야 할 일 다해 마쳤고, 능히 져야 할 짐 놓았으며, 스스로의 뜻대로 성취하였으니, 모든 번뇌도 다하고 바른 지혜로 이미 해탈을 얻었다'. 心得好解脫 慧得好解脫 其心調柔軟 摩訶那伽 所作已辦 棄擔能擔 逮得己利 盡諸有結 正智已得解脫", 『대지도론』 권3(대정장25, p.82a20)에 "팔정도와 사문과 이 이름 모든 아라한 이미 지혜롭게 하였으니, 이 오천아라한은 도와 과 두 가지를 모두 얻었기에 '자기를 이롭게 하였다' 한다. 그러므로 스스로 이롭게 되었다. 八正道及沙門果 是名諸阿羅漢己利 是五千阿羅漢得道及果 二事俱得 故名己利 以是故言逮得己利"라고 하였다. [참고문헌] 『大品般若經』, 『大智度論』, *Pañca-pr.4.*, *Saddh-p.1.*, *SN.3.193.*

체라 諦羅 Ⓢtela, Ⓣnyar-nyer. 백이십전(百二十轉) 중 하나. 앞뒤로 제곱(轉)의 수로 이어지는 고대 인도의 수 단위. 80권본 『화엄경』 권45 「아승기품 阿僧祇品」(대정장10, p.237c26)에 "벽라(Ⓢvela)의 제곱이 1체라이고, 체라의 제곱은 1게라(Ⓢgela)이다. 薜羅薜羅 爲一諦羅 諦羅諦羅 爲一偈羅"라고 하였다. 〔참고문헌〕 『華嚴經』, *Mvyut.246.* ⇨ 백이십전 百二十轉

체로금풍 體露金風 온몸 드러내니 금빛 가득하네. 운문문언(雲門文偃)의 화두다. 이 구절에 대하여 『선문염송설화』 1015칙(한불전5, p.715c11)의 「설화」에 『벽암록』 27칙 「평창 評唱」(대정장48, p.167c9)을 이끌어 말한다. 곧 "(汾陽의) 18가지로 묻는 중에 이것은 '주인을 가리는 물음'이라 하고, '현상(事)을 빌려 던지는 물음'이라고도 한다. 운문은 실오라기 하나도 옮기지 않고 다만 그에게 '다 벗어 그대로 금빛 바람이라네!'라고 말했을 뿐이다. 답이 매우 절묘했을 뿐만 아니라 다른 이 물음에 잘도 짐 졌다. 體露金風者 碧巖云 十八問中 此謂之辨主問 亦謂之借事問也 雲門 不移易一絲毫 只管向他道 體露金風 答得甚妙 亦不辜負他問處"라고 한 뒤 이어 "운문구 중에 다분히 애착하여 인정 따라 풀었다지만, 말 그대로 만약 작정하고 정해로 헤아려 지었다면 우리 후손들 상하게 할 일이다. 운문은 이렇게 하길 즐겼으니 도적의 말 타고 도적 쫓게 하였다. 雲門句中多愛惹人情解 若作情解卜度 未免喪我兒孫 雲門愛伊麼騎賊馬趕賊也"라고 덧붙였다. 『불과격절록』 73칙(卍속장117, p.493b12)에 "몸 드러내니 금빛 바람 가득하네. 발우 속의 밥이요 물통 속의 물이며, 은쟁반에 담긴 눈이요 산호가지 마당에 달 뜬다. 종사의 안목이라면 반드시 이와 같아야 하리. 擧體露金風 鉢裏飯 桶裏水 銀椀裏盛雪 珊瑚枝枝撑著月 宗師眼目 須至如此"라고 하였다. 〔참고문헌〕 『禪門拈頌說話』, 『碧巖錄』, 『佛果擊節錄』. ⇨ 운문체로금풍 雲門體露金風

체로진상 體露眞常 바탕 숨김 없이 다 드러나니 참되고 떳떳할 뿐이네. 분별해 헛된 연 벗어나서 언제나 그대로인 마음 바탕으로 여여불의 모습이다. 백장회해(百丈懷海)의 말로 유명하다. 『백장어록』(사가어록2, 卍속장119, p.818b8)에 "바탕 온통 드러나니 참되고 떳떳할 뿐이어서 문자로 덧씌울 수 없네. 마음바탕 물들 일 없어 본래 스스로 두렷해 일체를 성취했으니 곧바로 여여하신 부처라네. 體露眞常 不拘文字 心性無染 本自圓成 但離妄緣 卽如如佛", 『위산어록』(대정장47, p.577c10)에 "만약 단도 들고 곧바로 들어가니 범성의 분별 다하여 그 바탕 다 드러나 참되고 떳떳할 뿐이다. 이도 사도 둘이 없으니 곧바로 여여한 부처라네. 若也單刀直入 則凡聖情盡 體露眞常 理事不二 卽如如佛", 『보각조심어록』(황룡사가록2, 卍속장120, p.224b6)에 "법좌에 올라 말했다. '성인을 좋아할 일 없으니 성인은 헛된 이름일 뿐이고, 범부를 싫어할 필요도 없으니 범부는 헛되이 세웠을 뿐이다. 다만 성범분별 사라지면 자연히 참되고 변함없는 그 바탕 드러나리라. 알겠는가? 만일 안다면 틀림없이 참학 중에 그나마 조금 상응할 것이요, 알지 못하더라도 그대 한낮 장부임을 인정하리라'. 上堂 不用愛聖 聖是空名 不用厭凡 凡是妄立 但得聖凡情盡 自然體露眞常 還信得及麼 若信得及去 不妨向參學之中 有少分相應 若信不及 也許爾是 箇丈夫漢", 『증도가주』(卍속장114, p.914a2)에 "마음 거울 밝으니〈신령한 빛이 훤히 비춘다〉 비춤에 걸림이 없네〈근도 진도 멀리 벗어났다〉. 막힘없이 트이고 어울려 사무쳐서 사계에 가득하거늘〈그 바탕 그대로 참되고 떳떳하네. 어떤 문자로도 표현할 길 없다〉. 心鏡明〈靈光洞耀〉 鑒無礙〈逈脫根塵〉 廓然瑩徹周沙界〈體露眞常 不拘文字〉"라고 하였다. 〔참고문헌〕 『百丈語錄』, 『潙山語錄』, 『寶覺祖心語錄』, 『證道歌註』.

체류 體類 같은 바탕(體)에서 다르게 드러나는 것들(類)의 뜻이다. 식(識)의 바탕 같지만 전5식과 제6식 등으로 요별하는 경상(境相)이 각각 다르거나 난성(煖性)으로 그 바탕 같은 불이지만 치성한 불도 있고 따뜻한 불도 있는 경우를 말한다. 『순정리론』 권6(대정장29, p.364b22)에 "안 등의 제식은 체도 유도 비록 같지만 선 등이 있어서 뜻의 유로는 차별하다. 저 불바탕의 뜻 같아서 경의 모습 분별해 알 수 있으니, 식체의 류 중에는 깨끗한 것도 깨끗하지 못한 것도 있어 뜻의 류로는 차별하여 선과 비선이라 이름 하지만, 의류에 차별이 있는 것은 아니다. 마치 불 비록 맹성한 것과 미열한 것 있다 하지만 연기 있고 없음으로 연을 기다려 같지 않을 뿐이다. 의류차별이라 하지만 그 체의 류 같은 것이어서 분별이 없다. 저 따뜻함을 자성으로 할 뿐이다. 이와 같이 모든 식들 경상을 요별함에 그 체류 비록 같지만 선 있음 등으로 의류로서 차별할 뿐이다. 眼等諸識 體類雖同 而有善等 義類差別 如火體義 了別境相 識體類中 有淨非淨 義類差別 名善非善 不可義類 有差別故 卽令體類亦有差別 如火雖有 猛盛微劣 有烟無烟 待緣不同 義類差別 而其體類 同無分別 煖爲自性 如是諸識 了別境相 體類雖同 而有善等 義類差別", 『섭대승론석』 권5(대정장31, p.188b6)에 "〔논〕 의타성에는 몇 가지가 있는가? 〔석〕 이것은 '체류'와 뜻을 아울러 모두 몇 가지가 있는지를 물은 것이다. 〔논〕 간략하게 말하면 두 가지가 있다. 첫째는 훈습종자에 매여 있는 것이다. 〔석〕 이것은 먼저 의타성의 '체류'가 두 가지 훈습으로부터 생기는 것을 밝힌다. 첫째는 업과 번뇌의 훈습으로부터 생기는 것이고, 둘째는 문훈습으로부터 생기는 것이다. '체류'가 이 두 가지 훈습에 매여 있기에 의타성이라고 한다. 만약 과보식의 '체류'가 의타성이라면 업과 번뇌의 훈습으로부터 생기고, 만약 출세간의 사혜와 수혜체류라면 문훈습으로부터 생긴다. 論曰 依他性有幾種 釋曰 此問體類及義 並有幾種 論曰 若略說 有二種 一 繫屬熏習種子 釋曰 此先明依他體類 從二種熏習生 一 從業煩惱熏習生 二 從聞熏習生 由體類繫屬此二熏習 故稱依他性 若果報識體類爲依他性 從業煩惱熏習生 若出世間思修慧體類 從聞熏習生"라고 하였다. [참고문헌]『順正理論』, 『攝大乘論釋』. ⇨ 자성 自性 1, 체 體

체멸 體滅 바탕이 사라지다. 유위법(有爲法)의 바탕인 염의의 육식을 말한다. 용멸(用滅)에 대칭한다. 『섭대승론석』 권1(대정장31, p.384c1)에 "만약 염오의 뜻을 세우지 않는다면, 어디에 의지해야 하는가? 6식을 이미 버렸으니 의를 성취할 수 없다. 체가 사라져 없기 때문이다. 若不立有染汚意者 此何所依 六識已謝 不應成意 體滅無故"라고 하였다. [참고문헌]『攝大乘論釋』. ⇨ 용멸 用滅, 법체항유 法體恒有, 삼세실유 三世實有

체명무진구 體明無盡句 무엇이 그 바탕 밝아 다함 없는 한 마디인가. 대양경현(大陽警玄)의 삼구(三句) 중 하나다. 『낭야혜각어록』(고존숙어록46, 卍속장118, p.781a18)에 "무엇이 그 바탕 밝아 다함 없는 한 마디인가. 삼동에 마른 나무 빼어나니 한 여름 눈꽃 붉게 핀다네. 如何是體明無盡句 三冬枯木秀 九夏雪花紅", 『정자혜휘어록』 권3(卍속장124, p.937b7)에 "무엇이 그 바탕 밝아 다함 없는 한 마디인가. 저 집안 문 열고 들어가면 푸른 이끼 거듭거듭 새롭다네. 如何是體明無盡句 師曰 門裡綠苔重又新", 『건중정국속등록』 권7 「기신해인장 起信海印章」(卍속장136, p.125a9)에 "'무엇이 그 바탕 밝아 다함 없는 한 마디인가' '수미산 정상에선 파도쳐 하늘로 넘친다네'. 僧曰 如何是體明無盡句 師云 須彌頂上浪滔天"라고 하였다. [참고문헌]『瑯琊慧覺語錄』, 『淨慈慧暉語錄』, 『建中靖國續燈錄』. ⇨ 대양삼구 大陽三句

체문 滯文 글에 빠지다. 『당고승전』 권16 「승가전 僧可傳」(대정장50, p.552a12)에 "글에 걸려 있는 무리들은 시비를 분분하게 들먹인다. 滯文之徒 是非紛擧", 『화엄경해인도장참의』 권1 「정좌사유 正坐思惟」(卍속장128, p.290a2)에 "위의 열 가지 문은 만사를 펼치는 방편이다. 그 하나하나에서 저 문과 같이 법을 볼지니 문에 빠져 뜻을 잃으면 안 된다. 上來十門 事行方便 一一如文見法 不得滯文迷意"라고 하였다. [참고문헌]『唐高僧傳』, 『華嚴經海印道場懺儀』.

체문 體文 Ⓢ vyañjana. 체로서의 문. 뜻을 출생시키는 몸으로서의 실담(悉曇 Ⓢ Siddhaṃ) 자음(子音)을 말한다. 모두 35자이며, 다섯 갈래 소리(五類聲)와 입 전부를 쓰는 소리(遍口聲)글자로 분류하기도 한다. 모음(母音)인 마다(摩多 Ⓢ mātṛkā)의 상대어이다. 『실담자기』(대정장54, p.1186b6)에 "체문은 서른다섯자이다. … 소리가 나는 곳은 아·치·설·후·순 등이며, 궁상과 합하여 그 문자가 각각 다섯이다. 입 전부로 나는 소리글자는 열이다. 體文三十有五 … 聲之所發 則牙齒舌喉脣等 合于宮商 其文各五 遍口之聲文有十"라고 하였다. [참고문헌]『悉曇字記』. ⇨ 실담 悉曇, 오류성 五類聲, 변구성 遍口聲, 마다체문 摩多體文, 자문 字門

체미 遞米 번갈아 가며 공양미를 올리다. 체미(遆米)라고도 한다. 『삼국유사』 권3(대정장49, p.1001a12·한불전6, p.339a5) 탑상(塔像)4 백엄사석탑사리(伯嚴寺石塔舍利)에 "함옹 원년(1065·문종19) 11월에 이 사원의 주지 득오미정대사 석수립이 이 절의 상규 10조를 정하였다. … 금당의 약사여래 앞 목 발우에는 매월 초하루마다 번갈아 가며 공양미를 올릴 것 등이다. 咸雍元年十一月 當院住持得奧微定大師釋秀立 定院中常規十條 … 金堂藥師前木鉢 月朔遞米條等"라고 하였다. [참고문헌]『三國遺事』.

체발 剃髮 Ⓢ muṇḍa, muṇḍanā, Ⓟ muṇḍa, muṇḍana, Ⓣ skra-breg. 머리카락을 깎다. 출가하여 불문(佛門)에 귀의할 때 교만심(憍慢心)과 번뇌를 버리고 외도(外道)와도 다른 뜻을 위하여 머리카락을 깎는다. 치발(薙髮)·삭발(削髮)·축발(祝髮)·낙체(落剃)·낙식(落飾)·낙발(落髮)·정발(淨髮)·장발(莊髮)이라고도 한다. 머리카락을 깎고 출가하여 염의(染衣: 袈裟)를 입는 것을 체발염의(剃髮染衣)라고 하며, 체염(剃染)·체도(剃度)라고도 한다. 또한 체발염의를 행하는 의식을 체도식(剃度式)이나 득도식(得度式)이라 한다. 『방광대장엄경』 권6(대정장3, p.576c1)에 "보살은 손으로 건척의 머리를 쓰다듬으며 이렇게 말했다. '건척아, 네가 할 일은 마쳤으니, 다시는 울지 마라. 그대에게 큰 보가 있으리라'. 보살은 이렇게 생각하였다. '비구들이 만약 수염과 머리카락을 깎지 않으면 출가법이 아니다'. 이에 차닉에게서 마니검을 가져다 스스로 머리카락을 깎았으며, 깎은 머리털 공중으로 던졌다. 이때 천제석은 희유한 일이라 여겨, 마음으로 크게 기뻐하며 곧 천의로 공중에서 받아서 삼십삼천으로 돌아가 예를 올리고 공양하였다. 菩薩以手 摩乾陟頂 而語之言 乾陟 汝所作已畢 莫復啼哭 當大報汝 諸比丘 菩薩作是思惟 若不剃除鬚髮 非出家法 乃從車匿 取摩尼劍 卽自剃髮 旣剃髮已 擲置空中 時天帝釋 見希有事 心大歡喜 卽以天衣 於空承取 還三十三天 禮事供養", "그때 보살은 수염과 머리카락을 깎고 나서는 아직도 보배 옷을 입고 있음을 보고는 다시 이렇게 생각하였다. '출가한 이의 옷으로는 마땅하지 않다'. 이때에 정거천은 화현하여 사냥꾼이 되어 몸에 가사(袈裟)를 입고 손에 활과 살을 가지고 보살의 앞에 조용히 서있었다. 보살은 사냥꾼에게 말했다. '그대가 입고 있는 것은 옛날의 모든 부처님들의 옷인데, 어찌하여 이것을 입고서 죄를 짓는가?' 爾時 菩薩剃鬚髮已 自觀身上 猶著寶衣 卽復念言 出家之服 不當如是時 淨居天 化作獵師 身著袈裟 手持弓箭 於菩薩前 默然而住 菩薩語獵師言 汝所著者 乃是往古 諸佛之服 云何著此 而爲罪耶", "사냥꾼이 말했다. '제가 가사를 입고 사슴떼를 꾀이면 사슴이 이 옷을 보고 제게 가까이 옵니다. 저는 이로 인해 바야흐로 죽일 수 있습니다'. 보살이 말하였다. '그대는 가사를 입고 오로지 살해를 하는데, 내가 이제 만약 얻으면 오로지 해탈만을 구하리. 그대는 능히 나에게 이 가사를 주겠는가? 그대가 내게 주면 나는 마땅히 그대에게 교사야의를 주겠노라. 그대 어찌 저 거칠고 해진 옷을 아끼는가?' '좋습니다, 인자여. 이런 해진 옷은 실로 아낄 바가 없습니다'. 바로 가사를 취하여 보살에게 주자, 그때 보살의 마음에 환희 일었다. 곧장 그에게 교사야의를 주니, 그때 정거천은 신통력으로 홀연히 본래 모습 되돌리고는 허공 위로 날아 일념 사이에 도로 범천에 이르렀다. 보살이 이를 보고 이 가사 아끼는 마음 더하였다. 獵者言 我著袈裟 以誘群鹿 鹿見此服 便來近我 我因此故方得殺之 菩薩言 汝著袈裟 專爲殺害 我今若得 唯求解脫 汝能與我 此袈裟不 汝若與我 我當與汝 憍奢耶衣 汝何惜彼 麤弊之服 獵師報言 善哉仁者 如是弊衣 實無所惜 卽取袈裟 授與菩薩 菩薩于時 心生歡喜 卽便與彼 憍奢耶衣 時 淨居天以神通力 忽復本形 飛上虛空 如一念頃 還至梵天 菩薩見已 於此袈裟 倍生殷重" 라고 하였다. 〔참고문헌〕『方廣大莊嚴經』, 『佛所行讚』 권2(대정장4, p.17a6), 『大智度論』 권49(대정장25, p.412c2), *Divy.37.*, *Saṅ-v.73.*, *SN.1.175.* ⇨ 삭발 削髮, 낙발 落髮, 정발 淨髮, 사미축발 沙彌祝髮, 체발염의 剃髮染衣, 체도 剃度, 득도식 得度式

체발 薙髮 Ⓟ muṇḍa, muṇḍiya. 머리를 깎다. 삭발(削髮)·체발(剃髮) 등이라고도 한다. 『경덕전등록』「중간경덕전등록장 重刊景德傳燈錄狀」(대정장51, p.197b3)에 "용원화상은 체발하고 스님이 되고 나서 오대율사의 설애화상에게 예를 갖추고 구족계를 받았다. 龍源和尙 薙髮爲僧 仍禮五臺律寺 雪涯和尙受具戒", 『사미율의요략증주』 권상(卍속장106, p.292a15)에 "다른 이 본받아 체발하지 않고 스스로 두타라 불렀으니 어찌 큰 잘못이 아니겠는가! 傚不薙髮 自號頭陀 寧不大謬哉"라고 하였다. 〔참고문헌〕『景德傳燈錄』, 『沙彌律儀要略增註』, *MN.1.515.*, *SN.1.175.* ⇨ 삭발 削髮, 체두 剃頭, 체발 剃髮, 축발 祝髮

체발거사 剃髮居士 머리 깎은 거사. 아난(阿難)을 모욕하려고 꾸민 말. 『마가승기율』 권18(대정장22, p.373c1)에 "또한 외도 하나가 찾아와서 '당신은 어디서 음식을 얻었소?'라고 묻자 '나는 이 머리 깎은 거사에게서 얻었습니다'라고 대답했다. 아난이 이 말을 듣고는 마음이 언짢아 그 뒤로 걸식하는 이들에게는 주지 않았다. 復有一外道來 問言 汝何處得食 答言 我從此剃髮居士邊得 阿難聞此語已心不悅 後來乞者不與"라고 하였다. 〔참고문헌〕『摩訶僧祇律』.

체발사문 剃髮沙門 머리 깎은 사문. 사문의 본보기다. 『별역잡아함경』 권4(대정장2, p.401b16)에 "바라문이 이렇게 생각하였다. '이 머리 깎은 사문은 자주 걸식하러 찾아오니 나를 오래된 친구처럼 생각하는구나'. 婆羅門作是念 今此剃髮沙門 數來乞食 似我知舊"라고 하였다. 〔참고문헌〕『別譯雜阿含經』.

체발심 體發心 네 가지 발심(發心) 중 하나로 일체법이 보리 자체의 발현임을 깨우친 마음. 『화엄경문의요결문답』 권2(한불전2, p.369a15)에 "(사발심 중) 넷째는 체발심이며 증발심이라고도 한다〈일체법이 곧 이 보리자체의 발현임을 증득하는 것을 체발심이라고 하니 초지 이상 금강심까지다〉. 四 體發心 亦名證發心〈證一切法 卽是菩提自體顯發 名爲體發也 初地以上 至金剛心〉"라고 하였다. 〔참고문헌〕『華嚴經文義要決問答』. ⇨ 증발심 證發心, 사발심 四發心

체발염의 剃髮染衣 머리 깎고 물들인 옷 즉 가사를 걸치다. 낙발염의(落髮染衣)·사가염의(捨家染衣)·삭발염의(削髮染衣)라고도 한다. 『불본행집경』 권19(대정장3, p.739b23)에 "실달태자는 오욕을 버리고 도를 구하고자 출가하여 산에 들어갔으니 친족을 멀리 여의었으며 머리를 깎고 가사를 걸치고 사유하며 고행하였다. 悉達太子 棄捨五欲 爲求道故 出家入山 遠離親族 剃髮染衣 思惟苦行", 『사분율행사초』 권중(대정장40, p.46b2)에 "세속을 벗어난 다섯 부류의 대중이 세속 위해 훌륭한 복전이 되는 까닭은 실로 계체를 말미암기 때문이다. 그러므로 『대지도론』 권31(대정장25, p.293b5)에 '금계를 받아서 지니는 것으로 자성을 삼고, 머리를 깎고 가사 수하여 모습으로 삼는다'라고 하였다. 出俗五衆所以爲世良田者 實由戒體故也 是以智論云 受持禁戒爲性 剃髮染衣爲相", 『대명삼장법수』 권5(영락장181, p.556b8)에 "세 번째, 머리를 깎고 가사를 수한 이들이 승보다 : 머리를 깎고 가사를 수한다는 말은 수염과 머리털을 깎아 없애고 물든 옷을 입었다는 뜻이다. 세간의 스님이 능히 불법을 유통하기에 승보라 한다. 三 剃髮染衣爲僧寶 剃髮染衣者 謂剃除鬚髮 著染色衣 卽世間之僧 以

能流通佛法 是爲僧寶也"라고 하였다. [참고문헌]『佛本行集經』, 『四分律行事鈔』, 『大智度論』, 『大明三藏法數』. ⇨ 낙발염의 落髮染衣, 삭발염의 削髮染衣

체법 體法 바탕으로서의 법. 천태(天台)의 사교(四教) 중 통교(通教)에 속하는 삼승인(三乘人)은 체법으로 깨닫는다. 『법화문구』 권10상(대정장34, p.139a20)에 "또한 체법의 삼승인은 한결같이 무생의 이치를 배워 번뇌를 남김없이 끊으니 나무를 태워 숯이 되듯 한다. 又有體法三乘人 同學無生 斷煩惱盡 如燒木成炭", 『유마경현소』 권2(대정장38, p.529b21)에 "둘째, 체법관을 밝혀 통교의 삼승을 연다. 삼승인은 동체인연을 빌어 공에 들어간 다음 만약 진무루를 일으킨다면 견혹과 사혹을 모두 끊을 수 있다. 소승근 둔하여 다만 근본번뇌(正使)만을 버리고는 일체지를 얻었다 하여 성문승이라 하고, 연각중근은 습기만을 버려서 일체지를 성취하였다 하여 벽지불승이라 하며, 보살이 일체지를 얻어 갖가지 방편으로 들어가 도종지를 닦고 중생을 교화하며 일체종지를 구하니 이야말로 통교의 대승이다. 二 明體法觀開通教三乘者 三乘之人 同體因緣 假以入空 若發眞無漏 斷見思惑 小乘根鈍 但除正使 成一切智 名聲聞乘 緣覺中根 侵除習氣 成一切智 名辟支佛乘 菩薩 得一切智 入假修道種智 教化衆生 求一切種智 卽是通教之大乘也", 『대반열반경집해』 권54(대정장37, p.549a29)에 "도생이 말하였다. '체법이란 그윽히 합하여 스스로 떳떳하니 모든 부처님은 누구나 그렇지 않은 분이 없으시다. 그런 까닭에 법으로 불성을 삼는다'. 道生曰 夫體法者 冥合自然 一切諸佛 莫不皆然 所以法爲佛性也"라고 하였다. [참고문헌]『法華文句』, 『維摩經玄疏』, 『大般涅槃經集解』. ⇨ 체공관 體空觀, 체법입공 體法入空, 체법공관 體法空觀

체법공관 體法空觀 법을 깨달아 공을 봄. 석법공관(析法空觀)에 상대한다. 체색입공(體色入空) 또는 체법입공(體法入空)과 통한다. 『법화문구』 권9하(대정장34, p.132a13)에 "예를 들면 진제에 들어가되 둔한 이는 법을 분석하거나 무상 등 관에 의지하지만, 영리한 이는 체법공관에 따르므로 나뉘어 장교와 통교가 있게 된다. 例入眞諦 鈍者依析法 無常等觀 利者 用體法空觀 故分藏通耳"라고 하였다. [참고문헌]『法華文句』. ⇨ 체색입공 體色入空, 체법입공 體法入空, 체법 體法

체법념처 體法念處 사념처(四念處)중 법념처에 깨우치는 뜻. 『사교의주휘보보굉기』 권7상(卍속장102, p.654b14)에 "삼승의 처음을 한결같이 건혜라 한다. 법념처 등 관법을 체득함으로써 비록 난법 얻기 전이지만 이치의 물과 흡사하고 총상지혜 깊고 날카롭기에 건혜라 한다. 三乘之初 同名乾慧 用體法念處等觀 雖未得煖法 相似理水 而總相智慧深利 故稱乾慧也"라고 하였다. [참고문헌]『四教儀註彙補輔宏記』.

체법입공 體法入空 법을 깨달아 공에 듦. 체법공관(體法空觀)이다. 『선문장』(卍속장99, p.64b3)에 "허망함이 없음을 어떻게 결정해 무라 하겠는가? 이러한 즉 유일 뿐이니, 이 무를 여읜 것으로서 유를 밝힐 수밖에 없으니 비유하자면 밝은 거울 안의 맑고 텅 빈 곳에서 갖가지 색이 나타나는 것과 같다. 이 텅 빈 곳 그대로 색이니 이 텅 빈 곳과 다른 곳에서 색을 가려낼 수는 없다. 그러므로 대품에서 '색 그대로 공이니 색이 멸한 공이 아니며, 공 그대로 색이고 색 그대로 공이다'라고 하였다. 그러므로 법 깨달아 그대로 공에 든다고 하니, 이것은 법을 쪼개어 보는 관법과 같지 않다. 幻無何得定無 卽此是有 不須離此無而明有 譬如明鏡內淨空 而現種種之色 卽此空是色 不可異於此空而辨色 故大品云 卽色是空 非色滅空 空卽是色 色卽是空 故名體法入空 不同拆法之觀也", 『법화현의』 권3하(대정장33, p.717b9)에 "정념을 가져 지킴에 따라 청정계를 염하여 불석계를 열어 보이면 그것이 도공계이다. 색을 멸하여 공을 깨닫는 방법은 법을 분석하여 도와 함께한다지만, 어디까지나 그대로 공에 들기에 불석이라 한다. 從護持正念 念淸淨戒 開出不析戒 卽道共戒也 滅色入空 是析法道共 今體法入空 故名不析", 『유마경약소』 권5(대정장38, p.626c20)에 "마음으로 해탈을 얻는다는 말은 체법 그대로 공에 든다는 들음으로 인하여 아라한과를 얻는다. 心得解脫者 因聞體法入空 得羅漢果", 『산정지관』 권상(卍속장99, p.143a10)에 "대품의 논한 바대로 삼승이 함께하는 위로서 건혜지부터 팔지에 이르기까지 모두 체법입공관으로 거둔다. 如大品所論 三乘共位 自乾慧至八地 悉體法入空觀攝"라고 하였다. [참고문헌]『禪門章』, 『法華玄義』, 『維摩經略疏』, 『删定止觀』. ⇨ 체법공관 體法空觀, 체법 體法, 체공관 體空觀

체변 體變 ❶ 자체분(自體分)이 변하다. 식의 바탕인 자체분이 변하여 견분(見分)과 상분(相分)으로 나뉘는 뜻이다. 『성유식론술기』 권1(대정장43, p.242c15)에 "[해] 제식들 생할 때 아법인 듯한 것으로 변한 것은 곧 자증분상에 아법인 듯한 상이 있게 된 것이다. 체가 변해서 상이 되니, 다만 의타기성일 뿐이다. 이 굳센 집착에 의지해 아와 법이 되니 바야흐로 견상의 이분이다. 又解 諸識生時 變似我法者 卽自證分上 有似我法之相 體變爲相 但依他性 依此堅執爲我法者 方是二分"라고 하였다. [참고문헌]『成唯識論述記』. ⇨ 자체분 自體分, 자증분 自證分 ❷ Ⓢ anyathā-bhūta-darśana. 외도(外道)의 칠종무상(七種無常) 중 전변무상(轉變無常)의 논거로 색의 바탕이 변할 뿐 근본이 되는 대종은 변하지 않는다는 주장(色體變非大種變). 『대승입능가경』 권5(대정장16, p.618a12 : *Laṅk.*, p.208)에 “전변무상이란 색의 체가 변하는 것이지 대종이 변한 게 아니라는 견해이다. 비유하면 금으로 장엄구를 만들 때 장엄구는 변한 것이지만 금은 바뀐 적이 없는 것과 같다는 것이니, 이 또한 같은 주장이다. 轉變無常者 謂色體變非大種變 譬如以金作莊嚴具 嚴具有變而金無改 此亦如是 tatra vikārānityatā nāma yaduta rūpasyānyathābhūtadarśanaṃ na bhūtānāṃ suvarṇasaṃsthānabhūṣaṇavikāradarśanavat. na suvarṇabhāvādvinaśyati”, 『주대승입능가경』 권8(대정장39, p.488c13)에 “‘전변무상이란 색의 바탕만이 변한 것이어서’에서 ‘금은 바뀌지 않는 것도 이와 같다’는 것은 일곱 번째로 네 번째 무상을 풀이해 논파한 것이다. 색의 바탕이 변화한 것을 무상이라 하지 대종의 체를 두고 무상이라 하지 않는다고 주장하면서 금으로 장엄구를 만드는 비유를 든 것이다. 장엄구는 변화했기에 무상하다고 할 수 있지만, 금 자체는 바뀐 것이 아니기에 무상이 아니다. 이 색법의 체의 변이를 무상이라 하는 경우도 이와 같다. 轉變無常者謂色體變〈至〉而金無改此亦如是 七牒釋破第四無常 計色質變異名無常 非大種體名無常也 故擧金作嚴具喩之 嚴具有變異名無常 而金無改非無常也 此色法體變異無常亦如是”라고 하였다. 이역본인 『능가경』 권4(대정장16, p.508c23)에는 다른 성이 드러난 것(異性現)이라 하였다. [참고문헌] 『大乘入楞伽經』, 『注大乘入楞伽經』, 『楞伽經』, *Laṅk.* ⇨ 전변 轉變❷, 전변무상 轉變無常❷

체분 嚏歕 재채기. 『선원청규』 권1 「부죽반 赴粥飯」(卍속장111, p.882b2)에 “재채기를 하려면 반드시 코를 가려야 하고, 이를 쑤시고자 하면 반드시 입을 가려야 한다. 如欲嚏歕須當掩鼻 如欲挑牙須當掩口”라고 하였다. [참고문헌] 『禪苑淸規』.

체비량 體比量 이미 현량으로 체험한 것을 바탕으로 견주어 헤아리는 일. 오종비량(五種比量) 중 하나다. 『유가사지론』 권15(대정장30, p.358a19)에 “체비량이란 저 자체성을 직접 보기에, 직접 볼 수 없는 저 물과 짝지어 견주거나 또는 저 일부의 자체를 보고서 나머지 부분을 짝지어 견주는 것이다. 마치 현재로 과거를 짝지어 추론하거나 또는 과거로 미래를 짝지어 추론하거나, 또는 현재 있었던 것으로 먼 것을 짝지어 추론하거나, 또는 현재로 미래를 짝지어 추론하는 것과 같다. 또한 나머지 음식·의복·장엄구·수레 등도 마찬가지여서 이득과 손실의 양상을 직접 보고서 일체에 대해 추론하고 일부의 성숙으로 나머지의 성숙을 짝지어 추론하는 것과 같아서 이런 것들을 체비량이라 한다. 體比量者 謂現見彼自體性故 比類彼物不現見體 或現見彼一分自體 比類餘分 如以現在比類過去 或以過去比類未來 或以現在近事比遠 或以現在比於未來 又如飮食衣服嚴具車乘等事 觀見一分得失之相 比知一切 又以一分成熟 比餘熟分 如是等類 名體比量”라고 하였다. [참고문헌] 『瑜伽師地論』. ⇨ 오종비량 五種比量, 비량 比量

체비리 體毘履 Ⓢ sthavira의 음사어. 상좌(上座)의 뜻이고, 부파 이름으로도 쓴다. 한역어는 장로(長老)·노숙(老宿)·상좌(上座). 리(履)는 리(裏)로도 쓰고, 제비리(梯毘梨)·타비라(他鞞羅·他俾羅) 등으로도 음사한다. 『문수사리문경』 권하(대정장14, p.501b1)에 “체비리〈한역하면 노숙이다. 순숙한 노숙인이 모여 율부를 함께 송출했다〉. 體毘履〈此言老宿 淳老宿人 同會共出 律部也〉”, 『화엄경탐현기』 권15(대정장35, p.391c14)에 “『문수문경』의 체비리부는 상좌부라 한역한다. 文殊問經 體毘裏部 此云 上座部”라고 하였다. [참고문헌] 『文殊師利問經』, 『華嚴經探玄記』. ⇨ 노숙 老宿, 상좌 上座❶

체사 涕泗 눈물과 콧물. 슬피 울어 온통 범벅이 됨. 『법경경』 「서 序」(대정장12, p.15a25)에 “옛 현인을 추억하고 성인을 사모하며 눈물과 콧물이 함께 흘렀다. 追遠慕聖 涕泗幷流”, 『대반열반경후분』 권하(대정장12, p.908c28)에 “이렇게 말하고 나서 눈물과 콧물을 섞여 흘리며 부처님의 관이 모셔진 곳으로 갔다. 作是語已 涕泗交流 至佛棺所”, 『일체경음의』 권57(대정장54, p.686c17)에 “체사〈사는 식과 리를 반절한 음이다. 『시』에 ‘눈물과 콧물이 넘쳐 흐른다’라고 하였고, 『전』에 ‘코에서 흐르면 사라 하고, 눈에서 나오면 제라 한다’라고 하였다〉. 涕泗〈息利反 詩云 涕泗滂沲 傳曰 自鼻出曰泗也 自目曰涕也〉”라고 하였다. [참고문헌] 『法鏡經』, 『大般涅槃經後分』, 『一切經音義』.

체상 體相 ❶ 바탕의 상. 체도 용도 공한 인법이공(人法二空)을 말한다. 원측(圓測)의 『인왕경소』 권중말(대정장33, p.404c10·한불전1, p.86c13)에 “처음 모든 위에 의지하여 체가 공한 상을 드러내고, 다음은 불과에 의지하여 용이 공한 상을 나타낸다. 이것은 첫 번째니 반야의 공을 말한다. 생사의 십이연생위에서 열반의 일체지위에 이르기까지 인이라는 상이 없기에 스스로의 상도 없다. 법이라는 상마저 없기에 타상도 없다. 곧 인공과 법공이라는 두 가지 공을 체상으로 삼는다. 初依諸位 顯體空相 後依佛果 顯用空相 此卽初也 謂般若空 從於生死十二緣生位 乃至涅槃一切智位 無人相故無自相 無法相故無他相 卽以人法二空 而爲體相”라고 하였다. [참고문헌] 『仁王經疏』. ❷ 체(體)와 상(相). 『대승의장』 권19(대정장44, p.847c2)에 “대승법 중 여래의 사지에도 역시 ‘체’와 ‘상’이 있으니, 여실혜가 그 ‘체’이고, 세제심 중에서 이미 얻은 것으로 구경상을 낳는 것이 그 ‘상’

이다. 이 '체'와 '상'은 대략 소승과 같다. 다만 소승 중의 '체'와 '상'은 앞과 뒤이니, 입관을 '체'라 하고, 출관은 '상'일 뿐이다. (그러나) 대승법 중의 '체'와 '상'은 동시이니, 부처님께서는 이제를 쌍으로 현관하여 출입이 없기에 동시중에 나아가 진제를 '체'라 하고, 세관을 '상'이라 할 뿐이다. 大乘法中 如來四智 亦有體相 證如實慧 是其體也 世諦心中 緣已所得 生究竟相 是其相也 此體與相 麤同小乘 但小乘中 體相前後 入觀名體 出觀是相 大乘法中 體相同時 佛於二諦 雙觀現前 無出入故 就同時中 眞諦之智 說以爲體 世觀名相"라고 하였다. 〔참고문헌〕『大乘義章』. ⇨ 체상용 體相用 ❸ 제법이 나름 자성을 따로 갖는 뜻. 『유가사지론』 권13(대정장30, p.345c29)에 "어떤 것을 성이라고 하는가? 제법의 체상을 말하니, 자상·공상·가립상·인상·과상 등과 같은 것이다. 云何性 謂諸法體相 若自相 若共相 若假立相 若因相 若果相等", 『섭대승론석』 권2(대정장31, p.162a29)에 "〔논〕 또 이 식상을 세움에 가견이라 한 것은 무엇인가? 〔석〕 이미 뭇 이름으로 아리야식을 말하였다. 이 뭇 이름으로는 아리야식 체상을 분명히 알 수 없다. 체상을 분명히 알 수 없다면, 이 식은 이해하기 어렵다. 이제 이 식을 통달하기 위해서는 다음과 같은 체상을 보여야 한다. 〔논〕 이 상을 간략히 세 가지로 세운다. 첫째 자상, 둘째 인상, 셋째 과상이다. 論曰 復次成立此識相 云何可見 釋曰 已依衆名 成立阿梨耶識 由此衆名 阿梨耶識體相 不可了別 若不了別體相 此識則難可解 今欲令通達此識故 次應示其體相 論曰 此相略說有三種 一 立自相 二 立因相 三 立果相"라고 하였다. 〔참고문헌〕『瑜伽師地論』, 『攝大乘論釋』. ⇨ 체 體❶❷❸ ❹ Ⓢ liṅga. 업을 수용하는 몸. 수론(數論 Ⓢ Sāṃkhya)의 주장이다. 미세체상(微細體相)과 추체상(麤體相)을 말한다. 『금칠십론』 권하(대정장54, p.1259a25)에 "훈습된 것이 '체상'인데, 두 가지가 있다. 자성과 각과 만과 오유를 미세한 '체상'이라고 하며, 오유로부터 생겨난 것과 십일근에 상응하여 일어난 것을 거친 '체상'이라고 한다. 所熏是體相 體相有二種 自性 覺 慢 五唯 名微細體相 從五唯所生 與十一根相應起者 名麤體相"라고 하였다. 〔참고문헌〕『金七十論』, *Sāṃkhy-k.52.*

체상성 體相性 바탕과 모습과 그 자성. 『법화경』 권3(대정장9, p.19c28 : *Saddh-p.*, p.127)에 "바탕과 모습과 자성에 따라 대소로 나뉘니 (비에) 적심에 하나지만 무성해짐은 각각 다르다네. 부처님도 이와 같으니 세간에 출현하심은 비유컨대 저 큰 구름이 일체를 두루 뒤덮음과 같지만, 세간에 출현하시고 나면 모든 중생들 위해 분별해서 제법의 실상 설하신다네. 如其體相性分大小 所潤是一 而各滋茂 佛亦如是 出現於世 譬如大雲 普覆一切 旣出于世 爲諸衆生 分別演說 諸法之實 yathābalaṃ tā viṣayaś-ca yādṛśo yāsāṃ ca yady-ādṛśakaṃ ca bījam, svakasvakaṃ tāḥ prasavaṃ dadanti vāriṃ ca taṃ ekarasaṃ pramuktam. emeva buddho 'pi ha loki kāśyapa utpadyate vāridharo va loke, utpadya ca bhāṣati lokanātho bhūtāṃ cariṃ darśayate ca prāṇinām", 『법화경연의』 권3(卍속장52, p.254b1)에 "무성해짐은 각각 다르다 했는데, 초목에 비록 대소의 다름이 있지만 적심에는 한결같이 비 내린다. 그러나 이렇게 한결같은 비에 적시지만 저 초목들 각자 무성해진다 말할 뿐 한결같은 비로 적시는 줄은 모른다. 而各滋茂者 謂草木雖有大小不等 而所潤則同是一雨 雖同一雨所潤 而彼草木 各自謂有滋茂 而不知同是一雨所潤", "비유하면 여래께서 일음으로 연설할 때 구계 중생들의 체질·모양새·습성의 분류에 따라 종종의 크고 작은 다름이 있지만, 받는 교법은 똑같이 일음이다. 비록 똑같이 일음이지만 구계의 중생들은 똑같이 일음으로 교법이 설해졌음을 알지 못하고 각자 교법에 차별이 있다고 말한다. 喩如來一音演說之時 隨其九界衆生之體質相狀習性分類 種種大小之不同 而所被敎法 則等是一音 雖同一音 而九界衆生 則不知同是一音敎法所被 而各自謂有於差別也"라고 하였다. 〔참고문헌〕『法華經』, 『法華經演義』, *Saddh-p.* ⇨ 일음 一音, 원음 圓音

체상용 體相用 ❶ 삼대(三大)라 하여 일심(一心)의 세 갈래 대승의 뜻이다. 『기신론』에 의지한다. 원효(元曉)의 『기신론소』 권상(대정장44, p.206b3·한불전1, p.704a18)에 "심법은 비록 하나지만 두 문이 있다. 진여문중에 대승체가 있고, 생멸문에는 체상용이 있으니 대승의 뜻은 이 세 범주를 넘어서지 않는다. 이 일심에 의지하여 대승의 뜻을 나타낸다. 心法雖一 而有二門 眞如門中 有大乘體 生滅門中 有體相用 大乘之義 莫過是三 依一心顯 大乘義也", 『기신론소필삭기』 권1(대정장44, p.297b13)에 "체상용은 앞의 일심을 펼쳐서 세 가지 뜻을 삼음이니 대열반의 세 가지 덕이 이것이다. 謂體相用 卽開前一心 以爲三義 卽大涅槃三德 是也", 『기신론직해』 권상(卍속장72, p.156a4)에 "말하는 바 법이라는 것은 중생심을 이른다. 이 마음이 모든 세간출세간법을 거두고 체상용 삼대의 뜻을 갖추므로 대라 한다. 所言法者 謂衆生心 是心卽攝 一切世間出世間法 具有體相用三大義 故云大也"라고 하였다. 〔참고문헌〕『起信論疏』, 『起信論疏筆削記』, 『起信論直解』. ❷ 열반의 세 갈래 뜻이기도 하고, 삼신(三身)의 뜻이기도 하다. 『대승의장』 권2(대정장44, p.489c7)에 "열반 가운데 체상용이 있다. 성이 깨끗한 열반으로서 체를 삼고, 방편열반을 상으로 삼으며, 응화의 열반을 용으로 삼는다. 涅槃之中 有體相用 性淨涅槃 以之爲體 方便涅槃 以之爲相 應化涅槃 以之爲用", 『대승현론』 권3(대정장45, p.46a13)에 "법신을 체로 삼고 보신을 상으로 삼으며 화신을 용으로 삼는다. 체상용으로 삼신을 세운다. 法身爲體 報身爲相 化身爲用 體相用故立三身也", 『이취육바라밀다경』 권10(대정장8, p.912b10)에 "부처님께서 갖추신 세 가지 몸이여, 체상용으로 평등하고, 매우 깊고 광대한 그 자성, 뛰어난 뜻으로는 차별마저 없다. 佛具三種身 體相用平等 甚深廣大性 勝義無差別", 『화엄경수현기』 권1상(대정장35, p.14c14)에 "대란 체상용을 말함이니, 이것을 넘어설 것이 없다. 평등하여 더함도 덜함도 없는 몸으로, 성공덕 상을 구족하였고, 세간과 출세간의 선인과 용을 낸다. 大謂體相用 莫過故也 謂平等不增減體 具足性功德相 生世出世善因果用故", 『아미타경소초』 권2(卍속장33, p.369b7)에 "체상용이란 남김없이 거두는 몸이니, 부처님께서 문득 두루하시다 말한다. 그러므로 부처님으로 체로 삼음이다. 상이란 체 중에 갖춘 바 상이어서 체도 무진하고 상도 무진하여 무량수를 상으로 삼는다. 용이란 체 중에서 드러내는 용이니 체에 있어 비추지 아니함이 없듯이, 용 또한 비추지 못함이 없기에 무량광으로 용을 삼는다. 體相用者 體者 總體 言佛便周故佛爲體 相者 體中所具之相 體無盡 相亦無盡 故無量壽爲相 用者 體中所發之用 體無不照 用亦無不照 故無量光爲用", 『대반열반경의기』 권3(대정장37, p.673a10)에 "법에는 체용·총별·동이가 있다. 체·총·동에 나아가서 이름을 붙였을 뿐이어서 이름의 뜻이 모두 하나다. 용·별·이에 나아가서 이름을 붙였을 뿐이어서 이름도 뜻도 모두 다르다. 法有體用總別同異 就體就總就同施名 名義俱一 就用隨別逐異施名 名義俱異"라고 하였다. [참고문헌] 『大乘義章』, 『大乘玄論』, 『理趣六波羅蜜多經』, 『華嚴經搜玄記』, 『阿彌陀經疏鈔』, 『大般涅槃經義記』. ⇨ 삼대 三大, 체대 體大[1], 상대 相大[1], 용대 用大

체상전수 遞相傳授 서로 이어 전하고 받다. 『황룡혜남어록』 권1(대정장47, p.634b18)에 "황룡이 법좌에 올라 불자로 선상을 내리친 뒤 말했다. '눈이 있으면 모두 보고 귀가 있으면 모두 듣는다. 이렇게 이미 보고 듣지만, 말해 보라! 무엇을 듣는가? 늦게 익힌 초학자들 밝고 밝게 설파해야 한다. 여래이신 우리 부처님은 마갈다국에서 직접 이 법령을 행하였고, 스물여덟 분의 조사들이 대대로 서로 전수하여 후대의 석두와 마조에 이르러서는 한 마리 망아지(馬祖)가 천하 사람들을 밟아 죽였으며, 임제의 방과 덕산의 할 빠르기가 저 천둥과 번개 같았다. 후래 아손들 불초하여 법령 들어 행하지 못하고 단지 화려한 언구 주고받을 뿐이다'. 上堂 以拂子擊禪床一下云 有眼皆見 有耳皆聞 旣見旣聞 且道 聞箇什麽 晩學初機 須得明明說破 我佛如來 摩竭陀國 親行此令 二十八祖 遞相傳授 洎後石頭馬祖 馬駒蹋殺天下人 臨濟德山棒喝 疾如雷電 後來兒孫不肖 雖擧其令 而不能行 但逞華麗言句而已", 종보본 『단경』(대정장48, p.361a18)에 "내가 대범사(大梵寺)에서 설법을 했었는데, 지금에 이르러 초록하여 유행하길 『법보단경』이라 한다. 그대들이 이를 잘 수호하여 서로 이어 전해 받아야 하니, 뭇 중생들을 제도하는 데 있어 다만 이 설법에만 의지해서야 그 이름 정법이라 한다. 吾於大梵寺說法 以至于今 抄錄流行 目曰 法寶壇經 汝等守護 遞相傳授 度諸群生 但依此說 是名正法"라고 하였다. [참고문헌] 『黃龍慧南語錄』, 『壇經』. ⇨ 사자상승 師資相承

체상종광량등주잡원만여낙구타상 體相縱廣量等周匝圓滿如諾瞿陀相 Ⓢ nyagrodha-parimaṇḍala, Ⓣ shing-nya-gro-dha-ltar-chu-zheng-gab-pa. 삼십이상(三十二相) 중 하나. 낙구타(Ⓢ nyagrodha : 尼拘陀·尼俱陀)나무와 같이 균형 잡힌 신체를 가리킨다. 『대반야경』 권381(대정장6, p.967c17)에 "세존의 신체 형상은 높고 넓은 크기 고르고 둘레도 원만하여 낙구타와 같다. 이것이 스무 번째 상이다. 世尊 體相縱廣量等周匝圓滿如諾瞿陀 是第二十"라고 하였다. [참고문헌] 『大般若經』, 『法乘義決定經』 권중(대정장17, p.658c9), 『法華玄贊』 권5본(대정장34, p.737b25), 『華嚴經疏鈔』 권88(대정장36, p.685c9), *Aṣṭ-pr.2.50.* ⇨ 삼십이상 三十二相, 신광장등상 身廣長等相, 니구다 尼拘陀[2]

체색입공 體色入空 색의 바탕 깨우쳐 공에 들다. 체법공관(體法空觀)이라고도 한다. 『천태사교의』(대정장46, p.777c9)에 "삼교의 사람이 함께 언설 없는 길로 색을 깨달아 공에 들기에 통교라 한다. 『대품경』에 의지하니 건혜지 등 십지가 바로 이 교의 위차다. 三人同 以無言說道 體色入空 故名通敎 依大品經 乾慧等十地 卽是此敎位次也", 『능엄경관심정해』 권3(卍속장23, p.742b11)에 "일체법을 관하려니 마치 큰 불덩이와 같아 사방 어디에서도 만질 수 없다. 자타의 네 가지 성품과 유무의 네 가지 구로도 모두 이 사변에 다가갈 수 없다. 이것이 색을 깨달아 공에 드는 관이다. 이제 그 성으로서의 불인즉 진공일진대 어찌 바탕이 환인 색으로 치우쳐 공에 들 수 있으며, 자성이 공한즉 진인데 불(火) 어찌 공에 머문다고 하는가. 觀一切法 如大火聚 四邊不可觸 自他四性 有無四句 皆是四邊 悉不可取 是爲體色入空之觀 今性火卽眞空 豈體幻色 而入偏空 性空卽眞 火豈住空耶", 『사익범천소문경간주』 권3(卍속장33, p.885b9)에 "색을 쪼개어 공을 듦을 소승이라 하고, 색을 깨달아 공을 듦을 중승이라 하며, 색 그대로 공인 뜻은 상승이다. 이와 같은 세 갈래는 한결같이 법성에 의지하기에 분별할 수 없다. 이것이 방편임을 알기에 취하지 않고 교화 수단으로 유익하기에 버리지 않는다. 析色入空 是爲小乘 體色入空 是爲中乘 卽色卽空 是上乘 如是三者

同依法性 無可分別 知是方便 故不取 于化導有益 故不捨" 라고 하였다. 〔참고문헌〕『天台四教儀』, 『楞嚴經觀心定解』, 『思益梵天所問經簡註』. ⇨ 체법공관 體法空觀

체석 體析 체공(體空)과 석공(析空)을 줄여서 부르는 말. 『마하지관』 권10상(대정장46, p.135b26)에 "『대지도론』에 대소승공은 체공과 석공으로 다르다 밝혔다. 외도에게도 체석이 있는데 이것은 어떻게 다른가? 외도는 삿된 인연을 좇거나 인연이 없다 하니, 석공이나 체공이나 필경공을 주장한다. 大論明 大小乘空 體析爲異 外道亦體析 此云何異 外道 從邪因緣 無因緣 若析若體若畢竟空", 『인왕호국반야바라밀경소신보기』 권1(대정장33, p.287a5)에 "모든 법을 다 거두어 말하면 색 그대로 공이다. 이것은 장교의 체석과는 다르다. 생멸이 없어 모두 저 환화와 같아 삼계번뇌를 일시에 문득 끊으니 이는 과에 따르는 말이다. 通詮諸法 色卽是空 與藏體析之異 故不生滅 悉如幻化 三界煩惱 一時頓斷 從果言也", 『정토생무생론회집』(卍속장109, p.82a17)에 "체는 통교의 체공관이고, 석은 장교의 석공관이다. 통교의 사람은 지혜가 뛰어나 관의 활용도 뛰어나니, 오음의 당체가 그대로 본래 공함을 분명하게 통달하며 분석을 기다려 공을 아는 것이 아니다. 체공의 지혜로써 미혹을 끊고 진여를 증득한다. 장교의 사람은 지혜가 열하여 관을 씀도 서투르니, 반드시 사대와 오음을 분석한 다음에야 인공을 알고 이 석공지혜로 혹을 끊고 진여를 증득한다. 體者 通教體空觀 析者 藏教析空觀 通人智巧 用觀則巧 了達五陰 當體本空 不待分析 而後知空 以此體空智慧 斷惑證眞也 藏人智拙 用觀則拙 必以四大五陰分析 而後知人空 以此析空智慧 斷惑證眞也"라고 하였다. 〔참고문헌〕『摩訶止觀』, 『仁王護國般若波羅蜜經疏神寶記』, 『淨土生無生論會集』. ⇨ 석공관 析空觀, 체공관 體空觀

체성 體性 **1** Ⓢ svabhāva. 바탕으로서의 성품. 자성(自性)을 말한다. 『방광대장엄경』 권11(대정장3, p.608a3)에 "교진여야, 일체법은 인연으로부터 생하여 '체성'이 있을 리 없으며, 상도 단도 여윈 것이 마치 허공과 같아 비록 짓는 이와 받는 이 없을지라도 선악의 법은 사라지지 않는다. 교진여야, 색은 바로 무상이고, 괴로움이며, '공'이고, 무아이며, 수상행식 역시 이와 같다. 애착이 물이 되어 적시는 인연으로 말미암아 여러 가지 괴로움이 더욱 증가하니, 만약 성도를 얻어 제법의 '체성'이 모두 '공'임을 깨우쳐 보면 영원히 이와 같은 뭇 고통 길이 사라진다. 憍陳如 一切法 從因緣生 無有體性 離常離斷 猶如虛空 雖無作者 及以受者 善惡之法 而不敗亡 憍陳如 色是無常 苦空無我 受想行識 亦復如是 由愛爲水 潤漬因緣 衆苦增長 若得聖道 證見諸法 體性皆空 卽能永滅 如是衆苦", 『대승입능가경』 권4(대정장16, p.608a17)에 "'세존이시여, 원하옵건대 저에게 제불의 그 바탕 그 성품 말씀하여 주시옵소서'. 부처님께서는 이렇게 말씀하셨다. '대혜여, 두 가지 무아를 깨닫고, 두 가지 장애가 없으며, 두 가지 죽음을 여의고, 두 가지 번뇌를 끊는 것이 부처의 체성이다. 대혜여, 성문이나 연각이 이 법을 얻으면 역시 부처라고 한다. 나는 이런 뜻으로 일승을 설할 뿐이다'. 世尊 願爲我說 諸佛體性 佛言 大慧 覺二無我 除二種障 離二種死 斷二煩惱 是佛體性 大慧 聲聞緣覺 得此法已 亦名爲佛 我以是義 但說一乘", 『대지도론』 권57(대정장25, p.467c23)에 "〔문〕 반야바라밀의 모습 일체제관이 사라져서 언어의 길도 끊는다. 생멸하지 않아서 마치 허공상과 같다면, 지금 어찌하여 '반야가 세간에 있고 삼보는 사라지지 않는다' 합니까? 〔답〕 반야바라밀의 체성은 부처님이 계시건 계시지 않건 상주하며 불멸한다. 問曰 若般若波羅蜜相 一切諸觀滅 語言道斷 不生不滅 如虛空相 今何以說 般若在世者 三寶不滅 答曰 般若波羅蜜體性 有佛無佛 常住不滅"라고 하였다. 〔참고문헌〕『方廣大莊嚴經』, 『大乘入楞伽經』, 『大智度論』, *Abh-k.bh.42·206.* ⇨ 자성 自性 **1**, 무체성 無體性 **2** 조선후기 스님. 강원도 금화군 근북면 건천리 오성산(五聖山) 수태사(水泰寺) 회운당(晦雲堂) 대균(大鈞 1723~1763)의 은사스님이다. 자세한 행장은 알 수 없고, 다만 수태사에 있는 회운당 대균대사의 비문에 따르면 "대균이 체성장로를 은사로 하여 스님이 되었다. 受恩於體性長老 嗣法於華月和尙"라고 하였다. 〔참고문헌〕『楡岾寺本末寺誌』(亞細亞文化社, 1977) p.779, 「金化水泰寺晦雲堂大鈞大師碑文」(智冠 『韓國高僧碑文總集 朝鮮朝·近現代』 p.584).

체성 體聲 Ⓢ puruṣa. 팔전성(八轉聲) 중 하나. 어떤 사물이나 행위하는 이를 바로 가리켜 내는 소리. 주격(主格)이 되는 소리를 말한다. 범설성(汎說聲)이라고도 한다. 『대일여래검인』(대정장18, p.201a26)에 "팔전성이란 체·업·작구·소위·종·속·의·호가 이것이다. 우선 풀면 체성이란 마치 저 보살마하살 등이 체성으로 불림과 같다. 八轉聲者 體 業 作具 所爲 從 屬 依 呼 是也 且釋者 體聲者 如菩薩摩訶薩等 是體聲呼也", 『화엄경소초』 권50(대정장36, p.395c22)에 "만약 내외전적을 찾아 읽고자 한다면 성론을 알아야 하니, 이 팔전성이라야 비로소 글의 뜻과 그 분제를 알 수 있다. 첫째는 보로사. 이는 곧바로 가리켜 펴는 소리니, 마치 '저 사람이 나무를 쪼갠다' 하며 그 사람을 가리켜 말한 즉 지금의 체성이다. 若欲尋讀 內外典籍 要解聲論 此八轉聲 方知文義分齊 一 補盧沙 此是直指陳聲 如人斫樹 指說其人 卽今體聲", 『대일경의석연밀초』 권2(卍속장37, p.42b13)에 "살타(Ⓢ sattva)는 곧바로 중생의 체를 가리키니 곧 체성이다. … 박가범(Ⓢ bhagavat)이다 말한 즉 체성이다. 薩埵 直目衆生之體 卽體聲也 … 言薄伽梵 卽體聲也", 『법화경현찬요집』 권6(卍속장53, p.578b12)에 "〔문〕 육석(六合釋)과 팔전(八轉聲)은 어떻게 서로 거두는가? 〔답〕 지업은 저 장식이라 말함과 같으니 체성이요, 장식이 능히 종자 가짐은 업성이라 이름한다. 問 六釋八轉 如何相攝 答 持業如言藏識 是體聲 藏識能持種 名業聲", 『장진론소』(卍속장87, p.546a7)에 "팔전이라 할 때 그 첫 번째 이름이 체성이니 제법의 체를 분별함을 이른다. 言八轉者 第一名體聲 謂分別諸法體", 『성유식론집해』 권2(卍속장81, p.343a17)에 "소리냄에 팔전 있으니, 체 있음을 체성이라 이름한다. 聲有八轉 謂有體 名體聲", 『유식개몽문답』 권상(卍속장98, p.432b15)에 "〔문〕 팔전성은 무엇인가? 〔답〕 체·업·구·위·종·속·의·호를 팔전성이라 이름한다. 〔문〕 이들을 세움은 무슨 뜻인가? 〔답〕 거둬 들이기 때문이다. 실체 있는 것은 모두 체성으로 거둔다. 問 八轉聲何也 答 體 業 具 爲 從 屬 依 呼 名八轉聲 問 立此何義 答 收攝之故 有實體者 皆體聲攝"라고 하였다. 〔참고문헌〕『大日如來劍印』, 『華嚴經疏鈔』, 『大日經義釋演密鈔』, 『法華經玄贊要集』, 『掌珍論疏』, 『成唯識論集解』, 『唯識開蒙問答』. ⇨ 보로사 補盧沙, 보사 補沙❶, 팔전성 八轉聲, 육합석 六合釋

체성기심 體性記心 바탕만으로 기억하는 마음. 『삼미지부론』 권상(대정장32, p.462a6)에 "죽으려 할 때 무기심이 되면, 어떤 업으로 왕생하는가? 〔답〕 유업기심은 혹업으로 악도에 가고, 무혹기심은 백업으로 선도에 간다. '체성기심'은 이렇게 업을 따라 행한다. 臨欲死時成無記心 其以何業往生 答曰 有業記心 惑業往惡道 無惑記心 白業往善道 體性記心 以是故隨行"라고 하였다. 〔참고문헌〕『三彌底部論』. ⇨ 본심 本心❷, 심성 心性

체성동체 體性同體 여래와 중생이 체성에 있어 그 바탕 같다. 『지관보행전홍결』 권6(대정장46, p.340a9)에 "동체란 무엇인가? 모든 중생을 보건대 그 체성이 나와 같으니, 시방의 부처님과 더불어서도 그 체성에 다름이 없다. 나는 이미 알고 있었지만 중생은 모른다. 同體者 見諸衆生 體性同已 與十方佛 體性無殊 我旣知已 衆生不知"라고 하였다. 〔참고문헌〕『止觀輔行傳弘決』.

체성복 體聖福 ➡ 성복 聖福

체성허공화광삼매 體性虛空華光三昧 체성이 허공같아 그 중에 꽃빛 가득 차오른 삼매. 『범망경』 권하(대정장24, p.1003b24)에 "각각 이 연화장세계를 좇아 사라지고, 사라진 다음에 체성허공화광삼매로 들어갔다가 다시 본원세계인 염부제 보리수 아래로 돌아와, 체성허공화광삼매를 좇아 나온다. 各各從此蓮花藏世界而沒 沒已入體性虛空花光三昧 還本源世界 閻浮提 菩提樹下 從體性虛空華光三昧出"라고 하였다. 〔참고문헌〕『梵網經』, 『華嚴孔目章』 권4(대정장45, p.587a28).

체소생 體所生 Ⓢ ātma-ja, Ⓣ nyid-skyes. 미륵(彌勒)은 석존에게서 미래의 부처가 되리라 수기하였기에 여래의 소생이고, 법신의 소생일 것이기에 이렇게 말한다. 『변중변론』 권상(대정장31, p.464b8 : *Madhy-vibh.*, p.17)에 "머리를 조아립니다. 이 논을 지으시고 선서의 바탕에서 나셨으며 저희들 가르치신 스승님께. 부지런히 이 뜻을 밝히겠습니다. 稽首造此論 善逝體所生 及教我等師 當勤顯斯義 śāstrasya-asya praṇetāram abhyarhya sugata-ātmajaṃ, vaktāraṃ ca-asmad-ādibhyo yatiṣye 'rtha-vivecane", 『변중변론술기』 권상(대정장44, p.1b25)에 "『변중변론』에서 체라고 한 것은 성의 뜻이고 또는 몸의 뜻이다. 『대법론』에서는 몸의 뜻과 체의 뜻에는 차별이 없다고 하였다. … 즉 미륵이 장차 불위를 이을 선서의 계승자가 될 것이기에 '그의 소생'이다. … 자씨보살의 지위가 매우 존귀하고 높은 여래의 참된 계승자임을 나타내고자 '그의 소생'이라고 하였고, 혹은 진실로 선서의 체는 법신일 뿐이고, 미륵은 법으로서 아버지를 삼고, 여경지를 연으로 하여 비로소 출생할 것이기에 미륵을 선서자라고 하나, 옛본(『중변분별론』)에서 선행자라 한 것은 잘못이다. 論言體者 謂是性義 或卽身義 對法論說 身義體義 無差別也 … 謂慈氏尊 將紹佛位 眞善逝子 名彼所生 … 欲顯慈氏 位極尊高 如來眞子 名彼所生 或眞善逝 體卽法身 慈尊覺者 以法爲父 要緣如境智方生故 此號慈尊 名善逝子 舊言善行子 非也"라고 하였다. 〔참고문헌〕『辯中邊論』, 『辯中邊論述記』, *Madhy-vibh.*

체수라시 諦殊羅施 Ⓢ Tejorāśi의 음사어. 오불정(五佛頂) 중 한 분. 광취불정(光聚佛頂 Ⓢ Tejorāśy-uṣṇīṣa)·화취정(火聚頂)이라고도 하고, 제유라시오슬니쇄(帝儒囉施鄔瑟抳灑)로 음사하기도 한다. 종자(種子)는 (trīṃ) 또는 (traṃ). 태장만다라 석가원(釋迦院)에 위치한다. 『대일경소』 권5(대정장39, p.633c26)에 "다음으로 석가사자의 남쪽에 여래오정을 안치한다. … 넷째 체수라시는 화취정으로 한역한다. 次於釋迦師子之南 置如來五頂 … 第四諦殊羅施 譯云火聚頂", 『다라니집경』 권1(대정장18, p.786a22)에 "도량에 수단(水壇)을 만든 후에 제수라시를 소환하여 안치한다. 다시 화로를 안치하고 침수향 백팔 조각을 가져오되 조각 하나는 한 자 길이이며 양 끝에 소합향을 바른다. 진언 하나마다 일곱 번씩 외우며 화로에서 향을 사른다. 이와 같이 백팔 개의 향을 모두 사른다. 이렇게 하면 제수라시가

도량에 들어와 진언행자 앞에 나타나 행자에게 묻는다. '그대는 무슨 일로 이와 같은 법을 하였는가?' 이때 행자가 손으로 갖가지 향화 등을 받치면서 공양한 후에 생각대로 부처님께 말씀드린다. '저는 이러한 일을 하고 싶습니다'. 이때 부처님께서 행자의 원을 따를 경우 갖가지로 허락하시고 홀연히 사라지신다. 於道場中 作水壇竟 喚帝殊羅施 安置 復安火爐 取沈水香一百八段 段別長一尺 兩頭塗蘇合香 一一誦呪七遍訖 火鑪中燒 如是燒盡一百八段 爾時帝殊羅施 來入道場 現行者前 語行者云 汝爲何事作如是法 是時行者 手擎上件種種香華等而供養訖 隨意白佛 我欲某事法 時佛 隨行者願 種種聽許 忽然不現"라고 하였다. [참고문헌]『大日經疏』, 『陀羅尼集經』. ⇨ 광취불정 光聚佛頂, 오불정 五佛頂

체승 替僧 대신 스님이 되게 하다. 명대 황태자(皇太子)·제왕(諸王) 등이 출생하면 유동(幼童) 한 사람을 삭발하여 출가시켰다. 장거정(張居正)의 「칙건승은사비 敕建承恩寺碑」에 따르면 신종(神宗)의 체승 법명은 지선(志善)이었고 용천사(龍泉寺)에 거처했다고 한다. [참고문헌]『張江陵集』.

체식 體識 팔식의 열 가지 이름(八識十名) 중 하나. 바탕이 되는 식. 『종경록』 권50(대정장48, p.712c29)에 "셋째는 제8식(阿賴耶識)의 열 가지 이름이다. … 여덟째는 실(實)이어서 가(假)가 아니니 체식이라 한다. 三第八識十名者 … 八 中實非假 名爲體識"라고 하였다. [참고문헌]『宗鏡錄』. ⇨ 팔식십명 八識十名, 아뢰야식 阿賴耶識

체실 體悉 깨우쳐 다하다. 몸소 다하다. 『조산어록』(대정장47, p.527b23)에 "지거가 찾아와 조산에게 참문하길, '고인은 저쪽 사람들의 얘기 들어 가지는데, 학인이 어떻게 몸소 깨닫습니까?' '발걸음을 물려 자기에게로 나아간다면 만에 하나도 잃지 않는다'. 지거가 언하에 몰록 현해를 잊었다. 智炬到參問云 古人提持那邊人 學人如何體悉 師曰 退步就己 萬不失一 炬於言下 頓忘玄解", 『운문광록』 권상(대정장47, p.549a14)에 "한 스님 묻기를 '십이시중에 어떻게 그 바탕 다합니까?' 운문 말하길 '가리기 어렵지 않다'. 問 十二時中 如何體悉 師云 不難辨", 『속전등록』 권14 「태평수은전 太平守恩傳」(대정장51, p.558b9)에 "한 스님 태평에게 묻기를 '어떻게 해야 본래인입니까?' 태평 말하길 '가죽은 마르고 뼈만 앙상하다' '중하의 근기는 어떻게 체실합니까?' '가로누워 옆으로 잔다'. 僧問 如何是本來人 師曰 皮枯骨瘦 云 中下之機 如何體悉 師曰 倒臥橫眠"라고 하였다. [참고문헌]『曹山語錄』, 『雲門廣錄』, 『續傳燈錄』.

체안연 體安然 몸도 마음도 온통 편안하고 자연스러움. 『대혜어록』 권21(대정장47, p.898b26)에 "만약 여기에서 그의 본래면목을 알아차린다면, 비로소 가는 것도 선이고 앉는 것도 선이며, 말하고 침묵하고 움직이고 고요함에 스스로 편안하다고 말할 수 있을 것입니다. 若於這裏識得他面目 始可說 行亦禪坐亦禪 語默動靜體安然"라고 하였다. [참고문헌]『大慧語錄』, 『證道歌』 권1(대정장48, p.396a10), 『眞心直說』 권1(대정장48, p.1002a10·한불전4, p.719c16).

체야 逮夜 날이 바뀌는 깊은 밤. 다비(荼毘)나 기일(忌日) 또는 바로 전날 밤으로 대야(大夜)·반야(伴夜)·숙야(宿夜) 등과 통한다. 『경덕전등록』 권3 「홍인전 弘忍傳」(대정장51, p.223a9)에 "전날 밤에 몰래 사람을 시켜 방앗간에서 능행자(혜능)를 불러 방장에 들이도록 하였다. 逮夜乃潛令人 自碓坊召能行者入室"라고 하였다. [참고문헌]『景德傳燈錄』. ⇨ 대야 大夜, 반야 伴夜, 숙야 宿夜, 다비 荼毘

체외방편 體外方便 이종방편(二種方便) 중 하나로 천태(天台) 교판(教判)에서 원교(圓敎)의 설이 아닌 방편. 『법화문구기』 권3하(대정장34, p.210a18)에 "비록 체 밖의 방편이지만 이치로 보면 체 안이 아닌 방편은 없기에 중생은 알지 못한다. 부처님 의중을 기준으로 설하므로 '방편을 칭찬한다'라고 하였다. 雖是體外方便 於理無非體內 而衆生未知 準佛意說 故云 稱歎方便", 같은 책 권3하(대정장34, p.211a25)에 "체 밖의 방편이 체 안의 방편임을 알아야 한다. 비록 이름은 서로 맞바꿀 수 있다 해도 이름 아래 체 이미 열렸고 체상에서 이름 본래 진실이지만, 옛부터 체외체내로 나누었음으로 두 곳으로 이름 아래 체가 달라졌을 뿐이다. 그러므로 『법화경』의 방편이라는 이름은 『정법화경』의 선권이라는 이름과 같고 『정법화경』의 선권은 『법화경』의 방편과 같아서 둘도 아니고 다르지도 않다. 當知 體外方便 卽體內之權 名雖更互 名下之體旣開 體上之名本實 由昔分於體外體內 則令二處 名下體殊 故知今經方便 卽是正法華善權 正法華善權 是今經方便 無二無別", 『법화경문구기전난』 권2(卍속장46, p.430a3)에 "다만 권이라는 이름으로 방편이라는 이름을 대체한 것에 불과하다. 체 그대로라는 말은 체 밖의 방편이 체 안의 권이고 체 밖의 권법이 체 안의 방편이라는 뜻이다. 但以權名 代方便名 今體卽者 體外方便 卽體內權 體外權法 卽體內方便也"라고 하였다. [참고문헌]『法華文句記』, 『法華經文句記箋難』. ⇨ 체내방편 體內方便, 이종방편 二種方便 ❹

체용 體用 바탕과 움직임. 시작인 것과 행하는 것. 본래 부처(體)가 생각을 일으키고(用), 가르침(體) 드리우면 닦아 행하며(用), 구원에 성불한 씨앗(久遠成佛)이 방편을 펴는 등의 뜻이며, 나아가 애초에 일으킨 자비행 하나로도 법계일체행덕을 다 거느린다 하였으니처음 마음(初發心)이 바탕(體)이라면 그 다음의 만행(萬行)은 용이다. 선문(禪門)에서도, 한 가지 깨우쳐 사무치면 모든 일에 통하게 되어 본 모습과 자취(本迹) 서로 따라 뒤칠 뿐이어서 체와 용을 나눈다 함이 오히려 무색할 뿐이라 하였다. 『불성론』 권4(대정장31, p.811c2)에 "체와 용은 서로 떨어진 적이 없으므로 서로 응한다 하고 처음이 없다고 부른다. 體用未曾相離 故言相應 是名無初", 『금강경찬요간정기』 권2(대정장33, p.187a29)에 "본과 시가 만난다는 말은, 망념이 일어날 때 본각과 시각이 떨어지고, 망념이 일어나지 않으면 본각과 시각이 저절로 같아서 용을 거둬 체로 돌아가므로 만난다고 한 것이다. 이것은 체와 용이 하나로 마주한다는 뜻이다. 本始會者 妄念起時 隔於本始 念旣不起 本始自同 攝用歸體 故言會也 斯則體用一對", 『법화현의석첨』 권2(대정장33, p.826c29)에 "성인이 가르침을 드리움은 그 뜻이 수행에 있다. 그러므로 체용이라 한다. 가르침은 으뜸인 것이 주인되는 것이니 수행이란 인과에 지나지 않기 때문이다. 聖人垂敎意在脩行 故名體用 敎以宗爲主 脩行莫過因果故也", 『법화문구』 권3(대정장34, p.38a2)에 "과는 인으로 이를 수 있다. 그러므로 방편을 칭탄한다. 체용이란 앞선 방편이 인이 되고 정관으로 들어가 머물러 과가 되고, 머묾과 나감이 체용이 된다. 체인즉 실상이어서 분별이 있을 리 없고 용인즉 모든 법을 건립함에 차강이 같지 않다. 마치 대지에 한꺼번에 온갖 새싹이 자라나지만 땅이 아니면 자라지 못하고, 자라지 못하면 드러남도 없다. 흐름을 찾아 샘을 얻고 용을 미루어서 체를 알 수 있다. 용에 체를 드러내는 공이 있으므로 방편을 칭탄하는 것이다. 果由因剋 故稱歎方便 體用者 前方便爲因 正觀入住爲果 住出爲體用 體卽實相 無有分別 用卽立一切法差降不同 如大地一生種種芽 非地無以生 非生無以顯 尋流得源 推用識體 用有顯體之功 故稱歎方便", 『법화의소』 권11(대정장34, p.613a13)에 "승권승실의 체용이란 삼승도 아니고 일승도 아니며 말도 끊고 뜻도 잊어 승체라 한다. 옛날에 중생을 위해 삼승을 설하다가 지금 삼승을 파하고 일승을 설함을 승용이라 한다. 신권신실의 체용은 이러하다. 법신은 상무상이 아니고, 수명은 길지도 짧지도 않다. 말을 끊고 뜻을 떠난다고 한 것은 불신의 바탕이다. 옛날에는 무상하다 하고, 지금은 상을 말하며, 옛날에는 짧다 하고 지금은 길다고 하는 것은 몸의 용을 말한 것이다. 乘權乘實體用者 不三不一 言斷意忘謂乘體 昔爲物說三 今破三說一 謂乘用也 身權身實中體用者 法身非常無常 命不長不短 亦言斷意忘 謂佛身體也 昔無常今常 昔短今長 謂身用也", 『화엄경소』 권46(대정장35, p.850c26)에 "그러므로 대승종은 미래세법의 체용이 모두 없다. 지금 안다고 하는 것은 무슨 뜻인가? 방편교에 의지하여 현재인의 종자만 보고 당과의 상을 아는 것이지 미래법체를 본 것은 아니다. 만약 일승종의 경우에는 구세중에 미래중 현재의 체용이 모두 있게 되니 지금 실을 불러내 알 뿐이다. 그러나 현재 아닌 현재이므로 미래라고 하는 것이다. 然大乘宗 未來世法體用俱無 今云何知 依方便教 但見現在因種知當果相 非見未來法體 若一乘宗 於九世中 未來中現在體用俱有 今稱實而知 然非現在之現在 故稱未來", 『승만보굴』 권상(대정장37, p.2a28)에 "일승이란 체로서 진실이고 대승방편이란 방편으로서의 용이니 체용 한 쌍이라 한다. 一乘者謂體實也 大方便者謂權用也 謂體用一雙", 『금광명경현의습유기』 권1(대정장39, p.13a17)에 "하나의 법이라 하지만 모자라지 않고 세 가지 법이라도 많지 않다. 중생과 부처는 차이가 없으니 체와 용은 다르지 않다. 一法不少 三法不多 生佛無差 體用不二", 『대승의장』 권11(대정장44, p.689b16)에 "체용이라고 함은 처음의 하나인 자비행이 바로 그 덕의 바탕이고 뒤에 세 덕은 용일 뿐이다. 『유마경』에서 '자비 바로 체이므로 하나인 자비의 문에 법계의 일체행덕을 다 거느려 품는다 한 것과 같다'. 言體用者 初一慈行是其德體 後三德用 如維摩說 慈是體故 一慈門中 統含法界一切行德", 『운문광록』 권중(대정장47, p 554b10)에 "'이 한 가지 중에 깨달으면 온전히 일 없게 된다'라 함에 운문이 착어하였다. '무슨 일이 있다는 건가? 체용은 나누건 나누지 않건 상관이 없다'. 箇中若了全無事 師云 有什麽事 體用無妨分不分", 『석씨계고략』 「계고략서 稽古略序」(대정장49, p.737c9)에 "선종의 돈점은 유자의 체용일 뿐이다. 禪宗漸頓 卽儒者之體用", 『경덕전등록』 권28 「대주혜해화상어 大珠慧海和尚語」(대정장51, p.442b9)에 "본체를 좇아 자취의 용이 일어나고 자취의 용을 따라 본체로 돌아간다. 체와 용은 둘이 아니고, 본과 자취는 다르지 않다. 그러므로 옛사람이 말했다. '본과 자취는 비록 다르지만 부사의를 떠나면 하나다. 하나이면서 또한 하나가 아니다'. 從本體起迹用 從迹用歸本體 體用不二 本迹非殊 所以古人道 本迹雖殊 不思議一也 一亦非一"라고 하였다. [참고문헌] 『佛性論』, 『金剛經纂要刊定記』, 『法華玄義釋籤』, 『法華文句』, 『法華義疏』, 『華嚴經疏』, 『勝鬘寶窟』, 『金光明經玄義拾遺記』, 『大乘義章』, 『雲門廣錄』, 『釋氏稽古略』, 『景德傳燈錄』. ⇨ 체 體 ❶❷

체용일원 體用一源 바탕도 움직임도 하나인 샘. 바탕 본래 있는 것 아니고(非有) 움직임 없지 않은(非無) 뜻에서 서로 도와 한 샘이라 하고, 바탕 공한 고요(滅定) 또한 움직여 드러난 것들(威儀)과 함께 해서만이 그 뜻을 얻는다. 그래서 체용의 다른 이름인 심성(心性)은 이지(理智)로 서로 사무칠 때만이 서로 이름도 모습도 얻을 수 있다. 『조론신소』 권하(대정장45, p.230c25)에 "뒤의 사구는 체를 잡아 유가 아님을 밝히고 용에 나아가서는 무가 아님을 밝힌다. 체용은 한가지 바탕이므로 유도 아니고 무도 아니다. 後四句 約體 以明非有 就用以明非無 體用一源故 非有非無", 『유마경무아소』 권4(卍속장30, p.158b16)에 "멸정마저 일으키지 않아야 고요함이다. 온갖 위의를 드러냄은 체를 쫓아 용을 일으킴이니 고요함 그대로 항상 움직이고, 용을 모아서 체로 돌아감에 걸림이 없게 되고, 움직임 그대로 언제나 고요함에도 방해되지 않는다. 이와 같은즉 체와 용은 하나의 샘이고, 고요함과 움직임은 둘이 아니어서, 멸정과 위의 일찍이 다른 적이 없다. 夫不起滅定 寂也 現諸威儀 從體以起用 則不妨卽寂而恒動 會用以歸體 不妨卽動而恒寂 如是則體用一源 寂動不二 而滅定與威儀 未嘗異也", 『증집속전등록』 권6(卍속장142, p.897b10)에 "그런 까닭에 마음은 성이 아니면 서지 못하고 성은 마음이 없으면 행할 수 없다. 그러므로 뜻과 지혜는 서로 사무쳐서 체와 용은 한가지 바탕이다. 所以 心非性不立 性無心不行 故云 理智交徹 體用一源也"라고 하였다. 〔참고문헌〕 『肇論新疏』, 『維摩經無我疏』, 『增集續傳燈錄』.

체용현현제 體用顯現諦 체와 용으로 드러내 보일 수 있는 진실. 온처계(蘊處界) 등으로 세속 그 너머를 드러내 보이는 뜻이다. 팔제(八諦)의 승의사제중 하나다. 『성유식론술기』 권1(대정장43, p.244a11)에 "승의에 네 가지란 첫째는 체용현현제이다. 오온과 십팔계로 실로 체와 용이 있어 처음의 세속을 넘어서므로 승의라 한다. 사를 따라서 차별하니 오온 등이라 설하고 현현이라 이름한다. 勝義四者 一 體用顯現諦 謂蘊界等 有實體用 過初世俗 故名勝義 隨事差別 說名蘊等 故名顯現"라고 하였다. 〔참고문헌〕 『成唯識論述記』. ⇨ 팔제 八諦, 사세속제 四世俗諦, 사승의제 四勝義諦

체원 體元 고려후기 스님. 자는 향여(向如), 호는 목암(木庵), 자호(自號)는 각해(覺海). 충숙왕(재위 1314~1339) 때 활동하였던 화엄계 스님이니, 해인사에 오랫동안 주석하였다. 그의 저술로는 의상의 『백화도량발원문 白花道場發願文』에 대한 약해(略解) 1권, 『화엄경관자재보살소설법문별행소 華嚴經觀自在菩薩所說法門別行疏』 2권, 『화엄경관음지식품 華嚴經觀音知識品』 잔편(殘篇), 『삼십팔분공덕소경발문 三十八分功德疏經跋文』 1편 등이 있다. 의상(義湘)의 『백화도량발원문』을 집해한 것이 한불전6, pp.570c1~577b5에 수록되어 있다. 1328년(충숙왕15) 해인사에서 찬술하였다. 『화엄경관자재보살소설법문별행소』 2권은 반야삼장이 번역한 40권본 『화엄경』 「입법계품」의 53선지식 중 제27의 관자재보살이 선재동자에게 일러준 법문으로, 1331년(충혜왕1)에 체원이 청량(淸涼)의 『화엄경소』와 『초』 그리고 경을 회집(會集)하고 약해(略解)를 붙인 것이니, 한불전6, pp.577c1~602a18에 수록되어 있다. 『화엄경관음지식품』도 역시 1331년에 체원이 창녕 반룡사(盤龍寺)로부터 합천 해인사로 와서 그의 사형(師兄)인 월광대사(月光大師) 원공(源公)의 청탁을 받고 지은 것인데 『화엄경관자재보살소설법문별행소』의 지송본(持誦本)이다. 『삼십팔분공덕소경발문』도 한불전 권6, p.604b1~19에 수록되어 있다. ⇨ 목암 木庵

체의 體義 ❶ 실체로서의 뜻. 『반약등론석』 권10(대정장30, p.103c26)에 "제일의 중에 공은 체가 없는 뜻이다. 저 게송에서 '제불은 이렇기에 마음을 돌려 법을 설하려 하지 않으셨다. 부처님께서 깨우치신 깊은 법에 중생은 능히 들어갈 수 없다네'라고 하였다. 왜 그런가? 제일의중에서는 공에 집착함도 있을 리 없지만 공을 말함으로써 오히려 집착상이 되기 때문이다. 第一義中 空無體義 如彼偈說 諸佛以是故 迴心不說法 佛所解深法 衆生不能入 何以故 第一義中 無有空執 若言空者 是執著相"라고 하였다. 〔참고문헌〕 『般若燈論釋』. ❷ 자성과 그 뜻. 『법화경현찬요집』 권14(卍속장54, p.86a12)에 "다만 체의 뜻 등이라 한 것은 빼앗아 버림이다. 체란 체성이고, 의란 의용이니 의는 즉 용을 말한다. 言但以體義等 奪也 體者體性 義者義用 義卽用也"라고 하였다. 〔참고문헌〕 『法華經玄贊要集』.

체의가타 體義伽他 Ⓢ śarīra-artha-gāthā, Ⓣ don-gyi-tshigs-su-bcad-pa. 뜻으로 깨우치게 하는 게송. 세 가지 사택가타의(思擇伽他義 Ⓢ gāthā-artha-pravicaya) 중 하나다. 가타(gāthā)는 구분십이교(九分十二教) 중 하나다. 타(他)는 타(陀)로도 쓴다. 『유가사지론』 권17(대정장30, p.370a9)에 "이제 체의가타를 건립하겠다. 다음과 같이 말하는 것이다. 몸과 말과 뜻으로 하는 모든 것에서, 일체세간악을 짓지 마라. 염과 정지로 모든 욕을 여의고, 뜻 없는 고통으로 이끄는 것을 가까이 마라. 今當建立 體義伽他 如頌言 於身語意諸所有 一切世間惡莫作 由念正知離諸欲 勿親能引無義苦"라고 하였다. 〔참고문헌〕 『瑜伽師地論』, 『瑜伽論記』 권5(대정장42, p.416b5 · 한불전13, p.332c19), 『瑜伽師地論略纂』 권7(대정장43, p.97b15). ⇨ 사택가타의 思擇伽他義, 승의가타 勝義伽他, 의취가타 意取伽他, 가타 伽陀 ❶, 구분십이분교 九分十二分教

체적지지 滯寂之智 고요에 멈춘 지. 『화엄오교장』 권3(대정장45, p.492a18)에 "지혜가 한층 오르면 그 비반드시 적어진다. 얕은 자비로 지를 이끌면 지혜는 마땅히 고요함에 빠진다. 고요에 멈춘 지를 어찌 뛰어나다

하겠는가? 모든 보살은 처음부터 범부나 소승과 다르므로 자비와 지혜가 서로 이끌어 념념이 쌍으로 닦는다. 마치 수레의 두 바퀴와 같고 새의 두 날개와 같으니 어떻게 저 더하고 덜함이겠는가? 若智增上 其悲必劣 劣悲導智 智應滯寂 滯寂之智 何名增上 以諸菩薩 從初已來異凡小故 悲智相導 念念雙修 如車二輪 如鳥二翼 何得說彼有增減耶", 『화엄오교장복고기』 권2하(卍속장103, p.494b4)에 "견에 막히고 고요에 빠졌다면 한층 더함이 아니다. 오직 지혜만 닦는다면 이승에 떨어지고, 상에 머무는 복을 닦는다면 범부에 떨어진다. 그러므로 보살은 발심한 이래로는 쌍으로 닦고 두 가지 행하니 어떻게 서로 더하고 덜함이 있겠는가? 旣滯見滯寂 故非增上 唯修智分 則墮二乘 修住相福 則墮凡夫 故菩薩發心已來雙修二行 豈互增減"라고 하였다. [참고문헌] 『華嚴五教章』, 『華嚴五教章復古記』.

체정 體淨 1687~1748. 조선후기 스님. 호는 호암(虎巖), 속성은 김(金)씨. 1687년(숙종13) 홍양(興陽 : 충청남도 洪城郡)에서 태어났다. 14세 때, 환성지안(喚醒志安)을 은사로 하여 스님이 되었고, 이어 환성의 법을 이어 받았다. 청허휴정(清虛休靜)의 5세 법손에 해당하는데, 그 법맥은 달마(達磨)의 제40대, 임제(臨濟)의 제30대, 태고보우(太古普愚)의 제11대에 속한다. 즉 청허휴정・편양언기(鞭羊彦機)・풍담의심(楓潭義諶)・월담설제(月潭雪霽)・환성지안・호암체정으로 이어진다. 합천 해인사(海印寺)와 양산 통도사(通度寺)에 오랫동안 주석하였는데 가는 곳마다 법을 배우고자 찾아오는 스님이 항상 수백 명이었다. 대흥사(大興寺) 정진당(精進堂)에서 화엄강회를 가졌는데 끝나고 학인을 해산한 다음에는 참선정진 하였다. 62세 때인 1748년(영조24) 3월 강원도 장악산(長岳山)에서 오십삼불(五十三佛)을 조성할 때 증명법사로 모셨으며, 그 후 금강산 표훈사(表訓寺) 원통암(圓通庵)에서 "내가 비록 강법 하였지만 그간 잘못 가르침도 적지 않았네! 내 이제 웃으면서 돌아가니 풍악산 중향회중이로다. 講法多差失 指西喚作東 今朝大笑去 楓岳衆香中"라는 임종게를 쓰고는 세수 62, 법랍 47세를 일기로 입적하였다. 남양 홍계희(洪啓禧 1703~1771)가 비문을 짓고 조명채(曹命采)가 써서, 1822년(순조22)에 세운 비가 해남 대흥사에 있다. 제자인 연담유일(蓮潭有一)이 영찬(影讚)을 지었는데 『동사열전』 권3 「호암종사전 虎巖宗師傳」(한불전10, p.1026a14)에 있다. 뜻을 이은 문인은 31명이 있었고, 그 중 10여 명은 제방을 지도하는 스승들이었다. [참고문헌] 『東師列傳』, 「海南大興寺虎巖堂體淨大師碑」(智冠 『韓國高僧碑文總集 朝鮮朝・近現代』 pp.448~449), 李能和 『朝鮮佛教通史』 권상 pp.542~543, 『通度寺誌』(亞細亞文化社, 1979) pp.532~535, 『大芚寺誌』(亞細亞文化社, 1980) pp.287~290, 權相老 『朝鮮佛教略史』 p.222. ⇨ 지안 志安

체정 호암당대선사지진
선암사성보박물관 조선후기

체제수발 剃除鬚髮 Ⓢ muṇḍa-śiraḥ, śiras-tuṇḍa-muṇḍa, Ⓟ kesamassuṃ ohāreti. 수염과 머리카락을 자른다. 세간의 종성(種性)도 집(家)도 다 버려 새롭게 시작된 사문(沙門)을 말한다. 『장아함경』 권6 「소연경 小緣經」(대정장1, p.38c15)에 "지금 이 세간에는 네 종성의 이름이 있고, 다섯 번째로 사문무리라는 이름이 있다. 이유는 이렇다. 바실타여, 찰리 무리 중에서 어떤 때에 어떤 이가 스스로 자기 (종성의) 법을 꺼리고 수염과 머리카락을 자르고 법복을 입는다. 今此世間 有四種名 第五有沙門衆名 所以然者 婆悉吒 刹利衆中 或時有人自厭己法 剃除鬚髮 而披法服", "이에 비로소 사문이라는 이름이 생겨났다. 바라문종, 거사종, 수다라종에도 어떤 때에 어떤 사람이 스스로 자기 (종성의) 법을 싫어하여 수염과 머리카락 자르고 법복 입고 도 닦으니 사문이라 이름한다. 於是 始有沙門名生 婆羅門種 居士種 首陀羅種 或時有人 自厭己法 剃除鬚髮 法服修道 名爲沙門", 『중아함경』 권1 「주도수경 晝度樹經」(대정장1, p.422b8)에 "성제자가 수염과 머리카락을 자르고 가사옷 입고서 지극한 믿음으로 속가를 버리고 집 없이 도를 배운다. 聖弟子剃除鬚髮 著袈裟衣 至信捨家 無家學道", 『사분율』 권53(대정장22, p.962b29)에 "나는 지금 속가에 머물고 처자식에 매여 있어 순수히 범행 닦을 수 없다. 나는 이제 차라리 수염과 머리카락 자르고 가사 입고서 믿음으로 속가를 떠나 집 없는 길로 들어가리. 我今在居家 妻子繫縛 不得純修梵行 我今寧可剃除鬚髮 披袈裟 以信捨家 入非家道", 『소실육문』 「혈맥론 血脈論」(대정장48, p.375c17)에 "저 스스로의 마음이 부처임을 보았다면 수염과 머리카락 자르지 않은 재가자라도 부처고, 저 성품 보지 못했다면 수염과 머리카락을 잘라도 외도일 뿐이다. 若見自心是佛 不在剃除鬚髮 白衣亦是佛 若不見性 剃除鬚髮 亦是外道"라고 하였다. [참고문헌] 『長阿含經』, 『中阿含經』, 『四分律』, 『少室六門』, *Kāśy.173.*, *Śikṣ.59.*, *AN.4.118.* ⇨ 체발 剃髮, 사문 沙門

체조 體照 1713~1779. 조선후기 설악산 신흥사(神興寺) 스님. 호는 용암(龍巖), 속성은 정(鄭)씨. 본관은 동래(東萊), 어머니는 송(宋)씨부인이다. 1713년(숙종

39) 4월 1일 전라남도 장성에서 태어났다. 어려서 부모를 모두 잃고 1728년(영조4) 18세 때 석염(釋念)을 은사로 하고 백련지흠(白蓮智欽)을 계사로 하여 신흥사에서 스님이 되었다. 그 후 일암(日庵) 밑에서 내외전(內外典)을 배웠다. 제방으로 다니면서 선지식을 두루 친견하고, 본사인 신흥사로 돌아와 내원암(內院庵)에서 일암을 모시고 지냈다. 일암으로부터 용암이라는 당호(堂號)와 전법게를 받고 그의 법을 이어 받았다. 그로부터 염화실(拈花室)에 앉아 학인을 지도하였으니 청허휴정(淸虛休靜)의 7세 법손이 된다. 1779년(정조3) 12월 21일 "나와 함께 절친한 이가 있으니, 어느 때 다시 만날 것인가? 과거로부터 걸쳐 친하고도 친한 이여! 지금 있다 하지만 종적이 없고 나 지금 또한 여기 있을 뿐이네. 지난날의 친했던 성인이여! 오늘 크게 한바탕 웃으며 돌아가니, 풍악의 만이천봉 동해에서 빛남이여! 與我有親親 何時更有親 親親返前昔 在今又無因 我今又得在 前聖是吾親 今朝大笑去 楓嶽萬峯濱"라고 임종을 노래한 후, 세수 67, 법랍 51세를 일기로 입적하였다. 화장한 후 사리를 얻어 설악산 내원암에 부도를 세웠다. 이복원(李福源 1719~1792)이 비문을 짓고 강세황(姜世晃)이 써서 1789년(정조13)에 세운 비가 신흥사에 있다. 스님은 글을 잘 하여 시문(詩文)을 모아 『용암당유고』 1권을 남겼는데, 한불전9 pp.783a1~791a9에 있다. 제자에는 홍파(洪波)·설담(雪潭)·남월(南月)·동파(東坡)·선악(仙岳)·봉암(鳳巖)·귀직(歸直)·관언(觀彦) 등이 있다. [참고문헌] 『乾鳳寺本末寺事蹟』(亞細亞文化社, 1977) pp.113~114, 『韓國金石文大系』 권7 pp.104~106, 『龍巖堂遺稿』 「龍巖堂體照行狀」(한불전9, p.789c2), 「東草神興寺龍巖堂體照大禪師碑文」(智冠 『韓國高僧碑文總集 朝鮮朝·近現代』 pp.536~537). ⇨ 일암 日庵, 용암당체조대사행장 龍巖堂體照大師行狀

체종용 體宗用 체와 종과 용. 천태에서 시설한 다섯 겹의 깊은 뜻(五種玄義 : 体宗用教相) 중 앞의 세 겹으로 열반삼덕이며 신(信)을 일으키는 삼대(三大)다. 『법화현의석첨』 권1(대정장33, p.817c8)에 "장에서 해석한 바를 보면 체와 종과 용을 갖추었기에 이를 총이라 한 것이고 체 등은 이 별이다. 총에 있어서 별의 별이 있고 별에 다시 총의 총이 있으니 저 총 중에 겸하여 오장을 갖췄다. 마땅히 알라. 체종용 삼장은 바로 삼덕이며, 나아가 다만 이 일체는 삼법이다. 章安所釋 具體宗用 以釋名是總 體等是別 別別於總 總總於別 故於總中所釋兼具五章 當知體等三章秪是三德 乃至秪是一切三法", 같은 책 권2(대정장33, p.830a6)의 "저 오중현의 중 처음의 일부를 가장 위에 두고, 그 부는 체와 종과 용이 셋을 벗어나지 않으니, 세계 또한 사실단의 처음이기에 선을 내는 등 셋이어서 세계를 벗어나지 않는다. 如五重玄義名最居初冠於一部 部內不出體宗用三 世界亦在四悉之初 生善等三不出世界", 『법화문구』 권10(대정장34, p.359b24)의 "이 경의 끝에서 또한 시개 등 도리어 네 가지로 풀었으니 시작과 끝을 알게 한다. 아울러 이것이 이 경의 체와 종과 용이고 이것이 곧 서분과 정종분과 유통분이니 묘 아님이 없다. 此經末又示開等還須四釋 故知始末 並是此經體宗用也 是則序正流通 無非妙", 『인왕호국반야바라밀경소신보기』 권1(대정정33, p.286b13)에 "무릇 한 경을 한 뜻으로 펴려 하면 반드시 법이 있고 그것의 머리에서 두 문을 열게 된다. 이를 일러 현담대의라 하고, 문에 의지해 펴고 푼다. 무릇 모든 큰 요지는 반드시 머리제목으로 끌어 거두니, 이는 다섯 겹의 깊은 뜻으로 편다. 말하자면 체·종·용·교·상이라 한다. 凡申一經釋一義 亦必有法於是首開二門 曰懸談大義 曰依文申釋 凡諸大旨必搜在首題 申之以五重玄義 謂名體宗用教相", "대개 법이란 반드시 이름이 있고, 이름 있는 것은 반드시 체가 있을 수 밖에 없다. 체란 그 실다움이고, 주이고, 승인함이다. 진실로 승인받아야 제대로 믿어 가질 수 있다. 그렇지 못하면 삿된 외부일 따름이다. 종이란 체의 긴요한 뜻을 드러냄이니, 인과로 종을 삼은 즉 비로소 체는 그 요지를 얻는다. 체가 드러나게 되면 씀이 있게 된다. 이 셋을 갖춘 그 네 번째가 설할 수 있는 교다. 대소·반만·돈점·권실 등으로 구별하게 되면 상이라 하게 된다. 夫法必有名名必有體 體者其實也 亦主也 印也 苟得其印斯可信受 否則邪外而已 宗者顯體之要也 以因果爲宗則體得其要 體顯故有用 備是四者說而爲教 則小大半滿頓漸權實得以區別 此所以爲相也"라고 하였다. [참고문헌] 『法華玄義釋籤』, 『法華文句』, 『仁王護國般若波羅蜜經疏神寶記』. ⇨ 오중현의 五重玄義, 법화오중현의 法華五重玄義, 체 體 ❶❷

체주 體珠 조선후기 스님. 추파홍유(秋波泓宥 1718~1774)가 마곡사로 돌아가는 스님께 드린 게송 「마곡사체주대사장귀색여게수증지 麻谷寺體珠大師將歸索余偈遂贈之」(『추파집』 권2·한불전10, p.70b17)에 "내가 주상인을 뵈니 용모가 단정하고 마음이 어질므로 나에게 보탬이 되어 본유지성을 발현시켜 주심을 알 수 있었다. 성품은 비록 나에게 있지만 나 홀로 발현시킬 수 없으므로 다른 사람 때로는 책려해야 한다. 그대에게 여쭈니 그대를 책려하는 분이 청암 노스님이신가, 화월공이신가요? 이 두 분을 그대가 스승으로 따른다고 들었는데, 그렇다면 그대가 가진 힘이 반드시 작지 않을 것입니다. 나는 그대의 어짊으로 인하여 두 분 또한 어짊을 알겠습니다. 余見珠上人 貌端而心仁 可知其有補於我 發其本有之性也 性雖我有 不唯我獨發 人或策之 問汝策汝者 靑巖老耶 華月公耶 聞是二公汝之所從師 則於汝有力必不細 吾因汝之仁 知二公之亦仁"라고 하였다. [참고문

헌]『秋波集』. ⇨ 홍유 泓宥

체지 體知　몸소 알다. 『최상승론』(대정장48, p.378a2)에 "나 이미 몸소 알았네. 중생불성 본래청정하여 저 구름 끝 해와 같으니, 본래진심 그렇게 지켜 깨우친다면 망념의 구름 다하고 지혜로운 태양 바로 빛나리. 我旣體知 衆生佛性 本來淸淨 如雲底日 但了然守本眞心 妄念雲盡 慧日卽現"라고 하였다. [참고문헌]『最上乘論』.

체지 體智　법의 바탕인 온처계를 깨우쳐 아는 지. 통교 삼승의 지를 말한다. 『법화현의』 권3(대정장33, p.710c21)에 "통교에 또한 삼승이 있다. 함께 지를 몸으로 겪어서 계내의 십이인연의 뜻을 관한다. 通敎亦有三人 同以體智 觀界內十二因緣理"라고 하였다. [참고문헌]『法華玄義』. ⇨ 체용현현제 體用顯現諦

체진 體眞　신라 경덕왕(재위 742~764) 때 진표율사(眞表律師)의 제자 중 한 분이다. [참고문헌]『西域中華海東佛祖源流』(한불전10, p.129b1). ⇨ 진표 眞表

체진지 體眞止　바탕의 진실 알아 그치다. 삼지(三止) 중 하나다. 『마하지관』 권3(대정장46, p.24a3)에 "첫째 체진지. 제법 연 따라 생하는데 인연은 공이어서 주인 없으니 마음 쉬고 본원 깨우쳐 사문이라 부른다. 인연이 임시로 합하여 환화처럼 성이 비었음을 알기에 체라 하고, 반연한 망상들 공을 얻으면 바로 쉰다. 공이 바로 진이기에 체진지라 한다. 一 體眞止者 諸法從緣生 因緣空無主 息心達本源 故號爲沙門 知因緣假合 幻化性虛 故名爲體 攀緣妄想 得空卽息 空卽是眞 故言體眞止", 『수습지관좌선법요』(대정장46, p.467a11)에 "셋째 체진지다. 마음 따라 염한 일체제법은 모두 인연 따라 생하므로 자성 없음을 알면 마음으로 취하지 않는다. 마음이 취하지 않으면 망념의 마음도 쉬기에 지라고 한다. 三者 體眞止 所謂隨心所念 一切諸法 悉知從因緣生 無有自性 則心不取 若心不取 則妄念心息 故名爲止", 『석선바라밀차제법문』 권3(대정장46, p.492a7)에 "지는 다스려 그침이고 또 그쳐 쉼이다. 마음이 일어나면 다스려 동하지 않기에 제라 하고, 전심으로 뜻을 정하여 어지러운 상들을 쉬게 하기에 지라 한다. … 제법이 공임을 체득하여 허망을 쉬게 하기에 체진지라 한다. 止名制止 亦名止息 心起制之 不令流動故 名制 專心定志 息諸亂想故名止 … 體諸法空 息諸妄慮故 名體眞止"라고 하였다. [참고문헌]『摩訶止觀』, 『修習止觀坐禪法要』, 『釋禪波羅蜜次第法門』. ⇨ 삼지 三止 [1], 삼지삼관 三止三觀

체징 體澄　804~880. 신라후기 선문구산(禪門九山) 중 하나인 가지산문 장흥 보림사(寶林寺)를 개창한 스님. 속성은 김씨. 804년(애장왕5) 충청남도 웅진(熊津 : 公州)에서 태어났다. 어릴 때 화산(花山 : 충청남도 林川)의 권법사(勸法師)를 찾아가 은사로 하여 스님이 된 후, 경론을 배워 정통하였다. 827년(흥덕왕2) 22세 때 충청남도 서산군 운산면 용현리 상왕산(象王山 : 良峽山) 보원사(普願寺)에서 비구계를 받기 위해 7일간 참회기도를 하던 중 꿩 한 마리가 날아와 스님의 앞에서 머리 조아린 상서가 있었으므로 모든 이들이 불교를 중흥할 장래의 큰스님 될 것이라 칭송하였다. 837년(희강왕2) 32세 때 법을 배우고자 정육(貞育)·허회(虛懷) 등 도반과 함께 배를 타고 당에 가서 제방의 선지식을 친견하고 법을 문답해 보았으나, 먼저 다녀온 도의(道義)의 법과 별로 다름이 없음을 깨달았다. 그후 4년만인 840년(문성왕2) 봄에 신라에서 간 평로사(平虜使)를 따라 귀국한 후 고향에서 교화하다가 859년(헌안왕3) 무주(武州 : 光州) 황학난야(黃壑蘭若)도 옮겨 주석하였다. 이어 헌안왕(재위 857~861)의 청으로 경주에 가서 있다가 왕이 장사현(長沙縣 : 전라북도 고창) 부수(副守)인 김언경(金彦卿)으로 하여금 차와 약을 예물로 보내면서 초빙하였으나, 스님은 산중에 있기를 좋아하여 병을 핑계로 나아가지 아니하였다. 그 해 10월에 왕이 영암군의 승정(僧正)인 연훈(連訓)법사와 중사(中使) 풍선(馮瑄) 등을 보내어 원표(元表)대덕이 주석하였던 가지산(迦智山)으로 옮기게 하였으니, 이에 보림사 절을 크게 확장하여 비로소 도의의 선풍을 떨치게 되었다. 880년(헌강왕6) 4월 13일(東師列傳에는 23일)

체징 보조선사창성탑비
장흥 보림사 보물제158호 884년

새벽 세수 77, 법랍 52세를 일기로 입적하였다. 시호는 보조(普照), 탑호(塔號)는 창성(彰聖)이다. 영혜(英惠)·청환(淸奐) 등 800여 명이 뜻을 이었다. 김영(金穎)이 왕명에 의해 비문을 짓고, 김원(金薳)이 조칙에 따라 써서 884년(헌강왕10)에 세운 비가 장흥 보림사에 있는데, 보물 제158호이다. 또 보림사보조선사창성탑(寶林寺普照禪師彰聖塔)도 보물 제157호로 지정되어 있다. [참고문헌]『東師列傳』 권1(한불전10, p.1001b14), 『東國輿地勝覽』 권37 長興都護府 佛宇, 『海東金石苑』 권1 pp.23~37, 『韓國金石全文』 古代 pp.198~202, 李智冠『校勘譯註歷代高僧碑文』 新羅篇 pp.96~114, 「長興寶林寺普照禪師彰聖塔碑銘」(『朝鮮金石總覽』 권상 pp.60~64). ⇨ 도의 道義 [1], 보림사 寶林寺, 선문구산 禪門九山, 연훈 連訓, 영혜 英惠, 보조 普照 [1], 보림

사보조선사창성탑비 寶林寺普照禪師彰聖塔碑

체착 滯著 빠져 붙들리다. 걸려 벗어나지 못함. 『사분율행사초』 권하(대정장40, p.129a28)에 "번뇌를 떨어 물리쳐 모든 빠져 붙들린 것들에서 벗어난다. 抖擻煩惱 離諸滯著", 『조산어록』(대정장47, p.530b1)에 "기꺼워하는 마음이 있다면 다시 빠져 붙들리게 된다. … 세간의 거칠고 무거운 일 도리어 이 가볍다 하겠으니 정결에 집착하는 병이야말로 무거운 것이다. 다만 저 부처라는 맛과 조사라는 것에 맛들이는 것만큼 빠져 붙들림 더한 것 없다. 若有忻心 還成滯著 … 若是世間麤重事却是輕 淨潔病爲重 只如佛味祖味 盡爲滯著"라고 하였다. 〔참고문헌〕『四分律行事鈔』, 『曹山語錄』.

체찰법인 諦察法忍 ➡ 제찰법인 諦察法忍

체취 體取 몸소 취하다. 『동산어록』(대정장47, p.517b10)에 "동산 말하길, '오늘날 학인들은 배움 얻으려 하는데 반드시 부처 뛰어넘은 사람을 깨우쳐 취해야만 한다. 요즘 학인들은 시방제불 있음만 알지 시방제불 나오신 곳 있음은 알지 못하니, 헛되이 부처 있음을 알기에 부처 될 수 없다'. 師曰 今時學者 欲得學 直須體取佛向上人 始得 如今學者 只知有十方諸佛 且不知有十方諸佛出身處 空知有佛 不得成佛", 종보본 『단경』(대정장48, p.357c10)에 "현각 말하길, '나고 죽는 일 큰일인데 무상하여 신속합니다' 육조 말하길, '어째서 아예 나지 않는 일 깨우쳐 품지 못하여 신속 없음마저 깨닫지 못하는가?' '체란 곧 무생이어서 앎에 본래 빠름 없습니다' '그렇지 그래!' 覺曰 生死事大 無常迅速 師曰 何不體取無生 了無速乎 曰 體卽無生 了本無速 師曰 如是 如是"라고 하였다. 〔참고문헌〕『洞山語錄』, 『壇經』.

체폐 替廢 Ⓟ samucchindi. 버려서 없게 하다. 『증일아함경』 권48(대정장2, p.810a14)에 "그 후 선진왕은 부왕의 업을 받들지 않고 정법을 버려 없앴다. 이로써 칠보가 다시 와서 응하지 않았다. 선행이 이어지지 않자 다섯 가지 줄기 시작하였으니, 인민의 목숨이 짧아지고, 박색이 되며, 힘이 줄고, 병은 많아지고, 지혜마저 없게 되었다. 其後善盡王 不承父業 正法替廢 由是七寶 不復來應 善行不繼 五減遂至 人民短命 薄色少力 多病無智", 상응하는 팔리경전 *Makhādeva-sutta*(*MN.2*, p.82)에 "아난다여, 그런데 니미왕(尼彌王)에게 칼라라자나카라는 아들이 있었다. 그는 집에서 집 없는 곳으로 출가하지 않았고 그 훌륭한 상속법을 없애버렸다. nimissa kho pan' ānanda rañño kaḷārajanako nāma putto ahosi. so na agārasmā anagāriyaṃ pabbaji, so taṃ kalyāṇaṃ vaṭṭaṃ samucchindi", 『일체경음의』 권22(대정장54, p.447a2)에 "무체〈『이아』에 '체는 폐이다'라고 하였다〉. 無替〈爾雅曰 替廢也〉", 『출삼장기집』 권6 「십이문경서 十二門經序」(대정장55, p.46a10)에 "매양 이 땅에 선한 업이 버려져 없게 됨을 애석하게 여겨 감히 구 끝에다 주를 달 뿐이네. 每惜茲邦 禪業替廢 敢作注于句末"라고 하였다. 〔참고문헌〕『增壹阿含經』, 『一切經音義』, 『出三藏記集』, *MN*.

체해 體解 깨우쳐 알다. 알아 듣다. 60권본 『화엄경』 권6(대정장9, p.430c27)에 "스스로 부처님께 귀의하여 마땅히 원하길 중생이 대도를 깨우쳐 알아 위없는 뜻 내기를 바란다. 自歸於佛 當願衆生 體解大道 發無上意", 『경덕전등록』 권27 「천태풍간전 天台豐干傳」(대정장51, p.433b14)에 "본사 부엌에 두 고행자 있었으니 한산자와 습득이었다. 두 사람 부지깽이 잡고서는 종일 얼굴을 맞대고 이야기 나눴지만 엿듣는 이들 도무지 알아들을 수 없었기에 때로는 미치광이라 불렀다. 오직 풍간선사만이 그들과 친하게 지냈다. 本寺廚中 有二苦行 曰寒山子 拾得 二人執爨 終日晤語 潛聽者 都不體解 時謂風狂子 獨與師相親"라고 하였다. 〔참고문헌〕『華嚴經』, 『景德傳燈錄』.

체혹 滯惑 꽉 막혀 어둠에 휩싸임. 갈망(愛)에 휩싸이고 사견(邪見)을 일으켜 삼계(三界)를 벗어나지 못하는 뜻이다. 『중론』 「석승예서 釋僧叡序」(대정장30, p.1a10)에 "무릇 막혀 머물러 있는 혹은 뒤집힌 견에서 생겨나니, 이렇게 해서 삼계에 빠져 헤맨다. 치우쳐 깨우침 또한 염지에서 일어나니, 빛나게 해서 어긋남에 이르게 한다. 그러므로 알아야 하리. 큰 깨우침 널리 비춤에 있고 하찮은 지혜 마음 한 구석에 웅크리고 있는 것임을. 夫滯惑生於倒見 三界以之而淪溺 偏悟起於厭智 耿介以之而致乖 故知大覺在乎曠照 小智纏乎隘心", 『중관론소』 「중론서소 中論序疏」(대정장42, p.2c11)에 "무릇 체혹의 체는 막혀 붙들림이니 애 일으켜 흐름이고, 혹은 미혹이니 견 일으켜 흐름이다. 夫滯惑者 滯謂滯著 則起愛之流也 惑謂迷惑 起見之流也", 『자은전』 권1(대정장50, p.225c10)에 "뭇 중생들 꽉 막혀 헤매이니 이끌어 가려는 이 참으로 성인의 말씀 빌려야 한다. 群生滯惑 導之者 寔假聖言"라고 하였다. 〔참고문헌〕『中論』, 『中觀論疏』, 『慈恩傳』.

체화합 體和合 Ⓢ artha-saṃbaddha. (바탕없는 것으로서의) 바탕(體 Ⓢ artha)들의 어울림. 『입능가경』 권10(대정장16, p.579a4 : *Laṅk*., p.336)에 "인 없이 생장한다면, 토끼 뿔 또한 생겨나야 하리. 인 없이도 증장이거늘, 어찌 분별일랑 내겠는가? 현재라 해도 법 없는 것처럼, 이처럼 바탕 또한 없어서 체 없는 바탕들의 화합일 뿐이다. 어찌 마음이 능히 난 것이겠는가? 진여・공・실제 그리고 열반과 법계라고 하는 일체법 난 일 없으니 이것이야말로 제일의법이다. 若無因生長 兎角亦應生 以無因增長 云何生分別 如現在無法 如是本亦無 無體體和合 云何心能生 眞如空實際 涅槃及法界 一切法不生 是第一義法 yady-abhāvena puṣṭiḥ syāc-c haśaśṛṅge 'pi tad-bhavet, na ca-abhāvena vai p uṣṭo vikalpaḥ saṃpravartate. yathāpi dānīṃ na-eva-asti tathā pūrve 'pi na-asty-asau, anarthe artha-saṃbaddhaṃ kathaṃ cittaṃ pravartate. t athatā śūnyatā koṭir-nirvāṇaṃ dharmadhātuka m, anutpādaś-ca dharmāṇāṃ svabhāvaḥ pāramār thikaḥ"라고 하였다. [참고문헌]『入楞伽經』, *Laṅk*.

체회 體會 깨우쳐 알아차리다.『성유식론』권9(대정장31, p.50a4)에 "가행에 틈 없이 이 지가 생할 때 진여를 진여를 깨우쳐 알게 되니 통달위라 이름하며, 처음으로 이를 비추기에 견도라고도 이름한다. 加行無間 此智生時 體會眞如 名通達位 初照理故 亦名見道",『운문광록』권상(대정장47, p.548c27)에 "한 스님 묻기를, '말이 미치지 않는 곳은 어떻게 체회합니까?' 운문 말하길, '대중에게 빨리 삼배나 하거라'. 問 言詮不及處 如何體會 師云 對衆快禮三拜",『원오어록』권17(대정장47, p.792c20)에 "원오가 집어 말했다. '무리 놀라게 하는 한 마디 놀랄 무리 향해 들어올려야 하고, 기특한 일은 기특한 사람 만나서 집어내야 한다. 석가노자 무리를 놀라게 할 만하고, 운문대사 대단히 기특하여 곧바로 헤아릴 겨를 없이 해서 천성머리 꼭대기 위에서 놀게 하였다. 만약 능히 이렇게 깨우쳐 알 수만 있다면 비로소 석가의 멱살 잡아 끊고 운문의 은혜도 알아 갚을 줄 알리라'. 師拈云 驚群之句 須向驚群處擧揚 奇特之事 須遇奇特人前拈出 釋迦老子 可謂驚群 雲門大師 不妨奇特 直下以不可測度底機輪 向千聖頂顊上撥轉 若能恁麽體會 始知釋迦把斷要津 雲門知恩解報"라고 하였다. [참고문헌]『成唯識論』,『雲門廣錄』,『圜悟語錄』.

체훈 體訓 19세기 부산 범어사(梵魚寺) 스님. 호는 의룡(義龍), 이름은 체훈. 침송계언(枕松戒彦)의 제자다. 스님의 시 138편과 문 28편을 실은『의룡집』(한불전12, pp.281b1~304b16)이 전한다.「범어사내원암미타계서 梵魚寺內院庵彌陀稧序」(『범어사지』, p.583) 간기에 "광서 원년 을해(1875・고종12) 5월 미타재일에 침송문인 의룡체훈. 光緖元年乙亥五月彌陀齋日 枕松門人 義龍體訓"이라 하였다. 따로 행장은 전하지 않지만『의룡집』과『범어사지』에 범어사의 대웅전・명부전・미륵전 등 중수에 동참한 일이 전한다. [참고문헌]『梵魚寺誌』(亞細亞文化社, 1989). ⇨ 의룡집 義龍集

체흡 體洽 1691~1770. 조선후기 함경남도 북청군 대덕산(大德山) 삼성암(三聖庵) 스님. 자는 영월(影月), 호는 벽봉(碧峰), 속성은 고(高)씨. 본관은 제주(濟州). 1691년(숙종17) 함경남도 북청에서 태어났다. 1720년(경종1) 29세 때 출가하여 스님이 되었다. 성격이 강직하고 신심이 견고하여 일찍이 국내의 명산대찰(名山大刹)을 두루 참방하고 후학을 지도하였다. 만년에는 고향인 대덕산(大德山)으로 돌아와 삼성암을 짓고 참선하였는데, 사방으로부터 스님들이 찾아와 법을 배웠다. 1770년(영조46) 본사인 삼성암에서 세수 80, 법랍 51세를 일기로 입적하였다. 여암(旅庵) 신경준(申景濬 1712~1781)이 비문을 짓고 1770년(영조46) 이후에 세운 비가 북청 삼성암에 있다. [참고문헌]『旅庵遺稿』권11(韓國文集叢刊231, p.150a7), 智冠『韓國高僧碑文總集 朝鮮朝・近現代』p.466. ⇨ 벽봉당체흡대사비 碧峯堂體洽大師碑

초 鈔 삼장(三藏)의 정문(正文)이나 성현께서 남기신 기록(聖賢遺記)에 대해 적당한 뜻을 추려내 글로 남김. 일반적으로 경에 대한 일차주해인 소(疏)를 다시 추려 풀어 간추린 작업이다.『대일경소초 大日經疏鈔』나『화엄경소초 華嚴經疏鈔』등이 그 예이다. 이와는 달리『대열반경초 大涅槃經鈔』・『무량수경초 無量壽經鈔』・『우란분경초 盂蘭盆經鈔』등도 있는데, 경에 대한 직접 주석의 형식으로 보이지만 소 등의 1차주석서를 바탕으로 한 이차 주석인 경우가 대부분이다.『사분율행사초』「서 序」(대정장40, p.3c17)에 "초라는 말은 진실로 본문의 핵심만을 집어내어 모든 뜻을 품어 거둔다. 夫鈔者 固令撮略正文 包括諸意也",『사분율행사초자지기』권상1상「석서제 釋序題」(대정장40, p.159c2)에 "초라는 말에는 두 뜻이 있다. 첫째는 추려낸다는 뜻이고, 둘째는 거둬들인다는 뜻이다. 곧 삼장의 본문이나 성현이 남긴 말에서 중요하고 마땅한 것을 추려내 문체로 삼는다. 鈔者有二義 一 採摘義 二 包攝義 謂於三藏正文 聖賢遺記 採拾要當 以爲文體",『우란분경소초여의』(卍속장94, p.835b12)에 "무릇 초란 소를 돕는 것이다. 夫鈔者 疏之助也",『아미타경소초연의』권1(卍속장33, p.530a4)에 "초란 추려 뽑는 것이다. 본래의 소를 따라서 간략하게 해석을 덧붙여 경소의 묘한 뜻이 보다 환연히 얼음 녹듯 풀리게 함이다. 鈔者 抄略也 隨順本疏 略加解釋 使經疏妙義 渙然冰釋也",『원각경소초수문요해』권1(卍속장15, p.484b3)에 "초라는 말은 초(抄) 또는 기(記)다. 곧 법도가 되는 말을 추려내 베끼거나 요지가 되는 뜻을 기록해 둠으로써 공부하는 이들의 잘못을 미리 막고 찾아 살핀 것을 남겨 잊지 않도록 한 것이다. 이렇게 한 즉 경을 인하여 소가 있게 되고, 소를 따라 초가 있게 된다. 鈔者 抄也 記也 謂抄寫格言 記錄要義 防學者之

訛謬 備尋討之忽忘 此則因經有疏 因疏有鈔也”, 『성유식론소초』 권1 「발 跋」(卍속장80, p.264b10)에 “이 초라 하는 것 어두운 밤을 비추는 빛과 같고 본래의 소를 풀어 밝은 옥과 같이 했다. 此抄者 照迷闇夜光 而解本疏昆玉也”, 『원각경초변의오』 권상(卍속장15, p.464b6)에 “후대에 초를 간행한 이가 마땅히 써서 더한 것이다. 後刊抄者 宜用添入”라고 하였다. [참고문헌] 『四分律行事鈔』, 『四分律行事鈔資持記』, 『盂蘭盆經疏鈔餘義』, 『阿彌陀經疏鈔演義』, 『圓覺經疏鈔隨文要解』, 『成唯識論疏抄』, 『圓覺經鈔辨疑誤』. ⇨ 소초 疏鈔

초 麨 Ⓢ śaktu, Ⓟ sattu. 보릿가루. 보릿가루로 만든 음료 또는 죽. 후자의 의미일 때는 달발나(怛鉢那 Ⓢ tarpaṇa)라고도 한다. 『장아함경』 권11 「아누이경 阿㝹夷經」(대정장1, p.67a1)에 “(니건자는) 본서를 내어 스스로 말하길, ‘죽을 때까지 술 마시거나 고기 먹지 않고 밥이나 보릿가루 밀가루는 먹지 않겠다’ 하고서 훗날 끝내 먹고 만다. 本自誓言 盡形壽不飮酒噉肉 不食飯及麨麵 而後盡食”, 상응하는 팔리경전 *Pāṭika-sutta*(*DN.3*, p.11)에 “박가바 유행승아, 그러자 나체수행자 칸다라마수카는 얼마 못 가 밥과 죽을 먹었다. atha kho bhaggava acelo kandaramasuko na cirass'eva … odana-kummāsaṃ bhuñjamāno”, *Suttavibhaṅga*(*Vin.4*, p.92)에 “어떤 비구든 제 손으로 나체수행자에게 씹는 음식이나 부드러운 음식을 주면 바일제다. 부드러운 음식이란 다섯 가지로 쌀밥, 밀가루 음식, 보릿가루 음식, 생선, 육류다. yo pana bhikkhu acelakassa … sahattā khādaniyaṃ vā bhojaniyaṃ vā dadeyya pācittiyan ti … bhojaniyaṃ nāma pañca bhojanāni odano kummāso sattu maccho maṃsaṃ”, 『득도인연경』 권하(대정장2, p.852c25)에 “꿈에 어떤 이가 그 진주를 보릿가루와 바꾸는 것을 보았다. 夢見有人 以其眞珠 貿易於麨”, 『번역명의집』 권7(대정장54, p.1174b12)에 “달발나는 한역하여 ‘초’라 한다. 怛鉢那 此云麨”라고 하였다. [참고문헌] 『長阿含經』, 『得度因緣經』, 『翻譯名義集』, 『彌沙塞五分戒本』(대정장22, p.197b26), *DN.*, *Vin.* ⇨ 달발나 怛鉢那, 초밀 麨蜜

초가 鈔家 『사분율』을 의지함에 도선(道宣)의 『사분율행사초 四分律行事鈔』를 따르는 학인들. 반면에 도선과 동문인 도세(道世)의 『사분율토요 四分律討要』를 따르는 이들을 요가(要家)라 한다. 『사분율행사초비』 권2(卍속장67, p.317b18)에 “저 『십송율』에서 이부바라제목차라 했지만, 초가에서는 계율이라 고쳐 불렀다. 彼名二部波羅提木叉 鈔家改云戒律也”라고 하였다. [참고문헌] 『四分律行事鈔批』. ⇨ 요가 要家, 사분율 四分律

초각관선 初覺觀禪 Ⓢ pūrva-dhyānaṃ vitarkavat. 이생희락 초선. 『불소행찬』 권3(대정장4, p.23b19)에 “탐욕과 악하고 착하지 않은, 욕계의 모든 번뇌를 여의고, 멀리 떠나 기쁨과 즐거움을 내어, 초각관선을 얻는다. 이미 초선의 즐거움과, 각관의 마음을 얻고, 기특하다는 생각을 내어, 어리석은 마음으로 기꺼이 집착하고, 마음으로 원리락에 의지하여, 목숨이 끝나면 범천에 난다. 지혜로운 이 능히 스스로 알아, 방편으로 각관을 그치고, 부지런히 위로 더 나아가, 제2선과 상응한다. 離欲惡不善 欲界諸煩惱 遠離生喜樂 得初覺觀禪 旣得初禪樂 及與覺觀心 而生奇特想 愚癡心樂著 心依遠離樂 命終生梵天 慧者能自知 方便止覺觀 精勤求上進 第二禪相應”라고 하였다. [참고문헌] 『佛所行讚』, *Buddh-c.134.* ⇨ 이생희락 離生喜樂, 초선 初禪

초각지 初覺智 초지(初地)에서 얻는 지혜. 아공(我空)과 법공(法空)을 처음으로 깨닫는 근본지(根本智)를 말한다. 입지지(入地智)라고도 한다. 『인왕호국경』 권하(대정장8, p.841c6)에 “환희지(Ⓢ pramuditā-bhūmi : 初地)의 보살마하살은 어리석은 범부지를 넘어 여래의 집에 나서 평등인에 머문다. 처음 무상지로 승의제를 비추어 일상으로 평등하여 상도 상 없음도 아니어서, 온갖 무명을 끊고 삼계탐욕을 끊으며 미래의 끝없는 생사 영원히 생기지 않기 때문이다. … 선남자야, 이 ‘초각지’는 여도 아니고 지도 아니며, 있는 것도 아니고 없는 것도 아니며, 두 상이 없다. 그 방편묘용은 전도도 아니고 머무는 것도 아니며, 움직이는 것도 아니고 고요한 것도 아니며, 두 가지 이로움을 자재하니 물과 물결 같아 하나도 다른 것도 아니어서, 지혜로 모든 바라밀다를 일으키니 또한 하나도 다른 것도 아니다. 歡喜地菩薩摩訶薩 超愚夫地 生如來家 住平等忍 初無相智 照勝義諦 一相平等 非相無相 斷諸無明 滅三界貪 未來無量生死 永不生故 … 善男子 此初覺智 非如非智 非有非無 無有二相 方便妙用 非倒非住 非動非靜 二利自在 如水與波 非一非異 智起諸波羅蜜多 亦非一異”, 원측(圓測)의 『인왕경소』 권하(대정장33, p.418b6・한불전1, p108b14)에 “초지에서 근본지가 생겨서 중생과 법, 이 두 가지 공을 비로소 깨닫기에 ‘초각지’라고 한다. 於初地 根本智生 創覺生法二空 故言初覺智”라고 하였다. [참고문헌] 『仁王護國經』, 『仁王經疏』. ⇨ 초지 初地, 근본지 根本智

초갈 燋渴 ❶ 타는 듯한 목마름. 『대반야경』 권550(대정장7, p.833a15)에 “나 이와 같이 부지런히 닦고 바르게 행하여 무상정등각을 증득할 때에 나의 불토중에는 이와 같이 일체 타는 듯한 목마름과 물 없는 광야는 없을 것이다. 나 마땅히 방편으로 모든 유정들이 수승한 복업을 닦도록 하여서 사는 곳마다 모두 팔공덕수가 구족하게 하리라. 我當如是勤修正行 證得無上正等覺時 我佛土中 得無如是一切燋渴乏水曠野 我當方便 勸諸有情修勝福業 隨所在處 皆令具足 八功德水", 『유가사지론』 권93(대정장30, p.830b9)에 "있는 바 모든 현재경계는 탐진치의 불이라는 뜨거운 번뇌가 인이 되어 타는 듯한 목마름을 일으킨다. 이런 이유로 마침내 마시지만 비유하면 잡독이니 즐길 만한 묘색경계 감미로운 음료와 같아 능히 버리지 못하고, 더욱 더 갈망하고 애착하니, 이 갈애로 미래의 의지가 되고, 미래가 의지한 것으로 문득 뭇 괴로움이 있게 된다. 諸所有 現在境界 貪瞋癡火 熱惱爲因 令生燋渴 由是遂飮 譬如雜毒 可樂妙色 所緣境界 甘美之飮 不能棄捨 轉增渴愛 由渴愛故 有當來依 當來依故 便有衆苦"라고 하였다. 〔참고문헌〕『大般若經』, 『瑜伽師地論』. ⇨ 팔공덕수 八功德水 ❷ 십육소지옥(十六小地獄) 중 하나. 뜨겁게 흐르는 구리물에 온몸이 타들어 가는 고통의 지옥이다. 『기세경』 권2(대정장1, p.321c10)에 "보호해줄 곳을 구해 초갈지옥에 온다. 그 지옥 역시 너비가 오백유순이다. 이 지옥에 들어가면, 옥졸이 밖에서 오는 것을 보고 나와 이렇게 묻는다. '너희들은 무엇을 구하는가?' 죄인은 답하길, '그대여, 우리는 지금 몹시 목이 마릅니다'. 이때 옥졸은 곧 죄인을 잡아 불타오르는 뜨거운 철판 위에 올려놓으니, 맹렬한 불꽃 속에 쓰러져 기절하면 곧 쇠로 만든 칼을 씌우고, 입을 벌려 구리물을 입 안에 부으니, 입술과 입은 문드러진다. 求守護處 然後來詣燋渴地獄 其獄亦廣五百由旬 入此獄已 時守獄卒 遙見彼人從外而來 卽前問言 汝等今者 何所求須 罪人答言 仁者 我今甚渴 時 守獄卒 卽捉罪人 撲置熾燃熱鐵地上 在猛焰中 仰臥悶絶 便取鐵鉗 磔開其口 融赤銅汁 灌其口中 彼諸衆生 脣口應時 悉皆燋爛 唇口爛已"라고 하였다. 〔참고문헌〕『起世經』. ⇨ 십육소지옥 十六小地獄, 지옥 地獄

초강왕 初江王 명부시왕(冥府十王) 중 한 왕. 본지(本地)는 석가여래(釋迦如來)이며, 초강왕(楚江王)이라고도 한다. 사람이 죽은 뒤, 중음신(中陰身) 이칠일(二七日)에 이 왕의 궁전에 이르는데, 그 사이에 내하교(奈河橋)가 있다. 강둑의 의령수(衣領樹) 아래에는 탈의파(奪衣婆)와 현의옹(懸衣翁)이 있는데, 이들은 죽은 사람이 입고 온 옷을 나뭇가지에 걸어 그 사람이 지은 죄의 무게를 헤아린다. 『불조통기』 권33(대정장49, p.322b4)에 "초강〈『이견지』에서 다음과 같이 말한다. '지주의 곽생이 꿈에 명부에 들어가니, 왕이 예를 표하고 앉아서 「나는 서문의 왕랑인데, 명사가 내가 충성스럽고 정직하며 중생들을 해치지 않는 것을 기록하여 초강왕이 된 지 일기가 되었다」라고 하였다'〉. 初江〈夷堅志 池州郭生 夢入冥府 王揖坐謂曰 我是西門王郎 冥司錄我 忠孝正直 不害物 得作初江王 一紀〉", 『예수시왕생칠경』(卍속장150, p.780a2)에 "두 번째 칠일

초강왕 시왕탱 양산 통도사 1798년

에 초강왕을 본다. 〈찬〉 이칠일에 망인은 내하를 건너네. 천군만대가 강물결을 건넌다오. 길을 인도하는 우두는 어깨에 몽둥이를 메었다네. 갈길을 재촉하는 귀졸은 손에 무기를 들었다오. 第二七日 過初江王 讚曰 二七亡人渡奈河 千羣萬隊涉江波 引路牛頭肩挾棒 催行鬼卒手擎叉"라고 하였다. 〔참고문헌〕『佛祖統紀』, 『預修十王生七經』. ⇨ 시왕 十王, 명부 冥府

초강화 草糠火 Ⓢ tṛṇa-tuṣa-agni, Ⓣ rtswa-dang sog ma'i me. 풀이나 겨를 모아 생긴 불. 오온(五蘊)의 비유다. 『현종론』 권1(대정장29, p.780c27)에 "색 등의 오온은 '취'로 좇아 생기기에 혹은 '취'를 낳기에 '취온'이라고 하니, 마치 초강화와 같고 저 화과수와 같다. 色等五蘊 從取生故 或生取故 名爲取蘊 如草糠火 如花果樹", 『구사론송소론본』 권1(대정장41, p.819b16)에 "오온은 '취'로부터 생기므로 '취온'이라고 하니, (이것은) 인을 따라서 이름을 지은 것이다. (이것은) 마치 초강화가 그 불이 풀이나 겨에서 생기기에 초강화라고 하는 것과 같다. 蘊從取生 故名取蘊 從因爲名 如草糠火 火從草糠生 名草糠火"라고 하였다. 〔참고문헌〕『顯宗論』, 『俱舍論頌疏論本』, *Abh-k-bh.5.*

초개사 初開寺 경상북도 경산시 자인면에 있던 절. 원효(元曉 617~686)가 출가하면서 자신의 집을 희사하여 절로 만들었다. 『삼국유사』 권4(대정장49, p.1006b16 · 한불전6, p.348b3) 의해(義解)5 원효불기(元曉不羈)에 "그가 태어난 마을 이름 불지라 하고 절 이름도 초개고 스스로를 불러 원효라 한 것 모두 부처님의 해 처음으로 빛나게 하는 뜻일 따름이다. 其生緣之村名佛地 寺名初開 自稱元曉者 蓋初輝佛日之意爾", "같은 책 권4(대정장49, p.1006a18 · 한불전6, p.347c6) 의해 5 원효불기에 "스님(원효)이 출가한 후 그 집을 희사하여 절로 삼았으니 초개사다. 師旣出家 捨其宅爲寺 名初開"라고 하였다. 〔참고문헌〕『三國遺事』, 『韓國寺刹全書』 권하 p.1103a16. ⇨ 사라사 裟羅寺, 원효 元曉

초갹 草屩 짚신. 초리(草履)라고도 한다. 『당고승전』 권24 「자장전 慈藏傳」(대정장50, p.639a19)에 "어쩌다 양친이 모두 돌아가니 세간영화가 싫어졌다. 무상하여 끝내 공적으로 돌아감을 깊이 깨닫고, 이내 처자식을

버리고 저택이며 전원 마땅함 따라 베풀어 비경업 행하였다. 외롭게 홀로 숲속 골짜기에 던져 거친 옷과 짚신으로 남은 보마저 마치는 데 썼다. 會二親俱喪 轉厭世華 深體無常終歸空寂 乃捐捨妻子 第宅田園 隨須便給 行悲敬業 孑爾隻身 投於林壑 麤服草屩 用卒餘報"라고 하였다. [참고문헌]『唐高僧傳』,『佛祖統紀』 권28(대정장49, p.286a5),『釋氏通鑑』권4(卍속장131, p.830b17).

초경원 招慶院 중국 복건성(福建省) 천주시(泉州市) 진강현(晋江縣) 매암(梅巖)에 있는 절. 복선초경원(福先招慶院)·승천사(承天寺)·남선사(南禪寺)·초경이라고도 한다. 오대(五代) 무렵 왕연빈(王延彬)이 장경혜릉(長慶慧稜)에게 청하여 이곳에 주석토록 하였다. 그 뒤 보복종전(保福從展)의 제자 초경문등(招慶文僜:淨修)과 장경혜릉의 제자 도광(道匡),『조당집』의 저자 정(靜)과 균(筠) 두 선사도 이곳에 주석하였다고 한다. [참고문헌]『宋高僧傳』권12「雪峯義存傳」(대정장50, p.782c5),『大明一統志』권75,『福建通志』권264.

초계 初啓 **1** 처음으로 열리다.『지관보행전홍결』권1(대정장46, p.156a22)에 "시원을 알 수 없는 모든 것은 과거라 하고, 과거로 거두기에 '움트는 싹이 없다'고 한다. 곡식의 싹이 처음으로 열리는 것을 움트는 싹이라 하고, 콩 등이 처음으로 싹을 보이는 것을 구라 한다. 無始皆爲過去 過去所攝 故云無萌 穀芽初啓曰萌 豆等初啓曰句"라고 하였다. [참고문헌]『止觀輔行傳弘決』. **2** 서책(書冊) 등의 맨 처음에 자리한 글. 서문 등을 말한다.『출삼장기집』권2(대정장55, p.5c9)에 "율장의 경우 처음 열어 본즉 본원을 상세히 서술한다. 至於律藏 初啓則詳書本源"라고 하였다. [참고문헌]『出三藏記集』.

초계비구 草繫比丘 Ⓢ kuśa-bandhana-bhikṣu. 풀에 매인 비구. 목숨을 버려서도 계를 지키려 한 다음과 같은 고사에서 유래한다. 즉『대장엄론경』권3(대정장4, p.268c6)에 의하면 '옛날에 도적들이 비구들을 잡아서 입고 있던 옷을 빼앗고 죽이려고 하였다. 이때 도적들 중 한 사람이 풀조차 다치게 하지 않는 것이 비구의 법도이니 살아있는 풀로 비구들을 묶어놓으면 도망치지 않을 것이라고 하였다. 이렇게 풀로 묶인 비구들은 밤낮으로 모진 고통을 겪으면서도 풀을 상하게 할까 염려하여 그대로 있었다. 마침 사냥을 나왔던 임금이 이 광경을 보고 자초지종을 듣고서는 그들의 굳센 지계(持戒)에 크게 감동하여 불교에 귀의했다(我昔曾聞 有諸比丘 曠野中行 爲賊剽掠剝脫衣裳 … 賊中一人 先曾出家 語同伴言 今者何爲盡欲殺害 比丘之法不得傷草 今若以草繫諸比丘 彼畏傷故終不能得四向馳告 賊卽以草而繫縛之 捨之而去 諸比丘等旣被草縛 恐犯禁戒不得挽絶 … 身無衣服 爲日所炙 蚊虻蠅蚤之所唼嬈 … 夜行禽狩交横馳走 野狐群鳴鵄梟雊呼 惡聲啼叫甚可怖畏 … 是諸比丘爲苦所逼 不得屈申及以動轉 恐絶於草傷犯禁戒 … 時彼國王遇出田獵 漸漸遊行至諸比丘所繫之處 王遙見之 … 爾時國王心甚歡喜 卽爲比丘解草繫縛而說偈言 善哉能堅持 釋師子所說 寧捨己身命 護法不毁犯 我今亦歸命)'라고 하였다. 40권본『대반열반경』권26(대정장12, p.520a23)에 "백정의 아들로서 늘 악업을 짓다가 나를 보고 곧 버리고 떠난 이는 천제비구와 같은 이이며, 나를 본 인연으로 신명을 버릴지언정 금계를 버리지 않는 이는 저 초계비구다. 屠家之子 常修惡業 以見我故 卽便捨離 如闡提比丘 因見我故 寧捨身命 不毁禁戒 如草繫比丘"라고 하였다. [참고문헌]『大莊嚴論經』,『大般涅槃經』,『梵網經』권하(대정장24, p.1007b23). ⇨ 아주 鵝珠

초계사 超戒寺 팔라(Ⓢ Pāla)왕조의 다르마팔라왕(Ⓢ Dharmapāla王)이 세운 절. 범어 이름은 비크라마쉴라사(Vikramaśīla vihāra)이며, 초행사(超行寺)·초암사(超岩寺)라고도 한다. 나란다사(Ⓢ Nālanda:那爛陀寺)·우단다푸라사(Ⓢ Uddandapura:烏丹塔普拉寺)·바즈라사나사(Ⓢ Vajrāsana:婆耆羅沙納寺) 등과 함께 인도의 4대사찰이다. 인도 대승불교의 중심이었으며, 특히 10세기경에는 나란다사와 함께 인도 밀교의 중심 사찰이었다. ⇨ 비크라마쉴라사 Vikramaśīla寺

초고응안질 草枯鷹眼疾 풀 마르면 매의 눈길 빨라진다. 덮여 가린 것들 거둬 버려 실상에 가까이 다가가는 뜻이다. 왕유(王維)의 시「관렵 觀獵」에 기원한다.『종용록』94칙「송 頌」(대정장48, p.288b15)에 "악취나는 가죽 포대를 벗어던지고〈풀 마르면 매의 눈길 빨라진다〉, 발가벗은 고기 덩어리를 집어서 돌린다〈눈이 녹으면 말발굽 가볍다〉. 卸却臭皮袋〈草枯鷹眼疾〉 拈轉赤肉團〈雪盡馬蹄輕〉"라고 하였다. [참고문헌]『從容錄』. ⇨ 설진마제경 雪盡馬蹄輕

초곡불생아 焦穀不生芽 불에 탄 낟알에선 싹 트지 못한다. 선근(善根)이 죽은 일천제(一闡提) 등을 비유한다. 곡은 곡(穀)으로도 쓴다.『벽암록』95칙「본칙 本則」(대정장48, p.218a23)에 "장경이 어느 때인가 말했다. '아라한에게 삼독이 있다고 말할지언정〈불에 탄 낟알 싹트지 못한다〉 여래에게 두 가지 말이 있다고 말하지 마라〈이미 석가노자를 비방하고 말았다〉'. 長慶有時云 寧說阿羅漢有三毒〈焦穀不生芽〉 不說如來有二種語〈已是謗釋迦老子了〉",『대보적경』권29(대정장11, p.159c25)에 "또한 저 불에 탄 씨앗에선 그 싹이 애초에 날 일 없는 경우와 같다. 又如焦穀種 其芽本不生",『대반니원경』권6(대정장12, p.892a15)에 "(일천제는) 비록 백천겁에 경전을 듣더라도 마침내 보리의 싹을 틔울 수 없다. 왜 그런가? 마치 불에 탄 씨앗 같아서 선근이 사라졌기 때문이다. 雖百千劫聞 終不能發菩提萌芽 所以者何 如焦穀種 善根滅故"라 하였다. 〔참고문헌〕『碧巖錄』, 『大寶積經』, 『大般泥洹經』. ⇨ 일천제 一闡提

초과 初果 Ⓢādyaṃ phalaṃ, prathama-phala. 성문사과 중 첫 열매인 예류과(預流果 Ⓢsrotaāpatti-phala : 須陀洹果). 40권본 『대반열반경』 권36(대정장12, p.578a17)에 "'세존이시여, 이 수다원은 먼저 도를 얻었기에 수다원입니까, 초과이기에 수다원입니까?' … '선남자야, 초과이기에 수다원이라고 한다. 네가 물었듯이 외도들도 먼저 번뇌를 끊고 무소유처에 이르러 무루도를 닦아 아나함과를 얻는다. 왜 수다원이라고 하지 않는가? 선남자야, 처음 얻은 과로서 수다원이라고 하니 그때 팔지와 십육행을 구족하기 때문이다'. 世尊 是須陀洹 先得道故 名須陀洹 以初果故 名須陀洹 … 善男子 以初果故 名須陀洹 如汝所問 外道之人 先斷煩惱 至無所有處 修無漏道 得阿那含 何故不名 須陀洹者 善男子 以初果故 名須陀洹 是人 爾時 具足八智 及十六行", 『대승아비달마잡집론』 권13(대정장31, p.754b28)에 "〔문〕 누가 견도의 최후심위에서 초과를 얻습니까? 〔답〕 만약 욕계에서 아직 탐욕을 여의지 못한 이는 후에 정성결정에 들어가 예류과를 얻는다. 즉 차제라 한 것은 비록 소분의 탐욕은 여의었을지라도 아직 아주 다 여읜 것은 아니어서, 그 후에 정성결정에 들어가고 제십육심위에 이르러 예류과를 얻는다. 問 誰於見道 最後心位 得初果耶 答 若於欲界 未離欲者 後入正性決定 得預流果 謂次第者 雖少分離欲 亦名未離欲 彼後入正性決定 至第十六心位 得預流果"라고 하였다. 〔참고문헌〕『大般涅槃經』, 『大乘阿毘達磨雜集論』, 『俱舍論』 권23(대정장29, p.122b25), *Abh-k-bh.353.*, *Abh-s-bh.119.* ⇨ 수다원 須陀洹, 예류과 預流果, 성문사과 聲聞四果

초과 超果 품을 뛰어넘어 과를 얻다. 초월단(超越斷)·초월증(超越證) 등이라고도 하며, 상대어는 점차로 얻는 차제증(次第證)이다. 『마하지관』 권6(대정장46, p.73a23)에 "〔문〕 사혹을 부수고 공에 드는데, 아흔아홉 가지를 부수어야 하거늘 어떻게 초과의 도리가 있는가? 〔답〕 차제분별하면 전구 헤아려야 하겠지만 행인은 반드시 일향에 품에 따라 순서대로 들지는 않는다. 삼장교 중에서 십육심 후인즉 일념에 곧 순간적으로 과를 초월하여 아나함에 이르거나, 혹은 뛰어넘어 아라한에 이른다. … 초과에는 네 가지가 있으니 첫째 본단초, 둘째 소초, 셋째 대초, 넷째 대대초이다. 問 破思假入空 凡破九九 八十一品 云何復有 超果之義 答 次第分別 有前句數 行人未必 一向按品次入 若三藏中 十六心後 卽有一念 超果至那含 或超至羅漢 … 超果凡有四 一 本斷超 二 小超 三 大超 四 大大超"라고 하였다. 〔참고문헌〕『摩訶止觀』. ⇨ 초월증 超越證, 차제증 次第證

초과리출두 草窠裏出頭 풀섶에서 머리 내밀다. 『벽암록』 35칙 「본칙 本則」(대정장48, p.173b29)에 "문수가 무착에게 묻기를 '어디서 왔는가?〈묻지 않을 수 없다. 또 한 소식 있군〉' 무착 말하길 '남방에서 왔습니다〈풀섶에서 머리를 내밀었군. 하필 눈썹 위를 향해 젊어지게 하는가? 참으로 큰 것은 밖이 없거늘, 어째서 남방이 있는가?〉' 文殊問無著 近離什麽處〈不可不借問 也有這箇消息〉 無著云 南方〈草窠裏出頭 何必擔向眉毛上 大方無外 爲什麽却有南方〉"라고 하였다. 〔참고문헌〕『碧巖錄』.

초과이의 初果二義 초과(Ⓢprathama-phala)의 두 가지 뜻. 초과인 수다원과(須陀洹果 Ⓢsrotaāpatti-phala)에 예류(預流)와 역류(逆流)의 두 가지 뜻을 말한다. 40권본 『대반열반경』 권36(대정장12, p.577c11)에 "'무슨 인연으로 수다원이라고 하는가? 선남자야, 수(須)는 무루라고 한역하며 다원(陀洹)은 수습이라고 한역하니, 무루를 수습하는 것을 수다원이라고 한다. 선남자야, 또 수는 유(流)라고도 한역하는데 유에는 두 가지가 있으니, 첫째는 순류이고 둘째는 역류이다. 역류하기에 수다원이라고 한다'. 何因緣故 名須陀洹者 善男子 須名無漏 陀洹名修習 修習無漏 名須陀洹 善男子 復有須者名流 流有二種 一者 順流 二者 逆流 以逆流故 名須陀洹". 『관무량수경직지소』 권하(卍속장91, p.703a14)에 "수다원은 예류라고 한역하니 성인의 무리에 들어가는 것이고, 역류라고도 한역하니 저 육진의 흐름을 거스른다. 초과의 이름이다. 須陀洹 此云預流 預入聖人流也 或云逆流 逆彼六塵流也 初果名"라고 하였다. 〔참고문헌〕『大般涅槃經』, 『觀無量壽經直指疏』. ⇨ 초과 初果

초과칠생 初果七生 Ⓢsaptakṛdbhavaparama, Ⓣde-ltar-thogs-pa-srid-pa-lan-bdun-pa. 예류과(預流果)를 얻고서도 일곱 번 거듭 나다. 극칠반유(極七返有)·극지칠유(極至七有)·극칠반(極七返)·극칠유(極七有)라고 한다. 『유가사지론약찬』 권13(대정장43, p.188b20)에 "'무형이나 두 가지 형으로 난다' 하니, 이들은 초과칠생 아닌 그 나머지 일체생을 취하는 것이다. 言無形二形等生者 此等取初果七生外餘一切生"라고 하였다. 〔참고문헌〕『瑜伽師地論略纂』, 『瑜伽師地論』 권53(대정장30, p.593a26), *Mvyut.46.* ⇨ 극칠반유 極七返有

초교 初教 시교(始教) 곧 삼승시교(三乘始教). 상대적으로 숙교(熟教)는 종교(終教) 곧 삼승종교를 가리킨다. 『화엄오교장』 권1(대정장45, p.482b7)에 "숙교에는 일승이나 삼승, 초교에는 일승이나 이승, 소승에는 오직 일승만 있다. 熟教中 或一或三 初教中 或一或二 小乘中唯一"라고 하였다. [참고문헌]『華嚴五教章』. ⇨시교 始教, 숙교 熟教

초금 楚金 698~759. 당대 스님. 속성은 정(程)씨. 주질(盩厔 : 陝西省 西安) 출신. 9세에 출가하였다. 항상 『법화경』을 독송하였는데, 하루는 「보탑품 寶塔品」에 이르러 선정(禪定)에 든 것처럼 몸과 마음이 맑아지며 보탑을 보고 그 탑을 세울 것을 서원하고 건립하였다. 현종(玄宗)이 꿈에 이 탑을 보고, 사자(使者)를 보내 확인하고서 돈과 비단을 하사하였으며, 다보탑(多寶塔)이란 현판도 내려주었다. 『법화경』 1부・『보살계 菩薩戒』 1권・『관보현경 觀普賢經』 1권 등을 혈사(血寫)하였으며, 759년(건륭2)에 세수 62세로 입적하였다. 시호는 대원선사(大圓禪師), 제자로는 혜공(慧空)・법안(法岸)・호연(浩然) 등이 있다. 『불조통기』 권40(대정장49, p.375b15)에 "천보초에 사문 초금이 경사의 천복사에서 『법화경』을 읽는데, 「보탑품」에 이르러 몸과 마음이 맑아지더니 보탑이 갑자기 나타났다. 이에 6년 동안 좌선하며 이 탑을 세울 것을 서원하였다. 기초를 놓는 날에 대중들은 하늘음악을 듣고 신이한 향기도 맡았다. 初 沙門楚金 於京師千福寺 誦法華經 至寶塔品 身心泊然 寶塔忽現 乃禪坐六年 誓建斯塔 下基之日 衆聞天樂異香"라고 하였다. [참고문헌]『佛祖統紀』, 『宋高僧傳』 권24(대정장50, p.864c4).

초금선사비 楚金禪師碑 비석(飛錫) 지음. 초금(698~759)은 법화도량(法華道場)을 세워 법화삼매(法華三昧)를 닦았던 수행자이다. 비석은 초금이 천복사(千福寺)의 다보탑(多寶塔)에서 법화삼매를 닦을 때 함께했던 동참자 중 한 사람으로 「대당서경천복사다보불탑감응비 大唐西京千福寺多寶佛塔感應碑」(『전당문』 권379)에 그 사적이 보인다. [참고문헌]『全唐文』・권916.

초금후태 初金後胎 밀교에서 양부의 작법을 행할 때 먼저 금강계법을 닦은 후에 태장법을 닦는 것. 초태후금(初胎後金)에 상대한다. 초금후태의 법식은 입단관정(入壇灌頂)의 의식에서 먼저 금강계관정을 한 후에 태장계관정을 하는 것이 대표적이다. 작법의 경우에 따라 초금후태와 초태후금의 방법을 병용하며 일정한 준칙은 없다. 초태후금은 이치로부터 지혜를 깨닫는 것으로 본유(本有)의 도리에서 수생(修生)의 지혜로 나아간다. 반면 초금후태는 지혜를 통해 본유의 이치를 드러내는 것으로 수생에서 본유로 향하는 과정이다. 초금후태는 용지(龍智)보살이 불공(不空)에게 전한 법식이며, 초태후금은 금강지(金剛智)가 불공에게 전한 법식이다.

초기불교 初期佛教 석존께서 출가 후 성도하시고 법을 설하시고(轉法輪) 제자들이 귀의해 불법승(佛法僧) 삼보(三寶)의 승가(僧伽 saṃgha)가 이루어졌다. 이에 귀의하는 단월들에 의지해 교단이 흥기하고 석존이 열반에 드시기까지의 불교. 이때의 불교는 전통적으로는 팔상(八相 : 兜率來儀 毘藍降生 四門遊觀 踰城出家 雪山修道 樹下降魔 鹿野轉法 雙林涅槃)으로 전승되었다. 근본불교(根本佛教)를 '부처님 가르침의 기저(基底) 또는 근간(根幹)'이라는 뜻에서 부파 및 대승불교 등 시대와 관계없이 불교사상사전반을 관통하는 변함없는 가르침이라고 한다면, 초기불교는 부처님과 직제자(直弟子)들이 활동했거나 그 교설이 직접 전승되던 때를 범주화한 불교학계의 방편적 용어다. 근대 구미권에서는 'Early Buddhism' 또는 'Primitive Buddhism'이라 하였고, 이를 동아시아권에서 초기불교 또는 원시불교 등으로 전역(轉譯)함으로써 정착하게 된 용어다. **【정치사상적 배경】** 초기불교를 흥기한 석존의 활동무대는 아함경(阿含經)과 팔리 니카야에서 전승한 대로 16대국(大國 Ⓢ ṣoḍaśa-mahājanapada : 『중아함경』 권55 「지재경 持齋經」, 대정장1, p.772b13, *Uposathaṅga-sutta*, *AN.1*, p.213)을 중심으로 한다. 이곳은 갠지스강역이 지나는 비옥한 토양에 물산이 풍부했던 인도중북부지역으로 경전에서 중국(中國)으로 불렸는데 크샤트리야와 바이샤 등의 세력이 융성하였다. 이들 나라는 대부분 군주의 지배권을 인정하지 않았고 장로회(長老會)나 민중집회를 통해 나라를 운영하였다고 알려졌다. 율장에 등장하는 릿차비(Ⓢ Licchavi)・비데하(Ⓢ Videha)족 등을 중심으로 한 여덟 부족의 연방이었던 밧지(Ⓟ Vajjī Ⓢ Vṛji)공화국이 대표적인데, 이런 공화(共和)의 정치체는 불교의 승가는 물론 혁신사문들의 공동체건설에 주요한 상상력으로 작동했을 것으로 추정한다. 부처님 출가 당시는 베다의 전승과 제사(祭祀)를 독점하고 신의 음성을 들어(Ⓢ Śruti) 제사를 통해 신들과 소통한다고 주장하며 부(富)와 권력을 세습하던 바라문들의 세력이 약화되던 때였고, 또 한편으로는 브라만신과 아트만이 있다고 믿는 이들 유파(有派 Ⓢ astika)인 브라만의 사상적 주권과 사회경제적 지배에 일찌감치 의문을 품고 반발한 슈라마나(Ⓢ Śramaṇa 沙門) 즉 자유사상가들이 흥기하던 때였다. 이들은 베다에 준거한 사회적 관행과 문화와 바라문의 희생제의 같은, 바라문 중심의 표식과 상징들을 거부하고 이욕(離慾, Ⓢ tyāga)을 최고의 덕목으로 내세웠다. 집을 떠나(出家) 유행(遊行)하여 '스스로 모든 것을 내던진 이' 즉 산야신(Ⓢ sannyāsin)으로, 또는 '집도 친지도 없는 방랑자' 즉 파리브라자카(Ⓢ parivrājaka)로 불리기도 했으니, 그 어떤 권위에도 의지하지 않았기에 무파(無派 Ⓢ nāstika)라고 부른다. 이들 중에서도 육사외도(六師外道) 등을 대사문계(大沙門系 Ⓢ mahāśramaṇa)라 하였는데, 초기불교교단 또한 이 슈라마나 전통 안에서 시작되었다. **【삼보三寶로서의 화합승saṃgha】** 석존은 출가 후 브라만의 관습도 사문들의 혁신도 모두 경험했다. 그리고 나서 그가 천명한 입장은 바로 연기중도(緣起中道)의 설법이었다. 이를 경율에서는 일찍이 없었던 법이라 하여 미증유법(未曾有法)이라 부른다. 이 법에 의지해 출가한 이들을 비구비구니(Ⓟ bhikkhu-bhikkhunī)라고 하였는데 걸사(乞士)의 뜻이다. 이렇게 석존인 부처님(佛)과 미증유의 법(法)과 비구비구니 승중(僧)인 불법승을 삼보(三寶 Ⓢ tri-ratna)라 부르고 그들의 현전을 승가(僧伽 saṃgha)라 불렀다. 〔상가saṃgha의 기원〕 상가(saṃgha) 또는 가나(gaṇa)란 일정한 자치권과 자율성을 지닌 세속 상공업자들의 조합 등에서 유래한 의결기구 성격의 정치체를 가리키는 말이었으며, 가나는 세니(Ⓟ seṇi Ⓢ śreṇi)라고도 하였다. 『마누법전 *Manusmṛti*』 8장 219항(項)에서는 "마을이나 지역의 상가에 속한 이가 약속하고 맹세한 다음에 욕심이 나서 그 약속을 깨면 그를 추방할 것이다. yo grāma-deśa-saṃghānāṃ kṛtvā satyena saṃvidam, visaṃvaden naro lobhāt taṃ rāṣṭrād vipravāsayet"라 하였고, 『실리론 實利論 *Arthaśāstra*』 제11장 「상가에 대한 처신 saṃgha-vṛtta」(11.1.02)에서도 "무력이나 친구를 얻음에서는 모름지기 상가를 얻는 것이 가장 좋다. saṃgha-lābho daṇḍa-mitra-lābhānām uttamaḥ"라고 하였다. 석존도 당시 상가의 통솔자(saṃghin)로서 교단을 이끌었기에 『쿠타단타숫타 *Kūṭadanta-sutta*』(*DN.1*, p.132)에 "사문 고타마는 상가의 주인이고, 가나의 주인이시며, 가나의 스승이시다. samaṇo khalu bho gotamo saṃghī gaṇī gaṇācariyo"라 하였고, 『숫타니파타』 제550게(*Sn.*, p.108)에서도 "사문의 상가 samaṇa-saṃgha"라 불렀다. 〔제자들〕 이러한 상가에는 존비 등 신분을 가리지 않고 제자들이 모였다. 『중본기경』 권하(대정장4, p.161c19)에 "여래의 자애로움 두루하여 높고 낮음 묻지 않는다. 如來慈普 不問尊卑", 『숫타니파타』 「천민경 賤民經 *Vasala-sutta*」 제136경(經)에 "태어남으로써 천민이 되는 것도, 바라문이 되는 것도 아니다. 행위로써 천민도 되고 바라문도 된다. na jaccā vasalo hoti, na jaccā hoti brāhmaṇo, kammanā vasalo hoti, kammanā hoti brāhmaṇo"고 하였듯이, 석존께서는 존비를 불문하고 공양과 귀의를 받고 수계도 하셨다. 녹야원에서 초전법륜하시고 아야교진여 등 다섯 사문의 귀의를 받은(『사분율』 권32, 대정장22, p.787c14) 이래, 왕사성(王舍城)의 장자이자 바라문가의 아들이었던 대가섭(大迦葉 : 畢鉢羅耶那)과 역시 바라문의 딸이었던 아내 필발라야나(跋陀羅迦卑梨耶)가 부처님께 출가(『불본행집경』 권45, 대정장3, p.861c5)하였고, 30인의 벗과 함께 구족계를 받은 부루나(富樓那)도 코살라국 대바라문가의 자제였다. 외도였던 이로서 부처님 제자가 된 예도 많다. 니련선하(尼蓮禪河)에서 결발외도(結髮外道)로 불을 섬기던(事火外道) 가섭삼형제(優樓頻螺迦葉 · 那提迦葉 · 伽耶迦葉)와 그 제자 1,000인이 귀의(『사분율』 권33, 대정장22, p.794c14)한 일이나, 십대제자 중 지혜제일 사리불과 신통제일 목련존자가 불가지론과 회의론을 주장한 산사야비라지자(刪闍耶毘羅胝子)의 상수(上首)였다가 제자 250인과 함께 귀의(『불본행집경』 권47, 대정장3, p.873c4)한 일이 대표적이다. 수많은 바라문과 외도들이 귀의했을 뿐 아니라 크샤트리야 족성(族姓)이 대거 출가한 예도 있었으니 『중허마하제경』 권13 · 『불본행집경』 권53 · 『사분율』 권4 · 『오분율』 권3 등에 전하는 석가(釋迦)족의 집단출가다. 아나율(阿那律)과 우바리(優波離)와 아난(阿難)도 이때 출가하였다. 이들 중 미천한 이발사 출신이었던 우바리는 상좌(上座)비구로서 갓 구족계를 받은 찰리(刹利)종성 비구들의 정례(頂禮)를 받았다. 『중아함경』 권6(대정장1, p.459c28)에 "몇몇 족성도 이름도 다른 무리가 모여 수염과 머리 깎고 가사옷 걸치고는, 저 믿음이 집을 버리기에 이르러 집 없이 부처님 좇아 도를 배우니 이 이름이 중이다. 有若干姓異名異族 剃除鬚髮 著袈裟衣 至信捨家 無家從佛學道 是名爲衆"라고 하였다. 이렇게 여래의 승중은 바라문과 외도마저 가리지 않았고 모든 이들에게 개방되었다. **【인천人天의 복전福田을 존중하고 유지시킨 인천의 무리들衆pariṣad】** 삼보의 승가는 삼귀의(三歸依)로 불자가 된 청신사(淸信士)인 우바새(upāsaka)와 청신녀(淸信女)인 우바이(upāsikā)들에 의해 유지되었다. 사중(四衆)이라 부르는 경우 중(衆)은 범어 pariṣad(Ⓟ parisā : *Uttara-sutta*, *AN.4*, p.166)에서 기원한 말이다. 이 말은 특히 회중(會衆)의 뜻으로, 브라만사제들의 특권이었던 '비밀리에 가까이 전하다 upaniṣad'에 상대되는 뜻이다. 결국 단월들도 열린 대중의 일원이 되어 정법의 수혜를 직접 받는다는 의미다. 이렇게 삼보에 귀의하고 호지하는 pariṣad 즉 무리(衆), 다시 말해 공양(供養) · 공경(恭敬) · 존중(尊重) · 찬탄(讚嘆)을 수행하는 이들은 사중 외에도 더 있었으니, 『아함 阿含』에서 팔중(八衆 Ⓟ aṭṭha-parisā)이라 불리는 이들로 찰제리중 · 바라문중 · 거사중 · 사문중 · 사천왕중 · 도리천중 · 마중 · 범천중들이다. 초기교단에서부터 이미 불교는 인간(人)과 하늘(天)의 복전이었고 그들의 귀의를 받았다.(『장아함경』 권3 「유행경 遊行經」, 대정장1, p.16b18 : *Mahāparinibbāna-sutta*, *DN.2*, p.109) 석존께서 성취한 여래의 무리들은 하늘을 따르던 무리들마저 귀의했기에 천상인중지복(天上人中之福)의 제일의 덕(第一之德)으로 불리웠다. 『증일아함경』 권12 「삼보품 三寶

品」(대정장2, p.602a23)에 "소에서 젖을 얻고 젖에서 낙을 얻으며, 낙에서 연유를 얻고 연유에서 제호를 얻지만, 다시 제호가 그 중 가장 높고 위여서 능히 버금가는 것 없다. 이 또한 저와 같아서 성중이란 큰 무리 큰 모임으로 이런 류의 중생중에서는 여래중승이 이 무리중 가장 높고 위여서 능히 버금가는 것 없다. 이것을 일 받드는 제일가는 덕이라 한다. 제일지덕을 얻음으로써 문득 천상인중의 복을 받으니, 이 이름 제일지덕이다. 由牛得乳 由乳得酪 由酪得酥 由酥得醍醐 然復醍醐於中 最尊最上 無能及者 此亦如是 所謂聖衆者 大衆大聚者 有形之類衆生之中 如來衆僧 於此衆中 最尊最上 無能及者 是謂承事第一之德 以獲第一之德 便受天上人中之福 此名第一之德", 『장아함경』 권5(대정장1, p.31a1)에 "제현이여, 여래께서 대중을 성취하시니 비구비구니와 우바새 우바이입니다. 과거미래현재대중을 성취함을 보지 않아도 저 부처가 하심과 같으실 겁니다. 諸賢 如來大衆成就 所謂比丘比丘尼 優婆塞優婆夷 不見過去未來現在大衆成就 如佛者也"라고 하였다. 〔단월들〕 나아가 이러한 복전을 지지하는 이들 또한 높고 낮음이 없이 귀의하였으니 코살라국의 파사익(波斯匿 Ⓢ Prasenajit)왕과 마가다국의 빔비사라(甁沙 Ⓢ Bimbisāra)왕은 부처님 성도 후 충직한 우바새가 되어 초기불교교단사에서 중요한 역할을 하였다. 파사익은 사위성의 장자 급고독(給孤獨)이 승가에 헌납한 기원정사(祇園精舍)에서 귀의한 뒤 평생 부처님 제자로 살았고, 파사익의 제일(第一)왕비 말리카(Ⓢ Mallikā) 역시 신심 깊은 불자였다. 빔비사라왕 또한 왕사성의 장자 가란다(迦蘭陀)가 헌납한 죽원(竹園)에 정사를 지어 승가를 섬겼다. 반면 빈자일등(貧者一燈)의 난다(難陀)가 있었고, 유녀(遊女) 연화색(蓮華色)의 공양도 석존께서는 마다하지 않으셨다. 『아함경』 등에서 열반을 얻은 이들은 출재가와 남녀 등 그 어떤 것도 걸림돌이 되지 않았다. 『증일아함경』 권3(대정장2, p.557a16 : *AN.1*, p.23)이하의 「제자품 弟子品」에서는 도과(道果)를 성취한 일백비구(一百比丘), 「비구니품 比丘尼品」에서 오십(五十)비구니, 「청신사품 淸信士品」에서 사십(四十)우바새, 「청신녀품 淸信女品」에서는 삼십(三十)우바이들의 이름을 낱낱이 전하고 있다. **【제일지덕의 여래무리如來衆僧 성취하시다】** 위와 같이 미증유의 법으로 제일지덕의 여래중승(如來衆僧)을 성취하신 석존께서는 열반에 앞서 대중들이 나아갈 길을 분명히 하셨다. 『대반열반경 *Mahāparinibbāna-sutta*』(*DN.2*, p.100)에 "하지만 아난다야, 비구승가는 나에게 무엇을 바라느냐? 나는 안팎의 구별 없이 법을 설했다. 여래의 법에는 (제자에게 은밀히 전하는) 스승의 권력 따위란 없다. … 여래가 비구승가를 지도한다거나, 비구승가가 여래에게 의지한다고 생각해서는 안 된다. kim panānanda bhikkhusaṅgho mayi paccāsiṃsati. desito ānanda mayā dhammo anantaraṃ abāhiraṃ karitvā natthānanda tathāgatassa dhammesu ācariyamuṭṭhi … tathāgatassa kho ānanda na evaṃ hoti, ahaṃ bhikkhusaṅghaṃ pariharissāmī'ti vā mamuddesiko bhikkhusaṅgho'ti vā"라 하였고, 『장아함경』 권2 「유행경 遊行經」(대정장1, p.15b6 : *Mahāparinibbāna-sutta*, *DN.2*, p.100)에 "스스로 불타듯 하고 법을 불타오르듯 하되 다른 것을 밝히지 마라. 스스로 귀의하고 법에 귀의하되 다른 것에 귀의하지 마라. 當自熾燃 熾燃於法 勿他熾燃 當自歸依 歸依於法 勿他歸依 atta-dīpā viharatha atta-saraṇā anañña-saraṇā dhamma-dīpā dhamma-saraṇā anañña-saraṇā"라고 당부하셨다. 그리고 이렇게 행하는 여래의 무리들 즉 화합승(Ⓟ samagga-saṃgha)만이 정법을 오래가게 해서(正法久住) 중생을 이롭게 하리라(饒益衆生) 하셨다. 『오분율』 권3(대정장22, p.20b5)에 "화합승을 깨뜨리지 마라. 만약 승가가 이미 파했는데 능히 화합하면 그이는 하늘에 나서 일겁의 즐거움을 누린다. … 화합이란 포살·자자·갈마와 늘 하는 일 같이함이고, 승이란 네 명 이상이니라. 莫破和合僧 若僧已破 能和合者 其人生天一劫受樂 … 和合者 同布薩自恣羯磨常所行事 僧者 從四人已上", 『법구경 *Dhammapada*』 제194경(經)에 "실로 제불께서 나투심은 기꺼운 일, 바른 법 설하심도 즐거운 일이다. 승중의 화합은 기껍고 화합하는 이들의 수행도 즐거움이다. sukho buddhānaṃ uppādo sukhā saddhammadesanā sukhā saṃghassa sāmaggī samaggānaṃ tapo sukho"라고 하였다. **【반열반과 사리분배】** 코살라국이 석가족을 멸망시키고 아사세왕(阿闍世王)이 코살라를 정복한 뒤 밧지족을 노리고 있던 무렵, 석존은 왕사성을 출발하여 마지막 유행길에 올랐다. 바이샬리에 이르러 우안거(雨安居)를 보내는 때 이미 자신의 열반을 예측하셨고, 이어 말라족의 도시 파와(Ⓢ Pāva)에 도착해 대장장이 춘다(Ⓢ Cunda)의 공양을 받은 직후 병을 얻고는 힘겨운 여정으로 쿠쉬나가라의 샬라(Ⓢ Śāla)숲에 이르렀다. "너희 마땅히 슬퍼하지 마라. 세간의 모든 일 다 이와 같다. 汝等不應生此悲惱 諸行性相 皆悉如是"(『대반열반경』 권3, 대정장1, p.205a2) 하시고는 반열반하셨다. 말라족이 유해를 수습하였고, 다비 후 사리는 말라족의 쿠쉬나가라, 아사세왕의 마가다, 릿차비족의 바이샬리, 샤캬족의 카필라바스투, 불라카족의 짤라깔빠, 크라우댜족의 라마그라마, 바라문들의 비쉬누드비파, 말라족의 빠빠 등 여덟 나라가 나누어 모셨다. 사리분배를 중재한 바라문 도로나(徒盧那 Ⓢ Droṇa)는 사리를 담았던 항아리를, 뒤늦게 도착한 핍팔리바나의 마우리야족은 재(灰)를 거두어 갔고 저마다 돌아가 탑을 세우니 모두 10기(基)의 스투파가 세간에 있게 되었다. 실재했던 여래의 승가와 그 가르침은 인도를 넘고 천년을 넘어 인류가 끊임없이 되새기는 불멸의 유산으로 이어졌다. 〔참고문헌〕『長阿含經』·권5(대정장1, p.34b20), 『中阿含經』·권55(대정장1, p.772b13), 『增一阿含經』, 『中本起經』, 『佛本行集經』·권53(대정장3, p.899c24), 『大般涅槃經』, 『衆許摩訶帝經』 권13(대정장3, p.973c13), 『四分律』·권4(대정장22, p.590b13), 『五分律』·권3(대정장22, p.16c21), *DN.*, *AN.*, *Sn.*, *Dhp.*, *Manusmṛti*, *Arthaśāstra* (R.S.Sastri, Mysore, 1919), 에띠엔 라모뜨 호진譯『인도불교사』(시공사, 2006), 平川彰『原始佛教の教團組織』(春秋社, 2000), 塚本啓祥『初期佛教教團史の研究』(山喜房佛書林, 1966). ⇨ 근본불교 根本佛教, 원시불교 原始佛教, 인도불교 印度佛教, 석가모니 釋迦牟尼, 팔상 八相, 팔상성도 八相成道, 자등명법등명 自燈明法燈明

초남 楚南 813~888. 당대 선승. 속성은 장(張)씨. 민중(閩中 : 福建省) 출신. 어려서 개원사(開元寺) 담애(曇藹)를 찾아가 사미가 되었으며, 정식으로 출가한 후에는 오대산으로 가서 구족계를 받고 계율을 배웠다. 부용영훈(芙蓉靈訓)의 지시에 따라 황벽희운(黃檗希運)을 찾아뵈었고 후에 그의 법을 이었다. 회창(會昌)의 법난(844)이 일어나자 초야에 은거하다가 후에 배휴(裴休)의 청을 받고 고소(姑蘇 : 江蘇省) 보은사(報恩寺)에서 20여 년간 주석하였다. 그 후 보림사(寶林寺)·지형산(支硎山)·항주(杭州 : 浙江省) 천경산(千頃山) 등에 차례로 주석하였고, 887년(광계3)에는 전왕(錢王)의 부름을 받고 입궐하여 법을 설한 뒤 자색 가사를 받았다. 888년(문덕1) 5월에 세수 76, 법랍 56세를 일기로 입적하였다. 저서에 『반야심경송 般若心經頌』 1권과 『파사론 破邪論』 1권이 있다고 전한다. ⇨ 희운 希運

초년 齠年 일고여덟 살. 초츤(髫齔·齠齔)과 통한다. 『원각경약소』 권하2 「규봉정혜선사요품청량국사서 圭峰定慧禪師遙稟淸涼國師書」(대정장39, p.576c10)에 "초년부터 약관에 이르도록 시서를 업으로 삼았지만 언제나 돌아갈 곳이 없음을 깨우치고는 다시 곁해서 불교의 종지를 구하였다. 自齠年洎弱冠 雖則詩書是業 每覺無歸而復傍求釋宗", 『송고승전』 권26 「현랑전 玄朗傳」(대정장50, p.876a14)에 "일고여덟 살에 불도를 흠모하며 스승을 찾으려는 마음을 품었다. 齠年慕道 志意求師", 『감산집』 권28 「여산운중사경당충공탑명 廬山雲中寺敬堂忠公塔銘」(卍속장127, p.612a18)에 "일고여덟 살부터 좌선을 좋아하여 아이들과 놀이를 하지 않았다. 齠年好端坐 不與羣兒嬉"라고 하였다. 〔참고문헌〕『圓覺經略疏』, 『宋高僧傳』, 『憨山集』. ⇨ 초츤 髫齔

초뇌 焦惱 애타게 근심하다. 쉴 새 없이 번뇌하다. 『대방등대집경』 권26(대정장13, p.180b9)에 "무엇을 정어라 하는가? 입에서 나오는 말이 스스로를 애타게 괴롭히지도 않고 남을 애타게 하지도 않으며, … 스스로를 속이지도 않고 남을 속이지도 않는다면 이를 정어라 한다. 云何正語 口所出言 不自焦惱 亦不焦他 … 不自誑惑不誑惑他 是名正語", 『본사경』 권3(대정장17, p.673c12)에 "저들은 오로지 온갖 악행을 저지름으로 말미암아 마음에서 쉼 없이 번뇌하고 갖가지 선행을 닦지 않기에 마음에서 극심한 걱정을 일으킨다. 이와 같은 양상을 가리켜 두 가지 법이 있어 능히 '극심한 걱정을 일으킨다'고 한다. 彼由唯造衆惡等故 心生焦惱 及以不修衆善等故 心生焦惱 如是名爲 有二種法 能生焦惱", 『대보적경』 권65(대정장11, p.374a23)에 "갖가지 모든 법은 줄지도 늘지도 않고 하나도 둘도 아니어서 쉴 새 없이 어지럽게 하는 것 아니다. 一切諸法無增減 非一非二非焦惱", 『유가사지론』 권15(대정장30, p.360a14)에 "우울해 슬픈 것은 의업의 쉴 새 없는 걱정을 말한다. 或憂慼者 謂意業焦惱"라고 하였다. 〔참고문헌〕『大方等大集經』, 『本事經』, 『大寶積經』, 『瑜伽師地論』, 40권본 『大般涅槃經』 권11(대정장12, p.428c15).

초뇨 炒鬧 시끄럽다. 떠들썩하다. 초는 초(吵), 뇨는 소란과 통한다. 『벽암록』 38칙 「본칙 本則」(대정장48, p.175c16)에 "노피(盧陂)가 우두커니 생각하자〈안타깝다. 그래도 벗어날 곳 있다. 안타깝게도 놓아버리다니〉 풍혈이 할하여 말했다. '장로시여, 어째서 한마디 내놓지 않으시오?〈적의 깃발을 차지하고 북도 빼앗는다. 시끄럽게 쳐들어오는군〉' 陂佇思〈可惜許 也有出身處 可惜放過〉 穴喝云長老 何不進語〈攙旗奪鼓 炒鬧來也〉", 『단교묘륜어록』 권상(卍속장122, p.422b6)에 "이때부터 전도된 말과 기괴한 이야기로 천상과 인간의 두 세계를 시끄럽게 만들었다. 自此顚言怪語 炒鬧天上人間"라고 하였다. 〔참고문헌〕『碧巖錄』, 『斷橋妙倫語錄』.

초능변 初能變 삼능변(三能變) 중 하나로 제8식의 자상(自相)으로서의 아뢰야, 과상(果相)으로서의 이숙, 인상(因相)으로서의 집지의 뜻을 말한다. 제8아뢰야식(阿賴耶識)을 일컫는다. 이숙능변(異熟能變 Ⓢ vipākaḥ pariṇāmaḥ)이라고도 한다. 『성유식론』 권2(대정장31, p.7c13)에 "우선 초능변의 모양새 어떠한가? 〔송〕 처음은 아뢰야식이고, 이숙이며, 일체종이다. … 항상 굴러서 저 폭류 같다. 아라한위에서 버린다. 〔논〕 초능변식은 대소승에서 아뢰야라고 한다. 이 식이 능장과 소장과 집장의 뜻을 갖추기 때문이다. 즉 잡염으로 서로 연이 되기 때문이며, 유정이 붙들어 내아로 삼기 때문이다. 이것인즉 곧 처음으로 능히 변하는 식이 갖게 된 자상을 드러낸 것이다. … 이것은 모든 계취생을 이끄는 선불선업의 이숙과이므로 이숙식이라고 한다. 이것을 여의고서 명근과 중동분 등이 항상 상속하는데, 이숙과보다 나은 것은 있을 수 없기 때문이다. 이것은 곧 초능변식이 갖는 과상을 나타낸다. … 이것은 제법종자를 잡아 가져서 잃지 않게 하기에 일체종자식이라고 한다. 이것을 여의고서 다른 법이 모든 법의 종자를 빠짐없이 가지고 유지한다는 것은 있을 수 없기 때문이다. 이것은 곧 초능변식이 갖는 인상을 나타낸다. 이 식의 인상에는 비록 여러 종류가 있지만 종자를 지니는 것은 함께하지 않기에 이에 치우쳐 설한다. 且初能變 其相云何 頌曰 初阿賴耶識 異熟一切種 … 恒轉如瀑流 阿羅漢位捨 論曰 初能變識 大小乘敎 名阿賴耶 此識具有 能藏 所藏 執藏義故 謂與雜染 互爲緣故 有情執爲自內我故 此卽顯示 初能變識 所有自相 … 此是能引 諸界趣生 善不善業 異熟果故 說名異熟 離此命根 衆同分等 恒時相續 勝異熟果不可得故 此卽顯示 初能變識 所有果相 … 此能執持 諸法種子 令不失故 名一切種 離此餘法 能遍執持 諸法種子不可得故 此卽顯示 初能變識 所有因相 此識因相 雖有多種 持種不共 是故偏說"라고 하였다. [참고문헌]『成唯識論』, 『成唯識論了義燈』 권3(대정장43, p.717a10). ⇨ 아뢰야식 阿賴耶識, 삼능변 三能變, 능변 能變

초단 草單 선림에서 쓰는 서찰(書札)이나 안거하는 수행자들의 명단을 적은 계랍부(戒臘簿). 줄여서 '단'이라고도 한다. 『백장청규』 권7 「하전출초단 夏前出草單」(대정장48, p.1150b6)에 "총림에서는 3월 초하루에 초단(하안거에 들어갈 수행자들의 명단)을 제출하고 이를 본 후에는 방장이 괘탑 지원자를 받지 않는다. 叢林以三月初一日 出草單 見後方丈止掛搭"라고 하였다. [참고문헌]『百丈清規』. ⇨ 단 單 ❶

초단 超斷 뛰어넘어 끊다. 정해진 품을 넘어서 미혹을 끊는다는, 천태(天台)에서 시설한 말로 초월증(超越證)이라고도 한다. 『지관보행전홍결』 권6(대정장46, p.331c21)에 "이 문중에 초단이란 아래 문에 소초의 사람이다. 본래 범부위에 있으면서 색정을 얻기 이전에 욕정을 닦지만, 욕계의 혹을 아직 끊지 못한 이 사람이 십육심에 이르러 오품을 훌쩍 넘어서 끊으면 가가라 한다. 이 오품은 사품과 같기에 본래 끊는 품의 다소에 따라 가가종자나 무학·향과 등의 이름이 붙는다. 今文中言超斷者 卽是下文 小超之人 本在凡地 未得色定 或修欲定 欲惑未斷 此人 至十六心 超斷五品 名爲家家 此之五品 同四品故 隨其本斷品之多少 而得名爲家家種子 及以無學向果等名"라고 하였다. [참고문헌]『止觀輔行傳弘決』. ⇨ 초월증 超越證, 초차 超次

초단 麨摶 덩어리진 음식 또는 그런 모양. 『십송율』 권19(대정장23, p.133c14)에 "덩이진 음식물과 같이 니원승(Ⓢ nivāsana)을 입어서는 안 되니 마땅히 알아야 한다. 덩이진 음식물과 같이 니원승을 입으면 돌길라다. 뭉쳐 입지 않으면 범하지 않는다. 不如麨摶 著泥洹僧 應當學 如麨摶著泥洹僧 突吉羅 不如麨摶著 不犯"라고 하였다. [참고문헌]『十誦律』.

초단식천 超段食天 Ⓢ ātikramya devān kavaḍīkārāhāra. 단식천(段食天 Ⓢ devān kavaḍīkārāhāra : 欲界天)을 넘어선 색계와 무색계를 말한다. 『대비바사론』 권153(대정장27, p.778c5)에 "만약 비구가 계정혜 삼학을 빠짐없이 갖추면 자주 멸수상정에 출입할 수 있다. 그가 현법에서 죽으려 할 때에 만약 여래성지를 성취하지 못하면 목숨을 마치고 단식천처소 넘어서 의성신천 중에 나는데, 거기서 다시 종종 멸수상정에 출입한다. 이런 곳이 있음을 여실하게 알아야 한다. 若苾芻戒定慧具足者 能數數入出 滅受想定 彼於現法 及將死時 若不能辨如來聖旨 命終超段食天處 生在意成身天中 於彼復能數數入出 滅想受定 斯有是處 應如實知", 『집이문족론』 권7(대정장26, p.397a22)에 "마치 단식천 넘어선 유정들과 같다는 말은 색계세간을 향해 나아가는 것을 드러낸 것이다. 이로 말미암아 단식천을 넘어선 모든 유정류 같다고 한다. 如超段食天 諸有情類者 謂顯趣向 色界世間 由此故說 如超段食天 諸有情類"라고 하였다. [참고문헌]『大毘婆沙論』, 『集異門足論』, *Abh-k-bh.72.* ⇨ 단식천 段食天, 단식 段食

초달 楚撻 회초리로 때리다. 『일체경음의』 권48(대정장54, p.627c14)에 "초달〈첫 글자는 초와 여를 반절한 음이다. 일명 (매나 곤장을 의미하는) 형(荊)이다. 『한서』 「육가전 陸賈傳」에 '진 장왕의 이름이 초였기에 형으로 바꾸었는데 그 이름이 세상에 퍼졌다'라고 하였다. 달은 (때리다·치다를 뜻하는) 격(擊)이다. 회초리로 사람을 때리면 고통스럽다. 이 느낌에 따라 초통이라 한다〉. 楚撻〈初呂反 一名荊 漢書陸賈曰 秦莊王名楚 故改爲荊 遊行於世 撻擊也 楚捶人卽痛 因名楚痛〉", 『별역잡아함경』 권1(대정장2, p.379a9)에 "세간의 조어사는 칼과 몽둥이를 휘두름으로써 다스리는데, 쇠갈고리와 채찍·고삐 그리고 갖가지 회초리도 때리는구나. 위대한 세존께서는 모든 악한 수단을 버리시어 칼과 몽둥이 휘두르는 방법을 떠나셨으니, 참으로 바르게 고르게 이끄신다네. 世間調御者 治以刀杖捶 鐵鉤及鞭轡 種種諸楚撻 世尊大調御 捨離諸惡法 去離刀杖捶 眞是正調御", 『대비바사론』 권125(대정장27, p.655a4)에 "그 광경을 보고서 놀라고 분노하여 '진짜 도둑놈이로구나! 어떻게 비구가 되어서 내 송아지를 훔치고 게다가 도살까지 했는가!'라고 질책하고 마침내 회초리를 가하여 매질하고 포박하여 왕의 관청으로 보냈다. 見已驚怒叱言 大賊 如何苾芻 盜我犢子 而復屠殺 遂加楚撻 縛送王所"라고 하였다. [참고문헌] 『一切經音義』, 『別譯雜阿含經』, 『大毘婆沙論』.

초담 超談 넘어서서 말하다. 부처도 조사도 넘어서서 말하여 늘 격밖(格外)에서 말하기에, 초불월조지담(超佛越祖之談)이라고도 한다. 『가태보등록』 권19 「정자수암장 淨慈水庵章」(卍속장137, p.279b15)에 "넘어서서 호떡이라 말할 뿐이니 때에 적절한 기틀이고, 흙덩이 쫓는 일 잘못된 줄 아니 사자새끼라 할 만하다. 져버린 잎 서릿바람 쓸어 버리고서야 오랜 소나무 비로소 추위 이겨낸 가지 본다네. 超談胡餠應時機 逐塊知非師子兒 敗葉霜風都掃盡 古松方見歲寒枝"라고 하였다. [참고문헌] 『嘉泰普燈錄』. ⇨ 운문호병 雲門餬餠

초담선객 超談禪客 불조도 넘어서서 이야기를 하는 선객. 『벽암록』 77칙 「송 頌」(대정장48, p.204c13)에 "넘어서서 이야기하는 선객의 질문 매우 많지만〈오는 사람마다 문득 이렇다 할 견해 지을 뿐이니, 삼씨나 좁쌀과 같이 많다〉, 여기저기 터진 틈새는 보았는가?〈말하기도 전에 벌어졌다! 자기 똥 냄새는 맡지 못하는군〉. 超談禪客問偏多〈箇箇出來 便作這般見解 如麻似粟〉 縫罅披離見也麽〈已在言前 開也 自屎不覺臭〉"라고 하였다. [참고문헌] 『碧巖錄』.

초당 草堂 ❶ 볏짚으로 엮어 덮은 집. 변변치 않은 거처. 초는 새나 짚 등으로 인 지붕을 뜻한다. 초암(草庵)·초려(草廬) 등이라고도 한다. 후진(後秦)의 요흥(姚興)이 황제로 재위하던 때에 구마라집(鳩摩羅什 Ⓢ Kumārajīva) 삼장이 번역하던 허름한 집에서 유래한 이름이다. 『석씨요람』 권1(대정장54, p.263b14)에 "초당 : 시작은 라집법사로 인해 생겨난 이름이다. 예전에 장안에서는 한이 무너지고부터 진이 홍기하기까지 300여 년간 조정과 시장이 텅 비어 아무것도 없었으며 몇몇 가람들이 있긴 했어도 귀의하는 이는 드물었다. 그런데 요흥의 시대에 구마라집〈동수(童壽)라고 한다〉이 큰 절 안에 집 하나를 짓고서 풀로 간신히 덮은 다음 그 안에서 경을 번역했다. 이로 인해 이러한 이름이 생겼다. 草堂 始因羅什法師 得名 先是長安 自漢廢 到秦興 三百餘年 朝市曠絶 雖數伽藍 歸向者少 姚興世鳩摩羅什〈此云童壽〉 於大寺中 搆一堂 以草苦蓋 於中譯經 因此名之也"라고 하였다. [참고문헌] 『釋氏要覽』. ❷ 송대 운문종(雲門宗) 스님. 베트남의 선종 종파인 초당파(草堂派)의 초조(初祖). 설두중현(雪竇重顯 980~1052)의 제자라고 한다. 스승을 따라 점성(占城 : Champa)에 가서 불법을 선양했는데, 현지인에게 붙잡혀서 병사로 차출되었는데 당시 월남의 왕 성종(聖宗)이 군사를 이끌고 점령하였기에 점성의 병사들과 함께 포로가 되어 월남으로 끌려갔지만, 나중에 성종의 배려로 석방된 뒤 칙명에 의해 국사로 임명되었다. 그 후 승룡성(昇龍城)의 개국사(開國寺)에서 삼장(三藏)을 강의하여 종풍을 크게 드날렸는데, 특히 「설두백칙 雪竇百則」을 펴며 선정일치(禪淨一致)를 주창하였다. 마침내 성종이 수계하고 선종의 심법도 받아 깨닫게 하였다. 귀의한 제자가 많아지자 마침내 초당파를 개창하였는데, 이는 베트남 선종의 세 번째 파가 되었다. 이 초당파는 다시 이조성종(李朝聖宗)·반야(般若)·오사(吳舍) 등 세 지파로 나뉘었는데, 이조성종파는 조정 내에서만 전승되다가 3조 두무(杜武)를 끝으로 법계가 단절되었고, 반야파는 반야선사가 창건하여 13세기 초까지 유지되다가 단절되었으며, 오사파는 오사선사가 창건하여 5대까지 전승되다가 역시 단절되었다. ❸ 1057~1142. 송대 임제종(臨濟宗) 황룡파 스님. 법명은 선청(善淸). 속성은 하(何)씨. 남웅(南雄) 보창(保昌 : 廣東省) 출신. 어려서 향운사(香雲寺)의 법사(法思)선사를 찾아가 뵈었으며, 1081년(원풍4)에 경전 암송 시험을 치르고 출가하여 대위모철(大潙慕喆)을 찾아뵈었으며 후에 회당조심(晦堂祖心)의 문하에 들어가 그의 법을 이었다. 1115년(정화5)에 강서성(江西省) 황룡산(黃龍山)으로 가서 선법을 크게 떨쳤고, 조산(曹山)·소산(疎山)과 강서성 융흥(隆興) 늑담사(泐潭寺) 등에 차례로 머물렀다. 1142년(소흥12)에 늑담사에서 세수 86, 법랍 62세를 일기로 입적하였다. 『초당청화상어요 草堂淸和尙語要』 1권이 있다. ⇨ 초당청화상어요 草堂淸和尙語要 ❹ 『초당집 草堂集』의 저자. 초당은 법명이나 법호일 수도 있으나 스님의 문집이기에 당호(堂號)인 듯한데, 『초당집』 「문계좌목서 門契座目序」(한불전11, p.534a25)에 "아무개들은 와월교평(臥月敎萍 1760~1832)의 문인이다. 某人等是臥月大師之門人也"라고 하였으므로, 부휴계 스님으로 18세기 후반에서 19세기 중반에 활동한 듯하다. 주로 금강산 신계사(神溪寺)·고성 조제암(鳥啼庵)·몽천암(夢泉庵)·김화 장연사(長淵寺)·고양 진관사(津寬寺)·영주 안불사(安佛寺)·유마암(維摩庵) 등과 관련한 글을 남겼는데, 『법화경 法華經』·『맹자 孟子』·『시경 詩經』·『장자 莊子』 등의 경전과 고사성어를 자주 인용하였으므로, 유불도삼교와 경전에 해박하였던 듯하다. [참고문헌] 『草堂集』, 김창숙 「초당집의 이해와 시대적 배경」(『禪學』45, 2016). ⇨ 초당집 草堂集

초당사 草堂寺 ❶ 중국 강소성(江蘇省) 남경시(南京市) 종산(鍾山)의 남쪽에 있는 절. 양(梁)대 주옹(周顒)이 창건하여 산자사(山茨寺)라고 하였다. 승전(僧詮)이 삼론종(三論宗)을 널리 전한 곳이며, 승랑(僧朗)도 여기에서 주옹에게 불법(佛法)을 전하였다. 당 회창년간(841~846)에 폐사되었던 절을 남송(南宋)대 중창하여 보화사(寶華寺)라 하였다. 『대승현론』 권1(대정장45, p.19b6)에 "섭산의 고려 승랑대사는 본래 요동성 출신이다. 북토에서 멀리 구라마집의 법도를 익히고, 남토로 와서 종산의 초당사에 머물며 은사 주옹을 만났다. 그리하여 주옹은 승랑대사에게 배웠다. 攝山高麗朗大師 本是遼東城人 從北土遠習羅什師義 來入南土 住鍾山草堂寺 値隱士周顒 周顒因就師學", 『북산록』 권8(대정장52, p.623c12)에 "제의 주옹이 종산 뇌차종의 구관에 초당사를 건립하였는데, 산자사라고도 한다. 齊周顒 於鍾山 雷次宗 舊館 立草堂寺 或謂之山茨"라고 하였다. [참고문헌] 『大乘玄論』, 『北山錄』. ⇨ 승랑 僧朗[2] ❷ 중국 섬서성(陝西省) 서안(西安) 호현(鄠縣) 규봉산(圭峰山) 밑에 있는 절. 동진(東晋) 말에 창건되었으며, 규봉사(圭峰寺)라고도 한다. 후진(後秦)의 구마라집(鳩摩羅什 Ⓢ Kumārajīva)이 경전을 한역한 곳으로 소요원(逍遙園)이라 하였으며, 지금도 8면(面) 12층(層)의 요진삼장법사구마라집사리탑(姚秦三藏法師鳩摩羅什舍利塔)이 보존되어 있는데, 팔보옥석탑(八寶玉石塔)이라고도 한다. 당 천보(天寶)초에는 비석선사(飛錫禪師)가 머물며 저술하였고, 뒤에 중국 화엄종의 제5조인 규봉종밀(圭峰宗密)이 머물며 저술하던 곳이기도 하며, 이때 초당사라 하였고 후에는 다시 서선사(棲禪寺)로 이름을 바꾸었다. 『법화현론』 권1(대정장34, p.363b23)에 "한역의 연기를 밝힌다. 이 경전(『법화경』)에는 두 가지 한역본이 있다. … 둘째는 『묘법연화경』이니, 진 구마라집, 한역 이름으로 동수(童壽)가 위진(僞秦) 홍시 5년(403) 4월 23일에 장안 소요원에서 『대품』을 역출하였고, 후에 초당사에서 이 경 27품을 역출하였다. 明翻譯緣起 此經凡有二本 … 二 妙法蓮華經 晉 鳩摩羅什 此云童壽 於僞秦 弘始五年 四月 二十三日 於長安 逍遙園 譯出大品 後於草堂寺 譯出此經 二十七品", 『불조통기』 권42(대정장49, p.390a4)에 "건녕 3년(896), 구마라집법사의 역경처에 초당사를 중건하도록 하였다. 三年 勅於羅什法師譯經處 重建草堂寺"라고 하였다. [참고문헌] 『法華玄論』, 『佛祖統紀』. ⇨ 구마라집 鳩摩羅什, 종밀 宗密, 소요원 逍遙園

초당집 草堂集 초당(草堂)의 문집. 1권. 한불전 편집시 목차를 더하여 한불전11, pp.531a2~538a10에 수록하였다. 편찬자와 편찬시기는 알 수 없고 다만 동국대학교 소장 필사본에는 '1842년(헌종8)에 보운실(普雲室)에서 썼다'는 간기(刊記)가 전한다. 문 16편과 부록 3편으로 구성되었는데, 문은 크게 상량문(上樑文)・기문(記文)・권선문(勸善文)・설(說)・서(書)・소(疏)・서(序) 등이며, 부록은 「문자초 文字抄」・「고갑자 古甲子」・「고사성어 故事成語」 등이다. 당시 불사(佛

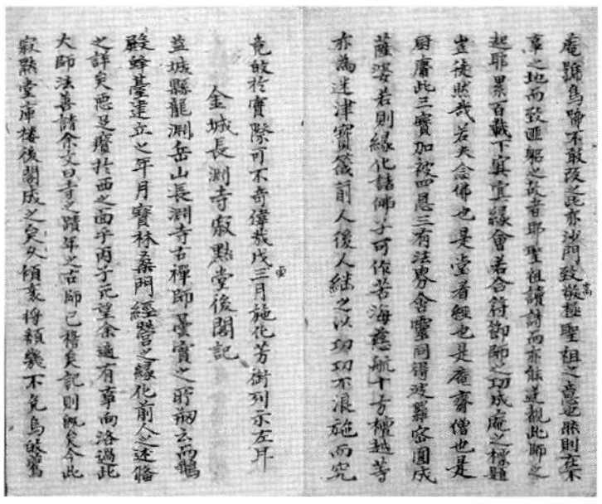

초당집 동국대도서관 1842년

事)・보사(補寺) 활동과 함께 스님들이 직접 노역과 생산을 담당하였고, 특히 「응경각상량문 凝磬閣上樑文」・「적묵당후각상량문 寂默堂後閣上樑文」에는 불사 중에 제창(齊唱)한 노동요도 실었다. 「문자초」라 한 것은 문헌 등에서 추린 글귀나 뜻을 간략히 적어 사전으로 활용하게 하였다. ⇨ 초당 草堂[4]

초당청화상어요 草堂淸和尙語要 송대 임제종(臨濟宗) 황룡파 스님인 초당선청(草堂善淸)의 어록. 1권. 1238년(가희2)에 사명(師明)에 의해 속고존숙어요1, 卍속장118, pp.867b8~869b17에 수록되었다. 회당조심(晦堂祖心)의 법을 잇고서 융흥부(隆興府 : 江西省) 늑담보봉(泐潭寶峰)에 머물며 법을 설한 초당선청의 어록으로서 개당(開堂)・상당(上堂) 등의 설법 10여 조와 홍주(洪州) 보봉(寶峰)에 입원(入院)했을 때의 설법으로 구성되어 있다. ⇨ 초당 草堂[3]

초도 初道 Ⓟ paṭhamo maggo. 성위(聖位)의 첫 위인 예류과(預流果). 견도(見道)라고도 한다. 『대지도론』 권11(대정장25, p.136c4)에 "모든 법은 인연에서 생하니, 이 법으로 인연을 설하지만, 이들 법의 인연 또한 다하리라. 대사께서는 이와 같이 말씀하셨다네. 사리불은 이 게송을 듣고 나서 초도를 얻었다. 諸法因緣生 是法說因緣 是法因緣盡 大師如是說 舍利弗 聞此偈已 卽得初道" 『성유식론술기』 권1말(대정장43, p.250a1)에 "초도에서 (번뇌를) 끊는다는 말은 견도에서 끊는다는 말과 같다. 初道斷者 卽見道斷", 『유가사지론』 권69(대정장30, p.683a11)에 "그 품수에 따라 각각 차별하니, 그대로 따라 끊기에 초도라 한다. 隨其品數 各各差別 能隨順斷 是名初道", 『십송율』 권19(대정장23, p.131c24)에 "이 사람은 부처님께 귀의하고 법에 귀의하며 승가에 귀의하여 사제를 보고 초도를 얻는다. 是人 歸依佛 歸依法 歸依僧 見四諦得初道"라고 하였다. [참고문헌] 『大智度論』, 『成唯識論述記』, 『瑜伽師地論』, 『十誦律』, *Paṭṭh.166.* ⇨ 견도 見道[1], 초도과 初道果, 예류과 預流果

초도 超度 ❶ Ⓢ tara. 뛰어 넘다. 『잡아함경』 권14(대정장2, p.99b25)에 "만일 사문이나 바라문이 육입처를 여실하게 알아야 하니, 육입처 모임과 육입처 사라짐과 그 사라지게 하는 자취도 여실하게 알아야 한다. 촉을 넘어 건너는 것 또한 이와 같을지니, 이렇게 수·애·취·유·생·노사를 건너는 것도 가능한 일이며, 나아가 늙고 죽음을 넘어서기 위해 닦는 멸에 이르는 길 또한 마땅히 있다. 若沙門 婆羅門 於六入處 如實知 六入處集 六入處滅 六入處滅道跡 如實知 而超度觸者 斯有是處 如是超度受愛取有生老死者 斯有是處 乃至 超度老死滅道跡者 斯有是處", 『초일명삼매경』 권상(대정장15, p.536a23)에 "보살은 큰 법회에서 깊고 묘한 법을 강하여 꿈틀거리는 벌레까지도 모두 넘어서게 하니 성불의 때에는 함께 그 나라에 난다. 菩薩在于大會 講深妙法 欲使蠕動 悉蒙超度 若成佛時 皆生彼國"라고 하였다. [참고문헌] 『雜阿含經』, 『大乘修行菩薩行門諸經要集』, 『超日明三昧經』, *Buddh-c.129.* ⇨ 사마 四魔 ❷ 남제(南齊) 무제(武帝)대 스님. 강소성(江蘇省) 남경(南京)에 있는 와관사(瓦官寺)에 머물렀으며, 『사분율』과 『십송율』에 뛰어났고, 『율례 律例』 7권을 지었다. 『역대삼보기』 권11(대정장49, p.96c10)에 "율례 7권 : 1부 7권이며, 무제 치세인 영명 7년(489)에 사문 석초도가 율에 의지해 찬술했다. 律例七卷 右一部七卷 武帝世 永明七年 沙門釋超度 依律撰出"라고 하였다. [참고문헌] 『歷代三寶記』, 『高僧傳』 권11(대정장50, p.402a3).

초도과 初道果 성문사과(聲聞四果) 중 첫 번째인 수다원(須陀洹) 곧 예류과(預流果). 『대방편불보은경』 권3(대정장3, p.140c15)에 "부처님께서 이 법을 설하실 때 헤아릴 수 없을 정도로 무수한 인천의 대중이 초도과에서 사과까지 얻었다. 또한 헤아릴 수 없이 많은 중생이 언젠가 아누다라삼막삼보리를 성취하겠다는 마음을 먹었다. 佛說此法時 有無量百千人天 得初道果乃至四果 有無量衆生 發阿耨多羅三藐三菩提心", 『대지도론』 권8(대정장25, p.115b25)에 "부처님께서는 갖가지 방편으로 법을 설하시어 초도과를 얻게 하셨으니, 즉시 손을 들고 큰 목소리를 내시어 '모든 사람들이여! 감로문이 열렸거늘 어째서 벗어나지 못하는가!'라고 하셨다. 佛爲種種說法 得初道果 卽時擧手 大發聲言 一切衆人 甘露門開 如何不出"라고 하였다. [참고문헌] 『大方便佛報恩經』, 『大智度論』. ⇨ 초과 初果, 예류과 預流果

초도사마 超度四魔 사마(四魔)를 훤출히 벗어남. 『대승수행보살행문제경요집』 권하(대정장17, p.953b27)에 "수행하는 보살은 사십오종마장을 깨닫고 네 가지 마장을 훤출히 벗어난다. 그 때 부처님께서 허공장보살에게 말씀하시길 '선남자야, 어떻게 수행하면 보살이 일체 사마를 굴복시키고 네 가지 마장을 훤출히 벗어나겠는가? 만약 수행하는 보살이 지혜로와 일체제법이 마치 환화와 같다고 보면 음마를, 만약 수행하는 보살이 깊고 깊은 부처님의 가르침을 듣고 글에 의지해 뜻을 찾으면 온마를, 그리고 상락아정을 깨닫는다면 사마를, 보리심마저 여의지 않으면 천마까지도 훤출히 벗어난다'. 修行菩薩 以四十五種魔障覺故 超度四魔 爾時 佛告虛空藏菩薩言 善男子 如何修行菩薩能伏一切邪魔 而得超度四魔 若修行菩薩 以智慧故 見一切諸法喩如幻化 則能超度陰魔 若聞甚深佛法 依句披尋 則能超度蘊魔 若悟常樂我淨 則能超度死魔 若不離菩提心故 則能超度天魔"라고 하였다. [참고문헌] 『大乘修行菩薩行門諸經要集』.

초도오비구 初度五比丘 부처님께서 성도 후 처음으로 제도한 다섯 비구. 초전법륜(初轉法輪)을 들었던 다섯 제자를 말한다. 『석씨요람』 권상 「법의 法衣」(대정장54, p.269c5)에 "『대지도론』에 '부처님께서 생각하시길 「제자들이 도를 그대로 따라 행하고 세간락을 버리도록 하고 싶다」 하셨기에 십이두타를 찬탄하셨다'라고 전한다. 부처님께서 처음으로 제도한 다섯 비구들이 부처님께 '어떤 옷을 입어야 하는지요?'라고 여쭙자 부처님께서 '마땅히 납의를 입어야 한다'라고 하신 말씀이 그것이다. 智度論云 佛意 欲令弟子 隨順道行 捨世樂故 讚十二頭陀 如初度五比丘 白佛 當著何等衣 佛言 應著納衣"라고 하였다. [참고문헌] 『釋氏要覽』, 『大智度論』 권68(대정장25, p.538b8), 『四分戒本如釋』 권11(卍속장63, p.209b8). ⇨ 오비구 五比丘, 초전법륜 初轉法輪

초독 楚毒 Ⓢ sudāruṇām. 극심한 고통. 가혹한 형벌이나 잔혹한 벌 등을 말한다. 『기세경』 권2 「지옥품 地獄品」(대정장1, p.320c25)에 "그러나 그중에 또한 다른 업이 남아 있어 지극히 무거운 고통을 받아 통렬한 괴로움이 몰려오니 그 가혹한 형벌을 감내하기 어렵다. 然於其中 更有別業 受極重苦 痛惱逼迫 楚毒難堪", 『대반야경』 권181(대정장5, p.976c14)에 "그 죄가 위중하기에 이 세계에서 하나의 대지옥에서 또 다른 대지옥으로 옮겨 다니며 화겁과 수겁과 풍겁이 일어나기도 전부터 갖가지 극심한 고통을 당하는데 그것이 맹리하여 크게 괴롭다. 彼罪重故 於此世界 從一大地獄 至一大地獄 乃至火劫 水劫 風劫 未起已來 受諸楚毒 猛利大苦", 『법화경』 권2(대정장9, p.15c5)에 "살아서는 극심한 고통을 받고, 죽어서도 돌팔매질을 당하리라. 성불할 종자를 끊었기에, 이와 같은 죄보를 받는다네. 生受楚毒 死被瓦石 斷佛種故 受斯罪報"라고 하였다. [참고문헌] 『起世經』, 『大般若經』, 『法華經』, *Saddh-p.95.*

초동후이 初同後異 Ⓢ adhikaraṇa-siddhānta. 처음에는 같다 하지만 뒤에서는 다르다. 인명(因明) 용어. 초이후동(初異後同)의 상대어다. 『방편심론』(대정장32, p.24a4)에 "초동후이란 다음과 같다. 말하는 이가 '드러난 법은 다 있는 것이지만, 신(神)은 드러나 볼 수는 없으나 역시 있다'고 하니, 질문하는 이가 때로는 말하기를 '드러나 보는 법은 있다고 할 수 있으나, 신은 나타나지 않으니 어떻게 있다고 하겠는가? 추론하여 신이 있다고 한다면, 반드시 먼저 드러나 본 적 있어야 뒤에 견주어 알 수 있는데, 신은 나타난 법이 아니거늘 어떻게 견줄 수 있겠는가? 또다시 비유로써 신이 있음을 밝힌다면 상사법 있은 뒤에야 비유할 수 있는데, 신과 같은 류를 어떤 것으로 비유하겠는가? 만약 경서에 따라 신이 있다고 증명한다면 이 일도 있을 수 없다. 경서의 뜻도 이해하기 어려우니, 어떤 때에는 있다 하고, 어떤 때에는 없다 하는데 어떻게 믿겠는가?' 이런 것을 초동후이라고 한다. 初同後異者 如說者曰 現法皆有 神非現見 亦復是有 問者或言 現見之法 可名爲有 神若非現何得有耶 若言比知 而有神者 要先現見 後乃可比 神非現法 云何得比 若復以喩 明神有者 有相似法 然後得喩 神類何等 而爲喩乎 若隨經書 證有神者 是事不可 經書意亦難解 或時言有 或時言無 云何取信 是名初同後異"라고 하였다. [참고문헌]『方便心論』. ⇨ 초이후동 初異後同

초두라 招杜羅 Ⓢ Caundhula, Catura. 십이야차대장(十二藥叉大將) 중 하나로 송두라(松杜羅)·초주라(招住羅)·제도라(提徒羅)·주두라(朱杜羅)·조두라(照頭羅)라고도 음사하고, 첩(捷)·교묘(巧妙)라고 한역한다. 『정유리정토표』(대정장19, p.67b8)에 "열한째 초두라는 비사문 방위에서 세간을 수호하는 대장이다. 마니대장이라고도 한다. 쥐를 타고 오른손에는 여의주를 쥐었으며 왼손에는 올무를 들었다. 몸의 색은 여름날 검은 구름 빛이다. 서방을 수호한다고도 한다. 第十一招杜羅 毘沙門方 護世大將 又摩尼大將 駕鼠 右執如意珠左執羂索 其色夏日黑雲色也 或云作西方", 『약사염송의궤공양법』(대정장19, p.47b28)에 "야차대장 초두라는 그 몸이 청색이고 보추를 들었네. 칠억의 야차대중을 거느리고 여래의 가르침을 수호하겠다고 서원

하였네. '저는 이제 공경스럽게 받들어 공양하겠습니다'. 대위덕을 갖춘 우바새라네. 藥叉大將招住羅 其身青色執寶鎚 主領七億藥叉衆 誓願守護如來教 我今恭敬奉供養具大威德優婆塞"라고 하였다. [참고문헌]『淨琉璃淨土摽』, 『藥師念誦儀軌供養法』, *Bhai.172.* ⇨ 십이야차대장 十二藥叉大將

초등지 超等至 ➡ 초월삼매 超越三昧

초록사 草綠寺 경상북도 예천군 풍양면 우망리에 있던 절. 사지(寺址)에 4단의 축대 및 주조석 등만 남아 있다. [참고문헌]『醴泉郡誌』(1988).

초료 草料 가축에게 먹이는 여물. 반드시 챙겨야 할 것의 비유로 납자를 제자리로 이끄는 방편을 말한다. 흔히 본분초료(本分草料)라고 한다. 『분양어록』 권중(대정장47, p.609b11)에 "보화 생야채 먹고 있자 임제 말하길, '보화는 한 마리 당나귀 같구나'. 보화 문득 엎드려 손으로 땅 받치고 당나귀 울음소리 내자 임제 말하길, '직세는 누구에게든 여물을 잘게 잘라 주거라'. 보화 말하길 '(達磨는) 소실산에서 사람들이 몰라보자 금릉으로 또 왔었지만, 임제는 지혜로운 한 눈으로도 도처에서 사람들을 열어 주는구나'. (분양 송 읊기를) '칠칠치 못함과 분명함은 길이 다르니, 화살촉이 공중에서 서로 이을 땐 비껴가지 마라. 용과 뱀이 뒤섞여 사람조차 가리기 어려운데, 햇볕 가득한 하늘에 눈꽃 내리는구나'. 普化喫生菜 臨際云 普化大似一頭驢 化便拓地作驢鳴 濟云 直歲與他 細抹草料 普化云 少室人不識 金陵又再來 臨際一隻眼 到處爲人開 老倒分明兩路差 箭鋒相柱勿喎斜 龍蛇混雜人難辨 白日長空下雪花"라고 하였다. [참고문헌]『汾陽語錄』. ⇨ 본분초료 本分草料

초료탈각유포한지 蟭蟟脫殼猶抱寒枝 허물 벗은 매미언 가지 품었다네. 『종용록』 73칙「본칙 本則」(대정장48, p.273a13)에 "학인이 조산에게 물었다. '상복을 걸치지 않았을 때는 어떻습니까?〈매미가 허물 벗고 언 가지 품었다〉' '조산은 오늘에야 탈상했다〈평생을 짐지지 마라〉'. 僧問曹山 靈衣不掛時如何〈蟭蟟脫殼猶抱寒枝〉 山云 曹山今日孝滿〈不負平生〉"라고 하였다. [참고문헌]『從容錄』.

초류 噍類 음식을 만들어 먹거나 먹여 사는 무리. 백성들과 어울려 함께하는 가축 등을 말한다. 『일체경음의』 권82(대정장54, p.837a15)에 "초류〈첫 글자는 질과 요를 반절한 음으로 음운은 전이다. 초는 씹는다는 뜻의 작이다〉. 噍類〈上疾耀反 韻詮 噍嚼也〉", 『불조통기』 권8(대정장49, p.194b10)에 "『한서』에 '항우가 성을 공략하고 지나는 곳마다 초류가 남아나지 않았다'고 한다. 곧 도살해 남김없이 하였기에 살아남은 종자라곤 없었다. 漢書 項羽攻城 所過無噍類 謂屠殺皆盡 無噍食之遺種也", 『나호야록』 권하「잠암원장 潛菴源章」(卍속장142, p.993a12)에 "후사(장례)를 마치고 며칠 되지 않아 오랑캐가 홍성을 침범하여 살육하더니 먹는 무리라곤 없었다. 訖後事不數日 虜犯洪城 殺戮無噍類"라고 하였다. [참고문헌]『一切經音義』, 『佛祖統紀』, 『羅湖野錄』.

초리 草裏 풀 우거진 저 숲. 거친 숲 속이라는 뜻에서

황초리(荒草裏)라고도 한다. 『원오어록』 권11(대정장47, p.762c14)에 "옛 부처의 자리에서는 찾을 길이 없더니, 깊고 깊은 수풀 속에서는 온몸이 드러난다. 古佛位中無覓處 深深草裏露全身", 『불과격절록』 10칙 「평창 評唱」(卍속장117, p.459b1)에 "때로는 외딴 정상에서 손 드리우고, 때로는 거친 수풀 속에 몸을 뉘인다. 서당(西堂)이 '문들어져 사라질까 두려운가?' 하였으니, 기특하면서도 친절하기까지 하다. 有時 孤峯頂上垂手 有時 荒草裏橫身 他道怕爛却那 奇特不妨親切", 『설두어록』 권2(대정장47, p.680a14)에 "(제석천이) '나는 존자께서 반야바라밀다를 잘 설하기에 존중한다'라고 한 그 말, 더러운 물을 느닷없이 뿌린 격이고, (존자가) '나는 반야에 관하여 한 글자도 말한 적이 없다'라고 한 그 말, 풀섶을 달릴 뿐이어니, (제석천이) '존자께서 아무 말도 없었고 나도 들은 말이 없소'라고 하였으니 어찌 좋고 나쁘다 하겠는가? 我重尊者善說 般若波羅蜜多 惡水驀頭潑 我於般若 未曾說一字 草裏走 尊者無說 我乃無聞 識甚麽好惡"라고 하였다. [참고문헌] 『圜悟語錄』, 『佛果擊節錄』, 『雪竇語錄』. ⇨ 초리곤 草裏輥

초리곤 草裏輥 풀섶에서 뒹굴다. 불보살이 중생과 함께하는 뜻이지만, 아직 배우는 이들에겐 번뇌일 수밖에 없는 세계를 말한다. 『대혜어록』 권19 「시지통거사 示智通居士」(대정장47, p.893b6)에 "옛 사람은 문으로 들자마자 문득 방 휘두르고 할을 하였으니, 그 학인의 알아차림이 민첩하지 않을까 염려하였습니다. 하물며 애타는 심정으로 꼬치꼬치 사가 어쩌구 이가 어쩌구 현이라 묘라 하며 저 풀숲에서 구르게 하였겠습니까! 古人 入門便棒便喝 唯恐學者承當不性燥 況忉忉怛怛 說事說理 說玄說妙 草裏輥耶", 『벽암록』 23칙 「평창 評唱」(대정장48, p.164c24)에 "'묘봉의 우뚝 솟은 봉우리 풀만이 이리저리'라고 읊었으니, 풀섶에서 구르고 뒹굴며 무엇을 기약하는가? 집어내 분명한 것 누군가에게 주었는데, 이 무엇이 분명처인가? 妙峯孤頂草離離 草裏輥有什麽了期 拈得分明付與誰 什麽處是分明處", 『송원숭악어록』 권하(卍속장121, p.612a6)에 "학인이 물었다. '어떤 물건이기에 득과 실이 같다고 하는지요?' '풀섶에서 구른다'. 問 何物同得失 答云 草裏輥", 『산당승순선사어』(속고존숙어요4, 卍속장119, p.11a5)에 "오늘 한 손을 내밀고자 하지만 모두들 거친 풀섶에서 구르네. 여러분 어서 눈여겨 볼 뿐이라네. 今日要出一隻手 大家向荒草裏輥 是你諸人 也須急著眼始得", 『석계심월어록』 권상(卍속장123, p.55a18)에 "하안거날 법좌에 올라 말했다. '크고도 두렷해 빛나는 것 나의 가람으로 삼으니, 과거의 부처님들은 죄 거듭 벌하지 않으셨고, 현재의 보살도 굽고 끊는 일 없다. 미래의 학인이라면, 돌! 결코 풀섶에서 뒹굴어서는 안 되리'. 結夏上堂 以大圓覺爲我伽藍 過去諸佛 罪不重科 見在菩薩 理無曲斷 未來學人 咄 切忌草裏輥"라고 하였다. [참고문헌] 『大慧語錄』, 『碧巖錄』, 『松源崇嶽語錄』, 『山堂僧洵禪師語』, 『石溪心月語錄』. ⇨ 초리 草裏

초리한 草裏漢 풀섶에 갇혀버린 사람. 또는 풀섶으로 기꺼이 들어간 사람. 번뇌에 갇혀버렸다 여긴 이가 깨우쳐 돌이키면 기꺼이 유정에게로 돌아간 이라 부른다. 『불과격절록』 권하(卍속장117, p.487a2)에 "학인이 장경에게 물었다. '영양이 뿔 걸기 전에는 어떻습니까?〈사리여! 마구 내달려 어쩌려는가?〉' '풀섶에서 뒹구는 이여〈짐작한 대로군〉' '뿔을 건 다음에는 어떻습니까?〈그대는 그를 알아보는가?〉' '마구 울부짖는다〈풀끈으로 스스로 묶는구나〉'. 僧問長慶 羚羊未掛角時 如何〈闍黎 亂走作什麽〉 慶云 草裏漢〈果然〉 僧云 掛角後如何〈你還識得渠麽〉 慶云 亂叫喚〈草繩自縛〉", 『치절도충어록』 권상 「시소건화사 示紹建化士」(卍속장121, p.526b7)에 "삼세의 모든 부처님은 번뇌의 풀섶에서 뒹구는 이이고, 십경도 오론도 나귀 묶는 말뚝이지. 三世諸佛 是草裏漢 十經五論 是繫驢橛"라고 하였다. [참고문헌] 『佛果擊節錄』, 『痴絶道沖語錄』.

초림선사어록 楚林禪師語錄 청대 임제종(臨濟宗) 스님 초림상예(楚林上睿 1624~?)의 어록. 1686년(강희25) 간행. 조종(照琮) 등 엮음. 6권. 가흥장37, pp.531a1~552a7, No.B390에 있다. 초림상예가 흥화사(興化寺)·법흥사(法興寺)·자명사(慈明寺) 등에서 행한 상당과 송고(頌古)로 구성되었다. ⇨ 상예 上睿 ❶

초마 騲馬 새끼에게 풀 먹일 줄 아는 어미말. 초마(草馬 Ⓢ vaḍavā)라고도 한다. 길들여지기 전의 뜻도 있다. 『잡보장경』 권1(대정장4, p.450a2)에 "천신이 또 두 마리 흰 암말이 형색에 차이가 없는 모습을 보고 물었다. '어느 편이 어미고 어느 편이 새끼인가?' 임금과 신하 중 이번에도 답하는 이가 없자 다시 그 부친에게 물었는데 그가 답했다. '여물을 주고 먹게 하거라. 어미일 경우 반드시 여물을 새끼에게 밀어줄 것이다'. 天神又以二白騲馬 形色無異 而復問言 誰母誰子 君臣亦復 無能答者 復問其父 父答言 與草令食 若是母者 必推草與子", 36권본 『대반열반경』 권26(대정장12, p.775c21)에 "초마 파는 사람은 말 값만 받고 망아지 값은 받지 않느냐? 賣騲馬者 但取馬價 不責駒直"라고 하였다. [참고문헌] 『雜寶藏經』, 『大般涅槃經』.

초마법문 超魔法門 온갖 장애인 마를 넘어서는 법문. 『대집대허공장보살소문경』 권7(대정장13, p.641b1)에 "그때 허공장보살이 여러 보살들에게 말하길 '보살들이여, 모든 마구니 초월하는 법문을 설하실 수 있습니까?

각자 편안하게 말씀해 주시오'. 그때 산왕보살이 말하길 '만약 마를 벗어나길 구한즉 마경계에 떨어집니다. 일체 경계가 모두 부처님의 경계인 줄 알면 마계가 없는 것이어서, 이 사람은 부처님의 경계를 따르는 것입니다. 불계에 들어가는 이는 불계조차 보지 않거늘 하물며 그 이외의 경계이겠습니까? 보살은 이와 같이 마도를 초월합니다. 그러므로 이것을 초마법문이라고 합니다'. 보길상보살은 이렇게 말했다. '마음으로 온갖 것 반연해 분별함이 마경계입니다. 만약 법에 연연해 염려함이 없으면 일체법 얻을 것 없음을 알게 되고 아뢰야 없음도 얻을텐데, 거기에 어찌 마가 짓는 일 있겠습니까? 이것이 보살의 초마법문입니다'. 爾時 虛空藏菩薩告衆菩薩言 諸仁者 頗能宣說 超越諸魔之法門耶 各隨所樂說之 時彼會中 有菩薩 名曰山王 作如是言 若有求離魔之境界 是墮魔界 若知一切境界 皆是佛界 無有魔界 是人則名隨佛境界 入佛境者 尙不見有佛之境界 況餘境界 菩薩由此超越魔道 是故名爲超魔法門 寶吉祥菩薩曰 心緣慮者 爲魔境界 若復於法 無所緣慮 知一切法皆無所得 則獲無阿賴耶 彼何有魔之所爲作 是爲菩薩超魔法門"라고 하였다. 〔참고문헌〕『大集大虛空藏菩薩所問經』.

초막사 草幕寺 평안남도 대동군 용악면 상차리 초막동에 있던 절. 부락(部落)의 서북 쪽으로 약 20간(間)쯤 떨어진 산기슭의 평탄한 땅 위에 위치한다는 기록이 남아 있다. 〔참고문헌〕『韓國寺刹全書』 권하 p.1103b7, 『北韓寺刹硏究』(寺刹文化硏究院, 1993) p.643.

초면귀왕 焦面鬼王 붉은 얼굴을 한 아귀(餓鬼)왕. 『종용록』 28칙 「시중 示衆」(대정장48, p.245a20)에 "한 오라기 걸치지 않은 사람 참으로 벌거벗은 외도이고, 한 톨의 쌀도 씹지 않는 이 틀림없이 초면귀왕이리라. 곧바로 성처에 몸 받더라도 장대 끝 아스라해 떨어짐 면치 못할 것이다. 도리어 부끄러움을 가릴 곳은 있는가? 不挂寸絲底人 正是裸形外道 不嚼粒米底漢 斷歸焦面鬼王 直饒聖處受生 未免竿頭險墮 還有掩羞處麽"라고 하였다. 〔참고문헌〕『從容錄』.

초명 超明 ?~498. 중국 남조(南朝) 제(齊)대 비구니. 속성은 범(范)씨. 전당(錢塘) 출신. 『비구니전』 권3 「전당제명사초명니전 錢塘齊明寺超明尼傳」(대정장50, p.944b6)에 "어렸을 때부터 총명하고 빼어나 뜻을 높이 품었고, 오경을 읽고 문의에 뛰어났으며, 방정하여 예를 갖추어 내외가 모두 공경하였다. 明妫聰穎 雅有志尙 讀五經 善文義 方正有禮 內外敬之"고 하였다. 그러나 21세에 남편을 잃고서 출가하여 숭은사(崇隱寺)에 머물렀고, 오현(吳縣) 북장사(北張寺) 담정(曇整)에게 구족계를 받았으며, 도산(塗山) 혜기(慧基)에게 가르침을 받고서 전당의 제명사에 옮겨 머물다가 498년에 60여세로 입적하였다. 〔참고문헌〕『比丘尼傳』.

초목 草木 Ⓢ vana, oṣadhi, Ⓣ nags-tshal. 풀과 나무. 중생이나 선법을 비유한다. 『방광대장엄경』 권10(대정장3, p.604c20)에 "비구들아, 비유하자면 어떤 사람이 깨끗한 연못에 이르러 그 연못 속에 있는 초목을 보건대, 어떤 것은 아직 물 위로 나오지 못하였고, 어떤 것은 물같이 일렁이고, 어떤 것은 이미 물 위로 나와 있거늘, 이와 같은 세 가지 분명히 보게 되는 것처럼 여래께서도 모든 중생들의 상중하근기를 관하심도 이와 같이 하신다. 比丘 譬如有人 臨淸淨池 見彼池中 所有草木 或未出水 或與水齊 或已出水 如是三種 分明見之 如來觀諸衆生上中下根 亦復如是", 『대승장엄경론』 권7(대정장31, p.627a3)에 "'비유하면 큰 땅이 네 가지 물을 임시로 가진다'고 하였으니, 네 가지 물이란 첫째 큰 바다, 둘째 모든 산들, 셋째 풀과 나무, 넷째 중생이니, 이것을 네 가지 물이라고 한다. '이와 같이 세 가지 업으로 일체선을 건립한다'라고 하였는데, 바다 등의 네 가지 물은 일체선을 비유하는데, 이와 같이 보살의 삼업으로 일체선을 모으니, 이른바 단 등의 모든 바라밀과 일체보리분법이다. 譬如大地種 任持四種物者 何謂四物 一者大海 二者 諸山 三者 草木 四者 衆生 是謂四物 如是三種業 建立一切善者 海等四物 譬一切善法 如是菩薩三業 能聚集一切諸善 所謂檀等 諸波羅蜜 及一切菩提分法"라고 하였다. 〔참고문헌〕『方廣大莊嚴經』, 『大乘莊嚴經論』, *Laṅk.55.*, *Sūtr.97.* ⇨ 삼초이목 三草二木

초목국토실개성불 草木國土悉皆成佛 초목도 국토도 온통 다 부처를 이루다. 『묘법연화삼매비밀삼마야경』(卍속장3, p.822a17)에 "그때 세존께서 즉신성불비밀진언을 설하셨으니, '옴 바 비 아 비 마 아 아 브히 바 비 카 리 카 리 사 리 스바 바'다. 이 진언을 설할 때 풀도 나무도 국토도 온통 다 고르게 같아서 그 몸 그대로 부처를 이루었다. 爾時世尊 說卽身成佛祕密眞言曰 (oṃ) (va) (vi) (a) (vi) (ma) (a) (ā) (bhī) (va) (vi) (kha) (li) (kha) (li) (sa) (ri) (svā) (va) 說此眞言時 草木國土悉皆平等 卽身成佛", 『사명존자교행록』 권4 「재답일본국십문 再答日本國十問」(대정장46, p.890b8)에 "세 번째 물음입니다. 유정이 아닌 초목이 성불한다 하는데, 부처를 이루지 못하는 것 아닌지 의심스럽습니다. … 지금 천태종에서는 어떻게 경론을 해석하여 정 아닌 것들인 초목의 성불을 건립합니까? … 답합니다. 『열반경』과 법상론에서 초목은 마음이 없고 다만 이로서의 자성만 있고 움직이는 자성은 없다 함은 바로 방편의 가르침일 뿐입니다. 그러기에 무정과 가리는 것입니다. … 진실의 닦음을 드러내고자 한다면 모름지기 이성에 의지할 뿐이니, 이로서는 고금이 없고 색과 심도 가릴 수 없으니 하나가 이루어지면 일체가 이루어집니다. 그러므로 무정이 성불한다고 설합니다. 三問 非情草木成佛 不成佛疑 … 今天台宗 如何解釋經論 建立非情草木成佛耶 … 答 涅槃經 法相論 草木無心 但有理性 無行性者 此是權敎 故簡無情 … 欲顯眞修 須依理性 理非今古 不簡色心 一成一切成 故說無情成佛也"라고 하였다. 〔참고문헌〕『妙法蓮華三昧祕密三摩耶經』, 『四明尊者敎行錄』, 『華藏退菴先和尙語』. ⇨ 무정성불 無情成佛

초목성불 草木成佛 ➡ 초목국토실개성불 草木國土悉皆成佛, 무정성불 無情成佛

초목총림수분수윤 草木叢林隨分受潤 Ⓢ yathābalaṃ yathāviṣayaṃ tṛṇagulmā pibanti. 풀과 나무 우거진 숲에서 분 따라 받아 적시다. 『법화경』 권3(대정장9, p.19c24 : *Saddh-p.*, p.127)에 "구름에서 내리는 한 맛의 빗물 초목 우거진 숲에서 분 따라 받아 적신다. 其雲所出 一味之水 草木叢林隨分受潤 tacca ekarasaṃ vāri meghamuktamihasthitam, yathābalaṃ yathāviṣayaṃ tṛṃagulmāpibanti tat", 『법화경구해』 권3(卍속장48, p.7b8)에 "빗물은 비록 한결같지만 온갖 초목 받아 적심 같지 않듯이, 법의 맛은 한결같지만 온갖 근기가 받는 이익은 같지 않다. 水味雖一 而諸草木受潤不同 法味雖一 而諸根器 得益不同", 『화엄경소초』 권18(대정장36, p.142c1)에 "초목총림이 분 따라 받아 적시니, 한결같은 구름과 비 적시는 바 같지 않다. 그 아래에서 '대중을 위한 감로정법 한 맛이어서 해탈과 열반이니, 한결같은 미묘한 음성으로 이 뜻 널리 펼치노라'고 한 대목과 상응한다. 草木叢林隨分受潤 亦一雲一雨 所潤不同 下云 爲大衆說 甘露淨法 其法一味 解脫涅槃 以一妙音 演暢斯義"라고 하였다. 〔참고문헌〕『法華經』, 『法華經句解』, 『華嚴經疏鈔』, *Saddh-p.* ⇨ 삼초이목 三草二木, 일미 一味, 일음 一音

초목화 草木花 이화(二花) 중 하나로 만행(萬行)의 인(因)을 비유하며, 엄신화(嚴身華)에 맞선다. 화(花)는 화(華)로도 쓴다. 『대명삼장법수』 권3(영락장181, p.498a10)에 "첫째, 초목화라 하니, 무릇 초목의 꽃들 모두 피고 번성하여 열매를 맺는 뜻이 있다. 이로써 만행의 인으로 불과를 성취하는 능을 갖고 있음에 비유하기에 초목화라 이름한다. 一 草木花 謂凡草木之花 皆有開敷結實之義 以喩萬行之因 則有成就佛果之能故 名草木花", 『화엄경소주』 권5(卍속장7, p.87b8)에 "첫째 초목화는 만행의 인을 빗대는데 때로는 인과 더불어 과가 함께하기도 하고 함께하지 않기도 한다. 一 草木華 喩萬行因 然或因與果俱 或不與俱"라고 하였다. 〔참고문헌〕『大明三藏法數』, 『華嚴經疏注』. ⇨ 엄신화 嚴身華, 이화 二華

초무루법 初無漏法 Ⓢ prathama-anāsravāḥ dharmāḥ. 처음으로 번뇌 없는 법. 처음으로 성취하는 무루법으로 십육심(十六心) 중 고법지인(苦法智忍 Ⓢ duḥkhe dharma-jñāna-kṣāntiḥ : 苦法忍)을 말한다. 『잡아비담심론』 권2(대정장28, p.885b9)에 "'그 나머지 모든 상응법과 그 최초의 무루를 제한다'란 무슨 말인가? 선한 유루심과 심법, 위의와 공교와 변화심과 심법, 고법인에 상응하는 것을 제한 그 이외의 모든 무루심과 심법은 네 가지 인(因)으로부터 생겨난 것을 말하는데, 변인과 보인은 제한다. … 처음의 무루와 상응하는 것은 세 가지 인으로부터 생겨나니, 상응인과 공유인과 소작인이다. 상응하지 않는 것은 두 가지 인으로부터 생겨나니, 소작인과 공유인이다. 諸餘相應法 除其初無漏者 謂善有漏心心法 威儀 工巧 變化心心法 除苦法忍相應 諸餘無漏心心法從四因生 除遍因報因 … 初無漏相應三因生 相應因 共有因 所作因 不相應二因生 所作因 共有因", 『구사론』 권6(대정장29, p.36a15)에 "법에는 대략 네 가지가 있으니, 즉 염오법과 이숙생법과 초무루법과 이세 가지 외의 법이다. 세 가지 외의 법이란 무엇인가? 이숙을 제외한 그 이외의 무기법과 초무루법을 제한 그 밖의 모든 선법이다. … 온갖 염오법은 이숙인을 제한 나머지 다섯 가지 인에 의해 생겨나니, 이숙인에 의해 생겨나는 모든 법은 변행인을 제한 그 밖의 다섯 가지 인에 의해 생겨난다. 세 가지 이외의 법은 두 가지 법의 이숙과 변행 두 가지 인을 제한 나머지 네 가지 인에 의해 생겨난다. 초무루법은 앞 두 가지 인과 동류인을 제한 그 밖의 세 가지 인에 의해 생겨난다. 이와 같은 네 가지 법은 무엇을 설하는가? 심과 심소를 설한다. (그러면) 불상응행과 색의 네 가지 법은 다시 몇 가지 인에 의해 생겨나는가? 심과 심소법에서 제한 인 외에 상응인도 제하니, '그 이외의 불상응행과 네 색법'은 나머지 네 가지·세 가지·두 가지 인에 의해 생겨남을 알아야 한다. 이 가운데 염오와 이숙생법은 나머지 네 가지 인에 의해 생겨난다. 세 가지 이외의 법은 나머지 세 가지 인에 의해 생겨난다. 초무루법은 나머지 두 가지 인에 의해 생겨나니, 하나의 인에 의해 생겨나는 법은 결코 없다. 法略有四 謂染汚法 異熟生法 初無漏法 三所餘法 餘法者何 謂除異熟 餘無記法 除初無漏 諸餘善法 … 諸染汚法 除異熟因 餘五因生 異熟生法 除遍行因 餘五因生 三所餘法 雙除異熟 遍行二因 餘四因生 初無漏法 雙除前二 及同類因 餘三因生 如是四法 爲說何等 謂心心所 不相應行 及色四法 復幾因生 如心心所 所除因外 及除相應 應知餘法 從四三二 餘因所生 此中染汚 異熟生法 餘四因生 三所餘法 餘三因生 初無漏法 餘二因生 一因生法 決

定無有", 『순정리론』 권15(대정장29, p.421a16)에 "구생인을 싫어하여 버리는 모든 이들은 최초의 무루법이 어떤 인으로부터 생겨난다고 하는가? 그것의 전생인은 일찍이 존재하지 않기 때문이다. 諸憎背俱生因者 初無漏法 從何因生 彼前生因 曾未有故"라고 하였다. [참고문헌] 『雜阿毘曇心論』, 『俱舍論』, 『順正理論』, *Abh-k-bh. 97.* ⇨ 십육심 十六心, 고법지인 苦法智忍, 무루법 無漏法, 육인 六因[1], 인 因[1]

초무색정처 初無色定處 색온(色蘊)이 없는 공무변처정(空無邊處定)이다. 『십주비바사론』 권11(대정장26, p.79c11)에 "일부의 중생은 초무색정처에 태어난다. 若干衆生 生初無色定處"라고 하였다. [참고문헌] 『十住毘婆沙論』. ⇨ 공무변처정 空無邊處定

초무수겁 初無數劫 Ⓢ prathama-kalpāsaṃkhyeya, Ⓣ bskal-pa-dang-po. 보살이 발심해서 성불할 때까지의 삼무수겁(三無數劫 Ⓢ tri-kalpa-asaṃkhyeya : 三阿僧祇劫) 중 최초의 무수겁. 『구사론』 권18(대정장29, p.95a12 : *Abh-k-bh.*, p.266)에 "보살은 첫 무수겁을 지나면서 네 가지 과실을 여의고 두 가지 공덕을 얻는다. 앞에서 가린 것처럼 낱낱의 묘상은 수많은 복으로 장엄되는데, 어떤 것을 낱낱의 복량이라고 하는가? 어떤 이는 말한다. '부처에 가까이 간 보살을 제한 그 외의 일체유정이 닦는 부락과업을 하나의 복량이라고 한다'. 또 어떤 사람은 말한다. '세계가 장차 성립하려고 할 때 일체유정이 대천세계 감해 얻는 업의 증상력을 하나의 복량이라고 한다'. 菩薩出初無數劫來 離四過失 得二功德 如前所辯 一一妙相 百福莊嚴 何等名爲 一一福量 有說 唯除 近佛菩薩 所餘一切有情所修 富樂果業 名一福量 有說 世界 將欲成時 一切有情 感大千土 業增上力 爲一福量 prathama-kalpāsaṃkhyeya-niryāta eva bodhisattva etāṃś-caturo doṣān vyāvartayati dvau ca guṇo pratilabhata iti pūrvācāryāḥ. teṣāṃ ca lakṣaṇānām. ekaikaṃ puṇyaśata-jam. kiṃ puṇyasya parimāṇam", 『대승기신론열망소』 권5(대정장44, p.455c25)에 "초발심주에서 십회향까지를 초무수겁이라고 한다. 初發心住 至十迴向 名初無數劫"라고 하였다. [참고문헌] 『俱舍論』, 『大乘起信論裂網疏』, *Abh-k-bh.* ⇨ 초승기 初僧祇, 삼무수겁 三無數劫, 삼아승기겁 三阿僧祇劫, 아승기 阿僧祇

초문사 肖門寺 고구려에 가장 먼저 창건된 절. 『삼국사기』와 『삼국유사』에서는 초문사로 전하지만, 『해동고승전 海東高僧傳』(대정장50, p.1016a15)에서 성문사라고 하였다. 375년(소수림왕5) 순도(順道)가 머물 사원으로 창건되었다. 『삼국사기』 권18 고구려본기(高句麗本紀)6 소수림왕(小獸林王) 5년 2월에 "비로소 초문사를 창건하였으니 순도를 머물게 하였다. 또 이불란사를 창건하여 아도를 머물게 하였다. 이것이 해동 불법의 시작이다. 始創肖門寺 以置順道 又創伊弗蘭寺 以置阿道 此海東佛法之始"라고 하였다. [참고문헌] 『三國史記』, 『三國遺事』 권3(대정장49, p.986a10 · 한불전6, p.313b12) 興法3 順道肇麗, 『東國通鑑』, 『韓國寺刹全書』 권하 p.1103a7. ⇨ 성문사 省門寺

초미 酢味 Ⓢ amla, Ⓣ skyur. 신맛. 오미(五味) 중 하나이다. 『대승오온론』(대정장31, p.848b20 : *Pañ-s.*, p.3) 에 "무엇을 맛이라 하는가? 혀의 경계이니, 단맛 · 신맛 · 짠맛 · 매운맛 · 쓴맛 · 담백한 맛이다. 云何爲味 謂舌境界 甘味 酢味 醎味 辛味 苦味 淡味 rasaḥ katamaḥ. jihvāviṣayaḥ. madhuro 'mlo lavaṇaḥ kaṭukas tiktaḥ kaṣāyaś-ca-iti", 『구사론기』 권22(대정장41, p.336b26)에 "〈논〉 몸이 바뀌면서 ~ 단맛과 신맛이 생긴다. 〈기〉 설일체유부에서는 몸이 변함에 따라 앞뒤의 분위가 달라져서 같지 않다는 것으로 전위에서는 좋다가 다음에는 고통스러운 것을 말한다. 저 술 등은 처음에는 단 듯 하다가 뒤에는 신맛이 나는 것 같이 먼저 있었던 맛이 뒤에 느껴지는 경우다. 由身變易 至甘酢味起者 說一切有部答 由身變易 前後分位 差別不同 前位樂生 後時苦起 如酒等 後時分位 差別不同 初甘味起 後酢味生 非由先有後方生也"라고 하였다. [참고문헌] 『大乘五蘊論』, 『俱舍論記』. 『俱舍論』 권22(대정장29, p.116a6), *Pañ-s.* ⇨ 오미 五味[2]

초미대충 焦尾大蟲 꼬리 태운 호랑이. 호랑이가 축생의 몸을 벗고 신령한 사람 되려 함에 마지막 꼬리까지 태운다는 고사에서 나온 말이다. 다 떨쳐버려 얻을 것 없는 곳으로 밀어내는 비유다. 『종용록』 22칙 「시중 示衆」(대정장48, p.241b14)에 "사람은 말을 가져 그 깊은 줄 알고, 물은 장대 가져 깊은 줄 안다. 무명의 풀 뽑아 불조의 가풍을 우러러 보는 것은 늘 해야 하지만, 홀연히 뛰쳐나온 저 꼬리 태운 호랑이라면 어떠하겠는가? 人將語探 水將杖探 撥草瞻風 尋常用底 忽然跳出 箇焦尾大蟲 又作麼生", 『벽암록』 73칙 「본칙 本則」(대정장48, p.200c18)에 "지장이 '어째서 화상(마조)께 여쭙지 않는가?'라고 하였다〈풀섶에서 꼬리 태운 호랑이가 나오는군. 무슨 말을 하느냐? 풀끈으로 스스로 묶고서 거의 다 죽은 목숨이라니〉. 藏云 何不問和尙〈草裏焦尾大蟲出來也 道什麼 直得草繩自縛 去死十分〉", 『응암담화어록』 권8 「시원선인 示原禪人」(卍속장120, p.874a8)에 "지금은 여전히 여우소굴이니 다시 철퇴 한 방을 내리쳐 부순 다음 뚫고 올라 큰 기틀 크게 쓰니, 꼬리 태운 호랑이 풀고 사자후 하도록 한다. 꼬리 태운 호랑이 어찌 다시 사자후하는가? 삼현으로도 그 뜻 밝히지 못했는데, 십성인들 이 뜻 능히 깨우치겠는가! 在今時 猶是野狐窟宅 更須一槌打破 透向上大機大用 放出焦尾大蟲 作師子吼 旣是焦尾大蟲 因甚却作師子吼 三賢固未明斯旨 十聖那能達此宗", 『언계광문어록』 권상(卍속장121, p.270a1)에 "정자무극화상의 유서가 도착하자 법좌에 올라 말했다. '꼬리 태운 호랑이를 풀었으니 남산의 맹호를 물어 죽이고, 대지 흔들고 부르짖어 서늘한 바람 불어 벌건 대낮에 길 가는 사람 없으리라. 웃으면서 손 털고 장안에서 벗어난 뒤 허공을 쥐어틀어 근육과 뼈 드러낸다. 흐르는 물에 떨어진 꽃잎은 아무리 막으려 해도 멈추지 않으리라'. 淨慈無極和尙遺書至 上堂 放出焦尾大蟲 咬殺南山猛虎 動地號悲風 白日無行路 笑中擺手出長安 拶得虛空筋骨露 流水落花攔不住"라고 하였다. 〔참고문헌〕『從容錄』, 『碧巖錄』, 『應菴曇華語錄』, 『偃溪廣聞語錄』.

초미대충원시호 焦尾大蟲元是虎 꼬리 태운 저 짐승 원래 호랑이라네. 『종감법림』 권24(卍속장116, p.331a13)에 "선사(趙州)께서는 이러한 말씀하신 적 없다고 누가 말했던가? 꼬리 태운 대충은 알고 보면 호랑이라네. 말벌도 해묵은 보금자리 연연하지 않으니, 용맹한 장수가 어찌 집에서 죽겠는가? 다급히 눈 붙이고 돌아보아야 하리! 誰道先師無此語 焦尾大蟲元是虎 胡蜂不戀舊時窠 猛將豈在家中死 急著眼 却回顧", 같은 책 권62(卍속장116, p.780a9)에 "세존의 은밀한 말씀은 덮어서 가리지 못하니, 가섭의 후손들은 흙처럼 쉽게 보노라. 아득한 과거 이래로 어둠이 가득 깔려 있었으니, 꼬리 태우고 사람으로 변한 대충은 알고 보면 호랑이였다네. 世尊密語難覆藏 迦葉兒孫見如土 千古萬古黑漫漫 焦尾大蟲元是虎"라고 하였다. 〔참고문헌〕『宗鑑法林』.

초민 楚旻 18세기 전반 스님. 법호는 포월(抱月). 지안(志安 1664~1729)의 『환성시집』「문정목록 門庭目錄」에 36명의 제자 중 하나로 기록되어 있으며, 『동사열전』 권4 「송암대사전 松庵大師傳」(한불전10, p.039b1)에 "(송암최흠은) 포월초민의 현손이다. 抱月楚旻之玄"라고 하였다. 〔참고문헌〕『喚惺詩集』, 『東師列傳』.

초밀 麨蜜 보릿가루와 꿀을 섞어서 만든 환. 『보요경』 권7(대정장3, p.526c28)에 "부처님께서 찬탄하는 게송을 마치고 나서 보시 받은 발우로 상인이 보시하는 초밀을 받으시고 상인에게 기도해 원대로 설해주셨다. '지금 보시받은 이것이 먹는 이들에게 기력을 채우도록 하고, 보시한 집안 세세로 이어 소원을 이루고 장수하도록 하소서'. 佛歎偈已 卽以其鉢 受賈麨蜜 呪願賈人言 今所布施 欲令食者 得充氣力 當令施家 世世得願得壽"라고 하였다. 〔참고문헌〕『普曜經』.

초반 草飯 푸성귀로 차린 음식. 거친 음식. 추반(麤飯) 또는 조반(粗飯). 『선림상기전』 권16(불광장, 禪藏, p.1263)에 "초반 : 도충(道忠)이 말한다. '초반은 거친 음식이다'. 『사기』 「진승상세가」에 '거친 음식(惡草具)을 초나라 사신에게 올렸다'라고 하였다. 초는 거칠다는 뜻이다. 『전국책』에 '주변에서 맹상군(孟嘗君)을 천시하여 거친 음식(草具)을 주었다'라고 하였다. 초(草)는 곱지 않다는 뜻이고, 구(具)는 차린 뜻이다. 바르게 말하면 초채다. 「진평전」의 악초구에 대한 주석에 생선과 고기를 제거한 반찬이라 한다. 『백장청규』 「청입승수좌」에 '방장은 초반을 준비하여 특별히 마련한 탕과 약석에 초대한다'라고 한다. 草飯 忠曰 草飯者 麤飯也 史記 陳丞相世家云 更以惡草具 進楚使 注 草粗也 戰國策云 左右以君賤之也 食以草具 注 草不精也 具饌具 正曰 草菜也 陳平傳 惡草具 注去肴肉 敕修清規請立僧首座云 方丈備草飯 請特爲湯藥石"라고 하였다. 〔참고문헌〕『禪林象器箋』, 『百丈淸規』 권4(대정장48, p.1133c20).

초반정 超半井 우물 물이 반쯤 차오르다. 덕이 있으나 다른 이는 보지 못하는 뜻의 비유다. 『대장엄론경』 권15(대정장4, p.344b18)에 "사문의 마음은 자재하고 일곱 가지 재를 구족하였음에도 사문식은 먹지 않고 내가 남긴 것을 먹는다 하니, 마치 반쯤 차오른 우물 물은 볼 수 없듯이 나의 세력만을 보기에 왕에게 기억되고자 문득 내가 남긴 것을 먹는다 하는구나. 沙門心自在 具足七種財 不食沙門食 而食我餘者 猶如超半井 不見有是處 見我有勢力 王者之所念 便食我餘食"라고 하였다. 〔참고문헌〕『大莊嚴論經』.

초발 超拔 **1** 빼어나 드러나다. 무리 가운데 뛰어나 두드러진다는 뜻의 출중(出衆)·초군(超群) 등과 통한다. 『출삼장기집』 권8 「대품경서 大品經序」(대정장55, p.53a19)에 "구마라집법사는 지혜로운 마음으로 일찌감치 깨우쳐 뛰어나 드러났고 특별히 지혜로웠다. 鳩摩羅什法師 慧心夙悟 超拔特詣", 『광지광록』 권4(대정장47, p.44c10)에 "말산(비구니)은 빼어나게 높아서 그 끝 볼 수 없었고, 철마(劉鐵磨 비구니)는 변통에 능하여 그 혀끝 뼈라곤 없었다. 末山超拔兮 頂相不形 鐵磨變通兮 舌頭無骨"라고 하였다. 〔참고문헌〕『出三藏記集』, 『宏智廣錄』. **2** 훌쩍 벗어나다. 『대장엄론경』 권3(대정장4, p.270b29)에 "내신을 부지런히 보아야 하며, 많이 들어서 쌓은 업은 버려야 하니, 세간을 떠나 해탈하는 길을 찾아서, 생사의 뿌리 훌쩍 벗어나리라. 應勤觀內身 捨棄多聞業 求離世解脫 超拔生死根", 『송고승전』 권7 「종은전 從隱傳」(대정장50, p.750a25)에 "신묘한 풍채는 깨끗이 떨구었고 범부의 형상을 훌쩍 벗어나 원대로 출가하여 항상 『인왕반야경』 독송하였다. 神彩灑落 超

拔凡態 遂願出家 恒誦仁王般若"라고 하였다. 〔참고문헌〕『大莊嚴論經』, 『宋高僧傳』.

초발보리심 初發菩提心 처음 보리의 마음을 일으킨다는 말. 60권본 『화엄경』 권9(대정장9, p.453a20)에 "부처님의 공덕과 바다처럼 넓고 깊은 보살법장을 갖추고 중생을 널리 요익케 하고자 처음으로 보리의 마음을 일으키노라. 欲具佛功德 菩薩法藏海 饒益衆生故 初發菩提心", 『대방편불보은경』 권2 「발보리심품 發菩提心品」 4(대정장3, p.135b23)에 "보살이 능히 보리심을 일으키면 곧바로 보살마하살이라는 이름을 얻고, 결정코 아누다라삼막삼보리를 얻고 대승행을 닦는다. 그러므로 초발보리심으로 능히 일체선법을 거두어 취한다. 보살마하살이 보리심을 발하면 수행하여 점차 아누다라삼막삼보리를 얻으니, 만약 마음을 일으키지 않는다면 끝내 얻을 수 없다. 그러므로 마음을 일으킴이 곧 아누다라삼막삼보리를 얻는 근본이다. 菩薩 若能發菩提心 則得名爲菩薩摩訶薩 定得阿耨多羅三藐三菩提 修大乘行 是故初發菩提心 卽能攝取 一切善法 菩薩摩訶薩 發菩提心 修行漸得阿耨多羅三藐三菩提 若不發心 終不能得 是故 發心卽得阿耨多羅三藐三菩提根本", 『정토십의론』(대정장47, p.79a1)에 "처음 보리심을 일으킴은 믿음을 바탕으로 하고, 부처님 가문에 머무름은 계를 바탕 삼는다. 初發菩提心 以信爲本 住在佛家 以戒爲本"라고 하였다. 〔참고문헌〕『華嚴經』, 『大方便佛報恩經』, 『淨土十疑論』. ⇨ 초발심 初發心, 보리심 菩提心

초발수 初發修 Ⓢ ādi-bhāvanā, Ⓣ thog-ma'i-sgom-pa. 처음으로 닦기를 시작하다. 초위수(初位修)라고도 한다. 원효(元曉)의 『중변분별론소』 권3(한불전1, p.836c10)에 "초발수란 범부위다. 初發脩者 是凡夫位"라고 하였다. 〔참고문헌〕『中邊分別論疏』, 『中邊分別論』 권하(대정장31, p.460a22), *Madhy-vibh.58.*

초발심 初發心 Ⓢ prathama-citta-utpāda, Ⓣ dang-po-sems-bskyed-pa. 처음으로 마음을 일으키다. 초발보리심(初發菩提心)이라고도 한다. 『십주비바사론』 권1(대정장26, p.21a3)에 "누구라도 발심하면 반드시 능히 무상도를 성취한다. 이에 보살이라 부른다. 혹은 단지 발심만 하여도 보살이라 부르니 왜 그런가? 만약 처음 마음을 일으키는 일이 없다면 무상도를 성취할 수 없기 때문이다. 대경에서 '새롭게 뜻을 일으킨 이'를 보살이라 한다는 말씀과 같다. 마치 비구가 비록 도를 얻지 못했더라도 도인이라 이름하는 것과 같으니, 이를 명자보살이라 한다. 점차로 닦고 익혀서 돌이켜 참된 법을 성취한다. 若人發心 必能成無上道 乃名菩薩 或有但發心亦名菩薩 何以故 若離初發心 則不成無上道 如大經說 新發意者 名爲菩薩 猶如比丘 雖未得道 亦名道人 是名字菩薩 漸漸修習 轉成實法", 같은 책 권1(대정장26, p.24c12)에 "보살이 처음 마음을 발함이 있으면 곧바로 반드시 정에 들고, 이 마음으로 능히 초지를 얻는다. 이러한 사람으로 인하여 '초발심에 반드시 정에 든다'라고 설한다. 〔문〕 이는 보살초심이고 석가모니불의 초발심 마음은 어떠했나? 〔답〕 이 마음 일체번뇌와 섞이지 않고, 이 마음 상속해서 다른 교법을 탐한 일 없으며, 이 마음 견뢰하여 일체외도도 능히 이길 자가 없었고, 이 마음 일체 뭇 마구니일지라도 파괴할 수 없었다. … 이 마음이 상속하여 삼보가 끊어지지 않으셨기에, 이와 같이 헤아릴 수 없이 많은 공덕으로 장엄하니 처음부터 반드시 정심이었다. 有菩薩初發心 卽入必定 以是心能得初地 因是人故 說初發心 入必定中 問曰 是菩薩初心 釋迦牟尼佛初發心 是心云何 答曰 是心不雜 一切煩惱 是心相續 不貪異乘 是心堅牢 一切外道 無能勝者 是心一切衆魔 不能破壞 … 是心相續 三寶不斷故 如是等無量 功德莊嚴 初必定心", 『대지도론』 권61(대정장25, p.488b18)에 "'초발심을 좇아'라고 한 말은, 초발심으로 '저는 장차 일체중생을 제도하겠나이다'라고 원을 지으니 이 마음이 세 가지 선근과 상응한다. 불탐부진불치라는 선근은 일체선법과 상응하고 선근이 일으키는 신심구삼업이 화합한 이 법이 복덕이다. 초발심을 좇아 육바라밀을 행하고 보살위에 들어가 십지를 얻고서 도량에 앉기까지 이 중에서 보살은 스스로 복덕을 닦고 화합하여 불도를 얻는다. 從初發心者 初發心作願 我當度一切衆生 是心相應三善根 不貪不瞋不癡 善根相應諸善法 及善根所起 身心口業 和合是法 名爲福德 從初發心 行六波羅蜜 入菩薩位 得十地 乃至坐道場 是中菩薩 自修福德 和合得佛道", 『승사유범천소문경론』 권1(대정장26, p.337c1)에 "초발심 이래로 항상 음욕법을 끊기에 초발심한 사람은 이미 보살 정심정위에 드니 마땅히 이와 같음을 알라. 以初發心來 常斷婬欲法故 初發心者 已入菩薩 定心正位 應如是知", 『보리자량론』 권1(대정장32, p.518a21)에 "초발심자는 지를 얻지 못하고, 바르게 수행한 사람은 칠지까지 이르며, 무생인을 증득한 사람은 제8지에 머물고, 관정한 이라야 제10지에 머문다. 初發心者 未得地 正修行者 乃至七地 得無生忍者 住第八地 灌頂者 住第十地", 『대승입도차제』(대정장45, p.452b12)에 "초발심한 사람은 장차 대과를 구하니 반드시 먼저 보리의 마음을 일으킨다. 이 마음을 일으킴으로써 저 과를 기꺼워하기 때문이며, 그것으로 인하여 수행한 끝에 모든 혹장을 끊고 대열반심을 증한다. 만약 일으키지 않는다면 문득 기꺼이 나아가는 마음도 없을 것이고, 기꺼이 나아감이 없다면 누가 수행할 것이며, 어떤 행도 닦지 않는다면 어떻게 장애를 끊겠으며 장애를 끊지 못한다면 어떻게 보리를 얻겠는가! 그러므로 『화엄경』에서 십주의 첫 머리를 발심주라 하고, 반야경론에서는 십팔주 가운데 제일이 발심행주라고도 하며, 『성유식론』 권9(대정장31, p.48b24)에서도 '깊고 굳은 대보리심을 일으킴이 제일'이라 하였으니 그러므로 무엇보다 먼저 발심을 해야 하며 발심으로 말미암아 아승기수에 들어갈 수 있다. 初發心者 將求大果 必要先發菩提之心 由發此心 欣彼果故 因能修行 斷諸惑障 證大涅槃心 若不發 便無欣趣 欣趣旣無 誰有修行 行若不修 何能斷障 障不能斷 詎得菩提 故華嚴經 十住初首 名發心住 般若經論 十八住中 第一亦名 發心行住 唯識亦云 從發深固大菩提心 是以第一 先須發心 由發心故 入僧祇數"라고 하였다. [참고문헌] 『十住毘婆沙論』, 『大智度論』, 『勝思惟梵天所問經論』, 『菩提資糧論』, 『大乘入道次第』, 『成唯識論』, *Aṣṭ-pr.69.* ⇨ 금도심 今道心, 발심 發心, 신발의 新發意, 신학발의 新學發意, 초발보리심 初發菩提心, 초발심시변성정각 初發心是便成正覺, 초발의 初發意, 발심필경이불별 發心畢竟二不別, 십주 十住, 발심주 發心住, 십팔주 十八住

초발심보살 初發心菩薩 처음 마음을 낸 보살. 신발의 보살(新發意菩薩)이라고도 한다. 『대품반야경』 권22(대정장8, p.378a5)에 "수보리가 부처님께 아뢰었다. '세존이시여, 초발심보살마하살은 마땅히 어떤 등의 법을 염합니까?' 부처님께서 말씀하셨다. '반드시 일체종지를 염해야 한다'. 須菩提白佛言 世尊 初發心菩薩摩訶薩 當念何等法 佛言 應念一切種智", 『대지도론』 권78(대정장25, p.609c19)에 "아라한 등이 비록 번뇌 다한다 하여도 초발심보살만 같지 못하다. 비유하자면 저 전륜성왕태자가 비록 태중에 있더라도 이미 다른 아들보다 뛰어남과 같다. 또 저 국왕태자 아직 즉위하지 못하였더라도 모든 대신들이 자리와 부귀를 갖음보다도 뛰어나다. 발심보살에 두 가지가 있다. 첫째는 모든 바라밀 등의 보살도를 행하는 이요, 둘째는 다만 헛되이 발심한 이다. 이 중에서 보살도 행하는 이를 설하였으니, 이런 이는 비록 일을 아직 성취 못했더라도 능히 일체중생보다 뛰어나다. 阿羅漢等雖漏盡 不如初發心菩薩 譬如轉輪聖王太子 雖在胎中 已勝餘子 又如國王太子 雖未卽位 勝諸大臣有位富貴者 發心菩薩有二種 一者 行諸波羅蜜等菩薩道 二者 但空發心 此中說 行菩薩道者 是人雖事未成就 能勝一切衆生"라고 하였다. [참고문헌] 『大品般若經』, 『大智度論』. ⇨ 신발의보살 新發意菩薩

초발심시변성정각 初發心時便成正覺 처음 마음을 일으킬 때 문득 정각을 성취하다. 시작인 인(因)은 반드시 과(果)를 꾸리기에 발심의 때에 정각을 이루는 것이고 끝인 과(果)도 반드시 인(因)을 사무쳐야 얻기 때문에 이렇게 말한다. 60권본 『화엄경』 권8(대정장9, p.449c14)에 "처음 마음을 움직였을 때 문득 정각을 이루니, 일체법의 진실한 성을 알아 지혜의 몸을 구족하니 다른 것 말미암아 깨달은 것이 아니다. 初發心時便成正覺 知一切法 眞實之性 具足慧身 不由他悟", 80권본의 주석 『화엄경소』 권1(대정장35, p.504b19)에 "하나의 위로 모든 위를 거두고, 낱낱의 위 가득해서 부처에 이르기에, 초지에서 이르길 하나의 지 중에 일체지의 공덕을 빠짐없이 거둔다. 믿음으로 과의 바다 꾸렸으니, 초발심 때 정각을 이룬다는 등으로 말한다. 一位卽攝 一切位故 一一位滿 卽至佛故 初地云 一地之中 具攝一切 諸地功德 信該果海 初發心時便成正覺等", 『화엄경의해백문』(대정장45, p.631b28)에 "인이 과를 얻지 못하면 과 또한 과가 아니며, 과가 인을 얻지 못하면 인도 인이 아니다. 인과가 모두 동시에 성립하여 따로 달리할 수 없기 때문이다. 그러므로 초발심하는 순간 정각을 이루니 정각을 이룬 다음이라야 이에 비로소 초심이다. 若因不得果 果亦非果也 若果不得因 因亦非因也 皆同時成立 無別異故 是故 初發心時便成正覺 成正覺已 乃是初心", 『화엄경소초』 권1(대정장36, p.3b17)에 "처음 마음 일으키자 그때 이미 정각을 이루니 인이 과를 꾸린다. 비록 불도를 증득하였더라도 인문을 버릴 수 없으니 과가 인에 사무치기 때문이다. 初發心時便成正覺 因該果也 雖得佛道 不捨因門 果徹因也", 같은 책 권3(대정장36, p.21b9)에 "'초발심하는 순간 정각을 이룬다'는 것은 시작이 끝을 거둠을 밝힘이다. … 위의 뜻은 세 가지이다. 첫째, 하나의 위를 들어 거두면 52위를 거두는 뜻이다. 둘째, 하나의 위를 들어 다섯 위를 거두고, 셋째, 첫 시작으로 끝을 거두는 것이니 다시 마땅히 끝으로 처음을 거둔다. 다시 처음과 끝이 그 중간을 거두고, 그 중간이 처음과 끝을 다시 거둔다. 하나가 일체를 거두고 일체가 하나를 거두며, 하나가 하나를 거두고 일체가 일체를 거둔다. 이렇게 사유할지니, 위에서 '초발심하는 때에 정각을 이룬다'라고 한 말은 곧바로 경문(80권본)을 인용하면 「범행품」(대정장10, p.88c29)에 '저 모든 보살이 이와 같은 관행으로 상응하면 모든 법에 대하여 두 갈래 생각을 일으키지 않아 모든 불법이 곧바로 현전하리니, 초발심하는 순간 아누다라삼막삼보리를 증득하여 모든 법이 마음의 자성으로 지혜의 몸을 성취할 뿐 다른 것을 연유하여 깨달은 것이 아님을 아는 것으로'. 여기서는 간략하게 인용할 따름이다. 初發心時便成正覺者 正明以初攝後 … 上來總有三義 一 擧一位 總攝五十二位 二 擧一位攝五位 三 擧初攝後 復應有後攝初 初後攝中 中攝初後 一攝一切 一切攝一 一攝一 一切攝一切 如理思之 上云 初發心時便成正覺 卽是正引經文 梵行品云 若諸菩薩 能與如是 觀行相應 於諸法中 不生二解 一切佛法 疾得現前 初發心時 卽得阿耨多羅三藐三菩提 知一切法 卽心自性 成就慧身 不由他悟 今略引耳", 『신화엄경론』 권33(대정장36, p.953b3)에 "모든 행을 행하여 보현의 도를 갖추지만 행도 없고 수도 없으니 이는 보리의 크나큰 용이 원만하기 때문이다. 다만 보살도를 구하고 보살행을 배울 뿐이기에 비로소 '초발심하는 순간 정각을 이룬다'라고 이름 할 뿐이다. 行一切行 具普賢道 無行無修 是菩提大用圓滿故 但求菩薩道 學菩薩行故 始可得名 初發心時便成正覺", 『금광명경현의습유기』 권2(대정장39, p.18c3)에 "초발심이란 발심주다. 변성정각이란 팔상을 드러냄이다. 이것이 원교이니 십주위 가운데 제1위이다. 初發心者 發心住也 便成正覺者 能現八相也 此是圓教 十住位中 第一位也", 『화엄경합론간요』 권1(卍속장7, p.381b11)에 "초발심하는 순간 정각을 이룬다는 것은 부처님과 더불어 그 몸이 같고 이와 사가 평등하여 온통 진실한 법계다. 乃至初發心時便成正覺 與佛體齊 理事平等 混眞法界", 『기신론속소』 권상(卍속장72, p.96a1)에 "흔들리지 않은즉 평등한 법신을 증한다. 그러므로 대경에 '초발심하는 순간 정각을 이룬다'라고 하였으니 이야말로 인과 과가 서로 사무침이다. 不動則證平等法身 故大經云 初發心時便成正覺 亦是因果交徹也라고 하였다. 〔참고문헌〕『華嚴經』, 『華嚴經疏』, 『華嚴經義海百門』, 『華嚴經疏鈔』, 『新華嚴經論』, 『金光明經玄義拾遺記』, 『華嚴經合論簡要』, 『起信論續疏』. ⇨ 초발심 初發心, 변성정각 便成正覺, 발심필경이불별 發心畢竟二不別

초발심시변정각 初發心時便正覺 처음 마음 낼 때 바로 바르게 깨우친다. 의상(義湘)의 『화엄일승법계도』(한불전2, p.1a19)에 "처음 마음 낼 때 바로 정각일세. 나고 죽음과 열반이 늘 함께 어울린다네. 初發心時便正覺 生死涅槃常共和"라고 하였다. 〔참고문헌〕『華嚴一乘法界圖』. ⇨ 초발심시변성정각 初發心時便成正覺, 법성게 法性偈, 의상 義湘

초발심인 初發心人 ➡ 대승칠현 大乘七賢, 칠현 七賢 ❶

초발심자경문 初發心自警文 지눌(知訥)의 『계초심학인문 誡初心學人文』, 원효(元曉)의 『발심수행장 發心修行章』, 야운(野雲)의 『자경문 自警文』 3편을 합하여 한 권으로 간행한 책. 판본에 따라 세 책 중 하나만을 표제로 삼기도 하였다. 1577년(선조10) 전라도 순천 송광사 유판본(留板本), 1583년 (선조16) 경기도 용인 서봉사(瑞峯寺) 개간본(開刊本) 등이 있다. 한국불교 강원(講院) 사미과(沙彌科)에서 처음 배우는 과목이다. 〔참고문헌〕『韓國佛教撰述文獻總錄』(동국대출판부, 1976). ⇨ 계초심학인문 誡初心學人文, 발심수행장 發心修行章

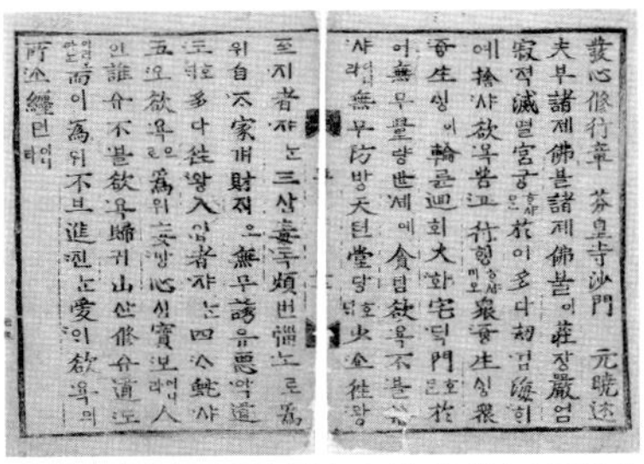

초발심자경문 발심수행장 순천 송광사 1577년

초발심주 初發心住 처음 발심해 머물다. 보살지 중 십주(十住)에서의 처음 위(初位). 보살이 처음 보리심 일으켜 일체지를 구해 물러나지 않는 자리다. 60권본『화엄경』 권8 「보살십주품 菩薩十住品」(대정장9, p.445a3)에 "무엇 등이 보살마하살의 처음 일으킨 마음으로 머묾인가? 이 보살은 부처님의 삼십이상팔십종호와 같은 묘색의 구족함과 높고 중하여 만나기 어려움을 보거나, 혹은 신통을 목도하거나, 혹은 설법을 듣거나, 교계를 듣거나 중생이 받는 무량한 고통을 보거나, 여래께서 불법 널리 설함을 들으면 보리심을 일으켜 일체지 구하며 일향으로 되돌리지 않는다. 이 보살은 초발심으로 인하여 십력분을 얻는다. 何等是菩薩摩訶薩初發心住 此菩薩見佛三十二相 八十種好 妙色具足 尊重難遇 或覩神變 或聞說法 或聽教誡 或見衆生受無量苦 或聞如來廣說佛法 發菩提心 求一切智 一向不迴 此菩薩因初發心得十力分", 『신화엄경론』 권28(대정장36, p.914c27)에 "처음 범부지를 좇아 마음 그쳐 어지럽지 않은 즉시 불지혜 나타나 여래지혜자리에 드니 이를 초발심주라 한다. 初從凡夫地 止心不亂 卽佛智慧現入如來智慧地 名初發心住"라고 하였다. 〔참고문헌〕『華嚴經』, 『新華嚴經論』. ⇨ 보살계위 菩薩階位, 십주 十住 ❶

초발의 初發意 Ⓢ prathama-ctta-utpādika. 처음으로 뜻을 내다. 초발심(初發心)이라고도 한다. 『방광반야경』 권1(대정장8, p.5b24)에 "부처님께서 사리불에게 이르시길 '보살은 처음 뜻을 일으킨 이후 항상 육바라밀을 행하고 공무상무원의 법에 머무르기에 아라한벽지불지를 넘어서 아유월치(불퇴전)지에 이른다'. 佛告舍利弗 菩薩 從初發意以來 常行六波羅蜜 住空無相無願之法 過阿羅漢 辟支佛地 逮阿惟越致地", 『십주단결경』 권3(대정장10, p.984a13)에 "혹은 새로 배우고 처음으로 뜻을 일으킨 이와 함께 청정정에 들어 모든 중생이 두루 색신을 보도록 하고, 이어서 삼천대천불토를 손바닥 위에 펼치고 함께 공양하며, 그중에서 오고 가지만 더함도 덜함도 없는 무상정진도의 뜻도 일으키게 한다. 或與新學初發意者 入淸淨定 使諸衆生 普見色身 乃令三千大千佛土 在手掌中 共相供養 於中往來 無增無減 令發無上正眞道意", 『대지도론』 권45(대정장25, p.383b10)에 "초발의보살이라 하니, 어떤 사람이 말하길 '초발의란 무생법인을 얻고 아누다라삼막삼보리의 상을 따라 뜻을 일으킨다면 이를 초발의라 하고 진실한 발심이라고 한다'. 初發意菩薩者 有人言 初發意者 得無生法忍 隨阿耨多羅三藐三菩提相發心 是名初發意 名眞發心", 『화엄오교장』 권2(대정장45, p.490c20)에 "이 종교 중에서 그 실행을 논한다. 초발의로 좇아 곧바로 복과 지혜를 쌍으로 닦으니, 성불의 때 따로 닦는 일 없다. 此終教中 論其實行 從初發意 卽福慧雙修 故成佛時 無別修也", 『대승기신론』(대정장32, p.579b23)에 "모든 보살은 처음으로 뜻을 일으킨 때부터 보살의 구경지에 이르기까지 마음으로 본 것을 이름하여 보신이라 한다. 諸菩薩 從初發意 乃至菩薩究竟地 心所見者 名爲報身", 『대승기신론의소』 권하(대정장44, p.195b29)에 "초발의는 지전보살이다. 初發意者 是地前菩薩也"라고 하였다. [참고문헌] 『放光般若經』, 『十住斷結經』, 『大智度論』, 『華嚴五教章』, 『大乘起信論』, 『大乘起信論義疏』, *Kaś-y.56.* ⇨ 초발심 初發心, 아유월치 阿惟越致, 불퇴전위 不退轉位

초방사 草芳寺 경상북도 봉화군 명호면 관창리에 있던 절. 단(壇)을 쌓아 올려 만든 땅에 약 50칸(間) 정도의 방형(方形)에 위치했으며, 석축 등의 일부만 남아 있다. 봉화관창리사지(奉化觀張里寺址)라고도 한다. 고려말 불교를 배척할 때 봉화금씨(奉化琴氏)가 들어와 살았다고 하며 사당(祠堂) 1동(棟)이 남아 있다. [참고문헌] 『韓國寺刹全書』 권하 p.1103b11, 『文化遺蹟總覽』 권중(文化公報部文化財管理局, 1977) p.418.

초방자여 超放自如 훤출히 뛰어넘어 다 놓아버렸기에 저절로 자유로움. 『각호집』 권하 「문정공범중엄거사 文正公范仲淹居士」(卍속장109, p.555b5)에 "그때 종도자는 설두를 친견한 다음 훌쩍 넘어 저절로 자유로웠다. 時有宗道者 見雪竇後 超放自如", 『승보정속전』 권4(卍속장137, p.599b11)에 "본래부터 진점홍(翠巖可眞)은 멀리도 벗어나 얽매이지 않는 본보기로써 훌쩍 넘어 다 놓아버려서 스스로 떳떳했다. 初眞點胸 以邁往不羈之度 超放自如"라고 하였다. [참고문헌] 『角虎集』, 『僧寶正續傳』, 『林間錄』(卍속장148, p.590a11).

초백억일구 超百億一句 백억을 넘어서는 한마디. 『조동오위현결』 권하(卍속장111, p.257a7)에 "학인이 소산에게 물었다. '무엇이 백억을 넘어서는 한마디입니까?' '이것이야말로 저 끝까지 향해 가는 일이다' '무엇을 불러 향해 간다 합니까?' '한마디 깨우쳐 자유롭게 되면 백억 갈래 번뇌 뛰어넘는다'. 僧問踈山云 如何是超百億一句 師云 是向去邊事 云 因什麽 喚作向去 師云 一句了然超百億"라고 하였다. [참고문헌] 『曹洞五位顯訣』. ⇨ 일구요연초백억 一句了然超百億

초범 超凡 범부를 넘어서다. 이승(二乘)을 말할 뿐이어서 성인마저 넘어서는 월성(越聖)과 한 쌍이 되어야 보살마하살의 경계다. 『법화의소』 권1(대정장34, p.461b7)에 "이승은 단지 범부를 넘어설 뿐이므로 한 가지 이름만 붙이고, 대사(보살)의 덕은 범성을 다 넘어서므로 두 가지 이름(보살・마하살)을 지닌다. 보살이라는 말은 저들 범부와 다르다. 범부는 도를 구하지 않으므로 도란 없는 중생이다. 마하살이란 이승이 작은 길 구하는 것과 가려 다르다 한 뜻이다. 여기서는 대도를 구하는 면모를 밝힐 목적에서 대중생이라 한다. 二乘 但能超凡 故但立一名 大士 德踰凡聖 故有其兩稱 言菩薩者 異彼凡夫 以凡夫不求於道 故非道衆生 摩訶薩者 簡異二乘 亦求於小道 今明求於大道 故名大衆生", 『승만보굴』 권상(대정장37, p.25b9)에 "보살은 범부를 넘어서는 뜻이고, 마하살은 성인도 넘어선다는 뜻이다. 대심・대행・대원이 있기에 마하살이라 한다. 菩薩者 超凡也 摩訶薩者 超聖也 所謂有大心大行大願 故名摩訶薩", 『백론소』 권상(대정장42, p.242a15)에 "부처님은 반야이고 가엾이 여기는 마음은 대비다. 반야는 유에 집착하지 않으니 범부를 넘어서기 때문이고, 대비로 공에도 물들지 않기에 성인도 넘어선다. 佛是波若 哀爲大悲 波若不著有 以超凡故 大悲不染空 以越聖故", 『삼론현의』(대정장45, p.11a7)에 "반야로는 범부를 넘어서고 방편으로는 성인을 넘어선다. 반드시 먼저 범부를 넘어서고 이후에 비로소 성인을 넘어선다. 그러므로 앞에서는 반야를 밝히고 뒤에서는 방편을 가린다. 般若超凡 方便越聖 要前超凡 後方越聖 故前明般若 後辨方便", 『대승본생심지관경천주』 권5(卍속장34, p.322b14)에 "육바라밀의 법은 진실로 범부를 넘어서는 절묘한 처방이고 성인에 드는 신기한 비방이다. 모든 부처님 이렇게 써서 오주번뇌 온갖 병 다스리시고 두 갈래 죽음의 재앙 사라지게 하시네. 六度之法 誠爲超凡之妙劑 入聖之神方 諸佛用之 治五住煩惱諸病 離二死之苦殃"라고 하였다. [참고문헌] 『法華義疏』, 『勝鬘寶窟』, 『百論疏』, 『三論玄義』, 『大乘本生心地觀經淺註』. ⇨ 초범월성 超凡越聖, 보살마하살 菩薩摩訶薩

초범월성 超凡越聖 범부도 성인도 모두 넘어선다는 말. 『인왕호국반야경소』 권3 「관공품 觀空品」(대정장33, p.265a8)에 "보살은 반야의 바른 지혜로 공과 비공을 관하여 범부도 성인도 모두 넘어서므로 이 품을 관공품이라 한다. 今菩薩 以般若正智 觀空非空 超凡越聖 故言觀空品", 『선원청규』 권8 「좌선의 坐禪儀」(卍속장111, p.920b17)에 "그러므로 알라. 범부도 성인도 모두 넘어서려면 반드시 고요의 연을 빌려야 하고, 좌탈과 입망도 정의 힘에 기대야 한다. 是知 超凡越聖 必假靜緣 坐脫立亡 須憑定力", 『경덕전등록』 권28 「대주혜해화상어 大珠慧海和尙語」(대정장51, p.441c5)에 "견성한 사람 범부가 아니며 뛰어난 가르침 단번에 깨달아 범부도 성인도 넘어선다. 어리석은 사람은 범성을 따지지만 깨달은 사람은 생사도 열반도 넘어선다. 어리석은 사람은 사를 설하고 이를 말하지만, 깨달은 사람은 크게 써서 틀도 없다. 어리석은 사람은 얻음을 구하고 증오를 구하지만, 깨달은 사람은 아무것도 얻지도 않고 구하지도 않는다. 見性者 卽非凡夫 頓悟上乘 超凡越聖 迷人 論凡論聖 悟人 超越生死涅槃 迷人 說事說理 悟人 大用無方 迷人 求得求證 悟人 無得無求", 『현사어록』 권상(卍속장126, p.410b10)에 "그런 까닭에 범도 성도 모두 넘어서고 생도 사도 모두 떠나며 인과 과도 벗어나며, 비로자나불도 석가모니불도 넘어서 범성과 인과에 속임을 당하지 않으니, 모든 곳에 그대 알아보는 이 없으리라. 알겠는가? 길이길이 생사하는 저 애욕의 그물 연연하지 마라. 선악업 이끌려 다녀 자유로운 구석이 없으리라. 所以 超凡越聖 出生離死 離因離果 超毘盧 越釋迦 不被凡聖因果所謾 一切處無人識得汝 知麽 莫祇長戀生死愛網 被善惡業拘將去 無自由分", 『건중정국속등록』 권4 「법소연교장 法昭演教章」(卍속장136, p.83a2)에 "그대가 만일 속까지 환하게 알게 된다면 범부도 성인도 모두 넘어서 저절로 조사나 부처와 같은 길을 가겠지만, 그대가 만일 언구에서 찾고 부처나 조사를 찾는다면 점점 멀어질 것이다. 儞若信得徹去 便超凡越聖 與祖佛同途 儞若覓言覓句 覓佛覓祖 展轉勿交涉"라고 하였다. 〔참고문헌〕『仁王護國般若經疏』, 『禪苑淸規』, 『景德傳燈錄』, 『玄沙語錄』, 『建中靖國續燈錄』. ⇨ 초범입성 超凡入聖

초범입성 超凡入聖 범부를 넘어서서 성인에 들다. 『밀적역사대권신왕경게송』(대정장32, p.781a22)에 "범부를 넘어서 성인에 든다 해도 그 모두가 그대들 스스로의 마음인데, 진여에 도달하지 못하고서는 멋대로 하면서 마음을 그릇되게 쓸 수 있다. 超凡入聖 皆是爾自心 不達眞如 枉去錯用心", 『관무량수불경의소』 「발문 跋文」(대정장37, p.305b21)에 "『관무량수경』은 업을 깨끗이 하는 바른 인이고, 장애를 버리는 탁월한 행이며, 범부를 넘어서 성인에 드는 묘술이고, 길이 살고 죽지 않는 신묘한 방편이다. 觀無量壽經者 淨業之正因 除障之勝行 超凡入聖之妙術 長生不死之神方也", 『선관책진』 「천목단애의선사시중 天目斷崖義禪師示衆」(대정장48, p.1101c22)에 "만일 범을 넘어서 성에 들고 영원히 번뇌의 고단함에서 벗어나고자 한다면, 반드시 껍데기 버리고 뼈마저 바꾸어 끊어버린 후 다시 소생하여야 한다. 마치 차갑게 식은 재에서 불꽃이 일고 고목에서 다시 꽃이 피듯이 해야 하니, 어찌 쉽다는 생각을 할 수 있겠는가! 若要超凡入聖 永脫塵勞 直須去皮換骨 絶後再甦 如寒灰發焰 枯木重榮 豈可作容易想", 『선원청규』 권2 「소참 小參」(卍속장111, p.887a9)에 "만일 불법의 몸과 마음이 없다면 어떻게 범을 넘어 성에 들 수 있겠는가! 若無佛法身心 何以超凡入聖"라고 하였다. 〔참고문헌〕『密迹力士大權神王經偈頌』, 『觀無量壽佛經義疏』, 『禪關策進』, 『禪苑淸規』. ⇨ 초범월성 超凡越聖

초법명도 初法明道 보살이 정보리심으로 처음 일체여래경계에 드는 길. 『대일경소』 권1(대정장39, p.590a7)에 "『대일경』에서 '비밀주여, 이 보살의 정보리심문을 초법명도라 한다. 보살이 여기에 머물러 수학하면 오래 힘쓰지 않아도 곧바로 제일체개장삼매를 얻는다'라고 한 것은, 불지혜에 들어가는 데에는 무량방편문이 있는데, 이제 이 종(『대일경』의 가르침)에서는 곧바로 정보리심을 문으로 삼는다. 이 문에 들어가면 곧 이것이 처음으로 일체여래경계에 드는 것이다. 비유하자면 미륵이 누각의 문을 열자 그 안의 선재동자가 이 안에서 무량불가사의한 일을 다 보는 것처럼 말로 설명하기 어렵고 오직 들어간 사람만이 스스로 알 뿐이다. 법명(法明)이라 한 것은, 각심 본래 불생의 경계이기에 그 마음 청정함에 머물러 커다란 지혜의 광명을 낳고, 널리 한량없는 법성을 비추어 모든 부처님께서 행하신 도를 보는 것이다. 그러므로 법명도라고 한다. 보살이 이 도에 머물 때 망상인연 좇던 모든 번뇌업고 등이 모두 다 깨끗하게 사라진다. … 수행하는 사람도 이와 같다. 정보리심인으로 모든 법을 비추기에 적은 공력으로도 제개장삼매를 얻어 팔만사천번뇌실상을 보며, 팔만사천보취문을 성취한다. 그러므로 경에서 다음에 말한다. '보살이 여기에 머물러 수학하면 오래도록 힘쓰지 않아도 곧 제일체개장삼매를 얻는다'. 經云 祕密主 此菩薩淨菩提心門 名初法明道 菩薩住此修學 不久勤苦 便得除一切蓋障三昧者 入佛智慧 有無量方便門 今此宗 直以淨菩提心爲門 若入此門 卽是初入一切如來境界 譬如彌勒 開樓閣門內善財童子 是中具見無量不思議事 難以言宣 但入者自知耳 法明者 以覺心本不生際 其心淨住 生大慧光明 普照無量法性 見諸佛所行之道 故云法明道也 菩薩住此道時 從妄想因緣 所有煩惱業苦 皆悉淸淨除滅 … 行人亦復如是 因淨菩提心 照明諸法故 少用功力 便得除蓋障三昧 見八萬四千煩惱實相 成八萬四千寶聚門 故經次云 菩薩住此修學 不久勤苦 便得除一切蓋障三昧"라고 하였다. 〔참고문헌〕『大日經疏』, 『大日經』 권1(대정장18, p.1c26). ⇨ 제일체개장삼매 除一切蓋障三昧, 법명도 法明道

초보 超寶 1635~1709. 청대 임제종(臨濟宗) 스님. 속성은 유(劉)씨. 예장(豫章 : 江西省) 여릉(廬陵) 출신. 9세에 갑자기 병에 걸려 매우 위독해지자 부친의 허락하에 기타사(祇陀寺)의 자승(慈乘)에게 출가하였으며, 19세에 청원미암(青原眉庵)으로부터 구족계를 받고 10여 년간 그 문하에 있었다. 후에 항주(杭州 : 浙江省)로 가서 원조묘계(圓照茆溪)를 찾아뵙고 종지를 궁구하였으며, 인가를 받고 문하에서 3년간 머물렀다. 1697년(강희36)에 천목산(天目山)에서의 청에 응하여 그곳으로 옮겨가 교화를 펼쳤고, 3년 뒤 본산의 활매암(活埋庵)으로 돌아와 조용하게 여생을 보냈다. 1709년(강희48)에 세수 75세를 일기로 입적하였다.

초보산 招寶山 중국 영파부(寧波府 : 浙江省) 정해현(定海縣) 성 동북쪽에 있는 산. 후조산(候潮山) 또는 후도산(候濤山)이라고도 한다. 산에는 대권수리보살(大權修理菩薩)을 받드는 사당이 있고 별도로 칠랑봉(七郎峰)이라 불린다. 『고숙존어록』 권5(가흥장37, p.433a26)에 "초보에 올라 차운하다 : 동남쪽에 한 치의 디딜 땅도 없고, 회산에는 돌로 쌓은 성이 있다네. 조수가 밀려오면 승속이 모두 두려워하고, 조수가 물러나면 자라와 물고기가 놀란다네. 골짜기 입구에는 구름 많이 끼고, 바위 주변에는 명사들 자취 가득하다. 신기루의 헛것이 밖으로 나오더니, 문득 먼 곳에 돛단배 지나가네. 登招寶次韻 東南無寸地 淮山有石城 潮來緇白怖 汐退灶漁驚 洞口多龍氣 嵒邊足士名 蜃樓幻出外 乍見遠帆横"라고 하였다. 〔참고문헌〕『古宿尊語錄』, 『虛堂錄』 권1(대정장47, p.985c4), 『重修普陀山志』 권2(中國佛寺史志彙刊第9冊, p.139a6), 『讀史方輿紀要』 권92, 『大明一統志』 권46, 『大淸一統志』 권224.

초보살지 初菩薩地 보살십지(菩薩十地) 중 초지(初地). 극희지(極喜地 Ⓢ pramuditā-bhūmi : 歡喜地)·증입위(證入位 : 入位修住)라고도 한다. 『능가경』 권2(대정장16, p.492b27)에 "대혜야, 보살마하살은 초보살지에서 부처님의 위신력에 머무르니, 즉 보살대승조명삼매에 든다. 이 삼매에 든 다음에는 시방세계의 모든 부처님께서 신통력으로 일체의 모습을 나투시어 직접 말씀하시는데, 금강장보살마하살과 그 나머지 이와 같은 모습의 공덕을 성취한 보살마하살들이다. 대혜야, 이것을 초보살지라고 한다. 大慧 菩薩摩訶薩 初菩薩地 住佛神力 所謂入菩薩大乘照明三昧 入是三昧已 十方世界一切諸佛 以神通力 爲現一切身面言說 如金剛藏菩薩摩訶薩 及餘如是相功德成就菩薩摩訶薩 大慧 是名初菩薩地", 『해심밀경』 권3(대정장16, p.701c28)에 "'세존이시여, 이 사마타(Ⓢ śamatha : 止)와 비발사나(Ⓢ vipaśyana : 觀)는 초보살지로부터 여래지에 이르기까지 어떠한 장애를 마주해 다스립니까?' '선남자야, 이 사마타와 비발사나는 초지에서 악취의 번뇌잡염·업잡염·생잡염의 장애를 다스린다'. 世尊 此奢摩他 毘鉢舍那 從初菩薩地 乃至 如來地 能對治何障 善男子 此奢摩他 毘鉢舍那 於初地中 對治惡趣煩惱業生雜染障"라고 하였다. 〔참고문헌〕『楞伽經』, 『解深密經』, *Laṅk.100.* ⇨ 초지 初地, 극희지 極喜地, 십지 十地 ❷

초본불로염출 草本不勞拈出 초본 수고롭게 집어낼 일 없다네. 애초에 본보기 있을 리 없는 뜻이다. 『설두어록』 권1(대정장47, p.673a12)에 "설두 스님에게 묻기를 '어디서 수업했는가?' 스님 말하길 '천장입니다' '난정기를 가져 왔는가?' '어찌 감히 화상께 바치겠습니까?' '초본을 낼 필요는 없다'. 問僧 甚處受業 僧云 天章 師云 將得蘭亭記來麽 僧云 爭敢呈似和尙 師云 草本不勞拈出", 『열조제강록』 권4(卍속장112, p.227a5)에 "홍각도민(弘覺道忞)선사 불탄일에 상당해 말하길 '세존 처음 나셨을 때 초본 낼 필요 없었으니, 한손으론 하늘을 남은 한손으론 땅을 가리켰다 하니 멋모르는 어린애였다. 주위를 돌며 일곱 걸음 걸었지만 발뒤꿈치가 아직 땅에 붙기도 전이다. 사방 돌아보고 하늘 바라보며 「천상천하에 나만이 홀로 높다」라 말했다가 옥에 갇혀 죽어 마땅하였지만, 운문이 한방에 때려죽였으니 그의 달콤한 미끼를 탐내다 그의 낚싯바늘에 걸려들었다'. 弘覺忞禪師佛誕上堂 世尊初生 草本不勞拈出 一手指天 一手指地 賣弄小孩兒 周行七步 脚跟未點地在 目顧四方 望空啓告 天上天下 惟我獨尊 囚供死款 雲門一棒打殺 貪他香餌著他鉤", 『종감법림』 권7(卍속장116, p.114b13)에 "자린공봉이 『사익경』에 주를 달았기에 혜충국사 말하길 '대덕이 경에 주를 달았는데, 부처의 뜻을 알아야 하지 않겠나' '부처의 뜻을 몰랐다면 어떻게 주를 달 수 있었겠습니까?' 국사가 시자 시켜 주발에 물 담아 오게 한 뒤 일곱 알 쌀을 안에 넣고 주발 한쪽 면에 젓가락 한 짝 걸쳐놓고서 묻기를 '이 무슨 뜻인가?' 공봉 말 없자 국사 말하길, '노승의 뜻도 모르면서 부처의 뜻은 어떻게 알겠는가?' 國師因紫璘供奉注思益經 師乃問 大德注經 須會佛意 始得 曰 若不會佛意 爭解注得 師令侍者 盛一盌水 內著七粒米 盌面安一隻箸 乃問 是什麽義 奉無語 師曰 老僧意尙不會 豈況佛意", "위산과 말하길 '봉공은 선봉에선 지을 것 있었지만 후군에선 공마저 없게 되었다. 당시 「이 무슨 뜻인가?」라는 말 듣자마자 「초본 낼 필요 없습니다」라고 답한 뒤 국사를 발로 차서 넘어뜨리고 문득 갔더라면 설령 국사의 온몸이 입이었다 해도 아무말도 못했으리라'. 潙山果云 供奉先鋒有作 殿後無功 當時纔見問 是什麽義 祇對云 草本不勞拈出 踢倒便行 直饒國師通身是口 也無說處"라고 하였다. 〔참고문헌〕『雪竇語錄』, 『列祖提綱錄』, 『宗鑑法林』.

초부 草覆 풀이 눕듯 하다. 칠멸쟁법(七滅諍法) 중 하나로 갖춘 이름은 여초부지비니(如草覆地毘尼)다. 대중에서 쟁론하거나 다투던 이들이 입장을 모두 철회하고 서로 화합하여 쟁론을 그치는 갈마다. 『사분율』 권47(대정장22, p.915c18)에 "마땅히 이 다툼을 사라지게 하려면 마치 저 풀이 눕듯 해야 한다. 지금 이후로는 모든 비구들 위해 저 풀이 땅을 덮듯 하고 맹세해서 다툼이 사라지게 할 것이다. 마땅히 이와 같이 풀이 땅을 덮듯 한다. 應滅此諍 猶如草覆 自今已去 爲諸比丘 結如草覆地 滅諍法 應如是說 如草覆地", 『승갈마』 권하(대정장40, p.532c21)에 "무엇이 풀이 땅을 덮듯 하는 것인가? 이 죄는 다시는 죄라는 이름마저 말하지 않기로 해서 죄의 종자마저 참회하게 하는 것이 그것이다. 云何草覆地 此罪更不說罪名 罪種懺悔者是", 돈황본 『비니심』(대정장85, p.666a4)에 "일곱 번째, 마치 풀이 바닥을 덮는 듯이 하는 비니〈이렇게 한 주처에서 중승이 서로 다투며 서로 범촉하면 해결되지 않는다. 그때 대중을 이끄는 사람이 마땅히 단백갈마를 지어서 투쟁을 그치고 각자 기쁨을 구하여 화합하는 포살로써 서로 범하여 일어나는 다툼을 멸한다〉. 七 如草覆地毘尼〈此一住處 衆僧共諍 互相犯觸 不可整理 爾時 匡衆之人 應作單白羯磨 掩息鬪諍 各乞歡喜 和合布薩 以滅犯諍也〉"라고 하였다. [참고문헌] 『四分律』, 『僧羯磨』, 『毘尼心』. ⇨ 여초부지 如草覆地, 칠멸쟁법 七滅諍法

초부지비니 草覆地毘尼 ➡ 여초부지 如草覆地

초불여법수시라율의 初不如法受尸羅律儀 처음부터 계를 받는 인연이 여법하지 못함. 수계인연이 불청정한 열가지 이유(十種因戒不淸淨) 중 하나. 최초악수시라율의(最初惡受尸羅律儀 Ⓢ ādito durgṛhītaṃ śīlam)라고도 한다. 청정계(淸淨戒) 중 초선수계(初善受戒)에 대칭한다. 『현양성교론』 권7(대정장31, p.515b25)에 "초불여법수시라율의란, 가령 어떤 사람은 왕의 핍박을 피해 또는 강적의 핍박을 피해 또는 채권자의 핍박을 피해 또는 어떤 핍박에 대한 두려움 또는 생계수단이 없는 데 따른 두려움 등 때문에 출가하여 계를 받으려 하니, 이는 성도를 닦기 위한 것도 아니며, 청정범행을 위한 것도 아니며, 스스로를 조복하기 위함도 아니며, 스스로의 적정을 위한 것도 아니며, 스스로의 열반을 위한 것도 아니니, 이러한 경우들이 애초에 여법하게 시라율의를 받지 못한다 한다. 初不如法受尸羅律儀者 如有一人 或避王逼惱 或避强賊之所逼惱 或避債主逼惱 或因恐怖逼惱 或怖不活等故 出家受戒 不爲營修聖道 不爲淸淨梵行 不爲自調伏 不爲自寂靜 不爲自涅槃 諸如是等 是初不如法受尸羅律儀"라고 하였다. [참고문헌] 『顯揚聖敎論』, 『瑜伽師地論』 권22(대정장30, p.403c6). ⇨ 최초악수시라율의 最初惡受尸羅律儀

초불월조 超佛越祖 부처도 넘고 조사도 넘어서다. 『황룡혜남어록』 「삼관사자송 三關師自頌」(대정장47, p.639b29)에 "내 손과 부처님 손을 아울러 들어보이니, 선하는 이라면 곧바로 알아차리리라. 무기 쓸 일 없이 말꺼내니, 그 자리에서 부처도 넘고 조사도 넘어선다네. 我手佛手兼擧 禪人直下薦取 不動干戈道出 當處超佛越祖", 『대혜어록』 권11 「시한령인 示韓令人」(대정장47, p.857c19)에 "이를 수 없는 곳 한마디로 드러내서 바람 일기 전에 천 갈래 길 끊어 버리니, 부처도 넘고 조사도 넘어서서 다만 지금 같이 한다. 만 길 절벽처럼 우뚝해 주고받을 일마저 없다. 說不到處著一句 風前截斷千差路 超佛越祖只如今 壁立萬仞無回互", 『선요』 「결제시중 結制示衆」 제13(卍속장122, p.713b7)에 "겨우 물길이 시작되고 구름 다한 곳에 전장의 연기가 걷히고 불길마저 사라져갈 때 홀연히 본지풍광 밟으리니, 틀림없이 부처와 조사를 모두 넘어설 것이다. 설령 이와 같이 깨닫더라도 여전히 법신 끝의 일일 뿐이니, 법신 향상한다 하는 일 아직 꿈에도 본 적 없다. 纔到水窮雲盡處 烟消火滅時 驀然踏着本地風光 管取超佛越祖 直饒恁麽悟去 猶是法身邊事 若曰法身向上事 未夢見在"라고 하였다. [참고문헌] 『黃龍慧南語錄』, 『大慧語錄』, 『禪要』. ⇨ 가불매조 呵佛罵祖, 살불살조 殺佛殺祖

초불조 超佛祖 부처와 조사를 넘어서다. 『원오어록』 권18(대정장47, p.800c7)에 "흐르듯 남산에 구름 일더니 후두둑 북산에 비 내린다. 노주는 소리내 웃고 등롱은 부처도 조사도 넘어간다. 가운데서 솟아올랐다가 끝에서 사라지니 서천과 동토다. 누각의 문을 열어젖혔지만 하루 종일 한가하니 촌노인 어디 갔는지 모르노라. 油然南山雲 霈然北山雨 露柱笑呵呵 燈籠超佛祖 中涌邊沒 西天東土 樓閣門開竟日閑 野老不知何處去", 『직주설두송고』 권하(卍속장117, p.526a2)에 "격을 넘어서 이야기 즐기는 선객의 질문은 치우침이 지나쳐 꿰맨 곳마다 너덜너덜 떨어져나갔는데 보았는가?〈반드시 부처와 조사를 넘어서야 한다고만 알 뿐, 때려 두 토막이 난 줄은 모른다〉. (운문이) 호떡을 차고 왔음에도 여전히 머물지 못하니 지금껏 천하에 효와로 남아 있다〈꿰매야 할 때 한 번 걷어차여 한 덩어리가 되지 못하였다. 이에 효와라 한다〉. 超談禪客問偏多 縫罅披離見也麽〈只知要超佛祖 不知打作兩截〉 餬餠垈來猶不住 至今天下有誵訛〈當縫一垈 又不渾淪 故曰誵訛〉", 『장령수탁화상어』(속고존숙어요1, 卍속장118, p.876b6)에 "오 곱하기 오는 이십오, 사람마다 부처와 조사를 넘어선다. 잡았지만 기미를 알지 못하니 황금은 썩어 흙 되리라. 五五二十五 人人超佛祖 撩著未知機 黃金成糞土", 『초종혜방어록』(卍속장120, p.264a13)에 "현사의 호랑이를 알고자 하는가? 눈앞의 이것은 누가 보는가? 지금 당장 단단한 빗장을 뚫으면 온전한 기틀 불조를 넘어서리. 欲識玄沙虎 覿面是誰覩 直下透牢關 全機超佛祖"라고 하였다. [참고문헌] 『圜悟語錄』, 『直註雪竇頌古』, 『長靈守卓和尙語』, 『超宗慧方語錄』.

초사 初使 Ⓟ paṭhamaṃ devadūtaṃ. 처음 등장하는 저승사자. 늙음을 저승길을 맞이하는 첫 사자에 비유한다. 삼사자(三使者 : 三天使) 중 하나로 초천사(初天使)

라고도 한다. 『장아함경』 권19 「세기경 世記經」(대정장1, p.126b23)에 "왕이 죄인에게 묻기를 '그대 초사를 본 적이 있느냐?' 죄인이 대답하길 '본 적이 없습니다'. 염라왕이 다시 말하길 '네가 인간에 있을 때 자못 노인을 보지 않았는가. 머리는 희고 이는 빠졌으며 눈은 침침하고, 가죽은 늘어져 야위었고 등은 굽어 지팡이를 짚고서 신음하며 다니는데, 온몸은 부들부들 떨리고 기력이 쇠잔한 이런 사람을 본 일이 없는가?' 죄인이 말하길 '보았습니다'. 왕이 또 다시 말하길 '너는 어찌하여 나도 이와 같을 것이라고 스스로 생각하지 못하느냐?' 王問罪人言 汝不見初使耶 罪人報言 我不見也 王復告曰 汝在人中時 頗見老人 頭白齒落 目視朦朦 皮緩肌皺 僂脊柱杖 呻吟而行 身體戰掉 氣力衰微 見此人不 罪人言 見 王復告曰 汝何不自念 我亦如是"라고 하였다. [참고문헌] 『長阿含經』, *MN.3.179.* ⇨ 삼사자 三使者, 삼천사 三天使

초사문 初沙門 첫 번째 사문. 예류향 또는 예류과를 말하며, 수승한 순서로는 아라한을 말하기도 한다. 『대비바사론』 권66(대정장27, p.341c5)에 "『사자후경』에서 또 다음과 같이 말한다. '오직 나의 법에만 네 갈래 사문이 있으니, 즉 초사문에서 제4 사문인 아라한까지다. 외도법에는 진실한 사문과 바라문이 없다. 오직 헛된 이름 뿐이다. 이와 같은 일은 대중 중에 처할 뿐이니 참으로 사자후여서 도무지 두렵지 않다'. 여기에서 초사문이란 모든 예류를 말하고, 두 번째 사문이란 모든 일래며, 세 번째 사문이란 모든 불환을 말하고, 네 번째 사문이란 모든 아라한을 말한다. 협존자는 이렇게 말한다. '이 중에서 부처님께서는 뛰어난 이부터 먼저 말씀하셨으니, 초사문은 모든 아라한이다. … '만일 팔지성도로 말하자면, 즉 초사문에서 네 번째 사문까지를 말한다' 하였으니 어떤 이는 사과향을 사시문이라 보고 초사문은 예류향이라 한다. 師子吼經 復作是說 唯我法內 有四沙門 謂初沙門 乃至第四 外道法內 無眞沙門 及婆羅門 唯有空號 於如是事 處大衆中 正師子吼 都無所畏 應知此中 初沙門者 謂諸預流 第二沙門者 謂諸一來 第三沙門者 謂諸不還 第四沙門者 謂諸阿羅漢 脇尊者曰 應知 此中 佛隨勝者 於先而說 初沙門者 謂諸阿羅漢 … 若此處有八支聖道 當知是處 有四沙門 謂初沙門 乃至第四 此中有說 趣四果向 名四沙門 初沙門者 謂預流向"라고 하였다. [참고문헌] 『大毘婆沙論』, 『雜阿含經』 권35(대정장2, p.254b10). ⇨ 사사문과 四沙門果

초사지견 超師之見 스승을 넘어서는 견해. 『백장어록』(사가어록2, 卍속장119, p.818a16)에 "그렇다, 그래. 견해가 스승과 가지런하면 스승의 덕을 반으로 감하게 되니, 견해 스승을 넘어서야 비로소 감히 전수해 받는다. 그대(黃檗)는 참으로 스승을 넘어서는 견해가 있구나. 如是 如是 見與師齊 減師半德 見過於師 方堪傳授 子甚有超師之見"라고 하였다. [참고문헌] 『百丈語錄』.

초삭자 草索子 마른 풀로 엮은 새끼줄 또는 먹줄(繩). 새끼줄 같은 어디서나 듣는 한 타래의 말. 『허당록』 권1(대정장47, p.984b26)에 "그러한 까닭에 '대원각 내 가람으로 삼아 몸과 마음이 평등성지에 안거한다'라고 한 것이다. 이러한 한 타래의 말 제방에서 함께 쓰는 관습이다. 마치 창기의 거리나 유곽에 들어간 듯 이럭저럭 90일이 다 지나가 마쳤다. 기한 안에 깨달음을 얻었다면 또한 어떻겠는가? 所以道 以大圓覺 爲我伽藍 身心安居平等性智 喝一喝 者草索子 諸方共用底 只如入花街 穿柳巷 波波挈挈 過了九旬 剋期取證 又作麽生"라고 하였다. [참고문헌] 『虛堂錄』. ⇨ 낙색 絡索

초산 焦山 중국 강소성(江蘇省) 진강시(鎭江市) 경구구(京口區) 북쪽 장강 가운데 있는 산. 초산(譙山)·부옥산(浮玉山)이라고도 한다. 후한(後漢) 은사(隱士) 초선(焦先)이 머물렀기에 이렇게 불린다. 섬 안에는 은사를 모신 사당인 삼조동(三詔洞)이 있으며, 산중에는 원오극근(圜悟克勤)·불인료원(佛印了元) 등이 머물렀던 정혜사(定慧寺)가 있다. ⇨ 정혜사 定慧寺 ⑩

초산계 焦山系 초산 정혜사(定慧寺)를 중심으로 한 조동종(曹洞宗) 계 일파. 정혜사는 동한(東漢) 흥평년간(194~195)에 건립되었고 그 당시에는 보제사(普濟寺)라 하였다. 송대는 운문종(雲門宗) 불인요원(佛印了元)이 이곳에 주석하였고, 남송(南宋) 경정년간(1260~1264)에 중건되면서 초산사라 개칭하였다. 명 홍치년간(1488~1505)에 혜인(慧印)이 중수하였고, 청대 1699년(강희38) 준공하였으며, 1703년(강희42) 황제가 정혜라는 사액(寺額)을 하사하였다. 후에 조동종 서백명설(瑞白明雪)의 법손(法孫)인 고초지선(古樵智先)이 40년 동안 주석하면서 조동종의 종풍을 크게 세상에 떨쳤다. 이로써 정혜사는 중국 근세 조동종의 주요 도량이 되었다. 청초 거초청항(巨超淸恆)은 시문에 능하여 『차암시초 借庵詩草』를 남겼다. 그 제자 성원각전(性源覺詮)은 화엄교학에 능하였고 계율을 엄격하게 지키면서 부지런히 정업(淨業)을 행하는 동시에 『종경목록 宗鏡目錄』·『필경비니 畢竟毘尼』·『보명관법 普明觀法』·『출세상상선 出世上上禪』·『반약집 反約集』 등의 저술을 남겼다. 태평천국난(太平天國亂 1851~1864)이 일어났던 시기에는 오춘(悟春)·범척(凡滌)·초진(超塵)·일성(一誠) 등이 정혜사를 사수하였다. 난이 평정된 이후 개항대수(芥航大須)가 가람을 정비한 뒤 계법을 전수하고 정토교(淨土敎)를 거두어 선정(禪淨)을 아우른 종풍을 제창하였다. ⇨ 보제사 普濟寺 ④

초삼혜 初三慧　문사수(聞思修)의 세 가지 지혜.『집이문족론』권5(대정장26, p387c2)에 "초삼혜란 문소성혜·사소성혜·수소성혜를 말한다. 初三慧者 一 聞所成慧 二 思所成慧 三 修所成慧"라고 하였다.〔참고문헌〕『集異門足論』. ⇨ 삼혜 三慧❶, 문사수 聞思修

초상 初相　첫 번째 상. 생주이멸(生住異滅)의 사상(四相) 중 생상(生相)을 말하며 일체법 본래 무상(無相)인 뜻에서 무명(無明)으로 있을 뿐인 초상 때문에 중생이 부처가 되지 못한다.『대승기신론』권상(대정장32, p.585a23)에 "또한 '마음이 처음으로 일어난다'라고 한 말은 속설에 따랐을 뿐이니 그 초상을 구하려 해도 끝내 얻을 수 없다. 마음 오히려 있지도 않거늘 어찌 초상인들 있겠는가? 그러므로 일체중생은 각이라 이름하지 않는다. 시작 없는 때로부터 항상 무명과 망념이 이어가며 떠난 적이 없기 때문이다. 만약 망념이 그친다면 마음의 상으로서 생주이멸함이 모두 상이 없는 줄 알 것이다. 又言心初起者 但隨俗說 求其初相 終不可得 心尙無有 何況有初 是故 一切衆生 不名爲覺 以無始來 恒有無明妄念 相續未曾離故 若妄念息 卽知心相 生住異滅 皆悉無相",『대승기신론의소』권상(대정장44, p.184a21)에 "처음 마음 일으킴에 초상 없다는 말은 저 사상 중에 처음인 생상의 때에 일체법 본래부터 나는 일 있을 리 없음을 깨닫는다. 言初起心 無初相者 於四相中 初生相時 悟一切法 從本以來 本無有生"라고 하였다.〔참고문헌〕『大乘起信論』,『大乘起信論義疏』. ⇨ 생상 生相❶, 사상 四相❶

초생구아 初生鳩兒　갓 태어난 비둘기. 초발심한 수행자를 비유한다. 공훈오위(功勳五位)로써 수행이 원숙해지기 전의 모습을 비유한다.『선림승보전』권20「화엄도륭장 華嚴道隆章」(卍속장137, p.520b1)에 "그때 학인이 물었다. '(공훈오위 중) 향(向)이란 무엇인지요?' '밥 먹을 때는 어떻더냐?' '봉(奉)이란 무엇인지요?' '등지고 돌아설 때는 어떻더냐?' '공(功)이란 무엇인지요?' '호미를 내려놓고 쉴 때는 어떻더냐?' '공공(共功)이란 무엇인지요?' '색은 얻을 수 없다' '공공(功功)이란 무엇인지요?' '함께할 수 없는 것이다'. 이상을 공훈오위라 한다. 비유하자면 갓 태어난 비둘기가 깃털이 애틋하게 여려도 세월이 지나면 스스로 높이 날고 먼 곳까지도 거침없이 날아간다. 時有僧便問 如何是向 曰 喫飯時作麽生 又問 如何是奉 曰 背時作麽生 又問 如何是功 曰 放下钁頭時作麽生 又問 如何是共功 曰 不得色 又問 如何是功功 曰 不共 此名功勳五位也 譬如初生鳩兒 毛羽可憐生 久久自能 高飛遠蕩"라고 하였다.〔참고문헌〕『禪林僧寶傳』. ⇨ 공훈오위 功勳五位

초생시 初生時　갓 태어났을 때. 석가세존이 태자의 몸으로 탄생한 그 때를 말한다.『불본행집경』권8(대정장3, p.688a28)에 "보살이 처음 탄생하셨을 때 오백제천 옥녀들이 하늘의 갖가지 미묘음성으로 보살의 어머니 앞에 나아가 선 채로 안부를 묻고 말했다. '보살을 잘 낳으셨습니다. 피로하지 않으십니까?' 보살이 처음 탄생하셨을 때 이 대지가 열여덟 가지 모습을 갖추었고 여섯 가지로 진동하니 일체중생들이 다 쾌락을 느꼈다. … 지옥중생들 모두 휴식을 얻었고, 축생중생들 모든 공포 없었으며, 아귀중생들 다 충족함 얻었다. 보살이 처음 오른쪽 옆구리로 탄생하실 때 이렇게 한량없고 끝없는 희귀한 일과 미증유법이 있었다. 菩薩初生時 有五百諸天玉女 持天種種微妙音聲 詣向菩薩母前而立 安慰問訊 作如是言 善生菩薩 無疲惓耶 菩薩初生時 此大地具十八相 六種震動 一切衆生 皆受快樂 … 地獄衆生 皆得休息 畜生衆生 除諸恐怖 餓鬼衆生 皆得充足 菩薩初從右脇生時 有如是等 無量無邊 希奇之事 未曾有法",『방광대장엄경』권3(대정장3, p.553b25)에 "보살은 아승기백천구지나유타겁 동안 온갖 선행 닦은 정진력 있었기에, 처음 탄생하였을 때 곧바로 시방으로 각각 일곱 걸음을 갈 수 있었다. 또한 모든 제불여래의 위신력이 더해져 땅은 금강으로 변하고 보살들이 즐겨 밟았지만 무너지거나 갈라지지 않았다. 菩薩 於阿僧祇百千拘胝那由他劫 修諸善行 精進力故 初生之時 卽能十方 各行七步 一切諸佛如來威加 此地化爲金剛 菩薩遊踐 得無陷裂"라고 하였다.〔참고문헌〕『佛本行集經』,『方廣大莊嚴經』,『大智度論』권38(대정장25, p.341c8).

초생해자 初生孩子　갓난아이. 방금 태어난 아기. 태어남에 이미 지체(支體)와 육식(六識) 갖춘 뜻에서 원돈의 비유다.『경덕전등록』권13「규봉종밀전 圭峯宗密傳」(대정장51, p.307b12)에 "몰록 두렷하다 함은 저 갓난아이가 하루아침에 지체가 이미 온전하듯 하고, 점수라 하니 마치 길러진 성인이 다년에 걸쳐 지기가 비로소 서는 것과 같다. 頓圓 如初生孩子 一日而肢體已全 漸修如長養成人 多年而志氣方立",『벽암록』80칙「본칙 本則」(대정장48, p.206b5)에 "어떤 학인이 조주에게 물었다. '갓난아이도 육식을 다 갖추는지요?〈번개치듯 한 기틀로 무슨 갓난아기 말하는가?〉' 僧問趙州 初生孩子 還具六識也無〈閃電之機 說什麽 初生孩兒子〉"라고 하였다.〔참고문헌〕『景德傳燈錄』,『碧巖錄』.

초석 楚石　1296~1370. 원말명초대 임제종(臨濟宗) 스님 범기(梵琦)의 자(字). ⇨ 범기 梵琦

초석범기선사어록 楚石梵琦禪師語錄　원말명초대 임제종(臨濟宗) 스님인 초석범기의 어록. 1590년(만력18) 간행. 조광(祖光)·담소(曇紹)·양언(良彦) 등 편집. 2

0권. 갖춘 이름은 『불일보조혜변초석선사어록 佛日普照慧辯楚石禪師語錄』이다. 卍속장124, pp.71a1~300a4에 수록되어 있다. 복진사(福臻寺)・영조사(永祚寺)・대보국사(大報國寺)・본각사(本覺寺) 등에서의 어록과 대별(代別)・병불소참(秉拂小參)・거고(擧古)・송고(頌古)・불조게찬(佛祖偈贊)・법어(法語)・게송(偈頌)・잡저(雜著)・수륙승좌(水陸陞座) 등으로 구성되어 있으며, 법제(法弟)인 행중지인(行中至仁)이 지은 행장(行狀)과 무상거사(無相居士) 송렴(宋濂)이 쓴 서문・탑명(塔銘) 등이 수록되어 있다. ⇨범기 梵琦

초선 初禪 Ⓢprathama-dhyāna, Ⓟpaṭhama jhāna. 사선(四禪) 중 첫 번째로 색계(色界)의 첫 번째 선정(禪定). 심(尋 Ⓢvitarka : 覺)과 사(伺 Ⓢvicāra : 觀)가 있으며, 욕계(欲界)의 번뇌를 여의고서 일어나는 희(喜 Ⓢprīti)와 락(樂 Ⓢsukha)이 있다. 즉 심・사・희・락・심일경성(心一境性)의 다섯 가지(五支)를 특징으로 한다. 또 초선에서는 탐에해심(貪恚害尋)・고(苦)・우(憂)・범계(犯戒)・산란(散亂)의 다섯 가지 장애를 상대해 다스린다. 초정려(初靜慮)・초선정(初禪定) 등이라고도 한다. 『장아함경』 권8 「산타나경 散陀那經」(대정장1, p.50c18)에 "또 네 가지 법이 있으니 사선을 말한다. 여기에서 비구는 욕탐과 악불선법을 여의고, 각도 있고 관도 있으며, 번뇌를 여의는 데서 생겨나는 희와 락이 있는 초선에 들어간다. 復有四法 謂四禪 於是 比丘除欲惡不善法 有覺有觀 離生喜樂 入於初禪", 『대지도론』 권17(대정장25, p.185a13)에 "가령 오욕을 꾸짖고, 오개를 버리며 오법 즉 욕・정진・염・교혜・일심을 행한다. 이 오법을 수행하면 이 다섯 가지를 얻어 초선을 성취한다. 욕이란 욕계에서 벗어나고자 의욕하고 초선을 얻고자 의욕하는 것이다. 정진이란 집을 떠나 계를 가져서 초저녁부터 새벽까지 전일하게 게으름 없이 정진하면서 절식하고 마음을 거둬 달려 흩어지지 않게 한다. 염이란 초선의 락을 념해서 욕계는 부정하고 광혹하며 천하지만 초선은 존중받아야 하고 귀한 줄 안다. 교혜란 욕계락과 초선락의 경중과 득실을 관찰주량한다. 일심이란 마음을 연 중에 매어 분산되지 않게 한다. … 모든 욕탐이란 애착하는 색 등에 대한 오욕이니, 이에 대해 사유분별하고 가책하는 것에 대해서는 앞에서 말한 바와 같다. 악불선법이란 탐욕 등의 오개를 말한다. 이러한 안팎의 두 가지를 여의기에 초선을 얻는다. 초선의 상으로는 각・관・희・락・일심이다. 각과 관이 있다는 것은 초선을 얻으면 이전에는 얻지 못했던 선법공덕으로 인해 마음이 크게 놀라면서 깨우친다. … 각과 관이 사라져 안으로 청정하고 마음을 한 곳에 매어두어 각관도 없고 정(定)에서 생겨나는 희와 락으로 제2선에 든다. 若能呵五欲 除五蓋 行五法 欲 精進 念 巧慧 一心 行此五法 得五支 成就初禪 欲名欲於欲界中出欲得初禪 精進名離家持戒 初夜後夜 專精不懈 節食 攝心不令馳散 念名念初禪樂 知欲界不淨 狂惑可賤 初禪爲尊重可貴 巧慧名觀察籌量 欲界樂初禪樂 輕重得失 一心名常繫心緣中 不令分散 … 諸欲者 所愛著色等五欲 思惟分別 呵欲 如先說 惡不善法者 貪欲等五蓋 離此內外二事故得初禪 初禪相 有覺 有觀 喜 樂 一心 有覺有觀者 得初禪中 未曾所得善法功德故 心大驚悟 … 覺觀滅 內淸淨 繫心一處 無覺無觀 定生喜樂 入二禪", 『잡집론술기』 권9(卍속장74, p.850b1)에 "초선에서 대치되는 것에는 다섯 가지가 있다. 『현양성교론』 권19(대정장31, p.575c14)에서는 '첫째는 탐에해심, 둘째는 고, 셋째는 우, 넷째는 범계, 다섯째는 산란이다'라고 하였다. 初禪所治有五 如顯揚十九云 一 貪恚害尋 二 苦 三 憂 四 犯戒 五 散亂"라고 하였다. [참고문헌] 『長阿含經』, 『大智度論』, 『雜集論述記』, 『顯揚聖敎論』, *AN.5.343.* ⇨초정려 初靜慮, 사선 四禪[1], 유심유사 有尋有伺[1]

초선락 初禪樂 Ⓢdhyāna-sukha. 초선의 락. 욕계의 번뇌를 여의는 데서 오는 안락함. 『불소행찬』 권3(대정장4, p.23b19 : *Buddh-c.*, p.134)에 "욕탐과 악불선을 여의고, 욕계의 모든 번뇌를 멀리 여의면, 희와 락이 생겨나고 각관의 초선을 얻는다. 이미 초선의 락과 각관의 마음을 얻어 기특하다는 생각을 일으켜 어리석은 마음이 그 락에 집착한다면, 마음이 멀리 여의는 데서 비롯하는 락에 의지해 목숨이 끊어지면 범천에 나지만 지혜로운 이는 스스로 알아 방편으로 각관을 그치니 상지로 나아가기를 쉼 없이 구해서 제2선과 상응할 것이다. 離欲惡不善 欲界諸煩惱 遠離生喜樂 得初覺觀禪 旣得初禪樂 及與覺觀心 而生奇特想 愚癡心樂著 心依遠離樂 命終生梵天 慧者能自知 方便止覺觀 精勤求上進 第二禪相應 atho viviktaṃ kāmebhyo vyāpādādibhya eva ca, vivekajamavāpnoti pūrvadhyānaṃ vitarkavat. tacca dhyānasukhaṃ prāpya tattadeva vitarkayān, apūrvasukhalābhena hriyate bāliśo janaḥ. śamenaivaṃvidhenāyaṃ kāmadveṣavigarhiṇā, brahmalokamavāpnoti paritoṣeṇa vañcitaḥ. jñātvā vidvānvitarkāstu manaḥsaṃkṣobhakārakān, tadviyuktamavāpnoti dhyānaṃ prītisukhānvitam"라고 하였다. [참고문헌] 『佛所行讚』, *Buddh-c.* ⇨초선 初禪

초선범천 初禪梵天 색계의 초선(初禪)에 속하는 세 하늘. 그 세 가지 하늘은 범중천(梵衆天)・범보천(梵輔天)・대범천(大梵天)이다. 『법문명의집』(대정장54, p.203c24)에 "색계에는 모두 사선이 있는데, 사선 각각에 속한 하늘을 모두 합하면 십팔천이다. 초선의 범천 이상에는 여인의 모습은 있을 리 없어서 색신 청정하기에 색계라고 한다. 산선(散善)으로는 능히 감득함 아니기에 반드시 선정을 닦아야 그곳에 난다. 色界 總有四禪 合十八天 初禪梵天已上 無有女形 色身淸淨 故曰色界 非是散善所能感也 要修禪定 得生其中"라고 하였다. [참고문헌]『法門名義集』,『仁王般若經疏』 권하(대정장33, p.353a7),『大日經疏』 권15(대정장39, p.734a11),『華嚴孔目章』 권2(대정장45, p.554a25),『翻譯名義集』 권2(대정장54, p.1077b20). ⇨ 범중천 梵衆天, 범보천 梵輔天, 대범천 大梵天, 초선천 初禪天

초선삼매 初禪三昧 초선정(初禪定)과 같다.『불소행찬』 권5(대정장4, p.49c24)에 "(석존께서 마지막 교시를 하시는) 초선삼매에 들어 차제로 아홉 번째 정수에 드셨으며, 거꾸로 차제로 정수에 드시고는 돌아와 초선에 드셨고, 다시 초선에서 일어나 제4선에 드셨다. 정에서 나와 의지할 길 없이 하여 문득 열반에 드셨다. 入初禪三昧 次第九正受 逆次第正受 還入於初禪 復從初禪起 入於第四禪 出定心無寄 便入於涅槃",『법원주림』 권68(대정장53, p.801b12)에 "흑치비구는 그에게 가서 물었다. '초선삼매는 어떤 삼매에 의지해 생겨나고 어떤 삼매를 좇아 사라집니까?' 범왕이 답하였다. '나는 모든 범(梵) 중에서 가장 높은 이다'. 흑치비구가 말했다. '나는 범왕의 존비를 묻지 않았고, 다만 초선삼매를 물었습니다'. … 존자를 잡아 무리 밖으로 끌어내며 존자에게 말했다. '나는 능히 초선삼매를 알지 못한다. … 그대는 어찌 감히 범 중에서 나를 욕되게 하였는가?' 이것이 바로 사특한 꾸밈이며 불선번뇌다. … 그러나 타인에 대해 거친 어김과 손해를 일으키지 않고 위에서 나는 이는 일찍이 닦아 정(定)을 얻고 욕계의 거친 탐진 등을 다해 여의기에 저 과보를 얻어 도리어 능히 정을 닦는다. 黑齒比丘往彼問言 初禪三昧 依何三昧生 從何三昧滅 … 梵王答言 我是諸梵中尊者 黑齒比丘言 我不問梵王尊卑 但問初禪三昧 … 卽捉尊者 牽出衆外 語尊者言 我不能知初禪三昧 … 汝何忍在梵中 損辱我也 此是諂詐 不善煩惱 … 然不於他人 起麤違損 以生上者 曾修得定 盡離欲界麤貪瞋等 故得彼報 還能修定"라고 하였다. [참고문헌]『佛所行讚』,『法苑珠林』. ⇨ 초선정 初禪定

초선오지 初禪五支 초선에서 행하는 다섯 가지. 각(覺 Ⓢ vitarka)·관(觀 Ⓢ vicāra)·희(喜 Ⓢ prīti)·락(樂 Ⓢ sukha)·일심(一心 Ⓢ cittaikāgratā)을 말한다.『대방등대집경』 권22(대정장13, p.158a15)에 "초선의 오지 중 첫째는 각, 둘째는 관, 셋째는 이생희, 넷째는 수락, 다섯째는 정이다. 다섯 가지 지분을 갖출 때 탐에치를 여읜다. 만약 비구가 이 다섯 가지 지분을 갖춘다면 이를 법행이라 한다. 다섯 가지 장애를 멀리 여의고 다섯 가지 지분을 성취하여 범행을 수습하고 모으면 대공덕을 성취한다. 初禪五支 一 覺 二 觀 三 離生喜 四者 受樂 五者 定 具五支時 離貪恚癡 若有比丘 具足五支 是名法行 遠離五事 成就五事 修集梵行 成大功德",『천태보살계소』 권하(대정장40, p.599b15)에 "초선의 다섯 가지란 첫째 각, 둘째 관, 셋째 희, 넷째 락, 다섯째 일심이다. 거친 마음을 각이라 하고, 세밀한 마음의 분별을 관이라 하며, 기꺼운 마음을 희라 하고, 기꺼운 몸을 락이라 하며, 심왕을 오로지 하나로 하는 것을 일심이라 한다. 初禪五支 一 覺 二 觀 三 喜 四 樂 五 一心 麤心名覺 細心分別名觀 悅心名喜 悅身名樂 能令心王專一名一心"라고 하였다. [참고문헌]『大方等大集經』,『天台菩薩戒疏』. ⇨ 초선 初禪, 초정려 初靜慮

초선정 初禪定 사선정(四禪定) 중 첫 번째. 초선(初禪)·초선삼매(初禪三昧)·초정려(初靜慮)등이라고도 한다.『장아함경』 권4「유행경 遊行經」(대정장1, p.26b21)에 "세존께서는 바로 초선정에 드셨고, 초선정에서 일어나 제2선정에 드셨다. 제2선정에서 일어나 제3선정에 드셨다. 제3선정에서 일어나 제4선정에 드셨다. 제4선정에서 일어나 공처정에 드셨다. … 유상무상정에서 일어나 멸상정에 드셨다. 世尊卽入初禪定 從初禪起 入第二禪 從第二禪起 入第三禪 從第三禪起 入第四禪 從四禪起 入空處定 … 從有想無想定起 入滅想定",『선법요해』 권상(대정장15, p.288b11)에 "수행자는 이와 같이 사유하여 오개를 없애고 모든 선법을 모아서 한 마음에 깊이 들어가서는 욕계의 번뇌를 끊고 초선정을 얻는다. 부처님께서 경에서 설하셨다. '수행자는 욕탐과 악불선법을 여의고 각과 관이 있으며 번뇌를 여윔으로써 생겨나는 희와 락이 있는 초선에 들어간다'. 行者如是思惟 除捨五蓋 集諸善法 深入一心 斷欲界煩惱 得初禪定 如佛經說 行者離欲惡不善法 有覺有觀 離生喜樂入初禪",『광석보리심론』 권3(대정장32, p.567c10)에 "유심유사지를 초선정이라 한다. 有尋有伺 是初禪定"라고 하였다. [참고문헌]『長阿含經』,『禪法要解』,『廣釋菩提心論』. ⇨ 사선정 四禪定, 유심유사지 有尋有伺地

초선중선후선 初善中善後善 Ⓢ ādau kalyāṇaṃ madhye kalyāṇaṃ paryavasāne kalyāṇam, Ⓣ thog-mar-dge-ba-bar-du-dge-ba-tha-mar-dge-ba. 처음도 아름답고 중간도 아름답고 끝도 아름답다네. 부처님의 설법을 찬탄하는 상용구다. 선(善)으로 번역된 kalyāṇa는 여성형용사로 다른 경론에서는 아름다운(微妙), 우아한(妙善), 바르고 진실한(正眞), 깨끗한(淨) 등의 뜻으로 번역되기도 한다. 초중후선(初中後善)·삼선(三善)이라고도 한다. 또 대승칠선(大乘七善) 중 하나로 구분하여 시절선(時節善)이라고도 한다.『법화경』 권1「서품 序品」(대정장9, p.3c17)에 "모든 선남자여! 저 과거 한없고 끝없는 불가사의한 아승기겁 전에 부처님이 계셨으니, 명호는 '일월등명여래 응공 정변지 명행족 선서 세간해 무상사 조어장부 천인사 불세존'이고, 정법을 연설함에 처음도 선하고 중간도 선하며 나중도 선하였다. 그 뜻은 깊고도 멀고 그 말씀 교묘하고 순일하여 잡이 섞인 것 없어서 맑고 깨끗한 범행의 모습 구족하시다. 성문 구하는 이에게는 사제법으로 응하여 설해서 생로병사를 건너 끝내 열반에 이르게 하고, 벽지불 구하는 이에게는 십이인연법으로 응하여 설하시고, 모든 보살에게는 육바라밀로 응하여 설함에 아누다라삼막삼보리를 얻고 일체종지를 이루게 하였다. 諸善男子 如過去無量無邊 不可思議 阿僧祇劫 爾時有佛 號日月燈明如來 應供 正遍知 明行足 善逝 世間解 無上士 調御丈夫 天人師 佛世尊 演說正法 初善中善後善 其義深遠 其語巧妙 純一無雜 具足淸白梵行之相 爲求聲聞者 說應四諦法 度生老病死 究竟涅槃 爲求辟支佛者 說應十二因緣法 爲諸菩薩 說應六波羅蜜 令得阿耨多羅三藐三菩提 成一切種智", 『선견율비바사』 권4(대정장24, p.698c2)에 "〔문〕 부처님은 무슨 까닭에 중생 위해 설합니까? 〔답〕 일체중생에게 대자비 일으키시니 위없는 안락으로 건네주려고 중생 위하여 법을 설하신다. 혹 한 구, 혹 게 하나, 혹은 많거나 혹은 적거나 하는데, 위해서 설한다라 한다. 처음도 선하고 중간도 선하고 나중도 선한데, 그 뜻이 교묘하고 순일함에 섞임이 없다. 일체를 구족함에도 모두가 한 맛이다. 問曰 佛何以爲衆生說 答曰 於一切衆生生大慈悲故 度無上安樂 爲衆生說法 或一句 或一偈 或多或少 是名爲說 初善中善後善 其義巧妙 純一無雜 一切具足 皆是一味"라고 하였다. 〔참고문헌〕『法華經』, 『善見律毘婆沙』, 『有部律藥事』 권7(대정장24, p.29a16), 『法華經義記』 권2(대정장33, p.588b8), *Saddh-p.17·18.* ⇨ 초중후선 初中後善, 삼선 三善[1], 대승칠선 大乘七善, 시절선 時節善, 선 善, 일미 一味

초선천 初禪天 사선천(四禪天) 중 초정려(初靜慮)로 얻는 첫 번째 하늘로 범천(梵天)·범중천(梵衆天)·범보천(梵輔天) 세 하늘이 있다. 『대지도론』 권78(대정장25, p.613b13)에 "초선천에는 각과 관이 있어 산란하기에 또한 묘라고 하기에는 부족하다. 初禪天有覺觀散亂 亦不足爲妙", 『유가사지론약찬』 권9(대정장43, p.122c12)에 "초선천의 이름이 범(梵)인데, 범은 정의 뜻으로 처음으로 욕을 여의기에 정함이라는 이름을 얻었다. 初禪天名梵者 梵是淨義 初離欲故 故得淨名", 『본업영락경소』(대정장85, p.747b21)에 "범천·범중천·범보천 이 셋이 초선천이다. 『선비보살경』에 의하면 초선의 삼천은 범보·범중·대범천이다. 梵天 梵衆天 梵輔天 此三是初禪天 若依善臂菩薩經中 初禪三天者 梵輔 梵衆 大梵天也", 『비니작지속석』 권4(卍속장65, p.98b1)에 "(九衆生居 중) 두 번째는 이생희락지로 색계초선천이다. 이 천은 이미 욕계의 욕탐법과 악법을 여의었다. 각과 관의 선정을 얻고 희와 락이 생겨났으니 이 선정에 머물면 어떠한 고뇌라도 핍박할 수 없다〈각관이란, 초심이 연에 있으면 각이라 하고, 세심으로 분별하면 관이라 한다〉. 二離生喜樂地 卽色界初禪天 謂此天已離欲界欲惡之法 得覺觀禪定 而生喜樂 住於此定 一切苦惱 皆不能逼也〈覺觀者 初心在緣曰覺 細心分別曰觀也〉", 『창소지론』 권하(대정장32, p.232a9)에 "초정려를 얻으면 초선천에 난다. 獲初靜慮 生初禪天"라고 하였다. 〔참고문헌〕『大智度論』, 『瑜伽師地論略纂』, 『本業瓔珞經疏』, 『毘尼作持續釋』, 『彰所知論』. ⇨ 초선 初禪, 사선천 四禪天[1], 범천 梵天, 범중천 梵衆天, 범보천 梵輔天

초설병 草屑甁 풀을 말려 분말로 만들어 담은 병. 공양간(淨廚)에 두는 물품 중 하나다. 『마하승기율』 권16(대정장22, p.358b7)에 "승가람을 새로 지으면 정두안에 갖가지 물건을 갖춘다. … 석회병·염병·초설병 … 등을 정옥 한쪽에 둔다. 若新作僧伽藍 淨廚裏有種種物 … 石灰甁 鹽甁 草屑甁 … 淨屋中在一處"라고 하였다. 〔참고문헌〕『摩訶僧祇律』.

초성 草聖 초서(草書)의 고수. 글씨를 잘 쓰는 사람을 부르는 말이다. 『사분율행사초자지기』 권하(대정장40, p.414a21)에 "요사이 석가의 제자는 이름도 실도 모두 잃었다. 서사에 능해서는 '초성'이라 칭하고, 세전에 통해서는 스스로를 '문장'이라 부를 뿐이다. 今時釋子 名實俱喪 能書寫則稱爲草聖 通俗典則自號文章", 『역조석씨자감』 권11(卍속장132, p.233a12)에 "용아선사 종밀은 속명이 세소이고, '초성'으로서 세간의 보배로 여겨졌다. 龍牙禪師從密 字世疎 以草聖爲世所珍"라고 하였다. 〔참고문헌〕『四分律行事鈔資持記』, 『歷朝釋氏資鑑』, 『佛祖歷代通載』 권13(대정장49, p.592c4).

초성종 初聖種 Ⓟ porāṇa aggañña ariya-vaṃsa. 처음으로 성스런 씨앗 뿌린 이. 계정혜 닦아 수승한 공덕 갖춘 비구를 말한다. 앙굿타라니카야 짜뚝카니파타(*Catukka-nipāta*) 제28경 *Vaṃsa-sutta*(*AN.2,* p.27)에 "비구는 어떤 옷이든 만족하고, 어떤 옷이든 만족하는 것을 칭찬한다. … 비구들이여, 이 비구를 가리켜 예로부터 전승해 온 성종에 머문다고 한다. bhikkhu santuṭṭho hoti itarītarena cīvarena itarītara-cīvara-santuṭṭhiyā ca vaṇṇa-vādī … ayaṃ vuccati bhikkhave bhikkhu porāṇe aggaññe ariya-vaṃse ṭhito", 『해탈도론』 권2(대정장32, p.404b21)에 "〔문〕 그때 계 가져 좌선하는 사람이 마음으로 승선공덕을 성취하고 두타공덕마저 얻고자 한다. 마땅히 이와 같이 성취

하고자 한다면 어떻게 해야 두타공덕을 받는가? 〔답〕 좌선인을 위한 성품은 한 가지만이 아니다. 욕심이 적고 만족할 줄 알며, 의심 없고 갈애를 다하며 더욱 더 용맹정진하기 위해서는 스스로 일을 줄여 밖에서 보시를 받지 않아야 하며, 안주하기 위해 집착을 끊고 계와 선을 수호하니, 이야말로 온갖 삼매 구족하여야 비로소 성스런 씨앗이라 하고, 수승한 공덕관이라 할 수 있다. 問 爾時 淨戒坐禪人 心欲成就 勝善功德 又爲欲得 頭陀功德 當如是成就 何故受此 頭陀功德 答 爲坐禪人 性不一種 爲於少欲 爲於知足 爲於無疑 爲於滅愛 爲欲增長勇猛精進 爲自少營不受外施 爲於安住 爲斷所著 守護戒善 是諸定衆具 是初聖種 是勝功德觀"라고 하였다. 〔참고문헌〕『解脫道論』, *AN.*, *DN.3.224·225.* ⇨사성종 四聖種, 안주고석성종 安住古昔聖種

초세원 超世願 Ⓢvara-praṇidhāna. 세간을 넘어서는 원. 법장비구(法藏比丘)가 세우고 성취한 아미타불(阿彌陀佛)의 사십팔원(四十八願)을 말한다. 『무량수경』 권상(대정장12, p.269b8 : *Sukh-vy. I*, p.25)에 "나는 세간 뛰어넘는 원을 세워, 반드시 위없는 도에 이르리라. 이 원을 채우지 못한다면, 맹세코 등각을 이루지 않겠노라. 我建超世願 必至無上道 斯願不滿足 誓不成等覺 saci mi imi viśiṣṭa naivarūpā, varapraṇidhāna siyā khu bodhiprāpte", 『무량수경의소』 권상(대정장37, p.103c10)에 "이전에 일으켰던 서원 가운데 법신을 구하겠다는 원과 정토를 구하겠다는 원을 초세원이라 한다. 前所發中 求法身願 求淨土願 名超世願"라고 하였다. 〔참고문헌〕『無量壽經』, 『無量壽經義疏』, *Sukh-vy. I*. ⇨별원초세 別願超世

초소 草疏 선림(禪林)에서 행하는 글(文疏). 『선림상기전』 권15(불광장, 禪藏, p.1153)에 "초소 : 도충(道忠)이 말한다. '소의 말은 대부분 넷이나 여섯 자로 하지만 드물게 산문도 있다. 이것을 초소라 한다'. 草疏 忠曰 疏語多四六成之 而間有散文者 此名草疏"라고 하였다. 〔참고문헌〕『禪林象器箋』.

초수생위 初受生位 처음으로 생을 받는 위. 사생(四生 : 胎卵濕化)이 각기 다르다. 『비야사문경』 권하(대정장12, p.229c29)에 "저 곳에서 물러나 인간의 몸을 받고자 하면, 염부제의 부모가 화합하는 것을 본다. 그는 그것을 보고서 기뻐하고 좋아하여 곧 그곳에 난다. 처음 생을 받고 난 다음에는 그 어머니의 모습을 보이기 시작한다. 기뻐 웃고, 좋은 음식을 먹고 싶어하고, 육식을 꺼리며, 붉은 옷과 빛나는 옷을 입기를 좋아하고, 사람들이 많이 모이는 곳을 보기 좋아하며, 형제 등에게 더욱 사랑하는 마음을 낸다. 於彼處退 欲受人身 見閻浮提父母和合 彼旣見已 歡喜愛樂 卽彼處生 初受生已 其母相出 所謂喜笑 欲得勝食 不憙食肉 憙著赤衣光明之衣 樂見人衆聚會之處 於兄弟等 生勝愛心", 『구사론』 권3(대정장29, p.16c21)에 "〔논〕 욕계의 태난습생은 초수생위에서는 오직 신근과 명근의 두 가지 이숙근만을 얻으니, 이 세 갈래 생의 근은 점차로 생기기 때문이다. 그런데 의사(意捨) 두 근을 얻지 않는가? 이것이 상속하여 날 때에는 틀림없이 염오하기 때문이다. 화생의 초위에서는 여섯 가지와 일곱 가지와 여덟 가지를 얻는다. 즉 무형자가 처음에 육근을 얻는 다 한 것은 겁초시와 같다. 그 여섯은 즉 안이비설신명을 말한다. 만약 일형자라면 처음에 일곱 가지 근을 얻으니, 저 모든 천 등이다. 만약 이형자라면 처음에 여덟 가지 근을 얻는다. 어떻게 이형이 화생을 받는가? 악취에는 이형의 화생이 있을 수 있다. 論曰 欲胎卵濕生初受生位 唯得身與命二異熟根 由此三生 根漸起故 彼何不得 意捨二根 此續生時 定染汚故 化生初位 得六七八 謂無形者 初得六根 如劫初時 何等爲六 所謂眼耳鼻舌身命 若一形者 初得七根 如諸天等 若二形者 初得八根 豈有二形受化生者 惡趣容有二形化生"라고 하였다. 〔참고문헌〕『毘耶娑問經』, 『俱舍論』, 『攝大乘論』 권상(대정장31, p.116b9). ⇨수생 受生

초수업 初修業 Ⓢādi-karmika, Ⓣlas-dang-po-pa. 처음 닦는 업. 삼종수행(三種修行) 중 하나. 선법을 닦고자 의욕을 일으킨 이후로 순결택분을 일으키기 전까지 삼현의 순해탈분을 말한다. 초습업(初習業) 또는 시업(始業)이라고도 한다. 『유가론기』 권7(대정장42, p.453c15·한불전13, p.519b3)에 "'처음 선법을 수습하려는 의욕을 일으킨 때로부터' 등의 말이 초습이니 처음으로 오정심과 총별상념처를 초수업이라고 한다는 뜻이다. 始從修習善法欲等者 卽是初習 五停 總別念處 名初修業"라고 하였다. 〔참고문헌〕『瑜伽論記』, *Śrāv-bh.* ⇨삼현 三賢, 순해탈분 順解脫分

초수업위 初修業位 처음 닦기 시작한 업의 위. 순결택분(順決擇分) 이전의 오정심(五停心)·총상념처(總相念處)·별상념처(別相念處)의 순해탈분(順解脫分)을 말한다. 『순정리론』 권71(대정장29, p.727c11)에 "〔논〕 초수업위에서 염주 한층 더한다. 즉 이 위 중에서 전도를 멈추기 위해서 염의 세력을 말미암아 신 등 경계의 자상과 공상을 잘 알 수 있게 되고 두 가지 어리석음을 무너뜨리는데, 혜의 용이 수승하기 때문이다. 論曰 初修業位 說念住增 謂此位中 爲息顚倒 由念勢力 於身等境 自相共相 能審了知 壞二種愚 慧用勝故"라고 하였다. 〔참고문헌〕『順正理論』, 『顯宗論』 권34(대정장29, p.941b13). ⇨초수업 初修業, 순해탈분 順解脫分

초수업유가사 初修業瑜伽師 Ⓢ ādi-karmiko yogācārah, Ⓣ rnal-'byor-spyod-pa-las-dang-po-pa. 유가업을 닦기 시작한 유가사(Ⓢ yogin). 초습업위(初習業位)의 유가수행자를 말한다. 요상작의(了相作意)를 수습하는 위이고 초습업자(初習業者 : 初修業者 Ⓢ ādi-karmika)라고도 한다. 『유가사지론』 권28(대정장30, p.439b1)에 "〔문〕 유가(瑜伽 Ⓢ yoga)를 수습하는 행자에는 대개 몇 가지가 있는가? 〔답〕 셋이다. 무엇이 셋인가? 첫째는 초수업유가사고, 둘째는 이습행유가사(Ⓢ kṛta-paricayo yogācāraḥ)며, 셋째는 이도작의유가사(Ⓢ atikrānta-manaskārah yogācāraḥ)다. 무엇을 초수업유가사라 하는가? 처음 업을 닦는 이에 두 부류가 있으니, 첫째는 작의에 있어 처음 업을 닦는 이(Ⓢ manaskāra-ādikarmikaḥ)고, 둘째는 번뇌를 깨끗이 해서 처음 업을 닦는 이(Ⓢ kleśaviśuddhy-ādikarmikaḥ)다. 무엇을 작의에 있어 처음 업을 닦는 이라 하는가? 업을 닦기 시작한 보특가라가 하나의 연에 안주하여 쉼 없이 닦고 뜻을 지으며, 내지 수습해야 할 작의는 아직 얻지 못했고 심일경성도 아직 직접 증하지는 못한 위를 말한다. 무엇을 번뇌를 깨끗하게 하기 위해 처음 업을 닦는 이라 하는가? 수습해야 할 작의를 이미 증하고, 모든 번뇌에 대해 그 마음을 청정히 하려 의욕하여, 요상작의를 일으키고 섭수하며 쉼 없이 수습하는 것을 번뇌를 깨끗하게 함에 있어 처음 업을 닦는 이라 한다. … 또 선법의 수습을 의욕하기 시작한 데서부터 아직 순결택분의 선근은 일으키지 못한 데까지 그 기간을 업을 닦기 시작한 위라 한다. 問 修瑜伽師凡有幾種 答 三 何等爲三 一 初修業瑜伽師 二 已習行瑜伽師 三 已度作意瑜伽師 云何初修業瑜伽師 謂有二種初修業者 一 於作意初修業者 二 淨煩惱初修業者 云何於作意初修業者 謂初修業補特伽羅 安住一緣 勤修作意 乃至未得所修作意 未能觸證心一境性 云何淨煩惱初修業者 謂已證得所修作意 於諸煩惱欲淨其心 發起攝受 正勤修習 了相作意 名淨煩惱初修業者 … 又始從修習善法欲已去 乃至未起順決擇分善根 於爾所時 名初修業"라고 하였다. 〔참고문헌〕 『瑜伽師地論』, *Śrāv-bh.284.* ⇨ 초습업위 初習業位, 이습행유가사 已習行瑜伽師, 이도작의유가사 已度作意瑜伽師, 요상작의 了相作意, 칠종작의 七種作意

초수업자 初修業者 Ⓢ ādi-karmika, Ⓣ las-dang-po-pa. 유가업을 처음 닦는 이. 유가행 삼위인 초습업위(初習業位 : 初修業位)·이숙수위(已熟修位 : 已串習位)·초작의위(超作意位) 중 첫 번째다. 초습업자(初習業者)·초수업유가사(初修業瑜伽師)라고도 한다. 『유가사지론』 권31(대정장30, p.458b23 : *Śrāv-bh.*, p.405)에 "초수업자가 처음 업을 닦을 때는 이와 같이 안립한 보편상 중에서 하나의 경성과 모든 장애 깨끗하게 함만을 말미암아 삿된 가행을 여의고 올바른 가행을 학습한다. 그는 먼저 이와 같이 생각해야 한다. '나는 지금 마음 하나인 경성과 희락 끊기 위해서 네 가지 작의 부지런히 수습한다'. 무엇이 네 가지인가? 첫째는 조련심작의, 둘째는 자윤심작의, 셋째는 생경안작의, 넷째는 정지견작의이다. 謂初修業者始修業時 於如是所安立普遍相中 由一境性及淨諸障 離邪加行學正加行 彼應最初作如是念 我今爲證心一境性及斷喜樂 當勤修習四種作意 何等爲四 一 調練心作意 二 滋潤心作意 三 生輕安作意 四 淨智見作意 ādikarmikastatprathamakarmika evaṃ vyāpini lakṣaṇe vyavasthāpite ekāgratāyāmā āvaraṇaviśuddheśca mithyāprayogaṃ ca varjayati. samyakprayoge ca śikṣate. sa tatprathamata ekāgratāṃ prahāṇābhiratiṃ cādhigamiṣyāmīti caturbhirmanaskāraiḥ prayujyate. katamaiścacaturbhiścittasantā panīyena manaskāreṇa, cittābhiṣyandanīyena, praśrabdhijanakena, jñānadarśanaviśodhakena ca manaskāreṇa", 같은 책 권32(대정장30, p.459b27 : *Śrāv-bh.*, p.411)에 "유가 수행에 능숙히 통달한 스승은 최초로 저 유가행에 의지하는 초수업자에게 다음처럼 가르친다. '잘 오셨소. 현수여! 그대들은 지금 마땅히 세 가지로 상 취하는 인연에 의지해야 한다. 이는 보거나 듣거나 마음으로 견주어 헤아리는 것으로 다섯 가지 상, 즉 첫째 염리상, 둘째 흔락상, 셋째 과환상, 넷째 광명상, 다섯째 요별사상을 취해야 한다'. 謂善通達修瑜伽師 最初於彼依瑜伽行初修業者 如是教誨 善來賢首 汝等今者應依三種取相因緣 或見或聞或心比度 增上分別取五種相 一 厭離相 二 欣樂相 三 過患相 四 光明相 五 了別事相 iha yogajño yogaprayuktamādikarmikaṃ. tatprathamata evamavavadate. ehi, tvaṃ, bhadramukha, trīṇi nimittodgrāhakāṇi kāraṇāni niśritya yaduta dṛṣṭamvā śrutamvā, cintānumānādhipateyaṃ vā. parikalpaṃ pañca nimittānyudgṛhṇīṣva. samvejanīyaṃ, prasadanīyamādīnavanimittamālokanimittaṃ vasturūpaṇānimittañca"라고 하였다. 〔참고문헌〕 『瑜伽師地論』, *Śrāv-bh.* ⇨ 유가사 瑜伽師, 초수업위 初修業位, 초수업유가사 初修業瑜伽師, 초습업자 初習業者, 조련심작의 調練心作意, 정지견작의 淨智見作意

초습업 初習業 Ⓢ ādi-karmika, Ⓣ las-dang-po-pa. 처음 익히는 업. 삼현(三賢)의 순해탈분인 초수업(初修業)을 말한다. 『대비바사론』 권71(대정장27, p.366c29)에 "부처님께서 교화하시는 대상에 대략 세 가지니, 첫째 초습업, 둘째 이관수, 셋째 초작의다. 초습업하는 이에게 십팔계를 설하신다. 世尊所化 略有三種 一 初習業 二 已串修 三 超作意 初習業者 爲說十八界",

『순정리론』 권59(대정장29, p.671c11)에 "이미 (견고한 等持에) 들어간 다음부터를 초습업이라고 한다. '든다'란 처음으로 마음 묶음을 드러내기 위한 것이다. 從入已去 名初習業 入言爲顯最初繫心"라고 하였다. 〔참고문헌〕『大毘婆沙論』, 『順正理論』, *Abh-k-bh.338·454.* ⇨초수업 初修業, 삼현 三賢, 순해탈분 順解脫分

초습업위 初習業位 Ⓢādikarmika-avasthā, Ⓣlas-dang-po-pa'i-gnas-skabs. 삼종부정관(三種不淨觀 : 初習業位 已熟修位 超作意位) 중 첫 번째 위로 구역(舊譯)은 초발관행(初發觀行)이다. 『대비바사론』 권40(대정장27, p.206a12)에 "〔문〕 삼종부정관 중 어떤 한계를 초습업위라 하는가? … 〔답〕 오직 간략하게 수습하는 것을 좋아하는 이는 무덤가에서 주검의 푸른 멍을 보는 등의 여러 가지가 있으며, 나아가 승해력으로 자신에게 옮겨와 처음 푸른 멍으로부터 백골까지의 일체를 관하는 등을 초습업위라고 하고, … 널리 한 번에 기억하는 것을 좋아하는 이는 무덤가로 가서 시체의 푸른 멍 등을 관하는 것에서부터 널리 설하고 있으나 이 과정을 점차 넘어서서 오직 백골관만으로 수습하는 모든 경우도 초습업위라 한다. … 위의 두 가지를 함께 수습하는 … 모두 초습업위이다. 問 修此三種不淨觀時 齊何名爲初習業位 … 答 唯樂略者 從往塚間 觀察死屍 青瘀等相 廣說乃至 以勝解力 移屬自身 始從青瘀 乃至骨瑣 一切皆名初習業位 … 唯樂廣者 從往塚間 觀察死屍 青瘀等相 廣說乃至 復漸略之 乃至唯觀 自身骨瑣 一切皆名初習業位 … 樂廣略者 … 一切皆名初習業位", 같은 책 권40(대정장27, p.206b26)에 "다른 논사는 말한다. '앞에서 말한 세 가지로 이 관법을 닦는 이는 무덤가로 가서 … 양미간에 생각을 집중하여 고요히 머무는 것은 초습업위와 이숙수위에 다 통한다. 차별이 있다면 초습업위에서는 중간에 마음에 산란하나, 이숙수위는 중간에 산란이 없다'. … 또 어떤 이는 다음과 같이 말한다. '간략함 등 세 가지를 좋아하는 이가 무덤가로 가서 … 미간에 생각을 집중하여 조용히 머무는 데까지는 세 가지 지위에 공통적이다. 차별이 있다면 초습업위에는 산란하고 또한 명료하지 않다'. … 또 초습업위는 하품이기에 관행이 둔하며 어려움이 많다. 有餘師說 前說三種修此觀者 從往塚間 … 繫念眉間 湛然而住 皆通初習業 及已熟修位 有差別者 初習業位 於其中間 心有散亂 已熟修位 於其中間 心無散亂 … 復有說者 樂略等三 從往塚間 … 繫念眉間 湛然而住 皆通三位 有差別者 初習業位 心有散亂 亦不明了 已熟修位 雖不散亂 而未明了 … 復次 初習業位 是下品故 觀行遲鈍 多有留難 已熟修位 是中品故 觀行少利 猶有留難", 『구사론』 권22(대정장29, p.117c3)에 "관행자가 이와 같이 부정관을 닦으려고 할 때에는 우선 마음을 자기 몸의 한 분에 집중해야 하는데, 발가락이나 이마나 그 밖의 자신이 좋아하는 곳에 마음을 머물게 한 다음에 승해력으로 자기 몸의 한 분에 대해 피부와 살이 물러지고 떨어져 나가 점차 흰뼈만이 깨끗해지는 것을 사유하고, 나아가 한꺼번에 온몸의 백골을 관하여 한 번에 마치고는 다시 두 번째의 몸을 관찰하며, 이와 같이 점점 널리 하나의 방·하나의 절·하나의 동산·하나의 촌락·땅끝과 바다까지 백골이 가득 차 있다고 관한다. 승해력 증장의 뜻을 얻고는, 저 넓디 넓은 일을 점차 간략히 하여 관하고 나아가 백골만을 일시에 관하게 되니, 부정관을 성취하는 것을 유가사의 초습업위라고 한다. 觀行者 欲修如是不淨觀時 應先繫心 於自身分 或於足指 或額或餘 隨所樂處 心得住已 依勝解力 於自身分 假想思惟 皮肉爛墮 漸令骨淨 乃至 具觀 全身骨鎖 見一具已 復觀第二 如是漸次 廣至一房 一寺一園 一村一國 乃至 遍地 以海爲邊 於其中間 骨鎖充滿 爲令勝解 得增長故 於所廣事 漸略而觀 乃至 唯觀 一具骨鎖 齊此漸略 不淨觀成 名瑜伽師 初習業位"라고 하였다. 〔참고문헌〕『大毘婆沙論』, 『俱舍論』, *Abh-k-bh.338·384.* ⇨부정관 不淨觀, 골쇄관 骨鎖觀, 이숙수위 已熟修位

초습업자 初習業者 초습업위에 있는 행자. 『대비바사론』 권50(대정장27, p.258a22)에 "부처님께서 교화하실 이의 수행에는 세 가지가 있는데, 초습업자에게는 한결같이 애결을 말씀하신다. 世尊所化 修有三種 爲初習業者 說一愛結", 『순정리론』 권59(대정장29, p.672c3)에 "초습업자는 오직 인취에 의지하여 이런 부정관만을 낳을 수 있지, 북구로주에서는 할 수 없다. 그리고 천취 중에서도 푸른 멍 등이 없기에 본래 일으킬 수 없다. 먼저 여기에서 일으키고, 후에 저곳에서 생기는 것도 현전할 수는 있다. 이런 부정관의 행상은 오직 '부정한 것'을 돌이켜 이 선성(善性)이게 하는 것이니 때문에 그 바탕 정하지만, 행상을 잡아서 '부정한 것'이라고 한다. 初習業者 唯依人趣 能生此觀 非北俱盧 天趣中無青瘀等故 不能初起 先於此起 後生彼處 亦得現前 此觀行相 唯不淨轉 是善性故 體應是淨 約行相故 說爲不淨"라고 하였다. 〔참고문헌〕『大毘婆沙論』, 『順正理論』.

초승 招承 부르는 대로 받들다. 시키는 대로 하다. 『종용록』 18칙 「본칙 本則」(대정장48, p.238b25)에 "학인이 조주에게 물었다. '개에게도 불성이 있습니까?〈길 막고 흙덩이 좇는다〉' '있다〈보탠 적도 없다〉' '있는데, 어찌하여 저 가죽포대에 굳이 들어가 있습니까?〈소환장 한번에 자진출두하였다〉' '그가 알고서도 일부러 범하였다〈부르는 대로 받들지 마라. 그대에게 하는 말 아니다〉'. 僧問趙州 狗子還有佛性也無〈攔街趁塊〉 州云 有〈也不曾添〉 僧云 既有 爲甚麽 却撞入這箇皮袋〈一款便招 自領出頭〉 州云 爲他知而故犯〈且莫招承 不是道爾〉", 『변위록』 권3(대정장52,

p.771a18)에 “도사 이지상이 앞서 몽케황제 앞에서 소림사 스님(福裕)과 다퉈 대론하다가 굴복하였다. 굴복하자 시키는 대로 (위경을) 소각하였다. 李志常先於蒙哥皇帝面前 共少林辯論 已屈伏了 招承燒却”라고 하였다. ［참고문헌］『從容錄』, 『辯僞錄』.

초승기 初僧祇 보살이 발심하여 성불할 때까지 걸리는 삼아승기겁(三阿僧祇劫)의 수행기간 중 첫 번째 아승기. 십신(十信)・십주(十住)・십행(十行)・십회향(十迴向) 사십위(四十位)를 이때 성취한다. 초아승기야(初阿僧祇耶)・초아승기겁(初阿僧祇劫)이라고도 한다. 두 번째인 제2아승기는 십지(十地) 중 초지에서 칠지(七地)까지, 세 번째인 제3아승기는 팔지부터 십지까지의 기간을 말한다. 『금강반야경찬술』 권하(대정장33, p.143c22)에 “초승기에서 칠만오천의 부처님을 만나고, 제2승기에서 칠만육천의 부처님을 만나며, 제3승기에서 칠만칠천의 부처님을 만난다. 初僧祇 逢七萬五千佛 第二僧祇 逢七萬六千佛 第三僧祇 逢七萬七千佛也”, 『법화현론』 권7(대정장34, p.421a9)에 “초승기의 기간에는 행마다 물러나 여전히 소승이기에 (결정된 위가 아니어서) 부정위라 한다. 初僧祇 行行猶退爲小乘 曰不定位”, 『관음현의기』 권3(대정장34, p.909c14)에 “먼저 때를 잡아 행상을 밝히면 고석가불부터 계나시기불의 시기까지를 초승기라 한다. 初約時明行相 從古釋迦 至罽那尸棄佛 名初僧祇”, 『화엄경탐현기』 권7(대정장35, p.236a19)에 “이와 같이 회향품에서 초승기를 채운다. 如此迴向品 初僧祇滿”, 『지관보행전홍결』 권7(대정장46, p.375c15)에 “초승기의 초기를 소보살이라 한다. 비록 물러나는 허물을 면하지는 못하지만 실로 범부나 소승과 다르기에 칭찬할 만하다. 初僧祇初 名小菩薩 雖未免退 實異凡小 故可稱歎”, 『보살지지경』 권3(대정장30, p.902b25)에 “보살은 초아승기겁에서 이미 여인의 몸을 버렸고 불수(보리수) 아래 앉기까지 여인의 몸을 받지 않았다. 모든 여인은 성품에 번뇌 많아 악지 성취하니 이런 번뇌 악지로는 무상보리를 증득할 수 없다. 菩薩 於初阿僧祇劫 已捨女身 乃至坐佛樹下 不受女身 一切女人 性多煩惱 成就惡智 不以煩惱惡智 能得無上菩提”, 『교관강종』(대정장46, p.939a23)에 “초아승기겁에서는 사로 행함 비록 강하지만 이의 관함 오히려 약하여 성문에 기준하면 외범위에 있게 된다. 初阿僧祇劫 事行雖強 理觀尙弱 準望聲聞 在外凡位”라고 하였다. ［참고문헌］『金剛般若經贊述』, 『法華玄論』, 『觀音玄義記』, 『華嚴經探玄記』, 『止觀輔行傳弘決』, 『菩薩地持經』, 『敎觀綱宗』. ⇨ 삼아승기겁 三阿僧祇劫, 초아승기야 初阿僧祇耶

초신 初身 ❶ 최초의 몸. 선악의 인과 없이도 생겨날 수 있다는 뜻에서 설정할 수 없는 몸이다. 『대지도론』 권31(대정장25, p.291b24)에 “시작이 있다고 한다면 이는 크나큰 미혹이다. 왜 그러한가? 만약 시작이 있다면 최초의 몸은 죄와 복의 인연 없이도 선처악처에 나게 된다. 만약 죄와 복의 인연을 좇아 난다고 하면 처음의 몸이라 할 수 없다. 왜 그러한가? 만약 죄와 복이 있다면 이전의 몸을 좇아 이후의 몸을 받아야 하기 때문이다. 有始是大惑 所以者何 若有始者 初身則無罪福因緣而生善惡處 若從罪福因緣而生 不名爲初身 何以故 若有罪福 則從前身受後身故”, 『대장엄론경』 권1(대정장4, p.260a16)에 “만약 생사에 처음 시작이 있다고 한다면, 이 처음의 몸이 선악을 좇아 이 몸을 얻었다 하겠는가? 아니면 선악에서 비롯하지 않고 자연히 있게 된 것인가? 만약 선악에서 비롯해 이 몸을 얻게 된 것이라고 한다면, 시초로서 존재하는 몸이라고 할 수 없을 것이다. 만약 선악에서 비롯해 이 몸을 얻게 된 것이라 아니라고 한다면, 이러한 선악법은 어떻게 있게 된 것인가? 若言生死有初始者 此初身者 爲從善惡而得此身 爲不從善惡自然有耶 若從善惡而得身者 則不得名初始有身 若不從善惡得此身者 此善惡法云何而有”라고 하였다. ［참고문헌］『大智度論』, 『大莊嚴論經』. ❷ 외도에서 설정하는 최초의 몸. 『금칠십론』 권중(대정장54, p.1254c23)에 “이 세 가지 중 오유에 의해 나타나는 미세차별한 것이 최초의 몸을 낳기에 이것은 상주하는 것이다. 만약 거친 몸이 물러나 사라지려 할 때 미세한 몸이 비법과 상응해 네 가지 생을 받게 된다. 此三中五唯所現 微細差別能生初身是常住 若麤身退沒時 細身若與非法相應 則受四生”라고 하였다. ［참고문헌］『金七十論』. ⇨ 미세신 微細身 ❶

초심 初心 ❶ 처음으로 일으킨 마음. 초발심(初發心)・초발의(初發意)의 뜻이다. 『대일경』 권1(대정장18, p.3b22)에 “비밀주여! 이와 같이 초심을 부처님께서 성불의 인이라 말씀하셨다. 업번뇌에서 해탈하지만 업번뇌에 모두 의지하기도 하니 세간의 근본을 받들어서 항상 공양해야 한다. 祕密主 如是初心 佛說成佛因故 於業煩惱解脫 而業煩惱具依 世間宗奉 常應供養”, 『수화엄오지망진환원관』(대정장45, p.640c19)에 “초심에 정각을 이루니 한 찰나 무수한 생사를 포섭하고, 십신위에서 도가 원만해지니 한 찰나에 불지를 거두어들인다. 初心正覺 攝多生於剎那 十信道圓 一念該於佛地”, 『마하지관』 권1상(대정장46, p.2b17)에 “초심도 그러한데 하물며 중심과 후심을 말하랴! 初心尙爾 況中後心”라고 하였다. ［참고문헌］『大日經』, 『修華嚴奧旨妄盡還源觀』, 『摩訶止觀』. ⇨ 초발심 初發心, 초발의 初發意 ❷ 신위(信位). 『화엄오교장』 권2(대정장45, p.490a27)에 “만약 신 등의 초문이 바로 일체라면 어째서 신위라는 초심이면 족하다고 하지 않고 만심 등을 다 설하는가? 若是信等初門 卽一切者 何不說信位初心卽得 而說滿心等耶”라고 하였다. [참고문헌]『華嚴五教章』. ❸ 십신(十信)에서 첫 번째 위. 『인왕호국반야경소』 권5(대정장33, p.281b17)에 "초지에 듦을 얻었다는 말은 원교십신의 초심지다. 得入初地者 卽圓教十信初心地", 『대승현론』 권3(대정장45, p.48b26)에 "십신에 들기 전을 외범부라 하고, 십신의 초심을 내범부라 한다. 未入十信 名外凡夫 十信初心 名內凡夫"라고 하였다. [참고문헌]『仁王護國般若經疏』, 『大乘玄論』. ⇨ 신심 信心❸ ❹ 처음 먹었던 마음. 본래의 마음. 『대지도론』 권54(대정장25, p.444c29)에 "처음 먹었던 마음이 정하지 못하다면 나중에 깨끗한 마음을 일으킬 수 없다. 마치 쇠를 단련해서는 금이 되지 못하는 예와 같다. 若初心不淨 後不能發淨心 如鍊鐵不能成金", 『벽암록』 55칙 「본칙 本則」(대정장48, p.189a7)에 "도오(道吾)가 말했다. '때리려거든 마음껏 때려라. 하지만 나는 어쨌거나 말하지 못한다〈세 번이나 거듭해야 한다. 몸에 나아가 빼앗아라! 이 노인네 온몸 진흙물 투성이임에도 처음 먹었던 마음을 고치지 않는구나〉'. 吾云 打卽任打 道卽不道〈再三須重事 就身打劫 這老漢 滿身泥水 初心不改〉"라고 하였다. [참고문헌]『大智度論』, 『碧巖錄』. ❺ 초심자. 오래 공부하지 못한 사람. 『분양어록』 권상(대정장47, p.601c11)에 "만약 오래 참구한 선덕이라면 이런 한계에 있지 않겠지만 후학으로서 초심이라면 반드시 자세히 살펴야 한다. 若是久參先德 不在此限 晩學初心 也須子細"라고 하였다. [참고문헌]『汾陽語錄』. ⇨ 초심만학 初心晩學

초심만학 初心晩學 처음 마음을 냈지만 뒤늦게 배우는 이. 『낙방문류』 권2 「정업례참의서 淨業禮懺儀序」(대정장47, p.170a21)에 "초심의 만학일지라도 어찌 과거세에 심은 선근이 없겠는가! 다만 훌륭한 길잡이를 만나지 못하여 악행을 저질러도 부끄러움이 없으리니 한평생 헛되이 버려서 받을 고통의 세월은 영겁이리라. 初心晩學 寧無夙善 但不遇良導 作惡無恥 虛喪一生 受苦長劫", 『환유전어록』 권2(건륭장153, p.502a2)에 "요즘 초심이 늦은 후학들은 이 문중에 있지만 또 어딘가 들어갈 곳 찾는다. 今時 初心晩學 旣在此門中 又都要求箇入處"라고 하였다. [참고문헌]『樂邦文類』, 『幻有傳語錄』.

초심후심 初心後心 처음 일으킨 마음과 뒤따른 마음. 처음인 인(因)의 마음과 과(果)인 뒤의 마음이어서 서로 여읠 수 없다. 『대지도론』 권54(대정장25, p.445a7)에 "모든 법에 걸림 없으니 초심과 후심 다를 이 없다. 다만 부지런히 정진하면 불도를 성취할 것이다. 諸法無礙 初心後心 無有異相 但勤精進 則成佛道", 『법화현론』 권3(대정장34, p.385c23)에 "반드시 정해져 있다 하니 초심과 후심의 모든 보살 그 누구나 물러나지 않는다는 뜻이다. 이런 이유로 필정이라 한다. 畢定者 初心後心 一切菩薩 皆不退 是故畢定也", 『정토생무생론회집』(卍속장109, p.105a14)에 "초심과 후심이란 무슨 뜻인가? 처음 있으면 처음의 처음이 있으며, 후심이 있고 후후심이 있다. 초심은 인이고, 초초심은 인의 자성이다. 후심은 과이고, 후후심은 과의 성이다. 사(事)의 차별로 따지자면 초심과 후심은 현격하게 다르지만, 이(理)의 성으로 따지자면 인과는 한 몸이다. 言初心後心者 有初 有初初 有後 有後後 初者 因也 初初者 因性也 後者 果也 後後者 果性也 若論事相 則初後天淵 若論理性 則因果一體", 『원각경근석』 권1(卍속장16, p.154b18)에 "만약 초심이 없다면 어떻게 두 번째 세 번째 마음이 있겠는가? 초심을 근본인연으로 삼아야 후심으로 얻을 수 있기에 초심에서 벗어나지 않는다. 후심은 초심에서 벗어나지 않기에 초심이 없다면 후심도 없다. 초심이 갖가지 무량한 공덕을 모았기에 후심이 비로소 빠짐없이 갖추게 된다. 그러므로 번뇌의 습기를 끊고 무상도를 성취한다. 이렇게 한즉 돈오점수라 한다. 若無初心 云何有第二第三心 以初心爲根本因緣故 不但以後心得 亦不離初心者 以後心不離初心故 若無初心 卽無後心 以初心集 種種無量功德 後心方得具足 故能斷煩惱習氣 成無上道 此卽頓悟漸修也"라고 하였다. [참고문헌]『大智度論』, 『法華玄論』, 『淨土生無生論會集』, 『圓覺經近釋』. ⇨ 돈오점수 頓悟漸修

초아패종 焦芽敗種 타버린 싹과 죽은 씨. 회신멸지(灰身滅智)하는 소승이나 성불(成佛)의 씨앗이 사라져버린 무성천제(無性闡提)를 가리킨다. 보리심이 없어 대승으로 나아가 중생을 거두지 못함을 경계하는 뜻이다. 색과 절연한 단멸공(斷滅空)에 치우친 잘못을 나타낸다. 『법화현의』 권9하(대정장33, p.797a12)에 "이승은 회신멸지다. 회신인즉 색은 상주하지 않고, 멸지한즉 마음의 분별이 다 사라진다. 타버린 싹과 죽은 씨를 다시 고원육지에 심는 것이고, 귀머거리와 벙어리가 영원히 다시 듣거나 말하는 일이 없듯이, 모든 교주가 버린 온갖 경의 약처방은 행할 수 없다. 여기서는 본불의 지혜 크고 미묘한 법을 뛰어난 약으로 색신 재가 되지 않게 하며 저 맑은 유리 안팎으로 색상 모두 드러낼 수 있게 하였으니, 마음과 지혜 불멸하게 해서 부처님지견에 열어 보이고 깨우쳐 들게 한다. 二乘 灰身滅智 灰身則色非常住 滅智則心慮已盡 焦芽敗種 復在高原陸地 旣聾且瘂 永無反復 諸教主所棄 諸經方藥不行 今則本佛智大 妙法藥良 色身不灰 如淨琉璃 內外色像 悉於中現 令心智不滅 開示悟入 佛之知見", 『수능엄의소주경』(대정장39, p.874b5)에 "정성이승과 무성천제는 성불할 수 없다. 마치 타버린 싹이나 썩은 씨와 같다. 定性二乘 無性闡提 不得成佛 如焦芽敗種等", 『능엄경지장소사의』(卍속장24, p.858b4)에 "초아패종 : 영명연수의 『심부주』 권2(卍속장1

11, p.51a5)에 '실제의 땅을 밟고 열반의 하늘을 뚫고 오른다. 중생이 사는 메마른 땅을 파서 선서의 지혜 샘이 솟아오르게 하니, 성문의 타버린 싹에서 꽃술 터지고 화왕의 극과에서 공을 원만하게 이룬다'라고 하였으며, 그 주석에 『정명경』을 인용하여 '이승은 마치 타버린 싹이나 죽은 씨와 같아서 무상도심을 일으키지 못하다가 나중에 법화회상에서 일승을 깊이 깨닫고 진실한 수기를 받고서야 원만한 신심의 싹이 거듭 돋아나 보리라는 열매를 맺는다'라고 하였다. 焦芽敗種 永明心賦云 履實際地 冲涅槃天 掘衆生之乾土 涌善逝之智泉 聲聞之焦芽蕊綻 華王之極果功圓 註引淨名經云 二乘如焦芽敗種 不能發無上道心 後於法華會上 深入一乘 得受眞記 重發圓信之芽 結菩提之果", 『범망보살계경의소발은』 권5(卍속장59, p.820a1)에 "자신의 몸을 요모조모 생각하며 그 헛된 형상에 달라붙어 있으니 유에 집착함이며, 수명을 다하고 적멸을 취해 득하고자 하니 무에 집착하는 이다. 이 두 가지 모두 타버린 싹이나 죽은 씨와 같다. 計我身而著於幻相 執有者也 滅壽命而取證寂滅 執無者也 斯皆焦芽敗種", 『선종지장』(卍속장114, p.841b8)에 "법을 쪼개어 공을 밝힘에 치우쳐 공에 떨어지니, 만법 스스로 체라 여기지 못한다. 교중에서는 타버린 싹과 죽은 씨라 비판하니 성불의 종성이 끊어진 무리라는 뜻이다. 析法明空 墮於偏空 不能卽萬法而爲自體 敎中斥爲 焦芽敗種 斷佛種性之徒"라고 하였다. [참고문헌] 『法華玄義』, 『首楞嚴義疏注經』, 『楞嚴經指掌疏事義』, 『心賦注』, 『梵網菩薩戒經義疏發隱』, 『禪宗指掌』. ⇨ 회신멸지 灰身滅智, 무성천제 無性闡提, 일천제 一闡提, 개시오입 開示悟入

초아후다 初阿後茶 첫 글자는 아(𑖀 阿)이고 마지막 글자는 다(𑖛 茶). 범문 사십이자(四十二字) 가운데 처음과 끝의 두 실담자를 말한다. 『대지도론』 권48(대정장25, p.408b14)에 "이 글자는 첫 글자는 아이고 마지막 글자는 다로서 그 사이에 40자가 있다. 是字 初阿後茶 中有四十", 『사교의주휘보보굉기』 권9(卍속장102, p.783b5)에 "위위마다에서 다른 모든 위를 거둔다 한 것은, 저 『대품반야경』에서 '첫 글자는 아이고 마지막자는 다로서 그 사이에 40자가 있으며, 첫 번째 아자문에 저 42자를 모두 갖추고, 마지막 다자문에서도 그러하다'라고 한 취지와 같다. 또한 화엄에서의 한 지도 나머지 모든 지의 공덕을 갖춘다 함과도 같다. 位位各攝諸位者 如大品 初阿後茶 中四十字 初阿字門 具四十二字 後茶字門 亦然 又如華嚴一地 具諸地功德"라고 하였다. [참고문헌] 『大智度論』, 『四敎儀註彙補輔宏記』. ⇨ 사십이자문 四十二字門❶, 다 茶❶, 아자 阿字

초악 超樂 1642~1702. 청대 임제종(臨濟宗) 스님. 속성은 진(陳)씨. 절강성(浙江省) 해염(海鹽) 출신. 부모가 선(禪)을 좋아해서 암자를 짓고 스님을 모셔 머물게 하였는데, 늘 범패 소리를 들으면 흠모하는 마음을 말로 드러내곤 하였다. 부친을 여의고 출가하였으며, 후에 철주행해(鐵舟行海) 밑에서 법을 얻었다. 강천사(江天寺)의 주지를 지냈으며, 성조(聖祖 : 康熙帝)가 남쪽을 순행하다 이곳에 이르자 천자의 의중에 맞게 문답하였고 황제로부터 특별히 자색 가사도 받았다. 1702년(강희41)에 세수 61세로 입적하였다.

초암 草庵 ❶ Ⓢ kuṭikā, Ⓣ spyil-bu. 풀을 엮어 지은 암자. 또는 아주 작은 절. 『불본행집경』 권37(대정장3, p.825c11)에 "이때 범지 아사타선인은 제자 나라타신을 데리고 바로 산을 나와 바라내성으로 향한 다음 성 밖에 초암을 짓고 그 안에 머물렀다. 爾時 梵志阿私陀仙 將其弟子那羅陀身 卽出山向波羅㮈城 卽於城外 造立草庵 在中居住", 『법화경』 권2(대정장9, p.18a26)에 "장자 지혜로워 (아들을) 점점 드나들게 하여 20년이 지났을 때 가사를 맡게 하였다네. 금은·진주·파리와 온갖 물자들의 출입을 보여주어 모두 알게 하였지만, 여전히 문 밖을 나가 초암에 머물렀으며 스스로 가난했을 때의 일만을 떠올리며 '나에겐 이 물건들이 없구나'라고 생각하였다네. 長者有智 漸令入出 經二十年 執作家事 示其金銀 眞珠頗梨 諸物出入 皆使令知 猶處門外 止宿草庵 自念貧事 我無此物"라고 하였다. [참고문헌] 『佛本行集經』, 『法華經』, *Saddh-p.115.* ❷ 1895~1986. 근세 경북 의성 고운사(孤雲寺) 스님인 상호(祥鎬)의 호. ⇨ 상호 祥鎬 ❸ 경상북도 영주시 순흥면 배점리 소백산(小白山)에 있는 암자. 초암사(草庵寺)라고도 불린다. 고운사(孤雲寺)의 말사이다. 『범우고』에 "의상이 부석사 창건할 때 이 산에 먼저 들어 왔다. 풀을 엮어서 암자를 만들었기에 (초암이라고) 이름하였다. 절 앞에는 청운대가 있는데, 예전에는 백운대라고 하였다. 문순공 이황이 지금의 이름으로 고쳤다. 義湘刱浮石寺時 先入此山 結草爲庵 故因名 寺前有青雲坮 舊稱白雲坮 文純公李滉 改今名"라고 하였다. 1740년(영조16)에 연수(延壽)가 작성한 「초암사법당단청기 草庵寺法堂丹靑記」(『조선사찰사료』 권상)에는 의상이 676년(문무왕16)에 창건하였고 연수가 소백산에서 태백산 설산정사(雪山精舍)에 옮겨와 머물 때 초암사 화사(化士) 정학(正學)이 삼존불상을 봉안하고 9칸 법당을 단청하고는 기문을 지어달라고 요청하였다 하며, "사람에게는 백년이 없지만 공덕의 물결은 천년을 전하니, 뒤에 이 글을 보는 자가 어찌 감동하지 않겠는가. 人無百年 功流千載 後以覽者 豈不興感於此哉"라고 하며 글을 지어 보냈다. 초암사는 연수의 스승이 중건한 뒤 퇴락하였는데, 관동(關東) 사람인 정학이 간선(幹善)이 되어 고칠 것을 도모하고 시주를 받아 양공(良工)에게 삼존상 개금을 하도록 하여 32상 8

0종호를 구축하였으며 극락보전도 단청했다고 전한다. 6·25전쟁 당시 불에 탄 이후 폐허가 되었으나 1980년 초에 보원(寶元)이 대웅전·종각·산신각 등을 중건하여 지금에 이른다. 유형문화재로는 9세기말 조성된 삼층석탑이 있고 고려전기 동부도와 고려후기 팔각원당형 승탑이 서쪽에 있다. 〔참고문헌〕『東國輿地勝覽』, 『輿地圖書』, 『梵宇攷』, 『朝鮮寺刹史料』, 『朝鮮佛敎通史』, 『順興誌』, 『韓國寺刹全書』 권하 p.1103b17·p.1104a4. ❹ 전라남도 장흥군 관산면 지제산(支提山)에 있던 암자. 천관사(天冠寺)의 산내 암자 89개 중 하나다. 『한국사찰전서』에서는 『지제지 支提志』를 인용하여 지제산의 미륵암(彌勒庵) 아래에 있는데 세상에서는 고선암(古仙庵)이라 부른다고 하였다. 〔참고문헌〕『韓國寺刹全書』 권하 p.1103b14. ❺ 황해도 재령군 장수산(長壽山)에 있던 암자. 『범우고』에 이름과 위치가 전한다. 〔참고문헌〕『梵宇攷』, 『韓國寺刹全書』 권하 p.1104a3.

초암가 草庵歌 당대 석두희천(石頭希遷 700~790) 지음. 1수. 『경덕전등록』 권30, 대정장51, p.461c9~21에 수록되어 있다. 갖춘 제명은 「석두화상초암가 石頭和尙草庵歌」이다. 석두가 남악산(南岳山 : 湖南省 衡州府 衡山縣) 복엄사(福嚴寺) 가까이에 있는 대반석(大盤石)에 초암을 짓고 좌선할 때 지은 작품. "내가 엮은 초암 값을 매길 수 없다네. 吾結草庵無寶貝"라는 구로 시작하여 "초암에서 죽지 않는 사람을 알고자 하는가? 어찌 지금 이 가죽 포대 벗어나리오? 欲識庵中不死人 豈離而今遮皮袋"라고 마무리하였다. 초암에 머물며 깨달은 종지를 7언 25구에 6언 7구로 모두 32구 217자로 된 가송이다. ⇨ 석두희천 石頭希遷

초암체정 草菴滯情 누추한 곳에서 헤아리느라 나오지 못함. 큰 집 밖을 나가 누추한 곳에 헤메이는 장자의 아들을 비유한다. 일승의 가르침 놓치고 삼승에 머문 뜻이다. 『법화현의』 「서왕 序王」(대정장33, p.681b11)에 "그러므로 먼저 묘법을 앞세우고 다음으로 연꽃을 비유로 화성 안에 붙들린 교법을 쓸어 없애고 초암에 갇혀 벌이는 집착도 폐기하여 방편의 권문을 열고 진실의 묘리를 보인다. 是以 先標妙法 次喩蓮華 蕩化城之執敎 廢草庵之滯情 開方便之權門 示眞實之妙理", 『법화현의석첨』 권1(대정장33, p.817a26)에 "초암은 행자의 집착이다. 그러므로 경에 '마치 문 밖에 살며 초암에 묵는 것과 같다'라고 하였다. 이에 정에 속한다. 가르침 근본 있다는 집착 쓸어 없앰은 그렇게 집착해 멈춰 있음 버리게 함이고, 분별의 뿌리 방편교에 집착하지 않도록 한다. 草菴 是行者所執 故經云 猶處門外 止宿草菴 是故屬情 蕩執敎本 爲除其滯情 遣滯情本 令不執權敎", 『유마경무아소』 권9(卍속장30, p.279a9)에 "뿌리는 본디 썩지 않았지만 스스로 썩었다고 말하고, 싹은 본디 타버리지 않았지만 스스로 타버렸다고 상심하니, 화성 안의 졸렬한 교법에 막혀 나아가지 못하고, 초암 지키며 헤아려 돌아오지 못한다네. 根本不敗 而自謂之敗 芽本不焦 而自傷之焦 封化城拙敎而不進 守草菴滯情而不歸"라고 하였다. 〔참고문헌〕『法華玄義』, 『法華玄義釋籤』, 『維摩經無我疏』, 『法華經』 권2(대정장9, p.18a29). ⇨ 화성집교 化城執敎, 궁자유 窮子喩

초액 椒掖 황후(皇后)가 거처하는 초방(椒房), 액은 궁중을 뜻하는 액정(掖庭)이다. 『일체경음의』 권80(대정장54, p.826b9)에 "초액〈첫 글자 음은 초, 둘째 글자 음은 역이다. 송조대 궁전 이름이다〉. 椒掖〈上音焦 下音亦 宋朝宮名也〉", 『양고승전』 권3 「담마밀다전 曇摩密多傳」(대정장50, p.343a2)에 "송 문애황후와 황태자와 공주에게서 시작하여 계궁에서 재를 베풀거나 초액에서 계를 청하지 않는 때가 없게 되자 인사차 들리는 벼슬아치들이 열흘에 한 번 꼴로 만났다. 自宋文哀皇后 及皇太子公主 莫不設齋桂宮 請戒椒掖 參候之使 旬日相望"라고 하였다. 〔참고문헌〕『一切經音義』, 『梁高僧傳』.

초야 初夜 Ⓢ pūrva-rātra, prathame yāme, Ⓟ paṭhame yāme, Ⓣ nam-gyi-cha-stod. 밤을 셋이나 넷으로 나눈 중에 그 첫 번째 밤. 초경(初更)·갑야(甲夜)라고도 한다. 『유가사지론』 권24(대정장30, p.411c10 : *Śrāv-bh.*, p.98)에 "초야란 무엇인가? 밤을 넷으로 나눈 중에 처음의 한 분을 지날 때를 말하니, 곧 야초분이다. 言初夜者 謂夜四分中 過初一分 是夜初分 tatra katamat pūrvarātram … tatrāyaṃ sāyāhnaṃ ardharātraṃ, sāyāhnaṃ sūryāstaṃgamanamupādāya yo rātryāḥ pūrvabhāgaḥ", 『유가론기』 권6(대정장42, p.435b8·한불전13, p.442a7)에 "인도의 세속에서는 주야를 각각 네 분으로 나누는데, 불법(佛法)에서는 주야를 각각 삼시(三時)로 세우고 삼시로 4분을 거둔다. 처음에서 뒤로 향하니 처음의 한 분을 지날 때를 초시라고 하며, 뒤에서 앞으로 향하면서 뒤의 한 분을 지날 때를 후시라 하고, 중간의 두 부분을 야중시라고 한다. 낮도 그렇다. 彼土世俗晝夜各立四分 佛法晝夜各立三時 以三時攝四分 從初向後 過初一分 名初時 從後向前 過後一分 名後時 中間二半分 名夜中時 其晝亦爾", 『출요경』 권1(대정장4, p.612c17)에 "〈문〉 그렇다면 이것은 무슨 뜻인가? 〔답〕 그가 몸을 받을 때, 문득 쇠하는 색의 변화 있었기에 백발이 생기는 것이다. 마치 술·소·마유 등에는 반드시 탁한 찌꺼기 남는 것처럼 몸을 받을 때도 이와 같아서 쇠하는 색 있었기에 백발이 생기는 것이다. 그러므로 '만약 저 저물기 시작하는 때와 같다'라고 하신 것이다. 此義云何乎 答曰 依彼受形分

時 便有衰色之變 有白髮生 猶酒酥麻油 必有濁滓 受形分時 亦復如是 便有衰色 白髮生焉 是故說曰 若如初夜"라고 하였다. [참고문헌]『瑜伽師地論』, 『瑜伽論記』, 『出曜經』, *Śrāv-bh.*, *Bodh-bh.97.*, *Buddh-c.157*, *Udāna-v.97.* ⇨ 육시 六時❶, 후야 後夜

초야게 初夜偈 초야에 읊는 게송. 『왕생예찬게』(대정장47, p.441a14)에 "사문 선도는 삼가 대경에 의지하여 요체가 되는 문을 채록하여 예찬게로 삼고 스물네 차례 절하며 초야의 때마다 예를 올렸다. 沙門善導 謹依大經 採集要文 以爲禮讚偈 二十四拜 當初夜時禮", 같은 책(대정장47, p.440c23)에 "초야게 : 번뇌 깊어 바닥 알 수 없고, 생사의 바다 또한 그 끝 없다네. 고해 건널 배 세우지 못했는데, 어떻게 단잠 들 수 있으랴! 용맹하고 부지런히 정진하면서, 산란한 마음 거두어 항상 선에 두고, 부지런히 육바라밀을 닦는다면, 보리의 도가 저절로 실현되리라. 初夜偈云 煩惱深無底 生死海無邊 度苦船未立 云何樂睡眠 勇猛勤精進 攝心常在禪 勤脩六度行 菩提道自然"라고 하였다. [참고문헌]『往生禮讚偈』, 『坐禪三昧經』 권상(대정장15, p.270c6), 『集諸經禮懺儀』 권하(대정장47, p.468c3), 『華嚴經海印道場懺儀』 권1(卍속장128, p.287b17).

초야좌선 初夜坐禪 초야에 행하는 좌선. 야좌(夜坐)라고도 한다. 부처님 재세 시에 행했던 전통으로 보통 중야(中夜) 이전에 마치고 수면에 들었다. 『별역잡아함경』 권2(대정장2, p.382b14)에 "어느 때 부처님께서 왕사성의 만직림에 계셨다. 부처님께서 초야에 좌선과 경행을 하셨다. 초야가 끝날 무렵 발을 씻고 방에 들어가 오른 옆구리 바닥에 붙이셨다. 一時 佛 在王舍城 曼直林中 佛於初夜坐禪經行 初夜以訖 洗足入室 右脇著地", 『인연승호경』(대정장17, p.566c29)에 "승호비구는 대중의 숙소에서 벗어나 묵으면서 초야에는 좌선하였고 중야에는 잠 들었다. 僧護比丘 卽出衆宿 初夜坐禪 中夜眠息", 『십송율』 권39(대정장23, p.280c11)에 "아라비 상좌는 초야에 좌선하고 중야에 방으로 돌아갔다. 阿羅毘上座 初夜坐禪 中夜還房", 『마하승기율』 권29(대정장22, p.465b15)에 "초야에 좌선하고 있을 때 어떤 음탕한 소년이 들어와 비구니들을 범하고자 하였으나 비구니들이 각각 신족으로 위기를 벗어났다. 初夜坐禪時 有婬蕩年少來 欲侵逼諸比丘尼 比丘尼 各以神足得脫"라고 하였다. [참고문헌]『別譯雜阿含經』, 『因緣僧護經』, 『十誦律』, 『摩訶僧祇律』. ⇨ 야좌 夜坐

초야후야상근수습각오유가 初夜後夜常勤修習覺寤瑜伽 Ⓢ pūrvarātra-apararātraṃ jāgarikānuyoga. 밤낮 가리지 않고 수습하고 깨어 있는 채로 상응하다. 반열반(般涅槃 Ⓢ parinirvāṇa)을 위한 열두 가지 열연(劣緣) 중 하나. 초저녁과 새벽녘에 깨어 있는 채로 상응해 쉬지 않는다. 『유가사지론』 권21(대정장30, p.397b7 : *Śrāv-bh.*, p.10)에 "무엇이 초야후야상근수습각오유가인가? 그는 이와 같이 식사량을 잘 알아, 낮 동안에는 경행과 연좌 두 가지 위의로 장법 수순해 마음을 깨끗이 닦고, 초저녁에도 경행과 연좌 두 가지 위의로 장법 수순해 그 마음 청정하게 닦았으며, 云何初夜後夜常勤修習覺寤瑜伽 謂彼如是食知量已 於晝日分 經行宴坐 二種威儀 從順障法 淨修其心 於初夜分 經行宴坐 二種威儀 從順障法 淨修其心 jāgarikānuyogaḥ katamaḥ. sadivā caṃkramaniṣadyābhyāmāvaraṇīyebhyo dharmebhyaścittaṃ pariśodhayati. sa divā caṃkramaniṣadyābhyāmāvaraṇīyebhyo dharmebhyaścittaṃ pariśodhya", "이 두 때가 지나고 나면 머물던 곳에서 밖으로 나와 그 발을 씻고는 오른쪽 옆구리를 대고 두 발을 포개고 누워서 광명상에 머물러 정념정지로 사유하니, 날이 샐 무렵에 지체 없이 깨어나서, 경행과 좌선 두 가지 위의로 장애법을 수순해 마음을 청정하게 닦는다. 이것이 초야와 후야에 언제나 부지런히 수습하여 깨어있는 채로 상응하였다. 過此分已 出住處外 洗濯其足 右脇而臥重累其足 住光明想 正念正知 思惟起想 於後夜分 速疾覺寤 經行宴坐 二種威儀 從順障法淨修其心 如是名爲初夜後夜常勤修習覺寤瑜伽 tato vihārānnirgamya, bahirvihārasya pādau prakṣālya, dakṣiṇena pārśvena siṃhaśayyāṃ kalpayatyālokasaṃjñī, smṛtaḥ, saṃprajānan, utthānasaṃjñāmeva manasi kurvan sa rātryāḥ paścime yāme laghu laghveva prativibudhya, caṃkramaniṣadyābhyā māvaraṇīyebhyo dharmebhyaścittaṃ pariśodhayatīyamucyate pūrvarātrāpararātraṃ jāgarikānuyuktatā"라고 하였다. [참고문헌]『瑜伽師地論』, *Śrāv-bh.358.* ⇨ 반열반 般涅槃, 초야 初夜, 후야 後夜, 주일분 晝日分

초엄 草广 조선후기 스님으로서 박한영(朴漢永)의 스승인 복초(復初)의 법호. ⇨ 복초 復初

초엄상인 草广上人 조선 헌종(재위 1835~1849)에서 철종(재위 1850~1863)시대에 걸쳐 활동한 뛰어난 시승(詩僧). 속성은 응천(凝川) 박씨. 영남(嶠南)에서 태어났고, 진주 옥천사(玉泉寺)에 출가하여 스님이 되었다. 저서에 『초엄상인유고 草广上人遺稿』가 있는데, 박한영(朴漢永)이 그에 대해 쓴 서문이 『석전문초』에 있다. [참고문헌]『石顚文鈔』.

초엄유고 草广遺稿 초엄복초(草广復初)의 문집. 2권. 한불전12, pp.304c2~315a7에 전한다. 1925년에 후

학 석전정호(石顚鼎鎬 1870~1948)가 쓴 「초엄유고서 草广遺稿叙」에 "헌종과 철종 때쯤 복초상인이 호영남 사이에 태어났는데, 초엄은 그의 호이다. … 도와 그 외의 것들도 널리 통하였는데, 경사는 박만성〈이름은 치복〉에게 배웠고, 시도는 강고환〈이름은 위〉에게 배웠다. 학식이 넓고 성품이 단아하다는 명성이 점차 자자해졌고, 만년에는 깨달음을 얻었다. … 상인은 머무는 바 없음만을 품었으니 선강율의 삼사를 표준으로 삼는 것은 꺼렸다. … 때문에 상인의 시와 약간의 글은 연기처럼 사라지듯하여 인간에게 있는 것은 봉황 깃털의 한두 개 정도였다. 이렇게 약간의 것을 엮은 것도 또한 허다한 세월 겪으면서 문인이 버린 낡은 상자에서 겨우 수습한 것으로, 수십 편에 불과하다. … 여러 선로에게 들은 바로는, 상인의 말로 험하고 쓸쓸하여 하루만이라도 따뜻한 방에서 편히 쉴 수 없었다고 한다. 當於憲哲朝之際 復初上人生於湖嶺間 草广其號也 … 道及其旁通諸門 聽經史於朴晩惺致馥 聞詩道於姜古懽瑋 稍藉博雅之聲 晩年乃覺 … 上人 以無住爲懷 難可以禪講律三師爲標準 … 故上人之詩若文 隨烟散滅 所存乎人間者 寔惟鳳毛之一二 然則玆編之略干 亦消許多歲月 僅收捏合於文人敗篋之餘 不過是數十殘篇而已 … 且聞諸禪老 則上人之末路 崎嶮蒼凉 不能安於一日之燠室"고 하였다. 권1은 문(文) 15편, 권2는 칠언율시 26편・오언율시 4편・칠언절구 8편・오언절구 1편 등으로 구성되었는데, 저자의 자서전격인 「삼화전 三花傳」은 권1 맨 앞에 두었다. 동국대학교 소장 필사본은 1925년경에 권상로(權相老)가 발행한 것이다. 〔참고문헌〕『草广遺稿』. ⇨ 복초 復初

초업 初業 처음 업. 식(識)이 업을 지음(作業)에 여섯 갈래로 하는데, 그 중 첫 번째 스스로의 경이 반연한 것만을 요별하는 작용을 말한다. 『유가사지론』 권1(대정장30, p.279b23)에 "저것(眼識)이 업을 지음이라 한 것에는 여섯 가지가 있음을 알아야 한다. 오직 스스로의 경이 연한 것을 요별하는 것을 말하니, 이것을 초업이라 한다. (두 번째) 오직 자상만을 요별하고, (세 번째) 오직 현재만을 요별하며, (네 번째) 오직 한 찰나만을 요별한다. 또 두 가지 업이 있다. (다섯 번째) 의식을 따라 굴러서 구르고, 선을 따라 물들어 구르며 발업을 따라서도 구른다. 또 (여섯 번째) 애와 비애의 과를 취할 수 있으니 이것이 여섯 번째 업이다. 彼作業者 當知有六種 謂唯了別自境所緣 是名初業 唯了別自相 唯了別現在 唯一刹那了別 復有二業 謂隨意識轉 隨善染轉 隨發業轉 又復能取愛非愛果 是第六業", 『유가론기』 권1(대정장42, p.319b14・한불전13, p.23c13)에 "초업은 제8식에 통하고, 두 번째와 세 번째 업은 제7식만에 온전히 통한다. 初業八識通有 第二三七意識全有"라고 하였다. 〔참고문헌〕『瑜伽師地論』, 『瑜伽論記』. ⇨ 시업 始業

초업보살 初業菩薩 업을 닦기 시작하는 보살. 지전(地前)보살을 말한다. 『섭대승론석』 권9(대정장31, p.438c12)에 "'(성문승 등) 많은 이들을 (성숙시키기) 위함이다'라고 하였는데, 승해행지(資糧位와 加行位)의 보살도 거둬 취한다. 신해가 열한 성문 등은 부처님 몸을 보더라도 성숙할 수 없기 때문이다. 초업보살도 이와 같음을 알아야 할 것이다. 言多爲者 攝取勝解行地菩薩 以劣信解諸聲聞等 雖見佛身 不應成熟 初業菩薩 當知亦爾", 원측(圓測)의 『해심밀경』 권3(대정장16, p.699b4)에서 "'선남자여! 초업보살도 또한 이 중에서 따라 배우면서 뜻을 짓지만 비록 칭탄할 만큼은 아니더라도 게으르거나 그만두지 않는다'라고 하였다. 善男子 初業菩薩 亦於是中 隨學作意 雖未可歎 不應懈廢", 원측(圓測)의 『해심밀경소』 권6(한불전1, p.322a24)에 "〔석〕 이는 곧 두 번째로 초학자에게 권하는 것이다. 지전보살은 아직 통달하지 못했고 아직 증득하지 못해 비록 칭탄할 정도는 아니더라도 이 중에서 따라 배우면서 뜻을 짓되 마땅히 부지런히 수습해서 게으르거나 그만두지 않게 한다. 釋曰 此卽第二勸初學者 地前菩薩 未能通達 亦未能得 雖未可歎 亦於是中 隨學作意 而應懃修 勿生懈廢"라고 하였다. 〔참고문헌〕『攝大乘論釋』, 『解深密經』, 『解深密經疏』. ⇨ 지전보살 地前菩薩

초업위 初業位 Ⓢ ādikarmika-avasthā, Ⓣ las-dang-po-pa'i-gnas-skabs. 업을 닦기 시작하는 위. 순결택분(順決擇分) 이전의 별상염주(別相念住)와 총상염주(總相念住)를 수습하는 위다. 초업지(初業地)와 같다. 『구사론』 권25(대정장29, p.132c20 : *Abh-k-bh.*, p.384)에 "〔논〕 초업위 중에는 신 등의 네 경을 자세히 살피고 비춰 안다. 혜의 용이 뛰어나기에 염주가 증대한다고 설한다. 난법위에서는 다른 품류의 수승한 공덕도 증득하니 근의 용이 뛰어나기에 정히 끊는 것도 한층 잘한다고 설한다. 論曰 初業位中 能審照了 身等四境 慧用勝故 說念住增 煖法位中 能證異品 殊勝功德 用勤勝故 說正斷增 ādikarmikāvasthāyāṃ kāyādyupalakṣaṇārthaṃ smṛtyupasthānāni. viśeṣādhigamena vīrya saṃbadhaṃnādūṣmagateṣu samyakpradhānāni", 『구사론기』 권25(대정장41, p.380a28)에 "초업위 중에 신 등 네 경의 자상과 공상을 능히 살펴 비춰 안다 하니 혜의 작용이 뛰어나기에 염주가 증대한다고 설하는 것이다. 난법위에서는 다른 품류인 순결택분의 선근으로서 수승한 공덕을 증득하니 근의 작용이 뛰어나기에 정단 또한 증대한다고 설한다. 初業位中 能審照了 身等四境 自相共相 慧用勝故 說念住增 煖法位中 能證異品 決擇分善 殊勝功德 說正斷增"라고 하였다. 〔참고문헌〕『俱舍論』, 『俱舍論記』, *Abh-k-bh.* ⇨ 순결택분 順決擇分

초업지 初業地 초업위(初業位 Ⓢ ādikarmika-avasthā)와 같다. 『대비바사론』 권6(대정장27, p.26c9)에 "파라연나는 초업지에 머물러 아직 해야 할 바를 반복적으로 수습하지 못했으며, 아직 사마타를 얻지 못했으며, 아직 성교에 들지 못했으며, 아직 점차마저 닦지 못했다. 復次波羅衍拏 住初業地 未串習所作 未得奢摩他 未入聖教 未修漸次", 『순정리론』 권59(대정장29, p.668a28)에 "성제를 관견(觀見)하려는 이가 초업지에서 수습해야 할 행의 극히 복잡하고 광대하다. 求見聖諦 初業地中 所習行儀 極爲繁廣", 『대승의장』 권16(대정장44, p.786a21)에 "견도이전을 초업지라 한다. 見道已前名初業地"라고 하였다. [참고문헌] 『大毘婆沙論』, 『順正理論』, 『大乘義章』. ⇨ 초업위 初業位

초연 初緣 처음 연하다. ❶ 처음 연하는 중에 마음이 일어나는 것을 각(覺) 또는 심(尋)이라 한다. 『대지도론』 권23(대정장25, p.234b4)에 "처음 연하는 중에 마음이 일어나는 양상을 각(Ⓢ vitarka : 尋)이라 하고, 이후에 좋고 나쁨을 분별하고 판단하는 것을 관(Ⓢ vicāra : 伺)이라 한다. 初緣中心發相名覺 後分別籌量好醜名觀"라고 하였다. [참고문헌] 『大智度論』. ⇨ 각관 覺觀, 심사 尋伺 ❷ 처음으로 실상(實相)을 연해 경을 지으면 중(中)에 들어 진실 아님이 없다. 『마하지관』 권1(대정장46, p.1c23)에 "원돈이란, 처음에 실상을 연해서 경을 지은 즉 중이어서 진실 아님이 없다. 법계를 얽어 연해서 한 생각 법계일 뿐이어서 하나의 색 하나의 향이 중도가 아님이 없다. 圓頓者 初緣實相 造境卽中 無不眞實 繫緣法界 一念法界 一色一香 無非中道 己界及佛界衆生界亦然"라고 하였다. [참고문헌] 『摩訶止觀』. ⇨ 중도 中道, 실상 實相 ❸ 번뇌로 처음 경을 연하면 애(愛)다. 『순정리론』 권28(대정장29, p.497a4)에 "유여사는 설한다. '일체번뇌가 처음으로 경을 연할 때 이름을 애라고 하고, 이후 증광하는 위를 취라 한다'. 有餘師說 一切煩惱 初緣境時 說名爲愛 後增廣位 說名爲取"라고 하였다. [참고문헌] 『順正理論』. ⇨ 애 愛❶

초연기 悄然機 가만히 있기만 해서 아무 일 없게만 하는 기. 활발발한 기세 없는 뜻이다. 『경덕전등록』 권11 「향엄지한전 香嚴智閑傳」(대정장51, p.284a15)에 "활발히 움직이며 옛 사람이 갔던 길을 드날리고, 고요한 심기에 떨어지지 않는다. 動容揚古路 不墮悄然機", 『석전법훈어록』 권2(卍속장122, p.23b12)에 "법좌에 올라 말했다. '활발히 움직이며 옛 사람이 갔던 길을 드날리고, 고요한 심기에 떨어지지 않는다. 말 떠받들 줄만 아는 이 그 말에 다치고, 구에 집착하는 사람 그 구에 미혹된다. 말 떠받들지도 구에 걸려 있지도 말아야 하니, 두꺼비가 뛰어서 범천에 오르고, 등롱이 노주 삼킨다'. 上堂云 動容揚古路 不墮悄然機 承言者喪 滯句者迷 不承言 不滯句 蝦蟆跳上梵天 燈籠呑却露柱"라고 하였다. [참고문헌] 『景德傳燈錄』, 『石田法薰語錄』.

초열 焦熱 Ⓢ paridahyate. 타는 듯 뜨거움. 『유부율』 권1(대정장23, p.629b4)에 "그때 소진나가 '구수들이시여! 저는 몸에 병도 없는데 마음에는 타는 듯한 뜨거움이 있습니다'라고 하자 '어떤 이유로 마음에 타는 듯한 뜨거움 있는가?'라고 물음에 소진나가 그 사연을 자세히 말하였다. 時 蘇陣那告言 諸具壽 我非身病 而心有焦熱 問言 何故心有焦熱 時蘇陣那 具說其事", 『섭대승론석』 권11(대정장31, p.231a18)에 "무명의 타는 듯한 열기 이미 고요하게 되었고, 일체지를 능히 증득하고서 사제(四諦) 등에 의지해 반야를 행한다. 無明焦熱 已得寂靜 能證一切智 故依諦等行般若", 『금광명경』 권1(대정장16, p.337c21)에 "번뇌의 불길 치솟아 마음을 태워 뜨거우니 오직 부처님만이 능히 끄실 수 있다네. 마치 달 청량하듯 하다. 煩惱火熾 令心焦熱 唯佛能除 如月淸涼"라고 하였다. [참고문헌] 『有部律』, 『攝大乘論釋』, 『金光明經』, *Abh-k-bh.284*. ⇨ 초열지옥 焦熱地獄

초열대초열 焦熱大焦熱 초열지옥과 대초열지옥. 팔대지옥(八大地獄)에 속한다. 『법화현의』 권6(대정장33, p.758c8)에 "팔대지옥이 있다. … 초열지옥과 대초열지옥이다. 그 하나하나의 지옥에 각각 열여섯의 소지옥을 권속으로 가지고 있어 도합 136곳이다. 有八大地獄 … 焦熱大焦熱 一一各有十六小獄爲眷屬 合一百三十六所"라고 하였다. [참고문헌] 『法華玄義』. ⇨ 대초열지옥 大焦熱地獄, 팔대지옥 八大地獄, 지옥 地獄

초열지옥 焦熱地獄 Ⓢ Tāpana, Ⓣ tsha-ba. 팔열지옥(八熱地獄) 중 하나로 온몸에 불이 붙어 매우 심한 고통을 겪는 지옥. 소열지옥(燒熱地獄)·소자지옥(燒炙地獄)·염열지옥(炎熱地獄)·열뇌지옥(熱惱地獄)·열지옥(熱地獄)이라고도 한다. 살생·투도·사음·망어 등 중죄(重罪)를 범한 이가 떨어지는 지옥이다. 『정법염처경』 권31(대정장17, p.181a14)에 "그때에 제석천은 다시 궁벽에서 초열지옥의 열여섯 곳의 작은 지옥을 관찰한다. 그 속의 중생들은 갖가지 한량없는 고뇌를 겪는데, 그 극도의 괴로운 업의 과보는 앞에서 말한 것과 같다. 죄를 다 받고 나면 지옥에서 나와 아귀로 나서 부정한 것을 먹으며, 아귀의 몸으로 커다란 고뇌를 겪는데, (앞의 아귀들보다) 다섯 배나 더한 고뇌를 겪는다. 아귀들 중에서 죽어 축생으로 나면 큰 바다에서 마갈어의 몸을 받고, 축생들 속에서 죽어 인간으로 나면 용모가 추악하고 입술과 입이 크므로 사람들이 싫어한다. 인간에서 목숨을 마치고 남은 업이 있어서 하늘에 나도 그 몸의 광명이 적은 것은 앞에서 말한 바와 같아 모든 하늘 무리들에게 경멸과 천대를 받는다. 時 天帝釋 復於殿壁 觀焦熱地獄 十六隔處 是中衆生 具受種種 無量苦惱 辛酸 楚毒 業之果報 如前所說 受罪旣畢 從地獄出 生餓鬼中 受食不淨 餓鬼之身 受大苦惱 五倍於前 餓鬼中死 生畜生 中 在於大海 受摩竭魚身 畜生中死 若生人中 容貌醜陋 脣口麤大 人所惡見 人中命終 若有餘業 得生天中 身光減 劣 如前所說 一切天衆之所輕賤"라고 하였다. 〔참고문헌〕『正法念處經』, 40권본 『大般涅槃經』 권11(대정장12, p.429c28), *Mvyut.215.* ⇨ 지옥 地獄, 십육지옥 十六地獄, 소자지옥 燒炙地獄, 염열지옥 炎熱地獄, 열뇌지옥 熱惱地獄, 열지옥 熱地獄 ❶, 팔열지옥 八熱地獄

초엽건 蕉葉巾 파초 잎사귀로 만든 두건. 도교(道敎)의 복식이다. 『오등회원』 권19 「문수도심장 文殊道心章」(卍속장138, p.771a18)에 "옛날에는 비구모습이더니 오늘은 신선의 몸이다. 학의 깃털로 만든 은색 외투를 입고 머리에는 파초 잎사귀로 만든 두건을 썼다. 일 없이 산천에 은둔한 나그네는 두 번 임금의 은혜를 입었다. 그래서 '불성의 뜻을 알려거든 시절인연을 관해야 한다'라고 하였다. 昔爲比丘相 今作老君形 鶴氅披銀褐 頭包蕉葉巾 林泉無事客 兩度受君恩 所以道 欲識佛性義 當觀時節因緣"라고 하였다. 〔참고문헌〕『五燈會元』.

초영 超永 명말청초 임제종(臨濟宗) 스님. 호는 제륜(霽崙). 속성은 요(姚)씨. 절강성(浙江省) 휴리(攜李 : 嘉興府 嘉興縣) 출신. 어려서 유학(儒學)을 배웠지만, 커서 숭정(崇禎) 말년의 반란을 겪고 거의 죽을 뻔했다가 살아난 뒤로는 공명심을 버렸는데 『금속용어록 金粟容語錄』을 휴대하고 있던 한 스님을 만나 감명을 받고 나서 마침내 출가의 마음을 굳혔다. 1650년(순치7) 여름에 가흥(嘉興)의 심운과(深雲果)를 찾아뵌 뒤 삭발하고 출가하였다. 같은 해 가을에 백우정사(百愚淨斯)를 찾아뵈었으며 그 후 천동산(天童山)·경산(徑山)·보은사(報恩寺)·금속사(金粟寺) 등을 차례로 돌아다녔다. 1652년(순치9) 봄에 복원(福源)의 안전정(安田靜)을 찾아뵈었고 12월 8일인 부처님의 성도일(成道日)에 인가를 받았다. 이후 북경 서산(西山)의 성감사(聖感寺)에 주석하였고, 절강성 평호(平湖)와 상해(上海)·가흥·섬서(陝西)·절강성 영가현(永嘉縣) 등의 사찰에서 교화를 펼쳤다. 1693년(강희32)에 『오등전서 五燈全書』 120권을 편찬하였으며, 이 밖에 어록인 『제륜초영선사어록 霽崙超永禪師語錄』 20권, 『심설초당집 深雪草堂集』 30권, 『법원영화 法苑英華』, 『독서수기 讀書隨記』, 『고금승시 古今僧詩』 60권 등의 저서가 있다.

초오 超悟 1079~1153. 고려전기 화엄종(華嚴宗) 스님인 개성 홍원사(洪圓寺) 교웅(敎雄)의 법호. 〔참고문헌〕「洪圓寺超悟僧統敎雄墓誌銘」(『韓國金石全文』 中世上, p.719). ⇨ 교웅 敎雄 ❷

초오비차 草烏卑次 십팔지옥(十八地獄) 중 하나. 『십팔니리경』(대정장17, p.529a12)에 "여섯 번째 지옥은 초오비차이다. 초오비차에서 한 번 당하는 고통은 방졸지옥의 20배에 달하는데 굳이 말로 표현하자면 '뜨겁게 그을린다'고 한다. 이곳에 사는 죄인들은 높이 이천 리 너비 사천 리의 성에 있다. 그 안에 불을 가득 채우고 죄인들을 그 속에 던져놓은 다음 다시 쇠로 덮어서 알 수 없는 세월 동안 둔다. 이와 같이 하면서 숨 쉬거나 말할 수도 없고 누워 있을 틈도 없이 알 수 없는 세월 동안 불에 그을리고 다시 그을리니 이것이 그 무리들이다. 그곳 죄인들은 키와 몸집이 장대하고 수명은 인간의 12만세를 하루로 삼아 30일을 한 달로 삼으며 열두 달을 일 년으로 삼는데 수명은 32만세로 인간의 4천 320억 살이다. 第六犁名曰 草烏卑次 草烏卑次一苦 當㫄卒二十 而人言焯熱之 人居此者 城高二千里 廣四千里 火滿其中 置人其中 復以鐵覆之 無歲數 如是 不得息言 不得臥 無歲數 燋已復燋 是其類 其人長且大 壽人間十二萬歲爲一日 三十日爲一月 十二月爲一歲 壽三十二萬歲 爲人間四千三百二十億歲"라고 하였다. 〔참고문헌〕『十八泥犁經』. ⇨ 십팔지옥 十八地獄 ❶, 지옥 地獄

초왕영 楚王英 후한(後漢) 광무제(光武帝)의 아들. 중국불교사에서 공식적으로 불교를 신앙한 최초의 사람이다. 이복형인 효명제(孝明帝)와 함께 불교전파에 기여한 인물로 평가되는데, 효명제 보다는 그의 역할이 좀 더 사실에 부합하는 것으로 인정된다. 그가 부임한 팽성(彭城)과 좌천된 곳인 강남의 단양(丹陽)에까지 불교를 전했다. 『불조통기』 권35(대정장49, p.330b1)에 "처음에 황제가 서역에서 신이라 여기는 부처가 있다는 말을 듣고서 사자를 천축에 보내 그 가르침을 구하여 그 책을 얻었으며, 사문도 오게 했다. 그 책은 대개 허무를 으뜸으로 하고, 자비로 살생하지 않는 것을 귀하게 여긴다. 사람이 죽으면 정신은 사라지지 않고, 다시 몸을 받는데, 살았을 때 행한 선악에 따라 모두 응보가 있다고 생각한다. 그러므로 귀한 것은 정신을 수련하여 부처가 되는 것이며, 광활하고 뛰어나고 크게 말할 수 있어 어리석은 중생들을 권유하고, 이 도에 정통한 이를 사문이라 부른다. 이에 중국에 비로소 그 가르침이 전해지고 그 형상을 그렸는데, 왕공이나 귀인 중 유독 초왕영이 가장 먼저 좋아하였다. 初帝聞 西域有神 其名曰佛 因遣使之天竺 求其道 得其書 及沙門以來 其書大氐以虛無爲宗 貴慈悲不殺 以爲人死 精神不滅 隨復受形 生時所行善惡 皆有報應 故所貴 修練精神 以至爲佛 善爲宏闊勝大之

言 以勸誘愚俗 精於其道者 號曰沙門 於是 中國 始傳其術 圖其形像 而王公貴人 獨楚王英 最先好之"라고 하였다. 〔참고문헌〕『佛祖統紀』, 『釋氏稽古略』 권1(대정장49, p.766c4). ⇨ 효명제 孝明帝

초욕 草褥 Ⓢ tṛṇa-saṃstara, Ⓣ rtsva-bting-ba. 풀로 엮은 자리. 『욱가라월문보살행경』(대정장12, p.28a18)에 "부처님께서 말씀하셨다. '장자여! 나는 걸식하도록 허락한다. 보살은 풀 엮어 자리해 앉거나 나무 아래 머물거나 무덤 사이에 살거나 열 가지 계율을 지켜야 한다'. 佛言 長者 我聽使分衛 菩薩在草褥樹下 若在塚間 護戒有十事念", 『수행도지경』 권5(대정장15, p.217b25)에 "거친 옷을 입고 맛없는 밥을 먹으며 풀자리에 앉아 자신의 몸을 고단하게 한다. 麤衣惡食 坐於草褥 困苦其身"라고 하였다. 〔참고문헌〕『郁迦羅越問菩薩行經』, 『修行道地經』, *Lal-v.*207.

초용용연멱멱 草茸茸煙羃羃 풀 무성하고 연기마저 자욱하다. 일없는 경계중(無事界中)에 떨어져 있을까 경계하여 드러내 보이는 말이다. 『벽암록』 6칙 「평창 評唱」(대정장48, p.146c20)에 "이곳에 이르면 확탕지옥 노탄지옥 입으로 불어 꺼버리고, 검수지옥과 도산지옥 고함을 질러 꺾어버리는 것 어려운 일이 아니다. 설두는 이에 도달하여 자비 베풀었으니, 사람들이 일없는 경계에 주저앉아 있을 것을 걱정하였기에 다시 '풀만 무성하고 연기마저 자욱하다'라고 말했다. 뒤덮여 버렸으니 곧 바로 풀 무성하고 연기는 자욱할 뿐이다. 말해보라! 이것은 어떤 사람의 경계인가? 날마다 좋은 날이라고 해도 되는가? 이 또한 당치도 않다. 천천히 걸어 흐르는 물소리 밟아 끊는다 해도 옳지 않고, 마음대로 보고 나는 새 자취 따라한다 해도 옳지 않으며, 풀이 무성하다 해도 옳지 않고 연기가 자욱하다 해도 옳지 않다. 곧 바로 온통 이렇다 할 것 없어야 참으로 이러한 때 수보리 좌선하는 바위 끝에 꽃 무리지어 피리라. 모름지기 이런 때 뒤쳐 굴러 저 편으로 지나가 버려야 비로소 얻으리. 到這裏 鑊湯爐炭吹教滅 劍樹刀山喝便摧 不爲難事 雪竇到此 慈悲之故 恐人坐在無事界中 復道 草茸茸煙羃羃 所以蓋覆却直得草茸茸煙羃羃 且道 是什麽人境界 喚作日日是好日得麽 且喜沒交涉 直得徐行踏斷流水聲也不是 縱觀寫出飛禽跡也不是 草茸茸也不是 煙羃羃也不是 直饒總不恁麽 正是空生巖畔花狼籍 也須是轉過那邊始得"라고 하였다. 〔참고문헌〕『碧巖錄』.

초원 楚圓 986~1039. 북송(北宋) 임제종 선사. 속성은 이(李) 씨. 전주(全州 : 廣西省) 청상(淸湘) 출신. 어려서 서생이 되었다가 22세에 상산(湘山 : 廣西省) 은정사(隱靜寺)로 출가하였고, 모친의 권유에 따라 각지를 돌아다니다 분양선소(汾陽善昭)를 친견한 뒤 그 법을 이었다. 7년간 소임을 맡은 후 당명지숭(唐明智嵩)·신정홍인(神鼎洪諲)·동산효총(洞山曉聰)을 찾아뵈었고, 의춘(宜春)태수 황종(黃宗)의 청에 따라 원주(袁州 : 江西省) 남원산(南源山) 광리선원(廣利禪院)에서 출세하였다. 이어서 담주(潭州 : 湖南省) 도오산(道吾山)·석상산(石霜山) 숭승선원(崇勝禪院)·남악산(南岳山) 복엄선원(福嚴禪院)·담주 흥화선원(興化禪院) 등에 차례로 주석하였고, 1039년(보원2) 1월 5일에 세수 54, 법랍 32세를 일기로 입적하였다. 문인 황룡혜남(黃龍慧南)이 『자명선사어록』 1권을 편집하였으며, 『자명선사원선사어요』 1권이 있다. 유자(儒者)인 양억(楊億)과 이준욱(李遵勗)이 사사하였으며, 제자인 황룡혜남과 양기방회(楊岐方會)의 회하에서 황룡파와 양기파가 분파되었다. 〔참고문헌〕『續傳燈錄』 권3(대정장51, p.482a18), 『補續高僧傳』 권7(卍속장134, p.131b12). ⇨ 석상초원선사어록 石霜楚圓禪師語錄

초월 初月 1878~1944. 근세 독립운동가이자 스님. 동조(東照)의 법호이다. 일명(一名) 최승(最勝) 또는 의수(義洙)라고도 한다. ⇨ 동조 東照

초월 超越 Ⓢ atikrānta, atikramya, samatikrānta, samatikrama. 훤출히 넘어서다. 정해진 한계나 상황 등 일체를 벗어나 자유롭게 되는 뜻이다. 출리(出離)의 뜻과 통한다. 『대보적경』 권118(대정장11, p.665a25)에 "갖가지 모든 막는 것 초월하여 착할 것이 없어야 신근이라 한다. 超越一切諸所罣礙 而無所著 是爲信根", 『불명경』 권8(대정장14, p.160b24)에 "만약 선남자와 선여인이 그 부처님 명호를 받아서 지닌다면 세간의 일백겁 넘어서 불퇴전의 아누다라삼막삼보리를 증득할 것이다. 若善男子 善女人 受持彼佛名 超越世間一百劫 得不退轉 阿耨多羅三藐三菩提", 『반야이취분술찬』 권2(대정장33, p.41b21)에 "장성해 마쳐서는 전에 말한 악한 허물이 없고 오로지 비지로 수생함을 업으로 삼는다. 이에 초월이라 한다. 旣生長已 亦無如前所說惡過 唯以悲智受生爲業 故名超越", 『대일경소』 권14(대정장39, p.728b8)에 "다함 없는 법계 초월한다. 초월이란 여래의 비밀한 신구의 덕을 찬탄하는 말이다. 超越無盡法界 超越者 卽是歎於如來祕密 身口意之德也", 『능엄경정견』 권6(卍속장91, p.117b4)에 "문득 세간과 출세간을 초월한다. … 초월한다는 말은 보살이 이 적멸묘심을 증득해 세간에 묶인 마음 넘어서고 출세간에 묶인 마음도 넘어서며 십법계도 넘어선다. 성인이거나 범부이거나 의보이거나 정보이거나 낱낱의 모든 마음을 모조리 넘어서기에 시방에 두루 밝아서 장애란 없다. 忽然超越 世出世間 … 所言超越者 菩薩證此寂滅妙心 超過世間

心 超過出世間心 超過十法界 若聖若凡 若依若正 一一諸心 皆悉起過 故得十方圓明 而無障礙", 『집이문족론』 권15(대정장26, p.430b28)에 "분노의 속박을 영원히 끊어도 출리라 하고, 분노의 속박을 초월하여도 출리라 한다. 嗔縛永斷 亦名出離 超越嗔縛 亦名出離", 『주유마힐경』 권3(대정장38, p.358b8)에 "〈경〉 헛된 이름들 초월한다. 〈주〉 구마라집(鳩摩羅什)이 말한다. '연으로 모인 것들 실이란 없으니 빌린 이름들일 뿐이다. 만약 그렇게 참된 모습 안다면 임시의 것들에 미하지 않을 것이다. 그러므로 초월이라 한다'. 승조(僧肇)가 말한다. '만 가지 일에 만 가지 이름이지만 허하고 임시인 것으로 난 것이니, 도는 진실한 깨달음에 있기에 헛된 이름 초월한다'. 超越假名 什曰 緣會無實 但假名耳 若得其眞相 卽於假不迷 故名超越也 肇曰 萬事萬名 虛假以生 道在眞悟 故超越假名", 『구사론송소론본』 권3(대정장41, p.838b2)에 "제9해탈도 중 근본으로 들어간다. 초월하는 이는 먼저 근본을 얻었기에 다시는 구하려들지 않기에 들지도 않는다. 從第九解脫道中 得入根本 以超越者 先得根本 更不願求 故不入也", 『성유식론연비』 권6(대정장43, p.930b22)에 "자재하지 못한 이 『유가론』에 의지해 오직 하나의 지만을 뛰어넘는다 한다. 그러므로 초월하는 이 멸진정에 들려면 초선부터 점차 한 위씩 넘어 무소유처에 이르고 비상처를 넘어 멸진정에 들어간다. 이름하여 하나의 지만을 넘어선다 한다. 未自在者 依瑜伽論 唯超一地 故超越者 將入滅定 而從初禪 漸次超一 至無所有 而超非想 入於滅定 名超一地"라고 하였다. [참고문헌] 『大寶積經』, 『佛名經』, 『般若理趣分述讚』, 『大日經疏』, 『楞嚴經正見』, 『集異門足論』, 『注維摩詰經』, 『俱舍論頌疏論本』, 『成唯識論演祕』, *Laṅk.51., Saṅ-v.118., Udāna-v.151., Vikī-n.77.* ⇨ 초월삼매 超越三昧, 출리 出離 [1]

초월 楚越 그 옛날 멀기만 했던 초나라와 월나라. 어떻게 해도 어울릴 수 없게 되는 상황으로 의미 없게 되는 것의 뜻이다. 『대반열반경집해』 권32(대정장37, p.487a17)에 "만약 속이 진을 품지 못하고 진이 속을 품지 못한다면 이는 애초에 초와 월일 뿐이다. 만약 진 중에 반드시 속 없다 하면 이는 여래께서 설하신 색즉공마저 곧 허망한 말씀이 되리라. 若俗不容眞 眞不容俗者 是則天然楚越也 若眞中必無俗者 而如來說色卽空 此則虛妄說也", 『서장』 「답하운사장 答夏運使狀」(대정장47, p.929c20)에 "보내오신 편지에 '도로서 들어맞으면 하늘과 땅도 함께 할 수 있지만, 마음 가는 길 다른 즉 마주해 있어도 초와 월이리라'라고 하셨는데 이 말은 참으로 그렇습니다. 示諭 道契則霄壤共處 趣異則覿面楚越 誠哉是言", 『출삼장기집』 권13 「강승회전 康僧會傳」(대정장55, p.96c8)에 "진실로 이에 있어 통한다면 만리 떨어져서도 응하겠지만, 막혀 불통이라면 간과 쓸개처럼 붙어 있더라도 초와 월일 뿐이리라. 苟在理通 則萬里懸應 如其阻塞 則肝膽楚越"라고 하였다. [참고문헌] 『大般涅槃經集解』, 『書狀』, 『出三藏記集』.

초월삼매 超越三昧 온갖 법(諸法)으로 고르게 열린 문(等相)이라면 차제를 뛰어넘어 자재히 들고 나는 삼매. 『대지도론』 권17(대정장25, p.188b27)에 "초월삼매에서는 초선에서 일어나 제3선에 들고, 제3선에서 일어나 허공처에 들며, 허공처에서 일어나 무소유처에 든다. 이승은 오직 한 단계씩만을 넘어설 수 있을 뿐 두 단계 이상을 넘어서지는 못한다. 超越三昧中 從初禪起 入第三禪 第三禪中起 入虛空處 虛空處起 入無所有處 二乘唯能超一 不能超二", 같은 책 권39(대정장25, p.343b8)에 "초월이란 초선에서 일어나 제3선에도 들어 다른 마음이 섞이지 않고 멸진정에 이르기까지 역순으로 다 그러하다. 超越者 從初禪起 入第三禪 亦不令餘心雜 乃至滅盡定 逆順皆爾", 같은 책 81(대정장25, p.628a26)에 "무엇을 초월삼매라 하는가? 수보리야, 보살이 욕을 떠나고 온갖 악해 불선한 법을 떠나서 각도 있고 관도 있으며 오욕을 떠나 기쁨도 즐거움도 일으키면 초선에 들어간다. 이 초선에서 일어나 비유상비무상처로 들고, 비유상비무상처에서 일어나 멸수상정으로 든다. 멸수상정에서 일어나 다시 초선으로 들고, 초선에서 일어나 멸수상정으로 들며, 멸수상정에서 일어나 다시 2선으로 들고, 2선에서 일어나 멸수상정으로 들며, 별수상정에서 일어나 3선으로 들고, 3선에서 일어나 멸수상정으로 들며, 멸수상정에서 일어나 4선으로 들고, 4선에서 일어나 멸수상정에 든다. … 산심에서 일어나 제4선으로 들고, 제4선에서 일어나 산심에 머물며, 산심에서 일어나 제3선에 들고, 제3선에서 일어나 산심에 머물며, 산심에서 일어나 제2선에 들고, 제2선에서 일어나 산심에 머물며, 산심에서 일어나 초선에 들고, 초선에서 일어나 산심에 머문다. 이것을 가리켜 보살마하살이 초월삼매에 머물러 제법의 평등한 상을 얻는다고 하며, 보살이 반야바라밀에 머물러 선바라밀을 취한다고도 한다. 云何爲超越三昧 須菩提 菩薩離欲 離諸惡不善法 有覺有觀 離生喜樂 入初禪 從初禪起 乃至入非有想非無想處 非有想非無想處起 入滅受想定 滅受想定起 還入初禪 從初禪起 入滅受想定 滅受想定起 還入二禪 二禪起 入滅受想定 滅受想定起 入三禪 三禪起入滅受想定 滅受想定起 入四禪 四禪起 入滅受想定 … 散心中起 入第四禪 第四禪中起 住散心中 散心中起 入第三禪 第三禪中起 住散心中 散心中起 入第二禪 第二禪中起 住散心中 散心中起 入初禪 初禪中起 住散心中 是爲菩薩摩訶薩 住超越三昧 得諸法等相 是爲菩薩住般若波羅蜜取禪波羅蜜", 『대지도론소』 권24(卍속장87, p.534b7)에 "초월삼매라 하니, 아래로 좇아 차제로 위로 오르고, 위로 올라서는 다시 위로 奚아 아래로 들고 다시 아래를 넘어서 위에 든다. 이렇게 차제를 넘어 출입하는 것을 초월삼매라 한다. 若超越三昧者 乃從下次第上 上入已則 從上超入下 復下超入上 次第超越出入者 名超越三昧", 『법화현의』 권4상(대정장33, p.720a2)에 "선을 닦는다 하면 초월삼매다. 가깝고 먼 것을 넘어서 들고 가깝고 먼 것을 넘어서 나온다. 근과 원을 넘어서 머문다. 이 선의 공덕이 가장 깊기에 정선이라 한다. 갖가지 모든 법으로 열린 곳이라면 자재로 나고 든다. 修禪者 超越三昧也 近遠超入 近遠超出 近遠超住 是禪功德最深 故名頂禪 於諸法門 自在出入", 『법계차제초문』 권중상 「초월삼매초문 超越三昧初門」(대정장46, p.679c7)에 "초월이라 이름한 까닭은 온갖 지를 능히 넘어서 자재로 들고 나기 때문이다. 所以名超越者 能超過諸地 自在入出 故名超越"라고 하였다. 〔참고문헌〕『大智度論』, 『大智度論疏』, 『法華玄義』, 『法界次第初門』, 『大品般若經』 권20(대정장8, p.368b5). ⇨ 초월 楚越, 초월증 超越證, 초차 超次, 오선 五禪 [1]

초월생 超越生 비불현견현량(非不現見現量)의 네 가지 중 하나. 상지근이 하지경에 대해 일으킨 현량. 『유가사지론』 권15(대정장30, p.357a17)에 "드러난 대로 볼 수 없는 것이 아닌 현량에는 다시 네 가지가 있다. 모든 근 무너지지 않아 뜻을 짓는 일이 언제나 앞에 있으니 그럴 듯하게 생겨나고, 초월하여 생겨나며, 장애가 없고, 극히 멀지 않기 때문이다. … 초월해서 생겨남이란, 상지의 제근이 하지의 경에서 이미 낳은 것 등으로 앞에서 설한 바와 같다. 이를 초월해서 낳은 것이라 한다. 非不現見現量者 復有四種 謂諸根不壞 作意現前 相似生故 超越生故 無障礙故 非極遠故 … 超越生者 謂上地諸根 於下地境 已生等如前說 是名超越生"라고 하였다. 〔참고문헌〕『瑜伽師地論』. ⇨ 현량 現量

초월심지 超越心地 마음의 바탕 즉 심지마저 훤출히 넘어서다. 의지할 심지마저 없는 뜻에서 일체제불 자증의 보리이고 정변지의 부사의한 경계다. 『대일경』 권1(대정장18, p.4a11)에 "이때 집금강비밀주가 부처님께 아뢰었다. '희유합니다. 세존이시여! 이러한 모든 부처님 스스로 증하신 삼보리를 설하시고 부사의법계마저 심지를 초월하시며 갖가지 방편도로 중생을 위해 저 본성으로 믿어 알아서 법을 연설하셨습니다'. 爾時 執金剛祕密主白佛言 希有世尊 說此諸佛自證三菩提 不思議法界超越心地 以種種方便道 爲衆生類 如本性信解 而演說法", 『대일경소』 권3(대정장39, p.609c23)에 "먼저 세존께서 매우 기특하심을 찬탄하였다. 대방편을 갖추었으므로 이러한 제불자증의 삼보리를 능히 설할 수 있는 것이다. 이는 자기 마음으로 스스로 불가사의법계를 깨달아 일체심지마저 훤출히 벗어나서 의지할 바 어디에도 없음을 말한다. 세간 사람들 들어 가고자 해서 발을 움직임에 모두 땅에 의지하는 것과 같이 보살도 이와 같이 마음에 의지해 나아가고 행하므로 이 마음을 땅으로 삼는다. 마음이라 하면 오히려 의지하는 것 있기에 정변지라 이름하지 못한다. 여래께서는 이미 이러한 미세한 희론마저 이미 건너서 나아감이 그쳤기에 이를 초월심지라고 한다. 先歎世尊 甚爲奇特 由具大方便故 乃能說此諸佛自證三菩提 所謂自心自覺 不可思議法界 出過一切心地 的無所依也 如世人 擧趾動足皆依於地 菩薩亦如是 依心進行 故名此心爲地 以心尙有所依故 未名正遍知 如來已度 此微細戲論 進趣都息 故名超越心地也"라고 하였다. 〔참고문헌〕『大日經』, 『大日經疏』.

초월입 超越入 Ⓢvyutkrāntaka. 구차제정(九次第定) 중 한 단계 또는 모든 단계를 초월해 드는 일. 『유가사지론』 권12(대정장30, p.336a12)에 "또 무엇을 모든 등지 초월해 드는 것이라 하는가? 이에 이미 원만·청정·선백을 얻었기에 초정려와 무간에서 제3정려로 초월해 들고, 제3정려와 무간에서 공무변처로 초월해 들며, 공무변처와 무간에서 무소유처로 초월해 든다 하는 것이고, 역으로 뛰어넘음도 이와 같다. 아주 멀기에 세 번째 등지까지 초월하는 일은 있을 수 없지만, 오직 여래와 제2아승기 지난 대보살만은 예외다. 이들은 원하는 대로 모든 정려에 든다. 復次 云何超越入諸等至 謂卽於此已得圓滿淸白故 從初靜慮無間超入第三靜慮 第三無間超入空無邊處 空處無間超入無所有處 乃至廣說 逆超亦爾 以極遠故 無有能超第三等至 唯除如來及出第二阿僧企耶諸大菩薩 彼隨所欲入諸定故", 『대승아비달마잡집론』 권5(대정장31, p.714b7 : *Abh-s-bh.*, p.38)에 "중품의 반복적 수습력을 가진 이도 초월해 들어갈 수 있는데, 이는 오직 방편으로 하나의 사이만을 초월할 수 있을 뿐이지만, 상품의 반복적 수습력을 가진 이는 바라는 대로 일체를 초월한다. 若有中品串習力者 亦能超越入 唯能方便超越一間 若有上品串習力者 隨其所欲或超一切 madhyena vyutkrāntakasamāpattirekāntarika yogena. adhimātreṇa yatheṣṭaṃ sarvāṇi vā vyutkrāmyānulomaṃ pratilomaṃ ca samāpattirveditavyā"라고 하였다. 〔참고문헌〕『瑜伽師地論』, 『大乘阿毘達磨雜集論』, *Abh-s-bh.*

초월정 超越定 Ⓢvyutkrānta-samāpatti, Ⓣthod-rgal-du-snyoms-par-'jug-pa. 구차제정(九次第定)의 순차적인 단계에서 한 단계를 뛰어넘어 그 다음 단계의 선정으로 들어가는 것. 『구사론』 권5(대정장29, p.25c10 : *Abh-k-bh.*, p.72)에 "왜 그러한가? 구차제정을 설하고 있기 때문이다. 이것은 만약 반드시 순차적인 것이라고 한다면, 어떻게 초월정의 뜻이 있을 수 있는 것인가? 이러한 선정의 차례는 초학자에 의거해 설한 것이니, 자재를 획득할 때에는 마음먹은 대로 초월해 들어갈 수 있다. 所以者何 九次第定 契經說故 此若必然 如何得有超越定義 此定次第 依初學說 得自在時 隨樂超入 kiṃ kāraṇam navānupūrvasamāpattayaḥ iti sūtre vacanāt yadyeṣa niyamaḥ kathaṃ vyutkrāntas amāpattayo bhavanti prāthamakalpikaṃ pratyeṣa niyamaḥ prāptaprakāmavaśitvāstu santo vilaṅghyāpi samāpadyante"라고 하였다. [참고문헌]『俱舍論』, *Abh-k-bh*. ⇨ 구차제정 九次第定

초월증 超越證 성문사과(聲聞四果)의 차제를 뛰어넘어 증하는 일. 초월단(超越斷)·초증(超證)·초과(超果) 등이라고도 하며, 차제로 증득하는 것은 차제증(次第證)이다. 구사(俱舍)에서는 범부중생이 제1수다원과(須陀洹果)와 제2사다함과(斯多含果)를 뛰어넘어 제3아나함과(阿那含果)를 증득하는 초전이과(超前二果)를 말하고, 유식(唯識)에서는 제1수다원과를 증한 다음에 중간의 제2과와 제3과를 뛰어넘어 제4아라한과(阿羅漢果)를 증하는 초중이과(超中二果)를 말하며, 천태(天台)에서는 제1·2·3 등을 뛰어넘어 제4아라한과를 증하는 초전삼과(超前三果)를 말한다. 이런 뜻을 다 거둬 천태에서는 네 가지 초월증을 말한다. 첫째는 본단초(本斷超)이니, 범부나 외도가 유루(有漏)의 육행관(六行觀)으로 욕계의 사혹(思惑) 육품(六品)을 끊고 견도(見道)에 들어가 견혹(見惑)을 끊어서 수다원과와 사다함과를 뛰어넘어 제3아나함과를 증하는 것, 둘째는 소초(小超)이니 예류과(預流果)를 증하고서 다시 무루도(無漏道)를 닦아 삼계(三界)의 사혹이나 욕계의 구품(九品)을 끊어 제2사다함과를 초월하여 제3아나함과를 증하는 것, 또는 한꺼번에 하팔지(下八地)의 번뇌를 끊어 중간의 제2사다함과와 제3아나함과를 초월하여 아라한향(阿羅漢向)이 되거나, 일시에 상구지(上九地)의 번뇌를 모두 끊어 제4아라한과를 증하는 것이다. 셋째는 대초(大超)이니 초전삼과를 말한다. 부처님께서 이 세상에 계실 때 범부나 외도가 설법을 듣고 아라한과를 증득하는 경우와 같은 것이다. 넷째는 대대초(大大超)이니 삼장교(三藏教)의 보살이 일체번뇌를 끊고 불과(佛果)를 성취하는 것이다. 『구사론』 권3(대정장29, p.17b10)에 "배로 욕탐을 버려 초월해 증한다 하니, 저 예류과 아홉 가지 근 얻는 것과 같다. 만약 불환과 차제증이라면 세간도에 의지해 일곱 가지 근 얻고, 출세간도에 의지해 여덟 가지 근으로 얻으니 앞의 차제증의 일래과를 얻는 것과 같다. 전리욕탐의 초월증은 아홉 가지 근으로 얻으니, 앞의 초월증의 일래과를 얻는 것과 같다. 倍離欲貪 超越證者 如預流果 由九根得 若不還果 次第證者 依世間道 由七根得 依出世道 由八根得 如前次第 得一來果 全離欲貪 超越證者 由九根得 如前超越 得一來果", 『구사론송소론본』 권3(대정장41, p.838a19)에 "앞서 범부위에서 육품의 탐애를 끊는 것을 배리욕이라 하며, 지금 견도에 증입하여 도류지에 이르러 예류과를 초월하여 곧바로 제2사다함과를 증하면 초월증이라고 한다. 先凡夫位 斷六品貪 名倍離欲 今入見道 至道類智 超越預流 直證第二 名超越證", 『마하지관』 권6(대정장46, p.73b10)에 "과를 뛰어넘는 범에 넷이 있으니, 첫째 본단초, 둘째 소초, 셋째 대초, 넷째 대대초다. 본래 범지에서 비상정을 얻었는데, 이제 무루를 발하여 제16심이 가득 차면 곧 아나함을 얻으며, 본래 범지에서 혹 초선·이선·삼선·사선을 얻었는데 이제 16심이 가득 차면 또한 아나함이며, 본래 범지에서 욕계의 구품을 세지를 따라 많거나 적게 끊고서 제16심이 가득 차면 본래 끊은 것을 따라 과를 뛰어넘으니 모두 본단초라 이름한다. 만약 범지에서 아직 선을 얻지 못했는데 16심이 가득 차면 뛰어넘어 능히 욕계의 품들을 겸하여 없애는데, 혹 세 품이나 두 품이면 곧 가가의 한 종자 등이니 곧 소초다. 본래 범지에서 법을 듣고서 잘 왔다고 노래하심을 듣고 나한을 이룬다면 곧 대초이고, 저 부처님과 같이 일념에 번뇌와 습기가 다 다하면 이를 대대초라 이름한다. 超果凡有四 一 本斷超 二 小超 三 大超 四 大大超 本在凡地 得非想定 今發無漏 第十六心滿 卽得阿那含 本在凡地 或得初禪 二三四禪 今十六心滿 亦是阿那含 本在凡地 欲界九品 隨以世智 斷之多少 第十六心滿 隨本斷超果 皆名本斷超 若凡地未得禪 十六心滿 超能兼除欲界諸品 或三兩品者 卽是家家一種子等 卽是小超 本在凡地 聽法聞唱善來 成羅漢者 卽是大超 如佛一念 正習俱盡 此名大大超"라고 하였다. [참고문헌]『俱舍論』, 『俱舍論頌疏論本』, 『摩訶止觀』. ⇨ 초월삼매 超越三昧, 성문사과 聲聞四果, 본단초 本斷超, 배리욕 倍離欲, 전리욕 全離欲, 차제증 次第證, 오선 五禪 ❶

초위 初位 삼승 수행의 처음인 삼현(三賢) 중 첫 위. 『법문명의집』(대정장54, p.201b18)에 "습종성에 십주보살이 있다 : 이는 내범의 하품인 삼현의 초위다. 첫째는 발심주로 처음 범부의 경에서 무상도심을 발하여 뭇 성인들을 골고루 받들고 널리 많이 들어 얻은 혜로 비로소 공계에 들어가 성위에 머무는데, 저 발심을 말미암아 이 주를 얻는다. … 열째는 관정주에서 관하여 진종에 달하면 이로 비춤이 더욱 깨끗하며 앎이 가득해 최상이기에 관정주라 한다. 習種性有十住菩薩 此是內凡下品三賢初位 一 發心住 始從凡境 發無上道心 歷奉衆聖 廣多聞慧 始入空界 住性位 由彼發心 而得此住 … 十 灌頂住 觀達眞宗 理照逾淨 解滿最上故 曰灌頂住", 『화엄오교장복고기』 권2(卍속장103, p.475b17)에 "삼현 초위란 십신 차올라 주에 들어감이다. 三賢初位者 信滿入住也"

라고 하였다. 〔참고문헌〕『法門名義集』, 『華嚴五教章復古記』. ⇨ 삼현 三賢

초육 初肉 Ⓢ peśī, Ⓣ nar-nar-po. 처음의 살덩이. 태내오위(胎內五位) 또는 태장팔위(胎藏八位) 중 하나로 수태(受胎) 후 삼칠일째. 육단(肉團)·응결(凝結)이라고도 하고, 비라시(蜱羅尸)·비시(卑尸)·폐시(閉尸) 등으로 음사한다. 『사리불아비담론』 권15(대정장28, p.626b3)에 "여러 연들이 화합하고 인이 모이고 부모로 인해 생겨나서 곧 명색이 있게 된다. 그 뒤 7일 간은 태시막(Ⓢ kalala : 羯羅藍)이고, 다음 7일 간은 여운(Ⓢ arbuda : 頞部曇)이고, 다음 7일 간은 초육이고, 다음 7일 간은 시견(Ⓢ ghana : 健南)이니, 49일차에 이르면 몸의 지절이 갖추어진다. 衆緣和合因集因父母生便有色名 七日時 是胎始膜 復七日如雲 復七日初肉 復七日始堅 乃至四十九日 身肢節具足"라고 하였다. 〔참고문헌〕『舍利弗阿毘曇論』, *Abh-k-bh.130.* ⇨ 육단 肉團❷, 응결 凝結❷, 비라시 蜱羅尸, 비시 卑尸, 태내오위 胎內五位, 태장팔위 胎藏八位

초윤 草允 조선후기 스님. 『청허당집』 권3 「초윤선덕 草允禪德」(한불전7, p.697b11)에서 선덕으로 그려냈으니 "능가에 일찍이 누워 소 모는 일 배웠나니, 가슴바다 티 없어 달빛 밝은 가을인데, 청학선인 함께 꿈꾼 뒤로 모양새 천지에 맡겼기에 저 빈 배인 듯하네. 楞伽曾臥學鞭牛 胸海無塵月映秋 靑鶴仙人同夢後 寓形天地若虛舟"라고 하였다. 〔참고문헌〕『淸虛堂集』.

초율 抄律 광률(廣律)에서 가려내 간략히 한 것. 『법현전』(대정장51, p.864b17)에 "나(法顯)는 본디 계율을 구했지만 북천축의 나라들에선 모두 스승에서 스승으로 구전되었기에 베낄 수 있는 원본이 없었다. 이에 멀리 걸어서 중천축에 이르렀는데 이곳의 대승가람에서 한 부의 율을 얻었으니, 이것은 대중부율들로서 부처님 재세 시에 최초로 대중이 행했던 바다. 法顯本求戒律 而北天竺諸國 皆師師口傳 無本可寫 是以遠涉 乃至中天竺於此摩訶衍僧伽藍 得一部律 是摩訶僧祇衆律 佛在世時最初大衆所行也", "다시 한 부의 초율을 얻었는데 대략 칠천게이니 이것은 설일체유부율들로서 곧 이것이 중국에서 중승이 행하는 바인데, 또한 스승에서 스승으로 입으로 전수되어 왔기에 문자로 쓰여 있지는 않다. 復得一部抄律 可七千偈 是薩婆多衆律 卽此秦地衆僧所行者也 亦皆師師口相傳授 不書之於文字"라고 하였다. 〔참고문헌〕『法顯傳』. ⇨ 율장 律藏

초은사 招隱寺 중국 강소성(江蘇省) 진강(鎭江) 이남 초은산(招隱山)에 있는 절. 원래 증굴산(曾窟山)이었는데 유송(劉宋)대 은사(隱士) 대옹(戴顒)이 머물면서 이렇게 불렀고, 그가 죽은 후에 그의 딸이 살던 집을 희사하여 절로 만들고 초은사라 불렀다. 절 안에는 남조(南朝)의 소명태자(昭明太子) 소통(蕭統)이 독서하던 소명독서대(昭明讀書臺)와 그가 『소명문선 昭明文選』을 편집했던 증화각(增華閣)이 있다. 부근에는 호포천(虎跑泉)·녹포천(鹿跑泉)과 호천정(虎泉亭)이 있다.

초은산지 招隱山志 청대 무잠(繆潛) 엮음. 12권. 1925년 간행. 유송(劉宋) 423년(경평1)에 담도(曇度)가 개창한 초은사(招隱寺)의 사적을 기록한 책. 대옹(戴顒)이 이 산에 은거한 적이 있으며 양 소명태자(昭明太子)가 독서를 했던 유적도 있고, 절경(絶景)의 계곡도 있다. 천오백 년이란 긴 세월을 거치며 수차례 전란으로 황폐해지기도 했지만, 지세가 뛰어나고 수많은 사적이 있기에 시문이나 회화 속에 그 모습이 전해지고 있다. 본서는 1911년에 새기기 시작하여 1925년에 처음 찍어냈는데 권1은 형승(形勝), 권2는 건치(建置), 권3은 비명(碑銘)·고적(古蹟), 권4는 인물(人物), 권5~권10은 부(賦)·시(詩)·기(記)·서(序) 등의 예문(藝文), 권11은 대적(戴籍), 권12는 잡기(雜記)로 구성되었다.

초은화상어록 樵隱和尙語錄 원대 임제종 호구파(虎丘派) 초은오일(樵隱悟逸)의 어록. 2권. 시자 정정(正定) 편집. 卍속장150, pp.1093a1~1132a9에 수록되어 있다. 권상은 연우(延祐) 원년(1314)에 복주(福州 : 福建省) 설봉산(雪峰山) 숭성선사(崇聖禪寺)에서 재차 주지를 맡을 때 행했던 상당(上堂)·소참(小參)·염향(拈香) 등을 수록하였고, 권하에는 법어·불조찬(佛祖讚)·제발(題跋)·게송(偈頌)·불사(佛事)·자찬(自讚)·게어(偈語) 등이 실려 있다. ⇨ 오일 悟逸

초의 草衣 1786~1866(또는 1786~1865). 호는 초의, 자는 중부(中孚). 의순(意恂)의 법호다. ⇨ 의순 意恂, 사변만어 四辯漫語

초의당의순대사비 艸衣堂意恂大師碑 조선후기 해남 대흥사(大興寺) 초의의순(1786~1866)의 행장을 담은 비. 전라남도 해남군 삼산면 구림리 대흥사에 있는데, 비문은 송파거사(松坡居士) 이희풍(李喜豊)이 지어 1871년(고종8)에 세웠다. 〔참고문헌〕『一枝庵文集』(한불전12, p.271c10), 智冠『韓國高僧碑文總集 朝鮮朝·近現代』 pp.692~697. ⇨ 의순 意恂

초의대종사탑비명 艸衣大宗師塔碑銘 초의의순(艸衣意恂 1786~1866)의 행적을 신헌(申櫶 1810~1884)이 지었다. 『초의시고』 권하(한불전10, pp.869b6~87

0b1)에 수록되어 있는데, "초의(의)순공이 입적하자 문도 선기·범운 등이 방에 진영을 봉안하고는 나에게 찬문을 구하기에 곧바로 기꺼이 응하였다. 또한 옥돌을 다듬어 나에게 비명을 구하였다. … 봉은사의 대교 간행유포 불사 때에 스님을 모셔 증사로 삼았고, 달마산에서 무량회를 세울 때에도 스님을 받들어 선석의 법주로 모셨다. 모두 응하고는 곧 돌아와 일지암에서 입적하였는데 세수 81이고 법랍은 세수만큼이다. 艸衣恂公 旣示寂 其徒善機梵雲等妥其像于室 而求贊於余 卽樂應之 又治珉而求銘于余 … 當奉恩寺有大敎刊布之役 邀師爲證師 達摩山建無量之會 奉師主禪席 皆暫膺卽還 示化於一枝菴中 現世之年八十有一 法臘爲若干歲"라고 하였다. 〔참고문헌〕『艸衣詩藁』. ⇨ 의순 意恂

초의문수 草衣文殊 풀옷 걸친 문수. 선문(禪門)에서 전하는 문수보살상으로 몸은 검고 머리카락 길게 늘어져 있으며, 오른쪽 어깨가 드러나도록 엷은 풀옷 걸치고 오른손엔 읽어도 알 수 없는 범협(梵夾)마저 들고 있다. 송(宋) 원풍년간(1078~1084)에 태위(太尉) 여혜경(呂惠卿)이 오대산(五臺山)에 놀러갔다가 문수를 만나 가르침을 듣고 나서 화가에게 시켜 그 모습을 그리게 한 데서 연유한다. 『허당록』 권6(대정장47, p.1030a18)에 "초의문수 : (오른손에 든) 이것 어떤 책이기에 읽어도 구가 되지 않는가! 도롱이는 짧은데 머리털은 길며 손발 모두 벌거벗은 채로다. 草衣文殊 是何等書 讀不成句 簑短髮長 手脚俱露", 『북간거간어록』(卍속장121, p.161a10)에 "초의문수 : 옷은 짚으로 엮었고 머리털은 풀 난듯 하며, 오대에 내려온 적도 없이 온갖 기괴한 모습 뿐인데 수중에 들고 있는 경 그 뜻을 알 수 없다네. 내가 우선 그대에게 묻노라. 앞에도 셋셋이고 뒤에도 셋셋이니 이 얼마란 말인가? 草衣文殊 衣紉草 髮如草 未下五臺 百怪俱兆 手中經 義不了 我且問你 前三三 後三三 是多少", 『석계심월잡록』(卍속장123, p.157b13)에 "초의문수 : 초의 걸친 채 불경을 들고 있으며 얼굴 씻지도 않았고 머리 빗지도 않았구나. 이 문수인가, 문수 아닌가? 헤아리며 머뭇거려 오대의 길에서 서성거린다. 草衣文殊 披草衣 執貝書 面不洗 頭不梳 是文殊 非文殊 擬議臺山路轉迂"라고 하였다. 〔참고문헌〕『虛堂錄』, 『北澗居簡語錄』, 『石溪心月雜錄』. ⇨ 문수보살 文殊菩薩

초의시고 艸衣詩藁 조선후기 스님 초의의순(艸衣意恂 1786~1866)의 글을 모아놓은 문집. 2권. 한불전10, pp.830c1~870c26에 수록되어 있다. 1831년(순조31)에 연천거사(淵泉居士) 홍석주(洪奭周 1774~1842)와 같은 해 자하(紫霞) 신위(申緯 1769~1845)가 쓴 서문 두 편이 붙어 있다. 상권은 총 102수의 시만을 묶었다. 하권 전반부 역시 시인데 총 44수이고, 후반부는 산문으로 상량문(上樑文)·소문(疏文)·제문(祭文) 등 16편이 수록되어 있다. 산문 중에는 「완당김공제문 阮堂金公祭文」이 있는데, 추사(秋史) 김정희(金正喜 1786~1856)가 돌아가고 2년 후 1858년에 쓴 것이다. 하권 끝에는 신헌(申櫶 1810~1884)이 찬한 「초의대종사탑비명 艸衣大宗師塔碑銘」이 있다. 마지막으로 세 편의 발문이 붙어 있는데, 가장 앞서는 것은 석오(石梧) 윤치영(尹致英 1803~1856)이 썼고, 다음은 1875년(고종12)에 백파거사(白坡居士) 영천(靈川) 신헌구(申獻求 1823~1902)가 썼으며, 1906년 원응계정(圓應戒定 1856~?)이 쓴 것이다. 윤치영의 발문이 1856년 이전에 쓴 것이 확실하므로 이 문집은 초의 생전에 이미 초판이 간행되고, 그가 입적한 후에 계속 증보되어 재간행된 것으로 보인다. ⇨ 의순 意恂

초이후동 初異後同 처음에는 달랐으나 뒤에는 같아짐. 사종집법(四種執法 : 初異後同 初同後異 一切同 一切異) 중 하나로 논자들의 입장이 논의 시작엔 달랐으나 그 끝은 같은 경우다. 『방편심론』(대정장32, p.23c26)에 "〔문〕 법을 가짐에는 몇 가지인가? 〔답〕 네 가지다. 첫째는 일체동, 둘째는 일체이, 셋째는 초동후이, 넷째는 초이후동이다. … 초이후동이란, 가령 논자가 '아도 아가 하는 바도 없다'라고 한다면, 대론자가 '아도 있고 인도 있다' 하는데, 이 두 논의자가 모두 열반을 인정했다면, 이를 처음은 달랐으나 마침내는 같았다고 한다. 問曰 執法有幾 答曰有四 一 一切同 二 一切異 三 初同後異 四 初異後同 … 初異後同者 如說者言無我無所 而問者曰有我有人 此二論者俱信涅槃 是名初異後同"라고 하였다. 〔참고문헌〕『方便心論』. ⇨ 초동후이 初同後異

초인 楚仁 조선후기 스님. 1681년(숙종7) 울산 원적산(圓寂山) 운흥사(雲興寺)에서 사집(四集)을 판각할 때에, 『도서 都序』에서는 대발원화주(大發願化主)였고, 『절요 節要』·『선요 禪要』에는 화주, 『서장 書狀』 때에는 대화주라 이름을 올렸다.

초인계 初因戒 Ⓟ pubbahetuka-sīla. 처음 인이 된 계. 사종계(四種戒) 중 하나로 처음으로 인이 된 과거생부터 수지해와서 숙인계(宿因戒)라고도 한다. 『해탈도론』 권1(대정장32, p.402b7)에 "또 계에는 네 가지가 있다. … 무엇을 초인계라 하는가? 보살과 마하가섭의 계이니, 이를 초인계라 한다. 復次戒有四種 … 云何初因戒 菩薩及摩訶迦葉戒 是謂初因戒"라고 하였다. 〔참고문헌〕『解脫道論』, *Vism.15*. ⇨ 사종계 四種戒 ⑤

초인인 招引因 불러 끌어들이는 인. 뒤에 따르는 과보를 불러들이는 뜻이다. 『잡아비담심론』 권8(대정장28,

p.932b23)에 “수명이란 인간과 천상의 것이지 악취의 것은 아니다. 이것은 인을 가지는 것이기에 베푼 수명이라고 한다. 저에서 설하길 살생을 하지 않음을 수습하고 많이 수습하면 장수를 얻는다. 이는 불러 끌어들인 인이기에 이처럼 말하는 것이다. 비유하면 두 종류의 어머니 즉 생모와 양모와 같다. 살생을 하지 않는 이는 생모와 같고, 음식을 베푸는 이는 양모와 같다. 축생에게 베푸는 다섯 가지 보시로 백배의 복을 얻는다. 壽者 謂人天非惡趣 此以持因故說施壽 如說 離殺生修習多修習得長壽 此以招引因故說 譬如二種母 生母及養母 離殺生者如生母 施食者如養母 施畜生五種報得百倍福”, 『순정리론』 권19(대정장29, p.449a11)에 “업과 번뇌 등은 (안근을) 불러 일으키는 인이 된다. 業煩惱等 爲招引因”라고 하였다. 〔참고문헌〕『雜阿毘曇心論』, 『順正理論』.

초일명삼매경 超日明三昧經 서진(西晉) 섭승원(聶承遠) 한역. 2권. 부처님께서 보명보살(普明菩薩)의 물음에 응하여 초일명삼매(超日明三昧)를 설하신 경. 『초일명경 超日明經』이라고도 한다. 대정장15, pp.531b25~548a24, No.638에 수록되어 있다. 처음에는 보명보살에게 반야의 입장에서 사등(四等)·사은육도(四恩六度) 등을 설하셨고, 이어서 이구목보살(離垢目菩薩)에게 보살의 행법(行法)을 설하신 후 초일명삼매가 얼마나 뛰어난지 설하신 내용이다. 항상 오도(五道)를 말하고 있고 부처님의 모습과 사리(舍利)의 공양을 설하였으며 경의 수지(受持)·풍송(諷誦)·독송(讀誦)·해설(解說)도 함께 강조하고 있어 대승성립 때의 경으로 추정한다. 또 한역자는 섭승원으로 전하지만 축법호(竺法護)가 한역한 것을 섭승원이 정리했다는 설도 있다.

초일분 初日分 Ⓢ pūrvāhṇa, pūrvāhṇa-kāla-samaye. 하루를 초중후의 세 때로 나눈 가운데 첫 번째. 『금강경』(대정장8, p.750c7)에 “수보리여! 만약 어떤 선남자와 선여인이 초일분에 항하의 모래알 수와 같은 몸을 보시하고 … 이와 같이 무량백천만억겁 동안 몸을 보시한다 해도, 어떤 사람이 이 경을 듣고서 신심으로 거스르지 않는다면 그 복은 저들보다 뛰어나다. 須菩提 若有善男子 善女人 初日分 以恒河沙等身布施 … 如是無量百千萬億劫 以身布施 若復有人 聞此經典 信心不逆 其福勝彼”, 『금강경주해』(대정장33, p.233c5)에 “초일분이란 인시와 묘시와 진시를 말한다. … 이처럼 하루 세 때로 무량한 몸을 버리고 무량겁을 보내며 보시를 행한다 하지만 세간에는 참으로 이런 일 없지만, 부처님께서 이 비유를 설하신 것은 경을 듣고 믿음을 내는 복덕의 뛰어남에 비기셨으니, 경을 서사하고 받아 지니고 독송하고 남에게 해설해 주는 것에 대해서는 더 말해서 무엇하겠는가! 初日分者 寅卯辰時也 … 如是一日三時 捨無量身歷無量劫 而行布施 世間固無此事 然佛設此喩者 以況聞經生信福德之勝 何況書持誦說者耶”, 『금강경주』(卍속장38, p.427a16)에 “하루를 셋으로 나눴기에 초분·중분·후분이라 하였다. 베풂이 거듭되고 또 많기에 공덕 넘칠 만큼 크다. 分一日爲三分 故言初中後分也 施重又多 功德彌曠矣”라고 하였다. 〔참고문헌〕『金剛經』, 『金剛經註解』, 『金剛經註』, *Vajr-pr.27.*

초일왕 超日王 Ⓢ Vikramāditya. 인도 굽타왕조의 시조인 비클라마아질다(毘訖羅摩阿迭多)의 한역 이름. 『대당서역기』 권2(대정장51, p.880c5)에 “그때 실라벌실지국(室羅伐悉底國)의 비클라마아질다왕〈초일이라고 한역〉은 그 위풍이 멀리까지 미쳤으며, 인도의 모든 나라 신하로 삼았고, 날마다 오억의 금전으로 가난하거나 외로운 사람들에게 두루 나누어주었다. 時室羅伐悉底國毘訖羅摩阿迭多王〈唐言超日〉 威風遠洽 臣諸印度 日以五億金錢 周給貧窶孤獨”라고 하였다. 〔참고문헌〕『大唐西域記』. ⇨ 비클라마아질다 毘訖羅摩阿迭多

초일월광불 超日月光佛 Ⓢ Tathāgataḥ abhibhūya-candra-sūrya-jihmīkaraṇa-prabhaḥ. 해와 달도 넘어서 빛나는 부처님. 십이광불(十二光佛) 중 한 분이며 아미타불(阿彌陀佛)의 또 다른 명호다. 『무량수경』(대정장12, p.270a28)에 “이에 무량수불은 무량광불 … 초일월광불이라고도 부른다. 是故 無量壽佛 號無量光佛 … 超日月光佛”, 『무량수경연의술문찬』 권중(대정장37, p.155c11·한불전2, p.54b5)에 “밤낮으로 늘 비춰 사바에서 해와 달이 둘로 비춤과는 다르기에 해와 달을 뛰어넘는다. 日夜恒照 不同娑婆二曜之輝 故超日月”, 『연종보감』 권10(대정장47, p.349a6)에 “그 광명이 셀 수 없이 많은 천하의 저 깊고 어두운 곳까지 비추기에 온통 늘 크게 밝으며, 제천과 인민들과 금수와 날아다니거나 기어 다니는 곤충들 중 이 광명을 보고 기뻐하지 않음이 없으며, 자심을 내어 모두 해탈을 얻는다. 其光明所以照無央數天下幽冥之處 皆常大明 諸天人民 禽獸蜎飛蠕動 見此光明 莫不喜悅 而生慈心 悉得解脫”, “이에 시방제불·보살·연각·성문이 모두 칭찬하므로 초일월광불이라 이름한다. 해는 능히 낮에만 비추고 달은 능히 밤에만 비추므로 덕이 온전할 수 없지만, 부처님의 광명은 밤낮으로 늘 비춰 이즈러짐도 모자람도 없다. 그러므로 초일월광이라 이름한다. 是故十方諸佛菩薩 緣覺聲聞 悉皆稱讚 因名曰超日月光佛 蓋以日能照晝 月能夜明 其德不全 佛之光明 晝夜常照 無虧無欠 故名超日月光也”, 『능엄경소해몽초』 권5(卍속장21, p.423a11)에 “온릉이 말했다. ‘부처님의 명호가 무량광이었는데, 십이여래 모두 빛을 명호로 삼았다. 최후의 초일월광이란 명호는 염불삼매를 나타내니 능히 지혜의 빛을 발하기에 염불하는 사람의 자성여래다. 십이시중에 깨끗한 념 서로 잇기에 무량한 지혜의 빛 해도 달도 뛰어넘는다' 한다. 溫陵云 佛名無量光 十二如來 皆以光號 最後名超日月光者 表念佛三昧 能發智光 念佛之人 自性如來 十二時中 淨念相繼 則無量智光 超乎日月也"라고 하였다. [참고문헌]『無量壽經』, 『無量壽經連義述文贊』, 『蓮宗寶鑑』, 『楞嚴經疏解蒙鈔』, 『楞嚴經秘錄』 권5(卍속장20, p.263a11), *Sukh-vy. I.33.* ⇨ 아미타불 阿彌陀佛, 무량수불 無量壽佛[1], 십이광불 十二光佛, 십이여래 十二如來

초일체법삼마지 超一切法三摩地 Ⓢ sarvadharmātikramaṇo nāma samādhiḥ, Ⓣ chos-thams-cad-las-'das-ba-zhes-bya-ba'i-ting-nge-'dzin. 백팔삼매(百八三昧) 중 하나. 도제법삼매(度諸法三昧)와 같다. 『대반야경』 권414(대정장7, p.76b27 : *Pañca-pr.*, p.202)에 "무엇을 초일체법삼마지라 하는가? 이 삼마지에 머물 때 두루 능히 삼계의 제법을 뛰어넘음을 수 있다. 이에 초일체법삼마지라 한다. 云何名爲超一切法三摩地 謂若住此三摩地時 普能超度三界諸法 是故名爲超一切法三摩地 tatra katamaḥ sarvadharmātikramaṇo nāma samādhiḥ. yatra samādhau sthitvā sarvat raidhātukaṃ samatikrāmati, tenocyate sarvadharmātikramaṇo nāma samādhiḥ"라고 하였다. [참고문헌]『大般若經』, *Pañca-pr.* ⇨ 백팔삼매 百八三昧

초입삼매 超入三昧 구차제정(九次第定)을 초월해 드는 삼매. 사선(四禪)·사무색처(四無色處) 각각에서 마지막인 멸수상정(滅受想定)에 바로 초월해 들어가는 삼매를 말한다. 『법계차제초문』 권중(대정장46, p.679c9)에 "무엇을 초입삼매라 하는가? 욕계의 악인 불선법을 여의면, 각관이 있는 이생희락으로 초선에 든다. 이 초선에서 나와 비유상비무상처에 초월해 들며, 비유상비무상처에서 나와 멸수상정에 초월해 든다. 멸수상정에서 나와 다시 초선에 초월해 들며, 초선에서 나와 멸수상정에 초월해 든다. 멸수상정에서 나와 제2선에 초월해 들며, 제2선에서 나와 멸수상정에 초월해 든다. 멸수상정에서 나와 제3선에 초월해 들며, 제3선에서 나와 멸수상정에 초월해 든다. 멸수상정에서 나와 제4선에 초월해 들며, 제4선에서 나와 멸수상정에 초월해 든다. 멸수상정에서 나와 공처(空無邊處)에 초월해 들며, 공처에서 나와 멸수상정에 초월해 든다. 멸수상정에서 나와 식처(識無邊處)에 초월해 들며, 식처에서 나와 멸수상정에 초월해 든다. 멸수상정에서 나와 불용처(無所有處)에 초월해 들며, 불용처에서 나와 멸수상정에 초월해 든다. 멸수상정에서 나와 비유상비무상처에 초월해 들며, 비유상비무상처에서 나와 멸수상정에 초월해 든다. 이를 모든 불보살이 삼매 뛰어 넘어드는 상이라 한다. 云何名超入三昧 離諸欲惡不善法 有覺有觀離生喜樂入初禪 從初禪起 超入非有想非無想處 非有想非無想處起入滅受想定 滅受想定起 還入初禪 從初禪起 入滅受想定 滅受想定起 入二禪 二禪起 入滅受想定 滅受想定起 入三禪 三禪起入滅受想定 滅受想定起 入四禪 四禪起 入滅受想定 滅受想定起 入空處 空處起 入滅受想定 滅受想定起 入識處 識處起 入滅受想定 滅受想定起 入不用處 不用處起 入滅受想定 滅受想定起 入非有想非無想 非有想非無想處起 入滅受想定 是爲諸佛菩薩超入三昧相"라고 하였다. [참고문헌]『法界次第初門』. ⇨ 초월삼매 超越三昧, 구차제정 九次第定

초작 初作 Ⓟ ādikammika. 처음 짓다. 처음으로 불선(不善)의 행을 하거나 계(戒)를 어기다. 범하지 않은 것(不犯)으로 간주한다. 『오분율』 권1(대정장22, p.5a27)에 "미친 마음이나 어지러운 마음이나 병으로 무너진 마음이나 처음 죄를 범한 것, 이 네 가지는 범이라 하지 않는다. 이하 일체계들도 모두 이와 같으니 모두 이를 벗어나지 않는다. 狂心 亂心 病壞心 初作 此四種不犯 下一切諸戒皆如是 悉不復出", 같은 책 권28(대정장22, p.182a6)에 "이때 장로 우파리가 부처님께 여쭸다. '세존이시여! 수제나가란다자는 바라이를 범했습니까?' 부처님께서 말씀하셨다. '처음 죄를 범함은 모두 범했다 하지 못한다'. 爾時 長老優波離問佛 世尊 須提那迦蘭陀子 是犯波羅夷不 佛言 初作皆不犯", 팔리율장 *Sutta-vibhaṅga*(*Vin.3*, p.33)에 "미처 몰랐던 이, 동의한 적 없는 이, 정신 이상한 이, 정신 혼미한 이, 고통으로 괴로운 이, 처음 범계한 이는 계를 어긴 것이 아니다. anāpatti ajānantassa asādiyantassa ummattakassa khittacittassa vedanaṭṭassa ādikammikassā'ti"라고 하였다. [참고문헌]『五分律』, *Vin.* ⇨ 불범 不犯

초작의 超作意 뜻으로 짓는 일 뛰어넘다. 초작의위(超作意位)라 하고, 구역에서는 사유이도(思惟已度)라 하였다. 『대비바사론』 권187 「염주납식 念住納息」(대정장27, p.937a29)에 "유정행에 차별이 있으니, 곧 초업등이다. 초업자를 위해서는 소연념주를 설하고, 이미 익혀 행하게 되었으면 상잡념주를 설하며, 이미 작의를 뛰어넘었으면 자성념주를 설한다. 有情行有差別 謂初業等 爲初業者 說所緣念住 爲已習行 說相雜念住 爲已超作意 說自性念住", 『구사론』 권22 「분별현성품 分別賢聖品」(대정장29, p.117c1)에 "유가사가 골쇄관 닦음을 모두 거두면 세 자리가 있으니, 처음은 초습업, 둘째는 이숙수, 셋째는 초작의다. … 가지런하게 해서 극히 촬약하게 부정관을 성취하면 이름하여 유가사의 초작의위라 한다. 瑜伽師修骨鎖觀 總有三位 一初習業 二已熟修 三超作意 … 齊此極略 不淨觀成 名瑜伽師超作意位"라고

하였다. [참고문헌]『大毘婆沙論』,『俱舍論』. ⇨ 초작의위 超作意位, 작의 作意

초작의위 超作意位 Ⓢ atikrānta-manaskāra, Ⓣ yid-la-byed-pa-rdsogs-pa. 유가사(瑜伽師 Ⓢ yogin)의 부정관(不淨觀 : 骨鎖觀) 중 세 번째로 작의를 초월하는 위. 『구사론』 권22(대정장29, p.117b21 : *Abh-k-bh.*, p.338)에 "〈송〉 마음을 매어 미간에 두는 것을 초작의위라 한다. 〈논〉 … 이것(골쇄관)은 오직 승해작의로 거두는데, 소분만을 연하기에 번뇌를 끊지는 못하지만 오직 능히 다스려 엎드리게 해서 현행하지 못하게 할 뿐이다. 그런데 유가사가 닦는 골쇄관에는 모두 세 단계가 있는데 첫째는 초습업위이고, 둘째는 이숙수위이며, 셋째는 초작의위이다. … 간략하게 관해 승해를 자재하게 하기 위해 두골 반쪽마저 제하고는 마음을 미간에 매어두고서 오로지 한 연에만 집중하여 마치 물이 가득 찬 듯 고요함만으로 머문다. 이렇게 극히 간략한 부정관을 성취하는 것까지를 유가사가 작의를 초월하는 위라고 한다. 繫心在眉間 名超作意位 … 此唯勝解作意攝故 少分緣故 不斷煩惱 唯能制伏令不現行 然瑜伽師修骨鎖觀總有三位 一 初習業 二 已熟修 三 超作意 … 爲令略觀勝解自在 除半頭骨 繫心眉間 專注一緣 湛然而住 齊此極略不淨觀成 名瑜伽師超作意位 〈bhāṣya〉 adhimuktiprādeśikamanaskāratvādaśubhayā na kleśaprahāṇam viṣkambhaṇaṃ tu. sa punar ayam aśubhāṃ bhāvayan yogācāras trividha ucyate. ādikārmikaḥ kṛtaparijayo 'tikrāntamanaskāraś ca. 〈kārikā〉 atikrāntamanaskāro brūmadhye cittadhāraṇāt 〈bhāṣya〉 so 'rdhamapi kapālasya muktvā brūvor madhye cittaṃ dhārayati. ayaṃ kilāśubhāyāmatikrāntamanaskāro yogācāraḥ", 『구사론기』 권22(대정장41, p.339c19)에 "이 세 위 중 앞의 두 작의가 바야흐로 현전해 있고, 세 번째 위 순숙해서 작의할 필요가 없이 저절로 현전하니 이를 작의를 초월한 위라 한다. 於三位中 前二作意方現在前 第三淳熟 不須作意 任運現前 名超作意", 『대비바사론』 권40(대정장27, p.206a14)에 "어디까지를 초작의위라 하는가? [답] (略·廣·廣略 중) 간략함만을 즐겨하는 이의 경우 … 승해의 힘으로 이와 같은 (간략화한) 부정상을 관찰해 마치고 미간에 마음을 매어두고는 마치 물이 가득 찬 듯 고요함에 머물며, 다시 이 마음을 일으켜 신념주에 들어가고 점차 법념주에까지 드는 것이니, 이 모두를 다 초작의위라 한다. … (어떤 이는) '초작의위에서는 마음이 산란하지 않고 또 명료함도 얻는다' 하였다. 齊何名爲超作意位 答 唯樂略者 … 以勝解力 觀察如是 不淨相已 繫念眉間 湛然而住 復轉此念 入身念住 展轉乃至入法念住 一切皆名超作意位 … 超作意位 心不散亂 亦得明了"라고 하였다. [참고문헌]『俱舍論』,『俱舍論記』,『大毘婆沙論』, *Abh-k-bh.* ⇨ 초습업위 初習業位, 이숙수위 已熟修位, 초작의 超作意, 부정관 不淨觀, 골쇄관 骨鎖觀

초작의자 超作意者 작의를 넘어선 행자. 행자의 세 가지 위인 초습업위(初習業位 : 初修業位)·이숙수위(已熟修位 : 已串習位)·초작의위(超作意位) 중 세 번째다. 이도작의유가사(已度作意瑜伽師)와 같은 뜻이다. 『대비바사론』 권6(대정장27, p.27b17)에 "(부처님께서는) 또 어떤 이들을 위해 사제를 드러내 보이시는가? … 이미 작의를 초월한 이들을 위해서는 사제를 현시하신다. 又爲何等 顯示四諦 … 爲已超作意者 顯示四諦", 같은 책 권24(대정장27, p.123b26)에 "작의를 초월한 이들을 위해서는 인으로 문을 삼아 연기법을 설하신다. 爲超作意者 以因爲門說緣起法", 같은 책 권50(대정장27, p.258a23)에 "작의를 초월한 이들을 위해서는 삼계의 애(欲愛 色愛 無色愛)를 설하신다. 爲超作意者說三界愛", 같은 책 권71(대정장27, p.367a2)에 "작의를 초월한 이들 위해 오온을 설하신다. 超作意者爲說五蘊"라고 하였다. [참고문헌]『大毘婆沙論』. ⇨ 초작의 超作意, 초작의위 超作意位, 이도작의유가사 已度作意瑜伽師

초장 初章 경(經) 등을 편재함에 처음에 자리한 글. 명장(命章)이라고도 한다. 『십주경』 권1 「환희지 歡喜地」(대정장10, p.499b8)에 "비유하자면 저 있는 바 경을 씀에 모두 첫장으로 거둔 바이니 초장을 바탕 삼아 한 글자도 둘 수 없다면 초장에 들어가지 못함과 같다. 이와 같이 불자여, 십지란 일체불법의 근본이니 보살이 이 십지를 행하여 구족히 하면 능히 일체지혜를 얻는다. 譬如 所有經書 皆初章所攝 初章爲本 無有一字 不入初章者 如是佛子 十地者 是一切佛法之根本 菩薩具足行是十地 能得一切智慧", 『문수사리문보리경』(대정장14, p.482b25)에 "초발심이란 첫장을 배우는 것과 같고, 도를 행하는 마음은 제2장을 배우는 것과 같다. 初發心 如學初章 行道心 如學第二章"라고 하였다. [참고문헌]『十住經』,『文殊師利問菩提經』. ⇨ 명장 命章

초장관문 初章觀文 신라 원효(元曉) 지음. 1권. 『초장』이라고도 한다. 『삼국유사』 권5(대정장49, p.1015b24·한불전6, p.363c2) 피은(避隱)8 낭지승운보현수(朗智乘雲普賢樹)에 "원효가 반고사에 머물 때 늘 낭지를 뵈러 갔는데, 원효에게 『초장관문』과 『안신사심론』을 짓게 하였다. 元曉住磻高寺時 常往謁智 令著初章觀文 及安身事心論"라고 하였고, 『신편제종교장총록』 권3(한불전3, p.696c12)에 "『초장』 1권. 이상 원효 술. 初章一卷 已上 元曉述"라고만 되어 있을 뿐 전하지 않는다. [참고문헌]『三國遺事』,『新編諸宗教藏總錄』.

초재 醮齋 불교나 도교에 의지해 바라는 바 성취되길 기도하는 일. 불교의 재(齋)와 도교의 초제(醮祭)를 아우르는 말로 재초(齋醮)라고도 한다. 『태종실록』 권1 원년(1401) 3월 16일(을해)에 "임금이 태상왕의 본명이라고 하여 별전에서 초재를 지냈다. 上以太上王本命醮齋於別殿", 같은 책 같은 해 4월 16일(갑술)에는 "대신을 나누어 보내 개성의 대정·박연·덕진에서 비 오기를 빌었다. 임금이 비를 빌고 성변을 물리치려고 좌부승지 박신을 신도의 소격전에 보내어 별전에서 태일초재를 행하였다. … 分遣大臣 禱雨于開城大井朴淵德津 上爲祈雨及禳星變 遣左副承旨朴信于新都昭格殿 行太一醮齋于別殿", 『명종실록』 권5 2년(1547) 2월 19일(신축)에 "간원이 '… 윤만천은 멋대로 관차를 때려 란의 근본을 만들었다. …〈만천은 중묘조에 동궁의 뜻이라고 거짓말하고는 사찰에서 초재를 지내다가 발각되어 형을 받게 되었지만 겨우 대죄를 면하였다〉… 전지를 받들어 끝까지 추고하게 하소서'라고 아뢰었다. 諫院啓曰 … 尹萬千 擅打官差 以起亂本 …〈萬千 頃在中廟朝 假托東宮之旨 齋醮寺刹 事覺及刑 僅免大罪〉… 請捧傳旨 窮極推考"고 하였다. 유몽인(柳夢寅 1559~1623)이 초재를 지내면서 지은 시가 『어우집』 권1 시(詩)에 「초재교우가전열행로인감이부〈이수〉 醮齋僑寓街廛閱行路人感而賦〈二首〉」라는 제목으로 전한다. [참고문헌] 『太宗實錄』, 『明宗實錄』, 『於于集』(韓國文集叢刊63, p.318b7).

초적 草賊 초야의 도적. 지방의 반란군. 늘 틈새 엿보아 숨어 있는, 주인공 아니게 하는 것들의 비유다. 『임제록』(대정장47, p.503b25)에 "한 노숙 있어 임제 찾아와 인사도 없이 문득 묻기를 '절하는 게 옳습니까, 절하지 않는 게 옳습니까?' 임제 문득 할하자 노숙 문득 절함에 임제 말하길 '훌륭한 초적이로군'. 노숙이 '도적! 도적이라니!' 말하면서 문득 나가자 임제 말하길, '아무 일 없이 잘 끝났다 말하지 마라'. 有一老宿參師 未曾人事便問 禮拜卽是 不禮拜卽是 師便喝 老宿便禮拜 師云 好箇草賊 老宿云 賊 賊 便出去 師云 莫道無事好", 『법연어록』 권상(대정장47, p.651b29)에 "법연 법좌에서 내려옴에 감로자장로 법연을 꽉 붙들고 말하길, '서주의 관할 경계에는 원래 반란군이 있습니다'. 법연 말하길 '화상도 방비해야 하네'. 장로 머뭇거리자 법연이 문득 냅다 밀쳤다. 下座 甘露資長老 把師住云 舒州管界 元來有箇草賊 師云 和尙也須隄防 資擬議 師便拓開"라고 하였다. [참고문헌] 『臨濟錄』, 『法演語錄』.

초적대패 草賊大敗 초야의 도적 크게 패하다. 초적패야(草賊敗也)라고도 한다. 『임제록』(대정장47, p.496c16)에 "또 한 스님 묻기를, '무엇이 불법의 대의입니까?' 임제 문득 할함에 스님 절 올렸다. 임제 말하길, '그대가 말하라. 할 할 만했는지' '초적 대패했습니다' '잘못은 어디에 있는가?' '다시 범하면 용서하지 마십시오'. 임제 문득 할했다. 又有僧問 如何是佛法大意 師便喝 僧禮拜 師云 爾道好喝也無 僧云 草賊大敗 師云 過在什麼處 僧云 再犯不容 師便喝", 『대혜어록』 권4(대정장47, p.824c24)에 "대혜 상당하여 들기를, '남전 시중 때 말하길, 「문수와 보현이 어젯밤 3경에 서로 때리길래 각자 20방씩 때리고 절 밖으로 쫓아냈다」. 조주 대중 가운데서 나와 말하길, 「화상께선 누구에게 맞으시겠습니까?」 「이 왕노사의 잘못은 무엇이냐?」 조주 이에 절하였다'. 대혜 말하길 '남전 잘못은 없지만 입이 능히 화를 불렀고, 조주는 절했으니 초적은 대패하였다. 나 경산은 상관하지 않고 죄인이 적은 대로 판결을 내렸는데 문수 보현은 또 저 한끝으로 지나가는구나'. 上堂 擧 南泉示衆云 文殊普賢 昨夜三更相打 每人與二十棒 趁出院也 趙州出衆云 和尙棒敎誰喫 泉云 王老師過在甚處 州乃作禮 師云 南泉無過 口能招禍 趙州禮拜 草賊大敗 徑山不管 結案據款 文殊普賢 且過一邊"라고 하였다. [참고문헌] 『臨濟錄』, 『雪竇語錄』, 『大慧語錄』.

초적패야 草賊敗也 초야의 도적 패하다. 『연등회요』 권21(卍속장136, p.786a10)에 "설봉이 국청사에 있을 때였다. 발우 들고 좌주에게 묻기를 '제대로 말한즉 그대에게 발우를 주겠다' 좌주 말하길 '이것은 화신불이나 하는 일입니다'〈설두 따로 말하길 '화상이 바보 될까 걱정할 뿐입니다'〉 '그대 좌주의 종이 된다 해도 얻지 못하리라' '전 모르겠습니다' '그대가 물어보라. 나 그대에게 말해 주마'. 좌주 그제서야 절하자 설봉 한 번 밟아 넘어뜨렸다. 師到國淸 拈鉢盂 問座主云 道得卽與儞鉢盂 主云 此是化佛邊事〈雪竇別云 只恐鈍置和尙〉 師云 儞作座主奴 也未得在 云 某甲不會 師云 儞問 我與儞道 主方作禮 師一踏踏倒", "좌주 후에 운문에게 이를 들며 말하길, '저 7년 지나서야 봤습니다'. 운문 말하길 '그대 7년 지나서야 봤는가?' '예' '다시 7년 더 지나야 하리'. 설두 말하길 '초적은 졌습니다'. 主擧似雲門云 某甲得七年方見 門云 儞七年方見那 主云 是 門云 更七年始得 雪竇云 草賊敗也"라고 하였다. [참고문헌] 『聯燈會要』.

초전법륜 初轉法輪 Ⓢ dharmacakra-pravartana, dharmacakraṃ pravartitam, Ⓟ dhammacakka-ppavattana. 처음으로 법의 수레바퀴 굴리시다. 부처님께서 성도(成道) 후 최초로 법을 설하신 일. 녹야원(鹿野苑)에서 아야교진여(阿若憍陳如 Ⓢ Ājñāta-Kauṇḍinya, Ⓟ Aññā-Koṇḍañña) 등 다섯 비구에게 사성제(四聖諦)와 팔정도(八正道)를 전하시며 고락의 양극단(二邊)을 벗어나 중도(中道)를 행하라 하신 설법이다. 『득도인연경』 권상(대정장2, p.847b19)에 "이 분은 저의

스승이 아니라 불·세존이시다. 최초로 제도한 이들 중 수제자는 아야교진여라 한다. 부처님께서는 바라나국 녹야원에서 처음으로 법륜을 굴리셨고 이 사람이 가장 먼저 그 법요를 듣고 과증을 얻었다. 此非我師 是佛世尊 最初度者 上首弟子 名阿若憍陳如 佛於波羅奈國 鹿野園中 初轉法輪 此人最先 得聞法要 而獲果證", 『보살본생만론』 권3(대정장3, p.339c13)에 "이 수제자인 교진여 등 다섯 대비구는 등정각을 성취하신 부처님을 최초로 만나 녹야원에서 설하시는 사제법을 듣고 가장 먼저 깨달음을 얻었다. 그들은 어떤 선근의 뿌리를 심었고, 어떤 인연이 있었기에 처음으로 법륜을 굴리셨던 그때 바로 깨달았고, 저 법고가 울리자 가장 먼저 들었는가? 지신이 땅에서 솟아올라 허공신에게 알렸고 이미 모든 하늘들에까지 이르렀으니, 모두 다 작증하였기에 '교진여는 이미 분명하게 이해하였다'라고 증명하였다. 今此上首 憍陳如等 五大比丘 最初遇佛 成等正覺 趣鹿野苑 說四諦法 先得悟解 種何善本 有何因緣 初轉法輪 便能悟入 始擊法鼓 而先得聞 地神涌出 報虛空神 已至諸天 皆爲作證 謂憍陳如 已得了解", 『법화경』 권2(대정장9, p.12a14 : *Saddh-p.*, p.69)에 "모든 하늘들 기악 백천만 종으로 허공 중에 일시에 함께 울리고 온갖 하늘 꽃마저 비내리며 말했다. '부처님께서 그 옛날 바라나에서 처음으로 법륜을 굴리셨는데 이제 다시 위 없는 가장 큰 법륜을 굴리신다'. 諸天伎樂 百千萬種 於虛空中 一時俱作 雨衆天華 而作是言 佛昔於波羅㮈 初轉法輪 今乃復轉 無上最大法輪 divyāni ca tūryaśatasahasrāṇi dundubhayaścoparyantarīkṣe parāhananti sma. mahantaṃ ca puṣpavarṣamabhipravarṣayitvaivaṃ ca vācaṃ bhāṣante sma. pūrvaṃ bhagavatā vārāṇasyāṃṛṣipatane mṛgadāve dharmacakraṃ pravartitamidaṃ punarbhagavatādyānuttaraṃ dvitīyaṃ dharmacakraṃ pravartitam", 40권본 『대반열반경』 권14(대정장12, p.447c26)에 "내가 옛적에 저 바라나성에서 처음으로 법륜을 굴려 팔만천인이 수다원과를 얻었는데, 금세에는 그 사이 구시나성에 이르도록 팔십만억인이 아누다라삼막삼보리에서 물러나지 않게 되었다. 我昔於彼波羅㮈城 初轉法輪 八萬天人 得須陀洹果 今於此間 拘尸那城 八十萬億人 不退轉於阿耨多羅三藐三菩提", 『대지도론』 권33(대정장25, p.305c4)에 "법을 베푼다는 말은 저 부처님께서 대자비심으로 처음 법륜을 굴리시어 무량한 중생이 도를 얻었고, 후에 사리불이 부처님 뒤를 따라 법륜을 굴렸으며, 그 나머지 성인들도 비록 법륜을 굴리지는 않았지만 그들도 중생에게 법을 설하여 도를 얻게 하였으니 이것 또한 법시라 할 수 있다. 法施者 如佛以大慈故 初轉法輪 無量衆生得道 後舍利弗 逐佛轉法輪 餘諸聖人 雖非轉法輪 亦爲衆生 說法得道 亦名法施", 『아비담비바사론』 권21(대정장28, p.158b27)에 "전법륜에는 두 갈래가 있다. 하나는 자신에게 굴림이고, 다른 하나는 타인에게 굴림이다. 보리수 아래에서 자신에게 굴린 법륜이고, 바라나국의 그것은 타인에게 굴린 법륜이다. 바라나국에서 타인에게 처음으로 법륜을 굴리셨기에 초전법륜이라 한다. 또 다른 설이 있어 전법륜에 두 가지다. 함께함과 함께하지 않는 것이다. 저 성문벽지불은 이 함께하는 법륜이라고 하지만, 부처님은 이미 함께할 수 없는 법 굴리셔서 함께하는 법륜을 굴릴 뿐이었으니 이것이 초전법륜이다. … 또 어떤 설에 따르면, 저 삼아승기겁의 행한 바로 얻은 과처만이 초전법륜이라 하였다. 轉法輪有二種 一 在自身 二 在他身 在菩提樹下 是自身轉法輪 波羅㮈國 是他身轉法輪 以在波羅㮈國 他身中初轉法輪故 名初轉法輪 復有說者 轉法輪有二種 有共不共 如聲聞辟支佛 是共法輪 佛是不共法轉 以轉共法輪故 言初轉法輪 … 復有說者 若於三阿僧祇劫 所行得其果處 名初轉法輪", 『법화현의』 권8하(대정장33, p.786a27)에 "부처님의 초전법륜은 다른 법을 설하시지 않았으니, 다만 무상을 밝혀 일체외도를 두루 무너뜨렸으니, 유나 무에서 유도 아니고 무도 아닌 것, 나아가 신과 세간, 상과 무상 등 육십이견들로 하여금 모두 청정하게 하였다. 佛初轉法輪 不說餘法 但明無常 遍破一切外道 若有若無 乃至非有非無 神及世間 常無常等 六十二見 使得淸淨"라고 하였다. [참고문헌] 『得度因緣經』, 『菩薩本生鬘論』, 『法華經』, 『大般涅槃經』, 『大智度論』, 『阿毘曇毘婆沙論』, 『法華玄義』, *Saddh-p.*, *Aṣṭ-pr.1.41.*, *DN.2.51·52.* ⇨ 녹야원 鹿野苑, 녹원법문 鹿苑法門, 오비구 五比丘, 마하남 摩訶男, 바습파 婆濕波, 발제리가 跋提梨迦, 아설시 阿說示

초전법륜보탑 初轉法輪寶塔 팔대보탑(八大寶塔) 중 하나로 녹야원(鹿野苑)의 초전법륜을 기념하고자 그 장소에 세운 탑. 법륜탑(法輪塔)이라고도 한다. 『대승본생심지관경천주』 권1(卍속장34, p.100b5)에 "초전법륜이란 부처님께서 처음으로 정각을 성취하셨을 때 이곳에서 사제법을 설하시어 오비구 등을 제도하셨던 인연이다. 사람은 다섯 부류의 사람이다. 곧 부족 세 부류와 모족 두 부류를 말한다. 그러므로 탑을 세워 공양함으로써 정법이 비로소 일어난 곳임을 나타낸 것이다. 初轉法輪者 以佛始成正覺時 在此說四諦法 度五比丘等 人卽五人 乃父族三人 母族二人也 故建塔供養 用表正法 始興之處也"라고 하였다. [참고문헌] 『大乘本生心地觀經淺註』. ⇨ 법륜탑 法輪塔

초전법륜상 初轉法輪相 부처님 성도 후 녹야원(鹿野園)에서 교진여(憍陳如) 등 다섯 비구에게 처음으로 법륜을 굴리신 모습. 부처님의 일생을 크게 팔분하여 그린 팔상(八相) 중 하나로 녹원전법상(鹿苑轉法相)이라고도 한다. 현장(玄奘)의 『대당서역기』 권7(대정장51, p.905b15)에 "바라닐하 동북쪽으로 십여리를 가 녹야가람에 이르렀다. … 정사 중에 유석불상이 있는데 크기는 여래몸과 같고 법륜을 굴리는 위세를 지으셨다. 婆羅痆河東北行十餘里, 至鹿野伽藍 … 精舍之中 有鍮石佛像 量等如來身 作轉法輪勢"라 하였고, 645년(정관19) 1월 7일에 현장이 서역에서 모시고 온 불상 중에도 있었으니 『대당서역기』 권12(대정장51, p.946c5)에 "바라닐사국 녹야원 초전법륜상을 본따서 전단나무에 새긴 불상 한 분은 광배에서 대좌까지 통틀어 높이 1척5촌이다. 擬婆羅痆斯國鹿野苑初轉法輪像 刻檀佛像一軀 通光座高尺有五寸"라고 하였다. 녹야원이 있는 인도 사르나트에서 출토된 높이 163cm의 초전법륜상은 결가부좌하고 손으로 전법륜인(轉法輪印)을 지었으며 대좌 아래에는 사슴이 입으로 받들고 있는 법륜의 좌우로는 법을 듣는 다섯 비구와 공양자가 합장한 모습으로 둘러싸고 있다. 1725년 순천 송광사 팔상도 중 초전법륜상에는 편단의 부처님께서 설법하시고, 가사와 장삼을 수한 다섯 비구 중 한 분은 부처님 곁에 서서 합장하고 다른 네 분은 장궤합장(長跪合掌)하였으며, 녹야원이기에 두 마리 사슴을 그리는 것도 빼놓지 않았다. 또한 부처님 곁의 방제에 "저 하나뿐인 법의 즐거움이여! 티끌져 수고로운 곳에서 함께 어울리려 보리수에서 일어나시고는 사슴숲으로 나아가셨으니 처음 교진 등 다섯 사람 건져 보여주셨네. 一法樂兮 共掷塵勞之域 起道樹 詣鹿林 初度憍陳五人示也"라고 하였다. [참고문헌] 『大唐西域記』. ⇨ 전법륜상 轉法輪相, 녹원전법상 鹿苑轉法相

초전법륜상
인도 사르나트 5~6세기

초전법륜상 팔상탱
순천 송광사 1725년

초전타착연저동 焦塼打著連底凍 벽돌 구워 저 깊은 얼음 바닥 깨려 하네. 무엇을 가져서도 깰 수 없는 것의 비유. 『허당록』 권9(대정장47, p.1053b16)에 "하안거 90일인데 벌써 45일이 지났다. 이는 45일 전의 말인가? 45일 후의 말인가? 만일 45일 전의 말이라면 구운 벽돌로 바닥까지 얼어붙은 얼음을 깨뜨리려 함이며, 45일 후의 말이라면 노승이 말하지 않을 수 없다. 一夏九十日 已過四十五日 此是四十五日已前語 四十五日已後語 若是四十五日已前語 焦塼打著連底凍 若是四十五日已後語 老僧不得不說", 『송원숭악어록』 권상(卍속장121, p.599a18)에 "일단 시작한 일인 이상 그만두지 않으니(張光晟의 고사), 주인과 손님 자리 바꿈에 까닭 있었네. 구운 벽돌로 바닥까지 언 얼음 깨뜨리려 하니, 거북은 불구덩이에 던져질 위기 맞닥뜨렸네. 一不做二不休 賓主互換有來由 焦塼打著連底凍 赤眼撞著火柴頭", 『석전법훈어록』 권1(卍속장122, p.8b6)에 "구운 벽돌로 바닥까지 언 얼음 깨뜨리려 하니, 거북은 불구덩이에 던져질 위기 맞닥뜨렸네. 장군은 아름다운 명성만 얻으면 될 일이지, 어찌 만호의 제후에 봉해지는 영광이 필요하랴! 焦塼打著連底凍 赤眼撞著火柴頭 將軍但得嘉聲在 何必榮封萬戶侯", 『원오어록』 권14(대정장47, p.780b19)에 "후에 현사는 핵심을 집어내어 '구지가 깨달았다 하는 곳 알 수 없으니 단지 한 기틀 당해 보인 경계일 뿐이다'라고 했다. 그저 그런 눈먼 이들 말 따라 분별을 일으키고는 현사가 구지 굴복시킴을 진실이라 여긴다. 하지만 이는 구운 벽돌로 밑바닥 얼음 깨뜨리려 함일 뿐인 줄 전혀 모르는 탓이다. 이 문제에 대해서는 반드시 자세히 살펴보아야 하니 절대 흐리멍텅해서는 안 된다. 구지가 입적에 즈음하여 떠나면서 스스로 '천룡의 일지두선 얻어 한평생 받아 썼지만 다하지 못했다'라고 했으니 어찌 그저 한 말이겠는가! 後來玄沙拈曰 俱胝承當處莽鹵 只認得一機一境 有般拍盲底 隨語生解 便抑屈俱胝以謂實然 殊不知 焦塼打著連底凍 到這裏 直須子細 切忌顢頇 只如俱胝臨遷化去自云 得天龍一指頭禪 一生受用不盡 豈徒然哉"라고 하였다. [참고문헌] 『虛堂錄』, 『松源崇嶽語錄』, 『石田法薰語錄』, 『圜悟語錄』.

초절 草竊 좀도둑질. 『양고승전』 권3 「석보운전 釋寶雲傳」(대정장50, p.340a7)에 "보운은 유거하길 즐겨서 한적한 곳 지켰다. 마침내 육합산에 있는 절로 가 『불본행찬경』을 역출했는데, 당시 산중에 궁핍한 백성들이 많았고 세속에선 좀도둑질을 좋아했기에 보운이 설법하고 교화하여 많이 고침 있었으니 예로 모시며 공양함이 열 집 중 여덟이었다. 雲性好幽居 以保閑寂 遂適六合山寺 譯出佛本行贊經 山多荒民 俗好草竊 雲說法教誘 多有改更 禮事供養 十室而八"라고 하였다. [참고문헌] 『梁高僧傳』. ⇨ 보운 寶雲 ❶

초절 超絕 ❶ 뛰어나 끊다. 다른 것 또는 모든 것 끊을 만큼 출중한 뜻이다. 『장아함경』 권5 「전존경 典尊經」(대정장1, p.31a25)에 "안모 단정하며 무리에서 뛰어나 끊었고 자금색의 몸은 모든 하늘 빛을 가렸다. 顔貌端正 與衆超絕 身紫金色 蔽諸天光", 『보요경』 권3(대정장3, p.501c17)에 "널리 큰 소리를 내어 '훌륭하시구나, 보살 뛰어나 끊었기에 미칠 사람 없도다!'라고 찬탄하며 온갖 하늘꽃을 비처럼 뿌렸다. 宣揚洪音讚言 善哉菩薩超絕 無能及者 雨諸天華", 『문수사리불토엄정경』 권하(대정장11, p.902a22)에 "문수사리는 서원한 일 다함이 없고 도와 덕은 우뚝하고 출중하여 비할 바 없다. 文殊師利 所願無盡 道德巍巍 超絕無比", 『무량수경의소』(대정장37, p.121a6)에 "도량이 뛰어나다는 말은 도수(菩提樹)가 매우 훌륭하다는 말이기도 하며, 도닦아 바로 성불할 수 있기에 초월이라 한다. 道場超絕者 亦是道樹超勝 亦可是修道 速疾成佛 故云超越"라고 하였다. 〔참고문헌〕『長阿含經』, 『普曜經』, 『文殊師利佛土嚴淨經』, 『無量壽經義疏』. ❷ 넘어서다. 초월(超越). 『금강반야소』 권1(대정장33, p.89b19)에 "이 반야는 금강을 넘어서니 비유할 수도 없다. 금강은 세간의 물건이지만, 반야는 세간의 것 아니니 잃고서 걱정하고 얻고서 기뻐할 일 없다. 是般若超絕金剛 非可譬喩 金剛是世間物 般若非間 失之則憂之 得之則喜", 『벽암록』 50칙 「수시 垂示」(대정장48, p.185b3)에 "계급을 건너뛰고 방편을 넘어서서 기기가 상응하고 구절마다에서 서로 들어맞는다. 度越階級 超絕方便 機機相應 句句相投"라고 하였다. 〔참고문헌〕『金剛般若疏』, 『碧巖錄』.

초절 勦絕 남김없이 끊어 다함. 자취마저 없게 하는 뜻이다. 『일체경음의』 권87(대정장54, p.867b8)에 "초절〈초는 초와 소를 반절한 음이다. 『고성』에 '초는 끊다·베다라는 뜻이다'라고 한다〉. 勦絕〈上焦小反 考聲云 勦絕也割也〉", 『설두어록』 권3(대정장47, p.688a12)에 "당시 (암두가) 절을 올리자마자 허리 쪼개지도록 때렸다면 동산의 의심 뿌리째 끊어 냈을 뿐 아니라 활노(암두)조차 어쩌지 못했으리라. 當時纔禮拜 劈脊便打 非唯勦絕洞山 亦乃把定豁老", 『대혜어록』 권5(대정장47, p.829c4)에 "실로 만 길 절벽 이어서 범도 성도 자취없게 한다. 實謂壁立萬仞 勦絕聖凡", 『불과격절록』 90칙 「본칙 本則」(卍속장117, p.500b15)에 "이들 두 노숙 의지해서는 자취 끊어 버리지 못한다〈두 노숙은 그만두고 그대들은 어떻게 남김없이 도려내겠는가?〉 據二老宿 總未得勦絕〈二老宿且置 闍黎 又作麽生得勦絕〉"라고 하였다. 〔참고문헌〕『一切經音義』, 『雪竇語錄』, 『大慧語錄』, 『佛果擊節錄』.

초점 草店 초야의 숙소. 나그네 잠시 머무는 곳. 자유로이 길 가는 이 머물다 떠나는 곳으로 황제의 명인들 꺼릴 것 없어 나름의 가풍 자재한 곳의 비유다. 『속전등록』 권3 「법화전거전 法華全擧傳」(대정장51, p.486a25)에 "법화 상당하여 말하길, '입 열어도 덧붙인 말 되고, 입 열지 않아도 남는 말 된다'. 이어 말하길, '금륜천자 무어라 해도 초점가풍 제각각이다'. 上堂 開口又成增語 不開口又成剩語 乃曰 金輪天子勅 草店家風別", 『열조제강록』 권42(卍속장112, p.787a4)에 "우암지급(愚庵智及)선사 돌연 주장자 집어 들고 말하길, '주장자가 산하대지 삼킬지라도 놔두고 묻진 않겠다. 일러 보라! 마조 난리난 이후로도 30년 동안 소금과 간장 부족한 적 없었을까?' 주장자 높이 세워들고 말하길, '금륜천자는 같다지만, 초점의 가풍은 제각각이다'. 驀拈拄杖云 拄杖子呑却山河大地 置而不問 且道 馬大師自從胡亂後 因甚三十年不少鹽醬 卓拄杖 金輪天子同 草店家風別"라고 하였다. 〔참고문헌〕『續傳燈錄』, 『列祖提綱錄』.

초정 初定 Ⓢ prathama dhyāna, Ⓣ bsam-gtan-dang-po. 초정려(初靜慮)를 말한다. 『대비바사론』 권193(대정장27, p.966b25)에 "하지만 초정에 의지해 일으킨 신통은 하나의 욕계와 범세에만 이를 수 있을 뿐이지 다른 곳에는 이르지 못하니, 처함이 다르기 때문이다. 然依初定所發神通 但能至一欲界梵世非餘 以處別故", 『구사론』 권2(대정장29, p.12c5 : *Abh-k-bh.*, p.35)에 "가령 초정려의 안으로 욕계색을 볼 때, 소의신색은 욕계이고 안식은 초정이다. 초정색을 볼 때 소의신은 욕계에 속하고 나머지 셋은 초정에 속한다. … 소의신과 안근과 색 세 가지는 모두 다섯 지에 통하니, 이것들은 욕계와 사정려 중에 있지만 안식은 오직 욕계와 초정에만 있다. 若以初靜慮眼 見欲界色 身色欲界 眼識初定 見初定色 身屬欲界 三屬初定 … 身眼色三 皆通五地 謂在欲界四靜慮中 眼識唯在欲界初定 tasyaiva svāni rūpāṇi prathamadhyānabhūmīni paśyano rūpāṇi trīṇa pi tadbhūmikāni … pañcabhūmikāni hi kāyacakṣūrūpāṇi kāmāvacarāṇi yāvaccaturthadhyānabhūmikāni", 같은 책 권21(대정장29, p.110a5 : *Abh-k-bh.*, p.315)에 "첨과 광은 오직 초정에만 있다. 諂誑唯在欲界初定 etau dvau kāmadhātau prathame ca dhyāne"라고 하였다. 〔참고문헌〕『大毘婆沙論』, 『俱舍論』, *Abh-k-bh.* ⇨ 초정려 初靜慮

초정 超定 Ⓢ vyutkrāntaka-samāpatti, Ⓣ thod-rgal-gyi-snyoms-par-'jug-pa, thod-rgal-du-snyoms-par-'jug-pa. 정(定) 즉 삼매를 뛰어넘다. 순역으로 정의 차제를 넘나드는 일. 가령 초정려(初靜慮)와 무간(無間)에 제2정려를 뛰어넘어 제3정려에 들어가는 것을 말한다. 초등지(超等至)라고도 한다. 『구사론』 권28(대정장29, p.149a4)에 "한 단계를 뛰어넘는 것을 '초'라 한다. 즉 관행자가 초정을 닦을 때에는 먼저 유루의 여덟 단계 등지에 대해 순역 고르게 현전해 수습하고, 다음으로 무루의 일곱 단계의 등지에 대해 순역균차로 현전해 수습하며, 다음으로 유루와 무루의 등지에 대해 순역간차로 현전해 수습한다. 다음으로 유루의 등지에 대해 순역균초로 현전해 수습하고, 다음으로 무루의 등지에 대해 순역균초로 현전해 수습하는데, 이를 초정을 수습해서 가행이 차오른 것이라 한다. 그 뒤 유루와 무루의 등지에 대해 순역간초로 현전해 수습하는데 이를 초정이 성취되었다 한다. 여기서 '초'라 함은 오직 한 위만을 뛰어넘을 수 있음을 말하는 것이니, 멀리 네 번째 위까지 뛰어넘어 들 수는 없다. 초등지를 수습하는 것은 오직 인취의 세 주일 뿐이고 불시해탈아라한들이니, 이들은 정이 자재하기 때문이며 번뇌가 없기 때문이다. 越一名超 謂觀行者修超定時 先於有漏八地等至 順逆均次 現前數習 次於無漏七地等至 順逆均次 現前數習 次於有漏無漏等至 順逆間次 現前數習 次於有漏 順逆均超 現前數習 次於無漏 順逆均超 現前數習 是名修習超加行滿 後於有漏無漏等至 順逆間超 名超定成 此中超者 唯能超一 遠故無能超入第四 修超等至 唯人三洲 不時解脫諸阿羅漢 定自在故 無煩惱故", 『대비바사론』 권165(대정장27, p.836a25)에 "〔문〕 어째서 네 번째 위까지는 뛰어넘을 수 없는가? 〔답〕 항하의 모래알 수보다 많은 제불세존과 고귀한 제자들이 모든 정에 뛰어넘어 들어가는 일 다 같기에 마땅히 묻지 않는다. 어떤 이는 '모든 초정하는 이들은 마땅히 차제로 일으켜야 하지만 만약 그로부터 법을 뛰어넘을 때는 오직 한 위만을 뛰어넘을 수 있으니 세력이 미치지 못하기 때문이다. 마치 사다리 오를 때도 점차로 올라 건너뛴다고 하더라도 두 단계는 뛸 수 없으니 힘이 미치지 못하기 때문인 것과 같다'라고 하였다. 問 何故不能超入第四 答 過殑伽沙數 諸佛世尊 及聖弟子 超入諸定法皆如是 故不應問 有說 諸超定者本應漸起 若從彼超法唯超一 勢不過故 如登梯時 亦應漸上 其有越者 莫能越二 勢不及故"라고 하였다. 〔참고문헌〕『倶舍論』, 『大毘婆沙論』, *Abh-k-bh.445·446.*

초정려 初靜慮 Ⓢ prathama dhyāna, Ⓟ paṭhama-jjhāna, Ⓣ bsam-gtan-dang-po. 사정려(四靜慮) 중 첫 번째로 초선(初禪)이라고도 한다. 『집이문족론』 권6(대정장26, p.389a8)에 "욕계의 악불선법을 여의고 심사가 있으며 떠나 희락 내기에 초정려에 들어 구족히 머문다. … 무엇을 초정려라 하는가? 〔답〕 초정려로 거두는 선한 오온을 초정려라 한다. 謂離欲惡不善法 有尋有伺 離生喜樂 入初靜慮具足住 … 云何初靜慮 答 初靜慮所攝善五蘊 是名初靜慮", 『구사론』 권4(대정장29, p.20c19 : *Abh-k-bh.*, p.59)에 "〔논〕 초정려 중에서는 앞에서 설한 모든 심소법 중 오직 불선·악작·수면을 제할 뿐이지 나머지는 모두 갖추고 있다. '오직 불선'이라 한 것은 진수면과 첨·광·교를 제한 나머지 분 등과 무참무괴를 말하며, '나머지를 모두 갖추고 있다'라고 한 것은 욕계에서 설한 바와 같다. 論曰 初靜慮中 於前所說諸心所法 除唯不善惡作睡眠 餘皆具有 唯不善者 謂瞋煩惱除諂誑憍 所餘忿等及無慚愧 餘皆有者 如欲界說 kaukṛtya-middha-akuśala-anyādye dhyāne na santyataḥ. ato yathā-uktāt kaukṛtyaṃ middhaṃ ca sarvathā na-asti prathame dhyāne yat kiñcid-akuśalam. pratighaḥ śāṭhya-mada-māyā-varjyāś-ca krodhādaya āhrīkya-anapatrāpye ca. anyat-sarvatathā-eva", 『유가사지론』 권11(대정장30, p.329a7)에 "또 초정려 중에 (번뇌를) 여읨으로써 생겨나는 희에 대해 설하는데, 증해 여기에 머무르며 다섯 가지 법을 끊어 없애니, 이른바 욕이 끄는 희, 욕이 이끄는 우, 불선이 끌어들이는 희, 불선에 의해 이끌리는 우, 불선이 끄는 사가 그것이다. 또 다섯 가지 법에 대해 수습해 원만히 하니 환·희·안·락·삼마지가 그것이다. … 또 초정려는 다섯 가지 지분을 갖추고 있으니, 심·사·희·락·심일경성이다. … 초정려 중에 심과 사는 취해 소연을 삼음이고, 삼마지는 그것의 의지하는 바이고, 희는 받은 경계이고, 락은 추중을 버린 것이다. 復次初靜慮中 說離生喜 由證住此 斷除五法 謂欲所引喜 欲所引憂 不善所引喜 不善所引憂 不善所引捨 又於五法 修習圓滿 謂歡喜安樂及三摩地 … 復次於初靜慮 具足五支 一 尋 二 伺 三 喜 四 樂 五 心一境性 … 初靜慮中 尋伺爲取所緣 三摩地爲彼所依 喜爲受境界 樂爲除麤重"라고 하였다. 〔참고문헌〕『集異門足論』, 『倶舍論』, 『瑜伽師地論』, *Abh-k-bh.* ⇨ 초선 初禪, 사정려 四靜慮

초정려도 初靜慮道 초정려로 이끄는 수행도(修行道). 반드시 길(道)이 있고 선교작의(善巧作意) 있다고 보는(知見) 것을 말한다. 『집이문족론』 권2(대정장26, p.370c9)에 "정(定)에 드는 선교란, '이와 같은 보특가라는 초정려정에 들고 이러한 보특가라는 내지 비상비비상처정에 든다'라고 여실이 지견하는 것이다. 또 '이러한 보특가라는 초정려정에 대한 선교작의가 있고 이러한 보특가라는 내지 비상비비상처정에 대한 선교작의가 있다'라고 여실히 지견하는 것이다. 또 '이러한 보특가라는 초정려도에 들고 이러한 보특가라는 내지 이상비비상처도에 든다'라고 여실히 지견하는 것이다. 또 '이러한 보특가라는 초정려도에 들어감에 대한 선교작의가 있고 이러한 보특가라는 내지 비상비비상처도에 들어감에 대한 선교작의가 있다'라고 여실히 지견하는 것이다. 入定善巧 謂如實知見 如是補特伽羅入初靜慮定 如是補特伽羅乃至入非想非非想處定 復次如實知見 如是補特伽羅於初靜慮定有善巧作意 如是補特伽羅乃至於非想非非想處定有善巧作意 復次如實知見 如是補特伽羅入初靜慮道 如是補特伽羅乃至入非想非非想處道 復次如實知見如是補特伽羅 於入初靜慮道有善巧作意 如是補特伽羅乃至於入非

想非非想處道有善巧作意"라고 하였다. [참고문헌]『集異門足論』. ⇨ 초정려 初靜慮

초제 招提 **1** Ⓢ cāturdiśya, Ⓟ cātuddisa. 사방에서 온 이들이 어울려 머무는 곳. 제방에서 온 스님들(招提僧)이 평등하게 머무는(共住) 도량(道場). 시방주지사원(十方住持寺院)이다. 초투제사(招鬪提舍)의 줄임말이고, 사방(四方)이라 한역한다. 소제(昭提)라고도 한다. 초제승(招提僧)을 사방승(四方僧)이라 하고, 초제승물(招提僧物)을 사방승물(四方僧物)이라고 하며, 초제승방(招提僧房)을 사방승방(四方僧房)이라고 한다. 후위(後魏)의 태무제(太武帝) 이후 사방승이 머무는 사원(寺院)·가람(伽藍)·도량(道場) 등을 일컫는 말이 되었으며, 자투제사(柘鬪提舍)라고도 음사한다. 자투제사의 줄임말은 자제(柘提)인데, 자(柘)와 초(招)의 자형(字形)이 유사하여 '초제'라고 잘못 쓴 것이라고 한다. 『불조통기』 권7(대정장49, p.188a22)에 "늘 18가지 물건을 가져 두타행을 행하고, 바위굴에 의지하여 초제를 건립하였는데, 앞에는 취봉이 늘어서 있었고 왼쪽으로는 푸른 계곡물이 굽이쳐 돌았기에 자호를 좌계라 하였다. 常以十八種物 行頭陀行 依憑巖穴 建立招提 面列翠峯 左縈碧澗 因自號曰左溪", 같은 책 권38(대정장49, p.354a12)에 "시광원년(424)에 천하의 절에 칙명을 내려 초제로 바꿔 이름하였다〈이는 시방상주라고 뒤집는다〉. 始光元年 勅天下寺 改名招提〈此翻十方常住〉", 『변정론』 권3(대정장52, p.506c22)에 "위 세조 태무황제〈휘는 도〉는 기개가 당시를 뒤덮고 위세는 천하를 떨쳐서 사해를 담을 수 있었으며 만방을 감싸 안을 수 있었다. 일승을 회향하여 삼보에 귀의하였고 가람의 승지를 되돌려 초제의 정궁을 만들었다. 魏世祖太武皇帝〈諱燾〉 氣蓋當時 威振天下 匣牘四海 牢籠萬邦 迴向一乘 歸依三寶 復伽藍之勝地 創招提之淨宮", 『삼교평심론』 권상(대정장52, p.784a17)에 "대개 유가에서 때를 얻어 도를 행하여 관직에 임하고 거하면 권형의 여탈이 그 손에서 나오지 않음이 없으니, 우리가 만약 불교를 높이고 유교를 낮춘다면 저들은 반드시 유교에 기대어 불교를 누르는데, 무종의 재상 이덕유가 초제난야를 무너뜨린 것이 4만여 구였다. 蓋儒家得時行道 任職居官 權衡予奪 無不出於其手 吾若尊佛教 而卑儒教 則彼必仗儒教 而抑佛教 武宗相李德裕 而毁招提蘭若 四萬餘區", 『승사략』 권상(대정장54, p.236c22)에 "승가람이란 중원이라 번역하는데, 뭇 사람들이 머무는 곳을 원포라 부르며 심어 나게 하는 곳이라는 말이니, 불제자인즉 도의 싹을 심어 성스러움을 열매 맺게 하기 때문이다. 그러므로 경 중에 가란다죽원·기수급고독원이 있으니 모두 서역의 절이다. … 후에 위나라 태무제는 시광원년에 가람을 창립하고서 초제라고 부르게 하였고, 수양제는 대업년간에 천하의 절을 고쳐 도량이라 하였으며, 당대에 이르러서는 다시 사라고 하였다. 僧伽藍者 譯爲衆園 謂衆人所居 在乎園圃 生殖之所 佛弟子 則生殖道芽聖果也 故經中有迦蘭陀竹園 祇樹給孤獨園 皆是西域之寺舍也 … 後魏太武帝 始光元年 創立伽藍 爲招提之號 隋煬帝 大業中 改天下寺 爲道場 至唐復爲寺也", 『석씨요람』 권상(대정장54, p.262c13)에 "초제 : 『증휘기』에 '범어 척투제사는 당나라 말로 사방승물이라 하는데, 필자가 잘못하여 척을 초라 하였으며 투사를 없애고 제만 남겼기에 초제라 불렀으니, 곧 지금의 시방주지사원이다'라고 한 것이 이것이다. 招提 增輝記 梵云 拓鬪提奢 唐言 四方僧物 但筆者訛 拓爲招 去鬪奢 留提 故稱招提 卽今十方住持寺院是也", 『일체경음의』 권64(대정장54, p.734c7)에 "초제〈사방이라 한역한다. '초'는 사(四)라 한역하고, '제'는 방(方)이라 한역하니, 사방승을 말한다. '초제'라 하는 것은 잘못이고, 바른 음사어는 '자투제사'이다. 이것을 '사방'이라 한역하는데, 번역하는 사람이 투(鬪)와 사(奢)를 버리고, 다시 '자'를 잘못하여 '초'라고 하였으니, '자'와 '초'가 서로 유사하여 결국에 이런 오류가 있게 되었다〉. 招提〈譯云四方也 招此云四 提此云方 謂四方僧也 一云 招提者 訛也 正言 柘鬪提奢 此云四方 譯人去鬪去奢 柘復誤作招 以柘招相似 遂有斯誤也〉", 『번역명의집』 권7(대정장54, p.1167b3)에 "초제 : 『경음의』에 '범어 초투제사는 당나라 말로 사방승물이라 하는데, 필자가 달리하길 초제라 칭하였다'라고 하였는데, 이를 번역해 별방시라 하거나 혹은 대면시라고도 하였다. 혹은 '범어로 승만이라 하였는데 이는 번역해 대면시다'라고 하였으며, 『음의』에 '거울과 경이 서로 마주해 비추는 것을 대라 하는데, 자기를 버려 다른 이를 지혜롭게 하는 것의 이름을 시라 이름한다'라고 하였다. 후에 위나라 태무제 시광원년에 가람을 짓고 처음 초제라는 이름을 세웠다. 招提 經音義云 梵云招鬪提奢 唐言四方僧物 但筆者訛稱招提 此翻別房施 或云對面施 或云 梵言僧鬘 此翻對面施 音義云 體境交現曰對 輟己慧他名施 後魏太武 始光元年 造伽藍 創立招提之名", 『개원석교록』 권7(대정장55, p.551c23)에 "사는 이 땅의 대중이 함께하는 공원의 이름이니 소위 사이기도 하고 정이기도 하다. 또한 초제라 이르는 것은 역시 바꿔 줄인 말이다. 세간에선 자해에 의지하여 초를 불러 끈다고 말하고, 제를 끌어 손 내밀어 함께한다고 말하니 둘 다 좋은 말이지만, 이는 서역의 말일 뿐이다. 바른 음으로는 초투제사인데 이를 사방이라 하니, 처한 곳이 사방인 스님들이 의지해 머무는 곳이기 때문이다. 寺乃此土 公院之名 所謂司也 廷也 又云招提者 亦訛略也 世依字解 招謂招引 提謂提携 並浪語也 此乃西言耳 正音云招鬪提奢 此云四方 謂處所爲四方衆僧之所依住也", 『원각경심경』 권6(卍속장93, p.1038a3)에 "원각을 닦음에 반드시 가람에 의지해야 하는데, 이를 중원이라 뒤집으니, 원은 씨 뿌려 기르는 곳으로 씨 뿌려 도의 싹을 한층 기르기 때문이다〈혹은 범찰 혹은 초제 혹은 부도라고 하는데, 수대에는 천하의 사원을 고쳐 도량이라 하였다. 혹은 영묘라고도 하는데 사이고 원이며 연사이고 정사이니, 다종의 이름이 있지만 모두 마음을 닦아 익히고 행하는 곳이다〉. 修圓覺 須依伽藍 此翻衆園 園是種殖之所 種殖道芽增長〈或云梵刹 或云招提 或云浮屠 隋時改天下寺院爲道場 或云靈廟 爲寺 爲院 爲蓮社 爲精舍 有多種名 皆修心練行之所也〉", 『능엄경정해평림』 권1(卍속장90, p.331b2)에 "초제 : 본래는 초투제사라 이름하는데 사방승물이다. 변하게 해서 초제라 하는데 뒤집어 스님들께 따로 거처를 마련해 준다는 뜻에서 별방시를 짓는다 하고 또한 마주해 베푼다고 한다. 招提 本名招鬪提奢 四方僧物也 訛爲招提 翻作別房施 又對而施"라고 하였다. 〔참고문헌〕『佛祖統紀』, 『辯正論』, 『三教平心論』, 『僧史略』, 『釋氏要覽』, 『一切經音義』, 『翻譯名義集』, 『開元釋教錄』, 『圓覺經心鏡』, 『楞嚴經精解評林』, *SN.2.265.*, *AN.3.135.* ⇨ 사방승 四方僧, 사방승가 四方僧伽, 사방승방 四方僧房, 사방승물 四方僧物, 사 寺, 사원 寺院, 가람 伽藍, 정사 精舍, 영묘 靈廟, 연사 蓮寺

2 초제사(招提寺)를 말한다. 백마사(白馬寺)의 처음 이름이다. 『유마경의소』 권1(대정장38, p.908c27)에 "초제의 혜염은 4시교를 썼으니, 이 경은 제2시로서 삼승통교에 거둔다는 말이다. 招提慧琰 用四時教 謂此經是第二時三乘通教攝也", 『중관론소』 권7(대정장42, p.103a13)에 "구해도 얻지 못하는 것이 있으니, 첫째는 선법을 구했지만 얻지 못한 것으로 이는 괴고이며, 둘째는 악법을 아직 여의지 못한 것으로 고고이다. 이는 초제를 풂이다. 求不得有二 一 求善法不得 此壞苦 二 惡法未離 是苦苦 此招提釋也", 『조론소』 권상(대정장45, p.161c16)에 "초제사는 대초제와 소초제가 있다. 대초제는 양대 지었으며, 소초제는 진대 지었는데, 혜달법사는 진대 사람이므로 소초제사의 스님이다. 招提寺 則有大招提小招提也 大招提 是梁時造 小招提 是晉時造 慧達法師 是陳時人 小招提寺僧也", 『법원주림』 권12(대정장53, p.379b12)에 "또 한나라 명제가 멀리 마등법사를 부르자 낙양으로 왔는데 성 서쪽 옹문 밖에 백마사를 세우니 이는 한나라 땅에서 가람의 처음이다. 전하는 말에 '외국의 국왕이 일찍이 절들을 헐고 부쉈는데 오직 초제사만이 미쳐 허물어 무너뜨리지 못했었다. 밤에 한 백마 있어 탑을 돌며 슬피 울은즉 왕에게 아뢰었다. 왕은 곧 절들 부수는 일을 그만두니, 이로 인해 초제를 고쳐 백마라 하였다. 그러므로 절들이 이름을 세움에 이에서 많이 취하였다'라고 하였다. 又漢明帝 遠召摩騰法師 來至雒陽 於城西雍門外 立白馬寺 是漢地伽藍之始也 相傳云 外國國王 嘗毁破諸寺 唯招提寺 未及毁壞 夜有一白馬 繞塔悲鳴 即以報王 王即停壞諸寺 因改招提 以爲白馬 故諸寺立名 多取則焉"라고 하였다. 〔참고문헌〕『維摩經義疏』, 『中觀論疏』, 『肇論疏』, 『法苑珠林』.

초제승 招提僧 Ⓢ cāturdiśa-saṃgha, Ⓟ cātuddisa saṅgha. 사방에서 와서 함께 머무는(共住) 승가. 사방승(四方僧)이라고 한다. 승중(僧衆) 즉 승가(Ⓢ saṃgha)가 정해진 결계(結界)에 안주하여 단월의 시주를 받을 수 있는 근거이고, 현전승(現前僧)도 성취될 수 있어서 포살(布薩)과 자자(自恣) 등의 갈마(羯磨)를 성취할 수 있는 토대이다. 『삼귀오계자심염리공덕경』(대정장1, p.878c11)에 "아주 먼 과거에 비라마란 한 범지가 있었는데 재보가 넉넉했다. 그래서 보시할 때엔 팔만사천의 금발우에 잘게 부순 은을 가득 담았고 팔만사천의 은발우에 잘게 부순 금을 가득 담았으며, … 다시 네 성문에서 보시하여 원하는 대로 다 줬고, 또한 한 방사를 사방승가에게 보시하였다. 過去久遠 有梵志名毗羅摩 饒財多寶 若布施時 用八萬四千金鉢 盛滿碎銀 八萬四千銀鉢 盛滿碎金 … 復於四城門中布施 隨其所欲 皆悉與之 復以一房舍 施招提僧", 『불본행집경』 권44(대정장3, p.860c3)에 "이때 부처님께서 빈두왕에게 말씀하셨다. '그렇습니다. 대왕이여! 제게 죽림을 보시하려 한다면 저 사방승인 대중에게 보시하는 걸 허락해 주십시오'. … (빈두왕이) 부처님께 말했다. '훌륭하십니다. 세존이시여! 이 죽림원은 성에서 가깝고 내지 선인들이 수도할 만하니, 제가 이제 제불세존과 초제승들에게 희사하겠습니다. 보시 이후엔 오직 원하는바 저를 가엾게 여기시어 세존께서 받아주시기를 바랄 뿐입니다'. 爾時 佛告頻頭王言 如是 大王 若欲布施我竹林者 聽當布施彼招提僧 … 復白佛言 善哉 世尊 此竹林園 去城側近 乃至堪爲善人修道 我今捨施諸佛世尊招提僧等 布施以後 唯願世尊 納取受用 哀愍我故"라고 하였다. 〔참고문헌〕『三歸五戒慈心厭離功德經』, 『佛本行集經』, *AN.4.395.* ⇨ 초제 招提 **1**, 사방승 四方僧, 현전승 現前僧

초제승당 招提僧堂 사방의 스님들이 모여 머무는 곳. 사방승당(四方僧堂)이라고도 한다. 『오분율』 권9(대정장22, p.65b21)에 "(비사거모는) 곧 (보물을) 가져가 사방승에게 보시하고 사리불에게 말했다. '이것으로 초제승당을 만들어도 됩니다'. 사리불은 감히 받지 못하고 이를 부처님께 말씀드리자, 부처님께서 말씀하셨다. '받거라'. 即持施四方僧 白舍利弗 可以此作招提僧堂 舍利弗不敢受 以是白佛 佛言 受之", 『사분율소식종의기』 권4(卍속장66, p.168a6)에 "또 『오분율』 권10의 '남이 잃어버린 보물을 주우면 안 된다는 계(捉遺寶戒)'에 따르면, 비사거모가 잃어버렸던 보물을 가져가 사방승에게 보시하고 사리불에게 '이것으로 초제승당을 만들어도 됩니다'라고 하자 부처님께서 받는 걸 허락한다고 하셨는데, 이는 곧 사방승당이었다. 又准五分第十 捉遺寶戒 毗

舍佉母所遺寶 持施四方僧 白舍利弗 可以作招提僧堂 佛言 聽受 此卽四方僧堂也"라고 하였다. 〔참고문헌〕『五分律』, 『四分律疏飾宗義記』. ⇨ 초제 招提 ❶

초제승물 招提僧物 Ⓢ cāturdiśa-sāṃghika. 사방승에게 보시한 물건. 사방승물(四方僧物)이라고도 한다. 『대방편불보은경』 권1(대정장3, p.129a5)에 "(대왕과 부인이) 손을 들어 머리를 치자 흙먼지가 저절로 흩날렸으며, 온몸을 땅에 던지며 스스로 뉘우치고 꾸짖으며 말했다. '우리들은 숙세에 어떤 악행을 지었을까? … 초제승물을 썼기 때문일까? 어째서 오늘 이런 화를 대가로 받았을까?' 擧手拍頭 塵土自坌 擧身投地 自悔責言 我等宿世 造何惡行 … 爲用招提僧物 云何今日 受此禍對", 『사부율병론요용초』 권상(대정장85, p.703c4)에 "셋째 초제승물〈만약 속인이 땅을 현전승에 따로 보시했는데 각자 사적인 방을 짓는다면 사방승이 와도 머물 곳이 없게 된다. 이럴 때 어떤 사람이 이 사유지에 사방에서 찾아온 수행승들을 위해 방사를 세우고 필요한 바를 공급하면, 이 방은 능히 사방승을 불러 모을 수 있으므로 와서 이 방에 모여들게 된다. 이에 초제승물이라 한다〉. 三者 招提僧物〈若俗人 以地別施現前僧 各造私房 四方僧來 無安置處 有人就此私地中 爲四方僧 起立房舍 供給所須 此房能招致四方僧 來集此房 故言招提僧物也〉"라고 하였다. 〔참고문헌〕『大方便佛報恩經』, 『四部律幷論要用抄』, *Śikṣ.56.* ⇨ 초제 招提 ❶, 사방승물 四方僧物

초제승사 招提僧舍 제방에서 찾아온 수행승들이 머물 수 있는 곳. 사방승사(四方僧舍)라고도 한다. 『구잡비유경』 권하(대정장4, p.517b28)에 "사람에게는 이루기 어려운 네 가지 일이 있다. 첫째는 탑 짓는 일, 둘째는 초제승사 짓는 일, 셋째는 비구승에게 공양하는 일, 넷째는 출가하여 사문 되는 일이다. 이 네 가지 일을 이루면 그 복은 무량하다. 그 이유는 무엇인가? 삼계는 반드시 때가 있기 때문이다. 人有四難得成 一者 塔 二者 招提僧舍 三者 飯比丘僧 四者 出家作沙門 是四事以立 其福無量 所以者何 三時有耳"라고 하였다. 〔참고문헌〕『舊雜譬喩經』. ⇨ 초제 招提 ❶, 사방승사 四方僧舍

초제일의자 超第一義者 제일의마저 넘어선 이. 『경덕전등록』 권19 「남선계번전 南禪契璠傳」(대정장51, p.356a4)에 "법좌에 올라 말했다. '명언묘구라면 제방에서 모두 다 말해 마쳤다. 오늘 대중중에 제일의를 넘어선 사람이 있다면 한마디 일러 보겠는가? 만일 있다면 누구의 기대도 등지지 않을 것이다'. 그때 학인이 물었다. '무엇이 제일의인지요?' '어째서 제일의를 묻지 않는가?' '제가 물었던 사실 알지 않습니까?' '이미 제이의에 떨어졌다'. 上堂曰 若是名言妙句 諸方總道了也 今日衆中 還有超第一義者 致得一句麽 若有卽不孤負於人 時有僧問 如何是第一義 師曰 何不問第一義 曰 見問 師曰 已落第二義也"라고 하였다. 〔참고문헌〕『景德傳燈錄』.

초조 初祖 첫 번째 조사. 중국 선종의 보리달마(菩提達磨)를 말한다. 『경덕전등록』 권9 「홍변전 弘辯傳」(대정장51, p.269a28)에 "그 옛날 여래께서 정법안을 대가섭에게 전하신 이래 펴고 거듭해 서로 전하다가 28대 조사 보리달마에 이르렀다. 그가 이곳 중국으로 와서 초조가 되었다. 昔如來 以正法眼 付大迦葉 展轉相傳 至二十八祖 菩提達磨 來遊此方爲初祖"라고 하였다. 〔참고문헌〕『景德傳燈錄』. ⇨ 달마대사 達磨大師, 시조 始祖

초조 吵噪 말 많게 해서 떠들썩하게 만들다. 『입중일용』(卍속장111, p.945b13)에 "손에 경을 들고 요사에서 다니면 안 되고, 경을 허리에 둘러도 안 되며, 소리 내도 안 되고, 판두에 등을 기대고 경을 보아도 안 된다. 그래서 옛말에 '소리를 내어 경을 읽으면 남에게 시끄럽게 들려 번거롭게 만들고, 판두에 등을 기대면 대중을 업신여기는 자세이다'라고 하였다. 不得手把經寮中行 不得垂經帶 不得出聲 不得背靠板頭看經 古云 出聲持誦 吵噪稠人 靠背板頭 輕欺大衆", 『자수회심광록』 권1(卍속장126, p.538a17)에 "객승 잘 맞이할 줄 모르면 총림을 떠들썩하게 만든다. 不會爲客 吵噪叢林"라고 하였다. 〔참고문헌〕『入衆日用』, 『慈受懷深廣錄』.

초조 峭措 언제나 저 높은 곳에 마음 두다. 기틀 빼어나 내려놓는 일 없거나, 빼어난 기세 감춘 채 어리석은 듯 행하는 모습을 말한다. 『원오어록』 권13(대정장47, p.773c17)에 "어리숙하고 말이 없으니 아무 능력도 없는 듯하고 아는 것 전혀 없는 듯하다. 그러나 그 속은 참으로 빼어나다. 움직여 보려한즉 안목 뛰어나 밝히지 못하는 일이 없으니 천차만별한 옛 사람들 언구까지도 단번에 뚫어 사무친다. 昏昏默默 似箇百不能 百不解底相似 然而肚裏 直是峭措 動著則眼目卓朔 無有不明底事 乃至千差萬別 古人言句 一時透徹", 『경덕전등록』 권30 「소계화상목호가 蘇溪和尙牧護歌」(대정장51, p.462c29)에 "겉모양은 어리석은 사람인 듯하지만 속은 범상치 않고 빼어나다. 살림살이라면 비록 한 푼도 없지만 감히 군왕과 부를 겨룬다. 外相猶似癡人 肚裏非常峭措 活計雖無一錢 敢與君王鬪富", 『염팔방주옥집』 권상(卍속장119, p.210a13)에 "불감혜근(佛鑑慧懃)의 염이다. '앙산은 어리석은 체하였고 중읍은 빼어남 펼쳤지만, 사실은 빼어남으로 어리석음을 펼쳤고 어리석으면서 빼어난 체하였다. 비록 원숭이가 잠자는 듯하지만 그 속 성성함을 어찌하랴! 설령 여섯 창 닫아걸었더라도 원숭이들 어디선들 보지 못하랴! 여러분은 두 노숙의 속임수 알고자 하는가? 각각 낯 두께가 세 치나 된다'. 佛鑑拈云

仰山放憨 中邑賣峭 峭措賣來憨癡 憨癡放來峭措 雖然獼猴睡著 其奈肚裏惺惺 直饒杜絶六窗 猩猩何處不見 諸人要見 二老爻訛麽 各各面皮厚三寸", 같은 책 권하(卍속장119, p.284a4)에 "불과(圜悟克勤)의 염이다. '빼어남 틀림없이 빼어나고, 놓고 흐름 또한 참으로 멋지구나'. 佛果拈云 峭措不妨峭措 風流且是風流", 『별봉운화상어』(속고존숙어요6, 卍속장119, p.173b2)에 "곤륜노 쇠고쟁이 입었지만 한 방 때릴 때마다 한 걸음 옮기니, 순라 돌 때는 진실로 순라답고 빼어나기는 언제나와 같지 않게 빼어나다. 불법을 남김없이 이해할 뿐만 아니라 문장 또한 뱃속 가득하다. 그가 언젠가 시를 엮어내는 솜씨를 보았는데 나를 놀라게 하는 구 들어 있어 이제 대중 앞에다 일시 드러내 보이지 않을 수 없구나. 崑崙奴著鐵袴 打一棒行一步 邏邏眞箇邏邏 峭措非常峭措 不惟佛法會盡 且是文章滿肚 見渠嘗試篇詩 便有驚人底句 如今對大衆前 不免一時剖露", 『북간거간어록』(卍속장121, p.135a8)에 "영리한 납승이여! 더할 나위 없이 빼어나다. 하지만 이곳 붙들고 지켜 그저 모든 것 마주해 면하려 한다면, 지난 밤 문수와 보현이 부처다 법이다 하며 철위산 향해 달려가는 것을 네가 불러 스스로 나오게 했다. 伶俐衲僧 十成峭措 箇裏守株 那邊待兎 昨夜文殊普賢 起佛見法見 貶向鐵圍 王老師 咻 自領出去"라고 하였다. [참고문헌] 『圜悟語錄』, 『景德傳燈錄』, 『拈八方珠玉集』, 『別峯雲和尙語』, 『北澗居簡語錄』.

초조대장경 初雕大藏經 고려 현종(재위 1009~1031) 때 간행한 우리나라 최초 대장경. 대장경은 사본(寫本)으로 전하다가 북송대 최초의 대장경 간본(刊本)으로 개보장(開寶藏)이 간행되었다. 개보장은 971년(개보4)에 제작되기 시작하여 983년(태평흥국8)에 완성되었는데, 13만여 판의 5,040여 권 480함에 당하는 본장(本藏)이다. 이후 202함을 더 속간(續刊)하여 682함으로 구성되었다. 개보장은 991년(성종10) 이후 여러 차례 고려에 전래되었고, 고려에서도 독자적인 대장경을 조성하게 되었다. 이규보(李奎報)의 『동국이상국전집』 권25 「대장판각군신기고문 大藏刻板君臣祈告文」에 "현종 2년(1011)에 거란의 우두머리가 크게 거병하여 쳐들어오니 … 이에 군신들과 함께 무상대원을 발하여 대장경판본을 새겨 조성하기를 맹세하였다. 그런 뒤에 거란병이 스스로 물러갔다. 顯宗二年 契丹主大擧兵來征 … 於是乃與群臣 發無上大願 誓刻成大藏經板本 然後丹兵自退", 『고려사』 권5 세가(世家)5 현종 20년(1029) 4월 12일에 "회경전에 장경도량을 개설하였으며, 구정에서는 1만명에게 반승하였다. 設藏經道場於會慶殿 飯僧一萬于毬庭"라고 하였다. 한편 의천(義天)이 지은 「기일본국제법사구집교장소 寄日本國諸法師求集敎藏疏」(『대각국사문집』 권14 · 한불전4, p.552a9)와 「대선왕제종교장조인소 代宣王諸宗敎藏彫印疏」(같은 책 권15 · 한불전4, p.553b16)에 따르면 현종(재위 1010~1031) 때에는 개보장의 본장에 해당하는 『개원록 開元錄』 수록 문헌 5,048권이 간행되었고, 문종(재위 1047~1083) 이후 『정원석교록 貞元釋敎錄』에 수록된 경전과 송초에 새로 한역된 경론 등 약 1,000여 권 등이 더해졌으며, 1087년(선종4) 4월 19일에 귀법사(歸法寺)에서 대장경불사성취를 축하하는 행사가 열렸다. 결국, 초조대장경은 1011년(현종2)에 개보장을 저본으로 하여 1029년(현종20)에 본장 간행을 성취했고, 이후 새로운 경율론을 보완하여 1087년(선종4)에 최종 완성되어 개성 흥왕사(興王寺) 대장전에 봉안되었다. 어느 시기엔가 팔공산 부인사(符仁寺)로 옮겨 봉안하였으나 1232년(고종19) 몽고의 침입 때 소실되었다. 현재 초조대장경판으로 인출한 영인본 경책은 국내에 300여 권, 일본에 2,400여 권이 현전한다. 최근 공개된 2,700여 초조대장경 인본을 개보장의 복각본인 금(金)의 조성장(趙城藏) 및 고려의 재조대장경과 대조한 결과 초조대장경의 구성과 저본 및 판각에 관하여 새롭게

〈표〉 초조대장경의 구성 · 함차 및 저본

구 성	함차 函次	저 본
『개원록開元錄』 수록 경전 5,048권 480질	천(天)001~영(英)480	개보장본 · 복각
송나라 신역경전A 281권 30질	두(杜)481~곡(轂)510	개보장본 · 복각
『수함록隨函錄』 수록 경전 30권 5질	진(振)511~치(侈)515 (추정)	
송 태종 『어제御製』 71권 5질	부(富)516~경(輕)520	개보장본 · 복각
신역 『화엄경』 40권 4질	책(策)521~실(實)524	
『신화엄경론新華嚴經論』 40권 4질	륵(勒)525~명(銘)528 (추정)	
『정원록貞元錄』 202권 20질	반(磻)529~합(合)548	국내전래본 · 필사판각
『개원록』 누락 경전 49권 5질	제(濟)549~기(綺)553 (추정)	
불명경(佛名經) 18권 2질	회(廻)554~한(漢)555	국내전래본 · 필사판각
『속개원록』, 『속정원록』, 『석법림별전釋法琳別傳』 7권 1질	혜(惠)556(추정)	
『정원록』 30권 4질	설(說)557~정(丁)560	
『일체경원품차록一切經源品次錄』 30권 3질	준(俊)561~밀(密)563	국내전래본 · 필사판각
『대반열반경大般涅槃經』 36권 4질	물(勿)564~식(寔)567	
불명경(佛名經) 30권 3질	녕(寧)568~초(楚)570	
『대장목록大藏目錄』 3권 1질	경(更)571(추정)	
『법원주림法苑珠林』 100권 14질	패(覇)572~하(何)585	개보장본 · 복각
송나라 신역경전B 423권 43질	준(遵)586~새(塞)628	개보장본 · 필사판각
『속일체경음의續一切經音義』 10권 1질	계(鷄)629(추정)	
『일체경음의』 100권 10질	전(田)630~동(洞)639 (추정)	
		합계 1,492종 6,549권 639함

확인된 사실은 〈표〉와 같다. 또한 초조대장경은 경판판각이 완료된 이후에도 다시 거란대장경 등에 의지해 교감수정되었는데, 재조대장경 편찬 당시의 교감기록인 『교정별록 校正別錄』에서 국전본(國前本)과 국후본(國後

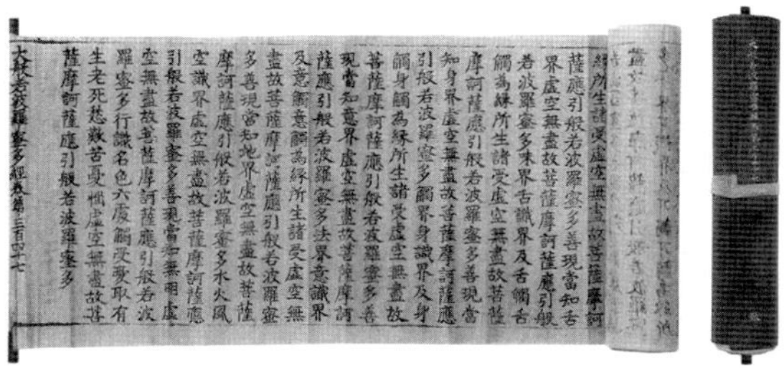

초조본대반야경 개인소장 고려전기

초초본십주비바사론 권17 가천박물관 고려전기

本)이라 한 것은 이에 기준한 구분이다. 거란대장경은 흥종(興宗 재위 1032~1054) 때에 일차로 조성되었고, 이후 새로 수집한 경전과 거란내 찬술문헌을 보충하여 도종(道宗 재위 1055~1100)초에 579함으로 완성되었으며, 1063년(문종17)에 고려에 전래되었다. [참고문헌] 『東國李相國全集』(韓國文集叢刊1, p.555a12), 『高麗史』, 『大覺國師文集』, 천혜봉 『고려대장경과 교장의 연구』(범우, 2012), 유부현 『고려대장경의 구성과 저본 및 판각에 대한 연구』(시간의 물레, 2014). ⇨ 고려대장경 高麗大藏經, 대장경 大藏經

초조서래 初祖西來 초조 서쪽에서 오다. 달마 서쪽에서 오다라는 말로 달마서래(達磨西來)라고도 한다. 『회대원경어록』 (卍속장125, p.86b5)에 "초조가 서쪽에서 와 피부를 나누고 뼈를 쪼개어 하나의 신령한 빛 얻었으니 이곳의 법의 골수가 되었다. 初祖西來 分皮析骨 得一神光 爲此方法髓", 『속지월록』 권12 「송계자정장 松溪子定章」(卍속장143, p.960b1)에 "일심의 법에 거듭 혼미하고 어두워짐에 초조가 서쪽에서 와 옛 보금자리를 때려부수고 다른 본보기의 건곤을 열었지만 기특하고 별다름 세운 것 아니니 그저 병 보아 약 주는 법이었을 뿐이다. 於一心之法 轉增迷悶 所以初祖西來 打破舊日窠臼 闢開別樣乾坤 非是好奇立異 祇是見病與藥"라고 하였다. [참고문헌] 『晦臺元鏡語錄』, 『續指月錄』. ⇨ 달마서래 達磨西來, 조사서래의 祖師西來意

초조암 初祖庵 중국 하남성(河南省) 등봉현(登封縣) 숭산(嵩山) 소림사(少林寺)에 딸린 암자. 면벽암(面壁庵)이라고도 한다. 초조 달마(達磨)가 벽관(壁觀) 9년의 자취와 2조 혜가(慧可)의 단비(斷臂) 설화가 남아 전하는 암자다. 전전(前殿)과 후전(後殿)을 중심으로 다른 작은 전각이 부속하고 있다. 후전의 내벽(內壁)에 금대 1223년(홍정7) 이순보(李純甫)가 지은 「중수면벽암기 重修面壁庵記」, 「신수설정서사기 新修雪庭西舍記」 등의 작은 비가 있다. [참고문헌] 『少林寺志』 권1~2, 『菩提達磨嵩山史蹟大觀』. ⇨ 면벽암 面壁庵

초족수족 草足水足 풀도 족하고 물도 족하다. 수행함에 더할 나위 없는 그때를 말한다. 『석우법단』 권13(가흥장27, p.126a5)에 "목우도 : 운문산 앞에는 풀도 충분하고 물도 모자람 없으니, 굳이 소 먹이고자 하면 도리어 소에게 길러지리라. 牧牛圖 雲門山前 草足水足 若欲牧牛 返被牛牧", 『연봉어록』 권6 「입실 入室」(가흥장38, p.353b11)에 "진사가 물었다. '소가 산에 있는데 풀도 물도 더할 나위 없을 때는 어떻게 채우는지요?' '우뚝 선 봉우리 더 오를 곳 없다네'. 進師云 牛在山中 草足水足時 如何足 云 孤峰絶頂"라고 하였다. [참고문헌] 『石雨法檀』, 『蓮峰語錄』. ⇨ 죽족반족 粥足飯足

초종 焦種 Ⓢ dagdha-bīja, Ⓣ tshig-pa'i-sa-bon. 종자를 태우다. '부처의 씨앗을 없이 하다'의 뜻으로 단선근(斷善根)인 일천제(一闡提)의 비유다. 초종(燋種)이라고도 쓴다. 40권본 『대반열반경』 권9(대정장12, p.418a4)에 "선남자야, 비유하면 불에 탄 씨앗은 비록 단비 백천만겁 맞더라도 마침내 싹 틔우지 못하리니 싹 튼다 하면 있을 수 없다. 일천제들도 이와 같아 비록 이런 대반열반의 미묘한 경전을 들을지라도 결코 보리심의 싹을 틔우지 못하리니, 틔운다 하는 일 있을 수 없다. 왜 그러한가? 이 사람은 일체의 선근을 끊어 버려서 저 불 탄 씨앗과 같아서 다시는 보리의 싹을 틔울 수 없다. 善男子 譬如焦種 雖遇甘雨 百千萬劫 終不生芽 芽若生者 亦無是處 一闡提輩 亦復如是 雖聞如是大般涅槃微妙經典 終不能發菩提心芽 若能發者 無有是處 何以故 是人斷滅一切善根 如彼焦種 不能復生菩提根芽"라고 하였다. [참고문헌] 『大般涅槃經』, 『楞伽經』 권1(대정장16, p.483c1), *Laṅk.41*. ⇨ 불종 佛種❷, 일천제 一闡提

초종월격 超宗越格 으뜸이라 섬기는 것에서도 그 으뜸을 말하는 틀에서도 벗어나다. 『태암보장어록』 권3(卍속장123, p.979b11)에 "만일 종도 넘어서고 틀마저 벗어난 납승이라면 보고 듣는 모든 일에 스스로 벗어나는 길 있다〈주장자 잡고 말한다〉. 대중 가운데 종도 넘어서고 틀도 벗어난 납승이 있는가?〈주장자 치고 말한다〉.

진흙소 지난 밤 도탄에 빠졌는데 지금까지 자취조차 볼 수 없다. 若是超宗越格底衲僧 著著自有出身之路 拈拄杖 衆中還有 超宗越格底衲僧麽 卓拄杖 泥牛昨夜遭塗炭 直至如今不見蹤", 『원오어록』 권8(대정장47, p.747b28)에 "유라 하고 무라 하니, 종도 넘어서고 틀도 벗어남이며, '칡넝쿨 나무에 기대듯 한다' 하니, 은산철벽이고, '나무 쓰러져 칡넝쿨 마른다'라 하니, 수많은 사람은 콧구멍 잃는다. 설령 거둬 온다 한들 이미 천리나 만리리라. 有句無句 超宗越格 如藤倚樹 銀山鐵壁 及至樹倒藤枯 多少人失却鼻孔 直饒收拾得來 已是千里萬里", 같은 책 권8(대정장47, p.748b12)에 "훌쩍 벗어나 의지할 것 없고 종도 넘어서고 틀도 벗어나니, 부처도 아니고 마음도 아니기에 만 길의 절벽처럼 우뚝 선다. 뽕나무에 화살 꽂혔는데 버드나무에서 즙이 나온다. 迥無依倚 超宗越格 非佛非心 萬仞壁立 桑樹上著箭 柳樹上汁出"라고 하였다. 〔참고문헌〕『杲菴普莊語錄』, 『圜悟語錄』.

초좌 草座 Ⓢ tṛṇa-saṃstara, tṛṇa-saṃstaraka, Ⓟ tiṇa-santhāra. 풀로 엮은 자리. 『중아함경』 권38 「수한제경 鬚閑提經」(대정장1, p.670a28)에 "어느 때 부처님께서 구루수(Ⓟ Kurusu)를 유행하셨는데, 바라제(Ⓟ Bhāradvāja)의 가장 고요한 방 풀로 엮은 자리에 앉으셨다. 一時 佛 遊拘樓瘦 在婆羅婆 第一靜室 坐於草座", 『과거현재인과경』 권3(대정장3, p.639c4)에 "그때 보살은 스스로 사유하길 '과거세 모든 부처님들 무엇으로 자리 삼아 무상도를 성취하셨을까?' 곧바로 스스로 알아차렸으니 풀로 자리를 삼았다. 於是菩薩 則自思惟 過去諸佛 以何爲座 成無上道 卽便自知以草爲座", 『금광명최승왕경』 권8(대정장16, p.440c26)에 "마땅히 정실에 도량을 안치해야 하고 몸을 씻고 나서 깨끗한 옷을 입고 초좌에 앉는다. 當於淨室 安置道場 洗浴身已 著鮮潔衣 踞草座上", 『대비바사론』 권182(대정장27, p.913c17)에 "길상인 따라가 풀을 받은 다음 보리수로 가서 스스로 초좌를 펼치고 가부좌를 맺고 앉았다. 從吉祥人邊 受取草已 詣菩提樹 自敷草座 結跏趺坐", 『사분율개종기』 권6(卍속장66, p.948b17)에 "풀자리 법좌로 삼는 까닭은 무엇인가? 첫째는 몸소 욕심 없이 행함 보이려 함이고, 둘째는 제자들로 하여금 본보기 되려 함이다. 所以草座者 一 爲表已少欲之行 二 令弟子放以成規"라고 하였다. 〔참고문헌〕『中阿含經』, 『過去現在因果經』, 『金光明最勝王經』, 『大毘婆沙論』, 『四分律開宗記』, *Saddh-p.421.*, *Saṅ-v.113.*, *Nidd. I.131.*

초주 初住 십주(十住)의 첫 번째인 발심주(發心住). 돈황본 『대승기신론광석』 권5(대정장85, p.1158a24)에 "이 경에서 '초주에 들어간다'라고 한 말은 십주 처음인 발심주에 든다는 뜻이다. 이에 이르러야 비로소 열 가지 불퇴의 신위를 얻는다. 이에 '십신심에 든다'라고도 하니, 주전의 십신을 말하는 것이 아니다. 此經所言 入初住者 卽入十住初發心住 至此方得十不退信 是故 亦名入十信心 非謂住前之十信也"라고 하였다. 〔참고문헌〕『大乘起信論廣釋』. ⇨ 발심주 發心住, 십주 十住 ■1, 십주초발심주 十住初發心住

초주십지 燋炷十地 심지 타오르듯 하는 십지(十地). 한 번 불꽃 일으켜 타오르기 시작한 심지 끝내 그 불꽃으로 끝까지 태운다. 불꽃 일으킴에 처음과 끝이 다르지 않기에 삼승이 함께 하는 십지(共十地)를 말한다. 『대품반야경』 권17(대정장8, p.346a13)에 "수보리가 부처님께 여쭈었다. '세존이시여, 보살마하살은 초심으로 아누다라삼막삼보리를 얻습니까, 후심으로 아누다라삼막삼보리를 얻습니까?' … 부처님께서 수보리에게 말씀하셨다. '내가 너에게 비유로 말해주겠다. 지혜로운 이는 비유를 들으면 곧 그 뜻을 쉽게 안다. 수보리야, 비유하자면 마치 타오르는 등불과 같으니, 처음의 불꽃이 심지를 태우는가, 나중의 불꽃이 심지를 태우는가?' … 부처님께서 수보리에게 말씀하셨다. '보살마하살도 이와 같아서 초심으로 아누다라삼막삼보리를 얻는 것도 아니고, 초심을 여의고서 아누다라삼막삼보리를 얻는 것도 아니며, 후심으로 아누다라삼막삼보리를 얻는 것도 아니고, 후심을 여의고서 아누다라삼막삼보리를 얻는 것도 아니어야 아누다라삼막삼보리를 얻는다. 수보리야, 이 가운데서 보살마하살은 처음으로 뜻을 내고서부터 반야바라밀을 행하여 십지를 구족하고서야 아누다라삼막삼보리를 얻는다'. 須菩提白佛言 世尊 菩薩摩訶薩 用初心得阿耨多羅三藐三菩提 用後心得阿耨多羅三藐三菩提 … 佛告須菩提 我當爲汝 說譬喩 智者 得譬喩 則於義易解 須菩提 譬如然燈 爲用初焰燋炷 爲用後焰燋炷 … 佛告須菩提 菩薩摩訶薩 如是 不用初心得阿耨多羅三藐三菩提 亦不離初心得阿耨多羅三藐三菩提 不用後心得阿耨多羅三藐三菩提 亦不離後心得阿耨多羅三藐三菩提 而得阿耨多羅三藐三菩提 須菩提 是中 菩薩摩訶薩 從初發意行般若波羅蜜 具足十地 得阿耨多羅三藐三菩提", "수보리가 부처님께 말씀드렸다. '세존이시여, 어떤 것이 십지이기에 보살이 구족하여 아누다라삼막삼보리를 얻습니까?' 부처님께서 말씀하셨다. '보살마하살은 건혜지·성지·팔인지·견지·박지·이욕지·이작지·벽지불지·보살지·불지 등을 구족하는데, 이를 구족해야 아누다라삼막삼보리를 얻는다. 수보리야, 보살마하살은 이 십지를 배워 마쳐야 하니, 초심으로 아누다라삼막삼보리를 얻는 것도 아니고, 초심을 여의고 아누다라삼막삼보리를 얻는 것도 아니며, 후심으로 아누다라삼막삼보리를 얻는 것도 아니고, 후심을 여의고 아누다라삼막삼보리를 얻는 것도 아니지만 아누다라삼막삼보리를 얻는다'. 須菩提白佛言 世尊 何等是十地 菩薩具足已 得阿耨多羅三藐三菩提 佛言 菩薩摩訶薩 具足乾慧地 性地 八人地 見地 薄地 離欲地 已作地 辟支佛地 菩薩地 佛地 具足是地 得阿耨多羅三藐三菩提 須菩提 菩薩摩訶薩 學是十地已 非初心得阿耨多羅三藐三菩提 亦不離初心得阿耨多羅三藐三菩提 非後心得阿耨多羅三藐三菩提 亦非離後心得阿耨多羅三藐三菩提 而得阿耨多羅三藐三菩提", 『법화현의석첨』 권10(대정장33, p.886a12)에 "〔문〕『대지도론』의 세 곳에서 초주(燋炷) 등을 밝힌다 하는 것은 건혜지・초지・초주를 말한다. 『대지도론』 권48에서 밝힌 42자문은 초주이상이고, 제49에서는 보살의 초지인 환희지 내지는 법운지를 밝힌 것이니, 십지업 닦아 다스림을 널리 밝혔다. 이 문 뒤이어 다시 십지에 두 가지 있다 하였으니, 첫째 다만 보살만의 지이고, 둘째는 보살과도 함께 하는 지의 뜻이니, 건혜지 내지는 불지를 말한다. 問 大論三處明燋炷等者 謂乾慧地 初地 初住 大論 四十八明四十二字門 卽初住已上也 第四十九明菩薩初歡喜地 乃至法雲地 廣明修治地業 續此文後 卽云復次 地有二種 一者 但菩薩地 二者 共菩薩地 所謂乾慧地 乃至佛地"라고 하였다. 〔참고문헌〕『大品般若經』, 『法華玄義釋籤』. ⇨십지 十地❶, 공십지 共十地

초준 楚俊 1262~1336. 원대 임제종 양기파(楊岐派) 송원파(松源派) 선사. 호는 명극(明極). 속성은 황(黃)씨. 경원부(慶元府 : 浙江省) 창국(昌國) 출신. 12세에 영엄사(靈嚴寺)의 죽창희(竹窓喜)를 찾아뵙고 출가하였으며, 육왕산(育王山)의 횡천여공(橫川如珙)을 친견하고 깨달은 바를 드러내었다. 얼마 후 영은사(靈隱寺) 호암정복(虎巖淨伏)의 문하에 들어가 시향(侍香) 소임을 맡았고, 잠자거나 먹는 일도 잊고 참학하여 마침내 그의 법을 이었다. 이후 천동(天童)으로 가서 지홍도감(止泓道鑑)을 모시며 장약(藏鑰)을 담당하였고, 금릉(金陵 : 江蘇省 南京) 봉성사(奉聖寺)에서 출세하였다. 이어 서암사(瑞巖寺)와 보자사(普慈寺)에 주석하였고 다시 무주(婺州 : 浙江省) 쌍림사(雙林寺)로 가 주지를 한 뒤 영은산(靈隱山)・정자산(淨慈山) 등에 차례로 머물며 제일좌(第一座)가 되었다. 1329년(원덕1)에 축선범선(竺仙梵僊)과 함께 일본으로 건너갔는데, 후제호(後醍醐)천황이 특별히 궁중으로 불러 종요(宗要)를 묻고 불일염혜선사(佛日燄慧禪師)라는 사호를 드렸으며, 건장사(建長寺)와 남선사(南禪寺)를 거쳐 건인사(建仁寺)에 머물렀다. 이후 광엄사(廣嚴寺)를 개창하고 개산조가 되었으며, 남선사 소림원(少林院)과 건장사 운택암(雲澤庵)에 머물다가 1336년(건무3) 9월 27일 건인사에서 세수 75, 법랍 63세를 일기로 입적하였다. 스님을 종조로 하는 일파를 염혜파(燄慧派)・명극파(明極派) 또는 염혜문도(燄慧門徒)라 불렀는데 일본 선종의 이십사류(二十四流) 중 하나다. 제자로는 축당원구(竺堂圓瞿)・초당득방(艸堂得芳) 등이 있으며, 저서로 『명극초준화상어록 明極楚俊和尙語錄』이 있다. 〔참고문헌〕『增集續傳燈錄』 권16(卍속장142, p.890b16).

초중죄 初衆罪 처음의 중죄. 오중죄(五衆罪 : 五篇) 중 가장 무거운 죄인 바라이죄(波羅夷罪 Ⓢ pārājika : 根本罪)를 말한다. 살생・도둑질・음행・거짓말의 네 가지를 사바라이죄(四波羅夷罪)라고 한다. 『잡아비담심론』 권3(대정장28, p.892b8)에 "어떤 사람은 말한다. '초중죄를 범하면 율의를 버린다고 한다'. 그러나 이것은 그렇지 않다. 만약 율의를 버렸다면, 근본죄를 범하고서 세속에 돌아와 다시 출가할 수 있다. 왜냐하면 율의를 버렸기 때문이다. 부처님께서 '비구가 아니다'라고 하신 말씀은 제일의의 비구가 아니기에 이 말씀에는 잘못이 없다. 초중죄를 범해도 별해탈율의에서는 비구일 수 있지만, 무루율의에서는 비구는 아니다. 有說 犯初衆罪 名捨律儀 此則不然 若捨律儀者 犯根本罪已 還俗應得更出家 以捨律儀故 佛言非比丘者 以非第一義比丘故 此說無過也 犯初衆罪 於別解脫律儀是比丘 於無漏律儀非比丘"라고 하였다. 〔참고문헌〕『雜阿毘曇心論』, 『大乘義章』 권10(대정장44, p.665b15). ⇨바라이 波羅夷, 사바라이 四波羅夷, 오편 五篇, 오편칠취 五篇七聚

초중후멸 初中後滅 처음으로 중간으로 끝으로 사라져 가다. 욕계중생이 처음으로 나서 머물다 늙어 죽는 세 갈래에서마다 사라져가는 것들로 인해 받는 세 갈래 고통을 말한다. 『유가사지론』 권87(대정장30, p.791c16)에 "욕계중에서는 모든 행이 유전하기에 처음과 중간과 끝의 위에 대략 세 가지 은밀한 고통이 있음을 알아야 한다. 첫째는 태어날 때 그 태장에 덮여 가려지기에 덮여 가려지는 고통 있으며, 둘째는 난 다음 갓난아이의 위로부터는 질병의 괴로움 많고, 셋째는 늙어가며 제근 성숙하지만 늙어 죽는 고통이 있다. 또 저 모든 행 흘러 구르며 나서 일어나지만 처음으로 중간으로 끝으로 사라져 버리니, 마땅히 이 세 가지 고통의 사라짐인 줄 알아야 한다. 於欲界中 諸行流轉 初中後位 當知略有三種密苦 一者 生時 爲其胎藏 所覆障故 有覆障苦 二者 生已處嬰稚位 多疾病苦 三者 衰耄 諸根成熟 有老死苦 又彼諸行 流轉生起 初中後滅 當知卽是三種苦滅"라고 하였다. 〔참고문헌〕『瑜伽師地論』.

초중후삼분 初中後三分 밀교에서 자륜(字輪)의 전개를 셋으로 나눈 것. 『대일경소』 권14(대정장39, p.723a22)에 "자륜은 크게 셋으로 나누는데, 처음 아(阿 𑖀) 자가 일분이고 다음으로 가(迦 𑖎) 에서부터 바(婆 𑖥) 까지의 스무 자가 제2분이 되며, 야(也 𑖧)자에서 하(訶

)자까지가 제3분이 된다. 걸차(乞叉)자는 이미 있어 거듭하기에 제외한다. 이상의 자들은 모두 지혜의 자들이다. 凡字輪大爲三分 初阿字卽爲一分 次迦乃至二十字爲第二分 次也字乃至訶字爲第三分 除去乞叉字 由此字已重故也〈謂有迦娑二聲故重也〉以上皆是智慧字也", "다음으로 이·이·오·오·예·애·오·오( )의 여덟 자가 있는데, 이 여덟 자를 더하면 삼매를 성취하니 모두 삼매의 소리다. 또한 오륜을 따라 항상 구르니 그 뜻을 알 수 있다. 次有伊〈上〉伊鄔〈上〉烏翳愛惡〈多〉奧八字 加此八字卽成就三昧 皆是三昧聲也 亦隨五輪而恒轉 其義可知", "다음으로 아·야·타·낭·막( )자가 있다. 이 자들은 일체처 두루하니 정혜에 두루함을 말한다. 이 다섯 글자 역시 오륜을 따라 전개되며, 이는 방점이나 상원점 또는 방이점 등을 더하는 것을 말한다. 次有俄〈魚可〉若〈而可〉吒囊〈上〉莫〈莫可〉此字遍一切處 謂遍於定慧中也 然此五字亦隨五輪而轉 謂加傍點或加上圓點或加傍二點等 此五皆成五字也", "소위 자륜이란, 이것 쫓아 굴러서 온갖 자를 생겨나게 한다. 륜은 낳는다는 뜻이다. 아자 한 자에서 네 자가 나오는데 아( )는 보리심, 장음 아( )는 행, 암( )은 보리의 성취, 악( )은 대적열반, 장음 악( )은 방편이다. 아자의 경우처럼 가( )자 역시 다섯 자가 있고, 거( )자까지의 스무 자도 그러하다. 所謂字輪者 從此輪轉而生諸字也 輪是生義 如從阿字一字 卽來生四字 謂阿是菩提心 阿〈長〉是行 暗是成菩提 噁是大寂涅槃 噁〈長〉是方便 如阿字者 當知 迦字亦五字 乃至佉等凡二十字 當知亦爾", "다음으로 이·이·오·오·로·유·로·유·예·애·오·오( )의 열두 자가 있는데, 이들은 같은 자 위에 점이 있는 것으로 삼매를 말한다. 앙·양·노·낭·망( ) 다섯 자는 같은 글자 윗머리에 점이 있는 것이다. 야·라( ) 등의 여덟 자는 같은 글자 옆에 두 점이 있는 것으로 '버리다'라는 뜻이다. 次有十二字 謂伊〈上〉伊鄔烏嚕留盧留翳愛烏奧十二字 卽同字上之點 謂三昧也 仰壤拏曩莽亦有五字 卽同上頭之點也 其也囉等八字卽同字傍之二點 是除之義也", "이 자륜은 일체진언중에 편재하는데, 만약 아자를 보면 보리심, 장음 아자는 여래행을 닦는 것, 암자는 삼보리의 성취, 악자는 대열반의 증득, 장음 악자는 방편력을 뜻함을 알아야 한다. 當知 此字輪 卽遍一切眞言之中 若見阿字 當知菩提心義 若見長阿字 當知修如來行 若見暗字 當知成三菩提 若見噁字 當知證大涅槃 若見長噁字 當知是方便力也", "만약 가 등의 스무 자 역시 그 자들을 보고, 또 뜻의 류를 따라 펴 설한다면 이것 모두 지혜임을 알아야 한다. 라 등의 여덟 자를 보면 똑같이 방점이 있고 또한 류에 따라 상응함을 알아야 한다. 이자 등을 보면 삼매를 드러내고, 앙자 등의 다섯 자는 대공점임을 알아야 하며, 대공은 일체분별을 여의니 성불의 뜻이다. 若見迦等二十字 亦隨義類而演說之 當知此諸字等 皆是慧也 若見囉等八字 當知卽同傍點 亦是隨類相應也〈謂囉是無垢等〉 若見伊等卽顯三昧 若見仰等五字 當知卽大空之點也 大空離一切諸相 卽是成佛義也"라고 하였다. [참고문헌] 『大日經疏』. ⇨ 자륜 字輪, 사십이자문 四十二字門, 종자 種子 ❷

초중후선 初中後善 Ⓢ ādau kalyāṇaṃ madhye kalyāṇaṃ paryavasāne kalyāṇam, Ⓟ ādi-kalyāṇaṃ majjhe kalyāṇaṃ pariyosāna-kalyāṇaṃ, Ⓣ thog-mar-dge-ba-bar-du-dge-ba-tha-mar-dge-ba. 처음도 중간도 마지막도 훌륭하시다네. 부처님께서 설하신 법 언제 어느 때나 아름답고 진실하고 바르시기에 이렇게 말한다. 선(善)으로 번역한 범어 kalyāṇa는 다른 경문에서 묘선(妙善), 진정(眞正) 등으로 풀기도 한다. 이에 대한 풀이 다양하지만 크게는 삼보(佛法僧), 삼학(戒定慧)과 사제(四諦)를 셋으로 나눠 고집제(苦集諦)와 도제(道諦) 그리고 멸제(滅諦)로 나눠 배대하고, 나아가 삼학(三學), 삼밀(身語意密) 등의 뜻으로 초중후선에 각기 상대해 풀기도 한다. 더 나아가서는 경의 삼분인 서분, 정종분, 유통분(序正宗流通分) 모두 원만하다는 뜻을 가져다 풀기도 하였는데, 이는 특히 천태(天台)에서 원돈교(圓頓敎)의 삼분을 지목해 하는 말이다. 삼선(三善)이라고도 한다. 『별역잡아함경』 권16(대정장2, p.488c28)에 "그때 여래께서 널리 대중들을 위하여 법요를 연설하셨는데, 연설하신 법 처음도 중간도 마지막도 모두 좋았으며, 그 뜻은 심원하고 말씀 교묘하였으며 청정함을 두루 갖추어서 범행의 온갖 모습 나투어 보이셨다. 爾時 如來 普爲大衆 演說法要 所演說者 初中後善 其義深遠 其語巧妙 具足清淨 顯發梵行之相", 『대방광보협경』 권2(대정장14, p.476a6)에 "설하신 바 진실하고 바르기에 처음도 중간도 마지막도 훌륭하다. 무엇이 초선인가? 몸과 입과 뜻으로 선을 행하게 하신다. 무엇이 중선인가? 뛰어난 계정혜를 익히게 하신다. 무엇이 후선인가? 공삼매해탈법문과 무상삼매해탈법문과 무원삼매해탈법문을 말한다. 所說眞正 初中後善 云何初善 謂身善行 口意善行 云何中善 學行勝戒 學勝定勝慧 云何後善 謂空三昧解脫法門 無相三昧解脫法門 無願三昧解脫法門", "또한 처음의 선이란 믿어 하고자 해서 방일하지 않는 것이고, 중선이란 정념 한 곳에 두는 것이며, 마지막의 선이란 선하고 묘한 지혜를 말한다. 또한 처음선은 부처님에 대한 믿음이 무너지지 않는 것이고, 중간의 선은 법에 대한 믿음이 무너지지 않는 것이며, 마지막의 선은 성승이 얻은 과보에 대한 믿음이 무너지지 않는 것이다. 復次初善者 信欲不放逸 中善者 定念一處 後善者 善妙智慧 復次初善者 信佛不壞 中善者 信法不壞 後善者 信於聖僧得果不壞 復次初善者 從他聞法 中善者

正念修行 後善者 得聖正見", "또한 처음의 선은 남에게 법을 듣는 것이고, 중간의 선은 (들은 법을) 올바르게 기억하여 수행하는 것이며, 마지막의 선은 성인의 정견을 얻는 것이다. 또한 처음의 선은 고통 알아 그 인집을 끊는 것이고, 중간의 선은 팔정도인 도제를 수행하는 것이며, 마지막의 선은 멸진정을 증득하는 것인데, 이를 두고 성문에게 있어서의 초중후선이라고 한다. 復次 初善者 從他聞法 中善者 正念修行 後善者 得聖正見 復次 初善者 知苦斷集 中善者 修行正道 後善者 證於盡滅 是名聲聞初中後善", 『반야이취석』 권상(대정장19, p.608b1)에 "경에서 '법을 설함에 처음도 중간도 마지막도 훌륭했다'라고 했는데, 무슨 법을 설했는가? 온갖 대보살들이 반야의 뜻으로 나아간 것들이다. 초선이란 일체여래의 신밀인데 일체계인으로 몸으로 보인 위의다. 중선이란 일체여래의 어밀인데 진언다라니로서 법왕의 교칙으로서 어길 수 없다. 마지막의 선이란 본존유가인데 일체삼마지무량지혜의 해탈이다. 또 다른 한 해석에 따르면 처음의 선은 증상계학이고, 중간의 선은 증상심학이며, 마지막의 선은 증상혜학이다. 經云 而爲說法 初中後善者 所說何法 諸大菩薩般若理趣 初善者 一切如來身密 一切契印 身威儀也 中善者 一切如來語密 眞言陀羅尼 法王教勅 不可違越也 後善者 本尊瑜伽 一切三摩地無量智解脫也 又一釋 初善者 增上戒學 中善者 增上心學 後善者 增上慧學", 『법화문구』 권3(대정장34, p.33c7)에 "정법을 연설함에 초중후선이라 한 것이 바로 이 돈교다. 무릇 칠선의 말은 이에 대승과 소승에 통하지만 경문을 찾아보면 대승칠선이다. 초중후선이란 돈교의 서분·정종분·유통분이니 시절선이라 한다. 그 뜻이 심원하니 곧 돈교요의의 이치다. 이승은 그 언저리 헤아릴 수 없으니 심원이라 하고 뜻의 훌륭함이라 한다. 演說正法初中後善者 卽是頓教也 夫七善之語乃通大小 尋文是大乘七善 初中後善者 卽是頓教序正流通 名爲時節善 其義深遠 卽是頓教了義之理 二乘不測其邊底 故言深遠 是名義善", 『대명삼장법수』 권5(영락장181, p.568b2)에 "삼선〈법화문구에 나온다〉 『법화경』에서 초중후선이란 원돈교의 서분·정종분·유통분의 셋을 말한다. 이치가 두루 갖추어졌으므로 선이라 칭한다〈삼분이란 첫째 서분은 한 경의 연유를 편 것이고, 둘째 정종분은 한 경의 종지를 바르게 설한 것이며, 셋째 유통분은 이 경을 유포하여 후세에 통하게 함이다〉. 첫째, 초선. 초선이란 서분으로 첫머리에 있으므로 초선이라 하며 저 『법화경』의 「서품」이 서분이다. 둘째, 중선. 중선이란 곧바로 설하는 분으로서 중간에 위치하므로 중선이라 한다. 경의 「방편품」에서 「공덕품」 19행 게송까지를 정설분으로 삼는다. 셋째 후선. 후선이란 유통분이 뒤에 있으므로 후선이라 한다. 경의 「분별공덕품」 19행 이후 나머지가 모두 유통분이 된다. 三善〈出法華文句〉 法華經云初中後善蓋言圓頓教中序正流通三分 理致圓備 故皆稱善〈三分者 一序分 謂序述一經之由 二 正宗分 謂正說一經之旨 三 流通分 謂流傳此經使後世通行也〉 一 初善 初善者 序分居初故名初善 如經序品爲序分是也 二 中善 中善者 正說分居中 故名中善 如經方便品至分別功德品十九行偈 爲正說分是也 三 後善 後善者 流通分居後 故名後善 如經分別功德品十九行偈後 至經盡爲流通分是也"라고 하였다. 〔참고문헌〕 『別譯雜阿含經』, 『大方廣寶篋經』, 『般若理趣釋』, 『法華文句』, 『大明三藏法數』, *Pañca-pr.218.*, *Saddh-p.17.*, *MN.3.280.* ⇨ 삼밀 三密, 삼분 三分, 초선중선후선 初善中善後善

초중후위 初中後位 처음에서 중간을 거쳐 끝에 이르는 모든 위. 또는 각각의 세 위(三位). 『대반야경』 권569(대정장7, p.937b2)에 "모든 보살마하살은 반야바라밀다를 행하면서 초중후 모든 위에서 법성일체평등하여 본래 고요하고 온갖 법으로 걸림없다고 관찰한다. 마치 저 허공이 색에 장애 없음과 같다. 諸菩薩摩訶薩 行深般若波羅蜜多 初中後位 觀察法性 一切平等 本來寂靜 不爲諸法之所罣礙 猶如虛空 不爲色礙", 『십지경』 권6(대정장10, p.559b10)에 "초중후의 모든 위 모조리 평등하여 진여 안에서는 분별의 여지가 조금도 없기에 일체지를 깨닫는다. 初中後位 皆悉平等 以眞如中 無分別故 入一切智", 『반야이취분술찬』 권3(대정장33, p.59c26)에 "초중후의 모든 위란 무엇인가? 이 경에서는 초설·중설·후설의 삼위를 가리키고, 발심·수행·증득의 삼위이기도 하며, 청문·수행·이욕의 삼위이기도 하다. 이것이 가장 뛰어나 둘도 없는 으뜸이고 그 이상이 없는 법을 깨우치는 행이다. 이 법문이 비교 상대가 없는 으뜸이므로 여래의 비밀법성 등을 증득한다. 初中後位者 謂此經中 初說中說後說三位 或發心修行證得三位 或聽聞修行離欲三位 此爲最勝 無二第一 無上法行 由此法門 最第一故 能證如來 祕密法性等"라고 하였다. 〔참고문헌〕 『大般若經』, 『十地經』, 『般若理趣分述讚』.

초증 超證 ➡ 초월증 超越證

초지 初地 Ⓢ ādi-bhūmi, prathama-bhūmi, Ⓣ sa-dang-po. 보살십지(菩薩十地) 중 처음의 위인 환희지(歡喜地 Ⓢ pramuditā-bhūmi). 『대방등대집경』 권16(대정장13, p.112b15)에 "처음 발심한 이래로 매우 깊어 알기 어려운 보살초지를 얻었다는 것은, 온갖 보시를 행하고 대비를 성취하며, 희론이 없고 싫거나 게으르지 않으며, 자발적으로 부지런히 정진하고 일체제론을 배우며, 일체세법을 알아 참괴마저 성취하고는 견고한 염력을 얻는다. 初發心已 得甚深難解菩薩初地 能行諸施 成就大悲 得無戲論 無有厭惓 發勤精進 學一切諸論 知一切世法 成就慚愧 得堅固念力", "이 보살 초지에 머물러 무량아승기에 일컬을 수 없고 사의할 수 없으며, 말할 수 없는 여러 겁 동안 능히 정순하여 보시바라밀 구족히 행하였으며, 모든 중생들에게 항상 대자를 베풀고, 사섭법과 일체바라밀과 모든 조도법을 성취하고 거듭 정진하여 방일 등이 없으니, 모든 것이 보시바라밀을 수순함이다. 此菩薩 住於初地 於無量阿僧祇 不可稱 不可量 不可思議 不可說 不可說諸劫 能淨淳至具足行檀波羅蜜 於諸衆生 常行大慈 勤修攝法 一切波羅蜜 及諸助道法 成就欲進 不放逸等 皆隨順檀波羅蜜", "이 보살은 초지에 머물면서 항상 여러 부처님을 부지런히 모시고, 부지런히 방편을 구해 중생을 교화하며, 부처님의 국토를 깨끗이 한다. 또한 초지에서 머물러서 일체지의 지혜광명에 들지만 초지를 벗어나지는 않는다. 그런 다음 무량공덕과 지혜자량을 성취하고, 여래의 힘을 얻어 물러남이 없는 신통을 지니며, 모든 지의 장애를 여의고 초지로부터 보살제이지에 든다. 是菩薩 住於初地 常勤給侍 供養諸佛 勤求方便 敎化衆生 淨佛國土 住於初地 得入一切地 智慧光明 而不過初地 然後乃成就 無量功德 智慧資糧 得如來力 持不退神通 已離諸地障礙 而從初地 入菩薩第二地"라고 하였다. 『대지도론』 권49(대정장25, p.410a2)에서는 보살마하살이 초지에 머물 때 열 가지 일을 수습하는데 다음과 같다. 마음이 깊고 견고하니 헤아릴 수 없을 정도다(一者 深心堅固 是不可得故). 일체중생에게 한결같이 함이니 중생을 다 알 수 없기 때문이다(二者 於一切衆生中等心 衆生不可得故). 보시이니 주는 이와 받는 이 분별할 수 없기 때문이다(三者 布施 與人受人 不可得故). 선지식을 가까이 해서 스스로를 높이지 않는다(四者 親近善知識 亦不自高). 정법을 끊임없이 구하니 모든 법을 알기에는 너무나 아득하기 때문이다(五者 求法 一切法不可得故). 항상 출가해야 하니 세속에 머무는 집이란 끝없는 구속으로 헤아릴 수 없을 것이기 때문이다(六者 常出家 家不可得故). 부처님몸을 그리워함이니, 그 상호는 아무리 헤아려도 끝이 없기 때문이다(七者 愛樂佛身 相好不可得故). 교법을 널리 펼지니 모든 법을 분별하려 해도 다함이 없기 때문이다(八者 演出法敎 諸法分別不可得故). 교만법을 부숨이니 지혜를 내고 내도 끊지 못하기 때문이다(九者 破憍慢法 生慧不可得故). 말은 여실해야 하니, 모든 말을 여실히 알기는 매우 어렵기 때문이다(十者 實語 諸語不可得故). 〔참고문헌〕『大方等大集經』, 『大智度論』, *Sūtr.85·94.* ⇨ 환희지 歡喜地, 보살십지 菩薩十地, 십지 十地 ❷

초지 超智 1610~1674. 명대 임제종 선사. 호는 기연(奇然), 속성은 호(胡) 씨. 숭경주(崇慶州 : 泗川省 成都) 출신. 9세에 사천성 관현(灌縣) 중봉사(中峰寺)로 출가하였고, 20세에 아미산(峨眉山)에서 구족계를 받았다. 29세에 각지를 돌아다니다 축가암(祝家庵)의 인심(印心)을 찾아뵈었고 30세에 천동(天童)의 밀운원오(密雲圓悟)를 친견하였으며, 33세에 기주(夔州 : 重慶市) 양산(梁山) 쌍계당(雙桂堂)의 파산해명(破山海明)을 찾아갔다가 파산의 지시로 상애성정(象崖性珽)을 만났으며 운대(雲臺) 고봉(孤峰) 정상에서 4년간 조용히 머물렀다. 그 후 양주(襄州 : 湖北省) 녹문산(鹿門山) 탕산행원(宕山行遠)의 법을 얻었다. 1652년(순치9) 양주 남장현(南漳縣) 쌍지사(雙池寺), 1654년(순치11) 양양부(襄陽府 : 湖北省) 조양현(棗陽縣) 사봉(獅峰) 백수사(白水寺), 1656년(순치13) 양주 남장현 보산(寶山) 영혜사(靈慧寺), 1657년(순치14) 양양부 백장산(百丈山) 황룡사(黃龍寺) 등에 주석하였다. 1674년(강희13) 2월 3일에 세수 65, 법랍 44세를 일기로 입적하였다. 『기연지선사어록 奇然智禪師語錄』 2권(가흥장36, No.B356)이 있으며, 제자 가설거사(珂雪居士) 방숙장(方叔壯)이 지은 「기연지선사탑명」이 부록으로 말미에 수록되어 있다. 〔참고문헌〕『奇然智禪語錄』 권하 「奇然智禪師塔銘」(가흥장36, p.579a1).

초지보살 初地菩薩 보살십지 중 첫 번째 환희지(歡喜地)에 오른 보살. 『보수보살보리행경』(대정장14, p.703b2)에 "'초지보살에게 어떤 말을 해야 하며, 어떻게 배우도록 해야 합니까?' 보수보살이 말했다. '다음과 같이 말해야 합니다. 탐욕분노 끊지 말고, 어리석음도 버리지 말며, 번뇌 내지는 오온육처 등도 끊지 말고, 또 지혜든 우치든 의혹을 내지 말며, 마음으로 염불하지도 말고, 법을 사유하지 말며, 대중에게 공양하지도 말고, 또한 계를 수지하지도 말며, 벗에게서 적정을 구하지도 말고, 내지는 모든 재난도 건너 벗어나지 말라고 말해야 합니다. 묘길상이여, 초지보살에게 이와 같은 법을 말해주고, 이와 같이 배우도록 해야 합니다'. 爲初地菩薩 當何所說 令云何學 寶授菩薩言 當如是說 不斷貪慾瞋恚 不捨愚癡 不斷煩惱 乃至 五蘊六處等 又復於智慧愚癡 不生疑惑 不心念佛 不思惟法 不供養衆 亦不持戒 不於朋友而求寂靜 乃至 諸難亦不越度 妙吉祥 當爲初地菩薩 說如是法 令如是學", 『불지경론』 권5(대정장26, p.313c19)에 "변계소집의 모든 법 없는 것이기에, 저 모든 것에서 변계소집의 희애 역시 없다 여기는 것을 평등이라고 한다. 이와 같이 설한 모든 상의 증상과 희애의 평등법성을 잘 이해하기에 증득이라고 한다. 초지보살이 처음으로 증득한 뒤에 그 이후의 지에서 차츰차츰 방편으로 닦아 증장한다면 마지막에는 불지를 성취하게 된다. 이로부터 이후에는 다시 증장할 것이 없으니, 이 증득이 원만하게 이루어졌기에 평등성지도 원만성취된다. 遍計所執 諸法無故 於彼一切 遍計所執 喜愛亦無 說名平等 達解如是 所說諸相 增上喜愛 平等法性 故名證得 初地菩薩 最初證得 後後地中 漸漸方便 修令增長 最後佛地 圓滿成

就 從此已後 更無增長 由此證得 圓滿成故 平等性智 圓滿成就"라고 하였다. 〔참고문헌〕『寶授菩薩菩提行經』, 『佛地經論』. ⇨ 초지 初地, 환희지 歡喜地

초지상 初地相 ❶ 초지에서 나타나는 징표. 『대보적경』 권15(대정장11, p.82a6)에 "꿈속에서 진흙으로 된 여래를 본다면 이것은 보살의 초지상이다. 이 사람이 일찍이 설법사를 비방하고 꾸짖었다면, 이 사람은 경전이나 불상 앞이나 여래의 탑 앞에서 걸림 없는 마음으로 등불을 머리에 이고 공양해야 한다. 이렇게 함으로써 업장을 깨끗이 한다. 若夢見如來泥像 是菩薩初地相 是人曾毁呰說法師故 此人應於經像前 若如來塔前 以無礙心 頂戴燈供養 如是用淨業障", "다시 금강최야, 보살이 꿈속에서 여래 그린 모습 본다면 이 보살은 오지 중의 처처상을 본 것이니, 이 사람은 꽃과 향으로 불상에 공양해야 한다. 이 보살은 육지의 처처지견상이다. 復次 金剛摧 菩薩夢中 見如來畫像者 此菩薩是見五地中處處相 是人應以花香供養佛像 此是菩薩六地處處地見相", "다시 금강최야, 보살이 꿈속에서 여래가 다니는 것을 본다면 이 사람은 부지런히 정진하며 배우고 독송해야 한다. 이것은 보살의 삼지견상이다. 이 사람은 항상 법보시를 해야 하며, 또 여래탑을 청소하고, 교만한 마음을 부수고 버려 업장을 깨끗이 해야 한다. 復次 金剛摧 菩薩若夢中 見如來行者 此人應勤修精進 當勤修受學讀誦 此是菩薩三地見相 此人常應法施 又應掃如來塔 破除憍慢 以此淨業障", "보살이 여래의 처소로 나아가는 것을 보는 것은 어떤 징표인가? 여래공양처로 나아가는 것을 보는 것이야말로 초지상이다. 見餘菩薩詣如來所是何相 見如來向食之處 此是初地相"라고 하였다. 〔참고문헌〕『大寶積經』. ⇨ 초지 初地 ❷ 초지의 방편상. 초지에 증입하기 위한 지전(地前)의 삼십인을 말한다. 『인왕경』 권하(대정장8, p.833a25)에 "그때 십육대국의 왕이 곧 나라의 일은 아우에게 맡기고 출가하여 도를 닦아, 사대사색의 승출상과 사대사색의 불용식공입행상과 삼십인의 초지상과 제일의제의 구지상을 관찰하였다. 時 十六大國王 卽以國事付弟 出家修道 觀四大四色勝出相 四大四色不用識空入行相 三十忍初地相 第一義諦九地相", 원측(圓測)의 『인왕경소』 권하(대정장33, p.424a29・한불전1, p.117b20)에 "〔경〕 삼십인은 초지상이다. 〔석〕 셋째 초지상을 밝힌다. 지전의 삼십심을 삼십인이라 하니, 즉 초지의 방편상인 것이다. 초지는 제일의제를 체로 삼는다. 經 三十忍是初地相 釋曰 第三 明初地相 地前三十心 名三十忍 卽是初地方便相也 初地卽用第一義諦爲體"라고 하였다. 〔참고문헌〕『仁王經』, 『仁王經疏』. ⇨ 초지 初地, 삼십인 三十忍, 십지 十地

초지아누보리 初地阿耨菩提 초지의 위없는 보리. 보살 십지(菩薩十地) 중 초지의 깨달음을 말한다. 초지보리(初地菩提)라고도 한다. 원측(圓測)의 『인왕경소』 권하(대정장33, p.414a17・한불전1, p102a4)에 "부처님의 명호는 십지에 통하니, 『대반야』 등에서는 십지를 설하여 십종불이라고 하였다. 또 저 『법화경』 「분별공덕품」에서 '한 세상의 티끌처럼 많은 보살이 단 한 번 나서 아누다라삼먁삼보리를 얻었다'고 하였는데, 『법화론』에서는 '이것이 곧 초지아누보리이다'라고 하였다. 佛名通於十地 大般若等 卽說十地 名十種佛 又如法華經 分別功德品 一四天下 微塵菩薩 一生當得 阿耨多羅三藐三菩提 法華論云 卽是初地阿耨菩提"라고 하였다. 〔참고문헌〕『仁王經疏』, 『法華經』 권5(대정장9, p.44a23), 『法華論』 권하(대정장26, p.99c29). ⇨ 초지 初地, 아누다라삼먁삼보리 阿耨多羅三藐三菩提

초지이상삼종보살 初地已上三種菩薩 견도(見道) 이후 초발심(初發心)・이수행(已修行)・불퇴전(不退轉)의 보살을 말한다. 『불지경론』 권6(대정장26, p.321b25)에 "초지 이상의 보살에 다시 세 부류가 있다. 첫째는 초발심보살이니, 즉 초지에서 이미 견도의 정성이생에 들어 진무루심이 비로소 현행하기 때문이다. 둘째는 이수행보살이니 위의 여섯 지다. 이미 수도를 얻었으니 한 층 더 수행함이다. 셋째는 불퇴전의 보살이니 그 위의 세 지다. 수도를 이미 채웠으니 모든 공용을 여읜 무가행도가 저절로 현전하므로 일체번뇌가 끝내 일어나지 않아 매순간 훌륭하게 정진하여 퇴전함이 없기 때문이다. 初地已上菩薩 復有三種 一 初發心 謂在初地 已入見道正性離生 眞無漏心 創現行故 二 已修行 謂上六地 已得修道 進修行故 三 不退轉 謂上三地 修道已滿 離諸功用 無加行道 任運現前 一切煩惱 畢竟不起 念念勝進 無退轉故"라고 하였다. 〔참고문헌〕『佛地經論』.

초지입견도 初地入見道 초지에서 견도에 들다. 『불지경론』 권6(대정장26, p.321b25)에 "초지 이상의 보살에 다시 세 부류가 있다. 첫째는 초발심이니, 초지에서 이미 견도의 정성이생에 들어 진무루심이 비로소 현행하기 때문이다. 初地已上菩薩 復有三種 一 初發心 謂在初地 已入見道正性離生 眞無漏心 創現行故", 『광석보리심론』 권4(대정장32, p.570c28)에 "저 초지란 무엇인가? 앞의 세제일법을 좇아 틈없이 곧바로 초심으로 견도에 듦이니, 이미 성인의 성품을 얻어 커다란 환희가 일어나니 이것을 환희지라고 한다. 이에 두 가지 무아의 뜻을 나누어 증득하고 법에 자성이 없음을 얻어 진실지가 생하고, 일체분별희론도 모두 여읜다. 이 중에서 능히 견도에서 끊는 백열두 가지의 미혹을 끊고, 그 나머지 수도에서 끊는 삼계의 총 열여섯 가지 혹도 여법히 상응하여 끊는다. 彼初地者 從前世第一法 無間初心 得

入見道 旣獲聖性 生大歡喜 是故 說此 名歡喜地 此能分證二無我理 得法無性 眞實智生 一切分別戱論悉離 此中能斷一百一十二見所斷惑 餘修所斷 三界總有一十六惑 如應而斷라고 하였다. 〔참고문헌〕『佛地經論』, 『廣釋菩提心論』. ⇨ 초지 初地, 견도 見道❶, 십지 十地

초지칠법상 初地七法相 초지에서 얻는 일곱 가지 법의 모습. 『십주비바사론』 권12(대정장26, p.88c22)에 "'상'이란 상모이니, 이것을 인하여 앎을 얻는다. '얻는다'란 성취이니, 이 법이 있어 이 법을 성취했다 한다. '닦는다'란 수행이니 닦고 끊임없이 생각함이다. 과란 인으로 좇아 일이 있게 되면 과라 부른다. 이 보살이 십지행을 성취하고자 하면 잘 듣고 보아 닦아서 과를 얻는다. '듣는다'란 모든 불보살과 자기보다 나은 이로부터 듣는 것이다. '모든 지분을 얻기 위함'이란 부지런히 정진하는 것이다. 이 중에서 초지의 상은 앞서 말한 것과 같다. 相者是相貌 因以得知 得者成就 以是法故 名成就是法 修名得修行修常念 果者 從因有事成名爲果 是菩薩欲得十地行 應善聞相得修果 聞者 從諸佛菩薩所聞及勝已者 爲得諸地分者 爲得是地分故 勤行精進 此中初地相者 如先說", "〈송〉 보살은 초지에서, 능히 견뎌 받는 것이 많으며, 다툼을 좋아하지 않고, 그 마음은 많이 기뻐하고, 항상 청정함을 즐기며, 자비심으로 중생들을 가엾게 생각하고, 성내는 마음이 없으니, 이 일곱 가지 일을 많이 행한다. 〈논〉 그러므로 감수함·다투지 않음·즐거워함·기뻐함·청정함·자비심·성내지 않음 등의 일곱 가지 법이 초지의 특징이며, 이 감수 등의 일곱 가지 법을 성취하는 것을 '얻음'이라 하고, 또 '감수' 등 일곱 가지 법상이 바로 초지의 얻음이다. 菩薩在初地 多所能堪受 不好於諍訟 其心多喜悅 常樂於淸淨 悲心愍衆生 無有瞋恚心 多行是七事 是故堪受 不諍 喜 悅 淸淨 悲心 無瞋等七法 是初地相 成就此堪受等七法 名爲得 復次堪受等七法相 卽是初地得"라고 하였다. 〔참고문헌〕『十住毘婆沙論』.

초집 招集 불러모으다. 온갖 고통(衆苦), 악취보(惡趣報), 다음 생인 후유(後有) 등은 중생이 스스로 불러모으는 것들이다. 『잡아함경』 권17(대정장2, p.119c18)에 "몸에서 온갖 고통 일으켜 받고서 시달리다가 죽음에 이르니, 근심과 슬픔 그칠 날도 참아낼 수도 없어, 소리내어 울며 광란을 일으키리라. 마음에서 저절로 장애가 일어나, 온갖 괴로움 불러모아 늘이고, 영원히 생사의 바다에 빠져, 휴식할 곳 알지 못하리라. 身生諸苦受 逼迫乃至死 憂悲不息忍 號呼發狂亂 心自生障礙 招集衆苦增 永淪生死海 莫知休息處", 『대보적경』 권47(대정장11, p.274c9)에 "재가보살은 이러한 말로 악행을 이루어 속히 모든 악취에 떨어질 과보를 불러들이니, 부처님 계신 세상에 나지 못하고 착한 벗을 만나지 못하며 장애 없는 날 얻을 수 없으니, 선근 잃고 무너져 버린다. 在家菩薩 以成就此語惡行故 速能招集 諸惡趣報 不值佛世 不遇善友 不得無難 失壞善根", 『유가사지론』 권94(대정장30, p.837c28)에 "마음으로 온갖 잡염 일으키고는 다음 생을 불러들이니, 돌고돌며 생사 왕래하여 해탈할 수 없다. 令心生起 諸雜染已 招集後有 循環往來 不得解脫", 『유가론수기』 권4(대정장85, p.945c25)에 "불러모은다는 말은 삼계의 유를 취해 연으로 삼는다는 뜻이다. 言招集者 謂取緣三界有也"라고 하였다. 〔참고문헌〕『雜阿含經』, 『大寶積經』, 『瑜伽師地論』, 『瑜伽論手記』. ⇨ 후유 後有, 삼유 三有

초집과난 招集過難 Ⓢjāticchala-upasaṃhita. 뜻도 진실도 허물투성이에 모순된 것들 불러모으다. 다섯 가지 또는 열 가지 비의상응(非義相應) 중 하나다. 『대승아비달마잡집론』 권16(대정장31, p.772b14 : *Abh-s-bh.*, p.153)에 "비의상응에는 대략 다섯 가지가 있으니 … 다섯째가 초집과난이다. … 일체의 말과 논함이 뜻에도 맞지 않고 진실도 아닌 것을 따르기 때문이다. 非義相應者 略有五種 … 五 招集過難 … 一切言論 非理非諦 所隨逐故 anartham-anartha-yuktam, tat-pañcākāraṃ draṣṭavyam … jāticchala-upasaṃhitam … ayoniśo 'sabhya-sarvavāda-anugamataś-ca"라고 하였다. 〔참고문헌〕『大乘阿毘達磨雜集論』, 『瑜伽師地論』 권15(대정장30, p.360a27), *Abh-s-bh.* ⇨ 비의상응 非義相應❷, 비의 非義

초차 抄箚 추려 모아 기록하다. 『선원청규』 권7 「망승亡僧」(卍속장111, p.912b5)에 "망승이 생전에 남긴 말(유언)을 함께 조사하고, 사부와 의물을 당사에 거두어 들여 손에 넣는다. 同共抄箚口辭 收祠部幷衣物 入堂司收掌"라고 하였다. 〔참고문헌〕『禪苑淸規』.

초차 草次 짧은 틈조차 없음. 『도행반야경』 「서 序」(대정장8, p.425b6)에 "이 두 행만 밝힌다면 삼십만의 말도 마치 손바닥 보는 듯 하리라. 엎어지고 자빠지느라 틈이 없으니, 일어날 일도 없고 이것이라 할 것도 없으리라. 明此二行 於三十萬言 其如視諸掌乎 顚沛草次 無起無此也"라고 하였다. 〔참고문헌〕『道行般若經』.

초차 超次 ❶ 수행 등의 위를 차제를 넘어 뛰어오르다. 『자서삼매경』(대정장15, p.344a21)에 "차제를 뛰어넘고 순서를 건너뛰어 미륵 앞에 이르고 넓은 자비와 육바라밀로 두루 모든 중생을 구제한다. 超次躐第 在彌勒前 弘慈六度 普濟群生", 『구마라집법사대의』 권하(대정장45, p.139c16)에 "또한 그중에 순서를 밟아 깨달음을 얻는 경우도 있고, 단계를 뛰어넘어 깨달음의 과를 받는 경우도 있다. 영리하거나 둔하거나 하여 근기가 같지 않으니 깨달아 듦도 각각 다르다. 又其中 或有次第得證 或有超次受果 利鈍不同 則所入各異"라고 하였다. 〔참고문헌〕『自誓三昧經』, 『鳩摩羅什法師大義』. ❷ 수행위를 뛰어넘거나 또는 차제로 행하다. 『화엄경탐현기』 권5(대정장35, p.210c13)에 "둘째, 초차는 여덟이나 아홉 차제로 들거나 초월하여 듦을 말한다. 二 超次 謂於八九次第入 及超越入", 『사교의주휘보보굉기』 권6(卍속장102, p.542b14)에 "『마하지관』에서 '초와 차로 마주해 가린다'라 한 것은, 그 문구에 '수도에 의지하여 일품욕혹을 끊고 순서에 따라 제5품이 다하면 모두 사다함향이라 한다. 만약 뛰어넘어 끊고 5품에 이른다면 가가라 한다. 차제로 끊고 6품을 다하면 사다함과라 하고, 뛰어 끊어 제6품 다함에 이르면 일왕래라 한다. 차제로 제7품 끊고 제8품에 이르면 아나함향이라 한다. 차제를 뛰어넘어 제8품에 이르면 일종자라 한다. 순서대로 끊어 제9품 다하면 아나함과라 하고, 필경 더 이상 욕계로 돌아오지 않는다'라고 하였다. 止觀 超次對辨者 文言 今且依修道 斷一品欲惑 次第至第五品盡 皆名斯陀含向 若超斷至五品 名家家 次斷六品盡 名斯陀含果 超斷至六品盡 名一往來 次斷第七品 至第八品 名阿那含向 超斷至第八品 名一種子 次斷第九品盡 名阿那含果 畢竟不復還來欲界"라고 하였다. 〔참고문헌〕『華嚴經探玄記』, 『四教儀註彙補輔宏記』, 『摩訶止觀』 권6(대정장46, p.71c4).

초찰나구박성자 初刹那具縛聖者 Ⓢ sakala-bandhanādi-kṣaṇastha, Ⓣ 'ching-ba-mtha'-dag-dang-ldan-pa-skad-cig-ma-dang-pa-la-gnas-pa. 사제십육심(四諦十六心) 중 처음인 고법지인(苦法智忍)에 드는 견도(見道)의 첫 찰나의 성자. 구박급주초찰나인(具縛及住初刹那人)이라고도 한다. 무루도(無漏道)가 현전하기에 성자라고 하지만, 아직 일체번뇌의 속박에서 벗어나지 못하였으므로 구박(具縛)이라고 한다. 『구사론송소론본』 권4(대정장41, p.844b23)에 "초찰나구박성자와 그 밖의 모든 구박이생을 제한 그 나머지 모든 유정은 다 택멸을 성취한다〈초찰나의 성자란 고법인이 이것이고, 번뇌를 아직 끊지 않은 것을 구박의 성자라고 한다. 이 성자는 무택멸이고, 그 이외의 모든 유정은 일체성인이다〉. 除初刹那具縛聖者 及餘一切 具縛異生 諸餘有情 皆成擇滅〈初刹那聖者 苦法忍是也 煩惱未斷 名具縛聖 此聖者 無擇滅也 諸餘有情者 一切聖人也〉"라고 하였다. 〔참고문헌〕『俱舍論頌疏論本』, 『俱舍論』 권4(대정장29, p.22a21), *Abh-k-bh.62.* ⇨ 구박 具縛, 고법지인 苦法智忍

초찰나식 初刹那識 첫 찰나의 식. 처음(初)이라 하지만, 시작 없는 처음(無始)에서 온(來) 것이기에 창조주(自在主)와 같은 기원(起元)의 뜻은 아니다. 제8아뢰야식 또는 제9백정식(白淨識)이라 주석하거나, 법성종(法性宗)의 입장에서는 여래장인 진여(眞如)라 푼다. 『인왕경』과 그 관련 주석에서 말한다. 『인왕호국경』 권상(대정장8, p.838c1)에 "그러나 모든 유정은 아득한 겁의 세월 초찰나식이라도 목석과는 다르다. 然諸有情 於久遠劫 初刹那識 異於木石", 『인왕호국반야바라밀다경소』 권중2(대정장33, p.478c19)에 "'그러나 모든 유정'이란 등각 이전 일체범성 모두를 통해 거두는 말이다. '구원겁'이란 시간 없는 때를 단지 아득하다고만 말한다. '초찰나식이라도 목석과는 다르다'라는 말에는 두 가지 뜻이 있다. 어떤 이는 '초식은 어떤 갈래를 따르든지 이어 나는 위 중에 최초찰나인 제팔식이다. 식에는 생각을 연함이 있기에 그러한 작용이 없는 목석과 다르다'라고 한다. 然諸有情者 等覺已前 一切聖凡 皆通攝也 於久遠劫者 時無始故 但言久遠也 初刹那識 異於木石者 此有二義 有說 初識 隨於何趣 續生位中 最初刹那 第八識也 識有緣慮 異於木石 無緣慮故", 『인왕경과소』 권3(卍속장94, p.984a14)에 "사생과 구유는 모두 지각에 속하므로 유정이라 한다. 미혹은 시작이 없고 물들어 헛된 것도 지금은 아니므로 '오래되고 멀다' 한다. 초찰나식은 제9식인 백정식이니 여래장을 가리킨다. 그러나 그 본성은 뚜렷하게 앎으로 목석과 같지 않다. 한 생각 헛되게 움직이자마자 진망이 서로 합하여 하나인 듯 다른 듯 구분할 수 없다. 그러므로 장식이라는 이름을 둔다. 이 식의 바탕에는 두 가지 뜻을 갖추기에 일체법을 거두고 일체법을 낸다. 시각이 본을 돌이키면 청정한 법 늘어나지만, 본각이 그 샘을 미하면 물든 법이 끊어지지 않는다. 선과 악이라는 두 연으로 낱낱이 능히 모든 식을 낳으므로 '셀 수 없이 많은 식을 바탕으로 삼는다'라고 한다. 夫四生九有 皆屬知覺 故云有情 迷惑無始 染幻非今 故云久遠 初刹那識 卽第九白淨識 所謂如來藏也 然此識 其性了然 故不同於木石 繇一念妄動 眞妄相合 一異叵得 故有藏識之名 卽此識體 具二義故 攝一切法 生一切法 始覺返本 淨法增長 本覺迷源 染法不斷 善惡二緣 一一能生諸識 故曰 爲無數識本也", 『인왕경과소현담』(卍속장94, p.878b15)에 "그러나 모든 유정은 아득한 겁의 세월 이래로 초찰나식이 목석과 다르다〈이는 진식을 밝힌 대목이다〉. 然諸有情 於久遠劫 初刹那識 異於木石〈此明眞識〉", 『인왕경소법형초』 권4(卍속장41, p.212b9)에 "아주 오래된 겁 때로부터란 처음 시작한다는 모양새 없음이다. 왜 그런가? 과거와 미래는 체도 상도 없고 현재에 있어 훈습한 마음일 뿐이고, 이 훈습의 마음이 다름 아닌 망념이며 이는 진을 등지고 일어나기에 최초의 일념을 초찰나식이라 한다. 久遠劫來時 無初始之相 何以故 過去未來 無體相故 而於現在 熏習唯心 此熏習心 卽是妄念 違眞起故 最初一念 名初刹那識", 『인왕경소』 권2(卍속장41, p.344b11)에 "상종에 의지하면 일체유정은 시작을 알 수 없는 이래로 법 그대로 여덟 가지 식이 있고 그중 제8아뢰야식이 그 근본이라고 관찰한다. 이 초찰나식의 초 역시 근본이라는 뜻이다. 시원을 알 수 없는 이래라는 말은 아득한 겁이다. 달마경에서 읊기를 '시작 없는 때로부터 온 계 일체법 고르게 의지하네'라고 하였다. '목석과 다르다'라는 말은 이 아뢰야식이 세 가지 경을 연한다는 뜻이다. 성종에 따르면 모든 유정의 아뢰야식은 여래장에 의지하고 진여를 갖추고 있어서 목석과 다르다고 관찰한다. 若依相宗 觀察一切有情 無始已來 法爾有八種識 於中第八阿賴耶識 是其根本 卽此初刹那識 初亦根本義 無始已來 卽久遠劫也 達磨經頌云 無始時來界 一切法等依 而言異於木石者 謂此賴耶緣三種境故 今依性宗 觀諸有情 阿賴耶識 依如來藏 而具眞知 卽異木石", 『섭대승론석론』 권3(대정장31, p.283a28)에 "만약 색심 상속하여 모든 법을 낳는다고 주장한다면 전 찰나색 이후 찰나색을 낳는 인이 되고 종자가 되어 초찰나식이 발생하고 후찰나식 또한 그러할 것이다. 그러나 만약 무색계로 물러나면 그 색이 이미 영원히 단절될 터인데 어떻게 종자를 얻어 다시 색을 낳을 수 있겠는가? 若執色心相續生諸法 前刹那色 爲後刹那色因 得爲種子 初刹那識生 後刹那識亦爾 若從無色界退 彼色久已斷絶 云何得種子 復生於色"라고 하였다. 〔참고문헌〕『仁王護國經』, 『仁王護國般若波羅蜜多經疏』, 『仁王經科疏』, 『仁王經科疏懸譚』, 『仁王經疏法衡鈔』, 『仁王經疏』, 『攝大乘論釋論』. ⇨ 제팔식 第八識, 사생 四生, 구유 九有, 아뢰야식 阿賴耶識, 여래장 如來藏, 진여 眞如

초창 草創 처음으로 하다. 『법화문구』 권5(대정장34, p.65a1)에 "또 세간의 사람들 두 종이니, 첫째는 처음부터 대승을 배운 사람, 둘째는 소승을 배우다 대승에 드는 사람이다. 又世人二種 一 草創學大 二 習小入大", 『법화문구기』 권2(대정장34, p.177a25)에 "초창이란 말에서 초는 초(初)이기도 하다. 言草創者 草亦初也", 『당고승전』 권2 「나련제려야사전 那連提黎耶舍傳」(대정장50, p.433a4)에 "개황 2년(582) 7월에 제자 도밀 등이 모시고 수도로 들어와 대흥선사에 머물렀는데, 그 해 늦겨울에 역경을 시작하였다. 二年七月 弟子道密等侍送入京 住大興善寺 其年季冬 草創翻譯"라고 하였다. 〔참고문헌〕『法華文句』, 『法華文句記』, 『唐高僧傳』. ⇨ 법지인 法智忍, 사제십육심 四諦十六心, 견도 見道

초채 草菜 풀과 채소. 『십송율』 권53(대정장23, p.392c22)에 "〔문〕 비구가 풀과 채소를 죽여도 바야제죄(Ⓢ pāyattika)가 되지 않습니까? 〔답〕 있다. 앞서 파계하였거나 적주비구이거나 본래 재가인인 경우다. 〔문〕 구족계를 받지 않는 사람이 풀과 채소를 죽여도 바야제가 됩니까? 〔답〕 있다. 여학사미의 경우이다. 물위의 부평초나 석위(石韋 : 고란초과의 식물)를 채취하면 돌길라(Ⓢ duṣkṛta)다. 問 頗比丘殺草菜 不得波夜提耶 答 有 若先破戒 若賊住 若先來白衣是也 問 頗不受具戒人殺草菜 得波夜提耶 答 有 與學沙彌是也 若取水上浮萍 若取石韋 得突吉羅"라고 하였다. 〔참고문헌〕『十誦律』, 『法苑珠林』 권1(대정장53, p.271a27).

초채 鈔采 가려 뽑다. 『출삼장기집』 권7 「법구경서 法句經序」(대정장55, p.49c28)에 "그 뒤에 오부의 사문들이 각자 경에서 사구와 육구의 게송만 가려내었다. 是後 五部沙門 各自鈔采 經中四句六句之偈"라고 하였다. 〔참고문헌〕『出三藏記集』, 『閑居編』 권5 「盂蘭盆經疏摭華鈔序」(卍속장101, p.72a18).

초채 樵採 땔나무를 모으다, 나무꾼. 『당고승전』 권25 「원통전 圓通傳」(대정장50, p.648c17)에 "신무황제가 도읍을 업으로 옮긴 이후 산 위아래 어디나 가람을 지었으니 나무꾼 사라지고 솜씨꾼도 찾을 길 없었다. 自神武遷鄴之後 因山上下 並建伽藍 或樵採陵夷 或工匠窮鑿", 『남악총승집』 권중(대정장51, p.1068c24)에 "장생의 땅에서는 나무하는 일을 금지하고 수렵도 못하게 하였다. 長生之地 禁樵採 斷畋獵", 『종통편년』 권32(卍속장147, p.506a1)에 "대체로 나무하기 좋은 산은 편안히 불도수행하기 적절한 터이기도 하다. 凡樵採之山 安僧之地", 『영각광록』 권26(卍속장125, p.699a5)에 "그림에 머릿글 쓰다 : 구름 자욱한 깊은 계곡은 얼음처럼 차고, 고목과 싸늘한 바위 곁엔 남루한 납승일세. 나무하고 돌아오는데 해는 머리 위에 있고, 한 줄기 휘파람 소리 벽라 우거진 겹겹의 봉우리 뚫고 퍼진다. 題畵 雲迷幽谷冷如氷 古木寒巖破衲僧 樵採歸來日正午 一聲嘯出碧蘿巘"라고 하였다. 〔참고문헌〕『唐高僧傳』, 『南嶽總勝集』, 『宗統編年』, 『永覺廣錄』.

초천 初天 처음 하늘. 색계십팔천(色界十八天) 중 처음 사선(四禪)의 하늘인 초선의 범중천(梵衆天), 제2선의 소광천(少光天), 제3선의 소정천(少淨天), 제4선의 무운천(無雲天)을 말한다. 『순정리론』 권65(대정장29, p.697a13)에 "반만 넘어간다란 무엇인가? 즉 색계 중 초천 등으로부터 점차 사라져 (색구경천) 아래의 중간천에 이르러 하나의 천처(天處)를 초월하고는 바야흐로 색구경천으로 나아가는데, 초월하지만 전부를 초월하지 않는 것이 반초의 뜻이다. 言半超者 謂色界中 從初天等漸次而沒 下至中間 能越一處 方能往趣 色究竟天 超而非全 是半超義", 『입세아비담론』 권6(대정장32, p.198b9)에 "어찌하여 제2선의 초천을 소광천이라고 하는가? 말할 때에 입 안에서 나오는 광명이 적기에 소광천이라고 한다. … 어찌하여 제3선의 초천을 소정천이라고 하는가? 이 가운데 모든 천이 받는 즐거움이 적고, 적정의 애락함이 제3선과 상응하여 조금 받기에 소정천이라고 한다. … 어찌하여 제4선의 초천을 무운천이라고 하는가? 괴로움과 즐거움이 앞서 멸하였기 때문이고, 앞에서 방편의 근심과 기쁨이 다 사라졌기 때문이며, 이 중에서 사수의 지혜와 생각이 청정하기 때문이고, 이 가운데 모든 천이 이 '사수'를 받기에 무운천이라고 한다. 云何第二禪初天 名曰少光 說語時 口中出光明少故 故名少光 … 云何第三禪初天 名曰少淨 是中諸天所受樂少 寂靜愛樂與三禪相應 受此少樂故 名少淨 … 云何第四禪初天 名曰無雲 苦樂前滅故 於先方便憂喜沒盡故 此中捨受智念淸淨故 是中諸天 受此捨受 故名無雲"라고 하였다. [참고문헌]『順正理論』,『立世阿毘曇論』. ⇨ 천 天, 색계십팔천 色界十八天, 사선천 四禪天

초체 迢遞 멀어 아득함. 아득해 떠올릴 수 없거나 다가갈 수 없는 뜻을 가진 모양새를 말한다.『소파호동자청문경』 권상(대정장18, p.721b24)에 "또한 비유로 말하면 '마치 아버지와 아들이 큰 사막에 들어가 길은 멀고 아득해 헤매이고 굶주림과 목마름에 시달리다가 아들의 살을 먹고 마는 듯하다'라고 하니, 수행자가 밥을 먹는 까닭도 이와 같다. 다만 굶주림과 병을 없이 할 뿐 그 맛에 붙들려서는 안 된다. 又譬喩云 如有人父子 入大砂磧 路遙迢遞 飢渴所逼 其人當食子肉 行者喫食 亦復如是 但除飢病 勿著其味",『지관보행전홍결』 권6(대정장46, p.344a27)에 "공에 드는 위에도 오히려 이르지 못했거늘 하물며 가를 깨닫겠는가! 그러므로 '아득히 헤매인다'고 했다. 入空之位 尙不可至 何況入假 故云迢遞",『산정지관』 권중(卍속장99, p.174b5)에 "공 깨달아 얻는 과도 아득히 멀어 이리저리 헤매는데 가에서 나와 중생을 교화하는 일을 어찌 내가 할 수 있으랴! 이런 생각에 마침내 낭떠러지 바라보며 스스로 좌절하는 것이다. 入空之果 尙自迢遞 出假化物 豈我所能 遂乃望崖自絶",『인천안목』 권2(대정장48, p.309c5)에 "대혜 : 고향은 아득히 멀어 어느 때 돌아가랴! 천 길이나 되는 낚싯줄 드리우고 고향 돌아가는 소식 낚으리라. 大慧 故鄕迢遞幾時歸 垂絲千尺鉤還曲",『오등전서』 권100「관덕장 貫德章」(卍속장141, p.958b12)에 "아득히 먼 고향 소식마저 끊어져 돌이켜 생각하니 몰란결에 마음 더욱 이지러지네. 迢遞故鄕消息斷 回思不覺倍傷神"라고 하였다. [참고문헌]『蘇婆呼童子請問經』,『止觀輔行傳弘決』,『刪定止觀』,『人天眼目』,『五燈全書』.

초체 迢遰 매우 먼 것. 아득한 것.『불소행찬』 권1(대정장4, p.4c1)에 "청정궁을 세우니, 크고 화려하고 장엄하였다. 높이 솟아 허공에 있는 듯하고, 아득하기로는 가을 구름 같았다. 爲立淸淨宮 宏麗極莊嚴 高峙在虛空 迢遰若秋雲"라고 하였다. [참고문헌]『佛所行讚』,『摩訶止觀』 권6(대정장46, p.83a11).

초초 苕苕 높아 아득한 모양.『광홍명집』 권30(대정장52, p.350c5)에 "높고 높아 겹겹의 산자락 깊은 중에 고요하기만 한 석실이 빛났다. 苕苕重岫深 寥寥石室朗"라고 하였다. [참고문헌]『廣弘明集』,『出三藏記集』 권10(대정장55, p.71a5).

초초총총 草草忩忩 바삐 서두르는 모양새. 이리저리 떠도는 마음 따라 분주하기만 한 사태 돌이켜 세우는 말이다.『설두어록』 권3(대정장47, p.691c4)에 "설두 들기를 '낙포 오랫동안 임제의 시자였는데 협산을 찾아와 묻길「멀리서 찾아왔으니 스님의 한말씀 바랍니다」「눈앞에는 사리 없고 이 사이에 노승도 없다」. 낙포 문득 할하자 협산 말하길「머물거라, 머물러. 사리여, 종종걸음으로 바쁜 듯 하지 마라. 구름과 달 같이하고 시냇물과 산은 각각 다르니, 천하인 혀끝 도려낼 일 없지 않으니 어찌 혀 없는 이들 말하게 하겠는가?」낙포 답 없자 협산 문득 때렸다'. 擧 洛浦久爲臨濟侍者 到夾山問 自遠趨風 乞師一接 山云 目前無闍梨 此間無老僧 浦便喝 山云 住 住 闍梨 莫草草忩忩 雲月是同 溪山各異 截斷天下人舌頭卽不無 爭教無舌人解語 浦無對 山便打",『속전등록』 권16「홍국계아전 興國契雅傳」(대정장51, p.573a7)에 "스님 묻기를 '청컨대 선사께서는 말로도 침묵으로도 답하지 않으시길'. 홍국 주장자로 한 번 내리치니 학인 말하길 '화상께선 바삐 서두르지 마십시오' '서천이었다면 머리 베고 팔 잘랐으리라'. 학인이 절 올리자 홍국이 말하길 '떨어졌다, 떨어졌어'. 僧問 請師不於語默裏答話 師以拄杖 卓一下 僧云 和尙莫草草忩忩 師曰 西天斬頭截臂 僧禮拜 師曰 墮也 墮也"라고 하였다. [참고문헌]『雪竇語錄』,『續傳燈錄』.

초촬 抄撮 집어내다. 빼내다. 잡아채다.『불장경』 권중(대정장15, p.794a10)에 "(스스로 이해하지 못하여) 말에 차제가 없고 이곳저곳에서 집어내 꾸렸기에 대중은 마음속으로 두려웠다. 言無次第 處處抄撮 是故在衆心懷恐怖",『사분율』 권55(대정장22, p.974a26)에 "그때 이상한 여인이 도살장에 가서 고기를 사서 들고 가는데 솔개 한 마리가 낚아챘고 그 고기 허공에서 걸식하던 비구발우 속으로 떨어졌다. 時有異女人 往屠牛處買肉持行 有鵄鳥抄撮 其肉在空中 失墮乞食比丘鉢中"라고 하였다. [참고문헌]『佛藏經』,『四分律』.

초추 苕帚 풀로 만든 빗자루.『임간록』(卍속장148, p.607b8)에 "듣자하니 세존께서 세상에 계실 때 한 비구 근기가 둔하여 많이 들은 것 없었다. 부처님께서 초추라는 두 글자 외우도록 하였다. 하루 종일 외우지만 초라고 말하는 순간 추를 잊어버리고 추라고 말하는 순간 다시 초를 잊어버렸다. 매번 스스로 나무라며 생각해 쉬지 않았으니 홀연히 '초추'라고 모두 말할 수 있게 되었고, 여기서 크게 깨달아 걸림 없는 말솜씨마저 터득하였다. 그대 능히 초추 그대로 외울 수 있게 되었으니 선덕께서 큰 자비심 때문에 중생 위한 그 마음마저 마땅히 알 것이다. 然聞 世尊在日 有比丘根鈍 無多聞性 佛令誦苕帚二字 日夕誦之 言苕則已忘帚 言帚則又忘苕 每自剋責 係念不休 忽能言曰苕帚 於此大悟 得無礙辯才 子能如誦苕帚者 當見先德大慈悲故 爲物之心"라고 하였다. 이는 늘 빗자루 들고 마당 쓸다 아라한과 얻은 주리반특(周利槃特 Ⓢ Cūḍapanthaka : 拘利槃特)의 고사이다. [참고문헌]『林間錄』. ⇨ 주리반특 周利槃特

초추 草芻 풀. 여물. 『나선비구경』 권중(대정장32, p.714c15)에 "나선이 왕에게 물었다. '어미소나 말이나 나귀나 사슴이나 고라니가 새끼를 배면 모두 여물을 먹이로 삼겠지요?' '그렇습니다. 모두 이것을 음식으로 삼습니다' '그 풀이 배에 들어가 모두 소화되겠지요?' '모두 소화됩니다'. 那先問王言 雌牛雌馬雌驢 雌麋雌鹿懷子 皆食草芻爲餐不 王言 然 皆以是爲食 那先言 其芻草寧於腹中消盡不 王言 皆消盡"라고 하였다. [참고문헌]『那先比丘經』, 『出曜經』 권14(대정장4, p.688b4).

초출 抄出 추려내다. 『빈비사라왕예불공양경』 「발문 跋文」(대정장2, p.857a7)에 "이는 그 경에서 추려냈을 뿐인데 어째서 번역이 다른가? 即是彼經中抄出耳 何爲異譯耶", 『선견율비바사』 권6(대정장24, p.716b4)에 "대덕중에 신통 있는 이라면 추려내서 사람들이 알게 한다. 諸大德有神通者 抄出令人知", 『송고승전』 권14 「애동전 愛同傳」(대정장50, p.796a27)에 "찾아 구했으나 얻지 못하여 배우는 이들 의지할 곳 없었다. 함께 대율 안에서 『갈마』 1권 추려냈다. 尋求不獲 學者無依 同遂於大律之內 抄出羯磨一卷"라고 하였다. [참고문헌]『頻毘娑羅王詣佛供養經』, 『善見律毘婆沙』, 『宋高僧傳』.

초출삼매 超出三昧 모든 위를 넘어선 삼매. 초월삼매(超越三昧)의 두 가지 양상 중 하나로 다른 하나는 초입삼매(超入三昧)다. 멸수상정(滅受想定)에서 초선(初禪)에 이르기까지 모든 삼매위에서 일어나서 산심(散心)에 들었다가 다시 다음 위로 들고 나서 산심으로 돌아오는 과정을 자유자재로 하는 삼매다. 『지관보행조람』 권4(卍속장99, p.545a8)에 "초출이란 멸수상정에서 일어나 산심에 들고, 산심에서 일어나 멸수상정에 들며, 멸수상정에서 일어나 다시 산심에 머물고, 산심에서 일어나 비유상비무상처에 드는 삼매다. 言超出者 從滅受想起 入散心中 散心中起 入滅受想定 滅受想定起 還住散心中 散心中起 入非有想非無想處", 『법계차제초문』 권중상(대정장46, p.679c25)에 "둘째는 초출삼매다. 무엇을 초출삼매라 하는가? 멸수상정에서 일어나 산심에 들고, 산심에서 일어나 멸수상정에 들며, 멸수상정에서 일어나 다시 산심에 머물고, 산심에서 일어나 비유상비무상처에 들며, 비유상비무상처에서 일어나 산심에 머물고, 산심에서 일어나 무소유처에 들고, 무소유처에서 일어나 산심에 머물며, 산심에서 일어나 식처에 들고, 식처에서 일어나 산심에 머물며, 산심에서 일어나 공처에 들고, 공처에서 일어나 산심에 머물며, 산심에서 일어나 사선에 들고, 사선에서 일어나 산심에 머물며, 산심에서 일어나 삼선에 들고, 삼선에서 일어나 산심에 머물며, 산심에서 일어나 이선에 들고, 이선에서 일어나 산심에 머물며, 산심에서 일어나 초선에 들고, 초선에서 일어나 산심에 머문다. 이것이 모든 불보살 초출삼매의 모습이다. 만약 성문인이 초출한다면 하나의 선정만 초출할 수 있을 뿐이며 두 가지 선정을 초출할 수 없다. 하물며 그들이 자유자재로 초출할 수 있겠는가! 여기서 초출에는 세 가지다. 첫째는 순초출, 둘째는 역초출, 셋째는 순역초출이다. 전의 세 가지 초입을 다하면 합하여 여섯 초월삼매가 된다. 여래께서는 이 여섯 삼매로 열반에 드신다. 二 超出三昧 云何名超出三昧 從滅受想起 入散心中 散心中起 入滅受想定 滅受想定起 還住散心中 散心中起 入非有想非無想處 非有想非無想處起 住散心中 散心中起 入無所有處 無所有處起 住散心中 散心中起 入識處 識處起 住散心中 散心中起 入空處 空處起 住散心中 散心中起 入四禪 四禪起 住散心中 散心中起 入三禪 三禪起 住散心中 散心中起 入二禪 二禪起 住散心中 散心中起 入初禪 初禪起 住散心中 是爲諸佛菩薩超出三昧之相 若聲聞人超出 但能超一禪出 而不能超二 何況能自在超出也 是中超出有三種 一 順超出 二 逆超出 三 順逆超出 足前三種超入 合爲六種超越三昧 如來於此六三昧 而入涅槃也"라고 하였다. [참고문헌]『止觀輔行助覽』, 『法界次第初門』. ⇨ 초월삼매 超越三昧, 초입삼매 超入三昧

초츤 髫齔 다박머리에 젖니를 가는 나이. 칠팔세 무렵. 초츤(齠齔)과 통한다. 40권본 『화엄경』 권12(대정장10, p.714c23)에 "예업이란 초츤부터 장년에 이르기까지 각각의 주어진 위치에서 그 일을 익히고 배운다. 言藝業者 並從髫齔 以至壯年 各於其倫 習學其事", 『일체경음의』 권57(대정장54, p.689b3)에 "초츤〈첫 글자의 음은 조다. 『비창』에 '초는 나풀거리다의 모(髦)이다'라고 하였고, 『고성』에 '어린아이의 머리를 자를 때 양 끝에 남겨진 머리털이다'라고 하였으며, 『설문』에 '표 변에 소를 소리로 쓴다'고 하였다. 경문에서 초(齠)라 하여도 통한다. 표는 필과 요를 반절한 음이다. 둘째 글자는 초와 근을 반절한 음이다. 정현(鄭

玄)이 주석한 『주례』에 '남아는 일곱살, 여아는 여덟살에 유치가 빠진다'고 하였다. 『설문』에 '치 변에 칠을 소리로 쓴다'라고 하였다〉. 髫齔〈上音調 埤蒼云 髫髦也 考聲云 小兒剃髮 留兩邊髮也 說文 從髟召聲 經文作齠亦通也 髟音必遙反 下初謹反 鄭注周禮 男七歲女八歲 則毁齒也 說文 從齒七聲〉"라고 하였다. 〔참고문헌〕『華嚴經』, 『一切經音義』, 『五燈全書』 권95 「多子無章」(卍속장141, p.885b15). ⇨ 초츤 齠齔

초츤 齠齔 젖니를 갈 무렵. 칠팔세. 어린 나이. 초츤(髫齔)이라고도 한다. 『일체경음의』 권1(대정장54, p.313b24)에 "초츤〈첫 글자는 정과 요를 반절한 음으로 속자이다. 바른 글자체는 표 변에 쓰는 초(髫)이다. … 『고성』에 '어린아이의 머리를 자를 때 양 끝의 배냇머리를 남겨두는데 이를 초(髫)라 한다'라고 하였다〉. 齠齔〈上亭遙反 俗字也 正體從髟作髫 … 考聲云 小兒剃髮 留兩邊胎髮 曰髫〉", 『홍찬법화전』 권2(대정장51, p.16b4)에 "과거세에 덕의 뿌리를 심어 일찍이 불도를 닦겠다는 마음을 일으켰는데 마침 칠팔세 무렵에 출가하리라고 서원하였다. 宿植德本 早發道心 適在齠齔 便願出家", 『가태보등록』 권7 「불자보감장 佛慈普鑑章」(卍속장137, p.127b5)에 "젖니를 갈 무렵부터 오신채를 먹지 않았고 경덕사 청지스님을 은사로 삼아 머리를 깎고 출가하였다. 齠齔不茹葷 依景德寺淸智下髮"라고 하였다. 〔참고문헌〕『一切經音義』, 『弘贊法華傳』, 『嘉泰普燈錄』. ⇨ 초츤 髫齔

초치 招致 Ⓢ vāhaka. 불러들이다. 『출요경』 권20(대정장4, p.715b3)에 "부처님께서도 비유를 이끌어 말씀하셨으니, 혀는 칼날과 같아서 재앙을 불러들인다고 하셨다. 佛亦引喩 舌爲劍戟 招致殃禍", 『번역명의집』 권7(대정장54, p.1170b6)에 "좋은 옷을 인연으로 도둑의 난을 불러들이고 목숨마저 빼앗기기에 이른다. 好衣因緣 招致賊難 或至奪命"라고 하였다. 〔참고문헌〕『出曜經』, 『翻譯名義集』, *Laṅk.183·197.*

초탈 超脫 넘어 벗어나다. 『사명존자교행록』 권1(대정장46, p.862a17)에 "윤회를 넘어 벗어나 영원히 무생을 깨닫고 항상 쾌락에 머문다. 超脫輪迴 永證無生 常住快樂", 『굉지광록』 권1(대정장48, p.9a26)에 "이 안에서 어떻게 밟아나가야 벗어날 수 있을까? 到這裡 如何履踐 得超脫去", 『대승본생심지관경천주』 권1(卍속장34, p.125a6)에 "하늘 위나 하늘 아래 모두 오욕생사에 얽여서 해탈하지 못하니, 능히 초탈하신 이 오직 여래뿐이시다. 天上天下 皆爲五欲生死所縛 不能解脫 而能超脫者 唯有如來"라고 하였다. 〔참고문헌〕『四明尊者敎行錄』, 『宏智廣錄』, 『大乘本生心地觀經淺註』.

초포지 草布地 Ⓟ tiṇavatthāraka. 풀로 땅을 덮다. 칠멸쟁법(七滅諍法) 중 하나로 대중간에 쟁론이 거듭되어 해결할 수 없을 때 풀로 진흙땅 덮어 버리듯 이유 불문하고 화해하여 분규를 없애는 일로 여초부지(如草覆地)·여초포지(如草布地)라고도 한다. 『오분율』 권10(대정장22, p.77b16)에 "〈문〉 어디에서 일어났기에 초포지 주어야 할 곳에 초포지 부여했는가? 〔답〕 사위성이다. 〈문〉 누구로 인해 일어났는가? 〔답〕 많은 비구들로 인했다. 於何處起 應與草布地 與草布地 答言 舍衛城 因誰起 答言 因衆多比丘", 같은 책 권23(대정장22, p.156b7)에 "무엇을 초포지라 하는가? 저 모든 비구들 다시는 다툼이 된 연유 따지지 않고, 승가 또한 다시는 이 일의 근본에 대해 묻지 않음이다. 何謂草布地 彼諸比丘 不復說鬪原 僧亦不更問事根本"라고 하였다. 〔참고문헌〕『五分律』, *Vin.4.207.* ⇨ 여초부지 如草覆地, 여초포지 如草布地, 칠멸쟁법 七滅諍法

초하 草賀 간략히 하는 축하. 처음으로 주지에 취임하여 절에 들어올(入院) 때 먼저 지사(知事)·상수(上首) 등에게서 간단하게 받는 축하의 인사를 말한다. 주지가 개당(開堂)하고 법좌에서 내려온 다음에 절의 모든 대중이 다시 축하의 인사를 올리는데 이는 전하(展賀)라 한다. 『백장청규』 권3 「입원 入院」(대정장48, p.1125c11)에 "새로 명을 받은 주지는 초하를 마치고 나서 승당의 종을 울려 대중을 이끌고 몸소 전임 주지를 전송한 다음 요사에 돌아와 촉례로 일배를 올린다. 다음으로 수좌와 대중이 하례를 올리고 이어서 행자와 종복들이 모두 참배한다. 新命受草賀了 鳴僧堂鐘領衆 躬送前代 歸寮對觸禮一拜 次首座大衆作賀 行僕皆當參拜"라고 하였다. 〔참고문헌〕『百丈淸規』. ⇨ 전하 展賀

초학기 初學記 북송(北宋)대 청각(淸覺) 지음. 1권. 卍속장112, pp.887a1~906a6에 수록되어 있으며, 불법(佛法)을 처음 배우는 초학자를 위하여 유불도(儒佛道) 삼교를 의지해 삼승십지(三乘十地)의 요체를 설명한 내용이다. 현존하는 것은 그의 가르침을 이어받아 원(元)대 1313년(황경2)에 간행한 도안(道安)의 주석본이다. ⇨ 공청각 孔淸覺

초할련합장 初割蓮合掌 처음 피어나는 연꽃 모양의 합장. 십이합장(十二合掌) 중 하나로 복나(僕拏)라 음사하고, 초부련합장(初部蓮合掌)이라고도 한다. 미개련합장에서 검지중지약지 셋을 조금 뗀 형태로 연꽃 막 피어나듯 짓는다. 『대일경의석』 권10(卍속장36, p.821b3)에 "다음으로 양손의 엄지와 소지를 서로 붙이고 나머지 손가락은 살짝 떼어서 펴면 이를 복나합장〈초할련〉이라 한다. 次以二地指二空指相著 餘指稍令開張 名僕拏合掌〈此名初割之蓮也〉"라고 하였다. 〔참고문헌〕『大日經義釋』.

⇨ 복나 僕拏, 십이합장 十二合掌

초해탈 初解脫 팔해탈(八解脫 Ⓢ aṣṭau vimokṣāḥ : 八背捨) 중 하나. 부정관(不淨觀) 등으로 내심의 색상(色想)을 버려 얻는다. 유색관제색해탈(有色觀諸色解脫)이라고도 한다.『대비바사론』권84(대정장27, p.435c22)에 "색 있는 것을 여러 가지 색으로 관하는 것이 초해탈이다. 색 있다는 것은, 안에 각각으로 따로인 색상이 있게 해서 아직 여의지 못하고 버리지 못하며 없어지지 못한 것을 말한다. 여러 색으로 관하는 것이란, 안의 각각의 색상을 여의고 버리며 없게 하기 위하여 승해력으로 밖의 여러 가지 색을 푸른 멍이나 고름으로 문드러지는 것이나 부은 것이나 백골로 관하는 것을 말한다. 초란, 수에서 처음이거나 이 정에 드는 차례가 처음이라는 것이며, 해탈이란 이 선정에 들었을 때의 모든 훌륭한 색수상행식을 통틀어 해탈이라고 한다. 有色觀諸色是初解脫 有色者 謂有內各別色想 未離未捨未除 觀諸色者 謂爲離捨除內各別色想 由勝解作意 觀外諸色 若青瘀若膿爛 若膖脹 若骨鎖 是初解脫者 初 謂名數 次第在初 或入此定 次第在初 解脫 謂入此定時 所有善色受想行識總名解脫"라고 하였다. 〔참고문헌〕『大毘婆沙論』,『大般若經』권46(대정장5, p.262a25),『阿毘曇毘婆沙論』권43(대정장28, p.328c15). ⇨ 유색관제색해탈 有色觀諸色解脫, 팔해탈 八解脫, 부정관 不淨觀

초현관 初現觀 처음으로 자유로이 눈앞에서 보다. 견도(見道)에 해당한다.『섭대승론석』권9(대정장31, p.438a17)에 "물든 말나를 뒤쳐 평등성지를 얻는데, 처음 현관할 때 이미 앞서 증득했지만 수도위에서 뒤쳐 다시 청정해진다. 이로 인해 무주열반에 안주하며 대자대비와 늘 상응하고 능히 좋아하는 바를 따라 부처님의 영상을 나툰다. 轉染汚末那故 得平等性智 初現觀時 先已證得 於修道位 轉復清淨 由此安住無住涅槃 大慈大悲 恒與相應 能隨所樂 現佛影像"라고 하였다. 〔참고문헌〕『攝大乘論釋』. ⇨ 견도 見道 ❶

초혜 草鞋 풀로 엮은 짚신.『임제록』(대정장47, p.506b7)에 "임제 명화를 찾아감에 명화 묻길 '왔다 갔다 하며 뭐하는 건가?' '그저 짚신이나 끌며 헤매고 다닙니다' '필경엔 어떠한가?' '노인 말도 못 알아듣는군'. 到明化 化問 來來去去作什麽 師云 秖徒踏破草鞋 化云 畢竟作麽生 師云 老漢 話頭也不識",『운문광록』권중(대정장47, p.559c19)에 "운문 어느 때 말하길 '제방이 온통 다 울타리 벗어났지만, 나의 이곳은 그렇지 않다'. 한 스님 묻길 '화상께선 어떠신지 모르겠습니다' '짚신은 30문에 산다'. 師有時云 諸方盡向繩墨裏脫出 我者裏卽不然 僧問 未審和尚如何 師云 草鞋三十文買",『분양어록』권중(대정장47, p.610b13)에 "'오대산 길 위의 노파의 선 동서남북으로 거듭하지만, 조주가 감파한 뜻 사람들 알지 못하니 남북으로 짚신 바닥만 구멍났네'. 臺山路上老婆禪 南北東西萬萬千 趙州勘破人難會 南北草鞋徹底穿",『법연어록』권중(대정장47, p.659a1)에 "이 백운이라면 그렇지 않다. 다리는 짚신 신을 힘조차 없으며 손에도 나무 국자 들 힘이 없기에 단좌하여 공양받을 뿐이어서 시주 늘 안락하다네. 白雲卽不然 脚也不能著草鞋 手亦不能把木杓 端坐受供養 施主常安樂"라고 하였다. 〔참고문헌〕『臨濟錄』,『雲門廣錄』,『汾陽語錄』,『法演語錄』.

초혜전 草鞋錢 짚신값으로 내는 돈.『동산어록』(대정장47, p.517b26)에 "'정과 혜 가지런히 익혀 불성 밝히 본다 하니, 이 뜻은 어떠한가?' '십이시중 한 물에도 의지해선 안 됩니다' '이는 장로의 견처 아닌가?' '감히 그렇겠습니까!' '그렇다면 된장값은 차치하고 짚신값은 누구에게 내게 할 텐가?' 泉問 定慧等學 明見佛性 此理如何 蘖云 十二時中 不依倚一物 泉云 莫是長老見處麽 蘖云 不敢 泉云 醬水錢卽且置 草鞋錢教什麽人還",『법연어록』권중(대정장47, p.660b20)에 "또 교 중에「여래라 하지만 쫓아 온 곳도 없고 가는 바도 없다」하는데, 법신에는 오고감이 없지만 화신에는 오고감이 있지 않을까? 누군가 이를 보아 얻는다면 해가 만 냥 황금 녹이겠지만, 그렇지 못하다면 짚신값을 누구에게 내게 할 텐가?' 又教中道 如來者 無所從來 亦無所去 莫是法身無來去 化身有來去麽 若人於此見得 日銷萬兩黃金 其或未然 草鞋錢教什麽人還",『설두어록』권1(대정장47, p.671a8)에 "설두 들기를 '경청이 승당 앞에서 직접 종을 치며 말하길「현사가 말한 것이다. 현사가 말한 것이다」. 이때 한 스님 나와 묻기를「현사가 뭘 말했습니까?」경청이 원상 하나 그리자 스님 말하길「오랫동안 참하지 않았다면 어찌 이와 같음을 알았겠는가?」경청 말하길「나한테 짚신값 돌려다오」'. 설두 집어 말하길 '하마터면 채주가 타파될 뻔했다'. 擧 鏡清於僧堂前 自擊鍾子云 玄沙道底 玄沙道底 時有僧出來云 玄沙道什麽 鏡清作一圓相 僧云 若不久參 爭知恁麽 清云 還我草鞋錢來 師拈云 洎被打破蔡州"라고 하였다. 〔참고문헌〕『洞山語錄』,『法演語錄』,『雪竇語錄』.

초혼 招魂 혼(魂)을 부르다.『법원주림』권97(대정장53, p.999a18)에 "〔문〕혼과 백의 다름을 알았다. 오늘날 풍속에 사람이 죽으면 무슨 까닭에 옷을 가지고 혼을 부른다고 하지, 백을 부른다고는 하지 않는가? 〔답〕혼은 영이고, 백은 주검이다. 그러므로 예법(禮法)에 처음 사람이 죽었을 때 자기가 입던 옷을 주검 위에 놓는다. 왜냐하면, 혼이 외출하였기에 옷을 가지고 혼을 부르면 혼은 자기 옷을 알아서 옷을 찾아 백에 돌아온다.

혼이 백에 돌아오면 주검 입의 숨이 움직이고, 혼이 백에 돌아오지 않으면 입의 숨이 움직이지 않는다. 이런 이치로 말하기에 초혼이라 하고, 백을 부른다고 하지 않는다. 問曰 旣知魂與魄別 今時俗亡何故以衣喚魂 不云喚魄 答曰 魂是靈 魄是屍 故禮以初亡之時 以己所著之衣將向屍魄之上 以魂外出故 將衣喚魂 魂識己衣 尋衣歸魄 若魂歸於魄 則屍口續動 若魂不歸於魄 則口續不動 以理而言 故云招魂 不言喚魄"라고 하였다. [참고문헌]『法苑珠林』. ⇨ 혼백 魂魄

초혼법 招魂法 혼을 불러들이는 법. 『대교왕경』 권14 「삼세륜대만노라광대의궤분 三世輪大曼拏羅廣大儀軌分」(대정장18, p.389a14) 등에 의지해 전승되었는데, 금강수(金剛手)보살이 여래의 교칙을 받들어 대자재천 등을 항복시켜 발 아래 엎드리게 하고는 장차 목숨 마치려는 이를 구하는 등의 연기에서 기원하였지만, 작법(作法)은 보현연명법(普賢延命法)에 부쳐 행해지는데 『관정경』 권12(대정장21, p.535b4)의 속명법(續命法) 등에도 근거한다. [참고문헌]『大敎王經』,『灌頂經』.

초환 招喚 아미타불(阿彌陀佛)이 중생을 부르는 것. 발견(發遣)에 대칭한다. 『관무량수불경소』 권4(대정장37, p.273b1)에 "서쪽 언덕 위에서 사람이 부른다는 말은 아미타불 서원의 뜻을 비유한다. 잠깐 사이 서쪽 언덕에 이르러 선우와 만나 기뻐한다는 말은 다음을 비유함이다. 중생이 오랫동안 생사에 잠겨 광겁을 빠져 떠돌면서 미하고 뒤집혀 스스로 얽혔기에 해탈할 기약이 없었다. 석가께서 서방을 가리키며 그리로 보냄에 우러러 받잡고 또 아미타불께서 비심으로 부름에 힘입는다. 이제 저 두 부처님의 뜻을 믿고 따라 물의 강이든 불의 강이든 돌아보지 않고 매 순간 잊지 않으면서 저 원력의 길에 오르니, 목숨을 버린 이후에 저 나라에 남을 얻어 아미타불과 만나니 그 기쁨 얼마나 극하겠는가! 言西岸上有人喚者 卽喩彌陀願意也 言須臾到西岸善友相見喜者 卽喩衆生久沈生死 曠劫淪迴 迷倒自纏 無由解脫 仰蒙釋迦發遣指向西方 又藉彌陀悲心招喚 今信順二尊之意 不顧水火二河 念念無遺 乘彼願力之道 捨命已後 得生彼國 與佛相見 慶喜何極也"라고 하였다. [참고문헌]『觀無量壽佛經疏』. ⇨ 발견초환 發遣招喚

초환 草環 풀로 만든 가락지. 모환(茅環)·지환(指環)·지천(指釧)이라고도 한다. 밀교작법에서 진언행자가 손가락에 낀다. 『소실지갈라경』 권상(대정장18, p.607c28)에 "공양할 때나 진언 외울 때나 호마 등을 할 때 풀로 만든 가락지를 껴야 한다. 이 풀 가락지를 끼면 죄장이 사라지고 손이 청정하게 되며 하는 일이 모두 이루어진다. 供養之時 持誦之時 護摩等時 應著草鐶 以著此草鐶故 罪障除滅 手得淸淨 所作皆成", 같은 책 권중(대정장18, p.644c10)에 "아비로가법은 소오줌 안치하거나 또는 자신의 피를 바른다. 널리 통용하는 법은 도화·도향·꽃·호마·띠풀로 만든 초환을 끼고 숙동그릇을 써서 알가를 채운다. 阿毘嚕迦 應置牛尿 或著自血 遍通用者 應著稻華塗香 及華胡麻茅草環 用熟銅器 盛以閼伽", 『약사여래관행의궤법』(대정장19, p.26a27)에 "알가법은 먼저 양 무릎 땅에 대고 손에 청정한 띠풀로 만든 초환을 끼고 알가를 받들어 향을 태워 훈향한다. 閼伽法 則先兩膝著地 應須手著淨茅草環 捧持閼伽燒香熏之"라고 하였다. [참고문헌]『蘇悉地羯羅經』,『藥師如來觀行儀軌法』. ⇨ 모환 茅環, 지환 指環

초환희지 初歡喜地 Ⓢ prathama pramuditā bhūmi. 십지(十地) 중 초지(初地)인 환희지. 80권본 『화엄경』 권52(대정장10, p.274a27)에 "불자여! 보살마하살은 … 머무는 지 무량함을 알아야 하니, 초환희지로부터 구경의 장애 없는 지에 이르기까지 보살들이 거하는 곳이다. 佛子 菩薩摩訶薩 … 應知住地無量 從初歡喜地乃至究竟無障礙地 諸菩薩所居故", 『입능가경』 권3(대정장16, p.528a10 : *Laṅk.*, p.69)에 "대혜여! 보살이 제법무아를 잘 알고 나서 진여를 관찰하고 적정행을 닦는다면, 오래지 않아 반드시 초환희지를 얻으리라. 大慧菩薩善知諸法無我已 觀察眞如 修寂靜行 不久當得初歡喜地 dharma-nairātmya-kuśalaḥ punar-mahāmate bodhisattvo mahāsattvo na-cirāt-prathamāṃ bodhisattva-bhūmiṃ nirābhāsa-pravicayāṃ pratilabhate"라고 하였다. [참고문헌]『華嚴經』,『入楞伽經』, *Laṅk. 70.* ⇨ 환희지 歡喜地, 십지 十地 2

초회 初會 Ⓢ prathama-sannipāta. 모든 여래께서 성도하신 후 처음으로 행한 법회. 또는 한 부의 경에서 베푸는 첫 번째 법회. 『장아함경』 권1 「대본경 大本經」(대정장1, p.2b22)에 "비바시여래는 세 번의 법회에서 설법하셨는데, 초회의 제자는 16만 8천인, 둘째 법회의 제자는 10만인, 셋째 법회의 제자는 8만인이었다. 毘婆尸如來三會說法 初會弟子有十六萬八千人 二會弟子有十萬人 三會弟子有八萬人", 『무량수경』 권상(대정장12, p.270b24)에 "부처님께서 아난에게 말씀하셨다. '저 아미타불의 초회에선 성문의 수를 헤아릴 수 없었으며, 보살 또한 그랬느니라'. 佛語阿難 彼佛初會 聲聞衆數 不可稱計 菩薩亦然"라고 하였다. [참고문헌]『長阿含經』,『無量壽經』, *Sukh-vy. I.35.*

초후 初後 1 처음과 끝. 설정할 수 없는 것의 뜻으로 말한다. 처음과 끝 있다고 하면 인연법을 부정해야 하기 때문이다. 『대지도론』 권6(대정장25, p.106c26)에

"중생에게 처음이 없음을 관한다. 처음이 있은즉 인연이 없게 되고, 인연이 있다면 처음은 없다. 처음이 없으니 마땅히 끝도 없다. 왜냐하면 처음과 끝은 서로 마주해야 하기 때문이다. 처음과 끝이 없다면 가운데도 없다. 이렇게 관할 때에 상이나 단이라는 두 끝에 떨어지지 않는다. 觀衆生無初 若有初則無因緣 若有因緣則無初 若無初 亦應無後 何以故 初後相待故 若無初後 中亦應無 如是觀時 不墮常斷二邊"라고 하였다. 〔참고문헌〕『大智度論』. ❷ Ⓢ ādya-tad-uttara. 초념과 그 다음 념들. 『대승아비달마잡집론』 권5(대정장31, p.718b21 : *Abh-s-bh.*, p.47)에 "일찍이 익혀 함께 하여 상응한 적 없는 법이 있으니, 즉 출세간의 모든 심과 심법과 초후시의 출세간 다음에 얻는 모든 심과 심법이다. 〈석〉 초후시라 말한 것은 앞선 종류가 아님을 드러낸 뜻이니, 초념 이미 가버리고 제이념 등도 이미 가버린 다음에 출세간의 심과 심법이 아직 익힌 적이 없음이다. 有未曾習同行相應 謂出世間 諸心心法 及初後時 出世後所得 諸心心法 初後時言 爲顯非先種類 初念已去 及第二念等已去 出世心心法 是未曾習性 ādyataduttarāṇām-ity-apūrva-jātīyatvena prathama-kṣaṇotpannānāṃ dvitīyādi-kṣaṇotpannānāṃ ca lokottarāṇām-anucitatvajñāpana-artham"라고 하였다. 〔참고문헌〕『大乘阿毘達磨雜集論』, *Abh-s-bh.*

촉 囑 ➡ 부촉 付囑, 촉루 囑累

촉 觸 Ⓢ sparśa, spraṣṭavya, Ⓟ phassa, phoṭṭhabba, Ⓣ reg-pa, reg-bya. ❶ 오경(五境) 또는 육진(六塵), 육경(六境) 중 하나로 신근(身根)과 함께 하는 촉경(觸境)을 말한다. 소촉(所觸)이라고도 한다. 『잡아함경』 권13(대정장2, p.90a8)에 "부처님께서 마라가구에게 말씀하셨다. '눈으로 일찍이 본 적이 없는 색이라면, 너는 저 색 보고자 욕을 일으키고 애착을 일으키며, 기억하려 하고 염착마저 일으키겠느냐?' 〔답〕 '아닙니다. 세존이시여'. 귀와 소리·코와 냄새·혀와 맛·몸과 촉·마음과 법도 역시 이와 같다. 佛告摩羅迦舅 若眼未曾見色 汝當欲見 於彼色起欲 起愛 起念 起染著不 答言 不也 世尊 耳聲 鼻香 舌味 身觸 意法 亦如是說", 『집이문족론』 권9(대정장26, p.407a20)에 "계온을 성취하여 육근의 문을 은밀히 수호하고 정념에 안주하며, 정념의 힘으로 그 마음을 막아 지킨다. 눈으로 모든 색 볼 때나 귀로 모든 소리 들을 때나 코로 모든 냄새 맡을 때나 혀로 모든 맛 볼 때나 몸으로 모든 촉 느낄 때나 마음으로 모든 법을 알 때에도 그 상을 취하지 않고 붙들고 따라 좋아하지도 않는다. 成就戒蘊 密護根門 安住正念 由正念力 防守其心 眼見諸色 耳聞諸聲 鼻嗅諸香 舌嘗諸味 身覺諸觸 意了諸法 不取其相 不執隨好", 『구사론』 권1(대정장29, p.2b8 : *Abh-k-bh.*, p.5)에 "오경이란 무엇인가? 곧 눈 등 다섯 근의 경계인 색·성·향·미·소촉을 말한다. 言五境者 卽是眼等 五根境界 所謂 色聲香味所觸 pañca-arthās teṣām eva cakṣurādīnām indriyāṇāṃ yathā-svaṃ ye pañca viṣayāḥ rūpa-śabda-gandha-rasa-spraṣṭavya-ākhyāḥ"라고 하였다. 〔참고문헌〕『雜阿含經』, 『集異門足論』, 『俱舍論』, *Abh-k-bh.* ⇨ 육진 六塵, 육경 六境 ❷ 십이지(十二支) 중 여섯 번째 지(支). 육입(六入)을 앞선 연으로 하여 뒤어어 수(受)를 연한다. 『장아함경』 권1 「대본경 大本經」(대정장1, p.7b7)에 "또 이 념 짓길, '생사는 무엇을 좇고 무슨 연으로 있게 되는가?' 하고는 바로 지혜로써 말미암은 바를 관찰하니, '생을 좇기에 노사가 있으니 생은 노사의 연이고, 생은 유로부터 일어나니 유는 생의 연이며, 유는 취로부터 일어나니 취는 유의 연이고, 취는 애로부터 일어나니 애는 취의 연이다. 復作是念 生死何從 何緣而有 卽以智慧 觀察所由 從生有老死 生是老死緣 生從有起 有是生緣 有從取起 取是有緣 取從愛起 愛是取緣", "애는 수를 좇아 일어나니 수는 애의 연이고, 수는 촉을 따라 일어나니 촉은 수의 연이며, 촉은 육입으로부터 일어나니 육입은 촉의 연이고, 육입은 명색을 따라 일어나니 명색은 육입의 연이다. 愛從受起 受是愛緣 受從觸起 觸是受緣 觸從六入起 六入是觸緣 六入從名色起 名色是六入緣", "명색은 식을 좇아 일어나니 식은 명색의 연이고, 식은 행으로부터 일어나니 행은 식의 연이며, 행은 치로부터 일어나니 치는 행의 연이다. 名色從識起 識是名色緣 識從行起 行是識緣 行從癡起 癡是行緣", "이에 치를 연하여 행이 있고, 행을 연하여 식이 있으며, 식을 연하여 명색이 있고, 명색을 연하여 육입이 있으며, 육입을 연하여 촉이 있고, 촉을 연하여 수가 있으며, 수를 연하여 애가 있고, 애를 연하여 취가 있으며, 취를 연하여 유가 있고, 유를 연하여 생이 있으며, 생을 연하여 노병사우비고뇌가 있는데, 이 고성음은 생을 연하여 있으니 이것이 고집이다'. 是爲緣癡有行 緣行有識 緣識有名色 緣名色有六入 緣六入有觸 緣觸有受 緣受有愛 緣愛有取 緣取有有 緣有有生 緣生有老病死憂悲苦惱 此苦盛陰 緣生而有 是爲苦集", 『잡아함경』 권12(대정장2, p.80c10)에 "나 또한 이렇게 사유한다. '어떤 법이 없어야 행이 없는가? 어떤 법 사라져야 행도 사라지는가?'라고 한즉 바르게 사유해보니, '여실하게 틈새 없이 늘 한결같이 무명이 없으면 행도 없으니 무명이 멸하기에 행이 멸하고, 행이 멸하기에 식이 멸하며, 식이 멸하기에 명색이 멸하고, 명색이 멸하기에 육입처가 사라진다. 我復作是思惟 何法無故行無 何法滅故行滅 卽正思惟 如實無間等 無明無故行無 無明滅故行滅 行滅故識滅 識滅故名色滅 名色滅故六入處滅", "육입처가 멸하기에 촉이 멸하고, 촉이 멸하기에 수가 멸하며, 수가 멸하기에 애가 멸하고, 애가 멸하기에 취가 멸하며, 취가 멸하기에 유가 멸하고, 유가 멸하기에 생이 멸하며, 생이 멸하기에 노병사우비뇌고가 사라지고, 이러이러하게 온통 고통의 무더기 사라져 버린다'. 六入處滅故觸滅 觸滅故受滅 受滅故愛滅 愛滅故取滅 取滅故有滅 有滅故生滅 生滅故老病死憂悲惱苦滅 如是如是純大苦聚滅"라고 하였다. [참고문헌]『長阿含經』, 『雜阿含經』. ⇨십이지 十二支 **3** 근경식(根境識)이 화합하는 뜻. 십대지법(十大地法) 또는 오변행심소(五遍行心所) 중 하나. 『잡아함경』 권13(대정장2, p.88b25)에 "눈과 색을 연하여 안식을 내니, 세 가지가 화합한 것이 촉이다. 眼色緣生眼識 三事和合觸", 『대지도론』 권36(대정장25, p.325a3)에 "눈을 인으로 색을 연하여 안식을 낳으니, 세 가지로 화합하기에 촉을 낳는다. 이 촉은 곧 세 가지를 함께 낳으니, 즉 수상행이다. [문] 안식도 세 가지의 인이 되는데 어찌하여 단지 촉만 말하는가? [답] 안식은 잠시 머물 때 색을 보고 문득 사라지고, 다음에 의식을 낳아 색의 좋음과 추함을 분별하기에 안식이라 설하지 않는다. 눈과 색과 식의 세 가지 화합을 인하여 촉을 낳고, 촉이 심수법을 일으킨다. 因眼緣色生眼識 三事和合故生觸 是觸卽時 三衆共生 所謂受想行 問曰 眼識亦與三衆作因 何以但說觸 答曰 眼識少時住 見色便滅 次生意識能分別色好醜 是故 不說眼識 因眼色識三事和合故生觸 觸生心數法", 『중사분아비담론』 권1(대정장26, p.627b19)에 "무엇이 촉인가. 삼사가 화합하여 세 가지로 촉을 낳으니 고촉·낙촉·불고불락촉이다. 云何觸 謂三事和合 生三種觸 謂苦觸 樂觸 不苦不樂觸", 『순정리론』 권10(대정장29, p.384b5)에 "근경식이 화합하여 일어난다. 능히 수(Ⓢ vedanā)의 인이 되고, 닿아 마주하는 바 있음을 촉이라 한다. 由根境識和合而生 能爲受因 有所觸對 說名爲觸", 『대승아비달마집론』 권1(대정장31, p.664a26 : *Abh-s.*, p.6)에 "무엇이 촉인가. 삼화합에 기대어 모든 근들이 변이분별함을 체로 삼으니, 수의 기대는 바 되어 업이 된다. 何等爲觸 謂依三和合 諸根變異分別爲體 受所依爲業 sparśaḥ katamaḥ. trikasannipāte indriya-vikāra-paricchedaḥ. vedanā-sanniśrayadāna-karmakaḥ"라고 하였다. [참고문헌]『雜阿含經』, 『大智度論』, 『衆事分阿毘曇論』, 『順正理論』, 『大乘阿毘達磨集論』, *Abh-s.*, *MN.1.111.* ⇨각 覺**8**, 갱更**2**, 갱락 更樂, 삼사화합 三事和合

촉경 觸境 오경(五境) 또는 육경(六境) 중 하나로 신근(身根)과 마주하는 경. 『해의보살소문경』 권9(대정장13, p.496b25)에 "선남자여! 색심의 경 중에서 장애들을 잘 막고 하나의 경에 오롯이 머물러 조복하고 그쳐 쉬어서 적정법에 머문다면, 이것이 곧 정법을 호지함이다. 善男子 若於色心境界之中 善護諸障 專注一境 調伏止息 住寂靜法 此卽是爲護持正法", "어째서인가? 안근과 색경과 안식 … 신근과 촉경과 신식, 의근과 법경과 의식은 법도 비법도 아니기 때문이다. … 신근촉경과 의근법경 등이 공임을 분명히 알았다면 의와 법 등으로 분별하는 바 없으므로 의식 또한 머묾 없으니 이것이 곧 정법이며, 보살이 여실지중에 남으로 하여금 이와 같은 법을 잘 얻게 한다면 이것이 곧 정법을 호지함이다. 何以故 眼根色境眼識 … 身根觸境身識 意根法境意識 非法非非法故 … 身觸意法 了知空已 卽意及法 無所分別 意識無住 此卽正法 菩薩若於如實智中 善令他得如是法者 此卽是爲護持正法", 『순정리론』 권1(대정장29, p.333b14)에 "오근이란 말은 소위 안·이·비·설·신근이다. 오경이란 말은 소위 색·성·향·미·소촉경이니, 안 등으로 거두는 바이고 행하는 바다. 言五根者 所謂眼耳鼻舌身根 言五境者 所謂色聲香味所觸境 謂眼等所攝所行", 『능엄경강록』 권5(卍속장90, p.46a14)에 "통을 아는 지와 통을 깨닫는 각은 모두 신근이다. 내가 바로 마땅히 이 깊은 통을 알 때 이 각을 연구하면 비록 능히 통을 깨닫지만, 이에 부근에 의지하여 촉경이 일어나는 것이어서 실체 있는 것이 아니다. 이를 깨달으면 근과 진은 모두 공하다. 知痛之知 覺痛之覺 總是身根 謂我正當知此深痛時 硏究此覺 雖能覺痛 乃依浮根 觸境而起 非有實體 了此則根塵俱空", 『약술법상의』 권상(국가도서관선본불전36, p.7a6)에 "다섯째 신식이란, 신근이 소의가 되고 촉경이 소연이 되어 요별을 생하기에 신식이라 이름한다. 五 身識者 身根爲所依 觸境爲所緣 以生了別 故名身識"라고 하였다. [참고문헌]『海意菩薩所問經』, 『順正理論』, 『楞嚴經講錄』, 『略述法相義』. ⇨촉 觸**1**, 촉대 觸對, 오경 五境, 육경 六境

촉계 觸界 Ⓢ spraṣṭavya-dhātu, Ⓣ reg-bya'i-khams. 십팔계(十八界) 중 하나. 신근(身根)에 의지해 알려지게 되는 세계. 『구사론』 권1(대정장29, p.3c23 : *Abh-k-bh.*, p.10)에 "[논] 앞에서 설한 색온의 성질 가운데 오근과 오경을 십처계로 인정한다. 처문으로 세워 십처로 삼으니 안처색처 내지 신처촉처가 그것이다. 만약 계문으로 세우면 십계가 되니, 안계색계 내지 신계촉계가 그것이다. 論曰 此前所說色蘊性中 許卽根境爲十處界 謂於處門立爲十處 眼處色處廣說乃至身處觸處 若於界門立爲十界 眼界色界廣說乃至身界觸界 indriya-arthasta eveṣṭā daśāyatana-dhātavaḥ. āyatana-vyavasthāyāṃ daśāyatanāni. cakṣur-āyatanaṃ rūpa-āyatanaṃ yāvat kāya-āyatanaṃ spraṣṭavya-āyatanam-iti. dhātu-vyavasthāyāṃ ta eva daśadhātavaś-cakṣur-dhātū rūpa-dhātur-yāvat kāya-dhātuḥ spraṣṭavya-dhātur-iti", 같은 책 권2(대정장29, p.8c3 : *Abh-k-bh.*, p.23)에 "[논] 촉계는 두 가지에 통

하는데 대종과 소조다. 대종에는 네 가지가 있으니 견성(堅性 : 地界) 등(濕性 : 水界 煖性 : 火界 動性 : 動性)을 말한다. 소조에는 일곱 가지가 있으니 활성(滑性) 등(澁性·重性·輕性·冷·飢·渴)을 말한다. 대종에 의해 생겨난 것이기에 소조라 한다. 論曰 觸界通二 謂大種及所造 大種有四 謂堅性等 所造有七 謂滑性等 依大種生故名所造 spraṣṭavyaṃ dvividhaṃ. bhūtāni bhautikaṃ ca. tatra bhūtāni catvāri. bhautikaṃ ślakṣṇatvādi sapta-vidham. bhūteṣu bhavatvāt"라고 하였다. 〔참고문헌〕『俱舍論』, *Abh-k-bh*. ⇨ 촉처 觸處, 촉 觸❶, 십팔계 十八界, 사대 四大

촉계광계 促界廣界 승중(僧衆)이 머무는 결계(結界)를 좁히거나 넓히는 일. 승가는 결계를 하고서야 여법히 갈마·자자·포살 등을 수행할 수 있다. 『십송율』 권22(대정장23, p.159a8)에 "부처님께서 사위국에 계셨는데 비구들에게 말씀하셨다. '승가에서 계를 좁히거나 넓히고자 한다면 먼저 본래의 계를 버려야 한다. 이후의 계가 크든 작든 이와 같이 버려야 한다'. 佛在舍衛國 佛語諸比丘 若僧欲促界廣界 先捨本界 後界若大若小 應作如是捨"라고 하였다. 〔참고문헌〕『十誦律』.

촉공덕 觸功德 만지는 것마다 기쁨을 느끼는 공덕. 극락장엄중에 하나다. 『무량수경우파제사』(대정장26, p.231c15)에 "촉공덕을 성취한다 하니 게로 말하길 '보배의 성공덕 풀과 같아 유연하기에 좌우로 도니, 만지는 이에겐 뛰어난 즐거움이 생하는데 가전린다보다 뛰어나다네'라고 말했기 때문이다. 觸功德成就者 偈言 寶性功德草 柔軟左右旋 觸者生勝樂 過迦旃隣陀故", 『왕생론주』 권상(대정장40, p.829b5)에 "칠보는 유연하여 눈을 기쁘게 하고 몸을 편하게 한다. 가전린다는 천축의 유연한 풀 이름이니, 만지는 이마다 즐겁다 여기기에 비유로 삼았다. 七寶柔軟 悅目便身 迦旃隣陀者 天竺柔軟草名也 觸之者 能生樂受 故以爲喩"라고 하였다. 〔참고문헌〕『無量壽經優波提舍』, 『往生論註』. ⇨ 십칠종장엄 十七種莊嚴, 이십구종장엄 二十九種莊嚴

촉광유연원 觸光柔輭願 빛을 받아 더없이 부드럽기를 바라다. 아미타불이 인위에서 발한 48원 중 서른세 번째 원. 광명섭익원(光明攝益願)·몽광획리원(蒙光獲利願)·광보익원(光普益願)·광명촉신득승유연원(光明觸身得勝柔軟願)·섭취불사원(攝取不捨願)·광촉멸죄원(光觸滅罪願)이라고도 한다. 『무량수경』 권상(대정장12, p.268c15 : *Sukh-vy. I*, p.21)에 "만일 제가 부처가 될 때 시방의 한량없고 불가사의한 모든 불국토의 중생들에게 저의 광명이 그들 몸에 닿으면, 몸과 마음의 유연함이 인간도 하늘도 뛰어넘을 것이다. 그렇지 않다면 깨달음을 얻지 않겠다. 設我得佛 十方無量不可思議諸佛世界 衆生之類 蒙我光明 觸其體者 身心柔軟 超過人天 若不爾者 不取正覺 sacen me bhagavan bodhiprāptasya ye sattvā aprameyāsaṃkhyeyācintyātulyeṣu lokadhātuṣv ābhayā sphuṭā bhaveyus te sarve na devamanuṣyasamatikrāntena sukhena samanvāgatā bhaveyur mā tāvad aham anuttarāṃ samyaksaṃbodhim abhisaṃbudhyeyam"라고 하였다. 〔참고문헌〕『無量壽經』, *Sukh-vy. I*. ⇨ 미타인행사십팔원 彌陀因行四十八願, 사십팔원 四十八願

촉금강보살 觸金剛菩薩 Ⓢ Kelikilavajra. 금강계만다라(金剛界曼荼羅) 이취회(理趣會) 17존 중 한 분이고, 오비밀만다라(五祕密曼荼羅)의 다섯 존격 중 한 분이다. 욕촉애만(欲觸愛慢)의 사친근보살 중 하나로서 금강희열보살(金剛喜悅菩薩)이라고도 한다. 중앙의 금강살타(金剛薩埵) 오른쪽에 위치한다. 계리길라(髻離吉羅·髻利吉羅)·계리계라(計里計羅)라고도 음사한다. 종자는 하(ha hā) 또는 훔(hūṃ). 삼매야형은 삼고저(三鈷杵). 존형은 흰 살색으로 머리에 관을 썼으며 영락을 걸치고 금강권으로 양손을 교차하여 삼고저를 품은 모습이다. 수인은 양팔을 교차하여 삼고저를 품는 형상이다. 진언은 '훔 바즈라켈리킬레 훔 hūṃ vajrakelikile hūṃ 훔 촉금강이여, 훔'이다. 존형의 이름인 촉(觸)은 안이비설신(眼耳鼻舌身) 등의 다섯 가지 감각기관을 통해 열락의 대상에 접촉하고자 하는 욕망을 뜻한다. 범어 켈리킬라(kelikila) 역시 애욕의 절정에 이른 환희를 의미한다. 『이취경』에서는 남녀의 접촉이 청정하다는 보살의 입장에서 촉금강보살의 삼매를 설하고 있다. 감각적 욕망을 만족하기 위한 남녀의 결합도 지혜를 증득한 부처의 눈으로 본다면 보리심과 결합한 희열과 다르지 않음을 나타낸다. 금강살타의 삼매야형인 삼고저를 가슴에 안은 형태의 수인과 존형은 청정한 보리심과 접촉하는 것을 의미하고 이는 금강살타와의 요가적 결합을 상징한다. 『오비밀의궤 五祕密儀軌』에서 이 존은 허공장보살의 삼매를 나타내며 무한히 많은 중생에게 안락을 주고 번뇌에 빠진 이를 구제하며 원하는 것을 만족시키는 존격으로 묘사된다. 『이취

석비요초』 권12(대정장61, p.739b8)에 "첫 단의 17존 만다라는 금강살타가 중심이 되며 이는 불부이다. 욕촉애만 등의 사친근보살은 사방에 안치하는데 이는 사부이다. 내공양·외공양·사섭보살 역시 사부의 소관이다. 初段十七尊曼茶羅金薩爲中央 是佛部也 欲觸愛慢安四方 是四部也 內外四供四攝菩薩 亦是四部所管也", 『반야바라밀다이취경대락불공삼매진실금강살타보살등일십칠성대만다라의술』(대정장19, p.617c21)에 "일곱째는 금강적열보살이니 신체의 경계에서 적열의 청정을 얻어 생사와 해탈의 경계에서 싫어하지도 않고 머물지도 않는다. 촉금강의 상을 지녔기에 그 삼매의 신체를 드러낸 것이다. 其七 所謂金剛適悅菩薩 於身塵而得適悅淸淨 於生死解脫 不厭不住 所以持觸金剛相 而現其三昧之身"라고 하였다. [참고문헌] 『理趣釋祕要鈔』, 『般若波羅蜜多理趣經大樂不空三昧眞實金剛薩埵菩薩等一十七聖大曼茶羅義述』. ⇨ 계리길라 髻利吉羅, 이취회 理趣會

촉뇌 觸惱 부딪혀 번뇌하게 되다. 『별역잡아함경』 권4(대정장2, p.400b10)에 "한때 부처님께서 사위국 기수급고독원에 계셨다. 그때 비억이란 이름의 마납이 부처님 처소로 와 부처님 앞에 마주하고는 불선한 말과 생각으로 세존을 욕하고 온갖 비방들을 가하며 갖가지로 번뇌하게 하였다. 一時 佛在舍衛國祇樹給孤獨園 時 有摩納 名曰卑嶷 往詣佛所 面於佛前 不善口意 罵詈世尊 加諸誹謗 種種觸惱", 40권본 『화엄경』 권27(대정장10, p.785a16)에 "또 저 대지가 독한 벌레나 기어다니는 것들이 갖가지로 성가시게 해도 안주해 흔들리지 않듯이, 보살마하살 또한 이와 같아서 늘 일체내외의 온갖 고통으로 만나 괴롭게 하지만 끝내 요동이 없다. 又如大地 諸惡毒蟲 腹行之類 種種觸惱 安住不動 菩薩摩訶薩 亦復如是 恒被一切內外諸苦 觸惱身心 終無搖動"라고 하였다. [참고문헌] 『別譯雜阿含經』, 『華嚴經』.

촉뇨 觸嬈 Ⓟ abhinippīḷeti. 부딪혀 성가시게 하다. 『장아함경』 권19 「세기경 世記經」(대정장1, p.121c27)에 "상지옥 중생들은 해칠 생각을 품고 서로 부딪혀 번거롭게 하니, 손에 잡은 유영도의 날카로운 칼날로 서로 찌르고 베니 살 벗겨지고 살점 떨어져 나가 죽었다고 생각하지만 찬바람 불어오고 피부와 살은 다시 돋아난다. 想地獄 其中衆生 懷毒害想 迭相觸嬈 手執油影刀 其刀鋒利 更相斫刺 刻剝臠割 想謂爲死 冷風來吹 皮肉更生", 『앵무경』(대정장1, p.888b27)에 "뒤에 마뢰도라자가 집에 돌아와서 … 곁에 있는 사람에게 물었다. '누가 이 흰 개를 귀찮게 하여 이 개가 근심하며 즐거워하지 않고, 침상에서 내려와 문지방에 의지하여 조용히 엎드려 있게 하였는가?' '마뢰여! 아무도 이 흰 개를 귀찮게 하지 않았습니다'. 後 摩牢兜羅子還舍已 … 問邊人曰 誰觸嬈此白狗 而令此白狗 憂慼不樂 下牀褥已 依門閾寂然伏 摩牢 無有觸嬈此狗者"라고 하였다. [참고문헌] 『長阿含經』, 『鸚鵡經』, *MN.1.120*.

촉대 燭臺 촛불 등을 켜기 위해 초나 등잔을 올려놓는 대. 삼구족(三具足) 또는 오구족(五具足) 중 하나로 불전에 향로(香爐)·화병(花瓶) 등과 함께 갖추는 법구다. 『신집욕상의궤』(대정장21, p.489b8)에 "다음으로 촉대를 받들고 봉등진언을 한 번 외운다. 次捧燭臺 誦奉燈眞言一遍", 『백장청규』 권5 「사괘탑 謝掛搭」(대정장48, p.1141c26)에 "법당에 주지자리를 마련하고 향궤·노병·촉대 등을 배열한다. 或法堂設住持位 排列香几鑪瓶燭臺", 『백장청규증의기』 권5(卍속장111, p.666b7)에 "불단을 받들어 모시려면 가장 앞의 첫 번째 줄에는 향로·촉대·화병을 놓고, 두 번째 줄에는 향과 꽃과 등과 도향과 과락 등을 놓는다. 爲供佛壇 最前一行 香爐燭臺 花瓶 第二行 花香燈塗菓樂", 『오등전서』 권101 「하표성장 霞標城章」(卍속장141, p.981b2)에 "다시 두 손으로 양편의 촉대를 들고 대중에게 말했다. '여러 상선인들에게 묻겠다. 말해보라. 이것이 금촉대인가? 은촉대인가? 만일 이 질문 받자마자 당장에 답을 엮어 낸다면 문득 사람마다의 자성의 미타와 누구나 함께 증하는 약왕삼매를 알리라'. 復雙手擎兩燭臺 示衆 敢問諸上善人 且道 這個還是金臺耶 銀臺耶 若向者裏 直下搆得 便知人人自性彌陀 個個共證藥王三昧"라고 하였다. [참고문헌] 『新集浴像儀軌』, 『百丈淸規』, 『百丈淸規證義記』, 『五燈全書』. ⇨ 노병촉대 爐瓶燭臺, 삼구족 三具足, 오구족 五具足 ❷

청자촉대 국립중앙박물관 고려 · 의성 고운사 조선후기

촉대 묘향산 안심사 · 금강산 신계사

촉대 觸對 부딪혀 마주하다. 촉(觸 Ⓢ sparśa)과 같다. 『순정리론』 권10(대정장29, p.384b5)에 "근경식이 화합함으로써 생겨난 것으로서 수의 인(因)이 되어 촉대한 바를 갖게 하는 것을 촉이라 한다. 由根境識和合而生 能爲受因 有所觸對 說名爲觸", 『구사론』 권6(대정장29, p.34a14 : *Abh-k-bh.*, p.92)에 "단지 촉대되는 바가 없는 것을 허공이라 하는데, 어둠 속에서 촉대되는 바가 없으면 곧 이를 '이것이 바로 허공이다'라고 말한다. 唯無所觸說名虛空 謂於暗中無所觸對 便作是說 此是虛空 spraṣṭavya-abhāva-mātram-ākāśam. tad yathā hy-andhakāre pratighātam-avindanta ākāśam-ity-āhuḥ", 『대비바사론』 권23(대정장27, p.120b27)에 "〔문〕 어째서 전위의 제온을 촉이라 하고, 후위의 제온을 수라 하는가? 〔답〕 전위에서 고락경계차별을 분별하지 못해 다만 기꺼이 갖가지 경계를 접촉하기에 촉이라 하고, 후위의 고락경계를 인식하여 위험은 피하고 안락은 취하기에 수라 한다. 問 何故前位諸蘊名觸 後位諸蘊名受耶 答 前位未能分別苦樂境界差別 但樂觸對種種境界 故說爲觸 後位能了苦樂境界 避危就安 故說爲受"라고 하였다. 〔참고문헌〕 『順正理論』, 『俱舍論』, 『大毘婆沙論』, *Abh-k-bh.* ⇨ 촉 觸

촉도 觸途 마주치는 길마다에서. 촉처(觸處)·수처(隨處)·도처(到處) 등과 통한다. 도는 도(道)다. 『운문광록』 권중(대정장47, p.563b1)에 "언젠가 '본을 모르는 사람은 마주치는 길마다에서 모두 막힌다고 하겠지만 본을 깨달은 사람이 어떻게 사대로 봄이 있겠는가?'라고 묻고 대중을 대신하여 답했다. '익주는 부자의 산지요 건주는 생강의 산지다'. 或云 迷本底人 觸途俱滯 悟本底人 爲什麽 有四大見 代云 益州附子建州薑", 『경덕전등록』 권13 「풍혈연소전 風穴延沼傳」(대정장51, p.302b18)에 "설령 구 아래 정통하더라도 마주치면 엉뚱한 견해 면치 못한다. 縱然句下精通 未免觸途狂見", 같은 책 권29 「지공화상십사과송 誌公和尙十四科頌」 중 「지범불이 持犯不二」(대정장51, p.450c13)에 "성문은 곳곳에서 막히지만 보살은 육안으로도 두렷이 통한다. 聲聞觸途爲滯 大士 肉眼圓通"라고 하였다. 〔참고문헌〕 『雲門廣錄』, 『景德傳燈錄』. ⇨ 도처 到處, 수처 隨處

촉도무체 觸途無滯 가는 곳마다에 걸림 없다. 마주치는 길마다에서 자재한 뜻이다. 『경덕전등록』 권12 「진존숙전 陳尊宿傳」(대정장51, p.292b2)에 "'가는 곳마다에 막힘 없다 한 한마디 어떤 것인지요?' '나라면 이렇게 말하지 않겠다' '스님께서는 어떻게 말씀하시겠는지요?' '화살을 쏘아 서천십만리 가게 하고는 대당국 안에서 기다릴 뿐이다'. 問 如何是觸途無滯底句 師云 我不恁麽道 云 師作麽生道 師云 箭過西天十萬里 向大唐國裏等候", 『조동오위현결』 권하(卍속장111, p.259a8)에 "편정 서로 어울려 사는 얻고 이를 보내면 마주치는 길마다에서 걸림 없을 것이다. 그러므로 종에도 통하고 길에서도 통한다고 한다. 偏正互融 事得理遣 觸途無滯 故曰 通宗通塗", 『무이원래광록』 권26 「시초승선인 示超乘禪人」(卍속장125, p.313b4)에 "만일 무심을 깨우치면 가는 곳마다 막히는 일이 없을 것이다. 결코 하나의 티끌도 대상으로 삼지 않으니 어찌 애써 쓸어없애는 공을 들이겠으며, 한 찰나일지라도 망상을 일으키는 일이 없으니 대상에 대한 집착을 잊는 힘을 빌리지 않는다. 若了無心 觸途無滯 絶一塵而作對 何勞遣蕩之功 無一念而生情 不假忘緣之力"라고 하였다. 〔참고문헌〕 『景德傳燈錄』, 『曹洞五位顯訣』, 『無異元來廣錄』. ⇨ 촉도 觸途

촉도성체 觸途成滯 마주치는 것마다에서 막혀 꼼짝 못하다. 『양기후록』(대정장47, p.647b3)에 "'앞서 남기신 팔만사천법문은 문마다 다 진실 드러내 보이지만 학인은 어째서 그 법 만날 때마다 막힙니까?' '어째서 스스로 물러나 무릎 꿇는가?' '당장에 끊을 곳 드러내 보이시길 바랍니다' '저 이슬받이 기둥 느닷없이 달리드니 33천에 오른다'. 問 先聖有八萬四千法門 門門見諦 學人爲什麽 觸途成滯 師云 何得自家退屈 僧云 急切處 請師擧 師云 露柱跨跳 上三十三天", 『대혜어록』 권21 「시악수웅사부 示鄂守熊祠部」(대정장47, p.898b19)에 "요즈음 사대부들 대부분 불도를 배우고자 하지만 마음 순일하지 못하다. 이들의 병통은 이것저것 섞인 독 마음에 든 데 있다. 잡독 이미 마음에 들면 마주치는 것마다에서 막힐 뿐이니, 길마다에서 막힌즉 아견만이 한층 더한다. 아견 늘어나면 단지 눈 가득 귀 가득 타인의 잘못만 보일 뿐이다. 近世士大夫 多欲學此道 而心不純一者 病在雜毒入心 雜毒旣入其心 則觸途成滯 觸途成滯 則我見增長 我見增長 則滿眼滿耳 只見他人過失", 『위산경책구석기』 권하(卍속장111, p.344b7)에 "적체된 잘못 거듭 깊어질수록 번뇌는 쉽게 쌓이고, 가는 곳마다 막히면 남들에게 멸시와 속임을 당한다. 積累轉深 心塵易壅 觸途成滯 人所輕欺", 『공곡집』 90칙 「평창 評唱」(卍속장117, p.628a6)에 "우리 부처님의 도는 묘밀하여 밝히기 어려우니 여섯 문으로 통하더라도 네 신하는 팔짱 끼고 아무 일도 하지 않으리라. 도를 얻으면 종횡으로 걸림도 없겠지만, 도를 잃으면 마주치는 일마다에서 막혀 꼼짝 못 하리라. 吾佛之道 妙密難明 六戶雖通 四臣拱手 得之則縱橫無礙 失之則觸途成滯"라고 하였다. 〔참고문헌〕 『楊岐後錄』, 『大慧語錄』, 『潙山警策句釋記』, 『空谷集』.

촉독 觸毒 비구에게 몸이 닿게 해서 음욕을 일으키는 여인의 몸. 『유부율잡사』 권9(대정장24, p.244c7)에 "비구는 이미 발을 씻었기에 곧 누워 쉬었다. 이때 저이가 바로 와 같은 곳에 누우려 하자 비구가 말했다. '그대는 무엇을 하려 하시오?' '성자시여! 함께 누워본 지 오래됐으니 함께 눕고 싶습니다'. 문답은 앞서와 같았는데 비구가 허하지 않자 바로 와서 끌어안고 닿았다. 여인은 촉독이라서 몸을 비비고 닿을 땐 마음이 바로 움직이고 어지러워져 악념들이 발하므로, 곧 같이 몸을 섞으며 많은 날들을 함께 지냈다. 苾芻旣洗足已 卽便臥息 時彼卽來 欲同處臥 苾芻曰 汝欲何爲 答言 聖子 不同臥來時節淹久 意欲同臥 問答同前 苾芻不許 卽來抱觸 女是觸毒 被摩觸時 心便動亂 發諸惡念 卽共交會 多日共住"라고 하였다. 〔참고문헌〕『有部律雜事』. ⇨ 촉진 觸塵

촉두 觸頭 닿는 끄트머리. 주장자의 땅에 닿는 쪽. 닿지 않는 곳은 깨끗하다는 뜻에서 정두(淨頭)라 한다. 『선림상기전』 권28 「주장촉두정두 拄杖觸頭淨頭」(대장경보편19, p.790b1)에 "『선원청규』 「장포」에서 말했다. '짚는 데가 있는 곳이 촉두가 되고, 없는 곳은 정두이다'. 禪苑淸規 裝包云 拄杖之法 有枝者爲觸頭 無枝者爲淨頭"라고 하였다. 〔참고문헌〕『禪林象器箋』, 『禪苑淸規』 권1(卍속장111, p.878a8).

촉두주장 觸頭拄杖 다듬지 않아 뾰족한 가지들 남아 있는 주장자. 정두주장(淨頭拄杖)과 대칭한다. 『선원청규』 권1 「장포 裝包」(卍속장111, p.878a8)에 "주장자를 만드는 법으로 가지가 달려 있는 것은 촉두라 하고, 가지를 다듬어 없는 것은 정두라 한다. 拄杖之法 有枝者爲觸頭 無枝者爲淨頭"라고 하였다. 〔참고문헌〕『禪苑淸規』. ⇨ 주장자 拄杖子, 장법 杖法

촉득 觸得 Ⓢ sparśa prāpti, Ⓣ reg-pas thob. 부딪혀 얻다. 직접 마주쳐 얻었다는 뜻이어서 증득(證得)의 뜻이고 촉증(觸證)과 같다. 『섭대승론』 권하(대정장31, p.130a10 : *Mah-saṃ.*, p.85)에 "또 이 법신의 증득은 어떠한 것인가? 이 촉증은 처음이 있음에 따라 증득되는 것이다. 復次此法身證得云何 是觸從初所得 yang ji ltar chos kyi sku 'di reg pas thog ma nyid du thob ce na", 『섭대승론석』 권13(대정장31, p.252b21)에 "〔석〕 이는 촉득에 시작이 있음을 드러내기 위함이다. 방편을 통해 이익을 성취하는 데에는 한계가 없기 때문이다. 가령 눈으로 색을 직접 볼 때는 다섯 뜻 반드시 갖춘다. 첫째 근과 상대하는 실경이 있어야 하며, 둘째 근이 허물어져 있지 않아야 하며, 셋째 각과 관이 있어야 하며, 넷째 식이 어지럽지 않아야 하며, 다섯째 어둠 등의 장애가 없어야 한다. 이 다섯 가지 뜻이 만약 갖추어져 있지 않다면 색을 직접 볼 수 없다. 법신을 직접 아는 것도 반드시 다섯 뜻이 갖추어져야 한다. 釋曰 爲顯觸得有始 由方便成利益無窮故 如眼證見色必具五義 一 有實境對根 二 根不壞 三 有覺觀 四 識不亂 五 無闇等障 五義若不具則不能證色 證知法身亦爾 必須具五義"라고 하였다. 〔참고문헌〕『攝大乘論』, 『攝大乘論釋』, *Mah-saṃ.* ⇨ 촉 觸, 촉증 觸證, 증득 證得

촉락패 觸落牌 수행도량의 뒷간에 걸어두는 알림판(告示板). 『선림상기전』 권16(불광장, 禪藏, p.1253)에 "촉락패 : 『백장청규』 「정두」에 '조금이라도 낭자함이 있으면 그에 따라 깨끗하게 치운다' 하였다. 어떤 해설에 '뒷간에 촉락패가 있다. 만일 낭자하여 스스로 씻어내지 못하면 패를 걸어서 정두에게 알리고 씻어서 깨끗이 하도록 한다'라고 하였다. 어떤 이는 '패의 한쪽에는 촉자를 다른 쪽에는 락자를 쓴다. 촉은 부정하다는 뜻이고, 락은 잃었다는 뜻의 유락이다. 부정한 오물이 있을 경우는 촉패를 걸어 정두에게 알리고, 짚신 등이 뒷간 안에 떨어져 있을 경우는 락패를 걸어 정두에게 알린다'. 觸落牌 敕修淸規 淨頭云 稍有狼藉 隨卽淨治 解者曰 廁有觸落牌 若有狼藉 自不洗之 則挂牌 報淨頭 令洗淨焉 或曰 牌一面書觸字 一面書落字 觸是不淨義 落是遺落義 若有不淨穢汙 則挂觸牌 而報淨頭 若鞋履等 落廁內 則挂落牌 而告淨頭也"라고 하였다. 〔참고문헌〕『禪林象器箋』.

촉령지현방 觸令支玄棒 종사가 금한 뜻을 몰라 맞게 되는 방. 임제팔방(臨濟八棒) 중 하나다. 『오가종지찬요』 권상(卍속장114, p.517b7)에 "첫째, 촉령지현방 : 삼산등래(三山燈來)가 말한다. '저 종사가 하나의 령을 내리지만 학인은 피할 줄 모르기에 마주쳐 범하게 되니, 조금이나마 종지를 벗어나기에 종사가 곧바로 때린다. 이것은 벌로 내리는 방이다'. 一 觸令支玄棒 三山來云 如宗師置下一令 學人不知廻避 觸犯當頭 支離玄旨 宗師便打 此是罰棒", 『종문현감도』(卍속장112, p.932b16)에 "촉령지현방 : '오늘 밤 답하지 않겠다. 묻는 이 30방을 내리겠다'라고 말한 그때 어떤 학인이 나와서 절을 올리자 덕산(德山)이 바로 때렸다는 그 방이 이 예다. 觸令支玄棒 今夜不答話 問話者三十棒 時有僧出禮拜山便打 是也"라고 하였다. 〔참고문헌〕『五家宗旨纂要』, 『宗門玄鑑圖』. ⇨ 제종팔방 濟宗八棒

촉례 觸禮 좌구를 접어 둔 채로 머리를 조아려 땅에 닿게 해서 절하다. 약식으로 하는 절로서 즉례(卽禮)·속례(速禮)라고도 한다. 『백장청규』 권2(대정장48, p.1122b7)에 "행다에 감사를 마치고 나서 다시 향 꽂고 양전삼례하는데, 면해 주면 촉례만 한다. 謝茶畢 再揷香兩展三禮 免則觸禮", 『선원청규』 권1(卍속장111, p.884b4)에 "토로 마치면 문신하고 물러남에 얼굴 맞대고 예배한다〈곳에 따라 일배하거나 삼배하거나 대전하거나 촉례한다〉. 吐露竟 問訊退 當面禮拜〈有處一拜 有處三拜 有處大展 有處觸禮〉", 『선림상기전』 권10(대장경보편19, p.375a3)에 "촉례 : '양전삼례'를 보라. 구설에 '머리를 땅에 대기에 촉례라 한다' 하였는데, 도충이 말하길 '좌구를 바닥에 둔 채로 세 번 머리를 조아리기에 촉례삼배라 한다'. 觸禮 見兩展三禮處 舊說曰 以頭觸地 故云觸禮 忠曰

以坐具觸地 三叩頭 故云觸禮三拜", "구설에 '촉례는 저 군중의 좌배(莝拜)와 같다〈『승사략』의 설이며, 「양전삼례」를 보라〉. 좌배는 약식 절이다'. 舊說曰 觸禮 如軍中莝拜〈僧史畧說 見兩展三禮處〉 莝拜 畧拜也", "『율원사규』에 이르길 '원래 좌구는 몸과 옷을 보호하기 위해 만들어졌으니, 촉례하는 법에 머리가 땅에 닿으면 몸과 옷이 더러워지기에 마땅한 바 아니다', 또 이르길 '선규에선 촉례의 법이 몸과 옷을 더럽히기에 하지 않게 되었다'. 律苑事規云 原其坐具之制 爲護身護衣故 觸禮之法 頭若至地身衣有汙 非所宜也 又云 禪規觸禮之法 有汚身衣 盡除去之"라고 하였다. 〔참고문헌〕『百丈淸規』, 『禪苑淸規』, 『禪林象器箋』, 『僧史略』 권상(대정장54, p.239a2), 『律苑事規』 권5(卍속장106, p.36a18). ⇨ 양전삼배 兩展三拜, 좌배 莝拜

촉례삼배 觸禮三拜 촉례(觸禮)로 세 번 절하다. 『백장청규』 권5(대정장48, p.1138b17)에 "다시 안부 인사 마치고 촉례삼배하면 주지는 답례로 한 번 절한다. 다음으로 수좌와 대중은 앞으로 나와 향 꽂고 좌구 펼쳐 절하거나 촉례하거나 면한다. 再展敘寒溫畢 觸禮三拜 住持答一拜 次首座大衆進前挿香 或展 或觸禮 或免", 『선림상기전』 권10(대장경보편19, p.375a15)에 "구설에 이르길 '촉례삼배에 몇 가지 설이 있다. 일설에는 세 번 접은 좌구에 이마 대고 세 번 조아린다고 한다. 다른 설에는 좌구 반으로 접고 네 번 접은 뒤 접힌 면에 이마 대고 세 번 조아린다고 한다. 또 다른 설에는 먼저 다 펴 절하고 후에 일배하기에 합쳐서 삼배라 칭한다고 한다'. 舊說曰 觸禮三拜 有數說 一曰 三折坐具 當額於其一折面 三叩也 一曰 執坐具正半 四折 當額於其上面 三叩也 一曰 前兩展 後一拜 合稱三拜", "도충이 말하길 '셋째 설은 옳지 않다. 『백장청규』에 촉례삼배한다고만 했지 먼저 양전한다는 말은 없다'. 忠曰 第三說非是 敕修淸規中 有但觸禮三拜 而無前兩展者", "『백장청규』 「방장사절특위수좌대중다 方丈四節特爲首座大衆茶」에 이르길 '수좌 주지 앞에 이르러 차에 감사 표하고 양전삼례한다. 처음 좌구 펼친다〈운운〉. 다시 좌구 펼친다〈운운〉. 물러나 촉례삼배한다. 좌구 한 번 펼칠 때마다 주지는 줄여 그만두게 하며, 답례로 일배한다'. 敕修淸規 方丈四節特爲首座大衆茶云 首座至住持前 謝茶 兩展三禮 初展〈云云〉 再展〈云云〉 退觸禮三拜 住持每一展 則約止之至觸禮 則答一拜"라고 하였다. 〔참고문헌〕『百丈淸規』, 『禪林象器箋』, 『大慧語錄』 권4(대정장47, p.828c26). ⇨ 양전삼배 兩展三拜, 대전삼배 大展三拜, 삼배 三拜

촉례일배 觸禮一拜 촉례(觸禮)로 한 번 절하는 것. 촉례삼배(觸禮三拜)의 약식이다. 『백장청규』 권2(대정장48, p.1120b15)에 "다 같이 문신하고 물러나면, 참두 대중 이끌고 법당 하간으로 가 유나와 시자에게 감사 표하며 촉례일배한다. 이어서 대중 참두에게 감사 표하며 촉례일배한다. 普同問訊而退 參頭領衆法堂下間 謝維那侍者 觸禮一拜 次大衆謝參頭 觸禮一拜", 『선원청규』 권1(卍속장111, p.879a8)에 "신도들 몸 일으켜 상 앞에 선 뒤 서로 문신 마치면 유나 차제로 사부 건넨 뒤 판두에서 동남쪽 면해 촉례일배하고, 신도들도 촉례일배한다. 유나 계랍에 의해 차제로 괘탑하고서 촉례일배한다. 新到起身 牀前立 相問訊了 維那次第過祠部訖 於版頭 面東南 觸禮一拜 新到亦觸禮一拜 維那依戒臘 次第掛搭 觸禮一拜"라고 하였다. 〔참고문헌〕『百丈淸規』, 『禪苑淸規』. ⇨ 촉례 觸禮, 촉례삼배 觸禮三拜

촉루 髑髏 Ⓢ śiras-kapāla, Ⓟ sīsa-kapāla, chava-sīsa, chavaṭṭhika, Ⓣ mgo-thod. 주검 중에 머리 부분. 정골(頂骨)·두골(頭骨)이라고도 한다. 『대루탄경』 권1(대정장1, p.283c14)에 "벌레 이름이 침 주둥이다. 사람의 주검을 쪼고 사람의 살을 뚫고 뼈를 쪼개어 사람의 골수를 먹는다. 有蟲名鍼口 啄人髑髏 啄人肉穿之 破骨噉人髓", 『일체경음의』 권5(대정장54, p.334c14)에 "촉루〈첫 글자 음은 독, 다음 글자 음은 루이다. 『설문』에 '촉루는 정골이다'라고 하였고, 『비창』에 '머리뼈'라고 하였으며, 『자서』에는 '뇌개이다. 촉루라고도 하고 두로라고도 한다'라고 하였다〉. 髑髏〈上音獨 下音婁 說文云 髑髏 頂骨也 埤蒼云 頭骨也 字書云 腦蓋也 或作髑髏 或名頭顱〉", 『경덕전등록』 권15 「투자전 投子傳」(대정장51, p.319a28)에 "'고목 중에 오히려 용트림이 있습니까?' '나라면 「촉루 속에 사자울음 있다」고 말하겠다'. 問 枯木中 還有龍吟也無 師曰 我道 髑髏裏 有師子吼"라고 하였다. 〔참고문헌〕『大樓炭經』, 『一切經音義』, 『景德傳燈錄』, *Śrāv-bh.372.*, *Vin.2.115.*, *MN.1.79.* ⇨ 촉루리안정 髑髏裏眼睛

촉루 囑累 Ⓢ parīndanā, anuparīndanā, Ⓣ yongs-su-gtad-do, rjes-su-gtad-do. 말해 남겨서 거듭 수고롭게 행하다. 부처님의 법 거듭 남겨 전하기를 무겁게 하는 뜻으로 부촉(付囑)이라고도 하고, 무겁게 짐져 견뎌 행한다 해서 하담(荷擔)이라고도 한다. 『법화문구』 권10(대정장34, p.142b21)에 "촉이란 부처님께서 붙여 말해 남기신 바이고, 루란 수고롭게 펴 전함인데, 이는 성인의 뜻을 따라 이름 얻었기에 촉루라 한다. 촉은 부촉한 바를 머리조아려 받아들임이고, 루는 달게 여겨 힘들어하지 않음인데, 이는 보살이 받들어 따라 이름 얻었기에 촉루라 한다. 囑是佛所付囑 累是煩爾宣傳 此從聖旨得名 故言囑累 囑是頂受所囑 累是甘而弗勞 此從菩薩敬順得名 故言囑累", 『유마경약소』 권10(대정장38, p.708a10)에 "촉은 부촉의 뜻이니, 모양 없는 실법을 널리 지킬 사람에게 부촉함이다. 루는 수고롭게 짊어지는 뜻이다. 여기선 이 큰 법을 오로지 자기 소임으로 삼아 밖의 어려움 거듭 없애고 안으로 행하며 펴 유통하기에 촉루라 칭하였다. 囑是付囑爲義 以無相之實法 付囑弘護之人 累是煩勞荷負之義 今將此大法 專爲己任 令外難消轉 內行宣通 故稱囑累也",『유마의기』 권4(대정장38, p.517b18)에 "루란 짊어져야 할 수고이고, 법은 전해받는 이의 무거운 짐이기에 담루라 한다. 이를 부촉하여 남에게 전하고 유통하게 하기에 촉루라 한다. 累是擔累 法是傳者之重擔 故名爲擔累 以此囑付 令人傳通 故名囑累"라고 하였다. [참고문헌]『法華文句』,『維摩經略疏』,『維摩義記』, *Saddh-p.484.* ⇨ 부촉 付囑, 하담 荷擔

촉루기 髑髏器 Ⓢ kapāla, Ⓣ thod. 두개골로 만든 도구. 특히 힌두교 시바파의 일파인 촉루파(髑髏派 Ⓢ kāpālika)의 지물이다.『불소행찬』 권3「파마품 破魔品」(대정장4, p.26a26 : *Buddh-c.*, p.152)에 "마왕에게 한 자매가 있었으니, 그 이름은 미가와 가리였다네. 그녀는 손에 촉루기를 쥐고 보살 앞에 나타나더니, 갖가지 이상한 몸짓으로 음란하게 미혹하며 보살을 어지럽혔노라. 魔王有姊妹 名彌伽迦利 手執髑髏器 在於菩薩前 作種種異儀 婬惑亂菩薩 strī meghakālī tu kapālahastā kartu maharṣeḥ kila cittamoham, babhrāma tat rāniyataṃ na tasthau calātmano buddhirivāgam eṣu"라고 하였다. [참고문헌]『佛所行讚』,『過去現在因果經』 권3(대정장3, p.640c25), *Buddh-c.* ⇨ 촉루 髑髏

촉루리안정 髑髏裏眼睛 해골 속 눈동자. 향엄지한(香嚴智閑)의 화두다. 고목 속 용트림(枯木裏龍吟)과 어울려 다니는 말이다.『벽암록』 2칙「평창 評唱」(대정장48, p.142b13)에 "학인이 향엄에게 물었다. '도란 무엇입니까?' '고목중에 울리는 용트림이다' '그 도중에 사람은 어떻습니까?' '해골 속 움직이는 눈동자다'. 학인이 후에 석상에게 물었다. '무엇이 고목 속에 용트림입니까?' '여전히 기쁨에 걸려 있구나' '무엇이 해골 속에 움직이는 눈동자입니까?' '여전히 알음알이에 있구나'. 다시 조산에게 물었다. '무엇이 고목 속 용트림입니까?' '혈맥이 끊어지지 않았다' '무엇이 해골 속에서 움직이는 눈동자입니까?' '아직 바싹 마르지 않았다' '어떤 사람이 듣는지요?' '대지 온통 듣지 못할 것이라곤 없다' '용트림이라니, 무슨 말입니까?' '어떤 말인지는 모르지만 듣는 사람은 모조리 죽는다'. 다시 게송 한 수를 남겼다. '고목에서 용트림하니 참으로 도를 알고, 해골에 알음알이 없고서야 눈동자가 비로소 밝아지네. 기꺼움도 아는 것도 다하는 순간 소식도 다하리니, 그 사람 물든 중에 깨끗함 어찌 가리려나?' 僧問香嚴 如何是道 嚴云 枯木裏龍吟 僧云 如何是道中人 嚴云 髑髏裏眼睛 僧後問石霜 如何是枯木裏龍吟 霜云 猶帶喜在 如何是髑髏裏眼睛 霜云 猶帶識在 僧又問曹山 如何是枯木裏龍吟 山云 血脈不斷 如何是髑髏裏眼睛 山云 乾不盡 什麼人得聞 山云 盡大地未有一箇不聞 僧云 未審龍吟是何章句 山云 不知是何章句 聞者皆喪 復有頌云 枯木龍吟眞見道 髑髏無識眼初明 喜識盡時消息盡 當人那辨濁中淸",『청익록』 48칙「본칙 本則」(卍속장117, p.855a7)에 "해골 속에 눈동자다〈방초 찾아 나선 길에 고향 봄소식 잃어버렸네〉. 髑髏裏眼睛〈貪尋芳草路 迷却故園春〉",『자수회심광록』 권4(卍속장126, p.612b2)에 "해골 속 눈동자 보는 일 남아 있고, 고목 속 용 울음소리 미친 듯하다. 허공을 때려부수고 빛나는 풍광 사라지지만, 그중에 따로 드러내 헤아릴 만한 소식 있으리. 髑髏裏眼見猶在 枯木中龍聲更狂 打破虛空光境盡 箇中別有好商量"라고 하였다. [참고문헌]『碧巖錄』,『請益錄』,『慈受懷深廣錄』. ⇨ 고목용음 枯木龍吟, 관목리당안 棺木裏瞠眼

촉루변지 髑髏遍地 해골은 대지 가득함. 촉루변야(髑髏遍野)라고도 한다.『환계유일어록』 권하「독과인서당병거 毒果因西堂秉炬」(卍속장122, p.155a3)에 "독과에서 나온 독은 보통의 독 이상이니, 밤송이로도 견주기 어렵고 금강권으로도 응대할 수 없다. 냄새를 맡은 즉 정수리가 찢어지니 얼마나 많은 납자의 목숨을 끊어 놓았으며, 힐끗 보기만 하여도 눈동자 말라버리니 문득 다시 돌아보니 대지 가득 촉루천지네. 毒果之毒 非常毒類 栗棘蓬 固不足儔 金剛圈 亦難可擬 齅著頂門裂 斷幾多衲子命根 覷著眼睛枯 抑又見髑髏遍地",『파산어록』 권13(가흥장26, p.54c24)에 "한 번의 할로 금강보검을 휘두르니, 해골천지에 피의 별들 낭자하다. 바로 그때 술지개미를 파는 이 냄새 맡자 혀를 내두르며 쫓기듯 돌아가네. 一喝金剛寶劍揮 髑髏遍地血星飛 當時有箇賣糟漢 聞著從敎吐舌歸"라고 하였다. [참고문헌]『環溪惟一語錄』,『破山語錄』. ⇨ 촉루 髑髏

촉루상간세계 髑髏常干世界 분별 버린 빈 몸으로 언제나 세계중에 드나들다.『운봉어록』(고존숙어록40, 卍속장118, p.674b2)에 "법좌에 올랐다. '촉루로 세계 가로지르고, 콧구멍으로 가풍 어루만진다'. 문득 주장자 잡고서 '현사노자 코 꿰어버렸다. 알겠는가?'라고 한 뒤 다시 '값을 건네는 이 없으니 삼백 대를 때리겠다'라 하고는 선상을 치고 법좌에서 내려왔다. 上堂 髑髏常干世界 鼻孔摩觸家風 驀拈起拄杖云 玄沙老子 穿過了也 會麼 復云 無人過價 打與三百 擊禪床 下座",『무이원래광록』 권4(卍속장125, p.147b15)에 "어찌 저 높은 곳 빗장을 비틀어 돌릴 필요 있겠는가? 서 있는 그 자리 이미 비로의 창고인데 촉루로 항상 세계에 들고, 비공으로 가풍 모색한다. 이와 같이 믿으면 구석구석이 모두 미륵의 누각이고, 곳곳이 어디나 비람원이다. 이미 깨끗하다 물들다 이름 없다면 부처와 중생 어찌 다르겠는가. 이렇지 않다면 수미산 밀어 쓰러뜨린 그대 향해 말해주리라. 何須抹轉上頭關 直下已是毘盧藏 髑髏常干世界 鼻孔摩觸家風 如此信得 則頭頭彌勒閣 處處毘藍園 旣無淨穢之名 寧有佛生之異 其或未然 推倒須彌山 卽向汝道"라고 하였다. 〔참고문헌〕『雲峰語錄』, 『無異元來廣錄』. ⇨ 비공마촉가풍 鼻孔摩觸家風, 촉루 髑髏

촉루유통 囑累流通 부탁하길 무겁게 해서 흐르고 통하게 하다. 『반야이취석』 권하(대정장19, p.617b1)에 "기뻐하며 믿고 받아들이고 받들어 행했다란 경의 유통을 부탁한 부분이다. 歡喜信受奉行者 囑累流通分也", 『법화문구』 권10(대정장34, p.137b1)에 "끝으로 셋째 「신력품」과 「촉루품」에선 경의 유통을 부탁하였고, 「약왕품」 이하 다섯 품에선 화타를 잡아 유통을 권하였으며, 「보현품」에선 자행을 잡아 유통을 권하였다. 後三者 神力 囑累 囑累流通 藥王下五品 約化他勸流通 普賢 約自行勸流通"라고 하였다. 〔참고문헌〕『般若理趣釋』, 『法華文句』. ⇨ 부촉유통 付囑流通, 촉루 髑髏

촉루전견귀 髑髏前見鬼 해골이 눈앞에서 귀신 볼 뿐이네. 『벽암록』 37칙 「수시 垂示」(대정장48, p.175a9)에 "어떤 이들 고개 숙이고 가만히 생각하며 의근 아래서 헤아린다. 하지만 해골이 바로 앞에 헤아릴 수 없는 귀신 보고 있는지는 모른다. 有般底 低頭佇思 意根下卜度 殊不知 髑髏前見鬼無數", 같은 책 42칙 「수시」(대정장48, p.179b11)에 "머뭇거려 헤아린즉 해골 앞에 귀신 보는 것이며, 파고들며 생각한즉 저 캄캄한 산아래 앉을 뿐이다. 擬議則 髑髏前見鬼 尋思則 黑山下打坐", 『종용록』 16칙 「송 頌」(대정장48, p.237b6)에 "총림에 시끌시끌 시비가 일어나고〈난장이 연극 보듯한다〉, 생각꾸미니 해골 눈앞에 귀신 본다〈집에 백택 그림이 있으면, 이와 같은 요괴는 결코 없으리라〉. 叢林擾擾是非生〈矮子看戲〉 想像髑髏前見鬼〈家有白澤之圖 必無如是妖怪〉", 『직주천동송고』 권1 「착어 著語」(卍속장117, p.787b8)에 "천하사람들 다만 시비상에서 다툴 뿐이니 어찌 눈앞에 귀신 나타나지 않겠는가? 天下之人 只在是非之上奔競 豈不眼前見鬼"라고 하였다. 〔참고문헌〕『碧巖錄』, 『從容錄』, 『直註天童頌古』. ⇨ 백일견귀 白日見鬼

촉루편야 髑髏遍野 해골만이 들판에 가득하리라. 마음 밝혀 금강의 안목으로 세간 비추기 전이라면 안팎 모두 캄캄해 죽은 듯할 뿐인 것의 비유다. 『오조법연어록』 권하(대정장47, p.663a29)에 "법좌에 올라 들었다. 영가현각(永嘉玄覺)이 '사람이란 것도 없고 부처도 없으니, 삼천대천 모래알만큼 많은 바다 중 거품이고, 일체성현은 저 번개치듯 할 뿐이다'라고 했다. '대중이여, 만일 금강의 눈동자 갖추지 못했다면 어떻게 해야 옳은가? 깎아지른 듯한 길 험해도 밤 길 가는 사람은 점점 많을 뿐이다'. 上堂 擧 永嘉道 亦無人亦無佛 大千沙界海中漚 一切聖賢如電拂 大衆 這裏 若不具金剛眼睛 便見髑髏遍野 如何卽是 劍閣路雖險 夜行人更多", 『벽암록』 23칙 「본칙 本則」(대정장48, p.164b5)에 "경청이 말했다. '손공(長慶慧稜)이 아니었다면 해골 가득한 들판 보았을 것이다'〈같은 길 가야 마침내 알 수 있다. 대지 아득해 근심 가득한 사람 남종 여종 보아 그 사정 알 뿐이니 설사 임제와 덕산 다시 오더라도 몽둥이 맞을 뿐이다〉. 淸云 若不是孫公 便見髑髏遍野〈同道者方知 大地茫茫愁殺人 奴見婢慇懃 設使臨濟德山出來 也須喫棒〉"라고 하였고, 이 구절에 대한 『직주설두송고』 권상 「착어 著語」(卍속장117, p.513a8)에 "안목 갖춰 간파하지 않았더라면 문득 마름질을 당했을 것이다. 若不具眼看破 便被他裁"라고 하였다. 〔참고문헌〕『五祖法演語錄』, 『碧巖錄』, 『直註雪竇頌古』.

촉류시도 觸類是道 닿는 것마다가 도다. 종밀(宗密)이 홍주종(洪州宗)의 선법을 두고 한 말이다. 『원각경대소석의초』 권3(卍속장14, p.557a2)에 "소(疏)에서 닿는 것마다 바로 도여서 마음에 맡길 뿐이다 하는 이들이 있으니, 제4가다. 그들 앞서 육조 아래에서 쪼개 나왔으니 남악 관음대의 회양화상을 말하는데 육조제자이다. 疏有觸類是道而任心者 第四家也 其先從六祖下分出 謂南岳觀音臺讓和上 是六祖弟子", "마음을 일으키고 생각을 움직이며 손가락 튕기고 기침하며 눈썹 드날리는 등 짓거나 하는 일 모두 불성의 온전한 용이기에 다시 제2의 주재는 없다고 한다. 起心動念 彈指磬咳揚眉 因所作所爲 皆是佛性全體之用 更無第二主宰", "눈썹 올리고 눈동자 움직이며 웃고 하품하고 기침하며 동요하는 등 모두 불사이기에 부딪히는 것들마다가 그대로 도라고 말한다. 揚眉動睛 笑欠磬咳 或動搖等 皆是佛事 故云 觸類是道也"라고 하였다. 〔참고문헌〕『圓覺經大疏釋義鈔』.

촉목개진 觸目皆眞 눈에 닿는 것마다 모두 진실이다. 망상 거둔 채로라면 진실 이미 눈앞에 가득한 뜻이다. 『원오어록』 권12 「여상좌청소참 如上座請小參」(대정장47, p.766b23)에 "유정과 무정은 한바탕이어서 눈에 닿는 것 모두 참되고, 부처와 중생은 다르지 않으니 바탕에 당하여 온전히 나툰다. 자리 따라 주인 되고 만나는 연 그대로 제자리 가게 한다. 때론 놓아 가서 길거리 그릇 깨진 조각 온통 빛을 놓고, 때로는 잡아 거두고 만나는 연마다 제자리 돌아가게 하니 진금도 칠보도 빛을 잃는다. 情與無情一體 觸目皆眞 佛與衆生不別 當體全現 隨處作主 遇緣卽宗 有時放行 則溝渠瓦礫 悉生光彩 有時把定 則眞金七寶 咸皆失色", 『조론략주』 권1(卍속장96, p.583a13)에 "참되고 떳떳한 법 실로 믿기도 알기도 어렵다. 그 눈에 부딪히는 것 모두 진실이지만 마주하고도 알아차리지 못한다. 眞常之法 其實難信難解也 以其觸目皆眞 目對之而不覺"라고 하였다. [참고문헌]『圜悟語錄』, 『肇論略註』, 『註華嚴法界觀門頌』 권하(대정장45, p.703b15), 『無異元來廣錄』 권33(卍속장125, p.373b1). ⇨ 촉목보리 觸目菩提, 입처개진 立處皆眞

촉목보리 觸目菩提 마주쳐 보는 것마다에서 깨우치다. 『운문광록』 권상(대정장47, p.546c18)에 "운문 상당하여 말하길 '눈에 닿아도 도 만나지 못하는데 발 옮긴들 어찌 길 알겠는가!' 스님 묻기를 '어떻게 눈에 닿는 것마다 보리입니까?' '나에게 불전 들어 던지거라'. 上堂良久云 觸目不會道 運足焉知路 僧問 如何是觸目菩提 師云 與我拈却佛殿", 『경덕전등록』 권15 「석상경저전 石霜慶諸傳」(대정장51, p.320c11)에 "석상 후에 도오 찾아가 묻기를 '어떻게 보는 것마다 깨우칩니까?' 도오 사미 부름에 사미 '네' 하고 답하니 도오 말하길 '정병에 물이나 더 붓거라' 하고 석상에게 묻기를 '그대 방금 전 뭘 물었나?' 석상 앞의 물음 들자 도오 문득 일어나 가버리니, 석상 이로부터 깨달았다. 師後參道吾問 如何是觸目菩提 道吾喚沙彌 沙彌應諾 吾曰 添淨缾水著 吾却問師 汝適來問什麼 師乃擧前問 道吾便起去 師從此惺覺"라고 하였다. [참고문헌]『雲門廣錄』, 『景德傳燈錄』.

촉배관 觸背關 마주해서도 등져서도 만날 수밖에 없는 빗장. 배촉관(背觸關)의 다른 이름이다. 『검남회등록』 권2 「녹려보장 祿蔾甫章」(卍속장145, p.759a12)에 "붙들든 등지든 빗장 모두 빼앗아 부술 뿐, 어찌 밖을 향해 굳이 뚫어 찾으려 하는가? 허공 쪼개서 무엇을 알려 하는가? 뜻에 맡겨 경행하고 앉고 누울 뿐이라네. 觸背關頭俱拶破 何須向外强穿鑿 虛空粉碎欲誰知 任意經行及坐臥", 『고설철어록』 권18 「송양유나 送洋維那」(가흥장28, p.391c15)에 "한 기틀 만 갈래 들어 그치리니, 산과 물 모조리 돌아다닐 까닭 있으랴! 바람 불기 전 붙들고 등지는 빗장 뚫어 얻으면, 천리 만리에서도 언제나 보리라. 一機相契萬機休 山川何必都遊遍 風前透得觸背關 千里萬里長相見", 『연월어록』 권3(가흥장29, p.411b11)에 "송대 대혜선사는 학인들에게 촉배관 화두 챙겨 깨우치게 한 이 매우 많았다. 요즈음 그림자메아리 좇는 무리들 참으로 깨닫길 구하지도 애써 의심하여 의단 일으킬 줄도 모른다. 그저 움직인다 고요하다 하며 성색에 끌려다닐 뿐 주인 되어 지을 줄 모른다. 宋時 大慧禪師 教人看觸背關頭省悟者甚多 近來影響之流 不求眞悟 不起眞疑 一動一靜 尙被聲色所牽 不能自作主宰", 『삼산등래어록』 권8(가흥장29, p.720b27)에 "촉배관 입구에서 문을 닫아걸고 물으니, 납승은 이곳에 이르러 아무 생각도 하지 마라. 온몸을 던져 다 잊어버리고, 박수치며 한바탕 껄껄대고 웃으리라. 觸背關頭鎖口問 衲僧到此莫思量 渾身放下都忘也 拍掌呵呵笑一場"라고 하였다. [참고문헌]『黔南會燈錄』, 『古雪哲語錄』, 『蓮月語錄』, 『三山燈來語錄』. ⇨ 배촉관 背觸關

촉병 觸甁 측간에 갈 때 가져가는 병. 물을 담아 뒷물로 쓴다. 『유부율잡사』 권10(대정장24, p.247b10)에 "연은 실라벌성에 있다. 이때 덥고 뜨거움을 당했는데 한 바라문 목마름에 마실 물을 찾아 절에 들어가 필추 있는 곳에 이른 다음 말했다. '내가 목이 마르니 당신이 물을 줬으면 좋겠소'. 필추가 촉병의 물을 가져와 마시게 하자 바라문이 보고서 물었다. '성자여! 이 병은 깨끗합니까, 더럽습니까?' 답하여 말하길 '더럽습니다' 하였다. '그렇다면 무슨 연으로 이를 가져다 나에게 주는 겁니까?' 답하길 '병이 한곳에 있어서 내가 마침내 가져왔소'라고 하였다. … 바라문은 그 물을 싫어하여 마시지 않고 버리고 갔다. 필추가 연을 부처님께 아뢰자 부처님께서 말씀하셨다. '대중은 응당 깨끗한 물병을 두고 목마른 이에게 주어야 한다'. 緣在室羅伐城 時當暑熱 有婆羅門 爲渴所逼 欲須飮水 行入寺中 至苾芻處 告言 我渴 仁可與水 苾芻持觸甁水令飮 婆羅門見已問言 聖者 此甁爲淨 爲是觸耶 答曰 是觸 若爾 何緣持此授我 報曰 甁在一處 我遂將來 … 婆羅門嫌水不飮 捨之而去 苾芻以緣白佛 佛言 大衆應可置淨水甁 供渴乏者", 『근본살바다부율섭』 권14(대정장24, p.607a14)에 "다음으로 다른 곳으로 향하여 따로 두 발을 씻고서 옷을 입고 병을 가지고서 방에 이른 뒤에 촉병을 안치한 다음 마른 소똥으로 손을 문지르고 정병의 물을 취하여 여법하게 두세 번 양치를 해야 비로소 깨끗하다 할 수 있으니, 나머지 일을 할 수 있게 된다. 次向餘處 別洗雙足 披衣持甁 旣到房已 安置觸甁 以乾牛糞揩手 取淨甁水 如法再三洗漱 方名爲淨 得作餘事", 『수용삼수요행법』(대정장45, p.903b3)에 "또 서방의 절법에는 만약 어떤 스님이 정병을 가지고 측간에 오르거나 촉병의 물을 마신다면, 법이 사라지게 한다고 여겨 곧바로 절에서 쫓아낸다. 이로써 말한다면, 모든 행인들은 함께 남기고 지켜 불법으로 하여금 오래 머물게 하기 바란다. 만약 능히 가르침에 의지하여 행한다면 곧 부처님께서 세간에 계심과 다름이 없을 것이기 때문이다. 又復西方寺法 若見有僧 將淨甁上廁 飮觸甁水者 以爲滅法 卽擯出寺 以此言之 冀諸行人共爲存護 令佛法久住 若能依敎行者 卽是與佛在世 無有異也", 『남해기귀내법전』 권2(대정장54, p.218a26)에 "대소변의 일에 대해 간략하게 그 거동을 내겠다. 아래에는 씻을 수 있는 군의를 입고 위에는 승각기복을 걸치며 다음으로 촉병을 취하고 물을 보태어 가득 차게 하고서 가지고 측간에 오른 뒤 문을 닫아 몸을 가린다. 便利之事 略出其儀 下著洗浴之裙 上披僧脚崎服 次取觸甁 添

水令滿 持將上厠 閉戶遮身”라고 하였다. 〔참고문헌〕『有部律雜事』, 『根本薩婆多部律攝』, 『受用三水要行法』, 『南海寄歸內法傳』. ⇨ 정병 淨甁 ■

촉비양 觸鼻羊 코 들이대 먹거리 찾을 뿐인 양. 분별하기 바쁜 학자들 비유다. 『임제록』(대정장47, p.498a21)에 “오늘날 배우는 이들은 모두 법을 모르니, 마치 그저 코도 종과 주인 가리지 못할 뿐 아니라 나그네도 주인 들이대 만나는 것마다 입 속에 넣을 뿐인 듯해서 가리지 못한다. 이와 같은 무리들 삿된 마음으로 도에 들고 시끄러운 곳에 바로 들어가니, 참된 출가인이라 해서는 안 되니 참으로 참된 속가인이다. 今時學者 總不識法 猶如觸鼻羊 逢著物 安在口裏 奴郎不辨 賓主不分 如是之流 邪心入道 鬧處卽入 不得名爲眞出家人 正是眞俗家人”라고 하였다. 〔참고문헌〕『臨濟錄』.

촉사이진 觸事而眞 일마다에서 진실이게 하다. 즉사이진(卽事而眞)이라고도 한다. 『조론』「부진공론 不眞空論」(대정장45, p.153a4)에 “진실 떠나는 곳 있질 않으니, 서는 곳 그대로 진실이다. 그런 즉 도 멀리 있겠는가! 닿는 일마다 그대로 참되다. 성인이 멀리 있겠는가! 바탕에 나아간 즉 신이다. 非離眞而立處 立處卽眞也 然則道遠乎哉 觸事而眞 聖遠乎哉 體之卽神”, 『주조론소』 권2(卍속장96, p.251a12)에 “길이란, 밟을 수 있고 향할 수 있으니 즉 비춤의 뜻이다. ‘도가 멀리 있겠는가!’ 했는데 멀지 않음을 말하니 그저 만나는 것마다 온통 진실일 뿐이다. 여기선 위의 이사가 둘 아님을 맺었다. 道者 可履可向 卽所照之理 曰道遠乎哉 蓋言不遠也 凡觸物皆眞 此結上理事不二”라고 하였다. 〔참고문헌〕『肇論』, 『注肇論疏』. ⇨ 즉사이진 卽事而眞

촉식 觸食 Ⓢ sparśa-āhāra, Ⓟ phassa-āhāra, Ⓣ reg-pa'i-zas. 사식(四食) 중 하나. 육식(六識)으로 거둬들이고 희락사(喜樂捨)로 적셔 길러서 이 몸(所依身)이 있게 하는 뜻에서 먹이에 비유한다. 갱락식(更樂食)·낙식(樂食)·온식(溫食) 등이라고도 한다. 『장아함경』 권20「세기경 世記經」(대정장1, p.133c1)에 “어떤 중생이 촉식인가? 알에서 나는 중생이 촉식이다. 何等衆生觸食 卵生衆生觸食”, 『집이문족론』 권8(대정장26, p.400b26)에 “무엇을 촉식이라 하는가? 〔답〕 만약 유루의 촉을 연으로 하여 모든 근을 장양하고 대종을 증익하게 하며, 또 능히 적셔 기르고 따라 적셔 기름지게 하며 내지 지탱하고 따라 지탱하는 것을 촉식이라 한다. 云何觸食 答 若有漏觸爲緣 能令諸根長養 大種增益 又能滋潤 隨滋潤 乃至持隨持 是名觸食”, 『성유식론』 권4(대정장31, p.17b15)에 “둘째는 촉식이니 경과 만나는 것을 특징으로 한다. 이를테면 유루의 촉으로 경을 취하자마자 그 순간 희 등을 거둬들여 능히 일어난 일을 삼키는 것으로 삼는다. 이 촉 비록 모든 식과 상응하지만, 전6식에 속하는 것이 먹는다는 뜻에 치우쳐 우세하다. 거칠게 부딪혀 경을 드러내는 희와 락 그리고 따라 이익일 뿐인 사수를 거둬들여 도와 기름이 뛰어나기 때문이다. 二者觸食 觸境爲相 謂有漏觸 纔取境時 攝受喜等 能爲食事 此觸雖與諸識相應 屬六識者 食義偏勝 觸麤顯境 攝受喜樂及順益捨 資養勝故”라고 하였다. 〔참고문헌〕『長阿含經』, 『集異門足論』, 『成唯識論』, *Abh-k-bh.153*. ⇨ 갱락식 更樂食, 낙식 樂食, 온식 溫食, 사식 四食 ■

촉여인계 觸女人戒 십삼승가바시사(十三僧伽婆尸沙) 중 하나로 고의로 여인의 몸에 닿는 것을 금하는 계. 마촉여인계(摩觸女人戒)라고도 한다. 『사분율비구함주계본』 권상(대정장40, p.432b26)에 “둘째, 촉여인계 : 부처님께서 사위국에 계셨다. 가류비구는 부처님이 앞서의 계를 제정하셨기에 바로 문밖에서 부녀자들을 엿보고 방 안으로 따라 들어가 손으로 잡고 어루만지고 더듬었는데, 즐기는 이들은 웃었지만 즐기지 않는 이들은 화내고 욕했다. 비구들이 이 잘못을 들어 부처님께 말씀드리자 부처님께서는 곧 승가를 모아 계를 제정하셨다. 二 觸女人戒 佛在舍衛國 迦留比丘 以佛前制 便在門外伺諸婦女 將至房中 手捉捫摸 樂者便笑 有不樂瞋恚罵辱 諸比丘擧過白佛 便集僧制戒”라고 하였다. 〔참고문헌〕『四分律比丘含注戒本』, 李智冠 『南北傳六部律藏比較研究』 p.91. ⇨ 십삼승가바시사 十三僧伽婆尸沙, 마촉 摩觸

촉여인신 觸女人身 Ⓢ kāya-saṃsarga, Ⓟ kāya-saṃsagga, Ⓣ lus-kyis-reg-pa. 여인의 몸에 닿다. 계율로 금하는 일이다. 『오분계본』(대정장22, p.195a27 : *Sutta-vibhaṅga, Vin.3*, p.120)에 “만약 비구가 욕이 성해져 마음을 바꿔 여인의 몸에 닿는다면, 손을 잡든 머리카락을 잡든 몸의 낱낱을 잡으며 부드럽고 매끄러운 부분을 문지르든 승가바시사다. 若比丘 欲盛變心 觸女人身 若捉手 若捉髮 若捉一一身分 摩著細滑 僧伽婆尸沙 yo pana bhikkhu otiṇṇo vipariṇatena cittena mātugāmena saddhiṃ kāya-saṃsaggaṃ samāpajjeyya hatthagāhaṃ vā veṇigāhaṃ vā aññatarassa vā aññatarassa vā aṅgassa parāmasanaṃ, saṃghādiseso'ti”, 『유부율피혁사』 권하(대정장23, p.1054c29)에 “이때 비구들이 앞서의 연을 부처님께 말씀드리자 부처님께서 생각하셨다. ‘모든 우환의 일어남은 다 여인의 몸에 닿음에서 말미암으니, 나 이제 계를 제정하리니 비구들에게 여인의 몸에 닿아서는 안 된다’. 時諸苾芻 以緣白佛 佛作是念 若諸患起 皆由摩觸女身 我今制諸苾芻 勿得觸女人身”라고 하였다. 〔참고문헌〕『五分戒本』, 『有部律皮革事』, *Vin., Prāt-m.16*. ⇨

촉여인계 觸女人戒, 마촉 摩觸

촉예 觸穢 더럽혀지다. 고의로 닿게 해서 약속한 계를 범하는 등의 일을 말한다. 『대일경』 권6(대정장18, p.43a22)에 "더러운 것 닿았을 때 필요한 것이 미폐지화다. 觸穢之所用 以微吠脂火", 『대일경소』 권20(대정장39, p.780a10)에 "더러워졌을 때란〈깨끗한 법 잃음을 말하니 저 사문이 계 범함과 같다. 혹 어떤 때 방일하여 몰란 결에 남이 자기 머리카락을 자르거나, 몸을 감고 있는 줄이 끊어지거나, 삼기장이 부러지거나, 공양 시 수다와 닿는 등을 말한다. 참회하고 스스로 벌하고자 한다면 이삼백의 동성을 모으고 대중 중에 미폐지화를 써서 스스로 참회한다〉. 觸穢時者〈謂失淨法 如沙門犯戒也 或謂有時放逸 不覺人截其髮 或絡身繩斷 或三奇杖折 或食時爲首陀觸等 欲懺悔自罰 集三二百同姓者 大衆中用微吠至火自悔〉", 『사분율명의표석』 권20(卍속장70, p.701b15)에 "또 『잡아함경』에 '오신을 먹은 사람은 삼보를 더럽혔으므로 죽어서 분뇨 가득한 지옥에 떨어지며, 나오면 여우나 개돼지가 된다. 만약 사람의 몸을 얻는다 해도 몸에서 비린내 난다'라고 하였다. 又雜阿含經云 食五辛人 觸穢三寶 死墮屎糞地獄 出爲野狐豬狗 若得人身 其體腥臭"라고 하였다. 〔참고문헌〕『大日經』, 『大日經疏』, 『四分律名義標釋』.

촉오 觸忤 부딪혀 거스르다. 오는 오(悞)로도 쓴다. 『운문광록』 권중(대정장47, p.554a29)에 "다음 날 다시 올라가 절을 올리고 '제가 어제는 화상의 심기를 거슬렀습니다'라고 하자 설봉이 말했다. '이런 일 문득 잊을 줄 알아야 한다'. 그때 어떤 학인이 운문에게 '화상의 심기 부딪혀 거스리게 했다 하니 무슨 뜻입니까?'라고 묻자 운문이 곧바로 때렸다. 明日却上禮拜云 某甲昨日觸忤和尙 峯云 知是般事便休 時有僧問師 作麽生是 觸忤和尙處 師便打", 『굉지광록』 권1(대정장48, p.7b7)에 "'주인 중의 주인이란 무엇인지요?' '칼을 빼어들고 바람 마주하니 누군들 감히 부딪혀 거스르겠는가?' 進云 如何是主中主 按劍當風 誰敢觸忤"라고 하였다. 〔참고문헌〕『雲門廣錄』, 『宏智廣錄』. ⇨ 범오 犯忤, 역오 逆忤

촉욕 觸欲 오욕(五欲) 중 하나로 신근(身根)으로 욕망하는 것. 『대방등대집경』 권33(대정장13, p.225b5)에 "교진여야! 무엇을 촉욕이라 하는가? 촉욕이란, 두 몸이 서로 합하면 이로 인해 촉이 생하는데, 이 촉으로 인해 즐거움이 생겨나고 즐거움으로 인해 괴로움이 생겨나며, 괴로움이란 인연 때문에 생사와 고뇌가 이로부터 생겨난다. 憍陳如 云何觸欲 言觸欲者 二身共合 因身合故則生於觸 因觸生樂 因樂生苦 苦因緣故 生死苦惱 從是而生", 『마하지관』 권4(대정장46, p.44a10)에 "촉욕이란, 곧 차갑거나 따뜻하거나 미세하거나 매끄럽거나 가볍거나 무겁거나 강하거나 연하거나 유명한 옷이거나 뛰어난 옷이거나 남녀의 몸 등에 닿고자 하는 욕이다. 觸欲者 卽是冷暖細滑 輕重强軟 名衣上服 男女身分等", 『지관보행전홍결』 권4(대정장46, p.270b13)에 "촉욕이란 나를 부리는 번뇌 낳는 뿌리이며 얽혀 엮는 것의 연이다. 어째서인가? 나머지 욕들은 네 근에서 각각 분만을 얻지만, 오직 이 촉욕만은 두루 온몸에서 받으므로 생하는 곳이 넓기에 허다히 염착을 생하니 이 착은 버리기 어렵다. 觸欲者 生使之本 繫縛之緣 何以故 餘欲於四根 各得其分 唯此觸欲 徧滿身受 生處廣故 多生染著 此著難捨", 『수습지관좌선법요』(대정장46, p.463c20)에 "다섯째로 촉욕을 꾸짖는다란, 남녀의 몸 어디든 유연하고 미세하고 매끄러움이나, 추울 때 몸의 따뜻함이나 더울 때 몸의 서늘함이나 온갖 좋은 촉들에 대해 어리석은 사람은 무지하여 빠지고 도를 막는 업을 일으키니, 마치 저 일각선이 촉욕으로 인해 마침내 신통을 잃고 음녀를 목에 태움과 같다. 이런 등의 종종 인연으로 촉의 허물 안다. 五 訶觸欲者 男女身分 柔軟細滑 寒時體溫 熱時體涼 及諸好觸 愚人無智 爲之沈沒 起障道業 如一角仙 因觸欲故 遂失神通 爲婬女騎頸 如是等種種因緣 知觸過罪"라고 하였다. 〔참고문헌〕『大方等大集經』, 『摩訶止觀』, 『止觀輔行傳弘決』, 『修習止觀坐禪法要』. ⇨ 오욕 五欲❶, 세촉욕 細觸欲, 촉 觸❶

촉용수 觸用水 삼수(三水) 중 하나. 촉병(觸甁)에 담아 뒷간에서 쓰는 물. 『수용삼수요행법』(대정장45, p.903a25)에 "셋째 촉용수란, 벌레만 없다면 깨끗함과 더러움을 논하지 않고 바로 수용할 수 있다. 촉병에 더하여 대소변처와 손발을 씻는 데 쓰거나 다시 나머지로 쓰지만, 곧바로 가져다가 입에 넣어선 안 되니, 식용으로 쓰면 안 됨은 더 말할 필요도 없다. 三 觸用水者 但使無蟲 不論淨觸 卽得受用 謂添觸甁 向大小便處 及洗手足 更餘用 不得輒將入口 況食用耶"라고 하였다. 〔참고문헌〕『受用三水要行法』. ⇨ 삼수 三水

촉유 觸唯 Ⓢ sparśa-tanmātra. 상키야(Ⓢ Sāṃkhya : 數論)에서 상정한 이십오제(二十五諦)의 오유(五唯 Ⓢ pañca-tanmātrāṇi) 중 하나. 접촉 원소. 『금칠십론』 권상(대정장54, p.1250c12)에 "촉유는 풍대를 낳는다. 觸唯生風大", 같은 책 권중(대정장54, p.1251c18)에 "피근은 촉유로부터 생겨난 것으로 풍대와 같은 부류이기에 오직 촉만을 취한다. 皮根從觸唯生 與風大同類 是故唯取觸"라고 하였다. 〔참고문헌〕『金七十論』, *Sāṃkhy-k.26*. ⇨ 오유 五唯, 이십오제 二十五諦

촉의 觸衣 몸에 직접 닿는 옷. 부정하다 하여 치마(裙子)·내의(內衣)·버선(襪子) 등 겉옷들과 섞지 않는다. 『선원청규』 권1 「장포 裝包」(卍속장111, p.877b16)에 "후포 안에는 피단·면의·친한을 둔다. 반드시 촉의로 분류하고 먼저 흰 명주로 겹으로 싸서 마무리한 뒤 포에 넣는다. 後包內安被單 綿衣 襯汗 應係觸衣之類 先用白絹複複訖入包"라고 하였다. 〔참고문헌〕『禪苑淸規』.

촉인 觸因 촉(Ⓢ sparśa)의 인. 근경식(根境識) 삼사의 화합(三事和合)을 말한다. 『순정리론』 권26(대정장29, p.487c9)에 "(상좌의) 이와 같은 말은 다 마땅하지 않으니, 자신의 종의(宗義)에서 '촉은 바로 촉의 인인 화합성이다'라고 인정하기 때문이다. 그는 촉과 촉의 인이 되는 것에 차이가 있음을 인정하지 않는 것이다. 그렇지 않다면 촉은 촉의 인으로서 따로 있어야 함을 인정해야 할 것이다. 如是所言 皆不應理 自宗許觸卽是觸因 和合性故 非彼許觸與觸所因 有別異相 或應許觸離因而有"라고 하였다. 〔참고문헌〕『順正理論』. ⇨촉 觸❸, 삼사화합 三事和合

촉임종재방도우등유문 囑臨終在傍道友等遺文 용담조관(龍潭慥冠 1700~1762)이 임종의 때에 곁을 지킨 도우 등에게 부탁해 남긴 글. 『용담집』(한불전9, p.690c20)에 전한다. "바라건대 도우는 노승과 헤어지는 날에 즉시 다비할 뿐, 부음 등의 일을 전하여 정신없이 붐비게 함부로 하지 마십시오. … 바라건대 도우들은 초사흘날을 시작으로 삼아 약간의 쌀로 열흘 동안만 미타불공만을 부탁합니다. … 옛 조사 중에서도 강물에 뛰어들고 개미밥이 된 일 많았습니다. 각기 실 없는 것으로 실을 삼지 마시기를. 오로지 염불을 행하여 의지할 곳 없는 저 물건 구하십시오. 願道友 老僧相分之日 卽時闍維傳訃等事 不得妄爲紛沓傳致 … 願道友等 自初三日爲始以若干米斗 連行十日彌陁佛供 … 古祖師多有投水飼蟻之事 各勿以無實爲實 而專行念佛 以救無依之物也"고 하였다. 〔참고문헌〕『龍潭集』. ⇨조관 造冠

촉입 觸入 Ⓟ phassa-āyatana, phoṭṭhabba-āyatana. 십이입(十二入) 중 하나. 신근(身根)과 어울린다. 『아비담비바사론』 권8(대정장28, p.52c18)에 "촉입에는 열한 가지다. 사대종과 거침·매끄러움·가벼움·무거움·차가움·허기짐·목마름이다. 觸入有十一種 四大澁滑輕重冷飢渴", 같은 책 권39(대정장28, p.285c18)에 "〔문〕 촉입이란 가히 만질 수 있기에 촉입이라 하는 것인가? 바탕삼음이 이 촉이기에 촉입이라 하는가? 촉의 연이기에 촉입이라 하는가? … 만질 수 있기에 촉입이라 한다. 問曰 觸入 爲可觸故是觸入 爲體是觸故是觸入 爲觸所緣故是觸入耶 … 可觸故 名觸入", 『사리불아비담론』 권1(대정장28, p.526b26)에 "무엇이 촉입인가? 촉계이니 이를 촉입이라 한다. 무엇이 촉입인가? 색인데 볼 수는 없지만 상대할 수 있어서 신식으로 아는 것이라면 이를 촉입이라 한다. 云何觸入 觸界是名觸入 云何觸入 若色不可見有對 身識所知 是名觸入"라고 하였다. 〔참고문헌〕『阿毘曇毘婆沙論』, 『舍利弗阿毘曇論』, *DN.3.243·290.*, *SN.4.70.* ⇨촉처 觸處❶, 십이입 十二入

촉자 觸者 촉(Ⓟ phassa)을 일으키는 이. 수자도 없고(無受者) 작자도 없듯이(無作者) 촉자도 찾을 길 없다. 『잡아함경』 권15(대정장2, p.102a21 : *Moḷiyaphagguna-sutta*, *SN.2*, p.13)에 "파구나가 또 여쭈었다. '누가 촉하는 것입니까?' 부처님께서 파구나에게 말씀하셨다. '나는 촉하는 이가 있다고 말하지 않았다. 내가 만약 촉하는 이가 있다고 말했다면, 그대는 「누가 접촉하는 것입니까?」 하고 물을 수 있다. 그대는 마땅히 「어떤 인연으로 촉이 생겨납니까?」라고 물어야 한다. 나는 「육입처를 연으로 촉이 있고 촉을 연하는 것이 수다」라고 답할 것이다'. 頗求那復問 爲誰觸 佛告頗求那 我不言有觸者 我若言有觸者 汝應作是問 爲誰觸 汝應如是問 何因緣故生觸 我應如是答 六入處緣觸 觸緣受 ko nu kho bhante, phusatī'ti. no kallo pañho'ti bhagavā avoca. phusatī'ti ahaṃ na vadāmi. phusatī'ti cāhaṃ vadeyyaṃ, tatrassa kallo pañho 'ko nu kho bhante, phusatī'ti. evaṃ cāhaṃ na vadāmi. evaṃ maṃ avadantaṃ yo evaṃ puccheyya 'kimpaccayā nu kho bhante, phasso'ti. esa kallo pañho. tatra kallaṃ veyyākaraṇaṃ 'saḷāyatanapaccayā phasso. phassapaccayā vedanā'ti"라고 하였다. 〔참고문헌〕『雜阿含經』, *SN.* ⇨촉 觸, 작자 作者

촉종 觸鐘 종을 울리기 시작할 때, 처음 한 번 일어났다 바로 그치게 하는 소리. 이렇게 한 다음 연속해서 올려 소리내거나 점점 내려 소리나게 한다. 종을 처음 깨우는 소리다. 『선림상기전』 권18(불광장, 禪藏, p.1384)에 "촉종 : 도충(道忠)이 말한다. '종을 울리는 법으로 일어났다 그치는 단 한 번의 소리를 촉종이라 한다'. 觸鐘 忠曰 凡鳴鐘法 其起止一聲 名觸鐘"라고 하였다. 〔참고문헌〕『禪林象器箋』. ⇨정촉 淨觸

촉주 觸籌 측간(淨厠)에서 부정한 것(不淨)을 닦는데 쓰는 나뭇개비 중 이미 사용한 똥막대기. 사용하기 이전의 것은 정주(淨籌)라 한다. ⇨정주 淨籌, 측주 厠籌

촉증 觸證 Ⓢ saṃspṛṣṭa, spṛśati, Ⓣ reg-pa, reg-par-byed-pa. 부딪혀 깨닫다. 증(證)의 범어가 saṃ-spṛṣṭa이고 spṛṣṭa가 만져 알다, 부딪혀 깨닫다의 뜻이기에, 증은 촉의 뜻과 상응한다. 드러나 본다는 현견(現見)과도 의미상 통한다. 『유가사지론』 권55(대정장30,

p.605c3)에 "'촉증'이라는 것은 현견의 뜻이다. 사라지는 진실인 멸제에 대해 현전해 보기에 두려워하지 않고 기꺼이 좋아하며 거둬들이는 것이니, 이에 그 다음으로 멸제를 촉증한다고 설한다. 言觸證者 是現見義 由於滅諦現前見故 不生怖畏 愛樂攝受 是故次說觸證滅諦", 『섭대승론석』 권6(대정장31, p.353c7)에 "'이후에 무소득을 촉증한다'란 이를 좇아 후에 진여를 촉증하는 것을 말하는데 이 진여 무소득이기에 무소득이라 한 것이다. 後觸無所得者 謂從此後觸證眞如 由此眞如無所得故名無所得", 『법화경현찬섭석』 권4(卍속장53, p.197b7)에 "〔소〕 '촉증한다' ~ '멸제를 촉증한다'는 능연의 지로 직접 마주해 알고 깨우치는 것을 말한다. 저 가까이 할 수 없는 것을 가리기에 '촉증이라는 이것은 현견에 해당한다'라고 하였다. 疏言觸證者至觸證滅諦者 能緣之智 親對了悟 簡彼非親 故言觸證 是現見也"라고 하였다. 〔참고문헌〕 『瑜伽師地論』, 『攝大乘論釋』, 『法華經玄贊攝釋』, *Śrāv-bh.27·444.* ⇨ 증득 證得, 현견 現見, 촉 觸

촉지 觸支 십이지(十二支) 중 촉(Ⓢ sparśa)의 지분. 『법화의소』 권8(대정장34, p.572c17)에 "촉지란 마주해 앞에 있는 경을 만나기에 촉이라 한다. 觸支者 觸對前境 故名爲觸", 『구사론송소론본』 권9(대정장41, p.871c23)에 "미래세에 생을 받은 이후에 명색(Ⓢ nāma-rūpa)의 지가 있고, 다음에 육처(Ⓢ ṣaḍ-āyatana)의 지가 생겨나고, 다음에 촉의 지가 생겨나고, 다음에 수(Ⓢ vedanā)의 지가 생겨난다. 於當來世 受生已後 有名色支 次生六處支 次生觸支 次生受支", 『구사론기』 권9(대정장41, p.168a10)에 "이치에 맞지 않는 작의는 무명을 인으로 하고 촉지로 거둔다. 非理作意爲無明因在觸支攝"라고 하였다. 〔참고문헌〕 『法華義疏』, 『俱舍論頌疏論本』, 『俱舍論記』. ⇨ 촉 觸❷, 십이지 十二支❶

촉지 觸指 부정한 것을 닦는 손가락. 왼손 무명지와 소지를 가리킨다. 뒷간에서 이 두 손가락으로만 세정을 하므로 붙여진 이름이며 식기 등에 쓰지 않는다. 『입중일용』(卍속장111, p.944b4)에 "넷째 손가락(무명지)과 다섯째 손가락(소지)을 지켜야 하니 이는 부정한 손가락으로 사용해서는 안 된다. 護第四指 第五指 爲觸指 不得用"라고 하였다. 〔참고문헌〕 『入衆日用』.

촉지인 觸地印 Ⓢ bhūmi-sparśa-mudrā. 땅을 가리키고 항복의 뜻을 보이는 인계(印契). 왼손으로 주먹을 쥐어 배꼽 부분에 대고, 오른손은 손가락을 펴서 땅을 향하여 늘어뜨리는데, 손바닥은 안으로 향하고 손등은 밖으로 하는 결인(結印)이다. 부처님께서 보리수(菩提樹) 아래에서 성도(成道)하실 때 이 인상으로 지신(地神)을 깨우쳐 증명하도록 하셨다. 항마인(降魔印)·촉지계(觸地契)·파마인(破魔印)·증성인(證成印·證誠印)·경발지신인(驚發地神印)·능최복인(能摧伏印)·능멸비나야가제악귀신인(能滅毘那夜迦諸惡鬼神印)이라고도 한다. 『법륜보참』 권9(卍속장130, p.59a7)에 "손으로 촉지인을 맺는다. 즉 왼주먹으로 가사의 모퉁이를 잡아 배꼽 위에 놓으며, 오른손바닥으로 무릎을 덮고 그 손가락 끝을 아래로 늘어뜨려 땅에 닿는 듯 한다. 手作觸地印 左拳執袈裟角 安臍輪上 右掌覆膝 指頭垂下觸地"라고 하였다. 〔참고문헌〕 『法輪寶懺』.

촉지인 석굴암본존불
국보제24호 8세기후반

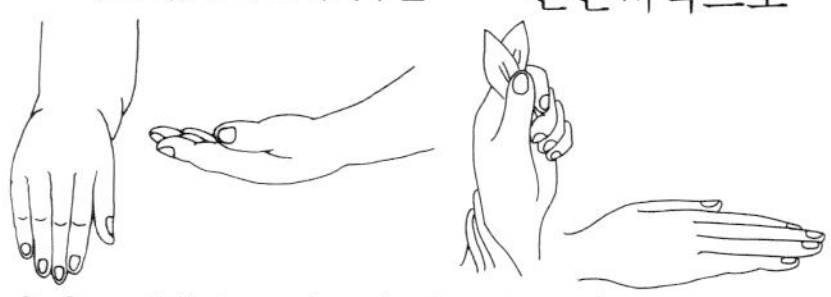

촉진 觸塵 Ⓢ spṛśya, Ⓣ reg-bya. 육진(六塵) 중 신근(身根)과 함께하는 촉경(觸境)을 말한다. 『구사석론』 권1(대정장29, p.163b12 : *Abh-k-bh.*, p.7)에 "〔게〕 촉진은 11종이라네. 〔석〕 촉진에 11종 있음을 알아야 하니, 사대·활·삽·중·경·냉·기·갈을 말한다. 이 중 사대 후를 마땅히 설하겠다. 유연을 활, 거칠고 메마름을 삽, 가히 저울질함을 중, 이를 뒤집음이 경, 뜨거움에 대한 갈망을 냉, 먹고자 갈망함을 기, 마심에 대한 갈망을 갈이라 한다. 인에서 과의 이름을 세웠기에 이와 같이 설하였다. 偈曰 觸塵十一種 釋曰 觸有十一種 應知 謂四大 滑 澁 重 輕 冷 飢 渴 此中四大後當說 柔軟名滑 麤燥爲澁 可稱名重 翻此爲輕 熱愛爲冷 食愛爲飢 飮愛爲渴 於因立果名 故說如此 〈kārikā〉 spṛśyam-ekādaśa-ātmakam 〈bhāṣya〉 spraṣṭavyam-ekādaśa-dravya-svabhāvam. catvāri mahābhūtāni ślakṣṇatvaṃ karkaśatvaṃ gurutvaṃ laghutvaṃ śītaṃ jighatsā pipāsā ceti. tatra bhūtāni paścādvakṣyāmaḥ. ślakṣṇatvaṃ mṛdutā. karkaśatvaṃ paruṣatā. gurutvaṃ yena bhāvāstulyante. laghutvaṃ viparyayāt. śītamuṣṇābhilāṣakṛt. jighatsā bhojanābhilāṣakṛt. kāraṇe kārya-upacārāt. yathā", 『중관론소』 권4(대정장42, p.62b26)에 "셋째로 또 어떤 외도는 말한다. '하나의 진으로만 하나의 대를 이룬다. … 촉진이 풍대를 이루고 풍대는 신근을 이루기에 몸으로 촉을 느낄 수 있다'. 三者 復有外道 謂但以一塵成一大 … 觸塵成風大 風大成身根 故身還覺觸", 『화엄오교지관』(대정장45, p.510a4)에 "촉진이란 차가움·따뜻함·꺼칠꺼칠함·매끄러움·단단함·부드러움·가벼움·무거움 등이 상이

된다. 觸塵 冷暖澁滑硬軟輕重等爲相也", 『법계차제초문』 권상(대정장46, p.666c19)에 "다섯째, 신식계. 신근이 촉진을 대하면 바로 신식이 생하며, 신식이 생할 때 곧 촉진을 알기에 신식계라 한다. 五 身識界 身根若對觸塵 卽生身識 身識生時 卽識觸塵 故名身識界也", 『종경록』 권22(대정장48, p.538a2)에 "보리는 촉진이 아니므로 몸으로 얻을 수 없다. 菩提非是觸塵 不可以身得"라고 하였다. [참고문헌] 『俱舍釋論』, 『中觀論疏』, 『華嚴五敎止觀』, 『法界次第初門』, 『宗鏡錄』, *Abh-k-bh*. ⇨ 육진 六塵

촉착 觸著 건드리다. 무례하게 범하다. 맞닿아 붙들다. 착은 착(着)으로도 쓴다. 『원오어록』 권8(대정장47, p.751b2)에 "만약 내려놓으면 한 법도 정에 당할 일 없고, 한 물건 마음에 붙일 일 없으니 탕탕하여 잡힐 일 없이 자연스러우니, 마치 저 물 위 표주박인 듯해서 건드린즉 문득 구르고 누른즉 문득 움직이지만, 잡아끌려 해도 돌아오지 않고 붙들어 두려 해도 할 수 없다. 苟或放得下 無一法當情 無一物附心 蕩蕩無拘自然 如水上按葫蘆相似 觸著便轉 捺著便動 拘牽不回 惹絆不得", 『대혜어록』 권8(대정장47, p.843b20)에 "대혜가 말했다. '오늘도 바람이 부니 시끄러운 곳에선 부리로 쪼지 마라. 염라왕에게 무례 범하면 저승의 귀신에게 누를 끼친다'. 師云 今朝又風起 鬧處莫挿觜 觸著閻羅王 帶累陰司鬼", 『굉지광록』 권1(대정장48, p.10c28)에 "굉지가 말했다. '황벽이 전해 왔고 임제가 썼던 것인데 정상좌가 핵심에 닿자마자 활짝 열려 일념에 연을 잊었으며 담박하여 시방에 기댐 없었다. 눈앞에서 써 안배해선 안 되니 직하에 어찌 쓸데없이 헤아리며 머뭇거리겠는가? 풍류 없는 곳이야말로 풍류 있고, 의기 있을 때라야 의기를 더한다'. 師云 黃蘗傳來 臨際用底 定上座觸著關捩 廓然一念忘緣 泊爾十方無寄 現前不用安排 直下何勞擬議 不風流處也風流 有意氣時添意氣"라고 하였다. [참고문헌] 『圜悟語錄』, 『大慧語錄』, 『宏智廣錄』.

촉착개착 觸著磕著 다가가고 마주해 와서 꼭 맞게 하다. 서로 들어맞아 조금의 틈도 없는 뜻이다. 축착개착(築著磕著)이라고도 한다. 『선관책진』(대정장48, p.1099a15)에 "단지 마음을 한 곳에 두기만 하면 얻지 못하는 이 없으리니, 시절인연이 도래하면 자연스레 들어맞아 크게 깨달을 것이다. 但只存心一處 無有不得者 時節因緣到來 自然觸著磕著 噴地醒去", 『종문염고휘집』 권2(卍속장115, p.547b6)에 "『능엄경』에 이르길 '한 사람이 진을 발하여 처음으로 돌아가면 시방허공 온통 사라진다'. 楞嚴經曰 一人發眞歸元 十方虛空 悉皆消殞", "오조법연(五祖法演)이 말하길 '한 사람이 진을 발하여 바탕으로 돌아가면 시방허공과 딱 하고 들어맞는다'. 五祖演云 一人發眞歸元 十方虛空 觸著磕著"라고 하였다. [참고문헌] 『禪關策進』, 『宗門拈古彙集』, 『楞嚴經』 권9(대정장19, p.147b10). ⇨ 축착개착 築著磕著

촉처 觸處 ❶ Ⓢ spraṣṭavya-āyatana, Ⓟ phoṭṭhabba-āyatana, Ⓣ reg-bya'i-skye-mched. 십이처(十二處) 중 신처(身處)와 어울리고 촉입(觸入)이라고도 한다. 『구사론』 권1(대정장29, p.2c23 : *Abh-k-bh*., p.7)에 "이제 촉처에 대해 설한다. 촉에는 열한 가지가 있으니, 사대종과 매끄러운 성질・거친 성질・무거운 성질・가벼운 성질・차가움・허기짐・목마름이 그것이다. … 유연함을 매끄러움이라 하고, 거칠고 강함을 거침이라 하고, 칭량할 수 있는 것을 무거움이라 하고, 이를 뒤쳐 가벼움이라 한다. 또한 따뜻하기를 바래서 차가움이라 하고, 먹기 바람을 허기짐이라 하고, 마시기 바람을 목마름이라 한다. 當說觸處 觸有十一 謂四大種滑性澁性重性輕性及冷飢渴 … 柔軟名滑 麤强爲澁 可稱名重 翻此爲輕 煖欲名冷 食欲名飢 飮欲名渴 spraṣṭavyam-ekādaśa-dravya-svabhāvam. catvāri mahābhūtāni ślakṣṇatvaṃ karkaśatvaṃ gurutvaṃ laghutvaṃ śītaṃ jighatsā pipāsā ceti … ślakṣṇatvaṃ mṛdutā. karkaśatvaṃ paruṣatā. gurutvaṃ yena bhāvās tulyante. laghutvaṃ viparyayāt. śītamuṣṇābhilāṣakṛt. jighatsā bhojanābhilāṣakṛt. pipāsā pānābhilāṣakṛt"라고 하였다. [참고문헌] 『俱舍論』, *Abh-k-bh*., *DN.3.243*. ⇨ 촉입 觸入, 십이처 十二處, 육외처 六外處, 촉 觸[1] ❷ Ⓢ sparśa-āyatana, Ⓣ reg-pa'i-skye-mched. 육촉처(六觸處). 육근(六根)을 말한다. 『구사론기』 권2(대정장41, p.40b13)에 "'촉처'란 촉으로 의지처 삼기에 촉처라 한다. 곧 안 등의 육근을 말한다. 따라서 『대비바사론』 권74에서 '또 안 등의 육처는 촉이 의지하는 바 짓는 뜻이 있기에 육촉처라 한다'고 하였다. 言觸處者 觸之所依 故名觸處 卽眼等六根 故婆沙七十四云 復次 眼等六處 作觸所依義 名六觸處"라고 하였다. [참고문헌] 『俱舍論記』, 『大毘婆沙論』 권74(대정장27, p.381c16), *Abh-k-bh.25*. ⇨ 육촉처 六觸處, 육근 六根, 촉 觸[3] ❸ 마주치는 곳마다에. 수처(隨處)・시처(是處)와 같다. 『조산어록』(대정장47, p.530c4)에 "만약 변해 바뀌지 않는다면 반드시 어디서나 자유롭게 운신해야 한다. 若不變易 直須觸處自由始得", 『벽암록』 11칙 「평창 評唱」(대정장48, p.152b13)에 "자연히 마주치는 곳마다에서 그대로 성취한다. 自然觸處現成"라고 하였다. [참고문헌] 『曹山語錄』, 『碧巖錄』.

촉처득묘 觸處得妙 마주치는 곳마다에서 묘를 얻다. 『벽암록』 69칙 「송 頌」(대정장48, p.199a9)에 "유기가 원숭이에게 화살을 쏘았다〈그 끝에 한 길이 있구나. 누가 감히 앞을 향하겠는가? 맞닿는 곳마다 묘를 얻는다. 화살 쏘기

전에 이미 적중했다〉. 由基箭射猿〈當頭一路 誰敢向前 觸處得妙 未發先中〉"라고 하였다. 〔참고문헌〕『碧巖錄』.

촉처자유 觸處自由 부딪히는 곳마다에서 자유롭다. 『허당집』 94칙 「평창 評唱」(卍속장124, p.610b11)에 "편원이 서로 바꾸고 사와 이 모두 꾸려 부딪히는 곳마다에서 자유롭다. 종횡으로 걸림 없으니 어찌 자취 남기겠으며, 어찌 치우친 구석에 떨어지겠는가! 直得偏圓互換 事理該羅 觸處自由 縱橫無礙 豈留朕跡 那墮偏方", 『통현백문』(卍속장119, p.339b9)에 "큰 공 주재할 일 없어서 소리도 빛도 오히려 있게 된다. 주재하지 않지만 번득이는 명성은 여전히 남아 있다네. 열반상을 쓰러뜨리고 적멸의 바다 뒤집어엎는다. 잡아놓아도 놓아 가도 마주치는 곳마다에서 정위 빼앗아 편위 좇으니 신만은 더없이 고단하리라. 大功不宰 聲光猶在 踢倒涅槃床 踏翻寂滅海 把住放行兮 觸處自由 奪正縱偏兮 有勞神彩", 『조산어록』(대정장47, p.540b18)에 "부처가 되거나 조사가 되거나, 보리와 열반, 이것들이 초래하는 재앙은 적지 않다고 여기니 어떤 이유로 이와 같을까? 다름 아닌 변화하여 바뀌기 때문이다. 만일 변화하여 바뀌지 않으려면 반드시 접촉하는 대상마다 자유로워야 한다. 成佛成祖 菩提涅槃 此等殃禍爲不小 因甚麽如此 只爲變易 若不變易 直須觸處自由 始得"라고 하였다. 〔참고문헌〕『虛堂集』, 『通玄百問』, 『曹山語錄』.

촉처전진 觸處全眞 마주치는 곳마다 온통 진실이네. 『가태보등록』 권21 「중암혜공장 中庵慧空章」(卍속장137, p.300a3)에 "천이나 되는 집마다의 누각에 같은 가랑비 내리고 은밀한 바람이 분다. 다만 옷소매에 서늘함만이 일어나는 줄 알 뿐이지 원림에 잎이 떨어진 줄 알지 못한다. 여기 이 뜻 옮겨 얻는 마주치는 곳마다 온통 진실일 것이다. 만일 그렇지 못하다면 차고 따뜻함 지어 볼 일이다. 千家樓閣 一霎祕風 只知襟袖涼生 不覺園林落葉 於斯薦得 觸處全眞 其或未然 且作寒溫相見"라고 하였다. 〔참고문헌〕『嘉泰普燈錄』.

촉처체 觸處體 촉처(Ⓢ sparśa-āyatana)의 체. 즉 촉처의 자성을 말한다. 『대비바사론』 권73(대정장27, p.380a1)에 "〈문〉 어떤 이유에서 촉처라 하는가? 만날 수 있기에 촉처라 하는가, 체가 촉이기에 촉처라 하는가, 촉의 소연이기에 촉처라 하는가? 가령 그렇다면 어떤 허물이 있는가? 세 경우 모두 허물이 있다. 왜 그러한가? 만약 접촉할 수 있기에 촉처라 한다면, 극미는 펴고 굴러서 서로 만날 수 없는데 어떻게 촉처가 촉할 수 있는가? 만약 체가 촉이기에 촉처라고 한다면 사대종과 그 소조색 촉의 자성이 아닌데 어떻게 촉처의 체가 촉일 수 있겠는가? 만약 촉의 소연이기에 촉처라고 한다면 이것(觸境)은 또한 나머지 심과 심소의 경일진대 어떻게 촉의 소연이라고만 할 수 있겠는가? 何故名觸處 爲是可觸故名觸處 爲體是觸故名觸處 爲觸所緣故名觸處 設爾何失 三皆有過 所以者何 若是可觸故名觸處 極微展轉旣不相觸 如何觸處是可觸耶 若體是觸故名觸處 大種造色非觸自性 如何觸處體是觸耶 若觸所緣故名觸處 此亦是餘心心所境 如何但說觸所緣耶"라고 하였다. 〔참고문헌〕『大毘婆沙論』. ⇨ 촉처 觸處❶❷

촉통 觸桶 옮겨다닐 수 있는 작은 변기(糞器). 정통(淨桶)이라고도 한다. 『선림상기전』 권28(대장경보편19, p.835a2)에 "촉통 : 정통이며 촉통이라고도 한다. 觸桶 淨桶 又名觸桶", 『오등엄통』 권21 「영운철우장 靈雲鐵牛章」(卍속장139, p.943b16)에 "설암(雪巖)이 대중에게 말했다. '형제들이여! 공부 지어가되 칠일 밤낮으로 하여 한 순간도 끊이지 않아 눈 붙이지 않았어도 드는 곳 없다면 노승의 목 잘라서 똥 푸는 국자 만들라'. 영운선사는 묵묵히 그 뜻 받아 정신차려 분발했다. 그러다가 병에 걸렸는데 스스로 촉통을 가져다가 가려진 곳으로 가서 그 위에 무릎을 꿇고 앉아 오로지 바른 생각 가져 눈 깜박이지 않고 칠일 지나 한밤 되자 홀연하게 산하와 대지가 눈앞에 드러나 당당하였다. 한참 지나 마치 나무 때리는 소리 들리는 듯하여 깜짝 놀라 온몸에서 땀 흘리더니 곧바로 나았다. 巖示衆曰 兄弟 做工夫 若也七日夜 一念無間 眼不交眨 無箇入處 斫取老僧頭 做舀屎杓 師默領旨 勵精奮發 適染疾 自取觸桶 就屛處危坐其上 單持正念 目不交睫者七日 至夜將半 忽覺山河大地覿露堂堂 久之 如聞擊木聲 驚醒徧體汗流 其疾遂愈"라고 하였다. 〔참고문헌〕『禪林象器箋』, 『五燈嚴統』. ⇨ 정통 淨桶

촉파 觸破 부딪혀 부수다. 마주해 무너뜨리다. 분별과 망상의 경계 또렷이 마주해 없애다. 『대혜어록』 권7(대정장47, p.838c11)에 "한 번 털어내고 도솔타천에 뛰어올라 비비상천 사람들의 콧구멍 부딪혀 부순다. 一摵勃跳上兜率陀天 觸破非非想天人鼻孔", 『벽암록』 72칙 「평창 評唱」(대정장48, p.200b22)에 "보고 가보지 못했는가? 말이 자신의 보금자리를 떠나지 못하면 어떻게 덮혀 얽힘 벗어나겠는가! 흰 구름 계곡 입구 자욱이 가로지를 때마다 얼마나 많은 이들 샘 찾아 헤매도록 하였던가! 조동(曹洞)문하에서 이를 마주해 부순다 하여 촉파라 한다. 不見道 語不離窠臼 焉能出蓋纏 白雲橫谷口 迷却幾人源 洞下謂之觸破", 『공곡집』 20칙 「평창」(卍속장117, p.555b10)에 "만일 성인의 해골과 부처님의 정수리 장악하였더라도 헤아리려 한즉 얼굴 만져 부숴야 하고, 엿보려 한즉 눈동자 멀게 되리라. 若占聖之髑髏 諸佛之頂顊 擬之則觸破面門 窺之則瞎却眼睛", 『북간거간어록』 「각유나입탑 覺維那入塔」(卍속장121, p.16

6a8)에 "크고도 큰 맑은 바람 고요히 깊은 곳 흔드니, 진흙소는 맑은 못에 잠긴 달 부딪혀 부수네. 浩浩清風動寥沉 泥牛觸破澄潭月"라고 하였다. 〔참고문헌〕『大慧語錄』, 『碧巖錄』, 『空谷集』, 『北澗居簡語錄』.

촉판대장경 蜀板大藏經 ➡ 송판대장경 宋板大藏經

촉향분예불결사문 髑香墳禮佛結社文 이차돈(異次頓)의 묘에 분향하고 부처를 받드는 결사문. 신라 때 남간사(南澗寺)스님 일념(一念)이 당 원화년간(806~820)에 지었다. 이차돈의 순교 과정을 상세히 기록하였다. 『삼국유사』 권3(대정장49, p.987b7 · 한불전6, p.315b15) 흥법(興法)3 원종흥법염촉멸신(原宗興法厭髑滅身)에 "「신라본기」에 법흥대왕 즉위한 14년(527) 소신 이차돈은 법 위해 몸을 버렸다. 곧 소량보통8년 정미(527)에는 서천축 달마대사가 금릉으로 왔고, 이 해 낭지법사 또한 비로소 영축산에 머물다가 법장을 열었다. 불교의 흥쇠에 멀고 가까운 곳이 일시에 서로 감응함을 이 일로 알 수 있다. 원화년간에 남간사 스님 일념이 「촉향분예불결사문」을 지었다. 新羅本記 法興大王卽位十四年 小臣異次頓爲法滅身 卽蕭梁普通八年丁未 西竺達摩來金陵之歲也 是年 朗智法師亦始住靈鷲山開法 則大教興衰必遠近相感 一時於此可信 元和中 南澗寺沙門一念撰髑香墳禮佛結社文"라고 하였다. 〔참고문헌〕『三國遺事』. ⇨ 이차돈 異次頓, 염촉 猒髑, 이차돈순교비 異次頓殉敎碑

촌 村 ❶ Ⓢ grāma, Ⓟ gāma, Ⓣ grong. 사람들이 모여사는 마을. 『장아함경』 권3 「유행경 遊行經」(대정장1, p.17b26)에 "부처님께서 아난에게 말씀하셨다. '너희들은 모두 위의를 갖추고 첨바촌 · 건다촌 · 바리바촌 · 부미성에 가야한다'. 아난은 '예'라고 대답하고 곧 의발을 갖추고서 여러 대중과 함께 세존을 모시고 따랐다. 가는 길에 발지(Ⓟ Vajjī)를 경유하여 다른 성을 지나 부미성 북쪽에 있는 시사바림(Ⓟ Siṁsapā-vana)에 이르렀다. 佛告阿難 汝等皆嚴 當詣瞻婆村 揵荼村 婆梨婆村 及詣負彌城 對曰 唯然 卽嚴衣鉢 與諸大衆 侍從世尊 路由跋祇 漸至他城 於負彌城北 止尸舍婆林", 『범어잡명』(대정장54, p.1234a24)에 "촌은 아라마의 한역이다. 村 誐囉麼 ꡂꡏ"라고 하였다. 〔참고문헌〕『長阿含經』, 『梵語雜名』, *DN.1.66.* ⇨ 촌락 村落, 촌읍 村邑 ❷ 가사를 반드시 갖춰 수해야 하는 경계인 십일종의계(十一種衣界) 중 하나. 『사분율』 권35(대정장22, p.820a9)에 "부처님께서 말씀하셨다. '지금 이후로 비구들이 불실의계 맺는 것을 허락하되, 마을과 마을 밖의 계는 제한다'. 佛言 自今已去 聽比丘結不失衣界 除村 村外界"라고 하였다. 〔참고문헌〕『四分律』. ⇨ 십일종의계 十一種衣界

촌가사음 村歌社飮 마을에서 노래하고 사당에서 술마시는 일. 『굉지광록』 권2(대정장48, p.18c29)에 "태평한 때 다스린 업적엔 상을 세울 일 없으니, 촌노인의 가풍은 지극히 순박하도다. 오로지 마을에서 노래하고 사당에서 술마시는 일 돌볼 뿐이다. 어찌 순임금의 덕과 요임금의 인 알리오? 太平治業無像 野老家風至淳 只管村歌社飮 那知舜德堯仁", 『직주천동송고』 권상(卍속장117, p.784a9)에 "요순의 도 지극히 다스려 무위였을 뿐이니, 촌노인과 변두리에 사는 민초들 유행가 부르고 막걸리 마시는 일만 알 뿐 무위의 다스림 알 리 없었다. (불법에 대하여 여릉의 쌀값으로 답한) 이 공안은 청원선사가 배고프면 먹고 목마르면 물을 마실 뿐 불법도 세법도 알 일조차 없었다는 말이다. 堯舜之道 至治無爲 野老郊外之民 只知村歌社飮 不知無爲之化 此言淸源 饑飡渴飮 不知佛法世法", 『금강선등』 권11(卍속장145, p.637b14)에 "바로 이러할 때 물 맑고 바다 잔잔해 만국이 와서 엎드린다. 처처에서 노래부르고 모여 마시니, 집집마다 달과 바람 읊조린다. 正恁麽時 河淸海晏 萬國來降 處處村歌社飮 家家嘯月吟風"라고 하였다. 〔참고문헌〕『宏智廣錄』, 『直註天童頌古』, 『錦江禪燈』.

촌갈료 村獦獠 촌뜨기에 거친 놈. 갈료란 당대 남방지방 이민족을 부르던 말이다. 『오가정종찬』 권1 「조계육조대감선사 曹溪六祖大鑑禪師」(卍속장135, p.907b7)에 "작가의 화로 열어서는, 촌뜨기 갈료(육조) 얼마나 많은 순금덩이 거두었던가? 그 말은 한 질의 『단경』이 되었으니, 냄새나는 가죽포대에 하고많은 골동품 가득히 다 담았다네. 開作家爐鞴 村獦獠收幾塊精金 說成帙壇經 臭皮囊盛許多骨董"라고 하였다. 〔참고문헌〕『五家正宗贊』. ⇨ 갈료 獦獠

촌락 村落 Ⓢ grāma, Ⓟ gāma. 사람들이 무리짓고는 떨어져 사는 곳. 『사분율』 권19(대정장22, p.699a5)에 "'옷을 걷어붙이고 백의의 집(Ⓟ antaraghara)에 들어가지 마라. 식차가라니(Ⓟ sikkhā karaṇīyā : 百衆學)다'. 비구의 뜻은 위에서 말한 것과 같다. '백의의 집'이란 촌락이다. '옷을 걷어붙인다'란 왼쪽이나 오른쪽으로 옷을 걷어 올려서 어깨 위에 얹는 것이다. 不得反抄衣行入白衣舍 式叉迦羅尼 比丘義如上 白衣舍者 村落也 反抄衣者 或左右反抄衣著肩上"라고 하였다. 〔참고문헌〕『四分律』, 『阿毘曇毘婆沙論』, *Saṅ-v.183.*, *Vin.3.46.*

촌락상 村落想 세속을 떠올리게 하는 상(想). 욕계의 기세간 등으로 석존에게 있어서는 가비라성이다. 아란야상(阿蘭若想)에 상대한다. 『아비담비바사론』 권46(대정장28, p.349c15)에 "나는 대부분 공삼매에 머물기 때문이다. 너의 마음은 촌락상에 머물고 나는 아란야라는 생각에 머문다. 너는 친족상에 머물고 … 〔문〕 촌락상이라 하니, 어떤 일을 나타내는가? 나아가 비상비비상처상을 설함은 무슨 뜻인가? 〔답〕 촌락상을 설함은 가비라성상을 드러낸 것이고, … 아란야상이란 니구다정사(Ⓟ Nigrodhārāma)를 드러낸 한편 여러 비구들이 도 행하는 곳을 드러내기 위한 것이다. … 또 촌락상은 열다섯 아소견이다. … 또 촌락상은 욕계의 기세계이고, 중생상은 욕계의 중생세계이며, 아련야상은 초선과 제2선이고, 지상은 제3선과 제4선인데, 저 모든 것을 대치하는 것은 무색정이다. 또 다시 촌락상은 욕계이니 욕계를 촌락이라고 하기 때문이다. 我多住空三昧故 汝心住村落想 我住阿蘭若想 汝住親族想處 … 問曰 說村落想爲現何事 乃至 說非想非非想處 爲現何事 答曰 村落想爲現迦毘羅想 … 阿練若想者 現尼拘陀精舍想 亦現諸比丘行道處想 … 復次 村落想者 是十五我所見 … 復次 村落想者 是欲界器世界 衆生想 是欲界衆生世界 阿練若想 是初禪二禪 地想 是第三第四禪 彼諸對治 是無色定 復次村落想 是欲界 所以者何 欲界說名村落"라고 하였다. 〔참고문헌〕『阿毘曇毘婆沙論』. ⇨ 아란야 阿蘭若

촌리인 村裏人 촌뜨기. 촌에 사는 사람. 삼가촌리인(三家村裏人)이라고도 쓴다. 『경덕전등록』 권13 「소주영서전 韶州靈瑞傳」(대정장51, p.304a3)에 "어떤 사람이 '부처란 무엇입니까?'라고 묻자 영서선사가 할을 내지르고 말했다. '그대는 촌사람이군' '달마가 서쪽에서 온 뜻은 무엇입니까?' '십만 팔천리다'. 有人問 如何是佛 師喝云 汝是村裏人 問 如何是西來意 師曰 十萬八千里", 『정법안장』 권1(卍속장118, p.32b4)에 "'제3요란 무엇인가' '시골사람 짚신이다'. 如何是第三要 曰 村裏人草鞋", 『동산수초어록』(고존숙어록38, 卍속장118, p.650b16)에 "'동산의 경계는 어떠한지요?' '촌뜨기 기름 담는 호리병이다'. 問 如何是洞山境 師云 村裏人油葫蘆"라고 하였다. 〔참고문헌〕『景德傳燈錄』, 『正法眼藏』, 『洞山守初語錄』. ⇨ 삼가촌 三家村

촌사불괘 寸絲不掛 실오라기마저 걸치지 않았다네. 촌사불괘(寸絲不挂)라고도 한다. 일체를 벗어던져 감추거나 지킬 것 없는 면모를 비유한다. 『경덕전등록』 권8 「남전보원전 南泉普願傳」(대정장51, p.258b12)에 "육긍이 다른 날에 또 남전에게 말하길, '제자 또한 조금은 불법 압니다'. 남전 문득 묻길, '대부께선 십이시중 어떻게 하십니까?' '실오라기 걸치지 않습니다' '여전히 섬돌 저 아래 계시는군요'. 陸異日 又謂師曰 弟子亦薄會佛法 師便問 大夫十二時中作麽生 陸云 寸絲不掛 師云 猶是階下漢", 같은 책 권13 「수산성념전 首山省念傳」(대정장51, p.304c20)에 "한 스님 묻기를 '무엇이 화상의 사람 속이지 않는 눈입니까?' 수산 말하기를 '금세 겨울이 온다' '구경엔 어떻습니까?' '문득 봄바람 분다' '화상께선 실오라기 걸치는 일 없다 해서 멀리서 찾아왔는데, 어째서 산 있어 지켜야 합니까?' '무슨 말인가?' 스님 할하자 수산도 할하였다. 僧問 如何是和尚不欺人眼 師曰 看看冬到來 僧曰 究竟如何 師曰 卽便春風至 問 遠聞和尚寸絲不掛及至到來 爲什麽有山可守 師曰 道什麽 僧喝 師亦喝", 『청익록』 66칙 「평창 評唱」(卍속장117, p.871b11)에 "또 깨끗이 벌거벗고 알몸 그대로여서 곧바로 실오라기 하나 걸치지 않았다 하니 여전히 알몸 아직 선채로 있다. 이에 말한다. 만 리에 구름 한 점 없어 푸른 하늘이라 해도 몽둥이 맞는다'. 又道 淨躶躶 赤灑灑 直饒寸絲不掛 猶有赤骨立在 是以道 萬里無雲 靑天也須喫棒", 『설봉어록』 권하(卍속장119, p.968a8)에 "또 스님에게 묻길 '사리는 이름이 뭔가?' '현기입니다' '하루에 피륙을 얼마나 짜는가?' '실오라기 걸치지 않습니다' '승당으로 가거라'. 스님 셋 내지 다섯 걸음 걸어감에 설봉 말하길, '가사 땅에 떨어졌네'. 스님 고개 돌리자 설봉 문득 때리며 말하길, '대단하네, 실오라기 하나 걸치지 않았으니'. 復問僧云 闍梨名什麽 僧云 玄機 師云 日織多少 僧云 寸絲不掛 師云 參堂去 僧行三五步 師云 袈裟落地也 僧回首 師便打云 大好寸絲不掛"라고 하였다. 〔참고문헌〕『景德傳燈錄』, 『請益錄』, 『雪峰語錄』.

촌상 村想 Ⓟ gāma-sañña. 세속을 그리다. 촌락상(村落想)이라고도 한다. 『비바사론』 권13(대정장28, p.516a1)에 "'아난아, 비구들이 늘 공삼매에서 잘 노닐고자 한다면 아난아, 그런 비구는 「촌상」을 생각하지 않아야 하고 인상도 생각하지 않아야 하며 적정상만을 생각해야 한다'. 〔문〕 세존께서는 어떤 것을 촌상·인상·적정상이라 하셨는가? … 〔답〕 촌상이란 가유라위성을 떠올리셨고, 인상이란 살해된 석가족을 생각하셨으며, 적정상이란 니구류수동산에 대한 생각을 드러내셨다. 阿難 諸有比丘 欲多遊空三昧者 阿難 彼比丘 當不念村想 不念人想 應念寂靜想 問曰 世尊現何等村想 何等人想 何等寂靜想 … 答曰 村想者 現緣迦維羅衛想 人想者 現殺舍夷人想 寂靜想者 現尼拘類樹園想"라고 하였다. 〔참고문헌〕『鞞婆沙論』, 『中阿含經』 권49 「小空經」(대정장1, p.737a13), *MN.3.104*. ⇨ 촌락상 村落想

촌승 村僧 ❶ 촌뜨기 스님. 낮추어 부르는 말이지만 뛰어난 납자를 역설적으로 부르는 말이다. 『밀암어록』(대정장47, p.977b18)에 "눈은 가로로 붙어 있고 코는 곧게 뻗은 촌승이여, 뱃속 한덩이로 뭉쳐 구멍 하나 없구나. 眼橫鼻直村僧 肚裏渾無一竅", 『할당혜원광록』 권4(卍속장120, p.982b2)에 "소나무 모습에 학뼈뿐인 촌승이여, 귀신이 시샘하고 사람도 싫어하며 나 또한 미워하노라. 松形鶴骨底村僧 鬼妬人嫌我亦憎", 『호구소륭어록』(卍속장120, p.802a17)에 "이윽고 소룡이 황룡에서 사심을 찾아뵙자 사심이 물었다. '무엇을 하는 스님인가?' '행각승입니다' '이 무엇하는 촌뜨기 스님이길래 나귀 다리 말 다리로 다닌단 말이냐?' '광남의 오랑캐가 무슨 말을 하시오? 어째서 소리높여 말하지 않으십니까?' 사심이 기뻐하며 말했다. '그래도 납승의 기미 있구나'. 소룡이 할하였다. 迺謁死心於黃龍 心問曰 是甚麽僧 師曰 行脚僧 心曰 是何村僧 行甚驢脚馬脚 師曰 廣南蠻道甚麽 何不高聲道 心喜曰 却有衲僧氣息 師乃喝"라고 하였다. 〔참고문헌〕『密菴語錄』, 『瞎堂慧遠廣錄』, 『虎丘紹隆語錄』. **2** 스님이 자신을 낮추어 부르는 겸칭. 『열조제강록』 권17(卍속장112, p.439a3)에 "목운통문(牧雲通門)선사가 법좌에 올랐다. '고남선원(古南禪院)의 일개 촌승(목운통문 자신)은 성질이 급하고 화를 내는 일도 많다. 불법 설하는 일에는 게으르고 종일토록 사람을 찾아 때린다. 타, 타, 타! 상사는 껄껄대고 웃고, 하사는 두려워한다. 파, 파, 파! 좋은 일 문 밖으로 나가는 일 없고, 나쁜 일 천하에 전한다'. 牧雲門禪師 上堂 古南箇村僧 性燥多嗔罵 佛法嬾得說 終日尋人打 打打打 上士笑呵呵 下士便驚怕 怕怕怕 好事不出門 惡事傳天下"라고 하였다. 〔참고문헌〕『列祖提綱錄』.

촌심 寸心 한 마디일 뿐인 마음. 『능엄경소해몽초』 권10(卍속장21, p.803a9)에 "참으로 묘한 자성은 두렷이 밝으며 진실의 저 샘 맑고 고요해 본디 미함도 깨우침도 없으니 어찌 범부나 성인인들 있다 하겠는가! 일념 겨우 홍한즉 삼유라는 공화 어지럽게 일지만, 한 마디 마음이란 것 바야흐로 쉰즉 한 진실의 환영 모조리 사라진다. 그래서 생멸을 망이라 하니 미하면 생사가 끝없지만, 허망함 사라지면 진실일 뿐이니 깨달으면 윤회는 몰록 쉰다. 良以妙性圓明 眞源湛寂 本無迷悟 安有聖凡 一念纔興 則三有之空華亂起 寸心方歇 則一眞之幻影全消 所以生滅名妄 迷之則生死無端 滅妄名眞 悟之則輪迴頓息", 『반야심경주해』 권하(卍속장42, p.127a8)에 "불가에선 '무명으로 보리 길 보지 못하고 불각으로 몸 가져 불구덩이에 떨어진다' 하지만, 유가에선 '촌심에 어둡지 않아 만법이 다 밝다' 한다. 釋云 無明不見菩提路 不覺將身落火坑 儒云 寸心不昧 萬法皆明"라고 하였다. 〔참고문헌〕『楞嚴經疏解蒙鈔』, 『般若心經註解』.

촌읍 村邑 Ⓢ grāma, Ⓟ gāmanigama, Ⓣ grong. 마을. 『중아함경』 권12 「비바릉기경 鞞婆陵耆經」(대정장1, p.499a24)에 "아난아, 이곳에는 옛날에 촌읍이 있었는데, 비바릉기(Ⓟ Vebhaḷiṅga)라고 하였다. 매우 풍요롭고 안락하여 백성들이 많았다. 아난아, 비바릉기 마을에 범지 대장자가 있었는데, 이름을 무에라고 하였다. 대단히 큰 부자여서 재산이 한량없이 많았으며, 목축과 산업을 다 계산할 수 없었고, 봉호와 식읍과 갖가지가 두루 풍족하였다. 阿難 此處所中 昔有村邑 名鞞婆陵耆 極大豐樂 多有人民 阿難 鞞婆陵耆村邑之中 有梵志大長者 名曰無恚 極大富樂 資財無量 畜牧產業 不可稱計 封戶食邑 種種具足", 『범어잡명』(대정장54, p.1232c19)에 "촌읍은 범어 아라마의 한역이다. 村邑 誐囉麽 𑖐𑖿𑖨𑖯𑖦" 라고 하였다. 〔참고문헌〕『中阿含經』, 『梵語雜名』, *Śrāv-bh.121., MN.2.45.*

촌장척단 寸長尺短 마디는 길고 자는 짧다는 말. 짧고 긴 것 본래 없는 뜻 드러낸 비유다. 『조당집』 권17 「경잠장 景岑章」(대장경보편25, p.622b10)에 "'무엇이 다른 것들인가?' '자는 짧고 마디는 길며, 마디는 길고 자는 짧다'. 問 如何是異類 師云 尺短寸長 寸長尺短", 『허당록』 권2(대정장47, p.996a28)에 "지자화상이 찾아온 기념으로 법좌에 올랐다. '정병 속 물로 세수하고, 오래된 그루터기 아래서 수신한다. 피차 어디나 마디는 길고 자는 짧으니 섞여서 가까이 지낸들 무슨 방해가 되겠는가? 만나면 또 특별한 일도 없지만, 오지 않으면 다시 그대가 그리워진다. 두견 울음소리 끊어지니 달은 대낮처럼 밝다. 늘 그렇게 헛되이 봄 지나가듯 하지 않네'. 智者和尙至 上堂 淨甁裏澡洗 古檮下修身 彼此寸長尺短 何妨忝爲切隣 相見又無事 不來還憶君 杜鵑啼斷月如晝 不似尋常空過春", 『설암조흠어록』 권3(卍속장122, p.555b6)에 "마디 길고 자는 짧아 매사가 평온하니, 눈앞에 자세히 드러나 있지만 말의 길은 끊어졌다. 寸長尺短 三平二滿 覿面相呈 語言道斷", 『고림청무습유게송』 권상 「혜장피생구 鞋匠皮生求」(卍속장123, p.541b8)에 "국토마다 티끌마다 이 뜻 펴 보이지만, 어찌 특별히 납승의 발 아래만이 몸 놓아버리고 목숨 버려야 할 곳이겠는가! 마디는 길고 자는 짧은 그곳에 공이 있으니, 더해 많게 하고 덜어내 적게 함도 좇아 거둘 뿐이구나. 刹刹塵塵宣此義 豈特衲僧脚底下 不是放身捨命處 寸長尺短俱有功 添多減少皆從容"라고 하였다. 〔참고문헌〕『祖堂集』, 『虛堂錄』, 『雪巖祖欽語錄』, 『古林淸茂拾遺偈頌』.

촌정입목 寸釘入木 한 치 못 나무에 박히다. 『경덕전등록』 권20 「함주심철전 含珠審哲傳」(대정장51, p.365b17)에 "'무엇을 깊고 깊다 하는가?' '한 치 못 나무에 박히면 여덟 마리 소가 끌어도 뽑히지 않는다'. 僧問 如何是深深處 師曰 寸釘入木 八牛拽不出", 『운봉어록』(고존숙어록40, 卍속장118, p.674b15)에 "4월 8일 법좌에 올라앉자 어떤 학인이 물었다. '부처는 무엇인지요?' '한 치 못 나무에 박혔구나' '그 뜻은 어떤 것인지요?' '삼생 60겁 걸리겠다'. 四月八日 上堂 僧問 如何是佛 師云 寸釘入木 進云 意旨如何 師云 三生六十劫", 『송원숭악선사어』(속고존숙어요4, 卍속장119, p.42a1)에 "경에 의지해 뜻을 안다 하면 삼세 부처님의 원수요, 경 한 자라도 벗어나면 마구니의 설과 같아진다. 달마는 9년 동안 면벽하였고, 노로(혜능)는 디딜방아를 밟으며 쌀겨를 찧었지만, 점검해 보면 한 치 못 나무에 박았을 뿐이다. 依經解義 三世佛冤 離經一字 還同魔說 達磨九年面壁 老盧踏碓舂糠 檢點將來 也是寸釘入木", 『요암청욕어록』 권6 「차운송령은방시자 次韻送靈隱芳侍者」(卍속장123, p.722a5)에 "국사삼환이나 조계일숙 알아차렸다 해도 흰 구름 만 리이고 멀어 이해하지 못하면 한 치 못 나무에 박힌 듯 하리라. 지나든 천축이든 전혀 상관이 없으니, 인도 28대 조사와 중국 6대 조사에게 무슨 부촉 있었겠는가! 國師三喚 曹溪一宿 會則白雲萬里 不會寸釘入木 支那竺國 兩沒相干 四七二三 有甚付屬"라고 하였다. [참고문헌] 『景德傳燈錄』, 『雲峰語錄』, 『松源崇嶽禪師語』, 『了菴淸欲語錄』.

촌주 村主 Ⓢ grāmika. 마을을 다스리고 보살피는 이. 『불본행집경』 권25(대정장3, p.771c16)에 "그때 보살은 2월 23일 이른 아침에 의발을 갖추고 우루빈라(Ⓢ Uruvilvā) 취락을 향해 걸식하면서 점점 난제가촌에 이르렀다. 마을 촌주의 대문 밖에 묵묵히 서서 걸식하였다. 그 때 선생이라는 촌주의 딸은 보살이 문 밖에서 묵묵히 밥을 구하는 모습을 보고서 금발우에 꿀을 탄 우유죽을 가득 담아서 직접 가지고 보살 앞에 서서 보살께 말씀드렸다. '바라옵건대 이 발우의 꿀을 탄 우유죽을 받으시고 저희들을 어여삐 여기소서'. 爾時 菩薩 至於二月二十三日 於晨朝時 齊整著衣 欲向優婁頻螺聚落 而行乞食 漸漸至於難提迦村 至彼村已 在村主家 大門之外 默然而立 欲求食故 是時 善生 村主之女 見於菩薩 在其門邊 默然求食 見已卽便 取一金鉢 盛貯安置 和蜜乳糜 滿其鉢中 自手執持 向菩薩前 到已卽住 白菩薩言 唯願尊者受我此鉢 和蜜乳糜 憐愍我故", 『유부율파승사』 권5(대정장24, p.121c7 : *Saṅ-v.*, p.108) 에 "그때 보살은 조금씩 음식을 먹고 몸이 건강하게 되어 곧 서나연촌〈회군촌이라 한역함〉으로 갔다. 그곳엔 촌주가 있었으니, 이름이 군장이었다. 두 딸이 있었으니 첫째는 환희, 둘째는 환희력이었다. 菩薩 爾時 漸加飮食 身力强健 卽往西那延村〈唐言 會軍村也〉 彼有村主 名爲軍將 將有二女 一名歡喜 二名 歡喜力 bodhisattvo 'py anupūrveṇa kāyasya sthāmaṃ ca balaṃ ca vīryaṃ ca saṃjanayya anupūrveṇa senāyanīgrāmaṃ gataḥ, tatra seno nāma grāmikaḥ, tasya dve duhitarau nandā ca nandabalā ca"라고 하였다. [참고문헌] 『佛本行集經』, 『有部律破僧事』, *Saṅ-v.*

촌탁 忖度 Ⓢ tarka, Ⓣ rtog-ge. 미루어 헤아리다. 『일체경음의』 권49(대정장54, p.635c15)에 "촌탁〈앞글자는 '촌'과 '손'을 반절한 음이고, 뒷글자는 '당'과 '낙'을 반절한 음이다. 『자서』에 '촌 또한 탁이다'라고 하였고, 『고성』에 '탁은 양이며 모이니, 가차자이다'라고 하였다〉. 忖度〈上村損反 字書忖亦度也 下唐洛反 考聲 度量也 謀也 假借字也〉"라고 하였다. [참고문헌] 『一切經音義』, *Sūtr.5.*

촌탁오인 忖度五因 미루어 헤아리게 하는 다섯 가지 인. 대승에 들 수 없게 하는 인이다. 『대승장엄경론』 권1(대정장31, p.591c21)에 "다섯 가지 인이 있어 저 미루어 헤아리는 사람은 대승계에 들지 못한다. 그 지에는 의지함이 있고, 정한 바 없고, 세속을 연하고, 넓지 않고, 물러나 굴복할 수 밖에 없기 때문이다. 由有五因 彼忖度者 不能得入 大乘境界 彼智有依故 不定故 緣俗故 不普故 退屈故", "'의지함이 있다'란 무엇인가? 지 교에 의지하여 생겼을 뿐 증한 지가 아니기 때문이다. '정한 바 없다'란 때에 따라 다른 법이 되어 다른 지가 생기기 때문이다. '세속을 연한다'란 세속제만을 헤아려, 제일의제에는 미치지 못하기 때문이다. '넓지 않다'란 비록 세속제를 연한다 해도 조금 알 뿐이니, 일체를 알 수는 없기 때문이다. '물러나 굴복한다'란 논쟁하여 말이 막히면 곧 말이 없어지기 때문이다. 彼有依者 智依敎生 非證智故 不定者 有時更有 異智生故 緣俗者 忖度世諦 不及第一義諦故 不普者 雖緣世諦 但得少解 不解一切故 退屈者 諍論辯窮 卽默然故", "대승이란 의지하는 것이 없으며 나아가 끝내 물러나 굴복하지 않는 것이다. '물러나 굴복하지 않는다'란 무량한 경전 중에 백천게송으로 대승법을 설하였으니, 이 법을 얻음으로서야 변재에 다함이 없다. 大乘者 卽無所依 乃至 終不退屈 不退屈者 無量經中 有百千偈 說大乘法 由得此法 辯才無盡"라고 하였다. [참고문헌] 『大乘莊嚴經論』, *Sūtr.5.* ⇨ 간혜 乾慧

촌탁인 忖度人 Ⓢ tārkika, Ⓣ rtog-ge-pa. 미루어 헤아리는 사람. 외도나 이승 또는 분별이 심한 이론가를 말한다. 사량인(思量人)이라고도 한다. 『대승장엄경론』 권1(대정장31, p.591a8)에 "대승을 성립시키는 것에는 대략 여덟 가지 인이 있으니, … 셋째는 행하지 못하거나 하지 않는 것이다. … 셋째 불행이란 대승은 깊고 넓어서 촌탁인은 능히 믿지 못한다. 하물며 온갖 논리를 펴는 외도가 행할 수 있겠는가? 그들은 믿지 못하기에 행하지 않는다. 저들이 행할 수 없기에 부처님의 가르침이다. 成立大乘 略有八因 … 三者 不行 … 第三 不行者 大乘深廣 非忖度人之所能信 況復能行外道制諸論 彼種不可得 是故不行 由彼不行故是佛說", 『성유식론술기』 권4(대정장43, p.353a24)에 "대승경의 의리는 촌탁인의 경계가 아니다. 저 촌탁인은 곧 성문과 외도이다. 大乘經理 非忖度人境 彼言忖度人 卽聲聞外道"라고 하였다. [참고문헌] 『大乘莊嚴經論』, 『成唯識論述記』, *Sūtr.3.*

총 塚 [S] śmaśāna, [P] susāna, [T] dur-khrod. 흙을 쌓아 올려 어떤 표시를 한 것이나 무덤. 분(墳)이라고도 하며, 묘(墓)와 같은 뜻이다. 총간(塚間)·총묘(塚墓)라고도 하며, 음사어는 사마사나(舍磨奢那·舍摩奢那)이다. 『번역명의집』 권7(대정장54, p.1168a28)에 "음사어 사마사나는 '총'이라 한역한다. 인도에서는 스님이 세상을 떠나면 뼈를 땅속에 묻고 그 위에 벽돌을 쌓아 올리는데 솔도파인듯 다만 그 모습 낮고 작을 뿐이다. 舍磨奢那 此云冢 西域僧死 埋骨地下 上累甎石 似窣堵波 但形卑小"라고 하였다. 〔참고문헌〕 『翻譯名義集』, *Śrāv-bh.12.*, *Vin.1.15.*, *DN.1.71.* ⇨ 사마사나 舍摩奢那

총 葱 [S] palāṇḍu, gṛñjana, [T] sgog-tsong. 오신채(五辛菜) 중 하나. 파를 말한다. 총(蔥)으로도 쓴다. 『입능가경』 권8(대정장16, p.564a14)에 "대혜야, 이와 같이 일체의 파·부추·달래·염교는 냄새가 더럽고 깨끗하지 않아 성도를 장애하고, 또한 세간과 인천의 깨끗한 곳을 장애하거늘 하물며 모든 부처님 정토과보이겠는가? 술도 이와 같아서 성도를 장애하고, 선업을 줄이며, 여러 가지 허물을 낳는다. 大慧 如是 一切葱 韮 蒜 薤 臭穢不淨 能障聖道 亦障世間人天淨處 何況諸佛 淨土果報 酒亦如是 能障聖道 能損善業 能生諸過", 『보살선계경』 권4(대정장30, p.980c4)에 "음식을 베풀 경우에는 많건 적건 먼저 말을 한 다음에 베풀고, 말을 하지 않고는 베풀지 않는다. 파를 먹지 않는 이에게는 파가 들어간 음식을 베풀지 않으며, … 술냄새가 나는 것도 베풀어서는 안되니, 이런 것을 부정지물은 베풀지 말아야 한다. 凡所施食 若多若少 先語後施 不語不施 不食葱者 不以雜葱食施 … 若有酒香 亦不以施 是名不淨之物 不以布施"라고 하였다. 〔참고문헌〕 『入楞伽經』, 『菩薩善戒經』, *Laṅk.256.* ⇨ 오신채 五辛菜

총 轗 [P] cakka. 수레바퀴. 『중아함경』 권16 「비사경 蜱肆經」(대정장1, p.530a9)에 "나는 앞서가면서 어떤 사람이 옆길에서 오는 것을 보았는데, 옷은 다 젖어 있었다. 그의 몸은 검고 머리는 황색이며, 두 눈은 아주 빨갛고 족두리꽃으로 만든 꽃다발을 쓰고서 나귀수레를 타고 있었는데, 진흙이 두 바퀴에 묻어 있었다. 我在前行 見有一人 從傍道來 衣服盡濕 身黑頭黃 兩眼極赤 著衡華鬘 而乘驢車 泥著兩轗"라고 하였다. 〔참고문헌〕 『中阿含經』, *DN.2.343.*

총 總 ❶ [S] piṇḍa, abhisaṃkṣepa, [T] bsdus-pa. 있는 것 한데 모아 거두다. 『불본행집경』 권22(대정장3, p.753c19)에 "무릇 중생에는 두 뜻이 있으니, 첫째는 본성, 둘째는 변화이다. 이 두 가지를 합하고 다 거두어 중생이라고 한다. 본성이란 즉 오대이니, 지대와 수화풍공이다. 아와 무상을 본체성이라고 한다. 변화란 모든 근의 경계, 수족인 언어, 움직여 구르며 가고 오는 것과 심식을 씀에 미치는 것이 변화다. 凡衆生者 此有二義 一者 本性 二者 變化 合此二種 總名衆生 言本性者 卽是五大 其五大者 所謂地大水火風空 我及無相 名本體性 言變化者 諸根境界 手足語言 動轉來去 及以心識 此名變化", 『변중변론』 권중(대정장31, p.471a27 : *Madhy-vibh.*, p.48)에 "진실을 다 거두어들인 뜻에 대략 두 가지가 있으니, 능현진실과 소현진실이다. 眞實總義 略有二種 謂卽能顯 所顯眞實 tattvasya piṇḍa-arthaḥ. samāsato dvividhaṃ tattvaṃ. ādarśa-tattvaṃ dṛśya-tattvaṃ ca", 『석마하연론』 권3(대정장32, p.615a19)에 "각의자라고 말한 것은 곧 모두 거두어들인 구이고, 이를 좇아 그 아래는 모두 별구이다. 총이란 일체각을 통틀어 드러낸 것이고, 별이란 각각의 차별을 말하는 것이다. 所言覺義者者 卽是總句 從此自下 皆是別句 總者 通表一切覺故 別者 各各差別說故"라고 하였다. 〔참고문헌〕 『佛本行集經』, 『辯中邊論』, 『釋摩訶衍論』, *Madhy-vibh.* ⇨ 총설 總說, 총섭 摠攝 ❷ [S] sāmānya, [T] spyi. 공통의 성질. 보편적이고 일반적인 것을 말한다. ⇨ 총상 總相, 총상별상 總相別相, 총별 總別 ❸ 총지(總持 [S] dhāraṇī)의 준말. 〔참고문헌〕 『大乘入楞伽經』 권4(대정장16, p.610c29). ⇨ 총지 總持

총각지세 總角之歲 어린 나이. 모아 뿔인 듯한 머리모양의 때. 『불조통기』 권7 「혜위장 慧威章」(대정장49, p.187c29)에 "어린 나이에 번뇌로 가득한 삶을 진실로 싫어한 나머지 공문에 들어가 삭발한 다음 구족계를 받고 『법화경』을 듣고서 천태의 도를 크게 세상에 알렸다. 總角之歲 深厭勞生 遂入空門 祝髮受具 聞法華 大弘天台之道", 『경덕전등록』 권26 「영명연수전 永明延壽傳」(대정장51, p.421c9)에 "어린 나이에 마음을 부처로 삼는 종승(宗乘)에 귀의하였다. 總角之歲 歸心佛乘"라고 하였다. 〔참고문헌〕 『佛祖統紀』, 『景德傳燈錄』.

총간 塚間 [S] śmaśāna, śmāśānika, [P] susāna, sīvathikā, [T] dur-khrod. 무덤 사이. 두타행(頭陀行)을 닦을 때 머무는 장소. 죽음을 사유하며 온갖 탐욕을 버리기 좋은 곳으로 본다. 십육자구(十六資具) 중 하나이기도 하다. 『장아함경』 권13 「아마주경 阿摩晝經」(대정장1, p.85a17)에 "항상 한 마음이게 해서 착란이 없고 고요한 곳과 나무 아래와 무덤 사이에 있기를 좋아한다. 常念一心 無有錯亂 樂在靜處 樹下 塚間", 『찬집백연경』 권3(대정장4, p.216b25)에 "그때 한 비구가 무덤 사이에 머물면서 좌선하며 도를 행하다가 먹을 때가 다다르면 가사를 두르고 발우를 지니고서 성에 들어가 걸식하였다. 時有比丘 在於塚間 坐禪行道 食時欲至 著衣持鉢

入城乞食"라고 하였다. 〔참고문헌〕『長阿含經』, 『撰集百緣經』, *Av-ś.132.*, *DN.1.71.*, *Vin.1.15.* ⇨ 총간좌 塚間坐, 십육자구 十六資具, 십이두타행 十二頭陀行

총간비구 塚間比丘 무덤 사이에 머무는 비구. 십이두타(十二頭陀) 중 하나를 행하는 비구다. 『보운경』 권5(대정장16, p.232c3)에 "무덤 사이에 머무는 비구가 승방에 가서 먼저 불탑에 예를 올리고 다시 상좌에게 예를 올렸다. 塚間比丘 往至僧坊 先禮佛塔 却禮上坐"라고 하였다. 〔참고문헌〕『寶雲經』, 『大寶積經』 권114(대정장11, p.644b13), 『五分律』 권19(대정장22, p.129b8).

총간의 塚間衣 Ⓟ chava-dussa. 십종분소의(十種糞掃衣) 중 하나로 무덤 사이에서 주워 온 천으로 지은 법의. 사인의(死人衣)라고도 한다. 『십송율』 권27(대정장23, p.195a28)에 "무엇을 총간의라 하는가? 시신을 감쌌다가 무덤 사이에 버려진 옷으로 지은 법의를 총간의라 한다. 何等塚間衣 有衣裹死人棄塚間 是爲塚間衣"라고 하였다. 〔참고문헌〕『十誦律』, 『長阿含經』 권12 「淸淨經」(대정장1, p.74b25), 『五分律』 권21(대정장22, p.143b15), *DN.1.168.* ⇨ 사인의 死人衣, 십종분소의 十種糞掃衣, 분소의 糞掃衣

총간제일 塚間第一 부처님의 제자 중 한 분인 우다라(優多羅). 늘 총간에 머물러 두타행을 즐겼기에 이렇게 불렸다. 『분별공덕론』 권4(대정장25, p.45a1)에 "우다라비구를 늘 총간에 있기를 즐긴다고 한 까닭이 있으니, 이 비구는 아난의 제자다. … 문득 총간에 머물며 또 염하길 '바로 나무 아래나 산·못에 머물고자 함은 모두 생민이 탐하는 바이고, 오직 총간에 있음은 사람이 즐기지 않는 바니, 이로써 그곳에 거한다. 총간을 즐기는 이는 오직 귀뿐이며, 겸하여 여우·이리·까마귀·솔개의 무리가 있으니, 이제 마땅히 자삼매에 들어 저 류를 건네야겠다'라고 하였다. 이 때문에 다시 총간에 머물렀으니, 이 인연 때문에 늘 총간에 머물길 즐기고 인중에 처하지 않았으니, 때문에 제일이라 칭했다. 所以稱優多羅比丘常樂塚間者 此比丘 阿難弟子也 … 便止塚間 復念曰 正欲在樹下山澤 皆生民所貪 唯有塚間 人所不樂 是以居之 塚間所樂 唯有鬼耳 兼有狐狼烏鵄之屬 今當入慈三昧 以濟彼類 以是故復居塚間 以是因緣 常樂塚間 不處人中 故稱第一", 『석가보』 권1(대정장50, p.11a25)에 "늘 총간을 즐겨서 인중에 처하지 않은 이는 바로 우다라비구다. 常樂塚間 不處人中 卽優多羅比丘"라고 하였다. 〔참고문헌〕『分別功德論』, 『釋迦譜』. ⇨ 우다라 優多羅 ■

총간좌 塚間坐 Ⓢ śmaśānika, śmāśānika, Ⓣ dur-khrod-pa. 무덤 사이에 앉다. 십이두타행(十二頭陀行) 중 하나로 총간주(塚間住)·총간좌(冢間坐)라고도 쓴다. 무덤 사이에 머물러 부정관(不淨觀) 등의 행을 성취한다. 『다라니집경』 권3(대정장18, p.805a15)에 "만약 시다림에 있다면 무덤 사이에 앉은 채로 주검 옆에서 부정관과 생멸관이나 자비관을 행한다. 若於屍陀林 或在塚間坐 死屍邊 作不淨觀 及生滅觀 乃至慈悲觀", 『기신론소필삭기』 권18(대정장44, p.396b7)에 "네 번째, 총간좌이다. 무덤 사이에 항상 슬피 우는 소리 있고 주검들 낭자하기에 무상하고 부정하여 도를 관함이 쉽게 성취된다. 四 塚間坐 謂塚間常有悲哭聲 死屍狼藉 無常不淨 觀道易成", 『별역잡아함경』 권1(대정장2, p.375a16)에 "마치 저 아련야(Ⓢ araṇya)인 듯이, 무덤 사이에 앉고 걸식하고, 산림의 고요한 곳에서, 욕심 버리고 정에 드노라. 如彼阿練若 塚間坐乞食 山林閑靜處 捨欲而入定", 『범망경고적기』 권하말(대정장40, p.715a17·한불전3, p.471c4)에 "네 번째, 무덤 사이에 앉는다. 질퍽하게 넘치는 탐욕을 버려서 모든 욕망에서 쉽게 벗어날 수 있기 때문이다. 四 塚間坐 除婬泆貪 易得離欲故", 『사분율행사초』 권하3(대정장40, p.130b30)에 "여덟째, 무덤 사이에 앉는다 하니, 『십주비바사론』 권16(대정장26, p.114c9)에 '죽은 사람들 사이에 머무는 까닭은 (삼계의 속박을) 싫어하여 떠나는 마음이 저절로 따라오기 때문이니, 항상 죽은 사람 사이에 머물며 지낸다. 여기에는 열 가지 이익이 있다. 첫째, 항상 무상하다는 생각이 저절로 든다. 둘째, 죽음의 필연성을 생각하게 된다. 셋째, 육신이 부정하다는 생각이 저절로 든다. 넷째, 모든 세간은 즐길 것 아님을 생각하게 된다. 다섯째, 사랑하는 모든 사람을 항상 멀리 떠나는 줄 안다. 여섯째, 항상 자비심을 품는다. 일곱째, 농지거리 멀리 벗어난다. 여덟째, 마음 항상 싫어해 벗어나고자 한다. 아홉째, 부지런히 수행하며 정진한다. 열째, 두려움 없게 한다'라고 하였다. 八 塚間坐者 十住論謂 在死人間住者 隨順厭離心故 常止宿死人間 有十利 一 常得無常想 二 得死想 三 得不淨想 四 一切世間 不可樂想 五 常得遠離 一切所愛人 六 常得悲心 七 遠離戲調 八 心常厭離 九 勤行精進 十 能除怖畏", 『대승본생심지관경천주』 권5(卍속장34, p.306a8)에 "아홉째, 무덤 사이에 앉는다〈무상고공으로 관함은 불법의 첫 문이니 삼계를 싫어하게 해서 벗어나게 한다. 비구가 무덤 사이에 머물면 언제나 주검을 보고 악취를 풍기고 문드러진 채로 어지럽게 흩어진 시신을 화장하거나 새가 쪼아 먹는 광경 본다. 이로써 무상하고 부정하다는 생각을 쉽게 성취할 수 있다. 그러므로 무덤 사이에 앉는 것을 두타행이라 한다〉. 九 塚間坐〈謂無常苦空之觀 是佛法之初門 能令厭離三界 比丘住於塚間 常見死屍 臭爛狼藉 火燒鳥啄 則無常不淨之想 易得成就 是故塚間坐 爲頭陀行也〉"라고 하였다. 〔참고문헌〕『陀羅尼集經』, 『起信論疏筆削記』, 『別譯雜阿含經』, 『梵網經古迹記』, 『四分律行事鈔』, 『十住毘婆

沙論』, 『大乘本生心地觀經淺註』, *Laṅk.248·254.* ⇨ 십이두타행 十二頭陀行, 부정관 不淨觀

총간처 塚間處 삼처아란야(三處阿蘭若) 중 하나. 마등가아란야(摩登伽阿蘭若 Ⓢ mātaṅgāraṇya)라고도 한다. 무덤 있는 곳 수행처로 삼기에 이렇게 말한다. 〔참고문헌〕『一切經音義』 권21(대정장54, p.434b6). ⇨ 마등가아란야 摩登伽阿蘭若, 삼처아란야 三處阿蘭若

총거 總擧 Ⓢ anudeśa, uddeśa, abhisaṃkṣepa-artha, Ⓣ bstan-pa, bsdus-(pa'i)-don. 이런 저런 법 등을 모두 거두어 드는 것. 『중변분별론』 권상(대정장31, p.457a4 : *Madhy-vibh.*, p.45)에 "취에는 세 가지 뜻이 있고, 그 첫 번째는 많다는 뜻이다. … 색이 많기에 취라고 하고, '이와 같은 등의 색들은 모두 한 곳에 모을 경우 모두 거두어 든다'고 말한다. 聚有三義 一者多義 … 此色多故名聚 如是等色 攝在一處 此言顯總擧 skandhās te trividhena-arthena veditavyāḥ. anekatva-arthena yat kiñcid rūpam … abhisaṃkṣepa-arthena tat sarvam aikadhyam abhisaṃkṣipyeti", 『대승장엄경론』 권1(대정장31, p.594a27)에 "〔게〕 유승성상유류와 과오와 공덕 및 금유와 보유 아홉 종에는 각각 4종이 있다 하였다. 〔석〕 종성에는 아홉 가지 차별이 있으니, 첫째 유체, 둘째 최승, 셋째 자성, 넷째 상모, 다섯째 품류, 여섯째 과오, 일곱째 공덕, 여덟째 금유, 아홉째 보유이니 이렇듯 아홉 가지 뜻 낱낱에 각기 네 가지 차별이 있다. 이 게는 모두 거두어 든 것이고, 나머지 게는 따로 풀이한 것이다. 偈曰 有勝性相類 過惡及功德 金譬與寶譬 九種各四種 釋曰 種性有九種差別 一 有體 二 最勝 三 自性 四 相貌 五 品類 六 過惡 七 功德 八 金譬 九 寶譬 如是九義 一一各有 四種差別 此偈總擧 餘偈別釋"라고 하였다. 〔참고문헌〕『中邊分別論』, 『大乘莊嚴經論』, *Madhy-vibh.*, *Sūtr.64·81.*

총결 總結 Ⓢ nigamana, Ⓣ mjug-bsdu. 다 모아 맺다. 『순정리론』 권27(대정장29, p.491b29)에 "유는 생에 대해 가장 가까운 인이기에 계경에서 설하길 '업은 생의 인이 된다'. 업이 있어 생의 가장 가까운 인임을 나타내기 위하여 업의 유라는 인 위에 임시로 과의 이름을 말하였다. 이 일은 반드시 그렇기에 뒤에 다 모두어 맺기를 취는 유를 연하고, 유는 생을 연한다'. 有於生 爲因最近 故契經說 業爲生因 爲顯業有是生近因 故於業有因上 假說果名 此事必然 故後總結 言取緣有有緣生故", 『대승장엄경론』 권8(대정장31, p.634a21)에 "다음에 하나의 게로 앞의 뜻을 모두 모아 맺는다. 〔게〕 집착하지 않음과 적정, 능히 참아내고 용맹스런 의지, 부동과 상을 떠남, 역시 사섭법으로 중생을 거둔다. 〔석〕 이 게는 위의 세 구로 육바라밀의 뜻을 맺었으며, 아래의 한 구로는 사섭법의 뜻을 맺었다. 次以一偈 總結前義 偈曰 不著及寂靜 能耐將意勇 不動幷離相 亦攝攝衆生 釋曰 此偈 上三句 結六度義 下一句 結四攝義"라고 하였다. 〔참고문헌〕『順正理論』, 『大乘莊嚴經論』, *Sūtr.75·76.*

총결무진가 總結無盡歌 고려초에 균여(均如)가 지은 보현십원가(普賢十願歌) 11수 중 마지막 수. '보현보살 십대원'을 노래한 끝에 균여가 한 수(一首) 덧붙였다. 중생계(衆生界)가 다할 때까지 보현보살의 행원을 따라 행하겠다는 노래. 현대어 해석과 향찰로 표기된 원문은 다음과 같다. 『균여전』 「가행화세분 歌行化世分」(한불전4, p.514a20)에 "중생계 다하면 나의 원 다할 날 있으리라. 중생을 일깨움 끝 모를 원의 바다라네. 이같이 여겨 이렇게 행하니 향한 곳마다 선한 길이여. 이보오! 보현행원 또한 모두 부처님께서 하신 일이라네. 아아, 보현의 마음을 알아 이로써 다른 일은 버리려 하네. 生界盡尸等隱 吾衣願盡尸日置仁伊而也 衆生叱邊衣于音毛際毛冬留願海伊過 此如趣可伊羅行根 向乎人所留善陵道也 伊波普賢行願 又都佛體叱事伊置耶 阿耶普賢叱心音阿于波 伊留叱餘音良他事捨齊"라고 하였다. 〔참고문헌〕『均如傳』, 황패강 『향가문학의 이론과 해석』(일지사, 2001). ⇨ 보현십원가 普賢十願歌, 균여전 均如傳

총결무진송 總結無盡頌 균여(均如)의 총결무진가로 당대의 문신(文臣) 최행귀(崔行歸)가 다시 노래한 것. 『균여전』 「역가현덕분 譯歌現德分」(한불전4, p.516a6)에 "중생계 다하는 때를 기약 삼았으니 중생계 다함 없으니 그 뜻 어찌 옮기겠는가. 스승의 뜻은 길 잃은 자의 꿈 깨우치려 함이니 법의 노래로 원왕의 노래를 대신할 뿐이라네. 허망한 경계 버리려 마땅히 이를 외워 부르고, 참된 샘으로 돌아가려 싫어하지도 고단해 할 일도 없어야 하리. 일심으로 서로 이어져 끊임이 없으리니. 크게 견디며 보현의 자비를 따라 배울 뿐이리라. 盡衆生界以爲期 生界無窮志豈移 師意要驚迷子夢 法歌能代願王詞 將除妄境須吟誦 欲返眞源莫厭疲 相續一心無間斷 大堪隨學普賢慈"라고 하였다. 〔참고문헌〕『均如傳』. ⇨ 보현십원가 普賢十願歌, 총결무진가 總結無盡歌

총공 總供 진언과 수인으로 본존과 일체성중 모두에게 공양을 올리는 일. 밀교 작법에서 먼저 본존에게만 소향(燒香)·도향(塗香)·화(華)·등명(燈明)·음식으로 별공(別供)을 마치고 나서 한다. 『십팔계인』(대정장18, p.783c8)에 "처음 두 공양은 별공이니 오직 본존만을 별도로 봉헌하는 공양이다. 나중의 한 공양은 총공이니 본존과 모든 성중을 공양한다. 初二供養別供也 唯別奉獻本尊供 後一供養總供也 獻本尊及諸聖衆"라고 하였다.

［참고문헌］『十八契印』. ⇨ 공양 供養

총관 總觀 제법의 자성을 다 들어 함께 보다. 각각의 자성을 따로 살피는 별관(別觀)에 맞선다. 『좌선삼매경』 권하(대정장15, p.279a14)에 “인연 따라 생하기에 무상이고, 무상이기에 고이며, 고이기에 자재하지 못하고, 자재하지 못하기에 주 없으며, 주 없기에 공이다. 앞에서는 신통심법을 가히 얻을 수 없음을 별관했는데, 이제 다시 사념지 중 주를 가히 얻을 수 없으며 이 곳을 여의고 구해도 역시 가히 얻을 수 없음을 다 거둬 본다. 從因緣生故無常 無常故苦 苦故不自在 不自在故無主 無主故空 前別觀身痛心法不可得 今更總觀四念止中主不可得 離此處求 亦不可得”, 『대지도론』 권19(대정장25, p.202a18)에 “행자는 안의 몸에 깨끗함·변함없음·즐거움·아가 있는지 구하는데, 자세히 살펴 구해도 도무지 가히 얻을 수 없으니 저 앞에서 관법 설함과 같다. … 또 이 념 짓기를 ‘나 안으로 관함에 얻을 수 없는데 밖은 혹 있는가?’라 하니, 밖으로 관함에 또한 얻을 수 없으며, 스스로 념하길 ‘나 혹 잘못하였으니 이제 마땅히 안팎을 총관해야겠다’라 한다. 안을 관하고 밖을 관함은 별상이 되고, 일시에 다 관함은 총상이 된다. 총관과 별관 결코 가히 얻을 수 없으니 관하는 바 이미 마쳤다. 行者求是內身 有淨常樂我 審悉求之 都不可得 如先說觀法 … 復作是念 我內觀不得 外或有耶 外觀亦復不得 自念 我或誤錯 今當總觀內外 觀內觀外 是爲別相 一時俱觀 是爲總相 總觀別觀 了不可得 所觀已竟”, 『인왕호국경소신보기』 권4(대정장33, p.312b12)에 “제3도종성 중에 일체법 생멸 없음을 관한다란 총관이고, 소위 오수음 등은 별관이다. 第三道種性中 觀一切法無生滅者 總觀也 所謂五受陰等 別觀也”, 『화엄경탐현기』 권3(대정장35, p.154a3)에 “처음 소승사제의 아래에 각각 네 뜻 있으니, 고·공·무상·무아 이는 네 고제이고, 인·집·유·연 이는 네 집제이며, 멸·지·묘·리 이는 네 멸제이고, 도·여·적·승 이는 네 도제이니, 이상 식육은 아는 바 제를 잡은 것이다. 만약 능히 앎을 잡으면 또한 각각 넷이 있으니, 안·지·명·각을 말한다. 안은 고 등을 총관함을 이르고, 지는 과거의 고 등을 별관함을 이르며, 명은 미래의 고 등을 별관함을 이르고, 각은 현재의 고 등을 별관함을 이른다. 이 때문에 사제에 각각 넷이기에 십육을 이룬다. 初小乘四諦之下 各有四義 謂苦空無常無我 此四苦諦 因集有緣 此四集諦 滅止妙離 此四滅諦 道如迹乘 此四道諦 此上十六 約所知諦 若約能知亦各有四 謂眼智明覺 眼謂總觀苦等 智謂別觀過去苦等 明謂別觀未來苦等 覺謂別觀現在苦等 是故四諦各四 故成十六”, 같은 책 권13(대정장35, p.344a24)에 “십이연생을 순으로 하면 생하고 역으로 하면 멸하기에 세간의 생멸을 관한다고 하니, 이것이야말로 다 거둬 보는 것이다. 十二緣生 順生逆滅 故云 觀世間生滅 此是總觀”, 『화엄경소』 권45(대정장35, p.846a13)에 “무엇이 관인가? 관에는 두 종 있으니, 첫째는 총관으로 권실을 일제히 관하기 때문이고, 둘째는 별관으로 ‘이것은 실이고’, ‘이것은 권이며’, ‘권 중에 많은 차별 있다’라고 함을 모두 자세히 비춰 알기 때문이다. 云何觀 觀有二種 一總觀 謂權實齊觀故 二 別觀 此是實 此是權 權中有多差別 皆審照了故”라고 하였다. ［참고문헌］『坐禪三昧經』, 『大智度論』, 『仁王護國經疏神寶記』, 『花嚴經探玄記』, 『華嚴經疏』. ⇨ 총상 總相, 별관 別觀❶, 이관 二觀❶

총규 叢規 총림(叢林)의 청규(淸規). 『양고승전』 권5 「도안전 道安傳」(대정장50, p.353b24)에 따르면, 동진(東晉)대 도안은 승니(僧尼)의 궤범으로서 불법헌장(佛法憲章)을 크게 세 부류로 제정하였다. 첫째는 행향(行香)·정좌(定座)와 강경(講經)·상강(上講)의 법이고, 둘째는 매일 육시(六時)에 행하는 음식창시법(飮食唱時法)이며, 셋째는 포살(布薩)·차사(差使)·회과(悔過) 등의 법이다. 당대 후기에 회해(懷海)가 청규를 제정하였는데, 『칙수백장청규 勅修百丈淸規』로 유포되었다. 그 밖에 『선림비용청규 禪林備用淸規』·『일용청규 日用淸規』·『선원청규 禪苑淸規』 등이 모두 총림의 대중규범을 기록한 책이다. 『선림비용청규』 「발 跋」(卍속장112, p.148b13)에 “동림택산화상은 전후의 존숙들이 강설한 총규의 예법을 모아 품류별로 구분하여 10권으로 구성하고 『선림비용』이라는 제목을 붙였다. 東林澤山和尙 採前後尊宿 講行叢規禮法 品分十卷 目曰禪林備用”라고 하였다. ［참고문헌］『梁高僧傳』, 『禪林備用淸規』, 『歷代法寶記』(대정장51, p.182c22). ⇨ 청규 淸規

총남종 摠南宗 조선전기 종파 중 하나. 1406년(태종6)에 의정부가 선종과 교종을 합하여 남겨둘 사원을 정할 때 조계종과 함께 칠십사(寺)를 남긴다고 하였고, 바로 다음해 총남종이라 부르고 있다. 총지종(摠持宗)과 남산종(南山宗)을 합하여 총남종으로 합쳐진 것으로 여긴다. 1407년(태종7)에 의정부가 명찰(名刹)로 여러 마을의 자복사(資福寺)를 대신하도록 할 때는 총남종 소속으로 강음(江陰)의 천신사(天神寺)·임진(臨津)의 창화사(昌和寺)·삼척(三陟)의 삼화사(三和寺)·화순(和順)의 만연사(萬淵寺)·나주(羅州)의 보광사(普光寺)·창평(昌平)의 서봉사(瑞峯寺)·인제(麟蹄)의 현고사(玄高寺)·계림(雞林)의 천왕사(天王寺)를 들고 있다. 그 뒤 『세종실록』 권24 세종 6년(1424) 4월 경술에 의하면, “예조에서, ‘석씨의 도는 선교양종뿐이었는데, 그 뒤에 정전과 방전을 각기의 업으로 하여 나뉘어 칠종이 되었습니다. 잘못 전하고 거짓 이어받아 근원에서 멀어지고 그 끝 더욱 나뉘었으니, … 바라옵건대 조계・천태・총남 세종을 합하여 선종으로 삼고, 화엄・자은・중신・시흥 네종을 합하여 교종으로 삼으십시오. … '라 함에 왕이 따랐다. 禮曹啓 釋氏之道 禪敎兩宗而已 厥後正傳傍傳 各以所業 分而爲七宗 傳誤承訛 源遠而末益分 乞以曹溪天台摠南三宗 合爲禪宗 華嚴慈恩中神始興四宗 合爲敎宗 … 從之"고 한다. 〔참고문헌〕『太宗實錄』, 『世宗實錄』. ⇨ 칠종 七宗[2], 칠종십이파 七宗十二派

총동참 總同參 다 모아 함께 하게 하다. 분양십지동진(汾陽十智同眞) 중 하나다. 삼라만상 온통 함께하게 하다. 『인천안목』 권1(대정장48, p.305b4)에 "셋째 총동참. 분양이 말했다. '만상삼라가 가지런히 머리 조아려도 서로 알지 못한다고 의아해하지 말지니, 노주 마주치면 귀신 불러 댈 뿐이다. 난간에 기대어 슬퍼하며 강남 바라보는데, 호인은 주를 가져 입으로 재잘거리는구나'. 三 總同參 汾云 萬象森羅齊稽首 莫怪不相識 撞著露柱呼神喚鬼 倚欄惆悵望江南 胡人持呪口喃喃"라고 하였다. 〔참고문헌〕『人天眼目』. ⇨ 분양십지동진 汾陽十智同眞

총령 葱嶺 인도 북부에 있는 파미르(Pamir : 波謎羅・播蜜)고원. 히말라야산맥・힌두쿠시산맥・천산산맥 등의 대산맥들을 품고 있는 세계의 지붕이며, 과거 중국과 서방의 여러 나라와 인도와의 교통로였다. 총산(葱山)・설산(雪山)・극의산(極疑山) 등이라고도 한다. 동파미르・중파미르・서파미르 셋으로 나누고, 대부분 타지키스탄(Tajikistan) 동부의 고르노바다흐샨주에 속한다. 『대당서역기』 권12(대정장51, p.940a19)에 "총령은 섬부주에 의지해 있는 중에 남쪽으로는 대설산에 접해 있고, 북쪽은 열해와 천천에 이르며, 서쪽으로는 활국에 닿고, 동쪽으로는 오쇄국에 이르는데, 동서남북으로 각각 수천리다. 벼랑과 봉우리가 수백 겹이고, 계곡 또한 깊고 험준하며, 언제나 얼음과 눈이 쌓여있고 찬바람도 매섭게 분다. 총이라는 것이 많이 나기에 총령이라고 한다. 또 산과 벼랑이 짙푸르기에 마침내 이렇게 부른다. 葱嶺者 據贍部洲中 南接大雪山 北至熱海 千泉西至活國 東至烏鎩國 東西南北 各數千里 崖嶺數百重 幽谷險峻 恒積氷雪 寒風勁烈 多出葱 故謂葱嶺 又以山崖葱翠 遂以名焉", 『자은전』 권2(대정장50, p.228a13)에 "그 활국(活國)에는 사문이 있는데, 이름이 달마승가였다. (그는) 인도에 유학하였으므로 총령의 서쪽에서는 그를 법장으로 떠받들었다. 彼有沙門 名達摩僧伽 遊學印度 葱嶺已西 推爲法匠"라고 하였다. 〔참고문헌〕『大唐西域記』, 『慈恩傳』.

총륜 摠倫 19세기 대구 팔공산 동화사(桐華寺) 스님. 호는 현월(玄月). 기성당쾌선(箕城堂快善 1693~1764)의 5세 법손으로, 대은당두여(大隱堂斗如)에게 전법하였다. 스님의 영정이 동화사성보박물관에 있는데, 칠분상으로 왼쪽 어깨에 주장자를 걸치고 오른손에는 108염주를 잡고 있다. 〔참고문헌〕『팔공산 동화사』(동화사・국립대구박물관, 2009) p.162.

총림 叢林 Ⓢ Ⓟ piṇḍavana. 큰 대중(大僧衆)이 어울려 머무는 큰 사원(寺院). 현재 한국불교 전통의 조계종의 경우는 강원(講院), 율원(律院), 선원(禪院)의 삼원을 갖추고 경율론 삼장과 계정혜 삼학을 구족히 수행하는 대가람을 총림이라 하여 특별히 사격을 부여하고 그 곳의 최고지도자를 '방장 方丈'이라 부른다. 해인사가야총림, 송광사조계총림, 통도사영축총림, 수덕사덕숭총림, 백양사고불총림의 오대총림을 유지해오다 2012년 이후 동화사팔공총림・쌍계사쌍계총림・범어사금정총림 세 곳을 더하여 팔대총림이 되었으나 사격을 유지할 수 없게 되면 해제의 절차를 밟기도 한다. 총림은 본디 나무가 모여 울창한 숲(Ⓢ vana, vanaspati : 叢林)을 이루듯이 승중이 모여 있다는 뜻으로 음사어는 빈바나(貧婆那)・빈다바나(貧陀婆那)다. 아난(阿難)의 제자로 부법장(付法藏) 제3조인 상나화수(商那和修 Ⓢ Śāṇakavāsa)가 주석했던 마투라국의 사원(Ⓢ Piṇḍavana vihāra)을 총림정사(叢林精舍)로 한역한 데서 유래하였다. 인도에서는 대부분 도성(都城) 교외의 고요한 숲을 정하여 정사(精舍)를 지었기에 승중이 거처하는 곳을 고요한 난야(蘭若 Ⓢ araṇya)로 대중들의 주석처를 총림이라 하였다. 전통적으로 승가람(僧伽藍 Ⓢ saṃgha)의 뜻을 푼 말이다. 『선림보훈음의』 권1(卍속장113, p.250b8)에 "총림 : 중승이 머무는 곳이며 수행자가 마음을 깃들여 도를 닦는 곳이다. 풀들이 어지럽지 않게 가지런히 자란 모양을 총, 나무 또한 어지럽지 않게 뻗은 모양을 림이라 한다. 곧 그 안에 갖가지 정해진 법도가 있다는 말이다. 叢林 乃衆僧所止之處 行人棲心 修道之所也 草不亂生曰叢 木不亂長曰林 言其內有規矩法度也", 『대지도론』 권3(대정장25, p.83a7)에 "저 『전단비유경』에서 '어떤 전단나무숲은 이란나무가 둘러싸고, 어떤 이란나무숲은 전단나무가 둘러싸고 있다. 어떤 전단나무는 전단만으로 총림이 되고, 어떤 이란나무는 이란만으로 서로 둘러싼다. 부처님과 모든 아라한도 이와 같다. 부처님께서 선법해탈 중에 머무시면 모든 아라한도 선법해탈에 머물러 머무는 법이 서로 상응하니 권속이 장엄하다'라고 한 말과 같다. 如栴檀譬喩經中說 有栴檀林伊蘭圍之 有伊蘭林 栴檀圍之 有栴檀 栴檀以爲叢林 有伊蘭 伊蘭自相圍繞 佛 諸阿羅漢 亦復如是 佛住善法解脫中 諸阿羅漢 亦住善法解脫中 住法相應 眷屬莊嚴", 『오등회원』 권15 「지문광조장 智門光祚章」(卍속장138, p.582b2)에 "법좌에 올라 말했다. '그대들 모든 사람은 주장자를 가로로 짊어지고 이 총림에서 저 총림으로 드나드는구나. 말해 보라! 총림은 몇이나 된다든가? 전단나무에 둘러싸인 전단총림이 있고, 가시나무로 둘러싸인 가시총림이 있으며, 전단나무로 둘러싸인 가시총림이 있고, 가시나무로 둘러싸인 전단총림도 있다. 저 이와 같은 네 가지 총림중에 그대들 어느 총림에서 몸을 들이고 목숨을 보존하는가? 만약 안신입명할 곳이 없다면 부질없이 짚신만 수고롭게 할 뿐이니 염라왕 그대들 짚신 값 받을 날 있으리라'. 上堂 汝等諸人 橫擔拄杖 出一叢林入一叢林 你道 叢林有幾種 或有旃檀叢林 旃檀圍繞 或有荊棘叢林 荊棘圍繞 或有荊棘叢林 旃檀圍繞 或有旃檀叢林 荊棘圍繞 祇如四種叢林 是汝諸人 在阿那箇叢林裏 安身立命 若無安身立命處 虛踏破草鞋 閻羅王 徵你草鞋錢有日在", 『대장엄론경』 권1(대정장4, p.262b27)에 "이와 같이 중승이란 뛰어난 지혜의 숲이다. 일체선행이 그 속에 운집하였으니, 삼승해탈로 나아가는 뛰어난 도반의 무리라네. 如是衆僧者 勝智之叢林 一切諸善行 運集在其中 趣三乘解脫 大勝之伴黨",라고 하였다. 〔**총림의 변천**〕 인도기원의 대중승가인 승가람은 중국으로 전해져 풍토와 습속을 고려해 재정비되었다. 선림(禪林)을 중심으로 한 선종(禪宗)이 주도한 총림은 교종과 율종 등에도 대중공주(大衆共住)의 본보기가 되었다. 선종은 육조(六祖) 혜능(慧能) 이후 100여 년이 지난 즈음에 마조도일(馬祖道一)에 이르러 본격적인 총림을 창건하였고, 그 뒤 백장회해(百丈懷海)는 존비(尊卑)를 구분하지 않고 대중을 불러들여 대소승의 경과 율에 의지해 대중의 규범인 청규(淸規)를 제정하면서 총림체제가 정비된 이후, 당말오대(唐末五代)를 거쳐 송대(宋代)에 이르러 총림의 모습을 구족히 하였다. 선수행 대중과 탁월한 선사들이 주지하는 총림은 대부분 천 명 이상이 거처하는 거점이 되었다. 북방의 총림은 송대에 시작되었으며, 인종(仁宗) 때 변경(汴京 : 河南省 開封)에서 홍성하였고, 신종(神宗)은 칙령으로 혜림(慧林)·지해(智海)와 같은 대선원(大禪院)을 창건하도록 한 뒤로 경사의 대표적인 선림으로 정착하였다. 휘종(徽宗) 치세기였던 1103년(숭녕2) 종색(宗賾)이 『선원청규 禪苑淸規』를 엮을 무렵 총림의 면모는 한층 뚜렷해졌다. 남송대에 이르러 선종의 저명한 스님들이 배출되는 등 총림마다 융성하였다. 재상인 사미원(史彌遠)이 마침내 주청하여 강남선사(江南禪寺)를 오산십찰(五山十刹)로 사격을 부여하였고, 총림제도는 강남에 널리 퍼졌고 오랜 세월 무너지지 않았다. 총림의 규모는 초창기에는 비교적 작아서 한 절에 방장(方丈)·법당(法堂)·승당(僧堂)·요사(寮舍) 등만 있었을 뿐이었다. 주지를 대중의 장로로 존중하여 방장에 거처하게 하였으며, 초기에는 불전(佛殿)을 따로 세우지 않고 설법위주의 법당만 건립하였다. 모든 선수행자는 승당에 들어가 계랍(戒臘)이 오래된 순서에 따라 자리를 안배하고 아울러 울력에 해당하는 보청법(普請法)을 시행하여 상하의 지위를 막론하고 균등하게 생산활동에 참가하여 자급자족하였다. 또한 십무(十務 : 十職)를 두어 요사라 부르고 요사마다 수령(首領)을 두어 대중을 거두게 하였다. 〔**총림의 직제**〕 총림을 세우기 이전에 사원의 수뇌는 상좌(上座)·사주(寺主)·유나(維那 : 都維那) 등 삼강(三綱)이었고, 이들이 모두 대중을 이끌며 기강을 유지하는 승직이었다. 총림이 세워진 이후 고규(古規)에 수록된 집사(執事)로는 수좌(首座)·전주(殿主)·장주(藏主)·장주(莊主)·전좌(典座)·유나(維那)·감원(監院)·시자(侍者) 등 대중승가를 유지해 갈 소임자들이 늘어나게 되었기에 후세 총림의 조직은 나날이 방대해졌다. 『선원청규』에 수록된 총림집사의 명목은 23종이 있다. 총림제도는 송대를 거쳐 늘어났다. 원대(元代)의 『백장청규』에 이르면 그 직별이 세분되어 80종에 달한다. 총림마다 대중수에 의지해 출입이 있게 된다. 주지가 방장을 겸하여 주지를 대신하는 이름이 되었지만, 훗날 지금의 한국에서와 같이 총림의 법력을 상징하는 방장과 행정 소임의 주지를 구분하고 있다. 주지는 모든 당사(堂舍)의 우두머리이기에 당두화상(堂頭和尙)이라고도 부른다. 주지 이하 동서양서(東西兩序)의 소임을 둔다. 서서(西序)의 주요 소임은 수좌(首座)·서당(西堂)·후당(後堂)·당주(堂主)·서기(書記)·지장(知藏)·장주(藏主)·지객(知客)·요원(寮元) 등이고, 동서(東序)는 감원(監院)·부사(副寺)·유나·열중(悅衆)·시자(侍者)·장주(莊主) 등이다. 이 밖의 총림의 소임으로 반두(飯頭)·채두(菜頭)·화두(火頭)·수두(水頭)·완두(碗頭 : 行堂)·종두(鐘頭)·고두(鼓頭)·문두(門頭)·원두(園頭)·욕두(浴頭 : 知浴)·청두(圊頭 : 淨頭)·탑두(塔頭 : 塔主)·수두(樹頭 : 巡視山林·栽植樹木)·자두(柴頭)·마두(磨頭)·차두(茶頭)·탄두(炭頭)·노두(爐頭)·과두(鍋頭)·통두(桶頭)·등두(燈頭)·순산(巡山)·야순(夜巡)·향등(香燈)·사수(司水)·조객(照客)·청용(聽用) 등이 있다. 이상 소임은 등급으로 나누어 지사인원(知事人員 : 一級)·주사인원(主事人員 : 二級)·두사인원(頭事人員 : 三級)으로 통칭하였다. 규모가 적은 총림은 주사(主事)로써 지사(知事)를 겸하기도 한다. 총림대중의 크기에 따라 위의 소임들은 출입이 있기 마련이다. 방장 아래 기본조직은 사대당구(四大堂口)라 하였는데 첫째는 선당(禪堂)으로 총림의 중심이고, 둘째는 객당(客堂)으로 객승 등의 접대 및 내무를 맡으며, 셋째는 고방(庫房)으로 절의 수조(收租)와 물품의 출입 등의 일 관장하고, 넷째는 의발료(衣鉢寮)로 대중의 일상을 살피는 주지의 실무를 돕는 곳이다. 사대당구를 유나료·객당·고방·의발료라 하기도 한다. 한편, 현재 조계종의 총림법 제5조에 따르면, "총림에는 방장, 수좌, 주지, 유나, 선원장, 율주, 강주 및 염불원장을 둔다"라고 적시하고 있다. ［참고문헌］『禪林寶訓音義』, 『大智度論』, 『五燈會元』, 『大莊嚴論經』. ⇨ 청규 淸規, 아란야 阿蘭若, 사 寺[1], 빈다바나 貧陀婆那[1], 선림 禪林, 선림직위 禪林職位, 공덕총림 功德叢林, 시방찰 十方刹, 오산십찰 五山十刹

총림공론 叢林公論 송대 자암혜빈(者菴惠彬) 지음. 1권. 1680년(연보8) 발간. 1189년(순희16)에 자암혜빈이 북송(北宋)초부터 당시까지 선문(禪門)의 뛰어난 존숙들과 여러 유자(儒者)들의 일화와 유훈 등을 모아 기록하고 그들의 옳고 그름을 논한 글로 70여 항으로 이뤄져 있다. 卍속장113, pp.899a1~916a7에 수록되어 있다. 『선적지 禪籍志』에서는 본서를 높이 평가하고 있지만, 선유(先儒)들의 문사(文詞)의 득실을 논하는 등은 비판의 여지도 남겼다. 자암의 도반인 종혜(宗慧)의 서문이 실려 있다.

총림교정청규총요 叢林校定淸規總要 송대 유면(惟勉) 지음. 원대 1293년(지원30) 간행. 2권. 卍속장112, pp.1a13~55a9에 수록되어 있다. 『함순청규 咸淳淸規』·『무주청규 婺州淸規』·『교정청규』·『총림교정청규』라고도 부른다. 백장(百丈)의 고청규(古淸規) 이후 당시의 선문에 유행하고 있던 여러 판본을 교정하여 1274년(함순10)에 완성한 작품이다. 권상에는 39항목, 권하에는 20항목이 게재되어 있지만 제20항은 「무량수선사일용소청규 無量壽禪師日用小淸規」이다.

총림대중좌위도 叢林大衆座位圖 총림에서 공양(供養)·자자(自恣)·포살(布薩)시 대중이 사방으로 둘러앉는 자리배치도. 방형에 있어서, 북쪽의 북면에 불상이나 일원상(一圓相)을 모시고, 불단 향우측 벽에 오관(五觀) 향좌측에 삼함(三緘)을 붙인다. 오관은 대중의 공덕을 항시 염하고 삼함은 대중에게 보고 듣고 말하는 세 가지를 늘 경계토록 함이다. 방형의 남쪽이 상판(上板), 중앙은 중판(中板), 북쪽이 하판(下板)으로서 하판대중은 남쪽을 향하고 상판대중은 북쪽을 향해 마주 앉는다. 불단을 향해 우측인 동쪽 벽에는 '白雲' 글씨를 붙이니 이판중(理判衆)이 자리하는 백운좌(白雲座)로서 서당(西堂)이라 하며, 방장(方丈)·조실(祖室)→선덕(禪德)→수좌(首座)→열중(悅衆)→한주(閑主)→법랍순 청중(淸衆)→법랍이 적고 나이가 많은 승중(僧衆) 순으로 앉는다. 좌측인 서쪽에 '靑山' 글씨를 붙이니, 사판중(事判衆)이 자리하는 청산좌(靑山坐)로서 동당(東堂)이라 하여, 주지(住持)→삼직(三直 : 총무·교무·재무)과 도감(都監) 등 소임→법랍이 높고 나이가 어린 학인(學人)→행자(行者) 순으로 자리한다. 학인이 많은 총림에서는 중판까지 학인이 앉으므로 행자가 상판의 대덕과 마주 앉는다. 한편 선원대중이 별도의 좌위를 정할 때에는 일원상을 향해 우측 백운좌에 조실→서당수좌→선덕→수좌 등 법랍순으로 앉고, 좌측 청산좌에 입승→동당수좌→선덕→수좌 순으로 앉는다.

총림사명일영혼시식 叢林四明日迎魂施食 총림에서 연중 사대명절에 앞서간 일체혼령들을 위해 베푸는 천도의례. 기억하는 이가 있는(有主) 영가들은 물론이지만 기억하는 이가 없는(無主) 무명(無名)의 혼령 등도 다 불러 모셔 시식하기에 무차(無遮)로 행하는 의례다. 『산보집』 권중 「총림사명일영혼시식절차 叢林四明日迎魂施食節次」(한불전11, p.497c6)에는 향로전(香爐殿)에서 종을 치고 널리 청한(普請) 다음 도량대중 모두를 위해 법당(法堂)·선승당(禪僧堂)·종각(鍾閣)에서도 종을 친 뒤, 영혼단(迎魂壇)을 시설한다. 인로왕번(引路王幡)·종실번(宗室幡)·고혼번(孤魂幡)을 걸고 또 다시 종과 바라 등을 친 뒤 거불(擧佛)로 불보살을 모신다. 이후에는 지옥게를 읊으면서 선왕(先王)·선후(先后), 앞서 가신 부모, 은사·법사, 친척 등의 영가(靈駕)와 법계(法界)의 혼백, 전쟁 중에 죽은 장수와 병졸 등의 영혼을 창혼(唱魂)하여 재를 베푼다. 마지막에 『반야심경』을 독송하고 왕생정토진언을 염송한 뒤 회향한다. ［참고문헌］『刪補集』. ⇨ 대찰사명일영혼시식의문 大刹四明日迎魂施食儀文

총림성사 叢林盛事 송대 고월도융(古月道融) 지음. 1199년(경원5) 간행. 2권. 卍속장148, pp.52a1~96b10에 수록되어 있다. 말미에 둔암종연(遯庵宗演)이 1199년(경원5)에 쓴 「발문 跋文」이 붙어 있다. 저자 도융이 평소 총림에서 직접 보고 들었던 이야기와 고금의 선사나 거사들이 남긴 언행을 모아서 공부하는 이의 본보기가 되게 하였다. 「정대경참황룡 程大卿參黃龍」·「불인해동파옥대 佛印解東坡玉帶」·「보봉상차수 寶峰祥叉手」·「보자문 普慈聞」·「최암인 最菴印」 등 141항으로 구성되어 있다. 주석서로는 작자 미상의 『총림성사별고 叢林盛事別考』 1권이 있다. ⇨ 도융 道融[3]

총림양서수지 叢林兩序須知 총림의 대중이 반드시 알아야 할 일. 명대 비은통용(費隱通容) 지음. 백치행원(百痴行元) 엮음. 1권. 청규(淸規)류다. 卍속장112, pp.150a1~168b10에 수록되어 있다. 당대(唐代)에 『백장청규』 이후 그 면모가 어지러워지자 이를 바로잡기 위해 비은통용이 1638년(숭정11)에 이판인 수행승과 사판의 동서대중 모두인 양서가 알아야 할 바를 검토하고 정비케 하여 이듬해 완성하였다. 이를 의지해 대중이 화합하여 도심을 견지하고 불도에 정진하며 선풍을 드날리기를 염원하는 마음에서 지었다. 총인(總引)·서서

(西序)·동서(東序)로 되어 있고, 서서는 다시 「수좌수지 首座須知」·「서기수지 書記須知」·「장주수지 藏主須知」·「지객수지 知客須知」·「욕주수지 浴主須知」·「방장시자수지 方丈侍者須知」로, 동서는 「감사수지 監寺須知」·「유나수지 維那須知」·「부사수지 副寺須知」·「전좌수지 典座須知」·「직세수지 直歲須知」로 되어 있다.

총만 聰慢 스스로 총명하다고 여겨 으스댐. 『대비바사론』 권33(대정장27, p.173a15)에 "〈송〉 한 무리다. 총명하다 으스대는 이들은, 구경을 마침내 알 수 없다. 저들은 도를 증하지도 조복하지도 못한 채 죽는다. 〈논〉 한 무리란 외도를 말한다. 그들은 참으로 어리석지만, 스스로 총명하다고 여겨 교만을 부리므로 총만한 이라고 한다. 구경이란 부지런히 용기내어 이에 다하고 저에 다하여도 여실히 알고 보지 못하므로, 능히 알 수 없다고 하는 것이다. 一類聰慢者 不能知究竟 彼不證道故 不調伏而死 一類者 謂外道 彼實愚癡 自謂聰慧 而生憍慢名聰慢者 究竟者 謂勤勇究竟 彼於此究竟 不如實知見 名不能知", 『반야등론석』 권13(대정장30, p.119a25)에 "다시 총만을 부리는 외도가 말했다. '여래에게는 일체지가 없다. 왜냐하면 여래께서는 십사난에는 말씀하지 않으셨기 때문이다'. 또 이렇게 말했다. '여래에게는 일체지가 없다. 여래는 손다리의 죽음을 미리 알지 못했기 때문이다'. 또 다시 말했다. '여래에게는 일체지가 없다. 여래는 전차녀바라문이 훼방할 것도 알지 못했기 때문이다'. 復有外道 號聰慢者說言 如來無一切智 何以故 如來不記 十四難故 又復說言 如來無一切智 何以故 如來不記 孫陀利死故 又復說言 如來無一切智 何以故 如來不記 旃遮女婆羅門 作毁謗事故"라고 하였다. [참고문헌] 『大毘婆沙論』, 『般若燈論釋』. ⇨ 십사무기 十四無記

총명 聰明 Ⓢ medhā, medhāvin, paṇḍita, Ⓟ vyatta, viyatta, Ⓣ yid-gzhungs-pa, mkhas-pa. 들어 밝히 알다. 『별역잡아함경』 권2(대정장2, p.384c27)에 "비구들이 부처님께 또 여쭸다. '무엇을 연하기에 천안이라 이름합니까?' 부처님께서 비구들에게 말씀하셨다. '제석이 본디 사람이었을 때 극히 총명해서 일을 판단할 때면 잠깐 사이에 능히 천 가지 일을 끊었다. 이 인연으로 천안이라 이름한다'. 又問 復以何緣 名爲千眼 佛告比丘 帝釋本爲人時 極大聰明 斷事之時 須臾之間 能斷千事 以是因緣 故名千眼", 『관정경』 권4(대정장21, p.508a16)에 "그 사람은 병들지도 않고 고통도 없으며 눈도 귀도 밝아서 어둡거나 막힘이 없으며, 말솜씨와 지혜에 뛰어남이 있어서 이 신의 말씀 행하여 능히 악을 없앨 수 있네. 그 사람은 끝내 지옥에 떨어지지 않으며 아귀도와 축생도를 여의고, 세세생생 나고 죽음을 안다네. 이 경을 배우고 외워서 사람들이 존경하는 바라네. 其人不病無苦痛 耳目聰明無闇塞 言辭辯慧有殊傑 行是神典能除惡 其人終不墮地獄 離餓鬼道及畜生 世世所生識宿命 學誦此經人所敬", 『유부율잡사』 권6(대정장24, p.232a22)에 "이때 저 법회 중의 일체대중은 이 일을 보고 나서 모두 희유하다는 생각을 내며 다 말하길, '존자 사리자는 이처럼 총명하여 교만한 외도 법으로 꺾어 엎드리게 하여 출가케 했도다'. 時彼會中 一切大衆 見是事已 皆生希有 咸言 尊者舍利子 如是聰明 高心外道 以法摧伏 令使出家"라고 하였다. [참고문헌] 『別譯雜阿含經』, 『灌頂經』, 『有部律雜事』, *Laṅk.33.*, *Saṅ-v.125.*, *AN.2.8.* ⇨ 이근총명 利根聰明, 이지총명 利智聰明, 암둔 闇鈍

총명교 聰明憍 여덟 가지 으스대는 마음(八憍) 중 하나. 총명하다 여겨 으스대고 남을 가볍게 여기는 태도. 『법화문구기』 권6(대정장34, p.270c20)에 "총명교 저 교만과 같으니, 『구사론』에 '다른 이들 향하여 「나는 같다」 말하며 같다는 것을 내세워 가볍게 여긴다'. 마치 힘이 비록 모자라도 오히려 남을 가볍게 여기니 실로 남과 가지런하다 함에 있어서야 더 말할 필요도 없다. 聰明憍如憍慢 俱舍云 於他等 謂已等 於等而輕 如力雖劣尙欲輕彼 況實齊耶", 『법화경대성』 권3(卍속장51, p.207a12)에 "여섯째 총명교란, 사람들이 자기의 총명과 밝음 섬기게 해서 남을 가벼이 여기고 으스대는데, 마치 저 까치 그 성이 매우 총명하여 능히 길흉을 알려준다 믿음과 같으니 총명교는 그와 같다. 六 聰明憍 謂人恃已聰利明達 凌慢於他 如鵲性至聰 能報吉凶 故聰明憍如之"라고 하였다. [참고문헌] 『法華文句記』, 『法華經大成』. ⇨ 팔교 八憍, 만 慢

총명론 聰明論 『아비달마구사론』(대정장29, No.1558)의 별명. 『구사론송소론본』 권1(대정장41, p.813b9)에 "천부나 되는 중에 『구사론』이 하나일 뿐이다. 이것은 육족론(六足論)을 품어 거두고, 팔온(八蘊 : 八犍度論)을 삼켜들이며, 뜻으로는 여러 부를 거두지만 그 으뜸의 뜻은 오직 바르기에 서역의 학도들은 총명론이라고 한다. 千部之內 俱舍論是其一焉 斯乃包括六足 吞納八蘊 義雖諸部 宗唯以正 故得西域學徒 號爲聰明論也"라고 하였다. [참고문헌] 『俱舍論頌疏論本』. ⇨ 아비달마구사론 阿毘達磨俱舍論

총명사 聰明寺 경상남도 거제시 장승포동에 있는 절. 『거제시지』에 대한제국기 1913년에 창건되었다. 1925년에는 일본이 총명사를 없애고 신사(神社)를 세웠다. 1931년 장승마을 서남쪽에 다시 건립되었으나 다시 그 자리에 애광원(愛光園)이 설립되어 1962년 현재의 자리로 옮겼다. 1979년 중창하였으며 2017년 전통사찰로 지정되었다. 『예념미타도량참법』 5권(권6~10) 1책의 목판본이 전한다. [참고문헌] 『巨濟市誌』.

총명인 聰明人 Ⓢ paṇḍita, vidvāṃs, viduṣā, Ⓣ mkhas-pa, 'phags-pa. 듣는 귀 밝아 지혜로운 이. 『본사경』 권6(대정장17, p.690b26)에 "삼종인연으로 온갖 이양을 바라고 구하니 종종 공덕을 무너뜨리며 인천을 물러나 잃지만, 모든 총명한 사람들은 이양의 줄어듦을 만나도 그 마음 뛰어나게 안정하여 부동함이 마치 저 산왕과 같으니, 늘 정려로 편안하고 제법의 뜻을 바르게 관하며 깊고 미세한 지견 닦아 상락의 열반을 증한다네. 由三種因緣 希求諸利養 壞種種功德 及退失人天 諸有聰明人 遇利養衰損 其心善安定 不動如山王 常靜慮安然 正觀諸法義 修深細智見 證常樂涅槃", 『오분계본』(대정장22, p.199c25)에 "시기여래응정변지께서 적정승을 위해 바라제목차를 약설하셨다. '비유컨대 저 밝은 눈의 사람이 능히 험하고 나쁜 길 피할 수 있음과 같으니, 세간의 총명한 사람은 능히 온갖 악들 멀리 여읜다'. 尸棄如來應正遍知 爲寂靜僧 略說波羅提木叉 譬如明眼人 能避險惡道 世有聰明人 能遠離諸惡", 『구사석론』 권20(대정장29, p.292b13 : *Abh-k-bh.*, p.415)에 "총명한 이라면 제불의 삼종원만승덕을 사유하여 불세존이 계신 곳에서 반드시 능히 가장 극히 애념하고 존중하는 마음을 낼 것인데, (삼종원만승덕이란) 원만인승덕과 원만과승덕과 원만은승덕을 말한다. 若聰明人 思惟諸佛三種圓滿勝德 於佛世尊所 必能得生最極愛念尊重之心 謂圓滿因勝德 圓滿果勝德 圓滿恩勝德 etām-eva ca trividhāṃ saṃpadaṃ manasikurvāṇena viduṣā śakyaṃ buddhānāṃ bhagavatām-antike tīvra-prema-gauravaṃ cotpādayituṃ yaduta hetu-saṃpadaṃ phala-saṃpadam-upakāra-saṃpadaṃ ca"라고 하였다. [참고문헌] 『本事經』, 『五分戒本』, 『俱舍釋論』, *Abh-k-bh.*

총명즉별 總名卽別 함께 거둬 부르는 것의 이름이 각각의 뜻을 위해 나눠 부르는 것들과 다르지 않다. 색처(色處)가 총이라면 안색(眼色)은 별이지만 색(色)으로는 같은 뜻이다. 총즉별명(總卽別名)이라고 한다. 『순정리론』 권3(대정장29, p.346b21)에 "이에 여래께서는 그 성(聲)이나 안(眼) 등처럼 색에 있어 다른 뜻과 이름을 세우셨다. 색처라 하면 더는 다른 뜻과 이름 없기에 다 거둬 부르는 이름이니 총의 이름이 곧 각각의 것이다. 마치 능작인 여럿으로 다른 이름 세우고 다른 뜻 나투는 것과 같이 이 색처도 다른 뜻 보이기 위해 다른 이름 세웠을 뿐이다. 由是 如來於其聲等眼等色上 立異義名 色處更無異義名故 總名卽別 如能作因 諸立別名 爲顯別義 此顯別義 故卽別名"라고 하였다. [참고문헌] 『順正理論』. ⇨ 총즉별명 總卽別名

총명힐혜 聰明黠慧 Ⓢ paṇḍita. 듣는 귀 밝고 슬기로움. 『잡비유경』(대정장4, p.522c21)에 "옛날 전륜성왕 있어 먼저 999명의 아들을 낳았는데 모두 크게 단정하고 뛰어난 모습에 총명하고 슬기로웠으며 힘도 있었다. 28상을 갖춘 이도 있었고 30상을 갖춘 이도 있었으며 31상을 갖춘 이도 있었다. 昔有轉輪聖王 先生九百九十九子 皆悉成大端正殊好 聰明黠慧 兼有身力 或有具二十八相者 或具三十相者 或具三十一相者", 『유가사지론』 권35(대정장30, p.481b13 : *Bodh-bh.*, p.10)에 "모든 보살들이 만나는 선우면 성품 어리석지 않고 총명하고 슬기로워 악견에 떨어지지 않으니, 제일선우구족이라 이름한다. 諸菩薩所遇善友 性不愚鈍 聰明黠慧 不墮惡見 是名第一善友具足 bodhisattvasya mitramāditaeva-ajaḍaṃ bhavaty-adhandha-jātīyaṃ paṇḍitaṃ vilakṣaṇaṃ na ca kudṛṣṭi-patitam. iyaṃ prathamā mitra-saṃpat"라고 하였다. [참고문헌] 『雜譬喩經』, 『瑜伽師地論』, *Bodh-bh.* ⇨ 힐혜 黠慧

총무 悤務 세상살이에 안달하는 것. 총은 분주하다는 뜻. 『무량수경』 권하(대정장12, p.275a24)에 "온통 어지럽고 뒤숭숭하여 어수선하여 근심할 뿐이어서 모두 탐애뿐이어서 도에 미혹한 무리들 뿐이니 깨달은 이들 적다. 세간 총총거릴 뿐 기댈 만한 것이 없다. 존귀하든 비천하든, 윗사람이든 아랫사람이든, 가난하든 부유하든, 귀하든 천하든 부지런히 하여 고통스럽고 쉬지 않고 애쓰지만 각자 죽일 듯한 독을 품고 악한 기운마저 캄캄하니 허망한 채로 일 벌릴 뿐이다. 總猥憒擾 皆貪愛欲 惑道者衆 悟之者寡 世間悤悤 無可聊賴 尊卑上下 貧富貴賤 勤苦悤務 各懷殺毒 惡氣窈冥 爲妄興事"라고 하였다. [참고문헌] 『無量壽經』.

총문유식 總門唯識 다 들어 문을 열면 오직 식일 뿐이다. 오위백법(五位百法)의 낱낱에서 유식의 뜻을 밝히면 별문유식(別門唯識)이다. 『성유식론술기집성편』 권11(대정장67, p.20b22)에 "유식을 널리 논하면 대략 두 문이 있으니, 첫째는 총문이고 둘째는 별문이다. 이제 유식이란 말은 소위 총문유식이 이것이다. 泛論唯識 略有二門 一 總門 二 別門 今唯識言 所謂總門唯識 是也", 『대승법원의림장사자후초』 권7(대정장71, p.612c23)에 "유식에 두 문 있음을 세운다. 첫째는 별문유식이니 곧 식의 자상 때문에 등 다섯이고, 둘째는 총문유식이니 곧 식을 여의지 않기에 일체법 온통 이름하여 오직 식이다. 立唯識有二門 一 別門唯識 卽識自相故等五 二 總門唯識 卽不離識 故一切法 總名唯識也", "오법사리가 모두 식을 여의지 않기에 이 이름이 총문유식이다. … 오법으로 사와 이를 따로 설하면 별문유식이라 이름한다. 이렇게 해도 모두 식을 여의지 않기에 총문유식이라 이름한다. 五法事理皆不離識者 此名總門唯識 … 五法事理別說名別門唯識 以皆不離識 名總門唯識"라고 하였다. 〔참고문헌〕『成唯識論述記集成編』, 『大乘法苑義林章師子吼鈔』. ⇨ 유식 唯識, 별문유식 別門唯識

총민 聰敏 Ⓢ paṇḍita, medhasa, medhāvin, Ⓣ mkhas-pa, yid-gzhungs-pa. 귀 밝아 빠르게 움직이다. 『칠불경』(대정장1, p.151c6)에 "늘 자비심 행하고 삼마지 성취했으며, 제법상 통달하여 대지혜를 구족하였네. 많이 듣고 귀 밝고 재빨라 대법의 스승이 되었으니, 대중 중에 제일에 거하고 명성도 시방에 퍼졌네. 常行慈悲心 成就三摩地 通達諸法相 具足大智慧 多聞而聰敏 爲大法之師 衆中居第一 名聞於十方", 『금광명경』 권3(대정장16, p.351c4)에 "선녀천이여! 이때 지수장자의 집안엔 늦게 난 유수란 아들 있어 모양새 수승하고 단정제일이었으며, 형색이 미묘했고 위덕 구족했으며 타고난 성이 총민해서 논서들 잘 이해했으며, 종종 기예와 글쓰기와 계산에 통달하지 않음이 없었다. 善女天 爾時 持水長者家中 後生一子 名曰流水 體貌殊勝 端正第一 形色微妙 威德具足 受性聰敏 善解諸論 種種技藝 書疏算計 無不通達"라고 하였다. 〔참고문헌〕『七佛經』, 『金光明經』, *Bodh-bh.6・11・119.*

총백두 璁白頭 백발(白髮)의 개당총(芥堂璁). 백발 어깨까지 길렀기에 붙여진 별명이다. 『고애만록』 권상 「개당총선사」(卍속장148, p.146a16)에 "만년에 오문의 성인사에 주석하면서 명성이 더욱 빠르게 퍼졌다. 당시 백발이 어깨까지 늘어진 모습을 보고 총림에서 총백두라 불렀다. 晚住吳門聖因 益馳聲譽 白髮垂肩 叢林呼爲璁白頭云"라고 하였다. 〔참고문헌〕『枯崖漫錄』.

총법 總法 ❶ 자성이 같은 법들의 모임. 별법(別法)의 상대어다. 『유가사지론』 권77(대정장30, p.724b25)에 "'세존이시여, 별법을 연하여 사마타와 비발사나를 설하고, 다시 총법을 연으로 사마타와 비발사나를 설하시니, 무엇이 별법을 연하는 사마타와 비발사나이며, 또 어떤 것이 총법을 연한 사마타와 비발사나입니까?' … '만약 모든 보살이 일체계경등의 법을 모아서 한 덩어리, 하나의 모음, 한 분, 한 무더기로 연을 삼고서는 거기에 뜻을 지어 사유한다'. 世尊 如說緣別法 奢摩他 毘鉢舍那 復說緣總法 奢摩他 毘鉢舍那 云何名 緣別法 奢摩他 毘鉢舍那 云何復名 緣總法 奢摩他 毘鉢舍那 … 若諸菩薩 卽緣一切契經等法 集爲一團 一積 一分 一聚 作意思惟", 『화엄경소초』 권52(대정장36, p.412a9)에 "만법이 비록 다르지만 한 갈래 지혜로 뀀 수 있기에 총법이라 하고, 사를 따라 서로 다르게 드러나면 별법이라 부르게 된다. 萬法雖異 一智以貫 故云總法 隨事相差 名爲別法"라고 하였다. 〔참고문헌〕『瑜伽師地論』, 『華嚴經疏鈔』. ❷ 비량이 건립될 수 있는 충분한 요건으로서 모인 법. 『인명정리문론』(대정장32, p.10c15)에 "총법을 취해야만 비량이 건립될 수 있다. 取總法 建立比量"라고 하였다. 〔참고문헌〕『因明正理門論』. ⇨ 총상 總相

총법사마타비발사나 總法奢摩他毘鉢舍那 Ⓢ saṃsṛṣṭa-dharma śamatha-vipaśyanā, saṃbhinna-dharma śamatha-vipaśyanā, Ⓣ 'dres-pa'i-chos-la-dmigs-pa'i-zhi-gnas-dang-lhag-mthong. 총법을 반연하는 사마타와 비발사나. 별법(別法)을 경으로 삼는 지관(止觀) 수행에 상대한다. 『유가사지론』 권77(대정장30, p.724b25)에 "'세존이시여, 별법을 연하여 사마타와 비발사나를 설하고, 다시 총법을 연으로 사마타와 비발사나를 설하시니, 무엇이 별법을 연하는 사마타와 비발사나이며, 또 어떤 것을 총법을 반연한 사마타와 비발사나입니까?' … '모든 보살이 일체계경등 법을 연하여 모아서는 덩어리나 하나의 모음이나 하나의 부분이나 하나의 무더기로 삼아 뜻을 지어 사유하되, 이 모든 법은 진여에 수순하여 진여로 나아가며, 진여에 들어감에 임해서는 보리에 수순하고 열반을 수순하며, 전의에 수순해서, 마침내 저것으로 나아가니 만약 저에 들어가서는 이 일체법으로 한량없고 헤아릴 수 없는 선법을 널리 설한다. 이와 같이 사유하며 사마타와 비발사나를 닦는 것이 총법을 연하는 사마타와 비발사나이다'. 世尊 如說緣別法 奢摩他 毘鉢舍那 復說緣總法 奢摩他 毘鉢舍那 云何名 緣別法 奢摩他 毘鉢舍那 云何復名 緣總法 奢摩他 毘鉢舍那 … 若諸菩薩 卽緣一切 契經等法 集爲一團 一積 一分 一聚 作意思惟 此一切法 隨順眞如 趣向眞如 臨入眞如 隨順菩提 隨順涅槃 隨順轉依 及趣向彼 若臨入彼 此一切法 宣說無量 無數善法 如是思惟 修奢摩他 毘鉢舍那 是名緣總法奢摩他毘鉢舍那", 『섭대승론석』 권6(대정장31, p.416b20)에 "〔논〕 또 어떤 뜻으로 유식성에 들어가는가? 총법을 연하는 출세지관지이다. 이 후득을 연하여 종종상식지를 얻어서, 인상인 아뢰야식 상종자를 끊고, 능히 법신종자를 만나 기르게 되니, 의지한 바를 뒤쳐서, 일체의 불법을 증득하고, 일체지지를 증득하여 유식성에 들어간다. … 총법을 연한다는 것은 일체법총상으로 드러난 진여를 반연하여 경을 삼는다는 것이다. 말하자면 대승교에서 설한 일체법은 모두 진여를 자성으로 하기에 진여를 연한 즉 바로 일체법의 자성을 분명히 알 수 있기 때문이다. 만약 그렇지 않다면 비록 많은 시간이 지나도 무분별지 또한 마땅히 생하지 않는다. 論曰 復次 爲何義故 入唯識性 由緣總法 出世止觀智故 由此後得種種相識智故 爲斷及相阿賴耶識諸相種子 爲長能觸法身種子 爲轉所依 爲欲證得一切佛法 爲欲證得一切智智 入唯識性 … 由緣總法者 緣一切法總相所顯眞

如爲境 謂大乘敎中 所說一切法 皆眞如爲性故 緣眞如卽是解了一切法性 若不爾者 雖經多時 無分別智 亦應不生"라고 하였다. [참고문헌]『瑜伽師地論』,『攝大乘論釋』, *Mah-saṃ.53.* ⇨ 일체지 一切智, 후득지 後得智

총별 總別 Ⓢsamasta-vyasta, Ⓣtshogs-pa-'am-so-so. 다 거두어 모으거나 구별해 따로 두다. 여러 가지의 모양이나 뜻의 것들을 다 모아 이름짓거나 나누어 따로 이름짓는 일. 공통의 자성을 모으면 총성(總性)이라 하고 그것에 이름하면 총상(總相)이고, 각각의 성(別性)을 다시 자세히 이름하면 별상(別相)이다.『해심밀경』권5(대정장16, p.710a18)에 "'총'과 별이란 먼저 다 거두어 한마디 법으로 설하고 난 다음에, 뒤이어 여러 구로 차별하게 분별하여 샅샅이 드러내는 것이다. 總別者 謂先總說 一句法已 後後諸句 差別分別 究竟顯了",『대지도론』권31(대정장25, p.292b29)에 "온갖 법의 성품에 두 가지가 있으니, 첫째는 총성이고 둘째는 별성이다. 총성이란 무상·고·공·무아·무생무멸·무래무거·무입무출 등이며, 별성이란 불의 더운 성·물의 습한 성·마음의 식성 등과 같은 것이나 사람이 모든 악한 일을 즐겨 짓기에 악성이라 하고, 착한 일을 즐겨 모으기에 선성이라고 하는 것 등과 같은 것이다. 一切諸法 性有二種 一者 總性 二者 別性 總性者 無常 苦 空 無我 無生無滅 無來無去 無入無出等 別性者 如火熱性 水濕性 心爲識性 如人喜作諸惡 故名爲惡性 好集善事 故名爲善性",『묘법연화경우파제사』권상(대정장26, p.1c21)에 "총과 별의 상문이란, '모두 아라한이다'라는 등의 열여섯 구에서 첫 구만이 총상이고, 그 나머지 구는 별상이다. 저 아라한 이름하여 응(應)이라 하는데, 열다섯 가지 '응'의 뜻이 있음을 안다. 첫째 음식·와구 등의 공양공경을 받을 만하기 때문이고, 둘째 일체의 대중들을 교화할 수 있기 때문이며, 셋째 취락과 성읍 등에 들어갈 만하기 때문이고, 넷째 모든 외도들을 항복시킬 수 있기 때문이며, 다섯째 지혜로 빨리 법을 관찰하기 때문이고, … 열넷째 제일의의 뛰어난 공덕을 증득하기 때문이며, 열다섯째 같이 사는 모든 중생을 여실하게 알아서 모든 공덕을 얻어 일체중생을 이롭게 할 수 있기 때문이다. 總別相門者 皆是阿羅漢 等十六句 初句是總 餘句別故 彼阿羅漢 名之爲應 有十五種 應義應知 何等十五 一者 應受飮食臥具供養恭敬等故 二者 應將大衆敎化一切故 三者 應入聚落城邑等故 四者 應降伏諸外道等故 五者 應以智慧速觀察法故 … 十四者 應證第一義勝功德故 十五者 應如實知 同生諸衆 得諸功德 爲利益一切諸衆生故",『유교경론』(대정장26, p.283b1)에 "처음으로 성취해 다해 마친 이에게 세 가지 상이 있으니, 첫째는 총상이고, 둘째는 별상이며, 셋째는 총별상이다. 총상이란 저 경에서 모니라고 한 것이며, 별상이란 저 경에서 석가라고 한 것이고, 총별상이란 불이라고 한 것이다. 이 가운데 석가란 중생을 교화하는 뛰어난 방편을 보여 드러내심이고, 더해서 집안의 성이 존귀한 것이다. 모니란 일체제불의 공덕이며, 또한 그 바탕 청정함을 보인 것이다. 初成就畢竟 有三種相 一 總相 二 別相 三 總別相 總相者 如經牟尼故 別相者 如經釋迦故 總別相者 佛故 是中釋迦者 示現化衆生巧便故 復家姓尊貴故 牟尼者 一切諸佛功德故 復示自體淸淨故"라고 하였다. [참고문헌]『解深密經』,『法華經』,『大智度論』,『妙法蓮華經憂波提舍』,『遺敎經論』, *Bodh-bh.11.* ⇨ 총상별상 總相別相

총별이업 總別二業 총보업과 별보업. 각각 총보(總報)와 별보(別報)를 부르는 업인(業因)이다.『방등삼매행법』(대정장46, p.946b22)에 "행자가 과거와 금생에 비록 갖가지 온갖 행들을 지었더라도 총별이업을 벗어나지 않는다. 첫째로 총상업이 나타나고 둘째로 별상업이 나타나는데, 총상업이란 선업과 악업이란 두 업을 벗어나지 않는다. 行者 過去今生 雖造種種衆行 不出總別二業 一 總相業現 二 別相業現 總相業者 不出善惡兩業",『법화경현찬요집』권29(卍속장54, p.705a4)에 "다섯째로 총별이업을 발한다란, 무명은 총보를 발하거나 능히 총별이보를 발하는데, 이래야 비로소 무명지라 할 수 있다. 별보만을 발한다면 이 지가 아니다. 第五發總別二業者 無明發總報 及能發總別二報 方是此支 唯發別報 則非此支"라고 하였다. [참고문헌]『方等三昧行法』,『法華經玄贊要集』. ⇨ 별보업 別報業, 총보업 總報業

총별이의안심 總別二義安心 총과 별의 두 뜻으로 마음을 안주하게 하여 편안하게 하는 것. 총안심(總安心)과 별안심(別安心)을 말한다. ❶ 천태종에서 설한 십승관법(十乘觀法) 중 선교안심지관(善巧安心止觀)은 수행자의 근기를 가리지 않고 똑같이 지관법(止觀法)으로 법계에 안주하게 하므로 총안심이라 하지만, 수행자의 근기에 차별이 있기에 어떤 이에게는 해설해 주고 또 어떤 이에게는 먼저 사유하게 하며 또 어떤 이에게는 지(止)만을 닦게 하고 또 어떤 이에게는 관(觀)만을 닦게 하는 등 각자 마땅한 바에 따라 마음을 편안하게 하므로 이를 별안심이라 한다. [참고문헌]『摩訶止觀』 권5(대정장46, p.301c11. ⇨ 별안심 別安心❶ ❷ 일본 정토진종(淨土眞宗) 진서파(鎭西派)의 용어. 염흔심(厭欣心)과 보리심(菩提心)을 총안심이라 하고, 지성심(至誠心)·심심(深心)·회향발원심(迴向發願心)을 별안심이라 한다.『관경소전통기』권1(대정장57, p.502c8)에 "보리심은 총안심이고, 지성심 등은 별안심이다. 菩提心 爲總安心 至誠心等 爲別安心",『정토이장이교약송』(대정장83, p.276b11)에 "안심에는 둘 있으니 총과 별이 이것이라네. 安心有二總別是"라고 하였다. [참고문헌]『觀經疏傳

通記』, 『淨土二藏二教略頌』. ⇨ 별안심 別安心 ❷

총별칠상바라밀다 總別七相波羅蜜多 총상과 별상의 일곱 가지 뜻으로 본 바라밀다. 『해심밀경』 권4(대정장16, p.706b5)에 "선남자여, 나는 바라밀다에 위의 다섯 가지 상을 버리고는 그 밖의 청정이 있다고 결코 말하지 않는다. 그러나 나는 이와 같은 모든 일의 '총'과 '별'에 의지하여 바라밀다의 청정상을 말하겠다. 다 거두어 일체바라밀다의 청정상을 말하자면, 일곱 가지가 있으니, 첫째 보살이 이 모든 법에 대하여 타인이 알아줄 것을 구하지 않고, 둘째 이 모든 법을 보고 나서는 집착하지 않으며, 셋째 이러한 모든 법에 대하여 대보리를 얻을 수 있을까라는 의혹을 내지 않는다. 넷째 끝내 자신을 칭찬하고 남을 헐뜯고 가벼이 하는 일이 없으며, 다섯째 결코 교만하거나 방일하지 않으며, 여섯째 끝내 적은 것을 얻고서 기뻐하고 만족해 하지 않으며, 일곱째 결코 이 모든 법에 의지하여 다른 이에게 질투하거나 아까워하는 마음을 내지 않는다. 善男子 我終不說 波羅蜜多 除上五相 有餘淸淨 然我卽依如是諸事總別 當說波羅蜜多 淸淨之相 總說一切 波羅蜜多 淸淨相者 當知七種 何等爲七 一者 菩薩 於此諸法 不求他知 二者 於此諸法 見已 不生執著 三者 卽於如是諸法 不生疑惑 謂爲能得大菩提不 四者 終不自讚毁他 有所輕蔑 五者 終不憍傲放逸 六者 終不少有所得 便生喜足 七者 終不由此諸法 於他發起 嫉妬慳悋"라 하였고, 다시 별(別)에 의지하여 시청정상(七種施淸淨相)·계청정상(戒淸淨相)·인청정상(忍淸淨相)·정진청정지상(精進淸淨之相)·정려청정지상(靜慮淸淨之相)·혜청정상(慧淸淨相)에 각각 7종의 별상이 있음을 설한다. 〔참고문헌〕『解深密經』.

총보 總報 누구나가 차별없이 받는 보. 선악업(善惡業)을 인(因)으로 인천(人天) 등의 선취(善趣)나 삼악취(三惡趣)에 나는 과보를 말한다. 이에 반해 사람 중에서도 아름답거나 추한 등의 차별을 별보(別報)라 한다. 『법화현찬』 권2(대정장34, p.684b13)에 "경에서 직접 풀어 '선악의 업연으로 받는 보가 좋거나 추하다' 했는데, 받는 보가 좋거나 추함은 취로 가서 받는 과이며 선악의 업연은 능히 취로 가게 하는 인이다. 선업이 이숙인이 되고 탐 등이 윤생의 연이 되어 인천이라는 좋은 총보를 받는데, 인천의 좋은 총보는 선을 행한 중생이 돌아가는 곳이며, 악업이 이숙인이 되고 탐 등이 윤생의 연이 되어 삼악취의 추한 총보를 받는데 삼악취의 추한 총보는 악을 행한 중생이 돌아가는 곳이기에 소취라 이름한다. 經自釋言 善惡業緣 受報好醜 受報好醜 是所趣果 善惡業緣 爲能趣因 由善業爲異熟因 貪等爲潤緣 受人天好總報 人天好總報 行善衆生所歸處故 由惡業爲異熟因 貪等爲潤緣 受三惡趣醜總報 三惡趣醜總報 行惡衆生所歸處故 名爲所趣", 『화엄경소』 권14(대정장35, p.602a17)에 "총보를 잡아 취에 선과 악 있음을 밝히니, 선은 인천, 악은 삼도(三途 : 地獄 餓鬼 畜生)를 말한다. 約總報明趣有善惡 善謂人天 惡謂三途", 『주대승입능가경』 권2(대정장39, p.444b6)에 "총별보란, 첫째 총보라 하는데 제팔식에 속하며 둘째 별보라 하는데 전육식에 있다. 또 유루선업으로 말하면, 마치 저 오계 지키면 사람 몸을 불러 얻음과 같으니 이것이 총보업이며, 인 중에 성냄과 참음 등이 있어서 사람이란 총보에 곱고 추함 등이 있게 되는 것을 별보업이라 이름한다. 言總別報者 一謂總報 屬第八識 二謂別報 在前六識 且以有漏善業言之 如持五戒 招得人身 是總報業 由於因中 有瞋忍等 於人總報 而有姸醜等 名別報業", 『팔식규구보주』 권상(대정장45, p.472b18)에 "총보란 말은 선악취중에 하나의 보만으로 주인되는 것이고, 별보란 말은 장수와 요절·귀천·아름다움과 추함 등을 말한다. 所言總報者 乃善惡趣一報之主 名別報者 壽夭貴賤好醜等 是"라고 하였다. 〔참고문헌〕『法華玄贊』, 『華嚴經疏』, 『注大乘入楞伽經』, 『八識規矩補註』. ⇨ 별보 別報

총보별보 總報別報 총보와 별보. 제8식(識)의 과(果)를 총보라고 하며, 전6식(識)의 과를 별보라 하고, 이 두 가지를 합하여 총별이과(總別二果)라고 한다. 즉 제8식의 인업력(引業力)으로 초래하는 오취·사생 등의 과보를 총보라 하고, 전6식의 만업력(滿業力)으로 감득하는 각인각색의 천차만별의 과보를 별보라 한다. 『종경록』 권75(대정장48, p.831b22)에 "저 총과 별의 두 가지 보의 장애는 팔식 중에서 어느 식에 속하는가? 〔답〕 옛 해석에서 말한다. '총보는 오직 제8식에만 속하는 것이니, 제8식이 최초로 생기고 그 앞의 일곱 가지 색심 등은 모두 다른 것 의지하니 저 제8식에 의지하여 비로소 생긴다. 즉 제8식은 앞의 일곱 가지 색심 등에 다 통하고 의지가 되므로 총보라고 하며, 별보는 오직 앞의 육식에만 있고 과보를 받는 것이 각각 같을 수 없으므로 별보라고 한다'. 夫總別二報障 於八識中 定屬何識 答 古釋云 總報唯屬 第八識者 以第八最初生起 其前七色心等 皆依他第八方生 卽第八能 通與前七色心等 爲所依 得名總報 別報唯在 前六識 受報各別不同 名爲別報"라고 하였다. 〔참고문헌〕『宗鏡錄』, 『大乘百法明門論開宗義決』(대정장85, p.1076c7). ⇨ 총보 總報, 별보 別報

총보업 總報業 총보(總報)를 부르는 업. 인업(引業)이라고도 하며, 별보업(別報業)에 대칭한다. 『화엄경소초』 권31(대정장36, p.236b9)에 "〔소〕 오취의 온갖 근들의 총별보가 다르다 한 것은, 마치 저 오계를 지키면 사람의 몸을 불러 얻으니 이것이 총보업이며, 사람 중에도 성냄·참음 등이 있으므로 인이란 총보에 아름다움·추함이 있으니 별보업이라 이름한다. 疏 五趣諸根總別報殊者 如持五戒 招得人身 是總報業 由於因中 有瞋忍等 於人總報 而有姸蚩 名別報業", "유식에선 또한 인만업이라고도 하는데, 능히 제팔을 불러 이숙과를 끌어오기에 인업이라 이름하며, 능히 제육을 불러 이숙과를 채우기에 만업이라 이름한다. 唯識亦名爲引滿業 能招第八 引異熟果 故名引業 能招第六 滿異熟果 名爲滿業", 『구사론송소론본』 권17(대정장41, p.915c10)에 "〔송〕 한 업으로 한 생을 이끌고 많은 업으로 능히 가득 채운다네. 〔석〕 한 업이 한 생을 끌어온다란 인업을 푼 것으로 예전엔 총보업이라 했다. 頌曰 一業引一生 多業能圓滿 釋曰 一業引一生者 釋引業也 舊云 總報業也", 『종경록』 권75(대정장48, p.831c20)에 "또 염정의 종자를 가진다 하였으니, 바로 세 가지 잡염종자다. 첫째는 번뇌잡염이니 곧 견도와 수도에서 끊어지는 번뇌이고, 둘째는 업잡염이니 일체 선하거나 불선한 총보업이며, 셋째는 과잡염이니 곧 삼계의 총별보로서의 이숙과다. 又言持染淨種子者 卽三雜染種子 一 煩惱雜染 卽是見修煩惱 二 業雜染 一切善不善總報業 三 果雜染 卽三界總別報異熟果", 『능엄경의소석요초』 권6(卍속장16, p.993b15)에 "총보업이란 인업이다. 이 업은 업들 중에서 가장 뛰어나니, 능히 이끌어 온갖 취에 나게 하기 때문이다. 總報業者 引業也 此業 於諸業中 最勝故 卽能引生諸趣故"라고 하였다. 〔참고문헌〕 『華嚴經疏鈔』, 『俱舍論頌疏論本』, 『宗鏡錄』, 『楞嚴經義疏釋要鈔』. ⇨ 인업 引業, 별보업 別報業, 총별이업 總別二業

총본산 總本山 종지(宗旨)를 함께하는 모든 사원을 대표하는 종문(宗門)의 사찰. 시작은 불교계를 총괄하기 위해 만든 행정기관으로 일제강점기에 설치된 것으로 총본사(總本寺)라고도 하였다. 총본사의 주지인 종정(宗正)이 종정(宗政)을 모두 관리하였으며, 기존의 31본산을 모으고 그 아래 말사를 두었다. 말사란 일본에서 불교사원을 나누어 본산(本山)·직말(直末)·말파(末派)라 한 데서 기원한다. 1937년 3월 5일 총본산건설위원회가 개최된 이후 현재의 조계사 자리에 총본사 대웅전을 건립하였다. 1939년 5월 22일 총본사의 사명을 태고사로 정하고 총독부에 신청하였고, 같은 해 7월 15일 태고사 이전이 허가되었다. 1940년 11월 28일에 '조선불교선교양종'을 '조선불교조계종'으로 바꾸고 '조선불교조계종총본사태고사 朝鮮佛敎曹溪宗總本寺太古寺'라고 인가받았고, 1941년부터 1945년까지 운영하였다. 1954년 불교정화운동 후 11월 5일 태고사 간판을 제거하고 '불교조계종중앙종무원 佛敎曹溪宗中央宗務院'과 조계사 간판을 달게 되었다. 그러나 근대이후 법인법(法人法)에 의해 여러 종단(宗團)들이 설립되었고, 이에 특별히 어느 한 종단에 소속돼 종지(宗旨)를 함께하는 사찰과 대중을 위한 종무행정을 수행하는 등의 도량을 총본산이라 부르게 되었다. 〔참고문헌〕 『曹溪宗史』 근현대편(대한불교조계종교육원, 2001). ⇨ 본산 本山, 본사 本寺 ❷

총산 葱蒜 Ⓟ jīraka. 파와 달래. 오신채(五辛菜)에 속하는 푸성귀이다. 산(蒜)은 마늘이라고도 한다. 『미증유인연경』 권하(대정장17, p.581c26)에 "모든 바라문은 청정한 범행을 닦으며, 술과 고기와 오신인 파와 달래의 푸성귀를 먹지 않고, 오직 우유만을 공양으로 삼아서 시주인 단월의 죄를 멸하고 복을 낳도록 하며, 세세토록 원하는 대로 마음 좇게 한다. 諸婆羅門 修淨梵行 不食酒肉 五辛葱蒜 唯仰牛乳 以爲食資 令施主檀越 滅罪生福 世世所生 所願從心"라고 하였다. 〔참고문헌〕 『未曾有因緣經』, 『陀羅尼集經』 권6(대정장18, p.840a29), *Mi 1.63.* ⇨ 오신채 五辛菜

총상 總相 Ⓢ sāmānya-lakṣaṇa, Ⓣ spyi'i-mtshan-nyid. 어떤 법들의 모아진 자성에 붙인 이름. 자세히 나눠 다시 분별하면 별상(別相)이라 한다. 『선법요해』 권하(대정장15, p.294a25)에 "사성제에 두 가지가 있으니 총상과 별상이다. 총상의 고란 오수음이고, 별상의 고란 널리 색음과 수상행식의 음으로 분별하는 것이다. 총상의 집이란 후신을 받아 나는 것이고, 별상의 집이란 애욕 등의 여러 번뇌와 유루업·오수음의 인연을 자세하게 분별한 것이다. … 총상의 도란 팔성도이고, 별상의 도란 고법인으로부터 무학도에 이르기까지를 자세하게 분별한 것이다. 諦有二種 總相 別相 總相苦者 五受陰 別相苦者 廣分別色陰受想行識陰 總相集者 能生後身受 別相集者 廣分別愛等諸煩惱 及有漏業 五受陰因緣 … 總相道者 八聖道 別相道者 廣分別從苦法忍 乃至無學道", 『대지도론』 권19(대정장25, p.202a23)에 "안을 보고 밖을 보는 것은 별상이고, 일시에 모두 보는 것은 총상이다. 觀內觀外 是爲別相 一時俱觀 是爲總相", 『화엄오교장』 권4(대정장45, p.507c20)에 "〔문〕 무엇이 총상인가? 〔답〕 집이 총상이다. 〔문〕 이것은 단지 서까래 등의 모든 연의 화합일 뿐이지 어떻게 집이라 할 수 있는가? 〔답〕 서까래도 집이다. 서까래가 온전하게 서면 능히 집이 지어지기 때문이다. 서까래 없이는 집을 지을 수 없으니, 서까래가 있어야만 집을 짓게 된다. 問 何者是總相 答 舍是 問 此但椽等諸緣 何者是舍耶 答 椽卽是舍 何以故 爲椽全獨 能作舍故 若離於椽 舍卽不成 若得椽時 卽得舍矣"라고 하였다. 〔참고문헌〕 『禪法要解』, 『大智度論』, 『華嚴五敎章』, *Sūtr.93.* ⇨ 총상별상 總相別相, 총별 總別, 별상 別相 ❶❷, 육상 六相

총상계 總相戒 삼취계(三聚戒)·십선계(十善戒) 등을 말한다. 칠중(七衆) 각각이 따로 가져 지켜야 하는 오계(五戒)·팔계(八戒)·십계(十戒)·이백오십계(二百五十戒) 등의 별해탈계인 별상계(別相戒)에 대칭한다. 『대지도론』 권46(대정장25, p.395b18)에 "〔문〕 시라바라밀은 일체계법을 거느리니 비유컨대 저 큰 바다가 온갖 흐름 다 거둠과 같다. 소위 술 마시면 안 된다는 계와 정오를 넘겨 식사하면 안 된다는 계와 몽둥이로 중생을 때리면 안 된다는 계 등의 일들은 십선중에 거두지 않는데 어째서 단지 십선만을 설하는가? 問曰 尸羅波羅蜜 則總一切戒法 譬如大海 總攝衆流 所謂不飮酒 不過中食 不杖加衆生等 是事十善中不攝 何以但說十善", "〔답〕 부처님은 총상으로 육바라밀을 설하시니, 십선은 총상계이고 별상엔 무량계가 있다. 술 마시면 안 된다는 계와 정오를 넘겨 식사하면 안 된다는 계는 불탐욕계에 들어가고, 몽둥이로 중생을 때리면 안 된다는 계 등은 부진에계에 들어가며, 나머지 도도 뜻에 따라 서로 따른다. 答曰 佛總相說六波羅蜜 十善爲總相戒 別相有無量戒 不飮酒 不過中食 入不貪中 杖不加衆生等 入不瞋中 餘道隨義相從", "계는 신업과 구업을 말하며 칠선도로 거두지만, 십선도는 처음과 끝에 다 미친다. 마치 저 발심하여 죽이려 하면 이때 방편을 지어 나쁜 말을 하고 채찍으로 때리고 묶고 베거나 찌르고 내지 죽음에 가깝게 하니 모두 처음에 속하며, 죽은 후에 가죽을 벗기고 씹어 먹고 베고 끊고 환희함은 다 뒤라 함과 같다. 목숨 빼앗음이 본래 바탕이니 이 세 일이 화합하면 다 살생의 불선도라 이름한다. 이에 십선도를 설하면 일체계를 거둠을 안다. 戒名身業口業 七善道所攝 十善道及初後 如發心欲殺 是時作方便 惡口 鞭打 繫縛 斫刺 乃至垂死 皆屬於初 死後剝皮 食噉 割截 歡喜 皆名後 奪命是本體 此三事和合 總名殺不善道 以是故知 說十善道 則攝一切戒"라고 하였다. 〔참고문헌〕『大智度論』. ⇨ 삼취정계 三聚淨戒, 십선계 十善戒, 별해탈계 別解脫戒

총상관 總相觀 ❶ 사념처(身受心法)에 대해 비상(非常)·고(苦)·공(空)·비아(非我)라고 관하다. 총상념주(總相念住)·총상념처(總相念處)라고도 한다. 『법화현의』 권4(대정장33, p.728a6)에 "셋째 총상사념처란, 앞서 이미 별상념혜로 네 가지 전도를 깨뜨렸는데 이제 깊고 자세한 관혜로 네 전도를 모아 깨뜨리니, 경도 총이고 관도 총이거나, 경은 별인데 관은 총이거나, 경은 총인데 관은 별이기도 하며, 이음이나 삼음이나 사음이나 오음을 다 모아 관함을 다 총상관이라 이름한다. 三 總相四念處者 前已別相念慧 破四顚倒 今深細觀慧 總破四倒 或境總觀總 境別觀總 境總觀別 或總二陰 三陰 四陰 五陰 皆名總相觀"라고 하였다. 〔참고문헌〕『法華玄義』. ⇨ 사념처 四念處, 별상관 別相觀❶ ❷ 총상을 관하는 것. 『아비담비바사론』 권42(대정장28, p.317a17)에 "관에는 세 가지 있으니 첫째 별상관, 둘째 총상관, 셋째 허상관이다. … 총상관이란 저 십육성행을 모두 관함과 같다. 觀有三種 一 別相觀 二 總相觀 三 虛相觀 … 總相觀者 如十六聖行俱觀", 『화엄유심법계기』(대정장45, p.643b4)에 "이 문 중에 나아가 열어 두 관이 되니, 첫째는 총상관이고 둘째는 별상관이다. 처음이란 온처계 삼과로 비록 다르지만 오직 색과 더불어 심뿐이므로 총상이라 이름한즉 오직 법일 뿐 아인은 없음을 자세히 관찰하기에 관이라 이름한다. 就此門中 開爲二觀 一者 總相觀 二者 別相觀 初者 三科雖異 唯色與心 故名總相 卽審諦觀察 唯法而無我人 故名爲觀也", "이를 어떻게 아는가? 40권본 『대반열반경』 권20(대정장12, p.483b17)을 살펴보면 '색이 이 아버지라면 사음은 응당 아니어야 하며, 내지 화합이 아버지라면 이런 것은 있을 수 없다〈생략〉' 하였고, 『유마경』 권2(대정장14, p.545a4)에 '일어남이란 오직 법의 일어남일 뿐이고, 사라짐이란 오직 법의 사라짐일 뿐이다〈생략〉' 하였으니, 총으로 별을 거둠이어서 오직 총일 뿐 별은 아니기에 총상관이라 이름한다. 此云何知 按涅槃經云 若色此父 四陰應非 乃至和合是父者 無有是處等 又維摩經云 起唯法起 滅唯法滅等 卽以總收別 唯總而非別 故名爲總相觀也"라고 하였다. 〔참고문헌〕『阿毘曇毘婆沙論』, 『華嚴遊心法界記』, 『大般涅槃經』, 『維摩經』. ⇨ 별상관 別相觀❷

총상념주 總相念住 법들의 모아진 자성을 다 거둬 생각해 머무는 것. 삼현(三賢) 또는 칠현(七賢) 중 하나로 신수심법(身受心法)에 대해 비상·고·공·비아(非常 苦 空 非我)임을 관하는 법념주(法念住 : 法念處)를 말한다. 총상념처(總相念處)라고도 하며 별상념주(別相念住)에 대칭한다. 『순정리론』 권61(대정장29, p.677c7)에 "이와 같이 부정관과 지식념이라는 두 가지 가행을 익혀 닦아 마치고는 차제로 소연이 뒤섞이지 않게 이끌어 신수심법에 염주해 현전케 한다. 다시 섞이지 않은 연의 법념주 틈새없이 하여 소연이 뒤섞인 법념주를 이끌어 일으켰다면, 다음으로 공상을 다 모아 연한 공상의 법념주를 수습한다. 如是熟修不淨觀持息念 二加行已 能次第引所緣不雜 身受心法念住現前 復於不雜緣法念住無間 引所緣雜法念住生 次應修總緣共相法念住", 『구사론기』 권23(대정장41, p.344b19)에 "총상념주 이전에 가행위에서는 이 두 가지(三義觀·七處善)를 일으킨다. 따라서 논에서는 다음처럼 말한다. '소연이 뒤섞인 법념주에는 모두 네 가지가 있으니, 두 가지 온과 세 가지 온과 네 가지 온과 다섯 가지 온으로 경을 달리 한다. 오직 다 모아 다섯 가지 이름을 닦을 바라 한다. 그는 여기(법념주)에 머물면서 네 가지 행상을 닦는데, 모든 신수심법을 이른바 비상·고·공·비아라고 다 거둬 관하는 것을 말한다'. 總相念住前加行位起此二種 故正理六

十一云 論曰 雜緣法念住總有四種 二三四五蘊爲境別故 唯總緣五名此所修 彼居此中修四行相 總觀一切身受心法 所謂非常苦空非我"라고 하였다. 〔참고문헌〕『順正理論』·권61(대정장29, p.677c13), 『俱舍論記』. ⇨ 별상념주 別相念住, 법념처 法念處, 삼현 三賢, 칠현 七賢 ❶

총상념처 總相念處 총상념주(總相念住). 『법화현의』 권4(대정장33, p.727c13)에 "칠현위란, 첫째는 오정심관, 둘째는 별상념처, 셋째는 총상념처다. 七賢者 一五停心 二 別相念處 三 總相念處", 원측(圓測)의 『해심밀경소』 권6(한불전1, p.315b3)에 "사념처로 연하는 경들에 대해 무상과 무아 등이라고 다 거둬 관하는 것을 총상념처라 한다. 於四念處所緣境中 總觀無常及無我等 是總相念處"라고 하였다. 〔참고문헌〕『法華玄義』, 『解深密經疏』. ⇨ 총상념주 總相念住, 칠현 七賢 ❶

총상념처위 總相念處位 총상을 기억해 머무는 위. 총상념주위(總相念住位)라고도 한다. 『법화현의』 권4(대정장33, p.728a6)에 "(칠현위 중) 세 번째, 총상사념처란 앞서 별상념처의 혜로 네 가지 전도를 부수고 이제 깊고 미세한 관혜로 네 가지 전도를 다 거둬 부순다. … 이중에서 또한 선교방편으로 사정근·사여의족·칠각지·팔정도를 낳을 수 있어 지체 없이 다음 법으로 들 수 있기에 총상념처위라 한다. 三 總相四念處者 前已別相念慧 破四顚倒 今深細觀慧 總破四倒 … 是中 亦巧方便 能生正勤 如意七覺八道 疾入後法 故名總相念處位也"라고 하였다. 〔참고문헌〕『法華玄義』.

총상법 總相法 Ⓟ dhammanvaya. 부처의 교설에 한결같이 통하는 법. 총론적 의미의 법을 말한다. 팔리어로는 법에 의지한 추론, 추론지(推論知 Ⓢ anumāna-ñāṇa)를 뜻한다. 『장아함경』 권12 「자환희경 自歡喜經」(대정장1, p.76c19)에 "사리불이 부처님께 아뢰었다. '제가 과거미래현재에 모든 부처님들 마음 생각하신 바를 잘 알 수 없지만, 부처님들께서 언제나 말씀하시는 법은 제가 알 수 있습니다'. 舍利弗白佛言 我於過去未來現在 諸佛心中所念 我不能知 佛總相法我則能知", 『아비담비바사론』 권37(대정장28, p.275a26)에 "존자 아니로두가 말했다. '나는 계에 의지해 계를 세워서 무상지혜의 집으로 오른다. 또 다시 혜로는 능히 별상법과 총상법을 세우고, 별상법도 이해하고 총상법도 이해할 수 있다. 자체의 어리석음을 깨뜨리고 연중에 어리석음을 깨뜨릴 수 있어서 모든 법에 있어 전도 없음을 얻는다'. 尊者阿尼盧豆所說 我依戒立戒昇無上智慧堂 復次 慧能立別相總相法 能解別相法 能解總相法 能破自體愚 能破緣中愚 於諸法中 得不顚倒"라고 하였다. 〔참고문헌〕『長阿含經』, 『阿毘曇毘婆沙論』, *DN.3.100.*

총상별상 總相別相 총상(Ⓢ sāmānya-lakṣaṇa)과 별상(Ⓢ viśeṣa-lakṣaṇa). 여러 이름을 가진 법들이 함께 가지는 자성을 총상이라 하고, 그 법들이 다시 각각의 자성을 가져 이름을 달리하는 것을 별상이라 한다. 『선법요해』 권하(대정장15, p.294a25)에 "진실의 뜻인 제에 둘이 있으니, 총상과 별상이다. 총상의 고라 하면 오수음이고, 별상의 고라 하면 넓게 분별한 색음과 수상행식음이다. … 총상의 도란 팔성도이고, 별상의 도란 고법인으로부터 무학도에 이르기까지를 자세하게 분별한 것이다. 저 사제를 통달하지 못하는 이는 오도를 돌고 돈다. 諦有二種 總相別相 總相苦者 五受陰 別相苦者 廣分別色陰 受想行識陰 … 總相道者 八聖道 別相道者 廣分別從苦法忍 乃至無學道 若不通達四諦者 則輪轉五道", 『대지도론』 권31(대정장25, p.293a26)에 "〔문〕 어떤 것들이 총상이고, 어떤 것들이 별상인가? 〔답〕 총상이란 저 무상 등이고, 별상이란 모든 법 비록 모두 무상하나 각각 따로 상이 있으니, 마치 땅의 견고한 상이나 불의 따뜻한 상과 같은 것이다. 〔문〕 앞에서 이미 성(性)을 말했고 여기서는 상(相)을 말하는데, 성과 상은 어떤 다름 있는가? 〔답〕 어떤 사람은 말한다. '실제로는 다름이 없고 이름에 차별이 있을 뿐이니, 성을 말하면 상을 말하는 것이고, 상을 말하면 성을 말하는 것이다. 비유하자면 불의 성을 말하는 것이 열의 상이고, 열의 상을 말하는 것이 불의 성이다'. 또 어떤 사람은 말한다. '성과 상에는 조금 차별이 있으니, 성은 그 바탕 말하고, 상은 분별해 아는 것을 말한다. 예를 들면 석가모니부처님의 제자가 금계(禁戒)를 수지하는 것은 성이고, 머리를 깎고 물든 누더기 옷을 입는 것은 상이다'. 問曰 何等是總相 何等是別相 答曰 總相者 如無常等 別相者 諸法雖皆無常 而各有別相 如地爲堅相 火爲熱相 問曰 先已說性 今說相 性相有何等異 答曰 有人言 其實無異 名有差別 說性則爲說相 說相則爲說性 譬如說火性 卽是熱相 說熱相卽是火性 有人言 性相小有差別 性言其體 相言可識 如釋子受持禁戒 是其性 剃髮割截染衣 是其相", 『대승의장』 권4(대정장44, p.554b26)에 "모든 상에는 두 가지가 있다. 첫째 동상이니 총상이라고도 한다. 둘째 별상이니 이상이라고도 한다. 고무상 등은 동상이고, 색향미 등은 별상이다. 諸相有二 一者 同相 亦名總相 二者 別相 亦名異相 苦無常等 是其同相 色香味等 是其別相"라고 하였다. 〔참고문헌〕『禪法要解』, 『大智度論』, 『大乘義章』, 『大乘玄論』 권4(대정장45, p.61a17). ⇨ 총상 總相, 별상 別相, 총별 總別, 육상 六相

총서 聰諝 고려전기 개성 홍원사(洪圓寺) 스님. 자는 범진(梵眞), 호는 광제(廣濟). 속성은 박(朴)씨. 문렬공(文烈公) 박인량(朴寅亮)의 둘째 아들. 1139년 5월 17일 홍왕사 감덕원(感德院)에서 세수 86, 법랍 75세를 일기로 입적하였다. 같은 달 23일에 다비하고 7월 19일 영수산(靈秀山) 홍호사(弘護寺)의 서쪽 산에 탑을 세워 유골을 안치하였다. 〔참고문헌〕「洪圓寺廣濟僧統聰請墓誌銘」(『韓國金石全文』 中世上, p.622). ⇨ 광제 廣濟 ❶, 광제승통 廣濟僧統

총석 叢席 대중이 빽빽히 자리한 곳. 각각의 자리에서 수행하는 이들이 모여 숲을 이루는 곳으로 총림(叢林)을 말한다. 경사(經肆)·경석(經席)과 대칭한다. 『불조역대통재』 권19 「동림상총장 東林常總章」(대정장49, p.674b11)에 "총석이 이처럼 번성한 경우는 근세에 없었다. 叢席之盛 近世所未有也", 『입중일용』(卍속장111, p.943a5)에 "그저 따르기만 하면 폐단이 되어 개혁은 참으로 어려워지고 마침내 총석이 황량함에 이르니, 나아가 사람의 마음마저 뒤집혀 나태해졌다. 循襲成弊 改革固難 致令叢席荒凉 轉使人心懈怠", 『원오어록』 권20 「변위 辯僞」(대정장47, p.810a21)에 "이 늙은이 한 평생 총석을 많이도 돌아다니면서 선지식들에게 두루 법을 물었고 기꺼이 온갖 종파의 주장 즐겨 궁구하였다. 비록 그것들 다 꿰어차지는 못했지만 대부분은 이해하였다. … 안목을 갖춘 납자라면 자세히 살펴서 물고기 눈(원오를 사칭하는 자들)을 밝은 구슬(원오 자신)로 오인하지 말기 바란다. 老漢生平 久歷叢席 遍參知識 好窮究諸宗派 雖不十成洞貫 然十得八九 … 請具眼衲子詳觀之 勿認魚目作明珠也"라고 하였다. 〔참고문헌〕『佛祖歷代通載』, 『入衆日用』, 『圜悟語錄』. ⇨ 총림 叢林

총석다라니의찬 總釋陀羅尼義讚 불공(不空 705~774) 삼장 한역. 1권. 『총석다라니의경 總釋陀羅尼義經』이라고도 하고, 줄여서 『다라니의찬』이라 한다. 대정장18, p.898a3~b28, No.902에 수록되어 있다. 먼저, 돈오보살(頓悟菩薩)은 진언다라니문에 의지하여 부처를 이룬다고 하며, 다라니의 뜻이 총지(總持)임을 밝힌다. 다라니를 지님에 법지(法持)·의지(義持)·삼마지지(三摩地持)·문지(文持)의 네 가지로 푼다. 이어 진언(眞言)의 '진'은 진언상응(眞如相應)의 뜻이고 언은 진전의(眞詮義)라 하며, 이 역시 법·의·삼마지·문(法義三摩地文)의 네 뜻에 따라 풀었다. 이와 같이 또 밀언(密言)과 명(明)을 풀며 이 역시 네 뜻을 갖추어서 밝혔다. 〔참고문헌〕『靈巖寺和尙請來法門道具等目錄』(대정장55, p.1072b10), 『惠運律師書目錄』(대정장55, p.1090c14).

총설 總說 ❶ Ⓢ samukti, Ⓣ tshogs. 마음으로 떠올린 모습들의 공통된 모습을 합해 모은 뜻에 이름 붙여 말하는 것. 글자들을 일으켜 뜻을 내는 명신(名身)을 가리키는 말이다. 『구사론』 권5(대정장29, p.29a18 : *Abh-k-bh.*, p.80)에 "무엇을 명 등 신이라 하는가? 마음으로 떠올린 상들을 모아 설한 것이다. 총설이라는 말은 합하여 모은 뜻이니, 합집의 뜻 중에 온차(嗢遮 Ⓢ √uca)라는 계(字界)를 설하였기 때문이다. 여기서 명신이란 색성향 등을 말하며, 구신이란 '제행무상하고 일체법무아이며 열반적정이다' 말하는 등을 말한다. 云何名等身 謂想等總說 言總說者 是合集義 於合集義中 說嗢遮界故 此中名身者 謂色聲香等 句身者謂諸行無常 一切法無我 涅槃寂靜等 yo 'rthaḥ samavāya iti so 'rthaḥ samuktir-iti. tatra nāmakāyas-tadyathā rūpa-śabda-gandha-rasa-spraṣṭavyāni-ity-evam-ādi. padakāyaḥ tadyathā sarvasaṃskārā anityāḥ sarvadharma anātmānaḥ śāntaṃ nirvāṇam-ity-evam-ādi", 『구사론기』 권5(대정장41, p.109a21)에 "온차는 합해 모은 뜻이니 곧 총설 또한 합집임을 알 수 있다. 따라서 합집의 뜻 중에서 온차계를 설함으로써 총설이라는 말이 합집이라는 뜻임을 증명한 것이다. 이는 곧 총설로써 '신'을 푼 것이다. 따라서 반드시 복수의 이름 등이 합하고 모여야 명신 등이라는 뜻이 됨을 알 수 있다. 嗢遮是合集義 卽知總說 亦是合集 故以合集義中 說嗢遮界 以證總說是合集義 卽以總說解身 故知必以多名等合集 爲名身等義"라고 하였다. 〔참고문헌〕『俱舍論』, 『俱舍論記』, *Abh-k-bh.* ❷ 다 거두어 말하다. 나누지 않고 설하다. 『대지도론』 권2(대정장25, p.66a27)에 "'이와 같이 저는 들었습니다. 한 때에'라는 말에 대해 지금 다 거둬 설할 것이다. 如是我聞一時 今當總說", 『순정리론』 권27(대정장29, p.491c11)에 "이를테면 부처님께서는 유(有)에는 간략히 세 가지 있다고 다 거둬 설하셨기에, 유지(有支)란 일체유를 거둔 것임을 알아야 할 것이다. 謂佛總說 有略有三 故知有支 攝一切有"라고 하였다. 〔참고문헌〕『大智度論』, 『順正理論』.

총섭 摠攝 고려후기에서 조선전기에 걸쳐 제수되기 시작한 승직(僧職). 특히 임진왜란 발발직후 서산휴정(西山休靜 1520~1597)이 '팔도선교십육종도총섭 八道禪敎十六宗都摠攝'으로 제수된 이래 계속 존치되었고, 승군(僧軍)을 통솔하게 된 총섭제도를 근간으로 궁궐 조영, 사고(史庫) 수호, 산성 축조와 수비 등 여러 토목공사 등도 주관하게 되면서는 애초에 이 직을 제수한 뜻의 자비와 지혜의 불법(佛法)을 수행하는 스님들, 즉 승중(僧衆)의 우두머리로서의 총섭이 아니라 나라의 토건과 수비를 담당하는 우두머리로 그 본분을 달리하게 되었다. 이색(李穡 1328~1396)의 「보제존자시선각탑명병서 普濟尊者謚禪覺塔銘 幷序」(『동문선』 권119)에 "신해년(1371·공민왕20) 8월 26일에 … 왕사 대조계종사 선교도총섭 근수본지중흥조풍복국우세보제존자로 봉하였다. 辛亥八月二十六日 … 封爲王師大曹溪宗師禪敎都摠攝勤修本智重興祖風福國祐世普濟尊者", 『문종실록』 권2 즉위년(1450) 7월 16일(무오)에 "신미스님을 '선교종도총섭밀전정법비지쌍운우국이세원융무애혜각존자'로 하여 금란지에 관교를 쓰고 자초폭으로 싸서 사람을 보내어 드렸는데, 우리나라에 이와 같은 승직은 없었다. 임금이 이 직을 수여하고자 일찍부터 정부에 의논하였는데, 정부가 교지를 따라 이의가 없었으므로 드디어 봉작하였기에 듣는 사람이 놀라지 않는 바가 없었다. 以僧信眉爲禪敎宗都摠攝密傳正法悲智雙運祐國利世圓融無礙慧覺尊者 以金鸞紙書官敎 裹以紫綃幅 遣人就賜之 我朝以來 無如此僧職 上欲授此職 嘗議于政府 政府順旨 無有異議 竟致封爵 聞者莫不驚駭", 최립(崔岦 1539~1612)의 『간이집』 권3 「증도총섭엄상인시서 贈都總攝嚴上人詩序」에는 "임진년 이래 … 의승병 일으키는 일이 더욱 잦아져 관 이름을 붙이지 않을 수 없었으므로, 팔로에 각각 총섭을 두되 반드시 어질고 유능한 분을 발탁하고, 나라 안에는 한 명의 도총섭을 두어 한층 장려하고자 모든 이들 거느릴 만한 직질로 제수하였다. 洎壬辰以來 … 而倡帥之事益殷 則不得不官爲名稱 於是八路各有總攝 必擢良能爲之 而擧國之中 置一都總攝 益加恩獎 授以僉樞職秩", 『조선불교통사』 권하 pp.821~823의 「양종판사종무분담 兩宗判事宗務分擔」에는 "도총섭의 직권은 남한산성과 북한산성 두 곳 치영의 승군 통솔을 중시하였고, 그밖에 능원·사고 등 중요 지역에 있는 사찰에는 총섭을 두고 승장이라고 불렀는데, 이것을 군포사찰이라고 일컫는다. 都摠攝之職權 注重於統率僧軍 南漢北漢兩處緇營 其他陵園史庫等重地所在寺刹 置摠攝 號僧將 此等謂之軍砲寺刹", 『선조실록』 권184 38년(1605) 2월 23일(정묘)에 "황해감사 권희가 '신이 수양산성을 돌아보았습니다. … 성내에는 은적사가 있는데 스님 수백 분이 머무를 수 있습니다. 이제 본향의 스님을 모셔 머무르게 하고, 능함이 있는 스님 한 분을 총섭으로 삼아 주관하게 할 것입니다'. 黃海監司權憘啓 臣周覽首陽山城 … 城中有隱迹寺 可容僧數百 時方召聚本鄕僧 勒令入接 擇能幹僧一人 摠攝稱號 使之主管", 『조선불교통사』 권하 「팔도총섭도덕중망 八道摠攝道德重望」 p.826에 "대구 팔공산 동화사에는 수릉향탄봉산수호총섭을 두었다. 大邱八公山桐華寺 置綏陵香炭封山守護摠攝"라고 하였다. 〔참고문헌〕 『東文選』, 『文宗實錄』, 『簡易集』(韓國文集叢刊49, p.282b7), 『朝鮮佛敎通史』, 『宣祖實錄』. ⇨ 도총섭 都摠攝, 승직 僧職

총섭 總攝 따로 인 것들을 다 모아 거두다. 『대방등대집경』 권17(대정장13, p.119b11)에 "그때 허공장보살이 범천에게 말했다. '한마디로도 능히 일체불법을 모두 거두는데, 무엇이 그 하나인가? 욕을 여의는 한마디다. 왜냐하면 일체불법은 이욕으로 다 같다. 저 불법과 같이 일체법 또한 그러하다. 범천이여, 이것이 한마디로 일체불법을 모두 거둔다는 것이다. 다시 범천이여, 단 하나 공하다는 말로 일체불법을 모두 거둘 수 있으니, 일체불법은 공에 있어서는 한결같기 때문이다. 저 불법과 같이 일체법도 그러하다. 범천이여, 이것이 한마디로 일체불법을 모두 거둔다는 것이다. … 범천이여, 이 일구로 일체불법을 모두 거둔다. 그 까닭은 무엇인가? 이와 같은 등 구 실은 다 구는 아니다. 일체불법은 구는 아니지만 이름 빌려 구라고 할 뿐이다'. 爾時 虛空藏菩薩語梵天言 一句 亦能總攝一切佛法 何謂爲一 所謂離欲句 所以然者 以一切佛法同於離欲 如佛法 一切法亦然 梵天 是爲一句 總攝一切佛法 復次 梵天 一空句 總攝一切佛法 一切佛法同於空故 如佛法 一切法亦然 梵天 是爲一句 總攝一切佛法 … 梵天 是爲一句 總攝一切佛法 所以者何 以如是等句皆非句故 一切佛法非句 假名爲句"라고 하였다. 〔참고문헌〕 『大方等大集經』.

총성 總性 여러 법에 통하는 성. 각기 따로 가지는 별성(別性)에 맞선다. 『대지도론』 권31(대정장25, p.292c24)에 "또한 생도 없고 멸도 없는 성 또한 실답지 않다. 어째서인가? 만약 실답다면 상견에 떨어지니, 일체법이 변함없다면 죄도 없고 복도 없을 것이며, 있는 것은 늘 있고 없는 것은 늘 없으며 없는 것은 생하지 않고 있는 것은 잃지 않을 것이다. 저 생하지도 않고 멸하지도 않는 성도 가히 얻을 수 없거늘 하물며 생하고 멸하는 성은 어떻겠는가! 옴도 없고 감도 없으며 들어감도 없고 나감도 없는 등의 모든 총성 또한 이와 같다. 復次 無生無滅性 亦不實 何以故 若實 則墮常見 若一切法常 則無罪無福 若有者 常有 無者 常無 若無者 不生 有者 不失 如不生不滅性 不可得 何況生滅性 無來無去 無入無出等 諸總性 亦如是", "또한 열성과 불이 다르다면 불은 뜨겁지 않을 것이고, 열과 불이 하나라면 어떻게 열이 불의 성이라고 말하겠는가? 나머지 성 또한 이와 같으니, 총성도 별성도 없기에 이름하여 성공이라 한다. 復次 若熱性與火異 火則非熱 若熱與火一 云何言熱是火性 餘性亦如是 是總性別性無故 名爲性空", 『대승광백론석론』 권6(대정장30, p.217a17)에 "총성은 즉 제법의 공상이다. 이 때문에 공상은 실체가 있지 않으니, 다만 모든 세간에서 임시로 함께 시설한 것일 뿐이다. 總性 卽是諸法共相 是故共相 非有實體 但諸世間 假共施設", 『대일경의석연밀초』 권5(卍속장37, p.121a1)에 "성공이란 제법의 성이 늘 공임을 말한다. 성공에 둘 있으니 첫째는 총성으로 무상·고·공·무아·무생·무멸·무거·무래 등을 이르며, 둘째는 별성으로 저 불의 열성·물의 습성·심의 식성 등을 이른다. 이와 같은 모든 성들이 다 공성이어서 가히 얻을 수 없기에 이를 성공이라 이름한다. 性空者 謂諸法性常空故 性空有二 一者 總性 謂無常 苦 空 無我 無生 無滅 無去 無來等 二 別性 謂如火熱

性 水濕性 心爲識性等 如是諸性 皆空性不可得故 是名性空"라고 하였다. [참고문헌]『大智度論』, 『大乘廣百論釋論』, 『大日經義釋演密鈔』. ⇨ 별성 別性, 이성 二性[4], 총상 總相, 공상 共相

총수다라 總修多羅 일체경(一切經) 즉 십이분교(十二分敎)를 다 들어 부르는 말. 별수다라(別修多羅)에 대칭한다. 『대승의장』 권1(대정장44, p.467a22)에 "수다라를 뜻으로 나누면 셋이 있다. 첫째는 총수다라인데 십이분교 꾸려 거두니 모두 하나의 수다라로 이뤄지지 않음이 없기에 『열반경』에 '「이와 같이」로 시작하여 「받들어 행했다」로 끝날 때까지 이와 같은 일체를 수다라라 이름한다' 하였다. 修多羅中 義別有三 一 總修多羅 絃攝十二 莫不皆成一修多羅 故涅槃云 始從如是 終至奉行 如是一切 名修多羅"라고 하였다. [참고문헌]『大乘義章』. ⇨ 십이분교 十二分敎, 별수다라 別修多羅

총수별수 總受別受 수계(受戒)함에 있어 계목(戒目)을 단번에 모아서 받는 것과 계목마다 따로따로 받는 것. 통수별수(通受別受)라고도 한다. 『선견율비바사』 권16(대정장24, p.788c17)에 "십계 받음에 두 가지가 있다. 첫째는 별수, 둘째는 총수다. 무엇이 별수인가? '저는 불살생계를 받습니다. 저는 불살생계를 받습니다. 저는 불살생계 받기를 마쳤습니다'라 하며 이처럼 차제로 하고 또한 이와 같이 설하면, 이를 별수라 한다. 受十戒有二種 一者 別受 二者 總受 云何別受 我受不殺 我受不殺 我受不殺竟 如是次第 亦如是說 是名別受", "무엇이 총수인가? '저는 첫째 불살생계, 둘째 불투도계, 셋째 불음행계, 넷째 불망어계, 다섯째 불음주계, 여섯째 오후 넘어 먹지 않는 계, 일곱째 노래 부르고 춤추며 엄식한 채로 악기를 두드리지 않고 또한 일부러 가서 보거나 듣지 않고 내지 싸움질에 이르기까지 보지 않는 계, 여덟째 몸에 향수를 뿌리거나 영락을 걸치거나 분칠을 하지 않는 계, 아홉째 높고 너르고 큰 상 위에 앉거나 눕지 않는 계, 열째 생색(生色)과 상색(像色)을 걸치거나 지니지 않는 계를 모두 받습니다'라고 함이다. 云何總受 我受 一 不殺生 二 不偸盜 三 不婬 四 不妄語 五 不飮酒 六 不過中食 七 不歌舞作倡嚴飾樂器 亦不故往觀聽 乃至鬪諍悉不得看 八 不著香花瓔珞以香塗身 九不高廣大床上坐臥 十 不得捉持生像"라고 하였다. [참고문헌]『善見律毘婆沙』, 『菩薩戒本疏』 권하(대정장40, p.685a2). ⇨ 통수별수 通受別受, 분만계 分滿戒

총신 聰信 조선후기 강진 만덕사(萬德寺 : 白蓮寺) 스님. 건륭년간(乾隆年間 1736~1795)에 활약하였던 선사. 호는 월인(月印). 출가 본사는 해남 미황사(美黃寺)였으나, 뒤에 백련사에서 오랫동안 주석하였다. 글씨를 잘 썼으며, 입적한 후 만덕사에 탑을 세웠다. [참고문헌]『萬德寺志』(亞細亞文化社, 1977) p.146.

총아 總我 모든 것을 다 거느려 행하는 아(我). 현재에 분명히 있고, 생로병사로 변이하다가 사라져 없어지는 이 모든 것을 주관하는 아(我)를 총아(總我)라 하는데, 이는 집착해 일어나는 사견(邪見)이다. 『구사론』 권26(대정장29, p.137b10 : *Abh-k-bh.*, p.401)에 "현재의 총아라는 것에 집착하는 데에는 다섯 가지로 다른 것이 있다. 첫째는 아라는 것이 현재 결정코 있다고 집착하는 것이고, 둘째는 아가 현재 이와 같이 있다고 집착하는 것이며, 셋째는 아가 현재 변이하면서 있다고 집착하는 것이고, 넷째는 아가 현재 있다고 집착하는 것이며, 다섯째는 아가 현재는 없다고 집착하는 것이다. 미래의 총아에 집착하는 경우에도 다섯 가지 차이가 있다. 첫째는 아가 미래에 결정코 있다고 집착하는 것이고, 둘째는 아가 미래에 이와 같이 있다고 집착하는 것이며, 셋째는 아가 미래에 변이하면서 있다고 집착하는 것이고, 넷째는 아가 미래에 있다고 집착하는 것이며, 다섯째는 아가 미래에 없다고 집착하는 것이다. 執現總我有五種異 一 執我現決定有 二 執我現如是有 三 執我現變異有 四 執我現有 五 執我現無 執當總我亦有五異 一 執我當決定有 二 執我當如是有 三 執我當變異有 四 執我當有 五 執我當無 asmīti bhikṣavaḥ sāti itthamasmīti bhavati evamasmīti bhavati anyathā 'smīti sadasmīti asadasmīti. bhaviṣyāmītyasya bhavati na bhaviṣyāmi itthaṃ bhaviṣyāmi evaṃ bhaviṣyāmi evaṃ bhaviṣyāmi śranyathā bhaviṣyāmi", 『구사론기』 권26(대정장41, p.393b13)에 "첫째는 총아가 현재 결정코 그 자성이 있다고 집착하는 것이고, 둘째는 총아가 바라문이나 찰제리 등과 같은 것으로서 이렇게 현재한다고 집착하는 것이며, 셋째는 총아가 현재 변이하면서 있으니, 즉 영아·동자·소년·성년·노년으로 변이하여 같지 않을 뿐이다라고 집착하는 것이고, 넷째는 총아가 삼세 중에 바로 이 현재세에 있다고 집착하는 것이며, 다섯째는 총아가 현재세에 반드시 사라져 무로 돌아간다고 집착하는 것이다. 一 執總我現在決定有其自性 二 執總我現如是有 或是婆羅門 或是刹帝利等 三 執總我現變異有 謂嬰孩童子 少年盛年 老年變異不同 四 執總我於三世中是現在世有 五 執總我於現在世 必滅歸無"라고 하였다. [참고문헌]『俱舍論』, 『俱舍論記』, *Abh-k-bh.* ⇨ 아 我, 집아 執我, 총자체 總自體

총안심 總安心 **1** 천태종에서 설한 십승관법(十乘觀法) 중 선교안심지관(善巧安心止觀)에서 수행자의 근기를 가리지 않고 지관법을 닦아 마음을 편안하게 하는 것. 별안심(別安心)에 맞선다. 『마하지관의례수석』 권6

(卍속장99, p.947b7)에 "무릇 안심에는 둘 있으니, 첫째는 총안이고 둘째는 별안이다. 먼저 총안심은 곧 원돈이니, 이 원돈을 잡아 별안심을 논하기에 총안은 별안의 총이고 별안은 총안의 별이어서 총으로 별의 머리가 되어도 다름이 없음을 안다. 夫安心者 有二 一者 總安 二者 別安 先總安心 卽是圓頓 約此圓頓 論別安心 故知 總安是別安之總 別安是總安之別 以總冠別 無以異也"라고 하였다. 〔참고문헌〕『摩訶止觀義例隨釋』. ⇨ 별안심 別安心❶ ❷ 일본 정토진종(淨土眞宗) 진서파(鎭西派)의 용어로 염흔심(厭欣心)과 보리심(菩提心). 별안심(別安心)에 맞선다. 『정토이장이교약송』(대정장83, p.276b12)에 "총안심 중 또한 둘 있으니 염흔과 보리심이며, 염흔심 중 또 둘 있으니 염예와 흔정이 총심에 통한다네. 總安心中亦有二 厭欣及與菩提心 厭欣心中復有二 厭穢欣淨通總心", "이와 같이 염예와 흔정심에 또한 광대한 보리심 있으니 이들을 가지런히 하면 정토의 총안심이라네. 如是厭穢欣淨心 復有廣大菩提心 齊此淨土總安心"라고 하였다. 〔참고문헌〕『淨土二藏二教略頌』, 『觀經疏傳通記』 권1(대정장57, p.502c8). ⇨ 별안심 別安心❷

총업 總業　총보(總報)를 불러오는 업. 선악(善惡)의 업으로 선취(善趣)나 삼악취(三惡趣) 등에 나는 업이다. 그 중에서도 차별하면 별업(別業)이다. 『유가사지론약찬』 권4(대정장43, p.52c22)에 "흑흑 등 사업 중 비복업을 흑흑이라 이름하니, 삼악취의 총업과 오취의 별악업을 이른다. 黑黑等四業中 非福業 名黑黑 謂三惡趣總業 及五趣別惡業", 『성유식론술기』 권2(대정장43, p.301b19)에 "총선악업의 이숙과를 설하여 이숙이라 이름하는데, 이 뜻은 총업의 과를 설했으니, 이 총보를 밝혔기에 이숙이라 이름한다. 總善惡業之異熟果 說名異熟 此意說是總業之果 明是總報 故名異熟", 『대승백법명문론개종의결』(대정장85, p.1081b14)에 "업은 삼업을 이르니, 복업·비복업·부동업이다. 복업이란 욕계 인천의 총업과 오취의 별업이니 저 지옥 중에 잠시 서늘한 바람이 몸에 닿음을 만나는 등과 같다. 또 저 지옥의 온갖 괴로움들이 경미함을 이름하여 선업이라 하니 저 선을 끊지 않음 등과 같다. 비복업이란 삼악취의 총업과 별업이다. 業謂三業 福業 非福業 及不動業 福業者 欲界人天總業 及五趣別業 如地獄中 暫遇涼風觸身等 又如地獄 諸苦輕微 名爲善業 如不斷善等 非福業者 三惡趣總業及是別業", 『유식개몽문답』 권상(卍속장98, p.440a8)에 "〔문〕 팔식 중 어떤 것이 총보가 불러오는 것이고 총보의 주인가? 〔답〕 오직 제8식뿐이다. 問 八識何者 是總業招 是總報主 答 唯第八識"라고 하였다. 〔참고문헌〕『瑜伽師地論略纂』, 『成唯識論述記』, 『大乘百法明門論開宗義決』, 『唯識開蒙問答』. ⇨ 별업 別業

총예자 聽叡者　❶ Ⓢ paṇḍita, Ⓣ mkhas pa. 듣는 귀 밝아 사리에 밝고 슬기로운 이. 『출요경』 권18(대정장4, p.707b29)에 "'귀밝아 슬기로운 이라야 건너간다'라 하였는데, 이른바 듣는 귀밝아 슬기로운 이라면 불벽지불이라 하고 비록 세간의 수렁 건넜다 해도 기특하다 하기엔 족하지 않다. 왜 그러한가? 세간의 수렁은 끝이 없기 때문이니, 애욕의 수렁을 건넌 이라야 진기하다 할 수 있다. 聽叡乃謂渡者 所謂聽叡者 佛辟支佛是 雖渡世淵不足爲奇 何以故 世淵無盡 渡愛欲淵者 乃謂爲奇", 『유가사지론』 권46(대정장30, p.546c12 : *Bodh-bh.*, p.196)에 "또 보살들에게는 간략히 다섯 가지 진실공덕이 있다. … 셋째는 부처님께서 말씀하신 정묘진실을 가르치고 깨우친 이라야 예지 얻었다 하고 귀밝아 슬기로운 이에 들 수 있다. 又諸菩薩 略有五種 眞實功德 … 三者於佛所說 淨妙眞實 若教若證 得預智者聽叡者數 pañce me bodhisattvasya bhūtā bodhisattvaguṇā veditavyāḥ … tathāgatapraṇītenāgamādhigamena jñātrapratilambhaḥ. paṇḍitasaṃkhyāgamanatā ca", 같은 책 권16(대정장30, p.368a7)에 "유학과 무학의 성자라면 모두 총예자임을 마땅히 안다. 若有學無學 當知並聽叡者", 『유가론기』 권9(대정장42, p.501a15·한불전13, p.685b5)에 "모든 총예자들은 이를 통달한다. 諸聽叡者達理也"라고 하였다. 〔참고문헌〕『出曜經』, 『瑜伽師地論』, 『瑜伽論記』, *Bodh-bh.* ⇨ 총예현선 聽叡賢善 ❷ 내도(內道)의 현성(賢善)과 구별해 외도를 부르는 말. 『변중변론술기』 권중(대정장44, p.18a24)에 "〔술〕 이치와 뜻이 있다 한즉 도리로서의 뜻이 있다는 말이다. 여기서 도리 두 글자를 풀면 모든 외도들을 총예자라 한 것이고, 모든 내법 등을 현선자라 한 것이다. 述曰 若有理義 卽有道理之義 此解道理二字 諸外道等 名聽叡者 諸內法等 名賢善者"라고 하였다. 〔참고문헌〕『辯中邊論述記』.

총예현선 聽叡賢善　Ⓢ paṇḍita. 지혜로운 이. 총명한 사람. 『변중변론』 권중(대정장31, p.469c16 : *Madhy-vibh.*, p.42)에 "만약 이치로 뜻을 푸는 총예현선으로서 능히 살펴 사유하는 이라면, 세 가지 량에 의지해 도리를 입증하고 시설해서 건립한다면, 이를 도리 끝내 성취된 진실이라 한다. 若有理義 聽叡賢善 能尋思者 依止三量 證成道理 施設建立 是名道理極成眞實 yuktiprasiddhakaṃ. yat satāṃ yuktārthapaṇḍitānāṃ tārkikāṇāṃ pramāṇatrayaṃ niśrityopapattisādhanayuktyā prasiddhaṃ vastu"라고 하였다. 〔참고문헌〕『辯中邊論』, *Madhy-vibh.* ⇨ 총예자 聽叡者❶

총오 聽悟　❶ 듣는 귀 밝아 늘 깨우침. 『불조통기』 권5(대정장49, p.174a23)에 "13조 용수존자는 남천축국

범지의 후예다. … 부처님께서 세간을 떠나신 지 700년 후에 나왔는데, 타고난 성품 총명하여 늘 깨우쳤으니, 젖먹이 때 범지들이 베다의 네 성전들을 외우는 소리를 듣고는 각 게마다 32자인 4만 게의 구의 뜻에 모두 달했다. 十三祖龍樹尊者 南天竺國 梵志之裔 … 佛去世後七百年出 天姿聰悟 在乳哺中 聞諸梵志誦四韋陀典 有四萬偈 偈各三十二字 皆達句義"라고 하였다. 〔참고문헌〕『佛祖統紀』. ⇨ 총명 聰明 ❷ 조선후기 스님. 백련도연(白蓮禱演 1737~1807)의 백부(伯父)이다. 『동사열전』 권4 「백련선사전 白蓮禪師傳」(한불전10, p.1031b10)에 "스님의 법명은 도연이고 호는 백련이다. … 백부가 두륜산으로 출가하였는데, 이름은 총오이다. 13세에 총오를 따라 스님이 되었다. 師名禱演 號白蓮 … 其伯父出家於頭輪山 名聰悟 十三從悟師零染"라고 하였다. 〔참고문헌〕『東師列傳』. ⇨ 도연 禱演

총원 總願 불보살들이나 그들이 세운 일체원에 다 통하는 서원. 사홍서원(四弘誓願)과 같은 것을 말하며, 별원(別願)에 대칭한다. 『마하지관』 권7(대정장46, p.98c11)에 "이승은 생이 다하기에 원이 필요치 않지만 보살은 생마다에 중생을 교화하므로 총원과 별원이 필요하다. 사홍서원이 총원이고, 법장비구나 『화엄경』에서 설하는 낱낱의 선행과 다라니에 다 따로의 원이 있다. 二乘生盡 故不須願 菩薩生生化物 須總願別願 四弘是總願 法藏華嚴所說一一善行陀羅尼 皆有別願", 『지관보행전홍결』 권7(대정장46, p.384b2)에 "사홍서원이 원들을 다 거둔다 한 것은, 일체 모든 원들은 네 가지 큰 서원으로 거둬 다하기에 총이라 이름한다. 四弘爲總願等者 一切諸願 四弘攝盡 故名爲總", "법장 등이라 한 말은, 『관경』과 『비화경』에서 설한 아미타불 인위의 이름이니, 법장이 자재왕여래가 있는 곳에서 이백십억불찰에 대한 설법을 듣고 발원했다 했으며, 『관경』에선 법장비구가 불토들을 섭취하고자 했기에 사십팔원을 발했는데 이 원을 발하고 나자 땅이 여섯 가지로 진동했고 부처님께 수기를 받았다 했다. 法藏等者 觀經悲華並云 彌陀因名法藏 於自在王如來所 聞說二百一十億佛刹發願 又觀經云 法藏比丘 爲欲攝取諸佛土故 發四十八願 發是願已 地爲六動 爲佛所記", "『대아미타경』에선 보살이었을 때 이십사원을 발하며 '이 원을 얻지 못하면 끝내 부처 되지 않겠습니다'라고 했다 하였는데, 원의 수가 같지 않음은 부가 다르고 견이 다르기 때문이니 화회할 필요는 없다. 大阿彌陀經云 爲菩薩時 發二十四願云 不得是願 終不作佛 願數不同 部異見別 不須和會", "『비화경』 중엔 별원이 없고 다만 '불토를 취하기 위해 사홍서원을 발했다'라고만 했기에 일체보살은 무릇 모든 부처님 뵙기에 총원과 별원을 발하지 않음은 없음을 안다. 悲華經中 則無別願 但云 爲取佛土故 發四弘誓願 故知一切菩薩 凡見諸佛無不發於總願別願", 『화엄경행원품소초』 권6(卍속장7, p.972a11)에 "〔소〕 총원과 별원이란, 마치 저 부처님의 보리 성취하기를 원함과 같음은 총원이 되고, 그중 자리와 이타 같지 않음은 별원이 된다. 疏 總願別願者 如願成就佛菩提 爲總願也 於中 自利利他不同 爲別願也", 『아미타경구해』(卍속장33, p.298a16)에 "무릇 원엔 총과 별이 있다. 보살이 흔히 발하는 사홍서원이 총원이고, 지금 정토에 왕생하길 구함이 별원이다. 이 땅의 번뇌경계 거칠고 강해서 성스런 과를 이루기 어렵기에 정토에 왕생하여 속히 보리 증하길 원한다. 夫願 有總有別 菩薩多發四弘 乃總願也 今求生淨土 乃別願也 以此土 塵境麤强 聖果難成 願生淨土 速證菩提", 『마하지관의례수석』 권3(卍속장99, p.883a2)에 "일념으로 하는 네 가지 큰 원으로 다 거두기에 사홍서원으로 총원을 삼는다. 총은 역시 통하는 뜻이니 일체보살은 이 사홍서원을 모두 발하지 않음이 없기에 통한다 한다. 一念四弘 總也 以由四弘是總願故 總亦通也 一切菩薩 莫不皆發 此四弘誓 故云通也", "따로 머리 씌운다 하니 일체행원은 별이다. 마치 저 아미타불이 인위에서 발한 사십팔원, 대비십원, 『약사경』 중의 십이상원, 『범망경』의 십대원, 『화엄경』 중의 일에 따라 발한 원 등이 다 별원이다. 그러므로 이 별원 낱낱이 다 총원에서 유출되었기에 이를 좇아 세워졌다고 하였다. 冠別者 一切行願 別也 如彌陀因中四十八願 大悲十願 藥師經中十二上願 梵網十大願 華嚴經中隨事發願等 皆別願也 故此別願一一 皆從總願流出 故云從茲而立"라고 하였다. 〔참고문헌〕『摩訶止觀』, 『止觀輔行傳弘決』, 『華嚴經行願品疏鈔』, 『阿彌陀經句解』, 『摩訶止觀義例隨釋』. ⇨ 사홍서원 四弘誓願, 별원 別願 ❶

총의 總依 다 거둬 의지하다. 『어주금강반야바라밀경선연』(대정장85, p.144a2)에 "모두 거둬 경론을 의지하면 불성에 셋이 있다. … 불성이 셋이란, 첫째 이성이니 곧 진여다. 둘째는 행성이니 무루종자요, 셋째는 은밀성이니 진로의 경계다. 總依經論 佛性有三 … 佛性三者 一 理性 謂眞如 二 行性 謂無漏種子 三 隱密性 卽塵勞之疇", 『설무구칭경소』 권1(대정장38, p.998b26)에 "지금은 신역경론에 의지한 것이고, 제교를 다 거둬 의지하면 가르침의 류에 셋이 있다. 今依新翻經論 總依諸教 教類有三"라고 하였다. 〔참고문헌〕『御注金剛般若波羅蜜經宣演』, 『說無垢稱經疏』.

총의 總義 Ⓢ piṇḍa-artha, Ⓣ don-bsdus-pa. 여러 법들을 다 모아 드러내 보이는 뜻. 각각인 법의 뜻은 별의(別義)다. 『대비바사론』 권49(대정장27, p.255a21)에 "이미 모든 견을 다 모은 뜻은 풀이하였으니, 하나하나의 의미를 이제 풀이할 것이다. 已釋諸見總義 一一別義今當釋", 같은 책 권50(대정장27, p.258a14)에

"그밖에 자세한 해석은 저 삼결에서 모든 맺은 것들의 모은 뜻은 이미 풀은 바와 같으니, 그 낱낱의 자성에 대해서는 이제 자세히 설하겠다. 所餘廣釋 如三結處 已釋諸結總義 一一自性 今當廣說", 『변중변론』 권중(대정장31, p.471a27 : *Madhy-vibh.*, p.48)에 "진실의 총의에는 대략 두 가지다. 능현소현의 진실이다. 능현의 진실이란 최초의 세 가지로서 근본이 되니, 나머지를 능히 드러내기 때문이다. 소현의 진실은 뒤의 아홉 가지다. 처음 근본이 되는 것에 의해 드러나기 때문이다. 眞實總義 略有二種 謂卽能顯所顯眞實 能顯眞實 謂卽最初三種根本 能顯餘故 所顯眞實 謂後九種 是初根本所顯示故 tattvasya piṇḍārthaḥ. samāsato dvividhaṃ tattvaṃ. ādarśatattvaṃ. dṛśyatattvaṃ ca tatra-ādarśatattvaṃ mūlatattvaṃ tatra śeṣāṇāṃ darśanāt. dṛśyatattvaṃ navavidhaṃ nirabhimānadṛśyatattvaṃ"라고 하였다. [참고문헌] 『大毘婆沙論』, 『辯中邊論』, *Madhy-vibh.* ⇨ 별의 別義

총인 總印 당대 스님. 마조도일(馬祖道一 709~788)에게 법을 물었다. 담주(潭州 : 湖南省) 삼각산(三角山)에 주석하였다. 『경덕전등록』 권7(대정장51, p.251c15)에 "'삼보란 무엇인가요?' '벼와 보리와 콩이다' '저는 모르겠습니다' '대중이 기껍고 자연스레 받들어 지킨다'. 僧問 如何是三寶 師曰 禾麥豆 曰 學人不會 師曰 大衆欣然奉持"라는 등의 문답과 법어가 전한다. [참고문헌] 『景德傳燈錄』, 『聯燈會要』 권5(卍속장136, p.511b15), 『五燈會元』 권3(卍속장138, p.110b13). ⇨ 삼각삼보 三角三寶, 삼각차사 三角此事

총자체 總自體 Ⓢ abhedena-ātmabhāva. 모든 것 거둬들여 스스로 바탕인 것. 부파에 따라 푸드갈라(pudgala) 또는 일미온(一味蘊) 등을 설정하지만 하나로서 상주하는 것(一常實我)의 뜻으로서는 수용할 수 없는 말이다. 『구사론』 권26(대정장29, p.137a29 : *Abh-k-bh.*, p.400)에 "첫째는 현재의 (오온을) 총아라고 집착해 총자체라는 욕을 일으킨다. … 첫 번째 것은 (오온은) 고가 바로 초인이라 하여 인이라 한 것이니, (오온이라는) 저 종자가 (고라는) 과에 있는 것이 된다. 一執現總我起總自體欲 … 第一 於苦是初因故 說名爲因 如種子於果 asmītyabhedenātmabhāvcchandaḥ … tatra prathamo duḥkhasyādikāraṇatvānmūlahetuḥ. phalasyeva vījam", 『구사론기』 권26(대정장41, p.393a7)에 "경량부에서 답하길, 분위차별에 따라 같지 않기에 네 가지 탐욕이 다르다고 주장한다. 첫째, 현재의 총아가 총자체욕을 일으킨다고 집착하는 것이니, 유정들은 최초위에서 오온 온통 헤아려 아로 여겨서 총자체라는 탐욕을 일으킨다고 집착한다. 둘째, 미래의 총아가 총후의 욕이 있게 되니 유정들 다음 위에서 당래오온 온통 헤아려 아라고 집착해서는 모든 후유의 탐욕을 일으킨다. 셋째, 미래의 (오온이) 별도의 아라고 집착해 따로 후유에 탐욕을 일으키니, 유정들은 다음 위에서 미래의 오온에 각각의 아라고 여기면서 또다른 후유에 탐욕을 일으킨다. 즉 사천왕천이나 삼십삼천 등을 미래의 또다른 아라고 계탁하는 것이다. 넷째, 상속하여 생기하는 것이 아라고 집착하고 상속하여 생기하는 때에 탐욕을 일으키니, 유정들은 후위 다음에 저 당래중유의 오온이 상속하여 생기하는 아라고 여겨서는, 상속하여 생기하는 때에 탐욕을 일으킨다고 한다. 經部答 由隨分位差別不同 四貪欲異 一 執現總我起總自體欲 謂諸有情於最初位 執現五蘊總計爲我 起總自體貪欲 二 執當總我起總後有欲 謂諸有情次於後位 執當來五蘊總計爲我 起總後有貪欲 三 執當別我起別後有欲 謂諸有情次於後位 執當來五蘊別計爲我 起別後有貪欲 或計四天王天 或計三十三天等名當別我 四 執續生我起續生時欲 謂諸有情次於後位 執彼當來中有五蘊 爲續生我起續生時貪欲", 『관미륵상생도솔천경찬』 권하(대정장38, p.288c24)에 "법의 바탕 도무지 없는 것을 공이라 한다. 유위법은 일어났다 다하고 옮겨 흐르며 일어났다 사라지니, 모든 것을 거두어 스스로 바탕이 되는 것으로서 하나이면서 상주하는 실아는 없다. 法體都無 名空 有爲起盡 遷流生滅 無總自體 一常實我"라고 하였다. [참고문헌] 『俱舍論』, 『俱舍論記』, 『觀彌勒上生兜率天經贊』, *Abh-k-bh.* ⇨ 총아 總我

총제 總諦 Ⓢ sāmānya. 바이셰쉬카(Ⓢ Vaiśeṣika : 勝論)에서 상정한 육구의(六句義) 중 하나로 만법이 하나되게 하는 것. 『방편심론』(대정장32, p.23c2)에 "위세사(衛世師 : 勝論師)에게는 육제(六諦 : 六句義)가 있으니 이른바 타라표(Ⓢ dravya : 實)·구나(Ⓢ guṇa : 德)·총제·별제(Ⓢ viśeṣa : 異)·작제(Ⓢ karma : 業)·부작제(Ⓢ samavāya : 和合)가 그것이다. 如衛世師有六諦 所謂陀羅驃 求那 總諦 別諦 作諦 不作諦", 『지관보행전홍결』 권10(대정장46, p.435a15)에 "넷째는 삼마야제다. 총상제로 한역하는데, 만법을 모두 거두어 하나 큰 것이 있음이라 하기에 총제라 한다. 四者 三摩若諦 此云總相諦 謂總收萬法爲一大有 故名總諦也"라고 하였다. [참고문헌] 『方便心論』, 『止觀輔行傳弘決』. ⇨ 동同❷, 삼마야 三摩若, 육구의 六句義

총종 總宗 인명 용어. 인명의 삼지작법(三支作法) 중 주장명제(宗)를 드러내는 모든 것으로, 입증하고자 하는 것(所立)으로서 유법(有法)과 법(法)의 불상리성(不相離性)을 말한다. 종체(宗體)라고도 한다. 별종(別宗)·종의(宗依)에 대칭한다. 『인명론소명등초』 권2본(대정장68, p.245b26)에 "종에는 두 가지가 있다. 첫째는 총종으로서 서로 떨어질 수 없는 자성을 말하고, 둘째는 별종으로서 유법과 법을 말한다. 따라서 『인명정리문론본』에서 '그 총성이라는 것은 별에서도 구른다. 가령 불타는 옷이라 하는 것과 같다. 혹은 종으로서 소리는 오직 법을 말하는 것이기도 하다'라고 하였다. 지금 풀이한다. 종의 별명이란 각각 다른 이름이 종의 이름이다. 앞서 펴는 세 가지 이름이 있으니 자성・유법・소별이 그것이다. 뒤에서 펴는 세 가지 이름이 있으니 차별・법・능별이 그것이다. 이를 종을 달리한 이름이라 한다. 宗有二種 一者 總宗 卽不相離性 二者 別宗 卽有法與法 故理門云 以其總聲 於別亦轉 如言燒衣 或有宗聲 唯詮於法 今云 宗別名者 卽別宗之名也 先陳三名 自性有法所別 後說三名 差別法及能別 是名宗之別名也"라고 하였다. [참고문헌] 『因明論疏明燈鈔』, 『因明正理門論本』(대정장32, p.1,b9). ⇨ 종체 宗體❷, 별종 別宗❷

총즉별명 總卽別名 여러 법을 다 거둔 것의 뜻이 각각의 법의 이름일 뿐이라는 말. 총명즉별(總名卽別)이라고도 하며 언총의별(言總意別)과 같은 뜻이다. 『구사론』 권1(대정장29, p.6a15)에 "만약 안 등의 차별한 상상의 이름은 없지만 체로서 색이기에 색처라는 이름을 세운다. 이는 안 등의 명칭과 간별하기 위해서이니 비록 (색법의) 다 거두어 부르기 위한 표시라 하지만 각각의 이름이기도 하다. 若無眼等差別想名 而體是色立名色處 此爲眼等名所簡別 雖標總稱而卽別名", 같은 책 권6(대정장29, p.30a19)에 "능작인은 따로 부르는 이름이 없어 저 색처 등의 총명이 곧 별명인 것이다. 然能作因更無別稱 如色處等總卽別名", 『구사론송소론본』 권6(대정장41, p.853b8)에 "총즉별명이란 무슨 뜻인가? [해] (육인 중) 나머지 오인은 모두 각각의 이름이 있지만, 오직 능작인에는 별다른 이름이 없으니, 그 밖의 오인과 구별하기 위해, 이 능작인은 (육인 전체를) 비록 다 모아 드러내 불러야 하지만, 곧바로 각각의 것들의 이름을 받아들일 뿐이다. 總卽別名 解云 所餘五因 皆有別名 唯能作因未有別名 謂餘五因所簡別故 此能作因雖標總稱 卽受別名也"라고 하였다. [참고문헌] 『俱舍論』, 『俱舍論頌疏論本』. ⇨ 언총의별 言總意別

총지 總持 Ⓢ √dhṛ, dhāraṇī. 모두 모아 가지다. 온통 다 가져 기억하는 뜻으로 다라니(陀羅尼)라고 음사하며 능지(能持)・총차(總遮)라고도 한다. 듣거나 본 것은 모두 기억해 잊지 않는 뜻으로, 부처님의 말씀 즉 경(經)에 의지해 모든 가르침 외워 잃는 일 없이 하는 일이다. 교법(法)과 뜻(義)을 마음에 간직해 유실함이 없는 것이고, 나아가 삼매(三昧)도 글(文)도 가져 버리는 일이 없는 뜻이다. 『법화경』 권5(대정장9, p.45b8 : *Saddh-p.*, p.337)에 "깊은 마음 있는 이라면 청정하고 그 바탕 곧아 많이 듣고 능히 다 모아 가져 뜻을 따라 부처님의 말씀을 잘 이해하니, 이와 같은 모든 이들 이에 대해 의심이 있을 리 없다. 若有深心者 淸淨而質直 多聞能總持 隨義解佛語 如是諸人等 於此無有疑 adhyāśayena saṃpannāḥ śruta-ādhārāś-ca ye narāḥ, saṃdhābhāṣyaṃ vijānanti kāṅkṣā teṣāṃ na vidyate", 『유마경』 권상(대정장14, p.539a8 : *Vikī-n.*, p.54)에 "이때 비야리라는 큰 성에 유마힐이라는 장자가 있었는데, 무량한 부처님들께 공양했고 선의 뿌리를 깊이 심어 무생인을 얻었으며, 변재에 막힘이 없었고 신통에도 자유로워 온갖 총지를 얻었으며, 무소외를 얻어 마도 원도 굴복시켰다. 爾時 毘耶離大城中有長者 名維摩詰 已曾供養無量諸佛 深植善本 得無生忍 辯才無礙 遊戲神通 逮諸總持 獲無所畏 降魔勞怨 tena khalu punaḥ samayena vaiśālyāṃ mahānagaryāṃ vimalakīrttir nāma licchaviḥ prativasati sma. pūrvajinakṛtādhikāro varopitakuśalamūlo bahubuddhaparyupāsitaḥ pratilabdhakṣāntiko labdhapratibhāno mahābhijñāvikrīḍitaḥ dhāraṇīpratilabdho vaiśāradyaprāptaḥ", 『법화문구』 권10(대정장34, p.146c1)에 "이것(陀羅尼)을 총지라고 한역하는데 악이 일어날 일도 선을 잃을 일도 없다〈첫 번째 뜻〉. 또한 능히 막고 능히 가진다고 한역하는데 능히 선을 지키고 능히 악을 막는다〈두 번째와 세 번째 뜻〉. 이것으로 두 치우친 악을 막고 중도선을 지킬 수 있다〈네 번째 뜻〉. 此翻總持 總持惡不起 善不失〈其一〉 又翻能遮能持 能持善 能遮惡〈其二其三〉 此能遮邊惡 能持中善〈其四〉", 『설무구칭경소』 권1(대정장38, p.1009b24)에 "총지란 다라니다. 염과 혜를 바탕으로 하며, 적은 공력으로도 많은 뜻을 널리 품고 있고 능히 다 거둬 맡겨 가지므로 총지라고 한다. 總持者 陀羅尼也 念慧爲體 能以少功 廣含多義 能總任持 名爲總持", 『대승의장』 권11(대정장44, p.694a21)에 "총지라는 말에는 대략 두 가지 뜻이 있다. 첫째는 들어 가짐이니, 능히 교법을 가지는 것이다. 둘째는 뜻을 가지는 것이니, 능히 여러 가지 뜻을 기억하는 것이다. 온갖 이치들을 기억할 수 있다. 言總持者 略有二種 一者 聞持 能持敎法 二者 義持 能持衆義", 『십팔계인』(대정장18, p.783c11)에 "비밀한 총지의 문에 들어가고자 한다면 먼저 몸을 다스리고 깨끗이 장엄해야 한다. 몸을 다스리려 깨끗이 장엄한 자는 또한 청정한 땅도 가지해야 한다. … 성존께 봉청한 이는 용맹하게 결호법에 정진해야 한다. 欲入祕密總持門 先須調淨莊嚴身 旣身調淨莊嚴者 亦應加持淨界地 … 旣得奉請聖尊者 勇猛精進結護法", 『총석다라니의찬』(대정장18, p.898a10)에 "다라니는 범어다. 당 말로 번역하면 총지라는 뜻이 된다. 네 가지 지(持)가 있다. 법지・의지・삼마지지・문지 등이다. 이러한 네 가지 지는 대부분 현교의 대승교에서 설한다. 법지란 이 지를 얻음으로써 일체 물든 법을 꺾어 없애고 청정법계의 등류교법을 증득하는 것이다. 의지란 이 지를 얻음으로써 한 자의 뜻 중에 백천무량수다라행을 깨우쳐 연설함에 역순으로 자재한 것이다. 삼마지지란 이 지를 얻음으로써 반드시 산동 없어서 삼매현전하여 무량백천삼마지문을 깨닫는 것이다. 자비 한층 더한 보살은 그러므로 육취에서 생을 받기를 원해서 번뇌 따르는 일 없이 번뇌 따라 삼매를 부순다. 이 삼마지로 인하여 오신통을 증득하여 끝없는 중생을 이롭고 즐겁게 하는 일을 성취한다. 문지란 이것으로 다라니를 수지하여 들은 것을 성취한다. 일체계경을 일체여래와 모든 보살로부터 백천무량수다라를 듣고 영원히 망실하지 않는다. 陀羅尼者 梵語 唐翻名爲總持義 有四種持 法持義持三摩地持文持 此四種持 多依顯教大乘教中所說也 法持者由得此持 摧滅一切雜染之法 證得清淨法界等流教法 義持者 由得此持 於一字義中悟百千無量修多羅行 演說逆順自在 三摩地持者 由此持故 必不散動三昧現前 悟無量百千三摩地門 悲增菩薩 故於六趣以願受生 不被煩惱隨煩惱壞其三昧 由此三摩地證五神通 成就利樂無邊有情 文持者 由此受持陀羅尼成就所聞 所謂一切契經 於一切如來諸菩薩所 聞百千無量修多羅永不忘失", 『약사칠불공양의궤여의왕경』(대정장19, p.58a24)에 "이는 벽유리광총지라 한다. 선남자 선여인이 공양하고 수지독송하여 천팔번을 채우면 일체 여래께서 모두 호념하신다. 此名碧琉璃光總持 若有善男子 善女人 供養受持讀誦 滿一千八遍 彼諸如來 悉皆護念", 『대일경소』 권6(대정장39, p.647c8)에 "처음 깨끗한 보리심을 얻었을 때 하나의 진실한 자리 좇아 무량무변삼매총지문이 발생한다. 이와 같이 낱낱의 지중에서 차제로 증장하길 이와 같이 해서 마침내 십지를 만족한다. 初得淨菩提心時 從一實之地 發生無量無邊三昧總持門 如是一一地中次第增長 當知亦爾 迄至第十地滿足"라고 하였다. [참고문헌] 『法華經』, 『維摩經』, 『法華文句』, 『說無垢稱經疏』, 『大乘義章』, 『十八契印』, 『總釋陀羅尼義讚』, 『藥師七佛供養儀軌如意王經』, 『大日經疏』, *Saddh-p.330.*, *Vikī-n.* ⇨ 다라니 陀羅尼, 주呪, 진언 眞言 **2** 남북조대 비구니 스님 니총지(尼總持)의 다른 이름. ⇨ 니총지 尼總持 **3** 조선중기 술승(術僧) 남궁두(南宮斗)의 법호. ⇨ 남궁두 南宮斗

총지 聰智 보고 들음에 슬기로움. 『유마경약소』 권4(대정장38, p.610c10)에 "다만 사리불의 인연이 매우 많아 모두 말하기 어려우니 여기서는 간략하게 말한다. 수태된 이래 총명한 지혜가 남을 능가하였기에 일체총명외도를 교화하고자 먼저 제자가 되었다. 후에 부처님을 만나 출가하여 아라한이 된 것은 일체총명외도를 이끌어서 부처님의 제자가 되게 하기 위해 네 가지 메마른 가르침을 드러낸 것이다. 但身子因緣甚多難可具說 今略言之 託胎已來聰智過人 欲化一切聰明外道皆先爲弟子 後値佛出家成羅漢者 引一切聰明外道爲佛弟子顯四枯之教", 『능엄경직해』 권8(卍속장89, p. 818a6)에 "떠올리는 일 뛰어난즉 듣는 일도 밝아 총명하고 지혜로우며, 분별이 우세한즉 어두우니 둔하고 어리석다. 若其想勝則明而聰智也 情勝則幽 而鈍愚也"라고 하였다. [참고문헌] 『維摩經略疏』, 『楞嚴經直解』.

총지니 總持尼 양무제(梁武帝) 딸의 호. 휘는 명련(明練). 달마대사(達磨大師)를 섬기며 그 제자가 되었다. 니총지라고도 한다. 『조정사원』 권8(卍속장113, p.231a1)에 "총지는 호, 휘는 명련이다. 양무제의 딸로서 달마를 섬기며 제자가 되었다. 도를 깨닫고 입적하였다. 탑은 소림사에서 5리 쯤 거리에 있다. 자세한 행적은 저순망이 베껴 쓴 탑비에 모두 수록되어 있다. 總持 號也 諱明練 梁武之女 事達磨爲弟子 悟道示滅 塔云少林五里許 事具褚詢望 所寫塔碑"라고 하였다. [참고문헌] 『祖庭事苑』. ⇨ 니총지 尼總持

총지문 總持門 **1** Ⓢ dhāraṇī-mukha, Ⓣ gzungs-kyi-sgo. 다 모아 가진 총지로서 여는 문. 일체공덕과 신력 등을 이끌어 낼 수 있는 무량방편을 가져 언제나 중생을 이롭게 하는 문. 다라니문(陀羅尼門)이라고도 하며 법의주인(法義呪忍) 등 네 가지가 있다. 밀교의 경우는 이 중 진언다라니에 해당하는 주만을 가리킨다. 『불지경론』 권7(대정장26, p.325b20)에 "총지문이란 팔만사천다라니문이다. 이와 같은 두 가지로 온통 일체유위공덕을 내고, 온통 모든 무위공덕을 드러내며, 온통 모든 신력작용으로 이끌어 중생의 일을 이롭게 한다. 그러므로 문이라 한다. 總持門者 八萬四千陀羅尼門 如是二種 通生一切 有爲功德 通顯一切 無爲功德 通引一切神力作用 利衆生事 故名爲門", 『수능엄의소주경』 권7(대정장39, p.919c2)에 "총지문은 낱낱 한자에 많은 뜻을 품는다. 예컨대 바가바가 여섯 가지 뜻을 갖춘 것과 같다. 總持門 一一字句含多義故 如婆伽婆具六種義", 『성유식론술기』 권10(대정장43, p.599a25)에 "총지문은 다라니문이다. 總持門者 陀羅尼門"라고 하였다. [참고문헌] 『佛地經論』, 『首楞嚴義疏注經』, 『成唯識論述記』, *Sam-r.113.*, *Sūtr.137.* ⇨ 다라니문 陀羅尼門, 총지 總持 **2** 밀교를 가리키는 말. 『이취육바라밀다경』 권1(대정장8, p.868c13)에 "이러한 다섯 법장은 비유하면 유・낙・생소・숙소・제호와 같다. 계경은 유와 갖고, 조복은 낙과 같으며, 대법장교는 생소와 같고, 대승반야교는 숙소와 같으며, 총지문은 제호와 같다. 제호의 맛은 유・낙・소 가운데 가장 미묘하여 온갖 질병을 없애고 중생들의 심신을 안락하게 한다. 총지문이란 계경 등 가운데서 으뜸이니 중죄를 버리게 해서 모든 중생들이 생사에서 해탈하여 신속하게 열반의 안락법신을 증득하게 한다. 此五法藏 譬如乳 酪 生酥 熟酥 及妙醍醐 契經如乳 調伏如酪 對法敎者如彼生酥 大乘般若猶如熟酥 總持門者譬如醍醐 醍醐之味 乳酪酥中微妙第一 能除諸病 令諸有情身心安樂 總持門者 契經等中最爲第一 能除重罪 令諸衆生解脫生死 速證涅槃安樂法身"라고 하였다. [참고문헌] 『理趣六波羅蜜多經』.

총지법 總持法 일체법의 뜻 모두 가져 버리지 않는 법. 다라니(陀羅尼)법을 말한다. 『정법화경』 권1(대정장9, p.63a15)에 "팔만의 보살은 모두 물러나지 않고 무상정진의 도에 굳게 머무르며 총지법에 이르러 대변재를 얻고 항상 불퇴전법륜을 찬탄하며 무수한 부처님들께 공양드렸다. 菩薩八萬 皆不退轉 堅住無上正眞之道 逮總持法 得大辯才 常讚歎不退轉法輪 供養無數百千諸佛", 『금강선론』 권10(대정장25, p.874b29)에 "총지법이라 한 것은, 이 경의 문 비록 간략하지만 밝히는 뜻은 넓음을 밝힌 것이다. 주요한 뜻으로 상주인과와 경지의 이치를 밝힘에 거두고 벌리는 것 모두 다함으로 총지법이라 하였다. 또한 하나의 뜻이기도 하니, 일체 모든 대승경 그 경문은 비록 광대하지만 밝히는 바에 이르면 중생·보살·부처님·정토를 벗어나지 않는다. 이것이 비록 간략하더라도 밝히고자 하는 곳에 이르고 보면 역시 이 네 가지에서 다한다. 그래서 총지법이라 한 것이다. 總持法者 明此經其文雖略 明義乃廣 旨明常住因果境智之理 收羅皆盡故 曰總持法也 又復一義 一切諸大乘經 其文雖廣 至於所明 不出衆生菩薩佛淨土 然此雖略 至於所明 亦盡斯四也 故言總持法"라고 하였다. [참고문헌] 『正法華經』, 『金剛仙論』, *Saddh-p.2.* ⇨ 총지 總持

총지사 摠持寺 ❶ 전라남도 무안군 몽탄면 승달산(僧達山)에 있던 절. 총지사(摠指寺)라고도 한다. 『범우고』에 725년(성덕왕24)에 창건된 법천사(法泉寺)와 창건년이 같다 하였다. 『금성지』에는 당 개원(開元)년간(713~741)에 정명(淨明)스님이 백운산에 창건했고 1666년(현종7) 화재 이후 아래쪽으로 옮겼는데, 전각들의 정교함이 호남에서 으뜸이었다고 한다. 『동사열전』 권4 「설암선사전 雪岩禪師傳」에 설암의성(雪岩義誠 1758~1839)은 총지사로 출가해서 주지와 승통을 역임한 일이 전한다. [참고문헌] 『東國輿地勝覽』, 『輿地圖書』, 『伽藍考』, 『梵宇攷』, 『錦城誌』, 『東師列傳』, 『韓國寺刹全書』 권하 p.1104b4·p.1104b8, 『務安郡의 文化遺蹟』(國立木浦大學博物館·務安郡, 1986) pp.95~96. ❷ 황해도 개풍군 영남면 현화리 성거산(聖居山)에 있던 절. 『삼국유사』에는 총지암(摠持嵓)이라 하였다. 『삼국유사』 권5(대정장49 p.1010c14·한불전6, p.355c1) 신주(神呪)6 혜통항룡(惠通降龍)에 "밀교의 바람이 이에 크게 일어났다. 천마산의 총지암과 모악산의 주석원 등이 모두 그 흐름을 이었다. 密敎之風 於是乎大振 天磨之摠持嵓毋岳之呪錫院等 皆其流裔也"라고 하였고, 1157년(의종11)에 총지사의 주지였던 회정(懷正)이 주금(呪噤)으로 왕의 총애를 받았고 총지(摠持)라는 이름에 근거해 밀교사원일 것으로 본다. 1101년(숙종6) 9월에는 병든 대각국사 의천(義天)이 머물기도 하였다. 1186년(명종16) 9월에 토성(鎭星)이 목성(歲星)의 자리를 범하자 총지사와 광암사(光嵓寺)에 불정소재도량(佛頂消災道場)을 개설하였으며, 조선 태조 때도 천변(天變)을 물리치기 위한 불사를 행하였다. 『태조실록』 권7 1395년(태조4) 4월 무자일(25일)에 "사신을 총지사와 현성사 등에 보내어 불사를 일으켜 천변을 물리치게 하였다. 遣使于摠持賢聖等寺 作佛事 以禳天變"라고 하였다. 『동국여지승람』 권12 경기(京畿) 장단도호부(長湍都護府)에 고적(古跡)이라 하였으나 『조선불교통사』 권상에는 경기도 강화군 전등사의 말사로, 『전등본말사지』 「총지사지 摠持寺誌」에는 1926년에 주지 염영운(廉英雲) 중수사실도 전한다. [참고문헌] 『三國遺事』, 『高麗史』, 『大覺國師文集』, 『東國輿地勝覽』, 『輿地圖書』, 『朝鮮佛敎通史』, 『太祖實錄』, 『韓國寺刹全書』 권하 p.1104a6, 『傳燈本末寺誌』(亞細亞文化社, 1978) pp.247~250.

총지암 摠持嵓 황해도 개풍 성거산 총지사(摠持寺)의 옛 이름. 『삼국유사』 권5(대정장49, p.1011a29·한불전6, p.356b16) 신주(神呪) 혜통항룡(惠通降龍)에 "밀교의 바람 이에 크게 떨쳤으니, 천마산 총지암과 모악 주석원 등은 모두 그(惠通) 후예다. 密敎之風 於是乎大振 天磨之摠持嵓 毋岳之呪錫院等 皆其流裔也"라고 하였다. [참고문헌] 『三國遺事』. ⇨ 총지사 摠持寺 ❷

총지원 摠持院 ❶ 고려때 개경 귀법사(歸法寺) 내에 있었던 수행처. 광종(光宗 재위 949~975) 균여(均如 923~973)의 주석처였다. 『균여전』 제8 「역가현덕분자 譯歌現德分者」(한불전4, p.516a13)에 "마침내 (송에서) 사신을 보내 스님(균여)을 예경하고자 하였다. … 만나려 하지 않자 사신이 이 뜻을 알고 몰래 총지원에 갔다〈총지원은 스님(균여)이 항상 거처하던 곳으로 귀법사에 있었다〉. 遂使禮師 … 將不許見 客認此意 潛服往詣摠持院〈院是師常居處 在歸法寺也〉"라고 하였다. [참고문헌] 『大華嚴首座圓通兩重大師均如傳〈幷序〉』. ❷ 송의 명주(明州) 정해현에 있던 절. 1123년(인종1)에 송의 사신 서긍(徐兢)이 지은 『고려도경』 권34 해도(海道)1에는 "선화 … 5년 계묘(1123) … 여름 5월 … 19일 신미에 (고려로 가는 사신 일행이) 정해현에 도달하였다. 앞서 중사무공대부용팽년을 보내 총지원에서 일곱 날 밤낮으로 도량을 베풀었다. 宣和 … 五年癸卯 … 夏五月 … 十

九日辛未 達定海縣 先期遣中使武功大夫容彭年 建道場於摠持院七晝夜"이라고 하였다. [참고문헌]『高麗圖經』.

총지인삼매 總持印三昧 Ⓢ ādhāraṇa-mudro nāma samādhi. 백팔삼매(百八三昧) 중 하나. 다라니인삼매(陀羅尼印三昧)라고도 한다. 『방광반야경』 권4(대정장8, p.23c9 : *Pañca-pr.*, p.199)에 "또한 총지인삼매가 있으니 이 삼매에 머물면 능히 모든 삼매인들을 지닌다. 復有總持印三昧 住是三昧者 能持諸三昧印 tatra katama ādhāraṇa-mudro nāma samādhiḥ. yatra samādhau sthitvā sarvasamādhīnāṃ mudrā ādhārayati"라고 하였다. [참고문헌]『放光般若經』, *Pañca-pr.* ⇨ 다라니인삼매 陀羅尼印三昧, 백팔삼매 百八三昧

총지종 摠持宗 조선 칠종십이파(七宗十二派)의 하나. 앞서 신라 문무왕 대에 혜통(惠通)이 신인종(神印宗)으로 그 종지를 열었다. 『삼국유사』 권6(대정장49 p.1010c14 · 한불전6, p.355c1) 신주(神呪)6 혜통항룡(惠通降龍)에 "밀교의 바람이 이에 크게 떨쳤다. 천마산 총지암과 모악산의 주석원 등이 모두 그 지류이다. 密教之風於是乎大振 天磨之總持嵓毋岳之呪錫院等 皆其流裔也"라고 하였다. 고려 때는 지념업(持念業) 또는 지념종(持念宗)으로 불리다가 고려말에 총지종으로 정착하였고, 개성의 총지사(摠持寺)와 경주의 신충봉성사(信忠奉聖寺) 등이 대표 도량이었다. 『태종실록』 권1 1년(1401) 5월 26일에 "처음 총지종 승 10인이 모두 요를 받고 윤번으로 삼전에 들어와 진언을 외웠다. 이를 밀원이라고 하였다. … 모두 없애도록 명하였다. 初摠持宗僧十人皆受料 輪番入三殿誦眞言 謂之密員 … 命竝除之", 6년(1406) 3월 27일에 "조계종과 총지종은 합하여 70개의 절만 남기다. 曹溪宗摠持宗 合留七十寺", 18년(1418) 2월 10일에 "총지종은 오로지 밀원의 방술로 둔갑하고 사람을 구한다고 설치한 것인데, 종파의 승들은 그 맡은 바를 알지 못하니 이제부터 그 직함과 사사의 주지는 차하하지 말도록 명한다. 摠持宗專以密員之術 遁甲救人而設 右宗僧人不知其任 自今其職銜及寺社住持 勿令差下"라고 하였다. 이후 선교양종 통폐합 시 남산종(南山宗)과 합쳐져 총남종(摠南宗)이 되었다. [참고문헌]『三國遺事』, 『太宗實錄』. ⇨ 신인종 神印宗, 지념업 持念業, 총남종 摠南宗, 칠종십이파 七宗十二派

총집 總執 Ⓢ piṇḍa-grāha, piṇḍa grahaṇa, Ⓣ ril-por-'dzin-pa. 여러 가지의 법들을 모아 집착함. 심소법들을 거둬들여 아(我)나 아견(我見)을 일으키는 등이다. 『대비바사론』 권200(대정장27, p.999a16)에 "저들은 제온에 대해 하나라는 상을 일으킨 뒤 모든 것 거둬 붙들고는 아라 여긴다. 彼於諸蘊 起一想已 總執爲我", 『유가사지론』 권16(대정장30, p.363c19)에 "자기의 종자를 다 거둬가지고 과거 습기 도우며 듣는 대로 따르기에 아견을 일으킨다. … 이렇게 이미 갖춰진 아견은 스스로 심은 번뇌로부터 일어난 것들을 다 들어 집착해 일으킨 것이고, 외도들 분별아견은 과거의 습기 등에 의지해 생기한 것이어서 이 외도견은 반드시 거듭 익힌 것이고 바르지 않은 심사 때문이다. 總執自種故 宿習助伴故 聽聞隨順故 發生於我見 … 俱生我見 由總執計自種隨眠之所生起 諸外道等分別我見 由宿習等之所生起 此外道見 要由數習故 不正尋思故", 『구사론』 권1(대정장29, p.5b5 : *Abh-k-bh.*, p.14)에 "때로는 심소에 어리석어 모든 것 거둬들여 집착해 붙들고는 아라고 여긴다. 或愚心所 總執爲我 keciccaitteṣu saṃmūḍhāḥ piṇḍāt magrahaṇataḥ", 『구사론기』 권1(대정장41, p.30a6)에 "심소에 무지해 총집하여 아라고 하는 이들에게는 온에 대해 설해주는 것이니, 온을 통해 심소법을 자세히 설명할 수 있기 때문이다. 或愚心所 總執爲我 爲說蘊 以蘊廣明心所法故", 『유가론기』 권9(대정장42, p.512b11 · 한불전13, p.711c8)에 "총집의 분별이란 경을 좇고 집착해 이름을 삼는 것이니, 총이란 많은 법을 거두는 것이고, 집이란 능히 집착하는 허물의 이름이다. 總執分別從境及執爲名 總是總多法 執是能執過名"라고 하였다. [참고문헌]『大毘婆沙論』, 『瑜伽師地論』, 『俱舍論』, 『俱舍論記』, 『瑜伽論記』, *Abh-k-bh.*, *Bodh-bh.34 · 35.* ⇨ 총아 總我, 총집분별 總執分別

총집 總集 ❶ Ⓢ samūha, Ⓣ tshogs. 다 거둬 모아 하나가 되게 하다. 『대비바사론』 권62(대정장27, p.323b28)에 "총집이란 합하여 하나인 뜻이다. 言總集者 是合一義", 『구사론』 권5(대정장29, p.29b28 : *Abh-k-bh.*, p.81)에 "또는 오직 따로 문체가 있다고 마땅히 집착하여 이를 다 모은 것이 명(名) 등의 신(身)이라고 한다. 다시 나머지 것들이 있다고 집착하는 일은 무용한 일이 된다. 或唯應執 別有文體 卽總集此 爲名等身 更執有餘 便爲無用 astu vā vyañjana-mātrasya dravya-antarabhāva-parikalpanā tat-samūhā eva nāma kāyādayo veṣyanti-ity apārthikā tat-prajñaptiḥ"라고 하였다. [참고문헌]『大毘婆沙論』, 『俱舍論』, *Abk-k-bh.* ❷ Ⓢ suniviṣṭa. 다 거둬 모아놓다. 『백오십찬불송』(대정장32, p.759c20 : *Śata-śa.*, p.75)에 "이러한 선서의 덕은 여래의 몸에 모두 모여 있으니, 부처님 상호의 몸을 떠나서는 둘 곳이란 없다. 如斯善逝德 總集如來躬 離佛相好身 餘非所安處 kvānyatra suniviṣṭāḥ syur ime tāthāgatā guṇāḥ ṛte rūpāt tavaivāsmāl lakṣaṇavyañjanojjvalāt"라고 하였다. [참고문헌]『百五十讚佛頌』, *Śata-śa.*

총집분별 總執分別 Ⓢ piṇḍa-grāha-vikalpa, Ⓣ ril por 'dzin pa'i rnam par rtog pa. 팔종분별(八種分別) 중 하나. 여러 법을 거둬 집착하고 분별함. 서로 의지해서 생겨나고 사라져가는 임시의 여러 법들을 하나로 거둬 모으고는 집착하고 분별하는 것으로, 오온(五蘊)을 인(人)이나 아(我)로 분별하는 등의 일이다. 섭수적취망상(攝受積聚妄想)이라고도 한다. 『유가사지론』 권36(대정장30, p.490a10)에 "무엇을 총집분별이라 하는가? 저 색 등에 아(Ⓢ ātma)·유정(Ⓢ sattva)·명자(Ⓢ jīva)·생자(Ⓢ jantu) 등을 상정하고 가상을 시설해서 이끈 분별과 여러 법 다 모아 집착해서 인을 삼아 분별을 거듭하거나, 집(Ⓢ gṛha)·군대(Ⓢ sena)·숲(Ⓢ vana)·음식(Ⓢ bhojanapāna)·옷(Ⓢ vastra)·수레(Ⓢ yāna) 등에 대해 가상을 시설해서 이끌어 분별하니 이러한 것을 총집분별이라 한다. 云何名爲總執分別 謂卽於彼色等想事我及有情命者生者等 假想施設所引分別 於總多法總執爲因分別而轉 於舍軍林飮食衣乘等 假想施設所引分別 如是名爲總執分別", 『유가론기』 권9(대정장42, p.513a23·한불전13, p.713c15)에 "총집분별에 대해 신태(神泰)가 말했다. '가령 전차·보병·코끼리·말 등으로 군이 구성되고, 뭇 나무로 숲이 성취되며, 네 가지로 음식이 성취되는 등 이 모든 것은 바로 법들을 모아놓은 것이다. 이 사진에 고정된 자성이 있다고 집착하고, 또 이 사진으로 구성되는 임시의 음식 등이라는 것에 대해 정해진 가법이라고 집착함으로써 이 총법에 집착 일으키는 것을 총집분별이라 한다. 또 만약 오온에 실체가 있다고 계탁하여 이 유정오온을 연해서 성취한 임시의 인과 아 그리고 유정 등의 이름이 총집분별이다'. 總執分別者 泰云 如以車步象馬成軍 以衆樹成林 以四塵成飮食等 皆是總法 以執四塵有定性故 亦執四塵所成假飮食等有定假法 緣此總法執起故名總執分別 若計五蘊有實體 以此有情五蘊緣成假人我及有情等 名爲總執分別"라고 하였다. [참고문헌] 『瑜伽師地論』, 『瑜伽論記』, *Bodh-bh.35.* ⇨ 팔종분별 八種分別

총징 總徵 경론을 주석할 때 쓰는 용어. 다 거둬서 묻다. 『아미타경요해』(대정장37, p.369c12)에 "처음에는 의보인 국토의 묘경을 늘어놓았고, 둘째로는 정보인 주반의 묘를 늘어놓았는데, 둘째에서 다시 처음에 교주의 묘를 밝혔고 둘째에 권속의 묘를 밝혔다. 처음 중에 둘이 있으니, 처음은 다 거둬 묻고 둘째는 따로 푼다. 이제 처음이니, '사리불이여! 너의 뜻에 어떠한가? 저 부처는 어째서 아미타라 부르는가?' 하였다. 初 陳依報國土妙竟 二 陳正報主伴妙 二 初明敎主妙 二明眷屬妙 初中二 初總徵 二別釋 今初 舍利弗 於汝意云何 彼佛何故 號阿彌陀", 『설무구칭경소』 권3(대정장38, p.1051b16)에 "처음의 물음에 또 셋이 있으니, 처음은 총징이고 다음은 따로 따짐이며 뒤는 맺어 힐난함인데, 여기는 처음의 글이다. 初徵復三 初總徵 次別詰 後結難 此初文也", 『수능엄의소주경』 권3(대정장39, p.860a27)에 "둘째로 육입을 깨뜨린다. 범어 발라폐사(praveśa)는 입 또는 처라 한역하니, 경이 드는 곳이고 또한 식이 생하는 곳이기 때문이다. 그런데 근과 경 두 법은 다 식이 생하는 곳이지만, 지금 육근을 나눠 따로 깨뜨리기에 홀로 근만을 입으로 삼았다. 글은 둘로 나뉘는데, 첫째는 다 들어 묻는다. 第二破六入 梵語鉢羅吠奢 此云 入 亦云處 境入之處也 亦是識生處故 然根境二法 俱識生處 今分六根 別破故 獨以根爲入也 文二 一 總徵"라고 하였다. [참고문헌] 『阿彌陀經要解』, 『說無垢稱經疏』, 『首楞嚴義疏注經』. ⇨ 별파 別破

총총 怱怱 쉴 새 없이 움직이다. 바빠서 동동거리는 모양. 『마하승기율』 권10(대정장22, p.316a19)에 "만약 일이 있어 바빠 잘 씻을 수 없다면 마땅히 뿌리나 잎으로 낸 즙 등을 바르고 문질러야 하며 일을 마치면 마땅히 씻어야 한다. 若有事怱怱 不得好洗者 當以根汁葉汁等塗拭 事訖當洗", 『대지도론』 권8(대정장25, p.119a1)에 "사람이 미치지 않았는데도 마음 많이 산란하고 뜻도 저 원숭이와 같아 오롯이 머물 수 없으면 이를 난심이라 이름한다. 또 번잡한 일이 있어 바쁘고 마음이 온갖 일들에 붙들린다면 마음이 힘을 잃어 도를 받아들여 견뎌낼 수 없다. 有人不狂 而心多散亂 志如獼猴 不能專住 是名亂心 復有劇務怱怱 心著衆事 則失心力 不堪受道"라고 하였다. [참고문헌] 『摩訶僧祇律』, 『大智度論』.

총총 叢叢 무리지어 빽빽히 모여있는 모습. 『마하지관』 권9(대정장46, p.122c29)에 "차가움과 따뜻함 등 꽉 차 있는 허공이지만 그 어떤 그릇됨도 어지러움도 없기에 총림이라 부른다. 若冷煖等 叢叢虛空 皆無謬亂 故稱叢林", 『사미율의요략증주』 권1(卍속장106, p.298a12)에 "범어 빈파는 총림이라 한다. 비유컨대 저 큰 나무들 무리지어 빽빽한 듯 하기에 스님들이 모여 있는 곳을 총림이라 이름한다. 梵語貧婆 此云叢林 譬如大樹叢叢 故僧聚處 名曰叢林"라고 하였다. [참고문헌] 『摩訶止觀』, 『沙彌律儀要略增註』. ⇨ 총림 叢林

총취 總聚 Ⓢ avayavin. 여러 법(多法)이 모인 무더기. 여러 법이 한 때(一時)를 기준으로 임시로 모여 있는 상태. 이런 한계상황에서 하나의 성(一性)을 설정해 실법(實法)인 듯 집착할까 경계하여 임시로 모여 일어난 가유(假有 saṃvṛti)일 뿐임을 분명히 가르쳐 보인다. 유분(有分)이라고도 한다. 『취인가설론』(대정장31, p.885a29)에 "'총취'란 일시에 많은 법들이 모여있는 것이고, 세간에 수순해서는 하나의 성으로 설하니 몸이나 숲 등과 같은 것이다. … 또 만약 총취 있다는 것 인정하지 않으면 사원(毘訶羅 Ⓢ vihāra)이나 탑(Ⓢ stūpa) 등을 보시하는 데 있어 복덕의 차이는 모두 존재하지 않을 것이다. … 또 총취 등은 실물로 있는 것이 아니고 유위나 무위로 성을 삼은 것도 아니다. 言總聚者 謂於一時有多法聚 隨順世間 以一性說 如身林等 … 又若不許有總聚者 於毘訶羅窣堵波等 福德差殊 應皆非有 … 又總聚等非實物有 非是有爲無爲性故", 『관소연론석』(대정장31, p.889b25)에 "저 여러 논자들은 뭇 극미로 있는 것들을 합해 모은 것을 이 소연으로 삼아 상과 식이 나기에, 이 다 모아진 것에서 그 지혜가 생겨난다고 집착한다. 그러므로 저것들로 소연 삼은 줄 안다. 마치 어떤 이가 「식으로서 저 상이 있으니, 저것은 이것의 경이다」라고 하는 것과 같다고 한다. … 하지만 이 총취라는 것은 삼불율지(三佛栗底 Ⓢ saṃvṛti : 假有)일 뿐 근도 경도 식도 아니다. 彼諸論者 執衆極微 所有合聚 爲此所緣 相識生故 由於總聚而生其智 是故定知 彼爲所緣 如有說云 若識有彼相 彼是此之境 … 然此總聚是三佛栗底 而此總聚非根識境", 『순정리론』 권2(대정장29, p.338b1)에 "여기서 그림자나 빛이라고 한 말의 뜻은 총취를 나타내는 것이지 현색만을 나타내는 것이 아니니, 가령 나무나 보배라는 말과 같다. 此影光言意 表總聚 非唯顯色 如樹寶言"라고 하였다. 〔참고문헌〕『取因假設論』, 『觀所緣論釋』, 『順正理論』. ⇨ 유분 有分 ❶

총취심 總聚心 Ⓢ saṃkalana-citta, Ⓣ sdom-pa'i-sems. 다 거둬 모은 법을 관하는 마음. 『대승장엄경론』 권7(대정장31, p.624a9)에 "이와 같이 가르침을 받은 다음에 순서대로 여섯 가지 마음을 일으킨다. … 〔석〕 여섯 가지 마음이란 … 다섯째는 총취심이다. 법을 모아 거두는 것으로 총취심이라 부른다. 다시 앞선 법을 모으고 다시 다 들어 관하기 때문이다. 如是得教授已 次起六種心 … 釋曰 六心者 … 五 總聚心 … 法總者 謂總聚心更聚前法 復總觀故"라고 하였다. 〔참고문헌〕『大乘莊嚴經論』, *Sūtr.91.*

총카파 Tsong kha pa 1357~1491. 티베트불교 겔룩파의 개조. 14세기까지 티베트에 전승된 교의와 수행체계를 집대성하였다. 현재 중국 칭하이성에 속하는 티베트 암도 지역에 있었던 총카지역 출신이라 붙은 이름이다. 법명인 롭상닥파(Ⓣ bLo bzang grags pa)를 붙여 총카파롭상닥파라고도, 짧게 제린포체(Ⓣ rJe rin po che)라고도 불린다. 제자였던 케둡펠상포(Ⓣ mKhas grub dpal bzang po 1385~1438)가 쓴 전기(Ⓣ Dad pa'i 'jug ngog)와 저작들을 통해서 전해지는 그의 일생은 전후반기로 나눈다. 케둡이 쓴 전기에 따르면 총카파는 십대에 중앙 티베트로 옮겨 먼저 티베트의학을 공부했고, 아비다르마(Ⓢ abhidharma)와 불교부파들의 교리를 다룬 둡타(Ⓣ Grub mtha')를 수학한 뒤에, 율과 인명 등을 공부했다. 그의 초기사상은 당시의 주요

금동총카파상
티베트 18-19세기

총카파전기도 화정박물관
티베트 시대미상

한 두 가지 학풍과 연결되는데, 옥(Ⓣ rNgog blo ldan shes rab 1059~1109)이 세운 상푸(gSang phu ne'u tog)전통과 샤카판디타(1182~1251)가 주창한 인명의 샤카전통이었다. 이와 함께 밀교 수행에도 전념했는데 이때 아비다르마와 아뢰야식(Ⓢ ālaya-vijñāna)에 관한 여러 주석을 지었고 1388~89년에 『현관장엄론 現觀莊嚴論 *Abhisamayālaṃkāra*』의 주석 『*Legs bshad gser phreng* 善說金鬘疏』도 완성했다. 주석을 완성한 후 스승이었던 우마파파보도르제(Ⓣ dBu ma pa dpa' bo rdo rje)와 함께 학문활동을 멈추고 남티베트로 가서 십년동안 의례와 수행에 집중하였다. 이러한 전환기의 때에 지혜의 상징인 문수사리(Ⓢ Mañjuśrī)를 친견하고는 중도와 자립논증(Ⓣ dBu ma thal 'gyur pa, Ⓢ Prāsaṅgika-madhyamaka)으로 일컬어지는 그의 사상적 체계를 정리하고, 이것이 자신의 새로운 견해가 아니라 부처의 근본 가르침을 재조명한 것임을 강조했다. 그의 성숙한 교법의 면모는 후기 저술들을 통해 드러난다. 그 중 가장 유명한 『보리도차제대론 菩提道次第大論 *Lam rim chen mo*』은 라뎅(Rwa sareng)사원에서 그의 나이 46세가 되던 1402년에 완성했고, 밀교에 관한 저서로 1405년에 완성한 『비밀도차제대론 秘密道次第大論 *sNgags rim chen mo*』이 주요 작품으로 꼽힌다. 탄트라는 대승적 이타로서뿐만 아니라 신성요가(Ⓣ lha's rnal 'byor)로도 정의되어야 한다고 주창했다. 보리도차제론을 썼던 해에 스승이었던 렌다와(Ⓣ Red mda' ba gzhon nu blo gros 1349~1412) 등과 함께 남체뎅(Ⓣ rNam rtsed ldeng)사원에 모여 당시 어지러웠던 티베트불교를 새롭게 하기 위해 엄정한 지계전통을 강조하는 입장을 내세웠는데, 기

존의 흑모파와 구분하여 노란 모자를 썼으므로 황모파라 불렸다. 1409년 간덴사원 창건하여 겔룩황모파의 근본도량으로 삼고 여생을 그곳에서 보냈다. 제자였던 타시팔덴(Ⓣ bKra shis dpal ldan 1379~1449)과 샤캬예쉐(Ⓣ Sha kya ye shes 1354~1435)가 1416년에 데풍(Ⓣ 'Bras spungs)사원을, 1419년에는 세라사원을 세웠다. 겔룩파의 이 세 사원은 현재까지도 세계에서 가장 큰 규모의 불교사원으로 유지 계승되고 있다. 〔참고문헌〕Ye shes rgyal mtshan 'Rgyal ba tsong kha pa chen po'i rnam thar' *Lam rim bla ma brgyud pa'i rnam thar* Vol.1(Lhasa : Bod ljongs mi dmangs dpe skrun khang, 1990) pp.319~398. ⇨ 보리도차제론 菩提道次第論, 비밀도차제론 秘密道次第論

총파 總破 다 모아 부수다. 별파(別破)에 대칭한다. 『중론』 권1(대정장30, p.1c12)에 "〔문〕 제법은 무량한데 어째서 이 여덟 갈래만으로 깨뜨리는가? 〔답〕 법은 비록 무량하지만 간략하게 여덟 가지 일로 설하여 일체법을 모두 모아 깨뜨릴 수 있다. 問曰 諸法無量 何故但以此八事破 答曰 法雖無量 略說八事 則爲總破一切法"라고 하였다. 〔참고문헌〕『中論』. ⇨ 별파 別破

총혜 聰惠 신라대 스님. 872년부터 873년까지 황룡사구층목탑(皇龍寺九層木塔)을 새로 수리하고 나서 그 경위를 작성하여 주춧돌 밑에 입장(入藏)한 「황룡사구층목탑찰주본기 皇龍寺九層木塔刹柱本記」의 전자(鐫字 : 동판에 글자를 새긴 것)를 맡았던 스님이다. 〔참고문헌〕「皇龍寺九層木塔刹柱本記」.

총혜자상 聰慧者相 Ⓢ paṇḍita-liṅga, Ⓣ mkhas-pa'i-rtags. 좋은 법 잘 들어 알아 가지고 매사에 슬기롭게 가려 생각하고 말하고 행할 줄 아는 이(Ⓢ paṇḍita)의 모습. 『유가사지론』 권86(대정장30, p.782c21)에 "또 총혜자에게는 열 가지 모습 있으니, 이로써 모든 총혜상을 모두 거둠을 알라. 다 갖춰 나는 혜를 성취하고, 또 방편으로 듣고 사유하고 수습하여 이룩한 혜를 성취했으며, 또 성숙함으로 동요가 없기에 사유해야 할 바를 잘 사유하고 설해야 할 바를 잘 설하고 해야 할 바를 잘 하며, 또 스스로 자신이 가지고 있는 바에 의지하지 한번도 목숨을 위해 타인에게 의탁한 적이 없으며, 또 구하는 바가 있어도 안락하지 않음이 없으며, 또 구하는 바가 있으면 정행에 의지할 뿐이고, 다 법으로써 구하지 법 아닌 것으로써 구하지 않으며, 또 자신에게 합당한 자산과 도구는 잘 지켜 흩어 잃지 않도록 하며, 또 근심거리인 줄 알아서 수용하며, 또 병에 따른 의약에 대해 잘 살피고 생각하여 택한 이후에 복용하며, 또 때 아닌 때에 죽는 횡사의 인연도 잘 피할 줄 안다. 이와 같은 총혜자의 특징 열 가지로 모든 총혜상 다 거두는 줄 알아야 하리. 又聰慧者有十種相 當知具攝諸聰慧相 謂成就俱生慧故 又成就方便聞思修所成慧故 又成熟故無動搖故善思所思善說所說善作所作 又能自依己所有性 未嘗爲命依附於他 又有所求無不安樂 又有所求能依正行 皆悉以法不以非法 又自所宜資產衆具 能正防守不令散失 又觀過患而受用之 又於病緣所有醫藥 觀察思擇然後服行 又能善避非時死緣 如是十種聰慧者相 當知具攝諸聰慧相"라고 하였다. 〔참고문헌〕『瑜伽師地論』, *Śrāv-bh.162·163.*

총활 總濶 조선후기 스님. 당호는 풍곡(豊谷). 회암정혜(晦庵定慧 1685~1741)의 법손(法孫)으로, 1736년(영조12)에 정혜가 『선원집도서과기』를 저술하여 간행할 때마다 동참하여 서문을 작성하기도 하였다. 1747년(영조23)에 함월해원(涵月海源 1691~1770)이 쓴 「간집록과해서 刊集錄科解序」(한불전9, p.528a13)와 『천경집』 권중 「간도서법집과해서 刊都序法集科解序」(한불전9, p.621a8)에 "화엄의 회암장로는 개연하시어 내외제전에서 풀지 못하는 글이 없으셨다. … 청 건국 4년 병오(1725·영조2)에 금강(산)에 머물렀는데 학도의 청으로 그 글을 과목으로 삼고 그 뜻을 풀었다. … 문인 우암(호경)과 풍곡 (총)활공이 함께 나무에 새기기로 모의하였다. 華嚴宗晦菴長老 慨然乎內外諸典 无无解之文 … 有淸之四龍集丙午春 來留金剛 因學徒之請 科其文解其義 … 門人雨巖與豊谷濶公 合謀繡梓"고 하였고, 1747년(영조23)에 함경도 성불산 길상암(吉祥庵)에서 『선원집도서과기』를 간행할 때 "정묘년 여름 법손 총활이 풍곡장실에서 삼가 쓰다. 丁卯夏法孫總濶 謹書于豊谷丈室中"라고 하여 「수정회해도서별행록서 修正晦解都序別行錄序」(한불전9, p.529a8)를 작성하였으며, 1757년(영조33)에 경상도 덕유산 장수사(長水寺)에서 개간(開刊)할 때도 "정축년 7월망일에 법자 풍곡총활이 삼가 쓰다. 歲丁丑七月望日 法子子豊谷總濶謹書"라고 하여 「중간도서절요과해서 重刊都序節要科解序」(한불전9, p.529b18)를 작성하였다. 함월해원의 『천경집』 권상에는 「차풍곡활대사귀향 次豊谷濶大師歸鄕」(한불전9, p.609c23)이라는 시도 전한다. 〔참고문헌〕『禪源集都序科記』, 『天鏡集』. ⇨ 법집별행록절요사기해 法集別行錄節要私記解, 선원집도서과기 禪源集都序科記

촬략 撮略 잡아내 간추리다. 『일체경음의』 권81(대정장54, p.831b12)에 "촬략〈촬은 찬과 괄을 반절한 음이다. 『광아』에 '촬은 잡는다는 뜻이다. 또는 손가락으로 집어낸다는 뜻이다'라고 하였다〉. 撮略〈上纂括反 廣雅云 撮 持也 亦手撮取也〉", 『도서』 권상1(대정장48, p.399c20)에 "다만 불경은 열어 크게 펼치면 대천세계 팔부의 무리들이지만, 선게는 핵심만 집어 내어 이곳(중국) 한 류의 탁월한 근기로 나아갔다. 但佛經開張羅 大千八部之衆 禪偈撮略 就此方一類之機", 『선문사자승습도』(卍속장110, p.872a11)에 "모든 교설 열어 폈지만, 선종은 추려내 간략히 하였다. 추려 간략히 했다 하니, 법에 나아감에 불변과 수연이라는 두 가지 뜻이 있고, 사람에 나아간즉 돈오와 점수 두 문이 있을 뿐이다. 諸教開張 禪宗撮略 撮略者 就法有不變隨緣二義 就人有頓悟漸修兩門"라고 하였다. 〔참고문헌〕『一切經音義』, 『都序』, 『禪門師資承襲圖』.

촬마 撮摩 Ⓢparimardana-kṣama. 잡아 만지다. 『방광대장엄경』 권12(대정장3, p.613a17)에 "색은 모인 물방울과 같아서 잡아 만질 수 없고, 느낌 또한 물거품과 같아서 오래 서 있지 않는다. 色如聚沫 不可撮摩 受如水泡 不得久立", 『서장』「답진소경장 答陳少卿狀」(대정장47, p.923c20)에 "이 일을 만약 터럭 하나만큼이라도 애를 써서 증득하려 한다면 마치 사람이 손으로 허공을 잡아 만지듯 하리니 스스로 수고로움만 더할 뿐이다. 此事若用一毫毛工夫取證 則如人以手撮摩虛空 只益自勞耳", 『화엄공목장』 권2(대정장45, p.555c7)에 "이 몸 잠시 모인 물방울 같아서 잡아 만질 수 없고, 이 몸은 물거품 같아서 오래 서지도 못한다. 是身如聚沫 不可撮摩 是身如泡 不得久立", 『경덕전등록』 권6「대주혜해전 大珠慧海傳」(대정장51, p.246c25)에 "그때 여러 명의 법사가 찾아와 '질문 하나를 펼치려 하는데 스님께서 대답해주시겠습니까?'라고 묻자 대주가 대답했다. '깊은 못에 잠긴 달그림자 제멋대로 잡아내 만지려는구나'. 時有法師數人來謁曰 擬伸一問 師還對否 師曰 深潭月影 任意撮摩"라고 하였다. 〔참고문헌〕『方廣大莊嚴經』, 『書狀』, 『華嚴孔目章』, 『景德傳燈錄』, *Vikī-n.17.*

촬요 撮要 중요한 뜻만을 골라 뽑다. 『유마경약소』 권5(대정장38, p.625c3)에 "법요란 말은, 오행으로 뭇행들의 지귀에서 요를 골라 뽑았는데, 도에 들어가기에 가장 뛰어나기에 법요라 한다. 言法要者 以五行撮要衆行旨歸 入道最勝 故云法要", 『관심론소』 권1(대정장46, p.594a10)에 "지금 대사께서 일기에 연 따라 다르게 설하심이 같지 않지만, 이제 장차 열반하려 하셨기에 요를 골라 뽑아 그 한 논을 설하셨다. 今之大師 一期隨緣異說不同 今將欲涅槃故 撮要說其一論"라고 하였다. 〔참고문헌〕『維摩經略疏』, 『觀心論疏』.

최관 最冠 1794~1872. 조선후기 스님. 호는 유암(柳巖), 속성은 김씨. 1794년(정조18) 강원도 통천군 유동촌(柳洞村)에서 태어났다. 12세 때 용공사(龍貢寺)에 들어가 만원(萬元)을 은사로 하여 스님이 되었고, 풍악보인(楓嶽普印 1701~1769)의 법을 이어 받았다. 선지(禪旨)는 설파상언(雪坡尙彦)으로부터 받았으니 청허의 7세 법손이 된다. 생전 6년간 참선하였고 40년간 강경하여 후학을 지도하였으며, '선교양종팔도규정도총섭 禪教兩宗八道糾正都摠攝'을 지냈다. 1872년(고종9)에 세수 79, 법랍 65세로 입적하였다. 〔참고문헌〕『楡岾寺本末寺誌』「柳巖禪師碑」(亞細亞文化社, 1977) p.665, 智冠『韓國高僧碑文總集 朝鮮朝·近現代』p.604.

최극무자 最極無者 Ⓢpradhāno nāstikaḥ, Ⓣmed-par-lta-ba'i-gtso-bo. 모든 것의 가장 끝은 무(無)라고 극단적인 주장을 하는 이. 극단적인 허무주의자를 말한다. 『유가사지론』 권36(대정장30, p.488b28)에 "가령 어떤 한 무리는 이해하기 어려운 대승과 상응하고 공성과 상응하지만 극히 분명하게 드러낼 수 없는 밀의로 나아간 뜻을 담은 깊디깊은 경전을 설하는 것을 듣고는, 설한 의미를 여실히 이해할 수 없어, 이치에 맞지 않는 허망분별을 일으키고, 선교방편이 아닌 것에 이끌린 심사로 다음과 같은 견해와 논리를 세운다. '일체는 오직 헛될 뿐이니 이것이야 말로 진실이니, 만약 이처럼 관한다면 이것이야 말로 정관이다'라고 한다. 그 허가가 의지하는 처소의 실유하는 유사(Ⓢvastu-mātra)마저 버려 있는 것 아니라고 한다. 이렇게 여긴즉 일체는 허가로서 모두 무라고 했는데, '일체는 오직 가일 뿐이니 이것이야 말로 진실이다'라는 것은 어떻게 있을 수 있는가? 이러한 이유로 인해 그는 진실과 허가 두 가지 모두 전혀 있는 바 없다고 비방한다. 진실과 허가를 비방하기에 이를 최극무자라고 한다는 것을 알아야 한다. 이와 같이 무를 주장하는 자와는 일체에 있어 지혜로 함께 범행하는 이들은 함께 말해서도 함께 머물러서도 안 되니, 이와 같이 무를 주장하는 이는 스스로 무너지고 또 세간에서 그 견해를 따르는 이들도 무너뜨린다. 如有一類聞說難解大乘相應空性相應未極顯了密意趣義甚深經典 不能如實解所說義 起不如理虛妄分別 由不巧便所引尋思 起如是見立如是論 一切唯假 是爲眞實 若作是觀 名爲正觀 彼於虛假所依處所實有唯事 撥爲非有 是則一切虛假皆無 何當得有一切唯假是爲眞實 由此道理 彼於眞實及以虛假二種 俱謗都無所有 由謗眞實及虛假故 當知是名最極無者 如是無者 一切有智同梵行者 不應共語不應共住 如是無者能自敗壞 亦壞世間隨彼見者"라고 하였다. 〔참고문헌〕『瑜伽師地論』, *Bodh-bh.31.*

최극심심 最極甚深 Ⓢparama-gaṃbhīra, Ⓣmchog-tu-zab-pa. 가장 극하게 깊고 깊음. 온전히 다 헤아리기 어려운 연기와 진여, 법계 등의 뜻을 수식하는 말이다. 『유가사지론』 권93(대정장30, p.831b2)에 "다음으로 연기본성은 가장 극하게 깊고 깊지만 한 분이 있어 능히 열어 보여 주시기 위해 얕게 하셨으니, 마땅히 알아야 하리. 이는 두 가지 인연 때문임을. 첫째는 대사께서 훌륭히 열어 보이셨기 때문이고, 둘째는 이 보특가라께서 미세하게 살피고 총민하고 박달한 지혜를 성취하셨기 때문이다. … 이에 모든 연기법은 네 가지 상으로 가장 극하게 깊고 깊다. 어떻게 네 가지인가? 첫째 미세인과는 다 알기 어렵기 때문이며, 둘째 무아 또한 끝내 알기 어려우며, 셋째 얽힘 여읜 유정일지라도 그 얽힘 다 알기 어려우며, 넷째 얽힘 있는 유정일지라도 얽힘 여의는 것 또한 알기 어렵기 때문이다. 復次 緣起本性最極甚深 而有一能開示令淺 當知此由二因緣故 一由大師善開示故 二 卽由此補特伽羅 成就微細審悉聰敏博達智故 … 當知此中諸緣起法 略由四相最極甚深 何等爲四 一 由微細因果難了知故 二 由無我難了知故 三 由離繫有情而有繫縛難了知故 四 由有繫有情而離繫縛難了知故", 『대승아비달마잡집론』 권4(대정장31, p.712c12 : *Abh-s-bh.*, p.34)에 "만약 연기의 리는 자작도 타작도 아니다. 두 구 모두 보냄도 오히려 깊고 깊은데, 하물며 사구 온통 잊음에 있어서랴. 이래서 연기는 가장 극하게 깊고 깊다. 若緣起理 非自非他 遣雙句者 猶爲甚深 況總亡四句 是故緣起 最極甚深 na svayaṃ na parato dvividhakoṭi-pratikṣepe 'pi gambhīraḥ pratītyasamutpādaḥ syāt prāg-eva yatra catasro'pi koṭayaḥ pratikṣipyante tasmād-etasya parama-gāmbhīryaṃ veditavyam", 『유가론기』 권6(대정장42, p.437b15 · 한불전13, p.453b23)에 "이 중에 진여법계라 함이 가장 극하게 깊고 깊다. 此中眞如法界 最極甚深"라고 하였다. 〔참고문헌〕『瑜伽師地論』, 『大乘阿毘達磨雜集論』, 『瑜伽論記』, *Abh-s-bh.*, *Bodh-bh.142*. ⇨ 연기심심 緣起甚深, 진여 眞如, 법계 法界

최눌 最訥 1717~1790. 조선후기 스님. 자는 이식(耳食), 호는 묵암(默庵), 속성은 박씨. 본관은 밀양. 1717년(숙종44) 4월 18일 전라남도 흥양현 장사촌(長沙村 : 지금의 高興郡)에서 태어났다. 4세 때인 1721년(경종1)에 부모를 따라 전라남도 낙읍(樂邑 : 昇州郡 樂安面) 응계촌(鷹溪村)으로 이사했다. 5~6세 때부터 땅에 떨어진 글을 보면 곧 그것을 주워 벽에 붙여 놓고 내가 장차 글을 배워 이것을 알 것이라고 말하였으니, 전생부터 익힌 영아(靈芽)가 남달랐다. 14세인 1731년(영조7) 승주군 낙안면 금화산(金華山) 징광사(澄光寺)로 찾아가 행자생활을 하다가 18세 때 돈정첨지(頓淨僉知)를 은사로 하여 스님이 되었고, 만리(萬里)로부터 비구계를 받았다. 19세부터 송광사(松廣寺) 풍암세찰(楓巖世察)에게서 5년여 동안 경을 배우고, 그 후 제방(諸方)으로 종사를 찾아다니면서 호암체정(虎巖體淨) · 회암정혜(晦庵定慧) · 용담조관(龍潭慥冠) · 상월새봉(霜月璽篈) 등 강백으로부터 경론을 배웠다. 명진선사(明眞禪師)에게서 선지를 터득하였고, 영해약탄(影海若坦) 문하에서 마지막 탁마를 받았다. 27세 때인 1743년(영조19) 봄 승주군 주암면 대광리 모후산(母后山) 대광사(大光寺) 영천난야(靈泉蘭若)에서 풍암세찰의 법을 이어 받고, 그곳에서 강원을 열고 학인을 지도했다. 삼장을 깊이 탐구하여 고인들이 알지 못했던 깊은 뜻 개발함이 많았다. 연담유일(蓮潭有一)과 함께 성리학의 핵심도 논하였다. 특히 화엄학에 조예가 깊어 화엄종장(華嚴宗匠)으로 알려졌다. 1770년(영조46) 해남 표충사의 원장에 부임했다. 1790년(정조14) 4월 27일 해뜰 무렵 송광사 보조암(普照庵)에서 세수 73, 법랍 54세를 일기로 입적하였다. 15명의 제자가 있었는데, 선을 받은 제자는 와월교평(臥月教萍)이고, 봉봉(鳳峰) · 성봉완첨(聖峰玩沾) 등은 교를 받은 제자들이다. 저서로는 『화엄과도 華嚴科圖』 1권 · 『제경문답 諸經問答』 1권 · 『반착회요 盤錯會要』 1권 · 『내외잡저 內外雜著』 10권 · 『심성론 心性論』 1권, 『묵암대사시초 默庵大師詩抄』 3권 등이 있는데, 모두 한불전10, pp.1~57에 수록되어 있다. 〔참고문헌〕『默庵集』 「默庵大和尙行狀」(한불전10, pp.24b9~25a7), 智冠 『韓國高僧碑文總集 朝鮮朝 · 近現代』 pp.558~562. ⇨ 세찰 世察

최대과 最大果 Ⓢ mahā-phalatama, atyarthaṃ mahāphala, Ⓣ 'bras-bu-rab-tu-che-ba. 가장 큰 과. 금강유정(金剛喩定)으로 얻는 과 등을 말한다. 『구사론』 권18(대정장29, p.94a29)에 "모든 묘하고 세상에서 행하는 선업 중 어떤 것이 최대과인가? … 제1유의 이숙과를 감하는 사유의 업이 세상에서 행하는 선업 중 최대과이니, 이는 팔만대겁의 지극히 적정한 이숙을 감하기 때문이다. 이는 이숙과 잡아서 이렇게 설한 것이고, 이계과에 의지한즉 금강유정과 상응하는 사로 능히 최대과를 얻는 것이니 모든 번뇌(結)가 길이 끊어져야 이 과를 얻기 때문이다. 於諸妙行世善業中 何最大果 … 感第一有異熟果思 於世善中爲最大果 感八萬大劫極靜異熟故 約異熟果故說此言 據離繫果 則金剛喩定相應思能得大果 諸結永斷 爲此果故", 『변중변론』 권하(대정장31, p.474c1)에 "어째서 단지 대승경 등의 설에서만 법행을 수습하면 최대과를 얻는다고 설하고, 성문승에서는 이와 같이 설하지 않는가? … 〔논〕 이 대승에서 법행들을 수습하면, 두 가지 인연으로 인해 최대과를 얻는다. 첫째는 가장 수승하기 때문이고, 둘째는 다함이 없기 때문이다. 다른 모든 유정을 거둬 이롭게 하기에 대승은 가장 수승하다고 한다. 비록 무여열반을 증득하더라도 다른 이 이롭게 하는 일 쉴 수 없기에 대승은 다함이 없다고 한다. 何故 但於大乘經等說 修法行獲最大果 於聲聞乘 不如是說 … 論曰 於此大乘 修諸法行 由二緣故 獲最大果 一 最勝故 二 無盡故 由能攝益他諸有情 是故 大乘說爲最勝 由雖證得無餘涅槃 利益他事 而恒不息 是故 大

乘說爲無盡"라고 하였다. 〔참고문헌〕『俱舍論』, 『辯中邊論』, *Abh-k-bh.264.*, *Madhy-vibh.64.* ⇨사업 思業, 이숙과 異熟果, 금강유정 金剛喩定

최대죄 最大罪 무엇보다 큰 죄. 함께하는 대중의 화합을 깨는 일인 파화합승(破和合僧)이다. 헛되고 근거 없는 망어(妄語)가 인이 된다. 『마하승기율』 권7(대정장22, p.283c12)에 "모든 장로들이여! 화합승을 무너뜨리는 것이 가장 큰 죄이니, 악도에 떨어져 니리로 들어가 기나긴 어둠 속에 괴로움 받으리. 諸長老 破和合僧 是最大罪 墮惡道入泥犁中 長夜受苦". 『대비비사론』 권115(대정장27, p.601a8)에 "삼악행 중 무엇이 최대죄인가? 무리를 무너뜨리는 헛되고 망령된 말이다. 이 업은 능히 무간지옥에서 일겁수량의 이숙고과를 받는다. 다른 업은 정해질 수 없다. 三惡行中 何者最大罪 謂破僧虛誑語 此業能取 無間地獄 一劫壽量 異熟苦果 餘業不定故"라고 하였다. 〔참고문헌〕『摩訶僧祇律』, 『大毘婆沙論』. ⇨파화합승 破和合僧, 망어 妄語

최대중죄 最大重罪 Ⓢmahāvadyatama. 가장 크고 무거운 죄. 최대죄(最大罪)·최중죄(最重罪) 등이라고 한다. 『구사석론』 권13 「분별업품 分別業品」(대정장29, p.248c3 : *Abh-k-bh.*, p.264)에 "오무간업 중 어떤 무간업죄가 가장 무거운가? 〔게〕 승가화합을 깨는 망어가 가장 크고 무거운 죄다. 於五無間中 何無間業罪最重 偈曰 破僧和妄語 許最大重罪 eṣāmānantaryāṇāṃ katamat mahāsāvadyam saṃghabhede mṛṣāvādo mahāvadyatamo mataḥ", "〔석〕 법비법을 가려내려 하는 이의 망어는 승화합을 깨뜨린다. 이치를 뒤집어엎으려 하기에 일체사행에서 가장 크고 무거운 죄다. 왜인가? 능히 모든 여래법신을 해치고, 세간천도와 열반도도 장애한다. 釋曰 了別法非法人妄語 是僧和合破 因顯翻倒理故 於一切邪行 是最大重罪 何以故 能害諸如來法身故 能障礙世間天道及涅槃道故"라고 하였다. 〔참고문헌〕『俱舍釋論』, 『受十善戒經』(대정장24, p.1023c24), *Abh-k-bh.* ⇨최대죄 最大罪

최말후신 最末後身 Ⓢpaścime ucchrayi, paścime samucchraye, paścimaka samucchraya, Ⓣtha-ma'i-lus-tshe, tha-ma-yi-ni-lus. 더이상 윤회할 일 없는 마지막 몸. 이 세간에 출현하신 석존의 몸 또는 등각(等覺) 이후의 몸으로 최후신(最後身)이라고도 한다. 『법화경』 권2(대정장9, p.11c25 : *Saddh-p.*, p.68)에 "부처님께서 왕자셨을 때 나라와 세간의 영화를 버리고 최말후신에서 출가하여 불도를 이루셨네. 佛爲王子時 棄國捨世榮 於最末後身 出家成佛道 so caj-jinaḥ paścimake samucchraye kumārabhūmīmatinā mayitvā, jahitva kāmānabhiniṣkramitvā spṛśiṣyate uttamamagrabodhim", 『대지도론』 권1(대정장25, p.58a14)에 "'나 나서 모태와 나뉘는 일 다했으니, 이 최말후신으로 나 이미 해탈을 얻었으니 마땅히 중생 제도하리라'. 我生胎分盡 是最末後身 我已得解脫 當復度衆生", 『법화경구해』 권2(卍속장47, p.915b8)에 "〈경〉 최말후신에서. 〈소〉 등각 후를 최후신이라 이름한다. 於最末後身 於等覺後 名最後身", 『법화경현찬요집』 권2(卍속장53, p.426b1)에 "최후신엔 또 삼종이 있으니 … 둘째는 최말후신으로 왕궁에서 난 그 분이다. … 다음으로 실보에 의해 삼신을 설하니 … 둘째는 마지막 몸으로서의 팔지·구지·십지보살의 변역신인데 이 몸만으로 곧장 성불에 이르므로 최말후신이라 이름한다. 最後身 復有三種 … 二 最末後身 王宮生者 是 三 坐道樹身 卽菩提樹下身 是 … 次依實報 說三身 … 二者 末後身 八九十地菩薩變易身 只將此身 直至成佛 名最末後身"라고 하였다. 〔참고문헌〕『法華經』, 『大智度論』, 『法華經句解』, 『法華經玄贊要集』, *Saddh-p.* ⇨최후신 最後身

최명 最明 더없이 밝은 것. 부처님께서 설하신 경계와 그것에 의지해 밝혀진 중생의 마음. 『반니원경』 권하(대정장1, p.189c21)에 "부처님께서 설하신 경과 계는 세간에서 가장 밝은 것인데, 이미 정도 널리 드러났으니 그 진실 살피면 의심 없으리라. 佛所說經戒 爲世間最明 已廣現正道 審諦無所疑", 『사십이장경』(대정장17, p.722c19)에 "무엇이 가장 밝은가? 마음의 때가 없어지고 악행이 사라지면 안으로 청정하여 티 없으니, 천지가 있기 전부터 오늘에 이르기까지 아직 싹트지 않은 시방의 모든 것에 이르기까지 알지 못함이 없고 보지 못함이 없고 듣지 못함이 없어서 일체지를 얻었으니, 가히 밝다고 할 만하다. 何者最明 心垢除 惡行滅 內淸淨無瑕 未有天地 逮于今日 十方所有 未見之萌 得無不知 無不見 無不聞 得一切智 可謂明乎", 『주사십이장경』(대정장39, p.519c25)에 "저 하얗고 맑은 구슬에 흠 없고 맑게 갠 하늘에 구름 끊어짐과 같아서 마음이야말로 가장 밝다. 如白圭無玷 晴空絶雲 心之最明也"라고 하였다. 〔참고문헌〕『般泥洹經』, 『四十二章經』, 『註四十二章經』.

최묘 最妙 Ⓢparaṃ. 더없이 묘한 일. 인간이 사는 울단월주에 석가세존이 나시고 중생을 위해 여러 갈래 법을 설하신 일. 『기세경』 권2(대정장1, p.317a14)에 "모든 비구들이여! 저 울단월주는 사천하 중에 남은 세 주에 비하면 최상최묘최고최승이기에 저 주를 울단월이라 한다. 諸比丘 彼鬱單越洲 於四天下中 比餘三洲 最上最妙最高最勝 故說彼洲 爲鬱單越也", 『법화경』 권1(대정장9, p.9c21 : *Saddh-p.*, p.55)에 "제일이라 할 만한 도사께서 이 무상법을 얻으셨고 일체제불 따라 방편의 힘도 쓰셨다네. 우리들 또한 다 가장 묘한 제일법을 얻었으니 온갖 중생류들 위해 분별하여 삼승을 설하네. 第一之導師 得是無上法 隨諸一切佛 而用方便力 我等亦皆得 最妙第一法 爲諸衆生類 分別說三乘 sādhū mune lokavināyakāgra anuttaraṃ jñānamihādhigamya, upāyakauśalya vicintayanto anuśikṣase lokavinā yakānām. vayaṃ pi buddhāya paraṃ tadā pada ṃ tṛdhā ca kṛtvāna prakāśayāmaḥ"라고 하였다. 〔참고문헌〕『起世經』, 『法華經』, *Saddh-p.*

최묘승정경 最妙勝定經 남북조대 유행한 위경. 1권. 『최묘정승경』·『묘승정경』이라고도 한다. 『법경록 法經錄』에 처음으로 이름이 보이지만, 남악혜사(南嶽慧思)가 20세에 이 경에 의해 서원을 세웠다는 말이 있기에 양무제(梁武帝) 재위 시인 대동년간(535~545)에 이미 세상에 유행했다. 정혜(定慧)의 구족을 강조하고, 천태지관(天台止觀)의 배경이 되었다고 알려졌다. 돈황사본 P102·北新330·北臨1757이 있다. 〔참고문헌〕『衆經目錄』 권4(대정장55, p.173a1), 『開元釋敎錄』 권18(대정장55, p.671c1).

최무비경 最無比經 당대 현장(玄奘) 한역. 1권. 고려장11, pp.537a1~542b14, No.250·대정장16, pp.785b12~788a10, No.691에 수록되어 있다. 부처님께서 아난에게 삼귀(三歸)·오계(五戒)·구족계(具足戒)의 공덕을 설하신 경전. 사대주(四大洲) 각각에 가득한 성자에게 공양한다 해도 삼귀의(三歸依)의 공덕에는 수천억 분의 일에도 미치지 못하며, 삼천대천세계에 가득한 일체여래께 공양한다 해도 이 삼귀의공덕에는 수천억 분의 일에도 미치지 못한다 설한다.

최범술 崔凡述 1904~1979. 근대 스님. 독립운동가, 교육자, 정치인. 최영환(崔英煥)이라고도 한다. 호는 효당(曉堂) 또는 금봉(錦峯), 속명은 영환(英煥), 속성은 최씨. 아버지의 휘는 종호(鐘浩), 어머니는 광산 김씨이다. 1904년(광무8) 경상남도 사천(泗川)에서 태어났다. 1915년 12세 때 곤양(昆陽)보통학교를 졸업한 후, 다음 해인 1916년 13세 때 경상남도 사천군 곤양면 다솔사(多率寺)로 찾아가 행자로 있다가 1917년 해인사 지방학림에 입학하고 환경재수(幻鏡在修)를 은사로 하여 스님이 되었다. 1919년 3월 1일 기미 독립운동 때 독립선언문을 등사하여 영남지역에 배포하다가 일본 경찰에 붙잡혀 심한 고문을 받았다. 1922년 일본에 유학하여 1933년 동경의 대정대학 불교학과를 졸업했다. 이에 앞서 1923년부터 박렬(朴烈)·박홍곤(朴興坤)·육홍균(陸洪均) 등과 함께 불령선인사(不逞鮮人社)를 조직하고 『불령선인 不逞鮮人』을 발행하였다. 박렬의 일본천왕 암살계획을 돕고자 상해로 잠입하여 폭탄을 운반하다가 체포되어 8개월 동안 옥고를 치렀다. 1930년 김법린(金法麟) 등과 비밀결사인 만당(卍黨)을 조직하였으며 1933년 조선불교청년동맹 중앙집행위원장으로 활약하였다. 이 해에 동국학원 소속인 명성여자중학교를 설립하고 교장에 취임했다. 또한 일본 유학시절 인도스님 달마바라(達磨婆羅)로부터 전해 받은 부처님의 진신사리3과를 범어사에 기증하여 탑을 세웠는데, 이는 달마바라가 부다가야의 대탑을 수리하고 그 탑 중의 사리약간을 나누어 받아 세계 여러 불교국가에 전한 것 중의 일분이다. 1934년 사천에 광명학원(光明學院)을 설립하였으며, 1936년에는 다솔사에 불교전문강원을 설치하였다. 이 무렵 김법린·김범부(金凡父) 등이 다솔사에 있으면서 은밀히 독립운동을 전개했다. 1937년 9월 일본 경찰에 체포되어 13개월 동안 경상남도 경찰국에 구검되었다. 1947년 미소공동위원회 대한불교단체대표에 피임되었고, 이 해에 합천 해인사 주지가 되었으며, 국민대학(國民大學)을 설립하고 이사장에 취임했다. 1948년 5월 10일 총선당시 사천·삼천포에서 출마하여 제헌국회의원에 당선되었다. 1951년 합천군 가야면 황산리에 해인중고등학교를 설립하고, 다음해에는 진주에 해인대학(海印大學)을 설립하고는 이사장 및 학장에 취임하였다. 1960년 이후부터 원효교학(元曉敎學) 및 다도(茶道)연구에 전념하였으며, 1969년 국민훈장 무궁화장을 받았다. 1979년 7월 10일 세수 76세로 서거하였다. 다솔사에 부도를 세웠으며, 1986년 대통령표창이 추서되었다. 저서로는 『반야심경복원소 般若心經復元疏』·『십문화쟁론복원(十門和諍論復元)을 위한 모집자료』·『해인사사간장경루판목록 海印寺寺刊藏經鏤板目錄』·「海印寺와 三·一運動」 등과 『사람은 어떻게 살아야 하나』·『韓國의 茶道』 등이 있다. 〔참고문헌〕『韓國佛教最近世百年史』 권3 「各宗團體編年」 pp.22~36, 『曉堂宗師의 生崖』, 智冠『韓國高僧碑文總集 朝鮮朝·近現代』 p.1215. ⇨ 범술 凡術

최복 摧伏 Ⓢ upārambha, vijaya, vinaya. Ⓣ klan-ka-tshol-ba. 꺾어 엎드리게 하다. 외도나 악마 또는 아만 등을 꺾어 더이상 일어나지 않게 하다. 『대반야경』 권3(대정장5, p.15a23)에 "만약 보살마하살이 모든 아끼고 탐내는 마음들을 길이 최복하고자 한다면 응당 반야바라밀다를 배워야 한다. 若菩薩摩訶薩 欲永摧伏諸慳貪心 應學般若波羅蜜多", 40권본 『대반열반경』 권4(대정장12, p.389a12)에 "그러나 나는 이미 무량겁 중에 아라한과를 이뤘는데, 중생들을 해탈시키고자 하였기에 도량의 보리수 아래 앉아 풀을 자리로 삼아 악마들을 최복하였다. 然我已於無量劫中 成阿羅漢果 爲欲度脫諸衆生故 坐於道場菩提樹下 以草爲座 摧伏衆魔", 『유부율파승사』 권5(대정장24, p.126a10 : *Saṅ-v.*, p.126)에 "족할 줄 알면 그 과 안락하고 많이 들어야만 법을 아니, … 능히 세간의 욕락을 버릴 수 있고 모든 악들마저 멀리 여의며, 아만마저 부셔 엎드리게 하니 이 사람이 가장 안락하다네. 知足果安樂 多聞者知法 … 能除世欲樂 諸惡皆遠離 我慢悉摧伏 斯人最安樂 sukho vivekas tuṣṭasya śrutadharmasya paśyataḥ, avyābādhas ukhaṃ loke prāṇibhūteṣu saṃyamaḥ, sukhaṃ vi rāgatā loke kāmānāṃ samatikramaḥ, asmimānas ya yo vinaya etad vai paramaṃ sukham", 『대지도론』 권2(대정장25, p.74b11)에 "비구 또한 이와 같으니 중승 중에 위덕 갖춘 대인은 불법을 지키고 도우며 외도를 최복하여 능히 팔중으로 하여금 온갖 선근들을 심고 마땅한 바에 따라 공경공양 등을 하게 한다. 比丘亦如是 衆僧中有威德大人 護益佛法 摧伏外道 能令八衆種諸善根 隨其所宜 恭敬供養等"라고 하였다. [참고문헌] 『大般若經』, 『大般涅槃經』, 『有部律破僧事』, 『大智度論』, *Saṅ-v.*, *Bodh-bh.68.*, *Śata-śa.67.*

최사위 崔士威 961~1041. 고려전기 관인. 자는 동환(動寰), 시호는 정숙(貞肅), 본관은 수주(水州). 현종의 배향공신(配享功臣)이다. 융예(融藝·融乂·融銳)의 아들이고 계방(繼芳)과 스님 상지(尙之)의 증조부이며, 증지수좌(證智首座) 관오(觀奧)의 고조부다. 「교감역주 고려영추산대자은현화사창건비명」에 "만약에 위덕이 있는 사람이 아니면 그 일을 감당하기 어렵다고 생각하여 … 최사위를 선출하여 별감사로 삼았다. … 범행을 안으로 닦았으며, 다른 이의 선행을 들으면 자기 일인 듯 여겼다. 以造作之務 繁冗之最 儻無成德 難濟其事 … 崔士威爲別監使 … 梵行內修 聞他之善 若已之有"라고 하였다. 「최사위묘지명」에 의하면, 그는 왕명을 받들고 시의 적절하게 결정하여 현화사(玄化寺)와 봉은사(奉恩寺)를 세웠고, 임금에게 주청하여 창건하거나 수리한 사원도 많았는데, 보제사(普濟寺) 금당(金堂)과 나한전(羅漢殿), 의왕사(醫王寺) 사중원(寺衆院), 서경(西京) 사천왕사(四天王寺), 연주(延州) 진북영화사(鎭北靈化寺), 선주(宣州) 신중사(神衆寺), 진도현(珍嶋縣) 점찰원(占察院), 시진현(市津縣) 포천미륵원(布川彌勒院), 낭천군(狼川郡) 개통사(開通寺)·계성사(啓星寺), 개차근산(皆次斤山) 정양사(正陽寺), 수주(水州) 자복사(資福寺), 송림현(松林縣) 보현경관(普賢鏡舘) 등이었다. [참고문헌] 『高麗史』, 金龍善 「崔士威墓誌銘」(『高麗墓誌銘集成』, 한림대아시아문화연구소, 1993), 李智冠 「校勘譯註 高麗靈鷲山大慈恩玄化寺創建碑銘」(『가산학보』7, 1998) pp.240·258~259. ⇨ 관오 觀奧, 상지 尙之

최상 最上 Ⓢ agra, uttama, parama, paramatā, Ⓟ agga, parama, Ⓣ dam-pa. 더없이 뛰어나다. 부처님과 부처님 법에 대한 찬사다. 『중아함경』 권35 「산수목건련경 算數目揵連經」(대정장1, p.653c1)에 "구담이시여, 저 모든 물꽃 가운데는 청련화가 제일입니다. 그 까닭은 구담이시여, 청련화는 모든 물꽃 가운데 가장 뛰어나기 때문입니다. 구담이시여, 마치 모든 육지꽃 중에 수마나꽃이 제일입니다. 그 까닭은 구담이시여, 수마나꽃은 모든 육지꽃 가운데 최상이기 때문입니다. 구담이시여, 마치 세상의 모든 논사 있지만 사문구담이 제일입니다. 그 까닭은 사문구담논사께서는 일체외도이학을 능히 조복하시기 때문입니다. 세존이시여, 저는 지금부터 스스로 부처님과 법과 비구중께 귀의하겠습니다. 오직 원컨대 세존이시여, 저를 거두어 우바새로 삼아주십시오. 오늘부터 몸이 다하도록 귀의하여 목숨을 다하도록 하겠습니다. 瞿曇 猶諸水華 青蓮華爲第一 所以者何 瞿曇 青蓮華者 於諸水華 爲最上故 瞿曇 猶諸陸華 修摩那花爲第一 所以者何 瞿曇 修摩那花者 於諸陸花 爲最上故 瞿曇 猶如世中 諸有論士 沙門瞿曇 爲最第一 所以者何 沙門瞿曇論士 能伏一切外道異學故 世尊 我今自歸於佛 法 及比丘衆 唯願世尊受我爲優婆塞 從今日始 終身自歸 乃至命盡", 상응하는 *Gaṇakamoggallāna-sutta* (*MN.3*, p.6)에 "향기 나는 꽃 중에 바시카꽃 향이 최상이듯이, 이와 같이 존자 구담의 가르침이야말로 모든 법 중에 최상입니다. ye keci puppha-gandhā vassikaṃ tesaṃ aggam akkhāyati, evam eva kho bho to gotamassa ovādo paramajjadhammesu"라고 하였다. [참고문헌] 『中阿含經』, *MN.*, *Saddh-p.131·162.*, *Sūtr.15·48*(대정장14, p.513c17).

최상국양단병화관음점안소 崔相國禳丹兵畵觀音點眼疏 이규보(李奎報 1168~1241)가 짓고 『동국이상국전집』 권41에 수록된 글로 최상국(崔相國 : 진강공 최충헌의 맏아들 최우)이 거란병을 물리치기 위해 수월관음도를 조성하고 점안을 알리는 글이다. "처음 그 자취 바탕은 천성이 포악함을 따라 그렇게 한 것이기는 하지만, 그 인한 까닭을 살피면 우리 국정이 무너져 스스로 한 바임을 보임이다. 마땅히 참회하여 이 재앙을 풀어야 하리. 原其迹素 縱天資虐戾之使然 省厥因由 示國政陵夷之所自 宜其懺悔 弭此禍殃", "삼가 살핀 즉 『대비다라니신주경』에 이르기를, '저 환란이 바야흐로 일어나거나 원적이 침범해 오고, 역질이 유행하거나 귀마가 다 어지럽히거든, 마땅히 대비의 상을 조성하라. 지극히 공경하는 마음을 다 기울이고 당개로 장엄하고 향화로 공양하면, 일어난 저 적들 스스로 엎어져 모든 환란 몰록 사리지리라'. 謹案大悲陁羅尼神呪經云 若患難之方起 有怨敵之來侵 疾疫流行 鬼魔耗亂 當造大悲之像 悉傾至敬之心 幢蓋莊嚴 香花供養 則擧彼敵而自伏 致諸難之頓消"라고 하였다. 〔참고문헌〕『東國李相國全集』.

최상근본대락금강불공삼매대교왕경 最上根本大樂金剛不空三昧大敎王經 Ⓢ Śrīparamādya-nāma-mahāyāna-kalpa-rājā, Ⓣ dpal mchog dang-po shes-bya-ba theg-pa chen-po'i rtog-pa'i rgyal-po. 송대 법현(法賢) 한역. 7권. 고려장34, pp.578b1~627a22, No.1256 · 대정장8, pp.786b18~824a22, No.244에 수록되어 있다. 『불공삼매대교왕경 不空三昧大敎王經』·『대교왕경 大敎王經』·『근본대락경 根本大樂經』·『칠권이취경 七卷理趣經』이라고도 한다. 이취경(理趣經)에 여러 가지 의궤를 자세히 시설하고 그 의미를 더해 구성되었다. 동본이역으로 『금강정유가이취반야경 金剛頂瑜伽理趣般若經』(대정장8, No.241) · 『이취경 理趣經』(대정장8, No.243) · 『대반야경 大般若經』의 「반야이취분 般若理趣分」(대정장7, No.220) · 『변조반야바라밀경 遍照般若波羅蜜經』(대정장8, No.242) · 『실상반야바라밀경 實相般若波羅蜜經』(대정장8, No.240) 등이 있다. 1권본인 다른 이역본과 달리 7권이므로 『이취광경 理趣廣經』이라고도 한다. 전체 내용을 25품으로 나누어 서술하는데, 1~13품에 상응하는 티베트역본은 북경판티베트대장경 No.119에, 14~25품은 북경판 No.120에 입장(入藏)되어 있다. 금강삼매(金剛三昧)로 공(空)을 체득하는 것이 최상의 보리를 얻어 모든 번뇌를 떠나는 길임을 설한다. ⇨ 대교왕경 大敎王經 2, 금강정유가이취반야경 金剛頂瑜伽理趣般若經

최상대승금강대교보왕경 最上大乘金剛大敎寶王經 송대 법천(法天) 한역. 2권. 고려장34, pp.277b1~286a22, No1203 · 대정장20, pp.542c3~548b24, No.1128에 수록되어 있다. 잡밀계통의 경전으로 금강수(金剛手)보살을 통해 금강대승법(金剛大乘法)과 여덟 가지의 성취법(成就法), 관정법과 만다라법 등을 설하는 내용이다. 부처님께서 광엄성(廣嚴城)의 암라수원(菴羅樹園)에 계실 때 최상의 금강대승법을 닦는 것이 무생법인을 얻는 길임을 설하시고, 제석천원에 응하여 금강수보살에게 금강대승법을 설하도록 명하시니 제석천이 그 설법을 듣고 무생법인을 증득하였다. 이어서 금강수보살이 중생을 위해 여덟 가지 성취법과 스무 가지의 만다라단을 건립하는 법도 설한다.

최상무외 最上無畏 석가모니부처님 재세 시 우바새. 『증일아함경』 권3(대정장2, p.560a1)에 "능히 묘법을 설하였으니 바로 최상무외 우바이가 그이다. 能說妙法 所謂最上無畏優婆塞是"라고 하였다. 〔참고문헌〕『增壹阿含經』, 『釋迦譜』 권1(대정장50, p.12c24).

최상미상 最上味相 Ⓢ rasa-rasāgratā. 삼십이상(三十二相) 중 하나로 득상미상(得上味相) · 미중득상미상(味中得上味相)이라고도 한다. 『대방편불보은경』 권7(대정장3, p.165b27)에 "닦은 선법을 보리에 회향하면, 이 인연으로 일일공일모상과 신모상미상과 구사십치상과 최상미상을 얻는다. 所修善法 迴向菩提 以是因緣 得一一孔一毛相 身毛上靡 口四十齒 最上味相", 『대지도론』 권11(대정장25, p.141b25)에 "병이 든 이에게 약을 주고, 굶주리고 목마른 이에게는 음식을 주었기에 양액하만상과 최상미상을 얻는다. 病者施藥 飢渴者與飮食故 得兩腋下滿 最上味相"라고 하였다. 〔참고문헌〕『大方便佛報恩經』, 『大智度論』, *Dharm-s.334., Bodh-bh.263.* ⇨ 득상미상 得上味相, 삼십이상 三十二相

최상비밀나나천경 最上祕密那拏天經 송대 법현(法賢) 한역. 3권. 나나천(那拏天)의 수법의궤를 설한 경. 고려장34, pp.548c1~562c17, No.1251 · 대정장21, pp.358a10~367b2, No.1288에 수록되어 있다. 「최상성취의궤 最上成就儀軌」 삼분(三分)과 「만나라의궤 曼拏羅儀軌」·「화상의궤 畫像儀軌」·「공양대명 供養大明」·「인상대명 印相大明」·「경애호마법 敬愛護摩法」 등의 오분(五分)과 마지막 「대명만나라성취의궤분제구 大明曼拏羅成就儀軌分第九」로 구성되었다. 부처님께서 비사문궁(毘沙門宮)에서 금강수보살(金剛手菩薩)을 상수로 한 대중과 함께 계실 때 비사문천(毘沙門天)이 비밀만다라법과 삼매법을 설해 주시기를 청하자 세존께서는 조복야차치성보광삼마지(調伏夜叉熾盛普光三摩地)에 들어 몸에서 거대한 빛을 발하시고 얼굴에서는 일곱 빛깔의 빛을 냈는데 이 빛이 나나천의 정수리로 들어갔고, 나나천은 수미산만 한 크기의 몸과 분노의 형상을 나타낸 뒤 천 개의 팔을 하고서 손에는 갈파라(葛波羅) 를 비롯한 여러 무기 등을 집고서 일체삼매만다라인법(一切三昧曼荼羅印法) · 명언(明言) · 인상(印相) 등을 설해 주셨다. 그 후 세 개의 주문과 함께 공양의 모습을 묘사하며, 최상대만다라법(最上大曼荼羅法) · 서상법(書像法) 등을 비롯하여 호마(護摩) · 도향(塗香) 등을 차제로 서술하고 다라니와 그 작법도 설하였다.

최상수최상득불가득 最上修最上得不可得 Ⓢ paramā bhāvanā paramaḥ pratilambho anupalambhaḥ. 더없이 뛰어난 것으로서의 닦음도 얻음도 얻을 수 있는 것 아니라네. 닦을 수 있고 얻을 수 있는 것이라면 이미 차오른 것이라 여기는 만심(慢心)일 뿐이어서 더없이 뛰어난 것이라 할 수 없다는 뜻이다. 『대승장엄경론』 권3(대정장31, p.607c18)에 "〔게〕 최상수를 닦고자 하면 일체수를 보지 말 것이며, 최상득을 얻고자 하면 일체득을 보지 않으면 된다네. 〔석〕 저와 같은 최상수라 하여도 저 닦음 또한 얻을 수 없는 일이며, 아무리 최상득이라 해도, 저를 얻는 일은 이루어질 수 없다네. 〔게〕 존중하며 오래도록, 부처님의 희유한 법을 관하고, 이 인연으로 속히 부처가 된다고 하나, 불보리로부터는 한 층 멀어질 뿐이라네. 〔석〕 만약 보살이 있어 불세존을 지극히 존중하여 오래도록 부처님의 미증유법을 바르게 부지런히 관하고, 이렇게 관하는 마음과 오래도록 정진한 연으로 나는 마땅히 무상보리를 속히 얻을 것이라고 하면, 이런 보살은 불보리로부터 더욱 멀어질 뿐이니, 왜냐하면 저에게 만이 있을 뿐이기 때문이다. 偈曰 欲修最上修 不見一切修 欲得最上得 不見一切得 釋曰 彼如是最上修 彼修不可得 彼如是最上得 彼得不可得 偈曰 尊重及長時 觀佛希有法 緣此速得佛 去佛菩提遠 釋曰 若有菩薩 於佛世尊極生尊重 及長時正勤觀佛未曾有法 緣此觀心及長時精進 而謂我當速得無上菩提 應知 如是菩薩 去佛菩提 則爲甚遠 何以故 彼有慢故"라고 하였다. 〔참고문헌〕『大乘莊嚴經論』, *Sūtr.48.*

최상승 最上乘 Ⓢ agra-yāna, uttama-yāna. 중생이 탈 것 중에 가장 뛰어난 것의 뜻으로서의 최상의 가르침. 『금강경』(대정장8, p.750c12)에 "수보리여! 요를 말하면 이 경엔 불가사의하고 헤아릴 수 없는 무변공덕이 있으니, 여래는 대승을 발한 이와 최상승을 발한 이를 위해 설한다. 須菩提 以要言之 是經有不可思議 不可稱量無邊功德 如來爲發大乘者說 爲發最上乘者說", 『이취육바라밀다경』 권10(대정장8, p.914c25)에 "또한 무엇이 보살마하살이 대승법에 선교를 얻음인가? 대승공덕은 무량무변하여 유정들로 하여금 다 저 최상승에 깨우쳐 들게 해서 장애도 생멸도 없게 하며, 대지혜를 얻게 하고 일체복덕선근도 모으게 하니, 일체유정이 수용할 바이기 때문이다. 復次 云何菩薩摩訶薩於大乘法而得善巧 大乘功德 無量無邊 悉令有情 咸皆悟入彼最上乘 無有障礙 無生無滅 得大智慧 積集一切福德善根 一切有情所受用故", 『신화엄경론』 권22(대정장36, p.872b28)에 "최상승이란 일승교가 이것이니, 저 『법화경』과 같이 삼승을 돌이켜 일승으로 향하는 가르침이다. 最上乘者 一乘敎 是 如法華經 是迴三乘向一乘之敎", 『대일경공양차제법소』 권상(대정장39, p.791a21)에 "이 진언최상승에 들어간다란, 들어간다는 말은 안다의 뜻이고, 최상승이란 즉 비로자나께서 증한 뜻 그 자체다. 入此眞言最上乘者 入者 解也 最上乘者 卽是毘盧遮那所證理自體", 『수능엄의소주경』 권6(대정장39, p.903c8)에 "앞서 적멸현전이라 함은 단덕이고 본각묘심이란 지덕이며 자비라는 두 힘은 은덕이다. 이미 원수이기에 삼덕이 원만하게 증된다. 그러므로 세간의 범부와 출세간의 삼승을 뛰어넘으니, 이 최상승은 오직 부처와 부처들끼리 주고받아서야 이에 능히 다할 수 있다. 前寂滅現前是斷德 本覺妙心是智德 慈悲二力是恩德 旣是圓修 三德圓證 故超世間凡夫出世三乘 此最上乘 唯佛與佛 乃能究盡也", 『금강반야론회석』 권중(대정장40, p.755c4)에 "부처님께서 설하신 삼승 중 대승을 최상승이라 이름한다. 남은 둘은 미치지 못하기 때문이니, 단번에 대승을 깨달을 수 있는 근을 위해 설한 법을 최상승이라 이름한다. 佛說三乘中大乘 名最上乘 餘二不及故 卽爲頓悟大乘根性所說之法 名最上乘", 종보본 『육조단경』(대정장48, p.356c18)에 "지상이 하루는 육조에게 물었다. '부처는 삼승법을 설하셨고 또 최상승이라 하는데, 제자 모르겠으니 가르쳐 주시기 원합니다' '그대는 스스로의 본심을 관할 뿐 외법상에 붙들리지 마라. … 만법으로 다 통하고 만법을 갖추지만 일체에 물들지 않으며 제법상을 여의어 하나도 얻을 바 없음을 최상승이라 이름한다'. 智常一日問師曰 佛說三乘法 又言最上乘 弟子未解 願爲敎授 師曰 汝觀自本心 莫著外法相 … 萬法盡通 萬法俱備 一切不染 離諸法相 一無所得 名最上乘"라고 하였다. 〔참고문헌〕『金剛經』, 『理趣六波羅蜜多經』, 『新華嚴經論』, 『大日經供養次第法疏』, 『首楞嚴義疏注經』, 『金剛般若論會釋』, 『六祖壇經』, *Vajr-pr.39.*, *Sūtr.1.*, *Abh-s-bh.115.*

최상승론 最上乘論 선종의 5조 홍인(弘忍)이 수도의 요지를 제시한 저술. 『기주인화상도범취성오해탈종수심요론 蘄州忍和上導凡趣聖悟解脫宗修心要論』의 다른 이름. ⇨ 기주인화상도범취성오해탈종수심요론 蘄州忍和上導凡趣聖悟解脫宗修心要論

최상승무생계 最上乘無生戒 지공(指空)이 전래한 대승계로 계첩이 남아 전한다. 현대 한국불교계율중흥주 이신 자운성우(慈雲盛祐)율사께서 「연화대장금강계가야산해인사천화계단호계첩문」에 "넷째 최상승무생계. 뭇 선을 따로 닦지 않을 뿐만 아니라 모든 악도 거스르지 않겠습니다. 원컨대 이 마니의 등불 늘 시방계를 비추어, 보여 이끈 모든 군생들 대보리의 곳에 이르게 하소서. 四 最上乘無上戒 衆善不修 諸惡不違 願此摩尼燈 恒耀十方界 示導諸群生 至大菩提所"라고 하였다. 〔참고문헌〕 伽山智冠 『한국불교계율전통』 p.220. ⇨ 지공 指空, 최상승무생계법 最上乘無生戒法, 연화대장금강계가야산해인사천화계단보살계호계첩 蓮華臺藏金剛界伽倻山海印寺千華戒壇菩薩戒護戒牒, 보살계 菩薩戒

최상승무생계법 最上乘無生戒法 고려후기에 인도 스님 지공(指空)이 전한 『문수사리보살최상승무생계경 文殊師利菩薩最上乘無生戒經』에 의지해 수행된 계법. 『유방기초』 권1 「서천제납박타존자부도명병서 西天提納薄陀尊者浮圖銘幷序」(대정장51, p.984c5)에 "스님께서 서천으로부터 『문수사리무생계경』 2권을 지니고 오셨으며 참정 위대박(危素)이 그 끝에 서문을 썼다. 師自西天携文殊師利無生戒經二卷而來 參政危大朴序其端"라고 하였다. [참고문헌]『遊方記抄』. ⇨ 지공 指空, 연화대장금강계가야산해인사천화계단보살계호계첩 蓮華臺藏金剛界伽倻山海印寺千華戒壇菩薩戒護戒牒, 문수사리보살최상승무생계경 文殊師利菩薩最上乘無生戒經

최상승선 最上乘禪 규봉종밀(圭峰宗密 780~841)이 분류한 오미선(五味禪 : 五種禪) 중 하나. 여래청정선(如來清淨禪)・일행삼매(一行三昧)・진여삼매(眞如三昧)라고도 한다. 특히 달마가 전한 선법(禪法)을 가리키며 종밀은 다른 모든 삼매의 근본이라 하여 오종선에서 가장 높은 위상을 부여한다. 『도서』 권상(대정장48, p.399b16)에 "만일 자기 마음이 본래청정하고 원래 번뇌 없으며 번뇌없는 지혜의 성품 본래 스스로 구족한 줄 단번에 깨달으면 이 마음 그대로 부처이며 부처와 궁극적으로 다를 것이 없을 것이다. 이에 의지해 닦는 이 최상승선이며, 여래청정선이라고도 하고, 일행삼매라고도 하며, 진여삼매라고도 하니 이것이 모든 삼매의 근본이다. 若頓悟自心 本來清淨 元無煩惱 無漏智性 本自具足 此心卽佛 畢竟無異 依此而修者 是最上乘禪 亦名如來清淨禪 亦名一行三昧 亦名眞如三昧 此是一切三昧根本", 『선문보장록』 권상(卍속장113, p.988a13)에 "달마 문하에서 대대로 반복하여 전한 것은 바로 이 선이다. 達磨門下 展轉相傳者 是此禪也"라고 하였다. [참고문헌]『都序』, 『禪門寶藏錄』. ⇨ 오미선 五味禪, 오선 五禪❸, 여래청정선 如來清淨禪

최상승수 最上勝修 십사종승수(十四種勝修 Ⓢ caturdaśabhir ākārair bodhisattvānāṃ smṛty-upastāna-bhāvanā) 중 하나. 『대승장엄경론』 권10(대정장31, p.643a29 : *Sūtr.*, p.141)에 "최상승수란 굳이 공들여 쓰거나 짓지 않아서 모두거나 따로 사념처를 닦아 익히는 것을 말한다. 最上勝修者 謂能不作功用 總別修習 四念處故 kataṃ paramatvena parinispannānām-anābhoga-miśra-upamiśra-bhāvanāt"라고 하였다. [참고문헌]『大乘莊嚴經論』, *Sūtr.* ⇨ 십사종승수 十四種勝修, 사념주 四念住

최상승수보리심계급심지비결 最上乘受菩提心戒及心地祕決 1권. 선무외(善無畏)삼장이 보살계를 설한 것을 보적(普寂)의 제자인 일행(一行)이 기록한 책. 『영암사화상청래법문도구등목록』(대정장55, p.1072b8) 등에 이름이 보인다. [참고문헌]『靈巖寺和尙請來法門道具等目錄』, 『入唐新求聖教目錄』(대정장55, p.1081a22).

최상승자 最上乘者 가장 뛰어난 가르침에 오른 이. 밀교수행자를 가리키기도 한다. 『오자다라니송』(대정장20, p.713c22)에 "이 법은 제불께서 최상승자를 위해 설하시니, 근성이 하열한 이는 의혹으로 능히 믿지 못하네. 此法諸佛爲 最上乘者說 根性下劣者 疑惑不能信", 『대일경의석연밀초』 권1(卍속장37, p.22b1)에 "고인은 '삼승 외에 따로 다라니 가지는 지명이라는 최상승자 있다' 말했는데, 제승 중에 가장 위이기 때문이다. 또 혹은 금강승이라 하는데 무상승이고 일승이기 때문이다. 古人云 三乘之外 別有持明最上乘者 謂於諸乘 最爲上故 又或云 金剛乘 無上乘 一乘故"라고 하였다. [참고문헌]『五字陀羅尼頌』, 『大日經義釋演密鈔』.

최상의다라니경 最上意陀羅尼經 송대 시호(施護) 한역. 1권. 부처님께서 구합성(救鴿城) 우두전단정사(牛頭栴檀精舍)에 계실 때 아난과 대중에게 다라니를 설하신 경전. 『최상의경』이라고도 한다. 고려장34, pp.91c1~94a14, No.1169・대정장21, pp.922c10~924b9, No.1408에 수록되어 있다. 남염부제(南閻浮提)의 말세에는 중생이 박복하여 악귀가 온갖 재난과 혼란을 일으키므로 평온하지 못하기에, 다라니로 재난을 없애고 길상 더함을 설하였다. 이어 과거세에 전교(傳敎)란 비구가 지나(支那 : 中國)로 가던 중 한 신인(神人)을 만났는데 이는 묘길상보살(妙吉祥菩薩 : 文殊菩薩)이며, 그가 묘고산(妙高山 : 須彌山) 남면에 아수라가 악심을 일으켜 재난이 일어나므로 최상의다라니를 널리 유포하면 중생의 고뇌를 없앨 수 있다며 이 다라니를 설해 주었다는 내용을 근간으로 한다.

최상의요 最上意樂 Ⓢ agrya-āśaya, Ⓣ mchog-gi-bsam-pa. 더없이 뛰어난 뜻으로 즐겨 바람. 『유가사지론』 권47(대정장30, p.552a18 : *Bodh-bh.*, p.215)에 "모든 보살이 불법승에 대해 최상의 진실이라 여겨 뛰어난 뜻으로 즐겨 바람을 일으키는 것을 보살의 최상의요라고 한다. … 모든 보살의 최상의요는 능히 삼보에 일체종최승공양을 올리는 것이니, 널리 일체보리자량에서 가장 첫 번째가 된다. 諸菩薩 於佛法僧 最上眞實 起勝意樂 是名菩薩 最上意樂 … 諸菩薩最上意樂 能於三寶 修一切種最勝供養 普於一切菩提資糧 爲最第一 buddha-dharma-saṃgha-ratneṣu bodhisattvasyādhyāśayaḥ so 'gryāśaya ity-ucyate … agryāśayena ratna-pūjāṃ sarvākārāṃ prayojayanti sarva-bodhisambhārāṇām-agrya-bhūtām"라고 하였다. [참고문헌]『瑜伽師地論』, *Bodh-bh.* ⇨ 의요 意樂

최상자 最上字 Ⓢ parama-akṣara. 더없이 뛰어난 자. 본불생(本不生)의 𑖀자(阿字)를 말한다. 『최승묘길상근본지최상비밀일체명의삼마지분』 권상(대정장20,

p.809a5)에 “아자를 바른 지혜로 삼으니, 모든 부처님께서 이를 좇아 나시고 또한 모든 수승한 모습이 되신다. 이것이 최상자의 뜻이고 크게 나시고 남이 없이 나시는 뜻이라네. 阿字爲正智 諸佛從是生 復爲諸勝相 是最上字義 大生無生義”라고 하였다. 〔참고문헌〕『最勝妙吉祥根本智最上祕密一切名義三摩地分』. ⇨ 아자 阿字

최상제일희유지법 最上第一希有之法 Ⓢ parama āścarya, paramena āścaryeṇa. 가장 뛰어나 제일이고 있을 수 없는 법. 『금강경』(대정장8, p.750a6)에 “또한 수보리여! 이 경 내지 사구게 등을 설함이니, 마땅히 알라. 이곳은 일체세간의 천인아수라가 다 응당 공양함이 저 불탑묘와 같거늘 하물며 어떤 이가 다 능히 수지독송함에서야! 수보리여! 마땅히 알라. 이 사람은 최상제일희유지법을 성취하였음을. 이와 같은 경전이 있는 곳은 부처님과 존중받는 제자들이 있기 때문이다. 復次須菩提 隨說是經 乃至四句偈等 當知此處 一切世間 天人阿修羅 皆應供養 如佛塔廟 何況有人 盡能受持讀誦 須菩提 當知 是人成就最上第一希有之法 若是經典所在之處則爲有佛若尊重弟子”, 『금강경주해』(대정장33, p.232a4)에 “최상제일희유지법을 성취했다란 위없는 불과인 보리를 이뤘다는 것이다. 成就最上第一希有之法者 成無上佛果菩提也”, 『금강반야경협주』(대정장85, p.134a13)에 “반야정지로 능히 보리로 나아가니, 만약 어떤 이 수지하면 반드시 신해 생한 즉 이 사람 능히 무상보리 성취함을 안다. 그러므로 최상제일희유지법이라 말하였다. 般若正智 能趣菩提 若人受持 必生信解 即知是人 能成就無上菩提 故云 最上第一希有之法也”, 『금강경주해』 권2(卍속장38, p.893b13)에 “최상제일희유지법이란, 부처와 중생은 본디 차별 없으니, 저 능히 마음 늘 청정하면 생하지도 멸하지도 않으며 모든 망념들 없어 문득 그 자리에서 성불한다. 最上第一希有之法者 佛與衆生本無差別 若能心常淸淨 不生不滅 無諸妄念 便可立地成佛”, 『금강경약소』(卍속장39, p.315b7)에 “최상이란 곧바로 무상보리로 나아감이고, 제일이란 제승을 아주 뛰어넘음이며, 희유란 세간에 견줄 수 없음이다. 最上者直趣無上菩提也 第一者 逈超諸乘也 希有者 世間無比也”라고 하였다. 〔참고문헌〕『金剛經』, 『金剛般若波羅蜜經註解』, 『金剛般若經挾註』, 『金剛經註解』, 『金剛經略疏』, *Vajr-pr.37.*

최상품 最上品 Ⓢ adhikatva, adhimātratva, Ⓣ che-ba. 가장 높은 위상의 법이나 물건. 『무상의경』 권상(대정장16, p.473b3)에 “아난아, 왜 이 무상보리는 사유할 수 없는가? … 다섯째 일체법에 있어 최상품이기 때문이다. 阿難 何者是無上菩提 不可思惟 … 五者 於一切法 最上品故”, 『대비바사론』 권20(대정장27, p.102b21)에 “모든 선법 중에 최상품은 곧 무루선이니, 저 이숙이 없다. 유루선 중 최상품은 곧 유정선인데 욕계가 아니다. 그러므로 욕계선업에는 일겁의 이숙도 있을 수 없다. 불선업 중에 최상품은 무간중동분을 이끄는 업이기에 일겁이숙이 있다. 諸善法中 最上品者 謂無漏善 彼無異熟 有漏善中 最上品者 謂有頂善 彼非欲界 是故 欲界善業 無有一劫異熟 不善業中 最上品者 謂引無間衆同分業 是故 彼有一劫異熟”라고 하였다. 〔참고문헌〕『無上依經』, 『大毘婆沙論』, *Abh-k-bh.354.*, *Sūtr.141.*

최상품인 最上品忍 Ⓢ adhimātrā kṣānti, Ⓣ bzod-pa-cher-gyur-pa. 가장 뛰어난 품으로서의 참아냄. 인(忍)이란 참아 견뎌냄의 뜻이지만 그 과는 지혜롭게 되는 것이어서 깨우쳐 증함의 뜻을 품고 있다. 승해행지(勝解行地)의 삼인(三忍) 중 제찰법인(諦察法忍)을 말한다. 이질인(利疾忍)이라고도 한다. 『구사석론』 권16(대정장29, p.271c13 : *Abh-k-bh.*, p.344)에 “〔게〕 욕계고를 경으로 삼아 한층 오르는 품이라네. 〔석〕 이것은 최상품인이다. 세제일법을 이끌기 위해 욕계의 괴로움을 연하여 일어난다. 그러므로 난(暖) 등의 4선근은 삼계고 등을 반연하여 경으로 삼는다. 이런 뜻은 저절로 이루어진다. 偈曰 欲界苦爲境增上品 釋曰 是最上品忍爲引世第一法故 故緣欲界苦起 是故 暖等善根 緣三界苦等爲境 此義自成 〈kārikā〉 kāmāpta-duḥkha-viṣayā tv-adhimātrā 〈bhāṣya〉 kṣāntir-iti varttate. agradharma-saṃśleṣād-asau kāmāvacara-duḥkha-ālambana-eva. ata eva-ūṣmagatādīnāṃ traidhātuka-duḥkhādy-ālambanatva-siddhir-niyamāvacanāt”, 『변중변론』 권하(대정장31, p.474a9 : *Madhy-vibh.*, p.61)에 “발기최승이란 승해행지의 최상품인 중에 있다. 發起最勝者 在勝解行地 最上品忍中 ārambha-paramatā-adhimukti-caryā-bhūmāv adhimātrāyāṃ kṣāntau”라고 하였다. 〔참고문헌〕『俱舍釋論』, 『辯中邊論』, *Abh-k-bh.*, *Madhy-vibh.* ⇨ 제찰법인 諦察法忍, 삼법인 三法忍❸, 인 忍

최성 最性 조선후기 스님. 호는 혜봉(慧峰). 혼원세환(混元世煥 1853~1889)의 노스님. 선교(禪敎)를 겸비하신 분으로서 1854년(철종5) 강원도 철원 보개산(寶盖山) 성주암(聖住庵)에서 『유마힐경직소 維摩詰經直疏』를 판각하고 1864년(고종1) 서울 삼각산(三角山) 도선암(道詵庵)에서 『태상현령북두본명연생진경 太上玄靈北斗本命延生眞經』 판각할 때에 선덕(禪德)으로 참여하였다. 1873년(고종10)에 담화보정(曇華普淨)과 함께 해인사에 대장경판각을 보수하고 그 퇴목으로 극락전을 중수하였다. 가야산 해인사에 전하는 진영의 영제(影題)는 ‘양정종사혜봉당최성진영 兩正宗事慧峰堂最性眞

影'이다. 『동사열전』 권5 「남호선백전 南湖禪伯傳」(한불전10, p.1051b13)에 "지난 계축년(1853·철종4) 초여름에 삼각산 내원암에서 판각하고 영인하며 유포하는 동시에 『무량수경』을 함께 간행하였다. 당시 법회의 용상대덕으로 … 혜봉최성 … 성봉성호 등 제선사들이 모두 증석에 모였다. 越癸丑夏初 三角山內院庵 刊板印布 同時同刊無量壽經 時會龍象大德 … 慧峰最性 … 聖峰性顯等諸禪師 皆會證席"라고 하였다. [참고문헌] 『東師列傳』, 李智冠 『伽倻山海印寺誌』 p.937.

양정종사혜봉당최성진영
합천 해인사 조선후기

최쇄불정 摧碎佛頂 Ⓢ Vikīrṇoṣṇīṣa. 오불정(五佛頂) 또는 팔불정(八佛頂) 중 한 분. 모든 번뇌를 부수는 공덕을 관장하는 존격. 제장불정(除障佛頂)·존승불정(尊勝佛頂)·사제불정(捨除佛頂)·제업불정(除業佛頂)·제개장불정(除蓋障佛頂) 등이라고도 한다. 종자(種子)는 (hrūṃ). 밀호는 제마금강(除魔金剛). 수인은 제업불정인(除業佛頂印). 진언은 『현법사의궤』 권2(대정장18, p.121a13)에 의하면 '나마 사만타몰다남 하람 미지라나 반조오슬니쇄 사바하 namaḥ samanta buddhānāṃ hrūṃ vikīrṇa pañcoṣṇīṣa svāhā 曩莫 三滿多沒馱喃 訶啉 尾枳囉拏 半祖鄔瑟抳灑 娑嚩賀 보변제불께 귀의합니다. 흐룸 최쇄 다섯 번째 불정이여 스바하'이다. 『태장금강교법명호』(대정장18, p.204c27)에 "다섯째, 최쇄불정〈제마금강〉. 第五 摧碎佛頂〈除魔金剛〉", 『불공견삭신변진언경』 권9(대정장20, p.271b15)에 "다음으로 최쇄불정보살은 왼손으로 연꽃을 들었고 그 연꽃대 위에 보인이 있고 오른손은 손바닥을 펼쳤으며 반가부좌하였다. 次摧碎佛頂菩薩 左手執蓮花 臺上寶印 右手揚掌 半加趺坐"라고 하였다. [참고문헌] 『玄法寺儀軌』, 『胎藏金剛教法名號』, 『不空羂索神變眞言經』, 『曼荼羅図典』(大法輪閣, 2002). ⇨ 불정존 佛頂尊

최승 最勝 ❶ Ⓢ agra, agrya, parama, paramatā, pravara, Ⓣ mchog, dam-pa. 가장 뛰어남. 『구사론』 권23(대정장29, p.119c14 : *Abh-k-bh.*, p.345)에 "이는 가장 뛰어나기에 '제일'이라 이름하는데, 이 유루법은 세간 중에 뛰어나기에 세제일법이라 한다. 是最勝故 名爲第一 此有漏法 世間中勝 是故名爲 世第一法 agrāś-ca dharmāḥ. sarva-laukika-śreṣṭhatvād-iti laukika-agra-dharmāḥ", 『유가사지론』 권40(대정장30, p.511c14 : *Bodh-bh.*, p.98)에 "(생계를 위한 출가는) 보살이 청정한 의요를 가지고서 전륜성왕의 자리를 버린 채 출가하여, 모든 사람 중에서 가장 수승한 전륜성왕의 자리를 그리워하지 않는 것과는 다르다. 不如菩薩淸淨意樂 捨輪王位而出家已 不顧一切人中最勝轉輪王位 na … bhavati yathā bodhisattvasya-āśaya-viśuddhatām-upādāya pravrajitasya sarva-mānuṣyaka-kāma-pravareṣu cakravarti-kāmeṣu"라고 하였다. [참고문헌] 『俱舍論』, 『瑜伽師地論』, *Abh-k-bh.*, *Bodh-bh.28·63·64.*, *Śrāv-bh.53.* ❷ Ⓢ adhimātra. 많은 것 중 으뜸이라는 뜻. 『구사론』 권23(대정장29, p.119c1 : *Abh-k-bh.*, p.344)에 "사제의 뜻에 능히 인이 그 중 으뜸이다. 이 위에서의 인은 물러나 떨어짐이 없기에 인법이라 한다. 於四諦理 能忍可中此 最勝故 又此位忍 無退墮故 名爲忍法 kṣāntiḥ adhimātrasya kṣamaṇād-aparihāṇitaḥ"라고 하였다. [참고문헌] 『俱舍論』, *Abh-k-bh.* ⇨ 법인 法忍❶, 유인 類忍 ❸ Ⓢ prādhānya, viśeṣa, viśiṣṭatva, Ⓣ gtso-bo, bye-brag, khyad-par-du-'phags-pa. 다른 것보다 두드러짐. 『구사론』 권1(대정장29, p.4a7 : *Abh-k-bh.*, p.10)에 "그런데 박가범께서 계경 중에 '육사신을 행온으로 삼는다'고 설하신 것은 (思가) 가장 두드러지기 때문이다. 然薄伽梵 於契經中說 六思身爲行蘊者 由最勝故 bhagavatā tu sūtre ṣaṭ cetanā-kāyā ity-uktaṃ prādhānyāt", 『중변분별론』 권하(대정장31, p.461b9 : *Madhy-vibh.*, p.64)에 "어찌하여 대승 중에 불설이 최극대과보라 하고, 성문승등의 법은 그렇지 않다고 하십니까? 어찌하여 이와 같이 두 가지 인이 있습니까? 최승이어서 다함이 없고 이타에 또한 쉼이 없기 때문이다. 云何大乘中 佛說最極大果報 聲聞乘等法 不如是說 云何如此 有二種因 最勝無盡故 利他不息故 kasmān mahāyāna eva dharma-caritam atyarthaṃ mahāphalan-deśyate sūtreṣu na punaḥ śrāvakayāne. dvābhyāṃ kāraṇābhyāṃ. viśeṣād akṣayatvāc-ca parānugrahato 'śamāt", 『변중변론』 권하(대정장31, p.474c5 : *Madhy-vibh.*, p.64)에 "능히 다른 모든 유정을 거두어 이롭게 할 수 있으니 대승설이 가장 뛰어나다. 由能攝益他諸有情 是故大乘說爲最勝 para-anugraha-vṛttitvād viśiṣṭatvaṃ"라고 하였다. [참고문헌] 『

俱舍論』, 『中邊分別論』, 『辯中邊論』, *Abh-k-bh.*, *Madhy-vibh.* **4** Ⓢ jina, Ⓣ rgyal-ba. 가장 뛰어난 이. 『정법화경』 권1(대정장9, p.65a6 : *Saddh-p.*, p.13)에 "가장 뛰어난 이의 자녀들은 인욕의 힘에 의지해 온갖 공고한 이들이 비하하더라도 겸허히 받아들이는데, 만약 채찍질을 당하더라도 불도를 구하기에 묵묵히 하여 대응하지 않습니다. 最勝之子 據忍辱力 爲諸貢高 卑下謙順 輕毁罵詈 若撾捶者 其求佛道 默然不校 kṣāntī-balā keci jinasya putrā adhimāna-prāptāna kṣamanti bhikṣuṇāṃ ākrośa-paribhāṣa tathaiva tarjanāṃ kṣāntyā hi te prasthita agra-bodhiṃ", 『금광명최승왕경』 권5(대정장16, p.422c5 : *Suv-pr.*, p.38)에 "시방세계에 안주하시는 과거와 미래와 현재의 부처님, 저는 지금 지성으로 예배하며 일심으로 모든 최승들을 찬탄합니다. 過去未來現在佛 安住十方世界中 我今至誠稽首禮 一心讚歎諸最勝 ye jina pūrvaka ye ca bhavanti ye ca dhriyanti daśodiśi loke, teṣa jināna karomi praṇāmaṃ taṃ jinasaṃghamahaṃ praśayiṣye"라고 하였다. 〔참고문헌〕『正法華經』, 『金光明最勝王經』, *Saddh-p.*, *Suv-pr.* **5** Ⓢ paramārtha. 더할 나위 없음. 『문수소설최승명의경』 권상(대정장20, p.817a17)에 "더할 나위 없는 법과 뜻으로 모든 쟁론을 남김없이 하시니, 마치 사자왕이 온갖 맹수를 조복하는 것과 같다. 以最勝法義 悉除諸諍論 猶如師子王 能伏於衆獸"라고 하였다. 〔참고문헌〕『文殊所說最勝名義經』. ⇨ 최승의 最勝義 **6** 바라제목차(波羅提木叉 Ⓢ pratimokṣa)의 한역어. 『비니모경』 권3(대정장24, p.814b2)에 "바라제목차라고 하는 것은 최승의 뜻이라 이름 한다. 어떤 뜻에서 최승이라 이름하는가? 모든 선한 것들의 바탕은 계를 뿌리로 해서 온갖 선이 생겨나게 하기에 최승의 뜻이라 한 것이다. … 이 세간의 것이 출세간의 작인이 되기에 최승이라 한 것이다. 波羅提木叉者 名最勝義 以何義故 名爲最勝 諸善之本 以戒爲根 衆善得生 故言勝義 … 此世間者 能爲出世作因 故言最勝"라고 하였다. 〔참고문헌〕『毘尼母經』. ⇨ 바라제목차 波羅提木叉 **7** Ⓢ prakṛti, pradhāna. 상키야(Ⓢ Sāṃkhya : 數論)에서 상정한 자성(自性 : 冥諦). 무성(無性)의 『섭대승론석』 권1(대정장31, p.382a22)에 "'이것들이 가장 잘 이끌 수 있다'란, 이를테면 이 십처 능히 얻는 성일 뿐이지 (勝論宗의) 육구의나 최승 등이 아니다는 것을 말한다. 따라서 저들의 논은 진실한 부처님의 말씀이 아니다. 是最能引者 謂此十處是能得性 非六句義 或最勝等 是故 彼論非眞佛語"라고 하였다. 〔참고문헌〕『攝大乘論釋』. ⇨ 명제 冥諦 **8** 석가모니부처님 재세 시 비구니. 『증일아함경』 권3(대정장2, p.559a6)에 "네 가지 변재를 얻어 겁먹지 않았으니 최승 비구니가 바로 그였다. 得四辯才 不懷怯弱 所謂最勝比丘尼是"라고 하였다. 〔참고문헌〕『增壹阿含經』, 『釋迦譜』 권1(대정장50, p.12a22). **9** 석가모니부처님 재세 시 남자 재가 신도. 『증일아함경』 권3(대정장2, p.560b25)에 "모든 근이 고요한 이는 최승 우바새다. 諸根寂靜 最勝優婆斯是"라고 하였다. 〔참고문헌〕『增壹阿含經』, 『釋迦譜』 권1(대정장50, p.13b17). **10** 1878~1944. 독립운동가. 휘는 동조(東照), 호는 초월(初月), 일명 의수(義洙)라고도 한다. ⇨ 동조 東照

최승강당 最勝講堂 Ⓟ Vejayanta-pāsāda. 제석천(帝釋天)의 강당 이름. 『증일아함경』 권10(대정장2, p.594a12)에 "전투 당일에 제천이 승리하고 아수륜이 패퇴하였다. 이때 나는 몸소 전쟁터에 갔다가 제천들을 거느리고 천궁으로 돌아와서 최승강당에 앉았다. 전투에서 승리했기에 최승강당이라고 이름 하였다. 當鬪之日 諸天得勝 阿須倫退 爾時 我身躬往自戰 尋復領諸天還上天宮 坐最勝講堂 因鬪勝故 故名爲最勝講堂"라고 하였다. 〔참고문헌〕『增壹阿含經』, *SN.1.234.* ⇨ 제석천 帝釋天

최승견 最勝見 칠견(七見) 중 하나로 십회향위(十迴向位)보살의 뛰어난 견해. 원측(圓測)의 『인왕경소』 권상(대정장33, p.383b23 · 한불전1, p.53a15)에 "(觀의) 득실을 밝히는 중에 범부를 좇아 부처에 이르기까지 대개 일곱 가지 견이 있다. … 셋째는 최승견이니 십회향을 말한다. 바탕에 상이란 없으니 삼보가 하나의 바탕임을 밝히는 것이다. 따라서 『열반경』에서 '삼보는 하나의 바탕이다'라고 한 것이다. 또 이 보살은 이승을 이끌어 회향위에 들게 한다. 得失中 從凡至佛 凡有七見 … 三最勝見 謂十迴向 明卽體無相 三寶一體也 故涅槃云 三寶一體 又此菩薩 引二乘入迴向位也"라고 하였다. 〔참고문헌〕『仁王經疏』. ⇨ 칠견 七見**1**, 십회향 十迴向

최승경 最勝經 의정(義淨) 한역 『금광명최승왕경 金光明最勝王經』(대정장16, No.665) 또는 지바가라(地婆訶羅) 한역 『불정최승다라니경 佛頂最勝陀羅尼經』(대정장19, No.969)의 약칭. ⇨ 금광명최승왕경 金光明最勝王經, 불정최승다라니경 佛頂最勝陀羅尼經

최승경계 最勝境界 Ⓢ prakarṣa-ālambana, Ⓣ phul-du-byung-ba'i-dmigs-pa. 가장 뛰어난 경계. 십이경계(十二境界) 중 하나로 최승소연(最勝所緣)과 같다. 『중변분별론』 권하(대정장31, p.463b22 : *Madhy-vibh.*, p.74)에 "이와 같은 경계에는 열두 가지가 있다. 무엇이 그 열두 가지인가? … 열두 번째는 최승경계다. … 열두 번째는 제9지 등 삼처가 그것이다. 如是境界有十二 何者十二 … 十二 最勝境界 … 第十二 九地等三處是 ity etat dvādaśavidham ālambanaṃ … prakarṣālambanaṃ ca … dvādaśaṃ navamyādibhūmitra ye", 『능가경』 권1(대정장16, p.486a10)에 "마치 해와 달이 일거에 모든 빛깔과 모습을 비추어 드러내 보이듯이, 여래께서도 자기 마음의 현행습기에 따른 과환을 여의려는 중생을 위해 다시 이와 같이 일거에 부사의지 최승경계를 드러내신다. 如日月輪 頓照顯示一切色像 如來爲離自心現習氣過患衆生 亦復如是 頓爲顯示不思議智最勝境界"라고 하였다. [참고문헌] 『中邊分別論』, 『楞伽經』, *Madhy-vibh.* ⇨ 최승소연 最勝所緣

최승단 最勝壇 비밀단(祕密壇)의 내심만다라(內心曼荼羅). 최상단(最上壇)이라고도 한다. 『대일경』 권5(대정장18, p.36c20)에 "진언행자는 정성스럽게 만다라를 그리되 자신을 대아로 삼아 라(ᡕ)자로 모든 더러움을 씻어내고 유가좌에 머문다. 모든 여래가 제자들에게 아(ᡋ)자의 대공점을 전수한다고 관상한다. 지혜로운 이는 오묘한 꽃을 전하여 자신에게 흩뿌리도록 하고 마음으로 깨달은 것을 설하니 진언행자가 근본으로 받드는 자리다. 이것이 최상단이며 삼매야와 상응한다. 眞言者誠諦 圖畫漫荼羅 自身爲大我 囉字淨諸垢 安住瑜伽座 尋念諸如來 頂授諸弟子 阿字大空點 智者傳妙花 令散於自身 爲說內所見 行人宗奉處 此最上壇故 應與三昧耶", 『진실섭경』 권10(대정장18, p.376a14)에 "나는 이제 광대한 최상만다라를 차례대로 연설하리라. 그 상은 금강계와 같고 일체의 성취 중 가장 수승하다. 이것을 삼계의 최승단이라 한다. 금강삼매가 일어나는 자리이고, 모든 부처님의 보리가 따라서 움직이는 문이니 일체의 악한 이를 모두 쳐부수네. 我今次第當演說 廣大最上曼拏羅 其相猶如金剛界 一切成就中最勝 此名三界最勝壇 金剛三昧所出生 諸佛菩提隨轉門 一切惡者皆能破"라고 하였다. [참고문헌] 『大日經』, 『眞實攝經』. ⇨ 내심만다라 內心曼荼羅, 비밀만다라 祕密曼荼羅

최승로 崔承老 927~989. 고려초 유학자이자 관인. 시호는 문정(文貞), 본관은 경주(慶州). 『삼국유사』에는 승로(丞魯)·승로(承魯)로 기록하였다. 은함(殷諴)의 아들이고, 숙(肅)의 아버지이며, 제안(齊顔)의 할아버지다. 신라 경순왕이 고려 태조에게 귀부했을 때 아버지와 함께 고려로 왔다. 최고 관직인 문하시중(門下侍中)과 과거(科擧)의 책임자인 지공거(知貢擧)를 역임하였고, 성종의 묘정(廟庭)에 배향(配享)되었다. 981년(성종1)에 경관(京官) 5품 이상은 봉사(封事)를 올려 당시 정치의 득실을 논하라는 명에 따라 '시무 28조'를 상소를 올리기도 하였다. 『삼국유사』 권3(대정장49, p.992a12·한불전6, p.323a21) 탑상(塔像)4 삼소관음중생사(三所觀音衆生寺)와 같은 책(대정장49, p.1000b21·한불전6, p.338a3) 탑상4 천룡사(天龍寺)에 의하면, "천성년간(926~929)에 정보 최은함은 오랫동안 자식이 없어서 이 절에 와서 관음보살 앞에서 기도하였는데, 태기가 있어 아들을 낳았다. 석달이 못되었을 때 백제 견훤이 서울을 쳐들어왔다. … 만약 진실로 대성께서 주신 아이라면, 원하건대 크고 넓은 자애로움의 힘으로 키우고자 합니다 하였다. … 기저귀로 싸서 사자좌 밑에 감추었고 … 반달이 지나 … 와서 찾아보니 피부가 새로 목욕한 것과 같고 용모와 신체도 좋아졌으며 젖냄새가 입에 남아 있었다. 天成中 正甫崔殷諴久無胤息 詣玆寺大慈前祈禱 有娠而生男 未盈三朔 百濟甄萱襲犯京師 … 若誠大聖之所賜 願借大慈之力覆養之 … 裹以襁褓 藏諸猊座下 … 經半月 … 來尋之 肌膚如新浴 貌體嫽好 乳香尙痕於口"라고 하였다. 출생에 있어 불연이 깊었으나 유학의 관료로서의 입장이 불심보다 앞서 있었다. 「산청지곡사진관선사오공탑비문 山淸智谷寺眞觀禪師悟空塔碑文」에는 진관선사 석초(釋超)의 비문 작성자로 추천되었으나 오히려 최승로가 왕융(王融)을 천거하였다고 하였는데, 생애 말년인 탓에 겸양한 것으로 이해한다. [참고문헌] 『三國遺事』, 『高麗史』, 李智冠 『校勘譯註歷代高僧碑文』 高麗篇2 pp.124~125·135~137.

최승명의경 最勝名義經 송(宋)대 김총지(金總持)가 한역한 『문수소설최승명의경 文殊所說最勝名義經』(대정장20, No.1188)의 줄인 이름. ⇨ 문수소설최승명의경 文殊所說最勝名義經

최승묘길상근본지최상비밀일체명의삼마지분 最勝妙吉祥根本智最上祕密一切名義三摩地分 북인도 출신으로 송대에 역경을 담당했던 시호(施護 Ⓢ Dānapāla)가 1244년에 번역했다고 전해지는 『만주슈리나마상기티 *Mañjuśrīnāmasaṃgīti*』의 한역 경명.

최승무비 最勝無比 Ⓢ atirikta-tara. 가장 뛰어나 견줄 것 없음. 『사분율』 권40(대정장22, p.856a28·한불전13, p.131a23)에 "오백 명의 이사(Ⓢ Licchavi)족 사람들이 부처님 곁에 있었는데 더는 위신이 없었으니 오직 불세존만이 대중 가운데서 광명과 위덕이 가장 뛰어나 견줄 데 없었다. 이는 마치 가을 하늘 구름 한 점 없듯 했고 허공을 가르는 태양이 비할 데 없이 위엄있게 빛나는 것과 같았다. 五百梨奢在佛邊 無復威神 唯佛世尊 在大衆中 光明威德 最勝無比 猶若秋天無有雲翳 日行虛空威曜無比", 『대비바사론』 권177(대정장27, p.889a15)에 "가령 삼십이상으로 장엄된 부처님의 몸은 세간에서 비할 데 없이 가장 뛰어나다. 若三十二相 莊嚴佛身 則於世間 最勝無比"라고 하였다. [참고문헌] 『四分律』, 『大毘婆沙論』, *Madhy-vibh.73.* ⇨ 무비 無比 ■

최승문보살십주제구단결경 最勝問菩薩十住除垢斷結經

후진(後秦)대 축불념(竺佛念)이 장안(長安)에서 한역. 10권. 총 33품. 고려장12, pp.343a1~466c13, No.382·대정장10, pp.966a4~1047b13, No.309에 전한다. 흔히 『십주단결경』이라는 이름으로 널리 알려져 있으며, 『십지단결경 十地斷結經』·『십주제고단결경 十住除苦斷結經』·『십천일광삼매정경 十天日光三昧定經』이라고도 한다. 최승문보살(最勝問菩薩)이 부처님께 십주 법문을 청하자, 이에 대해 부처님께서 초주(初住)에서 십주에 이르기까지 어떻게 허물을 벗고(除垢) 결을 끊으며(斷結) 육바라밀행을 닦는지에 대해 설하신 경이다. 제1품 도인품(道引品)을 초주로 하여 제10 성도품(成道品)에 이르기까지 각 1주지(住地)씩 배대하여 설한다. 이어지는 품들에서 보용보살(寶勇菩薩), 사리불(舍利弗), 유수보살(濡首菩薩), 범천(梵天) 등의 여러 청법자들에게 대승의 법문과 그 법요를 설하였다. 『개원석교록』 권19(대정장55, p.686c17)에 "『십주단결경』 10권〈『최승문보살십주제구단결경』이다. 일명 『십천일광삼매정』이고, 또는 『십지단결경』이라고도 한다. 혹 11권 또는 14권〉 254지다. 十住斷結經十卷〈最勝問菩薩十住除垢斷結經 一名十千日光三昧定 亦云 十地斷結經 或十一卷 或十四卷〉二百五十四紙"라고 하였다. [참고문헌] 『開元釋敎錄』. ⇨ 십주단결경 十住斷結經

최승불정 最勝佛頂 Ⓢ Vijayoṣṇīṣa. 오불정(五佛頂) 또는 팔불정(八佛頂) 중 한 분. 태장만다라 석가원(釋迦院)에 자리한 존격. 미서야(微誓耶)·미야욕오슬니쇄(尾惹欲鄔瑟尼灑)·비사야(毘闍耶)라고 음사하며, 금륜불정(金輪佛頂)·섭제륜왕불정(攝諸輪王佛頂)·전법륜불정(轉法輪佛頂)·일자최승불정륜왕(一字最勝佛頂輪王)·최승금륜불정(最勝金輪佛頂)이라고도 한다. 금륜불정은 부처님의 설법이 세간의 보물인 황금과 같다는 뜻이 있으며 전법륜불정은 여래의 팔상 중 전법륜의 공덕을 관장한다는 뜻의 명호다. 밀호는 최승금강(最勝金剛)·상행금강(上行金剛)이고 삼매야형은 연꽃 위의 금륜. 존격은 황금색의 몸으로 왼손으로는 봉오리가 핀 연꽃을 들었고 꽃대 위에 금륜이 있으며 오른손은 엄지와 검지 그리고 소지를 펴고 나머지 두 손가락을 구부려서 가슴 위치에 두는 형상이다. 수인은 전법륜인(轉法輪印)이고, 종자(種子)는 (śī), 진언은 『섭대궤』 권2(대정장18, p.121a7)에 의하면 '나마 사만타붓다남 쉬 쉬 비자요쉬니샤 스바하 namaḥ samantabuddhānāṃ śī śī vijayoṣṇīṣa svāhā 曩莫 三滿多沒馱喃 施枲 尾惹欲鄔瑟尼灑 娑嚩賀 일체제불께 귀명합니다. 쉬 쉬 최승불정이여 스바하'이다. 『소실지갈라경』 권상(대정장18, p.634c7)에 "다음으로 불부에서는 명왕진언을 쓸 때 명왕의 명호는 최승불정이 되고 이 진언을 활용하면 보슬징가법이 된다. 復次佛部中 用明王眞言 明王號爲最勝佛頂 用此眞言 爲補瑟徵迦"라고 하였다. [참고문헌] 『攝大軌』, 『蘇悉地羯羅經』, 『曼荼羅図典』(大法輪閣, 2002). ⇨ 금륜불정 金輪佛頂, 미서야 微誓耶, 미야욕오슬니쇄 尾惹欲鄔瑟尼灑, 비사야 毘闍耶[1], 섭제륜왕불정 攝諸輪王佛頂, 태장만다라 胎藏曼茶羅

최승불정다라니경 最勝佛頂陀羅尼經 Ⓢ Ārya-sarvadurgati-pariśodhanī-uṣṇīṣavijaya-nāma-dhāraṇī, Ⓣ 'phags-pa-ngan-'gro thams-cad-yongs-su-sbyong-ba gtsug-tor rnam-par-rgyal-ba shes-bya-ba'i gzungs. 밀교 경전. 송대 법천(法天) 한역. 1권. 고려장33, pp.797a1~798a8, No.109·대정장19, pp.383c3~384b14, No.974a에 수록되어 있고, 티베트역본(北京版 No.198)도 전한다. 88구의 범본 다라니를 음사해 게재한 것으로서 다른 설명은 없다.

최승불정다라니정제업장주경 最勝佛頂陀羅尼淨除業障呪經 Ⓢ Sarvadurgati-pariśodhanoṣṇīṣavijaya-dhāraṇī, Ⓣ 'phags-pa-ngan-'gro thams-cad-yongs-su-sbyong-ba gtsug-tor rnam-par-rgyal-ba shes-bya-ba'i gzungs. 당대 지바가라(地婆訶羅) 한역. 1권. 『최승불정다라니정제업장경 最勝佛頂陀羅尼淨除業障經』·『불정정제업장경 佛頂淨除業障經』 등이라고도 한다. 고려장11, pp.1281a1~1287a3, No.332·대정장19, pp.357b24~361c17, No.970에 수록되어 있다. 『불정존승다라니경 佛頂尊勝陀羅尼經』(대정장19, No.967·968·971)·『불정최승다라니경 佛頂最勝陀羅尼經』(대정장19, No.969)과 동본이역이다. 최승불정다라니의 공덕과 염송법을 설한다. ⇨ 불정존승다라니경 佛頂尊勝陀羅尼經

최승불정인 最勝佛頂印 전법륜인(轉法輪印)의 다른 이름. 『대일경』 권4(대정장18, p.29a7)에 "앞의 전법륜인이 최승불정인이다. 如前輪印 是最勝佛頂印", 『대일경소』 권13(대정장39, p.715b4)에 "먼저 양손을 반대로 하여 손등으로 합장하고 양손의 소지를 서로 깍지 끼고〈오른손이 왼손 위로 오게 한다〉, 나머지 검지·중지·무명지를 차례대로 반대로 서로 깍지 끼고 마지막으로 양손의 엄지를 손바닥 안에서 서로 지탱하게 한다. 이것이 전법륜인이다. 先作反背手合掌 以二地指反相勾〈令右加左上也〉 餘水火風三指 以次亦反相勾訖 末後綟二空指 令至掌內相柱也 此是轉法輪印"라고 하였다. 〔참고문헌〕『大日經』, 『大日經疏』. ⇨ 전법륜인 轉法輪印

최승사 最勝士 부처님의 명호 중 하나로 가장 뛰어나신 분. 『대보적경』 권62(대정장11, p.358c23)에 "조어사장부께 귀명합니다. 최승사장부께 귀명합니다. 양족존장부께 귀명합니다. 무등륜장부께 귀의합니다. 歸命丈夫調御師 歸命丈夫最勝士 歸命丈夫兩足尊 歸命丈夫無等倫", 『보살지지경』 권2(대정장30, p.895a25)에 "최승사께 귀의합니다. 스승 중의 스승께 귀의합니다. 지금 나는 당신을 알지 못하니, 무엇에 의지하여 선을 닦으리오. 南無最勝士 南無士之士 今我不知汝 何所依而禪"라고 하였다. 〔참고문헌〕『大寶積經』, 『菩薩地持經』.

최승생도 最勝生道 Ⓢ abhyudaya-mārga, Ⓣ mngon-par-mtho-ba'i-lam. 가장 뛰어난 곳에 나는 길. 인천(人天)에 나는 인으로 증상생도(增上生道)라고도 한다. 결정승도(決定勝道)에 대칭한다. 『유가론기』 권2(대정장42, p.351a13 · 한불전13, p.131a23)에 "최승생도는 인천으로 태어나는 수승한 인이다. 最勝生道者人天勝因"라고 하였다. 〔참고문헌〕『瑜伽論期』, *Yogā-bh.149.* ⇨ 증상생도 增上生道❶, 결정승도 決定勝道

최승선법 最勝善法 가장 뛰어난 선법. 계(戒)를 가져 성취하는 해탈(解脫)을 말한다. 『집이문족론』 권17(대정장26, p.439b28)에 "무엇을 별해탈이라 하는가? 〔답〕 모든 여래응공정등각 내지 불박가범께서 스스로 아시고 본 것을 필추들을 위해 보름마다 항시 널리 설하신 『별해탈계경』을 별해탈이라 한다. 〔문〕 어째서 이것을 설해 별해탈이라 하는가? 〔답〕 가장 뛰어난 선법은 이것을 문으로 삼고 이것을 상수로 삼으며 이것을 첫 연으로 삼기 때문이다. 云何別解脫 答 謂諸如來 應 正等覺 廣說乃至 佛薄伽梵 自知自見 爲諸苾芻 半月半月 常所宣說 別解脫契經 是名別解脫 問 何緣說此名別解脫 答 最勝善法 由此爲門 此爲上首 此爲初緣"라고 하였다. 〔참고문헌〕『集異門足論』. ⇨ 별해탈 別解脫

최승세계 最勝世界 가장 뛰어난 세계. 풍일세계(豊溢世界)의 의역이고, 사바세계 남쪽에 있다. 80권본 『화엄경』 권12 「사성제품 四聖諦品」(대정장10, p.60b19)에 "이 사바세계에서 고성제라 함을 저 최승세계에서 혹은 공포, 혹은 분단이라 부른다. … 고집성제라 함을 저 최승세계에서 혹은 패괴, 혹은 치근이라 말한다. … 고멸성제라고 함을 저 최승세계에서 혹은 대의, 혹은 요익이라 한다. … 고멸도성제라 함을 저 최승세계에서 혹은 능소연, 혹은 최상품이라 한다. … 최승세계는 사성제를 설함에 이와 같은 등의 사백억십천의 이름이 있으니, 중생심을 따라 모두 조복케 한다. 此娑婆世界 所言苦聖諦者 彼最勝世界中 或名恐怖 或名分段 … 所言苦集聖諦者 彼最勝世界中 或名敗壞 或名癡根 … 所言苦滅聖諦者 彼最勝世界中 或名大義 或名饒益 … 所言苦滅道聖諦者 彼最勝世界中 或名能燒然 或名最上品 … 最勝世界 說四聖諦 有如是等 四百億十千名 隨衆生心 悉令調伏", 『화엄경소』 권13(대정장35, p.593c29)에 "둘째, 최승세계 곧 남방이다. 앞에서 '풍일'이라 하였다. 풍일이 바른 역이고, 최승은 뜻으로 번역했을 따름이다. 二 最勝世界者 卽是南方 前名豐溢 豐溢是正翻 最勝乃義譯耳"라고 하였다. 〔참고문헌〕『華嚴經』, 『華嚴經疏』. ⇨ 풍일세계 豐溢世界, 사성제 四聖諦

최승소연 最勝所緣 Ⓢ prakarṣa-ālambana, Ⓣ phul-du-byung-ba'i-dmigs-pa. 가장 뛰어난 소연. 십이종소연(十二種所緣) 중 하나로서 제9지 · 제10지 · 여래지의 경계를 말한다. 구역어는 최승경계(最勝境界)이다. 『변중변론』 권하(대정장31, p.477a11 : *Madhy-vibh.*, p.74)에 "〔논〕 이와 같은 소연에는 열두 가지가 있다. … 열두 번째는 최승소연이다. … 열두 번째는 제9지 · 제10지 · 여래지의 경계이다. 論曰 如是所緣有十二種 … 十二 最勝所緣 … 第十二謂第九第十如來地境 ity etat dvādaśavidham ālambanaṃ … prakarṣālambanaṃ ca … dvādaśaṃ navamyādibhūmitraye", 『법화경현찬요집』 권19(卍속장54, p.269b10)에 "열두 번째는 최승소연인데, 제9지 · 제10지 · 여래지에서는 능연과 소연이 모두 가장 수승하기 때문이다. 十二 最勝所緣 九地十地及如來地 能緣所緣 俱最勝故"라고 하였다. 〔참고문헌〕『辯中邊論』, 『法華經玄贊要集』, *Madhy-vibh.* ⇨ 최승경계 最勝境界

최승승 最勝乘 Ⓢ agra-yānika, uttama-yāna. 가장 뛰어난 수레. 대승을 높여 부르는 말. 『불퇴전법륜경』 권1(대정장9, p.229a8)에 "대승 구하는 이는 최승승을 성취하니 또한 청정제일승이라고도 한다. 求大乘者 成最勝乘 亦名淸淨第一之乘", 80권본 『화엄경』 권51 「여래출현품 如來出現品」(대정장10, p.268c4)에 "너희들은 마땅히 알라. 이승위를 넘어 다시 뛰어난 길 있으니 대승이라 한다. 보살이 행하는 바로 육바라밀을 따라 보살행을 끊지 않으며 보리심을 버리지 않아 무량생사에 처해도 지치거나 싫어하지 않는다. 이승을 넘으니 대승 · 제일승 · 승승 · 최승승 · 상승 · 무상승 · 이익일체중생승이라 한다. 汝等當知 過二乘位 更有勝道 名爲大乘

菩薩所行 順六波羅蜜 不斷菩薩行 不捨菩提心 處無量生死 而不疲厭 過於二乘 名爲大乘 第一乘 勝乘 最勝乘 上乘 無上乘 利益一切衆生乘", 『대방등대집경보살염불삼매분』 권1(대정장13, p.832a13)에 "뛰어나도다, 대승이여! 가장 뛰어난 수레여서 위 없다네. 여래께서 이 자리에 머무시기에 이익 생각으로 헤아리기 어렵네. 기특하구나, 대승이여! 최승승이어서 위가 없다네. 사문바라문도 이를 능히 헤아리지 못한다네. 奇哉 是大乘 最勝乘無上 如來處斯座 利益難思議 奇哉是大乘 最勝乘無上 沙門婆羅門 於此莫能測"라고 하였다. [참고문헌] 『不退轉法輪經』, 『華嚴經』, 『大方等大集經菩薩念佛三昧分』, *Saddh-p.140.*, *Śikṣ.31.* ⇨ 대승 大乘

최승심 最勝心 Ⓢ prādhānyena cittam. 가장 뛰어난 마음. 삼륜청정의 마음 또는 반야의 마음이나 아뢰야식을 수식하는 말이다. 『대승본생심지관경』 권1(대정장3, p.296b10)에 "능시, 소시, 시물은 삼세 중에서는 다할 수 없다네. 우리들 최승심에 안주해서 일체시방부처님께 공양 올릴 뿐이라네. 能施所施及施物 於三世中無所得 我等安住最勝心 供養一切十方佛", 『이취경』(대정장8, p.785a28)에 "그때 문수사리동진이 이 뜻(諸法空)을 거듭 드러내고자 하므로 밝게 미소 짓고 자기 검을 휘둘러 일체여래를 베고서 이 반야바라밀다의 최승심을 설하였다. '암(菴 Ⓢ aṃ)'. 時文殊師利童眞 欲重顯明此義 故熙怡微笑 以自劍揮 斫一切如來已 說此般若波羅蜜多最勝心 菴", 『대승오온론』(대정장31, p.849c28 : *Pañ-s.*, p.16)에 "최승심이란 아뢰야식을 말함이다. 왜인가? 이 식을 말미암는 중에 제행종자를 모두 채집한다. 最勝心者 謂阿賴耶識 何以故 由此識中 諸行種子 皆採集故 prādhānyena punaścittamālayavijñānam. tathā hi taccitaṃ sarvasaṃskārabījaiḥ"라고 하였다. [참고문헌] 『大乘本生心地觀經』, 『理趣經』, 『大乘五蘊論』, 『華嚴發菩提心章』(대정장45, p.651b15), *Pañ-s.*

최승업자 最勝業者 가장 뛰어난 업을 지으신 이. 부처님을 말한다. 『대장엄론경』 권15(대정장4, p.340b17)에 "업을 자재주로 삼아 최승업자께서 설하셨는데, 이것은 주재자가 없이 지었기에 오직 업으로 지은 것이다. 마음으로 재주 짓는다면 선업의 부처님께 칭찬을 받을 것이다. 이와 같은 아름다운 색에 다시는 재주의 아란 없으며 오직 선업으로 지은 것이니 선업은 내가 마땅히 공경할 바이고, 악업 내가 떠나야 할 것이다. 業爲自在主 最勝業者說 此無宰主作 唯是業所造 心作於宰主 善業佛所歎 如是之妙色 更無宰主我 唯是善業作 善業我應敬 惡業我應離"라고 하였다. [참고문헌] 『大莊嚴論經』.

최승왕경 最勝王經 703년 당(唐)대 삼장 의정(義淨)이 한역한 『금광명최승왕경 金光明最勝王經』(대정장16, No.665)의 줄인 이름. 『삼국사기』 권8 성덕왕(聖德王)에 "즉위 3년(704) … 3월 당에 들어갔던 김사양이 되돌아와서는 『최승왕경』을 헌상하였다. 三年 … 三月 入唐金思讓廻 獻最勝王經"라고 하였다. [참고문헌] 『三國史記』, 『朝鮮佛敎通史』 권상(대장경보편31, p.308a12). ⇨ 금광명최승왕경 金光明最勝王經

최승우 最勝愚 Ⓢ agra-saṃmoha, Ⓣ mchog-la-rmongs-pa. 칠종무지(七種無知) 중 하나로 가장 큰 어리석음. 『유가사지론』 권9(대정장30, p.322c11)에 "또 일곱 가지 무지가 있다. … 넷째는 최승우다. 復有七種無知 … 四最勝愚", 『법화경현찬요집』 권25(卍속장54, p.483a18)에 "넷째 최승우에는 세 가지가 있으니 불법승에 어리석음을 말한다. 四 最勝愚有三 謂愚佛法僧"라고 하였다. [참고문헌] 『瑜伽師地論』, 『法華經玄贊要集』, *Yogā-bh.205.* ⇨ 칠종무지 七種無知

최승유정 最勝有情 Ⓢ agrya-sattva, pradhāna-sattva, Ⓣ gtso-bor-gyur-pa'i-sems-can. 가장 뛰어난 유정. 『유가사지론』 권43(대정장30, p.532c27 : *Bodh-bh.*, p.157)에 "이 중 있는, 일체문의 시와 일체문의 계와 내지 일체문의 동사를 만약 많이도 수습하거나 힘써 청정하게 하거나 구족히 원만하게 할 수 있다면, 여래께 모든 최승유정인 천인이 공양함으로써 받는 과를 감한다. 此中所有 一切門施 一切門戒 廣說乃至 一切門同事 若多修習 若善淸淨 若具圓滿 能感如來一切最勝有情天人所供養果 tatra sarvatomukhena dānena sarvatomukhena śīlena vistareṇa yāvatsarvatomukhayā samānārthatayā tathāgatasya sarvataḥ pradhānasattvairdevamanuṣyaiḥ pūjyatvaṃ phalam abhinivartate", 같은 책 권47(대정장30, p.555b4 : *Bodh-bh.*, p.224)에 "또한 현법 중에 능히 보살의 일체정진을 일으키고, 믿음이라는 뛰어난 힘으로 앞서 이끌기에, 미래세에는 전에 설하신 보리분품에서 십종대원을 설한 바와 같아지고 지금은 바로 이 극환희지에 머물러서 능히 모든 것 이끌어 낼 수 있으니, 이는 청정하고 뛰어난 뜻과 기꺼움 얻었기 때문이다. 가장 뛰어난 유정으로서 진실의 복전이 되시는 대사이자 법주이신 분께 공양하려 하기에 첫 번째 대원을 이끌어 일으킨다. 又現法中能起菩薩一切精進 信增上力爲前導故 於當來世如前所說菩提分品十種大願 今卽於此極歡喜住 能具引發由得淸淨勝意樂故 爲欲供養最勝有情眞實福田大師法主是故引發第一大願 dṛṣṭe ca dharme sarvākāraṃ bodhisattvavīryamārabhate śraddhādhipateyaṃ pūrvaṅgamāṃ kṛtvā. āyatyāñca yāni tāni pūrvanirdiṣṭāni bodhipakṣyapaṭale daśamahāpraṇidhānāni tānyasmin pramuditavihāre 'bhinirhṛtyāśayaśud dhitāmupādāya agryasattvadakṣiṇīyaśāstṛdharm asvāmipūjāyai mahāpraṇidhānaṃ"라고 하였다. [참고문헌]『瑜伽師地論』, *Bodh-bh.*

최승의 最勝義 Ⓢ agra-artha, adhika-artha, paramaartha, Ⓣ mchog-gi-don, lhag-pa'i-don. 가장 뛰어난 뜻. 이런 뜻을 드러내 보이는 것들은 바라밀(波羅蜜 : 到彼岸)・진여(眞如)・증상삼학(增上三學) 등이다. 『섭대승론본』 권중(대정장31, p.139b8 : *Mah-saṃ.*, p.32)에 "또 청정한 소연성에 의지하기 때문이고, 일체선법으로 가장 뛰어난 성이기에, 가장 뛰어난 뜻 말미암기에 원성실이라 한다. 又由淸淨所緣性故 一切善法最勝性故 由最勝義 名圓成實 rnam par dag pa'i dmigs pa yin pa dang. dge ba'i chos thams cad kyi mchog yin pa'i phyir mchog gi don gyis yongs su grub pa zhes bya'o", 세친(世親)의 『섭대승론석』 권7(대정장31, p.358b2)에 "최승의라 한 것은, 이 법계 일체법 중 가장 뛰어나다는 것이다. 만약 이와 같이 안다면 제2지에 들어갈 수 있다. 最勝義者 謂此法界 一切法中 最爲殊勝 若如是知 得入二地", 무성(無性)의 『섭대승론석』 권7(대정장31, p.421a1)에 "도피안을 최승의라 한다. 到彼岸 名是最勝義", 『섭대승론석론』 권10(대정장31, p.315c8)에 "이 중에서 '법신의 자성'이란 최승의를 성취함으로써 드러나 보인다. '최승의를 성취함'이란 청정진여를 말한다. 이것이 바로 부처의 자성이기 때문이다. 於中法身自性者 以成就最勝義顯示 成就最勝義者 謂淸淨眞如 此是佛自性故", 『변중변론』 권상(대정장31, p.468a19)에 "제2지 중에 증한 법계를 최승의라 한다. 第二地中所證法界 名最勝義", 『유가사지론』 권28(대정장30, p.436a29 : *Śrāv-bh.*, p.264)에 "무엇을 최승의라 하는가? 저 증상계학과 증상심학과 증상혜학 같이 해서 오직 성교만이 홀로 있을 뿐이어서, 이 세 가지는 외도와는 함께할 수 없는 것이다. 이와 같은 것을 최승의라 한다. 云何最勝義 謂若增上戒學 若增上心學 若增上慧學 唯於聖敎獨有 此三不共外道 如是名爲最勝義 yā ca-adhicittaṃ. yā ca-adhiprajñaṃ śikṣā. etāḥ śikṣāḥ asminn-eva śāsane asādhāraṇā ito bāhyair-evam-adhika-arthena"라고 하였다. [참고문헌]『攝大乘論本』, 『攝大乘論釋』, 『攝大乘論釋論』, 『辯中邊論』, 『瑜伽師地論』, *Mah-saṃ.*, *Śrāv-bh.*

최승인 最勝印 밀교 수인. 비사야인(毘闍耶印)이라고도 한다. 변형된 형태로 최승심인(最勝心印)과 최승수심인(最勝隨心印)이 있다. 『성가니분노의궤경』 권상(대정장21, p.105c16)에 "다음으로 최승인을 맺는다. 양손을 안으로 교차시켜 권형을 만들고, 양손의 소지 끝을 서로 붙이면 맺어 진다. 次結最勝印 二手內相叉作拳 二小指頭相合卽成", 같은 책 권하(대정장21, p.116c15)에 "최승심인은 앞의 최승인에서 양손의 소지를 구부려서 끝을 붙이면 성립한다. 이 수인은 갖가지 곤란이나 집안에 상서롭지 않은 일이 있을 때, 이 수인을 맺고 염송하면 장애가 사라진다. 최승수심인은 앞의 최승인에서 양손의 무명지와 소지를 펼치면 맺어 진다. 이 수인은 모든 일이 잘 되게 한다. 아수라궁에 들어갈 때 또한 이 수인을 사용하면 대위력을 갖는다. 最勝心印 准前最勝印 屈二小指 頭相拄卽成 此印若種種障難 家中不祥 結此印念誦卽皆消散 最勝隨心印 准前最勝印 舒二無名指及二小指卽成 此印能辦一切事 若入阿修羅宮時 亦用此印有大威力"라고 하였다. [참고문헌]『聖迦柅忿怒儀軌經』. ⇨비사야인 毘闍耶印

최승인 最勝因 Ⓢ pradhāna-hetu, Ⓣ rgyu'i-gtso-bo. 가장 힘센 인. 『구사론』 권1(대정장29, p.5b14 : *Abh-k-bh.*, p.14)에 "또 생사법은 수와 상을 가장 강한 인으로 한다. 수에 탐착하고 전도된 상을 일으키기에 생사를 윤회한다. 又生死法 以受及想 爲最勝因 由耽著受起倒想故 生死輪迴 saṃsārasya-api te pradhāna-hetū. vedanāsvādagṛddho hi viṣaryasta-saṃjñaḥ saṃsarati"라고 하였다. [참고문헌]『俱舍論』, *Abh-k-bh.*

최승자 最勝子 ❶ Ⓢ jinasuta, jinaputra, jinakara, Ⓣ rgyal-ba'i-bu, rgyal-ba'i-sras. 가장 뛰어난 자식. 또는 가장 수승한 이의 자식. 삼승(三乘)이라는 자식 중에서 가장 수승하다는 의미에서 보살을 가리키기도 하고, 이승(二乘)보다 수승하며 외도와 번뇌 등 마군에게 승리하였다는 의미에서 가장 수승한 이의 자식, 즉 불자(佛子)・불제자(佛弟子)를 가리키기도 한다. 최승진자(最勝眞子)라고도 한다. 원측(圓測)의 『해심밀경소』 권2(한불전1, p.167c22)에 "『십주비바사론』에서 '보살은 부처님의 진실한 자식이다'라고 하였는데, 따라서 보살을 부처님의 자식이라 한다. 지금 당 역본에 따르면 최승자라 한다. 여기에는 두 가지 설이 있다. 하나의 설로서 최승은 보살을 이름하니 삼승이라는 자식 중에서 가장 수승하기 때문이다. 불종을 이어가는 뜻에서 자식이라 한다. 十住論云 菩薩是佛眞實之子 是故菩薩名爲佛子 今依唐本 名最勝子 自有二說 一云 最勝是菩薩名 三乘子中 最殊勝故 能紹佛種 名之爲子", "또 다른 설로서 최승은 세존의 명호다. 따라서 무성의 『섭대승론석』에서 '최승이란 부처님이 이승보다 승함을 드러낸 것이다'라고 하였다. 또 『유가사지론』에서 '부처님이야 말로 가장 수승하시니 모든 외도와 번뇌 등의 마군에 대해 승리를 얻었기 때문이다'라고 하였다. … 이러한 해석에 의지해 가장 수승한 이의 자식이라는 의미에서 최승자라 한다. 따라서 『현량성교론』에서 '보살은 또한 가장 수승한 이의 자식이니, 그렇기에 다른 곳에서는 부처님의 자식이라 하여 불자다'라고 하였다. 一云 最勝是世尊號 故無性論云 最勝者 顯佛勝二乘故 又瑜伽云 佛是最勝 於諸外道煩惱等魔 能得勝故 … 若依此釋 最勝之子 名最勝子 故顯揚云 菩薩亦名最勝之子 是故餘處名爲佛子"라고 하였다. [참고문헌] 『解深密經疏』, *Laṅk.7·101.*, *Bodh-bh.203.* ⇨ 보살 菩薩, 불자 佛子 ❷ Ⓢ Jinaputra. 6세기 경 인도 논사 이름. 호법(護法)의 제자(門人). 『유식삼십송 唯識三十頌』을 주석한 십대논사(十大論師) 중 한 명. 북인도 발벌다국(鉢伐多國 Ⓢ Parvata)에서 『유가사지석론』을 지었다고 전한다. 승자(勝子)라고도 하며, 신나불달라(愼那弗呾羅·愼那弗怛羅)·진나불다라(辰那弗多羅) 등으로 음사한다. 『대당서역기』 권11(대정장51, p.937c9)에 "(발벌다국의) 성 옆에는 대가람이 있고 승도는 백여 명으로 모두 대승교법을 배우고 있는데, 바로 옛적 신나불달라〈최승자라 한역한다〉논사가 이곳에서 『유가사지석론』을 지었다. 城側有大伽藍 僧徒百餘人 並學大乘教 卽是昔愼那弗呾羅〈唐言 最勝子〉論師於此製瑜伽師地釋論", 『성유식론소초』 권1(卍속장80, p.223b3)에 "지금 이 세 논사(師子覺·淨月·火辨)가 『유가사지론』에 대한 주석서를 지었지만, 중국에서는 오직 최승자가 지은 『유가사지석론』만이 역출되었다. 今三師而造瑜伽釋 然此國中 唯翻出最勝子所造瑜伽釋"라고 하였다. [참고문헌] 『大唐西域記』, 『成唯識論疏抄』. ⇨ 신나불달라 愼那弗怛羅, 십대논사 十大論師 ❸ 병사왕(甁沙王 Ⓢ Bimbasāra)이 죽어 비사문천(毘沙門天 Ⓢ Vaiśravaṇa)의 태자로 났을 때의 이름. 『비바사론』 권14(대정장28, p.521b27)에 "병사왕은 도솔천에 나기로 되어 있었지만, 그 음식에 대해 듣고는 다음처럼 생각했다. '나는 먼저 이 가까운 곳에서 음식을 먹고 난 뒤에 도솔천에 날 것이다'. 그 목숨이 다한 뒤 사천왕천에 태어나 최승자라는 이름의 비사문의 태자가 되었다. 甁沙王應生兜術天 聞彼飮食 已作是念 我先食此近食已 然後當生兜術天 彼命終已 生四天王 作毘沙門太子 名最勝子"라고 하였다. [참고문헌] 『鞞婆沙論』.

최승자재 最勝自在 Ⓢ adhikam-aiśvaryam, param aiśvarya. 가장 뛰어나게 스스로를 있게 하는 뜻. 한층 더한 씀(增上用)이 있는 것을 말한다. 『구사론』 권3(대정장29, p.13c28 : *Abh-k-bh.*, p.39)에 "경은 식중에서 한층 더할 증상용은 없다. 무릇 증상용이라 하는 것은 뛰어난 자재를 말하는 것이니, 안근은 색을 알아채는 식이 발생하는 데 있어 최승자재하기에 증상이라 한다. 境於識中無增上用 夫增上用謂勝自在 眼於所發了色識中 最勝自在 故名增上 na-ādhipatyam. adhikaṃ hi prabhutvam-ādhipatyam. cakṣuṣaś-cakṣūrūpa-upalabdhāv-adhikam-aiśvaryam", 『구사석론』 권2(대정장29, p.173a5 : *Abh-k-bh.*, p.38)에 "근의 뜻은 무엇인가? 최승자재로 뜻을 삼는다. 스스로의 일을 하는 중에 한층 더해서 스스로를 있게 하기 때문이다. 다시 말하면 빛을 먹이로 하는 뜻이니 소의신 중에서 가장 밝게 나투기 때문이다. 根義云何 最勝自在爲義 於自事用中 增上自在故 復以光飾爲義 於身中最明顯故 kaḥ punar-indriya-arthaḥ. idi paramaiśvarye. tasya indanti-iti indriyāṇi. ata ādhipatya-artha indriya-arthaḥ", 『대비바사론』 권180(대정장27, p.906a28)에 "[답] 오직 부처님께서 획득하신 것이 구경원만하고 최승자재하며 착오가 없기에 이와 같이 말하는 것이지, 이승이 모두 성취할 수 없음을 말하는 것이 아니다. 만약 그렇다면 이승은 또한 무학을 획득할 수 없어야 할 것이다. 答 唯佛所得 究竟圓滿 最勝自在 無有錯謬 故作是說 非謂二乘皆不成就 若不爾者 二乘亦應不得無學"라고 하였다. [참고문헌] 『俱舍論』, 『俱舍釋論』, 『大毘婆沙論』, *Abh-k-bh.* ⇨ 자계자연 字界字緣

최승장부 最勝丈夫 Ⓢ mahāpuruṣa. 가장 뛰어난 장부. 부처가 되신 실달태자(悉達多)를 부르는 말. 『방광대장엄경』 권6 「출가품 出家品」(대정장3, p.578a27)에 "수단왕은 거듭 차닉의 이와 같은 말을 듣고는 눈물을 흘리고 오열하며 차닉에게 말하였다. '나는 이제 끝나 회복할 기세도 없다. 손발 모두 끊어져 마치 저 썩은 나무요, 또한 저 큰 나무 가지도 잎도 없는 것 같도다. 적국 경계에서 혹 나를 우습게 본들 나는 이제 홀로여서 능히 할 바가 없다. 오, 나의 아들아. 가장 뛰어난 장부여. 어찌 집을 버리고 나의 원마저 저버리는가. 오호, 나의 아들아. 모든 상호를 가득 채우고 백복 장엄하신 이여'. 輸檀王重聞車匿如是語已 流淚懊惱 語車匿言 我今窮矣 無復氣勢 手足悉折 猶如朽株 亦如大樹 無有枝葉 敵境或當輕侮於我 我今單己 無所能爲 嗚呼我子 最勝丈夫 何故棄家 違離我願 嗚呼我子 諸相滿足 百福莊嚴"라고 하였다. [참고문헌] 『方廣大莊嚴經』, 『解脫道論』 권12(대정장32, p.458b6), *Rāṣṭr.133.* ⇨ 실달다 悉達多

최승정 最勝頂 Ⓢ Vijayoṣṇīṣa. 최승불정의 줄임말. 『광대의궤』 권중(대정장18, p.103b7)에 "다음으로 오른쪽 연꽃에서 사자법문을 관하니 본래의 고요한 광명이 수승하고 양손의 윤인이 최승정으로 전성하네. 次右蓮華中 觀賜字法門 本寂光殊勝 定慧手輪印 轉成最勝頂", 『금강삼업경』 권3(대정장18, p.486b22)에 "다시 항삼세대분노명왕을 관상한다. 세 얼굴이 치성한 광명으로 광대하고 무서운 모습을 드러내니 최상의 지혜가 지닌 것이고 선정에서 출생한 것이다. 최승정의 모습을 드러내니 광대한 대광명의 무더기다. 復想降三界 大忿怒明

王 三面熾盛光 現廣大怖相 最上智所持 禪定所出生 現最勝頂相 廣大光明聚",『대일경소』권5(대정장39, p.633c26)에 "다음으로 석가사자의 남쪽에 여래의 오정을 안치한다. … 셋째는 미서야이다. 이것은 다양한 소리를 활용한 것이니 최승정이라 한역한다. 次於釋迦師子之南置如來五頂 … 第三微誓耶 此用多聲呼也 譯爲最勝頂"라고 하였다. 〔참고문헌〕『廣大儀軌』,『金剛三業經』,『大日經疏』. ⇨ 최승불정 最勝佛頂, 미서야 微誓耶

최승정행 最勝正行 Ⓢ paramā pratipattiḥ, Ⓣ dam-par-bsgrub-pa. 가장 뛰어나고 바른 행. 12가지 모습으로 최승이다. 육종정행(六種正行) 중 하나로 십바라밀다(十波羅蜜多)를 말한다.『변중변론』권하(대정장31, p.473c18 : *Madhy-vibh.*, p.61)에 "최승정행이라 하는 그 상 어떠한가? 〔송〕 최승에는 열두 가지가 있다. 광대・장시・의처・무진・무간・무난성・자재・섭수・발기・지득・등류・구경이니 이것들에 의지해 십도라 하니 이것이 바라밀다이다. 最勝正行 其相云何 頌曰 最勝有十二 謂廣大 長時 依處 及無盡 無間 無難性 自在攝發起 得等流究竟 由斯說十度 名波羅蜜多 tatra 〈kārikā〉 paramā dvādaśa-ātmikā. audāryam āyatatvaṃ ca adhikāro 'kṣayātmatā, nairantaryam akṛcchratvaṃ vittatvaṃ ca parigrahaḥ. ārambha-prāpti-niṣyanda-niṣpattiḥ paramā matā … tataś ca paramārthena daśa pāramitā matāḥ"라고 시설한 후, 각각에 대해 다음과 같이 설한다. 첫째 '광대최승이란 세간의 모든 부귀락자재를 끝내 기꺼워하지 않아 그 뜻이 높고 아득하기 때문이고 廣大最勝者 終不欣樂一切世間富樂自在 志高遠故', 둘째 '장시최승이란 삼무수겁 동안 익히고 닦아 성취하기 때문이고 長時最勝者 三無數劫熏習成故', 셋째 '의처최승이란 모든 유정의 이락을 위한 의지처가 되기 때문이고 依處最勝者 普爲利樂一切有情爲依處故', 넷째 '무진최승이란 무상정등보리를 회향함에 끝이 없기 때문이고 無盡最勝者 迴向無上正等菩提無窮盡故', 다섯째 '무간최승이란 자타의 뛰어난 이해를 얻은 후 유정들에 대해 보시 등의 바라밀다를 일으키게 하기 때문이고 無間最勝者 由得自他平等勝解 於諸有情發起施等波羅蜜多', 여섯째 '무난최승이란 다른 유정이 닦는 선법을 깊이 따라 기뻐하는 것으로 자신의 보시바라밀다 등이 원만해지기 때문이다 無難最勝者 於他有情所修善法 但深隨喜 令自施等波羅蜜多 速圓滿故'. 일곱째 '자재최승이란 허공장삼매 등의 힘으로 닦은 보시바라밀 등이 원만해지기 때문이고 自在最勝者 由虛空藏等三摩地力 令所修施等速圓滿故', 여덟째 '섭수최승이란 무분별지에 섭수되어 보시바라밀다 등이 지극히 청정해지기 때문이고 攝受最勝者 無分別智之所攝受 能令施等極淸淨故', 아홉째 '발기최승이란 승해행지에 있으면서 최상품인 중에 있게 되기 때문이고 發起最勝者 在勝解行地最上品忍中', 열째 '지득최승이란 극희지에 있게 되는 것이며 至得最勝者 在極喜地', 열한째 '등류최승이란 다시 팔지에 있음이며 等流最勝者 在次八地', 열두째 '구경최승이란 제10지와 불지 중에 있게 됨을 말하니 보살과 여래의 인과가 가득 찼기 때문이다 究竟最勝者 在第十地及佛地中 菩薩如來因果滿故'. 보시 등 십바라밀다는 이 열두 가지로 뛰어나기에 바라밀다라는 이름을 얻는다. 〔참고문헌〕『辯中邊論』, *Madhy-vibh.* ⇨ 육정행 六正行❷, 십바라밀 十波羅蜜

최승제일 最勝第一 가장 뛰어나 제일인 것. 법 또는 사람 중에 더할 나위 없기에 이렇게 일컫는다. 최제일(最第一 Ⓢ agrya)이라고도 한다.『십송율』권36(대정장23, p.257b12)에 "그때 조달은 다음처럼 생각했다. '아난은 내 동생으로 부처님께서『제일경』에서「모든 많이 들은 제자들 가운데 아난이 가장 뛰어나다」라고 말씀하셨다. 내가 어째서 그의 처소에 가서 신통도에 대해 묻지 않겠는가. 마땅히 나에게 설하여 줄 것이다'. 爾時調達作是念 阿難是我弟 佛第一經中說 諸多聞弟子中 阿難最勝第一 我何不往詣其所問神通道 當爲我說",『선견율비바사』권17(대정장24, p.791c28)에 "부처님께서는 자리를 펴고 앉으신 뒤에 라후라에게 말씀하셨다. '나는 보리수 아래에서 이 진귀한 재보를 얻었는데, 이 재보는 모든 재보 중에서도 가장 뛰어난 것이다. 너도 얻고 싶지 않는가?' … 사리불은 곧 라후라를 제도하여 출가시켰다. 佛敷座坐已 語羅睺言 我於菩提樹下 得此珍寶 此財寶於一切寶中 最勝第一 汝欲樂得不 … 舍利弗卽度羅睺出家"라고 하였다. 〔참고문헌〕『十誦律』,『善見律毘婆沙』. ⇨ 최제일 最第一

최승존 最勝尊 Ⓢ naranāyaka-uttama, pravaro naranāyaka. 가장 뛰어나고 높으신 분. 부처님을 부르는 말로 무상존(無上尊)이라고도 한다.『대반열반경』권하(대정장1, p.205b15)에 "천제석이 이어 게를 설하였다. '일체 모든 것들의 바탕 실로 생멸법이니, 양족의 최승존께서 또한 다시 다함으로 돌아가시네. 삼독 치연히 불타오르고 늘 모든 중생 사르고 있는데, 대비 구름이 있지 않음에 누가 능히 비 내려 사라지게 하리'. 天帝釋卽說偈言 一切諸行性 實是生滅法 兩足最勝尊 亦復歸於盡 三毒熾然火 恒燒諸衆生 無有大悲雲 誰能雨令滅",『무량수경』권상(대정장12, p.269b27)에 "저 부처님 무량한 지혜로 통달해 두루 미치지 않음 없듯 저의 공덕력도 이 최승존과 가지런해지길 바라나이다. 如佛無量智 通達靡不遍 願我功德力 等此最勝尊", 같은 책 권하(대정장12, p.272c23)에 "다들 그렇게 하늘음악을 연주하며 화아음을 창발하네. 노래로 최승존을 찬탄하며 무량한 깨우침께 공양하네. 咸然奏天樂 暢發和雅音 歌歎最勝尊 供養無量覺", 『대승사법경석초』(대정장85, p.558c19)에 "최승존이라 함은 곧 부처님이다. 言最勝尊者 卽是佛也"라고 하였다. 〔참고문헌〕『大般涅槃經』, 『無量壽經』, 『大乘四法經釋抄』, 『增壹阿含經』 권28(대정장2, p.708a14), 『十住毘婆沙論』 권5(대정장26, p.44a5), *Sukh-vy. I.28·50.* ⇨ 무상존 無上尊, 불 佛

최승지견 最勝知見 알고 봄에 있어 가장 뛰어남. 『집이문족론』 권7(대정장26, p.395c16)에 "무엇을 정을 닦음에 때론 익히고 때로는 닦으며 때로는 많이 짓고 하여서 능히 최승지견을 획득한다고 하는가? 〔답〕 광명상과 함께 행하는 심일경성에 있어서 때론 익히고 때론 닦아 굳게 지으며 언제나 짓기를 부지런히 하고 수습한다. 이것을 정을 닦는다 하고, 때론 익히고 때로는 닦으며 때로는 많이 짓고 하니, 능히 최승지견을 획득한다. 云何修定若習若修 若多所作爲 能獲得最勝知見 答 於光明想俱行心一境性 若習若修堅作 常作精勤修習 是名修定若習若修 若多所作爲 能獲得最勝知見"라고 하였다. 〔참고문헌〕『集異門足論』. ⇨ 지견 知見

최승지소행의 最勝智所行義 Ⓢ parama-jñāna-viṣayatva, parama-jñāna-gocara-artha, Ⓣ ye-shes-dam-pa'i-yul-yin-pa. 가장 뛰어난 지혜로 행하는 뜻. 『변중변론』 권상(대정장31, p.465c19 : *Madhy-vibh.*, p.23)에 "〔논〕 여기서는 알아야 할 공성에 대해 설한다. … 성지경계의 뜻을 말미암아 설하여 승의성을 삼는다. 가장 뛰어난 지혜로 행하는 뜻이기 때문이다. 論曰 卽此中說所知空性 … 由聖智境義 說爲勝義性 是最勝智所行義故 āryajñāna-gocaratvāt paramārthaḥ. paramajñāna-viṣayatvād", 『대승아비달마집론』 권3(대정장31, p.667a24 : *Abh-s.*, p.16)에 "무엇이 승의유인가? 몇 가지가 승의유인가? 어떤 까닭에 승의유를 관하는가? 청정한 소연이 승의유의 뜻이다. 일체 모든 것이 승의유다. 청정아상의 집착 버리기 위해 승의유를 관찰한다. 云何勝義有 幾是勝義有 爲何義故 觀勝義有耶 謂淸淨所緣是勝義有義 一切皆是勝義有 爲捨執著淸淨我相故 觀察勝義有 kathaṃ paramārtha-sat. kati paramārtha-santi. kim-arthaṃ paramārtha-sat-parīkṣā. vyavadāna-ālambanaṃ paramārtha-sat. sarvaṃ paramārtha-sat. vyavadāna-nimitta-ātmābhiniveśatyājana-artham", 『대승아비달마잡집론』 권3(대정장31, p.705a14 : *Abh-s-bh.*, p.20)에 "청정 소연이란 청정을 얻기 위해 이 경계를 반연하는데, 이것은 최승지로 행하는 뜻이기 때문이다. '일체가 다 승의유다'라고 하였는데, 일체법은 진여를 여의지 않기 때문이다. 제법무아성의 이름이 진여다. 저 무아성이 진실로 있기 때문이다. 淸淨所緣者 爲得淸淨緣此境界 是最勝智所行義故 一切皆是勝義有者 以一切法不離眞如故 諸法無我性是名眞如 彼無我性眞實有故 viśuddhaye ālaṃbanaṃ paramārtha-sat parama-jñāna-gocara-arthena. sarvāṇi paramārtha-santi-iti tathatā-vyatirekāt-sarvadharmāṇām"라고 하였다. 〔참고문헌〕『辯中邊論』, 『大乘阿毘達磨集論』, 『大乘阿毘達磨雜集論』, *Madhy-vibh.*, *Abh-s.*, *Abh-s-bh.* ⇨ 승의유 勝義有

최승진실 最勝眞實 가장 뛰어난 진실. 『법화의궤』(대정장19, p.594a10)에 "석가모니부처님께 목숨 다해 돌아갑니다. 방광대승전을 펴 설하시어 보살들 위해 깊고 깊은 최승진실의 가르침을 열어 보이시니 저는 이제 대교왕께 의지하여 여래성도법을 두루 비추옵니다. 歸命釋迦牟尼佛 宣說方廣大乘典 爲諸菩薩而開示 甚深最勝眞實教 我今依於大教王 遍照如來成道法", 『대일경소』 권7(대정장39, p.657c27)에 "만약 입으로만 진언을 염송하고 그 뜻을 사유하지 않으면 단지 세간의 의리만을 성취할 뿐이니 어찌 금강체성 성취해 얻겠는가? 그러므로 게송에서 '최승진실의 소리인 진언과 진언상을 행자는 자세히 사유해야 무너짐 없는 진언구 얻어 성취하리라'라고 하였다. 이 소리인즉 바로 진언문이고 어밀의 바탕이다. 예컨대 아 자(𑖀)의 소리에 제일진실의 뜻이 있으니 소위 본불생이다. 처음에 진언이라 한 것은 범본에서 다양한 소리라고 한 것이다. 곧 백자문으로 세제자륜의 상을 다 모아 가리킨 것이다. 若但口誦眞言 而不思惟其義 只可成世間義利 豈得成金剛體性乎 故偈云 最勝眞實聲 眞言眞言相 行者諦思惟 得成不壞句 此聲卽是眞言門 語密之體 如阿聲中 第一眞實義 所謂本不生也 初云眞言 梵本以多聲呼之卽是 卽是總指百字門世諦字輪之相"라고 하였다. 〔참고문헌〕『法華儀軌』, 『大日經疏』.

최승진실명의경 最勝眞實名義經 ➡ 문수보살최승진실명의경 文殊菩薩最勝眞實名義經

최승진여 最勝眞如 가장 뛰어난 진여. 십진여(十眞如) 중 하나다. 십지(十地) 중 제2지인 이구지(離垢地)에서 사행장(邪行障)을 끊고 증득하는 진여다. 『성유식론』 권10(대정장31, p.54b10)에 "(십진여 중) 둘째는 최승진여다. 이 진여는 가없는 덕을 갖추고 있다 하니 일체법 중에서 가장 수승하기 때문이다. 二 最勝眞如 謂此眞如具無邊德 於一切法最爲勝故", 『성유식론술기』 권10(대정장43, p.592a13)에 "〔논〕 '둘째는 최승진여이다 ~ 가장 수승하기 때문이다'. 〔술〕 범계를 여읨으로써 이 진여를 증하여 덕으로 장엄하기 때문이다. 세친 등은 '일체법 중에서 가장 수승하다'라고 하였다. 이제 승인을 드러내 가없는 덕을 갖추었다고 말한다. 신역 『변중변론』에서는 '(제2지에서 증득되는 법계를 최승의라 한다.) 이것을 통달함으로써 이런 사유를 짓는데 「그러므로 나는 이제 한결같이 출리해서 일체행에 상응해 두루 닦고 다스리리라. 이것이 근수상응출리다」'라고 하였다. 論 二 最勝眞如至最爲勝故 述曰 由離犯戒證此眞如德莊嚴故 世親等云 一切法中最爲殊勝 今出勝因 謂具無邊德新中邊云 由通達此作是思惟 是故 我今於同出離 一切行相應遍修治 是爲勤修相應出離", 『화엄경소』 권35(대정장35, p.771a7)에 "이 이구지 중에서 삿된 행의 장애를 끊고 최승진여를 증한다. 모두 계를 잡아 밝힌다. 사행장이란, 소지장 중 타고난 것의 일분이고 또 그것이 일으키는 그릇 알아 범하는 삼업을 말한다. 제2지를 장애한다. 이에 제2지에서 두 가지 어리석음과 그에 따른 추중을 끊는다고 말한다. 此地中斷邪行障 證最勝眞如皆約戒明 言邪行障者 謂所知障中俱生一分 及彼所起誤犯三業 能障二地 由斯二地說斷二愚及彼麤重"라고 하였다. 〔참고문헌〕『成唯識論』, 『成唯識論述記』, 『華嚴經疏』, 『攝大乘論釋』 권7(대정장31, p.358b2), 『辯中邊論』 권상(대정장31, p.468a19). ⇨ 보살십진여 菩薩十眞如, 이구지 離垢地, 사행장 邪行障

최승태자 最勝太子 호법신(護法神). 불법(佛法)을 수호하고 국가를 진호하는 선신(善神)이다. 여의승왕(如意勝王)·여의천왕(如意天王)·감로태자(甘露太子)라고도 한다. 북방을 수호하는 비사문천왕(毘沙門天王)의 아들 나타태자(那吒太子)와 동격으로 묘사되기도 한다. 최승태자를 본존으로 하여 병란 등을 진정시키기 위해 행하는 작법을 최승태자법이라 한다. 형상은 사면팔비(四面八臂)로서 정면의 얼굴은 원만한 보살상이다. 왼쪽 얼굴은 청흑색 낯빛에 입을 크게 벌려 호랑이와 같은 송곳니를 드러낸 모습이며, 둥글고 큰 눈에 눈썹의 끝이 솟은 형상이다. 오른쪽 얼굴은 자재천의 모습으로 적백색이다. 정면의 위쪽에 있는 야차의 얼굴은 피가 맺힌 듯한 붉은 눈에 송곳니가 예리한 극악한 모습을 나타낸다. 온몸이 검붉은 색이고 머리카락은 감청색이며 정수리에 일곱 개의 태양이 빛나고 있고 발로 커다란 반석을 밟고 있다. 여덟 개

의 팔 중 좌우의 첫 번째 양손은 각각 칼을 쥐었고, 두 번째 양손으로는 각각 금강저를 들었으며, 세 번째 양손은 가슴 앞에서 합장하였고, 네 번째 양팔은 각각 창을 쥔 모습이다. 오색구름이 덮개처럼 드리웠고 제천의 권속이 위요하고 있다. 인상(印相)은 양손을 가슴 앞에서 합장하고 오른손의 엄지로 왼손의 엄지 위를 누르는 형

태로 양손의 엄지를 교차시켜 손바닥 안으로 넣고 양손의 식지는 곧게 세워 서로 붙이며, 나머지 세 손가락은 주먹을 쥐듯 교차시킨다. 종자(種子)는 (la)·(ra)·(yu)다. 『훔가타야의궤』 권상(대정장21, p.236b26)에 "북방에 최승태자가 있다. 정면의 얼굴은 단정하며 호상을 구족하고 있고 좌우의 얼굴은 무서운 모습이다. 오른쪽 얼굴은 붉은 색이고 왼쪽 얼굴은 검은 색이며 정수리의 얼굴은 붉은 색이다. 얼굴과 목은 가늘고 길며 터럭은 불타오르는 듯하다. 첫째 양손은 합장하였고, 둘째 양손은 대도를 들었으며, 셋째 양손은 삼고저를 들었고, 넷째 양손은 창을 쥐었다. 但北方最勝太子有 正面端正 好相具足 左右面畏相 右方面赤 左方面黑 頂上赤色 面喉咥細長 髮燃狀有 正手合掌 左第二右第二手取大刀 次左右第三手取三鈷 次左右第四手持鉾", 같은 책 권하(대정장21, p.243a6)에 "호마할 때는 먼저 최승태자항복대법인을 쓴다. 왼손으로 대도를 쥐고 오른손은 주먹을 쥐어 사방을 친다고 생각한다. 만약 대도가 없거나 내인을 쓰는 경우에는 먼저 양손을 합장하고 양손의 소지를 세 마디 정도 벌리고 양손의 엄지를 사자의 귀처럼 나란하게 만들면 대항복인이 된다. 若欲護摩時 用先最勝太子降伏大法印 先左手取大刀 以右手作拳 念四方打 若無大刀 若又用內印 先二手合掌 二地指三寸程開去 二大母指並如師子耳"라고 하였다. 〔참고문헌〕『吽迦陀野儀軌』. ⇨ 나타태자 那吒太子

최승행주 最勝行住 가장 뛰어난 행으로 머무르다. 반야바라밀다로 머무는 것을 말한다. 『대반야경』 권346(대정장6, p.779c8)에 "여래의 머묾을 제하고는 이 모든 보살마하살의 뭇 머무는 바 중에서 반야바라밀다가 가장 뛰어난 행의 머묾이다. 모든 성문과 독각 등의 머묾보다도 으뜸이 되어 뛰어나다고 하고 오래이고 높다고 하며 묘하여서 미묘하다고 하고 위이면서도 위 없다고도 한다. 除如來住 是諸菩薩摩訶薩衆所住 般若波羅蜜多 最勝行住 於諸聲聞 獨覺等住 爲最爲勝 爲長爲尊 爲妙爲微妙 爲上爲無上"라고 하였다. 〔참고문헌〕『大般若經』. ⇨ 반야바라밀 般若波羅蜜

최승혜삼매 最勝慧三昧 Ⓢ viśeṣa-matiṃ nāma bodhisattva-samādhi. 제7원행지(遠行地)에서 드는 삼매 중 하나. 80권본 『화엄경』 권37 「십지품 十地品」(대정장10, p.197a28)에 "보살은 이 제7지에 머무르며 보살선관택삼매(Ⓢ suvicita-vicayaṃ nāma bodhisatt va-samādhi), 선택의삼매(Ⓢ suvicintita-arthaṃ nāma bodhisattva-samādhi), 최승혜삼매 … 종종의 장생사열반문삼매(Ⓢ vicitrārthakośa-saṃsāra-nirvāṇamukhaṃ bodhisattva-samādhi)에 든다. 이 같은 등의 대지신통문백만삼매에 들어 이 자리를 깨끗이 다스린다. 이 보살은 이 삼매를 얻어 잘 다스리는 정방편혜와 대비력 때문에 이승지를 뛰어넘어 관찰지혜지를 얻는다. 菩薩住此地 入菩薩善觀擇三昧 善擇義三昧 最勝慧三昧 … 種種義藏生死涅槃門三昧 入如是等具足大智神通門百萬三昧 淨治此地 是菩薩得此三昧 善治淨方便慧故大悲力故 超過二乘地 得觀察智慧地", 『신화엄경론』 권26(대정장36, p.903a28)에 "최승혜삼매는 일승불혜다. 最勝慧三昧者 是一乘佛慧故"라고 하였다. 〔참고문헌〕『華嚴經』, 『新華嚴經論』, *Daś-bh.39.* ⇨ 원행지 遠行地

최심사 摧尋寺 경상북도 문경시 마성면 남호리 화산(華山)에 있던 절. 곧 추심사(推尋寺)이다. 『범우고』에 폐사된 기록이 남아 있다. 〔참고문헌〕『伽藍考』, 『梵宇攷』, 『韓國寺刹全書』 권하 p.1104b10. ⇨ 추심사 推尋寺

최언위 崔彦撝 868~944. 신라말 고려초 관인. 초명은 신지(愼之)이고 인연(仁渷)이라는 이름을 사용하기도 했다. 시호는 문영(文英), 본관은 경주(慶州)이다. 광윤(光胤) 등의 아버지이고, 항(沆)의 할아버지이다. 신라에서 활동할 때는 인연의 이름을 썼다가 고려에 귀부한 후 언위라는 이름으로 활동했다. 『고려사』 권92 열전(列傳)5 최언위에는 "문한의 소임을 맡아서 궁원의 액호를 모두 찬정하였고, 당시 왕족이나 귀족들은 모두 스승으로 섬겼다. 以文翰之任宮院額號皆所撰定 一時貴遊皆師事之"라고 하였다. 고려 건국 후 왕명을 받아 고승비문찬술을 전담하여 「해주광조사진철대사보월승공탑비문 海州廣照寺眞澈大師寶月乘空塔碑文」, 「지평보리사대경대사현기탑비문 砥平菩提寺大鏡大師玄機塔碑文」, 「풍기비로암진공대사보법탑비문 豊基毗盧庵眞空大師普法塔碑文」, 「강릉지장선원낭원대사오진탑비문 江陵地藏禪院朗圓大師悟眞塔碑文」, 「영풍경청선원자적선사능운탑비문 榮豊境淸禪院慈寂禪師凌雲塔碑文」, 「충주정토사법경대사자등탑비문 忠州淨土寺法鏡大師慈燈塔碑文」, 「영월흥녕사징효대사보인탑비문 寧越興寧寺澄曉大師寶印塔碑文」, 「강진무위사선각대사편광탑비문 康津無爲寺先覺大師遍光塔碑文」 등을 지었다. 또한 「장단오룡사법경대사보조혜광탑비문 長湍五龍寺法鏡大師普照慧光塔碑文」도 지은 것으로 추정한다. 『삼국유사』 권3(대정장49, p.1001b8 · 한불전6, p.339b12) 탑상(塔像)4 유덕사(有德寺)에 의하면, 그의 조상인 신라 대태각간(大太角干) 최유덕이 자신의 집을 희사하여 지은 유덕사에 최유덕의 진영(眞影)을 봉안하고 비를 세웠다고 한다. 〔참고문헌〕『高麗史』, 『三國遺事』, 『高麗史節要』, 李智冠 『校勘譯註歷代高僧碑文』 新羅篇 · 高麗篇1.

최외원 最外院 태장만다라 13원 중 가장 바깥쪽에 위치하는 원. 외금강원(外金剛院) 또는 외원(外院)이라고도 한다. 금강계 쪽에 해당하는 바깥쪽에 있다는 의미를 갖는다. 최외원은 만다라를 동남서북(東南西北)의 사방으로 나누고 각각 40존 · 62존 · 49존 · 52존 등 도합 203존의 존격을 배치한다. 여기에는 인도사회에 잘 알려진 온갖 신격들을 다 거둬 밀교의 세계로 수용하고는 그에 맞는 자리를 안배했다. 만다라의 사방(四方)과 사우(四隅)에 호세팔방천(護世八方天)을 안치하고, 상하에 범천(梵天)과 지천(地天)을 배치하였으며 천공에 일천(日天)과 월천(月天)을 더하여 12천을 완성한다. 최외원에 속하는 12천과 그 권속들은 만다라세계의 가장 외곽에 자리해서 불법을 수호하는 제천선신(諸天善神)으로서 고유한 모습과 지물등 삼형(三形)을 갖추기도 한다. ⇨ 태장만다라 胎藏曼荼羅

최요자 最要者 Ⓟ paramattha. 가장 중요하다고 여기는 것. 최요선(最要善)이라고도 한다. 『나선비구경』 권상(대정장32, p.707a24 : *Mil.*, p.31)에 "왕이 물었다. '나선비구여, 이 길에서는 무엇이 가장 중요한 것이며, 어떻게 하는 것이 사문이 되는 것입니까?' 나선비구가 답했다. '저는 세간의 수고로운 고통 버리고 후세의 덧없는 고통도 다시 겪지 않으려 출가사문이 되었습니다. 저는 이것이 가장 중요한 선이라고 생각합니다'. 王言 卿曹 道何等最要者 用何等故 作沙門 那先言 我曹欲棄世間勤苦 不欲更後世勤苦 用是故 我曹作沙門 我曹用是爲最要善 rājā āha, kim-atthiyā bhante nāgasena tumhākaṃ pabbajjā, ko ca tumhākaṃ paramattho ti. thero āha, kin ti mahārāja idaṃ dukkhaṃ nirujjheyya aññañ ca dukkhaṃ na uppajjeyyā ti etad-atthā, mahārāja amhākaṃ pabbajjā, anupādā' parinibbānaṃ kho pana amhākaṃ paramattho ti"라고 하였다. 〔참고문헌〕『那先比丘經』, *Mil.*

최우 崔瑀 ?~1249. 고려 무신정권기 집정자. 최이(崔怡)의 초명이다. 아버지 충헌(忠獻), 동생 향(珦)과 함께 발원하여 수지독송을 위한 『불정심관세음보살대다라니경 佛頂心觀世音菩薩大陀羅尼經』을 판각하였고, 동아대학교박물관 소장 「정

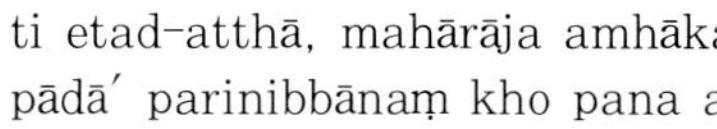

최우 발원 간행 금강반야바라밀경
합천 해인사 1237년

우구년명은사향완 貞祐九年銘銀絲香垸」(『한국금석전문』 중세하, p.989)의 명문에도 1221년(고종8)에 최우(崔瑀)가 해안사(海安寺)에 100좌의 향완을 시납했다고 전하는 등 신행의 자취가 전한다. 〔참고문헌〕『韓國金石全文』 中世下, 『高麗史』, 許興植 千惠鳳 編著 『國寶』12(藝耕産業社, 1985). ⇨ 최이 崔怡

최유덕 崔有德 신라 관인. 본관은 경주(慶州). 후손은 고려초 삼한공신(三韓功臣) 최언위(崔彦撝)이다. 『삼국유사』 권3(대정장49, p.1001b8a・한불전6, p.339b12) 탑상(塔像)4 유덕사(有德寺)에는 신라 대태각간(大太角干) "최유덕이 사제를 희사하여 절을 짓고 유덕이라고 불렀다. 원손 삼한공신 최언위가 진영을 모시고 비를 세웠다고 한다. 新羅大大角干崔有德 捨私第爲寺 以有德名之 遠孫三韓功臣崔彦撝 掛安眞影 仍有碑云"고 하였다. 〔참고문헌〕『三國遺事』. ⇨ 유덕사 有德寺

최유청 崔惟淸 1095~1174. 고려전기 문신, 불교 신자. 자는 직재(直哉). 본관은 창원(昌原). 석(奭)의 아들이다. 예종(재위 1468~1469) 때 문과에 급제한 후 직한림원(直翰林院)을 비롯하여 두루 요직을 거쳤고 특히 경사(經史)에 밝았으며, 불경(佛經)에도 조예가 깊었다. 글씨를 잘 쓴 명필로서 전라남도 광양군 옥룡면 추산리 백계산(白鷄山) 옥룡사(玉龍寺)에 세웠던 선각국사도선(先覺國師道詵)의 비문을 썼다. 〔참고문헌〕『東文選』 권117, 『朝鮮金石總覽』 권상 pp.560~562, 『韓國金石全文』 中世下 pp.824~829, 『高麗史』 권19 明宗 2年 6月・권99 列傳12, 李智冠 『校勘譯註歷代高僧碑文』 高麗篇3 pp.422~448, 崔滋 『補閑集』.

최은함 崔殷諴 신라말 고려초 관인. 승로(承老)의 아버지이다. 『삼국유사』에는 은함(殷諴)이라고 하였지만, 『고려사』 권93 열전(列傳)6 최승로에는 은함(殷含)으로 전한다. 정보(正甫)의 관등으로 신라 경순왕이 고려 태조에게 귀부했을 때 따라왔다고 한다. 〔참고문헌〕『三國遺事』, 『高麗史』. ⇨ 최승로 崔承老

최이 崔怡 ?~1249. 고려 무신정권 최씨집권기 2대 집정자이자 명필. 초명은 우(瑀), 봉작명은 진양공(晉陽公), 시호는 광렬(匡烈), 본관은 우봉(牛峯). 충헌(忠獻)의 아들이고, 향(珦)의 형이다. 1223년(고종10) 황금 2백금으로 십삼층탑과 화병(花甁)을 만들어 흥왕사(興王寺)에 안치하였다. 수선사(修禪寺)・백련사(白蓮社)와 가까웠는데, 현재 해인사(海印寺)에 진장되어 있는 재조대장경(再雕大藏經)의 판각을 주도하면서 강화도에 수선사의 분원격인 선원사(禪源社)를 창건하였고, 보제사(普濟寺)・광명사(廣明寺)・서보통사(西普通寺)에서 선회(禪會)를 개최하도록 하였다. 수선사 2대 사주(社主) 진각국사(眞覺國師) 혜심(慧諶)을 존숭하여 왕경으로 모시려고 하였고, 혜심이 입적한 후 「승주월남사진각국사원소탑비문 昇州月南寺眞覺國師圓炤塔碑文」(이지관 『교감역주역대고승비문』 고려편4, pp.147~148)에 "입비를 진양공에게 청하였는데, 공은 '화상께서는 살아계셨던 일생 동안 국민을 이롭게 함이 지극히 많았으므로, 비석을 세우지 않을 수 없다'고 하고 곧 임금에게 건의하였다. 以立碑 請於晋陽公 公曰 和尙住世利人多矣 樂石不可不立 遂聞于上"라고 하였으며, 음기(陰記)의 공경대부(公卿大夫) 명단에 이름을 올리기도 했다. 자신의 두 아들을 혜심의 제자로 출가시켜 만종(萬宗)・만전(萬全)이라는 법호로 활동했는데, 만전은 환속하여 최항(崔沆)이라 이름 짓고 무신정권 최씨집권기 집정자의 자리를 계승하였다. 수선사 4대 사주 진명국사(進明國師) 혼원(混元)도 존숭하여 삼중대사(三重大師)의 승계(僧階)와 정혜사(定慧寺) 주지직을 하사하도록 임금에게 주청하기도 하였고, 선원사를 창건한 후 낙성회(落成會)를 개최할 때 그 주맹(主盟)으로 모시기도 하였다. 수선사 5대 사주 자진원오국사(慈眞圓悟國師) 천영(天英)은 더더욱 존경하여 승계의 승진이나 단속사(斷俗寺) 주지 임명을 주도하였고, 창복사(昌福寺)를 창건하여 주맹으로 청하기도 하였다. 수선사 6대 사주 원감국사(圓鑑國師) 충지(冲止)가 지은 「사최이송다향운 謝崔怡送茶香韻」(『해동조계제육세원감국사가송』・한불전6, p.395c6)에 의하면, 충지에게 차향과 『능엄경』을 보내면서 답장을 원하기에 시를 써 보냈다고 한다. 백련사(白蓮社) 2대 사주 진정국사(眞靜國師) 천인(天人)이 작성한 「초입원축영수재소문 初入院祝令壽齋疏文」(『동문선』 권111)은 진양공 최이의 강녕과 수명의 다섯 복을 기원하면서 불종(佛種)을 유지하게 해주길 바라는 글이다. 최자(崔滋)가 쓴 「지념업선사조유위대선사교서 관고 持念業禪師祖猷爲大禪師教書官誥」(『동문선』 권27)에는 최이가 오래 병을 앓다가 낙산사(洛山寺) 주지 조유(祖猷)가 와서 주문을 외워 병이 나은 일화를 전하는데, 이규보가 최이를 대신해서 지은 「낙산관음복장수보문 洛山觀音腹藏修補文」(『동국이상국전집』 권25)에도 최이가 낙산사 성상 복중(腹中)에 진장(珍藏)한 내용이 실려 있다. 『동국이상국전집』 권41 석도소(釋道疏)의 「최상국양단병화관음점안소 崔相國攘丹兵畫觀音點眼疏」의 세주에 '이하의 19수 모두가 상국(相國)이 청하여 이규보가 대신 지은 것이다. 此下十九首 皆相國所請代作'라고 하였다. 그는 당시 최고 집정자로서 또 불자로서 많은 불사를 주도했다. 〔참고문헌〕『高麗史』, 『海東曹溪第六世圓鑑國師歌頌』, 『東文選』, 『東國李相國全集』, 李智冠 『校勘譯註歷代高僧碑文』 高麗篇4. ⇨ 최우 崔瑀

최인연 崔仁渷 신라말 고려초 선승 비문을 많이 작성한 최언위(崔彦撝)의 다른 이름이다. ⇨ 최언위 崔彦撝

최정 最正 청대 임제종(臨濟宗) 스님. 호는 지담(智覃). 수야명림(秀野明林)의 법을 이었다. 호북성(湖北省) 안륙부(安陸府) 서래선사(西來禪寺)에 주석했다. 제자 상능(尙能)과 상형(尙瑩) 등이 편찬한 『지담정선사주안륙부서래선사어록 智覃正禪師住安陸府西來禪寺語錄』 1권(가흥장36, No.B358)이 남아있다.

최정 最定 조선후기 만덕사(萬德寺) 스님. 호는 해월(海月), 은사는 월호연명(月湖演明)이고, 법사는 영봉심우(玲峰深宇)이며, 화악문신(華岳文信)의 손제자이다. 〔참고문헌〕『萬德寺志』(亞細亞文化社, 1977) p.147.

최정각 最正覺 Ⓢ agrabodhi, Ⓟ abhisambuddha, abhiññā, Ⓣ byang-chub-dam-pa. 더없이 바른 깨달음. 불과(佛果)를 일컫는 말로 무상정등정각(無上正等正覺), 곧 아누다라삼막삼보리(阿耨多羅三藐三菩提)를 말한다. 『장아함경』 권1 「대본경 大本經」(대정장1, p.2a28 : *Mahāpadāna-sutta*, *DN.2*, p.4)에 "비바시불은 파파라수 아래 앉아 최정각 이루었고, 시기불은 분다리수 아래 앉아 최정각 이루었다. 毘婆尸佛 坐波波羅樹下 成最正覺 尸棄佛 坐分陀利樹下 成最正覺 vipassī bhikkhave bhagavā arahaṃ sammāsambuddho pāṭaliyā mūle abhisambuddho. sikhī bhikkhave bhagavā arahaṃ sammāsambuddho puṇḍarīkassa mūle abhisambuddho", 같은 책 권3 「유행경 遊行經」(대정장1, p.16c9 : *Mahāparinibbāna-sutta*, *DN.2*, p.120)에 "나는 이 법으로써 스스로의 몸으로 깨우쳐 최정각을 이루었으니, 곧 사념처・사의단・사신족・사선・오근・오력・칠각의・현성팔도다. 我以此法 自身作證 成最正覺 謂四念處 四意斷四神足 四禪五根 五力七覺意 賢聖八道 cattāro satipaṭṭhānā, cattāro sammappadhānā, cattāro iddhipādā pañc' indriyāni, pañca balāni, satta bojjhaṅgā, ariyo aṭṭhaṅgiko maggo. ime kho bhikkhave dhammā mayā abhiññāya desitā", 『법화경』 권5 「종지용출품 從地踊出品」(대정장9, p.41b23 : *Saddh-p.*, p.310)에 "나는 가야성 보리수 아래 앉아 최정각 이루어 무상법륜을 굴리었네. 我於伽耶城 菩提樹下坐 得成最正覺 轉無上法輪 mayā ca prāpya imamagrabodhiṃ nagare gayāyāṃ drumamūli tatra, anuttaraṃ vartiya dharmacakraṃ", 『화엄경탐현기』 권2(대정장35, p.130c28)에 "최정각이란 능각의 묘지다. 이로써 보살 또한 수분정각은 갖지만, 아직 극에 자리하지 못하여 '최'라 부르지 못한다. 여기서는 지극함에 나아가기에 최정각이라 한다. 最正覺者 能覺之妙智 以菩薩亦有隨分正覺 然位未極 不得稱最 今就至極 名最正覺"라고 하였다. 〔참고문헌〕『長阿含經』, 『法華經』, 『華嚴經探玄記』, 『無量壽經』 권상(대정장12, p.266a12), *DN.*, *Saddh-p.* ⇨ 불과 佛果, 무상정등정각 無上正等正覺, 아누다라삼막삼보리 阿耨多羅三藐三菩提, 정각 正覺 ❶

최정법계등류성 最淨法界等流性 Ⓢ suviśuddha-dharmadhātu-niṣyandatva, Ⓣ chos-kyi-dbyings-shin-tu-rnam-par-dag-pa'i-rgyu-mthun-pa-yin-pa. 가장 깨끗한 법계로부터 고르게 흐르는 자성. 잡염인(雜染因)도 아니고 허망함(虛妄)도 없어서 변계소집도 의타기도 아닌 원성실성(圓成實性)이다. 『섭대승론본』 권상(대정장31, p.136c13 : *Mah-saṃ.*, p.19)에 "또한 이는 정문훈습종자의 하중상품이니, 또한 법신종자라는 것을 알아야 한다. 아뢰야식과는 달라서 아뢰야식으로 거두지 않는다. 이는 출세간의 가장 깨끗한 법계에서 등류한 자성으로, 비록 세간의 있을지라도 출세간심의 종자성이다. 또한 출세간심이 비록 일어나지 않더라도 이미 모든 번뇌의 얽힘 마주해 다스렸고, 이미 모든 험악취도 능히 상대해 다스렸으며 이미 있었던 악업을 무너뜨려 대치하였다. 또한 일체제불보살을 따라 받들어 섬기니 비록 세간의 것일지라도 마땅히 알아야 하니, 초수업보살의 얻은 바도 법신으로 거둔다. 又此正聞熏習種子下中上品 應知亦是法身種子 與阿賴耶識相違 非阿賴耶識所攝 是出世間最淨法界等流性故 雖是世間而是出世心種子性 又出世心雖未生時 已能對治諸煩惱纏 已能對治諸嶮惡趣 已作一切所有惡業朽壞對治 又能隨順逢事一切諸佛菩薩 雖是世間 應知初修業菩薩所得 亦法身攝 de la thos pa'i bag chags kyi sa bon chung ngu dang 'bring dang chen po yang chos kyi sku'i sa bon du lta ste. kun gzhi rnam par shes pa'i gnyen po yin pas kun gzhi rnam par shes pa'i ngo bo nyid ma yin pa dang. 'jig rten pa yin yang 'jig rten las 'das pa chos kyi dbyings shin tu rnam par dag pa'i rgyu mthun pa yin pas 'jig rten las 'das pa'i sems kyi sa bon du gyur pa'o. de ni 'jig rten las 'das pa'i sems ma byung du zin kyang. nyon mongs pa'i kun nas dkris pa'i gnyen po dang. ngan song du 'gro ba'i gnyen po dang. nyes par byas pa thams cad dengs par byed pa'i gnyen po yin no. sangs rgyas dang byang chub sems dpa' dang phrad pa'i rjes su mthun pa'o. byang chub sems dpa' las dang po pa rnams kyi 'jig rten pa yin yang chos kyi skur bsdus pa dang", 같은 책 권중(대정장31, p.140b9)에 "이 법의 가르침은 청정연이어서 변계소집자성은 아니

다. 가장 청정한 법계에서 등류한 것이기에 의타기자성도 아니다. 由此法敎淸淨緣故 非遍計所執自性 最淨法界等流性故 非依他起自性", 『섭대승론석』 권5(대정장31, p.344a12)에 "만약 이 성인의 가르침이 변계소집이라면 마땅히 잡염인이 될 것이고, 만약 의타기라면 마땅히 허망할 텐데, 가장 청정한 법계에서 등류한 것이기에 허망하지 않다. 이미 이 두 가지 자성을 여의었기에 원성실을 성취한다. 若此聖敎是遍計所執 應成雜染因 若是依他起 應成虛妄 最淨法界等流性故 非是虛妄 旣離二自性故 成圓成實"라고 하였다. [참고문헌] 『攝大乘論本』, 『攝大乘論釋』, *Mah-saṃ*. ⇨ 원성실성 圓成實性

최정보각지장능정무구변무애지통지 最淨普覺智藏能淨無垢遍無礙智通地 불십지(佛十地) 중 하나. 무애지혜지(無礙智慧地)라고도 한다. 『대승동성경』 권하(대정장16, p.649a27)에 "부처님께 십지가 있으니, 일체보살과 성문과 벽지불 등은 능히 다니지 못하는 곳이다. 무엇이 그 열인가? … 여덟째는 '최정보각지장능정무구변무애지통지'라 한다. … 제8지는 일체보살에게 아누다라삼막삼보리의 네 가지 기별을 준다. 佛有十地 一切菩薩 及聲聞辟支佛等 所不能行 何者爲十 … 八名 最淨普覺智藏能淨無垢遍無礙智通地 … 第八地者 授一切菩薩阿耨多羅三藐三菩提 四種記故"라고 하였다. [참고문헌] 『大乘同性經』, 『仁王般若經疏』 권상(대정장33, p.321a28). ⇨ 불십지 佛十地

최제일 最第一 Ⓢ parama, agrya, Ⓟ pamukha, Ⓣ mchog, mchog-tu. 가장 뛰어나 무엇보다 앞서는 것. 상수(上首)·최승제일(最勝第一) 등과 같은 뜻이다. 40권본 『대반열반경』 권24(대정장12, p.506b8)에 "저 여러 왕 중에서 전륜성왕이 가장 뛰어나듯이, 방일하지 않은 법도 이와 같아 여러 선법 중에서 가장 뛰어나다. 如諸王中 轉輪聖王 爲最第一 不放逸法 亦復如是 於諸善法 爲最第一", 『유가사지론』 권47(대정장30, p.552b17 : *Bodh-bh.*, p.215)에 "모든 보살의 최상의요는 삼보에 대해 온갖 종류의 가장 뛰어난 공양을 닦는 것이니, 이는 모든 보리자량을 널리 함에 있어서 가장 뛰어나다. 謂諸菩薩最上意樂 能於三寶修一切種最勝供養 普於一切菩提資糧爲最第一 agryāśayena ratnapūjāṃ sarvākārāṃ prayojayanti sarvabodhisambhārāṇām-agrya-bhūtām", 2권본 『나선비구경』 권상(대정장32, p.698a6)에 "왕이 다시 나선에게 물었다. '어떻게 하는 것이 그 마음을 하나이게 하는 것입니까?' 나선이 말했다. '온갖 선 중에서 오직 일심만이 가장 뛰어나니, 그 마음을 하나이게 한다면 온갖 선이 다 따를 것입니다. 王復問那先 何等爲一其心者 那先言 諸善獨有一心最第一 一其心者 諸善皆隨之"라고 하였다. [참고문헌] 『大般涅槃經』, 『瑜伽師地論』, 『那先比丘經』, *Bodh-bh*·*26.*, *Mil.38.* ⇨ 상수 上首[2], 최승제일 最勝第一

최제팰 Chos rje dpal 1197~1264. 티베트 스님이자 번역가. 착로차와최제팰(Ⓣ Chag lo tsa ba chos rje dpal) 혹은 다르마스와민(Ⓢ Dharmasvāmin)이라고도 불린다. 냥랄니마외셀(Ⓣ Nyang ral nyi ma 'do zer 1136~1204)의 제자이다. 1234년에서 1236년 동안 인도 성지순례를 떠났다. 최다르(Ⓣ Chos dar)가 쓴 그의 전기에 따르면, 최제팰이 방문했던 때에 인도의 비크라마쉴라(Ⓢ Vikramaśīla)사원은 터키군의 침공에 의해 파괴되어 폐허가 된 상태였으며 날란다 지역에는 그나마 붓다세나(Ⓢ Buddhasena)왕의 지원을 받아 백 명도 채 안 되는 스님들만이 남아 오직 두 곳 작은 사원에 머물고 있었다고 한다. 범어를 이미 티베트에서 공부했던 최제팰은 날란다사원들의 주지였던 라훌라 쉬리바드라(Ⓢ Rahula śrībhadra)의 문하생이 되어 인도불교문헌을 티베트어로 번역하는 일을 하게 되었는데, 범어에 능통해 인도 보드가야를 방문했을 때 인도인으로 오해를 받기도 했다고 한다. [참고문헌] George Roerich *Biography of Dharmasvamin (Cag Lo Tsaba Chos-rje-dpal) a Tibetan Monk Pilgrim* (K.P.Jayaswal Research Institute, Patna, 1959).

최조암 最照庵 강원도 울진군 울진읍 대흥리 태백산(太白山)에 있던 암자. 『한국사찰전서』에 "대흥사 향적전 뒤로 수십 보 쯤에 있다. 大興寺香積殿後數十步許"라고 하였다. [참고문헌] 『韓國寺刹全書』 권하 p.1104b9.

최중죄 最重罪 Ⓢ mahā-sāvadya, Ⓣ kha-na-ma-tho-ba-dang-bcas-pa. 가장 무거운 죄. 대중의 승가 즉 화합승을 깨뜨리는 망어나 다른 이의 재물을 훔치는 등의 바라이죄를 말한다. 최대죄(最大罪)라고도 한다. 『구사석론』 권13「분별업품 分別業品」(대정장29, p.248c16)에 "무간업 중 파승(Ⓢ saṃgha-bheda)을 가장 무거운 죄로 판정하니, 이 말은 어째서인가? 저 무간을 한 겁의 과보로 잡자면, 파승망어를 이길 것이 없다. 於無間業中 定判破僧 爲最重罪 此言云何 若約無間 一劫果報 無勝破僧妄語", 『사미십계의칙경』(대정장24, p.935c23)에 "저 출가자라면 도둑질 행해서는 안 되네. 스스로 하든 다른 이를 시키든 재물을 훔쳐서 가리사파나(Ⓢ kārṣāpaṇa : 金 10돈)의 4분 중 1분이라도 얻으면, 이러한 파계의 인이 가장 무거운 죄가 된다. 若有出家者不得行偸盜 若自若敎他 偸得於財物 迦哩沙波拏 四分中一分 如是破戒因 而成最重罪"라고 하였다. [참고문헌] 『俱舍釋論』, 『沙彌十戒儀則經』, 『婆須蜜所集論』 권8(대정장28, p.786b23), *Abh-k-bh.264.* ⇨ 최대죄 最大罪, 파

화합승 破和合僧, 바라이 波羅夷

최징 最澄 767~822. 일본 평안(平安)시대 스님. 일본 천태종(天台宗)의 개조이자 비예산(比叡山)의 개산조. 시호는 전교대사(傳敎大師), 별호는 예산대사(叡山大師)·근본대사(根本大師)·산가대사(山家大師)·징상인(澄上人), 밀교 법호는 복취금강(福聚金剛), 속성은 삼진수(三津首), 속명은 광야(廣野). 근강국(近江國: 滋賀縣) 출신. 12세에 근강국분사(近江國分寺) 행표(行表) 문하로 출가하고, 14세에 정식 득도하여 남도(南都: 奈良)로 유학하였다. 19세 때 동대사(東大寺)에서 구족계를 받고 비구가 된 후 바로 비예산으로 들어갔다. 비예산에 직접 조각한 약사여래(藥師如來)를 본존으로 모신 일승지관원(一乘止觀院)이라는 이름의 초암을 짓고, 여러 종파의 경론을 독파하였다. 802년(연력21) 고웅산사(高雄山寺)에서 법화회(法華會) 강사로 참여하였는데, 이때 환무천황(桓武天皇)의 눈에 띄어 입당구법(入唐求法)할 수 있는 환학생(還學生)으로 선발되었다. 804년(연력23·정원20) 홍법대사(弘法大師) 공해(空海)와 함께 당으로 건너가 주야불식 청강하며 논소를 서사하였다. 그해 태주(台州)에서는 형계담연(荊溪湛然)의 제자 도수(道邃)와 행만(行滿)에게 천태종지를 배웠다. 또 천태산으로 가서는 소연(翛然)에게 우두선법(牛頭禪法)을 배웠다. 이듬해 805년에는 도수로부터 대승보살계(大乘菩薩戒)를 받았고, 월주(越州) 용흥사(龍興寺)에서는 아사리 순효(順曉)로부터 밀법(密法)을 전수 받았다. 그해 귀국하여 병든 천황의 요청을 받고 고웅산사에서 관정대(灌頂臺)를 설행하니, 이것이 일본의 밀교관정의 효시가 되었다. 806년에는 천태종에 연분도자(年分度者) 인원이 새로이 2인 할당됨으로써 일본에서 천태종이 독립적인 종파로 공식 인정을 받게 되었다. 이에 지속적으로 남도육종(南都六宗: 華嚴 律 三論 成實 法相 俱舍)의 비판을 받으며 대론하였다. 특히 법상종의 덕일(德一)이 『불성초 佛性鈔』를 찬하여 『법화경』의 가르침이 권교(權敎)일 뿐이라고 비판하자, 『조권실경 照權實鏡』 1권과 『수호국계장 守護國界章』 9권을 지어 반박하고 논쟁하였다. 또 대승계와 소승계를 동시에 받는 것이 불합리하다고 여겨 『산가학생식 山家學生式』을 짓고서, 별도로 대승원돈계단(大乘圓頓戒壇)의 설립을 주청하였다. 그러나 이 역시 여러 남도의 대덕들의 반대에 부딪혔다. 이에 『현계론 顯戒論』 3권과 『현계론연기 顯戒論緣起』 2권을 지어 논박하였지만 끝내 받아들여지지 않았다. 822년(인홍13) 비예산 중도원(中道院)에서 입적하니, 세수 56세였다. 그리고 7일이 지난 다음에야 대승계단의 설립이 인가되었다. 저술은 280여 부에 달하였는데, 현존하는 것은 160부이고 이 중에도 진위 여부가 상세하지 않는 것들이 있다. 앞서 살핀 것 이외에 『법화수구 法華秀句』 3권, 『내증불법상승혈맥보 內證佛法相承血脈譜』 1권, 『금광명경주석 金光明經註釋』 5권 등이 대표작이다. 입적 후 한 세대가 지난 866년 청화천황(淸和天皇)이 '전교대사'라는 시호를 추증하였다. 〔참고문헌〕 『佛祖統紀』 권23(대정장49, p.248c12), 『宋高僧傳』 권29 「釋道邃傳」(대정장50, p.891a13), 『傳教大師將來台州錄』 「進官錄上表」(대정장55, p.1055a18), 『釋門正統』 권2(卍속장130, p.759b14). ⇨ 천태종 天台宗, 도수 道邃, 사종상승 四種相承❷, 산롱 山籠, 삼부장강 三部長講

최청정각 最淸淨覺 Ⓢ suviśuddha-buddhi, Ⓣ shin-tu-rnam-par-dag-pa'i-blo. 가장 맑고도 깨끗한 깨달음. 일체유위무위법에 있어 정묘와 원만으로 진속을 다 깨우치고 여소유성과 진소유성마저 남김없이 깨우쳐 다한 자리. 『섭대승론본』 권중(대정장31, p.141c6: *Mah-saṃ.*, p.43)에 "최청정각이란 불세존의 가장 청정한 깨달음을 말하니 마땅히 알라, 부처님의 스물한 가지 공덕으로 거둔 것이다. 最淸淨覺者 謂佛世尊最淸淨覺 應知是佛二十一種功德所攝 shin tu rnam par dag pa'i blo mnga' ba. zhes bya ba'i tshig 'di rnam par dbye ba ni tshig lhag ma rnams yin par rig par bya ste", 원측(圓測)의 『해심밀경소』 권1(한불전 1, p.151a6)에 "'가장 청정한 깨달음'이란 뛰어난 덕을 바로 밝혔다. 『불지경론』에 의지해 풀면 세 가지 뜻이 있다. 첫째 일체 유위나 무위로 깨달아야 할 바의 경계에 대해 바르게 열어 깨달았기 때문이고, 둘째 일체의 깨달아야 할 바의 경에 대해 정묘하고 원만하며 올바르게 깨달았기 때문이며, 셋째 모든 여소유성(Ⓢ yathāvad-bhāvikatā)과 진소유성(Ⓢ yāvad-bhāvikatā)에 대해 바르게 깨달았기 때문이다. 〔해〕 세 가지 풀이에 차별이 있다. 첫째 것은 법수를 잡아서 정한 깨달음을 푼 것이니, 유위무위로 법을 거둬 다했기 때문이다. 둘째 것은 두 가지 혜를 잡아서 정한 깨달음을 푼 것이니, 정묘와 원만으로 혜를 거둬 다했기 때문이다〈정묘는 속제를 연하는 지이고, 원만은 진제를 연하는 지다〉. 셋째 것은 진제와 속제를 잡아서 정한 깨달음을 푼 것이니, 두 가지 제에 의지하면 경계를 다 거둘 수 있기 때문이다. 最淸淨覺者 正明勝德 依佛地論 釋有三義 一 於一切有爲無爲所應覺境正開覺故 二 於一切所應覺境淨妙圓滿正開覺故 三 於一切如所有性盡所有性正開覺故 解云 三釋有差別者 一 約法數以釋淨覺 有爲無爲攝法盡故 二 約二慧以釋淨覺 淨妙圓滿攝慧盡故〈淨妙者緣俗智 圓滿者緣眞智〉 三 就眞俗以釋淨覺 以依二諦攝境盡故"라고 하였다. 〔참고문헌〕 『攝大乘論本』, 『解深密經疏』, 『佛地經論』 권2(대정장26, p.296b6), *Mah-saṃ.* ⇨ 여소유성 如所有性, 진소유성 盡所有性, 이제 二諦

최청정법계 最淸淨法界 Ⓢ suviśuddha-dharma-dhātu, Ⓣ chos-kyi-dbyings-shin-tu-rnam-par-dag-pa. 가장 청정한 법계. 이승(二乘)과는 다른 보살(菩薩)의 법계로, 이혹(二惑)이 멸진하고 이지(二智)가 구족하며 대비(大悲)로 삼세에 걸쳐 중생을 이롭게 한다. 『섭대승론석』 권3(대정장31, p.173b8)에 "이승이 얻은 법계와 가려 달리하기에 최청정법계라 한다. 어째서 이승이 얻은 바와 다른가? 이 법계는 번뇌장(惑障)과 소지장(智障)을 남김없이 없앴기에 가장 청정하다고 한다. 법계란 여리지(如理智 : 根本智)와 여량지(如量智 : 後得智)로 삼무성(三無性) 통달을 그 바탕으로 한다. 欲簡異二乘所得法界故 名最淸淨法界 云何異二乘所得 此法界惑障及智障 滅盡無餘 故言最淸淨 法界者 如理如量通三無性 以爲其體", 원측(圓測)의 『해심밀경소』 권1(한불전1, p.156b19)에 "〔해〕 최청정법계에서 바른 지(正智 : 근본지) 흘러나오고, 정지를 말미암아 후지(後智 : 후득지) 또한 흐른다. 후지로 인해 대비가 출현하며, 대비로 인해 계경 등의 십이부경이 흘러나온다. 이 법계상주를 말미암기에 항상 미래세에 능히 그 이익을 드러낸다. 解云 最淸淨法界 流出正智 由正智故 流出後智 由後智故 流出大悲 由大悲故 流出契經等十二部 由此法界常住故 常於當來世 能現利益"라고 하였다. 〔참고문헌〕『攝大乘論釋』, 『解深密經疏』, *Mah-saṃ.19.* ⇨ 최청정법계등류 最淸淨法界等流, 이혹 二惑, 이지 二智, 삼무성 三無性, 근본지 根本智, 후득지 後得智

최청정법계등류 最淸淨法界等流 Ⓢ suviśuddha-dharma-dhātu-niṣyanda, Ⓣ chos-kyi-dbyings-shin-tu-rnam-par-dag-pa'i-rgyu-mthun-pa. 최청정법계 한결같이 흐르다. 물든 적 없는 정문훈습(正聞熏習)의 종자에서 유출된 십이분교(十二分敎), 즉 부처님의 교법 등을 말한다. 『섭대승론본』 권상(대정장31, p.136b29)에 "어떻게 일체종자인 이숙과식이 잡염인이 되기도 하며, 다시 출세간이 되어 저 잡염을 능히 다스리는 정심종자가 되기도 하는가? 또 출세심이란 옛적부터 일찍이 익힌 일 없기에 저 훈습이 결정코 있을 리 없다. 이미 훈습한 바가 없는데 무엇을 좇아 종자가 나겠는가? 따라서 다음처럼 답해야 한다. 최청정법계에서 고르게 흐르는 바르게 듣고 훈습한 종자들의 소생이다. 云何一切種子異熟果識爲雜染因 復爲出世能對治彼淨心種子 又出世心昔未曾習 故彼熏習決定應無 旣無熏習從何種生 是故應答 從最淸淨法界等流 正聞熏習種子所生", 『섭대승론석』 권3(대정장31, p.333c11)에 "〔석〕 '어째서' 등이란, 이숙식이 그대로 소치(所治 : 잡염)의 인이기도 하고 능치(能治 : 정심)의 인이기도 하다는 것은 도리에 맞지 않다. '또 출세간심은 과거에 일찍이 익힌 적 없다'란, 앞서 생겨난 적이 없기에 훈습도 없다는 점은 결정적이어서 의심할 바가 없다는 말이다. '최청정법계로부터 등류하는 정문훈습의 종자에서 생겨난다'란, 법계는 성문과는 다름을 드러내기 위한 것이기에 '최청정'이라 말한다. 불세존께서 증득하신 법계는 길이 번뇌장과 소지장을 끊은 것이기에, 최청정법계를 좇아 한결같이 흐르는 경 등의 교법을 '최청정법계등류'라고 한 것이다. 釋曰 云何等者 謂異熟識是所治因 爲能治因 不應道理 又出世心昔未曾習者 謂先未生故 彼熏習決定應無者 由此因故 彼出世心無有熏習 決定無疑 從最淸淨法界等流正聞熏習種子所生者 爲顯法界異聲聞等 言最淸淨 由佛世尊所證法界 永斷煩惱所知障故 從最淸淨法界所流經等敎法 名最淸淨法界等流"라고 하였다. 〔참고문헌〕『攝大乘論本』, 『攝大乘論釋』, *Mah-saṃ.19.* ⇨ 법계등류 法界等流, 정문훈습 正聞熏習, 최청정법계 最淸淨法界

최청정위 最淸淨位 가장 청정한 위. 여래의 위(佛果位)를 말한다. 『불성론』 권3(대정장31, p.806b2)에 "(세 위 중) 셋째 최청정위는 곧 불지다. … (『무상의경』에서) 아난이여! 이 중생계 이미 모든 번뇌의 껍질을 여의었고 모든 괴로움 뛰어넘어 때 묻은 더러움을 씻어버리며 구경에 담연하여 티끌 하나 없이 청정하다. 일체중생이 보고자 하는 바가 되었으니 미묘해 뛰어난 지이며, 일체지의 자리이며 일체에 걸림없어 이 중에 들어가 머물러 비할 바 없는 데 이르렀고, 법왕의 대자재력마저 이미 얻었으니 이를 나는 여래라고 부르네. 三者 最淸淨位 卽是佛地 … 阿難 是衆生界 已得出離諸煩惱轂 過一切苦 洗除垢穢 究竟湛然 淸淨澄潔 爲諸衆生之所願見 微妙上地 一切智地 一切無礙 入此中住 至無比能 已得法王大自在力 我說名如來", 『대승법계무차별론』(대정장31, p.893a7)에 "부정위에서의 이름이 중생계이고, 염정위에 있으면 보살이고, 최청정위를 여래라 한다. 不淨位中名衆生界 於染淨位名爲菩薩 最淸淨位說名如來", 『대승법계무차별론소』(대정장44, p.68a9)에 "셋째 '최청정위를 여래라 한다'라고 하였는데, 습기를 길이 다하고 복덕과 지혜가 원만하기에 최극정이라 한다. 이에 심성은 장애로부터 벗어나 불과위에 이르렀으니 여래라 부른다. 三 最淸淨位名如來者 習氣永盡 福智圓滿 故云最極淨也 以此心性從障出來 至佛果位 名爲如來"라고 하였다. 〔참고문헌〕『佛性論』, 『大乘法界無差別論』, 『大乘法界無差別論疏』. ⇨ 여래 如來, 불위 佛位

최청정진실현현 最淸淨眞實顯現 불과위(佛果位)여서 가장 청정한 진실만이 현현하다. 『섭대승론본』 권하(대정장31, p.148c24)에 "(여섯 가지 전의 중) 넷째는 과원만으로 구름이다. 길이 장애가 없고 일체상도 현현하지 않아 최청정진실만이 현현하여 일체상에 자재를 얻는다. 四 果圓滿轉 謂永無障 一切相不顯現 最淸淨眞實

顯現 於一切相得自在故", 『섭대승론석』 권9(대정장9, p.369c1)에 "'과원만으로 구른다. 길이 장애가 없어서' 란 일체 막힐 것 없기에 장이 없다 한다. '일체상이 현현하지 않아'란 모든 장애가 없다는 뜻이다. '가장 청정한 진실이 현현하고'란 바로 이 때문이다. '일체상에 대해 자재함을 얻었다'란 이것이 의지처가 되어 상자재를 얻었기에 의욕하는 바에 따라 유정을 이롭고 기껍게 한다는 뜻이다. 果圓滿轉 謂永無障者 由無一切障 說名無障 一切相不顯現者 無一切障故 最淸淨眞實顯現者 卽由此故 於一切相得自在者 由此爲依得相自在 隨其所欲利樂有情"라고 하였다. [참고문헌] 『攝大乘論本』, 『攝大乘論釋』. ⇨ 과원만전 果圓滿轉

최초구 最初句 가장 먼저 던진 한마디. 말의 길 끊어지고(言語道斷) 마음의 행로마저 사라진(心行處滅) 적멸(寂滅)의 그곳 향해 던진 한마디로 풍파 일으킨다. 최초의 한마디로 너나없이 물결치는 세계에 휩싸였으니, 그때 바로 알아차렸다면 모르지만, 다시 헤아려 알려한즉 이미 최초구 경계 사라지고 다른 파도 몰려들고 있을 뿐이기 때문에 최초구로 깨우쳐 알 뿐이라 한다. 마지막 한마디인 말후구(末後句)에 상대한다. 『오등회원』 권19 「용아지재장 龍牙智才章」(卍속장138, p.772b10)에 "황룡사심이 물었다. '처음 한마디 알아채는 것이 문득 마지막 한마디 아는 것이고, 말후구를 아는 것이 최초구를 아는 것이다. 최초와 말후를 한쪽으로 치워놓고 백장야호화는 무어라 하겠는가?' '문에 들면 이미 찾아온 이의 견해를 아는데, 어찌 수레바퀴 진흙을 다시 들어보이겠습니까?' '사심이 상좌의 손 안에서 죽었다' '언어가 비록 다르더라도 지극한 뜻 차이가 없습니다' '무엇이 차별 없는 일인가?' '황룡 뿔 뽑지 않았는데 어찌 턱 밑의 구슬 알겠습니까?' 사심이 바로 때렸다. 死心問曰 會得最初句 便會末後句 會得末後句 便會最初句 最初末後 拈放一邊 百丈野狐話作麽生會 師曰 入戶已知來見解 何須更擧轢中泥 心曰 新長老死在上座手裏也 師曰 語言雖有異 至理且無差 心曰 如何是無差底事 師曰 不扣黃龍角焉知頷下珠 心便打", 『속전등록』 권8 「천장원선전 天章元善傳」(대정장51, p.514c6)에 "'무엇이 처음의 한마디입니까?' '마지막에 물어라' '왜 그러합니까?' '앞서 간 것 도착도 안 했다' '물에 들어가면 키가 큰 사람은 봅니다' '진시황이 와부를 두드린다'. 問 如何是最初句 師曰 末後問將來 曰 爲甚如此 師曰 先行不到 曰 入水見長人也 師曰 秦皇擊缶", 『원각경협송집해강의』 권11(卍속장87, p.982b10)에 "일찍이 돌아보니 선가에는 두 가지 구의 뜻이 있다. 하나는 최초구이고, 다른 하나는 말후구다. 초구인즉 처음 드러내 밝힌 것이다. 모름지기 마지막 구 얻어야 비로소 관문에 도달한다. 『원각경』 역시 그러하다. 처음 문수장은 단박에 해오하니 최초구이고, 보안의 관이 이루어지면 단박에 증오하니 즉 말후구다. 嘗考禪家有二句義 一者最初句 二者末後句 初句卽初發明之謂也 須得末後句 始到牢關 今經亦然 初文殊章 頓解悟卽最初句也 普眼觀成 頓證悟 卽末後句也", 『진헐청료어록』(卍속장124, p.654b7)에 "어떤 이는 도란 언어의 길이 끊어지고 과거미래현재 아닌 것 바로 지극한 도는 오직 간택을 꺼릴 뿐이라고 하고, 지극한 도 오직 간택을 꺼질 뿐인 것이 바로 언어의 길이 끊어지고 과거미래현재를 분별하지 않는 것이라 주장하고, 최초가 말후구이고 말후가 최초구라고 한다. 만약 이렇게 할 뿐이라면 여전히 귀신의 굴속에 들어가 오고 갈 뿐이다. 有般底便主張道言語道斷非去來今 便是至道無難唯嫌揀擇 至道無難唯嫌揀擇 便是言語道斷非去來今 最初是末後句 末後是最初句 若恁麽 依前打入鬼窟裏去", 『영각원현광록』 권8(卍속장125, p.498b12)에 "학인이 물었다. '옛사람이 말하기를 참학의 핵심 단지 이 최초구와 말후구일 뿐이어서 꿰뚫으면 공부는 마친다 하였습니다. 화상께 묻겠습니다. 최초구는 무엇입니까?' '콧구멍 찾아보라' '말후구는 무엇입니까?' '콧구멍 잡아라' '최초구와 말후구는 얼마나 떨어져 있습니까?' '돌'. 問 古人道 參學之要 祇是箇最初句 與末後句 若透得 則參學事畢 請問和尙 如何是最初句 師曰 摸著鼻孔 曰如何是末後句 師云 拈却鼻孔 曰最初句與末後句 相去多少 師便咄", 『연등회요』 권18 「건원종영장 乾元宗穎章」(卍속장136, p.734b17)에 "학인이 물었다. '최초설법에선 말후구가 있음을 알지 못하고, 마지막 설법에선 최초구가 있음을 모릅니다. 최초구인즉 묻지 않겠습니다. 말후구는 무엇입니까?' '뼈아픈 질문이다' '그렇다면 한 점이라도 다른 이 속여서는 안 됩니다' '이미 속았다'. 僧問 最初說法 不知有末後句 末後說法 不知有最初句 最初句卽不問 如何是末後句 師云 痛領此問 云與麽 則謾他一點不得也 師云 早被謾了"라고 하였다. [참고문헌] 『五燈會元』, 『續傳燈錄』, 『圓覺經夾頌集解講義』, 『眞歇淸了語錄』, 『永覺元賢廣錄』, 『聯燈會要』. ⇨ 말후구 末後句, 말후일구 末後一句

최초발심 最初發心 Ⓢ prathama-citta-utpāda, Ⓣ dang-po-sems-bskyed-pa. 최초로 마음을 일으키다. 처음으로 보리의 마음을 일으켜 부처가 되고자 하는 마음으로 초발심(初發心)이라고도 한다. 『구사론』 권18(대정장29, p.95b2 : *Abh-k-bh.*, p.266)에 "최초발심위에서는 석가모니를 만나셨다. 우리 세존께서는 옛적 보살위로는 최초일 때 한 부처님을 만나셨는데, 그 석가모니라 불리우셨다. 이윽고 그 앞에서 마주하여 크나큰 서원 발하시길 '원하건대 저는 지금 세존과 같은 부처가 되겠습니다'라는 큰 서원을 일으키셨다. 最初發心位 逢釋迦牟尼 謂我世尊昔菩薩位最初 逢一佛號釋迦牟尼 遂對其前發弘誓願 願我當作佛一如今世尊 śākyamu nir-nāma samyaksaṃbuddhaḥ pūrvaṃ vabhūva. yatra bhagavatā bodhisattva-bhūtenādyaṃ praṇidhānaṃ kṛtam evaṃ-prakāra eva-ahaṃ buddho bhaveyam-iti", 『유가사지론』 권35(대정장30, p.480c26 : *Bodh-bh.*, p.9)에 "또한 보살의 최초발심에는 크게 두 가지가 있다. 첫째는 영구히 벗어남이고, 둘째는 영구히 벗어나지 않음이다. 영구히 벗어남이란, 발심해 마친 뒤에는 필경에 따라 굴러서 끝까지 전진하되 다시는 퇴전하지 않는 것이다. 영구히 벗어나지 않음이란, 발심한 뒤 끝까지 따라 구르지 않아서 다시 물러나 돌아오는 것이다. 又諸菩薩最初發心 略有二種 一者 永出 二不永出 言永出者 謂發心已 畢竟隨轉 無復退還 不永出者 謂發心已 不極隨轉 而復退還 sa ca bodhisattvasya prathama-cittotpādaḥ samāsena dvividhaḥ. nairyāṇikaś-ca-anairyāṇikaś-ca. tatra nairyāṇiko ya utpanno 'tyantam-anuvartate na punar-vyāvartate. anairyāṇikaḥ punar-ya utpanno na-atyantam-anuvartate punar-eva vyāvartate"라고 하였다. 〔참고문헌〕『俱舍論』, 『瑜伽師地論』, *Abh-k-bh.*, *Bodh-bh.* ⇨ 초발심 初發心, 최초발심오종상 初發心五種相

최초발심오종상 最初發心五種相 🅂 bodhisattvasya prathamaś-cittotpāda pañca-lakṣaṇa. 최초발심의 다섯 가지 상. 발심으로서 자성(自性 🅂 svabhāva)·행상(行相 🅂 ākāra)·소연(所緣 🅂 ālambana)·공덕(功德 🅂 guṇa)·최승(最勝 🅂 utkarṣa)이게 하는 것을 말한다. 『유가사지론』 권35(대정장30, p.480b25)에서 시설한다. 첫째 '보살의 최초발심은 모든 보살들이 가지는 바른 원으로서 그 나머지 바른 원 두루 섭수할 수 있으므로 발심은 처음의 바른 원을 그 자성으로 한다. 菩薩最初發心 於諸菩薩所有正願 是初正願普 能攝受其餘正願 是故 發心以初正願爲其自性', 둘째 '보살들이 바른 원의 마음을 일으켜 보리를 구할 때 반드시 스스로 무상보리를 희구하고 능히 유정의 의리를 짓겠다고 하므로, 발심은 정히 바라 구함을 그 행상으로 한다. 諸菩薩起正願心求菩提時 … 定自希求無上菩提 及求能作有情義利 是故發心以定希求爲其行相', 셋째 '보살들이 대보리를 반연하고 유정들의 일체의리를 발심하여 바라고 구함에 소연이 없지 않으니, 발심은 대보리와 유정들의 일체의리를 소연경으로 삼는다. 諸菩薩緣大菩提 及緣有情一切義利發心希求 非無所緣 是故 發心以大菩提及諸有情一切義利爲所緣境 又諸菩薩最初發心', 넷째 '보살들의 최초발심은 모든 보리분법의 수승한 선근을 으뜸으로 삼기에, 이 선 지극히 선하고 훌륭한 중에 훌륭하며 묘 중에서도 묘해서 일체유정이 처해 있는 삼업의 악행을 능히 거스를 줄 아는 공덕과 상응한다. 諸菩薩最初發心能攝一切菩提分法殊勝善根爲上首 故是善極善 是賢極賢是妙極妙 能違一切有情處所三業惡行 功德相應', 다섯째 '보살들의 최초발심에서 일으킨 바른 원은 나머지 일체 세간출세간의 뜻이 묘하고 선하기를 희구하는 바른 원을 최상제일로 여기고 위없는 것이 되게 한다. 諸菩薩最初發心所起正願 於餘一切希求世間出世間義妙善正願 最爲第一最爲無上'. 〔참고문헌〕『瑜伽師地論』, *Bodh-bh.8.* ⇨ 최초발심 最初發心, 정원 正願

최초발심유사력 最初發心由四力 🅂 prathama-cittasyotpāda caturbhir-balaiḥ. 최초발심이 의지하는 네 가지 힘. 자력(自力 🅂 adhyātma-bala)·타력(他力 🅂 para-bala)·인력(因力 🅂 hetu-bala)·가행력(加行力 🅂 prayoga-bala)을 말한다. 『유가사지론』 권35(대정장30, p.481a3)에서 시설한다. 첫째 '자력이란 보살들은 스스로의 공력에 의지해 무상정등보리에 대해 깊이 좋아하고 즐거워한다. 謂諸菩薩由自功力能於無上正等菩提深生愛樂 是名第一初發心力', 둘째 '타공력이란 보살들은 다른 이의 공력을 말미암아 무상정등보리에 대해 깊이 애락을 일으킨다. 諸菩薩由他功力能於無上正等菩提深生愛樂 是名第二初發心力', 셋째 '인력이란 보살들은 과거에 익힌 대승상응선법을 지금 잠시나마 제불과 보살을 뵐 수 있거나, 청문하여 칭탄하고 찬미하면서 지체 없이 보리심을 일으키니 하물며 신력을 보아 그 정법을 들음에 있어서랴. 諸菩薩宿習大乘相應善法 今暫得見諸佛菩薩 或暫得聞稱揚讚美 卽能速疾發菩提心 況覩神力聞其正法 是名第三初發心力', 넷째 '가행력이란 보살들은 현재에 선사를 친근히 하여 정법을 청문하고 자세히 사유하며 오랜 시간 동안 갖가지 선법을 수습하는데 이 가행에 의지해 보리심을 일으킨다. 諸菩薩於現法中親近善士聽聞正法諦思惟等 長時修習種種善法 由此加行發菩提心 是名第四初發心力'. 〔참고문헌〕『瑜伽師地論』, *Bodh-bh.9·11.* ⇨ 최초발심 最初發心

최초발심유사인 最初發心由四因 🅂 prathama-cittotpāda caturbhir-hetubhiḥ. 최초발심을 일으키는 네 가지 인(🅂 hetu). 종성의 구족(種姓具足 🅂 gotra-sampad)·선우의 섭수(善友攝受 🅂 kalyāṇamitra-parigraha)·자주 비심을 일으키는 것(多起悲心 🅂 karuṇā-bahula)·두려워하지 않는 것(無有怯畏 🅂 abhīrutā)을 말한다. 『유가사지론』 권35(대정장30, p.481a3)에서 다음과 같이 시설한다. 첫째, 종성의 구족이다. '예컨대 보살들의 육처가 수승한 것은 무시이래로 끊임없이 이어온 법 그대로 얻은 바이다. 當若諸菩薩六處殊勝從無始世展轉傳來法爾所得 當知 是名種姓具足', 둘째, 선우의 구족은 '네 가지 상으로 마땅히 보살들 선우 구족하다. 보살이 만나는 선우는 본성이 우둔하지 않고 총명하며 슬기로워 악견에 떨어지지 않고, 사람들 행함에 방일하지 않게 하고 방일할 도구를 주지도 않으며, 악행을 행하라고 가르치지 않고 악행을 지을 도구들도 주지 않으며, 수승한 공덕은 버리고 하류의 하열한 공덕 닦기도 권하지 않는다. 由四種相 當知菩薩善友具足 謂諸菩薩所遇善友 性不愚鈍聰明黠慧不墮惡見 是名第一善友具足 … 終不教人行於放逸 亦不授與諸放逸具 是名第二善友具足 … 終不教人行於惡行 亦不授與諸惡行具 是名第三善友具足 … 終不勸捨如是等類增上功德 而復勸修如是等類下劣功德 是名第四善友具足', 셋째, 네 가지 인연으로 보살들 모든 중생에게 허다히 비심을 일으키니, '보살들은 시방의 한량없고 가없는 고통 없는 세계가 있음에도 고통의 세계에 태어나 온갖 괴로움 가운데 있어 갖은 괴로움을 겪지만, 어질고 지혜로운 스스로의 종성에 의지해 네 가지 경계에 따라 세간의 관습이 아닌 상중하의 비심을 끊임없이 일으킨다. 由四因緣 當知 菩薩於諸衆生多起悲心 謂諸菩薩雖有十方無量無邊無苦世界 而生有苦諸世界中 於中恒有衆苦可得非無衆苦 … 然此菩薩依自種姓性自仁賢 依四境處雖不串習 而能發起下中上悲無有斷絶', '네 가지 인연에 의지해 중생들에 대해 맨 먼저 비심을 일으키니, 자성이 용감하고 견디어 참는 힘이 제1인연이고, 자성이 본래 총명해 바르게 사유하고 사택의 힘을 갖춘 것이 제2인연이며, 무상정등보리에 대해 상품의 청정한 신해를 성취함이 제3인연이고, 중생들에 대해 마음 속 깊이 상품의 자비와 연민을 성취하는 것이 제4인연이다. 由四因緣 當知菩薩於諸衆生先起悲心 謂諸菩薩性自勇健堪忍有力 當知是名第一因緣 又諸菩薩 性自聰敏 正思惟 具思擇力 當知 是名第二因緣 又諸菩薩能於無上正等菩提 成就上品淸淨信解 當知是名第三因緣 又諸菩薩於諸衆生成就上品深心悲愍 當知是名第四因緣', 넷째는 '아주 오랜 시간 동안 단절이나 결손이 없는 갖가지 강렬한 생사의 대고와 난행과 고행을 두려워하지 않는 것이다. 於極長時 種種猛利 無間無缺 生死大苦 難行苦行 尙無怯畏'. [참고문헌] 『瑜伽師地論』, *Bodh-bh.10·11.* ⇨ 최초발심 最初發心

최초발심유사종연 最初發心由四種緣 Ⓢ prathama-cittotpāda caturbhiḥ pratyayaiḥ. 최초발심을 일으키는 네 가지 연(緣 Ⓢ pratyaya). 신통변화의 위력에 대한 견문(見聞)·정법에 대한 청문과 깊은 확신(聞正法深信)·보살장의 교법을 보호하고 유지하려는 것(爲護持菩薩藏法)·말겁에 획득하기 어려운 발심을 중생들에게 보여주는 것(見末劫難得發心)을 말한다. 『유가사지론』 권35(대정장30, p.481a3)에서 다음과 같이 시설한다. 첫 번째 연은 '선남자나 선여인이 제불과 보살들에게 불가사의하고 기특하며 희유한 신통변화의 위력이 있음을 보거나 확신할 수 있음에 의지해 이와 같은 일을 보거나 듣고 「무상보리는 대위덕을 갖추고 있어, 이에 안주하거나 수행하는 사람으로 하여금 보고 들은 불가사의한 신통변화의 위력을 성취하도록 할 것이다」라고 생각하고, 이 보거나 들음이라는 증상력에 의지해 대보리에 대해 깊은 신해를 낳고 대보리심을 일으킨다. 謂善男子或善女人 若見諸佛及諸菩薩 有不思議甚奇希有神變威力 或從可信聞如是事 旣見聞已 便作是念 無上菩提 具大威德 令安住者及修行者 成就如是所見所聞不可思議神變威力 由此見聞增上力故 於大菩提 深生信解 因斯發起大菩提心 是名第一初發心緣', 두 번째 연은 '어떤 부류는 신통변화의 위력을 보거나 듣지 못했더라도 무상정등보리의 미묘한 정법에 의지하는바 보살장의 교법을 선설하는 것을 듣고 깊이 믿고, 정법에 대한 청문과 깊은 믿음이라는 증상력에 의지해 여래의 미묘한 지혜에 대해 깊은 신해를 낳고 그 지혜를 얻음으로써 보리심을 일으킨다. 或有一類 雖不見聞如前所說神變威力 而聞宣說依於無上正等菩提微妙正法菩薩藏教 聞已深信 由聞正法及與深信增上力故 於如來智深生信解 爲得如來微妙智故發菩提心 是名第二初發心緣', 세 번째 연은 '어떤 부류는 정법을 듣지 못했을지라도 모든 보살장의 교법이 소멸하려는 것을 보고 「보살장의 교법이 세간에 오래 이어지면 무량한 중생의 큰 괴로움을 소멸할 수 있으니 나는 마땅히 보살장의 교법을 유지하고자 보리심을 일으키고자 한다」고 생각하고, 보살장의 교법을 보호유지하려는 증상력에 의지해 여래의 미묘한 지혜에 대해 깊은 신해를 낳고 그 지혜를 얻음으로써 보리심을 일으킨다. 或有一類 雖不聽聞如上正法 而見一切菩薩藏法 將欲滅沒 見是事已 便作是念 菩薩藏法久住於世 能滅無量衆生大苦 我應住持菩薩藏法 發菩提心 爲滅無量衆生大苦 由爲護持菩薩藏法增上力故 於如來智 深生信解 爲得如來微妙智故發菩提心 是名第三初發心緣', 네 번째 연은 '어떤 부류는 비록 정법이 사라지려는 것을 보지 못했더라도 말겁말세말시에 탁악한 중생들의 몸과 마음이 십수번뇌에 어지럽혀지는 것을 보고 「탁악한 세상이 한창 일어나 온갖 수번뇌에 어지럽혀지는 때에 나는 장차 대보리심을 일으켜 무량한 유정들이 나를 따라 보리의 원을 일으키도록 하겠다」고 생각하고, 말겁에 얻기 어려운 발심을 보여주는 증상력에 의지해 대보리에 대해 깊은 신해를 낳고 대보리심을 일으킨다. 或有一類 雖不觀見正法欲滅 而於末劫末世末時 見諸濁惡衆生身心 十隨煩惱之所惱亂 … 見是事已 便作是念 大濁惡世於今正起 諸隨煩惱所惱亂時 … 我當應發大菩提心 令此惡世無量有情隨 學於我起菩提願 由見末劫難得發心增上力故 於大菩提 深生信解 因斯發起大菩提心 是名第四初發心緣'. [참고문헌] 『瑜伽師地論』, *Bodh-bh.9·10.* ⇨ 최초발심 最初發心

최초생기 最初生起 최초로 생기하는 것. 모든 식이 어울려 일어날 수 있는 것은 아뢰야식(阿賴耶識)이 있기 때문이라는 뜻으로 설정된 말. 제팔식이 있을 수밖에 없는 뜻인 팔의증유본식(八義證有本識) 중 하나다. 『현양성교론』 권17(대정장31, p.565a22)에 "(동일한 조건에서 어떤 하나의 식이) 최초로 생기한다는 것은 결정코 있을 수 없다. 最初生起定不可得", 『유가사지론』 권51(대정장30, p.579b11)에 "어떤 까닭으로 만약 아뢰야식이 없다면 최초로 생기한다는 것은 도리에 맞지 않는가? 가령 어떤 이가 '만약 아뢰야식이 반드시 존재한다면 두 개의 식이 함께 생기하는 일이 있을 것이다'라고 힐난한다면, 다음처럼 그에게 말해야 할 것이다. '그대는 과실이 없는 데서 그릇되게 과실이라는 상을 일으킨다. 왜 그런가 하면, 두 식이 동시에 일어난다는 것은 인정되기 때문이다. 어째서인가? 가령 동시에 보려고도 하고 내지 알려고도 하는 어떤 이에게 경우에 따라 하나의 식이 제일 먼저 생기한다는 것은 도리에 맞지 않다. 저들 그렇게 할 때 뜻을 짓는 일 달리함이 없으니, 근들과 경들도 그러하니 어떤 이유에서 식이 함께 일어나지 않을 것인가?' 何故若無阿賴耶識 最初生起不應道理 謂有難言 若決定有阿賴耶識 應有二識俱時生起 應告彼言 汝於無過妄生過想 何以故 容有二識俱時轉故 所以者何 且如有一俱時欲見 乃至欲識 隨有一識 最初生起 不應道理 由彼爾時作意無別 根境亦爾 以何因緣識不俱轉", 『유가사지론약찬』 권13(대정장43, p.171a24)에 "소승은 제8식이 없어 모든 식들 아울러 생하는 일 불가능하다고 한다. 대승의 도리는 근과 경의 연이 갖추어져 있다면 다섯 가지 식이 동시에 모두 일어날 수 있다. 어떤 이유에서 하나의 식이 제일 먼저 생기한다는 것인가? 제8식이 있기에 식들이 어울려 일어남이 인정된다. 따라서 제8식이 있기에 먼저 일어나는 일이 없다는 것이 도리에 맞다. 小乘無第八 諸識不並生 大乘理卽云 根境緣具五識皆起 何緣一識最初生起 有第八識 卽許諸識並生 故有第八 無最初起是應道理"라고 하였다. [참고문헌] 『顯揚聖教論』, 『瑜伽師地論』, 『瑜伽師地論略纂』. ⇨ 팔의증유본식 八義證有本識, 제팔식십팔명 第八識十八命

최초악수시라율의 最初惡受尸羅律儀 Ⓢ ādito durgṛhītaṃ śīlam. 수계율의(受尸羅律儀 Ⓢ śīla-saṃvara : 戒律儀)가 훼손되는 열 가지 인연(十種虧損因緣) 중 하나. 애초에 보리를 구하고자 하는 것이 아닌 그릇된 동기로 시라율의를 받는 것을 말한다. 청정계(清淨戒) 중 초선수계(初善受戒)에 대칭한다. 『유가사지론』 권22(대정장30, p.403c6 : *Śrāv-bh.*, p.45)에 "무엇을 최초악수시라율의라 하는가? 가령 어떤 이는 왕에게 핍박을 받아 출가를 구하거나, 또는 사악한 적에게 핍박받거나, 또는 빚쟁이에게 핍박받거나, 또는 생계수단이 없는데 따른 두려움에 핍박받아서 출가를 구하는데, 이는 사문의 자성이 될 수 없으며, 바라문성도 될 수 없다. 스스로의 조복도 아니며, 자신의 적정을 위한 것도 아니며, 자신의 열반을 위한 것도 아니면서 출가를 구하는 것이다. 이와 같은 것을 애초에 그릇되게 시라율의를 받는 것이라 한다. 云何名爲最初惡受尸羅律儀 謂如有一王所逼迫而求出家 或爲狂賊之所逼迫 或爲債主之所逼迫 或爲怖畏之所逼迫 或不活畏之所逼迫而求出家 不爲沙門性 不爲婆羅門性 不爲自調伏 不爲自寂靜 不爲自涅槃 而求出家 如是名爲最初惡受尸羅律儀 tatra katham-ādito durgṛhītaṃ śīlaṃ bhavati. yathāpīhaikatyo rājābhinirṇīto vā pravrajitaś-caurābhinirṇīto vā ṛṇārttovā bhayārtto vā, ājīvikābhayabhīto vā na śrāmaṇyāya na brāhmaṇyāya na-ātmaśamāya na-ātmadamāya na-ātma-parinirvāṇāyaivam-āditaḥ durgṛhītaṃ bhavati"라고 하였다. 『현양성교론』 권7(대정장31, p.515b25)에서는 초불여법수시라율의(初不如法受尸羅律儀)라고 하였다. [참고문헌] 『瑜伽師地論』, 『顯揚聖教論』, *Śrāv-bh.* ⇨ 십종휴손인연 十種虧損因緣, 청정계 清靜戒[2], 시라 尸羅[1], 계 戒

최충 崔冲 ?~1068. 고려전기 문인이자 학자. 자는 호연(浩然), 시호는 문헌(文憲), 본관은 해주(海州). 온(溫)의 아들이고 유선(惟善)·유길(惟吉)의 아버지이다. 정종 묘정에 배향되었다. 과거에 합격하고 지공거(知貢擧)를 역임한 경력을 기초로 구재학당(九齋學堂)을 열어 사학(私學) 12도(徒)의 번성을 이끌어 해동공자(海東孔子)라고 불렸다. 『고려사』 권95 열전(列傳)8 최충에는 "과거를 보려는 자제는 반드시 먼저 학도로 들어와 공부하였는데, 매년 여름 때는 귀법사 승방을 빌려 하과를 하였다. 凡應擧子弟 必先隷徒中學焉 每歲暑月 借歸法寺僧房爲夏課"라고 하였다. 왕명을 받고 「원주거돈사원공국사승묘탑비문 原州居頓寺圓空國師勝妙塔碑文」(『교감역주역대고승비문』 고려편2, p.214·223)과 「봉선홍경사갈기 奉先弘慶寺碣記」(『조선금석총람』 권상, p.260)를 찬술하였다. 「교감역주 고려영추산대자은현화사창건비명」(『가산학보』7, pp.276·293~294)의 음기(陰記)에 의하면 현종의 명령을 받고 「진전찬시도서 眞殿讚詩都序」를 기록하였다고 한다. [참고문헌] 『高麗史』, 『朝鮮金石總覽』 권상, 李智冠 『校勘譯註歷代高僧碑文』 高麗篇2, 李智冠 「校勘譯註 高麗靈鷲山大慈恩玄化寺創建碑銘」(『가산학보』7, 1998).

최충렬 崔忠烈 ?~1182. 고려 무신정권기 관인. 1178년(명종8)에 동지추밀원사(同知樞密院事)로 추밀원사(樞密院使) 이광정(李光挺) 등과 함께 인종의 제사 때문에 1월로 옮긴 연등회(燃燈會)를 예전처럼 2월 15일에 개최하자고 주청하여 바꾸었고, 1179년(명종9)에는 팔관회(八關會)에서 백관(百官)의 과일상과 중금군(中

禁軍)의 옷과 장식이 사치스럽기에 금지하도록 건의하여 받아들여지기도 하였다. 『고려사』 권100 열전(列傳)13 최충렬에는 1181년(명종11)에 "옛 제도에 연등과 팔관은 반드시 서경에 재상을 보내 왕을 대신하여 베풀었는데, 갑오년(1174) 변란으로 … 조서를 내려 재상 파견을 중지하고 삼품관을 보냈다. … '선왕이 재상을 보낸 것은 익경(서경)을 중히 여겼기 때문이니, 옛 제도에 따르라'고 하였다. 舊制燃燈八關 必遣宰相 至西京 攝行齋祭 自甲午之變 西京有事詔停 遣使後只遣三品官 … 先王遣宰相爲使 盖重翼京也 乞依舊制"고 하였다. 〔참고문헌〕『高麗史』, 『高麗史節要』.

최충헌 崔忠獻 1149~1219. 고려 무신집권기 집정자. 초명은 난(鸞), 봉작명은 진강공(晉康公), 시호는 경성(景成), 본관은 우봉(牛峯). 원호(元浩)의 아들이고, 이(怡)·향(珦)·성(珹)·구(球)의 아버지이며, 항(沆)의 조부이자 의(竩)의 증조부이다. 「최충헌묘지명」에는 "강종의 서녀를 맞아 정화택주로 삼아 두 아들을 낳았는데, 큰 아들은 … 출가하여 조계종에서 습업하였다. 娶康宗之庶女□爲靜和宅主 生二子 長 … 則出家肄業于曹溪宗"고 하였으므로, 1196년(명종26)에 올린 봉사(封事) 10조에 비보(裨補) 외에는 함부로 사원을 짓지 못하게 하라고 주청하였지만, 승가와 밀접한 관계를 가졌다. 아들 최우·최향의 발원에 의해 보물로 지정된 호신용 목판본 『불정심관세음보살대다라니경 佛頂心觀世音菩薩大陀羅尼經』을 판각하였다. 이규보(李奎報 1168~1241)가 작성한 「위진강공중수순천사경찬화엄장소 爲晉康公重修順天寺慶讚華嚴章疏」(『동국이상국전집』 권41)에 의하면 "나처럼 벼슬이 중하고 봉록이 풍부한데 차마 중창하지 않으면, 해가 갈수록 기울고 날이 갈수록 허물어져도 누가 중수하겠는가 如吾官重而祿豐 忍不爲創 雖至歲欹而日圮 其誰有修"라고 하면서, 쇠락한 개경(開京) 순천사(順天寺)를 중창하고 낙성회를 개최하였으며, 「창복사담선방 昌福寺談禪榜」(같은 책 권25)에 의하면 1211년(희종7)에 창복사를 중창하고 "제불과 보살은 모두 중생제도를 뜻으로 삼았다. 諸佛菩薩皆以廣度衆生爲意"고 하면서, 은둔해 있는 변공(弁公)을 모셔와서 1215년(고종2)에는 총림을 열었다고 한다. 「청하보경사원진국사비문 淸河寶鏡寺圓眞國師碑文」(『교감역주역대고승비문』 고려편4, p.95·108)에 의하면, 원진국사 승형(承逈)이 1213년(강종2)에 비수(批受)된 삼중대사(三重大師)를 사양했지만 간절히 권하여 그 자리에 나아가게 하였다고 한다. 「고화장사주지왕사정인대선사추봉정각국사비명 故華藏寺住持王師定印大禪師追封靜覺國師碑銘」(『동국이상국전집』 권35·『동문선』 권118)에서는 1213년에 양종(兩宗) 오교(五敎)를 통해 큰 임무를 감당할 인물로 지겸(志謙)을 왕사(王師)로 모시고자 건의하였고, 왕사가 화장사로 옮길 때 전별연을 열고 호위하여 모셨다고 하였다. 〔참고문헌〕『高麗史』, 『東國李相國全集』, 『東文選』, 金龍善 「崔忠獻墓誌銘」(『高麗墓誌銘集成』, 한림대아시아문화연구소, 1993), 李智冠 『校勘譯註歷代高僧碑文』 高麗篇4.

최치옹 崔致翁 1635~1683. 조선후기 문신이자 서예가. 예문관(藝文館) 봉교(奉敎)와 춘추관(春秋館) 기사관(記事官)을 지냈다. 1678년(숙종4)에 백암성총(栢庵性聰 1631~1700)이 쓴 비음(碑陰)에 "지금 글자의 반이 닳아 읽을 수 없는 상태여서 몹시 안타까워 마침내 다시 세우고자 하였다. 今則字半銷而不可讀 深用慨然 遂重立之"라고 하여, 귀부와 이수만 남은 순천 송광사 보조국사감로탑비의 비신을 중건할 때 비문의 글씨를 썼다. 〔참고문헌〕李智冠 『校勘譯註歷代高僧碑文』 高麗篇4 p.64·68. ⇨ 불일보조국사비명 佛日普照國師碑銘

최치원 崔致遠 857~?. 신라말의 문인이며 정치가. 본관은 경주, 자는 고운(孤雲) 또는 해운(海雲). 857년(헌안왕1) 경주시 사량부(沙梁部)에서 태어났다. 가계(家系)에 대해서는 알 수 없고, 어릴 때부터 배우기를 좋아했다. 12세 때인 869년(경문왕9) 당으로 유학을 떠날 때 그의 아버지가 "너는 지금 떠나서 10년만에 급제하지 못한다면 나의 아들이 아니니 부지런히 학업을 닦으라"고 엄격히 격려했다. 그 결과 5년 만인 874년(경문왕14)에 과거에 급제하고, 선주 표수현위(宣州漂水縣尉)의 직책을 임명받았고, 이어 승무랑시어사내공봉(承務郞侍御史內供奉)에 올라 당 희종(僖宗)황제로부터 자금어대(紫金魚帶)를 하사받았다. 878년(唐 僖宗 5 : 新羅 憲康王4) 7월에 황소(黃巢)와 왕선지(王仙芝)가 반란을 일으키자 고병(高駢)이 제도행영 병마도통(諸道行營兵馬都統 : 총사령관)이 되었을 때 치원(致遠)을 종사관(從事官)으로 삼아 서기(書記)의 책임을 맡겼다. 당시의 표장(表狀)·서계(書啓)·격문(檄文)은 모두 선생의 손으로 지어졌으며, 그 중에 특히 「토황소격문 討黃巢檄文」은 뛰어난 명문으로 알려지고 있는데, 그 격문 중에 왈 "역적 황소는 듣거라! 너에 대하여 오직 천하의 모든 사람들만이 너를 죽이려고 벼르고 있을 뿐만 아니라, 돌이켜 보건대 지하에 있는 모든 귀신들도 이미 너를 죽이려고 결심하였다. 不唯天下之人 皆

최치원초상화
경주최씨문중소장 1793년

思顯戮 抑亦地下之鬼 已議陰誅"라고 하는 대목을 읽다가 맨발로 뛰어내려 항복을 청하였다고 전한다. 885년(헌강왕11)에 왕으로부터 귀국 명령을 받고 돌아왔다. 귀국한 후 시독겸한림학사수병부시랑지서서감(侍讀兼翰林學士守兵部侍郎知瑞書監)이 되었으나, 국정의 문란뿐만 아니라 조정의 무리들이 선생을 시기함에 왕이 중책을 맡기려 해도 받아들여지지 못하고 외직(外職)을 청하여 대산(大山 : 洪州)·천령(天嶺 : 咸陽)·부성(富城 : 瑞山) 등의 태수를 지냈다. 893년(진성여왕7) 당으로 가는 견당사(遣唐使)로 임명되었으나 도둑이 횡행하여 가지 못하고, 이듬해 시무십조(時務十條)를 상소하여 시행케 하고, 아찬(阿飡 : 신라대 17등 官階中 여섯 번째 벼슬)이 되었다. 그 후 난세를 비관하여 경주의 남산·강주(剛州 : 榮州)의 빙산(氷山)·합천 가야산(伽倻山)의 청량사(淸涼寺)·지리산 쌍계사(雙溪寺)·합포현(合浦縣 : 경남 昌原)의 별야(別墅) 등 승지를 두루 유람하고는 마지막으로 세상을 등지고 가족(妻子)을 데리고 가야산으로 들어갔다. 가야산 내의 구곡(九曲)에 각각 이름을 지어 자필로 써서 새겼고, 학사대(學士台)와 고운암(孤雲庵) 등 많은 유적을 남겼으며, 이종사촌형(姨從四寸兄)인 현준(賢俊)·정현(定玄)과의 깊은 교류를 가지기도 했다. 글씨를 잘 써서 사산비명(四山碑銘) 중 하나인 하동 쌍계사에 있는, 국보 제47호인 진감국사혜소비문(眞鑑國師慧昭碑文)은 오늘날 필첩으로 쓰이기도 한다. 「난랑비서문 鸞郎碑序文」은 신라 시대의 화랑도를 설명해 주는 귀중한 자료가 되고 있다. 저서는 『사륙집 四六集』 1권·『계원필경 桂苑筆耕』 20권·『문집 文集』 30권·『중산부궤집 中山覆簣集』·『석순응전 釋順應傳』·『부석존자전 浮石尊者傳』·「해인사선안주원벽기 海印寺善安住院壁記」·「봉암사지증대사비문 鳳岩寺智證大師碑文」·「보령성주원무염국사비문 保寧聖住院無念國師碑文」·「하동쌍계사진감국사비문 河東雙溪寺眞鑑國師碑文」·「경주초월산숭복사비문 慶州初月山崇福寺碑文」 등을 남겼다. 고려 현종(顯宗 재위 1009~1031)이 문창후(文昌候)로 추봉하고 문묘에 배향(配享)토록 했다. [참고문헌] 『三國史記』 권46 列傳6, 『法藏和尙傳』(한불전3, pp.768~777).

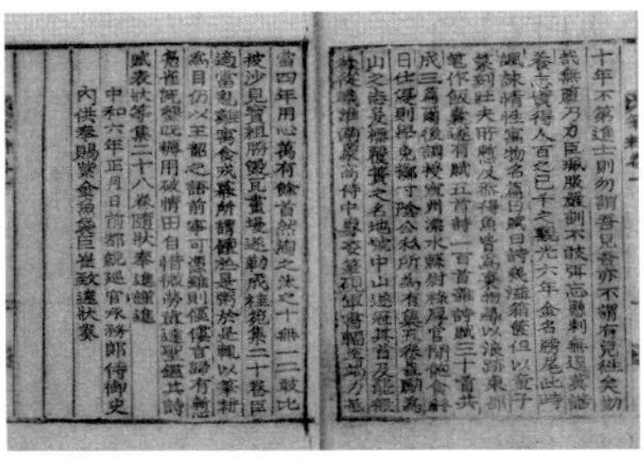

최치원 국립중앙박물관 1918년

최치원소술전 崔致遠所述傳 최치원(崔致遠 857~?)이 지은 당(唐) 현수법장(賢首法藏 643~712)과 신라 의상(義湘 625~702)의 전기. 『신편제종교장총록』 권1에 최치원의 저술로 『현수전 賢首傳』 1권·『부석존자전 浮石尊者傳』 1권이 있다고 하였다. 『일승법계도원통기』 권상, 『석화엄지귀장원통초』 권상(한불전4, p.81c9), 『석화엄교분기원통초』 권1에 '최치원소술전'이라고 하여 『현수전』과 『부석존자전』을 인용하였다. 『일승법계도원통기』 권상(한불전4 p.1a18)에는 "최치원이 찬술한 전기 중에 '(의)상이 지엄 스님에게서 화엄을 배울 때 꿈에 크고 뛰어난 모습의 신인이 나타나 의상에게 「스스로 깨달은 바를 적어 마땅히 사람들에게 베풀어야 한다」고 말하였다'고 하였다. 崔致遠所述傳中云 相公 於儼師所 受花嚴時 夢有神人 貌甚魁偉 謂相公曰 以自所悟著述 施人宜矣", 「석화엄교분기원통초」 권1(한불전4, p.239c10)에는 "첫번째 인연은 염조은이 찬술한 비와 최치원이 쓴 전기를 요약한 것이다. 初因緣者 具如閻朝隱所撰碑 崔致遠所述傳故略也"라고 하였다. [참고문헌] 『新編諸宗敎藏總錄』, 『一乘法界圖圓通記』, 『釋華嚴旨歸章圓通抄』, 『釋華嚴敎分記圓通抄』. ⇨ 최치원 崔致遠

최코르뒤첸 Chos-'khor-dus-chen 티베트불교의 주요한 네 명절 중 하나. '법륜의 대축제'라는 뜻으로, 석가모니부처님께서 열반 후 침묵을 지키시다가 사성제의 가르침을 펼치신 초전법륜을 기념하는 날이다. 티베트력(Ⓣ lo-tho) 6월의 네 번째 날에 열린다.

최콩 chos-skyong 티베트에서 정부가 인정하는 공식 신탁자로 국가 중대사부터 환생 라마를 찾는 데까지 관여한다. 법의 수호자라는 뜻으로 수중(垂仲), 호법(護法) 등으로 번역된다. 그러므로 흔히 신탁자(oracle)이라고 해석되지만, 단순한 계시의 임무가 아닌 불법수호를 담당하는 역할이다. 현재는 가동최콩과 네충최콩이라는 두 명의 티베트 공식 신탁자가 있다.

최쿠외셀 Chos sku 'od zer 1214~1292. 조낭파의 티베트 스님. 조낭사원의 제1대 종정인 퀸팡툭제췬뒤(Ⓣ Kun spangs thugs rje brtson 'grus)의 스승으로 전한다. 인도에서 비부티찬드라(Ⓢ Vibhūticandra)를 티베트로 초대해 칼라차크라(Ⓢ Kālacakra)와 차크라삼바라(Ⓢ Cakrasamvara) 관정을 받았으며, 특히 샤바리파(Ⓢ Śāvaripa, Ⓣ Sha ba ri pa 혹은 ri khrod dbang phyug)에게서 육지요가(Ⓢ ṣaḍaṅgayoga)의 가르침을 전수받은 것으로 부퇸은 전한다. 『청사 青史』에 따르면 그는 셀딩파숀누외(Ⓣ gSer sdings pa gzhon nu 'od)의 아들로, 다르마스와민(Ⓢ Dharmasvāmin) 잠살와(Ⓣ 'Jam gsar ba)와의 전생인연을 본 아버지의 권유로 다르마스와민을 스승으로 삼아 네 가지 관정을 받았으며, 이후 세모체와(Ⓣ Se mo che w a)에게 『칼라차크라탄트라』의 주석인 『비말라프라바 *Vimalaprabhā*』를 듣고 배웠다고 전한다. [참고문헌] Grags pa 'byung gnas *Ming mdzod* (Lan kru'u : Kansu'u mi rigs dpe skrun khang, 1992), George Roerich *The Blue Annals* (New Delhi : Motilal Banarsidass, 1979) pp.335~336 · 770~772.

최키걜챈 Chos kyi rgyal mtshan ❶ 1469~1544. 티베트불교 겔룩파의 스승으로, 제6대 간덴트리파([T] dga' ldan khri pa)다. 냥토([T] Nyang stod)지역 출생인 최키걜챈은 여섯 살 때 제1대 달라이라마인 겐둔둡([T] dGe 'dun grub 1391~1474)에게 장수관정을 받았고 일곱 살이 되던 해에 재가계를 받았다. 열세 살 때 타실훈포사원에 들어가 판첸룽틱([S] Paṇ chen lung rigs rgya mtsho)과 최졸팰장([T] Chos 'byor dpal bzung) 등 여러 스승에게서 타실훈포사원의 교육과정으로 카첸([T] dka' chen)을 구성하는 다섯 가지 주제인 현관장엄론([S] Abhisamayālaṃkāra) · 중관학([S] Madhyamaka) · 구사론([S] Abhidharmakośa), 양평석([S] Pramāṇavārttika)과 율을 수학하고 스물 둘의 젊은 나이에 감독승(監督僧 [T] dge bskos)에 오른다. 이후 라사로 돌아와 세라사원에서 안거에 들어가 반야바라밀을 집중공부했다. 이 때에 쉐랍장포([T] Shes rab bzang po)로부터 비구계를 받는다. 1495년에 창지역으로 돌아가 교리를 가르쳤는데, 세라제의 켄엔([T] Ser byes mkhan snyan grwa tshang) 강원장을 맡았다. 69세가 되던 1537년에 세라 사원의 제12대 주지가 되었다. 반야바라밀과 중관학에 대한 그의 저작은 현재도 세라사원의 중요한 강원교재로 전승되고 있다. 제28대 간둔트리파인 겐둔걜챈([T] dge 'dun rgyal mtshan) 등의 제자가 있다. [참고문헌] Bde legs nyi ma *Se ra rje btsun chos kyi rgyal mtshan gyi rnam thar* (Bylakuppe : Er ra byes grwa tshan, 1975). ❷ 1570~1662. 티베트불교의 제4대 판첸라마. 타실훈포사원의 수장이었던 벤사파롭상된둡([T] Dben-sa-pa-blo-bzang-don-grub 1505~1568)의 입멸 후, 그의 화신으로 인가되어, 롭상최키걜챈([T] bLo-bzang-chos-kyi-rgyal-mtshan)이라는 법명을 받았다. 이후 타쉴훈포와 벤사 등의 사원장이 되어 가르침을 펼쳤고, 제자였던 제5대 달라이라마로부터 제4대 판첸라마로서 인가받았다. [참고문헌] Gene Smith 'The Autobiography of the First Paṇchen Lama' (*Among Tibetan Texts*, 2001) pp. 119~131.

최키왕축 Chos kyi dbang phyug 1212~1270. 구루최왕([T] Gu ru chos dbang)이라고도 불린다. 부모가 사경하던 중에 태어났다고 하여 '법왕'이라는 뜻의 최키왕축이라는 이름이 생겼다. 네 살부터 아버지에게 읽기와 쓰기를 배워 열 살이 되었을 때는 천문학과 약학은 물론 바즈라킬리([S] Vajrakīla)와 바즈라파니([S] Vajrapāṇi) 전통의 밀교를 공부하고, 열한 살에는 당시 티베트에서 새롭게 떠오른 밀교전통인 양단 헤루카([S] Heruka) · 야만타카([S] Yamāntaka) 수행은 물론 족첸([T] rdzogs chen) · 마하무드라([S] Mahāmudrā) · 나로파의 육법과 같은 다양한 밀교수행을 익혔다. 열세 살이 되던 해에 삼예사에서 드라파곤쉐([T] Grwa pa mngon shes 1012~1090)가 계시를 받아 만들었다는 비장목록([T] gter ma kha byan)을 발견하게 된다. 비전을 소장하는 게 위험하다고 판단한 최키왕축의 아버지는 이를 숨겨놓았지만 그의 나이 22세에 다시 남카첸([T] gNam skas can)의 계곡에서 어떤 뵌교 쬐([T] gcod) 전통수행자의 도움으로 비전의 추가 목록([T] yang byang)을 다시 입수하게 된다. 이를 통해 최키왕축은 테르마([T] gter ma)라고 불리는 비장의 가르침들을 발견하고 그 정통성을 확립하는 데 중요한 역할을 하였다. 비전계시전통을 정확히 이해하기 위해서는 성적요가를 통해 몸의 채널을 열어야 한다는 인식을 확립시키는 데에도 일조하였는데 땅에 묻혀있던 열여덟 가지 가르침([T] sa ter)과 환생을 통해 마음에 숨겨져 있던 한 가지 가르침([T] dgong gter)을 계시했다고 전해진다. 그 중 후대까지 큰 영향을 끼친 닝마파의 가르침에는 라마상두([T] bla ma gsang 'dus)라고 하는 파드마삼바바([S] Padmasambhava)에 관한 사다나([S] sādhana) 등이 있다. 라룽사원([T] lHa lung dgon pa)에 속한 삼둡데와첸포([T] bSam 'grub bde ba chen po)사원 등을 건립하고 머물렀다. 제자로는 네팔인이자 족첸 수행자였던 바로축진([T] Bha ro gtsug 'dzin)과 멘룽파미쿄도르제([T] sMan lung pa mi skyod rdo rje) 등이 있다. [참고문헌] Chos kyi dbang phyug *Gu ru chos dbang gi rang rnam dang zhal gdams* (Paro : Ugyen Tempai Gyeltsen, 1979).

최퉬뒤첸 Cho-'phrul-dus-chen 티베트불교의 주요한 네 명절 중 하나. '신통의 대축제'라는 뜻으로, 석가모니부처님께서 외도를 조복시키고 신통을 보이신 날을 기념하여 열리는 대축제다. 티베트력([T] lo-tho) 정월 만월이 되는 날에 열린다.

최펠상포 Chos-dpal-bzang-po 1384~1415. 제5대 카르마파로서, 데쉰쉑파([T] Karma-pa-de-bzhin-gshegs-pa)라고 불렸다. 티베트 전승에 따르면 남티베트 출신으로 태어나자마자, '나는 카르마파이다. 옴마니파드메훔 슈리'라고 말했다 전한다. 카르마파의 환생으로 인가되고 나서 승가교육을 마쳤고, 1403년 명 영락제의 초정을 받아 락제의 조상들을 위한 의례를 거행했다. 이후 영락제는 티베트를 카르마파의 치하 아래 통일시키고자 군대를 계속해서 보냈으나 이 같은 행위를 불교에 반하는 일이라 판단해 거절하였다. [참고문헌] Lama Kunsang · Lama Pemo · Marie Aubèle *History of the Karmapas : The Odyssey of the Tibetan Masters with the Black Crown*(New York : Snow Lion Publications, Ithaca, 2012).

최하발 最下鉢 Ⓟ patta-pariyanta. 가장 허름한 발우. 『마하승기율』 권10(대정장22, p.315b23 : *Vin.3*, p.246)에 "부처님이 모든 비구에게 말하셨다. '사위성에 의지하는 이는 다 모이라. 열 가지 이로움(十利 Ⓟ dasa attha-vasā) 있어 모든 비구에게 제계하겠다. 내지 이미 들은 이도 마땅히 거듭 들으라. 저 비구가 쓰는 발우 아직 다섯 번도 꿰매지 않았는데 다시 새 발우 구함은 좋아서 했기에 니살기바야제다. 이 발우는 응당 승중에 내놓고, 그 비구에게는 대중 가운데 최하발을 응당 주되 반드시 이와 같이 가르치라. 「비구, 그대가 이 발우를 받음은 깨질 때까지니, 이 일의 법이 이렇다」'. 佛告諸比丘 依止舍衛城者盡集 以十利故 與諸比丘制戒 乃至已聞者當重聞 若比丘所用鉢減五綴 更乞新鉢爲好故 尼薩耆波夜提 是鉢應僧中捨 比丘衆中最下鉢應與 應如是敎汝比丘受是鉢 乃至破 是事法爾 yo pana bhikkhu ūnapañcabandhanena pattena aññaṃ navaṃ pattaṃ cetāpeyya, nissaggiyaṃ pācittiyaṃ. tena bhikkhunā so patto bhikkhuparisāya nissajjitabbo, yo ca tassā bhikkhuparisāya pattapariyanto so tassa bhikkhuno padātabbo ayaṃ te bhikkhu patto yāva bhedanāya dhāretabbo'ti. ayaṃ tattha sāmīcīti"라고 하였다. [참고문헌] 『摩訶僧祇律』, 『五分律』 권5(대정장22, p.34a22), 『四分律』 권9(대정장22, p.623b7), *Vin.* ⇨ 발우 鉢盂

최항 崔沆 ❶ ?~1024. 고려전기 관인. 자는 내융(內融), 시호는 절의(節義), 본관은 경주(慶州). 현종의 묘정(廟庭)에 배향되었다. 언위(彦撝)의 손자이고, 광원(光遠)의 아들이며, 유부(有孚) · 영부(永孚)의 아버지이다. 『고려사』 권93 열전6 최항에는 1010년(현종1)에 "일찍이 성종이 팔관회를 … 그치도록 하고, 다만 법왕사에 행차하여 행향한 뒤 돌아와 조정에 나아가 문무관의 조하를 받을 뿐이었다. 이에 이르러 최항이 팔관회의 복설을 청하였다. 初成宗以八關會 … 悉罷之 但幸法王寺行香 還御毬庭 受文武朝賀而已 至是沆請復設會"고 하였다. 경주 황룡사(皇龍寺)의 탑을 수리하자고 임금에게 청하고 직접 감독하기도 하였으며, 자신의 집에 불경과 불상을 모셨다가 이후 사원으로 만들기도 하였다. 「교감역주 고려영추산대자은현화사창건비명」(『가산학보』7, p.276 · 293)의 음기(陰記)에 의하면, 현종의 명령으로 현화사 금전(金殿)의 기문을 지었는데, 국가에서는 공로를 고려해서 재산을 시납하여 기일에 현화사(玄化寺)에서 도량을 설치하고서 명복을 빌게 하였다. 전쟁 중에 없어졌던 태조의 훈요(訓要)를 소장하고 있었는데, 최제안(崔齊顔)이 왕에게 올려 세상에 알려지게 하였다. [참고문헌] 『高麗史』, 李智冠 「校勘譯註 高麗靈鷲山大慈恩玄化寺創建碑銘」(『가산학보』7, 1998). ❷ ?~1257. 고려후기 스님이었으나 퇴속하여 권좌에 있었던 사람. 법명은 만전(萬全), 속성은 최(崔)씨, 속명은 항(沆), 본관은 우봉(牛峰). 아버지는 진양공(晉陽公) 최우(崔瑀 ?~1249)이다. 창기(娼妓)의 소생으로 최우의 서자(庶子)이다. 아버지인 최우가 병권(兵權)을 사위인 김약선(金若先)에게 넘겨 줄 때, 만종(萬宗)과 만전(萬全) 두 서자가 난을 일으킬까 두려워 순천 조계산 수선사(修禪社 : 松廣寺) 진각국사(眞覺國師) 혜심(慧諶)의 문하로 출가시켰다. 그 후 만종은 산청 단속사(斷俗寺)에, 만전은 화순 쌍봉사(雙峰寺)로 각각 보내졌다. 그러나 그들 형제 성실하게 수도 하지 않고, 악독한 무뢰배(無賴輩)와 땡초들을 모아 문도를 만들어 금은 · 곡식 · 비단 등을 축적하여 재산증식을 일삼았고 그 문도들은 유명한 절을 나누어 가지고 권세를 믿고 위세를 떨치며 사방으로 돌아다녔으며 그들은 몽골족을 모방한 말과 옷차림을 하여 마치 원의 라마승 행세를 하며 고승인 척하기도 하였다. 1248년(고종35)에는 마침내 그들 형제를 환속시켰다. [참고문헌] 『高麗史』 권121 · 129, 『高麗史節要』. ⇨ 만전 萬全, 만종 萬宗

최항 崔恒 1409~1474. 조선전기 문인. 자는 정보(貞父), 호는 태허정(太虛亭), 시호는 문정(文靖), 본관은 삭녕(朔寧). 사유(士柔)의 아들이고 영린(永潾) · 영호(永灝)의 아버지이다. 1462년(세조8)에 세조가 효녕대군(孝寧大君)의 원찰인 경기도 지평현 미지산(彌智山) 상원사(上院寺)에 행차했을 때 관세음보살이 백의를 입고 오색의 찬란한 빛을 내비치면서 나투신 모습을 「관음현상기 觀音現相記」(규장각도서 奎6611)로 기록하였고, 1464년(세조10)에 세조가 원각사를 창건하고 대종을 조성하였을 때 「원각사종명병서 圓覺寺鐘銘幷序」(『동문선』 권50)를 찬술하였다. 일본 사신의 일행인 스님에게 보낸 「증일본승 贈日本僧」(『동문선』 권11)과 「증일본사 贈日本師」(『동문선』 권18)도 전한다. [참고문헌] 『世祖實錄』, 『成宗實錄』, 『東文選』.

최호 崔浩 381~450. 북위(北魏)대 관료. 자는 백연(伯淵). 청하(淸河 : 山東 聊城 臨淸) 출신. 부친은 한인(漢人) 출신의 북위 개국 공신인 최굉(崔宏)이다. 어려서 부친에게 제자백가와 천문술수 등을 배워 통달하였다. 약관의 나이로 출사하고, 431년(신가4) 황제의 신임에 힘입어 한인 최고 지위인 사도(司徒)에 올랐다. 도교를 독실하게 신행하여 도사 구겸지(寇謙之 363~448)와는 매우 친밀하게 교우하였다. 구겸지가 창안한 신천사도(新天師道)로 태무제(太武帝)를 귀의시키고, 도교를 국교화하는 데 앞장서 불교를 탄압하였다. 결국 446년(태평진군7), 황제의 명으로 가혹한 폐불(廢佛)이 단행되었다. 한편 역사 편찬을 단행하며, 화이관(華夷觀)에 근거하여 선비(鮮卑)의 명예를 훼손하였다. 이에 황제의 노여움을 사고, 450년(태평진군11) 관련된 명문사족 128명과 함께 주살되었다. 〔참고문헌〕『佛祖統紀』 권38(대정장49, p.354a16), 『廣弘明集』 권2(대정장52, p.102b5), 『辯正論』 권6(대정장52, p.535c18), 『釋氏通鑑』 권4(卍속장131, p.815b1), 『魏書』 권35, 『北史』 권21. ⇨ 구겸지 寇謙之, 북위폐불 北魏廢佛

최후생 最後生 Ⓢ carama-bhavika, caramā upapatti, paścime janmani, Ⓟ carimo bhavo, pacchima-bhava, Ⓣ tha-ma'i-skye-ba, tshe-tha-ma. 번뇌 다하였기에 생사윤회하는 삶으로서는 마지막 삶. 최후유(最後有 Ⓟ antima-bhava)·최후신(最後身 Ⓟ antima-deha, antima-sarīra)이라고도 한다. 보리자량 두렷이 차오른 보처보살(Ⓢ ekajāti-pratibaddha bodhisattva : 一生補處菩薩)로서 마지막 받는 삶이다. 보살오종생(菩薩五種生) 중 하나이기도 하다. 『중아함경』 권14 「대선견왕경 大善見王經」(대정장1, p.518b25 : *Nidd. I*, p.460)에 "다시 몸 버린다면 이런 처함은 없으리라. 아난아, 나는 지금 최후생, 최후유, 최후신, 최후형으로 최후아를 얻었고, 나는 이를 괴로움의 끝이라 설한다. 更復捨身者 是處不然 阿難 我今最後生 最後有 最後身 最後形 得最後我 我說是苦邊 tassāyaṃ pacchimako bhavo carimo 'yaṃ samussayo, jātimaraṇasaṃsāro n' atthi tassa punabbhavo ti", 『방광대장엄경』 권3 「탄생품 誕生品」(대정장3, p.553b4)에 "보살은 많은 생 중에 선근을 쌓아 모으고 최후의 생에 아누다라삼막삼보리는 얻는다. 菩薩於多生中 積集善根 於最後生 得阿耨多羅三藐三菩提", 『유부율잡사』 권2(대정장24, p.211a12)에 "장자 선현이 생각하였다. '저 뱃속의 것(火生童子)을 죽여서 버림이 좋겠다'. 곧바로 낙태되는 약을 주었다. 그러나 이 아기 최후생이어서 비록 독 먹은 줄 알았으나 뒤바뀌 좋은 약이 되었다. 장자가 드디어 부인의 왼쪽 옆구리 짓밟자 태아가 오른쪽으로 가고, 오른쪽 옆구리를 짓밟자 왼쪽으로 옮겨갔다. 최후생인으로서 모든 루 사라지지 않았지만 결코 중간에 목숨이 끊어짐을 받지는 않는다. 善賢念曰 彼腹中者 可殺棄之 卽便授與 墮胎之藥 然而此子是最後生 雖知服毒 反成良藥 長者遂便 蹂婦左脇 胎向右邊 蹂右脇時 轉移左畔 最後生人 諸漏未亡 必無容有中間命斷", 『유가사지론』 권21 「성문지 聲聞地」(대정장30, p.399a26)에 "무엇을 '때가 가까워짐에 열반으로 감이 가깝다'라 하는가? 이와 같이 보특가라가 있으니 최후생, 최후유, 최후신에 머물러, 곧 이 몸으로 마땅히 열반을 얻으리라. 혹은 곧 이 찰나의 무간으로 번뇌를 끊고 마땅히 작증을 얻으리라. 이와 같음을 '때가 가까워짐에 열반으로 감이 가깝다'라 한다. 云何名爲由時近故去涅槃近 謂有如是補特伽羅 住最後生住 最後有住 最後身 卽由此身 當得涅槃 或卽由此刹那無間 於煩惱斷 當得作證 如是名爲由時近故去涅槃近", 같은 책 권48 「보살지 菩薩地」(대정장30, p.563b14 : *Bodh-bh.*, p.248) 에 "무엇이 보살의 최후생인가? 모든 보살은 이 생 중에 보리자량이 이미 극히 두렷이 채웠기에 혹은 바라문대국사의 집에 나거나, 혹은 찰제리대국왕의 집에 난다. 능히 등각의 아누다라삼막삼보리를 나투고 널리 일체불소작사를 지으니, 이를 약설한 보살의 최후생이라 한다. 云何菩薩最後生 謂諸菩薩 於此生中 菩提資糧 已極圓滿 或生婆羅門大國師家 或生刹帝利大國王家 能現等覺阿耨多羅三藐三菩提 廣作一切佛所作事 是名略說菩薩最後生 tatra caramā bodhisattvopapattiḥ katamā. yasyāmupapattau paripūrṇabodhisambhārī bodhisattvaḥ purohitakule vā rājakule vā upapadyānuttarāñca samyaksaṃbodhimabhisaṃbudhyate. sarvañca buddhakāryaṃ karoti. iyamupapattiścaramā paścimetyucyate"라고 하였다. 〔참고문헌〕『中阿含經』, 『方廣大莊嚴經』, 『有部律雜事』, 『瑜伽師地論』, 『大乘義章』 권12(대정장44, p.704a20), *Nidd. I.*, *Bodh-bh·52.*, *Abh-k-bh.271.* ⇨ 최후신 最後身, 최후유 最後有, 보살오종생 菩薩五種生, 보처보살 補處菩薩, 무죄생 無罪生

최후생보살 最後生菩薩 Ⓢ antya-janmā bodhisattvaḥ, Ⓣ skye-ba-tha-ma'i-byang-chub-sems-dpa'. 윤회하는 삶으로는 최후인 보살. 일생보처보살(一生補處菩薩 Ⓢ ekajāti-pratibaddha bodhisattva)이 생을 받고 성도하기 전까지다. 60권본 『화엄경』 권43 「이세간품 離世間品」(대정장9, p.668a2)에 "일체의 최후생보살은 법 마땅히 그러하기에 출가를 드러내 보인다. 一切最後生菩薩 法應爾故 示現出家", 『구사론』 권18 「분별업품 分別業品」(대정장29, p.96c10 : *Abh-k-bh.*, p.271)에 "부모, 병자, 법사, 최후생보살이 비록 깨우친 이 아닐지라도 베푼 과가 또한 헤아리기 어렵다. 父母病法師 最後生菩薩 設非證聖者 施果亦無量 mātṛ-pitṛ-glāna-dhārmakathikebhyo 'ntya-janmane bodhisattvāya cāmeyā anāryebhyo'pi dakṣiṇā", 원측(圓測)의 『해심밀경소』 권1(한불전1, p.165b24)에

"일생소계보살은 도솔타로 들어가고, 최후생보살도 도솔타천에 머문다. 一生所繫菩薩 入兜率陀 最後生菩薩 住兜率陀"라고 하였다. [참고문헌]『華嚴經』, 『俱舍論』, 『解深密經疏』, 『無量壽經記』 권상(卍속장32, p.397b13), *Abh-k-bh.* ⇨ 일생보처보살 一生補處菩薩

최후신 最後身 Ⓢ antima-deha, Ⓟ antimaṃ deha, antima-sārīra. 생사하는 마지막 몸. 욕계(欲界)에 나서 성도를 성취하여 생사를 끝내기에 마지막 몸이라 한다. 아라한(阿羅漢) 또는 제8지 이상의 보살을 가리킨다. 최후유(最後有 Ⓢ carama-bhavika)·최후신보살(最後身菩薩)·석가보살(釋迦菩薩) 등이라고도 한다. 『중아함경』 권14 「대선견왕경 大善見王經」(대정장1, p.518b26)에 "아난이여! 나는 지금 최후생이고 최후유이며 최후신이고 최후형이며 최후아를 얻었으니, 나는 이를 괴로움의 끝이라 한다. 阿難 我今最後生 最後有 最後身 最後形 得最後我 我說是苦邊", 『순정리론』 권38(대정장29, p.556a23)에 "바라문이여! 마땅히 알아야 한다. 나는 무량겁 동안 온갖 순정행을 닦았고 무량한 생사를 거쳐 지금 최후신에 이르러서는 때문은 번뇌와 독화살을 여의어 위없는 깨달음을 증득하였으니, 그렇기에 나를 불타라 부른다. 婆羅門當知 我於無量劫 修諸純淨行 經無量死生 今於最後身 離塵垢毒箭 證得無上覺 故我名佛陀", 『섭대승론석』 권10(대정장31, p.379a20)에 "또 보살들이 삼무수겁을 부지런히 복혜를 닦고서도 악설선설과 그릇된 고행의 일에 대해 바르게 알 수 없었다고 하면, 최후신으로 보리를 증득할 때 어떻게 단박에 깨달을 수 있었겠는가? 이러한 도리로 인해 이는 변화신이지 자성신은 아니다. 또 보살들이 백구지의 온갖 섬부주를 버리고 단지 한 곳에서 등정각을 성취하여 정법륜을 굴리셨다고 하면 도리에 맞지 않다. 만약 변화신이 일체처에 가득해 동시에 나타나 교화한다 해야 바른 도리다. 따라서 변화신이지 자성신은 아니다. 又諸菩薩 三無數劫 勤修福慧 不能正知 惡說善說 邪苦行事 於最後身 證菩提時 何能頓悟 由此道理 是變化身 非自性身 又諸菩薩 捨百拘胝 諸贍部洲 但於一處 成等正覺 轉正法輪 不應道理 若變化身 遍一切處 同時現化 應正道理 故變化身 非自性身", 『유가론기』 권9(대정장42, p.517c15·한불전13, p.726b1)에 "규기는 '도사다천에 머무는 보살은 오직 이곳에 나서 이곳에서 한 번의 생이 다하기에 일생보처라 한다. 또한 최후신이란 이미 욕계에 나서 곧 이 몸으로 성도함을 말한다. 이번의 몸이 생사의 몸 중 최후로 있는 것이기에 최후신이라 한다'라고 하였다. 基云 謂住覩史多天 唯有此生 盡此一生 名一生補處 或最後身者 謂已生欲界 卽此身成道 此身爲生死身 最後有故 名最後身", 『대승법원의림장』 권7(대정장45, p.365b18)에 "7지 이전을 일생소계(一生所繫 : 一生補處)라 하고, 8지 이상을 최후신이라 하니 다시 나는 일이 없기 때문이다. … 관세음보살의 몸은 최후신이다. 七地以前 名一生繫 八地以後 名最後身 更無生故 … 觀音之身 名最後身"라고 하였다. [참고문헌]『中阿含經』, 『順正理論』, 『攝大乘論釋』, 『瑜伽論記』, 『大乘法苑義林章』, *SN.2.278.*, *AN.2.37.* ⇨ 석가보살 釋迦菩薩, 최후유 最後有, 일생소계 一生所繫, 일생보처 一生補處

최후신보살 最後身菩薩 Ⓢ carama-bhaviko bodhisattva. 마지막으로 몸을 받은 보살. 석가보살(釋迦菩薩)을 말한다. 최후유보살(最後有菩薩)·후신보살(後身菩薩)·최후신(最後身)이라고도 한다. 『대보적경』 권19(대정장11, p.104b26)에 "사리불이여! 최후신보살마하살에는 다음과 같은 서상이 있다. 사리불이여! 비유하면 어떤 비구가 온갖 신통을 갖추고서 궁전 안에 들어갈 때 마치 허공에 처하는 듯 모든 위의에 어떤 장애도 없는 것과 같다. 저 후신보살도 이와 같이 비록 모태에 머물더라도 허공에 머물 듯 일체태중의 어떤 부정도 물들이지 못하며 악취와 더러운 기운마저도 그에게 미치지 못한다. 舍利弗 最後身菩薩摩訶薩有如是瑞相 舍利弗 譬如比丘 具諸神足 入宮殿內 猶處虛空 住諸威儀 皆無障礙 彼後身菩薩 亦復如是 雖在母胎 而住虛空 一切胎垢不淨 不能汚染 臭穢之氣 彼亦不聞", 『대비바사론』 권171(대정장27, p.863c18)에 "어떤 이는 '네 번째 입태야말로 최후신보살이니 도사다천에서 죽어 정반왕의 궁에 하생할 때이고, 세 번째 입태는 일생소계보살에 해당하니 섬부주에서 죽어 도사다천에 날 때이다'라고 하였다. 有說 第四入胎是最後身菩薩 謂從覩史多天歿下生淨飯王宮時 第三入胎是一生所繫菩薩 謂當從贍部洲歿 生覩史多天時", 『구사론기』 권5(대정장41, p.103b2)에 "최후신보살이란 왕궁에 때어난 몸이다. 반드시 성불하기로 결정되어 있지만 해야 할 일을 아직 다 이룬 것은 아니기 때문이다. 또 이 보살의 어머니가 보살을 태에 품었을 때 보살의 복력으로 인해 그 어머니 해를 입는 일이 없다. 最後身菩薩 謂王宮所生身也 必定成佛 所作未辦故 及此菩薩母懷菩薩胎時 菩薩福力故令母無損"라고 하였다. [참고문헌]『大寶積經』, 『大毘婆沙論』, 『俱舍論記』, *Abh-k-bh.119.* ⇨ 석가보살 釋迦菩薩, 최후신 最後身, 최후유보살 最後有菩薩, 일생소계보살 一生所繫菩薩

최후심 最後心 Ⓢ caramaṃ cittam, Ⓣ sems-tha-ma. 마지막 찰나의 심. 최후념(最後念)·최후념심(最後念心)·말심(末心)이라고도 한다. 『대비바사론』 권32(대정장27, p.167a28)에 "[답] 무색계의 아라한이 최후심에 머물 때 비택멸을 성취하는 일이 가장 많은데, 이는 일체색법이 현행하지 않기 때문이다. 答 無色界 阿羅漢住最後心時 成就非擇滅最多 一切色法不現行故", 같은 책 권191(대정장27, p.954a11)에 "〔문〕 아라한의 최후심은 무엇을 소연으로 하는가? … 대덕께서 설하길 '아라한의 최후심으로 연하여 보고 듣고 깨우쳐 아는 경계 저 마음은 이숙생 자체로 거둔다. 앞선 업행 다했기에 자연히 끊어져 사라진다. 마치 도공의 물레가 세력이 다하면 곧 멈추는 것과 같다'. 問 阿羅漢最後心爲何所緣耶 … 大德說曰 阿羅漢最後心緣所見聞覺知境 以彼心是異熟生自體所攝 由先業行盡故自然斷滅 如陶家輪勢極則止", 『구사론』 권7(대정장29, p.37a10)에 "모든 아라한들의 최후의 심과 심소는 어떤 까닭으로 등무간연이 아니라고 하는가? 또 다른 심 등이 이것을 상속해서 일어나는 일이 없기 때문이다. 어찌하여 이와 같이 무간에 사라지는 심도 의라 하는가? 후심과 무간의식이 이미 생겨나지 않는다면, 그 아라한의 최후의 심과 심소를 의라 해서는 안 될 것이다. (그렇지 않으니) 의란 바로 (의식의) 소의로 나타낸 것이지 작용으로 나타낸 것이 아니다. 이 아라한의 최후의 심에는 의지하는 것으로서 나머지 연들은 사라져 없기에 이후의 식은 생겨나지 않는다. 諸阿羅漢最後心心所 何緣故說 非等無間緣 無餘心等 續此起故 豈不如是無間滅心 亦名爲意 後心無間識旣不生 應不名意 意是依所顯 非作用所顯 此最後心 有所依義 餘緣闕故 後識不生"라고 하였다. 〔참고문헌〕 『大毘婆沙論』, 『俱舍論』, *Abh-k-bh.12 · 99.*

최후십념 最後十念 임종의 때에 임해 마지막으로 아미타불을 열 번 외우는 일. 임종십념(臨終十念)이라고도 한다. 『유심안락도』(대정장47, p.117c28 · 한불전1, p.577c3)에 "삼승성인 및 지전삼현과 아울러 이승칠방편, 발심한 이후의 가명보살, 내지는 방편도 이전, 사중남녀, 무근과 이근, 용과 귀신 등의 팔부에 이르기까지 다만 능히 보리심 내고 오로지 아미타불만 염하며 예찰을 염오하고 정토를 기쁜 마음으로 바라되 임종의 때에 정념이 현전하면, 모두 왕생을 얻는다. 용맹정진으로 관행이 분명하고 임종최후에도 마음이 어지럽지 않으니 아울러 상품으로 왕생하고, 이내 임종에 이르러 최후의 십념이 상속하여 앞에 나타나면 하품으로 왕생한다. 三乘聖人 及地前三賢 並二乘七方便 發心以去 假名菩薩 乃至方便道前 四衆男女 無根二根 至於龍鬼八部 但能發菩提心 專念阿彌陀佛 厭惡穢刹 欣樂淨土 臨命終時 正念現前者 皆得往生也 若勇猛精進 觀行分明 臨終最後 心不亂者 並得上生 乃至臨終 最後十念相續 現在前者 得下品"라고 하였다. 〔참고문헌〕 『遊心安樂道』, 『淨土論』 권상(대정장47, p.88b10). ⇨ 십념 十念 ❷

최후어 最後語 명대 영각원현(永覺元賢) 지음. 시자 전선(傳善) 편집. 청대 1657년(순치14) 간행. 2권. 영각원현 최후의 시중(示衆) 법어. 『고산영각화상최후어 鼓山永覺和尙最後語』라고도 한다. 권상은 상당(上堂) · 소참(小參) · 불사(佛事) · 법어(法語) · 게(偈)로 구성되어 있고, 권하에는 찬(贊) · 서(書) · 서명(序銘) · 소(疏) · 시(詩)와 함께 임지번(林之蕃)이 지은 「행업곡기 行業曲記」가 실려 있다.

최후위 最後位 Ⓢ anta, paścima. 어떤 법의 자성이 찰나찰나 생멸해 이어가다 맞이하는 마지막 순간의 때. 『구사론』 권5(대정장29, p.29b13 : *Abh-k-bh.*, p.81)에 "어떻게 과거 온갖 표업들의 찰나를 기다려 최후 표업의 찰나에 능히 무표업이 생겨난다고 할 수 있는가? 만약 그렇다고 한다면 최후위의 소리로 이름이 생겨나는 것이니, 단지 최후의 소리만을 듣고서도 능히 뜻을 이해할 수 있어야 할 것이다. 云何待過去諸表刹那 最後表刹那能生無表 若爾最後位聲乃生名 但聞最後聲應能了義 kathaṃ tāvad-atītāpekṣaḥ paścimo vijñaptikṣaṇa utpādayaty-avijñaptim. evaṃ tarhi paścima eva de nāmna utpādādyo 'pi tam-eva-ekam śṛṇoti so 'py-arthaṃ pratipadyeta", 『대승아비달마잡집론』 권6(대정장31, p.721b6 : *Abh-s-bh.*, p.53)에 "'최후위에서 변괴를 얻을 수 있다'에 대해 풀이한다. 모든 색 등은 그 시작부터 자성을 떠나서 찰나찰나 변하고 무너진다. 최후위에서 타버리듯 변하고 무너진다는 것은 도리에 맞지 않다. 하지만 이 최후위에서는 가능한 일이다. 따라서 색 등은 자성을 그 시작 이래로 찰나찰나 변하고 무너지면서도 자류로 상속하는데 점차 더해 인을 삼기에 능히 최후의 거친 상들의 변하고 무너지는 것 이끌어 낸다. 이렇기에 색 등은 찰나찰나 생멸하는 것이다. 於最後位變壞可得者 謂諸色等 初離自性 念念變壞 於最後位 欻爾變壞 不應道理 然此可得 故知色等 從初已來 念念變壞 自類相續 漸增爲因 能引最後麤相變壞 是故色等 念念生滅 ante vikāropalabdhitām upādāya na hi pratikṣaṇaṃ prakṛtivikāritām-antareṇākasmiko rūpasyānte vikāro yuktaḥ sa copalabhyate tasmāt svāsāṃtānika-pratikṣaṇa-vikārābhivṛddhihetukatvād antyasya rūpavikārasya kṣaṇikam rūpam iti siddham"라고 하였다. 〔참고문헌〕 『俱舍論』, 『大乘阿毘達磨雜集論』, *Abh-k-bh.*, *Abh-s-bh.*

최후유 最後有 Ⓢ carama-bhava, carama-bhavika, paścime bhave, Ⓟ carima-bhava, Ⓣ srid-pa-tha-ma-pa. 마지막으로 생사의 삶을 영위하다. 현재의 몸에 의지해 무학과를 얻어 다시는 후유(後有)가 없기에 이렇게 말한다. 최후유보살(最後有菩薩) · 최후생(最後生) · 최후신(最後身) · 최후신보살(最後身菩薩)이라고도 한다. 『구사론』 권18(대정장29, p.96c13 : *Abh-k-bh.*, p.271)에 "최후유에 머물기에 최후생이라 한

다. 住最後有 名最後生 tatrāntyajanmā bodhisattvaścaramabhavikaḥ",『구사론기』권11(대정장41, p.191c21)에 "최후유란 이번의 몸에 의지해 반드시 무학과를 얻기에 이러한 의미에서 최후유라 한 것이다. 最後有 謂依此身定得無學 名最後有", 같은 책 권18(대정장41, p.285b20)에 "최후유에 머무는 것을 최후생이라 하는데 곧 왕궁에 나신 몸을 말한다. 住最後有 名最後生 卽是王宮所生身也",『유가사지론』권21(대정장30, p.399a28)에 "최후생으로 머물고 최후유로 머물며 최후신에 머무는 이는 이 몸에 의지해 반드시 열반을 얻는다. 住最後生 住最後有 住最後身 卽由此身 當得涅槃", 같은 책 권46(대정장30, p.549a18 : *Bodh-bh.*, p.203)에 "첫째로 한 생만이 얽힌다란 이 생이 끝나면 틈새없이 곧바로 무상정등보리를 증득하는 보살을 말하고, 둘째로 최후유에 머문다 하니 이 생에 머물러 능히 무상정등보리를 증득할 수 있는 보살을 말한다. 一者 一生所繫 謂此生無間當證無上正等菩提 二. 住最後有 謂卽住此生能證無上正等菩提 ekajātipratibaddho yasya janmano 'nantaramanuttarāṃ samyaksaṃbodhimabhisaṃbhotsyate. caramabhavikaśca tasminneva janmani sthito 'nuttarāṃ samyaksaṃbodhimabhisaṃbudhyate"라고 하였다. [참고문헌]『俱舍論』,『俱舍論記』,『瑜伽師地論』, *Abh-k-bh.*, *Bodh-bh.* ⇨ 최후신 最後身, 최후신보살 最後身菩薩

최후유보살 最後有菩薩 Ⓢ carama-bhavikāya bodhisattva, Ⓣ srid-pa-tha-ma-pa'i-byang-chub-sems-dpa'. 최후유의 보살. 마야(摩耶)부인에게 입태해 태어난 석존(釋尊)을 말한다. 석가보살(釋迦菩薩)·최후신(最後身)·최후신보살(最後身菩薩)이라고도 한다.『유가사지론』권19(대정장30, p.383c3)에 "부처님께서 최후유보살위에 머무심을 드러내 보일 때에는 앞서 획득한 서른두가지 대장부상과 여든 가지 수호로 원만 장엄한 미묘한 색신으로 태어나신다. 謂佛示現住最後有菩薩位時 先所獲得三十有二大丈夫相 八十隨好 圓滿莊嚴妙色身生",『유가론기』권3(대정장42, p.360a11·한불전13, p.160c16)에 "최후유보살을 때리는 것은 아버지를 살해하는 것과 같은 죄이다. 打最後有菩薩 是殺父類", 원측(圓測)의『해심밀경소』권9(한불전1, p.440b15)에 "[문] 어째서 바로 천상에서 성불하지 않고 인간계로 오신 것인가? [답] 최후유보살은 반드시 태를 받아 나지만 천취는 오직 화생이기 때문이다. 또 다음으로 인간과 천신은 모두 법을 받을 만하니 다 거두고자 하셨기에 인간계에 오신 것이다. 만약 천상에 계셨다면, 인간이 갈 수 없기 때문이다. 또 천상에서 성불한 다음에 인간계에 내려와 교화하시게 해서는 안 되니, 사람들은 부처님이 환술로 지은 것이라고 의심하며 법을 받지 않을 것이기 때문이다. 이에 보살은 인간을 따라 부처가 되셨다. 問 何故不卽天中成佛 而來人間耶 答 最後有菩薩 必受胎生 天趣一向 唯化生故 復次人天 並是法器 爲欲俱攝 故來人間 若在天上 人無由往 又不可令天上成佛來人間化 人當疑佛幻所作 不受法故 是以菩薩隨人間成佛"라고 하였다. [참고문헌]『瑜伽師地論』,『瑜伽論記』,『解深密經疏』, *Yogā-bh.186*. ⇨ 석가보살 釋迦菩薩, 최후신 最後身, 최후신보살 最後身菩薩, 최후유 最後有

최후찰나 最後刹那 몸을 버리고 목숨이 다하는 마지막 찰나. 40권본『화엄경』권40(대정장10, p.846c8)에 "이 사람이 목숨이 다하는 최후찰나에 임하면, 일체제근이 모두 흩어져 무너진다. 일체친속과 모두 헤어지며, 일체위세도 모두 잃는다. 보상대신, 궁성내외, 코끼리·말·수레 등의 탈것, 진보를 쟁여둔 창고 등 이 같은 일체가 다시는 서로 따르지 않는다. 是人臨命終時 最後刹那 一切諸根 悉皆散壞 一切親屬 悉皆捨離 一切威勢 悉皆退失 輔相大臣 宮城內外 象馬車乘 珍寶伏藏 如是一切 無復相隨", "오직 이 원왕만은 떠나지 않고, 일체시에 그 앞으로 인도한다. 한 찰나 중에 바로 왕생을 얻어 극락세계에 이르자마자 곧장 아미타불을 뵙는데, 문수사리보살·보현보살·관자재보살·미륵보살 등 이 모든 보살이 색상을 단엄하고 공덕을 갖추어 함께 둘러싼다. 唯此願王 不相捨離 於一切時 引導其前 一刹那中 卽得往生極樂世界 到已卽見 阿彌陀佛 文殊師利菩薩 普賢菩薩 觀自在菩薩 彌勒菩薩等 此諸菩薩 色相端嚴 功德具足 所共圍遶",『대비바사론』권3(대정장27, p.11a26)에 "아라한 최후찰나의 무루심을 출세제일법이라 한다. 阿羅漢最後刹那無漏心 名出世第一法",『대승광백론석론』권5(대정장30, p.213a11)에 "최후찰나에 이미 후념 없으니, 이를 이어 나더라도 응당 머무는 상은 없다. 그러므로 곧 법이 머무는 상 또한 없다. 最後刹那 旣無後念 續此而生 應無住相 是故卽法住相亦無"라고 하였다. [참고문헌]『華嚴經』,『大毘婆沙論』,『大乘廣百論釋論』,『樂邦文類』권1(대정장47, p.159b1). ⇨ 찰나 刹那

최후해탈도 最後解脫道 Ⓢ paścimo vimukti-mārga. 최후의 해탈도. 모든 번뇌를 끊어 다하여 진지(盡智)가 생겨나는 때를 말한다.『구사론』권24(대정장29, p.126c21 : *Abh-k-bh.*, p.365)에 "이 정은 이미 유정지 제9품의 번뇌 끊었기에 이러한 번뇌 다해서 얻고는 함께하는 진지를 능히 이끌어 일으킨다. 금강유정(金剛喩定)이야말로 번뇌를 끊는 중에 최후의 무간도로 일어난 진지여서 번뇌를 끊는 중에서는 최후의 해탈도이다. 此定旣能斷有頂地第九品惑 能引此惑盡得俱行盡智令起 金剛喩定是斷惑中 最後無間道所生 盡智是斷惑中最後解脫道 〈bhāṣya〉 yastvasau bhāvāgriko navamaḥ prakāra ukto yasya vajropamena prahāṇaṃ. 〈kārikā〉 tatkṣayāptyā kṣayajñānaṃ. 〈bhāṣya〉 tasya punarnavamasya prakārasya saha kṣayaprāptyā kṣayajñānamutpadyate. vajropamasamādheranantaraṃ paścimo vimuktimārgaḥ", 『대비바사론』 권129(대정장27, p.673c13)에 "욕계염을 버려서 최후의 무간도가 생겨난다. 바로 그때 고근 등의 세 가지는 끝내 마쳐 끊어 다한다. 최후의 해탈도일 때 이 보특가라는 반드시 불환과에 머물기 때문이다. … 비상비비상처의 염을 여의는 최후무간도가 생겨나는데 바로 그때에 사근과 세 가지 식은 끝내 마쳐 끊어 없어지며, 최후의 해탈도일 때 이 보특가라는 반드시 아라한과에 머문다. 以離欲界染 最後無間道生 爾時苦根等三 究竟斷盡 最後解脫道時 此補特伽羅 必住不還果故 … 離非想非非想處染 最後無間道生 爾時捨根三食 究竟斷盡 最後解脫道時 此補特伽羅 必住阿羅漢果"라고 하였다. 〔참고문헌〕『俱舍論』, 『大毘婆沙論』, *Abh-k-bh.* ⇨ 진지 盡智, 해탈도 解脫道, 금강유정 金剛喩定

최흠 最欽 ?~1870. 조선후기 스님. 호는 송암(松庵). 속성은 허(許)씨. 할아버지의 휘는 규(珪), 아버지의 휘는 주(珠). 어머니는 이씨다. 15세 때 능학(能學)을 은사로 하여 스님이 되었고, 이어 내전(內典)에 정통한 다음, 외전도 두루 열람하였다. 중년에 이르러 남악영오(南嶽暎梧)의 법을 이었으니 쌍운금화(雙運錦華)의 손제자요, 송매성원(松梅省遠)의 증손이며, 포월초민(抱月楚旻)의 현손(玄孫)이니 환성지안(喚醒志安)의 제5세 법손인 셈이다. 선교에 겸통하여 학인(學人)과 선객(禪客)을 두루 지도하다가 1870년(고종7) 4월 26일에 입적하였다. 강맥을 받은 제자로는 호성(虎惺)·긍준(肯俊)·화월(華月)·보간(普侃) 등이고, 선맥을 이어받은 제자는 륵암(勒庵)을 비롯하여 승속(緇白)에 20여 명이나 되었다. 〔참고문헌〕『東師列傳』 권4 「松庵大師傳」(한불전10, p.1039b13). ⇨ 지안 志安

선교양종송암당대선사최흠지진 문경 김룡사 조선후기

최흥효 崔興孝 조선전기 문신이자 서예가. 왕실에서 주도한 금사경(金寫經) 불사에 동참하였다. 『세종실록』 권9 2년(1420) 8월 11일 정미에 "직제학 성개·신장, 급제 최흥효에게 명하여 내불당에서 『법화경』을 금으로 베껴 써서 대비의 원을 따라 이루고자 하였다. 命直提學成槪 申檣及第崔興孝 金寫法華經于內佛堂 追成大妃之願也", 같은 책 권21 5년(1423) 9월 21일 기해에도 "전 판사 유계문, 전 사인 권맹손, 병조정랑 최흥효, 집현전 부교리 안지, 봉상소윤 고득종에게 명하여 문소전 불당에서 불경을 금으로 쓰게 하였는데, 신녕궁주신씨가 태종을 위하여 옮겨 복되게 하고자 하였기 때문이다. 命前判事柳季聞前舍人權孟孫兵曹正郎崔興孝集賢殿副校理安止奉常少尹高得宗 金書佛經于文昭殿佛堂 信寧宮主辛氏欲爲太宗薦福也", 『어우집』 권5 서(書)의 「답남도헌계헌서 答南都憲季獻書」에 "글씨 씀은 중국부터 동방에 이르기까지 최치원의 해서를 배웠고, 또한 장필·최흥효·김구·황기로 등의 초서를 널리 취하였다. 書自中國及東方 學崔致遠楷字 又博取張弼崔興孝金絿黃耆老草書"라고 하였다. 〔참고문헌〕『世宗實錄』, 『於于集』 권5(韓國文集叢刊63, p.411a8).

추 推 ■1 Ⓢ preraka, Ⓣ 'jug-byed. 밀쳐 일어나게 하거나 계속 나아가게 하다. 사(思)·작의(作意) 등과 상응하는 행온(行縕)의 특징이다. 책발(策發)이라고도 한다. 『변중변론』 권상(대정장31, p.465a22 : *Madhy-vibh.*, p.21)에 "〔송〕 처음의 하나인 즉 식을 연한다라 이름하고, 그 두 번째 받는 이라고 하니, 이 중에 능히 받아 쓰고 분별하여 밀치는 심소다. 〔논〕 연식이란 장식을 말하니 나머지 식이 일어나는 연이기 때문이다. 장식을 연으로 하여 일어나 구르는 식은 받아 쓰는 주가 되기에 수자라 한다. 이 모든 식 중에서 수란 능히 수용하고 상은 능히 분별하며 사와 작의 등으로 모든 상응하는 행은 능히 모든 식들을 밀쳐 움직인다. 이 세 가지로 마음을 돕기에 심소라 한다. 頌曰 一則名緣識 第二名受者 此中能受用 分別推心所 論曰 緣識者 謂藏識 是餘識生緣故 藏識爲緣 所生轉識 受用主故 名爲受者 此諸識中受能受用 想能分別 思作意等諸相應行 能推諸識 此三助心 故名心所 〈kārikā〉 ekaṃ pratyayavijñānaṃ dvitīyam aupabhogikaṃ, upabhogaparicchedaprerakās tatra caitasāḥ. 〈bhāṣya〉 ālayavijñānam anyeṣāṃ vijñānānāṃ pratyayatvāt pratyayavijñānaṃ. tatpratyayaṃ pravṛttivijñānam aupabhogikaṃ. upabhogo vedanā. paricchedaḥ saṃjñā. prerakāḥ saṃskārā vijñānasya cetanāmanaskārādayaḥ", 『섭대승론석』 권2(대정장31, p.390b12)에 "〔석〕 '제취'란 하늘 등의 취를 말한다. '능수용자'란 6전식으로 수용을 삼기 때문이며, 연을 좇아 나서 소연경계를 분별할 수 있기 때문이다. … '이것들 중에서'란 이 여러 식들 중에서라는 말이다. '능히 수용하는 것'이란 수온을 말하며, '능히 분별하는 것'이란 상온을 말하고, '능히 밀쳐내는 것'이란 행온을 말하는데, 사야말로 능히 마음을 밀쳐 내서 이렇게도 저렇게도 구르게 하는데 있어서 가장 뛰어나기 때문이다. 이와 같은 이 세 가지 온이 모두 '심을 돕는다'고 한 것이며, 경계를 수용하기에 심법이라 한다. 釋曰 諸趣謂天等趣 能受用者 卽六轉識爲受用故 從緣而生 所緣境界可分別故 … 言此中者 此諸識中 能受用者謂受蘊 能分別者謂想蘊 能推者謂行蘊 思能推心 於彼彼轉最勝故 說如是三蘊 皆能助心 受用境界 故名心法"라고 하였다. 〔참고문헌〕『辯中邊論』, 『攝大乘論釋』, *Madhy-vibh.*, *Mah-saṃ.13.* ❷ Ⓢ nitīraṇa, Ⓣ nges-rtog. 어떤 견해 즉 사견(邪見)이나 단견(斷見) 또는 계금취견(戒禁取見) 등을 결정해 밀어 부치는 것. 네 가지 전도(四轉倒)의 바탕이 되는 도·추·증(倒推增) 중에 하나다. 『구사론』 권19(대정장29, p.100b25 : *Abh-k-bh.*, p.283)에 "네 가지 전도 스스로의 바탕이란 세 가지 견을 쫓아 오직 뒤치고 밀고 한층 더하기 때문이다. 四顚倒自體 謂從於三見 唯倒推增故 dṛṣṭitrayādviparyāsacatuṣkaṃ, nitīraṇāt samāropāt", 『아비담심론경』 권5(대정장28, p.863b18)에 "〔문〕 무엇이 증상견인가? 〔답〕 밀쳐 세우고 일향에 뒤집는 것이다. … 사견도 단견도 비록 밀어 미치게 해서 일향에 뒤집는 것이지만 일을 무너지게 해서 뒤칠 뿐이기에 건립은 아니고, 계금취견은 밀어 건립하기는 하지만 일향에 전도는 아니다. 問曰 誰增上 答曰 推建立一向顚倒 … 邪見斷見雖推及一向倒 壞事轉非建立 戒取推建立 非一向顚倒"라고 하였다. 〔참고문헌〕『俱舍論』, 『阿毘曇心論經』, *Abh-k-bh.* ⇨ 심사 尋思❶, 추탁 推度

추 犓 거친 것. 추(麤)와 같다. 『요당유일어록』 권2(卍속장123, p.918a4)에 "거친 말이나 세밀한 말이나 모두 제일의로 돌아가지만, 제일의를 일컬을 것 같으면, 납승문하에서는 바로 여염집 사람을 속여 으르는 것이다. 犓言及細語 皆歸第一義 若謂第一義 衲僧門下 正是誑嚇閭閻"라고 하였다. 〔참고문헌〕『了堂惟一語錄』, 『楞伽經精解評林』(卍속장91, p.407b14). ⇨ 추 麤

추 椎 나무망치. 상당(上堂)·재죽(齋粥)·하당(下堂) 등의 때에 때 쳐서 대중에게 알리기 위한 법구(法具)의 하나이다. 추(槌·鎚)라고도 한다. 『선림상기전』 권27(대장경보편19, p.741a11)에 "추 : 『정자통』에 이르길 '추는 직과 회를 반절하였으며 음은 추이다. 물건을 치는 도구인데 세속에서는 추(槌·鎚)라고 하며 『집운』에서는 퇴(桘)라고 하였다'. 椎 正字通云 椎直回切 音錘 擊物具 俗作槌鎚 集韻作桘", "「법기장」에 이르길 '추 : 밥과 죽 공양하는 두 때에 승당 안에서 발우 열거나 염불하거나 시식게 외우거나 음식을 나눌 때나 재시할 때나 대중에게 알릴 때 모두 치는데 유나가 주관한다. 공양 끝나고 승당 나갈 땐 성승시자가 친다'. 又法器章云 椎 齋粥二時 僧堂內 開鉢 念佛 唱食 遍食 施財 白衆 皆鳴之 維那主之 下堂時 聖僧侍者 鳴之", "『연등회요』 「등은봉선사장」에 이르길 '등은봉이 양주 파위의당에서 속옷만 입은 채 다듬잇돌과 추 옆에 서서 추 집어 들고 말하길 「제대로 말한다면 치지 않겠다」. 대중 침묵하자 등은봉 문득 한 번 내리쳤다'. 聯燈會要 鄧隱峯禪師章云 師在襄州破威儀堂 只著襯衣 於砧槌邊立 拈起槌云 道得卽不打 衆默然 師便打一下", "『오가정종찬』에서 대통선본선사 찬하길 '실마리 없는 곳에서 팔모진 추 내던졌다', 이에 대해 '추를 팔각으로 만드는데 수미산의 팔방을 본떴기 때문이다'라고 풀었다. 도충 말하길 '수미산이 추가 된다는 말 있어 이 설이 지어졌다'. 正宗贊 大通本禪師贊曰 沒巴鼻處 抛出八稜槌 解者曰 造槌爲八角 像須彌八方也 忠曰 有須彌爲椎之語 故作此說"라고 하였다. 〔참고문헌〕『禪林象器箋』.

추 麤 Ⓢ audārika, Ⓟ oḷārika, Ⓣ rags-pa, che-long. 거칠어 미세하지 못한 것. 세(細 Ⓢ sūkṣma) 또는 묘(妙 Ⓢ praṇīta) 등과 맞선다. 세간의 혜를 추라 하고 계정혜 삼학의 출세간혜를 미묘혜라 하는 등 적정(寂靜)이 아닌 것의 뜻이며, 심경계(心境界)에서는 거친 번뇌와 분별을 뜻하는데, 육추(六麤) 등이고, 색경계(色境界)에서는 사대(四大)로 이루어진 법이나 몸을 뜻한다. 36권본 『대반열반경』 권18(대정장12, p.728a28)에 "모든 부처님 항상 부드럽게 말씀하시지만, 중생을 위하기에 거친 것도 설하시기도 하네. 거친 것 설하심과 부드러운 말씀 모두 제일의로 돌아가네. 諸佛常軟語 爲衆故說麤 麤說及軟言 皆歸第一義", 『유부율파승사』 권7(대정장24, p.136c6)에 "모든 있는 바 색이란 과거미래현재이고, 마음속이나 마음 밖이고, 거칠거나 미세하고, 뛰어나거나 용렬하고, 가깝거나 머니, 이와 같은 모든 색은 '나'이지도 않고 '나의 것'도 아니다. 諸所有色若過去未來現在 若內若外 若麤若細 若勝若劣 若近若遠如是諸色 非我我所", 『대지도론』 권6(대정장25, p.106a26)에 "세계의 온갖 혜를 거친 지혜라 하고, 보시와 지계와 선정을 미묘혜라 한다. 다시 보시라는 지는 거친 혜고, 계정이라는 지는 미묘혜라 한다. 世界巧慧 是名麤智慧 行施戒定 是名微妙慧 復次 布施智 是爲麤慧 戒定智 是名微妙慧", 같은 책 권39(대정장25, p.346a11)에 "〔문〕 어떠한 것이 몸과 입과 마음의 세업과 서로 어긋나므로 거칠다고 하는가? 〔답〕 앞에서 말한 것과 같은 것이 그것이다. 또 범부중생의 업은 성문의 업보다 거칠고, 성문의 업은 대승의 업보다 거칠다. 問曰 何等身口意細業 與相違者爲麤 答曰 如前所說者是 復次 凡夫人業於聲聞業爲麤 聲聞業於大乘爲麤", 같은 책 권41(대정장25, p.358b26)에 "뭇 미진법이 화합하기에 거친 법이 생하니, 저 미진이 화합하여 거친 색이 있는 것과 같다. 이를 법바라섭제(法波羅聶提 : 法假名)라 한다.

법을 좇아 법이 있기에 이런 거친 법의 화합이 있게 되면 이름과 글자 생겨난다. 저 능히 비추고 능히 태울 수 있는 불이라는 것이 있어 이름과 글자 생겨나는 것과 같다. 명색이 있기에 사람이라 하니, 이때 명색은 법이고 사람은 임시의 이름이다. 衆微塵法和合故 有麤法生 如微塵和合故 有麤色 是名法波羅聶提 從法有法故 是麤法和合 有名字生 如能照能燒 有火名字生 名色有故爲人 名色是法 人是假名", 『구사론』 권24 「분별현성품 分別賢聖品」(대정장29, p.127c23 : *Abh-k-bh.*, p.368)에 "적정이 아니어서 설하여 추라 하니, 큰 노력을 기울여야 뛰어넘을 수 있기 때문이다. 미묘함이 아니기에 설하여 고(苦)라 하니, 허다히 추중이 많은 것으로 말미암아 어기고 침해할 수 있기 때문이다. 非寂靜故 說名爲麤 由大劬勞 方能越故 非美妙故 說名爲苦 由多麤重 能違害故 aśāntatvād-audarikato mahābhisaṃskārataratvāt. apraṇītatvāt duḥkhilato bahudauṣṭhulyataratvena pratikūlabhāvāt", 『대승기신론』(대정장32, p.577c26)에 "생멸상 분별함에 두 가지가 있다. 무엇이 그 둘인가? 첫 번째는 추이니, 마음과 더불어 상응한다. 두 번째는 세이니, 마음과 더불어 상응하지 않는다. 또 추중추는 범부경계고, 추중세 또는 세중추는 보살경계며, 세중세야말로 불경계다. 分別生滅相者 有二種 云何爲二 一者麤 與心相應故 二者細 與心不相應故 又麤中之麤 凡夫境界 麤中之細 及細中之麤 菩薩境界 細中之細 是佛境界", 『법화현의』 권2(대정장33, p.697b29)에 "거침 깨뜨려 묘함 드러냄은 앞의 씀에 있어 상대묘고, 거침 열어 묘함 드러냄은 씀에 있어 앞의 절대묘다. 若破麤顯妙 卽用上相待妙 若開麤顯妙 卽用上絶待妙", 『임제록』(대정장47, p.498c12)에 "거칠게는 지수화풍에게 당하고, 미세하게는 생주이멸 사상으로 핍박받는다. 麤則被地水火風 細則被生住異滅 四相所逼"라고 하였다. 〔참고문헌〕『大般涅槃經』, 『有部律破僧事』, 『大智度論』, 『俱舍論』, 『大乘起信論』, 『法華玄義』, 『臨濟錄』, *Abh-k-bh.*, *Vin.1.14.* ⇨ 세 細[1], 삼세육추 三細六麤

추개하관침봉 墜芥下貫針鋒 도리천(忉利天)에서 떨어뜨린 겨자씨 염부제(閻浮提)에 세워둔 바늘에 꿰이다. 침개상투(針芥相投)라고 한다. 『마하지관』 권5(대정장46, p.56c21)에 "눈먼 거북은 어쩌다가 올라와 물 위로 떠도는 나무구멍 만나고, 떨어뜨린 겨자는 어찌 바늘 끝에 꿰일 수 있는가. 盲龜何由上値浮孔 墜芥豈得下貫針鋒"라고 하였다. 〔참고문헌〕『摩訶止觀』. ⇨ 침개상투 針芥相投, 맹귀우목 盲龜遇木

추건 樞鍵 지도리와 열쇠. 『삼론현의』(대정장45, p.4c8)에 "문선왕(蕭子良)은 늘 대승경론을 도를 밟아가는 나루이자 정법의 추건으로 여겼다. 후생들이 본을 버리고 말을 받들자 제법사들에게 이 『성실론』의 초(抄)를 청하여 아홉 권으로 만들고, 주옹에게 서 짓기를 명하였다. 오직 소론만 퍼져 대승업을 폐할까봐 걱정해서다. 文宣王每以大乘經論 爲履道之津涯 正法之樞鍵 而後生棄本崇末 卽請諸法師 抄此成實 以爲九卷 命周顒作序 恐專弘小論 廢大乘業"라고 하였다. 〔참고문헌〕『三論玄義』, 『法華玄義釋籤』 권4(대정장33, p.838c29).

추검 推撿 미루어 살피다. 『대보적경』 권77 「부루나회 富樓那會」(대정장11, p.440b19)에 "눈이라 하는 것 지금 마땅히 이제 미루어 살피고, 이비설신의도 지금 미루어 살펴보니 (眼은) 법에 있어 탐해 받을 것이라곤 없다. 왜인가? 받을 법 있다면 고뇌가 나고, 고뇌가 나기에 즐거움이 없다. 이런 고로 부루나여, 법에 대해 받음이 있으면 모두 고뇌를 받으리니, 저 고뇌 받으면 고를 여의지 못한다. 眼者今當推撿 耳鼻舌身意 今當推撿 於法無所貪受 何以故 若有受法 則生苦惱 苦惱生故 則無有樂 是故富樓那 於法有受 皆受苦惱 若受苦惱 則不離苦", 『대승광백론석론』 권4 「파시품 破時品」(대정장30, p.206a22)에 "이와 같은 뜻으로 그대의 종을 추검하겠다. 삼세가 무상하여 도무지 볼 것이라곤 없는데, 어찌 현재의 수승한 무상이라는 것이 있겠는가? 계경에서 '어찌 하물며 현재이랴'라 하였다. 如是以理 推撿汝宗 三世無常 都不可見 有何現在 殊勝無常 而契經言 何況現在"라고 하였다. 〔참고문헌〕『大寶積經』, 『大乘廣百論釋論』, 『止觀輔行傳弘決』 권2(대정장46, p.207b27). ⇨ 추 推

추격 推擊 밀쳐 치다. 추(推)는 추(椎)로도 쓴다. 『법원주림』 권40(대정장53, p.598c10)에 "만약 이것 불사리라면 쳐도 부서지지 않겠지만, 만약 이것이 제자의 사리라면 힘주어 치면 바로 깨진다. 若是佛舍利 椎打不碎 若是弟子舍利 推擊便破矣", 『법화현찬』 권9(대정장34, p.815c3)에 "추는 격이다. 推 擊也"라고 하였다. 〔참고문헌〕『法苑珠林』, 『法華玄贊』, 『大樓炭經』 권6(대정장1, p.308b29). ⇨ 사리 舍利[1]

추격묘희 椎擊妙喜 추 울려 묘희세계 부수다. 운문문언(雲門文偃)의 화두다. 추(椎)는 추(搥)로도 쓴다. 『조정사원』 권1(卍속장113, p.25a16)에 "추격묘희 : 운문이 하루는 건추 치는 소리에 '묘희세계가 산산이 부서졌으니 탁발하러 호남성 가서 죽이나 먹세' 하였다. 椎擊妙喜 雲門一日 聞打椎聲 妙喜世界百雜碎 托鉢向湖南城裏喫粥", 『감휴어록』 권2(가흥장37, p.204c9)에 "법좌에 오르자 학인이 물었다. '추 울려 묘희세계 산산이 부수는 이가 어째서 처처로 발우 들고 떠도시는지요?' '흐름 따라 묘를 얻을 뿐'. 학인이 절 올리자 '함부로 선하는 이들이 삼씨나 좁쌀처럼 많구나' 하고는 이어서 '텅 비고 그윽하며 잠긴 듯 고요하고 확트여 끝 없다. 백억 수미산 연뿌리 구멍 속에 감추고, 대천찰토는 초명 눈썹 위에 있네. 거두고 폄에 자재하니 이리저리 무엇인들 얽매리오. 만나는 곳마다 막힘없이 그러하고 연 따르지만 변한 일 없네'. 上堂 問 搥擊妙喜世界 百摻碎底人 爲甚麽 處處解持缽 師云 隨流得妙 僧禮拜 師云 杜撰禪和 如麻似粟 乃云 虛玄湛寂 廓爾無垠 藏百億須彌 於藕絲孔中 置大千刹土 於蟭螟睫上 卷舒自在 任運何拘 觸處洞然 隨緣不變"라고 하였다. [참고문헌]『祖庭事苑』,『慈休語錄』. ⇨ 동방묘희세계 東方妙喜世界

추견 抽牽 밀기도 당기기도 하며 마음대로 하다.『임제록』(대정장47, p.497a18)에 "'무엇이 세 번째 구입니까?' '상자 안 꼭두각시놀이를 살펴보면 밀고 당김은 모두 숨어있는 사람에게 의지한다'. 問 如何是第三句 師云 看取棚頭弄傀儡 抽牽都藉裏頭人",『능엄경관심정해』권6(卍속장23, p.908a8)에 "단 하나 기틀이란 환사 수중에 든 줄과 같고 일정명을 비유한다. 실이 움직이면 허깨비의 손발이 모두 움직인다. 추란 밀고 당김이다. 一機者 幻師手中所提線索 喩一精明 若線動則幻人手足皆動 抽者抽牽也",『종용록』54칙 「평창 評唱」(대정장48, p.262a14)에 "등 뒤로 손을 뻗어 베개를 찾는 이는 어떤 사람인가? 꼭두각시 상자 안에는 반드시 줄로 조종하는 이가 있다. 背手摸枕底是甚麽人 傀儡棚中 必有抽牽線索者"라고 하였다. [참고문헌]『臨濟錄』,『楞嚴經觀心定解』,『從容錄』. ⇨ 일정명 一精明

추계 秋溪 1614~1689. 조선후기 전라북도 완주군 소양면 대흥리 추줄산(崷崒山) 쌍계사(雙磎寺) 스님. 유문(有文)의 법호이다. ⇨ 유문 有文

추계 麤戒 소승계(小乘戒)를 가리키는 말. 대승계인 묘계(妙戒)와 맞선다.『능엄경정맥소』권5(卍속장18, p.612b12)에 "부처님의 가르침과 계를 받든다 한 것은 곧 250조의 성문계를 받음이고, 이와 같이 아래라 한 것은 곧 보살계다. 사람들은 파리의 위가 성문에 거하므로 추계만을 잡았다고 알지만, 이제 스스로 펴서 이에 끝내 보살의 팔만미세계품에까지 이르므로, 족히 이것이야말로 대보살의 시현임을 알 수 있다. 承佛教戒 卽授二百五十條聲聞戒也 如是下 卽菩薩戒 人知波離位居聲聞 但秉麤戒 今自敘乃極至菩薩八萬微細戒品 足知是大菩薩示現也"라고 하였다. [참고문헌]『楞嚴經正脈疏』. ⇨ 묘계 妙戒, 성문계 聲聞戒, 보살계 菩薩戒

추계 麤界 보다 거친 계. 상대어는 세계(細界)다.『사리불아비담론』권7(대정장28, p.577a19)에 "무엇이 추계인가? 만약 어떤 법이 욕계에 얽히거나 색계에 얽혀 있다면 추계라 한다. … 또 다시 추계란 만약 어떤 법이 욕계에 얽혀 있거나 색계에 얽혀 있거나 공무변처에 얽혀 있거나 식무변처에 얽혀 있거나 무소유처에 얽혀 있다면 추계라 한다. 云何麤界 若法欲界繫色界繫 是名麤界 … 復次麤界 若法欲界繫 若色界繫 若空處繫 若識處繫 若不用處繫 是名麤界",『대비바사론』권107(대정장27, p.556a28)에 "또한 다시 욕계가 추계이면 색계와 무색계는 세계이니, 추계법 싫어한다고 해서 세계의 번뇌를 끊을 수 없기 때문이다. 復次欲界是麤 色無色界是細 非厭麤界法能斷細界結故", 같은 책 권147(대정장27, p.752a21)에 "어떤 이는 '욕계는 추계이고 색계와 무색계는 세계이니, 추계의 법을 연해서는 세계의 염오를 여윌 수 없다' 하였다. … 색계는 추계이고 무색계는 세계이니 추계법을 연해서는 세계의 염오를 여윌 수 없다. 有說 欲界是麤界 色無色界是細界 非緣麤界法能離細界染 … 色界是麤界 無色界是細界 非緣麤界法能離細界染"라고 하였다. [참고문헌]『舍利弗阿毘曇論』,『大毘婆沙論』. ⇨ 세계 細界

추고 麤苦 거친 고. 욕계(欲界)의 괴로움을 말한다.『대비바사론』권83(대정장27, p.428a28)에 "(존자 世友는) 또 이렇게 설하셨다. '비(悲)라 하면 다만 추고로 고통받는 유정을 반연할 뿐이고, 대비라 하면 추고와 세고로 고통받는 유정을 반연한다'. 復作是說 悲但緣麤苦所苦有情 大悲緣麤細苦所苦有情",『순정리론』권79(대정장29, p.770c5)에 "고통 여의고자 하는 법은 비와 더불어 상사하니, 비야말로 괴로움을 없애주려는 행상을 지어 일어나기 때문이다. 색신은 능히 거친 고통을 일으키는 인을 짓기도 하는데 몸이 있어 문득 머리가 잘리는 일 등이 있게 된다. 공무변처의 근분에서 색신을 싫어해 떠난다는 것은 이 때문이다. 求離苦法與悲相似 悲作拔苦行相轉故 色身能作麤苦生因 有身便有斷首等故 空處近分厭離色身故"라고 하였다. [참고문헌]『大毘婆沙論』,『順正理論』. ⇨ 세고 細苦, 고 苦

추고장 麤苦障 Ⓢ audārikato duḥkhilataḥ sthūlabhittikatas. 거칠고 고통스러우며 장애하는 것. 유루(有漏)의 육행관(六行觀) 때 하지(下地)나 자지(自地)의 유루법(有漏法)에 대해 짓는 세 가지 행상(行相)이다. 적정하지 않기에 추(非寂靜故 說名爲麤 Ⓢ aśāntatvād-audarikato), 미묘하지 않기에 고(非美妙故 說名爲苦 Ⓢ apraṇītatvāt duḥkhilato), 벗어나지 못하게 하기에 장(非出離故 說名爲障 Ⓢ sthūlabhittikatastayaiva)이라 한다. 정묘리(靜妙離 Ⓢ śānta-praṇīta-niḥsaraṇa)에 대칭한다.『대비바사론』권163(대정장27, p.823c19)에 "순주분이란 능히 하지를 추고장이라고 관하면서 염리하여 등지고, 스스로의 지에서는 정묘리

라고 관하면서 즐거이 안주하는 것을 말한다. 순승진분이란 스스로의 지를 추고장이라고 관하면서 싫어해 등지고 상지만이 정묘리라고 관하면서 기뻐하는 것이다. 順住分者 能觀下地 爲麤苦障 而生厭背 能觀自地 爲靜妙離 而樂安住 順勝進分者 能觀自地 爲麤苦障 而生厭背 能觀上地 爲靜妙離 而生欣樂"라고 하였다. 〔참고문헌〕『大毘婆沙論』, 『俱舍論』 권24(대정장29, p.127c23), *Abh-k-bh.368.* ⇨ 정묘리 靜妙離, 육행관 六行觀

추곡 秋谷 조선후기 처호(處湖)의 법호. ⇨ 처호 處湖

추공귀본 推功歸本 공을 미루어서 본래로 돌아가다. 『금강반야경찬술』 권하(대정장33, p.149c8)에 "〔문〕 만약 그렇다면 앞에서 말한 '응화신은 진불이 아니고 또한 설법자도 아니다'라고 한 것은 무슨 이유인가? 〔답〕 그것은 공을 미루어 본으로 돌아간 것이어서, 요는 안으로 진설을 증하고 밖으로 가히 설할 수 있어야 한다. 법신을 불러내 설이 없다고 한 까닭은 진설이기 때문이다. 問 若爾者何故前言 應化非眞佛 亦非說法者耶 答 彼推功歸本故 要內證眞說 於外可能說 所以喚法身無說 是眞說也", 『법화현찬』 권1(대정장33, p.664c26)에 "응화신은 진불이 아니고 설법자도 아니라고 한 것은 공을 미루어 본으로 돌아간 것이니 바로 법신이다. 應化非眞佛 亦非說法者 推功歸本 卽法身也"라고 하였다. 〔참고문헌〕『金剛般若經贊述』, 『法華玄贊』.

추과 推過 사양하여 남에게 미루다. 『벽암록』 73칙 「본칙 本則」(대정장48, p.200c15)에 "학인이 마조에게 물었다. '사구를 떠나고 백비를 끊었으니, 청컨대 선사께서 저에게 조사 서쪽에서 온 뜻을 곧바로 가리켜 주시길 청합니다〈어디에서 이 화두를 얻었는가? 어디에서 이 소식을 얻었는가?〉' '오늘은 고단해서 그대 위해 말해줄 수 없다. 지장에게 가서 물어보라〈세 걸음 물러났는데 어긋난 줄도 모른다. 몸을 숨겼지만 그림자를 드러냈다. 이 노인네는 다른 사람에게 미루어 사양할 줄도 아는구나〉'. 擧 僧問馬大師 離四句絶百非 請師直指某甲西來意〈什麽處得這話頭來 那裏得這消息〉 馬師云 我今日勞倦 不能爲汝說 問取智藏去〈退身三步蹉過也不知 藏身露影 不妨是這老漢推過 與別人〉"라고 하였다. 〔참고문헌〕『碧巖錄』.

추과 麤果 Ⓢ audārika-phala. 거친 과. 눈으로 볼 수 있고(有見) 마주할 수 있으며(有對) 거친 바탕(大種)으로 만들어진 것. 현행하는 오취온(五取蘊) 등을 말한다. 『구사론』 권13(대정장29, p.70a26 : *Abh-k-bh.*, p.199)에 "〔논〕 무표업과 표업은 다른 대종에서 생겨난다. 왜 그러한가? 하나를 좇아 화합하기에 세과와 추과가 있다 하면 도리에 맞지 않기 때문이다. 論曰 無表與表 異大種生 所以者何 從一和合 有細麤果 不應理故 anyānyeva sā mahābhūtānyupādāyotpadyate. na hi saiva sāmagrī sukṣmaphalā caudārikaphālā ca yujyate", 『순정리론』 권47(대정장29, p.606a28)에 "〔논〕 자재천 등 인이 아닌 것에 대해 인이라고 헤아린다면, 그는 결코 깊은 이 뜻 관찰할 수 없을 것이다. 자재천 등은 온들로서의 추과일 뿐인 뜻에 대해 '이는 바로 상인 것이고 하나뿐인 것이며 아이고 짓는 이다'라고 그릇되게 말하고, 이것을 가장 머리라 여겨 드디어는 인이라고 붙드는 것이니, 그렇기에 이러한 집착은 견고소단이다. … 이것(계금취)은 또 어떤 이유에서 견고소단인가? 오직 고를 끊기 위해서 소와 같은 삶을 따르는(牛戒) 등을 연해야 한다고 보기에 단지 추과만을 저것의 인이라고 여긴다. 論曰 於自在等 非因計因 彼必不能觀察深理 但於自在等諸蘊麤果義 妄謂是常一我作者 此爲上首 方執爲因 是故此執 見苦所斷 … 此復何因見苦所斷 唯見苦所斷緣牛戒等故 但計麤果爲彼因故", 『구사론기』 권19(대정장41, p.300a5)에 "네 가지 전도는 오직 유류의 추과처에서 일으키는 견고소단임을 알아야 할 것이다. 應知四倒 唯於有漏麤果處起見苦所斷"라고 하였다. 〔참고문헌〕『俱舍論』, 『順正理論』, 『俱舍論記』, *Abh-k-bh.* ⇨ 오취온 五取蘊, 세과 細果 ❶

추관 推官 당(唐)의 관직 이름. 시비(是非)를 판단하는 검찰(檢察)에 해당한다. 절도사나 관찰사 아래의 관직이며 송대에는 군좌(郡佐)로 바뀌었다. 『앙산어록』(대정장47, p.584b9)에 "어떤 관리가 앙산선사를 방문했다. 선사가 물었다. '관에서는 어떤 지위입니까?' '추관입니다'. 앙산이 불자를 세워 들고 말했다. '이것을 미루어 볼 수 있습니까?' 관리가 답하지 못했다. 선사가 대중들에게 말하게 하였는데 모두 계합하지 못했다. 이때 삼성혜연이 몸이 좋지 않아 열반당에서 쉬고 있었다. 선사가 시자를 보내 한 마디 말씀을 청했다. 삼성이 말했다. '화상에게 오늘은 일이 있다고만 말씀드려라'. 앙산이 다시 시자를 보내서 무슨 일이 있느냐고 물었다. 삼성이 말했다. '두 번 범하는 것 받아들이지 못한다'. 有官人訪師 師問 官居何位 云 推官 師竪起拂子 云 還推得這箇麽 官人無對 師令衆下語 皆不契 時三聖不安 在涅槃堂內將息 師令侍者去請下語 三聖云 但道和尙今日有事 師又令侍者問 未審有甚麽事 三聖云 再犯不容"라고 하였다. 〔참고문헌〕『仰山慧寂』.

추광 麤獷 ❶ Ⓢ paruṣa, Ⓣ rtsub-pa. 거칠고 상스러운 것. 또는 그런 말. 『대지도론』 권8(대정장25, p.117b14)에 "지금 삼천대천세계의 잡되고 악한 중생들은 그 마음이 거칠고 사나워 선한 일이라고는 없었다. 그렇기에 세존께서 대지를 진동시켜 그 모두를 부드럽고 순하게 하여 마음에 이익을 얻게 하셨다. 今以是三千大千世界 雜惡衆生 其心麤獷 無有善事 是故世尊 動此大地 令皆柔軟 心得利益", 『백오십찬불송』(대정장32, p.760a19 : *Śata-śa.*, p.86)에 "유연한 말로든 거친 말로든 일 따라 중생을 교화하시는데, 성스런 지혜는 그 마음들에 걸림없이 해서 한 맛으로 평등하다. 柔軟及麤獷 隨事化衆生 聖智無礙心 一味皆平等 yac chlakṣṇaṃ yac ca paruṣaṃ yad vā tadubhayānvitam sarvam eva ikarasatāṃ vimarde yāti te vacaḥ"라고 하였다. 〔참고문헌〕『大智度論』, 『百五十讚佛頌』, *Śata-śa.* ⇨ 추광어 麤獷語 ❷ Ⓢ saṃrabdha, Ⓣ 'khrugs-pa. 말로 하는 허물인 언과(言過) 중 하나. 대론할 때 거칠고 난폭하게 하는 말이나 행동을 말한다. 『유가사지론』 권15(대정장30, p.359c27)에 "말로 엎드린다 하니, 가령 입론자가 대론자에게 굴복하는 것이니 … (이럴 때 입론자는 분발을 드러내는데) 분발을 드러낸다는 것은 거칠고 난폭하며 불손한 말 등으로 대론자를 배척하는 것을 말한다. … 말의 과실이란 입론자가 아홉 가지 과실로 그 말을 오염시키기에 말의 과실이라 한다. … (둘째) 추광이란 분발의 도거와 조급의 도거를 말한다. 言屈者 如立論者 爲對論者之所屈伏 … 現憤發者 謂以麤獷不遜等言 擯對論者 … 言過者 謂立論者 爲九種過 汚染其言 故名言過 … 麤獷者 謂憤發掉擧及躁急掉擧", 『대승아비달마잡집론』 권16(대정장31, p.772b11 : *Abh-s-bh.*, p.153)에 "추광이란 분노가 일어 갑자기 난폭해져서 언사가 조급해지는 것을 말한다. 麤獷者 謂憤發卒暴言詞躁急 saṃrabdhaṃ yatkopoddhavaṃ dravoddhavam"라고 하였다. 〔참고문헌〕『瑜伽師地論』, 『大乘阿毘達磨雜集論』, *Abh-s-bh.* ⇨ 언과 言過

추광어 麤獷語 Ⓢ karkaśa, paruṣa-vādita, Ⓟ pharusa vācā, pharusā vācā, Ⓣ rtsub-pa, rtsub-por-smra-ba. 거칠고 무례한 말. 세연어(細軟語)에 대칭한다. 『집이문족론』 권13(대정장26, p.422a11)에 "〔문〕 무엇을 추광어라 하는가? 〔답〕 가령 어떤 필추가 다른 필추에게 원한과 분노를 품고서 흉포한 악의를 일으켜 다음처럼 말하는 것이다. '그대가 이러한 죄를 범한 것이 아닌가? 그대는 악한 사문이고, 우둔한 사문이며, 부끄러워할 줄 모르는 사문이어서 조복이 어렵다. 그대는 이러한 모든 죄를 감춤 없이 자백해야 할 것이다'. 이와 같은 말을 추광어라 한다. 問 云何麤獷語 答 且如苾芻 於他苾芻 結恨憤發兇暴惡意 作如是言 汝見如是所犯罪不 汝是惡沙門 愚鈍沙門 無羞恥沙門 難調難伏 汝應陳首如是諸罪 勿有覆藏 彼如是語 名麤獷語", 『유가사지론』 권8(대정장30, p.316b16 : *Yogā-bh.*, p.177) 에 "추광어란 다른 이를 뇌란시키는 말이니, 고통스럽게 하기 때문이다. … 말이 거칠고 무례하니 법 아닌 말이라 한다. 麤獷語者 謂惱亂他言 發苦觸故 … 言麤獷故 名非法語者 karkaśā yā paraṃ pratikaṭukā duḥkhasaṃsparśāt … paruṣavāditayādharmavādī"라고 하였다. 〔참고문헌〕『集異門足論』, 『瑜伽師地論』, *Yogā-bh.*, *DN.1.4·3.69.* ⇨ 세연어 細軟語

추구 芻狗 지푸라기로 엮어 만든 개 모양. 제사 때 쓰고 끝나면 버린다. 노자(老子)의 『도덕경』 구절로 널리 인용된다. 『화엄경소초』 권31(대정장36, p.240b17)에 "『노자』에서는 '천지가 어질지 못하여 만물을 추구로 여긴다' 하고, 『앙굴마라경』에서는 '비유컨대 저 대지 사대 무겁게 짊어지고도 지침과 싫어함이 없다' 하였다. 老子云 天地不仁 以萬物爲芻狗 經云 譬如大地 荷四重任 而無疲厭也", 『경덕전등록』 권13 「풍혈연소전 風穴延沼傳」(대정장51, p.302c10)에 "학인이 물었다. '옛 곡조는 음운도 없는데, 어찌 화하여 가지런합니까?' '나무닭이 한밤중에 울고, 지푸라기 개가 하늘 밝았다 짖는다'. 問 古曲無音韻 如何和得齊 師曰 木雞啼子夜 芻狗吠天明", 『허당록』 권1(대정장47, p.985a26)에 "동지 소참 때 말하였다. '천지는 불인하여 만물을 추구로 여기고, 납승 또한 불인하여 이 몸 가져 동짓달 부채인 줄 안다'. 冬至小參 天地不仁 以萬物爲芻狗 衲僧不仁 以自己爲臘月扇子"라고 하였다. 〔참고문헌〕『華嚴經疏鈔』, 『景德傳燈錄』, 『虛堂錄』.

추구 追求 Ⓢ paryeṣaṇā, Ⓣ yongs-su-tshol-ba. 좇아 구하다. 『대보적경』 권83(대정장11, p.481c2)에 "때로는 어떤 중생 꿈속에서 마음에 드는 색을 보고 마음에 탐착을 일으켜 생각으로 얽어매고는 좇고 구한다. 或有衆生 於其夢中 見可意色 心生貪著 繫念追求", 『순정리론』 권30(대정장29, p.513a14)에 "또는 괴로움에 핍박을 받으면 벗어나기를 바라 갈망하는데, 이러한 갈애를 인으로 하며 음식을 추구하기에 부처님께서는 식을 애의 인연이라고 설하셨다. 或苦所逼 希離愛生 此愛爲因 追求飮食 故佛說食 名愛因緣", 『유가사지론』 권14(대정장30, p.352b25)에 "또 아라한은 현재 몸을 공양하는 재물을 좇아 구하고 또한 항상 수용하지만, 세 가지로 삿되게 좇아 구하고 두 가지로 삿되게 받아 쓰는 일을 뛰어넘을 수 있다. 살생·투도·망어에 의해 견인되는 세 가지 삿된 추구를 뛰어넘으며, 처첩과 축적의 두 가지 삿된 수용을 뛰어넘는다. 又阿羅漢 雖現追求 供身財物 亦常受用 而能超度 三邪追求 二邪受用 謂能超過殺生偸盜 妄語所引 三邪追求 亦能超過 妻妾畜積 二邪受用", 같은 책 권33(대정장30, p.465c27 : *Śrāv-bh.*, p.440)에 "온갖 욕을 추구하는 모든 유정들은 온갖 욕 중에 좇아 구하기에 짓게 되는 괴로움을 받는다. 追求諸欲 諸有情類 於諸欲中 受追求所作苦 paryeṣamāṇā api sattvāḥ kāmān paryeṣaṇākṛtaṃ duḥkhaṃ pratisaṃvedayanti"라고 하였다. 〔참고문헌〕『大寶積經』, 『順正理論』, 『瑜伽師地論』, *Śrāv-bh.* ⇨ 욕구 欲求

추구고 追求苦 Ⓢ paryeṣṭi-duḥkha. 바라는 것을 찾고 구하는 데 따른 괴로움. 『보성론』 권1(대정장31, p.819a15 : *Ratna-ut.*, p.106)에 "하늘에서는 물러나는 고통이 있고 사람에게는 추구하는 고통이 있는 줄 알기에, 지 있는 이는 인천에서의 자재한 낙 구하지 않는다. 왜냐하면 혜가 있는 이는 부처님의 말씀을 믿기 때문이고, 이미 믿고 있는 이는 괴로움에 대해 또 알고 괴로움의 인에 대해서도 알며 그 사라짐을 관하고 그 길도 알기 때문이다. 知天中退苦 人中追求苦 有智者不求 人天自在樂 慧者信佛語 已信者知苦 亦復知苦因 觀滅及知道 deveṣu cyutiduḥkham ity avagamāt paryeṣṭiduḥkhaṃ nṛṣu prājñā nābhilaṣanti devamanujeṣv aiśvaryam apy uttamam prajñāyāś ca tathāgatapravacanaśraddhānumānyād idaṃ duḥkhaṃ hetur ayaṃ nirodha iti ca jñānena saṃprekṣaṇāt"라고 하였다. 〔참고문헌〕『寶性論』, *Ratna-ut.*

추구행견 推求行見 미루어 구해서 행하는 견. 추론으로 행하는 심사(尋思)의 과정으로 방편인이 되어 방편과인 여실지(如實知)를 얻게 한다. 『섭대승론석』 권6(대정장31, p.415a9)에 "네 가지 심사(Ⓢ paryeṣaṇā)로 또는 네 가지 여실변지(Ⓢ yathābhūta-jñāna)로 말미암아 이 문(文)인 듯 의(義)인 듯한 의언(意言)에 대해 바로 단지 식성(識性)이 있을 뿐임을 깨달아 들어간다. 〔석〕 '네 가지 심사로 또는 네 가지 여실변지로'란, 앞에서 말한 것과 같은 깨달아 들어가는 도구에 의지해 여실히 지은 바의 방편을 일으켜 가행할 때, 임시로 있는 것이지 실은 없는 방편으로서의 인상이라고 미루어 구하고 행하여 본다. 이를 심사라 한 것이며, 임시로 있어서 실로 얻을 것 없다고 결정하여 행하는 지는 방편과상으로서 이를 여실지라 한 것임을 말한다. 由四尋思 及由四種如實遍智 於此似文似義意言 便能悟入唯有識性 釋曰 由四尋思 及由四種如實遍智者 依如先說能悟入具 發起如實所作方便 於加行時 推求行見 假有實無 方便因相 說名尋思 了知假有 實無所得 決定行智 方便果相 名如實智", 『유가론기』 권19(대정장42, p.755b11・한불전14, p.491a24)에 "혜경(惠景)은 '네 가지 심사는 오직 십지전이어서 단지 여리분별로 거둔다' 하였다. 또 혜경은 '심사로 추구함은 분별견이지 정지가 아니다. 따라서 무성보살의 『섭대승론석』에서는 「추구행견은 심사다」라고 하였다'라고 하였다. 景云 四尋思唯是地前 但是如理分別所攝 景云 尋思推求 分別見而非正智 故無性菩薩釋論云 推求行見 名爲尋思也", 『성유식론술기』 권9(대정장43, p.565a15)에 "무성은 '미루어 구해서 행하는 견은 방편인으로의 모습이니 이를 심사라 하는 것이고, 임시로 있을 뿐 실로 존재하는 것이 아님을 분명히 아는 결정적인 지혜는 방편과이기에 여실지라 한 것이다'라고 하였다. 無性云 推求行見 方便因相 說名尋思 了知假有實無所得 決定智 方便果相 名如實智"라고 하였다. 〔참고문헌〕『攝大乘論釋』, 『瑜伽論記』, 『成唯識論述記』. ⇨ 사심사 四尋思, 사여실지 四如實智

추금강 秋金剛 Ⓢ Śaradavajra. 이취회만다라(理趣會曼荼羅)에서 내공양(內供養) 보살 중 하나. 금강가보살(金剛歌菩薩)의 다른 이름. 시추금강(時秋金剛)이라고도 한다. 종자(種子)는 (ta). 『보현금강살타약유가염송의궤』(대정장20, p.534b1)에 의하면 진언은 "옴 사라나부일리 암 암 Oṃ śaradavajrī āṃ āṃ 唵 舍囉娜嚩日哩 暗 暗 옴 추금강이여 암 암"이고, 암(āṃ)은 감탄(感歎)의 표현이다. 『반야이취석』 권상(대정장19, p.609a2)에 "광명청정구가 보살의 지위라는 것은 추금강유가삼마지를 닦음으로써 광명청정구를 얻는다는 뜻이다. 그러므로 추금강보살위를 획득한다. 光明淸淨句 是菩薩位者 由修秋金剛瑜伽三摩地 得光明淸淨句 是故獲得秋金剛菩薩位"라고 하였다. 〔참고문헌〕『普賢金剛薩埵略瑜伽念誦儀軌』, 『般若理趣釋』. ⇨ 금강가보살 金剛歌菩薩

추기 樞機 중추가 되어 움직일 수 있는 기관. 사물이나 일의 핵심. 추는 문의 지도리를 말하고, 기는 기관(機關)으로 제동이 가능한 장치를 말한다. 『일체경음의』 권21(대정장54, p.439a14)에 "한강의 『역경』 주에서 '추기란 제동의 주'라고 하였다. 韓康注易云 樞機制動之主也", 『반야심경약소연주기』 권상(대정장33, p.558b22)에 "추란 문의 지도리다. 『이아』에 '부채꼴로 돌아가도록 문의 측면을 고정한 것을 지도리라고 한다'라고 하였다. 세속에서 문이라 부를 땐 이것에 준한다. 또한 언행이야말로 군자의 핵심 기틀이다. 樞謂門樞 爾雅曰 制扇以柎門傍曰樞 卽俗呼門準是也 又言行乃君子之樞機", 『법화현의석첨』 권14(대정장33, p.918a15)에 "마음을 관하는 것이야말로 가르침 행하는 주요한 기틀이다. 觀心乃是敎行樞機", 『선림보훈음의』(卍속장113, p.260a9)에 "추기 : 문이 도는 곳을 추라 한다. 기란 거듭 화살 날리기 위해 거는 쇠뇌다. 『역』「계사」에 '군자가 집에 앉아 말을 하면 천리 밖에서까지 응한다. 하물며 가까운 이에게 말할 것도 없다. 언행이야말로 군자의 추기다. 추기 움직이면 영욕의 중심이 된다'라고 하였다. 樞機 門轉處曰樞 機者弩牙也 易繫辭曰 君子居其室 出其言 善則千里之外應之 況其邇者乎 言行君子之樞機 樞機之發 榮辱之主也"라고 하였다. 〔참고문헌〕『一切經音義』, 『般

若心經略疏連珠記』, 『法華玄義釋籤』, 『禪林寶訓音義』.

추기급물 推己及物 자기의 마음을 미루어서 다른 이를 헤아리다. 추기급인(推己及人)이라고도 한다. 본래 유가에서 『중용』의 서(恕)를 해석하는 말이다. 자신이 하고 싶은 일을 다른 이도 할 수 있게 하고, 자신이 하고 싶지 않은 일을 타인에게도 행하지 않음을 말한다. 『금강경감응전』 「양순 楊旬」(卍속장149, p.154a16)에 "항상 자신의 마음을 미루어 남을 헤아렸는데, 남의 급한 일 구해주고 남의 위험을 구해주니 하늘도 감동한다. 常推己及物 濟人之急 救人之危 感動穹蒼", 『이정유서』 권91에 "자기의 마음이 다른 이에게 미치는 것은 인이고, 자기를 미루어 남에게 미치면 서라 한다. 以己及物 仁也 推己及物 恕也", 『금강경이해』 권상(卍속장92, p.900a3)에 "어떤 이가 이미 스스로 경을 수지하여 이익을 얻는다고 한다면 다시 자기의 마음을 미루어 능히 타인에게 미친다. 남을 위해 강설하고 교화한다면 수증의 공 또한 깊어진다. 言若人旣自持經獲益 又能推己及人 爲人講說 而化導之 則修證功深", 『법화경지장소사의』(卍속장93, p.913a6)에 "(『중용』) 주석에 '자기를 다하는 마음을 충이라 하고 자기의 마음을 미루어 타인을 헤아리는 것을 서라고 한다'라고 하였다. 註云 盡己之心爲忠 推己及人爲恕"라고 하였다. 〔참고문헌〕『金剛經感應傳』, 『二程遺書』, 『金剛經易解』, 『法華經指掌疏事義』.

추능 槌楞 추의 모서리. 능(楞)은 능(稜)과 통한다. 『선원청규』 권6(卍속장111, p.910a16)에 "유나가 추치는 법〈먼저 문신 마치고 … 왼손 두 손가락 펴 추능 받들고 천천히 추 손잡이 휘둘러 돌리며 때린다. 곧바로 왼손 두 손가락으로 덮어 침 모서리에 닿게 한 연후에 손을 바르게 하고 추 내려놓는데 5촌을 넘겨선 안 된다. 한 번 추 돌림에 본위를 벗어나선 안 된다〉. 維那打槌之法〈先問訊訖 … 展左手兩指 仰副槌楞 徐運槌柄 旋轉擊之 卽覆左兩指 接砧楞然後手正 下槌不得過五寸 一轉槌 不得離却本位也〉"라고 하였다. 〔참고문헌〕『禪苑淸規』. ⇨ 추 椎

추단 抽單 이름 올렸던 것을 뽑다. 선원(禪院)에서 머물던 대중을 떠나 다른 곳으로 가기 위해 자신의 이름이 적힌 단자(單子)를 뽑는 것을 말한다. 허물이 있어 쫓아낼 때도 추단한다. 기단(起單)이라고도 한다. 한국에서는 방부(房付)를 뗀다고도 한다. 『백장청규증의기』 권6(卍속장111, p.732b4)에 "객당에서 무리 지어 다투는 자는 즉시 이름이 적힌 단자를 빼서 쫓아내고 시비를 가리지도 말라. 客堂衆執犯諍鬧者 卽時抽單逐出 勿論是非", 『종문무고』(대정장47, p.953b26)에 "보녕용선사는 사명 출신이다. 처음에 교학을 하다가 선으로 옷을 갈아입고 설두중현에 의지하여 도를 물었는데 설두가 볼품없는 좌주라고 비웃었다. 보령이 뜻하지 않게 당의를 맡았으나 임기를 채우자마자 이름 적힌 단자를 뽑고는 선원을 떠났다. 멀리 설두산을 바라보며 예배하며 맹세하기를 '내가 이 생에 행각하고 참선하여 도력이 설두를 능가하지 못하면 고향으로 돌아가지 않으리라'. 保寧勇禪師 四明人 初更衣依雪竇顯禪師問道 雪竇呵爲央庠座主 勇不意堂儀 纔滿卽抽單 望雪竇山禮拜誓曰 我此生行脚參禪 道價若不過雪竇 定不歸鄕", 『선림상기전』 권9(불광장, 禪藏, p.672)에 "추단 : 기단을 추단이라고도 한다. 이름 적힌 단위에서 뽑아내린다는 뜻이다. 抽單 起單亦曰抽單 抽下單位也"라고 하였다. 〔참고문헌〕『百丈淸規證義記』, 『宗門武庫』, 『禪林象器箋』. ⇨ 기단 起單

추단식 麤段食 Ⓢ audārika āhāraḥ, Ⓣ kham-gyi-zas-rags-pa. 거칠게 쪼개 먹다. 두 가지 단식(段食) 중 하나로 단식(摶食)이라고도 한다. 『사분율수기갈마소정원기』 권5(卍속장64, p.337a5)에 "단식이란 추단식을 말한다. 『기세경』 권7(대정장1, p.345b28)에 '염부제인 등은 미숫가루·콩·고기 등을 먹는데 이를 추단식이라 한다'라고 하였다. 段食謂麤段食 起世經云 閻浮提人等 飯麨荳肉等 名爲麤段食", 『사분율행사초간정기』 권12(卍속장68, p.753a3) "(두 가지 단식 중) 둘째 추단식은 지금 (우리가) 먹고 있는 음식이다. 二 麤段食 卽今所食物也", 『성유식론음향보유』 권4(卍속장82, p.920a6)에 "아귀·방생·인간에게는 추단식이 있으니 그것을 쪼개어 씹어 먹는다. 餓鬼傍生人中 有麤段食 爲作分段 而噉食之"라고 하였다. 〔참고문헌〕『四分律隨機羯磨疏正源記』, 『起世經』, 『四分律行事鈔簡正記』, 『成唯識論音響補遺』, *Yogā-bh.100.* ⇨ 단식 段食, 단식 摶食 ❷

추담 秋淡 조선후기 고종(재위 1863~1907) 때 해인사 스님. 휘 정행(井幸)의 호. ⇨ 정행 井幸

추담 秋潭 ❶ 조선후기 김천 직지사 스님. 관징(琯澄 1582~1658)의 법호이다. ⇨ 관징 琯澄 ❷ 1898~1978. 첫 법명은 순(純), 속명은 정걸(定杰), 본관은 밀양. 1898년(광무2) 10월 27일(음력 9.13) 아버지 영숙공(永淑公)과 어머니 파평윤씨부인 사이에서 차남으로 함흥에서 태어났다. 7세부터 서당에서 한문을 배웠는데, 천품이 영특하여 신동이라 불렸다. 8세 때 함흥보통학교에 입학했으며, 졸업 후 이어 함흥고등보통학교에 입학했다. 20세에 졸업하였고 1919년 3·1독립운동에 가담했다가 투옥되어 1년여의 옥고를 치렀다. 1921년 일본에 건너가 대정(大正)불교대학에서 수학했으며, 2년 후에 귀국하여 함흥에 해동(海東)불교청년회를 조직하고 회장으로 추대되었다. 1924년 27세에 설봉산(雪峰山) 귀주사(歸州寺)에 출가했다. 귀주사 본말사의 합자로 능인(能仁)학원을 창설하기도 했다. 이듬해 함흥 일능(一能)사립학교를 인수하여 교장에 취임해서 아동 교육에 전념했다. 1927년 함흥 사립학교연합회를 조직했으며, 건봉사에 머물며 대교과를 졸업했다. 이때를 전후하여 만해(萬海) 한용운(韓龍雲)과 자주 만나 민족독립운동을 전개하였으며, 충남 부여에서 옥고를 치르기도 했다. 한편, 청양(靑陽)에서 교직에 몸을 담고 있으면서 농촌계몽운동을 전개하기도 했다. 1930년 함흥에 공회당을 세우고, 서울에 민립(民立)대학을 설립하려다가 일제의 방해로 무산되고 말았다. 1931년 병에 걸려 귀주사에서 요양하던 중 장진(長津)으로 옮겼다. 1936년 함흥 유지들의 도움으로 죽음 직전에 회복되었으며, 이듬해 서울 삼각산 정릉 약사사(藥師寺 : 정릉 봉국사의 옛 이름)에 새로 입산하여 용맹정진했다. 회명일승(晦明日昇) 문하에서 득도하여 추담이란 법명을 받았다. 1938년 이후 약사사 주지로 있으면서 저술활동을 하기도 했다. 1945년에는 삼각산 신흥사(新興寺)의 적조암(寂照庵)에 주석하면서 성욱(性郁)·법린(法麟) 등과 접촉이 잦은 가운데 8·15광복을 맞았다. 1946년 적조암 주지로 중창불사와 포교활동에 전념하였으며, 54세 때인 1950년 6·25전쟁 당시 부산으로 피난가서 영도 법화사·좌천동 연등사 등에 주석하면서 포교사 생활을 했다. 1952년 범어사에서 불교정화운동을 전개했으며, 이듬해 서울 적조암으로 돌아와서도 역시 정화운동을 3년간 지속했다. 1956년 조계종총무원 초대 교무부장을 맡았으며, 1957년 금산사 주지로 전북 종무원장도 겸했다. 속리산 법주사 주지로 있을 때인 1963년 3월 3일 미륵대불 조성을 위한 기공식을 가졌고 1964년 6월 17일 점안법회를 열었다. 이어 강화도 전등사 주지·불교신문 초대주간을 맡았다. 설악산 신흥사 주지로 있을 때인 1969년에는 1천 2백만평의 사찰임야를 되찾았으며, 말년에 이르러 동두천 소요산 자재암 주지로 있다가 1976년 3월에 상좌인 법조(法照)에게 넘겨주었다. 그해 6월 대한불교조계종 원로로 추대되었다가 1978년 11월 26일(음력 10.26) 오전 8시 15분 자재암에서 세수 81, 법랍 42세로 입적하였다. 같은 달 28일 조계종 원로장으로 다비한 후 오색영롱한 사리 24과가 출현하여 소요산 자재암에 탑을 세우고 봉안하였다. 이어 탄허택성(呑虛宅成)이 비문을 짓고, 석주정일(昔珠正一)이 써서 1982년에 세운 비도 자재암에 있다. 저서에는 『투병과 인생』·『모순의 합리성』·『추담설법집 秋潭說法集』 등이 있다.

추대 鷲臺 영추산(靈鷲山 Ⓢ Gṛdhrakūṭa)의 다른 이름. 추(鷲)는 '취' 또는 '축'으로도 독음한다. 원측(圓測)의 『인왕경소』 권1(대정장33, p.365a8·한불전1, p.24b8)에 "기사굴산이라 함은 음이 와전되어 줄여진 것이다. 바른 음사어는 길률다라구타산이며, 추봉으로 한역하며 추대라고도 한다. 이 산은 예전에 독수리가 서식한 곳이고, 그 형상도 높은 누대와 비슷하여 새의 이름을 붙였다. 예전에 추두·추령·영추라 하였는데, 모두 같은 뜻이다. 耆闍崛山者 音訛略也 正言姞栗陀羅矩吒山 唐云鷲峯 又云鷲臺 此山旣栖鷲鳥 其形又類高臺 故以名鳥 舊云鷲頭 或云鷲嶺 或云靈鷲者 皆一義也"라고 하였다. 〔참고문헌〕『仁王經疏』, 『大唐西域記』 권9(대정장51, p.921a20). ⇨ 영추산 靈鷲山, 기사굴산 耆闍崛山

추대 麤大 Ⓢ dauṣṭhulya, Ⓣ gnas-ngan-len. 눈에 띄게 커서 거친 것. 일체유루법의 고통스런 행상(苦行相)을 말하며, 거칠고 무겁기에 추중(麤重)이라고도 한다. 『섭대승론석』 권10(대정장31, p.224a14)에 "구름이 허공의 한 분을 가릴 수 있듯이, 이 지혜도 그러하여 모든 추대한 혹장을 가릴 수 있다. 雲能覆空一分 此智亦爾 能覆一切麤大惑障", 『중변분별론』 권하(대정장31, p.458a21 : *Madhy-vibh.*, p.50)에 "몸을 말미암기에 눈에 띄는 행이 현현할 수 있게 된다. 추대의 행을 사택하기에 고제에 들어갈 수 있다. 이 몸이란 것이 추대제행을 특징으로 하기 때문이다. 추대란 고를 행함이니, 이로 인해 고통스런 일체유루제법을 행하고 그중에서 성인은 고제를 관한다. 由身故 麤行得顯現 思擇麤行故 得入苦諦 此身者 麤大諸行爲相故 麤大者 名行苦 因此行苦一切有漏諸法 於中聖人觀苦諦 kāyena hi dauṣṭhulyaṃ prabhāvyate. tatparīkṣayā duḥkhasatyam avatarati. tasya sadauṣṭhulyasaṃskāralakṣaṇatvāt. dauṣṭhulyaṃ hi saṃskāraduḥkhatā. tayā sarvaṃ sāsravaṃ vastv āryā duḥkhataḥ paśyantīti", 원효(元曉)의 『중변분별론소』 권3(한불전1, p.826a10)에 "'추대'라 말함은 행고의 상인데, '대'란 무겁다는 말이다. 言麤大者 是行苦相者 大之言重"라고 하였다. 〔참고문헌〕『攝大乘論釋』, 『中邊分別論』, 『中邊分別論疏』, *Madhy-vibh.*, *Mah-saṃ.70.* ⇨ 추중 麤重 ❶

추도 推倒 밀쳐 쓰러뜨리다. 부기(扶起)와 상대한다. 『운문광록』 권중(대정장47, p.557b8)에 "운문은 승수가 학인에게 '등롱을 봤느냐' 묻자 학인이 말이 없었음을 들고서 대어하였다. '등롱을 밀어트렸습니다'. 擧 崇壽問僧 還見燈籠麽 僧無語 師代云 推倒燈籠", 『설두어록』 권3(대정장47, p.685c12)에 "설두가 앙산이 설사자 가리키며 '이 빛깔을 넘는 게 있을까' 함에 운문이 '그때 밀쳐 쓰러뜨려야 했다' 한 말을 들고서 말했다. '오직 밀쳐 쓰러뜨릴 줄만 알고, 능히 받쳐 세우지는 못했다'. 擧仰山指雪師子云 還有過得此色者麽 雲門云 當時便與推倒 師云 只解推倒 不能扶起", 『벽암록』 40칙 「평창 評唱」(대정장48, p.178b4)에 "(南泉이 陸亘에게) 뜰앞 꽃을 불러 '대부여!' 하고는 '요즘 사람은 이 한 송이 꽃을 저 꿈결같다 합니다' 하였는데, 마치 사람을 꾀어 저 만길 낭떠러지로 냅다 밀쳐 명줄 끊듯 한다. 그런데 저 평지에다 밀쳐 넘어뜨리면, 미륵불이 하생해도 목숨이 끊어진 줄 모른다. 또한 마치 저 사람 꿈결에 깨려 해도 깨지 못하다가, 다른 이 부름에 깨듯 한다. 指庭前花召大夫云 時人見此一株花 如夢相似 如引人向萬丈懸崖上打一推 令他命斷 爾若平地上推倒 彌勒佛下生 也只不解命斷 亦如人在夢 欲覺不覺 被人喚醒相似"라고 하였다. 〔참고문헌〕『雲門廣錄』, 『雪竇語錄』, 『碧巖錄』, 『大慧語錄』 권10(대정장47, p.852c5). ⇨ 부기 扶起

추도문 推倒門 밀쳐 무너뜨리는 문. 모조리 쓸어 없애는 소탕문(掃蕩門)과 통하고 방편과 차별을 허용하여 붙들어 일으키는 부기문(扶起門)과 마주한다. 『황룡혜남어록』「천주귀종어록 遷住歸宗語錄」(대정장47, p.631a27)에 "만약 누군가 삿됨과 바름을 가려낼 수 있으면, 나와서 선상을 밀쳐 엎고 소리쳐 대중을 흩어야 하리라. 若有人辨得邪正 出來 推倒禪床 喝散大衆", 『원오어록』 권4(대정장47, p.730b2)에 "스님이 나아가 말했다. '가주의 큰 형상을 밀쳐 쓰러뜨리고 섬부 쇠소 거꾸로 탄 들 어찌하겠나?' 원오가 말했다. '거칠고 엉성한 한량이로군'. 進云 爭奈推倒嘉州大像 倒騎陝府鐵牛 師云 孟八郎漢"라고 하였다. 〔참고문헌〕『黃龍慧南語錄』, 『圓悟語錄』. ⇨ 소탕문 掃蕩門, 부기문 扶起門

추도불입초 抽刀不入鞘 빼어든 칼 칼집에 들이지 않는다. 『종용록』 9칙 「본칙 本則」(대정장48, p.232b29)에 "남전에서 어느 날 동서양당대중이 고양이를 놓고 다투었다〈사람 고르게 한즉 말이 없고, 물은 고르게 하면 흐르지 않는다〉. 남전이 보다가 결국 고양이를 집어들고 말했다. '제대로 말할 수 있다면 베지 않겠다〈누가 칼끝 감당할 수 있으랴〉'. 대중이 답하지 않았다〈빗물이 머리에 찰 때까지 기다린다〉. 남전이 고양이를 두 동강 냈다〈빼어든 칼 칼집에 넣지 않는다〉. 남전이 이 이야기를 조주에게 다시 말했다〈반복하면 반 푼어치도 안 된다〉. 조주가 짚신을 벗어서 머리에 올리고 나갔다〈한 칼에 두동강냈다〉. 남전이 말했다. '그대가 있었더라면 고양이를 구할 수 있었을 텐데〈마음이 기우니 저도 모르게 목메는구나〉'. 擧 南泉一日東西兩堂爭猫兒〈人平不語水平不流〉 南泉見遂提起云 道得卽不斬〈誰敢當鋒〉 衆無對〈直待雨淋頭〉 泉斬却猫兒爲兩段〈抽刀不入鞘〉 泉復擧前話問趙州〈再來不直半文〉 州便脫草鞋 於頭上戴出〈好與一刀兩段〉 泉云 子若在 恰救得猫兒〈心斜不覺口喎〉"라고 하였다. 〔참고문헌〕『從容錄』.

추돈 槌墪 돌로 된 받침대. 추침(槌砧)이라 한다. 『선림상기전』 권18(불광장, 禪藏, p.1410)에 "추돈 : 추침을 추돈이라고도 한다. 槌墪 槌砧 又曰槌墪", 『선림비용청규』 권7 「유나 維那」(卍속장112, p.109b18)에 "'청정법신'이라는 부분에 이르면 왼손은 손바닥을 아래로 향하게 하여 추돈의 곁에 두고 오른손으로 추를 때리되 높이는 다섯 치를 넘지 않는다. 至淸淨法身處 左手作盖勢 側按槌墪 右手打槌 高不過五寸"라고 하였다. 〔참고문헌〕『禪林象器箋』, 『禪林備用淸規』. ⇨ 추침 槌砧

추동기 錐洞記 신라 지통(智通) 지음. 2권. 의상의 강의 내용을 모아 정리한 글. 『삼국유사』 권5(대정장49, p.1017c28 · 한불전6, p.367b18) 효선(孝善)9 '진정사효선쌍미 眞定師孝善雙美'에 "의상이 문도를 이끌고 소백산 추동으로 돌아갔다. 풀을 묶어 오두막집을 짓고 문도 3,000명을 모아 약 90일 동안 화엄대전을 강의하였다. 문인 지통이 강함을 따라 그 추요만을 모아 2권을 만들었는데, 『추동기』라 이름짓고 세상에 유포하였다. 湘率門徒 歸于小伯山之錐洞 結草爲廬 會徒三千 約九十日 講華嚴大典 門人智通隨講 撮其樞要 成兩卷 名錐洞記 流通於世"라고 하였다. 현전하지는 않으며 균여 등의 저술에 인용되었다. 〔참고문헌〕『三國遺事』, 『釋華嚴敎分記圓通鈔』 권2(한불전4, p.284b18). ⇨ 지통 智通 ❷

추두봉 錐頭峯 송곳처럼 뾰족한 봉우리. 추두처(錐頭處)와 같다. 『유가론기』 권14(대정장42, p.631b17 · 한불전14, p.107c3)에 "삼장(三藏 : 玄奘)은 말했다. … '이 정거천무리들 등심제천이니, 저 천중들 부처님 계신 곳으로 와서 법을 들었는데, 그때 몸의 길이는 일만육천유순이나 되는 그들 낱낱이 모두 한 털끝 만큼의 땅에 머물면서 몸 서로 들여 방해가 없었다. 비유하면 등불들 서로 장애하지 않는 것과 같았고, 또 무변신보살들이 머문 듯했다. 또한 오정거천 위에 십지보살의 생처가 있는데 등심천이라고 한다. 마음으로도 색으로도 자재하기에 작은 곳에선 바로 작아지고 큰 곳에 머물려면 바로 커지니, 이들이 회합하여 머무는 곳이 마치 저 추두봉 같다'. 三藏云 … 是淨居天衆 名等心諸天 彼諸天衆來詣佛所聽法 身長一萬六千由旬 一一皆住一毛端空量地處 身互相入 彼此無妨 猶如燈光 不相障礙 亦如無邊身菩薩在 亦可五淨居天上 有十地菩薩生處 名等心天 以心自在於色自在 在小卽小 在大則大 會其所止處 如錐頭峯"라고 하였다. 〔참고문헌〕『瑜伽論記』. ⇨ 추두처 錐頭處

추두사 鷲頭寺 황해북도 개성시에 있던 절. 취두사로도 읽는다. 성(城)의 동쪽에 있었다는 것 이외의 기록은 없다. 〔참고문헌〕『韓國寺刹全書』 권하 p.1105a16.

추두처 錐頭處 Ⓟ āragga-koṭi. 송곳의 끝. 지극히 좁은 곳을 비유한다. 추두봉(錐頭峯)이라고도 한다. 『중아함경』 권5 「등심경 等心經」(대정장1, p.449b27)에 "사리자여! 등심천(等心天 : 淨居天)들은 본래 인간이었을 때, 이미 선심을 닦아 극히 광대하였으니 이에 등심천들은 열이든 스물이든, 서른이나 마흔이든, 쉰이나 예순이든 송곳 끝 같은 곳에 함께 머물러도 서로 방해 되지 않는다. 그러니 사리자여! 적정을 익혀야 하니, 모든 근 적정하고 마음도 적정하며 신구의의 업도 적정하여서 세존과 지혜로운 범행자들을 향할 뿐이다. 舍梨子 諸等心天 本爲人時 已修善心 極廣甚大 因是故 令諸等心天或十 二十 或三十 四十 或五十 六十 共住錐頭處 各不相妨 是故 舍梨子 當學寂靜 諸根寂靜 心意寂靜 身口意業寂靜 向於世尊及諸智梵行"라고 하였다. 〔참고문헌〕『中阿含經』, *AN.1.65.* ⇨ 추두봉 錐頭峯

추령 芻靈 지푸라기 인형. 『출삼장기집』 권6 「대십이문경서 大十二門經序」(대정장55, p.46a20)에 "비록 무리지어 머문다 해도 오히려 추령 같고, 열반이라 해도 허깨비와 같다. 그러니 어찌 형 허다히 마름하고 색 없음을 중히 여기는가. 雖群居猶芻靈 泥洹猶如幻 豈多制形 而重無色哉"라고 하였다. 〔참고문헌〕『出三藏記集』, 『宋高僧傳』 권30(대정장50, p.895b26).

추령암 鷲嶺庵 전라북도 김제시 금구면 선암리 구성산(九城山)에 있던 절. 취령암으로도 읽는다. 〔참고문헌〕『韓國寺刹全書』 권하 p.1105a17.

추로 鶖鷺 Ⓢ śārī, śārika, Ⓟ sālikā, sāḷikā. 황샛과에 속하는 물새. 무수리나 해오라기 따위. 『반야심경약소』(대정장33, p.553a8)에 "사리불의 사리는 새 이름이다. 이를 역하여 추로조라 한다. 舍利是鳥名 此翻爲鶖鷺鳥", 『일체경음의』 권4(대정장54, p.331b16)에 "추로〈앞소리는 추(秋), 뒷소리는 로(路)다. … 고야왕은 '큰 새다. 깃털은 고운 흰색이어서 모직으로 삼는다'고 했다. … 『이아』에서는 '해오라기가 부리를 쪼며 김매는구나'라고 하였고, 곽박은 이에 대해 '곧 백로이다. 머리 깃털 뒷부분 위쪽이 모두 긴 깃털로 이루어져 있으니, 요즘 강동 사람들은 저 깃털을 모아 첩리(𩋘䙰 : 頭巾)를 만들고서는 백로양이라고 부른다'고 하였다〉. 鶖鷺〈上音秋 下音路 … 顧野王曰 大鳥也 其羽鮮白 可以爲毦 … 爾雅 鷺舂鋤也 郭璞云 卽白鷺也 頭羽背上 皆有長翰毛 今江東人 取爲𩋘䙰 名曰白鷺縗〉"라고 하였다. 〔참고문헌〕『般若心經略疏』, 『一切經音義』, *SN.1.190.* ⇨ 사리 舍利❷❸, 사리조 舍利鳥, 추로자 鶖鷺子

추로자 秋露子 Ⓢ Śāriputra, Ⓟ Sāriputta. 사리불(舍利弗)의 뜻이름이다. 『일체경음의』 권10(대정장54, p.364b4)에 "추로자〈범어 사리불은 옛날에는 '사리자' 혹 '사리부다라'라 하였다. 이를 뒤쳐 '구욕자'라 하는데 어머니를 따라 이름을 붙이니, 어머니의 눈이 구욕조와 같아서다. 혹은 저 추로조의 눈과 같다 하여 그로 인해 이름한다. 옛날에 '신자'라 함은 맞지 않다. 신(身)은 사리(舍梨)이고, 이 사리(奢利)와 더불어 소리에 장단의 다름이 있기에 잘못인 점이 있다. 또는 '우파제사'라 함은 아버지를 따라 이름을 붙임이다〉. 秋露子〈梵言 舍利弗 舊言 舍梨子 或言 奢利富多囉 此譯云 鴝鵒子 從母爲名 母眼似鴝鵒 或如秋露鳥眼 因以名焉 舊云 身子者謬也 身者 舍梨 與此奢利 聲有長短 故有斯誤 或言 優波提舍者從父名之也〉"라고 하였다. 〔참고문헌〕『一切經音義』, 『大明度經』 권1(대정장8, p.478b28), 『維摩義記』 권1(대정장38, p.438a8). ⇨ 사리불 舍利弗

추로자 鶖鷺子 Ⓢ Śāriputra, Ⓟ Sāriputta. 사리불(舍利弗)을 뜻으로 푼 이름. 『화엄경탐현기』 권18(대정장35, p.445c8)에 "사리불은 이곳에서 '추자'라 한다. 범어 정음은 '사리보달라'다. 사리는 이곳의 추(鶖)인데, 백설조류다. 오대 강승회법사의 『육도집경』에는 '추로자'라고 뒤쳤는데, 이는 어머니 이름이다. 그의 어머니 말솜씨가 뛰어나고 민첩함이 저 새와 같고, 눈의 움직임이 맑고 날카로워 또한 저 새 같았기에 비유를 따라 이름 붙였다. 舍利弗者 此云鶖子 梵正音云 奢唎補怛囉也 奢唎 此云鶖 卽當百舌鳥之類也 吳僧會法師 六度集中 譯爲鶖鷺子也 此是母名 以其母有辯才峻捷 似同彼鳥 眼轉明利 亦如彼鳥故 從喩爲名", 『신화엄경론』 권33(대정장36, p.947b20)에 "사리불 모친의 눈은 밝고 날카롭기가 저 추로조의 눈과 같았다. 모친의 눈이 마치 추조 모습과 비슷하여 아들의 호로 삼았다. 舍利弗以其母眼明利 如鶖鷺鳥目 以母之目 似鶖鳥狀 以爲子號"라고 하였다. 〔참고문헌〕『華嚴經探玄記』, 『新華嚴經論』, 『六度集經』 권4(대정장3, p.18c19, 『仁王經疏』 권상(대정장33, p.379b5). ⇨ 사리불 舍利弗

추루단 醜陋壇 추루한 모습의 무리들 불러 앉히는 단. 예수재 등의 설재시 명부시왕단 서쪽에 설치한다. 『산보집』 「예수이주야십단배설지도 預修二晝夜十壇排設之圖」(한불전11, p.460)에 따르면 삼신불단(三身佛壇)을 법당 안에 설치하고 동쪽에 지장단을, 서쪽에 호법선신중단을, 법당 밖에 염도대제(閻都大帝) 이하 명부시왕단을 설치한다. 또한 동쪽에 하단위(下壇位)를 서쪽에 추루단(醜陋壇)을 그 아래쪽에는 차례대로 고사단·종관단·마구단을 설치한다. 『불설구발염구아귀다라니경』(대정장21, p.464b29)에 "한 아귀 보았는데 이름이 염구다. 그 모습 추루하여 몸도 마르고 야위었으며 입은 불타고 있었으며 그 연기 바늘 끝 같았다. 봉두난발에 손톱도 이빨도 길고 날가로워 몹씨 두려운 모습이다. 見一餓鬼 名曰焰口 其形醜陋 身體枯瘦 口中火然 咽如針鋒 頭髮蓬亂 爪牙長利 甚可怖畏"라고 하였다. 〔참고문헌〕『刪補集』, 『佛說救拔焰口餓鬼陀羅尼經』.

추루비구 醜陋比丘 Ⓢ Virūpa. 부처님 재세 시 생김새가 몹시 추루했던 비구. 영성비구(鈴聲比丘) 또는 패비구(唄比丘)라고도 하는데, 생김새와 달리 좋은 목소리를 갖고 있었다. 『찬집백연경』 권10 「추루비구연 醜陋比丘緣」(대정장4, p.253c17)에 "그때 모든 비구가 이 일을 보고서 부처님께 아뢰었다. '세존이시여, 지금 이 추루비구는 숙세에 무슨 업을 지었습니까? 비록 사람 몸을 받고 추루함이 이와 같으나, 다시 세존 뵙고 출가하여 도를 얻었습니다'. 時諸比丘 見是事已 白佛言 世尊 今此醜陋比丘 宿造何業 雖受人形 醜陋乃爾 復値世尊出家得道", "부처님께서 모든 비구에게 알리셨다. '알고자 하는가. 저때 나를 두렵게 한 산신이 지금의 이 추루한 사람으로 아라한을 얻은 그다. 나를 두렵게 했기에 오백세 동안 형체가 추루하고, 보는 이마다 놀라 달아났으니 모두 이때를 말미암는다. 참회하며 물러나 있다가 나를 만나 출가하여 도를 얻었다'. 佛告諸比丘 欲知 彼時山神 恐怖我者 今此醜陋人 得羅漢者是 恐怖我故 五百世中 形體醜陋 見者驚走 皆由彼時 懺悔辭退 遭値於我 出家得道"라고 하였다. 〔참고문헌〕『撰集百緣經』, *Av-ś.250·251.* ⇨ 영성비구 鈴聲比丘, 패비구 唄比丘

추륜 椎輪 밀쳐 돌게 하는 바퀴. 어떤 일의 시작이 되는 것을 비유한다. 『대혜어록』 권23 「시서제형 示徐提刑」(대정장47, p.907c13)에 "사대부는 많이들 얻고자 하는 마음 있어 얻을 바 없는 법을 구합니다. 무엇을 얻고자 하는 마음이라 할까요. 총명영리와 사량계교가 바로 이것입니다. 무엇이 얻을 것 없는 법일까요. 사량으로 행하지 못하고 계교로 닿지 못하며 총명영리로 자리에 안착함이 없는 것입니다. 士大夫 多以有所得心 求無所得法 何謂有所得心 聰明靈利 思量計較者是 何謂無所得法 思量不行 計較不到 聰明靈利 無處安著者是", "보지 못했습니까. 석가노자께서 법화회상에서 사리불이 은근히 세 번 청함에도 굳게 입을 떼지 않으셨음을. 그런 다음에 힘 다해 이 법이라는 것 사량분별로 능히 알 수 없다고 말씀하셨습니다. 이게 바로 석가노자께서 처음 이 일을 깨닫고 방편문을 열어 진실상이라는 첫 바퀴 보이신 것입니다. 不見釋迦老子 在法華會上 舍利弗殷勤三請 直得無啓口處 然後 盡力道得箇是法 非思量分別之所能解 此是釋迦老子 初悟此事 開方便門 示眞實相之椎輪也", 종보본 『단경』 「계숭찬문 契嵩贊文」(대정장48, p.346b3)에 "하늘의 도는 쉬움에 있고, 땅의 도는 가림에 있으며 성인의 도는 요함에 있다. 요함이란 지극히 묘함을 일컫는다. 성인의 도로써 요하면 법계문의 추기이고 무량한 뜻의 모임이며 큰수레의 첫 바퀴가 된다. 天之道存乎易 地之道存乎簡 聖人之道存乎要 要也者 至妙之謂也 聖人之道以要 則爲法界門之樞機 爲無量義之所會 爲大乘之椎輪"라고 하였다. 〔참고문헌〕『大慧語錄』, 『壇經』, 『一切經音義』 권10(대정장54, p.365c20).

추리명비 陬哩明妃 Ⓢ Caurī, Ⓣ chom-rkun-ma. 『대비공지경』의 작법 중 외원(外院)에 위치한 존격. 『대비공지경』 권4(대정장18, p.599a6)에 "다시 만타나상응삼마지에 드니 존자문 좇아 추리명비 출생해서 남문에 머물러 수호하는 이가 되었다. … 추리명비는 오른손에 규루고를 들고 왼손에는 바라하를 들었다. 復入滿他那相應三摩地 從尊字門出生陬哩明妃 住於南門 爲護門者 … 陬哩明妃 右手持奎樓鼓 左手持嚩囉賀"라고 하였다. 〔참고문헌〕『大悲空智經』, *Ht.78.* ⇨ 명비 明妃

추마 芻麻 Ⓢ kṣauma의 음사어. 삼으로 엮은 천. 『해탈도론』 권2(대정장32, p.406a16)에 "무엇이 분소의를 여의는 것인가? 거사가 보시한 추마·고패·교사야·흠바라 등의 옷을 방편으로 받았다면 납의를 잃은 것은 아니다. 云何離糞掃衣 於居士施衣 芻麻 古貝 憍奢耶 欽婆羅等 以方便受 不失納衣", 『율계본소』(대정장85, p.623a21)에 "추마는 마를 엮어 만든 옷이다. 芻麻卽縛麻衣也"라고 하였다. 〔참고문헌〕『解脫道論』, 『律戒本疏』. ⇨ 추마의 蒭麻衣

추마 芻摩 Ⓢ kṣauma의 음사어. 아마로 지은 베(亞麻布). 추마(菆摩·蒭摩)라고도 한다. 『장아함경』 권22 「세기경 世記經」(대정장1, p.144a27)에 "이때(刀兵劫)는 질 좋은 옷감인 금릉·증견·겁패·추마 모두 다시는 나오지 않고, 오직 거칠게 짜낸 초의만이 있을 뿐이다. 是時有上服 錦綾繒絹 劫貝芻摩 皆無復有 唯有麤織草衣", 『일체경음의』 권82(대정장54, p.838a3)에 "추마〈추와 수의 반절이다. 범어며, 마로 지은 것이다〉. 菆摩〈上芻數反 梵語也 以麻作者〉", 『사분율명의표석』 권4(卍속장70, p.463b4)에 "추마 : 한역하면 마의다. 『대당서역기』에서 '추마의는 마의 류다'고 하였다. 생각건대 그 마의 모습은 형개와 비슷하고, 꽃은 푸른 자줏빛이다. 『아비담경』에서 '추마는 가늘고 부드러운 옷이다' 하고, 『필추니율』에서 '추마가는 이 지역에는 없다' 하였다. 芻摩 此云麻衣 西域記云 芻摩衣 麻之類也 按其麻形 似荊芥 華青紫色 阿毗曇經云 芻磨 細軟衣也 苾芻尼律云 芻摩迦 此方無也"라고 하였다. 〔참고문헌〕『長阿含經』, 『一切經音義』, 『四分律名義標釋』, 『四分律』 권1(대정장22, p.574a14), 『十誦律』 권38(대정장23, p.278a13), 『大唐西域記』 권2(대정장51, p.876b13), 『翻譯名義集』 권7(대정장54, p.1172b4).

추마 菆摩 ➡ 추마 芻摩

추마가 芻摩迦 Ⓢ kṣaumaka의 음사어, Ⓣ zar-ma'i-ras. 칠종의(七種衣) 중 하나. 추마(芻摩 Ⓢ kṣauma). 또는 야마의(野麻衣). 『유부율』 권18(대정장23, p.722a28)에 "무엇이 일곱인가? 첫째는 모직, 둘째는 추마가〈이쪽 지역에는 없다〉다. 云何爲七 一者 毛 二者 芻摩迦〈此方無〉"라고 하였다. 〔참고문헌〕『有部律』, 『有部苾芻尼毘奈耶』 권9(대정장23, p.953c1), *Mvyut.279.* ⇨ 추마 芻摩, 칠종의 七種衣❶

추마라의 芻摩羅衣 아수라왕이 걸치는 옷 중에 하나. 『대보적경』 권62 「아수라왕수기품 阿修羅王授記品」(대정장11, p.359a26)에 "저 모든 자리 앞에 칠보궤가 있고, 낱낱의 궤 위에 6억 아수라왕의 갖가지 의복이 있다. 이른바 제천수의 · 추마라의 · 교시야의 · 가시가의다. 彼諸座前 有七寶几 一一几上 有於六億 阿修羅王 種種衣服 所謂諸天樹衣 芻摩羅衣 憍奢耶衣 迦尸迦衣"라고 하였다. 〔참고문헌〕『大寶積經』.

추마의 蒭麻衣 Ⓟ khoma-pilotikā. 추마로 지은 옷. 거칠고 마른 풀에서 실 뽑아 만든 옷. 추(蒭)는 추(芻)로도, 마(麻)는 마(摩)로도 쓴다. 『사분율』 권40(대정장22, p.857a17)에 "그때 세존께서 발제국에 계셨는데, 어떤 비구가 추마의를 얻고 부처님께 여쭈니, 부처님께서 모음을 허한다고 말하셨다. 時世尊在跋提國 有比丘得芻摩衣 白佛 佛言 聽畜", 『오불정삼매다라니경』 권2(대정장19, p.270c5)에 "항상 띠풀 위에 앉아 마음을 한데 모아 고요히 하면서 추마의를 입는다. 常坐茅草一心靜默 著芻麻衣", 『대당서역기』 권2(대정장51, p.876b13)에 "추마의는 마의 류다. 蒭摩衣 麻之類也"라고 하였다. 〔참고문헌〕『四分律』, 『五佛頂三昧陀羅尼經』, 『大唐西域記』, 『雜阿含經』 권10(대정장2, p.68a16), *Vin.1.296.* ⇨ 추마 芻摩, 추마가 芻摩迦

추마의 蒭摩衣 ➡ 추마의 蒭麻衣

추망집 麤妄執 삼망집(三妄執) 중 하나. 뻔히 드러난 망집. 조망집(粗妄執)이라고도 한다. 『대일경의석』 권2(卍속장36, p.556a13)에 "일겁 뛰넘는 유기행은 곧 백육십심 등 한 겹의 추망집을 이미 건넘이니, 일아승기겁이라 한다. 超一劫瑜祇行 卽已度百六十心等 一重麤妄執 名一阿僧祇劫", 『대일경의석연밀초』 권2(卍속장37, p.39b4)에 "지전의 비밀방편으로 첫 한 겹의 추망집을 넘으니, '이일체장출세간심'이라 한다. 以地前秘密方便 越初一重麤妄執 名離一切障出世間心"라고 하였다. 〔참고문헌〕『大日經義釋』, 『大日經義釋演密鈔』. ⇨ 삼망집 三妄執

추명악성 醜名惡聲 Ⓟ pāpako kittisaddo. 추악하다고 이름이 널리 알려짐. 나쁜 평판. 『장아함경』 권2 「유행경 遊行經」(대정장1, p.12b16)에 "범부가 계를 범하면 다섯 가지 쇠퇴함이 있게 된다. 무엇이 다섯 가지인가? … 넷째는 추악한 명성이 천하에 흘러 다닌다. 凡人犯戒 有五衰耗 何謂爲五 … 四者 醜名惡聲 流聞天下", 『대지도론』 권13(대정장25, p.158b8)에 "술을 마시면 서른다섯 가지 과실이 있으니, 어떤 것이 그 서른다섯 가지인가? … 다섯째는 추악한 악명으로 인해 사람들에게 존경받지 못하는 것이다. 酒有三十五失 何等三十五 … 五者 醜名惡聲 人所不敬"라고 하였다. 〔참고문헌〕『長阿含經』, 『大智度論』, *DN.2.85.*

추목천왕 醜目天王 Ⓢ Virūpākṣa, Ⓟ Virukkha, Ⓣ mig-mi-bzang-ba. 광목천(廣目天)의 다른 이름. 『유부율』 권9(대정장23, p.670a15)에 "저 추목천왕은 용 무리가 에워싸고, 저 다문천왕은 야차 무리가 에워싼다. 如醜目天王 龍衆圍繞 如多聞天王 藥叉衆圍繞", 『유가사지론』 권2 「의지 意地」(대정장30, p.287b2 : *Yogā-bh.*, p.40)에 "또 지쌍산 그 사면에 사천왕의 도읍이 있는데, 동서남북 차례대로 지국 · 증장 · 추목 · 다문 사대천왕이 머무는 곳이다. 모든 나머지 금산은 저 사왕의 촌읍과 부락이다. 又持雙山 於其四面 有四王都 東南西北 隨其次第 謂持國增長 醜目多聞 四大天王之所居止 諸餘金山 是彼四王 村邑部落 yugandharasya ca caturṣu pārśveṣu mahārājānāṃ rājadhānyaḥ. pūrvapaścimadakṣiṇottareṣu yathākramaṃ dhṛtarāṣṭravirūḍhakavirūpākṣavaiśravaṇānāṃ. sarveṣu kāñcana parvateṣu teṣāṃ mahārājānāṃ grāmanigamajanapadāḥ"라고 하였다. 〔참고문헌〕『有部律』, 『瑜伽師地論』, 『大寶積經』 권7(대정장11, p.37c17), 『不空羂索陀羅尼自在王呪經』 권하(대정장20, p.427c20), *Yogā-bh.* ⇨ 광목천 廣目天, 사천왕 四天王

추밀정대혜송 樞密呈大慧頌 거사 부추밀(富樞密)이 대혜종고(大慧宗杲)에게 보낸 게송. 『서장사기 書狀私記』 제현송구(諸賢頌句)에 수록되어 있다. 『사집사기』 p.131에 "먼 과거에 일찍이 세속에서 함께 어울리다 이별한 후 생애에서 각각 믿어 그러하려니 하였네. 서리와 눈이 어찌 지조와 절개를 꺾을 수 있으랴? 큰 숲은 옛 적과 같고 그 기세 하늘에 더했네. 昔年曾與同風烟 別後生涯各信然 霜雪豈能摧操節 大林依舊勢添天"라고 하였다. 〔참고문헌〕李智冠『四集私記』.

추배 追陪 좇아 모시다. 『백장청규』 권6 「귀경문 龜鏡文」(대정장48, p.1147a14)에 "속가의 선비를 따라 모시고 귀인과 교우를 맺는 것은 지객이 해서는 안되는 일이다. 追陪俗士 交結貴人 非所以報知客也", 『선림보훈』

권2(대정장48, p.1028b24)에 "지금 방장에 머무는 자는 비단 대중의 발우 속의 음식을 덜어서 자기의 뱃속만을 도울 뿐이니 자기만을 따라 모실 뿐이어서 무릇 사람의 도리는 아니다. 今之踞方丈者 非特刮衆人鉢盂中物以恣口腹 且將以追陪自己非泛人情"라고 하였다. [참고문헌]『百丈淸規』,『禪林寶訓』.

추배 推排 밀어 뽑다.『선원청규』권7「청존숙 請尊宿」(卍속장111, p.914b3)에 "감원은 유나 중에서 한 사람을 뽑고, 외두수 중에서 한 사람을 뽑으며, 아울러 전자근자로서 심력이 있고 총림에 밝아 능숙하게 일을 처리할 수 있는 사람 몇 명을 뽑는다. 監院維那內推排一人 外頭首內推排一人 幷前資勤資推排有心力曉叢林慣熟了事者數人"라고 하였다. [참고문헌]『禪苑淸規』.

추변 追變 ❶ Ⓢ vipratisāra, Ⓣ yid-la-gcags-pa. 쫓아 변하다. 악작(惡作)·추회(追悔 Ⓢ kaukṛtya)와 같은 뜻이다.『잡아비담심론』권2(대정장28, p.882a15)에 "'회와 면은 함께 한즉 더한다'고 하였는데, 마음으로 쫓아 변하는 것을 회라 한다. 이는 선·불선·무기 모두에 통한다. 悔眠俱卽增者 心追變名爲悔 是善不善無記",『대승의장』권16(대정장44, p.784c10)에 "이미 지은 악에 대해 뜻으로 돌이켜 변하는 것을 허물을 돌이켜 행한다 한다. 於已作惡 起意追變 名悔過行",『순정리론』권11(대정장29, p.392b21)에 "마치 쫓아 돌이켜 말하길 '내가 앞서 이와 같은 일을 하지 않은 것은 바로 나의 악작이다'라고 하는 것과 같다. 하지만 이 악작은 선불선에는 통하지만 무기에는 통하지 않는다. 우근에 따라 일어난 것이기 때문이고 욕탐을 여읜 이에게는 이루어지지 않기 때문이다. … 하지만 '나는 근래 어째서 소화가 다 되지도 않았는데 또 먹었던가? 또 나는 근래 어째서 이 벽에다 그림을 그리지 않았던가?'라고 추변하는 경우가 있다. 이와 같은 종류는 그의 마음이 아직 우근과 접촉하지 않았고 단지 이러한 성찰만으로는 악작이 일어나지 않는다. 그러나 우근과 접촉한다면 바로 악작이 일어나게 된다. 如追悔言 我先不作如是事業 是我惡作 然此惡作 通善不善 不通無記 隨憂行故 離欲貪者不成就故 … 然有追變 我頃何爲不消而食 我頃何爲不畫此壁 如是等類 彼心乃至未觸憂根 但是省察 未起惡作 若觸憂根 便起惡作"라고 하였다. [참고문헌]『雜阿毘曇心論』,『大乘義章』,『順正理論』, *Sūtr.52.* ⇨ 악작 惡作❶

추병 槌柄 추(椎)의 손잡이.『선원청규』권6(卍속장111, p.910a16)에 "오른손 들어 추 손잡이 잡은 다음 침 윗면에 눕혀 놓는데 추 머리가 몸 향하게 한다. 右手仰把槌柄 臥砧面上 令槌頭向身"라고 하였다. [참고문헌]『禪苑淸規』. ⇨ 추 椎, 침 砧, 추침 椎砧

추보영축 推步盈縮 밀려가고 차오르며 덜어내다. 해와 달과 별 등의 정해진 움직임과 변화 등 천문(天文)의 모든 현상을 가리킨다.『출삼장기집』권13「안세고전 安世高傳」(대정장55, p.95a10)에 "외국의 전적을 아울러 꿰뚫지 못한 것이 없었고, 칠요와 오행의 상 그리고 풍각과 운물의 점치고 밀어 가고 차오르다 덜어내는 등 모든 현상에서 그 변화를 모조리 궁구하였다. 外國典籍莫不該貫 七曜五行之象 風角雲物之占 推步盈縮 悉窮其變"라고 하였다. [참고문헌]『出三藏記集』,『開元釋敎錄』권1(대정장55, p.481a6).

추복 追福 돌아보아 복되게 하다. 세상 떠난 이를 위한 것으로 추선(追善)이라고도 한다.『우바새계경』권5(대정장24, p.1059c5)에 "만약 부친이 죽고 나서 아귀에 떨어지면 자식으로서 돌이켜 복되게 한다는 사실을 알아야 한다. … 망자를 위해 복을 뒤좇게 함은 세 시기가 있다. 봄에는 2월, 여름에는 5월, 가을에는 9월이다. 若父喪已 墮餓鬼中 子爲追福 當知卽得 … 爲亡追福 則有三時 春時二月 夏時五月 秋時九月",『중허마하제경』권11(대정장3, p.965a19)에 "그때 장자의 세 아들이 아버지의 가르침을 생각하며 아침저녁으로 소리 내어 울다가 다시 집안의 형편을 고려하여 돌이켜 복짓는 일 함께 논의하였다. 是時 三子思憶訓誨 旦暮啼泣 又念家富 共議追福",『집고금불도논형』권2「주무평제대집승도문이홍폐혜원법사항조사제이 周武平齊大集僧徒問以興廢慧遠法師抗詔事第二」(대정장52, p.374c25)에 "문제가 칙령을 내어 천하 사람들에게 1전씩 내게 해서 뒤이어 복을 짓게 하였다. 文帝出勅 普及天下人出一錢 爲之追福焉"라고 하였다. [참고문헌]『優婆塞戒經』,『衆許摩訶帝經』,『集古今佛道論衡』. ⇨ 추선 追善

추분 抽分 대중에게 미루어 나누게 하다.『선림상기전』권20(불광장, 禪藏, p.1604)에 "『거가필용』에서 '추분이란 물건 펴 놓고 나눠 갖는다는 뜻이다'라고 하였다. 居家必用云 抽分卽解取其物也",『선원청규』권9「훈동행 訓童行」(卍속장111, p.928b11)에 "만약 이양전이나 물건을 주었을 경우 숨겨서는 안 된다. 당일에 대중에게 들어 아뢰어서 펴 놓고 한 사람 몫만큼 갖는다. 若授利養錢物 不得隱匿 當白入衆抽分一"라고 하였다. [참고문헌]『禪林象器箋』,『禪苑淸規』. ⇨ 추분전 抽分錢

추분별집착상 麤分別執著相 거칠게 분별하여 집착하는 상. 아와 아소로 거스르기도 하고 따르기도 하는 경을 연해서 탐진 등을 일으키는 상사각(相似覺)의 특징을 말한다. 원효(元曉)의 『기신론소』권상(대정장44, p.210a15·한불전1, p.709c7)에 "'거칠게 분별하여 집착하는 상을 버렸기에 상사각이라 한다'라 한 것은 이

각의 분제는 거스르고 순하는 경을 분별하여 일으키는 탐진 등이다. 이것을 가리켜 '거칠게 분별하여 집착하는 상'이라 한다. 비록 이와 같이 거칠게 집착하는 생각을 버리더라도 여전히 무분별각은 얻지 못하기에 상사각이라 한다. 捨麤分別執著相故 名相似覺者 是覺分齊 分別違順 起貪瞋等 是名麤分別執著相 雖捨如是 麤執著想 而猶未得 無分別覺 故名相似覺也", 『대승기신론의기』 권중본(대정장44, p.258b1)에 "'거칠게 분별하여 집착하는 상을 버렸다'는 말은, 이것은 이익을 이루는 상에 대한 풀이이니 탐진 등이 일어나는 작용을 거친 분별이라 하고, 위순경에 붙들리는 것을 '집착하는 상'이라 한다. 달리 상을 꿈꾸다가 깨면 능히 버릴 수 있지만 아직도 잠든 채로 온갖 상에 머물러 꿈 꾸고 있기 때문에 상사각이라 한다. 以捨麤分別執著相者 釋成益相 起貪瞋等 名麤分別 著違順境 名執著相 以於異相夢覺 故能捨之 而猶眠在住相夢中 故名相似覺", 돈황본 『대승기신론약술』 권상(대정장85, p.1096b12)에 "아와 아소를 거칠게 분별하여 집착하는 상이라 한다. 卽我我所 名麤分別執著相也", 『대명삼장법수』 권15(영락장182, p.42b2)에 "거칠게 분별하여 집착하는 상을 버린다는 말은 무슨 뜻인가? 색성향미촉법이라는 육진이라는 경에 호오를 분별하지도 않고 탐진 등의 집착하는 상을 일으키지도 않는다는 뜻이다. 捨麤分別執著相者 謂於色聲香味觸法 六塵之境 不分別好惡 不起貪嗔等 執著之相也"라고 하였다. 〔참고문헌〕『起信論疏』, 『大乘起信論義記』, 『大乘起信論略述』, 『大明三藏法數』. ⇨ 상사각 相似覺

추분전 抽分錢 망승이 남긴 의복과 법구 등을 대중에게 공개해 공매한 비용 중 상주물(常住物)에 귀속시키는 몫. 소요된 경비를 제하고 남은 것 중 3할에 해당하는 금액이다. 분전재(分錢財)라고도 한다. 『백장청규』 권6 「고의 估衣」(대정장48, p.1148a22)에 "상주에서 반드시 써야 할 것이 있다면 추분전에 준하는 가격에 따른다. 망승의 의발이 조금 많다면 가격을 낮추어서 내놓아 대중에게 이익이 되도록 함으로써 명복을 빌어준다. 常住果有必得用者 依價於抽分錢內准 或亡僧衣鉢稍豐 當放低估價 利衆以薦冥福", 『선림상기전』 권20(불광장, 禪藏, p.1603)에 "추분전 : 『백장청규』 「망승판장」에 '의발을 경매하여 돈을 얻으면 판장에 반드시 반영해야 한다. 비용을 제하고 남은 돈을 삼대 칠로 분배하여 상주물에 귀속시킨다〈백관의 경우 삼십관을 추리고, 백관을 채우지 못하면 나누지 않는다〉. 나머지는 균등하게 대중에게 나누어준다'라고 하였다. 도충이 말한다. '망승의 의발을 경매하고 얻은 돈에서 판장의 비용을 제외하고 십등분하여 삼분을 추려서 상주물에 귀속시킨다. 이것을 추분전이라 한다. 단 백관을 채우지 못한 경우에는 추분하지 않는다. 나머지 7분은 다비 등의 일에 나누어 쓴다'. 抽分錢 敕修淸規亡僧板帳云 估唱得錢 必照板帳 支用外 其錢作三七 抽分 歸常住〈百貫抽參拾貫 不滿百貫 則不抽分〉餘則均俵僧資 忠曰 亡僧估唱 所得錢 除板帳支行外 拆作十分 十分中 抽三分 以歸常住 此名抽分錢 但不滿百貫 則不復抽分矣 餘七分 俵秉炬等嚫"라고 하였다. 〔참고문헌〕『百丈淸規』, 『禪林象器箋』.

추봉 秋鵬 1651~1706. 조선후기 해남 대흥사(大興寺) 스님. 호는 설암(雪巖), 속성은 김씨, 본관은 원주(原州). 아버지의 휘는 응소(應素), 어머니는 진산장씨(晋山張氏)이다. 1651년(효종2) 8월 27일 자시(子時) 관서(關西 : 평안남도) 강동(江東)의 삼등창동(三登倉洞)에서 태어났다. 스님은 몸집이 야위어서 풍채는 없었으나 안광만은 별빛 같았으며, 사람을 대함에 귀천의 차별이 없고 변재 마치 폭포수와 같았다. 1660년(현종1) 10세 때 평안남도 평원군 공덕면 법홍산(法弘山) 법홍사(法興寺)로 찾아가 종안(宗眼)을 은사로, 벽계구이(碧溪九二)선사를 계사로 하여 스님이 되었다. 그 후 벽계구이의 밑에서 5년간 모시면서 경론을 수학하다가 구이의 추천으로 묘향산 보현사 내원암(內院庵)에 있는 월저도안(月渚道安)을 찾아가 10년간 공부한 후 그의 법을 이어 받았다. 선교에 모두 통달하였을 뿐 아니라 시문(詩文)에도 뛰어났다. 1702년(숙종28) 남쪽으로 내려와 지리산과 대둔산을 두루 순방하고 1706년(숙종32) 7월 승주(昇州 : 순천) 징광사(澄光寺)에 와서 주석하다가 한달도 채 못되어 8월 5일 해시(亥時)에 유계(遺戒)를 남기고 세수 56, 법랍 41세를 일기로 입적하였다. 사리 5과가 출현하여 징광사의 남쪽과 해남 대흥사에 나누어 안치했다. 『동사열전』에 의하면 대흥사 백설당(白雪堂)에서 『화엄경』 강회를 가졌을 때의 핵심을 기록한 『화엄강회록 華嚴講會錄』이 지금도(1820~1896 : 『東師列傳』의 저자인 梵海覺岸 때) 대흥사에 있다고 하였으나, 현재(2002년)는 일실되고 없다. 저서로는 『설암잡저 雪巖雜著』 3권·『설암선사난고 雪巖禪師亂藁』 2권·『선원제전집도서과평 禪源諸詮集都序科評』 1권·『법집별행록절요사기 法集別行錄節要私記』 1권·『묘향산지 妙香山誌』 1권 등이 현존하며, 『분충록 奮忠錄』 1권은 일실되었다. 〔참고문헌〕『東師列傳』 권3 「雪巖宗師傳」(한불전10, p.1024a6), 「雪巖堂秋鵬大師碑文」(智冠 『韓國高僧碑文總集 朝鮮朝·近現代』 pp.340~347), 『朝鮮佛敎通史』 권상 p.524. ⇨ 도안 道安[3], 벽계구이 碧溪九二, 설암잡저 雪巖雜著

추봉대선사비 秋鵬大禪師碑 ➡ 대흥사설암당추붕대선사비 大興寺雪巖堂秋鵬大禪師碑

추빈 箠擯 채찍질하여 쫓아내다. 중대한 범죄를 지은 자를 쫓아내는 일. 실제로 매를 때리는 것이 아니라 가사를 벗게 한 다음 대중이 모두 매를 때리는 듯한 모습을 취한 후 보낸다. 『백장청규』 권2(대정장48, p.1121c26)에 “만약 학인으로서 규율을 범한 경우에는 마땅히 청규로 다스린다. 다투어서 본분을 범했거나, 물든 행동으로 방일하였거나, 상주물을 침탈하였거나, 금품을 사적으로 훔친 경우에 가훈에 따르되 추한 꼴을 밖으로 보이지 말아야 한다. 모두 석씨라고 칭하지만 세속에 준해 친족이라 여기니 조사의 청규를 준수하여 사안에 따라 징계한다. 범한 사안이 무거우면 대중을 소집하여 쫓아내고 가벼우면 금전・향・기름 등으로 벌하여 방을 붙여 게시한다. 若僧人自相干犯 當以清規律之 若鬪諍犯分 若汚行縱逸 若侵漁常住 若私竊錢物 宜從家訓 毋揚外醜 蓋悉稱釋氏 准俗同親 恪守祖規 隨事懲戒 重則集衆箠擯 輕則罰錢罰香罰油 而榜示之”라고 하였다. 〔참고문헌〕『百丈清規』. ⇨ 빈출 擯出

추사 秋史 조선후기 금석학자 및 서예가. 김정희(金正喜)의 호이다. ⇨ 김정희 金正喜

추사 推謝 Ⓢ vi-√lubh, vilobhayati, Ⓣ slu-bar-byed-pa. 미루어 사양하거나 거절하다. 『유가사지론』 권35(대정장30, p.479b12 : *Bodh-bh.*, p.4)에 “구하러 온 이에게 항상 순박하고 곧은 마음으로 대하고 위선과 거짓으로 밀쳐내서는 안 된다. 於來求者 常行質直 不以諂誑 而推謝之 arthikeṣu ca sattveṣu ṛjutāṃ pratipadyate. na māyāśāṭhyenaitān vilobhayati”, 『양고승전』 권6 「혜원전 慧遠傳」(대정장50, p.360a27)에 “그러나 이 모든 도사가 다들 서로에게 밀쳐 사양하며 아무도 손을 쓰려는 사람이 없었다. 然 此諸道士 咸相推謝 無敢動手”라고 하였다. 〔참고문헌〕『瑜伽師地論』, 『梁高僧傳』, *Bodh-bh.*

추사상 麤四相 눈에 띄게 드러나는 네 가지 유위상. 생로병사를 말한다. 보다 섬세히 살펴야 보이는 생주이멸은 세사상이라 한다. 『인왕경소법형초』 권4(卍속장41, p.186a6)에 “한 번 겪는 네 가지 상을 추사상이라고도 한다. 유정과 무정이 단 한때 세상에 머무는 분재차별하니 나누어 넷이 된다. 가령 사람의 무리로 몸을 받아 처음 나면서 태에 들어가 태에 머물고 태에서 나는 모든 과정을 생상이라 한다. 생하고 나서 세상에 머무는 한평생의 수명을 모두 주상이라 한다. 소년에서 노년에 이르기까지 앞뒤의 기간에 변화하는 과정을 모두 이상이라 한다. 한 찰나에 수명을 바로 버리는 죽음과 중유의 지위까지를 모두 멸상이라 한다. 자은법사는 『열반경』의 말씀을 인용하여 중유의 몸을 사고(死苦)라 하였으므로 중유의 몸은 멸상에 속한다. 생주이멸은 생로병사라고도 한다. 이러한 사상이 번갈아 침범하니 마땅히 싫어하는 마음으로 떠나야 한다. 一期四相 亦名麤四相 依於情器 一期住世 分齊差別 以分四相 且如人趣 初生入胎住胎出胎 皆名生相 生已住世 一期壽命 皆名住相 少年老年 前後改變 皆名異相 於一刹那 正捨壽命 及中有位 皆名滅相 慈恩法師 引涅槃說 中有之身 名爲死苦 故中有身 滅相攝也 生住異滅 亦名生老病死 四相交侵 應厭離之”, 『법화경현찬요집』 권24(卍속장54, p.456a2)에 “생주이멸이란 자세히 한 사상이다. 삼계와 오온에 두루하고, 생로병사는 추사상인즉 두루 하지 않다. 이제 생로병사 가져 생주이멸이라는 향상 더 높은 설에 기대 향하게 한 것은 중생들이 두려움을 느끼도록 하려는 의도이다. 生住異滅 細四相 遍三界五蘊 生老病死 麤四相 卽不遍 今將生老病死 寄向生住異滅向上說 謂令衆生 生猒怖故”라고 하였다. 〔참고문헌〕『仁王經疏法衡抄』, 『法華經玄贊要集』, 『唯識開蒙問答』 권하(卍속장98, p.490a6). ⇨ 세사상 細四相, 사상 四相❶, 사유위상 四有爲相, 유위사상 有爲四相, 생주이멸 生住異滅

추산 推算 미루어 헤아리다. 『무량수경』 권상(대정장12, p.270b19)에 “그 지력 다 쏟아 백천만겁 동안 모두가 함께 헤아려 무량수불의 수명을 미루어 세더라도 아득히 먼 겁의 수까지 남김없이 능히 다하여도 그 한계 끝은 알 수 없을 것이다. 竭其智力 於百千萬劫 悉共推算 計其壽命 長遠劫數 不能窮盡 知其限極”, 『감산집』 권39 「감응설 感應說」(卍속장127, p.784b1)에 “세상에 인과를 믿는 이들도 매 순간마다 미루어 헤아려 다만 복을 구할 뿐이니 좋은 일이면 기뻐하고 근심거리 듣기는 싫어한다. 이 얼마나 미혹이 심한가! 죽음과 삶이나 밤과 낮 그리고 삼세의 윤회가 마치 어제나 오늘 일어난 평범한 일들과 같다는 진실을 이들이 전혀 모르는 탓이다. 世有信者 每每推算 但求福利 勝事則喜 而惡聞其災患 此惑之甚也 殊不知 死生晝夜 三世輪迴 如昨日今朝之事耳”라고 하였다. 〔참고문헌〕『無量壽經』, 『憨山集』.

추산 鷲山 1872~1965. 근세 양산 통도사(通度寺) 스님. 천보(天輔)의 법호이다. ⇨ 천보 天輔

추산 麤散 거칠게 흩어짐. 욕계에서의 산란이다. 『사교의주휘보보광기』 권4(卍속장102, p.426a17)에 “위의 18천은 욕계의 거친 산란은 떠났지만 색의 속박에서 벗어나지는 못했다. 이에 색계라 한다. 上之一十八天 離欲麤散 未出色籠 故名色界”, 같은 책 권5(卍속장102, p.501b1)에 “욕계의 거친 산란은 거두기 어려워 수식관이 아니면 다스리지 못한다. 그러므로 반드시 호흡을 잘 조절하여 하나에서 열까지 수를 센다면 거친 산란이 고요하게 그치고 마음의 청정한 경계에 머문다. 이것이

정에 드는 요체이므로 수식관을 문으로 삼는다. 欲界麤散難攝 非數不治 故須善調身息 從一至十 則麤亂靜息 心神淨住 爲入定之要 故數爲門"라고 하였다. [참고문헌] 『四教儀註彙補輔宏記』, 『法華經演義』 권2(卍속장52, p.195a17), 『圓覺經夾頌集解講義』 권11(卍속장87, p.980a5). ⇨ 산란 散亂, 수식관 數息觀

추삽 麤澁 Ⓢ karkaśa, khara-karkaśa, Ⓣ brlang-ba. 거친 듯 껄끄러움. 삽은 삽(澀)으로도 쓴다. 『장아함경』 권7 「폐숙경 弊宿經」(대정장1, p.47a1)에 "지금 베푼 음식은 거칠고 더럽지만 이것으로 스님들께 보시하려 했습니다. 만약 왕에게 보였다면 왕께서는 잠시도 손도 대지 못할 것인데 하물며 드셨겠습니까? 今所設食 麤澁弊惡 以此施僧 若以示王 王尙不能 以手暫向 況當食之", 『기세인본경』 권3 「지옥품 地獄品」(대정장1, p.379b29)에 "그 지옥에 떨어지고 나서 선하지 않은 갖가지 업보 때문에 불현듯 찬바람이 일어나 아주 거칠고 혹독하게 괴로운 한기를 불어 그 지옥에 사는 모든 중생들의 몸에 닿으니 가죽 온통 찢겨 나갔다. 入彼處已 以諸不善業果報故 忽起冷風 吹大麤澁 嚴苦之寒 觸彼地獄 諸衆生身 皮皆破裂", 『법화경지음』 권6(卍속장49, p.648b17)에 "추삽인즉 고통이고, 종기인즉 더러움이다. 麤澀則苦 瘡胗則穢"라고 하였다. [참고문헌] 『長阿含經』, 『起世因本經』, 『法華經知音』, *Divy.38・388.*, *Śrāv-bh.185.*

추삽원 麤澁園 Ⓢ pāruṣyaka udyāna, Ⓟ phārusaka. 제석사원(帝釋四苑) 중 하나로 제석천의 궁전인 선견성(善見城 : 善見堂) 남쪽에 있는 동산. 추삽원(麤澁苑)・추악원(麤惡苑)・조악원(粗惡苑)이라고도 한다. 제석천이 아수라와 싸우려 들면 필요한 무기와 갑옷이 저절로 나타난다고 하니, 거칠고 껄끄러운 것 익혀 버리지 않아 그나마 싸울 줄 안다. 경에 따라 선견당(善見堂)의 동쪽에 있다고도 한다. 『장아함경』 권20 「세기경 世記經」(대정장1, p.131b21)에 "선견당의 동쪽에는 원림이 있으니, 추삽이라고 하는데, 가로와 세로가 1천 유순이다. 동산의 담장은 7겹이고, 7겹의 난간, 7겹의 그물, 7겹의 가로수가 빙 둘러져 있는데 7보로 이루어져 있다. 나아가 무수한 여러 새들이 서로 화답하며 지저귀는 것 또한 위에서와 같다. 추삽원 중에는 천금으로 장식된 두 개의 돌벽이 있으니, 첫째는 현이라 하고, 둘째는 선현이라 하는데, 가로와 세로가 각각 50유순이다. 그 돌벽은 부드러운데, 그 부드러움이 천의와 같다. 善見堂東有園林 名曰麤澁 縱廣千由旬 園牆七重 七重欄楯 七重羅網 七重行樹 周匝校飾 以七寶成 乃至 無數衆鳥 相和而鳴 亦復如是 麤澁園中 有二石垛 天金校飾 一名賢 二名善賢 縱廣各五十由旬 其石柔軟 軟若天衣", 『기세경』 권6(대정장1, p.342a27)에 "무슨 인연으로 파루사가원〈파루사가는 추삽이라 한역한다〉이라고 하는가? 비구들아, 추삽원 중 삼십삼천왕들 들어가서는 다음에 현과 선현의 두 바위 위에 앉아서 오직 세간의 거칠고 껄끄러우며 불선하고 실없는 농담을 할 뿐이다. 그러므로 파루사가라고 한다. 何因緣 名波婁沙迦苑〈波婁沙迦 隋言麤澁〉 諸比丘 麤澁園中 三十三天王入已 坐於賢及善賢二石之上 唯論世間 麤澁不善 戲謔之語 是故 稱爲 波婁沙迦", 『대지도론』 권8(대정장25, p.117b18)에 "아수라(Ⓢ Asura)가 군사를 일으켜서 오는 경우에도 모두 싸울 생각이 없다. 이때 석제바나민(Ⓢ Śakra devānām indra)이 모든 천중을 이끌고 추삽원 안으로 들어오니, 이 원림 속의 나무와 꽃과 열매의 기운이 화합하여 기뻐할 줄 모르기에 거칠고 껄끄러우며 악할 뿐이어서 모든 천인들 싸우려는 마음 곧 생긴다. 若阿修羅 起兵來時 都無鬪心 是時 釋提婆那民 將諸天衆 入麤澁園中 以此園中 樹木華實 氣不和悅 麤澁惡故 諸天人衆 鬪心卽生"라고 하였다. [참고문헌] 『長阿含經』, 『起世經』, 『大智度論』, 『瑜伽師地論』 권4(대정장30, p.298c8), *Abh-k-bh. 168.*, *Jā.6.278.* ⇨ 사원 四苑

추상 麤相 Ⓢ audārika, audārika-lakṣaṇa, Ⓣ rags-pa. 육추(六麤)로 거칠게 현행해서 드러나는 모습. 소지장의 일분이고 염정(染淨)이 함께한다. 원측(圓測)의 『해심밀경소』 권7(한불전1, p.363c13)에 "저들 가행위의 보살들은 칠진여에 의지하여 바르게 사유하기에 저들이 능히 관하는 마음이 저들 일체 집수한 바 등의 세상으로 현행하여도 오히려 능히 버릴 수 있는데 하물며 추상이랴! 추상이란 일체산위에서 행하는 갖가지 상이다. 또는 일체 물듦에서 나타나는 갖가지 상일 수도 있고, 욕계하지의 갖가지 상일 수도 있다. 그러므로 『유가사지론』 권11(대정장30, p.334b17)에 '무엇을 추상이라 하는가? 볼 수 있는 하지에서의 모든 추상을 가리킨다'라고 한다. 諸彼加行位菩薩 依七眞如 正思惟故 彼能觀心 於彼一切 所執受等 細相現行 尙能棄捨 何況麤相 言麤相者 一切散位 所現諸相 或可一切染汙 所現諸相 或可欲界 下地諸相 故瑜伽論 第十一云 云何麤相 謂所觀下地 一切麤相", 『성유식론자고』 권9(卍속장82, p.366b10)에 "추상이란 무엇인가? 뒤의 지에서 모습내는 것들을 추상이라 하고, 종자가 아님을 가리키기에 현행이라 한다. 십이연으로 난 것을 물든 추상이라 하고, 십이연으로 사라진 것을 깨끗한 추상이라 한다. 言麤相者 形於後地 名爲麤相 簡非種子 故名現行 十二緣生 名染麤相 十二緣滅 名淨麤相", 『화엄경행원품소초』 권2(卍속장7, p.850a15)에 "추상현행이란 소지장 가운데 태생적 일분에 염정이 있음을 보는데 이것이 추상이다. 言麤相現行者 謂所知障中 俱生一分 見有染淨 名爲麤相"라고 하였다. [참고문헌] 『解深密經疏』, 『瑜伽師地論』, 『成唯識論

自攷』, 『華嚴經行願品疏鈔』, *Bodh-bh.6.*, *Śrāv-bh.439.* ⇨ 삼세육추 三細六麤, 육추 六麤, 세상 細相[3]

추상 麤想 **1** Ⓟ saññā oḷārikā . 일반적으로 욕계상을 추상이라 하지만, 상대적으로 상지가 세상(細想)이고 하지의 상이 추상이다. 『집이문족론』 권11(대정장26, p.413b13)에 “추(麤)나 세(細)를 시설하는데, 어떤 것을 추상과 세상이라고 시설하는가? 〔답〕 보아 마주하게 해서 추상과 세상을 시설한다. 〈문〉 그것은 어떤 것인가? 〔답〕 무심유사상을 마주해 관하면 유심유사상을 추라 하며, 유심유사상에 마주하면 무심유사상을 세라 한다. 무심무사상에 마주하면 무심유사상을 추라 하며, 무심유사상에 마주하면 무심무사상을 세라 한다. 색계상에 마주하면 욕계상을 추라 하며, 욕계상에 마주하면 색계상을 세라 한다. 무색계상에 마주하면 색계상을 추라 하며, 색계상에 마주하면 무색계상을 세라 한다. 얽힘 없는 상에 마주하면 무색계상을 추라 하며, 무색계상에 마주하면 얽힘 없는 상을 세라 한다. 이와 같이 추상과 세상을 시설하는데, 이와 같은 것을 추나 세라고 한다. 若麤若細者 云何施設麤想細想 答 觀待施設麤想細想 復如何等 答 若觀待無尋唯伺想 則有尋有伺想名麤 若觀待有尋有伺想 則無尋唯伺想名細 若觀待無尋無伺想 則無尋唯伺想名麤 若觀待無尋唯伺想 則無尋無伺想名細 若觀待色界想 則欲界想名麤 若觀待欲界想 則色界想名細 若觀待無色界想 則色界想名麤 若觀待色界想 則無色界想名細 若觀待不繫想 則無色界想名麤 若觀待無色界想 則不繫想名細 如是施設麤想細想 如是名爲若麤若細”, 『사리불아비담론』 권3(대정장28, p.545a24)에 “무엇이 추상인가? 욕계에 얽힌 상이 추상이다. 云何麤想 若想欲界繫 是名麤想”라고 하였다. 〔참고문헌〕 『集異門足論』, 『舍利弗阿毘曇論』, *Vibh.6.* ⇨ 세상 細想[1] **2** 무색계(無色界)의 비상비비상처천(非想非非想處天)에서야 비로소 끊어지는 상(想). 40권본 『대반열반경』 권40(대정장12, p.603b13)에 “부처님께서 말씀하셨다. ‘선남자야, 네가 어떻게 능히 마음을 조복하는가? 네가 지금 얻은 비상비비상정도 오히려 상이라 부를 뿐이다. 열반이라야 상이 없을진대, 네가 어떻게 열반을 얻었다고 하겠는가? 선남자야, 너는 앞서 추상을 꾸짖더니 이제는 어찌 세상에 애착하는가? 이와 같은 비상비비상처를 꾸짖을 줄은 모르는구나. 이름이 상이라 한 것들은 등창종기와 같으며, 독약과 같고, 화살과 같다. 선남자야, 너의 스승인 울두람불(Ⓟ Uddaka-Rāmaputta)은 영리하고 총명했지만 오히려 이 비상비비상처를 끊지 못하고 나쁜 몸을 받았거늘 하물며 다른 사람이겠는가?’ 佛言 善男子 汝云何能調伏心耶 汝今所得 非想非非想定 猶名爲想 涅槃無想 汝云何言 獲得涅槃 善男子 汝已先能呵責麤想 今者云何愛著細想 不知呵責 如是非想非非想處 故名爲想 如癰如瘡 如毒如箭 善男子 汝師 鬱頭藍弗 利根聰明 尙不能斷 如是非想非非想處 受於惡身 況其餘者”, 『화엄경탐현기』 권11(대정장35, p.308b6)에 “무색계 중에서 앞의 세 가지 공을 비무상이라고 하며, 네 번째 공을 비유상이라고 하는데 추상이 없기 때문이다. 비유상이라 하는 것은 세상마저 없다고 말하는 것은 아니므로 경론에서 비상비비상이라고 하는 것이다. 就無色中 前三空名非無想 第四空名非有想 以非有麤想故 名非有想 非謂無細想故 論經名非想非非想也”라고 하였다. 〔참고문헌〕 『大般涅槃經』, 『華嚴經探玄記』. ⇨ 세상 細想[2] **3** Ⓢ audārikī saṃjñā, Ⓣ 'du-shes-rags-pa. 죽기 이전의 명료하고 강한 의식작용. 『유가사지론』 권1(대정장30, p.281b15 : *Yogā-bh.*, p.16)에 “어떤 것을 선심의 죽음이라고 하는가? 예를 들면 어떤 사람이 목숨이 끊어지려고 할 때 스스로 이전에 닦았던 선법을 기억하거나 혹은 타인이 그를 기억하도록 하니, 이러한 인연으로 때마침 신 등의 선법이 마음에 현행하고, 나아가 추상이 현행하는 경우와 같은 것이다. 云何善心死 猶如有一 將命終時 自憶先時所習善法 或復由他令彼憶念 由此因緣 爾時 信等善法 現行於心 乃至 麤想現行 kathaṃ kuśala-cittaś-cyavate. yathāpīhaikatyo mriyamāṇaḥ pūrvān dharmān-smarati. pareṇa vā punaḥ smāryate. yena-asya tasmin-samaye kuśalāḥ śraddhādayo dharmāś-citte samudācaranti. te punar-yāvad-audārikī saṃjñā pravartate”라고 하였다. 〔참고문헌〕 『瑜伽師地論』, 『經律異相』 권39(대정장53, p.206b3), *Yogā-bh.* ⇨ 세상 細想[3]

추상현행장 麤相現行障 추상이 현행하는 장애. 십중장(十重障) 중 하나다. 보살십지(菩薩十地) 중 제6현전지(現前地 Ⓢ abhimukhī-bhūmi)에서 끊어 사라지는 장애로 소지장(所知障) 중 선천적인 일분의 염정분별이 생기는 장애이다. 『성유식론』 권9(대정장31, p.53b1)에 “여섯째 추상현행장이다. 소지장 중에서 선천적인 것의 일분이 염정이 있다고 집착하여 거친 모습으로 현행하는 것을 말한다. 그것은 제6지의 염정이 없는 도를 장애하는데, 제6지에 들어갈 때에는 곧 영원히 단멸한다. 그러므로 제6지에서 두 가지 어리석음과 그 추중을 끊는다고 한다. 첫째 현재 모든 유위법의 유전을 관찰하는 어리석음이니, 곧 이 가운데에 물들 것 있다고 집착하는 것이다. 모든 유위법의 유전은 염분으로 거두기 때문이다. 둘째 양상이 많이 현행하는 어리석음이니, 곧 이 가운데에 깨끗한 것 있을 것이라 집착하는 것이다. 깨끗한 상을 취하기에 상을 관함이 많아지고, 여전히 대부분의 경우 무상관에 머물지 못한다. 六 麤相現行障 謂所知障中 俱生一分 執有染淨 麤相現行 彼障六地 無染淨道 入六地時 便能永斷 由斯六地 說斷二愚 及彼麤重 一

現觀察行流轉愚 卽是此中執有染者 諸行流轉 染分攝故 二 相多現行愚 卽是此中執有淨者 取淨相故 相觀多行 未能多時住無相觀"라고 하였다. [참고문헌]『成唯識論』, 『攝大乘論釋』 권7(대정장31, p.358a27). ⇨ 십중장 十重障, 소지장 所知障, 미세습장 微細習障

추색 麤色 Ⓢ rūpiṇa audārikāḥ, Ⓣ gzugs-can-rags-pa. 거칠어 보고 듣고 맛보고 만질 수 있는 것들. 흔히 욕계색법을 가리키지만 상계(上界)가 세색(細色)이면 바로 마주한 아래 계는 추색이다. 『사리불아비담론』 권3(대정장28, p.543b6)에 "어떤 것이 추색인가? 욕계에 얽힌 색이 추색이다. 云何麤色 若色欲界繫 是名麤色", 『집이문족론』 권11(대정장26, p.412b3)에 "〈문〉 추라고도 하고 세라고도 하는데 어떻게 추색과 세색을 시설하는가? [답] 마주하여 보는 것으로서 추색과 세색을 시설한다. 〈문〉 그것은 어떤 것인가? [답] 무견유대색에 대하여 유견유대색이 '추'이며, 유견유대색에 대하여 무견유대색은 '세'이다. 무견무대색에 대한 무견유대색을 '추'라고 하며, 무견유대색에 대하여 무견무대색을 '세'라고 한다. 색계색에 대하면 욕계색이 '추'이고, 욕계색에 대하면 색계색은 '세'이다. 계박이 없는 색에 상대하면 색계색이 '추'이며, 색계색에 상대하면 계박없는 색이 '세'가 된다. 이와 같이 추색과 세색을 시설하기에 어떤 때는 추이나 어떤 경우는 세일 수 있다. 若麤若細者 云何施設麤色細色 答 觀待施設麤色細色 復如何等 答 若觀待無見有對色 則有見有對色名麤 若觀待有見有對色 則無見有對色名細 若觀待無見無對色 則無見有對色名麤 若觀待無見有對色 則無見無對色名細 若觀待色界色 則欲界色名麤 若觀待欲界色 則色界色名細 若觀待不繫色 則色界色名麤 若觀待色界色 則不繫色名細 如是施設麤色細色 如是名爲若麤若細", 『대지도론』 권36(대정장25, p.324c9)에 "추색이란 볼 수 있고, 들을 수 있으며, 맡을 수 있고, 맛볼 수 있으며, 만질 수 있는 것이다. 저 흙이나 돌 등이다. 麤色者 可見 可聞 可嗅 可味 可觸 如土石等"라고 하였다. [참고문헌]『舍利弗阿毘曇論』, 『集異門足論』, 『大智度論』, 『俱舍論』 권1(대정장29, p.4c27), *Yogā-bh.31.* ⇨ 세색 細色 ❷

추생멸 麤生滅 이종생멸(二種生滅) 중 하나. 마음과 상응(心相應)하는 거친 생멸. 마음과 상응하지 않는(心不相應) 세생멸(細生滅)에 맞선다. 『대승기신론』(대정장32, p.577c26)에 "또한 생멸상을 분별하면 두 가지가 있다. 무엇이 그 둘인가? 첫째는 추이니 마음과 상응하기 때문이고, 둘째는 세이니 마음과 상응하지 않기 때문이다. 또한 추중의 추는 범부경계이고, 추중의 세와 세중의 추는 보살경계이며, 세중의 세는 불경계다. 復次分別生滅相者 有二種 云何爲二 一者 麤 與心相應故 二者 細 與心不相應故 又麤中之麤 凡夫境界 麤中之細 及細中之麤 菩薩境界 細中之細 是佛境界", 원효(元曉)의 『금강삼매경론』 권상(한불전1, p.618a1)에 "이 중에 추는 마음과 상응하는 것으로 삼종의 상응염이고, 세는 마음과 상응하지 않는다란 삼종의 불상응염이다. 추중의 추란 집상응염과 부단상응염이니 모두 육식에 있기에 범부경계다. 추중의 세란 분별지상응염이니 제칠식에 있고, 세중의 추란 현색불상응염과 능견심불상응염이며, 세중의 세란 근본업불상응염이니, 이 셋은 모두 제팔식위에 있다. 此中麤與心相應者 謂三種相應染 細與心不相應者 三種不相應染 麤中之麤者 謂執相應染 不斷相應染 皆在六識故 凡夫境界也 麤中之細者 謂分別智相應染 在第七識 細中之麤者 謂現色不相應染 能見心不相應染 細中之細者 謂根本業不相應染 此三皆在第八識位", "이 중 삼종의 세생멸은 무명의 바람으로 움직이기에 '인이 멸하기에 불상응심이 멸한다'라고 말하였고, 이 중 삼종의 추생멸은 경계의 바람으로 움직이기에 '연이 멸하기에 상응심이 멸한다'라고 말하였다. 此中三種細生滅者 無明風所動 故言因滅故不相應心滅 於中三種麤生滅者 境界風所動 故言緣滅故相應心滅", 원효(元曉)의 『대승기신론소』 권하(한불전1, p.765b6)에 "따로 푸는 중에 '첫째는 추이니 마음과 상응하기 때문이고'라 말한 것은 육종염 중 앞의 삼염이 마음과 상응함이니 그 상이 거칠게 나타나므로 경중에선 설하여 상생멸이라 이름하는 것이다. 別解中言一者麤與心相應故者 六種染中 前之三染 是心相應 其相麤顯 經中說名爲相生滅也", "'둘째는 세이니 마음과 상응하지 않기 때문이고'란 뒤의 삼염심이 상응하지 않음이니 심과 심법이 거칠게 드러나는 상이 없고 그 바탕 미세하여 늘 흘러 끊어지지 않으므로 경중에선 설하여 상속생멸이라 이름하는 것이다. 二者細與心不相應故者 後三染心 是不相應 無心心法麤顯之相 其體微細 恒流不絶 經中說名相續生滅也", "저 10권 경(『입능가경』 권2, 대정장16, p.521c25)에 '식에 두 종의 멸이 있으니 무엇이 그 둘인가? 첫째는 상멸, 둘째는 상속멸이다'라고 함과 같으니 생과 주 또한 이와 같다. 또 4권 경(『능가경』 권1, 대정장16, p.483a11)에 '모든 식에 이종의 생주멸이 있으니 소위 유주생과 상생이다'라 하였으니 멸 또한 이와 같다. 경중에 두 종의 명자를 곧장 내고 따로 상은 나타내지 않았기에 이제 논주가 상응과 불상응의 뜻을 잡아 두 종의 추세상을 가렸다. 如十卷經云 識有二種滅 何等爲二 一者 相滅 二 相續滅 生住亦如是 四卷經云 諸識有二種生住滅 所謂流注生及相生 滅亦如是 經中直出二種名字 不別顯相 故今論主約於相應不相應義 以辨二種麤細相也"라고 하였다. [참고문헌]『大乘起信論』, 『金剛三昧經論』, 『大乘起信論疏』. ⇨ 세생멸 細生滅, 이종생멸 二種生滅

추선 秋獮 가을철 잘 익은 곡식을 해치는 짐승을 사냥하는 일. 의례적으로 임금이 나선다. 봄철에는 춘수(春蒐)·여름철에는 하묘(夏苗)·가을철에는 추선(秋獮)·겨울철에는 동수(冬狩)라 한다. 『광홍명집』 권4(대정장52, p.116c24)에 "맹수는 백성을 해롭게 함을 업으로 삼고 독충은 만물을 상하게 하는 성을 지녔다. 이런 까닭에 기를 따라 가을에 사냥하고 해를 없애고자 여름에 뽑는다. 猛獸爲暴民之業 毒蟲含傷物之性 所以順氣則秋獮 除害則夏苗", 『법화경삼대부보주』 권13(卍속장44, p.459a8)에 "추선. 선은 식과 천의 반절음이며, 선은 살이니 살기를 따름이다. 秋獮 獮息淺切 獮殺也 言順其殺氣也"라고 하였다. 〔참고문헌〕『廣弘明集』, 『法華經三大部補注』. ⇨ 춘수 春蒐, 동수 冬狩

추선 追善 망자(亡者) 추모해 선을 행하다. 추천(追薦)·추수(追修)·추복(追福)·추선공양(追善供養) 등이라고도 한다. 『지장보살상염험기』(卍속장149, p.364a15)에 "지금 공이 저를 위하여 지장보살상을 조성하여 추모해 선을 닦으니 그 업 이미 사라져 도리천에 났습니다. 今公爲吾造聖像 修追善 其業已滅 而生忉利天"라고 하였다. 〔참고문헌〕『地藏菩薩像靈驗記』. ⇨ 추수 追修, 추천 追薦, 추복 追福

추선공양 追善供養 죽은 영가의 명복을 빌기 위해 살아 있는 사람들이 하는 공양. ⇨ 추선 追善

추선사 推善寺 전라남도 나주시 비봉산(飛鳳山)에 있던 절. 『여지도서』와 『범우고』에 이름과 위치가 전하며, 『가람고』에는 주(州)에서 북쪽 30리에 위치한다 하였고, 『기축록속』의 「임오구월십칠일무장유학오정훈등상소 壬午九月十七日茂長幼學吳鼎勳等上疏」에 의하면 해당 상소를 올리기 위해 1702년(숙종28) "7월 18일에 유생 84인이 나주 추선사에 모여서 비로소 통문을 보냈다. 七月十八日 儒生八十四人 會于羅州推善寺 始發通文"라고 하였다. 〔참고문헌〕『輿地圖書』, 『梵宇攷』, 『伽藍考』, 『己丑錄續』, 『韓國寺刹全書』 권하 p.1104b16.

추설추민 追說追泯 뒤이어 설하시고 뒤이어 없애기도 하셨다. 천태(天台)에서 『열반경』의 교판양상을 설하면서 세운 교의(教義)로, 곧 부처님께서 『법화경』을 설법하기 전에 장교(藏教)·통교(通教)·별교(別教)의 가르침을 설하고 나서 『법화경』을 설하시고, 일승(一乘)으로 돌아가게 하였는데, 그래도 근기(根機)가 미숙한 중생을 위해 앞서 가르침을 돌이키고 버리게 해서 불성상주(佛性常住)의 진실한 뜻으로 돌아가게 하였으니 이것이 『열반경』의 설법이라고 주장하는 것을 말한다. 『대부묘현격언』 권2(卍속장44, p.548b12)에 "문에서 『열반경』 추설추민을 이끌어 보여 열고 나누었다 한 것은 다음의 뜻이다. 대저 추설이란 거듭 시설한다는 뜻이다. 추민은 열어 보인 뜻이다. 오직 추민 만이 『법화경』과 같은 맛이다. 文引涅槃追說追泯以示開顯者 蓋追說者重施之意 追泯者開顯之旨 惟其追泯與法華同味", 『법화경현첨증석』 권2(卍속장44, p.834a15)에 "추설추민에 대해 『불조통기』에서는 다음과 같이 말한다. '추설은 거듭 시설하는 것이고, 추민은 거듭 모으는 것이다. 이 두 가지 설을 갖추는 것이 곧 설민이설이다'. 追說追泯 統紀云 追說者 重施也 追泯者 重會也 具斯二說 卽說泯二說"라고 하였다. 〔참고문헌〕『大部妙玄格言』, 『法華經玄籤證釋』. ⇨ 오시팔교 五時八教

추세 麤細 ❶ Ⓢ audārika-sūkṣma, Ⓣ rags-pa-dang-ni-phra-pa. 거친 것으로서의 추(麤)와 묘한 것으로서의 세(細). 계(界)마다 추세가 상대하기에 유색(有色)이 추이면 무색(無色)이 세이고, 유상(有想)이 추이면 무상(無想)이 세이지만, 무색계(無色界)에서는 비무상(非無想)이 추이고 비상비비상이 세의 뜻을 가진다. 『기세경』 권7(대정장1, p.344b17)에 "제천의 몸은 나투고자 하는 대로 길거나 짧게, 푸르거나 누렇게, 붉거나 희게, 크거나 작게, 거칠거나 미세하게 하여 마음대로 할 수 있으며, 아울러 모두 매우 아름답고 단엄하고 뛰어나서 사람들이 사랑하고 좋아한다. 諸天之身 欲現長短 青黃 赤白 大小 麤細 隨意悉能 並皆美妙 端嚴殊絶 令人愛樂", 『십지경론』 권3(대정장26, p.139b15)에 "어떤 것이 추와 세의 차별인가? 추란 색이 있고, 세란 색이 없다. 색 중에서 추란 상상할 수 있는 것(想)이고, 세란 상상할 수 없는 것이다. 무색 중에서 추라 하면 상이 없는 것 아니고, 세라 해도 상 아닌 것도 상 아닌 것이라 할 수도 없다. 이것을 추와 세의 차별이라고 한다. 何者 麤細差別 麤者有色 細者無色 色中 麤者有想 細者無想 無色中 麤者非無想 細者非想非非想 是名麤細差別", 『대비바사론』 권130(대정장27, p.675c27)에 "〔문〕 촉·사·식식에도 추와 세가 있는가? 있다면 무엇 때문에 계경에서 오직 단식의 추세만을 설했는가? 만약 없다면 무엇 때문에 단식에 추와 세가 있고 그 밖에는 없는가? 〔답〕 촉·사·식식에도 추와 세가 있으니, 계와 지로 마주하기 때문이다. 욕계가 추라면 색계는 세이며, 색계가 추라면 무색계는 세이고, 초정려가 추라면 제이정려는 세이며, 나아가 무소유처가 추이면 비상비비상처는 세다. 問 觸思識食 有麤細不 若有者 何故 契經唯說段食有麤細 若無者 何故 段食有麤細非餘耶 答 觸思識食亦有麤細 界地相待故 謂欲界是麤 色界爲細 色界是麤 無色界爲細 初靜慮是麤 第二靜慮爲細 乃至無所有處是麤 非想非非想處爲細", "〔문〕 그렇다면 무엇 때문에 계경에서 말하지 않는가? 〔답〕 말해야 하는데 말하지 않은 것은 그 뜻에 여지가 있음을 알아야 한다. 어떤 이는 말한다. '계경에서는 처음 것만을 들어 뒤의 것도 밝힌 것이다. 이미 단식에 추와 세가 있다고 하였으면, 그 밖의 다른 식에도 추와 세가 있음을 알아야 한다'. 問 若爾何故 契經不說 答 應說而不說者 當知此義有餘 有說 契經 擧初顯後 已說 段食有麤細 當知餘食 亦有麤細"라고 하였다. 〔참고문헌〕『起世經』, 『十地經論』, 『大毘婆沙論』, *Sūtr.101.* ⇨ 추색 麤色, 추상 麤相, 추상 麤想 **2** Ⓢ audārya-sūkṣmate, Ⓣ rtsing-ba-dang-zhib-pa-nyid. 심(尋 : 覺)과 사(伺 : 觀). 마음의 거칠고 미세한 특징을 말한다. 『구사석론』 권3(대정장29, p.180b5 : *Abh-k-bh.*, p.60)에 "각과 관은 어떻게 다른가? 〔게〕 '각'과 '관'은 즉 '추'와 '세'이다. 〔석〕 '추'와 '세'는 어떤 법에 속하는가? 〈답〉 마음의 '추'와 '세'이니, 마음이 거칠면 '각'이라 하고, 마음이 미세하면 '관'이라고 한다. 覺與觀異相云何 偈曰 覺觀謂麤細 釋曰 麤細屬何法 謂心麤細 心麤名覺 心細名觀 vitarka-vicārayoḥ kiṃ nānākāraṇam 〈kārikā〉 vitarkacārāv-audārya-sūkṣmate 〈bhāṣya〉 kasya. cetasa iti paścād-vakṣyati. citta-audārikatā vitarkaḥ. citta-sūkṣmatā vicāraḥ"라고 하였다. 〔참고문헌〕『俱舍釋論』, *Abh-k-bh.* ⇨ 추세각관 麤細覺觀, 심사 尋伺

추세각관 麤細覺觀 Ⓢ vitarka-vicārāv audārya-sūkṣmate. 거칠고 미세한 각(覺 : 尋)과 관(觀 : 伺). 『구사석론』 권3(대정장29, p.180b5 : *Abh-k-bh.*, p.60)에 "각과 관은 어떻게 다른가? 〔게〕 각과 관은 즉 추와 세다. 〔석〕 추와 세는 어떤 법에 속하는가? 〈답〉 마음의 추와 세이니, 마음이 거칠면 각이라 하고, 마음이 미세하면 관이라고 한다. 覺與觀異相云何 偈曰 覺觀謂麤細 釋曰 麤細屬何法 謂心麤細 心麤名覺 心細名觀 vitarka-vicārayoḥ kiṃ nānākāraṇam 〈kārikā〉 vitarkacārāv audārya-sūkṣmate 〈bhāṣya〉 kasya. cetasa iti paścād-vakṣyati. citta-audārikatā vitarkaḥ. citta-sūkṣmatā vicāraḥ", "〈문〉 이 두 가지가 어떻게 한 마음에서 함께 일어나는가? 여기에서 어떤 본사는 말한다. '마치 연유가 물에 뜬 상태로 햇빛에 닿아도 굳지도 않고 풀어지지도 않는 것과 같다'. 이와 같이 각과 관의 상응으로 마음은 미세함이나 거친 것을 버리지 않을 수 있으니, 이 두 가지는 한 마음에서 함께한다. 그러면 이 각과 관은 단지 추와 세의 인일 뿐이어서 자신이 추나 세인 것은 아니다. 비유하면 물과 햇빛은 연유의 굳고 풀어짐의 인이지 스스로 굳거나 풀어지지 않는 것과 같다. 추와 세는 서로 상대해서만 성립한다. 그 심지품류차별로 말미암아 유정천에 이르기까지 각과 관이 있게 된다. 此二 於一心 云何俱起 此中 有餘師說 譬如酥浮水上 於上爲日光所觸 非凝非釋 如此 由覺觀相應故 心不過細 亦不過麤 是故 此二 於一心中 俱有事用 若爾 此覺觀 但是麤細因 非自麤細 譬如水及日光 是酥凝釋因 非自凝釋 麤細由觀他成 由地品類差別故 乃至有頂 應有覺觀", "다시 동류생도 추세로 차별한다 하는데, 이 뜻은 성립하지 않는다. 그러므로 추세분별로 말미암아 각과 관의 자성이 달라지진 않는다. 復次 同類生 以麤細爲差別 此義不應成 是故 不可由麤細分別覺觀性異", "다른 논사들은 말한다. '언어행이 각과 관이다'. 저 경에서 '각을 마치고 관을 마친 후에 바야흐로 언설이 있게 된다'고 한 것처럼 아직 각도 관도 아닌 경우다. 여기에서도 저 추를 각이라 하고, 세를 관이라 한다. 有餘師說 言語行名覺觀 如經言 已覺已觀 方有言說 非未覺未觀 此中 若麤名覺 若細名觀"라고 하였다. 〔참고문헌〕『俱舍釋論』, *Abh-k-bh.* ⇨ 심사 尋伺

추세상입 麤細相入 오종변(五種變) 중 하나. 큰 것과 미세한 것 서로 들이다. 거세상입(巨細相入)이라고도 한다. 『인왕경』 권하(대정장8, p.831a7)에 "무량한 수미산과 무량한 대해가 겨자씨 중에 든다. 無量須彌 無量大海 入芥子中", 원측(圓測)의 『인왕경소』 권하(대정장33, p.413c6・한불전1, p.101b1)에 "셋째 무량한 수미산 등이란 무슨 말인가? 추세상입이다. 三 無量須彌等者 麤細相入"라고 하였다. 〔참고문헌〕『仁王經』, 『仁王經疏』. ⇨ 오종변 五種變, 오변삼의 五變三意

추세심 麤細心 **1** 거칠게 움직이는 마음과 미세하게 움직이는 마음. 각(覺 : 尋)과 관(觀 : 伺) 상태를 말한다. 『대비바사론』 권26(대정장27, p.132b12)에 "〔문〕 무슨 까닭으로 제4정려에서는 숨을 쉬지 않는가? 〔답〕 그 마음이 미세하기 때문이다. 즉 들숨과 날숨은 '추심'에 의지하여 구르는데, 제4정려 이상 모든 지심은 지극히 미세하여 입출식이 없다. 問 何故 在第四靜慮 息不轉耶 答 彼心細故 謂入出息 依麤心轉 第四靜慮以上諸地心極微細故 息不轉", 『아비담비바사론』 권23(대정장28, p.169a15)에 "각과 관에는 어떤 차별이 있는가? 〔문〕 또 무슨 이유로 이 논서를 지었는가? 〔답〕 이 두 법이 서로 유사하기 때문이다. 비록 체성을 설할지라도 차별을 설해야 한다. 각과 관에는 어떤 차별이 있는가? 〔답〕 저 경전에 '추심은 각이고, 세심은 관이다'라고 하니 이것은 각과 관이 심임을 밝히는 것이다. 覺觀有何差別 問曰 何故 復作此論 答曰 此二法相似 雖說體性 亦應說差別 覺觀 有何差別耶 答曰 如經本說 麤心是覺 細心是觀 若作是說 明覺觀是心"라고 하였다. 〔참고문헌〕『大毘婆沙論』, 『阿毘曇毘婆沙論』. ⇨ 추세각관 麤細覺觀 **2** 삼계(三界) 구처(九處)가 서로 상대하여 상계나 상처가 추심이면 하계나 하처는 세심이라 부른다. 『사리불아비담론』 권27(대정장28, p.699a13)에 "어떤 것을 추심이라 하는가? 마음이 욕계에 얽힌 것을 추심이라고 한다. 어떤 것을 세심이라고 하는가? 마음이 색계에 얽히거나 얽히지 않아도 세심이다. 어떤 것이 미심인가? 마음이 무색계에 걸려 있으면 미심이다. 다시 마음이 욕계나 색계에 얽힘이 추심이면, 마음이 공무변처(空無邊處 Ⓢ ākāśānantyāyatana : 空處)나 식무변처(識無邊處 Ⓢ vijñānānantyāyatana : 識處)나 무소유처(無所有處 Ⓢ ākiñcanyāyatana : 不用處) 등에 얽혀있거나 얽혀있지 않아도 세심이다. 마음이 비상비비상처(Ⓢ naiva-saṃjñānāsaṃjñāyatana)에 얽힌 것이 미심이라고 하면, 다시 저 마음이 욕계나 색계나 공무변처나 식무변처 등에 얽혀 있다 해도 그곳의 마음은 추심이다. 云何麤心 若心欲界繫 是名麤心 云何細心 若心色界繫 若不繫 是名細心 云何微心 若心無色界繫 是名微心 復次若心欲界繫 若色界繫 是名麤心 若心空處繫 識處繫 不用處繫 若不繫 是名細心 若心非想非非想處繫 是名微心 復次若心欲界繫 若色界繫 若空處繫 識處繫 不用處繫 是名麤心"라고 하였다. 〔참고문헌〕『舍利弗阿毘曇論』. ⇨ 추세 麤細[1], 추상 麤相, 추상 麤想[1][2], 세상 細想[1]

추세진실 麤細眞實 Ⓢ audārika-sūkṣma-tattva, Ⓣ rags-pa-dang-phra-ba'i-de-kho-na. 열 가지 진실 중 하나로 속제와 진제를 말한다. 『중변분별론』 권상(대정장31, p.456a17 : *Madhy-vibh.*, p.41)에 "추세진실이란 속제와 진제를 말한다. 麤細眞實者 俗諦及眞諦 audārika-sūkṣma-tattvaṃ punaḥ saṃvṛti-paramārtha-satyaṃ"라고 하였다. 〔참고문헌〕『中邊分別論』, 『辯中邊論』 권중(대정장31, p.469b23), *Madhy-vibh.* ⇨ 십종진실 十種眞實, 속제 俗諦, 진제 眞諦[1]

추손 麤飡 거친 음식. 『신력선사어록』(고존숙어록12, 卍속장118, p.301a3)에 "'대천세계는 무엇입니까?' '티끌 하나만 알 뿐이다'. 선사가 다시 말했다. '천 가지 맛 좋은 음식을 말할 수 있더라도 한 번에 삼킨 거친 음식만 못하다'. 進云 如何是大千 師云 但識取一塵 師復云 說得千般美食 不如一頓麤飡"라고 하였다. 〔참고문헌〕『神力禪師語錄』. ⇨ 추손이포세작난기 麤飡易飽細嚼難飢

추손이포세작난기 麤飡易飽細嚼難飢 거친 음식 쉽게 배부르지만 잘게 씹어야 허기질 일 없다. 『무문관』 47칙 「도솔삼관 兜率三關」(대정장48, p.298c25)에 "무문이 말한다. '삼전어를 말할 수 있다면 가는 곳마다 주인 되고 만나는 연마다 으뜸의 뜻 드러낸다. 더러 그렇지 않으나 거친 음식 쉽게 배부르지만, 잘게 씹어야 허기를 면한다'. 無門曰 若能下得此三轉語 便可以隨處作主 遇緣卽宗 其或未然 麤飡易飽細嚼難飢", 『오등전서』 권54 「운봉묘고장 雲峰妙高章」(卍속장141, p.171b18)에 "법좌에 올라 말했다. '소리와 색은 무생의 독이고, 수와 상은 지인의 함정이다. 이러한 이야기를 누가 알겠는가? 그러나 거친 음식이 배부르기는 쉬워도 꼭꼭 씹어야 허기를 면한다'. 上堂 聲色爲無生之鴆毒 受想乃至人之坑穽 者般說話阿誰不知 然麤飡易飽細嚼難饑"라고 하였다. 〔참고문헌〕『無門關』, 『五燈全書』.

추수 追修 추모해 닦다. 죽은 사람을 추모해 공양을 베풀어 그의 인연으로 세간을 복되게 하기에 추선(追善)·추천(追薦)이라고도 한다. 『요암청욕어록』 권9 「송원노조가서 松源老祖家書」(卍속장123, p.780b7)에 "갑자기 스승의 부고를 듣고 슬픔으로 그리워 하며 뒤따라 닦으니 효도를 극진하게 다하였습니다. 遽聞師訃 哀慕追修 克盡孝道", 『총림교정청규총요』 권하(卍속장112, p.41b12)에 "앞서 한 일 지불하고 오히려 약간이 남았다. 사십구재를 행하여 뒤이어 닦으니 대중에게 간경하게 하였다. 승행을 위해 드리고 나니 남는 것 없었다. 右件支破 尙有若干 齋七追修 命衆看經 僧行經錢 支破外 更無餘剩"라고 하였다. 〔참고문헌〕『了菴淸欲語錄』, 『叢林校定淸規總要』. ⇨ 추선 追善, 추천 追薦

추숭 追崇 추모해 우러르다. 추선공양(追善供養)에 해당한다. 『능가사자기』(대정장85, p.1290b21)에 "비록 뜻으로는 이름도 모습도 끊었지만 뒤이어 받들기를 기다리지 않고 마음으로 간절하게 선사의 법을 잇고 원컨대 명예 남아 있기를 바라고 있습니다. 雖理絶名相 無待於追崇 而念切師資 願存於榮餝", 『석씨통감』 「당고종기미 唐高宗己未」(卍속장131, p.915a12)에 "10월 옥화궁을 사찰로 제정하고, 돌아가신 황제를 추모해 받들고, 현장(玄奘)법사를 불러 머물게 하였다. 十月制以玉華宮爲寺 追崇先帝 詔奘法師居之"라고 하였다. 〔참고문헌〕『楞伽師資記』, 『釋氏通鑑』. ⇨ 추선 追善

추승 雛僧 어린 스님. 추는 병아리라는 말로 출가한 지 오래되지 않은 뜻이다. 『산암잡록』 권상(卍속장148, p.331a6)에 "별 다른 일을 생각하지는 않고 다만 몇 명의 추승을 가르치고 싶을 뿐이다. 想無別事 只欲教幾箇雛僧耳"라고 하였다. 〔참고문헌〕『山菴雜錄』.

추승상 麤繩床 거친 끈으로 엮은 상. 굵은 줄로 엮었기에 추승이라는 말이 붙었다. 세승상(細繩床)과 대칭한다. 『십송율』 권10(대정장23, p.77a25)에 "추승상에는 다섯 종류가 있다. 아산제각·파랑구각·저양각각·첨각·곡각이다. 麤繩床有五種 阿珊蹄脚 籔郎劬脚 羝羊角脚 尖脚 曲脚"라고 하였다. 〔참고문헌〕『十誦律』. ⇨ 승상 繩床, 세승상 細繩床

추시 追諡 망자(亡者)에 대해 생전(生前)의 행적을 기려서 시호(諡號)를 추증(追贈) 하는 것. 『경덕전등록』 권6 「마조도일전 馬祖道一傳」(대정장51, p.246c3)에 "원화년간에 대적선사라는 시호를 추증하였다. 탑의 이름은 대장엄이고, 지금 해혼현에 영당이 있다. 元和中追諡大寂禪師 塔曰大莊嚴 今海昏縣影堂存焉", 『석씨계고략』 권3(대정장49, p.821c19)에 "도속의 대중이 종밀의 유체를 받들어 규봉에서 다비하였고 사리를 얻어 석실에 모셨다. 선종이 생전의 행적을 기려 정혜선사라는 시호를 추증하였다. 道俗奉全身 於圭峯 茶毘得舍利 藏之石室 宣宗追諡定慧禪師", 하동 쌍계사(雙谿寺) 「진감선사대공영탑비문 眞鑑禪師大空靈塔碑文」에 "헌강대왕이 지극한 덕화를 넓히고 불교를 우러러 받들어, 시호를 진감선사, 탑호를 대공영탑이라 추증하고 이에 새김을 허락하여 길이 영예가 오래도록 하였다. 獻康大王 恢弘至化 欽仰眞宗 追諡眞鑑禪師大空靈塔 仍許篆刻 以永終譽"라고 하였다. [참고문헌] 『景德傳燈錄』, 『釋氏稽古略』, 李智冠 『校勘譯註歷代高僧碑文』 新羅篇 p.148.

추실 秋實 가을에 거두는 열매. 『대승본생심지관경』 권5(대정장3, p.314a23)에 "도의 실마리가 자라남은 봄의 싹과 같고, 보리의 미묘한 과는 가을 열매 같다. 道芽增長如春苗 菩提妙果類秋實", 『불명경』 권8(대정장14, p.159c7)에 "우리들 옛적부터 마치 썩은 풀과 같았으니 비록 봄볕을 받기는 했지만 가을의 결실을 바라지 못한다. 我等昔來 猶如腐草 雖經春陽 無悕秋實", 『사십이장경해』(卍속장59, p.95b14)에 "하나의 진실의 땅 의지해서 교화의 도를 펼친다. 마치 저 대지에 의지해 사계절 있어 나무 봄에는 자라고 여름에는 번성하며 가을에는 결실을 맺고 겨울에는 떨어지는 것과 같다. 依一眞地 而施化道 如依大地 而有四時之木 春生夏榮 秋實冬落"라고 하였다. [참고문헌] 『大乘本生心地觀經』, 『佛名經』, 『四十二章經解』.

추실 麤失 Ⓢ dauṣṭhulya, Ⓣ gnas-ngan-len. 거칠어 삼악도 등에 떨어지는 것. 사전도(四顚倒)나 칠전도(七顚倒)와 같은 과실이나 장애 또는 악업을 말한다. 추중(麤重)이라고도 한다. 『중변분별론』 권상(대정장31, p.454a9 : *Madhy-vibh.*, p.30)에 "미함이 없다 하니 마음이 산란하지 않은 것이다. (여기에) 세 가지 장애가 있으니, 첫째는 전도추실, 둘째는 번뇌 등 세 가지 장애 가운데 하나가 남은 것, 셋째는 성숙하고 해탈하도록 하는 반야지혜가 아직 익지도 차지도 못한 것이다. 無迷者 心不散亂 有三障 一 顚倒麤失 二 煩惱等 三障中 隨一有餘 三 令成熟解脫般若未熟未滿 abhrāntes trīṇi viparyāsa-dauṣṭhulyaṃ. kleśādy-āvaraṇa-trayād anyatama-avaśiṣṭatā. vimukti-paripācinyāḥ prajñāyā aparipakvatā ca", 『대지도론』 권53(대정장25, p.438b1)에 "무생법 중에 두 갈래의 허물이 있다. 추실은 살생과 투도 등의 죄를 말하는 것으로 삼악도가 있게 되는 것이며, 세실이란 주착하는 마음으로 보시나 지계 등 복을 짓는 것이니 삼선도가 그것이다. 復次 於無生法中 有二種失 麤失者 殺盜等罪故 有三惡道 細失者 用著心布施持戒等福故 有三善道"라고 하였다. [참고문헌] 『中邊分別論』, 『大智度論』, 『辯中邊論』 권상(대정장31, p.467a17), *Madhy-vibh.* ⇨ 전도 顚倒, 추중 麤重❷

추심사 推尋寺 경상북도 문경시 마성면 남호리 화산(華山)에 있던 절. 최심사(摧尋寺)라고도 한다. 『여지도서』와 『가람고』에 화산에 있다고 하였으며, 『범우고』와 『경상북도문경군읍지』에도 같은 위치를 말하고 폐사로 전한다. [참고문헌] 『輿地圖書』, 『伽藍考』, 『梵宇攷』, 『慶尙北道聞慶郡邑誌』, 『韓國寺刹全書』 권하 p.1104b18, 『한국사지총람』 권하(문화재청・佛教文化財研究所, 2010) p.171. ⇨ 최심사 摧尋寺

추아 麤我 Ⓢ audārikaṃ ātmānaṃ. 거칠게 아라고 여기는 것. 오온(五蘊)인 가아(假我). 또는 오온 중 색온(色蘊)만의 가아를 말한다. 『구사론』 권19(대정장29, p.103c21 : *Abh-k-bh.*, p.293)에 "거친 아(我)에 의지하여 말한다면, 상(想)과 다르다고 답해야 한다'. 若言依麤我 應記與想異 sa ced-evaṃ vaded-audārikaṃ khalv-ahayāyuṣmann-ātmānaṃ pratyemi", 『구사론기』 권19(대정장41, p.309a26)에 "어떤 사람이 사부상(士夫想 Ⓢ puruṣa-saṃjñā)이 아와 같은가, 다른가?'를 물으면, 다음과 같이 반문하여 따진다. '당신은 어떤 아에 의지하여 이와 같이 묻는가? 거친 오온인 가아에 의지하여 말한다면, 상과 다르다고 답해야 하고, 당신이 별도의 진실한 세아(細我)에 집착한다면 하나라거나 다르다고 할 수 없다'. 또 '상인즉 오온으로 거두는데 어찌 다르다고 할 수 있는가?'라고 물으면, 다음과 같이 답한다. 사부상을 제한 나머지 오온을 아라고 하므로 상과 다르다고 한다. 또 아에는 두 가지가 있으니, 첫째는 추아이고 둘째는 세아이다. 거친 색온의 가아에 의지한다면 상과 다르다고 답해야 하니, 상은 색이 아니기 때문이다. 若有問云 士夫想與我 爲一爲異耶 應反詰言 汝依何我 作如是問 若言依麤五蘊假我 應記與想異 若依汝執別有眞實細我 不可言一異 問 想卽五蘊攝 寧得言異 解云除士夫想 計餘五蘊爲我 故言想異 又解我有二種 一 麤 二 細 若言依麤色蘊假我 應記與想異 想非色故"라고 하였다. [참고문헌] 『俱舍論』, 『俱舍論記』, *Abh-k-bh.* ⇨ 세아 細我, 사부 士夫❶, 오온 五蘊

추아만 麤我慢 Ⓢ audāriko 'smi mānaḥ, Ⓣ nga-rg

yal-rags-pa. 거친 아만(我慢). 현관(現觀)을 장애하는 '나'라고 하는 마음을 말한다. 『유가사지론』 권34(대정장30, p.475a29 : *Śrāv-bh.*, p.497)에 "비록 일체의 고집이제에 대하여 거듭거듭 깊은 마음으로 싫어하고 여의며 놀라고 두려워하고, 열반에 대하여 자주 심심으로 원하고 좋아할지라도, 오히려 아직은 '심심'으로 취입하지 못한다. 그 까닭은 오히려 현관을 장애하는 추품의 아만으로 따라 들어가고 뜻을 지으니 때때로 또는 쉼없이 구르기 때문이다. 雖於一切苦集二諦 數數深心 厭離驚怖 及於涅槃 數數發起 深心願樂 然猶未能深心趣入 何以故 以彼猶有 能障現觀 麤品我慢 隨入作意 間無間轉 duḥkhasatyāt-samudayasatyād-udvejyotrāsya punaḥ punar-adhyāśayato nirvāṇe praṇidadhāti. tathā-apy-asya na praskandati. tat-kasya hetos-tathā hy-asau audāriko asmi māno 'bhisamayāya vibandhakaraḥ. sa manaskāra-anupraviṣṭaḥ sāntaravyantaro vartate", 『유가론기』 권8(대정장42, p.479b18 · 한불전13, p.625a20)에 "비록 고와 집을 싫어하고 열반을 기꺼워 하지만 오히려 아직은 심심으로 취입하지 못하니, 그 까닭은 오히려 현관을 장애하는 추품의 아만이 있어, 따라 들어 뜻을 지을 때마다 수시로 구르기 때문이다. 생사유전을 사유하는 모든 때에 한결같이 마음에 나는 알았다는 것이 남아 있는 한 아만이다. 나의 마음이라고 하는 것이 있는 한 추아만이다. 雖厭苦集 欣樂涅槃 然猶未能 深心趣入 何以故 以彼猶有 能障現觀 麤品我慢 隨入作意 間無間轉者 思惟生死流轉等時 心帶我解 名爲我慢 說帶我心 名麤我慢"라고 하였다. [참고문헌] 『瑜伽師地論』, 『瑜伽論記』, *Śrāv-bh.* ⇨ 아만 我慢, 추품 麤品, 현관 現觀

추악 麤惡 ❶ 거칠고 욕되게 하다. 『미사새오분계본』(대정장22, p.195a29)에 "만약 비구가 음욕이 가득 차 마음을 바꾸어서 여인에게 거칠고 욕되게 한다. 음욕에 따라 법을 설한다면 승가바시사이다. 若比丘 欲盛變心 向女人麤惡語 隨婬欲法說 僧伽婆尸沙"라고 하였다. [참고문헌] 『彌沙塞五分戒本』. ⇨ 추어계 麤語戒 ❷ [S] paruṣa, [P] pharusa, [T] rtsub-po. 거칠어 선하지 않은 것. 『별역잡아함경』 권5(대정장2, p.403b21)에 "그대는 지금 참으로 노쇠하였지만 과거에는 여러 죄를 저질렀고 하는 짓마다 추악하였으며 복업을 짓지 않았다. 汝於今者 實爲衰老 先造衆罪 所作麤惡 不造福業"라고 하였다. [참고문헌] 『別譯雜阿含經』, *Abh-k-bh.242.*, *Bodh-bh.165.*, *Vin.2.290.*

추악과 麤惡過 [S] dauṣṭhulya-duṣṭatā, dauṣṭhulya-doṣa, [T] gnas-ngan-len-skyon-chags, gnas-ngan-len-gyi-nyes-pa. 크고도 무거운 허물. 추중악과(麤重惡過) · 추중과실(麤重過失)과 같은 뜻이다. 『중변분별론』 권상(대정장31, p.454b13 : *Madhy-vibh.*, p.33)에 "조도품법처란 무엇인가? 〈게〉 처에 밝지 못하고 게으르며, 삼매의 적음과 두 가지, 씨앗을 뿌리지 못함과 나약함, 여러 견해와 추악과라네. 〈논〉 사념처는 의지처가 명료하지 않은 것이 장애가 되며, 사정근처는 게으름이 장애가 된다. … 칠각분처는 여러 견해의 과실이 장애가 되니, 견도위에서 나타나기 때문이다. 팔성도분처는 추악의 과실이 장애가 되니, 수도위에서 드러나 보이기 때문이다. 助道品法處者 處不明懈怠 三昧少二種 不種及羸弱 諸見麤惡過 念處者 依處不明了 爲障 四正勤處 懈怠 … 覺分處 諸見過失 見道所顯故 道分處 麤惡過失 此修道所顯現故 bodhipakṣyeṣu tāvat 〈kārikā〉 vastv-akauśala-kausīdyaṃ samādher dvaya-hinatā, aropaṇātha daurbalyaṃ dṛṣṭi-dauṣṭhulya-duṣṭatā. 〈bhāṣya〉 smṛty-upasthāneṣu vastv-akauśalam āvaraṇaṃ. samyak-prahāṇeṣu kausīdyaṃ … bodhyaṅgeṣu dṛṣṭi-doṣaḥ teṣāṃ darśana-mārga-prabhāvitatvāt. mārgāṅgeṣu dauṣṭhulya-doṣaḥ. teṣāṃ bhāvanā-mārga-prabhāvitatvāt"라고 하였다. [참고문헌] 『中邊分別論』, 『辯中邊論』 권상(대정장31, p.467c18), *Madhy-vibh.*

추악어 麤惡語 [S] paruṣa-vacana, [P] pharusā-vācā, duṭṭhullā vācā, [T] tshig-rtsub-po-smra. 거칠고 포악한 말. 십악업(十惡業) 중 하나인 악구(惡口)와 같으며 추악언(麤惡言)이라고도 한다. 『이취육바라밀다경』 권5(대정장8, p.887c12)에 "추악어란 무엇인가? 악한 말을 하여 그가 매우 번민하게 하고, 듣고자 하지 않는 것을 듣게 하는 것이다. 만약 이런 것을 여의고 항상 부드러운 말로 그를 즐겁게 하면, 이것을 추악어를 여의는 것이라고 한다. 麤惡語者 謂出惡言 令彼熱惱 所不欲聞 而令聞之 若能離此 常以軟語 令彼適悅 是則名爲 離麤惡語"라고 하였다. [참고문헌] 『理趣六波羅蜜多經』, 『大樓炭經』 권5(대정장1, p.300c5), *Abh-k-bh.251.*, *Vin.3.128.*, *AN.5.258.* ⇨ 악구 惡口, 십악 十惡[1]

추악어악행 麤惡語惡行 [S] pāruṣya-anārya-vyavahāra, [P] pharusā-vācā-anariya-vohāra. 추악한 말로 하는 악행. 타인을 분노하게 하는 악구(惡口)를 말한다. 『집이문족론』 권10(대정장26, p.408c7)에 "어떤 것을 추악어악행이라고 하는가? [답] 세존께서 '비구들아, 다음을 알아야 한다. 어떤 추악한 말을 하는 이가 한 말은 뇌롭게 하며 껄끄럽고 억세어 다른 이가 심한 고초를 받고, 다른 이가 성을 내며, 중생이 사랑하지 않고, 중생이 좋아하지 않으며, 중생이 기뻐하지 않고, 중생이 즐거워하지 않으며, 마음을 요란하게 하여 한결같은 마음을 장애하는데, (거듭하여) 추악한 말을 하고 추악한 말을 여의지 않는다'라고 말씀하신 것과 같다. … 이와 같이 하는 언어·창사·평론·어음·어로·어업·어표를 추악어악행이라고 한다. 云何麤惡語惡行 答 如世尊說苾芻當知 有麤惡語者 彼所發語 能惱澁强 令他辛楚 令他憤恚 衆生不愛 衆生不樂 衆生不喜 衆生不悅 令心擾亂 能障等持 說麤惡語 不離麤惡語 此中有麤惡語者者 謂不離麤惡語者 不斷麤惡語者 不厭麤惡語者 安住麤惡語者 成就麤惡語者 … 如是語言 唱詞評論 語音語路 語業語表 名麤惡語惡行"라고 하였다. [참고문헌]『集異門足論』. ⇨ 악구 惡口, 추악어 麤惡語

추악원 麤惡苑 Ⓢ pāruṣyaka udyāna. 추삽원(麤澁園)의 다른 이름. 『대비바사론』 권133(대정장27, p.692a7)에 "둘째 추악원이다. 제석천이 전쟁을 하려고 할 때에 그가 필요로 하는 대로 갑옷과 무기 등이 나타난다. 二 麤惡苑 天欲戰時 隨其所須 甲仗等現"라고 하였다. [참고문헌]『大毘婆沙論』, 『敎跡義記』 권상(대정장39, p.1022b23), *Abh-k-bh.168.* ⇨ 추삽원 麤澁園

추악초 芻惡草 말이나 소에게 먹이는 거칠고 억센 풀. 『출요경』 권3(대정장4, p.625a27)에 "동생은 그 뒤에 병들어 갑자기 죽어 소로 태어나 사람들에게 채찍질을 당하며 소금 짐을 지고 성 안으로 들어갔다. 그때 아라한이 된 형이 성 안에서 나오다가 그 소를 보고 게송으로 설하였다. 〈게〉 등에는 무거운 짐을 지고, 쉬지 않고 길을 걸으며, 사람에게 채찍질 당하고, 지금 이처럼 고생하는구나. … 억센 풀을 먹고, 빗물을 마시며, 채찍질은 몸에서 떠나지 않으니, 지금 이처럼 고생하는구나. 축생으로 태어났으니, 어떤 방편을 행해야 하겠는가? 부디 삼야삼불의 덕을 마음을 다해 생각하여라. 弟後遇患 忽便無常 生受牛形 爲人所驅 馱鹽入城 時兄羅漢 從城中出 卽向彼牛 而說偈曰 脊負爲重擔 涉道無懈息 爲人所驅使 今日爲閑劇 … 食以芻惡草 飮以雨潦汁 杖捶不離身 今日爲閑劇 以受畜生形 爲行何權計 爲可專意念 三耶三佛德"라고 하였다. [참고문헌]『出曜經』.

추안 秋眼 조선후기 스님. 자세한 행장은 알 수 없고 다만 1695년(숙종21) 지리산 쌍계사(雙磎寺)에서 『대승기신론소필삭기회편』을 판각할 때 대교(對校 : 校正)를 맡았다. [참고문헌] 雙溪寺板 『大乘起信論疏筆削記會編』 卷第2 卷末刊記.

추안 麤眼 Ⓢ audārikaṃ cakṣuḥ. 욕계의 눈. 색계의 눈은 세안(細眼)이다. 『유가사지론』 권3(대정장30, p.292b27 : *Yogā-bh.*, p.64)에 "(眼에는) 열한 가지를 세운다. 즉 과거안·미래안·현재안 … 추안·세안 … 원안·근안이다. 立十一種 謂過去眼 未來眼 現在眼 … 麤眼 細眼 … 遠眼 近眼 ekādaśa-vidham-atītam-anāgataṃ pratyutpannam … audārikaṃ sūkṣmaṃ … dūre'ntike", 『유가론기』 권15(대정장42, p.627b13·한불전14, p.97c7)에 "아래 세계(欲界)의 추안으로 어떻게 상위 세계(色界)의 미세한 색(色)을 보겠는가? 下地麤眼 云何能見上地細色"라고 하였다. [참고문헌]『瑜伽師地論』, 『瑜伽論記』, *Yogā-bh.*

추암사 楸巖寺 평안남도 평원군 원산(圓山)에 있던 절. 추암사(湫巖寺)라고도 한다. 『동국여지승람』 권52 평안도 영유현 불우에 이름과 위치가 전하고, 『여지도서』 평안도 영유 사찰에 "현 남쪽 20리 대원산에 있다. 在縣南二十里大圓山" 하였고, 『범우고』와 『가람고』에도 대원산에 있다고 하였는데 『가람고』에는 추암사(秋巖寺)라 하였다. [참고문헌]『東國輿地勝覽』, 『輿地圖書』, 『梵宇攷』, 『伽藍考』, 『韓國寺刹全書』 권하 p.1105a1.

추어 麤語 Ⓢ pāruṣya, Ⓣ tshig-rtsub-po. 거친 말. 악구(惡口 : 麤惡語)와 같다. 40권본 『대반열반경』 권17(대정장12, p.463c24)에 "어찌하여 성문인에게는 사무애지가 없는가? 성문인에게는 세 가지 선교방편이 없다. 어떤 것이 세 가지 방편인가? … 둘째 반드시 거친 말을 한 연후에 교화를 받는 것이다. 云何聲聞無四無礙 聲聞之人 無有三種善巧方便 何等爲三 … 二者 必須麤語 然後受化", 『대방등대집경』 권11(대정장13, p.71b22)에 "세존이시여, 보살이 인욕바라밀을 수행할 때 … 힘센 사람에게는 부드러운 말씨로 겸손하고, 힘이 약한 사람에게는 거친 말씨로 경멸하는 것을 마귀의 행업이라고 합니다. 世尊 菩薩修行忍波羅蜜時 … 見大力者 軟語謙下 見小力者 麤語輕蔑 是名魔業"라고 하였다. [참고문헌]『大般涅槃經』, 『大方等大集經』, *Abh-k-bh.242.* ⇨ 악구 惡口, 추악어 麤惡語

추어계 麤語戒 추한 말을 하지 말도록 금하는 계. 『사분율소』 권3(卍속장65, p.489b16)에 "세 번째 추어계 : 이하 두 계는 앞에서 한 말과 같다. 음욕에 관련된 일은 모두 지극히 비루하고 더럽기에 추악이라 한다. 그 상을 말하자면 드러나 보이는 것이 입에 있기에 추악어라 한다. 麤語戒第三 自下二戒 前言同前 凡婬欲之事 皆極鄙穢 故名麤惡 今說其狀 表彰在口 故曰麤惡語", 『신산정사분승계본』(卍속장61, p.535b7)에 "세 번째, 여인에게 추한 말을 하지 말도록 규정한 계 : 만약 비구가 음욕의 생각 있어 여인에게 추악하고 음탕한 말을 한다면 승가바시사다. 與女人麤語戒第三 若比丘 婬欲意 與女人麤惡婬欲語者 僧伽婆尸沙"라고 하였다. [참고문헌]『四分律疏』, 『新刪定四分僧戒本』. ⇨ 승가바시사 僧伽婆尸沙

추언 麤言 Ⓢ dur-vacasa, Ⓣ bka'-blo-mi-bde-ba. ❶ 조악한 말. 거친 말. 욕하는 말. 악구(惡口)의 다른 한역어. 상대어는 유연어(柔軟語)·연어(軟語)이다. 『중아함경』 권3 「사경 思經」(대정장1, p.437c17)에 "셋째는 추언이다. 저 사람이 말을 하는데, 말의 기운이 거칠고 사납고 욕하는 소리로 귀를 거슬러서 대중들이 기뻐하지 않고, 대중들이 좋아하지 않으며, 다른 사람을 고뇌하게 하여 안정할 수 없게 하는 것, 이와 같은 말을 하는 것이다. 三曰 麤言 彼若有言 辭氣麤獷 惡聲逆耳 衆所不喜 衆所不愛 使他苦惱 令不得定 說如是言", 『불본행경』 권7(대정장4, p.107c24)에 "계란 바로 인욕이니 또한 아주 강력하다. 다른 사람의 거친 말을 참아내지 못하면 끝내 해탈을 얻지 못한다. 戒則是忍辱 亦是其強力 不忍他麤言 終不得解脫"라고 하였다. [참고문헌] 『中阿含經』, 『佛本行經』, *Bodh-bh.123.* ⇨ 악구 惡口, 구업 口業, 연어 軟語 ❷ 절복(折伏)하는 말 또는 원교가 아닌 가르침의 말. 추어(麤語)라고도 한다. 『열반경소삼덕지귀』 권12(卍속장58, p.779a18)에 "경에 '세 가지 선교가 없다'고 한 것은 이승이 근기를 관찰하여 설법할 수 없는 것을 말한다. 마땅히 거둘 수 있어야 연어이고 마땅히 절복하려 하면 추어다. 적절하게 중도에 맞으려면 찬탄하지도 않고 야단치지도 않는다. 또한 원교는 연어이고 장교와 통교는 추어다. 별교는 연어나 추어가 아니다. 그러한즉 이승은 사교의 근기를 관찰할 수 없다고 하는 것이다. 經無有三種善巧者 謂二乘不能觀機說法也 宜攝受故軟語 宜折伏故麤語 宜中庸者則不讚不訶 又圓爲軟語 藏通麤語 別是不軟麤語 則是二乘不能觀四教機也"라고 하였다. [참고문헌] 『涅槃經疏三德指歸』.

추언세어 麤言細語 성긴 말과 면밀한 언어. 모든 문자와 언어를 가리킨다. 『선가귀감』(卍속장112, p.912a10)에 "만약 사람이 입마저 잃게 된다면 염화미소야말로 모두 교의 자취일 뿐이고, 마음을 얻는다면 세간의 성긴 말과 면밀한 말이 모두 교외별전의 선지라 하겠다. 若人失之於口 則拈花微笑 皆是教迹 得之於心 則世間麤言細語 皆是教外別傳禪旨", 『능엄경합철』 권4(卍속장22, p.415a10)에 "말에는 분이 있을 수밖에 없고 뜻은 다함이 없다 한 것은 한 구로도 헤아릴 수 없이 많은 뜻을 품을 수 있기 때문이다. 성긴 말도 면밀한 언어도 모두 지극한 이치를 갖는다. 言有分而理無窮者 謂一句含無量義故 又麤言細語 皆有至理", 『증도가주』(卍속장114, p.894a9)에 "성긴 말과 면밀한 언어는 모두 제일의로 돌아간다. 麤言細語 皆歸第一義", 『허당집』 권4(卍속장124, p.584b2)에 "허당선사가 말했다. '물음은 답하는 곳에 있고, 답은 물을 때 이미 있다. 일어난 일을 빌어 이를 드러내거나 속제 그대로 진제를 밝히고, 또는 말 밖에서 그윽함 말하거나 알맹이 없는 종지를 거창한다. 한 때의 응대라도 모두 연원이 있고, 성긴 말과 면밀한 언어라도 오히려 제일의제로 돌아간다'. 師云 問在答處 答在問處 或借事顯理 或卽俗明眞 或談言外之玄 或唱無中之旨 一期應對 皆有淵源 麤言細語 尙歸第一義諦"라고 하였다. [참고문헌] 『禪家龜鑑』, 『楞嚴經合轍』, 『證道歌註』, 『虛堂集』. ⇨ 교외별전 教外別傳❶, 제일의 第一義

추언연어 麤言軟語 성긴 말씀과 자세한 말씀. 중생의 근기에 따라 법을 설하게 되므로 말씀에 추연의 차별이 있다. 『금광명경현의습유기』 권2(대정장39, p.23c24)에 "성근 말씀과 자세한 말씀이란, 『대반열반경』에 '모든 부처님께서는 늘 자세히 말하시지만 대중을 위해서 성글게도 설하셨으니, 성근 말씀이든 자세한 말씀이든 모두 제일의로 돌아간다네'라고 하였다. 그러므로 성글고 자세한 말씀으로 다 꾸려 일체를 불러냄이다. 麤言軟語者 大經云 諸佛常軟語 爲衆故說麤 麤言及軟語 皆歸第一義 然則 麤軟之言 該乎一切", 『금광명경문구기』 권3상(대정장39, p.112c26)에 "성긴 말과 자세한 말이란, 칠방편교에서 세 가지 장애는 모름지기 사라져야 하고 갖가지 행은 반드시 닦아야 하지만, 능소가 다하지 못하는 한 추언이다. 저 원교에서도 일체를 닦아야 할 악이라 하면 악 모두 그 성이 악이지만, 물리칠 악이 이미 고요할진대는 능히 파함도 이미 잊혀지리니, 할 말마저 없어야 자세한 말이라 한다. 麤言軟語等者 七方便教 三障須滅 衆行須修 能所不泯 名曰麤言 若圓教者 一切修惡 皆卽性惡 所破旣寂 能破自忘 無言之言 名爲軟語", 『법화문구』 권2상(대정장34, p.16c27)에 "마음을 관한다 하니, 거친 말씀이든 부드러운 말씀이든 모두 제일의로 돌아감을 관함이다. 觀心者 觀麤言軟語 皆歸第一義"라고 하였다. [참고문헌] 『金光明經玄義拾遺記』, 『金光明經文句記』, 『法華文句』, 40권본 『大般涅槃經』 권20(대정장12, p.485a7). ⇨ 추언 麤言❷, 연어 軟語

추엄 追嚴 추모해 아로새기다. 망자를 추모하며 부처의 공덕으로 장엄하는 일. 『불조통기』 권47(대정장49, p.425b24)에 "고종 즉위 9년. 천하의 주와 군에 명하여 보은광효선사를 세웠으니 오직 휘종을 추엄하기 위한 곳으로 건립하였다. 九年 勅天下州郡 立報恩光孝禪寺 爲徽宗專建追嚴之所", 『신수과분육학승전』 권24 「혜환전 慧歡傳」(卍속장133, p.869a18)에 "대업년간 초수도에 대선정사를 창건하여 문제의 명복을 추엄하였는데, 이때 황제의 부름을 받고 그곳에서 머물렀다. 大業初 京師剏建大禪定寺 追嚴文帝冥福 詔居之", 『열조제강록』 권3(卍속장112, p.206b5)에 "바로 이럴 때 추모해 아로새길 한 구를 어떻게 말해야 할까? 正與麽時 且追嚴一句 作麽生道"라고 하였다. [참고문헌] 『佛祖統紀』, 『新修科分六學僧傳』, 『列祖提綱錄』, 『希叟紹曇廣錄』 권2

(卍속장122, p.209a14). ⇨ 추천 追薦

추업 麤業 보다 거친 업. 세업(細業)이 아닌 업으로 계(界)에 따라 상대적이다. 범부와 소승은 십불선업(十不善業)이 추업이지만, 대승인에게는 마음에 집착해 상(著心取相)을 취하거나 삼해탈문을 어겨도 추업이다. 나아가 욕계업은 색계에 있어 추업이고, 공처업(空處業)은 식처(識處)에서 보면 추업이다. 『사리불아비담론』 권7(대정장28, p.581c16)에 "어떤 것이 추업인가? 만약 그 업이 욕계에 매였으면 추업이다. … 다시 추업이란 어떤 업이 욕계에 묶이거나 색계에 묶였으면 추업이다. … 다시 추업이란 어떤 업이 욕계에 묶이거나 색계에 묶이거나 공무변처에 묶이거나 식무변처에 묶이거나 무소유처에 묶여도 추업이다. 云何麤業 若業欲界繫是名麤業 … 復次麤業 若業欲界繫 色界繫 是名麤業 … 復次麤業 若業欲界繫 色界繫 空處繫 識處繫 不用處繫是名麤業", 『대지도론』 권39(대정장25, p.345c19)에 "소승인은 삼악도를 두려워하기에 열 가지 불선업을 죄로 삼지만, 대승인은 온갖 집착하는 마음을 내어 상을 취하는 법과 삼해탈문과 서로 어긋난 것을 죄라고 한다. 이런 일이 다르기에 대승이라고 한다. …〔문〕 앞에서는 죄업이라 하고, 여기서는 무엇 때문에 추업이라고 합니까?〔답〕 추업과 죄업에는 차이가 없으니, 죄가 곧 추(麤)이며 세(細)라고는 하지 않는다. 또 성문인은 몸과 말로 하는 불선업을 추라 하며, 뜻의 불선업을 세라 하고, 성냄이나 삿된 소견 등의 모든 번뇌를 추죄라고 하며, 탐애나 교만 등의 번뇌를 세죄라고 한다. 세 가지 악각인 욕각·진각·뇌각을 추라고 하며, 친리각·국토각·불사각을 '세'라고 한다. 다만 선각은 미세하다고 하지만 마하연 중에서는 모두 다 추다. 그러므로 추죄라고 한다. 小乘人 畏三惡道故 以十不善業爲罪 大乘人 以一切能生著心取相法 與三解脫門相違者名爲罪 以是事異 故名爲大乘 … 問曰 先說罪業 今何以故言麤業 答曰 麤業罪業無異 罪卽是麤 不名爲細 復次 聲聞人 以身口不善業名爲麤 意不善業名爲細 瞋恚邪見等諸結使名爲麤罪 愛慢等結使名爲細罪 三惡覺 所謂欲覺 瞋覺 惱覺名爲麤 親里覺 國土覺 不死覺名爲細 但善覺名爲微細 於摩訶衍中 盡皆爲麤 以是故 此說麤罪", 같은 책 권92(대정장25, p.706c4)에 "'세존이시여, 어떤 것이 보살마하살의 신추업·구추업·의추업입니까?' 부처님께서 수보리에게 다음과 같이 말씀하셨다. '살생 내지 사견을 보살마하살의 신추업·구추업·의추업이라고 한다. 또 수보리야, 아까워하고 탐내는 마음·계율을 깨는 마음·성내는 마음·게으르고 나태한 마음·산란한 마음·어리석은 마음을 보살의 의추업이라고 하며, 또한 계율이 청정하지 않은 것을 보살의 신추업과 구추업이라고 한다'. 世尊何等是菩薩摩訶薩 身麤業 口麤業 意麤業 佛告須菩提 不善業 若殺生 乃至邪見 是名菩薩摩訶薩 身口意麤業 復次須菩提 慳貪心 破戒心 瞋心 懈怠心 亂心 愚癡心 是名菩薩 意麤業 復次 戒不淨 是名菩薩 身口麤業"라고 하였다.〔참고문헌〕『舍利弗阿毘曇論』, 『大智度論』. ⇨ 추세 麤細, 세업 細業, 미업 微業

추요 蒭蕘 꼴과 땔감. 또는 꼴 베는 목동과 땔감 모으는 나무꾼. 겸양하여 하찮음에 비유한다. 『집고금불도논형』 권병(대정장52, p.384b25)에 "빈도는 서적을 업으로 받고서 가문과 벗들에게 기대어 좋은 것 가려냄을 바라면서도 감히 추요에 나아가게 되었다. 貧道籍以受業 家門朋徒是寄 希能擇善 敢進蒭蕘", 『출삼장기집』 권12 「십송의기목록서 十誦義記目錄序」(대정장55, p.94b13)에 "매번 새기고 생각하며 늘 잊을까 걱정하다가 드디어 예전에 들었던 것을 모아서 『의기』 10권을 만들었다. 대체로 심식은 고르게 하기 어렵고 의견은 실마리가 많으니, 몰래 목동과 나무꾼과 같이하여 때때로 붓끝 이슬 꿰매었다. 每服佩思 尋懼有墜失 遂集其舊聞爲義記十卷 夫心識難均 意見多緖 竊同蒭蕘 時綴毫露", 『일체경음의』 권88(대정장54, p.872c19)에 "추요〈위의 자는 측과 구의 반절이고, 아래 자는 교와 요의 반절이다. 『모시전』에 '추요는 풀과 땔감이다'라고 하였다〉. 蒭蕘〈上測俱反下皎堯反 毛詩傳云 蒭蕘 草薪也〉"라고 하였다.〔참고문헌〕『集古今佛道論衡』, 『出三藏記集』, 『一切經音義』.

추요 樞要 **1** 깨우쳐 앎에 긴요한 것. 안과 밖을 오고 갈 수 있게 문(門)을 열고 닫음에 없어서는 안되는 지도리의 뜻으로, 불법의 바다에 들고 중생계로 나아감에 핵심이 되는 뜻을 말한다. 『법화현의석첨』 권2(대정장33, p.827a6)에 "여기에서 석가모니부처님께서는 본지와 수적을 모두 설해 마치시고 그 핵심을 간추려서 모든 보살들에게 부촉하셨다. 今釋迦佛 說本迹竟 總撮樞要 付諸菩薩", 『금광명경현의』 권하(대정장39, p.11a24)에 "과위란 바탕을 드러내는 추요임을 알아야 한다. 當知果是顯體之樞要", 『조론소』 권하(대정장45, p.194a7)에 "현추라 함에 현은 깊어 그윽하다는 뜻이고 추는 추요이니 지극한 이치로 유현한 교문의 추요를 말한다. 玄樞者玄謂幽玄 樞樞要也 謂至理幽玄 敎門樞要", 『경덕전등록』 권28 「대주혜해화상어 大珠慧海和尚語」(대정장51, p.441b4)에 "무릇 선사는 그 추요를 가려내서 곧바로 마음바탕 깨우치니 들고 나며 펼치고 거두면서 종횡 중생을 따른다. 夫禪師者 撮其樞要 直了心源 出沒卷舒 縱橫應物", 『연종보감』 「서 敍」(대정장47, p.304a25)에 "백련참을 모아 네 가지 불국토의 그림을 펼친 것은 믿고 행하며 원하는 것들을 자량으로 삼고, 계정혜를 추요로 삼았으니 염불의 바른 종지를 세운 것이다. 集白蓮懺開四土圖 以信行願爲資糧 以戒定慧爲樞要 蓋立此念佛正

宗也"라고 하였다. 〔참고문헌〕『法華玄義釋籤』, 『金光明經玄義』, 『肇論疏』, 『景德傳燈錄』, 『蓮宗寶鑑』. ❷ ➡ 성유식론장중추요 成唯識論掌中樞要

추요석 墜腰石 허리춤에 매단 돌. 육조(六祖) 혜능(慧能)이 오조(五祖) 홍인(弘忍) 문하에서 방아 찧는 행자로 살아갈 당시 방아 밟을 무게 더하고자 허리에 매단 돌을 말한다. 종보본 『단경』(대정장48, p.349a12)에 "다음 날 오조는 몰래 방앗간에 가서 혜능이 돌을 허리에 매달고 쌀을 찧는 모습을 보았다. 次日 祖潛至碓坊 見能腰石舂米", 같은 책 「육조대사연기외기 六祖大師緣記外記」(대정장48, p.363a26)에 "대사의 추요석에는 '용삭원년노거사지'라는 여덟 글자가 새겨져 있다. 이 돌은 현재 황매현의 동선사(東禪寺)에 남아 있다. 師墜腰石 鐫龍朔元年盧居士誌八字 此石今存黃梅東禪"라고 하였는데, 여덟 글자는 "용삭 원년(661) 노거사가 적다"라는 의미이다. 『중수조계통지』 권1(대장경보편30, p.28b9)에 "추요석 한 덩어리〈원래 황매에 있었지만 가정년간(1208~1224)에 조계로 옮겼다. 새긴 글자가 남아 있어 그 진실을 밝힐 수 있다〉. 墜腰石一塊〈原在黃梅 嘉靖間 移至曹溪 有鐫款志可考〉", 같은 책 권6(대장경보편30, p.158a10)에 "추요석 예찬 : 육조의 마음 돌 아니거늘 어찌 그다지 견고한가? 육조의 마음 법 아니거늘 어찌 전한단 말인가? 전하려 해도 헛되고, 받는다 해도 통발일 뿐이리라. 육조의 도는 오직 이 돌일 따름이니 참으로 말에 있지는 않다네. 墜腰石贊 師心匪石何其堅 師心匪法何所傳 傳之者妄 得之者筌 師之道惟此而已 固不在言", 『불안화상어록』(고존숙어록34, 卍속장118, p.602a1)에 "'육조는 (행자 당시) 글자를 몰랐는데 어째서 추요석에는 「용삭 원년 노로(혜능) 적다」라고 써 있을까?'라고 묻고 스스로 대신 답했다. '다시 자세히 살펴야 하리'. 問 六祖不識字 爲什麽 墜腰石上題云 龍朔元年老盧記 代云 更須子細", 『월강정인어록』 권하(卍속장123, p.309b18)에 "육조의 추요석 : 용삭년 짙게 물들어 하늘 더욱 푸르건만, 허리춤에 돌 매달고 방아 찧는 맘 즐겁진 않구나. 도둑의 정체 드러난 다음 황매에서 배타고 달아났으니, 오랜 세월 옛 도둑 장물만 부질없이 남아 있네. 六祖墜腰石 龍朔年深色愈蒼 墜腰踏碓意非良 賊身已脫黃梅渡 千古空存舊賊贓", 『천여유칙어록』 권4 「송옥간수좌예조 送玉磵首座禮祖」(卍속장122, p.877a15)에 "황매의 한밤중 귀신들 시끌벅적한데(조사의 징표 가지고 사라진 혜능의 외양만 가지고 옥신각신하는 대중), 추요석 있지만 아무도 전하는 이 없다네. 후래들이 그것을 불러 쇠로 만든 신맛의 떡이라 하였으니, 숱한 세인들 모두 입이야 있지만 누가 능히 삼키랴! 黃梅夜半神鬼喧 墜腰石在無人傳 後來喚作鐵酸餡 滿世有口誰能呑", 『요당유일어록』 「후록 後錄」(卍속장123, p.964b9)에 "정인에게 불 얻어 : 『금강경』 독송소리 듣다가 캄캄한 눈 활짝 뜨고는 추요석 풀어 놓고 한밤중에 의발 전수받았다. 물결 파 뒤져 찾은 불로 다섯 수미산 모조리 태워버렸다네. 得淨人火 聽誦金剛經 豁開死眼 解下墜腰石 半夜傳衣 撥波求得火 燒却五須彌", 『오등전서』 권78 「변산반룡장 弁山蟠龍章」(卍속장141, p.618b17)에 "어느 날 스승 임야기(林野奇)가 방앗간에 들어와 변산이 몸소 절굿공이를 잡고 방아를 찧는 모습을 보더니 '추요석 지금도 빛을 번득이는구나'라고 함에 변산이 '업 여전히 그 중에 있습니다'라고 응답하였다. 一日 奇入碓房 見師躬操杵臼 乃曰 墜腰石 今日放光也 師曰 業在其中", 『정원략집』 권9 「무현금장 無絃琴章」(卍속장145, p.393a18)에 "보고 듣고 깨우쳐 앎에 장애가 없으니 색과 향과 맛과 감촉 언제나 삼매라네. 그렇다면 추요석 진실 그대는 달게 받아들이겠는가? 所以見聞覺知無障礙 色香味觸常三昧 且墜腰石 子還甘麽", 같은 책 권12 「황매해조음장 黃梅海潮音章」(卍속장145, p.432a10)에 "이태수가 절에 와서 차를 마시던 중 물었다. '육조께서 이곳에서 쌀을 찧다가 법을 얻었다고 하는데 추요석 한 덩어리 남아 있소?' '있습니다' '화상의 문하에 이 추요석을 허리에 매단 학인이 있습니까?' '매달아서 어쩌겠소?' '출가한 후예가 되어 가지고 어찌 기꺼이 짊어지려 하지 않습니까?' '조사 될까 두렵기 때문이오'. 태수가 크게 웃었다. 李太守到寺 茶次問 六祖於此舂米得法 有墜腰石一塊在麽 師云 在 守云 和尙此間 有僧墜得此石麽 師云 用墜作麽 守云 旣爲出家苗裔 何得不肯擔荷 師云 怕做祖師 守大笑", 『법새인어록』 권10(가흥장28, p.816a4)에 "자암미두에게 주는 송 : 추요석 허공에 뛰어오르고, 쇠방아 주둥이엔 꽃이 피었네. 광주리 쌀 빻아서 익혔으니, 본래 체 거르는 이 있었다네. 示紫嵒米頭 墜腰石跱跳 鐵碓觜開花 舂熟籮中米 自是有篩家"라고 하였다. 〔참고문헌〕『壇經』, 『重修曹溪通志』, 『佛眼和尙語錄』, 『月江正印語錄』, 『天如惟則語錄』, 『了堂惟一語錄』, 『五燈全書』, 『正源略集』, 『法璽印語錄』, 『緇門警訓』 권9 「覺範洪禪師送僧乞食序」(대정장48, p.1089c28).

추용사 楸龍寺 함경북도 단천군 신만면 용봉산에 있던 절. 대본산 귀주사(歸州寺)의 말사였다. 〔참고문헌〕『北韓寺刹硏究』(寺刹文化硏究院, 1993) p.670.

추월산보리암기 秋月山菩提庵記 무경자수(無竟子秀 1664~1737) 지음. 전라남도 담양군 추월산 보리암의 중수 내력을 적은 기문으로, 『무경집』 권2(한불전9, p.387c9) '문 文'에 전한다. 보리암은 무학자초(無學自超 1327~1405)가 창건한 뒤 정유재란으로 폐사되었다가 1606년(선조39)에 신찬(信贊)이 중수하였지만 세월이 지나 퇴락하였다고 하면서, "신묘년(1651・효종2) 봄에 … 신공이 … '나는 산 아래의 사람으로 볼수록 애석하여 경인년(1650) 봄에 중수하고 임진년(1652) 가을에 단청하였다'고 하였다. … 나는 … '… 사대부로서 마음 불도에 귀의하여 큰 일을 성취한 이는 대개 숙훈이 그렇게 한 것이다. 지금 신공은 산서의 거벽으로 공문에 심력을 다하여 이와 같이 일을 주관하였다. …'라고 하였다. 신공의 이름은 계운으로 선을 닦아 세상에 이름을 알렸다. 辛卯春 … 申公 … 老拙是山下人 見且惜之 重修於庚寅春 丹艧於壬辰秋 … 余 … 則士夫之歸心佛道成就大事者 盖以宿勳之所使然也 今申公以山西巨擘 盡心力於空門而幹事若是 … 申公名溪雲 以修善名於世云"라고 하였다. [참고문헌]『無竟集』. ⇨ 보리암 菩提庵 4

추월산용추사사적사 秋月山龍湫寺事蹟詞 무경자수(無竟子秀 1664~1737) 지음. 전라남도 담양군 추월산 용추사 사적을 사(詞)를 붙여 적은 글로, 『무경집』 권3(한불전9, p.405b8) '문 文'에 전한다. 용추사는 개사(開士) 신총(信揔)과 장로 혜징(惠澄)이 창건한 뒤 소실되었는데, 고려말에 나옹혜근(懶翁惠勤 1320~1376)이 보리암에 머물다가 "과연 을자가 두담의 파도 끝을 베끼듯 하는 것을 보고는, 전에 창건한 절의 재앙이 이 용의 해한 바임을 알고서 그 허리를 철 지팡이로 붙잡자 금치에서 피를 흘렸다. … 골짜기의 좁은 길은 층층이 위태로워 겨우 발길이 통하였고, 닿는 촉감은 맑고 깨끗하여 먼지와 소음을 멀리 끊었다. 험한 골짜기를 막아 섬돌을 둘렀고, 전각을 기러기처럼 두어 결계를 삼았다. 果見乙字寫蚪潭之波頭 知前刱之爲灾 果此龍之所害 挈其腰以鐵笻 藻彼血於金峙 … 以洞逕層危 僅通行履 觸境瀟洒 敻絶塵喧 塡蚪壑而鉶階 排鴈刹而結界"라는 모습으로 중창하였는데, 임진왜란 때 다시 불타고 말았다. 그 뒤 1630년(인조8)에 소요태능(逍遙太能 1562~1649)이 중창하였는데, 천각(天覺)·현정(玄淨)·지감(智鑑)·연주(連珠)가 법당을 세우고 장륙존상을 조성하면서 단청과 번와(燔瓦)를 하였으며, 1640년에는 계엄(戒嚴)이 미륵전을 건립하였고, 1686년(숙종12)에는 계철(戒哲)이 누각을 세웠다. 이후 두류산(頭流山)의 월봉(月峰)에 법당을 세우고는 법회를 열었고, 1719년(숙종45)에는 신사(信士) 유대해(柳大海)가 명부전을, 명신(明信)이 탱화를 조성하였지만, 유대해의 요절로 전각 중수를 중단하기도 하였다. 1729년(영조5)에 지원(智元)이 법당을 중수하고서 다음해에 번와하였으며, 1731년에는 방장 목암(牧庵)이 제자 백붕(白朋)과 법윤(法胤) 치호(致浩)에게 부촉하여 탱화와 선사(先師) 영정을 그리고 불전과 누각을 단청하였다. [참고문헌]『無竟集』. ⇨ 용추사 龍湫寺 2

추월암 秋月庵 1 평안북도 의주군 송장면 석숭산(石崇山)에 있던 암자. 대본산(大本山) 보현사(普賢寺)의 말사(末寺)였다. [참고문헌]『韓國寺刹全書』 권하 p.1104b14. 2 평안북도 의주군 송산(松山)에 있던 암자. 자세한 위치와 연혁은 알 수 없다. 『여지도서』·『범우고』에 이름과 위치가 전하며, 『가람고』에는 주(州)의 동쪽 30리에 있었다고 하였다. [참고문헌]『輿地圖書』, 『伽藍考』, 『梵宇攷』, 『韓國寺刹全書』 권하 p.1104b11, 『北韓寺刹研究』(寺刹文化研究院, 1993) p.643. 3 평안북도 의주군 고령삭면 대하동에 있던 암자. 『사탑고적고』에 따르면 이 지역에 두 개의 사지(寺址)가 있는데 추월암지와 양수암지(兩水庵址)라고 하였다. [참고문헌]『寺塔古蹟攷』, 『韓國寺刹全書』 권하 p.1104b12, 『北韓寺刹研究』(寺刹文化研究院, 1993) p.643.

추인 麤人 보다 깊이 수행하지 못하는 사람. 소승의 수행자를 가리키며, 조인(粗人)이라고도 한다. 대승의 수행자를 가리키는 세인(細人)과 대칭한다. 또는 대승소승의 수행자 모두 잘못이 있다(二人俱犯)는 천태(天台)의 관점에서 두 부류를 모두 추인이라 하기도 한다. 『대지도론』 권39(대정장25, p.345c14)에 "추인에게는 추한 잘못이 있고, 세인에게는 세한 잘못이 있다. … 소승인은 삼악도를 두려워하므로 십불선업을 죄로 여기고, 대승인은 일체에 능히 집착하는 마음을 일으켜 상에 물든 법을 받아들임으로써 삼해탈문과 어긋남을 죄라 한다. 이런 일에서 달리하므로 대승이라 한다. 麤人則麤罪 細人則細罪 … 小乘人 畏三惡道故 以十不善業爲罪 大乘人 以一切能生著心取相法 與三解脫門相違者 名爲罪 以是事異 故名爲大乘", 『대부묘현격언』 권상(卍속장44, p.531a6)에 "비유하여 추인과 세인이라 한다. 곧 추인은 치우친 사람과 같고 세인은 원만한 사람과 같다. 그렇다면 모두 허물이 있다는 말은 무슨 뜻인가? 원만한 사람에게는 방편을 덮는 잘못이 있고, 치우친 사람에게는 진실을 은폐하는 허물이 있다. 이런 까닭에 모두 그릇되다. … 마치 군자와 소인이 그 분수가 본디 정해져 있지만, 소인과 다투다 보면 군자에게도 허물이 없을 수 없는 경우와 매우 비슷하다. 譬之麤人細人 謂麤如偏人 細如圓人 而俱有過者 圓有覆權之失 偏有隱實之過 所以俱非 … 正如君子小人 其分自定 以其與小人競 則君子不能無過焉"라고 하였다. [참고문헌]『大智度論』, 『大部妙玄格言』. ⇨ 조인 粗人, 세인 細人

추임 推任 조선후기 월파당(月波堂) 추흠(秋欽 1663~1741)의 은사스님. 자세한 행장은 알 수 없다. 다만 강원도 금화군 장연사(長淵寺)에 있는 「월파당추흠대사비문 月波堂秋欽大師碑文」에 따르면 "추흠이 14세 때 추임장로를 은사로 하여 스님이 되었다. 年至十四 出家 爲師於推任長老"라고 하였다. [참고문헌]『楡岾寺本

末寺誌』(亞細亞文化社, 1977) p.785, 智冠『韓國高僧碑文總集 朝鮮朝·近現代』p.362. ⇨ 추흠 秋欽

추자 鄒子 전국시대 사상가 추연(鄒衍)에 대한 존칭. 음양오행(陰陽五行)을 주장하였다. 『광홍명집』 권5 「진군균성론 鎭軍均聖論」(대정장52, p.122c17)에 "추자는 적현은 집 안이고, 하늘은 구주 중 하나일 뿐이라 여겼다. 鄒子以爲赤縣於寓內 上是九州中之一耳", 『출삼장기집』 권12 「세계기목록서 世界記目錄序」(대정장55, p.88b13)에 "세속은 하늘의 이름 높이나, 하늘의 실을 알지 못한다. 어찌 육욕천의 엄려와 십범의 광명을 알리오. … 추자가 하늘을 이야기했다 하나, 겨우 깊은 구들장 속에 있을 뿐. 俗尊天名 而莫識天實 豈知六欲之嚴麗 十梵之光明哉 … 鄒子談天 甫在奧突之內"이라고 하였다. 〔참고문헌〕『廣弘明集』, 『出三藏記集』.

추자 鍬子 가래. 괭이. 모래나 흙 따위를 파고 담아서 던지는 농기구로 삽과 유사하다. 『설두어록』 권3(대정장47, p.690b23)에 "위산이 앙산에게 물었다. '어디서 오는가?' '밭에서 옵니다' '밭에는 몇 사람이나 있는가?' 앙산이 가래를 땅에 꽂고 두 손을 모으고 제자리에 섰다. 위산이 '남산에 많은 사람들이 풀을 베고 있더군'이라 하자 앙산이 가래를 뽑아 들고 자리를 떴다. 현사가 말했다. '내가 당시에 그 장면을 보았다면 꽂힌 가래를 발로 차서 넘어뜨렸을 것이다'. 潙山問仰山 甚處來 云田中來 潙云 田中多少人 山插下鍬子 叉手而立 潙云 南山大有人刈茆 山拈得鍬子便行 玄沙云 我當時若見 與踏倒鍬子", 『조주어록』(고존숙어록14, 卍속장118, p.327b1)에 "조주가 새로 온 학인에게 물었다. '어디에서 왔는가?' '설봉에서 왔습니다' '설봉화상은 어떤 언구를 학인에게 지시하는가?' '설봉화상은 항상 「온 세계가 사문의 한쪽 눈이다. 그대들은 어디에 똥을 누겠는가?」라고 하십니다' '스님 돌아갈 때 가래 하나 갖고 가시게'. 師問新到 離什麽處 云 離雪峯 師云 雪峯有什麽言句示人 云 和尙尋常道 盡十方世界是沙門一隻眼 你等諸人向什麽處屙 師云 闍黎若迴 寄箇鍬子去"라고 하였다. 〔참고문헌〕『雪竇語錄』, 『趙州語錄』.

추자 鶖子 사리불(舍利弗 Ⓢ Śāriputra)의 한역어. 추로자(鶖鷺子)라고도 한다. 『일체경음의』 권27(대정장54, p.482b7)에 "사리불〈사리불달라(Ⓢ śāriputra)는 추자라 한역한다〉. 舍利弗〈奢利弗怛羅 此云鶖子〉"이라고 하였다. 〔참고문헌〕『一切經音義』. ⇨ 사리불 舍利弗, 사리 舍利 ❷❸, 사리보달라 奢唎補呾囉, 신자 身子

추자수기 鶖子授記 추자 곧 사리불이 부처가 되리라는 수기. 『법화경대관』 권2(卍속장50, p.159a9)에 "또한 추자가 부처가 되리라는 수기를 들은 다음에 의심을 일으켰다. 추자가 대신 청하여 부처님께서 비유로 설하시자 비로소 믿고 이해하였다. 그러므로 이에 앞서 '우리들이 스스로 이미 열반을 얻었다고 여기지만 참으로 불자인지는 몰랐기에 다시 정진하여 아누보리를 구하지는 못하였다'라고 하였는데, 지금 비유를 듣고서 '우리들은 이제 비로소 참으로 성문이고 우리들은 이제 참으로 아라한임을 알게 되었다. 又聞鶖子授記 然後生疑 鶖子代請 如來說喩 方始信解 故先敘云 我等自謂已得涅槃 不知眞是佛子 不復進求阿耨菩提 今聞譬喩 我等今者 乃知眞是聲聞 我等今者 眞阿羅漢"라고 하였다. 〔참고문헌〕『法華經大窾』. ⇨ 추로자 鶖鷺子

추자신통 鶖子神通 추자 즉 사리불(舍利弗)의 신통. 『인천안목』 권4 「요결 要訣」(대정장48, p.323c13)에 "위앙의 원상을 귀인과 대부가 함께 거창하였고, 위앙이 꿈을 해석하는 것은 사리불의 신통력보다 뛰어났다. 圓相中貴大家唱和 原夢處勝鶖子神通"라고 하였다. 〔참고문헌〕『人天眼目』. ⇨ 사리불 舍利佛

추전 推轉 밀어 굴린다. 『벽암록』 67칙 「평창 評唱」(대정장48, p.197b13)에 "이때 무제가 지공에게 『금강경』의 강의를 청했다. 지공이 말하기를 '저는 강의할 수 없습니다. 저자에 부대사라는 이가 있는데 이 경을 강의할 수 있습니다'라고 하였다. 무제가 조서를 내려 궁중으로 불렀다. 부대사가 와서 강석의 법좌 위에 올라 경상을 한 번 휘젓고는 법좌에서 내려왔다. 당시에 바로 밀어서 굴려버렸다면 한바탕 소란을 면하였을 것이다. 時武帝或請誌公講金剛經 誌公曰 貧道不能講 市中有傅大士者 能講此經 帝下詔召之入禁中 傅大士旣至 於講座上揮案一下 便下座 當時便與推轉 免見一場狼籍"라고 하였다. 〔참고문헌〕『碧巖錄』.

추정 箒項 ?~602. 신라대 청년. 귀산(貴山)과 함께 원광(圓光)법사로부터 세속오계(世俗五戒)를 받은 청년인데, 추항(箒項)이라고도 전한다. ⇨ 추항 箒項

추정발궐 抽釘拔橛 못 빼고 말뚝 뽑다. 추정발설(抽釘拔楔)과 같은 뜻이다. 『천계각랑성전록』 권7 「광산원통시제직사 匡山圓通示諸職事」(가흥장34, p.633a30)에 "남에게 박힌 못 빼고 말뚝 뽑아내며 뼈 두드려 골수마저 쳐낸다. 학인이 생사 거듭하는 목숨 끊으려 작정했는가? 爲人抽釘拔橛 敲骨打髓 以斷學人生死命根之作略乎", 같은 책 권24(가흥장34, p.727c21)에 "옛 사람은 완벽하고 속속들이 깨우친 이후에 멋대로 부리는 기틀마다 맞닿고 거꾸로 써먹으면서도 통하였으니 남에게 박힌 못을 빼고 말뚝을 뽑아내며 속박을 제거하고 끈끈

한 굴레를 벗겨내 주지 못하는 경우가 없었다. 審夫古人大徹之後 橫機所觸 倒用所通 未有不能 爲人抽釘拔橛 去縛解粘者"라고 하였다. 〔참고문헌〕『天界覺浪盛全錄』.

추정발설 抽釘拔楔 박힌 못 뽑고 쐐기 빼내다. 『원오어록』 권13(대정장47, p.775b12)에 "무어라 해도 반드시 이 마음밭에는 실로 도달해야 한다. 실로 여기에 이른다면 문득 일대사인연 제창하고 법의 깃발 높이 세워 모든 이들 위해 못과 쐐기 뽑아주고 집착과 속박을 풀어주니 마치 천명 만명을 들어올리고 금시조 바다에 들어 용 삼키듯 한다. 也須是實到此箇田地始得 若實到此 便能提唱大因緣 建立法幢 與一切人 抽釘拔楔 解粘去縛 如是揭千人萬人 如金翅鳥入海直取龍吞", 『서장』 권30 「답고산체장로장 答鼓山逮長老狀」(대정장47, p.942c1)에 "백이십근이나 되는 짐 지고 외나무다리를 건너갈 때 손발 엇갈리면 자기의 목숨도 보전할 수 없거늘 하물며 남의 못과 쐐기 뽑아주고 타인을 구제함에 있어서랴. 如擔百二十斤擔子 從獨木橋上過 脚蹉手跌 則和自家性命不可保 況復與人 抽釘拔楔 救濟他人耶", 『벽암록』 1칙 「평창 評唱」(대정장48, p.141b1)에 "달마 본래 이 땅에 와서 타인 위해 집착을 풀어주고 속박을 버리게 하려, 못과 쐐기를 뽑고 가시밭을 없애려 했거늘 무엇 때문에 가시가 생겼다고 말하는가? 당시뿐 아니라 지금 그대들 발밑에 이미 몇 길이나 깊이 자랐다네. 達磨本來茲土 與人解粘去縛 抽釘拔楔 剗除荊棘 因何却道生荊棘 非止當時 諸人卽今脚跟下 已深數丈", 『오가정종찬』 권4 「동산수초장 洞山守初章」(卍속장135, p.971b4)에 "동산선사는 크게 깨우쳐서 마침내 말했다. '이후 인적 없는 곳에 암자 세우고 쌀 한 톨 두지 않고, 풀 한 포기 심지 않는다. 시방에서 찾아오는 이를 접대하니 그들의 쐐기와 못 모조리 뽑아주고, 때묻은 모자 벗기고 냄새나는 적삼 벗겨서 시원하게 일 없는 납승이 되도록 한다면 이 어찌 즐겁지 않겠는가?' 師大悟 遂曰 他後向無人烟處卓箇庵子 不畜一粒米 不種一莖菜 接待十方往來 盡與他抽釘拔楔 拈却炙脂帽 脫却鶻臭衫 教伊洒洒地作箇無事衲僧去 豈不快哉", 『속전등록』 권32 「축원종원전 竺原宗元傳」(대정장51, p.691c25)에 "시중하여 말했다. '제방에서는 학인들을 위해 못과 쐐기를 뽑아주고, 집착과 속박을 풀어준다 한다. 나의 이곳에서는 학인 위해 못 더하고 쐐기 박으며 끈마저 더해 묶어서는 깊은 연못 속으로 던지고는 스스로 알아차리기를 기다릴 뿐이다'. 示衆曰 諸方爲人 抽釘拔楔 解粘去縛 我這裏爲人 添釘著楔 加繩加縛了 送向深潭裏 待他自去理會"라고 하였다. 〔참고문헌〕『圜悟語錄』, 『書狀』, 『碧巖錄』, 『五家正宗贊』, 『續傳燈錄』. ⇨ 발설추정 拔楔抽釘, 해점거박 解粘去縛

추조 麤糙 거친 쌀. 거친 행의를 말한다. 『위산경책주』(卍속장111, p.288a16)에 "불교의 행지를 듣지도 못했기에 한결같이 생각을 거칠게 한다. 未聞佛教行持 一向情存麤糙", 『사미율의요략술의』 권하(卍속장106, p.417b15)에 "서서라 하니 느긋하게 움직이는 모양새다. 발우를 거둘 때는 마땅히 느긋하고 세밀하게 움직여야 하며 거칠게 움직여서는 안 된다. 徐徐 從容貌 謂收盌之時 當從容細行 不得麤糙"라고 하였다. 〔참고문헌〕『潙山警策註』, 『沙彌律儀要略述義』.

추종 搥鍾 종을 치다. 추(搥)는 추(推・椎)로도 쓰고, 종(鍾)은 종(鐘)으로도 쓴다. 『대반열반경』 권중(대정장1, p.201c3)에 "곧장 창고 관리 신하에게 칙을 내려 여러 보물과 생필품을 꺼내어 네거리에 두게 하였고, 종치고 북 두드려 네 방향으로 멀리 소리높여 알리기를 '대선견왕께서 지금 보물 창고를 열어서 보시하려고 하신다'라 하였다. 卽勅藏臣 出諸珍寶 及資生具 置四衢道 搥鍾擊鼓 唱令四遠 大善見王 今開寶藏 以用布施", 『출요경』 권1(대정장4, p.610a20)에 "종 치고 북 울리면서 노래 부르고 재주 피우며 음악을 연주하였다. 搥鐘鳴鼓 作倡伎樂", 『법화경』 권4 「제바달다품 提婆達多品」(대정장9, p.34c11)에 "비록 세간의 국왕이 되었으나, 오욕의 쾌락 탐하지 않네. 종 쳐서 사방에 알리니, 누가 대법을 가지고 있나? 나에게 풀어 설해주면, 몸 바쳐 노복이 되리. 雖作世國王 不貪五欲樂 搥鍾告四方 誰有大法者 若爲我解說 身當爲奴僕"라고 하였다. 〔참고문헌〕『大般涅槃經』, 『出曜經』, 『法華經』, 『阿育王息壞目因緣經』(대정장50, p.174b17). ⇨ 건치 犍稚 1

추좌구 抽坐具 좌구를 펴는 체하면서 하는 예배. 예배할 때 좌구를 펴는 것이 원칙이지만 좌구를 펴는 흉내만으로 대신하는 약식의 예배다. 『석씨요람』 권중(대정장54, p.277b28)에 "추좌구 : 남방에서는 추좌구를 예로 삼는다. 율장에서 점검해보면 문구는 없다. 『승사략』 권상(대정장54, p.238c27)에서 살펴보면 '근래에는 좌구 펼치는 동작만으로 예로 삼는데 이것을 주제로 따져보겠다. 과거에 범승이 이곳 중국에 왔을 때 모두들 니사단을 펼치고 그 위에서 예를 올렸다. 후세에는 번거로운 절차를 피해서 니사단을 펼치려 하는 것 보고는 존자 곧바로 그만두게 하고는 문득 날씨를 소재로 인사말을 전했다. 다시 펼치고 재배 올리려 하면 존자는 또 제지했다. 이로 말미암아 다만 니사단을 펼치는 시늉만으로도 예를 다했다 간주하게 되었다. 그것은 (목례와 같은) 좌배를 가리킨다'라고 하였다. 抽坐具 南方以抽坐具爲禮 律檢無文 按僧史略云 近以開坐具 便爲禮者 得以論之 昔梵僧到此 皆展尼師壇 就上作禮 後世避煩 尊者方見 開尼師壇 卽止之 便通敘暄涼 又展之猶再拜也 尊者又止之 由此只將尼師壇 擬展爲禮之數 所謂蔞拜也"라고 하였다.

〔참고문헌〕『釋氏要覽』, 『僧史略』.

추죄 麤罪 Ⓢ duṣṭhula-āpatti, Ⓟ duṭṭhulla-āpatti. 거칠게 드러나 알 수 있는 죄. 죄상이 뚜렷해 범계의 조목에 해당하는 죄. 『미사새오분계본』(대정장22, p.197a16)에 "만약 비구가 다른 비구의 추죄를 알고서 구족계를 받지 않은 사람에게 설한다면 승갈마를 제외하고는 바일제이다. 若比丘 知他比丘麤罪 向未受具戒人說 除僧羯磨 波逸提", 『지장본원경과주』 권2(卍속장35, p.530a10)에 "파계란 무엇인가? 만약 율의를 파괴하면 추죄는 쉽게 드러나지만 계를 지키는 듯한 모습 때문에 미세한 죄악은 알기 어렵다. 破戒者 若破律儀 麤罪易見 似持戒相 細惡難知", 『살바다비니비바사』 권3(대정장23, p.523c10)에 "타인이 저지른 추죄를 덮음에 세 가지가 있다. 첫째, 타인의 바라이와 승잔을 덮어서 가리면 바일제다. 둘째, 타인이 부처님 몸에 피를 내거나 승가의 화합을 깨뜨린 죄를 덮어서 가리면 투란차다. 셋째, 남의 바일제를 덮어서 가리면 돌길라다. 覆他麤罪有三種 一 覆藏他波羅夷僧殘 得波逸提 二 覆藏他出佛身血破僧 偸蘭遮 覆波逸提 突吉羅"라고 하였다. 〔참고문헌〕『彌奢塞五分戒本』, 『地藏本願經科註』, 『薩婆多毘尼毘婆沙』, *Prāt-m.32.*, *Vin.5.14.*

추줄산숭암사주종기 崷崒山崇巖寺鑄鐘記 무경자수(無竟子秀 1664~1737) 지음. 1724년(경종4)에 성환(性幻)이 전라남도 완주군 추줄산 숭암사 종의 주성(鑄成) 내력을 적은 글로, 『무경집』 권2(한불전9, p.384c18) '문 文'에 전한다. 숭암사 취기(就機)의 요청으로 찬술하였는데, "지금의 부처님 계신 집에서는 육시에 창도하고, 삼단에 법석을 베푸니 벼락치듯 크게 울려 불공드리고 축원한다. 백팔정 십육추도 격렬하게 울려 온갖 곳 함식들 넋만 남은 것 단번에 깨치게 할 때도 또한 온통 이 법기를 쓴다. 선문에서도 쓰임이 크기에 빠트리지 못한다. 이 절은 모든 것을 갖추었으나 오직 빠진 것은 종이다. … 한 번 당좌를 치니 웅장함이 장엄하게 울려, 위로는 하늘을 흔들고 아래로는 땅을 움직이며, 사산이 꿈을 깨고 만물이 숨을 죽이며, 또한 이 법기에 영원히 여환의 공덕을 의지하리니 가히 더욱 성대하리라 말하리라. 逮今梵皇家 六時唱道 三壇設席 鯨吼雷震 供佛祝釐 以至百八井十六搥 鍠鍠激動 使雜趣含識 頓惺滯魄 亦皆用此器也 則此爲用於禪門者大而所不可闕如也 之寺也凡百物俱備 而唯所欠者鐘 … 一搥撞昬 雄吼壯激 上盪霄漢 下震地牢 四產驚夢 萬類竦息 亦於是器 永賴如幻之功 可謂豊哉"라고 하였다. 〔참고문헌〕『無竟集』. ⇨ 숭암사 崇巖寺❶, 사물 四物, 종 鐘

추줄산쌍계암사적사 崷崒山雙溪庵事蹟詞 무경자수(子秀 1664~1737) 지음. 전라북도 완주군 소양면에 있는 위봉사(威鳳寺)의 부속암자인 쌍계암의 연혁을 적은 글로, 『무경집』 권3 '문 文'에 「추줄산쌍계암사적사〈인〉 崷崒山雙溪庵事蹟詞〈引〉」(한불전9, p.409c5)로 전한다. 옛 노인의 말에 신라 때부터 있었다고 하지만, 1615년(광해군7)에 희감(熙鑑) 등이 중창하였고, 1663년(현종4)에도 경잠(敬岑) 등이 중창하였으며, 1684년(숙종10)에는 무경자수의 은사인 문식(文式)이 중창하였다고 하였다. 그 뒤 무경자수는 종가(宗家)의 본암(本庵)으로 삼아 이곳에 머물렀는데, 1686년에 문우(門友) 옥찬(玉瓚)이 회상(繪像)을 중수하고 소상(塑像)도 개금하였고, 1706(숙종32)~1707년에는 찬휘(贊輝)가 단청하고 번와(燔瓦)하였다고 적었다. "지금 추줄산 쌍계암은 봉우리와 계곡의 크기나 암자의 웅장함이 비록 천하제일은 아니지만, 터도 풍경도 상쾌하고 우뚝하여 시원하기에 그 영이함 호남 밖에서도 오래 빛났으니, 어찌 국중의 없는 행운이라 하지 않겠는가. … 산도 물도 모두 뛰어나, 마땅히 산계라고 이름하여야 하는데 쌍계라고 말한 것은 암자의 좌우에 계곡과 샘이 달고 차서 홍수와 가뭄에도 일찍이 덜도 더도 하지 않으니, 현규가 서로 통하는 땅이라고 말하지 않을 수 있겠는가. 암자를 쌍계라 이름한 것 대개는 우연히 뜻을 담은 것이므로, 암자의 뛰어남을 가히 볼만하다. 今夫崷崒山之雙溪庵 其山溪之大 庵舍之壯 雖未爲天下第一 而盤基觸境 爽塏灑洒 靈異宿著於湖外 豈所謂國中之絶無而幸有者耶 … 然山溪之旣若是俱勝 則宜名山溪而曰雙溪者 以其庵之左右溪泉甘冽 水旱未嘗增減 是豈謂玄竅相通之地耶 庵以雙溪名 盖有寓意存焉 則庵之勝亦可見也"고 하였다. 〔참고문헌〕『無竟集』. ⇨ 쌍계암 雙溪庵❺

추중 麤重 ❶ Ⓢ dauṣṭhulya, Ⓣ gnas-ngan-len. 거칠고 무거운 것. 보통은 모든 번뇌와 습기의 거칠고 무거운 상태를 말한다. 일체법 중에 거칠고 무거운 자성을 가진 것들을 모두어 말한다. 금강유정(金剛喩定)인 구경도(究竟道)에서만이 일체추중을 끊는다. 『법온족론』 권9(대정장26, p.497b19)에 "어떤 것이 추중인가? 몸 무거운 성이고 마음 무거운 성이니, 몸으로 견뎌 감당하지 못하고 마음으로 견뎌내지 못하고, 몸이 굳게 강하고 마음 또한 강강하다. 몸 부드럽지 못하고 마음 또한 유연하지 못함을 온통 다 거두어 추중이라고 한다. 云何麤重 謂身重性 心重性 身無堪任性 心無堪任性 身剛强性 心剛强性 身不調柔性 心不調柔性 總名麤重", 『유가사지론』 권58(대정장30, p.623a22)에 "현재 움직여 일어나는 번뇌를 전이라 하고, 이 종자를 아직 끊지도 없애지도 못한 것을 수면이라 하고, 또한 추중이라 한다. 現行現起煩惱名纒 卽此種子 未斷未害 名曰隨眠 亦名麤重", 같은 책 권59(대정장30, p.627b13)에 "〔문〕 설한 것처럼 추중의 체성을 수면이라고 한다면, 이 번뇌품이 추중하여 저 모든 행을 바라서는 마땅히 다름이 있다고 해야 하는데 다르지 않은 것인가? 〔답〕 다름이 있다 해야 한다. 왜냐하면 아라한은 일체번뇌의 추중을 벗어났지만 모든 행은 상속하니 오히려 아직 끊은 것은 아니다. 問 如說麤重體性名隨眠 此煩惱品麤重望彼諸行 當言有異爲不異耶 答 當言有異 何以故 由阿羅漢 永害一切煩惱麤重 而諸行相續 猶未斷絶故", 『성유식론』 권9(대정장31, p.50c29)에 "두 갈래 장애인 번뇌장과 소지장의 종자를 추중이라고 이름하는데, 성 감당해 견디지 못하는 것이니, 적고 가벼운 것은 아니다. 그것을 영원히 사라지게 하기에 사(捨)라고 하는데, 이것으로 능히 저 두 가지 추중을 버리므로 바로 광대전의를 증득했다고 한다. 二障種子 立麤重名 性無堪任 違細輕故 令彼永滅 故說爲捨 此能捨彼 二麤重故 便能證得 廣大轉依", 『대승아비달마집론』 권5(대정장31, p.685b28)에 "어떤 것이 구경도인가? 금강유정에 의지해 일체추중을 영원히 쉬었기 때문이고, 일체계득을 영원히 끊어버렸기 때문이며, 일체의 이계득을 완전히 증득하였기 때문이다. 이런 차례로 끊임없이 전의하여 진지와 무생지와 십무학법 등을 증득한다. 어떤 것이 열 가지 무학법인가? 무학정견 내지는 무학정정, 무학정해탈, 무학정지를 말한다. 이와 같은 법을 구경도라고 한다. 어떤 것을 일체추중이라고 하는가? 간략하게 설명하면 스물네 가지가 있으니, 일체변행희론추중·영수추중·번뇌추중·업추중·이숙추중·번뇌장추중·업장추중·이숙장추중·개추중·심사추중·음식추중·교회추중·몽추중·병추중·노추중·사추중·노권추중·견고추중·추추중·중추중·세추중·번뇌장추중·정장추중·소지장추중을 말한다. 何等究竟道 謂依金剛喩定 一切麤重 永已息故 一切繫得 永已斷故 永證一切離繫得故 從此次第 無間轉依 證得盡智 及無生智 十無學法等 何等爲十 謂無學正見 乃至 無學正定 無學正解脫 無學正智 如是等法 名究竟道 云何名爲一切麤重 略說有二十四種 謂一切遍行戲論麤重 領受麤重 煩惱麤重 業麤重 異熟麤重 煩惱障麤重 業障麤重 異熟障麤重 蓋麤重 尋思麤重 飮食麤重 交會麤重 夢麤重 病麤重 老麤重 死麤重 勞倦麤重 堅固麤重 麤麤重 中麤重 細麤重 煩惱障麤重 定障麤重 所知障麤重"라고 하였다. 〔참고문헌〕『法蘊足論』, 『瑜伽師地論』, 『成唯識論』, 『大乘阿毘達磨集論』, *Bodh-bh.6.*, *Abh-s.76.* ⇨ 수면 隨眠, 번뇌 煩惱 **2** 삼업(三業)으로 행하는 십불선(十不善)의 악업. 『대반야경』 권393(대정장6, p.1035b23)에 "'세존이시여, 어떤 것을 보살마하살의 신구의의 추중이라고 합니까?' 부처님께서 선현에게 말씀하셨다. '만약 생명을 해치거나 주지 않는 것을 취하거나 사행을 행한다면, 이와 같은 불선한 갖가지 몸의 악행을 보살마하살의 신추중이라 한다. 만일 거짓말을 하거나 이간질하는 말을 하거나 추악한 말을 하거나 꾸미는 말을 한다면, 이와 같은 불선한 갖가지 말의 악행들을 보살마하살의 어추중이라고 한다. 만약 탐욕이나 분노나 사견을 갖는다면, 이와 같은 불선한 갖가지 뜻의 악행들을 보살마하살의 의추중이라고 한다'. 世尊 何謂菩薩摩訶薩 身語意麤重 佛告善現 若害生命 若不與取 若欲邪行 如是不善 諸身惡行 是名菩薩摩訶薩身麤重 若虛誑語 若離間語 若麤惡語 若雜穢語 如是不善 諸語惡行 是名菩薩摩訶薩語麤重 若貪欲 若瞋恚 若邪見 如是不善 諸意惡行 是名菩薩摩訶薩意麤重", 『유부율』 권15(대정장23, p.707a7)에 "악행을 행하는 것이란 추중·죄악법을 행하는 것을 말한다. 行惡行者 謂行麤重罪惡之法"라고 하였다. 〔참고문헌〕『大般若經』, 『有部律』. ⇨ 삼업 三業, 십불선 十不善

추중결 麤重結 이결(二結 : 相結 麤重結) 중 하나. 거칠고 무거운 번뇌(結 Ⓢbandhana : 使煩惱). 상결(相結)을 말미암아 욕진(欲瞋) 등의 번뇌를 일으키고 무생관으로 끊는다. 원측(圓測)의 『해심밀경소』 권2(한불전1, p.196b13)에 "양본(梁本) 『섭대승론석』 권4에 '… 마음으로 모든 진을 분별하는 것을 상결이라 하고, 이 분별에 의하여 욕진 등의 번뇌를 일으키는 것을 추중결이라고 한다. 무분별지를 얻으면 곧 상결을 풀고, 상결이 일어나지 않으면 추중결은 곧 그에 따라 사라진다'라고 하였다. 依梁攝論第四卷云 … 心分別諸塵 名相結 由此分別起欲瞋等惑 說名麤重結 若得無分別智 卽解相結 相結不起 麤重結卽隨滅", 『금강경주소』 권중(卍속장38, p.541a6)에 "저 지라는 티끌은 상결이고 분별성에 속한다. 번뇌진은 추중결이고 의타성에 속한다. 상결은 비록 무생관으로 끊을 수는 없으나 무상관으로 사라지게 할 수 있다. 추중결은 비록 무상관으로 사라지게 할 수 없으나, 무생관으로 끊을 수 있다. 夫地塵是相結 屬分別性 煩惱塵是麤重結 屬依他性 相結 雖不可以無生觀斷 然可以無相觀滅 麤重結 雖不可以無相觀滅 然可以無生觀斷"라고 하였다. 〔참고문헌〕『解深密經疏』, 『金剛經註疏』, 『攝大乘論疏』 권4(대정장31, p.179b5). ⇨ 상결 相結

추중박 麤重縛 거칠고 무겁게 얽는 것. 이박(二縛) 중 하나로 견분(見分)을 소연으로 한 번뇌다. 추중혹(麤重惑)이라고도 한다. 상분을 소연으로 한 것이 상박(相縛)이다. 『유가사지론』 권51(대정장30, p.581b26)에 "아직 사제의 진실을 보지 못한 이는 이와 같은 행을 닦고서는 성문의 정성이생에 들기도 하고, 혹은 보살의 정성이생에 들기도 하여 일체법진법계를 통달하고서 또한 아뢰야식에 통달하게 된다. 그 때에 스스로 안으로 소유한 일체잡염을 다 모아 관찰하여 역시 자신의 밖으로는 상박에 얽혀 있고, 내적으로는 추중박에 얽혀 있음을 명료하게 안다. 此未見諦者 修如是行已 或入聲聞正性離生

或入菩薩正性離生 達一切法眞法界已 亦能通達阿賴耶識 當於爾時 能總觀察自內所有一切雜染 亦能了知 自身外爲相縛所縛 內爲麤重縛所縛",『속화엄경약소간정기』 권13(卍속장5, p.516b14)에 "소연인 상분을 상박이라 하고, 능연인 견분의 탐 등 모든 혹을 추중박이라고 한다. 所緣相分 名相縛 能緣見分貪等諸惑 名麤重縛"라고 하였다. [참고문헌]『瑜伽師地論』,『續華嚴經略疏刊定記』. ⇨ 추중혹 麤重惑, 상박 相縛 ❷

추중사생보 麤重四生報 추중보로 받는 네 가지 생사보. 스물두 가지 무명으로 불러들이는 열한 가지 추중보의 사종생사(方便 因緣 有有 無有)를 말한다. 원측(圓測)의 『해심밀경소』 권8(한불전1, p.389c8)에 "양본(梁本)『섭대승론석』 권10에, '스물두 가지 어리석음으로 열한 가지 추중보를 감한다. 처음의 여덟 가지 어리석음은 네 가지 방편생사를 감하고, 다음의 여섯 가지 어리석음은 인연생사를 감하며, 그 다음의 여섯 가지 어리석음은 유유생사를 감하고, 맨 나중의 두 가지 어리석음은 무유생사를 감한다. 이런 것들이 감하는 변역과보가 추중보다'. 梁攝大乘天親論第十卷中 二十二愚感十一麤重報 初八愚痴能感四中方便生死 次六能感因緣生死 次六能感有有生死 後二能感無有生死 卽彼所感 變易果報爲麤重報",『대승법원의림장보궐』 권4(卍속장98, p.19a16)에 "고덕이 방편생사위를 초이삼지에 배대하고, 인연생사위를 사오육지에 배대하며, 유유생사위를 칠팔구지에 배대하고, 무유생사위를 십지에 배대한 것은 잘못이다. 그러면 구역(舊譯)『섭대승론석』에서 스물두 가지 무명으로 열한 가지 추중보를 초래하고, 네 가지 생사에 배대한 것은 그 이치가 어떠한가? 즉 처음 네 위에서는 아직 사제로 무루업 숨은 것 보지 못하기에, 비록 인연이 있을지라도 그 이름 숨었기에 방편에 따라 생사라는 이름을 세운다. 오육칠위는 출세위이고 무루인이 드러났으나 그 중에 아직 과보를 받는 일 없으므로 인연에 따라 받는 생사라고 이름한다. 팔구십위에서는 이미 변역을 받아 이 세 지 중에 비록 과 받아 마쳤으니 이후에 다시 후유인 열한 번째 과보가 있기에 유유생사라고 할 뿐이다. 열 번째를 벗어난 단계는 최후신이고, 이후에는 다시 과보를 받지 않으므로 무유생사라고 한다. 이것이 위를 배대하여 뜻을 달리하고, 자성과 뜻이 다름을 가린 것이다. 그러므로 네 가지 생사를 잡아 열한 가지 과보를 사삼삼일로 배대하니 뜻에 있어 어긋남이 없다. 古德 方便生死位配初二三地 因緣生死配在四五六地 有有生死配在七八九地 無有生死配在十地者 非也 然舊攝論 約二十二無明 感十一麤重報 配四生死者 其義何耶 謂初四地未得諦視無漏業隱 雖有因緣而沒其名 故從方便立生死名 五六七地是出世位 無漏因顯於中亦有未受果故 故從因緣受生死名 八九十地已受變易 此三地中雖已受果 而後更有第十一報 是故唯名有有生死 第十地出分是最後身 此後更無受果報故 是故名爲無有生死 是則配位義異辨性義異 是故 四生死約十一報配四三三一 於理無違"라고 하였다. [참고문헌]『解深密經疏』,『大乘法苑義林章補闕』,『攝大乘論釋』 권10(대정장31, p.225c21). ⇨ 사종생사 四種生死, 이십이종우치 二十二種愚癡

추중산란 麤重散亂 Ⓢ dauṣṭhulya-vikṣepa, Ⓣ gnas-ngan-len-gyi-rnam-par-gyeng-ba. 거칠고 무겁게 흩어져 어지러운 것들. 오종산란(五種散亂) 또는 육종산란(六種散亂) 중 하나로서 아・아소・아만(我・我所・我慢)의 추중력(麤重力)으로 일어나는 산란으로 추혹산동(麤惑散動)이라고도 한다. 『섭대승론석』 권9(대정장31, p.217b3)에 "추중산란이란 아・아소 등을 헤아리는 것을 말한다. 麤重散亂 謂計我我所等",『대승아비달마잡집론』 권1(대정장31, p.699b24 : *Abh-s-bh.*, p.8)에 "추중산란이란 아아소집과 아만품에 의지한 추중력으로, 선법을 닦을 때에도 이미 일어난 모든 수온에 아아소 및 아만을 일으키고, 집수・간잡・취상한다. 말하자면 아집 등의 추중력 때문이니, 이미 일어난 낙수 등 중에 아 또는 아소라고 집착하거나 아만을 일으키는 것이다. 이렇게 닦은 선품마저 영원히 청정할 수 없다. 집수란 처음의 집착이고, 간잡이란 이후 온갖 마음이 상속하는 것이며, 취상이란 거듭하여 다른 상을 집취하는 것이다. 麤重散亂者 依我我所執 及我慢品 麤重力故 修善法時 於已生起 所有諸受 起我我所 及與我慢 執受間雜取相 謂由我執等 麤重力故 於已生起 樂等受中 或執爲我或執我所 或起我慢 由此所修善品 永不淸淨 執受者 謂初執著 間雜者 從此已後 由此間雜 諸心相續 取相者 謂卽於此受 數執異相 dauṣṭhulya-vikṣepo 'haṃkārādi-dauṣṭhulya-vaśād utpannotpanneṣu sukhādiṣu veditesv-ahaṃ mama asmīti vā karaṇāt kuśala-pakṣa-apariśuddhito veditavyaḥ. āditas tathā-udgrahaṇam udgrahaḥ. vyavakiraṇā tad-ūrdhvaṃ tena citta-saṃtānasya miśrībhāvaḥ. nimittīkāraḥ tasyaiva veditasya punaḥ punaś-citrīkāro veditavyaḥ"라고 하였다. [참고문헌]『攝大乘論釋』,『大乘阿毘達磨雜集論』, *Abh-s-bh.* ⇨ 오종산란 五種散亂, 육종산란 六種散亂, 산란 散亂

추중혹 麤重惑 거칠고 무거운 번뇌. 이혹(二惑) 중 하나로 삼성(三性) 중 의타성(依他性)에 해당한다. 추중박(麤重縛)과 같은 뜻이고, 상혹(相惑)의 상대어다. 『해절경』(대정장16, p.713b1)에 "정혜여, 일체성인 진여 보았기에 이미 능히 제법행상을 조복하여 사라지게 하였으니 능히 하지 못하는 것 없고, 이미 일체상결과 추중혹을 해탈하였으니 해탈하지 못할 것이 없다. 淨慧

一切聖人 由見眞如 已能伏滅 諸法行相 非不能故 已能解脫 一切相結 及麤重惑 非不解脫", 『삼무성론』 권상(대정장31, p.870c10)에 "분별성을 상혹이라고 부르는 것은 상은 상모이고, 상모를 혹이라고 하는 것은 능히 혹연이 될 수 있기에 혹이라고 한다. 단 의타성이야말로 곧바로 혹이니 그 경중을 말하자면, 분별성은 단지 혹연이기에 혹이라고 하는 것일 뿐이므로 가벼움이라고 하며, 의타성은 바로 혹의 체이기에 추중이라고 한다. 상혹으로 말미암아 무분별지를 장애하여 무분별경에 합하지 못하고 상모를 분별하기 때문이며, 추중혹으로 말미암아 정히 후생을 초래하여 갖은 고통을 얻으니, 두 가지가 반드시 서로 말미암아 있게 된다. 두 가지 혹이 중생들을 얽어맨다. 呼分別性爲相惑者 相謂相貌 說相貌爲惑 能爲惑緣 故說爲惑 但依他性是正惑 而說輕重者 分別性 但是惑緣 說惑 故說爲輕 依他性 正是惑體 故說麤重 由相惑故 能障無分別智 不合無分別境 分別相貌故 由麤重惑 正感後生 得諸苦等 兩必相由而有故 言二惑繫縛衆生也"라고 하였다. 〔참고문헌〕『解節經』, 『三無性論』. ⇨ 추중박 麤重縛, 의타기성 依他起性, 상혹 相惑

추지 麤智 ❶ 거친 경계를 상대하는 지. 세지(細智) 또는 미지(微智)의 상대어다. 『사리불아비담론』 권9(대정장28, p.592c12)에 "어떤 것이 추지인가? 지가 욕계에 얽혔으면 추지다. … 또 지가 욕계나 색계에 매이면 추지다. … 다시 지가 욕계나 색계나 공무변처·식무변처·무소유처에 얽혀 있어도 추지다. 云何麤智 若智欲界繫 是名麤智 … 復次麤智 若智欲界繫若色界繫 是名麤智 … 復次麤智 若智欲界繫若色界繫 若空處識處不用處繫 是名麤智"라고 하였다. 〔참고문헌〕『舍利弗阿毘曇論』. ⇨ 세지 細智, 미지 微智❶ ❷ 이승지(二乘智). 정관의 대승묘지가 아닌 이승지다. 『금강경찬요간정기』 권7(대정장33, p.225c10)에 "묘지로 이승추지를 가리고, 정관으로 범부의 전도된 견해를 가린다. 妙智揀二乘麤智 正觀揀凡夫倒見"라고 하였다. 〔참고문헌〕『金剛經纂要刊定記』. ⇨ 묘지 妙智

추진 麤塵 ❶ 거친 티끌. 눈으로 겨우 보는 미진(微塵)보다 삼백 배 더 큰 티끌이다. 『금강선론』 권10(대정장25, p.867c25)에 "지금 창으로 비추는 햇빛 때문에 보이는 것은 거친 티끌이다. 이것을 쪼개어 삼백 개로 나누어야 비로소 미진이라고 한다. 今窓中 因日光見者 此是麤塵 析此爲三百分 方謂微塵"라고 하였다. 〔참고문헌〕『金剛仙論』. ⇨ 미진 微塵, 진 塵 ❷ 상키야(Ⓢ Sāṃkhya : 數論)의 이십오제(二十五諦) 중 오대(空風火水地大)를 달리 이르는 말. 『금칠십론』 권하(대정장54, p.1259c7)에 "죽음의 고통이란 무엇인가? 어떤 사람이 팔자재를 얻거나 오미진을 얻거나 추진을 얻는데, 이 사람이 죽을 무렵에는 염라에게 잡혀간다. 이때 받는 고통을 죽음의 고통이라고 한다. 死苦者 有人得八自在 或得五微塵 或得麤塵 是人臨死 爲閻羅所錄 此中受苦 名爲死苦"라고 하였다. 〔참고문헌〕『金七十論』. ⇨ 오대 五大❷

추참 追慘 추모하며 아파함. 추도(追悼)라고도 한다. 『선원청규』 권10 「백장규승송 百丈規繩頌」(卍속장111, p.935b15)에 "망승을 보내되 말하고 웃거나 즐거워해서는 안 된다. 반드시 추모하여 아파하는 마음을 품고 그의 도업이 밝지 않아 헛되이 생사할까 걱정하고 각자 살피고 궁구해야 한다. 一送亡僧 不可語笑作樂 宜懷追慘 恐他道業未明 虛生浪死 各自省究"라고 하였다. 〔참고문헌〕『禪苑淸規』.

추창 惆悵 Ⓢ utkaṇṭhāṃ paritasanam. 실망하여 한탄함. 마음 둘 곳 없이 길게 슬퍼하다. 『대반열반경』 권하(대정장1, p.207a8)에 "이때 가섭이 이미 이 말을 듣고 마음으로 실망하고 한탄하였으니 아난이 진작 이런 오점 이르지 못하도록 꾸짖어 못하게 하지 않은 것을 책망하였다. 爾時 迦葉旣聞此語 心懷惆悵 怪責阿難曾不呵止致此點汙", 『대반야경』 권398(대정장6, p.1062b15)에 "이때 상제보살마하살이 현소증삼마지에서 깨어났는데, 모든 부처가 보이지 않자 마음으로 실망하고 한탄하면서 이렇게 사유하였다. '내가 이전에 보았던 시방제불은 앞서 어디로부터 오셨다가 지금은 어디로 가셨나? 누가 능히 나를 위하여 이와 같은 의심을 끊어줄 수 있을까? 爾時 常啼菩薩摩訶薩 從現所證三摩地起 不見諸佛 心懷惆悵 作是思惟 我向所見十方諸佛 先從何來今往何所 誰能爲我斷如是疑"라고 하였다. 〔참고문헌〕『大般涅槃經』, 『大般若經』, *Aṣṭ-pr.244*.

추창 趍蹌 많은 이들이 함께 공경하여 이리저리 분주한 모습. 『육도집경』 권2(대정장3, p.11a8)에 "온 나라 사람이 환희하며, 길을 정비하고 청소하고 깃발을 늘어뜨려 장식하였으며, 향을 사르고 꽃을 흩뿌리고 기악을 울리고 일산을 가렸다. 온나라 이리저리 분주하였으니 수명이 무량하기를 칭탄하였다. 擧國歡喜 治道掃除 豫施帳幔 燒香散華 伎樂幢蓋 擧國趍蹌 稱壽無量", 『신집장경음의수함록』 권23(고려장35, p.396c4)에 "추창〈창은 칠과 양을 반절한 음이며, 움직이다는 뜻이다. 창은 마땅히 장(蹡)으로 써야 한다. 모이다·공경하다의 뜻이다〉. 趍蹌〈七羊反 動也冝作蹡 集也 敬也〉"라고 하였다. 〔참고문헌〕『六度集經』, 『新集藏經音義隨函錄』.

추척귀 塠惕鬼 좌선을 방해하는 삼종귀신마(三種鬼神魔) 중 하나. 몸에 붙어 장애를 일으킨다. 부척귀(埠惕鬼)·퇴척귀(堆惕鬼·䭼惕鬼·垍惕鬼)·부장귀(埠場

鬼)라고도 한다. 『마하지관』 권8(대정장46, p.115a22)에 "추척이 발한다는 것은 저 사람이 앉을 때 혹 머리와 얼굴을 연하거나, 혹 사람의 몸을 연하여 떨어졌다 붙었다 번복하여 그치지 않는다. 비록 고통은 없더라도 스멀스멀함에 참기 어렵다. 혹은 사람의 귀눈코를 파고, 혹은 끌어안거나 부딪치는데, 저 어떤 물건이 있어도 잡을 수 없는 것처럼 쫓아내도 다시 와서 주저리주저리 사람 귀에다 대고 시끄러운 소리를 짓는다. 이 귀의 얼굴 비파인 듯하고, 네 눈에 두 입이다. 槌惕發者 若人坐時 或緣頭面 或緣人身體 墮而復上 翻覆不已 雖無苦痛 而屑屑難耐 或鑽人耳眼鼻 或抱持擊攊 似如有物捉不可得 驅已復來 啾嘹作聲鬧人耳 此鬼面似琵琶 四目兩口"라고 하였다. 〔참고문헌〕『摩訶止觀』. ⇨ 부장귀 埠場鬼, 퇴척귀 堆惕鬼, 삼종귀신마 三種鬼神魔

추천 追薦 추모해 옮겨가게 하다. 추란 죽은이를 추모함이며 천이란 천도의 뜻으로 공양의 뜻인 재(齋)를 베풀어 생사하던 자리에서 빛 가득한 자리로 옮겨가게 하다의 뜻이다. 추선(追善)이라고도 한다. 『석씨요람』 권하(대정장54, p.305b26)에 "사람이 죽으면 칠일마다 반드시 재를 지내 뒤따라 건너가게 한다. 이를 누칠이라고 하고 재칠이라고도 한다. 人亡每至七日 必營齋追薦 謂之累七 又云 齋七", 『용서증광정토문』 권8 「장계조염불천망 張繼祖念佛薦亡」(대정장47, p.277a21)에 "내가 일찍이 진강 선비 장계조에게 서방에 관한 일을 말했더니 그가 이를 믿어서 그의 유모가 죽자 아미타불을 많이 염불하여 뒤따라 옮겨가게 하였다. 어느 날 꿈에 유모가 나타나 배자 옷을 빌리러 와서 고맙다고 하고 계조를 떠나갔다. 이것은 염불하여 뒤따라 건너게 한 효험이다. 予嘗與鎭江士人張繼祖 言西方事 繼祖信之 其乳母死 多爲念阿彌陀佛追薦 一夜夢其乳母 借背子衣之來 謝繼祖而別去 此念佛追薦之效也", 『우란분경소』 권상(대정장39, p.505a10)에 "비록 효심은 있었으나 귀신에게 의지하지 않다가 마침내 성현의 가르침에서 간절히 추모해 천도하는 길 구했으니 이 법문을 얻음이야말로 참으로 뜻깊은 행이다. 雖展孝思 不資神道 遂搜索聖賢之敎 虔求追薦之方 得此法門 實是妙行", 『선림소어고증』 권3(卍속장112, p.869a13)에 "왕생의 가마 장엄하고자 한다면 공경하여 뒤따라 천도하는 공덕 닦는 일이다. 欲嚴往生之駕 恭修追薦之功"라고 하였다. 〔참고문헌〕『釋氏要覽』, 『龍舒增廣淨土文』, 『盂蘭盆經疏』, 『禪林疏語考證』. ⇨ 추선 追善, 추수 追修

추천칠분획일 追薦七分獲一 ➡ 칠분획일 七分獲一

추체상 麤體相 상키야(Ⓢ Sāṃkhya : 數論) 용어. 몸과 십일근(十一根)을 말한다. 『금칠십론』 권하(대정장54, p.1259a26)에 "오유로부터 발생한 것과 십일근이 상응하여 생긴 것을 추체상이라고 한다. 從五唯所生 與十一根相應起者 名麤體相"라고 하였다. 〔참고문헌〕『金七十論』. ⇨ 체상 體相[4], 십일근 十一根

추침 椎砧 다듬돌. 『법원주림』 권40(대정장53, p.600c17)에 "부처님의 영골은 금강으로 문드러뜨리지 못하고 겁화로도 태우지 못하며 다듬돌로도 부수지 못하니, 방편으로 힘센 사람이 있는 힘을 다하여 때려보아도 망치가 모조리 함몰하더라도 사리는 손상되지 않으며 광명이 사방으로 뻗쳐 보는 사람의 눈을 부시게 한다. 佛之靈骨 金剛不朽 劫火不焦 椎砧不碎 權使力者 盡力擊之 椎砧俱陷 舍利不損 光明四射 耀晃人目"라고 하였다. 〔참고문헌〕『法苑珠林』. ⇨ 추침 鎚砧

추침 槌砧 추와 그 받침대인 침. 추침(椎砧·鎚砧)이라고도 쓴다. 『선림상기전』 권27(대장경보편19, p.742a2)에 "추침 : 옛말로는 '추를 이어 두드리는 받침대 나무를 추침이라 하고, 집어 들어 치는 작은 나무를 추라 하는데, 추가 본래 법기이고 추를 위한 침이 있다'. 槌砧 舊說曰 承槌打之木 言槌砧 拈打小木 言槌矣 槌爲本器 爲槌而有砧", "『칙수청규』 「유나」에 이르길 '왼손으로 침을 누르고 〈운운〉 오른손으로 추를 울리되 높이 5촌 넘기지 않으며, 소리 끊어지면 비로소 추 내린다. 완급은 법도에 맞게 한다'. 敕修淸規 維那云 左手按砧〈云云〉 右手鳴椎 高不過五寸 聲絶方下椎 急緩合度"라고 하였다. 〔참고문헌〕『禪林象器箋』. ⇨ 추 椎, 침 砧

추침 鎚砧 쇠망치와 다듬돌. 『법화문구기』 권7중(대정장34, p.287b10)에 "그러므로 돈오 이후 곧바로 소승의 교화를 드러내어 튕겨 버리고 가려내며 쇠망치와 다듬돌로 단련한다. 故於頓後 便垂小化 彈斥淘汰 鎚砧鍛鍊"라고 하였다. 〔참고문헌〕『法華文句記』. ⇨ 추침 椎砧

추타 捶打 Ⓢ tarjanā, daṇḍena tāḍayati, tāḍana, Ⓟ daṇḍa-samphassa, Ⓣ rdeg-pa, brdeg-pa. 때리다. 주먹이나 몽둥이 등을 가져 때리는 뜻으로 추타(椎打)라고도 쓴다. 『중아함경』 권7 「상적유경 象跡喩經」(대정장1, p.464c17)에 "만약 타인이 욕하거나 때리거나 화내며 꾸짖는다면 저들(성제자)은 이렇게 생각한다. '나에게 일어나는 이 고통은 인연 따라 일어나니 인연이 없지 않다. 무엇이 그 연인가? 고통받을 수밖에 없는(更樂은 觸) 연이다'. 若有他人 罵詈 捶打 瞋恚責數

者 彼作是念 我生此苦 從因緣生 非無因緣 云何爲緣 緣苦更樂", 『법화경』 권1(대정장9, p.3b5 : *Saddh-p.*, p.13)에 "증상만인이 욕하고 때려도 모두 능히 참아냄으로써 불도를 구한다. 增上慢人 惡罵捶打 皆悉能忍 以求佛道 adhimānaprāptāna … ākrośaparibhāṣa tat haiva tarjanāṃ kṣāntyā hi te prasthita agrabodhim", 『법화경지음』 권1(卍속장49, p.454a11)에 "추타의 타의 음은 정이다. 물건으로 마구 때리는 행위를 추라 하고, 몽둥이를 뻗어 찌르는 것은 정이라 한다. 打音頂 以物亂打曰捶 以杖直刺曰頂", 『유가사지론』 권40(대정장30, p.515b28 : *Bodh-bh.*, p.108)에 "이러한 인연으로 말미암아 거친 말 내뱉기를 그치지 않을 뿐만 아니라, 분노에 휩싸이고 더하여 손발에 흙덩이·돌·칼·몽둥이를 가지고 유정을 때리고 상처 입히고 괴롭힌다. 由是因緣 不唯發起麤言便息 由忿蔽故 加以手足塊石刀杖 捶打傷害 損惱有情 yena tato na vākpāruṣyaniścāraṇamātrakeṇa nivartate. krodhābhibhūtaḥ pāṇinā vā loṣṭena vā daṇḍena vā śastreṇa sattvāṃstāḍayati vihiṃsayati viheṭhayati", 『사리불아비담론』 권18(대정장28, p.647b22)에 "무엇을 가리켜 때린다고 하는가? 가볍게 주먹으로 때린다면 이것을 때린다고 한다. 何謂捶打 若輕易手拳捶打 是名捶打", 『일체경음의』 권41(대정장54, p.577c15)에 "추타〈추는 직과 추를 반절한 음이다. 『설문』에는 때리다·치다의 뜻인 격(擊)이라 하였다. 『이취육바라밀다경』에는 추(追) 음을 따라(몽둥이를 뜻하는) 추(槌)라고 하였지만 적절하지 않다. 음은 추(墜)이고, 누에채반을 연결하는 기둥(가는 나무)을 뜻한다. 경문이 이 뜻이 아닌 까닭은 아마도 필수자가 과문하여 글자를 구분하지 못했기 때문일 것이다〉. 椎打〈直追反 說文 擊也 經從追作槌 非也 音墜 蠶箔柱也 經文非此義 盖是筆授者 寡聞不識字也〉"라고 하였다. [참고문헌] 『中阿含經』, 『法華經』, 『法華經知音』, 『瑜伽師地論』, 『舍利弗阿毘曇論』, 『一切經音義』, 『理趣六波羅蜜多經』 권3(대정장8, p.881a21), *Saddh-p.*, *Bodh-bh.*

추탁 推度 Ⓢ abhyūhanā, Ⓣ mngon-par-rtog-pa. 미루어 헤아리다. 『유가사지론』 권37(대정장30, p.497c11: *Bodh-bh.*, p.58)에 "사유란 멀리 떨어져 기꺼이 법을 사유하고 그 뜻을 추탁하며 이해해서 결정하는 것을 말한다. 思惟者 謂居遠離 樂思惟法 推度其義 解了決定 cintā katamā. praviveke dharmanidhyānābhiratasya arthābhyūhanāsaṃlakṣaṇāniścayaḥ", 같은 책 권15(대정장30, p.358a4)에 "상비량이란 … 현재나 앞서 본 것에 의지해서 경계를 미루어 헤아리는 것이니, 가령 깃발을 보고서 수레 있음을 미루어 알고, 연기를 보고서 불 있다고 미루어 아는 것과 같다. 相比量者 … 或由現在 或先所見 推度境界 如見幢故 比知有車 由見烟故 比知有火", 『순정리론』 권73(대정장29, p.735b8)에 "진지와 무생지라는 두 가지 지는 견의 성이 아니니, 추탁의요가 한결같이 그쳐 쉬기 때문이다. 盡及無生二智非見性 推度意樂一向止息故", 『종경록』 권60(대정장48, p.759c2)에 "추탁을 견이라 하는데 견주어 헤아리는 마음이니, 일체경을 미루어 헤아리기 때문이다. 推度名見 卽比量心 推度一切境故"라고 하였다. [참고문헌] 『瑜伽師地論』, 『順正理論』, 『宗鏡錄』, *Bodh-bh.*

추탁분별 推度分別 추탁에 의한 분별. 삼세(三世)의 경계 모두에 대해 추리하고 사유하여 식별하는 의식의 작용. 계탁분별(計度分別)·분별사유(分別思惟)라고도 한다. 『대비바사론』 권42(대정장27, p.219b7)에 "세 가지 분별이 있다. … 셋째는 추탁분별이니 의지가 정이 아닌 혜다. 욕계전오식은 오직 한 가지 자성분별만이 있으니, 비록 념이 있다 해도 수념분별은 아니니 능히 기억해 생각하지 못한다. 비록 혜는 있지만 추탁분별은 아니니 미루어 헤아리지 못한다. 욕계의지는 세 가지 분별이 모두 있다. … 초정려의지는 정이 아니면 세 가지 분별이 모두 있고, 정에 있다면 두 가지 분별만 있으니 자성분별과 수념분별이어서, 혜는 있지만 추탁분별은 아니니 만약 추리하고 사유할 때는 바로 정에서 나오게 되기 때문이다. 有三種分別 … 三 推度分別 謂意地不定慧 欲界五識身 唯有一種 自性分別 雖亦有念 而非隨念分別 不能憶念故 雖亦有慧 而非推度分別 不能推度故 欲界意地 具三分別 … 初靜慮意地 若不定者 具三分別 若在定者 有二分別 謂自性及隨念 雖亦有慧 而非推度分別 若推度時 便出定故", 『구사론기』 권2(대정장41, p.39a1)에 "계탁분별과 추탁분별 이름만 다를 뿐 뜻은 같다. 計度推度 名異義同"라고 하였다. [참고문헌] 『大毘婆沙論』, 『俱舍論記』. ⇨ 계탁분별 計度分別, 분별사유 分別思惟, 자성분별 自性分別, 수념분별 隨念分別

추탁성 推度性 Ⓢ nitīrakatva, Ⓣ nges-par-rtog-pa'i-phyir. 미루어 헤아리는 성. 전도(轉倒)를 일으키는 세 가지 자성 중에 하나다. 『대비바사론』 권104(대정장27, p.537a16)에 "세 가지 일로써 전도가 건립된다. 첫째는 추탁성 때문이고, 둘째는 그릇된 증익 때문이며, 셋째는 한결같이 전도하기 때문이다. 사견과 단견 비록 계탁성이고 한결같이 전도된 것이지만 헛되이 더하거나 무너뜨리는 일을 하지 않는다. 계금취 비록 추탁성이고 헛되이 증익하지만 한결같이 소분의 실처로 구른다. 以三事故建立顚倒 一 推度性故 二 妄增益故 三 一向倒故 邪見斷見 雖是推度性及一向倒 而非妄增益壞事轉故 戒禁取雖是推度性及妄增益 而非一向倒 亦於少分實處轉故", 『구사론』 권25(대정장29, p.130a12)에 "견소단의 번뇌는 심려로 인해 생겨난다. 추탁성이기 때문이다. 성자가 심려하지 않고 추사중에만 있어 실념 또한 생겨나는 일이 있지만 심려 그렇지 않으니, 가령 새끼줄 등에 대해 돌연 뱀이라고 말하는 것과 같다. 見所斷惑由審慮生 推度性故 聖不審慮 於麤事中 失念或生 審慮不爾 如於繩等 率爾謂蛇"라고 하였다. [참고문헌] 『大毘婆沙論』, 『俱舍論』, *Abh-k-bh.283.* ⇨ 전도 轉倒

추탈 抽脫 화장실에 갈 때 가사를 벗는 일. 『백장청규』 권6 「일용궤범 日用軌範」(대정장48, p.1145b16)에 "추탈해야 한다면 고례에는 오조는 입었다. 若抽脫 古例披五條", 『선림상기전』 권12(불광장, 禪藏, p.927)에 "추탈 : 옛 설에서는 '대변을 보는 것을 추탈이라 한다'라고 하였으니 겉옷을 벗는다는 뜻이다. 도충이 말한다. '화장실에 갈 때 가사와 승기지를 벗으므로 추탈이라 하였으니 완곡한 표현이다. 그러므로 『행사초』 「제잡요행편」에서 「반드시 가사와 승기지를 벗고서 대소변을 본다」라고 하였다'. 『백장청규』 「일용궤범」에서 '추탈의 경우 고례에는 오조〈괘락과 같다〉를 입었다. 깨끗한 수건을 왼손에 걸고 가사를 벗어 걸이에 걸어둔다. 오조를 벗어 개어놓고 수건으로 고정하고 인기척을 내되 웃거나 말하지 않는다. 오른손으로 물을 들고 화장실에 들어간다' 하였다. 抽脫 舊說曰 放大便云抽脫 抽脫上衣也 忠曰 如厠抽脫袈裟僧祇支 故云抽脫 婉辭也 故行事鈔諸雜要行篇云 應脫袈裟 僧祇支 大小便 敕修清規日用軌範云若抽脫 古例披五條〈卽掛絡也〉 以淨巾 搭左手 解條繫笐竿上 脫五條直裰 令齊整 以手巾繫定 作記認 不得笑語 不得在外催促 右手提水入厠"라고 하였다. [참고문헌] 『百丈清規』, 『禪林象器箋』. ⇨ 추해 抽解

추탕 麤湯 거친 탕. 다른 이에게 드릴 때 겸양의 표현이다. 추다(麤茶)라고도 한다. 『선원청규』 권5 「당두전점 堂頭煎點」(卍속장111, p.903a5)에 "시자가 향을 사르고 나면 주지가 일어나서 '추차〈추탕이라고도 한다〉 아무개 관리를 모시고 대접하고자 합니다'라고 말한다. 이와 같이 윤허해야 비로소 차를 달인다. 侍者燒香訖 住持人起云 欲獻麤茶〈或麤湯〉 取某官指揮 如其允許方可點茶"라고 하였다. [참고문헌] 『禪苑清規』.

추투란 醜偸蘭 열세 가지 월비니(越毘尼) 중 하나로 중죄를 범하려다가 미수에 그친 죄. 『마하승기율』 권25(대정장22, p.429b5)에 "추투란이란 무엇인가? 마음을 더럽히고 몸을 희롱하였다면 이를 추투란이라 한다. 醜偸蘭者 染汚心弄身生 是名醜偸蘭", 『목련오백문경약해』 권상(卍속장71, p.171a4)에 "가령 사음과 도둑질과 같은 두 가지 중죄를 범하는 예를 들자면, 범행을 완수했다면 바라이가 되고, 범하고자 시도했지만 미수에 그치면 추투란이라 한다. 如犯淫盜 二種重罪 成卽波羅夷 欲作未成 名醜偸蘭"라고 하였다. [참고문헌] 『摩訶僧祇律』, 『目連五百問經略解』. ⇨ 월비니 越毘尼

추파 秋波 1718~1774. 조선후기 스님 홍유(泓宥)의 법호이다. ⇨ 홍유 泓宥

추파사 楸坡寺 함경남도 단천군 신만면 용천리 용봉산(龍峰山)에 있던 절. 대본산(大本山) 귀주사(歸州寺)의 말사였다. 『여지도서』 함경도 단천부 사찰에 "만복사, 부 서쪽 60리 천추산에 있으며, 일명 추파사이고 승도는 오십여 명이다. 萬福寺 府西六十里 在天樞山 一名楸坡寺 僧徒五十名"라고 하였다. [참고문헌] 『韓國寺刹全書』 권하 p.1105a3, 『北韓寺刹硏究』(寺刹文化硏究院, 1993) p.650. ⇨ 귀주사 歸州寺, 만복사 萬福寺 [4]

추파수간 秋波手柬 조선후기 스님 추파홍유(秋波泓宥 1718~1774)의 서간집. 1권. 한불전10, pp.82b1~97b21에 수록되었다. 서문(序文)이나 발문(跋文)이 없어 간행의 인연 자세히 알 수 없다. 편지글 총 91편이 수록되어 있는데, 모두 『추파집』에 없는 것들이다. 주로 당시 스님들과 나눈 편지이며 개중에 속가 가족이나 문사들과 나눈 편지글도 있다. 판본이 없고 필사본만으로 전하는데, 표지의 면지(面紙)에 1815년 월식(月蝕)에 대한 메모가 있으므로 1815년 이전에 필사한 것으로 본다. 이 필사본은 고려대학교에서 소장하고 있다. ⇨ 추파집 秋波集, 홍유 泓宥

추파집 秋波集 조선후기 스님 추파홍유(秋波泓宥 1718~1774)의 글을 모아놓은 문집. 3권. 추파의 문인 경암관식(鏡巖慣拭) 편집. 1780년(정조4) 초판. 한불전10, pp.58a1~82a11에 수록되어 있다. 본문에 앞서 네 편의 서문이 있는데, 여암(旅庵) 신경준(申景濬 1712~1781)이 1775년(영조51)에 쓴 것을 필두로 여와(餘窩) 목만중(睦萬中 1727~1810), 풍암(楓巖) 유광익(柳光翼 1713~1780), 여수(汝受) 윤숙(尹塾 1734~1797)의 서문이 순서대로 엮여 있다. 권1은 모두 시문(詩文)으로 이루어져 있다. 7언 고시(古詩) 2수, 5언 절구(絶句) 8수, 5언 율시(律詩) 7수, 7언 절구 8수, 7언 율시 7수 등 32수의 시가 있다. 권2에는 서문(書文) 29편, 서문(序文) 21편이 있고, 권3에는 기문(記文) 12편, 잡저(雜著) 5편과 함께 번암(樊巖) 채제공(蔡濟恭 1720~1799)의 「추파대사영찬 秋波大師影贊」이 실려 있다. 마지막으로 1780년 가야운인(伽倻雲人) 유기(有璣 1707~1785)가 쓴 「추파집후서 秋波集後敍」와 백실거사(白室居士) 유숙지(柳肅之)가 쓴 발문(跋文)이 붙어 있다. 유기의 후서가 있는 1780년 초판본이 전하며 동국대학교에서 소장하고 있다. 또 1917

년 회계산(會稽山) 심적암(深寂庵) 인쇄본도 전하는데, 이는 송광사(松廣寺)에 있다. ⇨ 홍유 *泓宥*

추편섬등 墜鞭閃鐙　채찍 버리고 번개처럼 등자(鐙子)에 오르다. 기량 뛰어난 기수가 당당히 말에 오르는 모습으로, 등자는 말에 오를 때 밟는 돋음대다. 등은 등(鐙)으로도 쓴다. 『벽암록』 56칙 「평창 評唱」(대정장48, p.190a23)에 "좋은 선객 역시 전장의 장수라 할 만하다. 흠산의 수중에서 좌우로 돌다가 채찍 떨어뜨리고 번개처럼 등자에 올라섰으나 끝내는 애석하게도 활 부러지고 화살도 다했다. 良禪客也不妨是一員戰將 向欽山手裏 左盤右轉 墜鞭閃鐙 末後可惜許 弓折箭盡"라고 하였다. 〔참고문헌〕『碧巖錄』.

추폐 麤弊　❶ Ⓢ hīna, lūkha, lūha, Ⓟ lūkha, Ⓣ ngan-pa. 거칠어 낡은 것. 『아나율팔념경』(대정장1, p.836a2)에 "그대 스스로 거칠고 낡은 옷을 기꺼이 입으며, 욕심 없이 만족할 줄 알며, 후미진 곳에서 정진하며, 마음 다스리고 뜻 또한 고요히 한다. 汝自樂著麤弊者 少欲知足 隱處精進 制心定意", 『방광대장엄경』 권6(대정장3, p.576c12)에 "사냥꾼이 말했다. '저는 가사를 걸치고 사슴떼를 유인합니다. 사슴이 이 옷을 보면 나에게 가까이 올 것이고, 그래야 사슴을 잡을 수 있습니다'. 보살이 말했다. '당신이 가사를 입는 것은 오직 살해하기 위함이지만, 내가 만약 그것을 얻으면 오직 해탈만을 구할 뿐이다. 그대의 가사를 줄 수 없겠는가? 나에게 주면 나는 당신에게 비단옷인 교사야의(Ⓢ kauśeya : 絹衣)를 주겠다. 당신은 어찌하여 그 보잘것 없는 옷을 아까워하는가?' 사냥꾼이 답했다. '훌륭하신 인자시여. 이런 낡은 옷은 실로 아깝지 않습니다'. 獵者言 我著袈裟 以誘群鹿 鹿見此服 便來近我 我因此故 方得殺之 菩薩言 汝著袈裟 專爲殺害 我今若得 唯求解脫 汝能與我此袈裟不 汝若與我 我當與汝憍奢耶衣 汝何惜彼麤弊之服 獵師報言 善哉 仁者 如是弊衣 實無所惜", 『백유경』 권2 「빈인소조갈의유 貧人燒粗褐衣喩」(대정장4, p.547b9)에 "그대는 종성으로는 단정한 귀인의 자제인데, 어째서 이렇게 거칠면서 낡은 베옷 걸쳤는가? 汝種姓 端正貴人之子 云何著此麤弊衣褐", 『대당서역기』 권1(대정장51, p.871a17)에 "비록 대단한 부자였지만 옷과 음식은 거칠어 형편없었다. 雖富巨萬 服食麤弊", 『법화경』 권2(대정장9, p.13b10 : *Saddh-p.*, p.79)에 "'너희들은 삼계화택에 머무는 것을 좋아하지 말고, 하찮은 색성향미촉도 탐하지 마라. 만일 탐착하고 갈망한 즉 불에 타게 된다. 汝等莫得樂住三界火宅 勿貪麤弊色聲香味觸也 若貪著生愛 則爲所燒 mā bhavanto 'sminn-ādīptāgāra-sadṛśe traidhātuke 'bhiramadhvaṃ hīneṣu rūpa-śabda-gandha-rasa-sparśeṣu. atra hi yūyaṃ traidhātuke 'bhiratāḥ pañca-kāma-guṇa-sahagatayā tṛṣṇayā dahyatha", 『법화문구』 권6하(대정장34, p.85a26)에 "'다시 거칠고 낡은 옷을 입었다'라는 말은 무슨 뜻인가? 장륙의 모습 드러냈으니 거칠고, 생인도 법인도 낡은 것이다. 更著麤弊者 現丈六形 是麤 生忍法忍 是弊也"라고 하였다. 〔참고문헌〕『阿那律八念經』, 『方廣大莊嚴經』, 『百喩經』, 『大唐西域記』, 『法華經』, 『法華文句』, *Saddh-p.*, *Śrāv-bh.157.*, *AN.4.392.* ❷ 사납고 거칠다. 80권본 『화엄경』 권54(대정장10, p.288a5)에 "때로는 사납고 거칠며 험한 말로 서로 헐뜯고 욕하며, 때로는 칼이나 몽둥이나 돌맹이로 손해를 입힌다. 或以麤弊惡語 而相毁辱 或以刀杖瓦石 而加損害"라고 하였다. 〔참고문헌〕『華嚴經』.

추폐오욕 麤弊五欲　거칠고 험한 오욕. 욕계(欲界)에서 일어나는 오욕(五欲 : 色聲香味觸). 상이계(上二界)에서는 정결오욕이라 한다. 『대일경소』 권17(대정장39, p.753a27)에 "어떤 때는 먹는 모든 맛이 쓰고 떫은 맛까지도 무엇이나 저 감로와 같다. 이 연 때문에 몸은 그지없이 즐거우니, 사납고 거친 오욕의 맛으로 옮겨가지 않는다. 이것이 탐식상이다. 或時一切所食之味 乃至苦澁皆如甘露 以此緣故 其身適悅 麤弊五欲之味 不能移之 是貪息相也", 『마하지관』 권4하(대정장46, p.44c19)에 "저 사납고 거친 오욕을 탐하면 생각하고 헤아려 마음이 취한 듯 미혹하여 정념을 잃는다. 貪如此等 麤弊五欲 思想計校 心生醉惑 忘失正念", 『비니작지속석』 권4(卍속장65, p.102a10)에 "『대지도론』에 '이 정결오욕을 등짐은 물론 이 착심마저 버림을 등져 버린다라 한다'라고 하였다. 이 관법을 닦기에 무루지혜를 일으키고 삼계의 견사혹을 모조리 끊음으로써 아라한과를 증득한다. 욕계의 색성향미촉을 추폐오욕이라 하고, 색계무색계 등에서는 정결오욕이라 한다. 大智度論云 背此淨潔五欲捨此著心 故名背捨 修此觀故 發無漏智慧 斷三界見思惑盡 證羅漢果 欲界色聲香味觸 名麤弊五欲 色界無色界色等 名淨潔五欲也"라고 하였다. 〔참고문헌〕『大日經疏』, 『摩訶止觀』, 『毘尼作持續釋』, 『大智度論』 권21(대정장25, p.215a10). ⇨ 오욕 五欲, 정결오욕 *淨潔五欲*

추포의 麤布衣　Ⓟ sāṇaṃ tipakkhavasanam. 거친 소재로 만든 옷. 추마(芻摩)라고도 한다. 또는 헤어진 옷으로 누더기, 조각 붙인 옷 등의 뜻이다. 『잡아함경』 권46(대정장2, p.337a18)에 "세존이시여! 마하남장자는 이와 같이 거부임에도 이와 같이 허접한 음식을 만들어 먹습니다. 거칠게 빻은 쌀을 먹고 콩 죽을 먹으며 썩은 생강을 먹고 추포의를 입습니다. 世尊 摩訶男長者 如是巨富 作如是食用 食麤碎米 食豆羹 食腐敗薑 著麤布衣", 『열반경소사기』 권1(卍속장58, p.19b2)에 "추마란 추포의를 말한다. 芻摩者 麤布衣", 『비니지지회집』 권5(卍속장61, p.747a7)에 "참마의〈번역하면 추포의다〉. 識摩衣〈此翻云麤布衣〉", 『사분율명의표석』 권8(卍속장70, p.524a15)에 "(참마의는) 추포의라 한역하지만, 거친 풀로 지은 옷이라는 뜻의 추초의라 해도 마땅하다. 此云麤布衣 應言麤草衣"라고 하였다. 〔참고문헌〕『雜阿含經』, 『涅槃經疏私記』, 『毘尼止持會集』, 『四分律名義標釋』, *SN.1.90.* ⇨추마 芻摩

추품 麤品 거친 마음. 탐진치로 행하는 잡염의 성품. 사견과 부정작의 등으로 행하는 모든 세간지를 말한다. 『유가사지론』 권80(대정장30, p.744c22)에 "어떤 것이 세간지인가? 추품으로 있게 된 온갖 물듦에는 능히 그쳐 쉬는 것으로 대치하고, 중품인 것에는 다스려 없드리게 한다. 어떤 것이 추품잡염인가? 즉 재가자는 탐진치로 행하는 성이고, 출가자는 견이 의지하는 성과 그것이 의지하는 바의 부정한 작의로 의지하는 성이고 후유를 원하는 성이니, 모두어 보거나 각기 보아도 네 가지 전도로 말미암아 해탈이 아닌 것에 집착하여 해탈이 의지할 성이라 붙들어 가진다. 云何世間智 謂於麤品所有雜染 能爲止息對治 於中品者 能爲制伏對治 云何名爲 麤品雜染 謂在家者 貪瞋癡行性 諸出家者 見依止性 及彼所依不正作意依止性 後有願依止性 由總別四顚倒故 於非解脫 執爲解脫依止性"라고 하였다. 〔참고문헌〕『瑜伽師地論』. ⇨사전도 四顚倒

추품의식 麤品意識 삼품의식(三品意識) 중 하나. 제6의식을 말한다. 『현식론』(대정장31, p.879b2)에 "의계란 수자식(受者識)을 말하니, 곧 세 가지 의식이다. … 셋째는 보통 말하는 의식(意識 Ⓢmanas : 第六識)이니, 이는 추품의식으로서 선·악·무기(無記) 세 가지 성품의 과보를 모두 받는다. 意界名受者識 卽三種意識 … 三者 謂常所明意識 是麤品意識 通受善惡無記三性果"라고 하였다. 〔참고문헌〕『顯識論』. ⇨제육의식 第六意識, 의식 意識❶, 삼품의식 三品意識

추피 抽被 입었던 것을 거두다. 대중의 일원으로 있다가 벗어나는 이가 자신의 피단(被單)을 거두는 것. 『백장청규』 권5(대정장48, p.1142c28)에 "개궤·삽단·하발·피단하는 이가 있으면 모두 직당을 맡은 사람에게 알려야 한다. 或有開櫃揷單下鉢抽被者 皆當白直堂人知"라고 하였다. 〔참고문헌〕『百丈淸規』.

추항 箒項 ?~602. 신라 제26대 진평왕(재위 579~632) 때 화랑도(花郞徒)이자 불자. 경주시 사량부(沙梁部 : 최치원과 同鄕) 출신. 추정(箒頂)으로 기록되기도 하였다. 청도 운문산 가슬갑사(嘉瑟岬寺)에서 친구인 귀산(貴山)과 함께 원광법사(圓光法師)로부터 세속오계(世俗五戒)를 받았다. 『삼국사기』 권4 신라본기(新羅本紀)4 진평왕 24년(602)에 따르면, 백제가 아막성(阿莫城 : 지금의 南原郡 雲峰面)을 공격해 오므로 왕이 군대를 파견하여 싸웠다. 귀산과 추항은 신라군이 큰 위기에 처하게 되자 원광으로부터 받은 세속오계 중 임전무퇴(臨戰無退)의 정신으로 적진에 돌진하여 수십 명의 적을 죽이고 전사함으로써 신라군의 사기를 고취시켜 마침내 승리로 이끌게 했다. 이 공훈으로 대사(大舍 : 신라대 17등 관계 중 12등의 벼슬)에 추증(追贈)되었다. 〔참고문헌〕『三國史記』.

추해 抽解 거두어 풀다. 가사를 벗고 자유롭게 하다. 가사를 잠시 벗다의 뜻으로, 승당이나 선방에서의 대중생활에서 풀려나 잠시 쉬거나 볼 일을 보기 위해 입었던 옷을 가볍게 하는 뜻이다. 『백장청규』 권5 「좌선」(대정장48, p.1142c16)에 "좌선한지 오래된 대중은 순서대로 몸을 일으켜 휴식한다. 또한 상하와 속도를 살펴서 연달아 자리가 비지 않도록 한다. 久之僧衆 方可次第 起身抽解 又須看上下肩 起止急緩 免見成連 單位空缺", 『선림상기전』 권12(불광장, 禪藏, p.926)에 "도충이 말한다. '좌선 중간에 승당을 나가서 조금 쉬는 것이나 또는 새로 괘탑한 사람이 요사에 돌아가 쉬는 것을 모두 추해라고 한다. 추해란 가사를 벗는다는 뜻이다. 『백장청규』 「고사특위신구양서탕약석」에 「탕에 대해 사례한 후 옷을 벗고 자리로 가서 약석한다」라고 하였다. 또한 「유방참청」에 「옷을 벗고 자리에 가서 약석한다」라고 하였다. 추해의 뜻을 이러한 예로 알 수 있다'. 옛 설에서는 '추해는 추탈과 같다. 대소변을 본다는 뜻이다'라고 하였다. 도충이 말한다. '좌선이나 좌참의 추해는 옷을 벗고 휴식할 때를 말하는데 화장실에 가는 것도 해당한다. 그러므로 화장실에 간다는 뜻에 통한다. 괘탑의 경우 추해는 오직 휴식의 뜻이고 화장실에 간다는 뜻은 아니다. 그러므로 추해를 바로 화장실을 간다는 뜻으로만 해석해서는 안 된다'. 忠曰 或坐禪中間 出僧堂 少休息 或新掛搭人 歸寮安息 皆曰抽解也 抽解者 抽解袈裟也 敕修淸規 庫司特爲新舊兩序湯藥石云 謝湯畢抽衣就座藥石 又遊方參請云 抽衣就坐藥石(止此) 抽解義可例知也 舊說曰 抽解同抽脫 放大小便也 忠曰 如坐禪坐參抽解 則解衣休息時 亦應行便利 故可通便利義 如掛搭抽解 則唯是休息義 不通便利 故抽解 不可直以放便利解之"라고 하였다. 〔참고문헌〕『百丈淸規』, 『禪林象器箋』. ⇨추탈 抽脫

추행 麤行 ❶ 보다 거친 마음의 움직임. 『집이문족론』 권11(대정장26, p.414a5)에 "거칠다거나 세하다고 하는데, 어떻게 거친 행과 세한 행을 시설하는가? 〔답〕 마주해 보아 거친 행과 세한 행을 시설한다. 그것은 또 어떤 것인가? 〔답〕 무심유사행을 마주해 보면 유심유사행은 거칠고, … 만약 무심무사행을 마주해 보면 무심유사행은 거칠다. … 색계행을 마주해 보면 욕계행은 거칠다. … 만약 불계행을 마주해 보면 무색계행은 거칠다고 할 수 있다. 若麤若細者 云何施設麤行細行 答 觀待施設麤行細行 復如何等 答 若觀待無尋唯伺行 則有尋有伺行名麤 … 若觀待無尋無伺行 則無尋唯伺行名麤 … 若觀待色界行 則欲界行名麤 … 若觀待不繫行 則無色界行名麤"라고 하였다. 〔참고문헌〕『集異門足論』. ❷ 추중(麤重)과 같은 말. ⇨ 추중 麤重

추행사문 麤行沙門 거칠게 행하는 사문. 『오등회원』 권3 「귀종지상장 歸宗智常章」(卍속장138, p.97a2)에 "귀종선사가 풀 베고 있을 때 강학승이 찾아왔다. 갑자기 뱀 한 마리가 지나가자 선사가 호미로 베었다. 강학승이 말했다. '귀종의 명성을 들은 지 오래되었지만 원래 거친 스님이었군요' '그대도 거칠고 나도 거칠다' '거칠다는 것 무엇입니까?' 귀종이 호미 세워 들었다. '세하다는 것 무엇입니까?' 귀종이 뱀을 베는 자세를 취했다. '그렇다면 따라서 행하면 되겠군요' '따라서 행하는 것은 제쳐두고, 그대 어느 자리가 내가 뱀 베는 것을 보는가?' 학인이 답이 없었다. 師剗草次 有講僧來參 忽有一蛇過 師以鉏斷之 僧曰 久嚮歸宗 元來是箇麤行沙門 師曰 你麤 我麤 曰 如何是麤 師竪起鉏頭 曰 如何是細 師作斬蛇勢 曰 與麽 則依而行之 師曰 依而行之且置 你甚處見我斬蛇 僧無對", 『오가정종찬』 권1 「황벽희운장 黃檗希運章」(卍속장135, p.914b8)에 "황벽선사가 염관회중에서 불전에서 예불을 드릴 때였다. 당시 당 선종이 사미였다. 선사에게 물었다. '부처를 구하려고 않고, 법을 구하려 하지 않으며, 승을 구하려 하지 않는다고 하였습니다. 장로께서는 예불 하시는데 어느 곳을 당해서 입니까?' '부처를 구하려고 하지 않고, 법을 구하려 하지 않으며, 승을 구하려 하지 않으면서 항상 이렇게 예배한다' '예배할 필요가 있습니까?' 황벽이 사미의 따귀를 때렸다. '너무 거치십니다' '여기가 어디라고 거칠다 세하다 하는가?' 말을 마치고 다시 따귀를 때렸다. 선종이 즉위하고 황벽을 추행사문이라 봉했다. 배상국이 간언하길 '따귀 세 대는 폐하께서 과거현재미래를 끊게 하기 위한 것이었습니다' 하였다. 이에 시호(諡號)를 삼제를 끊었다 하여 단제로 바꾸었다. 師在鹽官 殿上禮佛次 時唐宣宗爲沙彌 問云 不著佛求 不著法求 不著僧求 長老禮拜 當何所爲 師曰 不著佛求 不著法求 不著僧求 常禮如是事 彌曰 用禮奚爲 師掌彌 彌曰 太麤生 師曰 者裏是什麽所在 說麤說細 隨後又掌 及宗卽位 乃封爲麤行沙門 裴相國諫之曰 三掌爲陛下斷三際 易爲斷際"라고 하였다. 〔참고문헌〕『五燈會元』, 『五家正宗贊』.

추현 陬縣 무리지어 모여 사는 마을(村 Ⓟ gāma). 세간의 뜻이다. 『의족경』 권상(대정장4, p.180b23)에 "욕의 바다 버렸으니 건널 생각 없고, 촌락에서의 인행으로 지혜롭네. 욕 이미 비었으니 온갖 상념마저 그쳤으니, 세간의 삿된 독 엎드려 일어나지 못하네. 捨欲海度莫念 於陬縣忍行黠 欲已空止念想 世邪毒伏不生"라고 하였다. 〔참고문헌〕『義足經』.

추형 秋馨 조선후기 스님. 「봉암사상봉당정원선사비문 鳳巖寺霜峯堂淨源禪師碑文」에 "일찍이 선천장로를 따라 머리를 깎고 계를 받았으며, 완월·추형 두 대사를 찾아 경론을 배워 정통하였다. 早從善天長老 落髮受戒 參玩月秋馨二大士 習通經論"고 하였다. 〔참고문헌〕 智冠 『韓國高僧碑文總集 朝鮮朝·近現代』 p.282. ⇨ 정원 淨源❷

추혹 麤惑 거친 번뇌. 탐진치 등을 말하나, 세혹(細惑)인 마음의 번뇌(心煩惱)에 대하여 색번뇌(色煩惱)를 말하기도 한다. 『입법계체성경』(대정장12, p.236a21)에 "'문수사리여, 무슨 뜻으로 「아라한은 번뇌가 다하였으나 이 법을 받을 만한 그릇이 아니다」라고 하십니까?' 문수사리가 말하였다. '장로사리불이여, 아라한은 오직 탐진치 등의 추혹만을 다하였을 뿐인데 그가 어떻게 그릇이 될 수 있겠는가?' 文殊師利 以何義故 作如是說 阿羅漢漏盡 非受此法器 文殊師利言 長老舍利弗 阿羅漢者惟盡欲瞋癡等麤惑故 彼何能作器", 원측(圓測)의 『인왕경소』 권중(대정장33, p.389a11·한불전1, p.62a6)에 "여기에서 말하는 색심번뇌에는 두 가지 해석이 있다. 첫째 경을 쫓아 얻은 이름이니, 색을 연하면 색번뇌라고 하며, 심을 연하면 심번뇌이다. 혹 비유에 의하여 이름을 얻는 것이니, 색과 심이 상대하면 색은 거칠고 마음은 미세하다. 그러므로 추혹을 색번뇌라고 하며, 세혹은 심번뇌라고 한다. 此所說 色心煩惱 自有兩釋 一云從境得名 若緣色者 名色煩惱 若緣心者 名心煩惱 或可從喩得名 色心相望 色麤心細 是故麤惑 名色煩惱 其細惑者名心煩惱"라고 하였다. 〔참고문헌〕『入法界體性經』, 『仁王經疏』. ⇨ 추중 麤重❶, 색심번뇌 色心煩惱, 세혹 細惑

추획 推畫 미루어 그리다. 짐작하다. 『보살계의소』 권하(대정장40, p.574b16)에 "사견으로 미루어 그리니 쪼갠 실마리 이렇듯 많기도 하다. 邪見推畫 條緖乃多", 『중관론소』 권5(대정장42, p.73c14)에 "또한 여러 부파에 본래 논하는 번뇌가 있지만, 거기에 다시 갖가지로 미루어 그려서는 쟁론을 일으키니 번뇌에 거듭 번뇌를 일으킨다. 그러므로 혹 버리지 못해 새롭게 겹쳐 또 일어난다. 又如諸部 本有煩惱 更復種種推畫 興於諍論 卽於煩惱上 重起煩惱 故惑不除 新累更起", 『대승현론』 권3(대정장45, p.36b22)에 "이것은 광택법사가 한 순간 짐작하여 이와 같이 지어낸 견해로서 경에 입증할 구절도 없고 법사가 전하고자 했던 견해도 아니므로 써서는 안 된다. 此是光澤法師 一時推畫 作如此解 經無證句 非師所傳 故不可用也"라고 하였다. 〔참고문헌〕『菩薩戒義疏』, 『中觀論疏』, 『大乘玄論』.

추흉 槌胸 가슴치다. 비통한 마음을 표현하는 행동을 말한다. 『벽암록』 1칙 「송 頌」(대정장48, p.141a6)에 "까마득히 오랜 세월동안 공연히 생각하였네〈손 바꿔가며 가슴 치고 허공 바라 고한다〉. 千古萬古空相憶〈換手槌胸 望空啓告〉", 『속전등록』 권8 「불일지재전 佛日智才傳」(대정장51, p.513c10)에 "법좌에 올라 말했다. '화상들은 아는가? 나를 낳아 주신 부모가 일시에 돌아가셔서 바로 의지할 곳이 없어졌다'. 손으로 가슴을 치며 말했다. '아이고! 아이고!' 다시 대중을 돌아보고 한동안 침묵하다가 말하길 '그대들 모두 사람인데 마음은 무쇠 같구나' 하고서 법좌에서 내려왔다. 上堂 諸禪德還知麼 山僧生身父母一時喪了 直是無依倚處 以手槌胸曰 蒼天蒼天 復顧大衆良久曰 爾等諸人也是鐵打心肝 便下座", 『신정어록』(고존숙어록24, 卍속장118, p.478a12)에 "신정의 가풍 물샐 틈 없네. 선객이 올라오면 손 바꿔가며 가슴 두드릴 뿐. 神鼎家風 水泄不通 禪客上來 換手槌胷"라고 하였다. 〔참고문헌〕『碧巖錄』, 『續傳燈錄』, 『神鼎語錄』.

추흠 秋欽 1663~1741. 조선후기 금강산(金剛山) 장연사(長淵寺) 스님. 호는 월파(月波), 속성은 채(蔡)씨, 본관은 영춘(永春). 어머니는 지(池)씨이다. 1663년(현종4) 12월 28일에 태어났다. 14세 때 장연사로 가서 추임(推任)을 은사로 하여 스님이 되었고, 퇴휴시승(退休時勝)으로부터 비구계를 받았다. 경론을 연구하고 후학을 지도하다가 1741년(영조17) 10월 23일 세수 79, 법랍 65세를 일기로 입적하였다. 화장한 후 사리를 얻어 강원도 금화군 장연사에 탑비를 세웠다. 〔참고문헌〕「月波堂大師秋欽之碑」『楡岾寺本末寺誌』(亞細亞文化社, 1977), 智冠『韓國高僧碑文總集 朝鮮朝・近現代』p.362. ⇨ 월파 月波 ❶

축 竺 인도 등에서 동쪽인 중국 등으로 찾아온 사문(沙門)이나 역경승(譯經僧)의 성(姓). 천축(天竺) 출신을 모두 아울러 실제 성과 상관없이 축이라 하는 관습에 따랐다. 가령 축담마등(竺曇摩騰)・축담무란(竺曇無蘭) 등이 그 예이다. 마찬가지로 안식국(安息國) 출신의 안세고(安世高), 강거국(康居國) 출신의 강승회(康僧會), 월지국(月支國) 출신의 지겸(支謙) 등은 모두 출신국을 성으로 쓴 예이다. 또한 스승의 성을 따르던 동진(東晉) 이전의 관습에 따라 붙이던 성씨 중 하나이기도 하다. 축불념(竺佛念)・축도생(竺道生) 등이 대표적인 예이다. 그 밖에 지도림(支道林)・지량(支亮) 등도 스승의 성씨인 지를 따라 붙였던 예이다. 동진(東晉)의 도안(道安)이 제창하여 석가모니불을 모든 사문의 스승으로 여기고 석(釋)을 성씨로 삼을 때까지의 관습이었다. 『법화문구기』 권2상(대정장34, p.177a27)에 "중국에서 예전부터 이어진 풍속에 의하면 모두들 스승의 성을 자신의 것으로 따랐다. 가령 축도생은 본래의 성은 축이 아니었고 축법태를 섬기던 제자였을 뿐이다. 此方古俗 皆從師爲姓 如竺道生 本不姓竺 但事竺法汰爲弟子耳", 『개원석교록』 권2(대정장55, p.496c9)에 "사문 축담마라찰은 진나라 말로 법호다. 선조는 월지국 출신으로 본성은 지씨다. 대대로 돈황군에 살다가 나이 여덟에 외국 사문 축고좌를 스승으로 섬겼기에 마침내 축성으로 불렸다〈진진 이전에 사문들은 대부분 스승의 성을 따르다가 후대에 미천도안의 제안에 따라 마침내 모두 석씨라 불리었다〉. 沙門竺曇摩羅察 晉言法護 其先月氏國人 本姓支氏 世居燉煌郡 年八歲出家 事外國沙門 竺高座爲師 遂稱竺姓〈秦晉已前 沙門多隨師稱姓 後因彌天道安 遂總稱釋氏〉"라고 하였다. 〔참고문헌〕『法華文句記』, 『開元釋教錄』.

축 畜 ❶ 쌓아 놓다(Ⓟ dhāreti). 비축하다. 지니다. 『오분계본』(대정장22, p.202b23)에 "만약 비구가 이전에 지니고 있던 발우를 다섯 차례 보수하기 이전에 더 좋은 것이라는 이유로 다시 새 발우를 지닌다면 니살기바일제이다. 若比丘 先所畜鉢 未滿五綴 爲好故更畜新者 尼薩耆波夜提"라고 하였다. 〔참고문헌〕『五分戒本』. ❷ Ⓟ jaṅgalānaṃ pāṇānam. 동물. 『중아함경』 권7 「상적유경 象跡喩經」(대정장1, p.464b22)에 "사성제는 모든 법 가운데 가장 뛰어나다. 왜 그런가? 모든 선한 법을 거두고 있기 때문이다. 현자들이여! 마치 모든 동물의 발자국 가운데 코끼리 발자국이 가장 으뜸인 것과 같다. 왜 그런가? 그 코끼리 발자국이 가장 넓고 크기 때문이다. 四聖諦 於一切法 最爲第一 所以者何 攝受一切衆善法故 諸賢 猶如諸畜之跡 象跡爲第一 所以者何 彼象跡者 最廣大故"라고 하였다. 상응하는 팔리경전은 맛지마니카야 제28경 *Mahāhatthipadopama-sutta*, pp.184~192이다. 〔참고문헌〕『中阿含經』, *MN.1.184.* ❸ Ⓟ pāṇa. 살아 움직이는 동물 등의 생물. 『오분계본』(대정장22, p.203c23)에 "만약 비구가 의도적으로 살아 있는 것들의 생명을 빼앗으면 바야제다. 若比丘 故奪畜生命 波夜提"라고 하였다. 〔참고문헌〕『五分戒本』, *DN.3.48.*, *SN.1.224.*

축 軸 Ⓢ akṣa, Ⓟ akkha. 수레의 두 바퀴를 잇는 축. 『법화경대성음의』 권1(卍속장51, p.476b7)에 "축이란 바퀴의 중심이다. 軸者 輪之心也", 『대지도론』 권4(대정장25, p.86a1)에 "대자비를 축으로 삼고, 지혜를 두 바퀴로 삼는다. 大慈悲爲軸 智慧爲兩輪", 『화엄경소초』 권85(대정장36, p.665a8)에 "신심에서 물러나지 않으니, 마치 축이 중심에 자리한 듯하다. 信心不退 如軸居心", 『선견율비바사』 권4(대정장24, p.695b7)에 "삼계를 수레로 삼고, 무명이 애를 연해 행함은 바퀴살로 삼으며, 늙고 죽음은 바퀴테가 되고, 몸 받아 남은 속바퀴이며, 모든 번뇌는 축이 된다. 三界爲車 無明愛緣行者爲輻 老死者爲輞 受生者爲轂 諸煩惱者爲軸"라고 하였다. 〔참고문헌〕『法華經大成音義』, 『大智度論』, 『華嚴經疏鈔』, 『善見律毘婆沙』, *Vin.1.231., DN.2.96.*

축 掔 **1** 틀어막다. 색(塞)과 같은 뜻이다. 『벽암록』 77칙 「송 頌」(대정장48, p.204c13)에 "말을 초월한 선객이 여기저기 묻고 다닌다〈낱낱이 나와서 나름 견해를 만드니 마와 같고 조와 같다〉. 벌어진 틈이 어지러운 것이 보이는가?〈이미 말하기 전에 열렸는데 자기의 똥냄새는 맡지 못한다〉 호떡으로 막아도 멈추지 않으니〈나무 염주 가져 그대의 눈동자를 바꾸었다〉 이제 천하가 효와 있을 뿐이네〈원상을 그리고 말한다. 이렇게 하면 알아차리겠는가? 남의 말이나 입에 물고 무슨 날을 기약하겠는가? 대지는 망망하고 사람은 우수에 젖는다. 바로 때린다〉. 축〈측과 육을 반절한 음이다. 막는다는 뜻이다〉. 超談禪客問偏多〈箇箇出來便作這般見解 如麻似粟〉 縫罅披離見也麼〈已在言前 開也 自屎不覺臭〉 餬餅掔來猶不住〈將木槵子換却爾眼睛了也〉 至今天下有誵訛〈畫箇圓相云 莫是恁麼會麼 咬人言語 有甚了期 大地茫茫愁殺人便打〉 掔〈仄六切塞也〉"라고 하였다. 〔참고문헌〕『碧巖錄』. **2** 부딪치다. 때리다. 축(築)·돌(突)과 같다. 『벽암록』 11칙 「평창 評唱」(대정장48, p.152a10)에 "임제가 홀연하게 대오하고 말했다. '황벽의 불법에 대단한 것이 없구나'. 대우가 멱살 잡고 말했다. '네가 방금 전에는 잘못이 있다고 말하더니 지금은 도리어 불법에 대단한 것이 없다고 말하는구나'. 임제가 대우의 옆구리에 주먹 세 번을 때렸다. 대우가 밀쳐내며 말하기를 '너의 스승은 황벽이니 나와 상관 없는 일이다'라고 하였다. 濟忽然大悟云 黃檗佛法無多子 大愚搊住云 儞適來又道有過 而今却道佛法無多子 濟於大愚脇下 掔三拳 愚拓開云 汝師黃檗非干我事"라고 하였다. 〔참고문헌〕『碧巖錄』.

축 築 찌르다. 치다. 속어(俗語)이며 축(掔)이라고도 쓴다. 『임제록』(대정장47, p.504c22)에 "임제가 대우의 옆구리 아래를 주먹으로 세 번 찌르자 대우가 임제를 냅다 밀치며 말하길 '그대 황벽을 스승으로 모셔라. 내가 간여할 일이 아니다'. 임제 대우에게 작별 인사 올리고 황벽에게로 돌아갔다. 師於大愚脅下 築三拳 大愚托開云 汝師黃蘗 非干我事 師辭大愚 却回黃蘗", 『오조법연어록』 권중(대정장47, p.661b9)에 "법연이 상당하여 말하길 '천하를 횡행하고 싶다면 노화상 북 치고 법당 오름 보라. 칠십삼! 팔십사! 주장자로 그 자리에서 문득 찌른다. 비록 이렇지만 문 앞의 상마대 집어 없애고 오색 새끼줄 끊어야만 비로소 안락 얻으리'. 上堂云 若要天下橫行 見老和尙打鼓升堂 七十三 八十四 將拄杖驀口便築 然雖如是 拈却門前上馬臺 剪斷五色索 方始得安樂"라고 하였다. 〔참고문헌〕『臨濟錄』, 『五祖法演語錄』.

축각설두 縮却舌頭 혀끝 말려들다. 『속전등록』 권19 「승천자수전 承天滋須傳」(대정장51, p.593c4)에 "이 일을 논하려 하니 체득한즉 신이고, 공경한즉 영이며, 관한즉 눈이 눈썹인 듯하고, 들은즉 진흙소 울음이며, 말한즉 혀끝 말려들고, 냄새 맡은즉 콧구멍 막히며, 손대면 한 방 맞고 한 줄기 상처 뿐이라네. 若論此事 體之則神 敬之則靈 觀之則眼似眉毛 聽之則泥牛哮吼 言之則縮却舌頭 嗅之則塞却鼻孔 觸之則一棒一條痕", 『할당혜원광록』 권1(卍속장120, p.915b8)에 "법좌에 오르니 학인이 물었다. '사구 떠나고 백비 끊고서 화상께서 말씀해주시길 청합니다' '혀끝 말린 채로 한 번 물어보라' '어떻게 갖다붙여도 다 묘할 뿐입니다' '한 짐 짊어지고 가라'. 上堂 僧問 離四句絶百非請師道 師云 縮却舌頭 致將一問來 進云 築著磕著俱是妙 師云 一檐擔去", 『오등회원』 권16 「서암자홍장 瑞巖子鴻章」(卍속장138, p.619b1)에 "바다 속에 떠 있는 철선이고, 수미정상에서 뒤치는 고래 물결이라. 임제가 혀끝 말고 덕산은 주장자를 놓았네. 천이나 만으로 오랫동안 홀로 우뚝한데, 인간과 더불어 머물며 따라할 뿐이네. 大洋海裏汎鐵船 須彌頂上翻鯨浪 臨濟縮却舌頭 德山閣却拄杖 千古萬古獨巍巍 留與人間作榜樣"라고 하였다. 〔참고문헌〕『續傳燈錄』, 『瞎堂慧遠廣錄』, 『五燈會元』.

축건 竺乾 인도(印度)의 다른 이름. 천축서건(天竺西乾)이라고도 한다. 건은 천(天)과 같은 뜻으로 쓰고 건축(乾竺)·천축(天竺)·서천(西天)이라고도 한다. 『송고승전』 권14 「도선전 道宣傳」(대정장50, p.791a28)에 "도선이 율을 가져 지킨 일은 인도에까지 명성을 떨쳤다. 宣之持律 聲振竺乾", 『견정론』 권중(대정장52, p.565a5)에 "건은 천이라는 뜻이다. 후대 사람이 잘못 필사하여 건 자 위에 축 자를 올려 놓아서 축건이라 하였다. 서번의 총령 서쪽부터 서해까지에 해당한다. 동서남북에 오직 오천이 있을 뿐 축건이라는 나라는 없다. 후대에 잘못 베낀 것을 전한 것이 분명하다. 乾者天之謂也 後人抄寫誤昇竺字於乾字之上 故云竺乾 又案西蕃葱嶺以西至于西海 東西南北唯有五天 無竺乾之國 明是後代傳寫誤也", 『경덕전등록』 권3 「혜가전 慧可傳」(대정장51, p.220c24)에 "혜가대사께서 승찬에게 말씀하셨다. '보리달마〈구본에는 달마보리라고 하였다〉께서 멀리 인도에서 오셔서 정법안장을 나에게 은밀하게 부촉하셨다. 이제

나는 그대에게 달마가사를 아울러 전하니, 그대는 잘 지켜서 끊지 않도록 하라'. 大師乃告曰 菩提達磨〈舊本云達磨菩提〉 遠自竺乾 以正法眼藏 密付於吾 吾今授汝 并達磨信衣 汝當守護 無令斷絶"라고 하였다. 〔참고문헌〕『宋高僧傳』, 『甄正論』, 『景德傳燈錄』. ⇨ 건축 乾竺, 서천 西天, 천축 天竺 ■

축건원 竺乾院 안주(安州 : 湖北省) 덕안부(德安府) 안륙현(安陸縣) 서쪽 30리 지점의 백조산(白兆山)에 있는 절. 감담자국(感潭資國)의 제자 지원(志圓)이 개산조(開山祖)였고, 지원의 제자 회초(懷楚)가 제2세의 주지였다. 〔참고문헌〕『景德傳燈錄』 권17 「志圓傳」(대정장51, p.341c10)·권23 「懷楚傳」(대정장51, p.394a24).

축건태자 竺乾太子 석가세존을 부르는 말. 『삼국사기』 권4 신라본기4 진흥왕37년에 "최치원의 「난랑비」 서문에 '나라에는 현묘한 도가 있는데, 풍류라고 한다. 가르침을 세운 근원은 「선사」에 갖추어 자세하다. 실로 삼교를 포함하며 군생을 접화한다. 또한 들어오면 집안에 효성을 다하고 나가면 국가에 충성을 다하는 것은 공자의 가르침과 같고, 무위의 일에 마음을 두고 불언의 가르침을 행하는 것은 노자의 근본과 같으며, 갖가지 악을 행하지 말고 갖가지 선을 받들어 행하라는 것은 축건태자의 교화이다'라고 하였다. 崔致遠鸞郎碑序曰 國有玄妙之道 曰風流 設敎之源 備詳仙史 實乃包含三敎 接化羣生 且如入則孝於家 出則忠於國 魯司寇之旨也 處無爲之事 行不言之敎 周柱史之宗也 諸惡莫作 諸善奉行 竺乾太子之化也"라고 하였는데, 석가세존을 축건태자로 표현한 우리나라 유일의 기록이다. 〔참고문헌〕『三國史記』.

축고좌 竺高座 진(晋)대 서역(西域) 출신 스님. 무제(武帝) 치세기(267~290) 돈황(燉煌)에서 불도를 전하다가 담마라찰(曇摩羅察) 곧 축법호(竺法護)의 스승이 되었다. 그 뒤 축법호를 데리고 서역의 여러 나라를 돌아다녔지만 상세한 행장은 알 수 없다. 〔참고문헌〕『梁高僧傳』 권1 「竺曇摩羅刹傳」(대정장50, p.326c4). ⇨ 담마라찰 曇摩羅察, 축법호 竺法護

축관 縮觀 묶어 관하다. 『법화문구』 권5하(대정장34, p.69b21)에 "처음에는 32제를 관하고 다음으로 관법을 묶어 줄여서 고법인을 향한다. 初觀三十二諦 競趣眞道 後縮觀趣苦法忍也", 『수능엄의소주경』 권6(대정장39, p.904a26)에 "관법을 묶어 줄여서 사제를 관하니, 32행상과 견도의 16심을 짓고 무루도를 발하여 사제 이하 88사를 끊은 뒤에 번뇌를 분별하여 중생공(衆生空) 곧 아공(我空)의 이치를 증득하면 사제공이라 한다. 縮觀觀四諦 作三十二行相 見道一十六心 無漏道發 斷四諦下 八十八使 分別煩惱 證生空理 名四諦空"라고 하였다. 〔참고문헌〕『法華文句』, 『首楞嚴義疏注經』.

축국개당 祝國開堂 나라의 태평을 축원하고는 당을 열다. 『영은문어록』 권1(가흥장39, p.363b2)에 "학인이 물었다. '만 가지 기틀 그친 이라면 천성도 끌고 가지 못할 일은 접어두고 축성개당의 한마디 무어라 해야 하나요?' '문양 새긴 천자의 활 벽에 걸린 채이고, 전장의 연기는 만 리로 고요하다. 노래 불러 태평성대를 경축하리라'. 이어서 말했다. '거침없이 이렇게만 말하더라도 진흙 묻고 물에 젖어 옛 성인 등지는 일이고, 한결같이 이렇게 말하지 않더라도 얼굴에 흙 칠하고 머리에 재 뒤집어써 종풍 묻어버리게 되리라. … 만약 본색납승이라면 곧바로 한 칼에 베어버려 모양도 이름도 떠나고 피차도 없어서 가는 곳마다 주인이 되어 그 세계 넓어 태허인 듯하리라. 다시 만물에 응해 중생 이롭게 할 한마디 무어라 해야 하나. 주장자 끝에서 금강안 솟아나오리니, 사생육도 나루터 되고 다리 되리라'. 問 萬機休罷 千聖不攜 事且置 祝國開堂 一句作麽生道 師云 彫弓已挂 狼煙息萬里 歌謠賀太平 乃云 一向恁麽 拖泥帶水 辜負先聖 一向不恁麽 土面灰頭 埋沒宗風 … 若是本色衲僧 直下一刀劃斷 離相離名 無彼無此 隨處作主 寬如太虛 且應物利生一句 作麽生道 杖頭湧出金剛眼 四生六道示津梁", 『즉비전록』 권2(가흥장38, p.632b22)에 "사월파일에 청받고 축국개당하다 : 즉비선사가 원태수의 수중에 있던 청소를 받아들고 대중에게 말했다. '불조께서 부촉하고 왕신이 유통하여 공적으로 분명하니 바라건대 열어서 보여주시오'. 유나가 소문을 다 읽고 나자 즉비선사가 법좌를 가리키며 말했다. '부처 넘고 조사 넘는다 해도 모두가 저 사다리에 떨어지리라. 광수 볼지니, 허공 좇아 내리더니 평지 좇아 높이 오른다. 그대들 위해 향상하는 한 수를 굴려주었다'. 마침내 법좌에 올라 향을 사르고 말했다. '이 향 뿌리가 공겁에 서려 있고 그 잎은 염부제 덮었는데, 금빛 향로에서 불살라지니 이제야 비로소 향기 펼쳐 공양하는구나'. 孟夏八日 受請 祝國開堂 師於源太守手中 接得請疏 示衆云 佛祖付囑 王臣流通 公驗分明 仰煩披露 維那宣疏畢 師指法座云 超佛越祖 總落階梯 看廣壽 從空放下 平地昇高 爲諸仁者 撥轉向上一著 遂陞座 拈香云 此瓣香 根盤空劫 葉覆閻浮 爇向金爐 耑伸供養"라고 하였다. 〔참고문헌〕『靈隱文語錄』, 『卽非全錄』. ⇨ 개당 開堂, 축성 祝聖

축기 逐機 기를 좇다. 『화엄경탐현기』 권2(대정장35, p.125b1)에 "나머지 삼승 등의 법은 근기 좇아 차별해서 중생을 이익케 하니, 유통하는 이익상을 위한다. 以餘三乘等法 逐機差別 利益衆生 爲流通益相", 『화엄경소』 권48(대정장35, p.870b6)에 "근기 좇아 병에 나아갈 뿐 법의 샘을 다하지는 못하므로 소분이라 한다. 逐機就病 未盡法源 故名少分"라고 하였다. [참고문헌]『華嚴經探玄記』,『華嚴經疏』.

축기교 逐機教 근기 좇는 가르침. 법을 우선으로 근기를 아우르는 축법교(逐法教)와 대칭한다.『화엄경지귀장원통초』권하(한불전4, p.158b10)에 "다만 교에는 두 종류가 있다. 첫째, 축기교는 법을 거두어 기를 따르니, 근기에 증진 있으면 그 분에 따라 이익을 가릴 뿐이다. 둘째, 축법교니 근기를 거두어 법을 같이 한다. 법에는 더함도 덜함도 없으니 달리 이익될 것도 없다. 但教有二種 一 逐機教 攝法隨機 機有增進 隨分辨益 二 逐法教 攝機同法 法無增損 故無別益"라고 하였다. [참고문헌]『華嚴經旨歸章圓通鈔』.

축기대 搐氣袋 귀신이 죽은 사람의 혼을 끌어들이는 자루.『청익록』20칙「본칙 本則」(卍속장117, p.830b18)에 "보복이 말했다. '그대가 귀신의 굴속에서 살아갈 계책을 꾸리는 것을 알겠다〈오온산 뒤에 있지만 영영 생을 의탁하지 않겠다〉'. 장경이 말했다. '그대는 또 어떠한가?〈남을 때리는 것은 주먹으로 맞을 때와 비슷하다〉' '양손으로 밭을 갈았더니 물이 무릎을 지났다〈귀신 장터에서 축기대를 샀다〉'. 福云 情知你向鬼窟裏作活計〈陰山背後 永不托生〉慶云 汝又作麽生〈打人還似喫拳時〉 福云 兩手扶犁水過膝〈鬼市裏賣搐氣袋〉"라고 하였다. [참고문헌]『請益錄』. ⇨ 인혼번자 引魂幡子

축기돈 逐機頓 두 가지 돈오(頓悟) 중 하나로 근기에 따라 얻는 돈오이고, 듣는 즉시 깨닫는 최상근기의 돈오다. 종밀(宗密)의 분류다. 다른 하나는 화의돈(化儀頓)이다.『원각경대소석의초』권1하(卍속장14, p.435b9)에 "둘째, 축기돈이다. 상근기로서 번뇌를 빠짐없이 갖춘 범부를 마주하여 문득 절대중도의 진성을 단번에 보인다. 이것은『법화경』·『열반경』의 류와 같지 않다. 타파할 삼승이 있고 모을 권도가 있지만 오직 하나의 진실한 각성만을 드러낼 뿐이다. 곧『승만경』·『밀엄경』·『금강삼매경』·『여래장경』과『화엄경』의 보광명장·『원각경』등 40여 부와 상응한다. 저들의 문구에는 모두 구체적 이야기와 관련된 인연을 설하는 경우는 적어서『법화경』의 세 수레나 분뇨 치우는 노역이나 화성 등의 연을 모으는 이야기는 없다. 그러므로 이 경을 가리켜 돈으로 흐르는 무리라 한다. 이것은 근기에 따라 체를 드러내는 돈으로서 화의돈이 아니다. 점차의 교가 아닌 이상 삼시와 오시에도 속하지 않는다. 二 逐機頓 謂對上根 具足煩惱凡夫 頓指絶待中道眞性 不同法華涅槃之類 有三可破 有權可會 但顯一眞覺性 卽勝鬘 密嚴 金剛三昧 如來藏 普光明藏 圓覺等 四十餘部 文中皆少說事緣 無三車除糞化城等 由緣可會也 故指此經 是頓之流類也 此是逐機顯體之頓 非化儀之頓矣 旣非漸次之教 故不屬三時五時",『법집별행록절요』(한불전4, p.750b21)에 "여기서 숭상하는 돈오점수란 무엇인가? 교를 잡으면 이는 축기돈의 교화받기에 범부 중 상근기의 영리한 지혜로 행할 수 있다. 今之所尙 頓悟漸修者 約教是逐機頓所被 凡夫上根利智所行也"라고 하였다. [참고문헌]『圓覺經大疏釋義鈔』,『法集別行錄節要』. ⇨ 돈오 頓悟, 문즉돈오 聞卽頓悟, 화의돈 化儀頓

축기말교 逐機末教 근기 좇아 설정한 지말교법. 말교라고도 한다.『화엄오교장』권1(대정장45, p.482c5)에 "축기말교란, 삼승 등에는 두 가지 뜻이 있다. 첫째, 일승과 설한 때 같지만 다른 곳에서 설한 교법이다. 둘째, 다른 시기와 다른 장소에서 설한 교법이다. 첫 번째 뜻은 같은 교법이기 때문이고, 말이 본을 떠나지 않기 때문이며, 본에 의지하여 성립하기 때문이다. 두 번째 뜻은 본과 말이 서로 나눈 때문이고 본과 하나가 아니기 때문이다. 逐機末教者 謂三乘等有二義 一 與一乘同時異處說 二 異時異處說 初義者 是同教故 末不離本故 依本而成故 後義者 本末相分故 與本非一故"라고 하였다. [참고문헌]『華嚴五教章』. ⇨ 말교 末教, 본교 本教 ■

축난제 竺難提 Ⓢ Nandi. 동진(東晉)·유송(劉宋)대 서역 출신의 역경가. 난제는 희(喜)·희법(喜法) 등으로 한역한다. 동진 공제(恭帝) 때인 419년(원희1)부터 유송 때까지『대승방편경 大乘方便經』3권·『청관세음보살소복독해다라니주경 請觀世音菩薩消伏毒害陀羅尼呪經』1권·『함혁장자육향배경 咸革長者六向拜經』1권 등을 한역하였다. 이 중에서『대승방편경』은『대보적경 大寶積經』권106~108에 편재되어 있다.『청관음경소천의초』권2(대정장39, p.984b1)에 "사마씨가 건강에 도읍을 정하였는데, 이 나라를 동진이라고 한다. 축난제는 '희'라 한역하는데, 서역 출신이다. (동진의) 열한 번째 황제인 공제의 원희 원년 기미년에 중국에 와서 불경을 한역하였다. 司馬氏 都於建康 是曰東晉 竺難提 此云喜 西域人也 以第十一主 恭帝 元熙元年 歲次己未 至此土 翻傳焉"라고 하였다. [참고문헌]『請觀音經疏闡義鈔』,『開元釋教錄』권3(대정장55, p.509a13).

축년윤차 逐年輪差 법랍에 따라 돌아가며 소임을 맡다.『설봉의존어록』권하「사규제 師規制」(卍속장119, p.973a5)에 "남전과 장제 두 장두(莊頭)는 매년 법랍에 따른 차례로 다른 일을 마친 스님이 소임을 맡는다. 藍田張際兩莊 但逐年輪差 了事僧勾當"라고 하였다. [참고문헌]『雪峰義存語錄』. ⇨ 윤번 輪番, 윤차 輪差

축담마라찰 竺曇摩羅刹 ➡ 담마라찰 曇摩羅察, 축법호 竺法護

축담무란 竺曇無蘭 Ⓢ Dharmarakṣa. 동진(東晉)대 서역 출신의 역경승. 법정(法正)이라 한역한다. 효무제(孝武帝) 때인 381년(태원6) 양도(楊都) 사진서사(謝鎭西寺)에서 『대비구이백육십계삼부합이 大比丘二百六十戒三部合異』 2권을 편찬하였으며, 이후 14년 동안 여기에서 많은 경전을 한역했다. 『역대삼보기』 권7(대정장49, p.68c10)·『대당내전록』 권3(대정장55, p.244b1) 등에 의하면 『의족경 義足經』을 비롯하여 한역한 경전이 모두 110부 112권에 이르고, 『개원석교록』 권3(대정장55, p.504b2)·『정원신정석교목록』 권5(대정장55, p.799c26)에 따르면 『채련위왕상불수결호묘화경 採蓮違王上佛授決號妙華經』 등 모두 61부 63권이라 하는데, 주로 소승(小乘)과 신주(神呪)에 관한 경전이다. 『고금역경도기』 권2(대정장55, p.356a11)에 "사문 축담무란은 법정이라고 한역하는데, 서역 출신이다. 진(晉) 효무제 태원 6년 신사년부터 태원 20년 을미년까지 양도 사진서사에서 경전 111부 112권을 역출하였다. 沙門竺曇無蘭 此云法正 西域人也 以晉孝武帝太元六年 歲次辛巳 至太元二十年 歲次乙未 於楊都 謝鎭西寺 譯出經一百一十一部 合一百一十二卷"라고 하였다. 〔참고문헌〕『歷代三寶紀』, 『大唐內典錄』, 『開元釋敎錄』, 『貞元新定釋敎目錄』, 『古今譯經圖紀』. ⇨ 담무란 曇無蘭

축답 蹴踏 밟고 지나가다. 『대방등무상경』 권4(대정장12, p.1096a19)에 "저 향코끼리가 밟고 지나간 자리를 당나귀 감당할 수 없으니, 또 다시 향코끼리만이 능히 견딘다. 대바라문이여! 여래·세존·대향상왕도 이와 같다. 설하신 깊은 뜻 이승으로는 능히 알 수 없으니, 또 다시 향코끼리 같은 대보살이라야 능히 받아서 지닐 수 있다. 如香象蹴踏 非驢所堪 還是香象之所能忍 大婆羅門 如來 世尊 大香象王 亦復如是 所說深義 非是二乘之所能知 還是香象諸大菩薩 乃能受持", 『설관어록』 권10 「여조능시대참 與曹能始大參」(가흥장27, p.512a29)에 "조주는 '불(佛)이라는 한 글자 나는 듣기조차 싫다' 하였는데, 이것이야말로 비로자나부처님 정수리 밟고 지나간 말이었다. 고존숙들 흔히들 이러한 전략 짓는 까닭 무엇일까? 높이 쌓아올린 저 항복한 성의 깃발 뽑아내고 한 깃발 꽂음이니, 고금천하의 사람들로 하여금 마음으로 받아들인 이 있게 해서 이 신령한 부적을 얻어 빼앗긴 목숨 해방시키려 했기 때문이다. 趙州云 佛之一字 吾不喜聞 此乃蹴踏毘盧頂上行 古尊宿 多這些子作略 所以 高築降城 能拔趙揷漢 使古今天下人服心者 得此靈符 解奪命耳"라고 하였다. 〔참고문헌〕『大方等無想經』, 『雪關語錄』, 『維摩詰經』 권상(대정장14, p.528a1).

축대가소재인왕천수지론사종법석찬 祝大駕消災仁王千手智論四種法席撰 원감국사(圓鑑國師) 복암충지(宓庵冲止 1226~1293)가 지은 사대법석 찬. 충렬왕(재위 1274~1308)이 왕비인 제국대장공주(齊國大長公主)가 세자와 함께 원으로 떠날 때 안전한 노정이 되도록 소재(消災)·인왕(仁王)·천수(千手)·지론(智論) 등의 법석을 베풀면서 짓게 한 글로, 『해동조계복암화상잡저』(한불전11, p.374a9)에 전한다. "양궁의 수레로 만 리의 길에 올라 금지옥엽의 어린 세자를 데리고 사막 밖 요새와 철관의 험로도 무릅쓰고서 평안하게 행재하도록 귀의의 정진으로 돕고자 한다. … 특별히 네 가지 훈석을 베풀었으니, 혹은 소재의 묘체를 염송하였고, 혹은 호국의 영전을 외웠으며, 때로는 별전의 종지를 말하여 드높인즉 입에서 입으로 끊이지 않았으며, 혹은 대비심주를 널리 불러 소리마다 천둥치듯 하였다. 각 법석마다 칠일을 기한으로 돌게 해서 끝과 시작에 참으로 정성을 다하였다. 載命兩宮之駕 旋登萬里之途 携金枝玉葉之幼冲 冒沙塞鐵關之嶮岨 欲致平安於行在 要資精進於歸依 … 特展四般之熏席 或誦念消災之妙諦 或諷宣護國之靈詮 或談揚別傳宗旨 則口口瀾翻 或唱演大悲心呪 則聲聲雷振 各期七日 欲循環終始以克勤"고 하였다. 〔참고문헌〕『海東曹溪宓庵和尙雜著』. ⇨ 충지 冲止

축대력 竺大力 후한(後漢)대 월지국(月支國) 출신 스님. 후한 헌제(獻帝) 때 낙양(洛陽 : 河南城)에 왔으며, 197년(건안2) 중인도에서 가져온 『수행본기경 修行本起經』을 강맹상(康孟詳)과 함께 한역하였다. 『법화경』 권3·『언종록 彦悰錄』 권1 등의 기록에 의하면, 두사람은 이후에 또 『중본기경 中本起經』 2권도 한역하였다. 『전법정종기』 권9(대정장51, p.766b25)에 "월지국 사문 축대력은 제23조 학륵나(鶴勒那)의 제자이다. 성품이 총명하여 대소승학에 능통하여 그 나라에서 삼장이라 불렸다. 月支國沙門竺大力者 蓋第二十三祖鶴勒那之弟子也 性素聰晤 能通大小乘學 其國號爲三藏", 『고금역경도기』 권2(대정장55, p.350b13)에 "사문 축대력은 서역 출신으로 멀리 여행하는 것을 좋아하여 험난한 것을 꺼리지 않았으며, 종일토록 도를 널리 펼치며 피로하다고 여기지 않았다. 헌제 건안 2년 정축년 낙양에서 『수행본기경』〈2권〉을 한역하였는데, 강맹상이 도어(度語)를 맡았다. 沙門竺大力西域人 情好遠遊 無憚艱險 弘道終日 未以爲勞 以獻帝 建安二年 歲次丁丑 於洛陽譯修行本起經〈二卷〉 康孟詳度語"라고 하였다. 〔참고문헌〕『傳法正宗記』, 『古今譯經圖紀』. ⇨ 강맹상 康孟詳

축도 祝禱 원을 바라 기도하다. 축원의 기도. 『불본행경』 권2(대정장4, p.70a1)에 "백성들의 눈에서 눈물이 나도록 하시니, 마음으로 근심하며 입으로 축원의 기도를 올리옵니다. 왕 이하 모든 남녀가, 근심의 안개와 구름에 덮였나이다. 施目淚於民 心憂口祝禱 王以下男女覆以憂霧雲",『운서법휘』권16「소향도원 燒香禱願」(가홍장33, p.85a18)에 "내가 출가 때 전의 정월 보름날 무리를 따라 오산의 삼관묘에 향을 올렸다. 그때 남녀가 섞여 행하는 축도의 목소리가 우레와 같이 컸다. 들어보니 재물을 바라고 관직을 바라며 아들이 생기기를 바라고 장수를 바라는 소리였다. 予未出家時 上元日 隨衆致香 於吳山之三官廟 於時士女雜沓 祝禱之聲如雷 聽之 則求財求官 求子求壽者"라고 하였다. [참고문헌]『佛本行經』,『雲棲法彙』. ⇨ 축원 祝願

축도생 竺道生 ➡ 도생 道生[2]

축도숭 竺道嵩 후진(後秦)대 스님. 지맹(智猛)이 천축에 들어가 구법활동을 할 때 함께 갔던 도반 15인 중 일원. 404년(홍시6)에 장안에서 출발하였는데 귀국하지 못하고 파륜(波倫)까지 갔다가 그곳에서 입적하였다. [참고문헌]『梁高僧傳』권3「智猛傳」(대정장50, p.343b11). ⇨ 지맹 智猛[1]

축도일 竺道壹 진(晉)대 스님. 속성은 육(陸)씨. 오군(吳郡 : 浙江省) 출신. 축도일(竺道一)이라고도 한다. 어릴 때 출가하여 동진(東晉)대 태화년간(366~370) 와관사(瓦官寺)에 이르러 축법태(竺法汰)의 제자가 된 다음 간문제(簡文帝)에게 두터운 대우를 받았다. 법태의 또 다른 제자 담일(曇一)도 지극히 덕망이 풍부하여 당시 사람들이 담일은 대일(大一)이라 하고 도일은 소일(小壹)이라 불렀다. 후에 평강(平江) 호구산(虎丘山)에 주석하다가 다시 월주(越州) 약야계(若耶溪)로 거처를 옮겼는데 군수 낭야왕(琅琊王) 회(薈)가 가상사(嘉祥寺)를 세우고 주지에 앉아주기를 청하였다. 불교전적뿐만 아니라 외전에도 박통하였고 계율도 엄격하게 준수하여 사방의 수많은 승니들이 그 뒤를 따랐기에, 도풍과 명성에 따라 구주도유나(九州都維那)라 불렸다. 융안년간(397~410) 호구산에서 세수 71세로 입적하였다. [참고문헌]『釋氏稽古略』권2(대정장49, p.783b24),『梁高僧傳』권5(대정장50, p.357a8),『釋氏通鑑』권3(卍속장131, p.792b18). ⇨ 축법태 竺法汰

축도잠 竺道潛 286~374. 자는 법심(法深). 화북(華北)의 명족(名族) 낭야(瑯琊) 왕(王)씨 출신. 강남(江南)의 청담(淸談)이나 현학(玄學)적인 귀족불교 발전에 큰 영향을 미쳤다. 나이 열여덟에 출가하여 당시 명성이 자자했던 중주(中州 : 河南省) 유원진(劉元眞)에게 사사하였다. 영가년간(307~312)에 이민족이 일으킨 영가의 난을 피하여 건강(建康 : 江蘇省)에 이주하였지만 원제(元帝)·명제(明帝) 등에게 존숭을 받았다. 명제가 죽은 뒤 회계(會稽)의 섬산(剡山)에 30년가량 은거하였다. 그 기간에 애제(哀帝)의 청에 따라 건강에서『방광반야경』을 강설하였다. 회계왕(會稽王) 욱(昱) 곧 간문제(簡文帝)의 귀의를 받았고, 청담계의 명사였던 유담(劉惔)과도 교유하였다. 손작(孫綽)은『도현론 道賢論』안에서 그를 죽림칠현(竹林七賢) 중 한 사람인 유령(劉伶)에 비견하였다. [참고문헌]『新修科分六學僧傳』권11「晉竺道潛」(卍속장133, p.612b6).

축도지휘사최유엄재신소 祝都指揮使崔有渰宰臣䟽 무외국통(無畏國統) 정오(丁午) 지음. 재신으로 도지휘사로 임명된 최유엄(崔有渰 1239~1331)을 위한 법회를 베풀면서 지은 글로,『동문선』권111 소(䟽)와『동문선 소재려대승려시문』(한불전6, p.895b1)에 전한다. "우리 청하상공(최유엄)은 실로 백련의 시주인데, 할아버지는『법화경』을 암송하며 호법의 서원을 일으켰고, 아버지는 좋은 문장으로 결사를 연 비를 지었습니다. 할아버지와 아버지의 인연이 이 법에 두터우므로, 자손의 믿음도 다른 이의 배가 될 것입니다. … 따로 작은 결사의 외호가 되어 의지할 수 있게 되었으니, 총림이 기뻐하고 동학이 빛을 냅니다. … 이에 따로 삼일동안 법회를 베풀어 시방에 작은 정성을 다하면서, 혹시라도 이 참된 공덕이 깨우친 지혜에 이르기를 바랍니다. 惟我淸河相公 實此白蓮施主 彼先祖誦蓮經而發護法之願 又厥考用虀臼而撰創社之碑 以祖考之因緣厚於此法 故子孫之信嚮倍却他人 … 別爲小社之金湯 依憑有地 於是叢林擧喜 洞壑生光 … 玆故別峙熏場於三日 用輸微懇於十方 儻此眞功格于覺智"라고 하였다. [참고문헌]『東文選』,『東文選所載麗代僧侶詩文』. ⇨ 정오 丁午

축도호 竺道護 동진(東晉)대 스님. 기주(冀州 : 河北省) 출신. 비룡산(飛龍山)에 은거하였다.『양고승전』권5「도안전 道安傳」(대정장50, p.351c27)에 "이미 그 산(비룡산)에 있던 사문 승선과 도호와 만나 기뻐하였다. 沙門僧先道護 已在彼山 相見欣然",『출삼장기집』권6「대십이문경서 大十二門經序」(대정장55, p.46b9)에 "경함(經函)에 깊이 감추어져 유포되지 않고 이름조차 들을 수 없었는데 비구 축법호가 동원 지역의 현자가 소장하고 있던 경전들 속에서 발견하였다. 冥然不行 無聞名者 比丘竺道護 於東垣界 賢者經中得"라고 하였다. [참고문헌]『梁高僧傳』,『出三藏記集』.

축량 竺亮 조선후기 강원도 금화군 원동면 장연리 장연사(長淵寺) 스님. 금파삼우(金波三瑀)의 은사스님이다. [참고문헌]『楡岾寺本末寺誌』(亞細亞文化社, 1977) p.784, 智冠『韓國高僧碑文總集 朝鮮朝·近現代』pp.58

6~587. ⇨삼우 三瑀

축령사 鷲嶺寺 서울 삼각산(三角山)에 있던 절. 취영사라고도 부른다. 의천(義天 1055~1101)의 시가 전한다. 『대각국사문집』 권19「유제삼각산축령사 留題三角山鷲嶺寺」(한불전4, p.562a10)에 "취봉의 샘과 돌은 고요한 정취에 걸맞아서, 찾아들면 바야흐로 이름마저 숨기고 싶어진다. 다만 교문을 널리 펴고 보호함이 급하니, 이곳에 깃들어 평생을 즐길 여유가 없다. 鷲峰泉石稱閑情 尋到方思隱姓名 只爲教門弘護急 未遑捿止樂平生"라고 하였다. 〔참고문헌〕『大覺國師文集』.

축록 逐鹿 사슴을 쫓다. 축록중원(逐鹿中原)이라고도 한다. 넓게는 명예와 이익 또는 부귀 등 세속의 탐욕을 쫓는다는 의미로 쓰인다. 『사기』「회음후열전 淮陰侯列傳」에 "진에서 사슴을 잃자(진시황 사후의 정세) 천하의 정객들이 함께 쫓았지만 그때 재주가 뛰어나고 발 빠른 사람이 먼저 잡았다. 秦失其鹿 天下共逐之 於是 高材疾足者先得焉"라는 괴통((蒯通)의 말에서 유래한다. 『남해기귀내법전』 권4(대정장54, p.229b11)에 "외도를 꺾는 것은 중원에서 사슴을 쫓는 일과 같고, 주변의 비방을 해소하는 것은 끓는 솥에서 얼음을 녹이는 일과 같다. 挫外道 若中原之逐鹿 解傍誥 同沸鼎之銷凌", 『천안승어록』 권11(가흥장26, p.707b27)에 "불현듯 얻는다면야 천 가지 만 가지이겠지만, 타파되지 못함에야 마치 많은 사람 사슴 쫓지만 재주가 뛰어나고 발이 빠른 사람 뒤쫓아 돌 듯 할 뿐이다. 爆得也千足萬足 未爆也譬如衆人逐鹿 輸與高材疾足", 『허당록』 권1(대정장47, p.991b19)에 "황금 움켜잡은 이 사람 못 알아보고, 사슴을 쫓는 이 산을 보지 못한다. 攫金者不見人 逐鹿者不見山", 『주역선해』 권2(가흥장20, p.404c2)에 "천하를 장악하고 싶으면 현명한 인재를 만나야 한다. 마치 사슴을 쫓으려면 반드시 노련한 사냥꾼에 의지해야 하는 것과 같다. 欲取天下 須得賢才 譬如逐鹿 須藉虞人"라고 하였다. 〔참고문헌〕『史記』, 『南海寄歸內法傳』, 『天岸昇語錄』, 『虛堂錄』, 『周易禪解』.

축록사미 逐鹿沙彌 7세부터 13세까지의 어린 사미. 삼품사미(三品沙彌) 중 하나. 구오사미(驅烏沙彌)라고도 한다. 도량 주변에 다가오는 사슴 등 짐승을 쫓는 소임을 맡는다. 나이 어려 힘든 소임을 감당할 수 없기에 가벼운 일을 맡긴다. 〔참고문헌〕『三峯集』「造像經考證跋」(한불전10, p.475b6). ⇨삼품사미 三品沙彌, 구오사미 驅烏沙彌, 축승사미 逐蠅沙彌

축리 祝釐 총림에서 대중이 모여 나라와 민생이 복되기를 바라서 다스리는 이나 그 주변 사람들의 수명과 안녕을 부처님전에 기도해 축원하는 일. 축(祝)이란 지혜롭고 복되기를 기도하는 뜻이고, 리(釐)란 '바르게 다스린다'는 뜻이다. 다스림을 바르게 하기 위해 황제나 태자 등의 안녕을 기도하고 축원하는 일을 축리라한다. 『백장청규 百丈淸規』의 총 9장 중 첫 번째가 '축리장 祝釐章'(대정장48, pp.1112c19~1114c18)인데, 황제의 탄신일인 '성절 聖節', 천자의 즉위일(景命)과 사재일(四齋日)에 부처님의 공덕을 기리는(祝讃) '경명사재일축찬 景命四齋日祝讃', 초하루(旦)와 보름(望)에 장전(藏殿)에서 축찬하는 '단망장전축찬 旦望藏殿祝讃', 매일 재죽이시(齋粥二時)에 축찬하는 '매일축찬 每日祝讃', 황태자의 탄신일에 축찬하는 '천추절 千秋節', 음력 정월·오월·구월에 축찬하는 '선월 善月' 등에 행하는 일들을 모두 축리로 거두고 있다. 같은 책 권1「축리장」(대정장48, p.1112c20)에 "사람이 귀히 여기는 바는 도를 밝히는 데 있기에 자고로 성군들께서는 우리 서방 성인의 가르침을 높이시어 세간의 예로써 우리 무리를 대하지 않으셨으니 그 도를 높이셨기 때문이다. 人之所貴在明道 故自古聖君 崇吾西方聖人之教 不以世禮 待吾徒 尊其道也", "삼가 성절을 만나면 반드시 먼저 금강무량수도량을 열어 건립한다. 당일에는 스님과 행자에게 휴가를 주지 않으니 공경을 나타냄이다. 계건의 하루 전날 당사는 방을 갖추어 삼문의 오른쪽에 내건다. … 문답이 끝나면 이 일을 편 뜻을 말한다〈모월 모일 삼가 천수성절을 맞이하여 모사는 미리 모월 모일에 금강무량수도량을 계건하였습니다. … 오늘 아침 계건함에 주지 신승 모는 이 좌에 올라 성제제일의를 들어 떨치고 그 모인 큰 인은 바로 성수만안을 축연하기 위함입니다〉. 欽遇聖節 必先啓建金剛無量壽道場 一月日僧行不給假示敬也 啓建之先一日 堂司備榜張于三門之右 … 問答罷 陳白事意云〈某月某日 欽遇天壽聖節 某寺預於某月某日 啓建金剛無量壽道場 … 今辰開啓 住持臣僧某 陞于此座 擧揚聖諦第一義 所集洪因 端爲祝延聖壽萬安者〉", "경명인 호일과 매월 초하루·보름·초팔일·삼십일의 사재일에는 전날 당사행자가 대중에게 알리고 풍경의 패를 건다. … 유나는 능엄주를 들고 약사여래의 명호를 부른다. 탄불이 끝나면 회향하며 말한다〈모일인 길일에 모주 모사 주지인 전법의 신승 모는 삼가 합산의 승중을 모아 공손히 보전으로 달려와서 대불정만행수능엄신주를 풍송하고 성호를 칭양합니다. 모인 바 큰 인은 금상황제의 성수만안을 축연하기 위함입니다. 금강무량수불인왕보살운운〉. 景命好日 月旦 月望 初八 廿三 四齋日 隔宿 堂司行者 報衆掛諷經牌 … 維那擧楞嚴呪 唱藥師號 嘆佛畢 回向云〈某日令辰 某州某寺住持傳法臣僧某 謹集合山僧衆 恭趨寶殿 諷誦大佛頂萬行首楞嚴神呪 稱揚聖號 所萃洪因 祝延今上皇帝聖壽萬安金剛無量壽佛仁王菩薩云云〉", "초하루와 보름에는 고래로 윤장을 굴려 황제의 장수를 빌었다. … 유나는 대비주를 들고 회향하여 말한다〈 … 모주 모사 주지인 전법의 신승

모는 초하루와 보름의 길일에 삼가 합산의 승중을 모아 공손히 장전으로 달려와서 행도를 돌고 마하불모의 성호를 칭념하고 천궁의 법보인 윤장을 운전하며 대비원만신주를 풍송합니다. 모인 바 큰 인은 바로 금상황제의 성수만안을 축연하기 위함입니다. 금강무량수불 인왕보살마하살 마하반야바라밀〉. 旦望古來 轉藏祝壽 … 維那擧大悲呪 回向云〈 … 某州某寺住持傳法臣僧某 月旦望令辰 謹集合山僧衆 恭趨藏殿 繞旋行道 稱念摩訶佛母聖號 運轉天宮法寶輪藏 諷誦大悲圓滿神呪 所萃洪因 端爲祝延今上皇帝聖壽萬安 金剛無量壽佛 仁王菩薩摩訶薩 摩訶般若波羅密〉", "재죽이시에 하당하면 승중은 반드시 불전에 올라야 한다. 유나는 무량수주를 세 번 들고 회향하여 말한다〈비장을 풍송합니다. 모인 바 큰 인은 바로 금상황제의 성수만안을 축연하기 위함입니다. 금강무량수불운운〉. 齋粥二時下堂 僧衆必須登殿 維那擧無量壽呪三遍 回向云〈諷誦秘章 所萃洪因 端爲祝延今上皇帝聖壽萬安 金剛無量壽佛云云〉", "때가 이르면 당사행자는 전날 대중에게 알리고 풍경패를 건다. 다음 날 아침 승당종을 울려 대중을 모으고 불전에 오르면, 유나는 능엄주를 들어 마치고 부처님께 아뢰며〈사재일과 같음〉 회향하여 말한다〈모도 모로 모사에서 모월 모일에 삼가 황태자의 천추령절을 만나 삼가 합산의 승중을 모으고 공손히 보전으로 달려와서 대불정만행수능엄신주를 풍송하며 성호를 칭양합니다. 모인 바 훌륭한 인은 황태자의 예산이 오래 가기를 경축하기 위함입니다〉. 至期 堂司行者 隔宿報衆 掛諷經牌 次早鳴僧堂鐘 集衆登殿 維那擧楞嚴呪畢 白佛〈四齋日同〉 回向云〈某道某路某寺 某月某日 敬遇皇太子千秋令節 謹集合山僧衆 恭趨寶殿 諷誦大佛頂萬行首楞嚴神呪 稱揚聖號 所萃良因 敬祝皇太子睿算千秋殿下〉"라고 하였다. 〔참고문헌〕『百丈淸規』. ⇨ 축상 祝上

축리반특가 祝利般特迦　부처님 재세 시 제자로서 십육나한(十六羅漢) 중 한 분이다. 주리반특(周利槃特 Ⓟ Cūḷapanthaka)의 다른 음사어로 한역어는 소로(小路)다. 『아비담팔건도론』 권27(대정장26, p.898c24)에 "또 세존께서 '내 제자 중에 마음을 돌이킴에 가장 뛰어난 이는 축리반특가이고, 생각을 돌이킴에 가장 뛰어난 이는 마하반특가이다'라고 말씀하셨다. 又世尊言 我弟子中 第一比丘 心迴善 祝利般特迦 想迴善 摩訶般特迦"라고 하였다. 〔참고문헌〕『阿毘曇八犍度論』. ⇨ 주리반특 周利槃特, 소로 小路[2], 마하반타 摩訶般陀

축맹치설 逐虻峙說　모기 쫓아낸 이야기. 범해각안(梵海覺岸 1820~1896)이 신라말에 혜철(慧徹 785~861)이 태안사(泰安寺)를 창건할 때 일어난 일을 적은 글로, 범해각안의 『범해선사문집』 권1(한불전10, p.1081c4) '문 文'에 실렸는데, 범해각안의 『동사열전』 권1 「혜철국사전 慧徹國師傳」(한불전10, p.1001a10)에도 축약하여 전하며, 제자인 금명보정(錦溟寶鼎 1861~1930)의 『백열록』(한불전12, p.530b1)에 일부 자구가 바뀐 채 「축맹치기〈곡성태안사〉 逐虻峙記〈谷城泰安寺〉」라는 제목으로 재수록되었다. "곡성 동리산 태안사는 혜철국로의 도량이다. 속설에 창건 때 한 골짜기 모기와 등에가 가득했다. 국사가 신력으로 쫓아내자 산의 오른쪽 고개를 넘어 날아갔기에 사원을 세웠고, 그 뒤로도 모기 한 마리 없었으므로, 그 고개를 축맹치라고 불렀다. 또한 국사의 비와 부도가 절 안에 있었는데, … 함풍 갑인(1854·철종5)~을묘(1855)에 담장이 무너졌고, … 그 해 여름 모기들 천만군대 진치듯 계곡을 가득 채워 벼락치듯 하였으니 코도 눈도 뜰 수 없었다. 대중이 한마음으로 힘을 내어 부도와 도량을 수축하고 곧바로 국사의 신당에 고축을 행하자, 모기와 멍에가 즉시 자취를 감추었고 스님들 편안하여 예전 같았다. 谷城桐裏山泰安寺 慧徹國老道場也 諺傳 創寺之時 一洞皆是蚊虻聚集之所也 國師以神力逐之 飛踰於山之右嶺 因爲建寺 厥後無一介蚊子 故名其嶺曰逐虻峙 又國師之碑及浮屠 在於寺內 … 至咸豐甲寅乙卯之間 墻垣崩落 … 其年夏無限蚊子千陳萬隊 滿谷成雷 鼻眼莫開 於是大衆 同心宣力 亟爲修築浮屠道場 卽行告祝國師神堂 蚊虻卽時屛跡 僧人安堵如故"고 하였다. 〔참고문헌〕『梵海禪師文集』, 『東師列傳』, 『栢悅錄』. ⇨ 혜철 慧徹

축문 祝文　재(齋)를 베풀 때 올리는 축원의 글. 사명유정(四溟惟政 1544~1610)의 『사명당대사집』 권6 잡문(雜文) 「등계건탑축문 登階建塔祝文」(한불전8, p.65c22), 몽암기영(蒙菴箕穎)의 『몽암대사문집』 권상 「천옥우축문 穿屋隅祝文」(한불전10, p.367a18), 충허지책(冲虛旨冊 1721~1809)의 『충허대사유집』 권1 제문(祭文) 「성신축문 城神祝文」(한불전10, p.335a20)·「벌목축문 伐木祝文」(같은 책, p.336a24), 인악의첨(仁嶽義沾, 1746~1796)의 『인악집』 권2 축문(祝文) 「이봉라한문 移奉羅漢文」(한불전10, p.408c19), 아암혜장(兒菴惠藏 1772~1811)의 『아암유집』 권2 문(文) 「대둔사비각다례축문 大芚寺碑閣茶禮祝文」(한불전10, p.697b18), 초의의순(草衣意恂 1786~1866)의 『일지암문집』 권2 문 「정처사제산축문 鄭處士祭山祝文」(한불전12, p.268b17)·「대승계중축문 大乘契中祝文」(한불전12, p.269a23), 극암사성(克庵師誠 1836~1910)의 『극암집』 권3 문(文) 「다축문 茶祝文」(한불전11, p.586a3), 금명보정(錦溟寶鼎 1861~1930)의 『다송문고』 권1·권2 문 「고사제축문 庫司祭祝文」(한불전12, p.679b1)·「병정치재축문 兵丁致齋祝文」(같은 책, p.679b12)·「간전개기축문〈무오일월이십칠일 황우송〉 墾田開基祝文〈戊午一月二十七日黃友松〉」(같은 책, p.730b23)·「지와굴개기축문〈이월초오일김대우〉 地瓦窟開基祝文〈二月初五日金大愚〉」(같은 책, p.730c11) 등의

편, 의룡체훈(義龍體訓)의 『의룡집』 문 「신영봉안축문 新影奉安祝文」(한불전12, p.303c11) 등이 전한다. 아암혜장의 「대둔사비각다례축문」에 "여기 장춘동은 실로 누대의 도량으로 층층의 보탑은 한 구역 내에 뒤섞여 있고, 무성한 풍비는 아홉구비의 다리 주변에 모여 있습니다. 벽완은 오히려 새롭고, 명주는 이전과 같습니다. 오래된 사당은 우뚝 솟아 공경할 마음을 일으키기에 족하고, 남겨진 상은 청아하고 고상하여 정성을 나타내는 예를 표하도록 합니다. 꽃과 과실을 진설하고, 또한 떡과 차를 올리오니, 부디 흠향하소서. 第此長春之洞府 實爲累世之道場 寶塔層層 交錯一區之塄 豊碑鬱鬱 幷攢九曲之橋 碧椀猶新 明珠如昨 古祠突兀 足興寓敬之心 遺像淸高 可作表誠之禮 玆陳花菓 且薦餠茶 尙饗"라고 하였고, 의룡체훈의 「신영봉안축문」에는 "새 영정을 조성하고는 길일을 택해서 정하여 삼가 박한 음식을 준비하여 여기에 봉안합니다. 지금부터 제사가 무궁하도록 할 것이니, 굽어 살피시고 삼가 흠향하소서. 新成影貌 擇定吉日 謹備薄供 奉安于玆 其始自今 禋祀無窮 俯垂鑑格 伏惟尙饗"라고 하였다. [참고문헌] 『孤山遺稿』, 『四溟堂大師集』, 『蒙菴大師文集』, 『冲虛大師遺集』, 『仁嶽集』, 『兒菴遺集』, 『一枝庵文集』, 『克庵集』, 『茶松文稿』, 『義龍集』.

축미 蹙眉 눈썹을 찌푸리다. 『대장엄론경』 권9(대정장4, p.304b15)에 "어찌 이 옷(법복)을 입고 눈 부라려 흘기며 눈썹 찌푸리고 콧등 찡긋거리면서 성내는 생각을 일으키겠는가? 云何著是服 竪眼張其目 蹙眉復聚頞 而起瞋恚想", 『사분율』 권32(대정장22, p.791b18)에 "그들은 이 게송 들었지만 전혀 알지 못하였다. 바로 눈썹 찌푸리고는 성난 눈으로 나쁜 소리 내지르며 목 곤두세우고 핏대 세우는 등 화가 치밀어 답할 수조차 없었다. 彼聞此偈實不知 卽蹙眉瞋目 出惡音聲 努項脈脹 瞋恚熾盛不能答"라고 하였다. [참고문헌] 『大莊嚴論經』, 『四分律』, 『人天眼目』 권6(대정장48, p.335c15).

축발 祝髮 머리를 깎는다는 말. 출가하는 이의 행의다. 삭발(剃髮)・치발(薙髮)・체발(剃髮)・낙발(落髮) 등이라고도 한다. 『불조통기』 권7(대정장49, p.188a1)에 "마침내 공문에 들어가 축발하고 구족계를 받았다. 遂入空門 祝髮受具", 종보본 『단경』 「육조대사법보단경서 六祖大師法寶壇經序」(대정장48, p.345c15)에 "거사(혜능)는 이로 말미암아 머리를 깎고 계단(戒壇)에 올랐으니 이는 발다라존자의 현기(예언) 그대로였다. 居士由是 祝髮登壇 應跋陀羅懸記", 『정토구생선시』 「소서 小敍」(卍속장110, p.799b16)에 "뜻을 굳혀 머리를 깎고 법의를 입은 뒤 공문에 들어가 바다처럼 넓고 깊은 부처님께 귀의하였다. 決志祝髮染衣 入空門而皈依佛海"라고 하였다. [참고문헌] 『佛祖統紀』, 『壇經』, 『淨土救生船詩』. ⇨ 삭발 剃髮, 낙발 落髮, 낙채 落采, 낙체 落剃, 체발 剃髮, 사미축발 沙彌祝髮

축발 蓄髮 머리를 기르다. 환속하는 뜻이다. 『석감계고략속집』 권3(대정장49, p.941a26)에 "임금이 이때부터 그를 요소사라 불렀고 이름으로 부르지 않았다. 그도 끝내 머리를 기르거나 장가들지 않은 신분으로 생활을 대부분 스님들이 사는 절에서 보냈다. 일찍이 두 명의 궁인을 내려주었으나 이들도 가까이 하지 않자 임금이 마침내 그들을 다시 불러들였다. 上自是稱爲姚少師 而不名 亦終不蓄髮娶妻 居止多在僧寺 嘗賜二宮人亦不近 上乃召還之", 『영각광록』 권22 「시초도사미 示初度沙彌」(卍속장125, p.652a2)에 "이미 이처럼 여래의 자녀가 되었으면서, 여래를 팔아 먹고살면 그 죄가 더욱 무겁다네. 속가로 돌아가 다시 머리를 기르느니만 못하니, 여래의 물 한 방울일지라도 침탈하지 말지어다. 旣然充作如來子 裨販如來罪更深 不若歸家重蓄髮 如來滴水莫相侵", 『남송원명선림승보전』 「서 序」(卍속장137, p.626b18)에 "예전 정화년간(1111~1118)에 도교를 숭상하고 불교를 억누르던 국왕(徽宗)이 도군황제라 자칭하며 천하의 승류에게 머리를 기르고 관을 쓰도록 하고 덕사라 불렀다. 初政和間 有國者 崇道而抑佛 自稱道君皇帝 以天下僧流 蓄髮加冠 號爲德士", 『오등회원속략』 권1 「섭담무거사 葉曇茂居士」(卍속장138, p.892b11)에 "뒤에 모친이 연로하여 집으로 돌아가 봉양하다가 마침내 머리를 기르고 환속하였다. 後以母老歸養 遂蓄髮焉"라고 하였다. [참고문헌] 『釋鑑稽古略續集』, 『永覺廣錄』, 『南宋元明禪林僧寶傳』, 『五燈會元續略』.

축발수계 祝髮受戒 머리카락을 자르고 계를 받다. 『삼국유사』 권4(대정장49, p.1008a23・한불전6, p.351b10) 의해(義解)5 관동풍악발연수석기(關東楓岳鉢淵藪石記)에는 진표(眞表)가 금산사(金山寺)에서 속리산으로 가는 도중에 소가 끄는 수레 탄 사람을 만났는데, 소들이 스님 앞을 향해 무릎을 꿇고 울었다. "우차를 탄 사람이 내려서 '어떤 이유로 이 소들이 화상을 보고 우는가? 화상은 어디서 오십니까'라고 하자, 스님은 '… 이 소들은 겉은 어리석어 보이지만 속은 밝아 내가 계법을 받은 것을 알고 불법을 중히 여긴 까닭에 무릎을 꿇고 우는 것이다'고 하였다. 그 사람 '축생도 오히려 이와 같은 신심이 있는데, 하물며 사람인 내가 어찌 무심하겠는가'라고 하면서 곧 손으로 낫을 잡고 스스로 머리카락을 잘랐다. 스님은 자비심으로 다시 머리카락을 잘라주고 계를 받게 하였다. 乘車人下問 何故此牛等見和尙泣耶 和尙從何而來 師曰 … 此牛等外愚內明 知我受戒法 爲重法故 跪膝而泣 其人聞已 乃曰 畜生尙有如是信心 況我爲人 豈無心乎 卽以手執鎌 自斷頭髮 師以悲心 更爲祝

髮受戒"고 하였다. 〔참고문헌〕『三國遺事』. ⇨ 수계 受戒

축법권 竺法眷 인도 출신 역경승. 유송(劉宋) 명제(明帝 재위 466~472) 때 중국에 건너와 광주(廣州)에서 『무진의경 無盡意經』 10권, 『여래은지부사의경 如來恩智不思議經』 5권, 『보정경 寶頂經』 5권, 『해의경 海意經』 7권, 『삼밀지야경 三密底耶經』 1권, 『아술달보살경 阿述達菩薩經』 1권 등 5부 28권을 역출하였다. 〔참고문헌〕『歷代三寶紀』 권10(대정장49, p.93c22), 『佛祖統紀』 권36(대정장49, p.346b28), 『出三藏記集』 권2(대정장55, p.13b5), 『開元釋教錄』 권14(대정장55, p.627a26), 『貞元新定釋教目錄』 권8(대정장55, p.829a21).

축법도 竺法度 동진 때 스님. 아버지는 외국으로 다니는 상인 축파륵(竺婆勒)이다. 초년에 담마야사(曇摩耶舍)에게 배우다 스승이 본국으로 돌아간 이후로 소승을 펴며 대승법을 훼방하였다. 그에 관한 행적이 「소승미학축법도조이의기 小乘迷學竺法度造異儀記」에 전한다. 『양고승전』 권3(대정장50, p.346a2)에 "그 사이 축법도라는 이가 있었는데, 스스로 말하길 오직 소승에 집착하여 삼장도 어긋나고 무모했으며, 공양함에 동발을 썼으니 율의로도 허한 바가 아니었고, 땅에 엎드려 서로 마주하였으니 이 또한 참법에도 없는 일이였다. 間有竺法度者 自言 專執小乘 而與三藏乖越 食用銅鉢 本非律儀所許 伏地相向 又是懺法所無"라고 하였다. 〔참고문헌〕『梁高僧傳』, 『出三藏記集』 권5 「小乘迷學竺法度造異儀記」(대정장55, p.40c19). ⇨ 법도 法度 ❷

축법란 竺法蘭 Ⓢ Dharmaratna. 후한(後漢)대 중인도 출신 스님. 줄여서 난 또는 법란이라고도 한다. 후한 명제(明帝)가 사신을 서역에 보내 불법(佛法)을 구하였는데, 이때 스님은 67년(영평10) 대월지국(大月支國)의 스님 가섭마등(迦葉摩騰 Ⓢ Kāśyapa-Mātaṅga)과 함께 중국에 와서 낙양(洛陽 : 河南省) 백마사(白馬寺)에 머물며 공식적으로 처음 불교를 전했다. 가섭마등과 함께 『사십이장경 四十二章經』·『십지단결경 十地斷結經』·『불본행경 佛本行經』·『법해장경 法海藏經』·『불본생경 佛本生經』 등 다섯 부의 경전을 한역하였다. 낙양에서 입적했는데, 세수 60여 세였다고 한다.

축법란섭마등분묘 낙양 백마사

중국의 불교유입과 『사십이장경』의 한역에 대해서는 여러 가지 이설(異說)이 있다. 『불조통기』 권54(대정장49, p.470a10)에 "후한 명제 영평 7년(64)에 명제는 장륙의 금인(金人)이 궁전의 뜰에 날아오는 꿈을 꾸었는데, 부의(傅毅)가 서방의 성인이며 부처라 한다고 하였다. 이에 명제는 채음 등의 사신을 서역에 보냈다. 월지국에서 마등과 축법란을 만나 불상과 범경을 얻어 백마에 싣고 낙양에 왔다.

명제감몽『석씨원류응화사적』 양주불암사판 1673년

漢明帝 永平七年 帝夢 金人丈六 飛行殿庭 傅毅曰 西方聖人 其名曰佛 帝乃遣蔡愔等使西域 於月氏 遇摩騰竺法蘭 得佛像梵經 載以白馬 達于洛陽", 『양고승전』 권1(대정장50, p.323a8)에 "축법란도 중천축국 출신이다. 스스로 경론 수만 장을 외워 천축의 학자들의 스승이 되었다고 하였다. 채음이 그 나라에 도착하였을 때, 축법란과 마등은 함께 유력하며 교화할 것을 약속하고서 마침내 서로 앞서거니 뒤서거니 하며 오는데, 그 학도들의 만류를 만나자 샛길로 왔다. 낙양에 도착한 후 마등과 함께 머물렀는데, 곧 중국말을 잘하자, 채음이 서역에서 가져 온 『십지단결경』·『불본생경』·『법해장경』·『불본행경』·『사십이장경』 다섯 부를 한역하였으나, 도적의 난리에 도읍을 옮기면서 네 부는 없어져 강남지방에는 전해지지 못하고, 오직 『사십이장경』만 지금 남아 있으니 이천여 글자다. 한나라 땅에 현존하는 여러 경전들은 오직 이것을 시초로 한다. 竺法蘭亦中天竺人 自言誦經論數萬章 爲天竺學者之師 時蔡愔既至彼國 蘭與摩騰 共契遊化 遂相隨而來 會彼學徒留礙 蘭乃間行而至 既達雒陽 與騰同止 少時便善漢言 愔於西域獲經卽爲翻譯 十地斷結 佛本生 法海藏 佛本行 四十二章等五部 移都寇亂 四部失本 不傳江左 唯四十二章經 今見在 可二千餘言 漢地見存諸經 唯此爲始也"라고 하였다. 〔참고문헌〕『佛祖統紀』, 『梁高僧傳』. ⇨ 가섭마등 迦葉摩騰, 동한명제 東漢明帝, 사십이장경 四十二章經

축법력 竺法力 동진(東晉)대 서역 출신의 역경승. 419년(원희1) 『무량수경』의 이역본인 『무량수지진등정각경 無量壽至眞等正覺經』 1권을 한역하였다. 이 경전은 『무량수경』의 이역본이라 하나, 일실되어 현재 전하지 않는다. 『개원석교록』 권3(대정장55, p.509a19)에 "사문 축법력은 서역 출신이다. 업행(業行)은 청정하고 고매하며, 지도(智道)는 높고 높았고, 중국어에 능통하여 경전의 은미한 뜻을 잘 드러냈다. 공제 원희 원년 기미년 2월에 『무량수지진등정각경』 1부를 한역하였다. 沙門竺法力 西域人 業行清高 智道崇峙 善通方語 妙稱經微 以恭帝 元熙元年 己未 二月 譯無量壽至眞等正覺經

一部"라고 하였다. [참고문헌]『開元釋敎錄』.

축법승 竺法乘 서진(西晉)대 스님. 출신지나 속성 등은 미상이다. 유년기부터 남다른 재주가 있어 축법호(竺法護) 문하에서 사미(沙彌)가 된 다음 나이 열셋에 스승을 시봉하였다. 그 뒤 서쪽으로 가서 돈황(敦煌)에 이르러 절을 건립하고 법을 전파하였다. 호족(胡族)에게 예를 가르치는 등 그 시대의 불법이 서쪽으로 옮아갔던 흐름에 법승의 힘이 크게 작용하였다. 그 뒤 돈황에서 입적하였다. 손작(孫綽)은 『도현론 道賢論』에서 죽림칠현(竹林七賢)과 대비하여 법승을 왕융(王戎 : 王濬沖)에 비견하였다. 청담(淸談)불교시대를 대표하는 한 사람으로 간주된다. 그 동학으로 축법행(竺法行)과 축법존(竺法存)이 있다. 산림에서 살아가는 특색을 지니기도 하였다. [참고문헌]『梁高僧傳』 권4(대정장50, p.347b25), 『北山錄』 권4(대정장52, p.595a2), 『出三藏記集』 권13(대정장55, p.98a10), 『新修科分六學僧傳』 권19(卍속장133, p.753a11), 『釋氏蒙求』 권상 「北山二聖·西竺七賢」(卍속장148, p.553a4). ⇨ 축법호 竺法護

축법아 竺法雅 진(晉)대 스님. 중국 하북성(河北省) 하간현(河間縣) 출신. 격의불교(格義佛敎)를 대표하는 학승 중 한 사람. 어릴 때는 외전을 배웠지만 장성해서 불교를 공부하였다. 풍성하게 쌓았던 외전지식이 격의불교의 정체를 드러내는 배경이 되었다. 종파적으로 치우침 없이 외전과 불전을 함께 강설하였고 유사한 학풍으로 뜻을 나누었던 도안(道安)·법태(法汰) 등과 함께 경의 요지를 궁구하였다. 도안은 격의불교 초기에 중국 고전 특히 『노자 老子』를 매개로 불전을 이해하였지만 후에는 불전은 불전으로서 바르게 이해해야 한다는 생각에 따라 격의를 배척하였다. 당시 강법랑(康法朗)·비부(毘浮)·담상(曇相) 등도 격의를 주장하였고 법아의 제자 담습(曇習)도 격의의 노선을 이었다. 고읍(高邑)에 절을 세우고 승중을 지도하였으며, 강설과 저술 등에 탁월하여 당시의 현자들이 흠모하였다. [참고문헌]『梁高僧傳』 권4(대정장50, p.347a18), 『北山錄』 권4(대정장52, p.595a6), 『釋氏通鑑』 권3(卍속장131, p.785b7), 『新修科分六學僧傳』 권21(卍속장133, p.798a8). ⇨ 법아 法雅, 격의 格義, 도안 道安❶, 격의 格義

축법유 竺法維 5세기 전반에 승표(僧表)와 함께 구법을 목적으로 인도를 유행했던 스님. 『양고승전』 권2 「담무참전 曇無讖傳」(대정장50, p.337b3)에 "또한 축법유·석승표와 함께 불국(인도)을 따라 갔다. 又有竺法維 釋僧表 並經往佛國"라고 하였다. [참고문헌]『梁高僧傳』, 『廣弘明集』 권4 「通極論」(대정장52, p.114c8), 『名僧傳抄』(卍속장134, p.9a11). ⇨ 승표 僧表

축법의 竺法義 307~380. 진(晉)대 스님. 축도잠(竺道潛)의 제자로 여러 경전을 넓게 읽었지만 특히 『법화경』에 정통하였다. 경사(京師) 곧 강소성(江蘇省) 강녕(江寧)에서 강석(講席)을 크게 열어 당시에 명사였던 왕도(王導)·공부(孔敷) 등이 모두 공경하며 스승으로 섬겼고 아울러 효무제(孝武帝)에게서 두터운 예우를 받기도 하였다. 380년(태원5) 경사에서 입적했다. 황제는 10만전으로 신정강(新亭岡)을 사서 묘를 조성했고, 제자 담상(曇爽)은 묘소에 절을 짓고 신정정사(新亭精舍)라는 이름을 붙였는데 후대의 중흥사(中興寺)가 그것이다. [참고문헌]『梁高僧傳』 권4(대정장50, p.350c16), 『法苑珠林』 권17(대정장53, p.409b24), 『釋氏通鑑』 권3(卍속장131, p.792a16), 『觀音慈林集』 권중(卍속장149, p.606a17). ⇨ 축도잠 竺道潛

축법잠 竺法潛 동진(東晉)대 스님. 『북산록』 권3(대정장52, p.588a7)에 "축법잠〈진대 고승. 속성은 왕씨. 이름은 잠. 자는 법심〉. 竺法潛〈晉高僧 姓王 名潛 字法深〉"이라고 하였다. 364년(흥녕2) 애제(哀帝)의 조칙에 따라 궁중에서 『반야경』을 강설하였다. 당시 나막신을 신고 오자 모였던 사람들이 도덕의 고상한 풍격에 감탄하였고, 애제가 의관(衣冠)을 내려주려 애썼지만 사양하고 섬산(剡山)으로 돌아갔다. 그 뒤 지둔(支遁)이 옥주(沃州)의 소령(小嶺)을 사서 은거하고자 한다는 편지를 전하자 법잠은 '언젠가 찾아와서 돈을 지급한다는 말씀인데 요임금 때 은사였던 소부(巢父)와 허유(許由)가 산을 사서 은거했다는 말은 들어본 적이 없소'라고 응답하고는 그 해에 입적하였다. 무제(武帝)가 그의 도업을 예찬하고 세금 10만전을 내어주어 무덤과 탑을 조성하도록 하였다. 중국에서 황제의 명으로 사문의 장례를 치른 예는 축법잠이 시초이다. [참고문헌]『北山錄』, 『釋氏稽古略』 권2(대정장49, p.783a13), 『法華經文句記箋難』 권1(卍속장46, p.425a5).

축법제 竺法濟 진(晉)대 스님. 섬동어산(剡東御山)에서 축도잠(竺道潛)의 제자가 되었다. 어린 시절부터 탁월했던 글재주로 효무제(孝武帝) 치세기(372~396)에 『고일사문전 高逸沙門傳』 1권을 지어 중국 승사(僧史)의 시초가 되었지만 현재는 전하지 않는다. [참고문헌]『歷代三寶紀』 권7(대정장49, p.74a16), 『梁高僧傳』 권4 「竺道潛傳」(대정장50, p.348b5), 『大唐內典錄』 권10(대정장55, p.330b5). ⇨ 축도잠 竺道潛

축법태 竺法汰 320~387. 동진(東晉)대 스님. 육가칠종(六家七宗) 중 본무이종(本無異宗)의 대표적인 인물 중 한 사람. 동완(東莞 : 山東省 沂水) 출신이다. 용모가 뛰어났으며, 도안(道安)과 함께 불도징(佛圖澄)에게 배웠고, 불교의 여러 경전과 세속전적에 두루 통달하였다. 도안과 함께 염민(冉閔)의 난을 피하여 신야(新野)에 이르러 도안은 서북지방에서, 스님은 동남지방에서 포교하기로 하고 제자 담일(曇一)·담이(曇二) 등 사천여 명을 데리고 불교를 널리 전하였다. 이때 형주(荊州)의 도항(道恆)이 심무의(心無義)를 주장하여 성행하였는데, 스님은 이것을 사설(邪說)이라 주장하며 유명한 스님들을 모아 여러 차례 논박하여 도항의 주장을 물리쳤다. 경사(京師)에 들어가 와관사(瓦官寺)에 머무르니, 간문제(簡文帝)가 공경하여 『방광반야경 放光般若經』 강의를 청하므로 왕공(王公)을 비롯하여 수많은 사람을 모아놓고 강설하였다. 387년(태원12)에 입적하니, 세수 68세였다. 저서로는 『방광경의소 放光經義疏』가 있다. 『양고승전』 권5(대정장50, p.354b29)에 "축법태는 동완 출신이다. 어려서 도안과 함께 배웠다. 비록 변재는 도안에 미치지 못하였으나 용모는 그보다 나았다. 도안과 함께 난을 피하여 신야에 이르니, 도안이 무리를 나누어 법태에게 경사로 가도록 하였다. 竺法汰 東莞人 少與道安同學 雖才辯不逮 而姿貌過之 與道安避難 行至新野 安分張徒衆 命汰下京"라고 하였다. [참고문헌] 『梁高僧傳』. ⇨ 본무이종 本無異宗, 도안 道安

축법혜 竺法慧 진(晉)대 스님. 속성은 장(張)씨. 관중(關中 : 陝西省과 河南省 일대) 출신. 엄격하게 계율을 지키며 생활하였다. 건원년간(365~385)초에 양양(襄陽 : 湖北省)에 이르러 누누이 신이한 행적을 보였다. 『석문자경록』 권하(대정장51, p.813c9)에 "항상 제자 법조에게 '그대는 과거세에 닭 다리 부러뜨린 적이 있어서 그 재앙 얼마 되지 않아 일어날 것이니, 그대 매사에 삼가야 한다'라고 일러주었다. 법조가 갑자기 외출했다가 뜻하지 않게 누군가의 손길에 내팽개쳐지면서 마침내 다리 하나가 부러지는 일을 겪고서 비로소 믿게 되었다. 恒語弟子法照云 汝過去曾折一鷄脚 其殃尋至 汝好愼之 照忽出行 誤爲人所擲 遂折一脚 照方信悟"라고 하였다. 또한 입적에 임하여 자신의 사후 사흘 동안 폭우가 내릴 것이라고 예언하였는데 그 말 또한 틀리지 않았다. [참고문헌] 『釋門自鏡錄』, 『梁高僧傳』 권10(대정장50, p.389a17), 『神僧傳』 권1(대정장50, p.954b21).

축법호 竺法護 Ⓢ Dharmarakṣa. 서진(西晉)대 월지국(月支國) 출신의 역경승(譯經僧). 담마라찰(曇摩羅刹·曇摩羅察)이라 음사하며, 지법호(支法護)라고도 한다. 8세 때 출가하여 천축국 스님들을 스승으로 모시며, 불법(佛法)을 배우고는 축(竺)을 성으로 하였다. 불경(佛經)을 독송하고, 육경(六經)과 백가(百家)의 전적을 두루 배웠다. 그리고 서역에 있는 대승경전이 중국에는 전해지지 않은 것을 안타깝게 여기고, 대승경을 중국에 전하고자 서역의 여러 나라를 편력하여 36개국 언어에도 능통했다. 무제(武帝) 때인 265년(태시1) 범어 경전을 가지고 장안(長安 : 陝西省 西安)과 낙양(洛陽 : 河南省)에 와서, 308년(영가2)까지 한역하며 교화하였다. 무제 말년에 장안 청문(靑門) 밖에 절을 짓고 불도(佛道)를 닦으며 20여 년 동안 교화하다 민제 건흥년간(313~316) 또는 혜제(惠帝) 때 입적하였다고 하니, 세수 78세였다. 세상 사람들은 그를 월지보살(月支菩薩 : 月氏菩薩)·돈황보살(敦煌菩薩)·돈황개사(敦煌開士)·본재보살(本齋菩薩) 등으로 부르며 칭송했다. 『반야경 般若經』·『법화경 法華經』·『유마경 維摩經』·『무량수경 無量壽經』 등의 대승경전을 비롯한 많은 경전을 한역했는데, 적게는 154부 309권이고, 많게는 210부 394권에 이른다고 하였다. 이런 업적은 구마라집(鳩摩羅什) 이전의 불경한역으로는 커다란 공적이다. 중국에 관음보살(觀音菩薩)의 명호가 알려지고, 그 영험설화와 신앙이 보급되기 시작한 것은 그가 『정법화경 正法華經』을 한역한 이후의 일이다. 또한 『유마경』과 『광찬반야경 光讚般若經』은 노장학(老莊學)이 유행한 서진의 귀족사상계에 영향을 주었다. 제자로는 축법승(竺法乘)·축법행(竺法行)·축법존(竺法存) 등이 있으며, 그의 역경에 도움을 준 사람으로는 섭승원(聶承遠)·섭도진(聶道眞) 부자와 축법수(竺法首)·진사륜(陳士倫)·손백호(孫伯虎)·우세아(虞世雅) 등이 있다. 『출삼장기집』 권13(대정장55, p.97c20)에 "축법호는 그 선조가 월지국사람으로 대대로 돈황군(燉煌郡)에 살았다. 8세에 출가하여 외국의 사문인 축고좌(竺高座)를 스승으로 모셨다. 하루에 경 만언(萬言)을 암송하였는데, 눈으로 한 번 보면 암송할 수 있었다. 천성이 순박하고 품행이 진실하였으며, 뜻이 돈독하며 배움을 좋아하여 만 리까지 스승을 찾아 다녔다. … 진 무제 때 사묘와 불상을 경읍(京邑)에서 숭상하였지만, 방등(方等)의 심오한 경전은 서역에 있었다. 축법호는 이를 슬퍼하고 안타까워하며 대도(大道)를 널리 전하는 데 뜻을 두었다. 마침내 스승을 따라 서역에 이르러 여러 나라를 돌아다니며 외국의 다른 언어 서른여섯 가지와 글자를 축법호는 모두 두루 배워서 훈고(訓詁)를 꿰뚫었고, 음의(音義)와 자체(字體)를 모두 훤히 알았다. 마침내 범어경전(胡本)을 많이 가지고 중국으로 돌아왔다. 돈황에서 장안에 이르는 길을 오면서 한역하여 한문으로 필사하였는데, 그가 얻은 것은 대소승(大小乘)의 경전인 『현겁경』·『대애경』·『법화경』·『보요경』 등 모두 149부였다. 竺法護 其先月支人也 世居燉煌郡 年八歲出家 事外國沙門高座爲師 誦經日萬言 過目則能 天性純懿 操行精苦 篤志好學 萬里尋師 … 晉武帝之世 寺廟圖像 雖崇京邑 而方等深經 蘊在西域 護乃慨然發憤 志弘大道 遂隨師至西域 遊歷諸國 外國異言 三十有六 書亦如之 護皆遍學 貫綜古訓 音義字

體 無不備曉 遂大齎胡本 還歸中夏 自燉煌至長安 沿路傳譯 寫以晉文 所獲大小乘經 賢劫 大哀 法華 普耀等 凡一百四十九部"라고 하였다. [참고문헌] 『出三藏記集』, 『梁高僧傳』 권1(대정장50, p.326c2). ⇨ 담마라찰 曇摩羅察, 돈황보살 敦煌菩薩, 축고좌 竺高座

축봉사 縮鳳寺 충청남도 아산시 동림산(東林山 : 옛 이름 桐林山)에 있던 절. 『동국여지승람』 권20 충청도 아산현 불우에 동림산(桐林山)에 있다고 이름과 위치가 전하고, 『여지도서』와 『범우고』에 "지금은 폐사되었다. 今廢"라고 하였다. [참고문헌] 『東國輿地勝覽』, 『輿地圖書』, 『梵宇攷』, 『韓國寺刹全書』 권하 p.1106a16.

축분 竺墳 천축(天竺)의 분전(墳典). 불전(佛典)을 가리킨다. 분전이란 중국 전설상의 고전인 삼분오전(三墳五典)에서 유래했다. 『원각경약소』 「서 序」(대정장39, p.524b20)에 "나이 스물에 천축의 불전을 탐구하였지만 모두 말의 방편에 걸려들어 오직 쌀겨의 맛만 보거나 물거품 위를 떠돌듯 했다. 冠討竺墳 俱溺筌罤 唯味糠粕 幸於涪上", 『원각경대소석의초』 권1(卍속장14, p.443b1)에 "축분이란 석가모니불의 교법이다. 축은 천축국을 말하고 분은 전적으로 삼황오제가 지은 책이다. 분전이라고도 하며, 큰 도와 떳떳한 도를 설한 전적이다. 여기서는 이 나라 말을 쓴 불교 중에서 경과 논을 가리켰다. 竺墳者 卽釋敎也 竺謂天竺國 墳亦典籍 謂三皇五帝之書 謂之墳典 說大道常道也 今用此方之語 以目佛敎中經論也", 『석감계고략속집』 권2(대정장49, p.927a17)에 "그때 천축의 경전과 노나라 전적 가운데 궁구하지 않은 것이 없었다. 於是 竺墳魯典 無不硏窮之", 『능엄경소해몽초』 권1(卍속장21, p.102b9)에 "옛 스님들이 불교 전적을 탐구했던 예는 이전 유학자들이 공자가 남긴 전적을 풀이하면서 본의 그대로 따를 뿐 창작하지 않고, 많이 듣고 의심스러운 점 남겨두듯 하였다. 古師之討竺墳 猶先儒之釋魯誥 述而不作 多聞闕疑", 『지월록』 「원서 原序」(卍속장143, p.1a16)에 "갖가지 책에서 불전의 이치를 알아채고 불전에서 으뜸으로 나아가는 문도 알았다. 於書知竺墳 於竺墳知宗門"라고 하였다. [참고문헌] 『圓覺經略疏』, 『圓覺經大疏釋義鈔』, 『釋鑑稽古略續集』, 『楞嚴經疏解蒙鈔』, 『指月錄』. ⇨ 삼분오전 三墳五典

축불념 竺佛念 동진(東晉)대 스님. 양주(涼州 : 甘肅省武威) 출신. 불념(佛念)이라고도 한다. 어렸을 때 출가하여 내외전을 두루 익혔다. 언어에 능통하여 부진(苻秦) 건원년간(365~384)에 승가발징(僧伽跋澄)이 담마난제(曇摩難提) 등과 함께 장안(長安)에 와서 『존바수밀보살소집론 尊婆須蜜菩薩所集論』·『왕자법익괴목인연경 王子法益壞目因緣經』·『증일아함경 增壹阿含經』·『중아함경 中阿含經』 등을 한역할 때, 전어(傳語 : 통역)를 담당하였다. 요진(姚秦) 홍시년간(399~416)에 『보살영락경 菩薩瓔珞經』·『십주단결경 十住斷結經』·『출요경 出曜經』·『보살처태경 菩薩處胎經』·『중음경 中陰經』 등 오부를 한역하여 역경종사(譯經宗師)라 불렸다. 이외에 『증보살영락본업경 增菩薩瓔珞本業經』·『비나야 鼻奈耶』·『지인보살경 持人菩薩經』·『대방등무상경 大方等無想經』·『보살보처경 菩薩普處經』·『십송비구니계소출본말경 十誦比丘尼戒所出本末經』 등 총 12부 74권을 한역하였으므로 안세고(安世高)와 지겸(支謙) 이후로 가장 뛰어난 역경승이다. 장안에서 입적하였는데 해나 세수는 알 수 없다. 『양고승전』 권1(대정장50, p.329a28)에 "축불념은 양주 출신이다. 어려서 출가하였으며, 도업에 대한 뜻이 맑고 굳건하였다. 밖으로 온화하고 안으로도 밝았다. 명민한 지혜 있어 많은 경전을 외우고 익혔으며, 외전 또한 대략 섭렵하였는데, 창아(蒼雅 : 『三蒼』과 『爾雅』)와 훈고(訓詁)에 특히 밝았다. 어려서 여러 곳 돌아다니기 좋아하여 풍속도 두루 갖춰 보았으며, 집안 대대로 서하에 살아 여러 나라 말을 잘 알았으므로 중국과 서역의 음도 뜻도 모두 이해하였다. 그러므로 의학의 명예는 비록 없었으나 견문이 넓다는 명성은 크게 드러났다. 부씨의 건원년간에 승가발징·담마난제 등이 장안에 오니, 조정(趙正)이 여러 경전을 한역해 줄 것을 청하였다. 당시의 명덕들이 한역하지 못하니, 대중들이 모두 축불념을 추천하였다. 이에 승가발징이 범문을 맡고, 축불념이 진나라 말로 바꿨다. 의심나는 뜻 물어 판단하니 음과 자가 비로소 분명해졌다. 竺佛念 涼州人 弱年出家 志業淸堅 外和內朗 有通敏之鑒 諷習衆經 粗涉外典 其蒼雅詁訓 尤所明達 少好遊方 備觀風俗 家世西河 洞曉方語 華戎音義 莫不兼解 故義學之譽 雖闕 洽聞之聲甚著 符氏建元中 有僧伽跋澄 曇摩難提 等入長安 趙正請出諸經 當時名德 莫能傳譯 衆咸推念 於是 澄執梵文 念譯爲晉 質斷疑義 音字方明"라고 하였다. [참고문헌] 『梁高僧傳』.

축불삭 竺佛朔 동한(東漢)대 인도 출신 역경승. 축삭불(竺朔佛)이라고도 한다. 천성이 명민하고 박학다식하며 재능이 많았다. 환제(桓帝) 또는 영제(靈帝) 때 범본 『도행반야경 道行般若經』을 지니고 낙양(洛陽)에 와서 172년(희평1) 1권을 역출하였다. 또는 179년(광화2)에 역출하였다고도 한다. 그 한역본이 현재는 전하지 않는다. 『양고승전』 권1 「지루가참전 支婁迦讖傳」(대정장50, p.324b23)에 "역자들이 때때로 막혀서 비록 뜻을 잃는 경우가 있었지만, 문의 수식 버리고 바탕 보존함으로써 경의 뜻 깊이 얻었다. 譯人時滯 雖有失旨 然棄文存質 深得經意"라고 축불삭에 대하여 평가하였다. 오래 지나지 않아 낙양에서 지루가참과 함께 『반주삼매경 般舟

三昧經』 2권을 한역할 때 맹복(孟福)·장연(張蓮)이 필수(筆受)를 맡았다. 후대의 연구에 따르면 지루가참이 한역한 10권본 『도행반야경』은 축불삭과 공역이라 한다. [참고문헌] 『梁高僧傳』, 『歷代三寶紀』 권2(대정장49, p.34a5), 『佛祖統紀』 권53(대정장49, p.465a2), 『開元釋敎錄』 권1(대정장55, p.482b19).

축불조 竺佛調 진(晉)대 스님. 불도징(佛圖澄 232~348)에게 사사받았던 인도 출신 스님이다. 하북성(河北省) 곡양(曲陽)에 있는 상산(常山 : 恒山)의 절에 머무르며 질박한 생활을 고수하였고, 후조(後趙)의 지배 영역이었던 상산 지방을 교화하였다. [참고문헌] 『梁高僧傳』 권9(대정장50, p.387c15), 『神僧傳』 권1(대정장50, p.954a26), 『釋氏通鑑』 권3(卍속장131, p.787b9), 『新修科分六學僧傳』 권29(卍속장133, p.943a15).

축산보림 鷲山寶林 우리나라 최초의 사찰 간행 불교잡지(雜誌). 취산보림이라고도 한다. 통도사 주지 구하천보(九河天輔 1872~1965)가 1920년 1월 25일에 격월로 발간하였다. 축산은 천보의 자호(自號)로, 천보는 발행사에서 암울한 시대상황을 타파하고 부처님의 가르침으로 불교 중흥의 씨앗을 뿌리고, 사찰과 지역을 연결하는 소통의 장으로 삼고자 한다고 밝혔다. 1920년 2월 호에는 제작에 참여한 명단으로 사장 김구하, 편집인 이종천(李鍾天 1890~1928), 주필 박병호(朴秉鎬 1888~1937), 기자 강성찬(姜性璨), 서기 강정룡(姜正龍 1898~?) 등의 편집진이 소개되었다. 통도사 내 불교청년회 명의로 발행된 1920년 10월 15일 6호로 종간하고서는, 이어 조선불교청년회 통도사 지회의 이름으로 새 잡지인 『조음 潮音』을 12월 15일자로 발간하였다. [참고문헌] 『鷲山寶林』(佛教青年會, 1920).

축살 㞔殺 눌러 죽인다는 말. 축은 압(壓)과 같다. 『벽암록』 32칙 「평창 評唱」(대정장48, p.171c17)에 "흠산이 말했다. '왜 임제선사는 무위진인이 아니라고 말하지 않으셨는가?' 정상좌가 흠산의 멱살을 잡고 말했다. '무위진인과 무위진인 아닌 거리 얼마나 되는가? 빨리 말해라! 말해!' 흠산은 말이 없이 얼굴이 붉으락푸르락하였다. 암두와 설봉이 가까이 가서 예배하고 말했다. '이 신참 비구가 좋고 나쁜 것도 구별 못하고 상좌를 거슬리게 하였습니다. 자비를 베푸시고 잘못을 용서해 주십시오' '이 두 노인네가 아니었다면 이 오줌싸개 눌러 죽였을 것이다'. 欽山云 何不道非無位眞人 被定擒住云 無位眞人與非無位眞人 相去多少 速道速道 山無語 直得面黃面青 巖頭雪峯 近前禮拜云 這新戒不識好惡 觸忤上座 望慈悲且放過 定云 若不是這兩箇老漢 㞔殺這尿床鬼子"라고 하였다. [참고문헌] 『碧巖錄』.

축상 祝上 주상(主上 : 임금)을 위해 축원하다. 축리(祝釐)·축성(祝聖)이라고도 한다. 『나옹화상어록』의 「고려국왕사대조계종사선교도총섭근수본지중흥조풍복국우세보제존자시선각나옹화상행장 高麗國王師大曹溪宗師禪敎都摠攝勤脩本智重興祖風福國祐世普濟尊者謚禪覺懶翁和尙行狀」(한불전6, p.706b3)에 "인하여 신광사에 머물기를 청하니, 국사께서는 사양하며 '산승은 다만 산으로 돌아가 전심으로 축상코자 하오니 부디 성스러우신 자비를 바라나이다'라고 하였다. 因請住神光寺 師辭云 山僧只欲還山 專心祝上 伏望聖慈"고 하였고, 천책(天頙)의 『만덕산백련사제사대진정국사호산록』 권하 「사월팔일안거축상소 四月八日安居祝上疏」(한불전6, p.206c4)에 "4월 8일을 맞아 다시 임금의 장수를 기원하였다. 當四月之八 更祈聖壽 呼萬歲者"고 하였다. 권근(權近 1352~1409)의 『양촌집』 권12 「수원만의사축상화엄법화회중목기 水原萬義寺祝上華嚴法華會衆目記」에 "조공이 이에 상사에 더욱 감격하여 축리로써 만분의 일이나마 갚고자 생각하고는 바랑 속에 모아 두었던 백은 한 덩어리를 팔아 신미년 정월에 7일 동안 소재도량을 특설하고 임신년 2월에 또 법회를 베풀었다. 照公於是益感上賜 思所祝釐以報萬一 乃貸囊鉢所貯白銀一錠 辛未正月 特設七日消災道場 壬申二月 又張法會"고 하였고, 『석문가례초』 부록 「백장화상청규법 百丈和尙淸規法」(한불전8, p.288c13)에는 "삭망에 축상하지 않는 자는 삼백배로 벌한다. 朔望不祝上者 罰三百拜"라고 하였다. [참고문헌] 『懶翁和尙語錄』, 『萬德山白蓮社第四代眞淨國師湖山錄』, 『陽村集』(韓國文集叢刊7, p.133a4), 『釋門家禮抄』. ⇨ 축성 祝聖, 축리 祝釐

축상서 竺尙書 당대 관리. 축은 성(姓), 상서는 관명. 남전보원(南泉普願)의 법사(法嗣) 장사경잠(長沙景岑)과 주고받은 문답이 전한다. 『연등회요』 권6(卍속장136, p.538a13)에 "축상서 묻기를 '지렁이를 두 동강 내면 양쪽 다 움직입니다. 불성은 어느 쪽에 있습니까?' 장사 말하길 '망상하지 마십시오' '움직이는 걸 어쩌겠습니까?' '안다 한즉 바람과 불 흩어지기 전일 뿐입니다'. 竺尙書問 蚯蚓斬爲兩段 兩頭俱動 未審佛性在阿那頭 師云 莫妄想 竺云 爭柰動何 師云 會卽風火未散"라고 하였다. [참고문헌] 『聯燈會要』.

축상작법 祝上作法 왕실과 나라를 축원하는 불공의식. 일반 축원작법과 크게 다르지 않으며 '축상소문'만을 다르게 한다. 『작법귀감』 권하(한불전10, p.581b15)에 따르면 대종(大鍾) 1종·금고 3종·대종 108타·법당다게(法堂茶偈)·향수해례(香水海禮)·대종 1종을 친다. 다음으로 법당, 선당(禪堂), 승당, 종각, 마당 가운데에서 중종(中鐘)을 친다. 마지막에 법당, 선당, 종각,

중방, 승당의 순으로 종을 쳐서 마친다. 삽향게(揷香偈)·나무서방대교주금강무량수불(南無西方大敎主金剛無量壽佛) 인성(引聲)·인도게(引渡偈)·연향게(燃香偈)·삼귀의(三歸依)·찬불게(讚佛偈)·원불축수(願佛祝壽)·대승성금강무량수불결정광명왕다라니(大乘聖金剛無量壽佛決定光明王陀羅尼)·표백(表白)·대불정여래밀인수증료의제보살만행수능엄신주(大佛頂如來密因修證了義諸菩薩萬行首楞嚴神呪)·보통축원(普通祝願)·통알(通謁) 등의 순으로 행한다. 『산보집』 권중(한불전11, p.496a17)에서는 삽향게 다음에 주지독향(住持獨香)을 하고 연향게를 읊으며, 원불축수 다음에 금강무량수불·인왕보살마하살(仁王菩薩摩訶薩)·마하반야바라밀(摩訶般若波羅密)을 하고 난 후 능엄주를 암송하고 보통축원으로 마친다. 「축상작법」(『석문의범』 권하 p.159a12)에서는 삽향게·연향게·삼귀의·찬불게·원불축수·나무금강회상보살(南無金剛會上菩薩)·결정광명왕다라니(決定光明王陀羅尼)·표백·축원·능엄주·통알 등의 순이다. 〔참고문헌〕『作法龜鑑』, 『删補集』, 『釋門儀範』. ⇨ 축리 祝釐, 축상 祝上, 축성도량 祝聖道場, 축성법회 祝聖法會

축생 畜生 Ⓢ tiryañc, tiryag-yoni, Ⓟ tiracchāna, tiracchāna-gata, Ⓣ dud-'gro. 육지와 물과 하늘로 다니며(陸水空行) 사는 중생들. 어리석어 먹여 기르는 일뿐인 중생을 말한다. 오도(五道)나 육도(六道) 중에서도 삼악도(三惡道) 중 한 갈래다. 방생(傍生)·횡생(橫生) 등이라고도 하며, 음사어는 지율거(底栗車)이다. 『삼법도론』 권하(대정장25, p.28a19)에 “어떤 것이 축생인가? 〔답〕 축생이란 육지·물·공중 등으로 다니는 것이니, 일체의 다리가 없거나 두 다리, 또는 많은 다리로 육지로 다니는 것·물에서 다니는 것·공중으로 다니는 것 이 세 가지가 축생이다. 육지에서 다니는 것은 코끼리·말·소·양·나귀·노새·낙타 등을 으뜸으로 한다. 물에서 다니는 것은 마갈어·실수마뢰(악어) 등을 으뜸으로 한다. 공중에서 다니는 것은 새·모기 등을 으뜸으로 한다. 모든 다리가 없거나 두 다리 또는 많은 다리로, 다리 없는 것은 뱀을 으뜸으로 하고, 두 다리는 새를 으뜸으로 하며, 많은 다리는 소·말·벌·백족(지네) 등을 으뜸으로 한다. 일체 갖가지는 큰 죄의 업행으로 그 중에 나니, 이것을 축생이라고 한다. 云何畜生 答 畜生者 陸 水 空行 一切無足 二足 多足 陸行 水行 空行 此三是畜生 陸行者 象馬牛羊驢騾駱駝爲首 水行者 魚摩竭失收摩賴爲首 空行者 鳥及蚊蚋爲首 一切無足 二足 多足 無足者 蛇爲首 二足者 鳥爲首 多足者 牛馬蜂及百足爲首 彼一切種種大罪業行 生彼中 是謂畜生”, 『법원주림』 권6(대정장53, p.317b1)에 “축생이란 무엇인가? 『파사론』의 풀이와 같다. 생이란 중생을 말하고, 축이란 먹여 기르는 일뿐인 축양을 말한다. 말하자면 옆으로 걸으며, 품성이 어리석어 스스로 서지 못하여 다른 것에 의해 길러지기에 축생이라 한다. 〔문〕 길러지는 것을 축생이라고 한다면, 모든 용처럼 물·육지·공중 등을 다니는 것을 어떻게 기를 수 있으며, 축생이라 하겠는가? 〔답〕 기른다는 것은 그 뜻이 넓어 인간과 육천에도 모두 미친다. 기르지 않는 것이란 그 처함이 좁아 오직 인간의 산과 들 그리고 늪 뿐이다. 또 옛날에는 모든 용도 사람이 길렀다는 사실이 다 책에 있다. 지금은 길러 받음이 많은 것을 치우쳐 축생이라 한다. 또 『입세론』에서는 이렇게 말한다. 축생은 범어로 지〈도(都)와 리(履)를 반절한 음이다〉율거라 하니, 아첨한 업 때문에 그 중에 나기 때문이다. 또 이 길의 중생들은 대부분 엎드려 다니기에 지율거라고 한다. 畜生者 如婆沙論中釋 生謂衆生 畜謂畜養 謂彼橫行 稟性愚癡 不能自立 爲他畜養 故名畜生 問曰 若以畜養 名畜生者 如諸龍水陸空行 豈可爲人所養 名爲畜生耶 答曰 養者義寬 具滿人間 及以六天 不養者處狹 唯在人中 山野澤內 又古昔諸龍 亦爲人養 具在文史 今從畜養偏多 故名畜生 又立世論云 畜生梵名 底〈都履反〉栗車 由因諂曲業故 於中受生故 復說 此道衆生 多覆身行 故說名底栗車”라고 하였다. 〔참고문헌〕『三法度論』, 『法苑珠林』, 『中阿含經』 권53 「癡慧地經」(대정장1, p.761a15), *Lal-v.16·39.*, *Saddh-p.77.*, *MN.1.73.* ⇨ 방생 傍生, 지율거 底栗車, 오도 五道, 육도 六道, 삼악도 三惡道

축생계 畜生界 Ⓟ tiracchāna-yoni, tiracchāna-yonika. 축생의 계. 방생계(傍生界)라고도 하며 제리야구유니가(帝利耶瞿榆泥伽)라고 음사한다. 십계(十界) 중 하나다. 탐욕스럽고 어리석은 세계를 다 들어 말하기도 한다. 『승번영락다라니경』(대정장21, p.925c17)에 “일체유정은 갖가지 죄업을 짓고, 몸 무너져 목숨 마치면 악취에 떨어진다. … 혹 아귀계에 떨어지거나, 혹 축생계에 떨어진다. 一切有情 造種種罪業 身壞命終 墮於惡趣 … 或墮餓鬼界 或墮畜生界”, 『마하지관』 권8(대정장46, p.103a22)에 “욕인연 때문에 부끄럼 알지 못하고, 미련하게 저돌적이고, 예의로 돌아감 없어서 사람의 종성을 잃으면, 이를 ‘탐욕으로 축생계에 난다’라 한다. 爲欲因緣 不知慚恥 魯扈觝突 無復禮義 亡失人種 是名貪欲生畜生界”, 같은 책 권10(대정장46, p.138a18)에 “무참무괴가 곧 축생계다. 無慚無愧 卽畜生界”, 『불조통기』 권50(대정장49, p.449c7)에 “축생계는 저 염념이 오욕에 빠져 있어 탐이 많은 권속이다. 날로 늘고 달로 심해져도 채워 물림이 없다. 뜻과 물을 굽게 해 자름에 끊어 함께할 줄 모르고 비법이어도 재를 취한다. 움직임에 의를 말미암지 않고 오직 자기 이로움만 꾀한다. 외롭고 가난한 이 측은히 여기지 않고 남의 재물 떼먹는데 밝다. 미련하게 저돌적이어서 저자에서 바꿈에 곧음을 등지고 공행으로 빼앗는다. 충효치 않으며 똑똑치도 미련치도 않으며, 인과도 삼보도 믿지 않아 어리석고 부끄러움 없는데, 드러난 그대로 축생과 다름없다. 이를 축생법계라 한다. 畜生界 若其念念 耽湎五欲 貪多眷屬 日增月甚 而無厭足 曲理枉物 斷不以公 非法取財 動不由義 秖圖利已 不惻孤貧 明負他財 魯扈抵突 市易負直 公行劫奪 不忠不孝 無賢無愚 不信因果 不信三寶 癡騃無恥 現同畜生 是名畜生法界"라고 하였다. [참고문헌]『勝幡瓔珞陀羅尼經』,『摩訶止觀』,『佛祖統紀』, *Nidd. I.132·407.* ⇨ 십계 十界[2], 제리야구유니가 帝利耶瞿榆泥伽

축생난 畜生難 축생으로 난 어려움. 삼종액난(三種厄難)·팔난(八難)·십삼난(十三難)의 하나다.『보살행문제경요집』권하(대정장17, p.959c9)에 "수행보살이 또 다시 이처럼 하면 또한 삼종액난해서 해탈할 수 있다. 무엇이 셋이냐면, 지옥난·아귀난·축생난이다. 修行菩薩 亦復如是 亦得解脫三種厄難 何者爲三 地獄難 餓鬼難 畜生難",『비니심』(대정장85, p.661b10)에 "(十三難 중) 열두 번째는 축생난이다. 용이나 여우는 화하여 사람 모습이 되어도 계를 받게 할 수 없다. 十二 畜生難 若龍若狐 化爲人形 不得與受戒",『비니작지속석』권4(卍속장65, p.85b1)에 "팔난이란 … 두 번째는 축생에 있는 어려움이다. 축생종류는 하나가 아니고, 또한 각그 인을 따라 보를 받는데, 늘 채찍을 맞거나 살해되거나 혹은 서로서로 먹고 먹힌다. 받는 괴로움은 무궁한데도 부처님 만나 법 들음에 막혀 있으므로 축생난이라 한다. 八難者 … 二 在畜生難 謂畜生種類不一 亦各隨因受報 常受鞭打殺害 或互相呑噉 受苦無窮 障於見佛聞法 故名畜生難"라고 하였다. [참고문헌]『菩薩行門諸經要集』,『毘尼心』,『毘尼作持續釋』,『法門名義集』(대정장54, p.204b2). ⇨ 팔난 八難, 십삼난 十三難

축생도 畜生道 Ⓢ tiryag, tiryag-yoni, Ⓟ tiracchāna-yoni, Ⓣ dud-'gro'i-skye-gnas. 삼악도(三惡道) 또는 육도(六道) 중 하나. 축생이 의지하여 사는 곳. 축생취(畜生趣)라고도 한다.『불소행찬』권3「아유삼보리품 阿惟三菩提品」(대정장4, p.27a22)에 "모든 축생업을 짓는데, 업이 갖가지로 다르고 죽어서 축생도에 떨어지는데 갖가지로 각각 다른 몸을 받네. 혹은 가죽과 살로 죽고, 털·뿔·뼈·꼬리·깃털로 죽네. 또 서로 해치고 죽이거나 친척을 서로 잡아먹네. 무거운 것 짊어지고 멍에 쓰고 채찍 맞고 갈고리에 찔리네. 상처로 고름과 피가 흐르는데 배고픔과 목마름을 풀지 못하네. 전전하며 서로 해치고 죽이며 자재력 없네. 공중과 수중과 육지를, 죽음 피해 도망하여도 그럴 곳 없네. 造諸畜生業 業種種各異 死墮畜生道 種種各異身 或爲皮肉死 毛角骨尾羽 更互相殘殺 親戚還相噉 負重而抱軛 鞭策鉤錐刺 傷體膿血流 飢渴莫能解 展轉相殘殺 無有自在力 虛空水陸中 逃死亦無處", 36권본『대반열반경』권34(대정장12, p.837a24)에 "비록 범천의 몸 내지 비상비비상천을 받더라도 목숨 마치면 다시 돌아가 삼악도에 떨어진다. 비록 사천왕 내지는 타화자재천신이 되더라도 목숨 마치면 축생도 중에 나서 사자·호랑이·코뿔소·승냥이·늑대·코끼리·말·소·당나귀가 된다. 雖復得受梵天之身 乃至非想非非想天 命終還墮三惡道中 雖爲四王 乃至他化自在天身 命終生於畜生道中 或爲師子 虎兕豺狼 象馬牛驢",『대지도론』권27(대정장25, p.257c29)에 "세 가지 축생도가 있으니, 땅 다니는 것, 물 다니는 것, 하늘 다니는 것이다. 三種畜生道 地行水行空行"라고 하였다. [참고문헌]『佛所行讚』,『大般涅槃經』,『大智度論』,『法門名義集』(대정장54, p.204b8), *Bhai.167.*, *Abh-k-bh.179.* ⇨ 축생취 畜生趣, 축생인 畜生因, 도도 刀途, 불축생론 不畜生論, 삼악도 三惡道

축생식시 畜生食時 사식시(四食時) 중 하나로 축생이 먹는 때.『법원주림』권42(대정장53, p.611c29)에 "『비라삼매경』에 세존께서 법혜보살에게 설하시길, 먹는 때는 네 가지가 있다. 아침은 천식시, 정오는 법식시, 저녁은 축생시, 밤은 귀신식시라 하였다. 毘羅三昧經 世尊爲法惠菩薩說云 食有四種 旦天食時 午法食時 暮畜生食時 夜鬼神食時",『금강경찬요간정기』권3(대정장33, p.189b15)에 "하루 밤낮 십이시는 총 사분을 이룬다. 첫 번째 초분은 인묘진으로 제천식시고, 두 번째 중분은 사오미로 인법식시며, 세 번째 포분은 신유술로 귀신식시고, 네 번째 야분은 해자축으로 축생식시다. 一日夜十二時 總成四分 一 初分 卽寅卯辰 諸天食時 二 中分 卽巳午未 人法食時 三 晡分 卽申酉戌 神鬼食時 四 夜分 卽亥子丑 畜生食時"라고 하였다. [참고문헌]『法苑珠林』,『金剛經纂要刊定記』. ⇨ 사식시 四食時

축생신 畜生身 축생계(畜生界)에 나는 몸.『보살본연경』권하(대정장3, p.65b24)에 "악업을 행함은 또한 이와 같으니, 극중악자는 지옥에 떨어지고, 중품악자는 축생신을 받으며, 최하품자는 아귀 중에 난다. 이 같은 삼악품 멀리 여의면 사람 중에 날 수 있다. 行惡業者 亦復如是 極重惡者 墮于地獄 中品惡者 受畜生身 最下品者 生餓鬼中 遠離如是三品惡已 得生人中",『관정경』권12「관정발제과죄생사득도경 灌頂拔除過罪生死得度經」(대정장21, p.534b8)에 "저 사람이 어리석어 부모와 스승과 벗의 가르침을 받지 않고, 부처님을 믿지 않고, 경과 계를 믿지 않으며, 성스러운 승가를 믿지 않아 응당 삼악도 중에 떨어지면, 사람 종성을 잃어버리고 축생의 몸을 받는다. 若人愚癡 不受父母師友敎誨 不信佛 不信經

戒 不信聖僧 應墮三惡道中者 亡失人種 受畜生身"라고 하였다. 〔참고문헌〕『菩薩本緣經』, 『灌頂經』, 『大智度論』 권93(대정장25, p.712a23). ⇨ 축생계 畜生界

축생유 畜生有 축생으로서의 유(有). 칠유(七有) 또는 이십오유(二十五有)의 하나다. 『장아함십보법경』 권상(대정장1, p.236b14)에 "세 번째 칠법으로 칠유를 알아야 할 것이다. … 두 번째는 축생유이다. 第三七法 當知七有 … 二 爲畜生有", 36권본 『대반열반경』 권13(대정장12, p.690b3)에 "선남자야, 보살마하살은 무외지에 머무르며 이십오삼매를 얻어 이십오유를 무너뜨린다. 선남자야, 무구삼매를 얻으면 지옥유를 무너뜨릴 수 있고, 무퇴삼매를 얻으면 축생유를 무너뜨릴 수 있다. 善男子 菩薩摩訶薩 住無畏地 得二十五三昧 壞二十五有 善男子 得無垢三昧 能壞地獄有 得無退三昧 能壞畜生有", 『대명삼장법수』 권23(영락장182, p.341b7)에 "축생은 금수의 류이다. 중생은 과거 어리석은 인으로 현재 축생과를 감하는데, 인과가 없지 않기에 '축생유'라 한다. 畜生者 禽獸之類也 謂衆生由過去愚癡之因 感現在畜生之果 因果不亡 故名畜生有", 같은 책 권36(영락장183, p.14a2)에 "둘째로 불퇴삼매는 축생유를 깬다. 보살은 지계와 선정을 닦아 모든 악업을 깬다. 스스로 불퇴를 얻어 불퇴삼매를 증하고 저 중생이 축생고 받음을 불쌍히 여긴다. 이 삼매로 그들이 모든 악을 멀리 버리고 길이 선도에서 퇴실치 않는다. 二. 不退三昧破畜生有 謂菩薩修於持戒禪定 破諸惡業 自獲不退 證於不退三昧 愍彼衆生受畜生苦 故以此三昧 令其遠捨諸惡 永不退失善道也"라고 하였다. 〔참고문헌〕『長阿含十報法經』, 『大般涅槃經』, 『大明三藏法數』. ⇨ 칠유 七有, 이십오유 二十五有

축생인 畜生因 Ⓢ tiryag-yoni-hetu. 축생에 나는 인(因). 80권본 『화엄경』 권35 「십지품 十地品」(대정장10, p.185c16 : *Daś-bh.*, p.16)에 "십불선업도(Ⓢ daśa-akuśalāḥ karmapathāḥ) 중 그 상은 지옥인(Ⓢ niraya-hetu), 중은 축생인, 하는 아귀인(Ⓢ yama-loka-hetu)이다. 그중 살생죄(Ⓢ prāṇātipāta)는 중생을 지옥·축생·아귀로 떨어지게 한다. 十不善業道 上者地獄因 中者畜生因 下者餓鬼因 於中 殺生之罪 能令衆生墮於地獄畜生餓鬼", 『석씨요람』 권중(대정장54, p.292a19)에 "축생인 : 『업보차별경』에 십업을 갖추면 축생으로 난다 하니, 첫째 몸으로 짓는 악, 둘째 입으로 짓는 악, 셋째 뜻으로 짓는 악, 넷째 탐으로 일으킨 악, 다섯째 성냄으로 일으킨 악, 여섯째 어리석음으로 일으킨 악, 일곱째 중생을 헐뜯고 욕함, 여덟째 중생을 괴롭히고 해를 끼침, 아홉째 부정물을 베풂, 열째 사음이다. 畜生因 業報差別經云 具造十業生畜生 一 身惡 二 口惡 三 意惡 四 從貪起惡 五 從嗔起惡 六 從癡起惡 七 毁罵衆生 八 惱害衆生 九 施不淨物 十 邪婬", "『변의경』에 따르면, 오사로 축생을 짓는다 하니 첫째 계 범하여 사사로이 훔침, 둘째 빚지고 갚지 않음, 셋째 목숨있는 것들 죽임, 넷째 경법 듣어 받음을 기뻐하지 않음, 다섯째 항상 인연 있으나 재회를 아껴 어렵게 함이다. 辯意經云 有五事作畜生 一 犯戒私竊 二 負債不還 三 殺生 四 不喜聽受經法 五 常以因緣 艱難齋會"라고 하였다. 〔참고문헌〕『華嚴經』, 『釋氏要覽』, *Daś-bh.*

축생취 畜生趣 Ⓢ tiryag-yoni-gati, Ⓟ tiracchāna-gata, tiracchāna-yoni, Ⓣ dud-'gro'i-skye-gnas. 육취(六趣) 중 삼악취(三惡趣) 중의 한 취로 축생인(畜生因 Ⓢ tiryag-yoni-hetu)으로 나서 가는 곳. 줄여서 축취(畜趣)라고도 하고, 축생도(畜生道)·방생취(傍生趣)라고도 한다. 『잡아함경』 권47(대정장2, p.340c23)에 "두 깨끗한 법이 있어 능히 세간을 감싼다. 어떤 것들이 그 둘인가? 이른바 참과 괴다. 가령 세간에 이 두 깨끗한 법이 없다면, 세간은 또한 부모·형제·자매·처자·종친·사장 등 존비의 서가 있음 몰라서 전도되고 혼란함이 저 축생취와 같다. 두 가지 깨끗한 법, 참과 괴가 있기에 세간은 부모 내지 사장 등의 높고 낮음의 서가 있음을 알아서 축생취처럼 혼란하지 않다. 有二淨法 能護世間 何等爲二 所謂慚愧 假使世間 無此二淨法者 世間亦不知 有父母兄弟 姊妹妻子 宗親師長 尊卑之序 顚倒渾亂 如畜生趣 以有二種淨法 所謂慚愧 是故世間知有父母 乃至師長尊卑之序 則不渾亂如畜生趣", 『약사여래본원경』(대정장14, p.402b25)에 "혹 중생은 시기와 질투로 자기만 칭찬하고 타인은 칭찬하지 않는다. 이런 모든 중생은 스스로 높이고 타인을 가볍게 여김으로 삼악도에서 무량천세 온갖 고통스런 독을 받는다. 무량천세 지나 그 목숨이 다하면 축생취에 나는데, 소·말·낙타·당나귀가 되어 채찍과 몽둥이로 맞고 배고픔과 목마름의 괴로움으로 허덕이며 무거운 것을 몸에 짊어지고 길을 따라 다닌다. 或有衆生 以妬忌故 但自稱讚 不讚他人 此諸衆生 以自高輕他故 於三惡道 無量千歲 受諸苦毒 過無量千歲已 於彼命終 生畜生趣 作牛馬駝驢 鞭杖捶擊 飢渴逼惱 身負重擔 隨路而行", 『소실육문』 「파상론 破相論」(대정장48, p.367b14)에 "어리석음의 업이 무거운 이는 축생취에 떨어진다. 癡業重者 墮畜生趣", 『석씨요람』 권중(대정장54, p.292a17)에 "축생취 : 『입세아비담론』에서 범어로 지〈도와 리의 반절〉률거는 한역하여 축생이라 하였다. 『대비바사론』에서는 '방생'이라 하는데, 그 생김새 험하다 여기기 때문이다. 畜生趣 立世論云 梵語底〈都履切〉栗車 此云 畜生 大婆沙論云 傍生 謂其形謗故"라고 하였다. 〔참고문헌〕『雜阿含經』, 『藥師如來本願經』, 『少室六門』, 『釋氏要覽』, *Vikī-n.76.*, *Kv.30.* ⇨ 축생도 畜生道, 축생인 畜生因, 삼악취 三惡趣

축서사 鷲棲寺 경상북도 봉화군 물야면 개단리 문수산(文殊山)에 있는 절. 대한불교조계종 고운사(孤雲寺)의 말사다. 당시 지림사(智林寺)의 주지가 산에서 일어나는 서광(瑞光)을 보고 의상(義湘)과 가보니 비로자나불이 있어 673년(문무왕13)에 절을 지었다고 전한다. 867년(경문왕7)에 세워진 탑에 봉안된 축서사석탑사리합(鷲棲寺石塔舍利盒)이 국립중앙박물관에 전한다. 1905년과 1907년에 의병들의 근거지였다는 이유로 일본군이 불을 질러 거의 전소되었다. 이후 삼성각을 복원하고 1957년과 1982년에 각각 요사 2동을 신축하였다. 1996년에 중창불사를 시작하여 1999년에 대웅전을 완공한 이후 지금에 이른다. 현존하는 당우로는 대웅전·보광전·적묵당·심검당·선열당·요사 등이 있으며, 성보문화재로는 보물 제995호 석조비로자나불좌상 및 목조광배와 제1379호 괘불탱, 문화재자료 제157호 삼층석탑과 제158호 석등이 있다. 〔참고문헌〕『韓國寺刹全書』 권하 p.1105b8, p.1106a12.

축서사괘불탱 鷲捿寺掛佛幀 보물 제1379호, 1768년, 세로 884cm, 가로 507cm. 문수산 축서사에 봉안된 축서사괘불탱은 단독의 여래상으로 편단우견에 항마촉지인을 결한 석가모니여래도다. 둥근 얼굴과 넓은 어깨를 지녔으며, 여래의 가사와 광배 가장자리에는 괘불탱답게 장중하면서 화려함을 강조하는 금강저와 화문을 비롯하여 다양한 문양을 곳곳에 시문하였다. 이 여래의 두광과 신광 가장자리에는 화불존상들이 좌우에 배치되어 있는데, 문수·보현 2위의 보처보살을 비롯하여 합장인·여원시무외인·항마촉지 등 각기 다른 수인의 화불들, 두광 상단의 좌우 각각에 7위의 화불로 장엄하였다. 배경도 역동적인 운문으로 장식하였고, 채색은 적녹청 등이 주류다. 양식적 특징으로 보아 전형적인 18세기 중후반 조선불화양식을 갖췄다. 또한 이 괘불탱은 화기와 별도로 괘불원문과 후렴통·사리·씨앗류·다라니 등이 담긴 복장낭(腹藏囊)이 온전하게 남아 있어 제작에 참여한 화승들을 알 수 있는데, 정일(㞢一)·낙선(樂先)·수정(守㞢)·일성(一成)·인찬(印贊) 등 모두 16명의 화승이 제작에 참여하였다.

축서사괘불탱

축서사석불좌상부광배 鷲捿寺石佛坐像附光背 통일신라시대 불상. 보물 제 995호. 높이 불상 108cm, 대좌 96cm. 문수산 축서사 보광전에 봉안된 것으로 상 전체에 호분이 입혀졌으며 목조 광배는 후대에 보수된 것이다. 적묵당 앞에 세워진 삼층석탑에서 발견된 납석제 사리합(舍利盒)에 새겨진 명문을 통해 신라 헌덕왕 때의 시중이었던 김양종의 막내딸인 명단(明端)이 부모님을 위하여 발원한 것으로 867년(경문왕7)에 석탑과 함께 조성하였음을 알 수 있다. 사리호의 밑바닥에는 석장 신노(神孥)가 탑을 제작했다고 새겨져 있다. 얼굴을 약간 안으로 당겨 반듯하게 앉아 있는 자세로 몸에 비해 얼굴이 작고 다리의 폭이 넓어 안정적이다. 어깨와 다리의 폭이 차이가 없고 두 팔을 몸에 붙이고 있어 사각형에 가까운 불신이다. 양 어깨를 덮은 통견의 법의는 팔 위를 거쳐 다리 위로 흘러내렸는데 대각선으로 입은 내의와 띠매듭, U자형으로 늘어진 굵은 옷깃에 꽃무늬가 장식된 점, 다리 사이의 옷주름이 물결처럼 표현된 점이 특이한데, 9세기의 통일신라후기 불상에서 많이 나타나는 특징이다. 대좌는 상중하대로 구성된 전형적인 팔각연화대좌이다. 중대와 하대 사이에 있는 별석도 통일신라의 비로자나불상 대좌에 공통적으로 나타나는 특징이다. 목조광배는 두광과 신광을 하나로 한 주형 거신광(擧身光)으로 검은색 바탕에 금니와 붉은 색을 칠하여 화려하고 장식적이다. 광배 형태나 문양 등으로 보아 조선시대에 제작한 것으로 보인다. 〔참고문헌〕 이숙희 『통일신라시대 밀교계 불교조각 연구』(학연문화사, 2009) pp.175~176.

축서사석불좌상부광배

축서사석탑사리합기 鷲棲寺石塔舍利盒記 경상북도 봉화군 물야면 개단리 축서사삼층석탑에서 발견된 납석사리합 명문. 사리합은 국립중앙박물관에 있으며, 『조선금석총람』 권상 p.55에 전하는 명문에 "스님 언부의 모친 이름 명단은 아버지 이찬 김양종의 막내딸로서 몸소 스스로 홍서를 발하여 오롯이 불탑 일으켜 세우고 이미 정토업을 감하여 티끌진 나라의 중생을 이롭게 하고자 하였다. 이러한 뜻 효순하여 이 탑을 건립하니 불사리 열 개를 모셨으며, 티없이 깨끗한 하나의 단을 만드니 단사는 황룡사 현거이시다. 대당 감통 8년(867년·경문왕7)에 세우다. 석장은 신노. 釋彦傳母親 諱明端考伊飡金亮宗公之季女 親自發弘誓 專起佛塔 已感淨土之業 兼利穢國之生 孝順此志 建立玆塔 在佛舍利十粒 作无垢淨一壇 壇師皇龍寺賢炬 大唐感通八年建 石匠神孥"라 하였다. [참고문헌]『朝鮮金石總覽』.

축선화상어록 竺僊和尙語錄 원대 축선범선(竺僊梵僊 1292~1348)의 어록. 예요(裔堯)·예강(裔綱) 등 엮음. 4권. 대정장80, pp.334a4~447a9, No.2554에 수록되어 있다. 『축선선사어록』·『축선록』 등이라고도 한다. 축선이 일본에서 법을 전했던 당시의 어록집이다. 정묘사(淨妙寺)·남선사(南禪寺)·진여사(眞如寺)·건장사(建長寺)·정지사(淨智寺)·무량수사(無量壽寺) 등에서 남긴 어록을 편집하였다. 법어(法語)·게송(偈頌)·찬어(贊語)·행도기(行道記)·탑명(塔銘) 등으로 구성되어 있다. 지인(至仁)의 「서 序」·청욕(淸欲)의 「발 跋」, 범기(梵崎)의 「발」, 「탑명 塔銘」 등이 붙어 있고, 권하의 하에 부록으로 『천주집 天柱集』 1권이 수록되어 있다.

축성 祝聖 임금을 위해 축원하다. 『백장청규』 '축리장 祝釐章'에 의하면 황제의 생일과 즉위일, 사재일(四齋日), 초하루와 보름등에 행해졌다. 『원오어록』 권4(대정장47, p.727c27)에 "향을 집어 들고 국왕의 성수를 축원하며 말했다. '대중들이여! 보이는가? 조사와 부처는 같은 뿌리이고, 사람과 하늘은 함께 찬양한다. 보배 산개와 상서로운 구름을 엮어서 함께 남산의 성수를 축원 드리니 받들건대 금상황제께서는 만세를 누리고 만만세를 누리소서. 엎드려 바라건대 도는 반고를 뛰어넘고 덕은 복희와 헌원을 넘어서며, 지위는 영원히 금륜에 머물고, 성수는 겁석과 같이 두루 견고하소서'. 拈香祝聖云 大衆見麽 祖佛同根本 人天共讚揚 結成寶蓋祥雲 共祝南山聖壽 奉爲今上皇帝 萬歲萬萬歲 伏願 道超盤古 德冠羲軒 位永固於金輪 壽彌堅於劫石", 『대혜어록』 권5(대정장47, p.829b11)에 "대혜선사는 소흥 26년(1156) 11월 23일 명주 보은광효선사에서 개당하고 소를 읽고 향을 피워 성수를 축원하고서 법좌로 갔다. 천동화상이 백추를 울리며 말했다. '법연에 참석한 용상과 같은 대중들이여 제일의를 관해야 하리'. 師紹興二十六年十一月二十三日 於明州報恩光孝禪寺開堂 宣疏拈香祝聖罷 乃就座 天童和尙白槌云 法筵龍象衆 當觀第一義", 『연종보감』 권4 「자조종주 慈照宗主」(대정장47, p.326a29)에 "백련종 도사 자조종주는 전당 서호에 있는 소경사에 가서 성수를 축원하고 은혜에 감사드렸으며 불사를 마치고 평강으로 돌아갔다. 蓮宗導師慈照宗主 就錢塘西湖昭慶寺 祝聖謝恩 佛事畢回平江"라고 하였다. [참고문헌]『圜悟語錄』, 『大慧語錄』, 『蓮宗寶鑑』, 『칙수백장청규 역주』 pp.87~114. ⇨ 축리 祝釐, 축상 祝上, 축성상당 祝聖上堂, 축성염향 祝聖拈香, 축성풍경 祝聖諷經, 축연성수 祝延聖壽, 성절 聖節, 성절유 聖節由

축성도량 祝聖道場 국왕의 무병장수를 기원하는 도량. 성수재(聖壽齋)·축성수재(祝聖壽齋)·축성재(祝聖齋)·축성법회(祝聖法會)라고도 불렀다. 신하들이나 백성들이 국왕을 위해 개최하거나 고승 스스로가 국왕을 위해 개설하기도 하였다. 진정국사(眞靜國師) 천책(天頙)의 『만덕산백련사제사대진정국사호산록』 권하에는 새해를 시작하면서 국왕을 축성한 「신년축성 新年祝聖」(한불전6, p.206b18~c1)이 수록되어 있고, 원감국사(圓鑑國師) 충지(冲止 1226~1293)가 작성한 「축성동안거기시소 祝聖冬安居起始疏」가 『동문선』 권112와 『해동조계육세원감국사가송』(한불전6, pp.406c1~407a11)·『해동조계복암화상잡저』(한불전11, pp. 380c4~381a8) 등에 수록되어 있다. 「증지수좌관오묘지명 證智首座觀奧墓誌銘」(『교감역주역대고승비문』 고려편 3, p.337·342)에 의하면, 관오(1096~1158)는 "스님은 □□사와 원당인 충주 덕주사에 산승을 소집하여 항상 축성도량을 항상 설치하였다. … 스님은 이들 법당에서 친히 제자를 거느리고 아침저녁으로 정성껏 작법하되 … 감히 하루도 빠지지 않는 것을 항식으로 삼으니 모두 축성하는 소원이었다. 師乃□□寺及願堂忠州德周寺召集山僧 常置祝聖道場 … 所居堂宇之內 親率弟子等朝夕薰勤作法 … 不敢闕於一日 以爲恒式 凡此皆祝聖之願也"라고 하였다. 『가정집』 권3과 『동문선』 권70에 수록된 「창치금강도산사기 刱置金剛都山寺記」에 의하면, "기묘년(1339)에 쌍성총관 조후(趙琳)가 산승 계청에게 의논하여 요충지인 임도현에 … 불사를 창건하고 축성도량으로 삼았다. 至元己卯 雙城摠管趙侯謀于山僧戒淸 卽其要衝臨道縣 … 刱佛寺爲祝聖道場"라고 하였다. [참고문헌]『萬德山白蓮社第四代眞靜國師湖山錄』, 『東文選』, 『海東曹溪第六世圓鑑國師歌頌』, 『海東曹溪宓庵和尙雜著』, 『稼亭集』(韓國文集叢刊3, p.115b16), 李智冠『校勘譯註歷代高僧碑文』 高麗篇3. ⇨ 성수재 聖壽齋, 축성수재 祝聖壽齋, 축성법회 祝聖法會, 축상작법 祝上作法

축성법회 祝聖法會 국왕의 무병장수를 기원하는 법회. 축성도량(祝聖道場)의 하나이다. 『고려사』 권123 열전(列傳)36 폐행(嬖幸)1 영의(榮儀)에는 1157년(의종11)에 복자(卜者)이자 내시였던 영의(榮儀)가 "또 아뢰기를 '국왕이 장수하려면 제석석과 관음보살을 모셔야 한다'하여, 왕은 성상을 많이 그려서 중외의 사원에 나누어 보내 널리 불사를 베풀고 축성법회라고 이름하였다. 又奏曰 如欲延壽 須事天帝釋及觀音菩薩 王多畫其像 分送中外寺院 廣設梵宗 號曰祝聖法會"고 하였다. [참고문헌]『高麗史』. ⇨ 축성도량 祝聖道場

축성사 丑城寺 울산광역시 울주군 삼동면 하잠리에 있던 절. 『사탑고적고』에 따르면 부근에 축성원기지(丑城

員基址)로 있었다가 경작지로 바뀌었으며, 또한 총(塚)과 유사한 둘레 약 10칸(間)·높이 약 7척(尺)의 고분이 있다고 하였다. 『한국사찰전서』에는 축성(祝聖)의 오류로 추정하는 기록하고 있다. [참고문헌] 『寺塔古蹟考』, 『韓國寺刹全書』 권하 p.1105a5.

축성사 祝聖寺 중국 호남성(湖南省) 형산현(衡山縣) 서북쪽 약 17km 지점의 남악(南嶽) 동남쪽 기슭에 있는 절. 혜사(慧思)가 개산하였고, 회양(懷讓)·환유정전(幻有正傳)·밀운원오(密雲圓悟) 등이 주석하였다. 당대 승원(承遠)이 반주도량(般舟道場)을 설립하고 염불(念佛)을 부지런히 수행하였던 인연으로 미타사(彌陀寺)라 불리기도 한다. 대종(代宗) 치세기인 대력년간(766~779) 말에 반주도량이라는 이름을 하사받았다. 그 뒤에 승업사(勝業寺)라 개명하였다. 1677년(강희16) 행궁(行宮)을 설치한 이후로는 축성선사(祝聖禪寺)라 개칭하였다. 절 안의 장경각(藏經閣)에는 명남장(明南藏)을 소장하고 있다. [참고문헌] 『大淸一統志』 권281.

축성상당 祝聖上堂 송대(宋代) 국왕(國王)의 성수(聖壽)를 축원하고 행하는 설법. 『백장청규』 권2(대정장48, p.1119b9)에 "매월 삭망이면 시자가 하룻밤을 사이에 두고 주지에게 '내일 아침에 축성상당이 있습니다'라고 알린다. 다음날 아침에 다시 말씀드린다. 객두행자에게 분부하여 상당패를 걸고 대중에게 알려 죽공양이 끝나면 선판을 울리지 않고 승당으로 내려온다. 종을 세 번 치고 법좌를 펼친다. 凡旦望 侍者隔宿 稟住持 云來晨祝聖上堂 次早再稟 分付客頭行者 掛上堂牌報衆 粥罷不鳴下堂 鐘三下 俟鋪法座畢", 『선림상기전』 권11(불광장, 禪藏, p.793)에 "도충이 말한다. '매월 1일·5일·10일·15일·20일·25일마다 한 달에 모두 육참이 있다. 단 1일과 15일에 별도로 축성상당이 있다. 그러므로 이것을 제외하고 나머지 나흘을 오참이라고 한다'. 忠曰 朔日 五日 十日 十五日 二十日 二十五日 一月總有六參 但旦望 別有祝聖上堂 故除之 餘四日 名爲五參"라고 하였다. [참고문헌] 『百丈淸規』, 『禪林象器箋』. ⇨ 축성 祝聖, 오참상당 五參上堂

축성소 祝聖疏 국왕의 장수와 복을 기원하는 글. 동양덕휘(東陽德輝)의 『백장청규』 제일장(第一章)이 「축리장 祝釐章」(대정장48, p.1112c18)이듯이, 중국 사원에서는 임금을 위한 축성을 상례로 하는 등 축성소는 일찍부터 있었다. 진정국사(眞靜國師) 천책(天頙 1206~?)의 『호산록』 권4 「축성소」(한불전12, p.36c21)에 "이미 어필로 몸소 결사문의 제도 쓰셨으니 큰 일을 함께 맺었습니다.… 대개 임금의 계획이 공고하면, 대중의 마음은 정중하고 다른 이들도 두루 감춘 것을 살핍니다. 삼가 바라건대 땅에서는 숭악의 환호를 성가시게 하지 말고 하늘에서는 노성의 출현을 북돋게 하지 마소서. 旣御筆親題社文 同結大事 … 蓋在龍圖之鞏固 衆心鄭重他鑒周遮 伏願地不煩嵩岳之呼 天不借老星之現"라고 하였다. 원감국사(圓鑑國師) 복암충지(宓庵冲止 1226~1293) 의 『해동조계복암화상잡저』와 『동문선』 권112 소(疏)에는 석복암(釋宓庵)의 찬술에는 고려 국왕을 축원하는 「축성소」 여러 편과 함께 「축수소 祝壽疏」도 전하는데, 축성의 대상이 임금 뿐 아니라 왕족·관료일 경우에 축수소(祝壽疏)라고 부르기에, 「도원수김시중축수소 都元帥金侍中祝壽疏」(한불전11, p.376c21)와 「축영수소〈감로입원행〉 祝令壽疏〈甘露入院行〉」(한불전11, p.380a9)라고 하였으며, 「정혜입원축성하안거기시소 定慧入院祝聖夏安居起始疏」(한불전11, p.373a19)·「하신등보위축성소 賀新登寶位祝聖疏」(한불전11, p.380b12) 등처럼 글을 쓰게 된 계기나 이유를 제목에 더하기도 하였다. 이첨(李詹 1345~1405)의 『쌍매당협장집』 권25 소류(疏類)에 「은문한상국축수재소 恩門韓相國祝壽齋疏」가, 『동문선』 권113에 변계량(卞季良 1369~1430)의 「탄일축수소 誕日祝壽疏」 등도 전한다. 한편 축성재소(祝聖齋疏)·축수재소(祝壽齋疏)라고도 하는데, 『동문선』 권111에는 천인(天因 1205~1248)의 「초입원축성수재소문 初入院祝聖壽齋疏文」이, 보우(普雨 ?~1565)의 『나암잡저』에 「축성재소」(한불전7, p.590b1) 등이 전한다. 특히 보우의 「축성재소」에는 "삼가 바라건대 주상은 물론 선왕과 선후, 겸하여 각각 적은 법계망혼이 모두 승연을 이어서 정토의 구품연화대 위에 함께 태어나소서. 伏願主上云云 先王先后云云 兼及各各記付云云 法界亡魂 俱承勝緣 共生樂國九品蓮臺之上"라고 하여, 돌아가신 국왕과 왕비, 나아가 법계의 모든 영혼까지 다 들어 축원하였다. [참고문헌] 『百丈淸規』, 『湖山錄』, 『海東曹溪宓庵和尙雜著』, 『東文選』, 『懶菴雜著』, 『雙梅堂篋藏集』(韓國文集叢刊6, p.391b12).

축성수재 祝聖壽齋 국왕의 무병장수를 기원하는 불교의례. 축성도량(祝聖道場)의 일종으로 축성재(祝聖齋)라고도 불렀다. 대각국사(大覺國師) 의천(義天)은 「대송상국사축성수재소 大宋相國寺祝聖壽齋疏」(『대각국사문집』 권14·한불전4 p.551b18)에서 "제자는 송에 들어온 이후부터 조정에 알현할 때까지 교법을 구하려는 인연으로 황제의 은혜를 지극히 받았다. 감히 대궐로 마음을 두어 이에 금원에서 공양하여 중선의 인에 의지하고 무변의 복을 키우고자 한다. … 영원히 후천의 계획을 보전하고, 길이 제하의 지존이 되도록 하소서. 竊念弟子 自從入境 及在謁朝 緣敎法之攸求 荷宸恩而至重 敢馳心於紫極 爰設供於金園 庶憑衆 善之因 用殖無邊之福 … 永保後天之筭 長爲諸夏之尊"라고 하여, 「대송법운선원축성수재소 大宋法雲禪院祝聖壽齋疏」(같은 책 권14·한불전4 p.551c16~20)과 함께 송 황제의 장수를 기원하였다. 정명국사(靜明國師) 천인(天因)이 작성한 「초입원축성수재소문 初入院祝聖壽齋疏文」(『동문선』 권111)·『보한집』 권중의 김인경(金仁鏡 ?~1235)이 낙산(落山)의 축성재가 끝난 이후에 지은 시에도 고려의 축성수재 개설이 확인된다. 『고려사』 권19 세가(世家) 19 의종 23년(1169) 2월 을묘에는 "절을 짓고 불화를 그리고 공양하고 축성하였다. 創寺繪佛設齋祝聖"라고 하였다. [참고문헌] 『大覺國師文集』, 『東文選』, 『補閑集』, 『高麗史』. ⇨ 축성도량 祝聖道場, 축연성수 祝延聖壽

축성암 祝聖庵 **1** 강원도 고성군 오대면 냉천리 금강산(金剛山)에 있던 암자. 건봉사(乾鳳寺)의 산내 암자이자 백화암(白華庵)의 다른 이름이다. 『건봉사본말사적』에 백화암은 845년(문성왕7)에 창건되었고 일명 축성암이라고 전한다. [참고문헌] 『朝鮮佛敎通史』 권상, 『韓國寺刹全書』 권상 p.443a6, 『乾鳳寺本末事蹟』(亞細亞文化社, 1977) p.16. ⇨ 백화암 白華庵[1] **2** 강원도 인제군 북면 용대리 설악산(雪嶽山) 백담사(百潭寺)에 있던 산내 암자. 『건봉사본말사적』에 1884년(고종21)에 한암(漢庵)이 창건하고 1919년에 헐어 철거되었다고 전한다. [참고문헌] 『韓國寺刹全書』 권하 p.1105a10, 『乾鳳寺本末事蹟』(亞細亞文化社, 1977) p.70. **3** 경기도 연천군 보개산(寶盖山) 심원사(深源寺)에 있었던 암자. 선영(善影 1792~1880)의 『역산집』 권하 「보개산축성암상량문 寶盖山祝聖庵上樑文」(한불전10, p.954a15)이 전하는데, 이에 의하면 1807년(순조7)에 상량하였고 기봉당(奇峯堂) 쾌성(快誠)과 재가신자 황유(晃濰)가 장소를 정하였다고 한다. [참고문헌] 『櫟山集』. ⇨ 심원사 深源寺[4] **4** 전라남도 영암군 삼호읍 용당리 월봉산(月峰山)에 있는 암자. 대한불교조계종 대흥사(大興寺)의 말사다. 창건 연대는 확실하지 않으나, 1986년 조사 기록을 살펴보면 당시 관음전 왼편 암벽에 "세존불기 2954년(1927) 4월 일 주지 손진월, 도감 강원일, 공사 윤남광. 世尊佛紀二千九百五十四年四月日 住持孫瑱月 都監姜元一 公司尹南光"이라는 기록이 있다. 현존하는 당우로는 대웅보전·극락보전·범종각·요사 등이 있으며, 목조나반존자상이 문화재자료 제210호로 지정되어 있다. [참고문헌] 『朝鮮佛敎通史』 권상, 『韓國寺刹全書』 권하 p.1105a8, 『靈巖郡의 文化遺蹟』(國立木浦大學博物館·靈巖郡, 1986) pp.199~200.

축성염향 祝聖拈香 향을 피워서 성수(聖壽)를 축원하는 일. 『철편소화상어』(속고존숙어요4, 卍속장119, p.49b15)에 "선사는 천주 광효에 머물렀는데 판부의 청으로 개당하였다. 성수를 축원하여 향을 사르고 백추를 울리고 나서 말했다. '무엇을 제일의라고 하는가? 옆에 긍정하지 않는 사람이 있는가? 나와서 말해보라!' 師住泉州光孝 判府請開堂 祝聖拈香 白槌罷 師乃云 喚什麽作第一義 莫有傍不甘者麽 出來道看", 『선림상기전』 권9(불광장, 禪藏, p.599)에 "축성염향 : 유희의 『석명』에서 '염은 집는다는 뜻이다. 두 손가락으로 잡아서 놓치지 않는다는 뜻이다'라고 하였다. 도충이 말한다. '염향이란 향을 집어 들어 태우는 것을 말한다'. 도충이 말한다. '개당일에 향을 들어 천자를 축원하는 것은 섭현신정을 시작으로 한다'. 『섭현귀성선사록』에서 '선사께서 개당일에 향을 들어 대중에게 보이고서 말했다. 「이 한 조각 향은 남에게서 얻을 수 없으니 여주의 물과 흙이다. 황제의 만세를 축원하고 중신들의 천세와 문무백관들이 항상 녹위에 머물기를 기원합니다」'라고 하였다. 도충이 말한다. '이 어록에는 별도로 사법의 향이 없다. 여기서 남에게 얻을 수 없다는 등의 말은 법을 잇는다는 뜻과 비슷하다. 또한 신료의 향을 함께 들었는데 과거에는 이와 같이 간략하게 하였다'. 『신정인선사록』에서 '개당일에 향을 집어 들고서 이 한 가닥 향은 금상황제의 성수의 무강을 위해 바친다'라고 하였다. 이후 향을 사를 때 하는 말이 점차 공식화되어 4자·6자의 대구가 생겼는데 연조·불안 등의 어록에 보인다. 祝聖拈香 劉熙釋名云 拈 黏也 兩指翕之 黏著不放也 忠曰 拈 香者 拈起香而燒之也 忠曰 開堂拈香祝天子 蓋葉縣神鼎爲始 葉縣省禪師錄云 師開堂捻香示衆云 此一瓣香 不從他方得 卽汝州水土然 願皇帝萬歲 重臣千秋 文武百僚 常居祿位 忠曰 此錄 無別嗣法香 其不從他得等 似寓嗣法意 又以臣僚香 合拈 往時朴畧如此 神鼎諲禪師錄云 開堂日拈香 此一炷香 奉爲今上皇帝 聖壽無疆 爾後 香語稍文 有對語四六 見演祖佛眼等錄"라고 하였다. [참고문헌] 『鐵鞭韶和尙語』, 『禪林象器箋』. ⇨ 축성 祝聖, 염향 拈香

축성전 祝聖殿 평안북도 영변군 향산면 묘향산(妙香山)에 있는 전(殿). 대본산(大本山) 보현사(普賢寺)의 말사이자 산내암자 중 하나로 국가지정문화재 국보급 제42호로 지정되어 있다. 1875년(고종12)에 명성황후에 의해 세워진 것으로 전해지며 「현판기」에 왕실자금 팔천 냥으로 10개월 동안 지었다고 기록되어 있다. 정면 5칸·측면 2칸에 좌우 1칸씩을 'ㄷ'자형의 겹처마 형태의 건물이다. 건물 내외면에 산수화·무악도·불화·성좌도 등 다양한 주제의 그림이 그려져 있다. [참고문헌] 『韓國寺刹全書』 권하 p.1105a13, 『北韓寺刹研究』(寺刹文化研究院, 1993) p.643.

축성전 묘향산 보현사 1875년

축성풍경 祝聖諷經 성수(聖壽)를 축원하기 위해 경을 독송하다. 『백장청규』 권2 「불성도열반 佛成道涅槃」(대정장48, p.1116a21)에 "부처님께서 열반하신 날에 주지가 먼저 불전에서 향을 들어 축성풍경을 마친 다음 법좌에 올라 축향하고 말한다〈부처님의 열반일에 모사 주지 교법을 전하는 먼 법손 비구 아무개는 보배 향을 사르고 본사이신 석가여래대화상께 공양드리며 위로는 자애로운 은덕에 보답하고 아래로는 법계중생과 함께 애도 드립니다. 원컨대 법신이 상주하시고 법륜을 다시 굴리시어 모든 중생이 무생인을 깨닫기를 바랍니다〉. 다음으로 가부좌하고 말한다〈2월 15일에 본사이신 석가여래대화상께서 열반에 드신 날을 공경히 맞이해 비구대중을 인솔하여 향화·등촉·다과·진수를 준비하여 공양드립니다. 먼 법손인 비구 아무개주지는 이 법좌에 올라 열반묘심을 거양하고 쌓은 특별한 공덕으로 위로 자애로운 은덕에 보답하고 법계중생이 함께 원만하게 지혜를 심을 수 있기를 바랍니다〉. 涅槃日 住持先於佛殿拈香 祝聖諷經畢 次第上堂 祝香云〈佛涅槃日 某寺住持 遺敎遠孫 比丘某甲 虔爇寶香 供養本師釋迦如來大和尙 上酬慈蔭 下與法界衆生 同伸攀慕 所冀法身常住 法輪再轉 一切有情 悟無生忍〉 次趺坐云〈二月十五日 恭遇本師釋迦如來大和尙入涅槃之辰 率比丘衆 嚴備香花燈燭茶果珍饈 以伸供養 住持 遺敎遠孫 比丘某甲 陞於此座擧揚涅槃妙心 所集殊勛 上酬慈蔭 普願法界衆生 同圓種智者〉" 라고 하였다. 〔참고문헌〕『百丈淸規』. ⇨ 축성 祝聖

축송병서 祝頌幷序 혼원세환(混元世煥 1853~1889)이 이만직(李萬稙)을 축원한 글. 『혼원집』 권1(한불전11, p.713b17)에 "지금 어사대부 이만직은 이익과 혜택은 백성에게 베풀고 명성은 세상에 빛냈습니다. … 우연히 사문 혜를 뵙고는 70민의 돈으로 절을 돕고 부처님께 공양하였습니다. … 스님은 산에서 축원하고 백성은 들에서 칭송하였습니다. … 원하건대 합하는 … 수신제가치국평천하를 이루소서. 今御史大夫李公萬稙 利澤施於人 聲名昭于世 … 偶到沙門惠 以七十緡金 助寺供佛 … 僧祝于山 民頌於野 … 抑願閤下 … 達修身齊家治國平天下之道"라고 하였다. 〔참고문헌〕『混元集』.

축쇄장경 縮刷藏經 일본 명치(明治)시대에 간행한 대장경. 40질(帙) 1,916부 8,534권. 갖춘 이름은 대일본교정축각대장경(大日本校訂縮刻大藏經)이고, 축쇄대장경(縮刷大藏經)·축책장경(縮冊藏經)·축장(縮藏) 등으로도 부른다. 납으로 만든 신활자(新活字)를 이용하였다. 도전번근(島田蕃根 1827~1907)·복전행계(福田行誡 1809~1888) 등이 편찬을 주도하여 동경(東京)의 홍교서원(弘敎書院)에서 1880년(明治13)에서 1885년(明治18) 사이에 출판하였다. 고려대장경(高麗大藏經)을 저본으로 하고 송(宋)·원(元)·명(明)의 대장경을 대조하여 교감하였으며, 일본에서 간행한 밀교경궤(密敎經軌)와 일본 여러 종파의 개조(開祖)의 저작을 조금 더하였다. 대승경전은 지욱(智旭 1599~1655)이 찬한 『열장지진 閱藏知津』의 체제를 따랐으며, 전통시대에 없던 구점(句点)을 찍어 가독력을 높였다. 이후 일본에서 간행하는 만자장경(卍字藏經)·대정신수대장경(大正新脩大藏經)의 성립에 중요한 영향을 주었을 뿐만 아니라, 청(淸)말 상해(上海)의 빈가정사(頻伽精舍)에서 사판(私版)으로 간행한 빈가장(頻伽藏)에도 큰 영향을 끼쳤다. ⇨ 대장경 大藏經

축수굴 竺修窟 강원도 고성군 서면 백천교리 금강산(金剛山)에 있던 굴. 대본산 유점사(楡岾寺)의 부속암자 였다. 보우(普雨)의 『허응당집』 권상 「축수굴」, 이이(李珥 1536~1584)의 『율곡전서』 권1 등에서 언급되었으며, 이유원(李裕元 1814~1888)은 『임하필기』 권37 「봉래비서 蓬萊秘書」에 "석굴의 이름은 축수. 냇가에 자리를 잡아 깨끗하다〈하견성암의 서쪽에 있다〉. 石窟名竺修 瀟灑澗之湄〈在下見性之西〉"라고 하였다. 〔참고문헌〕『虛應堂集』, 『栗谷全書』, 『林下筆記』.

축수도량 祝壽道場 임금의 축수를 기도하기 위한 도량. 『고려사』 권4 세가(世家)4 현종(顯宗) 3년(1012) 6월 계축일에 "축수도량을 설치하는 것을 영원히 변하지 않는 법식으로 삼았다. 置祝壽道場永爲恒式"라고 하였다. 이후 축수재(祝壽齋)라는 이름으로 설행되었다. 〔참고문헌〕『高麗史』. ⇨ 축성도량 祝聖道場

축수재 祝壽齋 수명연장을 위해 개설한 의식. 1012년(현종3) 6월 계축일에 축수도량(祝壽道場)이란 이름으로 처음 개설되었으며(止置祝壽道場 永爲恒式), 이후 고려말까지 설행되었다. 조선시대에 들어서면서 태종과 세종·성종 등이 금하기도 하였으나, 이후로도 간헐적으로 이어지다가 중종대에 이르러서 국가공식행사로서는 자취를 감추었다. 〔참고문헌〕『高麗史』 권4 世家4. ⇨ 축성수재 祝聖壽齋

축숙란 竺叔蘭 서진(西晉)대 역경거사. 할아버지가 정치적 박해를 받아 부친이 마침내 피하여 중국으로 들어와 하남(河南)에 살았다. 범어를 어릴 때부터 자연스럽게 익혔고, 중국 본토 출신의 두 외삼촌 밑에서 경법(經法)을 수학하여 한문에도 정통하면서 역사를 비롯하여 다양한 글을 공부하였다. 당시의 청담(淸談)사상에 빠져 명사들과 교유하였다. 술 마시기를 좋아하여 마실 때마다 대여섯 말이 되어야 만족할 정도였다. 어느 날 죽었다가 살아나서 업과(業果)를 보고는 절도 있는 생활을 하며 자비를 닦고 오로지 경법에 마음을 쏟았다. 291년(원강1) 『수능엄경 首楞嚴經』 2권·『이유마힐경 異

維摩詰經』 3권 등을 한역하였다. 또한 무라차(無羅叉)와 함께 창원수남사(倉垣水南寺)에서 『방광반야경 放光般若經』 20권을 역출하기도 하였다. 석륵(石勒)의 난을 맞아 형주(荊州)로 피신한 뒤 질병 없이 생을 마감하였다. 『출삼장기집』 권7 「방광경기 放光經記」(대정장55, p.47c17)에 "그때 범본을 집행하는 이는 우전 출신 사문 무차라였고, 우바새 축숙란이 구전하였다. 時執胡本者 于闐沙門無叉羅 優婆塞 竺叔蘭口傳"라고 하였는데, 『역대삼보기』 권6(대정장49, p.61c15)·『불조통기』 권36(대정장49, p.338c28)·『대당내전록』 권2(대정장55, p.232b25) 등에는 모두 이름 앞에 사문(沙門)이라고 붙여 오류를 범하고 있다. 〔참고문헌〕『出三藏記集』, 『歷代三寶紀』, 『佛祖統紀』, 『大唐內典錄』, 『梁高僧傳』 권4 「朱士行傳」(대정장50, p.346c1), 『居士傳』 권1 「竺叔蘭」(卍속장149, p.800b13). ⇨ 달마시라 達磨尸羅

축승도 竺僧度 생몰연대 미상. 자는 현종(玄宗). 속성은 왕(王)씨. 이름은 희(晞). 서주(徐州 : 江蘇省) 동완(東莞) 출신. 열여섯에 이르기까지 모친을 모시고 살다가 같은 군의 초화(苕華)라는 여인과 결혼하였지만 초화의 모친이 사망하였고 얼마 지나지 않아 부친도 세상을 떠났으며 이어서 어머니마저 사망하였다. 무상함 깊이 느껴 출가하고 승도라고 개명하였다. 초화는 편지를 써서 환속을 설득하였으나 그 뜻이 깊다는 사실에 도리어 감복하여 불도에 대한 신심이 깊어졌다. 그때부터 승도는 불법에 매진하여 여러 경전을 궁구한 끝에 『비담지귀 毘曇旨歸』를 지어 세상에 유통시켰다. 그 뒤의 행적은 알 수 없다. 〔참고문헌〕『歷代三寶紀』 권7(대정장49, p.73b21), 『梁高僧傳』 권4(대정장50, p.351a6), 『新修科分六學僧傳』 권19(卍속장133, p.753b3).

축승랑 竺僧朗 오호십육국(五胡十六國)시대 스님 승랑(僧朗). 『양고승전』 권5 「축승랑전 竺僧朗傳」(대정장50, p.354b1)에 "축승랑은 경조 출신이다. 어려서 제방을 돌아다니며 도를 물었고, 오랜 뒤 관중으로 돌아와 오로지 강설을 맡았다. … 승랑은 늘 소식하고 베옷 입으며 뜻은 사람 밖을 즐겼다. 위진 황시원년(384)에 태산으로 옮겼다. … 진의 왕 부견은 그 덕을 흠모하여 사신을 보내어 초청하였지만, 승랑은 늙고 아프다고 똑같이 사양하여 이에 그만두게 하였다. 竺僧朗 京兆人也 少而遊方問道 長還關中 專當講說 … 朗常蔬食布衣 志耽人外 以僞秦皇始元年 移卜泰山 … 秦主符堅 欽其德素 遣使徵請 朗同辭老疾乃止", "후진의 요흥 또한 칭찬과 존중을 더하였으며, 연의 임금 모용덕도 승랑의 명성과 행을 흠모하여 임시로 동제왕이라 부르고 두 현의 조세를 주었지만, 승랑은 왕은 사양하고 조세만 취하여 복업을 일으켰다. 진 효무제는 글과 선물을 보냈으며, 위 임금 척발규 또한 글과 선물을 보냈으니, 그가 당시 사람들에게 공경받는 바가 이와 같았다. … 후에 산중에서 졸했는데, 춘추 85였다. 後秦姚興 亦加歎重 燕主慕容德 欽朗名行 假號東齊王 給以二縣租稅 朗讓王而取租稅 爲興福業 晉孝武致書遺 魏主拓跋珪 亦送書致物 其爲時人所敬 如此 … 後卒於山中 春秋八十有五"라고 하였다. 〔참고문헌〕『梁高僧傳』, 『集神州三寶感通錄』 권하(대정장52, p.433b4). ⇨ 승랑 僧朗 ❶

축승사미 逐蠅沙彌 벌레를 쫓아내는 사미. 7세부터 13세까지의 어린 사미. 삼품사미(三品沙彌 : 驅烏沙彌 應法沙彌 名字沙彌) 중 하나이며 구오사미(驅烏沙彌) 또는 축록사미(逐鹿沙彌)라고도 한다. 나이가 어려서 아직 무거운 소임을 감당할 수 없으므로 곡식을 말리는 곳에 날아드는 까마귀 등의 새들이나 음식주변에 몰려드는 파리 등을 쫓아버리는 일을 맡아 하기에 붙여진 이름이다. 〔참고문헌〕『四分律』 권34(대정장22, p.810c29). ⇨ 구오사미 驅烏沙彌, 삼품사미 三品沙彌

축양노비 畜養奴婢 노비를 먹여 기르다. 사람을 가축처럼 부리려고 기르는 일로 축노비(畜奴婢)라고도 한다. 36권본 『대반열반경』 권3(대정장12, p.623b29)에 "어떤 비구든 노비를 모으고 키우는 것은 물론 소와 양 등 법이 아닌 중생 기르는 것을 금한다. 만약 비구가 이와 같은 등의 부정한 중생을 기르면 응당 바로잡아야 한다. 制諸比丘 不應畜養奴婢 牛羊非法之物 若有比丘畜如是等 不淨之物 應當治之", 『범망경』 권하(대정장24, p.1006b24)에 "더욱이 노비를 모으지 마라. 때리고 구박하고 욕하고 꾸짖음으로 날마다 일어나는 삼업과 입으로 짓는 죄가 무량하다. 尙不畜奴婢 打拍罵辱 日日起三業口罪無量"라고 하였다. 〔참고문헌〕『大般涅槃經』, 『梵網經』, 『四分律』 권53(대정장22, p.962c24), 『遺敎經論』(대정장26, p.284a17).

축양중생 畜養衆生 목숨 있는 것들을 먹여 기르다. 『대방편불보은경』 권4 「악우품 惡友品」(대정장3, p.143b26)에 "또한 한 대신이 (선우태자에게) 말했다. '세간에서 이익을 얻음에 가축 사육보다 나은 일이 없으니 방목하여 번식시키는 방법이 그러한 이익 가운데 가장 큽니다'. 復有一大臣言 世間求利 莫先畜養衆生 放牧滋息 其利最大", 『입세아비담론』 권8(대정장32, p.212a26)에 "과거세에 어떤 업을 지어 (지옥에서) 찬바람을 맞고 거듭 살아날까? 과거세에 사람으로 살면서 가축을 사육하며 살이 찌도록 만들어 많은 고기를 얻고자 하였다. 이 업보로 찬바람을 맞고 살아나게 된다. 昔行何業 被冷風吹 昔在人中 畜養衆生 使令肥壯 欲得多肉 以是業報得冷風吹"라고 하였다. 〔참고문헌〕『大方便佛報恩經』, 『

立世阿毘曇論』. ⇨ 축생 畜生

축어 祝語 모두가 기뻐할 일에 당하여 축하하며 하는 말이나 법어. 마지막에 지축부진(至祝不盡)이나 지축만세(至祝萬歲) 등의 관용구로 마무리한다. 『선림상기전』 권13 「만세축군 萬歲祝君」(불광장, 禪藏, p.952)에 "거듭하여 '만세, 만세, 만만세'라 외치는 말은 『송사』 「발니국사」와 『도회』 「번국접조의」에 보인다. 그 예가 중국에서는 『원사』 「예악지」에 보인다. 그렇다면 이상과 같이 거듭 외치는 말은 본래 서융이나 북적의 축어가 아닐까? 累言 萬歲 萬歲 萬萬歲 見宋史 勃泥國事中 及圖會 蕃國接詔儀中 其於中國 見元史禮樂志 然則如上累言者 本是西戎北狄之祝語歟", 『석우법단』 권19(가흥장27, p.148b25)에 "창룡봉에 새로 산문을 건립하고 축어하다. '창룡이 푸른 못물을 마시더니 천고에 마셔도 마를 일 없었다. 방행에 파주를 겸하니 오가는 나그네 마음 서늘하다 하네. 종승의 도 문 없음으로 해탈문 삼고, 교승의 중도는 광대한 자비 문을 연다. 말해 보라! 마침어느 편을 따라야 옳을까?' 이윽고 주장자를 세우고 말했다. '쫓는 자 이 속으로 들라!' 蒼龍峰 新建山門 祝語 蒼龍飮碧潭 千古飮難乾 放行兼把住 來往客心寒 宗乘中道 無門爲解脫之門 教乘中道 開廣大之慈門 且道 畢究從那一邊卽是 乃卓拄杖曰 且從者裏入"라고 하였다. 〔참고문헌〕 『禪林象器箋』, 『石雨法檀』.

축연성수 祝延聖壽 국왕(황제)의 수명이 오래하기를 축원하다. 『백장청규증의기』 권1 「성절원만 聖節圓滿」(卍속장111, p.597a1)에 "황제가 부호함으로써 그 은덕 승가에 입히니 승가는 도를 밝혀서 익히고 닦아 보답한다. 이것은 법문의 가장 중요한 일이다. 그러므로 반드시 날이면 날마다 축연성수를 시행하고 일마다에서 축연성수를 하여 비로소 납자가 보은하는 진심을 다하게 된다. 오늘날 대웅전의 불전에 항상 만세패를 세워두는 까닭은 이러한 뜻 때문이다. 蓋皇以覆護 恩德被僧 僧以明道 熏修報答 此乃法門 第一要事 故須日日 祝延聖壽 事事祝延聖壽 方盡衲子報恩之誠 今正殿佛前 常供萬歲牌 卽是此意", 『선원청규』 권7 「존숙주지 尊宿住持」(卍속장111, p.916a5)에 "황제의 수명이 길이길이 연장되도록 축원하기 위하여 마땅히 대심을 부리고 대법을 연설한다. 蓋爲祝延聖壽 故宜運大心演大法", 『가태보등록』 권3 「장산법천장 蔣山法泉章」(卍속장137, p.79b16)에 "성절에 법좌에 올라 주장자를 잡고 법좌를 한 번 치고서 '이 공덕으로 국왕의 장수를 기원하노라'고 한 다음 곧바로 법좌에서 내려왔다. 聖節上堂 拈拄杖 擊法座一下 曰 以此功德 祝延聖壽 便下座", 『황룡혜남어록』(대정장47, p.630c11)에 "성절에 법좌에 올라앉아 말했다. '오늘은 황제가 강탄한 날이니 왕이 다스리는 땅과 모든 천하에 황제의 장수를 기원하는 행사가 없지는 않다. 여러분, 왕자를 알아보겠는가? 누구라도 알아보았다면 시방의 티끌처럼 무수한 국토가 모두 그 상좌의 것일 뿐 결코 다른 그 무엇도 아니니 곧바로 열반성 안에 앉아 꼿꼿한 자세로 팔짱을 끼고 아무 일 하지 않아도 삼계를 다스려 집으로 삼고 사생의 의지처가 될 것이다. 만약 알아보지 못하였다면 불전 안에서 향을 사르고 삼문 앞에서 합장하라'. 법좌에서 내려왔다. 聖節上堂云 今日皇帝降誕之辰 率土普天 祝延聖壽 卽不無 諸仁者 還識王子也未 若人識得 盡十方微塵刹土 皆屬上座 更非他物 便坐涅槃城裏 端拱無爲 統三界以爲家 作四生之依怙 若也未識 佛殿裡燒香 三門頭合掌 下座"라고 하였다. 〔참고문헌〕 『百丈清規證義記』, 『禪苑淸規』, 『嘉泰普燈錄』, 『黃龍慧南語錄』. ⇨ 축어 祝語, 축성 祝聖

축원 竺源 **1** 고려말 조선초 스님인 지천(智泉 1324~1395)의 법호. 〔참고문헌〕 「智正國師碑文」(『朝鮮金石總覽』 권하, p.766). ⇨ 지천 智泉 **2** 1861~1925. 조선후기에 중국에 가서 유학하고 돌아온 스님이다. 축원(竺源)은 휘, 호는 진하(震河), 속성은 서(徐)씨. 본관은 이천(利川). 아버지의 휘는 홍구(洪九), 어머니는 원주변씨(原州邊氏)부인이다. 1861년(철종12) 1월 19일 강원도 고성군 수동면 수잡리에서 서홍구씨의 맏아들로 태어났다. 1873년(고종10) 12세 때 금강산 신계사(神溪寺)로 찾아가 석주상운(石舟常運)을 은사로 하여 스님이 되었고 1874년(고종11)부터 1884년(고종21)까지에는 강원과 강원으로 다니면서 수학한 후 1884년 3월 24세 때 금강산 유점사(楡岾寺)에서 벽암서호(蘗庵西灝)율사로부터 비구계를 받았다. 이어 보광사(普光寺)의 대응탄종(大應坦鍾 1830~1894), 불갑사(佛岬寺)의 설두봉기(雪竇奉琪), 예천 용문사(龍門寺)의 용호해주(龍湖海珠 ?~1887) 등 종사로부터 교와 선을 배웠다. 뒤에 대응탄종의 법을 이어 받았으니 태고보우(太古普愚)의 제21세, 청허휴정(淸虛休靜)의 제15세, 환성지안(喚醒志安)의 제11세 법손인 셈이다. 1886년(고종23) 26세 때 본사인 금강산 신계사 보운암(普雲庵)에서 강원조실로 있으면서 17년간 후학을 지도하였다. 스님은 교리에 밝았을 뿐만 아니라, 신심 또한 돈독하여 준제신주(準提神呪) 일백만 편을 외웠고, 80권본 『화엄경』을 서사하였으며, 강회(講會)는 무려 34회나 가졌다. 1892년(고종29) 대선법계(大禪法階)를 품수하였고, 1895년(고종32) 중덕법계(中德法階)를, 1901년(광무5)에는 법주사 원장이 되었으며, 1902년(광무6) 법주사(法住寺) 부교정(副敎正)에 피선되었으며, 1911년 11월 17일자 총독부로부터 법주사 주지 취임승인을 받았다. 같은 해에 선사법계를 받았고, 곧이어 대선사법계(大禪師法階)를 품수하였으며, 1912년에는 중국 절강성(浙江省) 영파시(寧波市) 태백산(太白山) 천동사(天童寺)로 가서 선경안종(禪敬安宗)율사로부터 비구계와 보살계를 받았고, 상해(上海)에서 출간된 빈가장경(頻伽藏經)을 구입하여 법주사에 봉안했다. 그후 또 두 번째로 중국을 다녀왔다. 1914년 법주사 주지에 재임되어 6년간 주지직을 수행하면서 24년간 법주사에 주석하는 동안 호중(湖中)의 제일사찰로 면모를 바꾸었다. 같은 해 11월 25일 서울시 종로구 수송동 각황사(覺皇寺 : 조계사의 전신)에 불교진흥회를 설립할 때 법주사 주지로 있으면서 합천 해인사(海印寺) 주지 회광사선(晦光師璿), 화성 용주사(龍珠寺) 주지 대련일형(大蓮日馨) 등과 함께 그 발기인이 되었다. 불교진흥회는 당시 불교유신회에 대립하여 발족한 것으로 친일적 성향이 강했다. 스님은 오종(五宗)에 두루 명석할 뿐 아니라, 글씨와 그림에도 뛰어나 세인들이 이른바 삼절(三絶 : 才絶 畫絶 詩絶)을 갖추었다고 칭송을 아끼지 않았다. 말년에는 제주도의 포교를 위해 제주시 아라리(我羅里 : 一本에는 阿羅里라 하였으나 我羅里가 옳다) 포교당에서 포교하다가 1925년(一說에는 1926년이나 맞지 않다) 음력 8월 6일(一說에는 8월 5일이나 이는 틀린 것이다) 양력 9월 22일 아라교당에서 세수 65, 법랍 54세를 일기로 입적하였다. 한라산 꼭대기에 자그마한 철불상이 모셔져 있는데 그 배면(背面)에 제주도에는 세 성인이 입적할 곳이라고 새겨져 있다. 과연 그 말대로 허응보우(虛應普雨 1515~1565)·환성지안(喚醒志安 1664~1729)·진하축원(震河竺源 1861~1925) 세 스님이 그곳에서 순교 또는 입적하였으니 그 「참기 讖記」에 부합된다. 저서로는 『선문재정록 禪文再正錄』이 있는데 이 책의 의의는 다음과 같다. 백파긍선(白坡亘璇)이 지은 『선문수경 禪文手鏡』에 대해 초의의순(草衣意恂)이 『선문사변만어 禪門四辨漫語』를 지어 반론을 제기했고, 이어 우담홍기(優曇洪基 1822~1881)도 『선문증정록 禪門證正錄』을 지어 백파의 『선문수경』이 종래의 고석(古釋)에 위배된다고 보아 초의와 같이 반론으로 고석을 인증하여 변정하였는데, 이에 반하여 설두유형(雪竇有炯 1824~1889)은 『선원소류 禪源溯流(楷正錄)』를 지어 초의의 『선문사변만어』와 우담의 『선문증정록』을 반박하고 백파의 『선문수경』을 변호(辯護)·주창하여 한동안 논박이 계속되었다. 스님이 이 『선문재정록』을 지어 『선문수경』의 찬반양론에 대한 최후의 선론서(禪論書)가 되었다. 제자에는 은상좌에 용화남주(龍華南周)·석상신수(石霜信首)·성공정심(性空淨心) 등이 있고, 법제자에는 하응원삼(夏應元三)·호암동수(護庵東秀)·진묵일륙(眞墨一六)·도암혜천(道庵慧泉)·보허성철(步虛性徹)·제허성원(齊虛聖源) 등이 있으며, 문인(門人)으로는 보우시연(普雨時淵)·월화상조(月華尙祚)·환허찬규(煥虛贊奎)·포룡지홍(莆龍知洪)·영호한영(映湖漢永)·청호학밀(晴湖學密) 등 많은 제자를 두었다. [참고문헌] 「法住寺住持震河大禪師碑銘」(智冠 『韓國高僧碑文總集 朝鮮朝·近現代』 p.868), 『退耕堂全書』 권1 pp.440~442, 『朝鮮佛教通史』 권하 p.892, 權相老 『朝鮮佛教略史』, 『韓國佛教最近百年史』 권1, 『佛教』 16·17(『韓國佛教雜誌叢書』 권2, p.330).

축원 祝願 불보살전에 우러러 원하는 일들 소리내 말하는 일. 공양받은 비구들이 단월을 위해 게송과 범패 등으로 소리내 원하는 바 이루어지길 기도하는 일에서 기원했다. 이후 총림에서는 새벽예불시 대중 모두가 바라는 바를 소리 높여 말하니 행선축원(行禪祝願)이라 하고, 과거 임금과 나라를 위한 축상(祝上)도 있으며, 재(齋)를 베풀 때 행하는 생축과 망축 등 법회 등에서도 행한다. 『중허마하제경』 권9(대정장3, p.959c23)에 "부처님께서 공양을 드신 후 양치도 마시치고는 곧 (공양자인)가섭을 위해 게를 설하여 축원해 끝내시고는 이윽고 나무 아래로 돌아오셨다. 佛喫食已 澡漱亦畢 卽爲迦葉說偈 祝願訖 尋迴樹下", 『대아미타경』 권1(대정장12, p.327b8)에 "저 죽은 이를 옮겨드리거나 또는 재앙을 없애려 하거나 보호해 편안케 하려 한즉 뜻을 따라 축원한다. 전처럼 기도하진 않아도 되지만 또한 반드시 진언은 외운다. 먼저 삼보와 서방의 네 성인께 귀의한 연후에 축원한다. 如爲薦亡 或禳災 或保安 則隨意祝願 不須如前祈禱 亦須誦眞言 先歸依三寶及西方四聖 然後祝願"라고 하였다. 『법원주림』 권42에서는 「축원부 祝願部」를 시설하고 『십송률』 권41(대정장23, p.299a22)을 인용하여 "어떤 비구가 다른 이의 청식을 받고는 말없이 들어갔다가 말없이 떠나자, 여러 거사들이 꾸짖으며 '우리들은 음식이 좋으셨는지 나쁘셨는지도 모르겠다' 하였다. 여러 비구들이 부처님께 아뢰자 부처님께서 말씀하시길 '이제부터 공양할 때에 응당 시주를 위해 찬패하고 축원하라' 하시자, '누가 할지 모르겠습니다'라고 여쭈었다. 부처님께서 말씀하시길 '상좌가 해라. 만약 상좌가 할 수 없으면 차제로 능한 이가 마땅히 해라' 하셨다. 有比丘受他請食 默然入 默然去 諸居士呵責云 我等不知食好不好 諸比丘白佛 佛言 從今食時 應爲施主 唄讚祝願 不知誰作 佛言 上座作 若上座不能 次第能者應作"라 하고, 죽은 이에게 복을 베풀고(亡人施福) 산 이에게 복을 베풀거나(生子設福), 새 집에 들어 공양을 차리고(入新舍設供) 나그네 멀리 가고자 해서 복 차리려 하거나(估客欲行設福), 시집장가드는 일을 위해 베푸는(爲娶婦施) 등 이런 일들이 있을 때 축원한다. 아울러 "출가인으로 보시받는 이는 마땅히 이렇게 축원해야 하니 '발우 가진 이로 집집마다 걸식할 때, 성냄을 만나기도 때론 즐거움 만나기도 한다. 나아갈 때마다 그 마음 잘 다스려야 하니 출가도 보시도 어렵기만 한 일이라네'.

若爲出家人布施者 應如是祝願云 持鉢家家乞 値瞋或遇喜 將適護其意 出家布施難"라고 하였다. 원효(元曉)의 『발심수행장』(한불전1, p.841b8)에 "죽을 얻어 축원하면서도 그 뜻을 알지 못한다면 또한 단월에게 부끄럽지 아니하겠는가! 得粥祝願不解其意 亦不檀越所羞恥乎", 『석문상의초』 권상 「송장 送葬」(한불전8, p.240a12)에 "율(『근본살바다부율섭』 권12・대정장24, p.594b26)에 이르기를, 비구 다비해 보낼 때는 잘할 수 있는 이가 무상경게 외우게 하는 것으로 축원 삼아도 된다 하였다. 律云 比丘送葬 可令能者 誦無常經伽陁 爲其祝願"라고 하였다. 『석문의범』 권상 「축원편」에는 행선축원과 상단과 중단의 축원 및 산 이를 위한 생축식(生祝式)과 영가를 위한 망축식(亡祝式)이 전하는데, 생축식 중 병자를 위한 축원에 "지극정성으로 간절히 비옵니다. 재자 모 주소에 거주하는 모성명은 받들어 자애로우신 아버지 갑자생 모성명 보체를 위하옵니다. 우연히 병을 얻어 여러 날 신음하시니 우러러 제불보살께서 가엾이 여기시고 거둬주시는 신묘한 힘을 입어 곧 쾌차하고 예전처럼 태평해지실 크게 바라옵니다. 모년모월 봉축 至極虔誠懇禱 齋者 某住所居住 某姓名 奉爲慈父 甲子生 某姓名 保體 偶然得病 累日呻吟 仰蒙諸佛菩薩哀愍攝受之妙力 卽日快差 依舊泰平之大願 某年某月某日 奉祝"이라고 하였다. 〔참고문헌〕『衆許摩訶帝經』, 『大阿彌陀經』, 『法苑珠林』, 『發心修行章』, 『釋門喪儀抄』, 『根本薩婆多部律攝』, 『釋門儀範』. ⇨ 주원 呪願, 행선축원 行禪祝願, 상단축원 上壇祝願, 중단축원 中壇祝願, 축상 祝上, 생축 生祝, 망축 亡祝, 축문 祝文, 무상게 無常偈

축위 縮位 상키야(Ⓢ Sāṃkhya : 數論)에서 말하는 육종관(六種觀)에 수반되는 육위(六位 : 思量位 持位 如位 至位 縮位 獨存位) 중 하나. 『금칠십론』 권하(대정장54, p.1258a9)에 "이십오진실의 중에서 지혜를 일으키고, 이 지혜로 '육종관'을 일으킨다. … 다섯째 각의 과실을 관찰하는 것이다. 과실을 보고 싫어하는 마음을 내면 곧 각을 여의는데, 이것을 축위라고 한다. 二十五眞實義中起智慧 由此智慧 起六種觀 … 五 觀覺過失 見失生厭 卽得離覺 名縮位"라고 하였다. 〔참고문헌〕『金七十論』. ⇨ 육종관 六種觀 ❷

축위간 逐位揀 위(位)를 쫓아 가리다. 동산(洞山)의 편정오위(偏正五位)에 그 제자 조산본적(曹山本寂)이 위마다 해석을 붙였는데, 축위송(逐位頌)에서 정중편(正中偏)에 대한 풀이의 이름이다. 『조산어록』 「주석동산오위송 註釋洞山五位頌」(대정장47, p.542b22)에 "정중편〈어두움 속에서 고개를 끄덕인다〉. 삼경초야 달이 밝기 전이다〈어둠과 밝음이 아직 섞기 전이니, 싹이 트기 전의 때를 알아차리라. 다만 지금은 어떠한 때인가? 그중에 해도 달도 없으리니 앞뒤로 감을 말할 수 없다〉. 正中偏〈暗裏點頭〉 三更初夜月明前〈黑白未交時 辨取萌芽未生之時 只今是什麽時 此中無日月 不說前後去也〉"라고 하였다. 〔참고문헌〕『曹山語錄』. ⇨ 별간오위 別揀五位, 동산오위 洞山五位

축위송 逐位頌 동산오위(洞山五位) 각 위를 쫓아 읊은 송. 『조산어록』(대정장47, p.532c28)에 "정중편을 가려 '어둠 속에서 고개를 끄덕인다'라고 하였고, (송으로) '삼경초야에 달 뜨기 이전이다'라고 읊었다. 正中偏 揀云 暗裡點頭 三更初夜月明前"라고 하여 정중편에 대한 축위송의 첫 구절을 일으키면, 이어서 그에 대한 간과 별간(別揀)이 따른다. 뒤이은 구절이 이어진다. 〔참고문헌〕『曹山語錄』. ⇨ 오위송 五位頌

축율염 竺律炎 인도 출신 역경승. 축장염(竺將炎)・축지염(竺持炎)이라고도 한다. 삼국시대인 224년(황무3) 유기난(維祇難)과 함께 당시 오(吳)나라의 수도 무창(武昌 : 湖北 武漢)으로 들어가 『법구경 法句經』 2권을 함께 한역하였다. 그 뒤 양도(楊都)에서 지겸(支謙)과 함께 『마등가경 摩登伽經』 3권을, 지월(支越)과 함께 『불의경 佛醫經』 1권을 한역했고, 『삼마갈경 三摩竭經』・『범지경 梵志經』 각 1권을 한역했다. 〔참고문헌〕『梁高僧傳』 권1 「維祇難傳」(대정장50, p.326b24), 『出三藏記集』 권2(대정장55, p.6c12)・권7(대정장55, p.50a10), 『開元釋教錄』 권2(대정장55, p.487c9).

축인 竺仁 조선후기 스님. 법호는 퇴연(退淵). 『동사열전』 권4 「환봉대사전 煥峯大士傳」(한불전10, p.1035c3)에 "법명은 섭민이고 호는 환봉이다. … 석가모니의 72세, 태고의 16세, 청허의 10세, 연담의 3세손이다. 사법은 퇴연축인이고, 손은 견향상훈이며, 증손은 금성보헌이다. … 현손은 능암세환이다. 師名攝旻 號煥峰 … 釋迦文之七十二世 太古十六世 淸虛十世 蓮潭三世孫也 嗣法退淵竺仁 孫見香尙薰 曾錦城普憲 … 玄孫楞庵世煥"라고 하였다. 〔참고문헌〕『東師列傳』.

축장발과한계 畜長鉢過限戒 비구가 여분의 발우를 10일 이상 소지하지 못하도록 규정한 계. 장발계 또는 축발과한계 등이라고도 한다. 니살기바일제(尼薩耆波逸提 Ⓟ nissaggiya-pācittiya)에 속한다. 『사분율비구함주계본』 권상(대정장40, p.440c2)에 "스물한 번째, 축발과한계 : 부처님께서 사위성에 머무실 때 육군비구가 발우를 비축하였다. 좋지 않은 발우는 내버려두고 항상 좋은 발우를 찾아서 비축하여 마침내 많이 쌓아두었다. 거사들이 훑어보고 '옹기장이의 질그릇 가게와 다르지 않군'이라 하며 비난하였다. 비구들이 그 허물을 들려드리자 부처님께서 가책하시고 이 계를 제정하셨다. 二十一

畜鉢過限戒 佛在舍衛 六群畜鉢 惡者置之 常覔好鉢 畜之遂多 居士遊觀便譏 似陶師瓦肆無異 比丘擧過 佛便訶責而制此戒", 돈황본『사분계본소』권2(대정장85, p.590c15)에 "축장발과한계 제21 : 제정한 뜻은 다음과 같다. 비록 발우가 응공의 기물로서 몸을 자양하기에 충분한 도구이지만 이렇게 지나치게 쌓아둘 경우 탐욕을 길러 도를 방해하고 세인들에게 추하다는 비난을 불러들임으로써 승단에 손괴를 끼침이 가볍지 않은 까닭에 부처님께서 제정하셨다. 그러나 발우라는 물건은 변하여 언제까지고 소유하도록 주어지지 않아 몸을 자양하는 역할을 잃게 되니 필요한 일을 아주 없애서는 안 된다. 보시할 때 받아두지 않으면 훗날 구하기 어렵기 때문이다. 그러므로 10일 동안 지니면 죄가 없다고 허용하지만 (그 기한을 넘기며) 비축하여 어기는 잘못에 대해서는 부처님께서 기한을 넘기면 계를 범하는 것이라 가르치셨다. 畜長鉢過限戒 第二十一 制意者 然鉢爲應供之器資身足 今過貯畜 長貪妨道 招世譏醜 累損壞不輕 是以聖制 然以物變 無恒容有 失奪資身 要用事不可廢 施時不受後則難求 故開十日說淨 而畜違過 聖敎過則結犯", 팔리율장 *Nissaggiya-kaṇḍa*(*Vin.3*, p.243)에 "여분의 발우를 열흘 이상 쌓아두는 것은 니살기바일제를 범하는 것이니라. dasāhaparamaṃ atirekapatto dhāretabbo, taṃ atikkāmayato, nissaggiyaṃ pācittiyant" 라고 하였다. [참고문헌]『四分律比丘含注戒本』,『四分戒本疏』, *Vin.* ⇨ 니살기바일제 尼薩耆波逸提, 장발 長鉢

축장성 築長城 긴 성을 쌓다. 만리장성(萬里長城)을 쌓다에서 온 말이지만 쌓고 막는다고 지킬 수 있는 일 아님을 보인다.『경덕전등록』권11「영운지근전 靈雲志勤傳」(대정장51, p.285b20)에 "'오래 전장에서 전투를 벌였는데 어째서 공명을 취하지 못했나요?' '군왕에게 도가 있으면 국경이 고요할 터인데 어찌 애써 만리에 긴 성을 쌓는가?' 問 久戰砂場 爲什麽 功名不就 師曰 君王有道三邊靜 何勞萬里築長城",『개석지붕어록』(卍속장121, p.400b9)에 "하안거 소참 때 말했다. '90일 발길 묶음은 헛되게 긴 성을 쌓는 일이고, 석달 안거는 부질없이 화살촉 이어 날리는 일 같으리니. 향상하는 한 길은 어떤 성인도 전할 수 없으니, 진짜 사자를 마침내 어찌 가둘 수 있으리. 結夏小參 九旬禁足 虛築長城 三月安居 徒銷鋒鏑 向上一路 千聖不傳 眞獅子兒 了無籠罩",『조정사원』권5(卍속장113, p.138a12)에 "긴 성 쌓다 : 진시황이 여섯 나라 멸망시키고 천하를 통일하자 한 동자가 말하길 '진을 멸하게 할 자 호족이리라' 했다. 이에 태자부소와 장군몽염을 파견하여 병사와 백성을 부리며 만리장성을 축조하여 호족침입을 방비하였다. 시황제가 붕어하고 승상 이사가 작은 아들 호해를 2세 황제로 옹립하였고, 황제는 간신조고를 기용하였다. 조고는 이사를 모략하여 죽이고 국정을 닦지 않자 천하는 어지럽고 진마저 멸망하였다.『춘추후어』를 보라. 築長城 秦始滅六國 一統天下 有童子云 亡秦者 胡也 乃遣大子扶蘇 將軍蒙恬 領兵役萬姓 築萬里長城 以防胡 始皇崩 丞相李斯 乃立少子胡亥 爲二世皇帝 帝用佞臣趙高 讒殺李斯 不修國政 天下乃亂 秦遂滅 見春秋後語"라 하였다. [참고문헌]『景德傳燈錄』,『介石智朋語錄』,『祖庭事苑』.

축전 竺典 조선후기 스님이자 학자이며 문학과 불교가사에도 조예가 깊었다. 호는 동화(東化). 1853년(철종4)에 유성종(劉聖鍾)거사가 중국 연경(燕京)에서, 명 통윤(通潤)이 지은『유마경직소 維摩經直疏』를 구해 가지고 돌아와서 쌍월당(雙月堂) 성활대사(性濶大師)에게 보였다. 쌍월은 이를 그의 스승인 화담경화(華潭敬和 1786~1848)에게 보였더니 화담이 이를 보고 크게 기꺼워하면서 쌍월에게 반드시 이를 판각하여 유포하라고 유촉을 남겼다. 쌍월은 마침내 이를 각판하고 동화로 하여금「유마힐경직소신간서 維摩詰經直疏新刊序」를 짓게 하였다. 그리고 아미타불(阿彌陀佛)의 명호를 불러 극락왕생을 권장하는「권왕가 勸往歌」도 지어『조선불교월보』제17호에,「권왕문 勸王文」이『해동불교』제1호·2호·3호 등에 연재하였다. [참고문헌]『釋門儀範』권하 pp.256~277,『朝鮮佛教月報』17(『韓國佛教雜誌叢書』권10, p.498),『海東佛敎』1(『韓國佛教雜誌叢書』권17, p.69·145·228). ⇨ 동화 東化, 손진태 孫晉泰 🅘

축전보계 畜錢寶戒 삼십사타(三十捨墮) 중 하나. 돈이나 금은 등의 보물을 지녀 가지지 못하게 한 계.『신산정사분승계본』(卍속장61, p.539b18)에 "축전보계 제18 : 만약 비구가 자신의 손으로 금은이나 돈을 받는다거나 남을 시켜서 받게 하거나 받아도 된다고 말한다면 니살기바일제다. 畜錢寶戒第十八 若比丘 自手受金銀若錢若敎人取 若口可受者 尼薩耆波逸提",『사분율비구함주계본』권상(대정장40, p.440a20)에 "제18 축전보계 : 부처님께서 나열성에 계실 때 대신 한 사람이 발난다(Ⓢ Upananda)에게 자기 몫의 밥 일부를 남겨두었는데 어떤 아이가 5전으로 그 밥을 샀다. 발난타가 와서 돈을 들고 시장에서 물건과 바꾸었다. 이를 본 거사들이 모두 보기 싫은 일이라 여겼고, 비구들은 나무랐으며 왕은 신하들과 의논하였다. 부처님께서 자세한 비유를 들어 설명하고 나시어 비난받을 여지가 있음으로 인하여 계를 제정하셨다. 十八 畜錢寶戒 佛在羅閱城 有一大臣爲跋難陀 留其食分 兒以五錢取食 跋難陀來 取錢寄市肆上 居士共嫌 比丘訶責 王共臣論 佛廣說喩 因訶制戒",『사분율행사초』권중(대정장40, p.69c13)에 "축전보계 제18 : 많은 논서에서 '부처님께서 제정하신 이 계에는 세 가지 이익이 있다. 첫째, 비방을 그치게 하기 때문이다. 둘째, 다툼을 멸하기 때문이다. 셋째, 성인의 종자를 이루기 위한 절약하고 검소한 행이기 때문이다'라고 하였다. 보배는 여덟 가지 부정한 재물에 속한다. 畜錢寶戒十八 多論云 佛制此戒有三益 一 爲息誹謗故 二 爲滅鬪諍故 三 爲成聖種 節儉行故 寶是八不淨財"라고 하였다. 〔참고문헌〕『新刪定四分僧戒本』, 『四分律比丘含注戒本』, 『四分律行事鈔』. ⇨ 불착금은 不捉金銀

축정 竺定 서역 출신으로 진(晉)에 들어온 스님. 자는 안세(安世). 동진(東晉) 성제(成帝) 치세기인 함화년간(326~334) 장안(長安)에 들어와 30여 년 전에 죽었던 아라갈(訶羅竭)의 시신이 석실(石室)에서 조금도 부패하지 않고 생전처럼 보존되어 있어 그 사실을 중국에 널리 전했다. 〔참고문헌〕『梁高僧傳』 권10 「訶羅竭傳」(대정장50, p.389a14), 『法苑珠林』 권97(대정장53, p.1003c7), 『新修科分六學僧傳』 권29(卍속장133, p.938b8).

축착 築著 ❶ 틈새없이 마주치다. 피할 길 없이 맞닥뜨리다. 『운문광록』 권중(대정장47, p.560b27)에 "운문이 들어보였다. '설봉이 학인을 감변했다. 「어디로 가는가?」 「알면 갈 곳도 알 것입니다」 「그대는 일 마친 사람인데 어지럽게 돌아다녀서 무엇하겠는가?」 「남에게 똥칠하지 마십시오」 「나는 그대에게 똥칠을 하였지만 옛 사람이 보푸라기를 분 일은 무엇 때문인가? 나에게 말해보라」 「남은 국과 쉰밥은 이미 누군가 먹었습니다」'. 운문이 앞의 말에 덧붙여 말했다. '마주치자 바로 똥냄새가 난다'. 擧雪峯勘僧 什麽處去 僧云 識得卽知去處 峯云 爾是了事人 亂走作什麽 僧云 莫塗汚人好 峯云 我卽塗汚爾 古人吹布毛作麽生 與我說來看 僧云 殘羹餿飯已有人喫了也 師別前語云 築著便作屎臭氣", 같은 책 권하(대정장47, p.567b19)에 "운문선사가 새로 들어온 학인을 보고 말했다. '설봉화상은 「길을 닦았더니 달마가 왔다」고 하였다. 내가 묻노니 그대라면 어떻게 하겠는가?' '화상의 코에 부딪쳤습니다'. 師見新到云 雪峯和尙道 開却路 達磨來也 我問爾作麽生 僧云 築著和尙鼻孔", 『황룡혜남어록』(대정장47, p.636c3)에 "법좌에 올라 말했다. '산승은 오늘 여러분들 눈썹 위에 앉아 큰 법륜을 굴렸다. 본 사람이 있는가? 보거나 보지 않거나 이 무슨 부질없는 이야기인가? 좋다고 참선당 가다가 노주에 부딪치지 마라'. 上堂 云山僧今日在汝諸人眉毛上座 轉大法輪 還有人見麽 見與不見 是什麽說話 好好參堂去 莫築著露柱", 『경덕전등록』 권25 「황산양광전 黃山良匡傳」(대정장51, p.412c29)에 "학인이 물었다. '황산의 가풍은 무엇입니까?' '그대의 코에 부딪쳤다'. 僧問如何是黃山家風 師曰 築著汝鼻孔"라고 하였다. 〔참고문헌〕『雲門廣錄』, 『黃龍慧南語錄』, 『景德傳燈錄』. ❷ 가득 차다. 쌓이다. 『원오어록』 권16(대정장47, p.790c26)에 "빈틈없이 가득하다. 보는 것마다 본지풍광으로 빛나니 소리로도 빛깔로도 응하니 곧바로 사사로운 누실이라고는 털끝만큼도 없네. 築著磕著 當頭彰本地風光 應聲應色 直下無私毫透漏"라고 하였다. 〔참고문헌〕『圜悟語錄』. ⇨ 축착개착 築著磕著

축착개착 築著磕著 부딪치듯 다가와 틈새없이 차오르다. 허망해 실 아닌 것 가득찼던 몸도 마음도 다 비운 그 자리에서 일어나는 사태를 그린 말이다. 갇혀버린 눈 열면 멀어졌던 색들 자유롭고, 닫았던 귀 열면 멀리 가던 소리 돌아와 채우며, 막힌 코 열면 만 가지 향들이 달려들고, 움추린 몸 열면 지수화풍 끝도 없이 오고 가게 되리니, 마음마저 틈새 없어져 저 법계 마주해 끊임없이 차오르는 뜻이다. 『오조법연어록』 권상(대정장47, p.650a7)에 "법좌에 올라 말했다. '옛 사람이 말하길 「누군가가 진실 일으켜 샘으로 돌아가버리면 시방허공이 온통 다 사라져 없으리라」 하였지만 나라면 그렇지 않다. 어떤 이가 진실을 일으켜 고향으로 돌아간다면 시방허공 틈새없이 가득 채우리라'. 上堂 擧古人道 若有一人發眞歸源 十方虛空 悉皆消殞 雙泉則不然 若有一人 發眞歸源 十方虛空 築著磕著", 『원오어록』 권14(대정장47, p.779a23)에 "본분의 땅에 이르러 크게 쉬어버리면 입코눈귀 처음에는 모양 사라진 줄 알고, 손도 발도 목도 등도 서로 만날 수 없게 된다. 그런 연후에야 저 차디찬 재 죽은 불 위로 여기저기 불꽃 피고 고목과 썩은 기둥 사이로 물물마다 빛나서 비춘다. 이에 저 외롭고도 아득해 더없이 우뚝하게 솟은 듯 자유로워 다시 더 마음 찾고 부처 찾는 일 없다. 마주쳐 다가와서 틈새없이 쌓이고 가득하니, 밖에서 얻지만 그릇된 것 하나 없다. 예로부터 백 가지로 천 갈래로 깨달았다 해도 단지 문득 이 마음일 뿐이다. 到本分地上 大休大歇 口鼻眼耳 初無相知 手足項背 各不相到 然後向寒灰死火上 頭頭上明 枯木朽株間 物物斯照 乃契合孤迥迥峭巍巍 更不須覓心覓佛 築著磕著 無非外得 古來悟達百種千端 只這便是心", 『대혜어록』 권8(대정장47, p.843b8)에 "시중하여 말했다. '하나를 들되 둘을 들어서는 안 된다. 단 한 번이라도 붙들리면 두 번째에 떨어진다. 귀한 것 만나면 천해지고 천한 것 만나면 귀해진다. 빈틈없이 가득하여 피할 곳마저 없다. 남악과 천태로 가는 길이 뚫렸으니, 그대는 서쪽으로 가고 나는 동쪽으로 가네. 바람은 범을 따르고 구름은 용을 따르리'. 示衆 擧一不得擧二 放過一著 落在第二 遇貴則賤 遇賤則貴 築著磕著 沒處回避 南嶽天台去路通 君向西兮我向東 風從虎兮雲從龍", 『속전등록』 권8 「약충각해전 若冲覺海傳」(대정장51, p.513b1)에 "법좌에 올라 말했다. '가이없는 뜻의 바다 모두 뒤돌아 살피는 중에 만상의 모습 비춰 닿는 대로 다 들인다. 그대들 다가와 마주해서 빈틈없이 가득 차오르는데 무엇 때문에 알지 못하는가?' 잠시 침묵하다가 말했다. '산승일 너무 많은 것 괴이하게 여기지 마라. 시간이 쏜살 같아 급하게 재촉하는 것이니'. 上堂 無邊義海咸歸顧盻之中 萬象形容盡入照臨之內 爾諸人築著磕著 因甚麽却不知良久曰 莫怪山僧太多事 光陰如箭急相催", 『벽암록』 27칙 「송 頌」(대정장48, p.167c25)에 "삼구 가릴 수 있네〈상중하. 지금은 몇 번째 구인가? 삼구 밖에서 알아차려야 하리〉. 화살촉 하나 멀리 허공을 날아간다〈맞았다. 지나갔다. 빈틈이 없이 가득하다. 화살 신라를 지나간다〉. 三句可辨〈上中下 如今是第幾句 須是向三句外薦取始得〉 一鏃遼空〈中過也 塑著磕著 箭過新羅〉", 『선요』(卍속장122, p.720b6)에 "다만 쓸모없고 변변치 않은 사람 귀하게 여길 뿐이다. 죽을 위험 돌아보지 않으면서 큰 분심 내고 큰 의정을 일으키니, 저 선재동자가 승열바라문을 만날 때 큰 불길 속에 몸을 던져 들 듯한다. 바로 이러할 때 사람도 법도 모두 잊고 마음 기틀 사라져 끊어지며 이리저리 가도 다가와 마주쳐서 빈틈 없이 가득 차오르니, 이것은 동산의 마삼근이 아니라 바로 운문의 간시궐이다. 只貴孟八郎漢 不顧危亡得喪 發大憤志 起大疑情 如善財童子參勝熱婆羅 大火聚中 投身而入 正恁麽時 人法俱忘 心機泯絶 左之右之 塑著磕著 不是洞山麻三斤 定是雲門乾屎橛"라고 하였다. [참고문헌] 『五祖法演語錄』, 『圜悟語錄』, 『大慧語錄』, 『續傳燈錄』, 『碧巖錄』, 『禪要』.

축착이비공 塑著爾鼻孔 그대 코앞에 맞닥뜨리다. 축은 축(築)으로도 쓴다. 『벽암록』 55칙 「송 頌」(대정장48, p.189c13)에 "실오라기마저 끊고 끊다. 허용하지 않고〈천상천하에 오직 홀로 존귀하다. 그대는 어딜 향해 모색할 것인가?〉 저 산 같고 봉우리 같다〈어디에 있는가? 평지에서 파란을 일으킨다. 코앞에서 맞닥뜨린다〉. 絶毫絶釐〈天上天下唯我獨尊 爾向什麽處摸索〉 如山如嶽〈在什麽處 平地起波瀾 塑著爾鼻孔〉"라고 하였다. [참고문헌] 『碧巖錄』.

축착제석비공 築著帝釋鼻孔 운문문언(雲門文偃)의 선어(禪語). 제석 코와 틈새없이 마주치다. 축은 축(塑)으로도 쓴다. 『운문광록』 권중(대정장47, p.555a3)에 "운문이 들어 말했다. '학인이 건봉에게 묻기를 「시방에 계신 박가범께서 여신 다만 한 길, 열반문 도대체 그 길 시작은 어디에 있습니까?」 건봉이 주장자로 그으며 말했다. 「여기에 있다」'. 운문이 부채를 흔들며 말했다. '부채가 삼십삼천에 뛰어올라 제석천 코에 부딪치고, 동해의 잉어가 한 번 치니 비 퍼붓듯 한다. 알겠는가?' 擧僧問乾峯 十方薄伽梵一路涅槃門 未審路頭在什麽處 峯以拄杖劃云 在者裏 師拈起扇子云 扇子勃跳上三十三天 築著帝釋鼻孔 東海鯉魚打一棒 雨似盆傾相似 會麽"라고 하였다. [참고문헌] 『雲門廣錄』. ⇨ 축착이비공 塑著爾鼻孔

축칠일약과한계 畜七日藥過限戒 약을 두되 칠일의 기한을 넘기지 말라는 계. 부처님께서 사위국 기수급고독원에 계실 때 비구들이 가을의 계절풍에 형체가 마르고 악창이 발생했다. 이로 말미암아 병든 비구들에게는 언제든 소(酥)·유(油)·생소(生酥)·밀(蜜)·석밀(石蜜) 등 오종약(五種藥)을 먹도록 허락하시었다. 어느 때 세존께서 마갈다국으로부터 나열성(羅閱城)으로 가셨는데, 그때 필릉가바차(畢陵伽婆蹉)가 성안에 많은 신도가 있어서 오종약 등 많은 공양을 받아 제자들에게 주었다. 제자들은 이를 받아 창고·큰 독(大甕)·병·주발·크고 작은 발우·낙낭(絡囊)·녹수낭(漉水囊) 등에 담고서 책상 위나 땅바닥 등에 방치해 두었는데 부패하여 흘러나와 악취가 코를 찔렀다. 이를 본 거사들이 마치 빈비사라왕의 창고와 같다고 비방하므로 제계하시게 되었다. 『신산정사분승계본』(卍속장61, p.540b7)에 "축칠일약과한계 제26 : 만약 비구가 병이 있으면 소·유·생소·밀·석밀을 쌓아두고 칠일 동안은 먹을 수 있지만, 이를 넘긴다면 니살기바일제다. 畜七日藥過限戒第二十六 若比丘有病 畜酥油生酥蜜石蜜 齊七日得服若過者 尼薩耆波逸提"라고 하였다. [참고문헌] 『新刪定四分僧戒本』, 『四分律』 권10(대정장22, p.626c17), 李智冠 『南北傳六部律藏比較研究』 pp.160~161. ⇨ 악착 惡捉, 약건도 藥犍度

축타용 逐他用 밀교의 오종호마(五種護摩) 중 하나. 구소법(鉤召法)을 말한다. 『금강봉유기경』 권하(대정장18, p.267b28)에 "나라연자재·구마라석왕·금강미근나는 축타용이라 한다. 那羅延自在 俱摩羅釋王 金剛尾近那 名爲逐他用"라고 하였다. [참고문헌] 『金剛峰瑜祇經』. ⇨ 구소법 鉤召法, 오종호마 五種護摩, 호마 護摩

축토 竺土 천축(天竺)의 땅. 인도. 『조정사원』 권2(卍속장113, p.34b3)에 "축토 : 한자와 범어를 아울러 붙인 말이다. 축은 범어이고 토는 한자이다. 『대당서역기』 권2(대정장51, p.875b16)에 '범어 천축은 월이라 한역한다. 곧 부처님의 해 이미 졌으니 모든 성인의 법교는 저 달과 같다는 뜻이다. 오천축국은 오인도라고도 한다. 사방 9만여 리를 아우르고 삼면에는 바다가 펼쳐져 있으며 북쪽은 설산을 등지고 있다. 북쪽은 넓고 남쪽은 좁아 그 모습 저 반달같다. 땅을 나누어 구분하면 70여 국이다'라고 하였다. 竺土 華梵兼擧也 竺是梵語 土是華言 西域記云 梵語天竺 此云月 謂佛日旣沒 諸聖法教如月也 五天竺國 亦名五印土 周九萬餘里 三垂大海 北背雪山北廣南狹 形如半月 劃野區分 七十餘國", 『석씨계고략』 권4(대정장49, p.880a29)에 "대천의 경권 결국 미진의 겉으로 튀어나와 서로는 축토를 덮고 동으로는 진단으로 흐르는구나. 大千經卷 畢出於微塵之表 西被竺土

東流震旦",『선림소어고증』 권4「우란분경공문 盂蘭盆經恭聞」(卍속장112, p.872a15)에 "이로 말미암아 가르침 축토에서 일어나 고통 멸하는 깊은 이치가 되었고, 경은 우란분회 드러내 어머니 업을 갚는 본보기 남겼다. 由是 教興竺土 作滅苦之玄猷 經著蘭盆 垂報母之遺範"라고 하였다. 〔참고문헌〕『祖庭事苑』, 『大唐西域記』, 『釋氏稽古略』, 『禪林疏語考證』. ⇨ 천축 天竺 1

축토노사 竺土老師 석가세존을 가리킨다. 『허당록』 권10「고려국숙법사인장경 高麗國淑法師印藏經」(대정장47, p.1061a12)에 "고려의 숙법사는 축토노사의 권속이다. 高麗淑法師者 竺土老師之眷屬也"라고 하였다. 〔참고문헌〕『虛堂錄』. ⇨ 축토대선 竺土大仙

축토대선 竺土大仙 축토의 대선. 석가세존을 가리킨다. 『법안어록』(대정장47, p.589b17)에 "(參同契의) 첫머리에 '축토대선의 마음'이라 하였는데 이것을 넘어서는 말은 없다. 그 중간이라 함은 바라는 바대로 시절 따라 전하는 이야기일 뿐이다. 末上云 竺土大仙心 無過此語也 中間也 祇隨時說話", 『대혜어록』 권2(대정장47, p.820a11)에 "법좌에 올라 말했다. '4월 25일 오늘, 한동안 맑더니 갑자기 비가 온다. 축토대선의 마음이 동서로 그윽이 서로 전하는구나. 이것 여전히 시절인연일 뿐 납승 문하 소식은 아니다. 이 소식 무엇일까?' 잠깐 침묵하다가 말했다. '북산의 늙고 큰 벌레(호랑이)가 남산의 호랑이를 물어서 죽인다'. 上堂 四月二十五 久晴忽爾雨 竺土大仙心 東西密相付 這箇猶是時節因緣 未是衲僧門下消息 且作麼生是 衲僧門下消息 良久云 北山老大蟲 咬殺南山虎"라고 하였다. 〔참고문헌〕『法眼語錄』, 『大慧語錄』. ⇨ 축토노사 竺土老師

축토대선심 竺土大僊心 석가세존께서 전하신 마음. 『선문제조사게송』 권하(卍속장116, p.954a7)에 "축토의 대선심 동서로 그윽이 서로 이었으니, 사람 근기에 이둔 있어도 도에는 남북조사 있을 리 없네. 竺土大僊心 東西密相付 人根有利鈍 道無南北祖", 『경덕전등록』 권24「법안문익전 法眼文益傳」(대정장51, p.399b4)에 "불성의 뜻을 알고자 한다면 시절인연을 관할 뿐이니 고금의 방편이 적지 않다. 듣지 못했는가? 석두화상이 『조론』에서 '만물을 자기로 삼는 것은 오직 성인일 뿐이시다'라고 한 것을, 다른 이들 문득 말하길 '성인은 자기가 없지만 자기 아닌 것도 없다'라고 말하고 「참동계」라는 글 한편을 남긴 것을. 그 서두에서 '축토의 대선의 마음'이라고 한 것은 이것을 말한 것에 지나지 않는다. 欲知佛性義 當觀時節因緣 古今方便不少 不見石頭和尚因看肇論云 會萬物爲已者 其唯聖人乎 他家便道 聖人無已 靡所不已 有一片言語 喚作參同契 末上云 竺土大僊心 無過此語也", 『대혜어록』 권3(대정장47, p.822a5)에 "법좌에 올랐다. '축토대선의 마음 동서로 은밀하게 부촉하였다. 무엇이 부촉한 마음인가?' 큰 소리 내지르고 선상 내려치면서 말했다. '이 무슨 말인가?' 上堂 竺土大仙心 東西密相付 作麼生是相付底心 喝一喝拍禪床一下云 是何言歟"라고 하였다. 〔참고문헌〕『禪門諸祖師偈頌』, 『景德傳燈錄』, 『大慧語錄』. ⇨ 대선 大仙

축함 竺函 조선후기 스님. 호는 호은(湖隱). 『동사열전』 권6「호은강사전 湖隱講師傳」(한불전10, p.1067b14)에 "강사의 법명은 축함, 호는 호은이다. 금강산 장안사 지장암 스님이다. 호은은 본래 경산사람인데 금강산에 머물렀으며, 현옹선사의 제자이다. 師名竺函 號湖隱 金剛山長安寺地藏庵人 師本京山人 入居金剛山 玄顒禪師弟子也"라고 하였다. 〔참고문헌〕『東師列傳』.

축향 祝香 향 사르며 축원하다. 강탄회(降誕會)나 축성상당(祝聖上堂)에서 주지 법좌에 올라 설법하기 전에 향 사르며 「축향문」을 읽는다. 『백장청규』 권2「불강탄 佛降誕」(대정장48, p.1115c19)에 "당일이 되면 고사가 꽃정자 단정하게 설치하고 그곳에 부처님께서 강생하신 상을 모신다. 향탕그릇 안에 작은 국자 두 개 안치하여 불상 앞에 놓고 공양물을 올린 후에 주지가 법좌에 올라 축향한다. 至日庫司嚴設花亭 中置佛降生像 於香湯盆內 安二小杓佛前 敷陳供養畢 住持上堂祝香"라고 하였다. 〔참고문헌〕『百丈淸規』. ⇨ 축성 祝聖

축현 竺絃 조선후기 스님. 호는 인파(仁坡). 지봉우기(智峯祐祈)의 은사다. 『동사열전』 권4「지봉강백전 智峯講伯傳」(한불전10, p.1043b19)에 "삼각산 도선암으로 출가하여 인파축현스님에게 머리 깎고 물들인 옷을 입었다. 出家於三角山道詵庵 剃染於仁坡竺絃師"라고 하였다. 〔참고문헌〕『東師列傳』. ⇨ 우기 祐祈

축희 祝釐 천자를 위해 축원하는 일. 축성(祝聖)이라고도 한다. 희는 복(福)이라는 뜻이며 희(禧)라고도 한다. 『석감계고략속집』 권1(대정장49, p.913c9)에 "융조(融照)는 매년 설에 대중을 이끌고 금광명참을 닦고 천자를 위해 축원하며 설법 이외에 예참에 힘을 써서 제중생들의 번뇌를 씻어주었다. 師每歲元旦 率衆修金光明懺 祝釐聖壽 說法之外 力禮懺摩 與諸衆生 掃除塵翳", 『선림소어고증』 권1(卍속장112, p.794a6)에 "축희 : 『사기』「효문제본기」의 '사관이 축희하였다'라는 말에 대해 주석에서 여순은 '희는 복이다'라고 하였고, 「가의전」은 '수희란 선실에 앉는다는 뜻이다'라고 하였으며, 『색은』에서는 '발음은 희와 같고 복이라는 뜻이다'라고 하였다. 祝釐 史記孝文本紀曰 祠官祝釐 註 如淳曰 釐福也

賈誼傳曰 受釐坐宣室 索隱曰 音禧 福也"라고 하였다. 선림에서 중요히 여겼기에 『칙수백장청규 勅修百丈淸規』의 첫 장이 「축리장 祝釐章」이다. 〔참고문헌〕『釋鑑稽古略續集』, 『禪林疏語考證』. ⇨ 축성 祝聖, 청규 淸規

축희법식일 祝釐法式日 일제강점기에 본사(本寺)에서 행하던 항례식(恒例式) 중 하나. 축희법식일에 해당하는 날들은 한국불교 전통과는 관련이 없다. 사찰령(寺刹令)에 의해 정해진 「○○사본말사법 何何寺本末寺法」 제7장 법식에 "제41조 본사(本寺)에서 거행(擧行)ᄒᆞᄂᆞᆫ 법식(法式)을 분(分)ᄒᆞ야 항례식・수시식(隨時式)의 이종(二種)으로 홈. 제42조 본사의 항례법식(恒例法式) 기일(期日)은 왼쪽(左)과 같이(如) 홈. 사방배(四方拜) 1월 1일・기원절(紀元節 : 일본 건국기념일) 2월 11일・천장절(天長節 : 천황탄생일) 11월 3일・신상제(新嘗祭 : 한해의 수확을 감사하고 다음해의 풍년을 기원하는 일본 명절) 11월 23일. 오른쪽(右)을 축희법식일로 홈"이라고 하였다. 이외에도 항례식에는 보은법식일(報恩法式日)・보본법식일(報本法式日)・존조법식일(尊祖法式日)・안거법식일(安居法式日)이 있었다. 〔참고문헌〕『朝鮮佛敎通史』 권하 p.1145, 「各種法會」(『韓國近世佛敎百年史』 권4, p.20).

춘계 春溪 조선후기 천묵(天默)의 법호. 〔참고문헌〕『東師列傳』 권2 「淸虛尊者傳」(한불전10, p.1014c1)・권4 「蓮坡講師傳」(한불전10, p.1033a7). ⇨ 천묵 天默

춘담 春潭 ❶ 조선전기 스님. 대강백으로 설담자우(雪潭自優)의 입실제자. 『동사열전』 권3 「나암강사전 懶庵講師傳」(한불전10, p.1027b9)에 "법명은 승제이고 호는 나암이다. … 설담자우의 상좌로 모은지훈의 손제자이고 화월현옥의 증손제자이며, 제월수일의 현손제자이자 소요태능의 후예이다. … 춘담몽인・화담영규・운담대일도 모두 그의 문하이다. 만년에 설파를 잊을 수 없어 다시 지리산으로 유력하였는데, 삼담은 모두 설담에게 귀의하여 입실하였다. … 삼담 모두 대강사로, 당시에는 '삼남의 학인은 모두 삼담에게 귀의하였다'고 말하기도 하였다. 師名勝濟 號懶庵 … 雪潭自優之嗣 暮隱智薰之孫 華月玄玉之曾 霽月守一之玄 逍遙太能之裔 … 春潭夢忍花潭永圭雲潭大日 皆出其門 晩年未忘雪坡 再遊智異山 於是三潭皆歸於雪潭入室 … 三潭皆大講師 時稱三南學人 盡歸三潭云"라고 하였다. 〔참고문헌〕『東師列傳』. ⇨ 자우 自優, 삼담 三潭❶ ❷ 조선후기 스님 법함(法咸)의 법호. 〔참고문헌〕 智冠 『韓國高僧碑文總集 朝鮮朝・近現代』 p.638. ⇨ 법함 法咸 ❸ 조선후기 스님 양옥(養玉)의 법호. 〔참고문헌〕『東師列傳』 권4 「傍月禪伯傳」(한불전10, p.1045c13)・권6 「浩然禪師傳」(한불전10, p.1071b7). ❹ 조선후기 스님. 『동사열전』 권5 「실경선사전 實鏡禪師傳」(한불전10, p.1058b7)에 "법명은 혜경이고 호는 보경이다. … 춘담대연선사의 조당에서 법위를 받았다. … 춘담대연은 곧 서산의 13세이다. 師名慧璟 號寶鏡 … 受法位於春潭大演禪師堂 … 春潭大演 乃西山之十三世也"라고 하였다. 〔참고문헌〕『東師列傳』.

춘란추국 春蘭秋菊 봄은 난초요 가을은 국화라네. 『굉지광록』 권1(대정장48, p.11c2)에 "굉지선사가 말했다. '노을 지자 외로운 따오기 나란히 날고 가을 물 먼 하늘 일색이다' '그렇다면 봄엔 난초요 가을은 국화입니다. 각각 저절로 향기롭습니다'. 師云 落霞與孤鶩齊飛 秋水共長天一色 進云 如是 則春蘭秋菊 各自馨香", 『종용록』 63칙 「시중 示衆」(대정장48, p.266b9)에 "대중에게 보이다. '삼성과 설봉은 봄의 난초요 가을의 국화이며, 조주와 투자는 변벽이고 연금이니 이 눈금 없는 저울 위에 양 끝 머리 고요할 뿐이네. 밑 없는 배를 타고 한자리 건너가다 두 사람 서로 마주쳤을 때 어떠한가?' 示衆云 三聖雪峯 春蘭秋菊 趙州投子 卞璧燕金 無星秤上兩頭平 沒底舡中一處渡 二人相見時如何"라고 하였다. 〔참고문헌〕『宏智廣錄』, 『從容錄』.

춘래초자청 春來草自靑 봄이 오니 풀 저절로 푸르다. 『선가귀감』(한불전7, p.635c12)에 "나에게 한마디 있을 뿐이니, 생각 끊고 연도 잊어 올연히 일없이 앉을 뿐이네. 봄이 오니 풀 저절로 푸르리. 吾有一言 絶慮忘緣 兀然無事坐 春來草自靑", 『경덕전등록』 권12 「노조교전 魯祖敎傳」(대정장51, p.298b17)에 "'무엇이 학인이 힘 쏟을 곳인가?' '봄이 오니 풀 저절로 푸르고, 달 뜨면 하늘 밝다'. 問 如何是學人著力處 師曰 春來草自靑 月上已天明", 같은 책 권19 「운문문언전 雲門文偃傳」(대정장51, p.358b26)에 "'무엇이 불법의 큰 뜻인지요?' '봄이 오니 풀은 저절로 푸르다'. 問 如何是佛法大意 師曰 春來草自靑"라고 하였다. 〔참고문헌〕『禪家龜鑑』, 『景德傳燈錄』. ⇨ 문외춘래초자청 門外春來草自靑, 절려망연 絶慮忘緣

춘례제국사진전축 春例諸國師眞前祝 봄마다 국사의 진영 앞에서 축원하다. 이규보(李奎報 1168~1241)가 지은 축문(祝文). 『동국이상국전집』 권40에 전한다. 한림원(翰林院)과 고원(誥院)의 관원으로 있으면서 봄철마다 여러 국사(國師)의 초상화 앞에서 설행한 의례를 위해 지었는데, "군생의 복 씨앗되고자 백세의 스승이 되셨습니다. 남겨진 그림자 아직 있어서 완연히 개당하는 날과 같고, 밝은 봄볕 이르렀으므로 깨끗한 음식을 바칩니다. 도 비추일 날 멀지 않으리. 정성된 마음을 부디 흠향하소서. 種群生之福 爲百世之師 遺影尙存 宛若

開堂之日 韶陽載屈 遺陳酌水之羞 道鑒不遙 誠心可享"라고 하였다. [참고문헌] 『東國李相國全集』.

춘성 春城 1891~1977. 근대 스님. 호는 춘성(春性), 속성은 이(李)씨, 속명(俗名)은 창림(昌林), 본관은 평창(平昌). 아버지의 휘는 인오(仁五)요, 어머니는 박(朴)씨이다. 어머니가 한 동자가 오색구름을 타고 내려와 품 안으로 들어오는 태몽을 꾼 다음 1891년(고종28) 3월 30일 강원도 인제군 설악산 설악동에서 태어났다. 기골이 장대하고 총명함이 뛰어났다. 9세 때 어머니를 따라 설악산 신흥사(神興寺)로 가서 부처님께 공양을 올리면서 부처님의 거룩하신 모습을 보고 출가하여 스님이 되고자 하였으나 부모가 허락하지 않았다. 13세 때 부모 몰래 집을 나와 백담사(百潭寺)로 찾아가 만해(卍海) 한용운(韓龍雲)을 은사로 하여 스님이 되었다. 이어 스님 시봉을 하다가 20세 때 금강산 유점사(楡岾寺) 동선정의(東宣淨義)율사로부터 비구계를 받았다. 경론을 연마하여 특히 화엄법사(華嚴法師)로서 이름을 떨쳤다. 1919년에 설악산 신흥사 주지를 역임하였다. 그 후 1929년 만공월면(滿空月面)의 법을 이어받았으며, 1950년 6·25전쟁 중에는 도봉산 망월사(望月寺)를 지켰고, 휴전 후에는 망월사를 일신 중수했다. 스님은 선승(禪僧)으로서 한평생 철저한 무소유 무집착자로서 탈속(脫俗)한 무애도인으로 수행과 교화로써 살다가 1977년 8월 22일(음력 7월 8일) 경기도 성남시 수정구 태평동 봉국사(奉國寺)에서 제자 설옹(雪翁)을 불러 앉히고 "네가 허공골수는 보았는가 覩見虛空骨髓麽? 청산 눈에 가득한데 한 그루 나무 없으니 층암절벽에서 앞으로 한 발짝 내디뎌야 비로소 장부라 할 수 있으리. '87년간 살아오면서 몇 번이나 엎어졌다 일어났는가? 횡설수설 남남설이여! 용광로에 던져진 한 점 눈일 뿐이라' 八十七年事 七顚八到起 橫說與竪說 紅爐一點雪"는 임종게를 설하고 입적하시니 세수 87, 법랍 74세였다. 탄허택성(呑虛宅成)이 비문을 지어 1981년에 세운 비가 성남 봉국사에 있다. [참고문헌] 「城南奉國寺春性堂春城大宗師碑文」(智冠 『韓國高僧碑文總集 朝鮮朝·近現代』 pp.1110~1111).

춘수 春蒐 봄철 곡식의 싹이 피어날 때 곡식을 해치는 짐승을 사냥하는 일. 국법으로 정해져 있었다. 기화(己和)의 『현정론』(한불전7, p.219a22)에 "봄여름가을겨울로 하는 수묘선수는 선왕 때부터 곡식 해치는 짐승 때문에 고통받는 민생을 위해 때 맞추어 법을 정해 놓은 것이므로 감히 바꿀 수 없다. 春蒐 夏苗 秋獮 冬狩 乃先王之所以 爲民除害 順時立法 不可易也"라고 하였다. [참고문헌] 『顯正論』. ⇨ 동수 冬狩, 추선 秋獮

춘시염 春時焰 Ⓢ grīṣma-abhitaptāḥ. 봄날의 아지랑이. 헛되고 헛된 실없는 일체유위법(一切有爲法)에 대한 비유다. 『앙굴마라경』 권1(대정장2, p.520b8)에 "법 아닌 것을 법이라 여기니, 저 봄날의 아지랑이를 보고 목마른 사슴이 미혹함과 같다. 그대도 이와 같아 악한 스승 가르침 따라 미혹을 일으킨다. 만약 모든 중생이 법 아닌 것을 법이라 여긴다면 목숨을 마칠 때 바로 떨어지리니, 지옥 가릴 겨를도 없다. 非法謂法 如春時焰 渴鹿迷惑 汝亦如是 隨惡師教 而生迷惑 若諸衆生 非法謂法 命終當墮 無擇地獄", 60권본 『화엄경』 권43(대정장9, p.672c19)에 "관해 보니, 색 저 한 다발 거품이고, 수 저 물 위의 방울이며, 상 저 봄날 아지랑이고, 뭇 행 저 파초라네. 觀色如聚沫 受如水上泡 想如春時焰 衆行如芭蕉", 『대보적경』 권64(대정장11, p.369b2)에 "모니께서는 세간이 허깨비 같고, 꿈속에서 즐기는 욕락과도 같으며, 물에 비친 달이나 아지랑이와 같다고 아시니, 이와 같이 관찰하시어 남김없이 아신다네. 牟尼知世猶如幻 亦如夢中受欲樂 復似水月春時焰 如是觀察悉無餘"라고 하였다. [참고문헌] 『央掘魔羅經』, 『華嚴經』, 『大寶積經』, 『楞伽經註解』 권2상(대정장39, p.370b4), *Laṅk.90.* ⇨ 육유 六喩 ■1, 여몽환포영 如夢幻泡影, 야마 野馬, 양염 陽焰, 유위법 有爲法

춘앵 春鸎 Ⓢ śārika, Ⓣ ri-skegs. 백설조(百舌鳥)의 다른 이름. 음사는 사리(舍利)다. 『집이문족론』 권8(대정장26, p.400b28)에 "마치 거위·기러기·공작·앵무·구욕·춘앵·이황·명명조 등과 같아서 알을 낳은 다음 때때로 틈만 나면 품어 기르고, 언제나 따뜻하게 하여 즐거운 감촉을 일으킨다. 如鵝 鴈 孔雀 鸚鵡 鸜鵒 春鸎 離黃 命命鳥等 旣生卵已 時時親附 時時覆育 時時溫暖 令生樂觸", 『아미타경약해』 권1(卍속장33, p.314b9)에 "사리는 춘앵 또는 추로라 한역한다. 舍利 此云春鸎 或云鶖鷺"라고 하였다. [참고문헌] 『集異門足論』, 『阿彌陀經略解』, *Divy.312.* ⇨ 백설조 百舌鳥, 사리 舍利 ■3, 사리조 舍利鳥

춘양 春陽 봄날의 햇볕. 40권본 『대반열반경』 권30(대정장12, p.545a6)에 "이월을 봄이라 하는데 봄볕 드는 달에 만물이 생장하니 씨앗 심어 뿌리내리고 꽃과 열매 번성하고 강과 내 흘러넘치고 온갖 금수 알 낳고 젖 먹인다. 二月名春 春陽之月 萬物生長 種植根栽 花果敷榮 江河盈滿 百獸孚乳", 『대반열반경의기』 권1하(대정장37, p.641a11)에 "봄볕 드는 달이라 하니, 자식 기르는 달을 말한다. 모든 중생 도의 기틀 익어갈 때를 비유한다. 春陽月者 是養子月 喩諸衆生 道機熟時", 『굉지광록』 권9(대정장48, p.109b22)에 "얼굴에 풍상 가득할지라도 몸과 마음에 봄볕 들 듯하여 죽이거나 살리는 수단 써서 종조의 기강을 반듯하게 정리한다. 面目風霜 身心春陽 用殺活之手段 整宗祖之紀綱", 『법화경합론』 권6(卍속장47, p.818b1)에 "해는 동방에서 뜨고 봄볕에 싹 움트니 자라지 못할 생물도 없고 비추지 못할 물도 없다. 이와 지 쌍으로 사무치니 한 바탕에 둘 없다. 저 해 동방에서 뜨면 비추지 못할 물이 없고, 봄볕에 싹트니 자라지 못할 생물 없다. 근본지와 차별지 체용 달리함 없어 만행을 일으키기 때문이다. 日出東方 春陽發萌 無物不生 無物不照 理智雙徹 體一無二 如日出東方 無物不照 春陽發萌 無物不生 以根本智 差別智 無別體用 生萬行故"라고 하였다. [참고문헌] 『大般涅槃經』, 『大般涅槃經義記』, 『宏智廣錄』, 『法華經合論』.

춘원 春園 근대 문학가 이광수(李光洙 1892~?)의 호. ⇨ 이광수 李光洙

춘잔일월 春殘一月 남은 봄 한 달. 『마하승기율』 권11(대정장22, p.319c20)에 "남은 봄 한 달이란 3월 후반 15일과 4월 초반 15일의 기간을 가리킨다. 春殘一月者 三月後十五日 四月初十五日", 『오분계본』(대정장22, p.202c10)에 "만약 비구가 남은 봄 한 달에는 우욕의를 구해야 하고 반 달은 지녀야 한다. 그 기간을 넘기면 니살기바일제다. 若比丘 春殘一月 應求雨浴衣 半月應畜 若過 尼薩耆波夜提", 『근본살바다부율섭』 권7(대정장24, p.564b9)에 "마지막 봄 한 달이 남았다는 말은 봄의 계절 석 달은 이미 지나가고 남은 나머지 한 달인 4월 16일부터 5월 15일까지의 기간을 말한다. 이 시기에 우의를 구해야 하며 이 기간에 이르기도 전에 미리 구해서는 안 된다. 春殘一月在者 謂春時三月已過 餘一月在 從四月十六日 至五月十五日 於中應求雨衣 未至此日 不應預求"라고 하였다. [참고문헌] 『摩訶僧祇律』, 『五分戒本』, 『根本薩婆多部律攝』.

춘주 春疇 봄날의 밭이랑. 『굉지광록』 권2(대정장48, p.25c4)에 "옥으로 만든 이 닭 우는 소리에 꿈 깨었더니 잠깐 사이 뒤쳐 생애 모든 것들 색색으로 가지런하다. 어김없이 바람과 천둥 겨울잠을 깨우고 말없는 복숭아 배꽃 저절로 작은 길 되었네. 때맞춰 힘 다해 밭 갈고 쟁기질하니, 누가 봄날 밭이랑 종아리 빠질 진흙 걱정하는가? 玉人夢破一聲雞 轉盻生涯色色齊 有信風雷催出蟄 無言桃李自成蹊 及時節力耕犁 誰怕春疇沒脛泥"라고 하였다. [참고문헌] 『宏智廣錄』.

춘지유 春池喩 Ⓢ vāpītoyamaṇi-dṛṣṭānta. 봄날 못 이야기. 물에 빠진 유리구슬 찾는 이야기로 『대반열반경』에서 시설하는 상락아정(常樂我淨) 열반사덕(涅槃四德)의 비유다. 열반춘지유(涅槃春池喩)·지수비유(池水譬喩)·지중취유리비(池中取琉璃譬)라고도 한다. 36권본 『대반열반경』 권2(대정장12, p.617b29)에 "비유컨대 대왕 다스려 살필 곳 많아 유순할 때 나랏일 모두 대신에게 맡기듯 여래 또한 그러하시다. 모든 정법을 또한 마하가섭에게 부촉하시니, 그대들 마땅히 알아야 하리, 앞서 수습하던 무상고상 진실 아님을. 譬如大王 多所統領 若遊巡時 悉以國事 付囑大臣 如來亦爾 所有正法 亦以付囑 摩訶迦葉 汝等當知 先所修習 無常苦想 非是眞實", "비유컨대 봄날 여럿이 큰못에서 멱감고 배 타며 놀다가 유리구슬 놓쳐 깊은 물에 빠뜨렸다. 이때 사람들이 모두 함께 물에 들어가 보배를 찾았다. 다투어 기와며 나뭇가지며 자갈 등을 집고서 각기 저마다 '유리구슬 건졌다'고 기뻐하며 가지고 나왔다. 이내 진짜 아님을 알았다. 譬如春時 有諸人等 在大池浴 乘船遊戲 失琉璃寶 沒深水中 是時諸人 悉共入水 求覓是寶 競捉瓦石 草木沙礫 各各自謂 得琉璃珠 歡喜持出 乃知非眞", "이때 보주 되려 수중에서 구슬 힘을 썼고 물 온통 맑아졌다. 이에 대중 보배구슬 볼 수 있었고, 물 아래에 있기에 마치 저 우러러 허공에 뜬 달 보듯 하였다. 이때 대중 속에 지혜로운 이 있었으니, 방편력으로 조심스럽게 물속으로 들어가 바로 구슬을 꺼냈다. 是時寶珠 猶在水中 以珠力故 水皆澄清 於是大衆 乃見寶珠 故在水下 猶如仰觀 虛空月形 是時衆中 有一智人 以方便力 安徐入水 卽便得珠", "너희 비구들은 응당 이처럼 무상고무아상과 부정상 등 수습하면서 참된 뜻이라 여기지 마라. 저 여러 사람이 기와와 돌, 나무, 자갈 보주로 여기듯 너희 마땅히 방편을 잘 배워 자리하는 곳마다 늘 상락아정상을 수습해야 한다. 또 응당 앞서 수습하던 네 법의 모습 모두 전도임을 알아야 한다. 汝等比丘 不應如是 修習無常 苦無我想 不淨想等 以爲實義 如彼諸人 各以瓦石 草木沙礫 而爲寶珠 汝等應當 善學方便 在在處處 常修我想 常樂淨想 復應當知 先所修習 四法相貌 悉是顚倒", 『화엄경소초』 권82(대정장36, p.642a5)에 "이 경의 비유 두 뜻이 있다. 첫째는 교를 잡은 설이고, 둘째는 리를 잡아 한 말이다. 여기서 『대반열반경』을 끌어옴은 곧 가르침을 잡음이다. 곧 제2권으로서 춘지유라 한다. 此經喩乃有二意 一 約教說 二 約理說 今引涅槃 乃是約教 卽第二 名春池喩", 같은 책 권42(대정장36, p.324b27)에 "『화엄경소』에서 '돌 집어 보석이라 여긴다' 함은 『열반경』의 춘지유에서 물로 들어가 구슬 건지려고 다투며 초목이며 와석을 집어옴이다. 각각 자기가 유리보를 얻었다 하며 기뻐하며 가져왔으나 진짜 아님을 바로 알게 되니, 또한 스스로 속음이다. 疏 執石爲寶者 涅槃春池喩中 入水求珠 競執草木瓦石 各各自謂 得瑠璃寶 歡喜持出 乃知非眞 亦自誑也", 『지관보행전홍결』 권5(대정장46, p.280b6)에 "(『마하지관』에서) '기와나 자갈을 종지로 삼는다' 하는 등은 또한 『대반열반경』의 춘지유다. 宗瓦礫

等者 亦是大經春池喩意"라고 하였다. [참고문헌]『大般涅槃經』, 『華嚴經疏鈔』, 『止觀輔行傳弘決』, 『寶性論』 권4(대정장31, p.839c17), 『華嚴經疏』 권21(대정장35, p.659b11), 『涅槃玄義發源機要』 권2(대정장38, p.28a14), 『摩訶止觀』 권5(대정장46, p.49a21), *Ratna-ut.74·75.* ⇨ 열반사덕 涅槃四德, 상락아정 常樂我淨 ❶❷

춘천근화동당간지주 春川槿花洞幢竿支柱 고려시대 당간지주. 보물 제76호. 높이 3.52m. 강원도 춘천시 근화동 소양강변에 있다. 인근에 충원사(沖圓寺)가 있었다. 기단부는 원래 모습을 알 수 없고, 지주와 간대석(竿臺石)만 남아 있다. 간대석은 대석부는 사각, 간대는 팔각으로 대석 앞뒷면에 각각 2구의 안상(眼象)을 새기고, 그 안에 연화문을 음각하였다. 간대는 각 측면에 2구씩 단판 앙련을 양각하였고, 윗면 중앙에는 둥근 구멍을 두어 당간을 고정하였다. 지주는 동서로 마주보고 있는데, 표면에 돌대나 문양이 없어 소략하다. 동쪽 지주에 비해 서쪽 지주가 크기도 작고 가늘어서 후대에 보수 혹은 교체된 것으로 추정된다. 지주는 회백색의 화강암이고, 간대석은 암갈색이어서 오랜 기간 당간의 녹이 흘러내린 것으로 보인다. 표면은 거칠고 지주의 폭은 커서 전체적으로 둔중한 느낌을 준다. 치석수법이 홍천 희망리 당간지주와 유사하여 인근에 있는 칠층석탑과 함께 고려전기 조성으로 추정한다. 또한 주변에서 와편(瓦片)과 석등 하대석 등의 부재가 함께 발견되고 있어서 상당한 규모의 사찰이 있었던 것으로 보여 더 규명되어야 할, 자리에 남아있는 지주다. [참고문헌] 엄기표 『한국의 당간과 당간지주』(학연문화사, 2004), 『한국의 사지』 강원도·전라북도(문화재청·佛教文化財研究所, 2013) pp.235~237. ⇨ 충원사 沖圓寺

춘천근화동당간지주

춘천칠층석탑 春川七層石塔 강원도 춘천시 소양로2가에 있는 고려시대 석탑. 보물 제77호. 복원높이 6.37m. 이중기단에 7층의 탑신을 올린 고려시대 석탑으로 2000년 대대적인 중수때 원위치에서 조금 뒤로 물러났고 지대석과 하층기단은 새부재로 복원하였다. 상층기단 면석은 4매로 모서리에 우주를 새기고 각면 1주씩의 탱주를 모각하였다. 갑석은 1매석으로 마모가 심한상태이며 하단에 부연이 생략되어 있고 상단에 별도의 괴임을 두어 탑신을 받고 있다. 탑신괴임은 고려시대 널리 유행한 앙련문 새긴 형태로 각면 5엽이다. 탑신부는 구성이 매우 특이한데, 탑신은 초층과 6층, 7층이 별석이고 옥개석은 5~7층은 별석, 1층 옥개부터 5층 탑신까지는 옥개위에 탑신이 1석이다. 탑신석 모두 네모서리에 우주를 새겼고 흘림이나 문비 등은 없다. 옥개석의 탑신받침은 1층부터 3층까지가 6단, 4층부터 7층까지는 5단으로 차이를 보인다. 옥개석 전각의 반전은 크지 않으며 처마두께가 얇고 2층 이상 탑신의 높이가 낮아 전체적으로 둔중하다. 상륜부는 모두 없어진 상태이다. 전체적으로 탑 표면의 박리가 심하고 훼손부분이 많은데, 6·25전쟁과 1955년 주변화재 때 피해를 입은 것으로 전한다. 『춘천읍지 春川邑誌』, 『강원도지 江原道誌』에 따르면 봉의산 서록에 충원사(沖圓寺)가 있다고 하였고, 조선 인종대에 충원현감을 지낸 유정립(柳鼎立)이 춘천으로 낙향하여 이 석탑 근처에 살다가 충원사명 용기를 발견했다는 기록이 있어 충원사와 관련 있을 것인가 추정한다. 체감율이 둔중하고 옥개와 탑신을 한 돌로 처리하고 초층탑신의 연화문 괴임을 삽입시킨 점에서 전형적인 고려전기 석탑으로 본다. [참고문헌] 박경식 『탑파』(예경, 2001), 『한국의 사지』(문화재청·佛教文化財研究所, 2013). ⇨ 충원사 沖圓寺

춘천칠층석탑

춘추 春秋 세월이나 나이를 견주어 하는 말. 『분양어록』 권중(대정장47, p.609c9)에 "시랑 한유가 대전에게 물었다. '화상께서는 춘추가 어떻게 되십니까?' 대전이 염주를 들고 말했다. '알겠는가?' '모르겠습니다' '밤낮으로 백팔이다'. 韓愈侍郎問大顚 和尙春秋多少 顚提起數珠云 會麽 侍云不會 顚云 晝夜一百八", 『원오어록』 권6(대정장47, p.740b11)에 "법좌에 올라 말했다. '하늘과 땅 가득해서 닿는 곳마다 그를 만나고 고금에 한결같아 그 정체 온전히 빛난다. 법은 모습 바꿀 일 없으니 생멸에 떨어질 일 없고, 시절은 연을 달리하지 않으니 봄가을 범하지 않는다. 그래서 말한다. 생사에 처해 흐르지만 여주 홀로 저 창해에서 빛나고, 열반의 언덕에 머물지만 저 계수나무 둥근 달 푸른 하늘에서 외로이 밝다. 陞座云 蓋天蓋地 觸處逢渠 亘古亘今 全彰正體 法無異相 不落生滅 時無異緣 不涉春秋 所以道 處生死流 驪珠獨耀於 踞涅槃岸 桂輪孤朗於碧天"라고 하였다. [참고문헌] 『汾陽語錄』, 『圜悟語錄』.

춘추장경 春秋藏經 봄가을로 장경도량(藏經道場) 베풂다. 『고려사』 권6 세가(世家)6 정종 7년(1041) 4월 계사에 "회경전에서 장경도량을 베풀었다. 봄가을을 두 계절에 관례로 이 도량을 베풀었는데, 봄에는 6일, 가을에는 7일로 하였다. 設藏經道場于會慶殿 春秋二季例設此會 春六日秋七日", 같은 책 권34 세가34 충선왕 3년(1311) 3월 계묘에 "본궐에서 장경도량을 베풀었다. 옛 관례로는 봄 6일, 가을 7일이었는데, 지금 국왕의 교지로 모두 10일로 바꾸었다. 設藏經道場于本闕 舊例春六日秋七日 今以王旨俱改十日", 같은 책 권108 열전(列傳)21 민제(閔霽)에 "어느 날 (공양)왕이 '듣기에 예조가 … 불사를 줄이자고 한다는데 그러한가'라고 하자, '… 불사는 춘추장경을 제하고는 마땅히 모두 없애야 합니다'라고 답하였는데, 임금은 '… 불사는 선왕께서 하시던 일이니 내가 감히 함부로 그만둘 수 없다'고 하였다. 一日 王 … 聞禮曹 … 減佛事 然乎 對曰 … 佛事春秋藏經外 當悉罷之 王曰 … 若佛事 先王所爲 予何敢擅罷"라고 하였다. 1392년(태조1) 조선 건국 직후에는 예조 관인 조박(趙璞)이 역대 사전(祀典)과 관련하여 장경백고좌법석 등을 전폐(前弊)로 거론하며 폐지해야 한다고 상소했지만, 그 시작과 설치의 근원을 조사해서 보고하도록 한 일도 있었다. 〔참고문헌〕『高麗史』, 『太祖實錄』.

춘추팔왕일 春秋八王日 입춘(立春)·춘분(春分)·입하(立夏)·하지(夏至)·입추(立秋)·추분(秋分)·입동(立冬)·동지(冬至) 등 팔일. 천지의 모든 신과 음양이 바뀌는 날이다. 사람도 이 때 재계하며 돌아본다. 『대명삼장법수』 권25(영락장182, p.437a9)에 "춘추팔왕일 〈『법원주림』에서 『제위경』을 인용하였다〉: 춘추팔왕일이란 천지의 음양이 교대하는 날이다. 이 팔일은 제석천의 보신들이 천하를 순서대로 돌아다니며 선악을 비교하여 생사를 결정하고 죄와 복을 늘이거나 줄인다. 선행을 즐기는 사람이 금기를 피하고 재계를 지킨다면 그 결과로 선처에 태어날 수 있다. 春秋八王日〈出法苑珠林 引提謂經〉 春秋八王日者 是天地陰陽 交代之日也 此之八日 帝釋輔臣 案行天下 比校善惡 定生注死 增減罪福 樂善者 若能避禁持齋 致生善處也"라고 하였다. 〔참고문헌〕『大明三藏法數』, 『法苑珠林』 권88(대정장53, p.928b13).

춘파 春坡 조선후기 스님 쌍언(雙彦 1591~1658)의 법호. 〔참고문헌〕 智冠 『韓國高僧碑文總集 朝鮮朝·近現代』 p.214. ⇨쌍언 雙彦

춘파당대사비명 春坡堂大師碑銘 조선후기 스님 쌍언(雙彦 1591~1658)의 비명. 1671년(현종12) 금강산 유점사(楡岾寺)에 건립된 비는 동명(東溟) 정두경(鄭斗卿)이 짓고 김좌명(金佐明)이 썼다. 명문에 "응상(應祥)의 문에서 쌍언스님 나오셨네. 오직 이 언스님 그 뜻 이으신 적손이라네. 스님 자취 적은 것 유점의 북쪽에 있다네. 후에라도 찾으려 말게, 이 조각돌 있으니. 祥師之門 彦師出焉 惟此彦師 厥嗣是嫡 記師之跡 楡岾之北 後其不考 在片石"라고 하였다. 〔참고문헌〕『東溟集』 권16 「春坡堂禪師碑」, 智冠 『韓國高僧碑文總集 朝鮮朝·近現代』 pp.214~216. ⇨쌍언 雙彦

출 出 **1** Ⓢ pravartate, abhi-pravartate, Ⓣ skye-'gyur. 나오다. 또는 일어나다. 해가 뜨거나 재난이 일어나는 등의 자연현상에서 말한다. 『대루탄경』 권5(대정장1, p.303b13)에 "부처님께서 비구들에게 말씀하셨다. '이와 같이 세간에 여섯 개의 해가 뜰 때는 사대천하와 팔만 개의 성, 여러 큰 산과 수미산을 태워 온통 연기를 낸다'. 佛語比丘 如是世間 有六日出時 燒炙四大天下及八萬城 諸大山須彌山王 皆烟出", 『기세경』 권9(대정장1, p.357b3)에 "어떤 것을 세간이 거듭 무너졌다 생기고 머문다고 하는가? 비구들아, 마치 지금처럼 세간은 생겨난 다음에는 머물러 있는 듯 하지만, 화재가 있을 수 있고 다시 수재가 닥칠 수 있지 않겠는가? 何名世間轉壞成住 諸比丘 猶如今者 世間成已 如是住立 而有火災 云何復有水災出也", 『중론』 권1 「관인연품 觀因緣品」(대정장30, p.3b21 : *Pras.*, p.30)에 "만약 연에 과가 없이 연을 좇는 중에 나온다고 한다면, 이 과 어찌 연 아닌 것 좇아 나온다고 하는가. 若謂緣無果 而從緣中出 是果何不從非緣中而出 atha-asad-api tat-tebhyaḥ pratyayebhyaḥ pravartate, apratyayebhyo 'pi kasmān na-abhipravartate phalam"라고 하였다. 〔참고문헌〕『大樓炭經』, 『起世經』, 『中論』, *Pras.* **2** Ⓢ niḥsaraṇa, abhiniṣkramya, Ⓣ byung-shing, khab-nas-byung-ba. 벗어나다. 『법화경』 권5(대정장9, p.39a9)에 "여래께서도 이와 같아 삼계중에 대법왕이 되어 정법으로 일체중생을 교화하시는데, 현성의 무리들이 오음마·번뇌마·사마 등과 함께 싸워 큰 공훈을 세우니 삼독을 멸하고 삼계에서 나와, 마군의 그물을 부수는 것을 보셨으니, 그때 여래께서 또한 크게 기뻐하신다. 如來亦復如是 於三界中 爲大法王 以法敎化 一切衆生 見賢聖軍 與五陰魔 煩惱魔 死魔共戰 有大功勳 滅三毒 出三界 破魔網 爾時 如來亦大歡喜", 같은 책 권5(대정장9, p.42b10)에 "석가모니부처님께서는 석씨궁을 나와 가야성에서 멀지 않은 곳으로 가셔서 도량에 앉아 아누다라삼막삼보리를 얻으셨다. 釋迦牟尼佛 出釋氏宮 去伽耶城不遠 坐於道場 得阿耨多羅三藐三菩提"라고 하였다. 〔참고문헌〕『法華經』, *Saddh-p.290·316.* **3** 모태에서 태어나다. 『신불공덕경』(대정장1, p.257b22)에 "우리 불세존께는 최승법이 있으니, 말하자면 불세존께서는 네 가지 태장을 잘 아신다. 첫째는 태에 들고 태에 머물며 태에서 나옴을 모른다. … 넷째는 태에 들고 머물며 나오는 것 모두 다 잘 아는 것이다. 我佛世尊 有最勝法 謂佛世尊 善能了知 四種胎藏 一者 不知入胎 亦復不知住出 … 四者 有入住出 皆悉了"라고 하였다. [참고문헌]『信佛功德經』.

출가 出家 Ⓢ pravrajyā, Ⓟ pabbajjā, Ⓣ rab-tu-byung-ba. 세속의 삶을 떠나 사문(沙門)의 길에 듦. 가다(去)·나오다(出)·도달하다(到)의 뜻인 vraj를 기원으로 한 앞으로 또는 위로 향해 나아가다의 뜻인 접두어 pra의 합한 말로 pra-vrajayā를 '출가'라 번역하고, 발파지(鉢波祗)·파베이야(波吠儞野) 등으로 음사한다. 불교교단 즉 승가에서는 엄정한 수계갈마(受戒羯磨)를 거쳐 비구비구니 즉 득도(得度)해서 출가의 뜻을 성취하니 재가(在家)가 아닌 뜻이다. 머리카락과 수염을 깎고 괴색(壞色)의 가사를 수하는 갈마를 거치므로 낙식(落飾)·체발(剃髮)·낙발염의(落髮染衣)·체발염의(剃髮染衣)·체염(剃染)·낙염(落染)이라 하고, 세속을 버리는 뜻에서 기가(棄家)·사가(捨家)라고도 한다. 『불본행집경』 권39(대정장3, p.836b15)에 "저들 사문 번뇌가 다하여 세간에서 벗어났으니, 이것이야말로 참된 출가로서 모든 악을 무너뜨린다. 彼等垢盡出塵勞 是眞出家破諸惡", 『중허마하제경』 권4(대정장3, p.944a26)에 "이 사람 생사 분명히 깨닫고 맹세코 윤회를 끊고자 보리인을 닦아 해탈과를 구하니, 수염과 머리카락을 자르고 몸에는 법복을 걸치며 몸과 마음을 청정하게 한다. 이를 출가라 한다. 此人了悟生死 誓斷輪迴 修菩提因 求解脫果 剃除鬚髮 身被法服 淸淨身心 此名出家", 『인왕반야경소』 권중3(대정장33, p.332c28)에 "출가란 반드시 부처님의 교법에 의지하여야 생사라는 집에서 벗어날 수 있다. 인계에서는 수염과 머리카락을 깎고 출가하여 비구중이 되고, 천계에서는 세속을 버리고 도를 깨우쳐 보살승이 된다. 今言出家者 必依佛出生死家 人有剃除鬚髮 出家成比丘衆 天有捨俗入道 成菩薩僧" 원측(圓測)의 『해심밀경소』 권9(한불전1, p.441c20)에 "출가란 『방광대장엄경』 권5의 다음 말씀과 같다. 보살이 성을 나와 돌아보았다. 성의 동문을 나와서는 노인과 마주쳤고, 남문을 나와서는 병자와 마주쳤으며, 서문을 나와서는 죽은 이와 마주했다. 보살은 '나 또한 이와 같으리라'고 사유하여 슬퍼 즐겁지 않았다. 그 뒤 언젠가 성의 북문을 나와 사문을 만났으니, 허공을 날아다니며, 출가공덕의 유익함을 자세히 말해 주었다. 言出家者 如大嚴經第五卷云 菩薩出城遊觀 出城東門 逢值老人 出城南門 逢值病人 出城西門 逢值死人 菩薩思惟 我亦如是 愁憂不樂 後於一時 出城北門 逢值沙門 乘空而行 廣說出家功德之利", 『금강삼매경주해』 권3(卍속장55, p.416a12)에 "출가라는 말에서 집이란 첫째는 세속의 집이고, 둘째는 삼계라는 집이며, 셋째는 무명이라는 집이다. 所言出家者 一曰 世俗家 二曰 三界家 三曰 無明家", 『사분율소』 권2말(卍속장65, p.445a17)에 "출가라는 말은 무슨 뜻인가? 형과 법 두 가지에 있어 같다. 형이 같다는 말은 외적인 재물과 친속을 버리고 장식마저 버리고 수염과 머리카락을 자른다는 뜻이다. 그러므로 『사분율』에서 '많거나 적거나 모두 다 버리고 떠난다'라고 하였고, 그 때문에 『오분율』에서 '재가의 핍박은 견고한 감옥과 같다'라고 하였으므로 반드시 버려야 한다. 이는 유위의 집에서 벗어난다는 의미이다. 법이 같다는 말은 계를 얻어 자신에게 두고 악을 끊고 선을 닦음이다. 『오분율』에서 '출가는 허공과 같이 트인 듯이 드넓다'고 하였다. 이는 무위로 들어가므로 '출가로 삼는다'고 한다. 言出家者 謂形法二同 言形同者 謂捨外財及以親屬 除飾好 剃去鬚髮 故下律云 若多若少 皆悉捨離 故五分云 在家逼迫 猶如牢獄 故須捨棄 此出有爲家 言法同者 得戒在己 斷惡脩善 五分云 出家寬廓 猶如虛空 此入無爲 故曰出家爲道"라고 하였다. 옛날부터 인도에는 불교 이전 베다시대부터 세속을 버리고 해탈을 구하는 전통이 있었다. 이후 석가세존이신 부처님께서 출가 성도하신 후에는 비구·비구니들이 출가하여 교단을 조직하였다. 특히 석가세존의 출가는 부처님 일대사를 도상화한 팔상(八相) 중에 주요 도상으로 전승되었다. 부처님의 출가에 관한 기사는 『수행본기경』 권하 「유관품 遊觀品」(대정장3, p.466b10)과 『태자서응본기경』 권상(대정장3, p.472c3) 등에 상세하다. 율장 즉 『마하승기율』 권23(대정장22, p.416b26)·권24(대정장22, p.419c26)에서는 왕신(王臣)·채무자(負債者)·외도(外道)·오역(五逆)·육종불남(六種不男) 등 출가하여 구족계를 받을 수 없는 이들을 전하고 있듯이, 불교교단 즉 승가에 있어서, 출가는 엄정한 수계갈마를 거쳐야 입단이 허락될 수 있다. 대승에서는 출가의 뜻을 널리 열었으니 『유마경』 권상(대정장14, p.541c24 : *Vikī-n.*, p.32)에 "여러 장자가 말했다. '거사시여! 저희들은 부처님께서 부모가 허락하지 않으면 출가할 수 없다는 말씀을 들었습니다'. 유마힐이 말했다. '그러나 그대들은 아누다라삼막삼보리심을 일으켰으니, 이런 즉 바로 출가이다. 諸長者子言 居士 我聞佛言 父母不聽 不得出家 維摩詰言 然汝等便發阿耨多羅三藐三菩提心 是卽出家 te kumārakā evam āhuḥ, śrutam asmābhir gṛhapate, na tathāgato 'navasṛṣṭaṃ mātāpitṛbhyāṃ pravrājayatīti. sa tān āha, utpādayata yūyaṃ kumārakāḥ anuttarāyāṃ samyaksaṃbodhau cittam … saiva yuṣmākaṃ bhaviṣyati pravrajyā sopasaṃpat", 『대장엄법문경』 권하(대정장17, p.830b16)에 "보살의 출가란 비단 자신의 머리카락 자른 것으로 출가라 하지 않는다. … 아란야에서 홀로 앉아 사유하는 수행만을 출가라 하지 않으며, 여색과 생사유전에서 지혜방편으로 변화시켜 해탈토록 하는 것도 출가라 한다. 스스로 율의를 수호한 것만을 출가라 하지 않으니, 사무량심을 능히 일으켜 중생을 편안하게 한다면 이야말로 출가다. 菩薩出家者 非以自身剃髮 名爲出家 … 非以阿蘭若處 獨坐思惟 名爲出家 能於女色 生死流轉 以慧方便 化令解脫 是名出家 非以自身守護律儀 名爲出家 若能廣起 四無量心 安置衆生 是名出家",『대승본생심지관경』 권4(대정장3, p.306c15)에 "출가했을지라도 금계를 지키지 않고 세속락에 탐착한다면 부처계율이라는 보배를 훼손하는 것이며, 정견을 잃고 사견의 숲에 빠진다면 무량한 사람들을 끌어 크고 깊은 구덩이에 떨어뜨릴 것이다. 이와 같은 비구는 출가라 하지 않으니, 사문도 아니고 바라문도 아니다. 모습은 사문인 듯 하지만 마음은 항상 재가에 있으니 이와 같은 사문은 멀리하고 여의는 행이 없다. 若人出家 不護禁戒 貪著世樂 毁佛戒寶 或失正見 入邪見林 引無量人 墮大深坑 如是比丘 不名出家 非是沙門 非婆羅門 形似沙門 心常在家 如是沙門 無遠離行",『경덕전등록』 권1「우파국다전 優波毱多傳」(대정장51, p.207b29)에 "존자가 물었다. '그대는 몸으로 출가하는가? 마음으로 출가하는가?' '저는 몸과 마음이 와서 출가한 것이 아닙니다' '몸도 아니고 마음도 아니라면 누가 출가하는가?' '출가하는 이는 무아의 아입니다. 무아의 아이므로 마음이 생멸하지 않고, 마음이 생멸하지 않으니 영원한 도이며 제불 역시 영원하십니다. 마음에 형상이 없고 그 몸 역시 그러합니다'. 尊者問曰 汝身出家心出家 答曰 我來出家非爲身心 尊者曰 不爲身心復誰出家 答曰 夫出家者無我我故 無我我故 卽心不生滅 心不生滅卽是常道 諸佛亦常 心無形相 其體亦然"라고 하였다. [참고문헌]『佛本行集經』,『衆許摩訶帝經』,『仁王般若經疏』,『解深密經疏』,『金剛三昧經注解』,『四分律疏』,『修行本起經』,『太子瑞應本起經』,『摩訶僧祇律』,『維摩經』,『大莊嚴法門經』,『大乘本生心地觀經』,『景德傳燈錄』,『方廣大莊嚴經』 권5(대정장3, p.570a26), *Vikī-n.*, *Bodh-bh.116.*, *Vin.3.13.* ⇨ 급첩출가 給牒出家, 동진출가 童眞出家, 보살출가 菩薩出家, 사류출가 四類出家, 십구출가 十九出家, 위명출가 爲命出家, 유성출가 踰城出家, 출가갈마 出家羯磨, 출가공덕 出家功德, 출가오중 出家五衆, 낙발염의 落髮染衣, 사가 捨家, 삭발염의 削髮染衣, 염의 染衣, 득도 得度[1], 발파지 鉢波祇, 재가 在家, 팔상성도 八相成道

출가 出假 입실(入實)의 공(空)에 머물지 않고 중생을 위해 방편 가져 가의 세계로 나오다.『지관보행전홍결』 권6(대정장46, p.344c1)에 "이승인으로서 둔근 보살은『법화경』에 이르러 비로소 방편을 열어 진실에 들어가고, 진실에 들어간 이후에야 비로소 큰 자비를 부릴 수 있으니 이를 가의 세계로 나온다고 한다. 二乘人 鈍根菩薩 至法華中 方開入實 入實已後 方運大悲 名爲出假",『청관음경소천의초』 권1(대정장39, p.981c15)에 "공을 좇아 나오므로 출가라 하고, 가의 안으로 들어가니 입가라고도 한다. 그러므로 출입이라는 두 이름이 모든 문에서 상호 성립한다. 從空而出 故言出假 入在假內 亦曰入假 故出入二名 諸文互立",『마하지관』 권6(대정장46, p.73a18)에 "별교에서 가를 파함이 세제로는 죽는 때이니 또한 능히 가로 나와 자재히 몸을 받고 중도를 드러내고자 끝내 공에 머물지 않는다. 別教破假 世諦死時 亦能出假 自在受生 爲顯中道 終不住空",『열반경소삼덕지귀』 권13(卍속장58, p.801a1)에 "공에서 가로 나온다는 말에서 가로 나옴은 남을 교화하여 중생에게 이익을 준다는 뜻이다. 是從空出假者 出假 是化他益衆生故",『산정지관』 권상(卍속장99, p.138a5)에 "이 관은 중생을 교화하기 위함임을 알아야 한다. 진이 진 아님을 알기에 방편으로 가로 나온다. 그러므로 '공을 좇아 약과 병 분별하지만 어긋남이라곤 없다'고 말하며, 이에 '가로 들어간다'고 한다. 전의 관법은 가의 병을 타파할 뿐 가의 법을 쓰지 않고 진법만을 쓰기에 평등이라 할 수 없었다. 그러나 이 관법은 공의 병을 파하고 다시 가의 약을 써서 부수고 씀을 고르게 하므로 평등관이라 한다. 當知此觀 爲化衆生 知眞非眞 方便出假 故言 從空分別藥病 而無差謬 故言入假 前觀破假病 不用假法 但用眞法 未爲平等 此觀破空病 還用假藥 破用旣均 故言平等觀",『사교의주휘보보굉기』 권7하(卍속장102, p.659b6)에 "도와 관이 쌍으로 흐르게 한다는 말은 무슨 뜻인가? 도는 교화의 도이고, 관은 공관을 말한다. 공관을 하면서 가의 세계로 나와 교화하기에 쌍으로 흐른다고 한다. 道觀雙流者 道 謂化道 觀 謂空觀 帶空出假 故曰雙流", 같은 책 권9하(卍속장102, p.778a14)에 "이 절은 원교에 속한 사람의 근기가 이둔으로 갈라지는 차이를 밝혔다. 그러므로 가로 나와서 중생을 제도하면 세 근기에 따라 느리거나 빠른 차이가 성립한다. 첫 번째 일행은 신위에서 가로 나옴이 원교의 하근인이라는 사실을 밝혔다. 비록 하근이라 부르지만 그 공은 별교 십향을 넘어선다. … 또한 이하에서는 중근일 경우 오품이면 가로 나옴을 밝혔고, 상근일 경우 초품에서 가로 나온다. 此節 明圓人利鈍有異 是故出假度生 則成三根遲速之殊也 初一行 明信位出假 乃圓教下根人也 雖稱下根 功超別教十向之上 … 又下 明中根者 五品卽出假也 上根者 初品就出假也"라고 하였다. [참고문헌]『止觀輔行傳弘決』,『請觀音經疏闡義鈔』,『摩訶止觀』,『涅槃經疏三德指歸』,『刪定止觀』,『四教儀註彙補輔宏記』.

출가갈마 出家羯磨 출가하려는 이를 위해 베푸는 여법한 대중갈마. 수계건도(受戒犍度 Ⓢ pravrajyā-vastu)에 의지해 행하는 것으로『오분율』·『사분율』·『십송률

』에서는 수계법·수계건도·수계구족법이라 하였고, 『근본유부율』에서 출가사(出家事)라고도 하였고, 팔리율에서는 마하바수트(Ⓟ maha-vastu)라고 하였다. 『비니모경』 권1(대정장24, p.801b29)에 "청정인은 그 출가를 허락하여 삭발시키고 법복을 입혀 삼자귀와 십계 내지 백사갈마를 받아 갖추게 한다. 淸淨人者 聽其出家 剃除鬚髮著法服 受三自歸十戒 乃至白四羯磨受具", 같은 책 권2(대정장24, p.807a17)에 "다섯을 갖춘 사람만 구족계를 받을 수 있다. 첫째 장부를 성취함, 둘째 빚을 지지 않음, 셋째 노예가 아님, 넷째 스무살의 나이를 채움, 다섯째 부모가 출가하도록 놓아줌이니, 이 다섯을 갖춘 이는 계를 받을 수 있다. 復有五人可受具足 一 成就丈夫 二 不負債 三 不是人奴 四 年滿二十 五 父母放出家 是五種人 得受具足", "다시 오처가 있어야 백사갈마로 수계가 만족한다. 다섯이 무엇이냐면, 첫째는 화상, 둘째는 아사리, 셋째는 중승의 구족, 넷째는 성품의 조순, 다섯째는 제근을 구족하여 어떠한 장애도 없음이니, 이를 오처수계만족이라 한다. 이 다섯과 더불어 서로 어긋난 사람은 수구할 수 없다. 復有五處 白四羯磨受戒滿足 何者五 一者 和上 二者 阿闍梨 三 衆僧具足 四 性調順 五 諸根具足無諸障礙 是名五處受戒滿足 與五人相違不得受具", "만약 먼저 알지 못하고 계를 받고 후에 알았으면 응당 대중에서 빈출시키고, 앞서 알았으면 계를 받게 해서는 안 된다. 若先不知與受戒 後時知應擯出衆 先知不應與受戒", 『유가론기』 권24(대정장42, p.865a19·한불전14, p.943a7)에 "출가갈마란 무엇인가? 가령 어떤 속인이 출가하고자 할 경우 반드시 모인 대중 앞에서 스스로 말하게 하고, 그런 후에 그에게 삭발 등의 절차를 밟는다. 그 부모가 허락하지 않을 수도 있으며, 도둑이거나 노비이거나 관인의 신분 등일 수도 있기에 대중이 허락하고 나서야 비로소 삼귀의를 설해 십계를 받을 수 있다. 出家羯磨者 如有俗人欲出家時 必須集衆告白 然後與其剃髮等 恐其父母不聽 或是賊是奴 及官人等 旣衆聽已 方說三歸 受十戒也"라고 하였다. 〔참고문헌〕『毘尼母經』, 『瑜伽論記』, 『瑜伽師地論』 권99(대정장30, p.872a16). ⇨ 갈마 羯磨, 수계건도 受戒犍度, 득도 得度[1], 득도식 得度式, 율장 律藏

출가계 出家戒 출가자로서 지켜야 하는 계. 칠중계(七衆戒) 중 사미·사미니·식차마나·비구·비구니·오중(五衆)이 받아 지니는 계를 말한다. 『우바새계경』 권3 「우바새계경수계품 優婆塞戒經受戒品」(대정장24, p.1050b10)에 "출가보살을 비구라 하고, 재가보살을 우바새라 한다. 출가보살이 출가계를 지키는 일은 어렵지 않지만, 재가보살이 재가계를 지키는 바로 그 일은 어렵다. 왜 그런가? 재가인은 대부분 악한 인연에 묶여 있기 때문이다. 出家菩薩 名爲比丘 在家菩薩 名優婆塞 出家菩薩 持出家戒 是不爲難 在家菩薩 持在家戒 是乃爲難 何以故 在家之人 多惡因緣所纏繞", 『살바다비니비바사』 권2(대정장23, p.514c17)에 "만약 출가계를 버릴 경우 마땅히 '저는 출계계를 버렸으니 우바새입니다'라고 말해야 한다. 若捨出家戒者 當言 我捨出家戒 是優婆塞", 『대지도론』 권13(대정장25, p.160c26)에 "출가계에도 네 종류가 있다. 첫째는 사미·사미니계, 둘째는 식차마나계, 셋째는 비구니계, 넷째는 비구승계이다. 〔문〕 만약 거가계(재가계)로 천상에 나거나 보살도를 얻으며 열반에 이를 수도 있다면 게다가 출가계는 무슨 소용이 있는가? 〔답〕 비록 둘 모두 고통 벗어나지만 어렵거나 쉬운 길 있다. 속에서 생업에 종사하며 갖가지 일을 하다가 도법에만 마음을 기울이고자 한다면 속의 생업이 무너지고, 속의 생업에 전념하고자 한다면 불도를 이루려는 일대사가 무너진다. 이렇게 취하지도 버리지도 못하면 법을 행해야 하니 이것을 어려움이라 한다. 만약 출가하여 속가를 떠나면 모든 분란을 끊고 한결같이 마음을 기울이니 도를 행하기가 쉽다. 또한 속가에 살면 시끄럽게 일어나는 많은 일과 강제된 의무가 번뇌의 뿌리이자 온갖 악의 창고이니 이것이 매우 큰 어려움이다. 출가자라면 마치 텅 빈 들판 아무도 없는 곳에 나온 이 같아서 그 마음 하나여서 생각할 것도 염려할 것도 없으니 안으로 생각함 이미 버렸으니 밖의 일 사라져 버린다. 出家戒 亦有四種 一者 沙彌沙彌尼戒 二者 式叉摩那戒 三者 比丘尼戒 四者 比丘僧戒 問曰 若居家戒 得生天上 得菩薩道 亦得至涅槃 復何用出家戒 答曰 雖俱得度 然有難易 居家生業 種種事務 若欲專心道法 家業則廢 若欲專修家業 道事則廢 不取不捨 乃應行法 是名爲難 若出家離俗 絕諸紛亂 一向專心 行道爲易 復次 居家憒閙 多事多務 結使之根 衆惡之府 是爲甚難 若出家者 譬如有人 出在空野無人之處 而一其心 無思無慮 內想旣除 外事亦去", 『관무량수경의소』(대정장37, p.185b1)에 "오계와 팔계는 재가계이고, 모든 계 수행함은 출가계다. 五戒八戒 是在家戒 修行諸戒 是出家戒"라고 하였다. 〔참고문헌〕『優婆塞戒經』, 『薩婆多毘尼毘婆沙』, 『大智度論』, 『觀無量壽經義疏』. ⇨ 칠중계 七衆戒, 별해탈계 別解脫戒, 재가계 在家戒, 삼계 三戒[4], 출가 出家

출가고친게 出家告親偈 출가하여 스님이 되고자 하는 이가 먼저 부모님께 분향 삼배를 올리고 간곡하게 허락을 구하는 게송. 다음과 같다. '삼계육도 흘러 도는 중에 은혜 입고 애착하여 벗어나지 못하였습니다. 이제 은애 버리고 무위에 들어 진실로 은혜 갚고자 합니다. 流轉三界中 恩愛未能脫 棄恩入無爲 眞實報恩者'라고 한다. 〔참고문헌〕『諸般文』(『韓國佛教儀禮資料叢書』 권2 p.671a3), 『釋門儀範』 권하 p.125a5.

출가공덕 出家功德 출가에 뒤따르는 공덕. 『현우경』 권4(대정장4, p.376b25)에 "출가법 말미암아 마의 권속 사라지고 부처씨앗 늘리며 악법을 꺾어버리고 선법을 기르며 죄의 허물을 물리쳐 버리고 위없는 복업을 일으킨다. 이러한 이유로 부처님께서 출가공덕이 수미산보다 높고 바다보다 깊으며 허공보다 넓다고 말씀하신다. 由出家法 滅魔眷屬 增益佛種 摧滅惡法 長養善法 滅除罪垢 興無上福業 是故佛說 出家功德 高於須彌 深於大海 廣於虛空", 『유부율출가사』 권4(대정장23, p.1036c10)에 "출가공덕은 나 스스로 이롭고 남과 함께 할 수 없는 것이다. 그러므로 지혜로운 이 마땅히 출가 구한다. 出家功德 是我自利 不共他有 是故智者 應求出家", 『사분율행사초비』 권14(卍속장68, p.71a7)에 "칠보탑을 세운다 해도 출가 마땅히 공덕 같을 수 없다 하니, 『출가공덕경』에서 말하길 '설령 어떤 사람이 삼십삼천 높이의 칠보탑을 세울지라도 그것으로 얻는 공덕이 스스로 출가하거나 남녀의 일꾼과 노비를 출가하도록 풀어주는 공덕만 못하다. 왜 그런가? 칠보탑은 탐욕과 악에 물든 어리석인 사람이 파괴할 수 있지만 출가의 법은 허물 일이 없기 때문이다'. 起七寶塔 不如出家功德者 案出家功德經云 假使有人 起七寶塔 高至三十三天 所得功德 不如自出家 及放男女奴婢出家 何以故 七寶塔者 貪惡愚人 能破壞故 出家之法 無有毁壞"라고 하였는데, 출전은 동진(東晉)대 역출된 역자 미상의 『출가공덕경』이 아니라 『현우경』에서 초출(抄出)한 『출가공덕경』이며, 이 인용문은 『현우경』 권4(대정장4, p.376b13・p.376b6)에 따른다. 『동산어록』 「사북당서 辭北堂書」(대정장47, p.516b15)에 "끝 망극하고도 깊은 은혜에 보답하려면 출가공덕만 한 것은 없다. 생사 거듭하는 애욕의 강을 가로질러 번뇌의 고해를 넘은 뒤에 천생의 부모은혜 갚고 만겁에 자애로운 친한 이들 보답하는 등 삼유의 네 가지 은혜를 갚지 못할 일이 없다. 欲報罔極深恩 莫若出家功德 截生死之愛河 越煩惱之苦海 報千生之父母 答萬劫之慈親 三有四恩 無不報矣", 『대승본생심지관경천주』 권4(卍속장34, p.264a7)에 "부모 이미 불도를 이루도록 한 다음에는 또 중생을 제도하여 불도를 이루도록 한다. 이런 공덕은 모두 최초에 출가를 결심한 일념에 있다. 능히 삼세에 걸쳐 이익 얻기에 출가공덕 불가사의하다. 父母旣成 又度衆生成道 此之功德 皆歸最初一念出家 能獲三世之益 故出家功德 不可思議也", 『대지도론』 권3(대정장25, p.84b8)에 "공작이 비록 화려한 빛깔로 몸을 꾸밀지라도, 멀리 나는 기러기만 못하듯이, 속인에게 비록 재력과 권력이 있을지라도, 출가공덕의 뛰어남과 견줄 수 없노라. 孔雀雖有色嚴身 不如鴻鴈能遠飛 白衣雖有富貴力 不如出家功德勝"라고 하였다. 〔참고문헌〕 『賢愚經』, 『有部律出家事』, 『四分律行事鈔批』, 『洞山語錄』, 『大乘本生心地觀經淺註』, 『大智度論』.

출가공덕경 出家功德經 역자 미상. 1권. 고려장20, pp.1223a1~1225a22, No.860・대정장16, pp.813c8~815a27, No.707에 수록되어 있다. 한역은 동진(東晉)대다. 아난(阿難)이 비라선나왕자(鞞羅羨那王子)를 출가하도록 교화하고 나서 부처님께 출가의 공덕을 여쭈었다. 부처님께서 출가는 보시 등 다른 어떤 공덕보다 뛰어나다고 설해주셨다. 애초에 부처님께서는 일체지(一切智)로써 비라선나왕자의 음악을 듣고 그가 7일 뒤에 죽으리라는 운명을 아시고 마침내 아난에게 하루 밤낮 동안 그 왕자가 출가하도록 권하기를 명하셨다. 그는 죽은 뒤에 천상에 머물며 20겁 동안 삼악도에 떨어지지 않고 항상 천상과 인간에 태어나다가 최후에 벽지불과(辟支佛果)를 증득하였다. 또한 아난은 타인의 출가를 도와서 얻는 복과 출가하지 못하도록 막은 죄에 대하여 묻고 부처님께서 그에 대하여 낱낱 답해 주셨다. 〔참고문헌〕 『開元釋敎錄』 권13(대정장55, p.617c14).

출가득도 出家得度 Ⓟ pabbajjā. 출가하여 계를 받고 스님이 되는 일. 『석감계고략속집』(대정장49, p.919b13)에 "출가하여 계를 받은 다음에 천암선사를 배알하고 깨달은 바 있었다. 出家得度後 謁千巖禪師 有所悟入", 『속전등록』 권9 「화엄보자전 華嚴普孜傳」(대정장51, p.520b21)에 "마침내 태평흥국사사의 서율원에 주석하는 스님 가숭의 문하로 투신한 뒤 출가하여 계를 받고 계법을 갖추고는 사방을 돌아다니며 도를 참구하였다. 遂投太平興國西律院 僧可崇 出家得度 具戒 遊方參道"라고 하였다. 〔참고문헌〕 『釋鑑稽古略續集』, 『續傳燈錄』, 『大明高僧傳』 권7 「道旻傳」(대정장50, p.927b15), *Vin.3.13.*, *SN.1.161.* ⇨ 득도 得度 ❶

출가락 出家樂 출가해서 누리는 기꺼움. 사락(四樂) 또는 오락(五樂) 중 하나다. 『불본행집경』 권60(대정장3, p.929b14)에 "세속의 즐거움에도 모자람 없었는데 이제 출가하니 출가의 즐거움 또한 모두 만족스럽다. 於世俗樂 亦無所乏 今者出家 於出家樂 亦皆具足", 『대반열반경의기』 권8(대정장37, p.831c2)에 "출가하여 갈 길 익히고 속가의 어려움에서 벗어나 자유로우니 이를 출가락이라 한다. 出家學道 解脫家難 名出家樂", 『화엄경소』 권26(대정장35, p.699c14)에 "첫 번째, 출가락은 속가에 사는 어려움에서 벗어남이다. 一 出家樂 脫家難故", 『화엄경소초』 권20(대정장36, p.155a26)에 "세간에 사는 사람은 근심하며 괴로워하는 일이 많지만 이러한 괴로움을 영원히 끊으니 이를 출가의 즐거움이라 한다. 世間之人 多有憂苦 永斷是苦 名出家樂"라고 하였다. 〔참고문헌〕 『佛本行集經』, 『大般涅槃經義記』, 『華嚴經疏』, 『華嚴經疏鈔』. ⇨ 사락 四樂 ❶, 오락 五樂 ❷

출가바라문 出家婆羅門 바라문으로서 출가한 사람. 속가를 떠나서 불도를 수행하는 바라문. 『앙굴마라경』 권4(대정장2, p.541b16)에 "또한 꽃을 따던 바라문이 (비구들의 모습을) 보고는 '이 비구들은 이전의 좋은 옷을 버리고 이와 같은 옷을 입고 이렇게 벌레 터는 불자 잡고 있구나. 저들은 어째서 좋은 법 버리고 떠나야만 했을까? 분명히 해탈의 길임이 분명함을 알 수 있다'라고 생각한 끝에 그들의 법을 배웠다. 출가바라문은 이렇게 시작되었다. 更有採花婆羅門 見已念言 是比丘捨先好衣 著如是衣 捉如是拂 彼人豈當捨離善法 當知分明 是解脫道 卽學彼法 出家婆羅門 從是而起", 『대지도론』 권3(대정장25, p.76a25)에 "출가바라문들이 '이곳에는 여기 출가하여 선인이 된 대왕이 있는데 당신들은 믿으시오?'라고 묻자 속가에 사는 바라문들이 '믿습니다'라고 답했다. 諸出家婆羅門言 此有大王 出家作仙人 汝等信不 諸居家婆羅門言 信"라고 하였다. [참고문헌] 『央掘魔羅經』, 『大智度論』. ⇨ 바라문 婆羅門, 출가 出家

출가법 出家法 출가하려는 이가 행해야 할 작법(作法) 또는 출가한 이가 행하여야 할 법. 또는 재가자가 불도를 익혀 세간의 법을 넘어서서 행하는 출세법 등을 말한다. 『비바시불경』 권상(대정장1, p.155c2)에 "(비바시 태자는) 말을 마치고 궁전으로 돌아가 곧바로 신심을 일으켜 출가법을 행하자 사문의 모습이 되었다. 言已歸宮 卽發信心 行出家法 作沙門相", 『대반열반경』 권중(대정장1, p.197c9)에 "출가법은 좌선의 업을 가장 근본으로 삼는다. 夫出家法 坐禪之業 最爲第一", 『별역잡아함경』 권3(대정장2, p.389b27)에 "만약 언행이 순박하고 진실하면 마땅히 출가법이다. 若行質直 應出家法", 『수십선계경』(대정장24, p.1023c28)에 "팔계재는 과거와 현재의 모든 불여래께서 재가인을 위하여 제정하신 출가법이다. 첫째는 살생하지 말고 … 여덟째는 정오를 지나서 먹지 마라. 八戒齋者 是過去現在 諸佛如來 爲在家人 制出家法 一者 不殺 … 八者 不過中食", 『능엄경지장소』 권6(卍속장24, p.518b6)에 "성취라는 말은 재가법을 버리고 출가법을 받아 당장에 다섯 장애에 걸린 몸을 바꾸어 단번에 다섯 가지 덕을 지닌 반려자가 되도록 한다는 뜻이다. 成就者 捨在家法 受出家法 現轉五障之軀 頓成五德之侶故"라고 하였다. [참고문헌] 『毘婆尸佛經』, 『大般涅槃經』, 『別譯雜阿含經』, 『受十善戒經』, 『楞嚴經指掌疏』.

출가사리 出家闍梨 ➡ 출가아사리 出家阿闍梨

출가사원 出家四願 출가하며 세운 부처님의 네 가지 서원(誓願). 『대명삼장법수』 권9(영락장181, p.714b10)에 "출가사원〈출전은 『보요경』〉: 출가사원이란 석가여래께서 처음으로 출가하고자 했을 때 이 네 가지 서원 일으키셨으니, 중생을 도탈시키기 위해서다. 出家四願〈出普耀經〉 出家四願者 謂釋迦如來 初欲出家 發此四誓願 度脫衆生也", "첫째, 고통에 갇혀 있는 중생을 건지겠다는 서원이다. 곧 '내가 정각을 성취하여 일체지를 얻는 때가 되면 온갖 번뇌와 근심으로 괴로움에 빠진 중생을 나 마땅히 건져 벗어나게 하고 은애를 끊도록 하리라' 함이다. 一 願濟衆生困厄 謂我設成正覺 得一切智時 衆生困厄 被諸惱患 吾當濟脫 令斷恩愛也", "둘째, 중생의 혹장을 버리게 하겠다는 서원이다. 곧 '중생이 생사고해에 빠져 있고 무명의 어둠에 덮여 진실을 알지 못하니 내가 장차 그들에게 저 청정한 눈으로 안팎에 걸림없이 보게 하여 벗어나게 하리라' 함이다. 二 願除衆生惑障 謂衆生沒在 生死苦海 無明暗蔽 悉無所知 我當爲其顯示 如淸淨眼 內外無障 令其出離也", "셋째, 중생의 삿된 견해를 끊겠다는 서원이다. 곧 '중생이 세간에 살면서 아만으로 스스로 대단하다고 여겨 자신을 높이고 남은 천히 여겨서 마음에 사견을 두어 불도를 흠모하지 않으니 나 마땅히 교화하여 바르고 참됨에 들게 하리라' 함이다. 三 願斷衆生邪見 謂衆生在世 我慢自大 尊己賤彼 心存邪見 不慕聖道 我當開化 令入正眞也", "넷째, 중생을 고통의 수레바퀴에서 건지리라는 서원이다. 곧 '중생이 생사고통의 수레바퀴에서 돌아 그 끝이 없으니 지혜의 뿌리마저 사라져 스스로 구제할 수 없으니 나 마땅히 위해 법을 설해 도탈하도록 하리라' 함이다. 四 願度衆生苦輪 謂衆生處 於生死之苦輪 轉無際 滅智慧根 不能自濟 我當爲其說法 令得度脫也"라고 하였다. [참고문헌] 『大明三藏法數』, 『普曜經』 권3(대정장3, p.504b14).

출가수계 出家受戒 출가하고 계를 받다. 출가하여 계를 받는 다섯 무리의 스님들(出家五衆)에 해당하지만, 수계(受戒)는 별해탈계를 받는 칠중(七衆)에 다 통한다. 『장아함경』 권4 「유행경 遊行經」(대정장1, p.25b22)에 "그때 수발은 그날 밤에 출가하고 계를 받고서 범행을 청정하게 닦은 결과 현재의 법에서 스스로의 몸으로 깨우쳤다. 於是 須跋 卽於其夜 出家受戒 淨修梵行 於現法中 自身作證", 『대보적경』 권86(대정장11, p.496a8)에 "세존이시여! 저는 부처님의 훌륭한 법과 율중에서 출가하고 계를 받고 싶습니다. 世尊 我願於佛善法律中 出家受戒", 『대품경의소』 권7(卍속장38, p.192b1)에 "출가수계라는 이 말에는 두 가지 뜻이다. 출가란 오중을 뜻하고, 수계라 하면 칠중을 거둔다. 出家受戒者 此具二義 出家者 謂五衆也 受戒則攝七衆"라고 하였다. [참고문헌] 『長阿含經』, 『大寶積經』, 『大品經義疏』. ⇨ 수계 受戒, 별해탈계 別解脫戒, 출가오중 出家五衆, 출가 出家, 출가계 出家戒, 칠중계 七衆戒

출가수구 出家受具 출가하여 구족계(具足戒)를 받는다. 『별역잡아함경』 권5(대정장2, p.409c6)에 "원하옵건대 제가 불법 안에서 출가하여 구족계를 받고 비구가 되어 불법에 들어가 범행을 닦도록 허락해 주십시오. 唯願聽我 於佛法中 出家受具 得爲比丘 入於佛法 修于梵行", 『비니작지속석』 권5(卍속장65, p.122a18)에 "출가하여 구족계를 받는다는 말은 이 법에 그대로 의지하여 출가하였고 구족계를 받았으며 비구로서 티 없이 맑은 범행을 성취했음이다. 만약 율에 의지하지 않았다면 수계를 허락받지 못한다. 出家受具者 能依是法 得與出家 得受具戒 得成比丘 淸白梵行也 若不能依律 不聽受"라고 하였다. [참고문헌] 『雜阿含經』, 『毘尼作持續釋』. ⇨ 구족계 具足戒, 계 戒

출가수근원갈마의범 出家授近圓羯磨儀範 원대 발합사파(拔合思巴 : 八思巴) 집기(集記). 1권. 대정장45, pp.905a3~911c24, No.1904에 수록되어 있다. 『출가수근원갈마의범 出家授近圓羯磨儀範』·『근본설일체유부출가수근원갈마의범 根本說一切有部出家授近圓羯磨儀範』이라고도 한다. 출가의 절차와 형식에 관한 작법(作法)과 구족계(具足戒)를 받는 작법을 밝혔다. 의정(義淨)이 한역한 『유부백일갈마 有部百一羯磨』(대정장24, No.1453)에 수록된 구족계갈마작법과 비교하면 본서의 작법이 더 세밀하고 깊이 있으며, 사의법문(四依法文)과 사중금계(四重禁戒)에 관한 문구도 두드러지게 늘어났다. 이 밖에 본서 권말에는 「근본설일체유부필추습학약법 根本說一切有部苾芻習學略法」이 부록으로 붙어 있다. [참고문헌] 『佛祖歷代通載』 권21(대정장49, p.705b8), 『閱藏知津』 권33(가흥장32, p.136b2).

출가아 出家兒 출가한 사람. 높이거나 낮추는 말이 아니어서 출가자의 본분을 드러내는 말이다. 『송고승전』 권30 「국도자전 國道者傳」(대정장50, p.897b25)에 "승정인 수목이 항상 진심을 기울여 받들며 존중하던 차에 시를 지어 국공(국도자)에게 바쳤다. '문에 들어서도 텅 비고 고요하니, 참으로 출가아답구나. 무엇을 하여도 귀신조차 알아채지 못하고, 먹은 마음 없어 사람들은 어리석다 여기네'. 修睦僧正 恒傾意奉重 詩贈國公云 入門空寂寂 眞箇出家兒 有行鬼不見 無心人謂癡", 『임제록』(대정장47, p.503a3)에 "안타깝다! 그대들은 이런 몸과 마음 가지고 어디서나 두 입술을 나불대며 선량한 사람들 속이니, 언젠가는 쇠몽둥이 맛볼 날 반드시 있으리라. 이들은 출가아라 할 수 없으니 모조리 아수라 세계에서 거두리다. 咄哉 爾將這箇身心 到處簸兩片皮 誑諕閭閻 喫鐵棒有日在 非出家兒 盡向阿修羅界攝", 『경덕전등록』 권28 「월주대주혜해화상어 越州大珠慧海和尙語」(대정장51, p.444b5)에 "출가자라면 말을 좇지 마라. 행주좌와에 그대의 자성을 쓸 뿐이니, 이렇게 하는 곳 어찌 도에 상응하지 않으리. 다만 스스로 일시에 놓고 또 놓아 갈지어다. 저 외경의 바람 따르지 않은들 마음 바탕 저 물처럼 저절로 담담하리라. 夫出家兒 莫尋言逐語 行住坐臥 並是汝性用 什麽處 與道不相應 且自一時休歇去 若不隨外境風 心性水常自湛湛", 『허당록』 권2(대정장47, p.1002a4)에 "법좌에 오르자 학인이 물었다. '「한 구라도 이르는 곳이 있다 하면, 그대는 혀를 뽑아 밭을 갈게 될 것이며, 한 구 없이도 이른다면 그대 스스로 재앙을 부름이다」라고 한 말은 어떤 무엇을 밝혔는지요?' '너나없이 누구나 출가아이다' '화상께서는 붙잡고 틀어막아 물 샐 틈 없이 함이요' '이 소림의 나그네는 아니로구나'. 上堂 僧問 有一句子到 爾拔舌犁耕 無一句子到 爾自招殃禍 明甚麽邊事 師云 彼此出家兒 僧云 和尙把定封疆 不通水泄 師云 不是少林客"라고 하였다. [참고문헌] 『宋高僧傳』, 『臨濟錄』, 『景德傳燈錄』, 『虛堂錄』. ⇨ 출가인 出家人, 출가자 出家者

출가아사리 出家阿闍梨 오종아사리(五種阿闍梨) 중 출가아사리 또는 은사(恩師)를 말한다. 출가할 때 삭발을 해주고 돌보는 스승이다. 『오분율』 권16(대정장22, p.113a10)에 "처음으로 득도해서 사미계도 준다면 이를 출가아사리라 한다. 始度受沙彌戒 是名出家阿闍梨", 『사분율』 권39(대정장22, p.848a6)에 "출가아사리란 출가할 때 의지하는 스승을 말한다. 出家阿闍梨者 所依得出家者 是", 『비니심』(대정장85, p.663b26)에 "오종아사리 중 첫 번째는 출가아사리〈처음으로 세속에서 벗어나게 십계를 일러준 스승〉이다. 一 出家阿闍梨〈初脫白十戒師〉", 『대명삼장법수』 권16(영락장182, p.90a4)에 "첫째, 출가아사리 : 출가아사리는 비구로서 삭발해서 득도케 하는 스승이다. 곧 출가자는 반드시 스승에 의지하여 삭발하고 계를 받아야 한다. 율에서 '출가할 때 의지하는 스승'이라 한 말이 그것이다. 一 出家阿闍黎 出家阿闍黎者 卽比丘剃度之師也 謂出家者 必須依師 而得剃度 律云 所依得出家者 是也", 『사분율행사초비』 권5(卍속장67, p.492a13)에 "출가사리란 삭발해 주는 출가사를 가리킨다. 出家闍梨者 卽是剃髮師也"라고 하였다. [참고문헌] 『五分律』, 『四分律』, 『毘尼心』, 『大明三藏法數』, 『四分律行事鈔批』, 『四分律刪繁補闕行事鈔』 권상(대정장40, p.32b6). ⇨ 사리 闍梨, 아사리 阿闍梨, 오종아사리 五種阿闍黎

출가연경 出家緣經 동한(東漢)대 안세고(安世高) 한역. 1권. 대정장17, p.736b4~c19, No.791에 수록되어 있다. 『출가인연경 出家因緣經』이라고도 한다. 오계(五戒)를 범한 죄보(罪報)를 밝히려는 의도로 설한 경전이다. 첫째, 살생(殺生)의 죄를 범하면 항상 괴로움에 시달리고(恒常痛苦), 원한이 거듭되어 그치지 않으며(怨怨不息), 수많은 악행을 생각하고(思慮多惡), 보는 것마다 두렵다(見者怖懼) 등 열 가지 악보(惡報)를 받는다. 둘째, 도둑질(偸盜)의 죄를 범하면 항상 대중에게 의심을 받고(恒爲衆疑), 벗이 싫어하며 거역한다(親友惡逆) 등의 열 가지 악보를 받는다. 셋째, 사음(邪淫)의 죄를 범하면 가정이 불화하고(室家不和), 몸을 망가뜨린다(危敗軀身) 등의 열 가지 악보를 받는다. 넷째, 거짓말(妄語)의 죄를 범하면 남에게 업신여김을 당하여 공경하고 엄숙히 여기는 마음을 들지 않게 하며(有爲人輕毁 不起恭肅), 말에 실이 있더라도 아무도 그것을 신뢰하여 전하지 않는다(雖言有實 人不奉用) 등의 열 가지 악보를 받는다. 다섯째, 음주(飮酒)의 죄를 범하면 재산이 남김없이 흩어지고(散盡財賄), 악명이 멀리 퍼진다(惡名遐邇) 등 서른다섯 가지 악보를 받는다 등의 법문을 실었다. [참고문헌] 『出三藏記集』 권4(대정장55, p.24a24), 『大唐內典錄』 권7(대정장55, p.299b25), 『開元釋敎錄』 권1(대정장55, p.480a10).

출가오중 出家五衆 출가한 다섯 무리 대중. 비구(比丘)·비구니(比丘尼)·사미(沙彌)·사미니(沙彌尼)·식차마나(式叉摩那)를 가리킨다. 『유부백일갈마』 권4(대정장24, p.471b6)에 "부처님께서 말씀하셨다. '출가오중을 말한다. 무엇이 그 오중인가? … 이들 오중은 마땅히 안거해야 한다. 이를 어길 경우 모두 악작죄를 받는다'. 佛言 謂出家五衆 何者爲五 … 此之五衆 合作安居 如有違者 皆得惡作罪", 『열반현의발원기요』 권4(대정장38, p.37b20)에 "도속이 섞여서 청했다는 말에서 도는 출가오중을 가리키고 속은 재가이중(우바새·우바이)을 가리킨다. 道俗參請者 道謂出家五衆 俗謂在家二衆", 『범망경보살계본소』 권1(대정장40, p.604c12)에 "재가자가 지키는 계는 범행이라 하지 않으며, 출가오중의 계라야 범행이라 한다. 在家所持 不名梵行 出家五衆方名梵行", 『사분율행사초간정기』 권13(卍속장68, p.785b8)에 "출가오중이란 무엇인가? (출가란) 삼계라는 집에서 벗어나 무위(열반)의 집으로 들어간다는 뜻이다. 주변의 예에 따라 말하자면 속가에서 벗어나 승방에 들어감을 말한다〈정명거사 등이다〉. 오중이란 승 두 부류와 니 세 부류를 말한다. 言出家五衆者 出三界家 入無爲宅 約近而說 言出於俗舍 入其僧坊也〈淨名居士等也〉 五衆者 僧二尼三也"라고 하였다. [참고문헌] 『有部百一羯磨』, 『涅槃玄義發源機要』, 『梵網經菩薩戒本疏』, 『四分律行事鈔簡正記』. ⇨ 오부중 五部衆, 사중 四衆 ❶, 칠중 七衆, 승가 僧伽 ❶, 승니오부 僧尼五部

출가오중계 出家五衆戒 출가오중이 수지하는 계(戒). 구족계는 오계와 팔계를 이미 품었기에 다섯 겹의 계라고도 한다. 『관무량수불경의소』 권하(대정장37, p.301c13)에 "만약 어떤 중생이 오계를 수지하고 팔계재를 수지하며 모든 계를 수행한다면 오역죄를 저지르지 않고 온갖 허물도 없을 것이다. 오계와 팔계는 재가이중의 계이고, 모든 계인즉 열 가지를 품으면 출가오중계다. 若有衆生 受持五戒 持八戒齋 修行諸戒 不造五逆 無衆過患 五八在家二衆戒 諸戒卽包十具 出家五衆戒", 『삼미륵경소』(대정장38, p.314c17·한불전2, p.95a4)에 "첫째는 오계를 수지하고, 둘째는 팔계를 수지하며, 셋째는 구족계를 수지한다. 이들을 출가오중계라 하니 총괄하여 구계라 한다. 一 持五戒 二 持八戒 三 持具足戒 則出家五衆戒 總名具戒", 『유가론기』 권22(대정장42, p.810c14·한불전14, p.674b4)에 "비구계라야 출가오중계다. 比丘戒者 出家五衆戒"라고 하였다. [참고문헌] 『觀無量壽佛經義疏』, 『三彌勒經疏』, 『瑜伽論記』. ⇨ 구족계 具足戒, 오계 五戒, 팔계 八戒, 출가이계 出家二戒

출가외도 出家外道 Ⓢ parivrājaka, pravrajita, Ⓣ rab-tu-byung-ba. 출가하였지만, 불법(佛法)을 행하지 않는 이들. 외도 중 사문(沙門)의 모습을 한 이들을 말한다. 당대 사문들은 바라문과 달리 집을 버리고 출가하였으며 외도라 하면 불도(佛道) 밖의 무리들로 반리벌라작가(般利伐羅勺迦)라고 음사하고, 변출외도(遍出外道)라고도 한다. 바라문(梵志)과 구별해 자이나교도(尼犍子)를 특칭하는 경우도 있다. 『순정리론』 권26(대정장29, p.489a9)에 "출가외도들은 밤과도 같은 오랜 세월 동안 아(我 Ⓢ ātman)·유정(有情 Ⓢ sattva)·명자(命者 Ⓢ jīva)·생자(生者 Ⓢ jantu)·양육자(養育者 Ⓢ puruṣa)·보특가라(補特伽羅 Ⓢ pudgala)에 집착한다. 이들에게는 무아에 대해 설명해 줄 수조차 없는데 어떻게 아를 말해 취하는 것(我語取 Ⓢ ātma-vādopādāna) 끊는 것에 대해 시설하겠는가? 出家外道 於長夜中 執我有情 命者生者 及養育者 補特伽羅 彼尙不能記別無我 況能施設斷我語取", 『법화문구기』 권9(대정장34, p.319b24)에 "집에 머무르며 범천(Ⓢ Brahmā)을 섬긴다면 범지(Ⓢ Brahman)라고 하고, 출가외도라 하면 보통 니건(Ⓢ Nirgrantha : 자이나교도)이라 한다. 在家事梵 名爲梵志 出家外道 通名尼乾", 『마하승기율』 권38(대정장22, p.528a20)에 "부처님께서 말씀하셨다. '이것은 나쁜 일이다. 그대는 어째서 옷을 가져다 출가외도에게 주었는가? 지금부터 제 손으로 외도에게 옷을 주는 것을 금하겠다'. 佛言 此是惡事 汝云何持衣與出家外道 從今已後不聽自手與外道衣"라고 하였다. [참고문헌] 『順正理論』, 『法華文句記』, 『摩訶僧祇律』, *Yogā-bh.171*. ⇨ 외도 外道, 반리벌라작가 般利伐羅勺迦, 변출외도 遍出外道, 니건자외도 尼犍子外道

출가위 出家位 출가자로서의 지위나 신분. 원효(元曉)의 『범망경보살계본사기』 권상(한불전1, p.604a3)에 "비구나 비구니의 위를 잃었다는 말은 출가위를 잃었음을 밝힌다. 失比丘及尼位者 明失出家位也"라고 하였다. 〔참고문헌〕『梵網經菩薩戒本私記』.

출가이계 出家二戒 출가한 무리들이 지켜야 할 두 갈래 계. 사미(沙彌)와 사미니(沙彌尼)의 십계(十戒)와 비구(比丘)와 비구니(比丘尼)의 구족계(具足戒). 『율종신학명구』 권상(卍속장105, p.617a11)에 "출가이계 : 하나는 십계, 다른 하나는 구족계이다. 出家二戒 一 十戒 二 具戒"라고 하였다. 〔참고문헌〕『律宗新學名句』, 『大明三藏法數』 권4(영락장181, p.515b10). ⇨ 계 戒, 사미십계 沙彌十戒, 구족계 具足戒

출가이중 出家二衆 비구와 비구니. 『인왕반야경소』 권하5(대정장33, p.348c1)에 "출가이중이란 무엇인가? 첫째는 비구라 하니 번뇌를 부순다는 뜻의 파번뇌라 한역한다. 둘째는 비구니라 하니 (니는) 여(女)라 한역한다. 出家二衆者 一名 比丘 此名破煩惱 二名 比丘尼 此名爲女", 『법화의소』 권4(대정장34, p.499a15)에 "출가이중 모두 증상만의 허물이 있을 수 있다. 그 까닭은 무엇일까? 출가이중은 도과를 얻고자 마음을 기울여 대부분 선정을 얻는다. 이에 사선을 얻을 때 사과를 얻었다 말하니 이를 증상만이라 한다. 出家二衆 同有增上慢過 所以然者 出家二衆 專心道果 多獲禪定 故得四禪時 謂得四果 名增上慢", 『능엄경지장소』 권6(卍속장24, p.571b10)에 "사문은 출가이중을 가리키는 말이고, 백의란 재가이중을 가리키는 말이다. 沙門 謂出家二衆 白衣 謂在家二衆"라고 하였다. 〔참고문헌〕『仁王般若經疏』, 『法華義疏』, 『楞嚴經指掌疏』. ⇨ 출가 出家, 비구 比丘, 비구니 比丘尼, 이중 二衆 ❷

출가인 出家人 Ⓢ pravrajita. 세속을 나온 이들. 『비바시불경』 권상(대정장1, p.155b27)에 "태자가 '무엇을 출가인이라 합니까?'라고 묻자 유아가 대답했다. '늙고 병들어 죽는 진실을 깨닫고 해탈에 이르는 문에 들어가 인욕과 자비를 행하여 열반의 안락을 구하고자 영원히 친애하는 관계와 이별하고 사문이 되려 하는 사람을 출가인이라 합니다'. 太子曰 云何名出家人 瑜誐答言 悟老病死 入解脫門 行忍辱慈悲 求涅槃安樂 永別親愛 願作沙門 名出家人", 『유부율파승사』 권3(대정장24, p.113c4)에 "언제나 선한 마음으로 늘 선행을 닦고 신구의업을 모두 청정하게 하며 속가를 버리고 떠나 열반의 길에 올랐기에 출가인이라 한다. 常以善心 恒修善行 身口意業 悉令清淨 捨離俗家 昇涅槃路 故名出家人也"라고 하였다. 〔참고문헌〕『毘婆尸佛經』, 『有部律破僧事』, 『臨濟錄』(대정장47, p.498a23), *Kāśy.163.* ⇨ 출가자 出家者

출가인십삼사법 出家人十三事法 출가인이 가지는 열세 가지 행법. 『대명삼장법수』 권34(영락장182, p.797a10)에 제시된다. 유형별로 나누면 걸식사사(乞食四事)·위의사사(威儀四事)·이번뇌오사(離煩惱五事) 등이다. 걸식사사는 주정계(住正戒)·주정위의(住正威儀)·주정명(住正命)·주정각(住正覺) 네 가지다. 첫째, '주정계는, 마을에 들어가 걸식할 때는 몸과 마음을 추스르고 바른 계에 머물러 범하는 일 없이 한다. 攝身心安 住正戒 勿令毁犯也'. 둘째, '주정위의는, 걸식할 때 몸가짐 바르게 하여 모든 이들이 공경하고 믿는 마음이 일어나도록 한다. 當須正其容貌 端其威儀 令一切人 生敬信心也'. 셋째, '주정명은, 부처님 제정하심 의지해 걸식하여 몸을 잘 도와 도에 나아가서 생계를 위한다 하며 행하는 삿된 다섯 가지 일 떠난다. 當依佛制乞食 自活資身進道 離於五種邪命之食也'. 넷째, '주정각은, 몸은 괴로움의 근본임을 자각하고 떠나야 할 것이라 알고 있지만 정도를 구하기 위하여 걸식함으로써 몸을 치유하고 기갈을 없앨 뿐 많은 욕심을 부려 도업에 나아감 방해하지 않는다. 當須覺了身爲苦本 甚可厭惡 爲正道故 而行乞食 隨得支身 以除飢渴 勿令多貪 妨進道業也'. 위의사사는 의법(依法)·의시(依時)·의처(依處)·의차(依次) 네 가지다. 첫째, '의법은, 도량에서 경행하거나 마을에서 걸식할 때 법도에 따라 행보를 느리게 함이다. 或於道場中經行 或於聚落內乞食 當須行步徐緩 遵其法則也'. 둘째, '의시는, 만법이 무상하고 신속하게 변하고 사라진다 생각하여 깊이 스스로 깨우쳐서 자거나 눕더라도 도업에 방해되지 않게 한다. 當念無常 迅速晝夜 深自警悟 不可眠臥 妨損道業'. 셋째, '의처는, 고요한 무위의 즐거움을 바라고 시끄러운 환경에서 벗어나 조용히 거처하며 괴로움 근본 사유해 버린다. 欲求寂靜無爲之樂 當離憒鬧之處 獨處閑居 思滅苦本也'. 넷째, '의차는 대중과 함께 생활할 때 계랍의 순으로 앉아 조금도 어기지 않는다. 於大衆中 當依戒臘 資次而坐 勿令攙越'. 이번뇌오사는 이탐(離貪)·이진(離瞋)·이취착(離取著)·이추광(離麤獷)·이교만(離憍慢) 다섯 가지다. 첫째, '이탐은 바른 계에 머문 다음 오근 다스려 방일하지 않으니 오욕의 해 저 독사 같으니 탐착해서는 안된다. 已住正戒 當制五根 勿令放逸 五欲之害 甚於毒蛇 不應貪著也'. 둘째, '이진은, 자비를 본으로 삼아 사나운 욕을 감로 마시는 듯이 참아내어 화를 일으키지 않으니 저 맹렬한 불같아 마땅히 방호할 뿐이니 어찌 들어감이겠는가. 當以慈悲爲本 忍受惡罵之毒 如飮甘露 無令瞋恨 瞋之爲害 甚於猛火 常當防護 勿令得入也'. 셋째, '이취착은, 지혜로써 자기 몸과 밖의 물들이 모두 헛것이라고 관찰하여 망령되게 집착하지 않는다. 常以智慧 觀察己

身 及以外物 皆悉虛幻 不應妄取執著'. 넷째, '이추광은, 유연과 화순으로써 청아한 덕을 성취하여 결코 거칠고 사납게 운신하지 않는다. 當須柔軟和順 以成淸雅之德 不應麤暴猛獷 有失和敬之儀也'. 다섯째, '이교만은, 겸손하게 낮추어 스스로 덕이 있다고 자랑하지 않는 행법이다. 當須謙敬卑下 折己慢幢 精進修道 不應自恃有德 憍傲侮慢 貢高於人也'. 〔참고문헌〕『大明三藏法數』.

출가자 出家者 Ⓢ pravrajita, Ⓟ pabbajita, Ⓣ rab-tu-byung-ba. 출가한 이. 『장아함경』 권1 「대본경 大本經」(대정장1, p.7a10)에 "무릇 출가자라 하면 마음과 뜻 잘 엎드리게 해서 영원히 번뇌의 때를 벗어나고 모든 중생을 자비심으로 기르며 그 무엇에도 침범당하여 흔들리지 않고 텅 빈 마음으로 고요하고 적막하게 오로지 도를 실현함을 할 일로 삼는다. 夫出家者 欲調伏心意 永離塵垢 慈育群生 無所侵擾 虛心靜寞 唯道是務", 『대장엄론경』 권12(대정장4, p.325a3)에 "모든 출가자는 마땅히 세 가지 일을 갖추어 비구로서 고르게 따른다. 인욕하며 분노를 일으키지 않고, 어떤 경우에도 금계를 지키며, 진실만 말하고 거짓을 말하지 않는다. 諸有出家者 應當具三事 調順於比丘 忍辱不起瞋 決定持禁戒 實語不妄說", 『중허마하제경』 권4(대정장3, p.944b1)에 "출가자는 친애하는 사람을 떠나 영화와 쾌락에 집착하지 않고 항상 범행을 닦으며 율의를 견고하게 지키고 번뇌의 경계를 등지며 근과 식을 묶어 금하고 망념을 일으키지 않으며 진실한 행을 증장한다. 이와 같이 나아가 닦으면 출가자라 한다. 夫出家者 離其親愛 不著榮樂 恒修梵行 堅守律儀 棄背塵勞 禁縛根識 妄念不生 實行增長 如是進修 名出家者"라고 하였다. 〔참고문헌〕『長阿含經』, 『大莊嚴論經』, 『衆許摩訶帝經』, *Bodh-bh.135.*, *Vin.3.40.* ⇨ 출가아 出家兒, 사가자 捨家者

출가재일 出家齋日 사대재일(四大齋日) 중 하나로 부처님의 출가일을 기리기 위한 재일. 음력 2월 8일로 각종 의례를 행한다. ⇨ 사대재일 四大齋日 ❶

출가패 出家唄 삭발하고 출가할 때 부르는 범패(梵唄). 훼형패(毁形唄)라고도 한다. 『법원주림』 권22(대정장53, p.448b17)에 "『도인경』에 전한다. 체발할 때 옆에 있는 사람이 그를 위해 출가패를 읊는다. '모습 버려 지절 지키고 애연 베어 친한 것들 없이 하며 집을 버려 성도에 드니, 모든 중생 제도하길 바라옵니다'. 度人經云 爲剃髮時 傍人爲誦 出家唄云 毁形守志節 割愛無所親 棄家入聖道 願度一切人"라고 하였다. 〔참고문헌〕『法苑珠林』, 『四分律行事鈔』 권하(대정장40, p.150b4). ⇨ 출가 出家, 할애사친 割愛捨親, 입지게 入志偈

출가학도 出家學道 Ⓢ pravrajita, pravrajyā. 집을 버려 도를 익히다. 『장아함경』 권1 「대본경 大本經」(대정장1, p.4c26)에 "집을 나와 도를 익힌다면 언젠가는 정각을 이루고 십호를 구족하리라. 若出家學道 當成正覺 十號具足", 『중아함경』 권38 「앵무경 鸚鵡經」(대정장1, p.667b16)에 "출가하여 도를 행하면 재앙과 근심 있을 리 없고 다툴 일도 없으며 미워할 일도 없으리라. 出家學道 少有災患 少有鬪諍 少有怨憎", 『백정대사전기총질』 「자운백정대사고희기 慈雲伯亭大師古希紀」(卍속장150, p.199b6)에 "스님께서 출가하여 도를 익힌 인연 그 시작과 끝 들려주시길 바라오니 후진들이 듣는다면 유익하지 않겠는지요? 師之出家學道因緣 願示始終 後進聞之 不亦益乎"라고 하였다. 〔참고문헌〕『長阿含經』, 『中阿含經』, 『伯亭大師傳記總帙』, *Kāśy.31·162.*

출가행도구 出家行道具 출가하여 도를 행함에 갖추어야 할 도구. 『금칠십론』 권하(대정장54, p.1257b7)에 "만약 아무것도 가질 것 없다 해도 해탈을 성취할 수가 없기에 나는 거둬 가지고 취한다. 취한다는 것은 일체 모든 출가행도구이니, 네 가지를 갖춘다. 즉 삼장·조관·가사·길상 등이다. 길상에 다시 다섯 가지니, 첫째는 회낭, 둘째는 천목주, 셋째는 삼루영신, 넷째는 여러 가지 주술장구, 다섯째는 한 가닥 긴 풀로서 정수리 위에 놓는 길상초를 말한다. 이러한 다섯 가지는 모두 도를 배우는 이의 도구인데, 부정을 능히 버리기에 길상이라고 한다. 若無取者 解脫不得成 故我攝持取 取者 一切出家行道具 具有四種 謂三杖 澡灌 袈裟 吉祥等 吉祥有五 一 灰囊 二 天目珠 三 三縷纓身 四 諸呪術章句 五 以一長草 安頂髻上 謂吉祥草 此五並是 學道之具 能去不淨 故曰吉祥"라고 하였다. 〔참고문헌〕『金七十論』.

출가행법 出家行法 출가하여 행해야 할 법. 네 가지로 반드시 의지해야 할(四依) 법을 말한다. 『대승의장』 권7(대정장44, p.608b21)에 "출가행법이란 네 가지 반드시 의지해야 할 사의를 말한다. 첫째, 목숨이 다할 때까지 나무 아래 언제나 앉는다. 둘째, 목숨이 다할 때까지 분소의를 입는다. 셋째, 목숨이 다할 때까지 걸식한다. 넷째, 목숨이 다할 때까지 병이 있으면 진기약만을 복용한다. 이 법을 함께 행해야 비로소 출가라 하고 스님이라 한다. 만약 이렇게 행하지 않는다면 스님이라 하지 않는다. 그러므로 이것을 출가행법이라 한다. 出家行法 所謂四依 一 盡形壽樹下常坐 二 盡形壽著糞掃衣 三 盡形乞食 四 盡形有病 服陳棄藥 共行此法 方名出家 方名爲僧 若不行此 不名爲僧 是故名爲出家行法", 같은 책 권10(대정장44, p.656b10)에 "〔문〕 비구가 받은 금계 또한 출가해서 함께 따라야 하는 법인데 어떤 이유로 출가행법이라 하지 않고 사의만 가려내어 출가행법이라 하는가? [석] 계는 비구의 그 자체이므로 아예 빼고 거론하지 않는다. 사의야말로 비구가 따라야 하는 법도이기에 가려내어 언급한 것이다. 問曰 比丘所受禁戒 亦是出家 同行之法 何故不名 出家行法 偏名四依 爲出家行法釋言 戒是比丘正體 故廢不論 四依乃是 比丘所行 是以偏說"라고 하였다. [참고문헌]『大乘義章』. ⇨사의 四依❸

출갑청사 出匣青蛇 궤짝 나온 푸른 뱀. 오위(五位) 중 겸중지(兼中至)로, 정위(正位)와 편위(偏位) 그 중간에 처해 몸둘 바를 모르다. 『영각원현광록』 권27 「고산현송 鼓山賢頌」(卍속장125, p.714a15)에 "겸중지다. 궤짝 나온 푸른 뱀 어찌 할 바 모르네. 음양이 반복되는 일이 어찌 늘 하리오. 서로 만나 의와 기 기댄다고 말하지 마라. 兼中至 出匣青蛇難擬議 陰陽反覆事何常 莫道相逢憑意氣"라고 하였다. [참고문헌]『永覺元賢廣錄』, 『宗鑑法林』 권1(卍속장116, p.27a8). ⇨겸중지 兼中至, 정위 正位❷, 편위 偏位

출격 出格 격에서 나오다. 온갖 틀에서 벗어나 자유롭게 되다의 뜻으로, 말과 생각으로 엮인 온갖 틀 버려서 들고나는(出入) 일마저 없이 하는 뜻이다. 『양기후록』(대정장47, p.646c27)에 "어떤 학인이 '어제는 빗방울이 떨어지더니 오늘 하늘 맑습니다. 이렇게 사람들 말합니다. 청컨대, 화상께서 격 벗어난 한마디 일러 주시길' 하자 양기가 두 손으로 무릎을 누르며 앉았다. '참으로 있는 힘을 다해 말씀하셨지만 다만 반 정도 말씀하셨습니다' '몸 나누어 두 곳으로 살펴라'. 僧云 昨日雨落 今日天晴 是人道得 請和尙出格道一句 師以兩手捺膝坐 僧云 大殺盡力道 只道得一半 師云 分身兩處看", 『원오어록』 권10(대정장47, p.759b23)에 "바로 이렇게 할 때 사다리 없는 한마디 한마디 어떻게 말해야 할까? 도리어 알겠는가? 소리도 내기 전에 천 갈래 길 끊어내 버리니 격 벗어나 오직 작자에 의지할 뿐이다. 正當恁麽時 不立階梯一句 作麽生道 還委悉麽 聲前截斷千差路 出格唯憑作者知", 『대혜어록』 권14(대정장47, p.869a5)에 "또 어떤 사람 보내온 편지에 '이 화두를 간한다 하니, 언어의 길 끊어지고 마음길마저 사라져 드러내 말할 것 없고 펼칠 뜻도 없게 된다. 닦아 배울 마음 한 터럭 일어나지 않으니 백 가지로 알지 못하여 백 가지로 만나지 못하니, 사유해서 들지 못하고 뜻의 길에도 들 수도 없게 되어 다만 안락할 뿐입니다'라는 대목을 읽고 산승 또한 저를 향해 말했습니다. '이렇게 하는 것이야말로 출격의 도리입니다'. 又有書來云 看此話 直得言語道斷 心行處滅 無言可說 無理可伸 不起纖毫修學心 百不知 百不會 不涉思惟 不入理路 直是安樂 山僧又向渠道 這箇是出格底道理", 『경덕전등록』 권9 「위산영우전 潙山靈祐傳」(대정장51, p.264c9)에 "백장이 '만일 대중 마주해 한마디 하여 격 벗어났다면 주지로 보내겠다'라 하고는 정병을 가리키고 물었다. '정병이라 부르면 안 된다. 그대는 무엇이라 부르겠는가?' 화림이 '나무토막이라 부를 수도 없지 않습니다'라고 함에 백장이 그렇다 할 수 없어 위산에게 묻자 위산은 정병을 걷어차버렸다. 百丈云 若能對衆 下得一語 出格 當與住持 卽指淨甁問云 不得喚作淨甁 汝喚作什麽 華林云 不可喚作木楔也 百丈不肯 乃問師 師踢倒淨甁", 『임제종지』(卍속장111, p.172b17)에 "법신 헤아리는 일 격 벗어난 한마디 이미 있을 수 없으니 죽어야 구 아래 있게 되기 때문이다. 만일 격을 벗어나서 헤아려 알 수 있다면 마음 속 마구니에 부림 당할 일도 없고 수중에 들여 굴리고 부숴 버리리니. 말이 대도에 통하면 평상의 견에 주저앉지 않는다. 이를 제1구라 하고 예부터 이를 구 중에 깊은 도리라 하였다. 蓋分證法身之量 未有出格之句 死在句下 若知出格之量 則不被心魔所使 入到手中 便轉換落落地 言通大道 不坐平常之見 此第一句也 古謂之句中玄", 『고암여벽선사어』(속고존숙어요2, 卍속장118, p. 921a13)에 "지금 격 벗어난 납승 되고자 한다면 일체를 뛰어넘어 벗어난 한 수 있어야 한다. 벗어남도 벗어나지 못함도 볼 일 없어야 모든 차별 등 법 넘어설 수 있다. 而今 若欲作箇出格底衲僧 直須有跳出一著子 不見有出不出者 便能超過一切差別等法", 『호구소융어록』(卍속장120, p.798b7)에 "말해 보라! '출격의 한마디 어떻게 말해야 할까?' 잠깐 침묵하다가 말했다. '노을 지는데 외로운 들오리들 가지런히 날아 오르고, 가을 물빛 먼 하늘 일색이라네'. 且道出格一句 作麽生 良久云 落霞與孤鶩齊飛 秋水共長天一色"라고 하였다. [참고문헌]『楊岐後錄』, 『圜悟語錄』, 『大慧語錄』, 『景德傳燈錄』, 『臨濟宗旨』, 『古巖如璧禪師語』, 『虎丘紹融語錄』. ⇨격외 格外

출격견해 出格見解 온갖 틀 벗어난 견해. 『임제록』(대정장47, p.501b6)에 "마치 저 상상근기듯 해서는 나는 바로 경도 법도 사람도 모두 빼앗지 않을 것이며, 모든 격에서 자유로운 견해 지닌 이 온다면 산승 이 틈에서 곧바로 안팎 체 다 들어 작용하게 해서 근기 거치지 않겠다. 如上上根器來 我便境法人俱不奪 如有出格見解人來 山僧此間 便全體作用 不歷根器"라고 하였다. [참고문헌]『臨濟錄』. ⇨출격 出格

출격도인 出格道人 온갖 틀 벗어난 도인. 저 멀리 기댈 것 전혀 없고 인법(人法)도 범성(凡聖)마저 없게 해서 온전히 다 들어 큰 일(大事)만을 짐진(荷擔) 이를 말한다. 『대혜어록』 권1(대정장47, p.813b4)에 "이곳에 이르면 반드시 온갖 성스럼도 구할 일 없고 자신의 정신이란 것 중히 여길 일 없다. 격 벗어난 도인이라야 비로소 이 큰 일 짊어질 수 있다. 到這裏 須是箇不求諸聖 不

重己靈底 出格道人 方能荷擔 此箇大事",『응암담화어록』 권8「시위화사 示偉化士」(卍속장120, p.869b18)에 "어딘가 향해도 기댈 일 없이 성범 헤아림 넘어서서 의지해 머물지 않는다. 어딘가 향해 기댈 일 없어야 성범 헤아림 넘어선 경지를 일러 출격도인이라 한다. 迥無依倚 超出聖凡情量 亦不依住 迥無依倚 超出聖凡情量去處 名爲出格道人",『봉암집』(고존숙어록9, 卍속장118, p.257a16)에 "상상근기는 인과 법을 함께 보내고, 중하근기는 그 질문만 없앨 뿐 법 아직 남아 있으며, 하하근기는 물음 따라 행한다. 만일 격 넘은 도인이면 온전히 바탕채로 작용한다. 상좌 모두 격 넘은 도인이거늘 노승이 감히 작용할 일 있겠는가! 上上之機 人法俱遣 中下之機 但除其問 猶有法在 下下之機 據問而行 若是出格道人 全體作用 諸上座 盡是出格道人 老僧爭敢作用"라고 하였다. 〔참고문헌〕『大慧語錄』,『應庵曇華語錄』,『鳳巖集』. ⇨ 격외 格外, 출격 出格, 일대사 一大事, 하담 荷擔

출격사 出格詞 격을 벗어난 말. 무슨 말을 해도 틀에 걸리지 않아 자재자유한 중에서 하는 말이다.『현사광록』 권중(卍속장126, p.371a6)에 "삼천하에 동륜과 은륜이라는 두 바퀴 가지런히 자리잡으니, 십신·십주·십회향·십지·오위·육위가 모두 살리고 죽이는 기틀을 함께 증하여 자재자유로 서로 불러내 처처에서 통하고 사무친다. 이와 같은 이치로 말해야 비로소 격을 벗어난 말이라 하겠다. 三天下銅銀二輪齊位 十信 十住 十迴向 十地 五位 六位 同證生殺之機 互換自在自由 處處通透 若如此理論 方始喚作出格之詞"라고 하였다. 〔참고문헌〕『玄沙廣錄』. ⇨ 출격 出格

출경 出經 ❶ 부처님 말씀 외워 세간에 나오게 하다. 부처님 말씀 온전히 기억해 송출하는 일로 결집(saṃghīti)을 말한다. 또는 경전을 역출(譯出)하는 것.『보살처태경』 권7「출경품 出經品」(대정장12, p.1058b13)에 "곧장 아난을 칠보고좌에 오르게 하고서, 가섭이 아난에게 말하였다. '부처님께서 설하신 법 한마디 한 글자라도 빠지거나 놓치지 마라. 보살장 모아 한곳, 성문장 모아 또 한곳, 계율장 모아 각각 한곳에 모으라'. 卽使阿難 昇七寶高座 迦葉告阿難言 佛所說法 一言一字 *汝勿*使有缺漏 菩薩藏者 集著一處 聲聞藏者 亦集著一處 戒律藏者 亦著一處", "그때 아난이 소리 높여 읊었다. '나는 이와 같이 들었다. 일시에'라 하며 부처님께서 계시던 곳을 설하자, 가섭과 일체성중이 모두 떨어지는 눈물과 비탄을 억누를 수 없었다. '아, 늙고 죽는 것 환화와 같도다. 엊그제 부처님 뵈었는데, 이제 가시고 안 계셔 전해 들어야 하다니'. 爾時阿難 發聲唱言 我聞如是 一時說佛所居處 迦葉及一切聖衆 皆墮淚悲泣 不能自勝 咄嗟老死 如幻如化 昨日見佛 今日已稱言滅爲聞", "최초 출경은 태화장이 첫째, 중음장은 둘째, 마하연방등장은 셋째, 계율장은 넷째, 십주보살장이 다섯째, 잡장이 여섯째, 금강장이 일곱째, 불장이 여덟째이다. 이로써 석가문불의 경법이 구족되었다. 最初出經 胎化藏爲第一 中陰藏第二 摩訶衍方等藏第三 戒律藏第四 十住菩薩藏第五 雜藏第六 金剛藏第七 佛藏第八 是爲釋迦文佛經法具足矣"라고 하였다. 〔참고문헌〕『菩薩處胎經』, 80권본『華嚴經』 권51(대정장10, p.273b18),『從容錄』 64則(대정장48, p.267b7). ❷ 경을 번역해 다른 글로 세간에 드러내는 역경을 말한다.『출삼장기집』 권9「증일아함서 增一阿含序」(대정장55, p.64b14)에 "이 해에 아성을 쌓는 부역도 있었고 근교에서는 전장의 북소리가 들렸을 뿐이다. 그러나 이 업을 하는 데 오로지하여 두 아함(중아함·증일아함)과 100권의『비바사』·『바화수밀』·『승가라찰전』을 온전히 갖추었다. 이 오대경은 법이 동쪽으로 흐른 이래로 출경 중에서도 대단한 일이다. 此年有阿城之役 伐鼓近郊 而正專在斯業之中 全具二阿含 一百卷鞞婆沙 婆和須蜜 僧伽羅刹傳 此五大經 自法東流 出經之優者也"라고 하였다. 〔참고문헌〕『出三藏記集』.

출계 出界 ❶ Ⓢ niḥsaraṇīya-dhātu, Ⓟ nissaraṇīya-dhātu. 계(界 Ⓢ dhātu)를 벗어나다. 일체번뇌 다하여 그 갈망(愛)의 삼계 벗어나는 뜻이다.『사리불아비담론』 권7(대정장28, p.577a27)에 "무엇이 출계인가? 나아가되 만약 너무 넓다면 나아가도 다 갈 수 없으니, 출계라 한다. … 또다시 출계란 모든 번뇌 버리고 삼계의 갈망이 다하여 열반하니 그 이름 출계다. 云何出界 進若廣進未度 是名出界 … 復次出界 捨一切漏 盡愛滅涅槃 是名出界",『목인잉고』 권1(가흥장35, p.476a26)에 "소승은 신수심법 사념처를 스스로 경계 삼아 마음이 그 염처를 떠나게 함을 출계라 하지만, 세간재색만을 생각하니 먹고 졸 뿐이다. 오욕의 마에 사로잡혀 비록 안거계를 무너뜨리지는 않았지만 번뇌에 부림되고 부스럼 남아 있으니 90일 정성은 헛되이 지나갔네. 其小乘 以身受心法 四念處 爲自境界 若心離念處 卽名出界 而思世間財色 名食睡 卽被五欲魔之所纏縛 雖不名破安居 而煩惱結使 瘡疣未除 九旬誠爲虛度"라고 하였다. 〔참고문헌〕『舍利弗阿毘曇論』,『木人剩稿』, *SN*·*5.104.*, *AN.1.4.*, *Mvyut.82.* ⇨ 출리계 出離界, 계 界, 종종계 種種界, 삼계 三界 ❷ 계(界 Ⓢ sīma)를 벗어남. 비구가 결계(結界)도량을 벗어나는 것.『유부율』 권24(대정장23, p.756c23)에 "출계란 상주하는 계에서 벗어남을 말한다. 出界者 謂離常住處所有分齊"라고 하였다. 〔참고문헌〕『有部律』. ⇨ 결계 結界, 안거 安居

출고도무외 出苦道無畏 Ⓢ nairyāṇika-pratipad-vaiśāradyaṃ, Ⓣ nges-par-'byin-pa'i-lam-la-mi-'jig s-pa. 부처님께서 두려워하시지 않는 네 가지 무외(佛四無畏) 중 하나로, 여래께서 고통 벗어나는 길 말씀하심에 어떤 두려움도 없으신 뜻. 위증일체구족출도여성무외(爲證一切具足出道如性無畏)·설출도무외(說出道無畏)·설진고도무외(說盡苦道無畏)라고도 한다. 『결정의경』(대정장17, p.652b13)에 "여래께서 다시 모든 성문중에게 괴로움의 길 보이시고, 번뇌를 여의고 고통의 끝 다하는 때 설하시는데, 이것을 여래의 출고도무외라고 한다. 如來復爲 諸聲聞衆 開示苦道 說離煩惱 盡苦邊際 是名如來 出苦道無畏", 『구사론송소론본』 권27(대정장41, p.965c13)에 "출고도무외란, 부처님께서 도를 닦으면 반드시 고통을 벗어난다고 설하시니, 외도가 도는 고통 나오게 하지 못한다고 힐난해도, 부처님께서 그들 위해 다 알도록 풀이해주시는데 두려움마저 없으시기 때문이다. 힐난에 답함에 두려움이 없게 하시기에 무외라고 한다. 說出苦道無畏者 佛說修道必能出苦 若外難言 道非出苦 佛爲通釋 無怖畏故 答難無懼 故名無畏"라고 하였다. [참고문헌] 『決定義經』, 『俱舍論頌疏論本』, *Abh-s.98.* ⇨설진고도무외 說盡苦道無畏, 불사무외 佛四無畏, 사무소외 四無所畏, 십팔불공법 十八不共法

출광태자 出光太子 Ⓢ Udyana. 석가보살이 도솔천에서 하생하실 그 때 오사니성(鄔舍尼城)의 사다미대왕(奢多彌大王)의 아들로 태어난 태자. 오다연나(鄔陀衍那)라 음사한다. 곧 부처님 재세 시 구섬미국(拘睒彌國)의 우전왕(優塡王 Ⓟ Udena)을 말한다. 『유부율출가사』 권1(대정장23, p.1020c14)에 "그때 보살이 도사천궁에 있으면서 세계를 관찰하여 오사 갖춘 곳을 발견하시고는 장차 하생하고자 하였다. … 당시 사대국왕이 있었으니, … 세 번째 오사니성의 사다미대왕이었다. … 때맞춰 사마미왕도 다른 저 왕과 같이 장차 아들을 위한 상서로움이라 여기고 이렇게 말했다. '내 아들에게 덕이 있어 광명이 출현하는구나. 마땅히 이름을 세워 상서로운 징조 널리 알려야겠다'. 이로 인해 드디어 이름을 '출광태자'라 하였다. 爾時菩薩 在覩史天宮 觀察世界有五事具處 將欲下生 … 于時有四大國王 … 第三 鄔舍尼城 奢多彌大王 … 時奢多彌王 亦同彼王 將爲子瑞 而作是言 我子有德 出現光明 宜可立名 表彰休祥 因遂名爲出光太子"라고 하였다. [참고문헌] 『有部律出家事』, *Ja. 3.384.* ⇨오다연나 鄔陀衍那, 우전왕 優塡王

출구양구 出廐良駒 마구간 벗어난 뛰어난 말. 틀 벗어나 활기찬 납승의 비유다. 『허당록』 권1(대정장47, p.984b5)에 "허당이 '곤륜사람 무쇠 씹어 뱉는다'라고 하자 학인이 '그렇다면 중요한 나루터 단단히 잡으라는 말씀이로군요'라고 응했다. 허당이 '그대가 마구간 벗어난 뛰어난 말이라 생각했었는데 아니로군'라고 하자 그가 한숨을 한 번 내쉬고 절을 올렸다. 허당이 말했다. '그러면 그렇지'. 師云 崑崙嚼生鐵 僧云 與麽則把斷要津去也 師云 將謂爾是 箇出廐良駒 僧嘘一聲便禮拜 師云 果然", 『원각경협송집해강의』 권7(卍속장87, p.875a12)에 "심지를 깨우쳐 밝아서 원각에 증입하니, 저 마구간을 벗어난 뛰어난 말 채찍 그림자 보자 달리듯 한다. 悟明心地 證入圓覺 譬如出廐良駒 纔見鞭影而行也"라고 하였다. [참고문헌] 『虛堂錄』, 『圓覺經夾頌集解講義』.

출기 出氣 기를 내뿜다. 날숨(Ⓢ apāna). 막힌 숨이 터진다는 뜻이기도 하다. 『생경』 권2(대정장3, p.82c28)에 "혹은 막혀서 통하지 않으니 다만 날숨만 있고 들숨이 없으면 내쉬는 숨도 끝이고 들이는 숨도 끝이어서 모든 혈맥이 끊어지려 한다. 或塞不通 但有出氣 無有入氣 出息亦極 入息亦極 諸脈欲斷", 『운문광록』 권상(대정장47, p.553c11)에 "위로 하늘 보이지 않고 아래로 땅 보이지 않으니 목구멍을 틀어막고 어느 곳 향해 숨을 내쉬겠는가? 上不見天 下不見地 塞却咽喉 何處出氣", 『원오어록』 권18(대정장47, p.797a26)에 "당시 학인 뛰어난 인물이고 기다려 준다 한들 '지금 부른다고 응답할 수 있겠는가?'라고 질문하자마자 그 자리에서 할을 내질렀을 것이다. 그랬다면 현사 다니는 길목 반드시 막을 수 있었을 뿐만 아니라 서암노자의 막힌 숨통도 터주었을 것이다. 當時這僧 若是箇漢 待伊道 卽今還喚得應麽 當下便喝 非唯把定玄沙要津 亦與瑞巖老子出氣"라고 하였다. [참고문헌] 『生經』, 『雲門廣錄』, 『圜悟語錄』. ⇨무출기처 無出氣處

출기 出期 벗어날 기약. 생사의 고해에서 벗어날 그 때. 『무량수경』 권하(대정장12, p.275a29)에 "수천억겁 동안 벗어날 기약이 없어 그 고통이 말로 표현할 수 없을 정도로 크니 참으로 불쌍하다 할 만하다. 數千億劫無有出期 痛不可言 甚可哀愍", 『사분율행사초』 권상3(대정장40, p.26a14)에 "행자로서 파계한 사람은 공덕이 무량할 경우 생사에서 벗어날 기약이 아득하게나마 있는 반면, 계를 받지 않은 사람 고해를 따라 떠돌아다니며 영원히 해탈할 날이 없다. 行者破戒之人 功德無量 遠有出期 不受戒者 隨流苦海 永無解脫", 『목인잉고』 권1 「원단시중 元旦示衆」(가흥장35, p.478a5)에 "죽음 닥쳐와도 도의 안목이 밝지 못하다면 생사의 굴레에 묶여서 삼악도에 떨어져 벗어날 기약 없으리라. 生死到來 道眼不明 便被生死拘縶 墮落三途 無有出期也"라고 하였다. [참고문헌] 『無量壽經』, 『四分律行事鈔』, 『木人剩稿』.

출대 出隊 무리지어 나가다. 주지가 대중을 인솔하여 사찰 밖 먼 곳으로 나가 대중을 교화하며 탁발(托鉢)하는 일. 출향(出鄕)이라고도 한다. 출대할 때 또는 돌아와서 설법하는 것을 출대상당(出隊上堂)이라 한다. 『백장청규증의기』 권5(卍속장111, p.699a17)에 "여기에서 주지출입이란 옛날의 공적인 일 출대와 출대에서 돌아오는 것을 말한다. 옛 주지는 대중을 이끌어 도에 힘썼으니 상주의 공적인 일이 아니면 사찰을 나간 경우가 없었다. 此之住持出入 卽古之公事 出隊及出隊歸也 古之住持 領衆辦道 非常住公事 未嘗敢出於寺", 『선림상기전』 권12(불광장, 禪藏, p.914)에 "출대 : 무착도충이 말한다. '『소보운회』에서 대는 무리라는 뜻이라고 하였다. 출대란 주지가 대중 무리지어 이끌고 나가서 교화하고 탁발하는 것을 말한다'. 出隊 忠曰 小補韻會云 隊群隊也 出隊者 住持出大衆之隊 在外 勸化財糧也"라고 하였다. 〔참고문헌〕『百丈淸規證義記』, 『禪林象器箋』. ⇨ 출향 出鄕[1], 출대상당 出隊上堂

출대가제 出隊迦提 하안거를 마치는 때에 무리지어 탁발 나가는 일. 출대란 무리지어 나간다는 뜻이고, 가제는 가리제가(迦唎提迦 Ⓢ kārttika)의 줄임말로 인도력 8월이며 하안거를 맺는 달이지만 중국에서는 하안거를 마치는 달이다. 한국에서는 봉암사결사 때에도 그 후에도 운문사강원대중 등이 출대가제 하였다. 인도 등 남아시아에서는 아직도 대중탁발이 일상이지만 중국이나 한국 등에서는 전통을 기억하고 인연을 짓는 뜻으로 특별히 날을 정하여 탁발에 나선다. 『승사략』 권상 「창조가람 創造伽藍」(대정장54, p.237b11)에 "또한 중국에서는 하안거를 마치고서 꽃을 들고 부채를 잡고 범패를 불며 징을 울리는 승중의 무리를 이끌고 두 줄을 지어 걸어가는데 이를 출대가제라 한다. 又此土 夏安居畢 僧衆持花執扇 吹貝鳴鐃 引而雙行 謂之出隊迦提也"라고 하였다. 〔참고문헌〕『僧史略』. ⇨ 가리제가 迦唎提迦

출대상당 出隊上堂 총림에서 대중들이 밖으로 나가 탁발하며 교화하려 할 때, 나가기 전이나 돌아온 후에 하는 설법. 『여정화상어록』 권상(대정장48, p.125b6)에 "출대상당 : '대중들이여! 장대 가지고 다니다가 무대 만나면 연극 한다. 석가노자라는 독 있는 꽃이 피었고 달마대사 왕씨 청년이네. 피리 불고 북 치며 월권해서 저자 할 일 빼앗으니 삼라만상 미소 짓고 고개 끄덕이네'. 원상 치고 말했다. '모조리 자기집 마당에서다. 말해보라! 지금 마지막 한 판은 어떻게 부르며 빛나게 해야 하나?' 出隊上堂 大衆 竿木隨身 逢場作戲 釋迦老子毒花開 達磨大師王小二 吹笛打鼓攙行奪市 萬像森羅笑點頭 打圓相云 總在自家場子裏 且道 只今末後一場 如何喝彩", 『백운해회어록』(고존숙어록20, 卍속장118, p.426a3)에 "출대하였다가 돌아와서 법좌에 올라 말했다. '밖에 나가 보름이다. 눈으로 콧구멍 본 일 없으니 조사선을 망각하고 골동품이나 줍는다. 말해보라! 어느 곳에 둘까? 일분은 석가모니부처님께 올리고, 일분으로는 다보불탑을 받든다. 出隊歸 上堂云 出隊半箇月 眼不見鼻孔 忘却祖師禪 拾得箇骨董 且道 向什麽處著 一分奉釋迦牟尼佛 一分奉多寶佛塔"라고 하였다. 〔참고문헌〕『如淨和尙語錄』, 『白雲海會語錄』. ⇨ 출대 出隊

출도 出道 벗어나는 길. 번뇌 가득한 삼계(三界)에서 벗어나는 길. 범부에겐 장도(障道)일 뿐이고, 성문에겐 출도일 뿐이고, 보살에겐 일체지(一切智) 방편으로 다시 돌아오게 되는 길이다. 『불유교경』(대정장12, p.1112b18)에 "그대들 비구는 항상 한 마음으로 부지런히 세간에서 벗어나는 길을 구해야 한다. 일체세간의 동법이든 부동법이든 모조리 무너져 편안할 것 없다. … 이것이 내가 최후로 가르쳐 깨우치고자 하는 것이다. 汝等比丘 常當一心 勤求出道 一切世間 動不動法 皆是敗壞不安之相 … 是我最後之所敎誨", 『인왕경』 권하(대정장8, p.832a5)에 "삼계를 알지 못해 일으킨 번뇌 사라졌기에 '아상은 이미 다했다'라고 하며, 머무는 곳마다에서 나올 줄 알면 출도라 하고, 나올 줄 모르면 장도라 한다. 滅三界疑等煩惱故 我相已盡 知地地有所出 故名出道 有所不出 故名障道", 『인왕경소법형초』 권6(卍속장41, p.260a8)에 "또한 범부지 중에 있으면 장도라 한다. 모든 번뇌 있어 성도를 가린다. 삼승성지를 출도라 한다. 멀리 벗어나기만 하기 때문이다. 생사에서 벗어나는 길도 장애로 물들임 끊는 길도 보살은 모두 안다. 又凡夫地中 名爲障道 有諸煩惱 障聖道故 三乘聖地 名爲出道 出離道故 又出生死道 斷障染道 菩薩皆知", 『법화경론술기』(卍속장95, p.716a12)에 "벗어난 길이란 무슨 뜻인가? 분단생사 이미 나와서 일체지에 오르기에 벗어난 길이라 한다. 出道者 已出分段生死 昇薩波若 故名出道也"라고 하였다. 〔참고문헌〕『佛遺敎經』, 『仁王經』, 『仁王經疏法衡鈔』, 『法華經論述記』. ⇨ 출세간도 出世間道

출도보리 出到菩提 벗어나서 이르게 되는 깨달음. 오보리(五菩提) 중 하나로 일반적으로 제팔구십지(第八九十地)를 가리킨다. 『대승의장』 권17(대정장44, p.811c22)에 "네 번째는 출도보리다. 칠지이상에서 온갖 상 벗어나 무생법인에 도달하기에 출도라 한다. 四 出到菩提 謂七地上 出離衆相 到無生忍 故名出到", 『아미타경소초연의』 권3(卍속장33, p.658a12)에 "출도보리란 바로 원교여서 초지부터 팔지까지의 지다. 초지에서 처음으로 법인광명을 얻고 팔지에 이르러 비로소 무생법인을 참으로 얻는다. 깊이 행한 보살일지라도 알기 어려운 것이, 차별 없고 일체분별과 상념과 집착 버리는 것이다. 이는 모든 성문과 벽지불이 미칠 수 없고, 온갖 시끄런 논쟁 떠난 적정으로서만이 현전하는 것이다. 이를 가리켜 '삼계를 벗어나 살바야(一切智)에 이른다'고 한다. 出到菩提 卽是圓教 初地至八地位 以初地始得法忍光明 至八地 方名眞得無生法忍 爲深行菩薩 難可知 無差別 離一切相 一切想 一切執著 一切聲聞 辟支佛 所不能及 離諸喧諍 寂滅現前 所謂出三界到薩婆若也", 『금강경종통』 권1(卍속장39, p.6b18)에 "넷째, 출도보리라 하면 팔구십지를 말한다. 다섯째, 무상보리는 여래지다. 四 出到菩提 八九十地是 五 無上菩提 卽如來地", 『법화경현찬요집』 권28(卍속장54, p.650b5)에 "넷째, 출도보리는 칠팔구십지로 모든 상 있음 벗어나 범부이승이 저 불과 향하게 되었기 때문이다. 四 出到菩提 七八九十地 出過有相 凡夫二乘 到向佛果故"라고 하였다. [참고문헌] 『大乘義章』, 『阿彌陀經疏鈔演義』, 『金剛經宗通』, 『法華經玄贊要集』. ⇨ 보리 菩提, 오보리 五菩提, 십지 十地

출라방사 Cūḷavaṃsa 스리랑카의 서사서인 『마하방사 *Mahāvaṃsa* 大史』의 속편으로 '소사 小史'라 한다. 출라는 소(小), 방사는 대나무(竹)라는 뜻 외에도 가문의 계보(系譜)나 가르침의 맥(脈) 등으로 오래된 것들을 기억해 전하는 뜻이다. 마지막 제37장 제50게(偈)로 끝맺는 『마하방사』에 이어 같은 장(章)의 제51번째 게송부터 시작해 제101장 제29게에서는 영국의 세일론(Ceylon) 점령을 말하는 것으로 끝난다. 제40장과 제43장은 결실(缺失)이고, 제47장과 제71장 그리고 미완(未完)으로 끝나는 제101장의 제목은 전하지 않는다. 전체 6235게(PTS本 1980刊)이고 범어의 영향을 받은 팔리어로 쓰였다. 표면적으로는 AD4세기부터 19세기초까지 스리랑카 왕조(王朝)의 부침과 세간사(世間事)를 아우르는 가운데 부처님의 치아사리(齒舍利)가 스리랑카에 도래한 일, 마힌다(Mahinda)장로나 붓다고샤(Buddhaghoṣa) 같은 대덕들의 행장(行狀), 550편에 이르는 팔리어 본생담(本生譚)을 싱할라(Sinhala)어로 옮긴 일 등 스리랑카 불교교단내의 중요한 일들과 장로들 이야기를 전하고 있다. 제37장 제51게부터 제79장까지의 게(偈)들은 남인도 출신의 담마킷티(Dhammakitti)장로가 13세기경에 모아 찬(纂)하였고, 제80장 이하 제89장까지는 찬자(纂者)의 뚜렷한 이름이 전하지 않는다. 또 제90장부터 키르티 슈리 라자싱하(Kirti Sri Rajasinha)왕의 죽음을 읊은 게까지는 티보투와베 수망갈라(Tibbotuvāve Sumaṅgala)장로가, 맨 마지막 장은 힉카두베 시리 수망갈라(Hikkaduve Siri Sumaṅgala)장로가 찬하였다. 그러나 찬자의 이름이 분명한 부분들마저도 그 내에서 다양한 서사 스타일이 나타나기 때문에, 1인 찬술이라기보다는 장구한 시간에 걸친 승가 공동의 기억과 전승의 소산으로 보는 것이 자연스럽다. 『출라방사』는 『마하방사』와 함께 빌헬름 가이거(Wilhelm Ludwig Geiger)에 의해 독일어로 최초 번역되었고, 이후 크리스쳔 릭머스(Christian Mabel Rickmers)나 마벨 보우드(Mabel Haynes Bode) 등이 영어로 옮겼다. 팔리성전협회(PTS)는 가이거의 팔리어 교정편집본(vol. Ⅰ·Ⅱ)을 1925년과 1927년에 각각 출간하였다. ⇨ 마하방사 Mahāvaṃsa

출로 出路 벗어나는 길. 갖추어 출신활로(出身活路)라 한다. 『법화의소』 권6(대정장34, p.534a19)에 "출가한 외도는 늙고 병든 것 싫어할 줄 알지만 벗어날 길은 모르니, 벗어나는 곳도 알지 못한다. 出家外道 知厭老病 迷於出路 而不知出處", 『권발보리심집』 권상(대정장45, p.379c28)에 "보살은 모든 중생 무명으로 업을 지어 기나긴 밤 고통 받으며 정법 버려 떠나서는 벗어날 길을 잃고 헤매임에 한결같음을 본다. 이런 등 이유로 큰 자비심을 일으켜 보리 구할 뜻을 품었으니 마치 머리에 붙은 불 끄듯 한다. 菩薩見諸衆生 無明造業 長夜受苦 捨離正法 迷於出路 爲是等故 發大慈悲 志求菩提 如救頭然", 『마하지관』 권7하(대정장46, p.94b1)에 "마치 험한 길을 가면서 념념에 어디나 장애여서 벗어날 길만 간절히 구하듯 한다. 如行險道 念念周慞 祇求出路", 『허당록』 권3(대정장47, p.1005a26)에 "남악은 마조를 끌어들여 쇠뿔 속에 처박힌 쥐처럼 궁지에 몰아넣고 살아나게 하고는 마조 문득 벗어나는 길 얻고는 남악 그 속에 앉아 있게 한다 웃었다. 南嶽引馬祖 入牛角裏 作老鼠活計 忽然得箇出路 却笑南嶽 坐在裏許"라고 하였다. [참고문헌] 『法華義疏』, 『勸發菩提心集』, 『摩訶止觀』, 『虛堂錄』. ⇨ 출신활로 出身活路

출리 出離 ❶ Ⓢ niryāṇa, nairyāṇika, niṣkramaṇa, naiṣkramya, niḥsaraṇa, Ⓟ niyyāna, nekkhamma, nikkhamana, nissaraṇa, Ⓣ nges-par-'byung-ba, mngon-par-'byung-ba. 벗어나 떠나다. 삼계(三界) 내에서 악취(惡趣)를 벗어나 선취에 나는 것도 출리라 하고, 삼계를 차제로 벗어나기도 하고 단번에 벗어나기도 한다. 보시지계로 하늘에 나서(三論) 악취를 벗어나 선취(善趣)로 나아가고, 성문·연각·보살의 지혜 닦아 각기 세간의 인과를 벗어나며, 빨리 또는 늦게 벗어 삼계를 벗어난다. 출요(出要)와 같은 뜻이다. 『장아함경』 권1 「대본경 大本經」(대정장1, p.9a4)에 "저 정원 지키는 이 가르침을 받고 행하니 두 사람의 처소에 이르러 부처님의 가르침을 빠짐없이 전했다. 가르침을 전해 들은 두 사람은 곧 부처님께 나아가 머리 조아려 부처님의 발에 예를 올리고 물러나 한쪽에 앉았다. 부처님께서는 차례로 설법하셔서 가르침을 베푸시어 이롭고 기쁘게 해 주셨으니, 시론과 계론과 생천론과 욕계부정과 상계근심 등이다. 이어 출리야말로 가장 미묘하고 청정하며 제일이라고 찬탄하셨다. 彼守苑人 受教而行 至彼二人所 具宣佛教 二人聞已 卽至佛所 頭面禮足 却坐一

面 佛漸爲說法 示教利喜 施論 戒論 生天之論 欲惡不淨 上漏爲患 讚歎出離 爲最微妙 淸淨第一",『대반야경』 권41(대정장5, p.232a29)에 "사리자가 부처님께 여쭈었다. '어떤 법은 알 수도 없고 볼 수도 없습니까?' 부처님께서 말씀하셨다. '색을 알지도 보지도 못하며, 수상행식을 알지도 보지도 못하며, 나아가 모든 상의 지도 알지도 보지도 못한다. 모든 법을 알지도 보지도 못하므로 어리석은 범부이생 속에 떨어져 벗어나지 못한다'. 사리자가 부처님께 여쭈었다. '그들은 어디에서 벗어나지 못하는 것입니까?' 부처님께서 말씀하셨다. '그들은 욕계에서 벗어나지 못하고, 색계에서 벗어나지 못하며, 무색계에서 벗어나지 못한다. 벗어나지 못하므로 성문법을 성취하지 못하고, 독각법도 이루지 못하며, 보살법 또한 성취하지 못하고, 여래법을 이루지 못한다. 가려 알지(成辦) 못하므로 능히 믿고 받아 가지지 못한다'. 舍利子言 於何等法 不知不見 佛言 於色 不知不見 於受想行識 不知不見 乃至 於一切相智 不知不見 由於諸法 不知不見 墮在愚夫異生數中 不能出離 舍利子言 彼於何處 不能出離 佛言 彼於欲界 不能出離 於色界 不能出離 於無色界 不能出離 由不能出離 於聲聞法 不能成辦 於獨覺法 不能成辦 於菩薩法 不能成辦 於如來法 不能成辦 由不成辦 不能信受",『집이문족론』 권14(대정장26, p.428a8)에 "'저 출리를 염한다'라 했다. 무엇이 출리인가? 〔답〕 출리도 출리라 하고, 출리계 또한 출리다. 색계선근도 출리이고, 초정려도 출리다. 지금의 이 뜻 중에 뜻만을 풀어서 초정려가 곧 출리라 한 것이니, 이러한 연유로 얻은 이름이다. 若念出離者 云何出離 答 出離 亦名出離 出離界 亦名出離 色界善根 亦名出離 初靜慮 亦名出離 今此義中 意說 初靜慮 名出離 由此故名", "'만약 출리를 념해서 문득 출리하니 깊은 마음으로 나아가 들고, 믿고 좋아하며 편안하게 머무르고, 뛰어나게 이해하는 자를 성제자라 하니, 저 출리에 있어 뛰어난 이해력으로 뜻을 짓고 자세하게 사유할 때, 곧바로 수순심이 일어나니, 심·신·욕·심승해·과거승해·미래승해 등에 수순한다. 이런 연유로 문득 출리에 있어 심심취입하고 신락안주하는 유승해다'라고 한다. 若念出離 便於出離 深心趣入 信樂安住 有勝解者 謂聖弟子 於此出離 以勝解 俱行作意 審思惟時 便生隨順心 隨順信 隨順欲 隨順心勝解 已勝解 當勝解 由此故名 便於出離 深心趣入 信樂安住 有勝解",『유가사지론』 권70(대정장30, p.687c1)에 "두 가지 인연으로 말미암아 출리라고 하니, 첫째 선취에 나아가 벗어나기 때문이고, 둘째 삼보리에 나아가 벗어나기 때문이다. 由二因緣 名爲出離 一 往善趣出離故 二 趣三菩提出離故",『중변분별론』 권상(대정장31, p.457c8 : *Madhy-vibh.*, p.48)에 "다시 삼승의 별명이 있으니, 그 뜻에 맞게 알아야 한다. 열반과 생사의 공덕과 과실에 대한 관지를 남에게서 듣고 남에게 얻어 인과를 벗어나기에 성문승이라고 한다. 앞에서 말한 것과 같은 이 지혜를 남에게서 듣지 않고 남에게 의지하여 행하지 않고 스스로 (얻어) 인과를 벗어나는 것이 벽지불승이고, 무분별지에 의하여 스스로 인과를 벗어나는 것이야말로 대승이다. 復有別名三乘 如義相應應知 涅槃及生死 功德過失觀智 從他聞依他得 出離因果 故立名聲聞乘 因此智慧 如前說 自不從他 不依他行 出離因果 名辟支佛乘 依無分別智 自出離因果 是名大乘 yānatrayaṃ yathāyogaṃ. tatra nirvāṇasaṃsārayor guṇadoṣajñānena parataḥ. śrutvā niryāṇārthena śrāvakayānaṃ. tenaiva svayam aśrutvā parato niryāṇārthena pratyekabuddhayānaṃ. avikalpena jñānena svayaṃ niryāṇārthena mahāyānaṃ veditavyaṃ",『대승아비달마집론』 권6(대정장31, p.690a16 : *Abh-s.*, p.92)에 "예류과의 보특가라를 설한 것처럼 여기에도 두 종류가 있으니, 첫째는 서서히 벗어나고, 둘째는 몰록 벗어난다. 점출리란 앞에서 자세히 설한 것과 같고, 돈출리란 사제현관에 증입해 마치고는 미지정에 의지하여 출세간도가 시작되는 것이다. 如說預流果補特伽羅 此有二種 一 漸出離 二 頓出離 漸出離者 如前廣說 頓出離者 謂入諦現觀已 依止未至定 發出世間道 punaḥ khalu strotaāpannaḥ pugdalo yaduktaḥ sa dvividhaḥ. kramanairyāṇikaḥ sakṛnnairyāṇikaśca. krasanairyāṇiko yathā purvamuktaḥ. sakṛnnairyāṇikaḥ satyābhisamayamabhisaṁpraviṣṭaḥ aprāptasamāpattimāśritya adhigatena lokottaramāgreṇa"라고 하였다. 〔참고문헌〕『長阿含經』,『大般若經』,『集異門足論』,『瑜伽師地論』,『中邊分別論』,『大乘阿毘達磨集論』, *Madhy-vibh.*, *Abh-s.*, *Abh-k-bh.278.*, *Bodh-bh.5*, *DN.1.110.*, *DN.2.41.* ⇨ 출요 出要, 삼계출리 三界出離, 삼과실 三過失❸, 삼론 三論❷ ❷ ➡ 출정 出定

출리계 出離界 Ⓟ nekkhamma-dhātu. 벗어나 함께 하는 계. 벗어난 수상행식으로 함께 하는 신어업과 심불상응행 그리고 택멸 등의 모든 계를 말한다.『장아함경』 권8「중집경 衆集經」(대정장1, p.50a25 : *Saṅgīti-sutta*, *DN.3*, p.215)에 "다시 (해로운) 삼법이 있다. 곧 삼계로 욕계·에계·해계이다. 다시 (유익한) 삼법이 있다. 곧 삼계로 출리계·무에계·무해계이다. 復有三法 謂三界 欲界 恚界 害界 復有三法 謂三界 出離界 無恚界 無害界 tisso akusala-dhātuyo. kāmadhātu, vyāpādadhātu, vihiṃsādhātu. tisso kusala-dhātuyo. nekkhammadhātu, avyāpādadhātu, avihiṃsādhātu",『품류족론』 권6(대정장26, p.717a28)에 "출리계란 어떤 것인가? 출리와 출리와 상응하는 수상행식, 저들과 등기하는 신어업과 심불상응행 그리고 택멸이니, 이것을 출리계라고 한다. 出離界云何 謂出離及出離

相應受想行識 若彼等起身語業 若彼等起心不相應行幷擇滅 是名出離界"라고 하였다. 〔참고문헌〕『長阿含經』, 『品類足論』, *DN.* ⇨ 출리 出離 ❶, 심불상응법 心不相應法, 택멸 擇滅, 무욕계 無欲界 ❷, 삼계 三界 ❹

출리상 出離想 Ⓢ niḥsaraṇa-saṃjñin, Ⓣ nges-par-'byung-ba'i-'du-shes-can. 벗어 나고자 하는 생각. 무상정(無想定) 등을 말하지만, 범부에게만 출리상이지 성자에겐 아니다. 『대비바사론』 권152(대정장27, p.773b16)에 "〔문〕 이 무상정은 누가 일으키는가? 〔답〕 오직 이생만이 일으키는 것이니, 출리상을 지어야 하기 때문이다. 성자는 어떤 법에도 출리상이 없다. 問 此無想定 誰所起耶 答 唯異生起 由作出離想故 聖於有法 無出離想", 『구사론』 권5(대정장29, p.24c15 : *Abh-k-bh.*, p.69)에 "이 무상정은 오직 이생들만이 얻게 하고, 모든 성자들에겐 해당되지 않는다. 왜냐하면 모든 성자들에게 무상정은 깊은 구덩이처럼 보이기에 즐겨 들지 않는다. 부득이 무상을 잡아 진해탈이라 여기고 출리상을 일으켜 이 선정을 닦기는 하지만, 일체성자는 유루법을 잡아 진해탈이나 진출리로 삼지 않는다. 그러므로 이 정은 결코 수행할 리 없다. 許此定 唯異生得 非諸聖者 以諸聖者 於無想定 如見深坑 不樂入故 要執無想 爲眞解脫 起出離想 而修此定 一切聖者 不執有漏 爲眞解脫 及眞出離 故於此定 必不修行 seyaṃ pṛthag-janasya-eva-iṣyate. na-āryasya. na-hy-āryāṃ asaṃjñi-samāpattiṃ samāpadyante vinipāta-sthānamiva-etāṃ paśyantaḥ. niḥsaraṇa-saṃjñino hi tāṃ samāpadyante"라고 하였다. 〔참고문헌〕『大毘婆沙論』, 『俱舍論』, *Abh-k-bh.* ⇨ 출요상 出要想

출리생사 出離生死 생사를 나와 떠나다. 『대반야경』 권462(대정장7, p.336c25)에 "부처님께서 말씀하셨다. '선현아, 나는 스스로 제법법성을 무너뜨리지 않는다. 단지 이름과 모양의 방편으로 임시로 설함으로써 모든 유정중생들이 제법의 법성이 평등함을 깨달아 들어가서, 생사를 벗어나 열반을 증득하게 할 뿐이다. 그러므로, 선현아, 일체여래응정등각은 비록 제법의 갖가지 이름과 모양을 설하지만, 능히 제법의 실성을 무너뜨리지 않는다'. 佛言 善現 我不自壞 諸法法性 但以名相方便假說 令諸有情 悟入諸法法性平等 出離生死 證得涅槃 是故 善現 一切如來應正等覺雖說諸法 種種名相 而能不壞諸法實性", 『제개장보살소문경』 권17(대정장14, p.745c9)에 "'나는 어떻게 하면 무시의 생사에서 벗어날 수 있겠는가?' 다음과 같이 관찰한다. '첫째 내가 비구의 모습을 갖추는 것, 이것이 첫 번째로 생사에서 벗어나는 길이다. 둘째 내가 비구의 모든 공덕을 성취하는 것, 이것이 두 번째로 생사에서 벗어나는 길이다. 셋째 정진하여 게으름을 여의고, 모든 선행을 닦아 법성을 증득하는 것, 이것이 세 번째로 생사에서 벗어나는 길이다. 넷째 두루 모든 수행을 하며, 마침내 성불하여 유정중생을 교화하여 제도하는 것, 이것이 네 번째로 생사에서 벗어나는 길이다'. 보살이 만약 이와 같이 항상 관찰해야 할 것을 자세하게 관찰하면, 이것이 곧 스스로 명료하게 잘 아는 것이라고 한다. 我當云何 而能出離無始生死 如是審察 一者 我得成苾芻相 斯爲第一出離生死 二者 我得成就苾芻所有功德 斯爲第二出離生死 三者 我能發起精進捨離懈怠 修諸善行 證得法性 斯爲第三出離生死 四者 遍修諸行 乃至成佛 化度有情 斯爲第四出離生死 菩薩若能如是審諦 常所觀察 是卽名爲 善自了知"라고 하였다. 〔참고문헌〕『大般若經』, 『除蓋障菩薩所問經』. ⇨ 생사 生死

출리심 出離尋 Ⓟ nekkhamma-vitakka. 하고자 해서 찾아 헤매이는 일을 떠나다. 삼선심(三善尋) 중 하나로 이욕각(離欲覺)이라고도 한다. 『집이문족론』 권3(대정장26, p.377b8)에 "출리심이란 무엇인가? 〔답〕 모든 하고자 해서 찾아 헤매는 허물을 사유하는 것이니, '이러한 욕심은 불선법이다. 모든 하천한 이들이 믿고 이해하며 받아 지니지만, 일체의 여래와 모든 제자들과 현명하고 훌륭한 선비들은 모두 꾸짖고 싫어하는 바이다. 스스로를 해치고, 다른 이를 해치며, 자타를 모두 해치고, 능히 지혜가 사라지게 하며, 선품을 가로막아 열반을 장애한다. 이 법을 받아 지니면 통혜를 낳지 못하고, 보리를 이끌어내지 못하며, 열반을 증득하지 못한다'라고 한다. 出離尋云何 答 於諸欲尋 思惟過患 謂此欲尋 是不善法 諸下賤者 信解受持 一切如來 及諸弟子 賢貴善士 共所呵厭 能爲自害 能爲他害 能爲俱害 能滅智慧 能礙彼品 能障涅槃 受持此法 不生通慧 不引菩提 不證涅槃", "이와 같이 모든 욕심의 과환을 사유할 때, 모든 마음의 심구와 두루 가까이 심구한 바가 마음에 분명히 드러나며, 극히 환히 드러나고, 눈앞에 환히 드러나서, 미루어 헤아리고 그려내서 사유분별하는 것이 출리심이다. 如是思惟 諸欲尋過患時 諸心尋求 遍尋求 近尋求 心顯了 極顯了 現前顯了 推度搆畫 思惟分別 名出離尋", "또한 사유하되 사심정과 도와 사심정상응의 무상정과 멸정과 택멸이다. 이와 같이 사유할 때의 모든 마음의 심구와 분별을 출리심이라 한다. 또 사유해서 출리하고, 출리와 상응하는 수상행식 그리고 그것과 함께 일어나는 신어업과 심불상응행을 사유할 때의 모든 마음의 심구와 분별을 출리심이라고 한다. 復次 思惟 捨心定及道 捨心定相應無想定 滅定 擇滅 如是思惟時 諸心尋求 乃至分別 名出離尋 復次 思惟 出離 及出離相應受想行識 及彼等起身語業 心不相應行時 諸心尋求 乃至分別 名出離尋"라고 하였다. 〔참고문헌〕『集異門足論』, 『大毘婆沙論』 권44(대정장27, p.227a21), *DN.3.215.*, *MN.3.114.*

⇨ 삼선심 三善尋, 이욕각 離欲覺

출리위 出離位 Ⓢ niryāṇa-avasthā, Ⓣ nges-par-'byung-ba'i-gnas. 십팔수분위(十八修分位 : 十八修住位) 중 열두 번째 위. 보살의 제2지부터 제7지까지를 말한다. 출리위수주(出離位修住)라고도 한다. 『변중변론』 권중(대정장31, p.473a6 : *Madhy-vibh.*, p.56)에 "(십팔수분위 중) 열한째는 증입위이니 극희지를 말한다. 열두째는 출리위이니 그 다음의 여섯 지를 말한다. 열셋째는 수기위이니 제8지를 말한다. 十一 證入位 謂極喜地 十二 出離位 謂次六地 十三 受記位 謂第八地 praveśa-avasthā prathamāyāṃ bhūmau niryāṇa-avasthā tad-uttarāsu ṣaṭsu bhūmiṣu. vyākaraṇa-avasthā aṣṭamyāṃ bhūmau"라고 하였다. [참고문헌] 『辯中邊論』, 『中邊分別論』 권하(대정장31, p.459c12), *Madhy-vibh.* ⇨ 십팔수분위 十八修分位

출리의 出離依 Ⓢ naiṣkramya-āśrita, Ⓣ nges-par-'byung-ba-la-rten-pa. 벗어나려는 마음이 의지하는 것. 탐착하지 않는 선심(善心)과 상응하는 희수(喜受)·우수(憂受)·사수(捨受)의 세 가지 수(受)를 말한다. 탐기의(耽嗜依)와 대칭한다. 『대비바사론』 권139(대정장27, p.718a26)에 "선에 순하는 수를 출리의라고 한다. 順善受 名出離依", 『구사론』 권3(대정장29, p.13c12 : *Abh-k-bh.*, p.39)에 "괴로움은 신의 의지이며, 출리의 의지는 희·우·사이다. 苦爲信依 亦出離依 喜及憂捨 duḥkha-upaniṣac-chraddhāṣaṇ-naiṣkramya-āśritāḥ saumanasyādaya", 같은 책 권10(대정장29, p.54b14 : *Abh-k-bh.*, p.150)에 "출리의란 모든 선한 수를 말한다. 出離依者 謂諸善受 naiṣkramy āśritāḥ kuśalāḥ"라고 하였다. [참고문헌] 『大毘婆沙論』, 『俱舍論』, *Abh-k-bh.* ⇨ 출리 出離 ❶, 육출리계 六出離界, 십팔의근행 十八意近行, 탐기의 耽嗜依

출리의법 出離依法 나와서 떠나기 위해 의지하는 법. 무루법(無漏法)을 말한다. 의출요법(依出要法)의 신역(新譯)이다. 『대비바사론』 권190(대정장27, p.950a13)에 "만약 수가 애나 일체번뇌와 함께해서 안족처가 되지 못하게 하는 것을 출리의수라고 한다. [문] 만약 그렇다면 모든 고수는 다 탐기의라고 해야 하니, 모두 애나 일체번뇌가 안족처로 삼기 때문이다. 또 『품류족론』에서 설하기를 '무엇이 탐기의법인가? 유루법이다. 어떤 것이 출리의법인가? 무루법이다'. 若受不與愛 或一切煩惱 爲安足處 名出離依受 問 若爾 一切苦受 皆應名耽嗜依 皆能與愛 或一切煩惱 爲安足處故 又如品類足說 云何耽嗜依法 謂有漏法 云何出離依法 謂無漏法"라고 하였다. [참고문헌] 『大毘婆沙論』. ⇨ 출리 出離 ❶, 출리의 出離依, 탐기의수 耽嗜依受

출리해탈 出離解脫 벗어나 해탈하다. 무명을 깨우쳐 법계를 수순하게 되는 뜻이다. 『종경록』 권32(대정장48, p.603b10)에 "무명을 모르기에 중생을 짓고, 이 무명을 밝히 알면 모든 부처가 되니, 이것이 미혹과 깨달음의 바탕이다. 또 일법계 바탕 온전히 생멸문 짓거나, 진여문 짓기도 하는데, 법계에 순한즉 출리해탈이고 법계 거스른즉 계박윤회니 이것이 염정의 연유다. 因不識無明作衆生 了此無明成諸佛 斯則迷悟之本也 又一法界擧體全作生滅門 擧體全作眞如門 順法界 則出離解脫 違法界 則繫縛輪迴 斯乃染淨之由也"라고 하였다. [참고문헌] 『宗鏡錄』, 『瑜伽師地論』 권87(대정장30, p.787a15).

출몰굴신 出沒屈伸 벗어나고자 할수록 빠져 헤매이는 유정의 모습. 사견이나 번뇌를 말한다. 『대반야경』 권305(대정장6, p.557a22)에 "모든 여래응정등각께서는 저들 모든 유정무리가 벗어났다 빠지고 굽었다 펼치는 심과 심소법이 모두 색수상행식에 의지해 일어남을 진실 그대로 아신다. 一切如來應正等覺 如實知他 諸有情類 出沒屈伸 心心所法 皆依色受想行識生", 『대지도론』 권70(대정장25, p.547b14)에 "이와 같이 모든 삿된 견해와 번뇌 등을 마음의 출몰굴신이라 한다. 왜 그런가? 사견이란 갖가지 도로 구해 나오게 하지 못하게 하기 때문이니, 벗어나고자 할수록 빠지는 것이다. 사견의 힘 매우 다 알기 어려우니 상과 무상 등의 열네 가지로 설명한다. 如是諸邪見煩惱等 是名心出沒屈伸 所以者何 邪見者 種種道求出不得故 欲出而沒 邪見力多難解 故說常無常等十四事"라고 하였다. [참고문헌] 『大般若經』, 『大智度論』. ⇨ 십사무기 十四無記

출몰권서 出沒卷舒 보였다 사라지고 거두고 펴다. 마음씀에 자유자재로 하는 뜻이다. 『원오어록』 권3(대정장47, p.725c23)에 "원오선사가 들어 말했다. '무릇 종을 붙들 교를 세우려면 모름지기 정문에 안목 갖추고 팔 아래 신표가 있어야 한다. 저 두 노숙 보라. 종횡으로 죽이거나 살리고, 보였다 사라지고 거뒀다 펴기를 참으로 기특하게 한다'. 師拈云 大凡扶宗立敎 須是頂門上具眼 肘臂下有符 看他二老宿 縱橫殺活 出沒卷舒 甚生奇特", 『속전등록』 권16 「지명불혜전 智明佛慧傳」(대정장51, p.576c7)에 "법좌에 올라 말했다. '이 일을 논하자면 하늘에 있어서는 만상 펼쳐서 나란히 드러내고, 땅에 있은즉 사시로 운행해서 만물을 낳으며, 사람에 있어서는 나고 들며 거두고 펴니 여섯 뿌리 번갈아 쓴다'. 上堂 若論此事 在天則列萬像而齊現 在地則運四時而發生 在人則出沒卷舒六根互用", 『선문보장록』 권상(卍속장113, p.988b6)에 "그저 선사란 추요 잡아내 마음의 샘 곧장 깨달으며, 나고 들며 거두고 펴서 종횡으로 중생에 응한다. 夫禪師者 撮其樞要 直了心源 出沒卷舒 縱橫應物"라고 하였다. [참고문헌] 『圜悟語錄』, 『續傳燈錄』, 『禪門寶藏錄』. ⇨ 권서 卷舒 ❶

출몰자재 出沒自在 들고 남에 자재하다. 나타났다 사라지기를 마음대로 하다. 『이취육바라밀다경』 권8(대정장8, p.903a23)에 "땅 밟기를 물같이 하고 물위 걷기를 땅인듯하니 나오고 빠짐을 마음대로 한다 해서 어떤 장애도 없다. 이와 같은 신통력 모두 일체중생에게 이롭고 즐겁게 함이다. 或履地如水 履水如地 出沒自在 無所障礙 如是神力 皆爲利樂 一切有情", 『사분율』 권33(대정장22, p.797a17)에 "땅에 들기를 물처럼 하여 나고 듦이 자재하고, 물을 밟기를 땅처럼 하여 빠지지 않는다. 入地如水 出沒自在 履水如地 而不沒溺", 『왕생론주』 권하(대정장40, p.843a14)에 "뜻대로 자재하다는 말은 이 다섯 가지 공덕력으로 청정불토에 능히 나서 나타났다 사라지기를 자재로 한다는 뜻이다. 隨意自在者 言此五種功德力 能生淸淨佛土 出沒自在也", 『화엄경소』 권49(대정장35, p.877c1)에 "비밀의 가르침(열반경의 교설)에서 출몰자재하므로 유희라 한다. 令於祕敎 出沒自在 故云遊戲", 『속전등록』 권5 「대각회련전 大覺懷璉傳」(대정장51, p.495a12)에 "만약 본분을 구현한 납승이라면 한마디라도 듣는 순간 한 번에 털어내어 없앤 다음 티끌 한 점도 묻히지 않고 훌쩍 벗어나 자유자재로 운신할 것이니 가장 진실에 잘 들어맞는다. 그런 다음에 천계에서는 천중과 함께하고 인계에서는 사람들과 함께하며 승가에서는 승중과 함께하고 속가에서는 속인들과 함께하며 범부의 세계에서는 범부가 되고 성인의 무리에서는 성인과 어울린다. 이처럼 모든 곳에서 출몰을 자유자재로 행하니 그를 묶어둘 수도 없고 그의 이름을 짓거나 형상을 묘사할 수도 없다. 若是本分衲僧 纔聞擧著 一擺擺斷 不受纖塵 獨脫自在 最爲親的 然後 便能在天同天 在人同人 在僧同僧 在俗同俗 在凡同凡 在聖同聖 一切處 出沒自在 並拘檢它不得 名邈他不得"라고 하였다. [참고문헌] 『理趣大乘泥醉六波羅蜜多經』, 『四分律』, 『往生論註』, 『華嚴經疏』, 『續傳燈錄』.

출무량문지경 出無量門持經 남조유송(南朝劉宋) 구나발다라(求那跋陀羅 394~468) 한역. 1권. 『아난타하리다경 阿難陀呵離陀經』·『아난타목거니하리다경 阿難陀目佉尼呵離陀經』이라고도 한다. 부처님께서 비사리국(毘舍離國) 대리수(大黎樹)에서 사리불(舍利弗) 등에게 설하였다. 동본이역으로 오(吳) 지겸(支謙) 역 『무량문미밀지경 無量門微密持經』(대정장19. No.1011), 동진(東晉) 불타발다라(佛陀跋陀羅) 역 『출생무량문지경 出生無量門持經』(대정장19, No.1012), 양(梁) 승가바라(僧伽婆羅) 역 『사리불다라니경 舍利弗陀羅尼經』(대정장19, No.1016), 북위(北魏) 불타선다(佛陀扇多) 역 『아난타목거니하리다린니경 阿難陀目佉尼訶離陀鄰尼經』(대정장19, No.1015), 수 사나굴다(闍那崛多) 역 『일향출생보살경 一向出生菩薩經』(대정장19, No.1017), 당 불공(不空) 역 『무변문다라니경 無邊門陀羅尼經』(대정장19, No.1009), 당 지엄(智嚴) 역 『출생무변문다라니경 出生無邊門陀羅尼經』(대정장19, No.1018), 송 공덕직(功德直)·현창(玄暢) 합역 『무량문파마다라니경 無量門破魔陀羅尼經』(대정장19, No.1014)이 있다. [참고문헌] 『大唐內典錄』 권9(대정장55, p.319b11), 『開元釋敎錄』 권5(대정장55, p.528a16)·권12(대정장55, p.600b10)·권19(대정장55, p.686a1)·권20(대정장55, p.708b13). ⇨ 사리불다라니경 舍利弗陀羅尼經, 아난타목거니하리다경 阿難陀目佉尼呵離陀經, 일향출생보살경 一向出生菩薩經

출무문입무호 出無門入無戶 나오지만 문 없고 들지만 방이 없네. 『괴안국어』 권2(대정장81, p.536b23)에 "나올 때 문 없더니 들지만 방이 없네. 사방팔면 어디에도 가려 막는 울타리 없으니, 만 가지 모습으로 빽빽하게 펼쳐져 한결같이 흐르고 넘쳐 거대한 불가사의경계에 머문다. 出無門入無戶 四方八面絶遮欄 萬象森羅等漏泄 住大不可思議境界", 같은 책 권5(대정장81, p.554b30)에 "팔각의 돌절구 허공 중을 달리고, 철산은 눈앞에서 높은 기세 무너지네. 나올 때 문 없더니 들어서는 방이 없네. 광겁에 캄캄한 밤 발밑에서 재가 됐네. 八角磨盤空裏走 鐵山當面勢崔嵬 出無門入無戶 曠劫無明當下灰"라고 하였다. [참고문헌] 『槐安國語』.

출문구 出門句 문 열고 나가는 한마디. 분양선소(汾陽善昭)가 시설한 다섯 문(五門句) 가운데 네 번째 구로 훤출히 벗어나게 하는 한마디. 『오등전서』 권103 「대헐정장 大歇定章」(卍속장142, p.2b6)에 "'무엇이 출문구인가?' '주장자 끝에 해와 달을 매달고, 소매 속에 하늘 땅 감춘다'. 曰 如何是出門句 師曰 杖頭挑日月 袖裏貯乾坤", 『천계각랑성어록』 권1(가흥장25, p.687c13)에 "해안거사(海岸居士)가 물었다. '무엇이 출문구인지요?' '남산에서 구름이 일고 북산에 비 내린다'. 士云 如何是出門句 師云 南山起雲 北山下雨", 『산휘어록』 권7(가흥장29, p.54a7)에 "'출문구란 무엇인지요?' '팔 흔들며 강릉성곽 지나고 황학루에선 소리 높여 노래한다'. 如何是出門句 師云 掉臂江陵郭 高歌黃鶴樓", 『문목념어록』 권4(가흥장36, p.793a20)에 "'무엇이 문 나온 한마디인지요?' '청산에는 다른 길이 없다' '무엇이 문 밖 한마디인지요?' '눈은 가로고 코는 세로라네'. 如何是出門句 師云 靑山無異路 如何是門外句 師云 眼橫鼻直", 『석계심월어록』 권상(卍속장123, p.51b16)에 "하안거 맺는 날 법좌에 올라 말했다. '90일 발 묶였으니 석 달은 중생 거둔다 하네. 중생 거두려면 반드시 죽일 일 있고, 묶인 발은 반드시 다니게 한다. 구름 걷히니 하늘 멀고 비 그치니 산은 푸르네. 출문구 안에 입문구가 있다네. 코는 곧고 눈 가로인데 눈썹도 가로라네'. 結夏 上堂 九旬禁足 三月護生 護生須殺 禁足須行 雲收天逈 雨過山青 出門句裏入門句 鼻直眼橫眉亦橫"라고 하였다. [참고문헌] 『五燈全書』, 『天界覺浪盛語錄』, 『山暉語錄』, 『文穆念語錄』, 『石溪心月語錄』. ⇨ 분양오문구 汾陽五門句

출반상향 出班上香 반열에서 나와 향을 올리다. 출반소향(出班燒香)이라고도 한다. 동서양반(東西兩班 : 兩序) 차례로 향을 올린다. 『백장청규』 권4 「양서출반상향 兩序出班上香」(대정장48, p.1136b21)에 "보통 출반상향에서는 행자가 발을 울리면 유나가 향로 앞으로 나와 바깥쪽을 향해 한쪽에 서서 주지가 향을 올리도록 읍한다〈시자는 향합을 든다〉. 다음으로는 양서에 읍을 하면 양서에서 서로 마주하며 나와서 몸을 돌리고 주지에게 문신한다〈이를 차향이라고 한다〉. 그런 다음에 향을 올린다〈성절인 부처님·조사 또는 법을 준 스승의 기일에는 차향 없이 문신을 한다. 양반 중에 서당이 있으면 먼저 향을 올린다거나 또는 수좌(首座)가 이미 출세하였으면 먼저 향을 올린다고 하는 것은 옳지 않다. 대개 꼭 도사와 함께 각 반에서 나와야 하기 때문이다〉. 凡出班上香 行者鳴鈸 維那出爐前向外偏立 揖住持上香〈侍者捧合〉 次揖兩序 相朝而出 轉身問訊住持〈謂之借香〉 然後上香〈若聖節佛祖嗣法師忌 無借香問訊 有立班西堂 當先上香 或謂首座已出世 當先上香者非 蓋必與都寺同出班故也〉", 『선림상기전』 권13 「출반상향」(불광장, 禪藏, p.979)에 "도충이 말한다. '(출반상향은) 출반소향이니, 또한 세간의 예법에도 보인다. 『송사』에서 재상과 집정관이 왼편과 오른편으로 자리를 나누어 행향한다고 한 것이 바로 이것이다'. 忠曰 出班燒香 亦見世禮 宋史所謂 宰相執政官 分左右行香 是也"라고 하였다. [참고문헌] 『百丈清規』, 『禪林象器箋』, 『敎苑清規』 권하(卍속장101, p.791b15). ⇨ 상향 上香

출반소향 出班燒香 반열에 자리하고 있다가 나와서 향을 사르는 것. 출반상향(出班上香)이라고도 한다. 『백장청규』 권7 「능엄회 楞嚴會」(대정장48, p.1151c5)에 "유나는 주지와 양서에게 읍하고 출반소향한다. 維那揖住持兩序 出班燒香"라고 하였다. [참고문헌] 『百丈清規』, 『律苑事規』 권9(卍속장106, p.82a6). ⇨ 소향 燒香

출벌 黜罰 벌을 주다. 『불위승광천자설왕법경』(대정장15, p.125b26)에 "천자 된 사람은 정을 품고 은혜를 베풀며 부역과 세금은 가볍게 해주고 부역은 줄여준다. … 악인에게는 벌을 주고 현인과 선인에게는 상을 주어 진작한다. 作天子者 情懷恩恕 薄爲賦斂 省其徭役 … 黜罰惡人 賞進賢善"라고 하였다. [참고문헌] 『佛爲勝光天子說王法經』, 『瑜伽師地論』 권61(대정장30, p.639b25).

출법 出法 벗어나게 하는 법. 십선법과 정견 등이다. 나오지 못하게 하는 불출법(不出法)은 십악업(十惡業)과 사견 등이다. 『잡아함경』 권37(대정장2, p.274c2)에 "이때 세존께서 여러 비구들에게 말씀하셨다. '나오는 법과 나오려 해도 나오지 못하는 법이 있다. 무엇이 출법이고 출불출법인가? 불살생은 살생에서 나오게 하고, 내지 정견도 사견에서 벗어나는 것이다'까지를 말한다. 爾時 世尊告諸比丘 所謂有出法 出不出法 何等爲出法 出不出法 謂不殺生出於殺生 乃至正見出於邪見", 『대지도론』 권91(대정장25, p.703b10)에 "뛰어난 법이란 사성제법과 출법이다. 모든 성인이 행하는 법을 성법이라 하고, 삼계의 생사를 벗어나는 것을 출법이라고 한다. 勝法者 所謂四諦聖法 出法 一切聖人所行法 名爲聖法 出三界生死 名爲出法"라고 하였다. [참고문헌] 『雜阿含經』, 『大智度論』. ⇨ 십선업 十善業

출변 出邊 ❶ 치우친 끝에서 벗어나다. 유무, 생멸, 선악 등 양극단에서 벗어나다. 『법화현의』 권4상(대정장33, p.722b20)에 "중에 드는 근기 있다. 지음 없는 지혜와 자비로 응하여 치우쳐 끝인 것에서 나와 중에 들어 왕삼매를 성취한다. 有入中機 以無作慧慈悲應之 令出邊入中 王三昧成"라고 하였다. [참고문헌] 『法華玄義』. ⇨ 이변 二邊 ❷ Ⓢ aparimāṇa. 육십수(六十數) 또는 오십이수(五十二數) 중 하나. 10의 55제곱. [참고문헌] *Mvyut.249.* ⇨ 오십이수 五十二數

출불신혈 出佛身血 Ⓢ tathāgatasyāntike duṣṭacitta-rudhirotpādana, tathāgatakāye duṣṭacitta-rudhirotpāda, Ⓟ rudhiruppādaka, ruhiruppāda, Ⓣ de-bzhin-gshegs-pa-la-ngan-sems-kyis-khrag-'byin-pa. 부처님 몸에서 피나게 하다. 오역(五逆) 또는 오무간업(五無間業) 중 하나로 출불혈(出佛血)·출불신혈죄(出佛身血罪)·악심출불신혈(惡心出佛身血 Ⓢ tathāgata-śarīre duṣṭa-citta-rudhira-utpādana)이라고도 한다. 『잡아함경』 권28(대정장2, p.205a21)에 "무엇들이 악취도인가? 아버지를 죽이거나 어머니를 죽이거나 아라한을 죽이거나 화합승을 깨거나 악심으로 부처님 몸에 피를 나게 함이다. 何等爲惡趣道 謂殺父 殺母 殺阿羅漢 破僧 惡心出佛身血", 36권본 『대반열반경』 권9(대정장12, p.657c9)에 "여래 또한 그러하니, 어떤 중생이 여래의 처소에서 추악한 마음을 일으켜 부처님 몸에 피를 나게 하며 오역죄 일으키고 내지 일천제에 이

르기도 하니 미래세의 모든 중생을 위함이다. 이처럼 승가가 무너지고 법 끊어짐을 시현하여 어려움 있게 할 뿐이니, 무량백천억 마구니로도 능히 여래의 몸 습격하여 피나게 할 수는 없다. 왜 그런가. 여래의 몸에는 피살힘줄핏줄뼈골수 있을 리 없으니, 여래는 진실일 뿐이어서 실로 번뇌하거나 무너질 일도 없다. 如來亦爾 示有衆生 於如來所 生麤惡心 出佛身血 起五逆罪 至一闡提 爲未來世 諸衆生故 如是示現 壞僧斷法 而作留難 假使無量 百千億魔 不能侵出 如來身血 所以者何 如來之身 無有血肉筋脈骨髓 如來眞實 實無惱壞", 같은 책 권17(대정장12, p.722b28)에 "여래의 아우인 제바달다는 화합승 파괴하고, 부처님 몸에 피나게 하고, 연화비구니를 해하여 삼역죄를 지었으나, 여래께서 갖가지 법요를 설하시어 그 중죄를 작고 가볍게 하셨다. 이런 고로 여래께서는 위대하고도 좋은 의사가 되시니, 육사와는 다르다. 如來有弟 提婆達多 破壞衆僧 出佛身血 害蓮花比丘尼 作三逆罪 如來爲說 種種法要 令其重罪 尋得微薄 是故如來 爲大良醫 非六師也", 『임제록』(대정장47, p.502b20)에 "'무엇이 부처님 몸에 피를 나게 함입니까?' '그대가 청정법계중에 한 생각도 없이 해서 마음으로 알음알이 일으킨다면 문득 처처가 캄캄하리니, 이것이 부처님 몸에 피나게 함이다'. 云 如何是出佛身血 師云 爾向淸淨法界中 無一念心生解 便處處黑暗 是出佛身血"라고 하였다. [참고문헌] 『雜阿含經』, 『大般涅槃經』, 『臨濟錄』, 『俱舍論』 권17(대정장29, p.92b29), *Laṅk.138.*, *Abh-k-bh.216.*, *Sp.515·1277.*, *Kv.398.* ⇨ 오역 五逆, 오무간업 五無間業, 중죄 重罪, 육사외도 六師外道

출불신혈죄 出佛身血罪 부처님 몸에 피나게 한 죄. 『구사론기』 권18(대정장41, p.280a25)에 "덕전 셋 중에 나아가 파승이 가장 무거우니, 법신을 해하기 때문이다. 제불의 스승 됨이 이른바 법이다. 다음으로 부처님 몸에 피를 나게 한 죄(Ⓢ tathāgata-śarīre duṣṭa-citta-rudhira-utpādana : 惡心出佛身血)니, 부처님의 공덕이 아라한보다 뛰어나기 때문이다. 就德田三中 破僧最重 害法身故 諸佛所師 所謂法也 次出佛身血罪重 以佛功德勝阿羅漢故", 『구사론송소론본』 권18(대정장41, p.918b17)에 "솔도파 파괴는 부처님 몸에 피를 나게 한 죄와 같은 류다. 破壞窣堵婆 出佛身血罪同類"라고 하였다. [참고문헌] 『俱舍論記』, 『俱舍論頌疏論本』.

출불혈 出佛血 출불신혈(出佛身血)과 같은 뜻. 『보성론』 권4(대정장31, p.847c25)에 "비록 악지식과 가까이하며 악심으로 부처님 몸에 피를 내고 부모를 살해하고 모든 성인의 목숨을 끊고 화합승을 깨뜨리고 모든 선근을 끊을지라도, 정법을 매잡아 염하기에 능히 저곳을 해탈한다. 雖近惡知識 惡心出佛血 及殺害父母 斷諸聖人命 破壞和合僧 及斷諸善根 以繫念正法 能解脫彼處"라고 하였다. [참고문헌] 『寶性論』, 『俱舍論』 권18(대정장29, p.93c24), *Ratna-ut.119.* ⇨ 출불신혈 出佛身血

출산게 出山偈 석가세존께서 설산(雪山)에서 나오실 때 읊으신 게송. "우뚝해 높고 높으며 떨쳐 버려 깨끗해 걸칠 것 없는 이 몸, 하늘 땅 홀로 걸을 뿐 누군들 나와 함께 하리. 저 산중에 종자기라도 있었다면, 내 어찌 황엽 가져 산을 내려왔을까! 巍巍落落淨裸裸 獨步乾坤誰伴我 若也山中逢子期 豈將黃葉下山下"라고 하였다. [참고문헌] 『作法龜鑑』 권하(『韓國佛敎儀禮資料叢書』 권2 p.444a14), 『釋門儀範』 권상 p.110a15·p.154a11.

출산석가도 出山釋迦圖 산을 나오시는 석가세존을 그린 그림. 부처님의 전기를 그린 그림 중 하나로 중국 송대(宋代) 선림(禪林)에서 좋아했던 화제(畫題)이며 출산여래(出山如來)·출산상(出山相·出山像)이라고도 한다. 싯다르타가 설산(雪山) 고행림(苦行林)에서 고행하고, 성도(成道)한 후 정수리에 밝은 빛을 띠고 온몸에 광채를 뿜으며 하산하는 모습을 그렸다. 송대 이래로 이 고사는 수묵화 화제의 하나로 문인들에게 감상의 제재(題材)가 되었다. 북송(北宋)의 화가 왕애(王靄)가 이 그림을 그렸으며, 대혜종고(大慧宗杲) 등 당대 스님들의 「화찬 畫讚」이 따랐다. 현재는 『담연원징어록』(卍속장126, p.274b9)의 "출산석가도 : 발 들고 발 내림에 도량되지 않는 곳이 없으니, 진실 가리키며 스스로 말할 뿐 헤아림이란 허하지 않았네. 빽빽하게 펼친 만 가지 모습에 가지쳐 달리 할 일이란 전혀 없으니, 모든 것들 이러할지니 푸르다 누르다 말하지 마라. 出山釋迦佛 擧足下足 無非道場 指眞自語 不許思量 森羅萬象 全無伎倆 這個如是 莫論靑黃"라는 찬문이 전한다. [참고문헌] 『湛然圓澄語錄』, 『佛像圖彙』 권1, 『古今圖畫集成·神異典』 권92. ⇨ 고행석가 苦行釋迦, 불전도 佛傳圖

출산석가도 일본 개인소장 원(좌)
직조출산석가상 중국 요녕성박물관 청(우)

출삼장기집 出三藏記集 남조(南朝) 양(梁)대 승우(僧

祐) 지음. 15권. 고려장31, pp.283b1～434b21, No 1053·대정장55, pp.1a3～114a23, No.2145에 수록되어 있다. 현존 최고(最古)의 경록(經錄). 『양출삼장기 梁出三藏記』·『출삼장기집록 出三藏記集錄』·『출삼장집기 出三藏集記』·『출삼장기』·『삼장기』·『삼장기집』·『승우록 僧祐錄』 등이라고도 한다. 후한(後漢)에서 남조 양대까지 한역된 경율론(經律論) 등의 연유와 목록 그리고 한역의 동이(同異)·서발(序跋) 등을 모았고, 역경자(譯經者)의 전기를 부록으로 달았다. 다섯 부분으로 구성되어 있다. 첫째, 연기(緣起)에서는 삼장 성립의 연유를 수록하였다. 다섯 편(篇)을 합하여 1권으로 만들었다. 둘째, 명록(名錄)에서는 새롭게 모은 경율론을 중심으로 삼았다. 그 외에 17편의 목록을 별도로 합하여 구성해서 모두 4권(권2～5)이다. 동진(東晉)대 도안(道安)이 지은 『종리중경목록 綜理衆經目錄』(『도안록』) 가운데 고이경록(古異經錄)·실역경록(失譯經錄)·양토이경록(涼土異經錄)·관중이경록(關中異經錄)·의경록(疑經錄) 등을 거두었다. 도안의 『종리중경목록』은 중국 최초의 경전목록으로 현재는 남아 있지 않지만, 본서는 이 목록에 의지해 교정하고 증보한 결과물이라 할 수 있다. 17편 가운데 신집안공주경(新集安公注經)과 집경지록(雜經志錄)·소승미학축법도조이의기(小乘迷學竺法度造異儀記)·장안예법사유의(長安叡法師喩疑) 등은 모두 중국의 불교학자가 불교전적을 보는 관점을 드러낸 귀중한 문헌이다. 셋째, 경서(經序)에서는 110종의 서(序)·후기(後記)를 수록하였다. 모두 6권(권6～11)이다. 관련 전적의 전래·한역·연구·유포 등에 관한 사실(史實)을 알 수 있는 기초자료로서, 불교가 중국에 전래될 당시의 교리를 알 수 있어 사상사적 의의로도 중요하다. 넷째, 잡록(雜錄)에서는 「송명제칙중서시랑육징찬법론목록서 宋明帝勅中書侍郎陸澄撰法論目錄序」를 비롯한 10서(書)의 서(序)와 그 목록을 수록하였다. 권12에 해당하며, 그중 최초의 법론목록에 전래의 법론집을 모아서 총합 103권의 논문집(論文集)으로 구성하였다. 내용에 따라 분류하여 법성(法性)·각성(覺性)·반야(般若)·법신(法身)·해탈(解脫)·교문(教門)·계장(戒藏)·정장(定藏)·혜장(慧藏)·잡행(雜行)·업보(業報)·색심(色心)·물리(物理)·녹서(錄序)·잡론(雜論)·사론(邪論) 등 16종의 목록으로 편재했다. 여기에 남북조(南北朝) 초기불교의 중요한 논제(論題)들이 집약되어 있다. 다섯째, 열전(列傳)에서는 32위 역경가의 전기를 수록하고 있다. 모두 3권(권13～15)이다. 완비된 전기는 아니지만 그 후 보창(寶唱) 『명승전 名僧傳』과 혜교(慧皎) 『고승전 高僧傳』의 선구가 되었다. 승우의 저작 중 현존하는 작품은 본서 이외에 『홍명집 弘明集』·『석가보 釋迦譜』가 있다. 무엇보다 문헌자료를 수집하여 정리한 공은 타의 추종을 불허한다는 평가를 받고 있다. 본서는 현존하는 한문불전의 경록으로 가장 오래 되었고, 그 이전에 나왔으나 현존하지 않는 도안의 『종리중경목록』이 어떤 형태인지도 반드시 본서를 투과하여야 그 경위를 엿볼 수 있다. 비록 이역(異譯)·실역(失譯)·의경(疑經) 등의 항목으로 나누어져 있지만 내용상으로 대소승을 분별하지 않고 있다. 또한 남조의 건강(建康 : 江蘇省 南京)에서 편찬하였으므로 기술한 내용이 남방자료에 편중되어 있고, 북방자료는 상대적으로 소홀히 취급할 수밖에 없었다. 후세의 『개원석교록』 권10 등에서 본서의 결점과 오류를 지적하고 있지만, 그러한 평가에도 불구하고 불교사에 있어서 본서가 차지하는 위상은 대단하여 깎아내리지 못한다. 명대 남장본(南藏本)은 15권이고, 북장본(北藏本)은 17권이다. 북장본은 원래 권6이 결락되어 권7을 권6으로 삼고 있으며 권12를 양권으로 나누었다. 그러나 내용에서는 남북장에 차이가 없다. 〔참고문헌〕『歷代三寶紀』 권11(대정장49, p.98a17), 『出三藏記集』 권1 「序文」(대정장55, p.1a6), 『大唐內典錄』 권4(대정장55, p.265b25), 『開元釋敎錄』 권10(대정장55, p.574b6). ⇨ 승우 僧佑, 종리중경목록 綜理衆經目錄, 불전목록 佛典目錄

출생 出生 ❶ Ⓢjanman, √jan, pra-√bhū, prabhavati, Ⓣbltams-pa, btsa'-bar-'gyur-ba. 세간에 모습 드러내 나다. 『대승장엄경론』 권3 「보리품 菩提品」(대정장31, p.606c1 : *Sūtr.*, p.45)에 “〔게〕 솜씨 부리고 출생과 도 얻는 것과 반열반 등 이러한 대방편을 보여서 다른 이로 하여금 해탈을 얻게 하네. 〔석〕 다시 화신이란 일체시에 중생을 교화한다. 때로는 솜씨 지어 보이고, 때로는 출생으로 나타내고, 때로는 보리를 얻음으로써 나타내고, 때로는 반열반을 나타낸다. 이와 같이 여러 가지로 크나큰 방편으로 보여서 중생으로 하여금 모두 해탈을 얻게 하려는 것이다. 이것이 바로 다른 이 이롭게 성취한 상이다. 偈曰 工巧及出生 得道般涅槃 示此大方便 令他得解脫 釋曰 復次化身者 於一切時 敎化衆生 或現工巧 或現出生 或現得菩提 或現般涅槃 如是種種示大方便 皆令衆生 而得解脫 此是他利成就相 〈śloka〉 śilpajanmamahābodhisadānirvāṇadarśanaiḥ, buddhanirmāṇakāyo 'yaṃ mahāmāyo mahopāyo vimocane. 〈bhāṣya〉 sa punar nirmāṇakāyaḥ sadā vineyārthaṃ śilpasya vīṇāvādanādibhiḥ. janmanaś cābhisaṃbodheś ca nirvāṇasya ca darśanair vimocane mahopāyatvāt parārthasaṃpattilakṣaṇo veditavyaḥ”, 『유가사지론』 권3 「의지 意地」(대정장30, p.284c17 : *Yogā-bh.*, p.27)에 “또 모태 속에서 38주를 지내는데, 이 시기에 태장에서 일체지분을 전부 갖추게 된다. 이런 기간이 지난 다음 다시 4일을 지내면 비로

소 출생한다. 又於胎中 經三十八七日 此之胎藏 一切支分 皆悉具足 從此已後 復經四日 方乃出生 sa punargarbho'ṣṭatriṃśatā saptāhaiḥ sarvāṅgapratyaṅgopeto bhavati. tataḥ paraṃ caturaheṇa jāyate"라고 하였다. 〔참고문헌〕『大乘莊嚴經論』, 『瑜伽師地論』, *Sūtr.*, *Yogā-bh.* ❷ Ⓢ prabhavanti. 세간과 출세간법(法)이나 세계(刹)를 드러내 보이거나, 또는 경에 의지하게 해서 온갖 뜻 있게 하는 뜻에서의 출생을 말한다. 『출요경』 권30 「범지품 梵志品」(대정장4, p.775c17 : *Udāna-v.*, p.502)에 "갖가지 깊은 법 낳음으로써 범지는 익히고 선에 든다네. 능히 의심의 그물을 풀어내니 몸이 그 고통을 알아차리네. 出生諸深法 梵志習入禪 能解狐疑網 身知其苦痛 yadā tv ime tu prabhavanti dharmā ātāpino dhyāyato brāhmaṇasya, athāsya kāṅkṣā vyapayānti sarvā yadā prajānāti sahetu duḥkham", 80권본 『화엄경』 권10(대정장10, p.52a15)에 "낱낱의 심념중에 무량국토 출생한다. 一一心念中 出生無量刹", 『방광반야경』 권10(대정장8, p.73b6)에 "이 보살은 또한 반야바라밀중에 출생했고, 반야바라밀이란 또한 도법도 속법도 일으킨다. 보살이 반야바라밀을 배운다 하는 것 또한 마땅히 도법을 배워야 하고 속법도 반드시 배워야 한다. 是菩薩 亦復出生於般若波羅蜜中 般若波羅蜜者 亦出道法俗法 菩薩學般若波羅蜜者 亦當學道法 亦當學俗法", 『잡아비담심론』 권8(대정장28, p.931c1)에 "수다라(Ⓢ sūtra : 經)에는 대체로 다섯 가지 뜻이 있는데, 첫 번째는 '출생'이니 온갖 뜻을 출생시키기 때문이다. 修多羅者 凡有五義 一曰 出生 出生諸義故"라고 하였다. 〔참고문헌〕『出曜經』, 『華嚴經』, 『放光般若經』, 『雜阿毘曇心論』, *Udāna-v.* ❸ 발우공양 때 아귀 등을 위해 조금의 밥알을 떼서 내놓는 것. 출반(出飯)·생반(生飯)이라고 한다. 『선원청규』 권1 「부죽반 赴粥飯」(卍속장111, p.882a7)에 "그런 다음(五觀을 한 다음)에 출생하며 생반을 떠내니〈아직 오관을 하지 않았거나 자기의 식사분이 아니면 출생해서는 안 된다〉, 게송을 다음과 같이 읊는다〈너희 귀신들 무리여! 나 이제 너희들에게 베푸니, 이 음식을 시방에 두루 퍼트려 일체귀신과 함께 하여라〉. 然後出生〈未作五觀 非己食分 不得出生〉 偈云〈汝等鬼神衆 我今施汝供 此食遍十方 一切鬼神共〉"라고 하였다. 〔참고문헌〕『禪苑淸規』, 『百丈淸規』 권6 「日用軌範」(대정장48, p.1145a16), 『釋氏要覽』 권상(대정장54, p.275a20). ⇨ 생반 生飯

출생공양진언 出生供養眞言 지극한 정성으로 헌상한 공양으로부터 한량없는 공양을 출생시키는 진언. 『작법귀감』 권상 「삼보통청 三寶通請」(한불전10, p.556c5)에 "가이없는 공양 출생하는 진언 '옴 ॐ oṃ'. 出生供養眞言 唵", 『현밀원통성불심요집』 권2(대정장46, p.1004c18)에 "가지력 말미암아 이 음식 등 곧바로 제천의 갖가지로 뛰어난 맛난 음식으로 변하리니, 시방 가득한 불법승삼보에게 우러러 드리며 찬가 불러 권청하고 따라 기뻐한다. 뒤이어 출생공양인 맺는다〈두 손 마주해 합장하고 열 손가락 오른쪽에서 왼쪽 두지 교차해 누르고는 다시 정상에 둔다〉. 출생공양진언 21편 진언으로 외우니 옴 ॐ oṃ이라 한다. 옴자진언 외워 부사의력에 미치니 자연히 법계 가득 무진향화 등촉 당번 산개 의복 와구 누각 궁전 음악 가무 등 종종 모든 공양구 가득하고, 무량 불법승삼보와 제천 등 법계 가득 하리라. 由加持力其飮食等 卽變成諸天種種餚膳上味 奉獻供養滿十方佛法僧三寶 亦爲讚歎勸請隨喜功德 後結出生供養印〈二手當心合掌以十指右壓左頭指交 復安在頂上〉 誦出生供養眞言二十一遍 眞言曰 ॐ(oṃ) 唵 由誦唵字眞言及印不思議力 自然遍法界有無盡香華燈燭幢旛傘蓋衣服臥具樓閣宮殿音樂歌舞等種種諸供養具 盡供養遍法界無量佛法僧三寶諸天等"라고 하였다. 〔참고문헌〕『作法龜鑑』, 『顯密圓通成佛心要集』, 『釋門儀範』 권하 「各請篇」 '諸佛通請'.

출생무량문지경 出生無量門持經 Ⓢ Ārya-anantamukha-sādhaka nāma dhāraṇī, Ⓣ 'phags-pa sgo mtha'-yas-pa sgrub-pa shes-bya-ba'i gzungs. 동진(東晉) 때 천축 삼장 불타발다라(佛陀跋陀羅 Ⓢ Buddhabhadra) 한역. 1권. 원희년간(419~420)에 여산(廬山)과 양주(楊州)에서 역경하였다. 고려장11, pp.1291a1~1302b7, No.325·대정장19, pp.682b10~685a5, No.1012에 수록되어 있다. 『신미밀지경 新微密持經』·『성도항마득일체지경 成道降魔得一切智經』 등이라고도 한다. 티베트역본(北京版 No.808)도 전하며 이 역본으로는 삼국시대 오(吳)의 지겸(支謙)이 한역한 『무량문미밀지경 無量門微密持經』(대정장19, No.1011)과 수(隋)의 사나굴다(闍那崛多)가 한역한 『일향출생보살경 一向出生菩薩經』(대정장19, No.1017) 등 여러 본이 있다. 여기서 말하는 지(持)는 범어 다라니(dhāraṇī)를 한역한 말로, 이 지를 성취함으로써 보살이 무량한 법문을 출생시킬 수 있다는 것이다. 부처님께서는 사리불에게 지를 빨리 성취시키는 법에 대해 무량다라니를 사법(四法)의 범주로 설하고, 다라니를 성취함으로써 얻는 공덕도 설하셨다. 〔참고문헌〕『衆經目錄』 권1(대정장55, p.119b16), 『大周刊定衆經目錄』 권4(대정장55, p.395b3), 『開元釋敎錄』 권2(대정장55, p.488a16)·권19(대정장55, p.685c26), 『貞元新定釋敎目錄』 권5(대정장55, p.802b13). ⇨ 무량문미밀지경 無量門微密持經, 일향출생보살경 一向出生菩薩經

출생무변다라니법 出生無邊陀羅尼法 밀교 작법. 『출생무변문다라니경 出生無邊門陀羅尼經』과 『출생무변문다라니의궤 出生無邊門陀羅尼儀軌』에 따라 실지를 성취하기 위해 닦는 작법. 갈마바라밀보살(羯磨波羅蜜菩薩)이 갈마사업(羯磨事業)의 삼매에 머물러 무변의 공덕을 출생한다는 의궤의 설명에 근거하고 있다. 본존은 갈마바라밀보살·불공성취여래(不空成就如來)·석가여래(釋迦如來) 등의 삼존이며 삼존은 내증(內證)에서 일체(一體)가 된다. 종자는 𑖀𑖾(aḥ). 삼매야형은 갈마이고, 진언과 수인은 삼매야회갈마바라밀(三昧耶會羯磨波羅蜜)의 진언과 수인이다. 본존의 형상과 만다라의 구조에 대해서『출생무변문다라니의궤』(대정장19, p.679c18)에서 다음과 같이 설명한다. "이 존은 갈마바라밀보살이니 출생에 머물므로 소녀의 모습을 보이고 대자모를 드러내니 제불이 이 지혜에 머물러 색신을 널리 드러낼 수 있고 대보리심에 머물 수 있다. 연화대 위에 가부좌하고 대인의 위의 등은 불공성취여래의 형상과 동일하다. 왼손은 금강권을 하여 가슴 높이에서 연꽃을 쥐었는데 반야범협을 안치하였으며, 오른손은 설법상으로 손바닥을 세우고 다섯 손가락을 폍쳤는데 중지에 갈마십자의 금강륜이 드러났다. 머리에 오여래관을 썼고 몸 전체가 초록색이다. 또한 신체의 지분에 팔자문을 안치한다. … 팔십구지불이 이 존을 둘러싸 머물고 다시 여덟 보살을 팔방에 안치한다. 그리고 여덟 야차와 사섭보살 및 팔공양보살을 순서대로 포치하면 비밀만다라가 완성된다. 是尊卽羯摩 波羅蜜菩薩 由住出生故 示少年女形 顯明大慈母 諸佛住是智 能普現色身 處大菩提心 跏趺蓮臺上 大印威儀等 同不空成就 如來之相狀 定羽金剛拳 當心持蓮華 置般若梵夾 慧羽說法相 揚掌申五輪 忍峯現羯磨 十字金剛輪 首冠五如來 遍身草綠色 復於身支分 安布八字門 … 八十俱胝佛 圍遶是尊住 復有八菩薩 安住於八方 及以八藥叉 四攝八供養 次第而布列 成祕曼荼羅"라고 하였다. [참고문헌]『出生無邊門陀羅尼儀軌』.

출생무변문다라니경 出生無邊門陀羅尼經 Ⓢ Āryānantamukhanirhāra-nāma-dhāraṇī, Āryānantamukhasādhaka-nāma-dhāraṇī, Ⓣ 'phags-pa sgo mtha'-yas-pas bsgrub-pa shes-bya-ba'i gzungs. ❶ 당대 불공(不空) 한역. 1권. 고려장36, pp.783c1~788b16, No.1279·대정장19, pp.675c4~679b8 , No.1009에 수록되어 있다.『무량문파마다라니경 無量門破魔陀羅尼經』(대정장19, No.1014)·『무량문미밀지경 無量門微密持經』(대정장19, No.1011)·『아난다목거니가리타린니경 阿難陀目佉尼呵離陀隣尼經』(대정장19, No.1015)·『일향출생보살경 一向出生菩薩經』(대정장19, No.1017)·『출생무량문지경 出生無量門持經』(대정장19, No.1012)·『사리불다라니경 舍利弗陀羅尼經』(대정장19, No.1016)·『아난다목거니가리타경 阿難陀目佉尼呵離陀經』(대정장19, No.1013) 등과 동본이역으로, 티베트역본(北京版 No.539·808)도 존재한다. 출생무변문다라니를 수지독송하는 공덕을 설한 경이다. 부처님께서 열반에 드시기 세 달 전 사리불이 비야리성 대림중누각(大林重樓閣)에서 설법의 능력과 지혜로 깨닫는 법을 청할 때 출생무변문다라니를 설하셨다. 이 다라니는 정각을 성취하기 위한 것이며 다라니를 수지독송하는 보살은 네 가지 공덕을 얻는다고 설명한다. 네 가지란 부처님의 가르침을 이해하고, 마장(魔障)을 소멸하며, 업장을 여의고, 막힘 없는 설법의 능력을 얻는 것이다. 이 다라니는 또한 네 가지 법을 성취하는데 탐욕에 집착하지 않고, 모든 중생에게 질투를 일으키지 않으며, 재물을 보시하고 후회하지 않고, 진리를 사랑하는 것을 즐거움으로 삼는 것이다. 여덟 종의 동본이역이 전승하는데 이 경의 다라니를 수지독송함으로써 정각(正覺)을 얻을 수 있음을 강조하는 것이 특징이다. ⇨사리불다라니경 舍利弗陀羅尼經 ❷ 당대 지엄(智嚴) 한역. 1권. 고려장11, pp.1331a1~1337b20, No.331·대정장19, pp.702c5~707c3, No.1018에 수록되어 있다. 721년 역. 불공(不空) 역『출생무변다라니경』(대정장19, No.1009)과 동본 이역이다.

출생무변문다라니의궤 出生無邊門陀羅尼儀軌 당 불공(不空) 한역. 1권. 불공 역『출생무변다라니경』(대정장19, No.1009)에 따라 행하는 공양법. 대정장19, pp.679c5~680a17, No.1010에 수록되어 있다. 삼비밀문(三祕密門)에 따라 심삼마지(心三摩地)에 머물고 삼평등(三平等)에 들어가 자신과 본존이 같다고 관상하는 법을 설한다. 여덟 가지 자(字)를 신체의 여덟 곳에 포치하는 법을 설하고 만다라를 만드는 법을 설명하는 것을 내용으로 한다.

출생보리심경 出生菩提心經 수대(隋代) 북인도 출신 삼장 사나굴다(闍那崛多 Ⓢ Jñānagupta) 한역. 1권. 595년(개황15) 대흥선사(大興善寺)에서 역경하였다. 고려장13, pp.1229b1~1234c15, No.467·대정장17, pp.891c20~896b26, No.837에 수록되어 있다.『출생보리경 出生菩提經』·『출생보살경 出生菩薩經』이라고도 한다. 이역본으로는 송대(宋代) 시호(施護)가 한역한『발보리심파제마경 發菩提心破諸魔經』(대정장17, No.838)이 있다. 보리심을 발하는 공덕과 사섭법(四攝法) 및 천행(天行)·범행(梵行)·성행(聖行)을 설한다. 마지막 부분에는 일체의 마구니를 무너뜨리는 파마중회다라니(破魔衆會陀羅尼)가 설해져 있다. [참고문헌]『大唐內典錄』권6(대정장55, p.290b24),『大周刊定衆經目錄』권1(대정장55, p.379a13),『開元釋教錄』권7(대정장55, p.549a12). ⇨발보리심파제마경 發菩提心破諸魔經

출생삼매 出生三昧 Ⓢ samudgataṃ samādhi. 백팔삼매(百八三昧) 중 하나. 고출삼매(高出三昧)라고도 한다. 『대품반야경』 권3(대정장8, p.237c21)에 "이 삼매들은 보살마하살이 속히 아누다라삼막삼보리를 얻도록 하니 … 출생삼매다. 是三昧令菩薩摩訶薩 疾得阿耨多羅三藐三菩提 … 出生三昧"라고 하였다. [참고문헌] 『大品般若經』, 『大智度論』 권43(대정장25, p.373a5), *Pañca-pr. I.118.* ⇨ 고출삼매 高出三昧, 등용삼마지 等涌三摩地, 백팔삼매 百八三昧

출생식 出生識 제8아뢰야식(阿賴耶識)의 열 가지 이명(異名) 중 하나. 『종경록』 권50(대정장48, p.713a3)에 "제8식에는 열 가지 다른 이름이 있다. … 다섯째 범부가 성인이 되므로 출생식이라고 한다. 第八識十名者 五 凡成聖 名爲出生識"라고 하였다. [참고문헌] 『宗鏡錄』. ⇨ 팔식십명 八識十名, 아뢰야식 阿賴耶識

출생위 出生位 Ⓢ jāta-avasthā, Ⓣ btsas-pa'i-dus. 인간의 일생 여덟 위(通相八位) 중 두 번째 위. 『유가사지론』 권2(대정장30, p.289a22)에 "출생위란 이 위로부터 모숙위(Ⓢ jīrṇa-avasthā)까지를 말한다. 出生位者 謂從此後 乃至耄熟"라고 하였다. [참고문헌] 『瑜伽師地論』, *Yogā-bh.49.* ⇨ 통상팔위 通相八位

출생의 出生義 ❶ 여래장(如來藏)이 갖춘 세 가지 뜻 중 하나. 『주대승입능가경』 권3(대정장39, p.456c24)에 "출생의는 이 법신이 이미 품은 뭇 덕을 말한다. 깨달아 증입하는 바로 능히 출생한다. 그러므로 『십지론』에서 '십지의 지 무루인과를 낳고 인간과 하늘 길로 갈 수 있게 한다'고 하였다. 出生義 謂此法身旣含衆德 了達證入卽能出生 故十地論云 地智能生無漏因果 亦能生成人天道行"라고 하였다. [참고문헌] 『注大乘入楞伽經』. ⇨ 여래장 如來藏❶ ❷ 『금강정유가삼십칠존출생의 金剛頂瑜伽三十七尊出生義』(대정장18, No.872)의 줄인 이름. 『삼십칠존출생의』라고도 한다. ⇨ 삼십칠존출생의 三十七尊出生義

출생일체여래법안변조대력명왕경 出生一切如來法眼遍照大力明王經 송(宋)대 법호(法護) 한역. 대력명왕다라니(大力明王陀羅尼)와 그 효능에 대해 설하는 잡밀(雜密)계통의 경전. 2권. 『변조대력명왕경』이라고도 한다. 고려장33, pp.858b1~867b7, No.1097 · 대정장21, pp.207c2~213c4, No.1243에 수록되어 있다. 권상은 부처님께서 대보누각(大寶樓閣)에서 금강수보살을 비롯한 천신들에게 대력명왕경의 다라니를 설하시는 내용이고, 권하는 대력위덕법(大力威德法)과 이 경전을 수지독송하는 공덕 및 인연을 설한다.

출생입사 出生入死 나고 죽으며 들고 나다. 죽고 남을 거듭하는 뜻이다. 『무량의경』(대정장9, p.387c10)에 "저 중생이 이 경을 듣고 한 번 돌리거나 한 게 내지 한 구라도 들으면 백천만억의 뜻을 통달하리니, 비록 번뇌가 있어도 저 번뇌 없는 듯하여 나고 죽음에 들고 나지만 두려운 생각 없고 모든 중생들에게 연민심 일으켜 일체법에 용맹하고 굳건한 상 얻는다. 若有衆生 得聞是經 若一轉 若一偈 乃至一句 通達百千萬億義已 雖有煩惱 如無煩惱 出生入死 無怖畏想 於諸衆生 生憐愍心 於一切法 得勇健想", 『조론』 「열반무명론 涅槃無名論」(대정장45, p.158a11)에 "육통의 신기를 몰아 내달리고, 다섯 수레(衍 Ⓢ yāna : 乘)의 안락한 차에 올라 능히 나고 죽음에 들고 나면서 물과 더불어 옮겨다닌다. 騁六通之神驥 乘五衍之安車 至能出生入死 與物推移", 『조론소』 권상(대정장45, p.174b7)에 "비록 천 가지 변화에 올라타 생사를 출입하더라도 생사에 물들지 않기에 '불변'이라고 한다. 雖乘千化 出生入死 而不爲生死所染 故云不變", 『대혜어록』 권2(대정장47, p.818a21)에 "법계 일미진중에 관하고, 일미진을 법계안에서 널리 본다. 티끌티끌마다 그러하고 염념마다 그러하며 법법마다 그러하다 해도 여전히 교승극칙일 뿐, 아직 납승이 몸과 목숨 놓을 곳 아니다. 저 납승신명 놓는 곳을 알아 얻는다면, 나서 나오고 죽어 듦에 대자재를 얻어 나고 죽음을 유희의 터로 삼아서 나고 죽음에 머물러 걸리지 않으리. 觀法界於一微塵之中 見一微塵 遍法界之內 塵塵爾 念念爾 法法爾 猶是敎乘極則 未是衲僧放身命處 若識得衲僧放身命處 則出生入死 得大自在 以生死 爲游戲之場 而不被生死之所留礙"라고 하였다. [참고문헌] 『無量義經』, 『肇論』, 『肇論疏』, 『大慧語錄』. ⇨ 생사 生死

출생지혜 出生智慧 지혜를 낳다. 60권본 『화엄경』 권37 「이세간품 離世間品」(대정장9, p.636c10)에 "불자야, 보살마하살에게는 열 가지 지혜 낳음이 있으니, 무엇들이 그 열인가? 이른바 일체중생성에 들어가 지혜를 낳고, 일체불찰 하나도 없고 다름도 없음에 들어 지혜를 낳으며, 시방으로 분별된 일체세계망에 들어 지혜를 낳는다. 일체 엎드리고 우러르며 번드쳐 뒤집히는 세계 등으로 들어 지혜를 낳고, 뛰어난 방편으로 일체제법무일무이에 들어 지혜를 낳으며, 일체의 갖가지 다른 몸에 들어 지혜를 낳고, 일체세간의 전도혹망에 들어 어떠한 집착함도 없음으로 지혜를 낳는다. 일체법구경일승에 들어 지혜를 출생하고, 일법법계에 들어 자재신력으로 지혜를 출생하며, 삼세의 일체중생의 제불종성이 항상 끊이지 않음에 들어 지혜를 낳는다. 불자야, 이것이 보살마하살의 열 가지 출생지혜니, 만약 보살마하살이 이 법에 안주한 즉 곧바로 무진법장을 얻느니라. 佛子 菩薩摩訶薩 有十種出生智慧 何等爲十 所謂 入一切衆生性 出

生智慧 入一切佛刹無一無異 出生智慧 入分別十方一切世界網 出生智慧 入一切俯仰翻覆世界等 出生智慧 巧方便入一切諸法 無一無異 出生智慧 入一切種種異身 出生智慧 入一切世間顚倒惑網 悉無所著 出生智慧 入一切法 究竟一乘 出生智慧 入一切法界 自在神力 出生智慧 入三世一切衆生 諸佛種性 常不斷絶 出生智慧 佛子 是爲菩薩摩訶薩 十種出生智慧 若菩薩摩訶薩 安住此法 則得無盡法藏", 『화엄경탐현기』 권17 「이세간품」(대정장35, p.426a1)에 "열 가지 출생지혜가 있다란, 앞의 평등한 바탕 고요함 쫓아 후득승지를 출생하기에 일컫는 것이다. 이 중 첫 번째로 중생성에 든다란 중생의 진실한 바탕에 깨우쳐 드는 뜻이다. 지를 출생한다란 이미 든 다음에 후득지를 출생시킨다는 뜻이다. 有十種出生智慧者 從前平等體寂 出生後得勝智故 云也 於中 初入衆生性者 證入衆生眞性也 出生智者 入已出生後得智也"라고 하였다. [참고문헌] 『華嚴經』, 『華嚴經探玄記』, 80권본 『華嚴經』 권53(대정장10, p.283c3).

출성태 出聖胎 성태로부터 나옴. 관행위 성취해서 머무는 뜻이다. 『마하지관』 권5(대정장46, p.60a16)에 "관행위를 이루기에 '안주'라 하고, 안락히 머무르기에 탁성태라 한다. 처음 불지견을 열고 무생인을 얻으면 출성태라 한다. 觀行位成 故名安住 以安住故 名託聖胎 初開佛知見 得無生忍 名出聖胎", 『법화현의』 권2(대정장33, p.700c14)에 "관행이 순숙하면 태분이 성취되고, 저 무명 깨면 출성태라 한다. 觀行純熟 胎分成就 若破無明 名出聖胎", 『지관보행전홍결』 권5(대정장46, p.310a20)에 "관이란 성스러움 가짐이다. 성스러움 탁태했기에 탁성태라 한다. 또 성종 중에 남을 탁성태라 한다. 저 초주에 들면 출성태라 한다. 성이 태에서 나왔기에 출성태라 하고, 성으로부터 나왔기에 출성태라 한다. 觀是聖孕 聖託胎故 名託聖胎 又聖種中生 名託聖胎 若入初住 名出聖胎 聖出胎故 名出聖胎 從聖生故 名出聖胎"라고 하였다. [참고문헌] 『摩訶止觀』, 『法華玄義』, 『止觀輔行傳弘決』. ⇨ 성태 聖胎

출세 出世 ❶ Ⓢ prādur-bhāva, utpāda, Ⓣ 'jig-rten-du-'byung-ba, 'byung-ba. 불보살이 중생을 제도하기 위해 세간에 모습을 나타내는 일. 『대반야경』 권346(대정장6, p.778a15)에 "여래께서 세상에 나오시든 나오시지 않든 제법은 법 그대로서 진여를 떠나지 않는다. 如來出世 若不出世 諸法法爾 不離眞如", 『경덕전등록』 권16 「설봉의존전 雪峯義存傳」(대정장51, p.327c9)에 "학인이 '부처님께서 아직 출세하지 않으셨을 때는 어떻습니까?'라고 묻자, 영운이 불자를 들었다. 다시 학인이 '출세한 다음에는 어떻습니까?'라고 물으니, 영운이 이번에도 불자를 들었다. 問 佛未出世時如何 靈雲擧拂子 又問 出世後如何 靈雲亦擧拂子", 『감산집』 권4(卍속장127, p.255a12)에 "부처와 조사가 출세하여 반야의 법을 설하고, 사람을 수행시킴에 반드시 반야를 본으로 하였다. 佛祖出世 說般若之法 敎人修行 必以般若爲本"라고 하였다. [참고문헌] 『大般若經』, 『景德傳燈錄』, 『憨山集』, *Aṣṭ-pr.24.*, *Bodh-bh.65.* ⇨ 불출세 佛出世 ❷ Ⓢ naiṣkarmya, lokottara, Ⓟ lokuttara, Ⓣ 'jig-rten-las-'das-pa. 세간을 벗어나는 일. 『대승의장』 권9(대정장44, p.651b1)에 "세간을 벗어나는 도를 보리라 하고, 도행이 차별한 것을 보리분이라고 한다. 出世之道 名曰菩提 道行差別 名菩提分"라고 하였다. [참고문헌] 『大乘義章』, *Bodh-bh.8.* ⇨ 출세간 出世間❶, 출가 出家 ❸ 조사가 도과를 얻고 스승의 법을 이어받고서는 대중을 위해 법을 보이는 일. 출신(出身)이라고도 한다. 『역조석씨자감』 권11(卍속장132, p.223a2)에 "대혜종고가 출세하여 경산에서 머물고 있었는데, 지부의 요청으로 영은사에서 개당하였다가 자리에서 내려왔다. 大慧杲禪師 出世住徑山 知府請就靈隱 開堂下座"라고 하였다. [참고문헌] 『歷朝釋氏資鑑』. ⇨ 출신 出身

출세간 出世間 ❶ Ⓢ lokottara, Ⓟ lokuttara, Ⓣ 'jig-rten-las-'das-pa. 세간을 벗어나다. 세간상인 오음·십이처·십팔계 등이 없는 뜻이다. 사제(四諦) 중 도멸제(道滅諦)를 말한다. 『방광대장엄경』 권10(대정장3, p.598a13)에 "여래지혜광명은 세 가지 때를 다 사라지게 하고, 번뇌를 모두 이미 끊어 길상 모두 성취하였네. 세간의 모든 중생 삿됨과 만에 집착하였지만 부처님께서 이제 거두어 감로도에 들게 하시네. 그러므로 세간을 벗어나 천인의 공양 받으시며 번뇌의 병을 없애 주시니, 대의왕이라 부르네. 如來智慧光 滅盡於三垢 煩惱皆已斷 吉祥悉成就 世間諸衆生 執著於邪慢 尊今攝取之 致於甘露道 是故出世間 天人所供養 能除煩惱病 說爲大醫王", 『법집요송경』 권2(대정장4, p.785c5)에 "깨끗한 마음으로 언제나 기억하고 탐애의 마음 없어 이미 어리석음의 깊은 못 건넜으니, 저 거위 마른 못 지키듯 하네. 그의 마음 이미 모든 것을 버렸으니 높이 날아 허공에 오른 듯하네. 수행하여 세간 벗어나 마라의 무리 능히 부셨네. 淨心常憶念 無所有貪愛 已度愚癡淵 如鵝守枯池 彼心旣棄捨 翱翔昇虛空 修行出世間 能破魔羅衆", 『지세경』 권4(대정장14, p.662b13)에 "세간은 곧 오수음의 뜻이니 일체세간법 그중에 다 거둔다. 지혜로운 이는 음을 구하지만 '음'은 얻을 수 없는 것이며, '음'의 자성도 얻을 수 없다. '음'이란 온 곳도 머문 곳도 간 곳도 얻지 못하니, 오음·십이입·십팔계·분별·명자·성·상·행 모두 없는 것이니 이를 출세간이라고 한다. 世間者 卽是五受陰義 一切世間法 皆攝在中 智者求陰 不得陰 不得陰性 不得陰來處 不得住處 不得去處 無五陰

十二入 十八性 無分別 無名字 無性 無相 無行 卽名出世間", 『중관론소』 권10(대정장42, p.148b29)에 "멸제와 도제, 이 두 가지를 출세간이라고 한다. 滅道二諦 名出世間"라고 하였다. 〔참고문헌〕『方廣大莊嚴經』, 『法集要頌經』, 『持世經』, 『中觀論疏』, *Laṅk.156.*, *Bodh-bh. 8.* ⇨세출세 世出世, 기출세간 寄出世間, 세간 世間, 출세간법불가득 出世間法不可得 ❷세간과 출세간의 분별마저 떠난 경지. 『대방등대집경』 권17(대정장13, p.115c23)에 "무슨 까닭에 이름이 출세간인가? 선남자야, 오수음의 이름이 세간이다. 보살은 오음을 잘 분별하여 이것이 무상이며 더 나아가 열반성과도 같음을 관해 마치면 이 도에는 세간도 세간법도 없음을 알고, 이도 무루여서 출세간마저 얽매임이 없음을 아는데, 이 이름이 출세간이다. 何故名之爲出世間耶 善男子 五受陰名爲世間 菩薩善分別五陰 觀是無常 乃至如涅槃性已 知此道中無有世間及世間法 知此道是無漏 是出世間 無所繫著 是名出世間"라고 하였다. 〔참고문헌〕『大方等大集經』. ❸세간을 향해 출현하다. 불보살이 출세(出世)하시는 일. 80권본 『화엄경』 권52(대정장10, p.275c6)에 "비유하면 세계가 이뤄지고 무너져도 허공은 증감이 없듯이, 일체제불께서 세간에 출현하시나 보리는 한 모양으로 언제나 모양 없네. 譬如世界有成敗 而於虛空不增減 一切諸佛出世間 菩提一相恒無相", 『대보적경』 권33(대정장11, p.181c14)에 "제천은 각기 그들이 거주하는 묘궁전에서 깨끗한 마음으로 환희하며 서로 이렇게 축하했네. '우리를 이끌어 주실 스승께서 이미 세간에 나오셨으니, 모든 인천대중에게 이익을 주시기 위함이다' 諸天各處妙宮殿 淨心歡喜相慶言 導師今已出世間 爲利一切人天衆"라고 하였다. 〔참고문헌〕『華嚴經』, 『大寶積經』.

출세간계 出世間戒 이종계(二種戒) 중 하나. 출세간의 계. 『정법염처경』 권25(대정장17, p.142c24)에 "또한 두 종의 계가 있으니, 첫째 세간계, 둘째 출세간계다. 세간계는 흘러 움직임이 있지만, 출세간계는 흘러 움직임이 없다. 復有二種戒 一者 世間戒 二者 出世間戒 世間戒者 則有流動 出世間戒 則無流動"라고 하였다. 〔참고문헌〕『正法念處經』, 『釋氏要覽』 권1(대정장54, p.271a6). ⇨이종계 二種戒❷

출세간단 出世間檀 출세간으로 베풀다. 이단(二檀) 중 하나로 주거나 받거나 하는 등의 어떤 상에도 머물지 않고(三輪淸淨) 행하는 보시바라밀을 말한다. 『대품반야경』 권8(대정장8, p.283a1)에 "보살마하살이 출세간단바라밀을 행할 때, 보시한 사람도 없고, 보시 받은 사람도 없으며, 보시한 물건도 없다. 보살마하살이 이런 방식으로 출세간단바라밀을 행하는 까닭은 살바야(一切智)로 회향하려는 목적 때문이고 거만한 마음을 일으키지 않기 때문이기도 하다. 若菩薩摩訶薩 行出世間檀波羅蜜 不得施者 不得受者 不得施物 如是菩薩摩訶薩 行出世間檀波羅蜜 爲迴向薩婆若故 亦不生高心", 『대지도론』 권12(대정장25, p.147a21)에 "〔문〕 단이라는 말은 재물을 희사한다는 뜻인데 어째서 '희사함 없는 법을 빠짐없이 갖추었다'고 하는가? 〔답〕 단에는 두 종류가 있다. 첫째는 출세간이고, 둘째는 불출세간이다. 출세간단을 가리켜 상 없이 한다 하니 무상이기에 희사함이 없으며, 이 때문에 '희사함 없는 법을 빠짐없이 갖추었다'라고 한다. 問曰 檀名捨財 何以言 具足無所捨法 答曰 檀有二種 一者 出世間 二者 不出世間 今說出世間檀無相 無相故無所捨 是故言 具足無所捨法", 『지장본원경과주』 권5(卍속장35, p.626a15)에 "출세간단〈성인은 비록 유루심으로 베풀더라도 번뇌가 끊어졌기에 출세라고 한다〉. 出世間檀〈聖人 雖有漏心施 以結使斷 故爲出世〉"라고 하였다. 〔참고문헌〕『大品般若經』, 『大智度論』, 『地藏本願經科註』. ⇨단바라밀 檀波羅蜜, 세간단 世間檀, 이단 二檀, 삼륜청정 三輪淸淨

출세간도 出世間道 Ⓢlokottara-mārga, Ⓟlokuttara-magga, Ⓣ'jig-rten-las-'das-pa'i-lam. 세간을 벗어나는 길. 보리(菩提) 또는 열반의 길로 이끄는 모든 교법을 가리킨다. 출세간법(出世間法)이라고도 한다. 『대집대허공장보살소문경』 권5(대정장13, p.634a12)에 "출세간도란 육바라밀·삼십칠보리분법·사마타·비바사나·사섭법·사무량심·사선·사무색정·오신통을 말한다. 선남자야, 이들을 보살의 출세간도라 한다. 出世間道者 所謂 六波羅蜜 三十七菩提分法 奢摩他 毘婆舍那 四攝法 四無量心 四禪 四無色定 五神通 善男子 此名菩薩出世間道", 『대지도론』 권27(대정장25, p.258c4)에 "출세간도란 무엇인가? 진실 그대로 세간을 아는 그것이 바로 출세간도이다. 왜 그런가? 지혜로운 사람이라면 세간과 출세간 구하지만 두 가지 일 얻을 수 없기 때문이다. 만약 얻을 수 없다면 마땅히 안다, 세간과 출세간이 임시의 이름일 뿐임을. 다만 헛된 세간 무너뜨리고자 출세간이라 말할 뿐, 세간의 상 그대로 출세간이며 다시 더하여 있을 것이란 없다. 何等是出世間道 如實知世間 卽是出世間道 所以者何 智者求世間 出世間 二事不可得 若不可得 當知 假名爲世間出世間 但爲破世間故 說出世間 世間相 卽是出世間 更無所復有", 『십주비바사론』 권1(대정장26, p.26a5)에 "세간도 뒤쳐 출세간도에 드니 다만 기꺼이 부처님 공경해서 사공덕처를 얻고 육바라밀 과보와 맛 얻을 뿐이지만, 모든 부처님 종자를 끊지 않았기에 마음으로 크게 기뻐한다. 轉世間道 入出世間道 但樂敬佛 得四功德處 得六波羅蜜果報滋味 不斷諸佛種故 心大歡喜", 『유가사지론』 권68(대정장30, p.675a2)에 "또한 수도에서는 모든 출세간도 사제를 연하여 경을 삼는다. 그 모두가 삼계 일체번뇌를 마주해 다스리기 위함임을 알아야 한다. 復次 於修道中 一切出世間道 緣四諦爲境 當知 皆能對治 三界一切煩惱", 『입대승론』 권상(대정장32, p.42b4)에 "출세간도로써 법계를 보고 법계를 보고 나서 열반의 언덕에 이른다고 하지만, 보살은 그렇게 하지 않는다. 왜 그런가? 보살은 중생의 고통을 보고 대비심을 일으켜 그 중생을 제도하고 견고하게 안주시켜 장엄하고자 아승기겁 동안 출세간도를 수행하다가 한 찰나 사이에 모든 법계를 관하며 법계를 관하고 나서도 중생의 연 때문에 과증 취하지도 않아서 그들을 능히 건너 벗어나게 한다. 以出世間道 見於法界 見法界已 到涅槃岸 菩薩不爾 何以故 菩薩見衆生苦 起大悲心 爲欲度彼 堅住莊嚴 於阿僧祇劫 修行出世間道 於一念頃 觀一切法界 觀法界已 衆生緣故 不取果證 乃能度脫", 『해탈도론』 권4(대정장32, p.415a15)에 "끊고 여읜다 하니, 출세간도를 닦아서 모든 번뇌를 끊는다. 云何斷離 謂修出世間道 斷諸煩惱", 『법화경요해』 권2(卍속장47, p.577a18)에 "출세간도는 삼계고통 벗어나게 하지만 불지견을 열어주지는 못한다. 出世間道 且令脫三界苦 未與開佛知見"라고 하였다. 〔참고문헌〕 『大集大虛空藏菩薩所問經』, 『大智度論』, 『十住毘婆沙論』, 『瑜伽師地論』, 『入大乘論』, 『解脫道論』, 『法華經要解』, *Prajñ-vy.454., Pp.61·62.* ⇨ 출세간법 出世間法, 속도 俗道

출세간바라밀다 出世間波羅密多 보살이 바라밀다를 행함에 삼륜이 청정한 것. 『대반야경』 권498(대정장7, p.534b12)에 "보살마하살이 정계 내지 반야를 수행할 때, 의지하는 것이 없어서 삼륜이 청정하므로 출세간바라밀다라고 한다. 능히 세간과 함께 수행하지 않기 때문이고, 영원히 세간법을 움직이기 때문이다. 若菩薩摩訶薩 修行淨戒乃至般若時 無所依者三輪淨故 名出世間波羅蜜多 不與世間同修行故 能永動出世間法故"라고 하였다. 〔참고문헌〕 『大般若經』. ⇨ 삼륜청정 三輪淸淨

출세간법 出世間法 Ⓢ lokottara-dharma, Ⓟ lokuttara-dhamma, Ⓣ 'jig-rten-las-'das-pa'i-chos. 세간을 벗어나게 하는 법. 출세간도(出世間道)와 통한다. 『대품반야경』 권4(대정장8, p.242c27)에 "어떤 것들을 출세간법이라 하는가? 사념처·사정근·사여의족·오근·오력·칠각분·팔성도분과 공해탈문·무상해탈문·무작해탈문이다. … 또한 출세간법이 있으니, 내공에서 무법공·유법공·불십력·사무소외·사무애지·십팔불공법·일체지 등까지를 출세간법이라 한다. 何等名出世間法 四念處 四正懃 四如意足 五根 五力 七覺分 八聖道分 空解脫門 無相解脫門 無作解脫門 … 復有出世間法 內空乃至 無法有法空 佛十力 四無所畏 四無礙智 十八不共法 一切智 是名出世間法", 『대지도론』 권44(대정장25, p.382a5)에 "출세간법이란 삼십칠품·삼해탈문·삼무루근·삼삼매를 가리킨다. 出世間法者 三十七品 三解脫門 三無漏根 三三昧", 『능가경참정소』 권1(卍속장27, p.19a16)에 "출세간법이란 삼승과 십지의 모든 바라밀 등을 말한다. 출세상상법이란 여래의 대열반에 구현된 상락아정 등의 덕을 말한다. 出世間法者 謂三乘十地 諸波羅蜜等也 出世上上法者 謂如來大涅槃 常樂我淨等也"라고 하였다. 〔참고문헌〕 『大品般若經』, 『大智度論』, 『楞伽經參訂疏』, *Aṣṭ-pr.115., Pañca-pr.183., Vism.47.* ⇨ 삭습과 數習果, 세간법 世間法

출세간법불가득 出世間法不可得 출세간법 구하고자 해도 얻을 수 없다. 어딘가에 있어 따로 얻을 수 있는 법은 아니라는 뜻이다. 『지세경』 권4 「세간출세간품 世間出世間品」(대정장14, p.662b3)에 "지혜로운 이는 세간법을 구하여도 얻을 수 없고, 출세간법을 구하여도 얻을 수 없어 세간도 없고 출세간도 없으므로, 이중에 처해서 세간이다 출세간이다 분별이 없다. 단지 세간을 위해서 출세간을 설할 뿐이니, 세간의 실상이 곧바로 출세간이다. 智者 求世間法不可得 求出世間法不可得 無世間無出世間 處是中 無分別 是世間 是出世間 但爲世間故 說出世間 世間實相 卽是出世間", "그 까닭은 무엇인가? 세간이라는 것이 얻을 수 있는 정해진 상으로 얻을 수 없다. 세간상은 언제부터라도 항상 공이고, 세간법은 결정된 것도 아니기에 세간은 언제부터라도 적멸상이다. 이 보살은 이와 같이 세간과 출세간을 관하여 세간을 얻으려 하지 않고, 또 출세간에도 탐착하지 않는다. 이 사람은 세간과 출세간을 생각하지도 집착하지도 않기에 세간과 다투지 않는다. 왜 그런가? 지혜로운 이는 세간이 바로 허망상임을 통달하여 세간의 실상 보기에 다시는 세간이라거나 출세간이라고 분별하지 않는다. 何以故 世間無定相可得 世間相從本已來常空 世間法不決定故 世間從本已來是寂滅相 是菩薩如是觀世間出世間 不可得世間 亦不貪著出世間 是人不念不著世間出世間故 不與世間諍訟 何以故 智者 通達世間是虛妄相 見世間實相故 更不分別是世間是出世間", 『대지도론』 권27(대정장25, p.258c6)에 "지혜로운 이는 세간과 출세간을 구하지만 두 가지를 얻을 수 없는데, 얻을 수 없다면 임시로 세간이나 출세간이라고 함을 알아야 한다. 단지 세간을 부수기 위하여 출세간을 설할 뿐이니, 세간상이 곧 출세간이며 또 다시 있는 것이란 없다. … 세간을 여의고는 출세간도 볼 수 없고, 출세간을 여의고서는 또한 세간도 볼 수 없다. 이와 같으면 두 가지 분별인 세간과 출세간이 생기지 않으니, 만약 세간을 버리고 출세간마저 받을 것이 없다면 이를 출세간이라고 한다. 智者 求世間 出世間 二事不可得 若不可得 當知假名爲世間 出世間 但爲破世間故 說出世間 世間相卽是出世間 更無所復有 … 離世間

亦不見出世間 離出世間 亦不見世間 如是則不生二識 所謂世間 出世間 若捨世間 不受出世間 是名出世間"라고 하였다. 〔참고문헌〕『持世經』,『大智度論』.

출세간상 出世間相 이종상(二種相) 중 하나. 출세간의 모습. 세간상(世間相)에 맞선다.『대반야경』권495(대정장7, p.515c27)에 "선현이여! 마땅히 알라. 이 대승 중에는 등상이든 부등상이든 모두 얻을 수 없다. … 세간상과 출세간상, 물듦 있는 상과 물듦 여읜 상, 생사와 열반의 상 또한 얻을 수 없으며 … 이와 같은 등의 상들 또한 얻을 수 없다. 까닭은 무엇인가? 이 대승 중에는 제법의 자성을 얻을 수 없기 때문이다. 善現 當知 此大乘中 等不等相 俱不可得 … 世間出世間相 有染離染相 生死涅槃相 亦不可得 … 如是等相 亦不可得 所以者何 此大乘中 諸法自性 不可得故",『대지도론』권44(대정장25, p.381c10)에 "〔문〕수보리는 어째서 먼저 세간선법을 묻고 후에 출세간법을 물었는가? 〔답〕먼저 거친 것을 묻고 후에 마땅히 자세히 물어야 하기 때문이니, 먼저 세간상을 알면 후에는 능히 출세간상을 알 수 있다. … 출세간법이란 삼십칠품·삼해탈문·삼무루근·삼삼매이니 저 앞에서 설함과 같다. 問曰 須菩提 何以故 先問世間善法 後問出世間法 答曰 先問麤 後當問細 先知世間相 後則能知出世間相 … 出世間法者 三十七品 三解脫門 三無漏根 三三昧 如先說"라고 하였다. 〔참고문헌〕『大般若經』,『大智度論』.

출세간상상선 出世間上上禪 출세선 중에서도 뛰어나고 이승범부와는 함께 하지 않는 불공선(不共禪). 세간선(世間禪)·출세선(出世禪)과 함께 삼종선(三種禪)이다.『법화현의』권4상(대정장33, p.720b26)에 "셋째, 출세간상상선이란 구종대선이다.『보살지지경』의 풀이와 같으니 여기서는 자세히 논하지 않는다. 三 出世間上上禪者 卽九種大禪 如地持所釋 今不具論",『정토자량전집』권1(卍속장108, p.442a6)에 "셋째, 출세간상상선은 불공선이라고도 한다. 범부나 이승과 함께하지 않기 때문이다. 三者 出世間上上禪 亦名不共禪 不與凡夫二乘共也"라고 하였다. 〔참고문헌〕『法華玄義』,『淨土資糧全集』. ⇨ 구종대선 九種大禪, 백이십삼매 百二十三昧, 출세간선 出世間禪, 삼종선 三種禪 ❶

출세간상상장 出世間上上藏 Ⓢ lokottara-garbha. 세간에서 뛰어나 높고 높은 것들 머금다. 여래장(如來藏)의 이름 중 하나이며 법계장(法界藏)·자성청정장(自性淸淨藏)이라고도 한다.『승만경』(대정장12, p.222b22)의 설이다.『화엄경소』권5(대정장35, p.536b27)에 "넷째, 출세간상상장은 얽힘에서 벗어나고 이승보살을 넘어선다는 뜻이다. 四 出世間上上藏 謂出纏 超過二乘菩薩",『승만경기』(대정장85, p.261a5)에 "출세간상상장이란 무위로 언제나 머문다. 出世間上上藏者 無爲常住也"라고 하였다. 〔참고문헌〕『勝鬘經』,『華嚴經疏』,『勝鬘經記』, *Ratna-ut.73.* ⇨ 법계장 法界藏, 자성청정장 自性淸淨藏, 오종장 五種藏 ❶, 여래장 如來藏 ❶

출세간상상지 出世間上上智 Ⓢ lokottaratamaṃ jñāna. 세간 벗어나 높고 높은 지. 제불보살이 인법무아를 통달하고 여래지에 드는 지를 말한다. 삼종지(三種智) 중 하나다.『능가경』권3(대정장16, p.500c23 : *Laṅk.*, p.157)에 "출세간상상지란, 모든 불보살께서는 있는 바 없는 법을 관하여 불생불멸을 보고 유무품 벗어나 여래지에 들며 인법무아를 저절로 얻어 난다. 云何出世間上上智 謂諸佛菩薩 觀無所有法 見不生不滅 離有無品 入如來地 人法無我 緣自得生 tatra lokottaratamaṃ jñānaṃ buddhabodhisattvānāṃ nirābhāsadharma pravicayādanirodhānutpādadarśanātsadasatpakṣavigataṃ tathāgatabhūminairātmyādhigamātpravartate",『주대승입능가경』권6(대정장39, p.476b15)에 "자각의 성스러운 지혜를 밝혀 자상과 공상의 갖가지 모든 법이 본래 생멸 없음 관하고, 유도 벗어나고 무도 벗어나 인법이무아에 통달해 여래지를 증득한다. 이를 출세간상상지라 한다. 明自覺聖智 觀自共相 一切諸法 本不生滅 離有離無 達人法二無我 證如來地 是名出世間上上智"라고 하였다. 〔참고문헌〕『楞伽經』,『注大乘入楞伽經』, *Laṅk.* ⇨ 삼종지 三種智, 상상지 上上智

출세간선 出世間禪 Ⓟ lokuttara jhāna. 삼종선(三種禪) 또는 사선(四禪) 중 하나로 이승(二乘)과 함께 하기에 이승공선(二乘共禪)이라 한다.『법계차제초문』권하(대정장46, p.687a29)에 "선에는 두 가지가 있다. 하나는 세간선이고, 또 하나는 출세간선이다. … 출세간선에 두 가지가 있다. 하나는 출세간선이고, 또 하나는 출세간상상선이다. 출세간선이란 육묘문·십육특승·통명·구상·팔념·십상·팔배사·팔승처·십일체처·연선·십사변화·원지·정선·무쟁삼매·삼삼매·사자분신초월삼매 그리고 삼명육통 등 이와 같은 선이 모두 출세간선이며 이승공선이라고도 한다. 禪有二種 一者 世間禪 二者 出世間禪 … 出世間禪 復有二種 一 出世間禪 二 出世間上上禪 出世間禪者 謂六妙門 十六特勝 通明 九想 八念 十想 八背捨 八勝處 十一切處 練禪 十四變化 願智 頂禪 無諍三昧 三三昧 師子奮迅超越三昧 乃至三明六通 如是等禪 皆是出世間禪 亦名二乘共禪"라고 하였다. 〔참고문헌〕『法界次第初門』, *Nidd. I.373.* ⇨ 관련훈수 觀練熏修, 사선 四禪 ❸, 삼종선 三種禪 ❶

출세간설부 出世間說部 설출세부(說出世部 Ⓢ Lokott

aravādin)의 다른 이름. 『십팔부론』(대정장49, p.18a14)에 “마하승기부에서 다시 다른 부가 나왔으니, 첫째는 일설부, 둘째는 출세간설부, 셋째는 굴거부라 하였다. 摩訶僧祇部 更生異部 一名 一說 二名 出世間說 三名 窟居”라고 하였다. [참고문헌]『十八部論』. ⇨설출세부 說出世部, 소승이십부 小乘二十部

출세간수 出世間受 무루(無漏)로 상응하는 수. 유루의 뜻으로 상응하는 세간수의 상대어이며, 무미수라고도 한다. 『법온족론』 권10(대정장26, p.501a6)에 “또 두 가지 수가 있으니 이것이 수온이다. 유미수와 무미수다. … 지금 이런 의미에서 유루작의와 상응하는 수가 유미수이고, 무루작의와 상응하는 수는 무미수다. 유미수와 무미수처럼 타수와 불타수, 탐기의수와 출리의수, … 세간수와 출세간수 역시 그러하다. 復有二受 說名受蘊 謂有味受 無味受 … 有漏作意相應受 名有味受 無漏作意相應受 名無味受 如有味受無味受 如是墮受不墮受 耽嗜依受出離依受 … 世間受出世間受 亦爾”, 『유가사지론』 권96(대정장30, p.851a25)에 “저 모든 수의 자성이 의지하는 염정품이 다름을 수의 품류차별이라고 함을 알아야 한다. 유미수란 모든 세간수이고, 무미수란 모든 출세간수이다. 彼諸受自性所依染淨品別 當知名受品類差別 有味受者 諸世間受 無味受者 諸出世受”라고 하였다. [참고문헌]『法蘊足論』, 『瑜伽師地論』. ⇨세간수 世間受, 무미수 無味受, 수 受[1], 수온 受蘊, 유미수 有味受

출세간승 出世間乘 오승(五乘)중 인천(人天)이 아닌 승. 성문(聲聞)·연각(緣覺)·보살(菩薩) 등의 삼승(三乘). 『법화현론』 권7(대정장34, p.418a14)에 “(五乘 가운데) 인천은 세간승이고 그 나머지 삼승은 출세간승이다. 人天爲世間乘 餘三爲出世間乘”, 『법화유의』(대정장34, p.647b5)에 “인천승은 세간승에 속하고, 삼승은 출세간승에 속한다. 만약 그렇다면 일승은 삼승 가운데 불승과 같다. 人天乘則 攝世間乘 三乘攝出世間乘 若爾則一乘 猶是三乘中之佛乘也”라고 하였다. [참고문헌]『法華玄論』, 『法華遊意』, 『法華文句』 권7상(대정장34, p.93c17). ⇨세간승 世間乘, 오승 五乘

출세간식 出世間食 Ⓟ lokuttaraṃ āhāra. 법신(法身)의 혜명(慧命)을 길러주는 선·원·념·팔해탈·희 등의 갖가지 수행법. 출세오식(出世五食)을 말한다. 세간식과 대칭한다. 『법화현찬』 권8(대정장34, p.803b16)에 “무엇을 다섯 가지 출세간식이라 하는가? 첫째는 선식, 둘째는 원식, 셋째는 염식, 넷째는 팔해탈식, 다섯째는 희식이다. 항상 함께 상념을 기울여 네 가지 세간식을 버리고 다섯 가지 출세간식을 구해야 한다. 云何五種出世間食 一 禪食 二 願食 三 念食 四 八解脫食 五 喜食 常共專念 除捨四種世間之食 求於五種出世間食”라고 하였다. [참고문헌]『法華玄贊』, 『華嚴經探玄記』 권8(대정장35, p.258b25), *Dhs.73.* ⇨법희선열식 法喜禪悅食, 출세오식 出世五食, 식 食, 사종인간식 四種人間食, 세간식 世間食, 구종식 九種食

출세간심 出世間心 Ⓟ lokuttaraṃ citta. 세간을 벗어나고자 일으키는 마음. 또는 세간의 모든 속박에서 벗어나 해탈한 마음. 『해심밀경』 권4(대정장16, p.704a14)에 “큰 뜻 성취하고 얻은 적이 없었던 출세간심을 얻고 크나큰 환희를 일으킨다. 이런 이유로 최초위를 극희지라 한다. 成就大義 得未曾得出世間心 生大歡喜 是故 最初名極喜地”, 『대일경』 권1(대정장18, p.3b5)에 “만약 오온 등에 대하여 집착을 떠나려 한다면 이 물방울·물거품·파초·아지랑이·신기루 등과 같다고 관찰해서 해탈을 얻는다. 곧 오온·십이처·십팔계 그리고 능히 붙들고 붙들린 것들 모두 법성을 떠난 것이니, 이와 같이 고요한 계를 증득한다면 이를 출세간심이라 한다. 若於蘊等 發起離著 當觀察聚沫 浮泡芭蕉 陽焰幻等 而得解脫 謂蘊處界 能執所執 皆離法性 如是證寂然界 是名出世間心”, 『대일경소』 권2(대정장39, p.601a1)에 “최초로 오온이 무아라고 이해하는 순간을 가리켜 ‘출세간심이 일어났다’고 한다. 最初解了 唯蘊無我時 卽名出世間心生也”, 『성실론』 권15(대정장32, p.360c11)에 “세간심은 가명을 연하고, 출세간심은 공무아를 연한다. 왜 그런가? 세간은 다름 아닌 가명이고, 가명에서 벗어남을 출세간이라 한다. 世間心緣假名 出世間心緣空無我 所以者何 世間卽是假名 出於假名 名出世間”, 『마하지관』 권5하(대정장46, p.60b23)에 “출세간심을 얻어서 범부의 아상의 가림을 떠나므로 정심주라 한다. 得出世間心 離凡夫我相障 故名淨心住”라고 하였다. [참고문헌]『解深密經』, 『大日經』, 『大日經疏』, 『成實論』, 『摩訶止觀』, *Dhs.73·74.* ⇨출세심 出世心

출세간어언부 出世間語言部 설출세부(說出世部 Ⓢ Lokottaravādin)의 다른 이름. 『문수사리문경』 권하 「분부품 分部品」(대정장14, p.501b4)에 “백 년 내에 집일어언부로부터 다시 한 부가 나왔으니, 이름이 출세간어언〈찬탄하는 말〉이다. 백 년 내에 출세간어언부로부터 한 부가 나왔으니, 이름이 고구리가〈율주의 성에서 나온 말〉이다. 於百歲內 從執一語言部 復出一部 名出世間語言〈稱讚辭也〉 於百歲內 從出世間語言 出一部 名高拘梨柯〈是出律主姓也〉”라고 하였다. [참고문헌]『文殊師利問經』, 『十八部論』(대정장49, p.17c3), 『四分律疏』 권1(卍속장65, p.392a1). ⇨설출세부 說出世部

출세간인과 出世間因果 세간을 나오는 인과. 사제(四

諦) 중 멸제(滅諦)와 도제(道諦)를 말한다. 『반야심경약소』(대정장33, p.554a23)에 "멸제와 도제는 출세간의 인과이다. 멸제는 열반이라는 과로서 도제에 앞서 들어 기껍게 하고, 도제는 그 인으로서 팔정도를 말한다. 滅道是出世間因果 滅是涅槃果 先擧令欣 道是彼因 謂八正道", 『화엄경소』 권13 (대정장35, p.593b14)에 "멸도이제는 출세간의 인과다. 증할 바와 닦을 바 결정되었기 때문이다. 滅道二諦 出世間因果 所證所修 事決定故", 『천태사교의』(대정장46, p.776c21)에 "사제 중 세와 출세 구분하여 앞의 이제는 세간인과〈고제가 과, 집제가 인〉라 하고, 뒤의 이제는 출세간인과〈멸제가 과, 도제가 인〉라 한다. 四諦之中 分世出世 前二諦 爲世間因果〈苦果集因〉 後二諦 爲出世間因果〈滅果道因〉", 『마하지관』 권5하(대정장46, p.66b21)에 "유도 아니고 무도 아님을 정법으로 삼는다. 모든 세간인과를 물리치므로 유가 아니고, 일체출세간인과 부수기에 무가 아니라고 한다. 非有非無 以爲正法 乃破一切世間因果 故名非有 破一切出世間因果 故名非無"라고 하였다. [참고문헌] 『般若心經略疏』, 『華嚴經疏』, 『天台四教儀』, 『摩訶止觀』. ⇨ 사제 四諦, 출세인과 出世因果

출세간정견 出世間正見 세간을 벗어나게 하는 바른 견. 『지세경』 권4(대정장14, p.660c24)에 "이 사람은 세간을 얻지도 않고 출세간을 얻지도 않으며 세간을 제도하고 나서는 분별할 것 없다. 이에 출세간정견이라 한다. 정견이란 세간을 아는 것과 같이 출세간도 그렇게 한다. 이 사람은 더 이상 '이것은 세간이고 저것은 출세간이다' 분별하지 않아 모든 억상분별을 끊었기에 출세간정견이라 한다. 삿되다 바르다 보는 일 일체 마음의 상념 끊었기에 정견이라 한다. 또한 정견이라는 말은 모든 법중에 다시는 어떤 차별도 없기에 정견이라 한다. 是人 不得世間 不得出世間 度世間已 無所分別 是故 名爲出世間正見 正見者 如知見世間 出世間亦如是 是人不復分別 是世間 是出世間 斷諸憶想分別 名爲出世間正見 是人 不見邪不見正 斷一切心所念 名爲正見 又正見者 於諸法中 更無差別 是故說名正見", 『대품반야경』 권17(대정장8, p.348a5)에 "또한, 수보리야! 보살마하살은 반야바라밀을 행할 때 중생이 어리석어 세간과 출세간에 대한 정견 잃음을 보고서 '업도 없고 업의 인연도 없다'고 설하기도 하며, 신령함 항상함 설하기도 하고, 끊어 사라짐 설하기도 하며, 무소유를 설하기도 한다. 復次須菩提 菩薩摩訶薩 行般若波羅蜜時 見衆生愚癡 失世間出世間正見 或說無業 無業因緣 或說神常 或說斷滅 或說無所有"라고 하였다. [참고문헌] 『持世經』, 『大品般若經』. ⇨ 세간정견 世間正見, 정견 正見

출세간지 出世間智 Ⓢ lokottara jñāna, Ⓟ lokuttara-ñāṇa, Ⓣ 'jig-rten-las-'das-pa'i-shes-pa. 삼종지(世間智 出世間智 出世間上上智) 중 하나로 아직 벗어날 곳 있다고 헤아려 머무는 지다. 『능가경』 권3(대정장16, p.500c21 : *Laṅk.*, p.157)에 "출세간지란, 일체성문연각이 자공상에 떨어져 바라는 바로 헤아려 붙드는 것이다. 云何出世間智 謂一切聲聞緣覺 墮自共相悕望計著 tatra lokottaraṃ jñānaṃ sarvaśrāvakapratyekabuddhānāṃ ca svasāmānyalakṣaṇapatitāśayābhiniviṣṭānām", 『주대승입능가경』 권6(대정장39, p.476b11)에 "이승인은 음계처 등의 자상과 공상을 헤아리므로 법이 공이라는 이치를 통달하지 못하고 생사를 끊고 열반에 들기를 바란다. 이를 출세간의 지혜라 한다. 二乘之人 計著陰界處等 自共相故 不達法空 行斷生死 希望涅槃 是出世間智也", 『능가경종통』 권5(卍속장26, p.585b18)에 "출세간지란 무엇인가? 모든 이승인은 세간의 오온과 생사를 꺼리는 대상으로 인지하고 열반은 증득할 경지로 헤아려 세간에서 벗어나는 과를 얻고자 한다. 出世間智者 諸二乘人 知世間五蘊生死可厭 計著涅槃可證 希望得出世果", 『대명삼장법수』 권6(영락장181, p.589b5)에 "(삼종지 가운데) 두 번째, 출세간지 : 성문과 연각의 지혜를 말한다. 성문과 연각은 일체지로써 사제의 행을 닦아 세간에서 벗어날 수 있다고 여긴다. 이를 출세간지라 한다. 二 出世間智 謂聲聞緣覺之智也 聲聞緣覺 以一切智 修四諦行 而能出離世間 是名出世間智"라고 하였다. [참고문헌] 『楞伽經』, 『注大乘入楞伽經』, 『楞伽經宗通』, 『大明三藏法數』, *Laṅk.*, *Kv.2.602*. ⇨ 출세간상상지 出世間上上智, 삼종지 三種智

출세간청정 出世間淸淨 세간을 벗어나서 맑고 깨끗함. 번뇌 다한 무루(無漏)의 세계를 말한다. 세간청정(世間淸淨)과 마주한다. 『불지경론』 권2(대정장26, p.134a14)에 "깨끗한 마음 같다란 저 세간을 벗어난 맑고 깨끗한 마음과 같이 능히 저 지지를 가득히 하는 것이다. 如淨心者 如出世間淸淨心 能滿彼地智故", 『묘법연화경우파제사』 권하(대정장26, p.9c11)에 "방편으로 일체불토의 청정장엄을 드러내 보임은 출세간청정의 무루선근으로 일으키는 바요, 세간의 유루선근으로 일으키는 바 아니다. 方便示現一切佛土淸淨莊嚴 是出世間淸淨 無漏善根所生 非是世間 有漏善根之所生也", 무성(無性)의 『섭대승론석』 권2(대정장31, p.391a18)에 "맑고 깨끗함에는 둘이 있다. … 둘째는 출세간청정이니, 무루도로써 필경에 저 수면을 끊어 없애기 때문이다. 淸淨有二 … 二 出世間淸淨 以無漏道 畢竟斷滅彼隨眠故"라고 하였다. [참고문헌] 『佛地經論』, 『妙法蓮華經憂波提舍』, 『攝大乘論釋』. ⇨ 무루도 無漏道

출세간필경 出世間畢竟 세간 벗어나는 일 다해 마치다. 세간필경(世間畢竟)과 함께 이종필경(二種畢竟) 중 하나이고, 출세필경(出世畢竟)이라고도 한다. 일승(一乘)의 뜻이자 불성(佛性)의 뜻이다. 『화엄경소초』 권7(대정장36, p.56a2)에 "『대반열반경』 권27에서 설하였다. '선남자야, 필경에 두 가지가 있으니 첫째는 장엄필경이요 둘째는 구경필경이다. 첫째는 세간필경이요 둘째는 출세간필경이다. 장엄필경이란 육바라밀이요, 구경필경이란 일체중생이 얻은 바의 일승이다. 일승이란 이름하여 불성이니, 이런 뜻 때문에 내가 설하길 일체중생은 모두 불성이 있다고 하고 일체중생에게는 실로 일승이 있다고 하였다. 무명에 덮인 고로 능히 스스로 보지 못하느니라'. 풀이한다. 모두 불성이 있기에 오직 일승일 뿐이다. 또 불성이란 곧 제일의공의 뜻이다. 第二十七經云 善男子 畢竟有二種 一者 莊嚴畢竟 二者 究竟畢竟 一者 世間畢竟 二者 出世間畢竟 莊嚴畢竟者 六波羅蜜 究竟畢竟者 一切衆生所得一乘 一乘者 名爲佛性 以是義故 我說一切衆生 悉有佛性 一切衆生 實有一乘 以無明覆故 不能自見 釋曰 以皆有佛性 故唯一乘 又佛性者 卽是第一義空之理"라고 하였다. [참고문헌] 『華嚴經疏鈔』, 40권본 『大般涅槃經』 권27(대정장12, p.524c11). ⇨ 세간필경 世間畢竟, 이종필경 二種畢竟

출세단바라밀 出世檀波羅密 세간 벗어나 베풀기를 끊임없이 하다. 원효(元曉)의 『금강삼매경론』 권상(대정장34, p.971c2 · 한불전1, p.610c17)에 "경에서 말하길 '어찌하여 욕 여읨으로 잘 들어 마음 늘 청정하고 실어방편으로 본래 이로운 것으로 사람 이롭게 하니, 이것이 단바라밀이다'. … 〈논〉 진여 의지해 구르니 '욕 여읨'이라 하니, 삼유의 욕으로 드러내는 일 떠나고 마음 관해 그 바탕 풀었기에 '잘 들어간다'라 하였다. 經曰 何以故 善入離欲 心常淸淨 實語方便 本利利人 是檀波羅密 … 轉依眞如 名爲離欲 離三有欲之所顯故 觀心體解 故言善入", "다시 출입이 없기에 '마음 그대로'라 하였다. 삼륜의 때를 여의었기에 '청정하다'라 하였다. 앞서 말한 대로 삼계에 의지하지 않고 여리하게 설하였기에 '실어'라 하였다. 잘도 편히 이끌었기에 '방편'이라 하였다. 비록 공용이 없어도 기에 응하여 말해서 저 하늘의 북과 같다 함은 이를 일컫는다. 更無出入 故曰心常 離三輪垢 故曰淸淨 卽是上言 不依三界 如理而說 故言實語 巧便引導 故曰方便 雖無功用 應機發語 猶如天鼓 此之謂也", "일체중생은 오직 하나인 본각일 뿐이어서 모든 중생 한결같이 함께 하나인 각으로 돌아간다. 이런 고로 '본래 이롭기에 사람을 이롭게 한다'. 이를 '출세단바라밀'이라 한다. 一切衆生 唯一本覺 令諸衆生 同歸一覺 以之故言 本利利人 是名出世檀波羅密"라고 하였다. [참고문헌] 『金剛三昧經論』. ⇨ 단바라밀 檀波羅密 ❶

출세대사 出世大事 ❶ 세간을 벗어나는 크나큰 일. 『아미타경요해』(대정장37, p.368c21)에 "정진의 뿌리를 한층 길어 갖가지 몸과 마음의 해태를 깨고 출세대사를 성취해내니, 이를 정진력이라 한다. 精進根增長 破種種身心懈怠 成辦出世大事 名精進力"라고 하였다. [참고문헌] 『阿彌陀經要解』. ❷ 세간 위해 나온 크나큰 일. 『불조통기』 권10(대정장49, p.202a19)에 "선사 지발은 … 매일 『법화경』을 5장씩 외우고, 경 중의 이의에 간략히 먹줄을 긋고 항상 말하길 '이 경이야말로 제불께서 세상에 나오신 크나큰 일이다'라 하였다. 禪師智拔 … 日誦法華五紙 經中理義 略有規繩 常曰 斯經乃諸佛出世大事也"라고 하였다. [참고문헌] 『佛祖統紀』, 『法華文句』 권10(대정장34, p.142a3).

출세도 出世道 Ⓢ lokottara mārga, Ⓟ lokuttara-magga, Ⓣ 'jig-rten-las-'das-pa'i-lam. 세간을 벗어난 길. 무아를 바로 알고 후득지를 성취하는 길 등을 말한다. 무루도(無漏道)를 말한다. 『유가사지론』 권22(대정장30, p.402a2 : *Śrāv-bh.*, p.36)에 "무엇을 출세도로 이욕에 나아간다 하는가? 저 한 사람이 선사 가까이 하여 성법 중에서 총혜를 성취하고서는 … 점차 성도를 닦아 두루 삼계에 있어 견수도의 번뇌를 끊었으니, 일체법중에서 스스로 능히 얽힘 버리고 해탈을 얻는다. 이와 같이 능히 문득 삼계를 넘어서니, 이를 출세도로 이욕에 나아간다고 한다. 云何名爲由出世道而趣離欲 謂如有一 親近善士 於聖法中 已成聰慧 … 漸修聖道 遍於三界 見修所斷 一切法中 自能離繫 自得解脫 如是便能超過三界 如是名爲由出世道而趣離欲 lokottareṇa mārgeṇa vairāgya gamanaṃ katamat. yathāpīhaikatyaḥ satpuruṣāṇāṃ darśī āryadharmeṣu yathābhūtaṃ prajānāti … tataś-ca-uttari mārgaṃ bhāvayaṃs-traidhātukebhyo darśana-bhāvanā-prahātavyebhyo-dharmebhya ātmānaṃ visaṃyojayati vimocayaty-evaṃ ca-asau traidhātuka-samatikrānto bhavati. idam-ucyate lokottareṇa mārgeṇa vairāgya-gamanam", 『성유식론』 권5(대정장31, p.23c19)에 "이 염오의 뜻 무시로 상속하여, 어떤 위에서 영원히 끊어지거나 혹은 잠시 끊어지는가? 아라한과 멸진정과 출세도에서는 있지 않다. 아라한이란 삼승의 무학과위를 모두 드러낸 것이다. 이 위에서는 염오의의 종자와 현행이 모두 영원히 끊어지기에 있을 수 없다고 하였다. 유학위의 멸진정과 출세도에서는 모두 잠시 숨어 사라진 듯 하기에 '없다'고 한 것이다. 즉 염오의란 무시이래 미세일류로 저절로 구르기에 모든 유루도에서는 능히 조복해 멸하지 못하고, 삼승성도는 조복해 멸하는 뜻이 있으니, 참으로 무아를 알아 아집을 거스르기 때문이다. 후득의 무루지가 현전할 때 저 등류 또한 이 염오의를 거스른다. 참된 무아해와 후득지는 모두 무루이기에 출세도라고 할 수 있다. 此染汚意 無始相續 何位永斷 或暫斷耶 阿羅漢滅定 出世道無有 阿羅漢者 總顯三乘 無學果位 此位 染意種 及現行 俱永斷滅 故說無有 學位 滅定出世道中 俱暫伏滅 故說無有 謂染汚意 無始時來 微細一類 任運而轉 諸有漏道 不能伏滅 三乘聖道 有伏滅義 眞無我解 違我執故 後得無漏 現在前時 是彼等流 亦違此意 眞無我解 及後所得 俱無漏故 名出世道"라고 하였다. [참고문헌] 『瑜伽師地論』, 『成唯識論』, 『唯識三十論頌』(대정장31, p.60b15), *Śrāv-bh.*, *Vijñ-t-bh.68.* ⇨ 출세간도 出世間道, 무루도 無漏道, 세간도 世間道

출세법 出世法 Ⓢ lokottara-dharma, Ⓣ 'jig-rten-las-'das-pa'i-chos. 세간을 벗어나는 법으로 사성제와 본원력을 따르는 바라밀 등을 말한다. 『대승본생심지관경』 권7(대정장3, p.322c12)에 "법 구하는 이를 위하여 출세법 설하여 무상보리심을 일으키게 하기에 곧 '진실바라밀'이라 이름함을 얻는다. 爲求法者 說出世法 令發無上菩提心故 卽得名爲眞實波羅蜜", 80권본 『화엄경』 권22 「승도솔천궁품 昇兜率天宮品」(대정장10, p.118c13)에 "항상 부처님 지혜의 해로 법계를 두루 비추는데, 본원력을 따라 항상 나타나 저물지를 않는다. 항상 법계에 머무르되 부처님이 머무르는 곳에서 머물러 변이함 없으며, 아와 아소에 대해 어떠한 집착도 없이 출세법에 머무르며 세법에 물듦 없다. 恒以佛日 普照法界 隨本願力 常現不沒 恒住法界 住佛所住 無有變異 於我我所 俱無所著 住出世法 世法無染", 『정법염처경』 권49(대정장17, p.288b27)에 "출세법이란 사성제다. 出世法者 謂四聖諦"라고 하였다. [참고문헌] 『大乘本生心地觀經』, 『華嚴經』, 『正法念處經』, 『成唯識論』 권2(대정장31, p.9a19), *Yogā-bh.168.* ⇨ 출세간법 出世間法

출세법요 出世法要 세간을 벗어나는 법 중에도 한층 불퇴전의 마음으로 더하여 한 부처 한 보살 보기를 구하는 등의 일을 말한다. 『대승본생심지관경』 권7(대정장3, p.322b23)에 "출가보살은 불도를 수습하여 무루진실법을 이미 얻고 연 따라 일체유정을 이롭고 즐겁게 한다. 저 불제자가 아직 진지를 얻지 못했으면, 난야에서 머무르며 마땅히 제불보살과 친근히 해야 하리라. 저 진실한 선지식을 만나면 보살행에 있어 필히 물러서지 않으리라. 이 인연으로 모든 불제자들은 응당 지극한 마음으로 한 분의 부처님과 한 분의 보살을 구하여 뵙는다. 선남자야, 이와 같음을 출세법요라 하니, 너희들은 모두 마땅히 한마음으로 닦고 배워야 하리. 出家菩薩 修習佛道 已得無漏眞實之法 隨緣利樂一切有情 若有佛子未得眞智 住於蘭若 要當親近諸佛菩薩 若有値遇眞善知識 於菩薩行 必不退轉 以是因緣 諸佛子等 應當至心 求見一佛及一菩薩 善男子 如是名爲出世法要 汝等咸當一心修學"라고 하였다. [참고문헌] 『大乘本生心地觀經』, 『大乘集菩薩學論』 권13(대정장32, p.113b1).

출세보리 出世菩提 Ⓢ lokottara-abhisaṃbodha, Ⓣ 'jig-rten-las-'das-pa-mngon-par-rdsogs-par-byang-chub-pa. 세간 벗어나 깨닫다. 『부동사자다라니비밀법』(대정장21, p.25a27)에 "만약 위없이 세간 벗어나 깨닫고자 한다면 마땅히 청정범행으로 일심정진한다. 若求無上出世菩提者 當清淨梵行一心精進", 『신화엄경론』 권18(대정장36, p.838c28)에 "간략하게 보리라는 법에 네 가지 있다. 첫째 성문보리. 둘째 연각보리. 셋째 권교보리. 넷째 일승보살 불과보리이다. 앞의 세 가지 보리는 모두 출세보리이다. 略說菩提 其法有四 一聲聞菩提 二緣覺菩提 三權敎菩提 四一乘菩薩佛果菩提 前三並是出世菩提", 『대승의장』 권12(대정장44, p.712a21)에 "여섯 가지 결정은 『십지경론』에 나오는데, 그것이 바로 출세보리의 마음이어서 실로 물러나지 않으니, 결정이라고 한다. 이 결정이 십지의 바탕이 되기 때문이다. 六種決定 出地經論 斯乃出世菩提之心 卽實不退 名爲決定 此之決定 是十地體故"라고 하였다. [참고문헌] 『不動使者陀羅尼祕密法』, 『新華嚴經論』, 『大乘義章』, *Sūtr.157.* ⇨ 보리 菩提, 십지 十地

출세복 出世服 세간을 벗어나는 옷. 가사십이명(袈裟十二名) 중 하나다. 『불제비구육물도』(대정장45, p.897c18)에 "두 번째 이름 풀이에 둘이 있다. 첫째는 두루 하는 이름이다. 경율을 거두어 혹은 가사〈색을 물들임으로 이름을 삼았다〉라 하고, 혹은 도복·출세복·법의라 한다. 二 釋名有二 初通名者 總括經律 或名袈裟〈從染色爲名〉 或名道服 或名出世服 或名法衣", 『번역명의집』 권7(대정장54, p.1170b26)에 "『대집경』에서는 이염복, 『현우경』에서는 출세복이라 하였다. 大集經名離染服 賢愚經名出世服"라고 하였다. [참고문헌] 『佛制比丘六物圖』, 『翻譯名義集』, 『釋氏要覽』 권상(대정장54, p.268b26). ⇨ 가사십이명 袈裟十二名, 가사 袈裟

출세본의 出世本意 부처님께서 세상에 출현하신 본래의 뜻. 일대사인연(一大事因緣)을 가리킨다. 『법화현의석첨』 권2(대정장33, p.827a21)에 "왜 그런가 하였으니, 풀어 말하길 '모든 불세존께서는 오직 일대사인연으로 세상에 출현하신다.' 그러므로 알라, 세상에 출현한 본의는 그 뜻이 불승에 있다. 불승이라야 비로소 큰 일이라 이름붙일 수 있다. 次 所以者何去 釋云 諸佛世尊 唯以一大事因緣故 出現於世 故知 出世本意 意在佛乘 佛乘方得名爲大事", 『승만보굴』 권중(대정장37, p.39c23)에 "또한 일승은 삼세제불께서 세상에 출현하신 본래 뜻이다. 저 법화에서 '삼세의 모든 부처님 오직 하나의 뜻만을 드러내고, 오직 한 사람 가르치기 위함이라네'라고 말씀하신 것과 같다. 又一乘是三世諸佛 出世本意 如法華說 三世諸佛 唯爲顯一理 唯爲敎一人"라고 하였다. 〔참고문헌〕『法華玄義釋籤』, 『勝鬘寶窟』. ⇨ 일대사인연 一大事因緣, 출세본회 出世本懷

출세본회 出世本懷 세상에 나오실 때 본래 품은 뜻. 일대사인연(一大事因緣)을 말한다. 『천태사교의』(대정장46, p.775b14)에 "저 화엄시는 한편 방편이고 한편 진실〈원교는 진실, 별교는 방편〉인데, 각각 상즉하지 않으니, 큰 것이 작은 것을 받아들일 수 없기에 소승이 비록 그 자리에 있었으나 귀머거리나 벙어리와 같았다. 그러므로 설한 법문이 비록 광대원만하지만, 근기를 모두 받아들이지 못하였므로 여래의 출세본회를 드러내지 못하였다. 如華嚴時 一權一實〈圓實別權〉 各不相卽 大不納小故 小雖在座 如聾若瘂 是故 所說法門 雖廣大圓滿 攝機不盡 不暢如來出世本懷", 『보왕삼매염불직지』 권상(대정장47, p.355c17)에 "저 무상정변지각이시고 성주이신 세존께서는 근기에 널리 맞추어 도솔천궁에서 내려와 세상에 탄생하셨다. 그러므로 사십 년 동안 삼백여 회의 설법으로 수많은 유정중생들이 모두 진상을 증득하게 하시고, 나아가 말후에는 영산회상에서 비로소 『법화경』을 설하시어 중생들이 부처님의 지견을 깨닫게 하시니, 세간에 나오실 때 본래 품은 뜻 이에 펼쳐졌다. 그러나 세상에 출현하여 중생을 제도하는 길은 비단 석가모니부처님만이 아니니, 삼세여래 모두 그렇지 않으신 분이 없다. 原夫無上正遍知覺 聖主 世尊 普應機宜 從兜率宮 降神於世 故四十年中 說法三百餘會 皆令群有同證眞常 乃至末後 靈山會上方說法華 俾令衆生開示悟入佛之知見 出世本懷於玆暢矣 然出世度生之道 非但釋迦 三世如來 莫不咸爾"라고 하였다. 〔참고문헌〕『天台四教儀』, 『寶王三昧念佛直指』. ⇨ 일대사인연 一大事因緣

출세부 出世部 설출세부(說出世部 Ⓢ Lokottaravādin)의 다른 이름. 『대승현론』 권5(대정장45, p.65a12)에 "대중부에서 나뉘어 구부가 되는데, … 세 번째는 출세부라 한다. 從大衆部 分爲九部 … 三名 出世部", 『중관론소』 권7(대정장42, p.104c2)에 "출세부에서는 '세간법은 허망인으로부터 생겨난 까닭에 실하지 못하다. 출세간법은 허망인으로부터 생겨나지 않으니, 진실이라 한다'라 밝혔다. 당시 사람의 뜻에 따라 사제를 잡아 논하자면, 고집은 허망인과이기에 허망이라 한다. 도는 실인이고, 멸은 실과이기에 허망이 아니다. 出世部 明世間法 從虛妄因生 是故不實 出世間法 不從虛妄因生 名爲眞實 若據卽時人義 約四諦論之 苦集是虛妄因果 故名虛妄 道爲實因 滅爲實果 非是虛妄"라고 하였다. 〔참고문헌〕『大乘玄論』, 『中觀論疏』. ⇨ 설출세부 說出世部

출세부락 出世富樂 Ⓢ lokottarā saṃpad, utkṛṣṭatā, Ⓣ 'jig-rten-'das-pa-yi phun-sum-tshogs. 세간을 벗어나 얻은 부와 락. 이승해탈과 무상보리를 말한다. 『섭대승론석』 권12(대정장31, p.246a23)에 "사람이 이 두 가지 능함 갖추면 어떤 과보를 얻는가? 〔논〕 세간과 출세간의 부와 락이고, 이들 멀지 않다. 〔석〕 전륜성왕·욕계의 오대천왕·색계범왕·무색계정천과 보살만이 유독 얻는 세간정이 세간의 부와 락이며, 이승해탈과 무상보리를 출세간의 부와 락이라고 한다. 이와 같은 과를 뜻대로 쉽게 얻기에 멀지 않다고 한다. 若人具此二能 得何果報 論曰 世出世富樂 說此不爲遠 釋曰 作轉輪王 欲界上五天王 色界梵王 乃至無色界定 及菩薩獨所得世間定 名世富樂 二乘解脫 及無上菩提 名出世富樂 如此果 如意易得 故不爲遠"라고 하였다. 『섭대승론본』 권하(대정장31, p.148c1)에서는 세출세만(世出世滿 Ⓢ laukikā lokottarā saṃpad)이라 하였으며, 『섭대승론석론』 권9(대정장31, p.311a16)에서는 출세과보(出世果報)라고도 하였다. 〔참고문헌〕『攝大乘論釋』, 『攝大乘論本』, 『攝大乘論釋論』, 『中邊分別論』 권하(대정장31, p.460b29), *Mah-saṃ.80.*, *Madhy-vibh.61.*

출세불출세 出世不出世 세간에 나오거나 나오지 못하거나. 『벽암록』 43칙 「평창 評唱」(대정장48, p.180c1)에 "조동문하에서는 출세와 불출세가 있으며, 수수와 불수수 있다. 만약 불출세라면 눈으로 하늘 바라보지만, 만약 출세라면 바로 머리 얼굴 온통 흙먼지투성이일 뿐이다. 曹洞下 有出世不出世 有垂手不垂手 若不出世 目視雲霄 若出世 便灰頭土面"라고 하였다. 〔참고문헌〕『碧巖錄』, 『宏智廣錄』 권3(대정장48, p.31c6), 『列祖提綱錄』 권4(卍속장112, p.222b6). ⇨ 출세 出世 3

출세설부 出世說部 Ⓢ Lokottaravādin, Ⓣ 'jig-rten-'das-smra-ba'i-sde. 소승이십부(小乘二十部) 중 하나인 설출세부(說出世部)의 다른 이름. 『삼론현의』(대정장45, p.8c27)에 "(大衆部로부터 3부가 나오는데 그 중) 두 번째는 출세설부다. 이 부에서 말한다. '세간법은 전도로부터 업을 낳고, 업은 과를 낳는다. 고로 이는 실하지 않다. 출세법은 전도를 따르지 않고 일어난다. 고로 이는 진실하다'. 二 出世說部 此部言 世間法從顚倒生業 業生果 故是不實 出世法不從顚倒生 故是眞實", 『부집이론』(대정장49, p.20a27)에 "두 번째 백년에 이르러 대중부에서 또 삼부가 나온다. 첫째는 일설부, 둘째는 출세설부, 셋째는 회산주부다. 至第二百年中 從大衆部 又出三部 一 一說部 二 出世說部 三 灰山住部", 『자은전』 권2(대정장50, p.228c10)에 "이와 같이 점차

범연나국(梵衍那國) 도성에 이르렀다. 가람은 10여 소에 승도는 수천 명이었는데, 소승 출세설부를 배웠다. 如是漸到 梵衍都城 有伽藍十餘所 僧徒數千人 學小乘出世說部"라고 하였다. 〔참고문헌〕『三論玄義』, 『部執異論』, 『慈恩傳』, *Mvyut.274.* ⇨ 설출세부 說出世部, 소승이십부 小乘二十部, 부파불교 部派佛教

출세성혜 出世聖慧 제일의제를 성취한 성인의 혜. 세간사정려인 내심지에 상대하여 증상혜법관의 혜로서 무루혜를 말한다. 『합부금광명경』 권4(대정장16, p.381a22)에 "만약 어떤 중생이 범부가 아니라면, 이미 제일의제를 보고나서는 출세성혜를 얻으니 일체법여여하여 말로 다 할 수 없음을 안다. 이 모든 성인은 행할 법과 행해서는 안 될 법을 능력에 따라 수행하고, 소견에는 집착하지 않기에 자신은 실이여서 타인은 실이 아니라고 한 후에 거듭 사유하지 않는다. 若有衆生 非凡夫人 已見第一義諦 得出世聖慧 知一切法如如 不可言說 是諸聖人 若見若聞 行法非行法 隨能隨力 不執著所見 自言是實 於他非眞 後不重思惟", 『집이문족론』 권3(대정장26, p.375c10)에 "〈문〉 무엇을 보특가라가 내심지는 얻었으나, 증상혜법관은 얻지 못한 것이라 하는가? 〔답〕 보특가라가 세간사정려는 얻었으나, 출세성혜는 얻지 못함을 말한다. 〈문〉 무엇을 보특가라가 증상법혜관은 얻었으나, 내심지는 얻지 못했다고 하는가? 〔답〕 보특가라가 출세성혜는 얻었지만, 세간사정려는 얻지 못함을 말한다. 何等補特伽羅得內心止 不得增上慧法觀 答 若補特伽羅 得世間四靜慮 不得出世聖慧 何等補特伽羅得增上慧法觀 不得內心止 答 若補特伽羅 得出世聖慧 不得世間四靜慮"라고 하였다. 〔참고문헌〕『合部金光明經』, 『集異門足論』. ⇨ 무루혜 無漏慧, 제일의제 第一義諦

출세승지 出世勝智 세간을 넘어서는 뛰어난 지. 『방광대장엄경』 권7(대정장3, p.580b25)에 "마치 사람이 불을 구하려 젖은 나무 가져다 물속에 넣고 부비면서 불 내려함과 같다. 이 사람이 불을 구할 수 있겠는가? 만약 누군가 탐욕 등에 머문다면 비록 고행할지라도 세간을 넘어서는 뛰어난 지혜를 증득할 수 없는 것도 이와 같다. 譬如有人 爲求火故 便取濕木 置之水中 鑽燧索火 是人有能求得火不 若人住貪欲等 雖行苦行 不能證得 出世勝智 亦復如是", 『무량수경연의술문찬』 권상(대정장37, p.138a15 · 한불전2, p.2c13)에 "보살은 왕사성을 벗어나 다섯 발다라(초전법륜을 들은 다섯 제자)와 함께 니련하로 갔다가 가야산에 이르러 탐욕을 여읜 경계를 사유하면서 고요한 몸과 마음으로 부지런히 고행을 수행한 결과로 세간을 넘어서는 가장 뛰어난 지혜를 증득하였다. 菩薩 出王舍城 與五跋陀羅 向尼連河 至伽耶山 思惟離貪 身心寂靜 勤修苦行 卽能證得 出世勝智"라고 하였다. 〔참고문헌〕『方廣大莊嚴經』, 『無量壽經連義述文贊』, 『華嚴經探玄記』 권18(대정장35, p.461a23).

출세심 出世心 세간을 벗어난 마음. 초지(初地)인 견도(見道)에서 얻고 문훈습(聞熏習)으로 얻은 무루(無漏)를 말한다. 출세간심(出世間心) · 무루심(無漏心)과 통한다. 『합부금광명경』 권3(대정장16, p.374b15)에 "선남자야! 어째서 초지를 환희라 이름하는가? 세간 벗어난 마음 얻어 이전에 얻지 못했던 것을 지금 비로소 얻고 대사대용으로 마음에서 바라던 대로 모두 성취하여 크게 기꺼워 즐거워하니, 초지를 환희지라 한다. 善男子 云何初地 而名歡喜 得出世心 昔所未得 而今始得 大事大用 如意所願 悉皆成就 大歡喜慶樂故 是故初地 名爲歡喜地", 『성유식론』 권2(대정장31, p.9a15)에 "정법을 들을 때 또한 본유무루종자를 훈습하여 점차로 세력을 늘리고 거듭하다가 출세심을 일으키게 된다. 그러므로 이것을 문훈습이라고 한다. 聞正法時 亦熏本有無漏種子 令漸增盛 展轉乃至 生出世心 故亦說此 名聞熏習", 『성유식론속전』 권2(卍속장81, p.72a8)에 "출세심이란 견도에서 증득한 무루심이다. 진여로부터 거듭 훈습하여 일어난 것이기에 성교에서도 이 종자를 문훈습이라 설한다. 出世心者 卽是見道所證 無漏心也 以從眞如 展轉熏生 是故聖教 亦說此種 名聞熏習", 『대비바사론』 권5(대정장27, p.20c13)에 "출세심이란 번뇌가 없고 유를 끊은 마음이다. 일으킨 바 고법지인과 상응하는 마음이다. 出世心者 謂無漏斷有心 卽所引起 苦法智忍相應之心"라고 하였다. 〔참고문헌〕『合部金光明經』, 『成唯識論』, 『成唯識論俗詮』, 『大毘婆沙論』. ⇨ 무루심 無漏心, 출세간심 出世間心, 문훈습 聞熏習

출세오식 出世五食 세간을 벗어나게 하는 다섯 가지 먹이. 출세간식(出世間食)이라고도 한다. 『아미타경소초』 권3(卍속장33, p.414a10)에 "또한 『아함경』과 유식 등에서 출세오식을 설한다. 첫째는 선열, 둘째는 원, 셋째는 염, 넷째는 해탈, 다섯째는 법희다. 곧 선정을 도와 편안하고 기쁘니 이를 먹이의 뜻으로 삼는다(선열식). 원의 힘으로 법을 지니면 법신을 증장하니 먹이의 뜻이다(원식). 염의 힘으로 밝게 기억하면 성도가 실현되니 이를 먹이로 삼은 뜻이다(염식). 해탈하여 장애를 버려 머문 그대로 도와 이익되니 먹이의 뜻을 삼았다(해탈식). 법을 아는 기쁨이 안으로 충만하면 지극히 즐겁기 때문이니 이를 음식으로 삼은 뜻이다(법희식). 又阿含唯識等 說出世五食 一 禪悅 二 願 三 念 四 解脫 五 法喜 謂禪定資神 輕安適悅 卽爲食義 願力持法 法身增長 卽爲食義 念力明記 聖道現前 卽爲食義 解脫除障 居然資益 卽爲食義 法喜內充 極喜樂故 卽爲食義", 『대명삼장법수』 권18(영락장182, p.170b7)에 "출세오식〈출전은 『

화엄경소』〉: 세간의 음식은 생사 오가는 몸 도울 수 있을 뿐이다. 수행하는 사람은 이러한 세상의 맛난 것을 마음으로 탐하지 않고 항상 정념을 지키며 선열법희 등을 먹이로 삼는다. 이로써 선근을 기르고 생사에서 벗어나 보리를 성취한다. 그러므로 출세간의 다섯 가지 먹이가 있다. 出世五食〈出華嚴經疏〉 謂世間之食 但能資益 生死之身 修行之人 於世美味 心不貪嗜 常持正念 以禪悅法喜等爲食 則能長養善根 出離生死 成就菩提 故有出世間五種食也"라고 하였다. 〔참고문헌〕『阿彌陀經疏鈔』, 『大明三藏法數』. ⇨ 출세간식 出世間食, 염식 念食, 법희식 法喜食, 선열식 禪悅食, 원식 願食, 해탈식 解脫食

출세오중 出世五衆 ❶ 세간에서 나온 다섯 무리. 중(衆)은 온(蘊)의 뜻으로 말한다. 오분법신(五分法身 : 戒 定 慧 解脫 解脫知見)을 말한다. 『보리자량론』 권3(대정장32, p.526a15)에 "'부처님공덕을 념한다'란 무슨 말인가? 저 중에 무엇이 부처님의 공덕인가? 즉 모든 부처님께서 무량천백구치겁(Ⓢ koṭi-kalpa)중에 선근을 쌓아 모으셨기에 신구의업을 돌아보지 않으셨기 때문이고 … 출세오중을 성취하여 채웠으며, 사무외・십력・십팔불공불법을 구족함이며 … 희유한 공덕이며 함께할 수 없는 공덕이다. 若念佛功德者 於中何者是佛功德 謂諸佛世尊 無量百千俱致劫中 聚集善根故 不護身口意業故 … 出世五衆成滿故 四無畏十力十八不共佛法具足故 … 希有功德故 不共功德故"라고 하였다. 〔참고문헌〕『菩提資糧論』. ⇨ 오분법신 五分法身 ❷ 다섯 부류의 출가대중. 오부중(五部衆)의 뜻이다. ⇨ 오부중 五部衆

출세익 出世益 세간 벗어나는 이익. 삼승교(三乘敎)의 법익(法益)을 말한다. 화엄(華嚴)의 설로 삼계(三界) 벗어나 생사흐름을 끊기에 출세익이라 한다. 일승교(一乘敎)에서 얻는 출출세익(出出世益)과 대칭한다. 『화엄오교장』 권1(대정장45, p.480a24)에 "오직 계내기를 거두어 그들이 출세익을 얻도록 해서 구경을 삼는다. 或唯攝界內機 令得出世益 卽以爲究竟"라고 하였다. 〔참고문헌〕『華嚴五敎章』. ⇨ 출출세익 出出世益

출세인과 出世因果 세간 벗어나는 인과 과. 도제와 멸제로 얻는다. 『관무량수불경의소』 권하(대정장37, p.302a9)에 "고집 이제는 세간의 인과로서 끊을 바이고, 멸도 이제는 출세인과로서 깨우칠 바다. 苦集二諦 世間因果 是所斷 滅道二諦 出世因果 是所證", 『법화의소』 권4(대정장34, p.504a3)에 "'고통의 길 다하는 것 설한다' 하니 도제를 말하고, '열반으로써 보인다' 하니 멸제이니 간략하게 출세인과를 들었다. 說諸盡苦道 謂道諦也 示之以涅槃 卽滅諦 略擧出世因果", 『화엄경소』 권4(대정장35, p.527b27)에 "제8회는 먼저 오위의 인을 밝히고, 나중에는 팔상의 과를 밝혔다. 이는 출세인과라 하고 성행인과라고도 한다. 第八會 初明五位因 後明八相果 名出世因果 亦名成行因果"라고 하였다. 〔참고문헌〕『觀無量壽佛經義疏』, 『法華義疏』, 『華嚴經疏』. ⇨ 출세간인과 出世間因果, 사제 四諦

출세정 出世定 출세수(出世修)로 얻는 무루(無漏)의 정(定). 세간정(世間定)과 대칭한다. 40권본 『화엄경』 권33(대정장10, p.815b10)에 "셋째, 출세정을 성취해 동요하지 않는다. 三者 於出世定 成就不動", 『대보적경』 권33(대정장11, p.183c19)에 "대비로 신변을 나타내시고, 널리 모든 중생을 위해 세간선을 꾸짖으시고, 출세정 불러내 드러내셨네. 大悲現神變 廣爲諸衆生 呵責世間禪 稱揚出世定", 『유가사지론의연』 권26(금장120, p.662b6)에 "넷째, 출세수 결택분에 의지해서 닦는 정정을 출세수라 한다. 세속을 벗어나는 길을 구하기 위하여 수습하기에 출세라 하니, 정의 바탕이 무루여서 출세라 한다. 四 依出世修 決擇分中 所修淨定 名出世修 爲求出世 而修習故 故名出世 定體無漏 說名出世"라고 하였다. 〔참고문헌〕『華嚴經』, 『大寶積經』, 『瑜伽師地論義演』. ⇨ 무루정 無漏定, 세간정 世間定

출세정 出世淨 성도(聖道)의 종자 등 무루법(無漏法)을 말한다. 출세간청정(出世間淸淨)이라고도 한다. 『유가사지론』 권14(대정장30, p.348c8)에 "청정종자에는 또 두 종류가 있다. 첫째 세간정, 둘째 출세간정이다. 색계와 무색계에 묶인 제행의 종자는 세간정이라 하고, 능히 삼승 및 삼승과를 증득하는 팔성도 등의 모든 종자를 출세정이라고 한다. 淸淨種子 復有二種 一 世間淨 二 出世間淨 色無色繫諸行種子 名世間淨 能證三乘及三乘果八聖道等所有種子 名出世淨", 『유가론기』 권11(대정정42, p.556b4・한불전13, p.877c15)에 "구경정을 무루의 출세정 삼는다고 한다. 究竟淨謂爲無漏出世淨也"라고 하였다. 〔참고문헌〕『瑜伽師地論』, 『瑜伽論記』.

출세종유 出世宗猷 세간 벗어나 으뜸으로 열린 길. 『벽암록』 99칙 「수시 垂示」(대정장48, p.222a28)에 "용 울면 안개 일어나고 호랑이 으르렁대면 바람 인다. 세간 벗어난 으뜸의 길 여니 금과 옥 서로 떨치듯 하고, 사방에 통하는 지략 지으니 화살과 칼끝 서로 버티듯 한다. 세계 가득 감출 곳 없어 멀고 가까움에 가지런히 빛나며 예나 지금이나 밝아 분명하다. 말해보라. 이는 어떤 사람의 경계인가? 시험 삼아 들어보라. 龍吟霧起 虎嘯風生 出世宗猷 金玉相振 通方作略 箭鋒相拄 遍界不藏 遠近齊彰 古今明辨 且道 是什麽人境界 試擧看"라고 하였다. 〔참고문헌〕『碧巖錄』. ⇨ 종 宗❶, 종취 宗趣

출세지 出世智 Ⓢ loka-uttara-jñāna, Ⓣ 'jig-rten-las-'das-pa'i-ye-shes. 세간을 벗어난 지혜. 무루(無漏)의 성지(聖智). 무분별지(無分別智)·근본지(根本智)·부동지(不動智) 등과 통하며 범부의 정견(正見)으로 얻는다. 『방광대장엄경』 권1(대정장3, p.545b15)에 "탐욕에 싫어하거나 만족하는 일은 없으니, 저 목마름에 소금물 먹듯 한다. 만약 출세지를 얻는다면 비로소 족할 줄 안다. 貪欲無厭足 如渴飮鹹水 若得出世智 乃可爲知足", 80권본 『화엄경』 권47(대정장10, p.250b4)에 "출세지로써 온갖 세간에서 말로 다 할 수 없는 갖가지 불사 지어 물러나지 않는 지혜를 성취하니 부처님 무리에 든다. 以出世智 於諸世間 作不可說 種種佛事 成不退智 入諸佛數", 『대승보운경』 권3(대정장16, p.256a11)에 "저 하순 달 모양도 빛도 사랑할 만하지만, 점점 사라져가다 그 모습이 다하여 다시는 보지 못할 때가 오는 것과 같이, 보살도 그와 같아서 출세지를 증득하면 모든 헛된 상 남김없이 다하니 도량에 앉았을 때는 필경에 나타날 리 없다. 如下旬月 色相光明 可愛之貌 漸漸損減 乃至月盡 不復現相 菩薩亦爾 得出世智 一切妄相 皆悉損減 坐道場時 畢竟不現", 『구사론』 권22(대정장29, p.116b26 : *Abh-k-bh.*, p.334)에 "선대의 궤범사는 이와 같이 말하였으니 '저 출세지와 이 후득지인 세간정지로 알아차린 모든 법은 승의제이고, 그 나머지 지혜로 취한 모든 법 세속제다'. 先軌範師 作如是說 如出世智 及此後得世間正智 所取諸法 名勝義諦 如此餘智 所取諸法 名世俗諦 yathā lokottarena jñānena gṛhyate tat pṛṣṭhalabdhena vā laukikena tathā paramārthasatyam. yathānyena tathā saṃvṛtisatyam iti pūrvācāryāḥ", 『대승장엄경론』 권7(대정장31, p.626b12 : *Sūtr.*, p.96)에 "저 무분별지(Ⓢ nirvikalpaṃ) 출세지고, 저 건립한 지혜(여소건립지 Ⓢ yathāvyavasthānaṃ)는 후득세지다. 〔문〕 이 두 가지 지혜에는 어떤 공능이 있는가? 〔답〕 법과 중생을 깨끗이 한다(Ⓢ yenātmano buddhadharmān viśodhayati). 이중에 무분별지로 불법 성숙시키고, 여소건립지로는 중생을 성숙시킴(Ⓢ yena satvān paripācayati)이 바로 그 공능이다. 無分別智 謂出世智 如所建立智 謂後得世智 問 此二智有何功能 答 淨法及衆生 此中 無分別智 成熟佛法 是其功能 如所建立智 成熟衆生 是其功能", 『성유식론요의등』 권5(대정장43, p.765a22)에 "'출세지만을 바라서'란 무분별지에 의지하기에 이름 그냥 출세이지만, 후득지는 세출세지라 한다. 言望出世智者 據無分別智 名爲出世 後智 卽名世出世智", 『화엄현담회현기』 권26(卍속장12, p.405a12)에 "근본지를 출세지라 하니, 진여의 바탕과 어울리기 때문이다. 根本智 名出世智 契眞體故", 『영봉우익종론』 권2(가흥장36, p.286c14)에 "그러므로 알아야 한다. 범부정견이 곧 출세지혜의 바탕일 뿐, 또한 모든 부처님의 근본지와 부동지의 바탕이다. 만약 이 정견이 없다면 출세지와 부동지도 없다. 정(情)인즉 지의 바탕이고 업인즉 해탈이며 고인즉 법신이니 다시 무엇을 의심하랴? 저 주먹 그대로 손이고, 얼음이 물이며, 꽃 그대로 허공이고, 뱀이 새끼줄이며, 새끼줄 그대로 마다. 故知 凡夫情見 卽出世智慧之體 亦卽諸佛根本不動智體 設無此情見 亦無出世智 不動智矣 情卽智體 業卽解脫 苦卽法身 亦復何疑 如拳卽手 冰卽水 華卽空 蛇卽繩 繩卽痲"라고 하였다. 〔참고문헌〕 『方廣大莊嚴經』, 『華嚴經』, 『大乘寶雲經』, 『俱舍論』, 『大乘莊嚴經論』, 『成唯識論了義燈』, 『華嚴經懸談會玄記』, 『靈峰蕅益宗論』, *Abh-k-bh.*, *Sūtr.* ⇨ 무분별지 無分別智, 근본지 根本智, 후득지 後得智, 부동지 不動智

출세통문 出世通文 용암체조(龍巖體照 1713~1779)가 1767년(영조43)에 입적한 자징선사(自澄禪師)의 사리에서 밤새도록 상서로운 빛이 끊이지 않은 희유(稀有)의 일이 일어나자 이를 세상에 알리려고 쓴 글. 『용암당유고』(한불전9, p.789b9) 잡저(雜著)에 전한다. "우리 서산의 제5세 설암의 적통인 일암대선사의 문인인 불공당 자징선사는 관동 양양 사람인데, 세수 쉰 여덟으로 설악산 신흥사 천후봉 아래 안심암에서 시적하였다. … '내가 오음을 벗으면 삼일의 천화를 기다리지 말고 화장하면 나와 더불어 삼세의 연우가 될 것이다' 하였으므로 … 삼일 후에 친동생 효성이 재 속에서 사리한 조각을, 수계자 수청이 그 옆에서 영골사리 한 조각 수습하여 두 과가 되었다. 빛깔 청유리와 같았고 상서로운 빛은 밤새 끊이지 않았으니, 말세를 당하여 이와 같은 희유한 일 잊혀지게 할 수 없으므로, 여러 산 사찰에 널리 알린다. 惟我西山第五世雪巖嫡統日菴大禪師門人不空堂自澄禪師關東襄陽人也 壽五衮有八 而示寂于雪岳山神興寺之天吼峰下安心菴 … 吾脫五陰 不俟三日而化 火則與我爲三世之緣友 … 三日後親弟曉誠 收一片欅珠於灰中 戒子樹淸 收一片靈珠於其傍 合二顆 色如靑琉璃也 祥光連夜不絶 當此季世 如此稀有之事 不可泯沒故 普告于諸山寺刹"고 하였다. 〔참고문헌〕 『龍巖堂遺稿』. ⇨ 자징 自澄, 체조 體照, 용암당유고 龍巖堂遺稿

출세후득 出世後得 Ⓢ lokottara-pṛṣṭha-labdha, Ⓣ 'jig-rten-las-'das-pa rjes-la-thob-pa. 출세후에 얻다. 『대승장엄경론』 권4(대정장31, p.613a11)에 "진이란 출세의 무분별지를 이름하니 진여를 증하기 때문이다. 그럴듯해 진실 아니라 하니 분별도 아니고 분별없는 지도 아니어서 출세후에 얻은 세지(Ⓢ lokottara-pṛṣṭha-labdhaṃ laukikaṃ jñānam)를 말한다. 眞謂出世無分別智 證眞如故 似不眞 謂非分別非不分別智 卽出世後得世智故", 『화엄경소초』 권51(대정장36, p.4

04c18)에 "청정한 소리란 위없는 것으로 출세후에야 얻기 때문이다. 淸淨聲者 無上出世後得故"라고 하였다. [참고문헌]『大乘莊嚴經論』, 『華嚴經疏鈔』, *Sūtr.63.*

출수 出手 손 내밀다. 법을 청하는 뜻이고, 법을 드리우는 것은 수수(垂手)다. 『양기어록』(대정장47, p.642b25)에 "양기가 두 번째 스님에게 물었다. '천 리를 가려면 한 걸음부터다. 무엇이 최초 한마디인가?' '여기 화상 앞에서 어찌 감히 손을 내밀겠습니까?' 양기가 손으로 한 획을 긋자 학인이 '마쳤습니다'라고 말하였다. 양기가 두 손을 펼치니, 학인이 머뭇거리자 양기가 '마쳤다'라고 말하였다. 又問第二座 欲行千里 一步爲初 如何是最初一句 僧云 到和尙者裏 爭敢出手 師以手劃一劃 僧云 了 師展兩手 僧擬議 師云 了", 『인천안목』 권1 「사조용 四照用」(대정장48, p.304a24)에 "천 명이든 만 명이든 이 경계에 이르면 손 내미는 것조차 할 수 없다. 千人萬人 到此出手不得"라고 하였다. [참고문헌]『楊岐語錄』, 『人天眼目』. ⇨ 수수 垂手, 최초구 最初句

출식 出息 **1** Ⓟ assāsa. 날숨. 숨을 내쉬다. 반나(般那)로 음사하며, 들이쉬면 입식(入息 Ⓟ passāsa)이다. 『번역명의집』 권6(대정장54, p.1164b14)에 "반나는 보내 가게 한다는 뜻에서 견거라 한다. 출식이다. 般那 此云遣去 出息也", 『좌선삼매경』 권상(대정장15, p.273a19)에 "무엇을 헤아린다 하는가? 일심으로 들숨을 생각하여 들숨 끝 이르면 하나라 헤아리고, 날숨 끝에 이르면 둘이라 헤아린다. 云何爲數 一心念入息 入息至竟數一 出息至竟數二"라고 하였다. [참고문헌]『翻譯名義集』, 『坐禪三昧經』, *SN.5.326., Vism.271.* ⇨ 반나 般那[1], 입식출식념 入息出息念 **2** 쌓여 있기만 한 물건들 들고나게 하다. 『석씨요람』 권중(대정장54, p.289a14)에 "『십송율』에서 '불탑에 있는 물건 들고나게 부처님께서 허용하셨다'라고 하였다. 十誦律云 以佛塔物出息聽之", 『사분율행사초』 권중(대정장40, p.57c12)에 "『십송율』과 『마하승기율』에 따르면, 탑물 나오게 해서 이익 취하게 해서 탑물무진재중으로 돌려놓고, 불물 나오게 해서 불물무진재중에 돌려놓는다. 十誦僧祇 塔物出息取利 還著塔物無盡財中 佛物出息 還著佛無盡財中"라고 하였다. [참고문헌]『釋氏要覽』, 『四分律行事鈔』. ⇨ 출식물처 出息物處

출식물처 出息物處 잠자고 있는 물건들 드러내 바꾸는 곳. 『십송율』 권6(대정장23, p.47b20)에 "산업처란 씨 뿌려 경작하는 곳, 판매하는 곳, 물건 들고 나게 하는 곳, 헤아리는 곳 등을 말한다. 産業處者 耕種處 販賣處 出息物處 算計處"라고 하였다. [참고문헌]『十誦律』.

출식불보입식 出息不保入息 내쉰 숨 들이쉰다 보증하지 못한다. 무상(無常)을 깨우치는 경구다. 『지관보행전홍결』 권7(대정장46, p.374a28)에 "비구가 말했다. '내쉰 숨 들이쉰다 보증하지 못합니다'. 부처님께서 말씀하셨다. '이것을 정진이라 하니 무상을 잘 닦거라'. 有一比丘言 出息不保入息 佛言 是名精進 善修無常", 『사념처』 권1(대정장46, p.559b3)에 "한 비구가 '숨을 내쉰다 해도 들이쉴 숨 보증하지 못합니다'라고 하자 부처님께서 말씀하셨다. '훌륭하다! 찰나로 바쁜 시간 무상하여 늙어 죽음 가까이 이르니 한평생 무상할 뿐이다'. 一比丘言 出息不保入息 佛言 善哉 剎那促時 無常 老死至近 是一期無常", 『대승본생심지관경천주』 권5(卍속장34, p.304a16)에 "한 스님 '제가 보니 만사가 무상하여 신속하니 숨 내쉬고 들이쉬는 순간에 있을 뿐이고, 숨을 내쉬더라도 들이쉴 틈을 보증하지 못합니다'라고 하자 부처님께서 말씀하셨다. '훌륭하다, 훌륭해! 그대는 생사라는 것 잘 아는 사람이다'. 一僧曰 我觀無常迅速 只在呼吸之間 出息不保入息 佛言 善哉善哉 汝善知生死者也"라고 하였다. [참고문헌]『止觀輔行傳弘決』, 『四念處』, 『大乘本生心地觀經淺註』, 『雲門廣錄』 권상(대정장47, p.546c16), 『傳心法要』(대정장48, p.383c18).

출식불섭중연 出息不涉衆緣 숨 내쉼에 뭇 연 밟을 일 없다. 선종 제27조 반야다라(般若多羅)의 말로 출식불의중연(出息不依衆緣)·출식불수중연(出息不隨衆緣)·출식불섭만연(出息不涉萬緣)이라고도 한다. 입식불거음계(入息不居陰界)와 대칭한다. 『종용록』 3칙 「본칙 本則」(대정장48, p.229a15)에 "동인도의 국왕이 제27조 반야다라에게 재를 청하였는데〈때때로 입으로 빚진 것 갚는다〉, 왕이 물었다. '어찌하여 경전을 보지 않습니까? 〈공도 없이 녹을 받을까 잠을 자도 밥을 먹어도 편치 않다〉'. '도 없는 저 숨을 들이되 음계에 머무르지 않고, 숨을 내뱉지만 뭇 연 밟을 일 없습니다. 늘 이와 같은 경전 백천만억권 거듭 외웁니다〈앞서 말한 강찬 가이없이 뛰어난 인연이다〉'. 東印土國王 請二十七祖般若多羅齋〈往往償口債去也〉 王問曰 何不看經〈無功受祿 寢食不安〉 祖云 貧道入息不居陰界 出息不涉衆緣 常轉如是經百千萬億卷〈上來講讚無限勝因〉"라고 하였다. [참고문헌]『從容錄』, 『曹山語錄』(대정장47, p.532a17), 『汾陽語錄』 권중(대정장47, p.616c3), 『圜悟語錄』 권12(대정장47, p.769b17).

출식점 出息坫 금은전(金銀錢) 쉬지 않게 해서 이익을 내는 상점. 일정한 재물을 내어주고 이득을 취하는 곳을 말한다. 점(坫)은 점(店)과 통한다. 『오분율』 권10(대정장22, p.73a26)에 "그 구사라(Ⓢ Ghoṣita)는 재물이 다하기 전에 별도로 출식점 하나를 차려놓고 그 이익으로 스님들 가운데 병든 비구를 불러들여 공양하였다.

또한 약방 하나를 차린 의도도 이와 같았다. 모든 병든 비구들이 뒤에 부끄러워 감히 받지 못하였다. 彼瞿師羅財物未盡時 別立一出息坫 請僧中病比丘 以供養之 復有一藥坫亦如是 諸病比丘 後慚愧不敢受"라고 하였다. [참고문헌] 『五分律』. ⇨ 출식 出息 ❷, 출식물처 出息物處

출식취 出息取 쉬지 않게 해서 취하다. 쌓인 물건 돌려서 이익 취하다. 『십송율』 권52(대정장23, p.380a1)에 "(여섯 가지 취 중에서) 출식취를 제하고 나머지 취는 바라이죄다. 만약 여섯 가지 모두 취하면 바라이가 되고 일부를 취하면 투란차다. 除出息取 餘取得波羅夷 若具足取 波羅夷 不具足取 偸蘭遮"라고 하였다. [참고문헌] 『十誦律』. ⇨ 출식 出息 ❷

출신 出身 이 한 몸 벗어나다. 얽혀 있던 온갖 인연 벗어던지고 나오다. 『벽암록』 53칙 「수시 垂示」(대정장48, p.187c12)에 "온 세계 어디에도 감추지 못하니 온전한 기틀 오롯이 드러났다. 마주치는 길마다에 막힘 없으니 드러내는 곳마다에서 몸 벗어나 움직인다. 말마다에 사사로움 없어 마주하는 것마다에 사람인 듯하면 죽이는 뜻 있다. 자, 말해보라. 옛사람은 필경에 어딜 향해 그치고서 쉬었는가? 들어서 살펴보라. 遍界不藏 全機獨露 觸途無滯 著著有出身之機 句下無私 頭頭有殺人之意 且道 古人畢竟向什麽處休歇 試擧看", 『연등회요』 권22 「운거도응장 雲居道膺章」(卍속장136, p.797a5)에 "운거가 대중에게 보였다. '얻은 이는 경미하게 여기지 않고, 밝힌 이는 함부로 쓰지 않으며, 아는 이 혀 차지 않고, 이해한 이는 혐오함 없이 한다. 하늘에서 내려온즉 가난하고, 땅에서 솟아나야 부귀하다. 문에서 몸 나오기는 쉽지만, 몸에서 문 빼는 일 어렵다. 움직이면 천 길 밑으로 묻히고, 움직이지 않으면 자리한 그곳에서 싹 돋아난다. 한마디 말로 훌쩍 뛰어넘어 홀로 빠져나온 바로 그 순간, 언어는 많은 것 필요치 않으니 많아도 쓸데 없다'. 示衆云 得者不輕微 明者不賤用 識者不咨嗟 解者無厭惡 從天降下則貧寒 從地涌出則富貴 門裏出身易 身裏出門難 動則埋身千丈 不動則當處生苗 一言逈脫 獨拔當時 言語不要多 多卽無用處"라고 하였다. [참고문헌] 『碧巖錄』, 『聯燈會要』. ⇨ 출신구 出身句, 출신처 出身處 ❶, 출신지로 出身之路, 출신활로 出身活路

출신구 出身句 이 한 몸 벗어나는 한마디. 『벽암록』 50칙 「수시 垂示」(대정장48, p.185b3)에 "계급 건너뛰고 방편을 뛰어 끊어 기기마다 서로 응해 구구로 던지더라도 대해탈문 들어서 대해탈용을 얻지 못해서야 어찌 부처와 조사를 저울질하며 종승의 귀감이 되겠는가? 말해보라. 기에 당해서 곧바로 끊어 역순종횡 하더라도 어떻게 해야 이 몸 벗어던지는 한마디 말할 수 있을까? 시험 삼아 들어보기를 바란다. 度越階級 超絶方便 機機相應 句句相投 儻非入大解脫門得大解脫用 何以權衡佛祖龜鑑宗乘 且道 當機直截 逆順縱橫 如何道得出身句 試請擧看", 『오가종지찬요』 권상 「제종십삼종구 濟宗十三種句」(卍속장114, p.520b12)에 "첫 번째 진에 미한 한마디다. '언어로 탐해 찾다가 본래 진실 잃어버린다'. 두 번째는 출신구다. '오늘도 또 가버리면 내일은 다시 오리라'. 一 迷眞句 貪尋言語路 失却本來眞 二 出身句 今日且去 明日再來", 『종문현감도』 「오구론 五句論」(卍속장112, p.933b4)에 "제2구는 출신구다. 학인이 조주에게 '사구백비 떠나 스님께서 제게 조사가 서쪽에서 온 뜻 곧장 가리켜 주십시오'라고 묻자, 조주가 '노스님이 이다지도 급해서야'라고 말한 것이 이것이다. 第二 出身句 如僧問趙州 離四句絶百非 請師直指某甲西來意 師云 老僧恁麽死急 是也"라고 하였다. [참고문헌] 『碧巖錄』, 『五家宗旨纂要』, 『宗門玄鑑圖』. ⇨ 출신 出身

출신지로 出身之路 몸 벗어나 열린 저 길. 출신활로(出身活路)라고도 한다. 『임제록』(대정장47, p.497a9)에 "임제가 법좌에 올라 말하였다. '한 사람 저 높은 정상에 있으니 몸 벗어날 길이 없고, 한 사람 네거리에 있으니 앞도 뒤도 없다. 어떤 것이 앞이고 어떤 것이 뒤란 말인가? 유마힐 지을 수 없고 부대사 짓지도 못한다. 잘 지내시라'. 上堂云 一人在孤峯頂上 無出身之路 一人在十字街頭 亦無向背 那箇在前 那箇在後 不作維摩詰 不作傅大士 珍重", 『조계진각국사어록』 「시묵뢰선인 示默雷禪人」(한불전6, p.24b15)에 "일체고통 다 버리고 진실하여 헛되지 않다. '다함 없는 다라니창고'라고도 하고, '신령한 칼끝 보검'이라고도 하니, 일체처에서 받아 씀에 자재하다. 이와 같이 받아 쓸 줄 안다면 이 몸 벗어날 길 스스로 있게 될 뿐 아니라 천하의 사람 죽이고 살린다. 能除一切苦 眞實不虛 亦名無盡陁羅尼藏 亦名靈鋒寶劒 一切處受用自在 若能如是受用 非唯自有出身之路 亦乃殺活天下人去也", 『무문관』 24칙(대정장48, p.296a16)에 "만약 이곳 향해 몸소 끊을 줄 보아 얻는다면 스스로 이 몸 벗어날 길 있게 되리니, 언어삼매를 떠나 한마디 가져와 말해보라. 若向者裏見得親切 自有出身之路 且離却語言三昧 道將一句來"라고 하였다. [참고문헌] 『臨濟錄』, 『曹溪眞覺國師語錄』, 『無門關』, 『大慧語錄』 권23 「示方機宜」(대정장47, p.909a17). ⇨ 분신지의 分身之意, 출신 出身, 출신활로 出身活路

출신처 出身處 ❶ 이 한 몸 벗어난 저 곳. 근진(根塵)으로 얽힌 오온(五蘊)의 일체경계 벗어나 안팎으로 자재한 그 곳. 『운문광록』 권상(대정장48, p.545c18)에 "학인이 운문에게 물었다. '무엇이 모든 부처가 몸 벗어난 곳입니까?' '동쪽 산이 물 위를 흐른다'. 問 如何是諸

佛出身處 師云 東山水上行", 『동산어록』(대정장47, p.517b11)에 "요즘 배우는 이들이 다만 시방제불이 있는 줄만 알고 시방제불이 몸 벗어난 곳 있는 줄은 모른다. 헛되이 부처 있는 줄만 알아서는 부처를 이룰 수가 없다. 如今學者 只知有十方諸佛 且不知有十方諸佛出身處 空知有佛 不得成佛", 『정법안장』 권3(卍속장118, p.108b12)에 "천의의회(天衣義懷)화상이 대중에게 옛사람이 '오온산 정상 한 점 공이여, 같은 문을 출입하면서도 서로 만날 일 없네. 무량겁 동안 집을 빌려 살면서도 끝까지 집주인이 누구인줄 모르네'라고 하였으며, 이에 어느 노존숙 말하길 '진작에 누구인 줄 몰랐다면 애초에 누구에게 빌리는지를 물었어야 했네'라고 염(拈)한 것 들어 말하였다. '이렇게 염해도 한층 멀어질 뿐이다. 왜일까? 죽은 사람 길 위에 살아남은 사람 몸 벗어날 곳 있고 살아남은 사람 길 위에서야 죽은 사람 셀 수 없는 줄 알아야 한다. 무엇이 살아남은 사람의 길 위에 죽은 사람이 셀 수 없다는 것이고, 무엇이 죽은 사람의 길 위에 살아남은 사람이 몸 벗어날 수 있다는 것인가? 만약 점검하여 분명한 점을 터득하면 찌든 때 모자 암내 나는 적삼 벗어던진다'. 묘희종고(妙喜宗杲)가 착어하였다. '하늘 옷 입으신 옛 부처가 아름답기는 아름답다. 선하기로는 아직 제대로 선하지 않다. 안목 갖춘 납승 잘 간별하여 살펴보라'. 天衣懷和尙示衆 擧古人云 五蘊山頭一段空 同門出入不相逢 無量劫來賃屋住 到頭不識主人公 有老宿拈云 旣不識佗 當初問甚麽人賃 恁麽拈也大遠在 何故 須知 死人路上有活人出身處 活人路上死人無數 那箇是活人路上死人無數 那箇是死人路上活人出身處 若點檢得分明 拈却膱脂帽子 脫却鶻臭布衫 妙喜曰 天衣古佛 美則美矣 善則未善 具眼衲僧 試甄別看"라고 하였다. 〔참고문헌〕『雲門廣錄』, 『洞山語錄』, 『正法眼藏』, 『碧巖錄』 8則 「評唱」(대정장48, p.148b27). ⇨ 출신 出身 ❷ 태어난 고향. 『조정사원』 권8(卍속장113, p.229b13)에 "월(越) 지역의 저기(諸暨)를 옛날에는 아주(鵞州)라고 불렀으니, 혜충국사의 출신지이다. 越之諸暨 昔號鵞州 國師出身處也"라고 하였다. 〔참고문헌〕『祖庭事苑』.

출신활로 出身活路 몸 벗어나 살아날 길. 『법집별행록절요』(한불전4, p.741a20)에 "관행하는 이 품은 것 잊고 허랑할 줄 몰라서 의리에 막힐 뿐일까 염려해서 마지막에 본분종사 경절문 언구 간략히 인용하여 지견의 병통을 말끔히 씻어내고 몸 벗어나게 해서 살아남는 길이 있음을 알게 하였을 뿐이다. 요즘 선을 진작하거나 교를 일으키는 이들 문자만 배우고 푸는 것만을 업으로 삼으며 관행하여 세간을 뛰어넘는 것에 대해서는 끝내 마음을 두지 않는다. 又恐觀行者 未能忘懷虛朗 滯於義理故 末後略引本分宗師徑截門言句 要令滌除知見之病 知有出身活路爾 今時弘禪弘敎之者 但以文字學解爲業 而於觀行出世 終不掛懷", 『선가귀감』(한불전7, p.636b4)에 "교의 뜻 내려놓고 다만 자심 가져 한 생각만을 드러내 선지 자세히 살필 뿐이니 반드시 얻는 바가 있을 것이다. 이른바 몸 벗어나 살아남는 길이다. 放下敎義 但將自心現前一念 叅詳禪旨 則必有所得 所謂出身活路"라고 하였다. 〔참고문헌〕『法集別行錄節要』, 『禪家龜鑑』, 『禪宗決疑集』(대정장48, p.1016a23), 『禪要』(卍속장122, p.709a11). ⇨ 출신지로 出身之路, 출신 出身

출애왕 出愛王 우전왕(優塡王 Ⓟ Udena)을 번역한 이름 중 하나. 『대당서역기』 권5(대정장51, p.899b10)에 "승군왕은 출애왕이 단불상을 새긴다고 듣고 이 상을 지었다. 勝軍王聞 出愛王刻檀像佛 乃造此像", 『유가사지론약찬』 권16(대정장43, p.219c21)에 "출애왕은 예전에 우전왕이라 했다. 出愛王者 卽舊言優塡王也"라고 하였다. 〔참고문헌〕『大唐西域記』, 『瑜伽師地論略纂』. ⇨ 우전왕 優塡王, 우다연나 優陀延那 ❶, 올다연나 嗢陀演那

출요 出要 Ⓟ nissaraṇa. 벗어남에 긴요한 길. 삼유(三有)를 벗어나 위없는 길(無上道)에 듦에 반드시 깨우쳐 나아갈 길. 『중아함경』 권19 「범천청불경 梵天請佛經」(대정장1, p.547a19)에 "저 범천은 세존께서 오시는 것을 보자 바로 청하였다. '잘 오셨습니다. 대선인이시여. 이곳은 변함이 없으며, 한결같고, 오래 있고, 긴요하고, 영원한 법이며, 출요이니, 이 출요보다 더 뛰어나고 수승하며 미묘하고 제일가는 것은 없습니다'. 이에 세존께서 말씀하시길, '범천이여. 너는 무상을 변함없다고 하며, 오래가지 않는 것을 언제나 있다 하고, 있지 않은 것을 있다고 하며, 요 아닌 것을 요하다 하고, 끝이 있는 법을 끝없는 법이라 하며, 출요가 아닌 것을 출요라고 하여 이 출요보다 더 뛰어나고 수승하며 미묘하고 제일가는 것은 없다고 하니, 범천이여, 그대 다만 지혜 빛 없어 어둡다'라고 하셨다. 彼梵天見世尊來 卽請世尊 善來大仙人 此處有常 此處有恒 此處長存 此處是要 此處不終法 此處出要 此出要更無出要過其上 有勝 有妙 有最者 於是 世尊告曰 梵天 汝無常稱說常 不恒稱說恒 不存稱說存 不要稱說要 終法稱說不終法 非出要稱說出要 此出要更無出要過其上 有勝 有妙 有最者 梵天 汝有是無明 梵天 汝有是無明", 『출요경』 권7(대정장4, p.648c15)에 "'출요를 잘 구한다' 하니 방편 속히 구하고, 도반을 잘 구하며, 생사를 싫어하고, 탐욕을 멀리 여의며, 더하여 오로관 구하여 비록 생사에 처할지라도 물들지 않는다. 출요란 생사를 벗어나는 것이니, 또한 삼유를 벗어나 다시는 생 받는 일 없다. 출요란 출가하여 도를 배우는 것이니, 무상도를 닦고 가업을 버리는 것이다. 출요란 한데서 고행하며 가리거나 덮는 것을 구하지 않는 것이다. 그러므로 '출요를 잘 구한다'라고 말씀하신 것이다. 善求出要者 疾求方便 善求伴侶 厭患生死 貪欲遠離 復求思惟惡露之觀 雖處生死 心不染著 於生死 出要者 出生死也 亦出三有 更不受生 出要者 所謂出家學道 修無上道 離於家業 出要者 露精自暴 不求覆蓋 是故說曰 善求出要也", 『대방등대집경』 권17(대정장13, p.116a16)에 "반드시 열반에 이르기에 출요라고 한다. 能到涅槃故 名爲出要"라고 하였다. [참고문헌] 『中阿含經』, 『出曜經』, 『大方等大集經』, *MN.1.326*. ⇨ 출리 出離 [1]

출요 出曜 Ⓢ Avadāna. 벗어나 빛나게 하다. 구부경(九部經) 또는 십이부경(十二部經) 중 하나인 비유(譬喩)를 말한다. 아바다나(阿波陀那)라 음사한다. 『출요경』「서 序」(대정장4, p.609b29)에 "출요라는 말은 구역으로는 비유이며, 십이부경 중 여섯 번째 부이다. 出曜之言 舊名譬喩 卽十二部經 第六部也", 같은 책 권6(대정장4, p.643c2)에 "(십이부경 가운데) 여섯 번째는 출요이다. 출요라는 말은 「무상품」부터 「범지품」에 이르기까지 뭇 경의 주요한 비장을 채록해 품은 것이니 연설해 널리 펼쳐 보임으로써 깨우쳐 장차 다가오기에 출요라 한다. 六者 出曜 所謂出曜者 從無常至梵志 採衆經之要藏 演說布現 以訓將來 故名出曜"라고 하였다. [참고문헌] 『出曜經』. ⇨ 비유 譬喩, 아바다나 阿波陀那, 구부경 九部經, 십이부경 十二部經

출요경 出曜經 Ⓢ Udānavarga, Ⓣ ched-du-brjod-pa'i-tshoms. 법구(法救 Ⓢ Dharmatrāta)존자 찬(撰), 요진(姚秦) 축불념(竺佛念) 한역. 30권(송·원·명 대장경판은 20권). 『출요론 出曜論』이라고도 한다. 고려장29, pp.756b1~1002a21, No.21·대정장4, pp.609b27~776a13, No.212에 수록되어 있다. 승예(僧叡)가 쓴 「서문 序文」에 의하면 법구존자 자신이 1천 장(章)을 집성하여 33품으로 찬한 『법구경』을 의지해 주석한 것이 본경이다. 교훈적인 게송(偈頌)과 그와 관련된 주석의 고사 930편이 34품으로 편집되어 있다. 교리의 이해를 돕기 위해 비유를 쓰거나 우언으로 설명하는 내용이다. 출요란 비유(譬喩 Ⓢ avadāna)의 구역(舊譯)으로 십이부경의 하나이다. 본경은 계빈국(罽賓國) 사문 승가발징(僧伽跋澄)이 범본(梵本)을 가지고 장안(長安 : 陝西省 西安)으로 온 지 오랜 시간이 지난 후에야 축불념과 도억(道嶷)의 도움으로 한역되었다. 사전(史傳)과 경전목록서에 383년(건원19)에 역출된 것으로 전하나, 「서문」에 의하면 이 해는 승가발징이 범본을 갖고 장안에 들어온 때이고, 승예의 「서문」이 399년(융안3)에 지어졌으므로, 본경의 한역이 마무리된 것도 이때쯤으로 추정한다. 비유로서 무상을 설하며 계정혜를 닦아 선근을 쌓고 해탈에 이르는 길을 밝히고 있다. 본경과 유사한 형식의 경으로 『법구비유경 法句譬喩經』(대정장4, No.211)·『법집요송경 法集要頌經』(대정장4, No.213)·『백유경 百喩經』(대정장4, No.209) 등이 있으나, 이 경들과 비교해 가장 잘 정리된 것이 본경이다. [참고문헌] 『出曜經』·「序文」(대정장4, p.609b27). ⇨ 법구경 法句經 [1], 비유 譬喩

출요론 出曜論 『출요경』(대정장4, No.212)의 다른 이름. 『개원석교록』 권4(대정장55, p.512a8)에 "『출요경』 20권〈『출요론』이라고도 한다. 19권본도 있다. 부진대건원 19년(383) 역출하였다. 『이진록』·『고승전』·『승우록』·『보창록』 등을 참조하라〉. 出曜經二十卷〈亦云 出曜論 或十九卷 符秦建元十九年出 見二秦錄 高僧傳 僧祐寶唱等錄〉"라고 하였다. [참고문헌] 『開元釋敎錄』. ⇨ 출요경 出曜經

출요상 出要想 벗어나고자 해서 떠올리는 일. 세 가지 선한 생각(三善想 : 三想) 중 하나다. 『증일아함경』 권13(대정장2, p.614c21)에 "다시 세 가지 생각이 있다. 무엇이 세 가지인가? 출요를 떠올리고·해치지 않으려하고·화내는 생각 없이 한다. 만약 어떤 사람 출요 떠올린다면 목숨을 마치고 이 인간세상에 다시 난다. 復有三想 云何爲三 所謂出要想 不害想 不恚想 若有人有出要想者 命終之時 生此人中", 『십지경론』 권4(대정장26, p.151b3)에 "일곱째, 열반을 희구하면서 저 다른 곳으로 향해간다는 것은 범천 등이 범세간 등을 출세의 정견으로 여기는 것을 말한다. 경에서 '출요도처가 아닌 곳을 출요상이라고 여긴다'라고 한 것과 같다. 七者 希求涅槃而趣彼異處 謂梵天等 梵世間等以爲出世正見 如經非出要道處 謂出要想故"라고 하였다. [참고문헌] 『增壹阿含經』, 『十地經論』. ⇨ 삼상 三想 [2], 삼선상 三善想

출원 出院 사원에서 나가게 하다. 또는 대중으로 있다가 다른 곳으로 가기 위해 나가다의 뜻. 대중에 들어오는 일은 입원(入院)이다. 『백장청규』 권2 「숙중 肅衆」(대정장48, p.1121e4)에 "간혹 거짓 이름해 몰래 출가자의 모습 하고 청정한 대중에 섞여 들어와서 별나게 소란스러운 일을 일으키는 경우가 있으니, 곧 마땅히 유나는 검거하고 추궁하는 자리에서 괘탑을 뽑아 없애고 멸빈하여 출원시켜야 하니 이는 청중을 귀하고 편안케 한다. … 대중 다툼에 밝히지 못하면 결코 좋은 스님이 아니니, 일리가 있든 일리가 없든 죄다 출원시킨다. 혹 의논하여 일리가 있더라도 멸빈한다. 의심스럽고 마땅치 않더라도 대개 스님은 마땅히 참아내야 하는데도 이치가 있다고 집착하였다면 이것마저도 무명이므로 함께 멸빈한다. 싹이 트기 전에 쟁론을 그치는 것이다. 有或假號竊形 混于清衆 別致喧撓之事 卽當維那撿擧 抽下本位掛搭 擯令出院者 貴安清衆也 … 僧爭無明決非好僧 有理無理 並皆出院 或議有理而亦擯 疑若未當 蓋僧當忍辱

若執有理而爭者 卽是無明 故同擯之 息諍於未萌也", 『임제록』(대정장47, p.499b27)에 "마치 신부인 듯한 선사 절에서 쫓겨날까 두려워 먹지도 못해 안락할 수 없다. 若似新婦子禪師 便卽怕趁出院 不與飯喫 不安不樂", 『교계신학비구행호율의』「재원주법 在院住法」(대정장45, p.870c29)에 "보통 대중에서 나가고자 하면 마땅히 절 내의 스님들께 갈 곳을 알려야 한다. 凡欲出院 當白院中僧 令知去處"라고 하였다. 〔참고문헌〕『百丈淸規』, 『臨濟錄』, 『敎誡新學比丘行護律儀』. ⇨ 빈출 擯出

출유 出有 유를 벗어나다. 삼계유(欲有 色有 無色有)에서 나오다의 뜻이다. 원측(圓測)의 『인왕경소』 권중(대정장33, p.395b27・한불전1, p.72c2)에 "유를 벗어난다는 말은 삼계라는 유를 벗어남이다. 言出有者 出三界有", 『왕생론주』 권상(대정장40, p.830a20)에 "유를 벗어난 유를 '미'라 한다〈유를 벗어난다는 말은 삼유를 나옴이고, 뒤의 유는 정토라는 유를 가리킨다〉. 出有而有曰微〈出有者 謂出三有 而有者 謂淨土有也〉"라고 하였다. 〔참고문헌〕『仁王經疏』, 『往生論註』.

출유상방편 出有相方便 모습 있는 방편을 나타냄. 십지(十地) 중 초지부터 제6지에 이르는 공용(功用)이다. 『대승장엄경론』 권10「각분품 覺分品」(대정장31, p.645a15)에 "큰 십지에 듦에 다시 네 가지 차별이 있다. 첫째는 능히 두루하는 닦음이니 곧 초지에 듦이다. 둘째는 능히 드러내 닦음이니, 들어서서는 6지에 이른다. 저 여섯 자리에서는 모습 있는 방편을 드러내기 때문이다. 셋째는 상 없는 닦음이니 제7지에 듦이다. 넷째는 무위의 닦음이니, 뒤의 세 자리에 듦이다. 若入大地 復有四種差別 一能通修 謂入初地 二能出修 謂入乃至六地 於彼六地 出有相方便故 三無相修 謂入第七地 四無爲修 謂入後三地"라고 하였다. 〔참고문헌〕『大乘莊嚴經論』. ⇨ 유상방편 有相方便, 십지 十地❷

출유입무 出有入無 유를 벗어나 무에 들다. 삼계(三界)라는 분단(分段)의 유를 여의고 변화생(變化生) 곧 변역생사(變易生死)에 드(入無)는 뜻이다. 『인왕경』 권상(대정장8, p.827c1)에 "견뎌내는 마음이란 둘 없는 삼제 중에 잠겨서, 유를 나와 무에 드니 변화로 난다. 忍心無二三諦中 出有入無變化生", 『인왕호국반야경소』 권4(대정장33, p.274c2)에 "삼제 그대로 일제이고, 삼심이 곧 일심이므로 '둘이 없다'고 한다. 유 그대로 공이므로 '유를 벗어나 무에 들어간다'고 하며, 공 그대로 유이므로 '변화로 난다'고 한다. 三諦卽一諦 三心卽一心 故云無二 卽有卽空 故云 出有入無 卽空卽有 故云變化生也", 『인왕호국반야바라밀경소신보기』 권3(대정장33, p.304c29)에 "자세히 말하면 '무를 나와 유에 들어감은 변이고, 유를 벗어나 무에 들어감은 화라 한다'라고 해야 옳다. 유와 무 사이를 오고 감을 살핀 까닭에 변화로 난다. 具應云 出無入有爲變 出有入無爲化 惟出入於有無之間 所以爲變化生也"라고 하였다. 〔참고문헌〕『仁王經』, 『仁王護國般若經疏』, 『仁王護國般若波羅蜜經疏神寶記』.

출일두지 出一頭地 뛰어나 한끝 저 높은 곳에서. 『굉지광록』 권6(대정장48, p.76c4)에 "도인 가고 멈춤에 흐르는 구름 무심하고 보름달 널리 응하듯이 일체 머무는 바 없다. 오르고 올라서 한끝 저곳으로 뛰어나서는 연을 따라 만나 부딪쳐 물들지도 섞이지도 않지만 저와 더불어 쓰고 나와 더불어 바탕 같이 한다. 언어로 능히 전할 수 없고 사유로도 끝내 닿지 못한다. 道人行止 流雲無心 滿月普應 不爲一切所留 歷歷在萬像中 卓卓出一頭地 隨緣遇觸 不染不雜 與彼同用 與我同體 言語不能爲之傳 思惟不能爲之到"라고 하였다. 〔참고문헌〕『宏智廣錄』, 『圜悟語錄』 권7(대정장47, p.742b6).

출입식 出入息 Ⓢ āśvāsa-praśvāsa, Ⓟ assāsa-passāsa. 나고 드는 숨. 40권본 『대반열반경』 권20(대정장12, p.484b18)에 "대왕이시여! 중생을 출입식이라 부르고 출입식을 끊으면 죽인다고 합니다. 모든 부처님께서는 세속을 따라 설하시기에 또한 살이라 하십니다. 大王 夫衆生者 名出入息 斷出入息 故名爲殺 諸佛隨俗 亦說爲殺", 『마하지관』 권7(대정장46, p.93c17)에 "바람의 기운이 몸을 의지함을 출입식이라 한다. 이 숨이 번갈아 바뀌니 나간 숨은 그대로 들어오지 않는다. 風氣依身 名出入息 此息遷謝 出不保入", 『지관보행전홍결』 권7(대정장46, p.374a20)에 "일기를 수라 하고 이어 가짐을 명이라 한다. 일기가 끊어지지 않고 이어지는 한 숨의 바람도 끊어지지 않는다. 그러므로 출입식은 수명이라 할 수 있다. … 어떤 비구가 '날숨 들숨에 남아있지 않습니다'라고 하자 부처님께서 말씀하셨다. '이것을 정진이라 하니 무상함을 잘 닦는구나'. 一期爲壽 連持曰命 一期連持 息風不斷 故出入息 名爲壽命 … 有一比丘言 出息不保入息 佛言 是名精進 善修無常", 『선가귀감』(한불전7, p.638a1)에 "들숨과 날숨을 통하게 하는 것은 풍대의 움직임이다. … 날숨은 불의 기운이고 들숨은 바람의 기운이니, 사람의 목숨은 단지 숨을 들이쉬고 내쉬는 데 달려 있을 뿐이다. 通出入息者 風大之動也 … 呼者 出息之火也 吸者 入息之風也 人命寄托 只在出入息也"라고 하였다. 〔참고문헌〕『大般涅槃經』, 『摩訶止觀』, 『止觀輔行傳弘決』, 『禪家龜鑑』, *Abh-k-bh.339・340.*, *MN.1.243・301.* ⇨ 출식 出息, 입식출식념 入息出息念, 수식관 數息觀, 십육특승 十六特勝

출입식풍 出入息風 들고 나며 쉬는 바람. 『대방등대집경』 권57(대정장13, p.382c28)에 "저 들고 나는 숨바람 방편으로 생각하길 일체 대지계와 모든 색 흩어져 무너져 버렸기에 남은 것 없다. 彼以出入息風方便念 散壞一切大地界 及一切色 悉皆無餘", 『대비바사론』 권81(대정장27, p.417b17)에 "초정려 안에는 심사라는 불이 있기에 밖은 화재로 불타고, 제2정려 안에는 극한 기쁨이라는 물이 있어 밖은 수재로 무너지며, 제3정려 안에는 출입식이라는 바람이 있으므로 밖은 풍재에 휩싸이고, 제4정려에는 이런 삼재 없으므로 청정하다고 한다. 初靜慮內 有尋伺火 故外爲火災所燒 第二靜慮內 有極喜水 故外爲水災爛 第三靜慮內 有出入息風 故外爲風災飄 第四靜慮 無此三災 故說淸淨", 『금광명경문구기』 권4(대정장39, p.135b1)에 "저 중음에 있다가 부모 만나는 곳에서 탐애심 일어나 무명이 되고, 나고 들며 쉬는 바람을 행으로 삼는다. 以在中陰 於父母所 生貪愛心爲無明 出入息風爲行"라고 하였다. [참고문헌] 『大方等大集經』, 『大毘婆沙論』, 『金光明經文句記』.

출입판 出入板 승당(僧堂) 내에 설치하는 성승감(聖僧龕) 좌우 공간을 일컫는 말. 『백장청규』 권5 「좌선 坐禪」(대정장48, p.1142c19)에 "두수와 대중은 모두 출입판으로 왕래한다. 다만 전당수좌만 예외로 주지 앞으로 출입하는 것을 허락한다. 頭首大衆並從出入板往來 唯前堂首座許從住持前出入", 『선림상기전』 권1 「전판 前板」(불광장, 禪藏, p.65)에 "승당 성승감 좌우가 출입판이 된다. 출입판 앞이 전판(前板)이 되고 또한 전당(前堂)이라고도 하니, 전당수좌가 관리하며 통솔한다. 출입판 뒤가 후판(後板)이 되고 또한 후당(後堂)이라고도 하니, 후당수좌가 관리하며 통솔한다. 僧堂聖僧龕左右 爲出入板 自出入板已前 爲前板 亦曰前堂 卽前堂首座管領之 自出入板已後 爲後板 亦曰後堂 卽後堂首座管領之"라고 하였다. [참고문헌] 『百丈淸規』, 『禪林象器箋』, 『備用淸規』 권2(卍속장112, p.68a10). ⇨ 승당 僧堂, 성승감 聖僧龕, 승당출입판도 僧堂出入板圖

출자지유로 出者之由路 나오려는 이의 길잡이. 삼계화택(三界火宅) 또는 두 갈래 불길(二障 : 煩惱藏 所知障)에서 나오게 하는 열두 갈래 문(十二門)의 비유다. 『십이문론』 「서 序」(대정장30, p.159b9)에 "이런 이유로 용수보살은 나오고자 하는 이 경유해야 할 길 열고자 『십이문론』을 지어 바로잡았다. 바르게 해서 열둘인즉 유와 무를 아울러 들어 올렸기에 다 드러내지 못할 일 없다. 是以 龍樹菩薩 開出者之由路 作十二門以正之 正之以十二 則有無兼暢 事無不盡", 『십이문론소』 「서소 序疏」(대정장42, p.172a24)에 "위에서는 비심을 보였고 지금은 비사다. 또한 위에서는 대비가 안으로 가득하게 하고, 여기서는 방편으로 밖으로 구하고자 한즉 말 토해서 논을 짓는다. … 함께 두 갈래 불타는 집의 불길을 면하게 하니 '벗어난다'고 한다. 나오려는 이 반드시 끌어낼 인이 있어야 한다. 그러므로 열두 가지 문으로 나오려는 자의 길잡이로 삼았으니, 이 길을 빌려 나오게 함이다. 上是悲心 今是悲事 又上是大悲內充 今方便外救 卽吐言作論也 … 同勉二種火宅所燒 故云出也 出必有所因 故以十二門爲 出者之由路 假斯路而出也"라고 하였다. [참고문헌] 『十二門論』, 『十二門論疏』.

출전 出纏 얽힘에서 벗어나다. 번뇌에 묶여 있음은 재전(在纏)이라 한다. 『금강경찬요간정기』 권2(대정장33, p.187b25)에 "묶여 있는 것의 이름이 본각이고, 출전의 이름은 구경각이다. 在纏名本覺 出纏名究竟覺", 『화엄경탐현기』 권1(대정장35, p.120b26)에 "하나는 출전이니 가장 깨끗한 법계이고, 다른 하나는 재전이니 성이 깨끗한 법계다. 一 是出纏 最淨法界 二 是在纏 性淨法界", 『능가경종통』 권7(卍속장26, p.639b18)에 "그러므로 얽힘에서 벗어남을 해탈이라 한다. 故出纏者名爲解脫"라고 하였다. [참고문헌] 『金剛經纂要刊定記』, 『華嚴經探玄記』, 『楞伽經宗通』. ⇨ 재전출전 在纏出纏

출전진여 出纏眞如 얽힘으로부터 자유로운 진여. 『종경록』 권77(대정장48, p.843b17)에 "묶여 있어 장애를 여의지 못하기에 출전진여 등을 얻지 못한다. 만약 시방의 모든 부처님께서 두 가지 각을 모두 원만히 실현하여 출전진여 등을 이미 갖추고 망상진로가 없어 영원히 청정본연에 합한다면 더 이상 산하대지를 비롯한 모든 함이 있는 상 등 낳지 못한다. 以在纏未離障故 未得出纏眞如等 若十方諸佛 二覺俱圓 已具出纏眞如等 無有妄想塵勞 永合淸淨本然 則不更生山河大地 諸有爲相等", 『백법론현유초』 권1말(卍속장87, p.267a13)에 "이승무학은 번뇌를 남김없이 끊었으므로 출전이라 한다. 중생이 공한 생공진여임을 분명히 얻었기에 열반이라 한다. 다만 출전진여를 바탕 삼을 뿐이니 삼무여의열반도 출전의 생공진여를 바탕으로 삼는다. 二乘無學 煩惱斷盡 故名出纏 顯得生空眞如 故涅槃 但以出纏眞如爲體 三無餘依涅槃 亦以出纏生空眞如爲體"라고 하였다. [참고문헌] 『宗鏡錄』, 『百法論顯幽鈔』. ⇨ 출전 出纏

출정 出定 Ⓢ vyutthāna, vyutthita, Ⓟ vuṭṭhāna, Ⓣ ldang-ba, langs-pa. 정(定)에서 나오다. 출리(出離)·출기(出起)·기출(起出)·출관(出觀)이라고도 하며, 상대어는 입정(入定 Ⓢ samāpatti : 等至)이다. 『관무량수경』(대정장12, p.343b7)에 "이런 상이 이루어질 때, 행자 마땅히 물 흐르고 빛 밝으며 온갖 보배 나무와 물오리와 기러기와 원앙이 모두 미묘한 법을 설하는 것을 듣는다. 정에 들거나 정에서 나와서도 항상 묘한 법을 듣는다. 행자가 들은 것 정에서 벗어났을 때도 기억해 지녀 버리지 않아서, 수다라와 더불어 하도록 한다. 此想成時 行者當聞 水流光明及諸寶樹鳧鴈鴛鴦 皆說妙法 出定入定 恒聞妙法 行者所聞 出定之時 憶持不捨 令與修多羅合", 『대방등대집경』 권11(대정장13, p.67c8)에 "선남자야, 비유하면 다음과 같다. 즉 비구가 멸정에 들려 할 때, 우선 서원 세우길 '제가 이제 정에 드니, 건추가 울리면 곧 정에서 벗어나겠습니다'. 정 중에는 건추의 소리가 없었으나, 원의 힘 때문에 건추를 울린 즉시 곧바로 정에서 나오는 것과 같다. 善男子 譬如比丘 欲入滅定 先立誓願 我今入定 若揵椎鳴 乃當起出 而是定中 無揵椎音 以願力故 鳴揵椎時 則便出定", 『백장청규』 권5(대정장48, p.1143a21)에 "정에서 나오고자 하면 서서히 몸을 움직여 차분하게 일어나고 갑자기 움직여서는 안 된다. 若欲出定 徐徐動身 安詳而起 不得卒暴"라고 하였다. [참고문헌] 『觀無量壽經』, 『大方等大集經』, 『百丈淸規』, 『雜阿毘曇心論』 권7(대정장28, p.925c16), *Abh-k-bh.198·474.* ⇨ 출정방편 出定方便, 출정선교 出定善巧, 입정 入定 ■

출정발설 出釘拔楔 못 빼내고 쐐기 뽑다. 거정발설(去釘拔楔)이라고도 한다. 『운암진정어록』(고존숙어록44, 卍속장118, p.747a4)에 "마침내 불자로 선상을 치며 말했다. '칼 두드리고 쇠사슬 치며 못 빼내고 쐐기 뽑아내지만, 어리석은 이 있어 끓는 쇳물 삼킬까 걱정이다. 제호의 뛰어난 맛 시절을 기다려야 하리'. 遂以拂子 敲禪床云 敲枷打鎖 出釘拔楔 大有癡頑 怕吞熱鐵 醍醐上味 候伊時節""라고 하였다. [참고문헌] 『雲庵眞淨語錄』. ⇨ 거정발설 去釘拔楔, 추정발설 抽釘拔楔

출정방편 出定方便 정(定)에서 나온 후 방편. 모든 정은 출정 후에 해탈방편에 대한 지견을 유지한다. 『사리불아비담론』 권9(대정장28, p.592a26)에 "무엇이 출정방편인가? 출정의 무리와 출정의 비유와 촉과 사유다. 이와 같이 상정과 무상정을 나오고, 이와 같이 상정 따르다 불수상정을 나온다. 이와 같이 이색정을 나오고 불리색정을 나오며, 이와 같이 승입정을 나오고 일체입정을 나온다. 이와 같이 모든 정을 나온다. 이와 같이 모든 정을 나와서는 이와 같은 승법으로 정을 벗어난다. 곧 저들에서 해탈방편을 알고 보니 이를 출정방편이라 한다. 云何出定方便 出定衆 出定比 出定觸 出定思惟 如是出想定無想定 如是隨想定 出不隨想定 如是出離色定 出不離色定 如是出勝入定 出一切入定 如是出諸定 如是出諸定已 如是勝法出定 卽於彼知見 解脫方便 是名出定方便"라고 하였다. [참고문헌] 『舍利弗阿毘曇論』.

출정선교 出定善巧 Ⓟ samāpatti-vuṭṭhāna-kusalatā. 정을 나와서 지혜로워지다. 출정 후에 얻는 지혜로 법을 잘 알아 바르게 보는 등이다. 입정선교(入定善巧 Ⓟ samāpattikusalatā)와 대칭한다. 『집이문족론』 권2(대정장26, p.371a3)에 "출정선교란 무엇인가? 정은 여덟 갈래로 말할 수 있으니, 팔온정 곧 사정려와 사무색정이다. 出定善巧云何 答 定謂八部 八蘊定 卽四靜慮 四無色定", "출정선교란 저 보특가라는 초정려정에서 나왔고, 이 보특가라는 비상비비상처정에서 나왔다고 여실히 알고 본다. 또한 이 보특가라는 초정려정에서 나오고, 저 보특가라는 비상비비상처정에서 나옴에 있어 제대로 뜻을 지었음을 여실히 알고 본다. 出定善巧 謂如實知見 如是補特伽羅 出初靜慮定 如是補特伽羅 乃至出非想非非想處定 復次 如實知見 如是補特伽羅 於出初靜慮定 有善巧作意 如是補特伽羅 乃至於出非想非非想處定 有善巧作意", "이와 같이 갖가지 정에서 나옴을 알아 마친 후에 비발사나에 이른다. 이것을 출정선교라 한다. 於如是出種種定中 解了 乃至毘鉢舍那 是謂出定善巧", *Dhs.*, p.229에 "출정선교란, 이 정에서 비롯된 모든 선교로서 지혜와 앎 … 무치와 택법과 정견 등이니 이를 출정선교라 한다. tattha katamā samāpattivuṭṭhānakusalatā. yā tāhi samāpattīhi vuṭṭhānakusalatā paññā pajānanā … amoho dhammavicayo sammā diṭṭhi ayaṃ vuccati samāpattivuṭṭhānakusalatā"라고 하였다. [참고문헌] 『集異門足論』, *Dhs.*

출정심 出定心 Ⓢ vyutthāna-citta, Ⓣ ldang-ba'i-sems. 정(定)으로부터 나온 후의 마음. 『구사론』 권5(대정장29, p.25c20 : *Abh-k-bh.*, p.72)에 "지금 두 가지 정 중에서는 마음 오래도록 끊어졌는데, 어떻게 후에 마음이 다시 일어나는가? 비바사사는 과거에 있었던 마음이 후에 끊어지지 않고 이어진다고 하였다. 今二定中 心久時斷 如何於後 心復得生 毘婆沙師 許過去有 前心爲後 等無間緣 katham-idānīṃ bahukālaṃ niruddhāccittāt punar-api cittaṃ jāyate. atītasyāpy-astitvāt iṣyate vaibhāṣikaiḥ samanantara-pratyayatvam", "그 이외의 다른 논사들은 이렇게 말한다. '저 무색계에 나면 색 오래도록 끊겼는데, 어떻게 후에 다시 색이 생겨나는가? 그것이 생겨나는 것은 마음에 의한 것이지 결코 색이 아니기 때문이다. 이와 같이 출정심 역시 그러하니, 유근신에 의한 것이지 마음으로 일어나는 것이 아니다. 그러므로 선대의 모든 궤범사는 모두 이렇게 말했다. 「두 법은 서로 종자를 삼는다」. 두 법이란 마음과 유근신이다'. 有餘師言 如生無色 色久時斷 如何於後 色復得生 彼生定應由心非色 如是出定心亦應然 由有根身 非由心起 故彼先代 諸軌範師咸言 二法互爲種子 二法者 謂心有根身 apare punar-āhuḥ. katham tāvad-ārūpya-upapannānāṃ ciraniruddhe'pi rūpe punar-api rūpaṃ jāyate. cittād-eva hi taj-jāyate na rūpāt. evaṃ cittam-apy-asmād-eva sendriyāt-kāyāj-jāyate na cittāt. anyonya-bījakaṃ hy-etad-ubhayaṃ yaduta cittaṃ ca sendriyaś-ca kāya iti pūrva-ācāryāḥ"라고 하였다. [참고문헌]『俱舍論』, *Abh-k-bh · 456.* ⇨ 출정 出定, 유근신 有根身

출제법삼매 出諸法三昧 Ⓢ sarva-dharmodgato nāma samādhi, Ⓣ chos-thams-cad-las-shin-tu-'phags-pa-zhes-bya-ba'i-ting-nge-'dzin. 백팔삼매(百八三昧) 중 하나로 모든 삼매를 출생하는 삼매. 일체법용삼매(一切法涌三昧)·출제법인삼매(出諸法印三昧)라고도 한다. 『대품반야경』 권5(대정장8, p.251b21)에 "무엇이 출제법삼매인가? 이 삼매에 머물면 모든 삼매를 출생한다. 이를 출제법삼매라 한다. 云何名出諸法三昧 住是三昧 能出生諸三昧 是名出諸法三昧", 『대지도론』 권47(대정장25, p.399a24)에 "출제법삼매란, 보살이 이 삼매를 얻으면 모든 삼매가 더욱 잘 자라도록 한다. 마치 때맞춰 내리는 비가 숲을 무성하게 하듯 한다. 出諸法三昧者 菩薩得是三昧 令諸三昧增長 譬如時雨林木茂盛"라고 하였다. [참고문헌]『大品般若經』, 『大智度論』, *Pañca-pr.198.* ⇨ 백팔삼매 百八三昧

출죄 出罪 Ⓟ abbhāna, āpatti-vuṭṭhāna. 죄에서 나오게 하다. 죄를 드러내 벗어나다. 『미사새오분계본』(대정장22, p.195c28)에 "법에 맞게 짓고 마쳐서는 마땅히 스무 명 대중 중에서 출죄해야 한다. 한 명이라도 부족하여 스무 명을 채우지 못할 경우 이 비구는 출죄할 수 없으니 모든 비구들 법 답게 꾸짖어야 한다. 如法作已 應二十僧中出罪 若少一人 不滿二十 是比丘 不得出罪 諸比丘應如法呵"라고 하였다. [참고문헌]『彌沙塞五分戒本』, 『十誦律』 권32(대정장23, p.229a25), 『有部律』 권5(대정장23, p.650b10), 『羯磨儀式』 권하(卍속장107, p.334b6), *Vin.1.49 · 2.250.* ⇨ 아부하나 阿浮呵那

출죄갈마 出罪羯磨 약속한 계를 지키지 못한 범계(犯戒) 비구를 벗어나도록 하는 갈마. 승잔(僧殘)을 범하면 20승중만으로 갈마하여 출죄(Ⓟ abbhāna, āpatti-vuṭṭhāna)한다. 『십송율』 권56(대정장23, p.412a15)에 "출죄갈마란, 만약 비구가 승가바시사죄(Ⓟ saṁghādisesa)를 범하면 마나타(Ⓟ mānatta)를 행하고 나서 중승의 마음이 만족하여 백사(Ⓟ ñatti-catuttha)로써 출죄갈마를 함으로써 불선법에서 벗어나게 한다. 이를 출죄갈마라 한다. 出罪羯磨者 若比丘 得僧伽婆尸沙罪 行摩那埵竟 衆僧心悅 以白四作出罪羯磨 令出不善法 是名出罪羯磨", 『미사새오분계본』(대정장22, p.195c28)에 "법다이 지어 마치고 나서는 마땅히 스무 명의 승중에서 출죄해야 하는데, 만약 한 사람이라도 적어 스무 명을 채우지 못하면 이 비구는 출죄를 할 수 없고, 모든 비구들이 마땅히 법다이 꾸짖어야 한다. 이 법의 마땅함이 이렇게 한다. 如法作已 應二十僧中出罪 若少一人 不滿二十 是比丘不得出罪 諸比丘應如法呵 是法應爾", 『사분승계본』(대정장22, p.1024c12)에 "마땅히 스무 명의 승중이어야 이 비구의 죄를 벗어나게 할 수 있다. 만약 한 사람이라도 적어 스무 명의 대중을 채우지 못한 채로 비구의 죄를 벗어나게 하면, 이 비구의 죄를 없앨 수 없다. 모든 비구들이 또한 꾸짖을 수밖에 없다. 應二十僧中 出是比丘罪 若少一人 不滿二十衆 出是比丘罪 是比丘罪不得除 諸比丘亦可呵"라고 하였다. [참고문헌]『十誦律』, 『彌沙塞五分戒本』, 『四分僧戒本』, *Vin.1.320 · 321 · 2.7.* ⇨ 아부하나 阿浮呵那

출죄선교 出罪善巧 Ⓟ āpatti-vuṭṭhāna-kusalatā. 범계(犯戒)한 이를 자유롭게 하는 섬세한 방편. 설하고 드러난 적 있는 것(如是說如是顯)을 본보기(五篇七聚) 삼아서 여법하게 갈마를 행하는 뜻이다. 『집이문족론』 권1(대정장26, p.370b13)에 "출죄선교란 무엇인가? 죄란 오부와 오온죄라 할 수 있으니, 저 앞에서 이미 말한 것과 같다. 출죄선교는 중여·타자·대수·악작과 같은 네 가지 죄에서 나올 수 있는지를 여실히 아는 것이다. 出罪善巧云何 答 罪謂五部五蘊罪 如前說 出罪善巧 謂如實知見 衆餘 墮煮 對首 惡作 四罪可出", "그 일 어떠한가. 어떤 이 설한 것 같이 나는 이렇게 말하고 드러냈지만 이와 같은 죄에 대해서는 말한 일도 드러낸 것도 없다. 其事云何 如有說言 我如是說 如是顯 於如是罪 非說非顯", "나 그렇게 말하여 드러냈으니 이 죄에 대해 말하고 드러낸 것이 맞다. 我如此說如此顯 於如是罪 是說是顯", "나 이미 드러내 말하였지만 이 죄에 대해서 드러내 말한 것이 아니어서 이런 죄는 드러낼 일도 사라지게 할 것도 아니다. 我如是顯了 如是發露 如是作法 於如是罪 非發露非除滅", "내가 이렇게 드러내 이렇게 작법하였으니 이와 같은 죄 발로함이 옳고 제멸함도 맞다. 이렇게 종종죄를 알아 마치고 마침내 비바사나에까지 이르니 이것이 출죄함에 있어 아름다운 방편이다. 我如此顯了 如此發露 如此作法 於如是罪 是發露 是除滅 於如是出種種罪中解了 乃至毘鉢舍那 是謂出罪善巧", *Dhs.*, p.228에 "출죄선교란 무엇인가? 출죄를 함에 있어 일어나는 모든 선교·지혜·앎 … 무치·택법·정견, 이를 출죄선교라 한다. tattha katamā āpattivuṭṭhānakusalatā. yā tāhi āpattī hi vuṭṭhānakusalatā paññā pajānanā … amoho dhammavicayo sammādiṭṭhi, ayaṃ vuccati āpattivuṭṭhāna kusalatā"라고 하였다. [참고문헌]『集異門足論』, *Dhs.* ⇨ 출죄갈마 出罪羯磨, 오편칠취 五篇七聚, 오편 五篇, 칠취 七聚

출중 出衆 대중 중에서 일어나다. 조사가 상당(上堂)·소참(小參)·보설(普說) 등 법을 설할 때, 조사와 마주해 문답하기 위해 대중 중에서 일어나 스스로의 몸을 드러내는 행위를 말한다. 선객을 군진의 장수에 빗대어 출진(出陣)이라고도 한다. 『임제록』(대정장47, p.496c29)에 "그때 한 학인이 출중하여 '제가 (黃蘗처럼 때려드리도록) 하겠습니다'라고 하였다. 임제가 방망이를 집어서 그에게 주려고 하는데, 그 학인이 잡으려다가 멈칫하자 스님이 바로 때렸다. 時有僧出衆云 某甲行得 師拈棒與他 其僧擬接 師便打", 『앙산어록』(대정장47, p.582b2)에 "탐원이 법좌에 오르자, 앙산이 대중 가운데 일어나 나와 (허공에 손가락으로) 동그라미 모양 손으로 그려 던지듯 하고는 손 모으고 서 있었다. 탐원이 두 손을 교차시키고 주먹을 만들어서 보여주었다. 앙산이 나와서 세 걸음을 걷고 여인의 절을 올렸다. 탐원이 고개를 끄덕이자 앙산도 바로 절을 올렸다. 耽源上堂 師出衆作此◯相 以手拓呈了 却叉手立 耽源以兩手相交 作拳示之 師進前三步 作女人拜 耽源點頭 師便禮拜"라고 하였다. [참고문헌] 『臨濟錄』, 『仰山語錄』, 『楊岐語錄』(대정장47, p.640a19). ⇨ 입중 入衆[1], 선객 禪客

출중입중 出衆入衆 대중에서 일어나 나왔다가 다시 대중에게로 들어가다. 『선림상기전』 권12 「출중입중」(불광장, 禪藏, p.869)에 "도충이 말한다. '출진입진이라 하는 것은 『대감소청규 大鑑小淸規』에서 이미 꾸짖었으니 「반드시 출중입중이라고 해야 한다」 하였다'. 忠曰 出陣入陣 大鑑已呵之 則須言出衆入衆也"라고 하였다. [참고문헌] 『禪林象器箋』. ⇨ 출중 出衆, 입중 入衆[1]

출진 出陣 무리 진 이들 속에 있다가 나오다. 장수가 진영 중에 있다가 상대 장수와 겨루기 위해 대열을 빠져 나오듯이 모든 것 내려 놓고 생사(生死) 겨루어 밝히는 전장(法戰)인 듯한 상황에서 일어나 나오는 출중(出衆)을 비유적으로 일컫는 말이다. 『양기어록』(대정장47, p.643a5)에 "하루는 여덟 명의 학인이 새로 도착하자, 양기가 물었다. '일자로 무리 져 꽉 찼는데 작가로 싸울 만한 장수는 어찌하여 대열에서 나와 나(楊岐)와 맞서지 않는가?' 학인이 말했다. '화상이시여, 말씀(話頭)을 되짚어 보십시오' '양기 오늘 말 끌어안고 달려가 깃발을 빼앗겠다' '새로 계를 받은 이 퇴각을 알리는 북이나 칠 뿐입니다' '말하라'. 학인이 머뭇거리자 양기가 다시 '말하라'라고 하였다. 학인이 손을 한 번 문지르자 양기가 '상좌의 대답에 사례할 뿐이다'라고 하였다. 말이 없자 양기가 말하였다. '장수가 용맹하지 못하면 그 누 온 군대에 미친다. 아무튼 앉아 차나 마시게'. 一日八人新到 師問 一字陣圓 作家戰將 何不出陣 與楊岐相見 僧云 和尙照顧話頭 師云 楊岐今日抱馬拕旗去也 僧云 新戒打退鼓 師云 道 僧擬議 師云 道 僧撫掌一下 師云 謝上座答話 僧無語 師云 將頭不猛 累及三軍 且坐喫茶"라고 하였다. [참고문헌] 『楊岐語錄』. ⇨ 출중 出衆

출진 出塵 티끌에서 벗어나다. 진(塵)은 번뇌 가득한 세간의 뜻이다. 『서방합론』 권9(대정장47, p.416b17)에 "도를 배우는 이는 기왕에 속세를 벗어나려는 뜻을 품었다면 응당 모든 악처를 버려야 한다. 만약 버리지 못한다면 틀림없이 염리심이 지극하지 못할 것이다. 學道之人 旣有志出塵 應當捨諸惡處 若不捨者 應是厭離未極", 『허당록』 권4(대정장47, p.1012c6)에 "만약 저 한 생각 일어나기 전에, 윤회생사 비춰 부수고, 성범 분별에 떨어지지 않는다면, 그것이 곧 출진이다. 若向一念未興已前 照破輪迴生死 不落聖凡情量 便是出塵", 『종경록』 권24(대정장48, p.550c6)에 "천태의 「습득송」으로 말했다. '분노하지 않는 것이 지계이고, 마음이 깨끗한 것이 출가라네. 나의 본성이 그대와 합해서 일체법에 어긋날 일 없으니, 무릇 티끌 벗어난 사람 마음으로 물에 의지하는 일 없다네'. 天台拾得頌云 無瞋是持戒 心淨是出家 我性與汝合 一切法無差 夫出塵之人 心不依物故", 『고승전』 권8(대정장50, p.378c4)에 "석승유는 … 어려서 밝고 깨끗했으며 세속을 벗어나려는 뜻 품었다. 釋僧柔 … 少而耿潔 便有出塵之操", 『원각경심경』 권1(卍속장93, p.959b16)에 "삼세의 시방제불께서는 교설에 의지하여 수행함으로써 티끌 벗어나지 않으신 분은 없다. 三世十方諸佛 莫不依敎修行出塵"라고 하였다. [참고문헌] 『西方合論』, 『虛堂錄』, 『宗鏡錄』, 『高僧傳』, 『圓覺經心鏡』. ⇨ 진 塵[3], 원진이구 遠塵離垢

출진관 出眞觀 벗어나 진실을 보다. 말로는 표현할 수 없는 네 가지 뜻(不可言四義) 중의 하나다. 원측(圓測)의 『해심밀경소』 권2(한불전1, p.172b13)에 "둘째, 출진관이다. 마음에 비록 언설 있을 수 있겠지만 진경에는 둘 수 없기에 불가언이라 한다. 二 出眞觀 心雖有言說 不在眞境 故不可言"라고 하였다. [참고문헌] 『解深密經疏』. ⇨ 이언법성 離言法性

출진입진 出陣入陣 대열에서 나오고 다시 들어가다. 생사대사(生死大事)를 걸고 마주해 벌이는 법의 전장(法戰)을 비유한 말이다. 『선림상기전』 권12 「출진입진」(불광장, 禪藏, p.869)에 "『대감소청규』 「병불 秉拂」에서 말한다. '화두 묻기 위해 선객이 나서는 것을 출진이라 하고 마치는 것을 입진이라 하는데, 이런 표현 잘못되었다. 옛 사람들 흉중에 의정 사라지지 않으면 대중 앞으로 나와서 결판을 지었다. 어찌 출진과 입진의 뜻이 있겠는가? 삭제하는 것이 옳다. 옛날부터 비록 법전이라는 말이 있기는 하나, 선객분상에 독점된 말은 아니다. 大鑑小淸規 秉拂云 問話禪客 始謂出陣 終謂入陣 此皆訛謬 古人胸中 疑情未泯 出來對衆決擇 安有出陣入陣之意 可削除之 古來雖有法戰之語 不專在禪客分上"라고 하였다. [참고문헌]『禪林象器箋』. ⇨ 출중입중 出衆入衆

출처 出處 ❶ 누군가 그 무엇이든 세간에 있게 된 유래나 기원. 『낙방문류』 권1(대정장47, p.158c18)에 "이 부처님 어디서 오셨고, 나의 이 몸 또한 어디서 나왔던가? 저 여래를 관해 보면 결코 오신 곳이나 가신 곳이 없다. 나의 몸도 그러하니 본래 나온 곳이 없거늘 어찌 돌아감이 있겠는가! 今此佛者 從何所來 而我是身 復從何出 觀彼如來 竟無來處及以去處 我身亦爾 本無出處 豈有轉還"라고 하였다. [참고문헌]『樂邦文類』. ❷ 세간으로 나와 의지해 대중과 함께 할 곳이나 때. 『종용록』 2칙 「평창 評唱」(대정장47, p.228b26)에 "만약 본색 갖춘 도인이라면 세상으로 나와 처할 곳 스스로 그 시절을 안다. 若是本色道人 出處自知時節", 『밀장개유고』 권상 「여진실거사 與眞實居士」(가흥장23, p.20a7)에 "장부가 세상으로 나서거나 머묾에 마땅히 저절로 시절인연이 있으려니, 인정에 따라 합하고 세상 어겨가며 나아가고 물러나지 않는다. 丈夫出處 當自有時節因緣 不以人情暌合 世境依違 而作進退"라고 하였다. [참고문헌]『從容錄』, 『密藏開遺稿』. ❸ 머물러 속박된 상태에서 벗어남. 『삼론현의』(대정장45, p.14b27)에 "대를 끊은 중이란, 치우친 병통 마주해 중을 두었기에 치우친 병통이 사라지면 중마저 세우지 않는다. 중도 아니고 치우침도 아니게 된다. 미혹을 벗어난 중생을 위하여 억지로 중이라 이름을 붙였으니 이를 절대중이라 한다. 絶待中者 本對偏病 是故有中 偏病旣除 中亦不立 非中非偏 爲出處衆生 强名爲中 謂絶待中"라고 하였다. [참고문헌]『三論玄義』. ❹ 어떤 이의 고향이나 행적. 『임제록』 「서 序」(대정장47, p.495b18)에 "스님께서 나신 곳 『전등록』 등에 자세히 실려 있으니 여기서는 거듭 붙이지 않겠다. 師之出處 具載傳燈等錄 玆不復贅"라고 하였다. [참고문헌]『臨濟錄』. ❺ 전거나 근거. 『화엄경소』 권8(대정장35, p.556c19)에 "출처가 많은 만큼 이름도 여러 가지이다. 出處旣多 名亦多種", 『마하지관』 권4상(대정장46, p.36a14)에 "이름들 늘어 놓자 경론에 전거가 매우 많지만 『석론』에 따르면 열 가지 계가 있다. 列名者 經論出處甚多 且依釋論 有十種戒"라고 하였다. [참고문헌]『華嚴經疏』, 『摩訶止觀』.

출체 出體 바탕이 되는 것을 드러내다. 무엇인가 드러내 보이기 위해 바탕으로 삼은 것을 드러내 보이는 뜻이다. 법상종(法相宗)의 사중출체(四重出體) 등이 있고, 석명(釋名)·변상(辨相)과 함께 경을 푸는 과목(科目) 중 하나다. 『인왕호국반야바라밀다경소』 권하(대정장33, p.499a13)에 "체를 드러낸다 하였으니 다 거둔즉 대원이고, 가르면 네 가지 법이니 정혜비원이다. 然出體者 總卽大願 別卽四法 定慧願悲", 『법화현찬』 권2(대정장34, p.681b10)에 "체를 드러낸다 함은 육취 모두 제8이숙식을 자체로 삼고 무부무기성으로 거둔다. 그러므로 유식에 이르길 '이 제8식은 계·취·생시설의 바탕'이다. 出體者 六趣皆以第八異熟識 而爲自體 無覆無記性攝 故唯識云 此第八識 是界趣生施設本故", 돈황본 『약사경소』(대정장85, p.311a5)에 "체를 드러낸다는 말은, 법성정토의 법수문에서는 진여를 바탕으로 삼는다. 삼과(蘊處界)로 체를 드러내지만, 오온으로는 거두지 않고 처계문중의 법처법계로서 자성을 삼는다. 이는 오직 이 의식으로만 연하는 경이기 때문이다. 言出體者 法性淨土 法數門中 眞如爲體 三科出體 非蘊所攝 處界門中 法處法界 以爲自性 唯是意識 所緣境故", 원측(圓測)의 『해심밀경소』 권5(한불전1, p.283a24)에 "체를 드러낸다는 말에 온갖 설들이 같지 않다. 첫 번째 살바다종은 『구사론』 등에 의지하여 오직 팔성도로 자성을 삼는다. 言出體者 諸說不同 一 薩婆多宗 依俱舍等 唯八聖道 以爲自性"라고 하였다. [참고문헌]『仁王護國般若波羅蜜多經疏』, 『法華玄贊』, 『藥師經疏』, 『解深密經疏』, 『成唯識論』 권3(대정장31, p.12c1). ⇨ 체 體, 사중출체 四重出體, 사문출체 四門出體, 석명 釋名, 변상 辨相

출초 出抄 탱화(幀畵)나 진영(眞影) 등을 그릴 때 그 바탕이 되는 본을 뜨는 일. 탱화 등은 의궤 등에 의지한 본보기가 있어서 이에 바탕해 선묘로 그린다. 조선중기부터 불화(佛畫)를 그릴 때 인물에는 보응(寶應), 그림에는 고산(古山), 다름다리에는 석옹(石翁), 출초에는 상겸(尙謙)을 으뜸으로 꼽아왔다. 출초한 바탕그림인

〈그림1〉출초한 초본 여래도·보살도·신중도·사천왕도
양산 통도사 조선후기

초본(草本)이 통도사성보박물관에 다수 전하는데, 간결하면서도 힘있는 필선이 돋보이는 여래초(如來抄)를 비

롯하여 사자에 탄 문수와 코끼리에 탄 보현 등 보살초(菩薩抄), 보주를 받드는 용왕과 건달바 등 신중초(神衆抄), 탑을 받든 사천왕초(四天王抄) 등이 있다〈그림1〉. 18세기 후반부터 19세기 전반 화사(畫師)로 이름을 떨친 퇴운 신겸(退雲信謙)은 '벽호자신겸제 碧毫子信謙題'라는 낙관을 찍은 다수의 초본을 남겼으며, 특히 1828년

〈그림2〉신겸 출초 사십이수관음보살도 초본 의성 고운사 조선후기 통도사성보박물관

(순조28)에 조성하여 의성 고운사(孤雲寺)에 봉안한 '사십이수관세음보살도'의 바탕이 된 초〈그림2〉가 남아 있다. ⇨ 다름다리 ○○○○, 삼겸 三謙, 신겸 信謙

출초 出草 풀섶에서 나오다. 얼기설기 처한 세속에서 나오다. 낙초(落草) 또는 입초(入草)와 대칭한다. 『원오어록』 권14 「시민선인 示民禪人」(대정장47, p.778c9)에 "'온갖 풀끝에 조사가 있다'라고 협산은 콕 집어 사람들 깨닫게 했고, '넓고 너른 밭 가운데 큰 뜻 있다'라고 백장(百丈)은 손 펼쳐 사람들이 알도록 하였다. 만약 알갱이 꽉 차 익은 즉시 심인 오롯이 전할 수 있고, 또 혹은 가득 차 바라보아 탄연한 즉시 곧바로 제일성제 깨우친다. 그럼 풀섶 벗어난 한마디 어떻게 해야 할까? 한 배 가득 밝은 달 싣고서 돌아오리. 百草頭上有祖師 夾山指出令人薦 寬平田中有大義 百丈展手要人知 若能顆粒圓成 卽是單傳心印 更或彌望坦然 便證第一聖諦 且出草一句作麼生道 滿船明月載將歸", 『선림승보전』 권17 「천녕도해전 天寧道楷傳」(卍속장137, p.513b1)에 "(門風五偈 중에서) 두 번째 '죽은 뱀 놀라서 풀섶에서 나왔다' 하였다. 게로 말한다. '태양 찌는 듯하고 바람마저 불어 풀섶에 묻었지만, 저 기 닿은즉 또 다시 어긋나리니 깜깜한 곳에서 죽은 입마저 열게 한다면 장안은 예전대로 인적이 끊어지리'. 二曰 死蛇驚出草 偈曰 日炙風吹草裡埋 觸他毒氣又還乖 暗地若教開死口 長安依舊絶人來"라고 하였다. [참고문헌] 『圜悟語錄』, 『禪林僧寶傳』, 『密菴語錄』(대정장47, p.964a22). ⇨ 낙초 落草

출초담 出草談 풀섶에서 나옴을 말하다. 낙초담(落草談)과 대칭한다. 『운문광록』 권중(대정장47, p.554a4)에 "운문이 하루는 말했다. '옛부터 존숙들 모두 자비로웠기에 낙초담 가져서 말을 들어보고 그에 따라 사람 알아보았다. 출초해서 하는 말씀 그렇게 해줄 수 없다. 이러한 경우는 공안(話)을 거듭 들어 알게 할 뿐이다. 들어보지 않았는가. 앙산화상이 학인에게 「요즘 어디를 떠나왔는가?」라고 하니 「여산입니다」라 하였고, 「오로봉을 돌아봤는가」라고 물으니 「돌아보지 못했습니다」라고 하였다. 그러자 앙산이 「그대 일찍이 풀섶에서 나와 말하다. 모든 말들 이미 앞선 얼개 있어서 생겨난다. 그 얼개 벗어 던지고 말하는 뜻이다」라고 하였다. 이 말들은 모두 자비로웠기에 낙초담으로 한 말이다'. 師一日云 古來老宿 皆爲慈悲之故 有落草之談 隨語識人 若是出草之談 卽不與麼 若與麼 便有重話會語 不見仰山和尙問僧 近離甚處 僧云 廬山 仰山云 曾遊五老峯麼 僧云 不曾遊 仰山云 闍梨不曾遊山 師云 此語皆爲慈悲之故有落草之談", 『청익록』 62칙 「평창 評唱」(卍속장117, p.868a16)에 "운문을 살펴보면, 앙산이 놓아 감만 보았을 뿐 앙산이 잡아 쥔 일은 보지 못했다. 말해보라. 어떻게 말해야 풀섶 나와 하는 말인가. 차나 마시게. 見雲門 祇見仰山放行 不見仰山把定 且道 如何是出草之談 喫茶去"라고 하였다. [참고문헌] 『雲門廣錄』, 『請益錄』. ⇨ 낙초담 落草談, 입초구인 入草求人

출초입초 出草入草 풀섶에서 나오고 풀섶으로 들다. 연기해서야 있게 되는 모든 세간 저 풀섶인 듯해서 나고 들며 벗어난다 하지만, 풀섶 벗어난 곳 따로 있지 않다. 들고 난다 하지만 안도 밖도 그 어디에도 없기에 들고 나는 일마저 본래 없는 뜻을 드러낸다. 입초는 낙초(落草)라고도 한다. 『벽암록』 34칙 「송 頌」(대정장48, p.173a21)에 "풀섶에서 나와서 풀섶으로 든다.〈머리 위 끝없고, 다리 아래로도 끝없다. 반은 열렸고 반은 닫혔다. 그도 그렇고 나도 이렇다〉, 누군들 헤쳐 살펴 찾아내겠는가?〈정수리에 눈 하나 있는데, 학인 풀어 찾지 못한다〉. 出草入草〈頭上漫漫 脚下漫漫 半開半合 他也恁麼 我也恁麼〉 誰解尋討〈頂門具一隻眼 闍黎不解尋討〉"라고 하였다. [참고문헌] 『碧巖錄』. ⇨ 출초 出草, 낙초 落草

출출세 出出世 벗어나고 다시 벗어나다. 8지 이상을 말한다. 『화엄오교장』 권1(대정장45, p.478a6)에 "4지와 5지가 성문이라면 제6지는 연각이고 8지 이상은 출출세이다. 그렇다면 제7지는 어떤 이인가? 旣四五二地爲聲聞 第六地爲緣覺 八地已去爲出出世 彼第七地 是何人耶", 『화엄공목장』 권3(대정장45, p.561a10)에 "세간신 중에 저 삼승으로 흐름 없는 덕 실현하면 출세라 하고, 제8지 이상 제10지까지의 지를 출출세라 하니 성불의 경지다. 제8지는 법신이 되고, 제9지는 응신이 되며, 제10지는 화신이 된다. 於世間身中 得彼三乘無流德 名爲出世 第八地已去至第十地 名出出世 卽得成佛 第八地成法身 第九地成應身 第十地成化身"라고 하였다. [참고문헌] 『華嚴五敎章』, 『華嚴孔目章』. ⇨ 출출세간 出

出世間, 출출세일승법 出出世一乘法, 십지 十地[2]

출출세간 出出世間 출세간 법마저 나오다. 팔지 이상으로 얻는 지다. 『화엄오교장』 권1(대정장45, p.477c16)에 "가령 『본업경』·『인왕경』·『지론』·『양섭론』 등의 설을 예로 들면 모두 초지·2지·3지를 세간에 의지해 있게 하고, 4지부터 7지까지는 출세간에 붙이며, 8지 이상은 출출세간에 붙인다. 출세간 중 4지와 5지는 성문법에 붙이고, 6지는 연각법에 붙이며, 7지는 보살법에 붙이고, 8지 이상은 일승법에 붙여둔다. 如本業經 仁王經 及地論 梁攝論等 皆以初二三地 寄在世間 四地至七地 寄出世間 八地已上 寄出出世間 於出世間中 四地五地 寄聲聞法 六地寄緣覺法 七地寄菩薩法 八地已上 寄一乘法", 『화엄공목장』 권1(대정장45, p.538b10)에 "출출세간은 일승이고, 그 나머지는 삼승이다. 왜 그런가? 출출세간이야말로 가장 뛰어나 한결같아 다함없기 때문이다. 반면 나머지 두 가지인즉 일정하지 않다. 가령 『법화경』에서 계 밖의 노지에서 따로 찾은 수레가 그 일이다. 出出世間 則是一乘 餘則三乘 何以故 出出世間 勝同無盡故 餘二則不定 如法華經 界外露地 別索車者 卽是其事"라고 하였다. 〔참고문헌〕『華嚴五敎章』, 『華嚴孔目章』. ⇨ 십지 十地[2], 기출출세간 奇出出世間, 세간 世間

출출세익 出出世益 출세법마저 나와 자유로운 이익. 출출세간(出出世間)은 일승(一乘)과 상응하므로 일승에서 얻는 이익을 가리킨다. 삼승(三乘)에서 얻는 이익은 출세익(出世益)이라 한다. 『화엄오교장』 권1(대정장45, p.480a26)에 "계외의 근기 거두어 출출세익을 얻도록 하여야 구경이라 한다. 或攝界外機 令得出出世益 方爲究竟"라고 하고는 이어서 "이 출출세익에는 두 가지 있다. (첫째) 먼저 삼승으로 그들이 삼계를 벗어나도록 한 다음 이어서 방편으로 일승을 얻도록 한다면, 이것은 일승과 삼승을 합하는 설이므로 동교로 거두고 삼승을 돌려서 일승에 들이는 '회삼입일교'라고 한다. 이상의 교법은 『법화경』의 설과 같다. (둘째) 먼저 일승에서 이미 해행을 성취하고 난 다음에 세간을 벗어난 몸에서 저 법을 증득한다면 별교일승으로 거두는 것이니 이는 저 소상품의 설과 같다. 셋째, 혹은 두 근기를 모두 거두어 두 가지 이익을 얻도록 하기도 한다. 여기에도 두 가지가 있다. 먼저 삼승으로 끌어낸 다음에 일승을 얻도록 한다면 이 또한 삼승과 일승을 합하여 근기 거둬 두 이익을 성취시키니 동교에 속한다. 이것은 『법화경』의 설과 같다. 만약 삼계 안에서 보고 듣고서 출세하여 법을 얻고 출출세로 증득을 이루며, 혹은 삼계 안에서 모두 보고 들어서 해행하여 출출세로는 증입하기만 한다면 이들은 별교일승에 속한다. 이것은 『화엄경』의 설과 같다. 此有二種 若先以三乘 令其得出 後乃方便 得一乘者 此卽一乘三乘和合說 故屬同敎攝 亦名迴三入一敎 此如法華經說 若先於一乘 已成解行 後於出世身上 證彼法者 卽屬別敎一乘攝 此如小相品說 三 或通攝二機 令得二益 此亦有二 若先以三乘引出 後令得一乘 亦是三一和合 攝機成二益 故屬同敎 此如法華經說 若界內見聞 出世得法 出出世證成 或界內通見聞解行 出世唯解行 出出世唯證入 此等屬別敎一乘 此如華嚴說"라고 하였다. 〔참고문헌〕『華嚴五敎章』. ⇨ 출세익 出世益, 출출세간 出出世間

출출세일승법 出出世一乘法 출세에서마저 나온 일승법. 8지 이상 10지까지의 일승묘법(一乘妙法)을 말한다. 『화엄오교장』 권1(대정장45, p.478a1)에 "네거리에서 특별히 대백우거를 받았다는 말은 무슨 뜻인가? 이것은 출세보다 상위 그 위에 있기에 출출세의 일승법을 가리킨다. 곧 이 중에 8지 이상의 일승법이다. 四衢別授 大白牛車者 此在出世之上故 是出出世一乘法 卽是此中 八地已上一乘法也"라고 하였다. 〔참고문헌〕『華嚴五敎章』. ⇨ 출출세간 出出世間

출태 出胎 Ⓟ mātukucchimhā nikkhamati. **1** 싯달태자의 출생. 『장아함경』 권1 「대본경 大本經」(대정장1, p.4b26)에 "저 맑고 밝은 구슬 비단 위 던져 물들지 않듯이, 보살이 출태할 때도 청정하여 물든 일 없었네. 猶如淨明珠 投繪不染汙 菩薩出胎時 淸淨無染汙"라고 하였다. 〔참고문헌〕『長阿含經』, *DN.2.14.* ⇨ 팔상성도 八相成道 **2** 태로부터 나오다. 보살십주(菩薩十住) 중 아홉 번째 법왕자주(法王子住)를 말한다. 『능엄경』 권8(대정장19, p.142b5)에 "몸 갖추어 태에서 나오니 몸소 불자가 된다. 이를 법왕자주라 한다. 形成出胎 親爲佛子 名法王子住", 『능엄경집주』 권8(卍속장17, p.406a15)에 "처음으로 머무른 이후로 성태에 들고 교화 드리울 세계로 나아가게 된 것을 출태라 한다. 이전에는 귀한 이를 낳고자 한다 해서 입태라 하고, 여기서는 왕자라 부르니 출태라 한다. 自初住來已 入聖胎 就垂化邊已 名出胎也 前名生貴 故云入胎 此稱王子 故曰出胎", 『유마경약소수유기』 권10(대정장38, p.844a10)에 "처음 태에서 나오는 때란, 이는 진사혹 부수고 도종지가 생함을 태에서 난다고 한다. 初出胎時者 此以塵沙惑破道種智生 名出胎也"라고 하였다. 〔참고문헌〕『楞嚴經』, 『楞嚴經集註』, 『維摩經略疏垂裕記』. ⇨ 법왕자주 法王子住

출파 出坡 밭으로 나가다. 대중에게 알려(普請) 함께 하는 운력(運力)을 말한다. 『백장청규증의기』 권6(卍속장111, p.728b13)에 "대중은 출파하고 돌아오면 각자 사용했던 물건들 여법하게 안치한다. 大衆出坡回 安置各物如法", 같은 곳(卍속장111, p.745b18)에 "널리 알림을 듣고도 대중을 따라 출파하지 않으면 벌한다. 聞普

梆 不隨衆出坡者 罰", 같은 책 권8(卍속장111, p.848b1)에 "행좌·과송·수식·출파 등에서 대중을 따르지 않으면 벌한다. 行坐 課誦 受食 出坡等 不隨衆者 罰"라고 하였다. [참고문헌]『百丈淸規證義記』. ⇨ 보청 普請

출파가 怵波伽 어부. 술바가(術波伽·術婆伽 Ⓢ Subhakara)라고도 한다. 원측(圓測)의 『해심밀경소』 권2(한불전1, p.190a23)에 "출파가라는 어떤 어부 욕을 구하다 뜻대로 되지 않자, 우한과 번뇌로 시달리다가 음욕의 불길 안에서 일어나 스스로 타서 죽었다. 有捕魚師名怵波伽 求欲不遂 憂恨懊惱 婬火內發 自燒而死"라고 하였다. [참고문헌]『解深密經疏』. ⇨ 술바가 術婆伽 ❷

출향 出鄕 ❶ 스님들 마을로 나가다. 대중들 인연 짓기 위해 마을로 나가 탁발하는 일이다. 출대(出隊)라고도 한다. 『선림상기전』 권12 「출향」(불광장, 禪藏, p.915)에 "출대는 출향이라고도 한다. 出隊 又曰出鄕", 『대혜어록』 권3(대정장47, p.821b20)에 "법좌에 올라 말하였다. '나는 출향하지 못했다. 80일 전에 일찍이 여러분에게 「오늘 일을 마쳤노라」고 말을 꺼낸 적이 있다. 어떻게 해야 오늘의 일인가?' 할을 한 번 내지르고 법좌에서 내려왔다. 上堂 山僧未出鄕 八十日已前 早爲諸人道破 今日事了也 作麼生今日事 喝一喝 下座"라고 하였다. [참고문헌]『禪林象器箋』, 『大慧語錄』. ⇨ 출향상당 出鄕上堂, 출대 出隊 ❷ 고향을 떠나다. 『원오어록』 권14 「시재지장 示材知莊」(대정장47, p.780b25)에 "조계대감(曹溪大鑒 : 慧能)은 미천한 시기에 신주(新州 : 廣東省 新興)의 그저 나무꾼이었다. 보잘 것 없고 배워서 트인 것이 없는 채로 십 수 년을 지냈다. 하루는 나그네의 경 읊는 소리를 듣고서 그 본원을 격동시켜 어미 봉양하는 것을 그만 두고 고향을 떠나 황매대만(黃梅大滿 : 弘忍)을 찾아뵈었다. 曹溪大鑒微時 新州一樵夫也 碌碌無所發明 已數十載 一旦聞客誦經 激其本願 遂致母出鄕 謁黃梅大滿"라고 하였다. [참고문헌]『圜悟語錄』.

출향귀상당 出鄕歸上堂 마을 돌아 다녀온 후의 상당. 출향상당(出鄕上堂)이라고도 한다. 『대혜어록』 권1(대정장47, p.813c26)에 "출향을 다녀온 후 법좌에 올라 오조법연(五祖法演)이 출대 후 돌아와 대중에게 들어 보였다. '출대를 반 달 보름 하였더니 눈으로는 코조차 보지 못하며 조사선은 잃어버린 채 골동품만 모아왔다. 말해보라. 어떤 몫 석가모니불 받드는 것이며, 어떤 몫이 다보불탑 받드는 것일까?' 대혜가 말하였다. '법손인 나(徑山)는 출대하여 80여 일을 보냈는데, 코는 항상 눈동자와 마주하였으며 또한 잃어버릴 만한 조사선도 없고 또한 골동품을 주워오지도 않았다. 골동품이 없으니 석가모니불을 봉양할 일도 없고 다보불탑을 봉양할 수도 없다. 결국 무엇을 얻었을까? 밤 깊고 물마저 차가워 물고기도 미끼 물지 않으니, 배 한가득 공연히 달빛 싣고 돌아온다네'. 出鄕歸上堂 擧五祖師翁出隊歸示衆云 出隊半箇月 眼不見鼻孔 失却祖師禪 拾得箇骨董 且道向甚處著 一分奉釋迦牟尼佛 一分奉多寶佛塔 徑山法孫出隊八十餘日 鼻孔常與眼睛相見 亦無祖師禪可失 亦不曾拾得骨董 旣無骨董 則無以奉釋迦牟尼佛 亦無以奉多寶佛塔 畢竟得箇甚麽 夜靜水寒魚不食 滿船空載月明歸"라고 하였다. [참고문헌]『大慧語錄』, 『密菴語錄』(대정장47, p.971a20), 『如淨語錄』 권상(대정장48, p.124b9). ⇨ 출향상당 出鄕上堂, 출향 出鄕 ❶, 상당 上堂

출향상당 出鄕上堂 출향할 때의 상당. 『밀암어록』(대정장47, p.968a16)에 "출향 때 법좌에 올랐다. '6월은 찌는 듯 뜨거워 마치 불타는 듯하니, 누가 얼음과 눈보다 시원한 곳을 아는가? 홍진 일어나는 시끄러운 저자의 고만고만한 사람들이 칠불께서 하신 일 죄다 누설하네. 과보의 용왕은 반드시 복 주며 보호하니, 온세상 빼앗고 취해 보시바라밀 삼으리. 한 마디로 꿰어 머물게 해서 온갖 기틀이 통하리니, 자연스레 빛 쏟아지며 소림의 바람 불어오리'. 出鄕上堂 六月炎炎如火熱 誰知冷處勝氷雪 紅塵鬧市等箇人 七佛軌儀都漏泄 報龍王須福護 大千揑聚爲檀度 一言箚住萬機通 自然光壯少林風"라고 하였다. [참고문헌]『密菴語錄』, 『禪林象器箋』 권11(불광장, 禪藏, p.802). ⇨ 출향 出鄕 ❶, 상당 上堂

출현 出現 Ⓟ uppajjati. 세상에 나타나다. 드러내 모습 나투다. 출흥(出興)과 같은 뜻이다. 『장아함경』 권1 「대본경 大本經」(대정장1, p.1c19)에 "부처님께서 여러 비구에게 말씀하셨다. '과거 91겁의 때에 비바시여래지진이라고 하시는 부처님께서 세상에 모습 나투셨다'. 佛告諸比丘 過去九十一劫 時 世有佛名毘婆尸如來至眞 出現于世", 『별역잡아함경』 권1(대정장2, p.377b17)에 "부처님께서 세상에 출현하여 진제를 열어보이셔서 모든 함생들 다함께 지혜의 빛 얻게 하시네. 佛出現於世 開示於眞諦 令諸含生類 咸得覩慧光", 40권본 『화엄경』 권38(대정장10, p.837a21)에 "선남자여! 이 가장 뛰어난 제일의 씨앗 삼아 제불여래께서 세간에 출현하신다. 만약 부처님께서 세간에 나오든 나오시지 않든 잃어버리거나 무너질 일 없다. 善男子 因此最勝第一義故 諸佛如來出現世間 若佛出世及不出世 不可失壞"라고 하였다. [참고문헌]『長阿含經』, 『別譯雜阿含經』, 『華嚴經』, *DN.2.11.* ⇨ 출흥 出興

출현지보살 出現智菩薩 태장현도만다라의 소실지갈라보살(蘇悉地羯羅菩薩 Ⓢ Susiddhikara-bodhisattva). 『청룡사의궤』의 주석에서는 이 보살을 소실지보살이라고 설명하였다. 선무외삼장의 태장도상에 의하면 연꽃 위에 앉아서 오른쪽 무릎을 세우고 오른손을 주먹 쥐어 오른쪽 무릎 위에 올려두었으며 왼손으로는 청련화를 권 형상이다. 종자는 (ji)이고 삼매야형은 청련화이며 수인은 보통인(普通印)이다. 『현법사의궤』 권하(대정장18, p.118b13)에 "출현지보살진언〈보인 또는 소실지보살가신인이라 한다. 또는 통인을 쓴다〉 : 나마 사만타몰다남이 바일라 실체라 몰제 포라바바 달마 만달라 사라 사바하 namaḥ samantabuddhānāṃ ji vajra-sthira-buddhe pūrva-ātma-mantra sara svāhā 曩莫 三滿多沒馱喃 爾 嚩日羅 悉體囉 沒弟 布囉嚩嚩 怛麼 滿怛囉 娑囉 娑嚩賀"라고 하였다. 나마는 귀명(歸命), 사만다는 일체(一切), 몰다남은 제불(諸佛), 바일라는 금강(金剛), 실체라는 안주(安住), 몰제는 지(智), 포라바바는 여초(如初), 달마는 아(我), 만달라는 진언(眞言), 사라는 동작(動作)의 뜻이다. 〔참고문헌〕『玄法寺儀軌』. ⇨ 소실지갈라보살 蘇悉地羯羅菩薩

출혜 出慧 번뇌 등을 벗어나 얻는 지혜, 또는 벗어날 줄 아는 지혜. 『대지도론』 권83(대정장25, p.641a26)에 "출혜란 갖가지 어려움 중에서 능히 스스로 벗어나고, 또한 온갖 번뇌에서 스스로 빠져나와 삼계와 열반에 든다. 出慧者 於種種難中 能自拔出 亦能於諸煩惱中自拔出三界入涅槃", 『불지경론』 권2(대정장26, p.299a18)에 "능히 생사를 벗어나 묘한 지혜 얻기에 출혜라고 한다. 得能出離生死妙慧 故名出慧", 『집이문족론』 권13(대정장26, p.423b21)에 "출혜란 그가 이와 같은 지혜를 성취하기에 능히 욕계를 벗어날 수 있고, 색계와 무색계를 벗어날 수 있는 것을 말한다. 그러므로 출혜라고 한다. 言出慧者 謂彼成就如是慧故 能出離欲界 及能出離色無色界 故名出慧", 『유가사지론』 권83(대정장30, p.761a21)에 "출혜란 벗어나는 법에서 세간의 욕을 떠나 분명하게 잘 아는 것이다. 言出慧者 於出離法世間離欲能善了知故"라고 하였다. 〔참고문헌〕『大智度論』, 『佛地經論』, 『集異門足論』, 『瑜伽師地論』.

출흥 出興 Ⓟ pātubhāva. 나와 일으키다. 부처님이나 전륜성왕이 세상에 나오시어 정법 일으키는 등의 일. 출현(出現)과 같은 뜻이다. 『잡아함경』 권27(대정장2, p.194c4 : *Cakkavatti-sutta*, *SN.5*, p.99)에 "전륜성왕이 세간에 출흥하면 마니보주가 세간에 나타난다는 말은 무슨 뜻인가? 何等爲轉輪聖王出興于世 摩尼珠寶現於世間 cakkavattissa pātubhāvā sattannaṃ ratanānaṃ pātubhāvo hoti. Katamesaṃ sattannaṃ", 80권본 『화엄경』 권72(대정장10, p.392c18)에 "낱낱의 세계마다 모두 여래께서 세상에 나타나셨고, 낱낱의 여래께서는 각각의 세계 바다에서 미진수만큼의 수다라를 연설하셨다. 낱낱의 수다라 부처님 국토 미진수 모든 보살들에게 전해 가지게 해서, 갖가지 신력을 드러내게 하고 갖가지 법문을 연설하여 무량중생 제도하셨다. 一一世界 皆有如來出興於世 一一如來 說世界海微塵數修多羅 一一修多羅 授佛刹微塵數諸菩薩記 現種種神力 說種種法門 度無量衆生" 40권본 『대반열반경』 권9(대정장12, p.417b14)에 "다시 선남자여! 비유하면 해가 나오면 모든 안개가 다 걷히듯 한다. 이 대열반의 미묘경전도 또한 이와 같아서, 세상에 나와서 만약 어떤 중생 귀한 번 스치기만 해도 모든 죄악과 무간죄업이 모두 사라져 버린다. 復次 善男子 譬如日出 衆霧悉除 此大涅槃微妙經典 亦復如是 出興於世 若有衆生一經耳者 悉能滅除一切諸惡 無間罪業"라고 하였다. 〔참고문헌〕『雜阿含經』, 『華嚴經』, 『大般涅槃經』, *SN.* ⇨ 출현 出現

충감 冲鑑 1274~1338. 고려후기 스님. 자는 절조(絶照), 호는 설봉(雪峰), 시호는 원명(圓明), 속성은 김(金)씨. 평양군인 영순(永純)의 동생이다. 1280년(충렬왕6) 7세 때 강화도 선원사(禪源寺)로 찾아가 자오(慈悟)를 은사로 하여 스님이 되었고, 그로부터 경론을 수학한 후, 1292년(충렬왕18) 승과(僧科)에 급제했다. 제방을 두루 행각한 후 원으로 유학가서 철산 경(鐵山瓊)선사를 친견하여 법을 묻고 함께 귀국하였다. 그 후 경기도 개풍군 성거산(聖居山) 용천사(龍泉寺) 주지로 있으면서 백장(百丈)의 총림청규를 시행하여 승풍을 진작하였고, 이어 15년 동안 선원사(禪源寺) 주지를 역임했다. 1334년(충숙왕 복위3)부터 충청남도 부여 성주산 보광사(普光寺)에 주석하면서 당우(堂宇)를 일신 중수하였다. 1338년(충숙왕 복위7) 8월 24일 보광사에서 세수 65, 법랍 58세로 입적하였다. 〔참고문헌〕「普光寺重刱碑」(『朝鮮金石總覽』 권상 p.495).

충경왕사 冲鏡王師 고려 수선사(修禪社) 제4세 법주 진명국사 혼원(混元 1191~1271). 『고려사』 권25 세가(世家)25 원종(元宗) 원년 8월에 "계해일. 왕께서 전왕사를 맞이하여 혼원을 왕사로 삼고 친히 공양을 올렸다. 癸亥 王邀前王師混元爲師 親自進食", 『해동조계복암화상잡저』 「충경왕사소상재소〈원오국사행〉 冲鏡王師小祥齋疏〈圓悟國師行〉」(한불전11, p.377b8)에 "생각해보니, 우리 충경노인 바로 우리 깨달음 성에서 만난 첫 벗이시고 화산의 법석 이으신 뒤 또 송교의 의발도 전하셨습니다. … 바라오니, 충경왕사시여 문득 구훈 깨우치시고 걸음걸음 각로에 뛰어 오르시니 본원 잊지 마시고 중중무진한 교화문 열고 드소서. 念吾沖鏡老人 寔我覺城初友 旣繼花山之席 又傳松嶠之衣 … 伏願 沖鏡王師 頓發舊熏 步步超登於覺路 不遺本願 塵塵重入於化門"라고 하였다. 〔참고문헌〕『海東曹溪宓庵和尙雜著』, 『海東曹溪第六世圓鑑國師歌頌』(한불전6, p.405a8). ⇨ 혼원 混元

충계 沖階 잘 다듬어진 섬돌. 아득해 높은 곳 오르게 하는 섬돌로 보살도를 닦아 구경위에 오르게 하는 계위의 비유다. 『중관론소』「서소 序疏」(대정장42, p.4a18)에 "'충계 이르는 길 평탄하게 하였다'라는 말은 무슨 뜻인가? 용수가 출현하기 전에는 헛된 말들 진실한 교법 가져 뒤섞여 흥했으며 험난한 길과 평평한 길 다툼이 끝없었다. 이런 까닭에 논주가 세상에 출현하여 그 길을 다시 다듬어 평탄하게 하였으므로 탄이라 하였다. 평탄한 길이 이미 다듬어졌으니 보살의 인이고 도량의 과인 계위에 가히 오를 수 있게 되었기에 '충계에'라고 하였다. 坦夷路於沖階者 龍樹未出之前 虛言將實敎並興 險逕與夷路爭徹 是以論主出世 更整坦夷路 故言坦也 夷路旣整 則菩薩之因 道場之果 階位可登 故言於沖階也"라고 하였다. 〔참고문헌〕『中觀論疏』, 『中論』「僧叡序」(대정장30, p.1a19). ⇨ 보살계위 菩薩階位

충곡사방 充曲絲邦 티베트자치구에서 티베트력으로 2월 초이레·초여드레·하순에 걸쳐 연이어 열리는 세 번의 재(齋)인 쏭마지에(送魔節)·량빠오후이(亮寶會)·총취(充曲) 중 마지막 재로 매년 2월 하순에 봉행한다. 소기원법회(小祈願法會) 또는 전소소(傳小昭)라고도 한다. 라사(lha-sa)의 3대사원에 전해온 각종 진귀한 유물과 탕카(thangka)불화 등을 순례자와 대중에게 공개하고 부처님께 공양한다.

충광 忠廣 송대 운문종 스님. 법호는 북탑(北塔). 사광(思廣)이라는 이름으로 더 알려져 있다. 오조사계(五祖師戒)의 법을 이어 옥천승호(玉泉承皓 1011~1091)·영락덕충(永樂德忠)·북탑종온(北塔從穩)에게 전하였다. 행적은 전등사서에 전하지 않으나, 『연등회요』 권27(卍속장136, p.893a12)에 "물었다. '무엇이 납승이 변하면서까지 통해야 하는 일입니까?' 북탑스님이 말하였다. '동에서 솟아오르면 서에서 숨는다' '두루하여 변한 후에는 어떻습니까?' '땅은 기름지고 가지는 보드랍다'. 물었다. '무엇이 화상의 가풍입니까?' 북탑이 말하였다. '왼손으로 오른쪽이라는 글자를 쓴다' '학인은 모르겠습니다' '머리 쥐어박고 다리 비튼다'. 問 如何是衲僧變通事 師云 東涌西沒 云 通變後如何 師云 地肥茄子嫩 問 如何是和尙家風 師云 左手書右字 云 學人不會 師云 歐頭拗脚"라는 등의 짧은 문답인연이 전한다. 〔참고문헌〕『聯燈會要』, 『禪苑蒙求』 권상(卍속장148, p.212b17). ⇨ 사계 師戒[2], 승호 承皓

충구 衝口 입으로 말함에 거침없이 쏟아내다. 굳이 뜻 다듬어 말하지 않는다는 뜻이다. 『대보적경』 권118(대정장11, p.670c6)에 "태자가 보자마자 거칠게 헐뜯고 욕하며 분노에 차서 비방하였으니 말이 입에서 터져 나옴에 아무런 막힘이 없었다. 太子方見 罵詈毀辱 瞋恚誹謗 言語衝口 無有其限", 『능엄경소해몽초』 권2(卍속장21, p.227a17)에 "세존께서 진심을 밝히시고 먼저 자기 성을 보기를 가르치셨다. 아난이 성을 봄으로 인하여 깨달아 진심을 밝힌 뒤로 부처님 말씀을 고스란히 따르니 입 열어 하는 말마다 문장이 되었다. 世尊明眞心 先指見性 阿難因見性 悟明眞心 隨順佛語 衝口成文", 『사미율의요략증주』 권상(卍속장106, p.279b3)에 "그런 까닭에 분노의 불이 한 번 일어나면 입에서 거침없이 나온 말로 마음을 태운 다음 앞에 있는 이 상처 입히니 그 고통은 칼날에 베인 듯 심하다. 所以瞋火一起 衝口燒心 傷害前人 痛逾刃割", 『각호집』 권상(卍속장109, p.543b18)에 "확 트인 듯 크게 깨닫고 입에서 나오는 대로 게송을 읊었다. 豁然大悟 衝口說偈曰", 『감산집』 권19 「자백노인전집서 紫栢老人全集序」(卍속장127, p.489a10)에 "가리켜 보이는 것마다 서쪽에서 전한 그 뜻 아님 없으니, 성에 맞아 쏟아낼 뿐 일찍이 애써 뜻 다듬어 글 짓는 일 없었다. 無非指示 西來的意 稱性衝口 曾無刻意爲文也"라고 하였다. 〔참고문헌〕『大寶積經』, 『楞嚴經疏解蒙鈔』, 『沙彌律儀要略增註』, 『角虎集』. 『憨山集』.

충국사 忠國師 당대 스님 남양혜충(南陽慧忠 ?~775)을 일컫는 존칭. ⇨ 혜충 慧忠

충국사무봉탑 忠國師無縫塔 남양혜충(南陽慧忠 ?~775)과 당 숙종(肅宗)이 '무봉탑' 소재로 한 공안. 국사탑양(國師塔樣)이라고도 한다. ⇨ 국사탑양 國師塔樣

충국사십신조어 忠國師十身調御 남양혜충(南陽慧忠 ?~775)국사와 당 숙종(肅宗)이 '십신조어'를 소재로 문답한 공안. 혜충십신(慧忠十身)·숙종십신조어라고도 한다. ⇨ 혜충십신 慧忠十身

충담 忠湛 869~940. 신라말 고려초 스님. 충담은 휘이고 시호는 진공(眞空), 속성은 김(金)씨, 본관은 경주(慶州). 신라 왕족의 후예이다. 869년(신라 경문왕9) 1월 1일 경주에서 태어났다. 일찍이 부모가 모두 죽자, 12세(甘羅入仕之歲) 때 장순(長純)을 은사로 하여 스님이 되었다. 889년(진성여왕3) 무주(武州 : 先州地方)의 영신사(靈神寺)에서 비구계를 받은 후 율장(律藏)을 연구하여 정통하였다. 당으로 유학 가서 운개선우(雲蓋禪宇)에서 정원(淨圓)을 만나 법을 배우고, 여러 곳을 순방한 후 천우년간(904~907)에 귀국했다. 신라 제52대 효공왕이 스님의 도덕을 흠모하여 왕사로 추대하고, 강원도 원주 영봉산(靈峰山) 홍법사(興法寺)에 주석토록 하였다. 고려에 들어와 고려 태조 또한 스님을 존경하여 왕사로 책봉하고 극진히 모시었다. 940년(고려 태조23) 7월 18일 이른 아침 문인들을 모아 놓고 "만법이 온통 공하다. 나도 이제 떠나려 하네. 너희들은 일심을 바탕 삼아 그대들 부지런히 정진하라. 萬法皆空 吾將去矣 一心爲本 汝等勉旃"고 당부하고 입적하였으니 세수 72, 법랍 60세였다. 태조가 친히 비문을 짓고, 최광윤(崔光胤 : 崔彦撝의 아들)이 당태종(唐太宗)이 글을 짓고 왕희지(王羲之)가 쓴 삼장성교서(三藏聖教序) 중에서 집자하여 940년에 세운 진공대사탑비(眞空大師塔碑)가 전한다. [참고문헌] 『海東金石苑』 권상 pp.240~251, 「原州興法寺眞空大師塔碑」(『朝鮮金石總覽』 권상 pp.144~149), 『韓國金石全文』 中世上 pp.308~313, 李智冠 『校勘譯註歷代高僧碑文』 高麗篇1 pp.134~155, 『文化遺蹟總覽』 권상 p.5, 『高麗史』 권2 世家2 太祖 23年. ⇨ 진공대사탑비 眞空大師塔碑

충담 忠談 신라 경덕왕이 765년(경덕왕24)에 아름다운 덕을 지닌 스님(榮服僧)으로 모셨던 스님이다. ⇨ 충담사 忠談師, 영복승 榮服僧

충담사 忠談師 통일신라 스님. 『삼국유사』 권2(대정장49, p.974b11 · 한불전6, p.291c1) 기이(紀異)2 경덕왕충담사표훈대덕(景德王忠談師表訓大德)에 "왕이 '그대는 누굽니까'라고 하니 스님은 '충담입니다'라고 하였다. 왕이 '어디에서 왔습니까'라고 하니 스님은 '매해 3월 3일과 9월 9일에 남산삼화령 미륵세존께 차 다려 공양합니다. 지금 차를 드리고 돌아오는 길입니다'라고 하였다. … 왕이 '짐을 위해 백성을 편히 이끌 노래를 지어주십시오'라고 하자, 스님은 응당 칙령 부탁 받들어 노래 지어 드렸다. 왕이 아름답게 생각하고는 왕사로 봉하고자 하였지만 스님은 재배하고는 사양하여 받지 않았다. 曰汝爲誰耶 僧曰忠談 曰何所歸來 僧曰僧每重三重九之日 烹茶饗南山三花嶺彌勒世尊 今玆旣獻而還矣 … 王曰然則爲朕作理安民歌 僧應時奉勅歌呈之 王佳之封王師焉 僧再拜固辭不受", 같은 책 권3(대정장49, p.991c21 · 한불전6, p.322c10) 탑상(塔像)4 생의사석미륵(生義寺石彌勒)에 "선덕왕 때 스님 생의는 항상 도중사에 머무셨다. 꿈에 한 스님 이끌려 남산에 올라갔으니 풀 묶어 표시하였다. 산의 남쪽 계곡에 이르러 '나 이곳에 묻혔으니 스님께서는 꺼내서 고개 위에 안치해주십시오'라고 청하였다. 꿈에서 깬 뒤에 지인과 표시한 곳을 찾았는데 그 계곡에 이르러 땅을 파보니 돌미륵이 나와 삼화령 위에 봉안하였다. 선덕왕12년 갑진(644)에 절을 짓고 머물렀으니 뒤에 생의사라고 이름하였다〈지금은 성의사라고 달리 말하는데, 충담사께서 매년 3월 3일과 9월 9일에 차 다려 헌공 드린 분이 바로 이 부처님이시다〉. 善德王時 釋生義常住道中寺 夢有僧引上南山而行 令結草爲標 至山之南洞 謂曰 我埋此處 請師出安嶺上 旣覺 與友人尋所標 至其洞掘地 有石彌勒出 置於三花嶺上 善德王十二年甲辰歲 創寺而居 後名生義寺〈今訛言性義寺 忠談師每歲重三重九 烹茶獻供者 是此尊也〉"라고 하였다. [참고문헌] 『三國遺事』. ⇨ 안민가 安民歌, 생의사 生義寺

충당 衝撞 마주치고 부딪히다. 『선원청규』 권1 「입실入室」(卍속장111, p.884b6)에 "그리하여 뒤에 오는 사람을 피함으로써 있을지 모를 충당을 면한다. 所以避後來之人 免有衝撞"라고 하였다. [참고문헌] 『禪苑淸規』.

충명 冲明 각응(覺應)의 시호. [참고문헌] 『高麗史』 권88 列傳1 后妃1 · 권91 列傳4 宗室2. ⇨ 각응 覺應

충봉사 冲鳳寺 경기도 여주시 천송동 봉미산(鳳尾山) 서쪽 산기슭에 있던 절. 이외의 사적 알기 어렵다. [참고문헌] 『韓國寺刹全書』 권하 p.1106a18.

충사 沖寺 고려전기 경상북도에 있었던 절. 다만 『약목정도사석탑조성형지기』의 기록 중 시주자로 충사에 관련해서 "보사사와 충사 모두 1번씩 시주하였다. 普沙寺沖寺幷齋一度"라고 하여, 정도사 주변인 경상북도 칠곡군과 가까운 곳에 위치했을 것으로 추정한다. [참고문헌] 『若木淨兜寺石塔造成形止記』(鮎貝方之進, 1934), 『韓國寺刹全書』 권하 p.1106a19.

충서암 忠序庵 경상북도 영천시에 있던 암자. 『영천전지』에 "백흥암의 서쪽에 있다. 충서암의 옛 땅은 신라 경순왕이 상용암에 머물렀을 때 시종과 문무관들이 머물던 곳이다. 지금은 폐사하였다. 在百興西有 忠序庵之古地 新羅敬順王住上聳庵時 侍從文武官所居之地 今廢"라고 하였다. [참고문헌] 『永川全誌』.

충선왕의교지 忠宣王◯敎旨 승가의 불배(不拜)에 대한 고려 충선왕(재위 1308~1313)의 교지. 『고려사』 권33 세가(世家)33 충선왕 1년(1298) 5월 계사(8일)에 "교서에서 '스님들은 이미 출가하였으므로 마땅히 위로 군왕에게 절하지 않고, 아래로 부모에게도 절하지 않는데, 하물며 그 나머지는 어떠하겠는가. 지금부터는 스님과 속인이 서로 절을 하면 법으로라도 엄중하게 논하라. 비록 집에 머물고 있는 스님이라도 관역에 차출하지 마라'고 하였다. 敎 僧人旣已出家 固當上不拜君王 下不拜父母 況其餘乎 自今 僧俗相拜者 重論如法 雖至居家庸僧 勿差官役"라고 하였다. [참고문헌]『高麗史』. ⇨ 불배 不拜, 불배군왕 不拜君王

충식목비 蟲食木譬 벌레 먹은 나무 이야기. 36권본『대반열반경』권2(대정장12, p.618b2)에 "마치 벌레가 나무를 갉아먹어 우연히 글자 새기듯 하지만 이 벌레 그것이 글자인지 아닌지도 모르듯 한다. 지혜로운 이 보지만 끝내 '이 벌레 글자 안다'고 소리쳐 말하지도 놀라 괴이해 하지도 않습니다. 대왕께서는 옛날의 의사도 이와 같다고 아셔야 합니다. 그는 갖가지 병 구별할 줄 몰라 모두 우유만을 약으로 하였으니 저 벌레가 우연히 글자를 새긴 것과 같았습니다. 如蟲食木有成字者 此蟲不知是字非字 智人見之 終不唱言 是蟲解字 亦不驚怪 大王當知 舊醫亦爾 不別諸病 悉與乳藥 如彼蟲道 偶得成字",『마하지관』권1하(대정장46, p.10b27)에 "만약 이름만 듣고 입으로만 말한다면 저 벌레 나무를 먹다가 우연히 글자를 새겼지만 이 벌레 글자인지 아닌지도 모르는 경우와 같다. 의미를 통달하지 못하고서 어떻게 보리라 하겠는가! 반드시 마음 관해 밝히 알아야 뜻과 지혜 서로 맞으리라. 若但聞名口說 如蟲食木 偶得成字 是蟲不知是字非字 旣不通達 寧是菩提 必須心觀明了 理慧相應"라고 하였다. [참고문헌]『大般涅槃經』,『摩訶止觀』.

충심경 忠心經 동진(東晉)대 축담무란(竺曇無蘭) 한역. 1권. 고려장20, pp.1167a1~1169a19, No.833. 대정장17, pp.550a18~551c16, No.743에 수록되어 있다.『아함정행경 阿含正行經』(대정장2, No.151)과 동본이역이다. 오신통(五神通) 갖춘 범지들이 민중의 삶을 고달프게 하는 산을 옮겨 왕의 걱정을 덜어주려 하였다. 그때 부처님께서 목건련에게 그들 모두가 삼악도(三惡途)에서 멀리 벗어나 영원히 복당(福堂)에 머물도록 하라고 명하셨다. 목건련이 그들을 이끌고 부처님 앞에 오자 부처님께서 우리 몸에 머물고 있는 색(色)·통양(痛痒)·사상(思想)·생사(生死)·식(識)이라는 다섯 가지 도적(五賊)을 설해 주셨다. 또한 탐진치를 버리고 만법이 무상(無常)하다는 뜻도 일러주시어 오백사문이 모두 아라한과를 얻었다는 목건련과 그 무리들이 귀의득도한 이야기다.『역대삼보기』권7(대정장49, p.70a6)에 "『충심정행경』1권〈출전은『육도집경』이다.『충심경』이라고도 한다. 구록에는『대충심경』과『소충심경』으로 나눈다〉. 忠心正行經一卷〈出六度集經 或云 忠心經 舊錄云 大忠心經 小忠心經〉"라고 하였다. [참고문헌]『歷代三寶紀』,『出三藏記集』권4(대정장55, p.29a12),『開元釋敎錄』권20(대정장55, p.693c18).

충어목이성문 蟲禦木爾成文 벌레 나무 갉아먹어 자취 남기면 자연스레 보는 이 글로 읽는다. 묻는 이 근거 없어 물어오지만 답하는 이 더하여 뜻 없어 분별한다. 갈수록 태산인 분별의 사태에 대한 비유다.『연등회요』권7「위산영우장 潙山靈祐章」(卍속장136, p.540b18)에 "위산이 하루는 백장을 모시고 다니는데, 백장이 말했다. '불을 가지고 올 수 있겠느냐?' '가지고 올 수 있습니다' '어디에 있느냐?' 위산이 나뭇가지 하나를 집어 입으로 바람을 세 번 불고서 백장에게 건네주었다. 백장이 말하였다. '벌레가 나무 갉아먹은듯 하는구나'. 師一日侍百丈行次 丈云 還將得火來麽 師云 將得來 丈云 在甚麽處 師拈一莖柴 吹三吹 度與丈 丈云 如蟲禦木",『허당록』권1(대정장47, p.988c13)에 "화로를 개시한 날 법좌에 올라 단하(丹霞)가 목불을 태운 인연을 들어 말했다. '단하는 마치 벌레가 나무 갉아먹은 듯했고, 그 절 주지는 우연히 글자로 읽었다'. 開爐上堂 擧丹霞燒木佛 師云 丹霞如蟲禦木 院主偶爾成文",『종감법림』권17(卍속장116, p.247a6)에 "묻는 이 마치 벌레 나무를 갉아먹듯 하고, 답한 이 우연히 글로 읽듯 하다. 問者如蟲禦木 答者偶爾成文"라고 하였다. [참고문헌]『聯燈會要』,『虛堂錄』,『宗鑑法林』.

충언 沖彦 1567~1638. 조선중기 스님. 충언은 휘, 호는 임성(任性), 속성은 김(金)씨. 1567년(명종22) 12월 19일 전라북도 전주시 봉상리에서 태어났다. 생김새는 골격이 장대하고 걸출하며 기백이 괴위(魁偉)하여 사람들이 특이하게 여겼다. 18세 때 부모의 허락을 받고 천정(天定)을 은사로 하여 스님이 되었으며, 이어 탄연(誕衍)율사에게서 비구계를 받았다. 21세 때 전주 추줄산(崷崒山) 위봉사(威鳳寺)의 참학호공(參學浩公)을 찾아가 법을 배우면서 3년간 시봉하다가 하직하고 대둔산 대흥사(大興寺)로 가서 당대의 대강주인 정관일선(靜觀一禪)을 친견하고 1590년(선조23) 그의 법을 이어 받고 제자가 되었다. 무주 구천동 덕유산(德裕山)에서 정관을 모시고 있었는데, 1606년(선조39) 스님이 강석(講席)을 넘겨주므로 6년 동안 강경하다가 1608년(선조41) 정관이 입적한 후 1610년(광해군2)에 다시 위봉사로 가서 2년간 학인을 위해 강설을 했다. 1612년(광해군4) 대흥사로 옮겼고, 1613년에는 전주 추줄산 화암사(花巖寺)에 머물다가 1614년(광해군6) 말 위봉사를 거쳐 1615년 덕유산으로 이석하였으며, 1625년(인조3)에는 무주 덕유산 향적암(香積庵)에서 정진했다. 계조굴(繼祖窟)에 은거하다가 1638년(인조16) 4월 1일 붓을 잡고 "한 그루 고목이 차가운 재와 같아서, 비록 봄을 만나도 꽃은 피지 않네! 오랜 세월 지난 후엔

풍우에 부러지니, 이젠 이 고목을 남쪽 불 속에 던져 버려라. 一條枯木似寒灰 頗有逢春花不開 歲久年深風雨折 金將都付丙丁臺"하고 또 이어 "칠십여 년 꿈 집에서 놀았네. 환과 같은 몸 다만 안녕 못한 날만을 길러왔네! 이제 이 껍데기 벗어 던지고 두렷해 고요한 곳 돌아가리. 그 오랜 부처님 계신 곳엔 지혜의 달 밝았네! 七十餘年遊夢宅 幻身但養未安寧 今朝脫殼歸圓寂 古佛堂前覺月明"라는 임종게를 쓴 다음, 합장하고 단정히 앉아 입적하니 세수 72, 법랍 55세였다. 각민(覺敏)·지선(智禪)·영신(英信) 등 제자가 화장한 후 영골을 수습하여 덕유산 구천동에 탑을 세우고 봉안하였다. ［참고문헌］『大覺登階集』권2「任性堂大師行狀」(한불전8, pp.343b1~344c12), 『西域中華海東佛祖源流』(한불전10, p.121c19), 『朝鮮佛敎通史』권상 p.515.

충언 忠彦 신라대 스님. 중국으로 유학가서 대매법상(大梅法常)의 제자가 되었다. 다만『경덕전등록』권10(대정장51, p.273b26)에 대매법상의 제자 셋 중 한 명으로서 '신라국 충언선사'라는 자취만이 전할 뿐이다. ［참고문헌］『景德傳燈錄』.

충연 冲淵 고려후기 스님 홍진국존(弘眞國尊) 혜영(惠永 1228~1294)의 은사스님. 「대구동화사홍진국존진응탑비 大邱桐華寺弘眞國尊眞應塔碑」에 "혜영이 11세 때인 1238년(고종25) 경상남도 창원군 북면 북계리 백월산 남백월사(南白月寺)로 찾아가 충연을 은사로 하여 스님이 되었다. 年至十一 投首座冲淵堂下 剃髮于南白月寺"라고 하였다. ［참고문헌］『朝鮮金石總覽』권상 p.597, 『韓國金石全文』中世下 p.1078, 『朝鮮佛敎通史』권하 p.176. ⇨ 혜영 惠永, 동화사홍진국존진응탑비 桐華寺弘眞國尊眞應塔碑

충원사 沖圓寺 강원도 춘천시 소양로 2가에 있던 절. 시가지에 위치하여 민가 등이 밀집된 곳으로, 보물 제77호인 춘천칠층석탑만이 자리하고 있다. 사지(寺址)에서 조선시대의 기와와 적심석 등이 발견되었다. ［참고문헌］『春州誌』, 『文化遺蹟分布地圖 春川市』(江原文化財硏究所·春川市, 2003). ⇨ 춘천칠층석탑 春川七層石塔

충의왕 忠懿王 929~988. 오월(吳越)의 제5대 왕. 재위 948~978. 휘는 전홍숙(錢弘俶). 자는 문덕(文德). 후한(後漢)의 고조(高祖) 때 충손왕(忠遜王) 홍종(弘倧)의 뒤를 이어 오월왕이 되었다. 송(宋) 태종(太宗) 때 회해왕(淮海王)에 봉해졌다. 충의는 시호이다. 『석씨계고략』 권3(대정장49, p.854c17)에 "충의왕은 불교에 관심을 기울여 왕위를 계승한 초기부터 절동(浙東)과 절서(浙西) 모든 군에 속한 명산의 성스러운 자취가 남아 있는 곳마다 모두 돈과 물자를 하사하여 가람을 창건하였다. 王留心釋敎 嗣位之初 凡兩浙諸郡 名山聖跡之處 皆賜金帛 創建伽藍"라고 하였다. ［참고문헌］『釋氏稽古略』, 『佛祖統紀』권10(대정장49, p.206b9).

충정 忠政 마음 다해 다스려 바르게 하다. 『삼혜경』(대정장17, p.703b5)에 "세간의 사람에게는 매우 힘든 열여덟 가지 일이 있다. … 열다섯째, 설사 청하여 묻는다 해도 답을 듣는다고 해도 어렵다. 열여섯째, 설사 바르게 설해도 해탈하여 지혜 얻기 어렵다. 有十八事 人於世間甚大難 … 十五者 正使受聽問 說忠政難 十六者 正使忠政 解智慧難", 『나선비구경』 권상(대정장32, p.705b26)에 "나는 일찍이 불도행을 배움에 있어 있는 힘다해 바르게 해서 금세에 복을 얻었고, 후세에도 그 복의 쓰임을 얻을 것이다. 이에 나는 머리를 자르고 가사를 입는 사문이 되었다. 我曹學佛道行忠政 於今世得其福 後世亦得其福用 是故 我除頭鬚被袈裟作沙門"라고 하였다. ［참고문헌］『三慧經』, 『那先比丘經』.

충주백운암철조여래좌상 忠州白雲庵鐵造如來坐像 고려전기 철불좌상. 보물 제1527호. 불상 높이 87cm. 백운암 철조여래좌상은 충주시 엄정면 괴정리 소재 백운암 대웅전에 봉안되어 있다. 백운암은 명성황후에게 진령군여대감(眞靈君女大監)의 벼슬을 받은 파평윤씨(坡平尹氏)에 의해 1886년(고종23) 창건되었고, 이 철조여래좌상은 인근의 큰 사찰이었던 억정사지에서 옮겨온 것으로 추정한다. 철조여래좌상은 머리에 높은 육계가 솟아 있으며 머리전체에 나발이 촘촘하게 만들어져 있다. 정수리 아래에는 크기가 작은 중앙계주가 있다. 불상의 얼굴은 타원형으로 부드러운 이미지다. 눈은 반개하였으며 오뚝한 코와 다문 입술은 선명하면서도 엄숙하다. 목에는 굵은 삼도가 있다. 법의는 편단우견이다. 왼쪽 어깨에도 한 번 접힌 옷자락을 삼각형 모양으로 표현하였다. 옷주름은 허리 아래로 부드럽게 흘러내리며 다리 위로 옷주름이 자연스럽게 마무리하여 반원모양으로 펴져있다. 양 손 모두 무릎 위에 올려놓았으며, 오른손은 손가락 땅을 가리키는 항마촉지인이며 왼손은 손바닥 하늘을 향했다. 충주는 유명한 철산지로 이 철불과 함께 대원사 소장 충주 철조여래좌상(보물 제98호) 및 충주 단호사 철조여래좌상(보물 제512호)이 전하고 있어 충주의 3대 철불이라고 부르는데, 가장 이른 시기에 조성된 철불로서 통일신라의 철불조성 전통이 고려로 이행되는 과정을 보여주는 중요한 성보다.

충주봉황리마애불상군 忠州鳳凰里磨崖佛像群 삼국시대 마애불상군. 보물 제1401호 이 마애불상군은 봉황리 햇골산 중턱의 동향한 바위에 조각해 모셨다. 마애불상군은 8구의 불보살상과 서남쪽으로 30m 떨어진 곳에 조각된 1구의 여래좌상을 합해 말한다. 8구의 불상군은 반가사유상과 여래상을 중심으로 이루어진 두 개의 불상군으로 다시 나눈다. 반가사유상은 마모되어 명확하지 않다. 좌측에는 1구의 보살상이 있으며 우측에는 네 구의 보살상이 조각되어 있다. 반가사유상 마애불상군 바로 옆 바위에는 시무외여원인을 취한 마애여래좌상이 있고, 우측에는 오른쪽 무릎을 땅에 대고 있는 공양보살상이 조각되어 있다. 세장한 형태의 신체표현과 여래상의 시무외여원인 수인, 가슴이 드러난 통견형 대의 등은 삼국시대 불상조각의 특징이다. 이 마애불상군에서 30m 떨어진 곳에 조각된 마애불상은 단독의 여래좌상이다. 이 마애여래좌상은 원형 두광에 5구의 화불이 새겨져 있다. 얼굴은 방형이며 나발도 새겨져 있다. 수인은 오른손을 올리고 왼손을 내린 시무외여원인이다. 통견의 대의를 걸쳤으며 가슴은 넓게 드러나 있다. 결가부좌한 다리는 크고 두텁다. 봉황리 마애불상군은 고구려와 신라의 문화가 중첩되었던 충주 지역에 6~7세기경 조성된 불상으로서 연구해 새겨볼 만한 성보다. [참고문헌] 姜友邦『法空과 莊嚴』「햇골산 磨崖佛群과 단석산 磨崖佛群」(열화당, 2000) pp.47~64, 서영일「中原 鳳凰里 磨崖佛·菩薩像群의 造成主體와 그 目的 研究」(『文化史學』18, 2002) pp.89~104.

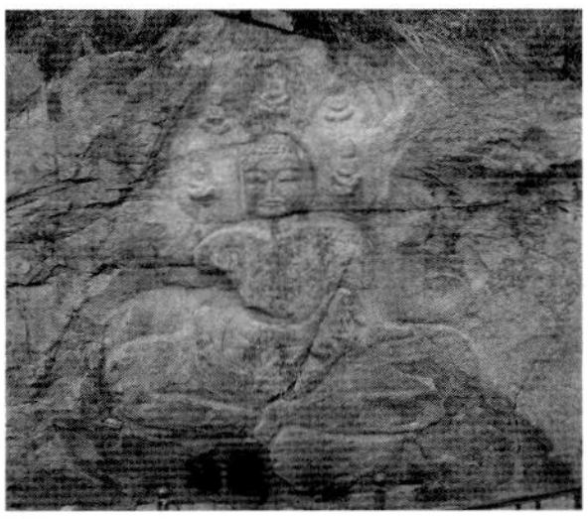

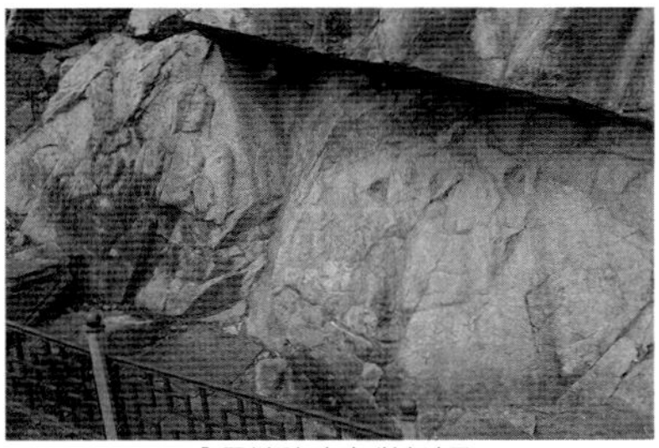

충주봉황리마애불상군

충주철조여래좌상 忠州鐵造如來坐像 고려시대 철불좌상. 보물 제98호. 불상 높이 98cm. 충주시 지현동 대원사에 봉안되어 있다. 이 불상은 원래 충주시 안림동에 있었던 사지에서 1922년 충주군청으로 옮겨졌다. 이후 1937년에 마하사(摩訶寺)로 이전보관하다 1959년 현재의 소장처인 대원사로 옮겨 봉안되었다. 처음 발견되었을 당시 광배와 대좌, 두 손이 결실되고 불신만 남았었다. 1982년에 새로 건립된 대원사 전각에 봉안되면서 결실된 두 손은 나무로 만들어 보수하였다. 불상의 머리에는 크고 굵은 나발이 있으며 정수리 앞부분에는 반원 모양의 중앙계주도 있다. 휘어진 채 깊숙이 조각된 눈과 활처럼 양 끝이 아래로 내려온 윗입술 등 표정이 엄숙하다. 목에 삼도가 있으며 통견형 대의를 걸쳤다. 대의 안에 띠매듭의 내의도 입었다. 옷주름은 어깨부터 다리까지 굵고 조밀하게 정연한 좌우 대칭으로 흘러내렸다. 양식적으로는 고려전기에 조성된 것으로 추정한다. 사찰고기(寺刹古記)에도 1145년(인종23)에 조성된 것으로 전한다. 충주 철조여래좌상은 통일신라 불상의 양식적 특징이 고려시대 들어와 계승되며 도식화되는 과정을 보여주고, 또한 지방적 특색도 강하게 나타나 있어 살펴 연구할 만한 중요한 성보다. [참고문헌] 최성은『철불』(대원사, 1995) pp.93~96.

충주철조여래좌상

충주탑평리칠층석탑 忠州塔坪里七層石塔 충청북도 충주시 중앙탑면 탑평리에 있는 신라시대 석탑. 국보 제6호. 높이 14.5m. 이중기단에 칠층의 탑신을 올린 탑으로 신라석탑 가운데 가장 높다. 탑은 높은 토단위에 서 있는데 바로 옆에 남한강이 흐르고 있다. 지리적으로 우리나라 중앙에 위치해 있어 일명 '중앙탑'으로도 불린다. 탑이 위치했던 사찰의 이름이나 규모는 정확히 알 수 없었으나 발굴을 통해 많은 기와를 포함하여 석등하대석 등이 발견된 바 있다. 기단부는 10매의 판석으로 지대석을 구성하고 하층면석과 갑석을 놓았다. 면석은 여러매의 판석으로 모서리에 우주와 중앙에 3주씩의 탱주를 새겼다. 갑석은 물매가 있고 모서리에는 합각선을 새겨두었으며 상부에는 호각형 2단 몰딩을 두어 상층기단 면석을 받고 있다. 상층기단 면석도 각면 여러매의 판석으로 결구했는데 모서리의 우주와 중앙부에 각면 3주 혹은 4주의 탱주가 섞여 고르지 않다. 갑석 하단에는 부연이 있고 상단에는 2단의 각형 받침을 두어 탑신을 받게 했다. 탑신부는 5층까지 몸돌과 지붕돌을 각각 여러매의 석재로 구성하고 6층부터는 1매이다. 초층 몸돌은 모서리 우주를 별석으로 하고 각면 2매의 면석을 끼워 넣은 형태이다. 2층 이상 몸돌도 모두 우주를 모각하고 여러매의 판석으로 조립하였는데, 6층과 7층은 1매석이다. 지붕돌은 초층이 8매석이고 2층부터 5층까지 여러매로 구성하다가

충주탑평리칠층석탑

6층과 7층은 탑신과 같이 1매석으로 구성했다. 옥개받침은 모두 5단이고 상면에는 2단의 각형괴임을 두었다. 낙수면의 물매는 적당한 편이며 추녀는 모서리에서 적당한 반전을 표현하였다. 각 층 지붕돌 모서리에는 여러 개의 풍경공이 남아 있어 다수의 풍경을 장엄했던 것으로 보인다. 상륜은 크기가 다른 2단의 노반석을 두었는데, 아래에 비해 위에 놓인 노반석이 높다. 그 위로 띠돌림을 새긴 복발(覆鉢)과 활짝 핀 꽃모양의 앙화(仰花)도 차례대로 남아 있다. 1916년 전면적인 탑의 해체수리가 있었는데, 이때 6층 탑신에서 동경(銅鏡) 2점・목제칠합(木製漆盒)・은제사리합(銀製舍利盒)과 기단부에서는 청동제합(靑銅製盒)이 나왔다. 특히 은제사리합에서는 유리사리병이 확인되었다고 한다. 동경은 고려시대 것으로 볼 수 있어 건립이후 고려에 이르러 수리가 있었음을 짐작해 볼 수 있다. 이 석탑은 규모면에 있어서 대형에 속하고 여러 매의 판석을 이용하여 각부를 결구했으나 신라탑의 양식적 특징들이 잘 나타나 있다. 외형에 있어서는 삼층석탑 중심의 양식에서 벗어나 고준한 다층양식을 추구한 점 또한 이 석탑의 특징으로 우리나라를 대표하는 석탑으로 손색이 없는 성보다. ［참고문헌］『충주 탑평리 유적』(국립중원문화재연구소, 2009), 『한국사지총람-上』(문화재청・불교문화재연구소).

충지 冲止 1226~1293. 고려후기 스님. 조계산(曹溪山) 수선사(修禪社)의 16국사 중 제6세인 원감국사(圓鑑國師)다. 휘는 법환(法桓)이었으나, 뒤에 충지로 바꾸었다. 자호(自號)는 밀암(宓庵 : 복암이라고도 읽음), 시호는 원감국사, 탑호(塔號)는 보명(寶明), 속성은 위(魏)씨, 속명은 원개(元凱). 아버지의 휘는 소(紹)이니 호부원외랑(戶部員外郞)을 역임하였고, 어머니는 송(宋)씨부인이니 이부원외랑(吏部員外郎) 자옥(子沃)의 딸이다. 1226년(고종13) 11월 17일 전라남도 정안군(定安郡 : 장흥군의 옛 이름) 도초현(道艸縣 : 장흥군의 속현)에서 태어났다. 9세 때부터 공부를 시작하였는데, 재주가 뛰어나 경서(經書)와 자사(子史)를 한 번 보면 바로 외웠다고 한다. 17세 때 사원고시(司院考試)에 합격하였으며, 19세 때 춘위시(春闈試)에 응시하여 장원급제로 합격하여 벼슬이 한림(翰林)에 이르렀으며, 일본에 사신으로도 다녀왔다. 이 무렵 원오국사(圓悟國師) 천영(天英 1215~1286 : 修禪社의 제5세)이 강화도 선원사(禪源社)에 있었는데, 그곳으로 찾아가 천영을 은사로 하여 스님이 되었다. 그후 여러 강원으로 다니면서 경론을 연마했다. 41세 때인 1266년(원종7) 원종이 나라의 중책을 맡기려고 환속하라는 교지(敎旨)를 내렸으나 받아들이지 않고 김해 감로사(甘露寺)로 가서 주석하면서 종풍(宗風)을 크게 떨쳤다. 1269년(원종10) 5월 삼중대사(三重大師)의 법계를 받았으며, 다시 평양(平陽 : 전남 昇州郡의 옛 이름) 정혜사(定慧寺)로 옮겼다. 1279년(충렬왕5) 대선사(大禪師)의 법계를 받았으며, 정혜사에서 14년을 주석한 후, 1284년(충렬왕10) 3월 8일 지리산 상무주(上無住)에 올라가 정진하였고, 원 세조(世祖)의 초청으로 연경(燕京 : 북경)에 가서 세조의 극진한 대우를 받고, 금란가사 벽수(碧繡)장삼・백불(白拂) 등을 선사 받고 돌아왔다. 1286년(충렬왕12) 원오국사 천영이 입적하자, 뒤를 이어 수선사의 제6세주가 되어 7년 동안 후학을 지도하다가, 지리산 삼장사(三藏寺)로 옮겼다. 1293년(충렬왕19) 1월 10일 세수 67, 법랍 39세를 일기로 입적하였다. 부도는 송광사(松廣寺) 북쪽에 있고, 제자에는 정안(靜眼)・진적(眞寂)・신탈(神脫) 등이 있다. 김훈(金曛)이 비문을 짓고 김형오(金亨五)가 써서 1314년(충숙왕1)에 세운 비가 송광사에 있다. 저서는 『원감국사가송』 1권이 있다. ［참고문헌］『圓鑑國師歌頌』 「順天松廣寺圓鑑國師寶明塔碑銘」(한불전6, pp.410a2~411a13), 李智冠『校勘譯註歷代高僧碑文』 高麗篇4 pp.304~322. ⇨ 송광사원감국사비 松廣寺圓鑑國師碑

충지 제육세조사원감국사
송광사성보박물관 1780년

충척 充斥 가득해 다른 것 버리다. 매우 많아 다른 것 없게 하다. 『집고금불도논형』 권4 「금상재동도유낙읍승정태칙대도사이영서도사 今上在東都有洛邑僧靜泰勅對道士李榮敘道事」(대정장52, p.392c4)에 "천조에 예를 올리며 복을 청하고, 북두에 절을 하며 장수를 기원하는 등 음사를 치르는 패거리 가득해 다른 것 버려서 아직 사라지지 못하니 현혹하는 무리들은 법도를 그물질하여 장악하려 한다. 禮天曹而請福 拜北斗而祈壽 淫祀之黨充斥未亡 衒惑之徒 罝罔綱紀"라고 하였다. ［참고문헌］『集古今佛道論衡』.

충천지기 衝天志氣 하늘을 찌를 듯한 뜻과 기개. 『열경십이종』 권4(卍속장59, p.263a3)에 "방망이 빗방울 쏟아지듯 휘두르고 할 하여 천둥치듯 한다. 마주하는 것들 그르쳐 지나가게 하지 마라. 양 날의 칼 끝 오고가며 피할 길 없이 한다. 불 속에서 피는 연꽃 참으로 희유하다 할 만하니 하늘 찌를 듯 그 뜻 기개는 찾아 그럴듯함에 떨어질 일 없다. 棒如雨點 喝似雷奔 且莫當面錯過 不見道 兩刃交鋒莫迴避麽 火中生蓮華 是可謂希有 衝天志

氣 不落尋常", 『백치어록』 권4(가홍장28, p.22a8)에 "이 한 무리 남남녀녀 하늘 찌를 듯 뜻과 기개 각각이 짊어진다. 這一隊男男女女 各各負衝天志氣", 『한송조어록』 권5(가홍장37, p.582a24)에 "대장부라면 하늘 찌를 듯 뜻과 기개 있음에도 기꺼이 난이의 틀에 묶여 있구나! 그렇다면 어떻게 해야 난이의 틀 밟지 않을까? 가 본 사람이라야 알 수 있다. 大丈夫漢 有衝天志氣 肯被難易所束 且作麽生得 不涉難易 到者方知"라고 하였다. [참고문헌] 『閱經十二種』, 『白痴語錄』, 『寒松操語錄』.

충치 蟲豸 벌레들. 기는 벌레 나는 벌레 등 모든 벌레들을 가리킨다. 치는 '채' 또는 '태'로 소리내는데 다리 없이 나는 벌레들이다. 『분별선악소기경』(대정장17, p.518b24)에 "술 마시고 취하기를 즐기면 서른 가지 과실이 있다. … 열아홉 번째는 취하여 무단히 벌레들 밟아 죽이는 것이다. 喜飮酒醉 得三十六失 … 十九者 醉便妄殺蟲豸", 『일체경음의』 권57(대정장54, p.686a2)에 "충치〈뒷 글자는 특(持)과 리(里)를 반절한 음이다. 『이아』에서 '다리(足)가 있으면 충(蟲)이라 하고, 다리가 없으면 치(豸)라고 한다'라고 하였다〉. 蟲豸〈下持里反 爾雅云 有足曰蟲 無足曰豸也〉", 『선원몽구』 「불일충치 佛日蟲豸」(卍속장148, p.313a8)에 "불일화상〈대혜종고(大慧宗杲)〉이 세상에 나와 경산에서 주석하고 있었다. 지부(知府)의 요청으로 영은사(靈隱寺)에서 개당하였다가 법좌에서 내려오는데, 시랑 풍즙(馮楫)이 물었다. '화상께서는 일찍이 이런 기고 나는 벌레는 되지 말라고 말씀하셨는데, 무엇 때문에 (오늘 법문에서는 그 말씀을) 빼버리셨습니까?' '온 세상이 저 이 종고상좌의 것입니다. 어떻게 모색하시겠습니까?' 풍즙이 생각하며 머뭇거리자 불일이 곧장 손바닥으로 후려쳤다. 당시 관료 무리들이 아연실색하고 있는데, 풍즙이 껄껄 웃으며 말하였다. '저와 장로의 불법이 서로 만나게 되었습니다'. 佛日和尙〈大慧〉 出世住徑山 知府請就靈隱開堂 下座 馮侍郎問 和尙嘗言不作這蟲豸 爲什麽敗闕 日日 盡大地是杲上座 作麽生摸索 馮擬議 佛日便掌 時僚衆失色 馮大笑曰 某與長老佛法相見也"라고 하였다. [참고문헌] 『分別善惡所起經』, 『一切經音義』, 『禪苑蒙求』.

충탄 冲坦 고려 충숙왕 때 스님. 『고려사』 권34 세가34 충숙왕 1년(1313) 10월 병자일(丙子日)에 "상왕(忠宣王)의 발원으로 스님 이천 명을 연경궁으로 초청하여 공양을 올릴 때 은병일백과 수경향로를 부처님께 올리고 관주락도 하게 하였는데 선승(禪僧) 충탄과 교승(敎僧) 효정을 초빙하여 5일 동안 설법하게 하였다. 丙子上王飯僧二千 燃燈二千于延慶宮五日, 施佛銀甁一百 手擎香爐 使伶官奏樂 邀禪僧冲坦 敎僧孝楨說法"라 하였다. [참고문헌] 『高麗史』. ⇨ 효정 孝楨

충허 冲虛 **1** 더없이 고요하고 텅 빈 듯 미묘해 오히려 가득하다. 짐(朕)이라 내세워 주재하는 이 없어 만물이 고르게 자유롭고, 끝도 없이 깊고 그윽하지만 미묘해 밝게 열린 길(道)의 수사다. 『일체경음의』 권71(대정장54, p.772b19)에 "충허〈『설문』에 '비다라는 뜻의 충(盅)과 같고, 제와 융을 반절한 음이다'라고 하였으며, 『자서』에 '충은 허 또는 중이다'라고 하였다〉. 冲虛〈說文 作盅同 除隆反 字書 冲 虛也 中也〉", 『조론소』 권하(대정장45, p.193a18)에 "텅 비어 바뀔 일 없다 : 『자서』에 '충은 허의 뜻이다'라 하였다. 열반의 길 그 체성 비고 없으니 어찌 옮겨 변하겠는가. 그러므로 '고칠 것 없다'라고 한다. 冲而不改 字書云 冲虛也 涅槃之道 體性虛無 何所遷變 故云不改也", 『선종영가집』 「대사답낭선사서 大師答朗禪師書」(대정장48, p.394b9)에 "또한 무릇 도의 바탕 텅 비었기에 만물 누 될 것이 없으며, 진실한 자비 평등한데 소리와 빛깔 어찌 도가 아니라 하겠는가? 且夫道性冲虛 萬物本非其累 眞慈平等 聲色何非道乎", 『속전등록』 권18 「수산본명전 壽山本明傳」(대정장51, p.587c25)에 "참된 기틀 나라 함 끊었으니 천고를 품어도 다함 없고, 큰 지혜 고요하고 텅 비었으니 시방 끝까지 미쳐 다함이 없다. 眞機絶朕 包千古以無窮 大智冲虛 亘十方而無盡", 『장자내편주』 권4 「응제왕 應帝王」(건륭장153, p.448b15)에 "기 아득함에 합한다〈막은 충허다. 기 허에 합한다는 말이다〉. 合氣於漠〈漠 冲虛也 言合氣於虛〉", 『절관론』(대장경보편18, p.693a7)에 "무릇 큰 길 텅 비고 그윽한 듯 미묘하고 아득해 마음으로 만날 수 없고 말로도 할 수 없다. 夫大道冲虛 幽微寂寞 不可以心會 不可以言詮", 『보장론』 「이미체정품 離微體淨品」(대정장45, p.146b15)에 "떠남이란 텅 비운다 함이고, 미란 비운 듯 채우는 것이다. 담박하고 텅 비어 적막하므로 떠나 아름답다 한다. 무릇 성인이 망상이 없는 까닭은 깨우쳐 버리기 때문이고 기특하게 쓸 줄 아는 것은 그 아름다움 깨우쳤기 때문이다. 夫離者虛也 微者冲也 冲虛寂寞 故謂之離微 夫聖人所以無妄想者 爲達離也 所以有奇特之用者 爲了微也"라고 하였다. [참고문헌] 『一切經音義』, 『肇論疏』, 『禪宗永嘉集』, 『續傳燈錄』, 『莊子內篇註』, 『絶觀論』, 『寶藏論』. **2** 조선후기 지책(旨冊)의 법호. ⇨ 지책 旨冊

충허 衝虛 통일신라 스님. 『삼국사기』 권10 신라본기(新羅本紀)10 헌덕왕 2년(810) 겨울10월에 "왕자 김헌장을 보내 입당하여 금·은불상과 불경 등을 바치고 순종을 위해서 복을 기원한다는 말을 진상하였다. 遣王子金憲章入唐 獻金銀佛像及佛經等 上言爲順宗祈福"고 하였는데, 백거이의 시문집 『백씨장경집』 권56에 실린 신라 애장왕에게 보내는 「여신라국김중희서 與新羅王金重熙書」에는 "신라왕 김중희에게 칙서한다. 김헌장과 스님 충허 등이 이르렀는데, 표문과 진헌물, 공덕과 진사를 올린 것 등을 모두 살폈다. … 지금 김헌장 등을 귀국하도록 하면서 아울러 별록에 적은 대로 약소한 신물을 보낸다. 敕新羅王金重熙 金獻章及僧衡虛等至 省表兼進獻及進功德並陳謝者 具悉 … 今遣金獻章等歸國 並有少信物 具如別錄"라고 하였다. [참고문헌]『三國史記』, 『白氏長慶集』, 『全唐文』 권665.

충허당지책대사행장 冲虛堂旨冊大師行狀 충허(1721~1809)의 행장. 1797년(정조21)에 춘와(春窩)가 지었는데, 한불전10, pp.356a~357c에 수록되어 있다. [참고문헌]『冲虛堂大師遺集』 권2. ⇨지책 旨冊

충허대사유집 冲虛大師遺集 1797년(정조21)에 간행한 충허지책(冲虛旨冊 1721~1809)의 문집. 목활자본 2권 1책. 한불전10, pp.324c2~358a7에 전한다. 앞에는 1789년(정조13)에 쓴 이승연(李承延 1720~1806)과 이경유(李敬儒 1750~1821)의 서문, 1794년(정조18)에 작성한 강봉흠(姜鳳欽)의 서문, 작성의 때를 알 수 없는 정범조(丁範祖 1723~1801)의 서문 등이, 1797년에 춘와주인(春窩主人)의 발문이 앞뒤로 실려 있다. 권1에는 시 1편·서(序) 5편·기(記) 9편·제문 6편·상량문 6편이, 권2에는 문(文) 10편·서(書) 20편이 수록되었으며, 서 2편과 행장인 「충허당기실 冲虛堂記實」은 부록이다. 기와 상량문 등 사암(寺庵)과 전각의 중수중창불사 관련 글이고, 문에는 권선(勸善)이나 모연(募緣) 관련 글이 많아 당시 불교계의 활발한 불사 내역을 담고 있다. 서에는 스님 사이에 왕래한 서신 외에 문사와 주고받은 글도 있어, 유불간의 격의없는 교유를 보여준다. 특히 「법계서후발 法界序後跋」은 조선후기에 화엄강학이 성행하였던 모습을 담았는데, 금산사 환성지안(喚醒志安 1664~1729)·청암사 회암정혜(晦庵定慧 1685~1741)·통도사 호암체정(虎巖體淨 1687~1748)·송광사 영해약탄(影海若坦 1668~1754)·직지사 쌍운(雙運)·선암사 상월새봉(霜月璽封 1687~1767)·지리산 설파상언(雪坡尙彦 1707~1791) 등을 거론하면서 내원사 와운옹(臥雲翁)도 못지 않았다고 하여, 당시 손꼽던 화엄강학의 고승과 그들의 거점 사찰을 거론하였다. 「백련암결제시중 白蓮菴結制示衆」은 결제법어인데 선은 물론 교와 염불은 물론 예불공양까지 두루 부지런히 수행할 것을 간절히 당부하는 내용이다. 「사제변 師弟辨」에서는 나면서부터 아는 사람은 없으므로 반드시 스승에 의지해야 하고, 홀로 뛰어나도 무리를 떠나 살 수 없기에 제자 또한 반드시 함께하여야 함을 전제하면서 고금에 걸친 승속의 예를 들어 스승과 제자가 무엇인지를 2천여 자의 장문으로 밝혀, 스스로를 구하고 다른 사람을 구하여 세상이 혼란해지는 환난을 면하기를 바란다 하였다. 이 문집은 문장이 다채롭고 뛰어나다는 평을 받는 지책의 다양한 글들을 수록하고 있어, 18세기~19세기에 걸친 불교계의 속 깊은 내면을 비춰 볼 수 있게 한다. ⇨지책 旨冊

충현밀경 冲玄密境 텅 빈 듯 고요해 아득한 풍경. 『정심계관법』 권하(대정장45, p.833c21)에 "무릇 경론에서 가르치고자 하는 뜻에는 두 가지가 있다. 첫째는 이에 순한다. 여래께서 깊이 간직한 뜻 공하고 평등해서 모습 버려 진실에 드니 텅 빈 듯 고요해 아득한 풍경일 뿐이어서 보처보살이라도 알 수 없고 이승도 헤아리지 못하니 이를 가리켜 이치에 따른다고 한다. 凡經論誠義有二種 一者 順理 如來祕藏 空平等法 泯相入眞 冲玄密境 補處莫知 二乘不測 是名順理", 『정심계관법발진초』 권하말(卍속장105, p.435a1)에 "공하여 평등한 법이란 곧바로 법계와 함께하는 한결같은 이야기이다. 참으로 비워 묘한 바탕 평등하고 한결같아 언어에 의지해 하나니 다르니 하는 것 아니다. 이의 바탕과 불가사의경의 아득히 멂을 가리킨다. 보처란 장차 부처님을 곁 해서 나는 곳이다. 저 자씨(미륵)보살이 석가의 자리 대신하는 뜻이다. 등각의 성인이 묘각을 바라서도 깨우쳐 닿은 끝 오히려 알 수 없거늘 하물며 이승이겠는가. 空平等法者 卽直契法界一如之談也 謂眞空妙性 平等一如 非言語一異等相也 冲玄密境者 指理體 及不可思議境之幽邃也 補處者 將補佛之生處也 如慈氏補 釋迦之處 是也 且等覺聖人 望於妙覺 尙未顯了證極 況二乘乎"라고 하였다. [참고문헌]『淨心戒觀法』, 『淨心誡觀法發眞鈔』. ⇨이체 理體

충활 冲奯 고려중기 스님. 남성시(南省試 : 科擧)에 응시하여 부장원(副壯元)으로 합격하여 내시가 되었다가 사직하고 조계산 수선사(修禪社 : 松廣寺)로 가서 스님이 되었다. [참고문헌]『高麗史』.

충회 忠會 고려전기 스님. 혜소국사(慧炤國師) 정현(鼎賢 972~1054)의 은사스님. 「죽산칠장사혜소국사비문 竹山七長寺慧炤國師碑文」에 "참현지세에 출가할 뜻을 품고 경기도 개성시에 있었던 광교사로 찾아가 충회를 은사로 하여 스님이 되었다. 參玄之歲 方慕出家 徑投光教寺 大師 忠會 頂落周羅 信□□□求宗"라고 하였다. [참고문헌] 李智冠 『校勘譯註歷代高僧碑文』 高麗篇2 p.301. ⇨정현 鼎賢

충효암 忠孝庵 대구광역시 달성군 팔공산(八公山)에 있던 절. 『조선불교통사』 권상에 의하면 은해사(銀海寺)의 산내 암자였다. 신라 경순왕(敬順王 재위 927~935)이 머물렀던 암자. 창건자와 창건시기는 물론 위치도 전하지 않는다. 인악의첨(仁嶽義沾 1746~1796)의 『인악집』 권2 「충효암중창기 忠孝菴重創記」(한불전10,

p.409c7)에는 1784년(정조8) 10월 4일 밤에 소실되었는데, "암주 자암화상이 대중과 스님들을 위로하고 중창을 설득하면서 계속 눈물을 흘리자 대중들이 감응하여 힘내 분투하였다. … 화상이 스스로 힘쓰고 대중도 기꺼이 하여 몇 개월도 지나지 않아서 대역사가 끝났다. … 우리 암자에는 오랫도록 기록이 없었는데, 주민들은 '신라 때 개창하였고 경순왕이 이곳에 머물렀다' 하지만 검증할 바가 없이 충효를 편액으로만 삼았을 뿐이다. 菴主紫巖和上 撫慰衆僧 諭以重剏 意繼以涕泣 衆爲之感奮 … 和上自服勞 衆樂爲用 未數月而大役已竣 … 吾菴舊無記 土人言 是新羅時開 敬順王嘗駐蹕於此 此無所徵 而忠孝爲扁"라고 하였다. 〔참고문헌〕『仁嶽集』.

충휘 冲徽 ?~1613. 조선중기 스님. 호는 운곡(雲谷). 정관일선(靜觀一禪 1533~1608)의 법을 이어 받아 제자가 되었다. 임제(臨濟)의 17대손이며 태고보우(太古普愚)의 8대이니, 태고보우·환암혼수(幻庵混修)·귀곡각운(龜谷覺雲)·벽계정심(碧溪正心)·벽송지엄(碧松智儼)·부용영관(芙蓉靈觀)·청허휴정(淸虛休靜)·정관일선(靜觀一禪)·운곡충휘로 이어진다. 스님은 선지(禪旨)에 정통하였을 뿐 아니라, 삼장은 물론 시문(詩文)에도 능통하여 당대의 문장가인 동악(東岳) 이안눌(李安訥)·지봉(芝峰) 이수광(李睟光)·계곡(鷄谷) 장유(張維) 등과 교류하면서 많은 시를 지었다. 해인사(海印寺)와 강진 백련사(白蓮寺) 등에 주석하면서 후학을 지도하다가, 1613년(광해군5)에 입적하였다. 저술로는 『운곡집』 1권이 있는데, 권두에 1629년(인조7)에 지은 계곡 장유의 「운곡시고서문 雲谷詩稿序文」과 권미에 1633년(인조11) 동악 이안눌과 동양위(東陽尉) 신익성(申翊聖)의 발문을 붙여 1633년 고산(高山) 적멸암(寂滅庵)에서 새겼다. 〔참고문헌〕『雲谷集』(한불전8, pp.264~277). ⇨ 일선 一禪[2]

충희 冲曦 ?~1183. 고려전기 스님. 현희(玄曦)라고도 한다. 호는 원경국사(元敬國師). 고려 제18대 의종(毅宗 재위 1146~1170)의 아우이다. 의종에 의해 현오국사(玄悟國師) 종린(宗璘 1127~1179)을 은사로 하여 내전(內殿)에서 스님이 되었다. 명종(明宗 재위 1170~1197) 때 승통(僧統)에 올랐다가 뒤에 국사가 되었다. 1177년(명종7)에는 반역을 음모한다고 하여 그를 따르는 이들이 국문을 당하기도 하였으나, 증거 없어 석방되는 일도 겪었다. 1180년(명종10) 태후(太后)가 유종으로 앓자 스님을 불러 치료받았다. 그때 궁녀나 공주(公主)와의 추문이 자자하므로 우사간 최선이 처벌할 것을 상소했으나, 왕은 형제간을 이간한다 하여 최선을 파면시켰다. 스님은 글씨에 정통한 명필이었으며, 1183년(명종13)에 입적하였다. 〔참고문헌〕『高麗史』 권90 列傳3 宗室, 『大東金石帖』 pp.91~92, 『朝鮮佛教通史』 권상 p.259, 『韓國金石全文』 中世下 pp.903~904, 李智冠 『校勘譯註歷代高僧碑文』 高麗篇4 pp.26~27. ⇨ 흥교사충희선사비편 興敎寺冲曦禪師碑片

췌 萃 모여들다. 『조론』 「답유유민서 答劉遺民書」(대정장45, p.155c9)에 "신이한 전적과 뛰어난 스님들 비로소 먼 곳에서 이르니, 영취산 바람결 이 땅에 모여들었다. 異典勝僧 方遠而至 靈鷲之風 萃於茲土", 『나호야록』 권하(卍속장142, p.989a17)에 "그때그때 깨우친 말들 모아서 동지들에게 널리 알게 하였다. 萃集機語 布於同志", 『조산어록』(대정장47, p.527a2)에 "왕약일이라는 신도가 하왕관을 희사하며 조산을 주지로 모셨다. 조산이 '하왕'을 하옥(荷玉)으로 바꾸자 이로부터 법석이 크게 일어났고, 배우는 이들이 구름처럼 모였다. 동산(洞山)의 가르침이 조산에 이르러 성행하게 되었다. 有信士王若一 捨何王觀 請師住持 師更何王爲荷玉 由是法席大興 學者雲萃 洞山之宗 至師爲盛"라고 하였다. 〔참고문헌〕『肇論』, 『羅湖野錄』, 『曹山語錄』.

췌술 揣術 마음 헤아려 아는 법. 『출삼장기집』 권7(대정장55, p.51a8)에 "옛날에 흙다리 위에서 책을 전하였고(한 노인이 張良에게 『太公兵法』을 전한 고사), 골짜기에서는 마음 헤아려 아는 법을 전수하기도 하였다. 昔或授編書於圯上 受揣術於谷裏"라고 하였다. 〔참고문헌〕『出三藏記集』.

췌식 揣食 Ⓢkavaḍīkāra-āhāra, Ⓟkabaḷiṅkāra-āhāra. 사식(四食) 중 하나. 단식(團食·段食·摶食)·견취식(見取食)이라고도 한다. 몸을 유지하기 위한 욕계(欲界)의 모든 음식을 가리킨다. 『출요경』 권15(대정장4, p.693a17)에 "비록 네 종류 음식이 있지만 췌식을 우선으로 삼으니, 나아가 행하고 돌아오는 등 무엇이든 할 수 있게 한다. 雖有四食 揣食爲先 進趣行來 皆能成辦", 『불필정입정입인경』(대정장15, p.705a8)에 "아무리 적더라도 한 번의 췌식이라도 축생에게 베푸는 일은 모두가 삼보의 종자를 끊어지지 않도록 하기 위함이다. 乃至微少 捨一揣食 施於畜生 皆爲不斷 三寶種子", 『주유마힐경』 권2(대정장38, p.348b11)에 "도생이 말한다. '췌식을 취해 세 가지로 여긴다. 대체로 욕계음식을 췌식이라 한다. 췌식이란 손으로 뭉친 음식이라는 뜻이다. 췌는 화합한 물건이니, 뜻에 따라 말한 것이다. 화합을 무너뜨린다는 말은 오음화합을 무너뜨린다는 뜻이다. 열반이 바로 오음의 무너짐이다'. 生曰 以取揣食爲三也 凡欲界食謂之揣食 揣食者 揣握食也 揣是和合之物 隨義言之也 壞和合者 壞五陰和合也 泥洹卽是五陰壞也", 『유마경의소』 권3(대정장38, p.939a15)에 "첫째, 췌식은 향과 맛과 촉으로 화합하여 구성된다. 一者 揣食 以香味觸 和合成之"라고 하였다. 〔참고문헌〕『出曜經』, 『不必定入定入印經』, 『注維摩詰經』, 『維摩經義疏』, *DN.1.34·3.228.* ⇨ 단식 段食, 단식 團食, 단식 摶食❷, 사식 四食❶, 사종인간식 四種人間食

췌식신 揣食身 췌식(揣食 : 段食)에 따르는 몸. 향과 맛과 느낌이 있는 음식인 췌식으로 유지되는 몸 가리킨다. 『잡아비담심론』 권7(대정장28, p.926c29)에 "욕계에서는 일단 삼매에 들면 7일을 넘지 못한다. 췌식에 따르는 몸이기 때문이다. 만약 넘어선다면 삼매에서 나오는 순간 온몸이 녹아버릴 것이다. 欲界 一入正受 不過七日 揣食身故 若過者 出則融消", 『대지도론소』 권21(卍속장74, p.478b5)에 "만약 췌식의 몸으로 멸진정에 들었다가 7일을 넘겨버리면 나오는 즉시 죽는다. 이 가섭은 다름 아닌 법신보살로서 탐욕의 몸이 아니기에 정에서 나와서도 그렇게 살 수 있었던 것이다. 若揣食身入滅定 過七日已 出定則死 此迦葉 乃是法身菩薩 非貪身故 所以出定能然也"라고 하였다. 〔참고문헌〕『雜阿毘曇心論』, 『大智度論疏』. ⇨ 단식 段食

췌진가사 揣盡家私 집안의 사사로움 죄다 모아 다 보이다. 탕진가사(蕩盡家私)와 뜻으로 통한다. 췌는 추로 독음하기도 한다. 『무문관』 27칙(대정장48, p.296b11)에 "학인이 남전화상에게 물었다. '다른 이에게 설하지 못할 법이 있습니까?' '있다' '무엇이 다른 이와 더불어 말할 수 없는 법입니까?' '마음도 아니고 부처도 아니며 물건도 아니다'. 무문이 들어 말했다. '남전이 단 한 번 물음에 집안의 사사로움 남김없이 보였으니 허랑하기 짝이 없다'. 南泉和尙 因僧問云 還有不與人說底法麽 泉云 有 僧云 如何是不與人說底法 泉云 不是心 不是佛 不是物 無門曰 南泉被者一問 直得揣盡家私 郎當不少"라고 하였다. 〔참고문헌〕『無門關』, 『虛堂錄』 권10(대정장47, p.1062b16).

취 取 ❶ⓈⓅ upādāna, Ⓣ nye-bar-len-pa, nyer-len. 가져 버리지 못하다. 목말라 함(愛 : 欲愛 有愛 無有愛) 연으로 일어나서 삼유(三有 : 欲有 色有 無色有)에 붙들리게 하는 십이지(十二支) 중 아홉 번째 자리다. 『잡아함경』 권2(대정장2, p.10c20)에 "'갖고자 해서 붙들리고, 취하지 않으면 집착하지 않는다. 取故生著 不取則不著", 같은 책 권12(대정장2, p.85b8)에 "애를 연으로 하여 취가 있으니, 어떤 것을 취라 하는가? 곧 네 가지로 취하는 욕취·견취·계취·아취를 말한다. 緣愛取者 云何爲取 四取 欲取 見取 戒取 我取", 『중관론소』 권10(대정장42, p.162c28)의 "무엇을 취라고 하는가? 경에 탐하여 사방으로 쫓아 구하므로 취라 한다. 이 취는 사방으로 쫓아 구하므로 사취라 한다. 云何名取 以貪境故四方追求 故名爲取 此卽以四方追求名四取", 『대비바사론』 권23(대정장27, p.119a18)에 "무엇이 취인가? 세 갈래로 목말라 해서 사방으로 쫓아 구하며, 비록 많은 위험을 겪을지라도 수고로움을 마다하지 않는다. 그러나 아직 다음 유의 선악업은 일어나지 않는 것이 취의 위이다. 云何取 謂由三愛 四方追求 雖涉多危嶮 而不辭勞倦 然未爲後有 起善惡業 是取位", 『아비담비바사론』 권13(대정장28, p.96b10)에 "이 십이지연은 저 나무같아서 뿌리와 몸체와 꽃과 열매가 있다. 무명과 행은 뿌리이고, 식·명색·육입·촉·수는 그 몸이고, 애·취·유는 바로 꽃이고, 생·노사는 열매다. 此十二支緣 如樹有根有體有花有果 無明行是其根 識名色六入觸受是其體 愛取有是其花 生老死是其果", 『대승아비달마집론』 권2(대정장31, p.671a11 : *Abh-s.*, p.27)에 "취에 두 가지 업 있으니 첫 번째는 그 다음의 유를 취하게 해서 모든 유정으로 하여금 유를 일으켜 식을 취하게 하는 것이고, 두 번째는 유와 함께 연을 짓는다. 取有二種業 一爲取後有 令諸有情發有取識 二與有作緣 upādānaṃ kiṃ-karmakam. punar-bhavādānārthaṃ sopādānaṃ ca sattvānāṃ vijñānaṃ karoti pratyayaś-ca bhavati bhavasya", 『집이문족론』 권19(대정장26, p.446b9)에 "무엇을 취결이라 하는가? 〔답〕 두 종의 취를 취결이라 이름한다. 무엇이 그 둘인가? 〔답〕 첫째 견취, 둘째 계금취다. 이와 같은 두 취를 합하여 취결이라 한다. 云何取結 答 二種取名取結 云何爲二 答 一 見取 二 戒禁取 如是二取 合爲取結", 『품류족론』 권1(대정장26, p.693b21)에 "취결이란 무엇인가? 이취를 말함이니 곧 견취와 계금취다. 견취란 오취온에 대해 한결같이 따라 관하여 집하길 가장 뛰어나고 위이며 극하다 여기면서 이로 말미암아 인·낙·혜·관·견을 일으키는 것이다. 계금취란 오취온에 대해 한결같이 따라 관하여 집하길 능히 청정하고 능히 해탈하며 능히 출리할 수 있다 여기면서 이로 말미암아 인·낙·혜·관·견을 일으키는 것이다. 取結云何 謂二取 卽見取 戒禁取 見取者 於五取蘊 等隨觀執 爲最爲勝 爲上爲極 由此起忍樂慧觀見 戒禁取者 於五取蘊 等隨觀執 爲能淸淨 爲能解脫 爲能出離 由此起忍樂慧觀見"라고 하였다. 〔참고문헌〕『雜阿含經』, 『中觀論疏』, 『大毘婆沙論』, 『阿毘曇毘婆沙論』, 『大乘阿毘達磨集論』, 『集異門足論』, 『品類足論』, *Abh-s.*, *Abh-k-bh.5.* ⇨ 사취 四取, 이취 二取❶, 취착 取著, 취지 取支, 십이지 十二支❶, 애 愛, 유 有❶ ❷ 얻다. 여(與)·사(捨)의 상대어이다. 『과거현재인과경』 권4(대정장3, p.648b24)에 "그때 부처님께서 또 다른 날에 숲 사이를 경행하시다가 오물 중에 여러 가지 낡은 비단이 있음을 보고, 곧 주워서 세탁하려고 마음으로 '돌이 필요하다'고 생각하셨다. 석제환인이 곧 부처님의 마음을 알고, 장사가 팔 한 번 펼 동안에 향산 위로 가서 네모반듯한 돌을 가져다 나무 사이에 놓아두고, 부처님께 말씀드렸다. '돌 위에서 옷을 세탁하십시오'. 爾時 世尊 別於他日 林間經行 見糞穢中 有諸弊帛 卽便拾取 欲浣濯之 心念須石 釋提桓因 卽知佛意 如大壯士屈伸臂頃 往香山上 取四方石 安置樹間 卽白佛言 可就石上 浣濯衣也"라고 하였다. 〔참고문헌〕『過去現在因果經』. ❸ 근(根)이 경(境)을 만나는 것. 『금칠십론』 권상(대정장54, p1246b10)에 "세간이 실로 있는 물건이지만 멀어서 보지 못하니, 비유하자면 저 언덕에 떨어져 있으면 이곳 알 수 없는 것과 같다. 또 가까운 까닭에 볼 수 없으니, 저 티끌 눈에 있으면 볼 수 없는 것과 같다. 世間實有物 遠故不可見 譬如墮彼岸 此則不能知 近故不可見 如塵在眼 則不能取"라고 하였다. 〔참고문헌〕『金七十論』.

취 毳 새나 짐승의 가는 털. 또는 그것으로 만든 거친 옷감이나 옷(毳衣). 『유가론기』 권6(대정장42, p.442a10·한불전13, p.471c9)에 "새나 짐승의 가는 털을 '취'라고 한다. 수행자 분소의 얻을 수 없다면 이것을 모아서 옷을 만든다. 鳥獸細毛名毳 行者若無糞衣可得 取此爲衣", 『임제록』(대정장47, p.498c11)에 "도를 구하는 이들이여! 그대들은 이 몽환과 짝한 것들 그릇 알아 붙들려서는 안 된다. 늦춰질 뿐 결국 무상으로 되돌아간다. 그대들 이 세계 향해 어떤 것 찾아 해탈 지으려 하는가? 한 입 밥을 찾아 먹고 털옷이나 기우며 때를 보낸다. 무엇보다 중요한 것 선지식을 찾아뵙는 일이니, 그럭저럭 즐거움 쫓지 마라. 세월 빛처럼 사라지리라. 道流 爾莫認著箇夢幻伴子 遲晩中間便歸無常 爾向此世界中 覓箇什麽物 作解脫 覓取一口飯喫 補毳過時 且要訪尋知識 莫因循逐樂 光陰可惜"라고 하였다. 〔참고문헌〕『瑜伽論記』, 『臨濟錄』. ⇨ 취의 毳衣

취 趣 ⓈⓅ gati, Ⓣ 'gro-ba. ❶ 나아가 머물게 되는 세계. 도(道)라고도 한다. 오취(五趣) 또는 육취(六趣) 등에서의 취다. 천(天)·인(人)·아수라(阿修羅)는 선업(善業)으로 나아가 머물게 되니 삼선취(三善趣: 三善道)라고 하며, 지옥·아귀·축생은 악업으로 가서 나기에 삼악취(三惡趣: 三惡道)라고 한다. 『성유식론술기』 권4(대정장43, p.348b25)에 "〔논〕 모든 취에는 선취와 악취가 있다. 〔술〕 선악이라는 말로 오취를 다 거두기 때문이다. 論 有諸趣者 有善惡趣 述曰 以善惡言 攝五趣故", 『법원주림』 권5(대정장53, p.301b10)에 "〔문〕 어떤 것을 육취라고 하는가? 『비담론』에서 말한 '취란 이르게 되는 곳이고 길이다. 즉 저 선악업인을 길 삼아 능히 날 곳을 움직여 이르게 하기에 취라고 한다. 또한 지은 업에 의해 태어날 곳으로 가므로 취라고 한다. 취란 귀향의 뜻이라고도 하니, 지은 업으로 하늘이나 지옥으로 돌아가도록 하는 것을 말한다'. 問曰 云何名六趣 依毘曇論云 趣者名到 亦名爲道 謂彼善惡業因道能運到其生趣處 故名爲趣 亦可依所造之業 趣彼生處 故名爲趣 有趣者歸向之義 謂所造業 能歸向於天 乃至地獄也", 『석씨요람』 권중(대정장 54, p.291a17)의 "취 : 곧 오취이니, 천·인·지옥·축생·아귀를 말한다. 수라는 네 가지 취로 모두 거둔다. 여기서는 별도의 취로 구분하였으므로 육취라 하였다. 취란 어떤 뜻인가? 『비바사론』에서는 '가게 되는 뜻이니, 모든 유정중생들 마땅히 맺어날 곳으로 가기에 취라 한다'. 趣 卽五趣也 一 天 二 人 三 地獄 四 畜生 五 餓鬼 謂修羅四趣皆攝故 今開爲一趣 故云六趣也 趣者何義 毘婆沙論云 所往義 是諸有情 所應往結生之處 故名趣也"라고 하였다. 〔참고문헌〕『成唯識論述記』, 『法苑珠林』, 『釋氏要覽』, *Abh-k-bh.114.* ⇨ 오취 五趣, 육취 六趣, 선취 善趣, 악취 惡趣, 삼선도 三善道, 삼악도 三惡道, 비취 非趣, 도 道❹ ❷ 나아가다. 정해진 길을 향하다. 『장아함경』 권1 「대본경 大本經」(대정장1, p.4c20)에 "그때 여러 관상가들이 곧 왕에게 말했다. '왕의 태자께서는 삼십이상을 갖추고 있으니, 반드시 두 길로 나아갈 것입니다. 반드시 그러해서 의심할 것 없습니다. 재가에 있으면 반드시 전륜성왕이 될 것이며, 만일 출가한다면 정각을 이루어 열 가지 명호를 다 갖출 것입니다'. 時 諸相師 卽白王言 王所生子 有三十二相 當趣二處 必然無疑 在家當爲轉輪聖王 若其出家 當成正覺 十號具足"라고 하였다. 〔참고문헌〕『長阿含經』, 『般泥洹經』 권상(대정장1, p.163a28), *DN.2.16.* ❸ 종취(宗趣)라 함에 있어서의 취. 가르쳐 보이기 위해 드러낸 말(敎)들에서 으뜸으로 여기는 것(宗)들을 인법이경(因法理境)이라 한다면, 취(趣)는 과인사행(果人事行)으로 몸소 행하고 섬겨 과를 얻는 뜻을 밝히는 것이다. 『반야심경약소』 권1(대정장33, p.552b11)에 "셋째 종취란, 말이 나타내는 바를 종이라 하고, 종이 돌아갈 바를 취라 한다. 그러나 먼저 총이고 나중에 별이니, 총으로는 삼종반야를 종으로 삼는다. 첫째는 실상이니 소관인 진성이요, 둘째는 관조니 능관인 묘혜요, 셋째는 문자니 말로 드러난 가르침을 이르는데, 이 셋을 넘어서지 않기에 종이라 한다. 별로는 또한 셋 있으니, 첫째 가르침과 뜻을 하나로 마주하니 문자의 가르침을 종으로 삼고 나머지 두 뜻을 취로 삼는다. 둘째 경과 지를 하나로 마주하니 진공의 경을 종으로 삼고 관조하는 지를 취로 삼는다. 셋째 인과 과를 하나로 마주하니 보리의 인행을 종으로 삼고 보리의 과덕을 취로 삼는다. 第三宗趣者 語之所表曰宗 宗之所歸曰趣 然先總後別 總以三種般若爲宗 一 實相 謂所觀眞性 二 觀照 謂能觀妙慧 三 文字 謂詮上之敎 不越此三 故以爲宗 別亦有三 一 敎義一對 以文字敎爲宗 餘二義爲趣 二 境智一對 以眞空境爲宗 觀照智爲趣 三 因果一對 以菩提因行爲宗 菩提果德爲趣"라고 하

였다. [참고문헌]『般若心經略疏』. ⇨ 종취 宗趣

취 醉 ❶Ⓢ mada, matta, Ⓣ rgyags-pa, dregs-pa r-gyur-pa. 어떤 법에 애착하여 어지럽게 맛 들이다.『구사석론』권3(대정장29, p.180b27 : Abh-k-bh., p. 61)에 "취란 무엇인가? 사람이 스스로의 법에 애착을 일으켜 마음이 어지럽게 맛 들이는 것이다. 마치 술을 마셔 혼미해지는 것처럼 마음의 환희차별하여 탐욕을 좇아 생겨나는 것을 취라 할 수 있다. 醉者 此人 於自法 起愛著 其心亂味 如飮酒惛迷 心歡喜差別 從貪欲生 說名醉 madas-tu svadharmeṣv-eva raktasya yac-cet asaḥ paryādānam. yathā madya-ja evaṃ rāga-ja ḥ. saṃpraharṣaṇa-viśeṣo mada"라고 하였다. [참고문헌]『俱舍釋論』, *Abh-k-bh*・*214*. ❷Ⓟ matta. 술 등을 마시고 취하다.『증일아함경』권9(대정장2, p.590a13)에 "'대왕이시여, 지금 이 코끼리는 사나워서 많은 원수를 항복시킬 수 있으니, 저 코끼리에게 독한 술을 먹여 취하게 하십시오. 날이 밝으면 사문구담이 틀림없이 성에 들어와 걸식할 것이니, 그때 취한 코끼리 풀어놓아 밟아 죽게 하십시오'. 大王當知 今此象惡 能降伏衆怨 可以醇酒 飮彼象醉 淸旦 沙門瞿曇 必來入城乞食 當放此醉象 蹋蹈殺之"라고 하였다. [참고문헌]『增壹阿含經』, *Ap.320*.

취개지옥 聚磕地獄 Ⓢ saṃghāta, Ⓟ saṅghāta, Ⓣ bsdus-'joms. 돌무더기 부딪혀 내리는 지옥. 음사어는 승건(僧乾)이며 중합(衆合)・퇴압(堆壓)지옥이라고도 한다.『구사석론』권8(대정장29, p.215c6)에 칠종지옥(七種地獄 Ⓢ sapta narakāḥ) 중 하나로 거명한다.『입세아비담론』권8「취개지옥품」(대정장32, p.209b11)에 "또 취개라는 지옥이 있다. 그 모습 마치 두 산의 중간과 같다. 이 중에 옥졸이 갖가지 무기 들고 죄인들을 두렵게 하니 그때 죄인들 모두 두려워 떤다. … 왜 이 지옥은 취개라 할까? 이곳의 죄인을 한곳에 모아놓고 두 산 돌무더기 부딪혀 쏟아져 내리게 하니 취개라 한다. 또한 이 지옥 본래 돌무더기 모여 된 것이기에 취개라는 이름이 붙었다. 復有地獄 名爲聚磕 其相猶如 二山中間 是中獄卒 執持種種器杖 恐怖罪人 是時罪人 悉皆畏懼 … 云何此獄 名曰聚磕 是中罪人 聚集一處 兩山聚磕 故名聚磕 又復此獄 本名聚磕 故名聚磕"라고 하였다. [참고문헌]『俱舍釋論』,『立世阿毘曇論』, *Abh-k-bh.163*. ⇨ 중합지옥 衆合地獄, 팔열지옥 八熱地獄

취객 毳客 털 날리는 옷 입은 나그네. 헤진 옥 즉 누더기 걸친 나그네로 납승(衲僧)을 말한다. 취려(毳侶)・취도(毳徒)라고도 한다.『송고승전』권13「광인전 光仁傳」(대정장50, p.785b22)에 "후에 임천의 소산에 거처하자 취객이 따라와 청하는 바람에 자못 많은 말과 글을 남겼다.「사대」등의 게송을 지었고,『약화엄장자론』이 세상에 유행하였다. 後居臨川疎山 毳客趨請 頗有言辭 著四大等頌 略華嚴長者論行于世"라고 하였다. [참고문헌]『宋高僧傳』. ⇨ 취려 毳侶, 취도 毳徒, 취의 毳衣, 치도 緇徒, 승도 僧徒, 치려 緇侶, 치류 緇流

취건 炊巾 총림에서 사미나 행자가 부엌에서 쓰는 수건. 취단(炊單)이라고도 한다. 좌구(坐具)와 비슷한 모양이어서 좌구를 부르는 말로도 쓰인다.『환주암청규』「호용 互用」(卍속장111, p.996a5)에 "본분가풍 하늘 그러하듯 기특하다. 하루아침에 참으로 드러내기만 한다면 포단을 건넬지 알거나 선판 들이거나 취건을 펼치거나 발우 펴거나 그 모두가 법륜 크게 굴리는 소식이다. 本分家風 天然奇特 一旦天眞發露 則知過蒲團 接禪板 展炊巾 開飯鉢 皆法輪大轉之時",『천성광등록』권12「삼성혜연장 三聖慧然章」(卍속장135, p.705b3)에 "삼성이 덕산에게 법을 물으러 찾아가 좌구를 펼치자마자 덕산이 말했다. '사리여! 취건을 펼칠 필요가 없네. 이곳에는 먹다 남은 국이나 쉰밥도 없기 때문이다' '다행히 없군요. 설령 있더라도 어디다 놓아둘지요?' 덕산이 무슨 말인가 하려는 순간 삼성이 내려가 대중 속에 섞였다. 師參德山 纔展座具 德山云 闍梨 不用展炊巾 者裏無殘羹餿飯 師云 賴遇無 設有 向什麽處著 德山擬議 師下參衆",『월강정인어록』권하「연유나예조 淵維那禮祖」(卍속장123, p.295a2)에 "저 다른 이 살리는 조사의 뜻을 참해야 하니, 마른 해골을 두드릴 일 없노라. 석자 취건 거두고 다시 펴, 천천만만 흙 만두로구나. 參他活底祖師意 不必扣之枯髑髏 三尺炊巾收又展 千千萬萬土饅頭"라고 하였다. [참고문헌]『幻住庵淸規』,『天聖廣燈錄』,『月江正印語錄』. ⇨ 좌구 坐具, 취단 炊單

취건도 聚揵度 『존바수밀보살소집론 尊婆須蜜菩薩所集論』의 품명. 제1품부터 제7품까지(대정장28, pp.721b11~737b29)에 해당한다. 갖가지 법상을 모아 논하였다는 뜻이다. 취는 신역에는 잡(雜)이다.

취건람 就褰攬 옷자락 걷어 붙들어 매다.『출삼장기집』권7「혜인삼매급제방등학이경서찬 慧印三昧及濟方等學二經序讚」(대정장55, p.50c6)에 "만약 저 고요한 물 어느새 맑은 흐름 있게 되듯 하니, 바야흐로 끌고 밂을 좇아 옷자락 거둬 묶듯 나아갔다. 또 옷자락 걷어 올려 붙잡아 매듯 했다. 或如止水 乍有潔流 方從揭厲 且就褰攬"라고 하였다. [참고문헌]『出三藏記集』.

취견 就堅 조선말 고종(재위 1863~1907) 때 서울 화계사(華溪寺) 스님. 호는 범운(梵雲). 1888년(고종2

5) 해인사(海印寺) 우운(友雲)의 초빙을 받고 해인사의 화주가 되어 장경각의 퇴락된 참상을 왕에게 주달하여 내탕금을 받아 장경각과 주위 담장・대적광전(大寂光殿)을 비롯한 모든 당우(堂宇)를 일신 중수하는 한편, 1889년에는 각 암자까지 말끔히 보수하였다. 1890년에는 단청을 마쳤고, 1897년에는 왕실에 건의하여 삼전축리소(三殿祝釐所 : 지금의 經學院)를 신축하고 삼전(王・妃・太子)의 위패를 봉안하였으며 1896년에는 대적광전 후불탱화와 팔상탱화를 조성봉안하였다. 1897년에는 피살된 명성황후의 명복과 국태민안을 축원하며 폐사가 된 용기사(龍起寺) 삼존불상을 해인사 대적광전으로 옮겨 모시고는 피살된 지 3년째인 1898년에는 팔만대장경 인경 또 다시 주청하여 1898년부터 이재순(李載純)・강석호(姜錫鎬)・최상궁(崔尙宮)・유봉준(兪鳳濬)・김현국(金顯國)・김영택(金永澤) 등이 감독하게 하여 네 부를 인출하여 삼보사찰인 통도사(通度寺)・해인사・송광사에 각 1부씩, 나머지 1부는 전국 유명사찰에 몇 권씩 나누어 봉안하였다. 1900년(광무4)에는 산내 홍제암(弘濟庵)에 강원을 창설하여 후학을 양성케 하였으며 이어 백여석(石)의 토지를 매입하여 사중에 헌납하였다. 이와 같이 13년 동안 해인사 불사를 크게 일으켜 성취하였기에 이 혁혁한 공덕을 후세에 전하기 위하여 윤용선(尹容善)이 짓고 응허한규(應虛翰奎 : 南泉光彦)가 쓴 공덕비를 1901년(광무5)에 사운당 서쪽 능선에 세웠고, 1971년에 일주문 동쪽 길상탑 남쪽에 새로 다듬은 비림(碑林)으로 옮겼다. [참고문헌] 「陜川海印寺梵雲堂就堅大和尙碑」(智冠 『韓國高僧碑文總集 朝鮮朝・近現代』 pp.756~758). ⇨ 범운 梵雲

중창대화주범운당대선사취견진영
해인사성보박물관 근대

취견견 取見見 Ⓢ dṛṣṭi-parāmarśa, Ⓟ diṭṭhi-parāmāsa. 취한 견으로 보다. 이미 물든 견해로 매사를 보다. 오견(五見) 중 하나. 견취(見取)・견취견(見取見)이라고도 한다. 『중사분아비담론』 권2(대정장26, p.635b12)에 "어떤 것을 취견견이라고 하는가? 다섯 갈래 치성한 음에 제일이라는 견을 일으켜 최상이고 가장 수승한 것이라고 하며 그것에 견뎌 참으며 즐겨 붙들려 있는 것이다. 云何取見見 謂於五盛陰 起第一見 最上最勝 於彼堪忍樂著"라고 하였다. [참고문헌] 『衆事分阿毘曇論』, *Abh-k-bh.314.* ⇨ 견취 見取, 오견 五見

취결 取結 ❶ Ⓢ parāmarśa-saṃyojana, Ⓣ mchog-tu-'dzin-pa'i-kun-tu-sbyor-ba. 취해 엮어서는 벗어나지 못하는 번뇌. 구결(九結) 중 하나로 오견(五見 Ⓢ pañca-dṛṣti) 중 견취견(見取見 Ⓢ dṛṣṭi-parāmarśa)과 계금취견(戒禁取見 Ⓢ śīlavrata-parāmarśa)을 거둬 말한다. 『집이문족론』 권19(대정장26, p.446a25)에 "구결이라 하니 어떻게 아홉인가? … 여섯째가 취결이다. … 무엇이 취결인가? 〔답〕 두 가지 취를 취결이라고 한다. 어떤 것이 그 두 가지인가? 〔답〕 첫째 견취, 둘째 계금취이다. 이와 같은 두 가지 취 합하여 취결이 된다. 九結者 云何爲九 … 六 取結 … 云何取結 答 二種取名取結 云何爲二 答 一 見取 二 戒禁取 如是二取合爲取結", 『대승아비달마집론』 권4(대정장31, p.676c27 : *Abh-s.*, p.45)에 "취결이란 무엇인가? 견취와 계금취를 말한다. 취결에 얽히기에 삿된 출리방편으로 허망하게 집착하고, 그릇된 출리방편에 헛되이 집착하므로 널리 불선을 행하고 온갖 선도 행하지 못한다. 이로 말미암아 미래세 고통 불러 들여서 함께 할 뿐이다. 取結者 謂見取 戒禁取 取結所繫故 於邪出離方便妄計執著 以妄執著邪出離方便故 廣行不善 不行諸善 由此能招未來世苦 與苦相應 parāmarśa-saṃyojanaṃ katamat. dṛṣṭiparāmarśaḥ śīlavrata-parāmarśaś-ca. parāmarśa-saṃyojanena saṃprayukto mithyā-niḥsaraṇa-upāyaṃ kalpayaty-abhiniviśate. mithyā-niḥsaraṇa-upāyābhiniveśenākuśala-samudācāraḥ kuśalāsamudācāraś-ca. tenāyatyāṃ laukika-duḥkha-abhinivṛttau duḥkhena saṃyujyate"라고 하였다. [참고문헌] 『集異門足論』, 『大乘阿毘達磨集論』, *Abh-s.* ⇨ 견취 見取, 계금취 戒禁取, 구결 九結 ❷ 취(取 Ⓢ upādānāni)와 결(結 Ⓢ saṃyojanāni). 모든 번뇌를 다 들어 하는 말이다. 『유가사지론』 권8(대정장30, p.314b20 : *Yogā-bh.*, p.166)에 "번뇌차별이라 한다. 여러 가지 차별함 알아야 한다. 즉 결・박・수면 … 취・계・개 … 조림・구애이니, 이와 같은 등의 류들이 번뇌차별임을 알아야 한다. 煩惱差別者 多種差別應知 謂結 縛 隨眠 … 取 繫 蓋 … 稠林 拘礙 如是等類 煩惱差別 當知 kleśānāṃ paryāyaḥ katamaḥ. bahavaḥ paryāyāḥ. tad-yathā. saṃyojanāni bandhanāny-anuśayā … upādānāni granthā nīvaraṇāni … vanasthā vinibandhāś-ca-ity-evaṃbhāgīyāḥ kleśa-paryāyāḥ"라고 하였다. [참고문헌] 『瑜伽師地論』, *Yogā-bh.* ⇨ 취 取❶, 결 結, 번뇌 煩惱

취결정 趣決定 나아가 활동할 세계가 끝내 정해지다. 보살이 보리결정(菩提決定)되었어도 묘상수업(妙相修業)이 성취되어야 취를 결정할 수 있다. 『대비바사론』 권176(대정장27, p.886c28)에 "〔문〕 만약 모든 유정

아누다라삼막삼보리심 일으키고 물러남이 없으면 비로서 마땅히 보살이라고 할 수 있는데, 무엇 때문에 상 다른 이숙업을 짓고 더욱 자라게 하여야 비로소 보살이라고 하는가? 〔답〕 만약 보리결정되고, 취마저 결정되어야 비로소 보살이라 이름할 수 있다. 처음 발심으로부터 나아가 아직 묘상업을 닦아 오지 못했다면 비록 보리는 결정되었을지라도 취는 아직 결정되지 않았으므로 아직 진실보살이라 부를 수 없다. 요컨대 묘상업을 수습하는데 이르러서야 이에 보리도 결정되고 취도 결정된다. 이렇게 가지런히 해야 비로소 보살이라 부른다. 問 若諸有情 發阿耨多羅三藐三菩提心 能不退轉 從此便應說爲菩薩 何故乃至 造作增長 相異熟業 方名菩薩耶 答 若於菩提決定 及趣決定 乃名眞實菩薩 從初發心 乃至 未修妙相業來 雖於菩提決定 而趣未決定 未得名爲眞實菩薩 要至修習妙相業時 乃於菩提決定 趣亦決定 是故齊此 方名菩薩", 『잡아비담심론』 권11(대정장28, p.961c4)에 "보살이 비록 처음으로 불퇴심을 일으켰을지라도 이것은 보리가 결정된 것이지 '취〈취는 마땅히 이르다란 말이니, 취와 같은 말이다〉'가 결정된 것은 아니다. 즉 삼십이상보업을 짓고 난 이후에야 모든 것이 결정된다. 그러므로 이런 것을 상보업을 갖추었다고 한다. 菩薩雖有初起不退心 是則菩提決定非趣〈趣應言到 與趣同名〉決定 謂造相報業已 是則俱決定 是故齊相報業爲名"라고 하였다. 〔참고문헌〕『大毘婆沙論』·권178(대정장27, p.894c21), 『雜阿毘曇心論』. ⇨ 구결정 俱決定, 보리결정 菩提決定

취경 取境 Ⓢ viṣaya-grahaṇa, rūpādi-viṣaya-grahaṇa, Ⓣ yul-la-'dzin-pa. 경을 취하다. 오식신(五識身) 무분별로 경을 취하고, 후득지로 경을 취하는 경우를 말한다. 『심밀해탈경』 권1(대정장16, p.669b8)에 "광혜야, 저 흐르는 물과 맑은 거울에 여울지듯 아타나식(Ⓢ ādāna-vijñāna)에 의지하고, 아타나식에 머문다. 만약 하나의 안식인연이 현전하면 곧 하나의 의식이 저 안식과 더불어 경을 취한다. 광혜야, 만약 오식신의 다섯 가지 인연이 일시에 현전하면 무분별의식이 오식과 더불어 일시에 경을 취한다. 廣慧 如彼流水 明鏡像等 依止阿陀那識 住持阿陀那識 若一眼識因緣現前 卽一意識共彼眼識 同時取境 廣慧 若五識身 五種因緣 一時現前 無分別意識 卽共五識 一時取境", 『섭대승론석』 권12(대정장31, p.242c10)에 "〔논〕 마치 사람이 눈을 꼭 감고 있는 것처럼, 무분별 역시 그러하다. 마치 사람이 눈을 바로 뜨고 있는 것처럼, 후득지 역시 그러하다. 〔석〕 이 게송은 단지 근본지와 후득지만을 드러낸다. 의지함이 다르기에 차별이 있으니, 근본지는 마음이 아닌 것과 비심이 아닌 것에 의지하고, 후득지인 즉 마음에 의지한다. 두 가지 지혜는 경에 다름이 있다. 근본지는 경을 취하지 않으니, 경과 지가 다름이 없다. 후득지는 경을 취하니 경과 지가 다르다. 근본지는 경을 반연하지 아니하니 눈을 감은 것과 같고, 후득지는 경을 취하니 눈을 뜬 것과 같다. 이 게송은 경을 취하고 취하지 않는가에 따라 차별이 있음을 드러낸 것이다. 論曰 如人正閉目 無分別亦爾 如人正開目 後得智亦爾 釋曰 此偈但顯 根本智及後得智 由依止不同 故有差別 根本智 依止非心非非心 後得智 則依止心故 二智於境有異 根本智不取境 以境智無異故 後得智取境 以境智有異故 根本智不緣境 如閉目 後得智緣境 如開目 此偈顯 不取境取境有異 故有差別"라고 하였다. 〔참고문헌〕『深密解脫經』, 『攝大乘論釋』, *Abh-k-bh.23.*, *Madhy-vibh.47.*

취계견 取戒見 Ⓢ śīlavrata-parāmarśa. 지켜 가져야 할 것들에 대해 집착하는 견해. 잘못 가져 취하는 뜻으로 오견(五見) 중 하나다. 외도(外道)의 우계(牛戒)·구계(狗戒)와 같은 그릇된 계를 지키는 것이 천상에 오르거나 열반에 이르는 길이라고 집착하는 것 말한다. 계금취견(戒禁取見)·계취견(戒取見)·계도견(戒盜見)이라고도 한다. 『중사분아비담론』 권2(대정장26, p.635b13)에 "무엇이 취계견인가? 오성음에 대하여 청정한 것이고, 해탈의 문이며, 출요법이라는 견해를 일으켜 그것을 견디며 좋아해 붙들리는 것을 말한다. 云何取戒見 謂於五盛陰 起見淸淨 解脫出要 於彼堪忍樂著", 같은 책 권5(대정장26, p.651c2)에 "어떤 것을 계취라고 하는가? 한 가지 견해이니 네 가지 견해를 제한다. 즉 취계견이다. 그것은 다시 무엇을 말하는가? 즉 어떤 사람이 그릇되게 지켜야 할 것 취하여 청정이고 해탈이라고 여겨 그런 견해를 일으키고 견뎌내기 시작하면 이것을 계취라고 한다. 云何戒取 謂一見 除四見 謂取戒見 彼復云何 謂若人邪取戒相 以爲淸淨 卽是解脫 起見起忍 是名戒取"라고 하였다. 〔참고문헌〕『衆事分阿毘曇論』, 『雜阿毘曇心論』 권4(대정장28, p.900b15), *Abh-s.45.* ⇨ 계금취 戒禁取, 오견 五見

취골두 臭骨頭 냄새나는 뼈마디들. 눈 밝아 빛날 때 법신이라 하지만 되돌아 자세히 살피면 냄새나는 뼈마디들뿐임을 깨우치게 하는 뜻에서 들어 보이는 말이다. 종보본 『단경』 「돈점 頓漸」(대정장48, p.358b21)에 "혜능이 (志誠에게) 말하였다. '그대 스승(神秀) 대중에게 보일 때 어떠하신가?' '늘 대중들을 가리켜 깨우치시길 마음 기울여 고요함 관하고 오랫동안 앉아 눕지 말라 하십니다' '마음에 머물러 기울여 고요함 관하는 것이야 말로 바로 병통이지 선은 아니다. 오랫동안 앉아서 몸을 구속하는데 이치로도 무슨 보탬이 되겠는가? 나의 게송을 들어보라. 「살아서는 앉아서 눕지 않고, 죽어서는 누워 앉지 못하네. 한 구 냄새나는 뼈다귀들, 무엇으로 공과를 세우려는가?」' 지성이 다시 절을 올리고 말했다.

'저(弟子)는 신수대사에게서 9년 동안 도를 배웠으나 깨우쳐 알지 못하였으나 지금 화상의 한 말씀을 듣고서 문득 본심에 어울렸습니다'. 師曰 汝師若爲示衆 對曰 常指誨大衆 住心觀靜 長坐不臥 師曰 住心觀靜 是病非禪 長坐拘身 於理何益 聽吾偈曰 生來坐不臥 死去臥不坐 一具臭骨頭 何爲立功課 志誠再拜曰 弟子在秀大師處 學道九年 不得契悟 今聞和尙一說 便契本心", 『경덕전등록』 권8 「남전보원전 南泉普願傳」(대정장51, p.258b18)에 "육긍대부 사람들과 어울려 쌍륙(雙陸)하는 남전을 보다가 주사위(骰子)를 집어 들고 말했다. '이러든 저러든 다만 울긋불긋하게 두고 가는 것은 어떻겠습니까?' 남전이 주사위를 집어 들고 말했다. '냄새나는 뼈다귀 열에 여덟인 것들!' 또 물었다. '제자 집에 바위 한 덩이가 있는데, 때로는 앉고 때로는 눕습니다. 요즘 부처 새길까 생각 중인데 괜찮을까요?' '괜찮지' '하면 안 되는 거 아닐까요?' '안 되지. 안 돼〈운암이 말하였다. '앉아야 부처요, 앉지 않으면 부처가 아니다'. 동산이 말하였다. '앉지 않아야 부처요, 앉은 즉시 부처가 아니다'〉'. 陸大夫與師 見人雙陸 拈起骰子云 恁麼不恁麼 只恁麼信彩去時如何 師拈起骰子云 臭骨頭十八 又問云 弟子家中有一片石 或時坐或時臥 如今擬鐫作佛還得否 師云 得 大夫云 莫不得否 師云 不得不得〈雲巖云 坐卽佛 不坐卽非佛 洞山云 不坐卽佛 坐卽非佛〉"라고 하였다. 〔참고문헌〕『壇經』, 『景德傳燈錄』.

취과무간 趣果無間 과로 나아감에 틈새 없다. 곧바로 과로 나아가는 뜻에서 무간지옥을 말하며, 과 받음에 틈없이 그대로 받는 뜻이기도 하다. 『능엄경직해』 권8(卍속장89, p.818b2)에 "『성실론』에 따르면, (오무간 중) 첫째 취과무간은 중음에 거치지 않고 곧바로 쏜살같이 이 지옥에 든다는 뜻이다. 成實論云 一 趣果無間 謂不居中陰 直入如箭射故", 『대승본생심지관경천주』 권4(卍속장34, p.269a13)에 "첫째는 취과무간이다〈취는 향한다는 뜻이다. 중생이라면 남녀와 노소와 귀천 그리고 천룡과 귀신을 따지지 않고 죄업이 부르는 대로 지옥에 떨어지니 모두 받는다〉. 一 趣果無間〈趣卽向也 衆生無問男女老幼貴賤及天龍鬼神 罪業所感 墮在地獄 悉同受故〉", 『대명삼장법수』 권25(영락장182, p.447a1)에 "첫째, 취과무간은 극히 중한 죄를 저지른 중생은 그 지옥으로 가서 자신의 과보를 쉴 틈 없이 받는다. 一者 趣果無間 謂有極重罪者 卽向彼獄 受其果報 無有間歇"라고 하였다. 〔참고문헌〕『楞嚴經直解』, 『大乘本生心地觀經淺註』, 『大明三藏法數』. ⇨ 무간지옥 無間地獄, 오무간 五無間 **1**

취구 趣求 나아갈 곳 구하다. 『대승보살장정법경』 권22(대정장11, p.835b2)에 "보살은 금하고 가질 것 굳게 지킴으로써 보리를 향해 구하며 세운 뜻을 부드럽고 고르게 하여 위없는 과에 마음 잠시도 버리지 않는다. 菩薩堅持禁戒 趣求菩提 志意柔和 於無上果 心不暫捨", 『무외수소문대승경』 권상(대정장12, p.66c9)에 "우리들 이제 성문승이나 연각승 중에서 열반으로 나아가려 하지 않으니, 마땅히 위없는 대승법 중에서 열반으로 나아가길 구한다. 我等今時 不應於聲聞乘 及緣覺乘中 趣求涅槃 應於無上大乘法中 趣求涅槃", 『대승무량수장엄경』 권하(대정장12, p.324a22)에 "부처 되는 깨달음 뜻 가져 기꺼이 나아가길 구하여 물러나지 않는 위에 든다. 於佛菩提 志樂趣求 入不退位", 『설무구칭경』 권2(대정장14, p.565a3 : *Vikī-n.*, p.35)에 "무릇 보리라는 것, 나아가 구할 것 있을 리 없고 물러나 구를 일도 없는 것이다. 夫菩提者 無有趣求 亦無退轉 na bodhau kaścit pratiṣṭhate, na nivartate", 『대일경의석연밀초』 권5(卍속장37, p.105a17)에 "모든 부처님께 의지해 문으로 삼아서 나아가고 구하니, 이를 이름붙여 오른다 하고, 보살과 제천에게 의지해서 문으로 삼아 나아가 구하면 내린다는 뜻의 강이라 한다. 비록 이렇게 설을 나누지만 참으로 다른 둘이 아니다. 或有依諸佛爲門 而趣求者 名之爲昇 或依菩薩諸天爲門 而趣求者 名之爲降 雖作此說 而實不二也"라고 하였다. 〔참고문헌〕『大乘菩薩藏正法經』, 『無畏授所問大乘經』, 『大乘無量壽莊嚴經』, 『說無垢稱經』, 『大日經義釋演密鈔』, *Vikī-n.*

취구귀 臭口鬼 구귀(九鬼) 중 하나로 입에서 악취를 풍기는 귀신. 무재귀(無財鬼)에 속하기도 한다. 구업 등의 악업을 지은 결과로 떨어진 귀이다. 『우란분경소』 권하(대정장39, p.509a4)에 "취구귀는 입 안에서 썩은 냄새가 나 스스로 역겨워하며 고통 받는 귀신이다. 명예와 이익을 지나치게 탐하여 자신은 옳고 남은 틀리다고 여기며 악인을 칭찬하고 어질고 선한 사람을 비방했기 때문이다. 臭口鬼 謂口中腐臭 自惡受苦 以多貪名利 自是非他 讚歎惡人 毁謗賢善故"라고 하였다. 〔참고문헌〕『盂蘭盆經疏』, 『法苑珠林』 권6(대정장53, p.312c3). ⇨ 구귀 九鬼, 귀 鬼, 무재귀 無財鬼

취기 臭氣 Ⓢ durgandha, daurgandhya, Ⓟ duggandha 악취. 나쁜 냄새. 취예(臭穢)라고도 한다. 『기세경』 권4(대정장1, p.330a8)에 "그 (지옥의) 바람이 이 사주세계에 불어오면 사주세계의 모든 중생들과 여기에 머무는 것들 모두가 깜깜해져 다시 안목이 없어지니 그 악취가 너무 심하기 때문이다. 그러나 철위산과 대철위산을 장막으로 삼아 그 (냄새를) 막아놓아서 이곳에 오지 못한다. 其風若來 至此四洲世界中者 四洲世界所有衆生 乃至住者 一切盲冥 無復眼目 以其臭氣極猛盛故 然由鐵圍及大鐵圍二山爲障 遮礙彼故 不來至此", 『출요경』 권5(대정장4, p.636c7)에 "다시 어떤 중생이 축생중에 나면 사람의 대소변 악취 맡아 이리저리 치달리고, 우리들은 이것들 먹고 마신다. 이것들 말하자면 닭・개・돼지 … 까마귀・조류 등이다. 復有衆生 生畜生中 聞人大小便臭氣 馳走奔向 我等食是飮是 此等何者 是所謂雞 狗 猪 … 烏 鳥等是也"라고 하였다. [참고문헌]『起世經』, 『出曜經』, *Laṅk.247・248.*, *DN.2.325.*

취누진도 趣漏盡道 유루가 다함으로 나아가는 길. 사제(四諦) 중 도제(道諦)를 말한다. 『장아함경』 권13 「아마주경 阿摩晝經」(대정장1, p.86c3)에 "저 정심이 청정하여 번뇌 없고 부드럽게 조복하여 부동지에 머물면서 한 마음으로 닦고 익혀 무루지를 증득한다. 저 고의 진실을 여실히 알며, 루의 모임을 진실 그대로 알고, 루가 다함도 여실히 알며, 루가 다하고 나가는 길마저 여실히 안다. 彼以定心 淸淨無穢 柔濡調伏 住不動地 一心修習 無漏智證 彼如實知 苦聖諦 如實知 有漏集 如實知 有漏盡 如實知 趣漏盡道"라고 하였다. [참고문헌]『長阿含經』. ⇨ 도제 道諦, 누진도 漏盡道

취다인어비나야 取多人語毘奈耶 Ⓢ yad-bhūyasikīya. 칠멸쟁(七滅諍 Ⓢ saptādhikaraṇa-śamathāḥ : 七止諍法) 중 하나. 많은 스님들 말을 취하는 일. 다멱죄상비니(多覓罪相毘尼)・다멱비니(多覓毘尼)・전전지쟁률(展轉止諍律)이라고도 한다. 『집이문족론』 권17(대정장26, p.440c17)에 "칠지쟁법은 어떤 것이 그 일곱 가지인가? … 여섯째는 여러 사람의 말을 취하여 쟁론을 그치게 하는 비니야이다. 七止諍法者 云何爲七 … 六 取多人語毘奈耶"라고 하였다. [참고문헌]『集異門足論』. ⇨ 다멱죄상비니 多覓罪相毘尼, 칠멸쟁법 七滅諍法

취단 炊單 부엌에서 쓰는 수건. 취건(炊巾)을 말한다. 『감휴어록』 권10(가흥장37, p.231c2)에 "학인이 참문하고자 좌구를 막 펼치는데 감휴가 말했다. '말하려거든 바로 말할 일이지 취단을 펼쳐서 뭐하겠느냐?' '특별히 화상께 예배하려 합니다' '눈앞에 사리도 없고 이곳에 노승도 없거늘 그대 무엇 하려는가?' 학인이 할을 내지르자 감휴가 '아무렇게나 할을 내지르는구나'라고 함에 학인이 머뭇거리자 감휴가 곧바로 때렸다. 僧參次 纔展坐具 師云 道卽便道 展炊單作麼 僧云 特來禮拜和尙 師云 目前無闍黎 此間無老僧 汝又作麼生 僧喝 師云 亂喝 僧擬議 師便打"라고 하였다. [참고문헌]『憨休語錄』, 『禪林類聚』 권18(卍속장117, p.213b17). ⇨ 취건 炊巾

취도 毳徒 가는 실로 짜서 기운 가사 또는 누더기 입은 무리. 『법안어록』(대정장47, p.591b25)에 "그대는 앞으로 오백의 취도를 거느리면서 왕후의 존중을 받게 되리라. 子向後有 五百毳徒 爲王侯所重在", 『경덕전등록』 권19 「홍도전 弘瑫傳」(대정장51, p.353c11)에 "홍도가 청을 받아 균산에 머물자 취도가 몰려들었다. 師受請止囷山 毳徒臻集"라고 하였다. [참고문헌]『法眼語錄』, 『景德傳燈錄』. ⇨ 승도 僧徒, 취려 毳侶, 취객 毳客, 취의 毳衣, 치도 緇徒, 치려 緇侶, 치류 緇流

취도 驟徒 신라 제29대 태종무열왕(재위 654~661) 때 스님 도옥(道玉)의 다른 이름. [참고문헌]『三國史記』 권47 列傳7 驟徒. ⇨ 도옥 道玉

취두 鷲頭 Ⓢ Gṛdhrakūṭa. 음사어는 기사굴산(耆闍崛山). 영추산(靈鷲山) 또는 취봉(鷲峰)이라고도 한다. 『일체경음의』 권11(대정장54, p.370a8)에 "취두〈취는 정과 수를 반절한 음. 취는 새를 말한다. 취두는 산 이름으로 왕사성 옆에 위치한다. 취봉산이라고도 하며, 영추산이라고도 한다. 범어 음사어는 기사굴산인데 모두 같은 산이다〉. 鷲頭〈情袖反 謂鷲鳥也 鷲頭 山名也 在王舍城側 亦名鷲峯山 亦名靈鷲山 梵云 耆闍崛山 並一山也〉", 『현우경』 권12(대정장4, p.432b14)에 "어느 때 부처님께서 왕사성 취두산에서 존제자 천이백오십 인과 함께 계셨다. 一時 佛 在王舍城 鷲頭山中 與尊弟子 千二百五十人俱", 『대지도론』 권3(대정장25, p.76c14)에 "이 산꼭대기는 독수리를 닮았다. 왕사성 사람들은 그것이 독수리인 듯 보아 모두 전하길 취두산이라 하였다. 인하여 이름이 취두산이 되었다. 是山頂似鷲 王舍城人 見其似鷲故 共傳言鷲頭山 因名之爲鷲頭山"라고 하였다. [참고문헌]『一切經音義』, 『賢愚經』, 『大智度論』, *Suv-pr.1.* ⇨ 기사굴산 耆闍崛山, 영추산 靈鷲山❶, 취령 鷲嶺

취득지신 趣得支身 나아가 몸을 지탱하게 하다. 목숨을 이어갈 수 있게 하다의 뜻으로 걸식하는 마음가짐을 말한다. 『불유교경』(대정장12, p.1111a22)에 "그대들 비구는 모든 음식을 받을 때 약을 먹듯 하여야 하니 좋은 음식이나 나쁜 음식이나 더 먹겠다거나 덜 먹겠다는 생각을 하지 말고 몸을 지탱할 정도로 먹어 굶주림과 목마름 없이 할 뿐이다. 마치 벌이 꽃에서 꿀 따지만 그 맛만 취하고 색과 향기 상하지 않게 하듯 한다. 汝等比丘 受諸飮食 當如服藥 於好於惡 勿生增減 趣得支身 以除飢渴 如蜂採花 但取其味 不損色香", 『능엄경지장소』 권6(卍속장24, p.566b1)에 "'여러 곳 돌며 걸식하라' 하였으니, 좋은 것 거친 음식을 따지지 말고 가는 곳 있는 그대로 걸식하여 몸을 움직일 수 있게 한다. 헛되게 구하지도 말고 많이 구하지도 말며 네 가지 삿된 생계수단마저 떠나므로 '탐을 버린다'라고 한다. 循方乞食者 謂無論精麤 但順其方之所有 乞而食之 趣得支身 不妄求 不多求 離四邪命 故云捨貪"라고 하였다. [참고문헌]『佛遺教經』, 『楞嚴經指掌疏』. ⇨ 걸식 乞食

취락 聚落 Ⓢ grāma, nigama, Ⓟ gāma, nigama, Ⓣ grong, grong-khyer. 사람들이 모여 사는 마을. 촌락(村落)·촌(村)이라고도 한다. 『오분율』 권1(대정장22, p.6a19)에 "가령 성의 해자든 울타리 치든 그 둘레 3유순(Ⓢ yojana)에서 집 한 채까지를 취락이라 한다. 若城塹 若籬柵 周迴圍遶三由旬 乃至一屋 是名聚落", 『대지도론』 권61(대정장25, p.491a8)에 "온갖 속인들의 집을 취락이라 한다. 출가인은 이 속인들의 집에 의지해 살아간다. 一切白衣舍名爲聚落 出家人依白衣舍活", 『사분율산보수기갈마』 권하(대정장40, p.509a11)에 "때아니게 취락에 들어감을 알리는 법(白非時入聚落法) 〈부처님께서는 '취락에 들어갈 때에는 마땅히 함께 있던 비구에게 고지해야 한다. … '고 말씀하셨다〉. '장로시여! 제가 때아니게 취락에 들어가려 합니다'. 〈『십송율』에서 말하기를〉 '아무 성읍의 취락에 있는 아무개의 집에 가겠습니다'. 〈상대가 말하기를〉 '그렇게 하십시오'. 白非時入聚落法〈佛言 若入聚落 當囑同住比丘 … 〉 長老 我非時入聚落〈十誦律云〉 至某城邑聚落 某甲舍 〈前人答言〉 可爾", 『대승입능가경』 권4(대정장16, p.607c22)에 "무엇을 아버지라 하는가? 이른바 무명으로서 육처라는 취락중에 나게 하기 때문이다. 何者爲父 所謂無明 令生六處聚落中故", 『신역대방광불화엄경음의』 권상(고려장32, p.346c16)에 "취락〈취 자는 질과 유를 반절한 음이다. 『한서』에 대한 위소의 주에서는 '작은 마을을 취라 하는데, 사람들이 사는 곳이다'고 하였다. 또 『좌전』에서는 '무리들 모여 사는 곳'이라고 하였다. 『광아』에서는 '락은 거주의 뜻이다'라고 하였다. 여러 사람들이 함께 살아가기에 취락이라 한 것이다〉. 聚落〈聚疾喩反 韋昭漢書云 小鄕曰聚 人所居也 又左傳曰聚衆也 廣雅曰落居也 衆所共居故 稱聚落也〉"라고 하였다. [참고문헌] 『五分律』, 『大智度論』, 『四分律刪補隨機羯磨』, 『大乘入楞伽經』, 『新譯大方廣佛華嚴經音義』, *Bodh-c.199.*, *Bodh-bh.43·48.*, *Saṅ-v.22.*

취락간정 聚落間淨 마을이 다르면 식사를 마친 다음에도 공양할 수 있다는 주장. 십사비법(十事非法) 중 하나다. 출전에 따라 근취락정(近聚落淨 Ⓟ gāmantara-kappa)·도행정법(道行淨法)·득촌간(得村間)·월취락식정(越聚落食淨) 등으로 명칭이 다르다. 『선견율비바사』 권1(대정장24, p.677c14)에 "세존께서 열반에 드신지 백년이 지난 때에 비사리의 발사자비구가 비사리에서 열 가지 법에 맞지 않는 주장을 일으켰다. 무엇이 그 열 가지인가? … 셋째는 취락간정이다. 世尊涅槃 已一百歲時 毘舍離 跋闍子比丘 毘舍離中 十非法起 何謂爲十 … 三者 聚落間淨"라고 하였다. [참고문헌] 『善見律毘婆沙』. ⇨ 근취락정 近聚落淨, 도행정법 道行淨法, 득촌간 得村間, 월취락식정 越聚落食淨, 십사비법 十事非法

취락걸식 聚落乞食 사람들 모여 사는 곳에 나아가 밥을 빌다. 여래께서 제자들과 함께 취락에서 걸식하시는 뜻(由十因緣如來入於聚落乞食)을 『유가사지론』 권86(대정장30, p.784a11)에서 열 가지로 시설하였다. 첫째는 두다(Ⓢ dhūta)의 공덕을 드러내기 위함이며(一者 當顯杜多功德故), 둘째는 그 일분을 이끌어 걸식에 입문하도록 하기 위함이며(二者 爲欲引彼一分令入乞食故), 셋째는 같은 일을 함께 함으로써 그 일분을 거두어 주기 위함이며(三者 爲欲以同事行 攝彼一分故), 넷째는 미래의 중생을 위해 크나큰 조명을 짓기 위함이며 내지 그들로 하여금 잠시나마 깨우칠 인연 짓게 하기 위함이며(四者 爲與未來衆生作大照明故 乃至令彼暫起觸證故), 다섯째는 그 거칠고 쓸모없는 승해의 모든 외도들을 인도하기 위함이며(五者 爲欲引彼麤弊勝解諸外道故), 여섯째는 이 소리 저 소리 비방 이어가는 이들 위해 아름답고 고요한 모습 보게 해서 경탄심 일으켜 향심 나게 하기 위함이며(六者 爲彼承聲起謗故 現妙色寂靜威儀 令其驚歎心生歸向故), 일곱째는 그곳에 사는 중생들이 작은 공으로도 많은 복을 심게 하기 위함이고(七者 爲彼處中衆生 以其少功 而樹多福故), 여덟째는 믿음이 무너진 방일한 이들로 하여금 심히 부끄러움을 일으키게 하기 위함이니, 작은 공으로도 큰 복을 얻기 때문으로, 방일한 이들 해태한 이들에게도 같이 한다(八者 爲令壞信放逸深生恥愧 雖用小功而獲大福故 如爲放逸者懈怠者亦然), 아홉째는 그 눈멀고 귀먹은 미치광이처럼 산란한 중생들이 겪는 온갖 재해를 모두 그치도록 하기 위함이며(九者 爲彼盲聾 癲狂心亂 衆生種種災害 皆令靜息故), 열째는 무량무변의 광대한 위덕을 가진 천·용·야차·건달바·아수라·가루다·긴나라·마후라가로 하여금 여래를 따라 좇아가서 집에 들어가서는 깊이 선망하는 마음을 내고 모시면서 위호하도록 하여 해를 입히지 못하게 하기 위함이다(十者 爲令無量無邊廣大威德天龍 藥叉 健達縛 阿素洛 揭路茶 緊捺洛 牟呼洛伽等 隨從如來至所入家 深生羨仰勤加賓衛 不爲惱害故). [참고문헌] 『瑜伽師地論』. ⇨ 걸식 乞食

취락계 聚落界 취락의 경계. 어떤 취락의 안과 밖이 있게 되는 경계. 취락 입구에서 닭이 한 번 날아서 닿는 거리 또는 쏜 화살이 날아서 떨어지는 거리 또는 보통 힘을 가진 사람이 돌을 던져서 미치는 거리 등을 기준으로 경계 삼는다. 『마하승기율』 권3(대정장22, p.244a15)에 "취락계란 무엇인가? 울타리친 곳에서 멀지 않고 많은 사람 다녀 발자국이 미치는 곳을 취락계라 한다. 聚落界者 去籬不遠 多人所行 蹤跡到處 是名聚落界", 『사분율행사초』 권중(대정장40, p.66a25)에 "취락이라 하였으니 『십송율』에 흔히 말하길 인민이 함께 거주하는 곳을 취락계라 한다. 聚落者 十誦多論 人民共住 名聚

落界", 『십송율』 권5(대정장23, p.32b2)에 "취락은 한 집이나 두 집 또는 여러 집이기도 하고, 거사가 처자나 노비와 함께 살기도 하는 등 인민이 함께 머무는 곳을 취락이라 한다. 취락은 하나의 계이기도 하고 별도의 계이기도 하며, 한 집에도 하나의 계이고 별도의 계이기도 한다. 서로 닿아있지 않은 취락계란, 닭이 날아서 미치는 거리나, 분변을 버리고 쓸어버리는 곳이나, 부끄러움을 타는 사람이 대소변을 보는 곳이나, 화살을 쏘아 미치는 곳을 말한다. 聚落者 若一家 二家 衆多家 有居士共妻子 奴婢 人民共住 是名聚落 聚落有一界 亦有別界 一家中 亦有一界 有別界 不相接聚落界者 若雞飛所及處 若棄糞掃所及處 若有慚愧人 所大小便處 若箭射所及處", 『선견율비바사』 권8(대정장24, p.729c16)에 "사람이 거주하는 집의 낙숫물이 떨어지는 처마를 기준점으로 보통 사람이 돌을 던져서 미치는 곳까지가 취락계이다. 取有人住屋 漏所落處 中人擲石 所及處以還 是聚落界", 『사분율행사초비』 권8(卍속장67, p.724a6)에 "무엇이 취락계인가? 힘세거나 야위지 않은 보통 사람이 힘껏 돌을 던져서 미치는 곳이다. 돌 떨어진 지점을 취하여 정하고 돌의 힘으로 굴러간 곳까지 취하지 않는다. 이 집 밖으로 돌 던져 미치는 곳까지가 취락계이다. 만약 취락에 울타리가 없다면 거주하는 집 난간 빗물이 떨어지는 곳에서 돌을 던진다. 云何聚落界 謂取不健不羸 盡力擲石所及處 取石落處 不取石勢轉處 齊此屋外 石所及處以還 是聚落界 若聚落無籬者 住屋欄水所落擲石也"라고 하였다. [참고문헌] 『摩訶僧祇律』, 『四分律行事鈔』, 『十誦律』, 『善見律毘婆沙』, 『四分律行事鈔批』.

취락자 聚落刺 세간에 모여 살면서 생기는 가시. 오욕(五欲) 등의 번뇌를 가리킨다. 『대반야경』 권169(대정장5, p.912a1)에 "취락의 가시를 떨쳐버리고 모든 번뇌를 남김없이 없앤 다음 바른 지혜를 갖추면 마음 잘 해탈한다. 摧聚落刺 盡諸有結 具足正智 心善解脫", 『대품반야경』 권11(대정장8, p.298c6)에 "무거운 짐을 남김없이 버리고 취락의 가시를 사라지게 하며 모든 번뇌 끊고서 바른 지혜로 해탈을 얻는다. 盡棄重擔 滅聚落刺 斷諸有結 正智解脫"라고 하였다. [참고문헌] 『大般若經』, 『大品般若經』, 『大智度論』 권61(대정장25, p.490a25).

취락주 聚落主 Ⓟ gāmaṇi, gāmaṇī, gāmaṇika. 마을의 사람들과 모든 것들을 살피는 이. 『대장엄론경』 권5(대정장4, p.280c29)에 "이때 천축국의 왕이 곧 그를 등용하여 취락주로 삼았다. 그 마을 많은 바라문들이 취락주와 친해지고자 라마연서를 설해주기도 하고 또 바라타서를 설해주기도 하였다. 時 天竺國王 卽用彼人 爲聚落主 時聚落中 多諸婆羅門 有親近者 爲聚落主說羅摩延書 又婆羅他書說", 『마하승기율』 권10(대정장22, p.310c7)에 "이때 취락주인 주라는 세존 계신 곳에 이르러 머리를 조아리며 발에다 예를 올린 후 한쪽으로 물러나 부처님께 아뢰었다. 爾時周羅聚落主到世尊所 頭面禮足却住一面 白佛言"라고 하였다. [참고문헌] 『大莊嚴論經』, 『摩訶僧祇律』, *SN.1.61·4.307.*

취려 毳侶 취의(毳衣)를 입은 스님. 『송고승전』 권11 「담장전 曇藏傳」(대정장50, p.774b4)에 "또 한편 스님 초안(超岸)은 단양 출신으로 먼저 계림의 소선사(素禪師)를 만났고 대중에서 지내며 두 손 맞잡고 잠잠히 지낼 뿐이었다. 천보 2년(743)에 무주의 난야에 이르러 대적(大寂 : 馬祖道一 709~788)의 개발을 얻었다. 사방의 취려가 귀의하였다. 又釋超岸 丹陽人也 先遇鶴林素禪師 處衆拱默而已 天寶二載 至撫州蘭若 得大寂開發 四方毳侶依之", 『천성광등록』 권20 「낭상좌장 朗上座章」(卍속장135, p.801a5)에 "침묵은 옳지 않고 말하면 어긋나니, 이쯤 되면 분명히 죄다 미친 짓이네. 제방 취려의 도에 갚아 알릴 것 있다면 페르시아 사람 대당에 들어온 소식이야말로 가장 좋으리라. 默不是語乖張 到此分明總是狂 爲報諸方毳侶道 最好波斯入大唐"라고 하였다. [참고문헌] 『宋高僧傳』, 『天聖廣燈錄』, 『五祖法演語錄』 권중(대정장47, p.657a10). ⇨ 취의 毳衣

취령 鷲嶺 영취산 마루. 또는 영산회상에서 있었던 소식. 세존께서 가섭에게 전하고 이어 달마가 동으로 전한 교외별전을 상징하기도 한다. 원측(圓測)의 『인왕경소』 권상(대정장33, p.365a9·한불전1, p.24b9)에 "(기사굴산은) 한역하면 취봉 또는 취대이다. 이 산에 독수리 깃들었고 그 모습 또한 그들 무리진 높은 돈대를 닮았기에 새 이름을 붙였다. 구역은 취두·취령 또는 영취라고도 하는데 모두 한 가지 뜻이다. 唐云鷲峯 又云鷲臺 此山旣栖鷲鳥 其形又類高臺 故以名鳥 舊云鷲頭 或云鷲嶺 或云靈鷲者 皆一義也", 『굉지광록』 권1(대정장48, p.12b16)에 "딱 들어맞아 꿰맨 흔적 전혀 없고 분명하게 드러나 덮어서 가린 것도 없다. 취령의 소식 어찌 가섭에게 전하셨겠으며, 소림(달마)이 어찌 신광(혜가)에게 부촉했으랴! 恰恰無綾縫 明明不覆藏 鷲嶺豈傳迦葉 少林那付神光"라고 하였다. [참고문헌] 『仁王經疏』, 『宏智廣錄』. ⇨ 취두 鷲頭

취령산문수사중건사적 鷲嶺山文殊寺重建事蹟 1720년(숙종46)에 회은자(晦隱子) 지음. 전라북도 고창군 취령산 문수사 중건사적을 적은 글. 자장(慈藏 590~658)은 문수보살이 현신하신 중국의 청량산(淸凉山)인 듯한 이 산에 절을 짓고는 문수사라고 불렀다. 세월이 흘러 퇴락하자 1653년(효종4)에 성오대사(性悟大師)의 중창을 시작으로, 1740년(영조16)에 신화(信和), 1

823년(순조23)에 치성(致成)·승잠(升岑)·인원(印原), 1842년(헌종8)에 중암우홍(中菴藕弘)으로 이어진 사적을 적었다. 〔참고문헌〕『朝鮮寺刹史料』 권상(문현, 2010) pp.254~255. ⇨ 문수사 文殊寺 [17]

취령후강 鷲嶺猴江 취령과 후강. 취령은 영추산(靈鷲山), 후강은 인도 오정사(五精舍) 중 하나인 미후강(獼猴江)을 말한다. 『송고승전』 권12 「설봉의존전 雪峰義存傳」(대정장50, p.782a28)에 "(설봉의 동학) 행실선사가 청하여 그 산을 설봉이라 지었다. 겨울에 눈 많고 여름에 서늘하였기에 취령과 후강의 뜻을 취하였다. 行實乃請 名其山曰雪峯 以其冬雪夏寒 取鷲嶺猴江之義"라고 하였다. 〔참고문헌〕『宋高僧傳』, 『雪峰語錄』 「年譜」(卍속장119, p.977a2). ⇨ 취령 鷲嶺, 미후강 獼猴江

취로도 嘴盧都 그저 입닫고 있는 모양새. 취골도(嘴骨都)·취록도(嘴碌都)라 하고 줄여서 노도(盧都)라고도 한다. 취(嘴) 대신에 자(觜)를 쓰기도 하는데, 서로 통한다. 『대혜어록』 권21 「시여기의 示呂機宜」(대정장47, p.901c11)에 "날마다 두 번 식사 꿀꺽 먹어대면서도 무슨 일 있었는지 알지 못하고, 한결같이 주둥이 내밀고 바닥에 앉았기만 하고는 '그저 쉬고 또 쉴 뿐이다'라고 한다. 겨우 말이라도 할려 하면 문득 불러 눈앞에 닥친 일 말할 뿐이고 말해보았자 후손들 쓸데없다 할 것들이다. 逐日噇却兩頓飯事 事不理會 一向嘴盧都地打坐 謂之休去歇去 纔涉語言 便喚作落今時 亦謂之兒孫邊事"라고 하였다. 〔참고문헌〕『大慧語錄』, 『人天眼目』 권6 「寶鋒慈鑒頌」(대정장48, p.331a9).

취로자 鷲鷺子 사리불(舍利弗 Ⓢ Śāriputra)의 한역어 중 하나다. 원측(圓測)의 『반야심경찬』(대정장33, p.545a2·한불전1, p.4a22)에 "사리(Ⓢ Śāri)를 번역하면 구욕이고, 불다라(Ⓢ putra)는 자(子)라 한다. 어머니의 푸르고 맑은 눈이 구관조를 닮았기에 어머니 이름 좇아 구욕이라 불렀다. 『명도경』에서 취로자 또는 우파제사라 한 것은 아버지를 따라 세운 호이다. 신자라는 구역은 잘못이다. 此翻舍利 名鸜鵒 弗多羅 此云子 母眼青精 似鸜鵒眼 故立母名 號爲鸜鵒 明度經曰 鷲鷺子 或云優婆提舍者 從父立號 舊翻身子者 謬也"라고 하였다. 〔참고문헌〕『般若心經贊』. ⇨ 사리불 舍利弗, 추로자 鶖鷺子, 취자 鷲子, 신자 身子

취리취사학 就理就事學 뜻에 나아가 익히고 일에 나아가 익히다. 『경덕전등록』 권20 「소산광인전 疎山匡仁傳」(대정장51, p.367c8)에 "학인이 소산에게 물었다. '무엇이 일어난 일에 나아가 배우는 것입니까?' '옷 입고 바닥 쓰는 것이지' '무엇을 이에 나아가 익힌다 합니까?' '소 타고 오물을 치우는 일이지' '향상사는 무엇입니까?' '너른 끝은 거둘 수 없다' '무엇이 성색 중에 섞여 어울린 한마디입니까?' '가려낼 줄 모르면 버리지도 못한다' '무엇이 소리와 빛깔 밖에서 따로 행하는 한마디입니까?' '만나기 어려우니 얻을 수도 없다'. 僧問 如何是就事學 師曰 著衣掃地 曰 如何是就理學 師曰 騎牛去穢 曰 向上事如何 師曰 溥際不收 問 如何是聲色中混融一句 師曰 不辨消不及 曰 如何是聲色外別行一句 師曰 難逢不可得"라고 하였다. 〔참고문헌〕『景德傳燈錄』.

취만 吹萬 중국 명말 임제종(臨濟宗) 스님 광진(廣眞 1582~1639)의 법호. ⇨ 광진 廣眞

취만선사어록 吹萬禪師語錄 명대 취만광진(吹萬廣眞)의 어록. 삼산등래(三山燈來) 중편. 20권. 가흥장29, pp.473a1~555c12에 수록되어 있다. 1643년(숭정16) 간행. 웅여학(熊汝學)과 심혁위(沈奕瑋)의 「서 序」가 붙어 있다. 권1과 권2는 형주동선원(衡州東禪院)·충주취운사(忠州聚雲寺) 등 5회(會)의 어록, 권3은 보설(普說)·소참(小參), 권4는 시중(示衆)·다화(茶話), 권5는 법어(法語)·입당(入堂)·입실(入室)·감변(勘辨)·문답(問答), 권6과 권7은 송고(頌古), 권8과 권9는 게(偈), 권10은 불사(佛事)·상찬(像讚)·서문(書問), 권11~13은 시(詩)·가(歌), 권14는 부(賦)·기(記)·인(引), 권15는 서(序)·문(文), 권16은 전(傳)·편(篇), 권17과 권18은은 설(說), 권19는 연기(緣起), 권20은 잡저(雜著) 등으로 구성되어 있다. 권말에 전화국(田華國)의 「취만선사탑명 吹萬禪師塔銘」, 지선(至善)의 「행장 行狀」, 고앙(高仰)이 지은 「중각전록소 重刻全錄疏」 등이 붙어 있다. 삼산등래가 편집하여 1642년(숭정15) 간행한 『취만진선사어록』 3권은 중편할 당시 대폭 수정하여 수록하였다. ⇨ 광진 廣眞, 취만진선사어록 吹萬眞禪師語錄

취만진선사어록 吹萬眞禪師語錄 취만광진(吹萬廣眞)의 어록. 삼산등래(三山燈來) 엮음. 3권. 가흥장29, pp.459a1~471c1에 수록되어 있다. 1642년(숭정15) 간행. 갖춘 이름은 『취운취만진선사어록 聚雲吹萬眞禪師語錄』이며, 광본(廣本) 형식인 『취만선사어록 吹萬禪師語錄』의 약본(略本)이다. 월명연지(月明聯池)의 제자로 당시 쇠락하던 선풍(禪風)을 진작시켰던 취만 일생의 선법을 담고 있다. 권상에 형주(衡州 : 湖南省) 동선원(東禪院), 충주(忠州 : 四川省) 취운사(聚雲寺)·파대선원(巴臺禪院), 능주(菱州 : 四川省) 만현보봉산(萬縣寶峰山) 운래선원(雲來禪院)·흥룡사(興龍寺) 등지에서 행한 상당어(上堂語)와 다화(茶話), 권중에는 보설·소참·시중·법어, 권하에는 입당·입실·감변·문답·송고・잡술(雜述)을 수록하였으며, 권말에 전화국(田華國)이 지은 「취만대사탑명 吹萬大師塔銘」이 붙어 있다. 목차 끝에 "『정록』 10권과 『광록』 30종을 별도로 판각하였는데, 모두 66권이며 그 판본은 충주 치평선원에 보존되어 있다. 另刻正錄十卷 廣錄三十種 共六十六卷 板存忠州治平禪院"라고 하였는데, 본서가 그 약본임을 알 수 있다. ⇨ 광진 廣眞, 취만선사어록 吹萬禪師語錄

취말 聚沫 Ⓢ phena-piṇḍa, Ⓟ pheṇa-piṇḍa, Ⓣ dbu-ba-rdos-pa. 물거품. 모여 잠시 있는 듯하다. 사라지는 것들의 비유다. 『잡아함경』 권10(대정장2, p.68c1 : *Pheṇa-sutta*, *SN.3*, p.140)에 "그때 세존께서 비구들에게 이르셨다. '비유컨대 항하의 큰물이 거칠게 일어나면 그 흐름을 따라 일어나는 물거품과 같다. 爾時世尊 告諸比丘 譬如恒河大水暴起 隨流聚沫 tatra kho … bhagavā etadavoca. seyyathāpi bhikkhave ayaṃ gaṅgānadī mahantaṃ pheṇapiṇḍaṃ āvaheyya", "저 사부(puggala)라는 것 자세히 관하여 분별해 밝힌다. 자세히 관하여 분별하면 있을 만한 것 없으니 단단한 것도 없고 알찬 것도 없어 견고한 성질이라곤 없다. 왜 그런가? 저 물거품 중에 견고하고 알찬 속성 없기 때문이다. 이와 같이 갖가지 모든 색은 과거의 것이나 미래의 것이나 현재의 것이나 안에 있는 것이거나 밖에 있는 것이거나 또는 거칠거나 미세하거나 아름답거나 추하거나 멀거나 가깝거나 모두 마찬가지다. … 그것은 무상하여 고통스럽고 공이어서 나라고 할 것 없다. 왜 그런가? 보이는 것들 오래가서 실한 것이라곤 없기 때문이다'. 明目士夫 諦觀分別 諦觀分別時 無所有 無牢無實 無有堅固 所以者何 彼聚沫中 無堅實故 如是 諸所有色 若過去 若未來 若現在 若內若外 若麤若細 若好若醜 若遠若近 … 無常 苦 空 非我 所以者何 色無堅實故", 『아비담팔건도론』 권30(대정장26, p.916c12)에 "몸이라는 것 물거품 모인 듯하다 한 것은, 마치 저 물거품 힘 없고 약하며 허공처럼 견고하지 않듯 오성음도 이와 같아서 힘 없고 약하며 허공처럼 견고하지 않기에 '몸은 물거품 모인 듯하다'고 하였다. 知身如聚沫者 如彼沫聚無力羸虛空不堅 五盛陰如是 無力羸虛空不堅 故曰 知身如聚沫也", 『유가사지론』 권84(대정장30, p.768c11)에 "색은 물거품 모이듯 한다 한 것은 빠르게 늘고 줄기 때문이다. 色如聚沫者 速增減故", 『유마경의소』 권2(대정장38, p.934a6)에 "물거품 참으로 있는 듯하지만 집어 만지려 한 즉시 흩어져서 없어진다. 몸 또한 있는 듯하지만 연이 닥쳐오면 무너져버린다. 이 몸 저 거품과 같아서 오래 있을 수 없으니 영원할 수 없는 뜻 그럴듯하게 밝힌다. 聚沫似實有 撮摩則散無 身亦似有 緣來則毁壞 是身如泡 不得久立 似明無常義"라고 하였다. [참고문헌] 『雜阿含經』, 『阿毘曇八犍度論』, 『瑜伽師地論』, 『維摩經義疏』, 『大般若經』 권350(대정장6, p.797a10), 60권본 『華嚴經』 권43(대정장9, p.672c19), 『維摩詰經』 권상(대정장14, p.521b2), *SN.*, *Vikī-n.17.* ⇨ 대승십유 大乘十喩, 십종유신 十種喩身

취멸지촉 吹滅紙燭 심지에 타오르던 불길 불어 끄다. 용담숭신(龍潭崇信)이 심지에 붙은 불을 입으로 불어 끄는 틈에 덕산선감(德山宣鑑)이 깨우친 공안. 덕산이 용담의 가르침 학수고대하던 차에 깨달음을 얻었기에 구향용담(久嚮龍潭)이라고도 한다. 또한 용담지등(龍潭紙燈)・용담지촉(龍潭紙燭)으로도 부른다. 『천여유칙어록』 권3 「시촉중과강주 示蜀中果講主」(卍속장122, p.856b8)에 "밤 늦도록 참문하다가 심지에 붙은 불 입으로 불어 끈 곳에서 문득 눈동자 잃고 말았다. 至夜參 吹滅紙燭處 打失眼睛", 『별봉운화상어』 「병불소참 秉拂小參」(속고존숙어요6, 卍속장119, p.180b11)에 "덕산 저 용담이 심지에 붙은 불 입으로 불어 끄는 그 틈에서 작은 반딧불빛 훔쳐냈다. 德山向龍潭 吹滅紙燭處 竊得些子螢火之光"라고 하였다. [참고문헌] 『天如惟則語錄』, 『別峯雲和尙語』. ⇨ 구향용담 久嚮龍潭

취모 吹毛 취모검(吹毛劍)을 말한다. 『원오어록』 권14 「시화장명수좌 示華藏明首座」(대정장47, p.778b1)에 "그들은 활구를 참구하였지, 사구를 참구하지 않았다. 활구 아래서 깨달으면 영겁토록 잊지 않지만, 사구 아래서 깨달으면 자신을 구제하는 것도 다 마치지 못한다. 부처와 조사의 스승이 되고자 한다면 반드시 활구를 잡아 밝혀야 한다. 소양(韶陽 : 雲門)은 한 구절을 꺼내면 마치 예리한 칼로 싹둑 잘라버리는 것과 같았고, 임제(臨濟)는 또한 '취모검을 썼으면 재빨리 다시 갈아야 하리'라고 하였다. 이런 것들이 어찌 음계(陰界)에서 벌어지는 일이랴! 또한 세속의 지혜와 언변이나 총명으로 미칠 바가 아니니다. 他參活句 不參死句 活句下薦得 永劫不忘 死句下薦得 自救不了 若要與佛祖爲師 須明取活句 韶陽出一句 如利刀剪却 臨濟亦云 吹毛用了急須磨 此豈陰界中事 亦非世智辯聰所及"라고 하였다. [참고문헌] 『圜悟語錄』, 『景德傳燈錄』 권12 「臨濟義玄傳」(대정장51, p.291a18). ⇨ 취모검 吹毛劍

취모검 吹毛劍 불면 날아갈 듯한 터럭 문득 베는 칼. 그 어떤 작위(作爲)도 분별(分別)도 끼어들 틈새 없이 벼려내 밝히는 뛰어난 근기를 비유한다. 『운문광록』 권상(대정장47, p.546a27)에 "묻기를 '무엇이 취모검입니까?', 운문이 '뼈'라고 답했다. 또 '살'이라고 하였다. 問 如何是吹毛劍 師云 骼 又云 胔", 『분양어록』 권상(대정장47, p.606a1)에 "분양에게 물었다. '무엇이 화상의 취모검입니까?' '간장의 주물 기술 빌리는 일 없이 칼집에서 빼내야 사무쳐 신령한 빛이다. 如何是和尙吹毛劍 師云 不假干將鑄 出匣透神光", 『벽암록』 100칙 「본칙 本則」(대정장48, p.223b21)에 "학인이 파릉에게 물었다. '무엇이 취모검입니까?〈베었다. 험하다〉' '산호 가지마다에 달린 달이지〈빛으로 만상 삼켜서 사해와 구주 다 한다〉'. 僧問巴陵 如何是吹毛劍〈斬 嶮〉 陵云 珊瑚枝枝撐著月〈光呑萬象 四海九州〉", 같은 책 100칙 「평창 評唱」(대정장48, p.223c11)에 "파릉은 (禪月大師 貫休의) 한마디 중에 한마디 취해 취모검 답하였으니, 통쾌하도다. 칼날 위에 날아갈 듯한 털 올려놓고 시험 삼아 불어 그 털이 저절로 잘려야 이에 뛰어난 칼이라 할 수 있으니 이를 '취모'라고 한다. 파릉은 다만 그저 다른 이 묻기에 문득 답하였을 뿐인데, 저 학인 말끝 떨어진 곳 알지 못할 뿐이다. 巴陵於句中 取一句答吹毛劍 則是快 劍刃上吹毛試之 其毛自斷 乃利劍 謂之吹毛也 巴陵只就他問處便答 這僧話頭落也不知"라고 하였다. [참고문헌] 『雲門廣錄』, 『汾陽語錄』, 『碧巖錄』. ⇨ 취모 吹毛

취모귀 臭毛鬼 구귀(九鬼) 중 털에서 악취가 나는 귀신. 『순정리론』 권31(대정장29, p.517b24)에 "취모귀란, 이 귀신 몸에 난 털에서 악취가 심하고 늘 더러우며, 살과 뼈를 그을려 문드러지게 하고, 창자와 위를 쪄서 가루로 만들고, 그것이 목구멍을 자극하여 토하게 한다. 쓰디쓴 독이 참기 힘들어 몸을 잡고 털을 뽑으면 피부에 상처가 나며 찢어져 고통이 더욱 심해진다. 때로 부정한 음식을 만나서야 겨우 굶주림과 갈증 푼다. 臭毛鬼者 此鬼身毛 臭甚常穢 熏爛肌骨 蒸坌腸胃 衝喉變歐 荼毒難忍 攫體拔毛 傷裂皮膚 轉加劇苦 時逢不淨 少濟飢渴"라고 하였다. [참고문헌] 『順正理論』. ⇨ 구귀 九鬼

취무 趣無 Ⓢ Ⓟ āgama의 한역어. 음사어는 아함(阿含)이다. 무(無)로 나아가다. 또는 나아갈 곳 더는 없는 뜻으로 모든 법은 무 곧 공(空)으로 돌아간다는 뜻이다. 『출삼장기집』 권9 「사아함모초서 四阿含暮抄序」(대정장55, p.64c4)에 "아함모란 진나라 말로 취무라 한다. 阿含暮者 秦言趣無也", 『법화론소』 권중(대정장40, p.801b28)에 "석도안은 '아함을 취무라 이름했다. 일체법은 온통 끝내 공한 법으로 나아가기에 취무라 한다'라고 푼다. 釋道安云 阿含名爲趣無 說一切法 皆趣畢竟空法 故名趣無", 『불반니원경』 권하(대정장1, p.172b21)에 "부처님의 큰 뜻 무로 나아감을 도로 삼았다. 佛之大要 趣無爲道"라고 하였다. [참고문헌] 『出三藏記集』, 『法華論疏』, 『佛般泥洹經』. ⇨ 아함 阿含

취무공적 吹無孔笛 구멍 없는 피리 불다. 정해져 가둔 틀로 소리내지 않으니 격외(格外)에서 자유로운 뜻이다. 『나암정수선사어』(속고존숙어요5, 卍속장119, p.79a13)에 "보봉은 구멍 없는 피리 잘 불었고, 석두는 박자판으로 잘 응했다. 그렇다면 지금 이들이 주고받은 소리를 잘 듣는 이 있는가? 소리마다의 울림 고황 이전이라 하는데 누가 말할 수 있으리, 쉽게도 그들 귀에 들리리라고. 寶峯 解吹無孔笛 石頭 善應氈拍板 而今莫有善聽者麼 聲聲韻出古皇前 誰言易入時人耳", 『밀암어록』(대정장47, p.972c25)에 "법좌에 올라 말했다. '15일 전에만 해도 못 파면서 달님 기대한 일 없었건만, 15일 후에 못 차오르자 달님 저절로 오셨다. 15일 당해서야 구멍 없는 피리를 불고 태평가를 노래하니 부처 중생 한소리로 부르고 화답하네'. 上堂 十五日已前 開池不待月 十五日已後 池成月自來 正當十五日 吹無孔笛 唱太平歌 佛及衆生 同聲唱和", 『검남회등록』 권7 「귀양지월장 貴陽指月章」(卍속장145, p.797a8)에 "돌색시 구멍 없는 피리 잘 불고, 나무신랑 줄 없는 거문고 잘도 탄다. 높은 산은 들을 줄 알아 언제나 걸음 옮기고, 흐르는 물은 소리 알아 매양 몸을 일으킨다네. 이 뜻에서 깊이 깨우쳐 든다면 돌이켜 들고 일어날 때마다 새롭게 되리라. 石女善吹無孔笛 木人慣撫沒絃琴 高山解聽常移足 流水知音每出身 此意若能深悟入 一回擧起一回新", 『기종진어록』 권상 「위산상당 潙山上堂」(가흥장39, p.813c17)에 "구멍 없는 피리 불고 줄 없는 거문고 퉁기니, 알아듣는 이는 지음보다 드물고 화답할 수 있는 이라면 틀림없이 작가이리라. 吹無孔笛 鼓沒弦琴 聽者 貴乎知音 和者 須是作家"라고 하였다. [참고문헌] 『懶菴鼎需禪師語』, 『密菴語錄』, 『黔南會燈錄』, 『起宗眞語錄』. ⇨ 무공적 無孔笛一, 몰현금 沒絃琴, 전박판 氈拍板, 지음 知音

취묵 聚墨 Ⓢ masi-piṇḍa. 먹 덩어리. 빛을 잃어 깜깜한 것의 비유다. 『무량수경』 권상(대정장12, p.267a21)에 "빛나는 얼굴 우뚝하시고 위신은 끝이 없으니, 이와 같이 타오르는 광명 더불어 견줄 이 없도다. 해와 달과 마니주 빛으로 번득이지만, 모두 가려져 마치 저 먹덩어리 같도다. 光顔巍巍 威神無極 如是炎明 無與等者 日月摩尼珠光炎耀 皆悉隱蔽 猶若聚墨", 『관불삼매해경』 권3(대정장15, p.660b3)에 "우바이 무리 중에 24인은 부처님의 색신 보기를 마치 먹덩어리인 듯했다. 이와 같이 사부대중 제각각 다르게 보았다. 優婆夷衆中 二十四人 見佛身色 猶如聚墨 如是四衆 各各異見", 『지관보행전홍결』 권1(대정장46, p.168b9)에 "가섭의 몸 빛나서 사천왕과 견주었으니 이와 같이 거듭하여 범천에 이르면 모두 마치 먹덩어리 같았기에 '숨어서 나타나지 않는다'라고 하였다. 迦葉身光 比四天王 如是展轉 乃至梵天 皆如聚墨 故云隱不現也"라고 하였다. [참고문헌] 『無量壽經』, 『觀佛三昧海經』, 『止觀輔行傳弘決』, *Lal-v.85.*

취미 翠微 **1** 당대 스님. 휘는 무학(無學), 취미는 호.

단하천연(丹霞天然 739~824)의 제자. 『조당집』 권5 「취미장」(고려장45, p.264c27)에 "취미화상은 단하의 법을 이었고, 서경에 살았다. 선사의 휘는 무학이다. 희종황제 부름 있어 황궁에 들어가 깊은 가르침 크게 펼치니, 황제 몹시 기뻐하여 자색 가사와 광조대사라는 법호를 내렸다. 나머지 행장을 보지 못해 중생을 제도한 인연의 처음과 끝을 결정해 기록할 수 없다. 선사가 나한에게 공양을 올리는데, 어떤 스님이 물었다. '오늘 나한에게 공양을 올리시면 나한께서 오시겠습니까?' '그대가 매일 먹고 마시는 것은 무엇인가?' 翠微和尙 嗣丹霞 在西京 師諱無學 僖宗皇帝 詔入內 大敷玄敎 帝情大悅 賜紫法號廣照大師 自餘未睹行錄 不決化緣 終始師因供養羅漢 次僧問 今日設羅漢 羅漢還來也無 師云是 你每日噇什摩"라고 하였다. [참고문헌] 『祖堂集』, 『景德傳燈錄』 권14 「終南山翠微無學傳」(대정장51, p.313c7), 『五燈會元』 권5(卍속장138, p.177b12). **2** 조선후기 스님 수초(守初 1590~1668)의 법호. [참고문헌] 「安邊釋王寺翠微堂守初大師碑文」(智冠 『韓國高僧碑文總集 朝鮮朝·近現代』 p.212). ⇨ 수초 守初 **2**

취미당권화소 翠微堂權化疏 취미수초(翠微守初 1590~1668) 지음. 취미당 건립에 시주를 권하는 글로, 『취미대사시집』(한불전8, p.302b13) 잡저(雜著)에 전한다. "지금 이 선하는 곳 귀신이 신호의 비밀스러운 터로 아끼는 터고, 하늘이 지장의 뛰어난 경계입니다. … 원하건대 여러 뜻있는 이들이여 광음은 틈을 지나고 부귀는 저 구름 같으니 만금 내놓기를 하루아침 티끌인양 해서 한 조각 선 닦아 천년의 보배 되게 하시니, 삼재팔난이 특별히 현재에 없어질 뿐 아니라 백 가지 복과 천 가지 상서 우러러 바라오니 내세에서도 마땅히 누리소서. 今此禪居 鬼惜神護之秘基 天慳地藏之勝境 … 願諸善士 光陰過隙 富貴如雲 捨萬金一朝之塵 修片善千載之寶 則三灾八難非特消於現今 百福千祥 抑當享於來世"라고 하였다. [참고문헌] 『翠微大師詩集』. ⇨ 수초 守初 **2**

취미당수초대사행장 翠微堂守初大師行狀 조선후기 스님인 취미수초(1590~1668)의 행적을 기록한 행장. 『취미대사시집』(한불전8, pp.305a~306c)에 수록되어 있다. [참고문헌] 『翠微大師詩集』. ⇨ 수초 守初 **2**

취미대사시집 翠微大師詩集 취미수초(翠微守初 1590~1668)의 시를 모은 문집. 1권. 한불전8, pp.289c1~307c9에 수록되어 있다. 1659년(효종10)에 동명(東溟) 정군평(鄭君平)과 1667년(현종8) 호곡(壺谷) 남용익(南龍翼 1628~1692)이 쓴 서문이 있고, 5언 고시(古詩) 9수, 7언 고시 2수, 5언 절구 14수, 7언 절구 55수, 5언 율시(律詩) 42수, 7언 율시 33수 등 총 155수 등으로 구성되어 있다. 마지막 잡저에 소(疏)와 서(序) 등 산문 5편이 전한다. 끝에 취미의 상수 제자 백암성총(栢庵性聰 1631~1700)이 찬한 「취미대사행장 翠微大師行狀」이 붙어 있다. 서울대학교에 단일본이 전하는데, 1667년에 쓴 호곡의 서문과 함께 별도로 『무용집 無用集』이 딸려 있다. ⇨ 수초 守初 **2**

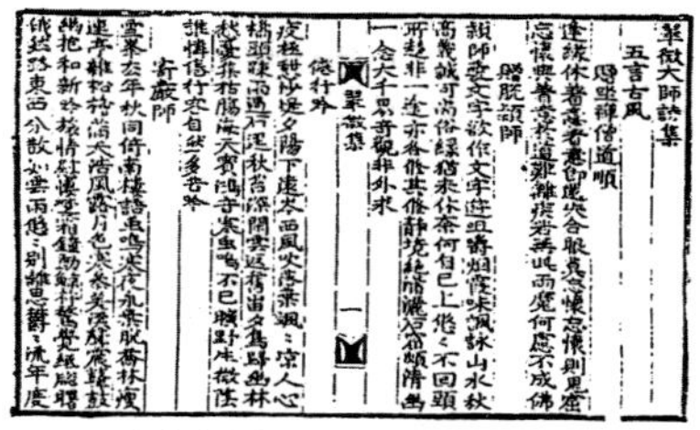

취미대사집 순천 송광사 1667년

취미래문답 翠微來問答 취미무학(翠微無學) 와서 답하다. 그 제자 청평영준(淸平令遵)과의 문답을 소재로 한 공안. 『선문염송설화』 745칙(한불전5, p.556b23)에 "악주 청평산의 영준선사가 취미에게 물었다. '무엇이 달마가 전한 분명한 뜻입니까?' '마주할 사람 없을 때 그대 향해 답하겠다'. 영준이 말없이 있다가 '사람 없습니다. 말씀 청합니다'라고 하자 취미가 선상에서 내려와 영준을 끌고 대나무숲으로 갔다. 영준이 다시 말했다. '아무도 없습니다. 말씀해 주십시오'. 취미가 대나무를 가리키며 말했다. '이 장대 이렇게 길고, 저 장대 저렇게 짧다'. 영준이 그 말을 듣고 활연히 깨달았다. 鄂州淸平山 令遵禪師 問翠微 如何是西來的的意 微云 待無人時 向汝道 師良久曰 無人也 請師說 微下禪床 引師入竹林 師又云 無人也 請師說 微指竹云 者一竿 得恁麽長 那一竿 得恁麽短 師聞其言 豁然省悟", "<설화> '막힘없이 환히 깨달았다' 하였는데 취미에 의해 일으켜 뒤쳤을까? 그렇지 않고도 뒤쳤을까? 또는 이 장대 이렇게 길다는 등 한 것이 적적한 뜻이었기 때문일까. 임제 깨우친 자리와는 그 거리 얼마나 되겠나? '이 장대 저 장대' 한 것은 (황벽이 임제에게) 20방 놓은 뜻과 짝지워 볼거나? 하남 아닌 하북의 뜻이다. 이것이 선상에서 내려온 소식이다. 그러므로 '사람 없는 그때 그대에게 일러 주겠다' 함은 선상 위의 일이다. 곧 황벽의 불법에 군더더기 없으니 그 거리 얼마이겠는가? 〈說話〉 豁然省悟者 被他發却耶 不被他發却耶 又 這一竿得伊麽長云云者 此是的的義 臨濟悟處 相去多少 這一竿那一竿云云者 二十捧義配看耶 不是河南 便是河北之義 此是下禪床處消息也 然則待無人時向汝道 則禪床上事也 則黃蘗佛法無多子 相去多少", "장산법천이 읊는다. '천기 흘러 다했건만 불러도 돌아보지 않고, 대나무 숲 밟았으나 오히려 의심만 깊었는데, 문득 길고 짧은 뿌리 아래서, 남산의 살모사는 다투어 오는구나'. 蔣山泉頌 洩盡天機喚不迴 竹林踏着尙疑猜 忽於長短根株下 迸出南山鼈鼻來"라고 하였다. [참고문헌] 『禪門拈頌說話』, 『頌古聯珠通集』 권25(卍속장115,

p.306a18), 『宗門拈古彙集』 권19(卍속장115, p.730b16), 『宗鑑法林』 권61(卍속장116, p.768b7).

취미사 翠微寺 ❶ 중국 섬서성(陝西省) 서안(西安) 남쪽으로 약 29km 지점의 종남산(終南山)에 있는 절. 영경사(永慶寺)라고도 한다. 본래 당 고조(高祖) 때인 625년(무덕8)에 태화궁(太和宮)으로 건립하였다가 폐하였지만, 647년(정관21) 태종(太宗)이 부흥하여 취미궁이라 하였다. 원화년간(806~820)에 절로 개조하여 취미사라 불렀다. 단하천연(丹霞天然)의 제자 무학(無學)이 법을 이은 뒤 이곳에 주석하였다. 송대 978년(태평흥국3) 영경사로 개칭했다. 〔참고문헌〕『關中創立戒壇圖經』(대정장45, p.817a8), 『釋氏稽古略』 권3(대정장49, p.813b25), 『釋氏通鑑』 권7(卍속장131, p.894b10), 『大明一統志』 권32, 『大淸一統志』 권179. ❷ 중국 안휘성(安徽省) 황산(黃山) 취미봉(翠微峰) 아래 있는 절. 당대 883년(중화3) 창건하였다. 절 좌측에 청우계(靑牛溪)가 흐르고 그 부근에 탐수석(探水石)과 가사지(袈裟地) 등이 있다. 〔참고문헌〕『九華山志』 권4(中國佛寺史志彙刊72, p.205a10).

취민 翠珉 비췻빛. 비석(碑石). 대개 글씨를 새겼을 때 보이게 하기 위해 검푸른 빛의 오석(烏石)을 비신으로 쓰거나, 또는 다듬어 빛나게 해서 새기기에 붙여진 이름이다. 민(珉)은 민(碈)으로도 쓴다. 「부석사원융국사비문 浮石寺圓融國師碑文」에 "영원토록 썩지 않게 돌에 새기다. 翠碈刋兮不朽"라 하였다. 〔참고문헌〕 李智冠 『校勘譯註歷代高僧碑文』 高麗篇2 p.297. ⇨ 정석 貞石, 비 碑

취바라문 醉婆羅門 술취한 바라문. 술기운에 잠시 삭발득도하여 훗날에 득도인연을 지었다. 『대지도론』 권13(대정장25, p.161b17)에 "또한 저 부처님께서 기원정사에 계실 때 취한 바라문이 부처님의 처소에 찾아와 비구가 되기를 갈구하였다. 부처님께서 아난에게 명하여 삭발하여 법의를 입혀 주도록 하였다. 그는 취기에서 깨어나 자신의 몸이 문득 비구가 된 모습에 놀라 곧바로 달아났다. 비구들이 부처님께 '어째서 이 취한 바라문이 비구가 되도록 허락하셨는지요?'라고 묻자 부처님께서 말씀하셨다. '이 바라문은 무량한 겁을 지나면서도 출가할 마음이 전혀 없었지만 지금 취한 기분에 잠시 간신히 마음을 일으켰다. 이 인연 때문에 언젠가는 마땅히 출가하여 도를 증득할 것이다'. 復次 如佛在祇洹 有一醉婆羅門 來到佛所 求作比丘 佛勅阿難 與剃頭著法衣 醉酒旣醒 驚怪己身 忽爲比丘 卽便走去 諸比丘問佛 何以聽此醉婆羅門作比丘 佛言 此婆羅門 無量劫中 初無出家心 今因醉故 暫發微心 以是因緣故 後當出家得道"라고 하였다. 〔참고문헌〕『大智度論』, 『四分律行事鈔』 권하 「沙彌別行篇」(대정장40, p.148c24).

취법 取法 ❶ Ⓟ upādānam. 취하는 법. 탐욕(貪欲)으로 온갖 것들 취해 버리지 못하다. 『잡아함경』 권9(대정장2, p.58a4)에 "무엇이 취법인가? 탐욕을 말한다. 云何取法 謂欲貪", 『품류족론』 권6(대정장26, p.715c12)에 "취법이란 무엇인가? 네 가지로 취함(四取 : 欲取 見取 戒禁取 我語取)이다. 取法云何 謂四取"라고 하였다. 〔참고문헌〕『雜阿含經』, 『品類足論』, *SN.3.167.* ⇨ 사취 四取, 소취법 所取法 ❷ Ⓢ dharma-udgrahītavya. 임시로 머물고 이름뿐인 것인 법을 취하다. 『금강경』(대정장8, p.749b7)에 "만약 법상을 취한다 하면 곧바로 아상·인상·중생상·수자상에 붙들린 것이다. 왜 그런가? 만약 법이 아닌 상을 취한다 해도 이미 아상·인상·중생상·수자상에 붙들리리니 그러므로 법도 취하지 않고 비법도 취하지 않아야 한다. 若取法相 卽著我人衆生壽者 何以故 若取非法相 卽著我人衆生壽者 是故不應取法 不應取非法", 『대반열반경집해』 권7(대정장37, p.405a27)에 "보량이 말한다. '심식이 한 번 지나감에 경을 붙잡아 그릇되게 이해할 뿐이니, 법 취한다 해도 얻을 수 없기에 이름해 뒤집힌다 한다'. 寶亮曰 心識一往 捉境謬解 取法不得 名之爲倒"라고 하였다. 〔참고문헌〕『金剛經』, 『大般涅槃經集解』, *Vajr-pr.77.*

취법라 吹法螺 Ⓢ prapūrayiṣyaty dharma-śaṅkha. 법의 나발을 불다. 음조 바꿔가며 나발을 불듯 중생의 근기 따라 다르게 말해서 법을 들려주는 뜻이다. 『법화경』 권6(대정장9, p.54c29)에 "마땅히 법라 불고 대법고를 쳐서 모든 중생을 늙어 병들고 죽는 바다에서 건져내리라. 當吹法螺 擊大法鼓 度脫一切衆生 老病死海", 같은 책 권1(대정장9, p.3c12)에 "불세존께서 대법을 설하시고자 대법우(Ⓢ mahā-dharmavṛṣṭy)를 내리시고 대법라(Ⓢ mahā-dharmaśaṅkha)를 부시며 대법고(Ⓢ mahā-dharmadundubhi)를 치셨다. 今佛世尊 欲說大法 雨大法雨 吹大法螺 擊大法鼓", 『법화의소』 권2(대정장34, p.478a19)에 "'대법라를 부시고 대법고를 치셨다'라 하였다. 위에서는 대법에 생하기도 하고 멸하기도 하는 용이 있음을 찬탄하였고, 여기서는 대법에 멀리 들리게 하고 근기에 부합하도록 능히 할 수 있음을 찬탄한 것이다. 吹大法螺 擊大法鼓者 上歎大法 有能生能滅之用 今歎大法 有遠聞稱機之能", 『법화경구해』 권8(卍속장48, p.262a3)에 "법라를 불다 : 음악 중에 나발을 부는 까닭은 바꿔가며 부른다는 것이니, 이처럼 근기에 적절하게 법륜을 바꾸어 굴리는 시도를 가리켜 법라를 분다고 한다. 吹法螺 樂中吹螺 卽是改號 隨機改轉 名吹法螺", 『무량수경의소』 권상(대정장37, p.96b25)에 "법라를 분다는 말은 생각해 지혜로운 법을 설하여 중생을 이익케 함이다. 나발 불어 때에 응하듯이 이치 설하여 근기에 응한다. 吹法螺者 說思慧法 利衆生也 吹螺應時 說理應機", 『금광명경소』(대정장39, p.165c24)에 "법라를 분다는 말은, 저 세간인이 그 해 이름 바뀔 때 반드시 나발을 불듯이, 여래 또한 그렇게 하신다. 소승의 명자장구를 바꾸고자 하시면 반드시 대승교법을 설하신다. 吹法螺者 如世間人 欲改年號 必以吹螺 如來亦爾 欲改小乘 名字章句 必說大乘教法"라고 하였다. [참고문헌] 『法華經』, 『法華義疏』, 『法華經句解』, 『無量壽經義疏』, 『金光明經疏』, *Saddh-p.421·481*. ⇨ 법라 法螺, 취패 吹貝, 취해라 吹海螺

취봉 翠峰 근대 스님 창섭(昌燮 1898~1983)의 법호. [참고문헌] 智冠 『韓國高僧碑文總集 朝鮮朝·近現代』 p.1160. ⇨ 창섭 昌燮

취봉 鷲峰 영추산 봉우리. 『일체경음의』 권12(대정장54, p.380b24)에 "취봉〈음은 취. 영취 또는 취두 또는 영대라고도 한다. 모두 속언에 따랐을 뿐이다. 이전에 기사굴이라 한 말은 범어 음사어의 생략형이다〉. 鷲峰〈音就 或名靈鷲 或名鷲頭 或名鷲臺 皆隨俗言耳 古曰 耆闍崛 乃梵語略也〉"라고 하였다. [참고문헌] 『一切經音義』. ⇨ 영추산 靈鷲山, 취령 鷲嶺, 취두 鷲頭

취봉사 鷲峰寺 전라남도 장성군 진원면 진원리 불대산(佛台山)에 있던 절. 『동국여지승람』 권26 전라도 진원현 불우에는 불대산(佛臺山)에 있다고 전한다. 정도전(鄭道傳 1342~1398)의 「취봉사루상부득일절봉기탁선생 鷲峯寺樓上賦得一絶奉寄卓先生」이 『삼봉집』에 전한다. [참고문헌] 『東國輿地勝覽』, 『三峰集』 권2(韓國文集叢刊5, p.306a17), 『韓國寺刹全書』 권하 p.1105a18.

취부동선 趣不動善 Ⓢ āniñjya-upagaṃ kuśalam. 대승십선(十善) 중 하나로 색계와 무색계의 선(善)과 무루선(無漏善)을 말한다. 『유가사지론』 권3(대정장30, p.292b5 : *Yogā-bh.*, p.63)에 "(大乘善에는) 열 가지가 있다. 즉 팔복생과 전륜왕을 감득하는 선과 부동에 나아가는 선이다. 有十種 謂能感八福生 及轉輪王善 及趣不動善 daśavidham-aṣṭāsu puṇya-upapattiṣu cakravartirāja saṃvartanīyam-āniñjya-upagaṃ ca kuśalam", 『유가사지론약찬』 권2(대정장43, p.23a12)에 "부동선은 열 번째이니, 색계와 무색계의 선 그리고 무루선을 말한다. 不動善爲十 謂色無色善 及無漏善"라고 하였다. [참고문헌] 『瑜伽師地論』, 『瑜伽師地論略纂』, *Yogā-bh.* ⇨ 팔복생 八福生

취비친니의계 取非親尼衣戒 삼십사타(三十捨墮) 중 하나로 친척이 아닌 비구니에게 옷을 받아서는 안 되는 계. 『사분율비구함주계본』 권상(대정장40, p.437c4)에 "네 번째, 취비친니의계 : 부처님께서 나열기성에 계실 때 연화색비구니(Ⓟ Uppalavaṇṇā bhikkhunī)가 음식을 가지고 산으로 가서 상좌들에게 나누어주었다. 그들 가운데 어떤 비구가 낡은 납의를 입고 있어서 비구니가 자신이 입고 있던 값진 옷과 바꾸었다. 후에 낡은 옷을 값진 옷으로 바꾸어 입었던 인연을 부처님께 여쭙자 그 비구를 꾸짖으셨고 이로 인하여 이 계를 제정하셨다. 四 取非親尼衣戒 佛在羅閱祇 蓮華色尼 持食往山 與諸上座 彼有比丘 著弊故納 尼脫所著 貴價換之 後著弊衣 爲佛怪問 訶彼比丘 因制此戒", 『근본살바다부율섭』 권6 「취비친니의학처 取非親尼衣學處」(대정장24, p.557a1 : *Nissaggiyakaṇḍa V, Vin.3*, p.209)에 "만약 비구가 친척이 아닌 비구니에게 옷을 얻는다면 다른 물건과 교환하는 경우를 제하고는 니살기바일제가다. 若復苾芻 從非親苾芻尼取衣者 除貿易 泥薩祇波逸底迦 yo pana bhikkhu aññātikāya bhikkhuniyā hatthato cīvaraṃ paṭiggaṇheyya, nissaggiyaṃ pācittiyanti"라고 하였다. [참고문헌] 『四分律比丘含注戒本』, 『根本薩婆多部律攝』, 『有部律頌』 권상(대정장24, p.628b8), *Vin.* ⇨ 니살기바일제 尼薩耆波逸提, 삼십사타 三十捨墮

취사 取捨 Ⓢ ādāna-tyāga, ādāna-vivarjana, āyūha-niryūha, Ⓣ blang-ba-dang-dor-ba. 취하고 버리다. 취사를 떠나는 것이 정견(正見)이고 부처와 같아지는(與佛同) 길이다. 둘 아닌(無二) 평등한 제법(諸法)에 대한 분별(分別)을 말하며, 실상(實相)을 장애한다. 『별역잡아함경』 권5(대정장2, p.407a13)에 "이제 저는 지극히 기쁩니다. 대선께서 설해주신 법을 듣고 해탈을 얻었으니, 도무지 얻고 버릴 것 없습니다. 今我極憘樂 大仙所說法 聞法得解脫 都無諸取捨", 『대반야경』 권409(대정장7, p.48c8)에 "저 범지 뛰어난 이해력으로 일체법에 취사가 없으니 실상법에는 취할 것도 버릴 것도 없기 때문이다. 如是梵志 由勝解力 於一切法 不取不捨 以實相法中 無取捨故", 『대방등대집경』 권12(대정장13, p.77b21)에 "이와 같은 두 법에는 차별이 없다. … 취사가 없는 것이야말로 정견이다. 如是二法 無有差別 … 無取捨者 卽是正見", 『미증유정법경』 권5(대정장15, p.443c4)에 "모든 법 평등하며 둘도 차별도 없어서 취할 일도 버릴 일도 없다. 취사를 떠났기에 아상이 일어나지 않고 아상이 다하였기에 바랄 일도 없다. 諸法皆平等 無二無差別 無取亦無捨 離取捨故 我相不生 我相滅已 無所希求", 『대보적경』 권101(대정장11, p.567c25)에 "오온은 본성이 공이고 본성이 공이라면 아와 아소가 없으며 아와 아소가 없다면 이것은 둘이 없음이다. 만약 본래 둘이 없다면 취사마저 없고, 취사가 없기에 집착할 일 없으며, 집착할 바 없기에 세간을 넘어선다. 五蘊本性空 若本性空 則無我我所 若無我我所 是則無二 若本無二 則無取捨 無取捨故 則無所著 無所著故 則超過世間", 『광석보리심론』 권3(대정장32, p.568a7)에 "이들 둘의 자성을 취하려 해도 참으로 얻을 수 없다. 취사를 떠났기에 마음에 둘이 없다. 이와 같이 살피면 두 갈래 상은 없다. 是二取性 實不可得 離取捨故 卽心無二 如是伺察 亦無二相", 원효(元曉)의 『금강삼매경론』 권하(대정장34, p.993c16 · 한불전1, p.655b12)에 "마음에 취사가 없는 사람은 그 깨달음이 부처님과 같으므로 이 위는 가리켜 등각행이라 할 수 있다. 心無取捨者 解與佛同故 故說此位 名等覺行", 『화엄경탐현기』 권11(대정장35, p.311c3)에 "취사는 망령된 마음이다. 허망한 경이 순하는 곳에서는 원하여 취하고 거스르는 곳에서는 원하여 버린다. 取捨者 卽是妄心 於妄境 順處願取 違處願捨", 『보장론』(대정장45, p.149b24)에 "본성에 어두워 심상에 집착하여 취하고 버리며 사랑하고 미워하니 갖가지 전도를 일으킨다. 迷於本性 執著心相 取捨愛憎 起種種顚倒", 『법계차제초문』 권중상(대정장46, p.677c9)에 "마음에 취사가 없으면 애증을 일으키지 않는다. 이것을 뛰어난 앎이고 뛰어난 견이라 한다. 心無取捨 不起愛憎 是名勝知勝見也", 『원오어록』 권15 「시한조의 示韓朝議」(대정장47, p.783c3)에 "애증도 없고 취사마저 떠났으니, 저와 나를 나누지도 득실을 가르지도 않는다. 일체법이 고르게 자연스러우니 그 모두가 우리 집안의 소식이어서 생각으로 헤아려 알 수 있는 곳은 아니네. 無愛憎離取捨 不分彼我 不作得失 一切法坦然 皆我家不思議處", 『신심명』(대정장48, p.376b24)에 "진실로 취하고 버리기만 하니 그 까닭에 참될 수 없네. 있는 연 쫓지 말고 공의 지혜에도 머물지 마라. 한가지로 씨앗삼아 변함없이 품으면 흔적없이 그대로여서 스스로 다하리라. 良由取捨 所以不如 莫逐有緣 勿住空忍 一種平懷 泯然自盡", 『황룡혜남어록』(대정장47, p.639a28)에 "다만 취하거나 버림에 여읠 수 없다. 모든 부처님 무심이어서 무상도를 증득하셨고, 범부는 마음 있어 생사에 떨어진다. 只爲良由取捨 所以不如 諸佛無心 故證無上道 凡夫有心 故墮在生死", 『만법귀심록』 권중(卍속장114, p.813a17)에 "모든 성인은 무심으로 만사에 응하여 오고 감에 물듦 없으니 이를 깨끗한 빛이라 하고 중생은 마음 가져 만사에 응하여 분별하고 취사하니 이를 빛을 가린다 한다. 물듦과 깨끗함으로 비록 다르기는 하지만 그 바탕에는 둘이 없다. 諸聖無心應事 去來無染 謂之淨光 衆生有心應事 分別取捨 謂之染光 染淨雖殊 其體無二"라고 하였다. 〔참고문헌〕『別譯雜阿含經』, 『大般若經』, 『大方等大集經』, 『未曾有正法經』, 『大寶積經』, 『廣釋菩提心論』, 『金剛三昧經論』, 『華嚴經探玄記』, 『寶藏論』, 『法界次第初門』, 『圜悟語錄』, 『信心銘』, 『黃龍慧南語錄』, 『萬法歸心錄』, *Bodh-bh.234.*, *Madhy-vibh.28 · 36.*, *Vikī-n.36 · 88.*

취사위탑 聚沙爲塔 모래를 쌓아 탑을 만들다. 선인(善因) 심는 적행(積行) 공덕을 말한다. 『법화경』 권1(대정장9, p.8c23 : *Saddh-p.*, p.50)에 "만약 광야에서 흙을 쌓아올려 불묘를 이루거나 동자들이 놀이로 모래를 쌓아 불탑을 만든다면 이와 같이 한 사람들은 모두 이미 불도를 이룬 것이다. 若於曠野中 積土成佛廟 乃至童子戲 聚沙爲佛塔 如是諸人等 皆已成佛道 uddiśya ye pāṃsukarāśayo ′pi aṭavīṣu durgeṣu ca kārayanti. sikatāmayānvā puna kūṭa kṛtvā ye keciduddiśya jināna stūpān, kumārakāḥ krīḍiṣu tatra tatra te sarvi bodhīya abhūṣi lābhinaḥ", 『법화문구』 권4하(대정장34, p.57a1)에 "모래를 쌓아 탑을 만들지만 모래는 집착이 없고, 탑이란 온갖 행을 쌓아 모았으니 정각의 마음 품어 가진다. 聚砂爲塔 砂是無著 塔是衆行積集 含藏正覺之心", 『법화경구해』 권1(卍속장47, p.898b3)에 "모래 쌓아 불탑을 만들다 : 비록 놀이라고 하지만 모래를 쌓아 탑이 되게 하니 이것이야말로 선한 인이다. 聚沙爲佛塔 雖云嬉戲 聚沙爲塔 亦是善因", 『조탑연명공덕경』(대정장19, p.726b6)에 "그때 이 어린 아이 놀이를 삼아 한 뼘 높이 모래탑을 쌓은 인연으로 후에 7년이나 더 오래 살았다. 時此小兒 戲聚沙塔 高一磔手 却後更延 七年壽命", 『송고승전』 권17 「현창전 玄暢傳」(대정장50, p.818a21)에 "놀이 삼아 모래를 쌓아 탑을 만들고 잎을 따서 향을 삼았다. 戲則聚沙爲塔 摘葉爲香", 『대당서역기』 권1(대정장51, p.868a16)에 "어린 시절 향기롭게 익힌 일 후세까지 길이 이어진다. 聚沙之年 蘭薰桂馥"라고 하였다. 〔참고문헌〕『法華經』, 『法華文句』, 『法華經句解』, 『造塔延命功德經』, 『宋高僧傳』, 『大唐西域記』, *Saddh-p.*

취산 鷲山 영취산(靈鷲山). 『법화경현찬결택기』 권2(卍속장53, p.324b17)에 "영취산이란 무엇인가? … 독수리 모여 있었기에 취산이라 한다. 靈鷲山者 … 因鷲鳥住 名鷲山焉"라고 하였다. 〔참고문헌〕『法華經玄贊決擇記』. ⇨ 취령 鷲嶺, 취두 鷲頭, 영추산 靈鷲山 ■

취산묘법 鷲山妙法 취산에서 전한 묘법. 『묘법연화경』을 가리킨다. 『당고승전』 권7 「법랑전 法朗傳」(대정장50, p.477b17)에 "다만 취산에서 전한 묘법으로는 무리지어 소리쳐 넓히는 일 드물고, 용수가 남긴 도풍을 알리기에 종사는 그칠 줄 몰랐다. 但以鷲山妙法 群唱罕弘 龍樹道風 宗師不輟"라고 하였다. 〔참고문헌〕『唐高僧傳』. ⇨ 묘법연화경 妙法蓮華經

취삼의 聚三義 S rāśi trividha-artha. 모아져 있는 것의 세 가지 뜻. 『중변분별론』 권상(대정장31, p.457a4 : *Madhy-vibh.*, p.45)에 "취에는 세 가지 뜻이 있으니, 첫째 많다는 뜻이다. 저 경에서 '저 색은 과거·현재·미래·멀고 가까움·거칠고 미세함 등이라 하였으니, 경 중에 널리 설한 바로는 이런 색 많기에 모을 수 있다'. 이와 같은 등의 색을 한 곳에 거두어 두는 것을 모두 거두어 든다고 말한다. 색 등의 모든 음은 체상이 가지가지이기에, 서로 거두지 않으므로 차별이 있게 된다. 이 세 가지 뜻인 첫째 많다는 것, 둘째 거둔다는 뜻, 셋째 다르다는 뜻을 취의 뜻이라고 할 수 없다. 취는 곧 음의 뜻이다. 聚有三義 一者 多義 如經中說 若色過去 現在 未來 若遠若近 若麤若細等 經中廣說 此色多故名聚 如是等色 攝在一處 此言顯總擧 色等諸陰 體相種種故 更互無相攝故 說有差別 此三義 一 多 二 總 三 異 是名聚義 聚卽是陰義 āditas tāvat skandhās te trividhenārthena veditavyāḥ. anekatvārthena yat kiñcid rūpam atītānāgatapratyutpannam iti vistaraḥ. abhisaṃkṣepārthena tat sarvam aikadhyam abhisaṃkṣipyeti. paricchedārthena ca rūpādilakṣaṇasya pṛthaktvavyavasthānāt. rāśyartho hi skandhārtha evaṃ ca loke rāśyartho dṛṣṭa iti"라고 하였다. 〔참고문헌〕『中邊分別論』, *Madhy-vibh.*

취상 取相 S nimitta-grāha, T mtshan-mar-'dzin-pa. 상을 취하다. 색경계 볼 수 있게 해서 능히 뜻짓고 눈앞에 나타나게 하는 일로서 실상을 보지 못하게 하는 모든 분별을 말한다. 『입능가경』 권4(대정장16, p.537a20)에 "어리석은 범부가 갖가지 법상에 집착하는 것은 마치 모든 금수들이 아지랑이를 보고 취하여 물로 여기는 것과 같다. 대혜여, 이것이 수다원의 분별신견이다. 왜냐하면 지혜가 없기 때문이고, 시작없는 세월 동안 헛되이 상을 취했기 때문이다. 愚癡凡夫 執著種種法相 如諸禽獸 見於陽炎 取以爲水 大慧 是名須陀洹分別身見 何以故 以無智故 無始世來 虛妄取相故", 『대지도론』 권31(대정장25, p.286b23)에 "의식이 처음 일어남에 능히 분별결정하지 않았을 때를 외심이라 하고, 의식이 거듭 깊어져서 능히 분별하고 상을 취하는 것을 내심이라 한다. … 분별지는 별도의 주인이 없으니, 단지 오중(五衆 : 五蘊)에 있어서, 상을 취할 뿐이니, 사람이라는 상이 있다고 계탁하여 내 마음이라는 것을 일으키고 나의 마음으로 나의 것들도 생겨난다. 나의 것들이 생기니, 나를 이익되게 하고자 탐욕을 내고 나를 거스르는 것들에게 분노한다. 意識初生 未能分別決定 是爲外心 意識轉深 能分別取相 是名內心 … 卽分別知 無有別主 但於五衆 取相故 計有人相 而生我心 以我心故 生我所 我所心生故 有利益我者 生貪欲 違逆我者 而生瞋恚", 『유가사지론』 권23「성문지 聲聞地」(대정장30, p.407a21 : *Śrāv-bh.*, p.68)에 "상을 취한다는 것은 색경계가 가견처에 있게 되면 능히 작의를 일으키고 바로 그때 앞에 나타나게 해서 눈이 뭇 색을 보게 된다 하는 것이니, 이러한 것을 그 상을 집취한다고 한다. 言取相者 謂色境界 在可見處 能生作意 正現在前 眼見衆色 如是名爲執取其相 tatra nimitta-grāho yac-cakṣuṣā rupāṇy-ābhāsagatāni tajjaṃ manaskāraṃ saṃmukhī-kṛtya paśyati"라고 하였다. 〔참고문헌〕『入楞伽經』, 『大智度論』, 『瑜伽師地論』, *Śrāv-bh.68.*

취상 取像 S nimitta-udgrahaṇa, T mtshan-mar-'dzin-pa. 모양새(像) 취함. 떠올려 모인 것(想蘊)들의 자성으로 종종의 이름(名言)들 붙이게 되는 오온(五蘊) 중 상온(想蘊)을 푼 뜻이다. 『순정리론』 권2(대정장29, p.339a26)에 "셋째 상온은 취상을 체로 한다. 즉 일체에 있어 자성에 따라 안립하는 것을 말한다. 말하자면 푸르거나 긴 것 등의 색, 거문고나 소라 등의 소리, 생련 등의 향, 쓰거나 매운 등의 맛, 매끄럽거나 껄끄러운 등의 촉, 생멸 등의 법을 연한 바 경에서 저 상 그대로 취함이 이름하여 상이다. 그러므로 이 상(想)이란 덕에 따라 그 이름을 세워 능히 상(像)을 취함으로써 상(想)이라고 이름하게 된다. 第三 想蘊 取像爲體 謂於一切 隨本安立 靑長等色 琴貝等聲 生蓮等香 苦辛等味 滑澁等觸 生滅等法 所緣境中 如相而取 故名爲想 是故此想 隨德立名 以能取像 故名爲想", 『성유식론』 권3(대정장31, p.11c22)에 "상온이란 무엇인가? 즉 경에 있어 취상하는 것을 자성으로 하여, 갖가지 명언을 시설하는 것이 업이다. 말하자면 경의 분제상을 안립하여 비로소 그에 따른 갖가지 명언을 일으킨다. 想 謂於境取像爲性 施設種種名言爲業 謂要安立境分齊相 方能隨起種種名言"라고 하였다. 〔참고문헌〕『順正理論』, 『成唯識論』, *Abh-k-bh.10.* ⇨ 상온 想蘊

취상 聚相 S caitya, P cetiya. 쌓아 높게 한 모양. 지제(支提)의 한역어다. 『일체경음의』 권10(대정장54, p.368b20)에 "취상이라 한역한다. 보배나 벽돌 등을 쌓아 높게 하는 것을 특징으로 한다. 此云聚相 謂纍寶及塼石等 高以爲相也"라고 하였다. 〔참고문헌〕『一切經音義』. ⇨ 지제 支提

취상 醉象 P matto kuñjara, matta-hatthi. 취한 코끼리. 『증일아함경』 권9(대정장2, p.590a12)에 "그때 제바달다는 곧바로 아사세왕의 처소로 향하여 도착해서는 이렇게 말했다. … '이른 새벽에 사문구담 반드시 성에 들어와 걸식할 것이니 이 취한 코끼리를 풀어놓아 밟아 죽이십시오'. 爾時 提婆達兜 便往至王阿闍世所

到已 而作是說 … 淸旦 沙門瞿曇 必來入城乞食 當放此醉象 蹋蹈殺之",『승군화세백유가타경』(대정장32, p.788c26)에 "악인이 길 잃고 헤매이니 취한 코끼리와 같다. 惡人迷逸如醉象",『구사론소』 권6(대정장41, p.571b11)에 "장군은 사실 취한 코끼리는 아니지만 취한 코끼리인 듯해서 취한 코끼리라 한다. 將軍實非醉象 似醉象故 名爲醉象"라고 하였다. [참고문헌]『增壹阿含經』,『勝軍化世百瑜伽他經』,『俱舍論疏』, *Ap.320.*

취상범부 取相凡夫 Ⓢ nimitta-cārīṇa. 상(相)을 취해야 알아차리는 범부. 무엇이라도 이름과 모습 빌어야 알 수 있는 범부의 뜻이지만, 불보살도 조사도 이 방편의 상 취해 응한다.『법화경』 권2(대정장9, p.19a3 : *Saddh-p.*, p.120)에 "모든 부처님들 희유하여 한량없고 끝이 없으시네. 불가사의한 대신통력으로 번뇌 없으시고 함도 없으신 제법의 왕이시지만, 낮은 근기의 사람을 위하여 이 일 견디시기에, 상 취하는 범부를 위하여 마땅함 따라 연설하신다네. 諸佛希有 無量無邊 不可思議 大神通力 無漏無爲 諸法之王 能爲下劣 忍于斯事 取相凡夫 隨宜爲說 mahātmadharmo atulānubhāvo maharddhikaḥ kṣāntibale pratiṣṭhitaḥ, buddho mahārāja anāsravo jino sahanti bālā na imīdṛśāni. anuvartamānastatha nityakālaṃ nimittacārīṇa bravīti dharmam",『만선동귀집』 권1(대정장48, p.959b9)에 "[문] '경에 이른다. 「다만 범부라 하면 이 일에 탐착한다」. 또 말한다. 「상에 집착하는 범부를 위하여 마땅함에 따라 설한다」 하니, 만약 뜻의 바탕 얻고 만행 다 갖춰 두렷하다면 어찌 사적이나 조작을 일으키리요?' [답] '이것은 탐착하고 집착하는 것을 깨뜨리기 위한 문이지, 인연으로 드러난 것으로서의 법을 말하는 것은 아니다'. 問 經云 但凡夫之人 貪著其事 又云 取相凡夫 隨宜爲說 若得理本 萬行俱圓 何須事跡 而興造作乎 答 此是破貪著執取之文 非干因緣事相之法"라고 하였다. [참고문헌]『法華經』,『萬善同歸集』, *Saddh-p.*

취상성 取像性 모양새 취하는 성.『품류족론』 권1(대정장26, p.693a11)에 "떠올린다(想)란 무엇인가? 모양새 취하는 성을 말한다. 여기에 세 가지가 있다. 작게 떠올리고 크게 떠올리며 한없이 떠올린다. 想云何 謂取像性 此有三種 謂小想 大想 無量想"라고 하였다.『살바다종오사론』(대정장28, p.996a24)에는 상(相)을 변지성(遍知性)이라 하고 대·소·무량으로 나누었다. [참고문헌]『品類足論』,『薩婆多宗五事論』. ⇨ 상 想❶

취상장군 醉象將軍 Ⓢ matta-hastī manuṣya, Ⓣ mi-glang-po-che-myos-pa. 취한 코끼리인 듯한 장군. 용맹함을 비유한다.『구사론』 권6(대정장29, p.35a29 : *Abh-k-bh.*, p.95)에 "제법이 드러내는 작용을 가리킨즉 저 사람이 함과 같기에 사람을 불러들여 이름을 쓴다. 세간에서 '갈까마귀 발 약초'라거나 '술 취한 코끼리 장군'이라고 하는 말과 같다. 卽目諸法 所有作用 如士用故 得士用名 如世間說 鵄足藥草 醉象將軍 yasya dharmasya yat kāritram. puruṣakāra iva hi puruṣakāraḥ. tadyathā kākajaṅghā oṣadhirmattahastī manuṣya iti",『구사론기』 권6(대정장41, p.130a29)에 "장군은 술 취한 코끼리인 듯 능히 적진에 들어가기에 술 취한 코끼리 장군이라 한다. 코끼리의 취기가 발동하여야 적진에 쳐들어가기에 취한 코끼리라 한다. 다른 풀이에 따르면, 취한 코끼리는 장군처럼 능히 적진에 들어가므로 취한 코끼리장군이라 한다. 將軍似醉象 能入陣故 名醉象將軍 以象醉發 能入陣故 名爲醉象 又解醉象似將軍 能入陣故 名醉象將軍"라고 하였다. [참고문헌]『俱舍論』,『俱舍論記』, *Abh-k-bh.*

취상존견 取相存見 상을 취하여 알음알이 만들어내다. 망심적묵(亡心寂默)과 상대한다.『능가사자기』「보리달마장 菩提達摩章」(대정장85, p.1285a1)에 "바른 가르침 쇠락해 가더니, 마침 멀리 산과 바다를 건너 중국(漢魏)에서 교화하니, 마음 잊고 고요함을 지키는 이들 돌아가 믿지 않는 이가 없었으나, 상을 취하여 견해 가지는 무리들 이내 비방을 해댔다. 正敎陵替 遂能遠涉山海 遊化漢魏 亡心寂默之士 莫不歸信 取相存見之流 乃生譏謗"라고 하였다. [참고문헌]『楞伽師資記』.

취상참 取相懺 상(相)을 취해 참회하다. 부처님의 상호(相好)나 불세계장엄 등을 감응해 참회하거나 제경(諸經)에서 시설한 참회의례 등에 의지해 참회하는 것으로 사참(事懺)이라 할 수 있으며 이참(理懺)에 맞선다. 관상참회(觀相懺悔)라고도 한다.『금광명경문구기』 권3(대정장39, p.60c11)에서 시설한 삼종참회 중 하나로 사참법(事懺法)에 속한다. 같은 책 권3(대정장39, p.60c18)에 "취상참으로 능히 성죄를 사라지게 한다. 성죄 버리면 짓지 않은 죄도 버린다. 마치 나무가지 벨 뿐이면 가지와 잎이 시들지만 뿌리가 제거되지 않으면 이전처럼 이어 자라는 예와 같다. … 취상참이람 마치 장생을 위한 다섯 가지 약석을 복용하면 병이 낫고 몸의 기력이 채워지지만 도를 터득하지는 못하는 경우와 같다. 取相懺 能滅性罪 性罪去違 無作罪亦去 如伐樹枝葉萎 根本未去 續生如故也 … 取相懺 如服五石 病差身充不能得道",『금광명경과주』 권1(卍속장92, p.78b2)에 "취상참은 정에 든 마음으로 떠올려 움직임이니 상이 일어나길 기다린다. 取相懺 謂定心運想 相起爲期",『사교의주휘보보광기』 권9(卍속장102, p.746b10)에 "도량에서 부처님께서 찾아와 정수리를 쓰다듬어 주시는 광경을 보기도 하고, 광명이 나타나는 장면을 보기도 하며, 꽃이 날리는 광경을 보기도 하고, 꿈에서 갖가지 서상을 보기도 하며, 허공에서 소리를 듣기도 한다. 이 모든 상에서 한 가지를 따라서 얻은즉 죄가 소멸하는데 이를 취상참이라 한다. 於道場中 或見佛來摩頂 或見光現 或見華飛 或夢中見諸瑞相 或聞空中聲 於此諸相 隨獲一種 罪卽消滅 是名取相懺", 『범망경합주』 권3(卍속장60, p.684a6)에 "취상참이란 밤낮 여섯 때에 경중의 모든 계를 외우는 것으로 애써 삼세의 천불께 예를 올리되 이칠일이나 삼칠일에서 일 년에 이르기까지 그 사이에 부처님의 호상 보기를 기약한다. 이것은 십과행도를 필요로 하며 지극한 정성을 구비하고 이에 다시 안으로 이로 관해 돕고, 밖으로는 단의 의례 빌린다. 『법화경』·『방등경』·『대비경』·『점찰경』 등에서 시설한 모든 행법 모두 다 취상참으로 거둔다. 근본중죄 능히 깨끗하게 해서 다시 나게 하니 칠역죄 능히 사라지게 하고 무거운 보를 가볍게 받도록 하지만 '계를 얻도록 한다'라고 명시적으로 말하지 않을 뿐이다. 取相懺者 所謂日夜六時 誦重輕戒 苦到禮三世千佛 二七三七 乃至一年 以見好相爲期 此須十科行道 備極精誠 仍復內資理觀 外假壇儀 凡法華方等大悲占察等 一切行法 皆屬取相懺攝 能滅根本重罪 令淨戒復生 亦能滅七逆罪 使重報輕受 但不云使得戒耳", 『재가율요광집』 권1(卍속장106, p.735b15)에 "비록 취상참으로 말미암아 삼악도에 떨어지지는 않지만 세간의 성죄는 여전히 남아 있다. 雖由取相懺滅 不墮三塗 然其世間性罪仍在"라고 하였다. 〔참고문헌〕『金光明經文句記』, 『金光明經科註』, 『四教儀註彙補輔宏記』, 『梵網經合註』, 『在家律要廣集』. ⇨ 참회 懺悔, 이참 理懺, 사참 事懺, 관상참회 觀相懺悔, 삼종참회 三種懺悔 ❶

취상혹 取相惑 상을 취해 미혹함. 견사혹(見思惑)·진사혹(塵沙惑)·무명혹(無明惑) 등이다. 『천태사교의』(대정장46, p.776b21)에 "집제란 곧 견사혹이다. 또 견수혹·사주지혹·염오무지·취상혹·지말무명·통혹·계내혹이라고도 한다. 비록 이름은 다르나, 단지 견사혹일 뿐이다. 集諦者 卽見思惑 又云見修 又云四住 又云染汚無知 又云取相惑 又云枝末無明 又云通惑 又云界內惑 雖名不同 但見思耳", 『사교의주휘보보굉기』 권4(卍속장102, p.447a10)에 "취상혹이라 하니 삼혹 모두가 취상이다. 『관음현기』 권상에 '견사혹은 생사상을 취하고, 진사혹은 열반상을 취하며, 무명혹은 두 가지 극단의 상을 취한다'라고 하였는데, 지금 견사혹이란 육도에서 생사하는 상을 취하는 것이다. 取相惑 三惑皆名取相 觀音玄記上云 見思取生死相 塵沙取涅槃相 無明取二邊相 今見思取六道生死之相也"라고 하였다. 〔참고문헌〕『天台四教儀』, 『四教儀註彙補輔宏記』. ⇨ 삼혹 三惑 ❷, 견사혹 見思惑, 진사혹 塵沙惑, 무명혹 無明惑

취생 趣生 Ⓢjanma-gati. 나아가서 나다. 육취(六趣)등 갈래 따라 가서 몸을 받아 나는 일을 말한다. 생취(生趣)라고도 한다. 생은 사생(四生 : 胎 卵 濕 化), 취는 육취(六趣)를 말한다. 『인왕호국경』 권2(대정장8, p.840b21)에 "모든 계에 나아가서 태어나는데 업연에 따라 나툰다. 마치 그림자와 같고 메아리와 같아서 일체가 모두 공이다. 諸界趣生 隨業緣現 如影如響 一切皆空", 『대승입능가경』 권1(대정장16, p.590a12)에 "말하자면 무명을 연삼아 온계처의 일체법이 생하며, 삼계 중에 온갖 취 받아 나서는 괴로움과 즐거움·좋고 추함·말하거나 침묵함·가거나 멈추는 등의 각각 차별이 있게 된다. 謂無明爲緣 生蘊界處一切法 於三界中受諸趣生 有苦樂好醜語默行止 各各差別"라고 하였다. 〔참고문헌〕『仁王護國經』, 『大乘入楞伽經』, *Laṅk.220.* ⇨ 생취 生趣, 사생 四生 ❶, 육취 六趣

취생현법문 就生顯法門 중생에 나아가 법의 문 열다. 앙산혜적(仰山慧寂)이 학인 위해 설정한 앙산십구문(仰山十九門) 중 하나. 『오가종지찬요』 권하(卍속장114, p.554a17)에 "(앙산의 법문은) 모두 십구문을 시설한 데서 벗어나지 않으니 … 열째는 취생현법문이다. 總不出十九門施設也 … 十 就生顯法門"라고 하였다. 〔참고문헌〕『五家宗旨纂要』, 『宗門玄鑑圖』(卍속장112, p.937a12). ⇨ 앙산십구문 仰山十九門

취서 取書 육십사서(六十四書) 중 하나. 『보요경』 권3 「현서품 現書品」(대정장3, p.498b2)에 "스승이 '그 육십사서는 모두 어떤 이름인가?' 태자가 답했다. '범서 … 취서 … 개향서'. 師問 其六十四書 皆何所名 太子答曰 梵書 … 取書 … 皆響書"라고 하였다. 〔참고문헌〕『普曜經』. ⇨ 육십사서 六十四書

취서사 鷲棲寺 ❶ 전라남도 장성군 서삼면 취암리 취령산(鷲嶺山)에 있던 절. 『동국여지승람』 권36 전라도 장성현 불우와 『범우고』에 "석탑과 석종이 있다. 송대 스님 운묵이 있었는데 중국에 유람하였고 글을 잘 써서 세상에서 유명하였다. 그가 죽자 제자가 탑과 종을 세워 유해를 안치하였다. 有石塔石鍾 宋時有僧雲默 遊于中國 以善書名世 其示寂也 弟子爲入塔鍾 以安遺骸"라고 하였다. 〔참고문헌〕『東國輿地勝覽』, 『伽藍考』, 『梵宇攷』, 『長城邑誌』, 『韓國寺刹全書』 권하 p.1105b4. ❷ 위치 미상. 『한국사찰전서』에 "대참사생회중목에 '홍무 6년(1373) 계축년 12월일에 왜란을 피해 취서사의 생회로 옮겨 개설하였는데 상당한 이들이 60명이었다'라고 한다. 전라북도에 있는 것 같은데, 혹 장성군의 취서사가 아닌지는 공평하게 알 수 없다. 大懺寺牲會衆目云 洪武六年癸丑十二月日 以避倭亂 移設鷲棲寺牲會 上堂衆六十員云云

則似在全羅北道 或非長城郡鷲棲寺 均不可知"라고 하였다. [참고문헌] 『韓國寺刹全書』 권하 p.1105a20.

취서암 鷲棲庵 경상남도 양산시 하북면 지산리 영축산(靈鷲山)에 있는 암자. 축서암(鷲棲庵)이라고도 부른다. 대한불교조계종 통도사(通度寺)의 말사이다. 『조선불교통사』 권상에는 고운사(孤雲寺)의 산외(山外) 말사로 전하였고, 『한국사찰전서』에 "조선 숙종 37년(1711) 신묘년에 동명대사가 처음 창건하였고, 철종 14년(1863) 계해년에 중창하였다. 朝鮮肅宗三十七年辛卯東溟大師初刱 哲宗十四年癸亥重刱"라고 하였다. 현존하는 당우로는 법당·삼성각·요사 등이 있다. [참고문헌] 『朝鮮佛敎通史』, 『韓國寺刹全書』 권하 p.1105b16.

취선 就善 조선후기 묘향산 보현사 스님. 법호는 혼성(混性). 『동사열전』 권5 「혼성선백전 混性禪伯傳」(한불전10, p.1052a15)에 "법명은 취선이고 호는 혼성이다. 묘향산 보현사 극락전 사람이다. 천품 넓고 자유로워 작은 일에 구애받지 않았고, 구류구대 두루 익혔으며, 삼장오교도 두루 열람하였다. 다섯 도량을 쉼 없이 오갔고 사방선원에도 명패 걸고 안거하였다. 師名就善號混性 妙香山普賢寺極樂殿人 天禀浩然 不拘小節 學覽九流九帶 經閱三藏五教 五道法場 往復無際 四山禪苑 掛牌結臘", 같은 책 권5 「남호선백전 南湖禪伯傳」(한불전10, p.1051a19)에 "스님의 법명은 영기이고 호는 남호이다. … 사경과 독송에 힘썼다. … 계축년(1853·철종4) 초여름에 삼각산 내원암에서 간판 찍어 널리 폈다. … 이때 용상대덕들은 인허성유·혼성취선·금계장환·대연수찰·혜봉최성·제월보성·예봉학윤·동화축전·중봉혜호·성봉성호 등 모든 선사들이 모두 모여 이 법석 증명하였다. 師名永奇 號南湖 … 書寫讀誦 … 癸丑夏初 三角山內院庵 刊板印布 … 時會龍象大德 印虛性惟渾性就善錦溪壯渙大演守察慧峰最性霽月寶成 禮峰學潤東化竺典中峰慧皓聖峰性顯等 諸禪師 皆會證席"라고 하였다. [참고문헌] 『東師列傳』.

취선사 鷲仙寺 경상북도 경주시에 있던 절. 김유신(金庾信 595~673)이 백제와 고구려를 평정한 후 세운 절이다. 『삼국유사』 권1(대정장49 p.966b6·한불전6, p.277b2) 기이(紀異)1 미추왕죽엽군(未鄒王竹葉軍)에 "절(취선사)은 김공(김유신)이 평양을 토벌한 후 복 기르는 자리 마련하였다. 寺乃金公討平壤後 植福所置故也"라고 하였고, 『삼국사기』 권43 열전(列傳)3 김유신 부(附) 김암(金巖)에 "이에 (혜공왕이) 취선사에 밭 30결을 바치고 (김유신의) 남긴 복을 도왔다. 이 절은 김유신이 고구려와 백제 두 나라를 평정하고 세우고 길렀다. 仍於鷲仙寺納田三十結 以資冥福 是寺庾信平麗濟二國 所營立也"라고 하였다. [참고문헌] 『三國遺事』, 『三國史記』, 『韓國寺刹全書』 권하 p.1105b20.

취성 取性 ❶ 성을 취하다. 본래 공한 것들에 임시로 성을 취해 사견 일으키는 무명(無明) 중에 하나다. 『대승의장』 권6(대정장44, p.583a16)에 "무명에는 두 가지가 있으니, 첫째 취성, 둘째 현기이다. 취성이란 무엇인가? 모든 범부의 성을 붙드는 마음이다. 이러한 취성은 널리 일체 선악무기삼성으로서의 마음 중에 널리 통한다. 그러므로 저 『성실론』 「무명품」에서 말한다. '일체범부들이 아직 공에 들지 못하여 항상 사견 있게 되니 그 이름이 무명이다'. 저 문에서 다시 말한다. '탐에는 진이 없고, 진에는 탐이 없지만 무명은 그렇지 않고 일체처에 있다' 하였으니, 이 일체처에 통하는 이러한 취성이야말로 저 무명 중에 근본으로 반드시 부리는 일임을 분명하게 알게 한다. 無明亦二 一者 取性 二者 現起 言取性者 一切凡夫 執性之心 此之取性 遍通一切善惡無記三性之心中 故彼成實 無明品云 一切凡夫 未入空者 常有邪見 名爲無明 彼文復言 貪中無瞋 瞋中無貪 無明不爾 一切處有 明知是通 此之取性 是無明中 根本正使"라고 하였다. [참고문헌] 『大乘義章』, 『法苑珠林』 권72(대정장53, p.835b29). ⇨ 무명 無明, 현기 現起 ❷ 바이셰쉬카(Ⓢ Vaiśeṣika : 勝論)의 업구의(業句義) 중 하나인 취업(就業 Ⓢ utkṣepaṇatva). ⇨ 취업 取業❶

취소 臭蘇 냄새나는 소(蘇) 중에서도 더 심하게 냄새나는 것. 소는 차조기라고 하는 꿀풀과에 속하는 이년초를 말한다. 취소(臭酥)라고도 쓴다. 『구사론』 권19(대정장29, p.100a15 : *Abh-k-bh.*, p.282)에 "일체망견 모두 전도로 구른 것이어서 모두 삿되다 해야 하는데, (四聖諦의 진리가) 없다고 하는 것만 사견이라고 하는 것은 그 과실이 심하다. 예를 들면 취소와 악집악 등을 말하는 경우와 같으니, 이것은 줄여 말함이고, 나머지는 증익견이다. 一切妄見皆顚倒轉 並應名邪 而但撥無名邪見者 以過甚故 如說臭蘇惡執惡等 此唯損減 餘增益故 sarvaiva hi viparīta-svabhāva-pravṛttā dṛṣṭir-mithyādṛṣṭiḥ ekaiva tu-uktā. atiśayavattvāt dur gandhakṣatavat. eṣā hy-apavādikā anyās-tu samāropikāḥ", 『구사론기』 권19(대정장41, p.298a24)에 "'저 취소라고 말할 때'라는 말에서 취소란 무릇 소(蘇)라 하면 다 냄새나지만, 냄새 중 더 극한 것을 취소라고 한다. 如說臭蘇 凡蘇皆臭 臭中極者 名曰臭蘇"라고 하였다. [참고문헌] 『俱舍論』, 『俱舍論記』, *Abh-k-bh.*

취수 聚數 모아서 헤아리다. 오종수(五種數) 중 하나로 수식관(數息觀)에서 들숨을 날숨으로 세 헤아리는 일. 『대비바사론』에는 난수(亂數)로 되어 있다. 『아비담비바사론』 권14(대정장28, p.105c10)에 "취수란, 여섯 번의 들숨을 여섯 번의 날숨으로 관하는 것이다. 또 어떤 이는 '취수란, 들숨을 날숨으로 또 날숨을 들숨으로 관하는 것이다'라고 하였다. 聚數者 觀六息入六息出 復有說者 聚數者 觀入息是出 觀出息是入"라고 하였다. 〔참고문헌〕『阿毘曇毘婆沙論』. ⇨ 오종수 五種數

취식 就食 단월의 청에 응해서 나아가 공양받는 일. 『유부율잡사』 권36(대정장24, p.386b25)에 "부처님께서 말씀하셨다. '나는 비구들에게 이미 암몰라녀(Ⓢ Āmrapālī)가 청한 내일의 공양에 응하도록 허용하였다'. 佛言 我與苾芻 已許菴沒羅女 明日就食"라고 하였다. 〔참고문헌〕『有部律雜事』.

취식필추 取食苾芻 부처님께 공양 올리는 소임을 맡은 비구. 『유부율』 권21(대정장23, p.737c6)에 "그때 취식필추가 식사를 들고 와서 세존이 계시는 곳으로 갔다. 세존께서 늘 하듯이 취식필추와 어울려 기쁜 마음으로 물으셨다. '모든 필추 대중들 식사를 잘 하였느냐? 배불리 먹었느냐?' 취식필추가 아뢰었다. '세존이시여! 대중은 모두 식사를 배불리 하였습니다'. 세존께서 식사를 마치고 손과 발을 씻으시고는 방으로 돌아가 고요히 말없이 머무셨다. 時取食苾芻 持食來至 往世尊所 世尊法爾 共取食苾芻 歡喜言問 諸苾芻衆 飮食好不 得飽滿不 取食苾芻白言 世尊 大衆皆得飮食飽滿 世尊食已 洗手濯足 還入房中 寂默而住"라 하였다. 〔참고문헌〕『有部律』.

취신타겁 就身打劫 몸에 나아가 쳐서 떨쳐내다. 집착해 붙들린 것들 다 떨쳐 없애다의 뜻이다. 바둑에서 타겁(打劫)은 '패(覇)를 만든다'는 뜻이기도 하다. 『양기어록』(대정장47, p.642a18)에 "제형(提刑 : 刑罰 담당하는 이) 양전이 산 아래를 지나자 양기가 나가서 맞이하였다. 제형이 물었다. '화상께서는 누구의 법을 이었습니까?' '자명대사입니다' '무슨 도리를 보았기에 그의 법을 이으신 것입니까?' '함께 발우에다가 밥을 먹었습니다' '그렇다면 본 적이 없으시군요'. 양기가 무릎을 누르면서 '어떤 점이 보지 못했다는 것인지요?'라고 말하자, 양전이 크게 웃으니 양기가 '제형이 되어야겠군요'라고 말하였다. 양기가 양전에게 말했다. '절에 들러서 향이나 사르고 가십시오' '기다리십시오. 다시 오겠습니다'. 양기가 차를 신물로 주자 양전이 말하였다. '이런 것은 필요치 않습니다. 어떤 말라 폭폭한 선 있기에 조금도 보기가 어려운지요?' 양기가 신물로 준 차를 가리키면서 말하였다. '이런 것도 오히려 필요하지 않은데, 어찌 하물며 말라 폭폭한 선을 말하겠습니까?' 양전이 머뭇거리자 양기가 송을 읊었다. '왕과 신하 지어 보이니, 불조도 어찌할 바를 모르네. 미혹의 근원 가리킨다며 사람 죽이길 무수히도 한다네'. 양전이 말하였다. '화상이시여! 무엇 때문에 몸을 가지고 겁박하십니까?' 양기가 말하였다. '원래부터 우리 집안 사람이셨군요'. 양전이 크게 웃자 양기가 '산승의 잘못이 지나쳤습니다'라고 하였다. 楊畋提刑山下過 師出接 提刑乃問 和尙法嗣何人 云 慈明大師 楊云 見箇什麽道理 便法嗣他 云 共鉢盂喫飯 楊云 與麽則不見也 師捺膝云 什麽處是不見 楊大笑 師云 須是提刑始得 師云 請入院燒香 楊云 却待回來 師乃獻茶信 楊云 者箇却不消得 有甚乾嚗嚗底禪 希見示些子 師指茶信云 者箇尙自不要 豈況乾嚗嚗底禪 楊擬議 師乃有頌 示作王臣 佛祖罔措 爲指迷源 殺人無數 楊云 和尙 爲什麽就身打劫 師云 元來却是我家裏人 楊大笑 師云 山僧罪過", 『벽암록』 7칙 「본칙 本則」(대정장48, p.147a26)에 "학인스님이 법안에게 물었다〈무슨 말을 하는가? 칼(枷)을 쓰고서야 죄상을 고백한다〉. '저 혜초가 화상께 묻습니다. 무엇이 부처입니까?〈무슨 말을 하는가? 눈동자 튀어 나온다〉'. '네가 혜초다〈틀에다 빼다 박았다. 철로 만든 앙꼬떡이다. 몸에 있는 것 몽땅 털어간다〉'. 僧問法眼〈道什麽 檐枷過狀〉 慧超咨和尙 如何是佛〈道什麽 眼睛突出〉 法眼云 汝是慧超〈依模脫出 鐵餕餡 就身打劫〉"라고 하였다. 〔참고문헌〕『楊岐語錄』, 『碧巖錄』, 『從容錄』 20則(대정장48, p.240a10).

취실 就實 실에 나아가다. 만물의 바탕 비고 없는 것이어서 실에 나아간다고 한즉 이름도 글자도 모두 떠난다. 여래장 중에서 세간 위해 법문을 열고, 적멸문으로 진실의 길 거듭 깨우치는 것만이 실에 나아가는 뜻이다. 『화엄오교장』 권3(대정장45, p.493c9)에 "이제 실에 나아간다 해도 이승은 법에 어두워 광대한 마음이 없기에 구경에서 번뇌장을 끊지 못한다. 今此就實 以愚法二乘 無廣大心故 不究竟斷煩惱障", 『화엄오교장복고기』 권2하(卍속장103, p.506a11)에 "이제 이렇게 실에 나아가 깊고 세밀하게 말한다 해도, 결코 구경에 삼계 벗어나 번뇌를 끊었다고 할 수 없다. 今此就實 深細而說 並不名究竟出三界 斷煩惱有", 『화엄경소초』 권32(대정장36, p.248c29)에 "'만물은 곧바로 이름일 수 없기에 실에 나아간다 해도 물의 바탕 비고 없으니 마땅히 이름할 만한 실이란 없다. 言物不卽名 以就實者 物體虛無 無當名之實也", 『대승의장』 권10(대정장44, p.655b26)에 "실에 나아간다 하니 진실의 여래장 중에 곧바로 나아가 작용하는 법문을 세제의 이치로 삼고 적멸의 여여한 문을 진제의 이치로 삼는다. 言就實者 直就眞實 如來藏中作用法門 爲世諦理 寂滅如門 爲眞諦理", 『대반열반경의기』 권5(대정장37, p.741c16)에 "실에 나아가 실을 논하자면 실 밖에 이름이든 글자든 얻을 수 없는 까닭에 이름이라고 할 수 있는 것은 없다. 就實論實 實外更無名字可得 所以非名", 『초은어록』 권하(卍속장150, p.112

5b14)에 "도에 힘쓰며 몸을 가꾸며 이름 버려서 실에 나아간다. 進道嚴身 去名就實"라고 하였다. 〔참고문헌〕『華嚴五教章』, 『華嚴五教章復古記』, 『華嚴經疏鈔』, 『大乘義章』, 『大般涅槃經義記』, 『樵隱語錄』.

취실십지 就實十地　실다움에 나아가 본 십지. 오직 부처님만이 아시고 행하는 과분(果分)의 십지를 말한다. 갖가지 방편상을 나태내는 수상십지(隨相十地)와 맞선다. 『화엄경탐현기』 권10(대정장35, p.298c29)에 "인분은 설할 수 있고, 과분은 불가설이다. … 이 십지에 두 분이 있는데, 첫째는 취실십지로 오직 부처님만이 아시고 부처님 지혜로서만이 행하는 바여서 이름하여 과분이라 한다. 因分可說 果分不可說 … 此十地有二分 一就實十地 唯佛所知 佛智所行 名爲果分"라고 하였다. 〔참고문헌〕『華嚴經探玄記』, 『釋華嚴敎分記圓通鈔』 권8(한불전4, p.446b12). ⇨ 수상십지 隨相十地

취심 聚心　Ⓢ saṃkṣiptacitta, Ⓣ mngon-par-bsdus-pa'i-sems. 거두어 모으는 마음. 지(止)로 수습하고, 수면에 상응하는 마음으로 몸과 마음을 혼침하열하게 할 수 있다. 산심(散心 Ⓢ vikṣipta-citta)의 상대어이다. 『순정리론』 권73(대정장29, p.739b14)에 "비바사사는 말하기를, '취심이란 선심을 말한다. 이렇게 해서 연 따라 어지럽게 내달리지 않게 하기 때문이다. 산심이란 염심을 말하니, 이것은 산란한 동요와 상응하여 일어나기 때문이다'. 경주는 말한다. '이것은 계경에 순한 것이 아니니, 경에서는 말한다. 「어떤 것을 내취라고 하는가? 즉 마음이 저 혼침이나 수면과 함께하거나 혹은 안으로 상응하여 지(Ⓢ śamatha)만 있고 관(Ⓢ vipaśyanā)은 없는 것을 말한다. 어떤 것이 외산인가? 즉 마음이 오묘욕경에 돌아다니며 이리저리 흘러가거나 혹은 안으로 상응하여 관만 있고 지는 없는 것을 말한다」. 서방논사의 풀이는 계경에 따른 것이니, 수면과 상응하면 취심이고, 그 밖의 염오는 산심이다'. … 저 경에서 취심과 산심을 설한 것은 신족을 닦는 데 장애가 되는 것을 알도록 하기 위한 것이니, 저 경설에 의해 스스로 자신의 마음을 자세히 살펴 지나치게 가라앉지도 들뜨지도 말며, 안으로 모으지도 밖으로 흩어지게 하지도 말라는 것이다. 毘婆沙師 作如是說 聚心者 謂善心 此於所緣不馳散故 散心者 謂染心 此與散動相應起故 經主謂 此不順契經 經言 此心 云何內聚 謂心若與惛眠俱行 或內相應 有止無觀 云何外散 謂心遊涉五妙欲境 隨散隨流 或內相應 有觀無止 西方者釋 乃順契經 謂眠相應 說名爲聚 餘染汚者 名爲散心 … 彼經中說 聚心散心 爲令了知 修神足障 由彼經說 自審己心 勿太沈 勿太擧 勿內聚 勿外散", 『유가사지론』 권97(대정장30, p.860a28)에 "어떤 비구들은 신등경에 대하여 정근안주하여 온몸을 가지런히 관하는 등 아홉 가지 행상으로 그 마음을 편안히 머물게 하고 마음을 안으로 모은다고 하지만 마땅히 알아야 하는 것은, 이 마음은 사마타(Ⓢ śamatha)로 다스린 신심이어서 혼침하열하여 해탈할 수 없으며, 해탈하지 못하기에 이 모으는 마음에 의지해 몸의 모든 혼침성이 생겨나고, 마음에는 모든 하열성이 일어난다. 有諸苾芻 於身等境 精勤安住 循身等觀 以九行相 安住其心 令心內聚 當知 此心 於奢摩他 所治身心 惛沈下劣 不得解脫 不解脫故 依此聚心 生起身中 諸惛沈性 生起心中 諸下劣性"라고 하였다. 〔참고문헌〕『順正理論』, 『瑜伽師地論』, *Pañc-pr.4.60.* ⇨ 약심 略心, 산심 散心

취아귀업 趣餓鬼業　아귀도(餓鬼道 Ⓢ preta-gati)에 나게 하는 업. 『사리불아비담론』 권7(대정장28, p.583c10)에 "어떤 것을 취아귀업이라고 하는가? 불선업이 적으면 아귀도에 나는데, 이것을 취아귀업이라고 한다. 云何趣餓鬼業 若業不善軟 能令生餓鬼 是名趣餓鬼業"라고 하였다. 〔참고문헌〕『舍利弗阿毘曇論』. ⇨ 아귀 餓鬼

취아나함과증인 趣阿那含果證人　사향사과(四向四果) 중 아나함향(阿那含向)을 일컫는 말. 아나함과(阿那含果 Ⓢ anāgāmi-phala : 不還果)를 얻기 위해 수행하는 단계를 말한다. 『사리불아비담론』 권8(대정장28, p.585b29)에 "어떤 것을 취아나함과증인이라고 하는가? 어떤 사람이 아나함과의 도는 증득하였으나, 아직 아나함과를 얻지 못해 촉증하지 못한 이를 취아나함과증인이라고 한다. … 또 취아나함과증인이란 어떤 사람이 견도로 끊는 세 가지 번뇌인 유신견·의혹·계취를 성도로 한꺼번에 모두 끊고, 사유로 끊는 욕애·분노의 번뇌도 성도로 일시에 모두 끊고 그 이상의 도를 얻었으나 사유로 남김없이 끊어야 하는 그 나머지 욕애·분노의 번뇌를 아직 끊지 못한 이를 취아나함과인이라고 한다. 云何趣阿那含果證人 若人得證阿那含果道 未得阿那含果未觸證 是名趣阿那含果證人 … 復次 趣阿那含果證人 若人見斷三煩惱 身見疑戒取 以聖道一時俱斷 思惟斷欲愛瞋恚煩惱 聖道一時俱斷 得上道 餘思惟斷欲愛瞋恚無餘斷未斷是名趣阿那含果人"라고 하였다. 〔참고문헌〕『舍利弗阿毘曇論』. ⇨ 아나함 阿那含, 아나함향 阿那含向, 아나함과 阿那含果, 사향사과 四向四果 ❶

취아라한과증인 趣阿羅漢果證人　사향사과(四向四果) 중 아라한향(阿羅漢向)을 일컫는 말. 아라한과(阿羅漢果 Ⓢ arhattva-phala : 無學果)를 얻기 위해 수행하는 단계를 말한다. 『사리불아비담론』 권8(대정장28, p.585c4)에 "어떤 것을 취아라한과증인이라고 하는가? 어떤 사람이 아라한과의 도를 얻었으나, 아라한을 얻지 못해 촉증(觸證)하지 못한 이를 취아라한과증인이라고 한다.

… 또 취아라한과증인이란 어떤 사람이 오하분의 번뇌를 끊은 경우에 신견·의혹·계취·욕애·분노를 성도로 일시에 모두 끊고, 그 이상의 도를 얻었으나 사유로 남김없이 끊어야 하는 색계에 현행하거나 무색계에 현행하는 번뇌를 아직 끊지 못한 이를 취아라한과증인이라고 한다. 云何趣阿羅漢果證人 若人得證阿羅漢果道 未得阿羅漢未觸證 是名趣阿羅漢果證人 … 復次 趣阿羅漢果證人 若人五下分煩惱斷 身見疑戒取欲愛瞋恚 以聖道一時俱斷 得上道 思惟斷色行無色行煩惱無餘斷未斷 是名趣阿羅漢果證人"라고 하였다. 〔참고문헌〕『舍利弗阿毘曇論』. ⇨ 아라한 阿羅漢, 아라한향 阿羅漢向, 아라한과 阿羅漢果, 사향사과 四向四果 ❶

취악학림 鷲嶽鶴林 석존께서 가섭에게 마음법을 전했던 영추산과 열반에 드셨던 사라수림(娑羅樹林). 『출삼장기집』 권7(대정장55, p.51a1)에 "오신 자취도 없고 가신 흔적도 없으며 머무름도 아니고 그침도 아니니, 이것이야말로 바로 취악과 학림에서 따로 기약하신 것이다. 無來無去 非住非止 斯蓋鷲嶽鶴林之別記"라고 하였다. 〔참고문헌〕『出三藏記集』. ⇨ 영추산 靈鷲山, 사라수 娑羅樹, 학림 鶴林, 교외별전 教外別傳, 기별 記別

취암 翠巖 ❶ 중국 당말 스님 취암영삼(翠巖令參)의 법호. 설봉의존(雪峰義存 822~908)에게 법을 이어받고, 취암산(翠巖山)에서 주석하였기에 붙은 법호이다. ⇨ 영삼 令參, 취암산 翠巖山 ❶ ❷ 중국 북송(北宋)대 임제종(臨濟宗) 스님 대우수지(大愚守芝)의 법호. 분양선소(汾陽善昭 947~1024)의 법을 이어 받고, 취암사(翠巖寺)에서 주석하였기에 붙은 법호이다. ⇨ 수지 守芝, 취암사 翠巖寺 ❸ 중국 북송대 임제종 스님 취암가진(翠巖可眞 ?~1064)의 법호. 석상초원(石霜楚圓 986~1040)의 법을 이어받고, 취암사에서 주석하였기에 붙은 법호이다. ⇨ 가진 可眞, 취암사 翠巖寺

취암 鷲岩 조선후기 스님 찬영(贊永)의 법호. 〔참고문헌〕『東師列傳』 권4 「隱峰大師傳」(한불전10, p.1035a23). ⇨ 찬영 贊永

취암 鷲巖 Ⓟ Gijjhakūṭa pabbata. 독수리 모양의 또는 독수리 모이는 바위. 영취산(靈鷲山). 『중아함경』 권35 「우세경 雨勢經」(대정장1, p.648a25 : *Vassakāra-sutta, AN.4*, p.17)에 "한 때 부처님께서 왕사성에서 유행하시며 취암산에 계셨다. 一時 佛遊王舍城 在鷲巖山中 ekaṃ samayaṃ bhagavā rājagahe viharati gijjhakūṭe pabbate", 『일체경음의』 권21(대정장54, p.433c14)에 "취암은 영추산을 말한다. 鷲巖 謂靈鷲山也"라고 하였다. 〔참고문헌〕『中阿含經』, 『一切經音義』, *AN.* ⇨ 취두 鷲頭, 영추산 靈鷲山

취암금환 翠庵錦還 조선후기 스님. 『동사열전』 권4 「응화강백전 應化講伯傳」(한불전10, p.1047a5)에 "법명은 유한이고 자는 심비이며 호는 응화이다. … 붕명준진·완송의순·휴암선일·취암금환 등은 법형제이다. 師名有閑 字心埤 號應化 … 鵬溟準眞玩松意淳休庵善日翠庵錦還 爲其兄弟"라고 하였다. 〔참고문헌〕『東師列傳』.

취암미모 翠巖眉毛 취암의 눈썹 그대로 있는가. 취암이 안거 끝에 한 대중에게 들어 보인 공안. 『종용록』 71칙 「본칙 本則」(대정장48, p.272a4)에 "취암이 안거 끝에 대중에게 말했다〈여전히 말이 부족하다고 싫어하는 투로구나〉. '하안거 이래 도반들에게 줄곧 말해 왔으니〈스스로 집안 흉 드러내네〉, 살펴보라! 취암눈썹이 여전한지〈입 속 모래가 해친 일 없는가〉'. 보복은 '도둑질하는 사람의 마음은 불안하다〈참으로 불구덩이 속 사람일세〉'라고 하였고, 장경은 '살아 있네〈눈 위에 서리로군〉'라고 하였으며, 운문은 '관!〈대로는 막혔고 골목도 끊겼네〉'이라고 하였다. 翠巖 夏末示衆云〈猶嫌少在〉 一夏以來 爲兄弟說話〈自揚家醜〉 看 翠巖眉毛在麼〈不害口磣〉 保福云 作賊人心虛〈也是火裏人〉 長慶云 生也〈雪上加霜〉 雲門云 關〈攔街截巷〉"라고 하였다. 〔참고문헌〕『從容錄』.

취암사 翠巖寺 중국 강서성(江西省) 남창(南昌 : 洪州) 서산(西山 : 梅嶺)에 있는 절. 양(梁) 경명년간(500~503)에 개창하였으며, 당시 이름은 상연사(常緣寺)이다. 당대 홍정사(洪井寺)로 이름을 바꾸었다가 다시 '취암사'라 하였다. 남당(南唐)대 취암광화사(翠巖廣化寺)라고도 불렸다. 북송 이후 선원(禪院)으로 이름을 널리 알렸으며, 대우수지(大愚守芝)·취암가진(翠巖可眞 ?~1064)·사심오신(死心悟新) 등이 주석하며 선풍을 진작하였다. 〔참고문헌〕『禪林寶訓』 권3(대정장48, p.1030b6), 『死心悟新語錄』(卍속장120, p.246a1), 『建中靖國續燈錄』 권7(卍속장136, p.116a17), 『禪林僧寶傳』 권16(卍속장137, p.507b4), 『雪堂行拾遺錄』(卍속장142, p.950a3), 『佛祖綱目』 권36(卍속장146, p.664b6).

취암사 鷲巖寺 ❶ 경기도 여주시 북내면 상교리 혜목산(慧目山)에 있던 절. 백운경한(白雲景閑 1298~1374)이 입적한 곳이고, 그의 저서인 『백운화상초록불조직지심체요절』의 판본이 진장되기도 하였다. 『백운화상초록불조직지심체요절』 권하 발원문(한불전6, p.636b24)에 "선광 8년 무오년(1378·우왕4) 6월일에 … 천녕 취암사에 경판을 보관하였다. 宣光八年戊午六月日 … 留板川寧鷲嵓寺"라고 하였다. 〔참고문헌〕『白雲和尙抄錄佛祖直指心體要節』, 『東國輿地勝覽』, 『韓國寺刹全書』

권하 p.1106a4. ❷경상남도 함양군 당북산(堂北山)에 있던 절. 『한국사찰전서』에는 『경상도속찬지리지 慶尙道續撰地理誌』를 인용하여 교종(敎宗)에 속한다고 하였다. [참고문헌] 『韓國寺刹全書』 권하 p.1106a10. ❸전라북도 순창군 적성면 석산리 서룡산(瑞龍山)에 있던 절. 『승정원일기』에 1728년(영조4) 3월 29일(기묘)에 취암사 도적일을 전하고 있고, 『여지도서』 권하 전라도 순창(淳昌) 사찰(寺刹)에는 군에서 동쪽으로 30리의 취암산(鷲巖山)에 있다고 하였다. 성총(性聰 1631~1700)의 『백암집』 권하 「순창영취산취암사중수불전기 淳昌靈鷲山鷲岩寺重修佛殿記」(한불전8, p.461b20)에 "호남 옥천군의 동북쪽에 산이 있으니 영취고 절이 있으니 취암이니 대개 오래된 총림이다. 산의 노스님 말씀하시길 혹 섬의 오랑캐의 병화(임진왜란) 전에는 전각이 장대하고 스님이 번성하였다고 하는데, 절을 짓기 시작한 때는 살펴볼 기록 없어 상세하지 않다. 湖南玉川郡之東北 有山曰靈鷲 有寺曰鷲岩 盖古叢林也 山之老釋 或稱其島夷兵燹之前 殿宇之壯 緇髡之盛 而但其經始之代祀則於文無所稽 玆未詳焉"라고 하였다. [참고문헌] 『輿地圖書』, 『伽藍考』, 『梵宇攷』, 『栢庵集』, 『承政院日記』, 『東國輿地勝覽』, 『韓國寺刹全書』 권하 p.1106a6.

취암사반자 翠嵒寺飯子 청동으로 주조한 고려시대 반자. 반자는 사찰에서 대중에게 알리는 일 있을 때 치는 법구(法具)다. 취암사반자는 1967년 11월 경기도 양평군 지제면 석불역(石佛驛) 앞 옛 절터에서 높이 70.5cm의 동종(銅鐘)과 함께 출토되었다. 측면에 2행으로 명문(銘文)이 음각되어 있는데, "취암사의 반자이다. 정우 10년(1222·고려 고종8) 병오년(丙午年) 10월 28일에 조성하니, 무게가 26근이다. 동량(棟梁)은 □□인 주지(住持) 교종(敎宗) 중대사(重大師) 종린(宗麟)이다. 翠嵒寺飯子 貞祐十年 丙午 十月二十八日造成 入重廿六斤 棟梁□□仁 時住持元介宗重大師宗麟"라고 하였다. 명문에 보이는 취암사는 고려대 사찰이겠으나 알 수 없고, 현재 국립중앙박물관에 소장되어 있다. [참고문헌] 『韓國金石全文』 中世下 p.989. ⇨반자 飯子

취암산 翠巖山 ❶중국 절강성(浙江省) 영파(寧波 : 明州·鄞) 인근에 있는 산. 줄여서 취산(翠山)이라고도 한다. 당말 취암영삼(翠巖令參)이 주석하였다. 사명산(四明山)·설두산(雪竇山)과 인접하여 있다. [참고문헌] 『釋鑑稽古略續集』 권2(대정장49, p.935a4), 『景德傳燈錄』 권18(대정장51, p.352c16). ❷중국 강서성(江西省) 남창(南昌 : 洪州) 서쪽에 있는 서산(西山)의 다른 이름. 이곳에 취암사(翠巖寺)가 있다. [참고문헌] 『禪林寶訓筆說』 권중(卍속장113, p.734b1), 『建中靖國續燈錄』 권27(卍속장136, p.366b12). ⇨취암사 翠巖寺

취암진선사어요 翠巖眞禪師語要 취암가진(翠巖可眞)의 어록. 1238년(가희2) 간행. 속고존숙어요1, 卍속장118, pp.853a1~857a15에 수록되어 있다. 남창(南昌) 황정견(黃庭堅)의 「서 序」가 있고 상당(上堂)과 송고(頌古)로 구성되어 있다. ⇨가진 可眞

취암타지 翠岩唾地 취암가진(翠岩可眞) 침을 뱉다. 『선원몽구』 권하(卍속장148, p.270a6)에 "취암타지 : 〈석상의 법을 잇다. 『오등회원』 권17〉 기주 개원자기선사가 취암가진선사를 알현하고 불법의 대의를 묻자 바닥에 침을 뱉고 말하길 '이 한 방울은 떨어진 곳 어딘가?' 하니 자기가 가슴을 쓸어내리며 '학인 오늘 창자 끝이 아픕니다' 하자 스승의 모습은 환했다. 翠岩唾地〈石霜法嗣 會元十七〉 蘄州開元子琦禪師 謁翠岩眞禪師 問佛法大意 唾地曰 這一滴落在甚麽處 琦捫膺曰 學人今日脾疼 師解顔"라고 하였다. [참고문헌] 『禪苑蒙求』, 『五燈會元』 권17 「開元子琦章」(卍속장138, p.659a7).

취암파초 翠岩把梢 취암가진(翠岩可眞) 키를 잡다. 『선원몽구』 권중(卍속장148, p.241b17)에 "취암파초 : 〈자명(石霜)의 법 잇다. 『임간록』 권하〉 화답해 붙인다. '복주의 해선시자는 자명의 탁월한 제자다. 당시 용상무리에 도오오진(道吾悟眞)·양기방회(楊岐方會) 모두 그를 따랐다. 일찍이 금란에 와서 참으로 가슴에 새겼다. 〈중략〉 취암에서 법을 열고 언젠가 말했다. 「천하의 불법 저 한 척의 배인 듯하다. 대령도관 사형이 머리에 앉고 남쪽 넓적한 머리 그 중에 자리잡으면 나 가진이 키를 잡고 동으로 가든 서로 가든 나를 따르니, 선공도 칠민 찾아 돌아오리라. 〈하략〉」'. 翠岩把梢 〈慈明法嗣 林間錄下〉 和補曰 福州海善侍者 慈明高弟 當時龍象數 道吾眞 楊岐會 然皆推服之 嘗至金鑾 眞點胸 〈云云〉 開法於翠岩 嘗曰 天下佛法 如一隻船 大寧道寬 師兄坐頭 南褊頭在其中 可眞把梢 去東也由我 去西也由我 善公尋還七閩 〈云云〉"라고 하였다. [참고문헌] 『禪苑蒙求』, 『林間錄』 권하(卍속장148, p.640a5).

취애필 翠崖必 청대 임제종 스님. 취애는 법호. 갖춘 이름 미상. 별암성통(別菴性統 1661~1717)의 법사(法嗣). 1691년(강희30)에 항주(杭州 : 浙江省) 영수사(永壽寺)에 주석하였고, 1694년(강희33)에 강서(江西) 당주부(贛州府) 장녕현(長寧縣) 사림선원(獅林禪院)과 경도(京都) 관음사(觀音寺)에 머물렀으며, 1697년(강희36)에 경도 가흥사(嘉興寺)에 주석하였다. 『취애필선사어록 翠崖必禪師語錄』 3권이 있다. [참고문헌] 『普陀洛迦新志』 권6 p.382·권10 p.549.

취애필선사어록 翠崖必禪師語錄 청대 스님 취애필의

어록. 3권. 시자(侍者) 도통(道通) 편집. 1698년(강희 37) 간행. 가흥장40, pp.291a1~303b17, No.B487에 수록되어 있다. 도수충(屠粹忠)의 서(序)와 조광단(曹廣端)의 서(叙)에 이어 권1에는 주지로 있었던 네 절에서의 상당법문이 실려 있으며, 권2는 소참(小參)·기연(機緣)·불사(佛事)·제찬(題讚)·송고(頌古)로 되어 있고, 권3은 원류송(源流頌)을 전하고 있다.

취업 取業 **1** Ⓢ utkṣepaṇa. 극미 등이 합하고 흩어지는 인. 바이셰쉬카(Ⓢ Vaiśeṣika : 勝論)의 다섯 가지 업구의(業句義) 중 하나로 사업(捨業 Ⓢ avakṣepaṇa)의 상대어이다. 『구사론기』 권5(대정장41, p.95a1)에 "업구의란 무엇인가? 오종업을 업구의라고 하여 다섯 가지이다. 첫째 취업, 둘째 사업, … 다섯째 행업이다. 業句義云何 謂五種業 名業句義 何者爲五 一 取業 二 捨業 … 五 行業", 『성유식론술기』 권1(대정장43, p.256c2)에 "상하허공 등의 처에서 극미 등이 먼저 합했다가 뒤에는 흩어지는 인을 취업이라고 한다. 若於上下虛空等處 極微等先合後離之因 名爲取業", 『십구의론』(대정장54, p.1263c4)에 "취업이란 무엇인가? 즉 상하의 공간이나 허공 등의 처에서 극미 등이 합하고 흩어지는 인을 한가지 실로 가정해 이름한 것이 취업이다. 取業云何 謂上下方分虛空等處 極微等合離因 依一實 名取業"라고 하였다. 〔참고문헌〕『俱舍論記』, 『成唯識論述記』, 『十句義論』, *Vaiś-s.2.* ⇨ 업구의 業句義, 십구의 十句義 **2** 미래의 과(果)를 취하는 과거의 행업(行業). 『변중변론술기』 권상(대정장44, p.5c24)에 "과거에 잡행을 할 때, 어떤 후과를 취하는 것을 취업이라고 한다. 昔在雜行時 取有後果 名爲取業"라고 하였다. 〔참고문헌〕『辯中邊論述記』. **3** 소견을 가지고 행하는 업. 『대반열반경의기』 권9(대정장37, p.860a4)에 "보는 것 있는 마음으로 업을 짓는 것을 취업이라고 한다. 見心造業 名爲取業"라고 하였다. 〔참고문헌〕『大般涅槃經義記』.

취여 取如 1720~1789. 조선후기 스님. 휘가 취여, 호는 괄허(括虛), 속성은 여(余)씨. 시조(始祖)의 휘는 선재(善才)인데, 중국 송(宋)대 간의대부(諫議大夫)로서 항상 왕에게 직간(直諫)을 주저하지 않다가 왕의 뜻을 거슬려 마침내 중국에서 살 수가 없게 되어 배를 타고 우리나라로 망명(亡命)하여 의령(宜寧)에서 살았다. 조정으로부터 의령공(宜寧公)의 봉작(封爵)을 받으므로써 자손들이 국적을 얻었다. 의령공의 21대손인 통덕랑(通德郎) 일정(日正)이 스님의 아버지이며, 어머니는 안동 권(權)씨이다. 1720년(경종1) 9월 17일 예천군 용궁면 용궁동에서 태어났다. 총명을 타고나서 경사(經史)를 한번만 들으면 곧 외웠다고 한다. 13세 때인 1732년(영조8) 문경 대승사(大乘寺)로 찾아가 능파(凌波)를 은사로 하여 스님이 되었고, 제방 강원(講院)으로 다니면서 경론을 연마한 후, 환암선흠(幻庵善欽 1706~1773)의 법을 이어 받고, 환응담숙(喚應曇淑)선사에게 법을 전해 주었으니, 6조 혜능(慧能)의 제40대·임제의현(臨濟義玄)의 제35대·태고보우(太古普愚)의 제16대·청허휴정(淸虛休靜)의 제10대·환성지안(喚惺志安)의 제6대 법손에 해당한다. 교남(嶠南 : 嶺南)의 여러 사찰을 두루 순방하였는데, 스님으로부터 의주(衣珠) 얻은 이들이 이루 다 헤아릴 수 없을 정도로 많았다. 퇴락한 가람(伽藍)을 중흥하고, 해이한 스님들의 기강(紀綱)을 새롭게 바로잡았는데, 남쪽에는 경상북도 상주의 남장사(南長寺)와 북쪽에는 운봉사(雲峰寺)가 대표적이다. 정조년간(재위 1776~1800)인 57세 이후부터는 운봉사의 양진암(養眞庵 : 一說에는 金龍寺 養眞庵)에서 주석하다가 1789년(정조13) 4월 15일 "70년간 살아온 자취, 어렴풋이 꿈속에서 헤매였네! 담담함 저 물과 달 같았으니, 어찌 오고 갈 몸이 있겠는가? 환을 좇아 왔다가 다시 환 따라 돌아가니, 오고 가는 그 환 중의 사람이여! 환 중에서 환이 아닌 이가 바로 나의 본래의 몸일세! 七十年間事 依俙夢中人 澹然同水月 何有去來身 幻來從幻去 來去幻中人 幻中非幻者 是我本來身"라는 임종게를 쓰고 단정히 앉아 합장하고 입적하였으니 세수 70, 법랍 57세였다. 수법제자에는 완송척전(玩松陟詮)·정봉경현(靜峰景賢) 등 10명이 있다. 저서는 『괄허집』 2권을 남겼는데, 한불전10, pp.302~324에 수록되어 있다. 〔참고문헌〕『括虛集』 권2 「括大和尙行狀」(한불전10, p.323a21).

양종정사괄허당대선사영
문경 혜국사 조선후기

취여 取與 받고 주다. 『법화경』 권2(대정장9, p.17a29)에 "그때 장자는 병이 들어 죽을 때가 멀지 않았음을 알고 빈궁한 아들에게 말했다. '나에게는 지금 금은진보 많아 창고가 가득하므로 그 중에서 많고 적은 것 마땅히 취하고 주는 일 네가 다 알아서 하라. 나의 마음이 이와 같으니 너는 이런 뜻 마땅히 알아야 하리'. 爾時 長者有疾 自知 將死不久 語窮子言 我今多有金銀珍寶 倉庫盈溢 其中多少 所應取與 汝悉知之 我心如是 當體此意"라고 하였다. 〔참고문헌〕『法華經』.

취여 醉如 조선후기 스님 삼우(三愚 1622~1684)의 법호. 〔참고문헌〕智冠 『韓國高僧碑文總集 朝鮮朝·近現代』 p.274. ⇨ 삼우 三愚

취연가 就緣假 연을 따라 방편을 시설하다. 삼론(三論)에서 시설한 사가(四假) 중 하나다. 공하여 얻을 것 없지만 방편 빌어 중생에게 나아가는 것을 말한다. 『중관론소』 권3(대정장42, p.43b5)에 "연에 나아가 방편을 파한다 하니 온갖 연에 나아가지만 그 안에도 자성 없음을 말한다. 예컨대 오음 안에 사람 없고 사대 안에 기둥 없는 것과 같으니, 하물며 자성인들 있겠는가? 就緣假破者 就衆緣內撿無有自 如五陰內無人四微內無柱 尙無有自性", 『삼론현의』(대정장45, p.13a26)에 "네 번째 취연가라 하였으니, 외도는 제법이 있음에 붙들려 있지만, 제불보살은 저들 향해 나아가지만 구해 찾아 헤매어도 끝내 얻을 수 없음도 안다. 그러므로 취연가라고 한다. 四就緣假者 外人執有諸法 諸佛菩薩 就彼推求檢竟不得 名就緣假", 『대승현론』 권5(대정장45, p.72a8)에 "『중론』 처음에서 말했다. '여러 논사들이 갖가지로 나는 모습 설한다. 그에 나아가 생상 찾아보지만 얻을 수 없다. 그러므로 불생이라고 한다. 온갖 멸상을 말하지만 사라진 것 찾아보아도 얻을 수 없다. 그러므로 불멸이라고 한다'라고 하였는데, 이것이 바로 연에 나아가는 방편의 뜻이다. 中論初云 諸論師種種說生相 就其責覓生相不得 故言不生 種種說滅相 責滅者不得 故言不滅 即是就緣假義"라고 하였다. 〔참고문헌〕『中觀論疏』, 『三論玄義』, 『大乘玄論』. ⇨ 사가 四假

취열반업 趣涅槃業 열반으로 나아가게 하는 업. 『사리불아비담론』 권7(대정장28, p.583c14)에 "어떤 것을 취열반업이라고 하는가? 업에 성스런 과보가 있으면 번뇌 능히 끊기에 취열반업이라고 한다. 云何趣涅槃業 若業聖有報 能斷煩惱 是名趣涅槃業"라고 하였다. 〔참고문헌〕『舍利弗阿毘曇論』. ⇨ 열반 涅槃

취영 就榮 조선후기 해인사(海印寺) 스님. 호는 서운(棲雲). 선교 양종에 정통하였다. 1866년(고종3)에 그린 영정이 현재 해인사 경학원에 모셔져 있다.

취온 取蘊 **1** Ⓢ upādāna-skandha, Ⓣ nye-bar-len-pa'i-phung-po. 욕탐(欲貪) 등 유루(有漏)의 온들이 모이는 뜻. 『대비바사론』 권75(대정장27, p.386c12)에 "〔문〕 무엇 때문에 취온이라고 하고, 무슨 뜻인가? 〔답〕 이것은 취를 좇아 일어나, 다시 취를 낳기에 취온이다. 또 취를 좇아 뒤치고 다시 능히 취를 굴리니 취온이다. 또한 이것은 취로 말미암아 끌어내고 다시 능히 취를 이끌기에 취온이라고 한다. … 또 이 온은 취에 속하기에 취온이라고 하니, 예를 들면 신하는 왕에게 속하기에 왕의 신하라고 하는 것과 같다. 모든 유루행에는 도무지 아라는 것 없으니, 가령 어떤 사람이 '너는 누구에게 속하는가?'라고 물으면 마땅히 '나는 취에 속한다'라고 답해야 한다. … 또 이런 모든 취는 소굴이고 집이기에 취온이라고 한다. 말하자면 이것에 의지하기에 탐진치만견의의 번뇌가 모두 생장할 수 있다. … 모든 바깥의 물들 유정취에 의지하여 취온이란 이름을 세우고 서로 생장하기 때문이다. 問 何故名取蘊 取蘊是何義 答 此從取生 復能生取 故名取蘊 復次 此從取轉 復能轉取 故名取蘊 復次 此由取引 復能引取 故名取蘊 … 復次 此蘊屬取 故名取蘊 如臣屬王 故名王臣 諸有漏行 都無有我 設有問言 汝屬於誰 應正答言 我屬於取 … 此是諸取 巢穴舍宅 故名取蘊 謂依此故 貪瞋癡慢見疑纏垢 皆得生長 … 諸外物 依有情取 立取蘊名 互生長故", 『구사론』 권1(대정장29, p.2a24 : *Abh-k-bh.*, p.5)에 "이것은 무엇을 말하고자 하는 것인가? 취온을 말하고자 하는 것이다. 또 온이라고 하지만, 혹 어떤 것은 오직 온일 뿐 취온이 아니니, 무루행이다. 번뇌를 취라 하는데, 온은 취로부터 생겨났기에 취온이라고 하니, 마치 풀섶의 불이라고 하는 것과 같다. 혹 온은 취에 속하기에 취온이라고 하니, 마치 제왕신이라고 하는 것과 같다. 혹은 온은 취를 낳기에 취온이라고 하니, 마치 화과수라고 하는 것과 같다. 此何所立 謂立取蘊 亦名爲蘊 或有唯蘊 而非取蘊 謂無漏行 煩惱名取 蘊從取生 故名取蘊 如草糠火 或蘊屬取 故名取蘊 如帝王臣 或蘊生取 故名取蘊 如花果樹 ataḥ kiṃ siddhaṃ. ya upādānaskandhāḥ skandhā api te syuḥ eva nopādānaskandhāḥ. anāsravāḥ saṃskārā iti. tatra upādānāni kleśāḥ. tatsaṃbhūtatvādupādānaskandhāḥ. truṇatupāgnivat. tadvidheyatvādvā rājapurūṣavat. upādānāni vā tebhyaḥ saṃbhavantīti upādānaskandhāḥ puṣpaphalavṛkṣavat", 『유가사지론』 권88(대정장30, p.796c2)에 "다시 십일종상으로 제행을 모두 거두어 행취를 세움을 알아야 하며, 취의 뜻이 곧 온의 뜻임을 알아야 한다. 또 한결같은 잡염인연의 증상력으로 취온을 건립하니, 취온은 오직 유루임을 알아야 한다. 또 잡염청정인연의 두 가지 증상력으로는 총온을 건립하니, 마땅히 알라, 이 온은 유루와 무루에 통한다. 復次當知 十一種相總攝諸行 立爲行聚 應知聚義是其蘊義 又由一向雜染因緣增上力故 建立取蘊 當知 取蘊 唯是有漏 又由雜染淸淨因緣二增上力 建立總蘊 當知 此蘊 通漏無漏", 『대승아비달마집론』 권1(대정장31, p.663a23 : *Abh-s.*, p.2)에 "왜 취온이라고 하는가? 취하여 합하기에 취온이라고 한다. 취란 모든 온 중에 있는 욕탐을 말한다. 왜 욕탐을 '취'라고 하는가? 즉 미래와 현재의 모든 '온'을 능히 끌어 버리지 않기에 미래를 희구하고 현재에 염착하니 욕탐이 '취'다. 何故名取蘊 以取合故 名爲取蘊 取者 謂諸蘊中 所有欲貪 何故欲貪 說名爲取 謂於未來現在諸蘊 能引不捨故 希求未來 染著現在 欲貪名取 kasmāt skandhā upādānam-ity-ucyante. upādānena sahitatvāt skandhā upādānam-ity-ucyante. upādānaṃ katamat. skandheṣu cchando rāgaś-ca. kasmāt cchando rāgaś-ca-upādānam-ity-ucyate. anāgata-varttamāna-skandhānām-abhinirvarttanato 'parihārataś-ca. anāgato 'bhilāṣād varttamāne 'dhyavasānāc-ca cchando rāgaś-ca-upādānam-ity-ucyate", 『대승아비달마잡집론』 권1(대정장31, p.695b16)에 "욕이란 희구하는 모습이고, 탐이란 염착하는 모습이다. '욕'이 미래자체를 희구하는 방편이 되기에 미래온을 끌어 취하여 현전하게 하고, '탐'이 현재자체에 염착하는 방편이 되어 현재온을 잡아 취하여 버리지 않는다. 이렇게 이 두 가지를 '취'라고 한다. 欲者 希求相 貪者 染著相 由欲希求 未來自體 爲方便故 引取當蘊 令起現前 由貪染著 現在自體 爲方便故 執取現蘊 令不捨離 是故 此二 說名爲取"라고 하였다. [참고문헌] 『大毘婆沙論』, 『俱舍論』, 『瑜伽師地論』, 『大乘阿毘達磨集論』, 『大乘阿毘達磨雜集論』, *Abh-k-bh.*, *Abh-s.* ❷ ➡ 오취온 五取蘊

취욕 趣欲 그저 하고자 해서 막무가내로 나아가다. 『생경』 권1(대정장3, p.71c13)에 "이때 화난비구는 권속을 많이 구하려고 그 사람됨이나 행적을 보거나 살피지 않고 출가하려는 사람이 있으면 곧 머리를 깎아 사문이 되게 하였다. 계를 주면서 출가하게 된 사정이나 어느 곳에서 왔는지 … 지식이 있는지 없는지 등은 따지지 않고, 그저 욕망해서 나아가다 사람을 얻기만 하면 수염과 머리를 깎아주고 구족계를 주었다. 爾時和難釋子多求眷屬 不覩其人 不察行跡 有欲出家 便除鬚髮 而爲沙門 受成就戒 不問本末 何所從來 … 識與不識 趣欲得人 而下鬚髮 授具足戒", 『사불가득경』(대정장17, p.707b6)에 "삼계는 모두 괴로움이니 생로병사를 몸의 원수와 같이 보고, 네 가지 평등한 마음 고르게 자비희호를 행하지만 대자의 끝없는 연민심을 따르지 못하여 그저 하고자 하는 대로 나아가 몸을 없애고 열반에 이르려고 한다. 일체중생을 생각하지 않으면 아라한을 얻더라도 시방에는 미치지 못한다. 비록 네 가지 우환은 면할 수 있겠지만, 여전히 장애가 있다. 三界皆苦 生老病死視身如怨 行于四等慈悲喜護 不遵大慈無極之哀 趣欲免身至于泥洹 不念一切 便得羅漢 不及十方 雖得免於四患 猶有限礙"라고 하였다. [참고문헌] 『生經』, 『四不可得經』.

취우 取愚 1695~1766. 조선후기 스님. 호는 풍암(楓巖). 1709년(숙종35) 봉인사(奉印寺)로 찾아가 스님이 된 후 현허(玄虛)로부터 경을 배웠고, 회암정혜(晦庵定慧 1685~1741)의 법을 이어 받고 법제자가 되었으니 회암은 부용영관(芙蓉靈觀)의 6세 법손이 된다. 일찍 금강산에서 20여 년간 강경으로 후학을 지도하다가 철원 보개산(寶盖山) 심원사(深源寺)에서 10여 년간 참선정진을 하고는 제방으로 행각하다가 다시 봉인사로 돌아왔다. 1766년(영조42) 6월 27일 세수 72, 법랍 57세를 일기로 입적하였다. 이유간(李惟簡)이 비문을 짓고 윤행순(尹行醇)이 써서 1767년(영조43)에 세운 스님의 행적비가 봉인사에 있다. [참고문헌] 『奉先本末寺誌』(亞細亞文化社, 1978) pp.123~125, 智冠 『韓國高僧碑文總集 朝鮮朝·近現代』 pp.484~485.

취운 翠雲 ❶ 조선후기 스님 학린(學隣 1575~1651)의 법호. [참고문헌] 「深源寺翠雲堂大師碑文」(『朝鮮金石總覽』 권하 p.891). ⇨ 학린 學隣 ❷ 조선후기 스님 도진(道珍)의 법호. [참고문헌] 智冠 『韓國高僧碑文總集 朝鮮朝·近現代』 p.998. ⇨ 도진 道珍 ❸ 조선후기 스님 혜오(慧悟 1866~1894)의 법호. [참고문헌] 『東師列傳』 「翠雲講伯傳」(한불전10, p.1073c7). ⇨ 혜오 慧悟

취운당비 翠雲堂碑 ➡ 심원사취운당대사비 深源寺翠雲堂大師碑

취운암 翠雲庵 ❶ 경상남도 양산시 하북면 지산리 영축산(靈鷲山)에 있는 암자. 대한불교조계종 통도사(通度寺)의 산내 암자이다. 『한국사찰전서』에 1650년(효종1)에 우운진희(友雲眞熙)가 처음 창건하였고, 1795년(정조19)에 낙운지일(洛雲智日)이 중창하였다고 전한다. 1969년에 태일(泰日)이 중수한 이후 법당·강당·산신각·요사 등 총 6동 128칸에 이르며, 성보문화재로는 지장시왕탱이 지정되어 있다. [참고문헌] 『朝鮮佛敎通史』 권상, 『韓國寺刹全書』 권하 p.1106b1. ❷ 경상북도 경산시 구룡산(九龍山)에 있던 암자. 『범우고』에 "반룡사 북쪽에 있다. 在盤龍寺北"라고 하였다. [참고문헌] 『梵宇攷』, 『韓國寺刹全書』 권하 p.1106b5.

취운암 聚雲庵 황해도 개풍군 천마산(天磨山)에 있던 암자. 대흥사의 위쪽에 위치했다. 『동국여지지』 권1 경도(京都) 개성부(開城府) 산천에 원통암(圓通庵)·시혈암(詩穴庵) 등과 함께 대흥동 대흥사 인근의 사원으로 전한다. 『동국여지승람』 권4 개성부 상 산천 대흥동(大興洞)에 "또 위로 몇 리를 가면 대흥사이다. 지금은 그 옛 터만 있다. 대흥사의 위쪽에는 원통·시혈·선암·적조암 등이 있고 또 해인·취운·법림·태안·운곡의 옛 터가 있다. 又上數里曰大興寺 今只有古址 寺之上有圓通詩穴禪巖寂照等庵 又有海印聚雲法林泰安雲谷等古基"라고 하였다. [참고문헌] 『東國輿地志』, 『東國輿地勝覽』, 『韓國寺刹全書』 권하 p.1106b7.

취원 就洹 생몰연대 미상. 조선후기 스님. 법호는 포련(布蓮). 환성지안(喚醒志安 1664~1729)의 11세손이자 완파위규(玩坡瑋珪 1816~?)의 제자이며, 전법제자는 도영(道榮)이다. 『동사열전』 권4 「완파대사전 玩坡大師傳」(한불전10, p.1046b1)에 "갑술년(1874·고종11) 봄 포련 역시 스승과 같은 그(팔도승풍규정대각등계보제존자도총섭 八道僧風糾正大覺登階普濟尊者都摠攝)직첩을 받았다. … 병자년(1876·고종13)에는 (표충사 제향 祭享 철폐 회복에) 포련이 힘을 썼다. 甲戌春布蓮 亦受其職 … 丙子之會 布蓮有力", 권5 「환허강백전 幻虛講伯傳」(한불전10, p.1059b1)에는 "여러 대종사들과 화주를 하여 돈을 모아 금산사 장육금신의 불사를 도왔다. 諸大宗師 化財補金於金山丈六金身之事"라고 하였다. 〔참고문헌〕『東師列傳』.

취원암 聚遠庵 강원도 양양군 양양면 설악산(雪岳山)에 있던 절. 영혈사(靈穴寺)의 부속암자로 「영혈사사적」에 "이천칠백십칠년(二千七百十七 : 1690·숙종16) … 취원(聚遠)이 사(寺)의 동남(東南)에 취원암을 창(刱)하다"라고 하였다. 〔참고문헌〕『乾鳳寺本末事蹟』(亞細亞文化社, 1977) pp.175~177.

취유유 趣有有 Ⓢ bhava-saṃprāpako bhava, Ⓣ srid-pa-thob-par-byed-pa'i-srid-pa. 칠유(七有) 중 중유(中有 Ⓢ antarā-bhava)를 일컫는 말. 오유(五有 : 五趣)로 나아가는 유(有)를 말한다. 『유가사지론』 권10(대정장30, p.323c2 : *Yogā-bh.*, p.209)에 "〔문〕 어떤 이치에 의지하므로 칠유, 즉 나락가·축생·아귀·인·천의 유와 업유와 중유를 건립하는가? 〔답〕 세 가지로 만들어지기 때문이다. 첫째 능인유이니 하나이고, 둘째 취유유이니 하나이며, 셋째 수용과유이니 다섯이다. 問 依何義故 建立七有 所謂那落迦 傍生 餓鬼 人天有 業有 中有 答 依三種所作故 一 能引有 謂 一 二 趣有有 謂 一 三 受用果有 謂五 kim-adhikṛtya sapta bhavā vyavasthāpitā naraka-tiryak-preta-deva-manuṣya karma-antarābhavāḥ. trīṇi kṛtyāny-adhikṛtya. ākṣepako bhava ekaḥ. bhava-saṃprāpako bhava ekaḥ. phala-upabhojakā bhavāḥ pañca"라고 하였다. 〔참고문헌〕『瑜伽師地論』, 『瑜伽論記』 권3(대정장42, p.368c7·한불전13, p.185a16), *Yogā-bh.* ⇨ 중유 中有, 칠유 七有

취육인래승 臭肉引來蠅 썩은내 나는 고기 파리 들끓게 하다. 『벽암록』 75칙 「평송 評頌」(대정장48, p.203a7)에 "부르기는 쉬워도〈세상사람 모두 의심스러워한다. 썩은내 나는 고기가 파리를 들끓게 한다. 천하 납승 온통 돌아갈 곳 모른다〉 보내기는 어려우니〈끊어버려도 상관없다. 바다 위의 신기루다〉, 근기 예리한 이들 주고받는 것 자세하게 살피라〈한 사람은 나가고 한 사람은 든다. 둘 다 모두 작가다. 주장자 한 개 두 사람 부여잡았다. 말해보라, 누구 편에 있는가?〉. 呼卽易〈天下人總疑著 臭肉引來蠅 天下衲僧總不知落處〉 遣卽難〈不妨勦絶 海上明公秀〉 互換機鋒子細看〈一出一入 二俱作家 一條拄杖兩人扶 且道 在阿誰邊〉"라고 하였다. 〔참고문헌〕『碧巖錄』.

취은 取隱 조선후기 스님 민욱(旻旭 1816~1899)의 법호. 〔참고문헌〕『鏡虛集』 「取隱和尙行狀」(한불전11, p.613a1). ⇨ 민욱 旻旭

취은당민욱대사행장 取隱堂旻旭大師行狀 조선후기 스님 취은민욱(1816~1899)의 행적을 기록한 행장. 경허성우(鏡虛惺牛 1849~1912)가 지었으며, 『경허집』(한불전11, pp.613a~614a)에 수록되어 있다. 〔참고문헌〕『鏡虛集』. ⇨ 민욱 旻旭

취음 取陰 Ⓢ upādāna-skandha. 음(陰 : 蘊)을 취하다. 또는 취하기에 음인 뜻이다. 『아비담비바사론』 권39(대정장28, p.289c19)에 "무슨 까닭에 취음이라고 하는가? 취음이란 무슨 뜻인가? 〔답〕 취(取)를 좇아 생기므로 취음이라고 하며, 능히 취를 낳으므로 취음이라고 한다. … 또한 취에 속하므로 취음이라고 하며, … 어떤 사람이 음(陰)에게 '너는 누구에게 속하는가?'라고 물으면, 음은 '나는 취에 속한다'라고 답해야 한다. … 또한 취가 음 중에서 탐착하는 것이 번뇌와 같으므로 취음이라고 한다. 何故名取陰 取陰是何義 答曰 從取生故名取陰 能生取故名取陰 … 復次 屬取故名取陰 … 若人問陰 汝屬誰耶 陰應答言 我屬於取 … 復次 取於陰中 生於貪著 猶如塵垢 是名取陰", 『사제론』 권2(대정장32, p.386a2)에 "〔문〕 취음은 무슨 뜻인가? 〔답〕 애욕이 바로 취의 뜻이다. 이 음은 취를 낳고, 취에서 생기며, 취와 상응하고, 취에 좇기고, 취를 있게 하기에 취음이라고 한다. 問 取陰何義 答 愛欲是取義 此陰能生取 爲取所生 與取相應 取所隨逐 能有取故 故名取陰"라고 하였다. 〔참고문헌〕『阿毘曇毘婆沙論』, 『四諦論』, *Madhy-vibh.29.* ⇨ 취온 取蘊, 오취온 五取蘊

취의 取義 Ⓢ artha-grahaṇa. 뜻을 취하다. 종종의 행상에 의미를 부여하는 일로서, 말을 알아 뜻과 함께하거나(知語與義) 뜻으로 말을 함께하는 일(義之與語)을 말한다. 마음의 행로를 가르는(行於諸地) 바탕이 된다. 『아차말보살경』 권5(대정장13, p.604b3)에 "무엇이 경의 뜻을 취함이고, '취'인가? 은근히 그 근원을 거듭하여 모든 경을 구함을 '취'라고 하며, 저 경전에서 도과에 이르러 들어갈 수 있으면 이것이야말로 '뜻을 취한 것'이다. 모든 경전에서 뭇 행을 성취하면 이것을 '취'라 하고, 만약 능히 제경전의 본말을 분별한다면 이것은

'뜻을 취한 것'이다. 모든 경전에 의지해 모든 행을 지으면 이것이 '취'이며, 만약 모든 경전에서 죄복을 진멸하고 번뇌를 영원히 제하면, 이것은 '뜻을 취한 것'이다. 何謂爲取經義 何謂爲取 慇懃元元 求諸經典 是謂爲取 若於經典 致入道果 是謂取義 若於諸經 成就衆行 是謂爲取 若能分別 諸經本末 是謂取義 若在諸經 入造行業 是謂爲取 若於諸經 滅盡罪福 永除塵勞 是謂取義", "모든 경전에서 요혜를 찾아 타인을 위해 번뇌와 업을 널리 설하면 이것을 '취'라 하고, 만약 모든 경전에서 청정장구를 명료하게 분별하면 이것은 '뜻을 취한 것'이다. 모든 경전에서 생사의 고난을 싫어하고 근심하여 좋아하지 않게 되면 이것이 '취'고, 모든 경전에 생사와 열반을 관찰하여 둘로 삼지 않으면 '뜻을 취한 것'이다. … 若於諸經 採取要慧 而爲他人 說塵勞業 是謂爲取 若於諸經 了了分別 淸淨章句 是謂取義 若於諸經 厭生死難 愁慼不樂 是謂爲取 其於諸經 觀察生死及與滅度 不以爲二 是謂取義 … ", "모든 경전에 있어서 공·무상·무원의 법이 일어난 적도 없음을 깨달아, 행할 바도 없고, 나의 아도 수명도 헤아리지 않으니, 삼해탈문을 말할 수 있다면 이는 '뜻을 취한 것'이다. 其於諸經 解空無想無願之法 不起不生 悉無所行 不計吾我及與壽命 講三脫門 是謂取義", 『대승입능가경』 권4(대정장16, p.610a9)에 " '세존이시여, 무슨 까닭에 말에 의지해 뜻을 취하지 않아야 하며, 무엇이 말이며, 무엇이 뜻입니까?' 부처님께서 '잘 들어라. 너를 위하여 설하겠다' 하시고 대혜가 '예'라 한 후 말씀하셨다. '대혜야, 말이란 즉 분별습기로 인을 삼고 목구멍·혀·입술·잇몸·치아·턱에 의지하여 갖가지 음성과 문자를 내고, 서로 주고 받는 것이니, 이것이 말이다. 世尊 何故 不應依語取義 云何爲語 云何爲義 佛言 諦聽 當爲汝說 大慧言 唯 佛言 大慧 語者 所謂分別習氣 而爲其因 依於喉舌脣齶齒輔 而出種種音聲文字 相對談說 是名爲語", "무엇이 뜻인가? 보살마하살이 홀로 고요한 곳에 머물러 문사수혜로 사유관찰하여 열반도를 향하며, 자신의 지혜경계로 모든 습기를 뒤치고, 모든 행로에서 종종의 행상을 행하니 이것을 이름하여 뜻이라 한다. 또 대혜야, 보살마하살은 말과 뜻을 잘 아니, 말과 함께 하는 뜻이 하나도 아니지만 다르지도 않으며, 뜻과 더불어 말 또한 이러하다. 만약 뜻이 말과 다르다면 말로 뜻을 드러내지 못할 것이니 말로 뜻을 보이는 것은 저 등불로 색을 비추는 것과 같다. … 云何爲義 菩薩摩訶薩住獨一靜處 以聞思修慧 思惟觀察 向涅槃道 自智境界 轉諸習氣 行於諸地 種種行相 是名爲義 復次 大慧 菩薩摩訶薩 善於語義 知語與義 不一不異 義之與語 亦復如是 若義異語 則不應因語 而顯於義 而因語見義 如燈照色 … ", "다시 대혜야, 만약 불생불멸·자성·열반·삼승·일승·오법제심이 있는데, 자성 등 중에서 말대로 뜻을 취하게 되면 건립하고 비방견에 떨어지게 되니, 저들과 다르게 분별하기 때문이다. 예를 들면 허깨비를 보고 실이라고 여기는 것과 같으니, 이것은 어리석은 범부의 견해여서 현성의 견해는 아니다'. 復次 大慧 若有於不生不滅 自性涅槃 三乘一乘 五法諸心 自性等中 如言取義 則墮建立及誹謗見 以異於彼 起分別故 如見幻事 計以爲實 是愚夫見 非賢聖也"라고 하였다. 〔참고문헌〕『阿差末菩薩經』, 『大乘入楞伽經』, *Laṅk.154.*

취의 毳衣 조수(鳥獸)의 거친 털로 만든 옷. 가사(袈裟) 또는 승의(僧衣)로 분소의(糞掃衣) 대신 입을 수 있다. 『증일아함경』 권22(대정장2, p.660c1)에 "또한 범지들이 착용할 의복으로 백첩을 입기도 하고 취의를 입기도 하였다. 그러나 그 범지의 법에 따르면 입국할 때 옷을 오른쪽 어깨에만 걸쳐서 몸의 반을 드러내 보인다. 又梵志所著衣服 或被白氎 或披毳衣 然彼梵志之法 入國之時 以衣偏著右肩 半身露見", 40권본 『대반열반경』 권27(대정장12, p.527b25)에 "오직 삼의·분의·취의만을 지닐 뿐이니 이를 소욕이라 한다. 惟畜 三衣糞衣毳衣 是名少欲", 『대반열반경의기』 권8(대정장37, p.831c21)에 "세 번째는 취의를 입는다. 다른 경론에서는 납의라 한다. 조수의 가는 털을 취라 한다. 三 著毳衣 餘經論中 說爲衲衣 鳥獸細毛 名之爲毳", 『해의보살소문경』 권14(대정장13, p.510c22)에 "첫째, 취의는 검은 색으로 물들인다. … 취의는 성문승인이 입는 옷이라고 알라. 一者 毳衣染其靑色 … 彼毳衣者 當知 卽是聲聞乘人", 『제법집요경』 권9(대정장17, p.505a22)에 "취의를 소지한 것으로 만족할 줄 알고, 항상 걸식을 행하였다. 知足持毳衣 常行於乞食", 『기신론소필삭기』 권18(대정장44, p.396b27)에 "셋째, 취의는 삼의나 장의를 말한다. 그 모두를 가는 털로 만든다. 三 毳衣 謂或三衣或長衣 一切皆用毛毳而作", 『대승의장』 권15(대정장44, p.764b26)에 "취의란 무엇인가? 『열반경』의 말씀과 같이 조수의 가는 털을 취라 한다. 수행자에게 분소의가 없을 경우 이 털을 구하여 옷을 지어도 된다. 言毳衣者 如涅槃說 鳥狩細毛 名之爲毳 行者若無糞衣 可得求此爲衣"라고 하였다. 〔참고문헌〕『增壹阿含經』, 『大般涅槃經』, 『大般涅槃經義記』, 『海意菩薩所問經』, 『諸法集要經』, 『起信論疏筆削記』, 『大乘義章』. ⇨ 취 毳, 취려 毳侶, 취도 毳徒, 취객 毳客, 승의 僧衣

취인가설론 取因假設論 진나(陳那 Ⓢ Dignāga) 지음. 당(唐)대 의정(義淨) 한역. 1권. 고려장17, pp.783a1~786c16, No.636·대정장31, pp.885a21~887c21, No.1622에 수록되어 있다. 의정이 『남해기귀내법전』에서 말한 진나의 인명팔론(因明八論) 중 *Upādāya prajñaptiprakaraṇa*(取事施設論)의 한역이다. 부처님께서 중생을 교화하실 때에는 가시설(假施設)하시어 가

르침을 베푸셨음을 주장하는 내용이다. 취인가설이란 인(因)을 취해서 임시로 베푼다는 뜻이다. 인은 총취(總聚)·상속(想續)·분위차별(分位差別) 등을 가리키며, 세간의 존재는 모두 가설에 불과하므로 그것들이 같다든지(一性), 다르다던지(異性), 또는 존재하지 않는다든지(非有) 하는 데 집착하지 않아야 한다고 설한다. 이 논서에서 가설이란 식(識)의 사현(似現)이라고 할 수 있으므로, 진나의 유식사상을 반영하는 논서이다. 〔참고문헌〕『南海寄歸內法傳』 권4(대정장54, p.230a6).

취인업 趣人業 인취(人趣 Ⓢmanuṣya-gati)에 나게 하는 업. 『사리불아비담론』 권7(대정장28, p.583c11)에 "어떤 것을 취인업이라고 하는가? 선업이 더하지도 않아서 인도 중에 나는 것을 취인업이라고 한다. 云何趣人業 若業善不增 能令生人中 是名趣人業"라고 하였다. 〔참고문헌〕『舍利弗阿毘曇論』. ⇨인도 人道[1]

취인의리주 醉人衣裏珠 취한 이 옷 속에 구슬 품다. 법화칠유(法華七喩) 중 하나다. 의내명주(衣內明珠)·의주유(衣珠喩)·의리주라고도 한다. 『법화경요해』 권1(卍속장47, p.536b7)에 "구슬은 일승의 불성을 비유한다. 취한 사람의 옷 아래 보배 구슬을 매달아 주었지만 혼침에 떨어져 알아채지 못하고 쓸데없이 모진 고초를 겪고 있으니 모든 성문의 현실을 비유한다. 부처님께서 과거세 대통불의 처소에서 왕자로 지내던 시절에 대승법으로 발심하도록 하였지만 여러 겁 동안 까맣게 잊어 알아채지도 느끼지도 못하였다. 그 뒤 아라한과를 얻어 그 보잘것없는 과로 만족스럽게 여기다가 지금 부처님께서 과거세의 이야기를 들려주시는 은혜를 입고서야 위없는 기별을 받았다는 사실을 기억해내었다. 이는 벗이 옷에 달려 있는 구슬을 가리켜주어 빈곤의 고통에서 벗어나도록 한 것과 같다. 珠喩一乘佛性 醉人衣下而繫寶珠 昏沈不知 枉受辛苦 喩諸聲聞 佛於往昔 大通佛所爲王子時 以大乘法 而令發心 多劫廢忘 不知不覺 旣得羅漢 以少爲足 今蒙佛說昔事 方憶授無上記 喩如親友指珠示之 令離貧苦"라고 하였다. 〔참고문헌〕『法華經要解』. ⇨법화칠유 法華七喩, 의내명주 衣內明珠

취인입신 就人立信 사람에 나아가서 신(信)을 세우다. 정토종(淨土宗)에서 범부가 아미타불(阿彌陀佛)의 정토에 왕생하려면 반드시 신을 세워야 함을 드러낸 뜻이다. 『관무량수불경소』 권4(대정장37, p.272a21)에 "또한 시방의 부처님들은 중생이 석가불 한 분의 말씀을 믿지 않을까 염려하여 한 마음으로 같은 시간에 각각 혀 내밀어 삼천세계를 골고루 덮고 진실한 말씀하셨다. '너희들 중생은 모두 석가불의 말씀도 칭찬도 깨우치심도 믿어야 한다. 모든 범부는 죄복다소나 시절의 멀고 가까움 불문하고 길게는 백년이 다하도록 짧게는 하루나 이레 동안 한 마음으로 오로지 아미타불의 명호를 칭념한다면 틀림없이 왕생할 것이니 이는 의심할 여지가 없다'. 그러므로 한 부처님의 말씀을 모든 부처님께서 함께 증명하신다고 하니 참으로 그것은 진실이다. 이것을 취인입신이라 한다. 又十方佛等 恐畏衆生 不信釋迦一佛所說 卽共同心同時 各出舌相 遍覆三千世界 語誠實言 汝等衆生 皆應信是釋迦 所說所讚所證 一切凡夫 不問罪福多少 時節久近 但能上盡百年 下至一日七日 一心專念 彌陀名號 定得往生 必無疑也 是故一佛所說 卽一切佛同證 誠其事也 此名就人立信也", 『선택전홍결의초』 권4(臺灣國圖善本42, p.151b2)에 "사람의 말에 따라 신을 세우니 '마음을 오롯이 하여 염불하고 나머지 선을 닦는다'라고 한다. 就人立信 云專心念佛 及修餘善"라고 하였다. 〔참고문헌〕『觀無量壽佛經疏』, 『選擇傳弘決疑鈔』.

취자 取者 취하는 이. 『잡아함경』 권15(대정장2, p.102b3)에 "나는 취하는 이 있다고 말하지 않는다. 내가 만약 취하는 이 있다고 말한다면 그대는 '누가 취하는가?'라고 물어야 한다. 그대는 또 '무엇을 연하기에 취가 있는가?'라고 물어야 하고, 그러면 나는 이렇게 답할 것이다. '애를 연하기에 취가 있다. 취를 연해서 유가 있다. 我不說言有取者 我若說言有取者 汝應問言 爲誰取 汝應問言 何緣故有取 我應答言 愛緣故有取 取緣有", 『대지도론』 권4(대정장25, p.92c22)에 "비록 일체중생을 위한다 해도 이 마음은 불청정하다. 자신의 몸이 나라는 아 없음을 알지 못해서 취하는 이 인(人)도 아니고 주(主)도 없음을 알지 못한다. 베푼 물의 실성 알지 못하니, 하나라고도 다르다고도 설하지 못한다. 이 세 가지로 하는 마음(施者 受者 施物)에 붙들린다면 이야말로 불청정이다. 雖爲一切衆生 是心不淸淨 不知己身無吾我 不知取者無人無主 不知所施物實性 不可說一 不可說異 於是三事心著 是爲不淸淨"라고 하였다. 〔참고문헌〕『雜阿含經』, 『大智度論』. ⇨십이지 十二支, 취 取[1], 촉자 觸者, 작자 作者[1], 삼륜청정 三輪淸淨

취자 鷲子 사리불(舍利弗 ⓈŚāriputra)의 한역어 중 하나로 취로자(鶖鷺子)의 줄임말. 『능엄경보경소』 권3(卍속장90, p.658b1)에 "만약 그 근본원류를 따진다면 각자 각별한 몸 있고 모두들 제각각 부모로부터 받은 성씨와 종족과 이름자가 같지 않다. 가령 사리불은 취자라 한역하는데 깨끗한 후손의 핏줄이라는 뜻이다. 設若詰其根本源流 則各有各身 皆各有父母所生 姓氏種族名字不同 如舍利弗云鷲子 乃淨裔之種", 『반야심경발은』(卍속장41, p.908a14)에 "사리는 취자라 한역하는데 당대 한어이다. 이 사리자는 한역어(자)와 범어 음사(사리)를 한 쌍으로 든 말이다. 舍利 此云鷲子 卽唐言 此華梵

雙擧"라고 하였다. 〔참고문헌〕『楞嚴經寶鏡疏』, 『般若心經發隱』. ⇨ 사리불 舍利弗, 취로자 鷲鷺子

취자언지비나야 取自言持毘奈耶 칠지쟁법(七止諍法) 중 하나로 취자언치(取自言治)라고도 한다. 당사자 스스로 말하게 해서 갈마에 따라 쟁론을 해결하는 법. 『집이문족론』 권17(대정장26, p.440c15)에 "칠지쟁법에 일곱 가지란, … 여섯 번째는 당사자가 스스로 말하게 하여 쟁론을 해결하는 비나야이다. 七止諍法者 云何爲七 … 六 取自言持毘柰耶"라고 하였다. 〔참고문헌〕『集異門足論』. ⇨ 자언치 自言治, 칠멸쟁법 七滅諍法

취적 趣寂 Ⓢ ati-śānta. 고요에 나아가다. 적정(寂靜)에 들기만을 바라는(趣入) 이승(二乘)을 가리킨다. 『성유식론술기』 권8(대정장43, p.537c1)에 "저 모든 이생들 번뇌에 묶여 있기에 생사로 빠르게 흘러들고 열반에 나아가지 못하듯이, 저 열반에 나아가는 이들도 마음으로 적멸에 들기만을 즐길 뿐이어서 이 마음 붙들어 상없음에로 치달리니 또한 무상정등보리에 나아가지 못한다. 如諸異生 煩惱所拘礙故 馳流生死 不趣涅槃 彼趣寂者 心樂趣滅 爲此心拘 馳流無相 不趣無上正等菩提", 원효(元曉)의 『금강삼매경론』 권중(대정장34, p.989a12·한불전1, p.648a1)에 "'삼매에 맛들여 붙들리다'라는 말은 고요한 정에 기꺼워 집착하니 그 고요함에 나아갈 뿐이다. 味着三昧者 樂着靜定 而趣寂故", 『화엄경소초』 권7(대정장36, p.53c12)에 "먼저 오직 소승에게만 유익하니 요의가 아니다. 다음으로는 대소승에 통해 이익이 되더라도 열반을 좋아하는 이승들은 대보리를 얻을 수 없기에 또한 깨달음의 뜻이 될 수 없다. 初唯益小 故非了義 次雖通益大小 不能令趣寂二乘 得大菩提 故非了義", 『신화엄경론』 권1(대정장36, p.723b4)에 "이 경의 뜻 곧바로 근 익은 보살에게 종자업식이 여래장이라고 거침없이 설해주는 것이니, 식을 멸하고 적멸에 나아가고자 하는 이승들과 다르기 때문이다. 此經意 直爲根熟菩薩 頓說種子業識 爲如來藏 異彼二乘 滅識趣寂者故", 『금광명최승왕경소』 권3(대정장39, p.231b27)에 "호법보살 등이 풀기를 범부들은 성이란 것 아예 없고 어리석은 이는 열반만을 기린다. 護法菩薩等釋 凡謂無性 愚謂趣寂"라고 하였다. 〔참고문헌〕『成唯識論述記』, 『金剛三昧經論』, 『華嚴經疏鈔』, 『新華嚴經論』, 『金光明最勝王經疏』, *Lank.294.*

취적성문 趣寂聲聞 고요함만에 나아가는 성문. 『주화엄법계관문송』 권상(대정장45, p.697a8)에 "그러므로 제심선사는 대승경전에서 진공이 환유의 뜻을 무너뜨리지 않는 뜻으로 고요함만을 취하는 성문을 깨우치고, 마음을 돌이켜 대승으로 향하게 하였다. 故帝心禪師 集大經中 眞空不壞幻有之義 用驚趣寂聲聞 迴心向大"라고 하였다. 〔참고문헌〕『註華嚴法界觀門頌』.

취적침공 趣寂耽空 고요함에 나아가 공에 빠지다. 『원각경약소』 권하2(대정장39, p.563c29)에 "〈경〉 망령되이 열반만을 본다. 〈소〉 고요에만 나아가 공에 빠지니, 뜻은 몸마저 사라지고 없는 지라는 것에 있다. 妄見涅槃 趣寂耽空 志在灰身滅智"라고 하였다. 〔참고문헌〕『圓覺經略疏』. ⇨ 회신멸지 灰身滅智

취전 趣田 사전(趣苦恩德) 중 하나. 유정(有情)이 오취(五趣)로 나아가 생장함을 밭에 비유한 뜻이다. 『구사론』 권18(대정장29, p.96b11)에 "〔송〕 밭이 다른 것은 취·고·은·덕으로 차별이 있음을 말미암는다네. 〔논〕 베풀어진 복전에 취·고·은·덕으로 각각 차별이 있음으로 말미암기에 복전이 다르다고 이름하였으니, 복전이 다름으로 말미암기에 베푼 과에도 다름이 있다. 頌曰 田異由趣苦恩德有差別 論曰 由所施田 趣苦恩德 各有差別 故名田異 由田異故 施果有殊", 『구사론기』 권18(대정장41, p.284c13)에 "밭에 베푼 바에는 모두 네 종이 있으니, 첫째 취, 둘째 고, 셋째 은, 넷째 덕이다. 由所施田 總有四種 一 趣 二 苦 三 恩 四 德", 『구사론송소론본』 권18(대정장41, p.920c22)에 "〔석〕 취·고·은·덕으로 네 밭은 같지 않으니 이름하여 밭이 다르다 한다. 釋曰 趣苦恩德 四田不同 名爲田異", 『인왕경소법형초』 권4(卍속장41, p.195b16)에 "〔소〕 『바사론』에서 저이 이르길 '첫째 취전이란, 방생·귀 등을 이르고, … 넷째 덕전이란, 불보 등을 이른다. 이 네 경 중에서 복과 이로움이 생장하므로 이름하여 복전이라 한다'라고 하였다. 疏 婆沙論者 彼云 一 趣田 謂傍生鬼等 … 四 德田 謂佛寶等 此四境中 生長福利 名爲福田"라고 하였다. 〔참고문헌〕『俱舍論』, 『俱舍論記』, 『俱舍論頌疏論本』, 『仁王經疏法衡鈔』. ⇨ 사전 四田

취정 取定 조선후기 스님. 호는 해월(海月), 휘는 취정(取定). 진봉심우(珍峰深宇)의 법을 이어 받았다. 진봉은 또한 월호연명(月湖演明)의 제자이며, 월호는 화악문신(華岳文信 1629~1707)의 제자이다. 취정은 항상 강진 백련사에서 주석하였다. 〔참고문헌〕『白蓮社志』.

취정사 鷲井寺 부산광역시 기장군 일광면 용천리 취봉산(鷲峰山)에 있던 절. 취봉산은 달음산(達陰山)이며, 『기장읍지』에 취봉산으로 표기되어 있고 산 이름과 폐사기록도 함께 전한다. 『여지도서』와 『범우고』에 취봉산에 있다고 하였으며, 『가람고』에도 취봉산에 있고 현(縣)의 동쪽 20리에 있다고 하였다. 〔참고문헌〕『輿地圖書』, 『伽藍考』, 『梵宇攷』, 『機長邑誌』, 『韓國寺刹全書』 권하 p.1106a14, 『한국사지총람』 권하(문화재청 · 佛教文化財研究所, 2010) pp.36~37.

취제사정상삼매 取諸邪正相三昧 백팔삼매(百八三昧) 중 하나로 섭제사정상삼매(攝諸邪正相三昧 Ⓢ sarva-samyaktvamithyātva-saṃgraho nāma samādhi)를 달리 이르는 말. 『대품반야경』 권3(대정장8, p.238a20)에 취제사정상삼매라는 이름만 있고, 권5(대정장8, p.253a17)에 섭제사정상삼매라 하였다. 〔참고문헌〕『大品般若經』. ⇨ 섭제사정상삼매 攝諸邪正相三昧, 섭복일체정성사성삼매 攝伏一切正性邪性三昧

취종류 趣種類 Ⓢ gati-sabhāgatā. 취의 종류. 『잡아비담심론』 권9(대정장28, p.943a20)에 "취종류란, 같은 취에 나서 한 취의 종류가 되는 뜻이다. 趣種類者 於一趣生 一趣種類"라고 하였다. 〔참고문헌〕『雜阿毘曇心論』, 『成唯識論疏義演』(卍속장79, p.551b10). ⇨ 취 趣[1]

취주사자재 取住捨自在 Ⓢ ādāna-sthāna-cyuti-vaśa. 취하거나 머물거나 버림에 있어 걸림없이 하다. 여래의 네 가지 일체종청정 중에서 소의청정의 뜻이다. 『유가사지론』 권49(대정장30, p.568c19)에 "무엇이 여래의 네 가지 일체종청정인가? 첫째는 일체종의 의지한 바가 청정하다. … 무엇이 일체종이 의지한 청정인가? 모든 번뇌의 품의 추중과 모든 습기는 스스로 의지한 바 남김없이 영구히 사라졌으며, 또 자체를 마음먹은 대로 취하거나 안주하거나 버리는 데 있어 자재하게 구르기에 이를 모든 종의 소의청정이라 한다. 云何如來四一切種淸淨 一者 一切種所依淸淨 … 云何一切種所依淸淨 謂一切煩惱品麤重幷諸習氣 於自所依無餘永滅 又於自體如自所欲 取住捨中自在而轉 是名一切種所依淸淨", 『유가사지론약찬』 권11(대정장43, p.150c6)에 "'네 가지 청정'이란, (첫째) 소의청정은 신족통이 소의가 되어 취하거나 안주하거나 버리는 데 있어 자재한 것이니, 목숨을 늘이거나 줄이는 등이다. 云四淨者 謂所依淨 神足爲依 取住捨自在 即延促命等"라고 하였다. 〔참고문헌〕『瑜伽師地論』, 『瑜伽師地論略纂』, *Bodh-bh.265.*

취죽황화 翠竹黃花 푸르른 대나무와 저 황금빛 꽃. 온통 진여(眞如)여서 반야(般若) 아닌 것 없는 무정(無情)의 불계(佛界) 드러낸 말이다. 『조정사원』 권5(卍속장113, p.149a10)에 "푸르른 대나무와 저 황금빛 꽃 : 도생법사 설하길 '무정에도 불성이 있다'고 하였는데, 풀어 말하자면 '푸르고 푸른 대나무 온통 진여요, 울긋불긋 황금빛 꽃들 반야 아님 없네. 세간에 믿음 없는 이들 부처님 말씀 증명할 길 없다 하니, 법사 이에 앉은 채로 십년 기다려 경에 기대어 증명하려 하였다. 뒷날 삼장법사는 『열반후분경』에 이르러 과연 이런 설 있음을 보고 마쳐서는 붓끝 바닥에 던져버리더니 경상 덮고 입멸하였다'. 翠竹黃花 道生法師說 無情亦有佛性 尸云 青青翠竹盡是眞如 鬱鬱黃花無非般若 世少信者 謂無佛語所證 法師乃端坐十年 待經而證 後三藏帶涅槃後分經至果有斯說 法師覽畢 麈尾墜地 隱几入滅", 『굉지광록』 권9(대정장48, p.116a25)에 "한가롭게 꿈 같은 세상에 놀지만 티끌 따라 드러난 일 알고 또 아네. 불 밝히는 등잔과 떠받치는 기둥 그 기용 뒤섞이듯 푸른 대 황금빛 꽃 한바탕 선을 설하네. 閒閒游幻世 了了應塵緣 燈籠露柱渾機用 翠竹黃華總說禪", 『선가귀감』(한불전7, p.645a10)에 "바람 부는 강에 달빛 물결쳐 진심 드러내고, 푸른 대 황금 꽃 아름다운 법 베풀어 밝게 하네. 風柯月渚 顯露眞心 翠竹黃花 宣明妙法"라고 하였다. 〔참고문헌〕『祖庭事苑』, 『宏智廣錄』, 『禪家龜鑑』.

취지 取支 Ⓢ upādāna, Ⓣ nye-bar-len-pa. 십이지(十二支) 중 아홉 번째 지. 애지(愛支)를 연하여 있고 연이여 유지(有支)의 연이 된다. 능생지(能生支)라 한다. 『중관론소』 권10(대정장42, p.162c23)에 "〔문〕 애와 취는 어떻게 다른가? 〔답〕『비바사론』에 '처음 일어나면 애라 하고 애가 한껏 더하면 취지라 한다'고 하였다. 또한 '수를 인으로 삼고 애를 과로 삼으며, 애를 인으로 삼아 다시 취가 과가 된다'라고 하였다. 問 愛取何異 答 婆沙云 初生名愛 愛增長名取支 又云 受爲因愛爲果 愛爲因 還以取爲果", 『법계도기총수록』 권하1(대정장45, p.746b12 · 한불전6, p.816a1)에 "취지란 물든 애로 말미암아 취를 일으키고, 연을 물들여 들면 집착할 것 있게 되기에 취라 한다. 取支者 由染愛故 發生於取 於緣染入 有所執故 名之爲取", 『유마경무아소』 권9(卍속장30, p.279b14)에 "이것 등 법을 구하니 취지라 한다. 이 열두 가지 가운데 무명 · 애 · 취 등 세 가지는 번뇌도에 속한다. 求是等法 名取支 … 此十二支中 無明愛取三支 屬煩惱道"라고 하였다. 〔참고문헌〕『中觀論疏』, 『法界圖記叢髓錄』, 『維摩經無我疏』, *Abh-k-bh.135.* ⇨ 취 取[1], 십이지 十二支[1]

취지무자성 趣至無自性 나아가 이른다 하지만 자성은 없다. 『능가경』 권1(대정장16, p.481c5 : *Laṅk.*, p.29)에 "생도 불생도, 열반과 허공과 찰나도, 나아가 이른다 하지만 자성이 없는 곳이라네. 生及與不生 涅槃空刹那 趣至無自性 utpādamatha notpādaṃ nirvāṇaṃ śūnyalakṣaṇam, saṃkrāntimasvabhāvatvaṃ", 『능가경주해』 권1상(대정장39, p.347b12)에 "이것은 대혜의 물음에 대한 풀이이다. 유위는 생법이고, 무위는 불생법이다. 열반 · 허공 · 찰나 · 유전 등의 법은 모두 망상의 드러남이어서 처음부터 자성은 없다. 此釋大慧

所問 有爲生法 無爲不生法 涅槃 虛空 刹那 流轉等法 皆妄想所現 初無自性", 『능가경주』 권1(卍속장91, p.228a7)에 "나아가 이르지만 자성이 없다 : 이 구는 위의 물음에 다 거두어 답함이어서 위와 아래를 다 겸하여 꾸렸다. 나아가는 것은 마음이고, 이르는 곳은 경이다. 마음과 경에 이미 자성이 없을진대 그 나머지 법 또한 이에 준하여 알 수 있다. 趣至無自性 此句 總答上問 兼該上下 趣卽是心 至卽爲境 心境旣無自性 餘法准而可知", 『능가경집주』 권1(卍속장25, p.621a12)에 "실차난다(實叉難陀)는 공을 공상으로 취지를 유전으로 한역하였다. 實叉 以空爲空相 以趣至爲流轉"라고 하였다. 〔참고문헌〕『楞伽經』, 『楞伽經註解』, 『楞伽經註』, 『楞伽經集註』, *Laṅk*. ⇨취 趣

취지탄작 就地彈雀 땅에서 참새 잡듯 하다. 특별한 공력 쓸 일 없는 것의 비유다. 『허당록』 권1(대정장47, p.985b20)에 "법좌에 올라 들었다. '학인이 조주에게 물었다. 「저(學人)는 이제 겨우 총림에 들어왔습니다. 스님께서는 가리켜 보여주시기를 구합니다」 「아침 죽은 다 먹었느냐?」 「죽은 다 먹었습니다」 「발우 씻고 가거라」. 그 학인은 깨달은 게 있었다'. 허당이 말하였다. '조주에게는 도끼를 휘두르는 손이 있었고, 저 학인은 깎이어 이룰 만한 자질을 갖추었다. 비록 그렇다 해도 땅에서 참새 잡듯 한다'. 上堂 擧 趙州因僧問 學人乍入叢林 乞師指示 州云 喫粥了也未 僧云 喫粥了也 州云 洗鉢盂去 其僧有省 師云 趙州有運斤之手 者僧具就斲之資 雖然 也是就地彈雀", 『종감법림』 권5(卍속장116, p.83a3)에 "외도가 가섭에게 물었다. '무엇이 나의 아입니까?' '아를 찾는 것이 바로 너의 아이다' '이것이 바로 나의 아라면, 스님의 아는 어디에 있습니까?' '그대가 묻고 내가 찾는다'. 목지성(牧智成)이 이 공안에 평했다. '대단한 존자가 땅에서 참새 사냥할 줄만 알았지 고개 들어 독수리 쏠 줄은 몰랐다'. 迦葉因外道問 如何是我我 祖曰 覓我者是汝我 曰 者個是我我 師我何在 祖曰 你問我覓 牧智成云 大小尊者 祇解就地彈雀 不能仰面射鵰"라고 하였다. 〔참고문헌〕『虛堂錄』, 『宗鑑法林』, 『應菴華和尙語』(속고존숙어요4, 卍속장119, p.32a7).

취진암 聚眞庵 경상북도 문경시 산북면 금룡리 운달산(雲疸山)에 있던 암자. 김룡사(金龍寺) 산내에 위치하고 있었다. 〔참고문헌〕『韓國寺刹全書』 권하 p.1106b10.

취착 取著 Ⓢ abhiniveśa. 취하고 붙들리다. 색수상행식(色受想行識) 오온을 각기 취하여 집착해서 나(我)이고, 나의 것들(我所)이며, 나 또한 이것들과 함께하고 있다고 여긴다. 『잡아함경』 권2(대정장2, p.10c20)에 "'취하기에 착이 생기고, 취하지 않으면 착하지 않는다. 잘 듣고 사유하라. 너희들에게 설해주겠다'. 비구들은 부처님께 '예. 가르침을 받겠습니다'라고 답했다. 取故生著 不取則不著 諦聽善思 當爲汝說 比丘白佛 唯然 受教", "부처님께서 비구들에게 다음과 같이 말씀하셨다. '취하기에 착이 생긴다는 말은 무슨 뜻인가? 어리석고 무지한 범부중생들은 색에 대해 '색이 곧 아(我)이다, 아와 다른 것이다, 함께 한다'라고 보며, 또 '색은 아이다, 아소이다'라고 보아 이것을 취한다. 佛告比丘 云何取故生著 愚癡無聞凡夫 於色見是我 異我 相在 見色是我 我所而取", "이것을 취한 후에 그 색이 만일 변하거나 달라지면 그 마음도 역시 그에 따라 변하며, 마음이 그에 따라 변한 다음에도 역시 취착을 일으켜 섭수하여 마음에 머물고, 거두어 받아들인 마음에 머물기에 공포와 장애가 생기고 마음이 어지러워지는데, 취착했기 때문이다. 取已 彼色若變 若異 心亦隨轉 心隨轉已 亦生取著 攝受心住 攝受心住故 則生恐怖障礙心亂 以取著故", "어리석고 들은 것 없는 범부들은 수상행식에 대해 '이것이 아이다, 아와 다르다, 함께 있다'라고 보며, 또 '식은 아이다, 아소이다'라고 보아 이것을 취하고, 이것을 취한 다음에는 그 식이 변하거나 달라지면 그 마음도 그에 따라 변하며, 마음이 그에 따라 변하므로 곧 취착을 일으켜 거두어 받아들이는 마음에 머물고, 거기에 머문 다음에는 곧 공포와 장애가 생기고 마음이 어지러워지는데, 취착했기 때문이다. 이것을 취착이라고 한다. 愚癡無聞凡夫 於受想行識見我 異我 相在 見識是我 我所而取 取已 彼識若變若異 彼心隨轉 心隨轉故 則生取著 攝受心住 住已 則生恐怖障礙心亂 以取著故 是名取著", 40권본 『대반열반경』 권17(대정장12, p.463a21)에 "일체범부는 색 내지는 식에 취착한다. 색에 취착하기에 탐심을 일으키게 되고, 탐심을 일으키기에 색에 얽혀 묶이고 식에 계박되고, 얽혀 묶이기에 생로병사와 우비등 큰 고통 일체 번뇌를 면할 수가 없다. 이에 취착하면 범부라고 한다. 一切凡夫 取著於色 乃至著識 以著色故 則生貪心 生貪心故 爲色繫縛 乃至爲識之所繫縛 以繫縛故 則不得免生老病死 憂悲大苦一切煩惱 是故取著 名爲凡夫"라고 하였다. 〔참고문헌〕『雜阿含經』, 『大般涅槃經』, *Laṅk*.*18*·*19*. ⇨오온 五蘊, 무아 無我, 취 取, 착 著

취찰 取札 조선후기 스님. 취찰은 휘이고, 호는 모계(慕溪). 달성군 가창면 최정산에 있는 남지장사(南地藏寺)의 중창(重創)공덕주다. 방산(舫山) 허훈(許薰)이 지은 남지장사 금당(金堂) 중건 공덕비가 남지장사에 있고, 『인악집』 권2 「백련암중창기 白蓮庵重創記」(한불전10, p.410a12)에 따르면 팔공산 지장사(地藏寺)에서 전후 30여년간 주석하였다고 전한다. 〔참고문헌〕『仁嶽集』, 『霜峰門譜』 「慕溪取札禪師頌德不忘碑」.

취천업 趣天業 하늘로 나아가는 업. 『사리불아비담론』 권7(대정장28, p.583c13)에 "무엇이 하늘로 나아가는 업인가? 저 업에 선이 더하면 능히 하늘 위에 나리니 이를 하늘로 가는 업이라 한다. 云何趣天業 若業善增 能令生天上 是名趣天業"라고 하였다. 〔참고문헌〕『舍利弗阿毘曇論』. ⇨천 天

취축생업 趣畜生業 축생계로 가서 나는 업. 삼불선취(三不善趣 : 地獄 餓鬼 畜生) 중의 하나다. 『사리불아비담론』 권7(대정장28, p.583c9)에 "무엇이 축생으로 옮겨가는 업인가? 저 업이 선하지 않은 중에 있다가 축생으로 나게 되니 이를 축생으로 옮겨가는 업이라 한다. 云何趣畜生業 若業不善中 能令生畜生 是名趣畜生業"라고 하였다. 〔참고문헌〕『舍利弗阿毘曇論』.

취칙 取則 극칙으로 취하다. 이미 말한 것이나 있던 것 취해 본보기라 여겨 부질없이 취하다. 『벽암록』 30칙 「송 頌」(대정장48, p.169c27)에 "진주에서 큰 무 난다〈천하 사람이 안다. 간절히 말하지 마라. 한 번 들면 그때마다 늘 새롭다〉, 천하의 납승들이 칙으로 취하네〈어찌하여 이렇게 하지 않겠는가? 누가 이 쓸데없이 긴 말을 쓰는가?〉 鎭州出大蘿蔔〈天下人知 切忌道 著一回擧著一回新〉 天下衲僧取則〈爭奈不恁麽 誰用這閑言長語〉", 『종용록』 41칙 「평창 評唱」(대정장48, p.254a25)에 "낙포원안(洛浦元安)이 대중에게 말하였다. '반드시 가리킨 뜻 밖에서 으뜸을 밝혀야 하리. 말 중에서 정해진 법칙을 찾으려 하지 마라'. 한 학인이 낙포에게 물었다. '불가사의처 행하는 것은 어떻습니까?' '푸른 산 늘 발걸음 옮기고, 밝은 태양 옮겨 구르지만은 않는다'. 浦嘗示衆云 直須旨外明宗 莫向言中取則 僧問 行不思議處如何 浦云 靑山常擧足 白日不移輪"라고 하였다. 〔참고문헌〕『碧巖錄』, 『從容錄』, 『石霜楚圓語錄』(卍속장120, p.176a5).

취패 吹貝 고동(Ⓟ saṅkha)을 불다. 소라를 불다. 『장아함경』 권7 「폐숙경 弊宿經」(대정장1, p.45a17 : *Pāyāsi-sutta*, *DN.2*, p.337)에 "그 옛날 한 나라 있었으니 고동 소리를 들은 적이 없었다. 그때 고동을 잘 부는 한 사람 저 나라에 가서는 한 마을에 들어가 고동 잡고 세 차례 분 다음 바닥에 놓았다. 그때 마을의 남녀 모두가 그 소리를 듣고 놀라 다들 가서 물었다. '이것은 무슨 소리라서 애절하고 온화하며 맑기 그지없는가?' 昔有一國 不聞貝聲 時 有一人善能吹貝 往到彼國 入一村中 執貝三吹 然後置地 時 村人男女 聞聲驚動 皆就往問 此是何聲 哀和淸徹 乃如是耶 bhūtapubbaṃ rājañña aññataro saṅkhadhammo saṅkhaṃ ādāya paccantimaṃ janapadaṃ agamāsi. so yenaññataro gāmo tenupasaṅkami, upasaṅkamitvā majjhe gāmassa ṭhito tikkhattuṃ saṅkhaṃ upalāpetvā saṅkhaṃ bhūmiyaṃ nikkhipitvā ekamantaṃ nisīdi. atha kho rājañña tesaṃ paccantajānapadānaṃ manussānaṃ etadahosi. ambho kassa nu kho eso saddo evaṃrajanīyo evaṃkamanīyo evaṃmadanīyo evaṃbandhanīyo evaṃmucchanīyo ti"라고 하였다. 『범망경』 권하 보살계의 48경구계 중 제33조인 허작무의계조(虛作無義戒條 : 대정장24, p.1007b15)에 "취패·고각·금슬·쟁저·공후·가규·기악을 듣는 행위를 금하고 있다. 不得聽吹貝 鼓角 琴瑟 箏笛 箜篌 歌叫伎樂之聲"라고 하였다. 〔참고문헌〕『長阿含經』, 『梵網經』, *DN.* ⇨취법라 吹法螺, 취해라 吹海螺

취피낭 臭皮囊 냄새 나는 가죽 주머니. 부정한 몸을 빗댄다. 『대지도론』 권29(대정장25, p.274c11에 "만약 부처님께서 다만 묘법으로 그 마음만을 장엄하시고 몸에 상호가 없으시다면, 혹 가히 제도할 만한 어떤 중생이 마음에 가벼이 여기는 만심을 내며 일컫기를 '부처님의 몸에 상호가 갖춰지지 않아 능히 오롯한 마음으로 기쁘게 불법을 받을 수 없다'라 한다. 비유컨대 저 깨끗하지 못한 그릇에 여러 맛있는 음식을 담아도 사람을 기쁘게 하지 못하는 것과 같고, 저 냄새 나는 가죽 주머니에 여러 보물을 채워도 취하는 이가 즐거워하지 않는 것과 같다. 이런 까닭에 부처님께서는 삼십이상으로 그 몸을 장엄하신다. 若佛但以妙法莊嚴其心 身無相好者 或有可度衆生 心生輕慢 謂佛身相不具 不能一心 樂受佛法 譬如 以不淨器 盛諸美食 人所不喜 如臭皮囊 盛諸寶物 取者不樂 以是故 佛以三十二相 莊嚴其身", 『석선바라밀차제법문』 권2(대정장46, p.489a12)에 "저 악취 가죽 주머니의 금과 같으니 금이 탐나기에 취피낭을 버릴 수가 없다. 如臭皮囊中金 以貪金故 不可棄臭皮囊"라고 하였다. 〔참고문헌〕『大智度論』, 『釋禪波羅蜜次第法門』.

취피대 臭皮袋 냄새나는 가죽주머니. 우리들 몸을 말한다. 『종용록』 90칙 「송 頌」(대정장48, p.288b15)에 "냄새나는 가죽주머니 풀어서〈풀들 마르니 매의 눈초리가 매섭다〉 벌거벗은 살덩이 집어 굴리네〈눈 사라지니 말굽 가볍다〉. 당장 콧구멍이 바르면〈또한 모름지기 없어질 때까지 돌려야 한다〉, 곧바로 해골 텅 비리〈절대 귀신 봄을 삼가라〉. 卸却臭皮袋〈草枯鷹眼疾〉 拈轉赤肉團〈雪盡馬蹄輕〉 當頭鼻孔正〈也須撥轉始得〉 直下髑髏乾〈切忌見鬼〉", 『초석범기어록』 권9(卍속장124, p.156b8)에 "나서 늙기까지 옷 입고 밥 먹으며 똥 누고 오줌 눌 뿐인 것 '냄새나는 가죽주머니'라 부른다. 그러다가 홀연히 과보 다 되어서 사대가 흩어질 때 자기의 본래면목 도대체 어디에 있을까? 석두화상이 말하기를 '저 암자중에 죽지 않은 이 알고자 하면서, 어찌 지금 이 가죽주머니 떠나려만 하는가?'라 하였다. 참! 從生至老 著衣喫飯 屙屎送尿底 喚作臭皮袋 忽然報滿 四大分散時 自己本來面目 却在什麽處 石頭和尙道 欲識菴中不死人 豈離而今這皮袋 參", 『사십이장경소초』 권4(卍속장59, p.192a12)에 "취피대 오직 고름과 피로 채워져 있고 더러운 똥으로 가득하다. 흐르는 진과 눈물과 침에는 기생충 꾸물꾸물 모여 있다. 그렇다. 이몸 온통 다 저 부정한 것 쫓아 있을 뿐이다. 臭皮袋中 惟盛膿血 糞穢充滿 流液涕唾 蟯蛔盤聚 故一切身 皆從不淨"라고 하였다. [참고문헌] 『從容錄』, 『楚石梵琦語錄』, 『四十二章經疏鈔』, 『天如惟則語錄』 권9(卍속장122, p.968a7).

취피대자 臭皮袋子 냄새나는 가죽 주머니. 『서장』 「답부추밀장 答富樞密狀」 제1서(대정장47, p.921b21)에 "간절히 저 삿된 무리 함부로 설하고 어지럽게 말함 듣고 귀신굴로 끌려 들어가 눈살 찌푸리며 눈 감고서 망상 지어서는 안 됩니다. 요즘 조사의 도 쇠미해지니, 이런 흐름이 저 삼씨나 좁쌀처럼 많아졌습니다. 참으로 맹인 하나 맹인무리를 끌고서 서로 끌고당기며 불구덩이에 들어가니, 심히 가련하기 그지없습니다. 원컨대 공께서는 척량골을 곧추세우고서 이렇게 나아가서는 안 됩니다. 이렇게 나아가면 비록 잠시 냄새나는 가죽주머니 붙들려 머물러서는 문득 구경 삼지만, 심식이 흩날려 저 아지랑이와 같으리니, 설령 심식이 잠시 멈출 수는 있다 하지만 저 돌로 풀 누르듯 하리니 어느결에 또 자라납니다. 切不可被邪師輩 胡說亂道 引入鬼窟裏 閉眉合眼作妄想 邇來祖道衰微 此流如麻似粟 眞是一盲引衆盲 相牽入火坑 深可憐愍 願公硬著脊梁骨 莫作這般去就 作這般去就底 雖暫拘得箇臭皮袋子住 便以爲究竟 而心識紛飛 猶如野馬 縱然心識暫停 如石壓草 不覺又生"라고 하였다. [참고문헌] 『書狀』, 『死心悟新語錄』(황룡사가어록3, 卍속장120, p.251b6). ⇨ 취피대 臭皮袋

취피말 臭皮襪 냄새나는 가죽 버선. 『오가정종찬』 권2 「대혜종고장 大慧宗杲章」(卍속장135, p.946b8)에 "대혜가 경산에 있을 적에 게송으로 말했다. '신비궁 한 발로 천 겹 갑옷을 뚫는다. 납승문하를 보라. 누구의 냄새나는 가죽 버선에 맞았는가?' 당시 조정에서는 때마침 신비궁을 제작하고 있었다. 승상 진회(秦檜)는 대혜와 장구성이 몰래 모의하였고 아울러 대사가 조정을 풍자하고 있다고 모함하였다. 그리하여 형주로 유배 보내졌고, 다시 매주로 보내졌다. 그 전후한 세월 17년이 지나고서야, 풀려서 다시 돌아와 경산에서 주석하였다. 師在徑山 因頌曰 神臂弓一發 透過千重甲 衲僧門下看 當甚臭皮襪 時朝廷方作神臂弓 秦相以師與張九成竊議 大師兼以譏諷朝廷 遂竄衡州 次梅州 前後十七年 放還 再住徑山"라고 하였다. [참고문헌] 『五家正宗贊』, 『楚石梵琦語錄』 권16(卍속장124, p.249b17), 『雲臥紀譚』 권하(卍속장148, p.46b14). ⇨ 취피대 臭皮袋

취학 就學 조선후기 스님. 법호는 영암(靈巖). 주로 금강산에서 공부하였다. 『동사열전』 권5 「영암선백전 靈岩禪伯傳」(한불전10, p.1051c19)에 "법명은 취학이고 호는 영암이다. 본래 영암사람이다. 무정세월이 길 위에서 지나가버리자 원 있어 마음 굳게 하고서 산중에 의탁하여 머리를 깎고 승복 입었다. … 금강을 토굴 삼아 '법기보살이 나를 불러 제자로 삼았다'고 하였다. … (금강산) 불지암·정양암·영원암에 앉아 뜨거운 번뇌를 없애고 청량함 얻었다. 수불암은 화주 강명철과 중수하였고, 내원통은 퇴은과 함께 힘썼다. 팔도강산 꾸려 다 하고는 「토굴가」 1권을 지었다. … 퇴은이 세상을 떠나자 석실도 꿈결인 듯 비었다. 師名就學 號靈岩 本是靈岩人 無情歲月 過去于路上 有願心志 依托於山中 削髮被緇 … 金剛爲我窟宅 法起召我弟子 … 坐佛地庵正陽庵靈源庵 消除熱惱 獲淸凉 重修須佛庵 化主姜明哲 成內圓通 退隱同力 括盡八垓江巒 作一卷土窟歌 … 退隱化門 石室幻空"라고 하였다. [참고문헌] 『東師列傳』.

취해라 吹海螺 해라 불다. 해라는 바다에서 나는 고동(貝)으로 법라(法螺)를 뜻한다. 부처님의 설법을 비유한다. 『미사새갈마본』(대정장22, p.214b12)에 "넷째, 소라를 분다. 마땅히 해라를 불어야 한다. 건추와 한 가지이지만 아무도 없다면 비구가 치지만 세 번을 넘으면 안 된다. 四 吹螺 應吹海螺 然揵搥一種 若也無人 比丘打之 亦不得過三通"라고 하였다. [참고문헌] 『彌沙塞羯磨本』. ⇨ 취법라 吹法螺, 법라 法螺, 취패 吹貝

취행속제 取行俗諦 Ⓢ pratipatti-saṃvṛtiḥ. 세속에 나아가 진실을 행하다. 삼종속제(三種俗諦) 중 하나다. 『중변분별론』 권1(대정장31, p.456a22 : *Madhy-vibh.*, p.41)에 "속제에는 세 종류가 있다. 첫째 입명속제, 둘째 취행속제, 셋째 현료속제이다. 이 세 가지 뜻으로 인해서 근본적인 진실 가운데 있게 되니, 반드시 세 가지 속제를 안립해야 한다. 俗諦有三種 一立名俗諦 二取行俗諦 三顯了俗諦 因此三義根本眞實中 應安立三種俗諦 trividhā hi saṃvṛtiḥ prajñaptisaṃvṛtiḥ. pratipattisaṃvṛtiḥ. udbhāvanāsaṃvṛtiś ca. tayā saṃvṛtisatyatvaṃ mūlatatve yathākramaṃ veditavyaṃ"라고 하였다. 『변중변론술기』 권중(대정장44, p.17c3)에서는 행세속(行世俗)이라고 하였다. [참고문헌] 『中邊分別論』, 『辯中邊論述記』, *Madhy-vibh.* ⇨ 행세속 行世俗, 삼종속제 三種俗諦

취향 趣向 Ⓢ pratipādana, Ⓣ sgrub-par-byed-pa.

향해 나아가다. 악취나 선취 또는 열반 등을 향해 나아가는 뜻이다. 『구사론』 권26(대정장29, p.137a16 : *Abh-k-bh.*, p.400)에 "도성제에는 네 가지 상이 있다. 첫째는 길(道), 둘째는 떳떳함(如), 셋째는 행(行), 넷째는 벗어남(出)이다. 통해 가기에 길이라 하고, 바른 뜻에 맞기에 여라 하며, 흔들림 없이 나아가기에 행이라 하고, 능히 넘어서기에 나간다 한다. 道聖諦有四相 一道 二如三行四出 通行義故道 契正理故如 正趣向故行 能永超故出 gamana-arthena mārgaḥ. yoga-yuktatvān-nyāyaḥ. samyak-pratipādana-arthena pratipat. atyanta-samatikramaṇān-nairyāṇika iti", 『대승본생심지관경천주』 권1(卍속장34, p.105a12)에 "취향이란 마음을 돌려 도를 향함이고, 보리는 향해 가는 길의 과다. 趣向者 卽回心向道也 菩提者 所向之道果也", 『장아함경』 권10 「삼취경 三聚經」(대정장1, p.59b25)에 "또한 두 법이 있으니 악취를 향해 가는 두 법도 있고 선취를 향해 가는 두 법도 있고, 또한 열반을 향해 가는 두 법도 있다. 악취를 향해 가는 두 법이란, 하나는 계를 훼손하는 일이고, 다른 하나는 정견을 무너뜨리는 일이다. 선취를 향해 가는 두 법은, 하나는 계를 빠짐없이 지키는 일이고, 다른 하나는 정견을 다 갖추는 일이다. 열반을 향해 가는 두 법은, 하나는 그치는 일이고, 다른 하나는 관하는 일이다. 復有二法 趣向惡趣 復有二法 趣向善趣 復有二法 趣向涅槃 云何二法 趣向惡趣 一謂 毁戒 二謂 破見 云何二法 趣向善趣 一謂 戒具 二謂 見具 云何二法 趣向涅槃 一謂 爲止 二謂 爲觀", 『무량수경』 권하(대정장12, p.277a16)에 "이와 같이 세인들의 마음과 뜻은 어리석고 어두워 스스로의 지혜로는 나서 온 곳과 죽어 갈 곳을 알지 못한다. 如是世人 心意俱然 愚癡曚昧 而自以智慧 不知生所從來 死所趣向", 『번역명의집』 권2(대정장54, p.1082a4)에 "모든 유정은 혹을 일으켜 업을 짓고 능히 미래의 오취를 취하므로 그 이름이 취다. 옛 번역은 취향이다. 諸有情起惑造業 卽爲能取當來五趣 名之爲趣 古譯爲趣向"라고 하였다. [참고문헌] 『俱舍論』, 『大乘本生心地觀經淺註』, 『長阿含經』, 『無量壽經』, 『翻譯名義集』, *Abh-k-bh.*

취혜 就惠 조선중기 스님. 송운유정(1544~1610)을 흠모하였다. 강원도 오대산에서 주석하였으나 자세히 알 수 없다. 송운에 대한 전적(傳蹟)을 소장하고 있다가 남붕(南鵬)이 『분충서난록 奮忠紓難錄』을 판각할 때 그 자료를 제공하였다. [참고문헌] 『奮忠紓難錄』 五臺山僧就惠所藏文藁 중 松雲事蹟.

취호두 取胡豆 Ⓢ Maudgalyāyana. 마하목건련(摩訶目犍連)을 일컫는 말. '오랑캐 콩만을 취하다'라는 뜻이다. 『일체경음의』 권47(대정장54, p.620b14)에 "물력가라자〈범어로서 '물가가라'라고도 한다. '가'는 한역하자면 '오랑캐 콩'인데, 녹색 콩이다. '라'는 한역하면 '취하다'는 뜻이다. 이 지역의 말로 하자면 응당 '녹색 콩을 취하다'라는 말이 될 것이다. 이는 성씨로서 상고의 선인 중에 '물가라'라는 사람이 있었는데, 일체 어떠한 것도 먹지 않고 오직 오랑캐 콩만을 먹었기에 '취호두'라고 하였다. 이 선인의 혈통을 이은 후예가 되기에 성씨로 삼았다. 구역에서는 '목건련'이라고 하였는데, 이는 잘못 생략함이다〉. 沒力伽羅子〈梵語也 亦言物伽伽羅 伽此云胡豆 卽是綠色豆也 羅 此云取 作此間語 應言取綠豆 此是其姓 上古仙人 名勿伽羅 不食一切物 唯食胡豆 故名取胡豆 是此仙人種故 以爲姓也 舊言目揵連 訛略也〉"라고 하였다. [참고문헌] 『一切經音義』. ⇨ 마하목건련 摩訶目犍連

취화상 醉和尙 중국 송대 운문종(雲門宗) 스님으로 늘 취해있었던 법명상좌(法明上座)의 별명. 법명상좌는 설두중현(雪竇重顯)의 법을 이은 보본유란(報本有蘭)의 제자이다. 『가태보등록』 권3 「법명상좌장」(卍속장137, p.79b5)에 "보본을 의탁한 지 오래되지 않아 법인을 깊이 체득하였다. 훗날 고향으로 돌아갔는데, 현실에서 실의에 빠진 채로 술 마시며 호로 도박을 하며 지냈다. 매번 크게 취하여 유영(柳永)의 사(詞) 여러 대목(闋)을 불러댔다. 날마다 늘상 그랬기에 마을 사람들이 얕보았다. 재 부른즉 거절하고 술 마시자 부르면 좇았다. 이와 같이 10여 년을 보내고 나니, 모두들 그를 '취화상'이라고 불렀다. … 법명상좌가 (임종을 앞두고) 읊었다. '평소 취하여 비틀거리며 살았지만, 취기에도 분별은 있더라. 오늘 밤 술 깨면 어디일꼬? 버드나무 늘어진 언덕에 새벽바람 불고 달은 지려하네'. 말이 끝나자 고요해졌으며, 흔들어보니 이미 허물 벗고 떠났다. 대중이 예를 다하여 장례를 치렀다. 依報本未久 深得法忍 後歸里事落魄 多嗜酒呼盧 每大醉 唱柳詞數闋 日以爲常 鄕民侮之 召齋則拒 召飮則從 如是者十餘年 咸指曰 醉和尙 … 明乃曰 平生醉裏顚蹶 醉裏却有分別 今宵酒醒何處 楊柳岸曉風殘月 言訖寂然 撼之已委蛻矣 衆盡禮以葬之"라고 하였다. [참고문헌] 『嘉泰普燈錄』.

측 測 헤아리다. 또는 알다의 뜻. 『유마경의소』 권2(대정장38, p.932b10)에 "그 지혜가 못처럼 깊어 능히 헤아릴 수 없기에 '마음의 크기 저 바다 같다'라고 한다. 其智淵深 莫能測者 故曰心大如海也", 『지관보행전홍결』 권3(대정장46, p.244a19)에 "음양이란, 『태현경』에 이르길 '큰 공 기려 만물을 밝히면 양이고, 그윽해 모양 없어 헤아릴 수 없을진댄 음이다' 하였고, 『역』에 '한 음과 한 양이 맞물려감을 도라 하고, 음양이 헤아리기 어려울 때 신이라 부른다'라고 하였다. 陰陽者 太玄經云 營大功明萬物者 曰陽 幽無形不可測者 曰陰 易曰 一陰一陽之謂道 陰陽不測之謂神"라고 하였다. [참고문헌] 『維

摩經義疏』,『止觀輔行傳弘決』. ⇨측량 測量

측 厠 뒷간. 측혼(厠溷)·측사(厠舍)·측실(厠室) 등으로도 쓴다.『십송율』권41「명잡법 明雜法」(대정장23, p.299b23)에 “(나뭇잎으로) 닦고는 던져버려 뒷간 중에 쌓이니, 쌓여서 이미 뒷간이 가득 찼다. 拭時擲棄著厠中 著已厠滿”라고 하였다.〔참고문헌〕『十誦律』,『中阿含經』권49「阿夷那經」(대정장1, p.734b22),『四分律』권49(대정장22, p.930a10). ⇨측혼 厠溷

측간자 厠簡子 정측(淨厠)에서 부정(不淨)을 닦는 데 쓰는 나뭇개비. 측주(厠籌)라고 한다.『선림상기전』권20「측간자」(불광장, 禪藏, p.1587)에 “측주는 또한 측간자라 한다. 厠籌 叉名厠簡子”라고 하였다.〔참고문헌〕『禪林象器箋』,『神異典釋敎部紀事』권하(卍속장150, p.400b11). ⇨측주 厠籌, 정주 淨籌

측공 厠孔 측간의 구멍. 똥구덩이. 깨끗함과 더러움(淨不淨) 경계 밖에서야 비로소 만날 수 있는 출구의 비유다.『임제록』(대정장47, p.502c5)에 “도에 들어 흐르는 이들이여! 부처 가져 구해 마칠 것이라 여기지 마라. 나에게는 마치 측간의 구멍처럼 보인다. 보살과 아라한도 죄다 목에 쓴 칼이어서 사람 묶는 물건일 뿐이다. 道流 莫將佛爲究竟 我見猶如厠孔 菩薩羅漢盡是枷鎖縛人底物”, 40권본『대반열반경』권21(대정장12, p.493a22)에 “선남자야! 비유하자면 어떤 사람이 깊은 감옥에 갇혔는데 문은 굳건히 닫히고 오직 측간의 구멍밖에 없어 문득 그곳으로 빠져나와 장애가 없는 곳에 이르는 것과 같이, 보살마하살은 대열반 닦으며 보시 행할 때에 또한 이와 같이 한다. 善男子 譬如有人 閉在深獄門戶堅牢 唯有厠孔 便從中出 到無礙處 菩薩摩訶薩修大涅槃 行布施時 亦復如是”라고 하였다.〔참고문헌〕『臨濟錄』,『大般涅槃經』,『禪宗永嘉集』(대정장48, p.388c3).

측량 測量 헤아려 가늠하다. 알음알이 즉 분별로 안다는 뜻이어서 여실지(如實知)는 아니다.『시아귀감로미대다라니경』(대정장21, p.486b6)에 “이와 같이 보살이 얻는 복들의 무더기 불가사의하여 그 양 헤아릴 수도 느낄 수도 알 수도 없지만 저절로 아누다라삼막삼보리를 얻는다. 如是菩薩所得福聚 不可思議 難可測量 不覺不知 自然而得 阿耨多羅三藐三菩提”,『대지도론』권66(대정장25, p.524b27)에 “매우 깊어 가늠할 수 없기에 무량이라 한다. 색 등으로 능히 실상을 취할 수 있는 지혜란 있을 수 없으니, 상주하거나 무상하거나 그것을 셈하여 헤아리려 들면 허물만 남게 될 뿐이다. 그때 사리불을 비롯하여 모든 듣는 이들 생각하였다. ‘반야바라밀은 헤아릴 수 없을 정도로 깊고 한량도 없으니 보살은 어떻게 행하여야 할까?’라고 생각하였다. 甚深不可測量故名無量 無有智慧 能取色等實相 若常若無常 籌量有過罪故 是時 舍利弗 及諸聽者作是念 般若波羅蜜 不可測量無有量 菩薩當云何行”,『유식론』(대정장31, p.70a12)에 “저 세간인은 허망하게 분별하지만 이는 오직 식일 뿐이다. 헤아릴 수 없고 가이 없어 깊고 깊은 경계는 이 심식으로 헤아릴 길이 없다. 彼世間人 虛妄分別 此唯是識 無量無邊 甚深境界 非是心識 可測量故”,『일체경음의』권29(대정장54, p.503c18)에 “측량〈측은 초와 력을 반절한 음이다. 정현(鄭玄) 주석의『주례』에 ‘측는 헤아린다는 뜻의 탁(度)이다’라고 하였다. 물의 너비와 깊이를 알 수 없음을 측이라 한다. 두 번째 글자의 음은 량이다.『설문해자』에 따르면, 바른 글자체는 동(童) 변의 량(量)이라 한다. 경에 양(量)이라 한 것은 잘못이다〉. 測量〈上初力反 鄭注周禮云 測度也 不知水之廣深曰測 下音良 說文 正體從童作量 經作量訛也〉”라고 하였다.〔참고문헌〕『施餓鬼甘露大陀羅尼經』,『大智度論』,『唯識論』,『一切經音義』.

측비 厠篦 측간에서 오물을 닦는 데 쓰는 물건.『마하승기율』권34(대정장22, p.504a22)에 “가장자리에 측비를 두고, 지붕 아래에는 옷걸이를 비치한다. 邊安厠篦屋下應安衣架”라고 하였다.〔참고문헌〕『摩訶僧祇律』,『一切經音義』권58(대정장54, p.693a21).

측새 叜塞 빈틈없이 들어차 가득하다. 측새(側塞)와 통한다.『낙방문류』권5(대정장47, p.222c2)에 “빈틈없이 들어찬 선인들 정토의 누각에서 노니는데, 삼보를 선양하면서 퉁소를 분다. 叜塞諸仙戲樓閣 宣揚三寶吹笙簫”,『관무량수경직지소』권하(卍속장91, p.695b14)에 “측새는 어디나 가득하다는 뜻이다. 叜塞 偏滿也”,『재가율요광집』권3「구선요자귀 九旋遶自歸」(卍속장106, p.901b1)에 “예배를 마치고 일어나 의복을 가지런히 고친 다음 손으로 향로를 잡고 꼿꼿이 서서 약간 굽힌 자세로 ‘삼보와 현성이 도량을 가득 채우고 제각각 법좌에 앉아 순서대로 몸을 돌리고 한 분 한 분이 두루 돌면서 고요하게 움직인다’라고 관상한다. 입으로는 범음을 내면서 ‘나무시방불 … 나무미륵보살마하살!’이라고 소리 내어 부른다. 禮竟 起立 整理衣服 手執香鑪 立定少傾 緣想三寶賢聖 叜塞道場 各坐法座 以次旋身 一一徧遶 安詳而轉 口作梵音 唱云 南無十方佛 … 南無彌勒菩薩摩訶薩”,『백장청규증의기』권3「세지성탄 勢至聖誕」(卍속장111, p.634b1)에 “모두 극락국토에 구름처럼 모여들어 허공을 빈틈없이 채우고 연화좌에 앉으시어 묘법을 연설하여 고통에 시달리는 중생을 제도하신다. 皆悉雲集極樂國土 叜塞空中 坐蓮花座 演說妙法 度苦衆生”라고 하였다.〔참고문헌〕『樂邦文類』,『觀無量壽經直指疏』,『在家律要廣集』,『百丈淸規證義記』.

측신 廁神 오추사마명왕(烏蒭沙摩明王 Ⓢ Ucchuṣma)을 달리 이르는 말. 오추사마는 화두금강(火頭金剛)의 이름이며 부정(不淨)·예적(穢跡)이라는 뜻이다. 다만 더러운 흔적(예적)을 청정하게 바꾸기에 측간에서 제를 올리며 후인들이 이에 따라 측신으로 삼았다. 『호정경』(대정장17, p.565a29)에 "(아귀가) 측간에 가서 분변을 먹고자 할 때 측신이 손에 쇠몽둥이를 들고 때려서 다가서지 못하도록 한다. 欲趣廁上食糞 于時 廁神手捉鐵杖打之 令不得近", 『시아귀감로미대다라니경』(대정장21, p.484b28)에 "필사차귀〈측신. 수측이라고도 하며, 사람들이 부정한 음식을 먹는지 감시한다〉. 畢舍遮鬼〈廁神 云守廁 伺人不淨食〉"라고 하였다. 〔참고문헌〕『護淨經』, 『施餓鬼甘露味大陀羅尼經』. ⇨ 부정금강 不淨金剛, 예적금강 穢跡金剛, 오추사마명왕 烏蒭沙摩明王, 필사차 畢舍遮

측영 側影 그림자 옆으로 눕다. 땅에 드리운 그림자를 말한다. 『천태사교의』(대정장46, p.775c1)에 "때를 잡은즉 태양 정오에 당하면 드리운 그림자 전혀 없는 때이고〈제5시〉, 맛을 잡아서는 숙소에서 가장 맛있는 제호가 나오듯 한다. 이처럼 『마하반야경』에서 『법화경』이 나온다〈다섯 가지 제호의 맛〉. 約時則日輪當午 罄無側影〈第五時〉 約味則從熟酥出醍醐 此從摩訶般若出法華〈五醍醐味〉", 『불조통기』 권3(대정장49, p.162b26)에 "드리운 그림자란 남겨진 음이다. 영(影)이란 옛날에 경(景)이라 하였는데, 진대 갈홍의 『자원』에서 처음으로 영으로 바꾸었다. 今言側影者 餘陰也 影古作景 晉葛洪字苑 始改作影", 『목운란재별집』 권12 「망도화갱초채 望桃花阬樵採」(가흥장31, p.620c11)에 "소나무 한 쌍 그림자 드리웠지만, 해는 아직 석양으로 기울지 않았다. 雙松垂側影 紅日未當曛"라고 하였다. 〔참고문헌〕『天台四敎儀』, 『佛祖統紀』, 『牧雲嬾齋別集』.

측옥 廁屋 대중이 대소변을 가려 버리는 곳. 병측(屛廁)·변소(便所)·동사(東司)·요료(尿寮)·해우소(解憂所)라고도 한다. 『오분율』 권26(대정장22, p.176b13)에 "비구들이 곳곳에 대변을 보아 속인들이 비난하였다. 부처님께서 말씀하셨다. '그렇게 해서는 안 된다! 가려진 곳에 땅을 파서 측옥을 짓도록 허락한다. 상부를 덮어 가리며 대변과 소변이 흐르는 길과 울타리를 만들고 오물이 차면 제거해야 한다. 만약 벌레가 생기면 구덩이를 파서 묻어두고 벌레가 생기기 전이라면 누룩 분말을 측옥 구덩이에 붙여두면 벌레가 생기지 않는다'. 有諸比丘 處處大便 諸白衣譏呵如上 佛言 不應爾 聽屛處掘地作廁屋 覆上 作上下道 及欄格 廁滿應除去 若生虫應作坑安之 若未生虫 持麴末著廁埳中 虫則不生", 『마하승기율』 권34(대정장22, p.504a17)에 "측옥을 동쪽이나 북쪽에 두어서는 안 되니 마땅히 남쪽과 서쪽에 두어 바람길 열어야 한다. 廁屋 不得在東在北 應在南在西 開風道", 『선견율비바사』 권15(대정장24, p.779c10)에 "그때 라후라는 부처님께서 계를 제정하셨다는 소리를 듣고 지키면서 범하지 않았다. 이런 연고로 라후라는 부처님 측옥에 들어가 가사를 펴고 잤다. 라후라가 부처님 측옥에 들어간 까닭은 정결하고 또한 많은 사람이 향과 꽃을 공양했기 때문이다. 이런 연고로 그 중에 들어가 자기까지 했다. 時 羅睺羅 聞佛結戒 護持不犯 是故羅睺羅入佛廁 以袈裟敷地而眠 羅睺羅 所以入佛廁屋者 以淨潔 多人以香華供養 是故入中而眠"라고 하였다. 〔참고문헌〕『五分律』, 『摩訶僧祇律』, 『善見律毘婆沙』. ⇨ 병측 屛廁, 요료 尿寮, 등측규식 登廁規式, 해우소 解憂所

측와 側臥 옆으로 눕다. 오른쪽 옆구리를 땅에 대고 옆으로 눕는 것(右脇側臥)을 바른 와법(臥法)으로 여긴다. 『임제록』(대정장47, p.499c23)에 "보통의 머리털 없는 비구는 학인들에게 '부처야말로 구해야 할 끝이니, 삼대아승기겁 동안 수행과 가득 채우고 그제서야 도를 이루었다'고 말한다. 도에 든 이들이여! 그대들이 부처야말로 구경이라 한다면, 무엇 때문에 80년이 지난 후에 구시라성 쌍림수 사이에서 옆으로 누우신 채로 죽어 갔는가? 부처 지금 어디에 계신가? 분명하게 알라. 우리가 나고 죽는 것과 다름이 없다. 有一般禿比丘 向學人道 佛是究竟 於三大阿僧祇劫 修行果滿 方始成道 道流爾若道佛是究竟 緣什麽 八十年後 向拘尸羅城雙林樹間側臥而死去 佛今何在 明知與我生死不別"라고 하였다. 〔참고문헌〕『臨濟錄』. ⇨ 와법 臥法, 우협와 右脇臥

측작법 廁作法 수행자가 측간에 들어갈 때 행하는 작법. 은소작법(隱所作法)이라고도 한다. ⇨ 등측규식 登廁規式, 상측법 上廁法, 은소작법 隱所作法

측주 廁籌 정측(淨廁)에서 부정(不淨)한 것 닦는 데 쓰는 나뭇개비. 사용하기 전의 것을 정주(淨籌), 써서 더러워진 것을 촉주(觸籌)라고 한다. 측간자(廁簡子·廁箭子)라고도 하며, 측(廁)은 측(厠)으로도 쓴다. 『비니모경』 권6(대정장24, p.838b5)에 "쓰기 마땅한 것은 나무·대(竹)·갈대로 만든 막대기로서 도량해 가장 큰 것이 1걸(搩), 작은 것은 4지(指)다. 이미 쓴 것을 털어서 쓰지 않은 것을 오염시켜서는 안 되고 정주에다가 두어서도 안 된다. 이를 '정측에 올라가서 측주를 쓰는 법'이라고 한다. 所應用者 木竹葦作籌 度量法 極長者一搩 短者四指 已用者 不得振令汚淨者 不得著淨籌中 是名上廁用廁籌法", 『사분율명의표석』 권31(卍속장70, p.875b10)에 "풀이나 나무 중에 까끄라기가 있는 것은 측주로 써서는 안 되니, 몸에 상처를 낼 수 있기 때문이다. 凡草木有叉棱者 不聽用作廁籌 恐傷身體故也", 『선원청규』 권7 「대소변리 大小便利」(卍속장111, p.912a10)에 "콧물이나 침을 뱉어 낭자하게 하거나, 기를 쓰며 끙끙 소리를 내거나, 측주로 바닥에다 낙서를 하거나, 문과 벽을 사이에 두고 사람과 담소를 나누어서도 안 된다. 不得涕唾狼籍 努氣作聲 廁籌劃地 隔門壁共人語笑", 『선림상기전』 권20 「정주」(불광장, 禪藏, p.1587)에 "도충이 말한다. '이미 쓴 측주를 촉주라고 하고, 아직 쓰지 않은 것을 정주라고 한다'. 「일용궤범」에서 말하였다. '옛날에 이르길 측간에 들어가서 측주를 쓸 땐 촉정(觸淨)을 구분한다고 하였다'. 忠曰 已使厠籌 爲觸籌 未使厠籌 爲淨籌 日用軌範云 古云 入厠用籌分觸淨"라고 하였다. [참고문헌] 『毘尼母經』, 『四分律名義標釋』, 『禪苑淸規』, 『禪林象器箋』·권20(불광장, 禪藏, p.1585), 『百丈淸規』 권6 「日用軌範」(대정장48, p.1145b23). ⇨ 상측법 上厠法, 정주 淨籌, 촉주 觸籌, 측지 厠紙

측지 厠紙 정측(淨厠)에서 부정(不淨)한 것 닦는 데 쓰는 종이. 『담연원징어록』 권6(卍속장126, p.252a5)에 "어떤 스님이 「칠불게」가 적힌 종이를 측지로 잘못 가져가 참회를 구하러 왔다. 담연이 말하였다. '이는 참회가 되지 않는다. 너를 살펴봐도 다시는 두 번째 쓸 종이란 없을 터이니, 앞으로 너는 아침 일찍 참회하고 저녁이 되면 또 적당한 때 와서 참회하고 또 참회하라'. 학인이 부끄러운 낯빛으로 돌아갔다. 有僧誤將七佛偈爲厠紙 求懺悔 師曰 此不須懺 料汝再無第二紙 只將你早間懺了 晩間又作的來懺懺 僧慚色而退", 『선림상기전』 권20 「측지」(불광장, 禪藏, p.1588)에 "도충이 말한다. '천축에서는 모두 측주를 사용한다. 중국의 스님은 천축의 관습에 따르면서도 또한 간간히 종이를 썼다'. 忠曰 天竺皆用籌 支那僧 依竺法 又有間用紙者", 『동파선희집』 권9 「취소행자 取笑行者」(대장경보편26, p.789a10)에 "동파 소식(蘇軾)은 불인요원(佛印了元)과 가장 도탑게 지냈다. 하루는 불인에게 가서 말을 주고받다가 깜빡 오랫동안 앉아있었다는 사실을 잊고 있었다. 동파가 황급히 측간으로 올라가니, 한 행자가 그 뜻을 알고 따라가서 얼마간의 모지(茅紙)를 건네주었다. 동파가 그 사리 밝음에 흐뭇하여, 다음날 도첩 하나를 보내서 속세를 버리고 머리카락을 깎게 해주었다. 한 사찰 모든 스님들이 보고서 깜짝 놀랐는데, 그 원인이 모지를 가져다 준 공에 있다고 겨우 알아냈다. 다음에 동파가 다시 불인을 방문하였는데, 그로 인하여 다시 측간에 이르니 여러 행자가 앞다투어 측간 중간을 각각 차지하고 모지를 내밀었다. 東坡與佛印最厚 一日去訪佛印 語言投合 不覺坐久 東坡倉皇登厠 有一行者會意便隨後 送些茅紙與之 東坡喜其會事 次日 以本度牒 捨與披剃 一寺僧看駭然 纔知其因 送茅紙之有功也 後東坡又訪佛印 因而再至厠所 衆行者喧鬧 厠中各將茅紙進前"라고 하였다. [참고문헌] 『湛然圓澄語錄』, 『禪林象器箋』, 『東坡禪喜集』, 『補續高僧傳』 권13 「桐江大公傳」(卍속장134, p.236a5).

측창 惻愴 마음 결해서 몹시 슬퍼하다. 사무량심(四無量心) 중 비(悲)의 정감과 통한다. 『일체경음의』 권47(대정장54, p.619a15)에 "측창〈옛 글자 측(恻)과 같은 글자로서 초와 력을 반절한 음이고, 창은 초와 량을 반절한 음이다. 『설문』에 '측은 사무치게 괴롭다는 뜻의 통(痛)이다'라고 하였다. 『광아』에 '측은 슬픔(悲)이고, 창은 근심(傷)이다'〉. 惻愴〈古文恻同 楚力反 下初亮反 說文 惻 痛也 廣雅 惻 悲也 愴 傷也〉", 『대반열반경의기』 권5(대정장37, p.749c28)에 "아프도록 슬퍼 품은 마음은 (사무량심 중) 비의 성이다. 惻愴之懷 是悲之性", 『유마의기』 권1(대정장38, p.436b24)에 "아끼며 어여삐 여기는 마음을 '자'라 하고, 아파 슬퍼하는 마음을 '비'라 한다. 愛憐名慈 惻愴曰悲", 『육도집경』 권1(대정장3, p.1c17)에 "이다지도 어리석고 미혹함 목도하고는 몹시도 슬퍼하였다. 覩斯愚惑 爲之惻愴"라고 하였다. [참고문헌] 『一切經音義』, 『大般涅槃經義記』, 『維摩義記』, 『六度集經』. ⇨ 비 悲

측천무후 則天武后 624~705. 당대 허주(許州) 곧 하남허창(河南許昌) 출신. 성은 무(武)씨, 이름은 조(曌)다. 14세 때인 638년 태종(太宗)의 정4품 재인(才人)으로 입궁하였다가 태종이 죽은 후 한동안 감업사(感業寺)로 입산하여 비구니가 되었다. 고종(高宗, 재위 650~683)이 즉위한 다음 왕궁으로 다시 불려가서 소의(昭儀)가 되었다가 얼마 후 황후(皇后) 자리에 올랐다. 고종의 나이가 많아짐에 따라 정사(政事)를 전결하던 중 고종이 죽음으로써 고종의 제7왕자인 중종(中宗)을 즉위시켜 놓고 전후 약 40여 년간 섭정을 하다가, 군신들이 들고 일어나 물러나기를 종용하자 무후는 고종의 제8왕자인 단(旦 : 睿宗)을 즉위시켰으나 군신들과의 갈등이 심화되어 폐위당하고 지방으로 쫓겨갔다. 중종이 방주로부터 돌아오자 다시 황태자로 복위하고 상왕으로 봉했다. 그러나 무후가 아들이며 정적(政敵)인 중종일파가 자기를 추종하지 않는다는 이유로 중종을 죽임으로써 예종의 제3자인 현종(玄宗)이 병력을 동원하여 위씨(韋氏)일파를 시해하고 황제위에 올랐다. 690년 나라 이름을 주(周)로, 연호를 천수원년(天授元年)으로 고치고는 자칭 '천책금륜성신황제(天冊金輪聖神皇帝)'라고 하니 중국 역사상 유일한 여황제(女皇帝)였다. 고종이 죽은 후 무려 40여 년간 집정하였다. 이 무주혁명(武周革命)을 합리화하기 위해 『대운경소 大雲經疏』 「진부명 陳符命」의 '측천은 미륵보살의 하생이자 염부제의 주인이다(則天是彌勒下生 爲閻浮提主)'라고 한 구를 선전 도구로 적극 활용하였다. 이 「진부명」을 바친 법랑(法朗 : 또는 法明)·설회의(薛懷義) 등 9인에게 자색가사(紫色袈裟)를 하사하기도 하였는데, 이것이 사자(賜紫) 전통의 효시가 되었다. 한편 고승인 신수(神秀)·법장(法藏)·의정(義淨) 등 스님을 스승으로 모시면서 자못 자신을 굽혀 지극한 예로써 섬겼다. 또 도승(度僧)·사찰건립·불상조성·사경 등 많은 불사를 하였다. 만년에 이르기까지 마음대로 정사를 전횡하다가 국정이 날로 무너지기 시작하여 705년(신룡1) 11월 비(碑)에 한 글자도 새기지 말라는 유언을 남기고 향수 82세를 일기로 서거하였다. 유언에 따라 무자비(無字碑)가 세워져 현재까지 전한다. [참고문헌]『佛祖統紀』 권39(대정장49, p.369b22), 『佛祖歷代通載』 권12(대정장49, p.583c16), 『僧史略』 권하(대정장54, p.248c7), 『祖庭事苑』 권3(卍속장113, p.92a12), 『禪苑蒙求』 권상(卍속장148, p.200a5).『唐書』 권6, 『新唐書』 권76, 『華嚴經懸談』 荒字卷 則天序文.

측천사욕 則天賜浴 측천무후가 목욕을 공양하다. 숭악혜안(崇嶽慧安)국사와 북종신수(北宗神秀)에게 목욕하도록 하고 두 선사를 시험한 인연. 『선원몽구』 권상(卍속장148, p.200a5)에 "측천사욕〈출전은 『조정사원』 권1〉: 당 무측천황후가 숭산노안과 북종신수를 궁중에 모셔 공양하고는 궁녀들을 시중들게 하였는데, 유독 혜안국사는 기뻐하며 여느 때나 다름없었다. 무후가 감탄하여 말했다. '물에 들어서야 비로소 대단한 인물 있음을 알겠다'. 則天賜浴〈事苑一〉 唐武則天皇后 嵩山老安 北宗神秀 入禁中供養 因澡浴次 宮姬給侍 獨安怡然無他 后歎曰 入水始知有長人"라고 하였다. [참고문헌]『禪苑蒙求』, 『祖庭事苑』 권1(卍속장113, p.15b7), 『禪門拈頌說話』 116則(한불전5, p.126b10).

측탁 測度 Ⓢ nyasana, Ⓣ shod-dgod-pa. 헤아려 알다. '척도가 되는 것에 의지해 헤아리다'에서 나온 말이어서 의지할 만한 것이 없는 공(空)한 반야(般若)의 분상에서는 늘 부정되는 말이다. 『범마유경』(대정장1, p.883c19)에 "저 상호와 신령한 덕은 천신을 뛰어넘는다. 그것은 우뚝하여 이름붙일 수 없고, 석범도 능히 헤아리지 못하며, 뭇 성인도 셈하여 알 수 없다. 其有相好神德踰天 巍巍難稱 釋梵所不能測度 群聖莫能籌算", 『대반야경』 권81(대정장5, p.454c8)에 "존자 선현이 이 반야바라밀다에 대해 비록 다시 온갖 방편으로 드러내어 설법하고 쉽게 이해하게 하려고 해도, 그 뜻 깊고 거듭 깊으며 미세하고 또 미세하여 가히 헤아리기 어렵다. 尊者善現 於此般若波羅蜜多 雖復種種方便顯說 欲令易解 而其意趣甚深轉甚深 微細更微細 難可測度", 80권본 『화엄경』 권54(대정장10, p.288a16)에 "보살이 일찍이 무량한 부처님들이 계신 처소에서 들은 여래지혜 그 끝 있을 리 없어 능히 그 한계 헤아릴 수 없다. 菩薩曾於無量佛所聞如來智 無有邊際故 能不以齊限測度", 『일체경음의』 권6(대정장54, p.344c6)에 "측탁〈측은 초와 력을 반절한 음이다. 정현이 주석한 『주례』에 '측은 탁과 같다'라고 하였다. 너비와 깊이를 알 수 없는 상태를 측이라 한다〉. 測度〈上楚力反 鄭玄注周禮云 測猶度也 不知廣深曰測〉"라고 하였다. [참고문헌]『梵摩渝經』, 『大般若經』, 『華嚴經』, 『一切經音義』, *Bodh-bh.145.*

측항간 廁笐竿 상측(上廁)할 때 가사나 수건 따위를 걸어두는 횃대. 이에 반해 욕실에 설치하는 걸이는 욕실항간(浴室笐竿)이라고 한다. 항은 항(桁)을 쓰기도 한다. 『선림상기전』 권20 「측항간」(불광장, 禪藏, p.1585)에 "「일용궤범」의 추탈에서 이르기를 '끈을 풀어 항간 위에다가 매둔다'고 하였다. 日用軌範抽脫云 解條繫笐竿上"라고 하였다. [참고문헌]『禪林象器箋』, 『百丈淸規』 권6 「日用軌範」(대정장48, p.1145b18). ⇨ 상측법 上廁法, 욕실항간 浴室笐竿

측혼 廁溷 Ⓟ gūthakūpa. 뒷간. 『장아함경』 권7 「폐숙경 弊宿經」(대정장1, p.43c2)에 "이 염부제의 땅은 더럽고 냄새나서 청정하지 않다. 모든 하늘 나라 떨어져 있지만, 멀리서도 사람들의 냄새 맡으니 뒷간의 냄새보다 심하다. 此閻浮利地 臭穢不淨 諸天在上 去此百由旬 遙聞人臭 甚於廁溷", 『불본행집경』 권16(대정장3, p.729a17)에 "이곳은 더럽고 악취가 나는데도 어리석은 사람은 향기나고 좋은 곳으로 여기니, 마치 돼지들 뒷간 중에 있는 듯하다. 此處臭穢 愚癡之人以爲香美 猶如猪在廁溷之中"라고 하였다. [참고문헌]『長阿含經』, 『佛本行集經』, *DN.2.325.*

츤신의 襯身衣 속에 입는 내의(內衣). 줄여 츤의라고 하며, 츤체의(襯體衣)라고도 한다. 『십송율』 권39(대정장23, p.282b4)에 "부처님께서 사위국에 계실 때 일이다. 한 비구가 츤신의를 입지 않은 채 새로 칠한 벽에 기대어 섰다가 채색이 떨어졌다. … 이에 부처님께서는 이렇게 말씀하셨다. '지금부터 비구가 츤신의를 입지 않은 채 채색한 벽에 기댄다면 돌길라다'. 佛在舍衛國 有一比丘 不著襯身衣 倚新畫壁立 綵畫剝落 … 佛言 從今比丘不著襯身衣 倚畫壁者 突吉羅", 『오분율』 권19(대정장23, p.728c21)에 "이때 육군비구가 츤신의를 지었는데, 크기가 어떤 것은 승기지와 같고 어떤 것은 니원승과 같았다. … 이에 부처님께서는 이렇게 말씀하셨다. '츤신의는 그렇게 지어서는 안 되니, 반드시 세 종류로 지어야 한다. 가장 큰 것은 머리부터 발뒤꿈치까지 덮게 하고 왼손 가린다. 중간 것은 머리부터 정강이 반쯤까지 덮게 하며, 왼쪽 어깨에서 팔뚝까지만 가린다. 작은 것은 머리부터 무릎까지 덮게 하고, 왼쪽 어깨에서 팔꿈치

반 정도까지만 가리게 한다. 時 六群比丘 作襯身衣 大小如僧祇支 或如泥洹僧 … 佛言 … 應三種作 上者 從覆頭下至踝舒覆 左手掩令等沒 中者 從覆頭下至半脛舒覆 左臂掩等至腕 下者 從覆頭下至膝舒覆 左臂掩等半肘"라고 하였다. 〔참고문헌〕『十誦律』, 『五分律』.

츤의 襯衣 안에 입는 옷. 『유부율』 권19(대정장23, p.728c21)에 "'그대는 츤의가 있습니까?' 장자가 말했다. '있습니다'. (오파난다가 말했다) '그렇다면 지금 이 성 안의 모든 장자들이 몸에 츤의를 입고 손에 거친 막대기를 들고 소를 방목하여 치고 해질녘에 돌아오는데, 그대 역시 몸에 츤의를 입고 손에 주장자를 잡고서 소를 뒤따라 성 안으로 들어간다면, 모든 사람들이 이를 보고서 이상하게 여길 사람이 없을 것입니다'. 汝有襯衣不 長者言有 若如是者 今此城中諸長者等 身著襯衣手持麤杖 放牧牛畜日暮而歸 汝今亦可身著襯衣手中執杖 隨他牛後以入城中 諸人見時全無怪者", 『대반열반경소』 권21(대정장38, p.160a3)에 "'츤'의 음을 '친'이라고 해서는 안 된다. 이 옷은 안에 착용하므로 츤의라 한다. 襯音者 非應言親音 此衣在裏 名爲襯衣"라고 하였다. 〔참고문헌〕『有部律』, 『大般涅槃經疏』. ⇨ 츤신의 襯身衣

츤전 襯錢 금전을 베풀다. 보시받은 금전. 『보속고승전』 권20 「야대전 夜臺傳」(卍속장134, p.325b8)에 "또한 보시받은 금전을 주어 그것으로 시방 모든 부처님께 예를 올리며 '저는 바다로 돌아가고자 합니다' 하자 대중이 놀라서 '지금 이미 바다에 있는데 또 어떻게 돌아간단 말씀입니까?'라고 물었다. 復出襯錢授之 因禮十方諸佛曰 我欲歸海 衆驚曰 今已在海中 復何歸", 『벽암록』 33칙 「평창 評唱」(대정장48, p.172a23)에 "진조상서는 배휴나 이고와 같은 때 살았는데 어떤 스님이라도 찾아오기만 하면 먼저 재를 청하고 금전 삼백 냥을 드리고는 반드시 법을 가렸다. 陳操尙書 與裴休李翺同時 凡見一僧來 先請齋 襯錢三百 須是勘辨"라고 하였다. 〔참고문헌〕『補續高僧傳』, 『碧巖錄』.

츤한 襯汗 속옷. 내의. 『선원청규』 권1 「장포 裝包」(卍속장111, p.877b15)에 "정의는 전포 안에다 넣어야 하고, 후포 안에는 피단·면의·츤한을 넣되 몸에 닿는 촉의는 먼저 깨끗한 천으로 감싸고, 감싸기를 마치면 포에 넣는다. 應係淨衣 前包內安置 後包內安被單 綿衣 襯汗 應係觸衣之類 先用白絹複 複訖入包"라고 하였다. 〔참고문헌〕『禪苑淸規』.

층급 層級 Ⓢ parișaṇḍa, Ⓣ bang-rim. 높이를 달리해 오르다. 『구사론』 권11(대정장29, p.59b19 : *Abh-k-bh.*, p.166)에 "저 공거천이라면 오직 이와 같은 해등의 궁전에 머물지만, 지거천이라면 묘고산 등 여러 층급들에 머문다. 그 층급은 몇이며 그 크기는 얼마나 될까? 또한 어떤 무리의 천들이 어떤 층급에 머물까? 若空居天 唯住如是 日等宮殿 若地居天 住妙高山 諸層級等 有幾層級 其量云何 何等諸天 住何層級 vimānavāsinā metāni. bhūminivāsinām punaḥ sumerūparișaṇḍā dīni. kati cāsya parișaṇḍāḥ kiyatyo vā", 『성유식론소의연』 권4(卍속장79, p.241a14)에 "첫째는 '묘고산(수미산)의 층급에 머문다는 것은, 수미산 네 겹 언덕인데 사묘고층급이라 하고 사천왕의 거처다'라고 한다. 둘째는 '삼십삼천이니 수미산 꼭대기에 머문다'라고 한다. 一說 住妙高層級者 卽須彌山四埵 名四妙高層級 謂四天王所居處 二云 卽三十三天 居須彌山頂", 『화엄경소』 권17(대정장35, p.628a29)에 "층급이란 만행을 거듭 익혀 성취한다. 言層級者 萬行熏成故", 『일체경음의』 권47(대정장54, p.621b3)에 "층급〈층은 자와 등을 반절한 음이다. 곽박(郭璞)의 주석에 '층이 거듭함이다', 왕일(王逸) 주석의 『초사장구 楚辭章句』에 '층은 거듭 쌓였다는 뜻이다'라고 하였다〉. 層級〈自登反 郭注云 層重也 王注楚辭云 層重累也〉"라고 하였다. 〔참고문헌〕『俱舍論』, 『成唯識論疏義演』, 『華嚴經疏』, 『一切經音義』, *Abh-k-bh.*

층낙락영단단 層落落影團團 층 오를수록 떨어질 듯하고 그림자 몽글몽글하다네. 설두중현(雪竇重顯)이 남양혜충(南陽慧忠)의 무봉탑(無縫塔) 들어 한 말이다. 『종용록』 85칙 「평창 評唱」(대정장48, p.282b10)에 "(남양의 무봉탑 공안에 대해) 설두중현은 '층마다 떨어질 듯하고, 그림자 단단하네' 하였으니 이는 한마디 딱 맞아떨어지는 말이고, 천동정각(天童正覺)은 '외로이 돌고 돌아, 둥글듯 한없이 비탈지네'라고 하였으니, 만 겹이나 나귀 매던 말뚝이다. 雪竇道 層落落影團團 此一句合頭語也 天童道 孤迴迴圓陁陁 萬劫繫驢橛也"라고 하였다. 〔참고문헌〕『從容錄』, 『碧巖錄』 18則 「頌」(대정장48, p.158c24). ⇨ 국사탑양 國師塔樣

층운암 層雲庵 전라북도 고창군 아산면 삼인리 선운산(禪雲山)에 있던 절. 선운사(禪雲寺) 산내의 만월대(滿月臺)에 위치했으나 현재는 남아 있지 않다. 〔참고문헌〕『韓國寺刹全書』 권하 p.1106b12.

치 治 **1** 다스리다. 범계한 이를 대중갈마로 다스리다. 『마하승기율』 권5(대정장22, p.263b5)에 "승가바시사라는 말에서 승가는 사바라이고 바시사는 남은 잘못을 말하는데, 반드시 갈마로 다스려야 한다. 그러므로 승가바시사를 설한다. 또한 이 죄는 승중 앞에서 잘못을 밝히고 참회해야 하므로 역시 승가바시사라고 한다. 僧伽婆尸沙者 僧伽 謂四波羅夷 婆尸沙者 是罪有餘 應羯磨治

故說僧伽婆尸沙 復次 是罪僧中發露悔過 亦名僧伽婆尸沙"라고 하였다. [참고문헌] 『摩訶僧祇律』. **2** 번뇌를 마주해 다스리다(對治 Ⓢ pratipakṣa). 『사교의집주절의』(卍속장102, p.233a17)에 "나는 염불로 스스로 마주해 핍박한다지만, 애초부터 방해와 장애라는 것은 없다. 문장에서 '오도문과 육도문'이라 한 것은 다섯 가지 관법으로 다섯 가지 장애를 다스리는 것이니, 곧 육도로 육폐를 건너게 하니 그 이치 한가지다. 我念佛自對逼迫障 初無妨礙也 文中云五度門六度門者 五觀治五障 卽六度度六蔽 一理也"라고 하였다. [참고문헌] 『四教儀集註節義』. ⇨ 대치 對治 **3** 귀신이나 마구니(魔)를 물리치는 것. 『대지도론』 권93(대정장25, p.714c28)에 "나는 아누다라삼막삼보리를 얻어 반드시 번뇌라는 죄를 멸하리라. 비유하자면 귀신 붙은 사람에게 주술사 찾아와 다만 귀신 물리칠 뿐 사람에게는 화내지 않는 것과 같다. 그러므로 그 죄는 추궁하지 마라. 我得阿耨多羅三藐三菩提 當滅除其煩惱罪 譬如鬼著人 呪師來但治鬼而不瞋人 是故莫求其罪"라고 하였다. [참고문헌] 『大智度論』. **4** 나라를 다스리다. 『장아함경』 권1 「대본경 大本經」(대정장1, p.3b12)에 "왕이 다스리는 성을 광상(Ⓟ Aruṇavatī)이라고 불렀다. 王所治城 名曰光相", 『불반니원경』 권하(대정장1, p.169b28)에 "온화한 마음으로 부드럽게 가르치고, 모든 왕들을 위해 나라를 다스리는 법을 설한다. 족함을 알고 구하지 않고 마음 가는대로 행하면서 청정을 으뜸으로 삼는다. 和心軟敎 爲諸王說治國法 知足無求 逝心之行 淸淨爲首"라고 하였다. [참고문헌] 『長阿含經』, 『佛般泥洹經』.

치 癡 **1** Ⓢ moha, mūḍha, Ⓟ moha, mūḷha, Ⓣ gti-mug. 어리석어 지혜롭지 못함. 삼독(三毒 : 三不善根) 중 하나. 대번뇌지법(大煩惱地法)에 섭한다. 음사어는 모하(慕何). 무명(無明)·무지(無智)·우치(愚癡)로 번역하며, 상대어는 명(明)·무치(無癡)·명지(明智) 등이다. 『법집요송경』 권1(대정장4, p.779b15 : *Udāna-v.*, p.134)에 "악한 말 들어도 참아내고, 수행하는 이를 찬탄하여 말하고, 탐진치를 없앤다면, 저 이 사문의 성을 얻으리. 若聞惡而忍 說行人讚嘆 消除貪瞋癡 彼獲沙門性 alpam api cet sahitaṃ bhāṣamāṇo dharmasya bhavati hy anudharmacārī, rāgaṃ ca doṣaṃ ca tathaiva mohaṃ prahāya bhāgī śrāmaṇyārthasya bhavati", 『중론』 권4(대정장30, p.31a13 : *Pras.*, p.149)에 "억상분별 좇아서 탐욕과 분노와 어리석음 생겨나네. 정과 부정의 뒤바뀜 온통 다 뭇 연 좇아 난다네. 從憶想分別 生於貪恚癡 淨不淨顚倒 皆從衆緣生 saṃkalpa-prabhavo rāgo dveṣo mohaś-ca kathyate, śubhāśubha-viparyāsān saṃbhavanti pratītya hi", 『유식삼십론송』 권1(대정장31, p.60b26 : *Vijñ-t-bh.*, p.82)에 "번뇌란 탐·진·치·만·의심·악견을 말한다. 煩惱謂 貪 瞋 癡 慢 疑 惡見 kleśā rāga-pratigha-mūḍhayaḥ. māna-dṛg-vicikitsāś ca"라고 하였다. [참고문헌] 『法集要頌經』, 『中論』, 『唯識三十論頌』, *Udāna-v.*, *Pras.*, *Vijñ-t-bh.* ⇨ 삼독 三毒, 삼불선근 三不善根, 대번뇌지법 大煩惱地法, 우치 愚癡, 모하 慕何, 명 明[1], 무치 無癡 **2** Ⓢ avidyā, Ⓟ avijjā, Ⓣ ma-rig-pa. 십이지(十二支) 중 생멸연기가 시작되는 첫 번째 지(支). 무명(無明)과 같다. 『장아함경』 권1 「대본경 大本經」(대정장1, p.7b8)에 "'생사는 어디로부터 무엇을 연하여 있는가?' … 치를 연으로 행이 있고, 행을 연으로 식이 있으며, … 취를 연으로 유가 있고, 유를 연으로 생이 있으며, 생을 연으로 노병사우비고뇌가 있다. 이 고성음은 생을 연으로 있으니, 이것이 고통의 무더기이다'. 生死何從何緣而有 … 是爲緣癡有行 緣行有識 … 緣取有有 緣有有生 緣生有老病死憂悲苦惱 此苦盛陰緣生而有 是爲苦集", 『불반니원경』 권상(대정장1, p.163b9)에 "지금 나도 부처가 되었으니, 마땅히 반니원에 들어야 한다. 이 몸을 빌어 부처가 되었고 … 사람 본래 치에서 비롯되었음을 알게 되었다. 今我作佛 亦當般泥洹 用是身故作佛 … 知是人本從癡故", 『구사석론』 권3(대정장29, p.178c23 : *Abh-k-bh.*, p.56)에 "이 중에서 치란 무명·무지·무현을 말한다. 此中 癡謂無明無智無顯 tatra moho nāma-avidyā'jñānam-asaṃprakhyānam", 『성유식론』 권6(대정장31, p.31b23)에 "어떤 것이 치인가? 모든 이와 사에 대해 미혹하고 어두운 것이 성이며, 무치를 장애하고 모든 잡염법의 의지처가 되는 것이 그 업이다. 즉 무명에 의해 의심·삿된 견해·탐욕 등의 번뇌와 수번뇌의 업을 일으켜서 후생의 잡염법을 초래하기 때문이다. 云何爲癡 於諸理事 迷闇爲性 能障無癡 一切雜染 所依爲業 謂由無明 起疑邪見 貪等煩惱 隨煩惱業 能招後生 雜染法故"라고 하였다. [참고문헌] 『長阿含經』, 『佛般泥洹經』, 『俱舍釋論』, 『成唯識論』, *Abh-k-bh.* ⇨ 무명 無明[1] **3** Ⓢ tamas, moha. 어둠. 어리석음. 상키야(Ⓢ Sāṃkhya)에서 말하는 삼덕(三德) 중 하나인 다마(多磨 Ⓢ tamas : 多摩)의 속성. 또는 오종의도(五種疑倒 : 五疑分) 중 하나. 『금칠십론』 권상(대정장54, p.1247c16)에 "어둠과 어리석음이 다마의 체이다. 闇癡多磨體", 같은 책 권중(대정장54, p.1256c9 : *Sāṃkhy-k.*, p.46)에 "의도에 오분이 있으니 … 첫째 암, 둘째 치, 셋째 대치, 넷째 중암, 다섯째 맹암이다. 疑倒有五分者 … 一 闇 二 癡 三 大癡 四 重闇 五 盲闇 viparyayasya ca tamo moho mahāmohas tāmisro 'ndhatāmisra iti pañca bhedāḥ"라고 하였다. [참고문헌] 『金七十論』, *Sāṃkhy-k.* ⇨ 다마 多摩, 오종의도 五種疑倒

치가빈 郗嘉賓 336~377. 이름은 초(超). 가빈은 자다. 의리를 정치한 논리로 전하는 솜씨가 뛰어났다. 불교 교리에 관심이 깊어 「본무난문 本無難問」·「봉법요 奉法要」·「오음삼달석 五陰三達釋」 등을 지었다. 진(晋)의 대장군(大將軍) 항온(桓溫)의 신임을 받았다. ［참고문헌］『佛祖歷代通載』 권6(대정장49, p.523b28), 『弘明集』 권13(대정장52, p.86a21), 『大唐內典錄』 권10(대정장55, p.326c23).

치견 癡犬 어리석은 개. 던진 사람 모르고 흙덩이나 쫓는다 하여 치구(癡狗)라고도 한다. 이름과 글자(名字)나 쫓는 어리석은 이의 비유다. 『대장엄론경』 권2(대정장4, p.266b4)에 "비유하자면 마치 사자에게 어떤 사람이 화살이나 돌을 던지거나 쏘면 그 사자 던진 사람을 쫓아가지만, 어리석은 개에게 사람이 돌 던지면 곧바로 돌을 쫓아가니 근본을 찾을 줄 모르기 때문이다. 사자는 그 본을 찾아서 번뇌를 소멸하는 지혜로운 사람을 비유한다. 어리석은 개라는 말은 외도를 비유하니, 그는 다섯 가지로 몸을 달굴 뿐 근본을 알아채지 못한다. 譬如師子 有人或以 弓箭瓦石 而打射之 而彼師子 逐逮彼人 譬如癡犬 有人打擲 便逐瓦石 不知尋本 言師子者 喩智慧人 能求其本 而滅煩惱 言癡犬者 卽是外道 五熱炙身 不識心本", 『법화현의석첨』 권4(대정장33, p.846a16)에 "이름과 글자 흙덩이 같고 참된 뜻 사람 같다. 무명의 어리석은 개는 이름과 말 덩어리 쫓지만, 종에 밝은 사자는 이치를 얻고 이름은 잊는다. 名字如塊 眞理如人 無明癡犬 逐名言塊 種智師子 得理亡名"라고 하였다. ［참고문헌］『大莊嚴論經』, 『法華玄義釋籤』. ⇨ 견축괴 犬逐塊, 교인사자 咬人師子, 사자교인 師子咬人, 치구 癡狗

치경구의 致敬九儀 경의를 드러내는 아홉 가지 의례. 『대당서역기』 권2(대정장51, p.877c12)에 "경의를 표하는 법식에 아홉 가지가 있다. 첫째는 소리를 내서 위문을 하는 것이고, 둘째는 머리를 숙여서 경의를 표하는 것이며, 셋째는 손을 높이 들어서 읍(揖)하는 것이고, 넷째는 손바닥을 합하여 가지런하게 맞대는 것이다. 다섯째는 무릎을 꿇는 것이고, 여섯째는 길게 엎드리는 것이며, 일곱째는 손과 무릎을 땅에 대는 것이고, 여덟째는 오륜을 함께 구부리는 것이며, 아홉째는 오체투지 하는 것이다. 致敬之式 其儀九等 一 發言慰問 二 俯首示敬 三 擧手高揖 四 合掌平拱 五 屈膝 六 長跪 七 手膝踞地 八 五輪俱屈 九 五體投地"라고 소개하고 있다. ［참고문헌］『大唐西域記』. ⇨ 천축구의 天竺九儀

치곤 緇髡 먹물옷 입고 머리 깎은 스님. 『고려사절요』 권1 919년(태조2)에 "궁전을 범패를 하는 곳이 되었고, 치곤이 사부의 위를 차지하였다. 宮殿爲梵唄之堂 緇髡居師傅之位", 『성종실록』 권191 17년(1486) 5월 11일에 "(효령대군은) 불교에 혹신하여 치곤이 모이는 장소가 되었다. 惑釋教 爲緇髡淵藪", 『순조실록』 권1 1년(1800) 12월 14일에 "번전의 반을 내도록 하는 것을 막았으니 치곤을 동요하지 않게 하였다. 이렇게 한 것은 스님들 또한 백성이기 때문이다. 防番錢之半而緇髡不撓 則僧亦民也"라고 하였다. ［참고문헌］『高麗史節要』, 『成宗實錄』, 『純祖實錄』.

치광 癡狂 Ⓢunmatta, Ⓣsmyos-pa. 미쳐 날뛰다. 『대장엄론경』 권14(대정장4, p.336c23)에 "마치 귀신이 마음에 파고든 듯 미친 듯 제멋대로 하며 의사를 욕하더라도, 의사는 귀신을 치료할 뿐 병든 이를 꾸짖지 않는다. 번뇌 또한 귀신 같아서 무명에 덮여 탐진치를 일으키니, 다만 그 번뇌 버릴 뿐 어찌 그 사람을 책망하겠는가? 如人鬼入心 癡狂毁罵醫 醫師治於鬼 不責病苦人 結使亦如鬼 無明所覆故 能生貪瞋癡 但當除煩惱 何須責彼人", 『현우경』 권9(대정장4, p.414a29)에 "이 여인 미친 듯하여 뜻 마음대로이고 성마저 잃었다. 此女癡狂 志亂失性", 『마하승기율』 권13(대정장22, p.332a17)에 "이 난제와 발차난제가 이전에 미친 병 있어 갖가지로 법도에 맞지 않은 언행을 저질렀다. 이제 그 어리석은 병이 나았음에도 범행을 닦는 모든 이들이 여전히 저들이 전에 미친 듯할 때의 작태만을 일부러 언급한다. 是難提 鉢遮難提 本癡狂病時 作種種非法 今癡已差 諸梵行人 猶故說其本癡狂時所作", 『사분계본여석』 권2(卍속장63, p.56b2)에 "미친 듯하는 것은, 친속의 죽음 때문이기도 하고, 재물을 잃었기 때문이기도 하며, 사대의 병이기도 하고, 선세의 업보 때문이기도 하다. 그러한 이유로 뒤집히고 미친 듯하다. 癡狂者 或親里死 或失財物 或四大病 或先世業報 故顚狂", 『대혜어록』 권7(대정장47, p.841a8)에 "대중에게 말했다. '지난밤 토끼가 호랑이 쫓다가 날이 밝자 아무 연고도 없는 곳으로 달려 들어갔다. 달빛 아래 산호가지 자라나고 삼라만상 가지런히 고개숙여 절하는구나'. 불현듯 주장자를 잡고 말했다. '주장자는 영리하지 못하지만, 그러한 놈이 오히려 아름다움과 추함을 잘 구분한다. 이공이 흠뻑 취해 고꾸라질 때 원래 막걸리를 마신 이는 장공이었다. 여러분에게 알리니 급히 고개 돌려 보라! 간절히 미친 듯 밖을 향해 달리지 말기를'. 示衆 夜來兎子趕大蟲 天明走入無何有 月下珊瑚長數枝 萬象森羅齊稽首 驀拈拄杖云 拄杖子不唧嚁 渠儂却善分妍醜 李公爛醉絶倒時 元是張公喫村酒 報諸人急回首 切忌癡狂外邊走"라고 하였다. ［참고문헌］『大莊嚴論經』, 『賢愚經』, 『摩訶僧祇律』, 『四分戒本如釋』, 『大慧語錄』, *Bodh-bh.82.*

치괴 恥愧 수치스럽거나 부끄러워함. 치는 치(恥)의 속자다. 『법원주림』 권86(대정장53, p.913b18)에 "부처님께서 우파리에게 이르셨다. '삼십오불께서 구세대비를 가르치셨으니 「그대 마땅히 예경하고 참괴의 옷 입어야 하리. 저 눈에 다래끼가 나면 깊이 부끄러워하듯이 문둥병에 걸린 이가 양의의 가르침 따르듯이 마땅히 부끄러워해야 한다」'. 佛告優波離 有三十五佛 教救世大悲 汝當敬禮 爾時當著慚愧衣 如眼生瘡 深生耻愧 如癩病人 隨良醫教 汝亦如是 應生慚愧"라고 하였다. [참고문헌] 『法苑珠林』. ⇨ 참괴 慚愧

치구 馳求 Ⓢ√dhāv, pari-√dhāv, Ⓣrgyu-ba, yongs-su-rgyug-pa. 달려 구하다. 분주하게 달리며 이리 뛰고 저리 구하다. 『별역잡아함경』 권12(대정장2, p.460b25)에 "(어떤 천인이) 부처님 처소의 한 곳에 자리잡고 앉아 게송으로 아뢰었다. '중생 누구의 소생인가? 어째서 늘 치달리며 구하는가? 또 어째서 생과 사를 돌고돌며 해탈하지 못하는가?' 그때 세존께서 게송으로 답했다. '애가 중생을 낳고, 뜻으로써 온갖 티끌 향해 치달리네. 목숨 가진 모든 무리들이여, 생과 사 돌고 돌며 항상 온갖 고통 받거늘, 어떻게 해탈하겠는가?' 却坐一面 而說偈言 衆生誰所生 云何常馳求 云何於生死 流轉不解脫 爾時 世尊 以偈答曰 愛生于衆生 意馳於諸塵 一切有命類 輪轉於生死 恒受於諸苦 云何得解脫", 『대보적경』 권2(대정장11, p.7c14)에 "욕경계에 치달려 구하니 여인에게로 달려간다. 馳求欲境 趣向女人", 『순정리론』 권26(대정장29, p.488b24)에 "갖가지로 마음에 드는 경계를 얻고자 두루 달려 구하니, 이 위를 취라 한다. 爲得種種 可意境界 周遍馳求 此位名取", 『연종보감』 권10 「서방미타설 西方彌陀說」(대정장47, p.344b18)에 "헛되이 색상을 취하여 뒤집힌 채로 달려 구한다. 妄取色相 顚倒馳求", 『조산어록』(대정장47, p.530b12)에 "가령 그대는 갖가지로 달려 구하며 부처 찾고 조사 찾으며 보리열반에 이르고자 하지만, 언제나 편히 쉬어서 할 일 이루겠는가! 모두가 생멸심일 뿐이다. 그런 까닭에 나무토막처럼 아무것도 모르는 고양이나 암소만 못하다. 올올이 아는 것 없이 해서 부처도 모르고 조사도 모르며 보리와 열반도 모르고 나아가 선악과 인과도 모르니, 배고프면 여물 먹고 목마르면 물 마실 뿐이다. 이렇게 할 수 있다면 할 일을 이루지 못하리라 걱정할 일도 없으리라. 如汝種種馳求 覓佛覓祖 乃至菩提涅槃 幾時休歇成辨乎 皆是生滅心 所以 不如貍奴白牯 兀兀無知 不知佛 不知祖 乃至菩提涅槃 及以善惡因果 但饑來喫草 渴來飮水 若能恁麽 不愁不成辨", 『분양어록』 권상(대정장47, p.599b12)에 "종소리 참새지저귐마저도 진실한 근원과 어울릴 수 있으니, 달리 먼 곳으로 좇아 구하지만 헛되이 절목만 일으킬 뿐이다. 鐘聲雀噪 可契眞源 別處馳求 妄生節目", 『대혜어록』 권14(대정장47, p.869a1)에 "밖을 향해 치달리며 구하면 점점 멀어지게 된다. 向外馳求轉見疎", 『능엄경강록』 권5(卍속장90, p.53a6)에 "흩어진 마음으로 치달리며 구하는 이 마음 밖에 법 있어 보리라 하여서는 이름과 모양 취해 붙들릴 뿐이다. 散心馳求者 爲見心外有法 取著名相故"라고 하였다. [참고문헌] 『別譯雜阿含經』, 『大寶積經』, 『順正理論』, 『蓮宗寶鑑』, 『曹山語錄』, 『汾陽語錄』, 『大慧語錄』, 『楞嚴經講錄』, *Abh-k-bh.132.*

치구 癡狗 어리석은 개. 치견(癡犬)이라고도 한다. 『전심법요』(대정장48, p.382c3)에 "또한 '다만 저 한 마리 어리석은 개와 흡사하여 움직이는 것 보는 순간 곧바로 짖어대니 바람에 이리저리 날리는 초목과 다르지 않다'고 한다. 又云 秪如箇癡狗相似 見物動處便吠 風吹草木也不別", 『심부주』 권2(卍속장111, p.76a4)에 "어리석은 개 흙덩이를 쫓지만 사자는 사람에게 달려든다. 이는 상근기가 법 들으면 곧바로 마음 으뜸임을 알아채고 문답 따르고 말 좇아 알음알이 내지 않는 비유다. 癡狗逐塊 師子就人 此喩上機聞法 直了心宗 不隨問答 逐語生解"라고 하였다. [참고문헌] 『傳心法要』, 『心賦注』. ⇨ 치견 癡犬, 교인사자 咬人師子, 사자교인 師子咬人

치구심 馳求心 달려 구하는 마음. 이리저리 안팎을 향해 달리며 구하는 마음을 가리킨다. 『임제록』(대정장47, p.497b7)에 "그대들이 만일 념념으로 치달리며 구하려는 마음을 그칠 수만 있다면 조사나 부처와 다르지 않을 것이다. 그대들은 조사나 부처를 알고자 하는가? 바로 그대들, 면전에서 법 듣는 이 바로 이것이다. 학인들이 믿지 못하여 밖으로 치달려 구하지만, 설령 구하여 얻더라도 그 모두가 문자의 뛰어난 모양일 따름이니, 결코 다른 이 살리는 조사의 뜻을 얻을 수는 없다. 爾若能歇得 念念馳求心 便與祖佛不別 爾欲得識祖佛麽 秪爾 面前聽法底是 學人信不及 便向外馳求 設求得者 皆是文字勝相 終不得他活祖意", 『서장』 「답강급사장 答江給事狀」(대정장47, p.920c28)에 "만일 치달려 구하는 마음을 쉴 수 없다면 설령 이마를 맞대고 뜻으로 알려 한들 무슨 이익이 있겠습니까? 바로 이것이야말로 미친 듯 저 밖을 향해 달릴 뿐이기 때문입니다. 若馳求心不歇 縱與之眉毛厮結理會 何益之有 正是癡狂 外邊走耳", 『초석범기어록』 권15(卍속장124, p.231a15)에 "도인이라면 밖으로 치달리며 구하는 마음을 놓아버리고 바로 지금 막힘없이 트여 고금을 넘어선다. 道人放下馳求心 當念廓然超古今"라고 하였다. [참고문헌] 『臨濟錄』, 『書狀』, 『楚石梵琦語錄』. ⇨ 치구 馳求

치구임화 雉救林火 한 마리 꿩이 불타는 숲 구하다. 『대지도론』 권16(대정장25, p.178c29)의 일화를 『경율이상』 권48(대정장53, p.254c13)에서 '치구임화'라 이름붙였다. "옛날에 들불로 숲이 타들어가자 숲에 살던 꿩 한 마리 부지런히 기력을 다해 물속을 들며 나며 숲을 적셨다. 거듭 오가면서 몸이 지쳤지만 괴롭다 여기지 않았다. 그때 천제석이 찾아와 물었다. '너는 무엇을 하고 있느냐?' '저는 이 숲의 불을 끄고 있는 중입니다. 이곳의 중생들을 연민하기 때문입니다. 이 숲의 그늘진 곳은 넓고 서늘하며 즐거운 느낌을 주어 우리와 같은 여러 무리와 모든 친속들이 누구나 이곳에 기대어 살고 있습니다. 저에게 힘이 남아 있는데 어떻게 게으른 생각으로 끄지 않을 수 있겠습니까!' '너는 여전히 부지런 떨지만 언제까지 이럴 수 있겠느냐?' '죽을 때 기약할 뿐입니다' '누가 너를 알아주겠는가?' 이에 꿩이 '스스로 세운 서원이어서 이 나의 마음 지극히 다할 뿐입니다. 믿음 헛되지 않으리니 저 불 스스로 사라지리다' 하였다. 그때 정거천이 꿩의 크나큰 서원을 알고 불을 꺼주었다. 그 뒤로 숲은 한결같이 항상 무성하였으니 불타는 일 없었다. 昔野火燒林 林有一雉 勤身自力 飛來入水 以水灑林 往反疲乏 不以爲苦 時天帝釋 來問之言 汝作何等 答曰 我救此林 愍衆生故 此林蔭育處 廣清涼快樂 我諸種類 及諸宗親 皆悉依仰 我有身力 云何懈怠 而不救之 天帝問言 汝乃精勤 當至幾時 雉言 以死爲期 天帝言 誰爲汝證 卽自立誓 我心至誠 信不虛者 火卽自滅 是時 淨居天知雉弘誓 卽爲滅火 始終常茂 不爲火燒"라고 하였다. 〔참고문헌〕『大智度論』, 『經律異相』.

치국천 治國天 지국천(持國天)을 달리 이르는 말. 『불조통기』 권31(대정장49, p.307a15)에 "동방 치국천의 왕〈경전에서 대부분 지국이라 한다〉. 東方 治國天王〈諸經多云持國〉", 돈황본 『법화경마명보살품제삼십』(대정장85, p.1428a15)에 "치국천왕의 수명은 오백 세로 현재 인간의 구백만세에 해당한다. 治國天王 壽五百歲 當今人間 九百萬歲"라고 하였다. 〔참고문헌〕『佛祖統紀』, 『法華經馬明菩薩品第三十』, 『法界安立圖』 권중(卍속장150, p.942a1). ⇨ 지국천 持國天

치군 致君 임금을 극진히 하다. 임금이든(致君) 백성이든(致民) 극진히 하니 천하의 주인공 견뎌 다하는 뜻이다. 『서장』 「답부추밀장 答富樞密狀」 제2서(대정장47, p.922a12)에 "어느 날엔가는 다시 권력축 부여잡고 임금을 보좌해 요순 위에 올려놓는다 하니, 저 손가락 온통 손바닥일 따름이다. 異日再秉鈞軸 致君於堯舜之上 如指諸掌耳", 『염팔방주옥집』 권상(卍속장119, p.208a14)에 "만약 조정 높은 곳에 처한다면 임금 보좌하여 요순의 군주 되도록 하겠지만, 강호에 머문다면 백성 도와 요순의 인민 되리니 어찌 즐겁지 않겠는가! 若處廟堂之高 卽致君爲堯舜之君 或在江湖之上 則致民爲堯舜之民 豈不快哉"라고 하였다. 〔참고문헌〕『書狀』, 『拈八方珠玉集』, 李智冠 『四集私記』 p.41.

치념 馳念 이리저리 달리는 생각. 『대지도론』 권7(대정장25, p.111b27)에 "마음이 이리저리 흩어지면 거두어 돌아오도록 한다. 삼매에 들고자 하기에 갖가지로 흩어지는 념들 모두 거둔다. 이와 같이 념들 묶어 삼매왕삼매에 든다. 若心馳散 攝之令還 欲入三昧故 種種馳念 皆亦攝之 如此繫念 入三昧王三昧", 『출요경』 권9(대정장4, p.657a13)에 "마음 질풍과도 같아 이리저리 흩어지는 상념 만 갈래다. 그러므로 '미친 듯 멋대로 한다'고 한다. 心如疾風 馳念萬端 是故說曰 狂惑自恣也", 『선법요해』 권상(대정장15, p.288a12)에 "잠에서 깨어난 뒤에 마음 오롯이 하나이지 못하니 념 오욕으로 치달려 온갖 번뇌 행한다. 이를 도라고 한다. 眠旣覺已 心不專一 馳念五欲 行諸煩惱 是名爲掉", 『천목중봉광록』 권11(대장경보편25, p.804a10)에 "비록 텅 비고 고요한 도량에 몸을 의탁하고 있지만 취하고 버리는 영역에선 상념 이리저리 흩어진다. 雖寄身於空寂之場 而馳念於取捨之域"라고 하였다. 〔참고문헌〕『大智度論』, 『出曜經』, 『禪法要解』, 『天目中峰廣錄』.

치능 致能 1805~1878. 조선후기 의성 고운사(孤雲寺) 스님. 자는 운환(雲寰), 호는 함홍(涵弘). 속성은 김(金)씨. 1805년(순조5) 영가부(永嘉府) 송천리(松川里 : 현재의 안동)에서 출생. 조실부모하고 13세 때 삼촌되는 송암(松庵) 의탄(義坦)을 은사로 하여 득도하고 경율론 삼장을 통달한 후 1823년(순조23) 겨울 구담화상(九潭和尙)으로부터 비구계를 받았다. 팔공산 혼허(混虛)에게서 교리를 연마하였고 이봉선사(以峰禪師)에게서 선을 배웠으며, 팔봉화상(八峰和尙)의 법을 이어받았다. 오랫동안 두타행으로 정진하였으나 별다른 법력을 얻지 못하였음을 탄식하고 만성암(晩惺庵)이라는 토굴을 맺고 정진하다가 1878년(고종15) 10월 16일 등운산(騰雲山) 고운사에서 세수 74, 법랍 56세를 일기로 입적하니 임제(臨濟)의 38세, 청허(淸虛)의 13세, 환성(喚惺)의 9세손이다. 저서로 『함홍당집 涵弘堂集』 2권이 있다. 〔참고문헌〕『涵弘堂集』 권2 「行狀」(한불전10, p.991c1) · 「涵弘堂大禪師碑銘」(한불전10, p.992c17), 權相老 『朝鮮佛敎略史』 권하.

양종정사함홍당대선사치능지진영
의성 고운사 조선후기

치다라 蚩陀羅 삼십육아귀(三十六餓鬼) 중 하나. 똥만 엿보는 아귀. 『정법염처경』 권16 「아귀품」(대정장17, p.92b8)에 "스무 번째, 치다라는 아기의 변을 먹고자 노리는 아귀이다. 二十者 蚩陀羅 伺嬰兒便餓鬼", 같은 책 권16(대정장17, p.96b28)에 "치다라는 구멍을 뜻하는 공혈이라 한역하고, 의역하면 변을 노린다는 뜻의 사변이다. 蚩陀羅 魏言孔穴 義云伺便"라고 하였다. 〔참고문헌〕『正法念處經』. ⇨ 삼십육아귀 三十六餓鬼

치답 置答 Ⓢ sthāpanīya vyākaraṇa, Ⓟ ṭhapanīyo vyākaraṇa. 그대로 두어 답하지 않다. 사종답(四種答) 또는 사기답(四記答) 중 하나로 사치기(捨置記)·지기론(止記論)이라고도 한다. 40권본 『대반열반경』 권35(대정장12, p.571b21)에 "선남자야, 나 또한 설하지 않으며 그대로 두어 답하지 않으니 이것을 치답이라 한다. 선남자야, 이와 같은 치답에도 두 가지가 있다. 하나는 막아 그치게 하는 것이고, 다른 하나는 집착하지 못하도록 하는 것이다. 이러한 의미로 치답이라 이름한다. 善男子 我亦不說 置而不答 乃說置答 善男子 如是置答 復有二種 一者 遮止 二者 莫著 以是義故 得名置答", 『대반열반경집해』 권66(대정장37, p.586b3)에 "〈경〉 누군가 말하길 '선근을 끊은 사람은 결정코 불성이 있든지 결정코 불성이 없다'라고 하면 이는 치답이다. 〔안〕 승량이 말한다. '네 번째 질문에 대한 답이다. 있다고 한 것은 미래의 있을 것이고 없다 함은 지금 없음을 밝힌 것이다. 결정코라고 대답했지만 불성은 정할 수 없는 것이다. 만약 정하여 짓더라도 의심이 풀리지 않는다면 그대로 두고 답하여서는 안 된다. 만약 말을 결정적으로 하지 않아도 의심이 풀렸다면 거듭 답할 필요가 없으니 이를 치답이라 한다. … 만일 단정적으로 있다고 하거나 단정적으로 없다고 한다면 이것 또한 치답이라 한다'. 若有說言 斷善根者 定有佛性 定無佛性 是名置答 案 僧亮曰 答第四問也 明有是未來有 無是現在無也 答以決定而佛性不定 若作定說 而疑者不決 不應置答 若說不定 所疑以決 不須重答 是名置答也 … 若言定有定無 此名置答也", 『대지도론』 권26(대정장25, p.253b16)에 "또한 이익이 되는 일이라면 답을 하지만, 외도들이 묻는 일은 열반을 위해서가 아니라 의혹만을 늘이려 함이니 그대로 두어 답하지 않는다. 반드시 이익이 된다면 분별하여 답해 주고, 틀림없이 이익이 없으면 그대로 두어 답하지 않는다. 又復若有所利益事則答 外道所問 不爲涅槃 增長疑惑 故以置答 知必有所益者 分別爲答 必無所益 置而不答"라고 하였다. 〔참고문헌〕『大般涅槃經』, 『大般涅槃經集解』, 『大智度論』, *Laṅk.116.*, *Abh-k-bh.292·293.*, *DN.3.229.* ⇨ 사종답 四種答, 사기답 四記答, 사치기 捨置記, 지기론 止記論, 무기 無記 ❷

치도 緇徒 치의(緇衣)를 입은 무리. 승도(僧徒)·치도(緇徒)·치류(緇流)라고도 한다. 『사명존자교행록』 권6(대정장46, p.913b7)에 "우리 치도는 마땅히 지켜야 할 일을 게을리 해서는 안 된다. 凡我緇徒 宜守毋怠", 『불조역대통재』 권15(대정장49, p.616c3)에 "징관(澄觀)국사를 천하의 치도를 거느리는 지위로 옮겨 '승통청량국사'라는 호를 붙였다. 遷國師統冠天下緇徒 號僧統淸涼國師", 『화엄경전기』 권1 「실차난타장 實叉難陀章」(대정장51, p.155b3)에 "치도들 슬픔에 목메어 울며 법의 동량이 순식간에 부러진 것을 탄식하였고, 속인들은 애닯게 부르짖으며 중생들이 길잡이를 잃은 것을 한탄하였다. 緇徒悲噎 歎法棟之遽摧 俗侶哀號 恨群生之失導", 『운문광록』 권하 「청소 請疏」(대정장47, p.576b2)에 "치도는 경건한 마음으로 귀의하고, 신도들은 정성을 다하여 믿고 우러른다. 緇徒 虔心以歸依 仕庶 精誠而信仰"라고 하였다. 〔참고문헌〕『四明尊者教行錄』, 『佛祖歷代通載』, 『華嚴經傳記』, 『雲門廣錄』. ⇨ 치려 緇侶, 치류 緇流, 승도 僧徒, 취객 毳客, 취도 毳徒

치독 癡毒 삼독(三毒) 중 하나. 무명(無明)과 통한다. 『수호국계주다라니경』 권1(대정장19, p.529a24)에 "또한 갖가지 아름다운 음성은 듣는 사람의 몸과 마음을 안락하게 하여 모든 뜨거운 번뇌를 없애고 청량함을 얻도록 하며 탐욕과 분노를 끊고 조복시키며 치독 흩뜨려 사라지게 하고 악업 꺾어 무너뜨려서 한 점 남김없이 한다. 復有種種 諸妙音聲 能令聞者 身心安樂 無諸熱惱 而得淸涼 斷伏貪瞋 散滅癡毒 摧壞惡業 令無有餘", 『법계차제초문』 권상(대정장46, p.667c28)에 "셋째, 치독을 밝힌다. 미혹에 물든 마음을 치라 한다. 만약 모든 사와 이의 법 잃고 무명을 깨우치지 못하여 미혹으로 헛되게 취하고 갖가지 삿된 행위를 일으킨다면 이것이 치독이며 무명이라고도 한다. 三 癡毒 迷惑之心 名之爲癡 若迷一切事理之法 無明不了 迷惑妄取 起諸邪行 卽是癡毒 亦名無明", 『수습지관좌선법요』(대정장46, p.465a23)에 "수면과 의심, 이 두 가지 법이야말로 치독이다. 睡眠及疑 此二法是癡毒"라고 하였다. 〔참고문헌〕『守護國界主陀羅尼經』, 『法界次第初門』, 『修習止觀坐禪法要』. ⇨ 치 癡, 삼독 三毒, 탐진치 貪瞋癡

치독발독 置毒發毒 독을 둔 채로 있게 하거나 독이 효력을 일으키게 하다. 같은 교설이라도 근기에 따라 얻는 과가 다른 부정교(不定教)의 비유다. 『사교의주휘보보필기』 권2상(卍속장102, p.326b17)에 "한 무리의 근기는 숙세에 돈에 점종자를 뿌리고 점에 돈종자를 뿌렸기에 지금 소승을 듣고도 대승을 알고, 대승 듣고도 소승을 안다. 이렇게 공을 미루어 교에 돌아가게 하니 교의 이름이 부정교다. 마치 대경에서 (醍醐 등에) 독을 놓고 그 독이 효력을 일으킨다는 비유와 같고, 대론에서 팔만의 모든 천들이 무생인을 얻었다는 등이 모두 부정교의 뜻이다. 蓋一類機 宿世於頓有漸種 於漸有頓種 故今聞小證大 聞大證小 推功歸敎 敎名不定矣 如大經置毒發毒 大論八萬諸天 得無生忍等 皆不定義"라고 하였다. 〔참고문헌〕『四敎儀註彙補輔宏記』. ⇨ 부정교 不定敎

치등 癡燈 스스로를 태우면서도 모르는 어리석음의 비유다. 『마하지관』 권5상(대정장46, p.55c28)에 "신구의 멋대로 하여 선하지 않은 업을 짓고 거듭하여 악취를 돌고 돌며 온갖 뜨거운 번뇌에 얽혀 몸도 괴롭고 마음도 괴로워 스스로 해친다. 지금 다시 애욕이라는 고치로 스스로 얽어매고 어리석음이라는 등불에 해를 입지만 백천만 겁에 한 번이라도 아픈 줄 알겠는가? 縱身口意 作不善業 輪環惡趣 縈諸熱惱 身苦心苦 而自毁傷 而今 還以愛繭自纏 癡燈所害 百千萬劫 一何痛哉"라고 하였다. 〔참고문헌〕『摩訶止觀』.

치려 緇侶 먹물옷 걸친 무리들. 스님들을 말한다. 『금강경찬요간정기』 권1(대정장33, p.171a24)에 "치려와 티끌무리 가리지 않고 누구나 마음을 둘 수 있으며, 오직 상중하근뿐만 아니라도 배우고 익힐 수 있다. 不問緇侶塵俗 可以留心 不唯上中下根 可以學習", 『불조역대통재』 권22(대정장49, p.724c29)에 "천하의 모든 사원 소유 전답에서 거두던 일 년 두 차례의 세금을 모두 면제하여 스님들 언제나 안심하고 도를 닦을 수 있도록 하였다. 天下寺院田產二稅 盡行蠲免 普令緇侶 安心辦道"라고 하였다. 〔참고문헌〕『金剛經纂要刊定記』, 『佛祖歷代通載』. ⇨ 치도 緇徒, 승도 僧徒, 치류 緇流

치루 置樓 신라 경덕왕(재위 742~765) 때 다섯 비구 몸 버린 곳에 세운 정자. 『삼국유사』 권5(대정장49, p.1017b13 · 한불전6, p.366c1) 피은(避隱)8 포천산오비구경덕왕대(布川山五比丘景德王代)에 "다섯 비구가 무상고공의 뜻을 설하고는 허물은 버리고 유해만 남긴 채 큰 광명 놓으면서 서쪽 향해 가버렸다. 그 버린 곳에 절의 스님들이 정자를 세우고 치루라고 이름하였는데 지금도 남아 있다. 五比丘爲說無常苦空之理 蛻棄遺骸 放大光明 向西而去 其捐舍處 寺僧起亭榭 名置樓 至今存焉"라고 하였다. 〔참고문헌〕『三國遺事』.

치류 緇流 먹물옷 입은 무리. 치도(緇徒) · 치려(緇侶) · 승도(僧徒) 등이라고도 한다. 『석씨요람』 권상(대정장54, p.261c3)에 "치류 : 이것은 옷색을 좇아 붙인 이름이다. 『승사략』 권상(대정장54, p.238a7)에 '〔문〕 치의라 하니 그 색은 어떤 상모인가? 〔답〕 자줏빛이면서 옅은 흑색이다'라고 하였다. 『고공기』에 '세 번 물들이면 분홍색이 되고, 다섯 번 물들이면 검붉은 색이 되며, 일곱 번 물들이면 검은색이 된다'라고 하였다. 치는 본래 진홍색에서 나온 작두색이니 그것은 자줏빛이다. 그러므로 양정수 비구니는 성중의 옷을 보고 뽕나무에서 완숙한 오디의 색깔 같다고 하였다. 이는 옅은 붉은색이 짙은 검은색 바탕에 섞인 빛깔이다. 緇流 此從衣色名之也 僧史略云 問 緇衣者色何狀貌 答 紫而淺黑 考功記云 三入爲纁 五入爲緅 七入爲緇矣 固知 緇本出絳 雀頭色 卽紫赤色也 故梁淨秀尼 見聖衆衣 如桑熟椹 此乃淺赤深黑色也", 『조상량도경해』 「서 序」(대정장21, p.938a29)에 "한과 당 이후 중국의 국왕 · 대신과 평민 · 치류 가운데 불상을 조성하여 공양한 이들이 헤아릴 수 없을 정도로 많았다. 漢唐以來 此方國王大臣 士庶緇流 造像供養者 不可勝紀", 『송고승전』 권15 「영철전 靈澈傳」(대정장50, p.802b17)에 "치류의 귀의를 받고 깊은 말과 도리에 이르더라도 그들을 응접함에 막힘이 없었고 풍월을 즐기는 틈에도 군자의 고상한 흥취를 북돋기에 충분하였다. 爲緇流所歸 至於玄言道理 應接靡滯 風月之間 亦足以助 君子之高興也", 『경덕전등록』 권27 「승가대사전 僧伽大師傳」(대정장51, p.433a8)에 "손에 양지 들고 치류중에 섞였는데 누군가 '스님의 성은 무엇이요?'라고 묻자 '내 성은 무엇이요'라고 하였고 '스님은 어느 나라 사람이요?'라고 묻자 '나는 어느 나라 사람이요'라고 답했다. 手執楊枝 混于緇流 或問 師何姓 卽答曰 我姓何 又問 師是何國人 師曰 我何國人"라고 하였다. 〔참고문헌〕『釋氏要覽』, 『僧史略』, 『造像量度經解』, 『宋高僧傳』, 『景德傳燈錄』. ⇨ 치도 緇徒, 승도 僧徒, 치려 緇侶, 취객 毳客, 취도 毳徒

치림 緇林 먹물옷 입은 이 가득한 숲. 대중이 모인 절이나 총림(叢林)을 말한다. 『성유식론장중추요』 권1(대정장43, p.608b26)에 "나이 열일곱이 되어 마침내 치림에 들어갔다. 至年十七 遂預緇林", 『불조역대통재』 권12(대정장49, p.577b4)에 "참으로 말세에 저 세속 헤쳐 나가는 배와 같고, 진실로 치림이 본받을 귀감이었다. 實季俗之舟航 信緇林之龜鑑者也"라고 하였다. 〔참고문헌〕『成唯識論掌中樞要』, 『佛祖歷代通載』. ⇨ 치도 緇徒

치림보훈 緇林寶訓 송대 택현(擇賢) 엮음. 1권. 참선(參禪)과 불도의 핵심 이론 그리고 수행자의 마음가짐 등을 밝히려는 목적으로 선대의 종장(宗匠)들이 전한 유계(遺誡)를 모았다. 고산원법사시학도(孤山圓法師示學徒) · 지각수선사수계(知覺壽禪師垂誡) · 양망명사식심명(梁亡名師息心銘) 등 모두 21편의 글을 엮었다. 조선본(朝鮮本)을 비롯하여 남북조간(南北朝刊 : 五山版) · 관영십육년간본(寬永十六年刊本) 등이 있다. 명나라 때 환주암(幻住庵)의 영중(永中)은 본서를 증보하여

『치문경훈』을 편집하였다. ⇨치문경훈 緇門警訓

치마야 縒麽野 Ⓢsamaya의 음사어. 삼마야(三摩耶) 또는 삼매야(三昧耶)라고도 한다. 시(時)라 한역한다. 『일체경음의』 권39(대정장54, p.560c10)에 "치마야〈치는 사와 좌를 반절한 음이다. 범어 음사어로 고역은 삼매야이다〉. 縒麽野〈上娑左反 梵語 古云三昧耶〉"라고 하였다. 〔참고문헌〕『一切經音義』. ⇨삼마야 三摩耶

치만 癡慢 우치(愚癡 Ⓢmoha)와 아만(我慢 Ⓢmāna). 어리석음과 교만한 마음. 또는 어리석음에서 일어나는 교만. 어리석음에는 반드시 아만이 따르고 아만은 어리석음으로 더욱 견고해진다. 『기세경』 권8(대정장1, p.351b4)에 "어리석음에는 지혜 있을 리 없어, 어디서나 고르게 다스리기 어렵다네. 이에 엄한 매로써, 그 어리석음의 만 속히 끊어야 하리라. 愚癡無有智 所在難調制 是故用嚴杖 速斷其癡慢", 『대보적경』 권80(대정장11, p.463c23)에 "어리석고 으스대며 스스로 높이는 등 온갖 악행에 물들어, 언제나 싸움 일삼고 두 혀로 이간질하는 사람, 그들 세인 속여 이양 취하면서, 스스로 '성인과 다르지 않다'고 한다. 癡慢貢高諸惡行 常行鬪諍兩舌者 欺誑世人得利養 自謂與聖等無異", 『성선주의천자소문경』 권중(대정장12, p.122a22)에 "탐과 진은 본래 텅 비어 없고, 치와 만 분별로 일어날 뿐이네. 이들 번뇌는 과거현재미래로 있는 것 아니니, 이와 같이 알면 부처님 되리라. 貪瞋本空無 癡慢分別起 非已今當有 如是知得佛", 『대승기신론』(대정장32, p.575c1)에 "다섯 번째 방편을 보여 주어 악업의 장애 사라지게 하고 그 마음을 잘 지키며 어리석음과 교만을 멀리 여의어 삿된 그물에서 벗어나게 하고자 이 논을 지었다. 五者 爲示方便 消惡業障 善護其心 遠離癡慢 出邪網故", 『대반열반경의기』 권2(대정장37, p.645b9)에 "무명과 교만이라 하니 삼계중에 치와 만 두 가지로 부리는 번뇌다. 無明憍慢 是三界中 癡慢二使", 『대승입도차제』 권1(대정장45, p.462b9)에 "치라 하면 모든 이사에 미하고 어두운 것을 속성으로 하고, 만이란 자신을 믿고 남과 비교하여 높이 올림을 속성으로 한다. 癡者 於諸理事 迷闇爲性 慢者 恃己於他 高擧爲性", 『수능엄의소주경』 권6(대정장39, p.914c4)에 "어리석은 마음 때문에 큰 아만을 일으킨다. 以愚癡心 起大我慢"라고 하였다. 〔참고문헌〕『起世經』, 『大寶積經』, 『聖善住意天子所問經』, 『大乘起信論』, 『大般涅槃經義記』, 『大乘入道次第』, 『首楞嚴義疏注經』. ⇨치 癡, 만 慢, 근본번뇌 根本煩惱

치망 癡妄 Ⓢmoha, Ⓣgti-mug. 어리석어 망령됨. 60권본 『화엄경』 권13(대정장9, p.482c3)에 "어리석은 망상을 멀리 떠나 진실에 안주한다. 遠離癡妄 安住眞實", 『대보적경』 권36(대정장11, p.207b11)에 "어리석은 망상으로 말미암아 삼계 언뜻 세우니, 번뇌의 괴로움 흘러 구름에 따라 그저 임시로 시설할 뿐이다. 由癡妄故 假立三界 從煩惱苦之所流轉 但假施設", 『중론』 권3(대정장30, p.28b19 : *Pras.*, p.181)에 "만약 눈으로 보기에 생멸이 있다고 여긴다면, 이는 어리석은 망상 때문에 생멸이 있다고 볼 뿐이다. 若謂以眼見 而有生滅者 則爲是癡妄 而見有生滅 dṛśyate saṃbhavaścaiva vibhavaścaiva te bhavet, dṛśyate saṃbhavaścaiva mohādvibhava eva ca", 『중관론소』 권9(대정장42, p.137c24)에 "외도가 생이 없는 곳에서 생을 보기에 그렇게 본다는 것이야말로 어리석은 망상임을 드러내고, 논주는 생에서 생 없음 깨우쳤으므로 설하여 이것이 진실이라 하였다. 顯外人無生見生 故見是癡妄 顯論主悟生無生 故說是眞實", 『대승의장』 권18(대정장44, p.816a7)에 "항상 고요하므로 능히 망상 사라진다. 어리석은 망상 이미 없앴다면 더 이상 연을 따라 생사를 일으키지 않을 것이며, 일으키지 않기에 무위의 체 고요하므로 열반이라 한다. 以常寂故 能滅妄想 癡妄旣除 不復隨緣 集起生死 以不起故 無爲體寂 故名涅槃", 『대승지관법문종원기』 권5(卍속장98, p.843a8)에 "어리석은 망상이란 무슨 뜻인가? 어리석음은 무명의 망상이고, 그것에서 등돌림을 지식이라 한다. 云癡妄者 癡卽無明妄想 違之之言卽止息"라고 하였다. 〔참고문헌〕『華嚴經』, 『大寶積經』, 『中論』, 『中觀論疏』, 『大乘義章』, 『大乘止觀法門宗圓記』, *Pras.* ⇨치 癡

치망 癡網 Ⓢmoha-jāla. 어리석음이라는 그물. 『수행본기경』 권하(대정장3, p.469a20)에 "다만 탐하고 목말라해서 어리석음의 그물에 사로잡히고 생사의 강물에 빠지지만 아무도 깨닫지 못한다. 但爲貪愛 蔽在癡網 沒生死河 莫之能覺", 『대보적경』 권92(대정장11, p.526a15)에 "어리석음의 그물 언제나 한층 더해, 온갖 견 즐겨 붙드니, 불 번지듯 무성하나 치료하기도 어렵다. 이것이 수면을 즐기는 허물이다. 癡網常增長 樂著於諸見 熾盛難療治 是樂睡眠過", 『정토의변』「소온서 所蘊序」(대정장47, p.419c23)에 "연지선사가 『정토의변』을 지어 교만의 깃발을 꺾고 어리석음의 그물을 찢었다. 마치 어둠에서 등불을 만나고 가난뱅이가 보배를 얻은 듯 하니, 참으로 고해를 건너는 자비의 배로구나! 蓮池禪師 作淨土疑辨 摧慢幢 破癡網 如闇得燈 如貧得寶 眞渡苦海之慈航哉", 『만선동귀집』 권상(대정장48, p.967c26)에 "어리석음의 그물을 촘촘하게 짜놓았으니 얕은 지혜의 칼로는 능히 휘두르지 못한다. 密織癡網 淺智之刃 莫能揮"라고 하였다. 〔참고문헌〕『修行本起經』, 『大寶積經』, 『淨土疑辨』, 『萬善同歸集』, *Śikṣ.81·111.*

치맹 癡盲 어리석고 눈멀다. 『비화경』 권5(대정장3, p.201c20)에 “기나긴 밤 동안 고뇌의 바다중에 빠져 있으니 어리석고 눈멀어 안목마저 없으니 바른 길 잃고, 오랫동안 생사에 처하여 기관 또한 덮여 버렸으니 삼유 중생들 온갖 고통의 불길속에 타오르듯 하네. 長夜墮在苦惱海中 癡盲無目 失於正道 久處生死 機關所覆 三有衆生 諸苦熾然”, 40권본 『대반열반경』 권19(대정장12, p.474c1)에 “내가 지금 몸과 마음이 어찌 아프지 않겠는가? 나는 어리석고 지혜로운 안목이 없어서 모든 악한 벗을 좋은 벗이라고 가까이하였고, 악인 조파달의 말을 좇아 정법왕에게 제멋대로 위해를 가했네. 我今身心云何不痛 我之癡盲 無有慧目 近諸惡友而爲親善 隨調婆達惡人之言 正法之王橫加逆害”라고 하였다. 〔참고문헌〕 『悲華經』, 『大般涅槃經』.

치목 齒木 Ⓢ danta-kāṣṭha, Ⓟ danta-kaṭṭha, danta-poṇa, Ⓣ so-shing-za-ba. 양치하는 나무. 양지(楊枝)라고도 한다. 음사어는 선다니슬삽(禪多抳瑟挿)·탄다가슬타(憚哆家瑟詑)·나다가슬타(娜多家瑟姹·娜哆家瑟姹)다. 비구가 항상 수지해야 하는 십팔물(十八物) 중 하나다. 『석씨요람』 권상(대정장54, p.276c15)에 “양지를 씹어 칫솔질을 한다 : 『마하승기율』에는 양지를 치목이라 한다. 치목 하나를 씹어 부순 다음 치아에 남은 음식을 문질러 털어낸다는 말이다. 『비나야』에 ‘양지를 씹는데는 다섯 가지 이익이 있다. 입에 쓰지 않고, 냄새가 사라지며, 풍치가 없게 하고, 염증이 없게 하며, 가래를 없이한다’라고 하였다. 또 다른 다섯 가지 이익으로는 통풍이 사라지고, 염증이 없게 하며, 음식의 맛을 좋게 하고, 소화를 도우며, 눈마저 밝게 한다. 『마하승기율』에 ‘입에 열기나 생창이 남아 있으면 양지를 씹어 그 즙을 삼킨다’라고 하였다. 『백일갈마』에 ‘양지를 씹어 칫솔질을 하려면 반드시 가려진 곳에서 보이지 않도록 한다. 그런 다음 깨끗이 헹구는 곳으로 돌아온다. 치목을 버리려면 먼저 물로 씻고 뱉어낸다. 손가락을 퉁겨 알리고 나서야 가려진 곳에다 버린다. 달리하면 월법죄가 된다’라고 하였다. 嚼楊枝 僧祇律 名齒木 嚼一頭碎 用揩刷牙齒中滯食也 毘奈耶云 嚼〈楊枝〉有五利 一 口不苦 二 口不臭 三 除風 四 除熱 五 除痰癊 又五利 一 除風 二 除熱 三 令口滋味 四 消食 五 明目 僧祇律云 若口有熱氣 及生瘡 應嚼楊枝咽汁 百一羯磨云 嚼楊枝須在屛處 不得顯露 及往還潔淨處 或棄齒木 先以水洗 乃謦欬 或彈指警覺 方可棄於屛處 若其異者 得越法罪”, 『비니일용절요』(卍속장106, p.134b3)에 “모두들 버드나무가지가 양지에 적합하다고 여긴다. 버드나무가지 늘어진 끝이 작은양지다. 만약 버드나무가 없는 곳이라면 무엇으로 칫솔질할까? 어떤 나무든 치아를 손질할 수 있으니 다 치목이다. 다만 성질이 부드럽고 쓴 맛이 나는 것을 씹으면 될 뿐이니 유독 버드나무 한 종류가 아니다. 今咸以柳條當楊枝 柳條垂下 乃小楊也 若無柳處 將何梳齒 須知一切木 皆可梳齒 皆名齒木 但取性和有苦味者嚼之 不獨謂柳木一種”, 40권본 『화엄경』 권11(대정장10, p.713b17)에 “새벽이나 식사 후 모두 양지를 물고 칫솔질을 한다. 온갖 쓰고 매운 맛이 나는 것을 치목으로 삼아 조심해서 쓰면 이 같은 이득이 있다. 晨朝食後 皆嚼楊枝 諸苦辛物 以爲齒木 細心用之 具如是德”라고 하였다. 〔참고문헌〕 『釋氏要覽』, 『毘尼日用切要』, 『華嚴經』, 『仏教植物辭典』(國書刊行會, 1982), *AN.3.250.* ⇨ 양지 楊枝, 작치목 嚼齒木, 두타십팔물 頭陀十八物, 비구십팔물 比丘十八物

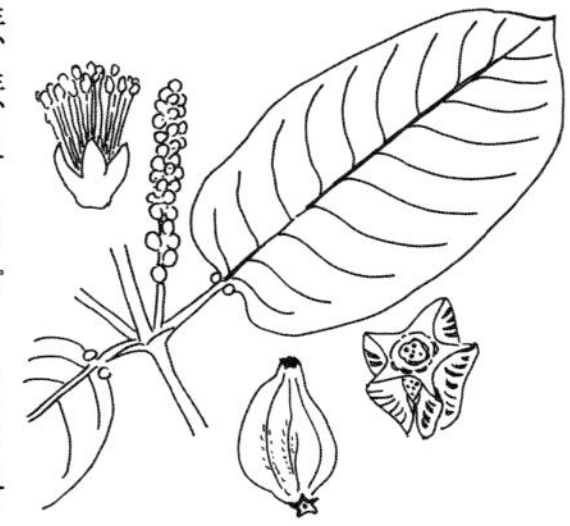

치문 緇門 ❶ 가사를 입은 이들에게 열린 문. 『치문경훈』 권1 「위산대원선사경책 潙山大圓禪師警策」(대정장48, p.1043b14)에 “옛 사람은 저가 이미 장부라면 나 또한 그러하니 스스로를 가벼이 여겨 물러나서는 안 된다. 만약 이와 같지 않다면 부질없이 치문에 기대어 한평생을 덧없이 보낼 것이니 더할 이익이 전혀 없다. 古云 彼旣丈夫我亦爾 不應自輕而退屈 若不如此 徒在緇門荏苒一生 殊無所益”, 『위산경책구석기』 권하(卍속장111, p.345b5)에 “치문이란 가사색으로 법의 문중을 부르는 말이다. 緇門者 以服色而稱法門也”, 『송고승전』 권8 「홍인전 弘忍傳」(대정장50, p.754a27)에 “홍인은 치문에서 빼어나 귀의하는 이들이 구름처럼 많았다. 緇門俊秀 歸者如雲”, 『광홍명집』 권4 「통극론 通極論」(대정장52, p.114c11)에 “치문이 어찌 도교를 넘어서겠는가? 緇門繁熾 焉可勝道”라고 하였다. 〔참고문헌〕 『緇門警訓』, 『潙山警策句釋記』, 『宋高僧傳』, 『廣弘明集』. ⇨ 불문 佛門, 공문 空門[3], 치의 緇衣 ❷ 『치문경훈』(대정장48, No.2023)의 줄인 이름. ⇨ 치문경훈 緇門警訓

치문경훈 緇門警訓 치문이란 먹물들인 가사 입은 스님들이 드나드는 집안이란 뜻이고, 경훈(警訓)·면학(勉學)·유계(遺誡)·잠명(箴銘)·서장(書狀)·기문(記文)·서문(序文)·원문(願文)·선문(禪文)·시중(示衆)·게찬(偈讚)·호법(護法) 등을 내용으로 한다. 대정장48, pp.1040c23~1097c9, No.2023에 수록되어 있다. 당말(唐末)에 찬자 미상의 『치문보훈 緇門寶訓』 1권이 성립하였고, 이를 계승하여 원(元)대 임제종 스님 환주영중(幻住永中)이 진(晉)·유송(劉宋)·양(梁)·수(隋)·당(唐)·송(宋) 등 역대 고승과 대덕의 유편(遺篇)과 공경대부(公卿大夫)의 아고(雅誥)를 모아

9권으로 편집하고 제목을 '치문경훈 緇門警訓'이라 하였다. 다시 명(明)대 가화부(嘉禾府) 진여청사(眞如請寺)의 임제종 스님 여근(如巹 1425~?)이 1474년『치문경훈속집 緇門警訓續集』1권 13편을 증보하여 현재의 유통본인 10권본이 완성되었다. 유통본에는 여근의 스승인 공곡경륭(空谷景隆)이 1470년(성화6)에 쓴 서문이 붙어 있다. 권차별로 대표적인 법문을 뽑자면 다음과 같다. 권1의 가장 앞서는 법문은「위산대원선사경책 潙山大圓禪師警策」이고,「고산원법사시학도 孤山圓法師示學徒」·「장로자각색선사좌선의 長蘆慈覺賾禪師坐禪儀」등이 실려 있다. 권2는「용문불안원선사좌선명 龍門佛眼遠禪師坐禪銘」·「아호대의선사좌선명 鵝湖大義禪師坐禪銘」·「영명지각수선사수계 永明智覺壽禪師垂誡」등, 권3은「무주영안선원승당기 撫州永安禪院僧堂記」(無盡居士 撰)·「삼조감지선사신심명 三祖鑑智禪師信心銘」등, 권4는「인종황제찬삼보문 仁宗皇帝讚三寶文」·「대혜선사간경회향문 大慧禪師看經回向文」·「수주대홍산수선사예화엄경문 隨州大洪山遂禪師禮華嚴經文」등, 권5는「종남산선율사빈주서 終南山宣律師賓主序」·「석옥공선사송경시자회리성사 石屋珙禪師送慶侍者回里省師」·「자운식참주삼의변혹편 慈雲式懺主三衣辯惑篇」등, 권6은「장로자각색선사구경문 長蘆慈覺賾禪師龜鏡文」·「황룡사심신선사소참 黃龍死心新禪師小參」·「앙산반 仰山飯」(阮中大 撰) 등, 권7은「부용해선사소참 芙蓉楷禪師小參」·「운봉열화상소참어 雲峯悅和尙小參語」·「자수심선사소참 慈受深禪師小參」등, 권8은「자수선사훈동행 慈受禪師訓童行」·「대혜선사예관음문 大慧禪師禮觀音文」·「천태지자대사관심송경법 天台智者大師觀心誦經法」등, 권9는「수고조문황제칙문 隋高祖文皇帝勅文」·「용문불안선사십가행십송병서 龍門佛眼禪師十可行十頌幷序」·「각범홍선사송승걸식서 覺範洪禪師送僧乞食序」등, 권10은「선림묘기전서 禪林妙記前序」(西明寺 釋玄則 撰)·「송문제집조재론불교 宋文帝集朝宰論佛敎」·「양황사도사불조 梁皇捨道事佛詔」등이 각각 실려 있다. 한편, 고려말 태고보우(太古普愚)가 입원(入元)하였다가 되돌아올 때(1348) 가지고 온 판본은 환주영중이 편집한 9권본이다. 이는 30년 후인 1378년 명회(明會)와 도암(道庵) 두 스님이 판각유포함으로써 우리나라에 널리 펴졌다. 해인사(海印寺) 사간판(寺刊板)에 수록된 태고보우(太古普愚 1301~1382)의「중간치문경훈서 重刊緇門警訓序」에 따르면 "태고가 1346년(충목왕2) 원으로 유학을 가서 석옥청공(石屋淸珙)으로부터 법을 전해 받고 1348(충목왕4) 귀국할 때 이 책을 가지고 와서 곧바로 판각하여 널리 유포하려 하였으나, 여의치 못하다가 30년 후인 1378년(우왕4)에 이르러서야 비로소 명회(明會)·도암(道庵) 두 스님이 원을 세우고 모금하여 판을 새기고 영인해서 널리 폈다. 大古南遊求法時 幸遇斯警訓 將歸本土 意欲廣宣流布 利國利人 有年矣 今有勝士明會 發大誓願 鏤板印施"라고 하였다. 우리나라의 대표적인 주석으로는 백암성총(栢庵性聰 1631~1700)이 1695년(숙종21) 쌍계사(雙溪寺)에서 원문과 함께 회편(會編) 간행한『치문집주 緇門集註』(『緇門警訓註』)가 있다. 한국불교 전통강원에서는 이력(履歷) 중 사미과(沙彌科)의 교과목으로 오래전부터 전승했다. 〔참고문헌〕李智冠『韓國佛敎所依經典研究』pp.39~54,「重刊緇門警訓序」(『朝鮮佛敎通史』권중 p.250),『太古和尙語錄』권하(한불전6, p.694a13),『註緇門警訓』「叙文」(한불전8, p.552b3). ⇨사미과 沙彌科, 지현 智賢 [3], 여근 如巹, 정선치문집설 精選緇門集說, 정선현토치문 精選懸吐緇門

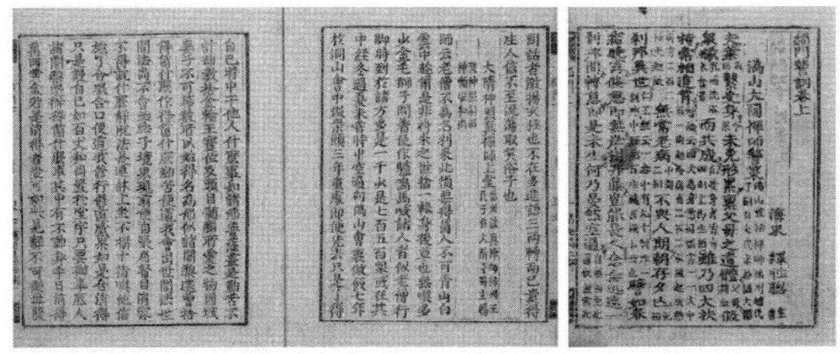
치문경훈주 하동 쌍계사 1695년

치문경훈사기 緇門警訓私記 원대 지현(智賢)이 지은『치문경훈 緇門警訓』(대정장48, No.2023)에 대한 주석서. 중국 스님이 지은 주석서는 없고, 다만 태고보우(1301~1382)가 1346년(충목왕2) 구법차 원에 갔다가 우연히 이 책을 만나 기쁜 마음으로 1348년 귀국할 때 가지고 온 후 백암성총(栢庵性聰)이 치문주(緇門註)를 지어 원문에 각주(脚註) 형식으로 회편하여 판각하였다. 1963년 가산지관(伽山智冠)이 해인총림 강주로 있으면서『치문사기』를 지었고, 1966년에 해인강원 강주인 종진(宗眞)이 이어『치문사기』를 지었다. ⇨치문경훈 緇門警訓

치문경훈주 緇門警訓註 성총(性聰 1631~1700)이 원대 지현(智賢)의『치문경훈』을 주석한 것. 치문집주(緇門集註)라고도 하며 상중하 3권이다. 한불전8, pp.552b1~654a4에 수록되어 있다. 성총은 서문에서 "총림에 전해져 익혀 온 지 이미 오래되었다. 대략은 모두 날마다 간절히 하고 가까이해야 할 가르침이다. 뜬 정을 막고 삿된 업을 경계하여 바른 도의 길로 이끄는 본보기라 하지만, 이것이야말로 부처님 배우는 시작이며 몽매함을 이끄는 자비로운 가르침이다. 叢林中傳習旣久 大略皆日用切近之誨 不過遏浮情誡邪業 以軌乎正道 是學佛之發軔 迪蒙之慈訓也"라고 하였다. 판본으로는 1524년(중종19) 순천 대광사(大光寺) 판본(이지관 소장, 상권), 1638년(인조16) 밀양 영정사(靈井寺) 판본(해인사 소장), 1682년(숙종8) 영변 보현사(普賢寺) 판본과, 1695년(숙종21) 지리산 쌍계사(雙溪寺) 판본 등이 있다. 〔참고문헌〕『緇門警訓註』. ⇨성총 性聰[2]

치문세보 緇門世譜 청대 임제종(臨濟宗) 신뇌명희(迅雷明喜) 등 엮음. 1권. 卍속장147, pp.677a1~682b15, No.1603에 수록되어 있다. 원제목은 『종남산천룡회집치문세보 終南山天龍會集緇門世譜』이고, 『석씨원류오종세보정조도 釋氏源流五宗世譜定祖圖』라고도 한다. 1703년(강희42) 간행하였다. 초조 보리달마(菩提達磨)부터 각 종파의 전승 순서를 도시(圖示)한 조도(祖圖)와 위앙종(潙仰宗)·임제종(臨濟宗)·조동종(曹洞宗)·운문종(雲門宗)·법안종(法眼宗) 등 선문 다섯 종파 각각의 역대 조사의 명자와 종풍을 송으로 제시하고, 종파마다의 적통과 방출계보와 원류들도 서술하였다.

치문숭행록 緇門崇行錄 명대 주굉(袾宏) 집(輯). 1권. 卍속장148, pp.799a1~832a5에 수록되어 있다. 주굉은 말세의 출가사문들 실태에 분개하는 심정으로 이 책을 엮었다. 부처님 재세 시부터 명대까지 백 수십 건의 덕행을 펼친 출가사문의 사례를 모았다. 「서 敍」(卍속장148, p.799a2)에 "학인이 '사문은 무엇을 섬깁니까?'라고 묻기에 내가 '도를 섬긴다'라고 답했고, '도를 섬김은 무엇을 근본으로 합니까?'라고 묻기에 '덕행을 근본으로 삼는다'라고 답하였다. 僧問 沙門奚事 曰事道 事道孰爲本 曰德行爲本"라는 모두의 발언에 본서를 엮은 뜻을 알 수 있다. 청소지행(淸素之行)·엄정지행(嚴正之行)·존사지행(尊師之行)·효친지행(孝親之行)·충군지행(忠君之行)·자물지행(慈物之行)·고상지행(高尙之行)·지중지행(遲重之行)·간고지행(艱苦之行)·감응지행(感應之行) 등 열 가지 행으로 나누고 각 사례를 채록하여 엮었다. 제자 광분(廣玢)의 「발 跋」(卍속장148, p.831b8)에 "『숭행록』은 진실한 덕을 실행하면서도 소박하며 근원을 다하고 본에 달하는 이야기이다. 崇行錄者 履眞尙朴 窮原達本之談也"라고 하였다. 〔참고문헌〕『禪苑蒙求拾遺』 권상(卍속장148, p.299b7), 『金剛經靈驗傳』 권하(卍속장149, p.214a6), 『閱藏知津』 권1(가흥장31, p.795c27).

치문집주 緇門集註 ➡치문경훈주 緇門警訓註

치문하마기 緇門蝦蟆記 『치문경훈』에 대한 사기(私記). 봉선사(奉先寺) 월운(月雲)이 발견하고 현토하였으나 원작 및 찬자에 대한 기록은 알 수 없다고 하였다. 〔참고문헌〕『月雲堂家裏事』(조계종출판사, 2018), 신규탁 「한역불전의 한글 번역에 나타난 경향성 고찰」(『동아시아불교문화』6, 2010). ⇨치문경훈 緇門警訓, 치문경훈사기 緇門警訓私記

치미 鴟尾 건물의 용마루 끝단에 얹힐 수 있도록 제작된 특수한 기와의 일종이다. 치미의 기원에 대해서는 다양한 견해가 있으나 길상(吉祥)과 벽사(辟邪)의 상징으로서 상상의 새인 봉황(鳳凰)에서 비롯하였다는 것이 일반적이다. 중국 한대는 반우(反羽), 진대는 치미, 당대는 치문(鴟吻), 통일신라대는 누미(樓尾) 등 여러 가지 이름으로 불리어 왔다. 우리나라에서는 이미 삼국시대 고구려 안악3호분의 벽화에서 전통가옥의 지붕 끝단에 매달린 치미의 흔적이 확인되고 있으며 평양의 안학궁터에서 출토되고 있다. 백제는 왕흥사지(王興寺址) 출토 치미가 유명하다. 신라의 치미는 황룡사지(皇龍寺址) 출토품이 대표적인 유물인데 높이 182cm, 너비가 105cm로 대형이다. 한 번에 구워내지 못해 두 장을 이어 붙이고 있으며, 양 측면과 뒷면에 손으로 빚어 만든 연꽃과 사람 얼굴의 무늬를 서로 엇갈리게 번갈아 시문하고 있어 특징적이다. 신라는 황룡사지 치미 이외에도 경주 안압지·천군동 일원에서 치미가 출토되어 많은 건물에 사용되었음을 알 수 있다. 치미는 시대가 지나면서 규모가 작아지거나 재질이 석조로 변하기도 한다. 고려시대부터는 중국 당 후엽부터 유행된 치문의 영향을 받아 화재를 방지하기 위한 목적에서 물을 뿜어내는 어룡형(魚龍形)으로 그 의장이 변형되고, 점차 용두(龍頭)·취두(鷲頭) 등의 새로운 장식기와로 바뀌면서 전통적인 치미의 형태에서 벗어나고 있다.

치미 경주 황룡사지 7세기

치미 癡迷 어리석어 헤매이다. 『마하지관』 권5상(대정장46, p.56b16)에 "무명으로 어리석고 미혹하니, 본래 이 법성이지만 어리석어 헤매이니 법성 변하여 무명 지어서는 온갖 전도로 선과 불선 등을 일으킬 뿐이다. 마치 추워져서 얼면 부드러운 물이 변하여 딱딱한 물 되듯 한다. 無明癡惑 本是法性 以癡迷故 法性變作無明 起諸顚倒 善不善等 如寒來結 水變作堅水"라고 하였다. 〔참고문헌〕『摩訶止觀』. ⇨치 癡, 치혹 癡惑

치박 癡縛 Ⓢ moha-bandhana, Ⓣ gti-mug-gi-'ching-ba. 어리석음으로 매이다. 삼박(三縛 : 三毒) 중 하나로 우치박(愚癡縛)이라고도 한다. 『구사론』 권21(대정장29, p.109a27)에 "박에는 세 가지가 있다. … 셋째는 치박이니, 일체의 어리석음을 말한다. 縛有三種 … 三 癡縛 謂一切癡", 『대승아비달마집론』 권4(대정장31,

p.677a14 : *Abh-s.*, p.46)에 "박에는 세 가지가 있으니, 즉 탐박·진박·치박이다. … 치박으로 인해 모든 유정 얽어매어 행고를 겪도록 한다. 또 탐진치로 인해 선한 가행 자재하지 못하므로 박이라고 한다. 縛有三種 謂貪縛 瞋縛 癡縛 … 由癡縛故 縛諸有情 令處行苦 又依貪瞋癡故 於善加行 不得自在 故名爲縛 bandhanaṃ trividham. rāgabandhanaṃ dveṣabandhanaṃ mohabandhanaṃ ca … mohabandhanena sattvānāṃ saṃskāra-duḥkhatāyāṃ bandhanam. api ca rāga-dveṣa-mohān-niśritya kuśala-samudācāreṣu na vaśavarttitāṃ labhate. ata ucyate bandhanam"라고 하였다. 〔참고문헌〕『俱舍論』, 『大乘阿毘達磨集論』, *Abh-s.* ⇨ 삼박 三縛, 박 縛

치발 薙髮 머리카락 자르다. 낙발(落髮)·체발(剃髮)·체제수발(剃除鬚髮)이라고도 한다. 『불조역대통재』 권18(대정장49, p.661c27)에 "이 해에 분양선소 선사가 입적하였는데, 유씨로 났으며 태원 출신이다. … 14세에 부모가 돌아가시자 외롭고 괴로워 세간상 싫어하여 삭발하고 구족계 받은 다음 주장자 들고 제방 유력하였다. 是年汾陽善昭禪師示寂 生兪氏 太原人也 … 年十四 父母俱喪 孤苦厭世相 薙髮受具 杖策遊方", 『석감계고략속집』 권1(대정장49, p.912c12)에 "환당강주는 … 상란 당하자 동생과 함께 삭발하고 스님 되었는데, 후에 진각을 찾아뵙고 현수의 종지를 전수받고서 그 도를 이었다. 幻堂講主 … 因罹喪亂 與弟同薙髮爲僧 後參眞覺 得傳賢首宗旨 而嗣其道"라고 하였다. 〔참고문헌〕『佛祖歷代通載』, 『釋鑑稽古略續集』. ⇨ 낙발 落髮, 체발 剃髮

치방제평상 齒方齊平相 삼십이상(三十二相) 중 하나. 이가 바르고 고른 모습. 치제상(齒齊相 Ⓢ avirala-danta, sama-danta)이라고도 한다. 『니건자소설경』 권6 「여래무과공덕품 如來無過功德品」(대정장9, p.342c14)에 "대왕이시여, 알아두십시오. 사문 구담의 삼십이상은 다음과 같습니다. … 스물네 번째는 사문 구담의 이가 바르고 고른 것입니다. 大王當知 沙門瞿曇 三十二相者 … 二十四者 沙門瞿曇 齒方齊平"라고 하였다. 〔참고문헌〕『尼乾子所說經』. ⇨ 치제상 齒齊相

치백 緇白 출가자와 재가자. 치(緇)는 물들여 옷 입은 이로 스님들을, 백(白)은 물들이지 않은 옷 입은 이들인 재가자를 일컫는다. 치소(緇素)라고도 한다. 『경덕전등록』 권5 「육조혜능전 六祖慧能傳」(대정장51, p.235c21)에 "그때 인종법사, 치백 천여 명이 육조대사가 보림사로 돌아가는 걸 배웅하였다. 時印宗與緇白千餘人 送師歸寶林寺", 『천여유칙어록』 권9(卍속장122, p.964b17)에 "석가여래 탄강일에 치백의 선우들이 모여서 보설을 청하자 천여선사가 주장자를 꼿꼿이 세우고서 대중에게 보였다. '정문 위에 구멍 하나 있으니, 드러나 당당해 감출 것 없구나. 발꿈치 아래에 한 기틀이 있으니, 살아 꿈틀거림에 막혀 가림 없다'. 그리고는 주장자로 한 번 내리찍고 말하였다. '시방제불이 모두 이곳 좇아 나셨다네'. 釋迦如來 降誕之日 緇白禪友集會請普說 師拈主丈示衆云 頂門上有一竅 露堂堂 無所覆藏 脚根下有一機 活鱍鱍 無所滯礙 遂卓一下云 十方諸佛 皆從這裏降生", 『용서증광정토문』 권11 「승상정청지권수정토문 承相鄭淸之勸修淨土文」(대정장47, p.285a23)에 "정토 수행함은 저 낱장 약방문으로 병 다스리듯 간요직절하다. 일념 오로지 하면 곧바로 피안에 닿으니, 검은 옷 흰 옷 묻지 않고 모두 받들어 행할 만하다. 修行淨土 如單方治病 簡要直截 一念之專 卽到彼岸 不問緇白 皆可奉行"라고 하였다. 〔참고문헌〕『景德傳燈錄』, 『天如惟則語錄』, 『龍舒增廣淨土文』. ⇨ 치소 緇素, 백의 白衣

치백여설상 齒白如雪相 삼십이상(三十二相) 중 하나. 이가 눈처럼 흰 모습. 아백상(牙白相 Ⓢ śukla-danta)이라고도 한다. 『니건자소설경』 권6 「여래무과공덕품 如來無過功德品」(대정장9, p.342c14)에 "대왕이시여, 알아두십시오. 사문 구담의 삼십이상은 다음과 같습니다. … 스물다섯 번째는 사문 구담의 이가 눈처럼 흰 것입니다. 大王當知 沙門瞿曇 三十二相者 … 二十五者 沙門瞿曇 齒白如雪"라고 하였다. 〔참고문헌〕『尼乾子所說經』. ⇨ 아백상 牙白相, 삼십이상 三十二相

치백우이남회 馳白牛以南迴 흰 소 몰아 남쪽으로 돌이키다. 『십이문론』 「서문 序文」(대정장30, p.159b19)에 "운 좋구나! 후대의 학자들이여! 평평한 길 더욱 평탄해졌고, 어둡고 몽매한 길은 환히 트였네. 진실로 북쪽 바다에선 화란의 방울소리 울렸고, 흰 소 끄는 수레 저 먼 남쪽에까지 이르렀네. 꿈속에서 크게 깨우쳤으니, 만물은 안온하게 근원으로 돌아가리라. 遇哉 後之學者 夷路旣坦 幽塗旣開 眞得振和鸞於北冥 馳白牛以南迴 悟大覺於夢境 卽百化以安歸"라고 하였다. 〔참고문헌〕『十二門論』(대정장30, p.159b21). ⇨ 백우거 白牛車

치백정상 齒白淨相 Ⓢ suśukla-danta, Ⓣ tshems-shin-tu-dkar-ba 삼십이상(三十二相) 중 하나. 치아가 희고 깨끗한 모습. 아백상(牙白相)·치백여설상(齒白如雪相)이라고도 한다. 『보살지지경』 권10(대정장30, p.955c7 : *Bodh-bh.*, p.262)에 "욕계의 자비를 닦고 법의를 생각한 까닭에 치아가 희고 깨끗한 상을 얻는다. 修欲界慈 思惟法義故 得齒白淨相 kāmāvacarīṃ maitrīṃ bhāvayitvā dharma-artha-cintakaḥ suśukla-dantatāṃ pratilabhate"라고 하였다. 〔참고문헌〕『菩薩

地持經』, *Bodh-bh.* ⇨아백상 牙白相, 치백여설상 齒白如雪相, 삼십이상 三十二相

치백제밀상 齒白齊密相 삼십이상(三十二相) 중 하나. 이가 희고 고르며 촘촘한 모습. 치제상(齒齊相 Ⓢavirala-danta, sama-danta)이라고도 한다. 『사분율명의표석』 권21(卍속장70, p.722b18)에 "(삼십이상 중) 스물세 번째는 치백제밀상〈마흔 개 이가 모두 희며 깨끗하고 고르며 촘촘하다. 이 뿌리는 또 깊고 굳다〉이다. 二十三齒白齊密相〈謂四十齒 皆白淨齊密 根復深固也〉"라고 하였다. 〔참고문헌〕『四分律名義標釋』. ⇨치제상 齒齊相

치번뇌 癡煩惱 어리석음의 번뇌. 『수가장자설업보차별경』(대정장1, p.893a16)에 "치번뇌로부터 모든 악업을 일으킨다. 從癡煩惱 起諸惡業", 『인왕경』 권하(대정장8, p.831c24)에 "마음마음이 적멸하면 삼계의 치번뇌가 다하여 삼명의 일체공덕관을 얻는다. 心心寂滅 盡三界癡煩惱 得三明一切功德觀"라고 하였다. 〔참고문헌〕『首迦長者說業報差別經』, 『仁王經』, 『瑜伽師地論』 권26(대정장30, p.424b12). ⇨치 癡, 번뇌 煩惱

치벌상지 治罰賞之 다스려 벌하고 칭찬해 마지 않는다. 『불본행집경』 권4(대정장3, p.672a23)에 "악한 이는 다스려 벌하고 착한 이는 상을 준다. 惡者治罰 善者賞之"라고 하였다. 〔참고문헌〕『佛本行集經』.

치병 治病 Ⓢcikitsaka, Ⓣgso, gso-byed. 병을 다스리다. 『정법염처경』 권48(대정장17, p.286c12)에 "마음 다스리림을 치병이라 하고, 몸 다스리림은 치병 아니라네. 마음 병 다스림은 알기 어렵고, 풍병 등 다스림은 알기 쉽다네. 治心名治病 治身非治病 治心病難知 治風等易解", 『치선병비요법』 권하(대정장15, p.339a1)에 "행자를 위해 감로문을 설하니 병을 다스리는 법이다. 爲於行者 說甘露門 治病之法", 『나선비구경』 권하(대정장32, p.717b5)에 "나선이 왕에게 물었다. '나라에 의사가 있지요?' '있고 말고요' '그는 천하의 약을 다 알고 있나요?' '그는 모든 약을 알고 있죠' '그 의사가 병을 다스릴 때 한꺼번에 약을 줍니까? 조금씩 줍니까?' '사람이 아직 병에 걸리지 않았을 때는 미리 약을 줄 수가 없습니다. 병에 응하여 약을 줍니다' '부처님이 비록 과거와 미래와 현재의 일을 다 아시지만 또한 한꺼번에 천하 사람을 모두 가르칠 수는 없습니다. 반드시 조금씩 경과 계를 주어서 받들어 행하게 할 뿐입니다' '좋습니다'. 那先問王 國中寧有醫師無 王言 有醫師 寧能悉知天下諸藥不 王言 能悉識知諸藥 那先問王 其醫師治病 爲一時與藥 稍稍與之 王言 人未病 不可豫與藥 應病乃與藥耳 那先言 佛雖悉知去來見在之事 亦不可一時悉敎天下人 當稍稍授經戒 令奉行之耳 王言 善哉", 『이장의』(한불전1, p.806a15)에 "저 병의 뿌리 끊어야만 또한 병을 다스렸다고 한다. 如斷病本 亦名治病故"라고 하였다. 〔참고문헌〕『正法念處經』, 『治禪病祕要法』, 『那先比丘經』, 『二障義』, *Saddh-p.321.* ⇨병 病

치병경방 治病經方 병을 다스리는 데 효험이 있다고 여기는 비방(祕方)의 글. 『오분율』 권14(대정장22, p.94c27)에 "그때 여러 비구니들이 치병경방을 암송하자 모든 백의가 꾸짖으며 말하였다. '이들은 의술만을 배웠지 도를 구할 뜻이 없다. 어찌 이 일을 가지고 불경을 독송치 않는가?' 모든 장로 비구니가 듣고서 갖가지로 따져 물었다. 내지 모든 비구니를 위해 계를 맺음은 또한 위에서 설함과 같다. 지금부터 이 계는 응당 이처럼 설해야 한다. '저 비구니가 치병경방을 암송하면 바일제다. 식차마나와 사미니는 돌길라다. 만약 자기 병을 위하거나 가엾이 여겨서거나 강권으로 핍박받아 보고 읽었다면 범한 것은 아니다'. 爾時諸比丘尼 誦治病經方 諸白衣譏呵言 此等但學醫術 無求道意 何不以此誦讀佛經 諸長老比丘尼聞 種種呵責 乃至今爲諸比丘尼結戒 亦如上說 從今是戒 應如是說 若比丘尼 誦治病經方 波逸提 式叉摩那 沙彌尼 突吉羅 若爲自病 若慈愍 若强力所逼看讀不犯라고 하였다. 〔참고문헌〕『五分律』.

치복 緇服 검게 물들인 옷. 그 옷 입은 이들인 스님들. 『출삼장기집』 권12 「잡록서 雜錄序」(대정장55, p.82c10)에 "존귀한 경이 신령스럽게 움직인 이후로 빼어난 속전이 나왔다. 한부터 양까지 세상에 나온 밝은 철인들이 비록 다시 치복과 소식으로 자취가 다르기는 하였으나 돌아감은 같았다. 自尊經神運 秀出俗典 由漢屆梁 世歷明哲 雖復緇服素飾 並異跡同歸", 『자은전』 권8(대정장50, p.264b19)에 "오직 용상의 걸음은 당나귀가 감당할 바 아니니, 저 치복의 넓고 깊음을 백의가 밟지 못함과 같다. 但龍象蹴蹋 非驢所堪 猶緇服壼奧 白衣不踐"라고 하였다. 〔참고문헌〕『出三藏記集』, 『慈恩傳』, 『集沙門不應拜俗等事』 권6(대정장52, p.472b2). ⇨승복 僧服

치복 癡福 어리석어 복이라 여기는 것. 『수산어록』 「감변어 勘辯語」(고존숙어록8, 卍속장118, p.254a5)에 "풍혈이 다시 진원두(眞園頭)에게 물었다. '세존께서 설하신 일 없이 설하셨다는 뜻은 무엇인가?' '비둘기가 나뭇가지에서 웁니다' '그대 허다히 어리석은 복을 지어서 무엇하려는가? 어째서 진실의 언구 몸소 구하지 않는가!' 穴又問眞曰 作麼生是 世尊不說說 眞曰 鵓鳩樹頭鳴 穴云 你作許多癡福 作什麼 何不體究言句", 『서장』 「답탕승상장 答湯丞相狀」(대정장47, p.942a17)에 "교중에 설하길 '어리석은 복을 지으면 삼생 동안 원수가 된다'라고 하였는데 무엇을 가리켜 삼생 동안의 원수라 하겠습니까? 첫 번째 생에서는 어리석은 복을 짓느라 견성하지 못하고, 두 번째 생에서는 어리석은 복을 누리면서 부끄러움을 모르고 해야 할 일을 하지 않으며, 세 번째 생에서는 누려왔던 어리석은 복이 다하여 해야 할 일을 하지 못하고 육신의 껍데기를 벗는 순간 쏜살과 같이 지옥에 떨어집니다. 教中說 作癡福是 第三生冤 何謂第三生冤 第一生 作癡福不見性 第二生 受癡福無慚愧 不做好事 一向作業 第三生 受癡福盡 不做好事 脫却殼漏子時 入地獄如箭射", 『요암청욕어록』 권9 「무준화상필적 無準和尙筆蹟」(卍속장123, p.781b5)에 "근세에 어리석은 복을 부러워한 나머지 큰 집을 차지하고 수많은 대중에 둘러싸여 있으나 입으로는 아무 말도 할 능력이 없고 마음으로는 아무 생각도 품지 않고서도 거만하게 스스로 만족하면서 이로써 대중을 이끄는 지도자의 존엄함이라 여긴다. 近世羨癡福 踞大方坐圍千衆 口無所說 心無所思 傲然自足 以謂師道之尊"라고 하였다. 〔참고문헌〕『首山語錄』, 『書狀』, 『了菴淸欲語錄』.

치불난 值佛難 사난(四難) 중 하나. 부처님 뵈옵기 어렵다는 말. 자세히는 부처님 계신 세상에 나기 어렵다는 뜻이거나 부처님 세상에 계심에도 만나 뵙기 어렵다는 뜻이다. 『무량수경의소』 권하(대정장37, p.116a27)에 "여래께서 세간 나와 계심에도 만나기도 어렵고 뵙기도 어려우니 치불난을 밝혔다. 세상에 나옴에 부처님 계실 때 당했으니 치라 하고, 눈으로 직접 뵐 수 있음을 견이라 하는데, 이들은 모두 어려운 일이다. 如來興世 難值難見 明值佛難 生當佛時 名之爲值 目覩稱見 此皆難也", 『법화경대성』 권9(卍속장51, p.437a18)에 "부처님 만나기는 우담보다 어려우니, 출가는 이에 어려움을 벗어나는 좋은 채찍이요 도에 드는 이로운 그릇이다. 值佛難於優曇 出家乃脫難之良策 入道之利器", 『사십이장경소초』 권5(卍속장59, p.210a12)에 "첫째 치불난이라 함은 곧 부처님보다 앞서 나거나 혹은 부처님 열반하신 후에 세상에 나기에 어렵다 한다. 一 值佛難 卽生於佛前或生佛後 難也"라고 하였다. 〔참고문헌〕『無量壽經義疏』, 『法華經大成』, 『四十二章經疏鈔』. ⇨ 사난 四難[1]

치불선근 癡不善根 Ⓟ moho akusala-mūla. 치는 불선의 뿌리. 일체법에 무지한 것이 치이기에 삼불선근(三不善根 Ⓟ tīṇi akusala-mūlāni) 중 하나다. 『집이문족론』 권3(대정장26, p.376b27)에 "치불선근이란 무엇인가? 치란 무엇인가? 〔답〕 … 전후제에 무지하고 … 내외에 무지하며 … 업이숙에 무지하고, … 선악업에 무지하며, 인에 무지하고, 인이 낳은 법에 무지하며, 부처님과 법과 승에 무지하고, 고집멸도에 무지하고, … 연생법에 무지하며, 육촉처를 여실하게 알지 못하는 것이다. … 무명번뇌・무명폭류 … 무명이라는 독의 열매와 … 치의 류나 치로 생기는 것과 고쳐 생긴 모든 것들을 통틀어 치라고 한다. 불선근이란 어떤 것인가? 〔답〕 이 치법은 곧 불선성이어서 능히 무량불선법의 뿌리가 된다. 그러므로 이 법은 병의 뿌리이고, … 번뇌의 뿌리이며, 괴로움의 뿌리이고 … 청정하지 않은 것의 뿌리이고, 선명하지 않은 것의 뿌리이다. 따라서 치불선근이라고 한다. 癡不善根者 癡云何 答 … 前後際無知 … 內外無知 … 善惡作業無知 於因無知 因所生法無知 於佛無知 法無知 僧無知 於苦無知 集無知 滅無知 道無知 … 於緣生法無知 於六觸處如實無知 … 無明漏 無明暴流 … 無明毒果 … 癡類癡生 改類改生 總名爲癡 不善根云何 答 謂此癡法是不善性 能爲無量不善法根 是故 此法能爲病根 … 惱根 苦根 … 不淸淨根 不鮮白根 是故名爲癡不善根", 『사리불아비담론』 권6(대정장28, p.570b17)에 "무엇이 치불선근인가? 고집멸도를 알지 못하고, 과거미래과 거미래를 알지 못하며, 안팎을 알지 못하며, 안팎을 알지 못하고, 육촉입처의 집멸과 집착과 과환을 알지 못하며, 여실하게 벗어남도 알지 못하고, 여여함도 알지 못하며, 업보를 알지 못하고, … 저 법 중에 어리석음・빼앗는 마음・빼앗을 만한 마음・장애・덮음・가림・어두움 … 알지 못함・벗어나지 못함・방편없음과 그 밖의 법에 어리석음, … 내지는 무지・무견・풀지 못함・벗어나지 못함・방편없음 등을 이름하여 치불선근이라 한다. 云何癡不善根 不知苦集滅道 不知過去 不知未來 不知過去未來 不知內 不知外 不知內外 六觸入集滅味過患 不知如實出 不知如爾 不知業報 … 彼法中 若癡 奪心 應奪心 礙 覆 蓋 暗冥 … 無解 無脫 無方便 及餘法中癡 … 乃至 無知 無見 無解 無脫 無方便 名癡不善根"라고 하였다. 〔참고문헌〕『集異門足論』, 『舍利弗阿毘曇論』, *DN.3.214.*, *AN.1.201.* ⇨ 삼불선근 三不善根, 치 癡

치빙 馳騁 Ⓢ prakrāmat, Ⓣ mchis-nas. 내달리다. 치닫다. 이리저리 구하다. 『잡아함경』 권22(대정장2, p.156b18)에 "뢰타반제국(Ⓟ Raṭṭhavanta)에는 모든 상인이 있네. 대부로 재보가 족함에도 각각 부를 구하려 다투네. 방편으로 재물의 이익을 얻으려 하니 저 타오르는 불과 같네. 이처럼 이기려고 다투는 마음이 욕탐으로 항상 내달리네. 어찌 마땅히 탐을 끊고 세간의 안달난 구함 쉴 수 있으리? 賴吒槃提國 有諸商賈客 大富足財寶 各各競求富 方便欲財利 猶如然熾火 如是競勝心 欲貪常馳騁 云何當斷貪 息世間勤求", 『법화경』 권2 「신해품 信解品」(대정장9, p.16b27 : *Saddh-p.*, p.101)에 "사방으로 돌아다니며 옷과 먹거리를 구하였다. 점점 유행하다가 우연히 본국으로 향했다. 馳騁四方 以求衣食 漸漸遊行 遇向本國 āhāracīvarahetordaśa diśaḥ prakrāmannanyataraṃ janapadapradeśaṃ gacchet", 『

전심법요』(대정장48, p.383a10)에 "그대는 지금 알지 못해 범성에 집착하며 밖을 향해 치달려 오히려 스스로 마음에 미혹하였다. 그래서 네게 말하기를 '마음 그대로 부처'라고 하였으니, 일념이라도 알음알이를 일으키면 이취에 떨어진다. 시작 없는 때부터 오늘과 다르지 않으니 다른 법이 있지 않다. 그러므로 '정등각을 이룬다'라 한다. 汝今不識 執凡執聖 向外馳騁 還自迷心 所以向汝道 卽心是佛 一念情生 卽墮異趣 無始已來 不異今日 無有異法 故名成等正覺"라고 하였다. 〔참고문헌〕『雜阿含經』, 『法華經』, 『傳心法要』, *Saddh-p.*, *SN.1.15.*

치사 哆娑 Ⓢ tsa. 실담자 𑖓. 차(嗟)로도 음사한다. 40권본 『화엄경』 권31(대정장10, p.804c17 : *Gaṇḍ-vy.*, p.354)에 "치사 자를 부를 때 자재취입제공덕해라는 이름의 반야바라밀문에 깊이 들어갈 수 있다. 唱哆娑字時 能甚深入般若波羅蜜門 名自在趣入諸功德海 tsa-kāraṃ parikīrtayataḥ sarva-guṇa-sāgara-pratipatty-avatāravigāhanaṃ nāma prajñāpāramitā-mukham-avakrāntam"라고 하였다. 〔참고문헌〕『華嚴經』, *Gaṇḍ-vy.* ⇨ 사십이자문 四十二字門

치사 致謝 감사의 뜻을 보이다. 『백장청규』 권3 「대영소참전다탕염송치제 對靈小參奠茶湯念誦致祭」(대정장48, p.1128b28)에 "소참을 마치고 법좌에서 내려오면 소사들이 늘어서 절하고 감사의 뜻을 나타낸다. 小參下座 小師羅拜致謝"라고 하였다. 〔참고문헌〕『百丈淸規』.

치사 癡使 어리석음(無明 : 癡)의 부림. 삼독(三毒 : 貪瞋癡) 중의 하나로 삼수(三受 : 苦樂捨) 중 불고불락수(不苦不樂受)를 추동한다. 『증일아함경』 권12(대정장2, p.607b12)에 "저 기꺼워함은 욕애의 부림이고 저 괴로움으로 아파하는 것은 진에의 부림이다. 괴롭지도 즐겁지도 않음은 치의 부린 바다. 彼樂痛者 欲愛使也 彼苦痛者 瞋恚使也 不苦不樂痛者 是癡使也", 『성실론』 권6(대정장32, p.285a19)에 "또 어떤 논사는 '괴롭지도 즐겁지도 않음 능히 일으킨다'고 주장한다. 왜 그런가? 이에 어리석음의 부림이 있다. 치란 모든 번뇌의 근본이다. 또한 이런 수는 미세하여 이 중의 번뇌 또한 알아차리기 어렵다. 또한 이 수란 중생의 본성이어서 고락은 손님일 뿐이다. 이 수란 삼계에 두루하지만 나머지 둘(愛取)은 그렇지 않다. 又論師言 不苦不樂能生 所以者何 是中有癡使 癡是一切煩惱根本 又此受細微 是中煩惱難覺知故 又此受是衆生本性 苦樂爲客 又此受遍在三界餘二不爾"라고 하였다. 〔참고문헌〕『增壹阿含經』, 『成實論』. ⇨ 우치 愚癡, 치 癡, 십사 十使

치사십 齒四十 Ⓢ catvāriṃśad danta. 삼십이상(三十二相) 중 하나로 사십 개의 치아를 갖춘 것. 사십치상(四十齒相)·구사십치상(口四十齒相·具四十齒相) 등이라고도 한다. 『승가라찰소집경』 권중(대정장4, p.127b27)에 "여래의 치아는 사십 개인데 아래위로 각각 어금니가 네 개이며, 이 치아 위에 천폭륜상이 있었다. 如來齒四十 上下各四牙 齒上有千輻輪相"라고 하였다. 〔참고문헌〕『僧伽羅刹所集經』, 『無量義經』(대정장9, p.385a15), *Bodh-bh.262.* ⇨ 사십치상 四十齒相, 구사십치개실제평상 具四十齒皆悉齊平相, 삼십이상 三十二相

치산 馳散 Ⓢ vikāra. 이리저리 달려 흩어지다. 『별역잡아함경』 권6(대정장2, p.416a3)에 "욕심을 적게하고 만족함을 알며, 항상 한적하고 고요한 곳에 있기를 좋아하며, 부지런히 정진하여 마음이 이리저리 달려 흩어지지 않고, 항상 선정을 즐겨 스스로 모든 번뇌 다하고, 번뇌 다한 이를 찬탄한다. 少欲知足 常樂空閑寂靜之處 勤修精進 心不馳散 恒樂禪定 自盡諸漏 讚盡漏者", 『대품반야경』 권25(대정장8, p.406c3)에 "보살이 말했다. '나는 마땅히 너희들에게 인연을 짓게 하리라. 이 인연으로 너희들의 마음이 각관을 따르지 않고 마음이 달려 흩어지지 않으리라'. 중생들은 이 인연 때문에 각관을 끊고 초선·이선·삼선·사선에 들어가고 자비희사의 사무량심을 행하리라. 菩薩言 我當與汝等作因緣 以是因緣故 令汝心不隨覺觀 心不馳散 衆生以是因緣故 斷覺觀 入初禪二禪三禪四禪 行慈悲喜捨心"라고 하였다. 〔참고문헌〕『別譯雜阿含經』, 『大品般若經』, *Kāśy.159.*

치상사십 齒相四十 Ⓢ catvāriṃśad-dantaḥ, Ⓣ tshems-bzhi-bcu-mnga'-ba. 삼십이상(三十二相) 중 하나로 치아가 마흔 개인 상호(相號). 『대반야경』 권531(대정장7, p.726b2)에 "모든 부처님의 치아는 마흔 개로 가지런하다. 깨끗하고 촘촘하며 뿌리가 깊고 흰 옥돌이나 눈처럼 하얗다. 이것이 스물세 번째 상이다. 諸佛齒相四十齊平 淨密根深白逾珂雪 是二十三"라고 하였다. 〔참고문헌〕『大般若經』, 『法華玄贊』 권5(대정장34, p.737b28), *Mvyut.17.* ⇨ 삼십이상 三十二相

치생 治生 생계를 위해 적극적으로 하는 일. 장사(Ⓟ vaṇijjā : 商業·商買) 등으로 이익을 내는 일. 승가에서는 계율로써 금한다. 『중아함경』 권60 「팔성경 八城經」(대정장1, p.802a13)에 "그때 제십거사(Ⓟ dasamo gahapati)는 팔성(Ⓟ Aṭṭhakanāgara)에서 여러 가지 희귀한 물건을 가지고 파라리자성(Ⓟ Pāṭaliputta)에 가서 생계 위해 팔았다. 是時 第十居士 八城持多妙貨 往至波羅利子城 治生販賣", 같은 책 권36 「상적유경 象跡喩經」(대정장1, p.657b6)에 "그는 생계활동을 떠나더니 마침내 끊고는 저울과 됫박을 버리고 값을 받지도 않았으며 남들을 빚으로 속박하지 않았고, 저울질할 때 고의로 깎으려 하지 않았으며, 조금이라도 이익을 더 얻고자 남을 속이지 않았다. 그는 생계활동을 하면서도 마음을 깨끗이 비웠던 것이다. 彼離治生 斷於治生 棄捨稱量 及斗斛 亦不受貨 不縛束人 不望折斗量 不以小利 侵欺於人 彼於治生 淨除其心", 『백유경』 권3 「의치척루유 醫治脊僂喩」(대정장4, p.550c14)에 "세간의 어리석은 사람들도 이와 같다. 복을 닦을 마음을 먹고 벌이로 물건을 팔면서 온갖 비법을 저지른다. 그 일 비록 성사되더라도 이익으로 피해를 보충하지 못한다. 미래 그 언젠가는 지옥에 떨어지게 되니 두 눈알이 튀어나오는 불운과 비견한다. 世間愚人 亦復如是 爲修福故 治生估販 作諸非法 其事雖成 利不補害 將來之世 入於地獄 喩雙目出", 『목련오백문경약해』 권상(卍속장71, p.192b1)에 "생계 도모하고 생계를 위하여 물건을 팔면서 이익을 탐하여 요모조모 구하게 되니 그 허물이 극히 무겁게 쌓인다. 그런 까닭에 '차라리 백정이 될지언정 물건 파는 일을 생업으로 삼지는 않겠다'(『살바다비니비바사』 권5, 대정장23, p.536b2)라고 한다. 율 중에 상세하다. 이는 부정한 생계수단으로 얻는 물건이다. 청정한 계를 받은 비구라면 그것을 먹기만 해도 죄가 되거늘 하물며 그렇게 하게 해서야 말해서 무엇 하랴! 이런 사람들이 스스로 부끄러운 마음을 일으켜서 다시는 부정한 일들을 하지 못하도록 해야 한다. 비구는 반드시 걸식 등의 일로 바른 목숨 위해야 한다. 그러므로 특별히 이것을 계로 규정했던 것이다. 治生者 或資生販賣 貪利營求 其過極重 所以 寧作屠兒 不爲販賣 詳如律中 此是不淨活命之物 淸淨比丘 食之得罪 況其治生者乎 要使此人 自生愧耻 不敢再爲 不淨等事 比丘必應 以乞食等事 而爲正命 故特以此爲戒"라고 하였다. 〔참고문헌〕『中阿含經』, 『百喩經』, 『目連五百問經略解』, 『薩婆多毘尼毘婆沙』.

치생산업 治生産業 생계를 위한 모든 활동. 대승과 선문에서는 적극적으로 실상의 분상으로 여긴다. 생을 다스리고 생산해 주고받는 일 그대로 실상이어서 벗어날 수 없기에, 매양 본분사 챙기듯 할 뿐이어서 늘 깨우치고 동류와 함께 해서 공부하듯 한다. 『법화현의』 권1상(대정장33, p.683a6)에 "가령 모든 세간의 갖가지 생업이 모두 실상과 어긋나는 것은 아니다. 색 하나 향 하나 중도가 아님이 없으니, 하물며 스스로 행해서 실다우면 어찌 실 아니라 하겠는가? 如一切世間 治生産業 皆與實相 不相違背 一色一香 無非中道 況自行之實 而非實耶", 『수능엄의소주경』 권1(대정장39, p.838b29)에 "진여의 바탕 바로 일심이다. 일심의 진여와 생멸상은 둘도 없고 차별도 없으니 셋 그대로에서 하나로 밝고 하나 그대로이면서 셋을 따진다. 그러므로 생계를 위한 모든 활동 그 무엇이 되었건 실상과 어긋나지 않는 것이다. 眞如之體 卽一心也 一心眞如 及生滅相 無二無別 卽三明一 卽一論三 故得治生産業 皆與實相 不相違背", 『대혜어록』 권20 「시진여도인 示眞如道人」(대정장47, p.895a15)에 "또한 '갖가지 생업이 모두 바른 도리에 따르고 실상과 어긋나지 않는다'라고 하니 다만 본분에 의지하여 그 깨우친 바 따라 동류를 교화하여 함께 이 문으로 들어온다면 그것이 바로 부처님의 깊은 은혜를 갚는 길입니다. 又云 治生産業 皆順正理 與實相不相違背 但只依本分 隨其所證 化其同類 同入此門 便是報佛深恩也", 『우암지급어록』 권3(卍속장124, p.318a5)에 "학인이 물었다. '진공은 유를 무너뜨리지 않고 진공은 색도 무너뜨리지 않는다고 하는데, 진공이란 무엇인지요?' '산하와 대지다' '갖가지 생업은 모두 실상과 어긋나지 않는다고 하는데 도대체 실상이란 무엇인지요?' '무명과 번뇌다' '그냥 이렇게 살면 어떤지요?' '허공을 웃겨 부수겠구나'. 僧問 眞空不壞有 眞空不壞色 作麽生是眞空 師云 山河大地 進云 治生産業 皆與實相 不相違背 如何是實相 師云 無明煩惱 進云 便恁麽去時如何 師云 笑破虛空"라고 하였다. 〔참고문헌〕『法華玄義』, 『首楞嚴義疏注經』, 『大慧語錄』, 『愚菴智及語錄』. ⇨ 치생 治生

치서부도가 馳書不到家 편지 보내지만 집에 이르지는 못하다. 언어문자로 다다르지 못함의 비유다. 『오조법연어록』 권상(대정장47, p.655c7)에 "'조동종 문하의 요소는 무엇인지요?' '편지 보냈지만 집에 이르지는 못한다'. 學云 如何是曹洞下事 師云 馳書不到家"라고 하였다. 〔참고문헌〕『五祖法演語錄』. ⇨ 미도가 未到家

치선 癡禪 **1** 어리석은 선. 『낙방유고』 권상 「염불자명종절무마사 念佛者命終絶無魔事」(대정장47, p.234b20)에 "만일 어둠에 앉은 채로 어리석은 선을 행하는 사람이라면 장애만이 있을 것이다. 若暗坐癡禪之人 則被障礙矣", 『선림보훈음의』(卍속장113, p.259b9)에 "어리석은 선 : 선이라는 맛에 빠져 지혜 낼 수 없기에 어리석은 선이라 한다. 그루터기 지키며 토끼 기다릴 뿐인 일이다. 癡禪 耽味禪而未發慧 曰癡禪 如守株待兎等", 『선림보훈순주』 권1(卍속장113, p.459a15)에 "어리석은 선이란 고요함에 붙잡혀 있을 뿐이어서 바른 혜가 없다. 癡禪是枯定 而無正慧也"라고 하였다. 〔참고문헌〕『樂邦遺稿』, 『禪林寶訓音義』, 『禪林寶訓順硃』. ⇨ 수묵지치선 守默之癡禪 **2** ➡ 원묘 元妙[2]

치선병비요법 治禪病祕要法 유송(劉宋) 455년(효건2) 저거경성(沮渠京聲) 한역. 2권. 고려장19, pp.686a1~700a5, No.744 · 대정장15, pp.333a7~342b14, No.620에 수록되어 있다. 『치선병비요경 治禪病祕要經』 · 『선요비밀치병경 禪要祕密治病經』 · 『치선병비

요법경 治禪病祕要法經』·『친선병비요』라고도 한다. 고요한 곳에서 선정 닦는 사람의 심신에서 생하는 갖가지 병의 치료법을 설한 책이다. 총 12장으로 되어 있는데 원래는 열두 개의 짧은 경들을 집성한 것으로 추정한다. 권상은 「치아련야난심병칠십이종법」·「치일법 治噎法」·「치행자탐음환법 治行者貪婬患法」·「치이양창법 治利養瘡法」·「치범계법 治犯戒法」, 권하는 「치낙음악법 治樂音樂法」·「치호가패게찬법 治好歌唄偈讚法」·「치수대맹성인시득하법 治水大猛盛因是得下法」·「치인화대두통안통이롱법 治因火大頭痛眼痛耳聾法」·「치입지삼매견불상사경포실심법 治入地三昧見不祥事驚怖失心法」·「치풍대법 治風大法」·「초학좌자귀매소저종종불안불능득정치지법 初學坐者鬼魅所著種種不安不能得定治之法」으로 되어 있으며, 인도와 서역의 고대의학 과도 관련있는 자료로 평가받는다. 본경 「후서 後序」에 따르면, 한역자가 우전국(于闐國) 구마제대사(衢摩帝大寺)의 금강아련야주처(金剛阿練若住處)에서 천축의 사문 불타사나(佛陀斯那)를 대면하고, 455년(효건2) 한역을 마쳤다고 한다. [참고문헌]『歷代三寶紀』 권10(대정장49, p.92c20), 『大唐內典錄』 권4(대정장55, p.260a29), 『開元釋敎錄』 권5(대정장55, p.530c16), 『貞元新定釋敎目錄』 권27(대정장55, p.1002c11). ⇨ 선비 禪祕

치성 致性 1844~1901. 순천 송광사(松廣寺) 스님. 호는 동허(洞虛), 속성은 김(金)씨. 아버지의 이름은 상록(尙祿). 1844년(헌종10) 10월 21일 전라남도 남원군 용성에서 태어났다. 어릴 때 양친을 잃고 1857년(철종8) 13세 때 지리산 천은사(泉隱寺)로 찾아가 덕성(德誠).을 은사로 하여 스님이 되었다. 교(敎)는 우담홍기(優曇洪基)에게서, 선(禪)은 영산경순(影山敬淳)으로부터 배웠다. 1862년(철종13) 조계산 송광사 벽하(碧霞)를 법사로 하여 그의 법을 이었다. 허주덕진(虛舟德眞)을 친견하여 무상(無常)을 깊이 깨닫고 1879년(고종16) 4월부터 송광사 자정암(慈靜庵)에 염불만일회(念佛萬日會)를 시작하여 1885년(고종22) 봄에 이르러 보제당(普濟堂)으로 옮겼다. 1901년(광무5) 7월 9일 세수 58, 법랍 45세를 일기로 입적하였다. [참고문헌] 「洞虛大師行狀」(『曹溪山松廣寺史庫』 p.665).

동허당대화상진영
순천 송광사 조선후기

치성 熾盛 ❶ 빛이나 불꽃 등이 한껏 타오르는 모습. 『장아함경』 권3 「유행경 遊行經」(대정장1, p.9c1) "이때 세존의 얼굴은 평온하였으며, 위엄 있는 빛이 치성하였고, 모든 근은 청정하였으며, 얼굴빛은 온화함과 기쁨으로 가득하셨다. 아난은 이 모습을 보고 말없이 이렇게 생각했다. '내가 부처님을 시봉한 지 25년이 되었지만, 부처님 얼굴빛과 윤기가 오늘처럼 빛나는 경우는 보지 못했다. 爾時 世尊顏貌從容 威光熾盛 諸根淸淨 面色和悅 阿難見已 默自思念 自我得侍二十五年 未曾見佛面色光澤 發明如今", 『대비공지경』 권2(대정장18, p.593a1)에 "지혜의 광명이 치성한 것이 마치 거대한 불덩어리와 같다. 智光熾盛 如大火聚", 『일자정륜왕경』 권4(대정장19, p.215c11)에 "십만 번 염송하고 호마하니 아소라궁중에 불길이 치성해졌다. 誦十萬遍護摩 卽阿蘇羅宮中,火然熾盛"라고 하였다. [참고문헌]『長阿含經』, 『大悲空智經』, 『一字頂輪王經』. ❷ 오온(五蘊)이 불타오르듯 쉬지 않고 행하는 뜻. 『대반열반경의기』 권5(대정장37, p.732c6)에 "오음치성이란 오성음고라고 한다. 또한 고는 오음 중에서도 앞선 일곱 가지 고가 치성한 것이니 이를 오성음고라 하였다. 바르게 말하자면 오음성고라고 해야 한다. 五陰熾盛 名五盛陰苦 又苦陰中盛前七苦名五盛陰苦 正則應名五陰盛苦"라고 하였다. [참고문헌]『大般涅槃經義記』. ❸ 박가(薄伽)라는 소리의 여섯 가지 뜻 중 하나. 『불지경론』 권1(대정장26, p.292a24)에 "박가범에서 이른바 박가라는 소리는 여섯 가지 뜻에 의해 전변한다. … (여섯 가지 뜻 중에서) 두 번째는 치성의 뜻이다. … 맹렬한 지혜의 불길에 의해 타서 단련되므로 치성의 뜻을 갖는다. 薄伽梵者 謂薄伽聲 依六義轉 … 二 熾盛義 … 焰猛智火所燒煉故 具熾盛義"라고 하였다. [참고문헌]『佛地經論』. ⇨ 육덕 六德

치성광대위덕소재길상다라니경 熾盛光大威德消災吉祥陀羅尼經 당대 불공(不空) 한역. 1권. 『소재길상경 消災吉祥經』·『대위덕소재길상다라니경 大威德消災吉祥陀羅尼經』이라고도 한다. 대정장19, pp.337b17~338a26, No.963에 수록되어 있다. 『대위덕금륜불정치성광여래소제일체재난다라니경 大威德金輪佛頂熾盛光如來消除一切災難陀羅尼經』(대정장19, No.964)의 동본이역이다. 세존께서 정거천궁에서 수요(宿曜)·천중(天衆)·구집(九執)·이십팔수(二十八宿)·십이궁신(十二宮神)과 일체성중(聖衆)에게 치성광대위덕다라니제재난법(熾盛光大威德陀羅尼除災難法)을 설하신 내용이다. ⇨ 대위덕금륜불정치성광여래소제일체재난다라니경 大威德金輪佛頂熾盛光如來消除一切災難陀羅尼經

치성광도량염송의 熾盛光道場念誦儀 송대 자운준식(慈雲遵式) 한역. 1권. 불공(不空) 삼장이 한역한 『치성광대위덕소재길상다라니경』(대정장19, No.963)에 근거하여 치성광불정법의 염송법을 체계적으로 서술한 의궤. 대정장46, pp.978b3~982c29, No.1951에 수록되어 있다. 요성(妖星)으로 인해 발생하는 국가의 변괴를 없애기 위해 청정한 도량을 설치하고 치성광대위덕다라니를 백팔 번 내지 천 번씩 하루에서 이레까지 염송하면 재난이 사라진다고 설한다. 의궤의 구성은 설단공양(設壇供養)·시방법(示方法)·간중청정(揀衆清淨)·염송법(念誦法)·삼업공양(三業供養)·석의(釋疑)·계권단월(誡勸檀越) 등의 순서로 이루어져 있다.

치성광만다라 熾盛光曼荼羅 치성광불정(熾盛光佛頂)을 본존으로 하여 치성광법을 수습하기 위해 만드는 만다라. 작법에 따라 몇 가지 형태로 다르게 만든다. 『대성묘길상보살설제재교령법륜』(대정장19, p.343a4)에 "먼저 화공이 술·고기·오신채를 먹지 않고 속된 욕망을 멀리 여의며 향탕에 목욕하고 깨끗한 새 옷을 입고 매일 아침마다 팔관재계를 받도록 한다. 깨끗한 백엽 또는 깨끗한 흰 천에 십이폭금륜을 그린다. 지만다라를 만들고자 한다면 오색분을 반죽하여 색색의 모든 분을 각각 진언으로 일곱 번 가지하거나 스물한 번 가지한 후에 사용한다. 또는 채색으로 그림을 그리면 삼일 밤낮과 칠일 밤낮으로 일의 복을 빈 후에 거둔다. 지단의 경우 오래 두지 않고 형상을 제거해야 하니 벌레나 쥐가 더럽게 밟거나 어리석은 이와 사견외도가 보거나 다섯 가지 불가촉천민·황문·노비 등이 보면 뭇 성인들이 좋아하지 않아 재앙을 초래할 것을 염려한 것이다. 만약 몸에 지니고 멀리 가고자 한다면 백색 목화포나 명주 위에 채색하여 그리되 크기는 1주(肘) 또는 2주, 큰 것도 3주 또는 4주를 넘지 않게 한다. 각자의 역량에 따라 십칠 여 존의 불보살과 제천의 형상을 나누어 그리고 법식대로 배치한다. 바퀴폭 사이에 제목 없이 범자 진언을 적는다. 국왕을 위해 작법한다면 지단을 크게 만든다. 16주 또는 24주에서 28주에 이르는데 그 치수가 서민과 같지 않게 하니 왕이 의심할 것을 염려한 것이다. 임시로 종이에 일체제천의 이름을 적되 제존의 아래에 붙여서 의심을 끊고 바른 믿음을 일으키도록 한다. 만약 범어로 그 이름을 쓸 수 있다면 가장 수승하다. 범자를 모른다면 지역의 문자에 따라 제를 붙여도 된다. 바퀴 중심에 평면으로 팔엽 백련화를 그린다. 꽃 중심에 금 또는 은으로 일금륜불정을 그리고 일자다라니자 발로훔〈세 가지 소리를 길게 발음한다〉를 외운 후에 우선 치성광불정을 그리되 몸의 모든 모공에서 대광명을 내뿜는 형상이다. 불상 그림 앞에 거리를 두고 진언자를 쓴다. 불안부의 모보살은 홍련화색으로 각각 표치와 인계를 지니도록 그린다. 다음으로 불존 오른쪽에 문수사리보살을 그리는데 적금색에 역시 근본표치를 지닌 것으로 그린다. 불존 왼편에 금강수보살은 백홍색에 표치를 지닌 형태로 그린다. 모두 반가부좌 하고 네 존이 마주보도록 하며 문수 오른편에 부사의동자보살을 그리고 문수 왼편에 구호혜보살을 그리며 금강수 오른편에 비구지보살을, 금강수 왼편에 관자재보살을 그린다. 이와 같이 팔대존은 각각 색상·표치·인계·얼굴을 가진다. 先令畫人 不食酒肉五辛 遠離染慾 香湯澡浴 著新淨衣 日日晨朝與受八關齋戒 於淨白䌷上 或淨素布上 畫此十二輻金輪 若作地曼茶羅 卽應撚五色粉 其粉一一色 各別以眞言加持七遍或三七遍 然後用之 或以彩色圖畫 三日三夜或七日七夜 祈福事了卽須收之 若是地壇 應以除去形像 不應久留 恐有蟲鼠汚踐 下愚人見及邪見外道 及五旃茶羅黃門奴婢等見 卽衆聖皆不喜悅 反招其咎 若欲將隨身遠行 卽於白䌷上 或絹素上 彩色圖畫 或方一肘或二肘 大者不過三肘四肘 隨己力分 畫七十餘尊佛 及菩薩諸天形像 依法安布於輪輻間 并書梵字眞言 莫題名字 若爲國王 應須大作地壇 或十六肘二十四肘 上至二十八肘 其數不同凡庶之人 恐王者生疑 權於紙上書一切諸天名字 帖於諸尊之下 令彼斷疑而生正信 若能梵書其名 最爲上妙 若不識梵字者 隨方文字 題之亦通 從輪心中平仰 畫八葉白蓮華 於華心中以金或銀 畫一金輪佛頂 一字陀羅尼字 悖嚕吽〈三合長聲呼〉字 後先畫熾盛光佛頂 身諸毛孔放大光明 當佛前相對隔眞言字 當畫佛眼部母菩薩紅蓮華色 各持幖幟印契 次於佛右邊 畫文殊師利菩薩 作赤金色 亦持本幖印 於佛左邊 畫金剛手菩薩 白紅色 亦執持幖幟 皆半跏而坐 四尊相對 更於文殊右邊 畫不思議童子菩薩 文殊左邊 畫救護慧菩薩 於金剛手右邊 畫毘俱胝菩薩 於金剛手左邊 畫觀自在菩薩 如前八大尊 各有色相幖幟印契顔貌"라고 하였다. 〔참고문헌〕『大聖妙吉祥菩薩說除災教令法輪』. ⇨ 치성광불정 熾盛光佛頂

치성광법 熾盛光法 치성광불정(熾盛光佛頂)을 본존으로 모시고 닦는 밀교작법. 천재지변·요성(妖星)·풍우(風雨) 등의 재해를 진호(鎭護)하기 위해 행한다. 치성광불정여래는 모공에서 대광명을 방출하여 일월성신(日月星辰) 등 빛을 내는 천들을 교령(教令)으로 절복시키므로 본존으로 삼는다. 이 작법에 사용하는 만다라를 치성광만다라라고 한다. 『대성묘길상보살비밀팔자다라니수행만다라차제의궤법』(대정장20, p.786a13)에 "만약 다섯 별이 궤도를 벗어나거나 일식이나 월식 또는 혜성이 자주 출현하면 사방의 외국이 국경을 침범하여 백성을 겁탈하고 대신은 역모를 꾸며 전쟁을 하기 불리하여 국민이 피해를 입고 역병이 유행하니 모두 대단을 만들고 단 내부 제이원 밖에 열두 대천을 배치하고 치성광법과 같이 한다. 若緣五星失度 日月頻蝕彗孛數現 四方異國侵境 劫奪百姓 大臣叛逆 用兵不利 損害國人 疫病流行 皆作大壇 壇內第二院外 布列十二大天 如熾盛光法"라고 하였다. 〔참고문헌〕『大聖妙吉祥菩薩祕密八字陀羅尼修行

曼荼羅次第儀軌法』. ⇨ 치성광만다라 熾盛光曼荼羅

치성광보살 熾盛光菩薩 관상만다라(觀想曼荼羅) 서문에 안치하는 네 보살 중 한 분. 망명(網明)보살이라고도 한다. 『관상만나라정제악취경』 권상(대정장19, p.90a24)에 "다음으로 만다라 서문에 네 보살을 안치한다. … 네 번째 자리에 치성광보살을 안치한다. 몸은 붉은 색이고 양손에는 금강반야라를 쥐었다. 네 보살은 모두 연꽃 달 위에 가부좌하고 앉아 있다. 復次於曼拏羅西門安四菩薩 … 第四位 安熾盛光菩薩 身赤色 二手持金剛𤙖惹囉 是四菩薩 皆於蓮華月上 跏趺而坐"라고 하였다. ［참고문헌］『觀想曼拏羅淨諸惡趣經』. ⇨ 망명보살 網明菩薩

치성광불정 熾盛光佛頂 Ⓢ Prajvaloṣṇīṣaḥ. 석가불(釋迦佛)의 교령륜신(敎令輪身). 모공에서 치성한 광명을 내뿜는다. 대위덕금륜불정치성광여래(大威德金輪佛頂熾盛光如來)·섭일체불정륜왕(攝一切佛頂輪王)이라고도 한다. 천재지변의 변괴를 멈추기 위해 닦는 작법의 본존이다. 『아사박초 阿娑縛鈔』에서는 일자금륜(一字金輪)과 동존으로 서술한다. 종자는 브룸(𑖥𑖿𑖨𑖳𑖽 bhrūṃ)이고 삼매야형은 십이폭륜(十二輻輪) 또는 삼고저(三鈷杵)이다. 수인은 양손을 붙이고 양손의 식지를 손바닥에 넣고 두 엄지로 누르는 인상이다. 진언은 "나마 사만다 발다남 아발라지하다 사사낭남 옴 가가가희 가희 훔훔 입바라 입바라 발라입바라 발라입바라 지슬타 지슬타 슬치리 사발타 사발타 선지가 실리예 스바하 namaḥ samanta buddhānām apratihata śāsanānām oṃ kha kha khāhi khāhi hūṃ hūṃ jvala jvala prajvala prajvala tiṣṭha tiṣṭha ṣṭhirī sphaṭ sphaṭ śāntika śriye svāhā 娜莫 三曼多 勃馱南 阿鉢羅底賀 多捨娑囊南 唵 佉佉佉呬 佉呬 吽吽 入縛攞 入縛攞 鉢羅入縛攞 鉢羅入縛攞 底瑟姹 底瑟姹 瑟置哩 娑撥吒 娑撥吒 扇底迦 室利曳 娑縛賀"이다. 나마는 귀명(歸命), 사만다는 보변(普遍), 발다남은 제불(諸佛), 아발라지하다 사사낭남은 무능해자(無能害者), 입바라는 치성(熾盛), 발라입바라는 치성광염(熾盛光炎), 지슬타는 원주(願住), 슬치리는 비(祕), 사발타는 파괴(破壞), 선지가는 식재(息災), 실리예는 길상(吉祥)의 뜻이다. 『수요의궤』(대정장21, p.423b23)에 "화요·토요·라후·계도가 가장 무거운 중생은 이때 모든 복업을 닦고 자비를 널리 베푼다. 또는 문수팔자진언에 의지하거나 치성광불정에 의지하거나 피엽의관음에 의지하거나 일자왕불정에 의지하여 식재를 위한 큰 호마도량을 건립하고 각각 본법에 의지하여 염송 공양하면 일체재난이 저절로 사라진다. 所謂火曜土曜羅睺計都最重衆生 是時 修諸福業 廣施仁慈 或依文殊八字眞言 或依熾盛光佛頂 或依被葉衣觀音 或依一字王佛頂 立大息災 護摩壇場 各依本法 念誦供養一切災難 自然消滅"라고 하였다. ［참고문헌］『宿曜儀軌』. ⇨ 대위덕금륜불정치성광여래 大威德金輪佛頂熾盛光如來, 치성광만다라 熾盛光曼荼羅, 치성광법 熾盛光法

치성광불정법 熾盛光佛頂法 천재지변과 국가의 액난을 소멸시키기 위해 치성광여래(熾盛光如來)를 주존(主尊)으로 모시고 행하는 밀교 작법. 줄여서 치성법(熾盛法)이라고도 한다. 『수요의궤』 권1(대정장21, p.423b6)에 "만약 해와 달이 어떤 이의 본명궁에 있거나 오성이 본명궁에서 다투거나 궤도를 이탈하면 대백의관음 또는 문수팔자·치성광불정 등의 도량을 건립하고 각각 본법에 의지하여 염송하면 모든 재난이 저절로 소멸한다. 모든 별자리의 불길한 조짐은 그 진언을 염송하면 길상이 될 수 있다. 若日月在人本命宮中 及五星在本命宮鬪戰失度 可立大白衣觀音 或文殊八字熾盛光佛頂等道場 各依本法念誦 一切災難 自然消散 一切曜不吉祥 誦此眞言 成能吉祥", 『대위덕금륜불정치성광여래소제일체재난다라니경』(대정장19, p.338b9)에 "내가 옛날 과거 사라수왕불이 계신 곳에서 이 대위덕금륜불정치성광여래의 일체재난을 소멸시키는 다라니법을 받았다. 미래세에 어떤 나라에서 해·달·오성·라후·계도·혜성·패성·요성·괴성 등의 악성이 출현하여 소속된 본명궁수 및 여러 별자리에 비추거나 또는 제왕의 자리·나라·가문·영토를 비추어 핍박의 시기에 진입하여 온갖 재난을 일으키는 경우에 청정한 자리에 도량을 건립하고 마음으로 이 다라니를 백팔 번 또는 천팔십 번 거듭 외운다. 하루·이틀 내지 칠일 동안 여법하게 단장을 수습하고 수지독송 하면 모든 재난이 저절로 사라져 해를 끼치지 못한다. 만약 태백성·화성이 남두를 침입하여 나라와 가문 및 영토에 재난을 일으키는 경우에는 어떤 분노존상 앞이나 빈두루의 형상을 그림으로 베풀고 이 진언을 염송하여 가지하면 재앙이 흩어져 왕명을 따르지 않는 역도들의 몸으로 옮아간다. … 만약 어떤 이의 나이가 금목수화토의 오성 및 라후·계도·해·달의 온갖 별자리의 영향을 몸으로 받는다면 재난이 다투어 일어나는데 나에게 파수요라는 대길상진언이 있으니 이것을 수지하여 지극한 마음으로 외우고 염송하면 재앙이 저절로 사라지고 화액이 복으로 바뀐다. 진언은 '옴 살바낙찰저라 삼마예실리예 선지가 구로살바하'이다. 我昔於過去 娑羅樹王佛所 受此大威德金輪佛頂熾盛光如來消除一切災難陀羅尼法 於未來世中 若有國界 日月五星羅睺計都彗孛妖怪惡星 照臨所屬 本命宮宿 及諸星位 或臨帝座 於國於家 并分野處 陵逼之時 或進或入 作諸災難者 應於淸淨處 置立道場 志心持是陀羅尼 經一百八遍 或一千八十遍 若一日二日 乃至七日 依法修治壇場 受持讀誦 一切災難 自然消滅 不能爲害 若大白火星 入於南斗 於國於家 及分野處 作災難者 應於一忿怒尊像前 畫彼設覩嚕

形 念此眞言加持 其災卽散 移於不順王命 悖逆人身上 … 若人行年 被金木水火土五星 及羅睺計都日月 諸宿臨身 災難競起 我有大吉祥眞言 名破宿曜 若能受持 志心憶念 其災自滅 變禍爲福 卽說眞言曰 唵 薩嚩諾剎呾囉 糝摩曳 室哩曳 扇底迦 呴嚧薩婆訶"라고 하였다. 〔참고문헌〕『宿曜儀軌』, 『大威德金輪佛頂熾盛光如來消除一切災難陀羅尼經』. ⇨ 금륜불정 金輪佛頂, 치성광여래 熾盛光如來

치성광여래 熾盛光如來　금륜불정(金輪佛頂)의 다른 이름. 온몸의 모공에서 치성한 광명을 발산하는 여래로서 모든 재난을 소멸시키고 복덕을 부르는 진호국가(鎭護國家)의 수법을 닦을 때 모시는 주존(主尊)이다. 이 여래를 주존으로 모시고 닦는 수법을 치성광불정법(熾盛光佛頂法)이라 한다. ⇨ 금륜불정 金輪佛頂, 일자금륜 一字金輪, 치성광불정법 熾盛光佛頂法

치성광인 熾盛光印　치성광보살(熾盛光菩薩)의 수인. 『유가대교왕경』 권4(대정장18, p.575b26)에는 "다음으로 치성한 불꽃과 같은 기세로 양손을 펼친다. 이것이 치성광보살의 수인이다. 復次以二手指 展舒如熾焰勢 此是熾盛光菩薩印"라고 하였는데, 피갑호신인(被甲護身印)에 자세하다. 〔참고문헌〕『瑜伽大敎王經』. ⇨ 치성광보살 熾盛光菩薩, 피갑호신인 被甲護身印

치성광현 熾盛光顯　Ⓢ indanti의 한역어. 근(根 Ⓢ indriya)을 자세히 푼 뜻이다. 『순정리론』 권9(대정장29, p.377a29)에 "세존께서는 어떤 이유로 근이라는 이름을 따로 설하셨는가? 내계(內界 : 六根과 六識) 전부와 법계의 일분을 증상의 뜻에 의지해 따로 근이라고 설하셨으니, 이런저런 일에서 한층 뛰어나게 작용하기 때문이다. 이러한 증상의 뜻은 계의 뜻으로 나타내는데, 계는 이지(伊地 Ⓢ idi) 혹은 인지(忍地 Ⓢ indh, ind)라 하여 가장 뛰어나게 자재한 것은 이지의 뜻이고, 비추고 빛나서 명료한 것이 인지의 뜻이니, 오직 이런 치성해 빛나는 것을 근이라고 한다. 世尊 何故 別說根名 在內界全 及法一分 依增上義 別說爲根 彼彼事中 得增上故 此增上義 界義顯成 界謂伊地 或謂忍地 最勝自在 是伊地義 照灼明了 是忍地義 唯此熾盛光顯名根"라고 하였다. 『구사론』 권3(대정장29, p.13b12)에서는 최승자재광현(最勝自在光顯)이라고 하였다. 〔참고문헌〕『順正理論』, 『俱舍論』, *Abh-k-bh.38.* ⇨ 근 根❶

치성풍락 熾盛豐樂　물산이나 사람이 매우 많아 왕성하고 활발하며 풍요로운 모습. 『장아함경』 권15 「종덕경 種德經」(대정장1, p.94a21)에 "한때 종덕이라는 바라문이 있었서 첨파성에 살았다. 그 성은 사람이 매우 많았으며 치성하고 풍락한(Ⓟ satiṇakaṭṭhodakam : 풀과 장작과 물이 많은) 곳이었다. 파사익왕은 곧 이 성을 종덕바라문에게 나누어주고 바라문의 영지로 삼았다. 時有婆羅門 名曰種德 住瞻婆城 其城人民衆多 熾盛豐樂 波斯匿王 卽封此城 與種德婆羅門 以爲梵分", 『사분율』 권40(대정장22, p.854a24)에 "이때 염부제는 땅은 평평하고 넓었으며 사람들이 많고 풍요롭기가 비할 곳이 없었다. 時閻浮提 國土平博 人民熾盛豐樂無比"라고 하였다. 〔참고문헌〕『長阿含經』, 『四分律』, *DN.1.111.*

치세어언 治世語言　Ⓢ loka-vyavahārā. 세상을 다스리는 말. 『법화경』 권6(대정장9, p.50a23 : *Saddh-p.*, p.372)에 "세속의 경서나 세상을 다스리는 말이나 생업의 수단 등을 설할지라도 그 모두가 정법에 따라야 한다. 若說俗間經書 治世語言 資生業等 皆順正法 ye ke cillaukikā lokavyavahārā bhāṣyāṇi vā mantrā vā sarvāṃstāndharmanayena saṃsyandayiṣyati"라고 하였다. 〔참고문헌〕『法華經』, *Saddh-p.*

치소 緇素　검고 흰 것. 승속(僧俗) 또는 옳고 그름을 말한다. 『유마경약소수유기』 권1(대정장38, p.714b19)에 "치소란 승속이다. 인도에선 스님들이 검게 물들인 옷을 입고 속인들은 흰옷을 입기에 치소라 한다. 緇素卽僧俗也 西土僧服染衣 俗服白衣 故曰緇素", 『분양어록』 권상(대정장47, p.596b18)에 "분양 말하길 '무릇 설법하는 이는 십지동진 갖춰야 한다. 저 십지동진 갖추지 못했다면 사정을 가리지 못하고 흑백을 나누지 못하니, 능히 인천에게 안목이 되어 시비를 결단하게 할 수 없다'. 師云 夫說法者 須具十智同眞 若不具十智同眞 邪正不辨 緇素不分 不能與人天爲眼目 決斷是非", 『양기어록』(대정장47, p.644b7)에 "양기가 상당하여 말했다. '그대들은 다 불법을 배우므로 틀린즉 문득 틀렸다 말하고 옳은즉 문득 옳다 말하며 흑백을 분명히 가려야 하니, 저울의 눈금을 잘못 보지 말기 바란다. 다들 몸조심하시오'. 上堂 汝等諸人 盡學佛法 非卽便言非 是卽便言是 直須緇素分明 不得錯認定盤星好 珍重", 『원오어록』 권16(대정장47, p.790a3)에 "원오가 삼각차사(三角此事) 공안 들어 말하길 '(한쪽은) 칼날 위에서 죽이고 살림 드러냈고 (다른 한쪽은) 번갯불 속에서 흑백을 가렸으니, 대단한 안목에 솜씨마저 뛰어났으니 화살촉 허공에서 서로 잇듯 하였다'. 師云 劍刃上顯殺活 電光裏分緇素 不妨眼辨手親 是致箭鋒相拄"라고 하였다. 〔참고문헌〕『維摩經略疏垂裕記』, 『汾陽語錄』, 『楊岐語錄』, 『圜悟語錄』. ⇨ 도속 道俗❷, 법속 法俗, 승속 僧俗

치소 齒笑　Ⓢ dantāvalīm upadarśayati. 치아 드러내 웃다. 보통은 노치소(露齒笑)라 쓴다. 『법화경』 권5(대정장9, p.37b7 : *Saddh-p.*, p.277)에 "여인 위해

설법함에는 치아 드러내 웃어서는 안 되고, 가슴을 드러내어서도 안 된다. 若爲女人說法 不露齒笑 不現胸臆 kaḥ punarvādaḥ strīsaṃrāgeṇa. nāntaśo dantāvalīm apyupadarśayati, kaḥ punarvāda audārikamukhavikāram", 『도솔귀경집』 권하(卍속장149, p.572b2)에 "쉽게 말하지 않고 치아 드러내 웃지도 않는다. 不易言 不齒笑"라고 하였다. 〔참고문헌〕『法華經』, 『兜率龜鏡集』, *Saddh-p.*

치소모대 恥小慕大 소승을 부끄러워하고 대승을 흠모하다. 천태(天台)에서 설정한 오시(五時) 중 제3시(時)인 방등회좌(方等會座)의 풍경을 말한다. 『법화문구』 권7(대정장34, p.95b25)에 "웃자란 풀과 키 작은 나무 소승을 부끄러워하고 대승을 흠모한다. 이로써 결점마저 막아주는 은혜가 매우 희유함을 서술하였다. 上草小樹 是爲恥小慕大 述其知遮醜之恩 甚爲希有"라고 하였다. 〔참고문헌〕『法華文句』. ⇨ 방등시 方等時

치소의 緇素衣 스님들과 세간사람들 옷. 『삼국유사』 권4(대정장49, p.1006a5 · 한불전6, p.347b15) 의해(義解)5 자장정률(慈藏定律)에 "일찍이 청량산 향해 꿈깨서 돌아오니 칠편삼취대소승율장 일시에 열었네. 스님과 속인의 옷 부끄럽게 여기고는 우리나라 의관 뛰어나게 하였다네. 曾向清凉夢破廻 七篇三聚一時開 欲令緇素衣慚愧 東國衣冠上國裁"라고 하였다. 〔참고문헌〕『三國遺事』. ⇨ 치의 緇衣, 소의 素衣

치수 致殊 달라지게 되다. 『출삼장기집』 권4 「신집속찬실역잡경록 新集續撰失譯雜經錄」(대정장55, p.21b18)에 "내(僧祐)가 뭇 경을 모두 모으고 여러 목록을 두루 보아 새로이 실역목록을 찬하게 되었는데, 역시나 많은 권부마다 소리글과 실재가 어지럽게 뒤섞여 더욱 품을 저울질하기 어려웠다. 혹은 하나의 본인데 여러 이름이고, 혹은 하나의 이름인데 여러 본이며, 혹은 뜬금없이 글자마저 더해져 글들이 복잡해지다 보니 아주 다르게 되었다. 祐總集衆經 遍閱群錄 新撰失譯 猶多卷部 聲實紛糅 尤難銓品 或一本數名 或一名數本 或妄加游字 以辭繁致殊", 『조론』 「열반무명론 涅槃無名論」(대정장45, p.160c2)에 "이 글 어긋나 아주 다르게 되어버렸으니, 모아서 한 사람인 양하였다. 이는 남을 가리키고 북이라 하며 미혹한 범부를 깨우치려 함과 다름 없다. 此文乖致殊 而會之一人 無異指南爲北 以曉迷夫"라고 하였다. 〔참고문헌〕『出三藏記集』, 『肇論』.

치수 癡水 마시면 어리석어지는 물. 아만(我慢)을 비유한다. 『능엄경』 권8(대정장19, p.143c18)에 "시방의 모든 여래께서는 아만을 가리켜 어리석음의 물을 마신다고 하셨고, 보살이 만을 보면 마치 거대한 수렁을 피하듯 한다 하였다. 十方一切如來 色目我慢 名飮癡水 菩薩見慢 如避巨溺", 『수능엄의소주경』 권8(대정장39, p.936a22)에 "마시면 어리석게 전도되므로 어리석음의 물이라 한다. 飮之迷倒 故名癡水", 『능엄경정맥소』 권8(卍속장18, p.779a18)에 "고산이 말했다. '어리석음의 물이라 한 것은, 어떤 이는 서토에 물이 있는데 마시면 어리석어진다. 마치 중국의 탐천과 같다'고 하였다. 孤山曰 癡水者 或云西土有水 飮之則癡 如此方之貪泉也"라고 하였다. 〔참고문헌〕『楞嚴經』, 『首楞嚴義疏注經』, 『楞嚴經正脈疏』.

치순 致純 고려 명종(明宗 재위 1170~1197) 때 스님. 『고려사』 권20 세가(世家)20 명종 29년(1179) 11월에 따르면 "이 해에 병난이 자주 일어나 나라에서 이를 근심하고 있을 때, 술승인 스님이 왕에게 '옛날에는 3년마다 한 번씩 백고좌회를 열었는데, 지난 해 10월에 이미 행하였사오나 금년에는 예외로 다시 거행하여 재앙을 소멸토록 하는 것이 좋을까 하나이다'라고 건의하자 왕이 이를 받아들여 시행토록 하고, 10월 정묘일에 팔관재를 베풀고 왕이 개성 연경궁 법왕사에 참여했다. 是年 兵刃數起 國家患之 術僧 致純奏曰 舊制 三年 一設百座會 前年十月 雖已行之 今宜別例 復行 以禳其災 從之 丁卯 設八關會 幸法王寺"라고 하였다. 〔참고문헌〕『高麗史』· 권77 志31 百官2.

치식 置食 식사를 마련하다. 스님들 공양을 베푸는 뜻에서 설재(設齋)라고도 한다. 『선원청규』 권3 「청두수 請頭首」(卍속장111, p.893b5)에 "사흘 동안 다탕으로 식사를 마련하고 특별히 대접하고, 수좌를 청한다면 당두화상은 승당에 가서 차를 끓인다. 三日茶湯 置食特爲 如請首座 堂頭和尙 就堂煎點", 『가태보등록』 권6 「황룡사심장 黃龍死心章」(卍속장137, p.113a2)에 "그 해 12월 13일, 조묵당에서 법제 영원유청(靈源惟淸)선사를 위해 식사를 마련하였다. 是歲十二月十三日 就照默堂 爲法弟靈源淸禪師 置食"라고 하였다. 〔참고문헌〕『禪苑淸規』, 『嘉泰普燈錄』. ⇨ 설재 設齋

치심 癡心 **1** 육십심(六十心) 중 하나. 매사에 선악시비를 가리지 못하는 마음. 『대일경소』 권2(대정장39, p.596c9)에 "치심이란 무엇인가? 수순해 닦으면서도 법을 관하지 않는 것이니, 앞서 말한 선악시비를 관하지 않고 마음대로 믿고 받아들인다. 무릇 하는 일마다에서 능히 앞서 지혜로운 마음으로 시비를 주량하지 못한다. 이와 같은 많은 잘못은 모두 치심의 모습이다. 云何癡心 謂順修不觀法 謂不觀前言善惡是非 遇便信受 凡所爲事業 不能先以慧心甄別籌量是非 如是等多諸誤失 皆是癡心相

也"라고 하였다. [참고문헌]『大日經疏』. ⇨ 육십심 六十心, 불관법 不觀法 ❷ Ⓢ mohaṃ cittam, Ⓟ mūḷha-citta, 삼독(三毒) 중 하나. 『진심직설』(대정장48, p.1003b8)에 "혹자가 묻는다. '진심과 망심이 경을 마주할 때 어떻게 진망을 구분하는가?' '망심이 경을 마주하면 앎이 생기니 경계를 따르거나 거스름에 탐심과 진심이 일어남을 안다. 또한 그 사이에서 경계를 용인하면 어리석은 마음이 일어난다. 이미 경의 분상이기에 탐진치 삼독이 일어났으니 망심임을 알기에 충분하다'. 或曰 眞心與妄心對境時 如何辨別眞妄耶 曰 妄心對境 有知而知 於順違境 起貪瞋心 又於中容境 起癡心也 旣於境上 起貪瞋癡三毒 足見是妄心也"라고 하였다. [참고문헌]『眞心直說』, *Śrāv-bh.297.*, *Vin.2.89.* ⇨ 치 癡, 삼독 三毒

치아각의지제전 癡兒刻意止啼錢 어린아이에게 울음 그치는 돈 마음에 새긴다. 방편 헛되지만 자못 버리지 못하는 뜻이다. 40권본『대반열반경』권20「영아행품 嬰兒行品」(대정장12, p.485c10)의 내용을 활용한 말이다. 『종용록』 7칙「송 頌」(대정장48, p.231c9)에 "어리석은 아이 울음 그치는 가짜 돈 마음에 새겨두고 〈무슨 용도로 삼으려 그럴까?〉 뛰어난 말 바람 좇으면서도 채찍 그림자 돌아본다〈박차고 일어나 곧바로 내달린다〉. 癡兒刻意止啼錢〈堪作何用〉 良駟追風顧影鞭〈踢起便行〉", 『직주천동송고』권1「착어 著語」(卍속장117, p.784b11)에 "입에서 나와 귀로 드는 말이라면 모두 울음을 그치는 노란 잎일 뿐이다. 어리석은 아이만이 뒤쳐 도리어 황금이라 여긴다. 出口入耳 盡是止啼黃葉 癡子反爲黃金"라고 하였다. [참고문헌]『大般涅槃經』, 『從容錄』, 『直註天童頌古』. ⇨ 지제전 止啼錢

치아선백상 齒牙鮮白相 치아 맑고 흰 모습. 아백상(牙白相 Ⓢ suśukla-danta)·아백정상(牙白淨相)·치백여설상(齒白如雪相) 등이라고도 한다. 『절의론』권1(대정장52, p.796a24)에 "삼십이상이란 무엇인가? … 치아선백상. 三十二相者 … 齒牙鮮白相"이라고 하였다. [참고문헌]『折疑論』. ⇨ 아백상 牙白相

치악산백련사중수기 雉岳山白蓮寺重創記 충청북도 제천시 치악산 백련사 중창 연혁을 기록한 글. 1588년(선조21)에 사명당(四溟堂) 유정(惟政)이 글을 짓고 직접 썼으나 1854년(철종5)에 찬홍(讚弘)이 고쳐 쓰고 다시 세웠는데, 『조선사찰사료』권상에「제천군치악산백련사중창기 堤川郡雉岳山白蓮寺重創記」라는 이름으로 수록되어 있다. 백두산(白頭山) 영기(靈氣)를 이은 치악산은 호령(湖嶺) 산천의 근원이기에 신라대는 부용봉(芙蓉峯), 고려대는 금상봉(金箱峯)이라 불렀다 하였으며, 1552년(명종7)에 계림승(鷄林僧) 학륜(學輪)이 유준(柳俊) 등과 함께 "옛터에 한 칸의 정사를 지어 도인이 의지할 곳으로 삼고는 예전 연화암 편액을 달고 하의가 부른 이름도 있지만 이제는 백련사라고 불렀다. 舊址而建一間精社 爲道人燕息之所 以古之蓮花額荷衣號 今名白蓮寺焉"고 하였다. 고려초를 거슬러 신라 박씨의 후손이 은자로 초당 짓고 머물던 자리에서부터 16세기 이후까지의 사적을 자세히 전한다. [참고문헌]『朝鮮寺刹史料』권상. ⇨ 백련사 白蓮寺

치암 痴庵 조선후기 스님. 『동사열전』권4「환봉대사전 煥峯大士傳」(한불전10, p.1035c3)에 "법명은 섭민이고 호는 환봉이다. … 선사를 좇은 문하 중에 … 정사에는 설암·치암이다. … 석가모니의 72세이고 태고의 16세이며, 청허의 10세이자 연담의 3세손이다. 師名攝旻 號煥峰 … 門下之從先師 … 政事雪岩痴庵 … 釋迦文之七十二世 太古十六世 淸虛十世 蓮潭三世孫也"라고 하였다. [참고문헌]『東師列傳』.

치암 癡闇 Ⓢ avidyā, andhakāra, moha-timira. 아득하고 깜깜함. 지혜 없어 빛을 잃은 무명(無明)을 푼 뜻이다. 『비화경』권7(대정장3, p.209c6)에 "만약 어떤 중생 무지의 어둠에 덮인 채로 부처님의 설법을 들었다 해도 해와 같은 등불의 광명삼매를 얻는다. 若有衆生癡闇覆心 聞佛說法 卽得日燈光明三昧", 『불소행찬』권5(대정장4, p.44b18)에 "마땅히 알라. 법이 머무는 세계라 하니, 결정코 밝고 지혜로운 등불 있어 능히 무지의 어둠 사라지게 하여 사방세계 모두 보게 한다. 當知法洲者 決定明慧燈 能滅除癡闇 觀察四境界", 60권본『화엄경』권47(대정장9, p.699b27 : *Gaṇḍ-vy.*, p.87)에 "마음 깨끗하고 지혜로워서 모든 법계를 관하니 무지의 어둠 사라진다. 心淨智慧 觀諸法界 除滅癡闇 nirandhakāradharmadhātuvyavalokanacitto", 『무량수경의소』권하(대정장37, p.111a20)에 "빛나는 지혜의 해가 무지의 어둠을 사라지게 한다는 것은 지혜로운 법설해 닦게 해서 중생에게 열어줌이다. 言曜慧日 除癡闇者 說修慧法 開衆生也", 『대승의장』권4(대정장44, p.547a11)에 "무명이라 하였다. 무지하여 깜깜한 마음의 바탕이어서 지혜의 밝음 없다 해서 무명이다. 言無明者 癡闇之心體 無慧明故 曰無明"라고 하였다. [참고문헌]『悲華經』, 『佛所行讚』, 『華嚴經』, 『無量壽經義疏』, 『大乘義章』, *Gaṇḍ-vy.71.* ⇨ 치 癡, 무명 無明 ❶

치암심 癡闇心 지혜 없어 어두운 마음. 돈황본『본업영락경소』(대정장85, p.751a15)에 "삼명 닦아 깨우쳐 치암심을 멸한다는 것은 과거숙명지혜와 미래를 아는 천안의 지혜와 현재를 아는 누진의 지혜 등 이들 밝은 지혜를 갖추어 밝게 알기에 능히 무지의 어둠 사라지게 한다. 修三明覺 滅癡闇心者 過去宿命明 未來天眼明 現在漏盡明 具此明解故 能滅癡闇也",『정토십의론』(대정장47, p.80a10)에 "연에 놓인다는 말은 죄를 지으려 할 때 허망하고 어리석고 어두운 마음을 좇아 허망경계를 연하고는 전도를 일으킨다는 뜻이다. 在緣者 造罪之時 從虛妄 癡闇心 緣虛妄境界 顚倒生"라고 하였다. [참고문헌]『本業瓔珞經疏』,『淨土十疑論』. ⇨ 무지 無知 3

치애 癡愛 빛을 잃고(無明) 갈망함(愛)이니 생사를 이어가게 하는(後有) 뿌리다. 삼독(三毒) 중 두 가지인 우치(愚癡)와 탐애(貪愛) 또는 오주지혹(五住地惑)을 두 갈래로 나누어 근본인 무명을 치(癡)에, 지말인 견욕색유(見欲色有)를 애에 배대한 뜻이다.『대일경』권1(대정장18, p.5a1)에 "지혜 없는 모든 중생은 치애로 스스로를 덮는다. 劣慧諸衆生 以癡愛自蔽",『중관론소』권8(대정장42, p.122c14)에 "치애의 인연으로 업을 일으키고, 업의 인연으로 육도의 몸을 받는다. 癡愛因緣 是故起業 業因緣 受六道身",『대승의장』권10(대정장44, p.667b13)에 "오주번뇌를 나누어 치애라 한다. 무명을 치라 하고, 그 나머지 네 번뇌를 애라 한다. 이 문 중에서 지를 닦아 애를 다스리고, 관을 닦아 치를 다스린다. 치애를 함께 떠나면 지관쌍수이니 이 때를 사라 한다. 五住煩惱 分爲癡愛 無明名癡 餘四名愛 於此門中 修止治愛 修觀治癡 癡愛俱離 止觀雙修 是時名捨",『유가사지론』권62(대정장30, p.647b7)에 "치애가 있는 이는 후유로 마땅히 날 것이고, 치애가 없는 이 후유로 나지 않을 것이다. 有癡愛者 後有當生 無癡愛者 後有不生",『열반경소사기』권1(卍속장57, p.747b11)에 "치는 무명이고 애는 번뇌로서 모두 연을 따라 일어나므로 유라 한다. 癡卽無明 愛卽煩惱 皆從緣生 故云有也",『유마경약소수유기』권8(대정장38, p.810c11)에 "치를 좇아 애가 있다는 말은 무슨 뜻인가? 본래 등각중에 일분무명을 치애라고도 하고, 이 치애에서 등각지의 일품생사를 감하여 중생이 되고 치애를 받아 난다. 만약 그렇지 않다면 감응하는 길이 같지 않아 교화를 시설하는 모양새 고르지 못하게 된다. 從癡有愛者 故等覺中 一分無明 亦名癡愛 從此癡愛 感等覺地 一品生死 乃能爲物 受癡愛生 若不爾者 感應之道不同 設化之儀未普",『정명현론』권2(대정장38, p.866a13)에 "무명이 아버지이고 탐애가 어머니가 되어 치애가 있음으로써 몸 받아 난다. 곧 범부는 부모로 인하여 난다는 말이다. 비록 치애가 있더라도 반드시 남녀를 빌려 연을 삼아야 비로소 몸을 받아 날 수 있다. 이를 가리켜 부모를 연한다고 한다. 無明爲父 貪愛爲母 以有癡愛 是故受生 謂凡夫因父母也 雖有癡愛 要假男女爲緣 方得受生 名緣父母"라고 하였다. [참고문헌]『大日經』,『中觀論疏』,『大乘義章』,『瑜伽師地論』,『涅槃經疏私記』,『維摩經略疏垂裕記』,『淨名玄論』. ⇨ 무명 無明, 애 愛, 우치 愚癡, 탐애모 貪愛母, 삼독 三毒, 오주지혹 五住地惑

치애한 癡獃漢 어리석은 사내.『선관책진』「천목고봉묘선사시중 天目高峯妙禪師示衆」(대정장48, p.1101a17)에 "스스로 맹서하니 '한평생을 바쳐 어리석은 사내 될지언정 반드시 이 결정적 한 수 뚜렷하게 드러나는 광경 보고야 말리라' 하였다. 自誓拚一生 做箇癡獃漢 定要見這一著子明白"라고 하였다. [참고문헌]『禪關策進』.

치연 熾然 1 Ⓟ apajjhāyati. 타오르다. 불타오르는 뜻이지만 삼독(三毒)과 십번뇌(十使)로 불타오르는 삼계(三界)의 삼유(三有) 모두를 수식하는 말로서 열반(涅槃)·적정(寂靜)·피안(彼岸)이 아닌 뜻이다.『능엄경정맥소』권4(卍속장18, p.495a13)에 "치연이란 불꽃 타올라 치성한 모양새다. 熾然者 火光盛貌",『잡아함경』권49(대정장2, p.360c15)에 "갖가지 모든 근심과 번뇌, 불타는 듯하다가 영원히 끊어졌으니, 이것이야말로 피안에 도달한 경지로, 더는 구할 바 없는 열반이로다. 一切諸憂惱 熾然永已斷 是則到彼岸 涅槃無所求",『대장엄론경』권4(대정장4, p.275c27)에 "비유컨대 다라림과 같아 치연히 불에 타는 모양이니, 우리들도 이와 같이 뼈마디마다 모두 불타오르네. 譬如多羅林 熾然被火焚 我等亦如是 支節皆火然",『대반야경』권570(대정장7, p.942c6)에 "천왕이여, 마땅히 알라! 능히 붙들고 붙들린 것들 함께하면 치연이라 하고, 서로 떨어지면 고요라 한다. 모든 번뇌의 장애 치연이라 하고 떠나면 고요라 한다. 天王 當知 能執所執 名爲熾然 離名寂靜 諸煩惱障 名爲熾然 離名寂靜",『신화엄경론』권33(대정장36, p.952b5)에 "탐에의 불길 타오른다 하니, 삼계번뇌 탐으로 열 가지 부림중에 으뜸이고, 에는 진의 권속이며 무명으로 다 거느린다. 貪恚火熾然者 三界煩惱 以貪爲十使之首 恚爲瞋之眷屬 無明爲總"라고 하였다. [참고문헌]『楞嚴經正脈疏』,『雜阿含經』,『大莊嚴論經』,『大般若經』,『新華嚴經論』, *AN.2.216*. ⇨ 삼독 三毒, 십사 十使, 삼계화택 三界火宅, 삼유 三有, 열반 涅槃, 적정 寂靜, 피안 彼岸 2 36가지 아귀 중 하나인 사바례(闍婆隸 Ⓢ Jvāla)의 한역어.『정법염처경』권16「아귀품 餓鬼品」(대정장17, p.97a24)에 "이와 같은 악인들은 몸이 무너지고 목숨을 마치면 사바례아귀중〈사바례는 치연이라 한역한다〉에 떨어진다. 이들은 전생에 밤길을 돌아다니며 겁탈하고 사람들을 묶고서 온갖 모진 고통을 가하였다. 이러한 인연으로 밤마다 온몸이 치연히 불타오른다. 如是惡人 身壞命終 墮闍婆隸餓鬼之中〈闍婆隸 魏言熾燃〉 以前世時 夜行劫奪 繫縛於人 加諸楚毒 以是因緣 夜則遍身 熾燃火起"라고 하였다. [참고문헌]『正法念處經』. ⇨ 사바례 闍婆隸

치연아귀 熾燃餓鬼 Ⓢ Jvāla. 삼십육아귀(三十六餓鬼) 중 하나. 사바례(闍婆隷)라고도 음사하고, 연(燃)은 연(然)으로도 쓴다. 『정법염처경』 권16 「아귀품」(대정장17, p.92b7)에 "열아홉 번째는 사바례니, 치연아귀다. 十九者 闍婆隷 熾燃餓鬼"라고 하였다. 〔참고문헌〕『正法念處經』, 『盂蘭盆經疏』 권하(대정장39, p.509a1). ⇨ 사바례 闍婆隷, 삼십육아귀 三十六餓鬼

치연정진 熾然精進 Ⓢ uttapta-vīrya, uttapta-vīryatā, Ⓣ brtson-'grus-'bar-ba. 불타듯 정진하다. 『설무구칭경』 권5(대정장14, p.583a17 : *Vikī-n.*, p.105)에 "모든 마군을 꺾어 굴복시키고자 치연하게 정진하였으니, 일찍이 해태란 없었다. 爲欲摧伏 一切魔軍 熾然精進 曾無懈怠 uttaptavīryatā mārasainyadharṣaṇārtham"라고 하였다. 〔참고문헌〕『說無垢稱經』, *Vikī-n.*

치영 緇營 조선후기 북한산성(北漢山城)에 설치하였던 승병조직. 『만기요람』 군정편(軍政篇) 총융청(摠戎廳)에 "승병을 두고 치영이라 하였다〈중흥사에 있다〉. 총섭 1인〈본디 원래 거주하던 스님을 차출하였으나, 정조 정사년(1797)에 수원유수 조심태가 계를 올리므로 용주사 스님을 돌아가며 임명하였다〉, 중군승 1인, 장교승 47인〈급료가 있다〉, 승군 372명〈73명은 급료가 있다〉. 置僧兵號曰緇營〈在重興寺〉 摠攝一人〈本以原居僧差出矣 正宗丁巳 因水原留守趙心泰所啓 以龍珠寺僧輪差〉 中軍僧一人 將校僧四十七人〈有料〉 僧軍三百七十二名〈七十三名 有料〉"라고 하였다. 〔참고문헌〕『萬機要覽』. ⇨ 북한도총섭 北漢都摠攝

치오 淄汚 검게 물들이다. 더럽히다. 『출삼장기집』 권5 「소승미학축법도조이의기 小乘迷學竺法度造異儀記」(대정장55, p.41a20)에 "무릇 여인의 속성이란 지혜 약하고 믿음 강한 탓에 거짓 교법을 일단 받아들이기만 하면 미혹과 한덩이 된다. 이에 경사의 여러 절이 세속의 수상한 법 따르고 동경의 비구니무리들 때마침 이 풍조에 물들었으니, 장차 삿된 길 쉽게 열려 물들여 마지 못할까 두렵다. 凡女人之性 智弱信强 一受僞教 則同惑相挻 故京師數寺 遂塵異法 東境尼衆 亦時染此風 將恐邪路易開 淄汚不已"라고 하였다. 〔참고문헌〕『出三藏記集』.

치오종염 治五種染 ➡ 오종염 五種染

치완 癡頑 어리석고 둔하다. 『대승보운경』 권2(대정장16, p.248c5)에 "범부는 어리석고 둔하여 애에 탐착해 물든다. 애욕의 인연을 버리고 떠나지 못하기에 죽은 뒤 지옥·축생·아귀에 떨어져 온갖 고통의 과보를 받는다. 이를 최상의 탐욕이라 한다. 凡夫癡頑 耽著愛染 不能捨離欲因緣故 死墮地獄 畜生餓鬼 受諸苦報 是名上欲", 『북간거간어록』(卍속장121, p.157b3)에 "(萬法歸一 화두에 대한 송) 기에 당해 마주해 들어보이고, 다시 마주해 빠르게 응한다. 눈 뜨고 놓아서 어리석은 듯하지만, 채찍으로 몰아붙여 절벽에 올려놓네. 當機覿面提 覿面當機疾 開眼放癡頑 鞭逼人上壁", 『오등전서』 권56 「원옹신장 元翁信章」(卍속장141, p.204a9)에 "'빗장 주인 어떻습니까?' '막야검 수중에 있지만 어리석고 둔한 것 잘라내려 하지 않는다'. 僧曰 如何是關中主 師曰 鏌鎁橫在手 未肯斬癡頑"라고 하였다. 〔참고문헌〕『大乘寶雲經』, 『北澗居簡語錄』, 『五燈全書』. ⇨ 치완한 癡頑漢

치완한 癡頑漢 어리석고 둔한 사람. 『경덕전등록』 권30 「남악나찬화상가 南嶽懶瓚和尙歌」(대정장51, p.461b18)에 "우두커니 아무 일도 없이 앉아 있을 뿐이어서 누군들 부른 적이나 있을까? 밖을 향해 찾을 뿐인 공부하니 이들 모두가 어리석고 둔한 사람이다. 兀然無事坐 何曾有人喚 向外覓功夫 總是癡頑漢"라고 하였다. 〔참고문헌〕『景德傳燈錄』.

치우서 馳叉書 육십사서(六十四書) 중 하나. 『보요경』 권3(대정장3, p.498b19)과 『방광대장엄경』 권4(대정장3, p.559b29)에서는 비다아노로마서(比陀阿奴路摩書)라 한다. 〔참고문헌〕『普曜經』, 『方廣大莊嚴經』. ⇨ 육십사서 六十四書, 비다아노로마서 比陀阿奴路摩書

치원성 治遠性 Ⓢ vipakṣa-dūratā, Ⓣ gnyen-pos-ring-ba-nyid. 다스림에 있어 서로 멀리하는 자성. 네 가지 원성 중 하나. 한 몸(體)에 서로 어긋나는 자성이 함께할 때 그 자성들은 서로 멀다고 한다. 계체(戒體)는 한 몸이지만 지계와 범계에 있어서 그 자성끼리는 멀다. 『구사론』 권21(대정장29, p.111c1 : *Abh-k-bh.*, p.321)에 "둘째, 치원성이다. 저 계를 가지든 범하든 비록 모두 함께 한 몸에서 행할지라도 서로 물리치기에 이것 또한 '멀다'고 한다. 二 治遠性 如持犯戒 雖復俱在一身中行 以相治故 亦名爲遠 vipakṣadūratā yathā śīlasya dauḥśīlyam", 『구사론소』 권21(대정장41, p.716b20)에 "〔논〕 둘째 치원성 ~ 또한 멀다고 한다. 〔석〕 두 번째인 치원이다. 계를 가지거나 범하거나 비록 한가지로 한 몸으로 있어 극히 서로 가깝고 한가지로 무표색이고 상 또한 멀지 않지만, 능히 다스림과 다스려짐에 있어서는 그 자성이 같지 않기에 또 한편 그 이름이 원이다. 論 二 治遠性 至亦名爲遠 釋 第二治遠也 如持犯戒 雖同在一身 處極相近 同無表色 相又非遠 能治所治 性不同故 亦名爲遠"라고 하였다. 〔참고문헌〕『俱舍論』, 『俱舍論疏』, 『順正理論』 권55(대정장29, p.651b24), *Abh-k-bh.* ⇨ 사종원성 四種遠性, 사종원 四種遠

치원암 致遠庵 경상북도 안동시 도산면 동부리 청량산(淸涼山)에 있던 암자. 정명국사(靜明國師) 천인(天因 1205~1248)의 시 「치원암주이시견시잉이청여기산중고사차운답지 致遠庵主以詩見示仍以請予紀山中故事次韻答之」(『동문선』 권6)에는 "문창 최후가 처음으로 집을 짓고 요생이 글씨를 배운다고 이웃하였네. 文昌崔侯始結廬 姚生學書仍接屋"라고 하였는데, 최치원(崔致遠 857~?)의 문집인 『고운집』의 「고운선생사적 孤雲先生事蹟」 『여지승람 輿地勝覽』 청량산(淸涼山)에는 "안동부 재산현 서쪽에 있다. 치원봉과 치원암이 있는데, 선생이 일찍이 이곳에서 글을 읽었기에 이름붙였다. 在安東府才山縣西 有致遠峯致遠庵 先生嘗讀書于此 故名之"고 하였다. 주세붕(周世鵬, 1495~1554)의 『무릉잡고』 권7 「유청량산록 遊淸涼山錄」에 "가정 갑진년(1544·중종39) 4월 초9일 정축에 청량산을 유람하였다. … 마침내 치원암에 이르러 총명수를 마셨다. 嘉靖甲辰四月初九日丁丑 將遊淸涼山…遂訪致遠庵 飮聰明水"고 하였고, 권호문(權好文 1532~1587)의 『송암집』 권5 「유청량산록 遊淸涼山錄」에는 "경오년(1570) … 노스님이 고적에 대해서 '이 산에는 옛날에 세 분의 큰 현인이 계셨는데, 의상, 원효, 최치원입니다'라고 하였고, … 별실을 지나 치원대에 올랐다. … 치원암에 앉아 벽 위의 약산의 시를 차운하여 읊고는 행가에게 적도록 하였다. 歲在上章敦牂…有老僧談古蹟曰 此山昔有三大賢 曰義湘元曉致遠…先過別室 仍上致遠臺…坐致遠庵 次壁上藥山詩 使行可書之"고 하였다. 다만 권이진(權以鎭 1668~1734)의 『유회당집』 권8 「유청량산기 遊淸涼山記」에는 "돌아서서 치원암으로 갔는데 이미 폐사되었다. 스님은 최치원이 일찍이 놀던 곳이라고 하였지만 과연 그러한 것인지 알 수 없다. 轉入致遠菴 菴廢 僧言崔致遠曾遊處 未知果然否也"고 하여, 18세기 전반에는 폐사된 듯하다. 〔참고문헌〕『東文選』, 『孤雲集』(韓國文集叢刊1, p.142a15), 『武陵雜稿』(韓國文集叢刊27, p.35a3), 『松巖集』(韓國文集叢刊41, p.168a17), 『有懷堂集』(韓國文集叢刊續56, p.310a3), 『韓國寺刹全書』 권하 p.1106b14.

치율 致律 조선말 장안사 불사에 헌신한 비구니. 「장안사불량헌납비문 長安寺佛糧獻納碑文」(『유점사본말사지』, p.363)에 "이 치율 장니는 본래 경기 인천 사람이다. 9세에 삼각산 보문사로 출가하여 12세에 처잠 비구니에게 머리를 깎고 오래도록 모셨다. 정사년(1857·철종8) 즈음에 손니 장흔을 데리고 금강산 장안사 관음암에 왔다. 평소 넉넉하지 않았으나 본연의 마음이 갑자기 일어났기에 경신년(1860·철종11)부터 갑신년(1884·고종21)까지 그 사이에 양전의 불량미 144두 가격으로 치면 200여 냥, 대웅전·사성전의 불향 1200금, 승방·선방 보수비용 150냥, 요사 수리비용 100금, 각전의 주련과 절 이름 현판을 새기고 거는 비용 130민, 비로전 중수비용 500금 합계 수천금을 무주상으로 모두 헌납하였다. 훌륭하신 분의 모습 저 여자이나 마음만은 장부도다. 此致律長尼 本以京畿仁川人也 九歲投托於三角山普聞寺 十二落髮於處岑尼長侍汲 及其丁巳年分 卒其孫尼壯欣 入金剛山長安寺觀音菴 素無富饒而本然之心頓發故 自庚申至甲申 於其中間 兩殿佛粮米一百四十四斗 價則二百餘兩 大雄四聖佛餉一千二百金 僧禪兩房補用錢一百五十兩 寮舍修補錢一百金 各殿柱聯寺名板子刻懸所用文一百三十緡 毘盧殿重修錢五百金 合數千金 以無住相 掃盡奉納 善者形如女子 心似丈夫也"라고 하였다. 〔참고문헌〕『楡岾寺本末寺誌』.

치의 致意 정성을 다하는 뜻. 자기의 뜻이 다른 이에게 닿게 하다. 『증일아함경』 권26(대정장2, p.690a25)에 "(대신이) 저 석가족에게 말했다. '파사익왕이 정성스럽게 안부를 여쭙니다. 기거는 편안하신지요? 정중한 뜻을 다함이 없이 전합니다'. 語彼釋種言 波斯匿王問訊慇懃 起居輕利 致意無量", 『찬집백연경』 권2(대정장4, p.211b3)에 "이때 모든 백성들이 그 거문고 타는 소리를 듣고 가무를 즐겼는데, 기뻐하고 즐거워하면서 미친듯이 취하고 방일하면서 스스로 제어할 수가 없었다. 함께 서로 좇으며 사위성에 와서 왕을 보려고 정성스런 뜻을 전하며 안부를 묻고 갖가지 기술을 자랑하였다. 時 諸人民聞其彈琴作樂歌舞 歡娛自樂 狂醉放逸 不能自制 共相隨逐來詣舍衛 欲得見王致意問訊角試技術"라고 하였다. 〔참고문헌〕『增壹阿含經』, 『撰集百緣經』.

치의 緇衣 검붉게 물들인 스님들의 옷. 정색(正色)을 피하고자 물들인 괴색(壞色)의 가사(袈裟) 또는 승복(僧服)을 말한다. 『일체경음의』 권59(대정장54, p.698c24)에 "(가사를) 치의라고도 하는 까닭은 처음 한역하던 바로 그 시기에 그 색이 어두운 것을 보고 붙여진 이름이었기 때문이다. 或言緇衣者 當是初譯之時 見其色濁 因以名也", 『유마경약소수유기』 권1(대정장38, p.714b19)에 "치소는 승과 속을 가리킨다. 서토의 승복은 물들인 옷이고 속복은 흰색의 옷이므로 치소라 한다. 중국에서는 여섯 번 물들이면 현(玄)이라 하고, 일곱 번 물들이면 치라 한다. 치는 사실상 검은색이다. 부처님 제자들이 입는 옷은 괴색으로 오방의 정색이나 간색이 아니다. 다만 괴색이 치색에 가깝기에 치의라 할 뿐이며 사실은 치색이 아니다. 緇素卽僧俗也 西土僧服染衣 俗服白衣 故曰緇素 此方以六入爲玄 七入爲緇 緇實黑色 釋子所服壞色 非五方正色及間色 但壞色近緇色 故謂緇衣實非緇色", 『범망경보살계약소』 권6(卍속장60, p.877b17)에 "가사는 범어이다. 온전히 음사하면 가사야(Ⓢ kāṣāya)이고, 한역하면 괴색 또는 적색이다. 검푸른 목란을 물들여 치의로 만든다. 마치 잘 익은 오디의 색과 같다. 袈裟 梵語 具云加沙野 華言壞色 亦云赤色 用靑黑木蘭 染爲緇衣 如熟桑椹"라고 하였다. [참고문헌]『一切經音義』, 『維摩經略疏垂裕記』, 『梵網經菩薩戒略疏』. ⇨ 가사 袈裟, 묵염의 墨染衣, 괴색 壞色, 치류 緇流

치의경 治意經 역자 미상. 1권. 고려장30, p.169a1~b12, No.999·대정장1, p.919a22~919b18, No.96에 수록되어 있다. 안반수의(安般守意) 곧 출입식(出入息)을 관하는 수식관(數息觀)의 법을 설한다. [참고문헌]『歷代三寶紀』 권14(대정장49, p.119a16), 『出三藏記集』 권3(대정장55, p.17b16).

치익 致益 1862~1942. 근대 양산 통도사(通度寺) 율사(律師) 스님. 휘는 치익 또는 사준(仕俊), 호는 해담(海曇), 자호(自號)는 증곡(曾谷). "감히 자호를 증곡이라 한 것은 '그 뜻 언뜻 헤아려보니 나의 일생 지은 일 스님으로서도 가까이 하지 못했고 속으로도 마땅치 못했다. 승속에서 인이라는 것 떼어내니 비승비속이다. 이 뜻 나에게 가깝고 마땅하기에 호로 삼는다'. 敢以曾谷 爲號 欲擬其何意哉 余一生所作 於僧不近 於俗不當故 僧俗脫人則 非僧非俗 此意於余 可近當 以是號之"라고 하였다. 속성은 서(徐)씨, 본관은 달성(達城). 아버지의 휘는 옥윤(玉潤)이니 정삼품통정대부였으며 어머니는 밀양 박(朴)씨다. 어느 날 어린 사미가 와서 읍하는 태몽을 꾸었고, 1862년(철종13) 4월 28일에 태어났다. 태어난 후 60일 동안 눈을 뜨지 않았어도 안광만은 있어 밤에도 수정처럼 밝았다. 어려서부터 경사(經史)와 자집(子集)을 두루 정통하였다. 그러나 이름 모를 병을 얻은 후로 의욕마저 잃었으나 1880년(고종17) 19세 때 통도사로 찾아가 춘담(春潭)을 은사로 하여 스님이 되었다. 비구계를 받은 후에는 계율을 엄격히 지키면서 율장을 연구했다. 관음정근과 독경으로 참회정진을 게을리 하지 않더니 2년 만에 불치병도 씻은 듯이 나았다. 1882년(고종19) 예천 소백산 용문사(龍門寺)로 찾아가 용호해주(龍湖海珠 ?~1887) 회하에서 10여 년을 모시면서 법을 받았고, 또한 해주강백으로부터 경전을 수학하면서 여래밀인(如來密因)인 심인(心印)도 증득하였다. 1894년(고종31) 의성 고운사(孤雲寺)로 가서 수월영민(水月永旻 1817~1893)의 법을 전해 받았으며, 다음 해인 1895년(고종32)에 통도사로 돌아와 전계사(傳戒師)가 되었다. 때는 1897년(광무1 : 일설에는 1892년 광서18년) 만하승림(萬下勝林)율사가 중국에 가서 북경(北京)의 법원사(法源寺) 황성계단(皇城戒壇)에서 창도한파(昌濤漢波)율사로부터 비구계와 보살계를 받고 귀국하여 처음으로 통도사 금강계단에서 전계할 때였으니 그의 계맥을 이었다. 그 후 통도사 강주로서 후학을 지도했다. 1929년에는 선교양종 7교정(敎正)으로 추대되기도 했다. 1942년 통도사에서 세수 81, 법랍 62세로 입적하였다. 저서에는 『증곡집 曾谷集』 2권이 있는데, 한불전12, pp.784a1~806c23에 수록되어 있다. 노천월하(老天月下)가 비문을 짓고 정한(廷漢)이 써서 1983년 5월에 세운 스님의 행장비가 통도사 비림(碑林)에 있다. [참고문헌]『曾谷集』「自叙」(한불전12, p.784a3), 「梁山通度寺海曇堂致益大律師碑文」(智冠 『韓國高僧碑文總集 朝鮮朝·近現代』 pp.882~884).

치인 齒印 Ⓢ danta-mudrā. 치아로 자국 남겨 인증(印證)하는 일. 『잡아함경』 권25(대정장2, p.181b3)에 "그때 왕이 이 말을 모두 종이에 써서 봉함하고 치아로 찍어 인증하였다. 時 王以此語盡書紙上 而封緘之 以齒印印之", 『법화현찬』 권8말(대정장34, p.810a29)에 "또한 깊고 굳다 하니, 깊음은 묘하여 헤아리기 어렵다는 말이고, 굳다 함은 파괴할 수 없다는 말이다. 부처님께서 거두시고 비밀스럽게 간직한 것 마치 왕의 치인과 같아서 나머지 사람들 물건들과는 다르다는 말이다. 又深固者 深謂妙而難測 固謂不可破壞 佛所攝受 佛所祕藏 如王齒印 非餘人物故", 『대당서역기』 권3(대정장51, p.885a14)에 "모든 소명은 나의 치인으로 증명한다. 인장 내 입에 있으니 어찌 잘못됨 있겠는가? 凡有召命 驗吾齒印 印在吾口 其有謬乎"라고 하였다. [참고문헌]『雜阿含經』, 『法華玄贊』, 『大唐西域記』, *Divy.410.*

치인 癡人 어리석어 지혜 없는 사람. 치자(癡者)라고도 한다. 『아비담비바사론』 권9(대정장28, p.64b27)에 "어리석은 사람이라 하니, 오로지 아라한만이 어리석지 않다는 말을 들을 수 있다. 왜 그런가? 아라한은 어리석음을 눈앞에서 행하지 않기 때문이다. 言癡人者 唯阿羅漢 得言不癡 所以者何 阿羅漢 不現行癡故", 『대반열반경소』 권7(대정장38, p.75c9)에 "어리석은 사람이라 함에 두 가지로 푼다. 첫째는 누군가에게 의지할 수밖에 없는 이를 어리석은 사람이라 한다. 제대로 헤아리지도 못해 남의 의탁을 받는다. 둘째는 스스로 의탁하는 이를 어리석은 사람이라 한다. 설령 이렇게 말하더라도 만약 성문에게 의탁한다면 이는 어리석은 사람이고, 만약 의탁하지 않는다면 어리석은 사람이 아니다. 癡人者 二解 一云 受寄者 卽是癡人 不能籌量 妄受人寄 二云 能寄者 名癡人 假設此言 若遂寄聲聞 則是癡人 若不寄者 則非癡人", 『아육왕경』 권10 「골상인연 骨想因緣」(대정장50, p.166c20)에 "어리석은 사람은 무지하여 밖의 좋은 색을 보면 탐욕을 일으켜 집착한다. 지혜가 있는 사람은 안의 나쁜 색을 보고도 해탈을 얻는다. 밝은 지혜가 없는 사람은 색에 얽히고, 밝은 지혜가 있는 사람은 색에서 해탈한다. 癡人無知 見外好色 便生貪著 有智慧人 見

內惡色 卽得解脫 若無明者 爲色所縛 若明智者 於色解脫", 『서장』「답영시랑장 答榮侍郎狀」(대정장47, p.939b27)에 "어리석은 사람 앞에서는 꿈을 말해서도 안 됩니다. 참으로 있는 일이라고 이해하기 때문입니다. 癡人面前 不得說夢 便作實法會"라고 하였다. [참고문헌] 『阿毘曇毘婆沙論』, 『大般涅槃經疏』, 『阿育王經』, 『書狀』.

치자 縒字 Ⓢ tsa-kāra. 실담사십이자문(悉曇四十二字門) 중 치(ऌ)자 음절. 80권본 『화엄경』 권76(대정장10, p.418b16 : *Gaṇḍ-vy.*, p.354)에 "치〈칠과 가의 반절음〉 자를 소리 내면 반야바라밀문에 들어가니, 이를 가리켜 '닦고 행해서 모든 공덕의 바다에도 들어간다'고 한다. 唱縒〈七可切〉字時 入般若波羅蜜門 名修行趣入 一切功德海 tsakāraṁ parikīrtayataḥ sarvaguṇasāga rapratipattyavatāravigāhanaṁ nāma prajñāpāra mitāmukhamavakrāntam", 『화엄경소』 권59(대정장35, p.953c2)에 "치자인즉 용건성이다. 縒字卽勇健性", 『화엄경소초』 권89(대정장36, p.691a11)에 "소의 33번째 글자 치자는 치파자라고 달리 한역하기도 한다. 만약 경을 만난 이가 용건하다면 비로소 능히 닦을 줄 알아 공덕에 들어갈 수 있다. 『대지도론』 권48(대정장25, p.409a2)에 '만약 치자를 들으면 일체법에 아낄 것도 없고 베풀 것도 없음을 알 것이다. 말치라는 아낀다는 뜻의 간이기 때문이다'라고 하였다. 疏三十三縒字 別譯爲哆婆字 若會經者勇健 方能修入功德 智論云 若聞縒字 卽知一切法 無慳無施 以末縒羅 此言慳故"라고 하였다. [참고문헌] 『華嚴經』, 『華嚴經疏』, 『華嚴經疏鈔』, 『大智度論』, *Gaṇḍ-vy.* ⇨ 사십이자문 四十二字門❶, 실담 悉曇

치자 癡者 어리석은 사람. 나아갈 길(道)을 모르는 사람. 치인(癡人)이라고도 한다. 『반니원경』 권상(대정장1, p.178c14)에 "어리석은 사람에게는 생사가 있지만 지혜로운 사람은 도를 지니고 있어 더 이상 생사를 반복하지 않는다. 癡者有生死 慧者持道 不復生死"라고 하였다. [참고문헌] 『般泥洹經』. ⇨ 치인 癡人

치쟁승설 治爭僧說 괄허취여(括虛取如 1720~1789)가 승가내 다툼을 다스린 이야기를 적어 남긴 글. 『괄허집』 권2(한불전10, p.322c6)에 전한다. "예전에 송인 포공이 재상이었을 때 스스로 자백하는 이가 '백금을 내게 맡긴 자가 죽어 그 아들에게 돌려주었지만 받지 않았다. …'고 하였다. … 공이 부득이 여러 사관에 맡겨 망자를 천도하게 하였다. 저 번뇌 속 사람도 오히려 능히 재물을 멀리하고 이와 같이 의를 따르려고 하는데, 하물며 그대들 이미 부처님 자식이지만 도리어 세속의 아들과 같지 않은가. 마침내 청규에 의하여 율로 다스렸다. 昔宋人包公爲宰時 郡有自陳者曰 向以百金寄我者亡矣 還金其子 其子不受 … 公不得已 付諸寺觀 以薦亡者 彼塵勞中人 尙能踈財 慕義如此 況爾等 旣是佛子 而反不如俗子乎 遂依淸規 律治之"고 하였다. [참고문헌] 『括虛集』. ⇨ 멸쟁법 滅諍法, 지쟁법 止諍法

치전 緇田 승가(僧伽)에 속하는 전답(田畓). 『치문경훈』 권5 「상당 上堂」(대정장48, p.1067a2)에 "치전에 한 삼태기의 공도 들이지 않으면, 철위산에 떨어져 무수한 형벌의 고통을 받으리라. 緇田無一簣之功 鐵圍陷百刑之苦"라고 하였다. [참고문헌] 『緇門警訓』.

치절선사어록 癡絶禪師語錄 송대 치절도충(癡絶道冲 1169~1250)의 어록. 시자 지기(智沂) 등 엮음. 2권. 卍속장121, pp.492a1~569b15에 수록되어 있다. 1251년(순우11) 간행하였다. 남북조(南北朝) 경 복송오산판(覆宋五山版)도 있다. 상권에는 보은광효선사(報恩光孝禪寺)·태평흥국선사(太平興國禪寺)·설봉숭성선사(雪峯崇聖禪寺)·천동경덕선사(天童景德禪寺)·경덕영은선사(景德靈隱禪寺)·각성산법화선사(覺城山法華禪寺)·경산흥성만수선사(徑山興聖萬壽禪寺) 등 7회의 상당어요(上堂語要)·보설(普說)·법어(法語)·찬게송(讚偈頌) 등을 수록하였고, 권하에는 보설·법어·감명(龕銘)·행장(行狀) 등을 수록하였다. 첫머리에는 목석(木石)의 「서 序」가 붙어 있고, 말미에는 세 종류의 「발 跋」과 「보유 補遺」가 있다. ⇨ 도충 道冲❷

치정 癡定 어리석은 정(定). 혜(慧) 없는 정. 혜는 바로 명(明 Ⓢ vidyā)이니 무명(無明 : 痴 Ⓢ avidyā)인 채로의 정을 말한다. 『불유교경론소절요』(대정장40, p.854a29)에 "혜를 위하여 정을 닦으면 정이 틀림없이 혜를 발휘하지만, 정만을 위해 정을 닦으면 이는 치정이다. 爲慧修定 定必發慧 爲定修定 是名癡定", 『수습지관좌선법요』(대정장46, p.467c6)에 "다섯 번째는 정과 혜를 가지런히 해서 지와 관을 닦는다. 행자는 좌선 중에 닦아 그침으로 인하여 또는 닦아 관함으로 선정에 들어간다. 비록 선정에 들지만 관혜가 없다면 이를 몽매한 정이라 하니 능히 번뇌를 끊을 수 없기 때문이다. 五 爲均齊定慧修止觀 行者於坐禪中 因修止故 或因修觀 而入禪定 雖得入定 而無觀慧 是爲癡定 不能斷結", 『능엄경여설』 권8(卍속장21, p.8a6)에 "정심만으로는 모든 법문을 가질 수 없으니 이를 치정이라 한다. 定心不能 持諸法門 是爲癡定", 『법화경지장소』 권1상(卍속장93, p.495a14)에 "반드시 정과 혜가 두렷이 함께해야 치정에 얽히지 않을 뿐만 아니라 광혜에 속지도 않을 것이다. 必是定慧圓融 不惟不被癡定所縛 亦不爲狂慧所悞矣", 『백법명문론췌언』(卍속장76, p.905a15)에 "어리석고 삿된 선정이란 무엇인가? 느릿느릿 오직 몰두하기만 하는 선정을 치정이라 하고, 바른 뜻에 순할 수 없는 선정을 치정이라 한다. 둘 모두 무명을 의지처로 삼을 뿐, 바른 정이란 밝히 앎이다. 言癡邪定者 謂蠢然專注 名癡定 不順正理名邪定 皆以無明爲依 以顯正定明記爲依"라고 하였다. [참고문헌] 『佛遺教經論疏節要』, 『修習止觀坐禪法要』, 『楞嚴經如說』, 『法華經指掌疏』, 『百法明門論贅言』. ⇨ 정 定[1], 무명 無明, 혜 慧

치정수 治淨修 Ⓢ vinirdhāvana-bhāvana, Ⓣ thag-bsring-ba'i-'thob-pa. 다스려 깨끗하게 함. 수도위(修道位) 사수(四修) 중 하나. 진제(眞諦)의 한역어. 현장(玄奘)은 제견수(除遣修)라 한역했다. 『구사석론』 권19(대정장29, p.291a2)에 "대치수(Ⓢ pratipakṣa-bhāvana)와 치정수는 모든 유류법을 수습함이다. 이 두 수습은 사정근(四正勤 Ⓢ catasro bhāvanāḥ) 중 뒤의 두 정근에 의지한다. 곧 일어나지 않은 번뇌는 일어나지 않게 하고, 이미 일어난 번뇌는 사라지게 한다. 對治修治淨修者 謂修諸有流法 此二修依後二正勤成 未生令不生已生令滅"라고 하였다. [참고문헌] 『俱舍釋論』, *Abh-k-bh.411.* ⇨ 제견수 除遣修, 사수 四修[2]

치제 治際 다스려 마침 또는 다스려 다한 때. 아뢰야식(阿賴耶識) 중에 항상 따라 구르던(恒隨轉) 수축(隨逐) 즉 고집제(苦集諦)가 다한 구경위(究竟位)를 말한다. 『섭대승론석』 권2(대정장31, p.165c21)에 "따라 쫓아 다스림에 이른다 한다. 다스린다는 것은 금강심도다. 아뢰야식이 이 때에 이르면 공능이 비로소 다하므로 제라 한다. 밖의 종자의 과는 익고, 근은 무너질 때여서 공능마저 곧 다하니 이 셋을 이름하여 따라 쫓고 드디어 다스려 다함이라고 한다. 隨逐至治際者 治謂金剛心道 阿黎耶識 於此時功能方盡 故名際 外種子 至果熟 及根壞時 功能則盡 是故三名 隨逐至治際", 『성유식론증의』 권2(卍속장81, p.722a18)에 "항상 따라서 구른다는 것을 진제는 수축이라 한역하였고, 구경위는 치제라 한역하였다. 恒隨轉 眞諦譯爲隨逐 究竟位 譯爲治際", 『중관론소』 권8(대정장42, p.120b3)에 "다스려 마친 때에 이르면 아뢰야 중에 집제 남김없이 다하고 뢰야의 고제변 또한 사라진다. 至治際時 斷梨耶中集諦盡 梨耶苦諦邊亦滅"라고 하였다. [참고문헌] 『攝大乘論釋』, 『成唯識論證義』, 『中觀論疏』. ⇨ 구경위 究境位

치제밀무유소결상 齒齊密無有疏缺相 삼십이상(三十二相) 중 하나. 치아가 고르고 촘촘하며 벌어지거나 빠진 틈이 없는 모습. 구사십치개실제평상(具四十齒皆悉齊平相 Ⓢ catvāriśad dantatāṃ samāvirala-dantatām)·치제상(齒齊相 Ⓢ sama-dantatā)·치제밀상(齒齊密相 Ⓢ avirala-danta)·치제평밀상(齒齊平密相)이라고도 한다. 『대승백복장엄상경』(대정장16, p.332b25)에 "이와 같이 여래의 대인상은 그 수가 삼십이종이 있다. … 일곱 번째 그 치아가 고르고 촘촘하며 벌어지거나 빠진 틈이 없다. 如是如來 大人之相 其數乃有 三十二種 … 七者 其齒齊密無有踈缺"라고 하였다. [참고문헌] 『大乘百福莊嚴相經』. ⇨ 구사십치개실제평상 具四十齒皆悉齊平相, 치제상 齒齊相, 삼십이상 三十二相

치제상 齒齊相 Ⓢ sama-dantatā, Ⓟ sama-danta, Ⓣ tshems-mnyam-pa. 삼십이상(三十二相) 중 하나. 치아가 하나처럼 고르고(Ⓟ sama-danta) 빈틈없는(Ⓟ avivara-danta) 모양. 『대지도론』 권4(대정장25, p.90c22)에 "스물세 번째는 치제상이다. 모든 치아가 고르니 크고 작지 않으며 나오지도 않고 들어가지도 않았다. 치아에 빈틈없는 상을 모르는 이는 하나의 치아라고 여기는데, 치아 사이에 터럭 하나 들어갈 틈이 없다. 二十三者 齒齊相 諸齒等 無麤無細 不出不入 齒密相 人不知者 謂爲一齒 間不容一毫"라고 하였다. [참고문헌] 『大智度論』, *Lal-v.74.*, *Bodh-bh.262.*, *DN.3.144.* ⇨ 치제밀무유소결상 齒齊密無有疏缺相, 삼십이상 三十二相

치제평상 齒齊平相 Ⓢ sama-danta, sama-dantatā, Ⓣ tshems-mnyam-pa. 삼십이상(三十二相) 중 하나. 치열이 가지런하고 고른 모습. 치제상(齒齊相)·구사십치개실제평상(具四十齒皆悉齊平相) 등이라고도 한다. 『대방편불보은경』 권7(대정장3, p.165b1)에 "양설을 멀리 여의고 투쟁을 화합시킨다. 이러한 인연으로 사십개 이와 촘촘하여 성글지 않고 가지런하여 고른 모습을 얻는다. 遠離兩舌 和合鬪諍 以是因緣 得四十齒相 齒密不踈相 齒齊平相"라고 하였다. [참고문헌] 『大方便佛報恩經』, 『菩薩善戒經』 권9(대정장30, p.1010a21), *Bodh-bh.263.* ⇨ 구사십치개실제평상 具四十齒皆悉齊平相

치제평정밀상 齒齊平淨密相 삼십이상(三十二相) 중 하나. 치제밀무유소결상(齒齊密無有疏缺相)·치제상(齒齊相 Ⓢ sama-dantatā) 등이라고도 한다. 고르고 평평하며 깨끗하고 촘촘한 치아 모습이다. 『법승의결정경』 권하(대정장17, p.659b6)에 "친한 벗들을 파괴하는 모든 이간질하는 말을 멀리 벗어나고, 설령 이미 어긋나 멀어졌더라도 능히 선한 말의 방편으로 화합시킨다. 이러한 덕으로 말미암아 고르고 평평하며 깨끗하고 촘촘한 40치아의 상을 갖춘다. 遠離一切 破壞親友 離間語言 設已乖離 能以善言 方便和合 由是感得 具四十齒齊平淨密"라고 하였다. [참고문헌] 『法乘義決定經』. ⇨ 치제밀무유소결상 齒齊密無有疏缺相, 치제상 齒齊相

치조 治兆 조선후기 강원도 설악산(雪嶽山) 신흥사 스님. 호는 환공(幻空). 1870년(고종7)경 정원사(淨願寺)에서 정토왕생을 발원하고 청신사 수십 명과 함께 염불결사(念佛結社)를 맺고, 30년 동안 염불수행을 계속했다. 저서로 『청주집』 1권을 남겼는데, 한불전11, pp.734~774에 수록되어 있다. 〔참고문헌〕『淸珠集』, 『韓國佛敎撰述文獻總錄』 pp.235~236.

치종 癡種 ❶ 어리석음의 종자. 『살발다수리유날야경』(대정장1, p.812c17)에 "비구여, 옛날의 묘안여래는 다른 부처가 아니라 바로 나였다. 저 모든 무리들은 이선천에 나서 아래 세계의 화난은 면하였으나, 탐진치종자를 여의지 못하여 생로병사에서는 해탈하지 못하였다. 苾芻 往昔妙眼如來者 非別有佛 卽我身是 彼諸衆等 雖生二禪 免下火難 未離貪瞋癡種 不能解脫生老病死"라고 하였다. 〔참고문헌〕『薩鉢多酥哩踰捺野經』. ❷ Ⓢ tāmasa. 치의 종자. 상키야(Ⓢ Sāṃkhya : 數論)에서 말하는 아만이다. 『금칠십론』 권중(대정장54, p.1251b25)에 "'암유를 낳는다'란 만약 대(大 Ⓢ mahat) 중에 암(闇 Ⓢ tamas)이 더욱 두드러지면 아만을 낳아 기쁨과 근심을 다 굴복시키는데, 이 아만은 치의 종자이기에 성인이 '대초'라고 하였다. 이 아만이 오유를 낳기에 오유와 오대는 모두 어두운 치의 종류이다. 大初生闇唯者 若大中闇增長 則生我慢 能伏通喜憂 此我慢是癡種故 聖說名大初 此我慢生五唯故 五唯及五大 悉闇癡種類"라고 하였다. 〔참고문헌〕『金七十論』, *Sāṃkhy-k.31.*

치죄갈마 治罪羯磨 Ⓣ chad-pa'i-las. 비구가 계를 범하였을 때 대중들이 그 죄를 다스리는 작법. 치벌갈마(治罰羯磨)라고도 한다. 대중에게 죄를 고하고 참회하는 것을 통해 그 죄를 소멸시키는 성선갈마(成善羯磨)에 대비된다. 『십송율』 권56(대정장23, p.410b14)에 "치죄갈마란 고절갈마·의지갈마·구출갈마·하의갈마·빈갈마 등이니, 이러한 것들은 고뇌하게 하는 갈마이기에 치죄갈마라고 한다. 治罪羯磨者 謂苦切羯磨 依止羯磨 驅出羯磨 下意羯磨 擯羯磨 如是等苦惱羯磨 是名治罪羯磨"라고 하였다. 〔참고문헌〕『十誦律』, 『五分律』 권19(대정장22, p.132a15). ⇨ 갈마 羯磨, 칠종갈마 七種羯磨, 성선갈마 成善羯磨

치주 馳走 Ⓢ vi-√dhāv, vidhāvanti, dhāva, dhāvana, Ⓣ rgyug-ste, brgyug-pa. 내달리다. 이리저리 달려 쉬지 않다. 『법화경』 권2 「비유품 譬喩品」(대정장9, p.13a23)에 "중생들이 그중에 빠져 즐겁게 노니느라 깨달아 알지 못하고 놀라 두려워하지도 않으며 또한 싫증을 내지도 않아서 해탈을 구하지 않는다. 이 삼계의 불타는 집에서 동서로 내달리며 비록 큰 고통 만나도 근심으로 여기지 않는다. 衆生沒在其中 歡喜遊戲 不覺不知 不驚不怖 亦不生厭 不求解脫 於此三界火宅 東西馳走 雖遭大苦 不以爲患", 『정법염처경』 권14 「지옥품 地獄品」(대정장17, p.79c8)에 "어리석은 마음 탓에 이처럼 무량한 백천년 동안 불타고 삶아지고 파괴되며 다시 나고 또 난다. 저 사람이 저곳을 벗어나게 되더라도 다시 불구덩이에 들어가 불타고 삶아지며 배고픔과 목마름이 닥쳐와 곳곳을 내달려 다닌다. 以癡心故 如是無量百千年歲 燒煮破壞 又復更生 彼人彼處 若得脫已 復入火聚 燒已煮已 飢渴所逼 處處馳走", 『금광명경』 권1 「공품 空品」(대정장16, p.340a21)에 "저 세간사람이 빈 구덩이 내달려 들어가듯 해서 육적의 해를 받으면서도 어리석어서 피할 줄 모른다. 猶如世人 馳走空聚 六賊所害 愚不知避"라고 하였다. 〔참고문헌〕『法華經』, 『正法念處經』, 『金光明經』, *Saddh-p.78.*, *Yogā-bh.29.*, *Śrāv-bh.478.* ⇨ 삼계화택 三界火宅

치지주 治地住 보살십주(菩薩十住) 중 제2주로 초발심을 더욱 다져나가는 지위. 중생들을 위해 십종심(十種心)을 일으킨다. 『화엄경소』 권18 「십주품 十住品」(대정장35, p.635a17)에 "두 번째, 치지란 항상 텅 빈 마음을 따라 팔만사천법문 청정하게 하여 청정하고 결백하므로 마음바탕 단련하여 다스린다고 한다. 이로써 자비와 지혜 더욱 밝게 하니 이를 치지주라 한다. 二 治地者 謂常隨空心 淨八萬四千法門 淸淨潔白 故爲練治心地 使悲智增明 名治地住", 『대승의장』 권14(대정장44, p.746b25)에 "스스로 이롭게 하고 남도 이롭게 하는 길을 잘 닦고 머무는 곳을 깨끗하게 다스리기에 치지주라 한다. 善修自利利他之道 淨治住處 名治地住", 『대승입도차제』(대정장45, p.449c25)에 "둘째, 보살이 자신의 삼업을 깨끗이 다스리려 자비로 식이 있는 모든 중생에게 미치게 하기에 치지주라 한다. 二者 菩薩 淨治三業 悲及有識 名治地住", 『인왕경소법형초』 권5(卍속장41, p.240b6)에 "치지주란 무슨 뜻인가? 단련의 뜻이기에 '치'라 한다. 앞선 묘행을 다스려 구르게 해서 온갖 선이 생겨나게 함이 마치 땅을 일구어 씨를 뿌려서 싹이 트듯 한다. 治地住者 鑄鍊義故 名之爲治 治前玅行 轉生諸善 猶如治地 而下種子 生苗稼故"라고 하였다. 〔참고문헌〕『華嚴經疏』, 『大乘義章』, 『大乘入道次第』, 『仁王經疏法衡鈔』. ⇨ 보살십주 菩薩十住, 사심 師心❶, 수호심 守護心❸, 십주 十住❶, 십종심 十種心❶

치초 荎草 다섯 가지 맛을 구족한 풀. 단 한 법만을 들어도 여러 가지 뜻의 법을 깨우치게 하는 법미(法味)에 비유한다. 『지증전』(卍속장111, p.224b11)에 "치초의 맛과 같고 금강저와 같다. 치는 오미자다. 하나의 풀이지만 다섯 가지 맛을 갖추고 있다. 如荎草味 如金剛杵

茎 五味子也 一草而具五味", 『보경삼매본의』(卍속장111, p.271b11)에 "또한 비유중에서 한 맛을 따라서 맛보면 다섯 가지 맛 다 느낀다 한다. 다섯 가지 맛이 모두 이 한 가지에 있으므로 법중에 한 위만을 들기만 해도 다섯 위가 함께 갖추어진다는 뜻이다. 다섯 위가 모두 일심에 속하기에 치초를 빌려서 법미의 묘함을 비유하였다. 又喩中 隨觸一味 五味具足 以總是一物故 法中一位纔擧 五位俱該 以總屬一心故 故借茎草 以喩法味之妙也"라고 하였다. 〔참고문헌〕『智證傳』, 『寶鏡三昧本義』, 『永覺廣錄』 권27 「寶鏡三昧註」(卍속장125, p.708a2).

치초 郗超 336~377. 동진(東晉)대 정치인. 자는 경흥(景興). 고평(高平 : 山東省) 금향(金鄕) 출신. 가빈(嘉賓)이라고도 이름 한다. 원래 천사도(天師道)를 신봉하였지만 지둔(支遁)·축법태(竺法汰) 등 고승과 교류하면서 점차로 불교에 대한 신심이 깊어졌다. 나이 스물에 형주자사(荊州刺史) 환온(桓溫)에게 임용되었고, 스물여덟에 그의 참군(參軍)이 되었다. 모친이 별세하자 사도좌장사(司徒左長史)의 벼슬을 떠난 이후 벼슬길에 나가지 않았다. 저서에 스스로 지은 죄과를 자각하고 속가에서 실천해야 하는 덕목을 서술한 『봉법요 奉法要』가 전한다. 그 밖에 『명혹론 明感論』·『전생론 全生論』 등을 지었다고 하지만 현존하지 않는다. 〔참고문헌〕『佛祖歷代通載』 권6(대정장49, p.523b28), 『出三藏記集』 권15 「道安法師傳」(대정장55, p.108b10), 『名公法喜志』 권1(卍속장150, p.66a15). ⇨ 개법사 開法寺

치취 褫取 빼앗다. 벗겨내다. 『경덕전등록』 권16 「천주와관전 泉州瓦棺傳」(대정장51, p.328b23)에 "덕산이 물었다. '그대는 알겠는가?' '모르겠습니다' '그대는 완전히 빼앗겼는데 그것도 모른단 말인가?' '완전히 빼앗겼다는 사실을 모른다는 말이 무슨 뜻인지요?' '그대는 한 덩어리 쇠와 같구나'. 와관은 마침내 덕산에게 옷을 던졌다. 德山問曰 汝還會麼 師曰 不會 德山曰 汝成褫取 箇不會好 師曰 不會成褫 箇什麽 德山曰 汝似一團鐵 師遂摳衣德山"라고 하였다. 〔참고문헌〕『景德傳燈錄』.

치취 鴟鷲 Ⓢ gṛdhra, Ⓣ bya-rgod. 솔개와 독수리. 『출요경』 권12(대정정4, p.675c15)에 "어떻게 반딧불빛 해와 그 밝기 다투게 하고, 민가의 언덕을 수미산과 견줄 수 있으며, 솔개·독수리·까마귀·참새를 금조와 나란히 날게 할 수 있겠는가? 豈當以螢火之光與日競明 田家埠阜 欲比須彌 鴟鷲烏鵲 金鳥並飛", 40권본 『대반열반경』 권15(대정장12, p.454c24)에 "이 깃털은 어떤 새의 날개인가? 까마귀인가 솔개인가 독수리인가? 其毛羽者 是何鳥翼 烏鴟鷲耶"라고 하였다. 〔참고문헌〕『出曜經』, 『大般涅槃經』, *Śrāv-bh.123.*

치취 癡聚 어리석은 것들로 있게 된 무더기. 무명(無明 : 痴 Ⓢ avidyā)으로 생겨난 갖가지 양태. 『대방등대집경』 권32(대정장13, p.221c29)에 "삼보의 종자가 끊어지지 않게 해서 법과로 하여금 늘어나 주는 일 없이 하니, 불법으로 하여금 널리 흘러넘쳐서 모든 무명의 어리석은 무더기 능히 부수고 진지와 무생지를 얻게 하리다. 令三寶種 無有斷絶 能令法果 增長無減 能令佛法 廣普流布 能壞一切 無明癡聚 能得盡智 及無生智", 『능가경』 권2(대정장16, p.494a14)에 "외도의 어리석은 무리들은 유나 무에서 일어난다고 여겨 스스로의 망상이 갖가지로 계탁한 연이라고는 여기지 않는다. 外道癡聚 欲令有無有生 非自妄想 種種計著緣"라고 하였다. 〔참고문헌〕『大方等大集經』, 『楞伽經』.

치치화화 哆哆和和 갓난아기의 옹알이. 취사분별 끼어들 수 없는 소리 또는 무엇을 말한다 해도 옹알이일 뿐이라는 뜻의 비유다. 바바화화(婆婆和和)와 통한다. 화는 화(啝)로도 쓴다. 『밀암어록』(대정장47, p.959c11)에 "문장의 사륙도 아니고 달마의 단전도 아니니, 옹알이 같은 저 소식 알아차린다면 조사의 콧구멍을 일시에 뚫을 것이다. 不是文章四六 亦非少室單傳 哆哆和和如蔫得 祖師鼻孔一時穿", 『굉지광록』 권4(대정장48, p.47a15)에 "운문 늙은이가 펼쳐보인 호떡은 부처도 조사도 훌쩍 넘어선다. 갓난아기 옹알거리듯 두 쪽 입술과 오랑캐 중얼대듯 세 치 혀에서 나오는 소리들 특별히 가풍을 전하는 소식도 아니며, 달리 기에 던지거나 시절에 응한 것도 아니었다. 무쇠 주물러 만든 구멍없는 쇠망치일 뿐이니, 대단히 단단하지만 쐐기조차 박을 수 없다. 여러 선덕들이여, 말해 보라! 내가 지금 쐐기를 박았는가 박지 못했는가? 밝은 눈 사람 있으면 분간해 보라! 雲門老子 能施設胡餅 佛祖俱超越 哆哆和和兩片皮 猪猪獠獠三寸舌 不是特地展家風 也非投機應時節 生鐵鑄成無孔鎚 忒團圞兮難下楔 諸禪德 且道 天童今日 是下楔 不下楔 明眼人辨取", 『경덕전등록』 권14 「석실선도전 石室善道傳」(대정장51, p.316b5)에 "그대들은 모르는가! 아이가 태에서 나올 때 '나는 경을 읽을 줄 안다' 하거나 '경을 읽을 줄 모른다' 하던가! 이럴 때는 불성이 있다는 뜻도 없다는 뜻도 모른다. … 십육관행 중 갓난아기행 최고로 치니 옹알이 하는 그때 들어 도 배우는 이에 비유하니, 분별취사심 떠나게 하는 뜻이다. 汝不見小兒出胎時 可道我解看教 不解看教 當恁麽時 亦不知有佛性義 無佛性義 … 十六行中 嬰兒行爲最 哆哆和和時 喩學道之人 離分別取捨心故", 『무이원래광록』 권2(卍속장125, p.128b14)에 "이 일 옹알이 중에 있지 않으니, 말해서 도리가 통해야 깨달음의 문과 부합한다. 설령 삼승십이분교 강설해서 들어 아는 것 많아 유익해서 말 잘하는 이요 지혜 가리는 이라 한들 자기와는 어떤 교섭도

하지 못한다. 此事不在 哆哆啝啝 說得道理通 便稱悟門 直饒講得 三乘十二分教 祇益多聞 尙喚作傳語人 亦名辯慧人 與自己總沒交涉", 『종통편년』 권32(卍속장147, p.498a8)에 "목욕을 마치고 임종게를 적었다. '옹알이하며 지나온 예순 두 해. 비에게 욕하고 바람 꾸짖었으나, 크나큰 공 주재할 수는 없었다. 오늘 아침 사바세계 발로 차 엎어버렸으니, 하늘 밖으로 벗어난 내 모습 잘 보라'. 붓을 내려놓고 결가부좌한 자세로 입적하였다. 浴畢 書偈曰 哆哆啝啝 六十二載 罵雨訶風 大功不宰 今朝踢倒娑婆 好看出頭天外 擲筆跏趺而逝"라고 하였다. 〔참고문헌〕『密菴語錄』, 『宏智廣錄』, 『景德傳燈錄』, 『無異元來廣錄』, 『宗統編年』, 40권본 『大般涅槃經』 권20(대정장12, p.485b20). ⇨ 바바화화 婆婆和和

치치화화지 哆哆和和地 옹알이하다. 바바화화지(婆婆和和地)라고도 한다. 『현사사비어록』 권상(卍속장126, p.411a8)에 "여러분, 다만 이것 약속된 말이라 하지 마라. 그것은 다라니를 염하듯 함과 너무나 비슷하다. 걸음을 내딛고 앞으로 나가면서 입 속에서는 옹알이하는 듯이 소리 내다가 남에게 붙들려 힐문을 당하여 갈 곳을 잃게 되면 상대는 곧바로 화를 내며 '화상이시여! 답변해 주지 못하시는군요'라고 말할 것이다. 仁者 莫祇是記言記語 恰似念陀羅尼相似 蹋步向前來 口裏哆哆和和地 被人把住詰問著 沒去處 便嗔道 和尙 不爲答話"라고 하였다. 〔참고문헌〕『玄沙師備語錄』. ⇨ 바바화화 婆婆和和

치탄대광 熾炭待礦 맹렬하게 타오르는 숯불 광석을 기다리다. 학인이 스승의 가르침을 기대함에 빗댄다. 『융흥편년통론』 권14(卍속장130, p.564a15)에 "당시 맹렬하게 타오르는 숯불이 광석 기다리듯 했기에 대하면 말없이 마음으로 감복했으며, 때에 굶주렸음이라. 진단해 진미마저 던지려 하기에 줄여달라 고하고 마음으로만 받았다. 時熾炭待礦 故對默而心降 時診飢投味 故告約而義領"라고 하였다. 〔참고문헌〕『隆興編年通論』.

치한 癡漢 어리석다 하는 바로 그 사람. 무명(無明) 중에서도 움직여 피할 수 없는 밝은 바로 그 사람의 뜻이기도 하다. 『앙산어록』(대정장47, p.585a4)에 "앙산이 후에 탐원에게 묻기를 '어떻게 우물 속의 사람 건질 수 있습니까?' '돌! 어리석은 놈아! 누가 우물 속에 있느냐?' 앙산이 위산에게 가 이를 묻자 위산이 '혜적!' 하고 불렀다. 앙산이 '예' 하자 위산 말하길 '나왔네!' 師後問耽源 如何出得井中人 耽源云 咄 癡漢 誰在井中 師往問溈山 溈山召慧寂 師應諾 溈山云 出也", 『법연어록』 권하(대정장47, p.665a28)에 "법연 상당하여 말하길 '든즉 공안이요 일마다에서 갖추거늘 밖을 향해 쫓아다니며 구하니 어리석은 이들이여, 어리석은 이들!' 上堂云 擧則公案 事事成辦 向外馳求 癡漢癡漢"라고 하였다. 〔참고문헌〕『仰山語錄』, 『法演語錄』.

치허 致虛 1121~1174. 고려전기 스님. 호는 각관(覺觀), 속성은 왕(王)씨로서 왕실(王室)의 후예이며, 어머니는 최씨 부인이다. 1121년(예종16) 11월 9일에 태어났다. 어릴 때 집을 나와 덕겸승통(德謙僧統)을 은사로 하여 스님이 되었고, 18세 때 대선고시(大選考試)에 합격하였으며, 21세 때 중대사(重大師)에 올랐고, 33세 때 삼중대사(三重大師)의 법계(法階)에 합격했다. 이어 승통(僧統)법계에 올라 4대 명찰의 주지를 역임하였다. 개성 현화사(玄化寺)에 주석하면서 왕의 자문에 응하기도 했다. 1174년(명종4) 11월 23일 세수 54세를 일기로 입적하였다. 개성 영취산(靈鷲山) 기슭에서 장사를 지냈으며, 제자는 50여 명이 있었다. 〔참고문헌〕『韓國金石文追補』 p.164, 『韓國金石全文』 中世下 pp. 829~831, 『高麗墓誌銘集成』 pp.220~221, 李智冠 『校勘譯註歷代高僧碑文』 高麗篇3 pp.368~373.

치혹 癡惑 어리석어 미혹함. 마음바탕 어두워 매사에 미혹한 뜻이다. 『잡아함경』 권13(대정장2, p.91b23)에 "만일 다시 어떤 사람이 '이것 일체법이 아니다. 이제 나는 사문구담이 설한 일체법은 버리고, 다시 일체법을 세운다'고 말한다면 이것은 다만 몇 마디 말만으로 헤아릴 뿐이어서 물어보아도 알지 못해 그에 대한 어리석음과 미혹만 더할 것이다. 왜 그런가? 이것 경계가 아니기 때문이다. 若復有言 此非一切法 沙門瞿曇所說一切法 我今捨 更立一切法者 此但有言數 問已不知 增其癡惑 所以者何 非其境界故", 『불퇴전법륜경』 권2(대정장9, p.235c24)에 "모든 취착을 없애고 무상에 머물며, 제법의 공함을 알고 일체상을 여의면 모두 있는 바가 없게 된다. 모든 중생의 일체망상과 전도와 어리석음과 미혹 사라지게 하고는 공법의 불가사의함을 요달하는 것, 이것이야말로 아라한이 얻은 부사의보리다. 滅諸取著 住於無相 知諸法空 離一切相 悉無所有 除諸衆生一切妄想顚倒癡惑 了達空法不可思議 是阿羅漢得不思議菩提"라고 하였다. 〔참고문헌〕『雜阿含經』, 『不退轉法輪經』.

치화 癡火 Ⓢ moha-agni, Ⓟ mohaggi. 어리석음의 불꽃. 몸과 마음을 열뇌하게 함은 물론 자타를 가리지 않고 해를 끼치며, 삼세를 벗어나지 못하게 해서는 삼계화택(三界火宅)중에 있게 한다. 삼화(三火) 중 하나로 우치화(愚癡火)라고도 한다. 『잡아함경』 권4(대정장2, p.25a24)에 "무엇을 셋이라 하는가? 탐욕의 불과 분노의 불과 어리석음의 불이다. 왜 그런가? 만약 탐욕의 불을 끊어 소멸하지 않으면, 자신과 타인을 해치며 자타를 함께 해치고, 현세와 후세에서 죄를 지으며 현후세에서 다 죄를 짓고, 이로 인해 마음에 근심과 괴로움이 생긴다. 분노와 어리석음의 불 역시 이와 같다. 何等爲三 謂貪欲火 瞋恚火 愚癡火 所以者何 若貪火不斷不滅者 自害害他 自他俱害 現法得罪 後世得罪 現法後世得罪 緣彼而生 心法憂苦 恚火癡火 亦復如是",『집이문족론』권5(대정장26, p.385a12)에 "처음 세 가지 불이란 첫째 탐화, 둘째 진화, 셋째 치화이다. … 치화란 어떤 것인가?〔답〕전제를, 후제(後際)를 모르며, 전후제를 모르며, 나아가 치류와 치로 생긴 것과 치를 뒤바꿔 난 것들을 통틀어 '치'라고 한다. 이 우치에 덮인 자들은 몸과 마음을 뜨겁게 태워 괴롭게 하며, 이 치를 연한 긴긴 무명의 세월 동안 뜻대로 할 수 없어 받게 되는 이숙과를 치화라고 한다. 癡火云何 答 謂於前際無知 後際無知 前後際無知 廣說乃至 癡類癡生 改類改生 總名爲癡 由此愚癡所蔽伏者 發生種種 身熱心熱 身心俱熱 身燒心燒 身心俱燒 身惱心惱 身心俱惱 又由愚癡纏爲緣故 長夜領受 不可愛 不可樂 不可欣 不可意 異熟果 是謂癡火"라고 하였다.〔참고문헌〕『雜阿含經』,『集異門足論』, *Saṅ-v.231., AN.4.43.* ⇨ 삼화 三火 [1], 우치 愚癡, 치 癡

치환 馳還 달려 돌아오다.『우란분경』(대정장16, p.779b4)에 "목련이 크게 소리치고 비통하게 울부짖으며 울다가 달려 돌아와 부처님께 아뢰며 이와 같이 자세하게 사정을 늘어놓았다. 目連大叫 悲號啼泣 馳還白佛 具陳如此"라고 하였다.〔참고문헌〕『盂蘭盆經』.

치황 緇黃 스님과 도사(道士). 스님은 치의(緇衣)를 입고, 도사는 황관(黃冠)을 쓰기에 합하여 치황이라 부른다.『석원사림』권191「고려강주지곡사진관선사비 高麗康州智谷寺眞關禪師碑」(한불전4, p.648b2)에 "자네가 지은 글이 만약 과인의 마음에 맞지 않으면 또한 수용하지 않을 것이니, 어찌 유독 스님과 도사들만의 분이라고 하겠는가. 自才子之辭 苟若不當 亦由非用 豈獨緇黃之分"라고 하였다.〔참고문헌〕『釋苑詞林』, 李智冠『校勘譯註歷代高僧碑文』高麗篇2 p.124・136.

치후 癡猴 어리석은 원숭이. 원숭이 물에 비친 달 건지려 하듯 공(空)하여 실 아닌 것 붙들려 헤매는 범부중생을 비유한다.『마하지관』권1하(대정장46, p.8b9)에 "고통인즉 이미 공이러니 저들 어리석은 원숭이 물에 비친 달 건지려는 듯 해서는 안 된다. 苦旣卽空 不應如彼癡猴 捉水中月",『번역명의집』권1(대정장54, p.1059c11)에 "저 물에 비친 달과 같으니 그 그림자 원래 실이 아니다. 만약 어떤 자취에서 착각 일으켜 간혀 붙들린다면, 달그림자 잡으려다 우물에 빠져 죽는 어리석은 원숭이와 같으리라. 출세간의 법을 배우는 이 마땅히 새겨야 한다. 若水月焉 影元非實 苟於迹事 而起封執 則同癡猴墮井而死 學出世法 宜誡之哉",『백유경』권4(대정장4, p.555c26)에 "원숭이의 비유 : 그 옛날 한 원숭이 있었으니 어른에게 얻어맞고 어찌할 방도를 모르다가 도리어 어린아이에게 원망을 퍼부었다. 범부로서 어리석은 사람도 이와 같다. 앞서 화낸 사람 바꾸기를 그칠 줄 모른다. 과거로 사라졌음에도 이에 뒤에 날 법으로 이어간다. 앞서 있었던 일로 인하여 헛되게 화를 일으켜 독한 분노가 더욱 깊어지는 모양을 말한다. 마치 저 어리석은 원숭이 같아서 어른에게 얻어맞고 도리어 어린아이에게 화를 낸다. 獼猴喩 昔有一獼猴 爲大人所打 不能奈何 反怨小兒 凡夫愚人 亦復如是 先所瞋人 代謝不停 滅在過去 乃於相續 後生之法 謂是前者 妄生瞋忿 毒恚彌深 如彼癡猴 爲大人所打 反瞋小兒",『회대원경어록』(卍속장125, p.75b5)에 "잠잠한 못에 잠긴 달을 때려 부순다면 어리석은 원숭이 어디서 엿보는가? 擊破寒潭月 癡猴何處窺"라고 하였다.〔참고문헌〕『摩訶止觀』,『翻譯名義集』,『百喩經』,『晦臺元鏡語錄』.

치휴 鵄鵂 솔개와 수리부엉이. 중생들의 어두운 마음 틈새에서야 비로소 힘쓰는 외도분별자들의 비유다.『대장엄론경』권1(대정장4, p.259c17)에 "부처의 해 이미 떠올라 지혜의 광명이 밝게 비췄으니, 아는 것이 없는 비세사론은 당연히 모두 버려야 한다. 비유하자면 솔개나 수리부엉이가 밤이 되서야 날아다니며 힘을 쓰지만, 낮에는 자취 감추고 숨어 지내서 힘쓰지 못하는 것과 같다. 佛日旣出 慧明照了 毘世師論無所知曉 都應棄捨 譬如鵄鵂夜則遊行能有力用 晝則藏竄無有力用"라고 하였다.『일체경음의』권33(대정장54, p.530b11)에 "치휴〈앞 글자는 질과 지를 반절한 음이고, 뒷글자의 음은 휴이다.『고성』과『문자전설』에서는 모두 이렇게 말하고 있다. '수리부엉이와 솔개는 괴이한 새다. 이 새를 살펴보면 낮에는 쉬고 밤에 날아다닌다'〉. 鵄鵂〈上叱之反 下音休也 考聲及文字典說皆云 鵂鵄 怪鳥也 察此鳥晝休夜飛〉"라고 하였다.〔참고문헌〕『大莊嚴論經』,『一切經音義』.

칙 則 종문(宗門)의 인연(因緣)을 드러내 다룬 공안(公案)을 헤아리는 단위. 만나는 사물(事物)마다에서 잘 마름질하여(力) 귀한 것(具) 되게 하는 뜻에서 세계를 마주하는 본보기의 말씀들을 칙이라 한다. 이 칙을 의지해 길을 나서서 부처도 조사도 만난다.『대혜어록』권21「시여기의 示呂機宜」(대정장47, p.901c14)에 "이런 깜깜한 산 아래 귀신굴 속 일을 가지고서 마지막 본보기라고 여긴다. 將這黑山下 鬼窟裏底爲極則",『선림상기전』권15「화칙 話則」(불광장, 禪藏, p.1130)에 "『단연총록』에서 '불서(佛書)에서는 1조를 1칙이라고 하는데, 홍경로(洪景盧 : 洪邁)의『용재수필』과 사승조(史繩祖)의『학재점필』에도 이를 쓰고 있다'라고 하였다. 『품자전』에서는 '칙은 법칙이다. 제도와 품식으로서의 법이 있게 되면 모두 칙이라고 한다'라고 하였다. 『조정사원』에서 말하였다. '종문의 인연을 1절 또는 1단이라고 말하지 않고 1칙이라고 말하는 것은, 대체로 칙이라는 글자를 만든 뜻은 조개 패(貝)와 칼 도(刀)를 좇았다. 조개는 사람이 보물로 여기는 것이고, 칼은 사람에게 이로운 것이다. 발화된 말은 저 칼로 사물을 마름질하는 것과 같아서 칙이 있게 되기에 사람들이 모두 보물로 여기며 평생토록 이로운 것으로 여긴다. 이로써 1칙이라고 일컫는 것에 깊은 뜻이 없지 않음을 알라'. 도충이 말한다. '부처와 조사의 설화는 배우는 이가 법칙으로 여길 만한 것이다. 그러므로 화칙이라 말하고, 또 화기칙이라고 말하니, 굳이 『조정사원』에서 천착한 말을 고집할 필요는 없다'. 丹鉛總錄云 佛書以一條爲一則 洪景盧容齋隨筆 史繩祖學齋佔畢 用之 品字箋云 則 法則 凡制度品式之有法者 皆曰則 祖庭事苑云 宗門因緣 不言一節一段 而言一則者 蓋則以制字 從貝從刀 貝 人所寶也 刀 人所利也 所發之語 若刀之制物 以有則也 故人皆寶之 以爲終身之利焉 是知謂一則者 不無深意也 忠曰 佛祖說話 可爲學者法則 故言話則 又言話幾則 不必用事苑鑿說矣"라고 하였다. 〔참고문헌〕『大慧語錄』, 『禪林象器箋』, 『摩訶僧祇律』 권33(대정장22, p.496a10), 『五祖法演語錄』 권상(대정장47, p.656a18), 『祖庭事苑』 권7(卍속장113, p.199a4). ⇨ 공안 公案, 본칙 本則

칙개 則箇 문장 끝에 두어 정중한 뜻을 드러낸다. 지개(只箇·之箇)라고도 한다. 『서장』「답유통판 答劉通判」(대정장47, p.926c21)에 "공께선 고요하고 뛰어난 곳에서 20여 년간 지내셨으니 시험 삼아 약간의 득력처 불러 보십시오. 만약 그럭저럭 지내는 것으로써 이 고요 중에 힘 얻는 공부라면, 어째서 돌이켜 시끄러운 곳 향해서는 이를 잃고 마는 걸까요? 지금 힘을 아껴서 정요에 한결같음 얻고 싶다면 다만 조주의 무자 만을 사무쳐 가져야 할 것입니다. 左右在靜勝處 住了二十餘年 試將些子得力底來看則箇 若將椿椿地底 做靜中得力處 何故却向鬧處失却 而今要得省力靜鬧一如 但只透取趙州無字", 『열조제강록』 권6(卍속장112, p.237a9)에 "보암장선사가 조사기일에 향 집어 들고 말하길 '올 땐 이빨 두 개 없었는데 갈 땐 신발 한 짝 남겨 놓았으니, 이 늙은 호승은 비할 바 없을 만큼 맹랑하구나'. 이어 큰 소리로 부르며 말하길 '여기에 조사가 계십니까? 노승 그대와 마주하고 싶습니다'. 呆庵莊禪師 祖忌拈香 來時缺兩齒 去時留一履 者箇老胡僧 孟浪絶倫比 乃喚云 者裏 還有祖師麼 老僧與伊 厮見則箇"라고 하였다. 〔참고문헌〕『書狀』, 『列祖提綱錄』.

칙극 則劇 장난치다. 작극(作劇)이라고도 한다. 『밀암어록』(대정장47, p.972b27)에 "밀암 말하길 '두 존숙이 갑자기 딱 하고 만났는데 마치 어린아이들 장난치듯 하였으니, 불법이라는 몸과 마음은 어디에 있는가!' 師云 二尊宿驀箚相逢 大似小兒則劇相似 佛法身心何在"라고 하였다. 〔참고문헌〕『密菴語錄』.

칙봉약 則峰爚 청대 임제종(臨濟宗) 스님. 고풍행연(古風行然 1615~1690)의 제자로서 정주(鼎州 : 湖南省) 취보산(聚寶山) 호남사(湖南寺)에 주석하였다. 『오등전서』 권92(卍속장141, p.809a11)에 "법좌에 올라 '나에게 한 칙의 공안이 있어 들어 보여서 대중에게 공양하리다. 유와 무로 알려 해서는 얻지 못하리'라고 말한 뒤 잠깐 참묵하자 대중 모두 헤아리려 하지 않았다. 선사가 두 손을 펼치며 말했다. '세 치 혀끝 쓸 일 없다면 한 쌍 빈 손마저 주먹 쥐지 못한다'. 上堂 我有一則公案 擧出供養大衆 但不得作有無解會 良久 衆皆罔測 師乃展兩手曰 三寸舌頭無用處 一雙空手不成拳"라는 등의 상당과 시중 법어가 다수 남아 있다. 〔참고문헌〕『五燈全書』, 『天王水鑑海六會錄』 권10 「祭福嚴則峰爚和尙文」(가흥장29, p.282c18).

칙사염향 勅使拈香 황제가 보낸 이 향 올리다. 『선림상기전』 권9(불광장, 禪藏, p.600)에 "칙사염향 : 도충이 말한다. '저 대덕 묘심 두 사찰의 주지는 왕명으로 가린다. 이에 개당일에 왕의 칙사가 법연에 임하고 이 칙사가 향을 사룬다'. 敕使拈香 忠曰 如大德妙心兩刹 敕差住持 故開堂日 天使臨法筵 便爲敕使拈香"라고 하였다. 〔참고문헌〕『禪林象器箋』.

칙수백장청규 勅修百丈淸規 『백장청규』(대정장48, No.2025)의 갖춘 이름. ⇨ 백장청규 百丈淸規

칙수청규 勅修淸規 『백장청규』(대정장48, No.2025)의 다른 이름. ⇨ 백장청규 百丈淸規

칙시 敕諡 별세한 다음에 조정에서 생전의 덕행을 살펴서 추증(追贈)하는 호. 칙시호(敕諡號)라고도 한다. 스님들에게 드리기(僧號) 시작한 칙은 북위(北魏) 명원제(明元帝 재위 409~423)가 법과(法果)에게 추증한 호령공(胡靈公)이라는 칭호에서 시작되었다. 선종에 이르면 당대 중종(中宗)이 706년(신룡2) 신수(神秀)에게 대통선사(大通禪師)라는 호를 추증하였다. 『능엄경의소석요초』 권1(卍속장16, p.848a18)에 "현수는 화엄종의 종주 법장법사가 입적한 뒤에 받은 칙시로서 현수대사이다. 賢首者 卽華嚴宗主 藏法師 滅後敕諡 賢首大師", 「월광사원랑선사대보선광탑비문 月光寺圓朗禪師大寶禪光塔碑文」에 "(신라 헌강왕이) 돌아가셨다는 소식을 듣고 슬퍼하는 마음을 스스로 가누지 못하고, 이에 시호를 추증하여 원랑선사, 탑호를 대보선광이라 하였다. 聞亡悲怛 不自勝任 仍追諡 圓朗禪師 塔號 大寶光禪"라고 하였다. 〔참고문헌〕『楞嚴經義疏釋要鈔』, 李智冠 『校勘譯註歷代高僧碑文』 新羅篇 p.226. ⇨ 승시 僧諡, 시호 諡號

칙시호 勅諡號 칙서로 시호를 드리다. 『송고승전』 권8 「현각전 玄覺傳」(대정장50, p.758b20)에 "마침내 칙시하여 부르길 무상이라 하였으며, 탑은 정광이라 하였다. 終勅諡號 無相 塔曰 淨光焉"라고 하였다. 〔참고문헌〕『宋高僧傳』.

칙점비룡마파별출두래 勅點飛龍馬跛鼈出頭來 하늘 나는 용인 듯한 말로 점쳤는데 절름발이 자라 나오다. 『직주천동송고』 권상(卍속장117, p.786b15)에 "곽시자가 덕산에게 '옛 성인들 가신 곳 어디입니까?〈주인을 점검한다〉'라고 물으니, 덕산은 '뭐라 했느냐, 뭐라 했느냐?〈온몸으로 짊어졌구나. 비춰 씀이 동시다〉' 되물었고, 곽시자는 '용처럼 나르는 말 불렀는데 절름발이 자라 오셨네〈단지 천자가 점찍은 말 생각하였는데, 그저 절름발이 자라일 뿐이다〉'라고 말했다. 이에 덕산은 다 놓고 가버리다〈절름발이 자라비룡이 두 손으로 돌아왔다. 걸림 없는 덕산 터럭 하나 들인 일 없네〉. 廓侍者問德山 從上諸聖 向什麽處去〈驗主〉 山云 作麽作麽〈全身擔荷 照用同時〉 廓云 勅點飛龍馬跛鼈出頭來〈只言奉勅點過之馬 元來却是一個跛鼈〉 山便休去〈跛鼈飛龍 兩手回還 不妨德山 一毫不受〉"라고 하였다. 〔참고문헌〕『直註天童頌古』, 『從容錄』 14칙 「本則」(대정장48, p.235c22). ⇨ 곽시과다 廓侍過茶

칙황 敕黃 천자가 써서 알리는 글. 황지(黃紙)에 쓰기에 이렇게 불린다. 『백장청규』 권4 「서기 書記」(대정장48, p.1131a13)에 "옛날 저명한 존숙들은 흔히 조정의 부름을 받았는데, 명산대찰에서는 임금이 적은 칙황을 받으면 주지는 곧바로 사표를 올렸다. 蓋古之名宿 多奉朝廷徵召 及名山大刹 凡奉聖旨敕黃 住持者 卽具謝表"라고 하였다. 〔참고문헌〕『百丈清規』.

친 親 ❶ 가까이 하다. 멀다는 뜻의 소(疎)와 대칭한다. 『증일아함경』 권43(대정장2, p.782a9)에 "걸식에는 가까이할 것과 가까이하지 말아야 할 것 두 가지가 있다. … 만일 걸식하여 얻은 의복·음식·침구·병에 맞는 의약품 등이 선법은 늘어나게 하고 악법은 늘어나지 않게 한다면 그것은 가까이해야 할 것이다. 乞食求有二事 可親 不可親 … 若得乞求衣被 飲食 床臥具 病瘦醫藥 增益善法 不增惡法 此便可親", 『법집요송경』 권2(대정장4, p.784b5)에 "만일 사람이 좋은 벗을 가까이한다면, 그와 함께 이 세상을 노닐면서, 어떠한 원한도 쌓아두지 말며, 생각을 오로지해서 그와 뜻을 같이하라. 若人親善友 共遊於世間 不積有冤餘 專念同其意"라고 하였다. 〔참고문헌〕『增壹阿含經』, 『法集要頌經』. ❷ 부모나 친척. 『육도집경』 권7(대정장3, p.39c11)에 "또한 귀중한 보물을 가지고 역경을 헤치고 험한 바다를 건너서, 집으로 돌아와 일가친척을 보면 그 기쁨이 한량 없다. 又如重寶渡海歷險 還家見親其喜無量", 『보살계본지범요기』(대정장45, p.919a28)에 "옛날 대현인이 아들에게 이렇게 훈계했다. '부디 선한 척 말하지 마라'. 아들이 답했다. '마땅히 악한 척해야 합니까?' 아버지가 말했다. '선하다 말하는 것도 오히려 하지 말아야 하거늘 하물며 악하다 하겠느냐?' 古之大賢 誡其子云 愼莫爲善 其子對曰 當爲惡乎 親言善尙莫爲 況爲惡乎"라고 하였다. 〔참고문헌〕『六度集經』, 『菩薩戒本持犯要記』. ❸ 몸소. 친히. 『반니원경』 권하(대정장1, p.185a8)에 "만약 그 나라에 속한 모든 찰제리왕들 몸소 와서 알현하면, 전륜성왕이 기뻐하며 그 자리에서 그들을 위해 설법해주어 모두들 즐겁게 듣고 받들어 행한다. 이것이 첫 번째 덕이다. 若其屬國諸刹利王 來親詣朝覲者 聖王歡喜 現爲說法 皆樂聽受 遵承奉行 是一德也" 『인선경』(대정장1, p.214c17)에 "세존이시여! 저는 부왕을 따라 비사문소에 가서 몸소 이 일을 듣고 기억하여 잊지 않았습니다. 이에 나는 지금 바로 이 인연을 부처님 처소에 가서 말하려 합니다. 世尊 我從父王毘沙門所 親聞是事 憶持不忘 是故我今正以此緣 來詣佛所 欲說斯事"라고 하였다. 〔참고문헌〕『般泥洹經』, 『人仙經』.

친 嚫 Ⓢ dakṣiṇā, Ⓟ dakkhiṇā. 달친(達嚫) 또는 달친나(達嚫拏)의 줄임말. 베푼 재물 또는 재물을 베푸는 일로 친(䞋·襯)이라고도 쓴다. 『증일아함경』 권40(대정장2, p.765a9)에 "저 무엇을 친으로 원하는 아홉 가지 덕이라고 할까? 비구는 마땅히 알라. 단월시주가 세 법을 성취하고, 베푼 물건 또한 세 법을 성취하며, 물건을 받은 사람 또한 세 법을 성취한다. … 이처럼 달친은 이 아홉 가지 법을 성취하고 큰 과보를 얻어 감로의 멸진처에 이른다. 彼云何名爲嚫願九種之德 比丘當知 檀越施主 成就三法 所施之物 亦成就三法 受物之人 亦成就三法 … 如是達嚫 成就此九法 獲大果報 至甘露滅盡之處", 『자은전』 권10(대정장50, p.277a8)에 "이에 옷과 자구를 다 희사하고 다시 불상을 지으며 아울러 스님들에게 행도를 청하였다. 스물사흘 날에 이르러 재를 마련하고 친을 베풀었다. 於是 罄捨衣資 更令造像 并請僧行道 至二十三日 設齋䞋施", 『선림상기전』 권17 「시재 施財」(대장경보유19, p.529a11)에 "『사분율행사초자지기』에서 이렇게 말했다. '달친은 범어로 「재시」라 한역한다. 세간에서 재물로 음식을 베풀기에 친이라 한다 하는데, 화어와 범어를 알지 못해서다 또 설법을 초청함도 시재라 하는데 이 역시 잘못이다'. 資持記云 達嚫 梵言 此翻財施 世謂以財襯食 故名嚫者 不識華梵 又召說法 爲施財者 並非", 같은 책 권29 「상친 上嚫」(대장경보유19, p.846a4)에 "상친이란 베푸는 재물을 위로 바치는 것이고, 하친은 베푸는 재물을 아래로 내려주는 것이다. 上嚫者 獻上嚫財也 下嚫者 安下嚫財也"라고 하였다. 〔참고문헌〕『增壹阿含經』, 『慈恩傳』, 『禪林象器箋』, 『百丈淸規』 권2(대정장48, p.1115c28), 『維摩經』 권상(대정장14, p.525b12), *Vikī-n.44.* ⇨ 달친 達嚫❶, 재시 財施, 이시 二施, 삼륜청정 三輪淸淨

친 襯 단월이 대중을 위해 몸소 공양(供養 Ⓢ Ⓟ pūjanā, Ⓣ mchod-pa)을 올리는 것으로 재(齋)의 뜻이다. 친(嚫)과 통한다. 『허당록』 권6(대정장47, p.1027a3)에 "언젠가 시주 한 사람이 선원에 들어와 대중에게 법랍대로 공양 올렸다. 주사가 '성승 앞에도 조금 두시죠'라고 하자 시주가 '성승의 법랍 얼마나 되시오?'라고 물음에 주사가 답하지 못하자 허당이 대신 손가락으로 헤아렸다. 擧 昔有施主入院 行衆僧隨年襯 主事云 聖僧前著一分 施主云 聖僧年多少 主事無對 代 倒指示之"라고 하였다. 〔참고문헌〕『虛堂錄』. ⇨ 보시 布施, 친전 嚫錢

친견대 親見臺 함경남도 정평군 광덕면 도성산(道成山)에 있는 대. 대본산 석왕사(釋王寺)의 말사였으며, 『사찰고』 함경남북도에 의하면 친견사(親見寺)의 본존불은 관세음보살(觀世音菩薩)과 아미타불(阿彌陀佛)이고 관리자는 부일(富一)이라고 하였다. 1912년 5월에 간행된 『조선불교월보』 4호에 의하면 이보휘(李寶徽), 1928년 12월에 간행된 『불교』 54호에 의하면 권수근(權水根)이 당시의 주지였다. 〔참고문헌〕『寺刹考』, 『朝鮮佛敎月報』, 『佛敎』, 『韓國寺刹全書』 권하 p.1106b19.

친고 親故 가까이하여 오래된 친구. 『임제록』(대정장47, p.504a10)에 "대각이 와서 참문하자 임제가 불자를 들었고 대각은 좌구를 폈으며, 임제가 불자를 던지자 대각도 좌구를 거두고 승당에 들어갔다. 대중이 '그 스님은 화상의 친구인가? 절을 올리지도 방을 맞지도 않았으니'라고 수근거렸다. 大覺到參 師擧起拂子 大覺敷坐具 師擲下拂子 大覺收坐具入僧堂 衆僧云 這僧莫是和尙親故 不禮拜 又不喫棒"라고 하였다. 〔참고문헌〕『臨濟錄』.

친광 親光 Ⓢ Bandhuprabha. 6세기 중엽 중인도 마게다국(摩揭陀國 Ⓢ Magadha) 나란다사(那爛陀寺 Ⓢ Nālandā)의 학승. 유가행파 논사로서 호법(護法 Ⓢ Dharmapāla)계의 문인(門人)으로 전한다. 저서로는 현장(玄奘) 한역의 『불지경론 佛地經論』이 있는데, 논사가 『불지경』을 해석하면서 도입한 교기인연분(敎起因緣分)·성교소설분(聖敎所說分)·의교봉행분(依敎奉行分)이라는 과분에 의한 해석은 도안(道安)이 창안한 서분(序分)·정종분(正宗分)·유통분(流通分)이라는 삼분과경(三分科經)에 부합하는 뜻으로 유명하다. 『인왕호국반야바라밀다경소』 권상(대정장33, p.435b13)에 "예전 진대 도안법사는 경들을 서분·정종분·유통분의 셋으로 과분했다. 지금에 이르러 대당 자은삼장이 『불지론』을 한역했는데, 친광보살은 『불지경』을 주석하면서 그 경을 셋으로 과분했다. 그러고 보면 중국과 인도가 서로 멀리 떨어져 있어도, 성심은 잠긴 듯 상응해서 오묘한 취지는 은연중에 부합한다. 昔有晉朝道安法師 科判諸經以爲三分 序分正宗流通分 故至今巨唐慈恩三藏 譯佛地論 親光菩薩釋佛地經 科判彼經以爲三分 然則東夏西天處雖懸曠 聖心潛契妙旨冥符", 원측(圓測)의 『해심밀경소』 권3(한불전1, p.214b24)에 "친광 등이 풀기를 '수용신은 무상하다. 생겨난 것은 반드시 사라지기 때문이다'라고 하였다. 親光等釋受用身 卽是無常 生者必滅"라고 하였다. 〔참고문헌〕『仁王護國般若波羅蜜多經』, 『解深密經疏』. ⇨ 불지경론 佛地經論, 삼분과경 三分科經

친교 親敎 ❶ 몸소 가르침. 『대승대집지장십륜경』 권4(대정장13, p.741b26)에 "선남자야, 만약 어떤 비구가 무거운 모든 근본성중죄 중에 한 가지를 범하게 되면, 비록 파계악행비구라고 불리울지라도 몸소 가르쳐 화합승에서 얻은 율의는 그래도 끊어지지 않으며, 나아가 버렸을지라도 익힌 바 백법의 향기만은 따라 좇으리라. 善男子 若有苾芻 於諸根本性重罪中 隨犯一罪 雖名破戒惡行苾芻 而於親敎和合僧中所得律儀 猶不斷絶 乃至棄捨所學尸羅 猶有白法香氣隨逐", 『대법거다라니경』 권8(대정장21, p.696c29)에 "마나바(Ⓢ māṇava)여, 여래응공등정각께서는 참으로 희유하시다. 여래께서 옛날에 보살행을 하실 때 용맹정진하고 커다란 서원으로 장엄하신 것은 모두 중생이 보리를 성취하게 하기 위한 것이었으니, 대비로 몸소 가르치시되 중생이 받지 않아도 여래의 마음은 일찍이 쉰 적이 없으니 스스로 은근하고 정성스럽게 우리들을 가르쳐 깨우치신다. 摩那婆 如來 應供等正覺 甚爲希有 如來在昔 行菩薩時 勇猛精進 大誓莊嚴 皆爲衆生 成就菩提 大悲親敎 衆生不受 而如來心 未曾休息 仍自慇懃 敎誨我等"라고 하였다. 〔참고문헌〕『大乘大集地藏十輪經』, 『大法炬陀羅尼經』. ❷ ➡ 친교사 親敎師

친교궤범 親敎軌範 친교사(親敎師 Ⓢ upādhyāya) 즉 화상(和尙)과 궤범사(軌範師 Ⓢ ācārya)를 아울러 부르는 말. 『대반야경』 권485(대정장7, p.466a7)에 "또한 어떤 악마는 친교궤범의 형상을 하고 보살소에 다가와 육바라밀다와 같은 보살승행을 깊이 싫어해 떠나게 만들고, 무상정등보리 등의 일체지지를 싫어하게 해서 떠나게 한다. 오직 사념주 등을 부지런히 닦아 이승의 보리를 속히 증득하도록 할 뿐 구하는 바 무상승과를 싫어하여 떠나게 한다. 復有惡魔 作親教軌範形像 至菩薩所 令深厭離 菩薩勝行 所謂六種波羅蜜多 及令厭離 一切智智 所謂無上正等菩提 唯教勤修 四念住等 令速證得 二乘菩提 厭離所求 無上乘果", 『유부율』 권28(대정장23, p.782c16)에 "그때 친교와 궤범 두 스승이 밖으로 나가 경행하자 제자문도들이 절 안에 머물지만 모든 선품은 능히 늘어나지 못하였으니 마치 물 없는 연꽃 같았다. 부처님께서 말씀하셨다. '두 스승이 나갈 때 제자도 따라 가거라'. 時有親教軌範二師 出外經行 弟子門徒 住在寺內 於諸善品 不能增長 如蓮花乏水 佛言 二師出時 弟子隨去"라고 하였다. [참고문헌] 『大般若經』, 『有部律』. ⇨ 친교사 親教師, 궤범사 軌範師, 사승 師僧 1

친교사 親教師 Ⓢ upādhyāya, Ⓟ upajjha, upajjhāya, Ⓣ mkhan-po. 몸소 가르쳐 주는 스승. 음사어는 오파다야(鄔波馱耶)·오파제야(鄔波提耶) 등이다. 줄여서 친교라고도 하며, 역생(力生)·근송(近誦)·의학(依學)·대중사(大衆師)·골사(鶻社)·화상(和尙·和上) 등으로도 한역한다. 지금은 출가득도와 함께 맺는 사제(師弟)간의 스승으로 승적에 오르는 은사(恩師)를 말한다. 『백일갈마』 권1(대정장24, p.456a17)에 "다음으로 오파다야〈친교사라 한역한다. 화상이라는 말은 서방의 속어이며 떳떳한 말은 아니다. 그러므로 모든 경율범본에는 어디나 오파다야라 한다〉에게 청한다. 次請鄔波馱耶〈譯爲親教師 言和上者 乃是西方時俗語 非是典語 然諸經律梵本 皆云鄔波馱耶也〉", 『번역명의집』 권1(대정장54, p.1074b5)에 "의정은 '오파다야는 친교사라 한역한다. 능히 가르쳐 세간업을 벗어나게 하기 때문이다'라고 하였다. 義淨云 鄔波陀耶 此云親教師 由能教離出世業故", 『유가사지론약찬』 권4(대정장43, p.54c12)에 "친교사란 오파다야이고, 곧 화상아사리를 말한다. 親教師者 鄔波柁耶也 卽和尙阿闍梨", 『사미율의요약증주』 권하(卍속장106, p.304a6)에 "오파다야는 친교사라 한역한다. 제자가 몸소 따르고 가르침을 받았다는 말이다. 지금은 비록 몸소 좇아 계를 받거나 가르침을 주고받지 않아도 법랍이 높고 덕이 크면 스승의 위치와 같게 여긴다. 烏波馱耶 此言親教師 謂弟子親從受教也 今此雖非親從受戒 及與受教 以其臘高德重 故同師位也"라고 하였다. [참고문헌] 『百一羯磨』, 『翻譯名義集』, 『瑜伽師地論略纂』, 『沙彌律儀要略增註』, *Abh-k-bh.242.*, *AN.2.78.* ⇨ 골사 鶻社, 화상 和尙, 은사 恩師, 의지사 依止師, 수업사 受業師, 오사 烏社, 오파다야 鄔波馱耶, 오파제야 鄔波提耶, 오파지야 鄔波馳耶

친권 親眷 Ⓢ kaḍatra-bhāva, Ⓣ chung-ma'i-tshul. 아주 가까운 권속(眷屬). 친족(親族). 『불본행집경』 권51(대정장3, p.890c20)에 "이 때 세존께서 곧 장로 우다이(Ⓢ Udāyin)에게 다음과 같이 말씀하셨다. '우다이여, 그렇다면 너희 두 사람이 먼저 가비라바소도성(Ⓢ Kapilavastu : 迦毘羅城)에 가서 나의 친족인 모든 석가족들에게 이렇게 말하도록 하라. 「이제 태자께서 고행을 마치시고, 당신들을 가엾게 여기기에 머지않아 이곳에 오실 것이다」'. 爾時 世尊卽告長老優陀夷言 汝優陀夷 若其然者 汝等二人 於先可至彼迦毘羅婆蘇都城 告我親眷 諸釋種等 作如是言 今者太子 苦行已徹 愍汝等故 不久欲來", 『법온족론』 권1(대정장26, p.456c15)에 "'친권의 수호'란 무슨 말인가? 즉 어떤 여인의 어머니와 남편을 제외한 그 밖의 다른 성(姓)의 친족을 친권이라 하는데, 이 여인이 그 친권의 수호를 받는 것을 '친권수호'라고 한다. 親眷守護者 謂有女人 除母及夫 餘異姓親 名爲親眷 而此女人 爲彼親眷 防守遮護 名親眷守護"라고 하였다. [참고문헌] 『佛本行集經』, 『法蘊足論』, *Bodh-bh.132.* ⇨ 친족 親族, 권속 眷屬

친근 親近 Ⓢ upāsita, niṣevaṇa, pravaset, saṃsevā, Ⓟ saṃseva, Ⓣ rab-bsnyen-byas, rab-tu-bsten-bya, brten-pa. 몸소 가까이 함. 여래·선지식·선우를 가까이 함을 말한다. 『중아함경』 권10 「식경 食經」(대정장1, p.488a11 : *Āhāra-sutta*, *AN.5*, p.117)에 "악법을 들음에도 또한 먹이가 있어야 하니 먹이가 없을 수 없다. 무엇을 악법 듣는 먹이라 하는가. 답하되 악지식을 가까이 함으로써 먹이로 삼음이다. 聞惡法 亦有食 非無食 何謂聞惡法食 答曰 親近惡知識爲食 asaddhamma-savanam p'ahaṃ bhikkhave sāhāraṃ vadāmi, no anāhāraṃ. ko cāhāro asaddhamma-savanassa. asappurisa-saṃsevo ti 'ssa vacanīyaṃ", 『대승장엄경론』 권2 「발심품 發心品」(대정장31, p.596a11 : *Sūtr.*, p.15)에 "정변지를 가까이 하여 잘 복과 지혜의 무더기를 모은다. 親近正遍知 善集福智聚 su-upāsita-saṃbuddhe su-saṃbhṛta-jñāna-puṇya-saṃbhāre", 같은 책 권2 「성숙품 成熟品」(대정장31, p.600b14 : *Sūtr.*, p.28)에 "선우를 가까이 하여 정법을 귀 기울여 듣고는 법답게 사유하는 것, 이 세 가지로 능히 대욕 일으키니 이를 욕의 인이라 한다. 親近善友 聽聞正法 如法思惟 此三能起大欲 是名欲因 sumitratādi-trayaṃ satpuruṣa-saṃsevā saddharma-śravaṇaṃ yoniśomanasikāraś-ca. ugravīryatā adhimātro vīryārambhaḥ", 『이취육바라밀다경』 권4(대정장8, p.881c25)에 "'세존이시여, 이 모든 보살마하살은 무엇을 멀리 여의고, 무엇을 친근히 하며, 다시 누구와 반려하고, 먼저 할 일은 무엇이며, 어떻게 머물고, 어떻게 수행하며, 어떻게 마음을 항복받아야 할 것이며, 누구의 세력을 어떻게 거두어 지녀야 빨리 아누다라삼

막삼보리를 증득하겠습니까?' 그때 불박가범께서 자씨 보살마하살에게 말씀하셨다. '저 선남자나 선여인은 마땅히 오취중생을 인도하여 무상정등보리에 두어 외도의 삿된 법과 악지식을 멀리 여의게 하고, 마땅히 보시・지계・인욕・정진・선정・지혜를 몸소 가까이하고 수행하게 하여 두루 갖추게 한다'. 世尊 此諸菩薩摩訶薩 云何遠離 云何親近 復以何人而爲伴侶 先作何事 應云何住 云何修行 云何降伏其心 云何攝持誰之勢力 速疾證得阿耨多羅三藐三菩提 爾時 佛薄伽梵告慈氏菩薩摩訶薩言 若善男子善女人 應當導引五趣衆生 置於無上正等菩提 遠離外道邪法 及惡知識 應當親近修行 布施 持戒 忍辱 精進 禪定 智慧具足", 『대방등무상경』 권5(대정장12, p.1100a20)에 "선남자야, 저 사람이 네 가지 일을 성취하면 바로 능히 이와 같은 경전을 받아 지닐 수 있다. 첫째는 심진대해수조삼매를 듣는 것, 둘째는 남방의 부처님 명호를 듣는 것, 셋째는 선지식을 가까이 하는 것, 넷째는 지극한 마음으로 불법승 삼보를 믿는 것이다. 그때 이 경전을 믿고 수지하지 못하는 이라면 곧 마의 권속이고, 믿는 이라면 바로 불제자이다. 선남자야, 미래세에 믿는 마음이 있는 이는 모든 부처님을 친근하는 사람이라고 한다. 왜냐하면 이와 같은 경전은 모든 부처님께서 봉인하신 것이니, 인이란 '모든 중생은 다 불성이 있어서 여래는 상주하여 변함이 없다'는 것이다. 선남자야, 어떤 사람이 이 경전을 능히 믿으면 참된 불제자임이 틀림없고, 이 법 지닌 자를 능히 공경하면 이 사람은 반드시 미래의 모든 부처님들의 무리권속이 된다. 善男子 若有人能成就四事 則能受持如是經典 一者 得聞深進大海水潮三昧 二者 得聞南方佛名 三者 親近於善知識 四者 至心信佛法僧 爾時 若有不能信受是經典者 是魔眷屬 若有信者是佛弟子 善男子 未來之世有信心者 名爲親近諸佛世尊 何以故 如是經典諸佛封印 所謂印者 一切衆生悉有佛性 如來常住無有變易 善男子 若有人能信是經者 當知是人眞佛弟子 有能恭敬是持法者 是人當爲未來諸佛徒衆眷屬"라고 하였다. [참고문헌] 『中阿含經』, 『大乘莊嚴經論』, 『理趣六波羅蜜多經』, 『大方等無想經』, *AN.*, *Sūtr.89・120.*

친근 親覲 불보살 또는 스승을 직접 뵙거나 모시다. 『잡아함경』 권10(대정장2, p.66b21 : *Channa-sutta, SN.3*, p.133)에 "존자 아난은 지금 구섬미국의 구사라원에 있는데 일찍이 세존을 공양하며 직접 뵙고 모셨기에 부처님의 칭찬을 받고 모든 범행자들이 누구나 아는 분이다. 그이라면 틀림없이 나에게 법을 설해 주어 내가 법을 알고 법을 보도록 할 수 있을 것이다. 尊者阿難 今在拘睒彌國 瞿師羅園 曾供養親覲世尊 佛所讚歎 諸梵行者 皆悉識知 彼必堪能 爲我說法 令我知法 見法 ayaṃ kho āyasmā ānando kosambiyaṃ viharati ghositārāme. satthu ceva saṃvaṇṇito sambhāvito ca viññūnaṃ sabrahmacārīnaṃ pahoti ca me āyasmā ānando tathā dhammaṃ desetaṃ yathāhaṃ dhammaṃ passeyyaṃ", 『관세음보살비밀장여의륜다라니신주경』(대정장20, p.198b20)에 "다만 직접 뵙고자 하는 사람은 관세음보살의 명호를 칭념해야 한다. 但欲親覲者 應稱彼名"라고 하였다. [참고문헌] 『雜阿含經』, 『觀世音菩薩祕密藏如意輪陀羅尼神呪經』, *SN.*

친근공양 親近供養 [S] kṛtādhikāro paryupāsita. 몸소 가까이 모시면서 공양하다. 『제석소문경』(대정장1, p.247a18)에 "나는 이제 저들 도리천의 대중과 함께 부처님께 찾아가서 가까이 모시면서 공양하고자 한다. 我今與彼 忉利天衆 欲來詣佛 親近供養", 『법화경』 권1(대정장9, p.2b27)에 "(미륵보살은) 또 이렇게 생각했다. '이 문수사리는 법왕의 아들로서 이미 과거세에 무량한 부처님들을 가까이 모시면서 공양하였으니 반드시 이렇게 희유한 상호를 친견했을 것이다. 내가 이제 물어보아야겠다'. 復作此念 是文殊師利 法王之子 已曾親近供養 過去無量諸佛 必應見此 希有之相 我今當問"라고 하였다. [참고문헌] 『帝釋所問經』, 『法華經』, *Saddh-p.7.*

친근선사 親近善士 [S] satpuruṣa-saṃsevā, [P] sappurisa-saṃsevā, [T] skyes-bu-dam-pa-la-legs-par-brten-pa. 선법을 성취한 선사를 몸소 가까이하다. 사예류지(四預流支) 또는 사정행(四正行) 중 하나로 부처님과 그 제자들 또는 덕망이 있는 이를 일컫는 선사(善士 : 善友)를 공경승사하여 가까이하는 것을 말한다. 친근선남자(親近善男子)라고도 한다. 『법온족론』 권2(대정장26, p.458c27)에 "만약 이에 설한 바의 선사를 몸소 가까이하고 받들어 섬기며 공경공양하면 이를 선사를 친근히 한다고 한다. 若能於此所說善士 親近承事 恭敬供養 如是名爲 親近善士", 『대비바사론』 권43(대정장27, p.223b28)에 "친근선사란 선우를 가까이하는 것을 말한다. 선우란 부처님과 불제자를 일컬으니, 선법을 닦아 이익과 안락을 얻도록 한다. 親近善士者 謂親近善友 善友 謂佛及佛弟子 令修善法 得利樂故"라고 하였다. [참고문헌] 『法蘊足論』, 『大毘婆沙論』, 『集異門足論』 권6(대정장26, p.393a11), *Śrāv-bh.19.*, *SN.5.347.* ⇨ 선사 善士[1], 사예류지 四預流支, 사정행 四正行[2]

친근선우 親近善友 [S] satpuruṣa-saṃsevā, kalyāṇamitra-sevā, kalyāṇamitra-saṃsevā, [P] sappurisa-saṃseva, [T] dge-ba'i-bshes-gnyen-la-brten-pa. 착한 벗을 가까이 하다. 선우란 훌륭한 사람 그리고 좋은 벗을 말한다. 『장아함경』 권9 「십상경 十上經」(대정장1, p.53a21 : *Dasuttara-sutta, DN.3*, p.274)에 "무엇이 세 가지 성취법인가? 첫째 훌륭한 사람을 가까

이 하는 것, 둘째 법음을 듣는 것, 셋째 법마다 성취하는 것이다. 云何三成法 一者 親近善友 二者 耳聞法音 三者 法法成就 katame tayo dhammā bahukārā. sappurisasaṃsevo, saddhammasavanaṃ dhammānudhammappaṭipatti", 『인선경』(대정장1, p.215c20)에 "어떤 사람이 먼저 몸으로는 선업을 짓지 않고 뜻으로는 선한 행위를 하지 않다가, 나중에 훌륭한 벗을 가까이 한 인연으로 묘법을 듣고 마음을 (묘법에) 붙들어 매어두고 사유하였다. 그러자 몸의 불선함을 끊고 몸의 선업을 짓고, 뜻의 불선함을 끊고 마음으로 선행을 하게 되었다. 有人 先作身不善業 意不善行 後因親近善友 聽聞妙法 繫念思惟 斷身不善 造身善業 斷意不善 行意善行", 『유가사지론』 권44(대정장30, p.534c23 : *Bodh-bh.*, p.163)에 "보살이 어떤 모습을 성취해야 능히 선우가 될 수 있으며, 어떤 모습의 선우가 되어야 헛되지 않으며, 성취한 어떤 모습으로 선우의 자성을 갖고 믿음의 의지처가 되겠습니까? 다시 어떤 모습의 선우보살들이 중생교화를 위해 선우의 일을 합니까? … 마땅히 알라. 보살은 능히 네 가지 모습을 갖추어 바야흐로 원만친근선우가 되나니, 병이 들었던 아니든 수시로 함께 보듬나니 항상 아끼고 공경하여 돈독한 신심이 나게 한다. 復次菩薩成就幾相能爲善友 由幾種相善友不虛 成就幾相令善友性作信依處 復有幾種善友菩薩於所化生爲善友事 … 當知菩薩由四種相 方得圓滿親近善友 一於善友有病無病隨時供侍 恒常發起愛敬淨信 tatra katibhirākāraiḥ samanvāgataṃ bodhisattvasya kalyāṇamitraṃ veditavyam. katibhiścākāraiḥ kalyāṇamitratā 'bandhyā bhavati. katibhikārāraiḥ samanvāgataṃ kalyāṇamitraṃ prasādapadasthānagataṃ bhavati. kati kalyāṇamitrabhūtasya bodhisattvasya vineyeṣu kalyāṇamitra-karaṇīyāni bhavanti … tatra caturbhirākārairbodhisattvasya kalyāṇamitrasevā paripūrṇā veditavyā. kālena kālaṃ glānopasthānasvasthopasthāna kriyayā premagauravaprasādopasaṃhṛtayā"라고 하였다. [참고문헌] 『長阿含經』, 『人仙經』, 『瑜伽師地論』, *Bodh-bh.*, *DN.* ⇨ 선우 善友 ❶

친근음 親近音 육십종성(六十種聲) 중 하나. 몸소 가까이 소리내서 듣게 하는 음성. 『대보적경』 권10(대정장11, p.55c25)에 나오며, 『대승장엄경론』 권6(대정장31, p.619c13)에는 불은부성(不隱覆聲 Ⓢ viṣpaṣṭā)이라 한다. [참고문헌] 『大寶積經』, 『大乘莊嚴經論』. ⇨ 육십종성 六十種聲, 불은부성 不隱覆聲

친근처 親近處 ⓈⓅ gocara. 몸소 가까이해야 할 곳이나 법. 『법화경』 권5(대정장9, p.37a14 : *Saddh-p.*, p.275)에 "부처님께서 문수사리에게 이르셨다. '만약 보살마하살이 훗날 악한 세상에서 이 경을 설하고자 한다면 마땅히 네 가지 법에 안주해야 한다. 첫째, 보살의 행처와 친근처에 안주하여 중생에게 이 경을 설하라'. 佛告文殊師利 若菩薩摩訶薩 於後惡世 欲說是經 當安住四法 一者 安住菩薩行處 及親近處 能爲衆生 演說是經 evamukte bhagavānmañjuśriyaṃ kumārabhūtametadavocat, caturṣu mañjuśrīrdharmeṣu pratiṣṭhitena bodhisattvena mahāsattvenāyaṃ dharmaparyāyaḥ paścime kāle paścime samaye saṃprakāśayitavyaḥ … iha mañjuśrīrbodhisattvena mahāsattvenācāragocarapratiṣṭhitenāyaṃ dharmaparyāyaḥ paścime kāle paścime samaye saṃprakāśayitavyaḥ", 『법화경구해』 권5(卍속장48, p.113a9)에 "악한 벗은 멀리하고 선한 이와 벗 삼는 것을 친근처라 한다. 遠離惡友 親友善人 名親近處", 『법화경대관』 권5(卍속장50, p.252a12)에 "나날이 행하는 바와 몸소 가까이해야 할 곳을 말하는 것은 온몸으로 안주하여 평등법성에 높고 낮음을 분별하지 않을 수 있어야 만이 법을 설하고 비로소 안락을 얻을 수 있다. 言日用所行處與所親近處 渾身安住 平等法性 不分高下 然後說法 方得安樂", 『법화경수수』 권7(卍속장51, p.831a15)에 "가까이하여 행을 돕는 것이 계문이다. 널리 뭇 인욕의 연을 내고 마땅히 닦아 멀리 여의니 범부가 칼과 몽둥이로 스스로를 방어하거나 이승이 다 버리고 돌아보지 않음과는 같지 않다. 다만 바른 지혜로써 멀리 할 뿐이고, 멀어진 즉 가까이할 것을 논할 수 있게 된다. 이를 몸소 가까이할 곳이라 한다. 今近處卽助行 是戒門 廣出衆辱之緣 應修遠離 不同凡夫 刀杖自妨 亦非二乘棄捨不觀 但以正慧而遠離之 卽遠論近 故云親近處"라고 하였다. [참고문헌] 『法華經』, 『法華經句解』, 『法華經大窾』, 『法華經授手』, *Saddh-p.*, *AN.4.357.*

친금 嚫金 금전이나 재물의 보시. 친은 친(嚫)으로도 쓰고, 친재(嚫財)·친전(嚫錢)·친자(賝資)라고도 한다. 삼보(三寶)에 금·은·의복 등을 올리는 것을 말한다. 『석씨계고략』 권4(대정장49, p.881b24)에 "홍경(洪慶)이 구종(丘宗)에게 물었다. '친금에 근거가 있습니까?' '공께서도 『모시』 「소아·녹명」에 「모든 신하와 귀한 손님에게 연회를 베풀고, 음식을 먹고 나면 다시 예물을 가득 담아 두터운 뜻을 바친다」라는 말을 아시지 않소? 음식이 부족하면 받듦을 다하여 선물을 더함으로써 정성을 다합니다'. 洪曰 嚫金有據乎 宗曰 公豈不見 毛詩 小雅鹿鳴 燕群臣嘉賓也 旣飮食之 又實幣帛筐篚以將其厚意 蓋飮食不足 以盡敬而加贈遺 以致慇懃也"라고 하였다. [참고문헌] 『釋氏稽古略』, 『百丈淸規證義記』 권5 「飯僧」(卍속장111, p.681a5). ⇨ 반승 飯僧, 보시 布施, 친시 嚫施, 친자 賝資, 친전 嚫錢

친닐 親暱 Ⓟ santhava. 가까이 지내다. 또는 친하게 지내는 이. 친닐(親昵)이라고도 한다. 『방광대장엄경』 권9 「항마품 降魔品」(대정장3, p.593a9)에 "이때 마구니의 딸은 다시 부드러운 말로 보살에게 말하였다. '님께서는 도덕이 높고 중해 천인의 공경을 받으니 응당 시중을 받으셔야 합니다. 하늘이 저희를 보내어 님을 공양케 하였습니다. 저희들은 어린 데다 색은 우발라화 같사오니, 원컨대 밤이나 새벽에 자거나 일어날 때 좌우 가까이 있게 해주십시오'. 是時魔女 復以柔軟言詞 白菩薩言 仁者道德尊重 天人所敬 應有給侍 天遣我來供養仁者 我等年少 色如優鉢羅花 願得晨夜興寢 親暱左右", 『해룡왕경』 권2 「총지신품 總持身品」(대정장15, p.139b6)에 "모든 결박을 끊고 뭇사람을 열어 교화함은 친하게 지내는 이고, 모든 일을 훤히 밝힘은 가실이며, 그 마음이 청정함은 어머니요, 일체방편으로 의지함 없는 신혜는 아버지다. 斷諸結縛 開化衆人 則親暱也 曉了諸事 家室也 其心淸淨 母也 一切巧便 無所依信慧 父也"라고 하였다. [참고문헌] 『方廣大莊嚴經』, 『海龍王經』, 『一切經音義』 권67(대정장54, p.746c7), *Sn.6.*

친라발니 嚫羅鉢尼 열 가지 가사(十種衣) 중 하나로 재(災)로 물들인 잿빛 가사다. 차라파니(差羅波尼 Ⓢ kṣāra-pānīya)라고도 한다. 『사분율명의표석』 권4(卍속장70, p.463b2)에 "참라반니라고도 하고, 친라발니라고도 하며, 차라파니라고도 한다. 한역하면 회수라 하니 옷 이름이다. 亦作讖羅半尼 又作嚫羅鉢尼 或作叉羅波膩 此譯云灰水 乃衣名也"라고 하였다. [참고문헌] 『四分律名義標釋』, 『四分律』 권39 「衣揵度」(대정장22, p.849b15). ⇨ 식라반니 識羅半尼, 십종의 十種衣

친란 親鸞 1173~1262. 일본 겸창시대(鎌倉時代)의 스님. 일본 정토진종(淨土眞宗)의 개조. 이름은 범연(範宴) 또는 선신(善信). 법명은 작공(綽空)이며, 스스로 우독친란(愚禿親鸞)이라고 하였다. 9세에 청련원(靑蓮院) 자원(慈圓)에게 출가하였다. 비예산(比叡山)의 대승원에서 천태학을 배우고, 내량(奈良)에 가서 여러 종파의 종지를 연구하였다. 1201년 경도(京都)의 육각당에서 백일동안 기도하고, 29세 때 법연(法然)을 만나 염불문에 들어가 작공으로 개명했다. 법연이 열반한 후 1224년(원인1) 『교행신증문류 教行信證文類』 6권을 지어 정토진종을 개창했다. 90세에 선법원에서 입적하였다. 1876년(명치9) 견진대사(見眞大師)라는 시호를 받았다. 저서로는 『교행신증 教行信證』 6권·『정토대류취초 淨土大類聚鈔』 1권이 있다. ⇨ 진종 眞宗 ▣

친리 親里 Ⓢ jñāti, jñāti-sālohita, Ⓟ ñāti, ñāti-sālohitā, Ⓣ nye-du. 가까이하고자 함. 고향에 사는 친족이나 벗 또는 고향을 말한다. 『장아함경』 권7 「폐숙경 弊宿經」(대정장1, p.43a26)에 "그때 주변에 있던 사람들이 그 도둑을 잡아 형 집행자에게 넘겼다. 그 도둑이 속이는 말로 지키는 사람에게 말했다. '당신이 나를 놓아주면 내가 고향에 사는 모든 친족이나 벗을 만나서 작별 인사를 마친 다음 돌아오겠소'. 時左右人 卽將彼賊付刑人者 彼賊以柔輭言 語守衛者 汝可放我 見諸親里 言語辭別 然後當還", 『덕광태자경』(대정장3, p.415b28)에 "부모마저도 끝내 모실 수 없고, 형제와 처부 그리고 가까운 이들과 고향 또한 이와 같으니, 죽음에 임하여서는 스스로 어떻게 할 수 없다. 父母不可保 及兄弟妻婦親里亦如是 臨終不自在", 『마하승기율』 권21(대정장22, p.300c25)에 "친리가 아닌 사람은 부친으로도 아니고 모친 계열도 아닌 사람이다. 非親里者 非父親相續 非母親相續", 『아비담비바사론』 권7(대정장28, p.44c16)에 "부처님께서 바라문에게 말씀하셨다. '아귀도에 그대의 친족이 없게 할 수는 없다'. 佛語 婆羅門 欲令餓鬼道中 無汝親里者 無有是處"라고 하였다. [참고문헌] 『長阿含經』, 『德光太子經』, 『摩訶僧祇律』, 『阿毘曇毘婆沙論』, *Bodh-bh.100., DN.2.322.*

친리각 親里覺 가까이하고자 하는 생각. 팔종악각(八種惡覺) 중 하나. 친족이나 고향을 못 잊어 하는 마음으로 들떠 안온하지 못하기에 도거(掉擧)로 거둔다. 『성실론』 권14 「악각품 惡覺品」(대정장32, p.352b16)에 "친리각이란 무엇인가? 친족이나 고향으로 말미암아 온갖 억념을 일으키고 친족이나 고향이 편안함을 얻으려 한다. 이런 생각에 시달리면 근심이 일어난다. 이처럼 친족과 고향과 관련된 갖가지 함께하는 생각을 친리각이라 한다. 수행자 이런 생각 마음에 두면 안 된다. 본래 출가할 때 이미 친족과 고향을 버렸기에 지금 이 생각에 의지한다면 적절하지 않다. 또한 만약 출가한 사람이 다시 친족과 고향을 생각한다면 부질없이 가족을 버리기만 하고 허망하게도 성취한 바는 없게 된다. 친족과 고향에 대한 애착으로 탐착을 내고 탐착 때문에 지키려 하며, 지켜 보호하고자 하는 인연으로 무기를 쓰는 등의 업을 차제로 일으킨다. 이에 친족과 고향에 대한 생각을 일으켜서는 안 된다. 親里覺者 由親里故 起諸憶念 欲令親里 得安隱樂 若念衰惱 則生愁憂 若念與親里 種種同事 名親里覺 行者不應 憶念此覺 所以者何 本出家時 已捨親里 今依此覺 則非所宜 又若出家人 還念親里 則唐捨家屬 空無所成 以愛親里故 生貪著 貪著故守護 守護因緣 鞭杖等業 次第而起 是故 不應生親里覺", 『대보적경』 권47(대정장11, p.277c29)에 "천년 동안 가까이하고자 하는 생각을 일으킨 적이 없었다. 아버지나 어머니, 형제나 자매 그리고 그 나머지 권속들 모두 마음에 두지 않았다. 於千歲中 未曾起念 緣親里覺 若父若母 兄弟姊妹

及餘眷屬 皆不緣念",『대명삼장법수』 권24(영락장182, p.403b3)에 "네 번째, 친리각 : 항상 친척과 고향을 마음에 두고 생각하기에 친리각이라 한다. 四 親里覺 謂常憶念 親戚鄕里 故名親里覺"라고 하였다. [참고문헌]『成實論』,『大寶積經』,『大明三藏法數』,『雜阿含經』 권16(대정장2, p.109c5),『坐禪三昧經』 권상(대정장15, p.274a4),『華嚴經探玄記』 권5(대정장35, p.205a28). ⇨악각 惡覺, 팔각 八覺, 도거 掉擧

친리난 親里難 친족 등 가까운 이들로 인한 어려움. 안거 때 생겨나는 세 가지 장애 중 하나로 친족과 고향에 일이 일어나 금족(禁足)을 이어가지 못할 경우다.『오분율』 권19(대정장22, p.129b20)에 "대개 모든 비구들의 안거에는 적난·왕난·친리난이 생긴다. 이를 부처님께 아뢰자 부처님께서 말씀하셨다. '마땅히 피하여 다른 곳에서 안거하라. 두 안거가 있게 하려니 전안거와 후안거다. 별 일이 없다면 전안거이고, 일이 있을 경우 후안거를 허용한다'. 復有諸比丘安居 有賊難 王難 親里難 以是白佛 佛言 應避去 餘處安居 有二種安居 前安居後安居 若無事 應前安居 有事 聽後安居"라고 하였다. [참고문헌]『五分律』.

친리심 親里尋 Ⓢjñāti-vitarka, Ⓣnye-du'i-rnam-par-rtog-pa. 떨어진 거리를 가까이하기 위해 구하고 찾는 마음. 좋은 친구 사이, 나라와 백성, 농부와 기후 등이 서로 가까이 하는 뜻으로 서로 찾아 구한다. 네 가지 심(尋) 중 하나로 심(尋)으로 거두며, 들뜨고 후회하게 하는 마음의 먹이 중 하나다.『법온족론』 권9(대정장26, p.497c20)에 "무엇이 친리심인가? 친리에 있어 안락하게 하고자 하여, 훌륭한 친구를 얻어 괴롭고 해침이 없고, 일체의 괴롭고 해침이 없는 법을 성취하는 것이다. 왕과 대신이 사랑하며 나라의 백성들이 경모하게 되고, 오곡이 풍요로움과 비가 때맞게 내리는 것 등이니, 이런 등의 연유로 마음을 일으켜 찾아 구하고, 두루 찾아 구하며 나아가 사유하고 분별하는 것을 통틀어 친리심이라고 한다. 云何親里尋 謂於親里 欲令安樂 得勝朋伴 無有惱害 成就一切無惱害法 王臣愛重 國人敬慕 五穀豐熟 降澤以時 緣此等故 起心尋求遍尋求 乃至 思惟分別 總名親里尋",『현종론』 권6(대정장29, p.800b29)에 "도란 들떠 가라앉지 못함이니 친리심 등에 의해 생겨난다. 마음을 고요하게 할 수 없는 것을 도거라고 한다. 마음이 이것과 화합하면 길을 넘어서라도 가게 된다. 掉謂掉擧 親里尋等所生 令心不寂靜性 說名掉擧 心與此合 越路而行"라고 하였다. [참고문헌]『法蘊足論』,『顯宗論』, *Abh-k-bh.319.* ⇨심 尋, 도회개 掉悔蓋

친리외도 親里外道 친족으로서 외도가 된 사람.『마하승기율』 권18(대정장22, p.373c28)에 "만약 비구의 부모·형제·자매 가운데 외도에 들어가 출가하여 찾아온 이라면 자신의 손으로 음식을 주어서는 안 되며 마땅히 정인을 시켜서 음식을 주어야 한다. … 만약 친리외도가 '그대는 지금 전다라를 대하듯이 나를 맞이하는구나'라고 불만스럽게 말한다면, 비구는 마땅히 '당신은 출가해서는 안 되는 곳으로 출가하여 부처님께서 이와 같이 계를 제정하셨습니다. 만약 드시고 싶다면 드시고, 먹지 않으려면 생각대로 하십시오'라고 응답해야 한다. 若比丘 父母兄弟姊妹 在外道中 出家來者 亦不得自手與食 當使淨人與食 … 若是親里外道 作是嫌言 汝今便作旃陀羅遇我 比丘應答言 汝出家不得處 世尊制戒如是 汝若食者便食 若不食者隨意"라고 하였다. [참고문헌]『摩訶僧祇律』. ⇨친리 親里

친리호 親里護 Ⓢjñāti-rakṣitā, Ⓟñāti-rakkhitā, Ⓣgnyen-pas-bsrungs-pa. 여인이 보호받아야 할 것 중 하나로 친척의 보살핌을 받는다는 뜻이다.『십송율』에 여인이 결혼 전후에 부모 등의 보살핌을 받아야 하는 뜻을 열네 가지로 나누고 있는데 그중 하나다.『십송율』 권3(대정장23, p.18c3)에 "여인은 열네 가지로 보호받는다. 홀아버지의 보살핌, 홀어머니의 보살핌, 부모의 보살핌, 형제의 보살핌, 자매의 보살핌, 홀시아버지의 보살핌, 홀시어머니의 보살핌, 시부모의 보살핌, 친척의 보살핌, 족성의 보살핌, 스스로의 보살핌, 법의 보살핌, 부주의 보살핌이다. 女者 有十四種護 父所護 母所護 父母所護 兄弟所護 姊妹所護 舅護 姑護 舅姑護 親里護 姓護 自護 法護 夫主護"라고 하였다. [참고문헌]『十誦律』,『舍利弗阿毘曇論』 권6(대정장28, p.574b12), *MN.1.286·287.* ⇨십사종호 十四種護

친물 嚫物 공양물. 공양받은 승물(僧物)을 말한다. '친'이란 공양 또는 베풀어 주다(施與)의 뜻이다.『사분율행사초비』 권12(卍속장67, p.983a12)에 "남은 친물에 대하여 본래의 도인이 이미 간 뒤 후인은 마땅히 물어야 한다 : 저 논을 살펴보면 다음과 같다. '가사를 남겨 놓고 갔는데 본래의 도인이 떠난 후에 후인에게 주고, 후인이 취해도 되는지요?'라고 물으면 대답한다. '마땅히 주인에게 「도인이 장차 다시 오는지요?」라고 물어서 「다시 오지 않습니다」라고 답한다면 가지기를 원한다고 의사를 밝힌다. 만약 「언젠가는 온다」고 할 경우 가져서는 안 된다. 산 사람의 것을 취하면 분실한 물건을 취하는 죄를 범하고, 죽은 사람의 것으로 알고서 취하면 남긴 물건을 취하게 된다. 이는 승물이기 때문이다〈문구의 진실은 이러한 설이다〉'. 若有餘嚫物 本道人已去 後人應問等者 案彼論云 問曰 衣有餘嚫物 本道人去與後人 後人得取不 答 應問主人 本道人當來不 答言永不來 便呪願取

若言或來不得取 活取犯捨 知死取犯棄 是僧物故〈文直此說〉"라고 하였다. [참고문헌]『四分律行事鈔批』, 『四分律行事鈔』 권하(대정장40, p.112c24). ⇨ 친자 嚫資

친미혹 親迷惑 견도(見道)에서 끊는 십혹(十惑) 또는 십사(十使) 중 탐진만(貪瞋慢)을 제한 나머지 일곱 가지 번뇌. 이들은 모두 사제(四諦)에 직접(親) 미하여 일으키는 미혹이기에 이런 이름이 붙었다. 돈황본『대승백법명문론개종의결』(대정장85, p.1084a3)에 "만약 친미혹과 상응한다면 직접 사제에 미혹된 것이다. 若與親迷惑相應者 卽親迷諦", 『대승지관법문종원기』 권2(卍속장98, p.762a13)에 "십사 중 탐진만을 제외하고 일곱 가지 사만 취한다면 친미혹이다. 탐 등 세 가지 사는 중미혹이라 한다. 於十使中 不語貪瞋慢者 由取七使 是親迷惑 貪等三使 是重迷惑"라고 하였다. [참고문헌]『大乘百法明門論開宗義決』, 『大乘止觀法門宗圓記』. ⇨ 십혹 十惑, 십사 十使, 사제 四諦

친봉 親奉 Ⓢ paryupāsana. 직접 모시다. 『육도집경』 권5(대정장3, p.30a5)에 "제가 세세생생토록 부처님을 만나 그 가르침을 받고, 사문을 직접 모시며, 사은으로 널리 덮어 중생을 구제하고, 형님을 자신처럼 모시도록 하여 주시옵소서. 이 서원을 어기지 않겠습니다. 令吾世世 逢佛見法 親奉沙門 四恩普覆 潤濟衆生 奉伯若己 不違斯誓也", 『방광대장엄경』 권12(대정장3, p.614a13)에 "(목건련은) 사리불을 따라 부처님 처소로 가서 부처님의 발에 머리를 조아리고 이렇게 말씀드렸다. '대성(大聖)과 떨어져 번뇌에 빠져 있다가 이제야 직접 모시게 되었습니다. 사문이 되기를 바라옵니다'. 그리고 곧 물병·사슴옷·지팡이 등의 도구를 버렸다. 隨舍利弗往詣佛所 稽首佛足白言 違遠大聖 沈沒煩惱 今得親奉 願爲沙門 卽捨澡甁 鹿衣 杖具"라고 하였다. [참고문헌]『六度集經』, 『方廣大莊嚴經』, *Lal-v.51.*, *Śata-śa.105.*

친부 親付 몸소 전하다. 부촉(付囑)이라 한다. 사람이나 문서 따위의 어떤 매개체 없이 대면하여 '직접 전한다'는 뜻이다. 선종에서 정통의 종지는 친부의 형식만을 전통으로 여겨 이심전심(以心傳心)의 부법장(付法藏)이라 한다. 부는 부(附)와 통한다. 『원오어록』 권15 「시각민지고 示覺民知庫」(대정장47, p.781a17)에 "석가모니불은 연등불 문하에서 무법으로 수기를 받았고, 노로(6조 혜능)는 황매(5조 홍인) 문하에서 본래 그 무엇도 없다는 소식으로 가사와 발우를 직접 전해 받았다. 釋迦文 於然燈佛 以無法得受記 盧老於黃梅 以本來無物親付衣鉢", 『올암보녕어록』 권중 「저료자아미타경서게송최명사전 樗寮字阿彌陀經書偈送最明寺殿」(卍속장123, p.23a9)에 "내게 있는 큰 경권, 그 크기가 삼천계와 같다네. 가장 밝은 불전 직접 전하니, 창해처럼 장수하길 축원하노라. 我有大經卷 量等三千界 親付最明殿 祝壽如滄海", 『무이원래광록』 권2(卍속장125, p.130a2)에 "다만 번뇌로 뒤섞인 세속과 어울릴 뿐이지만, 나아가 평지를 험하게 만들고 곧은 것을 구부릴 줄도 알아야 한다. 겹겹의 빗장 때려 부수어야 하니 소홀히 해서는 안 되리라. 태평한 우주에서 둔한 이들 베어버린다. 이것이 선종에서 몸소 부촉한 소식이다. 몸소 부촉했다 하니, 나귀 등골을 쪼개자 파리가 나오더라. 只得和塵混俗更須知 平處險 直處曲 擊破重關謾輕忽 太平宇宙斬癡頑 此是禪宗親付囑 親付囑 破驢脊上蒼蠅出", 『태암보장어록』 권1(卍속장123, p.969a13)에 "태암이 어떤 학인에게 물었다. '그대가 이렇게 먼 곳에서 찾아와 노승에게 직접 전하였는데, 다른 날 그 언젠가 만약 어떤 사람이 노승에게 「전한 것이 있었는가?」라고 묻는다면 그대는 어떻게 답하겠는가?' 학인이 무슨 말인가 꺼내려 하자 태암이 꾸짖으며 '가거라! 노승을 만나러 왔다고도 말하지 말거라'. 師問僧云 汝與麽遠來 親附老僧 他時異日 忽有人問老僧 還有爲人處也無 汝作麽生答 僧擬進語 師呵云 去 莫道曾見老僧來"라고 하였다. [참고문헌]『圜悟語錄』, 『兀菴普寧語錄』, 『無異元來廣錄』, 『呆菴普莊語錄』. ⇨ 부촉 付囑, 부법장 付法藏

친상분 親相分 견분(見分)과 가까운 상분. 제8식이 전오식신을 직접 상분으로 취하는 뜻이다. 『팔식규구보주』 권상(대정장45, p.470a12)에 "대개 근을 비롯한 색법은 제8식의 상분이요 식을 비롯한 심법은 제8식의 견분이니, 이 색과 심은 같지 않다. 근은 비록 색에 속하기는 하나 그것으로써 제8식의 가장 가까운 상분을 삼는다. 蓋根乃色法 卽第八之相分 識乃心法 卽第八之見分 此色心不同也 根雖屬色 以其爲第八親相分故", 『종경록』 권47(대정장48, p.692c29)에 "색계 중의 유정에게는 오색근과 몸 안에 오진이 있으니, 이것이 제8식의 친상분이다. 其有色界中有情 有五色根 及內五塵 是第八親相分", 『성유식론속전』 권2(卍속장81, p.76a15)에 "이 근신이야말로 제8식의 가장 가까운 친상분이다. 此根身是第八識親相分故"라고 하였다. [참고문헌]『八識規矩補註』, 『宗鏡錄』, 『成唯識論俗詮』. ⇨ 소상분 疎相分, 상분 相分, 견분 見分

친소연 親所緣 친소연연(親所緣緣)과 같은 말. 『성유식론』 권2(대정장31, p.7a20)에 "현재 저 다른 취인 타인(彼聚)의 심과 심소법 자기(此聚) 식의 친소연연이 아니어야 한다. 소연이 아닌 것처럼 다른 취로 거두기 때문이다. 자기(同聚)의 심소도 역시 친소연이 아니다. 심왕의 자체와 다르므로 저들 나머지가 소취가 아닌 것과 같다 現在彼聚心心所法 非此聚識親所緣緣 如非所緣

他聚攝故 同聚心所 亦非親所緣 自體異故 如餘非所取"라고 하였다. 〔참고문헌〕『成唯識論』.

친소연연 親所緣緣 능연의 체와 떨어질 수 없는 연. 식체(識體)에 있어서 견분(見分)에 대한 상분(相分) 등을 말한다. 소연연(所緣緣) 중 하나로 소소연연(疏所緣緣)의 상대어다. 『성유식론』 권7(대정장31, p.40c14)에 "셋째는 소연연이니, 만약 어떤 법이든 자기의 상을 띄게 되어 있으니, 마음이나 상응하는 바의 염려나 의탁하는 바이다. 이 체에 두 가지니, 첫째 친소연연, 둘째 소소연연이다. 만약 능연과 체가 서로 여의지 않는 것이니 견분 등이 안으로 사려하고 의탁하는데, 그것이 친소연연임을 알라. … 친소연연은 '능연'이면 다 있다. 안으로 사려하고 의탁한 것을 여의고는 결코 일어날 수 없기 때문이다. … 제8심품에는 오직 친소연연만 있을 뿐이다. 업인력을 따라 임의로 변하기 때문이다. 三 所緣緣 謂若有法 是帶已相 心或相應 所慮所託 此體有二 一 親 二 疎 若與能緣 體不相離 是見分等 內所慮託 應知彼是親所緣緣 … 親所緣緣 能緣皆有 離內所慮託 必不生故 … 第八心品 有義 唯有親所緣緣 隨業因力 任運變故"라고 하였다. 〔참고문헌〕『成唯識論』. ⇨ 소연연 所緣緣, 소소연연 疏所緣緣, 증자증분 證自證分

친속 親屬 ❶ Ⓢ jñati, Ⓟ ñāti. 친족(親族)이나 친척(親戚). 『장아함경』 권6 「전륜성왕수행경 轉輪聖王修行經」(대정장1, p.41b5)에 "그 사람들은 그와 같이 서로 기뻐하면서 번갈아 축하하였다. 그런 연후에 자신들의 집안에 대해 탐문해 보니, 자신들의 집안 친족들 중에 죽어간 이가 많았다. 이에 일주일 동안 슬퍼하며 큰 소리로 울고 통곡하였다. 彼人如是各懷歡喜 迭相慶賀 然後推問其家 其家親屬死亡者衆 復於七日中 悲泣號咷 啼哭相向", 『생경』 권3(대정장3, p.88b26)에 "정진이 가장 뛰어나니, 용맹하면 바다에 들어가 온갖 진귀한 보물 있는 곳에 이르고, 집안의 친속들에게 나누어 줄 수 있다네. 精進最第一 勇猛能入海 致於衆珍寶 以給家親屬"라고 하였다. 〔참고문헌〕『長阿含經』, 『生經』, *Jā.4.217.* ⇨ 친족 親族 ❷ Ⓢ svabhṛtya, Ⓣ bdag-gi-tshal-za-ba. 자기에게 속한 무리(自親屬). 사자(使者)·심부름꾼 등을 말한다. 『대루탄경』 권1(대정장1, p.281a17)에 "금륜이 곧장 동쪽으로 날아가자, 전륜왕도 곧바로 사부병사와 집안의 권속과 함께 모두 이 금륜을 뒤따라 날았다. 金輪卽東飛 轉輪王卽與四部兵 及家室親屬悉隨之飛", 『복력태자인연경』 권4(대정장3, p.435c24)에 "그 왕은 보좌하는 신하와 친속과 모든 인민을 위해 널리 복의 인을 개발하고 난 후에 목숨을 마치고 곧 타화자재천에 나서는 천왕의 아들이 되었다. 其王普爲臣佐親屬 一切人民開發福因已 後趣命終 卽生他化自在天 爲彼天王之子"라고 하였다. 〔참고문헌〕『大樓炭經』, 『福力太子因緣經』, *Bodh-bh.92.*

친속손감 親屬損減 Ⓢ jñāti-vyasana, Ⓣ nye-dus-sdug-bsngal-ba. 오손감(五損減) 중 하나인 친족과 권속의 손실. 친족과 권속에게 재해가 닥치거나 그 수가 적게 되는 것을 말한다. 『집이문족론』 권13(대정장26, p.421a2)에 "친속손감이란 어떤 것인가? 〔답〕 친속이 갖가지 재해를 만나는 것이니, 즉 왕·도적·불·물·죽음 때문이다. 또한 친속이 적은 것도 친속손감이라고 할 수 있다. 이와 같은 것을 친속손감이라고 한다. 〔문〕 무엇 때문에 친속손감이라고 하는가? 〔답〕 이런 법은 사랑할 만하지 않고, 좋아할 만하지 않으며, 참을 만하지 않고, 구호가 없으며, 손해가 있어서 마음에 맞지 않기에 친속손감이라고 한다. 親屬損減云何 答 若有親屬遭諸災害 謂由王故 賊故 火故 水故 死故 又少親屬 亦得名爲親屬損減 如是名爲親屬損減 問 何故 名爲親屬損減 答 以如是法 非可愛 非可樂 非可忍 無救護 有違損 不可意 是故名爲親屬損減"라고 하였다. 〔참고문헌〕『集異門足論』, 『瑜伽師地論』 권35(대정장30, p.480a1), *Bodh-bh.6.* ⇨ 오손감 五損減

친속원만 親屬圓滿 Ⓟ ñāti-sampadā. 오원만(五圓滿) 중 하나로 친족과 권속이 두루 가득함. 친족과 권속에게 재해 등이 닥치지 않거나 그 수가 많은 것을 말한다. 『집이문족론』 권13(대정장26, p.421b4)에 "친속원만이란 어떤 것인가? 〔답〕 친속에게 갖가지 재해가 없는 것이니, 즉 왕·도적·불·물·죽음 때문이 아닌 것이다. 또한 친속이 많은 것도 친속원만이라고 한다. 이와 같은 것을 친속원만이라고 한다. 〔문〕 무엇 때문에 친속원만이라고 하는가? 〔답〕 이런 법은 사랑할 만하고 좋아할 만하며, 참을 만하고 구호가 있으며, 손해가 없어서 마음에 맞기에 친속원만이라고 한다. 親屬圓滿云何 答 若有親屬 無諸災害 謂非王故 賊故 火故 水故 死故 又多親屬 亦得名爲親屬圓滿 如是名爲親屬圓滿 問 何故 名爲親屬圓滿 答 以如是法 可愛 可樂 可忍 有救護 無違損 稱可意 是故 名爲親屬圓滿"라고 하였다. 〔참고문헌〕『集異門足論』, *DN.3.235.* ⇨ 오원만 五圓滿

친승 親勝 Ⓢ Bandhuśrī. 유식십대논사(唯識十大論師) 중 반도실리(畔徒室利)의 한역 이름. 난타(難陀)와 함께 식(識)의 이분설(二分說)을 주장하였다. 『성유식론술기』 권1(대정장43, p.231c24)에 "(십대논사 중) 넷째는 범어로 반도실리이니, 친승이라 한역한다. 천친(天親 : 世親)보살과 동시대인이다. 四 梵云畔徒室利 唐言親勝 天親菩薩同時人也"라고 하였다. 〔참고문헌〕『成唯識論述記』, 『成唯識論了義燈』 권1(대정장43, p.674b

7). ⇨ 반도실리 畔徒室利, 십대논사 十大論師

친시 嚫施 법이나 재물 등을 베푸는 보시(布施). 음사어와 한역어를 합성한 말이다. 친은 음사어 달친나(達嚫拏 Ⓢ dakṣiṇā, Ⓟ dakkhiṇā)를 줄인 말이고, 그 한역은 재시(財施)·시송(施頌)이다. 친은 친(䞋·襯·儭)으로도 쓴다. 『대승보운경』 권6(대정장16, p.274a15)에 "나는 자비심으로 저들의 친시를 받는다. 我以慈悲 受彼嚫施", 『대일경』 권2(대정장18, p.11b27)에 "행자는 호마를 마치고 마땅히 친시하도록 일러 금은과 온갖 진귀한 보배, 코끼리·말과 수레, 소·양과 최상의 의복 혹은 나머지 자재를 보시하도록 한다. 行者護摩竟 應教令儭施 金銀衆珍寶 象馬及車乘 牛羊上衣服 或復餘資財", 『불조통기』 권9(대정장49, p.197b2)에 "매번 친시를 얻어 쓰기에 공덕으로 삼아서 일찍이 비축해 두는 일 없었다. 每獲嚫施 用爲功德 未嘗有所畜也", 『사미율의비니일용합참』 권중(卍속장106, p.598b14)에 "어떤 친시가 되었거나 반드시 원하여 구함이 있게 마련이다. 친시를 받는 사람은 마땅히 삼보 앞에서 그 원을 알려 전달해야 한다. 凡有嚫施者 必有願求 受施者 當於三寶前 宣達其願", 『선원청규』 권7 「존숙천화 尊宿遷化」(卍속장111, p.916b9)에 "기감하는 날 본원에서 힘이 닿는 데까지 하나의 대재를 시행하고 평소보다 친시를 두텁게 베풀며 때가 되면 존숙 한 분에게 거감을 청한다. 起龕之日 本院隨力 作一大齋 襯施重於尋常 至時 請尊宿一人擧龕"라고 하였다. 〔참고문헌〕『大乘寶雲經』, 『大日經』, 『佛祖統紀』, 『沙彌律儀毘尼日用合參』, 『禪苑淸規』. ⇨ 친 嚫, 보시 布施, 달친 達嚫 ❶

친애 親愛 Ⓢ Ⓟ sneha, Ⓣ snum-pa, mdza'-ba. 가깝게 여겨 아끼다. 가깝게 사랑하는 마음 또는 사람. 『비바시불경』 권상(대정장1, p.155b28)에 "늙음과 병듦과 죽음에 대해 깨달아 해탈문에 들어가고, 인욕과 자비를 행하여 열반의 안락을 구한다. 친애하는 사람들과 영원히 이별하고 사문이 되기를 원한다. 이러한 사람을 출가인이라고 한다. 悟老病死 入解脫門 行忍辱慈悲 求涅槃安樂 永別親愛 願作沙門 名出家人", 『불본행경』 권2(대정장4, p.67c29)에 "전생에 친애했던 모든 사람들, 나는 지금 어디에 있으며 그들은 어디로 갔는가? 내 이제 무엇으로 그들을 이익케 하리오. 죽음의 바람이 불어오면 구름처럼 흩어진다네. 前世所有諸親愛 我在何許彼何至 我今以何益彼等 宿對風吹如雲散", 『법집요송경』 권1(대정장4, p.780b4)에 "도를 가까이하는 이는 사랑받고, 도를 멀리하는 이는 친애하지 마라. 近者則見愛 離道莫親愛"라고 하였다. 〔참고문헌〕『毘婆尸佛經』, 『佛本行經』, 『法集要頌經』, *Śrāv-bh.78·409.*

친애심 親愛心 가까이해서 아끼는 마음. 『노지장자인연경』(대정장14, p.824b4)에 "노모는 공경히 왕께 아뢰었다. '이 아이가 효도하여 갖가지로 공양하며 내게 효도하고 순종하니, 이 사람이 곧 내 아들입니다. 저 사람은 공순하지도 효도하지도 않으며 언제나 나에게 친애하는 마음이 없으니 내 아들 아님을 알겠습니다'. 老母敬白王言 此兒慈孝 種種供養 孝順於我 此是我子 彼不恭孝 常於我所 無親愛心 知非我子", 『대일경』 권1(대정장18, p.2b15) "비밀주여! 어리석은 범부 등은 마치 숫양과 같으니 때로는 한 가지 법만 떠올려 생각한다. 지재가 그것이니, 그가 이것의 적은 분만이라도 사유하고 기쁜 마음을 내어 거듭 닦아 익힌다면, … 이것이 최초종자가 되어 선업을 일으킨다. … 또 이 보시로 친애하는 마음 일으켜 공양한다. 이것이 여섯 번째 열매 맺는 일이다. 祕密主 愚童凡夫 類猶如羝羊 或時有一法想生 所謂持齋 彼思惟此少分 發起歡喜 數數修習 … 是初種子善業發生 … 復以此施 發親愛心而供養之 是第六成果"라고 하였다. 〔참고문헌〕『盧至長者因緣經』, 『大日經』.

친애전쇄 親愛纏鎖 Ⓢ sneha-mayaṃ pāśam. 애정으로 얽혀 쇠사슬로 엮인 듯하다. 『불소행찬』 권3(대정장4, p.22b22 : *Buddh-c.*, p.128)에 "손을 들어 태자에게 말하였다. '네가 출가하려고 한 것을 오래전부터 알고 있었다. 애정으로 얽어맨 쇠사슬을 끊음이 마치 코끼리가 멍에를 벗어버린 것과 같구나. 깊은 지혜로 깨달음의 지혜를 밝히면 이 독한 과보에서 벗어날 수 있으리'. 擧手告太子 久知汝出家 斷親愛纏鎖 猶如象脫羈 深智覺慧明 能免斯毒果 viditaṃ me yathā saumya niṣkrānto bhavanādasi, chittvā snehamayaṃ pāśaṃ pāśaṃ dṛpta iva dvipaḥ"라고 하였다. 〔참고문헌〕『佛所行讚』, *Buddh-c.*

친언 親言 몸소 말씀하시다. 『유부율잡사』 권16(대정장24, p.277b25)에 "이 성스러운 가르침이 부처님께서 몸소 말씀하신 줄 알면, 일마다 합당하여 받들어 행할 만하고 이치에 거스르기 힘든 것이다. 다만 옛날 여러 율부의 글에는 들고남이 있다. 비록 다시 적게 전했어도 그 뜻을 다하지 못하여 배우는 이들 의지할 바가 없음에 이르렀다. 驗斯聖教 金口親言 事合奉行 理難違逆 但爲昔諸律部 文有闕遺 雖復少傳 未盡其旨 致令學者無所准憑", 『대혜어록』 권3(대정장47, p.822c25)에 "대혜가 말했다. '자기 말은 자기 입에서 나온다'. 師云 親言出親口", 『법화경현찬섭석』 권3(卍속장53, p.161b13)에 "이것 부처님께서 직접 말씀하셨으니 친설이라고 이름한다. 是佛親言 名曰親說"라고 하였다. 〔참고문헌〕『有部律雜事』, 『大慧語錄』, 『法華經玄贊攝釋』.

친언출친구 親言出親口 몸소 한 말 말한 이 입에서 나올 뿐. 『벽암록』 63칙 「송 頌」(대정장48, p.195a1)에 "양당 모두 멋대로 말 지어내는 선수행자들이다〈친밀한 말은 친밀한 입에서 나온다. 한마디로 말해 끊으니 살펴 그에 적절한 판결을 내린다〉. 兩堂俱是杜禪和〈親言出親口 一句道斷 據款結案〉", 『대혜어록』 권3(대정장47, p.822c24)에 "학인이 물었다. '과거심도 얻을 수 없고, 현재심도 얻을 수 없으며, 미래심도 얻을 수 없다고 한 말은 무슨 뜻인지요?' '몸소 한 말 말한 이 입에서만 나온다' '어떻게 받아서 지니는지요?' '다만 그렇게 받아서 지니면 결코 서로 속이는 일 없을 것이다'. 僧問 過去心不可得 現在心不可得 未來心不可得時 如何 師云 親言出親口 進云 未審如何受持 師云 但恁麽受持 決不相賺", 『동산수초어록』(고존숙어록38, 卍속장118, p.654a17)에 "'삼신 중에 어떤 몸이 설법하는지요?' '몸소 한 말 말한 이 입에서 나온다' '설법하는 입은 무엇인지요?' '내가 했던 말 돌려다오'. 問 三身中 阿那身說法 師云 親言出親口 問 如何是說底口 師云 還我話頭來"라고 하였다. 〔참고문헌〕『碧巖錄』, 『大慧語錄』, 『洞山守初語錄』.

친연 親緣 ➡ 삼연 三緣

친우 親友 Ⓢ mitra, sahāya, Ⓟ mitta, suhajja, sandiṭṭhā, sambhattā, Ⓣ mdza'-bo, mdza'-bshes. 가까운 벗. 수행을 함께 하는 도반(道伴). 선우(善友)와 통한다. 『출요경』 권16(대정장4, p.697a29)에 "'설령 친우를 만나지 못하더라도'라 한 것에서 친우라는 말은, 행이 가지런하고 덕이 같아서 함께 선을 지을 수 있어야 친우라 하며, 선행을 짓지 않는다면 친우라 하지 않는다. 設不得親友者 所謂親友者 行齊德同 俱造於善 乃名親友 不造善行者 不名爲親友", 『대반열반경의기』 권4(대정장37, p.706a5)에 "기 감해 서로 따르기에 친우라 한다. 機感相順 故名親友", 『대반열반경소』 권11(대정장38, p.108c22)에 "함께 친우가 된다는 말은 능히 서로 교화해 주고받아서 화의 도로써 서로 통하니 그 뜻에 따라 친우라 한다. 共爲親友者 能化所化 化道交通 義言親友", 『관무량수불경소』 권2(대정장37, p.255a5)에 "대목련은 나의 친우라는 말에는 두 가지 뜻이 있다. 다만 목련이 세속에 살 때 이 왕과 특별히 친하다가 출가하고 나서는 불문의 도를 전한 스승으로서 궁전을 오감에 전혀 장애가 없었다. 그러므로 세속에서는 친이라 하고 출가하고는 우라 하기에 친우라 한다. 言大目連 是吾親友者 有其二意 但目連在俗 是王別親 旣得出家 卽是門師 往來宮閣 都無障礙 然在俗爲親 出家名友 故名親友也", 『법화경소의찬』 권5(卍속장45, p.539b12)에 "친우란 무엇인가? 『예기』에 '료우란 서로 공경해 마지 않는 벗이고, 집우란 서로 어진 마음 맞는 벗이다'라고 하였다. 이에 대하여 정현은 '료우는 사회적 자리를 함께 하고, 집우는 품은 뜻을 함께한다'라고 풀었다. 이승의 근기로서 대승의 마음을 일으키니 그 왕자와 뜻을 함께 했던 것이기에 친우라 한다. 또한 '응하여 화하는 이치로 보면 아껴주는 마음은 친과 같고, 이익을 주는 마음은 우와 같다'라고도 한다. 親友者 禮記云 僚友稱其悌 執友稱其仁 鄭玄云 僚友同官 執友同志 今二乘機 大乘心發 與彼王子 是其同志 名親友也 又云 應化之理 爲愛如親 爲益如友", 『법화경현찬요집』 권31(卍속장54, p.735b5)에 "외도라면 악한 벗이라 하고, 소승인을 만나면 잠깐의 벗일 뿐이라 하며, 대승인을 만나야 친우라 한다. 若是外道 名爲惡友 若遇小乘人 名爲假友 今逢大乘人 名親友", 『순정리론』 권79(대정장29, p.770c22)에 "뛰어난 친우는 생신과 법신 모두 그의 깊은 은혜에 의지하여 버려서는 살 수 없고, 중급의 친우는 재물과 법으로 사귀기에 극히 서로 친애한다. 하급의 친우는 오직 재물로만 교유할 뿐이지만 서로 친밀하게 아끼기도 한다. 上親友者 謂生法身 賴彼重恩 捨便難住 中親友者 謂財法交 極相親愛 下親友者 謂唯財交 亦相親愛", 『대지도론소』 권14(卍속장74, p.400b16)에 "스승이 친우라 한 말은 붕우를 가리킨다. 스승이 같으면 붕이라 하고, 뜻을 함께하면 우라 하며, 자신을 알아주면 지라 하고, 따로 어진 마음 알아주면 식이라 한다. 師言親友者 則是朋友 同師曰朋 同志曰友 知己曰知 別仁爲識"라고 하였다. 〔참고문헌〕『出曜經』, 『大般涅槃經義記』, 『大般涅槃經疏』, 『觀無量壽佛經疏』, 『法華經疏義纘』, 『法華經玄贊要集』, 『順正理論』, 『大智度論疏』, *Udāna-v.212.*, *Vikī-n.80.*, *DN.3.160.*, *Vin.1.157.* ⇨ 선지식 善知識, 선우 善友[1], 도반 道伴, 불청친우 不請親友, 붕 朋[1], 비친우 非親友, 친우칠법 親友七法

친우칠법 親友七法 친한 벗이 되는 일곱 가지 법. 『사분율』 권41(대정장22, p.861a23)에 "일곱 가지 법을 갖추어야 친우이니 이익과 자비심과 연민이 있기 때문이다. 무엇이 그 일곱 가지인가? 주기 어려운 것을 주고, 하기 어려운 일을 해주며, 참기 어려운 것을 참고, 비밀한 일을 서로 말하며, 들추어내지 않고, 고난이 닥쳤을 때 버리지 않으며, 비천하다고 업신여기지 않는다. 이와 같이 아난아! 이러한 일곱 가지 법 있으면 친우라 한다. 이러면 이익과 자비심과 연민으로 상대를 기쁘게 한다. 有七法 是親友 利益慈愍故 何等七 難與能與 難作能作 難忍能忍 密事相語 不相發露 遭苦不捨 貧賤不輕 如是阿難 有此七法 名爲親友 利益慈愍 令彼歡喜"라고 하였다. 〔참고문헌〕『四分律』, 『釋氏要覽』 권하 「擇友」(대정장54, p.301a17). ⇨ 친우 親友

친의 親依 Ⓢ Paramārtha. 진제삼장(眞諦三藏)의 한

역어 중 하나. 가의(家依)라고도 한다. 『개원석교록』 권6(대정장55, p.538b17)에 "사문 바라말타는 진제라 한역한다. 구라나타라고도 음사하는데 한역어는 친의이다. 沙門波羅末陀 梁言眞諦 或云拘羅那他 此曰親依"라고 하였다. 〔참고문헌〕『開元釋敎錄』. ⇨ 진제 眞諦[2], 가의 家依, 바라말타 波羅末陀[2]

친인 親因 가까운 인. 과(果)를 성취하기 위한 가장 가까운 인을 말하며, 이외의 먼 연은 소연(疎緣)이라 한다. 『금강삼매경론』 권중(대정장34, p.974b12 · 한불전1, p.625a19)에 "열매가 열리는 데 종자가 가까운 인이 되고, 땅과 물이 먼 연이 된다. 이 둘이 함께 합하기에 열매가 열린다. 菓生 種子爲親因 地水爲疎緣 此二共合 故有菓生", 『화엄경탐현기』 권13(대정장35, p.345b4)에 "육연이 있으니, 세간의 종자를 심는 것과 같다. 첫째 '업을 땅이다'라 한 것은 생겨날 보를 바라보면 증상연이 되기에 땅과 같다고 한 것이다. 둘째 '식이 종자이다'란 다섯 가지 과의 종자가 저를 위해 친인이 되기에 종자와 같다 한 것이다. 단 의지하는 종자는 의지가 되는 식을 여의지 못하기에 '식이 종자와 같다'고 한 것이다. 이것은 곧 의지가 되는 것을 들어 능히 의지하는 것을 모두 취하는 뜻에서이다. 有六緣 如世種植 一業爲地者 望所生報 爲增上緣 故如地也 二 識爲種者 五果種子 爲彼親因 故如種子 但以能依種子 不離所依之識 故云識如種子 此卽擧所依通取能依故也"라고 하였다. 〔참고문헌〕『金剛三昧經論』, 『華嚴經探玄記』. ⇨ 친인연 親因緣, 전인 傳因, 인 因[1]

친인연 親因緣 가까운 인연. 사연(四緣) 중 하나인 인연(因緣)과 같으며, 친인(親因)이라고도 한다. 『팔식규구보주』 권상(대정장45, p.469c1)에 "근본의란 곧 제8식이다. 종자연이란 친생의 종자를 말하며, 구연 중의 종자연은 곧 사연 중의 친인연이다. 根本依者 卽第八識 種子緣者 謂親生種子也 九緣中種子緣 卽四緣中親因緣", 『성유식론속전』 권2(卍속장81, p.64b15)에 "친인연이란 자신의 종자로부터 자신의 현행을 낳는 것이다. 즉 여덟 가지 식은 각각의 친한 종자로 각기 현행을 낳기에 등류라고 하며, 인과가 같은 류이기에 과가 인과 유사하다고 한다. 親因緣者 從自種生自現行也 卽八種識 各各親種 各生現行 故名等流 因果同類 名果似因"라고 하였다. 〔참고문헌〕『八識規矩補註』, 『成唯識論俗詮』. ⇨ 인연 因緣[1], 사연 四緣

친자 親炙 몸소 익히다. 직접 가르침을 받았다는 말이다. 훈자(薰炙)라고도 한다. 스승 문하에서 직접 가르침 받고 자랐다는 뜻이다. 『맹자』 「진심 盡心」 하에 "성인이 아니고서야 어떻게 이렇게 만들 수 있으랴? 하물며 그 성인에게 몸소 가르침을 받았음에랴! 非聖人而能若是乎 而況於親炙之者乎?"라는 말에서 유래한다. 『불안어록』 「송고화주포산불안선사탑명 宋故和州褒山佛眼禪師塔銘」(고존숙어록34, 卍속장118, p.608b13)에 "제불 마음의 으뜸인 것과 중생 자성의 바다라는 가르침은 원공(불안선사)에게 빠져듦이 매우 깊었지만 스승을 다 아는 것은 아니었다. 하물며 그로부터 직접 가르침을 받은 이들은 어떠했겠는가! 諸佛心宗 衆生性海 遠公涵泳深矣 皆未識師也 況其親炙者乎", 『불조통기』 권15(대정장49, p.229a28)에 "당시 같은 종의 무리로서 직접 가르침 받은 문도들은 고산 · 정각 · 희사 · 항변이 예가 되지만 끝내 이루 다 거명할 수 없을 정도로 많았다. 當時同宗之輩 親炙之徒 如孤山淨覺餙辭抗辨 卒莫能勝", 『종문설난』(卍속장127, p.1009b3)에 "직접 가르침 받은 이들은 반드시 마음이 기울어져 잊지 않고 새겨 두었다. 其親炙者 必傾心伏膺"라고 하였다. 〔참고문헌〕『孟子』, 『佛眼語錄』, 『佛祖統紀』, 『宗門設難』.

친자 瞡資 대중에게 나눌 다양한 형태의 보시물. 친금(瞡金) · 달친(達瞡 · 達嚫)이라고도 한다. 『선림상기전』 권20(불광장, 禪藏, p.1613)에 "친자 : 친금을 말한다. 『백장청규』 「관대전사」에 '지사는 미리 주지의 허락을 받아 전사와 소첩을 읽는 사람에 대한 친자의 경중을 의논한다. 방장은 첩친을 준비할 경우 반드시 절도에 맞도록 해야 한다'라고 한다. 瞡資 瞡金也 敕修淸規 管待專使云 知事 預稟住持 議專使宣疏帖人 瞡資輕重 方丈備貼瞡 須令合節"라고 하였다. 〔참고문헌〕『禪林象器箋』, 『百丈淸規』 권3(대정장48, p.1126c8). ⇨ 달친 達嚫[1]

친자니건 親子尼乾 Ⓟ Nigaṇṭha nātaputta. 니건타야제자(尼乾陀若提子)를 달리 이르는 말. 『중아함경』 권4 「니건경 尼乾經」(대정장1, p.443c5 : *Devadaha-sutta, MN.2*, p.218)에 "구담이여! 나에게는 친자니건이라고 하는 존경하는 스승이 있다. 그는 이와 같이 말씀하신다. '여러 니건자들이여! 그대들이 만약 본래 악업을 지었으면 그 업은 모두 이 고행으로 없앨 수 있다. 만약 이제 몸과 입과 뜻을 지키면 이것으로 인하여 다시 더 이상 악업을 짓지 않는 것이다'. 瞿曇 我有尊師 名親子尼乾 作如是說 諸尼乾 汝等若本作惡業 彼業皆可因此苦行 而得滅盡 若今護身口意 因此不復更作惡業也 so evamāha, atthi kho vo āvuso nigaṇṭhā, pubbeva pāpaṃ kammaṃ kataṃ, taṃ imāya kaṭukāya dukkarakārikāya nijjīretha. yampanettha etarahi kāyena saṃvutā vācāya saṃvutā manasā saṃvutā, taṃ āyatiṃ pāpassa kammassa akaraṇaṃ"라고 하였다. 〔참고문헌〕『中阿含經』, *MN*. ⇨ 니건타야제자 尼乾陀若提子

친적밀밀저사 親的密密底事 딱 들어맞아 빈틈이라고는 없는 일. 『경덕전등록』 권18 「도부전 道怤傳」(대정장51, p.349c11)에 "'무엇이 딱 맞아 빈틈없는 일입니까?' '항상 쓰지만 다른 이에게 미친다' '모르는 사람은 어떻습니까?' '맑은대로 좋고, 비오는대로 좋다'. 問 如何是親的密密底事 師曰 常用及人 曰 不知者如何 師曰 好晴好雨"라고 하였다. [참고문헌] 『景德傳燈錄』.

친전 嚫錢 보시받은 돈이나 재물. 친전(襯錢·䞋錢)이라고도 쓴다. 『석씨요람』 권상(대정장54, p.276b17)에 "친전 : 범어 음사어는 달친나(Ⓢ dakṣiṇā), 한역하면 재시이다. 줄여서 달나라 음사하고 친이라고 한역한다. 嚫錢 梵語達嚫拏 此云財施 今略達拏 但云嚫", 『목주어록』(고존숙어록6, 卍속장118, p.224b7)에 "목주가 공양에 초빙되어 갔다가 돌아오자 학인이 다가가서 친전을 달라고 하였다. '공양에 갔다가 30문을 얻었다' '얼마라도 주십시오' '베푸는 사람 싫은 마음 있더라도 받는 사람은 족할 줄 알아야 한다'. 師因赴齋迴 有僧就師乞䞋錢 師云 赴齋得三十文 僧云 便請 師云 施者雖無厭 受者應知足"라고 하였다. [참고문헌] 『釋氏要覽』, 『睦州語錄』. ⇨ 달친 達嚫[1], 보시 布施

친전 䞋錢 보시받은 재물 또는 돈. 『법원주림』 권84 「지담란장 支曇蘭章」(대정장53, p.905a25)에 "법을 받아 마쳐서는 친전 만 냥과 꿀 두 병으로 인사하고 떠났다. 受法竟 䞋錢一萬 蜜二器 辭別而去", 『운문광록』 권하(대정장47, p.569c18)에 "운문이 물었다. '어디서 오느냐?' '재에 다녀옵니다' '친전을 가져왔는가' '화상께서 도대체 무엇이 부족하십니까?' '너 또한 부족한 것이 없느냐?' '부족함이 없습니다' '부족함이 없건만 재는 무엇하러 갔느냐?' 답이 없자 답 대신 '못 가게 막을 일이라도 있나요?' 問僧 甚處來 僧云 赴齋來 師云 將䞋錢來 僧云 和尙欠少箇什麽 師云 爾又欠少箇什麽 僧云 不欠少 師云 不欠少 又赴齋作什麽 無對 代云 何妨"라고 하였다. [참고문헌] 『法苑珠林』, 『雲門廣錄』. ⇨ 친금 䞋金

친전이연 親傳二緣 친연(親緣 Ⓢ sākṣāt pratyaya-bhāva)과 전연(傳緣 Ⓢ pāraṃparyeṇa pratyaya-bhāva)이라는 두 연. 틈 없이(無間) 바로 이어지는 친연과 펼쳐 구른 후(展轉) 이어지거나 또는 틈새 있은 후(有間) 이어지는 전연을 말한다. 십이지(十二支)에 있어 무명은 행이 친연이지만, 그 외 식(識) 등의 지(支)들은 전연이다. 또는 무명이 무기심(無記心)을 일으킨 후에 행과 연한다면 이 또한 전연이라 할 수 있다. 『구사론』 권9(대정장29, p.50c24 : *Abh-k-bh.*, p.139)에 "또한 친연과 전연이라는 두 연을 드러내 보이기 위함이다. 말하자면 무명이 있어야 틈 없이 행이 일어나지만(친연), 혹은 펼쳐 거듭되는 힘으로 모든 행들이 비로소 일어나기도 한다(전연). 又爲顯示 親傳二緣 謂有無明 無間生行 或展轉力 諸行方生 sākṣāt pāraṃparyeṇa pratyayabhāvaṃ darśayati. kadāciddhi samanantaramavidyāyāḥ saṃskārā bhavanti kadācit pāraṃparyeṇeti", 『구사론기』 권9(대정장41, p.171c7)에 "무명이 있어서 만약 틈 없이 몸소 행을 낳는다면 이 뜻에 의지해 이것이 있으므로 저것이 있다고 할 수 있지만, 만약 저 무명의 거듭 뒤치는 힘으로 제행이 비로소 일어난다면 친인만으로 일어남이 아니다. 저 무명이 일어나고 다음으로 무기의 마음 일어나며 그 후에 행이 일어나니 이것이야말로 이것이 생하므로 저것이 생한다라고 할 수 있다. 謂有無明 若無間親生行 是依此有彼有 若有無明展轉力 故諸行方生 非是親生 如起無明 次起無記心 及後起行 是此生故彼生", 원측(圓測)의 『해심밀경소』 권4(한불전1, p.234c8)에 "일설에는 무명지에 이어 곧바로 행지가 일어난다고 보면 틈 없이 행이 일어난다고 하고, 무명이 일어난 다음에 무기심이 일어나고 그 후에 행지가 일어나니 이는 펴고 구르는 힘으로 비로소 모든 행이 일어날 수 있는 것이라 한다. 一云 無明支後 卽起行支 名無間生行 起無明已 次起無記心 後起行支 名展轉力諸行方生", "또 일설에는 무명으로 행만을 바라본 즉 그 이름이 무간생이고, 무명으로 행 다음의 식 등 지들을 바라보면 전전생이다. 一云 無明望行 名無間生 無明望識等 名展轉生"라고 하였다. [참고문헌] 『俱舍論』, 『俱舍論記』, 『解深密經疏』, *Abh-k-bh.* ⇨ 십이지 十二支

친절 親切 아주 가까이해서 더할 나위 없이 함. 다시 풀어 말할 것 없는 뜻이다. 『무문관』 24칙 「평창 評唱」(대정장48, p.296a16)에 "만약 저곳 향해 친절인 줄 알아차린다면 저절로 모든 속박에서 벗어날 길이 있을 것이다. 그렇다면 언어에 골몰하지 말고 한마디 말해 보라. 若向者裏 見得親切 自有出身之路 且離却語言三昧 道將一句來", 『분양어록』 권상(대정장47, p.598b9)에 "'더할 나위 없는 곳 청컨대 스님께서 지시해 주시길' '사!' '이 뜻은 무엇인지요?' '하늘이 곁해 따른다'. 僧問 親切處 請師指示 師云 啝 此意如何 師云 天膀樣", 『원오어록』 권10(대정장47, p.756c13)에 "반드시 '만 리 하늘에 구름 한 점도 없고, 만 리 벌판에 한 치의 풀도 없다'라는 말뜻 알아야 한다. 그런 까닭에 '틈 없이 들어맞아 더할 나위 없으니 질문 가져 묻지 마라. 때로는 질문 이미 답 중에 있고, 때로는 답 이미 질문 속에 있다' 하는 것이다. 비록 이렇다고 해도 문제는 질문은 답 속에 있지 않고 답도 질문 속에 있지 않다는 점이다. 須知萬里無片雲 萬里無寸草 所以道 欲得親切 莫將問來問 有時問在答處 有時 答在問處 雖然如是 要且 問不在答處 答不在問處", 같은 책 권14 「시광선인 示光禪人」(대정장4

7, p.778b17)에 "빈틈없이 들어맞고자 한다면 제일 먼저 구할 일 없어야 한다. 구하여 얻고자 한다면 이미 알음알이 모여드는 곳에 떨어져버린다. 欲得親切 第一不用求 求而得之 已落解會"라고 하였다. [참고문헌]『無門關』, 『汾陽語錄』, 『圜悟語錄』.

친절구 親切句 더할 말 없게 하는 한마디. 분양삼구(汾陽三句) 중 하나이기도 하다. 『박산참선경어』 권상(卍속장112, p.951a6)에 "절(切)이라는 이 한 글자야말로 더없이 친절한 구다. 마음을 씀에 더할 말 없게 하기에 틈이라곤 없다. 마음을 씀에 빈틈없이 들어맞아 유와 무 등 헤아려 일으킬 일 없어서 외도에 떨어지지 않는다. 切之一字 是寂親切句 用心親切 則無間隙 故魔不能入 用心親切 不生計度有無等 則不落外道", 『이은밀어록』 권9(가흥장28, p.503c30)에 "동산이 그에게 '발라랑'이라 한 말, 충성스러운 간과 붉은 장기 온통 다 기울였다. 노파처럼 친절한 한마디 알고자 하는가? 반드시 알아야 하리. 글자 글자마다 이미 상량함 끊었다. 東山向道缽羅娘 傾盡忠肝與赤腸 要識老婆親切句 須知字字絶商量"라고 하였다. [참고문헌]『博山參禪警語』, 『二隱謐語錄』. ⇨ 분양삼구 汾陽三句

친족 親族 Ⓟ kulā. 혈통으로 묶여 가까운 이들. 『장아함경』 권6 「소연경 小緣經」(대정장1, p.37b21)에 "부처님께서 바실타에게 말씀하셨다. '지금 내 친족인 석가종족도 파사닉왕을 받들어 섬기고 예경하며, 파사닉왕은 다시 나를 찾아와 공양하고 예경한다. 그러나 그 왕은 「사문 구담은 호족의 출신이나 내 종성은 낮고, 사문구담은 큰 부자요 큰 위덕이 있는 가문 출신이나, 나는 낮고 빈궁하고 비루한 가문에서 났기에 여래를 공양하고 예경한다」고 생각하지는 않는다'. 佛告婆悉吒 今我親族釋種 亦奉波斯匿王 宗事禮敬 波斯匿王復來供養禮敬於我 彼不念言 沙門瞿曇 出於豪族 我姓卑下 沙門瞿曇出大財富 大威德家 我生下窮鄙陋小家故 致供養禮敬如來也", 『증일아함경』 권25(대정장2, p.684c13)에 "이때 모든 친족들이 이 사람에게 말했다. '장자여! 이 재화들을 다 어디에다 쓰려는가? 왜 후세를 위한 자량을 짓지 않는 것인가?' 是時 諸親族語此人曰 長者 用此財貨爲 然復不作後世遺糧"라고 하였다. [참고문헌]『長阿含經』, 『增壹阿含經』, *DN.3.83*. ⇨ 친속 親屬 ❶

친족의 襯足衣 니사단(尼師壇 Ⓢ niṣīdana)의 한역어 중 하나. 좌구(坐具)라고도 한다. 『비니일용절요』 「와구 臥具」(卍속장106, p.131a15)에 "범어 니사단은 좌구라 한역하고, 수좌의라고도 하며 친족의라고도 한다. 길이는 부처님 손으로 두 뼘 반, 너비는 부처님 손으로 두 뼘이다. 梵語尼師壇 此云坐具 亦名隨坐衣 亦名襯足衣 長佛二搩手半 廣佛二搩手", 『비니지지회집』 권14(卍속장61, p.935a11)에 "니사단〈니사단나라고도 음사하며, 한역하면 부구이다. 수좌의라고도 하며 친족의라고도 한다. 곧 앉거나 누울 때 앉거나 눕는 자리에 까는 도구이다〉. 尼師壇者〈亦云尼師但那 唐言敷具 或云隨坐衣 又云襯足衣 謂坐臥時敷於坐臥之上〉"라고 하였다. [참고문헌]『毘尼日用切要』, 『毘尼止持會集』. ⇨ 니사단 尼師壇, 좌구 坐具

친척탐 親戚貪 친한 이와 혈족 등에 집착하여 놓지 못함. 『대승의장』 권12(대정장44, p.698b21)에 "(다섯 가지 탐욕 중) 두 번째인 친척탐은 음탐이라고도 하며 권속끼리 서로 아끼기에 친척탐이라 한다. 친숙한 정감으로 서로 아껴 끊지 않고 이어가는 탐욕을 음탐이라 한다. 저 많은 날에 거쳐 내리는 비를 음우라 하고, 많은 날 동안 부는 바람을 음풍이라 하는 것과 같다. 이 또한 그와 같아서 세간사람들이 간일을 음하다 하는 뜻과는 같지 않다. 이 음탐은 사무량심으로 다스린다. 二 親戚貪 亦名婬貪 眷屬相憐 名親戚貪 親情相愛 尋續不斷 名爲婬貪 如多日雨 名爲婬雨 多日之風 名曰婬風 此亦如是 不同世人姦逸名婬 此之婬貪 捨無量心 而爲對治"라고 하였다. [참고문헌]『大乘義章』. ⇨ 사무량심 捨無量心

친타 Cintā 8세기 탄트라불교전통의 여성 수행자로 *Dngos po gsal ba'i rjes su 'gro ba'i de kho na nyid grub pa*의 저자. 한역은 전하지 않는다. 티베트역(北京版 No.3066, 델게版 No.2222)에 따르면 사하자요기니 친타(Ⓢ sahajayoginī Cintā) 혹은 친토(Ⓢ Cinto, Ⓣ Tsin to)라고 한다. 하지만 『청사 *Deb ther sngon po*』에서 전하기는 원래 이름은 치토(Ⓢ Cito, Ⓣ rnal 'byor ma Tsi to)였을 것이다 하였고, 타라나타는 그녀가 바즈라간타(Ⓢ Vajraghaṇṭa)의 스승이었던 빌라사바즈라(Ⓢ Vilāsavajrā)라고 말하기도 한다. 산스크리트 원문이 전해지는 친타의 저작은 여타 불교 탄트라의 성취자들의 작품과 함께 묶여 *Guhyādi-aṣṭasiddhi-saṅgraha*라는 제목으로 출판되었다. 파드마바즈라(Ⓢ Padmavjara)의 *Guhyasiddhi*·아낭가바즈라(Ⓢ Anaṅgavajra)의 *Prajñopāyaviniścayasiddhi*·인드라부티(Ⓢ Indrabhūti)의 *Advayasiddhi*·돔비헤루카(Ⓢ Ḍombīheruka)의 *Sahajasiddhi*·쿳달라파다(Ⓢ Kuddālapāda)의 *Acintyādvayakramopadeśa*·파드마바즈라(Ⓢ Padmavajra)의 *Advayavivaraṇaprajñopāya*와 함께 다섯 번째에 실려 있다. 하지만 티베트 전통에서는 일곱 개의 선집(Ⓣ Grub pa sde bdun)으로 편집되어 전해지는데, 티베트역에는 산스크리트 사본의 마지막 작품인 파드마바즈라의 저작이 빠져 있다. 총 7개의 장으로 이루어진 친타의 저작은 불이원적 깨우침으로 일체가 청정함을 성취한다고 한다. *Guhyā* *di-Aṣṭasiddhi-Saṅgraha* p.176에 "보리심이란 자성으로 청정하기에 실로 구생으로부터 나온 몸짓은 모두 무드라의 류들이며, 그리고 모든 언어 행위 또한 만트라의 류일 뿐이다. 또한 구생으로부터 눈 뜬 전율은 멈춤도 없고 머묾도 없으며 만들어진 것도 끝이 있는 것도 아니다. … 무엇이든 일어난 것은 전부 청정한 자성으로 현현한 지혜의 형상일 뿐이다. 그러므로 이 삼계란 마음으로 이루어진 것이다. svabhāvaśuddhād bodhicittād ye khalv ete sahajavinirgatāṅgavikṣepāḥ te sarva eva mudrāprakārāḥ, ye ′pi ca vāgvikṣepās te mantraprakārāḥ, yad api ca sahajonmīlanaviṣpandanam anavaratam anavasthitam asaṃskṛtam aparimitaṃ … yatkiñcid utpadyate, tat sarvaṃ śuddhasvabhāvajñānākāraṃ pratiphalati sakalam iti sarvaṃ traidhātukaṃ cittamayam idam"라고 하였다. [참고문헌] Samdhong Rinpoche·Vrajvallabh Dwivedi 'Guhyādi-Aṣṭasiddhi-Saṅgraha'(*Rare Buddhist Text Series I*, 1987) pp.165~179.

친폐 嚫幣 달친(達嚫 Ⓢ dakṣiṇā : 法施)을 하고 나서 얻은 폐물. 친은 달친의 줄임말이다. 『대명고승전』 권2 「석영변전 釋英辯傳」(대정장50, p.906b28)에 "매번 친폐를 얻고 나서는 모두 범찰을 만들거나 승가를 먹이거나 궁핍한 이들에게 나누어 주는 데 썼다. 每得嚫幣悉以剏梵刹 食僧伽 施貧乏"라고 하였다. [참고문헌] 『大明高僧傳』, 『百丈淸規』 권2 「受嗣法人煎點」(대정장48, p.1123b8). ⇨ 달친 達嚫[1]

친한 襯汗 안에 입는 속옷으로 땀받이다. 『선원청규』 권1 「장포 裝包」(卍속장111, p.877b16)에 "후포 안에 피단·면의·친한 등을 넣어둔다. 後包內安被單 綿衣 襯汗"라고 하였다. [참고문헌] 『禪苑淸規』.

친행도량 親幸道場 국왕이 몸소 참석하는 도량. 『고려사』 서(序)의 「찬수고려사범례 纂修高麗史凡例」에 의하면, 연등(燃燈)·팔관(八關)과 같은 항상 있는 일은 처음의 사례를 기록하여 그 실제를 보이고 국왕이 직접 참여한 행사는 반드시 서술한다고 하였으므로, 고려시대 연등회와 팔관회는 친행도량이다. 고려시대에는 이외에도 친행도량이 있었는데, 『태조실록』 권1 태조 1년(1392) 8월 경신에는 "춘추로 장경백고좌법석 등 7곳의 친행도량은 … 전 왕조 군왕이 각각 사적 소원으로 때에 따라 설치한 것이다. 春秋藏經百高座法席七所親幸道場 … 前朝君王各以私願 因時而設"이라고 하였다. [참고문헌] 『高麗史』, 『太祖實錄』.

친후 親厚 Ⓟ vissāsa, santhuta. 가깝고 도탑게 여김. 이것을 힘으로 삼아 행하면 범계다. 『십송율』 권10(대정장23, p.74b4)에 "부처님께서 갖가지 인연을 들어 꾸짖으신 다음 비구들에게 말씀하셨다. '열 가지 유익함이 있어 비구들이 계를 맺는다. 지금부터 이 계는 마땅히 다음과 같다. 어떤 비구가 이전에 스스로 주었다가 그 뒤에 말을 바꾸어 「모든 비구는 가깝고 도타움을 따라 승물을 돌린다」라고 한다면 바야제다'. 佛種種因緣呵已 語諸比丘 以十利故 與比丘結戒 從今是戒 應如是說 若比丘 先自勸與 後作是言 諸比丘 隨所親厚 迴僧物與 波夜提", 『사분율』 권1(대정장22, p.574a24)에 "어떤 마을이든 금은을 비롯하여 옷과 이불 그리고 그 밖의 필수품은 모두 주인이 있다. … 계략을 짜서 공격하여 그 마을을 털거나, 고의로 물을 넘치게 하거나, 친한 이 강한 힘에 의지하거나, 뛰어난 말솜씨로 속여서 취한다면 본래 바라이이고, 방편을 써서 취하려 하다가 취하지 못했다면 투란차이다. 若村中有金銀 乃至衣被 及餘所須之物 有主 … 若以機關 攻擊破村 若作水澆 或依親厚强力 或以言辭辯說 誑惑而取 初得波羅夷 方便欲取而不取 偸蘭遮", 『사분율행사초자지기』 권중1(대정장40, p.284b21)에 "친하고 도탑다 함은 피차가 없음이다. 親厚者 無彼此也", 『금광명경문구기』 권1(대정장39, p.95a10)에 "친후라 함은 부모·형제·처자 등 육친을 말한다. 親厚者 謂父母兄弟妻子 六親也"라고 하였다. [참고문헌] 『十誦律』, 『四分律』, 『四分律行事鈔資持記』, 『金光明經文句記』, *Vin.3.54·4.154.*

칠가 七假 일곱 가지 임시로 세운 법들. 삼가(三假)와 사가(四假)를 합하여 이르는 말. 원측(圓測)의 『인왕경소』 권중(대정장33, p.400b18·한불전1, p.80b10)에 "칠가란 무엇인가? 첫째 법가, 둘째 수가, 셋째 명가, 넷째 상속가, 다섯째 상대가, 여섯째 연성가, 일곱째 인생가이다. 言七假者 一 法假 二 受假 三 名假 四 相續假 五 相待假 六 緣成假 七 因生假"라고 하였다. [참고문헌] 『仁王經疏』. ⇨ 삼가시설 三假施設[1][2], 사가 四假, 명가 名假, 법가 法假, 상대가 相待假, 상속가 相續假, 수가 受假, 연생가 緣生假, 연성가 緣成假, 인생가 因生假

칠가람 七伽藍 석가세존께서 출세하시기 전 전불시대(前佛時代)에 있었던 일곱 곳의 가람. 경율장(經律藏)으로 전승된 과거칠불(過去七佛)의 이야기가 한반도에 정착한 경우다. 신라의 수도인 경주에 있었으며, 이미 절터만 남아 있었기에 전불시가람지허(前佛時伽藍之墟)·칠처가람지허(七處伽藍之墟)라고도 한다. 『삼국유사』 권3(대정장49, p.989a23·한불전6, p.318b16) 탑상(塔像)4 가섭불연좌석(迦葉佛宴坐石)에 "신라 월성 동쪽, 용궁 남쪽에 가섭불연좌석이 있는데, 그곳은 저

석존보다 앞선 부처님의 가람터다. 지금 황룡사가 있는 곳이 즉 일곱 곳의 가람 중 한 곳이다. 新羅月城東龍宮南有迦葉佛宴坐石 其地卽前佛時伽藍之墟也 今皇龍寺之地 卽七伽藍之一也"라고 하였다. 〔참고문헌〕『三國遺事』. ⇨ 전불시가람지허 前佛時伽藍之墟, 과거칠불 過去七佛, 칠불통계게 七佛通戒偈

칠가행 七加行 ➡ 칠방편 七方便[1], 칠현 七賢[1], 유루칠인 有漏七人

칠각 七覺 칠각지(七覺支)의 줄임말. 『잡아함경』 권3(대정장2, p.19c3)에 "여래응등정각은 일찍이 법에 대해 들은 바 없었지만, 스스로 법 깨달아 무상보리를 통달하셨다. 미래세에 성문을 열어 깨닫게 하려고 법을 설해주시니, 그것은 바로 사념처, 사정근, 사여의족, 오근, 오력, 칠각, 팔도다. 如來應等正覺 未曾聞法 能自覺法 通達無上菩提 於未來世 開覺聲聞 而爲說法 謂四念處 四正勤 四如意足 五根五力 七覺八道", 『무량수경의소』 권하(대정장37, p.110a23)에 "칠각이란 염・혜・정진・경안・희・정・사가 그 일곱이다. 言七覺者 念慧精進 輕安 喜定捨 是其七也", 『만선동귀집』 권중(대정장48, p.969a26)에 "자기를 이롭게 하는 참된 닦음에는 칠각과 팔정도보다 앞서는 것이 없다. 利己眞修 無先七覺 八正之道"라고 하였다. 〔참고문헌〕『雜阿含經』, 『無量壽經義疏』, 『萬善同歸集』. ⇨ 칠각지 七覺支

칠각분 七覺分 Ⓢ sapta bodhy-aṅgāni, sapta-saṃbodhy-aṅga, Ⓟ satta bojjhaṅgāni, Ⓣ byang-chub-kyi-yan-lag-bdun-po. 칠각지(七覺支) 또는 칠각의(七覺意)의 구역(舊譯) 이름. 『신불공덕경』(대정장1, p.256a29)에 "다시 우리 불세존께는 가장 뛰어난 법 있으시니, 곧 세존께서 법을 설하실 때는 사문이든 바라문이든 귀의하여 들어서 받아 지니고, 적정을 구하는 이는 모두 칠각분에 의지합니다. 칠각분은 택법각분, 정진각분, 희각분, 경안각분, 사각분, 염각분, 정각분입니다. 이와 같은 일곱 법은 오직 불세존만이 모두 마쳐 아시기에 곧 불최승법이라고 합니다. 復次 我佛世尊 有最上勝法 謂世尊說法時 若有沙門婆羅門 歸向聽受 求寂靜者 彼皆依止七覺分 七覺分者 謂擇法覺分 精進覺分 喜覺分 輕安覺分 捨覺分 念覺分 定覺分 如是七法 唯佛世尊悉能了知 是卽名爲佛最勝法", 『보살선계경』 권3(대정장30, p.977c8)에 "사념처로 인해 사정근을 얻고, 사정근으로 인해 사여의족을 얻으며, 사여의족으로 인해 오근을 얻고, 오근으로 인해 오력을 얻으며, 오력으로 인해 칠각분을 얻고, 칠각분으로 인해 팔성도를 얻으며, 팔성도로 인해 열반을 얻는다. 因四念處 得四正懃 因四正懃 得四如意足 因四如意足 得五根 因五根 得五力 因五力 得七覺分 因七覺分得八聖道 因八聖道 得涅槃", 『법계차제초문』 권중(대정장46, p.682b16)에 "칠각분은 첫째 택법각분, 둘째 정진각분, 셋째 희각분, 넷째 제각분, 다섯째 사각분, 여섯째 정각분, 일곱째 염각분이다. 七覺分 一 擇法覺分 二 精進覺分 三 喜覺分 四 除覺分 五 捨覺分 六 定覺分 七 念覺分", "첫 번째는 택법각분이다. 지혜로 제법을 관할 때 능히 잘 진위를 가려 어떤 허위법도 잘못 취하지 않는다. 고로 택법각분이라 한다. 一 擇法覺分 智慧觀諸法時 善能簡別眞僞 不謬取諸虛僞法 故名擇法覺分", "두 번째는 정진각분이다. 정진으로 모든 도법을 닦을 때 능히 잘 깨닫고 알아 무익한 고행을 잘못 행하지 않으며 늘 부지런히 마음을 참된 법 중에 두고 다닌다. 고로 정진각분이라 한다. 二 精進覺分 精進修諸道法時 善能覺了 不謬行於無益之苦行 常勤心在眞法中行 故名精進覺分", "세 번째는 희각분이다. 저 마음으로 법희를 얻으면 능히 잘 이 기쁨을 깨달아 아니, 전도된 법에 의지하지 않고 환희에 머무는 참된 법희를 일으킨다. 고로 희각분이라 한다. 三 喜覺分 若心得法喜 善能覺了此喜 不依顚倒之法 而生歡喜住眞法喜 故名喜覺分", "네 번째는 제각분이다. 저 모든 견의 번뇌를 끊어 없앨 때 모든 허위 없앰을 능히 잘 깨달아 알면서도 진정선근은 줄이지 않는다. 고로 제각분이라 한다. 四 除覺分 若斷除諸見煩惱之時 善能覺了除諸虛僞 不損眞正善根 故名除覺分", "다섯 번째는 사각분이다. 저 보고 떠올려 집착하는 경을 버릴 때는 버릴 바의 경을 능히 잘 깨닫고 알아 허위부실을 길이 좇아 떠올리지 않는다. 이것이 사각분이다. 五 捨覺分 若捨所見念著之境時 善能覺了所捨之境 虛僞不實 永不追憶 是爲捨覺分", "여섯 번째는 정각분이다. 저 모든 선정을 일으킬 때 모든 선의 허와 가를 능히 잘 깨닫고 알아 견애망상을 일으키지 않는다. 이것이 정각분이다. 六 定覺分 若發諸禪定之時 善能覺了諸禪虛假 不生見愛妄想 是爲定覺分", "일곱 번째는 염각분이다. 저 출세간도를 닦을 때 늘 정혜를 평등하게 해야 함을 능히 잘 깨달아 안다. 저 마음이 가라앉으면 마땅히 택법각분・정진각분・희각분 등 세 각분을 살펴 일으키고, 마음이 떠서 움직일 때는 마땅히 제각분・사각분・정각분 등 세 각분을 떠올려서 아우른다. 그러므로 염각이 항상 두 기둥 사이에 있으며 조화로운 중에 알맞다. 이것이 염각분이다. 七 念覺分 若修出世道時 善能覺了常使定慧均平 若心沈沒 當念用擇法精進喜等 三覺分察起 若心浮動 當念用除捨定等三分攝 故念覺常在二楹之間 調和中適 是念覺分", "이 일곱을 통틀어 각분이라 하는 것은 무학에서 참으로 깨달아 일곱 일에 능히 이르기 때문이다. 그러므로 통틀어 각분이라 하였다. 此七通名覺分者 無學實覺 七事能到 故通名覺分", 『대지도론』 권19(대정장25, p.205a2)에 "(보살의) 칠각분이란, 보살이 일체법을 전혀 억념치 않으니, 이를 염각분이라 한다. 일체법 중 선법, 불선법, 무기법을 구해 찾더라도 얻을 수 없으면 이를 택법각분이라 한다. 삼계에 들지 않고 모든 계의 상(相)을 파괴하니, 이를 정진각분이라 한다. 일체작법에 대해 애착과 쾌락을 일으키지 않아 근심과 기쁨의 상(相)이 무너졌기에 이를 희각분이라 한다. 七覺分者 菩薩於一切法 不憶不念 是名念覺分 一切法中 求索善法 不善法 無記法 不可得 是名擇法覺分 不入三界 破壞諸界相 是名精進覺分 於一切作法 不生著樂憂喜相壞故 是名喜覺分", "일체법 중에서 마음의 연함을 버리고는 어떤 것도 얻을 수 없기에 이를 제각분이라 한다. 일체법이 늘 정상(定相)으로 산란치 않음을 아니, 이를 정각분이라 한다. 일체법에 대해 집착치도 기대지도 않고, 또 이 버리려는 마음조차 보이지 않으면 이를 사각분이라 한다. 보살은 칠각분의 공(空)을 보되 이와 같이 한다. 於一切法中 除心緣 不可得故 是名除覺分 知一切法常定相 不亂不散 是名定覺分 於一切法 不著不依止 亦不見是捨心 是名捨覺分 菩薩觀七覺分空如是"라고 하였다. [참고문헌] 『信佛功德經』, 『菩薩善戒經』, 『法界次第初門』, 『大智度論』, 『雜阿含經』 권27(대정장2, p.196c25), *Sūtr.57·144.*, *SN.3.96.* ⇨ 칠각지 七覺支, 칠각의 七覺意, 동사법붕 同事法朋, 삼십칠도품 三十七道品, 역각도지 力覺道支

칠각의 七覺意 Ⓢ sapta bodhy-aṅgāni, Ⓟ satta bojjhaṅgā. 칠각지(七覺支) 또는 칠각분(七覺分)의 다른 이름. 각의(覺意)는 범어 보디(bodhi)의 고역(古譯)이고, 범어 앙가(aṅga)는 생략되었다. 『장아함경』 권10 「삼취경 三聚經」(대정장1, p.59c25)에 "무엇이 열반을 향한 일곱 법인가? 곧 칠각의를 말하니, 염각의·택법각의·정진각의·기각의·정각의·희각의·사각의다. 云何七法向涅槃 謂七覺意 念覺意 擇法覺意 精進覺意 猗覺意 定覺意 喜覺意 捨覺意", 『혜상보살문대선권경』 권상(대정장12, p.160c25)에 "무슨 까닭에 보살은 막 태어나시자마자 땅을 디딤에 일곱 걸음만 걸으시고 나아가 여덟째 걸음은 내딛지 않았는가? 이는 바로 보살(正士)이 길상에 응하심이니, 칠각의로 깨닫지 못한 이를 깨닫게 하는 것에 응함이다. 옛날부터 지금까지 일곱 걸음 보이신 이는 없으니, 이것이 보살의 선권방편이다. 何故菩薩適見受已 行地七步 亦不八步 是爲正士吉祥之應 應七覺意 覺不覺者也 自古迄于今 未有能現行七步者 是爲菩薩善權方便", 『나선비구경』 권상(대정장32, p.697c4)에 "다시 일곱 일이 있어 모든 악을 버려 없애니, 칠선이라 하고 또한 칠각의라 한다. 復有七事棄除諸惡 名爲七善 亦名七覺意"라고 하였다. [참고문헌] 『長阿含經』, 『慧上菩薩問大善權經』, 『那先比丘經』, 『釋摩訶般若波羅蜜經覺意三昧』(대정장46, p.622a6), 『四分律名義標釋』 권2(卍속장70, p. 423a10), *SN.5.108.* ⇨ 칠각지 七覺支, 칠각분 七覺分, 분별각의 分別覺意

칠각지 七覺支 Ⓢ sapta-bodhy-aṅgāni, sapta-saṃbodhy-aṅgāni, Ⓟ satta bojjhaṅgā, satta sambojjhaṅgā, Ⓣ byang-chub-kyi-yan-lag-bdun-po. 깨달음의 지혜를 얻는데 필요한 일곱 가지 행법(行法). 삼십칠도품(三十七道品)으로 거둔다. 칠각분(七覺分)·칠각의(七覺意)·칠각지(七覺志)·칠각의법(七覺意法)·칠등각지(七等覺支)·칠변각지(七遍覺支)·칠보리분(七菩提分)·칠보리분보(七菩提分寶)라고도 하며, 준말은 칠각이다. 염각지(念覺支 Ⓢ smṛtisaṃbodhyaṅgam)·택법각지(擇法覺支 Ⓢ dharmapravicayasaṃbodhyaṅgam : 法覺意·法分別觀·法解覺)·정진각지(精進覺支 Ⓢ vīryasaṃbodhyaṅgam)·희각지(喜覺支 Ⓢ prītisaṃbodhyaṅgam : 愛覺支·愛喜覺)·경안각지(輕安覺支 Ⓢ praśrabdhisaṃbodhyaṅgam : 猗覺支·信覺)·정각지(定覺支 Ⓢ samādhisaṃbodhyaṅgam)·사각지(捨覺支 Ⓢ upekṣāsambodhyaṅgam : 行捨)를 말한다. 이 일곱 가지로 무학과(無學果)를 얻는데, 마음이 들뜨면(浮動) 경안·사·정의 세 각지로 다스리고, 가라앉으면(沈沒) 택법·정진·희의 세 각지로 대치하며, 염각지는 항상 수반한다. 『잡아함경』 권26(대정장2, p.189b27)에 "만일 칠각지를 닦아 익히고 많이 닦아 익혀서, 그것을 더욱 늘이고 넓히면 그것이 곧 불퇴법이다. 어떤 것이 그 일곱 가지인가? 염각지·택법각지·정진각지·의각지·희각지·정각지·사각지이다. 若修習七覺支 多修習令增廣 是則不退法 何等爲七 謂念覺支 擇法覺支 精進覺支 猗覺支 喜覺支 定覺支 捨覺支"라고 하였다. 『집대승상론』 권상(대정장32, p.147a14)에서는 칠각지 각각에 대해 다음과 같이 설한다. 염각지란 중생을 이롭게 하고 보리를 증득하려는 서원으로 정념을 현전케 하여 잃지 않는 없는 모습이다(七覺支者 卽念覺支 乃至 捨覺支 此中 念覺支者 謂利衆生證菩提願 現前正念 無忘失相). 택법각지란 아법의 자성을 결택하는 것이다(擇法覺支者 謂於我法自性 決擇爲相). 희각지란 스스로 닦아 무루인을 얻고는 기껍고 즐거운 것이다(喜覺支者 謂自所修道 得無漏因 生喜樂故). 경안각지란 증득한 진실법성으로 보리분종자 아닌 것들을 버려서 몸과 마음이 가볍고 편안한 것이다(輕安覺支者 謂如其所證眞實法性 非菩提分種子而捨離故 身業心業得輕安故). 정각지란 사무량심과 깨달음의 서원으로 진여지의 순일한 경계에 들어간 것이다(定覺支者 謂四無量及菩提願 入眞如智純一境相). 정진각지란 비록 적정을 관해 뛰어난 공덕문에 들더라도 탐착함이 없어, 모든 행을 닦아 쉬지 않는 것이다(精進覺支者 謂雖觀寂靜 勝上功德門而不味著 進修諸行 復無懈息). 사각지란 중생을 이롭게 함만을 생각하고 그에 응하여 조복하며, 행하는 바대로 바라밀다 등의 모든 공덕법을 평등하게 분별하고, 오고 감이 없음을 관하여 평등에 머무는 것이다(捨覺支者 謂念利衆生 如應調伏 隨其所行 波羅蜜多等諸功德法 平等分別 觀無來去住平等故). 〔참고문헌〕『雜阿含經』, 『集大乘相論』, *Śrāv-bh.325.*, *DN.3.101·102·106.* ⇨ 염각지 念覺支, 택법각지 擇法覺支, 정진각지 精進覺支, 희각지 喜覺支, 경안각지 輕安覺支, 정각 定覺[1], 사각지 捨覺支, 칠각분 七覺分, 보리분법 菩提分法, 보리지 菩提支, 각지 覺支

칠각지보 七覺支寶 Ⓟ sattannam bojjhaṅga-ratanānam. 칠각지라는 보배. 부처님의 칠각지를 전륜성왕의 칠보에 대응시킨 뜻. 칠각보·칠각의보(七覺意寶)라고도 한다. 『중아함경』 권11 「칠보경 七寶經」(대정장1, p.493a12 : *Cakkavatti-sutta, SN.5*, p.99)에 "전륜왕이 세간에 나올 때 칠보가 세간에 나타남을 마땅히 알라. 무엇이 그 일곱인가? 윤보·상보·마보·주보·여보·거사보·주병신보가 그 일곱이다. 若轉輪王出於世時 當知便有七寶出世 云何爲七 輪寶 象寶 馬寶 珠寶 女寶 居士寶 主兵臣寶 是謂爲七 rañño … cakkavattissa pātubhāvā sattannam ratanānam pātubhāvo hoti. katamesaṃ sattannaṃ. … hatthiratanassa pātubhāvo hoti, assaratanassa pātubhāvo hoti, maṇiratanassa pātubhāvo hoti, itthiratanassa pātubhāvo hoti, gahapatiratanassa pātubhāvo hoti, parināyakaratanassa pātubhāvo hoti", "이처럼 여래무소착등정각께서 세간에 나오실 때 또한 칠각지보가 세간에 나타남을 마땅히 알라. 무엇이 그 일곱인가? 염각지보·택법각지·정진각지·희각지·식각지·정각지·사각지보가 그 일곱이다. 如是如來無所著等正覺 出於世時 當知亦有七覺支寶 出於世間 云何爲七 念覺支寶 擇法覺支 精進覺支 喜覺支 息覺支 定覺支 捨覺支寶 是謂爲七 tathāgatassa … pātubhāvā arahato sammāsambuddhassa sattannam bojjhaṅgaratanānam pātubhāvo hoti. katamesaṃ sattannaṃ. satisambojjhaṅgaratanassa pātubhāvo hoti, dhammavicayasambojjhaṅgaratanassa pātubhāvo hoti, viriyasambojjhaṅgaratanassa pātubhāvo hoti, pītisambojjhaṅgaratanassa pātubhāvo hoti, passaddhisambojjhaṅgaratanassa pātubhāvo hoti, samādhisambojjhaṅgaratanassa pātubhāvo hoti, upekhāsambojjhaṅgaratanassa pātubhāvo hoti", 『유가사지론』 권98(대정장30, p.864c19)에 "저 전륜왕이 사대주에서 대자재 얻고 칠보를 얻은 것처럼, 이처럼 심왕이 사성제로 대자재를 얻고서 참으로 깨끗한 칠각지보를 손에 넣게 되었으니, 마땅히 또한 그러한 줄 알아야 하리. 如轉輪王 於四洲渚 得大自在 所獲七寶 如是心王 於四聖諦 得大自在 所獲眞淨七覺支寶 當知亦爾"라고 하였다. 〔참고문헌〕『中阿含經』, 『瑜伽師地論』, *SN.* ⇨ 칠각지 七覺支, 전륜왕칠보 轉輪王七寶

칠각화 七覺華 칠각지(七覺支 Ⓢ sapta bodhy-aṅgāni)를 꽃에 비유한 말. 화는 화(花)로도 쓴다. 『십주비바사론』 권13 「비유품 譬喩品」(대정장26, p.91b13)에 "저 좋은 길에 꽃, 열매, 뿌리가 많은 것처럼 십주도 또한 이와 같아서 뿌리, 꽃, 열매가 많다. 뿌리란 삼선근이고, 꽃이란 칠각화니, 경에서 설하길 '일곱 꽃은 칠각의고, 열매는 사사문과다'라 함과 같다. 如彼好道 多有華果根 十住道亦如是 多根華果 根者 三善根 華者 七覺華是 如經說 七華者 七覺意是 果者 四沙門果是", 『금색동자인연경』 권10(대정장14, p.887b2)에 "육바라밀다를 두렷히 채우고 칠각화를 피우며 … 십력을 구족하면, 명칭이 고루 퍼져 시방계에 두루하고 천 가지 가장 수승한 자재를 획득한다. 圓滿六波羅蜜多 開七覺花 … 十力具足 名稱普聞 遍十方界 獲得千種最勝自在", 『종경록』 권100(대정장48, p.956a24)에 "'불종자가 중생 몸의 밭에 떨어졌다'라 할 만하니, 번뇌욕의 진흙 안에서 정법의 싹을 틔운 연후에야 칠각의 꽃이 피어나서 보리의 열매를 맺는다. 可謂下佛種子 於衆生身田之中 抽正法芽 向煩惱欲泥之內 然後七覺華發 菩提果成"라고 하였다. 〔참고문헌〕『十住毘婆沙論』, 『金色童子因緣經』, 『宗鏡錄』, 『有部律』 권9(대정장23, p.669a28).

칠갈마 七羯磨 ➡ 칠종갈마 七種羯磨

칠건도 七犍度 계(戒) 또는 율의(律儀)를 구족히 하고 원만히 함에 있어 근본이 되는 신업 셋(離斷生命 離不與取 離欲邪行)과 구업 넷(離虛誑語 離離間語 離麤惡語 離雜穢語)을 말한다. 『집이문족론』 권2(대정장26, p.373c25)에 "계 구족함은 무엇인가? 답한다. 생명 끊음을 여의는 것, 주지 않는 것 취함을 여의는 것, 욕에 의한 삿된 행을 여의는 것, 허광어 여의는 것, 이간어 여의는 것, 추악어 여의는 것, 잡예어 여의는 것이다. 具戒云何 答 離斷生命 離不與取 離欲邪行 離虛誑語 離離間語 離麤惡語 離雜穢語", 같은 책 권13(대정장26, p.421b17)에 "계 두렷함이란 무엇인가? 생명 끊음 여읨, 주지 않음 여읨, 욕사행 여읨, 허광어 여읨, 이간어 여읨, 추악어 여읨, 잡예어 여읨이다. 戒圓滿云何 答 離斷生命 離不與取 離欲邪行 離虛誑語 離離間語 離麤惡語 離雜穢語", 『대비바사론』 권117(대정장27, p.607a20)에 "무엇이 율의인가? 일곱 가지가 있으니, 곧 생명 끊는 것 여의는 것에서부터 예잡어 여의는 것까지를 말한다. 무엇이 불율의인가? 또한 일곱 가지가 있으니, 곧 생명 끊는 것에서부터 잡예어까지다. 云何律儀 謂有

七種 卽離斷生命 乃至離穢雜語 云何不律儀 謂亦有七種 卽斷生命 乃至雜穢語"라 하였다. [참고문헌]『集異門足論』,『大毘婆沙論』. ⇨ 칠선율의 七善律儀 **1**, 건도 犍度

칠견 七見 **1** 관찰에 의해 얻는 견해를 범부에서부터 부처님에 이르기까지 일곱 가지로 분류한 것. 원측(圓測)의『인왕경소』권상말(한불전1, p.53a17 · 대정장33, p.383b23)에 "첫째 허망견이니, 십주 전의 범부와 이승을 이른다. 집하여 열반이 있은즉 법아견이요, 중생 등이란 인아견이다. 一 虛妄見 謂十住前凡夫二乘 執有涅槃 卽法我見 衆生等者 人我見", "둘째 진실견이니, 십신에서 참을 믿고 십해에서 참을 알며 십행에서 아울러 성취하여 이동하지 않음을 이른다. 움직이지 않기에 이르지 않으며 이르지 않기에 사라지지 않고 사라지지 않기에 무상이며 무상이기에 무상 또한 없다. 그러므로 일체법은 여여하다. 二 眞實見 謂十信信眞 十解解眞 十行並成就 不移動 以不動故不到 不到故不滅 不滅故無相 無相故亦無無相 是故一切法如也", "셋째 최승견이니, 십회향을 이른다. 체 그대로 무상이어서 삼보가 일체임을 밝혔기에『열반경』에 삼보일체라고 하였다. 또 이 보살은 이승을 이끌어 회향위에 들게 한다. 三 最勝見 謂十迴向 明卽體無相 三寶一體也 故涅槃云 三寶一體 又此菩薩 引二乘入迴向位也", "넷째 입위견이니, 초지에서 칠지에 이르기까지 모두 제일의제를 본다. 이는 보살의 정위로서 일념에 팔만사천법문을 구족한다. 四 入位見 初地至七地 皆見第一義諦 是菩薩正位 一念具足八萬四千法門", "다섯째 성취타견이니, 팔지에서 제일의를 증견하여 견이 비로소 두렷이 족하지만 다른 이 교화함은 아직 족하지 않아서 남을 성취시키고자 하기에 성취타견이다. 五 成就他見 八地證見第一義 見始圓足 但化他未足 欲成就他故 成就他見", "여섯째 차제견이니, 이는 무간도다. 해탈도에게 차제연이 되기 때문이다. 六 次第見 是無間道 爲解脫道 作次第緣", "일곱째 해탈견이니, 부처님께서 일체지로써 일체법을 보시고 일행 중에 일체행을 행하시기에 일체행이라 이름한다. 七 解脫見 佛以一切智 見一切法 於一行中 行一切行 故名一切行", "관의 득실을 가림에 경문은 나눠 둘이 있으니, 처음은 망견을 밝혔으니 이름하여 실이라 하고, 나중은 정관을 밝혔으니 곧 이름하여 득이라 하였다. 辨觀得失 文別有二 初明妄見 名之爲失 後明正觀 卽名爲得也"라고 하였다. [참고문헌]『仁王經疏』. **2** ➡ 칠종사견 七種邪見 **1**

칠경연화 七莖蓮花 일곱 줄기 연꽃. 아주 희유한 것으로 극히 존숭하는 이에게 공양하는 꽃으로 석존께서 인위(因位)에 계실 때 연등불(燃燈佛)께 공양하고 기별을 받은 바 있다. 칠경화(七莖花) · 칠경청련화(七莖靑蓮花) · 칠경우발라화(七莖優鉢羅花) 등이라고도 하고, 화(花)는 화(華)로도 쓴다.『불본행집경』권3「수결정기품 受決定記品」(대정장3, p.667b1)에 "그때 연등불이신 다타아가도아라하삼막삼불타께서 밖에 계시다가 연화성으로 들어오셨다. 나는 때마침 이 칠경연화를 가지고 멀리서 부처님이 오시는 것을 보았다. 점점 가까이 오시니 저 부처님의 몸을 우러러보았다. … 나는 그때 저 연등여래를 뵙고 믿고 공경하는 마음이 일며 은중심이 일어났다. 공경심이 일어나서 이 칠경우발라화를 부처님 위에 뿌려 드렸다. 時然燈佛 多陀阿伽度阿羅訶三藐三佛陀 從外來入蓮華城中 我時齎此七莖蓮花 遙見佛來 漸漸至近 覩彼佛身 … 我時見彼然燈如來 生信敬心 生殷重心 生敬心已 將此七莖優鉢羅花 散於佛上",『천태사교의』(대정장46, p.777b13 · 한불전4, p.522c1)에 "다음은 시기불부터 연등불까지로 칠만육천 부처님을 만나심에 '제2아승기'라 한다. 이 때마다에 칠경연화를 공양하고 머리카락 늘어뜨려 진흙을 가리어서 기별과 함께 '석가문'이라는 호를 받으셨다. 次從尸棄佛 至然燈佛 値七萬六千佛 名第二阿僧祇 此時用七莖蓮華供養 布髮掩泥 得受記莂 號釋迦文"라고 하였다. [참고문헌]『佛本行集經』,『天台四教儀』,『法苑珠林』권26(대정장53, p.476b4). ⇨ 연등불 燃燈佛, 유동 儒童 **1**

칠경청련화 七莖靑蓮花 일곱 줄기의 푸른 연꽃.『과거현재인과경』권1(대정장3, p.621c25)에 "칠경청련화를 숨기고 지나는데, 왕령이 두려워 병 속에 감췄다. 선혜의 지극한 정성 그 연꽃에 감하여 병 밖으로 용출하였다. 密持七莖靑蓮花過 畏王制令 藏著甁中 善慧至誠 感其蓮花 踊出甁外",『사교의』권7(대정장46, p.744b24)에 "그때 보살은 칠경청련화로써 연등불께 공양을 올리셨다. 是時菩薩 用七莖靑蓮華 供養燃燈佛"라고 하였다. [참고문헌]『過去現在因果經』,『四教義』.

칠경화 七莖花 칠경연화(七莖蓮花).『사분율』권31(대정장22, p.785b7)에 "그때 마납이 멀리서 여래를 보고 마음이 환희로 벅차 칠경화를 정광여래 위에 뿌려 드렸다. 時摩納 遙見如來 心中歡喜 卽以七莖花 散定光如來上"라고 하였다. [참고문헌]『四分律』,『佛本行集經』권4(대정장3, p.668b11). ⇨ 칠경연화 七莖蓮花

칠계 七界 일곱 가지 계. **1** Ⓢ dhātavaḥ sapta, Ⓟ satta-dhātuyo. 육식계(六識界)와 의계(意界). 십팔계(十八界) 중 식온(識蘊)에 섭하는 계를 말한다. 칠심계(七心界) · 칠식계(七識界)라고도 한다.『구사론』권1(대정장29, p.4a28 : *Abh-k-bh.*, p.11)에 "식온을 의처라고 하며, 칠계라고도 함을 알아야 하니, 즉 육식계와 의계를 말한다. 應知識蘊 卽名意處 亦名七界 謂六識界及與意界 vijñānaskandho mana āyatanaṃ ṣaḍ vijñānadhātavo manodhātuśceti", 『순정리론』 권3(대정장29, p.342b5)에 "칠계란 무엇인가? 육식계와 의계 즉 안식계에서 의식계까지를 말하며, 육식이 굴러서 의계가 된다. 이것은 따로 온처계문으로 건립하여 제법을 모두 다 두루 거둬 다함을 알아야 한다. 七界者何 六識及意 謂眼識界至意識界 卽此六識轉爲意界 此別建立 蘊處界門 應知遍攝 諸法皆盡"라고 하였다. [참고문헌] 『俱舍論』, 『順正理論』, *Abh-k-bh.* ⇨ 십팔계 十八界, 육식 六識 ❶, 의처 意處, 의계 意界, 식온 識蘊 ❷ 삼계(三界 : 色界 無色界 滅界)를 다시 일곱 가지로 세분한 계. 『유가사지론』 권96(대정장30, p.847b10)에 "계에 세 가지가 있으니, 색계와 무색계와 멸계이다. 또 칠계가 있으니, 첫째는 광명계, 둘째는 청정계, 셋째는 공처계, 넷째는 식처계, 다섯째는 무소유처계, 여섯째는 비상비비상처계, 일곱째는 멸계이다. 이 중에서 색계로 말미암아 광명계와 청정계를 섭하며, 무색계로 말미암아 사무색계를 섭하고, 그 멸계로 말미암아 다시 멸계를 섭함을 알아야 한다. 界有三種 一者 色界 二 無色界 三者 滅界 復有七界 一 光明界 二 淸淨界 三 空處界 四 識處界 五 無所有處界 六 非想非非想處界 七 滅界 當知此中 由其色界 攝光明界及淸淨界 由無色界 攝四無色 由其滅界 還攝滅界"라고 하였다. [참고문헌] 『瑜伽師地論』. ⇨ 삼칠계 三七界 ❸ 칠각의(七覺意)에 의해 구분된 일곱 가지 계. 『보살염불삼매경』 권4(대정장13, p.816a26)에 "칠각분을 닦으면 칠계를 깊이 이해할 수 있으니, 칠계란 해계・에계・출계・욕계・색계・무색계・멸계이다. 修七覺意 深知七界 所謂害界 恚界 出界 欲界 色界 無色界及以滅界"라고 하였다. [참고문헌] 『菩薩念佛三昧經』.

칠계경 七戒經 칠불(七佛)의 약계(略戒). 『사분율비구계본』(대정장22, p.1022c12)・『사분승계본』(대정장22, p.1030b11)・『사분비구니계본』(대정장22, p.1040c19) 등의 마지막에 붙어 있다. 『사분율비구계본』(대정장22, p.1022c21)에 "칠불이야말로 세상의 존귀하신 분이니 모든 결사를 사라지게 하셨네. 이 칠계경을 설하시어 모든 묶임으로부터 해탈을 얻으셨네. 七佛爲世尊 滅除諸結使 說是七戒經 諸縛得解脫", 『사분계본약의』 권4(卍속장63, p.325a10)에 "'칠불은 ~ 모든 결사를 사라지게 하셨네. 이 칠계경을 설하고'라 하였으니, 이 계는 바로 칠불께서 스스로 닦으신 법이다. 모든 묶임에서 이로 말미암아 해탈을 얻고 열반에 드시니, 일체세간의 희론법이 길이 사라져 남음이 없었다. 七佛爲滅除諸結使 乃說是七戒經 此戒卽是七佛自修之法 諸縛由此 而得解脫 入于涅槃 而一切世間戱論之法永滅 而無有餘矣"라고 하였다. [참고문헌] 『四分律比丘戒本』, 『四分僧戒本』, 『四分比丘尼戒本』, 『四分戒本約義』. ⇨ 약계 略戒, 칠불통계게 七佛通戒偈

칠계교 七階敎 일곱 단계의 가르침. 오시교(五時敎) 중 두 번째 삼승교를 세분한 것. 원측(圓測)의 『해심밀경소』 권1(한불전1, p.133a14)에 "오시교와 칠계교를 설하기도 한다〈무도산 은사 유규는 『화엄경』 등의 가르침은 돈교라 하고, 점교 중에서 오시 혹은 칠계를 말한다. 오시란 무엇인가? … (둘째) 부처님께서는 불도를 이루시고 난 다음 12년 동안 삼승차별교를 설하셨으니 마땅히 아는 대로 사성제・연기・육바라밀과 같은 것이다. 그러나 공의 이치는 아직 설하지는 않으셨다. … 칠계교란 무엇인가? 제2시교를 삼승교로 나누어 연 것이다〉. 或說五時敎 及七階敎〈武都山 隱士 劉虯云 華嚴等敎 以爲頓敎 漸中五時 或開七階 言五時者… 佛成道已 十二年中 說三乘差別敎 如次應知 四諦緣起 及六度行 未說空理 … 言七階者 第二時中 開三乘敎〉"라고 하였다. [참고문헌] 『解深密經疏』. ⇨ 오시교판 五時敎判, 오교 五敎

칠계불명 七階佛名 수(隋)대 삼계교(三階敎) 종조 신행(信行 540~594) 지음. 1권. 『칠계불명경 七階佛名經』・『예참 禮懺』・『예참문 禮懺文』・『예불참회문 禮佛懺悔文』・『육시발원법 六時發願法』 등 다양하게 불린다. 돈황출토 중 S.59・S.236・S.1306・S.2360의 사본이 전한다. 모두 삼계교의 근행법문(勤行法文)에 해당한다. 또 출토 사본 중에는 개보(開寶)・태평흥국(太平興國)이라는 연호가 후기(後記)에 있어 송초에도 삼계교의 예참법이 시행되었음을 짐작할 수 있다. 『개원석교록』 권18(대정장55, p.678c24)에 "『광칠계불명』 1권〈『관약왕약상보살경불명』 1권〉. 『약칠계불명』 1권. 廣七階佛名一卷〈觀藥王藥上菩薩經佛名一卷〉 略七階佛名一卷"이라고 한 것에 볼 수 있듯이 광본과 약본으로 나뉘고, 『관약왕약상보살경불명』이라는 별명으로도 불리었음을 확인할 수 있다. 근대 일본학자 시취경휘(矢吹慶輝 1879~1939)의 정리본이 『삼계교잔권 三階敎殘卷』 제4에 수록되어 있다. [참고문헌] 『開元釋敎錄』. ⇨ 삼계교 三階敎, 신행 信行, 불명경 佛名經

칠고근본 七苦根本 일곱 가지 고의 근본. 『보살영락경』 권5(대정장16, p.44b27)에 "다시 마땅히 일곱 가지 고의 근본을 알아야 한다. 무엇이 일곱 가지인가? 첫째, 이 마음 저것 쫓아 나오지 않았기에 저 마음도 이에 있지 않다. 둘째, 저 괴로운 마음에 아도 인도 없으며, 이 괴로운 마음에도 또한 아도 인도 없다. 셋째, 제불세계는 불가사의하며 여래・지진・등정각이라야 저들을 헤아릴 수 있다. … 일곱째, 관행・무행・본행・아행・미래행・비유비불유・비무비불무행이다. 이것을 일곱 가지 고행이라 부르는 보살이 18가지 밝은 지혜로 성취한 열두 번째 법이다. 復當知七苦根本 云何爲七 一者 知此心不從彼出 彼心亦不在此 二者 彼苦心無我無人 此苦心無我無人 三者 諸佛世界不可思議 如來 至眞 等正覺盡能

度彼量 … 七者 觀行 無行 本行 我行 未來行 非有非不有 非無非不無 此號七苦行 是謂菩薩於十八明慧成就十二法"라고 하였다. 〔참고문헌〕『菩薩瓔珞經』.

칠고행 七苦行 **1** Ⓟ satta vatapadāni. 일곱 가지 고행. 『보살영락경』 권5(대정장16, p.44c6)에 "일곱째, 관행·무행·본행·아행·미래행·비유비불유·비무비불무행이다. 이것을 일곱 가지 고행이라고 한다. 이것을 보살이 18가지 밝은 지혜로 성취한 열두 가지 법이라고 한다. 七者 觀行 無行 本行 我行 未來行 非有非不有 非無非不無 此號七苦行 是謂菩薩於十八明慧成就十二法"라고 하였다. 〔참고문헌〕『菩薩瓔珞經』, *DN.3.9.* **2** 외도가 닦는 일곱 가지 고행. 『장아함경』 권11 「아누이경 阿㝹夷經」(대정장1, p.66c21)에 "저에게는 일곱 가지 고행이 있어서 긴긴 밤 붙들어 가진다. 무엇이 일곱 가지인가? 첫째, 수명이 다하도록 옷을 입지 않는다. 둘째, 목숨이 다하도록 술을 마시지 않고 고기밥보리와 밀을 먹지 않는다. 셋째, 목숨이 다하도록 범행을 어기지 않는다. 넷째 목숨이 다하도록 비사리에 있는 동쪽 우원탑, 남쪽 상탑, 서쪽 다자탑, 북쪽 칠취탑 네 개의 석탑을 떠나지 않는다. 이것이 네 가지 고행이다. 그래서 그는 이후 이 일곱 가지 고행을 하고 나서는 비사리성 밖에서 명을 마쳤다. 彼有七苦行 長夜執持 何謂七 一 盡形壽不著衣裳 二 盡形壽不飮酒食肉 而不食飯及與麨麵 三 盡形壽不犯梵行 四 盡形壽毗舍離有四石塔 東名憂園塔 南名象塔 西名多子塔 北名七聚塔 盡形不離四塔 爲四苦行 而彼後當犯此七苦行已 於毗舍離城外命終"라고 하였다. 〔참고문헌〕『長阿含經』.

칠곡기성동삼층석탑 漆谷箕城洞三層石塔 경상북도 칠곡군 동명면 기성리에 있는 석탑. 보물 제510호. 높이 5.56m. 탑은 이중기단 삼층탑신의 전형적인 양식이다. 기단은 탑구(塔區)와 상하층의 이중기단으로 이루어져 있다. 탑구는 탑의 하대저석과 약간의 간격을 두고 마련하였는데, 횡장방형의 장대석으로 1열로 만드는 일반적 석탑의 탑구와 달리 네 모서리에 정방형에 가까운 대석을 두고 사방으로 크고 작은 장대석을 이용하여 2열로 설치하여 특이하다. 비록 탑구의 형태는 다르지만 감은사 서탑의 2열의 탑구와도 비교할 만하다. 하대저석과 면석이 한 돌로 갑석은 한 돌이다. 상층기단은 면석과 갑석이 각각 별석으로 면석은 총 4매로 결구하였는데, 각 면에 큼직한 안상(眼象)을 1구씩 배치하였다. 각 면 2구씩 안상을 새기는 것이 일반적인데 희귀한 예다. 탑신은 3층으로 각 층 탑신석과 옥개석이 각각 1매로 총 6매로 구성하였다. 각층의 옥개석 처마 아래로는 5단의 옥개받침과 상단에는 2단의 각형 괴임을 두었다. 아래는 물끊기 홈이 있고 전각부 모서리 좌우측에 각각 1개씩의 풍경공과 옥개석 합각선에도 원공(圓孔)이 있어 각 전각부에는 3개씩의 원공이 있다. 2층 옥개 상면에서 방형의 사리공이 확인되었다고 하는데 현재로서는 확인할 수 없다. 상륜은 노반이 남아 있고 비례가 부자연스러운 앙화는 근래에 새롭게 한 부재로 보인다. 탑의 구성에서 여러 매로 구성된 탑구와 하층기단의 결구방법, 상층기단 면석의 안상 등이 이 탑의 가장 큰 양식적 특징인데 9세기의 탑으로 볼 수 있다. 〔참고문헌〕 박경식 『탑파』(예경, 2001), 『경상북도의 석탑Ⅴ』(국립문화재연구소, 2011).

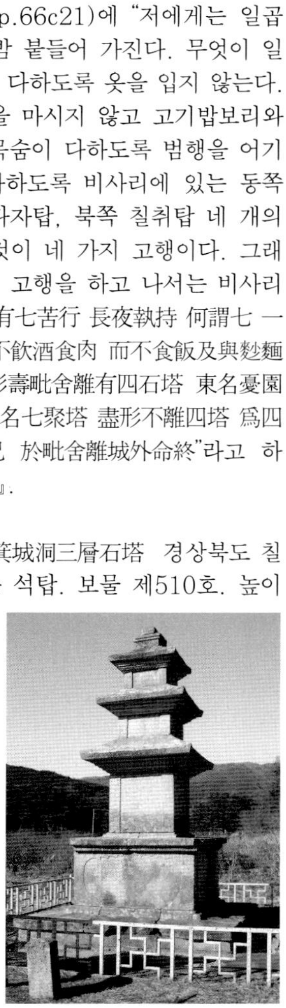

칠곡노석리마애불상군 漆谷老石里磨崖佛像群 신라시대 마애불상군. 보물 제655호. 칠곡 노석리 마애불상군은 칠곡군 약목면 도고산 중턱의 바위에 조성되어 있다. 중앙에 본존불이 있으며 좌우협시보살상이 얼굴을 돌려 본존불을 향하고 있다. 우협시보살상 우측에 보다 작은 크기의 여래상이 있어 일반적인 삼존불 구조와는 다른 특이한 배치를 보여준다. 삼존불 본존상은 원형의 두광을 두고 밖으로는 화염문의 거신광이 배치되어 있다. 본존상은 엄지와 중지를 맞대고 있는 오른손으로 중품중생인을 한 아미타불로 알려져 있다. 따라서 우협시보살은 대세지보살이며 좌협시보살은 관음보살이다. 양 협시보살은 보관과 영락장식, 천의 모습, 대좌 등이 유사하며 양 협시보살 모두 교각상을 취하고 있는데 우리나라에서는 드문 사례다. 우협시보살상 우측의 여래상은 두광만으로 장식하였는데, 유희좌인 듯한 반가부좌 자세여서 우리나라의 다른 여래상에서 찾아보기 어려운 특이한 모습이다. 노석리 마애불상군의 조성시기는 7세기 후반 경으로 추정되고 있다. 〔참고문헌〕 鄭永鎬 「城州 老石洞 道高山 磨崖三尊佛像과 如來坐像」(『考古美術』136·137, 1978) pp.96~102.

칠곡송림사목조석가여래삼존좌상 漆谷松林寺木造釋迦如來三尊坐像 조선시대 목조불상. 보물 제1605호. 높

이 석가여래좌상 277cm·좌협시보살좌상 264cm·우협시보살좌상 264cm. 대웅전에 봉안되어 있다. 석가불상의 복장에서 발견된 조성발원문(造成發願文)과 대좌 중대 내면의 묵서조성기에 따르면 1657년(효종8) 8월에 대웅전 불상을 조성하였으며, 도금을 하지 않은 채로 8월 18일에 점안하였다(八月十八日白骨點眼) 한다. 불

상을 조성한 조각승은 "도우(道雨)·쌍조(雙照)·신경(信冏)·성명(性明)·지현(智玄)·혜단(惠端)·경신(敬信)·종신(宗信)·설우(雪祐)·혜정(惠正)·영택(靈澤)·성근(性根)·긍성(肯性)·도철(道哲)·학매(學梅)·해순(海淳)·인종(印宗)·계능(戒能)"이며, 두 기록 사이에 약간의 순서 차이가 있다. 수조각승 도우는 원래 조각승 무염(無染)의 문하에서 수련을 쌓고 활동하였는데, 나중에는 희장(熙藏)의 제자들과 함께 불상을 조성하면서 희장풍의 작품을 제작하기도 하였다. 조선후기에 제작된 삼존상은 대부분 과거 제화갈라(보살형)－현재 석가모니(여래형)－미래 미륵(보살형)의 삼세부처이며 나한전이나 응진전에 봉안되어 있고, 부산 범어사 등에는 대웅전에 봉안되기도 하였다. 이 삼존상은 존명에 대한 기록이 없어 당시의 경향에 따라 과거현재미래의 삼세불일 것으로 추정한다. 불상과 보살상들은 모두 몸집이 크고 다리의 폭도 넓어 안정감이 있다. 얼굴은 장방형에 가까우며, 입 양쪽의 음각으로 미소 짓는 모습이다. 삼존 모두 오른쪽 가슴에 옷주름 한 가닥 늘어져 있으며, 석가상 하부 중앙에는 폭이 넓은 옷자락을 좌우로 펴지게 한 '희장풍'이 나타나 있다. [참고문헌] 송은석 『조선후기 불교조각사』(사회평론, 2012) pp. 207~217. ⇨송림사 松林寺

칠곡송림사석조아미타여래삼존좌상 漆谷松林寺石造阿彌陀如來三尊坐像 조선시대 석조불상. 보물 제1606호. 높이 아미타여래좌상 125cm·관음보살좌상 101.5cm·지장보살좌상 103.5cm. 조성발원문(造成發願文)에 따르면 1655년(효종6) 8월에 불상 조성을 완성하였으며(順治十二年乙未八月日八公山松林寺佛像造成于), 불상을 조성한 조각승은 "도우(道祐)·승호(勝浩)·경옥(敬玉)·경신(敬信)·혜청(惠淸)·도철(道哲)·옥순(玉淳)"이라 하였다. 아미타불을 중심으로 좌우에 관음보살과 지장보살이 협시하고 있는 삼존상이다. 삼존 모두 두 손의 손가락을 가지런히 붙여 정강이 위에 대고 있는 특이한 수인을 하였는데, 17~18세기에 경상북도 일대에서 성행한 불석제 불상들에서 많이 보이는 형태다. 불석이란 경주의 동해안 지역에서 나는 제오라이트계 암석으로, 재질이 무르기에 천불이나 오백나한 등 많은 수의 불상을 한꺼번에 조성할 때 많이 쓰는 재료다. 이 아미타삼존상 제작에 차조각승으로 참

여한 승호와 그의 제자들은 경상도 일대에서 불석제 불상을 만든 조각승들로 잘 알려져 있다. 이 삼존상은 두꺼운 머리 표현과 오른쪽 가슴의 대의자락을 아래로 튀어나오게 조형하고, 직선으로 폭넓게 흘러내리게 한 옷주름을 중심으로 다시 정연한 세 갈래 대칭의 옷주름이 배치되어 있어 희장풍의 작품임을 확인할 수 있다. [참고문헌] 송은석 『조선후기 불교조각사』(사회평론, 2012) pp.207~217.

칠공 七空 Ⓢ sapta-vidhā śūnyatāḥ. 공(空)의 뜻을 일곱 가지로 살핀 것. 4권본 『능가경』 권1(대정장16, p.488c5 : *Laṅk.*, p.74)에 "공공이란 곧 망상자성처다. 대혜야, 망상자성으로 계착하는 이에게는 '공에 생함도 둘도 없어 자성상을 떠났다'고 설한다. 대혜야, 저것에 대해 대략 일곱 가지 공을 설한다. 곧 상공·성자성공·행공·무행공·일체법이언설공·제일의성지대공·피피공이다. 空空者 卽是妄想自性處 大慧 妄想自性計著者 說空無生無二 離自性相 大慧 彼略說七種空 謂相空 性自性空 行空 無行空 一切法離言說空 第一義聖智大空 彼彼空 śūnyatā śūnyateti … parikalpita-svabhāva-padam-etat. parikalpitasvabhāva-abhiniveśena punar-mahāmate śūnyatā-anutpādābhāvādvaya-niḥsvabhāvabhāvavādino bhavanti. tatra mahāmate saṃkṣepeṇa sapta-vidhā śūnyatā. yaduta lakṣaṇa-śūnyatā bhāva-svabhāva-śūnyatā-apracarita-śūnyatā pracarita-śūnyatā sarvadharma-nirabhilāpya-śūnyatā paramārthāryajñāna-mahāśūnyatā-itaretara-śūnyatā ca saptamī", "무엇이 상공인가? 일체성의 자상과 공상이 공임을 뜻한다. 펼쳐 구르고 쌓여 모임을 관하기에 성 없음을 분별하니, 자상과 공상이 나지 않고 자타 모두 성으로서의 성이 없다. 그러므로 상이 머무르지 않는다. 이런 고로 일체성상의 공을 설하니, 이를 상공이라 한다. 云何相空 謂一切性自共相空 觀展轉積聚故 分別無性 自共相不生 自他俱性無

性 故相不住 是故說一切性相空 是名相空 lakṣaṇa-śūnyatā katamā yaduta sva-sāmānya-lakṣaṇa-śūnyāḥ sarvabhāvāḥ paraspara-samūhāpekṣitatvāt-pravicaya-vibhāgābhāvān … svasāmānyalakṣaṇasya-apravṛttiḥ svaparobhayābhāvācca … lakṣaṇaṃ nāvatiṣṭhate. atastaducyate svalakṣaṇa-śūnyāḥ sarvabhāvā iti", "무엇이 성자성공인가? 자기의 성자성이 생겨나지 않으니, 이를 일체법의 성자성공이라 한다. 이런 고로 성자성공을 설한다. 云何性自性空 謂自己性自性不生 是名一切法性自性空 是故說性自性空 bhāva-svabhāva-śūnyatā … katamā yaduta svayaṃ svabhāvābhāva-utpattito … bhāva-svabhāva-śūnyatā bhavati sarvadharmāṇām. tenocyate bhāva-svabhāva-śūnyateti", "무엇이 행공인가? 음(陰)은 아와 아소를 떠나, 이루어지거나 지어진 업의 방편을 인하여 난다. 이를 행공이라 한다. 云何行空 謂陰離我我所 因所成所作業方便生 是名行空 pracarita-śūnyatā … katamā yaduta skandhā ātmātmīya-rahitā hetuyukti-kriyākarmayogaiḥ pravartamānāḥ pravartante. tenocyate pracarita-śūnyateti", "대혜야, 곧 이와 같이 행공이기는 하나, 펼쳐 구르며 연하여 일어나되 자성으로서의 성은 없으니, 이를 무행공이라 한다. 大慧 卽此如是行空 展轉緣起自性無性 是名無行空 mahāmate … yaduta-apracarita-pūrvaṃ nirvāṇaṃ skandheṣu. tenocyate apracarita-śūnyateti", "무엇이 일체법이언설공인가? 망상자성에 언설이 없음을 말한다. 고로 일체법은 언설을 떠나 있다. 이를 일체법이언설공이라 한다. 云何一切法離言說空 謂妄想自性無言說 故一切法離言說 是名一切法離言說空 sarvadharma-nirabhilāpya-śūnyatā … katamā yaduta parikalpita-svabhāva-anabhilāpyatvān-nirabhilāpya-śūnyāḥ sarvadharmāḥ. tenocyate nirabhilāpya-śūnyateti", "무엇이 일체법제일의성지대공인가? 자각의 성지를 얻어 일체견의 허물과 습기가 공함을 일컫는다. 이를 일체법제일의성지대공이라 한다. 云何一切法第一義聖智大空 謂得自覺聖智 一切見過習氣空 是名一切法第一義聖智大空 paramārthāryajñāna-mahāśūnyatā … katamā yaduta svapratyātmāryajñāna-adhigamaḥ sarvadṛṣṭi-doṣavāsanābhiḥ śūnyaḥ. tenocyate paramārthāryajñāna-mahāśūnyateti", "무엇이 피피공인가? 저것에 저것이 없는 공을 말한다. 피피공이라 한다. 云何彼彼空 謂於彼無彼空 是名彼彼空 itaretara-śūnyatā … katamā yaduta yady-atra nāsti tat-tena śūnyam-ity-ucyate"라고 하였다. [참고문헌]『楞伽經』, 『入楞伽經』 권3(대정장16, p.528c23), 『大乘入楞伽經』 권2(대정장16, p.598c24), *Laṅk*. ⇨ 공 空, 무행공 無行空, 불행공 不行空❶, 상공 相空, 성자성공 性自性空

칠과도품 七科道品 삼십칠도품(三十七道品)을 달리 이르는 말. 사념처(四念處)·사정근(四正勤)·사여의족(四如意足)·오근(五根)·오력(五力)·칠각분(七覺分)·팔정도(八正道) 등 일곱으로 나뉘기에 이렇게 부른다. 『법화현의석첨』 권3(대정장33, p.836a6)에 "칠과도품은 견사의 찌꺼기들 없애는 법기다. 七科道品 卽除見思糞之法器也", 『아미타경요해』(대정장37, p.367c1)에 "〈경〉 또 사리불아, 극락국토는 일곱 겹의 난간과 일곱 겹의 그물과 일곱 겹의 가로수가 모두 네 가지 보배로 두루 둘려 있다. 이런 고로 저 나라를 극락이라 한다. 〈해〉 난간은 가장자리, 그물은 공계, 가로수는 노지를 장엄한다. 각각 일곱 겹이라 말함은 칠과도품을 표하고, 모두 네 가지 보배라 함은 상락아정의 사덕을 표한다. 又舍利弗 極樂國土 七重欄楯 七重羅網 七重行樹 皆是四寶 周匝圍繞 是故彼國 名爲極樂 欄楯以嚴際畔 羅網以嚴空界 行樹以嚴露地 各言七重者 表七科道品 皆是四寶者 表常樂我淨四德"라고 하였다. [참고문헌]『法華玄義釋籤』, 『阿彌陀經要解』, 『翻譯名義集』 권4(대정장54, p.1114b16). ⇨ 삼십칠도품 三十七道品

칠관음 七觀音 중생을 교화하기 위해 일곱 가지 모습으로 변화한 관음. 천수관음(千手觀音)·마두관음(馬頭觀音)·십일면관음(十一面觀音)·성관음(聖觀音)·여의륜관음(如意輪觀音)·준제관음(準提觀音)·불공견삭관음(不空羂索觀音)을 말한다. 『총지초』(대정장77, p.69b20)에 "칠관음과 육관음은 자종의 문헌에 기록되어 있고, 팔관음은 다른 종파의 기록에서 나온다. 七觀音六觀音 自宗錄在之 八觀音 他家錄出之"라고 하였다. [참고문헌]『總持抄』. ⇨ 천수관음 千手觀音, 마두관음 馬頭觀音, 십일면관음 十一面觀音, 성관음 聖觀音, 여의륜관음 如意輪觀音, 준제관음 准提觀音, 불공견삭관음 不空羂索觀音, 관자재보살 觀自在菩薩

칠교 七教 비구가 갖추면 법이 쇠퇴하지 않는 일곱 가지 교법. 칠불퇴법(七不退法 Ⓟ satta aparihāniyā dhammā)이라고도 한다. 『반니원경』 권상(대정장1, p.176b18)에 "부처님께서 말씀하셨다. '비구에게 일곱 가지 교법 있으면 법은 쇠하지 않는다. 어떤 것들이 그 일곱 가르침인가? … 이와 같은 일곱 법이면 가히 오래 머무름을 얻는다'. 佛言 比丘有七教 則法不衰 何等七教 如是七法 … 可得久住"라고 하였고, 칠교 각각은 이렇다. '첫째, 자주 모여서 경의 도를 강송함에 게으름이 없어야 한다. 一 當數會 講誦經道 無有懈怠', '둘째, 화합하고 따라서 충정으로 서로 가르쳐 굴리고 서로 받들어 써야 한다. 二 當和順忠正 相教轉 相承用', '셋째, 다른 것 취하지도 원하지도 않아야 하니 오직 산 빛나기만을 즐긴다. 三 當無取無願於他 唯樂山澤', '넷째, 바람을 끊고 나이에 따른 선후를 살피며 서로 섬기되 예로써 한다. 四 當絶望 長幼先後 相事以禮', '다섯째, 자애롭고 효순하며 스승과 어른을 받들어 섬기되 가르침을 받아 깨우친다. 五 當慈孝 承事師長 受識敎誨', '여섯째, 법을 받들어 경과 계를 우러러 두려워하며 범행을 닦는다. 六 當奉法 敬畏經戒 以修梵行', '일곱째, 도를 좇아 성중을 공양하고 동몽을 열어 깨우치고, 배우러 오는 이를 받으면 옷과 음식, 와구와 약을 베푼다. 七 當遵道 供養聖衆 開解童蒙 來學者受 給施衣食臥床疾藥'. [참고문헌]『般泥洹經』, *DN.2.76.* ⇨ 칠불퇴법 七不退法

칠교 七憍 ➡ 칠종교 七種憍

칠교정 七敎正 1929년에 개최한 조선불교선교양종승려대회(朝鮮佛敎禪敎兩宗僧侶大會)에서 선출한 소임. 승려대회에서는 종헌(宗憲)을 제정하였는데, "제17조 본양종(本兩宗)은 중요(重要)한 교무(敎務)를 재정(裁正)하기 위(爲)하야 교정(敎正)을 치(置)함"이라고 하였다. 이때 선출된 교정은 월정사(月精寺) 한암중원(韓巖重遠)·구암사(龜巖寺) 한영(漢永 : 映湖鼎鎬)·선암사(仙巖寺) 경운원기(擎雲元奇)·백양사(白羊寺) 환응탄영(幻應坦泳)·통도사(通度寺) 해담치익(海曇致益)·청룡사(靑龍寺) 용허장호(龍虛莊昊)·유점사(楡岾寺) 동선정의(東宣淨義)다. [참고문헌]『曹溪宗史』근현대편(대한불교조계종교육원, 2001) pp.114~115. ⇨ 중원 重遠, 정호 鼎鎬, 원기 元奇, 탄영 坦泳, 치익 致益, 장호 莊昊, 정의 淨義

칠구 七垢 일곱 가지 허물. 중생이 성취한 모든 일 특히 공덕에 대하여 일으키는 허물로서 욕·견·의·만·교·수면·간(欲 見 疑 慢 憍 隨眠 慳)이다.『유가사지론』권74(대정장30, p.708a2)에 "모든 공덕에는 일곱 가지 허물이 있을 수 있다. 첫째는 욕, 둘째는 견, 셋째는 의, 넷째는 만, 다섯째는 교, 여섯째는 수면, 일곱째는 간이다. 저들은 여래에게는 모두 없다. 諸功德 有七種垢 一欲 二見 三疑 四慢 五憍 六隨眠 七慳 彼於如來一切永無",『대명삼장법수』권23(영락장182, p.345b7)에 "칠구〈출전은『유가사지론』〉. 七垢〈出瑜伽師地論〉", "첫째는 욕구다. 욕은 바라고 구하는 뜻이나, 구란 번뇌고 물듦이다. 사람이라면 모든 공덕이 있게 되면 남들이 알아주기를 구하지 말아야 하며, 만약 알게 하고자 하여 내가 이런 공덕을 성취하였다 하면 이를 욕구라 한다. 一 欲垢 欲卽 希求之義 垢者 塵也 汚也 謂人於諸所有功德 不求他知 若欲令他知 我成就如是功德 是名欲垢", "둘째는 견구다. 견이란 집착분별이다. 누구라도 성취한 모든 공덕에 대하여 집착분별의 견이 없어야 하지만, 만약 집착을 일으키면 이를 견구라 한다. 二 見垢 見者 執著分別也 謂人於諸所有功德 無執著分別之見 若生執著 是名見垢", "셋째는 의구다. 의란 미혹하여 잘 알지 못함이다. 누구라도 성취한 모든 공덕에 대하여 의혹을 일으켜 만약 '공덕인가? 과실인가?' 한다면 이와 같은 의심은 의구다. 三 疑垢 疑者 迷惑不了也 謂人於諸所有功德 若或疑惑 爲功德耶 爲過失耶 如是疑者 是名疑垢", "넷째는 만구다. 만이란 자신을 과시하고 남을 얕보는 것이다. 누구라도 자신이 성취한 공덕을 남과 헤아려 가벼이 또는 자만을 일으켜서는 안 되지만, 남을 업신여긴다면 이는 만구다. 四 慢垢 慢者 恃己凌他也 謂人不以己之所有功德 與他校量 而生輕慢 若生輕他之心 是名慢垢", "다섯째는 교구다. 교는 지나치게 자랑하여 자신을 높인다는 뜻이다. 누구라도 자신의 모든 공덕에 기꺼워해서도 안 되지만, 기꺼워 스스로 대단하다고 여기는 마음을 일으킨다면 이를 교구라 한다. 五 憍垢 憍者 矜誇自高也 謂人不以己之所有功德 而生忻喜 若生忻喜 貢高之心 是名憍垢", "여섯째는 수면구다. 의지하고 따라다녀 버리지 못함을 수라 하고, 오정으로 깜깜하여 몽매함을 면이라 한다. 누구라도 자신이 성취한 모든 공덕을 항상 더 보호하려 해서 수면번뇌에 뒤덮여서는 안 된다. 번뇌습기를 끊을 수 없다면 이는 수면구다〈오정이란 안이비설신으로 일어나는 정이고, 번뇌습기란 번뇌와 남은 기분이다〉. 六 隨眠垢 依附不捨曰隨 五情暗冥曰眠 謂人於諸所有功德 常加護念 不爲隨眠煩惱之所蓋覆 若煩惱習氣未斷 是名隨眠垢〈五情者 卽眼耳鼻舌身之情也 煩惱習氣者 謂煩惱餘習之氣分也〉", "일곱째는 간구다. 누구라도 자신이 성취한 모든 공덕에 대하여 일체중생에게 돌려주며 아깝다는 마음을 가지면 안 되지만, 아깝다는 생각을 일으킨다면 이를 간구라 한다. 七 慳垢 謂人於諸所有功德 回施一切衆生 無悋惜心 若生慳惜之念 是名慳垢"라고 하였다. [참고문헌]『瑜伽師地論』,『大明三藏法數』. ⇨ 간구 慳垢, 견구 見垢, 교구 憍垢, 만구 慢垢, 수면구 隨眠垢, 의구 疑垢

칠구답 七句答 분별해 드러나게 해서 결택할 때 짓는 일곱 가지 문답. 7종 논결택(論決擇 : 義 釋 分別顯示 等論 攝 論軌 祕密) 중 세 번째로『아비달마잡집론』권15(대정장31, p.767c25)에서 시설되었다. 두 개념의 상호관계에 대한 질문에 답하는 일곱 가지 유형이다. 예를 들면 'A는 B인가, B는 A인가?'라는 질문에 다음과 같은 일곱 가지로 답한다. 첫째 순전구답(順前句答 Ⓢ pūrvapādaka) : 전구(前句)에 따라 전구만을 긍정하여 '모든 A는 B다. 그러나 B가 반드시 A인 것은 아니다'라고 답한다. 둘째 순후구답(順後句答 Ⓢ paścātpādaka) : 순전구답과 상반되게 후구(後句)만을 긍정하여 '모든 B는 A이다. 그러나 A가 반드시 B인 것은 아니다'라고 답한다. 셋째 이구답(二句答 Ⓢ dvikoṭika) : 'A는 B가 아니다', 'B는 A가 아니다'라는 이구(二句)로 답한다. 넷째 삼구답(三句答 Ⓢ trikoṭika) : 'A는 B가 아니다', 'B는 A가 아니다', 'A는 B이다'라는 삼구(三句)로 답한다. 다섯째 사구답 (四句答 Ⓢ catuṣkoṭika : 四句分別) : 'A이고 B가 아니다', 'B이고 A가 아니다', 'A이고 B이다', 'A도 아니고 B도 아니다'라는 사구(四句)로 답한다. 여섯째 술가구답(述可句答 Ⓢ oṃkārita) : 질문을 긍정하여 모두 '그렇다'고 답한다. 일곱째 차지구답(遮止句答 Ⓢ prātikṣepika) : 질문 자체가 성립할 수 없음을 논변한다. 『대승아비달마잡집론』 권15(대정장31, p.767c25)에 "분별해 드러나게 해서 결정하고 가려내는 것이란, 마치 온 등의 법을 설하는 것과 같은 경우에 그 응하는 것에 따라 한번씩 순전구·순후구·이구·삼구·사구·술가구·차지구 등을 짓는 것이다. 分別顯示決擇者 謂於如所說 蘊等法中 隨其所應 作一行 順前句 順後句 二句 三句 四句 述可句 遮止句等"라고 하였다. 〔참고문헌〕『大乘阿毘達磨雜集論』, *Abh-s.103., Abh-s-bh.148.* ⇨ 순전구답 順前句答, 순후구답 順後句答, 이구답 二句答, 삼구답 三句答, 사구분별 四句分別, 술가구답 述可句答, 차지구답 遮止句答

칠구의 七句義 승론(勝論 Ⓢ Vaiśeṣika)에서 주장하는 일곱 가지 구의(Ⓢ padārtha). 승론의 개조 우루거(優樓佉 Ⓢ Ulūka)가 주장한 실(實 Ⓢ dravya)·덕(德 Ⓢ guṇa)·업(業 Ⓢ karma)·동(同 Ⓢ sāmānya)·이(異 Ⓢ viśeśa)·화합(和合 Ⓢ samāvaya)의 육구의(六句義)에다가 후대에 무설(無說 Ⓢ abhāva)을 보탠 것. 승론사 혜월(慧月 Ⓢ Mati-candra)이 찬한 『십구의론』에는 "십구의가 있다. 첫째는 실, 둘째는 덕, 셋째는 업, 넷째는 동, 다섯째는 이, 여섯째는 화합, 일곱째는 유능, 여덟째는 무능, 아홉째는 구분, 열째는 무설이다. 有十句義 一者實 二者德 三者業 四者同 五者異 六者和合 七者有能 八者無能 九者俱分 十者無說"라고 하여 전통의 육구의설도 아니고, 후대의 칠구의설도 아닌 독특한 십구의를 주장하고 있는데, 이 중에서 앞 여섯에 마지막 무설을 합하면 칠구의가 된다. 한편 이에 대해 청구사문(青丘沙門) 태현(太賢)은 『성유식론학기』 권상(한불전3, p.498b8)에서 "동이구는 많은 상법이 있는데 실 등으로 하여금 같게도 다르게도 하기 때문이다〈십구론사는 이것을 열어 넷으로 하였다. 첫째는 이구이니 능히 법으로 하여금 다르게 한다. 둘째는 유능구이니 조화구를 도와 능히 모든 과에게 그 인을 주어 생기게 한다. 셋째는 무능구이니 다른 과가 생함을 막는다. 넷째는 구분구인데 실·덕·업에 두루 있으며 또한 같기도 또한 다르기도 하기 때문이다. 아직 생겨나지 않음(未生), 이미 멸함(已滅), 서로 번갈음(更互), 만나지 못함(不會), 필경(畢竟)의 다섯 무(無)를 저 논서에서 제10의 무설구로 세우는데, 설할 만한 체가 없기에 육구에 섭하는 것이 아니다. 여섯만이 오직 있을 뿐이다〉. 同異句者 有多常法 能令實等 有同異故〈十句論師 開此爲四 一 異句 能令法別 二 有能句 助和合句 能與諸果 其因令生 三 無能句 遮生餘果 四 俱分句 遍在實德業 亦同亦異故 未生 已滅 更互 不會 畢竟 五無 彼論立爲第十無說句 無體可說故 非六句攝 六唯有故〉"라고 하였다. 이를 통해 보자면, 십구의 중 유능·무능·구분은 이구의(異句義)에서 열려 나온 것이므로 『십구의론』 역시 칠구의설과 연관된다고 볼 수 있겠다. 단, 태현은 무설구의의 체(體)가 없는 것이라 여기므로 정통의 육구의가 승론의 주장이라고 보고 있다. 〔참고문헌〕『十句義論』, 『成唯識論學記』. ⇨ 육구의 六句義, 무설구의 無說句義, 바이세쉬카 Vaiśeṣika

칠구지 七俱胝 ❶ 7억. 구지는 억(億)을 뜻하는 범어 코티(koṭi)의 음사어. 『사동자삼매경』 권중(대정장12, p.939b28)에 "이 화부신통덕보살마하살은 염부단의 황금으로 장식한 연꽃수레에 당당하게 앉아서 이러한 신통을 보이고 나유타중생을 교화하여 아라한과를 증득하게 하였고 … 또한 칠구지중생이 무생법인에 머물도록 하였다. 此華敷神通德菩薩摩訶薩 在於閻浮檀金輦輿中 儼然而坐 所作神通 以如是等 教化那由他衆生 證於阿羅漢果 … 復有七俱胝衆生 令住無生法忍", 『일자정륜왕경』 권4(대정장19, p.214c27)에 "갠지즈강 옆이나 해안가에 여래의 한 뼘 크기 솔도파를 만들고 하나하나의 솔도파 앞에서 향과 꽃으로 공양하여 칠구지 번 염송하면 마지막에 탑에서 광명을 내뿜는다. 광명을 뿜은 후에 그 광명이 진언행자에게 들어오면 몸이 사라진다. 於恒河側 或於海岸 作如來一磔量窣堵波 於一一窣堵波前 以香華而供養 誦七俱胝遍 則末後塔放光 放光已 其光入行者身隱沒"라고 하였다. 〔참고문헌〕『四童子三昧經』, 『一字頂輪王經』. ⇨ 구지 俱胝❶ ❷ 준제관음의 별호인 칠구지불모(七俱胝佛母)의 약칭. ⇨ 칠구지불모 七俱胝佛母

칠구지불모 七俱胝佛母 Ⓢ Saptakoṭibuddhamātṛkā. 태장만다라 불모원(佛母院)의 7존 중 한 분. 준제관음(准提觀音 Ⓢ Cuṇḍī, Cundī)의 다른 이름(異名)이다. 연화부(蓮華部)의 부모(部母)로서 연화부 제존의 공덕을 관장한다. 칠구지는 칠억(七億)이라는 뜻으로 관세음보살의 광대한 덕을 나타낸다. 종자는 बु(bu), 밀호는 최승금강(最勝金剛), 삼매야형(三昧耶形)은 설법인(說法印), 진언은 준제관음과 같다. 『칠구지불모소설준제다라니경』(대정장20, p.183b21)에 "마음에 집중하고 다른 대상을 반연하지 말고 자신이 본존의 신체와 동일하게 상호를 구족하였다고 관상한다. 또한 몸 앞의 단에서 칠구지불모와 권속이 둘러싸고서 분명하게 마주 보고 있다고 관상하면서 진언의 사바하 자를 칭념할 때마다 동시에 염주 한 알씩 옮긴다. 心專注 不異緣 觀自身同本尊身相好具足 又於身前壇中 觀想七俱胝佛母與眷

屬圍遶 了了分明對坐 每稱娑嚩賀字 同時移一珠", 『칠구지불모준제대명다라니경』(대정장20, p.175a20)에 "만약 본존인 칠구지불모의 형상이 있다면 만다라에서 얼굴은 서쪽을 향하게 안치한다. 본존이 없다면 제불의 형상·사리·대승경전을 공양해도 된다. 백단향을 갈아 여덟 만다라에 바르는데 마치 보름달 또는 팔엽의 연꽃과 같이 한다. 若有本尊七俱胝佛母形像 安置曼荼羅中面向西 若無本尊 有諸佛像舍利及大乘經典供養亦得 磨白檀香 塗作八角曼荼羅 猶如滿月 或似八葉蓮華", 『준제정업』 권1(卍속장104, p.735b16)에 "다시 칠구지불모의 입에서 칠구지다라니 문자가 나오고 글자마다 오색의 광명을 방출하여 행자의 입속으로 들어와서 마음의 달 속에 오른쪽으로 돌아가며 안치한다고 마음으로 관상한다. 삼마지유가관행을 닦고 낱낱의 문자의 뜻을 자세히 관상하여 마음과 상응하면 이것을 삼마지염송이라 한다. 又以自心想七俱胝佛母口中 出七俱胝陀羅尼文字 字字放五色光 入行者口裏 安自心月中 右旋布置 卽作三摩地瑜伽觀行 及諦觀一一字義 與心相應 此名三摩地念誦"라고 하였다. [참고문헌] 『七俱胝佛母所說准提陀羅尼經』, 『七俱胝佛母准提大明陀羅尼經』, 『準提淨業』. ⇨ 준제관음 准提觀音, 준지관음 准胝觀音, 비구지관음 毘俱胝觀音

칠구지불모대준제보살진언 七俱胝佛母大准提菩薩眞言 준제관음(准提觀音 Ⓢ Cuṇḍī)의 진언. 줄여서 준제진언(准提眞言)이라고 한다. 칠구지불모(七俱胝佛母 Ⓢ Saptakoṭibuddhamātṛkā)는 준제관음을 달리 일컫는 이름이다. 『준제정업』 권1(卍속장104, p.736b17)에 "나무칠구지불모대준제보살〈세 번 부른다〉. … 나무 삽다남 삼막삼보타 구지남 달니야〈두 소리 합함〉타 옴 절례주례 준제 사바〈두 소리 합함〉하 부림 〈이 준제진언은 대륜일자주와 더불어 송하되 반드시 108번을 채워야 한다. 혹은 오백 변 내지 천 변을 한다〉. 南無七俱胝佛母大准提菩薩〈三稱〉 … 南無颯哆喃三藐三菩馱俱胝喃怛你也〈二合〉他 唵折隸主隸准提娑婆〈二合〉訶 部林〈二合〉〈此准提眞言 與大輪一字呪同誦 要滿一百八遍 或五百遍 以至千遍〉"라고 하였다. [참고문헌] 『準提淨業』, 『百丈淸規證義記』 권3(卍속장111, p.628a4). ⇨ 준제진언 准提眞言, 칠구지불모 七俱胝佛母, 준제관음 准提觀音

칠구지불모소설준제다라니경 七俱胝佛母所說准提陀羅尼經 Ⓢ Āryacundīdevī-nāma-dhāraṇī, Ⓣ 'phags-pa lha-mo bskul-byed-ma shes-bya-ba'i gzungs. 1권. 당대 불공(不空) 한역. 1권. 고려장36, pp.1115a1~1123b20, No.1338·대정장20, pp.178c10~185a3, No.1076에 수록되어 있고, 티베트역본(北京版 No.188)도 전한다. 줄여서 『칠구지불모다라니』·『준제다라니』라고도 한다. 동본이역으로 금강지(金剛智) 한역 『칠구지불모준제대명다라니경 七俱胝佛母准提大明陀羅尼經』(대정장20, No.1075)과 지바가라(地婆訶羅) 한역 『칠구지불모심대준제다라니경 七俱胝佛母心大准提陀羅尼經』(대정장20, No.1077)이 있다. 잡밀계통의 의궤이며 십팔도차제(十八道次第)의 염송법에 따라 한역되었다. 칠구지불모다라니의 공덕과 작단법·호마법·화상법·염송의궤를 해설하는 내용이다. ⇨ 칠구지불모준제대명다라니경 七俱胝佛母准提大明陀羅尼經

칠구지불모심대준제다라니경 七俱胝佛母心大准提陀羅尼經 Ⓢ Āryacundīdevī-nāma-dhāraṇī, Ⓣ 'phags-pa lha-mo bskul-byed-ma shes-bya-ba'i gzungs. 당대 지바가라(地婆訶羅) 한역. 1권. 잡밀계통의 의궤. 고려장11, pp.1243a1~1244c18, No.314·대정장20, pp.185a9~186b3, No.1077에 수록되어 있고, 티베트역본(北京版 No.188)도 전한다. 불공(不空) 한역 『칠구지불모소설준제다라니경 七俱胝佛母所說准提陀羅尼經』(대정장20, No.1076)과 금강지(金剛智) 한역 『칠구지불모준제대명다라니경 七俱胝佛母准提大明陀羅尼經』(대정장20, No.1075)과 동본이역이지만 내용에 차이가 있다. 나머지 두 의궤와 달리 4종 호마법과 화상법이 없고, 경궤 서두에 다라니가 먼저 나온 후에 작단법과 주법이 서술되어 있다. 지바가라삼장이 대명주장(大明呪藏) 6만 게송 중에서 뽑아 역출하였다는 기록이 있다. ⇨ 칠구지불모준제대명다라니경 七俱胝佛母准提大明陀羅尼經

칠구지불모존 七俱胝佛母尊 ➡ 칠구지불모 七俱胝佛母

칠구지불모준제대명다라니경 七俱胝佛母准提大明陀羅尼經 Ⓢ Ārya-cundedevī-nāma-dhāraṇī, Ⓣ 'phags-pa lha-mo bskul-byed-ma shes-bya-ba'i gzungs. 당대 금강지(金剛智) 한역. 1권. 잡밀(雜密) 불모부(佛母部)에 속하는 준제법(准提法). 고려장11, pp.1245a1~1252b9, No.315·대정장20, pp.173a4~178c7, No.1075에 수록되어 있고 티베트역본(北京版 No.188)도 전한다. 줄여서 『준제대명다라니 准提大明陀羅尼』라고 한다. 불공(不空) 역 『칠구지불모소설준제다라니경 七俱胝佛母所說准提陀羅尼經』(대정장20, No.1076)과 구분하기 위해 『금강지의궤 金剛智儀軌』라고도 한다. 불공 역본과 동본이역으로서 대동소이하지만 포자법(布字法)과 염송법에 차이가 있고, 지물(持物)의 형상도 다르다. 세존께서 기수급고독원에서 미래중생을 위해 불모준제다라니를 설하시면서 시작한다. 다음으로 다라니를 외우는 공덕을 나타내고 불상과 탑 앞에 청정한 땅을 골라 단(壇)을 만들고 병(甁)을 안치하여 다라니를 염송하는 칠구지불모준제다라니염송법을 설한다. 염송관행의 공양순서는 다음과 같다. 불부삼매야계(佛部三昧耶契)·연화부삼매야계(蓮華部三昧耶契)·금강부삼매야계(金剛部三昧耶契)·준제불모근본신계(准提佛母根本身契)·벽제일체천마악귀신등계(辟除一切天魔惡鬼神等契)·결지계궐계(結地界橛契)·결장계계(結牆界契)·결망계(結網契)·결다화원대계계(結多火院大界契)·결차노계(結車輅契)·결앙청성자계(結仰請聖者契)·결연화좌계(結蓮華坐契)·결알가계(結遏迦契)·결세욕계(結洗浴契)·결도향계(結塗香契)·결화만계(結華鬘契)·결소향계(結燒香契)·결공양식음계(結供養食飮契)·결등계(結燈契)·결포자계(結布字契)·제이근본계(第二根本契)·결방수주계(結捧數珠契)·파수주계(把數珠契)를 행하고 삼마지관념포자(三摩地觀念布字)의 준제구원관상법(准提求願觀想法)·선지가법(扇底迦法)·포슬치가법(布瑟置迦法)·벌시가라나법(伐施迦羅拏法)·아비차로가법(阿毘遮魯迦法)을 행하고 마지막으로 칠구지불모준제화상법(七俱胝佛母准提畵像法)을 설한다. ⇨ 칠구지불모소설준제다라니경 七俱胝佛母所說准提陀羅尼經, 칠구지불모심대준제다라니경 七俱胝佛母心大准提陀羅尼經

칠국왕 七國王 부처님께서 열반하신 후 사리를 분배받으려고 한 일곱 나라의 왕.『대반열반경』권하(대정장1, p.207b3)에 "나머지 일곱 나라의 왕과 비야리 및 모든 리차족 등도 사신을 보내는 법으로 모두 이와 같이 하였다. 이때 바라문·장자·거사들도 각각 서신을 보내 역사에게 말하였다. '세존은 또한 우리들의 스승이니 원컨대 가엾이 여기시어 사리를 분배하여 주소서'. 餘七國王 及毗耶離 諸離車等 遣使之法 皆亦如是 時婆羅門長者居士 亦各遣信 白力士言 世尊亦是 我等之師 願能哀愍 賜舍利分",『불소행찬』권5(대정장4, p.52b24)에 "저 모든 역사들이 사리를 받들어 모시고자 훌륭하고 묘한 향과 꽃으로 위없는 공양을 하네, 이때 일곱 나라의 왕들도 부처님께서 이미 멸도하셨음을 받아들이고서는 받들어 사자와 역사를 보내서 부처님의 사리를 청하여 구하였네. 彼諸力士衆 奉事於舍利 以勝妙香花 興無上供養 時七國諸王 承佛已滅度 遣使詣力士 請求佛舍利"라고 하였다. [참고문헌]『大般涅槃經』,『佛所行讃』.

칠귀 七貴 7대째 세습을 유지한 귀족. 오후(五侯)와 함께 쓰기도 한다.『당호법사문법림별전』권상(대정장50, p.202b9)에 "중관을 가려 말할 때는 용수를 기약할 만하였고, 자연을 이야기할 때는 노장이 멀지 않았다. 이때 사방에서 섞여 흘러들어 오니, 저 장자(급고독)의 원림과 같았다. 칠귀가 어수선하도록 많아 화음산 앞(張楷 만나려 모여든) 공초시(公超市) 같았다. 辯中觀則龍樹可期 談自然則老莊非遠 於是四方雜沓 如歸長者之園 七貴紛綸 若赴華陰之市",『당고승전』권6「승밀전 僧密傳」(대정장50, p.472a9)에 "오중이 종사로 받들고, 칠귀들이 공경하며 특별히 여겼다. 五衆宗推 七貴敬異",『비구니전』권3「담철니전 曇徹尼傳」(대정장50, p.942a19)에 "고관대작의 부녀들이 낮추어서 공경을 갖추지 않는 이가 없었다. 五侯七貴婦女 以下莫不修敬",『북산록』권7(대정장52, p.617c13)에 "한의 칠귀〈김일제(金日磾)와 장안세(張安世)의 일족으로 7대째 귀족으로 번성한 무리이다. … 〉의 재주가 어찌 양마〈양웅의 자는 자운이고『태현경』·『법언』·『방언』등을 저술하였다. 사마상여의 자는 장경이고,「봉선문」·「문부」등을 지었다〉를 넘어서겠는가. 漢之七貴〈金張之族 七代貴盛也 … 〉才 豈出於揚馬〈揚雄 字子雲 著大玄經 法言方言等 司馬相如 字長卿 著封禪文文賦等〉"라고 하였다. [참고문헌]『唐護法沙門法琳別傳』,『唐高僧傳』,『比丘尼傳』,『北山錄』.

칠귀신 七鬼神 ❶ 역질을 퍼트리는 일곱 귀신. 이 귀신들의 이름을 부르는 등만으로 치병효험이 있다 하였다.『단온경』(卍속장150, p.768b12)에 "그때 시방제불과 모든 대보살, 일체현성승이 내가 설하는 금강비밀주를 들었으며, 또한 칠귀신의 이름을 들었으니, 몽다난귀·아거니귀·니거시귀·아가나귀·파라니귀·아비라귀·파제리귀다. 너희들은 마땅히 알라. 이 신의 이름을 생각하여 떠올리면 순식간에 멀리 벗어나기에 침해할 수 없다. 그 사람이 입었던 독기가 두루 모두 사라져 흩어지면, 금강밀적을 얻고 그 몸이 안락케 되니 어떠한 환란도 없다. 爾時十方諸佛 諸大菩薩 一切賢聖僧 聞我說金剛秘密呪 亦說七鬼神名字曰 夢多難鬼 阿佉尼鬼 尼佉尸鬼 阿伽那鬼 波羅尼鬼 阿毗羅鬼 婆提梨鬼也 汝等當知此神名思念 速疾遠離 不敢侵害 其人所被毒氣 普皆消散得金剛密迹 其身安樂 無諸患難",『각온황신주경』(卍속장3, p.777a1)에 "부처님께서 말씀하셨다. '이 칠귀신주의 이름과 글자는 이와 같다. 만약 사람이 열병에 걸렸을 때 칠귀신의 이름을 부르며「빨리 가라, 빨리 가라」고 하면 오래 머물지 못한다. 佛言 是七鬼神呪名字如是 若人熱病時 當呼七鬼神名字 言疾去疾去 莫得久住"라고 하였다. [참고문헌]『斷溫經』,『卻溫黃神呪經』. ⇨ 몽다난귀 夢多難鬼 ❷ 사람 사는 곳에 머물며 마구니로부터 보호해주는 일곱 귀신.『관정경』권7(대정장21, p.516a1)에 "부처님께서 말씀하셨다. '범인의 거주처에는 항상 칠귀신이 있어서 사람들을 위호해준다. 어떤 것들인가? 다뢰치·승가리·파마사·지파나·담파라·미수다·기나사다. 이 일곱 신은 사람이 머무는 집에 도장을 찍어두는데, 모든 마구니가 나쁜 마음을 부리려고 할 때 이 신의 도장을 보거나 들으면 흩어져 달아난다'. 佛言凡人所居處 常有七鬼神 爲人作衛護 何等是耶 神名多賴

哆 神名僧伽履 神名婆摩斯 神名坻婆那 神名曇婆羅 神名彌輪多 神名耆那舍 是七神者 印人宅中 諸魔行惡心者 聞見此神印 卽散而走"라고 하였다. [참고문헌]『灌頂經』.

칠규 七竅 ❶얼굴에 있는 일곱 구멍. 눈·코·귀 각각에 입 하나를 합한 것.『대보적경』권96(대정장11, p.541a24)에 "팔만 모공은 저 어지러운 풀이 뒤덮은 듯하고, 오근과 칠규는 부정함으로 가득하다. 八萬毛孔 如亂草覆 五根七竅 不淨盈滿",『광홍명집』권22「난범진신멸론 難范縝神滅論」(대정장52, p.253c20)에 "이 두 물(形·神)이 서로 떨어질 수 없다면, 칠규와 백체가 자리함에 신 아님이 없으리. 칠규가 쓰임이 이미 다르고, 백체로 꾀하는 바는 하나가 아니다. 此二物不得相離 則七竅百體 無處非神矣 七竅之用旣異 百體所營不一",『능엄경의소석요초』권2(卍속장16, p.887b5)에 "칠규는 눈귀코 세 쌍과 입이다. 七竅者 眼耳鼻三雙及口也"라고 하였다. [참고문헌]『大寶積經』,『廣弘明集』,『楞嚴經義疏釋要鈔』,『法苑珠林』권48(대정장53, p.653b16). ❷성인의 마음(심장)에 난 일곱 개의 구멍. 주왕(紂王)이 비간(比干)의 배를 가른 고사에 따르며 출전은『사기 史記』「은본기 殷本紀」다.『절의론』권2(대정장52, p.805a13)에 "비간은 주왕의 숙부다. 직언으로 주왕에게 간하자, 주왕이 '내가 듣기로는 성인의 마음에는 일곱 개의 구멍이 있다 하더이다'라고 말하고는, 이내 배를 갈라 심장을 꺼내 보니 죽고 말았다. 比干 紂叔父也 以直言諫紂 紂曰 吾聞聖人心有七竅 乃剖腹觀心而死",『금강경석주』(卍속장40, p.184a17)에 "혜안이란 성인의 마음에 일곱 구멍이 있어서 하나를 들으면 천 가지를 깨달으니, 이런 지혜안을 말한다. 慧眼者 聖人之心有七竅 一聞千悟 此智慧眼也",『사분율행사초간정기』권9(卍속장68, p.592a10)에 "마음에는 예리함과 둔함의 차이가 있다. 상근인의 마음에 일곱 구멍이 있는데 모양이 저 연꽃과 같다. 둔한 이는 하나 또는 둘이거나 아예 없다. 心有利鈍 若上根人心有七竅 狀如蓮華 若鈍者 或一或二或無"라고 하였다. [참고문헌]『折疑論』,『金剛經石注』,『四分律行事鈔簡正記』.

칠극미 七極微 Ⓢsapta paramāṇavaḥ. 일미(一微)의 취(聚)가 되는 일곱 개의 극미. 아누(阿耨 Ⓢaṇu) 또는 일나색(一拏色)이라 한다.『구사론』권12(대정장29, p.62b1)에 "[논] 극미는 처음이 되고 지절은 나중이 되는데, 뒤의 것들은 모두 7배씩 늘어남을 응당 알아야 하니, 칠극미는 일미의 양이 된다는 말이다. 論曰 極微爲初 指節爲後 應知 後後皆七倍增 謂七極微 爲一微量",『성유식론요의등』권2(대정장43, p.691b5)에 "유종(설일체유부)에서는 '칠극미로 하나의 나색을 이룬다'라고 한다. 有宗云 以七極微 成一拏色",『구사론기』권12(대정장41, p.192c18)에 "칠극미로 일미의 크기가 되어 미세하게 모여 드러난 것을 범어로는 아토(阿菟)라 하고 미라 이름한다. 눈으로 볼 수 있는 색 가운데 가장 미세하다 … 또 어떤 설에 따르면, 칠미는 하나의 수진이 된다고 한다. 七極微 爲一微量 微顯細聚 梵云阿菟 此名微 眼見色中最微細也 … 又有一說 七微成一水塵",『법화경문구보정기』권4(卍속장45, p.142b6)에 "칠극미는 일미의 양이 되는데, 천안으로나 전륜성왕이 볼 수 있다. 七極微 爲一微量 天眼輪王之所見矣"라고 하였다. [참고문헌]『俱舍論』,『成唯識論了義燈』,『俱舍論記』,『法華經文句輔正記』, *Abh-k-bh.176*. ⇨ 아누 阿耨❶, 인허 隣虛, 극미 極微, 진 塵❶

칠근 七根 ❶안근(眼根)·이근(耳根)·비근(鼻根)·설근(舌根)·신근(身根)의 오근(五根:五色根)과 남근·여근의 일곱 가지 근. 칠색근(七色根)이라고도 한다.『잡아비담심론』권8(대정장28, p.940b23)에 "'색종의 근에 일곱 가지가 있다'란 무슨 말인가? 안근 등 일곱 가지 근은 색이고, 나머지는 색이 아니다. 色種根有七者 眼等七根是色 餘者非色",『구사론송소론본』권3(대정장41, p.836a19)에 "유색이란 칠색근을 말한다. 안근 등 다섯 가지 근과 여근·남근의 이런 일곱 가지 근은 색온에 포함되므로, 유색이라고 한다. 言有色者 謂七色根 眼等五根 及女根 男根 此之七根 是色蘊攝 名爲有色"라고 하였다. [참고문헌]『雜阿毘曇心論』,『俱舍論頌疏論本』. ❷오근(五根:信 精進 念 定 慧)에 의근(意根)과 사근(捨根)을 더한 것. 오근은 37조도품 중 오력(五力)에 상응한다.『대비바사론』권148(대정장27, p.759a29)에 "몇 근이 사라짐과 일어남이 길이 끊어져야 예류과를 얻는가? 답한다. 근이 길이 끊어짐은 없고, 일곱 근이 사라졌다 일어났다 한다. 한 번은 사라져 일어나지 않다가 한 번은 일어나 사라지지 않으며 예류과를 얻는다. 일곱 근이 사라졌다 일어났다란, 일곱은 의·사와 신 등의 오근이다. 사라짐은 이 일곱이 무간도에 거둬짐이고, 일어남은 이 일곱이 해탈도에 거둬짐이다. 幾根永斷滅起 得預流果 答 無根永斷 七根滅起 一滅不起 一起不滅 得預流果 七根滅起者 七謂意捨 信等五根 滅謂此七無間道攝 起謂此七解脫道攝",『구사석론』권2「분별근품 分別根品」(대정장29, p.176c5)에 "사다함과는 어떤 사람이 차제로 닦아 바야흐로 얻되 만약 세간도에 의지하면 이 과는 칠근으로 말미암아 얻는데, 신 등의 오근과 아울러 사·의 두 근이다. 만약 출세도에 의지하면 이 과는 팔근으로 말미암아 얻는데 일곱은 앞과 같고 지근이 여덟 번째가 된다. 斯陀含果 若人次第修方得 若依世間道 此果由七根得 信等五根 幷捨意二根 若依出世道 此果由八根得 七如前 知根爲第八"라고 하였다. [참고문헌]『大毘婆沙論』,『俱舍釋論』,『雜阿毘曇心論』

권8(대정장28, p.941b24). ⇨ 오근 五根❷

칠근법 七勤法 Ⓟ satta niddesavatthūni. 힘써 닦아야 하는 일곱 가지 법. 『장아함경』 권8 「중집경 衆集經」(대정장1, p.52a29)에 “다시 일곱 가지 법이 있으니 칠근법이라고 한다. 첫째 비구는 계행에 부지런히 힘써야 한다. 둘째 탐욕을 없애기 위해 힘써야 한다. 셋째 삿된 견해를 깨뜨리기에 힘써야 한다. 넷째 부처님의 말씀을 많이 듣도록 힘써야 한다. 다섯째 정진에 힘써야 한다. 여섯째 정념에 힘써야 한다. 일곱째 선정에 힘써야 한다. 復有七法 謂七勤法 一者 比丘勤於戒行 二者 勤滅貪欲 三者 勤破邪見 四者 勤於多聞 五者 勤於精進 六者 勤於正念 七者 勤於禪定”라고 하였다. 〔참고문헌〕『長阿含經』, *DN.3.283.*

칠금산 七金山 Ⓢ sapta kāñcana-parvatāḥ, Ⓣ gser-gyi-ri-bdun-po. 구산팔해(九山八海) 중에서 수미산 주위를 둘러싼 일곱 겹의 금산. 유건달라산(踰健達羅山 Ⓢ Yugandhara : 持雙山)·이사다라산(伊沙陀羅山 Ⓢ Īśādhara : 持軸山)·걸지락가산(朅地洛迦山 Ⓢ Khadiraka : 檐木山)·소달리사나산(蘇達梨舍那山 Ⓢ Sudarśana : 善見山)·알습박갈나산(頞濕縛羯拏山 Ⓢ Aśvakarṇa : 馬耳山)·비나탁가산(毘那矺迦山 Ⓢ Vinataka : 象耳·有障礙山)·니민달라산(尼民達羅山 Ⓢ Nimindhara : 持山·魚名山)을 말하며, 모두 금으로 이루어졌기에 금산이라고 한다. 『법집명수경』(대정장17, p.662a26)에 “어떤 것이 칠금산인가? 지쌍산·지축산·첨목산·선견산·마이산·상비산·어자산이다. 云何七金山 所謂持雙山 持軸山 檐木山 善見山 馬耳山 象鼻山 魚觜山”, 『유가사지론』 권2(대정장30, p.286c27)에 “중품이 칠금산이 되었으니, 즉 지쌍산·비나탁가산·마이산·선견산·걸달락가산·지축산·니민달라산이다. 이 산들은 그 봉우리가 줄지어 늘어서 있으며, 각각 형상에 따라 달리 이름 붙여졌고, 수미산을 에워싸고서 차례로 서 있다. 수미산의 크기와 높이는 팔만유선나이고, 너비 역시 이와 같으며, 아래로 물속에 잠긴 부분의 크기 또한 그러하다. 또 지쌍산은 그것의 반이며, 이것으로부터 차례로 그 나머지 여섯 개의 금산은 그 크기가 점차 줄어들어 각각 그것의 반이다. 若中品性者 成七金山 謂持雙山 毘那矺迦山 馬耳山 善見山 朅達洛迦山 持軸山 尼民達羅山 如是諸山 其峯布列 各由形狀 差別爲名 繞蘇迷盧 次第而住 蘇迷盧量高 八萬踰繕那 廣亦如之 下入水際量亦復爾 又持雙山等彼之半 從此次第 餘六金山 其量漸減 各等其半”라고 하였다. 〔참고문헌〕『法集名數經』, 『瑜伽師地論』, 『俱舍論』 권11(대정장29, p.57b13), *Dharm-s.338.*, *Yogā-bh.38.* ⇨ 구산팔해 九山八海, 유건달라 踰健達羅, 이사다라산 伊沙陀羅山, 갈지라 羯地羅❷, 소달리사나산 蘇達梨舍那山, 알습박갈나산 頞濕縛羯拏山, 비나탁가 毘那矺迦, 니민달라산 尼民達羅山

칠금칠종 七擒七縱 일곱 번 사로잡고 일곱 번 놓아주다. 제갈공명(諸葛孔明)과 맹획(孟獲) 사이에 있었던 고사로 칠종칠금(七縱七擒)·칠금종이라고도 한다. 『별봉인선사어』(속고존숙어요6, 卍속장119, p.146b5)에 “모든 부처님 삼세로 시방으로 설하시고 조사와 부처 온전히 끌고 반쯤 끌기도 하네. 방편으로 때 묻은 옷 걸쳐 애초에 실법 없지만, 일곱 번 사로잡고 일곱 번 놓아주되 아름답지 않은 방편 쓰니, 어찌 얻어 그칠 일 있겠는가. 諸佛橫說竪說 祖佛全提半提 權掛垢衣 初無實法 七擒七縱 用不祥之器 豈得已哉”, 『연등회요』 권16 「보현원소장 普賢元素章」(卍속장136, p.698a17)에 “병졸은 승인 있어야 구르니 삼천리 밖 전쟁의 자취 끊어졌고, 장수마저 전갈 따라 가버리니 이륙시중에 걸칠 것 없이 하네. 쇠깃발 쇠북 칠 일 없이 저절로 풀들 눕고 바람 또한 지나가네. 어찌 수고로이 일곱 번 잡고 일곱 번 놓아주나. 곧바로 얻을 뿐이어서 불복이란 생각마저 없다. 兵隨印轉 三千里外絶煙塵 將逐符行 二六時中淨躶躶 不用鐵旗鐵鼓 自然草偃風行 何須七縱七擒 直得無思不服”라고 하였다. 〔참고문헌〕『別峯印禪師語』, 『聯燈會要』.

칠나락가 七棕落迦 Ⓢ sapta narakāḥ. 일곱 가지 나락가(Ⓢ naraka : 地獄). 나락가(那落迦)라고도 쓴다. 『구사론』 권11(대정장29, p.58b11)에 “칠나락가는 무간지옥 위에 겹겹이 쌓여있다. 그 일곱 가지는 무엇인가? 첫째 극열(Ⓢ Pratāpana)지옥, 둘째 염열(Ⓢ Tāpana)지옥, 셋째 대규(Ⓢ Mahāraurava)지옥, 넷째 호규(Ⓢ Raurava)지옥, 다섯째 중합(Ⓢ Saṃghāta)지옥, 여섯째 흑승(Ⓢ Kālasūtra)지옥, 일곱째 등활(Ⓢ Saṃjīva)지옥이다. 어떤 사람은 이렇게 말한다. ‘이 일곱 지옥은 무간지옥의 옆에 있다’. 七棕落迦 在無間上 重累而住 其七者何 一者 極熱 二者 炎熱 三者 大叫 四者 號叫 五者 衆合 六者 黑繩 七者 等活 有說 此七在無間傍”라고 하였다. 〔참고문헌〕『俱舍論』, *Abh-k-bh.163.* ⇨ 나락가 那落迦, 지옥 地獄

칠난 七難 일곱 가지 재난. 경전에 따라 여러 가지로 시설하였다. ❶『인왕경』에서 설하는 일곱 가지 재난. 같은 책 권2(대정장8, p.832c1)에 따르면 다음과 같다. 첫째는, ‘해와 달이 법도를 잃어 시절의 반역이다. 붉은 해나 검은 해가 뜨거나, 여러 개의 해가 동시에 뜨거나, 일식이 일어나거나, 해 무리가 여러 겹으로 나타나는 변괴이다. 日月失度 時節返逆 或赤日出黑日出 二三四五日出 或日蝕無光 或日輪一重 二三四五重輪現 … 爲一難也’. 둘째는, ‘28수가 궤도를 잃어, 금성·화성·

혜성·남두·북두 등의 큰 별과 각 나라의 주성·삼공성·백관성 등 모든 별들 각각으로 변현한다. 二十八宿失度 金星 彗星 輪星 鬼星 火星 水星 風星 刀星 南斗 北斗 五鎭大星 一切國主星 三公星 百官星 如是諸星 各各變現 … 爲二難也'. 셋째는, '큰 불이 온 나라와 만백성을 다 태우거나, 귀신의 불·사람의 불·나무의 불·도적의 불 등 온갖 화재가 일어나는 난이다. 大火燒國 萬姓燒盡 或鬼火 龍火 天火 山神火 人火 樹木火 賊火 … 爲三難也'. 넷째는, '홍수에 백성이 떠내려가고, 겨울비·여름날의 눈·겨울날의 우레와 번개, 유월에 얼음이 얼고 서리와 우박과 적수 등이 내리고, 토산과 돌산이 무너지고, 강물이 역류하며 산이 뜨고 돌이 흘러 내려가는 난이다. 大水漂沒百姓 時節返逆 冬雨夏雪 冬時雷電霹靂 六月雨氷霜雹 雨赤水 黑水 靑水 雨土山石山 雨沙礫石 江河逆流 浮山流石 … 爲四難也'. 다섯째는, '큰 바람이 불어 만백성과 국토의 산과 물·나무를 죽이고, 적절한 시기가 아닌 때에 큰 바람·검은 바람·불의 바람 등이 부는 난이다. 大風吹殺萬姓 國土山河樹木一時滅沒 非時大風 黑風 赤風 靑風 天風 地風 火風 … 爲五難也'. 여섯째는, '하늘·땅·국토가 불로 온갖 풀을 태우고, 심한 가뭄으로 오곡이 익지 못하고, 토지가 모두 타들어가고 만백성이 없어지는 난이다. 天地國土亢陽炎火洞燃 百草亢旱 五穀不登 土地赫然 萬姓滅盡 … 爲六難也'. 일곱째는, '사방에서 적이 침입하고 안팎으로 적이 일어나고, 불의 도적·물의 도적·바람의 도적·귀신의 도적 등으로 인해 백성이 혼란스러워지고 도병겁이 일어나는 난이다. 四方賊來侵 國內外賊起 火賊 水賊 風賊 鬼賊 百姓荒亂 刀兵劫起 … 爲七難也', 『인왕반야경소』 권하5(대정장33, p.354c21)에 "처음에는 크게 법력으로 칠난을 멸하고 칠복을 일어남을 밝혔다. … 칠난이란 무엇인가? 첫째는 해와 달이 길을 잃는다. 둘째는 별자리가 바뀐다. 셋째는 불의 재난, 넷째는 물의 재난, 다섯째는 바람의 재난, 여섯째는 가뭄난, 일곱째는 도적으로 인한 재난이다. 初總明法力 能爲滅七難 能生七福 … 言七難者 一 日月失度 二 星宿變異 三 火災 四 水災 五 風災 六 旱災 七 賊"라고 하였다. 〔참고문헌〕『仁王經』, 『仁王般若經疏』. **2**『약사여래본원경』에 설한 일곱 가지 재난. 같은 책(대정장14, p.404a12)에 "관정찰리왕 등에게 만약 난이 일어날 때가 있으니, 백성들이 역병에 걸리는 재난·타국에서 침략하여 핍박하는 재난·자국 내서 반란이 일어나는 재난·별자리가 괴이해지는 재난·일식이나 월식이 일어나는 재난·적절한 때가 아닌데 비바람이 부는 재난·오랫동안 비가 오지 않는 재난이다. 이때 관정찰리왕은 마땅히 일체중생에게 자민심 일으켜 모든 얽어맨 일들 풀어준다. 灌頂刹利王等 若災難起時 所謂人民疾疫難 他方侵逼難 自界反逆難 星宿變怪難 日月薄蝕難 非時風雨難 過時不雨難 爾時 此灌頂刹利王 當於一切衆生 起慈愍心 赦諸繫閉". 〔참고문헌〕『藥師如來本願經』. **3**『법화경』「관세음보살보문품 觀世音菩薩普門品」에서 설한 일곱 가지 재난. 같은 책 권7「관세음보살보문품」(대정장9, p.57c17)에 따르면, 불구덩이에 드는 난·바다에 표류하는 난·나찰귀의 난·죄를 지어 형을 집행 받는 난·귀신의 난·감옥에 갇히는 난·원수와 도적에 의한 난을 말한다(假使興害意 推落大火坑 念彼觀音力 火坑變成池 或漂流巨海 龍魚諸鬼難 念彼觀音力 波浪不能沒 … 或値怨賊繞 各執刀加害 念彼觀音力 咸卽起慈心 遭王難苦 … 或囚禁枷鎖 手足被杻械 念彼觀音力 釋然得解脫 … 或遇惡羅刹 毒龍諸鬼等 念彼觀音力 時悉不敢害). 또 『관음의소』 권상(대정장34, p.923b13)에 "〔문〕 난들이 아주 많은데 무슨 뜻에서 일곱이라 하는가? 〔답〕 대개 사람의 몸으로 드러나는 것에는 여섯 가지가 있어서 돌이켜보면 여섯 가지로 몸을 해친다. 마치 사람들이 저 일곱 가지 어려움을 함께 겪으며 살기 때문이다. 다시 일곱 가지로 난을 삼을 뿐이라 해서 이제 칠난을 가지런히 가져다 쓴다. 여섯 가지만을 표하면 화난·수난·풍난으로 곧 몸 안의 삼종을 표하고, 도장난·가쇄난으로 지종의 난을 표하며, 귀난·적난·왕난 등은 식종의 난을 표하고, 삼천대천세계는 공종의 난을 표한다. 問 諸難衆多 何意取七耶 答 此有所表 人以六種成身 還以六種自害 如人共七難同住 復以七爲難 今通用

〈표〉 칠난

경전	칠난
『인왕경 仁王經』	일월실도난日月失度難(일월이변日月異變)
	성수실도난星宿失度難(별이변星異變)
	재화난災火難
	우수난雨水難
	악풍난惡風難
	항양난亢陽難(가뭄)
	악적난惡賊難
『약사경 藥師經』	인민질역난人民疾疫難(역병疫病)
	타방침핍난他方侵逼難
	자계반역난自界叛逆難(내란內亂)
	성수변괴난星宿變怪難(별이변星異變)
	일월박식난日月薄蝕難(일월이변日月異變)
	비시풍우난非時風雨難(폭풍우)
	과시불우난過時不雨難(가뭄)
『법화경 法華經』「관음품 觀音品」	화난火難
	수난水難
	풍난風難
	도장난刀杖難
	악귀난惡鬼難
	가쇄난枷鎖難
	원적난怨賊難
『관음의소 觀音義疏』	화난火難
	수난水難
	나찰난羅刹難(악령난惡靈難)
	왕난王難(악왕폭역惡王暴逆)
	귀난鬼難(사령난死靈難)
	가쇄난枷鎖難
	원적난怨賊難
『다라니집경 陀羅尼集經』	왕난王難
	적난賊難
	수난水難
	화난火難
	나찰난羅刹難
	다기이귀난荼枳爾鬼難
	독약난毒藥難

七難等來 表六種也 火水風 卽表身內三種也 刀杖枷鎖 表地種也 鬼賊王等 表識種也 三千大千世界 表空種也"라고 하였다. [참고문헌]『法華經』, 『觀音義疏』. **4**『다라니집경』에서 설한 일곱 가지 난. 왕에게 핍박을 받는 난(王難)・도적의 난(賊難)・물의 재난(水難)・불의 재난(火難)・나찰의 난(羅刹難)・다기이귀의 난(荼枳儞鬼難)・독약의 난(毒藥難)을 말한다. [참고문헌]『陀羅尼集經』 권10(대정장18, p.870a6).

칠난즉멸칠복즉생 七難卽滅七福卽生 칠난이 곧장 사라지고 칠복이 바로 일어나다. 국왕에게 부촉한 일로 반야경을 수지독송하게 해서 일어나는 일이다. 『인왕경』 권하 「수지품 受持品」(대정장8, p.832b23)에 "모든 국왕에게 부촉하고 비구비구니와 청신남청신녀에게는 부촉하지 않습니다. 왜일까요? 왕력이 없기에 부촉치 않습니다. 그대들 마땅히 수지독송하며 그 의리를 풀어야 합니다. 付囑諸國王 不付囑比丘比丘尼 淸信男淸信女 何以故 無王力故 故不付囑 汝當受持讀誦 解其義理", "대왕이여, 내가 지금 교화시킨 것은 백억의 수미산과 백억의 해와 달입니다. 하나하나의 수미산에 사천하가 있고 그 남염부제에는 십육대국과 오백중국과 십천소국이 있습니다. 그 국토에는 일곱 재난이 있고, 모든 국왕은 이 재난 때문에 반야바라밀을 강독하니 칠난이 곧장 사라지고 칠복이 바로 일어나 만백성이 안락을 누리고 제왕은 환희합니다. 大王 吾今所化 百億須彌 百億日月 一一須彌 有四天下 其南閻浮提 有十六大國 五百中國 十千小國 其國土中 有七災難 一切國王 爲是難故 講讀般若波羅蜜 七難卽滅七福卽生 萬姓安樂 帝王歡喜"라고 하였다. [참고문헌]『仁王經』. ⇨ 칠난 七難, 칠복 七福

칠녀경 七女經 오(吳)대 지겸(支謙) 한역. 1권. 고려장19, pp.882b1~885a13, No.784・대정장14, pp.907c10~909b29, No.556에 수록되어 있다. 『칠녀본경 七女本經』이라고도 한다. 부처님께서 구류국(拘留國) 분유달수원(分儒達樹園)에 머무실 때 불법을 믿지 않고 탐욕과 인색에 물든 마하밀(摩訶蜜)이라는 바라문의 아름답지만 교만하고 사치스러운 일곱 딸(七女)을 교화하시고자 설하신 경이다. 과거세 국왕의 일곱 딸에 관한 인연을 설하시고 나서 여인들이 대부분 지옥에 떨어지는 까닭은 질투로 말미암는 경우가 많고, 이를 깨우쳐 마음이 반듯해지면 천상에 태어날 수 있다고 설했다. [참고문헌]『歷代三寶紀』 권5(대정장49, p.57b22), 『大唐內典錄』 권2(대정장55, p.228a23), 『開元釋敎錄』 권2(대정장55, p.488b20).

칠누진력 七漏盡力 Ⓟ satta khīṇāsavabalāni. 번뇌를 다하기 위해 증득해야 할 일곱 가지 법. 『장아함경』 권9 「십상경 十上經」(대정장1, p.54c9)에 "무엇이 일곱 가지 증득해야 할 법인가? 칠누진력을 말한다. 이에 번뇌를 다한 누진비구는 일체의 모든 고・집・멸・미과 출요에 대해 여실하게 알고 본다. 욕심이 불구덩이나 칼・도검과 같다고 관찰한다. 욕심을 알고 욕심을 보아 욕심에 탐착하지 않으며, 마음이 욕심에 머물지 않는다. 누진비구는 이것을 순역으로 관찰하여 여실하게 각지하고, 여실하게 본 후 세간의 탐욕・질투・악・불선법에 번뇌를 일으키지 않고 사념처를 닦는다. 많이 닦고 행하고 나서, 오근・오력・칠각의・현성의 팔정도를 많이 닦고 거듭 행한다. 云何七證法 謂七漏盡力 於是漏盡比丘於一切諸苦集滅味過出要 如實知見 觀欲如火坑 亦如刀劍 知欲見欲 不貪於欲 心不住欲 漏盡比丘逆順觀察 如實覺知 如實見已 世間貪嫉惡不善法不漏不起 修四念處 多修多行 五根 五力 七覺意 賢聖八道 多修多行"라고 하였다. [참고문헌]『長阿含經』, *DN.3.283.*

칠다라수 七多羅樹 Ⓢ sapta-tāla, Ⓟ satta-tāla. 다라수 일곱 그루만큼의 높이. 다라수는 야자나무이며, 높이 자라기에 높은 것을 재는 단위로 쓴다. 『법화경』 권6 「약왕보살본사품 藥王菩薩本事品」(대정장9, p.53c1)에 "말을 마치고 칠보대에 올라 허공으로 오르니 높이가 7다라수였다. 白已 卽坐七寶之臺 上昇虛空 高七多羅樹", 『사분율』 권31(대정장22, p.785b28)에 "이 기별을 듣고 나서 바로 뛰어올라 허공에 이르니 땅에서의 거리가 7다라수가 되었는데 머리카락은 여전히 그대로 땅을 덮고 있었다. 聞此別已 卽踊在空中 去地七多羅樹 髮猶布地如故"라고 하였다. [참고문헌]『法華經』, 『四分律』, *Saddh-p.409.*, *DN.3.27.* ⇨ 다라수 多羅樹

칠단루번뇌우척법 七斷漏煩惱憂慼法 유루의 번뇌인 우척을 끊는 일곱 가지 법. 『중아함경』 권2 「누진경 漏盡經」(대정장1, p.432a10 : *sabbāsava-sutta, MN. 1,* p.11)에 "칠단루번뇌우척법이 있으니, 무엇이 그 일곱인가? 어떤 루는 봄을 좇아 끊고, 어떤 루는 감쌈을 좇아 끊으며, 어떤 루는 떠남을 좇아 끊고, 어떤 루는 씀을 좇아 끊으며, 어떤 루는 참음을 좇아 끊고, 어떤 루는 없앰을 좇아 끊으며, 어떤 루는 사유를 좇아 끊는다. 有七斷漏煩惱憂慼法 云何爲七 有漏從見斷 有漏從護斷 有漏從離斷 有漏從用斷 有漏從忍斷 有漏從除斷 有漏從思惟斷 bhikkhuno ye āsavā dassanā pahātabbā te dassanā pahīnā honti, ye āsavā saṃvarā pahātabbā te saṃvarā pahīnā honti, ye āsavā paṭisevanā pahātabbā te paṭisevanā pahīnā honti, ye āsavā adhivāsanā pahātabbā te adhivāsanā pahīnā honti, ye āsavā parivajjanā pahātabbā te parivajjanā pahīnā honti, ye āsavā vinodanā pahātabbā te vinodanā pahīnā honti, ye āsavā bhāvanā pahātabbā te bhāvanā pahīnā honti, ayaṃ vuccati … bhikkhu sabbāsava-saṃvara-saṃvuto viharati, acchecchi taṇhaṃ"라고 하였으며, 이하에서 일곱 가지 방편을 자세히 설하였는데 다음과 같다. 첫 번째, 봄으로써 끊음은 정법을 바르게 보고 아는 것이다(凡夫愚人 不得聞正法 … 若不知見者 則生煩惱憂慼 知見則不生煩惱憂慼). 두 번째, 감쌈으로써 끊음은 부정관으로 육근을 보호하는 것이다(眼見色護眼根者 以正思惟不淨觀也 … 若不護者 則生煩惱憂慼 護則不生煩惱憂慼). 세 번째, 떠남으로 끊음은 악지식이나 악이도 등으로부터 떠나는 것이다(應當離惡知識 惡朋友惡異道 … 若不離者 則生煩惱憂慼 離則不生煩惱憂慼). 네 번째, 씀으로써 끊음은 의복·방사·약 등을 병 없이 건강을 유지하기 위한 용도로만 쓰는 것이다(若用衣服 非爲利故 … 但爲除病惱故 攝御命根故 安隱無病故 … 若不用者 則生煩惱憂慼 用則不生煩惱憂慼). 다섯 번째, 참음으로써 끊음은 정진수행으로 견디기 힘든 배고픔·추위·환경을 견디어내는 것이다(諸不可樂 皆能堪忍 若不忍者 則生煩惱憂慼 忍則不生煩惱憂慼). 여섯 번째, 없앰으로써 끊음은 욕념과 성냄 등이 일어날 때 그것을 버리는 것이다(生欲念 不除斷捨離 … 若不除者 則生煩惱憂慼 除則不生煩惱憂慼). 일곱 번째, 사유로 끊음은 칠각지를 사유하여 떠남, 무욕, 멸진에 의지하여 열반으로 나아가는 것이다(思惟初念覺支 … 思惟第七捨覺支 依離依無欲 依於滅盡 趣至出要 若不思惟者 則生煩惱憂慼 思惟則不生煩惱憂慼). [참고문헌] 『中阿含經』, *MN.* ⇨ 칠류 七流 ❷

칠단멸론 七斷滅論 Ⓟ satta diṭṭhiyo. 일곱 가지로 끊어져 사라져서 그 어느 것도 남아 있지 않다고 주장하는 것. 칠처(七處 : 三界와 空 識無邊處 無所有處 非想非非想處)를 들어 사후에는 그 어느 것도 남아 있지 않다고 주장한다. 칠견(七見)이라고도 하고 상주론(常住論)에 대칭한다. 『성유식론술기』 권6(대정장43, p.447b29)에 "칠단멸론이라는 것은, 첫째 아는 거친 색으로 사대종으로 구성된 것이 그 바탕이기에, 사후에는 단멸하여 필경에는 존재하지 않는다. 몸은 죽은 후에 있었던 것이 없어진다고 보기 때문이다. … 둘째, 아는 욕계천에서도 죽은 후에 단멸한다. 셋째, 아는 색계천에서도 죽은 후에 단멸한다. 넷째, 아는 공무변처에서도 죽은 후에 단멸한다. 여섯째, 아는 무소유처에서도 죽은 후에 단멸한다. 일곱째, 아는 비상비비상처에서도 죽은 후에 단멸한다. 七斷滅論者 一 我有色麤 四大種所造爲性 死後斷滅 畢竟無有 見身死後有而無故 … 二 我欲界天死後斷滅 三 我色界天死後斷滅 四 我空無邊處死後斷滅 五 我識處死後斷滅 六 我無所有處死後斷滅 七 我非想非非想處死後斷滅"라고 하였다. [참고문헌] 『成唯識論述記』, 『大毘婆沙論』 권200(대정장27, p.1001c7), *Vibh.383.* ⇨ 단멸론 斷滅論, 십육이론 十六異論, 육십이견 六十二見, 상주론 常住論

칠당가람 七堂伽藍 일곱 가지 주요 당우(堂宇)를 구비한 사찰. 칠당의 명칭과 배치는 시대·나라·종파에 따라 다르며, '칠'을 구체적인 숫자가 아닌 '다 갖춘 完備'의 뜻이기도 하다. 일반적으로는 금당(金堂)·강당(講堂)·탑(塔)·종루(鐘樓)·경장(經藏)·승방(僧坊)·식당(食堂)의 일곱 전각을 의미하며, 사찰의 규모에 따라 전각의 가감이 있다. [중국의 칠당가람] 칠당가람의 기원을 중국 선종(禪宗) 사찰의 배치형식에서 찾는 경우, 칠당은 산문(山門)·불전(佛殿)·법당(法堂)·주고(廚庫)·승당(僧堂)·욕실(浴室)·서정(西淨)의 일곱 전각으로 알려져 있다. 하지만 당대(唐代)에 편찬된 『선문규식 禪門規式』(1004·경덕1)에서는 법당·승당·방장(方丈)·요사(遼舍)만 등장하고, 북송대의 『선원청규 禪苑淸規』(1103·숭녕3)에서는 칠당가람보다 훨씬 많은 수의 전각이 등장한다. 또한 남송대 『오산십찰도 五山十刹圖』의 천동사(天童寺), 영은사(靈隱寺), 만년사(萬年寺)에서도 불전·법당·방장·고원(庫院)·운당(雲堂)·조당(祖堂)·후가(後架)·동사(東司)·선승당(選僧堂)·열반당(涅槃堂)·종루(鐘樓) 등 크고 작은 40여 전각이 보이고, 칠당가람이라는 용어는 불교경전이나 중국문헌에서는 용례가 보이지 않아 전형적인 칠당가람의 기원을 중국사찰에서 찾기에는 무리가 있다. [일본의 칠당가람] 칠당가람의 전형적인 모습은 겸창(鎌倉 1186~1337)시대 일본의 선종사찰과 연관이 있다. 중국 경산사(徑山寺)를 모방하여 1248년에 건립된 건장사(建長寺)는 일본 선종사찰 형식의 기원이 되었는데, 총문(總門)·삼문(三門)·불전·법당이 중심축선상에 있고, 회랑(回廊)은 삼문 좌우에서 시작하여 불전 좌우로 연결되며, 인접하여 고원과 대승당(大僧堂)이 있고, 삼문 앞 동쪽에는 욕실이 배치되어 있다. 이후 일본 조동종(曹洞宗)의 의궤법요(儀軌法要) 자료인 절지(切紙)의 선림칠당(禪林七堂)에서는 칠당을 사람의 몸에 비유하는 형태로 발전하였고, 이는 1663년에 건립된 부산현(富山縣) 서룡사(瑞龍寺)나 1711년에 건립된 우치시(宇治市)의 만복사(万福寺)로 계승되고 있다. 즉 칠

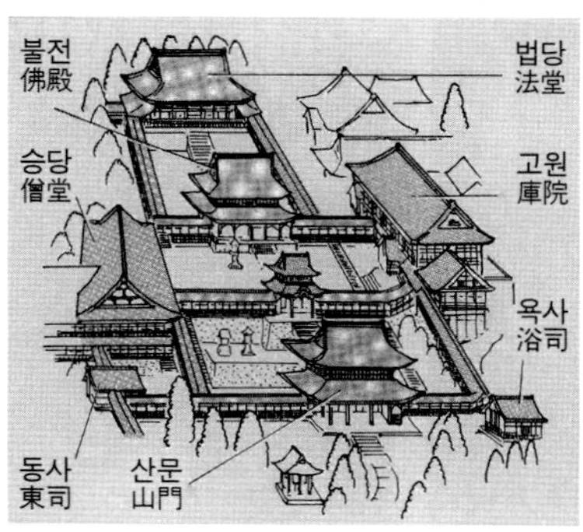

칠당가람 영평사 일본

당가람은 송대 선종사원의 형식이 일본에 이식되어 사원구성과 배치형식으로 정형화한 것으로 추정한다. 『선림상기전』 권1(불광장, 禪藏, p.23)에 "법당・불전・산문・주고・승당・욕실・서정을 칠당가람이라고 하는데, 어디서 기원한 것인지는 알지 못한다. 각각 표상이 있는데 그림과 같다. 法堂佛殿山門廚庫僧堂浴室西淨 爲七堂伽藍 未知何據 各有表相 如圖"라고 하였다. 〔참고문헌〕 『禪林象器箋』, 長十慶 『中國江南禪宗寺院建築』(武漢:湖北教育出版社, 2002) p.54. ⇨ 가람 伽藍 🅘

칠대 七大 색심(色心)의 만법을 꾸리는 일곱 요소. 지수화풍(四大)에 공대(空大)를 더해 오대(五大)로 하고는 다시 견대(見大)와 식대(識大)를 합한 것. 『능엄경』 권3의 설에 의지하며, 주석서에 따르면 앞선 오대는 경(境), 견대는 근(根), 식대는 식(識)에 짝짓는다. 『능엄경』 권3(대정장19, p.119a22)에 "만약 이 식심 본래 좇은 바가 없다면, 마땅히 보고 듣고 느끼고 앎이 두렷하고 맑아서 그 성품 좇아온 것들 아님을 알고 요별해야 한다. 아울러 저 허공과 같이 지수화풍 균등히 칠대라 하니, 그 성이 참되고 원융하여 모두 여래장이며 본래 생멸이 없다. 若此識心 本無所從 當知了別 見聞覺知 圓滿湛然 性非從所 兼彼虛空 地水火風 均名七大 性眞圓融 皆如來藏 本無生滅", 『능엄경여설』 권3(卍속장20, p.824b8)에 "'마땅히 견문각지를 알고 요별해야 한다'란, 요별은 식(識), 견문각지는 근(根)을 가리키니, 요별해 견문각지를 일으킨다. 아울러 '앞선 오대를 아울러 균등히 칠대라 한다'란, 앞인즉 모인 상이 견(見)으로 돌아간다는 것이고, 다음인즉 상을 모은 견은 모두 식(識)으로 돌아간다는 것이다. 當知了別見聞覺知者 了別指識 見聞覺知指根 謂生了別之見聞覺知也 幷前五大 均名七大者 前則會相歸見 此則會相見 總歸於識也", 『능엄경정맥소』 권3(卍속장18, p.474b1)에 "여섯 번째 견대는 곧 근대로서 육근을 모두 거둔다. 다만 안근을 들어서 그 예로 삼은 것일 뿐이다. 六 見大 卽根大也 總攝六根 但擧眼根 以爲例耳", 『능엄경집주』 권5(卍속장17, p.262a9)에 "식대는 육식과 합하고, 근대는 육근에 합하며, 나머지 오대는 육경을 모아 거둔다. 육경의 체는 지수화풍과 공을 넘어서지 않기 때문이다. 識大合於六識 根大則合於六根 餘之五大則總收六境 以六境之體 不出地水火風 及空故也", 『심부주』 권2(卍속장111, p.71a14)에 "칠대는 첫째 지대, 둘째 수대, 셋째 화대, 넷째 풍대, 다섯째 공대, 여섯째 견대, 일곱째 식대이다. 七大者 一地大 二 水大 三 火大 四 風大 五 空大 六 見大 七 識大"라고 하였다. 〔참고문헌〕 『楞嚴經』, 『楞嚴經如說』, 『楞嚴經正脈疏』, 『楞嚴經集註』, 『心賦注』. ⇨ 사대 四大, 오대 五大, 공대 空大, 견대 見大, 식대 識大, 공견식 空見識

칠대돈점 七對頓漸 일곱 가지로 마주하는 돈과 점. 점수돈오(漸修頓悟)・돈수점오(頓修漸悟)・점수점오(漸修漸悟)・돈오점수(頓悟漸修)・돈오돈수(頓悟頓修)・돈수돈오(頓修頓悟)・수오일시(修悟一時)를 말하는데, 앞의 셋은 증오(證悟), 돈오점수(頓悟漸修)는 해오(解悟)로 거두며, 뒤의 셋은 증오와 해오에 다 통한다. 『도서』 권상1(대정장48, p.402a10)에 "아홉째 깨달음과 닦음의 돈과 점이 어긋나는 듯하지만 들어맞는다란, 경론들과 선문들에서 혹은 '먼저 점수의 공덕을 인하여 활연히 돈오한다' 하고 혹은 '먼저 돈오해야 비로소 가히 점수할 수 있다' 하며 혹은 '돈수를 말미암기에 점수한다' 하고 혹은 '깨달음과 닦음 모두 점이다' 하며 혹은 '모두 돈이다' 하고 혹은 '법에는 돈과 점이 없고 돈과 점은 기에 있다' 하는데, 저 위와 같은 등의 설들은 각각 의의가 있다. 어긋난다란 말은 이미 깨달은즉 성불하였으니 본래 번뇌가 없고 이름하여 돈이라 함은 곧 응당 닦아 끊어서는 안 되는데 어찌 다시 점수라 이를 수 있겠느냐는 말이고, 점수는 곧 번뇌 아직 다하지 않았고 인행 아직 두렷하지 않으며 과덕 아직 가득 차지 않았거늘 어찌 이름하여 돈이라 하느냐는 말이다. 돈은 곧 점이 아니요 점은 곧 돈이 아니기에 서로 어긋난다 한다. 그러나 저 아래와 같이 마주해 모인즉 돈과 점은 서로 어그러지지 않을 뿐만 아니라 도리어 서로 돕는다. 九 悟修頓漸 似反而符者 謂諸經論 及諸禪門 或云 先因漸修功成 豁然頓悟 或云 先須頓悟 方可漸修 或云 由頓修故漸悟 或云 悟修皆漸 或云 皆頓 或云 法無頓漸 頓漸在機 如上等說 各有意義 言以反者 謂旣悟卽成佛 本無煩惱 名爲頓者 卽不應修斷 何得復云漸修 漸修卽是煩惱未盡 因行未圓 果德未滿 何名爲頓 頓卽非漸 漸卽非頓 故云相反 如下對會 卽頓漸非唯不相乖 反而乃互相資也", 『원각경대소』 권상1(卍속장14, p.238a13)에 "돈오〈해가 뜨고 아기가 남〉점수〈서리가 사라지고 아기가 자람〉는 해오이고, 점수돈오〈나무를 베고 서울에 들어감〉와 돈수점오〈거울을 갈고 활쏘기를 배움〉와 점수점오〈마치 저 구층의 누대에 오름에 발로 밟아 점점 높아지니 보이는 바 점점 멀어짐과 같다〉는 모두 증오이다. 만약 돈오돈수〈끊어 실을 물들임〉라 이른다면 세 뜻에 통하니, 먼저 깨닫고〈확연하게 몰록 깨달음〉 뒤에 닦음〈붙들리지도 증하지도 않지만 활짝 트여 도에 합함〉은 해오이고, 먼저 닦고〈약을 먹음〉 뒤에 깨달음〈병이 없어짐〉은 증오이며, 닦음〈마음도 없고 비춤도 잊음〉과 깨달음〈임운히 고요하게 앎〉이 일시인즉 해오와 증오에 통한다. 만약 '본래 일체 불덕 갖춤이 깨달음〈마치 저 대해를 마심과 같음〉이고 일념의 만행이 닦음〈백천의 맛을 얻음〉이다'라고 한다면 역시 해오와 증오에 통한다. 頓悟〈日出孩生〉漸修〈霜消孩長〉爲解悟 漸修頓悟〈伐木入都〉 頓修漸悟〈磨鏡學射〉 漸修漸悟〈如登九層之臺 足履漸高 所鑒漸遠〉 並爲證悟 若云 頓悟頓修〈斬染綟絲〉 則通三義 謂先悟〈廓然

頓了〉後修〈不著不證 曠然合道〉爲解悟 先修〈服藥〉後悟〈病除〉爲證悟 修〈無心忘照〉悟〈任運寂知〉一時 卽通解證 若云 本具一切佛德爲悟〈如飮大海〉 一念萬行爲修〈得百川味〉 亦通解證"라고 하였다. 〔참고문헌〕『都序』, 『圓覺經大疏』.

칠대만법 七大萬法 조선전기 만법을 칠대를 근간으로 푼 불교교리해설서. 목판본 1책. 1569년(선조2)에 소백산 질방사(叱方寺 池叱方寺 희방사)에서 간행하였는데 찬자는 전하지 않는다. 국한문 혼용인 22장(張)의 1900년대 후쇄본은 동국대학교도서관에 소장되어 있는데, 표제는 칠대석(七大釋), 판심제는 칠대(七大)이고, 23장의 후쇄본은 규장각에 있다. 진여세계(眞如世界)・삼신여래(三身如來)・성적등지(惺寂等持) 등 세 장으로 구성하였다. 진여세계에서는 열반・법성의 세계는 물론 진여세계를 이루는 지수화풍공근식(地水火風空根識) 등 칠대를 만법의 기본요소라고 해석하였다. 삼신여래에서는 법보화신 등을 설명하면서 여래 주체는 법신이라고 하였고, 성적등지에서는 깨어있음(惺)과 고요함(寂)이 경험적으로 실재한다고 하였다. 모두 736개의 어휘를 거론하였는데, 고유어는 486개, 한자어는 250개, 한자어 중 한글 표기는 22개, 한자 표기는 228개다. 희귀어가 40여 개나 수록되었고, 동남방언인 경상도 방언도 많은데, 특히 후기 중세국어에서 근대국어로의 음운론적 과도기에 나타나는 자료가 많아, 국어학의 주요 자료로 손꼽히며, 불교용어의 변천을 이해할 수 있는 자료이기도 하다. 영인본 『칠대만법권념요록영험약초』와 『역주칠대만법권념요록』도 간행되었다. 〔참고문헌〕『七大萬法勸念要錄靈驗略抄』(홍문각, 1983), 김무봉 『역주칠대만법권념요록』(세종대왕기념사업회, 2013), 이옥희 「七大萬法에 실현된 16세기 후기동남방언의 표기 및 음운적 특징」(『우리말연구』29, 2011).

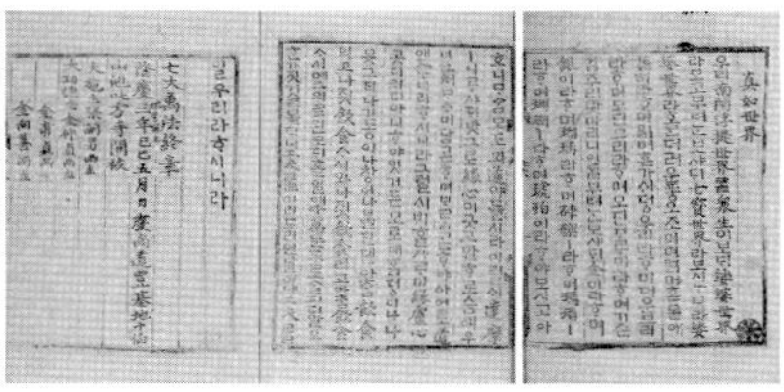

칠대만법 지질방사 소백산 1569년

칠대보산왕 七大寶山王 큰 바람 일어난 뒤에 생겨나는 일곱 이름의 산. 『여래흥현경』 권1(대정장10, p.596c20)에 "높이 솟아오르는 바람이 불면 칠대보산왕을 이루는데, 첫째는 음도리, 둘째는 의차산기리, 셋째는 제해악, 넷째는 제우타라, 다섯째는 탈화민수라, 여섯째는 목린대목린, 일곱째는 향산빙산이라고 한다. 또 다시 선주라고 하는 바람이 불면 대지가 이루어진다. 有風名曰長立而吹 成就七大寶山王 一曰 陰塗利 二曰 懿此山其利 三曰 除害堀 四曰 除優陀羅 五曰 脫化民隨羅 六曰 目隣大目隣 七曰 香山氷山 又復有風名曰善住 成立大地"라고 하였다. 〔참고문헌〕『如來興顯經』.

칠대성 七大性 **1** Ⓢ sapta-imāni mahattvāni. 보살승(菩薩乘)이 함께 하는 법・발심・승혜・증상・의요・자량・시・원증(法 發心 勝慧 增上 意樂 資糧 時 圓證)이라는 일곱 가지 큰 성. 『유가사지론』 권46 「보살지 菩薩地」(대정장30, p.548c12 : *Bodh-bh.*, p.201)에 "모든 보살승은 칠대성과 함께 상응하기에 설하여 대승이라 한다. 어떤 것들이 그 일곱인가? 諸菩薩乘 與七大性 共相應故 說名大乘 何等爲七 saptemāni mahattvāni yairyuktaṃ bodhisattvānāṃ yānaṃ mahāyāna mityucyate. katamāni sapta", "첫 번째는 법대성이니, 십이분교 중 보살장이 방광의 교를 거둠이다. 一者 法大性 謂十二分敎中菩薩藏 攝方廣之敎 dharma-mahattvam. tadyathā dvādaśāṅgādvacogatād bodhisattva-piṭaka-vaipulyam", "두 번째는 발심대성이니, 일류가 있어 저 무상정등보리에 있어 정원심을 발함이다. 二者 發心大性 謂有一類 於其無上正等菩提 發正願心 cittotpāda-mahattvam. tadyathā ekatyo 'nuttarāyāṃ samyaksaṃbodhau cittam-utpādayati", "세 번째는 승해대성이니, 일류가 있어 법대성에 승신해를 일으킴이다. 三者 勝解大性 謂有一類 於法大性 生勝信解 adhimukti-mahattvam. tadyathaikatyaḥ tasminn-eva ca dharma-mahattve 'dhimukto bhavati", "네 번째는 증상의요대성이니, 한 류가 있어 이미 승해행지를 지나 정승의요지에 깨달아 든다. 四者 增上意樂大性 謂有一類 已過勝解行地 證入淨勝意樂地 adhyāśaya-mahattvam. tadyathaikatyaḥ adhimukti-caryā-bhūmiṃ samatikramya-adhyāśaya-śuddhi-bhūmim-anupraviśati", "다섯 번째는 자량대성이니, 복덕자량과 지혜자량을 수습함에 두렷하게 채워 능히 무상정등보리를 증함이다. 五者 資糧大性 謂福德資糧 智慧資糧 修習圓滿 能證無上正等菩提 sambhāra-mahattvam. yasya puṇya-sambhārasya jñāna-sambhārasya samudāgamād-anuttarāṃ samyaksaṃbodhim-abhisambudhyate", "여섯 번째는 시대성이니, 삼무수대겁을 지나고 바야흐로 무상정등보리를 증함이다. 六者 時大性 謂經於三無數大劫 方證無上正等菩提 kāla-mahattvam. yena kālena yais-tribhiṣkalpāsaṃkhyeyair-anuttarāṃ samyaksaṃbodhim-abhisaṃbudhyate", "일곱 번째는 원증대성이니, 증할 바의 무상보리가 그대로 이 원증보리 자체로부터 말미암음이다. 七者 圓證大性 謂卽所證無上菩提 由此圓證菩提自體 samudāgama-mahattvam. saivānuttarā samyaksaṃbodhiḥ. … ātmabhāva-samudāgamaḥ"라고 하였다. 〔참고문헌〕『瑜伽師地論』, 『顯揚聖敎論』 권8(대정장31, p.520c12), *Bodh-bh.* ⇨ 보살승 菩薩乘,

대승 大乘 2 '대방광불화엄경 大方廣佛華嚴經' 경제(經題) 일곱 글자를 체상용과인지교(體相用果因智敎) 큰 성(大性)으로 푼 뜻. 『화엄경소초』 권2(대정장36, p.14b26)에 "이 일곱 자는 곧 일곱의 대성이다. 대는 그 체가 크고, 방은 그 상이 크고, 광은 그 용이 크며, 불은 그 과가 크다. 화는 그 인이 크고, 엄은 그 지가 크며, 경은 그 교가 크다. 곧 일곱 자 모두가 크고, 일곱 자 모두가 서로 가지런하다. 此七字 卽七大性 大者體大 方者相大 廣者用大 佛者果大 華者因大 嚴者智大 經者敎大 則七字皆大 七字皆相等"라고 하였다. [참고문헌] 『華嚴經疏鈔』. ⇨ 대방광불화엄경 大方廣佛華嚴經 3 『능엄경』에서 설한 칠대(七大)의 성. 『기신론소필삭기』 권3(대정장44, p.311b6)에 "『능엄경』의 이십오성은 십팔계와 칠대성 각각에 하나씩 문을 열어 좇아 원통을 얻게 했다. 如楞嚴經 二十五聖 於十八界七大性 各從一門 而得圓通", 『원오심요』 권상 「시혜공지객 示慧空知客」(卍속장120, p.739a11)에 "천신만고로 지극히 험난하기가 저 은산철벽과 같은 곳에서 목숨을 놓아버리고 저쪽 편에서 손을 털어 이 일대사인연을 받아쥐면, 정견을 끊고 떠나서 광기업식을 쉬고 대해탈문을 열어서 자기 생사대사를 마치리니 초발심한 그 뜻을 갚을 것입니다. 육근과 사대와 오온과 십이처 그리고 십팔계와 칠대성 보기를 저 허공에 광화가 흐드러지게 피고 지는 것처럼 여기게 될 겁니다. 於千艱萬苦至難至嶮 如銀山鐵壁處 放身捨命 撒手那邊 承當此大事因緣 絶情離見 歇却狂機業識 闢大解脫門 了却自己生死大事 酬初發心志 視六根四大 五蘊十二處 十八界七大性 如虛空狂花 亂起亂滅"라고 하였다. [참고문헌] 『起信論疏筆削記』, 『圜悟心要』. ⇨ 칠대 七大 4 ➡ 칠종자성 七種自性

칠대지옥 七大地獄 팔대지옥(八大地獄) 중 아비지옥(阿鼻地獄 : 無間地獄)을 제한 일곱 대지옥. 『정법염처경』 권47 「관천품 觀天品」(대정장17, p.278b5)에 "활지옥 · 흑승지옥 · 합지옥 · 환지옥 · 대환지옥 · 열지옥 · 대열지옥 등의 칠대지옥으로 들어가는데 오직 최대지옥인 아비지옥은 제한다. 왜인가? 하늘로 있는 중에는 아비지옥의 업을 짓지 않으니, 이 인연으로 천신은 아비지옥에 나지 않고, 오직 칠대지옥에만 난다. 入活黑繩 合喚大喚 熱及大熱 七大地獄 唯除阿鼻最大地獄 何以故 天中不作阿鼻之業 此因緣故 天則不生阿鼻地獄 天唯生在七大地獄"라고 하였다. [참고문헌] 『正法念處經』 · 권14 「地獄品」(대정장17, p.83a23), 『法苑珠林』 권7(대정장53, p.328b19). ⇨ 팔대지옥 八大地獄, 아비지옥 阿鼻地獄, 바수키 Vāsuki, 지옥 地獄

칠더스 Childers, Robert Caesar 1838~1876. 팔리어 학자. 프랑스 니스에서 영국인 목사의 아들로 출생, 1860년부터 스리랑카에서 영국 식민정부 문관으로 근무했다. 이때 스리랑카의 우난세 야트라물레(Unnanse Yatramulle)스님의 지도로 팔리어를 익혔다. 건강 악화로 1864년 귀국하였고, 이후 1869년 『꿋다까빠따 *Khuddakapāṭha*』 영역(英譯)과 역주를 '왕립아시아학회지 *Journal of the Royal Asiatic Society*'에 발표했다. 유럽 언어는 물론 영어로 된 팔리어 사전이나 문법서가 아직 없던 시기의 일이었다. 이후 칠더스는 팔리어사전 편찬에 헌신적으로 몰두, 1872년 『팔리어사전 *A dictionary of the Pāli language*』 첫 권을 간행했다. 영국과 유럽을 통틀어 최초의 팔리어사전이었다. 1873년 유니버시티칼리지런던(University College London)의 팔리어 불교문헌 담당 초대 교수로 부임, 강의와 연구를 계속했다. 왕립아시아학회지에 발표한 논고 중에서는 『대반열반경』 팔리어 텍스트편집본과 주석인 'The Pali Text of the Mahāparinibbāna Sutta and Commentary, with a Translation'을 가장 중요한 연구로 꼽는다. 『팔리어사전』은 1875년 제2권이 간행되면서 팔리어 불교문헌연구의 필수도구로 자리매김했다. 칠더스의 다음 목표는 부처님 본생담을 완역하는 것이었으나, 연이은 과로로 급성폐결핵을 앓다 1876년 7월 25일 서른여덟의 나이로 짧은 생을 마쳤다. [참고문헌] R.C.Childers 'The Pali Text of the Mahāparinibbāna Sutta and Commentary, with a Translation' (*The Journal of the Royal Asiatic Society of Great Britain and Ireland* 7, 1875).

칠도 七道 칠각지를 달리 이르는 말. 『수호국계주다라니경』 권6(대정장19, p.550c10)에 "다시 칠도가 있으니 해탈도이다. 그 일곱은 염각분 · 택법각분 · 정진각분 · 희각분 · 경안각분 · 정각분 · 사각분을 일컫는다. 復有七道 是解脫道 云何爲七 所謂念覺分 擇法覺分 精進覺分 喜覺分 輕安覺分 定覺分 捨覺分"라고 하였다. [참고문헌] 『守護國界主陀羅尼經』. ⇨ 칠각지 七覺支

칠도인 漆道人 진(晉)에서 검은 얼굴의 도안(道安)을 조롱하며 부른 이름. 칠도인(柒道人)이라고도 쓴다. 『불조통기』 권36(대정장49, p.341a26)에 "도안의 얼굴은 뾰족하고 모습은 검은색이었으며, 담론을 즐겨하였다. 때문에 세간에 전하기를, '칠도인이 사방의 이웃을 놀래켰다'라고 하였다. 安貌銳而姿黑喜談論 故諺曰 漆道人驚四隣", 『삼국유사』 권3(대정장49, p.986c29 · 한불전6, p.314c14) 흥법(興法)3 아도기라(阿道基羅)에 "진에서 석도안을 조롱하며 칠도인이라고 한 것과 같은 일이다. 晉謂釋道安爲柒道人類也"라고 하였다. [참고문헌] 『佛祖統紀』, 『三國遺事』. ⇨ 도안 道安

칠도지 七道支 팔성도(八聖道) 중 정정(正定)을 제한 앞선 일곱 가지. 앞선 일곱 가지가 끝내 정정을 위한 것이기에 이렇게 말한다. 칠성도지(七聖道支)·칠정구(七定具)라고도 한다. 『법온족론』 권2(대정장26, p.463b4)에 "이 일취도는 모든 유정중생이 모두 청정함을 얻고, 모든 근심과 탄식을 넘어서며, 모든 걱정과 괴로움을 없애고, 이에 맞는 법을 증하니, 즉 성스런 정정과 그 밑천과 도구를 말한다. 칠성도지를 성스런 정정의 밑천과 도구라고 하는데, 어떤 것이 그 일곱 가지인가? 처음의 정견으로부터 정념까지이니, 성정정은 이 칠도지의 인도와 다스림으로 비로소 원만해지기에 성정정의 밑천과 도구라고 한다. 불제자들이 이 가운데서 수행하는 것을 여리행이라고 한다. 此一趣道 令諸有情 皆得清淨 超諸愁歎 滅諸憂苦 證如理法 謂聖正定幷資幷具 七聖道支 名聖正定資之與具 何等爲七 謂初正見 乃至正念 以聖正定 由七道支 引導脩治 方得成滿 故說名聖正定資具 佛弟子衆 於此中行 名如理行"라고 하였다. [참고문헌] 『法蘊足論』, 『集異門足論』 권16(대정장26, p.436a13). ⇨ 팔정도 八正道, 정구 定具, 칠정구 七定具

칠등 七燈 일곱 겹의 등불. 약사칠불(藥師七佛) 앞마다에 켜는 일곱 겹(七層)의 등불. 각 등대마다 일곱 구의 불 밝혀 49구의 등불을 밝힌다. 약사여래의궤나 『관정경』에서 전한다. 『약사여래본원경』(대정장14, p.407c7)에 "이 경을 49편 독송하고, 49개의 등을 밝힌다. 여래의 형상 7구를 조성하여 낱낱의 불상 앞에 각각 일곱 등불을 안치한다. 그 낱낱의 등불 크기는 수레바퀴만하니 49일 동안 빛이 끊어지지 않게 한다. 讀誦此經 四十九遍 然四十九燈 造彼如來形像七軀 一一像前 各置七燈 一一燈量 大如車輪 乃至四十九日 光明不絶", 『본원약사경고적』 권하(대정장38, p.262a12)에 "각각 일곱 등불을 안치한다는 말은, 매사는 이르길 '불상 앞 한 자리에 일곱 둥근 등대를 두니 그 모습이 수레바퀴와 같다. 낱낱의 불대좌 앞에 각각 하나의 둥근 등대를 배치하고, 낱낱의 둘레에 각각 일곱 잔의 등을 놓는다'. 各置七燈者 邁師云 像前一座 造七輪燈 形如車輪 一一像座前各置一輪燈 一一輪上 各安七盞燈", 『관정경』 권12(대정장21, p.535b14)에 "칠층의 등이란 한 층마다 일곱 등을 올렸으니 등 모양은 수레바퀴와 같다. 七層之燈 一層七燈 燈如車輪", 『수약사의궤포단법』(대정장19, p.65a5)에 "일곱 불상 앞에 각각 일곱 등불을 밝히고 7수의 오색 번기를 매단다. 七佛相前 各燃七燈 懸七首五色旛", 『용수오명론』 권상(대정장21, p.956c3)에 "정월 1일에 일곱 등을 밝혀야 한다. 當於正月一日 燃七燈"라고 하였다. [참고문헌] 『藥師如來本願經』, 『本願藥師經古跡』, 『灌頂經』, 『修藥師儀軌布壇法』, 『龍樹五明論』. ⇨ 약사칠불 藥師七佛

칠등각지 七等覺支 Ⓢ sapta bodhy-aṅgāni, Ⓟ satta bojjhaṅgā, Ⓣ byang-chub-kyi-yan-lag-bdun-po. 칠각지(七覺支)를 달리 이르는 말. 『대반야경』 권373(대정장6, p.927b24)에 "닦는 바의 사정단, 사신족, 오근, 오력, 칠등각지, 팔성도지는 반야바라밀다를 여의지 않으니, 모두 반야바라밀다로 거두어 들인다. 所修四正斷 四神足 五根五力 七等覺支 八聖道支 不離般若波羅蜜多 皆爲般若波羅蜜多之所攝受", 같은 책 권469(대정장7, p.375a12 : *Pañca-pr.8*, p.57)에 "칠등각지는 보살마하살의 염등각지, 택법등각지, 정진등각지, 희등각지, 경안등각지, 정등각지, 사등각지다. 이를 칠등각지라 한다. 七等覺支者 謂菩薩摩訶薩念等覺支 擇法等覺支 精進等覺支 喜等覺支 輕安等覺支 定等覺支 捨等覺支 是名七等覺支 katamāni … sapta bodhyaṅgāni. smṛtisaṃbodhyaṅgaṃ dharmapravicayasaṃbodhyaṅgaṃ vīryasaṃbodhyaṅgaṃ prītisaṃbodhyaṅgaṃ prasrabdhisaṃbodhyaṅgaṃ samādhisaṃbodhyaṅgam upekṣāsaṃbodhyaṅgam. imāny ucyante sapta saṃbodhyaṅgāni", 『구사론』 권25 「분별현성품 分別賢聖品」(대정장29, p.132b2)에 "경에서 설하기를 각분에 삼십칠분이 있다고 하였으니, 곧 사념주·사정단·사신족·오근·오력·칠등각지·팔성도지다. 經說覺分 有三十七 謂四念住 四正斷 四神足 五根五力 七等覺支 八聖道支"라고 하였다. [참고문헌] 『大般若經』, 『俱舍論』, 『集異門足論』 권16(대정장26, p.435a16), *Pañca-pr.*, *Abh-k-bh.382*. ⇨ 칠각지 七覺支

칠랑봉 七郎峰 중국 절강성(浙江省)에 있는 초보산(招寶山)의 다른 이름. ⇨ 초보산 招寶山

칠력 七力 Ⓟ sattimāni balāni. 수행함에 기초가 되는 '믿고 정진하여 돌이켜 부끄러워할 줄 알고 기억해 잊지 않으며 마음 고요히 할 줄 알아 지혜롭게 되는 信 精進 慚 愧 念 定 慧' 일곱가지로 길러야 하는 힘. 『대집법문경』 권하(대정장1, p.232c7)에 "일곱가지 힘은 부처님께서 설하신 것이니, 신력·염력·무외력·정진력·인력·정력·혜력을 말한다. 七力是佛所說 謂信力 念力 無畏力 精進力 忍力 定力 慧力", 『중아함경』 권21 「설처경 說處經」(대정장1, p.565b7)에 "내가 본래 너를 위하여 일곱가지 힘을 설하였으니, 신력·정진력·참·괴·념·정·혜력이다. 아난아! 이 일곱가지 힘을 너는 마땅히 모든 나이어린비구를 위하여 그들에게 가르쳐 주어야 한다. 만약 모든 나이어린비구를 위하여 이 일곱가지 힘을 가르친다면 그는 곧 안온함을 얻고, 힘과 즐거움을 얻으며, 몸과 마음이 번뇌에 끓지 않으며 죽을 때까지 청정한 행을 행할 것이다. 我本爲汝說七力 信力 精進 慚 愧 念 定 慧力 阿難 此七力 汝當爲諸年少比丘

說以敎彼 若爲諸年少比丘 說敎此七力者 彼便得安隱 得力得樂 身心不煩熱 終身行梵行", 『집이문족론』 권16(대정장26, p.436b19)에 "일곱가지 힘은 무엇인가? 〔답〕 첫째 신력, 둘째 정진력, 셋째 참력, 넷째 괴력, 다섯째 염력, 여섯째 정력, 일곱째 혜력이다. 七力者 云何爲七 答 一 信力 二 精進力 三 慚力 四 愧力 五 念力 六 定力 七 慧力"라고 하였다. 〔참고문헌〕『大集法門經』, 『中阿含經』, 『集異門足論』, *AN.4.3.* ⇨ 괴력 愧力, 신력 信力, 염력 念力, 인력 忍力, 정진력 精進力❶, 혜력 慧力

칠령팔락 七零八落 일곱으로 흔적조차 없고 여덟으로 사라져 버리네. 쉼 없이 오고 가지만 흩어지고 무너져 흔적조차 찾을 길 없음의 비유다. 『속전등록』 권5 「혜력유문전 慧力有文傳」(대정장51, p.495c23)에 "상당하여 말하였다. '건산은 적막한데 성곽에 기대 앉았을 뿐이네. 맛없는 이야기로 여기저기 떨어지고 흩어져 버리네'. 주장자로 향대를 두드리고 법좌에서 내려왔다. 上堂 建山寂莫 坐倚城郭 無味之談 七零八落 以拄杖敲香臺 下座", 『선요』 「해제시중 解制示衆」(卍속장122, p.708b12)에 "구순 동안 끈자락 잡고 터럭 하나 날뛰지 못하게 하니, 곧장 낱낱 가죽 해지고 뼈마저 드러나서 여기저기 떨어지고 부서졌을 뿐이네. 九旬把定繩頭 不容絲毫走作 直得箇箇皮穿骨露 七零八落"라고 하였다. 〔참고문헌〕『續傳燈錄』·권8(대정장51, p.514b20), 『禪要』.

칠례 七禮 ❶ 서방정토에 함께 나기를 서원하여 본사석가세존등일체삼보·시방삼세찰토중일체삼보·아미타불·관세음보살·대세지보살·서방극락세계·청정대해중·사은삼우를 비롯한 법계중생에게 일곱 차례 올리는 예문. 예불문은 『정토법사찬』 권2(대정장47, p.438a15)에 따르면 다음과 같다. "이후 자리에서 내려와 크게 소리내며 일곱 차례 절한다. 본사석가모니불 등 일체삼보께 귀의합니다. 제가 지금 머리 숙여 예를 올리며 무량수국에 왕생하기를 원하옵니다. 下座唱七禮 南無本師釋迦牟尼佛等一切三寶 我今稽首禮迴 願往生無量壽國", "시방삼세진허공변법계의 미진찰토 가운데 일체삼보께 귀의합니다. 제가 지금 머리 숙여 예를 올리며 무량수국에 왕생하기를 서원합니다. 南無十方三世盡虛空遍法界微塵刹土中一切三寶 我今稽首禮迴 願往生無量壽國", "서방극락세계아미타불께 귀의합니다. 일체중생과 함께 안락국에 왕생하기를 원하옵니다. 南無西方極樂世界阿彌陀佛 願共諸衆生 往生安樂國", "서방극락세계의 관세음보살마하살께 귀의합니다. 일체중생과 함께 안락국에 왕생하기를 원하옵니다. 南無西方極樂世界觀世音菩薩摩訶薩 願共諸衆生 往生安樂國", "서방극락세계의 대세지보살마하살께 귀의합니다. 일체중생과 함께 안락국에 왕생하기를 원하옵니다. 南無西方極樂世界大勢至菩薩摩訶薩 願共諸衆生 往生安樂國", "서방극락세계의 모든 보살마하실과 청정대해 대중들께 귀의합니다. 모든 중생과 함께 안락국에 왕생하기를 원합니다. 南無西方極樂世界諸菩薩摩訶薩淸淨大海衆 願共諸衆生 往生安樂國", "널리 사은과 삼우를 위하니, 제왕과 임금·스승·부모·선지식·법계중생들이 세 가지 장애를 끊고 아미타불국에 함께 왕생하고, 화상(아사리)과 일체의 현성이 무량수국에 왕생하기를 회향합니다. 普爲四恩三友 帝王人王師僧 父母善知識 法界衆生斷除三障 同得往生阿彌陀佛國 和上一切賢聖 迴願往生無量壽國". 〔참고문헌〕『淨土法事讚』. ❷ 불교의식에 임하는 바르고 삿된 일곱 가지 예법. 칠종예법(七種禮法)·칠종예불(七種禮佛)이라고도 한다. 『법원주림』 권20(대정장53, p.435a8)에 따르면 아만교심례(我慢憍心禮)·창화구명례(唱和求名禮)·신심공경례(身心恭敬禮)·발지청정례(發智淸淨禮)·변입법계례(遍入法界禮)·정관수성례(正觀修誠禮)·실상평등례(實相平等禮)이며, 이중 뒤의 세 가지 예법에 마음을 두어야 한다. 화엄종에서는 이것에 세 가지(大悲禮 總攝禮 無盡禮)를 더하여 십례(十禮)를 갖추었다. 〔참고문헌〕『法苑珠林』, 『華嚴經疏』 권27(대정장35, p.706b11), 『法界圖記叢髓錄』권2(대정장45, p.759a8·한불전6, p.836a12). ⇨ 칠종예불 七種禮佛

칠례구 七例句 인도 산스크리트어 문법에서 말하는 8격 가운데 호격(呼格)을 제외한 칠격에 대해 하나의 예를 들어 설명한 것. 칠전성(七轉聲·七囀聲)·칠성(七聲)·칠전(七轉) 등이라고도 한다. 『유가사지론』 권2(대정장30, p.289c1)에 "또 7가지 언론구가 있는데 곧 7가지 예구다. 보로사(Ⓢ puruṣaḥ : 주격)·보로삼(Ⓢ puruṣam : 목적격)·보로사나(Ⓢ puruṣeṇa : 구격)·보로사야(Ⓢ puruṣāya : 여격)·보로사다(Ⓢ puruṣāt : 탈격)·보로살사(Ⓢ puruṣasya : 속격)·보로살(Ⓢ puruṣe : 처격) 등과 같은 것이다. 補又有七言論句 此卽七例句 謂補盧沙 補盧衫 補盧崽拏 補盧沙耶 補盧沙頞 補盧殺娑 補盧鎩 如是等"라고 하였는데 이에 대한 주석으로 『유가사지론약찬』 권1(대정장43, p.18c2)에 "제3문 가운데 칠례구란 팔전성 가운데 제8격인 호격을 제한 것이다. 범어의 소리에는 세 가지가 있는 남성·여성·중성(非男女)이다. 이 각각에는 8가지 격이 있는데 첫째 주격, 둘째 목적격, 셋째 도구격, 넷째 여격, 다섯째 탈격, 여섯째 소유격, 일곱째 처격, 여덟째 호격이다. 지금 이것은 남성 소리 가운데 하나이며 장부(Ⓢ puruṣa)의 7가지 전성을 나열하여 설명한 것이다. 순서대로 주격·목적격·구격 등에 배속되니 추요(樞要)한 설과 같다. 제8격의 범어 소리는 (형태의 변화 없이) 보로사(Ⓢ puruṣa)로 특별한 뜻이 없기에 여기서는 다만 7가지 격만 설한 것이다. 第三門中 七例句者 卽八轉

聲 除第八呼 汎聲有三 一男 二女 三非男女 一一各有八 一體 二業 三具 四爲 五從 六屬 七依 八呼 今此卽是 男聲中之一聲 詮目丈夫之七囀聲 如次配屬體業具等 如樞要說 第八汎聲醞補盧沙 更無別義 今但說七"라고 하였다. [참고문헌] 『瑜伽師地論』, 『瑜伽師地論略纂』. 『華嚴經探玄記』 권3(대정장35, p.149b8). ⇨ 칠전구례 七轉九例, 칠전성 七轉聲, 팔전성 八轉聲

칠론 七論 Ⓟ satta pakaraṇāni. 스리랑카 상좌부(theravāda) 전승의 논장(論藏)을 이루는 일곱 가지 논, 즉 『법집론 *Dhammasaṅgaṇī*』·『분별론 *Vibhaṅga*』·『계론 *Dhātukathā*』·『인시설론 *Puggalapaññatti*』·『논사 *Kathāvatthu*』·『쌍론 *Yamaka*』·『발취론 *Paṭṭhāna*』을 말한다. 한역소전(漢譯所傳)은 『집이문족론』 20권·『법온족론』 12권·『시설론』 7권·『식신족론』 16권·『계신족론』 3권·『품류족론』 18권의 육족론(六足論)과 『발지론』 20권을 칠론으로 들고 있어 스리랑카 소전과는 동이(同異)가 있다. 『선견율비바사』 권1(대정장24, p.676a10)은 스리랑카에 전하는 칠론을 들어 말하길 "무엇을 아비담장이라 하는가? 답하길 법승가·비붕가·타두가타·야마가·발차·핍가라분나지·가타발투 이들이 바로 아비담장이다. 何謂阿毘曇藏 答曰 法僧伽 毘崩伽 陀兜迦他 耶摩迦 鉢叉 逼伽羅坋那祇 迦他跋偸 此是阿毘曇藏"라고 하였다. [법집론 法集論] 『법집론』은 그 이름에서 보듯 모든 니카야중의 법수명목(法數名目)을 모아 분류하고 설명한 것으로 『분별론』과 함께 가장 먼저 성립하였다. 첫머리에 논(論)의 122개 논모(論母 mātikā)와 경(經)의 42개 논모를 들어 밝힌 뒤, 총164개 논모를 네 품(心生起品 色品 槪說品 義釋品)으로 거두었다. 제1품 심생기는 삼계와 출세간의 89심(心)과 그에 상응하는 심소법의 일어남을 선불선무기(善 不善 無記)로 나누어 설하였고, 제2 색품은 일체색(一切色)을 일법(一法)에서부터 십일법(十一法)까지 분류하고 앞의 논모를 곁하여 널리 설하였다. 이 색품의 논모들은 『분별론』 제1품 온분별(蘊分別)의 '색온(色蘊) 분별'에도 똑같이 나타난다. 제3품인 개설에서는 논모를 다시 삼취·인취·누취·폭류취(三聚 因聚 漏聚 暴流聚) 등 14갈래로 배대하여 시설하였고, 제4품인 의석은 논모를 법수명목에 나아가 설한 것으로 개설품과 그 설상(說相)이 달라 후대에 부가된 것으로 본다. [분별론 分別論] 『분별론』은 불멸후 율과 경이 성립하고 나서 중요한 법수학처(法數學處)를 계정혜(戒定慧) 삼학에 기초하여 조직하고 문답을 통해 그 요체를 뽑은 것이다. 『분별론』 18품(蘊 處 界 諦 根 緣行相 念處 正勤 神足 覺支 道 禪定 無量 學處 無礙解 智 小事 法心)은 한결같이 경분별(經分別)·대법분별·문분(問分 pañhāpucchaka)으로 나뉘는데, 경분별에 인용된 경은 대부분 『상윳타니카야』에서 왔으며, 대법분별(對法分別 abhidhamma-vibhaṅga)은 『법집론』의 122개 논논모(論論母)에 의지하였고, 선정분별(禪定分別 jhāna-vibhaṅga)·지분별(智分別 ñāṇa-vibhaṅga)·소사분별(小事分別 khuddakavatthu-vibhaṅga)에만 논모분(論母分)이 더해졌다. 문분은 분별을 거친 논목(論目)들의 체성(體性)을 선·악·무기·심·비심·심소(善 惡 無已 心 非心 心所) 등에 의지하여 다시 물어 밝혔다. [계론 界論] 『계론』은 온처계(蘊處界)에 대한 일체법의 섭·비섭(攝非攝) 및 상응·불상응(相應不相應)관계를 논모설치분(論母設置分)과 간결한 14개의 장으로 시설한 논이다. [인시설론 人施設論] 『인시설론』은 사람의 유(類)를 하나(一)에서 열(十)까지 분별하여 법수(法數)에 따라 모은 논이어서 그 구성도 논모분(論母分)과 10개 장으로 되어 있다. 형식상 『디가니카야 *Dīgha-nikāya*』 제33경 「합송경 *Saṅgīti-sutta*」(*DN.3*, pp.207~271) 또는 제34경 「십상경 *Dasuttara-sutta*」(*DN.3*, pp.272~293)과 닮았다. 『인시설론』 논모에는 온·처·계·제·근(蘊處界諦根)의 논목도 시설하고 있지만, 앞선 『분별론』에서 이미 분별한 것들이기에 본문에선 따로 풀지 않고 인시설(人施設)부터 시작한다. [논사 論事] 불멸(佛滅)후 218년에 성립한 『논사』는 목갈리풋타 팃사(Moggaliputta Tissa)장로가 26개 부파들의 이설(異說)을 파(破)하고 상좌부의 설을 현양하기 위해 3차결집에서 합송한 논모들의 모음이다. 정설(正說) 500개 경과 이설 500개 경을 가져와 문답을 주고받은 뒤 논모를 밝히고 이설을 파하였다. 이 이설들이 어느 부파의 설인지는 5세기 전반의 불음삼장(佛音三藏 Buddhaghoṣa)의 주석을 통해서야 알 수 있다. 상좌부전승에서는 칠론 중 다섯 번째로 꼽지만 『쌍론』이나 『발취론』에 보이는 근쌍론(根雙論)·이십사연(二十四緣)·유분식(有分識) 등을 이미 설하고 있어 칠론 중 가장 마지막에, 또는 『발취론』과 비슷한 때에 성립한 것으로 본다. 북전(北傳) 전통의 세우(世友) 『이부종륜론』과 짝하여 부파연구에 중요한 논이다. [쌍론 雙論] 『발취론』 다음으로 방대한 『쌍론』은 근·온·처·계·제·행·수면·심·법·근(根 蘊 處 界 諦 行 隨眠 心 法 根)의 10품으로, 아비담마 술어들의 잘못된 사용을 경계하기 위해 결집하였다. 제법 서로간의 관계를 논하되 "선법(善法)이면 모두 선근(善根)인가? 혹은 다시 만약 선근이라면 다 이 선법인가? ye keci kusalā dhammā, sabbe te kusalamūlā? ye vā pana kusalamūlā, sabbe te dhammā kusalā?"(*Yam. I*, p.1) 하는 식으로 항상 쌍(yamaka)으로 묻기에 『쌍론』이라 부른다. [발취론 發趣論] 『발취론』은 그 분량이 칠론 중 가장 많기에 '큰 논(大論 mahāpakaraṇa)'이라고도 한다. 부처님께서 하늘무리(天衆)를 위해 설하신 것을 간략히 하여 사리불(舍利弗)에게 보이셨고, 이를 사리불이 다시 줄여 3차결집 때 지금과 같은 모습으로 결집하였다고 전한다. 『발취론』은 『법집론』의 논모들에 의지하여 이를 단독으로 또는 합하여 순(順)·역(逆)·순역(順逆)·역순(逆順)으로 시설하고는 이것을 24종의 연(緣 paccaya)으로 재구성하여 편재하였다. 이들 칠론은 『밀린다팡하 *Milindapañha*』에 의하면 나가세나(Nāgasena)비구가 로하나(Rohaṇa 樓漢)아라한에게서 들어 익힌 바라 하고, 또 기원전 1세기경의 석란왕(錫蘭王 duṭṭhagāmaṇi)이 삼장(三藏)을 필사했다고 전하는 것으로 미루어 적어도 그 이전에 존재하였으며, 아쇼카왕 시대부터 점차 증광(增廣)되어 현재의 모습을 갖추게 된 것으로 본다. 칠론의 주석으로는 불음삼장(佛音三藏 Buddhaghoṣa)이 지은 『법집론』의 주석 『앗타살리니 *Atthasālinī*』, 『분별론』의 주석 『삼모하비노다니 *Sammohavinodani*』가 있고, 『계론』에서 『발취론』까지 5종 논의 주석으로 『판챠파카라낫타카타 *Pañcappakaranatthakatha*』가 전한다. 〔참고문헌〕『善見律毘婆娑』, 『南傳藏』 권45~58, *Yam.* ⇨ 마달리가 摩怛理迦, 계론 界論, 논사 論事, 다투카타 Dhātu-kathā, 법집론 法集論, 쌍론 雙論, 인시설론 人施設論, 이부종륜론 異部宗輪論

칠루 七漏 일곱 갈래의 번뇌인 유루. 36권본 『대반열반경』 권25 「사자후보살품 師子吼菩薩品」(대정장12, p.772a23)에 "칠루를 멀리 여의면 이를 해탈이라 한다. 遠離七漏 是名解脫", 『대반열반경의기』 권8(대정장37, p.831c24)에 "'칠루를 여의면 해탈이라 한다'라 함은 앞서 자세히 설한 것처럼 견루·수루·근루·악루·친근루·수루·염루의 일곱이다. 言離七漏 名解脫者 廣如上說 見漏修漏 根惡親近 受念七也", 『성실론』 권1 「복전품 福田品」(대정장32, p.246c29)에 "또 능히 칠종루를 다해 없앤 덕분에 모든 누실이 없다. 又能盡滅七種漏故 無諸漏失", 같은 책 권10 「잡번뇌품 雜煩惱品」(대정장32, p.320b5)에 "〔문〕 이 삼루(欲漏 有漏 無明漏)를 어찌하여 칠루로 설하는가? 〔답〕 실로 루에는 두 가지가 있다. 제(諦)를 보아 이 모든 루의 근본을 끊거나 사유로 이 모든 루의 과를 끊는다. 나머지 다섯은 루를 돕는 인연이니, 합해 일곱이라 설한다. 곧 이 번뇌인데, 부처님께서 뜻에 따라서 삼루·사류·사박·사취·사결 등으로 설하셨다. 問曰 是三漏 云何說爲七漏 答曰 實漏有二種 見諦斷是諸漏根本 思惟斷是諸漏果 五助漏因緣 合說爲七 卽此煩惱 佛隨義故 說三漏四流 四縛 四取 四結等", 『대승의장』 권5 「칠루의 七漏義」(대정장44, p.573c13)에 "칠루의 뜻은 『대반열반경』에서 갖추어 자세히 분별하였다. 저 『성실론』에 따르면 '칠루의 뜻은 『칠루경』과 같다'라 하였는데, 마땅히 이는 저 『대반열반경』에 상응한다. 일체번뇌는 흐르고 흘러 끊이지 않는데, 저 종기에 고름이 새는 것과 같기에 루라 한다. 루는 따로여서 같지 않으나 문을 하나로 하여 일곱으로 설하니, 일곱을 무엇이라 이름하는가? 첫째는 견루, 둘째는 수루, 셋째는 근루, 넷째는 악루, 다섯째는 친근루, 여섯째는 수루, 일곱째는 염루다. 七漏之義 涅槃經中 具廣分別 如成實云 七漏之義 如七漏經 當應於彼涅槃經矣 一切煩惱 流注不絕 其猶瘡漏 故名爲漏 漏別不同 一門說七 七名是何 一是 見漏 二是 修漏 三名 根漏 四名 惡漏 五 親近漏 六名 受漏 七名 念漏", "견루라 함은 아마도 이내 저 장애한 바에 따라 이름 삼았다. 견의번뇌는 능히 견도를 막기에 견루라 한다. 言見漏者 蓋乃從於所障爲名 見疑煩惱 能障見道 故名見漏", "수루라 함 또한 막는 바에 따라 이름 삼았다. 삼루번뇌는 수도를 막기에 수루라 한다. 言修漏者 亦乃從於所障爲名 三漏煩惱 能障修道 故名修漏", "근루라 하였으니, 저 경에서 설한 것처럼 눈·귀·코 등 능히 일으킴을 근이라 하는데 근에 의지해 루를 생하기에 근루라 한다. 言根漏者 如經中說 眼耳鼻等 能生曰根 依根生漏 故名根漏", "악루라 함은 이른바 일체의 나쁜 코끼리, 나쁜 왕, 나쁜 나라, 나쁜 지식 등이다. 능히 사람에게 해를 끼치니 설하여 악이라고 하고, 악은 루를 생하기에 악루라 한다. 言惡漏者 所謂一切惡象 惡王惡國 惡知識等 能損害人 說之爲惡 惡能生漏 故名惡漏", "친근루라는 것은 의복·음식·방사·의약이다. 이 네 일을 가까이하며 누를 생하니, 친근루라 한다. 親近漏者 衣服飮食 房舍醫藥 於此四事 近而生漏 名親近漏", "수루라 하였으니, 세 악각을 받아들여 능히 모든 루를 생하기에 수루라 한다. 세 악각이란 저 『대반열반경』에서 '욕진뇌는 삼각이다'라고 설한 것이다. 言受漏者 受三惡覺 能生諸漏 故名受漏 三惡覺者 如涅槃說 欲瞋及惱 是三覺也", "염루라 하였으니, 삿된 염을 염이라 하니, 이 염이 능히 루를 생하기에 염루라 한다. 言念漏者 邪念名念 念能生漏 故名念漏"라고 하였다. 〔참고문헌〕『大般涅槃經』, 『大般涅槃經義記』, 『成實論』, 『大乘義章』, 『舍利弗阿毘曇論』 권19(대정장28, p.654a21). ⇨ 누 漏 ❶, 견루 見漏, 염루 念漏

칠류 七流 ❶ 끊어야 할 일곱 흐름. 『화엄공목장』 권3(대정장45, p.570a29)에 "번뇌로 흐르는 류에는 따로 스물아홉 문이 있다. … 열 번째는 칠류니, 견제소멸류·수도소멸류·원리소멸류·수사소멸류·사소멸류·호소멸류·제복소멸류를 일컫는다. 又煩惱流類 別有二十九門 … 十 七流 謂見諦所滅流 修道所滅流 遠離所滅流 數事所滅流 捨所滅流 護所滅流 制伏所滅流"라고 하였다. 이에 대해 『대명삼장법수』 권22(영락장182, p.321b9)에서 "류(流)라 한 것은 곧 견과 사라는 두 혹(惑)이다. 이 혹은 능히 중생을 표류시켜 생사의 바다에 들게 하기 때문이다. 곧 사과의 성인은 사제법 닦음을 인하여 견사혹을 끊고 삼계를 유전하지 않는다. 그래서 칠류라는 뜻이 있다. 流者 卽見思二惑也 此惑能漂流衆生 入生死海故也 謂四果之人 因修四諦之法 能斷見思之惑 而不流轉三界 故有七流之義焉"라고 하며, 칠류를 성문사과(聲聞四果)의 틀을 빌려 풀었는데 첫 번째, 견제소멸류는 초과(須陀洹果)에서 진제를 보고 욕계견혹을 끊어 욕계에 유전하지 않는다(初果之人 見眞諦理 能斷欲界見惑 因滅此惑 不流轉欲界). 두 번째, 수도소멸류는 제2과(斯陀含果)와 제3과(阿那含果)에서 사제관을 닦아서 욕계사혹을 끊고 욕계를 표류하지 않는다(第二果第三果之人 因修四諦之觀 能斷欲界思惑 因滅此惑 不爲欲界漂流). 세 번째, 원리소멸류는 제4과(阿羅漢果)에서 사제관을 닦아서 견사혹을 모두 끊고 남음이 없어 삼계를 여의어 다시는 유전하지 않는다(第四果之人 因修四諦之觀 而於見思之惑 斷盡無餘 則能遠離三界 不復流轉). 네 번째, 수사소멸류는 제4과에서 오온・십이입・십팔계 등의 법이 모두 공적함을 관하여 견사혹을 다하고 다시는 삼계를 유전하지 않는다(謂第四果之人 能觀五蘊等法 皆悉空寂 而見思之惑俱盡 不復流轉三界). 다섯 번째, 사소멸류는 제4과에서 이미 오온 등 법 공하여 공한 법 마저도 없으므로 능히 공한 마음마저 버림으로써 능소가 함께 사라져 미움도 사랑도 없이 일미평등으로 무학을 증하니 더이상 삼계를 유전하지 않는다(第四果之人 已空五蘊等法 所空之法旣無 能空之心亦捨 能所兩亡 無憎無愛 一味平等 證於無學 不復流轉三界). 여섯 번째, 호소멸류는 제4과로 견사혹이 다하여 무학을 증하고 자신이 증한 바에서 물러남 있을까 두려워하며 선방편으로 수호하여 견사습기가 다시는 일어나지 못하게 함으로써 다시는 삼계를 유전하지 않는다(第四果之人 見思惑盡 而證無學 於己所證 恐有退失 善加守護 令見思習氣 更不再起 不復流轉三界). 일곱 번째, 제복소멸류는 제4과에서 견사혹의 속박이 이미 끊겼으나 색신과로 속박함이 여전히 남아서 견사혹의 습기를 제복하고 다시 삼계유전을 일으키지 않고 그친다(第四果之人 見思惑縛已斷 色身果縛猶在 應須制伏 令見思習氣永不復起三界流轉 卽得止息). 〔참고문헌〕『華嚴孔目章』, 『大明三藏法數』. ⇨사과 四果, 유전 流轉, 류 流, 견제소멸류 見諦所滅流, 사소멸류 捨所滅流, 수도소멸류 修道所滅流, 수사소멸류 數事所滅流, 호소멸류 護所滅流 ❷ 끊는 방편에 따른 일곱 갈래 흐름. 류(流)는 루(漏)의 뜻이다. 『일체류섭수인경』(대정장1, p.813b5)에 "또한 저 비구에게 일곱 갈래 흐름이 있어 이로부터 번뇌하고 화내고 근심한다. 어떤 것들이 그 일곱인가? 저 비구는 어떤 류는 봄으로써 끊고, 어떤 류는 거둠으로 끊으며, 어떤 류는 피함으로 끊고, 어떤 류는 씀으로써 끊으며, 어떤 류는 참음으로써 끊고, 어떤 류는 밝힘으로써 끊으며, 어떤 류는 끊임없이 기억해서 끊는다. 亦有比丘爲七流 從是惱生 從是熱 從是憂 何等爲七 有比丘 有流從見斷 有流從攝斷 有流從避斷 有流從用斷 有流從忍斷 有流從曉斷 有流從行念斷"라고 하였다. 〔참고문헌〕『一切流攝守因經』. ⇨칠단루번뇌우척법 七斷漏煩惱憂慼法

칠림 七林 염부제(閻浮提)의 아마륵림(阿摩勒林) 남쪽에 있는 일곱 겹의 숲. 칠중림(七重林)이라고도 한다. 『입세아비담론』 권1(대정장32, p.175c19)에 "아마륵숲 남쪽에 다시 칠림이 있고, 일곱 갈래 강이 그 사이를 흐른다. 그 가장 북쪽의 숲을 암라라고 하며, 그 다음을 염부라 하고, 셋째를 사라, 넷째를 다라, 다섯째를 인림, 여섯째를 석류림, 일곱째를 겁필타림이라고 한다. 阿摩勒林南 復有七林 七河相間 其最北林 名曰 菴羅 次名 剡浮 三名 娑羅 四名 多羅 五名 人林 六名 石榴林 七名 劫畢他林"라고 하였다. 〔참고문헌〕『立世阿毘曇論』, 『華嚴經疏鈔』 권26(대정장36, p.201b2).

칠림간하 七林間河 일곱 겹의 숲(七林) 사이를 흐르는 강. 칠중하(七重河)・칠대하(七大河)라고도 한다. 『입세아비담심론』 권10(대정장32, p.223a17)에 "비구들이여, 오랜 시간이 지나면 다음으로 네 번째 해가 나타나는데, 세간에 떠다니는 모습이 세 번째 해보다 배나 뜨겁고 밝다. 이 해 때문에 염부제 중의 아나바달과 만다기니 연못, 일곱 숲 사이에 흐르는 강 및 사대하가 … 모두 고갈되고 없어진다. 비구들이여, 일체유위법은 이와 같이 무상하다. 比丘 過久長時 次第四日復出 於世輪相熱明 倍第三日 由此日故剡浮提中 阿那婆達池漫陀耆尼池 七林間河 及四大河 … 並皆涸竭 無復更有 比丘 一切有爲法 如是無常"라고 하였다. 〔참고문헌〕『立世阿毘曇論』 권1(대정장32, p.175b19), 『法苑珠林』 권63(대정장53, p.767a27). ⇨칠림 七林

칠마달리 七摩怛里 염라대왕의 일곱 자매. 마달리(摩怛里 Ⓢmātṛ)는 모(母)의 뜻이므로 칠모(七母) 또는 칠자매(七姉妹)라고 한역한다. 『대일경소』 권5(대정장39, p.634b10)에 "동쪽에 흑야신과 칠마달리를 그린다. 칠모라고 한역하는데 모두 여귀이다. 그 형상은 모두 검은색이다. 東邊作黑夜神及七摩怛里 譯云七母 皆女鬼也 其形悉皆黑色", 라고 하였다. 〔참고문헌〕『大日經疏』. ⇨말라희미 末羅呬弭, 마달리 摩怛里, 칠모 七母

칠만 七慢 ➡칠종만 七種慢

칠만류 七慢類 일곱 가지 만의 류. 『집이문족론』 권19(대정장26, p.446b3)에 "어떤 것을 '만결'이라고 하는가? 〔답〕 칠만류를 만결이라고 한다. 어떤 것이 그 일곱 가지인가? 〔답〕 첫째 만, 둘째 과만, 셋째 만과만, 넷째 아만, 다섯째 증상만, 여섯째 비만, 일곱째 사만이다. 이런 칠만류가 합하여 만결이 된다. 云何慢結 答 有七慢類 說名慢結 云何爲七 答 一 慢 二 過慢 三 慢過慢 四 我慢 五 增上慢 六 卑慢 七 邪慢 此七慢類 合爲慢結"라고 하였다. 〔참고문헌〕『集異門足論』, 『品類足論』 권1 (대정장26, p.693a29), *Vibh.383.* ⇨ 칠종만 七種慢

칠멸쟁법 七滅諍法 Ⓢ sapta adhikaraṇa-śamathāḥ dharmāḥ, Ⓟ satta adhikaraṇa-samathā dhammā. 다툼을 없애는 일곱 가지 법. 승가에 일어나는 네 가지 다툼(四諍 : 言諍 覓諍 犯諍 事諍)을 그쳐 화합케 하는 법이다. 칠지쟁법(七止諍法)이라고도 한다. 『유가론기』 권5(대정장42, p.410b2 · 한불전13, p.308c23)에 "'또 일곱 가지 법이 있어 다투는 일을 그친다'라고 하였는데, 곧 칠멸쟁법을 말한다. 첫째는 현전비니, 둘째는 억념비니, 셋째는 불치비니, 넷째는 자언비니, 다섯째는 멱죄상비니, 여섯째는 다인멱죄상, 일곱째는 여초부지이다. 又有七法諍事止息者 則七滅諍法 一 現前毘尼 二 憶念毘尼 三 不癡毘尼 四 自言毘尼 五 覓罪相毘尼 六 多人覓罪相 七 如草敷地"라고 하였다. 『사분율』에 의지하면 다음과 같다. 『사분율』 권21(대정장22, p.713c21)에 "칠멸쟁법은 이와 같이 일곱 가지로 뉘우치는 법으로 보름보름마다 계경을 설해 왔으니, 만약 다투는 일이 일어나거든 바로 응하여 사라지게 한다. 七滅諍法 如是七悔過法 半月半月 說戒經來 若有諍事起 卽應除滅"라 하고, 이어서 일곱 법을 설하였다. 첫째, 현전비니(現前毘尼 Ⓟ sammukhā-vinaya) : 면전지쟁율(面前止諍律)이라고도 한다. 범계 당사자가 현전한 데서 다스려 다툼을 막는다(應與現前毘尼 當與現前毘尼). 둘째, 억념비니(憶念毘尼 Ⓟ sati-vinaya) : 억지쟁율(憶止諍律)이라고 한다. 본인이 범계한 사실을 기억해내고 인정한 후에 다스려야 하니, 이로써 다툼을 막는다(應與憶念毘尼 當與憶念毘尼). 셋째, 불치비니(不癡毘尼 Ⓟ amūḷha-vinaya) : 불치지쟁율(不癡止諍律)이라고도 한다. 광증이 있는 이는 제정신이 들 때까지 기다렸다가 다스려야 한다(應與不癡毘尼 當與不癡毘尼). 넷째, 자언치비니(自言治毘尼 Ⓟ paṭiññāya kāretabba-vinaya) : 자언비니 · 자발로지쟁율(自發路止諍律)이라고도 한다. 위력을 쓰지 않고 범계 당사자의 자백으로 죄를 다스려 다툼을 막는다(應與自言治 當與自言治). 다섯째, 멱죄상비니(覓罪相毘尼 Ⓟ tassapāpiyyasikā-vinaya) : 본언치비니(本言治毘尼) · 거지쟁율(居止諍律)이라고도 한다. 범계한 이가 거짓을 말할 때 죄상을 찾아내 결의해서 다스린다(應與覓罪相 當與覓罪相). 여섯째, 다인멱죄상비니(多人覓罪相毘尼 Ⓟ yebhuyyasikā-vinaya) : 다인어비니(多人語毘尼) · 전전지쟁율(展轉止諍律)이라고도 한다. 여러 사람을 다스려야 할 때 대중이 화합치 못하면 많은 이들의 의견을 물어 다툼을 막는다(應與多人覓罪 當與多人覓罪). 일곱째, 여초부지비니(如草覆地毘尼 Ⓟ tiṇavatthāraka-vinaya) : 포초지비니(布草地毘尼) · 여기분소지쟁율(如棄糞掃止諍律)이라고도 한다. 다툼이 오래되어 수습할 길이 없을 때 이유불문하고 풀로 진흙땅을 쓸어 덮듯이 한다(應與如草覆地 當與如草覆地). 『오분율』 권10 「칠멸쟁법」(대정장22, p.77b7)에 "어디에서 일어난 일이기에 응당 현전비니 베풀어야 함에 현전비니 베푸는가? 〔답〕 첨파성이다. 누구를 인하였는가? 〔답〕 육군비구다. 어디에서 일어났기에 응당 억념비니 베풀어야 함에 억념비니 베푸는가? 〔답〕 왕사성이다. 누구를 인하였는가? 〔답〕 다바역사자다. 어디에서 일어난 일이기에 응당 불치비니 베풀어야 함에 불치비니 베푸는가? 〔답〕 왕사성이다. 누구를 인하였는가? 〔답〕 가가비구다. 於何處起 應與現前毘尼 與現前毘尼 答言 瞻婆城 因誰起 答言 六群比丘 於何處起 應與憶念毘尼 與憶念毘尼 答言 王舍城 因誰起 答言 陀婆力士子 於何處起 應與不癡毘尼 與不癡毘尼 答言 王舍城 因誰起 答言 伽伽比丘", "어디서 일어난 일이기에 응당 자언비니 베풀어야 함에 자언비니 베푸는가? 〔답〕 사위성이다. 누구를 인하였는가? 〔답〕 이비구로 인해서다. 어디서 일어난 일이기에 응당 다인어비니 베풀어야 함에 다인어비니를 베푸는가? 〔답〕 사위성이다. 누구를 인하였는가? 〔답〕 대중의 여러 비구로 인해서다. 於何處起 應與自言 與自言 答言 舍衛城 因誰起 答言 因異比丘 於何處起 應與多人語 與多人語 答言 舍衛城 因誰起 答言 因衆多比丘", "어디서 일어난 일이기에 응당 초포지비니를 베풀어야 함에 초포지비니를 베푸는가? 〔답〕 사위성이다. 누구를 인하였는가? 〔답〕 대중의 여러 비구로 인해서다. 어디서 일어난 일이기에 응당 본언치비니 베풀어야 함에 본언치비니 베푸는가? 〔답〕 사위성이다. 누구를 인하였는가? 〔답〕 우다이다. 於何處起 應與草布地 與草布地 答言 舍衛城 因誰起 答言 因衆多比丘 於何處起 應與本言治 與本言治 答言 舍衛城 因誰起 答言 優陀夷", 『중아함경』 권52 「우파리경 優婆離經」(대정장1, p.756c11)에 "우파리야, 저 비구들 어울려 화합하니 지은 업에 따라 그 업을 말하면 이것은 법다운 업이고 율다운 업이니 대중 또한 죄가 없게 된다. 우파리야, 저 비구들 더불어 화합하니 면전에서 율(Ⓟ sammukhā-vinaya)로 다스려야 할 때에는 면전에서 율을 주고, 기억해서 다스려야 할 때에는 기억하게 해서 다스리며, 제정신일 때 다스려야 하면 제정신일 때 다스리고, 스스로 드러내게 해야 할 때에는 스스로 드러내게 하며, 그대라고 부르며 죄를 추궁해야 할 때에는 그대라고 부르며 죄를 추궁하고, 꾸짖어야 할 경우에는 꾸짖으며, 아래에 두어야 할 경우에는 아래에 두고, 위로 올려야 할 경우에는 위로 올리며, 물리쳐야 할 경우에는 물리치고, 기억해야 할 경우에는 기억하도록 하며, 근본에 따라 다스려야 할 경우에는 근본에 따라 다스리고, 몰아내야 할 경우에는 몰아내며, 만하지 않음을 행해야 할 경우에는 만하지 않음을 행하도록 하고, 다스려야 할 때에는 다스린다 하니, 이것이야말로 법다운 업이요 율다운 업이니 대중에게도 죄가 없게 된다. 優婆離 若比丘衆共和合 隨所作業 卽說此業者 是如法業 如律業 衆亦無罪 優婆離 若比丘衆共和合 應與面前律 卽與面前律 應與憶律 卽與憶律 應與不癡律 卽與不癡律 應與自發露律 卽與自發露律 應與君律 卽與君律 應責數 卽責數 應下置 卽下置 應擧 卽擧 應擯 卽擯 應憶 卽憶 應從根本治 卽從根本治 應驅出 卽驅出 應行不慢 卽行不慢 應治 卽治者 是如法業 如律業 衆亦無罪", 『식쟁인연경』(대정장1, p.906c8)에 "이런 법 쓰기에 다투는 일 그치어 쉬고 사라지게 할 수 있다. 아난아, 이러한 등의 칠멸쟁법은 너희 모든 필추가 마땅히 기억해 가져야 한다. 以此法故 能令諍事 而得息滅 阿難 如是等七滅諍法 汝諸苾芻 應當記念"라고 하였다. [참고문헌] 『瑜伽論記』, 『四分律』, 『五分律』, 『中阿含經』, 『息諍因緣經』, 『中阿含經』 권52 「周那經」(대정장1, p.754a21), 『摩訶僧祇律』 권40(대정장22, p.544c7), 『十誦比丘波羅提木叉戒本』(대정장23, p.478b2), 『有部律』 권50(대정장23, p.904b5), 『四分律名義標釋』 권18(卍속장70, p.675a2), *Prāt-m.54.*, *Vin.4.207.*, 李智冠 『南北傳六部律藏比較硏究』 p.357, 伽山智冠 『한국불교계율전통 - 韓國佛敎戒法의 自主的傳承』 pp.521~525. ⇨ 멸쟁법 滅諍法, 사쟁 四諍, 다멱죄상비니 多覓罪相毗尼, 멱죄상비니 覓罪相毗尼, 불치비니 不癡毘尼, 억념비니 憶念毘尼, 여초부지 如草覆地, 자언비니 自言毘尼, 현전비니 現前毘尼

칠모 七母 염라대왕의 일곱 자매. 칠자매(七姉妹)라 하고 모(母 Ⓢmātṛ)는 마달리(摩怛里)로 음사하기도 한다. 좌민나(左閦拏 Ⓢ Cāmuṇḍā)·교베리(矯吠哩 Ⓢ Kauverī)·베슬나미(吠瑟拏微 Ⓢ Viṣṇavī)·교마리(嬌麼哩 Ⓢ Kaumārī)·인날리(印捺哩 Ⓢ Indrī)·로날리(嘮捺哩 Ⓢ Raudrī)·말라희미(末羅呬弭 Ⓢ Brāhmī)를 말한다. 종자(種子)는 𑖦(ma), 진언은 『대일경』 권2(대정장18, p.15a27)에 의하면 '나마 사만타몰다남 망달리폐 스바하 𑖡𑖦𑖾 𑖭𑖦𑖡𑖿𑖝𑖤𑖲𑖟𑖿𑖠𑖯𑖡𑖯𑖽 𑖦𑖯𑖝𑖴𑖥𑖿𑖧𑖾 𑖭𑖿𑖪𑖯𑖮𑖯 namaḥ samantabuddhānāṃ mātṛbhyaḥ svāhā 南麼 三曼多勃馱喃 忙怛嚟弊 莎訶 일체제불께 귀의하오며, 칠모신에 스바하'이다. 같은 책 권1(대정장18, p.7c29)에 "오른쪽에 염마왕은 손으로 단나인을 맺고 물소에 앉아 있네. 천둥번개는 검은 구름에서 나오고 칠모와 흑야천 비후 등이 둘러싸고 있네. 右方閻摩王 手秉壇拏印 水牛以爲座 震電玄雲色 七母幷黑夜 妃后等圍繞", 『대일경소』 권10(대정장39, p.684b18)에 "다음으로 염라왕의 칠모는 칠자매가 있다. 이 칠모의 이름은 다른 경전에 따른 것이고 모두 본명을 진언으로 삼는다. 여기에서 모두 설한 것은 아래와 같으니 마달리폐이다〈마달리는 등(等)이라는 뜻이다. 등은 하나가 아니라 여럿이라는 뜻이니 칠자매 등을 말한 것이다〉. 처음의 마(𑖦)자를 종자로 하는데 이는 무아라는 뜻이다. 次閻羅王七母 有七姊妹 此七母名准餘經 皆以本名作眞言也 今說總者如左 摩怛哩弊也〈摩怛哩是等義 等是非一衆多之義 謂七姊妹等也〉 以初摩字爲種子 是無我義也"라고 하였다. [참고문헌] 『大日經』, 『大日經疏』, 『大日經義釋』 권7(卍속장36, p.738b14). ⇨ 칠마달리 七摩怛里, 염마왕 閻魔王

칠모천 七母天 염마천 또는 대흑천의 권속. 칠녀천(七女天)·칠녀귀(七女鬼)·칠모녀천(七母女天)·칠자매(七姉妹)·칠모(七母)·칠마달리천(七摩怛里天) 등이라고도 한다. 『반야이취석』 권하(대정장19, p.616a11)에 "이때 칠모녀천은 부처님 발에 정례하고 구소를 봉헌하여 능히 죽이고 능히 이루는 삼매야진실심을 섭입하였다. 칠모녀천이란 마하가라천(Ⓢ Mahākāla)의 권속이다. 소구를 봉헌한다는 것은 금강구인으로 다리가 둘이나 여섯인 일체중생을 소환할 수 있다는 뜻이다. … 이 천들도 역시 만다라가 있다. 중앙에 칠모천이 둘러싼 마하가라를 그린다. … 칠모천이란 범천모와 함께 팔공양보살을 나타내니 현상으로 이치를 드러낸 것이다. 爾時 七母女天 頂禮佛足 獻奉鉤召 攝入能殺能成三昧耶眞實心者 七母女天者 是摩訶迦羅天眷屬也 獻奉鉤召者 以金剛鉤印 能召一切兩足多足等諸有情類 … 此天等亦有曼荼羅 中央畫摩訶迦羅 以七母天圍遶 … 七母天者幷梵天母 表八供養菩薩 以事顯理也", 『제불경계섭진실경』 권1(대정장18, p.273a24)에 "금강구인을 맺으니, 먼저 금강박인을 짓고 다음으로 오른 손 두지를 펴서 조금 굽힌다. 結金剛鉤印 先作金剛縛印 次舒右手頭指 少屈", 『대흑천신법』(대정장21, p.356a14)에 "대흑천신은 전투의 신이다. 이 신은 칠모천을 권속으로 삼는다. 故大黑天神卽鬪戰神也 此天 卽七母天爲眷屬", 『대일경의석』 권7(卍속장36, p.738b14)에 "칠모진언은 염마부주의 귀신들의 부류이니 일곱 자매가 있다. 첫째 좌민나(Ⓢ Cāmuṇḍā), 둘째 교베리(Ⓢ Kauverī), 셋째 베슬나미(Ⓢ Viṣṇavī), 넷째 교마리(Ⓢ Kaumārī), 다섯째 인날리(Ⓢ Indrī), 여섯째 로날리(Ⓢ Raudrī), 일곱째 말라희미(Ⓢ Brāhmī)이다. 七母眞言 是焰摩部主諸鬼魅之類 凡有七姊妹也 一 名 左閦拏 二 名矯吠哩 三 名吠瑟拏微 四 名嬌麼哩 五 名印捺哩 六 名嘮捺哩 七 名末囉呬弭"라고 하였다. [참고문헌] 『般若理趣釋』, 『諸佛境界攝

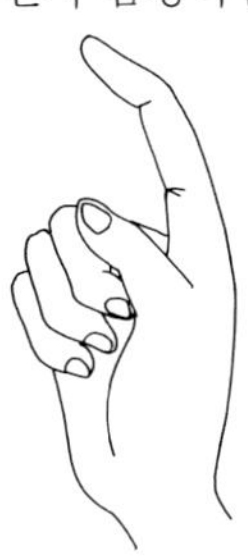

眞實經』, 『大黑天神法』, 『大日經義釋』.

칠묘법 七妙法 **1** 선한 이들이 가져 행하고 있는 법. 칠법이라고도 한다. 『집이문족론』 권17(대정장26, p.437a7)에 "칠묘법이란 무엇이 그 일곱 가지인가? 〔답〕 첫째 믿음, 둘째 스스로 부끄러움, 셋째 남에게 부끄러움, 넷째 정진, 다섯째 주의집중. 여섯째 정, 일곱째 혜이다. … 〔문〕 어떤 이유로 이들을 묘법이라 하는가? 〔답〕 묘란 선한 이들을 말한다. 이것이 저 선사들의 법이므로 묘법이라 한다. 즉 이 모든 법은 오직 선사들 곁에서만이 얻을 수 있고, 이것은 저 선사들이 가져 드러내기에 있을 수 있는 법이므로 이 일곱 가지를 묘법이라 한다. *七妙法者 云何爲七 答 一 信 二 慚 三 愧 四 精進 五 念 六 定 七 慧 … 問 何緣是七名爲妙法 答 妙謂善士 此是彼法 故名妙法 謂此諸法 唯善士邊可獲可得 此是彼士所有現有故 說是七名爲妙法*"라고 하였다. 〔참고문헌〕 『集異門足論』. ⇨ 칠성재 七聖財, 칠정법 七正法 **1** **2** 여래께서 성취하신 일곱 가지 법. 칠지(七知)·칠선섭(七善法)·칠정법(七正法)이라고도 한다. 『집이문족론』 권17(대정장26, p.437b18)에 "다시 칠묘법이 있으니, 무엇이 일곱 가지인가? 〔답〕 첫째는 (경에서 설하는) 법을 아는 것, 둘째는 (분별 설법해서 드러내는) 뜻을 아는 것, 셋째는 그치고 보며, 말하고 침묵하며, 외우고 받는 등의 때를 아는 것, 넷째는 의식주·행주좌와의 적정함을 헤아릴 줄 아는 것, 다섯째는 스스로의 덕과 능력에 대해서 아는 것, 여섯째는 대중을 잘 알아 대기설법할 수 있는 것, 일곱째는 다른 이들 덕행의 우열을 아는 것이다. *復有七妙法者 云何爲七 答 一 知法 二 知義 三 知時 四 知量 五 自知 六 知衆 七知補特伽羅有勝有劣*", 『대비바사론』 권31(대정장27, p.160c8)에 "여래께서는 일곱 가지 미묘한 법을 성취하신다. 어떤 것이 그 일곱인가? 첫째 법을 아는 것, 둘째 이치를 아는 것, 셋째 때를 아는 것. 넷째 양을 아는 것, 다섯째 스스로 아는 것, 여섯째 대중을 아는 것, 일곱째 유정중생 승열의 차별을 아는 것이다. 〔문〕 이 일곱 가지 묘한 법은 어떤 이의 지성인가? 〔답〕 이 일곱 가지는 모두 세속지성이다. 어떤 이는 이렇게 말한다. '법을 아는 것, 양을 아는 것, 대중을 아는 것 세 가지는 오직 세속지이다'. *如來成就 七種妙法 云何爲七 一者 知法 二者 知義 三者 知時 四者 知量 五者 自知 六者 知衆 七者 知補特伽羅勝劣差別 問 此七妙法 誰幾智性 答 此七皆是 世俗智性 有作是說 知法 知量 知衆 三種 唯世俗智*"라고 하였다. 40권본 『대반열반경』 권15(대정장12, p.451b14)에서는 칠묘법을 칠선법이라 이름하였고, 일곱 번째 지보특가라유승유열(知補特伽羅有勝有劣)을 지존비(知尊卑)라고 하였다. 〔참고문헌〕 『集異門足論』, 『大毘婆沙論』, 『大般涅槃經』. ⇨ 칠선법 七善法, 칠지 七知, 칠정법 七正法 **2**, 칠비묘법 七非妙法

칠무과실사 七無過失事 Ⓟ satta niddesa-atthūni. 일곱 가지 행하여 허물없이 하다. 『집이문족론』 권17(대정장26, p.439b1)에 "일곱 가지 허물없는 일이 있다. 七無過失事者"라고 하니 다음과 같다. 성제자가 있어 여래에 대해 깨끗한 믿음을 닦고 심어 뿌리가 생겨 안주하니, 사문이나 바라문 또는 하늘과 마 혹은 그 밖의 다른 세간법대로 이끌리거나 빼앗기지 않는다(*有聖弟子 於如來所修植淨信 根生安住 不爲沙門或婆羅門或天魔梵 或餘世間如法引奪 是名第一無過失事*). 정계율에 안주하여 부지런히 정진하고 수호하니 별해탈율의궤칙이 행한 바 구족하지 않음이 없어, 작은 죄도 크고 두렵게 보고 학처를 받아 배우고 어기거나 범하는 일이 없다(*有聖弟子 安住淨戒 精勤守護 別解脫律儀軌則所行無不具足 於微小罪見大怖畏 受學學處常無毁犯*). 선한 벗을 가까이 하고 선을 벗 삼아 사귀고 통한다(*有聖弟子 親近善友 善爲伴侶與善交通*). 한적한 곳에 있기를 좋아하여 몸과 마음에 있어 원리를 구족한다(*有聖弟子 樂居閑寂 具二遠離 謂身遠離及心遠離*). 부지런히 정진하여 머물고, 기세와 힘씀과 용기와 굳셈과 맹렬함이 있으며, 모든 선법에 있어 언제나 멍에 져 버리지 않는다(*有聖弟子 勤精進住 有勢有勤 有勇堅猛 於諸善法 常不捨軛*). 갖춘 념에 안주해서 가장 뛰어난 언제나 정밀한 념지를 성취하므로 오랫동안 지은 일과 설한 말을 모두 다 기억한다(*有聖弟子 具念安住 成就最勝 常委念支 久作久說 皆能憶念*). 모든 혜 갖춰 안주해서 세간의 출몰혜·거룩한 혜·벗어나는 혜·잘 통달한 혜·할 일에 대한 혜·바르게 고를 다하는 혜를 성취한다(*有聖弟子具慧安住 成就世間有出沒慧 聖慧 出慧 善通達慧 彼所作慧 正盡苦慧*)이라 하였다. 『유가사지론』 권14(대정장30, p.354c21)에서는 해·행·의지·사유·공용·증상심·증상혜(解·行·依止·思惟·功用·增上心·增上慧)를 무과실 일곱 가지 법이라 설한다. 〔참고문헌〕 『集異門足論』, 『瑜伽師地論』, *AN.4.38·39.*

칠무기 七無記 **1** 유부(有覆)무기와 여섯 가지 무부(無覆)무기를 다 들어 부르는 말. 여섯 가지 무부무기를 다시 나누면 이숙·위의·공교·통과·자성은 유부무기이고 승의만이 무부무기다. 무기란 선불선(善不善)의 범주에 들지 않는 것들을 말한다. 『구사론기』 권2(대정장41, p.35c25)에 "무기에는 두 가지가 있으니, 첫째 유부, 둘째 무부이다. 무부무기 중에 여섯 가지가 있으니, 첫째 이숙, 둘째 위의, 셋째 공교, 넷째 통과, 다섯째 자성, 여섯째 승의이다. 앞의 다섯 가지는 유위무기이고, 뒤의 한 가지는 무위무기이다. 앞의 유부무기와 합하여 모두 일곱 가지이다. 無記有二 一 有覆 二 無覆

就無覆中有六 一 異熟 二 威儀 三 工巧 四 通果 五 自性 六 勝義 前五有爲無記 後一無爲無記 幷前有覆 總有七種"라고 하였다. [참고문헌]『俱舍論記』. ⇨ 유부무기 有覆無記, 무부무기 無覆無記, 무기 無記❶ ❷ 반드시 무기에 속하는 일곱 가지. 『아비담심론』 권4(대정장28, p.831a14)에 "칠무기란 무상천·중생종류·구·미·명·명·범부성 있는 것이다. 七無記 無想天 衆生種類 句 味 名 命 凡夫性所有"라고 하였다. [참고문헌]『阿毘曇心論』, 『雜阿毘曇心論』 권9(대정장28, p.946b17).

칠무상 七無上 ➡ 칠종무상 七種無上

칠문 七門 일곱 갈래로 여는 문. 제칠 원행지(遠行地) 보살이 중생을 위해 방편지(方便智)로 열어 보이는 문이다. 원측(圓測)의 『인왕경소』 권중(대정장33, p.392b9·한불전1, p.67b10)에 "[경] '만약 보살이'에서 '일체중생을 교화한다'까지의 문이다. [석] 일곱 번째 원행지를 푼다. 이에 다섯 구 있다. '방편지와 원지'라 한 것은 중생을 버리지 않고 법무아를 일으키는 것이 방편지며, 방편의 힘으로 능히 일곱 문을 지어 중생사를 거두기 위해 원력으로 생을 취하되 항상 상수가 되니 그 이름이 원지다. 이 원지는 마땅히 방편지로서 제일문에서 거둔다. 십바라밀 가운데 방편과 원은 아니다. 經 若善薩〈至〉化一切衆生 釋曰 第七 釋遠行地 亦有五句 言方便智願智者 不捨衆生 起法無我 名方便智 由方便力 能作七門 攝衆生事 願力取生 恒爲上首 名爲願智 卽此願智 當方便智第一門攝 非十度中方便及願", "일곱 문이란, 첫째, 원력으로 생을 받아 나머지 중생을 교화한다. 둘째, 대치를 설하니, 번뇌의 염과 수번뇌를 사라지게 하여 하여금 적멸에 들게 한다. 셋째, 모든 장애를 멸해 주고자 함이다. 넷째, 대법을 펼치는 중회를 모은다. 다섯째, 직접 보고 들으며 가까이 하여 공양하고 수행함으로써 복덕을 낳는다. 여섯째, 법륜을 굴린다. 일곱째, 묻는 일 다 잘 풀어준다. 『십지경론』 제9권의 설과 같다. 言七門者 一 願力取生 敎化餘衆生故 二 說對治 爲滅煩惱染 及隨煩惱 使寂滅故 三 爲滅諸障故 四 於大法衆會集故 五 見聞親近 供養修行 生福德故 六 轉法輪故 七 所問善釋故 具如十地論 第九卷說"라고 하였다. [참고문헌]『仁王經疏』. ⇨ 원행지 遠行地, 방편지 方便智

칠물 七物 승원(僧院)에서 목욕할 때 갖춰야 할 일곱 가지 물품. 『온실세욕중승경』(대정장16, p.802c28)에 "부처님께서 기역에게 말씀하시길, '목욕법에 따라 마땅히 칠물을 써서 칠병을 제거하고 칠복보를 얻어야 한다. 무엇을 칠물이라 이르는가? 첫째 불, 둘째 깨끗한 물, 셋째 씻어내는 가루, 넷째 소기름, 다섯째 정재한 재, 여섯째 이와 혀를 닦는 버드나무 가지, 일곱째 내의이다. 이는 목욕법이다'. 佛告耆域 澡浴之法 當用七物 除去七病 得七福報 何謂七物 一者 然火 二者 淨水 三者 澡豆 四者 酥膏 五者 淳灰 六者 楊枝 七者 內衣 此是澡浴之法"라고 하였다. [참고문헌]『溫室洗浴衆僧經』. ⇨ 조욕 澡浴, 내의 內衣, 소고 蘇膏, 순회 淳灰, 양지 楊枝

칠미 七微 Ⓢ sapta-aṇavaḥ. 색법(色法) 중 가장 적은 단위인 아누(阿耨 Ⓢ aṇu). 아무리 색법이라도 연을 따라 생긴 것이기에 본래 처음인 하나는 있을 수 없기에 일극미가 중심이 되어 사방상하의 육극미가 둘러 함께하고 있는 것을 일미취(一微聚)라 하여 색법의 가장 적은 단위로 여긴다. 『구사론』 권12(대정장29, p.62b2 : *Abh-k-bh.*, p.176)에 "모인 미가 일곱에 이르면 일금진이 된다. 積微至七 爲一金塵 sapta-aṇavo loharajaḥ", 『대일경소』 권1(대정장39, p.587b26)에 "여기서 '작은 분'이라 한 말은 범어로 아누(aṇu)며, 칠미가 합하여 이룬 것이다. 연으로 일어난 색으로는 가장 미소하므로 비유로 삼았다. 此中言小分者 梵云阿耨 卽是七微合成 於從緣生色 最爲微小 故以爲喩", 『구사론소』 권13(대정장41, p.634c12)에 "찰나찰나마다 무량무변하여 일찰나에 사대를 갖춘 칠미가 있고, 하나하나 대종에 다시 칠미가 있다. 곧 일찰나에 28미가 있다. 刹那刹那 無量無邊 一一刹那 有七具四大 一一大種 復有七微 卽是於一刹那 有二十八微", 『중관론소』 권4(대정장42, p.67c27)에 "아비담에서 '칠미로 아누진이 생긴다'라는 말에 따르면, 아누진은 인이 있지만 칠미는 극히 세하여 인이 없다. 외도와 다른 점은, 첫째, 사대로 구성되었기에 지은 인이 있다. 둘째, 생주이멸(生住異滅)의 사상으로 옮겨가기에 공유인이다. 셋째, 업을 따라 일어나니 과보인이 일어나지만 공간(十方)을 나누어 가지는 뜻이 없는 것은 외도와 같다. 阿毘曇云 七微生阿耨塵 阿耨塵卽是有因 七微極細是無因 與外道異者 一 爲四大所造 有所作因 二 爲四相所遷 是共有因 三 從業起果報因生 但無十方分 與外道同"라고 하였다. [참고문헌]『俱舍論』, 『大日經疏』, 『俱舍論疏』, 『中觀論疏』, *Abh-k-bh.* ⇨ 칠극미 七極微, 진 塵❶, 극미 極微, 아누 阿耨❶, 아토 阿菟, 팔사구생수일불멸 八事俱生隨一不滅

칠반 七返 일곱 번 되돌아오다. 수다원과(須陀洹果)를 증득하면 인간과 천계에 일곱 번을 나고서는 다시는 나지 않는다. 『인선경』(대정장1, p.215b29)에 "곧 마가다국의 팔만 우바새는 세 가지 장애를 잘끊고 괴로움의 변제를 다하여 수다원과를 증득하였다. 천상과 인간에서 일곱 번 왕래하면서 어떤 사람은 타화자재천에 나고, 어떤 사람은 화락천에 나며, 어떤 사람은 삼십삼천에 나고, 어떤 사람은 사천왕천에 난다. 혹은 인간 가운데 어떤 사람은 대찰제리의 왕궁에 나고, 어떤 사람은 상수대바라문가, 어떤 사람은 상수 대장자의 집에 난다. 卽摩伽陀國 八萬優婆塞 善斷三障 盡苦邊際 證須陀洹果 於天上人間 七返往來 有生他化自在天者 有生化樂天者 有生三十三天者 有生四王天者 有生人間大刹帝利王宮者 有生上首大婆羅門家 有生上首大長者家", 『유부율약사』 권6(대정장24, p.26c4)에 "다시 오백 한 명의 오파삭가는 죽으면 삼분결을 끊기에 예류과를 증득하여 악취에 떨어지지 않고 반드시 보리과를 증득할 것이다. 인간과 천계에서 일곱 번 생을 받아서 전전하기를 다 마치면 번뇌를 끊는다. 復有五百一鄔波索迦身死 斷三分結故 證預流果 不墮惡趣 決定當證菩提之果 於人天中七返受生 輪轉息已 斷除煩惱"라고 하였다. [참고문헌] 『人仙經』, 『有部律藥事』, 40권본 『大般涅槃經』 권34(대정장12, p.568c8). ⇨ 극지칠유 極至七有, 극칠반유 極七返有, 수다원 須陀洹, 예류과 預流果

칠반생사 七返生死 일곱 번 생사를 반복하다. 『사분율』 권48(대정장22, p.923a18)에 "만약 수다원과를 얻으면 모든 악취가 끊어지고 결정코 정도에 들어갈 수 있다. 일곱 번 생사를 반복하고는 문득 고통의 세계를 다하게 된다. 若得須陀洹果 斷諸惡趣 得決定入正道 七返生死 便盡苦際", 『집대승상론』 권하(대정장32, p.149b19)에 "이 가운데 수다원인 이는 괴로움을 싫어하고 즐거움을 원한다. 응함에 따라서 모든 번뇌를 다 끊어 없앤다. 일곱 번 생사를 왕복하며 괴로움 등의 진실을 알게 되고, 인무아를 깨달아 열반으로 향해 간다. 此中須陀洹者 厭苦欣樂 隨應斷除 所有煩惱 七返生死 見苦等諦 悟人無我 趣向涅槃"라고 하였다. [참고문헌] 『四分律』, 『集大乘相論』. ⇨ 극칠반유 極七返有, 칠반 七返

칠방편 七方便 ❶ 성문(聲聞)의 견도(見道) 이전 칠위(七位). 칠방편위(七方便位)·칠현(七賢)·칠현위(七賢位)·칠가행위(七加行位) 등이라고도 한다. 『인왕반야경소』 권하(대정장33, p.358a5)에 "닦아 칠현을 행함이란 칠방편이다. 첫째 오정심관, 둘째 별상념처, 셋째 총상념처, 넷째 난법, 다섯째 정법, 여섯째 인법, 일곱째 세제일법 등이다. 言修七賢行者 卽七方便也 一 五停心觀 二 別想念處 三 總想念處 四 煖法 五 頂法 六 忍法 七 世第一法", 원측(圓測)의 『인왕경소』 권상(대정장33, p.372b28·한불전1, p.36b1)에 "칠현은 칠방편위에 있다. 현이지만 성은 아니니 성도가 없기 때문이다. 그러므로 칠현거사라 한다. 칠방편이란 첫째는 오정심관, 둘째는 별상념주, 셋째는 총상념주, 넷째는 난법(煖法), 다섯째는 정법(頂法), 여섯째는 인법(忍法), 일곱째는 세제일법이다. 七賢 在七方便 賢而非聖 無聖道故 故名七賢居士 言七方便者 一 五停心觀 二 別相念處 三 總相念處 四 煖 五 頂 六 忍 七 世第一法", 『천태사교의』(대정장46, p.777a4·한불전4, p.522a4)에 "위에서 말한 내범과 외범을 다 모아 범위라 하고 칠방편위라고도 한다. 上來內凡外凡 總名凡位 亦名七方便位", 『사교의집해』 권중(卍속장102, p.70b12)에 "방편이라는 말은 진취라는 뜻에서 따온 이름이다. 위의 칠위는 초과에 들어가는 방편이다. 또한 칠현이라고도 하는데 현이란 선하다는 뜻이다. 성에 가깝기에 현이라 한다. 言方便者 從進趣爲名也 上之七位 是入初果之方便也 亦云七賢 賢者 善也 鄰聖之謂賢也", 『사교의주휘보보굉기』 권5하(卍속장102, p.530a1)에 "이 칠위를 성도에 들어가는 방편으로 간주한다. 여러 문구에서 때로는 오방편이라 한 까닭은 오정심으로 장애를 부수므로 논하지 않고, 총상념주와 별상념주를 하나로 합했기 때문이다. 以此七位 爲入聖道之方便 諸文或云 五方便者 蓋停心破障 故不論 總別念處 但合爲一", 『구사론소』 권22(대정장41, p.723b28)에 "위의 경론의 설에 준하면 칠방편위를 현이라 하고, 고인위 이상을 성이라 한다. 准上經論 七方便位 名之爲賢 苦忍已上 名之爲聖", 『유가론기』 권6(대정장42, p.442b13·한불전13, p.476c10)에 "수신행이란 무엇인가? 이에 속하는 사람은 견도 이전에 칠방편위를 닦으며, 수법행도 그러하다. 隨信行者 此人在於見道已前 修七方便位 隨法行亦爾"라고 하였다. [참고문헌] 『仁王般若經疏』, 『仁王經疏』, 『天台四教儀』, 『四教儀集解』, 『四教儀註彙補輔宏記』, 『俱舍論疏』, 『瑜伽論記』. ⇨ 칠현 七賢❶, 칠방편인 七方便人❶, 현성 賢聖 ❷ 모든 교법을 거두어 두 종류의 칠방편을 세우는 천태(天台)의 설. 첫째, 『법화경』 「약초유품 藥草喩品」에 나오는 삼초이목(三草二木)의 뜻에 따라 세운 설이다. 『법화현의석첨』 권12(대정장33, p.904b14)에 "인천은 작은 풀, 이승은 중간 풀, 삼장보살은 큰 풀, 통교보살은 작은 나무, 별교보살은 큰 나무다. 이 가운데 장통이교와 이승을 합하여 중초라 한다. 만약 칠방편이라는 이름을 붙이면 인천을 쪼개어 두 가지로 하고, 이승을 쪼개어 두 가지로 하며, 세 부류 보살은 본에 따라 각각 한 가지로 삼는다. 이렇게 열고 합하는 뜻은 근기에 따라서 같지 않으니 하나를 표준으로 삼을 수 없다. 人天爲小草 二乘爲中草 三藏菩薩爲上草 通教菩薩爲小樹 別教菩薩爲大樹 此乃藏通二教二乘 合說名爲中草 若作七方便名 開人天爲二 二乘爲二 三菩薩依本各爲一 此開合之義 隨機不同 不可一準"라고 하였다. 둘째, 견사(見思) 이혹(二惑)을 끊음에 따라서 세운다. 『법화경회의』 권1(卍속장50, p.431a7)에 "장교와 통교의 이승, 통교의 보살, 별교의 삼현, 원교의 십신을 모두 합하여 칠방편이라 한다. 藏通二乘 通菩薩 別三賢 圓十信 共名爲七方便", 『법화경수수』 권2(卍속장51, p.602b12)에 "이는 칠방편에 속하는 사람을 거론하였다. 곧 인천과 성문·연각 그리고 장통별 삼교의 보살을 가리키니 합하여 칠종이며 모두 여래의 방편으로 접득하여 이곳에 이른 무리들이다. 此卽擧七方便人 謂人天聲聞緣覺 藏通別 共七種 皆如來方便接至此"라고 하였다. 〔참고문헌〕『法華玄義釋籤』, 『法華經會義』, 『法華經授手』. ⇨ 삼초이목 三草二木, 오시팔교 五時八教, 칠방편인 七方便人 ❷

칠방편인 七方便人 ❶ 칠방편・칠방편위를 달리 이르는 말. 범부위이다. 『대승의장』 권17(대정장44, p.788b11)에 "〔문〕 만약 처음부터 마지막까지의 모든 지위가 다 성(聖)이라 한다면, 소승 가운데 견도 이전의 칠방편인은 성인의 덕을 지니지 못하여 경론에서 범이라 하는데 어떤 뜻 때문에 성이라는 이름을 붙이는가? 〔석〕 이들은 비록 아직 성인의 덕을 지니지 못했지만 성인의 도를 수학하여 성인을 닮았기에 성이라는 이름을 붙인다. 그러므로 이렇게 헤아려 '성인을 연하면 범부라 하고, 내외범부는 성인이라 한다'라고 한다. 問曰 若言始終皆聖 如小乘中 見道已前 七方便人 未有聖德 經論名凡 以何義故 得名爲聖 釋言 此等雖復未有 眞聖之德 修學聖道 似聖名聖 故論說言 因緣聖人 名爲凡夫 內外凡夫 說爲聖人"라고 하였다. 〔참고문헌〕『大乘義章』. ⇨ 칠방편 七方便 ❶ ❷ 『법화경』을 설하여 원교의 실상(實相)을 듣기까지 방편을 닦는 일곱 위. 천태의 설이다. 『법화현의석첨』 권1(대정장33, p.819b6)에 "대성께서 이름 세웠으니 이치를 열어서 나아가 비로소 행하게 하였다. 하나의 실상 처를 깊은 이라 하고, 칠방편인을 모두 시작의 행이라 한다. 大聖立名 蓋爲開深理 以進始行 一實相處 名爲深理 七方便人 皆名始行", 『인왕호국반야경소』 권5(대정장33, p.285a1)에 "칠보란 칠방편인을 나타내니, 이들 모두가 인보이다. 七寶者 表七方便人 皆爲人寶也"라고 하였다. 〔참고문헌〕『法華玄義釋籤』, 『仁王護國般若經疏』. ⇨ 칠방편 七方便 ❷

칠백갑자 七百甲子 칠백이나 되는 갑자를 누리다. 조주종심(趙州從諗 778~897)의 나이를 말한다. 조주의 생애는 약 120세이므로 1년을 6번의 60갑자라 감안하면 720번의 60갑자를 누렸다 하여 칠백갑자라 한다. 『조정사원』 권3(卍속장113, p.87a3)에 "칠백갑자 : 조주종심의 속수는 120세이다. 어떤 사람이 '스님의 연세는 얼마입니까?'라고 물은 적이 있다. 조주가 '수주 하나(108염주)로 세기에는 부족하다'라고 답했다. 「진부탑기」에서 말하기로는 '조주는 칠백갑자를 먹었던가? 칠백갑자란 그저 120이라는 큰 수를 대충 들어보였을 뿐이다. 실은 116세 8개월로서 모두 4만 20일이다. 七百甲子 趙州從諗 俗壽一百二十歲 嘗有人問 師年多少 師云 一穿數珠數不足 鎭府塔記云 師得七百甲子歟 七百甲子 乃泛擧一百二十之大數 實一百一十六歲餘八月 凡四萬二十日也", 『횡천행공어록』 권상(卍속장123, p.359b4)에 "조주의 나이 칠백갑자에는 어째서 두 개의 혀끝이 있게 되었을까? 趙州年七百甲子 爲甚有兩箇舌頭", 『설두어록』 권5(대정장47 p.703a23)에 "정전백수자 : 칠백갑자를 산 선의 달인이시여, 나라 안팎 편안히 한 이 참으로 그 사람이라네. 서쪽에서 온 뜻 물음에 뜰 앞 잣나무 가리키자, 도리어 천하에서는 무기들고 설쳤다네. 庭前柏樹子 七百甲子老禪和 安貼家邦苦是他 人問西來指庭柏 却令天下動干戈", 『종용록』 47칙 「평창 評唱」(대정장48, p.257a13)에 "칠백갑자를 살면서 겪은 일 많았을 것이다. 그러므로 '도독한 눈썹 위로 흰 눈 내렸다'라고 운운한 것이다. 七百甲子 經事多矣 所以岸眉橫雪"라고 하였다. 〔참고문헌〕『祖庭事苑』, 『橫川行珙語錄』, 『雪竇語錄』, 『從容錄』. ⇨ 종심 從諗

칠백결집 七百結集 Ⓟ saṅgīti sattasatika, saṃgīti sattasati. 700의 장로들이 비사리에 모여 법을 외워 모으고 전승한 일. 제2결집을 말한다. 『마하승기율』에서는 칠백집법장(七百集法藏)・칠백결집율장(七百結集律藏), 『사분율』에서는 칠백집법비니(七百集法毘尼), 『오분율』에서는 칠백집법(七百集法), 『십송율』에서는 칠백비구집멸악법품(七百比丘集滅惡法品), 팔리율에서는 Sattasatikak khandhaka(七百人犍度)라 하였다. 『불조통기』 권4 「집삼장 集三藏」(대정장49, p.167c21)에 "세 곳에서 일천 명이 결집하였으니 최초의 결집에 해당한다〈불멸후 4월 15일〉. 칠백결집이라 하면 불멸후 백년의 때다. 有三處一千結集 正當最初〈佛滅後 四月十五日〉 七百結集 爲滅後百年", 『오분율』 권30(대정장22, p.194b16)에 "그때 비니법을 가려내는 대중 가운데 제일상좌의 법명은 일체거로서 법랍 136세였고, 제이상좌의 법명은 리바다로서 법랍 120세였으며, 제삼상좌의 법명은 삼부다이고 제사상좌의 법명은 야사로서 이들 두 상좌는 모두 법랍 110세였다. 합하여 칠백아라한이 있었으니 많지도 않고 적지도 않았으므로 칠백집법이라 한다. 爾時 論毘尼法衆 第一上座 名一切去 百三十六臘 第二上座 名離婆多 百二十臘 第三上座 名三浮陀 第四上座 名耶舍 皆百一十臘 合有七百阿羅漢 不多不少 是故 名爲七百集法", 『사분율』 권54 「칠백집법비니 七百集法毘尼」(대정장22, p.971b29)에 "비사리에서 칠백아라한이 모여 법비니를 가려냈으므로 칠백집법비니라 한다. 在毘舍離 七百阿羅漢 集論法毘尼 故名七百集法毘尼", 『사분율개종기』 권10(卍속장67, p.183b5)에 "궤칙이 있으므로 법이라 하고, 뒤에 악을 멸할 수 있게 되었으므로 비니라 한다. 有軌則故 名之爲法 後有滅惡之能 稱曰毗尼"라고 하였다. 〔참고문헌〕『佛祖統紀』, 『五分律』, 『四分律』, 『四分律開宗記』, *Vin.2.307.* ⇨ 결집 結集 ❷

칠백불상응법 七百不相應法 칠백의 불상응행법(不相應行法). 『십주비바사론』 권11에 설한 법수로 셈한 기준은 밝히지 않고 약간의 법만을 열거하였다. 『십주비바사론』 권11(대정장26, p.80b4)에 "〔문〕 제불은 다만 심불상응비색법만을 잘 아시고, 상응법은 잘 아시지 못하는가? 〔답〕 저 불상응법을 통달하면 상응법은 다시 말할 게 없다. 어떤 사람이 능히 가는 털 쏘아 맞출 수 있다면 큰 물체는 논하지 않은 것과 같다. 다시 칠백불상응법 중 성문과 벽지불은 제6식으로 능히 7법만아니, 첫째는 명, 둘째는 상, 셋째는 의, 넷째는 무상, 다섯째는 생, 여섯째는 불생, 일곱째는 도다. 부처님은 제6식으로 모두 다 능히 아신다. 問曰 諸佛但善知心不相應非色法 不善知相應法耶 答曰 若通達不相應法 相應法無所復論 如人能射毫毛 麤物則不論 復次 七百不相應法中 聲聞辟支佛 以第六識 能知七法 一 名 二 相 三 義 四 無常 五 生 六 不生 七 度 佛以第六識 皆悉能知", 원측(圓測)의 『해심밀경소』 권1(한불전1, p.125c3)에 "『대지도론』의 밝힘에 준하자면, 제법상이 대부분 살바다종과 같으니, 총 칠백육십일법이다. 어떻게 알 수 있는가? 살바다종은 칠십오법을 밝히고 있고, 『십주비바사론』에서는 칠백불상응법을 세웠으니 십사불상응법을 덜어내고 칠백불상응법을 더하기에 칠백육십일법이 있게 된다. 准智度論明 諸法相大分同於薩婆多宗 總有七百六十一法 何以得知者 薩婆多宗 明七十五法 十住毗婆沙 立有七百不相應法 故知除十四不相應 加七百不相應法 故有七百六十一法"라고 하였다. 〔참고문헌〕 『十住毘婆沙論』, 『解深密經疏』. ⇨ 불상응행법 不相應行法

칠백집법 七百集法 칠백의 아라한들이 모여 법을 모으다. 〔참고문헌〕 『五分律』 권30(대정장22, p.194b16), 『四分律』 권54 「七百集法毘尼」(대정장22, p.971b29), 『四分律開宗記』 권10(卍속장67, p.183b5). ⇨ 결집 結集 ❷, 칠백결집 七百結集

칠백현성 七百賢聖 제2결집에 모인 현성들. 『화엄경탐현기』 권15(대정장35, p.391b1)에 "이 성(毘舍離城) 남쪽으로 14~15리 지점에 탑이 하나 있는데 칠백현성이 거듭 결집한 곳이다. 此城南十四五里有塔 是七百賢聖 重結集處"라고 하였다. 〔참고문헌〕 『華嚴經探玄記』, 『大唐西域記』 권7(대정장51, p.909b13). ⇨ 결집 結集❷, 칠백결집 七百結集, 칠백집법 七百集法

칠번공해 七番共解 천태지의(天台智顗)가 『법화경』을 풀기 위해 베푼 오중현의(五重玄義)를 다시 통하게 하여 일곱 가지로 푼 뜻(通釋). 천태는 『법화경』의 현묘한 뜻(玄義)을 가려내고자 석명(釋名)·변체(辨體)·명종(明宗)·논용(論用)·판교(判敎)라는 다섯 범주를 베풀었는데, 이 오중현의를 다시 통석(通釋)함에 일곱 가지 틀로 하였으니 칠번공해라 한다. 『법화현의』 권1상(대정장33, p.681c29)에 "석명 첫 번째, 변체 두 번째, 명종 세 번째, 논용 네 번째, 판교 다서 번째. 이상의 다섯 장을 품에 통하게 함과 따로 함이 있다. 釋名第一 辨體第二 明宗第三 論用第四 判教第五 釋此五章 有通有別", "통함이란 함께 한다는 뜻이고, 다르게 함이란 각각의 뜻이다. 이와 같은 통별은 오로지 한 부에만 있다. 통인즉 일곱 번 함께 푸는 것이고, 구별함이란 오중으로 각각 설함이다. 又通者共義 別者各義 如此通別 專在一部 通則七番共解 別則五重各說", "통에 나아가 칠번공해를 지었으니 첫 번째 표장, 두 번째 인증, 세 번째 생기, 네 번째 개합, 다섯 번째 요간, 여섯 번째 관심, 일곱 번째 회이다. 표장은 쉽게 기억해 가지게 해서 염심을 일으킨다. 인증은 부처님의 말씀에 근거함으로써 신심을 일으킨다. 생기란 다른 것을 어지럽게 섞지 않아 정심을 일으킨다. 개합·요간·회이 등은 혜심을 일으킨다. 관심은 들은 그대로 행하니 정진심을 일으킨다. 就通作七番共解 一 標章 二 引證 三 生起 四 開合 五 料簡 六 觀心 七 會異 標章令易憶持 起念心故 引證據佛語 起信心故 生起使不雜亂 起定心故 開合料簡會異等 起慧心故 觀心卽聞卽行 起精進心故"라고 하였다. 〔참고문헌〕 『法華玄義』, 『法華玄義釋籤』 권1(대정장33, p.819a26), 『閱藏知津』 권36(가흥장32, p.142a19). ⇨ 오중현의 五重玄義, 불전석례 佛典釋例

칠법 七法 ❶ Ⓟ satta dhammā. 일곱 갈래로 시설한 여러 가지 법들. 칠정법(七正法 Ⓟ satta saddhammā)·칠식주(七識住 Ⓟ satta viññāṇa-ṭṭhitiyo)·칠근법(七勤法) 등을 말한다. 『장아함경』 권8 「중집경 衆集經」(대정장1, p.52a22)에 "다시 칠법이 있으니, 칠정법을 말한다. … 또 칠법이 있으니, 칠식주를 말한다. … 다시 칠법이 있으니, 칠근법을 말한다. … 또 칠법이 있으니, 칠상을 말한다. … 다시 칠법이 있으니, 칠삼매구를 말한다. … 또 칠법이 있으니, 칠각의를 말한다. 復有七法 謂七正法 … 復有七法 謂七識住 … 復有七法 謂七勤法 … 復有七法 謂七想 … 復有七法 謂七三昧具 … 復有七法 謂七覺意"라고 하였다. 〔참고문헌〕 『長阿含經』, *DN.3.252·253*. ⇨ 칠정법 七正法, 칠식주 七識住, 칠근법 七勤法, 칠상 七想, 칠각의 七覺意 ❷ 정법(正法)을 오래 머물게 하기 위해 베푼 일곱 가지 법. 칠불퇴법(七不退法 Ⓟ satta aparihāniyā dhammā)이라고도 한다. 『반니원경』 권상(대정장1, p.176b19)에 "비구에게 일곱 가지 가르침이 있으면 법은 쇠하지 않는다. 어떤 것이 그 일곱 가지 가르침인가? 比丘有七教則法不衰 何等七教", 두 가지다. 첫 번째 칠법은, 자주 모여 경에서 말씀하신 도를 독송하여 나태하지 않음(一

當數會 講誦經道 無有懈怠), 화합하고 순하여 충정으로 서로 가르치며 거듭 서로 이어 씀(二 當和順 忠正相敎 轉相承用), 남의 것을 취하거나 원하지 않고 오직 산천만을 즐김(三 當無取 無願於他 唯樂山澤), 음욕을 끊고 어른과 아이에 선후가 있어 서로 예의로 섬김(四 當絶婬 長幼先後 相事以禮), 자애와 효순함으로 스승과 어른을 섬기며 가르침을 받아 익힘(五 當慈孝 承事師長 受識敎誨), 법을 받들어 경과 계율을 경외하며 범행을 닦음(六 當奉法 敬畏經戒 以修梵行), 도를 따라 성중을 공양하고 어린이를 깨우치며 와서 배우려는 이를 받아들여 의복・음식・와구・의약을 베풂(七 當遵道 供養聖衆 開解童蒙 來學者受 給施衣食 臥床 疾藥)이다. 두 번째 칠법은, 청정함을 지켜 유위법을 좋아하지 않음(一 守淸淨 不樂有爲), 무욕을 지켜 이양을 탐하지 않음(二 守無欲 不貪利養), 인욕을 지켜 다투는 일이 없음(三 守忍辱 無所諍訟), 공행을 지켜 무리들에 들어가지 않음(四 守空行 不入衆聚), 법의를 지켜 뭇상을 일으키지 않음(五 守法意 不起衆想), 일심을 지켜 좌선하며 마음을 안정시킴(六 守一心 坐禪定意), 검약을 지켜 의식이 거칠고 풀자리로 잠자리를 삼음(七 守約損 衣食麤疎 草蓐爲床) 등이니 이 칠법으로 가히 정법이 오래 머물게 될 것이다(如是七法 可得久住)라 하였다. [참고문헌]『般泥洹經』, *DN.2.76.* ⇨ 칠불퇴법 七不退法, 칠종법 七種法

칠법공 七法空 일곱 가지로 모두 공한 뜻. 제법(諸法)의 법성공(法性空)에서 6문(六門 : 五蘊 十二處 十八界 六大 四諦 十二緣生)까지 모두 공한 뜻을 밝힌 것이다. 『인왕경소』 권상(한불전1, p.51a11)에 "『인왕경』의 '법성공'부터 '십이연공'까지이다. [석] 이하는 두 번째이니, 문에 따라 '공'을 가린다. 이 중에 둘이 있으니, 처음에는 문에 따라 공을 가리고, 뒤의 시법 이하는 생 등의 상으로 성공의 뜻을 푼다. 이것은 처음이니, 즉 비법 아닌 법도 법차별에 따르면 곧 '칠공'이 된다. 칠법공이란 제법실성은 본성이 스스로 '공'해서 지력을 말미암지 않아도 법성공이라고 하는데, 아래 여섯 문에 통한다. 둘째는 오온, 셋째는 십이처, 넷째는 십팔계이니, 이 세 문의 뜻은 위에서 설한 것과 같다. 다섯째는 육대이니, 즉 사대와 공식이고, 여섯째는 사성제, 일곱째는 십이연생이다. 이상의 일곱 가지 문은 모두 비법 아닌 법으로서 '공'이라고 한다. 經 法性空 〈至〉 十二緣空 釋曰 自下第二 歷門辨空 於中有二 初 歷門辨空 後 是法下 以生等相 釋成空義 此卽初也 謂非非法空 歷法差別 便成七空 七法空者 諸法實性 本性自空 不由智力 名法性空 通下六門 二者 五蘊 三 十二處 四 十八界 此三科門 義如上說 五者 六大 所謂四大 及與空識 六者 四諦 七者 十二緣生 此上七門 皆是非非法 故說名爲空"라고 하였다. [참고문헌]『仁王經疏』, 『仁王經』 권상(대정장8, p.826a7). ⇨ 공 空, 법공 法空

칠법불가피 七法不可避 일곱 가지 피할 수 없는 법. 생로병사(生老病死)와 죄복(罪福) 그리고 인연(因緣)을 말한다. 『대명삼장법수』 권22(영락장182, p.331a7)에 "칠법불가피〈출전은 『법원주림』〉 : 첫째, 생은 피할 수 없다. 사람이 몸을 받아 남은 모두 전생에 행한 선업과 악업으로 말미암는다. 만약 전생에 선행을 지었다면 금생에 선한 곳에 나고, 전생에 악행을 지었다면 금생에 악한 곳에 난다. 악한 과보를 피하고 선한 곳 나기를 구하거나, 선한 곳을 버리고 악한 과보를 따르려 하더라도 모두 실현할 수 없다. 그러므로 '생은 피할 수 없다'고 한다. 七法不可避〈出法苑珠林〉 一 生不可避 謂人受生 皆由前世 善惡之業 若前世作善 今生善處 前世作惡 今生惡處 若欲避惡報 而求生善處 欲辭善處 而從惡報者 皆不可得 故云 生不可避", "둘째, 노는 피할 수 없다. 사람의 나이가 어릴 때는 안색이 곱고 윤택하며 머리카락은 검고 치아는 희며 기력이 왕성하지만, 하루아침에 늙어 머리는 새고 치아는 빠지며 짧게 신음하면서 숨을 쉬고 몸과 정신이 모두 흐릿해진다. 늙지 않고자 하더라도 결코 실현할 수 없다. 그러므로 '노는 피할 수 없다'고 한다. 二 老不可避 謂人年幼 顏色鮮澤 髮黑齒白 氣力堅强 一旦老耄 頭白齒落 氣短呻吟 形神昏昧 欲使不老 終不可得 故云 老不可避", "셋째, 병은 피할 수 없다. 사람이 강건한 시절에는 걸음걸이는 가볍고 빠르며 식욕도 멋대로 채우지만, 몸의 요소가 서로 조화롭지 못하거나 업의 인연이 불러들이는 결과로 질병이 느닷없이 닥치면 침상에 잠들어 엎어졌다가 더 이상 그 자리에서 일어나지 못한다. 항상 편안하고 병이 없도록 하려 해도 끝내 실현할 수 없다. 그러므로 '병은 피할 수 없다'고 한다. 三 病不可避 謂人强健之時 行步輕捷 飮食自恣 若四大不調 或業緣所感 疾病卒至 眠伏床枕 不能起離 欲使常安無病 終不可得 故云 病不可避", "넷째, 사는 피할 수 없다. 사람이 세상에 태어나서 한평생의 과보로 요절하거나 장수하거나 모두 전생에 결정된 업으로 말미암으니 한 터럭만큼도 어긋남이 없다. 업이 다하면 과보도 그치니 어찌 애써 달아나 모면할 여지가 있겠는가! 그러므로 '사는 피할 수 없다'고 한다. 四 死不可避 謂人生於世 一期果報 或夭或壽 皆由前定 毫髮無差 業盡報終 豈容逃免 故云 死不可避", "다섯째, 죄는 피할 수 없다. 사람은 어리석음과 삿된 견해로 삼보를 믿지 못하고 불충하거나 불효하면서 악업을 수없이 지은 결과로 살아서는 형법을 당하고 죽어서는 악도에 떨어진다. 마치 그림자가 형체에 붙어 다니는 모양과 같으니 벗어날 길을 구하려 해도 전혀 실현할 수 없다. 그러므로 '죄는 피할 수 없다'고 한다. 五 罪不可避 謂人愚癡邪見 不信三寶 不忠不孝 多造惡業 生遭刑法 死墮惡道 如影隨形 欲求脫免 了不可

得 故云 罪不可避", "여섯째, 복은 피할 수 없다. 사람이 전생에 삼보를 공경하고 소중히 여기면서 계를 지키고 선행을 닦으며 항상 보시를 실천하고 임금과 어버이에 충과 효를 다했다면 후세에 인천에 태어나 안락과 부귀를 마음껏 누릴 것이다. 이와 같은 복의 과보는 메아리가 소리에 응하는 것과 같아서 터럭만큼도 잃는 일이 없다. 그러므로 '복은 피할 수 없다'고 한다. 六 福不可避 謂人先世 敬重三寶 持戒修善 常行惠施 忠孝君親 於後世時 生人天中 安樂富貴 隨意受用 如此福報 似響應聲 毫髮無失 故云 福不可避", "일곱째, 인연은 피할 수 없다. 능히 일으키는 것은 인이라 하고 돕는 힘은 연이라 한다. 전생에 이와 같은 인에 의지했음으로 금생에 이와 같은 연을 만난다. 부모·형제·처자 그리고 전택·재물 등을 마음 먹은 대로 얻거나 그렇지 못하거나 모두 전생에 선업과 악업의 인을 지은 인연에 따라 금생에 초래한 빈부와 고락이라는 업연의 과보인 것이다. 그러므로 '인연은 피할 수 없다'고 한다. 七 因緣不可避 能生爲因 助成爲緣 由前生依如是因 則今世遇如是緣 所謂父母兄弟妻子 田宅產業等 或得如意 或不如意 皆由前生 作善惡業因 今世則招貧富苦樂 業緣之報 故云 因緣不可避"라고 하였다. [참고문헌]『大明三藏法數』.

칠변 七辯 ➡ 칠종변 七種辯

칠병 七病 목욕으로 사라지게 되는 일곱 가지 병. 『온실세욕중승경』(대정장16, p.803a2)에 "이상이 목욕하는 방법이다. 그렇다면 무엇을 가리켜 일곱 가지 병을 제거한다고 하는가? 첫째는 사대를 편안하게 하고, 둘째는 풍병이 사라지며, 셋째 습비를 버리고, 넷째 한빙을 없애며, 다섯째 열기를 버리고, 여섯째 더러움을 없애며, 일곱째는 신체를 가볍게 하고 눈을 밝게 한다. 이것이 중승의 일곱 가지 병을 제거한다고 한다. 此是澡浴之法 何謂除去七病 一者 四大安隱 二者 除風病 三者 除濕痺 四者 除寒氷 五者 除熱氣 六者 除垢穢 七者 身體輕便 眼目精明 是爲除去衆僧七病"라고 하였다. [참고문헌]『溫室洗浴衆僧經』, 『法苑珠林』 권33(대정장53, p.543b15). ⇨ 조욕 澡浴, 칠물 七物

칠보 七步 Ⓢ sapta-pada, Ⓣ gom-pa-bdun. 일곱 걸음. 석가세존께서 태어나자마자 행한 일곱 걸음. 『수행본기경』 권상(대정장3, p.463c11)에 "열 달이 다 차서 태자의 몸이 이루어지자 사월 칠일에 부인이 놀러 나갔다가 유민수 나무 아래를 지나는데, 온갖 꽃들이 피어 있고 샛별이 뜰 때 부인이 나뭇가지를 잡자 문득 오른쪽 옆구리로 나서 땅으로 떨어졌다. 일곱 걸음 걷고 손 들어 말하였다. '하늘 위와 아래에서 오직 나만이 존귀하다. 삼계 온통 고통일 뿐이니, 나 반드시 평안하게 하리라'. 이때 천지 크게 진동하고 삼천대천찰토 크게 밝지 않는 곳이 없었다. 十月已滿 太子身成 到四月七日 夫人出遊 過流民樹下 衆花開化 明星出時 夫人攀樹枝 便從右脇生墮地 行七步 擧手而言 天上天下 唯我爲尊 三界皆苦 吾當安之 應時天地大動 三千大千刹土 莫不大明", 『도세품경』 권6(대정장10, p.651b26)에 "보살이 일곱 걸음을 걸은 것에는 열 가지 일이 있다. 무엇이 열인가? 보살은 이때 스스로 어린 아이의 모습을 보이지만 일곱 걸음 걸으면서 일곱 가지 재보가 있음을 보였다. 드러냄은 차이가 있지만 땅의 신으로 하여금 원하는 바를 구족하게 하려고 한 것이다. 스스로 자신의 덕이 삼계를 넘어 외로이 걸을 뿐이어서 짝할 이 없음을 보인 것이다. 菩薩行七步有十事 何謂爲十 菩薩爾時 自現幼僮 擧足七步 示有七財 顯有殊異 欲使地神 所願具足 自示其德 超於三界 獨步無侶"라고 하였다. [참고문헌]『修行本起經』, 『度世品經』, *Bodh-bh.52.* ⇨ 사방칠보 四方七步, 천상천하유아독존 天上天下唯我獨尊

칠보 七寶 Ⓢ sapta-ratna, saptānāṃ ratnānām, Ⓟ satta-ratanāni, Ⓣ rin-po-che-sna-bdun. ❶ 일곱 가지 보석. 칠진(七珍)이라고도 한다. 금(金)·은(銀)·유리(琉璃 : 毘瑠璃 吠琉璃 鞞稠利夜)·파리(頗梨 : 水精)·차거(車渠·硨磲 : 大蛤·白珊瑚)·적진주(赤眞珠)·마노(碼瑙 : 阿濕度揭柱婆·遏濕摩揭婆)와 같은 것을 말하는데, 경전에 따라 조금씩 차이가 있다. 『증일아함경』 권26(대정장2, p.695b12)에 "이때 자재천자는 석제환인의 말을 듣고 나열성에서 멀지 않은 곳에 신통으로 칠보강당을 만들었으니, 칠보란 금·은·수정·유리·마노·적주·차거이다. 是時 自在天子聞釋提桓因語 去羅閱城不遠 化作七寶講堂 所謂七寶者 金 銀 水精 琉璃 馬瑙 赤珠 車璖", 『법화경』 권3(대정장9, p.21b19)에 "제불께서 멸도하신 후에 각기 그 묘답을 세우되, 높이는 천유순 넓이는 모두 똑같이 오백유순으로 하며, 모두 금·은·유리·차거·마노·진주·매괴의 칠보를 합해서 만든다. 諸佛滅後 各起塔廟 高千由旬 縱廣正等五百由旬 皆以金 銀 琉璃 車璖 馬瑙 眞珠 玫瑰 七寶合成", 『무량청정평등각경』 권1(대정장12, p.282c28)에 "부처님께서는 아난에게 이렇게 말씀하셨다. '무량청정부처님께서 부처가 되신 지 어언 십팔겁이며, 기거하시는 국토 이름은 수마제이고 정서방에 있는데, 이 염부리의 땅으로부터 천억만 수미산불국의 거리이다. 그 국토의 땅은 모두 자연스럽게 칠보인데, 그 첫째 보배의 이름은 백은, 둘째 보배의 이름은 황금, 셋째 보배는 수정, 넷째 보배는 유리, 다섯째 보배는 산호, 여섯째 보배는 호박, 일곱째 보배는 차거이다'. 佛告阿難 無量淸淨佛作佛已來凡十八劫 所居國名須摩提 正在西方 去是閻浮利地界千億萬須彌山佛國 其國地皆自然七寶 其一寶者

名 白銀 二寶者名 黃金 三寶者 水精 四寶者 琉璃 五寶者 珊瑚 六寶者 虎珀 七寶者 車渠"라고 하였다. [참고문헌]『增壹阿含經』, 『法華經』, 『無量淸淨平等覺經』. ⇨보寶❶ ❷전륜성왕(轉輪聖王)이 출생하면 따라 출현하는 일곱 가지 보배. 윤보(輪寶 Ⓟcakka-ratana : 金輪寶)·상보(象寶 Ⓟhatthi-ratana)·마보(馬寶 Ⓟassa-ratana : 紺馬寶)·주보(珠寶 Ⓟmaṇi-ratana)·여보(女寶 Ⓟitthi-ratana : 玉女寶)·거사보(居士寶 Ⓟgahapati-ratana : 主藏寶)·주병신보(主兵臣寶 Ⓟparināyaka-ratana : 主藏臣寶)를 말한다. 『중아함경』 권41 「범마경 梵摩經」(대정장1, p.685a23)에 "저 사문 구담은 삼십이대인상을 성취하였다. 대인상을 성취하면 반드시 두 가지 삶이 있으니 … 만일 집에 있으면 반드시 전륜성왕이 되어 … 법도에 맞는 법왕으로 칠보를 성취한다. 저 칠보란 윤보·상보·마보·주보·여보·거사보·주병신보이며, 이를 칠보라 한다. 彼沙門瞿曇成就三十二大人之相 若成就大人相者 必有二處 … 若在家者 必爲轉輪王 … 如法法王 成就七寶 彼七寶者 輪寶 象寶 馬寶 珠寶 女寶 居士寶 主兵臣寶 是謂爲七", 『구사론』 권12(대정장29, p.65b6)에 "경전에서는 이렇게 말한다. '전륜왕이 세간에 출현하면 곧 칠보도 세간에 출현한다'. 그 일곱 가지란 어떤 것인가? 첫째는 윤보(Ⓢcakra-ratna), 둘째는 상보(Ⓢhasti-ratna), 셋째는 마보(Ⓢaśva-ratna), 넷째는 주보(Ⓢmaṇi-ratna), 다섯째는 여보(Ⓢstrī-ratna), 여섯째는 주장신보(Ⓢgṛhapati-ratna), 일곱째는 주병신보(Ⓢpariṇāyaka-ratna)이다. … 전륜왕과 부처님은 무엇이 다른가? 부처님의 대사상은 하나하나가 단정하고 분명하며 원만하나 전륜왕의 상호는 그렇지 못하니, 그래서 차별이 있다. 經說 輪王 出現於世 便有七寶 出現世間 其七者何 一者 輪寶 二者 象寶 三者 馬寶 四者 珠寶 五者 女寶 六者 主藏臣寶 七者 主兵臣寶 … 輪王與佛何異 佛大士相 處正明圓 王相不然 故有差別", 『유가사지론』 권4(대정장30, p.298a7)에 "인취 중 전륜성왕의 즐거움이 가장 미묘하니 전륜성왕이 세상에 출현할 때 칠보가 저절로 출현하기 때문이다. 人趣中 轉輪王樂 最勝微妙 由彼輪王出現世時 有成就七寶自然出現故"라고 하였다. [참고문헌]『中阿含經』, 『俱舍論』, 『瑜伽師地論』, 『長阿含經』 권3 「遊行經」(대정장1, p.21c11), *Abh-k-bh.186.*, *DN.1.88·89.* ⇨윤보 輪寶, 상보 象寶, 마보 馬寶, 주보 珠寶❶, 여보 女寶, 거사보 居士寶, 주병신보 主兵臣寶, 전륜성왕 轉輪聖王

칠보구족 七寶具足 Ⓢsaptaratna-samanvāgata, Ⓟsattaratana-samannāgata. 전륜성왕(轉輪聖王)이 칠보를 빠짐없이 갖추다. 『장아함경』 권6 「전륜성왕수행경 轉輪聖王修行經」(대정장1, p.39b6 : *Cakkavattisīhanāda-sutta*, *DN.3*, p.59)에 "그때 전륜성왕이 자재롭게 법으로 다스리고 교화하니 사람 가운데 가장 빼어나 칠보를 빠짐없이 갖추었다. 첫째는 금륜보, 둘째는 백상보, 셋째는 감마보, 넷째는 신주보, 다섯째는 옥녀보, 여섯째는 거사보, 일곱째는 주병보이다. 또 한 천 명의 아들을 두기도 하였으니 저들은 용맹하고 강건하여 원적을 항복시킬 수 있었기에 무기를 쓰지도 않고 저절로 태평하였다. 時 王自在以法治化 人中殊特 七寶具足 一者 金輪寶 二者 白象寶 三者 紺馬寶 四者 神珠寶 五者 玉女寶 六者 居士寶 七者 主兵寶 千子具足 勇健雄猛 能伏怨敵 不用兵杖 自然太平 cakkavatatī dhammiko rājā cāturanto vijitāvī janapadatthāvariyappatto sattaratanasamannāgato. tassimāni satta ratanāni ahesuṃ, seyyathīdaṃ, cakkaratanaṃ hatthiratanaṃ assaratanaṃ maṇiratanaṃ itthiratanaṃ gahapatiratanaṃ parināyakaratanameva sattamaṃ. parosahassaṃ ko panassa puttā ahesuṃ, sūrā vīraṅgarūpā parasenappamaddanā. so imaṃ paṭhaviṃ sāgarapariyantaṃ adaṇḍena asatthena dhammena abhivijiya ajjhāvasi", 『신화엄경론』 권38(대정장36, p.990a24)에 "칠보를 빠짐없이 갖추었다는 말은 칠보리분을 나타낸다. 사천하를 왕으로서 다스린다는 말은 네 가지 지혜를 그 어디서나 널리 편다는 상징이다. 七寶具足者 表七菩提分也 王四天下者 四智遍周也"라고 하였다. [참고문헌]『長阿含經』, 『新華嚴經論』, *DN.*, *Gaṇḍ-vy.178.* ⇨전륜성왕 轉輪聖王

칠보난순누각 七寶欄楯樓閣 칠보로 장엄한 난간과 누각. 『삼국유사』 권4(대정장49, p.1007a28·한불전6, p.349b23) 의해(義解)5 사복불언(蛇福不言)에 "사복이 게를 지어 '그 옛날 석가모니불께서는 사라수 사이에서 열반에 드셨다. 지금은 또한 저와 같이 해서 연화장계관에 들고자 한다' 하면서 말을 마친 뒤 풀뿌리를 뽑았는데, 아래에 있는 세계는 휘황차게 빛나고 청허하며 칠보난간과 누각으로 장엄함이 인간세가 아니었다. 사복이 시체를 업고 함께 들어가자 땅이 엄연히 합했다. 福乃作偈曰 往昔釋迦牟尼佛 娑羅樹間入涅槃 于今亦有如彼者 欲入蓮花藏界寬 言訖拔茅莖 下有世界晃朗淸虛 七寶欄楯樓閣莊嚴 殆非人間世 福負尸共入 其地奄然而合", 『마하반야바라밀경』 권27 「상제품 常啼品」(대정장8, p.417b1)에 "선남자야. 이 중향성 중에 크고 높은 대가 있다. 담무갈보살마하살의 궁전이 그 위에 있는데, 그 궁전은 세로와 가로가 1유순으로 모두 칠보를 엮어 만들었고, 모든 빛깔로 장엄하여 매우 훌륭하니라. 담장은 일곱 겹으로 모두 칠보로 되었는데, 칠보난간과 칠보누각이니라. 善男子 是衆香城中有大高臺 曇無竭菩薩摩訶薩宮舍在上 其宮縱廣一由旬 皆以七寶校成 雜色莊嚴 甚

可憙樂 垣牆七重皆亦七寶 七寶欄楯 七寶樓閣"라고 하였다. 〔참고문헌〕『三國遺事』, 『摩訶般若波羅蜜經』.

칠보뇌옥 七寶牢獄 칠보로 장식한 감옥. 전륜성왕(轉輪聖王)이 죄 지은 왕자를 징벌하기 위하여 만든 감옥으로 정토에 나지 못하고 변지 즉 태궁(胎宮)에 머무는 비유다. 『무량수경회역』(卍속장150, p.717a7)에 "마치 제2도리천에 사는 사람은 그 성 안에서 오백년 동안 허공을 돌아다니지 못하고 부처님을 친견하거나 법을 듣지도 못한다. 비유하자면 전륜성왕이 칠보뇌옥을 두고 있는 것과 같다. 만약 어린 왕자들 중 누구라도 죄를 지으면 이 궁 안에 가두고 옷과 음식을 주고 침상과 음악을 제공하지만 전륜왕이 황금의 쇠사슬로 그들의 두 발을 결박하면 이들 왕자가 그곳에서 즐겁게 살겠느냐? 미륵이 답했다. '그렇지 않습니다. 다만 갖가지 방편으로 그곳에서 빠져나갈 길을 구할 뿐이겠지요'. 如第二忉利天 其人於其城中 凡五百歲 不能游行虛空 不能見佛聞法 譬如轉輪聖王 有七寶牢獄 若諸小王子得罪 幽此宮中 衣食供帳伎樂 如轉輪王 而以金鎖 繫其兩足 此諸王子 寗樂處彼否 彌勒言 不也 但以種種方便求出"라고 하였다. 『무량수경』 권하(대정장12, p.275c14)에는 변지(邊地)의 칠보궁전이라 하였다. 〔참고문헌〕『無量壽經會譯』, 『無量壽經』. ⇨ 태궁 胎宮

칠보다라니 七寶陀羅尼 『대칠보다라니경 大七寶陀羅尼經』(대정장21, No.1368)에서 시설한 다라니. 위의 책(대정장21, p.885b25)에 "사지야대담 지사율제 바라야 바라 식차구나 비다 寫地也貸曇 坻闍律提 波羅若波羅 式叉仇拏 比茶"라고 하였는데, 이 다라니를 수지독송하고 수행하면 일체원수들을 환희하게 하고, 불에 타지도 칼에 다치지도 물에 빠지지도 않으며, 귀신이나 도깨비에 홀리지도 않고, 천・룡・아수라・건달바 등에게 괴롭힘당하지도 않는다. 물속・불 속・원수와 도적들의 한가운데에 가거나 독을 먹었더라도 이 다라니를 염하면 두려움에서 벗어날 수 있으며, 과거칠불의 가피에 힘입어 일체중생이 두려움을 여의고 편안함을 얻을 수 있다고 설한다. 〔참고문헌〕『大七寶陀羅尼經』.

칠보리분 七菩提分 Ⓢ sapta bodhyaṅgāni. 보리를 성취케 하는 일곱 가지 수행법. 칠보리・칠각지(七覺支) 또는 칠보리보(七菩提寶) 등이라고도 한다. 삼십칠도품(三十七道品) 가운데 제6 행법으로 앞뒤로 인과가 된다. 『법집명수경』(대정장17, p.660c14 : *Dharm-s.*, p.332)에 "칠보리분이란 어떤 것인가? 염보리분(Ⓢ smṛti-saṃbodhyaṅgam)・택법보리분(Ⓢ dharma-vicayasaṃbodhyaṅgam)・정진보리분(Ⓢ vīrya-saṃbodhyaṅgam)・희보리분(Ⓢ prīti-saṃbodhyaṅgam)・경안보리분(Ⓢ prasrabdhi-saṃbodhyaṅgam : 猗菩提分)・정보리분(Ⓢ samādhi-saṃbodhyaṅgam)・사보리분(Ⓢ upekṣā-saṃbodhyaṅgam)을 말한다. 云何七菩提分 所謂念菩提分 擇法菩提分 精進菩提分 喜菩提分 輕安菩提分 定菩提分 捨菩提分", 『성실론』 권2 「사제품 四諦品」(대정장32, p.251c28)에 "이 정견으로 오음의 멸을 알면 처음으로 도에 든다고 한다. 이 견도로부터 차제로 칠보리분을 얻는다. 염보리분이란 배우는 사람이 념을 잃으면 번뇌를 일으키므로 선처에 념을 묶는다. 념을 묶어 얻은 바 정견을 택법이라 한다. 택법을 버리지 않으므로 정진이라 하고, 정진을 행할 때 번뇌가 줄어들고 마음에서 환희가 일어나므로 희(보리분)라 한다. 마음으로 환희하기에 몸마저 의지처를 얻으니 이를 의(보리분)라 한다. 몸이 의지하여 즐거움을 얻고 즐거운즉 마음이 정에 드니, 이러한 정은 얻기 어려워 금강이라 한다. 착이 없는 과를 얻고 근심과 기쁨마저도 끊으므로 사(보리분)라 하고 뛰어난 수행이라 한다. 또한 가라앉지도 들뜸도 없어 그 마음이 평등하므로 사보리라 하고 무학지라 한다. 이상의 일곱 가지 법을 닦으면 능히 보리를 얻을 수 있기에 보리분이라 한다. 以此正見 見五陰滅 名初入道 從是次得 七菩提分 念菩提分者 學人失念 則起煩惱故 繫念善處 繫念先來 所得正見 是名擇法 不捨擇法 故名精進 行精進時 煩惱減少 心生歡喜 故名爲喜 以心喜故 則身得猗 是名爲猗 身猗得樂 樂則心定 是定難得 名爲金剛 得無著果 斷憂喜等 故名爲捨 是名上行 又不沒不發 其心平等 故名爲捨菩提 名無學智 修此七法 能得菩提 名菩提分"라고 하였다. 〔참고문헌〕『法集名數經』, 『成實論』, 『諸法無行經』 권상(대정장15, p.754c3), *Dharm-s.* ⇨ 보리분 菩提分, 보리분법 菩提分法, 칠각지 七覺支, 삼십칠도품 三十七道品

칠보병불 七寶柄拂 자루를 칠보로 장식한 불자(拂子). 『오분율』 권16(대정장22, p.109c14)에 "그때 석제환인이 (더위를 피할 그늘을 바라는) 저들의 생각을 알고서 신통력으로 덮개와 같은 구름을 만들어내자 서늘한 바람이 살짝 일어났다. 또한 스스로 범천으로 변화하여 황색의 옷을 입고 칠보지팡이와 칠보병불을 잡고서 한 팔꿈치 높이로 땅에서 떨어져 부처님 앞에서 인도하였다. 時釋提桓因知彼念 卽化作雲蓋 涼風微起 自化爲梵天 著黃色衣 執七寶杖 七寶柄拂 離地一肘 於佛前導"라고 하였다. 〔참고문헌〕『五分律』.

칠보보리수 七寶菩提樹 칠보로 장엄한 보리수. 제불(諸佛)은 모두 이 나무 아래서 도를 이루신다. 보보리수(寶菩提樹)라고도 한다. 『법화경』 권7 「묘장엄왕본사품 妙莊嚴王本事品」(대정장9, p.60a13)에 "대왕이시여, 저 운뢰음수왕화지불께서 지금 칠보보리수 아래 법좌

위에 앉아서 일체세간의 하늘과 사람 무리 중에서 널리 『법화경』을 설하시니, 우리들의 스승이시고, 저희는 제자입니다. 大王 彼雲雷音宿王華智佛 今在七寶菩提樹下 法座上坐 於一切世間 天人衆中 廣說法華經 是我等師 我是弟子"라고 하였다. [참고문헌] 『法華經』. ⇨ 보보리수 寶菩提樹, 보리수 菩提樹

칠보사 七步蛇 일곱 걸음밖에 걸을 수 없게 하는 독이 있는 뱀. 『대승본생심지관경』 권6(대정장3, p.317c22)에 "비유하면 세상에 칠보사라는 뱀이 있는데, 만약 사람을 해치면 독이 치성해서 일곱 걸음을 걸으면 곧 죽는 것과 같다. 譬如世間有七步蛇 若害人時 毒力熾盛 出過七步 卽便命終", 『성실론』 권1(대정장32, p.246a14)에 "또 예를 들면 칠보사가 사람을 물 때, 사대의 힘 때문에 일곱 걸음은 갈 수 있지만 독의 힘 때문에 여덟 번째 걸음은 내딛지 못하는 것과 같다. 又如七步蛇 螫人身時 以四大力故 得至七步 以毒力故 不得至八"라고 하였다. [참고문헌] 『大乘本生心地觀經』, 『成實論』, 『俱舍論』 권23(대정장29, p.123b24).

칠보사 七寶寺 ❶ 서울 종로구 삼청동에 있는 절. 1958년 청신녀 칠보화가 옛 삼각사(三角寺) 자리에 대웅전과 염불당과 삼성각을 지어 칠보암으로 창건하고 1960년대에 석주정일(昔珠正一 1909~2004) 큰스님께 무주상보시하였다. 석주스님이 칠보사로 이름을 바꾸고 1968년부터 1972년까지 재정비하여 대웅전을 15칸으로 확장중수하고 '큰법당'이라는 현판과 한글 주련을 썼으며, 아울러 종각도 신축하였다. 현존하는 당우로는 큰법당과 종각 및 요사 등이 있으며, 성보문화재로는 보물 목조석가여래좌상이 있다. ⇨ 정일 正一 ❷ 부산광역시 서구 남부민동에 있는 절. 자세한 사적은 전하지 않는다. 현존하는 당우로는 대웅전과 요사가 있으며, 성보문화재로는 유형문화재 목조관음보살좌상이 있는데, 그 복장에서 '옹정8년 경술(1730년·영조6) 10월일. 雍正八年庚戌 十月日'이라는 기록이 있는 「제불복장범서 諸佛腹藏梵書」가 발견되기도 하였다. ❸ 경기도 안산시 상록구 사사동칠보산에 있는 절. 1906년에 이교설(李教卨)이 약사암(藥師庵)으로 창건하였다가 그후 산 이름을 따라 칠보사로 바꾸었다. 현존하는 당우로는 관음전과 산신각 및 요사 등이 있다. ⇨ 약사암 藥師庵❹

칠보사목조석가여래좌상 七寶寺木造釋迦如來坐像 조선시대 목조불상. 보물 제2004호. 높이 117cm. 현재 서울 칠보사 큰법당에 봉안되어 있다. 1972년경의 『칠보사연혁 七寶寺沿革』에 의하면, 칠보사 본존 석가불상은 광주(廣州) 청량산(淸凉山)의 영창대군묘(永昌大君墓) 곁에 있었던 법륜사(法輪寺)에 봉안되었던 삼존으로, 동대문 지장암으로 이안되었던 비로자나불본존의 삼존 중 우협시불이었다. 이는 광해군의 정비인 장열왕후(章烈王后)가 조성하여 자수사와 인수사에 봉안한 11존상 중 한 불상이었음이 발원문에 의해 밝혀졌다.

이 불사는 왕비가 발원하여 모두 11존상을 한꺼번에 조성한 대불사였기에, 현진(玄眞)·응원(應元)·수연(守衍)·법령(法玲)·청허(淸虛)·인균(印均)·승일(勝一) 등 전라도, 경상도, 충청도 등 전국 곳곳에서 활동하던 조선의 각 유파의 수조각승들이 대거 참여하였다. 어깨가 넓고 당당하며, 얼굴은 약간 긴 직사각형이며 폭이 넓고 각진 턱을 갖고 있다. 왼쪽 상박부의 옷주름은 U자 모양의 커다란 주름을 중심으로 팔의 앞쪽과 뒤쪽으로 '끝이 동그랗게 말린' 작은 주름이 덧붙여진 형태인데, 전체적으로 현진 작품으로 추정한다. [참고문헌] 문명대 「칠보사 대웅전 1622년작 왕실발원 목석가불좌상과 복장품의 연구」(『講座美術史』43, 2014) pp.343~358. ⇨ 칠보사 七寶寺❶

칠보산 七寶山 칠보로 가득한 산. 『수마제녀경』(대정장2, p.837a13)에 "목련이 그 다음에 와서 칠보산을 변화해 짓고는 자신이 그곳에 올라 결가부좌한 자세로 몸을 솟구쳐 높이 날아서 곧바로 그 나라로 향하였다. 目連次後來 化作七寶山 人在其上 結加趺坐 踊身高飛 徑向彼國", 『이취육바라밀다경』 권7(대정장8, p.896a13)에 "비유하자면 어떤 사람이 바다에 들어가 칠보로 가득한 산에 이르러 그 산의 무량한 보주를 보고 막 채취하려다가 귀신에게 붙들리는 바람에 잠깐 사이 빈손으로 물러나 보주라곤 하나도 건지지 못하고 알몸으로 돌아오듯 한다. 게으른 중생도 이와 같다. … 여러 중생이 게으름의 귀신에게 홀려 광란하며 마음을 잃은 끝에 미묘한 보배를 보더라도 전혀 취할 마음이 없으니, 마치 묘고산을 옮길 수 없는 듯 함과 같다. 譬如有人 入於大海 至七寶山 於是山中 寶珠無量 方欲採取 爲鬼所著 欻然之間 徒步而退 不獲一寶 裸露而歸 懈怠衆生 亦復如是 … 而諸衆生 爲懈怠鬼之所魅著 狂亂失心 設見妙寶 都無取心 如妙高山 不可移動", 『경덕전등록』 권1 「제다가전 提多迦傳」(대정장51, p.207c22)에 "우뚝 솟은 칠보산! 항상 지혜의 샘이 솟는구나. 돌려서 진실한 법의 맛으로 삼으면, 인연이 있는 모든 이를 제도할 수 있으리라. 巍巍七寶山 常出智慧泉 迴爲眞法味 能度諸有緣"라고 하였다. [참고문헌] 『須摩提女經』, 『理趣六波羅蜜多經』, 『景德傳燈錄』. ⇨ 칠보 七寶❶

칠보수 七寶樹 Ⓢ saptaratna-mayā vṛkṣa, ratna-vṛkṣa. 칠보 가득한 나무. 극락정토나 도리천 등에서 자란다고 한다. 『대루탄경』 권3(대정장1, p.292a28)에 "도리천의 성에는 칠보로 장엄한 난간과 일곱 겹의 벽이 있고, 그 각각에 칠보수가 있다. 城上有七寶欄楯 七重壁 各各有七寶樹", 『무량수경』 권상(대정장12, p.271a20)에 "제육천(타화자재천)의 만 가지 음악도 무량수국의 모든 칠보수에서 울리는 한 가지 소리만도 못하니, 그 천의 음악보다 천억 배 아름답다. 第六天上 萬種樂音 不如無量壽國 諸七寶樹 一種音聲 千億倍也"라고 하였다. [참고문헌] 『大樓炭經』, 『無量壽經』, 『阿彌陀經略解圓中鈔』 권상(卍속장91, p.801a15), *Saddh-p.243.*, *Sukh-vy. I.38.* ⇨ 칠보 七寶❶

칠보수림 七寶樹林 칠보수로 이루어진 숲. 칠보행수(七寶行樹 Ⓢ ratna-vṛkṣā saptānāṃ ratnānām)라고도 한다. 『찬아미타불게』(대정장47, p.423b13)에 "지극한 마음으로 서방정토 아미타불께 귀의하여 절을 올리옵니다. '칠보수 숲이 세계를 아우르고, 그 찬란한 빛이 선명하게 서로 비추며 번득이는 그 곳, 꽃과 과일과 가지와 잎 서로서로 함께하니, 본원의 공덕을 쌓으신 부처님께 머리 숙이옵니다'. 모든 중생과 함께 안락국에 왕생하기를 원하옵나이다. 南無至心歸命禮 西方阿彌陀佛 七寶樹林周世界 光耀鮮明相映發 華果枝葉更互爲 稽首本願功德聚 願共諸衆生 往生安樂國", 『입세아비담론』 권2 「천주처품 天住處品」(대정장32, p.183c20)에 "세 겹의 해자 밖에는 칠보수림이 둘러싸고 있다. 三重塹外 七寶樹林之所圍遶", 『서방요결과주』 권하(卍속장107, p.639b8)에 "십만억 국토를 지나 칠보수림이 있으므로 요방상원이라 한다. 過十萬億土 有七寶樹林 故云遙邦上苑"라고 하였다. [참고문헌] 『讚阿彌陀佛偈』, 『立世阿毘曇論』, 『西方要決科註』, 『大寶積經』 권18(대정장11, p.97b23). ⇨ 칠보 七寶❶, 칠보행수 七寶行樹

칠보암 七寶庵 ❶ 경기도 화성시 매송면 천천리 칠보산(七寶山)에 있던 암자. 사지(寺址)에는 2중축대 외에는 남아 있는 것이 없다. [참고문헌] 『韓國寺刹全書』 권하 p.1107a1, 『한국사지총람』 권상(문화재청·불교문화재연구소, 2010) p.192. ❷ 전라북도 정읍시 칠보산(七寶山)에 있던 암자. 1936년 『정읍군지』에 전한다. [참고문헌] 『井邑郡誌』.

칠보장엄 七寶莊嚴 칠보로 꾸미다. 더없이 뛰어난 장엄을 말한다. 『대반열반경』 권2(대정장1, p.201c26)에 "또한 왕을 위하여 설법전을 세웠는데 높고 넓음이 8유선나였고, 칠보로 장엄하였는데 전과 다르지 않았다. 又復爲王 起說法殿 高下縱廣 亦八踰闍那 七寶莊嚴 無異於前", 『현우경』 권10(대정장4, p.420b25)에 "또한 칠보로 장엄한 산을 하나 꾸몄는데, 샘과 못에 수목과 꽃과 열매 무성하게 자랐다. 復作一山 七寶莊嚴 泉池樹木花果茂盛", 『불지경론』 권1(대정장26, p.293a11)에 "'가장 뛰어난 빛을 번득이는 칠보로 장엄하였다'라는 말은 무슨 뜻인가? 대궁전은 가장 뛰어난 빛을 반짝이는 칠보로 장엄했다는 뜻이고, 대궁전 칠보로 장엄하기에 가장 뛰어나게 빛났다는 뜻이기도 하다. 最勝光曜 七寶莊嚴者 謂大宮殿 用最勝光曜 七寶莊嚴 或大宮殿 七寶莊嚴故 最勝光曜", 『육문다라니경론』(대정장21, p.879a10)에 "'온갖 아름다운 칠보로 장엄하였다'라는 말은 온갖 단엄으로 장엄하였다는 뜻이다. 어째서 이곳에 머무는가? 이 법은 이생들과는 함께 할 수 없음을 나타내고자 하기 때문이다. 言衆妙七寶莊嚴者 爲諸端嚴 而莊飾故 何故住此處耶 爲顯此法 非是異生 同共有故", 『대승본생심지관경천주』 권6(卍속장34, p.387a10)에 "칠보로 장엄한다는 말은 칠보로써 아름다운 모습 보게 한다는 뜻이니, 사람의 몸 그 겉을 장식하는 것의 비유다. 七寶莊嚴者 以見美觀 喻人身外粧飾也"라고 하였다. [참고문헌] 『大般涅槃經』, 『賢愚經』, 『佛地經論』, 『六門陀羅尼經論』, 『大乘本生心地觀經淺註』. ⇨ 칠보 七寶❶

칠보정토 七寶淨土 칠보로 꾸민 깨끗한 땅. 『금강반야소』 권3(대정장33, p.111c11)에 "이 가운데 문구에서 '수보리가 「그렇지 않습니다, 세존이시여!」라고 말했다' 라는 대목은 무슨 뜻인가? 이것은 여래법신은 실로 칠보로 그 형상을 장엄할 일이 없음을 밝혔다. 그러므로 '보살에게는 취할 수 있는 칠보정토가 있다'고 말함은 타당하지 않다. 此中文云 須菩提言 不也 世尊者 此明如來法身 實無七寶 形相莊嚴 故不應言 菩薩有七寶淨土之可取也", 『관무량수경의소』(대정장37, p.234c9)에 "결국은 칠보정토의 외양을 자세히 밝힘으로써 중생들이 이 예토를 싫어하고 저 극락을 좋아하도록 한다. 終卽廣明七寶淨土 使物厭此穢土 欣彼極樂", 『서방합론』 권2(대정장47, p.393b5)에 "석가여래께서 중생이 즐기는 견해 그대로 따라 아미타불의 칠보정토를 설하셨으니, 단지 중생이 정토의 경계를 이와 같이 보기에 마땅히 이와 같이 설하실 뿐이다. 今釋迦如來 順衆生情見 說阿彌陀七寶淨土 秖爲衆生 見境如是 合如是說"라고 하였다. [참고문헌] 『金剛般若疏』, 『觀無量壽經義疏』, 『西方合論』.

칠보탑 七寶塔 Ⓢ saptaratna-mayaḥ stūpa, mahā ratna-stūpa. 칠보로 장엄한 탑. 다보탑(多寶塔)이니, 석가모니불께서 영추산에서 『법화경』을 설하시려 하자 홀연히 솟았고 다보여래(多寶如來)께서 앉아 계신다. 『법화경』 권4 「견보탑품 見寶塔品」(대정장9, p.32b17 : *Saddh-p.*, p.239)에 "그때 부처님 앞에 높이 500

유순, 가로 세로 너비 250유순 크기의 칠보탑 하나가 땅으로부터 솟아올라 허공중에 머물렀다. 爾時 佛前有七寶塔 高五百由旬 縱廣二百五十由旬 從地踊出 住在空中 atha khalu bhagavataḥ purastāttataḥ pṛthivī pradeśātparṣanmadhyātsaptaratnamayaḥ stūpo 'bhyudgataḥ pañcayojanaśatānyuccaistvena tada nurūpeṇa ca pariṇāhena", 같은 책 권4「견보탑품」(대정장9, p.33b26 : *Saddh-p.*, p.249)에 "그때 석가모니불께서 오른손가락으로 칠보탑의 문을 여시자 마치 빗장을 떨구고 큰 성문이 열릴 때처럼 큰 소리가 났다. 그 순간 회중의 모든 대중이 보았으니, 다보여래께서 칠보탑 안에 사자좌에 앉아 계셨으니 온몸이 흐트러짐 없으셨다. 선정에 드신 듯했다. 於是 釋迦牟尼佛 以右指開 七寶塔戶 出大音聲 如却關鑰 開大城門 卽時 一切衆會 皆見多寶如來 於寶塔中 坐師子座 全身不散 如入禪定 bhagavāṃstaṃ mahāntaṃ ratnastūpaṃ vaihāyasaṃ sthitaṃ dakṣiṇayā hastāṅgulyā madhye samuddhāṭyāpāvṛṇoti sma. samanantaravivṛtasya khalu punastasya mahāratnastūpasya atha khalu bhagavānprabhūtaratnastathāgatastathāgato 'rhan samyaksaṃbuddhaḥ siṃhāsanopaviṣṭaḥ paryaṅkaṃ baddvā pariśuṣkagātraḥ saṃghaṭitakāyo yathā samādhisamāpannastathā saṃdṛśyate sma",『대지도론』권7(대정장25, p.109b22)에 "또한 모든 부처님께서는 청하는 이 없으면 그대로 열반에 드시고 설법하지 않으신다. 가령『법화경』중 다보세존께서도 아무도 청하는 이 없었기에 문득 열반에 드신 예와 같다. 그 뒤 불신으로 변화하여 칠보탑에 이르신 것은『법화경』설함을 증명하기 위해 잠시 출현하셨을 뿐이다. 復次 有諸佛無人請者 便入涅槃 而不說法 如法華經中 多寶世尊 無人請故 便入涅槃 後化佛身 及七寶塔 證說法華經故 一時出現",『장아함경』권18「세기경 世記經」(대정장1, p.121b1)에 "네거리 입구에 칠보탑을 세웠는데 사방의 너비 1유순으로 잡다한 색이 섞여 있으며 칠보로 꾸며져 있었다. 그 탑의 사면에 각각 문이 하나 달려 있고 빙 두른 난간은 칠보로 이루어져 있었다. 於四衢道頭 起七寶塔 縱廣一由旬 雜色參間 以七寶成 其塔四面 各有一門 周匝欄楯 以七寶成",『진심직설』「진심공덕 眞心功德」(대정장48, p.1003a7·한불전4, p.721b10)에 "옛 사람의 송에 '누구든 한 찰나만 고요히 앉기만 하더라도 무수한 칠보탑을 쌓아올린 공덕보다 나으니, 칠보탑은 반드시 티끌로 변할 터이지만 일념의 깨끗한 마음 정각을 이루리라'고 하였다. 그러므로 알아야 하리, 무심공부의 공덕이 유심공부보다 크다. 古頌 若人靜坐一須臾 勝造恒沙七寶塔 寶塔畢竟化爲塵 一念淨心成正覺 故知 無心功大於有心也"라고 하였다. [참고문헌]『法華經』,『大智度論』,『長阿含經』,『眞心直說』, *Saddh-p.* ⇨ 다보불탑 多寶佛塔, 다보여래 多寶如來, 다보여래탑 多寶如來塔, 불국사다보탑 佛國寺多寶塔

칠보특가라 七補特伽羅 일곱 부류의 보특가라. 수신행(隨信行)·수법행(隨法行)·신승해(信勝解)·견지(見至)·신증(身證)·혜해탈(慧解脫)·구분해탈(俱分解脫)을 수용하는 개체를 말한다.『집이문족론』권16(대정장26, p.435b15)에 "칠보특가라는 무엇인가? 첫째 수신행보특가라, 둘째 수법행보특가라, 셋째 신승해보특가라, 넷째 견지보특가라, 다섯째 신증보특가라, 여섯째 혜해탈보특가라, 일곱째 구분해탈보특가라이다. 七補特伽羅者 云何爲七 答 一 隨信行補特伽羅 二 隨法行補特伽羅 三 信勝解補特伽羅 四 見至補特伽羅 五 身證補特伽羅 六 慧解脫補特伽羅 七 俱分解脫補特伽羅",『대비바사론』권28(대정장27, p.147a9)에 "고법지인 등과 상응하는 이 무루(無漏)에도 두 가지다. 첫째는 유학이니, 사향과 삼과의 칠보특가라가 상속중에 일어난다. 苦法智忍等相應 此復二種 一者 有學 謂四向三果 七補特伽羅 相續中起", 같은 책 권54(대정장27, p.280b25)에 "어째서 칠보특가라를 세우는가? [답] 다섯 연 때문에 칠종을 건립한다. 첫째 가행, 둘째 근, 셋째 정, 넷째 해탈, 다섯째 정과 해탈 때문이다. 가행 때문이란 수신행·수법행을 말하고, 근 때문이란 신승해·견지를 말하며, 정 때문이란 신증을 말하고, 해탈 때문이란 혜해탈을 말하며, 정과 해탈 때문이란 구해탈을 말한다. 如何立七補特伽羅 答 由五緣故 建立七種 一 由加行故 二 由根故 三 由定故 四 由解脫故 五 由定及解脫故 由加行故者 謂隨信行及隨法行 由根故者 謂信勝解及見至 由定故者 謂身證 由解脫故者 謂慧解脫 由定及解脫故者 謂俱解脫"라고 하였다. [참고문헌]『集異門足論』,『大毘婆沙論』·권109(대정장27, p.562b10)·권168(대정장27, p.849a28),『發智論』권18(대정장26, p.1015b6). ⇨ 수신행보특가라 隨信行補特伽羅, 수법행보특가라 隨法行補特伽羅, 신승해보특가라 信勝解補特伽羅, 견지보특가라 見至補特伽羅, 신증보특가라 身證補特伽羅, 혜해탈보특가라 慧解脫補特伽羅, 구분해탈보특가라 俱分解脫補特伽羅, 신승해 信勝解, 보특가라 補特伽羅 ❶, 심사행자 尋思行者, 오보특가라 五補特伽羅 ❶

칠보행수 七寶行樹 Ⓢ ratna-vṛkṣā saptānāṃ ratnānām. 줄지어 선 칠보수.『대방편불보은경』권1(대정장3, p.124c23)에 "칠보수의 숲에 있는 나무는 모두 화살 높이 쏘아올린 높이이고 꽃·과일·가지·잎이 차제로 장엄하니 미풍이 불어 흔들리면 미묘한 소리를 내는데 중생이 즐겨 들으면서 싫어하는 일이 없었다. 七寶行樹 其樹皆高 盡一箭道 花果枝葉 次第莊嚴 微風吹動 出微妙音 衆生樂聞 無有厭足",『대품반야경』권27(대정장

8, p.417a9)에 "칠보의 해자와 줄지은 칠보수가 모두 일곱 겹으로 둘러쳐 있다. 七寶之塹 七寶行樹 周匝七重"라고 하였다. [참고문헌]『大方便佛報恩經』, 『大品般若經』, *Saddh-p.48.* ⇨ 칠보수림 七寶樹林

칠보화 七寶華 칠보로 피어난 꽃. 정토에 가서 화생할 때 나는 자리이기도 하다. 『무량수경』 권하(대정장12, p.272b18)에 "이들 중생은 수명을 마치는 순간 무량수불께서 여러 대중과 함께 그 사람들 앞에 나타나시니 그 부처님을 따라 그 불국에 왕생하면 곧바로 칠보화에서 저절로 화생하여 불퇴전의 자리에 머무는데 지혜는 용맹하고 신통은 자유자재할 것이다. 此等衆生 臨壽終時 無量壽佛 與諸大衆 現其人前 卽隨彼佛 往生其國 便於七寶華中 自然化生 住不退轉 智慧勇猛 神通自在"라고 하였다. [참고문헌]『無量壽經』.

칠복 七福 일곱 가지 복. 원측(圓測)의 『인왕경소』 권하(대정장33, p.422c29・한불전1, p.115b15)에 "칠복이란 무엇인가? 첫째, 모든 백성이 국왕을 아낀다. 둘째, 사해가 엎드려 모신다. 셋째, 원수도 적도 물러나 흩어진다. 넷째, 국왕이 스스로 자기 몸의 즐거움을 누린다. 다섯째, 사방에서 노래해 찬탄한다. 여섯째, 백성이 풍요롭다. 일곱째, 미래에는 선도에 든다. 七福者 一 萬姓愛重國王 二 四海賓伏 三 怨敵退散 四 國王自受已身 五 四方歌讚 六 百姓豐樂 七 未來入善道"라고 하였다. [참고문헌]『仁王經疏』.

칠봉사 七峰寺 황해남도 장연군 불타산(佛陀山)에 있던 절. 『동국여지승람』 권43 황해도 장연현 불우에 이름과 위치가 전하며, 『범우고』에 "지금은 폐사되었다. 今廢"라고 하였다. [참고문헌]『東國輿地勝覽』, 『梵宇攷』, 『韓國寺刹全書』 권하 p.1107a11, 『北韓寺刹硏究』(한국불교종단협의회, 1993) p.603.

칠분두파 七分頭破 Ⓢ saptadhāsya sphuṭen-mūrdhā, Ⓟ sattadhā muddhā phalati, Ⓣ de'i-mgo-tshal-ba-bdun-du-'gas. 일곱 조각으로 머리가 깨지다. 두파칠분(頭破七分)이라고도 한다. 정법이나 선법을 방해하면 일어날 수 있는 일로서 난향초(蘭香稍) 또는 아리(阿梨)가 땅에 떨어지면 일곱 조각이 나는 것에 비유한다. 『장아함경』 권11 「아누이경 阿㝹夷經」(대정장1, p.68a2 : *Pāṭika-sutta, DN.3,* p.13)에 "저 파리자가 대중 중에서 이 말과 이 견해와 이 교만을 버리지 않고서 내 처소에 온다는 것은 결코 있을 수가 없다. 만약 그가 생각하기를 '나는 이 말과 이 견해와 이 교만을 버리지 않고서 사문 구담의 처소에 이를 수 있다'라 하면, 그 머리가 당장에 깨져서 일곱 조각 나리라. 彼波梨子於大衆中 不捨此語 不捨此見 不捨此慢 來至我所者 終無是處 若彼作是念 我不捨此語 不捨此見 不捨此慢 而至沙門瞿曇所者 彼頭卽當 破爲七分 acelo pāṭikaputto … taṃ vācaṃ appahāya taṃ cittaṃ appahāya taṃ diṭṭhim appaṭinissajjitva samaṇassa gotamassa sammukhī-bhāvaṃ gaccheyyan ti, muddhā pi tassa vipateyyāti", 『법화경』 권7 「다라니품 陀羅尼品」(대정장9, p.59b12 : *Saddh-p.*, p.402)에 "만약 나의 주문을 따르지 아니하고 설법자를 괴롭히고 어지럽히면 머리 깨져 일곱 조각 나리니, 저 아리수가지 같으리라. 若不順我呪 惱亂說法者 頭破作七分 如阿梨樹枝 saptadhāsya sphuṭen-mūrdhā arjakasyeva mañjarī, ya imaṃ mantra śrutvā vai atikrameddharmabhāṇakam", 『공작왕주경』 권상(대정장19, p.449b4)에 "아난아, 저 어떤 사람이 이 대야차의 이름을 부르면 설령 누군가 악심을 품어 괴롭혀 해를 끼치고자 하기만 하여도 머리 깨져 일곱 조각이 나리니, 저 라비부 같으리라. 阿難 若有人 誦此大藥叉名者 設有惡心 欲相惱害 頭破作七分 如羅毘扶"라고 하였다. [참고문헌]『長阿含經』, 『法華經』, 『孔雀王呪經』, 『顯密圓通成佛心要集』 권상(대정장46, p.995b13), *DN.*, *Saddh-p.*, *MN.1.231.* ⇨ 난향초 蘭香稍, 아리 阿梨

칠분별 七分別 Ⓢ sapta-vidha vikalpa. 일곱 갈래 분별. 능연의 심식(心識)이 소연(所緣)인 경을 분별함에 일곱 갈래로 푼 것이다. 『유가사지론』 권1(대정장30, p.280c2 : *Yogā-bh.*, p.12)에 "어떻게 소연을 분별하는가? 일곱 가지로 분별하니, 유상분별・무상분별・임운분별・심구분별・사찰분별・염오분별・불염오분별이다. 云何分別所緣 由七種分別 謂有相分別 無相分別 任運分別 尋求分別 伺察分別 染汚分別 不染汚分別 katham-ālambanaṃ vikalpayati. sapta-vidhena vikalpena. sa punaḥ katamaḥ. naimittiko'naimittikaḥ svarasavāhī paryeṣakaḥ pratyavekṣakaḥ kliṣṭo'kliṣṭo vikalpaḥ"라고 하였으니 다음과 같다. 유상분별은 먼저 받은 바 뜻으로 제근을 성취하는 것이니 명언을 잘 알아 일에 대해 여러 감각기관을 성취하였으며 명언을 잘 아는 이가 일으키는 분별(有相分別者 謂於先所受義 諸根成就 善名言者 所起分別), 무상분별은 먼저 끌어들인 바만을 따르거나 명언을 잘 알지 못하는 어린아이 등의 분별(無相分別者 謂隨先所引 及嬰兒等 不善名言者 所有分別), 임운분별은 현전경계에 대해 경의 세력에 따라 자연스럽게 행하는 모든 분별(任運分別者 謂於現前境界 隨境勢力 任運而轉 所有分別), 심구분별은 제법에 대해 관찰하고 찾아 구하여 일으키는 분별(尋求分別者 謂於諸法 觀察尋求 所起分別), 사찰분별은 이미 심구하고 관찰한 것을 잘 살펴 안립하고자 일으키는 분별(伺察分別者 謂於已所尋求 已所觀察 伺察安立所起分別), 염오분별은 과거를 돌아보고 그리워하고, 미래를 바라서 즐기며, 현재를 집착하는 등 모든 분별, 욕분별이나 에분별이나 해분별의 낱낱 번뇌나 수번뇌와 상응하여 일으키는 분별(染汚分別者 謂於過去 顧戀俱行 於未來 希樂俱行 於現在 執著俱行 所有分別 若欲分別 若恚分別 若害分別 或隨與一 煩惱隨煩惱相應 所起分別), 불염오분별은 선이든 무기든 출리분별·무에분별·무해분별이며 때론 하나만을 따르는 것으로 신 등의 선법과 상응하거나, 또는 위의로·공교처 그리고 모든 변화 등의 분별(不染汚分別者 若善若無記 謂出離分別 無恚分別 無害分別 或隨與一 信等善法相應 或威儀路工巧處 及諸變化 所有分別) 등을 말한다. [참고문헌] 『瑜伽師地論』, 『大乘阿毘達磨雜集論』 권2(대정장31, p.703a19), 『華嚴經疏鈔』 권39(대정장36, p.298b16), *Yogā-bh*. ⇨ 분별 分別 ❶

칠분획일 七分獲一 일곱으로 나누어 그중 하나를 얻는 것. 칠분득일(七分得一)이라고도 한다. 『지장보살본원경』 권하 「이익존망품 利益存亡品」(대정장13, p.784b8)에 "남자든 여인이든 생전에 선한 인을 닦지 않고 자주 뭇 죄를 지었다면, 목숨을 마친 후에 권속들이 크든 작든 복과 이로움의 일체성사를 짓는다 해도 일곱으로 나눈 중에 이내 하나만을 얻을 뿐이다. 여섯 몫의 공덕은 살아있는 이를 스스로 이롭게 한다. 이런 까닭에 미래와 현재의 선남선녀들은 들어 굳건히 하며 스스로 닦아서 분분마다 자기몫을 얻으라. 若有男子女人 在生不修善因 多造衆罪 命終之後 眷屬小大 爲造福利一切聖事 七分之中 而乃獲一 六分功德 生者自利 以是之故 未來現在 善男女等 聞健自修 分分已獲", 『관정경』 권11(대정장21, p.530a22)에 "이런 사람을 위해 복을 닦아도 일곱으로 나눈 중에 하나만을 얻는다. 무엇 때문에 그런가? 그가 전생을 연하여 도덕을 믿지 않는 탓에 복덕 일곱 중에 하나밖에 얻지 못한다. 爲此人修福 七分之中 爲獲一也 何故爾乎 緣其前世 不信道德 故使福德 七分獲一", 『법원주림』 권62(대정장53, p.754b13)에 "『왕생경』에서 다음과 같이 설하였다. '죽은 다음 복을 지으면, 죽은 이는 일곱으로 나눔에 하나를 얻고 나머지는 현재 지은 이에게 이어진다'. 往生經云 亡後作福 死者七分獲一 餘者屬現造者"라고 하였다. [참고문헌] 『地藏菩薩本願經』, 『灌頂經』, 『法苑珠林』.

칠불 七佛 ❶ 비바시불(毘婆尸佛)·시기불(尸棄佛)·비사부불(毘舍浮佛)·구류손불(拘留孫佛)·구나함모니불(拘那含牟尼佛)·가섭불(迦葉佛)·석가모니불(釋迦牟尼佛)의 과거칠불(過去七佛)을 말한다. 『장아함경』 권1 「대본경 大本經」(대정장1, p.1c25)에 "부처님께서 이때 송으로 말씀하셨다. '과거 91겁에 비바시불 계셨고, 다음 31겁에 부처님 계셨으니 시기라 이름하셨다네. 곧 저 겁 중에 비사여래 나오셨고 지금 이 현겁 중의 셀 수 없는 나유타세에 네 분의 대선인 계셨는데 중생을 불쌍히 여기셨기에 나오셨으니 구루손과 나함과 가섭과 석가문이시라네. … 칠불은 정진의 힘으로 빛을 놓아 어둠을 멸하시고는 각각 나무 아래 앉으셨고 그중에서 정각을 이루셨다네'. 佛時頌曰 過九十一劫 有毘婆尸佛 次三十一劫 有佛名尸棄 卽於彼劫中 毘舍如來出 今此賢劫中 無數那維歲 有四大仙人 愍衆生故出 拘樓孫那含 迦葉釋迦文 … 七佛精進力 放光滅闇冥 各各坐諸樹 於中成正覺", 『오분계본』(대정장22, p.199c21)에 "비바시여래응정변지께서 적정승을 위해 바라제목차를 약설하셨으니 '인욕이 제일의 도이며 열반은 부처님께서는 으뜸이라 부르신다네. 출가하여 타인을 괴롭힌다면 이름하여 사문이라 하지는 못하리'라고 하셨다. 比婆尸如來應正遍知 爲寂靜僧 略說波羅提木叉 忍辱第一道 涅盤佛稱最 出家惱他人 不名爲沙門", "시기여래응정변지께서 적정승을 위해 바라제목차를 약설하셨으니 '비유컨대 저 밝은 눈의 사람이 능히 험악한 길을 피할 수 있음과 같이 세간에 총명한 사람 있으면 능히 모든 악들을 멀리 여윌 수 있다네'라고 하셨다. 尸棄如來應正遍知 爲寂靜僧 略說波羅提木叉 譬如明眼人 能避險惡道 世有聰明人 能遠離諸惡", "비섭바여래응정변지께서 적정승을 위해 바라제목차를 약설하셨으니 '괴롭히지도 말고 허물을 말하지도 말며 계에서 설한 바대로 행하고, 밥 먹음에 알맞게 할 줄 알며 늘 고요한 곳에 있기를 좋아해서 마음이 고요하여 정진을 즐긴다면 이를 제불의 가르침이라 이름하리라'라고 하셨다. 比葉婆如來應正遍知 爲寂靜僧 略說波羅提木叉 不惱不說過 如戒所說行 飯食知節量 常樂在閑處 心寂樂精進 是名諸佛教", "구류손여래응정변지께서 적정승을 위해 바라제목차를 약설하셨으니 '비유컨대 저 벌이 꽃을 땀에 색과 향을 무너뜨리지 않고서 다만 그 맛만을 취해 감과 같이 비구 취락에 들어감에 다른 일 파괴하지 않으며 할 일 하지 못할 일 보지 않고 다만 스스로 몸으로 행함만을 관하여 선과 불선만을 자세히 보아야 하리'라고 하셨다. 拘留孫如來應正遍知 爲寂靜僧 略說波羅提木叉 譬如蜂採花 不壞色與香 但取其味去 比丘入聚落 不破壞他事 不觀作不作 但自觀身行 諦視善不善", "구나함모니여래응정변지께서 적정승을 위해 바라제목차를 약설하셨으니 '좋아하는 마음 얻고자 한다면 방일하지 말고 성인의 선법을 마땅히 부지런히 배워야 하니, 만약 고요함 알아 마음을 오롯이 하는 사람 있다면 그에게는 다시는 걱정과 근심 없으리'라고 하셨다. 拘那含牟尼如來應正遍知 爲寂靜僧 略說波羅提木叉 欲得好心莫放逸 聖人善法當勤學 若有知寂一心人 爾乃無復憂愁患", "가섭여래응정변지께서 적정승을 위해 바라제목차를 약설하셨으니 '일체악 짓지 말고 마땅히 선법 구족해야 하며, 스스로 그 뜻 깨끗하게 한다면 이는 제불의 가르침이니라'라고 하셨다. 迦葉如來應正遍知 爲寂靜僧 略說波羅提木叉 一切惡莫作 當具足善法 自淨其志意 是則諸佛教", "석가모니여래응정변지께서 적정승을 위해 바라제목차를 약설하셨으니 '몸 지킴이 선이고 능히 입 지킴이 또한 선이며, 뜻 지킴이 선이고 일체 지킴이 또한 선이니라. 비구가 일체를 지키면 문득 뭇 괴로움 여윌 수 있으니 비구가 입과 뜻 지키고 몸으로 뭇 악 범하지 않으면, 이 세 가지로 짓는 업의 길 깨끗이 해서 성인이 가신 길 얻게 되리라. 만약 남이 때리고 욕하더라도 다시 갚지 않으며 싫어하고 미워하는 사람에게 마음으로 한스러워하지 않으며, 화내는 사람 중에도 마음이 늘 고요하며 사람의 악함 볼지라도 스스로는 짓는 일은 없어야 하리'라고 하셨다. 釋迦牟尼如來應正遍知 爲寂靜僧 略說波羅提木叉 護身爲善哉 能護口亦善 護意爲善哉 護一切亦善 比丘護一切 便得離衆苦 比丘守口意 身不犯衆惡 是三業道淨 得聖所得道 若人打罵不還報 於嫌恨人心不恨 於瞋人中心常靜 見人爲惡自不作", "칠불께서 세존 되시어 능히 세간을 구호하시느라 설하신 계경을 나 이미 널리 설해 마쳤느니라. 七佛爲世尊 能救護世間 所可說戒經 我已廣說竟", 『대지도론』 권9(대정장25, p.125a8)에 "또 부처님께서 설하여 말씀하셨다. '부처의 말씀 헛되지 않으니 세간에 두 부처 없다. 한 법 만나기 어려우니 이는 불세존이니라. 무량억겁 때때로 한 분 계시니, 91겁 중 3겁에 부처 계셨다. 현겁의 전 91겁 초에 부처 계셨으니 비바시〈진나라 말로 종종견이라 한다〉라 이름하였고, 제31겁 중에 두 부처 계셨으니 첫째는 시기〈진나라 말로 화라 한다〉라 이름하였고 둘째는 비서바부〈진나라 말로 일체승이라 한다〉라 이름하였다. 이 현겁 중엔 네 부처 계셨으니, 첫째는 가라구손타라, 둘째는 가나가모니〈진나라 말로 금선인이라 한다〉, 셋째는 가섭, 넷째는 석가모니라 이름하였다. 이를 제한 나머지 겁에는 모두 텅 비어 부처님 안 계셨으니 심히 가엾다 할 만하다'. 又佛說言 佛言不虛 世無二佛 一法難值 是佛世尊也 無量億劫 時時一有 是九十一劫中 三劫有佛 賢劫之前 九十一劫 初有佛名鞞婆尸〈秦言種種見〉 第三十一劫中有二佛 一名尸棄〈秦言火〉 二名鞞恕婆附〈秦言一切勝〉 是賢劫中有四佛 一名迦羅鳩飡陀 二名迦那伽牟尼〈秦言金仙人也〉 三名迦葉 四名釋迦牟尼 除此餘劫 皆空無佛 甚可憐愍", 같은 책 권50(대정장25, p.419a21)에 "성(姓)의 성취란, 보살이 도솔천 위에서 세간의 어느 성이 귀하여 능히 중생을 거두는지 관하고는 곧 이 성 중에 나는 것이다. 마치 저 칠불 중 처음의 세 부처님은 교진여라는 성 중에 나셨고, 다음의 세 부처님은 가섭이라는 성 중에 나셨으며, 석가문니불은 교담이라는 성 중에 나신 것과 같다. 또한 보살의 처음 낸 깊은 마음이 단단하면 이를 이름하여 제불의 성이라 할 수 있으며, 어떤 사람은 말하길 '무생법인을 얻으면 바로 제불의 성이다' 하였으니, 이때 부처의 일체종지라 할 만한 기분을 얻기 때문이다. 姓成就者 菩薩兜率天上 觀世間何姓爲貴 能攝衆生 卽於是姓中生 如七佛中 初三佛 憍陳如姓中生 次三佛 迦葉姓中生 釋迦文尼佛 憍曇姓中生 復次 菩薩初深心牢固 是名諸佛姓 有人言 得無生法忍 是諸佛姓 是時 得佛一切種智氣分故", 종보본 『육조단경』 「부촉제십 付囑第十」(대정장48, p.361b25)에 "대사 말하였다. '옛 부처님들 세간에 응하심에 이미 그 수 무량하여 가히 헤아릴 수 없지만, 지금은 칠불을 처음으로 삼을 뿐이니, 과거 장엄겁에서의 비바시불·시기불·비사부불과 지금 현겁에서의 구류손불·구나함모니불·가섭불·석가문불이 칠불이니라. 이상의 칠불에서 이제 석가문불을 머리로 삼아 전하노니 첫째 마하가섭존자 … 스물일곱째 반야다라존자·스물여덟째 보리달마존자〈이 땅의 초조이다〉·스물아홉째 혜가대사·서른째 승찬대사·서른한째 도신대사·서른두째 홍인대사이며, 나 혜능은 33조가 된다. 위의 조사들을 좇아 각각 품받아 이었으니, 그대들 향후에 대대로 흘러 전하여 어그러지거나 잘못되지 않게 하라'. 師云 古佛應世 已無數量 不可計也 今以七佛爲始 過去莊嚴劫 毘婆尸佛 尸棄佛 毘舍浮佛 今賢劫 拘留孫佛 拘那含牟尼佛 迦葉佛 釋迦文佛 是爲七佛 已上七佛 今以釋迦文佛首傳 第一摩訶迦葉尊者 … 二十七般若多羅尊者 二十八菩提達磨尊者〈此土是爲初祖〉 二十九慧可大師 三十僧璨大師 三十一道信大師 三十二弘忍大師 惠能是爲三十三祖 從上諸祖 各有稟承 汝等向後 遞代流傳 毋令乖誤"라고 하였다. [참고문헌] 『長阿含經』, 『五分戒本』, 『大智度論』, 『六祖壇經』, 『四分戒本』(대정장22, p.1022b12). ⇨ 비바시불 毘婆尸佛, 시기불 尸棄佛, 비사부불 毘舍浮佛, 구류손불 拘留孫佛, 구나함모니 拘那含牟尼, 가섭불 迦葉佛, 석가모니 釋迦牟尼, 과거칠불 過去七佛, 칠불통계게 七佛通戒偈 **2** ➡ 약사칠불 藥師七佛

칠불경 七佛經 송(宋) 법천(法天) 한역. 1권. 대정장1, pp.150a3~154b1, No.2에 수록되어 있다. 과거 칠불(過去七佛)의 행적 등을 설한 경이다. 어느날 사위국 기수급고독원중에 계실 때 세존께서는 비구들이 과거세에는 어떤 부처님들이 언제 출세하셨고, 그 부처님들의 족성과 가계는 어떠하였으며, 어떤 법을 성취하셨는지, 그때의 교화받은 인연대중 등을 궁금해 함을 아시고는 가리리도량(迦里梨道場)에 몸소 나아가셔서 무문자설(無問自說)하신 경이다. 동본이역으로는 『장아함경 長阿含經』 권1 「대본경 大本經」(대정장1, No.1-1)·『비바시불경 毘婆尸佛經』 2권(대정장1, No.3)·『칠불부모성자경 七佛父母姓字經』 1권(대정장1, No.4)이 있다. 『마하파다나숫타 *Mahāpadāna-sutta*』(*DN.2*, p p.1～54)와 상응하며, 2003년 괴팅겐학술원(Akademie der Wissenschaften Göttingen)에서는 투르판(Turfan)발굴 「대본경」 범본의 새로운 복원본인 *Mahāvadāna-sūtra*를 출판하기도 하였다.

칠불구지불모심대준제다라니법 七佛俱胝佛母心大准提陀羅尼法 당대 선무외(善無畏)삼장 한역. 1권. 『칠구지독부법 七俱胝獨部法』(대정장20, No.1079)의 별행법(別行法). 대정장20, pp.186b6～187a16, No.1078에 수록되어 있다. 서두에 칠구지불모다라니를 실담자와 한어(漢語) 음사로 제시한 후에 이십오부(二十五部)의 대만다라(大曼茶羅)를 총섭하는 수인을 순서대로 설한다. 작단법에서 거울을 활용하는데 15일 밤에 동쪽을 향해 앉아 앞에 거울을 놓고 다라니를 108번 염송하는 작법과 그 공덕을 설명한다. 장생(長生)·육친의 화합·치병 등 목적에 따라 다른 염송법이 서술되어 있다. 의궤에 따라 일심으로 정진하여 다라니를 염송하면 그 공덕이 다함이 없으나 단경법(壇鏡法)은 다른 사람에게 보이지 않도록 해야 일을 성취할 수 있다고 설한다.

칠불부모성자경 七佛父母姓字經 Ⓢ Mahāvadāna-sūtra. 역자 미상. 1권. 고려장19, pp.713a1～714b21, No.747·대정장1, pp.159a24～160a29, No.4에 수록되어 있다. 과거칠불의 족성과 가계, 출세하여 교화한 인연·대중 등을 설하고 있다. 『칠불성자경』·『부인무연청불경 婦人無延請佛經』 등이라고도 한다. 『증일아함경』 「십불선품 十不善品」(대정장2, pp.785c23～793c28)의 이역본이다. 과거칠불의 행적을 설한 대본경 디가니카야 제14경 *Mahāpadāna-sutta*(*DN.2*, pp.1～54)에서 설하신 내용과 유사하다. 〔참고문헌〕 『歷代三寶紀』 권5(대정장49, p.60b19), 『出三藏記集』 권4(대정장55, p.32b20), 『衆經目錄』 권3(대정장55, p.130b9), 『大唐內典錄』 권7(대정장55, p.298a10).

칠불사 七佛寺 ❶ 경상남도 하동군 화개면 범왕리 지리산(智異山)에 있는 절. 『태고사사법 太古寺寺法』에는 대본산 해인사(海印寺)의 말사라고 하였으나 지금은 대한불교조계종 쌍계사(雙磎寺)의 말사이다. 원래 운상원(雲上院)이었으며, 칠불암(七佛庵)이라고도 하였다. 이육(李陸 1438～1498)의 「유지리산록 遊智異山錄」(『속동문선』 권21)에 "의신(사)로부터 서쪽으로 꺾어 20여 리를 가면 칠불사가 있다. 自義神西折二十餘里 有七佛寺"고 하였고, 『한국사찰전서』 권하 칠불암(七佛庵)에는 "지리산 신응암 북쪽 20리에 있다. 智異山神凝庵北二十里"고 하였다. 창건 관련 여러 연기가 전하는데, 남효온(南孝溫 1454～1492)의 『추강집』 권6 「지리산일과 智異山日課」에 "칠불사에 이르렀는데, 본래 운상원이라고 불렸다. 신라 진평왕 때 사찬 김공영의 아들 옥보고는 거문고를 메고 지리산 운상원에 들어와 50여 년간 거문고로 정진하며 삼십 곡조를 지어 날마다 연주하였다. … (악사 안장·청장) 두 사람은 '인간세에서 들을 수 있는 소리는 아니고, 옥보선인이 거문고를 타는 소리입니다'고 하였다. (신라 경덕)왕이 칠일 동안 재계하자, 옥보는 왕 앞에서 삼십 곡조를 연주하였고, 왕은 크게 기뻐하며 … (옥보선인이) 머물던 절을 다시 대가람으로 세우니, 서른 일곱 국이 모두 으뜸으로 여기고 원당으로 삼았다. 형 수좌는 선법을 조금 알아 산중 스님의 스승이 되었는데, 나를 위하여 말해 주었다. 抵七佛寺 寺本名雲上院 新羅眞平王朝 有沙飡金恭永之子名玉寶高者 荷琴入智異山雲上院 以琴修心五十餘年 作曲三十調日日彈之…二人曰 此非人間所聞 乃玉寶仙人彈琴聲也 王齋戒七日 玉寶至王前奏曲三十調 王大喜…更於所居寺設大伽藍 三十七國皆宗此寺爲願堂 有泂首坐者稍解禪法爲山中衲子師者 爲余云云"고 하였고, 이만부(李萬敷 1664～1732)의 『식산집』 권3 「지리고사 智異古事」에는 "(경덕)왕은 기뻐하여 서른 일곱의 암자를 두고 운상을 으뜸으로 삼았는데, 지금의 칠불(암)은 소암이 되었다. 王悅 爲設三十七庵 雲上爲主 今七佛爲小庵"고 하였으며, 성해응(成海應 1760～1839)의 『연경재전집』 권51 「산수기 山水記」 기호남산수(記湖南山水) 지리산에는 "삼십리를 가면 의신암에 이른다. … 남쪽으로 풀숲을 헤치고 삼십리를 가면 칠불사가 나온다. 본래 운완으로 불렸다. 行三十里抵義神菴…南下草莽中行三十里抵七佛寺 寺本名雲浣"고 하였다. 다만 송광연(宋光淵 1638～1695)의 『범허정집』 권7 「두류록 頭流錄」에는 "칠불사에 이르렀는데, … 칠불은 김부대왕의 일곱 아들이 이곳에 머물며 성불하였음을 일컫는다. 때문에 지금은 상원암으로 이름을 바꾸었지만 좌우에는 범왕촌과 대비동이 있어, 김부 내외가 일곱 아들을 따라와 살던 곳이라고 한다. 到七佛寺 …所謂七佛金富大王之七子 住此成佛 故以上院菴改今名 左右有梵王村大妃洞 卽金溥夫妻隨七子來寓之所"고 하였고, 연담유일(蓮潭有一 1720～1799)의 『연담대사임하록』 권3(한불전10 p.264a2) 「칠불암상량문 七佛庵上梁文」에는 "옛날 신라 신문(왕)이 정사에 임할 때 두류의 신선인 옥부가 있었는데, 자취는 부구자와 비슷하고, 도는 비야옹이었다. 옥적의 일성을 울려 궁궐의 일곱 아들을 깨우쳤는데, (아들들이) 한밤중에 성벽을 넘어 국왕의 존영을 버리게 하였고, (그는) 입산 육년만에 삼계의 몽환을 깨달았다. … 이에 한번에 절을 짓고 칠불이라고 이름하였다. 昔在新羅之代 神文臨朝 爰有頭流之仙 玉浮其號 迹似浮丘子 道則毘耶翁 飛玉笛之一聲 警金闕之七子 踰城半夜 舍萬乘之尊榮 入山六年 悟三界之夢幻…於是一竿建刹 七佛命名"고 하였으며, 송병순(宋秉珣 1839～1912)의 『심석재집』 권12 「

유방장록 遊方丈錄」에는 "비로소 칠불암이 이르렀다. … 스님은 '가락(국) 수로왕의 아들 일곱이 일찍이 세상을 버리고 이곳에서 성불하였는데, 그 어머니가 좌동 입구에 와서 뵙기를 청하자, 일곱 아들이 절 앞에 나란히 섰다. 다만 그 모습이 연못에 비추어져 서로 바라볼 수 있었으므로, 칠불이라고 이름하였다'고 하였다. 始得七佛菴…僧云駕洛首露王之子七人 嘗辭世成佛於此寺 其母妃來坐洞口 請出見則七子列立寺前 但以形照池 使之相視 繇是寺以七佛名"고 하였으며, 송병선(宋秉璿 1836~1905)의 『연재집』 권21 「두류산기 頭流山記」에도 "간신히 칠불암에 이르렀는데, 암자는 산 허리의 넓은 평지에 있다. … 문루에는 '동국제일선원'이라고 쓴 편액이 걸려 있다. … 암자의 뒤쪽에는 옥보대가 있는데, 세상에는 신라인 옥보고가 이곳에서 삼십년동안 거금고를 배웠고 검은 학이 와서 춤추었다고 전한다. 艱抵七佛菴 菴在山腰寬平處…門樓板揭東國第一禪院…菴後有玉寶臺 世傳新羅人玉寶高 學琴于此三十年 玄鶴來舞云"고 하였다. 조선조에 이르러서는 이덕무(李德懋 1741~1793)의 『청장관전서』 권55 「앙엽기 盎葉記」2 해인사장경(海印寺藏經)에는 "천순 2년(1458 세조4) 9월 14일에 도승지 조석문의 차지로 인쇄한 47건 안에서…칠불사에 1건…을 봉안하였다. 天順二年九月十四日 都承旨曹錫文次知四十七件內…七佛寺一件"고 하였고, 1531년(중종26) 『현행서방경 現行西方經』을 판각하였으며, 1568년(선조1)에 부휴선수(浮休善修 1543~1615)가 중창하였다고 전한다. 그 뒤 응운공여(應雲空如 1794~?)의 『응운공여대사유망록』 「칠불암기 七佛庵記」(한불전10 p.739c2)에 "경인년(1830) 겨울 10월에 화재가 일어났다. 암자 주인 금담선사가 상족 대은과 함께 혼신을 다해 사방으로 모연하고, 3년 사이에 암자는 다시 낙성하였고, 5년 사이에 불사는 모두 마쳤다. 정전·승당·선당·정문루 등의 몇 칸이 의젓하여 화성과 같았다. … 사람들은 모두 '전에 창건한 것보다 낫다'고 하였다. 庚寅冬十月 畢方告灾 庵之主人金潭禪師與其上足大隱 出萬死一生之力 鳩財四方 三年之間 庵乃更成 五年之間 佛事盡立 正殿若干間 僧堂若干間 禪堂若干間 正門樓若干間 儼若化城…人皆云 勝於前之所創"고 하였다. 1910년에 다시 선사(禪社)를 일으켰으나 1948년에 여순사건으로 불탔다가 1962년에 향산(香山), 1971년에 통광(通光)이 주지로 부임하여 중창하였고, 1967년에는 칠불사로 승격하였다. 현존 당우로는 대웅전·문수전·설선당·운상선원·아자방·원음각·보설루·선다원 등이 있는데, 특히 아자방은 「유방장록」에 "선방에 들면 아자의 모습으로 삼칸마다 겹겹이 구들을 두었는데, … '이 역시 칠불을 창건한 이래 지금까지 수 천년 동안 구들을 고치지 않아 불을 때도 두루 따뜻하였다'고 하였다. 入禪房 以亞字作三間層堗…此亦七佛所創 而今幾千年 不改其堗 炊輒遍燠云"고 하였고, 『정조실록』 권19 9년(1785) 3월 23일에 "선전관 이윤춘이 비밀리에 '… 현판에는 동국제일선원이라고 썼고, 그 안에는 아자형으로 된 승방이 있는데, 하루종일 벽을 향하여 말을 하지 않고 앉아 있는 대사라고 불리는 스님들이 아홉 분 있었다. 거의 다 아침에 모였다가 저물녘에 흩어지곤 했습니다' 고 하였다. 宣傳官李潤春密啓言…且其門額 題以東國第一禪苑 其中有亞字僧房 稱以大師 終日不語 向壁而坐者有九人 而擧皆朝聚暮散之徒也"고 하였다. [참고문헌] 『續東文選』, 『秋江集』(韓國文集叢刊16 p.122a11), 『息山集』(韓國文集叢刊179 p.61b10), 『硏經齋全集』(韓國文集叢刊275 p.65a20), 『泛虛亭集』(韓國文集叢刊續43 p.398b18), 『蓮潭大師林下錄』, 『心石齋集』(韓國文集叢刊續143 p.214b2), 『淵齋集』(韓國文集叢刊329 p.371a2), 『靑莊館全書』, 『應雲空如大師遺忘錄』, 『正祖實錄』, 『朝鮮佛教通史』 권하, 『韓國寺刹全書』 권하 p.1107a13·p.1107b16. ⇨ 칠불사아자방 七佛寺亞字房 **2** 평안남도 안주군 안주면 북문리 칠불산(七佛山)에 있던 절. 대본산 법흥사(法興寺)의 말사였다. 수 양제(煬帝)가 고구려에 쳐들어왔을 때 7명의 스님이 나타나 강을 쉽게 건너는 모습을 보여 강물이 얕다고 착각한 수 군대가 강을 지나다가 궤멸되었고, 이를 기리기 위하여 창건되었다고 한다. 혹은 조선 세조(世祖 재위 1455~1468)가 고구려 때의 일화를 듣고 절을 창건하도록 했다고도 한다. 『동국여지승람』 권52 평안도 안주목 불우와 『범우고』에 "세상에 전하기를, 수 병사가 강가에 진을 치고 강을 건너려고 했지만 배가 없었다. 홀연히 일곱 스님이 강변에 나타나더니 여섯 스님이 옷을 걷어 올리고 강을 건넜다. 수 사람이 이를 보고 물이 얕다고 판단하고 병사를 지휘하여 다투어 건넜는데, 물에 빠져 죽은 주검이 강에 가득하여 물이 흐를 수조차 없었다. 인하여 절을 짓고 칠불사라 이름하고 7개의 돌을 세워놓고는 일곱 스님의 모습인 듯 그렸다. 諺傳 隋兵陣于江上 欲渡無舟 忽有七僧到江邊 六僧褰裳而涉 隋人見之謂水淺 揮兵爭渡 而溺屍滿于川 水爲之不流 因建寺爲名 列置七石 以象七僧", 한필교(韓弼教 1807~1878)의 『수사록』 권2 유상수필(遊賞隨筆) 상(上) 「칠불사 七佛寺」에 "천순 4년(1460·세조6) 왕이 서쪽을 순행할 때 사찰을 지을 것을 명하였으니, 이름을 칠불사라고 하였다. 종을 주조하여 전쟁의 고통을 그치게 하는 연으로 삼았다. 天順四年 上西巡 命創梵宇 名七佛寺 鑄鍾焉 以爲息苦之緣"라고 하였다. [참고문헌] 『東國輿地勝覽』, 『輿地圖書』, 『伽藍考』, 『梵宇攷』, 『隨槎錄』, 『世祖實錄』, 『梅泉野錄』, 『朝鮮佛教通史』, 『韓國寺刹全書』 권하 p.1107b3.

칠불사아자방 七佛寺亞字房 경상남도 하동군 화개면 범왕리 지리산(智異山) 칠불사(七佛寺) 경내에 있는 선원(禪院). 「칠불선원사적기 七佛禪院事蹟記」에 신라 지마왕 8년(119)에 만들었다 하지만, 효공왕(孝恭王 재위 897~911) 때 담공(曇空)이 이중의 온돌방을 건립하였고 '아(亞)'자 형태로 되어 있어 아자방이라 불렀다고 전한다. 일명 벽안당(碧眼堂)이라고도 한다. 약 100여 명 정도를 수용할 수 있었으며, 온돌은 불만 넣으면 막힘이 없고 고루 따뜻하였고 100년에 한번 아궁이를 막고 물로 청소한다고 하였는데, 만든 이래 천년 이상 한 번도 고친 일이 없다고도 한다. 『조선불교통사』 권하에 아자 형태에서 네 모서리의 높은 凸부분은 좌선(坐禪)을 위한 곳이고, 중앙의 낮은 凹부분은 행경(行徑)을 위한 곳이라고 하였다. 1948년에 방화로 소실되어 터만 보호되었다가 1982년에 주지 우춘성(禹春成)이 정면 5칸, 측면 2칸 맞배지붕집으로 복원하였다. 건물의 남쪽 2칸은 부엌, 북쪽 3칸은 방인데 방의 서쪽에는 툇마루가 달려 있다. 현재 유형문화재 제144호로 지정되어 있다. 〔참고문헌〕『朝鮮佛敎通史』, 『文化遺蹟總覽』(文化公報部文化財管理局, 1977). ⇨ 칠불사 七佛寺 ❶

칠불선법 七不善法 일곱 가지 불선법. 칠선법(七善法)의 상대어다. 『사리불아비담론』 권7(대정장28, p.583c16)에 "어떤 것을 칠불선법이라고 하는가? 살생・도둑질・사음・거짓말・이간질하는 말・험악한 말・꾸며대는 말을 칠불선법이라고 한다. 云何七不善法 殺生 竊盜 邪婬 妄言 兩舌 惡口 綺語 是名七不善法"라고 하였다. 〔참고문헌〕『舍利弗阿毘曇論』. ⇨ 십불선업 十不善業, 불선업 不善業, 칠선법 七善法 ❷

칠불선율의 七不善律儀 일곱 가지 불선율의. 칠선율의(七善律儀)의 상대어이다. 『성실론』 권8(대정장32, p.302b22)에 "칠불선율의란 무엇인가? 살생・도둑질・음행・이간질하는 말・험악한 말・거짓말・꾸미는 말을 말한다. … 〔문〕 어떻게 불선율의를 성취하는가? 〔답〕 살생의 불선율의를 성취하는 것이란 도살 등을 말하고, 도둑질을 성취하는 것이란 강도 등을 말하며, 음행을 성취하는 것이란 올바르지 않게 음행하거나 여인과 음행하는 것 등을 말하고, 거짓말을 성취하는 것이란 노래하고 춤추며 재주부리는 아이 등을 말한다. 이간질하는 말을 성취하는 것이란 훼방하길 좋아하고 참소하는 글 읽기도 좋아하며 국사를 어지럽히는 것 등을 말하고, 험악한 말을 성취하는 것이란 옥졸 등이 험악한 말 해서 생활하는 것 등을 말하며, 꾸미는 말을 성취하는 것이란 언사를 모아 다른 사람을 웃게 하는 것 등을 말한다. 七不善律儀 謂殺 盜 邪婬 兩舌 惡口 妄言 綺語 若人於此七事 … 問曰 何者成就不善律儀 答曰 成就殺不善律儀 謂屠殺等 成就盜者 謂劫賊等 成就邪婬 謂非道行婬 及婬女等 成就妄語 謂歌舞伎兒等 成就兩舌 謂喜讒謗 及讀誦讒書 遘合國事等 成就惡口 謂獄卒等 亦以惡口 自活命等 成就綺語 謂合集言辭 令人笑等"라고 하였다. 〔참고문헌〕『成實論』, 『大乘義章』 권7(대정장44, p.610c14). ⇨ 불선율의 不善律儀, 칠선율의 七善律儀 ❶

칠불설게 七佛說偈 일곱 부처님께서 한결같이 설해 전하신 게송. 『석문정통』 권4(卍속장130, p.818b2)에 "그 뒤에 『가태보등록 嘉泰普燈錄』이라는 등록도 나왔고, 『연등회요 聯燈會要』라는 등록도 나왔지만 모두 『보림전』을 근본 자료로 삼았다. 이에 개암(吳克己)이 그 진실을 파헤쳐 논박했다. '『보림전』은 거짓된 설을 지어내었다. 유독 달마와 혜가의 사적만 『고승전』과 동일하지 않은 것이 아니다. 가장 허탄하고 근거가 없이 세속에 퍼져 지금까지 전해지면서도 사실이라고 여겨지는 이야기는 칠불설게와 세존염화가 그것이다'. 後有所謂普燈者 有所謂聯燈者 而皆以寶林爲口實 故鎧菴論之曰 寶林說詭 非特達磨 慧可事跡 與僧傳不同 其最虛誕無稽 而流俗至今 猶以爲然者 七佛說偈 世尊拈華 是也", 곧 『전법정종기』 권1(대정장51, p.718c3)에 "또한 '여래께서 다자탑 앞에서 대가섭에게 법을 전하셨다는 이 이야기를 세인들은 모두 전수의 진실이라 생각한다. 그러나 이것은 그 출전을 본 적이 없어 나도 비록 조금 받아들이기는 했지만 참으로 진실이라 여기지는 않는다' '다른 책(전등사서)의 시작 부분에는 어김없이 칠불을 열거하는데 이 책에는 없다. 칠불의 게송은 오래 전에 한역된 것이 아니겠는가?' '그렇지 않다. 정통의 종지란 반드시 직접 스승에게 이어받은 가르침을 그 증거로 삼아야 한다. 그러므로 이 판단은 석가여래 이후만 가능하므로 내가 더 이상 열거하지 않았던 이유이다. 생각해 보면, 『보림전』에서 제가의 전기에 등을 밝히자 후대에서 모두 고스란히 받아적지 않았던가? (칠불의 게송은) 전위의 지강양루와 동위의 나련야사(Ⓢ Narendrayaśas 490~589), 이들 두 범승의 한역이다. 또 책머리 부분에 칠불의 게송을 열거한 것도 지강・야사의 두 한역에서 나온 것이기도 하다. 그런데 어찌 그 구역의 본이 아니라고 하는가? 그러나 『보림전』은 그 첫 머리에 칠불을 열거하지 않았으니 그것은 내 책의 의도와 같다'. 又曰 如來以法 付大迦葉 於多子塔前 而世皆以是 爲傳受之實 然此未始見其所出 吾雖稍取 亦不敢果 以爲審也 曰 他書之端 必列七佛 而此無之 豈七佛之偈 非其舊譯乎 曰 不然 夫正宗者 必以親相師承 爲其効也 故此斷 自釋迦如來已降 吾所以不復列之耳 吾考 其寶林傳 燈諸家之傳記 皆祖述乎 前魏支彊梁樓 與東魏之那連耶舍 此二梵僧之所譯也 或其首列乎七佛之偈者 蓋亦出於支彊耶舍之二譯耳 豈謂非其舊本耶 然寶林傳 其端不列七佛 猶吾書之意也", 돈황본 『단경』(대정장48, p.344b25)에 "육조가 말했다. '처음에는 칠불이 전수하였고, 석가모니불이 제7,

대가섭이 제8 … 보리달마가 제35'. 六祖言 初 傳授七佛 釋迦牟尼佛 第七 大迦葉 第八 … 菩提達摩 第三十五" 라고 하였다. [참고문헌]『釋門正統』, 『傳法正宗記』, 『壇經』. ⇨ 칠불 七佛❶, 칠불통계게 七佛通戒偈

칠불쇠법 七不衰法 쇠하지 않는 일곱 법. 『중아함경』 권35 「우세경 雨勢經」에 나오는 여러 범주의 법문으로 성취하면 무너지지 않고 뛰어나게 되는 일곱 법이다. 같은 책(대정장1, p.648b25)에서 "우세여, 만약 발기국 사람이 칠불쇠법을 행하여 범하지 않고 있다면 발기는 반드시 이기고 쇠하지 않을 것이오. 雨勢 若跋耆國人 行七不衰法 而不犯者 跋耆必勝 則爲不衰"라고 하시고는 발기국이 갖춘 일곱 가지 부국강병책을 설해주셨다. 나아가 같은 책(대정장1, p.649b13)에서는 승가(僧伽)가 훌륭해지고 쇠하지 않는 일곱 법을 말씀하셨으니, 첫째 비구들이 자주 모여 법회를 열 것(比丘數數集會), 둘째 함께 대중의 일을 지을 것(俱作衆事), 셋째 계를 잘 받들어 행할 것(戒善奉行), 넷째 애락이 곳곳에서 일어나도 따르지 말 것(愛樂彼彼有起不隨), 다섯째 장로상존이 모두 배워 범행하면 비구가 모두 함께 마루 삼아 공경할 것(長老上尊 俱學梵行 比丘悉共宗敬), 여섯째 아란야처에서 수순하고 앉아 기쁘게 머물러 떠나지 말 것(閑居靜處 … 隨順宴坐 樂住不離), 일곱째 모두 함께 모든 범행자를 옹호하고 여러 생활 도구를 갖출 것(悉共擁護 諸梵行者 … 諸生活具) 등이다. 이하에도 승가가 쇠하지 않게 되는 여러 덕목이 되는 일곱 법을 설하셨다. [참고문헌]『中阿含經』. ⇨ 칠교 七敎, 칠묘법 七妙法❷, 칠법 七法❷, 칠불퇴법 七不退法, 칠유 七惟, 칠종법 七種法, 발지 跋祗

칠불암 七佛庵 ❶ 경상북도 경주시 남산동 남산(南山)에 있는 암자. 신라시대에 창건한 것으로 추정된다. 암자 내 큰 바위에 새겨진 아미타삼존불(阿彌陀三尊佛)과 사방불(四方佛)은 국보 제312호 마애불상군으로 지정되어 있으며, 칠불

아미타삼존불과 사방불 칠불암

암 뒤 신선암(神仙巖)에는 보물 제199호로 지정되어 있는 마애보살반가상이 있다. 1930년 세워진 현존 당우로는 인법당·산신각·요사 등이 있다. [참고문헌]『한국의 사찰』12 신라의 폐사Ⅱ(한국불교연구원, 1977). ❷ ➡ 칠불사 七佛寺❶

칠불약사 七佛藥師 약사여래를 중심으로 한 일곱 부처님. 약사칠불(藥師七佛)·칠궁의왕(七躬醫王)이라고도 한다. 『약사칠불본원공덕경』 권상(대정장14, p.409b7)과 『약사칠불공양의궤여의왕경』(대정장19, p.50b28)에 의하면 선명칭길상왕여래(善名稱吉祥王如來)·보월지엄광음자재왕여래(寶月智嚴光音自在王如來 : 寶月蓮花智嚴威音王如來)·금색보광묘행성취여래(金色寶光妙行成就如來 : 金色無垢寶光妙行成就如來)·무우최승길상여래(無憂最勝吉祥如來)·법해뇌음여래(法海雷音如來)·법해승혜유희신통여래(法海勝慧遊戱神通如來)·약사유리광여래(藥師琉璃光如來)다. [참고문헌]『藥師七佛本願功德經』, 『藥師七佛供養儀軌如意王經』, 『藥師經直解』(卍속장35, p.391b4). ⇨ 약사칠불 藥師七佛, 약사유리광여래본원공덕경 藥師琉璃光如來本願功德經

칠불약사법 七佛藥師法 칠불약사를 본존으로 모시고 식재(息災)·증익(增益)을 목적으로 행하는 밀교 수법. 칠불약사어수법(七佛藥師御修法)·칠단어수법(七壇御修法)이라고도 한다. 『약사유리광칠불본원경』·『약사본원경』에 근거한다. 일본의 경우 천태밀교에서 네 가지 비법 중 하나로 중시되었고, 동밀(東密)에서는 약사법 이외에 별도로 칠불약사법을 닦았다. 작법의 목적에 따라 다른 방향으로 단장을 배치하고 본존은 7위의 등신불(等身佛像)인데 약사불을 중심으로 좌우에 교대로 나머지 여섯 불상을 배치한다. 칠불 앞에 각각 소반을 두고 그 위에 알가 한 그릇과 두 기의 등촉을 안치하며 그 앞에 일곱 개의 등촉을 밝힌 일단의 윤등(輪燈) 하나를 세운다. 작법에서 진언행자는 정상광명진언(頂上光明眞言)을 근본 진언으로 염송하되 길일을 택하여 시행한다. 『약사유리광칠불본원공덕경』 권하(대정장14, p.417b5)에 "다시 어떤 이가 기원하는 바가 있다면 칠불의 형상을 만들어서 청정한 곳에 갖가지 향화와 그림 번개를 메달아 장엄하고 최상의 음식과 기악으로 공양하며 다시 보살과 제천에게 공양하고 불상 앞에서 단좌하여 진언을 염송하되 이레 동안 팔계재를 지키면서 천팔번을 염송하면 일체 여래와 보살이 모두 호념하고 집금강보살 및 온갖 제석천·범천·사천왕천 등 역시 와서 그 사람을 옹위하고 오무간죄와 일체 업장이 모두 소멸한다. 병이 없고 수명이 늘어나고 또한 비명횡사와 온갖 전염병이 없다. 다른 곳에서 도적이 경계를 침범하거나 투쟁·전투·쟁송·원수·배고픔·가뭄과 홍수와 같은 일체의 두려운 일이 모두 사라진다. 이와 함께 부모와 같은 자비심이 일어나고 구하는 일이 뜻에 따르지 않음이 없다. 若復有人有所祈願 應當造此七佛形像可於靜處 以諸香華懸繒幡蓋 上妙飮食及諸伎樂而爲供養 并復供養菩薩諸天 在佛像前端坐誦呪 於七日中持八戒齋 誦滿一千八遍 彼諸如來及諸菩薩悉皆護念 執金剛菩薩幷諸釋梵四

天王等 亦來擁衛此人 所有五無間罪一切業障 悉皆消滅 無病延年亦無橫死及諸疾疫 他方賊盜欲求侵境 鬪諍戰陣 言訟讐隙飢儉旱澇 如是等怖一切皆除 共起慈心猶如父母 有所願求無不遂意"라고 하였다. [참고문헌] 『藥師琉璃光七佛本願功德經』. ⇨ 약사여래본원경 藥師如來本願經

칠불조사 七佛祖師 과거칠불(過去七佛)의 스승. 문수사리(文殊師利)를 가리킨다. 『조정사원』 권2(卍속장113, p.55a16)에 "칠불조사 : 문수를 가리킨다. 『보살처태경』 권7(대정장12, p.1050a5)의 문수게에 이렇게 전한다. '내가 부처의 몸 성취했을 때 헤아리노라니 이 국토 아주 작았다. 좌중에 의심이 남아 있기에, 태에서 변화할 때 내 몸 작은 티끌과 같다가 지금은 다른 국토에 있다네. 삼십이상으로 환해서 곳곳에 나타나지 않음이 없으니, 먼 옛적 능인의 스승이었다가 지금은 그의 제자 되었노라. 불도는 지극히 밝고 크며, 청정하여 늘 일도 줄 일도 없으니, 내가 부처의 몸 드러내고자 하면 두 존자가 아울러 서지는 못하리. 이 세계에서 이미 가르침 받았으니, 나의 국토에서 부처의 몸 드러내리라'. 七佛祖師 指文殊也 按處胎經 文殊偈云 計我成佛身 此剎爲寂小 座中有疑故 於胎有變化 我身如微塵 今在它國土 三十二相明 在在無不現 昔爲能仁師 今乃爲弟子 佛道極曠大 淸淨無增減 我欲現佛身 二尊不竝立 此界旣受教 我剎見佛身", 『벽암록』 84칙 「평창 評唱」(대정장48, p.210b2)에 "문수는 칠불조사로서 세존의 명을 받아 그(유마거사)에게 가서 병문안을 올렸다. 文殊是七佛祖師 承世尊旨 往彼問疾", 『환계유일어록』 권하(卍속장122, p.137b7)에 "칠불조사가 저지른 잘못은 금색두타(迦葉)에게 점검받고, 금색두타가 저지른 잘못은 황면구담(世尊)께 점검받으며, 황면구담이 저지른 잘못은 여기 모인 대중에게 점검받는다. 七佛祖師敗缺處 被金色頭陀點撿 金色頭陀敗缺處 被黃面瞿曇點撿 黃面瞿曇敗缺處 今日被集雲點撿"라고 하였다. [참고문헌] 『祖庭事苑』, 『若薩處胎經』, 『碧巖錄』, 『環溪惟一語錄』. ⇨ 문수사리 文殊師利, 문수보살 文殊菩薩, 칠불 七佛

칠불찬패가타 七佛讚唄伽陀 Ⓢ Saptatathāgata-stotra, Ⓣ de-bzhin-gshegs-pa bdun-gyi bstod-pa. 송대 법천(法天) 한역. 1권. 고려장33, pp.798b1~799a23, No.1092 · 대정장32, p.769a23~769c25, No.1682에 수록되어 있으며, 티베트역본(北京版 No.2054)도 전한다. 『칠여래찬 七如來讚』 · 『칠불범찬 七佛梵讚』 · 『칠승자찬 七勝者讚』 등이라고도 한다. 과거칠불에 대한 범찬(梵讚)을 수록하였다. 본서는 그 전체가 범어에 대한 한자 음사어로 구성된 찬패로서 의역을 더하지 않았는데, 범자마다에 불가사의한 의미가 들어 있다고 여겼기 때문이다. 후대에 일본의 신량삼랑(榊亮三郎)이 범어로 환원시켜 다시 일본어로 번역하면서 그 의미를 밝히기도 하였다. [참고문헌] 『法界聖凡水陸大齋法輪寶懺』 권1(卍속장129, p.826a18).

칠불통계게 七佛通戒偈 모든 부처님의 한결같은 가르침을 일곱 부처님께서 한결같이 전하신 말씀. 율장(律藏) 계경(戒經)에 등장하며 칠계경(七戒經) · 통계(通戒) · 약계(略戒) · 약교(略敎)라고 한다. 『사분율비구계본』(대정장22, p.1022c2)에 "일체악 짓지 말아야 하고 마땅히 모든 선 행해야 하리. 스스로 그 뜻 깨끗이 하는 일, 이것이야말로 가섭여래께서 무엇에도 붙들릴 일 없이 한결같이 바르게 깨우치신 바였으니, 이 계경을 설하셨다네. 一切惡莫作 當奉行諸善 自淨其志意 是則諸佛教 此是迦葉如來無所著等正覺 說是戒經", 『오분계본』(대정장22, p.206a29)에 "여섯 번째 가섭여래응공정변지께서는 적정승을 위해 최초로 바라제목차를 약설하셨다. 일체악 짓지 않아서 마땅히 그 뜻 깨끗이 하는 것, 이것이야말로 모든 부처님의 가르침이라네. 第六迦葉佛如來應供正遍知 爲寂靜僧 最初略說波羅提木叉 一切惡莫作 當具足善法 自淨其志意 是名諸佛教", 『증일아함경』 권1(대정장2, p.551a10)에 "가섭이 물었다. '어떤 등의 게송중에서 삼십칠도품과 제법이 출생합니까?' 그때 존자 아난이 바로 이 게를 읊었다. '모든 악 짓지 말고, 온갖 선 받들어 행하며, 스스로 그 마음 깨끗이 하는 것, 이것이야말로 모든 부처님의 가르침이다'. 迦葉問言 何等偈中 出生三十七品及諸法 時 尊者阿難 便說此偈 諸惡莫作 諸善奉行 自淨其意 是諸佛教"라는 등의 게송이 곧 칠불통계게다. 『법화현의』 권2(대정장33, p.695c27)에서는 '제선봉행(諸善奉行)'을 '중선봉행(衆善奉行)'이라 하였다. 『출요경』 권25 「악행품 惡行品」(대정장4, p.741b24 : *Udāna-v.*, p.651)에는 "모든 악 짓지 말고 온갖 선 받들어 행하며, 스스로 그 뜻 깨끗이 하는 것, 이것이 모든 부처님의 가르침이다. 諸惡莫作 諸善奉行 自淨其意 是諸佛教 sarva-pāpasya-akaraṇaṃ kuśalasya-upasaṃpadaḥ, svacitta-paryavadanam etad buddhasya śāsanam"라고 한 다음 그 뜻을 풀었다. "'모든 악 짓지 말고'란 모든 불세존께서 삼승의 도를 닦는 후인들을 가르쳐 깨우치신 것이니, 악을 짓지 않으면 도에 이를 수 있고, 누구나 선을 익히면 스스로 도의 자취를 이룰 수 있기에 '모든 악 짓지 마라'고 하신 것이다. 諸惡莫作者 諸佛世尊教誡後人三乘道者 不以脩惡而得至道 皆習於善自致道跡 是故說曰 諸惡莫作也", "'온갖 선 받들어 행한다' 한 것은, 저 수행인들 온갖 선을 널리 닦는 것이다. 오직 스스로의 영락처럼 온갖 덕을 두루 갖추게 되니, 악을 본즉 피하고 항상 선만을 닦는다. 이른바 선이란 지관의 묘약으로서 어지러운 생각을 태워 없앤다. 이에 '온갖 선 받들어 행한다'고 설하신 것이다. 諸善奉行者 彼修行人 普脩衆善 唯自瓔珞具足衆德 見惡則避恒脩其善 所謂善者 止觀妙藥燒滅亂想 是故說曰 諸善奉行", "'스스로 그 뜻 깨끗이 한다' 한 것은, 마음은 행의 바탕이라서 온갖 죄의 뿌리를 불러들인다. 백여덟 가지 무거운 뿌리는 풀기 어려운 결박으로서 마음을 얽맨다. 즉 불타오르는 욕망·분노·어리석음·교만·인색·질투가 온갖 번뇌를 심으니, 이런 병이 있는 사람은 마음이 깨끗하지 못하다. 그러므로 행하는 이는 뜻을 단단히 부여잡고 스스로 단련하여 마음과 뜻을 생각으로 어지럽히지 않아야 하니, 이렇게 쉬지 않고 행하면 도의 뿌리를 이룰 수 있다. 그러므로 '스스로 그 뜻 깨끗이 한다'고 설하신 것이다. 自淨其意者 心爲行本招致罪根 百八重根難解之結纒裹其心 欲怒癡盛憍慢慳嫉種諸塵垢 有此病者則心不淨 行人執志自練心意使不亂想 如是不息便成道根 是故說曰 自淨其意也", "'이것이 모든 부처님의 가르침이다' 한 것은, 여래께서 펼치신 가르침은 금계와는 같지 않다. 계로 몸을 살피고 뜻으로 마음을 거둔다. 부처님 세간에 나오시는 틈 참으로 만나기 어려운 일이니, 마치 우담발화가 억천만겁 만에 겨우 한 번 피는 것과 같다. 여래께서 남긴 훈계와 교화는 성성들께서 서로 이어받아 오늘에 이른 것이니, 금계는 닦지 않을 수 없고 보시는 행하지 않을 수 없다. 내가 이루려는 부처님 삼천이시지만 모두 금계와 혜시로서 이루셨다. 그래서 '이것이 모든 부처님의 가르침이다'라고 설하신 것이다. 是諸佛教者 如來演教禁戒不同 戒以檢形 義以攝心 佛出世間甚不可遇 猶如優曇鉢花 億千萬劫時時乃有 是故 如來遺誡教化 聖聖相承 以至今日 禁誡 不可不脩 惠施 不可不行 吾所成佛王三千者 皆由禁誡惠施所致也 是故說曰 是諸佛教", 『법화현의석첨』 권4(대정장33, p.843c10)에는 "칠불통계게라 함은 과거와 현재의 모든 부처님께서 모두 이 게송을 쓰셨으며, 이 약계로서 두루 모든 계를 거두기에 통(通)이라 한다. … 아난이 이렇게 말했다. '차치하고, 사아함의 한 게송이 부처님의 법과 성문의 가르침을 남김없이 다 갖춘다. 그 까닭은 무엇인가? 모든 악을 짓지 말라는 게송은 계청정이고, 온갖 선을 받들어 행하라는 게송은 마음청정이며, 스스로 그 마음을 깨끗하게 하라는 게송은 삿됨을 없애는 것이고, 이것이 부처님의 가르침이라는 게송은 어리석음을 버리게 한다'. 부처님 일대의 모든 가르침은 이것을 벗어나지 않음을 알아야 한다. 七佛通戒偈者 過現諸佛 皆用此偈 以爲略戒 遍攝諸戒 故名爲通 … 阿難言 且 四含一偈 盡具佛法及聲聞教 所以然者 如諸惡莫作是戒淨 諸善奉行是意淨 自淨其意是除邪 是諸佛教是去愚 當知一期廣教不出此也"라고 하였다. 『장아함경』 「대본경 大本經」의 팔리본인 *Mahāpadāna-sutta*(*DN.2*, p.49)와 *Dhp*, p.52에도 "모든 악을 짓지 말고 선은 애써 행하며 자기 마음을 깨끗이 하는 것, 이것이 모든 부처님의 가르침이다. sabba-pāpassa akaraṇaṃ kusalassa upasampadā, sacitta-pariyodapanaṃ etaṃ buddhāna sāsanaṃ"라고 하였고, *Dhp-a*, p.237에 따르면 '모든 악'이란 일체불선업(不善業 Ⓟ akusala-kammassa)이고, '선을 행함'이란 출가하여 아라한의 길(Ⓟ arahatta-maggā)을 가는 것이며, '자기 마음을 깨끗이 함'이란 욕탐·진애·혼침수면·도거악작·의(疑) 등 오개(五蓋 Ⓟ pañca nīvaraṇā)에 물들지 않는 것이라 하였다. 〔참고문헌〕『四分律比丘戒本』, 『五分戒本』, 『增壹阿含經』, 『法華玄義』, 『出曜經』, 『法華玄義釋籤』, *Udāna-v.*, *DN.*, *Dhp.*, *Dhp-a.* ⇨ 칠불 七佛[1], 과거칠불 過去七佛, 시제불교 是諸佛教, 약계 略戒, 약교 略教, 통계 通戒

칠불퇴법 七不退法 Ⓟ satta aparihāniyā dhammā. 승가든 나라든 정법에 의지해 무너지지 않게 하는 일곱 가지 법. 칠불쇠법(七不衰法)이라고도 한다. 마가다국(Ⓟ Magadha) 아사세왕(Ⓟ Ajātasattu)의 명을 받고 대신 우사(禹舍 Ⓢ Varṣakāra, Ⓟ Vassakāra)가 부처님을 찾아가 밧지족(Ⓟ Vajjī)과 전쟁해도 좋은 지를 묻자, 부처님께서 그에 대한 답으로 설하신 것이다. 『장아함경』 권2 「유행경 遊行經」(대정장1, p.11b26)에 전하며 다음과 같다. 첫째, 자주 서로 모여 바른 뜻 강론한즉 어른과 젊은이가 화순하여 법이 무너지지 않는다(七不退法者 一曰 數相集會 講論正義 則長幼和順 法不可壞). 둘째, 윗사람과 아랫사람이 화목하게 함께 하며 공경하고 순종하며 거역함이 없으면 어른과 젊은이가 화순하여 법이 무너지지 않는다(二曰 上下和同 敬順無違 則長幼和順 法不可壞). 셋째, 법을 받들고 금하는 것을 분명하게 알면 제도를 어기지 않아 어른과 젊은이가 화순하여 법이 무너지지 않는다(三曰 奉法曉忌 不違制度 則長幼和順 法不可壞). 넷째, 만약 어떤 비구가 힘써 대중들을 보호할 수 있고, 아는 것이 많으면서도 (대중을) 마땅히 공경하고 섬기면 어른과 젊은이가 화순하여 법이 무너지지 않는다(四曰 若有比丘力能護衆 多諸知識 宜敬事之 則長幼和順 法不可壞). 다섯째, 마음의 뜻을 기억해 보호하고 효와 공경을 으뜸으로 하면 어른과 젊은이가 화순하여 법이 무너지지 않는다(五曰 念護心意 孝敬爲首 則長幼和順 法不可壞). 여섯째, 범행을 깨끗이 닦고 욕된 모습 따르지 않으면 어른과 젊은이가 화순하여 법이 무너지지 않는다(六曰淨修梵行 不隨欲態 則長幼和順 法不可壞). 일곱째, 남을 앞세우고 나를 뒤로 하고 명예와 이익을 탐하지 않으면 어른과 젊은이가 화순하여 법이 무너지지 않는다(七曰 先人後己 不貪名利 則長幼和順 法不可壞). 〔참고문헌〕『長阿含經』, 『十住毘婆沙論』 권7(대정장26, p.55b5), *DN.2.75.* ⇨ 불퇴법 不退法[1], 우사 禹舍

칠불팔보살 七佛八菩薩 일곱 부처님과 여덟 보살. 각각이 모두 다라니를 가져 그 공능에 의지해 중생이 참회하여 죄를 벗어나게 한다. 『칠불팔보살소설대다라니신주경 七佛八菩薩所說大陀羅尼神呪經』을 소의로 한다. 칠불은 유위불(維衛佛)·식불(式佛)·수엽불(隨葉佛)·구류진불(拘留秦佛)·구나함모니불(拘那含牟尼佛)·가섭불(迦葉佛)·석가모니불(釋迦牟尼佛), 팔보살은 문수사리(文殊師利)·허공장(虛空藏)·관세음(觀世音)·구탈(救脫)·발다화(跋陀和)·대세지(大勢至)·득대세(得大勢)·견용(堅勇)이다. 『지관보행전홍결』 권2(대정장46, p.196c8)에 "칠불팔보살이라 하였다. 다음은 여러 경전을 따른다. 『칠불신주경』에서는 먼저 칠불에게 각각 다라니가 있음을 밝히고, 이어서 그 공능을 설하여 참회법으로 삼는다. 다음 문에서 팔보살을 밝힌다. 첫째 문수. … 이들 보살에게도 각각 신주 그리고 공능과 참회법이 있다. 경문에 따르면 보현보살 등과 팔용왕에게도 각각 죄를 소멸하는 다라니가 있다. 또한 가령 칠불의 구지다라니와 같다. 유가의 팔대보살 각각에게도 다라니가 있는데 그 보살은 관음·세지·보현·문수·허공장·금강장·제장개·미륵이다. 七佛八菩薩等者 次約諸經 七佛神呪經中 初明七佛各有陀羅尼 及說功能 以爲懺法 次文明八菩薩 一 文殊 … 亦各有神呪 及功能悔法 乃至經下文 復有普賢菩薩等 及八龍王 亦各有滅罪呪 又如七佛俱胝陀羅尼 及瑜伽中 八大菩薩 各有陀羅尼 謂觀音 勢至 普賢 文殊 虛空藏 金剛藏 除障蓋 彌勒"라고 하였다. 〔참고문헌〕『止觀輔行傳弘決』.

칠불팔보살소설대다라니신주경 七佛八菩薩所說大陀羅尼神呪經 역자 미상. 4권. 고려장13, pp.1074a1~1108b9, No,433·대정장21, pp.536b10~561b9, No.1332에 수록되어 있다. 잡부밀교(雜部密敎)의 밀부경전(密部經典)에 속한다. 『칠불신주경』·『칠불팔보살대다라니신주경』·『칠불십일보살다라니경 七佛十一菩薩陀羅尼經』·『칠불소설신주경』·『광제중생신주 廣濟衆生神呪』 등이라고도 한다. 후세 순밀교(純密敎)의 근원이 되었다고 평가한다. 〔참고문헌〕『開元釋敎錄』 권16(대정장55, p.654b10), 『貞元新定釋敎目錄』 권26(대정장55, p.991b6). ⇨ 칠불팔보살 七佛八菩薩

칠비니 七毘尼 칠멸쟁법(七滅諍法 Ⓟ satta adhikaraṇa-samathā)을 말한다. 『사분비구계본소』 권하(대정장40, p.488c20)에 "문구에서 칠멸쟁법이라 한 말은 그 본래 음에 따라 칠비니법이라 한다. 文言七滅諍法者 本音名七毘尼法也", 『사분율행사초』 권중(대정장40, p.50b29)에 "또한 『증일아함경』 중에 칠종율은 칠비니를 말한다. 又增一中 七種律也 謂七毘尼", 『사분율행사초자지기』 권중1상(대정장40, p.263b21)에 "소에서 '고역의 비니는 모두 멸이라 한다' 하였다. 칠비니로써 네 가지 다툼을 끊기 때문이다. 마치 물로 불을 끄지만 물을 가리켜 끈다는 뜻의 멸이라 하지 않음과 같다. 이름으로 체를 따를 수 없을 때 취하지 않는다. 疏云 古譯毘尼 皆稱爲滅 以七毘尼 殄四諍故 如水滅火 水不名滅 名不附體 故所不取", 돈황본 『비니심』(대정장85, p.666a27)에 "이 칠비니법은 사쟁을 소멸할 수 있기 때문에 멸이라 한다. 此七毘尼之法 能滅四諍故 名爲滅也"라고 하였다. 〔참고문헌〕『四分比丘戒本疏』, 『四分律行事鈔』, 『四分律行事鈔資持記』, 『毘尼心』, 『增壹阿含經』 권33(대정장2, p.730b17). ⇨ 칠멸쟁법 七滅諍法, 멸쟁법 滅諍法

칠비묘법 七非妙法 Ⓟ satta asaddhammā. 묘법이 될 수 없는 일곱 가지 법. 칠비법(七非法)이라고도 한다. 칠비묘법에는 두 가지가 있는데, 첫째는 『집이문족론』 권17(대정장26, p.436c17)에 "무엇이 칠비묘법 일곱 가지인가? 〔답〕 불신·무참·무괴·해태·실념·부정·악혜이다. … 〔문〕 왜 이 일곱이 비묘법인가? 〔답〕 묘하지 않다란 선사가 아니어서 그의 법을 묘법이라 할 수 없다. 이런 법은 선사가 아닌 주변에서 획득했거나 현재 가지고 있는 것이므로 이 일곱 가지를 비묘법이라고 한다. 七非妙法者 云何爲七 答 一 不信 二 無慚 三 無愧 四 懈怠 五 失念 六 不定 七 惡慧 … 問 何緣是七 名非妙法 答 非妙 謂非善士 此是彼法 名非妙法 謂此諸法 非善士邊 可獲可得 此是彼士 所有現有", "다시 칠비묘법이 있는데, 어떤 것인가? 〔답〕 법을 모르는 것, 뜻을 모르는 것, 때를 모르는 것, 한량을 모르는 것, 자신을 모르는 것, 대중을 모르는 것, 보특가라의 승열을 모르는 것이다. 復有 七非妙法者 云何爲七 答 一 不知法 二 不知義 三 不知時 四 不知量 五 不自知 六 不知衆 七 不知補特伽羅 有勝有劣"라고 한 것이다. 〔참고문헌〕『集異門足論』, 『長阿含經』 권8 「衆集經」(대정장1, p.52a21), *DN.3.252.* ⇨ 칠묘법 七妙法

칠비법 七非法 ❶ Ⓟ satta asaddhammā. 바른 법(正法)이 아닌 일곱 가지 법. 『장아함경』 권8 「중집경 衆集經」(대정장1, p.52a21)에 "여래께서 일곱 가지 정법을 설하셨다. 일곱 가지 비법을 말하자면, 믿음이 없음(Ⓟ assaddha)·부끄러움이 없음(Ⓟ ahirika)·다른 사람에게 부끄러워하는 마음이 없음(Ⓟ anottappī)·적게 들음(Ⓟ appassuta)·게으름(Ⓟ kusīta)·자주 잊어버림(Ⓟ muṭṭhassati)·지혜가 없는 것(Ⓟ duppañña)이다. 如來說七正法 謂七非法 無信 無慙 無愧 少聞 懈怠 多忘 無智"라고 하였다. 〔참고문헌〕『長阿含經』, *DN.3.252.* ⇨ 칠묘법 七妙法❶, 칠정법 七正法❶ ❷ 계율에 어긋남을 일곱 가지로 나눈 법. 오편칠취 중 칠취(七聚)법을 말한다. 『사분율』 권46(대정장22, p.90

6b18)에 "무엇이 일곱 가지 비법인가? 차무근바라이·승잔·바일제·바일제제사니·투란차·돌길라·악설, 이것이 칠비법이다. 何等七非法 遮無根波羅夷 僧殘 波逸提 波羅提提舍尼 偸蘭遮 突吉羅 惡說 是爲七非法",『십송율』권33(대정장23, p.240c8)에 "칠비법은 무근바라이차설계·무근승가파니사·바일제·바일제제사니·돌길라로부터 악구가 일어나는 것, 돌길라로부터 투란차가 일어나는 것·돌길라 이것이 칠비법차이다. 七非法者 無根波羅夷遮說戒 無根僧伽婆尸沙 波夜提 波羅提提舍尼 突吉羅從惡口起 突吉羅從偸蘭遮起 突吉羅是名七非法遮"라고 하였다. 〔참고문헌〕『四分律』,『十誦律』. ⇨ 오편칠취 五篇七聚, 오편 五篇, 칠취 七聚, 계 戒, 계율 戒律, 돌길라 突吉羅, 바라이 波羅夷, 바일제 波逸提, 투란차 偸蘭遮

칠사 七事 일곱 가지 일 살피다. 전장(戰場)의 전사(戰士)가 항상 몸에 지니고 있어야 하는 궁(弓)·시(矢)·도(刀)·검(劍)·갑(甲)·주(胄)·과(戈) 등 일곱 가지 무기. 임제종(臨濟宗)에서 납자가 늘 살펴야 하는 일곱 가지를 비유하였다.『오가종지찬요』권상(卍속장114, p.517a3)에 살인도(殺人刀)·활인검(活人劍)·각답실지(脚踏實地)·향상관려자(向上關棙子)·격외설화(格外說話)·납승파비(衲僧巴鼻)·탐간영초(探竿影草) 등을 제종칠사수신(濟宗七事隨身)으로 들고 있다.『선문염송설화』826칙「설화」(한불전5, p.609c8)에 "칠사란 무엇인가? 손무자의『손자병법』「시계편 始計篇」에 이렇게 전한다. "주군의 정치는 어느 편이 더 우월한 도를 지니고 있는가? 장수는 어느 편이 더 능력이 있는가? 천시(天時)와 지리(地利)는 어느 편이 유리한가? 법령은 어느 편에 더 바르게 시행되는가? 무기는 어느 편이 더 강한가? 병사는 어느 편이 잘 훈련되었는가? 상벌은 어느 편이 더 공평한가? 나는 이들로써 승부를 미리 안다. 七事者 孫武子 始計篇云 主孰有道 將孰有能 天地孰得 法令孰行 兵衆孰强 士卒孰練 賞罰孰明 吾以此知勝負矣"라고 하였다. 〔참고문헌〕『五家宗旨纂要』,『禪門拈頌說話』. ⇨ 구칠사 俱七事, 칠사수신 七事隨身, 제종칠사수신 濟宗七事隨身

칠사 七使 일곱 가지 번뇌. 칠수면(七隨眠 Ⓟ satta-anusayā)이라고도 한다.『잡아함경』권18(대정장2, p.127a28)에 "사라는 것은 일곱 가지로 부리는 것이니 탐욕사·진에사·유애사·만사·무명사·견사·의사를 말한다. 使者 七使 謂貪欲使 瞋恚使 有愛使 慢使 無明使 見使 疑使",『출요경』권3(대정장4, p.626c13)에 "이에 아난이 말했다. '깊은 말의 뜻을 이해하고 도덕을 잘 닦아서 도로써 번뇌를 끊으며, 모든 일곱 가지 번뇌 얽힘을 떠나게 해서 영원히 남음이 없게 한다'. 도는 열반이다. 是故阿難說曰 以解深句義 善修道德 以道斷結 去諸七使纏縛 永盡無餘 道者謂泥洹",『비바사론』권3(대정장28, p.436a23)에 "〔문〕 칠사에는 어떤 성이 있는가? 〔답〕 욕사는 욕계 애의 다섯 가지 육식신이다. 에사는 에의 다섯 가지 육신신이다. 유사는 색계와 무색계 애의 다섯 가지이다. 만사는 삼계의 다섯 가지이니, 이것이 열다섯 가지이다. 무명사도 또한 이와 같다. 견사는 서른여섯 가지이다. 의사는 삼계의 네 가지이니, 이것이 열두 가지이다. 이 아흔여덟 가지가 칠사의 성질이다. 問曰 七使有何性 答曰 欲使者 欲界愛五種六識身 恚使者 恚五種六識身 有使者 色無色界愛五種 慢使者 三界五種 此十五種 無明使亦爾 見使者 三十六種 疑使者 三界四種 此十二種 此九十八種 是七使性"라고 하였다. 〔참고문헌〕『雜阿含經』,『出曜經』,『鞞婆沙論』,『大智度論』권2(대정장25, p.70a26). ⇨ 칠수면 七隨眠, 수면 隨眠, 사 使, 구십팔수면 九十八隨眠

칠사단멸종 七事斷滅宗 16종 외도 중 하나로 일곱 세계(人·欲·色·四無色界)에서의 인연이 다하면 모든 것이 끝난다고 주장하는 외도. 칠단멸론(七斷滅論)이라고도 한다.『대승법원의림장』권1(대정장45, p.250a14)에 "열두 번째, 칠사단멸종은 단멸을 믿는 외도가 일곱 곳에서 일어난 세계는 끊어져 사라진다고 계탁한다. 十二 七事斷滅宗 謂斷滅外道 計七事斷滅"라고 하였다. 〔참고문헌〕『大乘法苑義林章』,『法華經玄贊要集』. ⇨ 칠단멸론 七斷滅論, 십육이론 十六異論

칠사부취 七士夫趣 일곱 사부들의 무리. 유무학위(有無學位)에 있는 일곱 무리의 성인들로 칠현(七賢)과 구별한다. 사부(士夫)란 뿌드갈라(Ⓢ pudgala)의 번역어이며 취(趣)란 성계(聖界)로 나아가 성취한 뜻이어서, 유무학을 수습한 일곱의 성스런 무리를 말한다.『화엄공목장』 권2 「칠사부취장」(대정장45, p.557b26)에 "칠사부는 칠대부라고도 하고 칠성인이라고도 한다. 첫째는 수신행, 둘째는 수법행, 셋째는 신해탈, 넷째는 견도, 다섯째는 신증, 여섯째는 혜해탈, 일곱째는 구해탈이다. … 돌아가는 곳이므로 취라 한다. 취는 향하는 바다. 사부와 지는 서로 바라는 바로 같다. 七士夫者 亦名七大夫 亦名七聖人 一 隨信行 二 隨法行 三 信解脫 四 見到 五 身證 六 慧解脫 七 俱解脫 … 所歸故名趣 趣者所向也 士夫與地 相望是同",『대명삼장법수』권22(영락장182, p.321a1)에 "소승칠종성〈칠사부취 또는 칠장부라고도 한다. 출전은『천태사교의주』권10이다〉: 성스럽다란 바르다는 뜻의 정이다. 범부의 자성을 버리고 바른 자성에 들기에 성이라 한다. 현수종(화엄종)에서 칠사부취 또는 칠장부라고도 하지만 이름이 다를 뿐 뜻은 같다. 小乘七種聖〈又名七士夫趣 亦名七丈夫 出天台四教儀集註十〉

聖正也 捨凡性入正性 故名爲聖 賢首宗立 爲七士夫趣 亦名七丈夫 名異義同也"라고 하였다. [참고문헌]『華嚴孔目章』, 『大明三藏法數』. ⇨ 칠성 七聖, 칠현 七賢, 칠보특가라 七補特伽羅, 소승칠성 小乘七聖

칠사수신 七事隨身 일곱 가지로 섬겨 언제나 몸을 따르게 하다. 『임제록』「서 序」(대정장47, p.495c14)에 "삼현을 손에 쥐고, 일곱 가지 일 몸에 지닌다. 三玄在手 七事隨身", 『설두어록』 권1(대정장47, p.673b5)에 "상장군이라면 반드시 일곱 가지 일 항상 몸을 따르게 하는데, 두 칼끝 부딪칠 때 어떻게 하는가? 夫爲上將須是七事隨身 兩刃交鋒 作麽生", 『벽암록』 24칙 「송 頌」(대정장48, p.165b10)에 "일찍이 철마 타고 요긴한 성 침입하였건만〈전투에 익숙한 작가로구나. 변방의 장군은 이 일곱 가지 일 늘 몸을 따른다〉, 칙명 따라 여섯 나라 평정했다 전해 들었네〈개가 사면장을 물고 간다. 환중의 천자여, 바다 잠잠하고 황하 맑아진 것 어쩌랴!〉 曾騎鐵馬入重城〈慣戰作家 塞外將軍 七事隨身〉 勅下傳聞六國淸〈狗銜赦書 寰中天子 爭奈海晏河淸〉"라고 하였다. [참고문헌]『臨濟錄』, 『雪竇語錄』, 『碧巖錄』. ⇨ 칠사 七事

칠사요익 七似饒益 일곱 부류의 사람이 하듯 요익케 하다. 보살이 중생 요익케 함에 저들인 듯 행한다. 보살칠사요익(菩薩七似饒益)이라고도 한다. 『대승장엄경론』 권12 「공덕품 功德品」(대정장31, p.650c17)에 "다음으로 보살의 칠사요익을 설한다. 첫째 어머니 같은 요익, 둘째 아버지 같은 요익, 셋째 좋은 친구 같은 요익, 넷째 동려와 같은 요익, 다섯째 건노와 같은 요익, 여섯째 아사리 같은 요익, 일곱째 화상 같은 요익이다. 次說菩薩 七似饒益 一 似母饒益 二 似父饒益 三 似善友饒益 四 似同侶饒益 五 似健奴饒益 六 似闍梨饒益 七 似和上饒益"라고 하였다. [참고문헌]『大乘莊嚴經論』. ⇨ 보살칠사요익 菩薩七似饒益, 사모요익 似母饒益, 사부요익 似父饒益, 사선우요익 似善友饒益, 사동려요익 似同侶饒益, 사건노요익 似健奴饒益, 사사리요익 似闍梨饒益, 사화상요익 似和上饒益

칠사취 七士趣 구종불환(九種不還) 중 중반(中般)의 셋과 생반(生般)의 셋과 상류반(上流般)을 합한 일곱 사부(士夫)들의 취(趣). 칠선사취(七善士趣)라고도 한다. 『순정리론』 권64(대정장29, p.693c15)에 "또한 일찍이 생처가 정해지는 인을 설한 적은 없는데, '이 상류반은 색계를 정하여 오직 이곳에서만 나지 저 곳에서는 나지 않는다'라고 말한다. 그러나 계경의 설은 칠사취에 대하여 많은 비유를 들어 상류반을 드러냄으로써 차제로 색계의 모든 곳에서 두루 생한다고 하였다. 又曾不說 生處定因 言此上流 定於色界 唯生此處 彼處不生 然契經說 七士趣處 擧多譬喩 以顯上流 次第遍生 色界諸處"라고 하였다. [참고문헌]『順正理論』. ⇨ 구종불환 九種不還, 칠선사취 七善士趣

칠사칠생 七死七生 일곱 번 죽고 일곱 번 나다. 수다원(須陀洹)에 들어간 성자는 인간계와 천계를 일곱 번 왕래한다. 『불반니원경』 권상(대정장1, p.163b2)에 "다시 난제 등과 같은 이백 명의 우바새는 나면서부터 음하거나 분노하거나 어리석지 않아서, 죽어서 모두 도리천상에 나서 구항도를 얻고 반드시 칠사칠생하여 곧 아라한도를 얻는다. 復有二百優婆塞 如難提等 生時無婬態 無怒態 無癡態 死皆生忉利天上 得溝港道 當復七死七生便 得阿羅漢道", 『도행반야경』 권1(대정장8, p.429b24)에 "수다원도는 칠사칠생하고서는 떠난다. 이에 수다원도는 그중에 머물지 않는다. 須陀洹道 七死七生便度去 是故須陀洹道 不當於中住"라고 하였다. [참고문헌]『佛般泥洹經』, 『道行般若經』. ⇨ 극칠반유 極七返有, 칠반 七返, 수다원 須陀洹

칠사학 七事學 Ⓟ satta bojjhaṅgā. 일곱 가지로 섬겨 익히다. 칠각지(七覺支)를 말한다. 『나선비구경』 권하(대정장32, p.702b8)에 "나선이 말했다. '칠사를 배워 도를 압니다. 무엇이 일곱 가지인가? 첫째는 선악을 염하는 일이고, 둘째는 정진하는 것이며, 셋째는 도를 좋아하는 것이고, 넷째는 뜻을 다스려 선하게 하는 것이며, 다섯째는 도를 생각해 잊지 않는 것이고, 여섯째는 마음을 하나로 하는 일이며, 일곱째는 적절히 하여 애증이 없게 하는 것입니다'. 왕이 나선에게 물었다. '사람이 이 일곱 가지 일을 해야 도를 아는가?' 나선이 말했다. '일곱 가지 일을 다 해도 도를 배워 알 수는 없습니다. 지혜로운 이는 선악을 알고 지키니, 이 한 가지만을 특별하게 알 수 있습니다'. 那先言 用七事學知道 何等爲七 一者 念善惡之事 二者 精進 三者 樂道 四者 伏意爲善 五者 念道 六者 一心 七者 適無所憎愛 王又問那先 人用此七事學知道耶 那先言不悉用七事學知道 知者持知善惡 用是一事別知耳"라고 하였다. [참고문헌]『那先比丘經』, *Mil.1.81.* ⇨ 칠각지 七覺支

칠상 七想 Ⓟ satta saññā. 일곱 가지로 떠올림. ❶ 다툼을 방지하고 범행을 오래 가게 해서 하늘과 인간이 안락을 얻게 하는 일곱 가지 생각. 『장아함경』 권8 「중집경 衆集經」(대정장1, p.52b4)에 "다시 일곱 가지 법이 있으니 이른바 칠상이다. 깨끗하지 않다는 생각·음식이 깨끗하지 않다는 생각·일체세간은 즐거워할 것이 못 된다는 생각·있지 않은 것들의 생각·무상하다는 생각·무상해서 괴로운 것이라는 생각·괴롭기에 아가 없다는 생각이다. … 이는 여래께서 설하신 정법이니,

마땅히 함께 모아 그것으로 다툼을 막고 범행을 오래 지속시키며 많은 이익을 주어 천인이 안락을 얻게 한다. 復有七法 謂七想 不淨想 食不淨想 一切世間不可樂想 無想 無常想 無常苦想 苦無我想 … 是爲如來所說正法 當共撰集 以防諍訟 使梵行久立 多所饒益 天人獲安 "라고 하였다. 〔참고문헌〕『長阿含經』. ❷ 비구가 갖추어야 할 일곱 가지 생각. 40권본『대반열반경』권38(대정장12, p.590a6)에 "지혜로운 이가 앞에서 말한 여섯 가지 생각을 구족하면 일곱 가지 생각의 인이 된다. 무엇이 일곱 가지인가? 첫째는 항상 닦는다는 생각, 둘째는 닦기를 좋아하는 생각, 셋째는 성내는 일이 없는 생각, 넷째는 질투함이 없는 생각, 다섯째는 선하게 원하는 생각, 여섯째는 교만이 없는 생각, 일곱은 삼매에 자재한 생각이다. 선남자야! 만일 비구가 이 일곱 가지 생각을 구족하면 이를 일러 사문이라 하고 … 해탈이라 하고 … 정견이라 하고, 도피안이라 하고 … 여래의 비밀을 잘 안다 하고 … 일곱 가지 말중에 생기는 의심의 얼개 끊었다고 한다. 智者具足如上六想 卽七想因 何等名七 一者常修想 二者 樂修想 三者 無瞋想 四者 無妬想 五者 善願想 六者 無慢想 七者 三昧自在想 善男子 若有比丘具足七想 是名沙門 … 是名解脫 … 是名正見 名到彼岸 … 是名善解如來祕密 … 斷七種語中所生疑網"라고 하였다. 〔참고문헌〕『大般涅槃經』.

칠상연민 七相憐愍 Ⓢ saptākāraṃ vātsalya. 일곱 가지로 마음으로 가엾이 여기다. 『보살선계경』권8(대정장30, p.1001c6)에 "첫째 두려움이 없고, 둘째 진실하고, 셋째 근심하지 않으며, 넷째 구하지 않고, 다섯째 애착하지 않으며, 여섯째 넓고 크며, 일곱째 평등하다. 一者 無畏 二者 眞實 三者 不愁 四者 不求 五者 不愛 六者 廣大 七者 平等"라고 하였다. 『보살선계경』에 시설된 이 일곱 가지 연민을 『유가사지론』권47(대정장30, p.551c13 : *Bodh-bh.*, p.214)에서는 "모든 보살은 중생들에 대하여 깊은 마음에서 일곱 가지로 연민을 일으킨다. 모든 보살은 연민 가득하기에 선한 의요라 하고 극히 선한 의요라고도 한다. 무엇을 가리켜 일곱 가지 모습의 연민이라 하는가? 첫째는 두려움이 없는 연민, 둘째는 뜻다운 연민, 셋째는 싫증낼 일 없는 연민, 넷째는 구함이 없는 연민, 다섯째는 물듦이 없는 연민, 여섯째는 광대한 연민, 일곱째는 평등한 연민이다. 謂諸菩薩於諸有情 深心發起七相憐愍 以諸菩薩 具憐愍故 名善意樂 極善意樂 何等名爲 七相憐愍 一者 無畏憐愍 二者 如理憐愍 三者 無倦憐愍 四者 無求憐愍 五者 無染憐愍 六者 廣大憐愍 七者 平等憐愍 saptākāraṃ bodhisattvānāṃ sattveṣu vātsalyaṃ pravartate yena vātsalyenopetā bodhisattvāḥ kalyāṇāśayāḥ paramakalyāṇāśayā ityucyante. saptākāraṃ vātsalyaṃ katamat. abhayaṃ yuktamakhedamayācitamanāmiṣaṃ vistīrṇaṃ samañceti"라고 하였다. 〔참고문헌〕『菩薩善戒經』, 『瑜伽師地論』, 『大明三藏法數』권22(영락장182, p.317b4), *Bodh-bh.* ⇨ 민 愍

칠상주과 七常住果 일곱 가지로 언제나 열리는 열매. 불위(佛位)를 증득하여 생하지도 않고 멸하지도 않아 상주하는 과에 대하여 붙인 일곱 가지 명칭. 『능엄경』권4(대정장19, p.123c19)에 "어떻게 이 필경 단멸을 가지고 닦음의 인으로 삼아 여래의 일곱 가지로 언제나 머무는 과를 얻는가? 云何將此畢竟斷滅 以爲修因 欲獲如來七常住果", 『능엄경술지』권4(卍속장89, p.419a14)에 "일곱 가지로 언제나 머무는 열매란 보리·열반·진여·불성·암마라식·공여래장·대원경지다. 부처님께서 얻으신 바를 보리라 하고, 적정하여 영원한 즐거움을 열반이라 하며, 헛되지도 변하지도 않으니 진여라 하고, 허물을 떠나고 잘못이 끊어지면 불성이라 하며, 일체를 분별하지만 물듦이 없어 암마라식이라 하고, 한 법도 세우지 않고 번뇌마저 남김없이 사라지면 공여래장이라 하며, 만법을 막힘없이 비추지만 분별이 없으면 대원경지라 한다. 七常住果曰 菩提 涅槃 眞如 佛性 菴摩羅識 空如來藏 大圓鏡智 諸佛所得 曰菩提 寂靜長樂 曰涅槃 不妄不變 曰眞如 離過絶非 曰佛性 分別一切 而無染着 曰菴摩羅識 一法不立 煩惱蕩盡 曰空如來藏 洞照萬法而無分別 曰大圓鏡智", 『능엄경요해』권8(卍속장17, p.772a5)에 "헛것을 떠나 진실을 돌이키며 상주해서 무너지지 않음을 칠상주과라 한다. 離幻復眞 常住不壞 名七常住果"라고 하였다. 〔참고문헌〕『楞嚴經』, 『楞嚴經述旨』, 『楞嚴經要解』. ⇨ 상주과 常住果

칠색인 七色人 인간 또는 제천들의 색을 일곱 가지로 분류한 것. 『장아함경』권20「세기경 世記經」(대정장1, p.132c15)에 "사람에게 일곱 가지 색이 있다. 무엇이 일곱 가지인가? 어떤 사람은 금색이고, 어떤 사람은 불의 색, 어떤 사람은 푸른색, 어떤 사람은 황색, 어떤 사람은 적색, 어떤 사람은 흑색, 어떤 사람은 마군의 색이다. 모든 천신과 아수륜도 일곱 가지 색이 있는데 또한 이와 같다. 人有七色 云何爲七 有人金色 有人火色 有人青色 有人黃色 有人赤色 有人黑色 有人魔色 諸天阿須倫有七色 亦復如是", 『대루탄경』권4(대정장1, p.296a20)에 "이 세계의 인간은 일곱 가지 색이 있다. 어떤 사람은 적색이고, 어떤 사람은 금색, 어떤 사람은 청색, 어떤 사람은 황색, 어떤 사람은 자색, 어떤 사람은 백색, 어떤 사람은 흑색이다. 이것이 일곱 가지 색의 사람이다. 此間人有七種色 有赤色者 有金色者 有青色者 有黃色者 有紫色者 有白色者 有黑色者 是爲七種色人"라고 하였다. 〔참고문헌〕『長阿含經』, 『大樓炭經』, 『起世因本經

』 권7(대정장1, p.399b5).

칠생 七生 일곱 번 나다. 칠유(七有)라고도 한다. 예류과(預流果 : 須陀洹)에 든 성자는 인간계와 천상계에 각각 일곱 번 생을 받는다. 『장아함경』 권2 「유행경 遊行經」(대정장1, p.13a27)에 "오백 명의 목숨을 마친 사람들은 삼결을 끊고 수다원을 얻어 악취에 떨어지지 않고 반드시 성도를 이루고 일곱 생을 왕래해서야 고제를 다한다. 五百人命終者 斷除三結 得須陀洹 不墮惡趣 必定成道 往來七生 盡於苦際", 『반니원경』 권상(대정장1, p.178c19)에 "이 네 가지 기쁨(佛法僧戒)을 생각하면서 반드시 구족하게 되면 스스로 분명하게 안다. 마땅히 정도를 바라 몸과 마음의 핵심을 구하면 지옥·축생·귀신의 도를 끊을 수 있다. 도랑에 이르러서도 악한 곳에는 떨어지지 않으며, 비록 천상과 인간계에 왕래하더라도 일곱 번의 생을 지나지 않고도 스스로 고의 끝을 알리라. 念此四喜 必令具足 而自了見 當望正度求解身要 可以除斷地獄畜生鬼神之道 以致溝港 不墮惡地 雖往來走天上人中 不過七生 自得苦際", 『별역잡아함경』 권8(대정장2, p.428c7)에 "이와 같은 법 가운데에서 여실하게 고를 알고, 여실하게 고의 모임을 알며, 여실하게 고의 멸을 알고, 여실하게 고를 사라지게 하는 길도 안다. 이미 알고 나서 삼결을 끊고 수다원을 얻어 인간과 하늘을 일곱 번 나지만 악취에는 떨어지지 않는다. 如此法中如實知苦 如實知苦集 如實知苦滅 如實知苦滅道 既知見已 斷於三結 得須陀洹 七生人天 不墮惡趣"라고 하였다. [참고문헌] 『長阿含經』, 『般泥洹經』, 『別譯雜阿含經』. ⇨ 칠유 七有, 극칠반유 極七返有, 일대생 一大生

칠생인 七生人 하늘과 인간으로 각각 일곱 번 나서 오고간 후에야 아라한과(阿羅漢果)를 얻는 이. 수다원(須陀洹 Ⓢ srotaāpanna : 預流)위에서의 극칠반유(極七返有 Ⓢ saptakṛdbhavaparama : 極七返生)라 한다. 『사리불아비담론』 권8(대정장28, p.587a5)에 "어떤 것을 칠생인이라고 하는가? 수다원을 칠생인이라고 한다. 또한 칠생인이라 하니, 어떤 사람이 견도로 끊는 세 가지 번뇌를 끊어 신견·의·계도(戒禁取見)를 성도로 일시에 모두 끊고 그에 머물지만, 아직 그 이상의 길인 사유도(修道)로 끊는 욕애·진에 번뇌의 일분을 끊지는 못한다. 업을 지어 반드시 하늘에 일곱 번 인간으로 일곱 번 생을 받는다. 하늘에 일곱 번 인간으로 일곱 번 생을 받은 다음에야 고통의 끝 모두 다한다. 이를 칠생인이라고 한다. 云何七生人 須陀洹是名七生人 復次七生人 若人見斷 三煩惱斷 身見疑戒盜 聖道一時俱斷 於彼斷住 未得上道 思惟斷欲愛瞋恚煩惱分斷 作業必當生受七天七人身 受行七天七人身已盡苦邊 是名七生人"라고 하였다. [참고문헌] 『舍利弗阿毘曇論』, 『成唯識論了義燈』 권1(대정장43, p.675c18). ⇨ 극칠반유 極七返有

칠선 七善 **1** 일곱 갈래로 선하다. 이를 갖추고 있어서 불법을 정법(正法)이라 한다. 대소승경론마다에서 두루 전하지만 큰 뜻에서 같고, 나누고 푸는 뜻은 조금씩 다르다. 『잡아함경』 권24(대정장2, p.176a23)에 "불세존께서 세간에 출현하여 정법 설하시니, 처음 말씀 선하고 중간 말씀 선하며 마지막 말씀도 선하다. 선한 뜻과 선한 맛으로 순일하게 가득차고 깨끗하게 해서 범행마저 드러내 보인다. 佛世尊出興于世 演說正法 上語亦善 中語亦善 下語亦善 善義善味 純一滿淨 梵行顯示", 『별역잡아함경』 권16(대정장2, p.488c16 : *Venāga-sutta*, *AN.1*, p.180)에 "불세존께서 모든 제자에게 법요를 설하시니, 처음과 중간과 끝 선하고 그 뜻은 심원하며 그 말은 교묘하고 순일해 섞은 것 없이 구족하며 맑고 깨끗해서 범행상이다. 佛世尊 爲諸弟子 而說法要 初中後善 其義深遠 其語巧妙 純一無雜 具足淸白 梵行之相 assosuṃ kho venāgapurikā brāhmaṇagahapatikā samaṇo khalu bho gotamo … dhammaṃ deseti ādi-kalyāṇaṃ majjhe kalyāṇaṃ pariyosāna-kalyāṇaṃ sātthaṃ savyañjanaṃ kevala-paripuṇṇaṃ parisuddhaṃ brahmacariyaṃ pakāseti", 『광의법문경』(대정장1, p.919b27)에 "사리불이 말하였다. '장로들이여, 제가 이제 장로들을 위해 법을 설하리니, (그 법은) 처음도 좋고 중간도 좋고 끝도 좋습니다. 뜻도 선하고 말도 선하며, 순일하여 다른 것 섞임이 없으며, 원만하고 청정하니, 이제 그대들 위해 범행만을 드러내 보이신다 하니 광의법문을 일컫습니다'. 舍利弗言 長老 我今爲長老說法 初善中善後善 義善語善 純一無雜 圓滿淸淨 今爲汝等 顯示梵行 謂廣義法門", 36권본 『대반열반경』 권3 「명자공덕품 名字功德品」(대정장12, p.624c26)에 "이 경의 이름은 '대반열반'이다. 처음 하신 말씀 선하고, 중간에 하신 말씀 선하며, 마지막에 하신 말씀도 선하며, 뜻과 그 맛이 깊고도 깊으며, 그 문장 또한 선하며, 순수함 갖춰 구족하며, 청정하며 범행을 설하니 금강보장 가득해서 일그러짐이란 없다. 是經名爲大般涅槃 上語亦善 中語亦善 下語亦善 義味深邃 其文亦善 純備具足 淸淨梵行 金剛寶藏 滿足無缺", 『성실론』 권1 「삼선품 三善品」(대정장32, p.243b9)에 "[문] 그대는 앞서 법에 응당 예를 올려야 한다고 말하였는데, 어떤 공덕 때문에 응당 예를 올리는가? [답] 부처님께서 스스로 찬탄하며 말씀하시길 '내가 설한 법은 처음도 중간도 끝도 선하고, 뜻도 선하고 말도 선하고 뛰어난 법이고, 구족하였으며 청정하면서도 조화로워 범행만을 따른다' 하셨다. 問曰 汝先言應禮法 以何功德故應禮耶 答曰 佛自讚言 我所說法 初中後善 義善語善 獨法具足 淸淨調柔 隨順梵行", "처음도 중간도 끝도 선이란, 불법에 있어 선하지 않을 때란 없으니 젊고 장성하고 나이 든 세 때 모두 선하고, 들 때와 다닐 때와 날 때 또한 선하다. 初中後善者 佛法無時不善 於少壯老 三時皆善 入時行時出時亦善", "뜻으로 선하다 한 것은, 불법의 뜻에 깊은 이익이 있다는 것이다. 금세 및 후세에도 이롭고 출세해도 이로우니, 저 외전에서 천안 더하기만을 바람과는 같지 않다. 義善者 佛法義有深利益 得今世利 及後世利 出世道利 不如外典 願增天眼", "하는 말 선하다 한 것은, 방언과 속어에 따라 바른 뜻을 능히 드러낸다. 이에 '말이 선하다'라 한다. 까닭이 무엇인가? 언설의 과가 이른바 '뜻'이다. 그러므로 모든 설해진 언설이 능히 의리를 가려내기에 이를 '말의 선'이라 한다. 語善者 隨方俗語 能示正義 故名語善 所以者何 言說之果 所謂義也 是故 諸所言說 能辯義理 是名語善", "오롯이 법뿐이라는 것은, 부처님 다만 정법만을 설할 뿐 희론으로 지난 옛 일을 설하지 않으며, 또한 법과 비법을 뒤섞어 말씀하지 않으신다. 또 오롯한 법이란 오직 무여열반만을 설한다는 뜻이다. 또 오직 부처님만이 능히 설하시기에 뛰어난 법이라 한다. 獨法者 佛但說正法 不爲戲論說往古事 亦不雜說法及非法 又獨法者 但爲無餘涅槃故說 又獨佛能說 故曰獨法", "구족함이란 부처님이 설하신 법은 모자람 없다는 뜻이다. … 또 불법이란 다른 경에 기대지 않고 이루었다는 뜻이다. 具足者 佛所說法 無所減少 … 又佛法者 不待餘經 而得成也", "청정하면서도 고르고 부드럽다 한 것은, 두 가지로 청정하기에 청정하면서도 조유하다 한 것이다. 말이 청정하기에 '청정하다' 하고, 뜻이 청정하기에 '조유하다' 한다. 清淨調柔者 二種清淨故 名清淨調柔 語清淨故 名曰清淨 義清淨故 名曰調柔", "범행을 따른다란 여덟 가지 곧고 성스런 도를 뜻하니 범행이라 한다. 범은 열반도를 이름하니, 능히 이를 수 있기에 범행이라 한다. 법보는 이 같은 공덕을 성취하기에 마땅히 예를 올린다. 隨梵行者 八直聖道 名爲梵行 梵名涅槃道 能到故名梵行 法寶成就如是功德 是故應禮"라고 하였다. [참고문헌]『雜阿含經』, 『別譯雜阿含經』, 『廣義法門經』, 『大般涅槃經』, 『成實論』, 『大寶積經』 권41(대정장11, p.235a18), *AN*. ⇨ 대승칠선 大乘七善, 초중후선 初中後善 ❷ 칠각의(七覺意 : 七覺支)를 달리 이르는 말. 『나선비구경』 권상(대정장32, p.697c5)에 "일곱 일로 모든 악을 없애 버리니 '칠선'이라 하고, 또한 '칠각의'라 한다. 有七事棄除諸惡 名爲七善 亦名七覺意"라고 하였다. [참고문헌]『那先比丘經』. ⇨ 칠각의 七覺意, 칠각지 七覺支 ❸ ➡ 칠처선 七處善

칠선법 七善法 ❶ 보살이 늘 알고 잘 가지는 일곱 가지 법. 칠지(七知)·칠묘법(七妙法)이라고도 한다. 40권본 『대반열반경』 권15(대정장12, p.451b13)에 "선남자여, 어떤 것을 보살마하살의 범행이라고 하는가? 선남자여, 보살마하살이 대승의 대반열반에 머물러, 칠선법에 머물면서 범행을 갖추는 것이다. 어떤 것이 그 일곱인가? 첫째 법을 아는 것, 둘째 뜻을 아는 것, 셋째 때를 아는 것, 넷째 족함을 아는 것, 다섯째 스스로를 아는 것, 여섯째 대중을 아는 것, 일곱째 존귀함과 비천함을 아는 것이다. 善男子 云何菩薩摩訶薩梵行 善男子 菩薩摩訶薩住於大乘大般涅槃 住七善法 得具梵行 何等爲七 一者 知法 二者 知義 三者 知時 四者 知足 五者 自知 六者 知衆 七者 知尊卑"라고 하였다. [참고문헌]『大般涅槃經』. ⇨ 칠묘법 七妙法❷, 칠종정법인연 七種正法因緣 ❷ 몸과 입으로 짓는 일곱 가지 선한 업(業). 『사리불아비담론』 권7(대정장28, p.583c17)에 "살생하지 않는 것·도둑질하지 않는 것·사음하지 않는 것·거짓말하지 않는 것·이간질하는 말을 하지 않는 것·험악한 말을 하지 않는 것·꾸미는 말을 하지 않는 것을 칠선법이라고 한다. 云何七善法 不殺生 不竊盜 不邪婬 不妄言 不兩舌 不惡口 不綺語 是名七善法"라고 하였다. [참고문헌]『舍利弗阿毘曇論』. ⇨ 칠불선법 七不善法

칠선사취 七善士趣 Ⓢ sapta satpuruṣa-gatayaḥ, Ⓣ skyes-bu-dam-pa′i-′gro-ba-bdun. 일곱 무리의 뛰어난 이들만이 상계로 나아가 돌아오지 않는다. 그래서 칠종불환(七種不還 Ⓢ sapta-anāgāmin : 七種賢聖)·칠선인(七善人)이라고도 한다. 생반(生般)·중반(中般)·상류반(上流般)의 세 가지 불환과 중에서 생반을 생반·유행반(有行般)·무행반(無行般)의 셋과 중반을 속반(速般)·비속반(非速般)·경구반(經久般)의 셋으로 각각 세분하여 상류반과 합한 것이다. 『구사론』 권24(대정장29, p.125b4)에 "중반과 생반에 각각 세 가지가 있고, 상류반이 한 가지이니, 경에서 이것에 의하여 일곱 가지 선사취를 건립한다. 상류법이 있기에 상류라고 하는데, 이러한 뜻이 같기에 한 가지로 건립한다. 어찌하여 오직 이것에만 의지하여 선사취를 건립하고, 그 이외의 유학성자에는 의지하지 않는가? 취란 '간다'는 뜻이다. 그 이외의 유학성자는 모두 선업을 행하지만 차별이 없기 때문이다. 오직 이 일곱 가지만 모두 선업을 행하고 악업을 행하지 않으며, 그 나머지 유학성자는 그렇지 않다. 또한 오직 이 일곱류들만이 상계로 가서는 다시 돌아오지 않으니, 그 나머지 성자는 그렇지 않다. 그러므로 오직 이것에만 의지하여 선사취를 건립한다. 中生各三 上流爲一 經依此立 七善士趣 有上流法 故名上流 由此義同 且立爲一 何獨依此 立善士趣 不依所餘有學聖者 趣是行義 所餘有學 皆行善業 無差別故 唯此七種 皆行善業 不行惡業 餘則不然 又唯七種 行往上界 不復還來 餘則不爾 故獨依此 立善士趣"라고 하였다. [참고문헌]『俱舍論』, 『大毘婆沙論』 권175(대정장27, p.877c22), *Abh-k-bh.122·361*. ⇨ 칠종불환 七種不還

칠선율의 七善律儀 ❶ 일곱 가지 선한 율의. 몸으로 행하는 세 가지와 입으로 행하는 네 가지(身三口四)에 있어서 선을 지켜 가지는 것. 『성실론』 권8(대정장32, p.302c27)에 "일곱 가지 선한 율의는 죽이지 않음으로부터 꾸미는 말을 하지 않는 것까지다. 七善律儀不殺 乃至不綺語", 『대승의장』 권10(대정장44, p.662a1)에 "저 소승들은 다만 몸과 입의 일곱 가지 선한 율의를 가져 계를 삼는다고 설하지, 십선으로 계를 삼는다고 설하지 않는다. 그러므로 『성실론』에 이른다. '계는 몸과 입을 지켜 막고 정과 혜는 마음을 거둔다'. 어떻게 알 수 있는가? 대승계는 신구의 삼업을 모두 방비한다. 저 지경에서는 십선도를 율의로 삼는다고 설한다. 彼小乘中但說身口七善律儀以之爲戒 不說十善以爲戒故 故成實言 戒防身口定慧防心 云何得知 大乘之戒通防三業 如地經中說十善道爲律儀故"라고 하였다. 〔참고문헌〕『成實論』, 『大乘義章』. ⇨ 칠불선율의 七不善律儀 ❷ 하루중에 일곱 가지 율의를 차제로 성취하는 것. 『사분율행사초』 권2(대정장40, p.51b15)에 "『성실론』에 이른다. '어떤 사람이 말했다. 바라제목차는 거듭 받을 수 있는가? 답한다. 하루중에도 칠선율의를 받는다. 도를 얻음에 따라서 거듭 다시 율의를 받을 수 있다. 그래서 본래 얻은 것도 잃지 않으니 뛰어난 자만이 이 이름을 얻는다. 칠선이란 오계・팔계・십계・구족계・선계・정계・도공계를 말한다'. 成論云 有人言 波羅提木叉有重發不 答云 一日之中受七善律儀 隨得道處更得律儀 而本得不失 勝者受名 其七善者 謂五戒八戒十戒具戒禪戒定戒道共戒也", 『사분율소식종의기』 권2(卍속장66, p.49a12)에 "칠선율의란 『성실론』 제12 「칠선율의품」에서 말한 것이다. '묻는다. 율의는 몇 번에 걸쳐 얻을 수 있는가? 답한다. 어떤 사람은 하루중에 계를 받는다. 이것이 첫 율의다. 곧 그날에 당해 우바새계를 받는다. 이것이 두 번째 율의다. 곧이어 그날 출가하여 사미가 된다. 이것이 세 번째 율의다. 곧이어 그날 구족계를 받는다. 이것이 네 번째 율의다. 곧 그날 선계를 얻는다. 이것이 다섯 번째 율의다. 곧 그날 무색정을 얻는다. 이것이 여섯 번째 율의다. 곧 그날 무루를 얻는다. 이것이 일곱 번째 율의다. 도과를 얻은 곳에 따라 율의를 얻으므로 한 번 얻은 계 잃어버리지 않는다. 다만 뛰어난 자만이 이런 이름의 율의를 받는다'. 七善律儀者 成實第十二 七善律儀品云 問曰 律儀幾時可得 答曰 有人受一日戒 是初律儀 卽日受優婆塞戒 是第二律儀 卽日出家作沙彌 是第三律儀 卽日受具足戒 是第四律儀 卽日得禪戒 是第五律儀 卽日得無色定 是第六律儀 卽日得無漏 是第七律儀 隨得道果處得律儀 而本得不失 但勝者受名"라고 하였다. 〔참고문헌〕『四分律行事鈔』, 『四分律疏飾宗義記』. ⇨ 구족계 具足戒, 도공계 道共戒, 선계 禪戒, 십계 十戒, 오계 五戒, 정계 定戒, 팔계 八戒, 계 戒

칠섭 七攝 보살이 중생을 거둠에 일곱 가지로 거두다. 『대승장엄경론』 권12(대정장31, p.656a3)에 "〔게〕 금세와 후세와 사와 기근과 득통과 등설과 대과이니, 칠섭을 보살이라 이름한다네. 〔석〕 이 게는 섭생문으로 보살상을 설한 것이다. 첫째 금세섭이란 보시로써 현재중생 거둬들임을 말한다. 둘째 후세섭이란 지계로써 미래중생 거두어 뛰어난 생처를 얻게 해서 마침내 능히 거두기 때문이다. 셋째 사섭이란 인욕으로써 뇌란 있는 중생 거둬들임을 말한다. 넷째 기근섭이란 정진으로써 해태중생 거둬들임을 말한다. 다섯째 득통섭이란 선정으로써 타방중생 거둬들임을 말하니 저곳으로 가서 교화하기 때문이다. 여섯째 등설섭이란 지혜로써 하・중・상의 중생 거둬들임을 말하니 등심으로 설함에 더하고 덜함이 없기 때문이다. 일곱째 대과섭이란 대원으로써 불과를 얻게 해서 모든 중생 거둬들여 남음 없게 하기 때문이다. 이 게들의 뜻은 다른 문으로써 설하기도 하였으니 육도와 대원이 이 보살상임을 응당 알아야 한다. 偈曰 今世後世捨 起勤亦得通 等說及大果 七攝名菩薩 釋曰 此偈以攝生門 說菩薩相 一 今世攝 謂以布施 攝現在衆生 二 後世攝 謂以持戒 攝未來衆生 得勝生處 方能攝故 三 捨攝 謂以忍辱 攝有惱亂衆生 四 起勤攝 謂以精進 攝懈怠衆生 五 得通攝 謂以禪定 攝他方衆生 往彼化故 六 等說攝 謂以智慧 攝下中上衆生 等心爲說 無增減故 七 大果攝 謂以大願 若得佛果 攝諸衆生 無有餘故 此諸偈義以異門說 六度及大願 是菩薩相 應知"라고 하였다. 〔참고문헌〕『大乘莊嚴經論』.

칠성 七星 일곱 개의 별. 북두칠성(北斗七星). 『불본행경』 권1(대정장4, p.59a8)에 "일곱 걸음 걸으시니, 저 사자 달리는 듯하여 그 발자욱 찍혀 드러나니 저 일곱 별과 같았네. 故行七步 如師子趨 足跡印現 喩如七星"라고 하였다. 〔참고문헌〕『佛本行經』. ⇨ 행칠보 行七步, 북두칠성 北斗七星, 칠성청 七聖請

칠성 七聖 Ⓟ satta ariya-puggala. 일곱 부류의 성인. 칠성인(七聖人)・칠성자(七聖者 Ⓟ satta-ariya-puggalā)・칠사부(七士夫)・칠장부(七丈夫)라고도 한다. 수신행(隨信行 Ⓟ saddhānusārin)・수법행(隨法行 Ⓟ dhammānusārin)・신해(信解 Ⓟ saddhāvimutta)・견지(見至 Ⓟ diṭṭhippatta)・신증(身證 Ⓟ kāyasakkhin)・혜해탈(慧解脫 Ⓟ paññāvimutta)・구해탈(俱解脫 Ⓟ ubhato bhāgavimutta)을 말하며, 견도에 둘, 수도에 셋을 합해 다섯이며, 무학에 둘인데 모두 무루오온(無漏五蘊)을 자성으로 삼는다. 『법화현의』 권4(대정장33, p.728a24)에 "칠성위란 첫째 수신행, 둘째 수법행, 셋째 신해, 넷째 견득, 다섯째 신증, 여섯째 시해탈나한, 일곱째 불시해탈나한이다. 七聖位者 一 隨信

行 二 隨法行 三 信解 四 見得 五 身證 六 時解脫羅漢 七 不時解脫羅漢", 『사교의주휘보보광기』 권6(卍속장102, p.534a1)에 "칠성위란 첫째 수신행, 둘째 수법행, 셋째 신해, 넷째 견득, 다섯째 신증, 여섯째 시해탈, 일곱째 불시해탈이다. 칠성의 단계에 따라 삼도를 나누니 즉 견도와 수도와 무학도다. 七聖位者 一 隨信行 二 隨法行 三 信解 四 見得 五 身證 六 時解脫 七 不時解脫 就此七聖位 分爲三道 所謂見道 修道 無學道也", 『구사론법종원』(卍속장83, p.784a11)에서는, 수신행은 가행위에 앞서 따라 믿고 행함이고(隨信行者 先加行位 隨信行故), 수법행은 가행위에 앞서 법에 따라 행함이고(隨法行者 先加行位 隨法行故), 믿어 안다 함은 믿음의 뿌리가 한층 더함이고(信解者 由信根增故), 보아 이른다는 것은 혜의 뿌리가 튼튼해 짐이고(見至者 由慧根增故), 신증이란 현재의 몸으로 멸진정을 증득함이고(身證者 由身證得 滅盡定故), 혜해탈은 오직 지혜의 힘으로 번뇌장에서 벗어남이고(慧解脫者 唯由慧力 離煩惱障故), 구해탈은 멸진정을 증득하는 동시에 해탈장마저도 벗어남이다(俱解脫者 兼得滅盡定 離解脫障故). 이 중 처음 둘은 견도이고 다음 셋은 수도여서 유학이니, 뒤의 두 가지는 무학이다. 이상의 칠성은 모두 무루오온을 성으로 삼는다(初二見道 次三修道 後二無學 此七聖者 皆以無漏五蘊爲性)고 하였다. [참고문헌] 『法華玄義』, 『四教儀註彙補輔宏記』, 『俱舍論法宗原』, 『華嚴孔目章』 권2(대정장45, p.557b26), *Vism.659.* ⇨ 칠사부취 七士夫趣, 소승칠성 小乘七聖, 칠보특가라 七補特伽羅, 현성 賢聖

칠성 七聲 **1** ➡ 칠전성 七轉聲, 팔전성 八轉聲 **2** 일곱 음계(音階). 오음(五音 : 宮商角徵羽)에 반음인 두 음(變宮・變徵 또는 少宮・少商 또는 嬰商・嬰羽)을 더한 것. 칠음(七音)이라고도 한다. 『석씨계고략』 권3(대정장49, p.858b24)에 "황종의 맑은 소리는 칠율을 써서 일균을 삼는데 균의 주는 궁이요 치상우각과 변궁과 변치가 뒤를 잇는다. 그 균주의 소리를 일으켜 본음의 율로 되돌린다. 黃鐘淸聲 旋用七律 以爲一均 爲均之主者 宮也 徵商羽角 變宮變徵 次焉 發其均主之聲 歸乎本音之律"라고 하였다. [참고문헌] 『釋氏稽古略』. ⇨ 오음성 五音聲 **1**

칠성각 七星閣 치성광여래삼존과 칠원성군과 그 외 성중을 모신 단. 북두단(北斗壇)・북두각(北斗閣)・북극보전(北極寶殿)・칠성단(七星壇)・칠성각(七星閣)・삼성각(三聖閣)이라고도 한다. 『북두칠성연명경 北斗七星延命經』 등에 의지해 의궤가 정착되었다. 칠성각은 치성광여래(熾盛光如來)를 본존으로 좌우보처인 일광보살(日光菩薩)과 월광보살(月光菩薩)을 협시로 하는 치성광삼존도를 중앙에 모시고 칠성도를 배치한다. 칠성도는 상하단으로 구분하여 윗단에는 삼존도, 아랫단에는 관을 쓴 왕(紫微大帝)과 칠원성군(七元星君) 및 협시를 표하는 것이 일반적이다. 현재 전하는 칠성각은 대부분 19세기 이후 건립되었는데 청도 운문사(雲門寺)〈그림1〉・부산 범어사(梵魚寺)・가평 현등사(懸燈寺)・대구 동화사(桐華寺)・속초 신흥사(新興寺) 등에 있다. ⇨ 북두칠성연명경 北斗七星延命經, 북두칠성호마법 北斗七星護摩法, 치성광불정법 熾盛光佛頂法, 북두칠성 北斗七星, 칠성청 七星請, 칠성탱화 七星幀畵

성군탱화 칠성각 운문사 청도

칠성각예문 七星閣禮文 ➡ 칠성청 七星請

칠성계 七星契 칠성을 의지해 기도하는 이들이 모여 함께 하는 계. 칠성각 건립・중수 등 보사(補寺)를 위해서도 결성하였고, 의식집 간행을 후원하기도 하였다. 금명보정(錦溟寶鼎 1861~1930)의 『다송문고』 권1 「칠성계안서〈갑진구월이십일〉 七星契案序〈甲辰九月二十日〉」(한불전12, p.695a18)에 "칠성계는 칠원성군을 모시고 재화를 모아 공양드리며 기도해 복되기를 바라는 것을 말한다. 凡七星契者 奉安七元星君 聚財獻供 祈福之謂也", 같은 책 권2 「동복군옹성산몽성암칠성계안서〈십일월십일일〉 同福郡甕城山夢聖庵七星契案序〈十一月十一日〉」(한불전12, p.743a22)에 "칠성계는 무엇을 말하는가. 신남선녀가 단금으로 재화를 모아 성군에게 공양하여 재앙을 없애고 복을 받고자 함을 말한다. … 하물며 칠원성군은 공계를 순환하고 인간계를 굽어 살펴, 크게는 천계를 돌고 작게는 미진에 들어가는, 무량하고 신이하게 변화하여 공덕을 가늠할 수조차 없는 분임에랴. … 슬기롭게 살펴 환하여 터럭만한 선악도 어긋남이 없고, 신이한 칼이 엄격하여 아주 조금의 재앙도 피하기 어려우리. 夫七星契者 何謂也 信男善女 斷金聚財 獻供星君 消災降福之謂也 事豈徒然哉 … 而況七元星君 循環空界 俯察人間 大周天界 細入微塵之無量神變叵思功德者哉 … 慧鑑昭昭 不錯絲毫之善惡 神釖嚴嚴 難逃分寸之福殃"라고 하였다. 1882년(고종19)에 해인사(海印寺)에서 인출한 「다비문 茶毘文」의 타산질(他山秩)에는 "칠성계전이십량표충사 七星契錢二十兩表忠祠"라고 하였고, 운제산(雲梯山) 오어사(吾魚寺)에서는 불자(佛子)와 유가(儒家)가 함께 칠성계를 조직하여 사찰 운영에 공덕지었음을 기리기 위해서 1864년(고종1)에 조성한 목비(木碑)인 칠성계원유공비(七星契員有功碑)가 전한다. 동참한 고승과 시주자 명부, 천도하는 이의 거주처 등을 적고 1894년(고종31)에 계원 용파(龍坡)가 서문을 쓴 것으로 추정되는 옥천사(玉泉寺) 연대암(蓮臺庵)의 『칠성계성책』 필사본도 경남 고성 옥천사에 전한다. 〔참고문헌〕『茶松文稿』, 『七星稧成冊』. ⇨사찰계 寺刹契, 불량계 佛糧契, 칠성신앙 七星信仰

칠성단 七星壇 ➡칠성청 七星請

칠성문 七聲聞 Ⓢ sapta śrāvakāḥ, Ⓣ nyan-thos-bdun. 무학위(無學位)의 성문승을 근기에 따라 일곱으로 구분한 것. 『구사론』 권25 「분별현성품 分別賢聖品」(대정장29, p.131b11 : *Abh-k-bh.*, p.379)에 "〔송〕 칠성문과 두 부처의 차별은 아홉 근에 말미암는다. 〔논〕 무학위에 머무는 성자는 아홉이 있으니, 칠성문과 두 각자다. 법에서 물러섬이 등히 다섯이고, 움직이지 않음이 둘로 나뉘니, 앞뒤로 따로이기에 칠성문이라 한다. 독각과 대각을 이각자라 한다. 頌曰 七聲聞二佛 差別由九根 論曰 居無學位聖者有九 謂七聲聞及二覺者 退法等五 不動分二 後先別故 名七聲聞 獨覺大覺 名二覺者 〈kārikā〉 dvau buddhau śrāvakāḥ sapta navaite navadhendriyāḥ. 〈bhāṣya〉 katame sapta śrāvakāḥ. parihāṇadharmādayaḥ pañca. akopyadharmā ca dvividha uttāpanāgata āditaśca tadgotraḥ akopyabheda eva. dvau buddhau pratyekabuddho buddhaśca", 『구사론송소론본』 권25(대정장41, p.955b19)에 "칠성문은 법에서 물러섬이 등히 다섯이고, 움직이지 않음에서 둘로 나뉘니, 첫 번째는 불퇴선리근이라 하고, 두 번째는 부동후수득이라 한다. 七聲聞 退法等五 不動分二 一 名不退先利根故 二 名不動後修得故"라고 하였다. 〔참고문헌〕『俱舍論』, 『俱舍論頌疏論本』, *Abh-k-bh.*

칠성불공 七星佛供 ➡칠성청 七星請, 칠성신앙 七星信仰

칠성사 七星寺 ❶ 경상남도 하동군 악양면 신흥리 지리산(智異山)에 있는 절. 대한불교조계종 송광사(松廣寺)의 말사로, 2004년 단제(斷際)가 금봉암(金鳳庵)으로 복원 및 중창하였다. 2009년 금봉사로 바꾸었다가 2014년 10월 8일 칠성사로 변경하였다. 『하동군지』 및 『문화유적총람』에 사적지가 있었다는 기록이 있다. 현존하는 당우로는 대웅전·극락보전·산신각 등이 있다. 〔참고문헌〕『하동군지』. ❷ 전라북도 전주시 완산구 동완산동에 있는 절. 대한불교조계종 금산사(金山寺)의 말사이다. 1900년 진석환(晉錫煥)이 산신당만으로 창건하였고, 1945년에 이르러 칠성사로 개명하였다. 현존하는 당우로는 극락전·산신각·요사 등이 있다. 〔참고문헌〕『寺刹誌』(全羅北道, 1990).

칠성신앙 七星信仰 북두칠성(北斗七星)을 모셔 온갖 바램을 기도하는 일. 당대(唐代) 이후 한역 유통된 『북두칠성연명경』·『북두칠성호마법』·『북두칠성호마비요의궤』·『치성광대위덕소재길상다라니경』 등에 의지해 설행된 신앙이다. 『대위덕금륜불정치성광여래소제일체재난다라니경』 권1(대정장19, p.337c19)에서는 "소속 본명궁수와 여러 별자리들이 빛을 내거나 또는 제왕의 자리에 닥쳐 나라와 집안 및 곳곳을 핍박하거나 드나들며 여러 재난을 짓는다면, 응당 청정한 곳에 도량을 세워 지심으로 이 다라니경 일천팔십편 지송한다. 하루 이틀 내지 이레 동안 법에 의지하여 단장을 차리고 수지독송하면 일체재난이 자연 소멸되어 능히 해하지 못한다. 照臨所屬本命宮宿及諸星位 或臨帝座 於國於家并分野處陵逼之時 或進或入 作諸災難者 應於清淨處置立道場 志心持是陀羅尼經一百八遍或一千八十遍 若一日二日乃至七日 依法修治壇場 受持讀誦 一切災難自然消滅不能爲害"라 하였고, 『북두칠성연명경』(대정장21, p.426a19)에서는 "귀하든 천하든 크고 작은 생명은 모두 북두칠성 소관으로 거두어진다. 若貴若賤大小生命 皆屬北斗七星所管"라고 하였다. 우리나라에서도 청허와 자수 등 스님들이 지은 '칠성청문'이 전하는데 칠성신앙을 불제자로서 내면화해 간 면면을 살필 수 있다. 청허휴정(淸虛休靜)의 『운수단가사』 「칠성청문 七星請文」(한불전7, p.751a2)에 "우러러 바라옵니다. 치성광여래의 지혜 불가사의 하셔서 일체중생의 마음 모두 다 아시고 능히 종종방편으로 저 군생들의 무량한 고통 사라지게 하신다 하시니, 지금 단신 조선국 모처에 특별히 이 몸의 천만 가지 재난 사라지고 만복이 성취되며 병없이 오래 살기를 바라며 자손 또한 창성하기를 바라옵기에, 금월 모일 정성다해 분향하고 경건한 마음으로 예배하고 청하옵니다. 재난 사라지게 하시어 복을 내리시며 큰 권세 드리우시고 허공장 거느리시는 치성광으로 내리신 하늘 가득 빛나는 별들과 북두칠성 그리고 이십팔수의 모든 성군 무리들께 우러러 바라옵니다. 仰惟熾盛光如來智慧不思議 悉知一切衆生心 能以種種方便力 滅彼群生無量苦 由是現今檀信朝鮮國某處 特爲己身 消滅千灾 成就萬福 無病長生 子孫昌盛之願 以今月某日盥手焚香 虔誠禮請 消灾降福 大權應迹 虛空藏之所統 熾盛光之所降 周天列曜北斗七星 二十八宿諸星君衆", 기암법견(奇巖法堅 1552~1634)의 『기암집』 권2 「성수천초소 星宿天醮䟽」(한불전8, p.170a5)에 "공경히 상제를 섬기며 청신계제자 아뢰니다. 특히 이 몸 육극 사라지고 오복 더욱 더해지며 가문은 더욱 번성하고 자손은 더욱 창성하여 대대로 등과하는 일이 끊어지지 않길 바라옵니다. 모산 모사에 나아가 향화등촉과 다과진식과 공양구의 의식을 깨끗이 갖추어, 삼청 상계의 치성광여래와 일광변조보살과 월광변조보살과 북두칠성여래 그리고 하늘 가득 줄지어 빛나는 여러 성군들에게 봉헌하합니다. 먼저 하늘 부엌의 아름다운 공양을 바치고 다음으로 『연명경』의 영문을 전독하며 끝없는 공덕을 우러러 바라옵니다. 祇事上帝淸信戒弟子 特爲己身 消滅六極 增崇五福 門欄彌盛 子孫益昌 世世登科不絶之願 詣於某山某寺 精備香花燈燭茶果珍食供具之儀 奉獻三淸上界熾盛光如來日光遍照菩薩月光遍照菩薩北斗七星如來 洎及周天列曜諸星君衆 先獻天廚妙供 次轉延命靈文 仰祈無盡功德者"라 하였다. 무경자수(無竟子秀 1664~1737)의 『무경집』 권3 「祈禱七星詞」(한불전9, p.403a9)에서는 "하늘의 비춤은 크게 밝아서 연나라의 추연이 통곡하자 서리가 날리고, 사람의 마음 선하기 그지없으니 제나라의 서녀가 슬피 부르짖자 바람 세차게 불었습니다. 하늘과 사람이 서로 감응하여 화복이 득실을 따릅니다. 생각하니 저는 선림의 병든 잎이요 법해의 부평초라 나월, 송풍과 어울려 살아갈 마음 뿐이요 채근과 목과는 호구지책일 뿐입니다. 그러나 마음바탕 삼정에 달하지 못하고 마음밭에 사인 또한 품지 못하였습니다. 정성을 다해 도를 사모함은 설산에서 몸을 잊으신 부처님께 부끄러우나, 마음을 가다듬고 가르침을 공경하여 향성에 몸 바침을 부러워 합니다. 그러나 사산(생로병사) 핍박하고 어느덧 구원(저승)이 멀지 않아 삼공의 이치를 깨닫기 전에 오음을 벗어날까 두려울 뿐입니다. 우러러 바라오니 치성광여래와 칠대성군의 무리들 신기 광탕하고 성덕이 원명하시니, 하늘정원에 머무시면서도 호옹이 오묘한 이치를 묻고 인간 세상을 다니며 교화하사 순풍으로 징험하십니다. 모습을 뵌 자 생전에 형벌의 고통이 없고 이름을 들은 자 사후에 지옥에 빠질 근심이 없습니다. 널리 시방에 임하시어 치성한 빛 더욱 차올라 사해 두루 비추어 아름다운 징조가 더없이 밝으십니다. 바라옵건대 저의 미천한 마음을 살피고 가호를 내리시어, 기력이 날로 더욱 튼튼하게 하시고 도념이 때를 따라 복을 더하게 하소서. 저는 일생 동안 성경을 다하여 기도하는 마음을 어기지 않을 것이니 만고에 밝은 빛 드리우사 실로 곁해서 거두고 응하소서. 엎드려 공양올립니다. 天鑑孔昭 飛燕霜於慟哭 人心最善 振齊風於悲呼 感應交於天人 禍禎隨於得失 念某禪林病槲 法海浮萍 蘿月松風 是關心之栖遲 茶根木果 彼糊口之活計 然性海未達於三程 豈心田克包於四忍 投誠慕道 多慚雪山之忘 勵節欽風 幾羨香城之罄骨 旣而四山催逼 俄爾九原不遙 常恐三空之未前 遽見五陰之隔後 仰惟熾盛光如來與七大星君等衆 神氣嵬蕩 聖德圓明 職居天庭 皓翁問妙 遊化人世 淳風取徵 見形者 生前無刑囚之苦聞名者 身後不淪沒之憂 普臨十方 盛光至密 遍照四海 休徵孔明 伏望特督微衷 幸垂陰騭 俾氣力日以增康 得道念時來益慶 然則一生誠敬之懇 果無忒於所祈 萬古鑑臨之明 實有協於攸應 伏惟尙饗"라 하였으니, 마음 밝혀 도를 성취하는 뜻을 그저 칠성의 이름에 기대었을 뿐이다. 허정법종(虛靜法宗 1670~1733)의 『허정집』 권하 「진경후발 眞經後跋」(한불전9, p.517b8)에서는 "북두진군은 동방 칠불 나투신 모습이다. 北斗眞君 東方七佛之示形也"라고 하였다. [참고문헌] 『大威德金輪佛頂熾盛光如來消除一切災難陀羅尼經』, 『北斗七星延命經』, 『雲水壇歌詞』, 『奇巖集』, 『無竟集』, 『虛靜集』, 『釋門儀範』 권하 pp.21~28. ⇨ 칠성청 七星請, 북두칠성연명경 北斗七星延命經, 북두칠성호마법 北斗七星護摩法, 북두칠성호마비요의궤 北斗七星護摩秘要儀軌, 치성광대위덕소재길상다라니경 熾盛光如來消除一切災難陀羅尼經

칠성암 七星庵 ❶ 서울특별시 성북구 안암동 안암산(安巖山)에 있는 암자. 개운사(開運寺)의 산내 암자이며, 대본산 봉은사(奉恩寺)의 말사였다. 『봉은본말지』에 의하면, 1878년(고종15)에 개운사(開運寺)의 스님이 암자 뒤쪽의 석벽에 관음상을 새겼고, 1936년 벽봉화상(碧峰和尙)이 대방(大房)을 건립하였으며 다음에 관음전 3칸을 세웠다고 전한다. [참고문헌] 『奉恩本末誌』, 『韓國寺刹全書』 권하 p.1108a9. ❷ 강원도 강릉시 구정면 어단리 칠성산(七星山)에 있는 절. 법왕사(法王寺)의 옛 이름이다. 대한불교조계종 월정사(月精寺)의 말사이다. [참고문헌] 『朝鮮佛敎通史』, 『韓國寺刹全書』 권하 p.1108b14. ⇨ 법왕사 法王寺❷ ❸ 강원도 이천군 봉황산(鳳凰山)에 있던 암자. 『범우고』에 이름과 위치가 전한다. [참고문헌] 『梵宇攷』, 『韓國寺刹全書』 권하 p.1108b13. ❹ 강원도 춘천시 북산면 청평리 경운산(慶雲山)에 있던 암자. 「청평산문수원기 淸平山文殊院記」에는 1089년(선종6)에 이자현(李資玄 1061~1125)이 청평산 문수원을 수리할 때 만든 암자였다고 하였으나 지금은 폐사하였다. [참고문헌] 『東文選』 권64. ❺ 경기도 광주시 초월면에 있던 암자. 계오(戒悟 1773~1849)의 『가산고』 권4 「경기도광주동칠성암중창상량문 京畿道廣州東七星庵重刱上梁文」(한불전10, p.792c16)에 "돌아보면, 광주 치소에서 동남쪽으로 50리 지척에 있는 칠성암의 안팎에 6~7칸의 건물이 펼쳐져 있다. 顧乃 廣州治之東南 五十里尺武 七星庵之內外 六七間開鋪"라고 하였고, 『중정남한지』 불우에 "광주유수 홍경모가 중수기를 지었다. 廣州留守洪敬謨 撰重修記"라고 하였다. [참고문헌] 『梵宇攷』, 『伽山藁』, 『重訂南漢誌』, 『韓國寺刹全書』 권하 p.1108a15. ❻ 전라남도 해남군 북평면 남창리 천태산(天台山)에 있는 절. 지금의 태영사(台迎寺)다. 대한불교조계종 대흥사(大興寺)의 말사(末寺)다. 1923년에 쓰여진 보정(寶鼎 1861~1930)의 『

다송문고』 권2 「해남군북평면천태산칠성암중건상량문 海南郡北平面天台山七星庵重建上樑文」(한불전12, p.754a13)에 봉명대덕(鵬溟大德)이 중건하였다고 전한다. [참고문헌]『茶松文稿』, 『朝鮮佛教通史』, 『韓國寺刹全書』 권하 p.1108b11. ⇨ 태영사 台迎寺 **7** 전라북도 부안군 상서면 감교리에 있던 암자. 개암사(開岩寺) 뒤에 있었다고 한다. 7월 7일 밤에 77세의 노인 7명이 모임을 갖고 하늘에는 칠성(七星), 바다에는 칠산(七山)이 있다고 하여 칠칠회(七七會)라고 이름하였다고 전하며 이들이 모인 곳이 칠성암이었다고 한다. 7명의 노인은 김광운(金光運)·최영(崔瑩)·김연휘(金煉輝)·허협(許綊)·김수량(金壽良)·김복효(金復孝)·김종욱(金宗旭)이다. [참고문헌]『寺刹誌』(전라북도, 1990) pp.486~488, 『文化遺蹟分布地圖』(扶安郡·圓光大學校博物館, 2004). **8** 전라북도 전주시 완주군 상관면 완산(完山)에 있는 암자. 대본산 위봉사(威鳳寺)의 말사였다. 『한국사찰전서』에 1895년(고종32)에 처음 창건되었고 1925년에 김락순(金樂順)이 중창하였다고 전한다. [참고문헌]『朝鮮佛教通史』, 『韓國寺刹全書』 권하 p.1108b6. **9** 함경북도 이원군에 있던 암자. 『여지도서』 함경남도 이성현 사찰에 "읍에서 동쪽으로 20리에 있고, 승도가 37명이다. 在邑東方二十里 僧徒三十七名"라고 하였다. [참고문헌]『輿地圖書』, 『梵宇攷』, 『韓國寺刹全書』 권하 p.1108b16. **10** 황해도 개풍군 영남면 성거산(聖居山)에 있던 암자. 대본산 전등사(傳燈寺)의 말사였다. 『전등본말사지』에 1393년(태조2)에 임금의 명령으로 상총(尙聰)이 창건하여 칠성암이라고 사액되었다고 하는데, 『한국사찰전서』에는 창건한 이가 상응(尙應)이라고 전한다. 전설에 이성계(李成桂)가 일찍이 이곳에서 2백일의 칠성기도를 드렸더니 회향하기 전날 저녁에 암벽에 임금을 의미하는 '일인(一人)' 2자가 나타났고 이후 왕이 된 후 이 은혜에 보답하기 위하여 창건하였다고 한다. 1926년에 주지 김봉엽(金奉燁)이 절을 수리하고 1935년에 주지 나효진(羅孝鎭)이 요사를 중수하였다. [참고문헌]『傳燈本末寺誌』(亞細亞文化社, 1978) pp.243~245, 『韓國寺刹全書』 권하 p.1108a18. **11** 황해도 금천군 토산면 학봉산(鶴峯山)에 있던 암자. 지탁(知濯 1750~1839)의 『삼봉집』에 「과토산학봉산석두사칠성암 過兎山鶴峯山石頭寺七星庵」이 전하는데, 해당 글에 의하면 절에는 장경각(藏經閣)이 있고 우물물의 맛이 달았다고 한다. [참고문헌]『三峰集』. **12** 황해도 신천군 용진면 1리 구월산(九月山)에 있던 암자. 월정사(月精寺)의 산내 암자이자 대본산 패엽사(貝葉寺)의 말사이다. 조선총독부박물관 문서인 『사찰고』 황해도에 위치 및 관리자에 대한 기록이 전한다. [참고문헌]『寺刹考』, 『朝鮮佛教通史』, 『韓國寺刹全書』 권하 p.1108b16.

칠성여의륜 七星如意輪 칠성(七星)을 동반한 여의륜관음. 칠성이란 북두칠성의 탐랑(貪狼)·거문(巨門)·녹존(祿存)·문곡(文曲)·염정(廉貞)·무곡(武曲)·파군(破軍) 일곱 별을 말한다. 『칠성여의륜비밀요경』에 수록된 칠성여의수법에 따라 칠성여의륜을 본존으로 여의륜만다라도량을 건립하여 작법한다. 주로 역적의 난을 진압하기 위해 시행되었다. 『칠성여의륜비밀요경』(대정장20, p.224b15)에 "이때 세존께서 신통왕보살에게 말씀하셨다. '가이성궁 안에 가서 빨리 여의보륜반다라도량과 칠성화단의 비밀문을 건립하라. 반다라도량은 깨끗한 실내에 만들고 철성화단은 노지에 만들어라. 하루 낮과 밤 동안 여법하게 작법하면 적들이 저절로 흩어지리라'. 爾時世尊 卽告神通王菩薩 往於迦夷城宮內 速建如意寶輪般多羅道場七星火壇祕密之門 所謂般多羅道場者 造於淨室 七星火壇作於露地 一日一夜如法作 其賊衆者自然退散"라고 하였다. [참고문헌]『七星如意輪祕密要經』. ⇨ 북두칠성 北斗七星

칠성여의륜비밀요경 七星如意輪祕密要經 당대 불공삼장(不空三藏) 한역. 1권. 식재(息災)를 목적으로 칠성여의륜왕보살을 공양하는 밀교작법을 설하는 간략한 밀교경전. 『칠성여의륜경』이라고도 한다. 대정장20, pp.224b2~225b26, No.1091에 수록되어 있다. 부처님께서 대설산(大雪山) 가왕나란다(伽王那蘭陀)에서 비구대중과 함께 계실 때 설하신 식재법. 파사익왕이 구시라국(俱尸羅國)의 군사들에게 포위되어 부처님께 도움을 구하였는데, 부처님께서 신통왕보살(神通王菩薩)을 보내어 여의륜반다라도량칠성화단비밀문(如意輪般多羅道場七星火壇祕密門)을 건립하고 여법하게 작법하도록 하자 적들이 저절로 흩어졌다. 이에 여의륜왕보살은 자서(自誓)와 공덕을 게송으로 설하였고, 이를 수지한 신통왕보살은 일심으로 불가사의마하반다라비밀법문진언(不可思議摩訶般多羅祕密法門眞言)을 수지하였다.

칠성인 七聖人 소승에서 설하는 일곱 성자. 견도위(見道位)를 수신행(隨信行)과 수법행(隨法行)으로 나누고, 수도위(修道位)를 신해(信解)와 견지(見至)로 나누며, 무학위(無學位)를 신증(身證)·혜해탈(慧解脫)·구해탈(俱解脫)로 나눈 것을 말한다. 『구사론송소론본』 권25(대정장41, p.955b23)에 "이로부터 대문의 제2인데 칠성인을 밝혔으니 이 중에 나아가 둘이다. 첫째는 칠성을 건립하였고, 둘째는 혜해탈과 구해탈을 밝혔다. 먼저 처음의 칠성이란 논에 '학위와 무학위에 일곱 성자 있으니, 일체성자는 모두 이 중에 거둬진다. 첫째 수신행, 둘째 수법행, 셋째 신해, 넷째 견지, 다섯째 신증, 여섯째 혜해탈, 일곱째 구해탈이다'라고 하였다. 從此大文第二 明七聖人 就中二 一 建立七聖 二 明慧俱解脫 且初七

聖者 論云 學無學位 有七聖者 一切聖者 皆此中攝 一 隨信行 二 隨法行 三 信解 四 見至 五 身證 六 慧解脫 七 俱解脫”, 『화엄공목장』 권2(대정장45, p.557b26)에 “칠사부란 또한 칠대부 또는 칠성인이라 이름한다. 첫째 수신행, 둘째 수법행, 셋째 신해탈, 넷째 견도, 다섯째 신증, 여섯째 혜해탈, 일곱째 구해탈이다. 남을 믿어 득도함을 이름하여 신행이라 하고, 남을 따라 믿지 않음을 이름하여 법행이라 하는데, 둔근의 세 과는 수신행으로 얻은 믿음의 과이다. 박 여윔을 신해탈이라 이름하고, 이근의 세 과는 수법행으로 이른 바이기에 견도라 이름한다. 멸진정수법은 열반과 비슷하여 몸과 합하기에 이름하여 신증이라 한다. 장에는 두 종 있으니 첫째는 번뇌장이고 둘째는 해탈장인데, 번뇌장만을 여의면 혜해탈이라 이름하고, 두 장이 다 없어지면 구해탈이라 이름한다. 이 뜻은 곧 대승과 삼승의 칠지의 뜻과 서로 같다. 七士夫者 亦名七大夫 亦名七聖人 一 隨信行 二 隨法行 三 信解脫 四 見到 五 身證 六 慧解脫 七 俱解脫 信他得度 名爲信行 不從他信 名爲法行 鈍根三果 是隨信行所得信果 離縛名信解脫 利根三果 是隨法行所至 故名見到 滅盡正受法 似涅槃與身合故 名爲身證 障有二種 一 煩惱障 二 解脫障 但離煩惱障 名慧解脫 二障並除 名俱解脫 此義卽與大乘三乘七地義相同”, 『사교의』 권6(대정장46, p.739a20)에 “이 칠성인은 또 두 종의 같지 않음이 있으니 학과 무학을 이른다. 앞의 다섯 종 성인은 모두 학인이고, 뒤의 두 종 성인은 무학위다. 此七聖人 復有二種不同 謂學無學 前五種聖人 悉是學人 後二種聖人 是無學位也”라고 하였다. [참고문헌] 『俱舍論頌疏論本』, 『華嚴孔目章』, 『四教義』. ⇨ 칠보특가라 七補特伽羅, 칠사부취 七士夫趣, 칠성 七聖, 수신행 隨信行, 수법행 隨法行, 신해 信解②, 견지 見至, 신증 身證, 혜해탈 慧解脫, 구해탈 俱解脫

칠성재 七聖財 [S] saptāryāṇi dhanāni, [P] satta dhanāni, [T] 'phags-pa'i-nor-bdun-po. 성불(成佛)이라는 도과(道果)를 성취하게 하는 일곱 가지 자산인 신재(信財 [P] saddhā-dhana)·계재(戒財 [P] sīla-dhana)·참재(慚財 [P] hiri-dhana)·괴재(愧財 [P] ottappa-dhana)·문재(聞財 [P] suta-dhana)·사재(捨財 [P] cāga-dhana)·혜재(慧財 [P] paññā-dhana)를 말하며, 시·계·인·근·정·혜·방편(施 戒 忍 勤 定 慧 方便), 신·진·계·참괴·문·사·정혜(信 進 戒 慚愧 聞 思 定慧)로도 말한다. 40권본 『대반열반경』 권11(대정장12, p.433c15)에 “칠성재가 있으니, 믿음, 계, 스스로 부끄러움을 아는 것, 남에게 부끄러움을 아는 것, 다문, 지혜, 버리고 떠남을 말한다. 이에 성인이라고 이름한다. 이 일곱 가지 성스런 깨달음이 있기에 성인이라고 이름한다. 有七聖財 所謂信 戒 慚 愧 多聞 智慧 捨離 故名聖人 有七聖覺故 故名聖人”, 『묘법성염처경』 권5(대정장17, p.433c16)에 “세간재물에 탐착을 일으키지 마라. 그것을 버려 여의면 혜가 출생하지만 다시 애착하여 선근을 파괴한다면, 칠종성재는 점점 숨고 사라져 백천생을 지나도록 악도에 빠질 것이다. 또한 세간의 재물은 견고하게 오래가지 못하니 수재와 화재와 도적 그리고 왕 등의 세력이 모두 침탈할 수 있지만, 저 법재는 수화재 등이 결코 무너뜨릴 수 없다. 世間財物 勿生貪著 若人捨離 智慧出生 若復愛著 破壞善根 七種聖財 漸漸隱沒 經百千生 沈淪惡道 又復世財 而不堅久 水火盜賊 王等勢力 皆可侵奪 若彼法財 水火等災 終不能壞”, 『유가사지론』 권5(대정장30, p.299b1)에 “성스러운 재보가 (열반의) 즐거움을 낳는다고 하는 것은 무엇인가? 칠성재를 연으로 낳는다. 무엇이 일곱 가지인가? 첫째 믿음([S] śraddhā-dhanam), 둘째 계([S] śīla-dhanam), 셋째 스스로 부끄러움([S] hrī-dhanam), 넷째 다른 사람에게 부끄러움을 아는 것([S] apatrāpya-dhanam), 다섯째 많이 들음([S] śruta-dhanam), 여섯째 (버리고) 평등함([S] tyāga-dhanam), 일곱째 지혜([S] prajnā-dhanam)이다. 聖財所生樂者 謂七聖財爲緣得生 何等爲七 一 信 二 戒 三 慚 四 愧 五 聞 六 捨 七 慧”, 『법화현찬』 권4말(대정장34, p.728c28)에 “육도 중생이 시작 없는 때로부터 복과 지혜라는 두 가지 인을 닦지 않아 칠종성재와 인천의 일곱 가지 법재를 얻지 못하였다. 말하자면 시·계·인·근·정·혜·방편이다. 그러므로 복과 지혜가 없다. 六道衆生 無始不修 福智二因 未獲七種聖財 及人天七法財 謂施 戒 忍 勤 定 慧 方便 故無福及慧”, 『구사론기』 권18(대정장41, p.284b8)에 “일곱 가지 성스러운 법재란 첫째, 신이니 깊이 믿는 마음이다. 둘째, 계이니 청정한 계다. 셋째, 문이니 많이 들음이다. 넷째, 혜이니 지혜이다. 다섯째, 사이니 버려 베풂이다. 여섯째는 참이고, 일곱째는 괴이다. 言七聖財者 一 信謂深信也 二 戒謂淨戒也 三 聞謂多聞也 四 慧謂智慧也 五 捨謂捨施也 六 慚 七 愧”, 『대승본생심지관경천주』 권8(卍속장34, p.459b14)에 “칠성재란 신 등 일곱 가지로서 출세간법재다. 모든 중생은 이 일곱 가지 법을 행하여 도과성취를 도우므로 성재라 한다. 七聖財者 卽信等七種 爲出世間法財 一切衆生 行此七法 資成道果 故曰聖財”, “첫째, 신재〈신은 신심이다. 능히 마음을 결정함이니, 정법을 받아 지녀 성불의 바탕으로 삼기에 신재다〉. 一信財〈信卽信心 謂心能決定 受持正法 以爲成佛之資 故名信財〉”, “둘째, 진재〈정진이다. 참된 이치를 깨닫기 전이라도 한 마음으로 정진하여 벗어날 길을 구하여 성불의 바탕으로 삼기에 정진재다〉. 二 進財〈卽精進 謂未見眞理 而一心精進 求出離道 以爲成佛之資 故名精進財〉”, “셋째, 계재〈계는 계율이다. 계는 해탈의 근본으로서 신구의의 잘못을 막아 그 악을 멈추게 한다. 이는 성불의 바탕이기에 계재다〉. 三 戒財

〈戒卽戒律 謂戒爲解脫之本 能防身口意之非 止身口意之惡 以爲成佛之資 故名戒財〉", "넷째, 참괴재〈참은 하늘에 부끄럽고, 괴는 사람에게 부끄럽다는 말이다. 능히 부끄럽게 여긴 즉 악업을 짓지 않게 돼서 성불의 바탕이 되기에 참괴재다〉. 四 慚愧財〈慚者 慚天 愧者 愧人 謂旣能慚愧 則不造惡業 以爲成佛之資 故謂慚愧財〉", "다섯째, 문재〈문은 삼혜 가운데 으뜸으로 들어야 반드시 사유할 수 있고, 사유해야 반드시 닦을 수 있다. 만약 부처님의 말씀을 직접 듣는다면 묘해가 열려 말씀 그대로 행하리니, 이를 성불의 바탕으로 삼기에 문재다〉. 五 聞財〈聞爲三慧之首 聞必能思 思必能修 謂若能聞佛聲敎 則開發妙解 如說而行 以爲成佛之資 故謂聞財〉", "여섯째, 사재〈사는 버려 베풂이다. 곧 만약 마음을 평등하게 쓰면 마음에 애증 없어 몸과 목숨이라는 자재에 아낌이 없으리니, 이를 성불의 바탕으로 삼기에 사재다〉. 六 捨財〈捨卽捨施 謂若能運心平等 心無憎愛 身命資財 無所悋惜 以爲成佛之資 故名捨財〉", "일곱째, 정혜재〈정혜는 그쳐 봄이다. 정은 마음을 거두어들여 어지럽지 않게 하고 모든 망념을 그친다. 혜는 모든 법을 비추어 알아 갖가지 삿된 견해를 무너뜨린다. 이를 성불의 바탕으로 삼기에 정혜재다〉. 七 定慧財〈定慧卽止觀也 定則攝心不散 止諸妄念 慧則照了諸法 破諸邪見 以爲成佛之資 故名定慧財〉", "심지법문으로 능히 일곱 가지 성재를 내어 보살 마음의 원을 채운다. 마치 저 마니보주로 일곱 가지 보배의 비를 뿌려 중생이 품은 소원을 채워주듯 한다〈일곱 가지 보배는 금·은·유리·차거·마노·산호·호박이다〉. 以心地法門 能出七種聖財 滿菩薩心願 故如摩尼寶珠 能雨七珍 亦滿衆生心願也〈七珍 謂金 銀 琉璃 硨磲 瑪瑙 珊瑚 琥珀〉"라고 하였다. [참고문헌] 『大般涅槃經』, 『妙法聖念處經』, 『瑜伽師地論』, 『法華玄贊』, 『俱舍論記』, 『大乘本生心地觀經淺註』, *Yogā-bh.96.*, *AN.4.5.* ⇨ 칠묘법 七妙法❶, 비성재 非聖財, 삼종재 三種財❸, 성재 聖財, 신계문사혜 信戒聞捨慧, 칠재 七財

칠성청 七星請 주존(主尊)인 금륜보계 치성광여래(熾盛光如來)와 좌우보처 일광(日光)·월광(月光)보살과 북두대성(北斗大聖 : 七元星君)을 청(請)하여 모시고 공양하는 의식. 고래로 전승되던 북두칠성신앙이 불교에서 칠세계(七世界)를 관장하는 칠불(七佛)의 화현(化現)으로 뒤쳐 전승한 의례다. 칠원성군은 『작법귀감』 권하 「칠성청 七星請」(한불전10, p.595b9)에 "북두제1 자손들 온갖 덕 주시는 탐랑성군, 북두제2 막힌 어려움 멀리 여의게 하시는 거문성군, 북두제3 업장 사라져 없애시는 녹존성군, 북두제4 구하는 대로 얻게 하시는 문곡성군, 북두제5 온갖 막힘 모조리 사라지게 하시는 염정성군, 북두제6 복덕을 다 갖추게 하시는 무곡성군, 북두제7 수명을 길로 멀게 하시는 파군성군, 왼쪽에서 보필하는 별과 오른쪽에서 보필하는 별들, 삼태육성과 이십팔수와 온 하늘 두루 펼쳐 빛나며 무량무변하신 모든 성군 무리. 北斗第一 子孫萬德 貪狼星君 北斗第二 障難遠離 巨門星君 北斗第三 業障消除 祿存星君 北斗第四 所求皆得 文曲星君 北斗第五 百障殄滅 廉貞星君 北斗第六 福德具足 武曲星君 北斗第七 壽命長遠 破軍星君 左補弼星 右補弼星 三台六星 二十八宿 周天列曜 無量無邊諸星君衆"이다. 이들이 몸담고 있는 칠세계의 칠여래는 첫째 가장 수승한 세계(最勝世界)의 운의통증여래불(運意通證如來佛), 둘째 미묘한 보배세계(妙寶世界)의 광음자재여래불(光音自在如來佛), 셋째 원만한 세계(圓滿世界)의 금색성취여래불(金色成就如來佛), 넷째 근심없는 세계(無憂世界)의 최승길상여래불(最勝吉祥如來佛), 다섯째 맑고 깨끗한 세계(淨住世界)의 광달지변여래불(廣達智辯如來佛), 여섯째 법의 뜻 세계(法意世界)의 법해유희여래불(法海遊戱如來佛), 일곱째 유리로 된 세계(琉璃世界)의 약사유리광여래불(藥師琉璃光如來佛)이다. 이들 칠세계칠불의 칠원성군에 대한 청은 통청(通請)이 아닌 각청(各請)에서 행하고, 통청에서는 더해서 좌보우필대중인 삼태육성(三台六星)과 이십팔수(二十八宿)와 모든 별들(諸星君衆)과 그 권속들을 불러 모시고 기도한다. 「칠성청 七星請」은 여타의 청문차제와 같고, 연명경(延命經)과 북두주(北斗呪)를 독송함과 화의재진언(化衣財眞言)·소전진언(燒錢眞言) 등이 특별하다. 다게(茶偈)에 "조계의 방에 이슬 자욱 내리기에 생명의 물로 끓인 차 한 잔 한맛으로도 새롭네. 이제 별들님께 받들어 드리옵니다. 원컨대 자비로 거두어 주시길. 露靄來自曺溪室 活水烹茶一味新 今將奉獻星君衆 願垂慈悲哀納受"라고 하였듯이 칠성청의례는 하늘의 별들을 모두 불러 인간의 염원을 함께하는 의례라 할 수 있다. [참고문헌] 『作法龜鑑』, 『釋門儀範』 권하 p.21, 「七星請文」(『韓國佛敎儀禮資料叢書』 권3, p.603). ⇨ 칠성신앙 七星信仰, 북두칠성 北斗七星, 북두주 北斗呪, 금륜불정 金輪佛頂, 대위덕금륭왕치성광여래불 大威德金輪王熾盛光如來佛, 치성광불정 熾盛光佛頂

칠성탱화 七星幀畵 북극성(北極星)과 북두칠성(北斗七星), 그리고 그 주위의 별들을 존격화 한 불화. 주존은 북극성의 치성광여래(熾盛光如來)이다. 소재도량(消災道場)을 열어 국난극복이나 익수연명(益壽延命), 제재초복(除災招福)의 기원대상이다. 소의경전은 『대위덕소재경 大威德消災經〈版心題〉』이라 불리는 『불설대위덕금륜불정치성광여래소제일체재난다라니경 佛說大威德金輪佛頂熾盛光如來消除一切災難陀羅尼經』(고려장1171)과 이 경전에 첨록된 『불설치성광소재경 佛說熾盛光消災經』을 비롯해, 『북두칠성호마비요의궤 北斗七星護摩秘要儀軌』(대정장21) 등이다. 현존하는 가장 이른 시기의 고려시대 「치성광여래강림도 熾盛光如來降臨圖」(13세기말~14세기초, Boston : Museum of Fine A rts 소장)는 치성광여래가 금륜(金輪)을 굴리며 소가 모는 수레를 타고 천계에서 내려오는 도상으로, 「치성광여래강림도」(1569, 京都 : 高麗美術館 소장) · 「치성광여래강림도」(1644, 개인소장)와 함께 치성광여래 중심의 성수관(星宿觀)이 잘 드러난 작품들이다. 조선중기를 거쳐 후기에 이르러서는 설법도 형식의 「치성광여래도」가 주로 조성된다. 16세기는 칠성탱화 도상의 전환기로 사찰의례의 정비에 따른 의식문의 영향을 받아 주존인 치성광여래와 대중적인 존격인 칠성여래와의 위격의 혼재가 특징적으로 드러난다. 칠성의식문 중 가장 오래된 판본인 1534년 안동 광흥사(廣興寺) 간(刊) 「북두칠성공양문」은 전형적인 설법도 형식인 「치성광여래설법회도」(16세기, 愛知 : 寶珠院 소장)에 영향을 미치고 있다. 즉 '유치(由致)'의 공덕과 발원의 대상이 주존인 치성광여래 위주이고 칠성여래는 끝에 상수(首)로 나타나는 것을, 도상에서는 칠성여래를 부회불(赴會佛)로 분리하고 주존의 협시를 일광변조(日光遍照) · 월광변조(月光遍照)보살로, 28수(宿)와 제성군중을 권속으로 표현하였다. 이후 1670년 설악산 신흥사(新興寺)에서 개간된 의식집이나 1691년 고성 용흥사(龍興寺) 『제반문 諸般文』에 첨록된 「북두칠성공청의문 北斗七星供請儀文」에서는 '유치'의 첫 문장이 "熾盛光如來與北斗七星尊"으로 나타나 치성광여래와 북두칠성여래의 위격이 동등하고, '봉청'에서는 치성광여래의 협시가 전형적인 일광변조 · 월광변조보살에서 위신력이 강한 소재(消災)보살 · 식재(息災)보살로 다시 등장하고 있다. 칠성도상의 유형은 불교의 여래형(如來形)을 비롯해, 도교의 대성(大聖)인 피발형(被髮形)과 왕후장상의 경상형(卿相形), 그리고 민속신앙 형태인 동자형(童子形) 등이 있는데, 한 화면에 중첩되는 경우가 많아 다양한 층위로 수용된 칠성신앙의 전개양상을 잘 보여준다. 사찰의 경전 판각본으로는 『북두칠성연명경 北斗七星延命經』이 유행하였는데, "만약 올해의 신수가 좋지 않아 액운이 닥치면, 이 경전에 칠배로 예경한다. 若遇行年災厄 禮此經七拜"라고 하는 등 기복성이 강하고, 또한 칠성여래의 일곱 번째가 '약사유리광여래 藥師瑠璃光如來'인 점도 치병(治病)의 유행과 깊이 관련되었다. 도교의 판본으로 『태상현령북두본명연생진경 太上玄靈北斗本命延生眞經』도 유행하였는데, '대성북두칠원군(大聖北斗七元君)'이란 이름으로 불교에 본격적으로 습합된다. 1699년에 송광사(松廣寺)에서 간행된 『부모은중경』과 합본된 『태상현령북두본명연생진경』의 앞부분에 위치한 「칠성여래와 피발형북두칠원군변상도」를 비롯해 「태안사(泰安寺) 치성광여래도」(1739, 호암미술관 소장) 등은 「북두칠성공양문」의 칠성여래 귀명(歸命)의식 부

치성광여래강림도
고려미술관소장 일본 1569년

치성광여래설법회도 보주원 일본 16세기

치성광불회도 쌍계사 하동 1871년

칠원성군도 국립중앙박물관 조선후기

제1운의통증여래·탐낭성군 · 제2광음자재여래·거문성군 · 제3금색성취여래·녹존성군 · 제4최승길상여래·문곡성군 · 제5광달지변여래·멸염성군 · 제6법해유희여래·무곡성군 · 제7약사유리광여래·파군성군 동화사 대구 1850년

분과 『태상현령북두본명연생진경』의 '북두칠원군'이 결합된 형태인데 즉, '칠성여래'를 중심으로 도교의 '북두칠원군'을 권속화한 것이다. 판화의 도상으로는, 청대의 도교경전인 『중간(重刊) 도장집요(道藏輯要)』(1662~1722)의 『태상현령북두본명연생진경주해 太上玄靈北斗本命延生眞經註解』의 삽도와 비교된다. 이후 조선 후대로 갈수록 기복적 요소가 커지면서 칠성탱화의 도상들도 더욱 다양하게 전개된다. 「칠원성군도」(조선후기, 국립중앙박물관 소장) 등에서처럼 경상형 칠원성군의 도상적 비중이 크게 늘어나고, 「동화사 서별당 치성광여래도」(1850) 등에서는 득남(得男)의 기원을 담은 동자형 칠원성군이 나타나며, 「능가사 수도암 칠성여래도」(1860, 송광사 소장)에서는 칠성여래가 주존으로 등장하기도 한다. 〔참고문헌〕「北斗七星供養文」(광흥사, 1534), 『太上玄靈北斗本命延生眞經』, 『太上玄靈北斗本命延生眞經註解』(『重刊道藏輯要』). ⇨ 칠성청 七星請, 치성광만다라 熾盛光曼荼羅, 치성광법 熾盛光法, 북두칠성호마법 北斗七星護摩法

칠세 七世 ❶ 일곱 차례로 거듭한 생애. 『성실론』 권1(대정장32, p.246a11)에 "이 사람은 칠세 동안 무루지가 성숙하였다. 마치 가라라(팔한지옥) 등이 칠일 만에 달라지는 듯하고, 또한 소 등을 먹고 최대 칠일이 되면 어떤 고질병도 낫는 것과 같다. 是人於七世中 無漏智熟 如歌羅羅等 七日變成 又如服酥等 極至七日 堅病則消"라고 하였다. 〔참고문헌〕『成實論』. ❷ 자신을 중심으로 한 전후의 일곱 세대. 자신을 제외하고 현손(玄孫)을 넣기도 한다. 유가 전통에서는 부계(父系)를 중심으로 삼지만, 불가에서는 부모를 함께 말하고 모계(母系)를 치우쳐 말하기도 한다. 『사분율행사초』 권중(대정장40, p.67c26)에 "율서에 준하면 칠세는 부모를 친족으로 삼는다. 부친을 기준으로 하면 앞 세대는 동일하지 않은 경우가 있다. 첫째 고조, 둘째 증조, 셋째 예조(조부), 넷째 부, 다섯째 자신, 여섯째 자녀, 일곱째 손자가 그것이다. 準律 七世 父母爲親里 且據父親 有亡世不同 一 高祖 二 曾祖 三 禰祖 四 父 五 己身 六 兒 七 孫 是也", 『비니지지회집』 권5(卍속장61, p.755a8)에 "칠세는 고조·증조·조·부·자·손·현손을 말한다. 七世者 謂高曾祖父子孫玄孫也", 『우란분경약소』(卍속장35, p.340a13)에 "칠세란 유교에서 으뜸으로 삼는 혈통이니 형질을 근본으로 삼고 몸을 전하며 대대로 이어진다. 부·조 이상을 칠세로 삼기에 부계만 치우쳐 존귀하게 여긴다. 불교에서 으뜸으로 삼는 종지로 보면 신령한 식을 근본으로 삼고 사대의 형질은 신령한 식이 의지하는 몸에 불과하다. 대대로 생사를 반복하는 과정에서 모두에게 부모가 있고 그들이 이 몸을 낳아 양육한 이후 일곱 차례의 생사에 이르도록 낳아준 부모를 칠세라 한다. 그러나 의탁하는 근거는 오직 모태에 있고 태어난 이후로 젖을 먹이고 품어서 돌보는 것도 대부분 어머니이므로 모계를 치우쳐 중시한다. 경에서도 다 젖을 먹여준 은혜를 갚는다고 말할 뿐이다. 七世者 儒教所宗 以形質爲本 傳體相續 以父祖已上爲七世故 偏尊於父 佛教所宗 以靈識爲本 四大形質 爲靈識所依 世世生生 皆有父母 生養此身已去 乃至七生 所生父母 爲七世也 然寄託之處 惟在母胎 生來乳哺懷抱 亦多是母 故偏重於母 是以 經但言 報乳哺之恩"라고 하였다. 〔참고문헌〕『四分律行事鈔』, 『毘尼止持會集』, 『盂蘭盆經略疏』.

칠소조촉 七所造觸 신근(身根)으로 일어나는 일곱 가지 느낌. 매끄러움·껄끄러움·무거움·가벼움·추위·배고픔·목마름(滑性澁性重性輕性冷飢渴)을 말한다. 여기에 사대종(四大種)의 견습난동(堅濕煖動 Ⓢ khara-sneha-uṣṇatā-īraṇā)을 더하면 십일촉(十一觸)이 된다. 『대비바사론』 권30(대정장27, p.154c29)에 "다른 논사는 말한다. '몸이 힘이 있거나 나약함은 사대종이 아니라 신근이 일으키는 감각이다'. 〔문〕 일곱 가지 소조촉 중에서 어느 것이 두드러질 때 몸에 힘이 있다고 하고, 어느 것이 두드러질 때 약하다고 하는가? … 〔평〕 다음과 같이 말한다. '사대종과 소조촉은 모두 몸이 힘 있거나 약한 자성이다. 즉 조화로우면 몸에 힘이 있다 하고, 부조화하면 몸이 약하다고 한다'. 有餘師說 身力身劣 非四大種 是所造觸 問 七所造觸中 誰增故名身力 誰增故名身劣 … 評曰 應作是說 卽四大種 及所造觸 俱是身力身劣自性 謂若調和 俱名身力 若不調和 俱名身劣", 『대승오온론』(대정장31, p.848b22)에 "무엇이 감촉의 일분인가? 몸의 경계이니, 사대종을 제하고 나머지 촉으로 느끼는 매끄러움·껄끄러움·무거움·가벼움·추위·배고픔·목마름 등이다. 云何爲所觸一分 謂身境界 除四大種 餘所造觸 滑性 澁性 重性 輕性 冷 飢 渴等"라고 하였다. 〔참고문헌〕『大毘婆沙論』, 『大乘五蘊論』. ⇨ 십일촉 十一觸, 촉 觸

칠수 七守 비구가 지켜야 할 일곱 가지 법. 『반니원경』 권상(대정장1, p.176b26)에 "또한 비구에게 일곱 가지 지켜야 할 것 있으면 법이 쇠퇴하지 않을 것이니 잊지 말고 잘 행하라. 첫째, 청정함 지켜서 유위법 즐기지 않는다. 둘째, 욕심 없게 해서 이양을 탐하지 않는다. 셋째, 인욕을 지키고 다투는 일이 없도록 한다. 넷째, 한적한 곳 지켜 다니고 많은 사람 모인 곳에는 드나들지 않는다. 다섯째, 법과 그 뜻 지킬 뿐 뭇 생각은 일으키지 않는다. 여섯째, 한 마음을 지켜야 하니 좌선으로 마음을 가라앉힌다. 일곱째, 검약한 생활하니 옷과 밥은 거칠게 하고 풀 엮어 평상을 만든다. 이와 같은 일곱 가지 법도 오래가게 해야 옳다. 又比丘有七守 則法不衰 當

善念行 一 守清淨 不樂有爲 二 守無欲 不貪利養 三 守忍辱 無所諍訟 四 守空行 不入衆聚 五 守法意 不起衆想 六 守一心 坐禪定意 七 守約損 衣食麤踈 草蓐爲床 如是七法 可得久住"라고 하였다. 〔참고문헌〕『般泥洹經』.

칠수관 七隨觀 일곱 가지 따르는 관. 『해탈도론』 권12(대정장32, p.461b4)에 "사마타의 힘을 쓴다는 것은 팔정으로 말미암아 자재함을 얻는 것이고, 비바사나의 힘을 쓴다는 것은 자재로 말미암아 일곱 가지 관법을 따르는 것이다. 무엇이 칠수관인가? 무상관·고관·무아관·염환관·무염관·멸관·출리관 등이다. 以奢摩他力者 由八定得自在 以毘婆舍那力者 由自在隨七觀 云何七隨觀 無常觀 苦觀 無我觀 厭患觀 無染觀 滅觀 出離觀"라고 하였다. 〔참고문헌〕『解脫道論』.

칠수면 七隨眠 Ⓢ sapta-anuśayāḥ, Ⓟ satta-anusayā. 일곱 가지 번뇌. 육수면(六隨眠 : 貪 瞋 慢 無明 見 疑) 중에서 탐수면(貪隨眠)을 욕탐(欲貪 : 欲界의 貪)과 유탐(有貪 : 上二界의 貪)으로 나눈 것이다. 구역(舊譯)에서는 칠사(七使)라고 하였다. 수면(隨眠)은 잠자는 듯 따르는 뜻이다. 『집이문족론』 권17(대정장26, p.439a18)에 "일곱 가지 수면이라 하니 무엇이 일곱인가? 〔답〕 '첫째, 탐욕수면(Ⓟ kāmarāgānusaya). 둘째, 진수면(Ⓟ paṭighānusaya). 셋째, 유탐수면(Ⓟ bhavarāgānusaya). 넷째, 만수면(Ⓟ mānānusaya). 다섯째, 무명수면(Ⓟ avijjānusaya). 여섯째, 견수면(Ⓟ diṭṭhānusaya). 일곱째, 의수면(Ⓟ vicikicchānusaya)'. 무엇이 욕탐수면인가? 〔답〕 '만약 모든 욕과 탐 등을 탐이라 하고 상세히 설하였으니 이것이 탐욕수면이다. 무엇이 진수면인가? 만약 유정을 해치고자 했다면 내지는 이라고 상세히 설했으니 진수면이다. 무엇이 유탐수면인가? 〔답〕 색과 무색계에서 모든 탐 등을 탐하는 것이니 자세히 설한 것이 유탐수면이다. 무엇이 만수면인가? 〔답〕 온갖 잘나고 뽐내는 것에 붙들리는 등 상세히 설했으니 이것이 만수면이다. 무엇이 무명수면인가? 〔답〕 삼계에 무지하니 무명수면이다. 무엇이 견수면인가? 〔답〕 다섯 가지 견해가 견수면이니, 유신견·변집견·사견·견취견·계금취견을 말한다. 이와 같은 다섯 견해를 견수면이라고 이름한다. 무엇이 의수면인가? 〔답〕 사제 등에 머뭇거리는 것이 의수면이다'. 七隨眠者 云何爲七 答一欲貪隨眠 二瞋隨眠 三有貪隨眠 四慢隨眠 五無明隨眠 六見隨眠 七疑隨眠 云何欲貪隨眠 答若於諸欲諸貪等貪 乃至廣說 是名欲貪隨眠 云何瞋隨眠 答若於有情欲爲損害 乃至廣說 是名瞋隨眠 云何有貪隨眠 答於色無色諸貪等貪 乃至廣說 是名有貪隨眠 云何慢隨眠 答諸慢恃執 乃至廣說 是名慢隨眠 云何無明隨眠 答三界無智是名無明隨眠 云何見隨眠 答五見是名見隨眠 謂有身見 邊執見 邪見 見取 戒禁取 如是五見名見隨眠 云何疑隨眠 答於諦猶豫是名疑隨眠", 『대비바사론』 권108(대정장27, p.559a10)에 "〔문〕 무상하다 생각하여 일곱 가지 수면을 다스릴 수 있는데, 어째서 이 가운데 탐, 만, 무명수면만을 끊을 수 있다고 설하는가? 〔답〕 이 세 가지로 삼계를 통틀어 오부에 가득 미치기에 치우쳐 설한다. 問無常想能對治七隨眠 何故此中唯說能斷貪慢無明 答由此三種通三界遍五部 是故偏說", 『현종론』 권25(대정장29, p.892c28)에 "모든 수면의 수가 오직 여섯일 뿐이면, 무슨 까닭에 경전에서는 칠수면이 있다고 설하는가? … 〔논〕 즉 앞에서 말한 육수면 중에서 탐을 둘로 나누기에 경전에서 칠수면을 설한다. 즉 욕탐과 유탐의 차별상 때문이다. 若諸隨眠 數唯有六 何緣經說 有七隨眠 … 論曰 卽前所說 六隨眠中 分貪爲二 故經說七 欲貪有貪 相差別故", 『유가사지론』 권8(대정장30, p.313b6 : *Yogā-bh.*, p.161)에 "칠종수면이란 첫째는 욕탐수면, 둘째는 진에수면, 셋째는 유탐수면, 넷째는 만수면, 다섯째는 무명수면, 여섯째는 견수면, 일곱째는 의수면이다. 七種隨眠 一 欲貪隨眠 二 瞋恚隨眠 三 有貪隨眠 四 慢隨眠 五 無明隨眠 六 見隨眠 七 疑隨眠 sapta-anuśayāḥ kāmarāga-anuśayaḥ pratigha-anuśayo bhavarāga-anuśayo māna-anuśayo'vidyā-anuśayo dṛṣṭy-anuśayo vicikitsā-anuśayaś-ca"라고 하였다. 〔참고문헌〕『集異門足論』, 『大毘婆沙論』, 『顯宗論』, 『瑜伽師地論』, *Yogā-bh.*, *DN.3.282.*, *SN.5.60.* ⇨ 구십팔수면 九十八隨眠, 수면 隨眠, 육수면 六隨眠

칠수번뇌 七隨煩惱 일곱 가지 수번뇌. 근본번뇌가 아니지만 따로 체가 있다고 여겨 실유로 간주한다. 『대승백법명문론소』 권하(대정장44, p.57c5)에 "수번뇌 중에서 일곱 가지는 실유이니, 무참·무괴·혼침·도거·불신·해태·심란을 말한다. 이 일곱 가지는 모두 따로 체가 있다. 隨煩惱中 七是實有 謂無慚 無愧 惛沈 掉擧 不信 懈怠 心亂 此七數 並別有體", 『화엄오십요문답』 권상(대정장45, p.528b1)에 "이런 이치에 의하면 심소유법 중 서른 가지는 실유이고 그 나머지는 가유인데, 서른 가지란 앞의 스물두 가지에 칠수번뇌와 무치를 더한 것이다. 若準此等義 心所有法中 三十實有 餘爲假有 三十者 前二十二內 加七隨煩惱及無癡也"라고 하였다. 〔참고문헌〕『大乘百法明門論疏』, 『華嚴五十要問答』. ⇨ 수번뇌 隨煩惱, 근본번뇌 根本煩惱

칠수팔각 七手八脚 **1** 손은 일곱이고 다리는 여덟이라네. 어쩌지 못해 손발 떨며 버둥거리는 사태다. 수각망란(手脚忙亂)과 같은 뜻이다. 『무문관』 35칙 「평창 評唱」(대정장48, p.297b19)에 "느닷없이 지수화풍이 단번에 흩어지면 마치 끓는 물에 떨어진 방게처럼 손발 버둥대리라. 그때 '답하지 못한다'고 하지 마라. 驀然 地水火風一散 如落湯螃蟹 七手八脚 那時 莫言不道", 『송원숭악어록』 권상(卍속장121, p.587b6)에 "참으로 가소로운 일이다. 대단한 목주여! 그 학인에게 몰림을 당하더니 흡사 끓는 물에 떨어진 방게처럼 손발 버둥거려 일시에 보이다니. 也是好笑 大小睦州 被這僧拶得 恰似落湯螃蟹 七手八脚一時露"라고 하였다. [참고문헌] 『無門關』, 『松源崇嶽語錄』. ⇨ 수각망란 手脚忙亂 **2** 신통자재해서 종잡을 수 없고 베어낼 수 조차 없는 격 밖(格外)의 비유다. 『속전등록』 권32 「불조덕광전 佛照德光傳」(대정장51, p.689b1)에 "손은 일곱에 다리는 여덟이고 머리는 셋에 얼굴도 둘이라네. 들으려 해도 들을 수 없고 보려 해도 볼 수 없지만 늘 고락에 역순하나 떨어질 수 없는 저 한 덩이. 답해 보라. 이것은 무엇일까? 길에서 죽은 뱀을 만나거든 때려죽이지 마라, 그대로 밑 빠진 바구니에 담아서 돌아와야 하리. 七手八脚 三頭兩面 耳聽不聞 眼覷不見 苦樂逆順 打成一片 且道 是甚麽 路逢死蛇莫打殺 無底籃子盛將歸", 『금강경주』 권상(卍속장38, p.700b5)에 "일곱 개 손에 여덟이나 되는 다리에 신머리에 귀의 얼굴한 저것을, 몽둥이 때려도 갈라지지 않고 칼로 베어도 끊어지지 않는다네. 七手八脚 神頭鬼面 棒打不開 刀割不斷", 『불안어록』(고존숙어록27, 卍속장118, p.504b17)에 "'문득 손 일곱 개 발 여덟 개 달린 이 찾아온다면 어떻게 하시겠는지요?' '다리 자르고는 한마디 하게 해야지'. 進云 忽遇七手八脚底人來 又作麽生 師云 截斷脚根 道將一句來"라고 하였다. [참고문헌] 『續傳燈錄』, 『金剛經註』, 『佛眼語錄』.

칠승사 七勝事 여래께서 일 보이는 일곱 가지 뛰어난 일. 칠승법(七勝法)·여래칠승사·칠종최승(七種最勝 Ⓢ sapta paramatāḥ)·칠종무상(七種無上)이라고도 한다. 『우바새계경』 권3(대정장24, p.1051a13)에 "여래께는 마땅히 일곱 가지 뛰어난 일 있음을 관해야 하니, 첫째 신승, 둘째 여법주승, 셋째 지승, 넷째 구족승, 다섯째 행처승, 여섯째 불가사의승, 일곱째 해탈승이다. 當觀如來 有七勝事 一者 身勝 二者 如法住勝 三者 智勝 四者 具足勝 五者 行處勝 六者 不可思議勝 七者解脫勝", "무엇을 신승이라 하는가? 여래의 몸은 삼십이상과 팔십종호로 장엄하게 꾸며져 있고, 한 마디 한 마디의 힘은 만팔십 마리 이나발라향 코끼리의 힘을 대적할 만하며, 중생들이 뵈옵기 기꺼워하니 싫증내지 않는다. 이것을 신승이라고 한다. 云何身勝 如來 身爲三十二相 八十種好之所嚴飾 一一節力 敵萬八十伊羅鉢那香象之力 衆生樂見 無有厭足 是名身勝", "무엇이 법다이 머물러 뛰어나신가? 여래께서는 이미 스스로 이익을 얻고 나서도 다시 무량한 중생 가엾게 여기고 구제하여 이익 되게 할 수 있다. 이것을 여법주승이라고 한다. 云何如法住勝 如來 旣自得利益已 復能憐愍 救濟利益 無量衆生 是名如法住勝", "무엇을 지승이라고 하는가? 여래께서 가진 네 가지 무애지는 모든 성문과 연각이 미칠 수 있는 것이 아니다. 이것이 지승이다. 云何智勝 如來所有四無礙智 非諸聲聞緣覺所及 是名智勝", "무엇을 구족승이라 하는가? 여래께서는 행명계견을 구족하셨으니 이것이 구족승이다. 云何具足勝 如來具足 行命戒見 是名具足勝", "무엇을 행처승이라 하는가? 여래세존께서는 삼삼매와 구차제정 등을 닦으시니, 이것은 모든 성문연각이 미칠 바가 아니다. 이것이 행처승이다. 云何行處勝 如來世尊 修三三昧 九次第等 非諸聲聞緣覺所及 是名行處勝", "무엇을 불가사의승이라고 하는가? 여래께서 지닌 육종신통도 모든 성문과 연각이 미칠 수 있는 것이 아니다. 여래의 십력·사무소외·대비·삼념처도 마찬가지이니, 이것을 불가사의승이라고 한다. 云何不可思議勝 如來所有六種神通 亦非聲聞緣覺所及 如來十力 四無所畏 大悲 三念處 是名不可思議勝", "무엇이 해탈승인가? 여래께서 구족한 이종해탈의 뛰어남은 지혜장도 번뇌장도 버리니, 모든 번뇌습기를 영원히 끊어서 지와 연의 두 가지 일에서 모두 자재함을 얻는다. 이것을 해탈승이라고 한다. 云何解脫勝 如來具足二種解脫勝 除智慧障及煩惱障 永斷一切煩惱習氣 智緣二事 俱得自在 是名解脫勝", 『아미타경소』(대정장37, p.322b13)에 "『우바새계경』에 이른다. '부처는 일곱 가지 뛰어난 일이 있기에 반드시 기억해야 한다. 첫째, 신승이니 모든 상호를 원만하게 갖추었기 때문이다. 둘째, 여법주승이니 삼업에 항상 과실이 없기 때문이다. 셋째, 지승이니 일체종지를 갖추었기 때문이다. 넷째, 구족승이니 모든 복덕이 원만하기 때문이다. 다섯째, 행처승이니 항상 삼매에 들어있기 때문이다. 여섯째, 부사의승이니 여섯가지 신통력을 구족했기 때문이다. 일곱째, 해탈승이니 모든 번뇌의 정습을 모두 다 소멸했기 때문이다'. 優婆塞戒經云 佛有七勝事 故將以須念 一身勝 具諸相好圓滿故 二如法住勝 三業常無失故 三智勝 具一切種智故 四具足勝 一切福德圓滿故 五行處勝 常在三昧故 六不思議勝 六通具足故也 七解脫勝 一切煩惱正習俱盡故"라고 하였다. [참고문헌] 『優婆塞戒經』, 『阿彌陀經疏』.

칠승재 七僧齋 일곱 스님에게 공양을 올리는 일. 『구사론기』 권18(대정장41, p.284c24)에 "여섯째, 늘 스님께 상식을 베푼다. 단월이 돈이나 장원의 땅 등을 보시하면서 대중스님들께 아뢴다. '지금부터 매일 별도로 저를 위하여 일곱 분의 스님에게 재를 베풀겠습니다'. 이것을 상식이라 한다. 서역의 모든 절에는 현재 이 법이 있다. 六 施常食 謂有檀越 布施錢財 或莊田等 白衆僧言 從今已去 日別爲我 設七僧齋 此名常食 西國諸寺 現有此法"라고 하였다. [참고문헌] 『俱舍論記』.

칠시중 七施衆 Ⓟ satta saṅghagatā dakkhiṇā. 일곱 가지로 대중에게 공양하다. 『중아함경』 권47 「구담미경 瞿曇彌經」(대정장1, p.722a19)에 "일곱 부류의 대중들에게 보시하거나 열네 부류의 개인에게 보시하면 대복을 얻고 대과를 얻으며 대공덕을 얻고 크고 넓은 과보를 얻는다. 아난아! 무엇을 일곱 대중들에게 보시하여 대복을 얻고, 대과를 얻으며, 대공덕을 얻고, 크고 넓은 과보를 얻는 것이라고 하는가? 믿음있는 족성남과 족성녀가 부처님 재세 시에 부처님을 상수로 하여 부처님과 대중들에게 보시하는 것이 첫 번째 대중에게 보시하여 대복·대과·대공덕·크고 넓은 과보를 얻는 것이라고 한다. 믿음있는 족성남과 족성녀가 세존께서 열반한 후에 얼마 지나지 않아 이부대중에게 보시하는 것이니, 비구대중에게 보시하고 비구니대중에게 보시하는 것이다. 그는 비구승원에 들어가서 대중들에게 아뢴다. '대중들이여 나는 비구가 오면 그에게 보시하겠소'. 비구니승방에 들어가서 대중들에게 아뢴다. '대중들이여 나에게 비구니가 오면 그에게 보시하겠소'. 이것이 다섯 대중에게 보시하여 대복·대과·대공덕·크고 넓은 과보를 얻은 것이라고 한다. 아난아, 당래에 어떤 비구가 … 가사를 걸치고도 정진하지 않는다 해도 … 대중에 의지하기에 대중을 연으로 하기에 대중이 으뜸이기에 … 이때 시주가 됨도 무량불가수불가계복을 얻고 선도 낙도 얻으리니, 하물며 모든 것을 성취한 이들에게 보시함에 있어서야 어떻겠는가. … 이것이야말로 제7시중이다. 有七施衆 有十四私施 得大福 得大果 得大功德 得大廣報 阿難 云何七施衆 得大福 得大果 得大功德 得大廣報 信族姓男族姓女 佛在世時 佛爲首 施佛及比丘衆 是謂第一施衆 得大福 得大果 得大功德 得大廣報 信族姓男族姓女 世尊般涅槃後 不久施二部衆 施比丘衆 施比丘尼衆 入比丘僧園而白衆曰 衆中爾所比丘來 布施彼也 入比丘尼僧房而白衆曰 衆中爾所比丘尼來 布施彼也 是謂第五施衆 得大福 得大果 得大功德 得大廣報 阿難 當來時有比丘 … 著袈裟衣 彼不精進 … 依衆故 緣衆故 上衆故 … 爾時施主 得無量不可數不可計福 得善得樂 況復今比丘成就行事 … 是謂第七施衆"라고 하였다. 〔참고문헌〕『中阿含經』, *MN.3.255.*

칠식 七識 ❶ 칠전식(七轉識). 전육식(前六識)과 제7말나식(末那識 Ⓢ manas)을 말한다. 『결정장론』 권상(대정장30, p.1019c27)에 "아라야식이 모든 식과 함께 일어나지만 서로 섞이지 않는 것도 역시 이와 같다. 모든 심수는 다같이 심법인데, 갖가지 상으로 상응하여 함께 생하면서도 방애가 없듯이 아라야식이 칠식과 더불어 상응하여 함께 생하는 것도 이와 같다. 阿羅耶識與諸識俱生 不得相雜 亦復如是 如諸心數 同是心法 有種種相 相應俱生 無有妨礙 阿羅耶識 而與七識 相應俱生 亦復如是", 『전식론』(대정장31, p.62b16)에 "이와 같이 칠식은 아리야식 중에서 모든 상 마땅히 일으키니, 마치 온갖 영상 거울 속에 모두 다 나타나는 것과 같으며, 또한 온갖 물결 하나의 물에 모이는 것과 같다. 如是七識 於阿梨耶識中 盡相應起 如衆像影 俱現鏡中 亦如衆浪 同集一水"라고 하였다. 〔참고문헌〕『決定藏論』, 『轉識論』. ⇨ 칠전식 七轉識 ❷ 제7식. 말나식(末那識 Ⓢ manas)을 말한다. 『대승광백론석론』 권1(대정장31, p.196c17)에 "제7식에서 제8식을 연하여 자심상을 일으키고는 이를 잡아서 실아로 삼으니 이름하여 아견이라 한다. 在第七識 緣第八識 起自心相 執爲實我 名爲我見", 세친석(世親釋) 진제역(眞諦譯) 『섭대승론석』 권5(대정장31, p.188b3)에 "칠식이 본식을 훈습함으로써 종자가 되고, 이 종자가 다시 본식을 변이하여 칠식이 됨에 뒤의 칠식은 곧 앞 모습의 종자로부터 난다. 以七識熏習本識爲種子 此種子復變異本識爲七識 後七識卽從前相貌種子生", 『성유식론』 권9(대정장31, p.53a15)에 "제7식과 함께 아견 등을 잡음은 무루도의 성상과 더불어 서로 어긋나기에 팔지를 넘어가면 바야흐로 길이 행해지지 않는다. 第七識俱執我見等 與無漏道性相違故 八地以去 方永不行", 진제역 『현식론』(대정장31, p.879b3)에 "식은 곧 삼종의식이니, 첫째는 아리야식을 말한다. 이는 세품의 의식으로 늘 과보를 받음에 선악과는 통하지 않고 다만 무부무기일 뿐이다. 둘째는 다나식이니 중품의 의식으로 다만 범부신의 과보를 받을 뿐이다. 셋째는 늘 밝히는 바의 의식이니, 추품의식이다. 선악무기 삼성의 과보에 두루 받는다. … 또 리야식은 범부가 헤아리는 바의 아처다. 다나가 리야식을 잡아서 아경을 지음에 능히 잡는 것이 바로 다나이기 때문이고, 칠식이 바로 아견의 체이기 때문이다. 識卽三種意識 一 謂阿梨耶識 是細品意識 恒受果報 不通善惡 但是無覆無記 二 陀那識 是中品意識 但受凡夫身果報 三者 謂常所明意識 是麤品意識 通受善惡無記三性果 … 又梨耶識 是凡夫所計我處 由陀那執梨耶識作我境 能執正是陀那故 七識是我見體故", 『법화문구기』 권4(대정장34, p.215a14)에 "대승에서는 제8식을 심이라 하고, 제7식을 의라고 하며, 6식을 식이라고 한다. 若大乘中 八識名心 七識名意 六識名識"라고 하였다. 〔참고문헌〕『大乘廣百論釋論』, 『攝大乘論釋』, 『成唯識論』, 『顯識論』, 『法華文句記』. ⇨ 말나식 末那識, 무명식 無明識, 분별사식 分別事識

칠식계 七識界 Ⓢ sapta vijñāna-dhātavaḥ, Ⓣ rnam-par-shes-pa'i-khams-bdun. 안식(眼識)에서 의식계(意識界)를 말하니 식온(識蘊)이다. 『사리불아비담론』 권1(대정장28, p.526a6)에 "어떤 것을 칠식계라고 하는가? 안식계와 이·비·설·신식계와 의계와 의식계를 말한다. 云何七識界 眼識界 耳鼻舌身識界 意界

意識界", 『대승아비달마집론』 권1(대정장31, p.666a18 : *Abh-s.*, p.12)에 "식온이란 곧 칠식계이니, 안 등의 육식계와 의계를 말한다. 識蘊 卽七識界 謂眼等六識界 及意界 vijñāna-skandha eva sapta vijñāna-dhātavaḥ. cakṣurādayaḥ ṣaḍ vijñāna-dhātavo mano-dhātuś-ca"라고 하였다. 〔참고문헌〕『舍利弗阿毘曇論』, 『大乘阿毘達磨集論』, *Abh-s.* ⇨ 칠계 七界 ■

칠식십명 七識十名 제7식인 의식(意識) 즉 말나식(末那識 Ⓢ manas) 역할에 따른 열 가지 이름. 『종경록』 권50(대정장48, p.712c21)에 "칠식에 열 가지 이름이 있다. 七識十名者"라고 하였으니, 육식 뒤에 얻는 이름으로 칠식(一 六後得稱 名爲七識), 근과 진을 만나지 않으므로 전식(二 根塵不會 名爲轉識), 불각습기로 홀연히 생각이 일어나므로 망상식(三 不覺習氣 忽然念起 名妄想識), 끊임없이 생멸하므로 상속식(四 無間生滅 名相續識), 이를 장애하여 밝지 못하므로 무명식(五 障理不明 名無明識), 미혹을 뒤쳐서 바름에 따라 능히 사주번뇌를 끊으므로 해식(六 返迷從正 能斷四住煩惱 名爲解識), 그윽한 길을 밟아 건너고 진실을 따라 선을 내므로 행식(七 與涉玄途 順理生善 名爲行識), 삼계생사를 알아 나의 마음이라는 것 다하고 다시는 외법마저 없게 하니 무외식(八 解三界生死 盡是我心 更無外法 名無畏識), 비추어 알아 분명하니 마치 거울이 모습을 나투듯하므로 현식(九 照了分明 如鏡顯像 名爲現識), 법이 이미 헛되이 일어나면 지를 섬겨 품고는 진성이 드러날 수 없게 하니 지장식이라고 한다(十 法旣妄起 恃智爲懷 令眞性不顯 名智障識). 〔참고문헌〕『宗鏡錄』, 『翻譯名義集』 권6(대정장54, p.1153b10). ⇨ 말나식 末那識

칠식주 七識住 Ⓢ sapta-vijñāna-sthitayaḥ, Ⓟ satta-viññāṇa-ṭṭhitiyo, Ⓣ rnam-par-shes-pa'i-gnas-bdun. 일곱 곳에 식(識)을 가져 머물다. 욕계선취와 색계 세 곳과 무색계 세 곳에 나름의 식과 몸(身)을 가져 머무는 뜻이다. 신이상이식주(身異想異識住 Ⓟ sattā nānattakāyā nānattasaññino : 身異想異如人一分天), 신이상일식주(身異想一識住 Ⓟ sattā nānattakāyā ekattasaññino : 身異想一如梵衆天), 신일상이식주(身一想異識住 Ⓟ sattā ekattakāyā nānattasaññino : 一想異如極光淨天), 신일상일식주(身一想一識住 Ⓟ sattā ekattakāyā ekattasaññino : 身一想一如遍淨天), 공무변처식주(空無邊處識住 Ⓟ sattā ākāsānañcāyatanūpagā), 식무변처식주(識無邊處識住 Ⓟ sattā viññāṇañcāyatanūpagā), 무소유처식주(無所有處識住 Ⓟ sattā ākiñcaññāyatanūpagā)를 말한다. 칠식처(七識處)·칠식지처(七識止處)·칠신식지처(七神識止處)라고도 한다. 『장아함경』 권9 「증일경 增一經」(대정장1, p.58b3)에 "어떤 것을 칠각법이라고 하는가? 칠식주처를 말한다. 중생이 몇 가지 몸과 몇 가지 생각을 가지고 있으면, 하늘과 사람은 초식주이다. 다시 중생이 몇 가지 몸과 한 가지 생각을 가지고 있어서, 범광음천에 처음 태어날 때는 이식주이다. 또 중생이 한 가지 몸과 몇 가지 생각이 있으면 광음천이며 삼식주이다. 다시 중생이 한 가지 몸과 한 가지 생각만 가지고 있으면, 변정천(遍淨天)의 사식주이다. 또 중생이 공처에 머무는 것이니 오식주이다. 혹은 식처(識處)에 머물면 육식주다. 혹 불용처에 머물면 칠식주이다. 云何七覺法 謂七識住處 若有衆生 若干種身 若干種想 天及人 此是初識住 復有衆生若干種身 而一想者 梵光音天 最初生時是 是二識住 復有衆生 一身 若干種想 光音天是 是三識住 復有衆生 一身一想 徧淨天是 是四識住處 復有衆生 空處住 是五識住或識處住 是六識住 或不用處 是七識住", 『잡아비담심론』 권8(대정장28, p.934c20)에 "〔문〕 세존께서는 칠식주를 말씀하셨는데, 이것은 어떤 것인가? 〔답〕 욕계에 있는 선취와 색계의 세 곳, 무색계의 세 곳도 그러하니, 이것을 식주라고 한다. 욕계 선취인 하늘과 인간, 색계에서 앞 세 지, 무색계에서 앞의 세 지, 이 일곱 지를 식주라고 한다. 問 世尊說七識住 此云何 答 善趣在欲界及色界三地 無色三亦然 是說爲識住 欲界善趣 謂天及人色界前三地 無色前三地 此七地說識住", "유색중생이란 색신을 성취한다. 가지가지 몸이란 종종의 모습이며, 종종상이란 고·락·불고불락의 상이니, 이것을 초식주라고 한다. 有色衆生者 成就色身 種種身者 種種形 種種想者 苦樂不苦不樂想 是名初識住", "다시 가지가지 몸이란 앞에서 말한 것과 같으며, 하나의 상이란 오염된 생각이다. 저 범신천에 처음 태어나면 이렇게 생각한다. '나는 대범천으로부터 생겨났다'하고 대범천은 '내가 그를 낳았다'라고 생각한다. 귀하고 천한 곳을 보면 안다. 각관하는 식신 때문에 범천에도 가지가지 몸이 있으니, 이것이 두 번째 식주다. 復次 種種身者 如前說 一想者 染汚想 彼梵身天初生作是念 我從大梵天生 大梵天作是念 我能生彼 尊卑處所故 及覺觀識身故 梵天有種種身 是名第二識住", "일신이란 색신의 형처와 크기가 같은 것이며, 종종상이란 락과 불고불락의 상이다. 근본지인 희근(喜根)을 싫어하는 권속에게 사근이 눈앞에 나타나고, 사근이 싫어지면 희근이 다시 눈앞에 나타나는데, 이것이 세 번째 식주다. 一身者 色身形處量等 種種想者 樂及不苦不樂想 根本喜疲厭眷屬 捨根現在前 捨疲厭已 喜復現在前 是名第三識住", "일신과 일상이란 무엇인가? 일신은 앞에서 말한 바와 같으며, 일상이란 락만이 있는데, 네 번째 식주다. 一身一想者 一身如前說 一想者樂 是名第四識住", "무색중생은 색신이 없으니, 색욕을 여의기 때문이다. '일체의 색상을 건넌다'라는 말은 행(行)이 색을 여의기 때문이니, 색상은 안식과 상응하기 때문이다.

초선의 욕망을 여의면 욕애행을 건너며, 제4선의 욕망을 여의면 색행을 건너간다. 이러한 뜻에서 유대상을 멸하고 오식신과 상응한다. '종종의 상을 억념하지 않는다'라는 말은 갖가지 생각이 없는 것이다. 즉 제4선의 경지다. 널리 흩어져서 갖가지 입(入)을 연으로 하기에 오염된 경우에는 열 가지 '입'을 연하고, 오염되지 않은 생각일 경우에는 열 두 가지 '입'을 연다. 욕망의 요란을 여의었기에 억념하지 않는다고 한다. 무량이란 무량한 행이기에 방편으로 사유하여 공에 들어 공정수하니 공처입이라 한다. '공처입을 성취한다'라는 말은 그 경지의 사음을 성취한 것이니, 다섯 번째 식주다. 無色衆生者 不成就色身 離色欲故 度一切色想者 行離色故說 以色想眼識相應故 若離初禪欲 度欲愛行 離第四禪欲 度行色行 以是義故 說滅有對想 五識身相應故 不念種種想者 無種種想 謂第四禪地 普散以緣 種種入故 若染污者 緣十入 不染污者 緣十二入 離欲擾亂 故說不念 無量者 無量行故 方便思惟空入 空正受故 說空處入 空處入成就者 得成就彼地四陰 是名第五識住", "방편으로 사유하여 식입식처에 드는 것이 여섯 번째 식주다. 무량행은 자분위가 아니기에 무소유처라고 하니, 일곱 번째 식주다. 方便思惟識入識處 是名第六識住 無量行非分故 說無所有處 是名第七識住", "〔문〕 무엇 때문에 칠식주를 세우는가? 〔답〕 '식'으로 그곳에 기꺼이 머물기에 식주라고 한다. 問 何以故 立七識住 答 若識於彼樂住 故說識住"라고 하였다. 〔참고문헌〕『長阿含經』, 『雜阿毘曇心論』, 『中阿含經』 권24 「大因經」(대정장1, p.581b13), 『俱舍論』 권8(대정장29, p.43b7), *DN.3.253.* ⇨ 식주 識住, 식지처 識止處, 무소유처식주 無所有處識住, 식무변처식주 識無邊處識住, 신이상일식주 身異想一識住, 신일상이식주 身一想異識住, 신일상일식주 身一想一識住

칠식주처 七識住處 Ⓟ satta viññāṇa-ṭṭhitiyo. 중생이 식(識)으로 즐겨 머무는 일곱 처소. 칠식주(七識住)를 말한다. 『사리불아비담론』 권19(대정장28, p.653c26)에 "무엇이 칠식주처인가? 혹 어떤 중생은 여러 가지 몸으로 여러 가지 생각을 하는데, 곧 욕계의 사람이나 하늘이니, 이것을 초식주처라고 한다. 어떤 중생은 여러 가지 몸이지만 한 가지 생각만을 하는데 처음 범천에 태어나는 것이니, 이것을 제2식주처라고 한다. 어떤 중생은 한 몸으로 여러 가지 생각을 하는데 광음천이니, 제3식주처라고 한다. 또 어떤 중생은 한 몸으로 한 생각만을 하는데 변정천이니 제4식주처라고 한다. 어떤 중생은 가없는 공처에 머무니 제5식주처라고 한다. 어떤 중생은 가없는 식처에 머무니 제6식주처라고 한다. 어떤 중생은 무소유처에 머무니 제7식주처라고 한다. 이런 것을 칠식주처라고 한다. 何謂七識住處 或有衆生 若干身若干想 欲界人或天 此謂初識住處 若有衆生 若干身一想 若初生梵天 是名第二識住處 若有衆生 一身若干想 光音天 是名第三識住處 或有衆生 一身一想 遍淨天 是名第四識住處 若有衆生 無邊空處 此名第五識住處 若有衆生 無邊識處 此謂第六識住處 若有衆生 無所有處 此謂第七識住處 是名七識住處"라고 하였다. 〔참고문헌〕『舍利弗阿毘曇論』, 『法苑珠林』 권70(대정장53, p.819a13), *DN.3.282.* ⇨ 칠식주 七識住, 구유정거 九有情居

칠식지처 七識止處 식(識)이 머무는 일곱 곳. 칠식주(七識住)·칠식주처(七識住處)·칠식처(七識處)라고도 한다. 『장아함십보법경』 권상(대정장1, p.236b26)에 "일곱 번째 칠법은 받아 알기 어려우니, 일곱 가지로 식이 머문다. 색 있는 몸에 다른 몸과 다른 상입니다. 비유컨대 저 혹은 인중 혹은 천상과 같으니 이것이 첫째로 식이 머무는 곳입니다. 第七七法 難受知 七識止處 有色身異身異相 譬如或人中 或天上 是爲一識止處", "색이 있는 약간의 몸에 하나의 상이니, 비유컨대 저 하늘 위의 하늘을 이름하여 범이라 하여 위에 있음과 같으니 이것이 둘째로 식이 머무는 곳입니다. 有色若干身一想 譬如天上天 名爲梵 上頭有 是爲二識止處", "색이 있는 곳에 있고 하나의 몸에 하나의 상이니, 비유컨대 저 하늘을 이름하여 자명이라 함과 같으니 이것이 셋째로 식이 머무는 곳입니다. 有在色處 一身一想 譬如天 名爲自明 是爲三識止處", "색 없는 곳에 있는 행자가 일체 색을 따라 건너 화내는 생각 없애고 헤아림 없는 행으로 머무니, 비유컨대 저 하늘을 이름하여 공이라 함과 같으니 이것이 넷째로 식이 머무는 곳입니다. 有無有色處行者 一切從色度 滅恚念 無有量行止 譬如天名爲空 是爲四識止處", "색 없는 곳에 있는 행자가 일체 공을 따라 건너 식에 헤아림 없는 곳으로 가 머무니, 비유컨대 저 하늘을 이름하여 식이라 함과 같으니 이것이 다섯째로 식이 머무는 곳입니다. 有無有色處行者 一切從空得度 行識無有量止 譬如天名爲識 是爲五識止處", "색이 있지 않은 곳에 있는 행자가 상이 없으면서도 상을 여의지 않으니, 비유컨대 저 하늘을 이름하여 무유상이라 함과 같으니 이것이 일곱째로 식이 머무는 곳입니다. 有不在色行者 無有想 亦不離想 譬如天名爲無有想 是爲七識止處"라고 하였는데, 여기에는 식이 여섯째로 머무는 곳이 빠져 있지만, 『인본욕생경』 권1(대정장1, p.245a7)에서는 인천(人天)·범천(梵天)·명성천(明聲天)·변정천(遍淨天)·공혜행(空慧行)·식혜천(識慧天)·불용종수혜천(不用從受慧天)이라 하였다. 〔참고문헌〕『長阿含十報法經』, 『人本欲生經』. ⇨ 칠식주처 七識住處

칠식처 七識處 Ⓢ sapta vijñānasthitayaḥ. 중생이 식(識)에 따라 일곱 갈래로 머무는 곳. 칠식주(七識住) 또는 칠식주처(七識住處)라 한다. 『증일아함경』 권33

(대정장2, p.730c22)에 "어떤 것을 칠신식주처라고 하는가? 즉 중생이 몇 가지 몸으로 생각하니, 인간과 하늘을 말한다. 또 중생이 여러 가지 몸으로 한 가지 생각만을 갖게 되니, 범가이천(梵迦夷天 Ⓢ Brahma-kāyika-deva : 色界初禪天)에 처음 출현한 때다. 또한 중생이 한 가지 몸으로 여러 가지 상을 갖게 되니, 광음천을 말한다. 또 중생이 한 가지 몸과 한 가지 상일 때는 변정천이다. 또한 중생이 한량없는 허공이니, 공처천이다. 또 중생이 한량없는 식에 머무니, 식처천이다. 또한 중생이 처할 곳도 없을 때를 무유처천이라 한다. 비구들아, 이런 것을 칠식주처라 하니, 나는 지금 칠식처를 설해 마쳤다. 云何名爲 七神識住處 所謂衆生 若干種身想 所謂人及天也 又復衆生 若干種身 而有一想 所謂梵迦夷天也 初出現世 又復衆生 一身若干想 所謂光音天也 又復衆生 一身一想 所謂遍淨天也 又復衆生 無量空 空處天也 又復衆生 無量識 識處天也 又復衆生 無有處 無有處天也 是謂 比丘 七識住處 我今已說七識處", 『유마경약소』 권9(대정장38, p.686c2)에 "칠식처에 대해 라즙사는 말했다. '인천이 하나가 되고, 세 가지 선천(三禪 : 初禪天 第二禪天 第三禪)과 세 가지 공처(空處 : 空無邊處天 識無邊處天 無所有處天)가 여섯이 되어 합하면 칠식주이다'. 天七識處者 什師云欲界人天爲一 三禪三空爲六 合七識住"라고 하였다. [참고문헌] 『增壹阿含經』, 『維摩經略疏』, *Vikī-n.304.* ⇨ 칠식주 七識住, 칠식주처 七識住處

칠신 七身 Ⓟ satta kāyā, sattime kāyā. 사명외도(邪命外道)가 주장하는 일곱 가지 몸. 신(身)은 대(大)의 뜻으로 불변하는 것들이라 여긴다. 칠대신(七大身)·칠사신(七士身)이라고도 한다. 『잡아함경』 권7(대정장2, p.44b20 : *Mahādiṭṭhena-sutta, SN.3,* p.211)에 "어떻게 일곱이 되는가? 즉 지신·수신·화신·풍신·낙·고·명이다. 이 칠신은 만들거나 만들어진 것이 아니며, 변한 것도 아니고 변화에 의한 것도 아니며, 죽일 수도 없고 움직일 수 없어서 견실하다. 바뀌지도 변하지도 서로 핍박하지도 않는다. 何等爲七 所謂地身 水身 火身 風身 樂 苦 命 此七種身 非作非作所作 非化非化所化 不殺不動堅實 不轉不變 不相逼迫 katame satta. pathavīkāyo apokāyo tejokāyo vāyokāyo. sukhe dukkhe jīve. sattime kāyā akaṭā akaṭavidhā animmitā animmātā vañjhā kuṭaṭṭhā esikaṭṭhāyiṭṭhitā te na iñjanti na vipariṇāmenti na aññamaññaṃ vyābādhenti", "복이든 악이든 복악이든, 고이든 고락이든, 영웅이든 우두머리이든 또한 세간을 핍박하지 못한다. 목숨이든 몸이든 칠신 사이를 칼이 오고 가더라도, 목숨을 해치지는 못한다. 거기에는 죽임도 없고 죽이는 이도 없으며, 얽매임도 없고 얽매는 이도 없으며, 기억도 없고 기억하는 이도 없으며, 가르침도 없고 가르치는 이도 없다. 若福若惡若福惡 若苦若樂若苦樂 若士梟士首 亦不逼迫世間 若命 若身 七身間間 容刀往返 亦不害命 於彼無殺無殺者 無繫無繫者 無念無念者 無教無教者", 『유부율출가사』 권1(대정장23, p.1025b24)에 "마납바야 나는 이와 같이 보고 이와 같이 설한다. 또 칠신이 있다. … 이 칠신은 모두 짓거나 지어지는 것이 없으며, 변화하거나 변화되는 것이 없고, 손해도 없으며, 모여 안주하는 것이 마치 나뭇가지가 서로 의지하는 것과 같다. 그것들은 모두 생하지 않고 변화가 없기에 서로 해치지 않는다. 摩納婆 我有如是見 如是說 復有七身 … 彼皆無作無所作 無化所化 無有損害 積聚安住 猶如木梢更互相持 彼皆不生無變易故 至不相害"라고 하였다. [참고문헌] 『雜阿含經』, 『有部律出家事』, 『發智論』 권20(대정장26, p.1028a3), *SN.*

칠심계 七心界 Ⓢ sapta citta-dhātavaḥ, Ⓣ sems-kyi-khams-bdun. 십팔계(十八界) 중 육식계(六識界)와 의계(意界). 칠계(七界)·칠심(七心 Ⓟ satta cittāni) 또는 칠식계(七識界)라고도 한다. 『아비담심론경』 권1(대정장28, p.835a18)에 "식음(識蔭 : 識蘊)이란 무엇인가? 육식신을 말하며, 십이입 중에서는 의입을 말한다. 십팔계 중에서는 칠심계로 분별하니, 안식계·이식계·비식계·설식계·신식계·의식계·의계 등이다. 識蔭者 謂六識身 是十二入中 說爲意入 於十八界中 分別爲七心界 眼識界 耳識界 鼻識界 舌識界 身識界 意識界 意界 等", 『구사론송소론본』 권1(대정장41, p.822a24)에 "육식 이외에 다시 의계를 더하여 칠심계라고 한다. 於六識外 更加意界 名七心界"라고 하였다. [참고문헌] 『阿毘曇心論經』, 『俱舍論頌疏論本』, *Abh-k-bh.37.* ⇨ 칠계 七界[1], 칠식계 七識界, 오온 五蘊, 십이입 十二入, 십팔계 十八界

칠십공성론 七十空性論 Ⓣ stong-pa-nyid bdun-cu-pa'i 'grel-pa. 용수(龍樹) 지음. 『칠십론』이라고도 한다. 제법무자성(諸法無自性)으로 성공중도(性空中道)를 밝혔다. 73수의 게송으로 구성되어 있다. 제1송은 총론으로 근본명제를 밝힌 종요(宗要)이다. 제2송부터 제71송까지는 제1송의 취지를 상세하게 해설하였는데 제2송부터 제66송까지는 세간법의 생멸변화를 술하였고, 제67송부터 제71송까지는 승의제(勝義諦)를 술하였다. 마지막 두 송은 믿어 깨우치게 해서 얻는 이익(勸信得益)을 말했다. 칠십이라 한 것은 제2송부터 제71송까지만을 드러내서 제목을 삼았다. 티베트역(北京版 No.5231)만 남아 있고 범본과 한역본은 없으나 티베트역을 법준(法尊 1902~1980)이 중문(中文)으로 번역하고 홍비(弘悲)가 10장(章)으로 과섭(科攝)한 책이 전한다. [참고문헌] 『十二門論』, 『七十空性論科攝』(대장경보편9,

p.91a6), 『現代佛教學術叢刊』78 西藏佛教教義論集(二) 西藏佛教專集之四(臺北 : 大乘文化, 1979).

칠십삼존 七十三尊 금강계만다라(金剛界曼荼羅) 성신회(成身會)의 제존(諸尊). 53존에 외금강부(外金剛部)의 20천(天)을 더한 것이다. 『즉신성불의』 권1(대정장77, p.389b10)에 "〔문〕 무엇을 심수라 하고 또한 무엇을 심왕이라 하는가? 〔답〕 금강계 칠십삼존에서 비로자나는 심왕이고 나머지 칠십이존은 심수이다〈칠십삼존이란 오지·사도·십육대보살·사섭·팔공·현겁십육존·외호이십천이다〉. 問 何物名心數 亦名心王 答 於金剛界七十三尊者 毘盧舍那 是心王 餘七十二尊 是心數也〈七十三尊者 五智 四度 十六大菩薩 四攝 八供 賢劫十六尊 又外護二十天也〉"라고 하였다. 〔참고문헌〕『卽身成佛義』. ⇨ 금강계삼십칠존 金剛界三十七尊, 금강계팔십일존만다라 金剛界八十一尊曼荼羅, 금강계만다라 金剛界曼荼羅

칠십오법 七十五法 일체법(一切法)을 75가지 법으로 범주함. 설일체유부(說一切有部)의 분류법이다. 일체법을 유위법(有爲法)과 무위법(無爲法) 둘로 나누고, 이를 다시 오위(五位)로 범주화한 후 각 오위에 속한 법을 75가지로 세분하여 오위칠십오법이 된다. 대승유식(大乘唯識)의 오위백법(五位百法)과 비교된다. 〔유위법〕 조작(造作)의 뜻으로 인연이 화합하여 생기하는 법을 통칭하는데, 『구사론』 권1(대정장29, p.2a7)에 "무엇을 유위라고 하는가? 〔송〕 또한 모든 유위법은 색 등 오온을 말하며, 세로(Ⓢ adhvan)·언의(Ⓢ kathvastu)·유리(Ⓢ saniḥsra)·유사(Ⓢ savastuka)라고도 한다. 〔논〕 '색 등 오온'이란 처음의 색온부터 식온까지를 말한다. 이 다섯 법으로 유위를 모두 거둔다. 뭇 연이 모여 함께 짓기 때문이다. 어떤 법도 단 하나만의 연으로 생겨나는 일은 없다. 何謂有爲 頌曰 又諸有爲法 謂色等五蘊 亦世路言依 有離有事等 論曰 色等五蘊 謂初色蘊乃至識蘊 如是五法具攝有爲 衆緣聚集共所作故 無有少法一緣所生"라고 하였다. 〔무위법〕 인연소생(因緣所生)이 아니어서 생멸이 없는 법을 말하는데, 위의 책 권1(대정장29, p.1c10)에 "무루란 무엇인가? 도성제와 삼무위를 말한다. 어떤 것이 삼무위인가? 허공과 두 가지 멸이다. 두 가지 멸이란 무엇인가? 택멸과 비택멸이다. 無漏云何 謂道聖諦及三無爲 何等爲三 虛空二滅 二滅者何 擇非擇滅", 같은 책 권5(대정장29, p.5b20)에 "〔논〕 세 가지 무위법은 색온 등에 있지 않으니, 색 등의 뜻과는 상응하지 않기 때문이다. 곧 무위법이란 그 바탕색이 아니며 나아가 식도 아닌 것을 말한다. 論曰 三無爲法 不可說在色等蘊中 與色等義不相應故 謂體非色乃至非識"라고 하였다. 〔오위〕 일체법을 나누는 다섯 가지 범주로, 위의 책 권4(대정장29, p.18b16)에 "일체법에는 대략 다섯 가지 품류가 있으니, 첫째 색법, 둘째 심법, 셋째 심소법, 넷째 심불상응행법, 다섯째는 무위법이다. 謂一切法 略有五品 一 色 二 心 三 心所 四 心不相應行 五 無爲"라고 하였다. 〔색법 色法〕 일정한 공간적 점유성(質礙)과 시간적으로 변하여 허물어지는 성질(變壞)을 갖는 것으로, 위의 책 권1(대정장29, p.3c1)에 "어떤 이는 이렇게 말한다. '변하고 걸림 있기에 색이라한다'. 有說 變礙故名爲色", 위의 책 권1(대정장29, p.2b7)에 "〔송〕 색은 오직 오근과 오경 그리고 무표이다. 〔논〕 오근은 안이비설신근을 말한다. 오경은 안 등 오근의 경계로서, 색성향미촉경을 말한다. 무표란 무표색을 말한다. 頌曰 色者唯五根 五境及無表 論曰 言五根者 所謂眼耳鼻舌身根 言五境者 卽是眼等五根境界 所謂色聲香味所觸 及無表者 謂無表色"라고 하였다. 〔심법 心法〕 심왕(心王)이라고도 하며 색법에 대응하는 마음과 마음의 모든 작용을 말하는데, 위의 책 권4(대정장29, p.21c17)에 "〈송〉 심의식 그 바탕 하나이며, 심의 심소의 의가 되고 연이 되고 행상이 되어 서로 응하니, 그 뜻에 다섯 가지가 있다. 〔논〕 집기하기에 심이라 이름하고, 사량하므로 의라고 이름하며, 요별하기에 식이라 이름한다. 다시 어떤 이는 이렇게 푼다. '정과 부정의 계로 차별하기에 심이라 하고, 이러한 심은 여타 짓는 바들이 의지하기에 의라 하고, 능의지가 되므로 식이라 한다. 그러므로 심의식의 세 가지 이름은 비록 그것이 드러내는 뜻은 달라도 그 바탕은 하나이다'. 心意識體一 心心所有依 有緣有行相 相應義有五 論曰 集起故名心 思量故名意 了別故名識 復有釋言 淨不淨界種種差別故名爲心 卽此爲他作所依止故名爲意 作能依止故名爲識 故心意識三名所詮 義雖有異 而體是一"라고 하였다. 〔심소법 心所法〕 심과 상응하여 마음과 동시에 일어나는 법들을 말한다. 이것은 다시 다섯 범주로 나누어지는데, 위의 책 권4(대정장29, p.19a8)에 "〔논〕 모든 심소법에는 또한 다섯 가지 품류가 있다. 첫째 대지법, 둘째 대선지법, 셋째 대번뇌지법, 넷째 대불선지법, 다섯째 소번뇌지법이다. 論曰 諸心所法且有五品 何等爲五 一 大地法 二 大善地法 三 大煩惱地法 四 大不善地法 五 小煩惱地法"라고 하였다. 〔대지법 大地法〕 선·악·무기 삼성(三性)에 통하고 모든 마음에 동반하여 생하는 심소이다. 위의 책 권4(대정장29, p.19a10)에 "지(地)란 심소가 움직이는 행처다. 만약 이것이 저것의 행처가 된다면 이것은 저것 법의 지라고 한다. 대법지이므로 대지라고 한다. 제법 중에 만약 어떤 법이 대지에 소유라면 대지법이라 한다. 즉 법은 항상 일체심으로 있게 된다. 저 법들은 어떠한 것인가? 〔송〕 수상사촉욕, 혜염과 작의, 승해·삼마지이니 일체심에 두루한다. 〔논〕 전하는 설에 따르면 이상에서 열거한 열 가지 법은 모든 심과 찰나간에 화합하여 모든 곳에 있다. 地謂行處 若此是彼所行處 卽

說此爲彼法地 大法地故 名爲大地 此中若法大地所有 名大地法 謂法恒於一切心有 彼法是何 頌曰 受想思觸欲 慧念與作意 勝解三摩地 遍於一切心 論曰 傳說 如是所列十法 諸心刹那和合遍有"라고 하였다. 〔**대선지법 大善地法**〕 모든 선심(善心)과 상응하여 생기하는 심소로, 위의 책 권4(대정장29, p.19a26)에 "대선법지를 대선지라 한다. 제법 중에 만약 어떤 법이 대선지에 소유이면 대선지라고 한다. 곧 법이 항상 모든 선심에 있게 된다. 이러한 법에는 어떤 것들인가? 〔송〕 신·불방일, 경안·사·참·괴, (無貪과 無瞋의) 두 가지 근 그리고 불해와 근으로, 오직 선심에만 두루한다. 〔논〕 이와 같은 제법은 오직 선심으로 두루하다. 大善法地 名大善地 此中若法大善地所有 名大善地法 謂法恒於諸善心有 彼法是何 頌曰 信及不放逸 輕安捨慚愧 二根及不害 勤唯遍善心 論曰 如是諸法唯遍善心"라고 하였다. 〔**대번뇌지법 大煩惱地法**〕 모든 염오심(染汚心)에 상응하여 생하는 심소로, 위의 책 권4(대정장29, p.19b28)에 "대번뇌의 법지를 대번뇌지라 한다. 제법 중에 만약 어떤 법이 대번뇌지에 소유라면 대번뇌지법이라 한다. 즉 법이 항상 오염된 마음으로 존재한다. 이러한 법들에는 어떤 것이 있는가? 〔송〕 우치·방일·해태·불신과 혼침·도거로, 언제나 오직 몰들어 있을 따름이다. 大煩惱法地 名大煩惱地 此中若法大煩惱地所有 名大煩惱地法 謂法恒於染汚心有 彼法是何 頌曰 癡逸怠不信 惛掉恒唯染"라고 하였다. 〔**대불선지법 大不善地法**〕 모든 불선한 마음과 상응하여 생하는 심소로, 위의 책 권4(대정장29, p.20a6)에 "대불선의 법지를 대불선지라고 한다. 제법 중에서 만약 어떤 법이 대불선지에 소유라면, 대불선지라고 한다. 법 언제나 불선심으로 있다. 〔송〕 오직 가득 불선심인 것은 무참과 무괴이다. 〔논〕 오직 두 가지 심소만이 일체의 불선심과 함께할 뿐이니, 무참과 무괴가 바로 그것이다. 그래서 오로지 두 심소만을 대불선지법이라고 한다. 大不善法地 名大不善地 此中若法大不善地所有 名大不善地法 謂法恒於不善心有 彼法是何 頌曰 唯遍不善心 無慚及無愧 論曰 唯二心所但與一切不善心俱 謂無慚愧 故唯二種 名此地法"라고 하였다. 〔**소번뇌지법 小煩惱地法**〕 무명(無明)과 상응하여 일어나는 심소로, 위의 책 권4(대정장29, p.20a12)에 "소번뇌의 법지를 소번뇌지라 한다. 제법 중에 어떤 법이 만약 소번뇌지에 소유라면, 이를 소번뇌지법이라고 한다. 곧 법이 소분의 염오심과 함께하는 것이다. 이러한 법에는 어떤 것들이 있는가? 〔송〕 분·부·간·질·뇌, 해·한·첨·광·교, 이와 같은 류를 소번뇌지법이라 한다. 〔논〕 '이와 같은 류의 법'은 오직 닦아 끊을 수 있는 것으로서 의식지에서만 일어나며, 무명과 상응하고, 각각 따로 현행하므로 소번뇌지법이라 한다. 小煩惱法地 名小煩惱地 此中若法小煩惱地所有 名小煩惱地法 謂法少分染汚心俱 彼法是何 頌曰 忿覆慳嫉惱 害恨諂誑憍 如是類名爲 小煩惱地法 論曰 如是類法唯修所斷 意識地起 無明相應 各別現行 故名爲小煩惱地法"라고 하였다. 〔**부정지법 不定地法**〕 어떤

〈표〉칠십오법

구사칠십오법俱舍七十五法	
유위법有爲法saṁskṛtadharma	무위법삼無爲法3saṁskṛtadharmāḥ

색법십일色法十一rūpāṇi	심법心法cittam	심소유법사십육心所有法四十六cittaṁprayuktasaṁskārāḥ	심불상응법십사心不相應法十四cittaviprayuktasaṁskārāḥ	허공무위虛空無爲ākāśa	택멸무위擇滅無爲pratisaṁkhyānirodha	비택멸무위非擇滅無爲apratisaṁkhyānirodha

색법		심불상응법	
안근眼根cakṣurindriya	색경色境rūpaviṣaya	득得prāpti	생生jāti
이근耳根śrotraindriya	성경聲境śabdaviṣaya	비득非得aprāpti	주住sthiti
비근鼻根ghrāṇaindriya	향경香境gandbaviṣaya	동분同分sabhāgatā	이異jarā
설근舌根jihvāindriya	미경味境rasaviṣaya	무상과無想果asaṁjñika	멸滅antiyatā
신근身根kāyaindriya	촉경觸境sparśaviṣaya	무상정無想定asaṁjñisamāpatti	명신名身nāmakāya
	무표색無表色avijiñapti	멸진정滅盡定nirodhasamāpatti	구신句身padkāya
		명근命根jīvita	문신文身vyaṁjanakāya

변대지법10遍大地法mahābhūmāḥ(dharmāḥ)	대선지법10大善地法kuśalamahābhūmikāḥ	대번뇌지법6大煩惱地法kleśamahābhūmikāḥ	대불선지법2大煩惱地法akuśalamahābhūmikāḥ	소번뇌지법10小煩惱地法upakleśabhūmikāḥ	부정지법8不定地法aniyatabhumikāḥ
수受vendanā	신信śraddhā			분忿krodha	
상想saṁjñā	근勤vīrya			복覆mrakṣa	
사思cetanā	사捨upskṣā			간慳mātsarya	악작惡作kaukṛtya
촉觸sparśa	참慚hrī			질嫉īrṣyā	수면睡眠middha
욕欲chaṁdā	괴愧apartrapā	무명無明moha		뇌惱pradāśa	심尋vitarka
혜慧mati	무탐無貪alobha	방일放逸pramāda		해害vihiṁsā	사伺vicāra
념念smṛti	무진無瞋adveṣa	해태懈怠kausīdya		한恨upanāha	식食rāga
작의作意manaskāra	불해不害ahiṁsa	불신不信aśrāddha		첨諂māyā	진瞋pratigha
승해勝解adhimokṣa	경안輕安praśrabdhi	혼침惛沈styāna	무참無慚ahrīkatā	광誑śāṭhya	만慢māna
삼마지三摩地samādhi	불방일不放逸apramāda	도거掉擧auddhatya	무괴無愧anapatrapā	교憍mada	의疑vicikitsā

때는 선한 마음과 상응하여 일어나고, 어떤 때는 악한 마음과 일어나고, 어떤 때는 악한 마음에 상응하여 일어나는 심소이다. 앞 다섯 품류의 심소 중 그 어디에도 들지 않기에 부정이라 한다. 위의 책 권4(대정장29, p.20a20)에 "이 밖에 부정의 심소로서 악작·수면·심·사 등의 법이 있다. 復有此餘不定心所 惡作睡眠尋伺等法", 『구사론기』 권4(대정장41, p.78b13)에 "다섯 개의 지 어디에도 들지 않기에 부정이라 한다. 의지함이 정해져 있지 않아 부정지라 하며, 지로도 정해져 있지 않은 법이므로 부정지법이라 한다. '등' 이는 말은 탐진만의를 함께 취한 것이다. 不入五地 名爲不定 不定所依名不定地 不定地家法 名不定地法 等者 等取貪瞋慢疑"라고 하였다. 〔심불상응행법 心不相應行法〕 심법도 아니어서 심에 상응하지 않고 색법도 아니어서 색에도 상응하지도 않아 불상응이라 한다. 또한 불생불멸의 법도 아니므로, 행(行) 자를 붙여 생멸변천을 피할 수 없음을 나타낸다. 『구사론』 권4(대정장29, p.22a4)에 "심불상응행법이란, 득과 비득과 동분과 무상과와 (無想定과 滅盡定의) 두 가지 정과 명과 (生住異滅의) 사상(四相)과 명신(名身) 등의 종류이다. 〔논〕 이와 같은 제법은 마음과도 상응하지 않으며, 색 등의 자성도 아닌 것으로 행온으로 거두는 것들이다. 그러므로 심불상응행이라 이름한다. 心不相應行何者是耶 頌曰 心不相應行 得非得同分 無想二定命 相名身等類 論曰 如是諸法 心不相應非色等性 行蘊所攝 是故 名心不相應行"라고 하였다. 이상에서 언급한 오위칠십오법의 분류와 칠십오법의 각각의 의미를 도시하면 〈표〉와 같다. 〔참고문헌〕 『俱舍論』, 『俱舍論記』. ⇨ 오위칠십오법 五位七十五法, 유위법 有爲法, 무위법 無爲法, 색법 色法, 심법 心法[1], 심왕 心王, 심소 心所, 대지법 大地法, 대선지법 大善地法, 대번뇌지법 大煩惱地法, 대불선지법 大不善地法, 소번뇌지법 小煩惱地法, 부정지법 不定地法, 심불상응행법 心不相應行法, 오의평등 五義平等, 오위백법 五位百法

칠십이방 七十二棒 칠십하고도 두 번이나 더해 방을 놓다. 헤아릴 줄만 아는 이들에게 그 밖을 보인 뜻이다. 『원오어록』 권9(대정장47, p.755c28)에 "'한 번 돌릴 때마다 한 번 새로워지고, 한 번 쓸 때마다 또 한 번 시원하다' '72방 뒤치면 150방이다'. 進云 可謂一回拈出一回新 一度用來一度快 師云 七十二棒 翻成一百五十", 『벽암록』 60칙 「송 頌」(대정장48, p.192c18)에 "72방도 가볍게 용서해 준 것이니〈산승 일찍이 이 령 행한 적 없는데, 령대로 행하는구나. 그나마 산승을 만나 다행이다〉, 150방으로도 그대 잘못을 풀어주기 어렵다〈정히 령 행해야 한다. 어찌 이 정도에서 그만두겠는가? 설령 아침에 삼천 대 때리고 저녁에 팔백 대 때린다 한들 무슨 일 있겠는가!〉 七十二棒且輕恕〈山僧不曾行此令 據令而行 賴値得山僧〉 一百五十難放君〈正令當行 豈可只恁麼了 直饒朝打三千暮打八百 堪作什麼〉", 같은 칙 「평창 評唱」(대정장48, p.193a10)에 "옛사람이 말한다. '72방 뒤쳐서는 150방이 된다'라고 하였는데, 요즘 사람들은 잘못 알고는 숫자로 헤아리기만 한 나머지 '75방이 합당한데 어째서 도리어 72방이라고 하였을까?'라고 의심한다. 그것은 옛사람의 뜻 말밖에 있음을 전혀 모르는 탓이다. 그런 까닭에 '이 일은 언구 중에 있지 않으니, 후인들 파고들게만 할 뿐이다'라고 한다. 古人道 七十二棒 翻成一百五十 如今人錯會 却只算數目 合是七十五棒 爲什麼 却只七十二棒 殊不知古人意在言外 所以道 此事不在言句中 免後人去穿鑿"라고 하였다. 〔참고문헌〕 『圜悟語錄』, 『碧巖錄』.

칠십이상유 七十二相由 일흔두 가지로 서로 말미암다. 구세(九世) 각각에 삼세(三世)를 두 쌍으로 엮고 다시 유무(有無)로 나누어 여덟 갈래로 푼 뜻이다. 『석화엄삼보장원통기』 권하(한불전4, p.219b1)에 "처음 중에 거두어 일흔둘의 서로 말미암음이 있다. 곧 또한 과거과거를 잡아 설하면 첫째 과거과거의 없음(無)을 말미암기에 과거현재의 있음(有)이 성취된다. 둘째 과거과거의 없음을 말미암기에 과거미래의 없음을 짓는다. 셋째 과거과거의 없음을 말미암기에 현재과거의 없음이 성취된다. 넷째 과거과거의 없음을 말미암기에 현재현재의 있음이 성취된다. 다섯째 과거과거의 없음을 말미암기에 현재미래의 없음이 성취된다. 여섯째 과거과거의 없음을 말미암기에 미래과거의 없음이 성취된다. 일곱째 과거과거의 없음을 말미암기에 미래현재의 있음이 성취된다. 여덟째 과거과거의 없음을 말미암기에 미래미래의 없음이 성취된다. 이와 같이 과거과거의 일세를 잡아 여덟 갈래로 서로 말미암음을 지을 수 있다. 나머지 팔세에 또한 그렇게 해서 각각 여덟 번 서로 말미암게 된다. 아홉에 여덟이니 합해서 칠십이상유가 된다. 初中摠有七十二相由也 謂且約過去過去說 則一由過去過去無故成過去現在有 二由過去過去無故 作過去未來無 三由過去過去無故 成現在過去無 四由過去過去無故 成現在現在有 五由過去過去無故 成現在未來無 六由過去過去無故 成未來過去無 七由過去過去無故 成未來現在有 八由過去過去無故 成未來未來無 如是約過去過去一世 作八相由 餘八世亦爾 各八相由也 九八合爲七十二相由也"라고 하였다. 〔참고문헌〕 『華嚴經三寶章圓通記』.

칠십이세 七十二歲 『법화경』을 설하실 당시의 부처님 세수. 『법화현의』 권5상(대정장33, p.738b18)에 "성도하신 이후 40여 년 동안 진실을 드러내지 않으시다가 『법화경』에서 처음으로 진실을 드러내셨다. 전하는 말로는 부처님의 세수 72세에 『법화경』을 설하셨다고 한다. 成道已來 四十餘年 未顯眞實 法華始顯眞實 相傳云

佛年七十二歲 說法華經",『법화경구해』권5(卍속장48, p.144a9)에 "〈경〉이 때(성도한 때)로부터 40여 년 지났다. 〈석〉열아홉에 성을 넘어 출가한 뒤 6년고행과 5년유력을 거쳐 30세에 성도하였고,『법화경』을 설할 당시는 72세였다. '바야흐로 40여 년 지났다'라고 한다. 從是已來 始過四十餘年 十九逾城 六年苦行 五年遊歷 三十成道 說法華時 七十二歲 故云 始過四十餘年"라고 하였다. [참고문헌]『法華玄義』,『法華經句解』,『白丈淸規』권2「佛成道涅槃」(대정장48, p.1116c17).

칠십이위의 七十二威儀 사미(沙彌)를 위해 시설한 일흔두 가지 바른 몸가짐. 행법은 열네 가지로 분류하고는, 모두 일흔두 가지의 구체적인 행의들을 보였다.『사미십계법병위의』(대정장24, p.929c14)에 "사미의 칠십이위의에는 모두 열네 가지 사례가 있다. … 사미가 스승에게 예를 올림에 열 가지로 한다. 첫째, 스승의 머리 앞에 소반이 있을 경우 예를 올려서는 안 된다. 둘째, 스승이 좌선하고 있을 때 예를 올려서는 안 된다. 셋째, 스승이 경행하고 있을 때 예를 올려서는 안 된다. 넷째, 스승이 식사하고 있을 때 예를 올려서는 안 된다. 다섯째, 스승이 경을 강설하고 있을 때 예를 올려서는 안 된다. 여섯째, 스승과 마주쳤을 경우 좌측에서 예를 올려서는 안 된다. 일곱째, 스승이 치아를 손질하고 있을 때 예를 올려서는 안 된다. 여덟째, 방문으로 들어가 예를 올리고자 할 경우 손가락을 세 번 튕겨 알리고 스승에게서 아무 응답이 없으면 떠나야 한다. 아홉째, 스승과 칠보 이상 떨어져서 걸으면 안 된다. 열째, 스승이 방문을 열면 예를 올려야 한다. 沙彌七十二威儀 總有十四事 … 沙彌爲師作禮 有十事 一者 師頭前有盤 不應作禮 二者 師坐禪 不應作禮 三者 師經行 不應作禮 四者 師食 不應作禮 五者 師說經 不應作禮 六者 與師相逢 左面不應作禮 七者 師梳齒 不應作禮 八者 欲入戶作禮 應彈指三返 師不應應去 九者 不得離師七步 十者 師戶開應作禮"라고 하였고, 이어서 조기입호(早起入戶)·벽삼의(襞三衣)·수사행(隨師行)·급사소수(給師所須)·사미세치(沙彌洗齒)·모입호(暮入戶)·사미종사수경(沙彌從師受經)·사미수사삼의(沙彌授師三衣)·사미세발(沙彌洗鉢)·사미소지(沙彌掃地)·사미수사지단월가(沙彌隨師至檀越家)·사미입욕실(沙彌入浴室) 등 대중과 함께 하는 일상의 모든 영역에서의 행의들을 낱낱이 들고 있다. [참고문헌]『沙彌十戒法幷威儀』.

칠십이자 七十二字 겁초(劫初)에 범왕(梵王)이 세간에 내놓았다는 72개의 글자.『백론소』권상(대정장42, p.251a15)에 "이와 같은 경등에서 처음에는 모두 길(吉)이라 한 것은 네 번째로 저 경의 덕을 마무리한 말이다. 외도는 말한다. '아득한 옛날 범왕이 세간에서 72자를 설하여 세간을 교화하였다. 이것을 거루서(Ⓢ Kharoṣṭī-lipi)라 한다. 그러나 세간인의 공경하는 심정이 점차 옅어지자 범왕도 아깝다는 마음 일으켜서 거두어서 모두 삼키다가 아(阿)와 구(漚)라는 두 자만은 양쪽 입가에서 흘러 바닥에 떨어졌다. 세간인들이 따져본 끝에 그것을 글자의 왕이라 여겼다. 이에 구 자를 가져다 4부『베다 *Veda*』의 머리에 두었고, 아 자는 *Bṛhaspati*(광주경) 처음에 두었다'. 如是經等 初皆言吉者 第四結彼經德 外云 昔有梵王 在世說七十二字 以敎世間 名佉樓書 世間之敬情漸薄 梵王貧悋心起 收取呑之 唯阿漚兩字 從口兩邊墮地 世人責之 以爲字王 故取漚字置 四韋陀首 以阿字置 廣主經初"라고 하였다. [참고문헌]『百論疏』,『仁王護國般若波羅蜜多經疏』권1상(대정장33, p.436a15).

칠십진실론 七十眞實論 Ⓢ Tattvasaptati. 세친(世親 Ⓢ Vasubandhu : 天親) 지음. 상키야(Ⓢ Sāṃkhya : 數論)의『금칠십론』을 논파하기 위하여 지은 논서이다. 전하지 않는다.『바수반두법사전』(대정장50, p.190a27)에 "천친이 매우 분노하여 곧『칠십진실론』을 지어 외도가 지은『승거론』을 논파하니, 처음부터 끝까지 와해되어 한 구도 성립하지 못하였으므로 모든 외도들 근심하고 괴로워하길 마치 자기 목숨 상한 듯하였다. 天親彌復憤懣 卽造七十眞實論 破外道所造僧佉論 首尾瓦解 無一句得立 諸外道憂苦 如害己命"라고 하였다. [참고문헌]『婆藪盤豆法師傳』.

칠십칠지 七十七智 Ⓟ satta-sattati ñāṇāni. 십이지 각각을 전후 이지(二支)만으로 삼세(三世)로 순역(順逆)으로 법주(法住)로 관하여 얻는 일흔일곱 가지 지(智).『잡아함경』권14(대정장2, p.99c28)에 "그때 세존께서 비구들에게 이르셨다. '77종의 지가 있다. 자세히 듣고 잘 생각하라. 이제 그대 위해 설하겠다. 무엇이 77종 지인가? 爾時 世尊告諸比丘 有七十七種智 諦聽善思 當爲汝說 云何七十七種智", "생을 연한 노사지, 생연 아닌 것 없는 노사지, 과거생연인 노사지, 과거생연 아닌 것 없는 노사지, 미래생연인 노사지, 미래생 아닌 연 없는 노사지, 그리고 법주지, 무상, 유위, 마음으로 연한 생, 다하는 법, 변하여 바뀌는 법이고, 욕에서 벗어나야 할 법, 멸법, 끊어 아는 지이다. 生緣老死智 非餘生緣老死智 過去生緣老死智 非餘過去生緣老死智 未來生緣老死智 非餘未來生緣老死智 及法住智 無常 有爲 心所緣生 盡法 變易法 離欲法 滅法 斷知智", "이와 같이 유·취·애·수·촉·육입처·명색·식·행에서도 일어난다. 如是生 有 取 愛 受 觸 六入處 名色 識 行", "무명이 연한 행의 지혜, 무명 아닌 연은 없는 행의 지, 과거 무명이 연한 행의 지, 과거 무명 아닌 연은 없는 행의 지, 미래 무명이 연한 행의 지, 미래 무명연 외의 연은 없는 행의 지, 그리고 이 법이 머문다는 지, 무상, 유위, 마음의 연으로 생하고, 다하는 법이며, 변하여 바뀌는 법이고, 욕에서 벗어나야 할 법이며, 사라지는 법이니, 끊는 지이다. 無明緣行智 非餘無明緣行智 過去無明緣行智 非餘過去無明緣行智 未來無明緣行智 非餘未來無明緣行智 及法住智 無常 有爲 心所緣生 盡法 變易法 無欲法 滅法 斷智", "이것을 77종의 지라고 한다. 是名七十七種智", 『성실론』 권16 「칠십칠지품」(대정장32, p.373a28)에 "경에서 77지를 설한다. 생을 연한 노사이고, 생을 떠나서는 노사가 있지 않으며, 과거미래세 중에도 이와 같고, 이러한 법이 머무는 지로 무상하고, 유위며, 지어 일어나고, 뭇 연을 좇아 일어난다고 관하며 다하는 상・무너지는 상・떠나는 상・멸하는 상 또한 이와 같이 관하고, 내지 무명연행 또한 이와 같다. 經中說七十七智 謂生緣老死 不離生有老死 過去未來世中亦如是 是法住智 觀無常有爲 作起 從衆緣生 盡相 壞相 離相 滅相 亦如是觀 乃至無明緣行亦如是"라고 하였다. 〔참고문헌〕『雜阿含經』, 『成實論』, 『瑜伽師地論』 권10(대정장30, p.328b7), *SN.2.59.* ⇨ 생법지 生法智

칠악 七惡 ➡ 신구칠업 身口七業, 신삼구사의삼 身三口四意三, 칠불선율의 七不善律儀

칠악사 漆岳寺 충청남도에 있던 절. 정약용(丁若鏞 1762~1836)은 부여에 위치했을 것이라고 추정하였다. 『삼국사기』 권27 백제본기(百濟本紀)5 법왕 2년(600)에 "큰 가뭄이 들어 왕이 칠악사에 행차하여 기우제를 지냈다. 大旱 王幸漆岳寺 祈雨"라고 하였고, 정약용은 『여유당전서』 보유(補遺) 『대동선교고 大東禪敎考』에서 "법왕 당시 백제는 이미 부여가 수도였다. 즉 소위 왕흥사와 칠악사는 역시 마땅히 부여에서 구해야 한다. 法王之時 百濟已都扶餘 卽所謂王興寺漆岳寺 亦當求之於扶餘矣"라고 하였다. 〔참고문헌〕『三國史記』, 『與猶堂全書』.

칠애 七愛 ➡ 칠유 七有

칠야법 七夜法 안거 중에 절 밖으로 부득이 나가야(出界) 할 경우 7일 밤만을 지날 수 있도록 한 법. 『십송율』 권61(대정장23, p.460a27)에 "비구들이 하안거중에 마을로 가서 해야 할 일 있어도 계를 범할까 두려워 떠나지 못하는 바람에 해야 할 여러 일을 버려두었다. 부처님께서 '7일밤을 허락하니 다녀오거라'라고 하셨다. 비구들이 7일 동안의 외박을 허락받고 취락으로 떠났으나 7일이 다하기 전에 마치지 못하고 돌아오기도 하였다. 그 비구들이 어떻게 할 방도를 몰라 이 일로 부처님께 여쭙자 말씀하셨다. '남은 날 동안 다녀오도록 허락한다'. 그 비구는 '저는 7일 동안 외박할 수 있도록 허락받았는데 며칠은 이미 지났고 며칠은 남아 있습니다. 이제 남은 기간 동안 계를 벗어날 수 있도록 허락받았습니다(受殘夜法)'라고 말했다. 諸比丘 夏安居 聚落中有因緣應出 是比丘畏犯戒不去 是衆可作事廢 佛言 聽受七夜法去 諸比丘 受七夜去聚落 若七夜未盡 所作事未竟來還 諸比丘 不知云何 是事白佛 佛言 受餘殘夜去 言 我受七夜法 若干夜已過 餘若干夜在 受彼出界", 『비니모경』 권7(대정장24, p.844a19)에 "만약 비구가 하안거 기간에 불법승이나 절의 일 또는 병자를 돌보는 일과 같은 류의 사유 때문이라면 7일 동안의 밤을 지낼 수 있도록 허락한다. 若比丘 夏安居中 若爲佛法僧塔病 如是等衆多 受七夜法"라고 하였다. 〔참고문헌〕『十誦律』, 『毘尼母經』.

칠양사 漆陽寺 위치 미상. 최자(崔滋 1188~1260)의 『보한집』 권하에 칠양사 스님 자림의 일화가 전한다. 〔참고문헌〕『補閑集』.

칠업도 七業道 Ⓟ satta kammapathā. 일곱 갈래 업의 길. 십업도(十業道) 중에서 뜻으로 짓는(思業)인 의업(意業)을 제하고, 신구이업(身口二業 : 思已業)만을 들어 말한다. 『대지도론』 권8(대정장25, p.120b25)에 "'이때 중생들이 다 같이 십선업도를 행하였다'는 것은 신업도 세 가지인 살생하지 않는 것・도둑질하지 않는 것・사음하지 않는 것과 구업도 네 가지인 거짓말하지 않는 것・이간질하지 않는 것・험악한 말을 하지 않는 것・꾸미는 말을 하지 않는 것과 의업도 세 가지인 탐하지 않는 것・해치지 않는 것・사견을 갖지 않는 것이다. 스스로 살생하지 않고, 타인이 살생하지 않도록 하며, 살생하지 않는 이를 찬탄하고, 살생하지 않는 이를 보면 대신 기뻐하며, 나아가 사견에 이르기까지 역시 네 가지가 있다. 〔문〕 뒤의 세 가지 업도는 업이라 할 수 없고, 앞의 일곱 가지 업도만이 업이거늘 어찌하여 십선업도라고 하는가? 〔답〕 적은 것은 덮고 많은 것에 따르기에 통틀어 업도라고 한다. 뒤의 세 가지는 비록 업은 아니지만 업을 일으키며, 또한 업을 삼아 일어나니, 다 거두어 업도라고 한다. 是時 衆生等行十善業道者 身業道三種 不殺 不盜 不邪婬 口業道四種 不妄語 不兩舌 不惡口 不綺語 意業道三種 不貪 不惱害 不邪見 自不殺生 不敎他殺 讚不殺者 見人不殺 代其歡喜 乃至 邪見 亦有四種 問曰 後三業道非業 前七業道亦業 云何 言十善業道 答曰 沒少從多故 通名業道 後三雖非業 能起業 又復爲業故生 是故總名業道", 『순정리론』 권41(대정장29, p.575a4)에 "선업도 중에 신선업도는 신묘행으로서의 일분으로 거두지 않으니, 가행후에 일어나는 것과 그 밖의 선신업으로 음주를 하지 않는 것과 베푸는 것 등이다. 어선업도에서도 어묘행의 일분을 거두지 않으니, 애어 등이다. 의선업도에도 의묘행 중의 일분을 거두지 않으니, 모든 선한 사유를 말한다. 십업도 중 앞의 일곱 가지 업도 모두 반드시 표업과 무표업으로 있는가? 그렇지 않다. 善業道中 身善業道 於身妙行 不攝一分 謂加行後起 及餘善身業 卽離飮酒 斷莫施等 語善業道 於語妙行 不攝一分 謂愛語等 意善業道 於意妙行 不攝一分 謂諸善思 十業道中 前七業道 爲皆定有 表無表耶 不爾"라고 하였다. [참고문헌]『大智度論』, 『順正理論』, *SN.2.167.*, *Vism.7.* ⇨ 십업도 十業道, 십선도 十善道

칠여래 七如來 재회(齋會)를 베풀 때 모시는 일곱 분의 여래. 다보·보승·묘색신·광박신·이포외·감로왕·아미타(多寶 寶勝 妙色身 廣博身 離怖畏 甘露王 阿彌陀) 여래이시다. 『제반문』에 전하고, 큰 재회를 베풀 때는 「사보살도 四菩薩圖」와 「팔금강도 八金剛圖」 등과 함께 〈그림〉과 같이 방위를 정하여 모시며, 「감로탱 甘露幀」 상단에도 모신다. 『제반문』 「예칠여래 禮七如來」에 "고혼들 간탐심 버려 부수고 법재를 구족시켜 주시길 다보여래께 귀의합니다. 고혼들 각각 악도를 벗어나 원에 따라 정토에 왕생토록 해 주시길 보승여래께 귀의합니다. 모든 고혼들 추한 모습을 여의고 원만한 상호를 얻도록 묘색신여래께 귀의합니다. 모든 고혼들 육도윤회하는 범부의 몸을 버리고 허공 같은 자유로운 몸을 얻을 수 있도록 광박신여래께 귀의합니다. 모든 고혼들 공포를 여의고 열반락을 얻도록 이포외여래께 귀의합니다. 모든 아귀들 목구멍이 널리 뚫려 감로의 맛을 얻도록 감로왕여래께 귀의합니다. 일곱째 모든 고혼들 극락세계로 인도해주시길 아미타여래께 귀의합니다. 南無 多寶如來 破除慳貪 法財具足 南無 寶勝如來 各捨惡道 隨意超昇 南無 妙色身如來 離醜陋形 相好圓滿 南無 廣博身如來 捨六凡身 悟虛空身 南無 離怖畏如來 離諸怖畏 得涅槃樂 南無 甘露王如來 咽喉開通 獲甘露味 南無 阿彌

감로탱상단칠불 보물제1239호
우학문화재단 1681년

陀如來 隨念超生 極樂世界", 『법계성범수륙대재보리도량성상통론』 권6(卍속장129, p.661b13)에 "제가 이제 일곱 여래의 이름 받들어 높입니다. 낱낱의 명호 큰 공능 있으니, 이 이름 듣는 이들 일체법 중에서 거친 것 버리고 묘에 들게 되리니, 온갖 적은 허물마저 버려서 모든 여래 선열식 얻으며 저 극락국토에 왕생하고 마땅히 이 모든 여래 한 번씩 그 이름 부를 때마다 그 몸 중생들 앞에 현신하리다. 나무다보여래〈세 번 부른다〉, 나무보승여래〈세 번 부른다〉, 나무묘색성여래〈세 번 부른다〉, 나무광박신여래〈세 번 부른다〉, 나무이포외여래〈세 번 부른다〉, 나무감로왕여래〈세 번 부른다〉, 나무아미타여래〈세 번 부른다〉. 我今奉揚七如來聖號 一一名號 有大功能 聞其名者 於一切法中 捨麤入妙 捐諸細累 得諸如來禪悅之食 乃至往生極樂國土 當知此諸如來 一稱其名 卽現全身 於衆生前 作諸利益 南無多寶如來〈三稱〉 南無寶勝如來〈三稱〉 南無妙色聲如來〈三稱〉 南無廣博身如來〈三稱〉 南無離怖畏如來〈三稱〉 南無甘露王如來〈三稱〉 南無阿彌陀如來〈三稱〉", 『증곡집』 권하 「별소 別疏」(한불전12, p.803b10)에 "원컨대 저 일곱 여래께서 자비로 중생제도 하시려 원을 일으키셨으니 마치 메아리 소리침에 따르듯 하신다네. 原夫七如來興悲度生之弘願 如響應聲"라고 하였다. [참고문헌]『諸般文』, 『法界聖凡水陸大齋普利道場性相通論』, 『曾谷集』.

칠역 七逆 일곱 가지 거슬러 해서는 안될 일. 칠차(七遮)라고도 한다. 오역(五逆)에 화상과 아사리 죽인 죄를 더한다. 『범망경』 권하(대정장24, p.1008c1)에 "보살법사는 칠역을 범한 사람에게 현신으로 계를 주어서는 안 된다. 칠역이란 무엇인가? 부처님 몸에 피를 낸 죄, 아버지를 죽인 죄, 어머니를 죽인 죄, 화상을 죽인 죄, 아사리를 죽인 죄, 갈마승과 전법륜승가를 무너뜨린 죄, 성인을 죽인 죄를 말한다. 만약 칠역을 갖추면 현신으로 계를 받을 수 없다. 그 나머지 모든 사람은 누구나 계를 받을 수 있다. 菩薩法師 不得與七逆人 現身受戒 七逆者 出佛身血 殺父 殺母 殺和上 殺阿闍梨 破羯磨轉法輪僧 殺聖人 若具七逆 卽現身不得戒 餘一切人 盡得受戒", 『수능엄의소주경』 권7(대정장39, p.915c19)에 "마땅히 부처님 앞에서 스스로 맹서하여 계를 받을 경우

다보여래·보승여래·묘색신여래·광박신여래·이포외여래·감로왕여래·아미타여래 대승사 문경 조선후기

먼저 칠역을 참회한 뒤에야 계법을 구한다. 當於佛前 自誓受戒 先懺七逆 後求戒法",『천태보살계소』 권하(대정장40, p.598c1)에 "칠역이란 오역죄에 화상과 아사리를 죽인 죄를 더한다. 부처님 몸에 피를 내는 죄는 말대인 오늘날 비록 일어날 수 없는 일이지만 탑을 훼손하거나 절을 파괴하거나 경전과 불보살상을 태우는 행위도 이 류에 속한다. 갈마승과 전법륜승을 무너뜨린 죄란 무엇인가? 부처님께서 멸도하신 뒤에는 비록 삿된 갈마따로 없겠지만 바른 갈마를 무너뜨리거나 초전법륜인 사제의 이를 무너뜨려서 법을 막아 장애한다면 이런 무리의 류일 따름이다. 성인을 죽인 죄라고 할 때의 성인이란 사과를 성취한 스님을 말한다. 言七逆者 於五逆上加殺和上 及阿闍梨 出佛身血者 今末代雖無此事 若毁塔壞寺 焚燒經像 亦是其類 破羯磨轉法輪僧者 佛滅度後 雖無別邪羯磨 破正羯磨 及破初轉四諦之理 而爲遮礙 亦此流類耳 聖人者 四果僧也",『범망경직해』 권하1(卍속장61, p.153b17)에 "칠역이란 무엇인가? … 부처님께서 멸도하신 후에는 불보살형상을 팔아서 이익을 얻거나 부처님의 경과 율을 의지해 팔아서 사익을 취하는 것도 부처님 몸에서 피를 내게 하는 죄라 한다. 비구승을 시해하면 아라한을 시해함이 된다. 七逆者 … 佛滅度後 賣佛菩薩形像 及賣佛經律 名爲出佛身血 弑比丘僧 卽名弑阿羅漢",『지관보행전홍결』 권2(대정장46, p.184b16)에 "대승에서는 화상과 아사리를 죽인 죄를 더하여 칠역으로 삼지만, 이 오역과 칠역의 체성은 공적하다. 그러므로『무행경』에 '오역 그대로 보리이고 보리 그대로 오역이다'라고 한다. 관행을 기준으로 오역을 밝힌다면 다섯 가지 법으로 세속을 거스르기만 해도 오역이라 한다. 若大乘中 加殺和尙 及阿闍黎 以爲七逆 此五七逆 體性空寂 故無行經云 五逆卽菩提 菩提卽五逆 若就觀行 明五逆者 五法逆世 名爲五逆"라고 하였다. [참고문헌]『梵網經』,『首楞嚴義疏注經』,『天台菩薩戒疏』,『梵網經直解』,『止觀輔行傳弘決』. ⇨ 오역 五逆, 칠역죄 七逆罪, 칠차 七遮, 역 逆[2], 역죄 逆罪

칠역죄 七逆罪 칠역으로 지은 죄.『무외삼장선요』「제육문차난문 第六問遮難門」(대정장18, p.943a22)에 "먼저 묻는다. '칠역죄를 범한 사람에게 계사는 계를 주어서는 안 된다. 마땅히 참회하도록 하여 반드시 칠일이나 이칠일 내지 칠칠일 더 나아가 일 년에 이르도록 간절하게 참회하여 부처님의 호상이 나타나야 하며 호상을 보지 않는다면 수계를 하더라도 계를 얻지 못할 것이다. 불자들아, 그대들은 태어난 이후로 아버지를 죽이지 않았느냐?' 先問 若有犯七逆罪者 師不應與授戒 應敎懺悔 須七日二七日 乃至七七日 復至一年 懇到懺悔 須現好相 若不見好相 受戒亦不得戒 諸佛子汝等 從生已來 不殺父耶"라고 하였다. [참고문헌]『無畏三藏禪要』.

칠엽굴 七葉窟 Ⓢ Saptaparṇa-guhā, Ⓟ Sattapaṇṇi-guhā. 제1차결집이 행해졌던 장소. 칠엽수굴(七葉樹窟)·칠엽수림석실(七葉樹林石室)·찰제산굴(刹帝山窟)·차제석실(車帝石室)·칠엽혈(七葉穴)·칠엽암(七葉巖)·칠엽원(七葉園)이라고도 한다. 음사어는 살다반나구하(薩多般那求訶)이다. 인도 왕사성(王舍城) 부근 비바라산(毘婆羅山 Ⓟ Vebhāra)에 있는 석굴로 석존 재세 시 대중들이 늘 머물던 왕사성 오정사(五精舍) 중 하나다. 굴 앞에 자랐다는 일곱 잎의 나무 칠엽수(七葉樹)에서 유래한 이름이다. 이 터는 원래 석존께서 설법하신 영험한 자취였기에 입멸하신 다음 가섭(迦葉)존자가 오백현성(五百賢聖)을 집결시켜 아난다(阿難陀)·우파리(優婆離) 등을 상수로 삼아 경율론 삼장을 결집한 곳이다.『별역잡아함경』 권2(대정장2, p.382c9)에 "언젠가 부처님께서 왕사성 비파바세산(비바라산)의 칠엽굴에 계셨다. 一時 佛 在王舍城 毘婆波世山 七葉窟中", 돈황본『대승사법경석초』(대정장85, p.558b11)에 "결집한 때라 하였으니, 부처님께서 열반에 드신 뒤 왕사성 칠엽암굴에 오백의 대아라한들이 모였다. 言結集時者 佛涅槃後 於王舍城 七葉巖窟 集諸五百大阿羅漢"라고 하였다. [참고문헌]『別譯雜阿含經』,『大乘四法經釋抄』, *D N.2.116.*, *Mhv.18.* ⇨ 결집 結集[1], 굴내결집 窟內結集, 비바라산 毘婆羅山, 빈발라굴 賓鉢羅窟, 살다반나구하 薩多般那求訶, 엽암결집 葉嵓結集, 오백결집 五百結集, 오정사십탑 五精舍十塔

칠엽사 七葉寺 경상북도 청도군 이서면 칠엽리에 있던 절. 운문사(雲門寺) 원진국사(圓眞國師)가 주석한 기록도 전한다. 곧「청하보경사원진국사비문 淸河寶鏡寺圓眞國師碑文」에 "(원진국사가) 옛날 청도군 칠엽총림에 있을 때, 오랫동안 비가 오지 않아 우물과 샘이 다 말라버려 모든 사람들이 이를 근심하였다. 이때 스님께서 정심재계하시고는 자각선사가 말한 바, 저 사갈라용왕 대해를 떠나지도 않고 용궁에서 나오지도 않는다는 기우법요(祈雨法要)를 담설(談說)하시고는 오직 중생을 위하는 일념의 자비심으로 자비의 구름을 일으켜 감로의 비 내리기를 거듭 연설하셨다. 정근하여 밤이 새도록 철야하였더니, 세찬 비 쏟아져 내렸다. 昔於淸道郡 七葉寺叢林 久無雨 井泉渴涸 衆皆患之 師齋心滌慮 談揚慈覺禪師所說 比如沙竭羅龍王 不離大海 不出深宮 惟以一念慈悲心 興布慈雲 灑甘露之話 續演說 至一夜 霈然下雨"라는 내용이 새겨져 있다. [참고문헌]『朝鮮金石總覽』 권상 p.449, 李智冠『校勘譯註歷代高僧碑文』 高麗篇4, p.96.

칠엽수 七葉樹 Ⓢ sapta-parṇa, sapta-pattra, Ⓟ satta-paṇṇa. 일곱 개의 작은 잎이 손바닥 모양으로 나 있는 협죽도과(Apocynaceae) 상록 교목. 살다반나(薩

多般那)·살다반라나(薩多般羅那)라고 음사한다. 학명은 *Alstonia scholaris*이다. 1차결집을 했던 칠엽굴(七葉窟)도 이 굴 앞에 이 나무가 있었던 데에서 유래한 이름이다. 인도의 건조한 삼림 지대와 히말라야 서쪽 열대지방·실론 섬 남부·싱가포르·베냉 등에 서식한다. 키가 크며 개오동 모양의 열매가 달리며 재질이 가벼워 예부터 석판에 쓰였으며 껍질에 알칼로이드를 비롯한 좋은 성분들이 많이 함유되어 약재로도 쓰였다. 『구사론』 권23(대정장29, p.123b10)에 "(預流果의 聖者인) 저이는 이후로 따로 인간계에서 극히 많게는 일곱 번의 중유와 생유를 맺으며 천계에서도 마찬가지이므로 총 스물여덟 번인데, 모두 일곱이라는 점에서 같기에 극히 일곱 번의 생이라고 설하였으니, 마치 저 칠선처나 칠엽수와 같다. 비바사사의 설은 이와 같다. 彼從此後 別於人中 極多結七中有生有 天中亦然 總二十八 皆七等故 說極七生 如七處善及七葉樹 毘婆沙師所說如是", 『구사론기』 권23(대정장41, p.355a24)에 "저 칠엽수와 같다 했는데, 서방의 어떤 나뭇가지는 가지 위에 모두 일곱 잎이 있다. 실로 말하면 잎은 무량으로 있지만, 칠엽수라 말한 것은 일곱이라는 점에서 같기 때문이다. 如七葉樹 西方有樹枝 枝之上皆有七葉 以實而言 葉有無量 言七葉樹者 以七同故"라고 하였다. [참고문헌] 『俱舍論』, 『俱舍論記』, 『仏教植物辭典』(國書刊行會, 1982), *Abh-k-bh.356.* ⇨ 칠엽굴 七葉窟

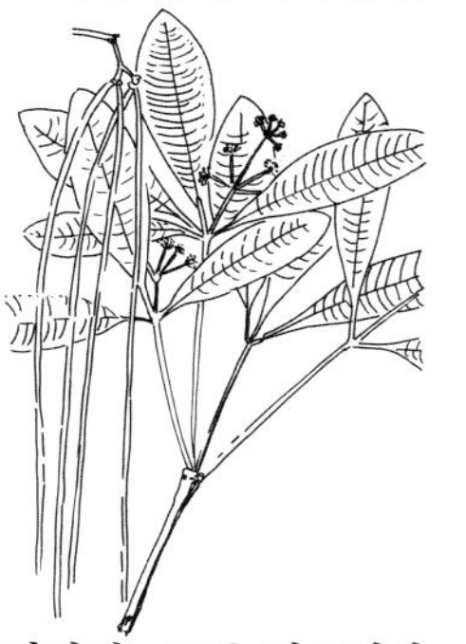

칠엽수굴 七葉樹窟 Ⓢ Saptaparṇa-guhā, Ⓟ Sattapaṇṇi-guhā. 칠엽굴(七葉窟)을 달리 이르는 말. 범어의 음사어는 살다반나구하(薩多般那求呵). 『장아함경』 권8 「산타나경 散陀那經」(대정장1, p.47a18)에 "부처님께서 나열기 비하라산의 칠엽수굴에서 대비구 무리 천이백오십인과 함께 계셨다. 이때 왕사성에 산타나라는 한 거사가 있었는데 다니며 널리 보기를 즐겼으니 매일 성을 나와 세존이 계신 곳에 왔다. 佛在羅閱祇 毗訶羅山 七葉樹窟 與大比丘衆千二百五十人俱 時王舍城 有一居士 名散陀那 好行遊觀 日日出城 至世尊所", 『사분율명의표석』 권24(卍속장70, p.773b14)에 "『장아함경』에 이른다. '나열기〈왕사성이다〉. 비하라산 칠엽수굴〈혹은 실(室)·옥(屋)·혈(穴)이라고도 하는데, 이 셋은 모두 동일하다〉'. 범어로는 살다반나구하이고, 칠엽혈로 한역한다. 칠엽이라고 하는 것은 그 나무의 잎이 끝까지 피면 일곱 잎이기 때문이다. 나무에 비록 꽃은 있지만 향기가 없다. 長阿含經云 羅閱祇〈王舍城也〉 毗呵羅山 七葉樹窟〈或云室屋穴 三名皆一也〉 梵言薩多般那求訶 此云七葉穴 言七葉者 謂其樹葉 生極至七也 樹雖有華 而無香氣也"라고 하였다. [참고문헌] 『長阿含經』, 『四分律名義標釋』, *DN. 2.116.* ⇨ 칠엽굴 七葉窟, 칠엽암 七葉巖

칠엽암 七葉巖 칠엽굴(七葉窟)을 달리 이르는 말. 『비바시불경』 권하(대정장1, p.158b5)에 "나는 한때 왕사성 칠엽암 옆 지정실에 머물며 홀연히 사유하였다. 我於一時 在王舍城 七葉巖邊 住止淨室 而忽思惟", 『대승법원의림장』 권2(대정장45, p.268a25)에 "결집하는 이를 위해서 당우를 세웠으니 바로 산성 북문밖 서남쪽 산의 북쪽이다. 진제는 왕사성 칠엽암이라고 하였고, 『집장전』에서는 승가시성의 북쪽이라고 하였는데 세 가지 설은 같다. 『대지도론』에는 기사굴산에서 결집했다고 하지만 잘못이다. 이 산은 왕사성의 정북쪽 십사오 리에 있으며, 북산의 남쪽에 접하고 있다. 결집은 대성의 북문 밖에서 있었다. 기록과 자취가 현존하기에 잘못된 것을 알 수 있다. 爲結集者 建諸堂宇 卽山城北門外 西南山之陰 眞諦云 王舍城七葉巖 集藏傳云 僧伽尸城北 三說同也 大智度論云 耆闍崛山結集者 非也 此山 在王宮城之正北 十四五里 接北山之陽 結集在大城北門外 記跡現存 故知非也"라고 하였다. [참고문헌] 『毘婆尸佛經』, 『大乘法苑義林章』. ⇨ 칠엽굴 七葉窟

칠엽화 七葉華 일곱 잎의 꽃이 피지만 향기 없는 꽃으로 아(我)도 주(主)도 없는 제법의 뜻 터득해 열반에 듦에 비유한다. 40권본 『대반열반경』 권2(대정장12, p.377b1)에 "세존이시여! 마치 저 칠엽화 향기 없는 듯합니다. 이 몸 또한 그러하니 아도 없고 주인도 없습니다. 우리들은 이와 같이 마음으로 항상 아가 없다는 생각을 닦고 익힙니다. 부처님께서 '갖가지 모든 법 아도 없고 아소도 없으니 너희들 비구는 마땅히 닦고 익혀야 한다. 이와 같이 닦고 나면 아만 사라지고 아만을 떠나 버리면 곧바로 열반에 들리라'라고 하신 말씀과 같습니다. 世尊 如七葉花 無有香氣 是身亦爾 無我 無主 我等如是 心常修習 無我之想 如佛所說 一切諸法 無我我所 汝諸比丘 應當修習 如是修已 則除我慢 離我慢已 便入涅槃", 『열반경소삼덕지귀』 권7(卍속장58, p.579a17)에 "경에 '칠엽 중에는 없다'라는 말은 칠엽화의 냄새 결정코 아무 향기 없듯이 해탈법에는 번뇌라는 향이 없다. 經 七葉中無者 七葉華臭 決定無香 解脫法中 無煩惱香", 『사분율명의표석』 권24(卍속장70, p.773b16)에 "칠엽이란 그 나무의 잎 다 피면 일곱 잎이 된다는 말이다. 나무에 비록 꽃이 피지만 향기는 없다. 言七葉者 謂其樹葉 生極至七也 樹雖有華 而無香氣也"라고 하였다. [참고문헌] 『大般涅槃經』, 『涅槃經疏三德指歸』, 『四分律名義標釋』.

칠예행 七穢行 일곱 가지 청정하지 못한 행. 부처님 입멸 후 천년 끝 말법시절에 드러난다. 『출요경』 권10(대정장4, p.662c24)에 "부처님 입멸 후 천년 그 끝, 정법이 다하려는 때에 일곱 가지 청정하지 못한 행 세간에 드러나 퍼진다. 무엇이 그 일곱 가지인가? 後千歲末正法欲沒盡時 有七穢行 顯布於世 云何爲七", "첫째 백세 동안 계를 지켜온 사람이 한 순간에 악지식에게 무너진다. 둘째 오랜 세월 행하던 자비심이 순간에 분노로 무너진다. 셋째 천박한 위의로 교법을 따르지 않는다. 넷째 서로 시비하며 승부를 다툰다. 다섯째 나라의 성과 촌락에서 서로 싸워 어지러이 동서로 오간다. 여섯째 이양에 탐착하다가 마침내 질병에 걸리고 만다. 일곱째 범부에서 아라한에 이르기까지 모두 모욕을 당하다가 최후를 맞이한다. 若有人百歲持戒 彈指之頃 爲惡知識所壞 二者 久行慈心 彈指之頃 爲瞋恚所壞 三者 薄賤威儀 不隨其教 四者 互相是非 諍於勝負 五者 在國城村落 鬪亂彼此 傳東至西 六者 貪著利養 遂致疾病 七者 從凡夫至羅漢 皆被毁辱 而取滅度"라고 하였다. 〔참고문헌〕『出曜經』, 『大明三藏法數』 권23(영락장182, p.368a2).

칠요 七曜 일곱 개의 별. 칠요성(七曜星)이라고도 한다. 일요(日曜 Ⓢ āditya : 太陽)·월요(月曜 Ⓢ soma : 太陰)·화요(火曜 Ⓢ aṅgāraka : 熒惑星)·수요(水曜 Ⓢ budha : 辰星)·목요(木曜 Ⓢ bṛhaspati : 歲星)·금요(金曜 Ⓢ śukra : 太白)·토요(土曜 Ⓢ śanaiścara) 등의 칠성(七星)을 말한다. 칠요에 계도(計都 Ⓢ ketu : 彗星)와 라후(羅睺 Ⓢ rāhu)를 더하여 구집(九執) 또는 구요(九曜)라고 한다. 넓게는 이십팔수(二十八宿)로 거둔다. 『존승불정수유가법궤의』 권하(대정장19, p. 379b18)에 "칠요는 각각 그 본색이 있다. 손에 본인을 맺었고 일요 좌우로 둘러싸고 있다. 문 동쪽에 월천자와 월천후가 거위 다섯 마리가 끄는 수레 타고 있는데 손에는 위에 복토가 올려진 풍당을 들고 흰 월륜 중에 앉아있다. 七曜各其本色 手執本印 在日左右圍繞門東面 月天子幷后 乘五鵝車 手執風幢上伏兎 坐白月輪中", 『마등가경』 권하(대정장21, p.410a14)에 "일월과 형혹성·진성·세성·태백성·진성이 칠요이다. 세성이란 12년 만에 하늘을 한 번 돈다. 진성은 28년 마다 일주하며, 태백성은 반년마다 일주하고, 형혹성은 2년 마다 하늘을 일주한다. 진성은 1년에 한 번 하늘을 일주한다. 1년은 365일이니 태양은 하루에 한 번 일주하고, 달은 30일에 한번 일주한다. 이것이 칠요가 하늘 도는 것을 셈하는 법이다. 日月熒惑辰星歲星太白鎭星 是爲七曜 其歲星者 於十二歲 始一周天 其鎭星者 二十八歲 乃一周天 太白歲半 始一周天 熒惑二歲 始一周天 辰星一歲 乃一周天 凡歲三百六十五日 日一周天 月三十日 乃一周天 此是七曜周天數法", 『칠요성신별행법』(대정장21, p.452c18)에 "칠요는 이십팔수를 관장한다. 이십팔수는 모든 운수·질병·귀신의 왕을 관장한다. 七曜 卽管二十八宿 二十八宿 卽管諸行病鬼王", 『범천화라구요』(대정장21, p.461c28)에 "사람들은 단지 칠요가 있는 줄만 알고 허성인 라후와 계도를 알지 못한다. 이 별은 감추어진 자리에 있어서 드러나지 않다가 해와 달을 만난다면 일식과 월식이 되기에 식신이라 한다. 계도는 식신의 꼬리이다. 凡人只知有七曜 不晴虛星 號曰羅睺計都 此星在隱位而不見 逢日月卽蝕 號曰蝕神 計都者 蝕神之尾也", 『칠요양재결』 권상(대정장21, p.426c3)에 "지금 인도 바라문 금구탁은 이십팔수의 신에게 명을 받아 그 길흉을 묻고 그 형상을 그렸으며 칠요에 따르는 재화를 없애는 법을 이와 같이 나누어 설명하였다. 今西國婆羅門僧金俱吒 命得二十八宿神下 問其吉凶 畫其形狀 辨七曜所至攘災法如後", 『대일경소』 권4(대정장39, p.618a13)에 "제집이란 무엇인가? 집에는 아홉 가지가 있다. 일월화수목금토의 칠요와 라후·계도를 합하여 구집이 된다. … (라후와 계도) 두 별을 제외하고 나머지 칠요는 순서대로 날에 상응한다. 그 성류 역시 선악이 있으니 법력 중에 설한 것과 같다. 諸執者 執有九種 卽是日月火水木金土七曜 及與羅睺計都 合爲九執 … 除此二執之外 其餘七曜 相次直日 其性類亦有善惡 如梵曆中說"라고 하였다. 〔참고문헌〕『尊勝佛頂脩瑜伽法軌儀』, 『摩登伽經』, 『七曜星辰別行法』, 『梵天火羅九曜』, 『七曜攘災決』, 『大日經疏』. ⇨ 천문도상 天文圖像, 물리하사파지 勿哩訶娑跛底, 부다 部陀, 서방칠요중 西方七曜衆, 수요 水曜, 요수 曜宿, 월요 月曜, 구요 九曜, 이십팔수 二十八宿

〈표〉 칠요와 구요

일요日曜	태양太陽	Āditya
월요月曜	태음太陰	Soma
화요火曜	형혹성熒惑星	Aṅgāraka
수요水曜	신성辰星	Budha
목요木曜	세성歲星	Bṛhaspati
금요金曜	태백성太白星	Śukra
토요土曜	진성鎭星	Śanaiścara
라후성羅睺星		Rāhu
계도성計都星		Ketu

칠요팔철 七凹八凸 일곱은 움푹하고 여덟은 솟은 듯하다. 찰나에 요철 가득 오르내리듯 하니 정한 주처 없어(無住處) 자유롭지만 평등처(平等處)마저 없어 둘 곳 없는 마음 행처의 비유다. 칠전팔도(七顚八倒) 또는 칠종팔횡(七縱八橫)과도 통한다. 『가태보등록』 권7 「도솔종열장 兜率從悅章」(卍속장137, p.122a7)에 "'이 경중 사람은 어떻습니까?' '일곱은 들어간 듯 여덟은 튀어오른 듯 아무도 볼 수 없고, 백이나 되는 손과 천이나 되는 머리이러니 스스로 알 뿐이다'. 云 如何是境中人 曰 七凹八凸無人見 百手千頭只自知", 『물초대관어록』(卍속장121, p.169b3)에 "진실은 세울 수 없고 본래 공하니 불쑥 사라졌다가 느닷없이 튀어오르니 네 번은 닫히고 여섯 번은 열린다. 솔바람소리에 빗소리 섞이지만 산은 늘 고요하고 봄빛에 찬 기운 어리지만 꽃은 저

절로 붉다네. 眞不立妄本空 七凹八凸 四闢六通 松聲雜雨山長靜 春色帶寒花自紅", 『허당록』 권8(대정장47, p.1041c10)에 "앞니 빠진 도사(達磨) 입으로 물 뿜어 부적을 쓰고, 팔 자른 선인(慧可)은 허공을 가리키며 비결 날린다. 거북과 마두를 일시에 없애버리니, 오직 빈 집만 남아 일곱 번 무너지고 여덟 번 솟구치네. 缺齒道士噀水書符 斷臂仙人 指空捏訣 赤眼龎豆 一時殄滅 唯有虛堂 七凹八凸"라고 하였다. 〔참고문헌〕『嘉泰普燈錄』, 『物初大觀語錄』, 『虛堂錄』. ⇨ 칠종팔횡 七縱八橫

칠위색심공덕 七位色心功德 '최승업변지색무애 最勝業遍智色無礙'라는 일곱 가지 뜻 각각의 공덕을 말한다. 『대승기신론』(대정장32, p.575b12)의 "모든 시방에서 가장 뛰어난 업으로 두루 아시고 색에 걸림 없어 자재하시며 세간을 구하시는 대비의 분께 귀명합니다. 歸命盡十方 最勝業遍知 色無礙自在 救世大悲者"라는 귀경문(歸敬文)에 근거하며, 이를 『석마하연론』 권1(대정장32, p.595a17)에서 "〔송〕 총으로는 팔만사천사십팔종덕인데, 최・승 등은 각각 열이고 지・무애는 각각 넷이며, 팔만사천으로 색의 모습으로 차별하기 때문이다. 공덕은 비록 무량하지만 끝내 이 수를 벗어나지 않는다네. 頌曰 總八萬四千 四十八種德 最勝等各十 智無礙各四 及八萬四千 色相差別故 功德雖無量 終不出此數", "무엇이 팔만사천공덕인가? 색의 모습이 차별되기에 팔만사천을 이룬다. 무엇이 사십인가? 최・승・업・변이 각각 십종이기에 사십이란 수를 이룬다. 무엇이 팔인가? 지와 무애에 각각 사종이 있기에 팔종을 이룬다. 云何爲八萬四千功德 色相差別故 成八萬四千 云何爲四十 最勝業遍 各十種故 成四十數 云何爲八 智及無礙 各有四種 故成八種", "무엇이 열 가지 최인가? 첫째는 초과최니 이승의 땅 멀리 여의기 때문이고, 둘째는 출리최니 삼계의 땅길이 여의기 때문이며, 셋째는 대치최니 몰록 사주지를 끊기 때문이고, 넷째는 염화최니 이미 오온의 취락을 지났기 때문이며, 다섯째는 이애최니 길이 육도의 갈림길과 헤어졌기 때문이고, 여섯째는 위덕최니 뛰어나게 칠악의 군을 물리쳤기 때문이며, 일곱째는 병중최니 모두 팔사의 숲을 다했기 때문이고, 여덟째는 지혜검최니 구결의 얽어맴을 끊었기 때문이며, 아홉째는 해탈최니 십전의 끈을 끊어 없앴기 때문이고, 열째는 용맹최니 구십육종의 외도들 꺾어 엎드리게 했기 때문이다. 이를 이름하여 십최라 하니 계경 중에 십종의 제일이다. 云何爲十最 一者 超過最 遠離二乘地故 二者 出離最 永離三界域故 三者 對治最 頓斷四住地故 四者 厭患最 已過五蘊聚落故 五者 離愛最 永別六道岐故 六者 威德最 勝退七惡軍故 七者 兵衆最 皆盡八邪林故 八者 智慧劍最 決斷九結絆故 九者 解脫最 斷除十纏繩故 十者 勇猛最 摧伏九十六種諸外道故 是名爲十最 於契經中 十種第一", "무엇이 열 가지 승인가? 첫째는 역승이니 십력을 구족했기 때문이고, 둘째는 무외승이니 사무외를 구족했기 때문이며, 셋째는 불공승이니 십팔불공법을 구족했기 때문이고, 넷째는 도품승이니 삼십칠도품을 구족했기 때문이며, 다섯째는 변화승이니 백천종의 변화를 구족했기 때문이고, 여섯째는 언음승이니 팔십팔범음을 구족했기 때문이며, 일곱째는 단엄승이니 삼십이종의 장부상을 구족했기 때문이고, 여덟째는 길상승이니 경계 짓는 곳에 따라 공덕의 선근을 출생하고 증장하기 때문이며, 아홉째는 난득승이니 삼계 중에 홀로 높은 한 분이기 때문이고, 열째는 주처승이니 머무는 궁전이 구만팔천의 미묘함과 원만함으로 장엄된 바이기 때문이다. 이를 이름하여 십승이라 하니 계경 중에 십종의 수승이다. 云何爲十勝 一者 力勝 具足十力故 二者 無畏勝 具足四無畏故 三者 不共勝 具足十八不共法故 四者 道品勝 具足三十七道品故 五者 變化勝 具足百千種變化故 六者 言音勝 具足八十八梵音故 七者 端嚴勝 具足三十二種丈夫相故 八者 吉祥勝 隨作境界處 出生增長功德善根故 九者 難得勝 於三界中 獨尊一故 十者 住處勝 所居宮殿 以九萬八千微妙圓滿 而所莊嚴故 是名爲十勝 於契經中 十種殊勝", "무엇이 열 가지 업인가? 첫째는 자연업이니 짓는 바 자재하기 때문이고, 둘째는 평등업이니 교화의 이익에 차별이 없기 때문이며, 셋째는 상응업이니 기 따라 출현하기 때문이고, 넷째는 구족업이니 복과 지라는 두 자량을 원만하게 하기 때문이며, 다섯째는 무진업이니 변제 없기 때문이고, 여섯째는 동생업이니 취 따라 생을 받기 때문이며, 일곱째는 무착업이니 진루 멀리 여읨이 저 연화와 같기 때문이고, 여덟째는 의지업이니 귀의처 지음이 저 대지와 같기 때문이며, 아홉째는 무염업이니 중생 거둠이 무궁하여 저 대해와 같기 때문이고, 열째는 통달업이니 장애 없음이 저 허공과 같기 때문이다. 이를 이름하여 십업이라 하니 계경 중에 십종의 작용이다. 云何爲十業 一者 自然業 所作自在故 二者 平等業 敎化利益 無差別故 三者 相應業 隨機出現故 四者 具足業 圓滿福智二資糧故 五者 無盡業 無邊際故 六者 同生業 隨趣受生故 七者 無著業 遠離塵累 如蓮華故 八者 依止業 作歸依處 如大地故 九者 無厭業 攝生無窮 如大海故 十者 通達業 無有障礙 如虛空故 是名爲十業 於契經中 十種作用", "무엇이 열 가지로 두루함인가? 첫째는 근변이니 부처님의 모든 색근에서 각각 하나하나의 근마다 법계에 두루하기 때문이고, 둘째는 식변이니 부처님의 모든 심식은 이르지 못하는 바가 없기 때문이며, 셋째는 경계변이니 원지로 연하는 바에 나뉜 계 없기 때문이고, 넷째는 수명변이니 불가사의하기 때문이며, 다섯째는 권속변이니 가히 측량할 수 없기 때문이고, 여섯째는 공덕변이니 하나하나의 공덕마다 허공계와 같기 때문이며, 일곱째는 자비변이니 간택이 없기 때문이고, 여덟째는 언설변이니 부처님의 음성은 이르지 못하는 바가 없기 때문이며, 아홉째는 증변이니 다하지 못하는 바가 없기 때문이고, 열째는 무등변이니 더불어 같음이 없기 때문이다. 이를 이름하여 십변이라 하니 계경 중에 십종의 주변이다. 云何爲十遍 一者 根遍 佛諸色根 各各一一根 周遍法界故 二者 識遍 佛諸心識 無所不達故 三者 境界遍 圓智所緣無分界故 四者 壽命遍 不可思議故 五者 眷屬遍 不可測量故 六者 功德遍 一一功德 等虛空界故 七者 慈悲遍 無簡擇故 八者 言說遍 佛言音聲 無所不至故 九者 證遍 無所不窮故 十者 無等遍 無與等故 是名爲十遍 於契經中十種周遍", "무엇이 네 가지 지인가? 첫째는 광명무진장지이니 능히 십억일천의 지혜문을 출생하기 때문이고, 둘째는 일미일상지이니 항사와 같은 일체제법에 차별없음을 통달하기 때문이며, 셋째는 대비무변지이니 하나의 교화를 따라 일으키면 일체의 시방세계를 두루 가득 채우기 때문이고, 넷째는 무위적멸지이니 일체의 일어나고 움직이며 짓는 업을 멀리 여의었기 때문이다. 이를 이름하여 사지라 하니 계경 중에 사종의 원지이다. 云何爲四智 一者 光明無盡藏智 能出生十億一千智慧門故 二者 一味一相智 通達恒沙一切諸法無差別故 三者 大悲無邊智 隨起一化 遍滿一切十方世界故 四者 無爲寂滅智 遠離一切起動作業故 是名爲四智 於契經中 四種圓智", "무엇이 네 가지 무애인가? 첫째는 법무애이니 제법의 실상과 실성을 분명하게 알기 때문이고, 둘째는 의무애이니 제법의 공상·차별상·생멸상을 분명하게 알기 때문이며, 셋째는 사무애이니 가명을 무너뜨리지 않고 실상을 설하기 때문이고, 넷째는 낙설무애이니 끝없는 말을 발하여 계경의 바다를 설하므로 차제로 단절되지 않기 때문이다. 이를 이름하여 사무애라 하니 계경 중에 사종의 해탈지이다. 云何爲四無礙 一者 法無礙 了知諸法實相實性故 二者 義無礙 了知諸法共差別相及生滅相故 三者 辭無礙 不壞假名 而說實相故 四者 樂說無礙 發無邊言 說契經海 次第不斷絶故 是名爲四無礙 於契經中 四種解脫智", "자재라는 말은 모두 위에 통하기에 따로 풀지 않으며, 색의 모습의 이름과 뜻은 저 대총지 중에 널리 드러내어 설한 것과 같다. 自在之言 皆通於上 故不別釋 色相名義 如大總持中廣顯說"라고 하였다. [참고문헌]『大乘起信論』, 『釋摩訶衍論』.

칠유 七有 유(有 Ⓢbhava)의 갈래를 일곱으로 삼은 것. 오취유(五趣有)에 업유(業有)와 중유(中有)를 더했다. 『장아함십보법경』 권상(대정장1, p.236b14)에 "세 번째 칠법으로 마땅히 칠유를 알라. 첫째는 불가유, 둘째는 축생유, 셋째는 아귀유, 넷째는 인유, 다섯째는 천유, 여섯째는 행유, 일곱째는 중유다. 第三七法 當知七有 一爲不可有 二爲畜生有 三爲餓鬼有 四爲人有 五爲天有 六爲行有 七爲中有", 『대비바사론』 권192(대정장27, p.960b16)에 "칠유는 곧 지옥유, 방생유, 귀계유, 인유, 천유, 업유, 중유다. 七有 謂地獄有 傍生有 鬼界有 人有 天有 業有 中有", 『구사론』 권8(대정장29, p.42a28)에 "계경에서 또한 중유와 이취를 간별한다. 어떤 계경인가? 『칠유경』이다. 저기서 칠유를 설하니, 곧 지옥유(Ⓢnaraka-bhava)·방생유(Ⓢtiryag-bhava)·아귀유(Ⓢpreta-bhava)·천유(Ⓢdeva-bhava)·인유(Ⓢmanuṣya-bhava)·업유(Ⓢkarma-bhava)·중유(Ⓢantarā-bhava)다. 契經亦簡中有異趣 是何契經 謂七有經 彼說七有 謂地獄有 傍生有 餓鬼有 天有 人有 業有 中有", 『법화현찬』 권2(대정장34, p.681b26)에 "혹은 열어서 일곱이 되니, 곧 칠유로서 오취와 아울러 업유와 중유다. 혹은 열어서 아홉이 되니, 곧 구유 혹은 구유정거다. 혹은 열어서 이십오유가 된다. 或開爲七 謂七有 五趣及業有中有 或開爲九 謂九有 或九有情居 或開爲二十五有"라고 하였다. [참고문헌]『長阿含十報法經』, 『大毘婆沙論』, 『俱舍論』, 『法華玄贊』, *Abh-k-bh.114.* ⇨ 오취 五趣, 업유 業有, 중유 中有

칠유 七惟 일곱 가지로 사유하다. 비구가 기억해 잃지 않게 해서 정법이 오래 머물도록 하는 일. 『반니원경』 권상(대정장1, p.177a1)에 "또한 비구 일곱 가지로 사유하면 법이 쇠하지 않으리니 반드시 잘 생각하여 실행하라. 첫째, 경에서 보인 길을 생각하라. 누구나 부모를 생각하듯이 해야 하니 부모가 자식을 낳아 기른 은혜는 한 세대에 그치지만, 법이 사람을 살림은 셀 수 없는 세대를 거쳐 사람을 생사에서 건진다고 사유한다. 둘째, 인생에는 괴로움 없을 수 없다고 생각하라. 처자권속의 소유를 걱정스럽게 생각하더라도 죽으면 제각각 흩어져 어떤 윤회의 갈래에 떨어질지 모른다. 마치 몸에 죄가 있더라도 어버이가 풀어 줄 수 없는 이치와 같다. 이처럼 영원하지 못함 알고 마땅히 도 행하기 만을 생각한다. 셋째, 정진을 생각하라. 신구의를 반듯하게 한다면 도를 성취하기 어렵지 않으리라. 넷째, 겸허를 생각하라. 스스로 교만하여 대단한 듯이 여기지 말고 명철한 스승을 받들며 가르침을 듣지 못한 이들을 깨우쳐주고 불쌍히 여기며 가르친다. 다섯째, 마음의 뜻을 굴복시키기를 생각하라. 육정이 움직이는 대로 따라다니지 말고 음욕과 분노와 어리석음(삼독)의 자태를 억눌러 삿되이 행하지 않도록 한다. 여섯째, 몸에는 악취에 더러운 요소 그리고 냉풍과 한기와 뜨거운 피만 가득 담겨 탐낼 만한 것이라곤 전혀 없다고 생각하라. 일곱째, 스스로 관하여 몸은 거름더미 같다 생각하라. 날마다 조금씩 죽어간다 생각해야 하니, 하늘과 땅이 쪼개져 열리고 사람이 생긴 이후로 죽지 않은 이가 없었기에 세간은 꿈처럼 허망하고 보이는 것마다 기쁘고 사랑스럽지만 허깨비와 같음을 모르다가 깨닫고 나서야 공이라 한다. 마땅히 헛것이라고 알고 스스로 속지 마라. 이와 같은 일곱 가지 법에 따라 법이 오래 머무를 수 있다. 又比丘有七惟 則法不衰 當善念行 一 惟經道 當如人念父母 父母生子 恩極一世 惟法活人 至無數世 度人生死 二 惟人生 無不有苦 憂念妻家屬所有 死各離散 不知所墮 若身有罪 親不能解 知此非常 當念行道 三 惟精進 端身口意 取道不難 四 惟謙虛 無自憍大 承事明哲 矜誨未聞 愍傷教之 五 惟降意 不馳六情 抑淫怒癡態 無有邪行 六 惟軀中 但盛臭穢 風寒熱血 無可貪者 七惟自觀 形如糞土 日當念死 天地開闢 生民以來 無不死者 世間如夢 所見歡愛 不知爲化 悟乃覺空 當知是幻 勿以自欺 如是七法 可得久住"라고 하였다. [참고문헌]『般泥洹經』. ⇨ 칠불퇴법 七不退法

칠유 七喩 ❶ 일곱 가지 비유. 오욕으로 생사에서 벗어나지 못하는 중생을 술 취한 코끼리 피해 우물로 도망친 이에 비유함이다. 『사분율행사초자지기』 권중(대정장40, p.253c6)에 "『대집경』에서 이르길 옛날 어떤 사람이 취한 두 코끼리〈생사〉를 피하여 등나무〈목숨〉에 매달려 우물〈무상〉에 들어갔는데, 검은 쥐와 흰 쥐 두 마리〈일월〉가 그 등나무를 갉아먹어 끊어지려 한다. 곁에서는 네 마리 독사〈사대〉가 물려 하고, 아래는 세 마리 독룡〈삼독〉이 불을 토하고 발톱 세워 막고 있었다. 올려다보니 두 마리 코끼리 이미 우물 위에 버티고 있어 심한 괴로움으로 어찌할 바 없던 순간, 갑자기 벌이 지나가며 꿀방울〈오욕〉을 흘려 입에 들어갔고, 꿀맛 본 그 사람 두려움을 모두 잊는다. 이는 비구가 온갖 괴로움을 두려워하지 않고 오욕에 탐착한 나머지 싫어서 돌아설 마음이 없음을 비유한다. 大集云 昔有一人 避二醉象〈生死〉 緣藤〈命根〉 入井〈無常〉 有黑白二鼠〈日月〉 嚙藤將斷 旁有四蛇欲螫〈四大〉 下有三龍 吐火張爪拒之〈三毒〉 其人仰望 二象已臨井上 憂惱無託 忽有蜂過 遺蜜滴入口〈五欲〉 是人唼蜜 全忘危懼 今喩比丘不畏衆苦 貪著五欲 無心厭背也", 『주유마힐경』 권2(대정장38, p.342b9)에 "우물은 생사요, 술에 취하여 쫓아오는 코끼리는 무상이며, 독룡은 악도요, 다섯 독사는 오음이며, 썩은 풀은 목숨이고, 검은 쥐와 흰 쥐는 백월과 흑월이며, 꿀방울은 오욕락이다. 꿀맛에 취해 두려움마저 잊는 것은 중생이 오욕이라는 꿀맛에 생사의 고통마저 두려워하지 않음을 비유한 것이다. 丘井生死也 醉象無常也 毒龍惡道也 五毒蛇五陰也 腐草命根也 黑白二鼠 白月黑月也 蜜滴五欲樂也 得蜜滴而忘怖畏者 喩衆生得五欲蜜滴 不畏苦也"라고 하였다. [참고문헌]『四分律行事鈔資持記』, 『注維摩詰經』. ⇨ 백서유 白鼠喩 ❷ ➡ 법화칠유 法華七喩

칠유색근 七有色根 이십이근(二十二根) 중 색이 있는 오근(五根)과 남근(男根)·여근(女根)의 일곱 가지. 『장현종론』 권5(대정장29, p.796c22)에 "칠유색근은 색온으로 거두기에 이름하여 유색이라 한다. 七有色根 色蘊攝故 名爲有色", 『구사론송소론본』 권3(대정장41, p.836a18)에 "유색이란 말은 칠색근을 이르니, 안 등의 오근과 여근·남근이다. 이 칠근은 색온으로 거두기에 이름하여 유색이라 한다. 칠유색근과 명·우·고는 한결같이 유루다. 言有色者 謂七色根 眼等五根 及女根 男根 此之七根 是色蘊攝 名爲有色 七有色根 及命憂苦 一向有漏"라고 하였다. [참고문헌]『藏顯宗論』, 『俱舍論頌疏論本』. ⇨ 유색근 有色根, 이십이근 二十二根 ❶

칠유의복 七有依福 일곱 가지로 행할 수 있기에 복업(福業)을 성취하다. 칠유의복업사(七有依福業事)와 같다. 『구사론송소론본』 권13(대정장41, p891b4)에 "칠유의복이란 첫째 나그네에게 보시하는 것, 둘째 길을 오가는 행인에게 보시하는 것, 셋째 병자에게 보시하는 것, 넷째 간병인에게 보시하는 것, 다섯째 사찰에 원림을 보시하는 것, 여섯째 상시 걸식하는 사람에게 보시하는 것, 일곱째 때에 맞게 옷이나 음식을 보시하는 것을 말한다. 이러한 일곱 가지는 선한 것이므로 복이라 하고, 짓는 것이므로 업이라 하고, 업이 이 일곱 가지에 의지하므로 사라고 한다. 七有依福者 一 施羈旅客 二 施路行人 三 施有病人 四 施看病人 五 施園林 六 施常乞食 七隨時施 如是七種 善故名福 作故名業 業依此七 故名爲事"라고 하였다. [참고문헌]『俱舍論頌疏論本』. ⇨ 칠유의복업사 七有依福業事, 유의칠복업 有依七福業

칠유의복업사 七有依福業事 Ⓢ saptabhir-aupadhikaiḥ puṇya-kriyā-vastubhiḥ, Ⓣ rdzas-las-byung-ba'i-bsod-nams-bya-ba'i-dngos-po. 복업(福業)을 성취하고 증장할 수 있게 하는 일곱 가지 일. 칠유의(七有依)·칠유의복(七有依福)·칠유의복업(七有依福業)이라고도 한다. 『구사론』 권18(대정장29, p.96b16)에 "고통이 다르기 때문이란 말은, 일곱 가지로 의지해 복을 지을 수 있음을 앞서 설했듯이 '길손·여행자·병든 이·돌보는 이들에게 숲이나 먹을 것을 베풀어야 하며, 추위나 바람이나 더위 등 때에 맞은 옷과 약을 베풀어야 한다'라고 하였다. 由苦別者 如七有依福業事中 先說 應施客行病侍 園林常食 及寒風熱 隨時衣藥", 『구사론기』 권18(대정장41, p.284c19)에 "이 일곱 가지로 타인을 괴로움에서 건지고, 이 일곱 가지에 의지하여 공덕이 더욱 자라기에 유의(有依)라고 한다. 복업사 세 가지는 앞에서 이미 풀이한 것과 같다. 일곱 가지란 무엇인가? 첫째 타향을 떠도는 나그네에게 보시하는 것, 둘째 길을 가는 행인에게 보시하는 것, 셋째 병이 든 병자에게 보시하는 것, 넷째 병자를 보살피는 간병인에게 보시하는 것이다. 다섯째 동산이나 숲을 보시하는 것이니, 즉 동산이나 숲을 여러 사찰에 보시하는 것이다. 여섯째 '상식'을 보시하는 것이니, 즉 보시하는 이가 재화나 전답 등을 보시하며, 여러 스님들에게 '지금부터 매일 저를 위해 칠승재를 베풀겠습니다'라고 하는 것을 상식이라고 한다. … 일곱째 때에 따라 보시하는 것이니, 즉 춥거나 바람이 불거나 더울 때에 그에 상응하여 그때그때 음식이나 옷 등을 보시하는 것을 통틀어 일곱째 수시시(隨時施)라고 한다. 以此七種 濟他苦故 依此七種 功德增長 故名有依 福業事三 如前已釋 言七種者 一 施客人 謂羇旅他鄉 二 施行人 謂在路行人 三 施病人 謂染疾者 四 施侍病 謂看病人 五 施園林 謂以園林 施諸寺等 六 施常食 謂有檀越 布施錢財 或莊田等 白衆僧言 從今已去 日別爲我 設七僧齋 此名常食 … 七 隨時施 謂有或寒 或風 或熱時 隨其所應 施彼隨時 飮食衣等 總名 第七 隨時施也",『구사론소』 권13(대정장41, p.632a4)에 "여기에 일곱 가지 복을 지을 수 있는 일이 있다. 베풀 일이 있음을 '의가 있다' 한다. 첫째는 멀리 가는 나그네에게 베풀고, 둘째는 길 가는 이에게 베풀며, 셋째는 아픈 이를 돌보고, 넷째는 돌보는 이마저 돌보며, 다섯째 앞뒤 뜰을 내어주며, 여섯째 상식을 베풀며, 일곱째 때에 맞게 베푼다. 此有七種有依福業事 謂有所施事爲依 名爲有依 一 施羇客 二 施路行人 三 施有病人 四 施侍病人 五 施園林 六 施常食 七 隨時施"라고 하였다. [참고문헌]『俱舍論』, 『俱舍論記』, 『俱舍論疏』, *Abh-k-bh.196·270.*

칠유천인왕래 七有天人往來 일곱 번 천계와 인간계를 오가다. 『잡아함경』 권6(대정장2, p.42a12)에 "다문의 성제자는 다시는 신구의로 업을 짓고 삼악도에 가는 일을 하지 않는다. 설사 방일하더라도 성제자는 반드시 삼보리를 향하여 일곱 번 천계와 인간계를 왕래하며 괴로움의 끝을 다한다. 多聞聖弟子 不復堪任作身口意業 趣三惡道 正使放逸 聖弟子決定向三菩提 七有天人往來 作苦邊"라고 하였다. [참고문헌]『雜阿含經』. ⇨ 극칠반유 極七返有, 칠반 七返

칠의 七依 일곱 곳에 의지하다. 칠의정(七依定)이다. 『성실론』 권12(대정장32, p.338c18)에 "칠의가 있으니, 초선에 의지하여 번뇌다함을 얻고, 나아가 무소유처에 의지하여 번뇌다함을 얻는다. 의란 인(因)이다. 이 칠처에서 성지혜를 얻는다. 有七依 依初禪 得漏盡 乃至 依無所有處 得漏盡 依名因 此七處 得聖智慧"라고 하였다. [참고문헌]『成實論』, 『顯揚聖敎論』 권3(대정장31, p.496b28). ⇨ 칠의정 七依定

칠의정 七依定 색계사선(色界四禪)과 세 가지 무색정(無色定). 색계의 초정려(初靜慮)·제2정려·제3정려·제4정려와 무색계의 공무변처정(空無邊處定)·식무변처정(識無邊處定)·무소유처정(無所有處定)을 말한다. 칠의(七依)·칠의처(七依處)·칠의처정(七依處定)이라고 한다. 이 칠처에 의지해 무루(無漏)의 성과(聖果)를 얻기에 이렇게 부른다. 『대비바사론』 권185(대정장27, p.929b6)에 "칠의정이 있으니, 나는 저 제 의지하여 모든 번뇌를 다할 수 있다고 설한다. 즉 초정려에서 무소유처정까지를 말한다. 有七依定 我說依彼 能盡諸漏 謂初靜慮 乃至 無所有處", 『현양성교론』 권3(대정장31, p.496b28)에 "유의란 무엇인가? 칠의정에 의지하기에 모든 번뇌를 끊음을 말한다. 즉 초정려에서 일곱째의 무소유처정까지를 말한다. 由依者 謂由依止七依定故 斷諸煩惱 謂初靜慮 乃至 第七 無所有處"라고 하였다. [참고문헌]『大毘婆沙論』, 『顯揚聖敎論』. ⇨ 칠정 七定, 사선 四禪❶, 삼무색 三無色

칠익 七益 법비 내려 누리는 일곱 가지 이익. 법화칠유(法華七喩) 중 약초유(藥草喩)에 의지한다. 『법화현의』 권6(대정장33, p.758b8)에 "(「藥草喩品」에서) '비 두루 고르게 내린다' 하였으니, 설법익의 비유다. 그리고 '모든 초목이 각각 생장을 얻는다' 하였으니, 이는 곧 사종권속이 일곱 가지 이익으로 적신다는 뜻이다. 其雨普等 譬說法益也 而諸草木 各得生長 卽是四種眷屬 皆沾七益", "설법익의 뜻을 이제 설한다. 간추려서 칠익이다. 첫째는 이십오유의 과보익이니, 또한 땅 위의 청량한 이익이라 한다. 둘째는 이십오유의 인화로 뒤덮인 이익이니, 또한 작은 풀들의 이익이라 한다. 셋째는 진제삼매로 법을 쪼개는 이익이니, 또한 중간 풀들의 이익이라 한다. 說法益義 今當說 略爲七益 一 二十五有果報益 亦名地上淸涼益 二 二十五有因華開敷益 亦名小草益 三 眞諦三昧析法益 亦名中草益", "넷째는 속제삼매의 오통익이니, 또한 가장 좋은 풀의 이익이라 한다. 다섯째는 진제삼매로 법을 체득한 이익이니, 또한 작은 나무의 이익이라 한다. 여섯째는 속제삼매에 의한 육신통의 이익이니, 또한 큰 나무의 이익이라 한다. 일곱째는 중도왕삼매의 이익이니, 또한 가장 실다운 일의 이익이라 한다. 四 俗諦三昧五通益 亦名上草益 五 眞諦三昧體法益 亦名小樹益 六 俗諦三昧六通益 亦名大樹益 七 中道王三昧益 亦名最實事益"라고 하였다. [참고문헌]『法華玄義』, 『法華經玄籤證釋』 권7(卍속장44, p.895b13), 『法華經文句輔正記』 권3(卍속장45, p.97a5). ⇨ 약초유 藥草喩

칠인 七人 ❶ 공경하여 모실만한 일곱 부류의 사람. 세간의 위없는 복전(無上福田)이다. 『증일아함경』 권34(대정장2, p.739a25)에 "섬길 만하고 공경할 만한 일곱 부류의 사람들이 있으니, 세간의 위없는 복전이다. 어떤 이를 일곱 종류의 사람이라고 하는가? 첫째 행하되 자애로운 이, 둘째 행하되 비민하는 이, 셋째 기뻐할 줄 아는 이, 넷째 마음 다스려 지키는 이, 다섯째 공을 알고 행하는 이, 여섯째 여러 생각이 없는 이, 일곱째 행하지만 바라는 바 없는 이 등을 섬길 만하고 공경할 만한 일곱 류의 사람이라고 한다. 이들은 세간의 위없는 복전이다. 有七種之人 可事可敬 是世間無上福田 云何爲七種人 所謂七人者 一者 行慈 二者 行悲 三者 行喜 四者 行護 五者 行空 六者 行無想 七者 行無願 是謂七種之人 可事可敬 是世間無上福田"라고 하였다. 〔참고문헌〕『增壹阿含經』. ⇨ 복전 福田 ❷ 마파리(摩波利 : 職事·知事)나 직일(直日 : 매일 담당해서 할 일이 있는 것)을 하지 않는 일곱 부류의 스님. 『대비구삼천위의』 권하(대정장24, p.921c27)에 "비구승 중에서 일곱 부류의 스님은 마파리나 직일을 하지 않아야 한다. 첫째 연로하여 일을 맡을 수 없는 이, 둘째 병을 앓거나 피부병이 있어 청결할 수 없는 이, 셋째 오래 병을 앓아 매우 쇠약한 이, 넷째 여러 사람에게 병을 옮기는 이, 다섯째 상좌일, 여섯째 마마덕, 일곱째 직세다. 이 일곱 부류의 스님은 모두 마파리나 당번을 하지 않는다. 比丘僧有七人 不應作摩波利及直日 一者 年老不任事 二者 病疹瘡不淨潔 三者 久病羸極 四者 衆人共使養病 五者 上座日 六者 摩摩德 七者 直歲 是七人皆不應作"라고 하였다. 〔참고문헌〕『大比丘三千威儀』. ❸ 일곱 부류의 성인(聖人). 칠성(七聖)을 말한다. 『아비담팔건도론』 권13(대정장26, p.830c26)에 "일곱 부류의 사람이란 견신·견법·신해탈·견도·신증·혜해탈·구해탈을 말한다. 七人 堅信 堅法 信解脫 見到 身證 慧解脫 俱解脫"라고 하였다. 〔참고문헌〕『阿毘曇八犍度論』. ⇨ 칠성 七聖

칠인 七仞 일곱 길(仞). 시대에 따라 도량형이 달라서 1인은 8척(尺) 또는 7척(尺)·4척(尺)이다. 『육도집경』 권8(대정장3, p.48b9)에 "유동이 매우 기뻐하면서 허공으로 펄쩍 뛰었는데 땅에서부터 일곱 길이나 되었다. 허공에서 내려와 머리카락을 땅에 깔고 부처님께서 밟고 가시도록 했다. 儒童心喜 踊在虛空 去地七仞 自空來下 以髮布地 令佛蹈之", 『승만보굴』 권하(대정장37, p.89c5)에 "또 1다라수를 말하면 땅에서부터 7인의 길이이다. 1인은 7척이니, 한 나무는 49척이 된다. 일곱 나무를 합하면 343척이다. 又言一多羅樹 去地七仞 一仞七尺 一樹合有四十九尺 七樹合有三百四十三尺"라고 하였다. 〔참고문헌〕『六度集經』, 『勝鬘寶窟』.

칠인명 七因明 뜻을 세우고(因) 밝혀(明) 다른 이를 이해시킬 수 있기 위해서 갖추어야 할 일곱 가지. 외도의 사견(邪見)이나 칠종과실(七種過失) 등을 벗어나게 해서 다른 이를 개우치게 하는 뜻에서 인명은 이타(利他)의 논증이라 할 수 있다. 논의주제인 논체성(論體性 Ⓢ vāda), 논의장소인 논처소(論處所 Ⓢ vādādhiṣṭhāna), 논의근거인 논소의(論所依 Ⓢ vādādhikaraṇa : 論依), 논지를 타당하게 해주는 논장엄(論莊嚴 Ⓢ vādālaṃkāra), 논의가 부정되는 경우인 논타부(論墮負 Ⓢ vādanigraha), 논의의 지속 여부를 결정하는 논출리(論出離 Ⓢ vādaniḥsaraṇa), 논의에 임하는 마음가짐인 논다소작법(論多所作法 Ⓢ vāde bahukarā dharmāḥ)을 말한다. 칠인명처(七因明處)·칠종인명(七種因明)이라고도 한다. 『유가사지론』 권15(대정장30, p.356a11)에 "인명처란 무엇인가? 뜻을 관찰하는 중에 있어야 하는 모든 일을 말한다. 이것들은 다시 무엇인가? 올타남으로 이른다. '논체와 논처소, 논거와 논장엄, 논부와 논출리 및 논다소작법이다'. 이 가운데 간략하게 일곱 종류가 있음을 알아야 하니, 첫째 논체성, 둘째 논처소, 셋째 논소의, 넷째 논장엄, 다섯째 논타부, 여섯째 논출리, 일곱째 논다소작법이다. 云何因明處 謂於觀察義中諸所有事 此復云何 嗢拕南曰 論體 論處所 論據 論莊嚴 論負 論出離 論多所作法 當知此中 略有七種 一 論體性 二 論處所 三 論所依 四 論莊嚴 五 論墮負 六 論出離 七 論多所作法", 『인명입정리론소』 권상(대정장44, p.96a4)에 "인명에 일곱 가지가 있다. 〔송〕 논체와 논처소, 논거와 논장엄, 논부와 논출리 및 논다소작법이다. 因明有七 頌曰 論體論處所 論據論莊嚴 論負論出離 論多所作法", 『현양성교론』 권6(대정장31, p.510a23)에 "일곱 가지 인명에 의하여 다른 이의 의논을 꺾고 자신의 주장을 성립시킨다. 일곱 가지 인명이란 무엇인가? 논체·논처소 등을 말한다. 依七種因明 摧伏他論 成立自論敎 七種因明者 謂論體 論處所等"라고 하였다. 〔참고문헌〕『瑜伽師地論』, 『因明入正理論疏』, 『顯揚聖敎論』. ⇨ 논체성 論體性, 논처소 論處所, 논소의 論所依, 논장엄 論莊嚴, 논타부 論墮負, 논출리 論出離, 논다소작법 論多所作法, 칠종상 七種相, 칠종과실 七種過失, 인명 因明

칠인연대사구빈제성문중 七因緣大師驅擯諸聲聞衆 큰 스승이 대중에서 성문승중을 추방할 수 있는 일곱 가지 인연. 『유가사지론』 권86(대정장30, p.784a5)에 "또 다음으로 대사는 일곱 가지 인연으로 여러 성문대중을 추방한다. 첫째는 대중 모두 다 사행을 하는 것을 보기 때문이고, 대부분이 사행을 하는 것을 보기 때문이며, (사행비구가 적더라도) 그 사행이 비구대중의 수상좌인 아차리야(Ⓢ ācārya : 阿闍梨)와 오파타야(Ⓢ upādhyāya : 親教師)의 방편임을 보기 때문이고, 넷째는 (惡性이어서) 함께 머물 수 없기 때문이며, 다섯째는 (다른 곳에서도) 추방을 당해 (이곳에 왔기) 때문이고, 여섯째는 현전해 있는 과실을 피하기 위함이며, 일곱째는 미래의 과실이 생겨나지 않게 하기 위해서다. 復次由七因緣大師驅擯諸聲聞衆 一者 見一切種皆行邪行故 二者 見彼多分故 三者 由彼衆首上座阿遮利耶鄔波拕耶方便故 四者 不堪共住故 五者 被驅擯故 六者 避現前過故 七者 令

不生起未來過故"라고 하였다. 〔참고문헌〕『瑜伽師地論』, 『瑜伽論記』 권22(대정장42, p.823a18 · 한불전14, p.735a13). ⇨ 구빈 驅擯

칠인연석범천등왕여래소 七因緣釋梵天等往如來所 제석천과 범천 등이 여래 계신 곳으로 내려오는 일곱 가지 인연. 『유가사지론』 권86(대정장30, p.784b8)에 "또 다음으로 일곱 가지 인연으로 인해 제석과 범천 등이 여래 계신 곳으로 내려오니, 첫째는 여래께 공양하기 위해서이고, 둘째는 정법을 청문하기 위해서이며, 셋째는 생겨난 의혹을 결단하기 위해서이고, 넷째는 다른 이를 따르며 돕기 위해서이며, 다섯째는 다른 이를 애민히 여겨 이익을 주기 위해서이고, 여섯째는 여래의 고귀한 가르침을 존중하기 때문이며, 일곱째는 여래께서 세속을 향한 마음을 일으킨 것을 알고서 집회에 나가시도록 하고자 하기 때문이다. 復次由七因緣釋梵天等往如來所 一爲供養如來故 二 爲聽聞正法故 三 爲決所生疑故 四 爲順他而爲翼從故 五 爲愍他欲爲饒益故 六 由愛重如來聖教故 七 知如來起世俗心欲令赴會故"라고 하였다. 〔참고문헌〕『瑜伽師地論』. ⇨ 제석 帝釋, 범천 梵天

칠일교족 七日翹足 일곱 날이 되도록 발을 든 채로 서 있다. 석가모니부처님께서 과거세에 외도의 선인(仙人)이셨을 때, 불사불(弗沙佛 Ⓢ Puṣya-buddha)을 친견하고 7일 동안이나 한쪽 발을 든 채로 찬탄하셨던 일. 석가모니부처님께서는 이때의 인연으로 100겁 중 9겁을 뛰어넘어 91겁만에 미륵보살보다 먼저 성불하셨다고 한다. 〔참고문헌〕『大乘本生心地觀經』 권1(대정장3, p.295c24), 『大智度論』 권4(대정장25, p.87c5), 『法華經大成音義』(卍속장51, p.481b5). ⇨ 불사불 弗沙佛

칠일륜 七日輪 Ⓢ sapta sūryāḥ. 일곱 개의 해. 겁말(劫末)에 세상이 다하려고 할 때 큰 화재가 일어나 모든 것이 불타는데 이때 일곱 개의 해가 출현한다. 『잡아비담심론』 권11(대정장28, p.960a9)에 "이것이 중생세간의 겁이 다하는 것이라고 이름 한다. 이때 세계는 오래 전부터 비어 있었는데 일곱 개의 해가 출현하기에 이른다. 〔문〕 어디로부터 나오는가? 〔답〕 어떤 사람은 말한다. '겁이 이루어질 때 건타산 뒤로부터 일곱 개의 해가 저곳으로부터 나왔다'. 혹은 말한다. '한 개가 나누어져서 일곱 개가 되었다'. 또 어떤 사람은 말한다. '한 개의 해가 일곱 배의 열기를 낸다'. 또 어떤 사람은 말한다. '무간지옥의 불길로부터 나왔다'. 是名衆生世劫盡 是時世界 久遠虛空 乃至七日出 問曰 從何處出 答 有說 劫成時 由乾陀山後 有七日輪住 從彼而出 有說 一日分爲七分 復有說 一日七倍熱 復有說 從無間地獄火出", 『구사론』 권12(대정장29, p.62c29 : *Abh-k-bh.*, p.179)에 "오직 기세간의 허공만이 비어서 머물러 있고 나머지 시방세계 일체유정은 삼천세계의 업이 다하는 것을 감응한다. 이에 점점 일곱 개의 해가 출현하여 모든 바다가 마르고 모든 산이 뻥 뚫리며 대륙의 삼륜이 모두 불에 타며 바람이 불어서 뜨거운 불길이 천궁으로부터 범천궁까지 태워서 남김없이 태워버린다. 唯器世間空曠而住 餘十方界 一切有情 感此三千世界業盡 於此漸有 七日輪現 諸海乾竭 衆山洞然 洲渚三輪 並從焚燎 風吹猛焰燒上天宮 乃至梵宮無遺灰燼 tataḥ śūnye bhājane ita eva sāmantakāt sattvānāṃ tadākṣepake karmaṇi parikṣīṇe sapta sūryāḥ prādurbhūya krameṇa yāvat pṛthivīṃ sumeruṃ ca niḥśeṣaṃ dahanti. tasmād evaṃ prajvalitādarcirvāyunā kṣiptaṃ śūnyaṃ brāhmaṃ vimānaṃ nirdahat paraiti", 『대명삼장법수』 권23(영락장182, p.366b3)에 "칠일륜이 나온다는 것은, 겁말의 현상이다. 천지는 처음부터 끝까지를 한 겁이라고 한다. 겁이 다하여 무너지려고 할 때 화재가 일어나고 모든 사람들은 악업을 짓는다. 하늘은 오랫동안 비를 내리지 않아서 심은 곡식이 자라지 못하고 모든 수원이 다 고갈된다. 오래 지난 후에 바람이 바다밑에서 불어서 해의 궁전을 취하여 수미산끝에서 해의 길 가운데에서 세간을 한쪽만 비추니 초목이 시들어 마른다. 이와 같이 하나로부터 일곱 해가 차례로 출현하여 바닷물을 고갈시키고 대지는 연기를 뿜어내며 하늘과 땅이 텅 비어지면서 범천에 이르기까지 탕진하기에 이른다. 그러므로 일곱 개의 해가 출현한다는 설이 있게 되었다. 七日輪出者 劫末之相也 天地始終 謂之一劫 劫盡壞時 火災將起 一切人民 皆作惡業 遂使天久不雨 所種不生 諸水泉源 皆悉枯竭 久久之後 風入海底 取日宮殿 於須彌山邊 置日道中 徧照世間 草木凋落 如是一日 乃至七日 次第而出 消竭海水 大地烟起 乾坤洞然 直至梵天 悉皆蕩盡 故有七日出現之說也"라고 하였다. 〔참고문헌〕『雜阿毘曇心論』, 『俱舍論』, 『大明三藏法數』, *Abh-k-bh.*

칠일법 七日法 안거 중에 부득이한 일로 결계를 벗어나더라도 칠일을 지나지 않게 하는 법. 칠야법(七夜法)이라고 한다. 『오분율』 권19(대정장22, p.130b24)에 "만약 칠일법에 준하여 결계 밖으로 벗어나더라도 안거를 파하는 것은 아니다. 若有七日法出界外 不破安居", 『사분율』 권26(대정장22, p.746b16)에 "범하지 않는다는 뜻은, 불법승의 일 때문이거나 병든 비구니를 간호하는 일 때문이거나 칠일 동안 계를 벗어나 가더라도 … 계를 범하지 않는다. 不犯者 爲佛法僧事 爲病比丘尼事 受七日法出界行 … 不犯"라고 하였다. 〔참고문헌〕『五分律』, 『四分律』. ⇨ 칠야법 七夜法

칠일약 七日藥 Ⓟ sattāha-kālika 일곱 날 약. 7일이

지나도록 지녀서는 안된다. 사약(四藥) 또는 삼종약(三種藥) 중 하나로 받은 후 7일을 넘기지 않아야 하기에 이렇게 부른다. 『사분율』 권14(대정장22, p.663a27)에 "칠일약을 받아서 7일을 지나도록 하면 바일제이다. 受七日藥 過七日食者 波逸提", 『마하승기율』 권3(대정장22, p.244c24)에 "이 모든 약은 깨끗하고 담담하여 특별한 맛은 없다. 일시에 다 받아서 7일 동안 복용하므로 칠일약이라 한다. 만약 비구가 훔칠 마음을 먹고 칠일약에 손대면 월비니죄가 되고, 그 물건을 옮기면 투란죄가 되며, 본래 있던 것을 다 가져가면 바라이가 된다. 此諸藥 淸淨無食氣 一時頓受 得七日服 故名七日藥 若比丘盜心 觸七日藥 越比尼罪 動彼物 偸蘭罪 離本處滿者 波羅夷"라고 하였다. [참고문헌] 『四分律』, 『摩訶僧祇律』, 李智冠 『南北傳六部律藏比較硏究』 p.160, *Vin.1.251・4.83.* ⇨ 축칠일약과한계 蓄七日藥過限戒, 사약 四藥[3], 삼종약 三種藥[2], 약 藥, 오사야니식 五奢耶尼食

칠일작단법 七日作壇法 밀교에서 관정과 호마 등의 작법 할 때 7일 이내에 토단(土壇) 쌓고 그 위에 만다라의 제존을 그리는 작법. 칠일공양단법(七日供養壇法)이라고도 한다. 첫날에는 지신을 달래는 제를 올린 후 단을 견고하게 쌓고, 둘째 날에는 향수를 단에 바르며, 셋째 날에는 단에 오보(五寶)・오곡(五穀)・오약(五藥)・오향(五香)을 묻는다. 넷째 날 단에 향으로 제존의 자리를 정하고, 밤이 되면 향수쇄정진언(香水灑淨眞言)을 지송한다. 『대일경소』 권4(대정장39, p.621b7)에 따르면 진언은 "나마 사만다 발다남 아발라〈두 음을 합한 음〉지삼미〈이〉 가가나삼미〈삼〉 사마다노게제〈사〉 발라〈두 음을 합한 음〉흘률〈두 음을 합한 음〉저 미수〈상성〉제〈오〉 달마다도 미수달이〈육〉 사하 [Siddham] namaḥ samanta buddhānāṃ apratisame gaganasame samanta-anugate prakṛti viśuddhe dharma-dhātu viśodhani svāhā 南麼 三曼多 勃馱喃 阿鉢囉〈二合〉底〈丁以反下同〉三迷〈二〉 伽伽那三迷〈三〉 三麽多奴揭帝〈四〉 鉢囉〈二合〉吃嘌〈二合〉底 微輸〈上〉睇〈五〉 達摩馱睹 微戍達儞〈六〉 莎訶 일체제불께 귀의합니다. 허공에 두루 응현하시니 그 본성 맑아 온 법계가 맑아지이다. 스바하"이다. 다섯째 날 단에 제존을 그리며 밤에는 지지진언(持地眞言)을 지송한다. 같은 책 권4(대정장39, p.623b21)에 따르면 진언은 "나마 사만다 발다남 살바달타게다〈장음 이〉 지슬차〈두 음을 합한 음〉나〈장음〉 지슬지제〈삼〉 아자려〈사〉 미마려〈오〉 사마〈두 음을 합한 음〉라내〈평성 육〉 발라〈두 음을 합한 음〉흘률〈두 음을 합한 음〉지 발리수〈상성〉제〈칠〉 사하 [Siddham] namaḥ samanta buddhānāṃ sarva-tathāgata-adhiṣṭhāna-adhiṣṭhite acale vimale smaraṇe prakṛti-pariśuddhe svāhā 南麽 三曼多 勃馱喃 薩婆怛他揭多〈引二〉 地瑟姹〈二合〉那〈引〉 地瑟祉帝〈三〉 阿者麗〈四〉 微麽麗〈五〉 娑麽〈二合〉囉嬭〈平六〉 鉢囉〈二合〉吃嘌〈二合〉底 鉢履輸〈上〉睇〈七〉 莎訶 일체제불께 귀의합니다. 일체여래의 가지로 부동 무구 억념지 본성청정 가지하게 하소서. 스바하"이다. 여섯째 날에는 아사리와 제자와 도량을 가지하고, 일곱째 날에는 작법을 시작한다. 같은 책 권4(대정장39, p.621a8)에 "만다라를 만드는 일은 칠일 이내에 마쳐야 한다. 첫날 아사리는 대일여래의 자성에 머무른 후에 지신에게 경고한다. 凡造漫荼羅 於七日內須畢 於最初日 阿闍梨 當住大日如來自性 然後警發地神", 『다라니집경』 권4(대정장18, p.813c19)에 "다음으로 아사리가 수인・향로・알가수 등으로 진언을 염송하고 손으로 향로를 집어 호궤하고 향을 사르면서 일체제불과 반야보살금강천 등과 일체의 업도명기에게 고한다. '지금 이 땅은 저의 땅입니다. 저는 지금 칠일 밤낮으로 대도량법단을 건립하여 일체 시방법계 제불세존과 반야바라밀다 제보살중과 금강천 등께 공양하고자 하니 … 정법을 수호하는 선신들과 저의 불법에 이익이 있는 이라면 뜻대로 머무소서'. 次阿闍梨手印香鑪水等 呪已 手執香鑪胡跪燒香 啓白一切諸佛般若菩薩金剛天等 及與一切業道冥祇 今此地者是我之地 我今欲立七日七夜都大道場法壇之會 供養一切十方法界諸佛世尊 及般若波羅蜜多諸菩薩衆金剛天等 … 若護正法善神鬼等 於我佛法中有利益者 隨意而住"라고 하였다. [참고문헌] 『大日經疏』, 『陀羅尼集經』. ⇨ 백단만다라 白檀曼荼羅

칠자 七子 일곱 아들의 비유. 일곱 아들이 있지만 유독 병든 아들에게 기울어진 깊은 자비심의 비유다. 40권본 『대반열반경』 권20(대정장12, p.481a16)에 "비유하자면 한 사람에게 일곱 아들이 있는데 이 일곱 아들 중에 한 아들이 병을 얻으면 부모의 마음은 평등하지 않은 것은 아니지만 병든 아들에게 마음이 더욱 기우는 것과 같습니다. 대왕이시여! 여래도 이와 같습니다. 모든 중생에게 평등하지 않음이 없지만 죄를 지은 사람에게 마음 기울어 무겁습니다. 譬如一人 而有七子 是七子中 一子遇病 父母之心 非不平等 然於病子 心則偏多 大王 如來亦爾 於諸衆生 非不平等 然於罪者 心則偏重", 『대반열반경집해』 권43(대정장37, p.512c6)에 "승량이 말한다. '일곱 아들 가운데 병을 얻은 한 아들은 범부를 비유하고 여섯 아들은 육주를 비유한다. 자비란 본래 고통을 연하니 고통이 깊을수록 자비도 깊은 법이다. 초주에서 이미 삼악도의 굴레를 떠났고, 육주라면 영원히 인천도 떠나며, 부처님이라면 자비마저도 버린다'. 僧亮曰 七子之中 一子遇病 譬凡夫 六子譬六住 慈本緣苦 苦重則慈重 初住已離三途 六住則永離人天 佛則放捨慈也", 『대반열반경소』 권19(대정장38, p.149b10)에 "세 가지 해석이 있다. 첫째, '모두 육도중생을 비유하고, 그중 죄를 지은 사람은 한 아들을 비유한다'라고 푼다. 둘째, '육주의 보살과 외범을 합하여 일곱 아들로 비유하고 그중 외범은 병든 사람을 비유한다'라고 푼다. 셋째, '사과지의 성인과 불보살은 여섯 아들을 비유하고, 외범을 합하여 일곱 아들이라 한다. 한 아들이 병이 들었다는 말은 외범을 비유하니 악행을 일으키는 아들이 그이다'라고 푼다. 三解 一云 通譬六道衆生 以有罪者 譬於一子 二云 六住菩薩 幷外凡爲七 外凡是病者 三云 四果支佛菩薩爲六 合取外凡爲七 一子遇病 卽譬外凡 起惡者 是"라고 하였다. [참고문헌]『大般涅槃經』, 『大般涅槃經集解』, 『大般涅槃經疏』. ⇨ 사약 四藥

칠잡염 七雜染 **1** Ⓢ saptadhā saṃkleśaḥ. 십이지(十二支)가 번뇌에 물듦을 일곱 가지 인(因)으로 푼 뜻. 『변중변론』 권상(대정장31, p.465b19 : *Madhy-vibh.*, p.22)에 "칠잡염이란 칠종인을 말한다. 七雜染者 謂七種因 saptadhā saṃkleśaḥ saptavidho hetuḥ", 『중변분별론』 권상(대정장31, p.452a26)에서는 칠난(七難)이라고 하였다. [참고문헌]『辯中邊論』, 『中邊分別論』, *Madhy-vibh.* ⇨ 칠종인 七種因[1], 십이지 十二支[1] **2** ➡ 칠종잡염 七種雜染

칠장부 七丈夫 일곱 가지 덕을 갖춘 장부. 세속의 덕을 따라 말한다. 80권본 『화엄경』 권27(대정장10, p.150a7)에 "(보살은) 중생들로 하여금 장부의 모습 갖추게 해서 모두를 수호한다. 모든 선한 장부들이 성현가에 나서 지혜를 구족하고 장부의 뛰어난 행을 항상 부지런히 닦고 익히며 장부의 용을 지니고 일곱 가지 덕을 갖춘 장부의 길도 능히 보이도록 한다. 爲令衆生 具丈夫形 皆能守護 諸善丈夫 生賢聖家 智慧具足 常勤修習 丈夫勝行 有丈夫用 巧能顯示 七丈夫道", 『화엄경소』 권28(대정장35, p.716b12)에 "그러므로 칠장부에 대해서는 다양한 설이 있다. 첫째, 세간을 기준으로 하면 『유가사지론』에서 말한 장부에 일곱 가지 뜻이 있다. 첫째, 긴 수명으로 오래 머문다. 둘째, 아름다운 외모로 단엄하다. 셋째, 병이 없고 고뇌가 적다. 넷째, 종도 아니고 여인도 아니며 반택가도 아니다. 다섯째, 지혜가 매우 예리하다. 여섯째, 하는 말마다 위엄이 있고 엄숙하다. 일곱째, 큰 가문에 속한다. 이 일곱 가지 법을 갖추면 장부의 도라 한다. 然七丈夫 總有多說 一 約世間 瑜伽丈夫 有其七義 一 長壽久住 二 妙色端嚴 三 無病少惱 四 非僕非女 非半擇迦 五 智慧猛利 六 發言威肅 七 有大宗葉 具此七法 名爲丈夫道"라고 하였다. [참고문헌]『華嚴經』, 『華嚴經疏』. ⇨ 언위숙 言威肅, 장부 丈夫[1]

칠장사 七長寺 경기도 안성시 죽산면 칠장리 칠현산(七賢山)에 있는 절. 대한불교조계종 용주사(龍珠寺)의 말사이다. 칠장사(漆長寺)·칠장사(七丈寺)·칠현사(七賢寺)라고도 한다. [연혁] 636년(선덕왕5)에 자장(慈藏)이 창건하였다 하고, 「칠장사사적비 七長寺事蹟碑」에 의하면 1014년(현종5)에 혜소국사(慧炤國師) 정현(鼎賢 972~1054)이 왕명으로 중수하였으며 1308년(충렬왕34)에 대규모 중창이 이루어졌다. 혜소국사가 백련암(白蓮庵)에서 수도하던 중 자신을 찾아온 7인의 악인(惡人)을 교화한 까닭에 칠장사(七長寺)라는 이름이 있게 되었다. 1383년(우왕9)에 왜구의 노략질을 피해 충주 개천사(開天寺)의 사적(史籍)을 칠장사에 봉안했다가 1390년(공양왕2)에 충주로 옮겼는데, 당시 중창한 기록이 전한다. 이후 화재로 소실되었다가 1506년(중종1)에 홍정대사(興淨大師)가 삼창(三刱)하였다. 1623년(인조1)에 인목대비가 아버지 김제남(金悌男 1562~1613)과 아들 영창대군(永昌大君)을 위해 원당(願堂)으로 삼고 중수하는 등 왕실의 후원을 받았다. 1671년(현종12)에 중수하고 「칠장사향화사적비 七長寺香火事蹟碑」를 세웠으나 1674년(현종15)에 산을 장지(葬地)로 쓰려는 세도가의 방화로 자리를 빼앗겨 세양당(洗梁堂) 초견대종사(楚堅大宗師)에 의해 이건(移建)되었다. 1676년(숙종2)에 중화현운(中和玄運)과 허월인상(虛月印祥) 등이 요사를 중수하였으나 1694년(숙종20)에 또 다시 세도가의 방화로 전소하는 등의 피해를 입었다. 1703년(숙종29)에 탄명(坦明)이 작은 법당을 만들어 여덟 나한을 모셨고, 명적암(明寂庵) 아래 쪽에 53불 명호탑(名號塔)을 세우고 철당간을 복원하였다. 1704년(숙종30)에 주지 석규(碩奎)가 옛 절터를 되찾고 대화주(大化主) 사간(思侃)이 대법당과 진여문(眞如門), 일준(一俊)이 청련당(靑蓮堂), 정진(精進)이 서별당(西別堂)을 지었으며 상원(尙元)이 태청루(太淸樓)를 옮겨 짓고 석신(碩信)이 향적전(香積殿)을 태청루 서쪽에 건립하였다. 1725년(영조1)에 선진(善眞)과 두한(斗漢)이 원통전을 세웠다. 다음 해에 윤영(允英)과 처휘(處輝) 등이 관음상을 봉안하였으며 사간이 명부전을 세워 지장상과 시왕상을 봉안하였고, 천왕문과 미타전, 벽응대사(碧應大師) 진영당(眞影堂) 등을 건립하였다. 1736년(영조12)에 주지 설영이 화주 도정과 함께 법당 및 천왕문을 중수하였고, 1768년(영조44)에 명부전을 보수하였다. 1782년(정조6)에는 대웅전 내 소동종을 주조하였고, 1790년(정조14)에 종신(宗信)·담청(曇淸)·김흥경(金興敬) 등이 대법당을 중수하였다. 1828년(순조28)에 완진(完眞)이 대웅전을 이건하였고 1857년(철종8)에 대웅전·원통전·시왕전·향로적 등의 기와를 중수하였다. 1877년(고종14)에 서해(瑞海)·해성(海城)이 시주를 받아 다음해 태청루를 중건하고, 48칸의 요사를 짓는 등의 불사(佛事)가 이루어졌으며, 1878년에 「칠장사중건기 七長寺重建記」를 기록하였다. 1887년(고종24)에 큰 화재가 발생하였다. 1937년에 이기홍(李箕洪)·박옥선(朴玉仙) 부부의 시주에 대한 공덕비가 건립되었다. 1956년의 화재로 화엄전이 전소하였다. 1982년에 대웅전을 해체·보수하였고, 1994년에 복원 계획을 세우고 1997년에 당간 보호철책을 설치하였으며, 1999년부터 2007년까지 비각(碑閣) 보수, 주변 정비, 신축, 해체·보수 등의 가람 정비가 이어졌다. 채제공(蔡濟恭 1720~1799)의 『번암선생집』 권35 「유칠장사기 遊七長寺記」에는 칠장사를 유람하면서 인목대비의 친필이 있는 불경을 살펴본 일이 전한다. 「안성칠장사벽응당석숭대사비문 安城七長寺碧應堂釋崇大師碑文」에는 "만년에 죽산 칠현산에 기거하다가 임종하였으니, 정유년(1657·효종8) 정월 21일이다. 晩年 居竹山之七賢山 終焉 實丁酉正月二十一日也"라고 하였고, 「칠장사해월대사비문 七長寺海月大師碑文」에 "만년에 죽주 칠현산 극락암에서 거처하면서 30년간 마음을 관조하고 좌선하였다. 晩而棲竹州七賢山極樂菴 三十年觀心以坐"라고 하였다. 현존하는 당우로는 대웅전·원통문·사천왕문·명부전·나한전 등 17동의 건물이 있다. 산내암자는 명적암·극락암(옛 미타암)·백련암 등이 있다. 〔성보문화재〕 국보 제296호 오불회괘불탱, 보물 제488호 혜소국사비·제1256호 삼불회괘불탱·제2036호 대웅전, 유형문화재인 제39호 당간·제115호 소조사천왕상·제213호 목조석가삼존불좌상·제227호 목조지장삼존상과 시왕상 일괄·제238호 범종·제239호 대웅전영산회상도 등이 있다. 유형문화재인 제39호 당간은 총 높이 11.5m의 고려시대 철당간이다. 제115호 소조사천왕상은 발 아래로 악귀를 밟고 있는 전형적인 조선후기 사천왕상으로, 인목대비가 후원하던 시기에 제작되었을 것으로 추정한다. 제213호 목조석가삼존불좌상은 132cm의 석가여래, 127cm의 미륵보살, 117cm의 제화갈라보살로 구성되었다. 2007년의 개금 당시 미륵보살상의 복장에서 발견된 조성발원문에 의해 1685년에 마일(摩日) 외 조각승 8명이 제작한 수기삼존불(授記三尊佛)임이 확인되었다. 제227호 목조지장삼존상과 시왕상 일괄은 104cm의 지장보살좌상을 중심으로 양쪽에 무독귀왕, 도명존자와 시왕상이 배치하였다. 2008년 불상 개금 시 발견된 조성발원문과 대좌 묵서를 통해 1706년에 조각승 금문(金文)과 청윤(淸允) 등이 조성했음을 알 수 있다. 제238호 범종은 1782년(정조6)에 제작되었고, 높이 120cm, 밑지름 75cm이다. 용뉴에는 두 마리의 용이 여의주를 물고 양 발톱으로 종을 잡고 있고, 상·하대가 생략된 종신 위쪽에는 범자원문·유곽·보살입상, 아래쪽에는 명문들을 새겼다. 유곽 사이에 있는 4구의 보살입상은 보관을 쓰고 천의를 입었으며 두 손은 합장하였다. 〔참고문헌〕『高麗史』, 『東文選』, 『東國輿地勝覽』, 『輿地圖書』, 『伽藍考』, 『樊巖先生集』, 『朝鮮寺刹史料』, 『韓國金石文大系』(圓光大學校出版局, 1979), 『韓國寺刹全書』 권하 p.1108b20·p.1110a16·p.1110a17, 『畿內寺院誌』(京畿道文化公報擔當官室, 1988) pp.688~708.

칠장사대웅전 七長寺大雄殿 조선후기 목조건축. 보물 제2036호. 정면 3칸·측면 3칸의 다포계(多包系) 맞배지붕건물. 「기좌죽주칠현산칠장사대법당중창기 畿左竹州七賢山七長寺大法堂重創記」 현판과 「경기우도죽산남령칠현산칠장사대웅전이건기문 京畿右道竹山南嶺七賢山七長寺大雄殿移建記文」 현판에 의해 1790년(정조14)에 중창되고, 1828년(순조28) 이건된 건물임을 알 수 있다. 기단은 장대석을 4단 바르게 쌓은 위에 갑석을 올려 마감하고, 중앙에는 8단의 계단을 놓았다. 초석(礎石)은 자연석과 가공석을 혼합하였고 그 위에 외진주 12기, 내진주 2기를 포함해서 총 14기의 두리기둥을 놓아 평면을 구성하고 있다. 공포(栱包)는 정·후면 각 칸에 2조의 주간포를 놓은 다포식으로 내·외3출목 7포작이다. 가구(架構)는 불전 내부는 1고주 7량가, 측면은 2고주 7량가이다. 내부 천장은 대보에서 동자주까지는 연등(緣燈)천장이고, 대보 상부의 동자주 사이에만 반자틀을 두른 격식 있는 법식을 사용하였다. 불단에는 석가삼존불좌상(유형 제213호)·영산회상도(유형 제239호)를 봉안하고 있다. 경기도권의 조선후기 사찰건축 전통을 잘 유지하고 있는 중요한 성보다. ⇨ 칠장사 七長寺

칠장사대웅전영산회상도 七長寺大雄殿靈山會上圖 안성 칠장사 대웅전에 봉안된 영산회상도. 유형문화재이며 세로 259cm·가로 268cm의 비단 바탕에 채색한 불화다. 화기에 "금어는 비구 금곡영환, 편수는 비구 한봉과 장엽이다. … 광서12년(1886·고종23) 4월 어느 날. 金魚 比丘 金谷永環 片手 比丘 漢峰 丈燁 … 光緖十二年丙戌四月日"라고 하였다. 화면을 가로지른 수미단 위에 연판형 광배의 석가모니불과 원형광배의 문수·보현보살을 모셨으며 보살 곁에 준제(准提)와 지장보살이 합장하고 시립(侍立)하였다. 본존 무릎 아래의 관음과 세지보살 또한 합장하고 서 계시며, 그 곁으로 눈동자를 동그랗게 뜬 사천왕이 서 계신다. 화면의 상단에는 약사여래와 아미타불을 위시하여 범천과 제석천, 십대제자, 문수와 보현의 동자, 용왕과 호계(護戒)·복덕(福德)

신(神) 등이 조밀하게 그려져 있다. 여래와 보살의 상호는 둥글고 후덕하여 원만하며, 색채는 적색과 녹색이 주조를 이루지만 흰색과 푸른 색이 화면 곳곳에 간결하면서도 변화있게 채색되어 장엄한 느낌을 준다. 안정적인 화면구성과 설채 및 필선 등으로 19세기 말에 조성된 불화 중에서도 수작으로 꼽히는 성보다. 〔참고문헌〕『韓國의 佛畵』 권28 龍珠寺本末寺篇(聖寶文化財研究院, 2003). ⇨ 칠장사 七長寺

칠장사명적암중수기 七長寺明寂庵重修記 찬자 미상. 1828년(순조28)에 지은 기문이 『조선사찰사료』 권상 pp.76~77에 「칠현산칠장사명적암중수기 七賢山七長寺明寂庵重修記」라는 제목으로 전한다. "산의 남쪽 작은 구역의 조금 평평한 곳에 몇 칸의 암자가 있는데 명적이 이곳이다. 암자의 연대는 많지 않아서 역사를 살피기는 어렵다. 山之下小區稍寬有數間庵 明寂是也 菴之年代文獻無徵 不可歷考"고 하면서, 1794년(정조18)에 취은(翠隱)과 명의종사(明誼宗師)가 앙첨장로(印沾長老)와 함께 중수하였는데, "암자의 중수는 늦은 봄부터 시작하여 3개월만에 마쳤으니, 실로 부처님의 신력이 도왔고 화주 스님이 정성을 다해 공경하였기 때문이다. 菴之經營始於暮春越三朔而告功 實賴吾佛神力之所佑 亦可以化主師之誠敬矣"고 하였다. 〔참고문헌〕『朝鮮寺刹史料』.

칠장사목조지장삼존상과시왕상일괄 七長寺木造地藏三尊像◯十王像一括 경기도 안성시 죽산면 칠장사 명부전에 봉안된 조선후기 지장삼존상및시왕상. 1706년 제작. 경기도 유형문화재 제227호. 높이 지장보살 104cm, 시왕상 150~177cm. 지장보살좌상을 중심으로 양쪽에 무독귀왕, 도명존자가 서 있고 그 좌우로 시왕상이 배치되어 있다. 지장보살상은 고개를 앞으로 숙이고 앉아 있는 모습이며 손에는 석장을 쥐고 있다. 머리는 민머리이며 넓적한 얼굴과 가는 눈에 오뚝한 삼각형의 코, 작은 입이 특징적이다. 두꺼운 법의는 통견으로 입었는데 오른쪽 어깨에서 내려온 옷자락이 팔꿈치와 배 부분을 거쳐 왼쪽 어깨로 넘어져 있다. 반대편 옷자락은 왼쪽 어깨를 완전히 덮고 내려와 복부에서 펼쳐져 있으며 다리 중앙에서 넓게 펼쳐진 옷자락은 끝단이 S형으로 접혀 있다. 도명존자와 무독귀왕은 몸에 비해 얼굴이 큰 편으로 강조되었다. 시왕은 옷깃에 화려한 꽃문양이 있는 문관복을 입고 대부분 원류관을 쓰고 있지만 염라대왕과 오관대왕은 책관(冊冠)을 쓰고 있다. 손에는 홀 또는 경전을 들고 있거나 자연스럽게 손을 올리고 있다. 2008년 불상을 개금하는 과정에서 불상의 조성발원문과 대좌 묵서가 발견되어 1706년에 조각승 금문과 청윤 등이 조성하였던 사실이 밝혀졌다. 〔참고문헌〕 최선일 「안성 칠장사 목조지장보살좌상과 조각승 김문」(『역사민속학』29, 2009).

칠장사백련암중수기 七長寺白蓮菴重修記 경기도 안성시 죽산면 칠장리 죽산(竹山)에 있는 칠장사(七長寺) 백련암의 중수기. 1887년(고종24)에 춘추산(春秋山)의 사문(沙門) 혜룡(慧龍)이 지었으며, 『조선사찰사료』 권상(pp.75~76)에 「칠현산칠장사백련암중수기 七賢山七長寺白蓮菴重修記」라는 이름으로 실려 있다. 고려시대 안성에서 태어난 혜소국사(慧炤國師 972~1054)가 광교산(廣敎山) 충회(冲會)에게 출가하고서 중국에 건너갔다가 송(宋) 태조에 의해서 귀국한 뒤 난야를 짓고 홍제관(弘濟舘)이라고 하였는데, 입적 후에 칙령에 따라 부도를 세워 사리를 봉안하고 탑비를 건립하여 행적을 드러내면서 홍제관은 비전(碑殿)으로 삼았으며, 임진란 때 탑비와 전각이 모두 불에 타서 화사(化士) 사간(思侃) 등이 중수하기도 하였지만, 수백 년이 지나 피폐해졌기에 "덕암장로는 이 산에 들어와 덕으로 40여년 동안 수신하였는데 암자의 퇴락을 보고 문득 발심하여 스스로 전답을 팔고서 … 단월을 모연하였다. 德庵長老出世行李入此山 以德修身四十餘年 觀菴敗壞 頓發信心 自賣田沓一石 … 幷募檀緣"고 하였다. 글의 제목이 백련암중수기이지만, 관련 내용이 없이 비전이 백련암에 속하였던 탓에 비전의 중수만을 언급하였다. 〔참고문헌〕『朝鮮寺刹史料』. ⇨ 칠장사 七長寺

칠장사범종 七長寺梵鐘 경기도 안성시 죽산면 칠장로 칠장사에 봉안된 조선후기 동종. 1782년 제작. 경기도 유형문화재 제238호. 높이 120cm, 밑지름 75cm. 조선후기 범종 중에서는 비교적 대형에 속하는 것으로 종신은 위가 좁고 아래로 갈수록 넓어지는데 중앙부에서 거의 직선으로 내려오는 형상이다. 정상의 용뉴에는 두 마리의 용이 여의주를 물고 양 발톱으로 종을 움켜잡고 있는 모습이다. 상하대가 생략된 종신에는 중앙의 세로선을 기준으로 상하로 구분한 뒤 위쪽에는 범자원문, 유곽, 보살입상을 조각하고 아랫쪽에는 명문들을 새겼다. 8개의 범자원문 아래로 4곳에 유곽을 배치하고 그 사이에 4구의 보살입상을 표현하였다. 보살입상은 보관을 쓰고 길게 나부끼는 천의를 입었으며 두 손은 합장을 한 모습이다. 종신 하부에는 명문이 새겨져 있는데 1782년에 신몽태·이영태·이영희·이수성 등과 함께 주조했다고 되어 있다. 특히 주조장 이영희는 경상도 출신으로18세기 후반에 전국적으로 주종활동을 했던 이만돌·이만숙을 잇는 계보로 알려져 있다. 칠장사 범종은 전반적으로 종의 형태와 문양의 배치 등에서 조선후기 범종의 특징을 잘 보여준다. [참고문헌] 경기도·경기도문화재연구원『경기도 문화재 총람』도지정편 1권(조은문화사, 2017).

칠장사불사서문 七長寺佛事序文 1888년(고종25)에 대연만우(大淵萬雨) 지음. 『조선사찰사료』 권상 pp.73~74에 「불사서문 佛事序文」이라는 제목으로 「죽산군칠현산칠장사중건기 竹山郡七賢山七長寺重建記」에 이어 전한다. 「죽산군칠현산칠장사중건기」에는 1877년(고종14)에 산인(山人) 서해선사(瑞海禪師)가 해성선사(海城禪師)와 함께 전동(磚洞)의 보국대감(補國大監) 민씨(閔氏)의 시주를 받아 1878년에 태청루(太淸樓) 옛 터에 법당과 누방(樓房) 등을 48칸으로 새로 건립하였다고 하였는데, 이 글에서는 1887년에 서해선사가 모연한 뒤 응해(應海)·태수(泰守)·발신(發信) 등이 단월의 수창(首唱)으로 명부전과 천왕문의 지장상(地藏像)을 금채(金彩)하고 십명왕(十冥王)과 사천왕(四天王) 탱화 열 축(軸)을 조성하였던 불사의 내력을 기록하였다. 서해는 "(칠장사에서) 수십년을 머물렀는데, 절의 작고 큰 일 모두 번번이 스님에게 의지하여 경중을 따졌고, 전각을 개조하여 일신하는 것이든 온갖 물건을 사용하여 알맞게 하는 것이든 모두 도움을 받았다. 居玆數十年 而寺中事細大輒倚師 爲輕重蒐輯 改造殿閣之一新措置修用什物之潤色百廢 悉手之"고 하였다. [참고문헌]『朝鮮寺刹史料』. ⇨ 칠장사중건기 七長寺重建記

칠장사비전암상신건법당조성기 七長寺碑殿岩上新建法堂造成記 새 법당 조성 내력을 적은 글. 작성자와 작성기는 전하지 않는다. 『조선사찰사료』 권상 p.76에 「비전암상신건법당조성기 碑殿岩上新建法堂造成記」라는 제목으로 전한다. 「조선국경기도죽주부칠현산칠장사사실기 朝鮮國京畿道竹州府七賢山七長寺事實記」(『조선사찰사료』 권상, pp.67~72)에는 혜소국사(慧炤國師 972~1054)에 중국에서 귀국한 뒤 선암(禪庵)을 운영하고자 칠장동(七長洞)에 이르렀는데, "황제의 사신이 산 아래에 맴돌면서 풀을 헤쳐 가시나무를 자르고 구름을 눌러 못에 담고서 절을 세우고는 홍제관이라고 하였는데 비전이 이곳이다. 皇使轉到山下 披草剪莿 塡雲藏澤建阿蘭若額曰弘濟舘 今碑殿是也"고 하였으므로, 새 법당은 홍제관이 있던 바위 위에 자리한 셈이다. 1703년(숙종29)에 비구 탄명(坦明)이 큰 서원을 내어 불상 팔존을 봉안하였지만, 여러 해 동안 노지(露地)에 자리하여 비와 눈을 피하지 못한 탓에 비참해 하고 있다가 마음과 힘을 다해 불과 한달 만에 건물을 세우고 번와와 단청을 완료하였다고 적었다. [참고문헌]『朝鮮寺刹史料』. ⇨ 칠장사 七長寺

칠장사사실기 七長寺事實記 1755년(영조31)에 화월자(和月子) 원일(圓一)이 지은 칠장사 사적. 『조선사찰사료』 권상 pp.67~71에 「조선국경기도죽주부칠현산칠장사사실기 朝鮮國京畿道竹州府七賢山七長寺事實記」라는 제목으로 전하는데, 주지 개심(開心)이 원일에게 청하여 지었다고 한다. 칠장사 연혁은 1076년(문종30)부터 비롯되었다고 하면서, 안성에서 태어난 혜소국사(慧炤國師 972~1054)는 광교산(廣教山) 충회대사(冲會大師)에게 출가한 뒤 임제(臨濟)의 정맥을 잇고자 중국에 들어갔는데, 송(宋) 태조가 사부로 삼아 귀국할 때도 김양(金陽)·도원(道元) 등을 동행하도록 하였고, 그 뒤 선암(禪庵)을 운영하고자 칠장동(七長洞)에 이르러 "한 사냥꾼에게 '이 산은 깊고 그윽한데 범궁이 있는가'라고 물으니, '예부터 내려오는 이야기에 비록 아미산 아래 장상의 땅에도 범궁이 있지 않습니까'라고 대답하였다. 見一獵人問曰 此山深幽有梵宮乎 對曰 古諺 雖有峨嵋山下將相之地 梵宮非有也"고 하였으므로, 임금이 아난야를 짓고는 홍제관(弘濟舘)이라고 하였다고 하고서, 국사가 머물며 실상(實相)으로 불선(不善)한 일곱 명을 깨우치게 하고는 산의 이름을 '칠현', 절의 이름을 '칠장'이라고 하였다고 적었다. 국사가 세수 83살로 입적하자 김현(金顯)에게 명령하여 행적비를 찬술하여 홍제관의 왼쪽에 세웠는데 임진난 때 훼손되었다고 하였고, 1308년(충렬왕34)에 아무런 흔적도 남아 있지 않았지만 1506년(연산군12)에 중건한 뒤 1673년(현종14)에 도인 초견(楚堅)이 중건하였다고 썼다. 이어 1704년(숙종30)에 주지 석규(碩奎)가 대화사(大化士) 사간(思侃)의 후원으로 대법당·응향각·진여문 등을 세웠고, 비구 정률(精律)·치진(緇進)와 화사(化士) 일준(一俊)·정순(精順)·석신(碩信) 등이 여러 전각을 건립하였으며, 1725년(영조1)~1726년에는 선진(善眞)·두한(斗閑)·윤영(允英)·처휘(處輝) 등이 원통전과 관음존상 등을 조성하였으며, 미타전 위의 벽응대사 진영당(碧應大師眞影堂) 앞에는 동명(東溟) 정두경(鄭斗卿)이 찬한 비명을 세웠다고 하였다. 그밖에 선승 수경(守敬)이 극락암을 창건한 뒤 희연(熙演)·환연(煥然)이 중신(重新)하였는데, 1751년(영조27)에 진맥(眞脈)에 해가 된다고 주지 유선(猷善)이 절의 북쪽 정악(鼎岳) 아래로 옮겨 세웠고, 홍허문(紅虛門) 밖에는 28층의 철당(鐵幢)이 있다고 적었다. [참고문헌]『朝鮮寺刹史料』. ⇨ 칠장사 七長寺

칠장사삼불회괘불탱 七長寺三佛會掛佛幀 보물 제1256호. 1710년, 삼베에 채색, 세로 628cm·가로 454c m 삼베 바탕에 그려진 다불회(多佛會)괘불로, 화면의 주된 주제는 석가모니불 본존의 영산회상도이나, 상단에 아미타불과 노사나불을 배치해 삼불회를 성취했다. 상단에는 정토의 나무인 보수(寶樹)와 보탑으로 공간을 나눈 후 좌측에는 보관을 쓰고 장엄한 설법인의 노사나불을, 우측에는 아미타불과 권속을 모셨다. 채색 구름으로 구획된 하단에는 팔대보살, 십대제자, 범천과 제석천, 사천왕이 참석한 석가모니불의 설법장면을 배치하였으며 대좌 앞에는 청법하는 사리불존자 모습이 보인다. 영산회상의 석가모니불은 노사나불과 어울려서 삼신불의 위상을 갖추고, 아미타불과 함께해서 삼세불의 위상도 겹친다. 이 불화에 앞서 1628년에 제작된 칠장사오불회괘불탱에서는 삼신불과 삼세불이 함께하는 비로자나불을 중심으로 한다면, 1710년에 조성한 괘불에서는 다불의 결합을 석가모니불을 주존으로 해서 표현했다. 화기에는 '대영산회괘불탱'이라 하였다. 한 사찰에 한 점 이상의 괘불을 갖춘 사례는 매우 드문데, 특이하게도 조선시대 다불회괘불은 칠장사에 두 점, 1684년과 1745년에 부석사에 조성한 괘불 등 총 4점이 전한다. 승장(勝藏)을 수화승으로, 인혜(印惠)·경상(敬尙)·현책(玄冊)·영안(玲眼) 등 5명이 제작했으며, 화기에는 "비구 탄명이 어머니를 위해 대영산회괘불탱 1부, 미타회탱 1부, 현왕탱 1부를 조성했다. 比丘坦明爲母大靈山會掛佛幀一部彌陀會幀一部現王幀一部獨辨造成"라고 하였다. [참고문헌] 『韓國의 佛畫 畵記集』(성보문화재연구원, 2011) pp.48~49.

칠장사상운암중건기 七長寺上雲菴重建記 1841년(헌종7)에 북해화은자(北海華隱子) 회경(恢暻)이 지은 상운암 중건기문. 『조선사찰사료』 권상 pp.77~79에 「칠현산칠장사상운암중건기 七賢山七長寺上雲菴重建記」라는 제목으로 전한다. 상운암은 칠장사 뒤쪽 산기슭에 있던 암자로, "산 정상에 있는데 매년 춘하에 구름 빛이 반은 떠 있고 반은 흩어진 듯 드넓게 퍼져, 칠장사와 더불어는 마치 하늘하나 떨어진 듯 오르려는 이 구름 타듯 하였기에 상운암이라 이름하였다. 庵在山頂 每春夏間 雲光浩浩於其下 半浮半散 與七長 如隔一天而登之者 必有凌雲之勢 故名焉", "제구지보살의 선혜가 여래보장으로 불국토를 얻고 마침내 법운의 체에 바로 오른 듯하였다. 取其第九地菩薩 善慧頓發得 如來寶藏淨佛國土 了便登法雲之體也"고 하였다. 1841년에 정허광일(淨虛光一)대사가 상운암을 중건하였는데, 대사는 어렸을 때 상운암에 출가한 뒤 사방을 두루 돌아다니다가 노년에 이르러 다시 암자에 돌아왔지만 암자는 이미 황폐해졌기에, 터를 닦고 좁고 누추한 것을 안타깝게 여겨 나이 78세에 중건하였다고 하면서, 상운암에 몇 달 째 머물고 있던 회경이 광일의 공이 후대에 전해지길 바라서 중건기를 서술한다고 하였다. [참고문헌] 『朝鮮寺刹史料』.

칠장사예혜소국사영 七長寺禮慧炤國師影 의천(義天 1055~1101) 지음. 『대각국사문집』 권17(한불전4, p.559a4)에 '칠장사에서 혜소국사의 영정에 예배하다'에 "공문의 공업을 누구와 같다 하겠는가. 천 수레 옷자락 끌며 임금도 도의 바람 엿보았네. 일은 사람과 함께할 따름이니 어찌 찬탄하기에 족하지 않으랴. 재관이 비찬을 지으니 이 빛 끝이 없으리〈재신 김현이 비문을 짓고 재신 최유선이 영찬을 지었다〉. 空門功業許誰同 千乘摳衣味道風 事與人非何足嘆 宰官碑贊耀無窮〈宰臣金公現撰碑 宰臣崔公惟善述影贊〉"라고 하였다. [참고문헌] 『大覺國師文集』. ⇨ 의천 義天 **1**, 정현 鼎賢

칠장사오불회괘불탱 七長寺五佛會掛佛幀 1628년 제작, 국보 제296호. 삼베에 채색, 세로 656cm, 가로 407cm의 삼베 바탕에 그려진 괘불로, 죽림사세존괘불탱(1622)에 이어 두 번째로 오래된 사례이다. 칠장사는 조선 14대 선조의 계비 인목대비(1584~1632)의 후원을 받은 사찰로, 1628년에 이 괘불을 제작하였다. 법계충만한 가운데 다불(多佛)을 모셨다. 채색 구름을 경계로 상중하 삼단으로 나뉘는데, 전체 구성의 주불은 상단중앙의 비로자나불이다. 비로자나불은 모란꽃으로 장식된 광배로 다른 여래와 차별하게 장엄했으며, 좌우로는 보관을 쓴 설법인의 노사나불과 촉지인의 석가모니불을 배치했다. 삼신불 아래 중단에는 약사불과 아미타불의 설법회상을 배치하여 오여래도(五如來圖)를 성취한다. 비로자나불이 중심이 된 오불은 적멸도량(寂滅道場)에서 정각을 성취하신 석가모니불과 일체인 법신불이 한 자리에 함께한다. 그 아래로는 용이 에워싼

도솔천궁을 두고 중생구제를 상징하는 관음보살과 지장보살이 있고, 하단에는 설법회에 참석한 무리가 공양물을 받치는 장면을 묘사했다. 바탕천이 비치는 투명한 색감, 주조색인 청색과 금니, 연당초문을 비롯한 문양 형식, 뾰족한 육계, 가는 눈과 상대적으로 작은 입의 표현 등에서 16세기 왕실발원의 불화의 특징을 함축한다. 단아한 화풍과 뛰어난 화격의 성보로, 화승 법형(法泂)이 제작했다. [참고문헌] 『韓國의 佛畫 畵記集』(성보문화재연구원, 2011) p.18, 이승희 「1628年 七長寺 五佛會掛佛圖研究」(『미술사논단』23, 2006) pp.171~204. 박은경 「안성 칠장사 法泂 作 오불회괘불의 재검토」(『불교미술사학』13, 2012) pp.65~105.

칠장사중건기 七長寺重建記 1878년(고종15)에 응총(應摠) 지음. 『조선사찰사료』 권상 pp.72~73에 「죽산군칠현산칠장사중건기 竹山郡七賢山七長寺重建記」라는 제목으로 전한다. 칠장사는 혜소국사(慧炤國師 972~1054)가 창건하였는데, "하루는 어디서 일곱 사람이 와서 스님을 뵙고는 법요 설법 해주기를 청하였다. 스님은 약설하였는데, 칠인은 … 물고기가 변하여 용이 되었듯이 가르침을 받아 현인이 되었으므로 칠현칠장으로 불렀다. 一日何許七人來謁于師 請說法要 師爲略說 七人 … 衆魚變成龍 匠化爲賢 故號爲七賢七長也"고 하였다. 1877년에 산인(山人) 서해(瑞海)와 해성(海城) 두 선사가 고려 이래의 명찰인 칠장사의 퇴락을 안타까워하여 권문(勸文)을 가지고 모연하였는데, 전동(磚洞)의 보국대감(補國大監) 민씨(閔氏)가 재목 수백 그루와 1천여 량을 시주하여, 다음 해에 태청루(太淸樓) 옛 터에 법당과 누방(樓房) 등을 48칸으로 새로 건립하였고, 두 선사는 이 일을 후대에 전하고자 응총에게 기문 찬술을 요청하여 응총이 이듬해에 작성하였다. [참고문헌] 『朝鮮寺刹史料』. ⇨ 칠장사 七長寺

칠장사혜소국사비 七長寺慧炤國師碑 혜소국사(慧炤國師) 정현(鼎賢 972~1054)의 행장을 담은 비. 보물 제488호. 비신 높이 3.15m · 폭 1.42m. 비문은 김현(金顯)이 짓고, 민상제(閔賞濟)가 써서 1060년(문종14)에 세운 비가 경기도 안성군 이죽면 칠장리 칠장사에 있다. [참고문헌] 『韓國金石文大系』 권5 pp.28~29, 李智冠 『校勘譯註歷代高僧碑文』 高麗篇2 pp.300~334. ⇨ 정현 鼎賢, 혜소국사비문 慧炤國師碑文

칠재 七財 Ⓟ satta-dhanāni. 불도를 성취하게 하는 일곱 가지 법재(法財). 칠성재(七聖財 Ⓟ satta-ariya-dhanāni)라고도 한다. 『장아함경』 권9 「십상경 十上經」(대정장1, p.54b15 : *Dasuttara-sutta*, *DN*.3, p.282)에 "무엇이 일곱 가지로 성취하는 법인가? 일곱 가지 재보를 말한다. 신재 · 계재 · 참재 · 괴재 · 문재 · 시재 · 혜재가 일곱 가지 재보이다. 云何七成法 謂七財 信財 戒財 慙財 愧財 聞財 施財 慧財 爲七財 Katame satta dhammā bahukārā. Satta ariyadhanāni, saddhādhanaṃ, sīladhanaṃ, hiridhanaṃ, ottappadhanaṃ, sutadhanaṃ, cāgadhanaṃ, paññādhanaṃ. Ime satta dhammā bahukārā", 『대방등대집경』 권12(대정장13, p.80a9)에 "일곱 가지 법재를 다 갖추어 그 마음이 유연하고, 기꺼이 보시를 행하면서도 견고하여 물러나지 않는다. 具七種財 其心柔軟 樂行惠施 堅固不退", 원효(元曉)의 『본업경소』 권하(한불전1, p.513a19)에서는 (칠보 중) 믿음은 뭇 덕의 터가 되고(信爲衆德之基), 보시는 믿음을 내는 이익이 있으며(施爲出信之利), 계는 겁의 재난을 없애며(戒能除劫財難), 다문은 온갖 보배를 채집할 수 있게 하며(聞能採集諸珍), 자신에 대한 부끄러움은 선을 숭상해서 증장시키며(慚崇善而增長), 남에 대한 부끄러움은 악을 없애고 멀리하도록 하며(愧拒惡而遠離), 지혜는 여섯 가지 재보를 인도하여 앞으로 나가게 하고 여섯 가지 재보가 현성의 풍요로움에 들도록 하며(慧能將導六財 令其增進六入賢聖豐饒), 이 일곱 가지가 핵심이 되므로 칠보라 한다고 하였다(此七爲要 是故說此名爲七財). 『집이문족론』 권16(대정장26, p.436a18)에서는 시재(施財)를 사재(捨財)라고 하였다. [참고문헌] 『長阿含經』, 『大方等大集經』, 『本業經疏』, 『集異門足論』, *DN*. ⇨ 칠묘법 七妙法 ❶, 칠성재 七聖財

칠재삼매 七財三昧 칠재에 반연하는 삼매. 『인왕반야경소』 권하(대정장33, p.357b6)에 "칠재삼매는 첫째 믿음, 둘째 계율, 셋째 스스로 부끄러움을 아는 것, 넷째 타인에게 부끄러움을 아는 것, 다섯째 다문, 여섯째 지혜, 일곱째 평등하게 벗어남이다. 七財三昧者 一信 二戒 三慚 四愧 五多聞 六智慧 七捨離", 원측(圓測)의 『인왕경소』 권3(대정장33, p.425a17 · 한불전1, p.119c17)에 "칠재삼매는 칠재를 연으로 하는 정이다. 첫째 믿음, 둘째 계율, 셋째 스스로 부끄러움, 넷째 남에게 부끄러움, 다섯째 보시, 여섯째 들음, 일곱째 지혜이다. 七財三昧者 緣七財定也 一信 二戒 三慚 四愧 五施 六聞 七慧"라고 하였다. [참고문헌] 『仁王般若經疏』, 『仁王經疏』. ⇨ 칠성재 七聖財, 칠재 七財

칠전구례 七轉九例 산스크리트어의 변화형태를 두 가지로 일컫는 말. 칠전은 명사 · 대명사 · 형용사 · 수사 등과 같은 명사적 어미변화(Ⓢ subanta : 蘇漫多)를 뜻하는 것이고, 구례란 동사적 어미변화(Ⓢ tiṅanta : 底彦多)를 뜻한다. 이 두 가지 형태변화 외에, 어미 변화가 없는 불변어(불변화사)가 있다. 명사적 형태변화는 남성·여성·중성 등 세 가지 성이 있고, 여기에 다시 단수·양수·복수 등 세 가지 수에 따라 주격(主格)·목적격(目的格)·구격(具格)·여격(與格)·탈격(奪格 : 從格)·소유격(所有格)·처격(處格)·호격(呼格) 등 여덟 가지 격변화를 일으킨다. 이를 보통 팔전성(八轉聲)이라고 하는데 이 가운데 호격은 어미 변화가 따로 없는 형태이기에 이를 제외한 7가지를 칠전성(七轉聲) 혹은 칠전(七轉)이라고 한다. 동사적 형태변화는 태(態)·법(法)·시제(時制)에 따라 기본 어미형태가 결정되고, 그것에 다시 1인칭·2인칭·3인칭의 3가지 인칭과 단수·양수·복수의 수에 따라 9가지 어미변화를 일으킨다. 이것을 구례라고 한다. 따라서 칠전구례는 산스크리트의 형태적 변화를 특정해 설명한 것이다. 『남해기귀내법전』 권4(대정장54, p.228b2)에 "무릇 대성인의 일음이 삼천세계를 꿰뚫어서 모두 거두어들이고, 5도의 근기에 따라 칠구를 드러내어 널리 구제한다〈칠구는 곧 성명론에서 칠전구례이다. 이하와 같이 자세히 밝히는 것을 생략한다〉. 夫大聖一音則貫三千而總攝 或隨機五道乃彰七九而弘濟〈七九者 卽是聲明中 七轉九例也 如下略明耳〉"라고 하였다. [참고문헌] 『南海寄歸內法傳』. ⇨ 구례 九例, 팔전성 八轉聲

칠전도 七顚倒 Ⓢ sapteme viparyāsāḥ. 삼전도(三顚倒)와 사전도(四顚倒)를 합한 일곱 가지 전도. 전도(顚倒 Ⓢ viparīta)란 뜻에 있어 뒤집힌 견해로 바로 알지 못함이다. 『유가사지론』 권8(대정장30, p.314b6 : *Yogā-bh.*, p.166)에 "번뇌전도섭이라 한 것은 칠전도를 말하니, 첫째 상도, 둘째 견도, 셋째 심도, 넷째 무상에 대하여 상이라고 하는 전도, 다섯째 고에 대하여 락이라고 하는 전도, 여섯째 부정에 대하여 정이라고 하는 전도, 일곱째 무아에 대하여 아라고 하는 전도이다. 煩惱顚倒攝者 謂七顚倒 一 想倒 二 見倒 三 心倒 四 於無常常倒 五 於苦樂倒 六 於不淨淨倒 七 於無我我倒 sapteme viparyāsāḥ. tadyathā saṃjñā-viparyāso dṛṣṭi-viparyāsaś-citta-viparyāso-'nitye'nityam-iti viparyāso duḥkhe sukham-iti-viparyāso-'śucau śucīti viparyāso-'nātmanya-ātma-iti-viparyāsaḥ"라고 하였다. [참고문헌] 『瑜伽師地論』, 『說無垢稱經疏』 권3(대정장38, p.1053b28), *Yogā-bh.* ⇨ 삼전도 三顚倒, 사전도 四顚倒, 전도 顚倒

칠전성 七轉聲 일곱 가지로 구르며 소리나다. 산스크리트어의 격변화에서 호격(呼格)을 제한 일곱 가지를 일컫는 말. 명사와 형용사 등의 여덟 가지 전성 중에 주격(主格)·목적격(目的格)·구격(具格)·여격(與格)·탈격(奪格)·속격(屬格)·처격(處格)의 일곱 가지 변화를 말한다. 칠전성(七囀聲)·칠성(七聲)·칠전(七轉) 등이라고도 하며 낱낱의 단어를 예로 들어 칠전성을 설명한 것을 칠례구(七例句)라고 한다. 『성유식론요의등』(대정장43, p.674a23)에서는 칠격의 의미를 각각 세간에 적용하여 설명하고 나서 "일체제법은 모두 칠전성에 의해 가리켜 알 수 있게 한다. 제8호격의 소리는 어떤 것을 부르는 것으로 특별한 뜻이 없기에 생략해서 설명하지 않는다. 一切諸法皆七轉聲之所目故 第八呼聲 以召彼故 更無別義 故略不說"라고 하였다. [참고문헌] 『成唯識論了義燈』. ⇨ 칠전구례 七轉九例, 팔전성 八轉聲

칠전식 七轉識 8식 중 제8아뢰야식(阿賴耶識)을 제한 전7식. 전5식(識)과 제6의식(意識) 그리고 제7말나식(末那識)을 말한다. 제8아뢰야식에 의지해 뒤쳐 나기에 전생(轉生 Ⓢ pravṛtti)이라 하고, 칠전(七轉)·전식(轉識)·전심(轉心)이라고도 한다. 『성유식론』 권4(대정장31, p.20b10)에 "'장식이 있으므로 말나식이 있을 수 있고, 말나식을 의지하여 의식이 구를 수 있다'고 한다. 그 논서에서 의미하는 것은 다음과 같다. '현행하는 장식을 의지로 하기에 말나식이 있을 수 있으며, 저 종자에 의한 것은 아니다'. 그렇지 않으면 장식이 있기에 의식이 전할 수 있다고 말해야 한다. 이런 주장은 논리와 가르침에 위배된다. 그러므로 다음과 같이 말해야 한다. 전5전식은 하나하나가 반드시 두 가지로 함께 의지하니, 오색근과 동시인 의식이다. 제6전식은 반드시 항상 하나의 의지처만을 함께하니 제7식이고, 5식과 함께 일어나면 역시 5식이 구유의가 된다. 제7전식은 반드시 오직 하나의 구유의만을 가지니, 제8식을 말한다. 오직 제8식만이 항상 전변함이 없으니, 스스로 건립하기에 구유의가 없다. 有藏識故 得有末那 末那爲依 意識得轉 彼論意言 現行藏識 爲依止故 得有末那 非由彼種 不爾應說 有藏識故 意識得轉 由此彼說 理教相違 是故應言 前五轉識 一一定有 二俱有依 謂五色根 同時意識 第六轉識 決定恒有 一俱有依 謂第七識 若與五識 俱時起者 亦以五識 爲俱有依 第七轉識 決定唯有 一俱有依 謂第八識 唯第八識 恒無轉變 自能立故 無俱有依", 『석마하연론』 권4(대정장32, p.626c26)에 "이러한 칠식과 장식은 같은 것인가, 다른 것인가? 같은 것도 아니고 다른 것도 아니니, 양 극단을 떠났기 때문이다. 비유하면 해와 햇빛이나 물과 파도가 같지도 않고 다르지도 않은 것과 같다. 칠식과 장식이 같지도 않고 다르지도 않은 이치도 이와 같다. … 이와 같은 칠식은 어느 곳으로부터 장식에 들어와 일곱 가지가 되었는가? 유전을 일으키고 움직여 단절이 없을 때, 이와 같은 칠전식은 안으로부터 오는 것도 아니고, 밖으로부터 오는 것도 아니며, 가운데로부터 오는 것도 아니다. 오직 장식 자체가 변하여 칠식이 된다. 如是七識 及與藏識 同耶異耶 非同非異 離二邊故 譬如日與光明 水與波浪 非同非異 七識藏識 非同

非異 義亦如是 … 如是七識 從何處所 來入藏識 作七種數 流轉起動 無斷絶時 如是七轉識 不從內來 不從外來 不從中來 唯藏識體 變作七識", 『화엄경탐현기』 권13(대정장35, p.347a11)에 "말(末)이 본(本)으로 돌아가기에 유식이라고 한다. 즉 칠전식은 모두 본식의 차별한 공능이니, 별도의 체가 없다. 『능가경』 권1(대정장16, p.484b11)에 '장식의 바다는 상주하지만, 경계의 바람에 흔들려, 갖가지 모든 식의 파도, 솟구쳐 구른다네'라고 하였으며, 또 같은 책 권1(대정장16, p.484b22)에 '비유하면 커다란 바다와 파도에는, 어떤 차별상도 없는 것과 같이, 모든 식심도 이와 같아, 다름 역시 얻을 수 없다네'라고 하였다. 〔해〕 이미 물을 떠나서 별도로 파도가 없다는 것은 본식을 떠나서 별도의 육식이나 칠식이 없음을 밝힌다. 以末歸本 故說唯識 謂七轉識 皆是本識 差別功能 無別體故 楞伽云 藏識海常住 境界風所動 種種諸識浪 騰躍而轉生 又云 譬如巨海浪 無有若干相 諸識心如是 異亦不可得 解云 旣離水 無別有浪 明離本識 無別六七"라고 하였다. 〔참고문헌〕『成唯識論』, 『釋摩訶衍論』, 『華嚴經探玄記』, 『楞伽經』. ⇨ 전식 轉識

칠전제팔호위인과 七轉第八互爲因果 칠전식(七轉識)과 제8아뢰야식이 서로 인과가 된다는 말. 능생(能生)과 소생(所生)으로 종자생현행(種子生現行)의 관계가 될 때 제8식은 능히 내는 자리(能生)로서 인(因)이고, 칠전식은 일어나는 자리(所生)로서 과(果)다. 또 능훈(能熏)과 소훈(所熏)이 종자생현행의 관계가 될 때 칠전식은 훈습하는 자리(能熏)로서 인이고, 제8식은 훈습되기에(所熏) 과다. 『성유식론』 권2(대정장31, p.8c5)에 "〈게〉 제법(칠전식)을 식에 거두어 있게 하고 식도 법에 있어서 그러하다. 다시 서로 과성이 되기도 하고 항시 인성이 되기도 한다. 〈논〉 이 게송의 뜻은 다음과 같다. 아뢰야식과 모든 전식은 모든 때에 거듭 펴고 굴러서 서로 생겨나게 하여 상호적으로 인과가 된다. 『섭대승론석』에서 설하기를 '아뢰야식은 잡염법과 서로 인연이 된다. 비유하면 심지와 불꽃이 거듭 연이어 타오르는 것과 같다. 또 갈대들이 서로 의지해야 서 있을 수 있는 것과 같다'라고 하였다. 오직 이 두 가지에 의지해 인연을 건립하지, 그 밖의 인연으로는 가능하지 않기 때문이다. 만약 모든 종자들이 훈에 의지해 생겨나는 것이 아니라면, 어떻게 전식이 아뢰야식과 더불어 인연의 뜻이 있다고 할 수 있겠으며, 훈하여 자라게 하는 것만으로 인연이라 할 수 없는 것이다. 선악업이 이숙과와 더불어 인연이 된다고 해서는 안 되기 때문이다. 諸法於識藏 識於法亦爾 更互爲果性 亦常爲因性 此頌意言 阿賴耶識 與諸轉識 於一切時 展轉相生 互爲因果 攝大乘說 阿賴耶識 與雜染法 互爲因緣 如炷與焰 展轉生燒 又如束蘆 互相依住 唯依此二 建立因緣 所餘因緣 不可得故 若諸種子 不由熏生 如何轉識 與阿賴耶 有因緣義 非熏令長 可名因緣 勿善惡業 與異熟果 爲因緣故", 『성유식론술기』 권2(대정장43, p.306a17)에 "이 게송은 『아비달마경』을 이끈 것이다. '제법을 식에 거두어 있게 하고'란 (아뢰야식이) 능히 거두어 가짐을 말한다. 이를테면 (아뢰야식은) 칠전식에 대해 두 가지 연성을 짓는다. 첫째는 종자를 삼는 것이고, 둘째는 칠전식이 소의(所依 : 增上緣)가 되는 것이다. '식도 법에 있어서 마찬가지다'는 것은 (칠전식이) 섭장의 대상임을 말한다. 이를테면 모든 전식은 아뢰야식과 더불어 또한 두 가지 연이 된다. 첫째는 현법(현재의 제8식)에서 저 (명언)종자를 증장하고, 둘째는 후법(당래의 제8식)에서 저 종자를 거두어 심는다. (칠전식과 제8식이) 서로서로 낳기에 낳은 바로 과를 삼는다. 곧 서로 능이 되고 인이 될 수 있음을 나타내는 것이다. '언제나 인성이 되기도 한다'는 것은 이 두 법이 다시 서로 항시 인이 됨을 나타낸다. 달리함이 없이 인이 될 수 있음을 나타낸다. 따라서 '항시'라는 말은 과에도 통한다. 항시 과가 되기 때문이다. 과에 있어 '서로'를 말한 것이고, 인의 경우에 '상'이라 말한다. 비춰보며 되기에 생략한 것이다. 此引阿毘達磨經也 諸法於識藏 能攝藏也 謂與諸識作二緣性 一 爲彼種子 二 爲彼所依 識於法亦爾 所攝藏也 謂諸轉識 與阿賴耶 亦爲二緣 一 於現法長養彼種 二 於後法攝植彼種 互相生故 所生爲果 卽顯互亦能爲因也 常爲因性者 顯此二法更互亦常爲因 顯非異此而有因也 故常言亦通果 常爲果故 於果說互 於因說常 影略故也"라고 하였다. 〔참고문헌〕『成唯識論』, 『成唯識論述記』, 『攝大乘論釋』 권2(대정장31, p.328b22). ⇨ 삼법전전인과동시 三法展轉因果同時, 종자생현행현행훈종자 種子生現行現行熏種子

칠절암 七節庵 충청남도 홍성군 구항면 지정리 보개산(寶蓋山) 정상에 있는 암자. 칠절사(七節寺)라고도 불리며, 현재는 구절암(九節庵)이라고 불린다. '강희 康熙'라 새겨진 조선시대의 기와조각이 발견되어 이때 창건 또는 중창이 있었을 것으로 추정한다. 현존 당우로는 대웅전·삼성각·산신각 등이 있으며, 문화재자료 구절암 마애불이 있다. 〔참고문헌〕『韓國寺刹全書』 권하 p.1110a1. ⇨ 구절암 九節庵

칠정 七定 일곱 가지 정. 사선정(四禪定)과 사무색정(四無色定) 중 마지막 비상비비상처정(非想非非想處定)을 제한 세 가지 정. 『입세아비담론』 권6(대정장32, p.198c25)에 "어째서 제4천을 비상비비상입천이라 하는가? 비상이라 하는 것은 미세하기 때문이다. 앞의 일곱 가지 정은 그렇지 않기에 비상이라 한 것이다. 云何第四名爲非想非非想入天 非想者細故 非前七定 故說非想"라고 하였다. 〔참고문헌〕『立世阿毘曇論』. ⇨ 칠의정 七依

定, 사선정 四禪定, 사무색정 四無色定

칠정 七情 일곱 가지 감정. 옳다 그르다(是非)와 이롭거나 해롭다(利害)는 생각으로 일으키는 분별로 드러나는 감정이다. 『석씨요람』 권하(대정장54, p.296c11)에 "칠정이란 희·노·우·구·애·증·욕〈정이란 시비의 주인이자 이롭거나 해롭다 여기는 뿌리이다〉이다. 七情 喜 怒 憂 懼 愛 憎 欲〈情者 是非之主 利害之根〉", 『광홍명집』 권27 「척제삼업문 滌除三業門」(대정장52, p.307c16)에 "칠정은 희·노·우·구·증·애·오·욕이다. 七情者 喜 怒 憂 懼 憎 愛 惡 欲者也"라고 하였다. 『예기』 「예운 禮運」에 "무엇을 칠정이라 하는가? 희·노·애·구·애·오·욕이다. 일곱 가지는 배우지 않고도 능하다. 何謂七情 喜 怒 哀 懼 愛 惡 欲 七者 弗學而能"라고 하였다. 〔참고문헌〕『釋氏要覽』, 『廣弘明集』, 『禮記』.

칠정각 七正覺 칠각지(七覺支). 『사리불아비담론』 권16(대정장28, p.638b7)에 "무엇이 일곱 가지 각인가? 염정각부터 사정각까지이니 이를 칠정각이라 한다. 何謂七覺 念正覺乃至捨正覺 是名七正覺"라고 하였다. 〔참고문헌〕『舍利弗阿毘曇論』. ⇨ 칠각지 七覺支

칠정구 七定具 Ⓟ satta samādhi-parikkhārā. 일곱 가지 정(定)을 위한 도구. 팔정도(八正道)의 정정(正定)을 구족하게 하기 위한 나머지 일곱 개의 지분인 정견에서 정념까지를 말한다. 『장아함경』 권5 「사니사경 闍尼沙經」(대정장1, p.36a5)에 "여래께서는 일곱 가지 정의 도구를 잘 분별하여 설하신다. 무엇이 일곱 가지인가? 정견·정지·정어·정업·정명·정방편·정념이다. 如來 善能分別 說七定具 何等爲七 正見 正志 正語 正業 正命 正方便 正念", 『집이문족론』 권16(대정장26, p.436a10)에 "칠정구라 하였으니 무엇이 일곱 가지인가? 〔답〕 첫째 정견, 둘째 정사유, 셋째 정어, 넷째 정업, 다섯째 정명, 여섯째 정근, 일곱째 정념이다. 이와 같은 일곱 가지는 곧 일곱 가지로 나아가야 할 길이니, 마땅히 낱낱이 따로 설해야만 한다. 이것이 정의 도구이다. 〔문〕 왜 정구라고 하는가? 〔답〕 정은 정정을 말하는 것이니, 칠도지로부터 도움을 받고 둘러싸여서 저들에 의해서 한층 뛰어나게 되고 큰 세력을 갖추고 자재하게 운전하여 구경에는 원만하게 된다. 그러므로 정을 구족하게 하는 것이라 한다. 七定具者 云何爲七 答 一 正見 二 正思惟 三 正語 四 正業 五 正命 六 正勤 七 正念 如是七種 卽七道支 應如彼相 一一別說 是名定具 問 何故名定具 答 定謂正定 由七道支 資助圍繞 令彼增盛 具大勢力 自在運轉 究竟圓滿 故名定具", 『유가론기』 권24(대정장42, p.862c8·한불전14, p.928b21)에 "나머지 칠도지는 칠정구라고 이름한다. 餘七道支 名七定具也"라고 하였다. 〔참고문헌〕『長阿含經』, 『集異門足論』, 『瑜伽論記』, *DN.2.216.* ⇨ 정정 正定❶, 칠정인연법 七定因緣法, 팔정도 八正道, 칠도지 七道支

칠정례 七頂禮 일곱 차례 머리 숙여 예배하다. 현재 제방에서 수행되고 있는 예불문으로 대소예참례(大小禮懺禮)를 축약한 의례다. 헌다게(獻茶偈)·오분향게(五分香偈)·헌향진언(獻香眞言) 후 정례하며 "지극한 마음으로 삼계중생을 이끄시는 스승이시며 모든 중생의 자비로운 어버이시고 우리들의 본사이신 석가모니 부처님께 목숨 돌이켜 절하옵니다. 至心歸命禮 三界導師 四生慈父 是我本師 釋迦牟尼佛", "지극한 마음으로 시방삼세 제망찰해에 항상 머무시는 모든 거룩하신 부처님께 목숨 돌이켜 절하옵니다. 至心歸命禮 十方三世 帝網刹海 常住一切 佛陀耶衆", "지극한 마음으로 시방삼세 제망찰해에 항상 머무시는 모든 거룩하신 가르침에 목숨 돌이켜 절하옵니다. 至心歸命禮 十方三世 帝網刹海 常住一切 達磨耶衆", "지극한 마음으로 대지문수사리보살 대행보현보살 대비관세음보살 대원본존 지장보살님께 목숨 돌이켜 절하옵니다. 至心歸命禮 大智文殊舍利菩薩 大行普賢菩薩 大悲觀世音菩薩 大願本尊 地藏菩薩摩訶薩", "지극한 마음으로 부처님께 부촉받은 십대제자 십육성 오백성 독수성 내지 천이백 아라한께 목숨 돌이켜 절하옵니다. 至心歸命禮 靈山當時 受佛付囑 十代弟子 十六聖 五百聖 獨修聖 乃至 千二百 諸大阿羅漢 無量慈悲聖衆", "지극한 마음으로 인도에서 동진으로 우리 해동에 이르도록 대를 이어 등불 전하신 모든 큰 조사님들과 천하종사 그리고 티끌만큼이나 많으신 모든 대선지식께 목숨 돌이켜 절하옵니다. 至心歸命禮 西乾東震 及我海東 歷代傳燈 諸大祖師 天下宗師 一切微塵數 諸大善知識", "지극한 마음으로 온 시방삼세 제망찰해 언제나 머무시는 모든 거룩하신 스님들께 목숨 돌이켜 절하옵니다. 至心歸命禮 十方三世 帝網刹海 常住一切 僧伽耶衆"라 하고, "오직 원하옵니다. 다함없는 삼보시여 대자대비로 저희 지극한 예경 받으시고 그윽한 가피력 드리우사 원컨대, 법계의 모든 중생 함께해서 너도나도 일시에 성불 하여지이다. 唯願 無盡三寶 大慈大悲 受我頂禮 冥熏加被力 願共法界 諸衆生 自他一時成佛道"하여 반배하고 마친다. 〔참고문헌〕『법요집』(삼각산경국사, 2004). ⇨ 예불 禮佛, 소예참례 小禮懺禮, 대예참례 大禮懺禮, 지심귀명례 至心歸命禮, 삼정례 三頂禮

칠정법 七正法 ❶ Ⓟ satta saddhammā. 일곱 가지 바른 법. 칠비법(七非法 Ⓟ satta asaddhammā)과 대칭한다. 칠묘법(七妙法)·칠성재(七聖財)라고도 한다. 『장아함경』 권8 「중집경 衆集經」(대정장1, p.52a22)에 "다시 칠법이 있어서 칠정법이라고 한다. 믿음이 있음(Ⓟ saddha), 스스로 부끄러움이 있음(Ⓟ hirīmā), 남에게 부끄러움을 앎(Ⓟ ottappī), 많이 들음(Ⓟ bahussuta), 정진(Ⓟ āraddhaviriya), 다 기억해 잊지 않음(Ⓟ upaṭṭhitasati), 지혜가 많음(Ⓟ paññavā)이다. 復有七法 謂七正法 有信 有慚 有愧 多聞 精進 總持 多智"라고 하였다. [참고문헌] 『長阿含經』, *DN.3.252·282.* ⇨ 칠묘법 *七妙法*❶, 칠성재 七聖財, 칠비법 *七非法*❶

❷ 일곱 가지 법으로 바르게 섬기다. 칠선법(七善法)이라고도 한다. 『십송율』 권50(대정장23, p.367c6)에 "칠정법이 있다. 법을 공경하고, 의를 공경하며, 때를 공경하며, 지족함, 스스로 공경함, 대중을 공경함, 사람을 잘 분별하는 것, 이것을 일곱 가지 바른 법이라고 이름한다. *有七正法 敬法 敬義 敬時 知足 自敬 敬衆 分別人 是名七正法*", 『유가론기』 권24(대정장42, p.867a23·한불전14, p.956a10)에 "예를 들어 칠정법의 일이란 무엇인가? 경사가 말했다. '법을 알고, 의를 알며, 때를 알고, 양을 알며, 대중을 알며, 스스로를 알고, 존귀하고 비천함을 아는 것이다'. 태사가 말했다. '일곱 가지 바른 작의의 일이다'. 若七正法事者 景師云 謂知法 知義 知時 知量 知衆 知自 知尊卑 泰師云 七正作意事"라고 하였다. [참고문헌] 『十誦律』, 『瑜伽論記』. ⇨ 칠묘법 *七妙法*❷, 칠선법 七善法, 칠정선법 七正善法

칠정선법 七正善法 Ⓟ satta sappurisa-dhammā. 일곱 가지로 바르고 선하게 하는 법. 『장아함경』 권9 「십상경 十上經」(대정장1, p.54c2 : *Dasuttara-sutta, DN.3,* p.283)에 "무엇이 일곱 가지 어려움도 풀 수 있는 법인가? 일곱 가지 바르고 선한 법을 말한다. 이에 비구들이 의를 좋아하고 법을 좋아하며 때를 잘 알고 족함을 잘 알며 스스로를 잘 거두고 대중 모이기를 좋아하고 사람들을 잘 분별하는 것이다. *云何七難解法 謂七正善法 於是 比丘好義 好法 好知時 好知足 好自攝 好集衆 好分別人* katame satta dhammā duppaṭivijjhā. satta sappurisadhammā, idhāvuso bhikkhu dhammaññū ca hoti, atthaññūca, attaññū ca, mattaññū ca kālaññū ca, parisaññū ca, puggalaññū ca"라고 하였다. [참고문헌] 『長阿含經』, *DN.* ⇨ 칠묘법 *七妙法*❷, 칠정법 七正法❷

칠정인연법 七定因緣法 정정(正定)의 인연이 되는 일곱 가지 법. 팔정도(八正道) 중 앞의 일곱 가지가 정정(定)의 인연이 된다는 뜻이다. 『사리불아비담론』 권17(대정장28, p.639c15)에 "무엇을 칠정인연법이라 하는가? 정견·정각·정어·정업·정명·정진·정념을 일곱 가지 정의 인연법이라 한다. 何謂七定因緣法 正見 正覺 正語 正業 正命 正進 正念 是名七定因緣法"라고 하였다. [참고문헌] 『舍利弗阿毘曇論』. ⇨ 칠정구 七定具

칠정화 七淨華 일곱 가지(戒 心 見 度疑 道非道知見 行知見 斷知見)로 맑고 깨끗함(淨)을 꽃에 비유하다. 칠종정(七種淨)이라고도 한다. 『유마경』 권중(대정장14, p.549c12)에 "팔해라는 욕지에 정이라는 물 맑고 고요한 듯 가득 찼는데 칠정화를 펼치니 이곳에서 목욕하면 때 없는 사람들이라네. *八解之浴池 定水湛然滿 布以七淨華 浴此無垢人*", 『주유마힐경』 권7(대정장38, p.394a18)에 "도생이 말한다. '첫째 계정, 둘째 심정, 셋째 견정, 넷째 도의정, 다섯째 도비도지견정, 여섯째 행지견정, 일곱째 단지견정이다. 이들 일곱은 이미 깨끗함과 좋음으로 뜻을 삼았는데, 정이라는 물에서 나오므로 뜻으로는 물속에 핀 꽃이 된다'. *生曰 一 戒淨 二 心淨 三 見淨 四 度疑淨 五 道非道知見淨 六 行知見淨 七 斷知見淨 此七旣以淨好爲理 而從定水中出 義爲水中華焉*", 『유마의기』 권3(대정장38, p.489b16)에 "일곱 꽃 펼쳤다란, 일곱 가지 깨끗한 덕의 맑고 깨끗함이 저 꽃과 같으므로 칠정화라 이름한다. 이 꽃은 오직 청정의 뜻만을 취하였다. 무엇이 그 일곱인가? 첫째는 계정, 둘째는 정정, 셋째는 견정, 넷째는 도의정, 다섯째는 도비도정이니, 이들 앞의 다섯 종은 대승과 소승에 이름이 같지만, 뒤의 둘은 소승과 다르다. 소승법 중 제6은 행정이고 제7은 이름하여 행단지정이라 하지만, 대승법 중 제6은 행단정이고 제7은 사량보리분법상상정이다. *布七華者 七淨之德 淸淨如華 名七淨華 此華唯取淸淨之義 何等爲七 一 是戒淨 二 是定淨 三 是見淨 四 度疑淨 五 道非道淨 此前五種 大小名同 後二小異 小乘法中 第六行淨 第七名爲行斷智淨 大乘法中 第六行斷 第七思量菩提分法上上淨矣*", 『법원주림』 권15(대정장53, p.398b28)에 "저 『유마경』에 '칠정화를 펼치니 이곳에서 목욕하면 때 없는 사람들이라네'라고 함과 같은데, 첫째 계정, 둘째 정정, 셋째 견정, 넷째 도의정, 다섯째 도비도정, 여섯째 행정, 일곱째 행단지정이다. 앞의 둘은 방편도이고 다음의 셋은 견도이며 다음의 하나는 수도이고 뒤의 하나는 무학도이니, 이 칠정을 말미암아 사도를 얻는다. *如維摩經云 布以七淨華 浴此無垢人 一者 戒淨 二者 定淨 三者 見淨 四者 度疑淨 五者 道非道淨 六者 行淨 七者 行斷智淨 前二是方便道 次三是見道 次一是修道 後一是無學道 由斯七淨 得成四道*", 『유마경문소』 권25(卍속장28, p.318a15)에 "칠정화란 첫째 계정, 둘째 심정, 셋째 견정, 넷째 단의정, 다섯째 분별정, 여섯째 행정, 일곱째 열반정이다. 계정은 정어·정업·정명이고, 심정은 정정진·정념·정정이며, 견정은 정견·정사유이고, 단의정은 견도이며, 분별정·행정은 수도이고 열반정은 무학도다. *七淨華者 一 戒淨 二 心淨 三 見淨 四 斷疑淨 五 分別淨 六 行淨 七 涅槃淨 戒淨 是正語 正業 正命 心淨 是正精進 正念 正定 見淨 正見 正思惟 斷疑淨 是見道 分別淨 行淨 是修道 涅槃淨 是無學道*", 『유마경무아소』 권9(卍속장30, p.282a17)에 "습공이 말한다. '첫째는 계정이니, 시종 깨끗함이다. 몸과 입으로 짓는 바 조금의 악도 없으며 뜻으로 번뇌 일으키지도 않고 상 취하지도 않으며 생 받기를 원하지도 않으니 사람들에게 베풀지만 두려움 없어 중생에게 끝이 없다. 둘째는 심정이니, 삼승의 번뇌를 누른 마음과 결을 끊은 마음 내지 삼승의 누가 다한 마음을 이름하여 심정이라 한다. 셋째는 견정이니, 법의 진성을 보아 망상 일으키지 않으므로 이를 견정이라 이름한다. 넷째는 도의정이니, 견이 아직 깊지 못하다면 당시에는 비록 깨달았다 해도 후에 혹 의심을 생하는데, 견이 깊다면 의심이 끊어지니 도의정이라 이름한다. 다섯째는 분별도정이니, 만약 이것은 도이므로 행해야 하고 이것은 도가 아니므로 버려야 한다고 능히 볼 수 있다면 이를 분별도정이라 이름한다. 여섯째는 행단지견정이니, 행이란 고난·고이·낙난·낙이의 사행인데, 단은 모든 결들 끊음이다. 학지 중에선 모두 행한 바와 끊은 바를 능히 스스로 알지 못하다가 무학을 얻고 나면 진지와 무생지로 행한 바와 끊은 바를 다 스스로 알고 보아 분명하게 통달하므로 이를 행단지견정이라 이름한다. 일곱째는 열반정이다'. 什公曰 一 戒淨 始終淨也 身口所作 無有微惡 意不起垢 亦不取相 亦不願受生 施人無畏 不限衆生 二 心淨 三乘制煩惱心 斷結心 乃至三乘漏盡心 名爲心淨 三 見淨 見法眞性 不起妄想 是名見淨 四 度疑淨 若見未深 當時雖了 後或生疑 若見深疑斷 名度疑淨 五 分別道淨 若能見是道宜行 非道宜捨 是名分別道淨 六 行斷知見淨 行謂苦難苦易樂難樂易四行也 斷謂斷諸結也 學地中盡未能自知所行所斷 旣得無學 盡智無生智 悉自知見所行所斷 通達分明 是名行斷知見淨 七 涅槃淨也", 『아미타경소』(대정장37, p.349c12)에 "깨끗하게 핀 꽃무리라 하니, 일곱 가지로 깨끗해 꽃무리진 중생을 말한다. 어떻게 일곱인가? 첫째 계정, 둘째 심정, 셋째 견정, 넷째 도의(疑:疑結)의 정, 다섯째 도비도(戒取·惑取)의 정, 여섯째 행지견(修道位)의 정, 일곱째 행단지견(無學位)의 정 등이다. 저 『유가론』에 나오며, 이런 일곱 가지로 깨끗해 꽃무리진 중생은 부처님의 정각화중을 좇아 화생한다. 此言淨華衆者 謂得七種淨華之衆 何等爲七 一者 戒淨 二者 心淨 三者 見淨 四 度疑淨 五 道非道知見淨 六 行知見淨 七 行斷知見淨 於中廣說 出瑜伽論 有此七種淨華之衆 從佛正覺華中 化生也"라고 하였다. 〔참고문헌〕『維摩經』, 『注維摩詰經』, 『維摩義記』, 『法苑珠林』, 『維摩經文疏』, 『維摩經無我疏』, 『阿彌陀經疏』. ⇨ 칠종정 七種淨 ②

칠제 七諦 Ⓢ saptavidhaṃ satyam, Ⓣ bden-pa-rnam-pa-bdun. 사제(四諦)를 일곱 가지 뜻으로 풀었다. 『유가사지론』 권46(대정장30, p.547b25 : *Bodh-bh.*, p.198)에서는 보살이 진실한 가르침(諦)을 시설하고 세움에 일제(一諦)부터 십제(十諦)까지 시설하였는데, "어떤 이름들로 제를 시설하고 건립하는가? 셀 수 없이 많다. … 혹은 칠제를 건립하니 첫째 애미제, 둘째 과환제, 셋째 출리제, 넷째 법성제, 다섯째 승해제, 여섯째 성제, 일곱째 비성제이다. 云何名諦施設建立 謂無量種 … 或立七諦 一 愛味諦 二 過患諦 三 出離諦 四 法性諦 五 勝解諦 六 聖諦 七 非聖諦 satyaprajñaptivyavasthānaṃ punaranekavidham. avitathārthena tāvadekameva satyaṃ na dvitīyamasti. dvividhaṃ satyam. saṃvṛtisatyaṃ paramārthasatyaṃ ca … saptavidhaṃ satyam. āsvādasatyaṃ ādīnavasatyaṃ niḥsaraṇasatyaṃ dharmatāsatyaṃ adhimuktisatyaṃ āryāṇāṃ satyaṃ anāryāṇāṃ satyaṃ ca"라고 하였다. 애미제란 집제의 뜻으로 중생이 윤회하는 인이고 과환제란 고제의 뜻으로 윤회하는 중생이 온갖 괴로움을 받는 뜻에서의 과(果)다. 출리제란 도제로 팔정도를 닦아 괴로움을 멸하는 인이고, 법성제란 멸제의 뜻으로 이무아를 성취하고 진여법성(眞如法性)에 든 과의 뜻이다. 승해제란 도제다. 의해사유(意解四維)로 이공(二空)을 체득한 공의 행상(行相)이다. 성제란 멸제의 뜻으로 성인은 일체적정한 경계를 안다. 비성제란 고제와 집제로 범부가 묶여 있는 경계임을 가리킨다. 『대승법원의림장』 권2(대정장45, p.292c24)에 "혹은 일곱 가지 진리를 세운다. 첫째 애미제, 둘째 과환제, 셋째 출리제, 넷째 법성제, 다섯째 승해제, 여섯째 성제, 일곱째 비성제다. 집고도멸의 차제로 앞의 네 가지다. 성인과 범부가 아는 바 종류가 다름을 뜻으로 풀고 사유한다. 처음 사제라 하니 세 번째는 속제이고, 두 번째는 진제로 거둔다. 네 번째는 속제이고 세 번째는 진제로 거둠을 의해사유한다. 의전과 행상이 모두 무아이기 때문이다. 네 가지 진제와 네 가지 속제는 모두 성제다. 성인은 현상과 진실이 다름이 없음을 알기 때문이다. 범부는 처음 속제에 굳게 집착하여 허망함을 진실이라고 여기므로 두 가지로 성제가 아니다. 성인은 처음부터 속제로 거둘 수 없음을 안다. 或立七諦 一 愛味諦 二 過患諦 三 出離諦 四 法性諦 五 勝解諦 六 聖諦 七 非聖諦 集苦道滅次第初四 意解思惟聖凡所知種類異故 初四諦者第三俗諦第二眞攝 意解思惟第四俗諦第三眞攝 依詮行相二無我故 四眞四俗皆是聖諦 聖知有無事理別故 凡於初俗堅著妄說以爲實故 非二聖諦 聖知爲無可初俗攝"라고 하였다. 또 같은 책 권2(대정장45, p.293a6)에서는 "다른 곳에서 때론 일곱 가지 진실을 세우기도 하니, 애미·과환·출리·응지·응단·응증·응수다. 홀로 또는 거듭해서 두 번 관한다. 사제를 관하고 두 번째 관중에서 도제를 제하기 때문이고, 또한 세 번째는 속제이고 두 번째는 진제로 거둔다. 餘處或立七諦 愛味 過患 出離 應知 應斷 應證 應修 單重二觀觀於四諦 第二觀中

除道諦故 亦第三俗第二眞攝"라고 다른 유형의 칠제를 소개하고 있다. 〔참고문헌〕『瑜伽師地論』, 『大乘法苑義林章』, *Bodh-bh.* ⇨제 諦, 사성제 四聖諦

칠조 七祖 ❶각 종파마다에서 세운 종지(宗旨)의 유래가 되거나 뚜렷이 세우고 이은 칠위(七位)의 조사. 화엄종(華嚴宗)·정토종(淨土宗)·진언밀교(眞言密敎) 등에서 모두 칠조설을 세운다. 첫째, 화엄종의 칠조는 『화엄경보현행원품별행소초』「화엄종칠조」(가흥장15, p.643a11)·『기신론직해』「화엄종법계연기강요 華嚴宗法界緣起綱要」(卍속장72, p.153b5) 등에 따르면 마명(馬鳴)·용수(龍樹)·두순(杜順)·지엄(智儼)·법장(法藏)·징관(澄觀)·종밀(宗密)이다. 둘째, 정토종의 칠조는 『불조통기』 권26「연사칠조 蓮社七祖」(대정장49, p.260c19)에 따르면, 여산혜원(廬山慧遠)·장안선도(長安善導)·남악승원(南岳承遠)·장안법조(長安法照)·소강(少康)·연수(延壽)·성상(省常)이다. 시조 혜원 이외에 나머지 육조에 종색(宗賾)을 추가하여 칠조라 하기도 한다. 진언밀교의 칠조는 『영암사화상청래법문도구등목록』(대정장55, p.1072a8)에 따르면 대일여래(大日如來)·금강살타(金剛薩埵)·용맹보살(龍猛菩薩)·용지보살(龍智菩薩)·금강지(金剛智)삼장·불공삼장(不空三藏)·혜과(惠果)를 말한다. 또는 대일여래와 금강살타를 제하고 선무외(善無畏)와 일행(一行)을 거둬서 별도의 칠조를 세우기도 한다. 〔참고문헌〕『華嚴經普賢行願品別行疏鈔』, 『起信論直解』, 『佛祖統紀』, 『靈巖寺和尙請來法門道具等目錄』, 『大明三藏法數』 권22「華嚴宗七祖」(영락장182, p.323b2). ⇨화엄칠조 華嚴七祖, 진언칠조 眞言七祖 ❷중국 선종(禪宗)에서 초조(初祖)인 달마로부터 이어진 일곱 번째(第七祖) 선사. 5조 홍인(弘忍)의 법을 이은 정통을 혜능(慧能)으로 보느냐 신수(神秀)로 보느냐에 따라 갈라진다. 6조를 정통 조사로 자리잡도록 한 신회(神會)를 7조로 보는 견해도 있으며, 신회 스스로 7조의 지위라 여겨 6조와 남종(南宗)을 부각시켰다는 견해도 있다. 『원각경대소석의초』 권3(卍속장14, p.554a2)에 "마침내 신회선사를 제7조로 옹립하자 칙령으로 신룡사 안에 비기를 안치하도록 하고, 또한 임금 스스로 「칠조찬문」을 지어 세상에 퍼뜨렸다. 遂立神會禪師爲第七祖 內神龍寺 敕置碑記見在 又御製七祖讚文 見行於世"라고 하였다. 그 밖에 혜능의 양족존이라 부르는 남악회양(南嶽懷讓)과 청원행사(靑原行思)를 7조로 간주하기도 하지만 일부의 견해다. 〔참고문헌〕『圓覺經大疏釋義鈔』. ⇨선종칠조 禪宗七祖

칠조가사 七條袈裟 일곱 결로 이어붙인 가사(袈裟). 삼의(三衣) 중 중의(中衣)를 말한다. 칠조(七條)·칠조의(七條衣)라고도 하며 음사어는 울다라승(鬱多羅僧)이다. 『일체경음의』 권15(대정장54, p.397a3)에 "울다라승가〈범어 승의의 이름이니 곧 칠조가사다. 이것은 삼의 중 평상복이다. 상의라고도 하며 『남해기귀내법전』에 보인다〉. 鬱多羅僧伽〈梵語僧衣名也 卽七條袈裟 是三衣之中常服衣也 亦名上衣 見南海寄歸傳〉", 『십송율』 권5(대정장23, p.30c29)에 "만약 비구가 첫째 날에 옷을 얻으면 이것으로 울다라승을 칠조로 짓는다. 조금 길거나 조금 짧거나 분별해 짓지만 모두 칠조다. 若比丘初日得衣 用作鬱多羅僧七條 成分別若干長若干短 總說七條", 『범망경』 권2(대정장24, p.1008a21)에 "이때 모든 불보살의 형상 앞에서 한 사람이 포살하니 곧 한 사람이 독송한다. 만약 두 사람 세 사람에서 백천 사람이 있다 해도 역시 한 사람이 독송한다. 독송하는 사람은 윗자리에 앉고 듣는 사람은 아래에 앉는데, 각각 구조·칠조·오조가사를 수한다. 時於諸佛菩薩形像前 一人布薩 卽一人誦 若二人三人 乃至百千人 亦一人誦 誦者高座 聽者下坐 各各披九條七條 五條袈裟"라고 하였다. 〔참고문헌〕『一切經音義』, 『十誦律』, 『梵網經』. ⇨칠조의 七條衣, 울다라승 鬱多羅僧, 삼의 三衣❶, 가사 袈裟

칠조의 七條衣 Ⓢuttara-āsaṅgaḥ, Ⓣbla-gos. 일곱 결로 이어붙여 만든 가사(袈裟). 음사어는 울다라승(鬱多羅僧). 『비니관요』 권6(卍속장63, p.710b9)에 "울다라승은 위에 입는 옷이다. 곧 칠조의다. 남산은 '칠조를 중가의라 한다'고 하였다. 鬱多羅僧 此云上著衣 卽七條衣也 南山云 七條名中價衣", 『사미율의요략증주』 권하(卍속장106, p.346b2)에 "칠조의 : 울다라승이라 음사하고 상착의라 한역한다. 늘 위에 걸쳐 입기에 입중의라고도 하는데, 이는 대중 중에 있을 때 늘 입기 때문이다. 예불·참회·송경·좌선과 재에 청으로 가거나 강설을 들을 경우 그리고 포살·자자 등에 이 옷을 입는다. … 『계단경』에 '오조의는 탐욕을 부르는 신업을 끊도록 하고, 칠조의는 진에를 부르는 구업을 끊도록 하며, 대의는 어리석음을 부르는 의업을 끊도록 한다'라고 하였다. 그러므로 『화엄경』에 '가사를 입으면 삼독을 멀리 여윌 수 있다'고 하였다. 七條衣 梵語鬱多羅僧 此云上著衣 謂於常所服者 此在其上也 亦名入衆衣 謂入衆僧中時著也 凡禮佛懺悔誦經坐禪 赴齋聽講 布薩自恣 當著此衣 … 戒壇經云 五條衣斷貪身也 七條衣斷瞋口也 大衣斷癡心也 故華嚴經云 著袈裟者 捨離三毒也"라고 하였다. 〔참고문헌〕『毘尼關要』, 『沙彌律儀要略增註』, *Mvyut.271.* ⇨칠조가사 七條袈裟, 울다라승 鬱多羅僧, 상의 上衣❶, 삼의 三衣❶, 가사 袈裟, 법의 法衣

칠조촉 七造觸 Ⓢupādāya-rūpaṃ saptabhyaḥ. 사대(四大 : 地 水 火 風)로 조성된 일곱 가지 감촉으로 신식(身識)의 경계다. 칠종촉(七種觸)·칠종조색(七種造

色)·칠종조촉(七種造觸)이라고도 한다. 『순정리론』 권1(대정장29, p.334c2)에 "촉이란 만져지는 것으로서 열한 가지를 자성으로 한다. 곧 열한 가지 실다운 것으로서 바탕으로 하여 뜻을 삼는다. 이를테면 사대종과 일곱 가지로 짓는 촉이니 매끄러운 성·거친 성·무거운 성·가벼운 성·차가움·허기짐·목마름이 그것이다. 觸謂所觸 十一爲性 卽十一實以爲體義 謂四大種及七造觸 滑性澁性重性輕性及冷飢渴"라고 하였다. 〔참고문헌〕『順正理論』, *Abh-k-bh.413.* ⇨ 칠종조색 七種造色, 칠종조촉 七種造觸, 촉처 觸處 ❶

칠종 七宗 ❶ 중국 남종선 내 각 종파의 통칭. ⇨ 오가칠종 五家七宗 ❷ 조선전기 승정(僧政) 체제에 속했던 7개 종파. 조계종(曹溪宗), 천태종(天台宗), 총남종(摠南宗), 화엄종(華嚴宗), 자은종(慈恩宗), 중신종(中神宗), 시흥종(始興宗)을 가리킨다. 조선은 조정에서 주지를 임명하고 사사전(寺社田)을 지급하는 승정 체제를 토대로 종파와 그 소속사원을 정하였는데, 1406년(태종6)에 11종이었다가 다음 해에는 7종으로 정하였으며, 1424년(세종6)에는 선종과 교종 양종으로 통합하였다. 『세종실록』 권24 6년 4월 경술에 의하면, "예조에서 아뢰기를, '석씨의 도는 선과 교 양종뿐이었는데, 그 뒤에 정전과 방전이 각각 소업으로 나뉘어 칠종이 되었습니다. … 조계·천태·총남 세 종을 합하여 선종으로 삼고, 화엄·자은·중신·시흥 네 종을 합하여 교종으로 삼으십시오. …'라고 하니, 왕이 따랐다. 禮曹啓 釋氏之道 禪敎兩宗而已 厥後正傳傍傳 各以所業 分而爲七宗 … 以曹溪天台摠南三宗 合爲禪宗 華嚴慈恩中神始興四宗 合爲敎宗 … 從之", 같은 책 권94 23년(1441) 윤11월 신사에는 "성균관 대사성 김반 등이 '… 이제 우리 주상전하께서는 … 칠종을 묶어 합하여 양종으로 삼았습니다.…'라고 상소하였다. 成均大司成金泮等上疏曰 … 今我主上殿下 … 約七宗合爲兩宗"고 한다. 〔참고문헌〕『太宗實錄』, 『世宗實錄』. ⇨ 십일종 十一宗, 선교양종 禪敎兩宗, 조선불교 朝鮮佛敎

칠종각관 七種覺觀 팔각(欲 瞋 害 親里 國土 不死 族姓 輕侮) 중 앞의 일곱 가지. 『섭대승론석』 권11(대정장31, p.233a8)에 "〔논〕 보살은 신구의의 세 가지 품을 다스리는 것으로서 계로 삼고, 성문은 단지 신구만을 다스림으로써 계를 삼는다. 〔석〕 계의 품류가 같지 않다. 보살계는 삼업선행을 체로 삼지만, 성문계는 신구선행만을 체로 삼는다. 〔논〕 따라서 보살에게는 심지로 범하면 죄가 되지만, 성문은 그렇지 않다. 〔석〕 보살에게 만약 일곱 가지 각관 등이 있다면 보살심지죄가 일어남이니 보살계를 범한 것이 된다. 論曰 菩薩有治身口意三品爲戒 聲聞但有治身口爲戒 釋曰 戒類不同 菩薩戒以三業善行爲體 聲聞戒以身口善行爲體 論曰 是故菩薩有心地犯罪 聲聞則無此事 釋曰 菩薩若有七種覺觀等 起菩薩心地罪 犯菩薩戒", 『섭대승론석약소』 권4(대정장68, p.179a16)에 "세친의 『섭대승론석』 중에서 '일곱 가지 각관'이라 하였는데, 『보살지지경』 권4와 『성실론』 권14에서 여덟 가지 악각을 설한다. 첫째 욕을 품은 마음(欲覺), 둘째 분노를 품은 마음(瞋覺), 셋째 상해 의도를 품은 마음(害覺), 넷째 친족과 고향에 대한 연모를 품은 마음(親里覺), 다섯째 국토의 안위에 대한 염려를 품은 마음(國土覺), 여섯째 불사의 희구를 품은 마음(不死覺), 일곱째 족성에 대한 교와 만을 품은 마음(族姓覺), 여덟째 남을 업신여기고 모멸하는 마음(輕侮覺)을 말한다. 지금 일곱 가지라 한 것은 대개 앞의 일곱 가지에 해당한다. 釋中言七種覺觀者 地持論四 成論第十四 說八種惡覺 一 欲覺 二 瞋覺 三 害覺 四 親里覺 五 國土覺 六 不死覺 七 族姓覺 八 輕侮覺 今言七者 蓋乃前七覺也"라고 하였다. 〔참고문헌〕『攝大乘論釋』, 『攝大乘論釋略疏』, 『菩薩地持經』 권4(대정장30, p.911b18), 『成實論』 권14(대정장32, p.352b2). ⇨ 팔각 八覺

칠종갈마 七種羯磨 범계한 이를 다스리는(治罪) 일곱 가지 작법(作法). 『사분율』 권57(대정장22, p.990c14)에 따르면 이 일곱 가지를 가책갈마(呵責羯磨 Ⓟ tajjaniya-kamma : 苦切羯磨)·빈갈마(擯羯磨 Ⓟ pabbājaniya-kamma : 擯滅羯磨)·의지갈마(依止羯磨 Ⓟ nissaya-kamma)·차부지백의가갈마(遮不至白衣家羯磨 Ⓟ paṭisāraṇiya-kamma : 下意羯磨)·작불견죄거갈마(作不見罪擧羯磨 Ⓟ āpattiyā adassane ukkhepaniya-kamma)·불참회갈마(不懺悔羯磨 Ⓟ āpattiyā appaṭikamme ukkhepaniya-kamma)·악견불사갈마(惡見不捨羯磨 Ⓟ pāpikāya diṭṭhiyā appaṭinissagge ukkhepaniya-kamma)라 하였고, 『니다나목득가』 권1(대정장24, p.417c21)에서는 구빈갈마(驅擯羯磨)·금포갈마(令怖羯磨)·절복갈마(折伏羯磨)·구사갈마(求謝羯磨)·불견죄갈마(不見罪羯磨)·불여법회갈마(不如法悔羯磨)·불사악견갈마(不捨惡見羯磨)라 하였다. 『비니심』(대정장85, p.665a22)에 "죄를 주는 데 〈그대는 응당 죄를 다스려야 한다〉 일곱 가지 갈마가 있다. 與罪〈汝合得治罪〉有七種羯磨", "첫 번째는 가책갈마이다〈이 사람은 중승을 싸우게 하고 어지럽혀 안으로 대중을 감싸지 않았다. 그래서 이 갈마를 지어 다스리고 벌을 준다〉. 一呵嘖羯磨〈此人鬪亂衆僧 內不護之衆 故作此羯磨 作治罰之〉", "두 번째는 빈출갈마이다〈이 사람은 단월을 무너트려 어지럽혔다. 외호치 않는 평범한 백의가 아직 있지 않아도 믿게 해야 한다. 그래서 갈마를 지어 취락에서 쫓아낸다〉. 二 儐出羯磨〈此人壞亂檀越 不外護人 汎爾白衣 未信合信 故作羯磨 駈離聚落也〉", "세 번째는 의지갈마이다〈이 사람은 중승을 헐뜯는 중에 안으로 스스로를 지키지 않았다. 그래서 이 갈마를 짓고 다스려 율을 배우게 해서 묻고 가르침 받게 한다〉. 三 依止羯磨〈此人毁辱衆僧中 內不自護 故作此羯磨 制令學律 諮受敎誨〉", "네 번째는 차부지백의가갈마이다〈이 사람은 단월을 헐뜯었다. 밖이 아닌 사람으로 지극하게 믿는 백의는 이미 믿음을 더욱 북돋아야 한다. 그래서 이 갈마를 지으니, 그 사람에게 다스려 약속한다. 청하지도 않는데 스스로 가거나 덕있는 이를 보낼 시에는 장차 부드럽게 꾸짖고 사죄케 한다〉. 四 遮不至白衣家羯磨〈此人毁辱檀越 不外漢 至信白衣 已信合增長 故作此羯磨 制約其人 不聽自往別遣德人 將和誨謝也〉", "다섯 번째는 불견죄거갈마이다〈이 사람은 악업의 체가 있다고 믿지 않으니, 이를 무인견이라 한다. 이 갈마를 짓고, 들어서 대중 밖으로 버려 승사를 더불어 함께하지 않는다〉. 五 不見罪擧羯磨〈此人不信有惡業體 此名無因見 作此羯磨 擧棄衆外不與同僧事〉", "여섯 번째는 불참회거갈마이다〈이 사람은 업이 능히 과를 감한다고 믿지 않으니, 이를 이인견(異因見)이라 한다. 이 갈마를 짓고 대중 밖에서라도 더불어 함께하지 않는다〉. 六 不懺悔擧羯磨〈此人不信業能感果 此名異因見 作此羯磨 在衆外不與同事〉", "일곱 번째는 악견불사거갈마이다〈이 사람은 애욕번뇌가 능히 성도를 막는다고 믿지 않으니, 이를 사견이라 한다. 이 갈마를 짓고 대중 밖에서라도 더불어 함께하지 않는다〉. 七 惡見不捨擧羯磨〈此人不信愛欲煩惱能障聖道 此名邪見 作此羯磨 棄在衆外 不與同事〉", "앞 네 갈마는 그 행 없음을 다스리지만, 뒤에서 세 가지로 든 것은 그 믿음 없음을 다스린다. 前四羯磨 治其無行 後之三擧 治其無信"라고 하였다. [참고문헌] 『四分律』, 『尼陀那目得迦』, 『毘尼心』, 『四分律行事鈔』 권상(대정장40, p.19a1), 『三部律抄』(대정장85, p.682b27), *Vin.2.7・8・14・20・22・25・27.* ⇨ 갈마 羯磨, 치죄갈마 治罪羯磨

칠종견 七種見 ➡ 칠종사견 七種邪見[1]

칠종결생상속 七種結生相續 일곱 가지로 결생하여 상속(Ⓢ pratisaṃdhi)하다. 결생하여 상속하는 일곱 유형의 보특가라를 말한다. 『유가사지론』 권59(대정장30, p.629c20)에 "또한 결생상속에는 크게 일곱 가지가 있다. 첫째는 현행의 번뇌(纏)와 수면으로 결생상속하니 모든 이생을 말한다. 둘째는 오직 수면만으로 결생상속하니 성인의 자취(聖迹) 본 이를 말한다. 셋째는 정지를 통해 입태하는 결생상속이니 전륜성왕을 말한다. 넷째는 정지를 통해 들어와 머무는 결생상속이니 독각들을 말한다. 다섯째는 모든 지위에서 정념을 상실하지 않는 결생상속이니 보살들을 말한다. 여섯째는 업에 의해 견인되어 일어나는 결생상속이니 보살을 제외한 결생상속이다. 일곱째는 지혜에 의해 견인되어 일어나는 결생상속이니 보살들을 말한다. 또 아무런 이익도 없음을 견인하는 결생상속이 있으니 업에 의해 견인되어 일어나는 결생상속이다. 또 이익을 견인하는 결생상속이 있으니 지혜에 의해 견인되어 일어나는 결생상속이다. 이와 같이 총체적으로 결생상속을 설하였으니, 이는 일곱 가지 또는 아홉 가지이다. 復次結生相續略有七種 一 纏及隨眠結生相續 謂諸異生 二 唯隨眠結生相續 謂見聖迹 三 正知入胎結生相續 謂轉輪王 四 正知入住結生相續 謂諸獨覺 五 於一切位不失正念結生相續 謂諸菩薩 六 業所引發結生相續 謂除菩薩結生相續 七 智所引發結生相續 謂諸菩薩 又有引無義利結生相續 謂卽業所引發結生相續 又有能引義利結生相續 謂智所引發結生相續 如是總說結生相續 或七或九"라고 하였다. [참고문헌] 『瑜伽師地論』. ⇨ 칠보특가라 七補特伽羅, 상속 相續

칠종경사 七種敬事 받들어 섬겨야 할 일곱 가지. 불(佛) 또는 큰스님(大師)・교법(敎法)・승가(僧伽)・계학(戒學)・심학(心學)・혜학(慧學)・진제(眞諦)와 열반(涅槃)을 말한다. 『유가사지론』 권99(대정장30, p.874c20)에 "또 최초에는 마땅히 노력을 기울여 큰 스승을 공경히 섬겨야 할 것이니, 한층 뛰어난 계학과 심학과 혜학의 모든 교법을 가르쳐줄 수 있기 때문이다. 다음으로 그 설한 교법을 공경히 받들어야 한다. 다음으로 법을 닦고 익히고 법을 따라 행함에 마땅히 받들어 섬겨야 하니, 한층 뛰어난 계에 의지하고 비나야(Ⓢ vinaya : 律)와 상응하는 학처다. 다음으로 한층 뛰어난 심학 및 혜학에 의지하는 지침과 가르침을 공경히 받들면서 때때로 재공양과 법공양을 닦아야 한다. 여기서 재공양과 법공양이란 함께 머물고 함께 수용함을 말한다. 다음으로 정려에서 삼마지를 수습해 이로부터 틈새없이 애미마저 없게 되니, 진제를 통달하고 모든 번뇌 길이 다함에 방일함이 있을 리 없게 한다. 이와 같은 일곱 가지 공경해 섬기되 차별차제를 마땅히 안다. 又於最初 應當勉勵 敬事大師 謂能宣說 增上戒學 增上心學 增上慧學所有法教 次應敬事其所說法 次修習法隨法行時 應當敬事依增上戒 與毘柰耶相應學處 次應敬事 依增上心 及增上慧 教誡教授 於時時間 修財供養 及法供養 應知此中 財法供養 謂同居止 及同受用 次於靜慮 修三摩地 從此無間隨無愛味通達諦理 永盡諸漏無有放逸 如是七種敬事差別次第應知" 『유가론기』 권24(대정장42, p.866a6・한불전14, p.948b8)에 "혜경(惠景)은 '「최초에」 이하는 부처님 받듦을 밝히는 것이고, 「다음으로 그 설한 교법을 받들어 섬겨야 한다」 하였는데 이는 이 두 번째로 법(法)을 받듦을 밝히는 것이며, 「다음으로 교법에 따라 교법의 실천을 수습할 때」는 세 번째로 승가(僧)를 받듦을 밝히는 것이고, 이 이하는 삼학행을 받듦을 밝히는 것으로 곧 세 번째에 해당하지만 앞의 것과 보태어 여섯 가지가 된다. 「때때로」 이하는 재와 법으로 능히 받들어 섬겨야 할 바탕을 드러낸 것이다. 「다음으로 정려에서」

이하는 일곱 번째로 진제로 번뇌 다한 열반 받듦을 밝혔다'라고 하였다. 景師云 又於最初下明敬佛 次應敬事其所說法者 此第二敬法 次修習法隨法行時者 第三敬僧 下敬三學行 卽以爲三 足前爲六 於時時下 以財法出能敬事體 次於靜慮下 第七敬事眞諦漏盡涅槃"라고 하였다. 〔참고문헌〕『瑜伽師地論』, 『瑜伽論記』.

칠종계 七種戒 일곱 가지 계. 구계(口戒)인 불망어(不妄語)·불악구(不惡口)·불양설(不兩舌)·불기어(不綺語)의 네 조목과 신계(身戒)인 불살생(不殺生)·불투도(不偸盜)·불사음(不邪婬) 등 셋을 합한 7가지 계로서 칠건도(七犍度)·칠율의(七律儀)라고도 한다. 십선도(十善道) 중 뜻으로 지켜야 할 의계(意戒)인 탐진치(貪瞋癡)라는 사업(思業)을 제한 사이업(思已業)을 계에 나아가 이름한 뜻이다. 『정법염처경』 권22(대정장17, p.125a10)에 "칠종계로써 하늘에 난다. 무엇이 그 일곱인가? 구업으로 지켜야 할 네 가지와 신업에 세 가지다. 이를 가까이 두고 늘 수습하기에 육욕천에 난다. 以七種戒 生於天中 何等爲七 口業四種 身業有三 以其親近多修習故 生六欲天", 『묘법성염처경』 권7(대정장17, p.442a10)에 "부처님께서 설하신 칠종계를 기쁜 마음으로 받아서 지닌다면 저 최상인이니, 반드시 으뜸의 과를 얻으리라. 佛說七種戒 歡喜若受持 彼爲最上人 當獲第一果", 『보살선계경』 권4 「보살지계품 菩薩地戒品」(대정장30, p.982c7)에 "칠종계라 하였으니, 깨끗한 마음으로 보살계에 나아간다. 마치 세간인이 대왕을 청하고자 한다면 먼저 사는 집 곳곳을 깨끗하게 다스리듯이, 이 칠종계는 재가와 출가가 함께 받아 가지는 계다. 七種戒者 卽是淨心 趣菩薩戒 如世間人 欲請大王 先當淨治 所居屋宅 是七種戒 俱是在家出家所受", 『사리불아비담론』 권21(대정장28, p.663b6)에 "무엇을 계법이라 하는가? 칠종계를 계법이라 한다. 何謂戒法 七種戒 是名戒法"라고 하였다. 〔참고문헌〕『正法念處經』, 『妙法聖念處經』, 『菩薩善戒經』, 『舍利弗阿毘曇論』. ⇨ 칠건도 七犍度, 구사 口四, 신삼 身三, 십선도 十善道, 십선계 十善戒

칠종계청정상 七種戒淸淨相 일곱 가지 모습 항상 지켜 받은 바 계를 청정하게 하다. 『유가사지론』 권78(대정장30, p.732a15)에 "또 보살들은 제계하여 세운 율의와 일체학처를 잘 알고, 범함을 벗어나는 법도 잘 알며, 항시 시라(Ⓢ śīla : 戒)를 구족하고 견고히 하며, 항시 시라를 짓고, 항시 시라를 구르게 해서, 모든 있을 수 있는 학처를 받아 익힌다. 이를 일곱 가지의 계청정상이라 한다. 又諸菩薩能善了知制立律儀一切學處 能善了知出離所犯 具常尸羅 堅固尸羅 常作尸羅 常轉尸羅 受學一切所有學處 是名七種戒淸淨相", 원측(圓測)의 『해심밀경소』 권9(한불전1 p.416a16)에 "율의계 중의 일체학처를 능히 잘 아는 것이다. … 능히 범함을 벗어난다는 것은 죄를 벗어나는 참회법에 해당한다. (『유가사지론』 권82에서) '무엇이 항시 시라를 지키는 것인가? 모든 학처를 버리지 않는 것이다. … 무엇이 시라를 견고하게 하는 것인가? 모든 학처를 무너뜨리거나 범하지 않는 것이다. … 무엇이 항시 시라를 짓는 것인가? 학처를 놓치는 일이 없는 것이다. 무엇이 시라가 항상 구르게 하는 것인가? 훼손된 일이 있은 후에는 반드시 다시 청정을 회복하는 것이다. 무엇이 시라처를 수학하는 것인가? 따라 배워야 할 모든 학처를 구족하는 것이다'라고 하였다. 能善了知律儀戒中一切學處 … 能善了知出離所犯 卽是出罪懺悔法也 … 云何常守尸羅 謂不棄捨諸學處故 … 云何堅守尸羅 謂不毁犯諸學處故 … 云何常作尸羅 謂於學處無穿穴故 云何常轉尸羅 謂穿穴已復還淨故 云何受學尸羅之處 謂具隨學諸處故"라고 하였다. 〔참고문헌〕『瑜伽師地論』, 『解深密經疏』.

칠종고제 七種苦諦 일곱 가지 고통스런 진실. 즉 삼계(欲 色 無色)로 분단생사하는 것과 방편·인연·유유·무유(方便 因緣 有有 無有)로 변역생사함을 말한다. 칠종생사(七種生死)라고도 한다. 『섭대승론석』 권3(대정장31, p.174a14)에 "일곱 가지 고통스런 진실에서 벗어나 세 가지 집제를 사라지게 하기에 세간을 벗어난다 한다. 出七種苦諦 滅三種集諦 故名出世", 『법계도기총수록』 권하1(대정장45, p.743c11·한불전4, p.5)에 "부처님께서 가르치시길 일곱 가지 고제와 그밖에 따로 보리가 있어 삼무수겁 동안 말씀대로 수행하면 이에 가히 벗어날 수 있다 하셨으니, 미한 이들 위해 모름지기 여러 가지 문을 열어 설하셨다. 佛敎七種苦諦 以外別有菩提 三無數劫 如說修行 乃可得度 爲迷之者 須多門說", 같은 책 권하1(대정장45, p.750b11·한불전6, p.822a18)에 "일곱 가지 고제는 일곱 가지 생사를 말한다. 곧 분단생사에 세 가지, 변역생사에 네 가지이다. 분단의 세 가지는 욕계·색계·무색계에서의 생사이고, 변역의 넷이란 방편생사·인연생사·유유생사·무유생사를 가리킨다. 七種苦諦者 七種生死也 謂分段有三 變易有四 分段三者 是三界也 變易四者 一 方便生死 二 因緣生死 三 有有生死 四 無有生死"라고 하였다. 〔참고문헌〕『攝大乘論釋』, 『法界圖記叢髓錄』. ⇨ 칠종생사 七種生死

칠종과실 七種過失 일곱 가지 과실. 외도(外道)의 법(法)과 율(律)에 있을 수밖에 없는 해·행·의지·사유·공용·증상심·증상혜(解 行 依支 思惟 功用 增上心 增上慧)에 있어서의 과실이다. 칠무과실사(七無過失事)에 대칭한다. 『유가사지론』 권14(대정장30, p.354c20)에 "또 외도가 악설한 법과 율에 일곱 가지 과실이 있음을 알아야 할 것이니 해과실, 행과실, 의과실, 사유과실, 공용과실, 증상심과실, 증상혜과실이 그것이다. 저 외도들은 어떤 법이든지 청문하고 수지해서는 항상 따라 항시 네 가지로 전도하기 때문이다. 대개 언론을 일으키니 오로지 남을 헐뜯어 반론을 벗어나서 승리하기 위함이기에, 이렇게 하는 알음알이는 모두 과실이 있기 마련이다. 받아 지니는 금계마저도 삿된 규범이고 삿된 생활방식으로 거두어 들이기에 능히 스스로도 벗어나지 못한다. 그래서 이 또한 과실이다. 섬기는 스승과 벗 오직 전도된 도만을 가르치기에 또한 과실이 있다. 모든 사유로 그릇되게 출리를 구하고 마음을 훼손하기에 또한 과실이 있다. 있는 바 공용마저도 방편을 여의기에 또한 과실이 있다. 저들 증상심은 망념·애·만·무명·의의 분상에서 정려로 거두기에 또한 과실이 있다. 저 증상혜는 육십이견으로 훼손하는 것이기에 또한 과실이 있다. 이것들과 상반되는 것으로서 선설의 법과 율 중에 또한 일곱 가지 과실이 없는 것이 있음을 알아야 한다. 又於外道惡說法律中 當知有七種過失 謂解過失 行過失 依止過失 思惟過失 功用過失 增上心過失 增上慧過失 彼諸外道 雖少於法 聽聞受持 而常隨順四顚倒故 凡興言論 專爲毁他 免脫徵難 爲勝利故 其所生解 皆有過失 所受禁戒 邪範邪命 所攝受故 不能令自得出離故 亦有過失 所事師友 唯能宣說顚倒道故 亦有過失 所有思惟 邪求出離損壞心故 亦有過失 所有功用 離方便故 亦有過失 彼增上心 忘念愛慢及與無明疑上靜慮之所攝故 亦有過失 彼增上慧 六十二見所損壞故 亦有過失 與此相違 當知善說法律中 亦有七種無過失事"라 하였다. [참고문헌]『瑜伽師地論』. ⇨ 칠무과실사 七無過失事, 육십이견 六十二見

칠종교 七種憍 Ⓢ saptavidho madaḥ. 일곱 가지로 뽐냄(Ⓢ mada). 수번뇌 중 하나로서 교는 스스로의 것이 남다르다 여겨 뽐내는 마음이다. 『유가사지론』 권2(대정장30, p.289b11 : *Yogā-bh.*, p.50)에 "무엇이 일곱 가지 교인가? 병이 없다고 스스로 뽐내는 마음이고, 어리다고 스스로 뽐내는 마음이며, 장수한다고 스스로 뽐내는 마음이고, 좋은 족성이라고 스스로 뽐내는 마음이며, 힘이 세다고 스스로 뽐내는 마음이고, 부귀하다고 스스로 뽐내는 마음이며, 많이 안다고 스스로 뽐내는 마음이다. 云何七種憍 謂無病憍 少年憍 長壽憍 族姓憍 色力憍 富貴憍 多聞憍 saptavidho madaḥ katamaḥ. ārogya-mado yauvana-mado jīvita-madaḥ kula-mado rūpa-mada aiśvarya-madaḥ śruta-madaś-ca"라고 하였다. [참고문헌]『瑜伽師地論』, *Yogā-bh.* ⇨ 교 憍, 칠종만 七種慢

칠종금강구 七種金剛句 불법승(佛法僧) 삼보(三寶)와 무애성(無礙性)·도(道)·공덕(功德)·업(業)의 일곱 구를 금강에 비유한 것. 『보성론』 권1(대정장31, p.820c24)에 "불·법과 중승, 성·도·공덕·업으로 이 논의 바탕을 약설하니 칠종금강구라네. 佛法及衆僧 性道功德業 略說此論體 七種金剛句", "이 게는 무슨 뜻을 밝히는가? 금강이란 말은 마치 저 금강이 가히 막거나 무너뜨리기 어려움과 같다는 것이다. 증할 바의 뜻 또한 이와 같기에 금강이라 말한다. 말한 바 구란, 이 논의 구가 능히 뜻을 증함에 근본이 되기 때문이다. 此偈明何義 言金剛者 猶如金剛 難可沮壞 所證之義 亦復如是 故言金剛 所言句者 以此論句 能與證義 爲根本故", "또 무엇을 일러 뜻이라 하고 무엇을 일러 자라 하는가? 의란 일곱 종의 증할 뜻이 있다. 무엇을 일곱 뜻이라 이르는가? 첫째는 불이라는 뜻, 둘째는 법이라는 뜻, 셋째는 승이라는 뜻, 넷째는 중생이라는 뜻, 다섯째는 보리라는 뜻, 여섯째는 공덕이라는 뜻, 일곱째는 업이라는 뜻이니, 이를 이름하여 뜻이라 한다. 이 때문에 경에서 '또 제일의제는 소위 마음으로 연하여도 오히려 능히 알 수 없거늘 하물며 명자와 장구는 어떠하겠는가!'라고 하였다. 又何謂爲義 何謂爲字 義者 則有七種證義 何謂七義 一者 佛義 二者 法義 三者 僧義 四者 衆生義 五者 菩提義 六者 功德義 七者 業義 是名爲義 是故經言 又第一義諦者 所謂心緣尙不能知 何況名字章句故", "자란 말은, 하등의 명자·장구·언어·바람소리를 따라 이 일곱 종의 뜻을 능히 나타내고 설하고 밝히고 보일 수 있으니 이를 이름하여 자라 한다. 이 때문에 경에서 '또한 세제는 세간 중에 쓰이는 일들이 명자·장구·언어로 설해진 바다'라고 하였다. 所言字者 隨以何等名字 章句 言語 風聲 能表 能說 能明 能示 此七種義 是名爲字 是故經言 又世諦者 謂世間中所用之事 名字章句言語所說故", "아까 불성에 육십종의 깨끗한 업과 공덕이 있다고 설하였는데, 무엇을 육십이라 하는가? 소위 사종의 보살장엄과 팔종의 보살광명과 십육종의 보살마하살대비와 삼십이종의 보살들의 업이다. 이미 불성의 뜻을 설하였고 다음으로 부처님의 보리에 십육종의 무상보리와 대자비심이 있음을 설하였다. 이미 부처님의 보리를 설하였고 다음으로 제불여래의 공덕을 설하였으니, 소위 십력·사무소외·십팔불공법이다. 이미 공덕을 설하였고, 다음으로 여래의 삼십이종의 무상대업을 설하였다. 이와 같은 칠종금강구의 뜻을 저 수다라에서 체상 널리 설하였으니 이와 같이 응당 알라. 向說佛性 有六十種淨業功德 何謂六十 所謂四種菩薩莊嚴 八種菩薩光明 十六種菩薩摩訶薩大悲 三十二種諸菩薩業 已說佛性義 次說佛菩提 有十六種無上菩提大慈悲心 已說佛菩提 次說諸佛如來功德 所謂十力 四無所畏 十八不共法 已說功德 次說如來三十二種無上大業 如是七種金剛句義 彼修多羅 廣說體相 如是應知"라고 하였다. [참고문헌]『寶性論』.

칠종난식요별 七種難識了別 Ⓢ saptavidhā-durvijñā

nā vijñapti. 아뢰야식의 요별과 관련된 일곱 가지 난문. 아뢰야식이 존재하지 않는다면 가능하지 않은 일곱 가지 뜻을 드러내 육식 밖에 식을 건립해서는 안 된다는 육식가(六識家)를 향해 제기하는 난문이다. 불가지요별기요별(不可知了別器了別 Ⓢ asaṃvidita-vijñapti bhājana-vijñapti)·종종행상요별(種種行相了別 Ⓢ citrākāra-vijñapti)·구유요별(俱有了別 Ⓢ sahabhāva-vijñapti)·능치소치속질회전요별(能治所治速疾迴轉了別 Ⓢ vipakṣa-pratipakṣa-laghu-parivṛtti-vijñapti)·습기요별(習氣了別 Ⓢ vāsanā-vijñapti)·상속요별(相續了別 Ⓢ pratisaṃdhi-vijñapti)·해탈요별(解脫了別 Ⓢ mukta-vijñapti)을 말한다. 차례대로 첫 번째는 유근신·종자·기세간의 요별을 문제삼은 것이고, 두 번째는 어떤 법의 자상공상 등을 동시에 요별함에 있어서의 문제, 세 번째는 여러 식이 동시에 일어나는 것(諸識俱起)을 가능케 하느냐의 문제이고, 네 번째는 악에서 선 등으로 찰나 간에 성류를 달리하는 문제이고, 다섯 번째는 아뢰야식과 습기의 같다고도 다르다고도 할 수 없는 문제이고, 여섯 번째는 업이 동일한 취를 초감(招感)하는 문제 및 다른 취로 전이하는 데 따르는 문제이고, 일곱 번째는 유여의열반위(有餘依涅槃位)와 관련된 문제다. 『대승아비달마잡집론』 권3(대정장31, p. 705b28 : *Abh-s-bh.*, p.21)에 "식의 요별과 관련된 일곱 가지 난문을 푼다. 첫째는 식별이 어려운 (內執受) 요별과 기세간요별이다. 모든 때에 (칠전식과 같은) 분별행상이 없기 때문이다. 둘째는 갖가지 행상요별이다. 하나의 법에 대한 하나의 행에 (自相共相 등) 갖가지 상이 있음을 말한다. … 셋째는 함께하는 것들의 요별이다. 일시에 온갖 식들이 함께 일어나니 (아뢰야식이 존재하지 않는다면) 어떻게 각기 별도로 자신의 경계를 요별할 수 있겠는가? … 넷째는 능치와 소치가 신속히 회전해서 요별함이다. 번뇌에 묶여 있던 이가 어떻게 탐 등의 마음인 채로 (아뢰야식이 존재하지 않는다면) 찰나에 뒤바뀌 탐 등을 여읜 마음을 일으킬 수 있겠는가? 다섯째는 습기의 요별이다. 업의 현행은 마음에 훈습되는데, (아뢰야식이 존재하지 않는다면) 어떻게 마음 밖에 따로 습기가 존재하는 것도 아니면서(非異) 마음과 하나도 아닐 수 있겠는가?(非一) 어떻게 과를 부여하는(與果) 때 순차적으로 일어날 수 있겠는가? 여섯째는 상속요별이다. (아뢰야식이 존재하지 않는다면) 무량한 종으로 자신의 업을 초감하는 습기가 식에 있다 하면서, 어떻게 장차 목숨을 마치는 위에서 문득 각오가 일어나고 나머지 업의 훈습이 뒤쳐 이취에서 나서 상속하도록 할 수 있겠는가? 일곱째는 해탈요별이다. 아라한의 마음으로 으뜸이 되는 희론 없는 법성을 증득하면 생사라는 일찍이 쌓고 익힌 바의 온갖 종류의 유루행을 뛰어넘는데, (아뢰야식이 존재하지 않는다면) 어떻게 (유여의열반위로서) 마음행상으로 유전하는 것에 견줄 수 있는가? 七種難識了別者 一 不可知了別器了別 謂一切時無分別行相故 二 種種行相了別 謂一法一行有種種相 … 三俱有了別 謂一時間諸識俱起 云何各別了自境界 … 四 能治所治速疾迴轉了別 謂具縛者云何有貪等心 須臾轉變起離貪等心 五 習氣了別 謂諸業現行熏習於心 云何非離心外別有習氣 亦非卽心 又與果時次第而轉 六 相續了別 謂無量種感自身業熏習在識 云何於餘明了將命終位暫起覺悟餘業熏習轉於異趣令生相續 七 解脫了別 謂阿羅漢心證得第一無戲論法性 超過生死曾所積習一切種有漏行 云何此心行相流轉 saptavidhā-durvijñānā vijñāptis-tadyathā asaṃvidita-vijñaptiḥ bhājana-vijñaptiḥ sarvakālam aparicchinnākāratvāt citrākāra-vijñaptir ekasyām-eka ākāro vicitraś-ceti sahabhāva-vijñaptir ekakālotpannāni vijñānāni kathaṃ pṛthag-yathāsvaṃ viṣayaṃ paricchindantīti vipakṣa-pratipakṣa-laghu-parivṛtti-vijñaptiḥ kathaṃ rāgādi-samasta-bandhanaṃ cittaṃ tan-muhur eva sakṛd-vītarāgādikaṃ bhavatīti vāsanā-vijñaptiḥ kathaṃ karmabhiḥ samudācaradbhiḥ cittaṃ vāsyate na ca tasmād anyā sā vāsanā nāpi tanmātram eva phaladānaṃ ca prati krameṇa vṛttilābha iti pratisaṃdhi-vijñaptiḥ katham anekaprakārātmabhāva-nirvartakakarmaparibhāvitaṃ sadvijñānaṃ tathāpy aparisphuṭāyāṃ maraṇāvasthāyāṃ sahasā prabuddhānyatara-karmavāsanam anyatarasyāṃ gatau pratisaṃdhiṃ badhnātīti mukta-vijñaptiḥ katham arhataś cittaṃ parama-niṣprapañca-dharmatāprāptaṃ saṃsārocita-sarvaprakāra-sāśravacaryāṃ samatikrāntam anenākāreṇa vartata iti"라고 하였다. [참고문헌] 『大乘阿毘達磨雜集論』, *Abh-s-bh.* ⇨ 팔의증유본식 八義證有本識

칠종념칠종원만 七種念七種圓滿 일곱 갈래로 일곱 부처님 원만함을 념함. 『섭대승론석』 권10(대정장31, p. 376b25)에 "또한 두 송으로써 이와 같은 일곱 가지 염불을 드러내어 푼다. 이 송 중에 모든 부처님의 칠종원만함을 베풀어 설하니, 부처님 념 닦게 함이다. 復以二頌顯釋 如是七種念佛 於此頌中 宣說諸佛 七種圓滿 令修念佛", "모든 보살은 처음에 여래수속자심원만을 염하고, 그 다음에 여래기신상주원만을 염한다. 그 다음에 여래구족청선원만을 염해야 하니 이는 가장 뛰어나게 죄를 없앤다. 그 다음에 여래무공용원만을 염하니 불사를 짓되 어떤 공용도 들이지 않는다는 뜻이다. 그 다음에 여래시대법락원만을 염하니, 청정한 불국토에서 마땅히 크나큰 법락 누림을 안다. 그 다음에 여래이제염오원만을 염하니, 이는 두루 행하여 의지하지 않는다는 뜻이다. 만약 의지할 바 있으면서 두루 행한 즉 고난도 따르리니, 의지함 없이 두루 행하기에 부처님께서는 늘 괴로움 없이 물듦도 떠나 두루 행하신다. 마지막으로 여래평등다리원만을 염한다. 謂諸菩薩 初念如來隨屬自心圓滿 次念如來其身常住圓滿 次念如來具足淸善圓滿 即是最勝無罪 次念如來無功用圓滿 謂作佛事無功用故 次念如來施大法樂圓滿 應知卽於淸淨佛土 受大法樂 次念如來離諸染汚圓滿 卽是遍行 無所依止 若有所依 而遍行者 卽有苦難 由無所依 而遍行故 佛常無苦 離染遍行 後念如來平等多利圓滿", "곧 염불만이 능히 대사를 성취하고 모든 유정을 성숙케 하여 해탈시킨다. 卽是念佛 能成大事 成熟解脫 諸有情故"라고 하였다. [참고문헌] 『攝大乘論釋』.

칠종단견론 七種斷見論 Ⓢ sapta-uccheda-vāda. 일곱 가지로 단견을 주장함. 욕계(欲界)의 인천(人天), 색계(色界)의 천, 무색계의 공무변처(空無邊處) 등 네 가지 공처(四空處)의 일곱 류의 중생이 단멸한다는 주장을 말한다. 『유가사지론』 권7(대정장30, p.310c24 : *Yogā-bh.*, p.150)에 "단견론이란 가령 어떤 사문이나 바라문이 다음과 같은 견해로 논리를 세운다. '나에게 추색이 있어 사대의 몸이 유지되어 무너지기 전까지는 병도 종기도 화살도 있지만, 만약 내가 죽은 뒤에는 끊어지고 무너져 존재할 것이 없으니 이러한 때에는 나 또한 흔적없이 사라질 것이다'. 이와 같이 욕계천들, 색계천들, 무색계의 공무변처 내지 비상비비상처로 거둔 이들도 그렇게 주장한다. 자세한 것은 경에서 설한 바와 같으니, 일곱 가지의 단견론자들은 이렇게 계탁한다라고 말한다. 斷見論者 謂如有一 若沙門 若婆羅門 起如是見 立如是論 乃至我有麤色 四大所造之身 住持未壞 爾時有病 有癰有箭 若我死後 斷壞無有 爾時我善斷滅 如是欲界諸天 色界諸天 若無色界空無邊處所攝 乃至 非想非非想處所攝 廣說如經 謂說七種斷見論者 作如是計 ucchedavādaḥ katamaḥ. yathāpīhaikatyaḥ śramaṇo vā brāhmaṇo vā-evaṃ-dṛṣṭir-bhavaty-evaṃ-vādī yāvad-ātmārūpyaudārikaś-cāturmahābhūtikas-tiṣṭhati dhriyate yāpayati tāvat-sarogaḥ sagaṇḍaḥ saśalyaḥ sajvaraḥ saparitāpaḥ. yataś-ca-ātmocchidyate vinaśyati na bhavati paraṃ maraṇādiyatāt mā samucchinno bhavati. evaṃ divyaḥ kāmāvacaro divyo rūpāvacaro'rūpyākāśānantyāyatanopago yāvann-eva-saṃjñānāsaṃjñāyatanopagaḥ. yathā-sūtram-eva vistaraḥ. tadyathā sapta-uccheda-vādinaḥ"라고 하였다. [참고문헌] 『瑜伽師地論』, *Yogā-bh.* ⇨ 단멸론 斷滅論

칠종대 七種大 Ⓢ saptemāni mahattvāni. 일곱 가지에 있어 큰 뜻. 대승(大乘)의 뜻을 성취하게 하는 일곱 가지로 법·심·해·정심·중구·시·득(法 心 解 淨心 衆具 時 得)의 자성이 대(大)임을 말한다. 『보살지지경』 권8(대정장30, p.937b9 : *Bodh-bh.*, p.201)에 "무엇을 대승이라 하는가? 일곱 가지로 크기에 대승이다. 云何名大乘 有七種大故 名爲大乘 saptemāni mahattvāni yair-yuktaṃ bodhisattvānāṃ yānaṃ mahāyānam-ity-ucyate", "첫째, 법 크다는 뜻으로 십이부경이니 보살의 넓고 깊은 법의 창고로서 가장 높고 가장 크다. 둘째, 마음이 큼이니 위없는 이 바르고 큰 깨달음을 일으킨다. 셋째, 앎이 큼이니 보살의 넓고 깊은 법장을 푼다. 넷째, 깨끗한 마음이 큼이니 알고 행하는 지를 지나 정심의 땅에 들어간다. 다섯째, 무리를 갖춤이 크다는 뜻이니 복덕과 지혜가 구족한 무리들이 무상보리를 얻는다. 여섯째, 시절 또한 큼이니 삼아승기겁에 무상보리를 얻는다. 일곱째, 얻음 또한 커서 위없는 보리신을 얻어 함께 겨룰 리 없다. 一者 法大 謂十二部經菩薩方廣藏 最上最大 二者 心大 謂發阿耨多羅三藐三菩提心 三者 解大 謂解菩薩方廣藏 四者 淨心大 謂過解行地 入淨心地 五者 衆具大 謂福德衆具 智慧衆具 得無上菩提 六者 時大 謂三阿僧祇劫 得無上菩提 七者 得大 謂得無上菩提身 無與等者 dharma-mahattvam. tadyathā dvādaśāṅgādvacogatād bodhisattva-piṭaka-vaipulyam. citta-utpāda-mahattvam. tadyathā ekatyo 'nuttarāyāṃ samyaksaṃbodhau cittam-utpādayati. adhimukti-mahattvam. tadyathā-ekatyaḥ tasminn-eva ca dharma-mahattve 'dhimukto bhavati. adhyāśaya-mahattvam. tadyathā-ekatyaḥ adhimukticaryā-bhūmiṃ samatikramya-adhyāśaya-śuddhi-bhūmim-anupraviśati. sambhāra-mahattvam. yasya puṇya-sambhārasya jñāna-sambhārasya samudāgamād-anuttarāṃ samyaksaṃbodhim-abhisambudhyate. kāla-mahattvam. yena kālena yais-tribhiṣ-kalpa-asaṃkhyeyair-anuttarāṃ samyaksaṃbodhim-abhisaṃbudhyate. samudāgama-mahattvam. sa-eva-anuttarā samyaksaṃbodhiḥ", 『대승의장』 권12 「칠종대승의」(대정장44, p.716a8)에 "일곱 중에 앞의 여섯은 인에 나아가 대를 설하였고, 뒤의 한 가지는 과에 나아가 대를 논하였다. 인중에 첫 번째는 인법이어서 나머지 다섯 가지는 인으로서의 행이다. 법대란 대승십이부경인 넓고 깊은 창고를 말한다. 나머지 계경을 넘어서기에 법으로 크다고 한다. 七中前六 就因說大 後之一種 就果論大 因中初一 是其因法 後五因行 言法大者 所謂大乘十二部經 方廣之藏 過餘契經 故云法大"라고 하였다. [참고문헌] 『菩薩地持經』, 『大乘義章』, 『法華義疏』 권2(대정장34, p.467b2), *Bodh-bh.* ⇨ 칠종대성 七種大性

칠종대성 七種大性 Ⓢ sapta-vidhaṃ mahattvam. 일곱 가지 큰 자성. 대승의 뜻을 성취케 하는 일곱 가지 큰 자성. 경·행·지·정진·방편·증득·업(境 行 智 精進 方便 證得 業)에 있어서 그 자성이 대(大)임을 말한다. 『대승아비달마잡집론』 권11(대정장31, p.743c26 : *Abh-s-bh.*, p.96)에 "일곱 가지 큰 자성과 상응하기에 대승이라 한다. 由與七種大性相應 故名大乘 saptavidha-mahattva-yogān mahattvayānam ity ucyate", "무엇을 칠종대성이라 하는가? 何等名爲 七種大性 saptavidhaṃ mahattvam", "첫째, 경이 크다. 보살도로서 백천등무량제경을 인연하여 넓고 깊은 교법을 경계로 삼기 때문이다. 一 境大性 以菩薩道緣 百千等無量諸經 廣大教法爲境界故 ālaṃbana-mahattvaṃ śatasāhasrikādi-sūtrāparimita-deśanā-dharma-ālaṃbanād-bodhisattva-mārgasya", "둘째, 행함의 자성이 큼이니 반드시 일체를 행하되 자리이타의 광대행이기 때문이다. 二 行大性 正行一切 自利利他 廣大行故 pratipatti-mahattvaṃ sakala-svaparārtha-pratipatteḥ", "셋째, 지혜의 자성이 큼이니 광대한 보특가라의 법무아를 분명히 알기 때문이다. 三 智大性 了知廣大補特伽羅 法無我故 jñāna-mahattvaṃ pudgala-dharma-nairātmya-jñānāt", "넷째, 정진대성이니 삼대겁아승기야에 방편을 부지런히 하여 무량백천난행을 행하는 뜻이다. 四 精進大性 於三大劫阿僧企耶 方便勤修 無量百千難行行故 vīrya-mahattvaṃ triṣu mahākalpa-asaṃkhyeyeṣv-anekaduṣkara-śatasahasra-prayogāt", "다섯째, 방편선교대성이니 생사와 열반 그 어디에도 머물지 않는 뜻이다. 五 方便善巧大性 不住生死 及涅槃故 upāya-kauśalya-mahattvaṃ saṃsāra-nirvāṇa-apratiṣṭhānāt", "여섯째, 증득대성이니 여래의 십력·사무외·십팔불공법 등 무량무수한 큰 공덕을 증득하는 뜻이다. 六 證得大性 證得如來 諸力無畏 不共佛法等 無量無數 大功德故 prāpti-mahattvaṃ bala-vaiśārady-āveṇikabuddhadharmādy-aprameya-asaṃkhyeya-guṇa-adhigamāt", "일곱째, 업대성이니 생사의 끝을 다하고는 일체가 보리성취함 등을 건립함이 넓고 큼이다. 七 業大性 窮生死際 示現一切 成菩提等 建立廣大 karma-mahattvaṃ yāvat-saṃsāraṃ bodhyādisandarśanena buddhakārya-anuṣṭhānād-iti"라고 하였다. [참고문헌] 『大乘阿毘達磨雜集論』, 『華嚴經疏鈔』 권16(대정장36, p.119a5), *Abh-s-bh.*

칠종대의 七種大義 Ⓢ saptavidha-mahatva, Ⓣ chen-po-nyid-rnam-pa-bdun. 일곱 가지 대의 뜻. 대승(大乘)을 대승답게 하는 일곱 가지 뜻으로 연·행·지·근·교·과·사(緣行智根巧果事)에 있어 그 자성이 크다고 말한다. 『대승장엄경론』 권12(대정장31, p.654c21 : *Sūtr.*, p.171)에서 시설하였으니, "만약 일곱 가지 큰 뜻을 다 갖추었다면 대승이라 할 수 있다. 若具足七種大義 說爲大乘 saptavidha-mahatva-yogān mahāyānam ity ucyate"라 하였다. 첫째는 연이 큼이니, 무량한 수다라 등 광대법을 연으로 삼는다(一者 緣大 由無量修多羅等 廣大法爲緣故 ālambana-mahatvena-apramāṇa-vistīrṇa-sūtrādi-dharma-yogāt). 둘째는 행이 큼이니, 자리이타행을 모두 갖춘다(二者 行大 由自利利他行 皆具足故 pratipatti-mahatvena dvayoḥ pratipatteḥ svārthe parārthe ca). 셋째는 지혜가 큼이니, 인법무아를 일시에 통달한다(三者 智大 由人法二無我 一時通達故 jñāna-mahatvena dvayor jñāna-ātma-pudgala-nairātmyasya dharma-nairātmyasya ca prativedhakāle). 넷째는 근대이니, 삼대아승기겁에 틈 없이 닦는다(四者 勤大 由三大阿僧祇劫 無間修故 vīrya-ārambha-mahatvena trīṇi kalpa-asaṃkhyeyāni sātatya-satkṛtya-prayogāt). 다섯째는 방편이 큼이니, 생사를 버리지 않지만 물들지도 않는다(五者 巧大 由不捨生死 而不染故 upāya-kauśalya-mahatvena saṃsāra-aparityāga-asaṃkleśataḥ). 여섯째는 과 또한 큼이니, 십력·사무소외·십팔불공법을 얻는다(六者 果大 由至得力 無所畏不共法故 samudāgama-mahatvena bala-vaiśārady-āveṇika-buddhadharma-samudāgamāt). 일곱째는 드러냄 또한 큼이니, 수시로 대보리와 대열반을 보인다(七者 事大 由數數示現 大菩提大涅槃故 buddhakarma-mahatvena ca punaḥ punar abhisaṃbodhi-mahāparinirvāṇa-saṃdarśanataḥ). [참고문헌] 『大乘莊嚴經論』, *Sūtr.* ⇨ 칠종대 七種大, 칠종대성 七種大性

칠종도 七種道 일곱 갈래의 길. 칠보리분(七菩提分)의 다른 이름. 『대비바사론』 권182(대정장27, p.915a23)에 "내가 미래세에 아누다라삼막삼보리를 증득한다면 대비심으로 그가 청할 때 기다리지 않고 처음으로 그대로 하여금 칠종도를 닦아 칠수면을 끊도록 하겠다. 我未來世 得阿耨多羅三藐三菩提時 以大悲心 不待汝請 最初令汝 修七種道 斷七隨眠"라고 하였다. [참고문헌] 『大毘婆沙論』. ⇨ 칠보리분 七菩提分

칠종득계법 七種得戒法 일곱 가지 구족계(具足戒) 얻는 법. 『살바다비니비파사』 권2 「칠종득계법」(대정장23, p.511a26)에 "무릇 일곱 가지 수계란 첫째 견제수계, 둘째 선래득계, 셋째 삼어득계, 넷째 삼귀수계, 다섯째 자서수계, 여섯째 팔법수계, 일곱째 백사갈마수계다. 일곱 가지 중에 사제를 보아 계를 얻은 견제득계는 오직 다섯 비구만이 얻었고 그외 다시 얻은 이는 없다. '잘 왔구나'라고 세 번 말하여 삼보에 귀의하여 계를 얻은 이는 부처님께서 세간에 있으실 적에는 얻었으나 멸도하신 후에는 얻지 못하였다. 스스로 맹세하고 계를 얻은 이는 오직 대가섭 한 사람만이 얻고 다시 얻은 이는 없다. 팔법수계는 오직 대애도 한 사람만이 얻고 다시 얻은 이가 없다. 백사갈마는 부처님께서 세간 계실 적에도 얻고 멸도하신 후에도 얻는다. 凡七種受戒 一者 見諦受戒 二者 善來得戒 三者 三語得戒 四者 三歸受戒 五者 自誓受戒 六者 八法受戒 七者 白四羯磨受戒 於七種中 見諦得戒 唯五人得 餘更無得者 善來得戒 三語 三歸 佛在世得 滅後不得 自誓 唯大迦葉一人得 更無得者 八法受戒 唯大愛道一人得 更無得者 白四羯磨戒 佛在世得 滅後亦得", 『사분율명의표석』 권23(卍속장70, p.751b5)에 "이제 『살바다론』에 의지해 칠종득계를 펴겠다. 첫째는 견제득계〈교진여 등 다섯 사람이다〉, 둘째는 선래득계〈비롯함은 야수가이고 마지막은 발다라니, 그 중간에 부처님께서 '잘 왔도다'라 부르면 계를 얻은 이들이 바로 이들이다〉, 셋째는 삼어득계〈말하기를 '부처님께 귀의합니다. 법에 귀의합니다. 승가에 귀의합니다. 여래응정등각은 나의 스승이십니다' 하면 곧장 계를 얻었다〉다. 今依薩婆多論 列七種得戒 一 見諦得戒〈謂憍陳如等 五人也〉 二 善來得戒〈始則耶輸伽 終則須跋陀羅 於其中間 佛喚善來 得戒者 是也〉 三 三語得戒〈言歸依佛 歸依法 歸依僧 如來應正等覺 是我師 卽得戒也〉", "넷째는 삼귀득계〈말하기를 '부처님께 귀의합니다. 법에 귀의합니다. 승가에 귀의합니다. 여래응정등각은 나의 스승이십니다' 하고, 두 번째로 말하길 '부처님께 귀의하길 마쳤고, 법에 귀의하길 마쳤으며, 승가에 귀의하길 마쳤습니다' 하면 이를 이름하여 삼귀득계라 한다. 그러나 이 삼어삼귀는 곧 부처님께서 도를 이루신 다음 법이 세간에 흘러 퍼지게 하고자 모든 비구에게 명하신 것이다. 사람들 사이를 유행하며 그 당시 세간 사람이 속을 버리고 도에 들도록 하였으니, 곧 모든 비구의 처소로 와서 혹은 삼어로써 혹은 삼귀로써 저 업력근성에 따라 삼어삼귀하면 주게 하셨다. 훗날 병든 비구가 화상과 아사리 없이 함으로 인해 부처님께서 곧 마름하여 끊으시고 삼어삼귀를 허락치 않으셨다. 부처님께서 마름질한 이후로는 비록 삼어삼귀하더라도 계가 성취되지 않는다〉다. 四 三歸得戒〈言歸依佛 佛歸依 歸依僧 第二言 歸依佛竟 歸依法竟 歸依僧竟 此名三歸得戒也 然此三語三歸 謂佛成道已 欲令法流布世間 勅諸比丘 遊行人間 爾時世人 棄俗入道 卽詣諸比丘所 或以三語 或以三歸 隨彼業力根性 或三語三歸 而爲授之 後因病比丘 無和上阿闍黎 佛卽制斷 不聽三語三歸 旣佛制後 雖三語三歸 戒不成就也〉", "다섯째는 자서득계〈저 대가섭이 부처님 처소로 와서 말하길 '부처님은 제 스승이시고, 저는 제자입니다. 세존수가타는 제 스승이시고, 저는 제자입니다'라 하였으니, 이것을 자서득계라 한다〉, 여섯째는 팔법득계〈저 대애도는 여덟 법을 받들고 바로 계를 얻었다〉, 일곱째는 백사갈마득계다. 五 自誓得戒〈如大迦葉 詣佛所言 佛是我師 我是弟子 世尊修伽陀 是我師 我是弟子 是名自誓得戒也〉 六 八法得戒〈如大愛道 敬奉八法卽得戒也〉 七 白四羯磨得戒"라고 하였다. 〔참고문헌〕『薩婆多毘尼毘婆沙』, 『四分律名義標釋』, 『梵網經述記卷第一』(대정장85, p.729c11). ⇨십종구족 十種具足, 구족계 具足戒, 견제득 見諦得, 선래득 善來得, 삼귀득 三歸得, 자서득계 自誓得戒, 팔경득 八敬得, 백사갈마 白四羯磨

칠종례 七種禮 부처님께 예를 올리는 마음가짐이나 행의를 일곱 가지로 나눈 것. 『화엄경소』 권27(대정장35, p.706b11)에 "늑나삼장은 칠종례를 설하였는데, 이제 뒤의 셋을 더하여 열 가지로 원만히 하였다. 첫째는 아만례이니, 차위에 의지하여 세워서 공경하는 마음이 없기 때문이다. 둘째는 창화례이니, 고성으로 시끄럽고 섞이게 하기 때문이다. 이 둘은 의례에 안 맞다. 셋째는 공경례이니, 오륜을 땅에 대고 발을 들어 은근하고 무겁기 때문이다. 넷째는 무상례이니, 깊은 법성에 들어 능과 소를 여의기 때문이다. 다섯째는 기용례이니, 비록 능과 소 없이 예를 올리므로 삼보에 예를 올릴 수 없지만 하나하나가 부처님 앞에 모두 영상으로 나타나기 때문이다. 여섯째는 내관례이니, 다만 몸 중의 법신불께 예를 올리기 때문이다. 일곱째는 실상례이니, 안도 없고 밖도 없어서 동일한 실이기 때문이다. 勒那三藏 說七種禮 今加後三 以成圓十 一 我慢禮 謂依次位立 無敬心故 二 唱和禮 高聲喧雜故 此二非儀 三 恭敬禮 五輪著地 捧足殷重故 四 無相禮 入深法性 離能所故 五 起用禮 雖無能所而禮 不可禮之三寶 一一佛前 皆影現故 六 內觀禮 但禮身中法身佛故 七 實相禮 無內無外 同一實故"라고 하였다. 〔참고문헌〕『華嚴經疏』, 『法苑珠林』 권20(대정장53, p.435a13). ⇨칠종예불 七種禮佛

칠종마혹품력 七種魔惑品力 마의 혹품이라 할 만한 일곱 가지 힘. 칠성재(七聖財)로 다스린다. 『유가사지론』 권14(대정장30, p.354b4)에 "또 마혹의 품류가 가진 일곱 가지 힘이 있다. 첫째는 성스러운 가르침 싫어하고 질투하는 것이고, 둘째는 악취에 가서도 악행을 현행하는 것이며, 셋째는 자신의 훌륭함을 고려하지 않으면서 장애가 되는 법을 즐겨 익히는 것이고, 넷째는 타인의 비난을 고려하지 않으면서 장애가 되는 법을 즐겨 반복하는 것이며, 다섯째는 무엇이 선이고 불선인지, 무엇이 죄이고 죄가 없는 것인지, 무엇이 열하고 뛰어난 것인지, 무엇이 흑품이고 백품인지에 대해 또 널리 연기법을 분별하지도 능히 이해하지도 못하는 것이고, 여섯째는 인색함의 때 마음 덮어서 온갖 물품을 쌓아두는 것이며, 일곱째는 지혜가 좁고 열하여 어리석음 거듭 크게 하는 것이다. 이와 같은 일곱 가지 마혹의 품력 항복시킬 수 있는 것은 성스런 법율 중의 신 등(戒 慚 愧 聞 捨 慧)의 일곱 가지 힘임을 알아야 한다. 又有七種魔惑品力 一 憎嫉聖教 二 現行能往惡趣惡行 三 樂習不顧自妙好障法

四 樂習不顧他誹毁障法 五 於善不善 有罪無罪 若劣若勝 若黑若白 及廣分別緣起法中 不能解了 六 慳垢弊心 積集衆具 七 智慧陜劣 愚癡增廣 若能降伏如是七種魔惑品力 當知卽是聖法律中信等七力"라고 하였다. 〔참고문헌〕『瑜伽師地論』. ⇨ 칠성재 七聖財

칠종만 七種慢 Ⓢ sapta-mānāḥ, Ⓟ satta mānā, Ⓣ nga-rgyal-bdun. 일곱 가지 만. 만(慢 Ⓢ māna : 慢慢)·과만(過慢 Ⓢ ati-māna)·만과만(慢過慢 Ⓢ mānāti-māna)·아만(我慢 Ⓢ asmi-māna, ātma-māna)·증상만(增上慢 Ⓢ abhi-māna, adhi-māna)·비만(卑慢 Ⓢ ūna-māna : 下劣慢)·사만(邪慢 Ⓢ mithyā-māna)을 말한다. 『대방등대집경』 권2(대정장13, p.10a22)에 "모든 중생에게 일곱 가지 만이 있음을 안다. 첫째는 만 자체, 둘째는 대만(過慢), 셋째는 만만(慢過慢), 넷째는 아만, 다섯째는 증상만, 여섯째는 하만(卑慢), 일곱째는 사만이다. 見諸衆生 有七種慢 一者 慢 二者 大慢 三者 慢慢 四者 我慢 五者 增上慢 六者 下慢 七者 邪慢", "보살마하살이여, 하만에 빠진 이는 스스로 '그대보다 내가 낫다'고 하고, 만만에 빠진 이는 스스로 '내가 가장 뛰어나다. 나의 외모가 뛰어나고 식도 뛰어나다'고 말한다. 증상만자에게 보살은 '그대는 실로 성인이 아니니 스스로 성인이라고 생각해서는 안 된다'라고 해야 하며, 사만에 빠진 이에게는 정견을 일러 주어야 한다. 그러므로 보살은 이들 중생에 대하여 비심을 닦아야 한다. 이 비의 인연에 정법을 베풀어 중생들의 이와 같은 교만을 끊게 한다. 菩薩摩訶薩 於下慢者 自言勝汝 於慢慢者 自言最勝 我色勝乃至識勝 於增上慢者 菩薩語言 汝實非聖 不應便起聖人之想 爲邪慢者 宣說正見 是故菩薩 於此衆生 修集悲心 悲因緣故 宣說正法 爲斷衆生如是憍慢", 『문수사리문경』 권상(대정장14, p.500b27)에 "만은 만만·대만·증상만·아만·불여만·승만·사만으로서, 이것들을 칠만이라 한다. 慢者 慢慢 大慢 增上慢 我慢 不如慢 勝慢 邪慢 此謂七慢", 『대비바사론』 권50(대정장27, p.258b11)에 "무엇을 만결이라 하는가? 일곱 가지 만을 말한다. 云何慢結 謂七種慢", "만이란 상대를 낮게 여겨 자신은 뛰어나다 여기거나, 비슷함에 자기도 같다고 여기며, 스스로 마음을 높이 여김을 말한다. 慢 謂於劣謂己勝 於等謂己等 令心高擧", "과만은 같은 이에게는 자신이 더 낫다고 여기거나, 더 나은 이에게도 자기와 같다고 여겨 마음을 높이 듦을 말한다. 過慢 謂於等謂己勝 於勝謂己等 令心高擧", "만과만은 더 나은 이를 보고 자기가 더 낫다고 여겨 높이 올리는 마음을 말한다. 慢過慢 謂於勝謂己勝 令心高擧", "아만은 오취온을 나라거나 나의 것이라고 여기며 마음을 높이 듦을 말한다. 我慢 謂於五取蘊 謂我我所 令心高擧", "증상만은 얻지 못한 수승한 덕을 이미 얻었다고 여기며 마음을 높이 듦을 말한다. 增上慢 謂未得勝德 謂己已得 令心高擧", "비만은 남은 매우 뛰어나고 자신은 작고 낮다고 여겨 마음을 높이 듦을 말한다. 卑慢 謂於他多勝 謂己少劣 令心高擧", "사만은 참으로 덕이 전혀 없음에도 덕이 있다고 여긴다. 邪慢 謂實全無德 謂己有德 ", "이와 같은 일곱 가지 만을 다 거두어 만결이라 한다. 如是七慢 總名慢結", 『순정리론』 권47(대정장29, p.610b4)에 "이와 같은 칠만은 무엇에 의해 끊어지는가? 유여사는 '아만과 사만은 오직 견소단일 뿐이지만, 나머지는 견소단과 수소단에 통한다' 하였지만, 이치상 일곱 가지 모두 이 둘에 통한다고 해야 할 것이다. 如是七慢何所斷耶 有餘師言 我慢邪慢唯見所斷 餘通見修 理實應言七皆通二", 『유가사지론』 권55(대정장30, p.603c3)에 "만은 여섯 가지 사태에 의지해 일어난다. 첫째, 유정을 보잘것없이 여긴다. 둘째, 유정 다 같다고 여긴다. 셋째, 유정보다 뛰어나다고 여긴다. 넷째, 안으로 오온을 취해 나로 여김. 다섯째, 알거나 알지 못하는 것들에 대하여 거꾸로 앎. 여섯째, 공덕이 실로 무엇인지 알지 못함. 이들 여섯 가지 일에 의지하여 일곱 가지 만이 일어나니 곧 만과 과만 등이다. 이 두 가지 만은 유정보다 뛰어나다고 하는 일에 의지해 일어나고, 나머지 다섯 가지는 각각의 사태에 의지한다. 慢依六事生 一 劣有情 二 等有情 三 勝有情 四 內取蘊 五 已得未得顚倒 六 功德顚倒 依此六事 生七種慢 謂慢過慢等 當知二慢 依勝有情事生 餘各依一事"라고 하였다. 〔참고문헌〕『大方等大集經』, 『文殊師利問經』, 『大毘婆沙論』, 『順正理論』, 『瑜伽師地論』, *Abh-s.45.*, *Nidd. I.80.* ⇨ 만 慢, 구만 九慢, 과만 過慢, 만만 慢慢, 만과만 慢過慢, 아만 我慢, 증상만 增上慢, 비만 卑慢, 사만 邪慢, 교 憍

칠종무상 七種無上 Ⓢ sapta paramatāḥ, Ⓣ dam-pa-bdun. 일곱 가지 위없음의 뜻. 여래께서 성취하신 신·도·정·지·신력·단·주(身道正智神力斷住)에 있어서의 위없는 깨우침(無上菩提)을 말한다. 칠종최승(七種最勝)이라고도 한다. 『보살지지경』 권3(대정장30, p.901c7)에서 시설하였으니 다음과 같다. 첫째 신무상으로 여래께서 삼십이상으로 그 몸을 장엄하셨음이다(如來三十二相 莊嚴其身 是名身無上). 둘째 도무상으로 여래께서 스스로 제도하고 남도 제도하시고자 지나는 세월마다 세간을 가엾이 여겨 제도하였으니, 하늘무리와 인간을 이익안락케 하심이다(如來自度度人 多所過度哀愍世間 利益安樂諸天世人 是名道無上). 셋째 정무상으로 여래께서 위없고 견줄 이 없는 네 가지 정을 성취하셨으니, 정계·정견·정위의·정명이다(如來無上無等四正成就 謂正戒 正見 正威儀 正命 是名正無上). 넷째 지무상으로 여래께서 위없고 견줄 이 없는 사무애지인 법무애·의무애·사무애·낙설무애를 성취하심이다

(如來無上無等四無礙智成就 法無礙 義無礙 辭無礙 樂說無礙 是名智無上). 다섯째 신력무상으로 여래께서 위없고 견줄 이 없는 육신통을 성취하심이다(如來無上無等六神通成就 如前說 是名神力無上). 여섯째 단무상으로 여래께서 위없고 견줄 이 없이 모든 번뇌습기와 지장을 끊어 번뇌소지 이장 끊음을 성취함이다(如來無上無等一切煩惱習斷 智障斷成就二斷 是名斷無上). 일곱째 주무상으로 여래께서는 위없고 견줄 이 없는 세 가지 주처 성주・천주・범주에 많이 머무셨으니 공・무상・무작・멸진정에 머무신 성주, 사선과 사무색정에 머무신 천주, 무량심에 머무신 범주다. 저 삼주 중에도 여래께서는 네 가지 무상주에 많이 머무시니, 성주 중에서는 공삼매와 멸진정에 많이 머무시고, 천주 중의 제4선정과 범주 중에서는 대비에 많이 머무신다(如來無上無等三種住多於中住 聖住天住梵住 是名住無上 空無相無作 滅盡正受 是名聖住 四禪四無色定 是名天住 四無量心 是名梵住 於彼三住中 四無上住如來多住聖住中住空三昧及滅盡定 天住中住第四禪 梵住中住大悲). 같은 책 권3(대정장30, p.902a4)에 "신무상은 대장부를 말하는 것이고, 도무상은 대비를 이름한 것이고, 정무상은 대계・대법을 말한 것이며, 지무상은 큰 지혜이고, 역무상은 대신통이며, 단무상은 대해탈을 이름한 것이고, 주무상은 크게 머물고 수없이 머무는 뜻이다. 身無上者 名大丈夫 道無上者 名爲大悲 正無上者 名大戒大法 智無上者 名爲大惠 力無上者 名大神通 斷無上者 名大解脫 住無上者 名大住多住"라고 하였다. [참고문헌]『菩薩地持經』,『瑜伽師地論』권38(대정장30, p.499a16),『大明三藏法數』권21(영락장182, p.281a1), *Bodh-bh.63.* ⇨ 칠최승 七最勝

칠종무상 七種無常 모든 외도가 주장하는 일곱 가지 무상.『능가경』권4(대정장16, p.508b12 : *Laṅk.*, p.205)에 "부처님께서 대혜에게 이르셨다. '모든 외도에게는 일곱 가지 무상이 있으니 이는 우리의 법이 아니다. 무엇이 일곱 가지인가? 그들은 '만들고 나서 버려지니 이를 무상이라 한다(prārambha-vinivṛttir-anityatā)'고 말하고, 또 '형체 있는 모든 것은 무너지니 이를 무상이라 한다(saṃsthāna-vinivṛttim-anityatāṃ)'고 말하기도 하며, '색이 바로 무상이다(rūpam-eva-anityam)' 하고, '색이 계속 구르는 중간을 무상이라 한다(rūpasya vikārāntaram-anityatām)'고 하기도 하며, 틈새 없이 스스로 흩어지고 무너지는 것이 마치 우유와 낙 등이 전변하여 중간은 볼 수 없으나 무상하여 무너지며 모든 성을 계속하는 것과 같다(nairantarya prabandhena svarasabhaṅgabhedaṃ sarvadharmāṇāṃ kṣīradadhipariṇāmavikārāntaravadadṛṣṭa naṣṭā sarvabhāveṣu pravartate na nityatā)'라고 말하기도 하며, '성 무상하다(bhāvam-anityatāṃ)'라고 말하기도 하고, '성이 있거나 성이 없거나 무상하다(bhāva-abhāvam-anityatāṃ)' 하기도 하며, '모든 법은 생할 일 없기에 무상해서 모든 법으로 들어간다(anutpādānityatāṃ sarvadharmāṇāmanityatāyāśca tadantargatatvāt)'라고 말하기도 한다. 佛告大慧 一切外道 有七種無常 非我法也 何等爲七 彼有說言 作已而捨 是名無常 有說 形處壞 是名無常 有說 卽色是無常 有說 色轉變中間 是名無常 無間自之散壞 如乳酪等轉變 中間不可見 無常毁壞 一切性轉 有說 性無常 有說 性無性無常 有說 一切法不生無常 入一切法",『능가경주해』권4(대정장39, p.410b14)에 "칠종무상은 모두 외도분별이다. 먼저 열거하고 다음에 풀이한다. 열거하는 가운데 오직 색전변무상만을 자세히 풀어본다. 색이란 사대로 만들어진 색이고, 전변이란 색의 생주이멸을 말한다. '틈새 없이 스스로 흩어지고 무너지는 모습'이란 서로 이어 끊임없이 변하여 달라지니 저절로 돌아가 사라진다. 우유와 낙이 전변하여도 비록 볼 수 없으나 법에서는 저절로 모든 법을 변하다가 무너뜨리는 것과 같다. 나머지는 모두 아래 문구에 풀이가 갖추어져 있다. 七種無常 皆是外計 先列次釋 列中唯色轉變無常 消涉釋義 色言四大造色 轉變謂生住異滅 無間自之散壞等者 謂相續不斷 能令變異 自然歸滅也 如乳酪之轉變 雖不可見 然在法中 自然變壞 一切法也 餘皆下文具釋",『주대승입능가경』권8(대정장39, p.489a6)에 "칠종무상이란 모든 외도가 헛되게 분별한 견해다. 言七種無常 是諸外道 妄分別見"라고 하였다. [참고문헌]『楞伽經』,『楞伽經註解』,『注大乘入楞伽經』, *Laṅk.* ⇨ 불생무상 不生無常, 성무상 性無常, 성무성무상 性無性無常

칠종무지 七種無知 Ⓢ saptavidham-ajñānam. 일곱 가지 무지.『유가사지론』권9(대정장30, p.322c11 : *Yogā-bh.*, p.205)에 "또한 일곱 가지 무지가 있다. 첫째는 세간에 대한 무지인 세우, 둘째는 일어났거나 일어나거나 일어날 일 등에 대한 무지인 사우, 셋째는 옮겨 뒤치는 것들에 대한 무지인 이전우, 넷째는 가장 뛰어난 것들에 대한 무지인 최승우, 다섯째는 진실에 대한 무지인 진실우, 여섯째는 염정을 알지 못하는 염정우, 일곱째는 뛰어나다고 여겨 지혜롭지 못한 증상만우이다. 復有七種無知 一 世愚 二 事愚 三 移轉愚 四 最勝愚 五 眞實愚 六 染淨愚 七 增上慢愚 前十九無知 punar-anyat-saptavidham-ajñānaṃ. adhva-saṃmoho vastu-saṃmohaḥ saṅkrānti-saṃmohaḥ agra-saṃmohas-tattva-saṃmohaḥ saṃkleśa-vyavadāna-saṃmoho-'bhimāna-saṃmohaś-ca", "앞에서의 열아홉 가지 무지와 이 일곱 가지 무지는 서로 거두는가? 앞의 세 가지 무지는 첫째인 세우에서 거두고, 다음 세 가지 무지는 둘째인 사우에서 거두며, 다음 세 가지 무지는 셋째인 이전우에 거두고, 다음 두 가지 무지는 넷째인 외승우에 거두며, 다음 네 가지 무지는 다섯째인 진실우에 거두고, 다음 세 가지 무지는 여섯째인 염정우에 거두며, 마지막 한 가지 무지는 일곱째인 증상만우에서 거둔다. 今七無知 相攝云何 謂初三無知攝初一 次三無知攝第二 次三無知攝第三 次二無知攝第四 次四無知攝第五 次三無知攝第六 後一無知攝第七 yac-ca viṃśatividham-ajñānaṃ yac-ca saptavidham-ajñānaṃ tatra kena kasya saṃgraho draṣṭavyaḥ. tribhiḥ pratham air-ajñānaiḥ prathamasya-ekasya saṃgrahaḥ. punas-tribhir-anu dvitīyasya. punas-tribhir-anu caturthasya. punaś-caturbhir-anu pañcamasya. punaḥ ṣaḍbhir-anu ṣaṣṭhasya. paścimena-ekena saptamasya"라고 하였다. 〔참고문헌〕『瑜伽師地論』, *Yogā-bh.* ⇨세우 世愚, 사우 事愚, 이전우 移轉愚, 최승우 最勝愚, 진실우 眞實愚, 염정우 染淨愚, 십구종무지 十九種無知

칠종백식 七種魄識 식(識)을 백(魄)으로 나누어 일곱 가지로 삼은 것. 칠전식(七轉識)에 응한다. 반면 혼(魂)은 아뢰야식(阿賴耶識)에 응하며 셋으로 나누고 삼종혼식(三種魂識)이라 한다. 『지장보살발심인연시왕경』(卍속장150, p.769a18)에 "그때 세존께서 염마왕과 진광에게 등에게 말씀하셨다. '일체중생은 각각 육식, 팔식, 구식을 가지니 뜻은 앞서 설함과 같다. 지금 이 경에서는 오직 두 설만 있으니, 혼식을 셋으로 설하고 백식을 일곱으로 설한다. 爾時世尊 告閻魔王 及秦廣王等言 一切衆生 各有六識 八識九識 義如前說 今此經中 唯有二說 魂識說三 魄識說七", "삼종혼식이니, 첫째는 태광업혼신식이라하고, 둘째는 유정전혼신식, 셋째는 상령현귀신식이라 한다. 아뢰야식으로 열어 삼혼이 된다. 심성과 심상은 저 물 중의 물결처럼 둘이 아니면서 둘이다. 성이란 삼신, 곧 법신·보신·응신의 성이다. 본각여래는 어떤 하나의 중생도 구족하지 않음이 없다. 삼신의 여래가 내 이 깨달음에 의지하여 지각수에서 도를 이루었고, 내 이 뜻에 의지해 쌍수에서 사라짐을 보이셨다. 상이란 삼귀다. 선악업을 따라 유전생사하며 괴로움 받고 즐거움 받으며 사이에 끊어짐이 없으니, 악업 지음에 의지하여 삼도의 괴로움을 받는다. 지금의 중생은 내 선 닦음에 따라 불도를 얻게 하니 일체중생 또한 다시 이와 같다. 三種魂識 一名 胎光業魂神識 二名 幽精轉魂神識 三名 相靈現魂神識 於阿賴耶識 開爲三魂 心性心相 如水中波 不二而二 性者三身 法報應性 本覺如來 無一衆生 而不具足 三身如來 依我此覺 智覺樹成道 依我此理 雙樹示滅 相者三魂 隨善惡業 流轉生死 受苦受樂 無有間斷 依造惡業 受三塗苦 如今衆生 依我修善 令得佛道 一切衆生 亦復如是", "칠종혼식은 첫째 작음백신식이라 하고, 둘째 천적백신식, 셋째 비독백신식, 넷째 시구백신식, 다섯째 취폐백신식, 여섯째 제예백신식, 일곱째 복시백신식이라고 한다. 칠전식으로 성상을 분별하며, 혼에 준하여 가히 알 수 있다'. 七種魄識 一名 雀陰魄神識 二名 天賊魄神識 三名 非毒魄神識 四名 尸垢魄神識 五名 臭肺魄神識 六名 除穢魄神識 七名 伏尸魄神識 於七轉識 分別性相 准魂可知"라고 하였다. 〔참고문헌〕『地藏菩薩發心因緣十王經』.

칠종번뇌위 七種煩惱位 Ⓢsapta kleśa-avasthāḥ. 번뇌의 일곱 갈래 분위(分位). 『유가사지론』 권8(대정장30, p.314a11 : *Yogā-bh.*, p.164)에 "번뇌가 자리한 데에는 대략 일곱 가지가 있다. 첫째는 수면위이고, 둘째는 현행위이며, 셋째는 분별에 의해 일어난 위이고, 넷째는 이미 갖추고 있는 위이며, 다섯째는 약한 위이고, 여섯째는 중간 위이며, 일곱째는 강한 위이다. 두 가지 연을 말미암아 번뇌로 인한 수면이 있게 되니, 첫째는 종자로서 따라 쫓기 때문이고, 둘째는 저들이 한껏 더하게 되기 때문이다. 煩惱位者 略有七種 一 隨眠位 二 纏位 三 分別起位 四 俱生位 五 耎位 六 中位 七 上位 由二緣故 煩惱隨眠之所隨眠 一 由種子隨逐故 二 由彼增上事故 kati kleśa-avasthāḥ. samāsataḥ sapta. anuśaya-avasthā paryavasthāna-avasthā parikalpita-avasthā sahajā-avasthā mṛdv-avasthā madhya-avasthā-adhimātra-avasthā. tatra dvābhyāṃ kāraṇābhyāṃ kleśa-anuśayo'nuśete. bīja-anubandhatas-tad-adhipati-vastutaś-ca"라고 하였다. 〔참고문헌〕『瑜伽師地論』, *Yogā-bh.*

칠종법 七種法 인간의 위엄(人威德)을 지켜 나아갈 수 있는 법. 칠불퇴법(七不退法 Ⓟsatta aparihāniyā dhammā)이라고도 한다. 『대반열반경』 권상(대정장1, p.193c22)에 "그때 세존께서 리차에게 말씀하셨다. '그대들 마땅히 알아야 하리. 일곱 가지 법 있게 해야 날마다 한층 나아가 감손하는 일 없게 된다. 첫째, 기쁜 마음으로 어울려 함께한다. 둘째, 어울려 서로 깨우쳐 선업을 강론한다. 셋째, 금계를 지켜 가지며 예의를 지킨다. 넷째, 부모와 다른 어른을 공경한다. 다섯째, 친척간에 화목하고 각자 서로 받들어 따른다. 여섯째, 나라에 있는 탑이라면 수리하고 공양한다. 일곱째, 불법을 받들어 지키고 비구비구니를 몸소 받들고 우바새우바이를 애호한다. 이와 같은 일곱 가지 법을 받아서 행한다면 사람의 위덕은 날마다 한층 나아가 국토는 치열하게 번성하며 백성은 풍요롭고 안락할 것이다. 그대들은 지금부터 몸과 수명이 다하도록 받들어 지키면서 게을러지는 일이 없어야만 한다'. 爾時 世尊告離車言 汝等當知 有七種法 日就增進 而不減損 一者 歡悅和同 無相違逆 二者 共相

曉悟 講論善業 三者 護持禁戒 及持禮儀 四者 恭敬父母 及餘尊長 五者 親戚和睦 各相承順 六者 國內支提 修理 供養 七者 奉持佛法 親敬比丘 及比丘尼 愛護優婆塞 及 優婆夷 如是七法 若受行者 令人威德 日就增進 國土熾盛 人民豐樂 汝等從今 至盡形壽 當奉持之 無得懈怠"라고 하였다. 상응하는 팔리경은 디가니카야 제2경 *Mahāparinibbāna-sutta*(*SN.2,* pp.72~168)이다. [참고문헌]『大般涅槃經』. ⇨ 칠불퇴법 七不退法, 칠법 七法 2

칠종법사 七種法師 ➡ 오종법사 五種法師

칠종변 七種辯 불보살의 일곱 가지 변재(辯才). 칠변(七辯)이라고도 한다. 첩질변(捷疾辯)·이변(利辯)·낙설무진변(樂說無盡辯)·불가단변(不可斷辯)·수응변(隨應辯)·의변(義辯)·세간최상변(世間最上辯), 또는 첩변(捷辯)·신변(迅辯)·응변(應辯)·무소류변(無疎謬辯)·무단진변(無斷盡辯)·범소연설풍의미변(凡所演說豐義味辯)·일체세간최상묘변(一切世間最上妙辯)을 말한다.『대품반야경』권8(대정장8, p.276c14)에 "장차 첩질변·이변·부진변·불가단변·수응변·의변·일체세간최상변을 얻게 되리라. 當得捷疾辯 利辯 不盡辯 不可斷辯 隨應辯 義辯 一切世間最上辯",『대지도론』권55(대정장25, p.450c26)에 "반야바라밀을 행하여 일체법에 대해 걸림없기에 첩질변을 얻는다. 어떤 이는 첩질변을 얻지만 근기가 둔해 깊이 들어갈 수 없고, 깊이 들어갈 수 있다면 근기가 예리한 것이니 이를 이변이라 한다. 온갖 법의 실상을 설함에 끝도 없고 다함도 없기에 낙설무진변이라 한다. 반야에는 온갖 희론이 없기에 물어 어렵게 해서 끊을 수 없으니 불가단변이라 한다. 법에 대한 애착을 끊었기에 각 중생의 사정에 따라 법을 설하는 것이니 수응변이라 한다. 열반으로 나아가게 해서 이익되는 일을 설하기에 의변이라 한다. 일체세간에서 제일가는 일이기에 대승을 설하는 것이니 세간최상변이라 한다. 行般若波羅蜜 於一切法無礙故 得捷疾辯 有人雖能捷疾 鈍根故不能深入 以能深入故利 是利辯 說諸法實相 無邊無盡故 名樂說無盡辯 般若中無諸戲論故 無能問難斷絶者 名不可斷辯 斷法愛故 隨衆生所應而爲說法 名隨應辯 說趣涅槃利益之事故 名義辯 說一切世間第一之事 所謂大乘 是名世間最上辯", 같은 책 권55(대정장25, p.451a7)에 "수보리가 대답했다. '반야바라밀로 비록 삼승법을 자세히 설하지만 결정된 상이 있지 않고 모두 열여덟 가지로 공하기에 화합하므로 그렇게 설한다. 보살의 칠종변 또한 이와 같으니 공의 지혜이기 때문이다'. 須菩提答 般若波羅蜜 雖廣說三乘法 非有定相 皆以十八空 和合故說 攝取菩薩 七種辯亦如是 以空智慧故",『인왕호국반야바라밀다경소』권중(대정장33, p.471c21)에 "칠변 : 첫째는 첩변으로서 해야 할 말을 하되 더듬거림 없기 때문이다. 둘째는 신변으로서 거꾸로 매달린 강이 거침없이 쏟아지듯 지체하거나 어눌하지 않기 때문이다. 셋째는 응변으로서 더도 덜도 없이 때와 근기에 맞추기 때문이다. 넷째는 무소류변으로서 삿되거나 그르침 없이 이치에 맞다. 다섯째는 무단진변으로서 결코 끊기거나 다하는 일 없이 이어지고 돌아 마를 날이 없다. 여섯째는 연설하는 마다에 뜻 넉넉하고 음미할 만한 것이어서 낱낱의 언구마다 사와 리 가득하다. 일곱째는 일체세간최상묘변으로서 천둥치듯 구족해 깊고 깊다. 七辯者 一 捷辯 須言卽言無蹇吃故 二 迅辯 懸河澍泠不遲訥故 三 應辯 應時應機不增減故 四 無疎謬辯 所說契理不邪錯故 五 無斷盡辯 相續連環終無竭故 六 凡所演說豐義味辯 一一言句多事理故 七 一切世間最上妙辯 具足甚深如雷等故"라고 하였다. [참고문헌]『大品般若經』,『大智度論』,『仁王護國般若波羅蜜多經疏』. ⇨ 무소류변 無疎謬辯, 변 辯 1, 변재 辯才 1, 부진변 不盡辯, 불가단변 不可斷辯, 수응변 隨應辯, 신변 迅辯

칠종변재 七種辯才 ➡ 칠종변 七種辯

칠종보시청정상 七種布施淸淨相 보시를 행할 때 반드시 일곱 갈래로 청정해야 하는 뜻.『해심밀경』권4(대정장16, p.706b15)에 "따로 모든 바라밀다의 청정상을 설한다. 무엇이 그 일곱 가지인가? 모든 보살은 내가 설한 일곱 가지 보시청정상을 따라 수행해야 한다. 別說一切波羅蜜多淸淨相者 亦有七種 何等爲七 謂諸菩薩 如我所說 七種布施淸淨之相 隨順修行", "첫째, 시물이 청정해야 청정시를 행한다. 둘째, 계가 청정해야 청정시를 행한다. 셋째, 견이 청정해야 청정시를 행한다. 넷째, 마음이 청정해야 청정시를 행한다. 다섯째, 말이 청정해야 청정시를 행한다. 여섯째, 지혜가 청정해야 청정시를 행한다. 일곱째, 번뇌가 청정해야 청정시를 행한다. 이것이 일곱 가지 보시의 청정상이다. 一者 由施物淸淨 行淸淨施 二者 由戒淸淨 行淸淨施 三者 由見淸淨 行淸淨施 四者 由心淸淨 行淸淨施 五者 由語淸淨 行淸淨施 六者 由智淸淨 行淸淨施 七者 由垢淸淨 行淸淨施 是名七種施淸淨相"라고 하였다. [참고문헌]『解深密經』,『瑜伽師地論』권79(대정장30, p.732a8). ⇨ 보시 布施

칠종보특가라 七種補特伽羅 ➡ 칠보특가라 七補特伽羅

칠종부 七種婦 부인을 얻는 일곱 가지 다른 길.『십송율』권3(대정장23, p.18c14)에 "사내에게는 부인을 얻는 일곱 가지 다른 길이 있다. 색득·수득·파득·자래득·이의식득·합생득·수유득이 그것이다. 색득이란 어느 정도의 재산을 지불할 생각으로 찾아나서 부인을 삼는다. 수득이란 사내가 손을 잡고 물을 손바닥에 부어 여자에게 줌으로써 부인으로 삼는다. 파득이란 다른 나라를 침범하여 무너뜨리고 전리품으로 빼앗아 부인으로 삼거나 자기 나라에서 반란을 일으킨 죄인의 식솔을 얻는 경우다. 자래득이란 여인이 자기 마음에서 일어나는 탐욕과 애착 때문에 찾아와 스스로 부인이 되는 경우다. 의식득이란 여인이 스스로 살아갈 능력이 되지 않아 생계를 이어갈 목적으로 찾아와 스스로 부인이 되는 경우다. 합생득이란 여인이 남자에게 '당신에게 재물이 있고 나에게도 재물이 있으니 우리가 낳은 자녀들이 우리를 공양할 것입니다'라고 말하여 부부가 되는 경우이다. 수유득이란 함께 하나가 되어 몸을 섞는 경우다. 丈夫有七種婦 索得 水得 破得 自來得 以衣食得 合生得 須臾得 索得者 以少多財物 索得作婦 是名索得 水得者 若人捉手以水灌掌 與女作婦 是名水得 破得者 若破他國 奪得作婦復有自國 反叛誅罰得者 是名破得 自來得者 若女人自心貪著愛樂故 來供給作婦 是名自來得 衣食得者 若女人不能自活 爲衣食故 來供給作婦 是名衣食得 合生得者 若女人語男子言 汝有財物 我有財物 若生男女 當供養我等 是名合生得 須臾得者 共一交會 故名須臾得", 『유부율』 권12(대정장23, p.686b14)에 "무엇을 칠종부라 하는가? 수수·재빙·왕기·자락·의식·공활·수유를 말한다. 云何七種婦 謂水授 財娉 王旗 自樂 衣食 共活 須臾"라고 하였다. 〔참고문헌〕『十誦律』, 『有部律』. ⇨ 색득 索得, 수득 水得, 수유득 須臾得, 자래득 自來得, 파득 破得, 합생득 合生得

칠종부정 七種不淨 자타의 몸을 부정하다고 관하는 일곱 가지 법. 『대명삼장법수』 권22(영락장182, p.332b3)에 "칠종부정〈출전은 『천태사교의집주』〉: 수행하는 사람은 자타의 몸에서 탐착을 일으켜 바른 길 방해할까 염려한다. 이에 방편으로 부정상 짓게 하여서 집착하는 마음 무너뜨리기에 일곱 가지를 둔다. 七種不淨〈出天台四教儀集註〉 謂修行之人 恐於自他身分 而起貪著 妨於正道 故令假作 此不淨之想 破其著心 故有七種也", 『금강경과의회요주해』 권3(卍속장92, p.296a8)에 "일곱 가지 부정관이 있다. 첫째, 종자부정이다. 이 음욕에 빠진 몸은 무명과 탐애 좇아 번뇌가 종자가 된다. 둘째, 애욕으로 나기에 부정하다. 이 몸은 부모의 붉고 흰 방울이 화합해 그 식중에 의탁한다. 셋째, 머무는 곳 부정하다는 주처부정이다. 이 몸은 모태의 생장 아래와 숙장 위에 처한다. 넷째, 부정한 것을 먹는다고 관하는 식감부정이다. 모태에서 오직 어머니의 피만 먹기 때문이다. 다섯째, 날 때 부정하다고 관하는 초생부정이다. 이 몸이 날 때 피와 함께 출생하면서 악취와 오물이 어지럽게 감싼다. 여섯째, 온몸이 부정하다고 관하는 거체부정이다. 이 몸의 얇은 피부 안에 짙은 피가 모든 부위에 고루 퍼져 있다. 일곱째, 마지막 죽는 모습이 부정하다고 관하는 구경부정이다. 이 몸은 죽은 뒤에 몸이 불어나 다 문드러지면서 이리의 먹이가 된다. 有七種不淨 一 種子不淨 此婬慾身 從無明貪愛 煩惱爲種子 二 愛生不淨 此身從父母 赤白滴和合 托識其中 三 住處不淨 此身處母胎生臟之下 熟臟之上 四 食噉不淨 在母胎中 唯食母血 五 初生不淨 此身產時 與血俱出 臭穢狼籍 六 擧體不淨 此身薄皮之內 膿血徧一切處 七 究竟不淨 此身死後 胖脹爛壞 骨肉縱橫 狐狼食噉也"라고 하였다. 〔참고문헌〕『大明三藏法數』, 『金剛經科儀會要註解』. ⇨ 거체부정 擧體不淨, 구경부정 究竟不淨, 수생부정 受生不淨, 식담부정 食噉不淨, 종자부정 種子不淨, 주처부정 住處不淨

칠종분별 七種分別 일곱 가지 분별. 삼분별(自性 隨念 計度)을 소연(所緣) 따라 다시 일곱으로 나눈 것. 『대승아비달마잡집론』 권2(대정장31, p.703a13)에 "〔문〕 육식 중에 몇 가지 분별이 있는가? 〔답〕 오직 하나의 의식은 삼분별로 말미암기에 분별이 있다. 삼분별이란 자성분별, 수념분별, 계탁분별이다. 자성분별이란 현재 받은 바 제행의 자상인 행을 분별함이다. 수념분별이란 일찍이 받은 바 제행의 추념인 행을 분별함이다. 계탁분별이란 과거미래현재에 드러나지 않은 일을 사유로 꾸린 행을 분별함이다. 問 於六識中 幾有分別 答 唯一意識由三分別 故有分別 三分別者 謂自性分別 隨念分別 計度分別 自性分別者 謂於現在所受諸行自相行分別 隨念分別者 謂於昔曾所受諸行追念行分別 計度分別者 謂於去來今不現見事思搆行分別", "다시 칠종분별이 있으니, 곧 소연에 따른 것으로 임운분별, 유상분별, 무상분별, 심구분별, 사찰분별, 염오분별, 불염오분별이다. 復有七種分別 謂於所緣 任運分別 有相分別 無相分別 尋求分別 伺察分別 染汚分別 不染汚分別", "첫 번째 분별은 오식신이 소연상 그대로 다름없이 분별함이니, 자경계에서 맡긴 대로 움직여 바뀐다. 유상분별이란 자성과 수념의 두 가지 분별로 과거와 현재 경상을 취함이다. 무상분별이란 바라는 바 미래경행을 분별함이다. 初分別者 謂五識身 如所緣相 無異分別 於自境界 任運轉故 有相分別者 謂自性隨念 二種分別 取過現境 種種相故 無相分別者 謂希求未來境行分別", "나머지 분별은 모두 계탁분별을 써서 자성으로 삼는다. 까닭이 무엇일까? 생각하여 헤아리기 때문이고, 혹 때때로 심구하고, 혹 때때로 사찰하고, 혹 때때로 염오하고, 혹 때때로 물들여 염오하지 않으면서 갖가지로 분별한다. 所餘分別 皆用計度分別 以爲自性 所以者何 以思度故 或時尋求 或時伺察 或時染汚 或不染汚 種種分別"라고 하였다. 〔참고문헌〕『大乘阿毘達磨雜集論』. ⇨ 삼분별 三分別 ❷

칠종불환 七種不還 일곱 갈래로 열반을 얻는 불환과(不還果 Ⓢ anāgāmin)의 성자. 중반(中般 Ⓢ antarāparinirvāyin : 욕계에서 죽어 색계로 수생하는 중간에 반열반)·생반(生般 Ⓢ upapadya-parinirvāyin : 색계 수신하여 바로 반열반)·유행반(有行般 Ⓢ sābhisaṃskāra-parinirvāyin : 색계 수신 후 가행공용후 반열반)·무행반(無行般 Ⓢ anabhisaṃskāra-parinirvāyin : 색계에 난 후 해태근수 없이 반열반)·상류반(上流般 Ⓢ ūrdhva-srotas : 색계범중천에 난 후에 다시 2·3천과 색무색계의 1·5·6생을 지난 후 반열반)·행무색반(行無色般 Ⓢ ārūpyaga-parinirvāyin : 욕계에서 바로 무색계에 난 후 반열반)·현반(現般 Ⓢ dṛṣṭadharma-parinirvāyin : 욕계현재의 몸으로 반열반함)을 말한다. 『구사론』 권24(대정장29, p.124b10)에 "이 불환과를 모두 말하면 일곱이다. 또한 색계로 차별하면 다섯이다. 첫째는 중반열반, 둘째는 생반열반, 셋째는 유행반열반이며, 넷째는 무행반열반, 다섯째는 상류반열반이다. 此不還者 總說有七 且行色界 差別有五 一 中般涅槃 二 生般涅槃 三 有行般涅槃 四 無行般涅槃 五者 上流", "중유(中有)에서 반열반하는 까닭에 중반열반이라 한다. 이와 같이 마땅히 알라. 이렇게 색계에 난 뒤에 유행으로 또는 무행으로 반열반하기에 생반 등이라 하고 상지로 흘러가기에 상류라고 한다. 此於中間 般涅槃故 說此名曰 中般涅槃 如是應知 此於生已 此由有行 此由無行 般涅槃故 名生般等 此上流故 名爲上流", "무색계서 행함에도 네 부류의 차별이 있다. 욕계에 있으면서 색계탐을 떠나면 여기서 목숨을 마치고 무색계에 난다. 여기서 차별은 오직 네 부류이다. 생반열반 등의 차별이다. 이것과 앞의 다섯을 아울러 육종불환(Ⓢ ṣaḍ-anāgāmin)이 된다. 行無色者 差別有四 謂在欲界 離色界貪 從此命終 生於無色 此中差別 唯有四種 由生般等 有差別故 此幷前五 成六不還", "다시 색계나 무색계로 가지 않고 이곳 욕계에 머물면서 능히 반열반하면 현반열반이다. 앞의 여섯과 아울러 일곱이 된다. 復有不行色無色界 卽住於此 能般涅槃 名現般涅槃 幷前六爲七", 『구사론기』 권24(대정장41, p.360b21)에 "이에 제일로 칠종불환을 밝히는데 경에 의지해 시작하고 송을 들어 가리겠다. '상류라 한다'까지를 논한다. 이 불환이란 삼계를 모두 잡아서 말하여 일곱부류다. 이제 색계에서 행하는 경우는 다섯이니 이름 순서대로이니 다섯 중 앞의 넷은 오직 현생의 몸으로 반열반이 정해짐에 치우쳐 반열반이라 이름한다. 그러나 상류는 여러 생을 거듭한 자만이 반열반할 수 있으니 모든 상류가 다 열반이 정해지진 않는다. 정해질 수 없기에 반열반이라 말하지 않는다. 此卽第一明 七種不還 依經生起 及擧頌辨 論曰 至名爲上流者 此不還者 通約三界 總說有七 今且就行色界差別 有其五種 列名可知 五中前四 唯於此身 定般涅槃故 所以偏與般涅槃名 上流容有受多生者 方般涅槃 非諸上流 皆定涅槃 以不定故 所以不言般涅槃也"라고 하였다. [참고문헌] 『俱舍論』, 『俱舍論記』, *Abh-k-bh.358*. ⇨ 성문사과 聲聞四果, 오종불환 五種不還, 구종불환 九種不還, 십일종불환 十一種不還, 불환과 不還果, 욕반 欲般

칠종불휴손법 七種不虧損法 정법이 허물어지고 사라지지 못하게 하는 일곱 가지 법. 칠종정법인연(七種正法因緣)이라고도 한다. 『유부율잡사』 권35(대정장24, p.383c12)에 "너희 필추들에게 다시 칠종불휴손법이 있다. 그대들은 응당 들어야 하니, 무엇이 그 일곱인가? 법과 그 뜻을 알고, 때와 양을 알고, 자신을 알고, 문도를 알고, 타인의 행을 알고, 이와 같이 지을 수 있을 때 안락히 머물 수 있으니, 모든 필추대중으로 하여금 선법을 증장시켜 줄어들지 않게 하라. 汝等苾芻 復有七種不虧損法 汝等應聽 云何爲七 知法知義 知時知量 知自身 知門徒 知他人行 如是作時得安樂住 令諸苾芻衆得增長善法無損"라고 하였다. [참고문헌] 『有部律雜事』. ⇨ 칠묘법 七妙法 ❷, 칠종정법인연 七種正法因緣

칠종사 七種捨 일곱 가지로 버리다. 평등한 마음으로 버리는 일곱 가지 뜻. 『유마의기』 권3본(대정장38, p.482b24)에 "경에서 설한 버려야 할 것은 대체로 일곱 가지다. 첫째, 마음 바탕 평등해서 품을 것 버리면 사라 한다. 정이라는 것 두어 붙들 일 없으므로 '품은 것 잊는다'고 한다. 둘째, 중생에 대하여 갖는 온갖 원망과 친밀 등의 장애를 버리고 떠남을 가리켜 사라 한다. 셋째, 탐욕과 분노 등의 모든 허물을 버리는 것을 사라 한다. 넷째, 생멸을 보고 해탈을 얻은 뒤에 더 이상 우려하지 않고 놓아 버림을 사라 한다. 다섯째, 공하여 평등함 증하여 상을 떠남을 사라 한다. 여섯째, 스스로 자신의 즐거움을 버려서 타인에게 베풀면 사라고 설한다. 『열반경』의 말씀과 같다. 일곱째, 중생을 이롭게 하고 바라는 바 없어야 사라 한다. 經中說捨 汎有七種 一 心性平等 亡懷稱捨 情無存著 故曰亡懷 二 於衆生捨離 一切怨親等礙 目之爲捨 三 捨一切貪瞋等過 名之爲捨 四 見生得脫 不復憂念 放捨名捨 五 證空平等 離相名捨 六 自捨己樂 施與他人 說之爲捨 如涅槃說 七 益衆生無所希望 名之爲捨"라고 하였다. [참고문헌] 『維摩義記』. ⇨ 사 捨 ❶

칠종사견 七種邪見 ❶ Ⓢ sapta-dṛṣti. 일곱 가지의 삿된 견해. 첫째 『십지경론』 권4(대정장26, p.148a20)·『화엄공목장』 권3 「칠종사견장 七種邪見章」(대정장45, p.565a26) 등에 따르면 일곱 가지 사견과 그것을 대치하는 방법은 다음과 같다. 이승사견(異乘邪見 : 異乘見) : 성문승·연각승 등의 정도(正道)에서 벗어난 견해. 정도에 수순함으로써 대치한다. 허망분별견(虛妄分別見) : 점술에 의해 길흉을 판단하는 것. 점술을 버림으로써 대치한다. 계취정견(戒取淨見) : 우계(牛戒)·

구계(狗戒) 등의 악계(惡戒)에 의지하여 그것이 진실된 것이라고 여기는 것. 악계견(惡戒見)을 여읨으로써 대치한다. 자위정견(自謂正見) : 자신을 바르다고 여기는 것. 정직견(正直見)을 닦음으로써 대치한다. 부장견(覆藏見) : 자신의 견해를 속에 은밀히 숨겨두는 것. 속이지 않음으로써 대치한다. 사현부실견(詐現不實見) : 밖으로 거짓견해를 드러내는 것. 첨곡(諂曲)하지 않음으로써 대치한다. 비청정견(非淸淨見) : 세간의 견해. 삼보(三寶)에 귀의함으로써 대치한다. 둘째 『보살영락본업경』 권상(대정장24, p.1016b27)·『화엄공목장』 권3(대정장45, p.571c23) 등에 따르면 무명(無明)에 의해 일곱 가지 견해(七見)와 여섯 가지 집착하는 마음(六著心)을 합하여 모두 열세 가지 번뇌(十三煩惱)가 발생하는데, 이 중 일곱 가지 견해란 사견(邪見 Ⓢ vipanna-dṛṣṭi, Ⓣ lta-ba-log-par-zhugs-pa)·아견(我見 Ⓢ ātma-dṛṣṭi, Ⓣ bdag-tu-lta-ba)·상견(常見 Ⓢ śāśvata-dṛṣṭi, Ⓣ rtag-par-lta-ba)·단견(斷見 Ⓢ uccheda-dṛṣṭi, Ⓣ chad-par-smra-ba)·계도견(戒盜見)·과도견(果盜見)·의견(疑見)이다. 『화엄공목장』 권3(대정장45, p.571c23)에서 "십삼번뇌가 있으니 칠견과 육착이다. 칠견이란 사견·아견·상견·단견·계도견·과도견·의견이다. 일체처를 보기에 견이라 설한다. 有十三煩惱 謂七見六著 七見者 一 邪見 二 我見 三 常見 四 斷見 五 戒盜見 六 果盜見 七 疑見 見一切處 故說見"라고 하였고, 『대명삼장법수』 권23(영락장182, p.340a7)에서 각각에 대해 다음과 같이 밝혔다. 첫째, 사견은 정법에 대한 믿음이 없고, 선악인과보와 정인연으로 일어나는 선법을 부정하는 사견이다(無正信 誹謗正法 而於善惡果報 及正因緣 所生善法 一切撥以爲無 是爲邪見). 둘째, 아견은 자신이 오온으로 이루어졌음을 잊고 주재하는 '아'가 있다고 집착하는 견해다(不知此身五蘊所成 虛假不實 妄計爲身 强立主宰 恒執爲我 是爲我見). 셋째, 상견은 자신과 외물이 모두 무상하여 끝내 사라지는데도 항상하는 그 무엇이 있다고 여기는 견해다(不知己身 及諸外物 皆悉無常 終歸壞滅 而反妄計爲常 是爲常見). 넷째, 단견은 법성의 공적함이 무너지지 않는 줄 모르고 죽은 후에는 모든 것이 끊겨 다시는 윤회하지 않는다고 여기는 견해다(不知諸法 本性空寂 常住不壞 而反起斷滅之見 妄計此身 死已不復更生 是爲斷見). 다섯째, 계도견은 동물이 먹고 자는 행태를 고행으로 따르며 삿되게 계로서 지키는 견해다. 그로써 헛된 공덕의 과보를 누려보겠다고 꿈꾸는 망상이다(不知如來正戒 而於邪戒中 妄自分別 取以進行 如牛狗等戒 執取爲實 得少功德 自以爲足 私竊邪計 不修正因 是爲戒盜見). 여섯째, 과도견은 전혀 선하지 않음을 아주 선하며 바르다고 하거나 별것도 아님을 극상의 과보라 여기는 견해다. 가령 춥거나 더운 것을 참고 먼지를 뒤집어쓰고 가시밭 위에 눕는 등의 여러 고행의 기반이 된다(不知正因正果 於不善事 生妙善想 勤加精進 如以寒熱塗灰臥棘等 事執爲正 行小有所得私竊 邪計以爲極果 是爲果盜見). 일곱째, 의견은 정법에 대해 끊임없이 회의를 일으키며 결정하지 못하는 견해다(於諸法 或執有我 或執無我 或執爲常 或執非常等心生 猶豫不能決了 是爲疑見). 〔참고문헌〕『十地經論』, 『華嚴孔目章』, 『菩薩瓔珞本業經』, 『大明三藏法數』, *Daś-bh.* ❷ ➡ 칠단멸론 七斷滅論

칠종상 七種相 타인의 주장을 절복시키거나 세운 뜻을 성취시키기 위해서 갖추어야 할 일곱 가지. 칠인명(七因明)이라 한다. 『유가사지론』 권64(대정장30, p.654b24)에 "타인의 주장을 관한다 함에 일곱 가지 상을 말하니, 인명에 의지해 다른 이의 주장 절복시켜 자기의 논의를 건립하는 것이다. 일곱 가지 상이란, 인명 중의 논체·논처소·논거·논장엄 등이니, 앞에서 자세히 설한 바와 같다. 觀他宗敎者 謂七種相 依止因明 摧伏他論建立己論 七種相者 謂因明中 論體 論處所 論據 論莊嚴等 如前廣說", 같은 책 권15(대정장30, p.356a16)에 "이 가운데 간략히 일곱 가지가 있음을 알아야 할 것이니, 첫째 논체성, 둘째 논처소, 셋째 논소의, 넷째 논장엄, 다섯째 논타부, 여섯째 논출리, 일곱째 논다소작법이다. 當知此中 略有七種 一 論體性 二 論處所 三 論所依 四 論莊嚴 五 論墮負 六 論出離 七 論多所作法"라고 하였다. 〔참고문헌〕『瑜伽師地論』, 『大乘阿毘達磨集論』 권7(대정장31, p.693b13). ⇨ 칠인명 七因明

칠종상비전 七種相非田 복전이 되지 못하는 걸구자(乞求者)의 일곱 가지 행위. 『유가사지론』 권74(대정장30, p.710c11)에 "일곱 가지 행위 복전이 아님을 알아야 할 것이다. 첫째는 걸구하는 이가 극히 포악하여 일찍이 상해를 끼친 적이 있거나 (시주자를 이미) 귀의처로 삼았더라도 상해를 끼치면서 구하는 바가 있는 것, 둘째는 좋은 일이라 권해도 끝내 듣지 않는 것, 셋째는 물든 마음을 품고 염오된 일을 하면서 구걸하는 것, 넷째는 괴롭히면서 걸구하는 것, 다섯째는 걸구하는 이 스스로 마군이거나 마군에 홀려 도리에 맞지 않게 걸구하는 것, 여섯째는 부모 또는 베풀 수 없는 한 가지를 걸구하는 것, 일곱째는 쓸데없이 걸구하는 것이다. 由七種相當 知非田 一 乞求者 極大暴惡 曾爲怨害 歸依怨害 而有所求 二 勸爲善事 終不能得 三 心懷染汚 爲染汚事 而有乞求 四 爲損惱 而有乞求 五 乞求者 或自是魔 或魔所魅 非處乞求 六 乞求父母 或復隨一 非所施物 七 能爲無義"라고 하였다. 〔참고문헌〕『瑜伽師地論』.

칠종생사 七種生死 일곱 갈래로 나고 죽다. 칠종생사는 진제(眞諦) 역 『섭대승론석』 권14(대정장31, p.25

7c21)의 "이 게는 여래의 여섯 가지 청정을 드러낸다. … 셋째는 보장청정이니, 거칠고 탁함이 없음을 말한다. 칠종생사를 버렸기 때문이다. 此偈顯如來六種淸淨 … 三 報障淸淨 謂無麤濁 由除七種生死故"에 의지하여 두 갈래로 푼다. [참고문헌]『攝大乘論釋』. **1** 삼계(三界) 내의 분단생사를 세 종류로 보고, 다시 변역생사를 방편·인연·유유(有有 : 有後)·무유(無有 : 無後)의 네 종류로 분류한 것으로 『현식론』과 『마하지관』 등에서 푼 뜻이다. 칠종고제(七種苦諦)라고도 한다. 『현식론』(대정장31, p.880b12)에 "일체법은 단지 삼계인데 어떻게 두 가지 생사로서 말하는가? 답한다. 두 가지 뜻이다. 첫째 분단생사이니 바로 삼계다. 변역생사가 바로 이것이니, 계외의 사종생사이니 이것이 일체다. 一切法只是三界 何用二言 答 兩義 一者 分段是三界 變易是界外四種生死 是一切也", 『법화현론』 권8(대정장34, p.430a18)에 "『섭대승론』에서 칠종생사를 밝혔다. 삼계내를 다 들어 분단생사라 하니 곧 세 가지 생사다. 계밖에 네 가지 생사가 있으니, (첫째) 방편생사 곧 변역생사가 이것이다. 둘째는 인연생사, 셋째는 유유생사, 넷째는 무유생사이다. 攝大乘論明七種生死 界內通名分段卽三種生死 界外有四種生死 謂方便生死 卽變易是也 二 因緣生死 三 有有生死 四 無有生死"라고 하였다. [참고문헌]『顯識論』, 『法華玄論』, 『摩訶止觀』 권7(대정장46, p.86a27). ⇨ 분단생사 分段生死, 변역생사 變易生死, 사종생사 四種生死, 생사 生死, 칠종고제 七種苦諦 **2** 분단·유래(流來)·반출(反出)·변역·인연·유후(有後)·무후(無後)의 일곱 가지 생사. 『지관보행전홍결』·『번역명의집』 등의 설이다. 『지관보행전홍결』 권7(대정장46, p.358a21)에 "섭대승사는 일곱 종류의 생사를 주장한다. 첫째, 분단이니 삼계의 과보를 말한다. 둘째, 유래이니 진실을 미혹한 처음을 말한다. 셋째, 반출이니 망을 등진 시초를 말한다. 넷째, 방편이니 이승열반에 들어가는 것이다. 다섯째, 인연이니 초지(보살) 이상을 말한다. 여섯째, 유후이니 십지(보살의 생사)를 가리킨다. 일곱째 무후이니 금강심을 말한다. 攝大乘師立七種生死 一 分段 謂三界果報 二 流來 謂迷眞之初 三 反出 謂背妄之始 四 方便 謂入滅二乘 五 因緣 謂初地已上 六 有後 謂第十地 七 無後謂金剛心"라고 하였으며, 『대명삼장법수』 권23(영락장182, p.365a10)에서는 첫째 분단생사는 삼계과보로 생사를 면하지 못함(一 分段生死 … 謂三界果報 壽有長短分限 身有大小形段 皆不免於生死), 둘째 변역생사란 아라한 벽지불 보살 등이 이미 삼계생사를 벗어났기에 방편토에 출생함(二 變易生死 … 謂阿羅漢 辟支佛 菩薩 旣離三界生死 出生方便等土), 셋째 유래생사란 중생이 식이 있게 된 처음 진실을 미하고 망을 좇아 생사고해에 들어 빠지고 나서는 쉬지 못함(三 流來生死 謂衆生有識之初 迷眞逐妄 流入生死苦海 漂溺不息), 넷째 반출생사란 중생이 발심수행하여 망을 등지고 진에 돌아가서, 생사를 뒤쳐 열반에 이름(四 反出生死 謂衆生若發心修行 背妄歸眞 則能反出生死至於涅槃), 다섯째 인연생사란 초지이후의 보살이 부사의한 이치를 인으로 진무루지를 연으로 공히 무명의 혹을 부수고 중생 위해 생사를 시현함(五 因緣生死 謂初歡喜地已後 諸位菩薩 皆以所觀不思議理爲因 能觀眞無漏智爲緣 共破無明之惑 復爲化衆生 故示現生死), 여섯째 유후생사란 제10법운지보살이 최후 한 품 무명을 끊지 못해서 한 번 더 변역생사함(六 有後生死 謂第十法雲地菩薩 因有最後一品無明未斷 尙有一番變易生死), 일곱째 무후생사란 등각보살이 최후일품 무명번뇌 끝내 다해 마치고 묘각위에 들어서 다시는 훗날의 몸을 받지 않는 것을 말한다(七 無後生死 謂等覺菩薩 破最後一品 無明煩惱 究竟永盡入妙覺位不受後身)라고 설명하였다. [참고문헌]『止觀輔行傳弘決』, 『大明三藏法數』, 『翻譯名義集』 권6(대정장54, p.1165c11). ⇨ 생사 生死

칠종선 七種善 일곱 갈래 선. 선법(善法)을 성취하거나 드러남의 양상을 일곱 갈래로 나누어 말한다. 『구사론기』 권2(대정장41, p.35c23)에 "선을 대략 세 가지로 하면 첫째는 생득이고, 둘째는 가행이니 문·사·수를 말하고, 셋째는 무루 곧 학·무학·승의를 말한다. 무루에 나아가서는 앞의 두 가지는 유위무루고, 나머지 하나는 무위무루다. 선을 크게 일곱 가지라 하면 나면서 얻은 선, 들어 얻은 선, 사유로 선하게 됨, 닦아 선함, 배워 선함, 배워 다한 후의 선, 뛰어난 뜻으로 보이는 선이다. 불선은 오직 하나이고, 무기에 두 가지여서 하나는 유부고 다른 하나는 무부다. 善略有三 一 生得 二 加行 謂聞思修 三 無漏 謂學無學勝義 就無漏中前二 有爲無漏 後一無爲無漏 善總有七 一 生得 二 聞 三 思 四 修 五 學 六 無學 七 勝義 不善唯一 無記有二 一 有覆 二 無覆", 『법문명의집』(대정장54, p.200c18)에 "칠종선이다. 처음과 중간 그리고 끝 언제나 선인 것이 첫 번째고, 그 뜻이 진실함이 두 번째 선, 쓰는 말이 아름다움이 세 번째 선, 음청정이 네 번째 선, 한결같이 깨끗하여 어지럽지 않음이 다섯 번째 선, 맑고 깨끗함이 여섯 번째 선, 범행의 상이 일곱 번째 선이다. 七種善 初中後說善 其義眞實二 言辭巧妙三 其音淸淨四 純一無雜五 具足淸白六 梵行之相七"라고 하였다. [참고문헌]『俱舍論記』, 『法門名義集』. ⇨ 선 善, 대승칠선 大乘七善

칠종섭수사 七種攝受事 Ⓢ sapta parigraha-vastūni, Ⓣ yongs-su-bzung-ba'i-dngos-po-bdun. 세간의 사람들이 피할 수 없이 일곱 가지로 거둬들여야 할 일. 『유가사지론』 권2(대정장30, p.288c1 : *Yogā-bh.*, p.47)에 "무엇이 일곱 가지로 거둬들여야 할 일인가? 첫

째는 자신의 부모에 관한 일이고, 둘째는 처자에 관한 일이며, 셋째는 노비와 하인에 관한 일이고, 넷째는 친구·관료·형제·권속에 관한 일이며, 다섯째는 밭·집·가게에 관한 일이고, 여섯째는 복업에 관한 일과 방편으로 업을 짓는 것에 관한 일이며, 일곱째는 창고에 관한 일이다. 云何七種攝受事 一 自父母事 二 妻子事 三 奴婢僕使事 四 朋友官僚兄弟眷屬事 五 田宅邸肆事 六 福業事 及方便作業事 七 庫藏事 sapta parigraha-vastūni. katamāni. ātmā mātāpitarau putradāraṃ dāsīdāsaṃ karmakara pauruṣeyaṃ mitrāmātyajñātisālohitaṃ kṣetravastu gṛhavastu āpaṇavastu puṇyakriyāvastu karmāntaprayoga-vastūni kośa-sannidhiś-ca saptamaṃ vastu"라고 하였다. [참고문헌]『瑜伽師地論』, *Yogā-bh.*

칠종성도 七種聖道 일곱 갈래로 성스러운 길. 사념주(四念住)·사정단(四正斷)·사신족(四神足)·오근(五根)·오력(五力)·칠각지(七覺支)·팔성도(八聖道)다. 37가지로 깨달음을 성취하는 법(三十七菩提分法)들을 크게 7분하여 부르는 이름이다. 『대비바사론』 권46(대정장27, p.241a2)에 "저 칠유(那落迦 傍生 餓鬼 人 天 業有 中有)에 있어서 일곱 가지 정에 의지해 일곱 가지 성스런 길을 닦아 두렷이 가득 채우고 얻기에 오직 칠유들이 받는다. 彼於七有 修七依定 七種聖道 得圓滿故 唯受七有"라고 하였다. [참고문헌]『大毘婆沙論』. ⇨ 삼십칠도법 三十七道法, 칠유 七有

칠종성재소생락 七種聖財所生樂 Ⓢsapta-ārya-dhana-jaṃ sukham. 일곱 가지 고귀한 법을 바탕 삼아 생겨나는 즐거움. 『유가사지론』 권5(대정장30, p.299b1 : *Yogā-bh.*, p.96)에 "고귀한 재법에서 생겨나는 즐거움이란, 일곱 가지 고귀한 재법을 연으로 생겨나는 것들이다. 무엇이 일곱인가? 첫째 믿음이라는 재물, 둘째 계라는 재물, 셋째 제 부끄러움이라는 재물, 넷째는 제 부끄러움이라는 재물, 다섯째는 청문이라는 재물, 여섯째는 평정상태라는 재물, 일곱째는 지혜라는 재물이다. 聖財所生樂者 謂七聖財爲緣得生 何等爲七 一 信 二 戒 三 慚 四 愧 五 聞 六 捨 七 慧 tatra-ārya dhana-jaṃ sukhaṃ yat-saptāryāṇi dhanāni pratītya-utpadyate śraddhā-dhanaṃ śīla-dhanaṃ hrī-dhanam-apatrāpya-dhanaṃ śruta-dhanaṃ tyāga-dhanaṃ prajñā-dhanaṃ"라고 하였다. [참고문헌]『瑜伽師地論』, *Yogā-bh.* ⇨ 칠성재 七聖財

칠종세물 七種細物 일곱 가지 미세한 물질. 상키야(Ⓢ Sāṃkhya : 數論)에서 말하는 오유(五唯 Ⓢpañca-tanmātrāṇi : 色 聲 香 味 觸)와 아만(我慢 Ⓢahaṃkāra)과 각(覺 Ⓢbuddhi)을 말한다. 칠종세신(七種細身)이라고도 한다. 『금칠십론』 권중(대정장54, p.1255a13)에 "이 몸은 몇 가지 물질로 이루어지는가? 일곱 가지 미세한 물질과 열여섯 가지 거친 물질로 이루어진다. 此身因幾物得成 因七種細物 乃至十六種麤物"라고 하였다. [참고문헌]『金七十論』. ⇨ 오유 五唯, 아만제 我慢諦, 각 覺[11], 이십오제 二十五諦

칠종수 七種受 Ⓟsatta vatapadāni. 일곱 가지를 받아 가짐. 『잡아함경』 권40(대정장2, p.290b20 : *Deva-sutta*, *SN.1*, p.228)에 "그때 세존께서 비구들에게 이르셨다. '만일 일곱 가지를 받아서 지니는 사람이라면 이 인연으로 천제석 계시는 하늘에 날 것이다. 천제석은 본래 인간으로 살았던 시절에 부모와 집안의 어른들을 잘 공양하였고, 온화한 얼굴과 부드러운 말로 거친 말, 이간질하지 않았으며, 항상 진실하게 말하였다. 인색한 세간에서 비록 세속에 처하였지만 인색하지 않고 해탈시와 근시를 행하며 항상 기꺼이 보시하면서 베풀고 버려 한결같이 모든 것을 베풀었다'. 爾時 世尊告諸比丘 若能受持七種受者 以是因緣 得生天帝釋處 謂天帝釋 本爲人時 供養父母 及家諸尊長 和顔軟語 不惡口 不兩舌 常眞實言 於慳悋世間 雖在居家 而不慳惜 行解脫施勤施 常樂行施 施捨供養 等施一切 yāva jīvaṃ mātapettibharo assaṃ, yāva jīvaṃ kule-jeṭṭhāpacāyī assaṃ. yāva jīvaṃ saṇhavāco assaṃ. yāva-jīvaṃ apisuṇa-vāco assaṃ. yāva-jīvaṃ vigata-mala-maccherena cetasā agāraṃ ajjhāvaseyyaṃ muttacāgo payatapāṇī vossaggarato yācayogo dāna-saṃvibhāgarato. yāva jīvaṃ sacca-vādo assaṃ"라고 하였다. [참고문헌]『雜阿含經』, *SN.*

칠종수 七種羞 대승보살이 부끄러워해야 할 일곱 가지. 『대승장엄경론』 권12(대정장31, p.655c28 : *Sūtr.*, p.173)에 "위의 게송은 수문(羞門)으로 보살상을 말한다. 첫째 불수수(不遂羞)이니, 간탐(慳貪)을 부끄러워하는 것이다. 둘째 소죄수(小罪羞)이니, 미세한 죄를 부끄러워하여 두려워하는 것이다. 셋째 불인수(不忍羞)이니, 인내하지 못하는 것을 부끄러워하는 것이다. 넷째 퇴수(退羞)이니, 게으름을 부끄러워하는 것이다. 다섯째 난수(亂羞)이니, 선정에서 물러남을 부끄러워하는 것이다. 여섯째 소견수(小見羞)이니, 그 이외 작은 집착을 부끄러워하여 법무아를 통달하는 것이다. 일곱째 이승수이니, 소승의 마음을 일으켜 대보리 버림을 부끄러워하는 것이다. 此偈 以有羞門 說菩薩相 一 不遂羞 羞慳貪故 二 小罪羞 羞微細罪 見怖畏故 三 不忍羞 羞不忍故 四 退羞 羞懈怠故 五 亂羞 羞退定故 六 小見羞 羞餘小執 通達法無我故 七 異乘羞 羞起小乘心 捨大菩提故

tatra vimānalajjo yo 'rthino na vimānayati. tan udoṣalajjo 'ṇumātreṣv avadyeṣu bhyadarśī. tanu dṛṣṭilajjo dharmanairātmyaprativedhī. śeṣaṃ gat ārthaṃ. sarvair ebhiḥ ślokaiḥ paryāyāntareṇa ṣa ḍpāramitāpratipattito mahābodhipraṇidhānataś ca bodhisatvalakṣaṇaṃ paridīpitaṃ"라고 하였다. 〔참고문헌〕『大乘莊嚴經論』, *Sūtr.*

칠종수태 七種受胎 수태하는 일곱 가지 방식. 『대명삼장법수』 권23(영락장182, p.364a8)에 "칠종수태〈출전은 『선견율비바사』〉: 첫째, 접촉에 의한 수태 곧 상촉수태다. 여인이 월경이 생기는 때에 남자의 몸을 즐겁게 생각하던 중에 남자가 몸으로 자신의 신체 일부분을 접촉하면 탐욕이 일어나면서 곧바로 태아를 회임하게 된다. 이를 상촉수태라 한다. 七種受胎〈出善見毘婆沙律〉 一 相觸受胎 謂女人月水生時 喜樂男子 若男子以身觸其身分 卽生貪著 而便懷胎 是名相觸受胎", "둘째, 옷을 얻은 계기에 의한 수태 곧 취의수태이다. 가령 우다이(Ⓢ Udāyin)가 부인과 함께 출가하고서 오래 떨어져 지내다가 우다이가 부인의 처소로 갔는데 두 사람의 정욕과 사랑이 그치지 않아 각자 의사를 묻고 나서 욕정으로 옷을 더럽혔다. 비구니가 이 옷을 얻은 뒤에 태아를 회임하였다. 이를 취의수태라 한다. 二 取衣受胎 謂如優陀夷 共婦出家 分別已久 優陀夷 往到婦處 兩情欲愛不止 各相發問 欲精汚衣 尼得此衣後卽懷胎 是名取衣受胎", "셋째, 흘린 정액에 의한 수태 곧 하정수태이다. 옛날에 한 도사가 소변을 보다가 함께 흘린 정액을 어미 사슴이 먹고 마침내 태아를 회임하고서 녹자도사를 낳았다. 이를 하정수태라 한다. 三 下精受胎 謂往昔有一道士 小便與精俱下 鹿母飮之 遂便懷胎 生鹿子道士 是名下精受胎", "넷째, 손으로 신체를 문지름에 의한 수태 곧 수마수태이다. 가령 섬보살의 부모는 모두 소경이었는데 제석이 먼 곳에서도 알아보고 그들이 있는 곳으로 내려와 말을 걸었다. '음양을 합하면 아들을 낳게 될 것이다' '우리 부부는 모두 출가하여 도법을 닦고 있으므로 이와 같은 일을 할 수 없습니다'. 제석이 다시 '음양을 합하지 않더라도 손으로 배꼽 아래를 문지르면 태아를 회임하게 될 것이다'라고 하였는데 과연 그 말대로 섬자를 출생하였다. 이를 수마수태라 한다. 四 手摩受胎 謂如睒菩薩 父母俱盲 帝釋遙知 下至其所 爲言 宜合陰陽 當生兒子 答言 夫婦旣悉 出家爲道法 故不得如此 帝釋復言 不合陰陽 當以手摩臍下 卽便懷胎 果如其言 而生睒子 是名手摩受胎", "다섯째, 남자를 봄으로써 이루어지는 수태 곧 견색수태이다. 여인이 월경이 시작되면 남자와 교합할 수 없지만 욕정이 극성해져 남자를 보기만 해도 태아를 회임하게 된다. 이를 견색수태라 한다. 五 見色受胎 謂有女人 月華水成 不得男子交合 欲情極盛 唯視男子 卽便懷胎 是名見色受胎", "여섯째, 소리를 들음으로써 이루어지는 수태 곧 문성수태이다. 가령 백로 무리가 모두 암컷이고 수컷이 없을 경우 봄이 다가왔을 때 양기가 비로소 퍼져 천둥소리가 처음 울리면 암컷 백로가 마음을 하나로 기울여 소리를 들으면 태아를 회임하게 된다. 닭도 수탉의 소리를 들으면 또한 태아를 회임하게 된다. 이를 문성수태라 한다. 六 聞聲受胎 謂如白鷺鳥 悉雌無雄 到春來時 陽氣始布 雷聲初鳴 雌鷺一心聞聲 卽便懷胎 雞亦有聞雄雞聲 亦得懷胎 是名聞聲受胎", "일곱째, 냄새를 맡음으로써 수태하는 후향수태이다. 가령 송아지 어미는 다만 송아지 냄새만 맡아도 태아를 회임하게 된다. 이를 후향수태라 한다. 七 齅香受胎 謂如犊牛母 但齅犢氣 而亦懷胎 是名齅香受胎"라고 하였다. 〔참고문헌〕『大明三藏法數』, 『善見律毘婆沙』 권6(대정장24, p.713a27).

칠종시 七種施 일곱 가지로 베풀어 제일의 과보를 얻는 일. 『잡보장경』 권6(대정장4, p.479a14)에 "부처님께서 설하셨다. '칠종시 있으니, 재물을 잃지 않고도 큰 과보 얻느니라. 첫째를 안시라 이름하니, 늘 좋은 눈으로 부모·스승과 어른·사문·바라문을 보고 악한 눈으로 보지 않으므로 이름하여 안시라 한다. 몸을 버리고 몸을 받으면 청정한 눈을 얻고 미래에 성불하여 천안과 불안을 얻을 것이니 이를 제일의 과보라 이름한다. 佛說有七種施 不損財物 獲大果報 一名眼施 常以好眼 視父母師長沙門婆羅門 不以惡眼 名爲眼施 捨身受身 得淸淨眼 未來成佛 得天眼佛眼 是名第一果報", "둘째를 화안열색시라 이름하니, 부모·스승과 어른·사문·바라문에게 눈살 찌푸리고 얼굴 찡그리거나 악한 얼굴빛을 하지 않으므로 몸을 버리고 몸을 받으면 단정한 색을 얻으며 미래에 성불하여 진금색 얻을 것이니 이를 제이의 과보라 이름한다. 二名和顔悅色施 於父母師長沙門婆羅門 不顰蹙惡色 捨身受身 得端正色 未來成佛 得眞金色 是名第二果報", "셋째를 언사시라 이름하니, 부모·스승과 어른·사문·바라문에게 부드러운 말을 내며 추악한 말을 하지 않으므로 몸을 버리고 몸을 받으면 말재주를 얻으며 가히 말한 바가 남들에게 믿고 받아들여지며 미래에 성불하여 네 변재 얻을 것이니 이를 제삼의 과보라 이름한다. 三名言辭施 於父母師長沙門婆羅門 出柔軟語 非麤惡言 捨身受身 得言語辯了 所可言說 爲人信受 未來成佛 得四辯才 是名第三果報", "넷째를 신시라 이름하니, 부모·스승과 어른·사문·바라문에게 일어나 맞이하고 예배하므로 이를 신시라 이름한다. 몸을 버리고 몸을 받으면 단정하고 장대한 몸을 얻어 남들에게 공경받는 몸이 되며 미래에 성불하여 몸이 저 니구다수와 같아 정수리를 보는 이 없을 것이니 이를 제사의 과보라 이름한다. 四名身施 於父母師長沙門婆羅門 起迎禮拜 是名身施 捨身受身 得端政身 長大之身 人所敬身 未來成佛 身如尼

拘陀樹 無見頂者 是名第四果報", "다섯째를 심시라 이름하니, 비록 위의 일들로 공양하더라도 마음이 화하고 선하지 않으면 이름하여 시라고 할 수 없으며, 선한 마음으로 화하고 선하여 깊이 공양을 생해야 이를 심시라 이름한다. 몸을 버리고 몸을 받으면 명료한 마음을 얻어 어리석게 마음을 미치게 하지 않으며 미래에 성불하여 일체종지심을 얻을 것이니 이를 심시라 이름하는데 제오의 과보니라. 五名心施 雖以上事供養 心不和善 不名爲施 善心和善 深生供養 是名心施 捨身受身 得明了心 不癡狂心 未來成佛 得一切種智心 是名心施第五果報", "여섯째를 상좌시라 이름하니, 만약 부모·스승과 어른·사문·바라문을 보면 자리를 펴서 앉으시게 하고 내지 자신이 앉은 자리에 앉으시게 청한다. 몸을 버리고 몸을 받으면 늘 존귀한 칠보로 된 자리를 얻으며 미래에 성불하여 사자법좌를 얻으니, 이를 제육의 과보라 이름한다. 六名床座施 若見父母師長沙門婆羅門 爲敷床座令坐 乃至自以已所自坐 請使令坐 捨身受身 常得尊貴七寶床座 未來成佛 得師子法座 是名第六果報", "일곱째는 방사시라 하니, 앞의 부모·스승과 어른·사문·바라문들로 하여금 방사의 가운데로 오셔서 앉고 눕게 하는 것을 곧 방사시라 이름한다. 몸을 버리고 몸을 받으면 자연스레 궁전이나 집을 얻으며 미래에 성불하여 선실들을 얻을 것이니 이를 제칠의 과보라 이름한다. 이들을 칠시라 이름하니, 재물을 잃지 않고도 큰 과보를 얻느니라. 七名房舍施 前父母師長沙門婆羅門 使屋舍之中 得行來坐臥 卽名房舍施 捨身受身 得自然宮殿舍宅 未來成佛 得諸禪屋宅 是名第七果報 是名七施 雖不損財物 獲大果報"라고 하였다. 〔참고문헌〕『雜寶藏經』.

칠종시청정상 七種施淸淨相 보시함에 일곱 가지(物戒見心語智垢)를 청정하게 해서 베풂다. 『유가사지론』 권78(대정장30, p.732a9)에 "보살들은 내가 설한 일곱 가지 보시청정상대로 수순해 수행하니, 첫째는 시물청정으로 청정시를 행하고, 둘째는 계청정으로 청정시를 행하며, 셋째는 견청정으로 청정시를 행하고, 넷째는 마음청정으로 청정시를 행하며, 다섯째는 말의 청정으로 보시를 행하고, 여섯째는 지혜청정으로 청정시를 행하는 것이며, 일곱째는 때의 청정으로 청정시를 행하는 것이니, 이를 보시의 일곱 가지 청정상이라 한다. 諸菩薩如我所說 七種布施淸淨之相 隨順修行 一者 由施物淸淨行淸淨施 二者 由戒淸淨 行淸淨施 三者 由見淸淨 行淸淨施 四者 由心淸淨 行淸淨施 五者 由語淸淨 行淸淨施 六者 由智淸淨 行淸淨施 七者 由垢淸淨 行淸淨施 是名七種施淸淨相"라고 하였다. 〔참고문헌〕『瑜伽師地論』.

칠종식 七種食 일곱 가지 먹이. 『증일아함경』 권31(대정장2, p.719a15)에 "일체제법은 먹이에 의지하여 존재하고 먹을 것 없으면 존재할 수 없다. 눈은 봄을 식으로 하고, 귀는 소리를 식으로 한다. 코는 냄새를 식으로 하고, 혀는 맛을 식으로 삼는다. 몸은 미세하고 매끄러움을 식으로 하고, 마음은 법을 식으로 삼는다. 나는 지금 또한 열반에도 식이 있다고 설한다. 아나율이 부처님께 말했다. '열반은 무엇을 먹이로 삼습니까?' 부처님께서 아나율에게 말씀하셨다. '열반은 방일하지 않음을 먹이로 한다. 방일하지 않음에 올라서 무위에 이른다'. 一切諸法 由食而存 非食不存 眼者以眠爲食 耳者以聲爲食 鼻者以香爲食 舌者以味爲食 身者以細滑爲食 意者以法爲食 我今亦說涅槃有食 阿那律白佛言 涅槃者 以何等爲食 佛告阿那律 涅槃者 以無放逸爲食 乘無放逸 得至於無爲"라고 하였다. 〔참고문헌〕『增壹阿含經』.

칠종심불생인 七種心不生因 마음에서 일어날 일 없는 일곱 가지 인. 『유가사지론』 권63(대정장30, p.652a9)에 "〔문〕 마음이 일어나지 않는 인에는 대개 몇 가지가 있고 몇 가지 인에 의해 마음이 일어나지 않는가? 〔답〕 마음이 생기하지 않는 인에는 대략 일곱 가지가 있으니, 이 인으로 인해 마음이 생기할 수 없다. 무엇이 일곱 가지인가? 연을 결여하기에 마음이 생기할 수 없고, 다음과 같이 작의하지 않거나 아직 증득하지 못하거나, 서로 어긋나거나 끊어 없어지거나 사라지기 때문이며, 이미 생겨난 것일 때는 마음에서 일어날 것이 없다. 問 心不生因 凡有幾種 由幾種因 心不得生 答 心不生因 略有七種 由此因故 心不得生 何等爲七 謂緣闕故 心不得生 如是作意闕故 未得故 相違故 斷故 滅故 已生故 心不得生"라고 하였다. 〔참고문헌〕『瑜伽師地論』.

칠종십이파 七宗十二派 조선전기 불교 종파를 다 들어 부르는 말. 칠종과 십이파를 연이어 부르는 말인데, 이는 칠종과 십일종을 잘못 파악해서 생긴 오류다. 조선은 승정(僧政) 체제를 토대로 주지를 파견하고 사사전(寺社田)을 지급하는 종파와 그 소속 사원을 정하였는데, 『태종실록』에는 1406년(태종6)에 십일종, 1407년에는 칠종을 언급하였고, 『세종실록』에는 1424년(세종6)에 선종과 교종 양종(兩宗)으로 통합하였다. 그런데 『용재총화』 권8에 "십이종을 두어 불교를 관장했는데 … 아조 태종 때에 십이종을 개혁하여 단지 양종을 두고 사사전을 모두 혁파했으나 유풍은 끊기지 않았다. 置十二宗以掌釋敎 … 至我太宗 革十二宗 只置兩宗 盡革寺社之田 然遺風未殄"라고 하였다. 이는 『태종실록』 권11 6년 3월 정사의 천태소자법사종(天台疏字法事宗)을 천태종·소자종·법사종으로 잘못 읽어 11종을 12종으로 오인한 것에서 유래하며, 종파 이름만을 나열하여 생긴 탓이다. 이후 칠종십이파로 부르기도 하였다. 칠종이란 조계종(曹溪宗)·천태종(天台宗)·총남종(摠南宗)·화엄종

(華嚴宗)·자은종(慈恩宗)·중신종(中神宗)·시흥종(始興宗)을, 십일종은 조계종·총지종(摠持宗)·천태소자종(天台疏字宗)·천태법사종(天台法事宗)·화엄종·도문종(道門宗)·자은종·중도종(中道宗)·신인종(神印宗)·남산종(南山宗)·시흥종(始興宗)을 가리킨다. 〔참고문헌〕『太宗實錄』, 『世宗實錄』, 『慵齋叢話』. ⇨ 십이종 十二宗, 십일종 十一宗, 칠종 七宗

칠종안 七種眼 Ⓢ sapta-vidhaṃ cakṣūḥ. 일곱 가지의 눈. 식(識)의 유무·공능(功能)의 강약·삼성(三性)의 범주로 나눈다. 『유가사지론』 권3(대정장30, p.292b20 : *Yogā-bh.*, p.64)에 "또는 일곱 가지로 세운다면, 식이 있는 눈, 식이 없는 눈, 공능이 강한 눈, 공능이 약한 눈, 선식이 의지하는 눈, 불선식이 의지하는 눈, 무기식이 의지하는 눈이다. 或立七種 謂有識眼 無識眼 强眼弱眼 善識所依眼 不善識所依眼 無記識所依眼 sapta-vidhaṃ savijñānakam-avijñānakaṃ sabalaṃ durbalaṃ kuśalavijñāna-saṃniśrayam-akuśalavijñāna-saṃniśrayam-avyākṛtavijñāna-saṃniśrayaṃ"라고 하였다. 〔참고문헌〕『瑜伽師地論』, *Yogā-bh.*

칠종약 七種藥 비구에게 허용된 일곱가지 약. 『대비구삼천위의』 권하(대정장24, p.920c1)에 "현자 비구여, 칠종약을 쌓아 두어서는 안 된다. 첫째는 곡기를 끊게 해주는 벽곡약, 둘째는 소화를 도와주는 소곡약, 셋째는 설사를 유도하는 토하약, 넷째는 기력을 강하게 해주는 강중약, 다섯째는 음식을 잘 먹도록 해주는 복식약, 여섯째는 독약, 일곱째는 종기에 바르는 병창약이다. 병이 없다면 어떤 약도 복용해서는 안 되며, 다른 이에게 복용케 해서도 안 된다. 모두 타죄이다. 賢者 比丘 不應畜七種藥 一者 辟穀藥 二者 消穀藥 三者 吐下藥 四者 强中藥 五者 服食藥 六者 毒藥 七者 兵瘡藥 無有病 一切不應服藥 亦不得與他人使服 墮罪"라고 하였다. 〔참고문헌〕『大比丘三千威儀』.

칠종어 七種語 부처님께서 중생을 위해서 베푸시는 일곱 가지 말씀. 40권본 『대반열반경』 권35(대정장12, p.574a3)에 "선남자야! 여래설법은 중생을 위하기에 일곱 가지로 말씀하신다. 첫째는 인어, 둘째는 과어, 셋째는 인과어, 넷째는 유어, 다섯째는 불응설어, 여섯째는 세유포어, 일곱째는 여의어다. 인어란 무엇인가? 현재인 중에서 미래과를 설한다. … 과어란 무엇인가? 현재과에서 과거인을 설한다. … 인과어란 무엇인가? 경에서 '선남자야! 중생의 현재 육입은 촉의 인이며 이를 과거에 지은 업의 과라고 하며, 여래께서도 업이라고 설하시니, 이 업의 인연으로 미래과를 얻는다'라고 설하신 것을 인과어라고 한다. 유어란 무엇인가? 가령 사자왕이라 말해서 나의 몸을 비유하는 것이다. 불응어란 무엇인가? 나의 경에서 '하늘과 땅이 합할 수 있어도 강물은 바다에 들지 않는다'라고 하거나 파사익왕에게 '사방에서 산이 닥쳐온다'라고 하신 말씀이며, 녹모 우바이에게 '사라수가 팔계를 받고 인천의 즐거움을 받았다'라고 한 말씀이다. … 세유포어란 무엇인가? 부처님의 말씀과 같이 남녀·대소·거래·좌와·거승·방사·병의·중생·상락아정·군림·성읍·승환·합산 등을 세간에 유포하신 말씀이라 한다. 여의어란 무엇인가? 마치 내가 금계를 해친 사람을 가책하여 그로 하여금 스스로 꾸짖고 금계를 지키도록 하신 말씀이다. … 모든 중생은 누구나 불성이 있다고 설하여 일체로 하여금 방일하지 않도록 하신 것을 여의어라 한다. 善男子 如來說法 爲衆生故 有七種語 一者 因語 二者 果語 三者 因果語 四者 喩語 五者 不應說語 六者 世流布語 七者 如意語 云何名因語 現在因中 說未來果 … 云何果語 現在果中 說過去因 … 云何因果語 如經中說 善男子 衆生現在 六入觸因 是名過去業果 如來亦說 名之爲業 是業因緣 得未來果 是名因果語 云何喩語 如說師子王者 卽喩我身 云何不應語 我經中說 天地可合 河不入海 如爲波斯匿王說 四方山來 如爲鹿母優婆夷說 若娑羅樹 能受八戒 則得受於人天之樂 … 云何世流布語 如佛所說 男女 大小 去來 坐臥 車乘 房舍 瓶衣 衆生 常樂我淨 軍林 城邑 僧幻 合散 是名世流布語 云何如意語 如我呵責毁禁之人 令彼自責 護持禁戒 … 說諸衆生 悉有佛性 爲令一切 不放逸故 是名如意語"라고 하였다. 〔참고문헌〕『大般涅槃經』. ⇨ 과어 果語, 불응설어 不應說語, 세유포어 世流布語, 여의어 如意語, 유어 喩語, 인과어 因果語, 인어 因語

칠종여실통달지행 七種如實通達智行 여실히 통달하는 일곱 가지 지혜의 행. 『유가사지론』 권86(대정장30, p.781b29)에 "다음으로 마땅히 알아야 할 일곱 가지 여실통달지혜행이 있으니, 첫째는 (無漏의 後得智로서) 이미 얻은 지이고, 둘째는 (무루의 加行智로서) 아직 얻지 못한 지이며, 셋째는 (무루의 無分別智로서) 전도됨 없는 지이고, 넷째는 이것(변계소집성)은 실유(實有)가 아니니 실유가 아님을 아는 지이며, 다섯째는 이것 이외의 것은 공하지 않음을 아는 지이고, 여섯째는 (諸行은) 고·부정임을 아는 지이며, 일곱째는 (제행은) 지체 없이 사라지고 무너짐을 아는 지이다. 復次當知 於所知事有七種如實通達智行 一 已得智 二 未得智 三 無顚倒智 四 是處非有知非有智 五 是處所餘知不空智 六 苦不淨智 七 速滅壞智"라고 하였다. 〔참고문헌〕『瑜伽師地論』.

칠종여여 七種如如 일곱 가지로 여여해 전도가 없는 뜻. 생·상·식·의지·사행·청정·정행(生相識依止邪行淸淨正行)에 있어 전도함이 없는(無顚倒) 뜻으로, 유식(唯識)의 삼성삼무성(三性三無性)에 입각해 사제와 팔정도로 중도의 뜻을 드러낸다. 『삼무성론』 권상(대정장31, p.871b16)에 "칠종여여라 해서 아주 많은 뜻을 낸다. 여여 가운데서 분별(遍計所執性)과 의타기(依他起性)의 씀을 밝히면 인과생멸에는 전후의 뜻이 없게 된다. 진제라 함은 칠종여여를 말한다. 첫째는 생, 둘째는 상, 셋째는 식, 넷째는 의지, 다섯째는 사행, 여섯째는 청정, 일곱째는 정행이다. 七種如如 甚多義生 如如中明 分別依他用 因果生滅 無前後義 眞諦者 謂七種如如 一生 二相 三識 四依止 五邪行 六清淨 七正行", "첫째, 생여여란 유위법에 전후가 없음을 말한다. 유위법이란 두 성에 속할 뿐이니, 곧 분별과 의타성이어서 이들 법에는 전후가 없다는 말이다. … 이에 생멸에 전후 없으나 분별의타성에서 벗어나지도 않기에 여여라 한다. 一生如如者 謂有爲法 無前無後 有爲法者 但兩性攝 謂分別依他 此法無前無後 … 是故 生滅無有前後 亦不離分別依他故 曰如如也", "둘째, 상여여란 인법이공을 뜻한다. 이 이공의 상을 쓰기에 여여라 하고 세 가지 뜻이 있다. 첫째는 희론을 벗어났고 … 둘째는 무분별지의 경계이며 … 셋째는 진실성이어서 만약 이 성을 등진즉 생사하고 이 성을 따른즉 열반을 얻는다. 이 성이야말로 모든 법의 진성이므로 여여라 한다. 二 相如如者 謂人法二空 此二空相 所以名如如 有三義 一 離戲論 … 二 是無分別智境界 … 三 是眞實性 若違此性 則成生死 若順此性 則得涅槃 此性爲一切法眞性 故名如如", "셋째, 식여여란 일체제행은 오직 식일 뿐이라는 뜻이다. 이 식에 두 뜻이 있기에 여여라 한다. 하나는 거두지만 뒤침이 없고, 또 하나는 변하여 다르게 되지 않음이다. 섭무도란 십이처로 들어가는 모든 법이 오직 식일 뿐이라는 말이다. 산란한 식을 벗어나는 밖에 달리 다른 법은 없기 때문이다. 일체제법은 식으로 거둔다는 이 뜻은 결정되었기에 섭무도라 한다. 뒤집히지 않았기에 여여고, 전도 없는 여여는 무상여여는 아니다. 무변이는 이 산란식이 분별의타성임을 밝혀서 진과 식의 소현인 듯하지만 분별성길이 없고 의타성 또한 있는 것 아니니, 이 둘이 없는즉 청정식이다. 오직 이 식만이 있어 외로이 변이 없음을 여여라 한다. 三 識如如者 謂一切諸行 但唯是識 此識二義 故稱如如 一 攝無倒 二 無變異 攝無倒者 謂十二入等 一切諸法 但唯是識 離亂識外 無別餘法故 一切諸法皆爲識攝 此義決定 故稱攝無倒 無倒故如如 無倒如如 未是無相如如也 無變異者 明此亂識 卽是分別依他 似塵識所顯 由分別性永無故 依他性亦不有 此二無所有 卽是阿摩羅識 唯有此識 獨無變異 故稱如如", "넷째, 의지여여란 고제를 말한다. 고제에는 셋이 있으니 첫째는 고류, 둘째는 고제, 셋째는 고성제다. … 처음의 고류는 속제, 다음의 고제는 진제이다. 전도가 없음으로 진제를 세운다. 마지막 하나는 제일의제다. 전도와 변이가 없으니 이는 제를 세우는 뜻이 없는 제다. 후에 삼제를 버림도 또한 그러하다. 四 依止如如者 所謂苦諦 苦諦有三 一 苦類 二 苦諦 三 苦聖諦 … 初苦類卽是俗諦 次苦諦卽眞諦 以無顚倒 是安立眞諦 後一卽是第一義諦 無倒無變異 是非安立諦 後去三諦亦爾", "다섯째, 사행여여란 집제를 말한다. 여기에도 세 가지가 있다. 첫째 집류는 여섯 가지 탐애를 말한다. 육진에 의지해 일어나 능히 생사상속해서 이 무리에서 벗어나지 못하게 한다. 둘째 집제는 부전도가 이 여섯 가지 탐애가 결정코 모든 유를 이어지도록 함을 알기에, 진실로 전도가 없다. 셋째 집성제는 집이란 한 맛으로 앞의 사제와 다르지 않다. 삼해탈문과도 같이 해서 한 길이다. 五 邪行如如者 所謂集諦 例苦亦三 一 集類 謂六種貪愛 依六塵所起 能令生死相續 不出此類 二 集諦者 謂不顚倒 知此六貪愛 決定能令 諸有相續 眞實無倒 名爲集諦 三集聖諦者 謂集一味 不異於前四諦 同以三解脫門 爲一味故", "여섯째, 청정여여란 멸제다. 여기에도 셋이니, 첫째 멸류는 사사문과로서 견혹과 사혹을 남김없이 멸하여 일어나지 않게 함이다. 둘째 멸제는 전도가 없음이다. 이 멸류는 결정코 적정하여서 그야말로 제의 뜻이다. 셋째 멸성제는 멸이라는 한 맛으로 이 또한 전과 다르지 않다. 六 清淨如如者 所謂滅諦 亦有三種 一滅類者 謂四沙門果 卽是見思兩惑 滅盡不生 是其類也 二滅諦者 謂不顚倒 此滅類決定寂靜 是其諦義 三滅聖諦者 謂滅一味 亦不異前", "일곱째, 정행여여란 도제다. 여기에도 셋이 있다. 첫째 도류는 팔성도의 각분을 말한다. 둘째 도제는 전도되지 않음이다. 이 여덟 가지 결정코 집(集)에서 벗어나게 하니 제의 뜻이다. 셋째 도성제는 도는 한 맛이어서 이 또한 이전과 다르지 않다. 七 正行如如者 所謂道諦 亦有三種 一道類者 謂八聖道分 是其類也 二道諦者 謂不顚倒 此八決定 能出離集 是其諦義 三道聖諦者 謂道一味 亦不異前也"라고 하였다. [참고문헌] 『三無性論』.

칠종연민 七種憐愍 보살이 모든 중생에게 품는 일곱 가지 연민심. 『보살지지경』 권9 「정심품 淨心品」(대정장30, p.939a22)에 "보살은 모든 중생에게 일곱 가지 연민을 품으니, 이름하여 제일진실이다. 첫째는 무외, 둘째 교편, 셋째는 불염, 넷째는 불구, 다섯째는 불탐, 여섯째는 광대, 일곱째는 평등이다. 菩薩於諸衆生 有七種憐愍 名第一眞實 一者無畏 二者巧便 三者不厭 四者不求 五者不貪 六者廣大 七者平等", "보살은 두려움을 쓰지 않기에 모든 중생에 대해 연민심을 일으킨다. 신구의 업을 닦아 중생을 안락하게 하니 이를 무외라 한다. 菩薩不以畏故 於諸衆生 起憐愍心 修身口意業 安樂衆生 是名無畏", "보살은 솜씨 좋은 방편의 혜로써 모든 중생에게 연민심을 낸다. 법 아니고 율 아니며 진제 아니더라도 옳지 않은 것이라 가르치지 않으니, 이를 교편이라 한다. 菩薩以巧便慧 於諸衆生 起憐愍心 非法非律非眞諦 不敎非處 是名巧便", "보살은 모든 중생에게 일체방편 씀에 지쳐 꺼리지 않으니, 이것이 불염이다. 보살은 모든 중생에게 연민심을 일으키되 두려워 구하는 바 없으니, 이를 불구라 한다. 菩薩於諸衆生 一切方便 而不疲厭 是名不厭 菩薩於諸衆 生起憐愍心 無所悕求 是名不求", "보살은 모든 중생게게 연민심을 일으키니 은혜 되갚음을 구하지 않으니, 이를 불탐이라 한다. 보살은 모든 중생에게 연민심 일으킴에 중생에 한정치 않고 중생은 얻은 바의 요익과 불요익에 대해서도 모두 놓아버리지 않으니, 이를 광대라 한다. 菩薩於諸衆生 起憐愍心 不求恩報 是名不貪 菩薩於諸衆生 起憐愍心 不限衆生 於衆生所得 饒益不饒益 悉不棄捨 是名廣大", "보살은 모든 중생에게 연민심을 일으켜 중생계와 같이 해서 끝이 없으니, 이것이 평등이다. 보살이 이와 같은 일곱 가지 연민을 성취하면, 이를 제일진실이라 이름한다. 菩薩於諸衆生 起憐愍心 等衆生界 無有方限 是名平等 菩薩成就 如是七種憐愍 是名第一眞實"라고 하였다. [참고문헌]『菩薩地持經』, 『菩薩善戒經』 권8(대정장30, p.1001c6).

칠종열반 七種涅槃 일곱 유형의 열반. 칠각지(七覺支 : 七覺分)를 닦아서 얻는다. 『잡아함경』 권27(대정장2, p.196c12 : *Sīla-sutta*, *SN.5*, p.69)에 "만약 비구가 칠각분을 수습하여 마치면 일곱 가지 과와 일곱 가지 복된 이익을 얻으리니 무엇이 그 일곱인가? 若比丘 修習七覺分 多修習已 當得七種果 七種福利 何等爲七 evam bhāvitesu kho bhikkhave sattasu bojjhaṅgesu evam bahulikatesu satta phalā sattānisaṃsā pātikaṅkhā. katame satta phalā sattānisaṃsā", "이 비구는 현재법에 지혜증득의 즐거움을 얻고, 만약 그렇지 못하면 목숨을 마칠 때 열반을 얻으며, 목숨을 마치는 그때 오하분결 다함으로 중반열반을 얻는다. 만약 중반열반을 얻지 못한다면 생반열반을 얻는다. 생반열반을 얻지 못한다면 무행반열반을 얻으며, 무행반열반을 얻지 못한다면 유행반열반을 얻는 것이고, 유행반열반을 얻지 못하면 상류반열반(上流 色究竟天)을 얻을 것이다. 是比丘得 現法智證樂 若命終時 若不得現法智證樂 及命終時 而得五下分結盡 中般涅槃 若不得中般涅槃 而得生般涅槃 若不得生般涅槃 而得無行般涅槃 若不得無行般涅槃 而得有行般涅槃 若不得有行般涅槃 而得上流般涅槃 diṭṭheva dhamme paṭihacca aññam ārādheti. no ce … ārādheti, atha maraṇakāle aññam ārādheti … atha pañcannam orambhāgiyānaṃ saṃyojanānam parikkayā antarāparinibbāyī hoti … upahacca parinibbāyī hoti … asaṅkhāra-parinibbāyī hoti … sasaṅkhāra-parinibbāyī hoti … uddhaṃsoto hoti akaniṭṭhagāmī"라고 하였다. [참고문헌]『雜阿含經』, *SN.* ⇨ 칠종불환 七種不還

칠종염불법신 七種念佛法身 Ⓢ saptadhā buddha-dharmakāya-anusmṛti. 여래법신에 대해 일곱 가지로 기억해 잊지 않는 일. 『섭대승론본』 권3(대정장31, p.150c19)에 "보살들이 불법신을 념할 때는 몇 가지로 닦아 기억하는가? 보살들이 불법신을 념함에 간략히 일곱 가지 념을 따라 닦는다. 첫째는 '모든 부처님께서는 일체법에 대해 자재하다'라고 념해 닦아야 하니 일체세간에 대해 무애통을 얻기 때문이다. … 둘째는 '여래의 그 몸은 상주한다'라고 념해 닦아야 하니 진여는 틈새 없이 번뇌를 해탈해 있기 때문이다. 셋째는 '여래께서는 최승이어서 흠결이 없다'라고 념해 닦아야 하니 일체번뇌소지장 얽힘에서 벗어났기 때문이다. 넷째는 '여래께는 힘써 공들이는 일 없다'라고 념해 닦아야 하니 힘써 공들이지 않고도 모든 불사가 그치는 일 없기 때문이다. 다섯째는 '여래께서는 큰 부와 즐거움을 향수한다'라고 념해 닦아야 하니 청정불토는 대단히 부귀하고 즐겁기 때문이다. 여섯째는 '여래께서는 모든 염오를 여의었다'라고 념해 닦아야 하니 세간에 출현해 계시지만 모든 세간법이 능히 물들이지 못하기 때문이다. 일곱째는 '여래께서는 능히 크나큰 사업을 성취하신다'라고 념해 닦아야 하니 무상정등각과 반열반 등을 시현하여 아직 성숙하지 못한 유정들은 성숙시키고 이미 성숙한 유정들은 해탈하게 하기 때문이다. 若諸菩薩念佛法身 由幾種念 應修此念 略說菩薩念 佛法身 由七種念 應修此念 一者 諸佛於一切法 得自在轉 應修此念 於一切世界 得無礙通故 … 二者 如來其身常住 應修此念 眞如無間 解脫垢故 三者 如來最勝無罪 應修此念 一切煩惱 及所知障 並離繫故 四者 如來無有功用 應修此念 不作功用 一切佛事 無休息故 五者 如來受大富樂 應修此念 淸淨佛土 大富樂故 六者 如來離諸染汚 應修此念 生在世間 一切世法 不能染故 七者 如來能成大事 應修此念 示現等覺 般涅槃等 一切有情 未成熟者 能令成熟 已成熟者 令解脫"라고 하였다. [참고문헌]『攝大乘論本』, *Mah-saṃ.92.*

칠종예불 七種禮佛 중인도 출신 륵나마제(勒那摩提)삼장이 부처님께 예를 올림에 있어 일곱 가지로 가린 뜻. 칠종예법(七種禮法)이라고도 한다. 『대명삼장법수』 권23(영락장182, p.335a3)에 "칠종예불〈출전은 『법원주림』 권20(대정장53, p.435a13)〉 : 천축의 륵나삼장이 이곳의 풍속을 보아하니 예불 의례 익힌 바 없음을 보고 마침내 이 일곱 가지의 법을 전하였다. 비록 모두 예불이라 말하지만 시비와 깊이에서 같지 않다. 대체로 사람들로 하여금 아만이나 명예 구하는 두 가지 잘못을 알게 해서 몸과 마음 다해 예하는 등 다섯 가지로 바르게 하고자 함이다. 얕은 것에서 깊은 것에 이르기까지 수행하여 이익을 얻으므로 칠종예불이라는 이름이 생겼다. 七種禮佛〈出法苑珠林〉 謂天竺勒那三藏 覩此方俗 不習禮佛之儀 遂傳此七種之法 雖通云禮佛 而有是非淺深不同 蓋欲令人知 我漫求名二種之非 而歸於身心禮等 五種之正 從淺至深 修行獲益 故有七種禮佛之名也", "첫째, 아만례이다. 부처님께 예를 올림에 몸은 비록 굽혀서 절을 올리지만 공경하는 마음은 없고 겉으로 보기에만 공손한 듯할 뿐 안으로는 아만을 품고 있다. 이를 아만례라 한다. 一 我慢禮 謂人禮佛 身雖設拜 無有敬心 外覩似恭 內懷我慢 是名我慢禮", "둘째, 구명례〈창화례라고도 한다〉이다. 부처님께 예를 올림에 다만 명예를 닦아서 거짓으로 위의를 드러내 항상 예배를 행하지만 실은 은근하고 정중한 마음은 없다. 이것을 구명례라 한다. 창화례라고도 하는 말은 입으로는 비록 부처님 명호를 소리 내어 부르지만 마음으로는 참으로 밖의 경계로 달려 구할 뿐이다. 이를 창화례라 한다. 二 求名禮〈又名唱和禮〉 謂人禮佛 但爲要其修行名譽 詐現威儀 常行禮拜 而實無慇重之心 是爲求名禮 又名唱和禮者 謂口雖稱唱佛名 心實馳求外境 是名唱和禮", "셋째, 신심례이다. 부처님께 예를 올림에 입으로는 부처님 이름을 부르고 마음은 상호에 둔다. 몸으로 간절히 한껏 공경공양할 뿐 다른 생각은 조금도 없다. 이를 신심례라 한다. 三 身心禮 謂人禮佛 口唱佛名 心存相好 身業翹勤 恭敬供養 無有異念 是名身心禮", "넷째, 발지청정례이다. 부처님께 예를 올림에 지혜로운 마음으로 밝고 예리해 부처님 경계에 통달하고 안팎으로 청정하여 다 비워 통하여 걸림이 없다. 한 부처님께 예를 올린즉 모든 부처님께 예를 올림과 같이 하고, 모든 부처님께 예를 올릴 때 한 부처님께 예를 올림과 같게 한다. 부처님의 법신 그 바탕 본래 융통하기에 일배의 예를 올려도 법계 어디나 두루 통한다. 부처님께 예를 올림이 이와 같고 법과 승에 올리는 예도 이와 같다. 이를 발지청정례라 한다. 四 發智淸淨禮 謂人禮佛 慧心明利 達佛境界 內外淸淨 虛通無礙 禮一佛時 卽是禮一切諸佛 禮一切諸佛 卽是禮一佛 以諸佛法身 體本融通 故禮一拜 遍通法界 禮佛如是 禮法禮僧亦然 是爲發智淸淨禮", "다섯째, 변입법계례이다. 사람이 부처님께 예를 올림에 '자기 신심 등 법은 본래부터 법계를 떠난 일 없기에 모든 부처님도 내 마음을 떠난 일 없으며, 내 마음 모든 부처님을 떠난 일 없어서 성과 상 평등하여 본래 증감도 없다'라고 떠올린다. 한 부처님께 예를 올리면 모든 부처님께 두루 통한다. 마치 한 방에 천의 거울 달아 놓고 어떤 사람이 거울에 비춤에 거울마다에 모두 그 형상이 나타나는 것과 같다. 거울은 비추지 못함이 없고 그림자는 나타나지 않음이 없으니, 이와 같이 바르게 관한즉 공은 법계로 돌아가고 덕용은 끝이 없게 된다. 이를 변입법계례라 한다. 五 遍入法界禮 謂人禮佛 想自己身心等法 從本以來 不離法界 諸佛不離我心 我心不離諸佛 性相平等 本無增減 今禮一佛 卽遍通諸佛 如一室中 懸百千鏡 有人觀鏡 鏡皆現像 鏡無不照 影無不現 如是正觀 則功歸法界 德用無邊 是名遍入法界禮", "여섯째, 정관수성례이다. 부처님께 예를 올림에 마음을 거두어 바르게 념하고 비록 부처님 몸을 마주하지만 곧바로 자신불에 스스로 예를 올림이라 한다. 일체중생은 본래 각성이 있어 부처님과 평등하지만, 따라 물든 연 때문에 자기의 각성에 미하여서는 악하다고 잘못 안다. 시작을 알 수 없는 때로부터 일찍이 하나의 등과 하나의 향으로 자기불성에 한 번 예를 올려서 공양한 적이 없다. 만약 본각 돌이켜 비출 수만 있다면 해탈할 기약이 있을 것이다. 그러므로 『유마경』 권하(대정장14, p.554c29)에 '자신의 실상을 관하듯 부처님을 관함도 또한 그와 같이 한다'라고 한다. 이를 바르게 관해 닦아 진실로 예를 올린다 한다. 六 正觀修誠禮 謂人禮佛 攝心正念 雖對佛身 卽是自禮自身佛也 蓋由一切衆生 本有覺性 與佛平等 爲隨染緣 迷於己性 妄認爲惡 無始以來 未曾將一燈一香 一禮供養己身佛性 若能返照本覺 則解脫有期 故維摩經云 觀身實相 觀佛亦然 是名正觀修誠禮", "일곱째, 실상평등례이다. 사람이 부처님께 예를 올림에 앞서 바로 관하는 중이라 해도 여전히 예도 관도 남아 있고 자타로 다르다. 지금 이 한 차례 예는 자타도 없으며 범성이 하나로 같고 체용이 둘이 아니다. 만약 부처님은 존중할 만하고 공경할 만하다고 보아 범부는 낮고 천한 이라 보아 이러한 마음을 일으키면 삿된 집착이다. 『금강경』(대정장8, p.751c24)에 '이 법은 평등하여 높일 것 낮출 것 없다'라고 하니, 예를 올리는 이도 예를 받는 부처님도 그 성은 공적하다. 이를 실상으로 평등하게 예를 올린다고 한다. 七 實相平等禮 謂人禮佛 前正觀中 猶存有禮有觀 自他兩異 今此一禮 無自無他 凡聖一如 體用不二 若見佛可尊可敬 見凡可卑可慢 起此之心 卽成邪執 故金剛經云 是法平等 無有高下 能禮所禮 其性空寂 是名實相平等禮"라고 하였다. [참고문헌] 『大明三藏法數』, 『法苑珠林』, 『維摩經』, 『金剛經』, 『釋氏要覽』 권중(대정장54, p.287b27). ⇨ 구명례 求名禮, 기용례 起用禮, 발지청정례 發智淸淨禮, 변입법계례 遍入法界禮, 신심공경례 身心恭敬禮, 실상평등례 實相平等禮, 아만례 我慢禮, 정관수성례 正觀修誠禮, 십종례 十種禮, 예배 禮拜

칠종위범쟁사 七種違犯諍事 승가에 분쟁이 생기면 이를 소멸시켜 화쟁(和諍)을 성취하는 일곱 가지 멸쟁법을 말함. 칠멸쟁법(七滅諍法)이라고 한다. 『유가사지론』 권14(대정장30, p.355a6)에 "여기에 위범과 관련된 일곱 가지 쟁사가 있다. 첫째는 (현전비니) 현재 드러난 범쟁사를 그대로 드러내 깨우치는 일이고, 둘째는 (억념비니) 과거에 기억하지 못하여 생긴 범쟁사를 대중에게 열어 알게 해서 다스리며, 셋째는 (불치비니) 정신이 온전하지 못한 상태에서 저지른 일을 드러내 위범을 사라지게 하는 것이고, 넷째는 (자언비니) 범한 바를 말하게 하여 살핀 후 치죄하여 없애는 일이며, 다섯째는 (멱죄상비니) 범한 바를 물어 치죄하여 분란을 없게 하는 일이고, 여섯째는 (다인멱죄상비니) 스스로 뉘우치게 하여 다스리는 일이고, 일곱째는 (여초부지) 시비를 가리기 어려운 경우에는 한쪽은 참고 한쪽은 부끄러워하는 두 갈래 대중이 화합하여 다시는 없던 일로 결의하는 경우다. 此中有七種違犯諍事 一 開悟現前犯諍事 二 開悟過去失念犯諍事 三 開悟不自在犯諍事 四 尋思犯諍事 五 決擇犯諍事 六 自悔犯諍事 七 忍愧建立二衆展轉擧罪諍事"라고 하였다. [참고문헌]『瑜伽師地論』. ⇨ 멸쟁법 滅諍法, 칠멸쟁법 七滅諍法, 화쟁 和諍

칠종의 七種衣 ❶ 일곱 가지 헌옷. 칠종고의(七種故衣)라고도 한다. 『유부율』 권18(대정장23, p.722a27)에 "헌옷이란 칠종의 중에 한 번이라도 사용한 것이다. 어떤 것이 그 일곱인가. 첫째 털옷, 둘째 추마가〈중국에는 없다〉, 셋째 사닉가〈중국에는 없다〉, 넷째 갈파사가〈백첩〉, 다섯째 독고락가〈모시〉, 여섯째 고고박가〈상품의 털옷. 중국에는 없다〉, 일곱째 아반란득가〈북방의 지명. 그곳에 이 옷이 있다. 또한 가는 명주옷이라는 해석도 있다〉. 故衣者 七種衣中 隨是一數 云何爲七 一者 毛 二者 芻摩迦〈此方無〉 三者 奢搦迦〈此方無〉 四者 羯播死迦〈白疊〉 五者 獨孤洛迦〈紵布〉 六者 高詁薄迦〈是上毛緂 此方無也〉 七者 阿般蘭得迦〈是北方地名 其處有此衣也 亦有釋云 卽是絁絹之衣耳〉"라고 하였다. [참고문헌]『有部律』. ⇨ 갈파사가의 羯播死迦衣, 독고락가 獨孤洛迦, 사닉가 奢搦迦[1], 아반나의 阿扳那衣, 아반란득가 阿般蘭得迦[1], 추마가 芻摩迦 ❷ 법에 어긋나지 않는(衣法) 일곱 가지 옷. ⇨ 의법 衣法[2]

칠종이제 七種二諦 천태에서 진제(眞諦)와 속제(俗諦)를 일곱으로 나눈 뜻. 장통별원(藏通別圓) 사교(四敎)의 이제와 별접통(別接通 : 別入通)·원접통(圓接通 : 圓入通)·원접별(圓接別 : 圓入別)의 이제를 말한다. 첫째, 실유이제(實有二諦) : 음계입(陰界入) 등의 실법으로 이루어진 삼라만상을 속제로, 이 속제가 멸하는 이치를 진제로 하는 것. 제법(諸法)의 생멸을 인정하므로 생멸이제라고도 한다. 삼장교(三藏敎)의 이제다. 둘째, 환유공이제(幻有空二諦) : 환유를 속제로, 환유가 즉공(卽空)임을 진제로 하는 것. 실유이제를 인정하지 않으므로 무생멸이제(無生滅二諦)라고도 한다. 통교의 이제다. 환유를 속제로 하지만, 진제는 세 가지로 구분된다. 이를 일속삼진(一俗三眞)이라 하며, 진을 단진(單眞)·복진(複眞)·불사의진(不思議眞)으로 나누어 설한다. 통교이제는 단진의 설명이다. 셋째, 별접통이제(別接通二諦) : 환유를 속제라고 아는 사람이 별교의 단중(但中 : 空不空)의 이치까지 보는 것. 곧 환유를 속제로, 환유가 공불공과 즉함을 진제로 하는 것. 단속복진이제(單俗複眞二諦)·환유공불공이제라고도 한다. 넷째, 원접통이제(圓接通二諦) : 환유속제를 아는 사람이 원교의 부단중(不但中)의 이치까지 보는 것. 곧 환유를 속제로, 환유즉공불공·일체법취공불공(一切法趣空不空)을 진제로 하는 것. 다섯째, 별교이제(別敎二諦) : 환유·환유즉공을 속제로, 불유불무(不有不無)의 중도를 진제로 하는 것. 앞의 별접통·원접통과는 속제의 내용이 달라진다. 여섯째, 원접별이제(圓接別二諦) : 별교의 속제를 아는 사람이 단중(一切法趣空不空)과 부단중(不有不無)을 진제로 아는 것. 이때 별교의 사람은 공불공의 이치를 듣고도 이것이 다만 이치일 뿐이라 생각하여 일체법취공불공이라고 하지만, 연을 따라 방편을 닦는다. 원교의 사람은 불공의 이치를 듣고 모든 불법에 부족하거나 결함이 없음을 알고 일체취공불공으로 이해한다는 차이가 있다. 일곱째, 원교이제(圓敎二諦) : 환유·환유즉공을 속제로, 일체법이 유·공·중도로 나아감을 진제로 한다. 진제가 곧 속제이고, 속제가 곧 진제임을 아는 것이다. 부사의이제(不思議二諦)라고도 한다. 『법화현의』 권2(대정장33, p.702c12)에 "칠종이제란 다음과 같다. 첫째는 실유를 속제, 실유의 멸함을 진제로 한다. 둘째는 환유를 속제로, 환유가 공에 즉함을 진제로 한다. 셋째는 실유를 속제로, 환유가 공불공에 즉함을 진제로 한다. 넷째는 환유를 속제로, 환유가 공불공에 즉하고 일체법이 공불공에 나아감을 진제로 한다. 다섯째는 환유·환유즉공을 모두 속제로, 불유불공을 진제로 한다. 여섯째는 환유·환유즉공을 모두 속제로, 불유불공·일체법이 불유불공으로 나아감을 진제로 한다. 일곱째는 환유·환유즉공을 모두 속제로, 일체법이 유·공·불유불공으로 나아감을 진제로 한다. 所言七種二諦者 一者 實有爲俗 實有滅爲眞 二者 幻有爲俗 卽幻有空爲眞 三者 幻有爲俗 卽幻有空不空共爲眞 四者 幻有爲俗 幻有卽空不空一切法趣空不空爲眞 五者 幻有幻有卽空皆名爲俗 不有不空爲眞 六者 幻有幻有卽空皆名爲俗 不有不空一切法趣不有不空爲眞 七者 幻有幻有卽空皆爲俗 一

〈표〉칠종이제

구분	속제俗諦	진제眞諦
장교藏敎	실유實有	실유實有의 멸滅
통교通敎	환유幻有	환유즉공幻有卽空
별교別敎	환유幻有· 환유즉공幻有卽空	불유不有·불공不空
원교圓敎	환유幻有· 환유즉공幻有卽空	일체법공유중一切法空有中 으로 나아감
별접통別接通	환유幻有	환유즉공幻有卽空 ·불공不空
원접통圓接通	환유幻有	환유즉공幻有卽空·일체법공불 공一切法空不空으로 나아감
원접별圓接別	환유幻有· 환유즉공幻有卽空	불유불공不有不空·일체법공불 공一切法空不空으로 나아감

切法趣有趣空趣不有不空爲眞", 같은 책 권2(대정장33, p.703c2)에 "칠종이제는 앞에서 널리 설하였다. 간략히 설하면 계내상즉·불상즉·계외상즉·불상즉의 사종이제다. 별접통이 다섯째, 원접통이 여섯째, 원접별이 일곱 번째다. 七種二諦 廣說如前 略說者 界內相卽 不相卽 界外相卽 不相卽 四種二諦也 別接通五也 圓接通六也 圓接別七也"라고 하였다. [참고문헌]『法華玄義』, 『大般涅槃經疏』 권15(대정장38, p.131a14). ⇨이제 二諦

칠종인 七種人 생사의 바다에 빠지지만 일곱 갈래로 다른 사람들. 항하에 모인 사람들의 비유로 설하였다. 40권본『대반열반경』 권32(대정장12, p.554a27)에 "훌륭하구나. 선남자여, 마치 항하에 일곱 갈래 사람들 있듯하이. 목욕을 하거나 도둑이 두려워서, 혹은 꽃을 따기 위하여 물 속에 들어간다. 善哉 善哉 善男子 如恒河邊 有七種人 若爲洗浴 恐畏寇賊 或爲採花 則入河中"라고 하였으니, 물에 들어가자마자 빠지고 마니, 쇠약하여 기운이 없고 헤엄치는 법을 익히지 않았기 때문이다(第一人者 入水則沈 何以故 羸無勢力 不習浮故). 빠졌지만 다시 나오고 나왔다가 다시 빠지니, 힘이 있어 다시 나오긴 했으나 헤엄치는 법을 익히지 않아 다시 빠지는 것이다(第二人者 雖沒還出 出已復沒 何以故 身力大故 則能還出 不習浮故 出已還沒). 빠졌으나 곧 나오고 그 후로는 다시 빠지지 않으니, 몸이 무거워 빠졌으나 힘이 세서 나왔고, 전에 헤엄치는 법도 익혔기에 나와서는 물 위에 머문다(第三人者 沒已卽出 出更不沒 何以故 身重故沒 力大故出 先習浮故 出已卽住). 빠졌다가 바로 다시 나오며, 나와서는 그대로 머물면서 사방을 돌아보니, 무거워서 빠졌으나 힘이 세어 다시 나왔으며, 떠오르는 법을 익혀 물 위에 머물지만 나갈 곳을 몰라 사방을 둘러본다(第四人者 入已便沒 沒已還出 出已卽住 遍觀四方 何以故 重故則沈 力大故還出 習浮則住 不知出處 故觀四方). 들어가자마자 곧 빠지고 빠졌다가 바로 물 위로 나오며, 나와서는 그대로 떠있고 떠있으면서 사방을 보며, 보고는 곧 가버리니 두려웠기 때문이다(第五人者 入已卽沈 沈已便出 出已卽住 住已觀方 觀已卽去 何以故 爲怖畏故). 들어가서는 얕은 곳에 머무르니, 도둑이 가까이 있는지 멀리 있는지를 살펴보기 위해서이다(第六人者 入已卽去 淺處則住 何以故 觀賊近遠故). 저 언덕에 가거나 커다란 산 위에 올라 더는 두려움도 없고, 모든 도둑 또한 떠나 큰 쾌락을 누린다(第七人者 旣至彼岸 登上大山 無復恐怖 離諸怨賊 受大快樂)라고 하였으며, 이어 "선남자야, 생사의 큰 강에도 이와 같은 일곱 부류의 사람들이 있다. 번뇌라는 도둑을 두려워하므로 생사라는 커다란 강을 건너고자 출가하여 삭발하고 법복을 입는다. 善男子 生死大河 亦復如是 有七種人 畏煩惱賊故 發意欲渡 生死大河 出家剃髮 身被法服"라고 하였다. [참고문헌]『大般涅槃經』. ⇨칠종하중보특가라 七種河中補特伽羅, 칠중익수 七衆溺水

칠종인 七種因 **1** Ⓢ saptavidho hetu. 십이지(十二支)를 일곱 가지 인(因)으로 분류한 뜻. 『변중변론』 권상(대정장31, p.465b19 : *Madhy-vibh.*, p.22)에 "일곱 가지 잡염이란 일곱 가지 인을 말한다. 첫째는 전도인이니 무명을 말하고, 둘째는 견인인이니 행을 말하고, 셋째는 장도인이니 식을 말하고, 넷째는 섭수인이니 명색과 육처를 말하며, 다섯째는 수용인이니 촉과 수를 말하며, 여섯째는 인기인이니 애와 취와 유를 말하며, 일곱째는 염포인이니 생과 노사를 말한다. 이러한 모든 잡염은 모두 허망한 분별로 말미암아 생장하지 않는 것이 없다. 七雜染者 謂七種因 一 顚倒因 謂無明 二 牽引因 謂行 三 將導因 謂識 四 攝受因 謂名色六處 五 受用因 謂觸受 六 引起因 謂愛取有 七 厭怖因 謂生老死 此諸雜染 無不皆由虛妄分別 而得生長 saptadhā saṃkleśaḥ saptavidho hetuḥ. viparyāsahetuḥ. ākṣepahetuḥ. upanayahetuḥ. parigrahahetuḥ. upabhogahetuḥ. ākarṣaṇahetuḥ. udvegahetuś ca. tatra viparyāsahetur avidyā. ākṣepahetuḥ saṃskārāḥ. upanayahetur vijñānaṃ. parigrahahetur nāmarūpaṣaḍāyatane. upabhogahetuḥ sparśavedane. ākarṣaṇahetus tṛṣṇopādānabhavāḥ. udvegahetur jātijarāmaraṇe. sarvaś caiṣa saṃkleśo 'bhūtaparikalpāt pravartata iti"라고 하였다. [참고문헌]『辯中邊論』, *Madhy-vibh.* ⇨십이인연 十二因緣 **2** 무상(無常)을 잘 알지 못하는 일곱 가지 인. 『현양성교론』 권14(대정장31, p.550c2)에 "무상에 대한 무지에는 일곱 가지 원인이 있으니, 첫째 방탕함, 둘째 게으름, 셋째 전도된 견해, 넷째 어리석음, 다섯째 아직 깨달음의 밑거름을 많이 쌓지 못한 것, 여섯째 악한 벗 때문에, 일곱째 비정법을 듣는 것이다. 無常無智 有七種因 一 放逸 二 懈怠 三 倒見 四 愚昧 五 未多積集菩提資糧 六 由惡友 七 聞非正法"라고 하였다. [참고문헌]『顯揚聖敎論』. ⇨무상 無常 **3** 대승의 가르침이 부처님의 말씀임을 증명하는 일곱 가지 인. 『성유식론』 권3(대정장31, p.14c25)에 "성스런 자씨보살은 일곱 가지 인으로 대승경이 진실로 부처님 말씀임을 증명한다. 첫째, 앞서 기별하지 않으셨기 때문이다. 대승경이 부처님께서 열반에 드신 후 다른 사람들이 정법을 훼손하기 위해 말한 것이라면, 무슨 까닭에 세존께서 '장차 두려워할 만한 일들이 일어날

〈표〉칠종인

무명 無明	행 行	식 識	명색 名色 · 육처 六處	촉 觸 · 수 受	애 愛 · 취 取 · 유 有	생 生 · 노사 老死
전도인 顚倒因	견인인 牽引因	장도인 將導因	섭수인 攝受因	수용인 受用因	인기인 引起因	염포인 厭怖因

것이다'라고 미리 기별하지 않으셨겠는가? 둘째, 본래 함께 행한 것이기 때문이다. 대소승 가르침 본래 함께 행해졌는데, 어찌하여 대승만 부처님의 말씀이 아니라고 하겠는가? 셋째, 다른 나머지 어떤 이들도 알지 못하는 경계이기 때문이다. 대승경에서 설하는 것은 광대하고 매우 심오하여 외도 등이 사량하는 경계일 수 없으니, 저들 경론에서는 일찍이 말해지지 않은 것이고, 설사 그들을 위해 말했어도 역시 믿고 받아들이지 않았을 것이다. 그러므로 대승경은 부처님의 말씀이 아닌 것이 아니다. 넷째, 끝내 생각해보아도 마땅하기 때문이다. 만약 대승이 다른 부처님의 말씀이고 현재 부처님의 말씀은 아니라고 할 수 있다면, 대승의 가르침은 부처님의 말씀이라고 하는 것이므로 극히 타당하다. 다섯째, 있는 것과 없는 것이기 때문이다. 대승이 있다면 이 모든 대승의 가르침은 부처님의 말씀임을 믿어야 한다. 이것을 떠나서 대승은 성립할 수 없기 때문이다. 만약 대승이 없다면 성문승의 가르침도 없어야 한다. 대승을 떠나서는 결정적으로 성불할 수 있는 뜻이 없는데, 누가 세간에 출현하여 성문승의 가르침을 말하였겠는가? 그러므로 성문승의 가르침은 부처님의 말씀이고 대승의 가르침은 그렇지 않다고 하는 것은 바른 논리가 아니다. 여섯째, 다스리기 때문이다. 대승경에 의지해서 부지런히 수행하는 이는 모두 무분별지를 증득해서 모든 번뇌를 바르게 다스릴 수 있다. 그러므로 이것이 부처님의 말씀임을 믿어야 한다. 일곱째, 뜻이 문과 다르기 때문이다. 대승에서 설하는 뜻의 취지가 매우 심오하니 문만을 따라 그 뜻을 취해서는 곧 비방하며 부처님의 말씀이 아니라고 해서는 안 된다. 따라서 대승은 진실로 부처님의 말씀이다. 聖慈氏 以七種因 證大乘經 眞是佛說 一 先不記故 若大乘經 佛滅度後 有餘爲壞正法故說 何故 世尊非如當起諸可怖事 先預記別 二 本俱行故 大小乘教 本來俱行 寧知大乘 獨非佛說 三 非餘境故 大乘所說 廣大甚深 非外道等 思量境界 彼經論中 曾所未說 設爲彼說 亦不信受 故大乘經 非非佛說 四 應極成故 若謂大乘 是餘佛說 非今佛語 則大乘教 是佛所說 其理極成 五 有無有故 若有大乘 卽應信此諸大乘教 是佛所說 離此 大乘 不可得故 若無大乘 聲聞乘教 亦應非有 以離大乘 決定無有得成佛義 誰出於世 說聲聞乘 故聲聞乘 是佛所說 非大乘教 不應正理 六 能對治故 依大乘經 勤修行者 皆能引得無分別智 能正對治 一切煩惱 故應信此是佛所說 七 義異文故 大乘所說 意趣甚深 不可隨文 而取其義 便生誹謗謂非佛語 是故 大乘眞是佛說"라고 하였다. 『대승장엄경론』 권1(대정장31, p.591a8)에서는 불기(不記 Ⓢavyākaraṇa)·동행(同行 Ⓢsama-pravṛtti)·불행(不行 Ⓢagocara)·성취(成就 Ⓢsiddhi)·체(體 Ⓢbhāva)·비체(非體 Ⓢabhāva)·능치(能治 Ⓢpratipakṣatva)·문이(文異 Ⓢruta-anyatva) 등 여덟 가지로 인을 말한다. [참고문헌] 『成唯識論』, 『大乘莊嚴經論』, *Sūtr.3.* **4** 보리심(菩提心)을 내게 하는 일곱 가지 인. 『미륵보살소문경론』 권2(대정장26, p.240b15)에 "보리심을 내는 데 일곱 가지 인이 있다. 어떤 것이 그 일곱 가지인가? 첫째 모든 부처님의 교화로 보리심을 내는 것, 둘째 불법(佛法)이 소멸하려는 것을 보고 보리심을 내는 것, 셋째 모든 중생들에 대해 커다란 자비심을 일으켜 보리심을 내는 것, 넷째 보살의 교화로 보리심을 내는 것, 다섯째 보시 때문에 보리심을 내는 것, 여섯째 타인에게 배워서 보리심을 내는 것, 일곱째 부처님의 삼십이상과 팔십종호에 대한 설명을 듣고서 보리심을 내는 것이다. 發菩提心 有七種因 何等爲七 一者 諸佛敎化發菩提心 二者 見法欲滅 發菩提心 三者 於諸衆生 起大慈悲 發菩提心 四者 菩薩敎化 發菩提心 五者 因布施故發菩提心 六者 學他 發菩提心 七者 聞說如來 三十二相八十種好 發菩提心"라고 하였다. [참고문헌] 『彌勒菩薩所問經論』, 『三彌勒經疏』(대정장38, p.313c25).

칠종인 七種忍 Ⓢsapta-vidhā kṣānti. 일곱 가지로 참아내다. 구종상인(九種相忍)의 일체종인(一切種忍 Ⓢsarvākāra-kṣānti) 중 일부다. 『유가사지론』 권42(대정장30, p.525a3)에 "무엇을 보살의 일체종인이라 하는가? 이 인은 여섯 가지와 일곱 가지로서 모두 열세 가지임을 알아야 한다. … 무엇이 일곱 가지인가? 모든 불이익을 참는 것이고 모든 것을 참는 것이며 모든 곳에서 참는 것이니, 다른 이가 보지 못하는 곳이든 대중 앞이든 모든 곳에서 능히 인을 수행하고, 어느 때나 참는 것이니 새벽 무렵이든 정오 무렵이든 해질 무렵이든, 밤이든 낮이든 과거든 미래든 현재든, 병이 있든 없든, 누워 있든 일어나 있든 간에 언제나 능히 인을 닦는다. 몸으로 인을 행하니 매로 때리지 않으며, 말로도 인을 행하니 온갖 나쁜 말을 내뱉지 않으며, 마음으로도 인을 행하니 분노를 일으키지 않으며, 이는 오탁의 악한 마음을 즐겨하지 않는 일이다. 云何菩薩一切種忍 當知此忍六種七種 總十三種 … 云何七種 謂於一切不饒益忍 從一切忍 一切處忍 謂於屛處及大衆前皆能修忍 一切時忍 謂晝初分 若晝中分 若晝後分 若夜若日若去來今 若病不病若臥若起 常能修忍 由身行忍不捶打故 由語行忍不出一切非愛言故 由意行忍不憤發故 不持汚濁惡意樂故", 『유가론기』 권10(대정장42, p.542c7·한불전13, p.826a5)에 "첫째는 불이익에 대한 인욕은 나를 해치는 타인에 대해 참아내는 것이고, 둘째는 모든 것에 대한 인욕은 어떤 고통도 기꺼이 받아들이는 것이고 … 다섯째는 몸의 인욕이고, 여섯째는 말의 인욕이고, 일곱째는 마음의 인욕으로서 이 셋은 삼업의 분별이다. 一 不饒益忍卽耐他怨害忍 二 從一切忍 卽安受苦忍也 … 五 身忍 六語忍 七 意忍 此卽三業分別"라고 하였다. [참고문헌] 『

瑜伽師地論』, 『瑜伽論記』, *Bodh-bh.135.* ⇨ 인 忍, 인욕 忍辱, 내원해인 耐怨害忍, 안수고인 安受苦忍

칠종인청정상 七種忍淸淨相 참아 견딤에 일곱 가지로 청정한 모습. 『유가사지론』 권78(대정장30, p.732a18)에 "만약 모든 보살들이 스스로 가진 바 업과이숙에 대해 깊이 의지하고 믿어 온갖 것으로 요익이 되지 않는 일이 현전한다 해도 분노하지 않고 비난하지 않고 … 갖가지 불요익의 일로 가해를 돌려주지 않으며, 원한의 번뇌를 품지 않고, 뉘우쳐 말할 때 화나지 않게 하며, 또 타인이 와서 사과하기를 기다리지도 않고, 탐애에 물들까 두려워함이 없이 인욕을 행하며, 은혜를 갚았다고 해서 그만두지도 않는 것이니, 이를 칠종인청정상이라 한다. 若諸菩薩 於自所有 業果異熟 深生依信 一切所有 不饒益事 現在前時 不生憤發 … 不以種種 不饒益事 反相加害 不懷怨結 若諫誨時 不令恚惱 亦復不待 他來諫誨 不由恐怖 有染愛心 而行忍辱 不以作恩 而便放捨 是名七種忍淸淨相"라고 하였다. [참고문헌] 『瑜伽師地論』.

칠종입제 七種立題 일곱 가지로 경의 이름을 세움. 천태에서 경제를 분류하는 일곱 가지 범주로 인·법·비유(人法譬)를 단·복·구족(單複具足)으로 나눈다. 구체적으로는 단인입제(單人立題)·단법입제(單法立題)·단비입제(單譬立題)·인법입제(人法立題)·법비입제(法譬立題)·인비입제(人譬立題)·구족입제(具足立題)이며, 이것을 단삼복삼구족일(單三複三具足一)이라고 한다. 『대명삼장법수』 권21(영락장182, p.290a2)에 "칠종입제〈출전은 『천태사교의집주』〉: 수 천태지자대사는 일대장경의 제는 인·법·유의 셋을 벗어나지 않는다고 말했다. 그리고 단·복·구족이 같지 않아서 일곱 가지로 세운다. 七種立題〈出天台四敎儀集註〉 隋天台智者大師 謂一大藏經題不出人法譬三者 而已因以單複具足不同 遂立爲七種也", "첫째, 단인입제. 단인은 『불설아미타경』이다. 석가불은 설법하는 이이고, 아미타불은 설해지는 이이다. 이 경은 두 국토 과위의 사람으로 이름을 세웠기에 단인입제라고 한다. 一 單人立題 單人者 如佛說阿彌陀等經是也 謂釋迦佛 爲能說之人 阿彌陀佛 爲所說之人 此經以兩土 果人立名 故云單人立題", "법을 따라 세움이다. 단법이란 저 『대반열반경』이 이것이다. 대반열반이란 법으로 머리이름을 삼은 것이다. 二 單法立題 單法者 如大般涅槃等經是也 謂大般涅槃 以法立名 故云單法立題", "비유로 경제를 세움이니, 『범망경』이 이것이다. 범망은 비유로 세운 이름이다. 그러기에 다만 비유로 세운 제목이라 한다. 三 單譬立題 譬者 比喩之義 如梵網等經是也 謂梵網 以譬喩立名 故云單譬立題", "사람과 법으로 제를 세움이니, 저 『문수반야경』 등이다. 문수는 인이고 반야는 법이니 두 가지를 세워 경의 제를 삼았다. 四 人法立題 人法者 如文殊問般若等經是也 謂文殊是人 般若是法 以二者合言 故云人法立題", "법과 유로 제를 세웠으니, 법과 유란 저 『묘법연화경』이다. 묘법은 법이고 연화는 비유니 이 둘이 합하였기에 법비를 세워 경이름을 삼았다 한다. 五 法譬立題 法譬者 如妙法蓮華等經是也 謂妙法是法 蓮華是譬 以二者合言 故云法譬立題", "인과 유로 제를 세운다한 것은 저 『여래사자후경』 등이다. 여래는 인이고 사자는 비유니, 이 둘이 합하여 이름이 되었기에 인비입제라 한다. 六 人譬立題 人譬者 如如來師子吼等經是也 謂如來是人 師子是譬 以二者合言 故云人譬立題", "갖추고 채워 이름을 세웠으니 저 『대방광불화엄경』이다. 대방광은 법이고 불은 인이며 화엄은 비유다. 이 삼자가 구족하니 구족입제다. 七 具足立題 具足者 如大方廣佛華嚴等經是也 謂大方廣是法 佛是人 華嚴是譬也 以三者具足 故云具足立題", 『천태사교의집주』 권2(영락장189, p.16b3)에 "경제로 시(時)를 세울 때 비록 칠처팔회〈신역 경전에서는 9회〉에 걸쳐서 있지만, 단지 이 (화엄) 한 경이 인행은 꽃으로 장엄한 듯하다고 하고 과덕은 구족하여 『대방광불화엄경』이라고 말한다. 이것이 인·법·유 셋을 구족히 하여 제를 세운 것이다. 從經題立時 雖歷七處八會〈新經九會〉 秖是一經 因行如華莊嚴 果德具云大方廣佛華嚴經 此人法譬三具足立題"라고 하였다. [참고문헌] 『大明三藏法數』, 『天台四敎儀集註』. ⇨ 구족입제 具足立題, 단인입제 單人立題, 법비입제 法譬立題

〈표〉칠종입제

구분	입제	경
단삼 單三	인 人	불설아미타경佛說阿彌陀經 등
	법 法	열반경涅槃經 등
	비 譬	범망경梵網經 등
복삼 復三	인법 人法	문수문반야경文殊問般若經 등
	법비 法譬	묘법연화경妙法蓮華經 등
	인비 人譬	여래사자후경如來師子吼經 등
구족 具足	인법비 人法譬	대방광불화엄경大方廣佛華嚴經 등

칠종자성 七種自性 일곱 가지 자성. 『능가경』 권1(대정장16, p.483b11)에 "대혜여! 일곱 가지 성자성(Ⓢ svabhāva)이 있으니 집(集 Ⓢ samudaya)·성(性 Ⓢ bhāva)·상(相 Ⓢ lakṣaṇa)·대종(大種 Ⓢ mahābhāta)·인(因 Ⓢ hetu)·연(緣 Ⓢ pratyaya)·성(成 Ⓢ niṣpatti) 등 성자성이다. 大慧 有七種性自性 所謂集性自性 性自性 相性自性 大種性自性 因性自性 緣性自性 成性自性"라고 하였다. 『수상론』(대정장32, p.167b8)에서 여덟 가지 자성(根本自性 三德自性 大自性 我執自性 唯塵自性 大實自性 知根自性 業根自性)을 열었는데 이 중 첫 번째 근본자성에 위의 일곱 가지 자성을 다시 세운다. [참고문헌] 『楞伽經』, 『隨相論』, 『楞伽經註解』 권1(대정장39, p.351a29), 『觀楞伽經記』 권1(卍속장25, p.754b17). ⇨ 자성 自性

칠종작의 七種作意 ❶ 바라밀의 법(法)과 뜻(義)에 상응하는 일곱 가지 작의(Ⓢ manasikāra). 『대승장엄경론』 권5(대정장31, p.616b21)에 "일곱 가지 작의가 있다. 첫째는 정신작의, 둘째는 영수작의, 셋째는 낙설작의, 넷째는 피갑작의, 다섯째는 기원작의, 여섯째는 희망작의, 일곱째는 방편작의이다. 有七種作意 一 淨信作意 二 領受作意 三 樂說作意 四 被鉀作意 五 起願作意 六 悕望作意 七 方便作意", 같은 책(대정장31, p.616b23 : *Sūtr.*, p.72)에 "보살은 '나 이제 모든 바라밀의 법과 뜻에 깊은 믿음의 힘을 일으켜 가지리라' 념하니, 이 이름이 정신작의다. 다시 '나 이제 모든 바라밀의 법과 뜻에 한결같이 비방하지 않을 것이다'라고 념하니, 이를 영수작의라 한다. 다시 '나 이제 모든 바라밀의 법과 뜻을 타인에게 열어 보이겠다'라고 념하니, 이것이 낙설작의다. 다시 '나 이제 모든 바라밀다가 만족되도록 대용맹을 일으키겠다'라고 념하니, 이를 갑옷을 입는 작의라 한다. 다시 '나 이제 만족한 모든 바라밀다를 위해 만족한 모든 연과 조우하기를 서원한다'라고 념하니, 이를 원을 일으키는 작의라 한다. 다시 '나 이제 바른 성취의 연을 구한다'라고 념하니, 이를 희망작의라 한다. 다시 '나 이제 모든 바라밀다의 업에 수반되는 방편을 사유한다'라고 념하니, 이를 방편작의라 한다. 菩薩次作是念 我今應於諸波羅蜜法義 起深信力持 是名淨信作意 次作是念 我今於諸波羅蜜法義 應一向起求 不生誹謗 是名領受作意 次作是念 我今應以諸波羅蜜法義 開示他人 是名樂說作意 次作是念 我今應令諸波羅蜜滿足 起大勇猛 是名被鉀作意 次作是念 我今爲滿足諸波羅蜜 願值滿足諸緣 是名起願作意 次作是念 我今求正成就緣 是名悕望作意 次作是念 我今思惟諸波羅蜜 業伴方便 是名方便作意 adhimukti-balādhānatām ārabhya pāramitādhipateya-dharmārthe ca prasāda-manasikāraḥ dharmaparyeṣṭim ārabhya saṃpratīcchana-manasikāras tasyaiva dharmasya-aprativahanayogena parigrahaṇatayā daśanām ārabhya dānacchanda-manasikāro dharmasya-arthasya ca prakāśanārtham pareṣāṃ pratipattim ārabhya saṃnāha-manasikāro dānādi-paripūraye saṃnahanāt praṇidhāna-manasikāras tatparipūri-prāptaye samavadhāna-arthaṃ abhinanda-manasikāro 'ho bata dānādi-pratipattyā samyak saṃpādayeyam ity abhinandanāt eta eva trayo manasikārā avavādānuśāsanyāṃ yojayitavyāḥ upāyopasaṃhitakarma-manasikāraḥ"라고 하였다. 〔참고문헌〕『大乘莊嚴經論』, *Sūtr.* ⇨ 작의 作意, 기원작의 起願作意, 낙설작의 樂說作意, 방편작의 方便作意, 영수작의 領受作意, 정신작의 淨信作意, 피갑작의 被鉀作意, 희망작의 悕望作意 ❷ Ⓢ sapta manaskārāḥ, Ⓣ yid-la-byed-pa-rnam-pa-bdun. 사정려(四靜慮)와 사무색정(四無色定)에 증입(證入)하는 일곱 가지 작의. 『유가사지론』 권17(대정장30, p.369c29)에 "'정법을 청문한 뒤 항시 사유한다'라는 말은 요상작의를 나타낸 것이다. '항시 수습한다'라는 말은 승해작의를 드러내 보인 것이니 승해를 일으켜 수습하기 때문이다. '먼저 추상과 정상을 관견한다'라는 말은 원리작의를 나타내는 것이다. '한결같이 수습한다' 등의 말은 섭락작의를 나타낸다. '모든 상에 대해 관찰한다'라는 말은 관찰작의를 나타낸다. '가행의 구경'이라는 말은 가행구경작의를 드러낸다. '욕계의 욕탐을 여의고 색계의 욕탐을 여읠 수 있으니 진제를 현관하는 데 들어가 일체의 욕탐을 여읜다' 등의 말은 세간과 출세간의 가행구경과작의를 드러내 보인다. 聽聞正法 常思惟言 顯示了相作意 常修習言 顯示勝解作意 由起勝解 而修習故 先觀見麤靜言 顯示遠離作意 於修習一向等言 顯示攝樂作意 於諸相觀察言 顯示觀察作意 加行究竟言 顯示加行究竟作意 能離 欲界欲 及離色界欲 入眞諦現觀 能離一切欲等言 顯示世間出世間加行究竟果作意"라고 하였다. 〔참고문헌〕『瑜伽師地論』, *Śrāv-bh.439・449.*, *Abh-s.68.* ⇨ 관찰작의 觀察作意, 섭락작의 攝樂作意, 승해작의 勝解作意, 요상작의 了相作意, 원리작의 遠離作意

칠종잡염 七種雜染 일곱 가지 잡염(Ⓢ saṃkleśa). 『유가사지론』 권18(대정장30, p.380a9)에 "보특가라에게는 대략 일곱 가지 잡염이 있는데, 모두 탐애로 짓는 것임을 알아야 한다. 이를테면, 수념에 의한 잡염, 부자재에 의한 잡염, 경계에 의한 잡염, 열뇌에 의한 잡염, 선취와 상응하는 잡염, 악취와 상응하는 잡염, 온갖 견해로 인한 잡염이 그것이다. 補特伽羅 略有七種雜染 當知皆是 貪愛所作 謂隨念雜染 不自在雜染 境界雜染 熱惱雜染 善趣相應雜染 惡趣相應雜染 諸見雜染"라고 하였다. 〔참고문헌〕『瑜伽師地論』.

칠종전도행 七種顚倒行 일곱 가지 전도된 행. 견도위(見道位)와 수도위(修道位)에서 장애되는 번뇌이다. 『현양성교론』 권1(대정장31, p.485b5)에 "또 일곱 가지 전도된 행이 있다. 첫째는 그릇된 앎의 행이고, 둘째는 알지 못함의 행이며, 셋째는 아는 것도 모르는 것도 아님의 행이고, 넷째는 그릇된 앎을 고집함의 행이며, 다섯째는 저것들의 인과 소의처가 되는 행이고, 여섯째는 그것의 두려움이 생겨남의 행이며, 일곱째는 저절로 일어남의 행이다. 그릇된 앎의 행이란, 이른바 살가야견・변집견・사견이니 알아야 할 것에 대해 그릇된 집착을 일으키기 때문이다. 알지 못함의 행이란, 이른바 무명이다. 아는 것도 모르는 것도 아님의 행이란 이른바 의혹이다. 그릇된 앎을 고집함의 행이란, 이른바 견취견・계금취견과 온갖 견해에서 일어나는 탐 등이다. 저

것들의 인과 의지처가 되는 행이란 고제와 집제를 현견함에 의해 끊어지는 번뇌를 말한다. 그것의 두려움이 생겨남의 행이란 멸제와 도제를 현견함에 의해 끊어지는 번뇌를 말한다. 저절로 일어남의 행이란 수소단과 견소단의 (번뇌를) 말한다. 復有七種顚倒行 一 邪解行 二 不解行 三 非解非不解行 四 執邪解行 五 彼因依處行 六 彼怖生行 七 任運起行 邪解行者 所謂薩迦耶見邊執見邪見於所知事 起邪執故 不解行者 所謂無明 非解非不解行者 所謂疑也 執邪解行者 所謂見取戒禁取 及於諸見所起貪等 彼因依處行者 謂見苦集所斷 彼怖生行者 謂見滅道所斷 任運起行者 謂修所斷見所斷"라고 하였다. [참고문헌]『顯揚聖敎論』.

칠종정 七種淨 ❶ 초지보살의 열 가지 대원 중 일곱 번째 발원으로 정토의 일곱 가지 청정한 모습을 말한다. 동체정(同體淨)·자재정(自在淨)·장엄정(莊嚴淨)·수용정(受用淨)·주처중생정(住處衆生淨)·인정(因淨)·과정(果淨)의 일곱 가지를 말한다. 『십지경론』 권3(대정장26, p.139c26)에 "일곱 번째 대원은 불국토를 일곱 가지로 청정하게 함이다. 첫째, 동체정이니 저 경에서 '모든 불토가 하나의 불토고, 하나의 불토가 모든 불토이다'라고 한 것이다. 둘째, 자재정이니 저 경에서 '모든 국토가 평등청정하다'고 한 것이고, 셋째, 장엄정이니 저 경에서 '모든 불토가 신통장엄한 광명의 모습을 구족하였다'고 한 것이다. 광명으로 장엄하고 온갖 보배 등으로 장엄하기 때문이다. 넷째, 수용정이니 저 경에서 '모든 번뇌를 벗어나 청정도를 성취하였다'고 한 것이다. 다섯째, 주처중생정이니 저 경에서 '무량지혜 있는 중생이 그 가운데 가득하다'고 한 것이다. 여섯째, 인정이니 저 경에서 '불토의 묘평등경계에 들어간다'고 한 것이다. 일곱째 과정이니 저 경에서 '모든 중생이 좋아하는 바를 따라서 시현한다'고 한 것이다. 지혜와 신력 등을 드러내기 때문이다. 第七大願淨佛國土相有七種 一者同體淨 如經一切佛土一佛土 一佛土一切佛土故 二者自在淨 如經一切國土平等淸淨故 三者莊嚴淨 如經一切佛土神通莊嚴光相具足故 光明莊嚴衆寶等莊嚴故 四者受用淨 如經離一切煩惱成就淸淨道故 五者住處衆生淨 如經有無量智慧衆生悉滿其中故 六者因淨 如經入佛土妙平等境界故 七者果淨 如經隨諸衆生心之所樂而爲示現故 顯智神力等故", 『유마경약소』 권1(대정장38, p.564c20)에 "별교초지에서 이 세계에 들어가는 일곱 가지 깨끗한 뜻이 있다. 첫째, 동체정은 저 하나는 일체와 즉하고, 일체는 하나와 즉한 것이다. … 다섯째, 주처정은 큰 지혜의 중생이 그 곳을 가득 채우고 있다는 것이다. 여섯째, 인정은 불토의 묘평등경계에 들어감을 말한다. 일곱째, 과정은 중생의 마땅함을 따라 드러내 보이는 것이다. 앞의 다섯 가지는 체가 가득함이니, 몸과 모습과 그 씀이 다 있는 것이다. 여섯째는 인이 두렷함이고, 일곱째는 과가 꽉참이다. 초주에서 저곳에 난다는 것은 이 일곱 가지 깨끗한 뜻을 다 성취한 것이다. 別敎初地入此世界有七種淨義 一同體淨 如一卽一切一切卽一 … 五住處淨 大智衆生悉滿其處 六因淨 入佛土妙平等境界 七果淨 隨物所宜而爲示現 前五是體滿 有體相用 六是因圓 七是果滿 初住生彼悉成就此七淨義"라고 하였다. [참고문헌]『十地經論』, 『維摩經略疏』. ❷ 계정혜 삼학으로 일곱 가지(戒·心·見·度疑·分別道·行斷知見·涅槃)를 깨끗하게 함. 도를 성취하는 일곱 가지 청정한 행위로 계정(戒淨)·심정(心淨)·견정(見淨)·도의정(度疑淨)·분별도정(分別道淨)·행단지견정(行斷知見淨)·열반정(涅槃淨)을 말한다. 칠종청정(七種淸淨)이라고도 하고, 이것을 꽃에 비유하여 칠정화(七淨華)라고도 한다. 『유가사지론』 권94(대정장30, p.838a23)에 "칠종청정에 의지해서 점차로 닦아 모아서 지은 바 없이도 구경열반을 얻게 된다. 마땅히 알라. 널리 설한대로 연성연기의 깊고 깊은 언교를 수순해야 하리. 어떤 것이 7종청정인가. 첫째 계청정, 둘째 심청정, 셋째 견청정, 넷째 도의청정, 다섯째 도비도지견청정, 여섯째 행지견청정, 일곱째 행단지견청정이다. 依於七種淸淨 漸次修集 爲得無造究竟涅槃 應知宣說 隨順如是 緣性緣起 甚深言敎 云何名爲七種淸淨 一 戒淸淨 二 心淸淨 三 見淸淨 四 度疑淸淨 五 道非道智見淸淨 六 行智見淸淨 七 行斷智見淸淨", 『아미타경소』(대정장37, p.349c12)에 "이 정화중이라고 하는 것은 일곱 가지로 깨끗한 꽃무리 얻는 것을 말한다. 무엇이 일곱 가지인가? 첫째 계정, 둘째 심정, 셋째 견정, 넷째 도의정, 다섯째 도비도지견정, 여섯째 행지견정, 일곱 째 행단지견정이다. 『유가론』에 자세한 설명이 나온다. 이 일곱 가지 청정한 행위들은 부처님 정각의 꽃으로부터 화생하는 것이다. 此言淨華衆者 謂得七種淨華之衆 何等爲七 一者 戒淨 二者 心淨 三者 見淨 四 度疑淨 五 道非道知見淨 六 行知見淨 七 行斷知見淨 於中廣說出瑜伽論 有此七種淨華之衆 從佛正覺華中化生也"라고 하였다. [참고문헌]『瑜伽師地論』, 『阿彌陀經疏』, 『維摩義記』 권3(대정장38, p.489b16), 『大乘義章』 권12(대정장44, p.715b15). ⇨ 견정 見淨, 계정 戒淨, 도의정 度疑淨, 분별도정 分別道淨, 심정 心淨, 행단지견정 行斷知見淨, 칠정화 七淨華

칠종정려청정상 七種靜慮淸淨相 선통달·원만·구분·운전·무소의·선수치·보살장은연수습이라는 일곱 가지에 의지해 성취하는 정려. 『유가사지론』 권78(대정장30, p.732a29)에 "가령 보살들에게는 상을 잘 통달하는 삼마지정려가 있고, 원만의 삼마지정려가 있으며, 구분의 삼마지정려가 있고, 운전의 삼마지정려가 있으며, 의지하는 바 없음의 삼마지정려가 있고, 잘 대치함의 삼마지정려가 있으며, 보살장에 대해 청문하고 반연하고 수습하는 무량한 삼마지정려가 있으니, 이와 같은 것을 일곱 가지 정려의 청정한 상이라 한다. 若諸菩薩 有善通達相三摩地靜慮 有圓滿三摩地靜慮 有俱分三摩地靜慮 有運轉三摩地靜慮 有無所依三摩地靜慮 有善修治三摩地靜慮 有於菩薩藏聞緣修習無量三摩地靜慮 如是名爲七種靜慮淸淨之相", 원측(圓測)의 『해심밀경소』 권9(한불전1, p.418b13)에 "앞의 세 가지 정려는 속제상으로서의 정에 잘 통달하는 정려라는 의미에서 통달상이라고 한다. 저 원만진여경을 연하는 정이니 경을 좇아 이름을 얻었기에 원만이라 한다. 진속 두 경 모두 연하는 정이어서 구분이라 한다. … 이렇게 차제로 가행・정지・후득의 세 가지 지와 상응하는 정이다. 이 가행지를 통해 오직 유루작의로 운전해 의지하는 정이기에 운전이라 한다. 이 근본지 경상이 달리함 없는 것을 의지한 정이기에 의지하는 바 없음이라 한다. 후득지로 갖가지 제행을 잘 수습해 대치해서 의지하는 정이어서 잘 대치함이라 한다. … 보살장이란 대승의 가르침을 말한다. 이 가르침 중에서 능히 듣고 정에 든다면 의미상 문혜라 할 수 있으니, 정위 중에서도 가르침을 들어 얻기 때문이다. 연이란 곧 정려 중에서 행하는 것으로 의미상 사혜라 할 수 있다. 무량한 삼마지를 수습함이란 곧 수혜이니 정위 중에서 무량한 갖가지 정을 수습하기 때문이다. 初三靜慮 謂善通達俗諦相定 名通達相 緣彼圓滿眞如境定 從境得名 名爲圓滿 通緣眞俗二境之定 名爲俱分 … 如其次第 加行正知後得三智 相應定也 其加行智 唯是有漏作意運轉所依之定 名爲運轉 其根本智 無異境相可爲依止所依之定 名無所依 以後得智 能善修治種種諸行所依之定 名善修治 … 菩薩藏者 謂大乘敎 於此敎中 能聞定者 義說聞慧 於定位中 亦得聞敎 緣者卽是定中義說思慧 修習無量三摩地者 卽是修慧 於定位中 能修無量種種定故"라고 하였다. [참고문헌] 『瑜伽師地論』, 『解深密經疏』.

칠종정명 七種定名 일곱 가지 정(定)의 이름. 삼마희다(Ⓢ samāhita : 等引)・삼마지(Ⓢ samādhi : 等持・正心行處)・삼마발지(Ⓢ samāpatti : 等至)・다나연나(Ⓢ dhyāna : 靜慮)・질다예가아갈라다(Ⓢ cittaikāgratā : 心一境性)・사마타(Ⓢ śamatha : 止)・현법낙주(Ⓢ dṛṣṭa-dharma-sukha-vihāra) 등이다. 『대명삼장법수』 권22(영락장182, p.307b3)에 일곱 가지로 정을 이름하니 『번역명의집』을 출전으로 하여(七種定名〈出翻譯名義〉), 첫째, 삼마희다는 등인이라 한역한다. 혼침도거를 멀리 벗어남을 등이라 하고, 공덕을 일으키기에 인이라 한다. 능히 이 정을 닦은즉 모든 번뇌를 벗어나고 승묘공덕을 이끌어 낸다(一 三摩呬多 梵語三摩呬多 華言等引 遠離沉掉曰等 發生功德曰引 謂能修此定 則離諸煩惱 而引發勝妙功德也〈沉卽昏沉 掉卽掉擧 謂動也〉). 둘째, 삼마지는 등지 또는 정심행처라 한역한다. 중생마음의 행로는 무시이래로 언제나 굽어 바르지 못하다. 능히 이 정을 닦으면 마음 곧바로 반듯하여 한 경에 안주하며 움직이지 않는다(二 三摩地 梵語三摩地 華言等持 又云正心行處 謂衆生心行 從無始來 常曲不直 能修此定 心則端直 安住一境 而不動也). 셋째, 삼마발지는 등지라 한역한다. 이 정을 닦으면 바르게 받아들여 현전해서 광명이 크게 일어나고 경쾌수승하니 번뇌 중에 있어도 물들지 않아 퇴전함이 없다(三 三摩鉢底 梵語三摩鉢底 華言等至 謂能修此定 正受現前 大發光明 慶快殊勝 處染不染 無有退轉也). 넷째 다나연나는 정려라 한역한다. 신이 맑고 염려를 그쳐 오롯이 고요함만을 사유해 떠올린다(四 馱那演那 梵語馱那演那 華言靜慮 謂澄神息慮 專思寂想也). 다섯째, 질다예가아갈라다는 심일경성이라 한역한다. 마음을 한 경에 거두고 책려하며 부지런히 닦고 익힌다(五 質多翳迦阿羯羅多 梵語質多翳迦阿羯羅多 華言心一境性 謂攝心一境 策勵正勤 而修習也). 여섯째, 사마타는 지라 한역한다. 모든 근의 악하고 불선한 법을 그치고 쉰다 하니, 모든 산란한 번뇌를 능히 사라지게 하기 때문이다(六 奢摩他 梵語奢摩他 華言止 謂止息諸根 惡不善法 能滅一切 散亂煩惱故也). 일곱째, 현법낙주라 하니 선정을 수습하여 일체망상을 여의고 마음과 몸이 적멸하니, 눈앞에서 법희의 즐거움을 누려 안주하여 동요하지 않는다는 뜻이다〈법희란 법을 들음으로 인하여 환희를 얻는 것〉(七 現法樂住 現法樂住者 謂修習禪定 離一切妄想 身心寂滅 現受法喜之樂 而安住不動也〈法喜者 謂因聞法 而得歡喜也〉). 『약술법상의』 권중(대정장71, p.138c11)에 "정에는 일곱 가지 이름이 있다. 첫째 이름은 삼마히다(三摩呬多 Ⓢ samāhita)로서 등인(等引)으로 한역한다. 유무심 모두에 통하며 오직 정이어서 산은 아니다. 어째서 등인이라 이름하는가? 신심중에 분위가 편안해 고르고 평등할 때를 '등(等)'이라 하는데, 이 정의 힘으로 이같은 '등'의 상태를 견인해 내거나 '등'으로 이끌어 낸 것을 등인이라 이름한다. 앞선 가행으로 정에 들어 가라앉거나 들뜨는 것을 다스려 일어나지 않게 하기에 '등'이라 한다. 이러한 등인으로 정분위 이끌어 서 있게 한다. 둘째 이름은 삼마지(三摩地 Ⓢ samādhi)로서 등지(等持)로 한역한다. 오직 유심이고 정심과 산심 모두에 통한다. 평등하게 심과 심소를 가지고, 다만 경을 움직이게 함으로써만이 등지라 이름한다. 셋째 이름은 삼마발지(三摩鉢底 Ⓢ samāpatti)로서 등지(等至)로 한역한다. 유심과 무심 모두에 통하고, 등인은 일체유무심위에서 제공덕법을 거둬 꿰서 통하지만 등지는 그렇지 않다. 그렇다면 어째서 등지라 이름하는가? '등'에 이르기에 등지라 한 것이다. 정심소의 세력이 몸과 마음 한결같이 편안하고 평화로운 위에 있게 하기에 '등'이라 하고, 또는 이러한 '등' 이르러 있기에 등지라 한다. 앞선 가행으로 침도 가지런히 제어해 이 안화위에 이른다. 넷째 이름은 다나연나(馱那演那 Ⓢ dhyāna)로서 정려(靜慮)로 한역한다. 유심무심정, 루와 무루, 염오와 불염오, 색계사선 모두에 정혜가 평등하기에 정려라 한다. 다섯째 이름은 질다예가아갈라다(質多翳迦阿羯羅多 Ⓢ cittaikāgratā)로서 심일경성(心一境性)으로 한역한다. 등지에 해당한다. 마음이 오로지 경인 채로 교법에 의해 연하여 그 연한 바를 깨우쳐 알면 마음 곧 명정하게 된다. 이러한 정심이 오직 하나의 사물만을 연하는 것은 아니다. 멈추는 얼마간의 마음의 경을 따라, 또는 매 한 찰나마다에 주심처를 따라 깊이 연한 바를 취하니 정이 생겨날 수 있다. 전후로 오직 하나의 대상만을 연할 필요는 없다. 여섯째 이름은 사마타(奢摩他 Ⓢ śamatha)로서 지(止)로 한역한다. 오직 유심일 뿐이어서 청정한 정이며 산위에는 수반되지 않는다. 그친 채로 안주하게 할 수 있기에 지라고 이름한다. 일곱째 이름은 현법락주(現法樂住 Ⓢ dṛṣṭa-dharma-sukha-vihāra)다. 오직 근본정려에 있지 다른 데는 있지 않으며, 청정한 것이고 산위에는 수반되지 않는다. 과를 좇아 이름을 붙인 것이다. 定有七名 一名 三摩呬多 此云等引 通有無心 唯定非散 何故名曰等引 謂引等故名等引 以身心中 所有分位 安和之性 平等之時 名之爲等 由定力故 引生此等 或等所引 故名等引 以前加行 入定之時 制伏沈掉 名之爲等 此等引生在定分位 二名 三摩地 此云等持 唯是有心 而通定散 謂以平等 持心心所 但於境轉 名爲等持 三名 三摩鉢底 此云等至 通有無心 等引寬通 攝一切有無心位 諸功德法 等至不爾 何故名爲等至 謂至等故名等至 定數勢力 令身心等 有安和相 名之爲等 或等至故名等至 由前加行 伏沈掉等 至此安和分位也 四名 馱那演那 此云靜慮 通攝有無心定 漏及無漏 染與不染 依色四地 定慧平等 故名靜慮 五名 質多翳迦阿羯羅多 此云心一境性 卽是等持也 心專一境 依敎而緣 證解所緣 心便明淨 非是定心 唯緣一物 卽隨所注 心多少境 或一剎那 別欲注心處 深取所緣 定卽得生 非要前後 唯緣一境 六名 奢摩他 此云止 唯是有心 淨定 不通散位 能止住心 故名曰止 七名 現法樂住 唯在靜慮 根本非餘 淨不通散 從果得名也"라고 하였다. [참고문헌]『大明三藏法數』, 『略述法相義』, 『成唯識論了義燈』 권5(대정장43, p.753b18). ⇨ 등인 等引, 등지 等持, 등지 等至, 정려 靜慮, 심일경성 心一境性, 지 止, 사마타 奢摩他, 삼마희다 三摩呬多, 삼마지 三摩地, 삼마발지 三摩鉢底, 다나연나 馱那演那, 질다예가아갈라다 質多翳迦阿羯羅多, 선정 禪定, 정 定[1], 현법락주 現法樂住

칠종정법인연 七種正法因緣 일곱 가지로 정법을 인해야 하는 뜻으로 법과 뜻과 때와 양과 대중과 자신 그리고 존비(法 義 時 量 衆 自 尊卑)등을 잘 아는 것을 말한다. 보리분법(菩提分法 : 三十七道品)을 성취할 수 있게 하는 일곱 가지 인연을 말한다. 『유가사지론』 권97(대정장30, p.855b18)에 "또 다음으로 모든 보리분법을 수습해 이를 원만히 하고 한층 더하게 함에 일곱 가지 인연으로 일곱 가지 정법을 건립함을 알아야 한다. 復次依修所有菩提分法圓滿增上 由七因緣 當知建立七種正法", 『유가론기』 권24(대정장42, p.859a21 · 한불전14, p.907a2)에 "첫째는 … 지법을 세운다. 문혜에 의지해 정법을 알게 한다. 둘째는 … 지의를 세운다. 이 사혜와 수혜에 의지해 정법의 뜻을 알 수 있기 때문이다. 셋째는 … 지시를 세운다. 삼혜로써 때를 알 수 있기 때문이다. 만약 도거가 일어날 때는 곧 지정(止定)으로 이를 조복하고, 혼침이 일어날 때는 곧 혜거(慧擧)로 이를 조복하며, 무명이 일어날 때는 사(捨)로 조복할 수 있기에 때를 아는 것이라 한다. 넷째는 … 지량을 세우는 것이니, 이를테면 재물을 수용하는 이가 두루 돈 등의 재물을 수용하는 데 있어 잘 통달하기에 (양을 아는 것이라 한다). 다섯째는 … 지중을 세우는 것이니, 이를테면 '이 사람은 왕이다' '이 사람은 신하다' '이 사람은 존경할 만한 사람이다' 등이라고 사람을 달리 해서 받고 취한다. 사람에 따라 재물을 받기 때문이다. 여섯째는 … 스스로를 앎을 세운다. 일곱째는 높고 낮음 앎을 세운다. 一 … 立知法 由聞慧能知法故 二 … 立知義 此二慧能知義故 三 … 立知時 以三慧能知時故 若起掉擧時卽用止定能調伏 若起惛沈時卽用慧擧能調伏之 若起無明時用捨能伏 故云知時 四 … 立知量 謂受用財者 遍受用錢財 善通達故也 五 … 立知衆 謂善知人衆 此是王 此是臣 此是敬信人等 別人受取故 六 … 立自知 七 … 立知尊卑"라고 하였다. [참고문헌]『瑜伽師地論』, 『瑜伽論記』. ⇨ 칠묘법 七妙法[2], 칠종불휴손법 七種不虧損法

칠종정진 七種精進 [1] Ⓢ sapta-vidhaṃ vīryam. 구종상정진(九種相精進)의 일체종정진(一切種精進) 중 일분으로서의 일곱 가지 정진. 『유가사지론』 권42(대정장30, p.526c4 : *Bodh-bh.*, p.140)에 "무엇을 보살의 일곱 가지 정진이라 하는가? 云何菩薩七種精進 saptavidhaṃ", "첫째는 욕과 함께하는 정진이니 모든 보살들이 정진함에 거듭 무상정등보리에 대해 의욕과 원을 매우 이롭게 하고자 해서 장양하기 때문이다. 一 與欲俱行精進 謂諸菩薩所有精進 數於無上正等菩提 猛利欲願隨長養故 chanda-sahagataṃ bodhisattvasya vīryaṃ punaḥ punar-anuttarāyāṃ samyaksaṃbodhau tīvrac-chanda praṇidhāna-anuvṛṃhaṇatayā", "둘째는 평등과 상응하는 정진이니 보살들 정진함에 어떤 하나의 근본번뇌나 수번뇌라도 따라 마음이 물들거나 얽매지 않는다. 이 정진으로 인해 보살은 모든 선법에 대해 평등하게 수습해서 안주한다. 二 平等相應精進 謂諸

菩薩所有精進 能令隨一根本煩惱及隨煩惱 不染汚心亦不纏心 由此精進 能令菩薩於諸善法等習而住 sāmya-yuktaṃ bodhisattvasya vīryaṃ yad-anyatamena kleśa-upakleśena-asaṃkliṣṭa-cetaso 'paryavasthitasya yena vīryeṇa bodhisattvaḥ kuśaleṣu dharmeṣu tulyocittavihārī saṃbhavati", "셋째는 한층 더 나아가 정진하니 보살들은 가령 어느 하나의 근본번뇌나 수번뇌로 마음을 물들거나 얽매이게 되면 이와 같은 번뇌들을 끊기 위해 용맹히 정진하는데, 마치 머리에 붙은 불을 끄듯이 한다. 三 勝進精進 謂諸菩薩 若爲隨一根本煩惱及隨煩惱染心纏心 爲斷如是諸煩惱故 精進勇猛如滅頭然 vaiśeṣikaṃ vīryaṃ bodhisattvasya-anyatamena-upakleśena-upakliṣṭa-cetasaḥ paryavasita-cetasaḥ tasya-upakleśasya prahāṇāya yad-ādīpta-śiro nirvāṇopamaṃ vīryam", "넷째는 부지런히 구해 정진하니 보살들은 용맹하게 모든 지혜처를 부지런히 구하는데, 싫증내거나 게으르지 않다. 四 勤求精進 謂諸菩薩勇猛勤求一切明處無厭倦故 eṣakaṃ vīryaṃ bodhisattvasya sarvavidyāsthāna-paryeṣaṇatayā", "다섯째는 닦아 익히며 정진하니 보살들은 배워야 할 법에 마땅히 떳떳하게 하여 널리 일체법에 있어 법에 따라 행하고 능히 가려 분별할 수 있다. 五 修學精進 謂諸菩薩於所學法如應如宜 普於一切法隨法行能成辦故 śikṣā-vīryaṃ bodhisattvasya teṣv-eva paryeṣiteṣu dharmeṣu yathāyogyaṃ yathārhaṃ dharma-anudharma-pratipatti-saṃpādanatayā", "여섯째는 이타정진이니 보살들이 정진함에 앞에서 설한 열한 가지 상에 대해 마땅히 안다. 六 利他精進 謂諸菩薩所有精進 於如前說十一種相 應知其相 parārtha-kriyā-vīryaṃ bodhisattvasya pūrvavad-ekādaśa-vidhaṃ veditavyam", "일곱째는 잘 보호해 정진함이니 보살들의 정진은 바른 가행을 일으키고 스스로를 잘 막아 지키지만, 만약 범한 바가 있으면 여법하게 참회하여 사라지게 한다. 七 善護精進 謂諸菩薩所有精進 起正加行善自防守 若有所犯如法悔除 ātmanaḥ samyak-prayogārakṣāyai skhalitasya ca yathā-dharma-pratikaraṇatāyai vīryaṃ saptamaṃ bodhisattvasya"라고 하였다. [참고문헌]『瑜伽師地論』, *Bodh-bh*. ❷ 구종상정진(九種相精進) 중 하나인 일체정진(一切精進) 중에서 섭선법정진(攝善法精進)을 이루는 일곱 가지 정진. 『유가사지론』 권42(대정장30, p.526a5)에 "무엇이 보살의 섭선법정진인가? 모든 보살들에게 있는 바 정진으로 능히 보시・지계・인욕・정진・정려・혜바라밀다의 가행을 하고, 능히 보시・지계・인욕・정진・정려・혜바라밀다를 이루니, 마땅히 알라. 여기에는 다시 대략 칠종이 있음을. 云何菩薩攝善法精進 謂諸菩薩所有精進 能爲施戒忍精進靜慮慧波羅蜜多加行 能成辦施戒忍精進靜慮慧波羅蜜多 當知 此復略有七種", "첫째 무동정진이니, 일체분별과 종종의 분별과 근본 번뇌와 소분의 번뇌와 일체이론과 일체 괴로운 촉에 기울거나 움직이지 않기 때문이다. 一 無動精進 一切分別 種種分別 根本煩惱 少分煩惱 一切異論 一切苦觸 不傾動故", "둘째 견고정진이니, 은근하고 무겁게 가행하기 때문이다. 二 堅固精進 是殷重加行故", "셋째 무량정진이니, 능히 현재에 일체명처를 증득하기 때문이다. 三 無量精進 能現證得一切明處故", "넷째 방편상응정진이니, 응당 얻어야 할 뜻을 전도 없는 길에 수순하여 행하기 때문이며 평등하게 통달하기 때문이다. 四 方便相應精進 所應得義 無顚倒道 隨順而行故 平等通達故", "다섯째 무도정진이니, 능히 의리를 이끌므로 응당 얻어야 할 뜻을 증득하기 위해 이끌려 와야 할 바를 원하기 때문이다. 五 無倒精進 爲欲證得 能引義利 所應得義 願所引故", "여섯째 항상정진이니, 무간의 가행이기 때문이다. 六 恒常精進 是無間加行故", "일곱째 이만정진이니, 부지런히 정진하여 높이 들어올림을 여의기 때문이다. 七 離慢精進 由勤精進 離高擧故", "이 칠종의 섭선법정진으로 말미암아 부지런히 가행하기에 모든 보살들로 하여금 빠르게 능히 바라밀다를 원만하게 하고 빨리 무상정등보리를 증하게 한다. 이 정진으로 말미암아 능히 수증하고 능히 보리 성취할 수 있으므로 일체선법의 가장 뛰어난 인연이며, 나머지는 그렇지 않다. 이 때문에 여래께서는 종종의 문으로써 정진으로 능히 무상정등보리를 증할 수 있다고 칭찬하셨다. 由此七種攝善法精進 勤加行故 令諸菩薩 速能圓滿波羅蜜多 疾證無上正等菩提 由此精進 是能修證 能成菩提一切善法 最勝因緣 餘則不爾 是故如來 以種種門 稱讚精進能證無上正等菩提"라고 하였다. [참고문헌]『瑜伽師地論』. ⇨ 이만정진 離慢精進

칠종정진청정상 七種精進淸淨相 일곱 가지 청정한 모습으로 정진하다. 『유가사지론』 권78(대정장30, p.732a25)에 "모든 보살들 정진의 평등한 성품을 통달하고 용맹하여 부지런히 정진하기에, 스스로를 추켜세우고 남을 깔보지 않으며, 대세력을 갖추고 대정진을 갖추며, 감당할 능력이 있고 견고하고 용맹하며, 모든 선법은 멍에 삼아 끝내 버리지 않는다. 이와 같은 것을 정진의 일곱 가지 청정한 모습이라 한다. 若諸菩薩通達精進平等之性 不由勇猛勤精進故 自擧陵他 具大勢力具大精進 有所堪能 堅固勇猛 於諸善法終不捨軛 如是名爲七種精進淸淨之相"라고 하였다. [참고문헌]『瑜伽師地論』, 『解深密經疏』 권9(卍속장35, p.62a15).

칠종제법무용 七種諸法無用 뭇 연(衆椽)에 의해 생멸하는 제법에는 일곱 가지 용이 있을 수 없다는 뜻. 『유가사지론』 권16(대정장30, p.364b22)에 "제법에는 용이 없다. 이 용이 없음을 나타나는 데에는 크게 일곱 가지가 있다. 첫째는 짓고 쓰는 것으로서의 용이 없다. 안근은 (단독으로) 능히 색을 볼 수 없다는 등을 말한다. 둘째는 따라 구르는 용이 없는 것이니, '이것은 또한 능히 임시로 가져서 부리고 시키는 이가 없다'는 것이다. 이런 차제로 주재하는 작자 모두 존재하지 않기에 능히 따라 구르는 작용도 있을 수 없다. 셋째는 다른 것 나게 하는 용이 없는 것이니, '법은 다른 것 능히 낳을 수 없다'고 한다. 넷째는 스스로를 낳는 용이 없는 것이니 '또한 자신 스스로를 낳을 수 없다' 한 것이다. 다섯째는 옮겨 구르는 용이 없는 것이니, 여러 연이 있기에 생겨나는 것이지 옛 것이 새롭게 된 것이 아니라 새로운 것이 있게 된 것이다. 여섯째는 다른 것을 사라지게 하는 용이 없는 것이니, '법은 능히 다른 것을 사라지게 할 수 없다' 한 것이다. 일곱째는 스스로를 사라지게 할 수 없는 것이니, '스스로 사라질 수도 없다'고 한 것이다. 諸法無用 此顯無用 略有七種 一 無作用用 謂眼不能見色等 二 無隨轉用 謂於此亦無能任持驅役者 如其次第 宰主作者 俱無所有故 無有能隨轉作用 三 無生他用 謂法不能生他 四 無自生用 謂亦不能自生 五 無移轉用 謂衆緣有故生 非故新新有 六 無滅他用 謂法不能滅他 七 無自滅用 謂亦不能自滅"라고 하였다. [참고문헌]『瑜伽師地論』.

칠종제일의경계 七種第一義境界 Ⓢ sapta-vidhaḥ paramārtho gocaro. 일곱 가지 제일의의 경계. 제불보살이 증득하신 바다. 『능가경』에 나오며 경계(Ⓢ gocara)는 소행(所行)이라고도 한다. 『능가경』 권1 「일체불어심품 一切佛語心品」(대정장16, p.483b13 : *Laṅk.*, p.39)에 "칠종제일의가 있으니, 이른바 심경계·혜경계·지경계·견경계·초이견경계·초자지경계·여래자도경계다. 有七種第一義 所謂 心境界 慧境界 智境界 見境界 超二見境界 超子地境界 如來自到境界 saptavidhaḥ paramārtho yaduta citta-gocaro jñāna-gocaraḥ prajñā-gocaro dṛṣṭidvaya-gocaro dṛṣṭidvayātikrānta-gocaraḥ sutabhūmy-anukramaṇa-gocaraḥ tathāgatasya pratyātmagati-gocaraḥ", 『입능가경』 권2 「집일체불법품 集一切佛法品」(대정장16, p.522b3)에 "칠종제일의가 있으니, 어떤 것들이 그 일곱 가지인가? 첫째 심경계, 둘째 지경계, 셋째 혜경계, 넷째 이견경계, 다섯째 과이견경계, 여섯째 과불자지경계, 일곱째 입여래지내행경계다. 有七種第一義 何等爲七 一者 心境界 二者 智境界 三者 慧境界 四者 二見境界 五者 過二見境界 六者 過佛子地境界 七者 入如來地內行境界", 『대승입능가경』 권1 「집일체법품 集一切法品」(대정장16, p.593c11)에 "칠종제일의가 있으니, 이른바 심소행·지소행·이견소행·초이견소행·초자지소행·여래소행·여래자증성지소행이다. 有七種第一義 所謂 心所行 智所行 二見所行 超二見所行 超子地所行 如來所行 如來自證聖智所行"라고 하였다. 이에 대해 감산덕청(憨山德淸)의 『능가보유』(卍속장26, p.75b12)에서 이를 풀이하길, "칠종제일의의 심경계란 부처님께서 법계일심을 눈여겨 자신의 경계로 삼으심이다. 혜경계란 혜광이 무량하니 사무치는 미진찰토다. 지경계란 권실이지를 눈여겨 끝내 진망성범을 다함이다. 견경계는 당본의 '이견경계'인데, 쌍으로 진속이변을 비춤이다. 초이견은 끝내 다한 일심의 중도다. 초십지경계(초자지경계)는 등각 후의 마음으로 인문마저 극히 다함이다. 여래자도경계는 법계를 증해 다해서 스스로 성지를 깨달은 구경의 과해다. 七種第一義 心境界者 謂佛目法界一心 爲自境也 慧境界者 慧光無量 炤徹微塵剎土也 智境界者 謂目權實二智 窮盡眞妄聖凡也 見境界 唐本云 二見境界 謂雙炤眞俗二邊也 超二見 謂窮盡一心中道也 超十地境界者 謂等覺後心 極盡因門也 如來自到境界 證窮法界 自覺聖智 究竟果海也"라고 하였다. [참고문헌]『楞伽經』, 『入楞伽經』, 『大乘入楞伽經』, 『楞伽補遺』, 『注大乘入楞伽經』 권2(대정장39, p.445c26), 『大明三藏法數』 권22(영락장182, p.302b5), *Laṅk.*

칠종제일의법열반소대치법 七種第一義法涅槃所對治法 제일의법인 열반으로 마주해 다스려야 할 일곱 가지 법. 칠종제일의법열반품법(七種第一義法涅槃品法)에 대칭한다. 『유가사지론』 권14(대정장30, p.354b11)에 "제일의법인 열반으로 마주해 다스려야 할 일곱 가지 법이 있어 정법이 쇠퇴하고 숨어 사라진다. 이와 같은 일곱 가지 법은 세 가지 쇠손으로 거두는데, 수용쇠손과 증상의요쇠손과 방편쇠손이 그것이다. 의복 등에 대해 아름답고 좋은 것을 즐거이 구하고 많이 구하기를 바라며 거기서 일어나는 갖가지 수용을 수용쇠손이라 한다. 도와 도과인 열반에 대해 마음으로 믿어 알지 못함을 증상의요쇠손이라 한다. 해태와 실념과 심란과 악혜를 방편쇠손이라 한다. 수용에 의한 쇠손은 탐이라는 불선의 뿌리가 되는 품류이고, 뜻을 가져 즐기는 것으로 방편 삼기에 쇠락함은 어리석음이라는 불선을 토대로 한 품류다. 이것들과 서로 어긋나게 하는 것이야말로 백품의 칠법임을 알아야 한다. 又有七種第一義法涅槃所對治法 能令正法衰退隱沒 如是七法 三衰損攝 謂受用衰損 增上意樂衰損 方便衰損 於衣服等 樂求妙好 樂欲多求 及彼所起種種受用 名受用衰損 於道及道果涅槃 心不信解 名增上意樂衰損 懈怠 失念 心亂 惡慧 名方便衰損 受用衰損 是貪不善根品類 意樂方便衰損 是癡不善根品類 與此相違 當知卽是白品七法"라고 하였다. [참고문헌]『瑜伽師地論』. ⇨ 칠종제일의법열반품법 七種第一義法涅槃品法

칠종제일의법열반품법 七種第一義法涅槃品法 제일의

법인 열반을 품받은 일곱 가지 법. 정법(正法)이 쇠퇴함 없이 오래도록 머물게 하는 법들이다. 『유가사지론』 권14(대정장30, p.354b19)에 "제일의법인 열반을 품받은 일곱 가지 법이 있어 정법으로 하여금 쇠퇴 없이 오래도록 머물게 한다. 첫째는 청문에 의해 성취되는 지혜이고, 둘째는 사유에 의해 성취되는 지혜이며, 셋째는 수습에 의해 성취되는 지혜이고, 넷째는 악연에 침해되거나 의지하는 바 되지 않는 것이며, 다섯째는 바르게 재물과 법을 구하는 것이고, 여섯째는 증상만이 없는 것이며, 일곱째는 공양할 만한 이와 공양할 만하지 않은 보특가라에 대해 '이는 공양할 만하다' '이는 공양할 만하지 않다'라고 잘 간택하는 것이다. 又有七種第一義法涅槃品法 能令正法無退久住 一 聞所成慧 二 思所成慧 三 修所成慧 四 不爲惡緣侵損依止 五 正求財法 六 無增上慢 七 於可供養不可供養補特伽羅 能善簡擇此可供養此不可供養"라고 하였다. 〔참고문헌〕『瑜伽師地論』. ⇨ 칠종제일의법열반소대치법 七種第一義法涅槃所對治法

칠종제행주인 七種諸行住因 제행이 머물 수 있도록 하는 일곱 가지 인. 온갖 법들이 현상해서 상속유지되는 이유 일곱 가지를 말한다. 『유가사지론』 권66(대정장30, p.664a15)에 "〔문〕 일곱 가지 인연이 있어 제행을 임시로 가져 머물게 해서 허물어지지 않게 한다. … 무엇이 일곱 가지인가? 첫째는 생이야말로 제행이 머무는 인이니, 제행은 일어남으로써 머묾이 있을 수 있는 것이지 생이 없이는 머묾도 있지 않다. 둘째는 명근이다. 셋째는 식이다. 넷째는 심자재의 신통으로서 저 세력 한층 더함에 의지해 온갖 수명을 연장할 수 있으니, 일겁 또는 일겁 이상을 머문다. 다섯째는 인연화합으로서 이는 바로 제행이 머무는 인이니, 선불선무기의 온갖 법은 인연이 아직 흩어지거나 무너지지 않는 한 그 어떤 곳 어느 때라도 상속하여 머물러 단절되는 일 없다. 여섯째는 선불선무기의 작의에 의지해 앞선 업을 인발해서 능히 제행을 끌어 머물게 해서 단절되지 않는 것이니, 이른바 밖의 분인 공업과 불공업에 의해 생겨난 것들이다. 일곱째는 온갖 장애 없는 것이 바로 제행이 머무는 인이니, 이로 인해 제행이 생할 때에 장애의 인연이 없고 생한 뒤에 상사하게 상속해서 머물러 상반되는 패괴의 인연을 멀리 여의는 것이다. 만약 그렇지 않다면 바로 사라져 무너질 것이다. 問 有七因緣任持諸行令住不壞 … 何等爲七 一 生是諸行住因 由諸行生方得有住 無有無生而有住者 二 命根 三 食 四 心自在通 由彼勢力增諸壽行 或住一劫或住劫餘 五 因緣和合 是諸行住因 謂善不善無記諸法 乃至因緣猶未散壞 於爾所時相續而住無有斷絶 六 由善不善無記作意引發先業 能牽諸行令住不絶 所謂外分共不共業之所生起 七 無諸障礙 是諸行住因 由此能令諸行生時無障因緣 諸行生已相似相續而住 遠離相違敗壞因緣 若不爾者便應滅壞"라고 하였다. 〔참고문헌〕『瑜伽師地論』, 『瑜伽論記』 권18(대정장42, p.717b1·한불전14, p.361a12). ⇨ 상속 相續

칠종조색 七種造色 칠조촉(七造觸 Ⓢ upādāya-rūpam saptabhyaḥ)을 달리 이르는 말. 몸으로 직접 느낄 수 있는 것으로 사대종(四大種)에 의해 만들어진 일곱 가지 색(色)으로서의 촉. 『잡아비담심론』 권1(대정장28, p.872c11)에 "촉입(觸入 : 觸處)에는 열한 가지가 있으니, 사대종과 칠종조색이다. 칠종조색이란 껄끄러움·미끄러움·가벼움·무거움·차가움·허기짐·목마름을 말한다. 껄끄러움이란 거칠고 억센 것이다. 미끄러움이란 미세하고 연한 것이다. 가벼움이란 무게를 잴 수 없는 것이다. 무거움이란 두터운 것이다. 차가움이란 따뜻함을 구하는 것이다. 허기짐은 먹고자 원하는 것이다. 목마름은 마시고자 원하는 것이다. 觸入者十一種 謂四大及七種造色 七種造色 謂澁滑輕重冷飢渴 澁者麤强 滑者細軟 輕者不可稱 重者淳厚 冷者求暖 飢者欲食 渴者欲飮"라고 하였다. 〔참고문헌〕『雜阿毘曇心論』. ⇨ 칠조촉 七造觸, 촉처 觸處❶

칠종조촉 七種造觸 일곱 가지로 짓는 촉. 『대비바사론』 권127(대정장27, p.665a12)에 "칠종조촉이란 활·삽·경·중·냉·기·갈을 말한다. 활은 섬세하고 부드러움, 삽은 거칠고 딱딱함, 경은 뭐라 할 수 없는 가벼움, 중은 헤아릴 수 있는 느낌, 냉은 지나치면 문득 따뜻함을 구한다. 기란 이것에 심하면 식욕을 일으키고, 갈은 몰려오면 마시려 한다. 七種造觸者 謂滑澁輕重冷飢渴 滑謂細軟 澁謂麤强 輕謂不可稱 重謂可稱 冷謂此所逼 便起暖求 飢謂此所逼 便起食欲 渴謂此所逼 便起飮欲"라고 하였다. 〔참고문헌〕『大毘婆沙論』, 『俱舍論』 권1(대정장29, p.2c23), 『大乘廣五蘊論』(대정장31, p.851b4). ⇨ 칠조촉 七造觸, 십일촉 十一觸

칠종진실 七種眞實 일곱 가지 진실. 진실, 곧 진여를 일곱으로 나눈 것. 진제(眞諦)삼장의 번역어로서 현장(玄奘)스님은 칠진여(七眞如) 또는 칠종진여(七種眞如)라 하였다. 『중변분별론』 권1 「진실품 眞實品」(대정장31, p.456b28)에 "진실을 나누어 깨뜨리면 일곱 가지가 있다. 무엇이 일곱이 되는가? 〈게〉 생기진실은 두 성(분별성·의타성)에 섭하고 의처와 사행 또한 그러하네. 상과 식과 청정 그리고 정행은 진성에 섭하네. 〈논〉 첫째는 생기진실, 둘째는 상진실, 셋째는 식진실, 넷째는 의처진실, 다섯째는 사행진실, 여섯째는 청정진실, 일곱째는 정행진실이다. 이 중에서 생기진실은 근본진실 중에 두 처에 있으니, 분별성과 의타성의 자리임을 반드시 알라. 저 생기진실과 같이 의처와 사행의 진실 또한 이처럼 근본성 중에 두 성에 섭한다. 상과 식과 청정과 정행 네 법은 하나의 진실성에 삽한다. 이 네 가지는 어찌하여 하나의 성에 섭하는가. 성경과 성지에 의해 드러난 바이기 때문이다. 分破眞實 有七種 何者爲七 生實二性攝 處邪行亦爾 相識及淸淨 正行眞性攝 一者 生起眞實 二 相眞實 三 識眞實 四 依處眞實 五 邪行眞實 六 淸淨眞實 七 正行眞實 此中生起眞實者 於根本眞實中 在二處應知 分別依他性處 如生起眞實 依處及邪行眞實 亦如是根本性中二性攝 相識淸淨正行 四法一眞實性攝 此四種云何一性攝 聖境聖智所顯故"라고 하였다. [참고문헌] 『中邊分別論』, 『辯中邊論』 권2(대정장31, p.470a2), 『十八空論』(대정장31, p.864b11). ⇨ 칠진여 七眞如

칠종진여 七種眞如 ➡ 칠진여 七眞如

칠종진여작의 七種眞如作意 일곱 가지 진여로 뜻을 짓다. 『현양성교론』 권3(대정장31, p.493b10)에 "진여로 뜻을 짓는 상이라 한 것은, 일곱 가지로 치우침 없이 가득 진여로 뜻을 짓는다. 자세한 것은 경에서 설한 바와 같다. 첫째 유전진여로 뜻을 짓고 … 둘째 실상진여로 뜻을 짓고 … 셋째 유식진여로 짓는 뜻 … 넷째 안립진여로 짓는 뜻 … 다섯째 사행진여에 의한 작의 … 여섯째 청정진여에 의한 작의 … 일곱째 정행진여에 의한 작의. 眞如作意相者 謂緣七種遍滿眞如作意 廣說如經 一 流轉眞如作意 … 二 實相眞如作意 … 三 唯識眞如作意 … 四 安立眞如作意 … 五 邪行眞如作意 … 六 淸淨眞如作意 … 七 正行眞如作意"라고 하였다. [참고문헌] 『顯揚聖教論』. ⇨ 작의 作意, 진여 眞如, 칠진여 七眞如, 청정진여작의 淸淨眞如作意

칠종참회심 七種懺悔心 참회할 때 일으켜야 하는 일곱 가지 마음. 『대명삼장법수』 권23(영락장182, p.336b10)에 "칠종참회심〈출전은 『자비수참』〉: 참의 온전한 범어 음사어는 참마(Ⓢ kṣama)이고, 한역어는 회과이며, 한어와 범어를 아울러 들기에 참회라 한다. 참은 미래의 선을 닦는다는 뜻이고, 회는 과거의 악을 고친다는 뜻이다. 참회하려는 사람은 먼저 일곱 가지 마음을 일으켜야 한다. 七種懺悔心〈出慈悲水懺〉 懺 梵語具云 懺摩 華言 悔過 華梵兼擧 故云 懺悔 懺名修來 悔名改往 若欲懺悔者 先當起七種心也", "첫째, 크게 참괴하는 마음을 일으켜야 한다. 참은 하늘에게 부끄러워하는 마음이고, 괴는 사람에게 부끄러워하는 마음이다. 스스로 나와 석가여래가 한가지로 범부라고 생각하지만, 지금은 세존께서 성도한 이후 이미 겁의 세월이 지났건만 우리들은 생사를 돌고 돌면서 벗어날 기약이 없다. 이 현실을 참으로 부끄러워해야 마땅하다. 이러한 마음으로 참회를 행한다. 一 生大慚愧心 慚卽慚天 愧卽愧人 謂自惟我 與釋迦如來 同爲凡夫 而今 世尊成道以來 已經劫數 而我等輪轉生死 未有出期 此實可慚可愧 當以此心 而行懺悔也", "둘째, 두려워하는 마음을 일으켜야 한다. 우리들이 범부인 이상 신구의업 항상 죄와 더불어 서로 응할 따름이다. 이 인연으로 목숨이 다한 후에 반드시 지옥·축생·아귀에 떨어져 무량고를 받을 것이다. 이와 같은 일 참으로 놀랍고 겁나며 두렵고 무섭다. 이러한 마음으로 참회를 행해야 한다. 二 恐怖心 謂我等旣是凡夫 身口意業 常與罪相應 以是因緣 命終之後 應墮地獄畜生餓鬼 受無量苦 如此實爲 可驚可恐可怖可懼 當以此心 而行懺悔也", "셋째, 싫어 떠나는 마음이어야 한다. 우리들은 마땅히 생사중에 일체가 거짓되고 진실하지 않아서 저 물거품과 같이 속히 일어났다 속히 멸하며 오가길 거듭하니, 저 수레바퀴 같음을 꿰뚫어보아야 한다. 이 몸은 온갖 고통이 모인 곳으로 일체 온통 부정하기에 참으로 싫어하여 떠나야 마땅하다. 이러한 마음으로 참회를 실행해야 한다. 三 厭離心 謂我等當觀 生死之中 虛假不實 如水上泡 速起速滅 往來流轉 猶如車輪 此身衆苦所集 一切皆是不淨 甚可厭離 當以此心 而行懺悔也", "넷째, 보리심을 일으켜야 한다. 범어 보리의 한역어는 도이다. 여래의 몸을 얻고자 한다면 보리심을 일으켜 중생을 제도해야 하니 몸도 목숨도 재물도 아끼는 일이 없다. 이러한 마음으로 참회를 행해야 한다. 四 發菩提心 梵語菩提 華言道 謂欲得如來身者 當發菩提心 救度衆生 於身命財 無所悋惜 當以此心 而行懺悔也", "다섯째, 원수와 친구를 평등하게 대하는 마음을 일으켜야 한다. 모든 중생에 대하여 원도 없고 친도 없이 해서 자비심을 일으키고, 피아를 구분하는 상이 없이 평등하게 제도한다. 이러한 마음으로 두루 참회해야 한다. 五 冤親平等心 謂於一切衆生 無冤無親 起慈悲心 無彼我相 平等救度 當以此心 普爲懺悔也", "여섯째, 부처님 은혜에 보답하려는 마음을 일으켜야 한다. 여래께서는 과거세 무량겁중에 우리들을 위하여 온갖 고행을 닦으면서 머리와 눈과 골수와 뇌 등을 버리셨다. 이와 같은 은덕에 보답하기란 참으로 어렵지만 우리들 중 여래의 은혜에 보답하려는 이들은 반드시 이번 생에 용맹정진하여 목숨도 아끼지 말고 널리 중생을 제도하여 함께 정각에 들어야 한다. 이 마음으로 참회를 행해야 한다. 六 念報佛恩心 謂如來往昔 無量劫中 爲我等故 修諸苦行 捨頭目髓腦等 如此恩德 實難酬報 我等欲報 如來恩者 須於此世 勇猛精進 不惜身命 廣度衆生 同入正覺 當以此心 而行懺悔也", "일곱째, 죄의 성이 공하다고 관하는 마음이다. 우리가 저지른 죄의 성은 공하여 실체가 없지만 인연을 따라 전도되어 일어날 뿐이다. 마땅히 알라! 죄의 성은 안팎 그 어디에도 없고 중간에도 없으며 본래 공하니 죄인들 어찌 있겠는가? 만약 이 마음을 부려서 관한다면 이것이 바로 진참회다. 七 觀罪性空心 謂我罪性本空 無有實體 但從因緣 顚倒而

生 當知 罪性不在內外 不在中間 本來是空 罪亦何有 若能運此心觀 即是眞懺悔也"라고 하였다. [참고문헌] 『大明三藏法數』, 『慈悲水懺法』 권상(대정장45, p.969a29). ⇨ 참회 懺悔, 공포심 恐怖心, 관죄성공 觀罪性空, 대참괴심 大懺愧心, 발보리심 發菩提心, 염리심 厭離心, 염보불은심 念報佛恩心, 원친평등 怨親平等

칠종통달 七種通達 일곱 가지 통달. 통달은 있는 그대로 명료하게 이해함(如實覺了)의 뜻이다. 『유가사지론』 권64(대정장30, p.658b17)에 "또 다음으로 간략히 일곱 가지 통달이 있으니, 첫째는 글자에 통달함이고, 둘째는 글자의 뜻에 통달함이며, 셋째는 능취에 통달함이고, 넷째는 능취의 뜻에 통달함이며, 다섯째는 계박에 통달함이고, 여섯째는 해탈에 통달함이며, 일곱째는 법성에 통달함이다. '글자에 통달함'이란, 통달해서 상이라 여긴다. '글자의 뜻에 통달함'이란, 통달해서 무상한 것이라 여긴다. '능취에 통달함'이란, 근과 식 등 언어적 진실(安立諦) 또는 비언어적 진실(非安立諦)에 통달하는 것이다. '능취에 통달함'과 같이 '능취의 뜻에 통달함'도 또한 마찬가지임을 알아야 한다. '계박에 통달함'이란, 상박 또는 추중박에 통달하는 것이다. 이와 상반되는 것이 '해탈에 통달함'임을 알아야 한다. '법성에 통달함'이란, 법성에 안주하고 법계에 안주할 뿐이어서 자재천과 (二十五諦 중) 자성(Ⓢ prakṛti)·사부(Ⓢ puruṣa)·중간(나머지 스물세 가지 제) 등으로 있다 하는 것들을 따르지 않는 것이다. 復次略有七種通達 一 字通達 二 字義通達 三 能取通達 四 能取義通達 五 繫縛通達 六 解脫通達 七 法性通達 字通達者 通達爲常 字義通達者 達爲無常 能取通達者 謂根識等 達安立諦 或非安立 如能取通達 能取義通達 當知亦爾 繫縛通達者 通達相縛 或麤重縛 與此相違 當知說名 解脫通達 法性通達者 謂能通達法性安住 法界安住 非從自在自性士夫中間等有"라고 하였다. [참고문헌] 『瑜伽師地論』.

칠종팔횡 七縱八橫 사방팔방 그 어디에도 속박되지 않아 자유로운 행의 등을 말한다. 칠통팔달(七通八達)과 같은 뜻이다. 『운문광록』 권상(대정장47, p.546b27)에 "'무엇을 종횡으로 일곱 번 솟구쳤다가 여덟 번 가로지른다 합니까?' '지금 그 한 수를 물려주겠다'. 問 如何是七縱八橫 師云 放汝一著", 같은 책 권중(대정장47, p.559b18)에 "만일 불법이라는 두 글자 묻는다면 '동서남북 그 어디나 종횡으로 자유롭게 오가서, 아침에 서천으로 갔다가 해질녘엔 당으로 돌아온다'고 하겠다. 비록 이렇다 해도 앞으로 잘못 들먹이지 마라. 若問佛法兩字 東西南北 七縱八橫 朝到西天 暮歸唐土 雖然如此 向後不得錯擧", 『설두어록』 권2(대정장47, p.684b22)에 "만일 주장자 물결이라면 납승은 종횡 어디로나 자유롭게 돌아다니겠지만, 문득 천지와 대지가 물결이라면 울타리를 붙들고 벽을 더듬게 될 것이다. 若拄杖子是浪 衲僧便七縱八橫 忽乾坤大地是浪 便見扶籬摸壁", 『대혜어록』 권17(대정장47, p.882b11)에 "어느날 도를 보는 눈 활짝 뜨이면 단번에 앞선 잘못 깨닫고 더듬고 다니던 지팡이를 던지고 두 손에 잡았던 것들 흩뿌린 다음 시방에 걸릴 것 없어 종횡 어디로나 거침없이 오가니, 동서남북 중 어디는 되고 어디는 안 된다는 차별이 없을 것이다. 이 경계에 이르러야 비로소 자재하다 하겠다. 一日 若道眼豁開 頓覺前非 拋却杖子 撒開兩手 十方蕩蕩 七縱八橫 東西南北 無可不可 到這裏 方得自在"라고 하였다. [참고문헌] 『雲門廣錄』, 『雪竇語錄』, 『大慧語錄』. ⇨ 칠통팔달 七通八達

칠종하중보특가라 七種河中補特伽羅 생사의 강이나 열반의 강을 오가는 일곱류의 보특가라. 『유가사지론』 권69(대정장30, p.680c11)에 "또 세간의 일곱류의 물속에 사는 보특가라 비유로 정법중에 일곱류의 보특가라를 비춰 드러낸다. 又以世間七種河中補特伽羅喩 影顯正法中七種補特伽羅", 『유가론기』 권18(대정장42, p.728c23·한불전14, p.408a3)에 "'또 세간의 일곱류 하중등'이라 하였는데, 40권본 『열반경』 권36중에 앞에서는 생사의 강중에 일곱 중생을, 뒤에서는 열반의 강중에 일곱류의 사람이 있음을 밝혀 정법 중에 있는 일곱류의 사람을 드러냈다. 첫째는 항상 빠져 있고, 둘째는 잠깐 나왔다가 다시 빠지며, 셋째는 나와서는 머물고, 넷째는 나와서는 두루 사방을 살펴보며, 다섯째는 두루 살펴본 뒤 향해 가버리고, 여섯째는 가다가 다시 머무는 부류이며, 일곱째는 강과 뭍을 오간다. 又以世間七種河中等者 謂涅槃經中 前生死河中 七種衆生 後明涅槃河中 亦有七人 顯正法中七種人也 一 常沒 二 暫出還沒 三 出已卽住 四 出已遍觀四方 五 遍觀已行 六 行已復住 七 水陸俱行"라고 하였다. [참고문헌] 『瑜伽師地論』, 『瑜伽論記』, 40권본 『大般涅槃經』 권36(대정장12, p.574c11). ⇨ 칠종인 七種人, 항하중유칠중생 恒河中有七衆生

칠종현성 七種賢聖 일곱류의 현성. 견도위(見道位)의 수신행(隨信行)·수법행(隨法行), 수도위(修道位)의 신해(信解)·견지(見至), 무학위(無學位)의 신증(身證)·혜해탈(慧解脫)·구해탈(俱解脫)을 얻은 칠보특가라(七補特伽羅)를 말한다. 『현양성교론』 권3(대정장31, p.493c15)에 "보특가라에는 여러 종류가 있음을 알아야 한다. 이제 먼저 일곱류의 현성에 대해 푼다. '수신행 등 일곱류'에 대해서는 경에서 자세히 설한 바와 같다. 첫째는 수신행이다. 이를테면 어떤 사람이 성품이 유연한 근기로서 순숙함이 상속하여 옛적부터 항시 믿고 알아 행하였으니, 이러한 인연으로 지금 사제에 대해 믿고 알아 따라 행하면서 사제를 관해 향해 나아간다. 둘째는 수법행이다. 이를테면 어떤 사람이 성이 이근이어서 순숙상속하여 옛적부터 항시 법을 가려 행하였으니, 이러한 인연으로 지금 모든 사제에 대해 법을 간택하는 행을 함에 따라 제를 관하는 데로 향해 나아간다. 셋째는 신해다. 곧 수신행으로서 이미 성제를 현견한 경우다. 넷째는 견지다. 곧 수법행으로서 이미 사성제를 현견한 경우다. 다섯째는 신증이다. 이를테면 팔해탈에 대해 직접 증득하여 구족해 머물지만 모든 번뇌 남김 없이 사라지게 하지는 못한 경우다. 여섯째는 혜해탈이다. 이를테면 이미 모든 번뇌 남김 없이 하였지만 팔해탈을 직접 증득하여 구족한 상태를 획득하지는 못한 경우다. 일곱째는 구해탈이다. 이미 모든 번뇌 남김 없이 다함을 얻었고 또 팔해탈을 몸소 증하여 구족히 머문다. 補特伽羅當知多種 今最初釋七種賢聖 謂隨信行等七 廣說如經 一 隨信行 謂如有一 性是軟根 純熟相續 自昔已來 恒信解行 由此因緣 今於諸諦 隨信解行 趣向諦觀 二 隨法行 謂如有一 性是利根 純熟相續 自昔已來 恒擇法行 由此因緣 今於諸諦 隨擇法行 趣向諦觀 三 信解 卽隨信行 已見聖諦 四 見至 卽隨法行 已見聖諦 五 身證 謂於八解脫 身證具足住 未得諸漏 無餘盡滅 六 慧解脫 謂已得諸漏 無餘盡滅 未得八解脫 身證具足住 七 俱解脫 謂已得諸漏 無餘盡滅 及於八解脫 身證具足住"라고 하였다. [참고문헌] 『顯揚聖敎論』. ⇨ 칠성 七聖, 칠보특가라 七補特伽羅, 수신행 隨信行, 수법행 隨法行, 신해 信解, 견지 見至, 신증 身證, 혜해탈 慧解脫, 구해탈 俱解脫

칠종혜청정상 七種慧淸淨相 보살이 중도를 행하여 얻는 혜의 일곱 가지 청정상. 『유가사지론』 권78(대정장30, p.732b5)에 "저 모든 보살들이 증익과 손감 두 끝을 멀리 여의어 중도를 행하니 그 이름이 혜다. 이 혜로 말미암아 해탈문의 뜻 즉 공·무원·무상의 세 가지 해탈문의 뜻을 여실하게 아는 것이며, 유자성의 뜻 즉 변계소집자성과 의타기자성과 원성실자성의 세 가지를 여실하게 아는 것이고, 무자성의 뜻 즉 생무자성성과 상무자성성과 승의무자성성의 세 가지 무자성성을 여실하게 아는 것이며, 세속제의 뜻 즉 오명처에 대해 여실하게 하는 것이고, 승의제의 뜻 즉 칠진여를 여실하게 하는 것이며, 또 무분별지로서 모든 희론을 여의고 순일한 이취에 다분히 머물기에 무량한 총법을 소연으로 삼기에, 또 비발사나(Ⓢ vipaśyanā) 때문에, 교법에 따른 교법의 행을 잘 가려내 성취하기에 이를 혜의 일곱 가지 청정상이라 한다. 若諸菩薩 遠離增益損減二邊 行於中道 是名爲慧 由此慧故 如實了知 解脫門義 謂空無願無相 三解脫門 如實了知 有自性義 謂遍計所執 若依他起 若圓成實 三種自性 如實了知 無自性義 謂相生勝義 三種無自性性 如實了知 世俗諦義 謂於五明處 如實了知 勝義諦義 謂於七眞如 又無分別 離諸戱論 純一理趣 多所住故 無量總法 爲所緣故 及毘鉢舍那故 能善成辦 法隨法行 是名七種慧淸淨相"라고 하였다. [참고문헌] 『瑜伽師地論』.

칠종화 七種華 ➡ 칠화 七華, 칠경화 七莖花, 칠엽화 七葉華, 칠정화 七淨華

칠주 七住 Ⓢ sapta-bhūmi. 십주(十住)중 제7주(第七住)인 불퇴위(不退位). 『인왕호국반야경소』 권4(대정장33, p.274a26)에 "칠주 이전은 물러나는 뜻이 있다. 七住已前 卽有退義", 『대지도론』 권10(대정장25, p.132a18)에 "또한 시방의 부처님들은 대대로 석가모니불을 보좌해왔으니 마치 칠주보살이 모든 법은 공하여 있는 것 없어서 불생불멸임을 관하듯 했다. … 보살도 이와 같아서 칠주에 서서 무생법인을 얻고 심행 그쳐 열반에 들어가려 한다. 復次 是十方佛 世世勸助 釋迦牟尼佛 如七住菩薩 觀諸法空無所有 不生不滅 … 菩薩亦如是 立七住中 得無生法忍 心行皆止 欲入涅槃", 『석정토군의론』 권4(대정장47, p.55c11)에 "칠주 이상에서는 물러날 일이 없다. 七住已上 無有此退"라고 하였다. [참고문헌] 『仁王護國般若經疏』, 『大智度論』, 『釋淨土群疑論』, *La ṅk.201·338*. ⇨ 불퇴위 不退位

칠주감연 七周減緣 일곱 주기에 걸쳐 소연(所緣 : 諦)을 줄여 가는 것. 중품의 인위(中忍位)에서 감연감행(減緣減行)할 때 상계(上界)와 욕계(欲界)의 행상(行相)과 소연을 점차 줄여 나가며 사제(四諦)를 현관(現觀)할 때, 욕계의 사제와 상계(색무색계)의 사제를 합한 팔제 중 욕계의 고제 아래의 네 가지 행상(無常 苦 空 無我)만을 남겨두게 되는데 이를 능연의 측면에서는 감행(減行)이라 하고 소연의 측면에서는 감연이라 한다. 원측(圓測)의 『인왕경소』 권상(대정장33, p.373c6·한불전1, p.38a3)에 "이를테면 중인위에서 상계와 하계의 팔제의 이치를 관찰하는 중에 저절로 두 문이 있게 된다. 첫째는 일곱 주기에 걸쳐 연을 덜어가는 문이다. … '일곱 주기에 걸쳐 연을 덜어내는 문'에 대해 풀이한다. 최초에는 상계와 하계의 팔제를 모두 연으로 하는데, 이는 하품인에 속한다. 다음의 관행자는 처음에 욕계의 고제 등 사제를 관찰한 뒤 나아가 상계(색계·무색계)의 고집멸 삼제를 관찰하지만 도제는 관찰하지 않는다. 곧 이것이 첫째로 제일의 소연을 한 번 덜어낸 것이다. 이와 같이 다시 욕계의 삼제에서 나아가 상계의 멸제까지를 관찰하지만 욕계의 도제는 제한다. 곧 이것이 두 번째 두 개의 소연을 감한 것이다. 이와 같이 나아가 상계의 고제를 제하는 데까지가 일곱 번째로 소연을 감하게 되는 것이다. 이와 같이 일곱 차례에 걸쳐 소연으로서의 제를 감하는 것이다. 謂中忍位 觀察上下八

諦理中 自有兩門 一者 七周減緣門 … 言七周減緣門者 最初具緣上下八諦 卽屬下忍 次觀行者 始觀察欲界苦等四諦 乃至觀上二界苦集滅三諦 而不觀道 卽此第一減一所緣 如是更從欲界三諦 乃至上界滅諦 除欲界道 此卽第二減二所緣 如是乃至除上界苦 爲第七減緣 如是七周 減所緣諦"라고 하였다. [참고문헌]『仁王經疏』. ⇨ 감연감행 減緣減行, 이십사주감행 二十四周減行

칠주행자 七周行慈 일곱 갈래로 자세히 살펴 자비를 행하게 하다. 진심(瞋心)이 많은 사람이 닦는 관법인데, 일곱 경계를 실천할 조목으로 세우고 그 각각에 세 가지 즐거움을 나누어준다. 『대명삼장법수』 권23(영락장182, p.338a9)에 "칠주행자〈출전은 『천태사교의집주』 권5(영락장189, p.129b6)〉 : 주란 두루 미친다는 뜻의 주편이다. 부처님께서는 진심이 많은 중생을 위하여 중생연자의 관을 닦아 대치하도록 하셨는데, 일곱 경을 벗어나지 않는다. 친한 이를 앞세우고 원수를 뒤로 하는 까닭은 대치하기 쉬운 것에서 시작해 어려운 것에 이르게 했기 때문이다. 만약 평등한 마음으로 관찰한다면 무엇이 원수이고 무엇이 친족이겠는가? 이 일곱 경계에서 경계마다 모두 세 가지 즐거움을 주어 원수와 친족 사이에 틈이 없도록 하므로 먼저 이 관법을 방편으로 행한다. 이로써 진심의 장애를 무너뜨리지만 중생에게서는 진실로 그 즐거움마저 얻지 못한다〈진심이 많다는 말은 정감을 거스르는 경계에서 일으키는 분한이 많다는 뜻이다. 중생연자란 모든 중생을 생각하길 마치 부모 등을 생각하듯이 자비로 연민하고 사랑으로 상념하며 그 즐거움을 준다. '대치하기 쉬운 것으로부터 어려운 것에 이른다'는 말은 친족으로서 즐거움을 주는 일은 쉽지만 원수라면 어렵다는 뜻이다. 세 가지 즐거움이란 무엇인가? 부처님의 즐거움이 최상의 즐거움이고, 보살의 즐거움이 중간의 즐거움이며, 제천의 즐거움은 그 아래 즐거움이다〉. 첫째, 상품의 친족은 자기의 부모와 사장을 말한다. 둘째, 중품의 친족은 자기의 형제와 자매를 말한다. 셋째, 하품의 친한 이는 자기의 벗과 아는 사이를 말한다. 넷째, 중인은 자기의 원수도 아니고 자기의 친족도 아닌 관계를 말한다. 다섯째, 하품의 원수는 자기의 벗과 아는 사이를 해친 사람을 말한다. 여섯째, 중품의 원수는 자기의 형제와 자매를 해친 사람을 말한다. 일곱째, 상품의 원수는 자기의 부모와 사장을 해친 사람을 말한다. 七周行慈〈出天台四敎儀集註〉 周者 周遍也 佛爲多嗔衆生 令修衆生緣慈之觀 而對治之 不出七境 先親而後冤者 從易而至難也 若以平等之心觀之 何冤何親 於此七境 境境悉以三樂與之 使冤親無間 故先假作此觀 以破嗔障 而於衆生 實未得其樂也〈多嗔者 謂於違情之境 多所忿恨也 衆生緣慈者 謂緣念一切衆生 如父母等想 慈愍愛念 而與其樂也 從易至難者 謂親與樂則易 而冤則難也 三樂者 謂佛之樂爲上樂 菩薩之樂爲中樂 諸天之樂爲下樂也〉 一 上品親 上品親 謂己之父母師長也 二 中品親 中品親 謂己之兄弟姊妹也 三 下品親 下品親 謂己之朋友知識也 四 中人 中人 謂非己之冤非己之親也 五 下品冤 下品冤 謂曾害己之朋友知識者也 六 中品冤 中品冤 謂曾害己之兄弟姊妹者也 七 上品冤 上品冤 謂曾害己之父母師長者也"라고 하였다. [참고문헌]『大明三藏法數』, 『天台四敎儀集註』.

칠중 七衆 Ⓢ sapta nikāya. 일곱의 대중(佛弟子). 불교교단을 구성하는 출가오중(出家五衆)과 재가이중(在家二衆)을 합하여 이르는 말. 도속칠중(道俗七衆)이라고도 한다. 『대지도론』 권10(대정장25, p.130b13)에 "불제자 칠중이란 비구・비구니・학계니(식차마나)・사미・사미니・우바새・우바이이다. 우바새와 우바이는 재가이고, 그 나머지 오중은 출가이다. 佛弟子七衆 比丘 比丘尼 學戒尼 沙彌 沙彌尼 優婆塞 優婆夷 優婆塞 優婆夷 是居家 餘五衆是出家", 『석씨요람』 권상(대정장54, p.262b6)에 "칠중이란 비구・비구니・식차마나・사미・사미니〈이상 출가오중〉・우바새・우바이〈이상 재가이중〉를 말한다. 『살바다비니비바사』에 '참으로 능히 불법을 유지함에는 칠중이 있어서다. 세간에서 삼승의 도과를 이어 끊어지지 않도록 함에는 바라제목차를 근본으로 한다' 하였다. 『대비바사론』에 '칠중이란 무엇인가? 첫째는 비구, 둘째는 비구니, 셋째는 식차마나, 넷째는 실리마나락가〈근책남이라 한역한다. 곧 사미이다〉, 다섯째는 실리마나리가〈근책녀라 한역한다. 곧 사미니이다〉, 여섯째는 오파색가, 일곱째는 오파사가이다'라고 하였다. 七衆 謂比丘 比丘尼 式叉摩那 沙彌 沙彌尼〈此出家五衆〉 優婆塞 優婆夷〈此在家二衆〉 婆沙論云 夫能維持佛法 有七衆 在世間三乘道果 相續不斷盡 以波羅提木叉爲根本 大毘婆沙論云 七衆者 一 苾芻 二 苾芻尼 三 式叉摩那 四 室利摩拏洛迦〈唐言 勤策男 卽沙彌也〉 五 室利摩拏理迦〈唐言 勤策女 卽沙彌尼也〉 六 鄔波索迦 七 鄔波斯迦"라고 하였다. [참고문헌]『大智度論』, 『釋氏要覽』, 『薩婆多毘尼毘婆沙』 권1(대정장23, p.507c12), *Śrāv-bh.37.* ⇨ 도속칠중 道俗七衆, 삼중 三衆, 사중 四衆❶, 오부중 五部衆, 이중 二衆❷, 수계칠중 受戒七衆, 불제자 佛弟子, 비구 比丘, 비구니 比丘尼, 식차마나 式叉摩那, 사미 沙彌, 사미니 沙彌尼, 우바새 優婆塞, 우바이 優婆夷

〈표〉 칠중

칠중 七衆	출가오중 出家五衆	一	비구比丘(걸사남乞士男)Bhikṣu
		二	비구니比丘尼(걸사녀乞士女)Bhikṣuṇi
		三	사미沙彌(근책남勤策男)Śrāmaṇera
		四	사미니沙彌尼(근책녀勤策女)Śrāmaṇerikā
		五	식차마나式叉摩那(학법녀學法女)Śikṣamāṇā
	재가이중 在家二衆	六	우바새優婆塞(청신사淸信士)Upāsaka
		七	우바이優婆夷(청신녀淸信女)Upārikā

칠중계 七衆戒 일곱 대중이 각기 가져 지키는 별해탈

율의(別解脫律儀)를 말한다. 『대승의장』 권10(대정장44, p.661a6)에 "계를 일곱 가지로 나누기도 하여 칠중계라 한다. 칠중이란 재가대중이 두 부류 있으니 우바새·우바이를 가리키고, 출가대중이 다섯 부류 있으니 비구·비구니·식차마나·사미·사미니를 가리킨다. 이들을 합하여 칠이라 한다. 或分爲七 謂七衆戒 言七衆者 在家有二 謂優婆塞 優婆夷 出家有五 比丘比丘尼 式叉摩那 沙彌沙彌尼 合爲七也", 『보살계의소』 권상(대정장40, p.567a18)에 "성문의 칠중계는 모두 율의계로서 그 체는 신구의 두 악을 막을 뿐이지만 보살율의는 삼업을 모두 갖춰서 막는다. 聲聞七衆戒 皆是律儀戒 體但止身口二惡 菩薩律儀 備防三業", 『법화경현찬섭석』 권3(卍속장53, p.182b5)에 "칠중계를 말하니 그 하나하나의 대중중에 계체는 같지 않으므로 '별'(해탈율의)이라 한다. 謂七衆戒 一一衆中 戒體非一 故名爲別", 『사분율수기갈마소정원기』 권6(卍속장64, p.368b5)에 "보살마하살 중 보살계를 수지하려는 이는 먼저 마음을 청정하게 하고 칠중계를 받아야 한다. 칠중계라 하니 마음을 청정하게 하는 것이어서 보살계에 나아갈 수 있게 한다. 마치 세간 사람들이 대왕을 청하고자 하면 먼저 거처할 집 등을 깨끗하게 수리해야 하는 것과 같다. 菩薩摩訶薩若欲受持 菩薩戒者 先當淨心 受七衆戒 七衆戒者 卽是淨心 趣菩薩戒 如世間人 欲請大王 先當淨治所居宅舍等"라고 하였다. [참고문헌] 『大乘義章』, 『菩薩戒義疏』, 『法華經玄贊攝釋』, 『四分律隨機羯磨疏正源記』. ⇨ 계 戒, 율의계 律儀戒, 별해탈율의 別解脫律儀, 종해탈 從解脫

칠중보수 七重寶樹 일곱 겹의 보배 나무. 일곱 줄로 늘어선 극락의 나무를 가리킨다. 『대루탄경』 권3(대정장1, p.292a19)에 "벽은 모두 칠보의 색으로 장식되어 있으니 금·은·수정·유리·산호·호백·차거가 그것이며, 일곱 겹의 물이 벽을 감돌고, 일곱 겹의 보배 나무가 대문처럼 늘어서 있다. 有壁皆七寶色 金銀水精琉璃珊瑚虎魄車渠 七重水繞壁 七重寶樹如外門", 『금강경과의회요주해』 권3(卍속장92, p.299b5)에 "일곱 겹의 보배 나무를 사람마다 가지고 있고, 구품의 연꽃이 곳곳에 피었다. 七重寶樹人人有 九品蓮花處處開"라고 하였다. [참고문헌] 『大樓炭經』, 『金剛經科儀會要註解』. ⇨ 칠중행수 七重行樹, 보수 寶樹

칠중수계율의 七衆受戒律儀 ➡ 칠중율의 七衆律儀

칠중수계의궤 七衆受戒儀軌 칠부대중(七部大衆)들이 계를 받음에 행하는 갈마법 즉 의식절차를 엮은 책. 우바새(優婆塞)·우바이(優婆夷)·사미(沙彌)·사미니(沙彌尼)·식차마나(式叉摩那)·비구(比丘)·비구니(比丘尼) 각각이 계를 받는 절차다. 665년(인덕2) 도선(道宣 596~667)율사가 정업사(淨業寺) 석계단(石戒壇)에서 수계한 이래로 825년(보력2)과 848년(대중2)에 방등계단(方等戒壇)에서, 1009년(대중상부2) 감로계단(甘露戒壇) 등에서 수계하였고, 남악혜사(南岳慧思) 수보살계의 영각사판범망경(靈覺寺板梵網經), 영명연수(永明延壽)의 수보살계법(안동 鳳停寺板 『범망경』), 소경사 혜공경방의 인조판(昭慶寺慧空經房印造版)인 『삼단전계정범 三壇傳戒正範』에 수록된 견월독체(見月讀體)율사의 수사미계·수비구계 및 비구니계·수보살계 의식 등의 의궤가 전해졌다. 한국불교에서는 1908년(순종2)에 회광(晦光)화상이 『칠중수계의궤』를 찬술하였는데, 연포(延包)대사가 이를 보고 감탄하여 '이 같은 마니보주는 얻기 어려운 것이다. 이 귀중한 보물을 얻었으니 어찌 홀로 비장해 둘 수만 있겠느냐?'라면서 1908년 여름 해인사(海印寺) 상선원(上禪院)에 금강계단(金剛戒壇)을 설치하고 호은문성(虎隱文性)율사를 전계사(傳戒師)로 하여 수계법회(受戒法會)를 열었다. 이를 계기로 해인사에서 이 『칠중수계의궤』를 판각키로 하였는데, 이 『수계의궤』와 『범망경』·『사분계본』 및 호계첩판(護戒牒板) 등을 아울러 판각하게 되었다. 이때 증명법사는 만허재윤(萬虛在允)과 제산정원(霽山淨圓)이었고, 교정에는 남전한규(南泉翰奎)·영명혜일(永明慧日)·대련덕문(大蓮德文)이었으며, 사자(寫字)는 혼허체성(渾虛體性), 입승은 혜산법융(慧山法融), 원주는 석옹계호(石翁啓昊), 도감은 응해대용(應海大溶), 화주(化主)는 호은문성(虎隱文性)율사였다. 이때 조각한 목판본이 현재 해인사 사간판각(寺刊板閣)에 소장되어 있으며, 『한국불교의례자료총서』 권3 pp.681~717에도 수록하였다. 뒤이어 자운성우(慈雲盛祐)율사가 수비구계정범(授比丘戒正範)·수보살계정범·수사미계정범 및 반월송보살계의식(半月誦菩薩戒儀式)·반월송비구계의식 등을 전하였고, 1960년 장백사문(長白沙門) 월벽(月壁)이 편재한 우바새 보살계송계의식(優婆塞菩薩戒誦戒儀式)도 전한다.

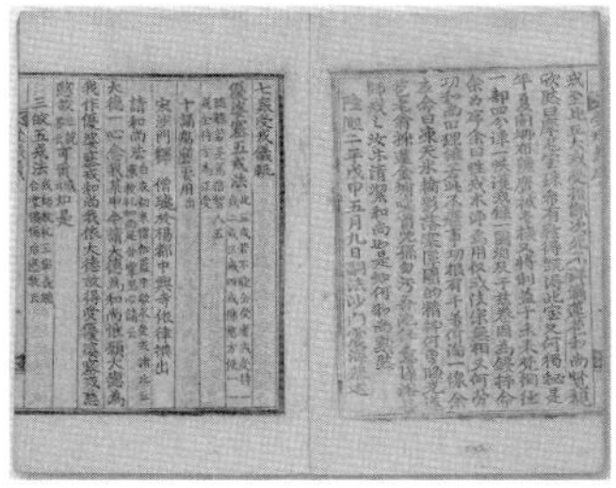

칠중수계의궤 해인사판 원각사 1908년

칠중율의 七衆律儀 일곱 무리의 대중이 각기 수지해야 할 별해탈율의(別解脫律儀). 한 번 받아 지녀 파계하지 않으면 계체가 평생 유지된다. 『삼구족경우바제사』(대정장26, p.362c27)에 "저들이 말하는 계율의계란 보살이라면 반드시 취해야 할 칠중율의다. 곧 비구·비구니·식차마나·사미·사미니·우바새·우바이의 계를 가리킨다. 출가와 재가는 이와 같은 차제로 모두 율의에 섭수된다. 彼所謂戒律儀戒者 菩薩正取 七衆律儀 所謂比丘 比丘尼 式叉摩那 沙彌 沙彌尼 優婆塞 優婆夷戒 出家在家 如是次第 皆律儀攝", 『대비바사론』 권37(대정장27, p.192c16)에 "이렇게 꾸준히 익혀 승해력으로 꿈에서조차 지켜 지은 것 구르게 하여야 한다. 저 깨었을 때 팔재와 갖가지 금계를 수지하니 비구 등 칠중이 받은 율의가 그것이다. 由斯串習 勝解力故 夢中還似 此所作轉 若於覺時 受持八齋 及諸禁戒 謂苾芻等 七衆律儀", 『화엄공목장』 권3 「업조림장 業稠林章」(대정장45, p.572b1)에 "별해탈이란 칠중율의이다. 의지하여 능히 수행하면 악행과 욕행을 멀리 벗어나니, 오중은 목숨이 다할 때까지 받아서 지켜야 한다. 別解脫者 卽七衆律儀 依能修行 遠離惡行及欲行 五衆立盡形受", 『약수삼귀오팔계병보살계』(卍속장95, p.1044b3)에 "먼저 차제대로 칠중율의를 받고 나중에 비로소 보살정계를 받는다. 先次第受 七衆律儀 後方得受 菩薩淨戒"라고 하였다. [참고문헌] 『三具足經憂波提舍』, 『大毘婆沙論』, 『華嚴孔目章』, 『略授三歸五八戒並菩薩戒』. ⇨ 계 戒, 율 律, 율의 律儀[1], 별해탈율의 別解脫律儀, 칠중 七衆

칠중익수 七衆溺水 물에 빠진 일곱 무리. 칠종하중보특가라(七種河中補特伽羅)라고 한다. 40권본 『대반열반경』 권32(대정장12, p.554a27)에 "부처님께서 말씀하셨다. '훌륭하다, 훌륭해! 선남자야! 저 항하변에 일곱류의 사람이 있는데, 목욕할 목적이거나 도둑이 두렵거나 꽃을 따기 위하여 강 속으로 들어갔다고 하자. 첫째 사람은 물에 들어가자마자 가라앉는다. 왜 그런가? 몸이 약하고 힘이 없어 뜨는 연습을 하지 않았기 때문이다. 둘째 사람은 비록 가라앉더라도 다시 나오고 나왔다가는 다시 가라앉는다. 왜 그런가? 몸에 힘 있어서 다시 나올 수 있지만 뜨는 것 익히지 않았기에 나왔다가 다시 가라앉는다. 셋째 사람은 가라앉은 다음 바로 나오고 나오기만 하면 더 이상 가라앉지 않는다. 왜 그런가? 몸이 무겁기에 가라앉지만 힘이 세기에 나올 수 있고 전에 뜨는 것 익혔기에 나오고 나와서는 계속 떠 있다. 넷째 사람은 들어가면 곧바로 가라앉고 가라앉고 나서는 다시 나오며 나오고 나서는 계속 떠서 사방을 두루 바라본다. 왜 그런가? 무겁기에 가라앉고 힘이 세기에 다시 나오며 뜨는 연습을 하여 계속 떠 있지만 나갈 곳을 모르기에 사방을 살펴본다. 다섯 번째 사람은 들어간 다음 곧바로 가라앉고 가라앉고 나서는 바로 나오며 나와서는 떠 있고 뜨고 나서는 사방을 바라보고 바라보고 나서는 바로 떠난다. 왜 그런가? 두렵기 때문이다. 여섯째 사람은 들어가고 나서는 곧바로 떠나서 얕은 곳에서 머문다. 왜 그런가? 도적이 어느 정도 거리에 있는지 살피려 하기 때문이다. 일곱째 사람은 이미 저쪽 언덕에 이르러 큰 산에 올라가 더 이상 두려움이 없고 모든 원적을 벗어나 큰 즐거움을 누린다'. 佛言 善哉 善哉 善男子 如恒河邊 有七種人 若爲洗浴 恐畏寇賊 或爲採花 則入河中 第一人者 入水則沈 何以故 羸無勢力 不習浮故 第二人者 雖沒還出 出已復沒 何以故 身力大故 則能還出 不習浮故 出已還沒 第三人者 沒已卽出 出更不沒 何以故 身重故沒 力大故出 先習浮故 出已卽住 第四人者 入已便沒 沒已還出 出已卽住 遍觀四方 何以故 重故則沈 力大故還出 習浮則住 不知出處 故觀四方 第五人者 入已卽沈 沈已便出 出已卽住 住已觀方 觀已卽去 何以故 爲怖畏故 第六人者 入已卽去 淺處則住 何以故 觀賊近遠故 第七人者 旣至彼岸 登上大山 無復恐怖 離諸怨賊 受大快樂", 같은 책 권36(대정장12, p.574c11)에 "선남자야! 저 항하중에 일곱 중생이 있는 것과 같다. 첫째는 언제나 빠져 있고, 둘째는 잠시 나왔다가 다시 빠지며, 셋째는 나와서는 그대로 머물고, 넷째는 나와서는 사방을 살피며, 다섯째는 두루 보고 나서 떠나고, 여섯째는 가고 나서 다시 떠 있으며, 일곱째는 물과 뭍을 모두 다닌다. 善男子 如恒河中 有七衆生 一者 常沒 二者 暫出還沒 三者 出已則住 四者 出已遍觀四方 五者 遍觀已行 六者 行已復住 七者 水陸俱行", 『대명삼장법수』 권22(영락장182, p.328b6)에 "첫째는 일천제를 비유한다. … 둘째는 인천을 비유하니 나가려다 물러나는 사람이다. … 셋째는 내범에 속하는 사람을 비유하니 뜻을 일으켜 생사의 큰 강물을 건너려 한다. … 넷째는 사과를 성취한 사람을 비유한다. … 다섯째는 연각에 속하는 사람을 비유한다. … 여섯째는 보살을 비유한다. 예리한 근기로 말미암아 견고하게 신심에 머물며 모든 번뇌를 끊는다. … 일곱째는 부처님을 비유한다. 지혜로운 근기로 말미암아 신심에 견고하게 머물며 물러서는 일이 없다. 곧바로 전진하고 전진하고 나서는 생사의 큰 강물을 건너 피안에 도달하고 열반의 큰산에 올라 모든 번뇌의 원적을 떠나서 큰 즐거움을 얻는다. 以喩一闡提也 … 以喩人天 將進而退者也 … 以喩內凡之人 發意欲度 生死大河 … 以喩四果之人 … 以喩緣覺之人 … 以喩菩薩 由利根故 堅住信心 而斷諸煩惱也 … 以喩佛也 由利根故 堅住信心 無有退轉 卽便前進 旣前進已 得度生死大河 到於彼岸 而登涅槃大山 離諸煩惱冤賊 得大快樂也"라고 하였다. [참고문헌] 『大般涅槃經』, 『大明三藏法數』.

칠중행수 七重行樹 일곱 가지 보배로 일곱 겹으로 늘어선 장엄한 극락세계의 가로수. 극락세계의 칠보로 칠층을 올려 장엄하고 다시 일곱 겹으로 늘어선 가로수를 말한다. 칠중보수(七重寶樹)·칠중행도수(七重行道樹)라고도 한다. 『대루탄경』 권1(대정장1, p.281b24)에 "여러 하늘들이 전륜왕을 위하여 성벽은 일곱 겹, 일곱 겹의 난간, 일곱 겹의 교로, 일곱 겹의 가로수로 주위를 둘러싸고, 채색을 한 그림으로 아름답게 꾸몄는데, 모두 칠보인 금·은·수정·유리·붉은 진주·차거·마노로 이루어졌다. 諸天爲轉輪王 造起城壁七重 七重欄楯 七重交露 七重行樹 周匝圍遶 彩畫姝好 皆以七寶 金 銀 水精 琉璃 赤眞珠 車渠 馬瑙", 『관무량수경』(대정장12, p.342b2)에 "보배나무를 관한다 하니, 하나하나 관하여 칠중행수상(七重行樹想)을 짓는다. 하나하나 나무의 높이는 팔천유순이며, 그 모든 보배 나무들은 칠보의 꽃과 잎을 갖추지 않은 것이 없으며, 하나하나의 꽃과 잎 보배 색 달리하니, 유리색에서 금색빛 나오고, 파리색에서 홍색이 나오며, 마노색에서 차거빛 나오고, 차거색에서 녹색 진주의 빛 나오며, 산호와 호박 그리고 일체의 보배들이 이렇게 비추어 장식한다. 묘한 진주 그물이 나무 위를 다 덮고, 하나하나의 나무 위에 일곱 겹의 그물이 있으며, 하나하나의 그물 사이에는 오백 억의 미묘하고 아름다운 궁전이 있으니, 마치 범천왕의 궁전과 같다. 觀寶樹者 一一觀之 作七重行樹想 一一樹高 八千由旬 其諸寶樹 七寶花葉 無不具足 一一華葉 作異寶色 琉璃色中 出金色光 頗梨色中 出紅色光 馬腦色中 出車渠光 車渠色中 出綠眞珠光 珊瑚琥珀 一切衆寶 以爲映飾 妙眞珠網 彌覆樹上 一一樹上 有七重網 一一網間 有五百億 妙華宮殿 如梵王宮"라고 하였다. [참고문헌] 『大樓炭經』, 『觀無量壽經』. ⇨ 칠보 七寶❶, 십육관 十六觀

칠증사 七證師 구족계를 수수(授受)함에 이를 여법히 하는 7인의 증사(證師). 『사분율행사초』 권상(대정장40, p.25b27)에 "다음으로 칠증사를 청한다. 법도에 따라 청해야 한다. 갈마법은 홀로 행할 수 없으므로 반드시 이들을 모셔서 법도상 잘못이 없음을 증명해야 한다. 次請七證師 義須準請 以羯磨法 非是獨秉 必取此人 證無錯謬", 『전계정범』 권4(卍속장107, p.98a4)에 "십사(삼사칠증)가 화합하여 삼례를 올리고 계송을 읊은 뒤에 제일사는 가운데 자리잡고, 갈마사는 왼쪽 수좌에 자리하며, 교수사는 오른쪽 수좌에 앉는다. 칠증사는 좌우에 순차로 각자 자리한다. 十師和合 三禮擧偈竟 第一師居中座而坐 羯磨師 居左首座 教授師 居右首座 七證師 左右順次各就座", 『유가론기』 권14(대정장42, p.620b12·한불전14, p.78c13)에 "갈마사와 화상을 제외하고 나머지 모든 사승을 주계만승이라 한다. 곧 위의사와 칠증을 말한다. 除羯磨師 及和上已外 諸師僧 名住戒滿僧 謂威儀師 及七證也"라고 하였다. [참고문헌] 『四分律行事鈔』, 『傳戒正範』, 『瑜伽論記』. ⇨ 삼사칠증 三師七證

칠지 七支 ❶ 몸으로 짓는 세 가지 업(身三)과 입으로 짓는 네 업(口四)을 합한 일곱 가지로 칠업도(七業道)를 말하지만, 칠지의 계(戒)로서는 칠건도(七犍度)·칠율의(七律儀)라고도 한다. 『구사론송소론본』 권13(대정장41, p.892c20)에 "몸의 세 가지와 입의 네 가지는 칠지의 무표로서 하나하나가 각별하다. 顯身三口四 七支無表 一一各別", 『능엄경전』 권5(卍속장89, p.136a10)에 "저 칠지상을 향하여 몸의 세 악업인 살·도·염을 배대하고 입의 네 악업인 망언·기어·양설·악구를 배대한다. 매 지마다에 삼천을 갖추어 삼 곱하기 칠이면 이십일로 모두 이만일천이 된다. 다시 탐진치 세 가지 근본에 배대하면 매 근본마다에 계를 갖추어 이만일천이 되고 네 개의 이만일천을 합하면 팔만사천이 되지만 경에서는 팔만으로 줄여서 말한다. 向七支上 配身三 殺盜染 口四 妄言綺語兩舌惡口 每支上 具三千 三七二十一 都成二萬一千 更向貪嗔癡 三根本上配 每根戒具 二萬一千 四个二萬一千 成八萬四千 經言八萬略也", 『원각경도량수증의』 권5(卍속장128, p.780b9)에 "오직 악업을 참회할 뿐이니 악업에는 본래 칠지가 있다. 몸의 세 가지와 입의 네 가지다. 今唯懺惡業 惡業自有七支 身三口四"라고 하였다. [참고문헌] 『俱舍論頌疏論本』, 『楞嚴經箋』, 『圓覺經道場修證儀』. ⇨ 칠업도 七業道, 팔만사천 八萬四千 ❷ 버텨 힘쓰게 해서 모든 것을 감당할 수 있게 하는 일곱 가지 조건. 칠각지(七覺支)를 코끼리가 네 다리에 더해서 머리와 음부·꼬리 등 칠지(七支)로 버텨 큰 힘을 쓰는 데 비유하였다. 『니건자소설경』 권3(대정장9, p.331a28)에 "대왕이여! 전륜성왕은 성내는 마음의 불섭업을 여의었기에 상보를 얻어 제일최승락을 받았습니다. … 대왕이여 마땅히 아십시오! 저 큰 코끼리는 좋은 말과 같아서 잘 길들여지고 유연하여 마음대로 부릴 수 있어 다른 나라를 항복시킬 수도 있습니다. 칠지로써 잘 버틸 수 있으니 네 다리·머리와 음부·꼬리입니다. 이 일곱 가지로 큰 힘마저 유지할 수 있으니, 능히 적을 감당함에 뭇 코끼리 천 마리에 버금갑니다. 大王 轉輪聖王依離瞋心不善業故 得於象寶 受於第一最勝乘樂 … 大王 當知 彼大象寶 猶如良馬 調伏柔軟 隨自在用 降伏他國 七支善住 所謂四足 首及陰尾 是七種支 善住大力 力能堪敵凡象千數", 『해심밀경소』 권9(한불전1, p.440c13)에 "보살대승은 저 흰코끼리에 비유한다. 삼계십이연기의 법을 풀어 드날려서, 본래 공한 뜻으로 일체를 구호함에 미치지 못하는 곳이 없다. 저 구『구사』에 이르길 여섯 개의 어금니는 6바라밀과 같고, 네 다리는 마치 4여의족에 비유하며, 일곱 가지로 버티니 칠각분에 비유한다. 菩薩大乘 譬若白象 解暢三界十二因緣起 了之本無 救護一切 莫不蒙濟 舊俱舍云 六牙譬六度 四脚喩四如意 七支喩七覺分"라고 하였다. [참고문헌] 『尼乾子所說經』, 『解深密經疏』. ⇨ 칠각지 七覺支, 칠보 七寶❷

칠지 七地 ❶ Ⓢ dūraṃgamā nāma saptamī bodhisattvabhūmi. 보살십지(菩薩十地) 중 제7지인 원행지(遠行地). 십지 중에서도 공행(功行)이 뛰어나 중도를

성취하여 찰나마다 상지(上地)에 오른다. 『십주경』 권3(대정장10, p.518a10)에 “보살마하살은 저 십지 중 보리를 돕는 법을 구족하였으나 다만 제7지가 뛰어나므로 얻은 이름이다. 왜 그런가? 모든 보살마하살은 7지 중에 공행을 구족하여 지혜신통도에 들어가기 때문이다. 菩薩摩訶薩 於十地中 悉具足助菩提法 但第七地 勝故得名 何以故 諸菩薩摩訶薩 於七地中 功行具足 入智慧神通道故”, 『십지경』 권5(대정장10, p.555c28)에 “만약 보살이 제6지 중에 닦은 지도가 원만하여 마치고 제7지로 들어가려 한다면, 마땅히 열 가지 미묘한 방편과 지혜로 이끄는 불공진도의 승행으로서 들어간다. 若是菩薩 第六地中 所修地道 善圓滿已 欲入菩薩 第七地者 當以十種妙方便慧所引 不共進道 勝行而入”, 같은 책 권5(대정장10, p.557a4)에 “그러나 7지에서는 여전히 번뇌의 허물을 넘어섰다고 할 수 없다. 만약 공용이 있다는 모든 집착을 버린다면 제7지에서 제8지로 들어가 보살의 청정한 수레를 타고 세간을 두루 다녀도 잡염환을 알아 물들지 않는다. 이미 허물을 넘어섰기에 보살이 이 보살제7지에 안주하면 대부분 탐 등의 모든 번뇌를 넘어선다. 뭇 보살들이 이 원행지를 닦을 때 응당 ‘번뇌가 있지도 않지만 번뇌가 없지도 않다’라고 마땅히 말하는 것이 이 뜻이다. 然於七地 猶未可言 超煩惱患 若捨一切有功用 從第七地 入第八地 乘御菩薩 清淨之乘 遍遊世間 知雜染患 不爲所染 已超過故 菩薩安住 於此菩薩 第七地中 多分超過貪等 一切諸煩惱 衆菩薩 修此遠行地時 如應當言 非有煩惱 非無煩惱”, 『문수사리문보리경』(대정장14, p.482c28)에 “지혜의 길이란 초지부터 7지까지이고, 끊고 가는 길은 8지부터 10지까지이다. 智道者 初地至七地 斷道者 八地至十地”, 『대승의장』 권12(대정장44, p.702a28)에 “초지부터 6지까지는 공용으로 도를 닦지만 닦인 마음이 아직 미숙하기에 생이라 한다. 제7지에서 닦아도 공용이 없고, 8지 이상에서 무공용을 성취하여 닦는 마음조차 순숙하므로 무생이라 한다. 初至六地 功用修道 修心未熟 故名爲生 第七地中 修無功用 八地已上 成無功用 修心純熟 故曰無生”라고 하였다. [참고문헌] 『十住經』, 『十地經』, 『文殊師利問菩提經』, 『大乘義章』, *Daś-bh.3·36·41.* ⇨ 제칠지 第七地, 원행지 遠行地, 보살십지 菩薩十地, 십지 十地❷ ❷ Ⓢ sapta bhūmayo. 보살지(菩薩地)부터 불지(佛地)까지의 일곱 행위(行位). 『보살지지경』 권10 「보살지지필경방편처지품 菩薩地持畢竟方便處地品」(대정장30, p.954a7)에 의지하여 『대승의장』 권12 「칠지의삼문분별 七地義三門分別」(대정장46, p.716a24)에서 시설하였다. “첫 번째는 이름을 푼다. 7지의 뜻은 『보살지지경』에 나온다. 능히 생하는 뜻이 지다. 지위를 열고 닫음에 크고 적음은 정하기 어렵다. 여기서는 한 가지 문에 따라 일곱 가지를 분별하겠다. 첫째는 종성지(Ⓢ gotra-bhūmi), 둘째는 해행지(Ⓢ adhimukticaryā-bhūmi : 勝解行地), 셋째는 정심지(Ⓢ śuddhādhyāśaya-bhūmi : 淨勝意樂地), 넷째는 행적지(Ⓢ caryāpratipatti-bhūmi : 行正行地), 다섯째는 결정지(Ⓢ niyatā bhūmi), 여섯째는 결정행지(Ⓢ niyatacaryā-bhūmi), 일곱째는 필경지(Ⓢ niṣṭhāgamana-bhūmi : 到究竟地)이다. 第一釋名 七地之義 出地持論 能生曰地 地位開合 廣略難定 今據一門 且論七種 一 種性地 二 解行地 三 淨心地 四 行跡地 五 決定地 六 決定行地 七 畢竟地”, “종성지란, 습의 종자나 성의 종자를 함께 종성이라 한다. 행할 근본과 다다를 바 세워 능히 인과를 일으키니 종이라 부른다. 종의 뜻은 무너지지 않음이니 그것을 성이라 한다. 성으로써 지가 다르면 종성지다. 種性地者 習種性種 同名種性 行本達立 能生因果 故名爲種 種義不壞 目之爲性 以性別地 名種性地”, “해행지란, 앞의 종성에 의지하여 방편을 일으켜 닦아 출세의 길로 들어가며, 출세의 길 알고 행하므로 해행이다. 해로써 구별하여 해행지라 한다. 解行地者 依前種性起修方便趣入出世 於出世道 解而行故 名爲解行 以解別地 名解行地”, “정심지란, 초지에서 해행주를 넘어 환희지로 들고 마음을 증하여 번뇌를 떠나기에 정심이라 한다. 또한 보리에 대하여 청정한 믿음으로 희망하기에 정심이라 한다. 이렇게 정한 지를 정심지라 한다. 淨心地者 在初地中 過解行住 入歡喜地 證心離垢 名爲淨心 又於菩提 淨信悕望 亦名淨心 以斯別地 名淨心地”, “행적지란, 2지 이상부터 7지까지에서 일으키는 수도를 행적이라 한다. 행으로써 지를 구별하여 행적지라 한다. 行跡地者 二地已上 乃至七地 起於修道 名爲行跡 以行別地 名行跡地”, “결정지란, 제8지 중에 법 흐르는 물에 들었으니, 결정코 무상보리를 향해 가므로 결정지라 한다. 決定地者 第八地中 在法流水 決定趣向 無上菩提 名決定地”, “결정행, 제9지 중에 앞의 결정지에 의지하여 높고 높이 더욱 나아가므로 결정행이라 한다. 決定行者 第九地中 依前決定 上上增進 名決定行地”, “필경지란, 제10지와 여래지를 말한다. 제10지 중에 인행이 끝내 가득하니 여래지 중에 과덕 또한 두렷이 다한다. 이러한 뜻 때문에 한가지로 필경이라 한다. 畢竟地者 謂第十地 及如來地 第十地中 因行窮滿 如來地中 果德圓極 以是義故 同名畢竟”라고 하였다. [참고문헌] 『菩薩地持經』, 『大乘義章』, *Bodh-bh.253.*

칠지 七知 일곱 가지 선법에 대한 앎. 칠묘법(七妙法)이라고도 한다. 40권본 『대반열반경』 권15(대정장12, p.451b13)에 “선남자야! 무엇을 보살마하살의 범행이라 하는가? 선남자야! 보살마하살은 대승의 대반열반에 머물고 일곱 가지 선법에 머물며 범행을 갖춘다. 무엇이 그 일곱 가지인가? 첫째는 법을 알고, 둘째는 뜻을 알며, 셋째는 때를 알고, 넷째는 족할 줄 알며, 다섯째는 스스로를 알고, 여섯째는 대중을 알며, 일곱째는 귀하거나 낮은 신분을 가려낼 줄 안다. 善男子 云何菩薩摩訶薩梵行 善男子 菩薩摩訶薩 住於大乘 大般涅槃 住七善法 得具梵行 何等爲七 一者 知法 二者 知義 三者 知時 四者 知足 五者 自知 六者 知衆 七者 知尊卑"라고 하였다. ［참고문헌］『大般涅槃經』. ⇨ 지법 知法 ❶, 칠묘법 七妙法 ❷, 칠불퇴법 七不退法, 칠종정법인연 七種正法因緣

칠지 七智 일곱 가지 지혜. 『중사분아비담론』 권1(대정장26, p.629b14)에 "법을 아는 지는 법지로서 일곱 가지 지로 적게 나누면 타심지·고지·집지·멸지·도지·진지·무생지이다. 法智卽法智 七智少分 謂知他心智 苦智 集智 滅智 道智 盡智 無生智"라고 하였다. ［참고문헌］『衆事分阿毘曇論』, 『大智度論』 권23(대정장25, p.233b17), 『大毘婆沙論』 권108(대정장27, p.558a23).

칠지경 七知經 삼국시대 오(吳)의 지겸(支謙) 한역. 1권. 고려장19, p.509a1~c20, No.665·대정장1, p.810a3~b28, No.27에 수록되어 있다. 『칠지경 七智經』이라고도 한다. 앙굿타라니카야 '일곱의 모음'(Sattaka-nipāta) 중 제64경 *Dhammaññū-sutta*(*AN*.4, pp.113~117)과 상응하며, 『칠지경 七智經』이라고도 한다. 이역본으로 『중아함경 中阿含經』 권1 「칠법품선법경 七法品善法經」(대정장1, pp.421a12~422a17)과 『증일아함경 增一阿含經』 권33 「등법품 等法品」(대정장2, pp.728b25~735b10)이 있다. 본경이 가장 짧다. 비구가 반드시 깨우쳐 행해서 정법이 있게 하는 칠법(七法)·칠불퇴법(七不退法)을 설한 경이다. 칠법은 지법(知法 Ⓟ dhammaññū)·지의(知義 Ⓟ atthaññū)·지시(知時 Ⓟ kālaññū)·지절(知節 Ⓟ mattaññū : 知足)·지기(知己 Ⓟ attaññū : 自知)·지중(知衆 Ⓟ parisaññū)·지인(知人 Ⓟ puggalaparoparaññū : 觀察衆人)을 말한다. ［참고문헌］『歷代三寶紀』 권5(대정장49, p.57c20), 『衆經目錄』 권4(대정장55, p.133c22), 『大唐內典錄』 권2(대정장55, p.228b20), 『開元釋敎錄』 권2(대정장55, p.488b4). ⇨ 칠묘법 七妙法 ❷

칠지소섭 七支所攝 닦아 얻을 수 있으려면 일곱 가지로 거둔다. 닦아 성취하는 과정(修所成地 Ⓢ bhāvanāmayī-bhūmi)에서 반드시 갖추어야 할 네 가지(處所 因緣 瑜伽 果)를 다시 열어 일곱 갈래로 닦는 뜻이다. 『유가사지론』 권20(대정장30, p.388b10)에 "무엇을 수소성지라 하는가? 간략히 네 가지 처로 인해 널리 수소성지를 거둔다. 무엇이 네 가지 처인가? 첫째는 수습의 처소이고, 둘째는 수습의 인연이며, 셋째는 유가를 수습함이고, 넷째는 수습의 과다. 이와 같은 네 가지 처는 칠지로 거둔다. 첫째는 몸을 받아 남에 닦을 수 있게 원만하고, 둘째는 정법을 청문함에 원만하며, 셋째는 열반을 가장 우선시함이고, 넷째는 해탈을 성숙케 하는 지혜를 익히며, 다섯째는 대치를 수습함이고, 여섯째는 (三摩地를 획득하는 등 세 가지로서) 세간의 모든 것에서 청정하며, 일곱째는 (聖諦現觀에 들어가는 등 다섯 가지로서) 출세간의 모든 종류의 청정이다. 이와 같이 네 가지 처는 일곱 가지 지로 거둔다. 云何修所成地 謂略由四處 當知普攝修所成地 何等四處 一者 修處所 二者 修因緣 三者 修瑜伽 四者 修果 如是四處七支所攝 何等爲七 一 生圓滿 二 聞正法圓滿 三 涅槃爲上首 四 能熟解脫慧之成熟 五 修習對治 六 世間一切種淸淨 七 出世間一切種淸淨 如此四處七支所攝", 『유가론기』 권6(대정장42, p.426a16·한불전13, p.387b2)에 "'일곱 가지로 거둔다' 하였는데, 처음은 생원만인즉 수처이고, 둘째 정법을 들음에 원만하고, 셋째 열반을 상수로 하며, 넷째 능히 해탈을 익혀 알아 성취케 한다. 이 세 가지는 수습의 인연에 해당하며, 다섯째 수습해서 마주하고 다스리는 것이니 유가를 닦음이고, 여섯째는 세간을 깨끗이 하고, 일곱 번째는 출세간을 깨끗이 하기에 과를 닦음이 된다. 七支攝者 初 生圓滿卽修處 二 聞正法圓滿 三 涅槃爲上首 四 能熟解脫慧之成就 此上三種名修因緣 五 修習對治名修瑜伽 六 世間淨 七 出世間淨 名爲修果"라고 하였다. ［참고문헌］『瑜伽師地論』, 『瑜伽論記』.

칠지악 七支惡 일곱 가지 악행(惡行). 몸(身)으로 짓는 세 가지와 입(口)으로 짓는 네 가지 악업을 말한다. 『섭대승론석』 권9(대정장31, p.220c1)에 "［석］ 만약 보살이 개별적인 바라밀 가운에서 가행을 수습하다면, 그 나머지의 바라밀이 다 도와서 이 하나를 성취한다. 마치 보살들이 바르게 보시를 실천할 때 몸과 입을 수호하여 일곱 가지 악을 여의는 것과 같다. 말하자면, 정어·정업·정명의 계를 수지하면 이 계로 인해 보시를 성취할 수 있다는 것이다. 釋曰 若菩薩於一一波羅蜜修加行 餘波羅蜜皆助成此一 如諸菩薩正行施時 守護身口離七支惡 卽持正語正業正命戒 由此戒故 施得成就"라고 하였다. ［참고문헌］『攝大乘論釋』. ⇨ 칠지 七支 ❶

칠지염송수행법 七支念誦隨行法 ➡ 대비로자나성불신변가지경략시칠지염송수행법 大毘盧遮那成佛神變加持經略示七支念誦隨行法

칠지쟁법 七止諍法 Ⓟ satta adhikaraṇa-samathā. 일곱 가지로 다툼을 그치게 하는 법. 칠멸쟁법(七滅諍法)이라 한다. 『집이문족론』 권17(대정장26, p.440c15)에 "칠지쟁법이란 무엇인가? ［답］ 첫째 현전비나야, 둘째 억념비나야, 셋째 불치비나야, 넷째 구피자성비나야, 다섯째 취다인어비나야, 여섯째 취자언지비나야, 일곱째 여초부지비나야이다. 이와 같은 것들을 칠지쟁법이라 이름한다. 七止諍法者 云何爲七 答 一 現前毘柰耶 二 憶念毘柰耶 三 不癡毘柰耶 四 求彼自性毘柰耶 五 取多人語毘柰耶 六 取自言持毘柰耶 七 如草覆地毘柰耶 如是名爲七止諍法". "[문] 어떤 연으로 이 일곱을 지쟁법이라 이름하는가? [답] 쟁이란 피차 다투고 어긋나 논쟁함을 말한다. 이 일곱 법 중 어느 하나를 현전하게 해서 일어난 다툼을 모두 조정하여 그치게 하니, 이 인연 때문에 지쟁법이라 이름한다. 問 何緣是七 名止諍法 答 諍謂彼此鬪訟違諍 由斯七法 隨一現前 令所起諍 皆調止息 由此因緣 名止諍法"라고 하였다. [참고문헌] 『集異門足論』, *DN.3.254.* ⇨ 칠멸쟁법 七滅諍法

칠지정사 七池精舍 전라남도 영암군 영암읍 월출산 천성봉(天星峰)에 있던 절. 『동국명산기』의 기록에 아래쪽에 구절폭포(九折瀑布)가 있고, 물이 고여 못이 된 것이 일곱이라서 칠지정사라는 이름을 지었다고 한다. 민사평(閔思平 1295~1359)의 『급암시집』「월악기 月嶽記」에도 천성봉과 칠지정사에 대한 기록이 전한다. [참고문헌] 『東國名山記』, 『及菴詩集』 記言 권28하 山川下, 『韓國寺刹全書』 권하 p.1110a13.

칠지제 七支提 부처님 재세 시 중인도 비사리(毘舍離 Ⓟ Vesālī)국에 있던 일곱 곳의 지제. 『잡아함경』 권5(대정장2, p.37a15)에 "사문 구담이시여! 이 비사리는 풍요롭고 즐거운 국토이며 차파리지제·칠암라수지제·다자지제가 있습니다. 구담께서는 구루타지제·바라수지지제·사중담지제·역사보관지제에 계십시오. 沙門瞿曇 此毘舍離 豐樂國土 有遮波梨支提 漆菴羅樹支提 多子支提 瞿曇在拘樓陀支提 婆羅受持支提 捨重擔支提 力士寶冠支提"라고 하였다. [참고문헌] 『雜阿含經』. ⇨ 지제 支提❶, 차이티야 Caitya

칠진 七塵 육진(六塵) 밖에 일곱 번째 진(塵). 법으로서의 바탕(體)이 없는 것을 비유하는 말. 『능엄경』 권1(대정장19, p.107c28)에 "체가 있을 수 없어도 합할 수 있다면 십구계가 칠진을 인으로 하여 합한다는 논리이지만 이런 뜻은 타당하지 않다. 若無有體 而能合者 則十九界 因七塵合 是義不然", 『능엄경소해몽초』 권1(卍속장21, p.155a13)에 "만약 그대가 실체가 없이도 합할 수 있다고 굳이 집착한다면, 십구계와 제칠진에 체가 필경 없어도 응당 합할 수 있다고 하는 것이니 '타당하지 않다'고 한다〈고산이 말한다. '계는 단지 열여덟이고, 진은 오직 여섯뿐이기 때문이다'〉. 若汝堅執 無體能合 十九界 第七塵 體畢竟無 亦應有合 故云不然〈孤山云 以界但十八 塵惟六故〉"라고 하였다. [참고문헌] 『楞嚴經』, 『楞嚴經疏解蒙鈔』. ⇨ 제육음 第六陰, 십구계 十九界

칠진여 七眞如 Ⓢ sapta-vidhā tathatāḥ, Ⓣ de-bzhin-nyid-rnam-pa-bdun. 일곱 가지 진여. 칠종여여(七種如如)·칠여(七如)라고도 한다. 첫째, 유전진여(流轉眞如 Ⓢ pravṛtti-tathatā : 生眞如·生如如·輪轉如如·生起眞實·流轉眞實). 둘째, 실상진여(實相眞如 Ⓢ lakṣaṇa-tathatā : 相眞如·相如如·空相如). 셋째, 유식진여(唯識眞如 Ⓢ vijñapti-tathatā : 了別眞如·識眞如·識如如·唯識如). 넷째, 안립진여(安立眞如 Ⓢ saṃniveśa-tathatā : 依止眞如·依止如·安立眞實). 다섯째, 사행진여(邪行眞如 Ⓢ mithyā-pratipatti-tathatā : 邪行如·邪行如如·邪行眞實). 여섯째, 청정진여(淸淨眞如 Ⓢ viśuddhi-tathatā : 淸淨如·淸淨如如·淸淨眞實). 일곱째, 정행진여(正行眞如 Ⓢ samyak-pratipatti-tathatā : 正行如·正行如如·正行眞實). 『성유식론』 권8(대정장31, p.46c19)에 "삼성(三性)과 칠진여는 어떻게 서로 거두는가? 칠진여란 첫째는 유전진여이니, 유위법이 유전하는 실성을 말한다. 둘째는 실상진여이니, 두 무아로 나타내는 실성을 말한다. 셋째는 유식진여이니, 염정법의 유식실성을 말한다. 넷째는 안립진여이니, 고실성(苦諦)을 말한다. 다섯째는 사행진여이니, 집실성(集諦)을 말한다. 여섯째는 청정진여이니, 멸실성(滅諦)을 말한다. 일곱째는 정행진여이니, 도실성(道諦)을 말한다. 이 일곱 가지 실성은 원성실성으로 거두니, 근본지(根本智)와 후득지(後得智)의 경계다. 상에 따라 거두어 보면 유전진여·고·집실성 등 세 가지는 앞의 두 가지 성(遍計所執性·依他起性)으로 거두니, 허망한 집착과 잡염이기 때문이다. 나머지 넷은 원성실성으로 거둔다. 三性與七眞如 云何相攝 七眞如者 一 流轉眞如 謂有爲法 流轉實性 二 實相眞如 謂二無我 所顯實性 三 唯識眞如 謂染淨法 唯識實性 四 安立眞如 謂苦實性 五 邪行眞如 謂集實性 六 淸淨眞如 謂滅實性 七 正行眞如 謂道實性 此七實性 圓成實攝 根本後得 二智境故 隨相攝者 流轉苦集三 前二性攝 妄執雜染故 餘四皆是 圓成實攝"라고 하였다. [참고문헌] 『成唯識論』, 『解深密經』 권3(대정장16, p.699c19), 『中邊分別論』 권상(대정장31, p.456b28), 『辯中邊論』 권중(대정장31, p.470a2), 『顯揚聖教論』 권3(대정장31, p.493b10), *Madhy-vibh.43.* ⇨ 유전진여 流轉眞如, 실상진여 實相眞如, 안립진여 安立眞如, 사행진여 邪行眞如, 청정진여 淸淨眞如, 정행진여 正行眞如, 진여 眞如, 생기진실 生起眞實, 요별진여 了別眞如, 삼성 三性❶

칠진팔보 七珍八寶 산해진미(山海珍味)를 다 들어 보이는 말. 맛으로 드러낼 수 있는 것 남김없이 다 들어내 보이는 뜻이다. 칠진은 칠진보두(七珍寶頭)의 국, 팔보는 팔진(八珍)이라고도 하며 용간(龍肝)·봉수(鳳髓)·토태(兎胎)·이미(鯉尾)·효자(鴞炙)·성순(猩

脣)・웅장(熊掌)・소락선(酥酪蟬)을 말한다. 『벽암록』 74칙 「본칙 本則」(대정장48, p.201c20)에 "보살들, 밥 먹으러 오시게!〈낚싯대에 달린 줄 그대 마음대로 당기거니 놓거니 하더라도, 고요한 물결 흔들지 않을 수 있다면 숨은 뜻 저절로 드러나리라. 제호와 독약을 한꺼번에 베푸는구나. 옳기는 옳다. 칠진과 팔보를 한꺼번에 늘어놓았군. 마주치는 사람이 적은 것을 어쩌랴!〉 菩薩子 喫飯來〈竿頭絲線從君弄 不犯淸波意自殊 醍醐毒藥一時行 是則是 七珍八寶一時羅列 爭奈相逢者少〉", 『오등회원』 권19 「불해장 佛海章」(卍속장138, p.762b3)에 "불해가 나와서 '깨끗이 벗어던져 텅 비어 한 물건도 없으니, 뼈만 남아 한 푼도 없는 가난뱅이로 집안은 다 망해버렸습니다. 스님께서 구제해 주시기 바랍니다'라고 하자 원오(圓悟)가 답했다. '칠진과 팔보를 한꺼번에 잡아 당기는군'. 師出問曰 淨躶躶空無一物 赤骨力貧無一錢 戶破家亡 乞師賑濟 悟曰 七珍八寶一時拏"라고 하였다. [참고문헌] 『碧巖錄』, 『五燈會元』.

칠차 七遮 일곱 가지로 계를 얻지 못하다. 칠역(七逆)을 달리 이르는 말. 『천태보살계소』 권하(대정장40, p.598c17)에 "처음에 칠차라 한 말은 칠역이 계를 장애하기에 차라 한다. 初言七遮者 七逆障戒 故名爲遮", 『범망경보살계본소』 권6(대정장40, p.652c9)에 "칠차는 칠역이다. 계 받을 수 없게 하기에 차라 한다. 七遮 卽是七逆 以障受戒 故名遮也", 『보살계본소』 권하(대정장40, p.684c18)에 "만약 칠차를 갖춘다면 현신으로 계를 받을 수 없지만, 그 나머지 모든 사람 누구나 계를 받을 수 있다. 若具七遮 卽現身不得戒 餘一切人 盡得受戒"라고 하였다. [참고문헌] 『天台菩薩戒疏』, 『梵網經菩薩戒本疏』, 『菩薩戒本疏』. ⇨ 칠역 七逆

칠처가람지허 七處伽藍之墟 과거 앞선 부처님 때에 가람이었던 일곱 곳. 『삼국유사』 권3(대정장49 p.986b17・한불전6, p.314a11) 흥법(興法)3 아도기라(阿道基羅)에 "아도의 어머니가 말하길, '이 나라는 지금까지 불법을 모르나 이후 삼천여 달이 지나 계림에 성왕이 나오면 크게 부처의 가르침 일어날 것이다. 그 경도 내에 일곱 곳의 가람터가 있으니 첫째, 금교 동쪽의 천경림〈지금의 흥륜사〉 … 둘째, 삼천기〈지금의 영흥사〉 … 셋째, 용궁 남쪽〈지금의 황룡사〉 … 넷째, 용궁 북쪽〈지금의 분황사〉 … 다섯째, 사천미〈지금의 영묘사〉 … 여섯째, 신유림〈지금의 천왕사〉 … 일곱째, 서청전〈지금의 담엄사〉으로 모두 앞선 부처님 때에 가람이 있었던 터였기에 불법의 물결이 오래도록 흘렀던 땅이다. 네가 그곳으로 가서 큰 가르침 널리 펼친다면 동쪽이 불법을 크게 누릴 것이다'. 아도가 가르침을 받들어 계림에 이르러 왕성 서쪽 마을에 머무르니 지금의 엄장사다. 母謂曰 此國于今不知佛法 爾後三千餘月雞林有聖王出 大興佛敎 其京都內有七處伽藍之墟 一曰金橋東天鏡林〈今興輪寺〉 … 二曰三川岐〈今永興寺〉 … 三曰龍宮南〈今皇龍寺〉 … 四曰龍宮北〈今芬皇寺〉 … 五曰沙川尾〈今靈妙寺〉 … 六曰神遊林〈今天王寺〉 … 七曰婿請田〈今曇嚴寺〉 皆前佛時伽藍之墟 法水長流之地 爾歸彼而播揚大敎 當東嚮於釋祀矣 道稟敎至雞林 寓止王城西里 今嚴莊寺"라고 하였다. 『해동고승전』 권1 「석아도 釋阿道」(대정장50, p.1018a27)에도 같은 이야기가 전하는데, '칠처가람지허'를 '칠법주지처 七法住之處', '전불시가람지허'를 '전겁시가람처 前劫時伽藍墟'라고 하였다. [참고문헌] 『三國遺事』, 『海東高僧傳』.

칠처고 七處高 부처님의 특상 가운데 일곱 곳이 차오른 모습. 칠처만상(七處滿相)이라고 한다. 『방광대장엄경』 권11(대정장3, p.610a18)에 "그 좋은 점을 택하여 수행하고 불탑을 깨끗이 청소하기에 일곱 곳 우뚝하다고 한다. 擇其善者 而修行之 及掃灑佛塔故 名七處高", 『보행왕정론』(대정장32, p.497b6)에 "손과 발이 부드럽고 유연하시며 몸은 크고 일곱 곳 우뚝하시네. 좋은 음식 베풀고 다른 사람을 풍족하게 하셨기 때문이라네. 手足滑柔軟 身大七處高 由施美飮食 於他等豐足"라고 하였다. [참고문헌] 『方廣大莊嚴經』, 『寶行王正論』. ⇨ 칠처만상 七處滿相, 삼십이상 三十二相

칠처구회 七處九會 부처님께서 『화엄경』을 설하심에 일곱 곳에서 아홉 차례에 걸쳐 설하셨다. 인삼천사(人三天四)라고도 하니, 인중삼처(人中三處)인 보리도량과 보광명전과 급고독원에서 설하셨고, 천중사처(天中四處)로는 도리천・야마천・도솔천・타화자재천에서 설법하셨다. 구회(九會) 중 '보광명전'에서만 거듭 세 번 설하셨기에 칠처다. 『화엄경』의 역본 중 당(唐)대 실차난다(實叉難陀 Ⓢ Śikṣānanda)가 한역한 80권본에 따른다. 60권본은 칠처팔회(七處八會)다. 칠처란 아란야법

칠처구회설법도 돈황장경동
프랑스 기메뮤지엄 오대10세기

보리장(阿蘭若法菩提場 : 寂滅道場・菩提場)・보광명전(普光明殿 : 普光法堂)・수미산정(須彌山頂 : 忉利天宮)・야마천궁(夜摩天宮)・도솔천궁(兜率天宮)・타화자재천왕궁(他化自在天王宮)・서다림(逝多林 : 給孤獨園)을 말하고, 구회 차제와 각 회에 해당하는 39품(品)은 다음과 같다. 제1회 보리장회(菩提場會)에서는

「세주묘엄품 世主妙嚴品」·「여래현상품 如來現相品」·「보현삼매품 普賢三昧品」·「세계성취품 世界成就品」·「화장세계품 華藏世界品」·「비로자나품 毘盧遮那品」 6품을 설하셨고, 제2회 보광명전회(普光明殿會)에서는 「여래명호품 如來名號品」·「사성제품 四聖諦品」·「광명각품 光明覺品」·「보살문명품 菩薩問明品」·「정행품 淨行品」·「현수품 賢首品」 6품을 설하셨으며, 제3회 도리천궁회(忉利天宮會)에서는 「승수미산정품 昇須彌山頂品」·「수미정상게찬품 須彌頂上偈讚品」·「십주품 十住品」·「범행품 梵行品」·「초발심공덕품 初發心功德品」·「명법품 明法品」 6품을, 제4회 야마천궁회(夜摩天宮會)에서는 「승야마천궁품 昇夜摩天宮品」·「야마궁중게찬품 夜摩宮中偈讚品」·「십행품 十行品」·「십무진장품 十無盡藏品」 4품을, 제5회 도솔천궁회(兜率天宮會)에서는 「승도솔천궁품 昇兜率天宮品」·「도솔궁중게찬품 兜率宮中偈讚品」·「십회향품 十迴向品」 3품을, 제6회 타화자재천궁회(他化自在天宮會)에서는 「십지품 十地品」 1품을, 제7회 중회보광명전회(重會普光明殿會)에서는 「십정품 十定品」·「십통품 十通品」·「십인품 十忍品」·「아승기품 阿僧祇品」·「수량품 壽量品」·「제보살주처품 諸菩薩住處品」·「불부사의법품 佛不思議法品」·「여래십신상해품 如來十身相海品」·「여래수호광명공덕품 如來隨好光明功德品」·「보현행품 普賢行品」·「여래출현품 如來出現品」 11품을, 제8회 삼회보광명전회(三會普光明殿會)에서는 「이세간품 離世間品」 1품을, 제9회 급고독원회(給孤獨園會)에서 「입법계품 入法界品」 1품을 설하셨다. 『개원석교록』 권11 「화엄부 華嚴部」(대정장55, p.589c7)에 "80권본 『대방광불화엄경』〈8질〉. 대당 측천무후대 우전삼장 실차난타 등이 한역하였다〈새로이 편찬되어 경록에 실렸다. 모두 갖춘 대본(大本)이고 두 번째 역이다〉. 앞의 두 경은 동본이역이고, 이 신역경은 총 칠처구회로 합하면 39품이다. 회를 줄지으면 다음과 같다. 제1회 보리장에서의 설법〈합 6품 11권〉, 제2회 보광명전에서의 설법〈합 6품 4권〉, 제3회 도리천궁에서의 설법〈합 6품 3권〉, 제4회 야마천궁에서의 설법〈합 4품 3권〉, 제5회 도솔천궁에서의 설법〈합 3품 12권〉, 제6회 타화자재천궁에서의 설법〈합 1품 6권〉, 제7회〈중회〉 보광명전에서의 설법〈합 11품 13권〉, 제8회〈중회〉 보광명전에서의 설법〈1품 7권〉, 제9회 급고독원에서의 설법〈1품 21권〉. 大方廣佛華嚴經 八十卷〈八帙〉 大唐天后代 于闐三藏 實叉難陀等譯〈新編入錄 大本再譯〉 右二經 同本異譯 其新譯經 總七處九會 合三十九品 會列如左 第一會 菩提場中說〈合六品十一卷〉 第二會 普光明殿說〈合六品四卷〉 第三會 忉利天宮說〈合六品三卷〉 第四會 夜摩天宮說〈合四品三卷〉 第五會 兜率天宮說〈合三品十二卷〉 第六會 他化自在天宮說〈一品六卷〉 第七〈重會〉 普光明殿說〈合十一品十三卷〉 第八〈重會〉 普光明殿說〈一品七卷〉 第九會 給孤獨園說〈一品二十一卷〉", 『칠처구회송석장』(대정장36, p.710a10)에 "이 경은 팔십권 사만오천게 칠처구회 설하셨고 삼십구품장이라네. 인간 사는 세 곳이었

제1보리장회 · 제2·7·8 보광명전회 · 제3도리천궁회 · 제4야마천궁회 · 제5도솔천궁회 · 제6타화자재천궁회 · 제9서다림회 화엄탱 송광사 순천 1770년

으니 도량・보광명전・급고독원이라네. 천상 네 곳이었으니 도리천・야마천・도솔천・타화천이라네. 초회는 보리장, 제2회는 보광명전, 제3회는 도리천, 제4회는 야마천, 제5회는 도솔천, 제6회는 타화천, 제7회와 제8회는 보광명전의 중회, 제9회는 급고독원이네. 초회는 십세계, 제2회는 십불국, 제3회는 십주위, 제4회는 십행위, 제5회는 십회향, 제6회는 십지행, 제7회는 등각과 묘각의 위, 제8회는 2천행, 제9회는 법계경이니 이것이 아홉 회 법문이라네. 此經八十卷 四萬五千偈 七處九會說 三十九品章 人中有三處 道場普獨園 天上有四處 忉夜兜他化 初會菩提場 二會普光殿 三會忉利天 四會夜摩天 五會兜率天 六會他化天 七八重普光 九會給孤獨 初會十世界 二會十佛國 三會十住位 四會十行位 五會十回向 六會十地行 七會等妙位 八會二千行 九會法界境 是九會法門", 『대승기신론내의약탐기』 권1(대정장44, p.420b22・한불전3, p.759c8)에 "만약 원교에 의지한다면 한 부처님은 한 곳에서 설하실 뿐이니 『화엄경』을 설하실 때 일체세계 칠처구회는 동시에 이 법을 설하셨다. 다름도 없고 장애함도 없었으니 일체정보의 모공마다 털끝마다에서, 일체의보의 티끌 중에 칠처구회로 또한 이렇게 한결같이 하셨다. 모든 회마다에 모두 보현과 문수 등 모든 대보살이 항상 원교를 들음에 끝내 다함이 없이 함께하였다. 若依圓敎 一佛一處 說華嚴時 一切世界 七處九會 同說此法 無異無別 無障無礙 一切正報毛孔毛端 一切依報塵中 七處九會 亦復如是等 諸會皆有普賢文殊等 諸大菩薩 恒聞圓敎 不可窮盡 故之共也", 『벽암록』 89칙 「평창 評唱」(대정장48, p.214c4)에 "옛날 현수국사가 거울과 등불 비유를 세웠다. 둥글게 열 개의 거울을 줄짓고, 가운데 하나의 등을 켜고는 동쪽 거울인즉 아홉 거울 각각에 등불이 뚜렷하고도 가지런하게 드러난다. 남쪽 거울을 보아도 거울거울마다 그러하다. 그래서 세존께서 처음 정각을 이루시고 보리도량 떠나지 않으신 채로 두루 도리천 등 여러 하늘에 오르시고, 내지 일체처에 이르기까지 칠처구회로 『화엄경』을 설하셨다. 昔賢首國師 立爲鏡燈諭 圓列十鏡 中設一燈 若看東鏡 則九鏡鏡 燈歷然齊現 若看南鏡 則鏡鏡如然 所以 世尊初成正覺 不離菩提道場 而遍昇忉利諸天 乃至於一切處 七處九會 說華嚴經"라고 하였다. [참고문헌] 『開元釋敎錄』, 『七處九會頌釋章』, 『大乘起信論內義略探記』, 『碧巖錄』, 『大慧語錄』 권15(대정장47, p.877c7), 『宗鏡錄』 권38(대정장48, p.643c16), 李智冠 『韓國佛敎所依經典硏究』 pp.294~304. ⇨ 칠처팔회 七處八會, 보리장회 菩提場會, 보광중회 普光重會, 삼회보광당회 三會普光堂會, 대방광불화엄경 大方廣佛華嚴經

칠처구회례 七處九會禮 화엄법회나 『화엄경』을 강경할 때 올리는 예경문. 『화엄경』을 설하셨던 일곱 곳과 아홉 차례 법회의 제불보살들과 성중들께 올리는 예경문이다. 『석문의범』 권상 「예경편」에 다게(茶偈) 후 "지심으로 목숨 돌이켜 예배합니다. 대방광불화엄경 화장장엄세계해 암밤남함감 대교주 청정법신 비로자나불. 志心歸命禮 大方廣佛華嚴經 華藏莊嚴世界海 暗鑁南含坎大敎主 淸淨法身 毘盧遮那佛", "지심귀명례 대방광불화엄경 화장장엄세계해 아바라하카 법계주 원만보신 노사나불. 志心歸命禮 大方廣佛華嚴經 華藏莊嚴世界海 阿縛羅賀佉 法界主 圓滿報身 盧舍那佛 ", "지심귀명례 대방광불화엄경 화장장엄세계해 아라바자나 사바대교주 천백억화신 석가모니불 志心歸命禮 大方廣佛華嚴經 華藏莊嚴世界海 阿羅縛佐那 娑婆大敎主 千百億化身 釋迦牟尼佛", "지심귀명례 대방광불화엄경 화장장엄세계해 서방교주아미타불 당래교주미륵존불. 志心歸命禮 大方廣佛華嚴經 華藏莊嚴世界海 西方敎主阿彌陀佛 當來敎主彌勒尊佛", "지심귀명례 대방광불화엄경 화장장엄세계해 제일처 보리장회 제불제보살 志心歸命禮 大方廣佛華嚴經 華藏莊嚴世界海 第一處 菩提場會 諸佛諸菩薩", "지심귀명례 대방광불화엄경 화장장엄세계해 제이처 보광당회 제불제보살 志心歸命禮 大方廣佛華嚴經 華藏莊嚴世界海 第二處 普光幢會 諸佛諸菩薩", "지심귀명례 대방광불화엄경 화장장엄세계해 제삼처 도리천궁회 제불제보살 志心歸命禮 大方廣佛華嚴經 華藏莊嚴世界海 第三處 忉利天宮會 諸佛諸菩薩", "지심귀명례 대방광불화엄경 화장장엄세계해 제사처 야마천궁회 제불제보살 志心歸命禮 大方廣佛華嚴經 華藏莊嚴世界海 第四處 夜摩天宮會 諸佛諸菩薩", "지심귀명례 대방광불화엄경 화장장엄세계해 제오처 도솔천궁회 제불제보살 志心歸命禮 大方廣佛華嚴經 華藏莊嚴世界海 第五處 兜率天宮會 諸佛諸菩薩", "지심귀명례 대방광불화엄경 화장장엄세계해 제육처 타화자재천궁회 제불제보살 志心歸命禮 大方廣佛華嚴經 華藏莊嚴世界海 第六處 他化自在天宮會 諸佛諸菩薩", "지심귀명례 대방광불화엄경 화장장엄세계해 제칠처중회 보광당회 제불제보살 志心歸命禮 大方廣佛華嚴經 華藏莊嚴世界海 第七處重會 普光幢會 諸佛諸菩薩", "지심귀명례 대방광불화엄經 화장장엄세계해 제팔처삼회 보광당회 제불제보살 志心歸命禮 大方廣佛華嚴經 華藏莊嚴世界海 第八處三會 普光幢會 諸佛諸菩薩", "지심귀명례 대방광불화엄경 화장장엄세계해 제구처 서다림회 제불제보살 志心歸命禮 大方廣佛華嚴經 華藏莊嚴世界海 第九處 逝多林會 諸佛諸菩薩", "지심귀명례 대방광불화엄경 화장장엄세계해 제십처 법계말회 제불제보살 志心歸命禮 大方廣佛華嚴經 華藏莊嚴世界海 第十處 法界末會 諸佛諸菩薩", "지심귀명례 대방광불화엄경 화장장엄세계해 오십삼 제위선지식 여선재동자 志心歸命禮 大方廣佛華嚴經 華藏莊嚴世界海 五十三 諸位善知識 與善財童子" "지심으로 목숨 돌이켜 예배합니다. 대방광불화엄경 화장장엄세계해의 십육성과 오백성과 독수성 내지천이백제대아라한성중 志心歸命禮 大方廣佛華嚴經 華藏莊嚴世界海 十六聖 五百聖 獨修聖 乃至千二百 諸大阿羅漢聖衆"이라 하고 "오직 원하옵니다. 다함없는 삼보시여 대자대비로 저의 정례 받으시고 그윽이 스미는 가피력으로 원하건대 법계 모든 중생과 함께 다같이 미타 대원의 바다에 들기를 바라옵니다. 唯願 無盡三寶 大慈大悲 受我頂禮 冥熏加被力 願共法界諸衆生 同入彌陀大願海"라고 하였다. 『화엄보현행원수증의』 권1(卍속장95, p.1059a5)에 "한마음으로 우러러 예 올립니다. 화엄경중 칠처구회에 서로 비춰 주반이 되시고 두렷이 밝아 묘지 갖추신 모든 부처님과 조사님들, 문수사리보살과 오십오위 모든 선지식, 미진수의 보살마하살께. 一心敬禮 華嚴經中 七處九會 互彰主件 圓明妙智 諸佛祖師 文殊師利菩薩 及五十五位諸善知識 微塵數菩薩摩訶薩"라고도 하였다. [참고문헌] 『釋門儀範』 권상 pp.7~9, 『華嚴普賢行願修證儀』. ⇨ 칠처구회 七處九會, 비로자나참회법회 毘盧遮那懺悔法會, 화엄경약찬게 華嚴經略纂偈

칠처만상 七處滿相 Ⓢ saptotsadaḥ, saptotsada-kāyatā, Ⓟ sattappatiṭṭha, sattussada, Ⓣ bdun-mtho-ba, sku'i-bdun-mtho-ba. 삼십이상(三十二相) 중 몸의 일곱 곳이 차오른 모습. 칠처평만상(七處平滿相)·칠처융만상(七處隆滿相)·칠처충만상(七處充滿相)·칠처개만(七處皆滿)이라고도 한다. 차별없이 베푼 보시공덕으로 성취하는 상이다. 『대방편불보은경』 권7(대정장3, p.165a26)에 "항상 중생이 필요로 하는 물건을 베푼 인연으로 칠처만상을 얻는다. 常施衆生所須之物 以是因緣 得七處滿相", 40권본 『대반열반경』 권28(대정장12, p.535a16)에 "만약 보살마하살이 보시를 행할 때 진귀하게 여기는 물건을 능히 아낌없이 베풀고도 복전이다 복전 아니다 돌아보지 않으니, 이러한 업연으로 칠처만상을 얻는다. 若菩薩摩訶薩 行施之時 所珍之物 能捨不悋 不觀福田 及非福田 以是業緣 得七處滿相", 『대방등대집경』 권6(대정장13, p.37b19)에 "청정한 음식을 베풀기에 칠처만상을 얻는다. 淨飮食施故 得七處滿相", 『우바이정행법문경』 권상(대정장14, p.955c16)에 "또한 비사거야, 어떻게 해야 칠처가 가득 차는가? 여래께서 과거무량겁 중에 범부로서 항상 시주가 되어 좋은 음식과 갖가지 맛난 과일과 향기로운 온갖 미음으로 부지런히 보시를 닦으면서 쌓은 선행이 높고 넓어서 헤아릴 수 없을 정도였다. 그러다가 일생보처에 이르러 항상 천계의 즐거움을 누렸고 세간에 나서는 칠처만상을 얻었으니, 어깨와 목과 팔과 다리가 모두 둥글고 가득찼다. 이 상호라면 저 재가자는 전륜성왕이 되어 세간에서 가장 맛있는 음식을 다 갖추어 먹을 것이며, 출가자라면 성불하여 공양받는 음식이 천상과 인간의 맛 중 최상일 것이다. 復次 毘舍佉 云何修行 七處滿相 如來往昔 無量劫中 作凡人時 恒作施主 餚饍飮食 種種甘果 香美諸漿 勤修布施 積集高廣 不可稱計 乃至一生補處 常受天樂 下生世間 得七處滿相 肩頸臂脚 皆悉圓滿 以此相故 若在家者 得作轉輪聖王 世間上味 具足而得 若出家者 得成爲佛 所受飮食 於天上人間 味中最上"라고 하였다. [참고문헌] 『大方便佛報恩經』, 『大般涅槃經』, 『大方等大集經』, 『優婆夷淨行法門經』, *Bodh-bh.262.*, *DN.2.18.*, *Vism.650.* ⇨ 삼십이상 三十二相

칠처문신 七處問訊 향로 놓인 일곱 곳에 향 사르고 문신하는 것. 『선림상기전』 권10 「칠처문신」(대장경보편19, p.388b5)에 "도충이 말한다. '『동점청규』에 도사는 향을 사르는데 사처 또는 칠처로 한다고 하였다〈사처문신 항목을 보라〉. 비록 칠처의 이름를 가리키지 않았지만 승당과 외당 일곱 곳에 향로가 있다〈사처문신의 「승당도」를 보라〉. 칠처에 향을 사른 다음에 칠처에 문신하는데, 이 읍향하는 예를 칠처문신이라 부른다'. 忠曰 東漸清規云 都寺燒香四處 或七處〈見四處問訊處〉 雖不指七處名 僧堂及外堂 有爐七處〈見四處問訊 僧堂圖〉 七處燒香了 七處問訊 是揖香之禮 此可稱七處問訊也", "도충이 또 살피건대, 중료의 다탕례에서도 일곱 곳에 향로를 놓고 중간·상간·하간에서 향 피우고 문신하니 또한 칠처문신이라 할 수 있다. 곧 중간의 관음 앞 한 번, 상간 세 번, 하간 세 번을 일컫는다. 忠又按 衆寮茶湯禮 亦七處安爐 中間上下間燒香問訊 亦可稱七處問訊 謂中間觀音前一 上間三 下間三也", "『백장청규』 「중료입료출료다」에서 말했다.'중간·상간·하간에 나아가 향 사르고 다시 중간·상간·하간에서 문신한다. 그런 다음 중앙에서 문신한다'. 又敕修淸規 衆寮入寮出寮茶云 進中間上下間燒香 復中間上下間問訊 仍中央問訊"라고 하였다. [참고문헌] 『禪林象器箋』, 『百丈淸規』 권4 「入寮出寮茶」(대정장48, p.1136b5). ⇨ 문신 問訊, 승당 僧堂

칠처삼관 七處三觀 칠처(七處 Ⓟ sattaṭṭhāna : 色習盡道味苦要)임을 알고 세 가지로 관하다(三觀 Ⓟ tividhūpaparikkhā : 觀身 觀五陰 觀六情). 칠처(七處)는 오음(五陰) 각각에서 일곱 가지를 잘 아는 것이고, 삼관이란 몸·오음·육쇠(六衰)를 관하는 것이다. 『잡아함경』(대정장2, p.499b22)에 "이와 같이 비구여! 칠처를 깨우쳐 안다. 무엇이 일곱인가? 색이고 습(習)이고 진(滅)이고 도(道)이고 미(味)이고 고(苦)이고 요(要)임을 말한다. 이 오음 각각에 이 일곱 가지 일이 있다. 무엇이 삼관인가? 식 또한 일곱 가지 일이 있으니, 오음을 얻으면 여섯 가지 일이 된다. 몸을 관하여 색임을 아는 것이 하나이다. 오음을 관하는 것이 둘이고, 육쇠를 관하는 것이 셋이다. 그러므로 삼관이라고 말한다. 비구여! 칠처를 깨달을 수 있고 삼관을 할 수 있으면 머지않아 도를 따라 행하고 번뇌를 끊어 번뇌의 습기(結意)마저 없게 되고 … 다시는 돌아오지 않고 생사에 떨어지지 않으며 도를 얻는다. 如是比丘 七處爲覺知 何等爲七 色 習 盡 道 味 苦 要 是五陰各有七事 何等爲三觀 識亦有七事 得五陰成六事 觀身爲一色 觀五陰二 觀六衰三 故言三觀 比丘 能曉七處 亦能三觀 不久行隨道 斷結無有結意 … 不復來還墮生死 得道". 『인본욕생경주』(대정장33, p.7c9)에 "칠처삼관경이라 하니, 첫째는 모두 오음 낱낱을 아는 것으로 음에는 육정이 있다. 낱낱이 다 음인 줄 아는 것이다. 음에는 습이 있고, 세 번째인 진(滅)과 네 번째인 도(道)가 있어서 음을 다하고 도를 행함을 안다. 또 말한다. 또한 색의 맛을 알고, 또한 색의 출요도 안다. 이것이 칠처이다. 삼관은 몸이 색임을 관하고, 오음을 관하고, 육정을 관하는 것이다. 삼관은 곧 칠처의 각각에 매양 제일 먼저 음에 드는 것이다. 도제·진제·고출요제를 말하는 것이다. 七處三觀經 一皆知五陰之一 而陰有六情也 一一皆知陰 陰有習三四知陰盡行道 又曰 亦知色味亦知色出要 此七處也 三觀者 觀身色觀五陰觀六情也 三觀卽七處之每第一陰入也 言以道諦盡諦苦出要諦"라고 하였다. [참고문헌] 『雜阿含經』, 『人本欲生經註』.

칠처삼관경 七處三觀經 후한(後漢)대 안세고(安世高) 한역. 1권 또는 2권. 두 가지 판본이 있는데, 고려본은 1권이고, 송·원·명(宋元明) 등의 판본은 2권이다. 고려장19, pp.671a1~678c9, No.738·대정장2, pp.875b5~883a8, No.150A에 수록되어 있다. 본 경은 『잡아함경』 권1의 「불설칠처삼관경」(대정장2, pp.498c19~499b29)에 의지해 수행의 요체를 설명한 짧은 경전이다. 칠처(七處)와 삼관(三觀)을 닦는 것을 내용으로 한다. 칠처란 오음(五陰) 각각에 대하여 여본제(如本諦)·습(習:集)·진(盡:滅)·멸도행(滅度行:道)·애미(愛味)·출리(出離)·과환(過患) 등을 말하고, 삼관이란 색(色)·오음·육쇠(六衰)를 관찰하는 것을 말한다. 이 밖에도 사시(四施)·오행견(五行見)·오법행(五法行)·오상(五相) 등등 여러 법상을 상세히 설명하고 있다. 본 경과 부분적으로 상응하는 이역본으로 역시 안세고가 한역한 『불설구횡경』(대정장2, No.150B)이 있다. ⇨ 구횡경 九橫經

칠처선 七處善 Ⓢ sapta-sthāna-kauśala, Ⓟ sattaṭṭhāna-kusala. 오온(五蘊) 각각에 일곱 가지 뜻으로 관하여 여실하게 아는 것이다. 허망하게 모여 있어(集) 고통스럽지만(患) 끝내 사라져 버릴 것임(滅)을 분명히 알아(味) 길(道)을 찾아 벗어난다(離)고 안다. 『잡아함경』 권2(대정장2, p.10a8)에 "무엇이 비구들이 행하는 칠처선인가? 비구들이여, 색·색집·색멸·색멸도적·색미·색환·색리 등에 대해 여실하게 안다. 수상행 등도 마찬가지로 여실하게 아는 것이며, 식·식집·식멸·식멸도적·식미·식환·식리 등에 대해 여실하게 안다. 어떤 것이 색에 대해 여실하게 아는 것인가? 일체의 모든 색은 모두 사대이거나 사대로 만들어진 색이며, 이것을 색이라 한다. 이와 같은 것이 색에 대해 여실하게 아는 것이다. 어떤 것이 색집에 대해 여실하게 아는 것인가? 애희를 색집이라고 한다. 이와 같이 색집에 대해 여실하게 안다. … 어떤 것이 색리에 대해 여실하게 아는 것인가? 즉 색에 대한 탐욕을 조복하고, 탐욕을 끊으며 탐욕을 넘어서는 것을 색리라고 한다. 이와 같은 것이 색리에 대해 여실하게 아는 것이다. 云何比丘七處善 比丘 如實知色 色集 色滅 色滅道跡 色味 色患 色離 如實知 如是受想行 識 識集 識滅 識滅道跡 識味 識患 識離如實知 云何色如實知 諸所有色 一切四大 及四大造色 是名爲色 如是色如實知 云何色集如實知 愛喜是名色集 如是色集如實知 … 云何色離如實知 謂於色調伏欲貪 斷欲貪 越欲貪 是名色離 如是色離如實知"라고 하였다. [참고문헌] 『雜阿含經』, *Abh-k-bh.356.*, *SN.3.61·65.* ⇨ 오온 五蘊

칠처설 七處說 ➡ 칠처구회 七處九會

칠처징심 七處徵心 일곱 곳 돌아 묻게 해서 마음을 알게 하다. 능엄회상(楞嚴會上)에서 부처님과 아난 사이에 본다는 것(見)에 대해 오고간 일곱 차례의 문답이다. 『능엄경』 권1(대정장19, p.106c9)에 아난이 걸식 중에 마등가녀를 만난 후 계체를 훼손할 상황에 놓이자, 여래께서는 우선 문수사리에게 아난을 지키게 하시고는 마등가의 미모를 보고(見) 마음(心)이 흔들린 아난을 대면하여 일곱 차례의 문답으로 마음의 당처를 밝힌 법문이다(爾時 阿難 因乞食次 … 遭大幻術摩登伽女 … 將毁戒體 如來知彼 … 勅文殊師利 將呪往護 … 提獎阿難 … 歸來佛所 … 吾今問汝 唯心與目 今何所在). 일곱 번의 문답은 다음과 같다. 첫째, 심재내(心在內):아난이 마음은 몸 안에 있고 눈은 몸 밖에 있다고 답하자, 부처님께서는 '마음이 몸 안에 있다면 먼저 몸속을 보고 난 뒤라야만 외물을 보아야 할 것인즉 그렇지 않다'고 논파하셨다(阿難白佛言 … 心居在身內 … 先見身中 後觀外物 … 覺了能知之心住在身內 無有是處). 둘째, 심재외(心在外):등불이 실외에 있으면 실내를 비출 수 없듯 마음도 몸 밖에 있기에 몸속을 보지 못하는 것이라고 다시 답하였다. 이에 부처님께서는 몸과 마음이 서로를 알 수 있으니 그렇지 않다고 거듭 논파하셨다(悟知我心 實居身外 … 一切衆生 不見身中 獨見身外 亦如燈光 居在室外 不能照室 … 佛告阿難 若汝覺了知見之心 實在身外 身心相外 自不相干 則心所知 身不能覺 覺在身際 心不能

知 … 若相知者 云何在外). 셋째, 잠근(潛根) : 다시 유리로 눈앞의 시야를 덮어도 사물을 보는 데 아무런 지장이 없다는 비유를 들어 마음은 눈이라는 감관 안에 잠복해 있다고 답하였다. 부처님께서는 유리로 덮인 상태에서 산과 강을 볼 경우 유리를 먼저 볼 수밖에 없으며 경을 보기에 앞서 눈을 먼저 보게 되고 그 자체로 경이 된다는 점을 들어 다시 논파하셨다(猶如有人 取瑠璃椀 合其兩眼 雖有物合 而不留礙 … 分明矚外 無障礙者 潛根內故 … 當見山河何不見眼 若見眼者 眼卽同境 不得成隨若不能見). 넷째, 재암내(在闇內) : 눈을 뜨고 빛을 보는 것이 밖을 보는 것이며 눈을 감으면 어둠을 보는 것이 안을 보는 것이니 마음은 어둠 속에 있다고 답하였다. 부처님께서는 어둠은 상대하여 본다는 것이 성립될 수 없다고 재차 논파하셨다(阿難白佛言 … 是衆生身 府藏在中 竅穴居外 … 今我對佛 開眼見明 名爲見外 閉眼見暗 … 此暗境界 爲與眼對 爲不對眼 若與眼對 暗在眼前 云何成內 … 若不對者 云何成見). 다섯째, 수소합처(隨所合處) : 경을 합하는 곳에 마음 또한 따라 있다고 답하였다. 손으로 자신의 몸을 직접 찔러 볼 경우 반드시 알게 되는 그 마음은 안에서 나온 것도 밖에서 들어온 것도 아니어서 그 자체가 따로 없으니 합할 수도 없다고 논파하셨다(隨所合處 心則隨有 … 若有體者 如汝以手 自挃其體 汝所知心 爲復內出 爲從外入 … 是心無體 則無所合). 여섯째, 재중간(在中間) : 안에서 보는 일도 없고 밖에서 서로 보는 것도 아니니 중간에 마음이 있다고 답하였다. 육근(六根)인 감각기관과 외경인 육진(六塵)의 중간에 체성(體性)이 없으므로 중간 또한 성립할 수 없다고 논파하셨다(內無所見 外不相知 … 當在中間 … 佛言 汝心若在根塵之中 此之心體 爲復兼二 爲不兼二 … 兼二不成 非知不知 卽無體性 中何爲相). 일곱째, 무착(無著) : 일체에 집착하지 않는 것을 마음이라고 대답하자 만약 만물이 존재하지 않는 것이라면 거북이털이나 토끼뿔과 같아서 집착하지 않을 바도 집착하지 않는다는 개념도 없을 것이다. 상(相)이 엄연히 존재하는데 어떻게 집착이 없는 것이 마음이라고 할 수 있겠느냐며 이 또한 논파하셨다(一切無著 名之爲心 … 佛告阿難 … 諸所物象 名爲一切 汝不著者 爲在爲無 無則同於龜毛兎角 云何不著 有不著者 不可名無 無相則無 非無則相 相有則在 云何無著). 이상의 일곱 차례 문답은 첫째·셋째·넷째는 근신내(根身內)에 있다는 전제, 둘째는 몸밖(身外)에 있다는 주장, 그리고 다섯째·여섯째는 근진(根塵)이 화합하는 중간에 있다는 견해로 모두 어딘가에 마음이 있다(有)고 집착하는 상견(常見)을 파한 것이고 그리고 일곱째는 어디에도 없다(無)는 단견(斷見)을 논파하셨으니, 유무(有無)의 단상이견(斷常二見)을 파하고 진심(眞心)을 드러낸 뜻이다. [참고문헌]『楞嚴經』, 『大明三藏法數』 권22(영락장182, p.295a3), 李智冠『韓國佛教所依經典研究』 pp.163~169.

칠처팔회 七處八會 부처님께서『화엄경』을 일곱 곳에서 여덟 차례 설하시다. 동진(東晉)에서 불타발다라(佛馱跋陀羅 Ⓢ Buddhabhadra)가 한역한 60권본에 따르고, 80권본의 칠처구회(七處九會)와 차이를 보인다. 『개원석교록』 권11「화엄부 華嚴部」(대정장55, p.589b21)에 "60권본『대방광불화엄경』〈또는 50권. 6질〉. 동진의 천축 출신 삼장 불타발다라 등이 한역하였다〈모두 갖춘 대본이고 첫 번째 한역이다〉. 앞의 이 경은 총 칠처팔회로, 합하면 34품이다. 회를 줄지으면 다음과 같다. 제1회 적멸도량회〈합 2품 3권〉, 제2회 보광법당회〈합 6품 4권〉, 제3회 도리천궁회〈합 6품 3권〉, 제4회 야마천궁회〈합 4품 2권〉, 제5회 도솔천궁회〈합 3품 10권〉, 제6회 타화천궁회〈합 11품 13권. 신역경에서는 2회로 나누었다〉, 제7회 보광법당중회〈1품 6권〉, 제8회 급고독원회〈1품 14권〉. 大方廣佛華嚴經 六十卷〈或五十卷 六帙〉 東晉天竺三藏 佛陀跋陀羅等譯〈大本初譯〉 右此經總七處八會合三十四品 會列如左 第一寂滅道場會〈合二品三卷〉 第二普光法堂會〈合六品四卷〉 第三忉利天宮會〈合六品三卷〉 第四夜摩天宮會〈合四品二卷〉 第五兜率天宮會〈合三品十卷〉 第六他化天宮會〈合十一品十三卷 新經開爲二會〉 第七普光法堂重會〈一品六卷〉 第八給孤獨園會〈一品一十四卷〉", 『화엄경탐현기』 권2(대정장35, p.125a18)에 "이 삼만육천게경은 칠처팔회다. 곧 사람 사는 곳에서 세번(寂滅道場 普光法堂 祇樹給孤獨園), 천상에서 네번(忉利天宮 夜摩天宮 兜率天宮 他化天宮)을 합쳐 7처고, 보광법당에서 거듭 모였으므로 8회가 된다. 이 중에 34품이 있다. 此三萬六千偈經 有七處八會 謂人中三處 天上四處爲七 重會普光爲八會 於中有三十四品", 『화엄일승법계도』(대정장45, p.712a18·한불전2, p.2b24)에 "반드시 알라. 비록 한 경의 칠처팔회 및 품류가 같지 않은 것은 오직「십지품」 때문이다. 왜 그런가? 이를 근본으로 법을 거두어 다하기 때문이다.「십지품」 중에 비록 십지가 같지 않은 것은 다만 초지에 달려 있을 뿐이다. 왜 그런가? 일지를 일으키지 않고도 일체 모든 지의 공덕을 두루 거두기 때문이다. 일지 중 비록 여러 몫이 같지 않으나 다만 일념에 달려 있을 뿐이다. 왜 그런가? 삼세와 구세가 곧 일념이기 때문이다. 當知 雖一部經 七處八會及品類不同 而唯在地品 所以者何 是根本攝法盡故 地品中 雖十地不同 而唯在初地 何以故 不起一地 普攝一切諸地功德故 一地中 雖多分不同 而唯在一念 何以故 三世九世卽一念故"라고 하였다. [참고문헌]『開元釋敎錄』, 『華嚴經探玄記』, 『華嚴一乘法界圖』, 李智冠『韓國佛教所依經典研究』 pp.304~310. ⇨ 칠처구회 七處九會, 보광당회 普光堂會, 보광중회 普光重會, 보리장회 菩提場會, 본실팔회 本實八會, 시장화엄 時長華嚴, 야마궁중게찬품 夜

摩宮中偈讚品, 야마천궁회 夜摩天宮會

칠처평만상 七處平滿相 몸이 일곱 곳이 고르고 가득한 모습. 칠처만상(七處滿相)이라고도 한다. 『화엄경소초』 권21(대정장36, p.163a26)에 "저 보살마하살이 베풀어 행하는 순간 베푸는 물건을 능히 주어 아낌없이 하니, '복전이다', '복전이 아니다'도 살피지 않으니 이러한 업연으로 칠처평만상을 얻는다. 若菩薩摩訶薩 行施之時 所施之物 能捨不悋 不觀福田 及非福田 以是業緣 得七處平滿相"라고 하였다. 〔참고문헌〕『華嚴經疏鈔』.

칠처학 七處學 Ⓢsaptasu sthāneṣu śikṣante, Ⓣgnas-bdun-la-slob. 일곱가지로 처(Ⓢsapta sthānāni)를 삼아 익히다. 『유가사지론』 권35(대정장30, p.482c6 : *Bodh-bh.*, p.15)에 "이 보살들은 무엇을 처로 삼아 익히는가? 칠처로 익힌다. 무엇이 칠처인가? 올타남로 말하겠다. '자신과 타인을 이롭게 함과 실다운 뜻과 위력과 유정을 성숙시킴과 스스로 불법을 성숙시킴과 일곱째는 보리에 처한다'. 첫째는 자신을 이롭게 함의 처이며, 둘째는 타인을 이롭게 함의 처이며, 셋째는 진실의의 처이며, 넷째는 위력의 처이며, 다섯째는 유정을 성숙시킴의 처이며, 여섯째는 스스로 불법을 성숙시킴의 처이며, 일곱째는 무상정등보리를 처로 삼는다. 是諸菩薩於何處學 謂七處學 云何七處 嗢拕南曰 自他利 實義 威力 熟有情 成熟自佛法 第七菩提處 一 自利處 二 利他處 三 眞實義處 四 威力處 五 成熟有情處 六 成熟自佛法處 七 無上正等菩提處 kutra punar-bodhisattvāḥ śikṣante. saptasu sthāneṣu śikṣante. sapta sthānāni katamāni. svārthaḥ parārthaḥ tattvārthaḥ prabhāvaḥ sattvaparipākaḥ ātmano buddhadharma-paripākaḥ anuttarā ca samyaksaṃbodhiḥ saptamaṃ sthānam. uddānam, sva-parārthaś-ca tattvārthaḥ prabhāvaḥ paripācane, sattva svabuddhadharmāṇāṃ parā bodhiś-ca saptamī"라고 하였다. 〔참고문헌〕『瑜伽師地論』, *Bodh-bh.*

칠척단 七尺單 일곱 척 자리. 참선하는 이가 차지해 앉은 자리. 『우암지급어록』 권8 「시엄주용선자 示嚴州用禪者」(卍속장124, p.353b10)에 "칠척 자리 펼치고 무쇠 등골을 꼿꼿이 세운다. 다리 밑에 만 길 구덩이를 임하고 팔뚝으로 어찌 천균의 힘에 그칠 뿐이겠는가! 전에도 석가 없고, 훗날 미륵도 없다. 展開七尺單 竪起生鐵脊 脚下如臨萬仞坑 腕頭何翅千鈞力 前無釋迦 後無彌勒", 『비은어록』 권4(가흥장26, p.121a16)에 "세 개 뿐인 서까래 아래 칠척 자리해서 활발하게 하늘길 통하거늘 다시 무슨 일로 90일 금족하고 석달을 안거한다 하겠는가? 三條椽 七尺單 活潑通霄路 更說什麼 九旬禁足 三月安居"라고 하였다. 〔참고문헌〕『愚菴智及語錄』, 『費隱語錄』. ⇨단 單[2], 단위 單位[2], 괘탑단 掛搭單, 단전 單前, 삼조연하칠척단전 三條椽下七尺單前

칠척단전 七尺單前 일곱 자일 뿐인 이 자리. 『선관책진』 「고졸선사시중 古拙禪師示衆」(대정장48, p.1103c8)에 "길게 늘어선 선상 위에 칠척단전에서 발낭을 높이 걸어두고 천 길 솟은 벽처럼 굳건히 앉아 이 일생 다하도록 공부하여 사무쳐 갈 뿐이니, 이 마음 가릴 뿐 결코 속는 일 없으리. 向長連床上 七尺單前 高掛鉢囊 壁立千仞 盡此一生 做教徹去 若辦此心 決不相賺"라고 하였다. 〔참고문헌〕『禪關策進』. ⇨삼조연하칠척단전 三條椽下七尺單前, 단전 單前

칠천 七天 태장현도만다라(胎藏現圖曼陀羅) 최외원(最外院) 북쪽에 자리하는 일곱 하늘. 애재(愛才)·백약(百藥)·현구(賢鉤)·다라(多羅)·백(百)·아습비이(阿濕毘儞)·만자(滿者) 등으로 북방칠요중(北方七曜衆) 또는 북방칠수(北方七宿)라고도 한다. 『청룡사의궤』 권하(대정장18, p.162b11)에 "백약, 애재 등과 현구는 본방에서 빛나며 아습비이와 다라, 만자, 백과 함께 하네. 百藥愛才等 賢鉤本方曜 幷阿濕毘儞 多羅滿者百"라고 하였다. 〔참고문헌〕『青龍寺儀軌』. ⇨북방칠요중 北方七曜衆, 최외원 最外院, 천문도상 天文圖像

칠천팔백문 七千八百問 칠천하고도 팔백으로 묻다. 석가여래께서 과거 비구였을 때 칠천하고도 팔백이나 되는 무익한 질문 이후 깨달은 고사. 『대방등다라니경』 권3(대정장21, p.655b9)에 근거한다. 『사분율명의표석』 권16(卍속장70, p.634b11)에 "『방등다라니경』에 '내가 과거 비구였을 때 어느 거사가 대시회를 열어 일체 사문·바라문·빈궁하고 하천한 사람들에게 필요한 보물·의복·음식들을 보시하였다. 나는 그때 빈궁하였기에 대시회가 열리는 곳으로 가는 도중에 큰 다리를 보았다. 方等陀羅尼經云 我於往昔 作一比丘 時有居士 設大施會 施於一切沙門 婆羅門 貧窮下賤 所須珍寶 衣服 飲食 我時貧窮 故詣會所 於其中路 見有大橋", "나는 어리석은 생각으로 한 지자에게 묻기를, 「이 다리는 누가 만든 것입니까? 이 하천은 어디에서 흘러왔으며, 지금 어디를 향해 가고 있는 겁니까? 이 나무는 어느 숲에서 났으며, 누가 베었고, 어떤 코끼리에 실려 왔습니까? 이 나무는 청송입니까, 백송입니까?」 이와 같이 차제로 칠천하고도 팔백가지로 물었다. 我以愚意 問彼人言 是橋何人之所作耶 是河從何來 今向何處去 此木何林所生 何人所斫 何象所載 此木爲是青松 白松 如是次第 設於七千八百問已", "「어리석은 사문이여! 지금 속히 가시오. 돌아오면 그대에게 말하리라」. 나는 그때 이를 듣고 대시회 장소에 이르렀는데, 음식은 이미 다 떨어졌고 재물도 남은 게 없었다. 癡沙門 今且速去 還當語汝 我時聞此便到會所 食已蕩盡 財物無餘", "「무릇 사문은 자신에게 무익한 것들을 묻지 말아야 하며, 제법을 관하여 자신에게 이로운 것을 물어야 한다. 무엇을 이로운 것이라 하는가? 자기를 칭찬하지 않고 남을 헐뜯지 않으며 평등법을 관하면, 스스로 자기를 이롭게 하고 또 능히 남도 이롭게 한다」. 이때 구십억도리천중들은 지자의 설을 듣고 보리심을 발했다' 하였다. 夫爲沙門 於身無益 理不應問 應觀諸法 於身利者 宜應須問 云何爲利 謂不讚己不毁他 觀平等法 自既利己 復能利他 是時有九十億 諸忉利天 聽智者說 發菩提心"라고 하였다. [참고문헌]『大方等陀羅尼經』, 『四分律名義標釋』.

칠천팔혈 七穿八穴 ❶ 일곱 번 뚫고 여덟 번 구멍내다. 이리저리 사무쳐 보지만 그 어디에도 머물 자리마저 없는 뜻이다. 『오조법연어록』 권상(대정장47, p.649b12)에 "옛 사람 말하길 '집어든즉 하늘 땅 돌리고, 내려놓은즉 풀잎 바람 따라 눕듯 한다'라고 하지만, 사방으로 돌아보아도 그렇지 않다. 집어들자 여기저기 구멍낼 뿐이고 내려놓자 비단에 꽃핀 듯 할 뿐이다. 말해 보라! 새로운 소식 있는가? 〈잠깐 침묵하다가 말했다〉 내년에도 새로운 가지 돋아나겠지만, 어지럽게 흔드는 봄바람 그칠 일은 없으리라. 古人道 拈起也 天回地轉 放下也 草偃風行 四面卽不然 拈起也 七穿八穴 放下也 錦上鋪花 且道 還有爲人處也無 良久云 來年更有新條在 惱亂春風卒未休", 『원오어록』 권6(대정장47, p.740c16)에 "만일 터럭만하나 어긋나면 설사 여기저기 구멍내더라도 어쩔 수는 없으리라. 그렇다면 그럴 만한 한마디 어떻게 하겠는가? 알아들을 수 없는 말 삼천리로 퍼진다 해도 호리병 중엔일월만이 분명하다. 若向一毫端蹉過 設使用得七穿八穴 亦沒交涉 只如有交涉一句 爾作麼生道 吃嘹舌頭三千里 壺中日月自分明", 『굉지광록』 권3(대정장48, p.30b16)에 "조주가 들었다. '하늘 땅을 휘어잡는 눈으로 실오라기 하나 새어나가지 못한다. 나는 그대가 이 말을 이해하길 바라지만 그대는 도대체 어떻게 이해하고 있는가?' '단적으로 말할 수 있는가? 설령 그대가 알아차려 이리저리 뚫었다 하더라도 나는 그대가 조주 울타리 벗어나지 못했음을 알고 있다'. 擧趙州云 把定乾坤眼 綿綿不漏絲毫 我要儞會 儞又作麼生會 師云 還端的也未 直饒儞這裏會得 七穿八穴 我也知儞 出趙州稚續不得", 『벽암록』 49칙 「수시 垂示」(대정장48, p.184c7)에 "이리저리 뚫고 파서 적의 북과 깃발 빼앗고, 백천으로 둘러싸여 전후 살피고, 호랑이 머리에 걸터앉아 호랑이 꼬리 따더라도 작가라 할 수는 없다. 七穿八穴 攙鼓奪旗 百匝千重 瞻前顧後 踞虎頭收虎尾 未是作家", 『직주설두송고』 권하(卍속장117, p.526a5)에 "여러 선덕들이여, 어떻게 이해하는가? 그 보살은 '(물의) 묘하게 부딪혀 마땅히 밝혀서는 불자되어 머물렀다'라고 했는데〈사람에게 눈 붙게 해서 몸도 경도 다 끊게 하고 단 하나 그 길 맑고 고고하니, 각자 불지에 머문다〉, 반드시 일곱번 뚫고 여덟번 구멍낼 뿐이다〈만일 맑고 고고함에 머물려 한다면 흠없는 공에 떨어져 묶이리라. 반드시 잡은 손을 뿌리쳐야 비로소 속박 없으리라〉. 諸禪德 作麽生會 他道 妙觸宣明 成佛子住〈令人着眼 身境俱絶 一道淸孤 各住佛地〉也須七穿八穴 始得〈若住淸孤 墮於大功 直須撒手 始無拘繫〉"라고 하였다. [참고문헌]『五祖法演語錄』, 『圜悟語錄』, 『宏智廣錄』, 『碧巖錄』, 『直註雪竇頌古』. ⇨ 칠통팔달 七通八達 ❷ 흠집투성이. 『밀암어록』(대정장47, p.959c24)에 "황면노자는 인간과 천계의 스승으로서 외도 가볍게 물을 때마다 흠집투성이의 상처를 입고 말았다. 외도는 좋고 나쁜 것 가릴 줄 모르기에 또 다시 말하기를 '대자대비로 저에게 미혹의 구름을 걷어주시고 저로 하여금 깨닫도록 하셨습니다'라고 한다. 이야말로 이는 꿈 속에서 꿈을 말하는 것이다. 黃面老子 爲人天師 被外道輕輕問着 便見七穿八穴 外道不識好惡 更言 大慈大悲 開我迷雲 令我得入 正是夢中說夢"라고 하였다. [참고문헌]『密菴語錄』.

칠최승 七最勝 바라밀다를 성취하기 위해 반드시 섭수해야 할 일곱 가지 가장 뛰어난 행위. 『성유식론』 권9(대정장31, p.51b26)에 "반드시 일곱가지를 가장 뛰어난 것으로 거둬 들어야 비로소 바라밀다를 건립한다. 첫째는 안주최승이니, 반드시 보살종성에 안주해야 한다. 둘째는 의지최승이니, 반드시 대보리심에 의지해야 한다. 셋째는 의요최승이니, 모든 유정에게 슬픔과 가엾음 일으켜야 한다. 넷째는 사업최승이니, 반드시 모든 일을 남김없이 행해야 한다. 다섯째는 방편최승이니, 반드시 모습없는 지혜로 거둬들여야 한다. 여섯째는 회향최승이니, 반드시 위없는 보리에 회향해야 한다. 일곱째는 청정최승이니, 반드시 두 장(煩惱所知障)의 틈에 물들지 않아야 함이다. 만약 이 일곱가지를 거둘 수 없다면 행한 바 보시 등은 피안에 이르렀다고 할 수 없다. 要七最勝之所攝受 方可建立波羅蜜多 一 安住最勝 謂要安住菩薩種性 二 依止最勝 謂要依止大菩提心 三 意樂最勝 謂要悲愍一切有情 四 事業最勝 謂要具行一切事勝 五 巧便最勝 謂要無相智所攝受 六 迴向最勝 謂要迴向無上菩提 七 淸淨最勝 謂要不爲二障間雜 若非此七所攝受者 所行施等 非到彼岸"라고 하였다. [참고문헌]『成唯識論』. ⇨ 교편최승 巧便最勝, 단최승 斷最勝, 사업최승 事業最勝, 안주최승 安住最勝

칠취 七聚 출가자가 지켜야 할 바라제목차, 즉 계목을 일곱 갈래로 모아 이름한 것. 오편(五篇)에 투란차(偸蘭遮)와 악설(惡說)을 더한 것을 말하며, 칠범취(七犯

聚)·칠죄취(七罪聚)·칠편(七篇) 등이라고도 한다. 첫째 바라이(波羅夷 Ⓢ Ⓟ pārājika) : 승가에서 추방되어 비구나 비구니의 자격을 상실하는 가장 무거운 죄이며, 타불여(墮不如)·불공주(不供住)·타승(他勝)·무여(無餘)·극악(極惡)·단두(斷頭) 등이라고 한역한다. 둘째 승잔(僧殘 Ⓢ saṃghāvaśeṣa, Ⓟ saṅghādisesa) : 비구나 비구니의 자격이 일시적으로 상실되며, 정해진 벌을 받고 참회하면 그 자격이 회복되는 죄이다. 셋째 투란차(偸蘭遮 Ⓢ sthūlātyaya, Ⓟ thullaccaya) : 미수에 그친 바라이(波羅夷)나 승잔(僧殘)을 말하며, 중죄(重罪)·대죄(大罪)·추악죄(麤惡罪) 등이라고 한역한다. 넷째 바일제(波逸提 Ⓢ pāyattika, Ⓟ pācittiya) : 가사나 발우 등의 물건을 규정 이상으로 소유하거나, 사소한 거짓말이나 욕설을 한 가벼운 죄를 말하며, 비구들에게 참회하면 죄가 소멸되지만 참회하지 않으면 죽어서 지옥에 떨어진다고 한다. 타(墮)라고 한역한다. 다섯째 바라제제사니(波羅提提舍尼 Ⓢ pratideśanīya, Ⓟ pāṭidesanīya) : 걸식 때와 식사 때의 규칙을 어긴 가벼운 죄를 말하며, 청정한 비구에게 참회하면 죄가 소멸된다. 향피회(向彼悔)라고 한역한다. 여섯째 돌길라(突吉羅 Ⓢ duṣkṛta, Ⓟ dukkaṭa) : 행위로 저지른 가벼운 죄를 말하며, 고의로 이 죄를 저질렀을 경우에는 한 명의 비구 앞에서 참회하고, 고의가 아닐 때는 마음속으로 참회하면 죄가 소멸된다. 악작(惡作)·악설(惡說) 등이라고 한역한다. 일곱째 악설 : 말로 저지른 가벼운 죄. 『사분율행사초』 권중(대정장40, p.48c4)에 "칠취란 무엇인가? 첫째 바라이, 둘째 승잔, 셋째 투란차, 넷째 바일제, 다섯째 제사니, 여섯째 돌길라, 일곱째 악설이다. 言七聚者 一 波羅夷 二者 僧殘 三 偸蘭遮 四 波逸提 五 提舍尼 六 突吉羅 七者 惡說", 『비니관요』 권1(卍속장63, p.637a18)에 "다음으로 칠취를 설명한다. 〔석〕 사바라이는 첫 번째 취라 하고, 십삼승잔은 두 번째 취라고 하며, 일백이십바일제는 세 번째 취라 하고, 사바라제제사니는 네 번째 취라고 하며, 투란차는 다섯 번째 취라 하고, 중학법에서 몸으로 하는 악작은 여섯 번째 취라고 하며, 입으로 하는 악설이 바로 일곱 번째 취이다. 次明七聚 釋 四波羅夷 名第一聚 十三僧殘 名第二聚 一百二十波逸提 名第三聚 四波羅提提舍尼爲第四聚 偸蘭遮 爲第五聚 衆學法在身爲惡作 名第六聚 在口爲惡說 即第七聚也"라고 하였다. 〔참고문헌〕『四分律行事鈔』, 『毘尼關要』. ⇨ 오편 五篇, 오편칠취 五篇七聚, 사바라이 四波羅夷, 십삼승가바시사 十三僧伽婆尸沙, 투란차 偸蘭遮, 바일제 波逸提, 바라제제사니 波羅提提舍尼, 돌길라 突吉羅, 악설 惡說

칠취 七趣 중생이 몸을 받아 나는 일곱 갈래의 길. 육취(六趣)에 신선(神仙)을 더해서 칠취라 하니, 지옥(地獄 Ⓢ naraka)·아귀(餓鬼 Ⓢ preta)·축생(畜生 Ⓢ tiryagyoni)·인(人 Ⓢ manuṣya)·신선(神仙 Ⓢ ṛṣi)·천(天 Ⓢ deva)·아수라(阿修羅 Ⓢ asura)다. 업(業)에 따라 나아 가기에 취(趣 Ⓢ gati)라고 한다. 『능엄경』 권9(대정장19, p.147a5)에 "아난이여! 이와 같은 지옥·아귀·축생·인·신선·천·아수라라는 칠취를 자세히 살펴보면, 온통 다 혼침의 유위상들이니 망상으로 생을 받고 망상을 따라 업을 짓지만, 묘하고 두렷이 밝아 본심으로 짓는 일은 없다. 전부 저 허공에 핀 꽃과 같으니 원래 붙들 수도 없는 것들이다. 하나같이 허망할 뿐이어서 뿌리도 실마리도 전혀 없다. 阿難 如是地獄 餓鬼 畜生 人及神仙 天洎修羅 精研七趣 皆是昏沈諸有爲相 妄想受生 妄想隨業 於妙圓明無作本心 皆如空花 元無所著 但一虛妄 更無根緒", 『능엄경여설』 권9(卍속장21, p.33b10)에 "칠취는 다 망상에서 비롯되지만 두렷하고 묘한 중엔 결코 뿌리나 실마리가 없기에 저 허공 꽃과 같다. 앞서 묘심은 두루 두렷한데 어째서 지옥·아귀·인·축생 등의 도가 있냐고 물었으므로 여기서 살생·도둑질·음행 셋이 근본이 됨을 맺어 보였다. 이 업들이 있으면 아귀무리로 떨어지지만, 없으면 천취에 오른다. 칠취에서 이 둘을 들어 통섭하였으니, 인이 있으면 떨어지고 없으면 오른다. 七趣皆由妄想 於圓妙中 了無根緒 故如空華 前問 妙心徧圓 何有獄鬼人畜等道 此結示由殺盜婬三爲根本 有是業 則墜爲鬼倫 無是業 則升爲天趣 七趣擧二通攝 因有而墜 因無而升"라고 하였다. 〔참고문헌〕『楞嚴經』, 『楞嚴經如說』. ⇨ 선취 仙趣

칠취탑 七聚塔 Ⓟ Sattamba-cetiya. 중인도(中印度) 비사리성(毘舍離城 Ⓢ Vaiśālī)에 있는 사탑(四塔) 중 북쪽에 있는 탑. 『장아함경』 권11 「아누이경 阿㝹夷經」(대정장1, p.66c24)에 "(일곱 가지 고행 중) 넷째는 목숨이 다하도록 비사리성에 있는 네 탑인 동쪽의 우원탑, 남쪽의 상탑, 서쪽의 다자탑, 북쪽의 칠취탑 등에서 평생토록 이 네 탑을 떠나지 않는 것이 네 가지 고행이다. 四 盡形壽 毗舍離 有四石塔 東名憂園塔 南名象塔 西名多子塔 北名七聚塔 盡形不離四塔 爲四苦行"라고 하였다. 〔참고문헌〕『長阿含經』, *DN.2.103.* ⇨ 비사리사석탑 毘舍離四石塔

칠칠일 七七日 Ⓢ sapta saptāhāni. 칠일을 일곱 번 지나다. 사람이 죽은 다음 중유(中有 : 中陰)에 머무는 49일로 7일마다 재(齋)를 베풀어 새로 날 인연을 기도하는 천도재(薦度齋)를 수행한다. 이것을 칠칠재(七七齋)·칠칠기(七七忌)·누칠(累七)·재칠(齋七)·사십구재(四十九齋)라 한다. 『유가사지론』 권1(대정장30, p.282a27)에 "또한 이 중유의 존재가 날 연을 얻기 전에는 끝내 7일간 머물지만, 태어날 연을 만남이 결정된 것은 아니다. 만약 7일이 다해도 태어날 연을 얻지 못하면 죽었다가 다시 나 다시 7일 동안 또 머문다. 이와 같이 반복하여도 태어날 연을 만나지 못하면 칠칠일 동안 머문 후에는 반드시 날 연을 만난다. 又此中有 若未得生緣 極七日住 有得生緣 卽不決定 若極七日 未得生緣 死而復生 極七日住 如是展轉 未得生緣 乃至七七日住 自此已後 決得生緣", 『교적의기』 권상(대정장39, p.1025b7)에 "〔문〕 얼마의 시간을 지나야 중음의 몸을 받는가? 〔답〕 가장 느리면 칠칠일이다. 7일마다 한 번 몸을 바꾸니, 칠칠일이라면 일곱 번 몸을 바꾼다. 만약 칠칠일을 채우고도 생을 받지 못한다면 잡다한 축생 중에서 변하여 몸을 받는다. 만약 봄철의 중음이라면 말의 태에서 몸을 받는다. 왜 그런가? 말은 봄철에 욕을 행하기 때문이다. 만일 여름철 중음이라면 소의 무리에서 몸을 받는다. 소는 여름철에 음을 행하기 때문이다. 問曰 幾許時受中陰身 答曰 極遲者七七日 七日一度易身 若其七七日者 卽七度變身 若其七七日滿 不得受生 卽變於雜畜生之中而受生 若是春時中陰 便於馬胎受身 何以故 馬春時行欲故 若夏時中陰 便於牛中受身 以牛夏時行欲故"라고 하였다. 〔참고문헌〕『瑜伽師地論』, 『教跡義記』, *Yogā-bh.20.* ⇨ 칠칠재 七七齋, 사십구일 四十九日 ❶, 사십구재 四十九齋, 예수시왕생칠재 預修十王生七齋

칠칠재 七七齋 7일마다 일곱 번 올리는 재. 49일 동안 행하기에 사십구재(四十九齋)라 한다. 『불조통기』 권33(대정장49, p.320c8)에 "칠칠재 : 사람이 죽으면 중유의 몸인데 날 연을 얻지 못하면 최대 칠일 머물다가 죽어서 다시 (중유로) 난다. 이와 같이 생사를 거듭하는데 칠칠일이 되면 반드시 생을 얻는다. 날 연이 있다 해도 (어디로 날지) 정해지지 않았는데, 지금 경의 뜻을 찾아보면 극선이나 극악은 중유에 없다. 七七齋 人死中有身 若未得生緣 極七日住 死而復生 如是展轉生死 至七七日 決定得生 若有生緣 卽不定 今尋經旨 極善惡無中有", "지금 사람이 죽으면 매 칠일마다 반드시 재를 베풀어 명복을 비는 것을 재칠이라 하는데, 중유의 종자로 하여금 악취에 다시 나지 않게 하기 위해서이다〈출처 『석씨요람』〉. 〔술〕 … 불경에 '사람이 죽어서 칠칠일이 지난 후에야 중음의 취를 면할 수 있기에 재칠의 법을 갖춘다'라고 하였다. 今人亡每七日 必營齋追福 謂之齋七者 令中有種子 不轉生惡趣也〈釋氏要覽〉 述曰 … 佛經云 人死七七然後 免於中陰之趣 故備乎齋七之法"라고 하였다. 〔참고문헌〕『佛祖統紀』. ⇨ 사십구재 四十九齋

칠통 漆桶 칠마저 발라 더 깜깜한 통. 어두운 통 안에 칠마저 발라 빛이라곤 들지 못하게 한 것으로, 깜깜해 분별조차 할 수 없는 막다른 사태를 비유한다. 『경덕전등록』 권13 「풍혈연소전 風穴延沼傳」(대정장51, p.303c5)에 "'정혜를 닦지 않고도 어째서 의심의 여지 없이 부처가 되는지요?' '금닭은 오로지 새벽을 알릴 뿐이다. 칠통은 깜깜하기에 빛을 낸다'. 問 不修定慧 爲什麽 成佛無疑 師曰 金雞專報曉 漆桶黑光生", 『원오어록』 권13(대정장47, p.775b3)에 "노승이 그 이야기를 듣고 문득 칠통 타파하고 발밑에서 몸소 깨우쳤으니, 원래 별다른 사람에게 있는 것 아님을 비로소 '하늘과 땅 안 우주 사이 그 중에 하나의 보배 있고 저 모양새 산이라 하고는 몰래 숨겼음을'. 老僧聽得 忽然打破漆桶 向脚跟下 親見得了 元不由別人 方信乾坤之內 宇宙之間 中有一寶 祕在形山", 『남석문수어록』 권4 「시계정진 示桂正眞」(卍속장124, p.435a13)에 "갑자기 칠통 바닥 떨어져 나가고 앞뒤마저 끊어져서야 위대한 성인 원래 사주에 있었음을 알았다. 驀然 漆桶底脫 前後際斷 方知大聖 原在泗州", 『벽암록』 63칙 「본칙 本則」(대정장48, p.194c9)에 "대중이 아무 대꾸도 하지 않았다〈안타깝다, 하자는 그대로 놓아두다니. 한 떼거리 칠통들아! 무엇 하는 짓인가? 멋대로 꾸미는 선수행자들이 삼씨나 좁쌀처럼 많다〉. 衆無對〈可惜放過 一隊漆桶 堪作什麽 杜撰禪和 如麻似粟〉", 『설두어록』 권2(대정장47, p.684c16)에 "대중이 머뭇거리자 설두가 '이 한 떼거리 칠통들아! 구멍이라곤 전혀 없구나'라고 말한 뒤 주장자로 한꺼번에 쫓아냈다. 大衆擬議 師云 者一隊漆桶 總無孔竅 以拄杖 一時趁下"라고 하였다. 〔참고문헌〕『景德傳燈錄』, 『圜悟語錄』, 『南石文琇語錄』, 『碧巖錄』, 『雪竇語錄』. ⇨ 불쾌칠통 不快漆桶

칠통배 漆桶輩 칠통 같은 무리들. 『서장』 「답증시랑장 答曾侍郎狀」 제5서(대정장47, p.919a7)에 "오늘날 제방의 칠통 무리들 단지 방편만을 지켜 고수하고 버리지 않으면서 실법으로 사람들에게 보인다고 생각합니다. 이런 까닭에 사람들의 눈을 멀게 하는 일이 적지 않습니다. 今諸方漆桶輩 只爲守方便而不捨 以實法指示人 以故瞎人眼不少", 『밀암어록』(대정장47, p.964a28)에 "어떤 부류의 칠통무리들은 동서를 구분하지 못하고 남북도 분별하지 못하면서 문득 '향상의 관문 여는 빗장이란 어떤 것인가?'라고 하다니 눈 뜨고 이불에 오줌 싸 짓과 무엇이 다르겠는가? 有般漆桶輩 東西不辨 南北不分 便問如何是向上關棙子 何異開眼尿床"라고 하였다. 〔참고문헌〕『書狀』, 『密菴語錄』. ⇨ 칠통 漆桶

칠통불회 漆桶不會 칠통 같아 알지 못하다. 『설봉어록』 권하(卍속장119, p.967a10)에 "대지 온통 잡아다가 좁쌀 크기 만하게 던져놓았으나 칠통인데 어찌 알겠나. 북 울려야 대중울력 있는 줄 안다. 盡大地撮來 如粟米粒大 抛向面前 漆桶不會 打鼓普請看", 『대혜어록』 권4(대정장47, p.827a7)에 "대혜가 학인에게 말했다. '모든 곳에서 사람들을 교화한다' '몇 사람이나 교화하셨는지요?' '오직 그대 한 사람만이 칠통 같아 알지 못하는구나'. 師云 向一切處接人 進云 未審接得幾箇 師云 只爾一箇 漆桶不會"라고 하였다. 〔참고문헌〕『雪峰語錄』,『大慧語錄』. ⇨ 칠통 漆桶

칠통타파 漆桶打破 칠통 부수다. 『연봉어록』 권5(가흥장38, p.347b25)에 "대우수지(大愚守芝)는 한 마리 금빛 잉어 탐해서 그 수많은 미끼를 허비했고, 운봉문열(雲峰文悅)은 본래로 활발발하였으나 까닭없이 채소 절이는 장독 담겨서 죽은 신세였다. 비록 칠통이 부셨다고 하지만 새우 어찌 저 통 속에서 뛰어 나가리. 大愚芝 因貪一隻金鱗 費卻許多鉤餌 雲峰悅 從來活潑潑地 無端向齏甕裏淹殺 雖然 漆桶打破 蝦跳何曾出斗", 『선가귀감』(한불전7, p.638a23)에 "(爆地一破의) 폭이라 하니, 칠통 깨뜨리는 소리다. 칠통을 깨뜨린 후에야 생사를 대적할 수 있다. 모든 부처가 인위에서 법을 행했다 하니 다만 이것일 뿐이다. 爆 打破漆桶聲 以打破漆桶 然後生死可敵也 諸佛因地法行者 只此而已"라고 하였다. 〔참고문헌〕『蓮峰語錄』,『禪家龜鑑』. ⇨ 칠통 漆桶

칠통팔달 七通八達 일체처에 막힘없이 통해 자유자재함. 『허당집』 81칙 「평창 評唱」(卍속장124, p.598a4)에 "만일 통 밑 떨어져 나간 사람이라면 자연히 어디로나 통하여 막히는 일이 전혀 없을 것이다. 若是桶底脫的人 自然七通八達 了無凝滯", 『석전법훈어록』 권2(卍속장122, p.19b5)에 "절에 들어서 삼문을 가리키고 말했다. '문 없는 문은 이리저리 통하니 들어간다(入)는 한 자도 써먹을 일마저 없다'. 한 소리 크게 내지르고 곧바로 가버렸다. 入寺 指三門云 無門之門 七通八達 入之一字 也不消得 喝一喝 便行", 『천여유칙어록』 권1(卍속장122, p.807b7)에 "앞선 만 가지 천 가지 차별 좇지만 그 아래 당해서는 일곱 번 통하게 하고 여덟 번 깨우친다. 하나하나 들어내 하나하나 원묘하니, 비로소 '달마 원래 늙고 누린내나는 외국인이고, 임제 날도둑이라 불린다'라는 말을 알 것이다. 從前萬別千差 當下七通八達 一一現成 一一圓妙 方信道 達磨 元是老臊胡 臨濟 喚作白拈賊"라고 하였다. 〔참고문헌〕『虛堂集』,『石田法薰語錄』,『天如惟則語錄』. ⇨ 문문칠통팔달 門門七通八達, 칠수팔각 七手八脚[2], 칠천팔혈 七穿八穴[1]

칠편 七篇 Ⓟ satta āpattikkhandhā. 일곱 갈래로 묶다. 칠취(七聚)를 달리 이르는 말. 오편(五篇) 중 하나인 돌길라(突吉羅)를 악작(惡作)과 악설(惡說)로 나누고, 투란차(偸蘭遮)를 더하여 일곱이 되기에 칠취를 '칠편'이라고도 부른다. 팔리율장 *Parivāra*(*Vin.5*, p.91)에서는 "바라이·승잔·투란차·바일제·제사니·악작·악설, 이것이 칠취다. pārājikāpatti saṃghādisesāpatti thullaccayāpatti pācittiyāpatti pāṭidesanīyāpatti dukkaṭāpatti. dubbhāsitāpatti, imā satta āpattiyo"라고 하였다. 『남해기귀내법전』 권4 「장발유무 長髮有無」(대정장54, p.230a9)에 "삿됨 일어나지 못하게 하고 외도 엎드리게 해서 바른 뜻 높이 세워 온갖 중생을 널리 교화하며 널리 달래어 고통에 지침을 잊게 한다. 이공을 돌리며 생각하고 팔정도를 맑게 품어서 사정을 받들어 닦고 칠편을 잘 감싸면서 이로써 끝맺음하면 이것으로도 높다 하겠다. 降邪伏外 摧揚正理 廣化群物 弘誘忘疲 運想二空 澄懷八道 敬修四定 善護七篇 以此送終 斯爲上也", 『백장청규』 권8 「숭녕청규서 崇寧清規序」(대정장48, p.1158b14)에 "그러나 장엄으로 결사를 지키고 법을 세우는 등의 불사는 문중에서 어느 것 하나 빠뜨려서는 안 된다. 또한 보살의 삼취정계와 성문의 칠편바라제목차도 마찬가지다. 어찌 입법함에 귀하고 번거롭다고 하랴. 무릇 근기에 따라 베풀어 가르치니, 이제 공부를 시작한 후학들 바라건대 자세히 잘 참해야 하리. 然而莊嚴保社 建立法幢佛事 門中闕一不可 亦猶菩薩三聚 聲聞七篇 豈立法之貴繁 蓋隨機而設敎 初機後學 冀善參詳"라고 하였다. 〔참고문헌〕『南海寄歸內法傳』,『百丈清規』, *Vin*. ⇨ 칠취 七聚, 삼취정계 三聚淨戒, 바라제목차 波羅提木叉, 계 戒

칠편삼취 七篇三聚 칠편과 삼취정계(三聚淨戒). 『삼국유사』 권4(대정장49, p.1006a4·한불전6, p.347b14) 의해(義解)5 자장정율(慈藏定律)에 "자장율사에 대해 찬한다. '일찍이 청량산 향해 꿈 깨고 돌아와 칠편의 성문계 바라제목차와 삼취의 대승계 일시에 열었네. 출가와 재가 옷이 부끄럽게 여겨 동국의 의관을 앞선 나라 따라 마름질하였네'. 讚曰 曾向清涼夢破迴 七篇三聚一時開 欲令緇素衣慚愧 東國衣冠上國裁"라고 하였다. 〔참고문헌〕『三國遺事』. ⇨ 칠편 七篇, 삼취정계 三聚淨戒

칠품시라 七品尸羅 일곱 품류의 계(戒). 『유가사지론의연』 권34(금장121, p.53a2)에 "칠품시라란 무엇인가? 품이란 부류를 말한다. 사분계에 준하여 말하면, 첫째 네 가지 바라이법, 둘째 열세 가지 승가바시사법, 셋째 두 가지 부정법, 넷째 서른 가지 니살기바일제법, 다섯째 아흔 가지 바일제법, 여섯째 네 가지 바라제제사니법, 일곱째 일곱 가지 멸쟁법 등 이상을 칠품시라하고 하는데, 모두 일백오십학처를 이루어 계의 자성이 된다. 七品尸羅者 品者類也 准四分戒說 一 四波羅夷法 二 十三僧伽婆尸沙法 三 二不定法 四 三十尼薩耆波逸提法 五 九十波逸提法 六 四波羅提提舍尼法 七 七滅諍法 已上名七品尸羅 共成一百五十學處 爲戒自性"라고 하였다. 〔참고문헌〕『瑜伽師地論義演』. ⇨ 칠종계 七種戒, 오편칠취 五篇七聚, 오편 五篇, 칠취 七聚

칠해 七海 Ⓢ śītāḥ sapta, Ⓣ rol-mtsho-bdun. 수미산을 둘러싼 칠금산(七金山)의 안쪽에 있으면서 팔공덕수로 가득 차 있는 일곱 바다. 『법집명수경』(대정장17, p.662a28)에 "무엇이 칠해인가? 염수해·유해·낙해·소해·밀수해·길상초해·주해를 말한다. 云何七海 所謂鹽水海 乳海 酪海 酥海 蜜水海 吉祥草海 酒海", 『구사론』 권11(대정장29, p.57c10)에 "[논] 묘고가 처음이 되고 윤위가 최후인데, 중간의 팔해 앞의 일곱을 내해라고 한다. 이 칠해 안에는 모두 팔공덕수로 가득하다. 論曰 妙高爲初 輪圍最後 中間八海 前七名內 七中皆具八功德水", "이와 같은 칠해 처음의 넓이는 8만유선나인데 지쌍산의 안쪽 둘레를 잡아 사면을 헤아리면 각각 3배이므로 각각 2억4만유선나라 한다. 如是七海 初廣八萬 約持雙山內邊周量 於其四面 數各三倍 謂各成二億四萬踰繕那", "나머지 여섯 바다의 깊고 넓음 반의반으로 좁아지니 둘째 바다의 넓이는 4만유선나이고 내지 일곱 번째 바다의 깊고 넓음은 천2백5십유선나라고 말한다. 이들의 둘레를 설하지 않음은 번다하기 때문이다. 其餘六海 量半半陜 謂第二海 量廣四萬 乃至第七 量廣一千二百五十 此等不說周圍量者 以煩多故"라고 하였고, 『창소지론』 권상(대정장32, p.226c20)에서는 칠해의 넓이에 대해 첫째 유건다라해(踰乾陀羅海)는 8만유순, 둘째 이사다라해(伊沙陀羅海)는 4만유순, 셋째 거득라가해(佉得羅柯海)는 2만유순, 넷째 수등사라해(修騰娑羅海)는 1만유순, 다섯째 아수할나해(阿輸割那海)는 5천유순, 여섯째 비니달가나해(毘尼怛迦那海)는 2천5백유순, 일곱째 니민다라해(尼民陀羅海)는 1천2백5십유순이라고 하였다. [참고문헌] 『法集名數經』, 『俱舍論』, 『彰所知論』, *Abh-k-bh.160.* ⇨ 구산팔해 九山八海, 팔공덕수 八功德水, 칠금산 七金山

칠현 七賢 ❶ 일곱 갈래 현인위(賢人位). 소승칠현(小乘七賢)과 대승칠현(大乘七賢)이 있다. 첫째, 소승칠현이다. 견도(見道) 이전의 칠방편위(七方便位). 칠가행위(七加行位)라고도 하며, 칠성(七聖)의 상대어다. 성위(聖位)에 가까이하지만(隣聖) 아직 무루지(無漏智)가 생겨나지 않았기에 성(聖)이라 하지 않는다. 즉 부정관(不淨觀)·자민관(慈愍觀)·연기관(緣起觀)·계차별관(界差別觀)·수식관(數息觀)의 다섯 가지 관법으로 탐진치(貪瞋癡) 등의 다섯 가지 장애를 다스리는 오정심위(五停心位), 사념처관(四念處觀)으로 상락아정(常樂我淨) 등 사전도(四顚倒)를 다스리는 별상념주위(別相念住位), 사념처관으로 무상고공무아(無常·苦·空·無我) 등 사행상(四行相)을 닦는 총상념주위(總相念住位)·난법위(煖法位)·정법위(頂法位)·인법위(忍法位)·세제일법위(世第一法位)를 말한다. 앞의 세 가지는 외범(外凡)의 삼현위(三賢位)라고 하며, 뒤의 네 가지는 내범(內凡)의 사선근위(四善根位)라고 한다. 대승유식(大乘唯識)의 오위(五位) 중 자량위(資糧位 : 十住·十行·十廻向 등 大乘三賢位)와 가행위(加行位 : 煖·頂·忍·世第一 등 大乘順抉擇分)에 해당한다. 둘째는 대승칠현(大乘七賢)이다. 십지(十地) 이전의 초발심인(初發心人)·유상행인(有相行人)·무상행인(無相行人)·방편행인(方便行人)·습종성인(習種性人)·성종성인(性種性人)·도종성인(道種性人)을 말한다. 『인왕반야경소』 권상(대정장33, p.319c2)에 "칠현에는 두 가지 뜻이 있다. 첫째 소승에 의하면 첫째는 오정심관, 둘째는 별상념처, 셋째는 총상념처, 넷째는 난법, 다섯째는 정법, 여섯째는 인법, 일곱째는 세제일법이다. 이런 것은 마음을 조복하고 도리에 따르므로 현(賢)이라 한다. 둘째 대승에 의하면 첫째는 초발심인, 둘째 유상행인, 셋째 무상행인, 넷째 방편행인, 다섯째 습종성, 여섯째 성종성, 일곱째 도종성이다. 이런 일곱 가지는 십지 이전의 단계에서 마음을 조복하고 도리에 따르므로 칠현이라고 한다. 七賢有二義 一 依小乘者 一 五停心觀 二 別相念處 三 總相念處 四 煖法 五 頂法 六 忍法 七 世第一法 此等 調心順道 故名爲賢 二 依大乘 一 初發心人 二名 有相行人 三名 無相行人 四名 方便行 五名 習種性 六 性種性 七 道種性 此七在地前 調心順道 名爲七賢", 원측(圓測)의 『인왕경소』 권상(대정장33, p.381c28·한불전1, p.50c4)에 "칠현이란 무엇인가? 칠방편이다. 또는 신행·법행·신해탈·견지·신증·혜해탈·구해탈(의 七賢行)을 말한다. 七賢者 謂七方便 或可信行 法行 信解脫 見至 身證 慧解脫 俱解脫"라고 하였다. [참고문헌] 『仁王般若經疏』, 『仁王經疏』, 『仁王護國般若波羅蜜多經疏』 권상(대정장33, p.444c29). ⇨ 소승칠현 小乘七賢, 대승칠현 大乘七賢, 삼현 三賢, 성현 聖賢, 칠성 七聖 ❷ ➡ 죽림칠현 竹林七賢

칠현거사 七賢居士 칠현재(信施戒聞慧慚愧)를 갖춘 거사. 또는 칠현위(七賢位)의 거사. 원측(圓測)의 『인왕경소』 권상(대정장33, p.372b26·한불전1, p.36a23)에 "『본기』에 '칠현재 갖추었지만 법안을 갖추지 못하여 늘 재가를 즐기기에 칠현거사라고 한다〈『본업경』에 「신·시·계·문·혜·참·괴를 칠현재라 이름한다」 하였다〉' 라고 하였다. 이제 풀기를 칠현은 칠방편에 있는데 현자이면서 성자는 아니니 성도가 없기 때문이다. 그러므로 칠현거사라 이름한다. 本記云 有七賢財 不被法眼 恒樂在家 故言七賢居士〈本業經云 信 施 戒 聞 慧 慚 愧 名七賢財〉 今解 七賢在七方便 賢而非聖 無聖道故 故名七賢居士"라고 하였다. [참고문헌] 『仁王經疏』. ⇨ 칠현 七賢❶, 칠방편 七方便❶, 칠재 七財

칠현위 七賢位 삼현(三賢)과 사선근(四善根)을 가리키는 말. 칠현(七賢)이라고도 한다. 『사교의』 권4(대정장46, p.732c5)에 "첫째 칠현위를 밝힌다. 첫째 오정심관, 둘째 별상사념처, 셋째 총상사념처, 넷째 난법, 다섯째 정법, 여섯째 인법, 일곱째 세제일법을 칠현위라고 한다. 一 明七賢位者 一 五停心觀 二 別相四念處 三 總相四念處 四 煗法 五 頂法 六 忍法 七 世第一法 是爲七賢位也", "통으로 현이라 말한 것은 성자와 이웃해 있어서 현이라 한다. 이 칠위는 모두 학도 무학도 아니며 등지(世俗智)와 사해로 능히 견혹을 조복할 수 있다. 이 사해로 인해 능히 고인을 참되고 밝게 발할 수 있기에 성자와 이웃하여 현이라고 하였다. 通言賢者 隣聖曰賢 此七位者 皆是非學非無學 等智似解 能伏見惑 因此似解 能發苦忍眞明 故云隣聖曰賢", "이제 현을 풀면 직선이라 이름한다. … 지금 불제자 중 칠종의 행인은 모두 밝게 생멸사제의 뜻을 알며, 애론과 견론이 다 삿됨을 알기에 이 애견의 삿된 마음을 조복하고 바른 믿음과 곧은 마음으로 모든 선법들을 닦는다. 고로 직선이라 이름한다. 今解賢者 名直善也 … 今佛弟子七種行人 皆明識生滅四諦理 知愛論見論皆邪曲 伏此愛見邪曲之心 用正信直心 修諸善法 故名直善也"라고 하였다. [참고문헌] 『四教義』. ⇨ 칠현 七賢❶, 삼현 三賢, 사선근위 四善根位❶

칠현칠성 七賢七聖 칠현과 칠성. 『지관보행전홍결』 권3(대정장46, p.242c6)에 "칠현칠성이란 말에서 칠현은 칠방편을 말하고, 칠성은 신행·법행·신해·견득·신증·시해탈·불시해탈을 말한다. 云七賢七聖者 七賢 謂七方便 七聖 謂信行 法行 信解 見得 身證 時解脫 不時解脫"라고 하였다. [참고문헌] 『止觀輔行傳弘決』. ⇨ 칠현 七賢❶, 칠성 七聖

칠현행 七賢行 삼행(三行 : 空行 七賢行 十善行) 중 하나. 칠현위에서의 행. 『인왕경소』 권1(卍속장41, p.303a5)에 "〈경〉 또한 무량한 이들 있어 칠현행 닦는다. 〈소〉 첫째 오정심관, 둘째 별상념주, 셋째 총상념주, 넷째 난선근, 다섯째 정선근, 여섯째 인선근, 일곱째 세제일선근이다. 이 일곱 법행으로 성위와 이웃해 있기에 통틀어 현이라 이름한다. 復有無量 修七賢行 一 五停心觀 二 別相念住 三 總相念住 四 煗善根 五 頂善根 六 忍善根 七 世第一善根 此七法行 隣近聖位 故總名賢", 『인왕반야실상론』 권2(대정장85, p.165b12)에 "칠현행을 닦는다란, 습종 전의 칠방편에선 선을 행하기에 칠방편을 닦는다고 말하였다. 修七賢行者 習種前七方便 是行善故 言修七方便"라고 하였다. [참고문헌] 『仁王經疏』, 『仁王般若實相論』. ⇨ 칠현 七賢❶, 칠방편 七方便❶

칠화 七華 ❶ 칠각지(七覺支)를 비유하는 일곱 가지 이름난 꽃. 칠종화(七種華)라고도 한다. 『잡아함경』 권43(대정장2, p.317a6)에 "그런 후에 다시 대산 위로 나아가 칠종화를 보니, 우발라화·발담마화·구모두화·분다리화·수건제화·미리두건제화·아제목다화였다. 꽃향기를 맡고 다시 석산을 올라가 사층의 당우를 보고 그 위에 앉았다. … 칠종화는 칠각분이고, 사층 당우는 사여의족이다. 然後復進大山上 見七種華 謂優鉢羅華 鉢曇摩華 拘牟頭華 分陀利華 修揵提華 彌離頭揵提花 阿提目多花 聞花香已 復上石山 見四層階堂 卽坐其上 … 七種花者 謂七覺分 四層堂者 謂四如意足", 『십주비바사론』 권13 「비유품 譬喩品」(대정장26, p.91b13)에 "저 좋은 길에 꽃·열매·뿌리가 많은 것처럼 십주도에 또한 이처럼 뿌리·꽃·열매가 많다. 뿌리는 삼선근이고, 꽃은 칠각화다. 경에서 설한 것과 같으니, 일곱 꽃은 칠각의고 열매는 사사문과다. 如彼好道 多有華果根 十住道亦如是 多根華果 根者 三善根 華者 七覺華是 如經說 七華者 七覺意是 果者 四沙門果是"라고 하였다. [참고문헌] 『雜阿含經』, 『十住毘婆沙論』. ⇨ 칠각지 七覺支 ❷ 칠정화(七淨華). 『유마의기』 권3(대정장38, p.489b16)에 "일곱 가지 꽃으로 편다란 칠정의 덕이 청정하기가 꽃과 같다는 것이다. 이에 칠정화라 하였다. 布七華者 七淨之德 淸淨如華 名七淨華"라고 하였다. [참고문헌] 『維摩義記』, 『翻譯名義集』 권5(대정장54, p.1143a26). ⇨ 칠정화 七淨華

칠화팔열 七花八裂 일곱 갈래로 피어나고 여덟 갈래로 찢어지다. 이리저리 피었다가 흩어져 버리다. 『굉지광록』 권5(대정장48, p.59c2)에 "털끝만한 도리라도 있다 하면 다시 이리저리 피었다가 사라져 가리. 모르겠는가? '항상 망념을 일으키지 않고, 온갖 망념에 있더라도 없애려 하지 않으며, 망상경에 머물더라도 더하여 알고자 하지 않고, 깨우쳐 앎이 없다 해도 진실을 가리지 않는다'고 한 것을. 바로 이러한 때에 어떻게 밟아가야 할까? 한결같고 고르게 품어 가면 모든 것 사라져 스스로 다하리라. 若有一毫道理 又是七花八裂去也 豈不見道 居一切時 不起妄念 於諸妄心 亦不息滅 住妄想境 不加了知 於無了知 不辨眞實 正恁麽時 如何行履 一種平懷 泯然自盡", 『벽암록』 2칙 「평창 評唱」(대정장48, p.142a28)에 "참해서 사무쳐 볼 줄 알아 깨우쳐 얻는다면 저절로 제호처럼 그 맛 뛰어난 듯하리라. 만약 정으로 헤아려 잊지 못했다면 문득 이리저리 피었다가 흩어지리라. 결코 이 이야기 알 수조차 없으리라. 若參得透見得徹 自然如醍醐上味相似 若是情解未忘 便見七花八裂 決定不能會如此說話", 『공곡집』 17칙(卍속장117, p.551a15)에 "숙종황제가 말했다. '스님께서 멸도하신 후에 어떤 것에 의지합니까?' 황제께서 베푸신 은혜가 관대하고 후덕하지 않다면 어찌 기꺼이 이렇게 서로 마주할 수나 있겠습니까? 혜충국사 역시 천은을 저버리지 않고 행할 때 있는 힘을 다하여 들어 말했다. '노승에게 무봉탑이나 만들어 주십시오'. 그렇지만 국사 입 여는 순간 이미 꽃 피고 이리저리 피었다가 사라지고 말 줄은 미처 몰랐네. 帝曰 師滅度後 所須何物 若非聖慈寬厚 爭肯如此相待 師亦不負天恩 向臨行之際盡力提撕道 與老僧作箇無縫塔 殊不知 未開口時 已早七花八裂了也"라고 하였다. [참고문헌]『宏智廣錄』, 『碧巖錄』, 『空谷集』. ⇨ 칠수팔각 七手八脚, 칠천팔혈 七穿八穴

칠흑산 七黑山 중인도(中印度) 비사리성(毘舍離城 Ⓢ Vaiśālī) 북쪽 향취산(香醉山 Ⓢ Ⓟ Gandha-mādana)에 있는 일곱 개의 산. 『장아함경』 권18 「세기경 世記經」(대정장1, p.117a14)에 "설산의 오른쪽에 성이 있는데, 그 이름이 비사리다. 그 성의 북쪽에 칠흑산이 있고 칠흑산의 북쪽에 향산이 있는데, 그 산에는 항상 노래와 춤과 음악 소리가 있다. 그 산에 두 개의 굴이 있으니 하나는 주라 하고 다른 하나는 선주라 한다. 하늘의 칠보로 이루어져 있으며 부드럽고 촉촉하고 향기롭고 깨끗하여 마치 하늘옷 입은 듯하다. 묘한 음성의 건달바왕이 오백의 건달바를 거느리고 거기에 살고 있다. 雪山右面有城 名毗舍離 其城北有七黑山 七黑山北有香山 其山常有 歌唱 伎樂 音樂之聲 山有二窟 一 名爲晝 二 名善晝 天七寶成 柔濡香潔 猶如天衣 妙音乾闥婆王 從五百乾闥婆 在其中止", 『기세인본경』 권10(대정장1, p.416b27)에 "일곱의 큰 취락중에 칠흑산이 있으니 즉 첫째는 편상, 둘째는 일박, 셋째는 소조, 넷째는 하발, 다섯째는 백편두, 여섯째는 능승, 일곱째는 최승이다. 그 칠흑산에 일곱의 범선이 사는 굴이 있는데 첫째는 선안, 둘째는 선현, 셋째는 소, 넷째는 백편두, 다섯째는 난물지, 여섯째는 흑입, 일곱째는 증장시다. 七種大聚落中有七黑山 所謂 一 偏箱 二 一搏 三 小棗 四 何髮 五 百偏頭 六 能勝 七 最勝 彼七山中 有七梵仙所居之窟 一 善眼 二 善賢 三 小 四 百偏頭 五 爛物池 六 黑入 七 增長時"라고 하였다. 『입세아비담론』 권1(대정장32, p.175b7)에서는 소흑산(小黑山)·대흑산(大黑山)·다리우산(多犛牛山)·일광산(日光山)·은산(銀山)·향수산(香水山)·금변산(金邊山)이라 하였다. [참고문헌]『長阿含經』, 『起世因本經』, 『立世阿毘曇論』. ⇨ 향취산 香醉山

침 砧 받침대로 쓰는 큼지막한 물건. 모루. 또는 모탕. 원래는 철공용으로 쓰는 철침(鐵砧)을 뜻하는 말이나, 절에서는 통나무를 팔각형으로 다듬어 쓰기도 한다. 추(椎·槌)로 두드려 소리를 내며, 크기는 대략 직경 5~6치(寸), 높이 3~4자(尺) 정도다. 『기세경』 권3 「지옥품 地獄品」(대정장1, p.322c17)에 "그때 철애지옥으로 곧장 들게 되는데, 그 지옥 또한 너비가 오백유순이다. 그중에 들어가면 때때로 지키는 옥졸이 앞에 나타나 벌 받을 중생을 잡아끌어 모탕 위에다 놓고 때려대니, 세차게 불꽃이 타올라 한꺼번에 통째로 불탄다. 이에 죄인은 괴로움에 까무라쳐 나자빠진다. 爾時 卽入鐵磑地獄 其獄亦廣五百由旬 旣入中已 時守獄卒 卽前捉取受罪衆生 仰撲置於鐵砧之上 熾燃猛焰 一時洞燃 於是罪人 悶絶仰臥", 『법원주림』 권40(대정장53, p.600b22)에 "뭇 성상 홀로 훌쩍 뛰넘으니, 식 머금은 이들 두루 공경 일으키네. 모루에 추로 때려도 부수지 못하니, 바야흐로 성덕의 큼을 알겠네. 獨超群聖上 含識普生恭 砧椎擊不碎 方知聖德顯", 『선원청규』 권1 「부죽반 赴粥飯」(卍속장111, p.881a11)에 "다음으로 유나가 입당하여 성승 앞에서 문신하고 마치면 향 피우고 침과 추가 있는 곳 주변으로 나아가 선다. 대중은 발우를 펼친다. 次後維那入堂 聖僧前問訊罷 燒香就砧槌邊立 大衆展鉢"라고 하였다. [참고문헌]『起世經』, 『法苑珠林』, 『禪苑淸規』.

침갈 枕褐 베갯잇. 『집이문족론』 권8(대정장26, p.401a17)에 "와구란 평상·자리·모전으로 만든 요·면단·이불·덮개·깔개·베개의 잇·목침 등이다. 臥具者 謂床座 氈褥 眠單 臥被 氍氀 綟罽 枕褐 机橙"라고 하였다. [참고문헌]『集異門足論』. ⇨ 와구 臥具[1]

침개상투 針芥相投 바늘과 겨자 서로 만나다. 도리천(忉利天)에서 떨어뜨린 겨자가 염부제(閻浮提)에 세워둔 바늘에 꽂힌다는 말로, 참으로 만나기 어려운 기회나 희유한 인연을 비유하는 말이다. 36권본 『대반열반경』 권2(대정장12, p.612b13)에 "겨자가 바늘 끝과 만난다 하니, 부처님께서 세상에 나오심은 이보다 어렵네. 芥子投針鋒 佛出難於是", 『원각경약소』 권상1(대정장39, p.531c7)에 "대승의 뜻 깨우쳐 마땅히 널리 알려야 하지만 바늘과 개자 들어맞듯 하기 전에는 이 요지에 침묵할 따름이다. 大乘了義 理合宣揚 針芥未投 且默斯要", 『기신론소필삭기』 권14(대정장44, p.371a17)에 "감하고 응하길 서로 함은 참으로 쉽지 않다. 예컨대 『열반경』의 바늘과 개자의 비유나 『법화경』의 거북과 구멍 난 나무토막의 비유와 같다. 이들 모두 선한 벗 마주치기 어려움을 드러낸다. 感應道交 實爲不易 如涅槃中 針芥之喩 幷法華中 龜木之喩 此皆顯善友難値", 『원오어록』 권4(대정장47, p.732b3)에 "연이어 쏜 화살 끝 허공에서 서로 잇고, 바늘과 개자 어김없이 들어맞는다 함은 그만두더라도, 오롯이 벗어난 한마디 어떻게 말해야 할까? 갑자기 바람과 구름 모이더니 탁트인 천지 가득 봄이라 하네. 箭鋒相拄 針芥相投 則且置 獨脫一句 作麼生道 倏爾風雲會 廓然天地春", 같은 책 권12(대정장47, p.770a13)에 "이제 참학하는 형제는 바로 화살 끝 서로 잇듯이 바늘 겨자 서로 꽂히듯 안팎으로 소식 끊어야 비로소 얻는다. 而今參學兄弟 直須是箭鋒相拄 針芥相投

內外絶消息始得", 『속전등록』 권13 「소등전 紹燈傳」(대정장51, p.552c5)에 "바늘과 개자가 어김없이 들어맞음 한 번 보았으니, 통발도 올가미도 단번에 잊고 마침내 고향으로 돌아가 깊숙이 자신의 자취마저 감추었다. 一見針芥相投 筌蹄頓忘 遂還鄕里 深自韜晦", 『원각경대소석의초』 권1하(卍속장14, p.444b14)에 "법을 물어 마음을 깨우침이 마치 바늘과 개자가 서로 들어맞는 듯 한다. 경에서 설하길, 부처님께서 가섭에게 물었다. '도솔천에서 개자 하나 굴러 떨어져 염부제에 서 있던 바늘 끝에 들어맞는 이 일 어렵겠느냐 쉽겠느냐?' '매우 어렵습니다' '바른 인과 바른 연 서로 마주치기 이보다 더 어렵다'. 問法契心 如針芥相投也 經說 佛問迦葉 從兜率天 輥一芥子 於閻浮提 竪一針鋒 使芥子投於針鋒 此事難易 迦葉答言 甚爲難也 佛言 正因正緣 得相値遇 更難於此", 『허당집』 9칙 「시중 示衆」(卍속장124, p.525a15)에 "스승과 제자 연되어 만남은 바늘 겨자 서로 만나듯 하니, 어긋남이 털끝만큼 있어도 천리는 벗어나리. 참으로 마음의 힘만으로 도모할 일 아니거늘, 의심스러운 이 없는가? 師資緣會 針芥相投 差之毫釐 失之千里 寔非心力之可謀也 莫有涉疑者麽"라고 하였다. 〔참고문헌〕『大般涅槃經』, 『圓覺經略疏』, 『起信論疏筆削記』, 『圜悟語錄』, 『續傳燈錄』, 『圓覺經大疏釋義鈔』, 『虛堂集』. ⇨ 맹귀부목 盲龜浮木, 전봉상주 箭鋒相拄

침계순화상 枕溪順和尙 조선후기 스님. 호는 침계. 석전(石顚) 찬 「화엄종주경담대율사비명 華嚴宗主鏡潭大律師碑銘」에 경담서관(鏡潭瑞寬)의 제자로서 이름이 보인다. 〔참고문헌〕『石顚文草』. ⇨ 서관 瑞寬

침공 沈空 공에 빠지다. 침공(沉空)이라고도 쓰고, 탐공(耽空)이라고도 한다. 주로 이승이 떨어지는 공에 대한 집착을 가리킨다. 『인왕반야경소』 권하(대정장33, p.350b19)에 "이승은 공에 빠지고 범부는 유에 빠져 움직여 구르며 뒤친다. 보살은 실상에 있어 들고 남이 없다. 그러므로 엎어질 일도 뒤집을 일도 없다. 二乘沈空 凡夫沈有 動轉顚倒也 菩薩於實相 無有沈出 故不顚不倒也", 『기신론소필삭기』 권20(대정장44, p.405c15)에 "이승을 바르게 다스린다 하니, 이승이 한 길로 공에 빠져 공을 증으로 삼고, 생사를 두려워하여 자리만 구할 뿐 이타심 일으키지 못하니 불법을 성취하지 못한다. 正治二乘者 以二乘一向沈空 以空爲證 怖懼生死 但求自利 不起利他 不成佛法", 『대승사론현의』 권2(卍속장74, p.17a9)에 "그러므로 중을 얻은 십신이상에서 칠지에 이르기까지는 고요에 붙들려 공에 빠진 이는 없다. 故得中十信已上 至七地 亦無有着寂沈空者也", 『신회어록』에 "대승의 정이란 마음을 쓰는 것도 아니고 고요를 살피지도 않으며 … 공에 빠지지도 않고 고요한 경계에 머물지도 않으며, 일체 헛된 상도 일으키지 않는다. 이것이 대승의 정이다. 大乘定者 不用心 不看靜 … 不沉空 不住寂 一切妄相不生 是大乘禪定"라고 하였다. 〔참고문헌〕『仁王般若經疏』, 『起信論疏筆削記』, 『大乘四論玄義』, 『神會語錄』. ⇨ 침공체적 沈空滯寂, 공침 空沈

침공체적 沈空滯寂 공에 빠지고 고요에 멈추다. 『발보리심론』(대정장32, p.574b29)에 "이승인은 법이 있다 집착하기에 오래도록 이치를 증한다 하지만, 공에 떨어지고 고요에 빠져 있다. 二乘之人 有法執故 久久證理 沈空滯寂", 『아미타경소초』 권1(卍속장33, p.358b4)에 "본국에 왕생하여 무생인을 얻고 나서 다시 생사로 들어가 무수방편으로 크게 불사를 일으켜 중생을 도탈시키니, 그 묘용 항하의 모래 같다. 이것이 그 나아갈 길이다. 헛되게 공에 빠지고 고요에 멈추지 않는다. 旣生本國 得無生忍已 還入生死 以無數方便 大作佛事 度脫衆生 妙用恒沙 是其趣也 不徒爲沈空滯寂而已", 『원각경약소』 권상2(대정장39, p.549b29)에 "〈경〉 선남자야! 다만 모든 성문 한껏 다한 경계 몸과 마음과 언어를 모두 끊어 사라지게 할 뿐이다. 〈소〉 공에 빠져 고요에 멈춰 있으니 회신멸지다. 善男子 但諸聲聞 所圓境界 身心語言 皆悉斷滅 沈空滯寂 灰身滅智", 『대반열반경소』 권7(대정장38, p.75b15)에 "침상에서 누워 잠들어 쉰다는 말은 공에 빠지고 고요에 멈춰 유희와 신통을 잃는다는 뜻이다. 寢臥床席者 沈空滯寂 失遊戲神通", 『원각경대소석의초』 권12(卍속장15, p.1b18)에 "여러 경에서 모두 '공에 빠지고 고요에 막힘은 이승의 행이다'라고 한다. 예를 들면 『화엄경』에 '이승인은 무위의 구덩이에 떨어진다' 하였으며, 또 어떤 경에는 '유에 떨어짐이 저 수미산 같다 함은 그래도 타당하지만, 공에 떨어짐이 저 겨자 같다 함은 옳지 않다' 하였고, 『영락경』에는 '고요를 즐겨 실행함은 연각의 수행이다'라고 하였다. 諸經皆說 耽空滯寂 是二乘行 華嚴說 二乘人墮無爲坑 又有經云 乍可墮有如須彌 不可墮空如芥子 瓔珞云 樂行寂靜緣覺行", 『마조어록』(고존숙어록1, 卍속장119, p.160a7)에 "공에 빠지고 고요에 멈춰서 불성을 보지 못한다. 상근중생이라면 문득 선지식의 지시를 받기만 해도 그 자리에서 이해할 터이니, 다시는 계급지위를 밟을 일 없이 단번에 본성 깨닫는다. 沈空滯寂 不見佛性 若是上根衆生 忽遇善知識指示 言下領會 更不歷 於階級地位 頓悟本性", 『선문단련설』 「낙당개도 落堂開導」(卍속장112, p.991a11)에 "학인이 이 길 기꺼이 가지만 공에 빠지고, 고요에 막힌 채 오래하면 보금자리 즐거움으로 여기게 되어 결코 깨달음이 있으리라 믿지 않을 것이다. 學人喜行此路 則沈空滯寂 久之以窠臼爲樂 竟不信有悟矣", 『속전등록』 권27 「불지단유전 佛智端裕傳」(대정장51, p.654b21)에 "한 법이라도 있다면 겹겹이 은산철벽이고, 만법이 모두 없다 하면 처처에서 공에 빠지고 고요에 떨어져 있을 것이다. 一法若有 重重鐵壁銀山 萬法若無 處處沈空滯寂"라고 하였다. 〔참고문헌〕『發菩提心論』, 『阿彌陀經疏鈔』, 『圓覺經略疏』, 『大般涅槃經疏』, 『圓覺經大疏釋義鈔』, 『馬祖語錄』, 『禪門鍛鍊說』, 『續傳燈錄』. ⇨ 침공 沈空

침굉 枕肱 조선후기 스님 현변(懸辯 1616~1684)의 법호. ⇨ 현변 懸辯

침굉집 枕肱集 침굉현변(枕肱懸辯 1616~1684)의 시문집. 2권. 한불전8, pp.345a1~371a22에 수록되어 있다. 권수에는 1695년(숙종21)에 박사형(朴士亨)이 지은 「침굉유고서 枕肱遺稿序」가 있다. 서문에 따르면, 처음에 침굉이 자신의 문집을 불태웠기에 전해지지 않다가 침굉이 입적한 12년 후에 제자인 약휴(若休)가 흩어진 것을 모아 간행하였다. 권상에 시(詩) 113편과 권하에 문(文) 27편 및 부록으로 침굉이 지은 「귀산곡 歸山曲」·「청학동가 靑鶴洞歌」·「태평곡 太平曲」이 수록되어 있다. 권하의 문 27편은 취미당(翠微堂)·백파도인(栢坡道人)·야유당(野遺堂)에게 올린 글, 영월청학(詠月淸學)의 행장, 사찰의 모연문과 조성기, 「상당급육색장축원 上堂及六色掌祝願」, 「침굉대사행장」 등이다. 1695년 조계산 선암사(仙巖寺) 개간본이 동국대학교에 소장되어 있다. ⇨ 현변 懸辯

침교 枕皎 조선후기 스님 법훈(法訓)의 법호. 〔참고문헌〕『東師列傳』 권4 「蓮坡講師傳」(한불전10, p.1033a7)·권4 「化運禪師傳」(한불전10, p.1045b23), 『兒菴遺集』 권3 「兒菴藏公墖銘」.

침구 鍼灸 침과 뜸. 침구(針灸)라고도 쓴다. 세간의 술법으로 사명(邪命)이어서 비구에게 금한다. 『장아함경』 권13 「아마주경 阿摩晝經」(대정장1, p.84b24)에 "가령 우리와 다른 사문과 바라문들은 다른 이의 보시로 가서는 안 될 길을 가거나 삿된 수단으로 살아간다. 그들은 병을 위한 주문이나 악술 또는 선주를 외우기도 한다. 때로는 의방으로 침과 뜸이나 약석을 주어서 갖가지 병을 치료한다. 우리 불법에 들어온 이들에게 이런 일은 없다. 如餘沙門婆羅門 食他信施 行遮道法 邪命自活 爲人呪病 或誦惡術 或爲善呪 或爲醫方 鍼灸 藥石 療治衆病 入我法者 無如是事", 『대지도론』 권6(대정장25, p.107a23)에 "비유컨대 마치 병을 다스림에 쓰는 약·침·뜸이 아프기는 하지만 차도가 있는 것과 같다. 譬如治病 苦藥針炙 痛而得差", 『감산집』 권23 「남웅수서집용암기 南雄水西集龍莽記」(卍속장127, p.547a11)에 "침과 뜸으로 그 맥을 잡으면 기사회생의 공을 손에 넣을 수 있다. 예를 들면 어떤 사람이 고황에 걸려 약을 먹어도 효험이 없을 경우 반드시 침과 뜸으로 해야만 한다. 蓋鍼灸而得其脈 則擅起死回生之功 如人之疾在膏肓者 藥飮不能達 則必以鍼艾而達之"라고 하였다. 〔참고문헌〕『長阿含經』, 『大智度論』, 『憨山集』.

침구아귀 針口餓鬼 삼십육아귀(三十六餓鬼) 중 하나. 『정법염처경』 권16 「아귀품」(대정장17, p.93a9)에 "이와 같은 악인들은 몸이 무너져 목숨을 마치면 침구아귀의 몸을 받고, 아귀의 몸을 받고 나면 자기 업에 미혹된다. 받은 몸은 입이 바늘 구멍 크기이고 배는 큰 산만하며 항상 근심걱정을 품고 굶주림과 목마름의 불로 그 몸을 불사른다. 모든 안의 고통을 당하면서 밖에는 추위와 더위 그리고 모기와 등에 등의 벌레와 열병 등이 있다. 如是惡人 身壞命終 受於針口餓鬼之身 受鬼身已 自業誑惑 所受之身 口如針孔 腹如大山 常懷憂惱 爲飢渴火 焚燒其身 受諸內苦 外有寒熱 蚊虻惡虫 熱病惱等"라고 하였다. 〔참고문헌〕『正法念處經』, 『福力太子因緣經』 권2(대정장3, p.430b7), 『大乘義章』 권8(대정장44, p.626a17). ⇨ 삼십육아귀 三十六餓鬼, 소지목거 甦支目佉

침기도인 砧基道人 토지세(土地稅)를 담당하는 관리 성격의 승직(僧職). 1386년(홍무19)에 생겼다. 『석감계고략속집』 권2(대정장49, p.934c1)에 "병인 홍무 19년, 황제의 명으로 천하의 사원 중 전답에서 식량 수확이 있는 곳에는 침기도인의 소임을 두었다. 丙寅洪武十九年 勅天下寺院 有田糧者 設砧基道人"라고 하였다. 〔참고문헌〕『釋鑑稽古略續集』.

침기부 砧基簿 총림에서 일용하는 공용물인 집물(什物)을 기재하는 장부. 침기는 원래 건축물 기초가 되는 초석이지만 여기서는 늘 갖춰 놓아야 할 상시 공용물이라는 뜻으로 바뀌었다. 본래의 뜻에 따라 절을 지을 때 전당(殿堂)과 낭무(廊廡)의 주초(柱礎)를 그린 그림(설계도)을 가리키기도 한다. 주지는 반드시 알고 있어야 할 품목에 속한다. 『선림상기전』 권16(불광장, 禪藏, p.1210)에 "침기부 : 『백장청규』 「교할침기집물」에 다음과 같이 전한다. '주지 소임을 맡은 다음에는 반드시 양서와 근구를 만나 차를 마시며 산문의 사무·침기·계서·집물 등에 대하여 상세하게 거듭 물어야 하며 하나씩 기록과 실물을 대조하고 분류하여 나눈다'. 『중봉본선사록』 「의한산시」에 '10책의 오래된 『전등록』이 점차로 침기부(설계도)와 같이 전락했다'라고 하였다. … 중봉의 의중은 당시 참구하는 무리들이 언어의 수렁에 빠져 본원을 밝히지 못하였다는 말이다. 그 때문에 『전등록』이 수행자들에게 이익을 주지 못하는 실정이 마치 침기부가 훗날에는 쓸모없어진 것과 같다는 의미이다. 砧基簿 敕修淸規 交割砧基什物云 入院後 須會兩序勤舊

茶 詳細詢問 山門事務砧基契書什物 逐一點對交割 中峯本禪師錄 擬寒山詩云 十冊古傳燈 轉作砧基簿 … 今中峯意謂 今時參徒 泥語不徹本源 故傳燈不益人 猶如砧基簿無用於後年也”라고 하였다. 〔참고문헌〕『禪林象器箋』, 『百丈清規』 권3(대정장48, p.1127a5), 『天目中峰廣錄』 권17(대장경보편25, p.884b13).

침단 沈檀 침향(沈香 Ⓢ agaru)과 전단향(旃檀香 Ⓢ candana). 가장 뛰어난 향을 말한다. 『계향경』(대정장2, p.508b6)에 “세간의 모든 침단 등의 향, 그 향은 미소하여 두루 어디서나 맡을 수 없지만, 사람이 부처님의 정계라는 향을 지닌다면, 모든 하늘들이 두루 맡고는 모두 아껴 섬기리라. 所有世間沈檀等 其香微少非遍聞 若人持佛淨戒香 諸天普聞皆愛敬”, 『보현다라니경』(대정장21, p.354b9)에 “하루 삼시로 침단향 사르고 이 다라니를 외워 팔천 번 채우는 사람은 원하는 대로 금은과 진귀한 보배를 생각하는 대로 모두 얻을 수 있다. 一日三時 焚沈檀香 誦此陀羅尼 滿八千遍 是人隨願 獲得金銀珍寶 悉皆如意”라고 하였다. 〔참고문헌〕『戒香經』, 『寶賢陀羅尼經』. ⇨ 침향 沈香, 전단향 旃檀香

침당 寢堂 주지가 사용하는 객실(客室). 침은 당실(堂室)이라는 뜻으로 천자나 제후의 객실인 노침(路寢)을 모방하였다고 전한다. 노침은 정침(正寢)이라고도 하며, 노는 대(大)라는 뜻이다. 『선림상기전』 권1(불광장, 禪藏, p.50)에 “침당 : 주지가 정침으로 쓰는 당이다. 도충이 말한다. ‘세속의 노침을 모방하였다’. … 전통적인 설은 다음과 같다. ‘선찰에서 당사를 위치함에 따르며, 법당 뒤에 다당을 두고 다당 옆에 침당을 두며, 침당과 이어지게 방장을 둔다. 대체로 침당은 주지가 강예하는 장소다. 요즘 일본 선원에서 방장실 앞에 예간을 두는 것도 이것이다’. 寢堂 住持正寢之堂也 忠曰 蓋擬世之路寢 … 舊說曰 凡禪剎堂舍位置 法堂後有茶堂 接茶堂而有寢堂 連寢堂而有方丈 蓋寢堂者 住持講禮之處 今日本禪院 於丈室前 置禮間者 是也”, 『원오어록』 권1(대정장47, p.715a19)에 “좌측은 주고, 우측은 승당, 앞은 불전과 삼문, 뒤는 침당과 방장인데, 보배창고는 어디에 있을까? 左邊廚庫 右邊僧堂 前是佛殿三門 後是寢堂方丈 寶藏在什麽處”, 『굉지광록』 권9 「칙시굉지선사행업기 勅諡宏智禪師行業記」(대정장48, p.120c29)에 “침당에 갈 때마다 뵙고자 하였으나 떨려서 다가설 수 없었다. 每至寢堂欲見之 卽戰慄不能前”, 『백장청규』 권3 「산문관대수청인병전사 山門管待受請人幷專使」(대정장48, p.1125a28)에 “침당에 주지위를 마련한다. 就寢堂 敷設住持主位”, 같은 책 권2 「소참 小參」(대정장48, p.1119c10)에 “소참은 본래 정해진 장소에서 행하지 않는다. 대중의 다소를 살펴서 침당으로 가기도 하고 법당으로 가기도 한다. 小參 初無定所 看衆多少 或就寢堂 或就法堂”라고 하였다. 〔참고문헌〕『禪林象器箋』, 『圜悟語錄』, 『宏智廣錄』, 『百丈清規』.

침대개포 枕袋蓋包 침대와 개포. 총림의 납자(衲者)가 소지해야 하는 접은 베개를 넣는 주머니와 가사를 싸는 보자기. 『선원청규』 권1 「변도구 辨道具」(卍속장111, p.877b9)에 “총림에 들어가려면 먼저 도구를 갖추어야 한다. 곧 산립·주장·계도 … 침대·개포 … 다기와 그 외 다른 의물은 모두 가문의 빈부에 맞추어서 갖춘다. 將入叢林 先辨道具 所謂爲山笠 拄杖戒刀 … 枕袋蓋包 … 如茶器并其餘衣物 竝隨家豐儉”라고 하였다. 〔참고문헌〕『禪苑清規』. ⇨ 개포 蓋包

침대시소 寢大施小 대승설법을 잠시 쉬고 소승교법을 베풀다. 『법화문구』 권5하(대정장34, p.67b12)에 “책상을 버리고 수레를 쓰는 비유는 석가모니불이 오탁악세의 중생들에게 대승 설함을 잠시 쉬고 소승교법을 베풂을 비유한다. 처음으로 도량에 앉으시어 전한 17행 반으로 읊으신 게송을 바탕으로 삼는다. 捨机用車譬 譬上釋迦爲五濁 寢大施小 始坐道場 十七行半偈爲本”, 『법화경구해』 권2(卍속장47, p.961a1)에 “대승을 쉬고 소승을 베풀며 비워서 고요하게 이끈다. 마치 물로 얼굴을 씻는 일과 같다. 생사에서 벗어나 열반의 공을 증하도록 하는 것이기에 성오라 한다. 寢大施小 導以空定 如水洒面 令離生死 證涅槃空 名爲醒悟”라고 하였다. 〔참고문헌〕『法華文句』, 『法華經句解』.

침도 沈掉 가라앉거나 들뜸. 혼침(惛沈 Ⓢ laya)과 도거(掉擧 Ⓢ auddhatya)를 말한다. 고르게 가지는 등지(等持 : 定) 즉 삼매로 다스린다. 『대반야경』 권591 「현칙서 玄則序」(대정장7, p.1055b12)에 “혼침과 도거를 쌍으로 물리치면 지와 관 다 맑아진다. 沈掉雙斥 止觀兩澄”, 『금강경찬요간정기』 권3(대정장33, p.190b5)에 “침도 등이란, 침은 혼침이니 번뇌를 끌어들여 정에 나아감을 막는다는 뜻이다. 도는 도거를 말하니 마음대로 반연하여 산란을 끌어들이니 이 또한 정심을 막는다. 또한 사위의(行住坐臥)에 있어서 와는 혼침이고, 행은 도거이며, 주는 피권이고, 오직 좌만이 뛰어나서 침도가 아니다. 沈掉等者 沈謂昏沈 能引睡眠 障定增故 掉謂掉擧 任運攀緣 能引散亂 亦障定心 又於四儀中 以臥則昏沈 行則掉擧 住則疲倦 唯坐爲勝 故不沈掉”, 『인왕호국반야바라밀다경소』 권상2(대정장33, p.449a9)에 “삼마지란 ‘한결같이 가진다’ 한다. 그 바탕 혼침과 도거를 벗어났기에 등이라 하고, 한 경에 오로지 마음을 기울이니 지라 한다. 등이 곧 지이기에 삼마제라 하지만 의미는 삼마지와 같다. 三摩地者 此云等持 體離沈掉 故名爲等

專注一境 卽名爲持 等卽持故 亦名三摩提 義同地也", 『화엄경소』 권5(대정장35, p.536b6)에 "삼매란 등지다. 침과 도를 멀리 떠나 고르고 가지런히 마음을 가져 한 경에 나아간다. 三昧者 此云等持 遠離沈掉 平等持心 趣一境故", 『대승의장』 권16(대정장44, p.771c22)에 "마음으로 하여금 벗어나게 한다는 것은 침과 도를 벗어나면 마음이 고르게 멈춰 이변을 모두 버리므로 '마음을 벗도록 한다'고 한다. 令心脫者 若離沈掉 心則調停 捨離二邊 名令心脫"라고 하였다. [참고문헌] 『大般若經』, 『金剛經纂要刊定記』, 『仁王護國般若波羅蜜多經疏』, 『華嚴經疏』, 『大乘義章』. ⇨ 침부 沈浮[1], 혼침 昏沈, 도거 掉擧, 등지 等持, 정 定[1], 삼매 三昧

침두삭철 針頭削鐵 바늘 끝으로 쇠를 깎다. 분별(分別) 가져 애쓰는 일로는 다가가거나 성취할 수 없는 경계를 말한다. 『요암청욕어록』 권2(卍속장123, p.625a1)에 "유(有)라는 한 마디로 그대에게 이르려면 바늘 끝으로 쇠를 깎음이고, 무(無)라는 한 마디로 그대에게 다가가려면 비단에 꽃 뿌리는 일이리라. 개 꼬리 적셔 만 자 쓰고, 여우굴로 범왕의 집을 삼는다. 有一句到你 針頭削鐵 無一句到你 錦上鋪花 狗子尾巴書卍字 野狐窟宅梵王家", 『속지월록』 권6 「승묵광장 勝默光章」(卍속장143, p.887b18)에 "'어째서 조사의 뜻 있고 경의 말씀 있습니까?' '바늘 끝으로 쇠를 깎고, 부처님 얼굴에서 금박을 벗겨내는구나' '「닭은 추우면 나무에 올라가고, 오리는 추우면 물에 들어간다」라는 말은 같은가요 다른가요?' '전하는 말 다시 보내는 말 지나치게 많으면 오히려 경솔함과 같다' '이렇듯 감사드릴 뿐입니다. 상과 벌이 분명하군요' '규율을 어지럽히는 놈이로군'. 이어서 말했다. '우리의 종에 어구도 없고 남에게 전할 실법도 없다'. 僧問 如何是祖意敎意 師曰 針頭削鐵 佛面剝金 曰 此與雞寒上樹 鴨寒下水 是同是別 師曰 傳言送語過猶輕 曰 恁麽謝師 賞罰分明也 師曰 亂統漢 乃曰 我宗無語句 亦無實法與人", 『허당록』 권1(대정장47, p.986b17)에 "동짓날 소참 : 날이 추워 사람도 추우니 바늘 끝으로 쇠를 깎는 듯하다. 방울 져 떨어지는 물마다 얼어붙으니 그림의 떡으로 굶주림 채운다. 단하가 목불을 태우니 굶주린 개는 마른 해골 물어뜯고, 경청이 자리 펼치지 않으니 호떡 속에서 즙을 찾는다. 冬至 小參 天寒人寒 針頭削鐵 滴水滴凍 畫餠充飢 丹霞燒木佛 餓狗齧枯髏 鏡淸不展單 胡餠裏覓汁"라고 하였다. [참고문헌] 『了菴淸欲語錄』, 『續指月錄』, 『虛堂錄』.

침류 沈類 알로 나는 중생(卵生)류 중 땅속이나 물밑으로 몸을 숨기는 생류. 가벼워 날아다니는 비류(飛類)와 서로 맞선다. 『능엄경』 권7(대정장19, p.138c2)에 "세계가 허망하게 윤회하면서 움직여 뒤집힘으로 말미암아 화합하여 기를 이루는 것들이 팔만사천이나 되니 날기도 하고 잠기기도 하며 어지러운 모습들이 이와 같다. 알(卵)로 된 갈라람 있어 국토에 유전하며 물고기, 새, 거북, 뱀 그러한 류가 차고 넘친다. 由因世界 虛妄輪迴 動顚倒故 和合氣成 八萬四千 飛沈亂想 如是故有卵羯邏藍 流轉國土 魚鳥龜蛇 其類充塞", 『수능엄의소주경』 권7(대정장39, p.923c17)에 "갈라람이란 이쪽에서는 응활이라 하니, 태에 들어간 처음 모습으로 태인지 알인지 분간이 되지 않는다. 물고기, 새, 거북, 뱀은 곧 날기도 하고 잠기기도 하는 류이다. 羯邏藍者 此云凝滑 入胎初位 胎卵未分 魚鳥龜蛇 卽飛沈類也", 『능엄경소해몽초』 권7(卍속장21, p.511a9)에 "상념이 흔들려 들뜨면 과보로 물고기나 새가 되고, 정념이 가라앉아 무거우면 과보로 거북이나 뱀이 된다. 若想念掉擧 報爲魚鳥 若情念沈重 報爲龜蛇"라고 하였다. [참고문헌] 『楞嚴經』, 『首楞嚴義疏注經』, 『楞嚴經疏解蒙鈔』. ⇨ 비류 飛類

침류왕 枕流王 ?~385. 백제불교를 시작한 백제 제15대 왕(재위 384~385). 『삼국유사』 권3(대정장49, p.986a19 · 한불전6, p.313a20) 흥법(興法)3 난타난제(難陀闢濟)에 "침류왕 즉위 갑신(甲申) 384년 호승 마라난타가 동진을 거쳐 입국하자 왕이 왕궁으로 모시고 예경하였다. 이듬해인 385년(침류왕1)에는 한산주에 절을 창건하고 열 명의 스님을 득도시켰으니 이것이 백제 불법의 시작이다. 枕流王卽位甲申 胡僧摩羅難陁至自晉 迎置宮中禮敬 明年乙酉創佛寺於新都漢山州 度僧十人 此百濟佛法之始"라고 하였는데, 그해 11월에 붕어하였다. [참고문헌] 『三國遺事』, 『三國史記』 권24 百濟本紀2 枕流王. ⇨ 마라난타 摩羅難陀

침명 沈冥 어둠에 빠지다. 무명(無明)에 덮여 생사에 윤회하는 것을 가리킨다. 『능엄경』 권4(대정장19, p.122a12)에 "위없이 대자대비하시고 청정하신 보왕(寶王 : 부처님)께서 제 마음을 잘 깨우쳐 주셨으며, 갖가지 인연과 방편으로 모든 어둠에 빠진 이들을 이끌고 인도하여 고해에서 벗어나도록 하셨습니다. 無上大悲淸淨寶王 善開我心 能以如是種種因緣方便 提奬引諸沈冥 出於苦海", 『수능엄의소주경』 권4(대정장39, p.883c5)에 "침이란 오래도록 생사에 빠져 있음을 말하고, 명이란 영원토록 무명에 덮여 있음을 말한다. 沈謂久淪生死 冥謂永覆無明", 『대보적경』 권13(대정장11, p.72c28)에 "모양 가진 모든 것들 무엇이나 공으로 돌아가지만 중생은 어둠에 빠진 채 도리어 모든 것 있다고 생각한다. 이에 그들에게 법을 설하여 있다는 망상을 끊고 고요한 열반에 생각을 붙이도록 한다. 一切有形 悉歸於空 衆生沈冥 反想悉有 故爲說法斷有 著想寂然泥洹"라고 하였다. [참고문헌] 『楞嚴經』, 『首楞嚴義疏注經』, 『大寶積經

』, 『廣弘明集』 권25(대정장52, p.290a10). ⇨ 무명 無明

침명 枕溟 1801~1876. 한성(翰醒)의 법호이다. [참고문헌] 『東師列傳』 권4 「枕溟講伯傳」(한불전10, p.1043c1). ⇨ 한성 翰醒

침명당한성대사행장 枕溟堂翰醒大師行狀 침명한성(枕溟翰醒 1801~1876)의 행적. 1914년에 예운산인(猊雲散人) 최동식(崔東植)이 기록하였다. 『해동불교』 제8호 pp.28~31(『韓國佛教雜誌叢書』 권17, pp.626~629)에 수록되었고, 또 작자 미상의 침명대사행장이 『조선불교통사』 권상 pp.596~598에 전한다. [참고문헌] 『海東佛教』, 『朝鮮佛教通史』. ⇨ 한성 翰醒

침모귀 鍼毛鬼 바늘과 같은 털이 온몸에 나 있는 귀. 구귀(九鬼) 또는 세 가지 소재귀(少財鬼) 중 하나다. 『우란분경소』 권하(대정장39, p.509a7)에 "소재귀 중 첫째는 침모귀이다. 털이 바늘처럼 날카로워 움직일 때마다 자신의 몸을 찌른다. 이익을 탐하기에 함부로 찌르는 일을 저지르니 축생까지 찌른다. 다만 재물만 구할 뿐이지 병을 낳게 함이 아니다. 一 鍼毛鬼 毛利如鍼 行便自刺 爲貪利故 妄行鍼炙 及刺畜生 但爲求財 不愈疾故"라고 하였다. [참고문헌] 『盂蘭盆經疏』, 『順正理論』 권31(대정장29, p.517b22), 『大明三藏法數』 권27(영락장182, p.510b4). ⇨ 구귀 九鬼, 소재귀 少財鬼

침모야차 針毛夜叉 Ⓟ Sūciloma. 바늘같은 털의 야차. 『불소행찬』 권4(대정장4, p.40b15)에 "가사산으로 돌아와 귀신 환가나와 침모야차, 그리고 그 자매를 제도하였다. 還至伽闍山 度鬼絙迦那 及針毛夜叉 及其姊妹子"라고 하였다. 『별역잡아함경』 권15(대정장2, p.481c15)에는 전모야차(箭毛夜叉)라고 하였다. [참고문헌] 『佛所行讚』, 『別譯雜阿含經』, *Sn.47.* ⇨ 야차 夜叉

침모야차경 針毛夜叉經 Ⓟ Sūciloma-sutta. 바늘같은 털을 가진 야차의 이야기를 주제로 한 경. 『숫타니파타』 「소품」 중 제5경(*Cūlavagga*, *Sn.*, pp.47~49)이다. 침모야차가 부처님께 탐욕과 분노는 어디에서 오는지, 즐거움과 즐겁지 않음, 선과 불선이 왜 일어나는지 여쭙고 부처님께서 여기에 답하신 내용이다. 『잡아함경』 권49(대정장2, p.361a23)에도 전한다. [참고문헌] 『雜阿含經』, *Sn.* ⇨ 야차 夜叉

침병 枕屛 잠잘 때 베개 맡에 가리는 병풍. 『선원청규』 권9 「훈동행 訓童行」(卍속장111, p.928b3)에 "침상 맡에 침병을 쳐서는 안 된다. 床頭不得置枕屛"라고 하였다. [참고문헌] 『禪苑淸規』.

침부 沈浮 ❶ Ⓢ laya-auddhatya, Ⓣ bying-ba-dang-rgod-pa. 가라앉거나(惛沈 Ⓢ laya) 들뜸(掉擧 Ⓢ auddhatya)을 말한다. 『섭대승론석』 권5(대정장31, p.182c8)에 "이때라는 말에는 세 가지 뜻이 있다. 첫째, 평등한 때이니 가라앉거나 들떠 전도가 없다는 말이다. 是時有三義 一平等時 謂無沈浮顚倒", 『유마경현소』 권1(대정장38, p.521b24)에 "만약 마음에 가라앉거나 들뜨는 병이 있다면 반드시 대치실단으로 고쳐야 한다. 마음이 가라앉을 때는 택·정진·희이라는 삼각분을 염하여 마주해 다스리고, 마음이 들뜰 때는 제사정이라는 삼각분을 염하여 기다려 다스린다. 若心有沈浮之病 必須用對治悉檀 若心沈時 念擇精進喜三覺爲對治 若心浮時 念除捨定三覺分 爲對治也", 『지관보행전홍결』 권4(대정장46, p.275c3)에 "마음이 가라앉거나 들뜨면 고르게 해야 하니, 마음이 가라앉을 때는 생각을 코끝에 묶어두고, 마음이 들뜰 때는 마음을 아래로 향하게 하여 가라앉힌다. 調心令沈浮得所 若心沈時 繫念鼻端 心若浮時 安心向下", 『임제록』(대정장47, p.500a22)에 "그대가 성인을 좋아하고 범부를 미워한다면 생사 바다속에 오르고 내릴 뿐이다. 번뇌는 마음으로 말미암아 있을 뿐이니 마음이 없으면 번뇌가 무엇을 얽어매는가? 애써 분별하며 상을 취하지 않는다면 자연히 도를 얻음이 순간이리라. 爾若愛聖憎凡 生死海裏沈浮 煩惱由心故有 無心煩惱何拘 不勞分別取相 自然得道須臾"라고 하였다. [참고문헌] 『攝大乘論釋』, 『維摩經玄疏』, 『止觀輔行傳弘決』, 『臨濟錄』, *Madhy-vibh.52.* ⇨ 혼침 惛沈, 도거 掉擧, 침도 沈掉 ❷ 숨거나 드러나다. 『법화삼매경』(대정장9, p.286b21)에 "법신은 일체로 있으니, 변화로 나투되 가라앉아 보이지 않기도 드러나 보이기도 한다. 法身有一切 化幻現沈浮"라고 하였다. [참고문헌] 『法華三昧經』.

침비 針鼻 바늘구멍. 바늘코. 『음지입경주』 권상(대정장33, p.13b14)에 "눈으로 삼계를 관하니 바늘구멍만한 땅도 없다. 眼觀視三界 無針鼻之土", 『현우경』 권1(대정장4, p.354c15)에 "어떤 어리석은 이는 심성이 흉악하고 인색하며 질투하고 보시할 줄 몰라 죽어서 아귀도에 떨어졌다. 몸은 산만하고 목구멍은 바늘구멍만하고 머리카락은 길고 어지럽고 형체는 검고 말랐다. 나이는 수 천 살이 되었지만 물과 곡식을 알지 못한다. 有愚癡人 心性弊惡 慳貪嫉妬 不知布施 死墮餓鬼 身大如山 咽如針鼻 頭髮長亂 形體黑瘦 數千萬歲 不識水穀"라고 하였다. [참고문헌] 『陰持入經註』, 『賢愚經』.

침비결 針鼻缺 바늘귀 무너지다. 실을 꿸 수 없게 되어 바늘로서의 자성이 없게 되는 뜻으로 비구비구니가 계를 범하는 일에 비유한다. 『오분율』 권29(대정장22, p.188c22)에 "제불세존께서는 언제나 비유로 잘 설하시어 드러난 사태의 의미를 보여주신다. 마치 바늘귀 깨져서 더 이상 바늘로서는 쓸 수 없는 것과 같고, 사람이 죽으면 결코 이 몸으로 다시 살 수 없음과 같으며, 다라수 중심이 끊어지면 더는 생장할 수 없음과 같고, 돌이 부서지면 다시 합하지 못하는 것과 같다. 이와 같이 만약 비구니가 이 여덟 가지 법에서 그 하나하나의 법을 범한다면 다시 비구니로서 자격을 얻는 일은 있을 수 없다. 諸佛世尊 善能說喩 示現現事 猶如針鼻缺 不復任針用 猶如人死 終不能以此身更生 猶如多羅樹心斷 不生不長 猶如石破 不可還合 若比丘尼 於此八法 犯一一法 還得比丘尼 無有是處", 『승갈마』 권상(대정장40, p.515b22)에 "마치 바늘귀가 깨지면 다시는 쓸 수 없듯이 비구도 이와 같아서 바라이법을 범하고 나면 결코 다시 비구로서 적법한 행을 이루지 못한다. 猶如針鼻缺 不堪復用 比丘亦如是 犯波羅夷法已 終不還成比丘行"라고 하였다. 〔참고문헌〕『五分律』, 『僧羯磨』.

침사사궁 沈思詞窮 생각에 빠져 할 말이 없게 되다. 논쟁에서 패배하는 세 가지 지점(論墮負) 중 두 번째인 말에 있어서 굴복(言屈)되는 경우다. 『유가사지론』 권15(대정장30, p.359c16)에 "논의에서 패배하는 것에는 세 가지가 있으니, 첫째는 말을 버리는 것이고, 둘째는 말로서는 더 할 것이 없게 되는 것, 셋째는 말에 허물이 있는 것이다. … 말로 엎드린다 하는 것은 가령 입론자가 대론자에 의해 굴복되는 것이니 … (여기에는) 생각에 빠져 말이 없는 경우가 있으니 … 생각에 빠져 말이 없게 된다. 변재가 모두 고갈된 것을 말한다. 이와 같은 열세 가지 일에 의해 말이 굴복되는 것임을 알아야 할 것이다. 論墮負者 謂有三種 一 捨言 二 言屈 三 言過 … 言屈者 如立論者 爲對論者之所屈伏 … 或沈思詞窮 … 沈思詞窮者 謂才辯俱竭 由如是等十三種事 當知言屈"라고 하였다. 〔참고문헌〕『瑜伽師地論』. ⇨ 언굴 言屈

침산 枕山 조선후기 거사 이동환(李東煥 1827~?)의 호. ⇨ 이동환 李東煥

침선 針線 바느질 솜씨. 종사(宗師)의 면밀한 기량을 비유한다. 『굉지광록』 권5(대정장48, p.60c28)에 "소참에 학인이 물었다. '무엇이 바늘 꿴 실로 무엇이든 꿰맬 수 있는 시절입니까?' '세세하게 가고 촘촘하게 온다'. 小參僧問 如何是針線貫通底時節 師云 細細行將去 密密其中來", 『종용록』 61칙 「평창 評唱」(대정장48, p.265b9)에 "운문은 오랫동안 건봉·조산·소산 문하에서 공부했다. 이 학인은 운문이 필시 건봉의 씀씀이 알 것이라 여겼기에 가르침 청했다. 만약 그저 건봉의 바느질 솜씨만을 썼다면 당나귀를 묶어두는 말뚝일 뿐이다. 雲門久在乾峯曹山疎山 這僧謂必知乾峯用處 故求請益 若却用乾峯針線 乃繫驢橛也"라고 하였다. 〔참고문헌〕『宏智廣錄』, 『從容錄』.

침송 枕松 **1** 조선후기 스님. 한양용주(漢陽龍珠)의 스승이다. 『동사열전』 권5 「한양선백전 漢陽禪伯傳」(한불전10, p.1053c14)에 "법명은 용주이고 호는 한양이며, 또는 붕명한익이라고도 한다. … 용주사로 들어가 머리를 깎았다. … 덕운법사에게 염향하였고 침송의 법을 이었으며 양악의 손제자이다. 師名龍珠 號漢陽 又鵬溟漢翊 … 入龍珠寺 祝髮 … 拈香於德雲法師 師枕松之子 羊岳之孫"라고 하였다. 〔참고문헌〕『東師列傳』. **2** 조선후기 스님 회성(會成)의 법호. 〔참고문헌〕『東師列傳』 권6 「雪藕大士傳」(한불전10, p.1066b4). ⇨ 회성 會成

침송성순 枕松聖詢 청허 하 편양(鞭羊)문파 환성지안(喚惺志安)의 손제자인 연담유일(蓮潭有一)의 손제자이자 양악계선(羊岳啓璇)의 제자. 계선은 청허를 기리는 표충사(表忠祠)가 있던 대둔사에서 강풍을 드날리며 해남표충사수호겸팔도승풍규정선교양종화엄강주대각등계보제존자도총섭(海南表忠祠守護兼八道僧風糾正禪敎兩宗華嚴講主大覺登堦普濟尊者都摠攝)로 불리며 제자를 길렀는데 성순은 그 전법제자이다. 성순의 제자가 수월재인(水月在仁)이고, 재인의 제자가 사대부 출신으로 출가 활동했던 덕송호의(德松皓衣)이다. 〔참고문헌〕『東師列傳』 권4 羊岳禪師傳(한불전10, p.1034a23)·권5 德松禪師傳(한불전10, p.1063a1).

침수향 沈水香 Ⓢ agaru, aguru, kālāgaru, kṛṣṇāguru, Ⓟ agaru, agalu, akalu. 물에 잠기거나 잠겼던 향. 음사어는 아가로(阿迦嚧)·아가루(阿伽樓) 등이다. 침향(沈香) 또는 침수라고도 한다. 침정화과(沈丁花科)에 속하는 상록교목(常綠喬木)으로 그 나무액(樹脂)을 향으로 쓴다. 재질이 무거워서 물에 잠기기에 이렇게 불린다. 『번역명의집』 권3(대정장54, p.1105a4)에 "아가로는 악갈로라고도 음사하고 침향이라 한역한다. 80권본 『화엄경』 권67(대정장10, p.361a24)에 '아나파달다지(Ⓢ anavatapta-hṛda) 주변에서 연화장(Ⓢ padma-garbha)이라는 이름의 침수향(Ⓢ kālāgaru)이 생산된다. 둥글게 환을 지은 그 향 하나는 삼씨 크기 만하다. 사르면 그 향기가 염부제 끝까지 고르게 스민다'라고 하였다. 『이물지』에 '일남국(베트남)에서 생산된다. 향을 채취하려면 먼저 나무를 쪼개어 으깨고 땅에 두고 시간이 충분히 쌓이면 외피가 문드러진다. 그 속에서 딱딱한 재료를 물에 두면 가라앉는데 이를 침향이라 하고, 그 다음 하얀 속 사이에 있으면서 미세하여 조금 굳은 것 물에 놓으면 가라앉지도 않고 뜨지도 않고 물과 평행을 이루는데 이것은 잔향이라 한다'라고 하였다. 阿

伽嚧 或云惡揭嚕 此云沈香 華嚴云 阿那婆達多池邊 出沈水香 名蓮華藏 其香一圓 如麻子大 若以燒之 香氣普熏閻浮提界 異物誌云 出日南國 欲取當先斫樹壞 著地積久外朽爛 其心堅者 置水則沈 曰沈香 其次在心白之間 不甚精堅者 置之水中 不沈不浮 與水平者 名曰棧香",『잡아함경』 권31(대정장2, p.221c26)에 "비유컨대 검은 침수향이 온갖 향 가운데 뛰어나 이와 같이 갖가지 선법 가운데 불방일이 최상의 법이다. 譬如黑沈水香 是衆香之上 如是種種善法 不放逸 最爲其上",『능엄경』 권5(대정장19, p.125c24)에 "비구들이 사른 침수향의 향기가 고요하여 코 안으로 들어가는 광경을 보았다. 見諸比丘燒沈水香 香氣寂然 來入鼻中"라고 하였다. [참고문헌]『翻譯名義集』,『華嚴經』,『雜阿含經』,『楞嚴經』, *Gaṇḍ-vy. 141.*, *Vv.52.* ⇨ 침향 沈香, 아가로 阿迦嚧

침습 侵習 번뇌의 습기(習氣)를 버려 없애다.『법화현의』 권7상(대정장33, p.761c24)에 "성문은 정사(正使)를 끊고 연각은 번뇌의 습기를 버린다. 이들을 함께 중초라 한다. 聲聞斷正 緣覺侵習 同名中草",『사교의주휘보보굉기』 권7하(卍속장102, p.657a10)에 "제7 이판지는 삼계의 견혹과 사혹을 남김없이 끊는다. 다만 정사를 끊을 뿐 습기를 버리지는 못한다. 마치 나무를 태우면 숯이 되는 것과 같다. 장교의 사과와 같고, 성문위도 이것과 같다. 七 已辦地 斷三界見思惑盡 但斷正使 不能侵習 如燒木成炭 與藏教四果齊 聲聞位齊此",『대반열반경소』 권27(대정장38, p.194b17)에 "성인은 네 부류라는 말은 무슨 뜻인가? 성문은 습기를 버리지 못하고, 벽지불은 습기를 버리며, 보살은 습기를 버리고 나아가 중생을 교화하고, 부처님은 습기를 다하신 분이다. 聖人爲四者 聲聞不侵習 支佛侵習 菩薩侵習 復化衆生 佛習氣盡"라고 하였다. [참고문헌]『法華玄義』,『四教儀註彙補輔宏記』,『大般涅槃經疏』.

침신 侵晨 이른 새벽. 침조(侵早)라고도 한다.『선림유취』 권9(卍속장117, p.104a10)에 "백암명철(柏巖明哲)이 다음 날 이른 새벽에 입당하여 두 상좌(洞山·密師伯)를 오라 부르고 말하였다. '어제 문답 중의 상좌의 말이 이 노승의 뜻과 부합하지 않아 밤새도록 잠을 이루지 못하였네. 지금 상좌에게 별도의 일전어를 청하네. 만약 이 노승의 마음을 시원히 해주면 죽을 내놓고 여름이 지나도록 짝이 되겠네'. 師明日侵晨入堂 召二上座近前 師云 昨日問上座話 不稱老僧意 一夜不安 今請上座別一轉語 若愜老僧意 便開粥相伴過夏"라고 하였다. [참고문헌]『禪林類聚』,『百丈淸規』 권1(대정장48, p.1114b18),『押座文類』(대정장85, p.1297c24). ⇨ 침조 侵早

침실 寢室 주지(住持) 등이 자유롭게 쓰는 공간이며, 방장실(方丈室)로도 썼다.『불조역대통재』 권13(대정장49, p.593a16)에 "8월 임신월 그믐날 삼장 금강지는 문도들에게 '보름달이 차면 나는 가겠노라' 말하였다. 때가 이르자 비로자나불상을 돌고 범협을 머리에 이고 침실로 돌아가 결가부좌하고 떠났다. 八月壬申朔 三藏金剛智 告其徒曰 白月圓時吾逝矣 至時遶毘盧像 頂梵夾退歸寢室 跏趺而逝",『불조통기』 권15(대정장49, p.225c7)에 "소흥 14년(1144) 1월 14일에 법을 설하며 앉아 있다가 떠나니, 침실 옆에 탑을 세웠다. 紹興十六年正月十四日 說法安坐而逝 塔於寢室之側",『백장청규증의기』 권5「청신주지 請新住持」(卍속장111, p.695b18)에 "설하기를 마치면 주지는 일어나 침실로 돌아간다. 청을 받으면 시자로 하여금 전사를 데리고 방장으로 오게 한다. 說已 住持起 歸寢室 受請者 令侍者 同專使詣方丈",『선림상기전』 권2「침당 寢堂」(대장경보편19, p.26a13)에 "지금은 방장을 침실이라 한다. 큰 것은 침당이라 한다. 실이란 곧 깊고 그윽한 곳의 뜻이고, 당이란 당당히 밝게 드러나 있는 곳이다. 今之曰方丈者 謂之寢室 大者曰寢堂 室則幽奧深邃 堂乃堂堂明顯也"라고 하였다. [참고문헌]『佛祖歷代通載』,『佛祖統紀』,『百丈淸規證義記』,『禪林象器箋』. ⇨ 침당 寢堂, 방장 方丈

침심 沈心 Ⓢ līna, līnaṃ cittam, Ⓣ zhum-pa, sems-zhum-pa. 가라앉는 마음. 혼침(惛沈)을 말한다.『구사론』 권26(대정장29, p.136b9 : *Abh-k-bh.*, p.398)에 "비록 번뇌에 물든 갖가지 마음을 모두 혼침과 도거라 하지만, 게으름이 더 한 것을 경에서 침심이라 하고, 도거가 더 한 것을 경에서 도심이라 하니, 의지해서 항상 서로 어울리기에 바탕은 하나라고 설한다. 雖諸染心 皆名沈掉 懈怠增者 經說沈心 掉擧增者 經說掉心據恒相應 我說體一 kauśīdyādhikamatra cittaṃ līna mityuktam. auddhatyādhikaṃ coddhatamityavirodhaḥ. tayostu sahabhāvāttadeva cittaṃ līnaṃ tadevoddhatamiti brūmaḥ"라고 하였다. [참고문헌]『俱舍論』, *Abh-k-bh.* ⇨ 혼침 惛沈, 도심 掉心

침약 浸藥 약술을 담그다.『선원청규』 권4「연수당주정두 延壽堂主淨頭」(卍속장111, p.898a2)에 "저 병든 이가 괴로워 자주 진노하거나, 죽과 밥과 탕약을 먹음에 움직임이 여의치 않거나, 신음하며 소리를 지르거나, 대소변을 낭자하게 할지라도 불쌍히 여기며 보살피고 받들어 마음으로 꺼리거나 하찮다고 생각해서는 안 된다. 만약 술을 사서 약으로 마시거나 약술을 담근다는 핑계를 대거나 물고기나 육류, 파나 마늘을 먹어 보신을 꾀하고자 하면, 바로 그때 당주는 마땅히 금계의 인과에 대해 좋은 말로 깨우치고 바른 생각을 굳건히 하게 하며 삿된 마음을 따르게 해서는 안 된다. 如病人苦惱 多生嗔

怒 粥飯湯藥 動不如意 及呻吟叫喚 屎尿狼籍 竝須憫念看承 不得心生厭賤 如欲沽酒下藥 及以浸藥爲名 食啖魚肉葱薤 貴圖補益 是時 堂主當於禁戒因果 善言開諭 令堅正念 勿縱邪心"라고 하였다. 〔참고문헌〕『禪苑淸規』.

침연낭 針綖囊 바늘과 실을 넣어 두는 주머니. 비구가 수지해야 하는 물품이다. 침선낭(針線囊)이라고도 한다. 『오분율』 권20(대정장22, p.138a19)에 "삼의를 수지해야 한다. 친신의・피의・우욕의 … 침연낭・발낭・혁사낭・녹수낭 등이다. 이와 같은 모든 옷이나 옷과 비슷한 물품은 모두 수지해야만 한다. 三衣應受持 襯身衣 被衣 雨浴衣 … 針綖囊 鉢囊 革屣囊 漉水囊 如此諸衣 若似衣 皆應受持"라고 하였다. 〔참고문헌〕『五分律』, 『彌沙塞羯磨本』(대정장22, p.223b13), 『四分律』 권16(대정장22, p.676c15). ⇨ 침통 針筒

침요 侵撓 느닷없이 들어와 어지럽히다. 침요(侵擾)・간요(干擾) 등과 통한다. 『대비공지경』 권2(대정장18, p.593b12)에 "찰나에 모두 같아 한 상일뿐이니 모든 분별을 떠나서 자타로 느닷없이 들어가 어지럽혀지지 않는다. 於刹那頃 皆同一相 離諸分別 不爲自他之所侵撓", 『벽암록』 「협산무애선사항마표 夾山無礙禪師降魔表」(대정장48, p.151a3)에 "그때 마군들 다투어 일어나 마음 밭 느닷없이 들어와 어지럽히니, 여섯 도적 이미 강성해졌고 심왕은 놀라서 동요한다. 時有魔軍競起 侵撓心田 六賊旣强 心王驚動"라고 하였다. 〔참고문헌〕『大悲空智經』, 『碧巖錄』.

침용 侵用 대중의 물건을 함부로 쓰다. 『선원청규』 권3 「서장 書狀」(卍속장111, p.894b5)에 "상주서신을 서사할 때는 상주의 종이와 붓을 쓰고, 당두서신을 서사할 때는 당두의 종이와 붓을 쓰라. 자기의 서신을 보내기 위해 마땅히 함부로 써서는 안 된다. 가벼운 먼지도 쌓이면 큰 산을 이루니, 마땅히 깊이 삼가해야 한다. 如寫常住書信 卽用常住紙筆 如寫堂頭書信 卽用堂頭紙筆 如發自己書信 不宜侵用 輕塵積嶽 宜深戒之", 『당고승전』 권25 「석지광전 釋智曠傳」(대정장50, p.659a7)에 "소가 송아지를 낳는데, 빠져나온 머리가 다시 들어가 숨어서 예정을 넘기자 어미가 초주검이 되어갔다. 한 스님이 불쌍치 않냐며 지광에게 묻자 답하였다. '이 송아지는 이 절의 거사였는데 승물을 함부로 썼습니다. 이제 빚 갚으러 왔는데, 부끄러워 나오지 못하는 겁니다. 어미소는 다른 인이 없습니다'. 향로를 집고 송아지를 꾸짖고 타일렀다. '빨리 보를 갚아야 하거늘 어찌 태어남을 부끄러이 여기는가?' 그 말을 듣자 바로 나왔다. 有牛産犢 出首還隱 已過信次 母將離弋 僧告曠無惻 答曰 此犢是寺居士 侵用僧物 今來償債 其羞不出 牛母無他因 執爐呵誡犢子 疾當償報 何恥生乎 應言便出"라고 하였다. 〔참고문헌〕『禪苑淸規』, 『唐高僧傳』, 『大乘金剛髻珠菩薩修行分』(대정장20, p.567c19), 『百丈淸規』 권3 「遷化」(대정장48, p.1127b13).

침운 枕雲 ?~1697. 조선후기 스님. 법명은 담화(曇華). 청허휴정(淸虛休靜)의 정맥(正脈)으로 대송묘원(對松妙遠)의 직전(直傳)이니, 청허휴정→정관일선(靜觀一禪)→임성충언(任性忠彦)→송파각민(松坡覺敏)→대송묘원→침운담화로 이어졌다. 제자로는 찬언(贊彦)이 있다. 『서역중화해동불조원류』(한불전10, p.122b7)에 "대송묘원 5세 침운담화. 對松遠嗣 五世 枕雲曇華"라고 하였다. 〔참고문헌〕『西域中華海東佛祖源流』.

침월 枕月 조선후기 스님. 법명은 경순(景淳). ⇨ 경순 景淳

침월윤성 枕月允成 조선후기 스님 윤성(允成)의 법호. 『동사열전』 권4 「양악선사전 羊岳禪師傳」(한불전10, p.1034a24)에 양악계선(羊岳啓璇)의 전법제자(傳法弟子) 중 한 분으로 이름일 보일 뿐, 다른 행적은 전하지 않는다. 〔참고문헌〕『東師列傳』.

침의 寢衣 잠옷. 『선원청규』 권10 「백장규승송 百丈規繩頌」(卍속장111, p.933b9)에 "늦은 밤 개정 알림을 들으면 비로소 잠옷을 개어 놓되 상 위에 서지 마라. 예법에 크게 어긋난다. 後夜聞開靜 方容疊寢衣 莫於床上立 禮度太乖違"라고 하였다. 〔참고문헌〕『禪苑淸規』.

침이 侵易 함부로 하여 쉽게 여기다. 『무량수경』 권하(대정장12, p.276c11)에 "높은 지위에서 스스로 크다 여겨 자기에게 도가 있다고 하면서 멋대로 위세를 부리며 사람에게 함부로 하며 가벼이 여긴다. 尊貴自大 謂己有道 橫行威勢 侵易於人", 『오고장구경』(대정장17, p.547a15)에 "무기의 강력한 힘을 믿고 선한 이들 함부로 가벼이 여기고 성도를 비방하는 등 저지른 온갖 악행을 다 말할 수 없을 정도로 많습니다. 恃刀强勢 侵易善人 誹謗聖道 所作衆惡 不可具說"라고 하였다. 〔참고문헌〕『無量壽經』, 『五苦章句經』.

침자 枕子 베개. 『앙산어록』(대정장47, p.584c24)에 "앙산이 사미였던 시절, 화안사의 통(通)선사가 하루는 앙산을 불러 침상을 가져오라 하였다. 앙산이 가지고 가니 화안이 말하였다. '다시 제자리에 가져다 두어라'. 앙산이 그대로 따랐다. 화안이 앙산을 불렀다. '혜적아' '네' '침상 저쪽은 무슨 물건이냐?' '베개입니다' '베개 이쪽은 무슨 물건이냐?' '물건 없습니다' 화안이 다시 앙산을 불렀다. '혜적아' '네' '이게 무엇이냐?' 師爲沙彌時 和安通一日召師 將床子來 師將到 和安云 却送本處著 師從之 和安召慧寂 師應諾 和安云 床子那邊 是甚麽物 師云 枕子 和安云 枕子這邊 是甚麽物 師云 無物 和安復召慧寂 師應諾 和安云 是甚麽",『종용록』54칙「평창 評唱」(대정장48, p.261c6)에 "옛날 눈 없는 '화복'이라는 산사람이 살았다. 비 오는 날 진창길을 지나왔는데 선백의 가죽신을 신고 저자에 들어섰다. 사람들이 '산사람은 실명하였는데 어찌 진창이 신에 묻지 않았습니까?' 물으니, 산사람이 지팡이를 들고서 '지팡이 끝에 눈이 달렸습니다' 하였다. 이렇게 산사람이 증명하였는데, 밤에 베개 더듬어 찾을 때는 손끝에서 눈뜨고, 밥 먹을 때는 혀끝이 눈을 뜨고, 말 듣고 사람을 구별할 때는 귀에 눈이 달린다. 昔有無目山人貨卜 雨過泥途 著鮮白鞋入市 人問 山人失明 如何泥不汚鞋 山人擧拄杖云 拄杖頭上有眼 以山人爲證 夜間摸枕子 手上有眼 喫飯時 舌上有眼 聽語識人 耳中有眼"라고 하였다. [참고문헌]『仰山語錄』,『從容錄』,『法眼語錄』(대정장47, p.593b29),『禪苑淸規』권1(卍속장111, p.877b10).

침조 侵早 이른 새벽. 동틀 무렵.『근본살바다부율섭』권13「입왕궁학처 入王宮學處」(대정장24, p.602c12)에 "그때 오다이가 어떤 연으로 마리가부인의 처소를 방문해야 했다. 이른 새벽 궁으로 들어갔는데, 그녀가 아직 일어나지 못하고 누워있었다. 존자가 온다는 말을 듣고 깜짝 놀라 깨서는 내궁에서 입는 얇은 옷을 입고서 존자를 만났다. 時鄔陀夷有緣 須詣摩利迦夫人處 侵早入宮 彼臥未起 聞尊者來 遂便驚覺 著常宮內細薄之衣 以見尊者",『조주어록』(고존숙어록14, 卍속장118, p.331a5)에 "아각동자가 밥을 한 솥단지 가져와서는 땅에 내려놓고 세 몫으로 나누었다. 암주가 자리를 가지고 앞으로 가까이 가서 앉았고, 아각동자 또한 자리를 가지고 앞으로 가까이 가서 마주하고 앉았다. 그런데 조주를 부르지 않자, 조주는 마지못해 또한 자리를 가지고 앞으로 가까이 가서 앉았다. 아각동자가 조주를 뚫어지게 쳐다보자 암주가 말하였다. '동트기 전에 일어났더니 밤새 걸어 이미 도착한 사람도 있구나 하고 말하지 마시오'. 丫角童將一鐺飯來 放地上分作三分 菴主將席子近前坐 丫角童亦將席近前相對坐 亦不喚師 師乃亦將席子近前坐 丫童目顧於師 菴主云 莫言侵早起 更有夜行人"라고 하였다. [참고문헌]『根本薩婆多部律攝』,『趙州語錄』,『洞山語錄』(대정장47, p.509b2),『雲門廣錄』권중(대정장47, p.562c8). ⇨침신 侵晨

침중 沈重 Ⓢguruka, Ⓟgaruko, Ⓣlci-ba. 무겁게 가라앉다. 과식 등으로 먹는 일 고르지 못해 삼마지(三摩地)를 장애한다.『장아함경』권9「십상경 十上經」(대정장1, p.55a16 : *Dasuttara-sutta*, *DN.3*, p.287)에 "해태한 비구는 이미 배불리 먹고서는 다시 생각한다. '나는 아침에 마을로 들어가 과하게 먹어서 몸이 침중하여 좌선과 경행을 할 수 없으니, 이제 누워서 쉬어야겠다'. 懈怠比丘 得食旣足 復作是念 我朝入村乞食 得食過足 身體沈重 不能堪任坐禪經行 今宜寢息 tassa evaṃ hoti, ahaṃ kho gāmaṃ vā nigamaṃ vā piṇḍāya caranto alatthaṃ lūkhassa vā paṇītassa vā bhojanassa yāvadatthaṃ pāripūriṃ, tassa me kāyo garuko akammañño māsācitaṃ maññe, handāhaṃ nipajjāmīti".『유가사지론』권20(대정장30, p.391a18)에 "이 중에서 맨 처음의 삼마지를 얻음에 있어 스무 가지 다스려야 할 법이 있으니, 수승한 삼마지를 얻지 못하게 하기 때문이다. … 열일곱 번째는 이러한 (不正尋思의) 허물이 없더라도 먹는 일 언제나 고르지 못하기에 몸이 침중하여 (삼마지를) 감당할 수 없게 되는 과실이다. 此中最初 有二十種 得三摩地 所對治法 能令不得 勝三摩地 … 十七 雖無此失 然由食不平等故 有身沈重 無所堪能過失"라고 하였다. [참고문헌]『長阿含經』,『瑜伽師地論』, *DN.*, *Śrāv-bh.89*.

침차불입 針箚不入 바늘로 찔러도 들어갈 틈이 없다. 쓰려 한즉 크게 써서 밖이 없이(無外) 해야 하고 놓으려 한즉 크게 버려 안도 없이(無內) 해서 마음 들어 온전히 씀(全提)의 비유다.『설두어록』권1(대정장47, p.669c21)에 "학인이 물었다. '무엇이 실로 익혀야 할 일입니까?' '바늘로 찔러도 들어가지 않는다' '스님께서 방편을 베풀어주시기 바랍니다' '물이 흘러 들어야 개울이 된다'. 僧問 如何是實學底事 師云 針箚不入 進云 乞師方便 師云 水到渠成",『경덕전등록』권14「약산유엄전 藥山惟儼傳」(대정장51, p.311b26)에 "석두희천이 언젠가 가르침을 내리며 말했다. '언어와 동작과는 아무런 관계가 없다'. 약산이 말했다. '언어와 동작 아니라도 전혀 관계가 없습니다' '이곳 바늘로 찔러도 들어가지 않는다' '이곳 돌 위에 심어 꽃 피우는 일입니다' '옳다'. 石頭有時垂語曰 言語動用勿交涉 師曰 不言語動用亦勿交涉 石頭曰 遮裏針箚不入 師曰 遮裏如石上栽華 石頭然之",『조산어록』(대정장47, p.531a10)에 "어떤 학인이 조산에게 물었다. '경전에「한 마디 능히 백천만 뜻을 삼킨다」라고 하는데, 어떤 한 마디입니까?' '바늘로 찔러도 들어갈 틈이 없다'. 僧問師 敎云 一句能呑百千萬義 如何是一句 師曰 針箚不入",『원오어록』권6(대정장47, p.740a2)에 "설령 천 개의 눈 단번에 뜨더라도 풀과 나무에 붙어사는 신세 면치 못한다. 이에 이르면 반드시 바늘로 찔러도 들어갈 틈이 없고 바람이 불어도 쓰러지지 않으며, 길목을 막아 끊고서 범성도 드나들지 못하게 해서야 비로소 옳다. 直饒千眼頓開 未免依草附木 到這裏 要須

是針箚不入 風吹不倒 把斷要津 不通凡聖底 始得", 『벽암록』 42칙 「평창 評唱」(대정장48, p.180a5)에 "만약 온전히 들고자 한다면 향상의 한 길뿐임을 알아야 한다. 이에 도달한다면 모름지기 대용만이 현전할 뿐이어서 바늘로 찔러도 들어갈 틈 없고, 다른 이의 처분 또한 간여할 바 아니다. 若要全提 須知有向上一路始得 到這裏須是大用現前 針箚不入 不聽他人處分", 『월강정인어록』 권상(卍속장123, p.228a2)에 "한 마디로는 바늘로 찔러도 들어갈 틈 없이 하고, 한 마디 하면 돌 위에 꽃 심듯 해야 한다. 닭은 추우면 나무에 올라가고, 오리는 추우면 물에 들 뿐이다. 一句子 針箚不入 一句子 石上栽花 雞寒上樹 鴨寒下水"라고 하였다. 〔참고문헌〕『雪竇語錄』, 『景德傳燈錄』, 『曹山語錄』, 『圜悟語錄』, 『碧巖錄』, 『月江正印語錄』. ⇨ 향상일로 向上一路

침처 寢處 잠자거나 쉬는 곳. 『대승본생심지관경』 권2(대정장3, p.297b2)에 "어머니의 가슴을 쉬는 곳으로 생각하고, 좌우의 무릎은 항상 밟고 노는 곳으로 여겼다. 以母胸臆 而爲寢處 左右膝上 常爲遊履", 『대비바사론』 권99(대정장27, p.511a7)에 "깊이 걱정하고 후회하여 침소마저도 불안하였다. 深生憂悔 寢處不安"라고 하였다. 〔참고문헌〕『大乘本生心地觀經』, 『大毘婆沙論』.

침통 針筒 Ⓢ sūci-gṛhaka, sūci-ghara, Ⓣ khab-ral. 바늘 등을 담는 통. 비구가 반드시 소지하는 물건이다. 『오분율』 권9(대정장22, p.68b22)에 "만약 비구가 장난으로 다른 비구의 옷이나 발우·좌구·침통 따위의 생활도구를 감추거나 다른 사람을 시켜서 감추게 하였다면 바일제에 해당한다. 若比丘 爲戲笑故 藏比丘若衣若鉢 坐具 針筒 如是一一生活具 若使人藏 波逸提", 『사분율』 권2(대정장22, p.581a16)에 "만약 비구가 욕심을 갖고 의발·니사단·침통·초고를 만지거나 스스로 몸에 대면 모두 돌길라에 해당한다. 若比丘有欲心觸衣鉢 尼師壇 針筒 草秸 乃至自觸身 一切突吉羅", 『사분율비구함주계본』 권중(대정장40, p.455a10)에 "팔십육작골아각침통계. 부처님께서 나열기에 계실 때 불교를 믿던 기술자가 비구를 위해 뼈·상아·뿔로 된 침통을 만들었는데 폐업하여 의복과 음식이 없었기에 사람들이 욕하기를 '복을 얻으려다가 도리어 재앙을 만났다'고 하였다. 비구가 이 일을 부처님께 아뢰자 이를 꾸짖어 계율을 제정하셨다. 만약 비구가 뼈나 상아나 뿔로 된 침통을 깎아 만든다면 바일제에 해당한다. 八十六作骨牙角針筒戒 佛在羅閱祇 有信工師 爲比丘作骨牙角針筒 因廢業無衣食 世人譏言 望其得福而反得殃 比丘擧過白佛 因訶制戒 若比丘作骨牙角針筒刳刮成者波逸提"라고 하였다. 〔참고문헌〕『五分律』, 『四分律』, 『四分律比丘含注戒本』, *Mvyut.272.*, *Prāt-m.44.* ⇨ 침연낭 針綖囊

침하고거 沈下高擧 아래로 가라앉거나 높이 들뜸. 삼매를 닦을 때 일어나는 여섯 가지 과실 중 하나이기도 하다. 『광석보리심론』 권3(대정장32, p.569c11)에 "이와 같은 모든 행 중에는 마땅히 실성을 관해야 한다. 전에 말한 바와 같이 사마타 중에서 침하와 고거가 마음에서 한꺼번에 일어날 때 일체법은 모두 자성이 없음을 관해야만 한다. 如是等諸所行中 應觀實性 如前所說 奢摩他中 若沈下高擧 心等起時 應觀一切法 皆無自性"라고 하였다. 〔참고문헌〕『廣釋菩提心論』. ⇨ 혼침 惛沈, 육종과실 六種過失❶, 고거 高擧❶

침향 沈香 Ⓢ agaru, agaru-gandha, aguru, kṛṣṇāgaru, kṛṣṇāguru, Ⓟ agalu, agaḷu. 물에 잠기는 향(香). 침수향(沈水香)의 준말이며, 예로부터 최상의 향으로 여겼다. 음사어는 아가로(阿伽嚧)·아가루(阿伽樓)·아갈류(阿竭流)·악게로(惡揭嚕) 등이며, 부동(不動)이라 한역하고, 흑침향(黑沈香)·밀향(蜜香) 등이라고도 한다. 침향나무의 학명(學名)은 *Aquilaria agallocha*이고, 인도네시아·베트남·말레이시아·인도·캄보디아·중국남부 등에서 산출된다. 그 목질부에는 수지(樹脂)가 없으나 상처를 입거나 썩으면 수지가 생긴다. 이렇게 수지가 생긴 나무를 베어 흙 속에 묻거나 썩게 두어서 수지가 없는 부분을 없앤다. 나무에서 수지가 나와 굳어서 무거워진 옹이 부분은 물에 넣으면 잠기기에 이렇게 말하고, 옹이와 나이테 사이의 수지가 덜 굳어서 반만 잠기는 부분은 잔향(棧香)이라 하며, 잎이나 가느다란 가지처럼 잠기지 않는 부분은 황숙향(黃熟香)이라 한다. 이외에 위자향(蝟刺香)·계골향(鷄骨香)·해남침(海南沈)·상침향(上沈香) 등이 있으며, 최상의 침향은 가라(伽羅)라고 한다. 수지의 함량이 높을수록 좋은 향기를 내며, 약효가 뛰어나 상품(上品)으로 평가된다. 비위가 허약하고 차서 일어나는 통증·소화기계통의 병·수족냉증 등에 효과가 있다. 『법원주림』 권36(대정장53, p.573c22)에 "침향이란 무엇인가? 『이원』에서 이렇게 말한다. '사문 지법은 광주에 살면서 팔척담요가 있었으며, 또 침향과 팔척평상도 있었다. 태원대에 왕한은 광주의 대아를 위하여 그 두 가지 물건을 청했으나 얻을 수 없자 그를 죽이고 가져다 주었다'. 沈香 異苑曰 沙門支法 在存廣州 有八尺氎氈 又有沈香 八尺版床 太元中王漢爲州大兒 劭求二物不得 乃殺而藉焉", "『남주이물지』에서는 말한다. '목향은 일남에서 산출된다. 이것을 채취하려면 먼저 나무를 베어 땅에 오래도록 쌓아 둔다. 겉의 흰 부분은 다 썩어버리고, 그 중심의 단단한 것을 물에 담그면 (가라앉는데) 이것을 침향이

라 한다. 그 다음에 중심과 겉의 흰 부분 사이에 그다지 단단하지 않은 것은 물에 담그면 가라앉지도 뜨지도 않고 수면과 수평을 이루는데, 이것을 잔향이라고 하며, 그 가장 작고 거칠며 흰 것은 참향이라고 한다'. 南州異物志曰 木香出日南 欲取當先斫壞樹 著地積久 外白朽爛 其心中堅者 置水 則名曰沈香 其次 在心白之間 不甚堅精 置之水中 不沈不浮 與水平者 名曰棧香 其最小麤白者 名曰槧香", "『고미광주기』에서 이렇게 말한다. '신흥현의 것은 모두 침향인데, 동심초와 같다. 그 지방 사람들이 그것을 베어 여러 해를 지내면 나무의 육질은 다 썩어 없어지고 그 심은 침향이 된다'. 『유익기전』에서는 다음과 같이 말한다. '모든 향은 다 하나의 나무인데, 그 나무의 심이 침향이다'. 顧微廣州記曰 新興縣 悉是沈香 如同心草 土人斫之 經年 肉爛盡 心則爲沈香 兪益期箋曰 衆香 共是一木 木心爲沈香"라고 하였다. 〔참고문헌〕『法苑珠林』, 『翻譯名義集』 권3(대정장54, p.1105a4), 『仏教植物辭典』(國書刊行會, 1982), *Aṣṭ-pr.250.*, *Jā.4.440.* ⇨ 침수향 沈水香, 향 香

침향불 沈香佛 침향목(沈香木)으로 만든 불상. 『고려사』 권17 세가(世家)17 의종 5년(1151) 4월 기유에 "왕이 공인에게 명하여 침향목으로 관음상을 조각하여 내전에 모셨다. 王以沈香木 命工刻成觀音像 置內殿", 같은 책 권40 세가40 공민왕 11년(1362) 7월 경술에 "장사성이 사신을 보내어 와서 침향불과 옥향로·옥향합·채단·서축 등의 물건을 바쳤다. 張士誠遣使來 獻沈香佛玉香爐玉香合綵段書軸等物"라고 하였다. 〔참고문헌〕『高麗史』.

침허 枕虛 ❶ 조선후기 스님. 스님이 백련사(白蓮社)로 옮긴다는 소식을 듣고 백암성총(栢庵性聰 1631~1700)이 보낸 「문침허장로이입백련사기 聞枕虛長老移入白蓮社以寄」(『백암집』 권상·한불전8, p.449c22)에 "근래에 연화사에 들어갔다는 소식을 전해 들었습니다. 모르겠습니다만, 마음 한가로움이 혜원과 비슷하신지요? 傳聞近入蓮華社 未必心閑似遠公"라고 하였다. 〔참고문헌〕『栢庵集』. ❷ 조선후기 스님. 월하계오(月荷戒悟 1773~1849)의 계사. 「월하상인유집서 月荷上人遺集序」(『가산고』·한불전10, p.758b15)에 "11세에 머리를 깎고 침허법사에게 계를 받았다. 十一歲祝髮 受戒於枕虛法師", 같은 책 권3 「침허대사상찬 枕虛大使像讚」(한불전10, p.777b6)에 "염불참선하여 현관에 사무쳐 들어갔네. 念佛叅禪 透入玄關"라고 하였다. 〔참고문헌〕『伽山藁』. ⇨ 계오 戒悟 ❸ 한국 근대 스님 현주(玄住)의 법호. 〔참고문헌〕『鏡虛語錄』. ⇨ 현주 玄住

침허원조 枕虛圓照 조선후기 스님. 법호는 침허, 법명은 원조(圓照). 법맥은 청허휴정(淸虛休靜) → 풍담의심(楓潭義諶) → 벽파법징(碧波法澄) → 동암태유(東菴泰柔) → 침허원조로 이어졌다. 『서역중화해동불조원류』(한불전10, p.116b23)에 "동암유 법사 6세 침허원조. 침허조 법사 7세 담운쾌능. 東菴柔嗣 六世 枕虛圓照 枕虛照嗣 七世 曇雲快能"라고 하였다. 〔참고문헌〕『西域中華海東佛祖源流』.

침허익환 枕虛益煥 조선후기 스님. 법호는 침허, 법명은 익환(益煥). 1850년(철종1)에 초의의순(草衣意恂)이 적은 서문이 있는 해남 대흥사 『다비계안』 「산중도다비계책 山中都茶毗契冊」에 "침허익환〈기축년 5월 12일 입적. 세수 55〉. 枕虛益煥〈己丑五月二十二日入寂 壽五十五〉", 같은 절 『영각추원방』에도 "枕虛堂 益煥"이라고 하였다. 〔참고문헌〕『茶毗契案』, 『影閣追遠榜』.

침허지웅 枕虛志雄 조선후기 스님. 법호는 침허, 법명은 지웅(志雄). 법맥이 청허휴정 → 풍담의심 → 월저도안(月渚道安) → 설암추붕(雪嵓秋鵬) → 벽허원조(碧虛圓照) → 남월희원(南月熙遠) → 진허팔관(振虛八關) → 침허지웅으로 이어졌다. 『서역중화해동불조원류』(한불전10, p.109a7)에 "진허팔관 법사 8세 … 침허지웅. 振虛關嗣 八世 … 枕虛志雄"라고 하였다. 〔참고문헌〕『西域中華海東佛祖源流』.

칩충 蟄蟲 땅속에 사는 벌레. 『출요경』 권5(대정장4, p.636b28)에 "어떤 중생이 축생에 떨어지면 날 때도 어둡고 자라서도 어둡기만 하니 어두움에 있어서 무상하다고 하는 것은 무엇인가? 이것은 땅속에 들어가서 칩거하는 벌레를 말한다. 이것은 모두 이전의 몸이 탐욕을 부리고 애락하던 것으로 말미암아 몸과 입과 뜻으로 지은 악한 행위로 몸이 무너져 죽은 이후에 죽어서 땅속의 벌레가 되는 것이다. 이것이 깜깜한 데서 나고 자라서는 깜깜한 데서 명을 마침이다. 이에 비구여! 축생의 고통 참아내기가 어렵다고 한다. 若有衆生 墮畜生者 生冥長冥 於冥無常 此等何者 是所謂入地蟄蟲 是皆由前身 貪樂愛欲 身口意行惡 身壞命終 死爲地中蟄蟲 是謂冥生冥長於冥命終 是謂比丘 畜生甚苦甚痛難忍", 『일체경음의』 권54(대정장54, p.670a3)에 "칩충〈지와 립을 반절한 음이다. 『설문』에 '칩은 감춘다는 장이다'라고 하였다. 벌레는 겨울이 되면 칩거하여 몸을 숨기고 나오지 않는다. 짧은 털을 가진 짐승들도 칩거하는데, 곰 등이다〉. 蟄蟲〈持立反 說文蟄藏也 虫至冬卽蟄隱不出也 獸有淺毛亦蟄 熊羆等也〉"이라고 하였다. 〔참고문헌〕『出曜經』, 『一切經音義』.

칭 秤 저울. 무게를 재는 도구로 권형(權衡)이라고도 한다. 제법(諸法)의 자성(自性)이 평등(平等)함과 마음

쏨을 가지런히 하는 중도의 비유로 쓴다. 『장아함경』 권13 「아마주경 阿摩晝經」(대정장1, p.84a1)에 "거짓으로 됫박과 저울로 사람을 속이지 않는다. 不爲虛詐 斗秤欺人", 『잡아함경』 권4(대정장2, p.23b13)에 "저울 잡은 이가 적으면 더하고 많으면 덜어서 고르게 하여 기울지 않게 하듯이, 선남자가 재물을 헤아릴 때도 들고 남을 같게 하며, 들어오는 것 많게 하고 보내는 것 적게 하거나 나가는 것 많고 드는 것 적게 해서는 안 된다. 如執秤者 少則增之 多則減之 知平而捨 如是 善男子 稱量財物 等入等出 莫令入多出少 出多入少", 『대장엄론경』 권12(대정장4, p.322c10)에 "나 후회할 일 없으리니 이 몸 남김없이 저울위에 올라 이 비둘기 목숨 구하리라. 我不欲悔 乃欲以身 都上秤上 救此鴿命", 『살바다비니비바사』 권9(대정장23, p.564a5)에 "마음에 둘이 없어 그 평함이 저울 같다. 心無二 其平如秤", 『유가사지론약찬』 권12(대정장43, p.156a11)에 "이 법이 멸하고 이 법이 생할 때 저 저울 양 끝 같아 평등평등하므로 한 찰나에 생도 있고 멸도 있다. 만일 그렇다면 어떤 연유로 먼저 멸한 다음에 생을 말하는가? 此法滅 卽此法生時 如秤兩頭 平等平等 故一刹那 有生有滅 若然 何故不先滅後說生耶", 『굉지광록』 권4(대정장48, p.56c21)에 "여덟 량은 원래 반 근이어서, 갈고리와 저울 꼬리 참으로 평등하다. 八兩元來是半斤 鉤頭秤尾能平等", 『종용록』 17칙 「평창 評唱」(대정장48, p.238b6)에 "『상서』 「치요도설」에 따르면 저울에는 세 가지 뜻이 있다. 준은 맞춘다는 뜻, 형은 평하게 한다는 뜻, 권은 드리워 무게 단다는 뜻이다. 尙書 治要圖說 秤有三義 準者 繫也 衡者 平也 權者 錘也", 『문수사리근본의궤경』 권3(대정장20, p.846b27)에 칭궁(秤宮)이 있고, 지옥변상도 등에도 죽은 이들의 죄의 경중을 헤아리기 위한 저울이 등장한다. [참고문헌] 『長阿含經』, 『雜阿含經』, 『大莊嚴論經』, 『薩婆多毘尼毘婆沙』, 『瑜伽師地論略纂』, 『宏智廣錄』, 『從容錄』, 『文殊師利根本儀軌經』. ⇨ 권형 權衡

칭 稱 **1** 맞게 하다. 따르다. 『별역잡아함경』 권15(대정장2, p.481b10)의 "이 마갈제국 사람들이 모두 당신에게 소원을 비오니, 당신은 항상 그들의 마음에 맞게 능히 복과 기쁨과 도움을 준다. 당신은 지금 저의 원에 따라 제가 현세에서는 즐겁고, 내생에는 하늘에 나게 해 주소서. 此摩竭提人 咸從汝求願 汝常稱其心 能與福慶祐 汝今稱我願 令我現在樂 來世得生天"라고 하였다. [참고문헌] 『別譯雜阿含經』. **2** Ⓟ vakkhati. 어떤 것으로 여기거나 합당한 것으로 일컫다. 『중아함경』 권19 「범천청불경 梵天請佛經(대정장1, p.547a23 : *Brahmanimantaṇika-sutta*, *MN.1*, p.326)의 "범천이여! 그대는 무상함을 항상하다고 일컫고, 영원하지 않은 것을 영원하다 일컬으며 … 출요가 아닌 것을 출요라 말하면서, 이 출요보다 더 이상 뛰어나고 미묘하고 최고인 것은 없다고 하네. 범천이여! 그대에게 있는 것 모두 무명일 뿐이다. 梵天 汝無常稱說常 不恒稱說恒 不存稱說存 … 非出要稱說出要 此出要更無出要過其上 有勝有妙有最者 梵天 汝有是無明 avijjāgato vata bho bako brahmā, yatra hi nāma aniccaṃ yeva samānaṃ niccanti vakkhati … asassataṃ yeva samānaṃ sassatanti vakkhati … santañ-ca pan' aññaṃ uttariṃ nissaraṇaṃ na-tth' aññaṃ uttariṃ nissaraṇanti vakkhati-iti"라고 하였다. [참고문헌] 『中阿含經』, *MN.* **3** Ⓢ √tul, tulayati, Ⓣ 'jal-bar-byed-pa. 헤아리다. 『구사론』 권2(대정장29, p.9a10)에 "저 쪼갤 수 있고 쪼개지는 것은 체에 오직 밖의 사계(색향미촉)일 뿐이니, 태울 수 있다고 능히 헤아릴 수 있는 체 또한 이와 같다. 如能斫所斫 體唯外四界 所燒能稱 其體亦爾", 『대비바사론』 권200(대정장27, p.999b6)에 "혹은 몸에서 몸의 형체와 양을 측정한다. 或在身中 稱身形量"라고 하였다. [참고문헌] 『俱舍論』, 『大毘婆沙論』, *Abh-k-bh.24·25.* ⇨ 칭량 稱量 **4** 저울(秤). 저울질. 『대지도론』 권4(대정장25, p.88b13)에 "왕이 저울을 가져오게 하여 자신의 살과 비둘기를 달아보니, 비둘기 몸 점점 무거워졌고 왕의 살은 점점 가벼워졌다. 王言 持稱來 以肉對鴿 鴿身轉重 王肉轉輕"라고 하였다. [참고문헌] 『大智度論』. **5** Ⓟ vaṇṇeti. 칭찬하다. 『중아함경』 권38 「앵무경 鸚鵡經」(대정장1, p.667a24)에 "부처님께서 말씀하셨다. '마납아! 재가에 있거나 출가하여 도를 배우거나 삿된 행을 하는 이라면 나는 저들을 칭찬하지 않는다'. 佛言 摩納 若有在家及出家學道 行邪行者 我不稱彼"라고 하였다. [참고문헌] 『中阿含經』, *MN.2.197.* **6** Ⓟ yasa. 세간팔법(世間八法) 중 하나. 눈앞에서 아름답다 찬탄함. 세간팔법 중 당사자가 없는 자리에서 하는 찬미는 예(譽 Ⓟ pasaṃsā)라는 말로 구분한다. 기(譏 Ⓟ ayasa)와 맞선다. 『불지경론』 권5(대정장26, p.315b18)에 "세간의 모든 법은 간략하게 여덟 가지가 있다. … 눈앞에서 찬미함을 칭이라 한다. 世間諸法略有八種 … 現前讚美名稱"라고 하였다. [참고문헌] 『佛地經論』, 『增壹阿含經』 권39(대정장2, p.764b16), *Vin.2.202.* ⇨ 세간팔법 世間八法, 기 譏

칭계 稱計 일일이 불러내 헤아리다. 『장아함경』 권19 「세기경 世記經」(대정장1, p.123b15)에 "저 죄인 다스림도 이와 같다. 지독한 고통과 매서운 괴로움이 헤아릴 수 없지만, 남은 죄가 다하지 않았기에 죽을 수 없게 한다. 治彼罪人 亦復如是 苦毒辛酸 不可稱計 餘罪未畢 故使不死", 『법화경문구찬요』 권5(卍속장46, p.840b1)에 "성문 무량하여 헤아릴 수 없다는 말은 법을 듣고 도를 얻은 이들이 많아 그 수를 셀 수 없다 함이다. 참으로 이들 모두 대성문이다. 聲聞無量 不可稱計者 明聞法得道者多 不可稱量計數 須知此等聲聞 皆是大聲聞"라고 하였다. 〔참고문헌〕『長阿含經』, 『法華經文句纂要』.

칭궁 秤宮 Ⓢtulā, Ⓣsrang. 천문(天文) 십이궁(十二宮) 중 하나. 칭량궁(稱量宮)·천칭궁(天秤宮)이라고도 한다. 황도에서 태양의 9월의 위치에 해당한다. 밀교 도상에서는 북두만다라(北斗曼荼羅) 제2원의 동쪽에 위치하고 태장현도만다라(胎藏現圖曼荼羅)에서는 외원의 서쪽에 자리한다. 형상은 나체 노인 모습의 선인(仙人)이며 왼쪽 팔을 위로 들어 저울을 쥐고 있고 두 발로 서서 걷는 형상이다. 『수요경』 권상(대정장21, p.387b22)에 "셋째, 각수의 이족, 항수의 사족, 저수의 삼족이니 태백성의 자리이다. 그 천궁의 신은 저울과 같으므로 칭궁이라 한다. 보배 창고의 일을 관장한다. 이 궁에 속하는 사람은 법도가 마음과 부합하고 곧고 공평하며 바르고 믿고 공경할만하며 재물이 많으니 창고의 소임을 주관하기에 적합하다. 第三角二足 亢四足 氐三足 太白位焉 其神如秤 故名秤宮 主寶庫之事 若人生屬此宮者 法合心直平正信敬多財 合掌庫藏之任"라고 하였다. 〔참고문헌〕『宿曜經』, 『曼荼羅図典』(大法輪閣, 2002), *Yogā-bh.48.* ⇨십이궁 十二宮

칭권 稱權 저울추. 칭추(秤錘)라고도 한다. 권(權)은 권(摧)과 같이 쓴다. 『순정리론』 권1(대정장29, p.334c23)에 "비바사의 논사는 '저울추가 올라가면 무겁다고 하며, 옮기기 쉬우면 가볍다고 한다'라고 말한다. 눈에 보이는 세간의 물건의 모양이 크더라도 비우면 쉬이 옮겨 움직일 수 있다. 毘婆沙說 令稱權昇 故名爲重 易可移轉 故名爲輕 現見世間 物形雖大 而有輕故 易令遷動", 『일체경음의』 권71(대정장54, p.768b5)에 "칭권〈권은 거와 원을 반절한 음이다. 『광아』에 '저울추를 권이라 한다. 권은 무게다. 가볍고 무거움을 안다는 뜻이다. 손 수 변을 따른다'〉. 稱摧〈渠員反 廣雅 稱錘謂之摧 摧重也 知輕重也 字從手也〉"라고 하였다. 〔참고문헌〕『順正理論』, 『一切經音義』.

칭기 稱記 ❶ 불러 기억함. 칭찬하다의 뜻이다. 『출요경』 권20(대정장4, p.718a26)에 "용맹하게 우뚝 한마음 세우고, 출가하여 밤낮마저 없으니, 제천이 항상 위호하며, 부처님의 칭찬마저 받음이네. 勇健立一心 出家日夜滅 諸天常衛護 爲佛所稱記"라고 하였다. 〔참고문헌〕『出曜經』. ❷ 헤아리다. 『대법고경』 권하(대정장9, p.300a8)에 "이 경을 듣고서 얻는 공덕은 이전의 복업보다 뛰어나 헤아릴 수조차 없으니, 산수와 비유로도 셈할 수 없다. 所得功德 勝前福業 不可稱記 算數譬喩 所不能計", 『십주단결경』 권8(대정장10, p.1023c17)에 "과거세에 내가 오랜 겁 동안 보살도를 닦을 때, 선정에 한 생각 기울이고 마음 지켜 어지럽지 않은 때 부동삼매에 들어 허공중생을 살펴보니, 무한무량하여 헤아릴 수 없었지만 그 형류를 따라 교화하였다. 昔我久遠 修菩薩道 禪定一意 執心不亂 入不動三昧 觀虛空衆生 無限無量 不可稱記 隨其形類 而敎化之"라고 하였다. 〔참고문헌〕『大法鼓經』, 『十住斷結經』. ⇨칭계 稱計

칭념 稱念 Ⓢudānaya. 입으로는 불보살의 명호(名號)를 부르고 마음으로는 불보살을 생각하는 것. 칭명염불(稱名念佛)의 준말이다. 『대승장엄보왕경』 권3(대정장20, p.59a23)에 "저 긴나라는 매우 심오한 법을 즐기고, 원적(圓寂)의 진계(眞界)를 사유하며, 또 항상 관자재보살마하살의 명호를 생각한다. 이렇게 칭념하므로 이때 모든 생필품이 모두 다 풍족해진다. 彼緊那囉樂甚深法 思惟圓寂眞界 復於恒時 念觀自在菩薩摩訶薩名號 由是稱念 而於是時 得諸資具 悉皆豐足", 『관념법문』(대정장47, p.26c29)에 "삼매란 무엇인가? 곧 염불수행인이 마음과 입으로 칭명염불하여 다시는 잡된 생각이 없고, 매 순간 마음을 불도(佛道)에 안주하며, 염불소리가 계속되면 마음의 눈이 열려 그 부처님께서 분명하게 나투심을 보게 되는 것을 선정(禪定)이라 하고, 또한 삼매라고 한다. 言三昧者 卽是念佛行人 心口稱念 更無雜想 念念住心 聲聲相續 心眼卽開 得見彼佛了然而現 卽名爲定 亦名三昧"라고 하였다. 〔참고문헌〕『大乘莊嚴寶王經』, 『觀念法門』, *Rāṣṭr.152.* ⇨칭명염불 稱名念佛, 칭명 稱名, 염불 念佛

칭두 秤頭 저울 끝. 분별해 마지않는 자리의 비유다. 『오조법연어록』 권중(대정장47, p.656c27)에 "이러이러하다 하면 새우가 됫박에서 뛰쳐나올 수 없고, 이러이러하지 않다 하면 재주 부리다 그르치고 만다. 부드럽기는 쇠와 같고 단단하기는 진흙과 같다. 금강의 눈동자로는 열두 냥이지만 납승의 손 안에서는 저울 눈금이 내려가네. 값을 셈할 수는 있다 해도 헤아릴 일은 아니라네. 콧구멍이 없는 이는 무엇으로 냄새 맡겠는가? 恁麽恁麽 蝦跳不出斗 不恁麽不恁麽 弄巧成拙 軟似鐵硬如泥 金剛眼睛十二兩 衲僧手裏秤頭低 有價數沒商量 無鼻孔廷將什麽聞香"라고 하였다. 〔참고문헌〕『五祖法演語錄』.

칭량 稱兩 Ⓢtulya pramāṇa. 양을 헤아리다. 크기나 무게를 달다. 80권본 『화엄경』 권35(대정장10, p.188c14)에 "비유컨대 저 순금(Ⓢjāta-rūpa)은 뛰어난 기교로 연마하면 무게는 줄지 않고도 더욱 밝고 맑게 된다. 보살도 이와 같다. 이 발광지(Ⓢ prabhākarī nāma bhūmi)에 머물면 쌓을 일이 없기에 삿된 탐욕과 진 그리고 어리석음이 모두 끊어지게 되어 모든 선근이 점점 더 밝고 깨끗해진다. 譬如眞金 善巧鍊治 稱兩不減 轉更明淨 菩薩亦復如是 住此發光地 不積集故 邪貪邪瞋 及以邪癡 皆得除斷 所有善根 轉更明淨", 『금칠십론』 권상(대정장54, p.1248c1)에 "설산 헤아리려 해도 그 무게 알 수 없으니 무량하다고도 말할 수 없다. 자성도 이와 같으니 무엇을 근거로 그 존재를 알겠는가? 雪山稱兩者 其量不可知 不可言無量 自性亦如是 何因得知有"라고 하였다. [참고문헌] 『華嚴經』, 『金七十論』, *Daś-bh.23.*

칭량 稱量 Ⓢ √tul, tulana, tulanā, paritulana, Ⓣ 'jal-ba, gzhal-ba. 양을 재다. 헤아려 안다는 뜻이다. 『불반니원경』 권상(대정장1, p.167c23)에 "무엇을 도가 수승하다 하는가? 말로 설한 도의 뜻은 헤아릴 수 없다. 능히 대도를 행하니 가장 뛰어나 견줄 수 없다. 마음에 근심과 두려움 항복받고는 법을 위하여 세간을 인도한다. 이런 무리의 사문들의 도야말로 수승하다고 한다. 何謂爲道殊勝 所說道義 不可稱量 能行大道 最勝無比 降心態度憂畏 爲法御導世間 是輩沙門 爲道殊勝", 『정생왕인연경』 권3(대정장3, p.398c8)에 "이 삼십삼천 중에 선법당에서 저 천자들과 사대천왕 등이 항상 함께 모여 사유관찰하면서 세간의 천인과 사람들이 하는 모든 일 헤아려 안다. 此是三十三天中 善法之堂 彼天子衆 與四大天王 常共集會 思惟觀察 稱量世間 若天若人 諸所有事"라고 하였다. [참고문헌] 『佛般泥洹經』, 『頂生王因緣經』, *Yogā-bh.94.*, *Śrāv-bh.140.*, *Bodh-bh.133.*

칭리 稱理 Ⓢ yukta, Ⓣ ran-pa. 이(理)에 맞다. 뜻에 맞다. 모든 법(法)은 그 뜻(義)에 어긋남이 없다는 말로 반야의 뜻에서는 공(空)이고, 일심(一心)의 입장에서는 마음(心)이 그대로 이(理)다. 모든 법(諸法)은 그 뜻을 따라 성취되기에 어긋남이 없는 뜻에서 칭(稱)은 상응의 뜻이기도 하다. 『대반야경』 권567(대정장7, p.928b18)에 "만약 모든 법이 공이고 있는 것이라곤 없으며 생하는 듯하다 설하면 이것도 뜻에 맞는 설이다. 천왕이여, 마땅히 알라. 법을 설하려면 법상을 따라야 하니 이를 뜻에 맞는다고 한다. 若說諸法空 無所有 乃至似生 亦稱理說 天王 當知 夫其說法 隨順法相 是名稱理", 『대보적경』 권38(대정장11, p.220b23)에 "뜻에 맞지 않는 생각을 지어 인으로 삼고 무명을 연으로 삼아 모든 유정이 물든 생각을 일으킨다. 由不稱理 作意爲因 無明爲緣 令諸有情 發起雜染", 『지관보행전홍결』 권4(대정장46, p.264c28)에 "뜻에 맞는다면 다리를 들거나 내리거나 도량 아닌 곳이 없어 비로소 어디나 뛰어난 자리다. 若稱理者 擧足下足 無非道場 方名上處", 『수심결』(한불전4, p.712b1)에 "도거가 불타오르듯 하면 먼저 정문으로서 이치에 맞게 거두어 흩어야 하니 마음이 연 따르지 않게 되어 본래 고요함과 만나게 되리라. 若掉擧熾盛 則先以定門 稱理攝散 心不隨緣 契乎本寂", 『아미타경소초』 권2(卍속장33, p.370b2)에 "뜻에 맞는다는 것은, 드러난 그대로 뜻이 됨이니, 만유를 다 꾸린다 하면 곧바로 일심일 뿐이다. 그대로 의보와 정보일 뿐 무엇도 자성일 수 없다. 또 뜻 그대로라 한 것은 드러난 것은 뜻에 의지해 성취하기 때문이다. 稱理者 以卽事卽理 所謂總該萬有 卽是一心 則依報正報 何非自性 又卽理者 事依理成", "저 『정명경』에 이르되 '그 마음 깨끗함 따라 곧바로 부처님 나라 깨끗하다'라고 하였듯이, 이제 경에서 말씀하신 일심이 어지럽지 않으면 곧바로 자성이 아미타불이고, 오직 마음이 정토임을 한 경의 큰 뜻으로 삼았으니, 뜻에 깊이 닿아 말함이어서 '이에 맞다'고 한 것이다. 如淨名云 隨其心淨 則佛土淨 今經言 一心不亂 卽自性彌陀 惟心淨土 爲一經大旨也 冥理而談 云稱理也"라고 하였다. [참고문헌] 『大般若經』, 『大寶積經』, 『止觀輔行傳弘決』, 『修心訣』, 『阿彌陀經疏鈔』, *Bodh-bh.174.*

칭명 稱名 Ⓢ nāma-grahaṇa, nāmadhey-grahaṇa. 불보살의 이름(名號)을 부르다. 입으로는 불보살의 명호를 부르면서 마음으로는 불보살을 관상(觀想)하는 것을 말하며, 칭불(稱佛)·창명(唱名)·염불(念佛) 등이라고도 한다. 『법화경』 권7(대정장9, p.56c25 : *Saddh-p.*, p.441)에 "'선남자들아, 두려워하지 마라. 너희들 마땅히 한 마음으로 관세음보살의 명호를 부른다. 이 때 보살은 두려움 없음을 중생들에게 베푼다. 너희들 명호를 부르면 이 도둑들에게서 벗어날 것이다'. 여러 상인들이 이 말을 듣고 모두 소리를 내어 말했다. '나무관세음보살'. 그 이름 부르자 곧바로 벗어났다. 諸善男子 勿得恐怖 汝等 應當 一心 稱觀世音菩薩名號 是菩薩能以無畏施於衆生 汝等若稱名者 於此怨賊 當得解脫 衆商人聞 俱發聲言 南無觀世音菩薩 稱其名故 卽得解脫 mā bhaiṣṭa kulaputrā mā bhaiṣṭābhayaṃdadamavalokiteśvaraṃ bodhisattvaṃ mahāsattvamekasvareṇa sarve samākrandadhvam. tato yūyamasmāccaurabhayādamitrabhayātkṣiprameva parimokṣyadhve. atha khalu sarva eva sa sārtha ekasvareṇāvalokiteśvaramākrandet. namo namastasmā abhayaṃdadāyāvalokiteśvarāya bodhisattvāya mahāsattvāyeti. sahanāmagrahaṇenaiva sa sārthaḥ sarvabhayebhyaḥ parimukto bhavet", 『법화현론』 권10(대정장34, p.449a15)에 "입으로 하는 칭명이라 하지만 세 가지 업을 갖춘다. 소리 냄은 구업이고, 혀를 움직이는 것은 신업이며, 경전의 뜻은 의업이다. 口業稱

名具三業 發聲卽口業 動舌卽身業 經意則意業"라고 하였다. [참고문헌] 『法華經』, 『法華玄論』, *Saddh-p.* ⇨ 칭명염불 稱名念佛, 칭불 稱佛, 칭념 稱念, 염불 念佛

칭명염불 稱名念佛 부처님 명호를 입으로 외우고 마음으로는 부처님을 떠올리며 생각하는 수행법. 염불수행으로 심구상응(心口相應)이라 한다. 『정토감주』(卍속장110, p.366b14)에 "사종염불 중 첫째는 칭명염불이다. 아미타불의 명호를 소리 내어 부르며 밤낮으로 한 마음을 오롯이 기울여 일만성에서 십만성에 이르도록 한다. 이와 같이 하면서 세월이 오래가면 념념이 끊이지 않고 순일하여 다른 생각은 섞이지 않을 것이니 임종하는 순간에 반드시 저 부처님 뵈옵고 현신으로 영접해 주시리니 틀림없이 극락세계에 왕생한다. 一 稱名念佛 謂稱名阿彌陀佛名號 於晝夜間 一心專注 或一萬聲 乃至十萬聲 如是歲月旣久 則念念不斷 純一無雜 臨命終時 定見彼佛 現身迎接 決定往生 極樂世界矣", 『정토생무생론친문기』 권하(卍속장109, p.70b1)에 "중생 칭념염불하여 감하고, 부처님들은 잡아 이끌어 왕생하도록 응하신다. 부처님과 중생이 천성대로 서로 맺어지니 저절로 그렇게 되기에 임운이라 한다. 衆生 稱名念佛爲感 諸佛 接引往生爲應 佛與衆生 天性相關 自然而然 故曰任運"라고 하였다. [참고문헌] 『淨土紺珠』, 『淨土生無生論親聞記』. ⇨ 염불 念佛, 심구상응 心口相應, 사종염불 四種念佛, 약심관불 約心觀佛, 왕생요집 往生要集

칭명정행 稱名正行 이종행(二種行) 또는 오종정행(五種正行) 중 하나로 아미타불의 명호를 부르는 행. 염불정행(念佛正行)이라고도 한다. 『선택본원염불집』(대정장83, p.3a2)에 "선도화상의 뜻에 의하면 왕생의 행은 비록 많지만 크게 나누면 둘이 되니, 첫째는 정행이고 둘째는 잡행이다. 처음의 정행이란, 이에 나아가면 열고 합하는 두 뜻이 있으니, 처음에는 열어 다섯이 되고 후에는 합하면 두 가지다. 처음에는 열어 다섯 종이 된다란, … 넷째는 칭명정행 … 넷재 칭명정행이란, 오롯이 미타명호 칭함이니 곧 글에 '입으로 칭한다면 곧 일심으로 오롯이 저 불을 칭하는 것이다'(『관무량수불경소』 권4, 대정장37, p.272b4)라고 한 것이 이것이다. 依善導和尙意 往生之行雖多 大分爲二 一 正行 二 雜行 初正行者 就此有開合二義 初開爲五種 後合爲二種 初開爲五種者 … 四 稱名正行 … 第四稱名正行者 專稱彌陀名號也 卽文云 若口稱 卽一心專稱彼佛 是也"라고 하였다. [참고문헌] 『選擇本願念佛集』, 『觀無量壽佛經疏』. ⇨ 이종행 二種行 3, 오종정행 五種正行, 정행 正行 1, 잡행 雜行 2

칭명행 稱名行 부처님 명호를 부르는 행. 『선택전홍결의초』 권2(臺灣國圖善本42, p.49a7)에 "만약 입으로 소리 내어 부르고 한 마음으로 오롯이 저 부처님의 명호를 부르는 것을 칭명행을 보인다 한다. 若口稱卽 一心專稱彼佛者 示稱名行", 같은 책 권5(臺灣國圖善本42, p.225b3)에 "모두가 염불로서 다른 모든 수행을 넘어서므로 칭명행이라 한다. 皆是念佛超諸行 故稱名行"라고 하였다. [참고문헌] 『選擇傳弘決疑鈔』. ⇨ 칭명 稱名

칭법 稱法 법에 맞게 하다. 칭법계(稱法界)·칭성(稱性)·칭본(稱本)·칭성(稱性) 등과도 통한다. 『정토지귀집』 권하(卍속장108, p.172b16)에 "지혜로운 이가 이 리에 요달한다면 그대로 마땅히 법에 맞게 행할 것이다. 智者 若能了達此理 則當稱法而行"라고 하였다. [참고문헌] 『淨土指歸集』. ⇨ 칭법계 稱法界, 칭법본교축기말교 稱法本敎逐機末敎, 칭본 稱本, 칭성 稱性

칭법계 稱法界 법계에 어긋남 없이 맞아 들다. 법계 그대로 합하다. 칭성(稱性)·칭법(稱法)·칭본(稱本) 등과 통한다. 『대반야경』 권543(대정장7, p.795c25)에 "법계와 합하기에 가장 뛰어나 견줄 바 없다. 稱法界故 最勝無比", 『화엄경탐현기』 권1(대정장35, p.108b14)에 "법계와 합하여 장애가 없기에 「사나품」에 '불신은 모든 법계에 가득 차서 일체중생 앞에 두루 나툰다'라고 한다. 以稱法界 無障礙故 舍那品云 佛身充滿諸法界 普現一切衆生前", 『화엄경전기』 권1(대정장51, p.153a15)에 "이 경은 비로자나불 법계신운이 연화장장엄세계해에 계시면서 해인삼매 내에서 보현 등 해회의 성중과 함께 대보살들에게 전하신 말씀이다. 한 마디 말과 하나의 뜻 그리고 하나의 품과 하나의 회마다 모두 시방허공법계와 낱낱의 미진·모단·찰토와 인다라망의 미세세계 다하고 전후제마저 다한 일체겁해 등 그 어디에나 두루하다. … 이것이 바로 원만법륜으로서 법계와 합하는 이야기일 따름이다. 此經 是毘盧遮那佛 法界身雲 在蓮華藏莊嚴世界海 於海印三昧內 與普賢等海會聖衆 爲大菩薩之所說也 凡一言一義 一品一會 皆遍十方虛空法界 及一一微塵 毛端 刹土 盡因陀羅網 微細世界 窮前後際 一切劫海 … 此乃圓滿法輪 稱法界之談耳", 『신화엄경론』 권7(대정장36, p.761b18)에 "저 지혜의 태양이라 할 수 있는 세존께서는 법계와 어울려 두루 비추시니, 그 지혜로 만유를 아우르고 범성과 더불어 같아지며 참된 이사로 서로 어울려서 바탕으로도 쓰으로도 서로 어긋남이 없이 마주한다. 夫慧日世尊 稱法界而遍照 智周萬有 與凡聖而同 眞理事互融 體用相卽", 『원각경약소』 권상2(대정장39, p.544c1)에 "만약 법계와 합하여 관하여 한 가지일뿐이니, 온통 꿈꾸듯 할 뿐이다. 모두가 연따라 일어나 스스로의 몸이란 없기 때문이다. 若稱法界而觀一種 總是幻化 皆從緣起 無自體故"라고 하였다. [참고문헌] 『大般若經』, 『華嚴經探玄記』, 『華嚴經傳記』, 『新

華嚴經論』, 『圓覺經略疏』. ⇨ 칭법본교축기말교 稱法本敎逐機末敎, 칭본 稱本, 칭성 稱性

칭법본교축기말교 稱法本敎逐機末敎 칭법본교(稱法本敎)와 축기말교(逐機末敎). 칭법본교란 법(法)에 따르는 근본교(根本敎)를 뜻하니 별교일승(別敎一乘)을 말하며, 축기말교는 근기(根機)에 따르는 지말교(枝末敎)로 삼승(三乘)을 말한다. 정승방편승(正乘方便乘)·구경승방편승(究竟乘方便乘) 등과 같은 뜻이다. 『화엄오교장』 권1(대정장45, p.482b18)에 "처음에는 칭법본교를 밝히고, 둘째로 축기말교를 밝힌다. 처음이란 별교일승을 말한다. … 둘째 축기말교란 삼승 등을 말하니, 두 가지 뜻이 있다. 첫째 일승과 동시에 다른 곳에서 말한 것이고, 둘째 다른 때에 다른 곳에서 말한 것이다. 初 明稱法本敎 二 明逐機末敎 初者謂別敎一乘 … 二 逐機末敎者 謂三乘等 有二義 一 與一乘同時異處說 二 異時異處說", 『화엄오교장복고기』 권1(卍속장103, p.431b12)에 "첫째 본교란 별교일승을 말하니, 모든 법의 바탕이기 때문이다. 둘째 말교란 소승과 삼승을 말하니, 저 본교로부터 흘러나온 것이기 때문이다. 또 구경승과 방편승이라고도 하는데, 삼승과 소승은 일승에 비하면 모두 방편이기 때문이다. 이것은 앞의 첫째 중에서 근본과 지말에 의하여 둘로 정리한 것이다. 첫째 본교 등이란 근본이라 하는가? 처음에 『화엄경』을 설하여 모든 가르침의 바탕을 삼았다. 청량은 이렇게 말한다. '장차 근기에 따라 차츰 지말의 가르침을 베풀고자, 앞서 본법을 보이고자 문득 이 경을 말씀하신 것이다'. 둘째 말교 등이란, 앞의 네 가지이다. 본교로부터 흘러나온 것이기에 말교라고 하였다. 또 구경 등이란 무슨 뜻인가? 이것은 유과와 무과에 따라 둘로 나눈 것이며, 칭법본교축기말교 또는 정승방편승 등이라고도 한다. 一 本敎 謂別敎一乘 爲諸敎本故 二 末敎 謂小乘三乘 從彼所流故 又名究竟及方便 以三乘小乘望一乘 悉爲方便故 是前一中約本末開成二也 一 本敎等者 初說華嚴爲諸敎本 淸涼云 將欲逐機漸施末敎 先示本法頓演此經 二 末敎等者 卽前四也 旣從所流故稱爲末 又名究竟等者 此約有果無果以分二 亦名稱法本敎逐機末敎 亦名正乘方便乘"라고 하였다. [참고문헌] 『華嚴五敎章』, 『華嚴五敎章復古記』. ⇨ 본교 本敎 [1], 말교 末敎, 축기말교 逐機末敎

칭법행 稱法行 법 그대로 행하다. 보리달마가 설한 사행(四行) 중 하나로 아(我)도 법(法)도 없음을 알아 행하는 바 없이(無所行) 행하는 일이다. 『경덕전등록』 권30(대정장51, p.458c16)에 "넷째, 칭법행은 성이 깨끗한 뜻만을 가리켜 법을 삼는다. 이 리에서는 온갖 상이 공하고, 물듦이나 착이 없으며, 이것도 없고 저것도 없다. 경에서 말하길 '법에 중생이 없으니 중생의 물듦을 떠났기 때문이고, 법에 아가 없으니 아의 물듦도 떠났기 때문이다'라고 하였다. 지혜로운 이란 이 리를 믿고 알아 마땅히 법에 맞게 행한다. 법체에 아낄 만한 것 없으니 몸과 목숨과 재물로 보시를 행하더라도 마음에 아까움이 없다. 세 가지 공을 깨달아 알아서는 기대지도 붙들 것도 없이 하니 허물 버릴 줄만 알지 중생 따라 교화하더라도 상을 취하지 않는다. 이것이야말로 자기를 위한 행이고 다시 다른 이도 이롭게 한다. 또한 보리를 장엄하는 길이기도 하다. 보시가 이미 그러하고 나머지 다섯 가지 바라밀도 그러하다. 망상을 버리게 해서 육바라밀을 수행하되 행할 것이 없으니 이것이 칭법행이다. 四 稱法行 性淨之理 目之爲法 此理衆相斯空 無染無著 無此無彼 經云 法無衆生 離衆生垢故 法無有我 離我垢故 智者若能信解此理 應當稱法而行 法體無慳 於身命財 行檀捨施 心無悋惜 達解三空 不倚不著 但爲去垢 稱化衆生 而不取相 此爲自行 復能利他 亦能莊嚴菩提之道 檀施旣爾 餘五亦然 爲除妄想 修行六度 而無所行 是爲稱法行"라고 하였다. [참고문헌] 『景德傳燈錄』, 『維摩經』 권상(대정장14, p.540a4). ⇨ 이입사행 二入四行

칭본 稱本 법의 바탕 그대로 하다. 칭법(稱法)·칭법계(稱法界)·칭성(稱性) 등과 통한다. 『화엄오교장』 권1(대정장45, p.483a6)에 "바로 이곳이 보리를 얻은 곳임을 밝히고자 여래께서 스스로 얻으신 법과 그 법 그대로 설하신 것 드러내고자 장소를 옮겨서 설하지 않으셨다. 欲明此是 得菩提處 卽顯如來 自所得法 稱本而說故不移處說也", 『화엄발보리심장』(대정장45, p.651b11)에 "아홉 번째, 환희심이란 무릇 온갖 행을 닦지만 바탕에 합하여 마음을 구하면 그 모두가 크게 기쁘다는 뜻이다. 九者 歡喜心 謂凡修諸行 稱本求心 皆大歡喜故"라고 하였다. [참고문헌] 『華嚴五敎章』, 『華嚴發菩提心章』. ⇨ 칭법 稱法, 칭법계 稱法界, 칭성 稱性

칭불 稱佛 부처님을 소리내 부르다. 칭명(稱名 Ⓢ nāmadheya-grahaṇa)과 통한다. 『관무량수경의소』(대정장37, p.186a11)에 "첫째, 착한 벗이 가르쳐 권하기를 저 부처님 소리 내어 부르도록 하였으니 열 번을 갖춘다. 둘째, 부처님 명호를 소리 내어 부르기에 부르는 찰나마다 팔십억겁 생사한 죄를 없앤다. 一 善友敎勸 稱彼佛名 具足十念 二 以稱佛故 念念除去 八十億劫 生死之罪", 『관무량수불경소』 권3(대정장37, p.268a6)에 "중생이 행을 일으켜 입으로 항상 부처님 소리 내어 부르면 부처님께서 그 소리를 들으시고, 몸으로 항상 부처님께 예경하면 부처님께서 그 모습을 보시며, 마음으로 항상 부처님을 생각하면 부처님께서 그 마음을 아신다. 衆生起行 口常稱佛 佛卽聞之 身常禮敬佛 佛卽見之 心常念佛 佛卽知之"라고 하였다. [참고문헌] 『觀無量壽經義疏』, 『

觀無量壽佛經疏』. ⇨칭명 稱名

칭설 稱說 Ⓢpari-√kīrt. 소리내 말하다. 불러내 찬탄하다. 아미타불(阿彌陀佛)의 공덕 등을 찬탄해 드러내다의 뜻. 『무량수경』 권상(대정장12, p.270b9)에 "만약 어떤 중생이 그 부처님 광명의 위신력과 공덕을 들어서 알고 밤낮으로 드러내 말해서 그 지극한 마음이 끊어지지 않는다면 마음에서 바라는 그대로 그 부처님의 국토에 왕생할 수 있다. 보살과 성문 대중도 함께 그 공덕을 칭송하고 찬탄할 것이다. 若有衆生 聞其光明 威神功德 日夜稱說 至心不斷 隨意所願 得生其國 爲諸菩薩聲聞大衆 所共歎譽 稱其功德", 『아미타경』(대정장12, p.348a18 : *Sukh-vy.Ⅱ*, p.93)에 "사리불아! 내가 지금 모든 부처님의 불가사의한 공덕(Ⓢacintya-guṇān)을 칭찬하는(Ⓢparikīrtayāmi) 것과 마찬가지로 저들 모든 부처님께서도 나의 불가사의한 공덕을 찬탄하여 이렇게 말씀하신다. '석가모니불께서 매우 어렵고 희유한 일을 이루셨으니 사바국토의 겁탁·견탁·번뇌탁·중생탁·명탁과 같은 오탁악세에서 아누다라삼막삼보리를 증득하시고 모든 중생에게 이 일체세간에서 가장 믿기 어려운 법을 설해 주시는구나'. 舍利弗 如我今者 稱讚諸佛不可思議功德 彼諸佛等 亦稱說我不可思議功德 而作是言 釋迦牟尼佛 能爲甚難希有之事 能於娑婆國土 五濁惡世 劫濁 見濁 煩惱濁 衆生濁 命濁中 得阿耨多羅三藐三菩提 爲諸衆生說 是一切世間 難信之法"라고 하였다. 〔참고문헌〕『無量壽經』, 『阿彌陀經』, *Sukh-vy.Ⅱ*.

칭성 稱性 법의 자성 공한 그대로이게 하다. 칭법(稱法)·칭법계(稱法界)·칭본(稱本) 등이라고도 한다. 『화엄경탐현기』 권7(대정장35, p.237a17)에 "진실한 법은 증한 이이고, 이것 좇아 일어났으니 성에 합하여 평등하다. 眞法是所證理 旣從此起 還稱性平等", 『화엄경소』 권7(대정장35, p.549b21)에 "성에 합하여 두루 응하기에 광대하고, 갖춘 상 청정하기에 아름답다. 稱性普應故廣大 具相淸淨故妙好", 『화엄경소초』 권27(대정장36, p.208c14)에 "널리 하는 법이란 무엇인가? 하나가 일체를 갖추고 낱낱이 성에 합하여 동시에 구족하다는 등이니 이렇게 한 즉 열 가지 눈마다에 또다시 하나의 눈 마다의 능함이 있다. 言普法者 一具一切 一一稱性 同時具足等 斯卽十眼之內 一眼之能", 『화엄현담회현기』 권14(卍속장12, p.196b5)에 "온통 다 평등하다는 말은 모든 부처님 변하시는 일마다 한결같이 번뇌 없으시기에 모두 다 그 자성을 따른다. 言悉皆平等者 諸佛所變 純無漏故 皆稱性故", 『원각경소초수문요해』 권3(卍속장15, p.530a6)에 "이것은 성에 따르는 행을 밝힌다. 곧 색과 심이 둘이 아니고 범성이 차별이 없으니 모두가 그 바탕 깨우침에 의지하여 평등해서 둘이 없기 때문이다. 此明稱性之行 謂色心不二 凡聖無差 皆依覺性故平等無二故"라고 하였다. 〔참고문헌〕『華嚴經探玄記』, 『華嚴經疏』, 『華嚴經疏鈔』, 『華嚴懸談會玄記』, 『圓覺經疏鈔隨文要解』. ⇨칭법계 稱法界, 칭본 稱本

칭성본교 稱性本教 제법의 자성 그대로인 본래의 가르침. 칭법본교(稱法本教)를 달리 이르는 말. 성(性)에 따른 부처님 본래의 교설. 『화엄오교장의원소』 권10(卍속장103, p.326a13)에 "삼승은 근기를 따르는 교설일 뿐이라는 말은 근기를 좇는 지말의 가르침이라는 뜻이다. 제불의 십신 등의 이치를 아직 드러내지 않았다는 말은 성에 합하는 부처님 본래의 교설이 아니라는 뜻이다. 三乘但隨機者 逐機末教也 未顯諸佛十身等者 非稱性本教也", 『현수오교의』 권2(卍속장104, p.34a3)에 "〔문〕 성을 따르는 부처님 본래의 교설이면 되었지 근기에 따르는 지말의 교설은 어째서 항상 설하는가? 〔답〕 말이 본을 떠나지 않기 때문이고, 본에 의지하여 성취할 뿐이기 때문이다. 問 稱性本教可爾 逐機末教 云何亦常演耶 答 末不離本故 依本而成故"라고 하였다. 〔참고문헌〕『華嚴五教章義苑疏』, 『賢首五教儀』. ⇨칭법본교축기말교 稱法本教逐機末教, 본교 本教❶

칭성처 稱性處 만법의 자성 그대로인 곳. 결국 자성이 없는 무자성의 자리로 능소가 사라진 곳이다. 『벽암록』 23칙 「평창 評唱」(대정장48, p.164c11)에 "성 그대로인 곳에 이르면 마치 눈이 스스로를 보지 못하고, 귀가 스스로를 듣지 못하며, 손가락이 스스로를 만지지 못하고, 칼이 스스로를 자르지 못하며, 불이 스스로를 태우지 못하고, 물이 스스로를 씻어내지 못하는 것과 같다. 到稱性處 如眼不自見 耳不自聞 指不自觸 如刀不自割 火不自燒 水不自洗"라고 하였다. 〔참고문헌〕『碧巖錄』.

칭순 稱順 불러내는 대로 따르다. 이름 붙여 말하는 대로 답해 말할 수 있는 것. 이에 반해 이름 드러내 말해도 답할 수 없는것(不能稱順而答)이 있는데 이것을 사치기(捨置記) 등이라고 한다. 『별역잡아함경』 권10(대정장2, p.443c6)에 "세존이시여! 무슨 인연으로 여러 사문과 바라문이 어떤 질문을 하면 모두 불러내 따르면서 답하여 말합니다. '나는 이곳에서 죽어서 저곳에 나고, 나는 이곳에서 죽어 저기에 나지 않으며, 나는 이곳에서 죽어서 저곳에서 나기도 하고 나지 않기도 하며, 나는 저곳에 나지 않고 저곳에 나지 않는 것도 아니다'. 독자가 말했다. '구담이시여! 이와 같은 질문들은 무엇 때문에 말씀하신대로 따라서 답할 수가 없습니까?' 世尊 以何因緣 諸餘沙門 及婆羅門 若有所問 皆稱順答說 我死此生彼 我死此不生彼 我死此亦生彼亦不生彼 我非生彼非非生彼 犢子復言 瞿曇 如斯之難 何故不能稱順而答"라고 하였다. 〔참고문헌〕『別譯雜阿含經』, *Bodh-bh.75.*

칭술 稱述 ❶ 드러내서 말하다. 『대장엄론경』 권2(대정장4, p.267b18)에 "법왕께서 찬양한 소욕의 법은 능히 드러내 자세히 말할 수 없다. 이는 모든 선의 샘으로서 부처님의 경에서도 소욕을 사문의 바탕이라 하신 말씀과 같다. 不能稱述 法王所讚 少欲之法 是諸善源 如佛修多羅中 亦說少欲爲沙門本", 『주유마힐경』 권9(대정장38, p.404b23)에 "이는 말과 정으로 드러내 말할 수 있는 경계가 아니다. 이는 불사 중에서도 뛰어나기 때문이다. 非是言情 所能稱述 此佛事之上者也"라고 하였다. 〔참고문헌〕『大莊嚴論經』, 『注維摩詰經』. ❷ 칭찬해 말하다. 칭설(稱說)과 통한다. 『출삼장기집』 권8 「비마라힐제경의소서 毘摩羅詰提經義疏序」(대정장55, p.58c13)에 "이 경은 비마라힐의 설이라 이름 붙였다. 그 까닭은 설한 사람을 높이고 그 법을 중시했기 때문이다. 오백의 응진이 드러내 하신 말씀이고, 모든 보살이 탄복한 법이다. 此經 以毘摩羅詰所說爲名者 尊其人重其法也 五百應眞之所稱述 一切菩薩之所嘆伏"라고 하였다. 〔참고문헌〕『出三藏記集』. ⇨ 칭설 稱說

칭실성문장 稱實聲聞藏 실이라 할 만한 성문의 교설. 외도의 설과 구분되고 불설(佛說)의 뜻과는 합하는 의미에서 성문장을 '칭설'이라 한다. 『화엄경탐현기』 권1(대정장35, p.109c29)에 "두 번째, 칭실성문장이다. 말하길 저 『유가사지론』 「성문지」와 「성문결택」에서 성문행위과 등을 말해 보인 것들이니 그 모두가 실에 합하고 이와 상응하여 『비바사론』이나 모든 외도의 이론과 같지 않다. 보처보살의 말은 다른 모든 이론들이 쟁론할 수 있는 상대가 아니기에 이런 이유로 다 들어 칭실성문장이라 한다. 二 稱實聲聞藏 謂如瑜伽聲聞地 及聲聞決擇 詮示聲聞行位果等 皆悉稱實 與理相應 不同婆娑 及諸異論 以補處所說 非諸異論所能諍故 是故總名 稱實聲聞藏"라고 하였다. 〔참고문헌〕『華嚴經探玄記』. ⇨ 성문장 聲聞藏

칭양 稱揚 ❶ Ⓢ pra-√śaṃs, praśasyate, praśastatva, Ⓣ bsngags, rab-tu-bsngags, sngags-pa. 불러내 들어 올리다. 소리내서 세간이 알게 하다. 『앙굴마라경』 권2(대정장2, p.526a24)에 "법을 설하는 모든 사람은 마땅히 이와 같이 설해야 하니 여래의 상주하는 진실을 소리내 드러내야 한다. 諸說法者 應如是說 稱揚如來 常住眞實", 『방광반야경』 권15(대정장8, p.103c3)에 "내가 법을 설할 때 보조보살과 식만보살을 소리내 들어 올리고 찬탄하는 것처럼 내가 법을 설할 때 묘락불국에서 범행을 닦는 모든 보살을 기리고 또한 나는 저들 모든 정사(보살)를 항상 기린다. 譬如我說法時 稱揚讚歎 寶造菩薩 及識挽菩薩 我說法時 稱譽妙樂佛國中諸菩薩修梵行者 我亦常稱譽 彼諸正士", 『유부율잡사』 권36(대정장24, p.385a16)에 "깨끗한 신심을 품을 수 있는 사람이라면 대중의 공경과 공양을 받을 것이며, 항상 대사의 진실한 말에 의지한다면 모든 부처님께서 불러내 알게 하리라. 若人能有淨信心 恭敬供養於大衆 常依大師眞實語 則爲諸佛所稱揚"라고 하였다. 〔참고문헌〕『央掘魔羅經』, 『放光般若經』, 『有部律雜事』. ❷ 들어 보이다. 거양(擧揚)이라고도 한다. 부산십육제(浮山十六題) 중 하나이기도 하다. 『임제록』(대정장47, p.496b15)에 "조종문하에서 크나큰 일 소리쳐 드러내려 한다면 곧바로 입 열 수 없게 되고 발붙일 곳 없게 될 것이다. 若約祖宗門下 稱揚大事 直是開口不得 無爾措足處", 『설봉어록』 권하(卍속장119, p.958a8)에 "이 일 드러내 뽐낸다면 대지 다하도록 설해도 능히 다하지는 못하리라. 만약 달마 몸소 전했다면 다만 이 한 마디만으로도 문득 범부 뒤쳐 성인 되리니 결코 작은 일은 아니리라. 깨우친다면 한 찰나지만 깨우치지 못한 세월은 진사겁이리라. 若稱揚此事 盡大地說不能盡 若達磨親傳 祇是一言便轉凡成聖 不是小小之事 悟卽刹那間 不悟塵沙刧", 『원오어록』 권5(대정장47, p.735c14)에 "초하루에 법좌에 올라 말했다. '본래 모양새라곤 없는데 또 무슨 주둥이가 있어 특별히 널리 들어 내서는 저들 도리를 대체하랴? 말해 보라! 그런 것 있다 해도 참하는 이 누구란 말인가' 月旦上堂云 本來無形段 那復有唇觜 特地廣稱揚 替他諸道理 且道 他是誰參"라고 하였다. 〔참고문헌〕『臨濟錄』, 『雪峰語錄』, 『圜悟語錄』, *Abh-k-bh.207.*, *Sūtr.117.* ⇨ 거양 擧揚, 부산십육제 浮山十六題

칭양제불공덕경 稱揚諸佛功德經 Ⓢ Āryakusumasaṃcaya-nāma-mahāyānasūtra, Ⓣ 'phags-pa me-tog-gi tshogs shes-bya-ba theg-pa chen-po'i mdo. 북위(北魏)대 길가야(吉迦夜) 한역. 3권. 고려장12, pp.170a1~197b12, No.371 · 대정장14, pp.87a10~105b5, No.434에 수록되어 있고, 티베트역본(北京版 No.932)도 전한다. 『현재불명경 現在佛名經』 · 『제불화경 諸佛華經』 · 『칭양제불경 稱揚諸佛經』 · 『집제불화경 集諸佛華經』 · 『집화경 集華經』 등이라고도 한다. 경의 마지막 부분에서 "이 경의 이름은 『칭양제불공덕법품』이라 하고 또 『집제불화』라고도 한다. 받들어 행하라! 比經名曰 稱揚諸佛功德法品 亦復名曰 集諸佛花 當奉行之"라고 부처님께서 직접 경명을 붙이셨다. 경명대로는 여러 부처님의 세계와 명호 아울러 그 공덕을 찬탄한다. 권상에서는 동방 천신세계(天神世界)의 보해여래(寶海如來)를 으뜸으로 모시고 49불(佛)의 공덕을 찬탄하며, 권중에서는 남방 진주세계(眞珠世界)의 일월등명여래(日月燈明如來) 이하의 38불의 공덕을 찬탄하고, 권하에서는 서방 극락세계(極樂世界)의 아미타불(阿彌陀佛)을 위시한 삼불(三佛) 그리고 북방 아갈유향세계(阿竭流香世界) 보월광명여래(寶月光明如來)를 위시한 삼불 그 다음으로는 상방 보월세계(寶月世界)의 금보광명여래(金寶光明如來)와 27불의 공덕을 찬탄한다. [참고문헌] 『歷代三寶紀』 권8(대정장49, p.77c21), 『衆經目錄』 권1(대정장55, p.115b9), 『開元釋敎錄』 권4(대정장55, p.513b14). ⇨ 불화경 佛華經 ❷

칭업 稱業 드러내 저절로 불리워지는 업. 행한 바 업이 뛰어나기에 그 이름이 유정들에게 명예롭게 불리워짐을 말한다. 부처님과 전륜성왕 그리고 성스런 불제자들의 행업이 저절로 드러내져 인천이 알게 되는 뜻이다. 『대비바사론』 권183(대정장27, p.916a16)에 "오직 여래만은 명성이 높고 멀어 이르지 못할 곳이 없다. 이런 이유로 부처님께서 무상보리를 증득하셨을 때 그 소리 널리 미쳐 응답함이 색구경천까지 이른다. 설령 유정천의 유정일지라도 이식이 있으면 그 소리 또한 그에게 사무친다. 왜 그런가? 여래께서는 오래 닦으셨기에 그 업을 칭송함이다라고 한다. 唯有如來 名聲高遠 無所不至 是故 佛得無上菩提時 其聲遍及 所應至處 乃至色究竟天 設當有頂有情 有耳識者 聲亦徹彼 所以者何 如來久修 名稱業故", "또한 모든 유정의 무리도 지은 바가 증장함이 있으면 이름이 커지니 칭업이라 하고, 상중하 또한 있어 하는 전륜왕이고, 중은 교진나 등이며, 상은 부처님이라 한다. 그러므로 저 소리에 가깝고 멂이 있다. 復次 諸有情類 造作增長 大名稱業 有上中下 下者 如轉輪王 中者 如憍陳那等 上者 謂佛 是故於彼聲有近遠", 『잡아비담심론』 권10(대정장28, p.950c13)에 "정거천은 위없는 도 이루기를 권하고 일으켰기에 소리가 정거천에 이른다. 칭업을 성취하였기에 소리 또한 제한이 있다. 淨居天 勸發成無上道故 是故 聲至淨居天 成稱業故 聲有齊限"라고 하였다. [참고문헌] 『大毘婆沙論』, 『雜阿毘曇心論』.

칭예 稱譽 Ⓟ anukkaṃseti, vaṇṇa-vādī. 불러내 명예롭게 하다. 칭찬해 드러내다. 훼타(毁他)의 상대어다. 『장아함경』 권8 「산타나경 散陀那經」(대정장1, p.48b16 : *Udumbarikasīhanāda-sutta, DN.3,* p.46)에 "저 고행자들은 스스로 명예롭게 드러내지도 타인을 헐뜯지도 않는다. 이것이 고행으로 번뇌를 벗어나는 법이라 한다. 彼苦行者 不自稱譽 不毁他人 是爲苦行離垢法也 tapassī tapaṃ samādiyati, so tena tapasā na attānukkaṃseti, na paraṃ vambheti. evaṃ so tasmiṃ ṭhāne parisuddho hoti", 『중아함경』 권23 「흑비구경 黑比丘經」(대정장1, p.576c13 : *Adhikaraṇa-sutta, AN.5,* p.167)에 "저 한 사람 있어 싸우길 좋아하질 않아 칭찬해서 다툼을 그친다. 或有一人 不憙鬪諍 稱譽止諍 bhikkhu na adhikaraṇiko hoti adhikaraṇa-samathassa vaṇṇavādī", 『십주단결경』 권3(대정장10, p.982a12)에 "설령 어떤 사람이 다가와 칭찬할지라도 기쁘게 여기지 않으며 매질을 당하더라도 괴롭게 여기지 않는다. 假使有人來稱譽者 不以爲喜 若見捶者 亦無愁惱"라고 하였다. [참고문헌] 『長阿含經』, 『中阿含經』, 『十住斷結經』, *DN., AN.*

칭우 稱友 Ⓢ Yaśomitra, Ⓣ grags-pa'i-bshes-gnyen. 6~7세기 경량부 주석가. 티베트어로는 왕자(王子 Ⓣ rgyal-po'i-sras, Ⓢ rājaputra)라는 이름을 덧붙인다. 세친(世親 Ⓢ Vasubandhu)의 『구사론』에 주석을 붙인 *Sphuṭārthā Abhidharmakośavyākhyā*(明義阿毘達摩俱舍註疏)를 지었다. 『구사론』에 대하여 현존하는 유일한 범문주석서이며, 티베트역본(北京版 No.5593)도 전한다. 칭우는 이 주석서에서 스스로를 경량부(經量部 Ⓢ Sautrāntika)라고 밝히고 있다. 만증(滿增 Ⓢ Pūrṇavardhana)이 지은 *Abhidharmakośaṭīkālakṣaṇānusāriṇī*(阿毘達摩俱舍註疏隨相, 北京版 No.5594)의 복주(複註)라고 하지만, 선후에는 여지가 있다. 오기하라 운라이(荻原雲來)의 교정본 『俱舍論疏 *Sphuṭārthā*』가 있다. [참고문헌] U.Wogihara *Sphuṭārthā* (Tokyo : Sankibo, 1936).

칭위 稱謂 소리로 불러내 말하다. 모든 사물의 명목(名目)을 알게 하고 그 사물의 마땅함도 분별해 말하는 것을 말한다. 『일체경음의』 권23(대정장54, p.449a8)에 "모든 불러 말하는 것을 안다〈칭은 창과 잉을 반절한 음으로, 불러 따름이다. 『한서음의』에 '위란 가리켜 나아감이다'라고 하였다. 여기서는 법문의 뜻을 따라서 모두 따라 순해서 알게 되는 것을 가리킨다. 『한서음의』에 또 '위란 이름을 부르는 것이고 일이 마땅하게 된다'라고 하였다. 무릇 모든 사물의 명목을 알고 그 마땅함을 분별해 내는 것을 모두 '칭위'라고 한다〉. 知諸稱謂〈稱昌孕反 稱順也 漢書音義云 謂者 指趣也 今謂於法門意趣 皆隨順知也 漢書又曰 謂 名稱也 事宜也 謂凡諸事物 知其名目 識其所宜 皆日稱謂也〉"라고 하였다. [참고문헌] 『一切經音義』.

칭의 稱意 Ⓢ citta-paritoṣa. 마음에 들다. 『대비경』 권4(대정장12, p.964a19)에 "그대 비구들아! 슬픔을 그치고 근심하지 마라. 애착하는 모든 사람과 마음에 드는 것들 모두 떠나고 흩어지게 마련이다. 汝諸比丘 止莫憂悲 一切所愛 稱意之物 皆當離散", 『낙방문류』 권4 「임종정념결 臨終正念訣」(대정장47, p.213a13)에 "만약 이 더러운 몸을 버릴 수 있다면 정토에 왕생하여 무량한 쾌락을 누릴 수 있지만, 부처님을 친견하고 그 설법을 들은 뒤 고통에서 벗어나 해탈하여야 비로소 마음에 드는 일이라 할 것이다. 마치 악취나는 낡은 옷을 벗고 귀한 옷으로 갈아입는 것과 같다. 若得捨此穢身 卽得往生淨土 受無量快樂 見佛聞法 離苦解脫 乃是稱意之事 如脫臭弊之衣 得著珍御之服"라고 하였다. [참고문헌]『大悲經』, 『樂邦文類』, *Divy.548.*

칭찬 稱讚 Ⓢkīrti, kīrtiśabda-śloka, saṃvarṇitām, Ⓟkitti, kittī, saṁvaṇṇanā. 드러내 기리다. 『별역잡아함경』 권6(대정장2, p.417a20)에 "그때 세존께서 저들 무량한 대중 중에 가섭의 공덕을 칭찬하셨다. 爾時 世尊 於彼無量大衆之中 稱讚迦葉功德", 『방광대장엄경』 권10(대정장3, p.599b8)에 "세존께서 처음으로 정각을 이루시자 무량한 천신들이 모두 여래의 공덕을 소리내 찬탄하였다. 世尊初成正覺 無量諸天 皆悉稱讚如來功德", 『대보적경』 권78(대정장11, p.445c10)에 "그러므로 응당 깊은 법을 구하여 부처님의 칭찬을 받는 사람은 항상 중생에게 그 법을 설해 주니 공덕은 여기서 발생한다. 故應求深法 佛所稱讚者 常爲衆生說 功德從是生", 같은 책 권97(대정장11, p.547a9)에 "비록 이와 같은 고를 알지만, 여전히 음욕에 빠져서, 여인을 칭찬하니, 싫어서 벗어나려는 마음을 일으킨 적이 없다네. 雖見如是苦 猶於婬欲中 稱讚於女人 曾不生厭離", 『사익범천소문경간주』 권3(卍속장33, p.859b13)에 "칭찬이란 순하는 경이고, 헐뜯음이란 거스르는 경이다. 순하거나 거스르거나 동요하지 않음이 부처님의 교설을 따르는 것이다. 稱讚者 順境也 毁辱者 逆境也 不爲順逆所動 是順佛之敎也"라고 하였다. [참고문헌]『別譯雜阿含經』, 『方廣大莊嚴經』, 『大寶積經』, 『思益梵天所問經簡註』, *Kāśy.33·172., Saddh-p.62., SN.1.25.*

칭찬간 稱讚慳 Ⓟvaṇṇa-maccharī, vaṇṇa-macchariya. 불러 말로 찬함을 아낌. 다섯 가지 아끼는 마음(五慳 Ⓟpañca macchariyāni) 중 하나로 색간(色慳)이라고도 한다. 『성실론』 권10(대정장32, p.321a11)에 "칭찬을 아낀다는 말은 무슨 뜻인가? 오직 자신만 칭찬할 뿐 다른 사람을 칭찬하지 않으며, 설령 다른 사람을 칭찬하더라도 나보다 낫다고 말하지는 않는다. 稱讚慳者 獨稱讚我 勿讚餘人 設讚餘人 亦勿令勝我", 『법화현찬』 권10본(대정장34, p.843a14)에 "칭찬간이란 남을 칭찬함에 인색한 마음을 일으켜 오직 자신만 찬하고 다른 이 칭찬하지 않는다. 설령 다른 사람을 칭찬하더라도 자신보다 뛰어나지 못하게 한다. 여기에도 다섯 가지가 있다. 첫째, 다른 이를 칭찬하는 소리를 들으면 마음이 항상 근심으로 흔들린다. 둘째, 선량한 사람을 헐뜯는다. 셋째, 자신을 높이고 타인을 낮춘다. 넷째, 항상 악명을 듣고 산다. 다섯째, 미래의 백천세 동안 깨끗한 마음이 있을 수 없다. 稱讚慳者 於他稱讚 生慳悋心 令獨讚我 莫讚餘人 設讚餘人 莫使勝我 此亦有五 一 聞讚餘人 心常憂動 二 訾毁善人 三 自高卑他 四 常被惡名 五 於未來百千世中 無有淨心"라고 하였다. [참고문헌]『成實論』, 『法華玄贊』, 『成實論』 권10(대정장32, p.321b6), 『解脫道論』 권12(대정장32, p.460a24), 『大乘義章』 권5(대정장44, p.573a1), *AN.3.266., Nidd. I.37.* ⇨ 오간 五慳❶, 명문간 名聞慳, 색찬간 色讚慳, 간 慳

칭찬공덕 稱讚功德 ❶ 일컬어 기릴 만한 공덕. 『대승보살장정법경』 권38(대정장11, p.880c2)에 "선남자선여인이 이 보살장정법을 받아 지니어 읽고 외워 널리 크게 열어 보이며 다른 사람에게 설하거든 능히 열 가지 일컬어 기릴 만한 공덕을 얻는다. 어떤 것들이 그 열인가. 첫째 이 생을 지나거든 일체사업에 통달을 얻는다. 둘째 성족에 남을 얻는다. 셋째 큰 이름을 갖춘다. 넷째 하는 말마다 사람들이 기꺼이 믿고 받아들인다. 다섯째 큰 부로 넉넉함을 얻는다. 여섯째 사람과 하늘의 아낌을 받는다. 일곱째 전륜왕위를 얻는다. 여덟째 범세에 남을 얻는다. 아홉째 〈범본에 본디 빠짐〉. 열째 일체처 어디에서나 보리심을 얻으니 물러나 잃을 일이 없다. 若善男子善女人 於此菩薩藏正法 受持讀誦 廣大開示 爲他人說 而能獲得 十種稱讚功德 何等爲十 一者 過是生已而得通達一切事業 二者 得生聖族 三者 具大名稱 四者 所說言辭 人喜信受 五者 得大富饒 六者 人天愛敬 七者 獲轉輪王 八者 得生梵世 九者 〈梵本元闕〉 十者 遍一切處 得菩提心 無有退失", 『대승아비달마잡집론』 권12(대정장31, p.752c9)에 "사마타에 칭찬공덕이 다시 두 가지가 있다. 첫째 찰나찰나 훌륭히 나아가 가볍고 편안함에 사이와 빠짐이 없다. … 둘째 뛰어나게 알고 자세히 관함에 일체교법에 차별이 있지 않다. 奢摩他稱讚功德 復有二種 一 刹那刹那 勝進輕安 無有間缺 … 二 勝解諦觀 一切教法 無有差別"라고 하였다. [참고문헌]『大乘菩薩藏正法經』, 『大乘阿毘達磨雜集論』. ❷ 공덕을 칭찬하다. 『대반야경』 권47(대정장5, p.264a16)에 "락법이란 이 법에 대해 공덕을 칭찬함이다. 言樂法者 謂於此法 稱讚功德"라고 하였다. [참고문헌]『大般若經』.

칭찬대승공덕경 稱讚大乘功德經 당대 현장(玄奘) 한역. 1권. 고려장11, pp.559a1~561a9, No.256·대정장17, pp.910c16~912a20, No.840에 수록되어 있다. 『현설방법업장경 顯說謗法業障經』이라고도 한다. 이역본으로 당대 지엄(智嚴)이 한역한 『설묘법결정업장경 說妙法決定業障經』 1권(대정장17, No.841)이 있다. 성문승(聲聞乘)과 연각승(緣覺乘)이라는 이승(二乘)이 되려는 뜻을 일으키지 말 것과 대승을 비방하는 죄를 밝히며 대승의 뜻을 풀었다. [참고문헌]『衆經目錄』 권1(대정장55, p.184c22), 『開元釋敎錄』 권8(대정장5

5, p.555c25). ⇨ 설묘법결정업장경 說妙法決定業障經

칭찬여래 稱讚如來 Ⓢ tathāgata-stuti. 여래를 칭찬하길 다함없이 하다. 보현보살십종대원(普賢菩薩十種大願) 중 제2원이다. 40권본 『화엄경』 권40(대정장10, p.844c12 : *Gaṇḍ-vy.*, p.428)에 "법계 허공계 다하도록 시방삼세의 일체찰토에 있는 극미 낱낱의 티끌 중에 일체 세계 극미진수 부처님께서 계시고, 낱낱 부처님마다 보살들이 둘러싸고 있는 것을 깊고 뛰어난 믿음으로써 눈앞에 나타난 듯이 본다. 그 각각이 변재천녀보다 뛰어난 미묘한 설근으로써 설근마다 한없는 음성을 내고, 음성마다 모든 언사를 내어서 일체여래의 모든 공덕을 높이고 찬탄한다. 所有盡法界 虛空界十方三世一切刹土 所有極微一一塵中 皆有一切世界極微塵數佛 一一佛所皆有菩薩海會圍遶 我當悉以甚深勝解 現前知見 各以出過辯才天女微妙舌根 一一舌根出無盡音聲海 一一音聲出一切言辭海 稱揚讚歎一切如來諸功德海 ekarajāgri rajopamabuddhā buddhasutāna niṣaṇṇaku madhye, evam aśeṣata dharmatadhātuṃ sarvādhimucyami pūrṇa jinebhiḥ. teṣu ca akṣayavarṇasamudrān sarvasvarāṅgasamudrarutebhiḥ, sarvajināna guṇān bhaṇamānas tān sugatān stavamī ahu sarvān"라고 하였다. [참고문헌] 『華嚴經』, *Gaṇḍ-vy.* ⇨ 보현보살십종대원 普賢菩薩十種大願, 보현행원 普賢行願

칭찬여래가 稱讚如來歌 고려초 균여(均如)가 지은 보현십원가(普賢十願歌) 11수 중 제2수. 『균여전』 「가행화세분 歌行化世分」(한불전4, p.513b3)에 "오늘 무리들의 나무불이여 사뢰는 혀에 무진변재의 바다 일념중에 솟아나거라. 진진허물을 부르시온 공덕신을 대하고 끝없는 덕의 바다를 의왕들로 찬양하고자. 반듯하게 일모덕도 못 다 사뢴 너여. 今日部伊冬衣 南無佛也白孫舌良衣 無盡辯才叱海等 一念惡中湧出去良 塵塵虛物叱邀呂白乎隱 功德叱身乙對爲白惡只 際于萬隱德海詰 間王冬留讚伊白制 隔句必只一毛叱德置 毛等盡良白乎隱乃兮"라고 하였다. [참고문헌] 『均如傳』, 황패강 『향가문학의 이론과 해석』(일지사, 2001). ⇨ 보현십원가 普賢十願歌

칭찬여래공덕신주경 稱讚如來功德神呪經 Ⓢ Āryadvādaśabuddhaka-nāma-mahāyānasūtra, Ⓣ 'phags-pa sangs-rgyas bcu-gnyis-pa shes-bya-ba theg-pa chen-po'i mdo. 당대 의정(義淨) 한역. 고려장11, pp.1003a1~1004a12 No.302 · 대정장21, p.863a4~863c27, No.1349에 수록되어 있고, 티베트역본(北京版, No.478)도 전한다. 『십이불명신주교량공덕제장멸죄경 十二佛名神呪較量功德除障滅罪經』과 동본이역으로 생략된 부분이 있다. [참고문헌] 『開元釋敎錄』 권9(대정장55, p.567b13), 『貞元新定釋敎目錄』 권13(대정장55, p.867c19). ⇨ 십이불명신주교량공덕제장멸죄경 十二佛名神呪校量功德除障滅罪經

칭찬여래송 稱讚如來頌 균여(均如) 칭찬여래가(稱讚如來歌)를 번역한 시. 고려초 최행귀(崔行歸)가 지었다. 『균여전』 「역가현덕분 譯歌現德分」(한불전4, p.515b8)에 "부처님 나라 가득히 정성 다하여 한결같이 나무소리 높이며 부처님을 찬탄합니다. 변재의 바다 세 치 혀에서 생겨나고 말의 샘 두 입술 사이에서 솟아나길 바라옵니다. 깨달음의 황제 티끌 모래 수만큼 교화하신 일 소리 높여 드러내고, 의왕께서 불국토 감화하신 일을 노래 부릅니다. 끝내 한 터럭만큼의 덕도 아뢰지 못하더라도 이 마음 오직 허공계 다하는 날까지 변함없이 기다릴 것입니다. 遍於佛界罄丹衷 一唱南無讚梵雄 辯海庶生三寸抄 言泉希涌兩唇中 稱揚覺帝塵沙化 頌詠毉王刹土風 縱未談窮一毛德 此心直待盡虛空"라고 하였다. [참고문헌] 『均如傳』. ⇨ 보현십원가 普賢十願歌

칭찬정토경 稱讚淨土經 『칭찬정토불섭수경 稱讚淨土佛攝受經』의 줄인 이름. 『아미타경소』(대정장37, p.318a6)에 "범본에서 '만수실리'는 묘덕이라 한역하고, 신역 『칭찬정토경』에서는 묘길상이라 한역하였다. 按梵本云 曼殊室利 此云妙德 新譯 稱讚淨土經 名妙吉祥"라고 하였다. [참고문헌] 『阿彌陀經疏』, 『大唐內典錄』 권5(대정장55, p.282b20), 『貞元新定釋敎目錄』 권21(대정장55, p.924c17), 『大唐內典錄』 권8(대정장55, p.307a7), 『淨土十要』 권1(卍속장108, p.679a12). ⇨ 칭찬정토불섭수경 稱讚淨土佛攝受經

칭찬정토경고적기 稱讚淨土經古迹記 신라 태현(太賢) 지음. 1권. 현재는 전하지 않는다. 현장(玄奘)이 한역한 『칭찬정토불섭수경 稱讚淨土佛攝受經』(대정장12, No.367)에 대한 주석서이다. 『신편제종교장총록』 권1(대정장55. p.1172a15 · 한불전4, p.688a14) 『칭찬정토경』에 "고적기 권1〈정토 총 요간에 더하다〉. 古迹記一卷〈淨土總料簡附〉"라고 하였고, 『대일본불교전서』 권1 「불전소초목록 佛典疏鈔目錄」에도 목록만 기록되어 있다. [참고문헌] 『新編諸宗敎藏總錄』, 『大日本佛敎全書』, 『韓國佛敎撰述文獻總錄』(동국대출판부, 1976).

칭찬정토불섭수경 稱讚淨土佛攝受經 Ⓢ Ārya-sukhāvatīvyūha-nāma-mahāyānasūtra, Ⓣ 'phags-pa-bde-ba-can-gyi-bkod-pa-zhes-bya-ba-theg-pa-chen-po'i-mdo. 당(唐)대 현장(玄奘) 한역. 1권. 줄인 이름은 『칭찬정토경』이다. 고려장11, pp.189a1~193b15, No.193 · 대정장12, pp.348b22~351b23, N o.367에 수록되어 있고, 티베트역본(北京版 No.783)도 전한다. 아미타불의 극락정토와 그곳에 살고 있는 중생들의 수승함을 찬탄하고, 아미타불의 가르침에 따라 선근공덕을 쌓아 극락정토에 왕생하기를 염원할 것을 권하는 내용이다. 요진(姚秦)대 구마라집(鳩摩羅什)이 한역한 『아미타경 阿彌陀經』(대정장20, No.366)의 이역본(異譯本)이다. 주석서로는 당(唐) 정매(靖邁)의 『칭찬정토불섭수경소』 1권·당 규기(窺基)의 『칭찬정토불섭수경술찬』 1권 등이 있다. ⇨아미타경 阿彌陀經

칭추낙정 秤鎚落井 저울추 우물에 떨어지다. 이미 그 어떤 기준도 헤아릴 방도마저 사라져 버린 사태를 마주하는 뜻이다. 『죽암규화상어』(속고존숙어요6, 卍속장119, p.140b9)에 "죽암선사가 주장자를 들어올리고 대중에게 보이며 말했다. '삼천제불이 모두 산승의 주장자 끝에 있다. 허물 놓쳐서는 안 된다. 만약 잘못을 놓아버린다면 모든 이들 거듭 새롭게 단련시켜야 할 것이다'. 주장자를 한 번 내리치고 크게 한 소리 지르고서 말했다. '티끌투성이 법계와 생각 다한 비로자나불은 지척에서 대천세계 건너가고, 찰나에 삼세를 초월한다. 과거의 모든 여래 저울추 우물에 빠뜨렸고, 현재의 모든 보살 계곡과 도랑 가득 메웠으며, 미래의 배우려는 이는 삼씨 같고 좁쌀과 같다. 대중이여! 정신을 바짝 차려야 한다'. 師拈起拄杖 示大衆云 三千諸佛 盡在山僧拄杖頭邊 放過郎不可 若不放過 不免爲諸人 重新煆過 卓拄杖一下 喝一喝云 塵融法界 念盡毗盧 咫尺跨於大千 剎那超於三世 過去諸如來 秤鎚落井 現在諸菩薩 塞壑塡溝 未來修學人 如麻似粟 大衆 急著精彩", 『건중정국속등록』 권11 「장산불혜선사장 蔣山佛慧禪師章」(卍속장136, p.169a1)에 "물었다. '무엇이 본분 드러내는 한마디 범하지 않음입니까?' '저울추 우물에 떨어졌다'. 問 如何是不犯鋒鋩句 師云 秤鎚落井"라고 하였다. [참고문헌] 『竹菴珪和尙語』, 『建中靖國續燈錄』.

칭추잠초 秤鎚蘸醋 저울추 초에 담그다. 눈금 녹아 사라지게 하듯 일체분별 다한 끝에라야 부처도 보고 중생도 만날 수 있다는 뜻이다. 『정법안장』 권2(卍속장118, p.67b11)에 "대혜가 말했다. '대우에게 마지막 한 마디가 없었다면 이노백고에 의해 눈동자가 바뀔 뻔하였다. 비록 그렇더라도 역시 저울추 초에 담글 일 면치 못했으리'. 妙喜曰 大愚若無後語 洎合被狸奴白牯換却眼睛 雖然如是 也未免秤鎚蘸醋", 『월강정인선사어록』 권상(卍속장123, p.249b14)에 "예로부터 부처와 조사, 그리고 천하의 노화상 중에 칼산과 칼나무 위에서나 가마솥과 화로 향하지 않고도 정등각을 이루고 중생을 제도하지 않은 이는 없었다. 만약 산승의 견지에서 보자면 이것이야말로 저울추 초에 담근 일이다. 從上若佛若祖 天下老和尙 莫不向刀山劍樹上 鑊湯爐炭中 成等正覺 拔濟有情 若約山僧看來 也是秤鎚蘸醋"라고 하였다. [참고문헌] 『正法眼藏』, 『月江正印禪師語錄』.

칭탄 稱嘆 Ⓟ vaṇṇābhato, vaṇṇabhato, vaṇṇaṃ bhāsati. 불러내 기리다. 『중아함경』 권41 「범마경 梵摩經」(대정장1, p.689b17)에 "욕은 재환이고 생사는 때 묻었다 나무라시고, 무욕은 미묘하고 도품은 깨끗하다며 드러내 기리셨다. 毁呰欲爲災患 生死爲穢 稱嘆無欲爲妙 道品白淨", 『잡아함경』 권49(대정장2, p.358c29)에 "세존께서 '그렇다, 그렇다' 하시며 아난존자에게 사리불이 말한 바를 불러 기리셨다. 世尊 如是如是 向尊者阿難 如是如是 稱嘆舍利弗所說", 『법화경과습』 권2(卍속장93, p.255a14)에 "이 일승의 실상의 미묘한 뜻과 일승반야의 종지야말로 성인이 불러 기릴 일이네. 今是一乘 實相之妙理 一乘般若之種智 乃聖所稱嘆者"라고 하였다. [참고문헌] 『中阿含經』, 『雜阿含經』, 『法華經科拾』, *SN.1.65.*, *AN.1.89.*

칭탄 稱歎 Ⓟ thomana, thomanā. 불러내 찬탄하다. 『기세경』 권8(대정장1, p.351b13)에 "제석천왕이 이 게송을 말하고 나자 삼십삼천과 그의 모든 권속들이 다 칭탄하면서 펄쩍 뛰고 기뻐하였다. 모든 아수라와 그의 권속들은 조용히 침묵하였다. 帝釋天王 說此偈已 三十三天 幷諸眷屬 皆亦稱歎 踊躍歡喜 諸阿修羅 及其眷屬 默然而住", 『대명도경』 권6(대정장8, p.507a22)에 "비유하면 부처님께서 멸도한 후에 어떤 사람이 부처님의 형상을 만들었는데, 단정하고 보기 좋은 것이 부처님과 다름이 없어 사람들이 보고서 칭탄하면서 꽃과 향, 수놓은 천을 가지고 공양하지 않는 이가 없는 것과 같다. 그렇다면 현자여! 부처님의 정신이 그 형상 가운데 있다고 할 수 있는가? 譬如佛滅度後 有人作佛形像 端正姝好 如佛無異 人見莫不稱歎 持花香繒綵供養者 賢者 謂佛神在其像中耶"라고 하였다. [참고문헌] 『起世經』, 『大明度經』, *Nidd. I.164.*

칭회 稱會 들어맞다. 바라 마지않는 것과 만나다의 뜻으로 멸성제(滅聖諦)의 이름이기도 하다. 80권본 『화엄경』 권12(대정장10, p.60c14)에 "고멸성제는 저 번뇌를 벗어난 세계로서 무등등이라고도 하고, … 칭회라고도 한다. 所言苦滅聖諦者 彼離垢世界中 或名 無等等 … 或名 稱會", 『화엄경소』 권13(대정장35, p.594a7)에 "멸성제의 멸을 칭회라 하는 까닭은 모든 일 멸할 때 바라 마지 않는 뜻으로서의 멸과 만나기 때문이다. 滅名稱會者 以事之滅 稱會理滅故", 『법화문구』 권2상(대정장34, p.21c22)에 "이 지위(제7지)는 두 가지 지방편으로 일체를 넘어 널리 이익을 닦아서 부르는 대로 불심과 만난다. 此地 二智方便 出過一切 廣修利益 稱會佛心", 『법화현의석첨』 권2(대정장33, p.825a29)에 "때에 당해 부르는 대로 만나게 되니 모두 헛되이 베푼 것이란 없다. 適時稱會 皆無虛設", 『법화문구기』 권1상(대정장34, p.154a13)에 "부처님께서는 근기에 알맞게 설하시어 시절에 적절하게 들어맞는다. 佛赴機說 當時稱會"라고 하였다. [참고문헌] 『華嚴經』, 『華嚴經疏』, 『法華文句』, 『法華玄義釋籤』, 『法華文句記』. ⇨ 멸성제 滅聖諦

카규파 bKa' brgyud pa 티베트불교의 주요 종파(Ⓣ chos lugs) 중 하나. 마하무드라(Ⓢ mahāmudrā)의 가르침을 중심으로 하는 카규파의 계보는 인도인 성취자였던 11세기의 나로파(Ⓢ Nāropāda, Abhayakīrti, Ⓣ 'Jig med grags pa 1016~1100), 마이트리파(Ⓢ Maitrīpāda 1007·1085), 니구마(Ⓢ Nigumā)에서 시작되었고, 마르파(Ⓣ Mar pa 1012~1097)를 통해 티베트로 전승되었다고 알려졌다. E.Gene Smith(2001, p.40)는 카규를 지칭하는 용어로 bka' brgyud와 dkar brgyud라는 두 가지 말이 사본들에서 나타난다고 하면서, 전자는 스승에게서 제자로 구전 전승된 비밀 가르침을 뜻하는 일반적인 용어로 볼 수 있으며, 엄밀한 의미에서 후자의 용어가 카규파의 지파 중에 마하무드라와 나로육법을 중시하는 닥포카규(Ⓣ Dwags po bka' brgyud)와 니구마의 법을 계승한 샹파카규(Ⓣ Shangs pa bka' brgyud), 그리고 나로파·마르파·밀라레파(Ⓣ Mi la ras pa)·레충파(Ⓣ Ras chung pa)가 전승한 지파의 전통들을 지칭한다고 주장한다. 다른 전거는 카규라는 말이 나로파의 스승인 틸로파(Ⓢ Tilopāda)가 설한 네 가지로 구전한 가르침(Ⓣ bka' babs bzhi)에서 파생된 말이라고도 한다. 카규파의 주전통은 카규의 계보를 카담전통과 통합시킨 감포파(Ⓣ sGam po pa 1079~1153)에 의해 닥포카규라는 이름으로 현재까지 이어진다. 닥포카규는 카르마(Karma)·팍두(Ⓣ Phag gru) 카규·찰파(Ⓣ Tshal pa) 카규·바롬(Ⓣ 'Ba rom) 카규의 네 가지 파로 나뉘었다. 다시 팍두카규에서 여덟 지파가 파생되었는데 디궁(Ⓣ 'Bri gung)·링레(Ⓣ gLing ras)·둑파(Ⓣ 'Brug)·슉셉(Ⓣ Shug gseb)·탁룽(Ⓣ sTag lung)·토푸(Ⓣ Khro phu)·얌장(Ⓣ gYam bzang) 카규이다. [참고문헌] E.Gene Smith *Among Tibetan Texts : history&literature of the Himalayan Plateau* (Boston : Wisdom Publications, 2001). ⇨ 카담파 bKa' gdams pa

카나다 Kaṇāda 기원전 150~50년경 또는 기원전 6세기~4세기경으로 추정하는 인도사상가. 인도의 육파철학 중 바이셰쉬카(Ⓢ Vaiśeṣika : 勝論)의 창시자. 카다나라는 이름은 금욕하면서 들판에서 곡식의 낟알만을 주워 먹고 살았기에 붙여진 이름으로서 가나다(迦那陀)·건나다(蹇那陀)·건니다(蹇尼陀) 등으로 음사하고 식미제(食米齊)·미제(米齊) 등으로 한역한다. 다른 이름으로 울루카(Ulūka)라고도 하는데 낮에는 산에서 경을 읽고 밤에 돌아다니며 걸식 및 설법을 했기에 올빼미 같다고 하여 붙여진 것으로서 우루가(優樓迦·優婁佉)·의루가(儀樓佉)·구로가(嘔露迦)·올로가(嗢露迦) 등으로 음사하고 휴류(鵂鶹)라고도 한역한다. 『바이셰쉬카 수트라 *Vaiśeṣika-sūtra*』를 저술했다. 이 작품은 전체 10권(Ⓢ adhyāyas)으로 이루어져 있으며 각 권은 2장(Ⓢ āhnikas)으로 구성되어 있다. 주요 내용은 실체(實體 Ⓢ dravya)·속성(屬性 Ⓢ guṇa)·운동(Ⓢ karma)·보편(普遍 Ⓢ sāmānya)·특수(特殊 Ⓢ viśeṣa)·내속(內屬 Ⓢ samavāya) 등 6구의(句義)에 대한 것으로서 존재의 실상을 6가지로 범주화(viśeṣa)한 것이다. [참고문헌] S.Dasgupta *A History of Indian Philosophy* (Motilal Banarsidass, 1992), S.Radhakrishnan *Indian Philosophy* Vol.3(Oxford University Press, 1927). ⇨ 승론학파 勝論學派, 바이셰쉬카학파 Vaiśeṣika學派

카니쉬카 Kaniṣka 쿠샤나(Ⓢ Kuṣāṇa : 月支國)왕조의 제3대 왕으로 월지국의 전성기를 일구었다. 가니색가(迦尼色迦)·가이색가(迦貳色迦) 등으로 한역한다. 부처님 법을 비방하고 가벼이 여겼으나, 사냥을 나갔다가 솔도파(窣堵波)를 쌓는 어린 목동을 만나 석가모니 부처님께서 기별하신 일을 전해 듣고는 마침내 발심하여 불교에 귀의하였다. 기별이라 함은 『석가방지』 권상(대정장51, p.954c19)에 "그 옛날 석가여래께서 이곳(卑鉢羅樹)에 앉으시고는 아난에게 말씀하셨다. '훗날 가이색가왕이 내 골육을 모아 여기에 두리라.' 昔釋迦如來 於此坐已 告阿難曰 後迦膩色迦王 集吾骨肉在此" 하신 일이다. 기별대로 불멸(佛滅) 400년 후 왕은 남쪽에 탑을 세웠고, 『대당서역기』 권3(대정장51, p.886b24)에 "나랏일 하는 틈틈이 매양 불경을 익혔고, 매일 스님 한 분을 청하여 궁으로 모셔 법을 설하시게 하였다. 機務餘暇 每習佛經 日請一僧入宮說法". 그러나 교법에 여러 이의(異議)가 있어 부(部)마다 같지 않음을 안타깝게 여기고는 협존자(脅尊者)에게 청하여 부처님 법을 잇고자 하였으니, 가습미라(迦濕彌羅)에 가람을 세운 뒤 협(脅)·세우(世友)·마명(馬鳴) 등 오백아라한을 모셔 삼장을 결집하고 『대비바사론』을 짓도록 하였다. 그리스·박트리아의 헬레니즘이 어울린 간다라불교미술 진흥의 후원자였으며, 재위시 주조한 동전에 부처님 모습을 새겨넣은 역사상 최초의 왕이기도 하다. [참고문헌] 『釋迦方志』, 『大唐西域記』. ⇨ 가니색가왕 迦膩色迦王, 가니색가가람 迦膩色迦伽藍, 가니색가대탑 迦膩色

迦大塔, 가니색가왕결집삼장 迦膩色迦王結集三藏, 쿠샤나왕조 Kuṣāṇa王朝, 월지국 月支國, 간다라 Gandhāra, 간다라불교미술 Gandhāra佛教美術

카담보책 bKa′ gdams寶冊 Ⓣ bKa′ gdams glegs bam. 카담파의 수행론에 따라 티베트에 밀교를 전한 아티샤와 그의 제자들의 가르침을 묶은 문헌. 게셰 탑카와(Ⓣ dGe bshes stabs ka ba darma grags 1103~1174)가 건립한 탑가와 사원에 전하는 전승본과 나르탕사원 편집본이 전한다. 부톤의 불교사(Ⓣ Chos ′byung)는 이 문헌이 나르탕사원(Ⓣ Dpal snar thang)의 제9대 주지였던 니마겔첸(Ⓣ Nyi ma rgyal tshan 1225~1305)에 의해서 기록되었다고 한다. 전승본(Legs pa′i shes rab *Bka′ gdams glegs bam*(Varanasi : Kalsang Ihundup, 1974)과 rGyal ba′i ′byung gnas *Bka′ gdams glegs bam*(Gangtok : Sikkim research Institute of Tibetology, 1977)은 두 차례 걸쳐 출판되었다. [참고문헌] Franz-Karl Ehrhard, ′the Transmission of the Thig-le-bcu-drug and the Bka′ gdams glegs bam′(*The Many Canons of Tibetan Buddhism*, 2002) pp.29~56, 井內眞帆・吉水千鶴子「西藏仏教宗義研究第九卷—トゥカン『一切宗義』「カタム派の章」」(*Studia Tibetica* 44, 2011).

카담칠론 bKaḥ-gdams七論 티베트불교 카담파에서 중시되어 온 일곱 논(論). 아티샤(Ⓢ Atīśa Ⓣ Phul-byung, 阿提沙 982~1054)가 지은 『보리도등론 菩提道燈論』에 『대승장엄경론 大乘莊嚴經論』・『보살행경우파제사 菩薩行經優波提舍』・『대승집보살학론 大乘集菩薩學論』・『입보리행론 入菩提行論』・『보살본생만론 菩薩本生鬘論』・『법집요송론 法集要頌論』의 여섯 논을 더하여 카담칠론이라 부른다.

카담파 bKa′ gdams pa 가당파(迦當派). 아티샤(Ⓢ Atīśa 982~1054)의 주요 제자였던 돔된파(Ⓣ ′brom ston pa rgyal ba ′byung gnas 1004/5~1064)가 세운 티베트불교 종파 중에 하나. 아티샤의 『보리도등론 菩提道燈論 *Bodhipathapradīpa*』의 가르침을 계승한다. 보리심 수행을 강조하는데, 이는 후에 로종(Ⓣ blo sbyong)과 람림(Ⓣ lam rim) 수행으로 알려졌다. 돔된파가 1057년에 세운 카담파의 주요사원이었던 라뎅사원(Ⓣ rWa sgreng gom pa)은 이후 총카파(1357~1419)가 카담파를 새롭게 쇄신하면서 겔룩파의 주요 거점이 되었고, 돔된파의 가르침은 ′카담파의 삼형제로′로 불리는 세 인물에게 각기 전승되었다. 구전적 가르침은 첸가와출팀발에게 전해져 『카담보책 *Bka′ gdams glegs bam*』에 기록되었으며, 경전적 가르침을 받은 푸토와(Ⓣ Pu to wa 1031~1106)는 카담파의 주요 여섯 문헌(Ⓣ bka′ gdams gzhung drug)에 의지했는데, 『유가사지론』 중 「보살지 *Bodhisattvabhūmi*」, 『대승장엄경론 *Mahāyānasūtrālaṃkāra*』, 샨티데바(Ⓢ Śāntideva)의 『식샤사무차야 *Śikṣāsamuccaya*』, 아리야데바(Ⓢ Āryadeva)의 『자타카 *Jātaka*』, 그리고 『우다나바르가 *Udānavarga*』를 강조했다. 카담파의 열여섯 가지 요의는 푸충와(Ⓣ Phu chung ba 1031~1106)에게 전해졌다. 이후 총카파는 카담파의 가르침을 사카와 카규 전통들과 종합해 겔룩파를 건립하였다. 총카파의 겔룩파 건립을 기준으로 그 이전을 구카담파로 부르기도 한다. 현재까지 카담파의 전통은 겔룩파를 통해 이어지고 있으며 여섯 가지 주요 문헌과 열여섯 가지 요의는 닥포카규에서 전승되고 있다. [참고문헌] Thupten Jinpa *The Book of Kadam : the core Texts*(Wisdom Publications, 2008).

카담파원류 bKaḥ-gdams-pa原流 퀸갠갤챈(Kun dgan rgyal mtshan)이 티베트불교 카담파의 뜻과 유래와 법의 전등(傳燈)과 이설(異說)을 모아 1494년에 찬(撰)한 책. 갖춘 이름은 『카담의 원류, 카담 법의 전등 *bka′ gdams kyi rnam par thar pa, bka′ gdams chos ′byung gsal ba′i sgron me*』이다. 3편(篇) 10장(章)으로 이루어졌고, 편찬방법과 형식이 『청사 靑史』를 따를 뿐 아니라 『청사』로부터의 인용도 많다.

카락곰충 Kha rag sgom chung 11세기 중반~12세기 초. 카담파의 스승으로 게셰카락곰충(Ⓣ dge bzhes kha rag sgom chung)이라고도 불린다. 쇠렌센(Sørensen)에 따르면, 주요저작은 카락의 삼륜(三輪)이라고 불리는데, 카락콜숨(Ⓣ Kha rag skor gsum) 로종(Ⓣ blo sbyong)의 가르침을 기반으로 한 람림돈찬추니(Ⓣ Lam rim don tshan bcu gnyis)와 앙익둔추파(Ⓣ Ang yig bdun cu pa), 그리고 장춥셈종(Ⓣ Byang chub sems sbyong)이다. [참고문헌] Per K.Sørensen ′*An XIth Century Ascetic of Buddhist Eclecticism : Kha-rag sgom-chung*′(*Tractata Tibetica et Mongolica. Festschrift für Klaus Sagaster zum* 65, 2002) pp.241~254, 井內眞帆・吉水千鶴子「西藏仏教宗義研究第九卷—トゥカン『一切宗義』「カタム派の章」」(*Studia Tibetica* 44, 2011).

카로슈티문자 Kharoṣṭhī文字 간다라(Gandhara)지역에서 간다리 프라크리트어와 산스크리트어를 적는 데 사용된 고대 인도문자. 쿠샤나왕조의 박트리아는 물론 실크로드 주변의 중앙아시아에서도 이 문자를 사용한 흔적이 발견된다. 살로몬(Salomon)에 따르면, 카로슈티문자는 기원전 3세기 중반부터 기원후 3세기까지의 비문들에서 발견되며, 특히 북서인도의 불교문화권에서 주로 널리 사용되었을 것으로 추정한다. 카로슈티는 인도의 여타 문자들과 마찬가지로 모음과 결합한 기본자음 형태에 다른 모음을 덧쓰는 아부기다(abugida) 표기법에 속한다. 비슷한 때에 쓰였던 브라흐미(Brāhmī)와 그 파생서체들을 비교해 보면, 오른쪽에서 왼쪽으로 쓴다는 데에 큰 차이점이 있다. 하지만 카로슈티로 적힌 후기의 비문 중에는 적지만 왼쪽에서 오른쪽으로 쓰인 것도 발견된다. 카로슈티의 모음은 음가 외에 장단을 표시하지 않는데, 단모음 a와 장모음 ā는 구분하지 않고 문맥에 따라 구별한다. 이 서체를 카로슈티(Kharoṣṭhī)라고 처음 이름붙인 것은 알베르 테리앙 드 라쿠페리(Albert Terrian de Lacouperie 1844~1894)였으나 불교와 자이나 사본들에서는 kharoṣṭī·khaloṣṭī·karottī·kharostī·kharāstrī·kharoṭṭhī·kharoṭṭhiyā 등의 이형들도 발견된다. 1902년에 실뱅 레비(Sylvain Lévi)는 중국과 인도 사이의 지역을 지칭하던 한역어 K'ia-lu-shu-ta-le에서 재구성한 Kharoṣṭra에서 서체의 이름이 기원한 것이라는 입장을 내놓기도 하였지만 이름과 기원에 대해서는 현재까지도 연구되고 있을 뿐이다. 〔참고문헌〕 Richard Salomon *Indian Epigraphy : A Guide to the Study of Inscriptions in Sanskrit, Prakrit, and the Other Indo-Aryan Languages* (Oxford : Oxford University Press, 1998).

카르나 Karṇa 『마하바라타』에서 아르주나(Arjuna) 및 판다바(Pāṇḍava)형제와 대적(對敵)하는 앙가(Aṅga)국의 왕. 바수세나(Vasusena)라고도 한다. 어머니인 쿤티(Kuntī)가 쿠루(Kuru)족의 판두(Pāṇḍu)왕과 혼인하기 전 태양신 수리야(Sūrya)와의 사이에서 낳은 첫아들로, 반인반신(半人半神)이면서 왕가의 혈통을 이은 인물로 그려진다. 판다바 다섯형제와는 동모이부(同母異父)관계인데, 아르주나와의 전투에서 아그니(Agni)신이 아르주나에게 내어준 활 간디바(gāṇḍīva)를 맞고 전사한다. ⇨ 마하바라타 Mahābhārata

카르나카고민 Karṇakagomin 법칭(法稱) 이후 인도불교 논리학의 주요논사 중 한 명. 법칭의 『프라마나바르티카브릿티 *Pramāṇavārttikavṛtti*(=svavṛtti)』의 위자비량(爲自比量 [S] Svārthānumāna)장에 대한 주석(ṭīkā)을 지었는데, 산스크리트사본이 전해져 편집본이 출판되었다. 그의 또 다른 저술인 『나이라트미야싯디 *Nairātmyasiddhi*』도 인용되지만 전모는 전해지지는 않는다. 법칭의 견해에 대한 샤캬붓디([S] Śākyabuddhi 600~720)와 다르못타라([S] Dharmottara 740~800)의 입장에 상대하여 자신의 견해로 논박하고 있다는 것에 의지해, 카르나카고민의 활동연대는 대략 기원후 800년 전후반으로 추정한다. 〔참고문헌〕 R.Sāṅkṛtyāyana *Pramāṇavārttikavṛtti* (Kyoto : Rinsen Books Co, 1982), Vincent Eltschinger·Isabelle Ratié *Self, No-Self, and Salvation* (Austrian Academy of Sciences Press, 2013).

카르마뒤숨켄파 Karma-dus-gsum-mkhyen-pa 1110~1193. 티베트불교 카규파의 분파인 카르마카규파의 제1대 수장. 제2대 카르마파인 카르마팍시(Karma-pakṣi 1204~1283)에 의해 카르마파의 개조로 불리기 시작했다. 수행자였던 아버지 곰빠돌제괸([T] sGom-pa-rdo-rje-mgon)에게 닝마파의 탄트라를 배우고, 열여섯 살 때 카담파의 스님이었던 떼보촉기라마([T] Tre-bo-mchog-gi-bla-ma) 밑으로 출가했다. 열아홉 살 때는 퇴룽사탕([T] Stod-lung-sa-thang)사원에서 게말바장춥닥([T] rGya-dmar-ba-byang-chub-grags)으로부터 인명과 중관을, 가로짜와([T] rGwa-lo-tsā-ba)로부터 괸포칼룩([T] mgon-po-kar-lugs)이라 알려진 마하칼라([S] Mahākāla) 전통을, 캄파아셍([T] Kham-pa-a-seng)으로부터 칼라차크라 전통과 나로육법의 가르침을 받았다. 서른 살 때, 밀라레파의 제자였던 감포파([T] sGam-po-pa 1079~1153)를 만나 정진수행 하였고, 다른 카규의 스승들로부터도 마하무드라([S] Mahāmudrā)와 차크라삼바라([S] Cakrasamvara), 헤바즈라([S] Hevajra) 전통의 가르침 등을 받았다. 1189년에는 이후 카르마카규파의 본산이 되는 출푸([T] mTshur-phu)사원을 건립했다. 〔참고문헌〕 Peter Kersten *Biographies of the First Karma-pa Dus-gsum-mkhyen-pa, Critical Text Edition and Translation of two biographical works and an Overview of the Dus-gsum-mkhyen-pa Collection* (Religions, Universite Paris Sciences et Lettres, 2018).

카르마파 Karma-pa 티베트불교 카규파의 지파인 카르마카규를 부르는 말. 감포파의 제자였던 뒤숨켄파([T] Dus-gsum-mkhyen-pa 1110~1193)를 시조로 한다. 검은 모자를 써서 '흑모파'라고도 불린다. 카르마 전통의 법맥을 대표하는 스승을 카르마파([T] Karma-pa)라고 부른다. 원래 본산은 티베트 토룽지역의 출푸사원이었으나, 달라이라마의 망명과 함께 중국을 탈출한 카르마파는 본산을 현재 인도 시킴(Sikkim)지역의 룸텍([T] Rum

카르마파 이조사도二祖師圖
대원사티벳박물관 시대미상

-theg)사원으로 옮겼다. 제16대 카르마파였던 랑중릭페돌제(Ⓣ Rang-'byung-rig-pa'i-rdo-rje)의 열반 이후, 종단 내부의 스승들은 두 개의 파로 나눠져 각기 오겐틴레도르제(Ⓣ O-rgyan-'phrin-las-rdo-rje 1985~?)와 틴레타예도르제(Ⓣ Phrin-las-mtha'-yas-rdo-jre)를 환생자로 인정하였다. 이러한 갈등에도 불구하고, 두 명의 17대 카르마파는 2018년 19월 프랑스 교외에서 만나 카르마카규의 분열을 종식시키기 위한 공동서명을 발표하고 함께 법맥을 이어나갈 것임을 선언하기도 했다.

카르마팍시 Karma-pakshi 1204~1283. 티베트불교 카규파(Ⓣ bKa'-brgyud-pa)의 일파인 카르마파(Ⓣ Kar-ma-pa : 카르마 카규파라고도 함)의 제2조. 캄디룽(Ⓣ Khams-'bri-lung)지방에서 태어났는데 뒤숨켄파(Ⓣ Dus-gsum-mkhyen-pa 1110~1193)의 제자인 롭폼닥파(Ⓣ sLob-spom-brag-pa)를 스승으로 1247년 초보사(楚普寺 Ⓣ mTshur-phur)로 가서 6년 동안 수행하였다. 1253년에 롱뮬세테(Ⓣ Rong-yul-gser-stod)로 가서 원 세조인 쿠빌라이칸의 귀의를 받고 여러 곳을 다니면서 티베트불교를 전파하였다. 그는 내몽고와 우하(宇夏)의 경계지역에 현화사를 짓고 헌종(憲宗) 몽가(蒙哥) 때 금연오사모(金緣烏紗帽)와 금인(金印) 등을 하사받음으로써 이 곳은 카르마 카규파 흑모계의 본산이 되었다. 1260년 몽가가 죽은 뒤 쿠빌라이 형제들간의 왕권다툼 속에서 그들의 미움을 사서 감옥에 갇히고 변방으로 유배되었다가 나중에 석방되어 티베트로 되돌아 가는 길에 강청(康靑) 등을 지나면서 8년 동안 전법활동을 하였다. 카르파의 창시자는 카규파의 시조 미라레파(Ⓣ Mi-la-ras-pa 1040~1123)의 제자인 감포파(Ⓣ sGam-po-pa 1079~1153)의 제자 뒤숨켄파인데, 카르마팍시가 뒤숨켄파의 전세활불(轉世活佛)로 여겨지게 되면서 티베트의 활불전세(活佛轉世) 전통이 확립하게 되었다. 그는 1155년 라사의 북쪽 춥푸(Ⓣ 'Tshur-phu)에 츄출하룽(Ⓣ tshu-mtshur-lha-lung)이라는 절을 건립하고 본산으로 삼았으며 그 절의 주지가 되고 카르마 카규파의 제2조가 되었다. 그 이후 그의 전생 라마는 제3조 랑충도제(Ⓣ Rang-byung-rdo-rje 1284~1339)→제4조 랄페도제(Ⓣ ral-pa'i-rdo-rje 1340~1483)→제5조 데쉰쉑파(Ⓣ de-bshin-gshegs-pa 1416~1453)→제6조 랑충쿤켄(Ⓣ rang-byung-kun-khyen-chos-kyi-rgyal-po 1454~?) 등으로 이어졌다. ⇨카르마뒤숨켄파 Karmadus-gsum-mkhyen-pa, 카규파 bKa'-brgyud-pa, 카르마파 Karma-pa

카를라석굴 Karla石窟 인도 마하라슈트라주(Maharashtra)의 로나발라(Lonavala) 인근에 있는 불교석굴사원. 로나발라에서 10.9km 떨어져 있다. 전체 10여개 굴을 개착했는데, 그 가운데 차이티야(Caitya : 支提) 형태의 1개 굴을 제외하고는 모두 비하라(Vihara : 毗訶羅)형태의 굴이다. 카를라석굴의 유일한 차이티야인 제8굴은 인도의 초기 차이티야굴 가운데 가장 규모가 크고 아름다운 굴로 유명하다. 제8굴 안팎에 명문(銘文)이 있어 이 석굴이 기원후 2세기 무렵 조성되었으며, 당시 그리스 상인들과 사타바하나(Satavahana 기원전 2세기 말~기원후 3세기 초) 왕조의 통치자가 후원했음도 알려졌다. 제8굴의 입구는 무너져 일부만 남았다. 내부는 크기가 너비가 14m, 깊이가 38m, 높이 13.6m이며, 안쪽에는 2층 기단(基壇) 위에 반구형 불탑이 있다. 굴 안에는 좌우로 각 15개씩의 팔각기둥이 늘어섰는데, 각 기둥 위에는 코끼리를 타고 있는 남녀상을 환조에 가깝게 입체적으로 새겨 장엄함을 연출했다. 이 석굴의 가장 큰 특징은 천정의 갈비뼈 모양 부재가 나무로 되어있는데 이는 지상의 목조건축을 모방한 초기 석굴사원의 특징을 보여주는 예이기도 하다. 카를라석굴은 남인도와 북인도를 연결하는 교통로에 위치해 있어 스님들과 상인들의 중요한 안식처로서의 역할을 했을 것으로 추정한다. [참고문헌] Huu Phuoc Le *Buddhist Architecture* (Minesota : Grafikol, 2010) pp.108~110.

천정 갈비뼈모양 목재부재

석굴통로 팔각기둥

카릇티케야 Kārttikeya 인도신화에서 쉬바(Śiva)과 파르바티(Parvati)의 사이에서 태어난 전쟁과 역병의 신으로 스칸다(Skanda : 韋馱天), 쿠라마(Kumāra : 鳩摩羅 혹은 鳩摩羅天)라고도 불린다. 『스칸다푸라나 *Skandapurāṇa*』와 인도 시성 칼리다사가 지은 『쿠마라삼바바 *Kumārasambhava*(쿠마라의 탄생)』 등과 같은 문헌에서 탄생설화가 전해진다. 남인도와 스리랑카, 말레이시아 등에서는 무루간(Murugan)이라는 이름으로 널리 숭배되었다. 베다(Veda)시대까지 기원이 거슬러 올라가는 인도 고대신으로, 공작을 타고 있으며 머리는 하나 혹은 여섯 개로 묘사하기도 하는데 카릇티케야를 돌봐준 여섯의 어머니를 상징하고 플레이아데스(Pleiades) 성단을 상징한다고도 한다. 불교의 초기탄트라인 『만주슈리야물라칼파 *Mañjuśrīmūlakalpa*』에서는 만주슈리와 결합해 카릇티케야만주슈리(Kārttikeyamañjuśrī)라 불리는 만트라와도 결합한다. 같은 책 Vaidya E., p.22에 "이 만트라는 카릇티케야만주슈리라고 이름한다. 상세히 하자면, (이를 암송하는) 자는 유년시절 온전한 몸을 지니게 된다. kaumārabhittam akhilaṃ kalyam asya samāsataḥ, kārttikeyamañjuśrīḥ mantro 'yaṃ samudāhṛtaḥ"라고 하였다. [참고문헌] *Mañjuśrīyamūlakalpa*. ⇨ 위타천 韋馱天

카마 Kāma 힌두신화 속 욕망·사랑·정념의 신(神). 카마데와(Ⓢ Kāmadeva)·마라(Ⓢ Māra)·만마타(Ⓢ Manmatha : 마음을 흔드는 이)·마다나(Ⓢ Madana : 사랑으로 도취시키는 이)·라티파티(Ⓢ Ratipati : 라티여신의 배우자)·아낭가(Ⓢ Anaṅga : 불에 타서 몸이 없는 이) 등 여러 다른 이름(異名)이 있다. 『리그베다』(*ṚV*.10.129.4)의 게송에서는 "태초에 욕망이 있었으니 천고의 씨앗이자 정신의 배아였네. 지혜로써 마음속 깊이 명상하는 현자들 기어이 찾았네, 비존재(非存在)에서 존재의 혈육을. kāmas tad agre sam avartatādhi manaso retaḥ prathamaṃ yad āsīt, sato bandhum asati nir avindan hṛdi pratīṣyā kavayo manīṣā"라고 하여 카마를 태초의 욕망, 또는 비존재에서 존재를 낳는 힘으로 묘사한다. 한편 『아타르바베다』(*AV*.6.36.3)에서는 화신(火神) 아그니(Ⓢ Agni)의 별명이었고, 『비쉬누 푸라나 *Viṣṇu-purāṇa*』와 『바가바타 푸라나 *Bhāgavata-purāṇa*』에서는 비쉬누신의 다른 이름이며, 외에도 크리쉬나(Ⓢ Kṛṣṇa)와 쉬바(Ⓢ Śiva)의 별칭으로도 쓰이는 등, 후대의 통속문학과 미술이 성애(性愛)만을 부각하는 것과는 달리 그 용법이 다채롭다. [참고문헌] *ṚV*., *AV*. ⇨ 아낭가 Anaṅga

카마라실라 Kamalaśīla Ⓣ Pad-ma'i-ngang-tshul. 740~795. 연화계(蓮華戒). 후기유가행중관파 스님. 샨타라크시타(Ⓢ Śāntarakṣita, Ⓣ Zhi-ba-'tsho, 寂護 725~788)의 제자로 나란다사원에서 공부하였다. 샨타라크시타가 티베트에서 불교를 전하다 입적하자 티송데첸(Ⓣ Khri-srong-lde-btsan)왕과 예셰왕포(Ⓣ Ye-shes-dbang-po)의 초청을 받고 티베트로 들어갔다. 당시 티베트에는 샨타라크시타 외에도 돈황에서 온 중국인 화상(和尙) 마하연(摩訶衍)이 선(禪)을 전하여, 티베트 궁정(宮庭)에서는 왕후의 귀의를 받고 백성들로부터도 많은 지지를 받는 등 그 세(勢)를 키우고 있었다. 카마라실라는 794년 삼예(Ⓣ bSam-yas)사원에서 티송데첸왕의 입회하에 돈오(頓悟)를 주장하는 마하연과 대론(對論)하였다. 이른바 삼예논쟁이다. 화상 마하연은 범성(凡聖)을 가릴 것 없이 불사불관(不思不觀)하고 망상을 여읜즉 불성(佛性)이 현현하여 부처를 이루니, 육바라밀(六波羅蜜) 등의 선행조차 필요치 않다는 논지를 펼쳤고, 이에 대해 카마라실라는 단지 망상을 여읜다고 성불하는 것이 아니라 무수겁(無數劫)의 무량공덕과 지혜를 쌓아 두렷이 닦은 다음에야 비로소 성불하는 것이며, 이는 다름 아닌 점수(漸修)로 여러 부처님들께서 설하신 바는 다 점문(漸門)이지 돈문(頓門)은 없다고 논박하였다. 1~2년여에 걸쳐 필담(筆談)으로 진행된 대론의 결과 티베트는 인도불교의 반야중관(般若中觀)을 정통으로 인정하였으니 가히 티베트불교의 향배를 정한 대론이라 하겠으나, 정법(正法)과 비법(非法)을 가린 일이라기보다 당시의 대당(對唐) 정세를 반영한 티베트의 정치적 결정이기도 했다. 카마라실라는 샨타라크시타의 『중관장엄론 *Madhyamakālaṃkāra*』을 주석한 『중관장엄론세소 *dBu ma'i rgyan gyi dka' 'grel*』(北京版 No.5286)와 『중관광명론 *dBu ma snang ba*』(北京版 No.5287)을 지었고, 『수습차제 *Bhāvanākrama*』 세 편(篇)을 지어 점수(漸修)의 수행론을 집약하였다. 이 문헌의 범어 원문은 첫 번째와 세 번째 장만 남아 있으나 티베트역(sGom pa'i rim pa, 北京版 No.5310~5312)으로는 온전히 전한다. 『수습차제』 초편의 한역(漢譯)으로 북송대 시호(施護 Ⓢ Dānapāla)역 『광석보리심론 廣釋菩提心論』(대정장32, No.1664, pp.563a8~572b16)이 전한다. 이외에도 『眞實綱要 *Tattvasaṃgraha*』를 주석한 『진실강요세소 *De kho na nyid bsdus pa'i dka' 'grel*』(北京版 No.5765), 『입유가수습 *rNal 'byor bsgom pa la 'jug pa*』(北京版 No.5313·5451) 등을 지었다. [참고문헌] Eugène Obermiller 'A Sanskrit MS. from Tibet, Kamalaśīla's Bhāvanākrama' (*Journal of the Greater India Society* 2 no.1, 1935) pp.1~11. ⇨ 연화계 蓮華戒, 마하연 摩訶衍, 돈오대승정리결 頓悟大乘正理決, 삼예논쟁 bSam-yas論爭, 샨타라크시타 Śāntarakṣita, 티송데첸 Khri srong lde btsan

카마수트라 Kāmasūtra 고대 인도 철학자인 밧차야야나(Vātsyāyana)에게 귀속된 고대인도문헌. 세속적 욕망을 논하는 인도문헌장르인 『카마샤스트라 *Kāmaśāstra*』 중에 가장 널리 알려진 문헌으로, 밧차야야나가 기존의 글을 수집하고 편찬해 3~4세기 무렵에 지금의 모습이 되었을 것이라 본다. 성애만이 아니라 사회관계, 감정, 구혼과 결혼 생활 유지와 같이 전반적인 세속생활의 의미(puruṣārtha)에 대해 다루는 인도고전이다. *Kāmaśāstra*(1.1.1-2)에 "다르마와 부 그리고 욕망에 귀의합니다. 왜냐하면 (이 세 가지가) 이 경론의 주요 주제이기 때문입니다. dharmārthakāmebhyo namaḥ, śāstre prakṛtatvāt"라고 하였다. 운문과 게송으로 쓰였으며, 총 7권에 64개의 장으로 구성된다. 1권은 일반주제(sādhāraṇa), 2권은 성적교합(sāṃprayogika), 3권은 미혼 여성(kanyā)에 관하여, 4권은 아내(bhāryā)에 관하여, 5권은 타인의 아내(pāradārika)에 관하여, 6권은 창부(娼婦 : vaiśika), 7권은 오의(奧義, aupaniṣadika) 등의 내용을 다룬다. 야쇼다라(Ⓢ Yaśodhara)가 쓴 카마수트라 주석인 『자야망갈라 *Jayamaṅgalā*』도 전해진다. [참고문헌] Wendy Doniger · Sudhir Kakar *Kamasutra* (Oxford University Press, 2002). ⇨ 애욕론 愛欲論

카스트 caste 인도사회에서 일정한 직업에 묶여 이 업(業)을 세습하며 위계(hierarchy)상 특정 위치를 점유하는 내혼(內婚)집단을 말한다. 정(淨) · 부정(不淨)관념에 기초한 배타성과 그 필연적 귀결인 내혼, 직업의 세습과 상호의존, 계급들간의 투쟁이 카스트의 주요 특징들이다. 전통적으로는 사성(四姓 Ⓢ catvāro varṇāḥ) 등으로 이름하였으나, caste라는 이름은 "순결한 · 섞이지 않은"을 뜻하는 근대 포르투갈어 카스타(casta)에서 유래하였다. [**피부색에 의한 차별, 바르나 varṇa**] 유럽인들은 카스트를 곧바로 피부색을 뜻하는 바르나로 등치시켜 이해했는데, 이는 『베다』와 『마누법전』을 위시한 고대 범어문헌들이 사성(四姓 : brahman kṣatriya vaiṣya śūdra)을 논함에서 외곬으로 바르나만 이야기하기 때문이었다. 브라만 바르나는 사제로서 지성의 담지자 역할을 하는 이들이고, 크샤트리야 바르나는 군주와 왕족과 전사들을 그 구성원으로 한다. 이들은 브라만과 사회를 보호해야 하며 땅의 주인이기도 하다. 바이샤 바르나는 상업 종사자로서 부(富)의 창조자고, 가장 방대하고 잡다한 슈드라 바르나는 육체노동을 하는 하층민 · 농민 · 소작인 등을 아우른다. 그 외 불가촉천민(不可觸賤民)들이 사성 바깥에 놓인다. 이 고대문헌의 바르나 모델이 실제로 인도의 오래고 복잡다단한 역사적 현실들과 얼마나 들어맞는지는 단언하기 어렵다. 다만 적어도 오늘날 카스트를 연구하는 사회학자나 민속지학자들은 더이상 바르나로 인도의 카스트와 그 현실을 설명할 수 없다는 데 의견을 같이한다. [**출생에 의한 차별, 자티 jāti**] 현대 인도에서 실질적으로 카스트를 지탱하는 것은 인도인들이 자티(jāti : 出生 · 種 · 家系의 뜻)라 부르는 집단이지 네 가지 바르나가 아니다. 브라만을 예외로 하면 인도인들 대부분은 『마누법전』이 규정한 바르나를 따르지 않는다. 예컨대 꽤 많은 농촌사회들에서 주도력을 갖는 실질적인 지배적 카스트(dominant caste)는 브라만 바르나가 아니라 슈드라 카스트들, 즉 슈드라 자티들이다. 자티는 수백여 종에 이를 만큼 무수히 분할되고 위계화된 내혼집단들로, 자티마다 예외 없이 이름이 있다. 이 이름은 그들과 결부된 직업의 이름인 경우가 많다. 예를 들면 반야(banya)자티는 산스크리트어로 "상인"을 뜻하고 방기(bhangi)자티는 "똥이나 쓰레기를 주워 모으는 자들"이다. 마하라슈트라(Maharashtra)주의 마하르(mahar)자티처럼 부족이나 지역명에서 유래한 이름도 있다. [**배타성과 내혼內婚**] 자티 구성원들은 스스로를 어떤 공통의 실체를 공유하는 이들로, 자신들의 자티를 다른 자티들과 엄연히 다른 하나의 종(種)으로 여긴다. 그 결과 자티들마다 정체성이 완강히 고수되고 내혼은 배타적 행위의 수단이 된다. 자티들 사이의 통혼(通婚)은 극히 드문 일로, 이런 폐쇄성은 의례적이든 아니든 정부정관념과 연결되어 있다. 자티 밖의 외부인과 혼인하지 않음으로써 집단의 오염을 원천적으로 피하는 것이다. 내혼의 결과 친족관계는 자티 즉 카스트 안으로 국한되며, 카스트들간 격리는 심화한다. 서로 상이한 카스트들은 다른 카스트와의 사회적 대면에서 일정한 거리를 유지하려 애쓰기도 한다. 예를 들어 어떤 카스트 구성원들은 다른 카스트들이 조리한 음식을 먹으려 하지 않는다. 많은 경우에 그들은 특정 카스트 구성원들이 주는 물만 마시고 하층 카스트 구성원들, 특히 불가촉천민과는 그 어떤 사회적 접촉도 하지 않는다. 인도사회의 변동과 근대화에 따라 부침해온 카스트의 다른 특징들과 달리, 이 배타성과 폐쇄적 내혼만큼은 아직도 완고하다. [**직업의 세습과 상호의존**] 과거 카스트는 전통적으로 하나의 직업, 또는 적어도 명시적인 하나의 의례적 의무와 묶여 있었다. 오늘날도 몇몇 카스트 구성원들은 다른 카스트를 배제한 채 전통적 직업들 중 상당 부분을 계속 담당하며, 자신이 속한 카스트에 부과돼 온 의례적 의무도 이행한다. 하지만 이렇게 폐쇄적인 동시에 전문화된 한 집단은 자급자족할 수 없고, 생존하기 위해 늘 다른 집단들의 존재에 의지한다. 세탁부들의 카스트는 그들에게 보수를 지불할 농민들 없이 살아갈 수 없고, 농민들은 쟁기와 수레를 손보고 고칠 목수들을 필요로 한다. 집단들 사이의 이 상호의존은 과거 카스트들의 시스템에서 중요한 특징이었다. 하지만 근대화를 거치고 전에 없던 직업들이 출현하면서 카스트와 직업의 일치는 갈수록 그 일관성을 잃고 있다. 예컨대 항공기 조종사들의 카스트나 공장 노동자들의 카스트는 당연히 없다. 이 직군 구성원들은 각양각색의 카스트들에서 모집된다. 농민 카스트들을 예외로 하면, 전통적 직업에 종사하지 않는 카스트 구성원들의 비율이 늘어나는 추세다. 근대적 직업의 다양화는 카스트들 사이의 상호의존도 경쟁으로 바꿔놓았다. 오늘날엔 모든 이들이 더 나은 삶을 염원하고, 선망의 일자리를 얻기 위한 싸움이 카스트들간 투쟁의 근본 쟁점이 된다. [**계급들간의 투쟁**] 근대로 이행하기 이전 사회에서도 카스트간의 상호의존이 곧 평등을 뜻한 것은 아니었기에, 카스트들의 시스템에서는 의례적 · 사회적 위계화란 특징도 있었다. 실제로 카스트의 배타성은 사회적 차별과 불평등으로 이어졌고, 또 한 번 상대적 청결(淨)로 위계화를 정당화했다. 반대로 위계 또는 위계관념이 상대적 청결이란 말을 통해 표현된 것이라 할 수도 있지만, 어쨌든 인도사회 안의 수많은 불평등한 관계들이 정(淨)과 부정(不淨)의 대립으로 설명될 수 있었다. 그런데 정치가 민주화 혹은 대중화된 오늘날에는 자기 카스트 집단의 더 나은 삶의 보장을 경쟁적으로 추구하고 정치적으로 요구하는 세력들이 앞다투어 구축된 반면, 근대적 평등이념이 대중에 널리 퍼짐에 따라 의례적·사회적 위계 문제는 전에 없이 훨씬 덜 중요해졌다. [카스트, 인도의 심연深淵] 인도의 카스트들은 따로따로 이해될 수 없고, 한 카스트는 심지어 차별이 작동할 때조차도 다른 카스트들과 관련해서만 존재할 수 있기에 사회 전체가 카스트들로 나뉘어질 수밖에 없는 구조다. 달리 말해 인도인이라면 누구나 어떤 하나의 카스트에 속해야 한다. 이런 이유에서 카스트라는 이 시스템은 사회전체를 망라한다고 할 수 있다. 인도 내 소수집단인 불교도·무슬림·기독교인 같은 비(非)힌두 종교인들도 예외일 수 없다. 이들은 원칙적으로 카스트 구분을 인정하지 않지만 현실은 그렇지 않다. 흔히 보게 되는 두 가지 상황이 있다. 하나는 이 공동체들의 구성원들조차 카스트를 닮은 집단들로 나뉘어져 있다. 또 하나는 아예 해당 종교공동체 전체가 사회의 다른 구성원들에 의해 카스트의 한 종류로 여겨지곤 한다. 카스트의 강고함이 이와 같기에 벗어나기란 불가능하다. 인도 역사를 놓고 보면 불평등한 카스트 구조에 항거하는 대항운동들이 있었고, 몇몇 운동은 심지어 굉장히 다양한 카스트 출신으로 충원됐었지만, 이런 운동들마저 불평등한 구조를 약화시키기는커녕 순식간에 하나의 카스트로 변형되고 만다. 사회내부에 특정한 자리를 할당해주어 대항운동 같은 강한 원심력마저 흡수해버리는 것, 이것이 카스트들로 촘촘히 짜인 인도사회의 심연이라고 말한다. [참고문헌] M.N.Srinivas *Caste in Modern India and other essays* (Asia Publishing House, 1962), Robert Deliège *Les castes en Inde aujourd'hui* (PUF, 2004), 박정석 『카스트를 넘어서』(민속원, 2007). ⇨ 사성 四姓

카타밧투 Kathāvatthu 논사(論事). 목갈리풋타 팃사(Ⓟ Moggaliputta Tissa)장로가 26개 부파들의 이설(異說)을 논파하고 상좌부의 설을 현양하기 위해 파탈리푸트라(Ⓢ Pāṭaliputra) 제3결집에서 합송한 논모들의 모음으로, 전체 23품 216개 논모(論母 Ⓟ mātikā)로 이루어졌다. '논모'라는 명시적 표현은 없지만 주석인 『카타밧투파카라나 앗타카타 *Kathāvatthuppakaraṇa-Aṭṭhakathā*』에서 붓다고샤가 밝힌 대로 매번 논의를 여는 물음 자체가 논모 역할을 한다. 물음에 대한 답으로 이설이 주어지고, 이 이설의 논리적 귀결이 불설(佛說)이나 법상(法相)과 어긋남을 드러낸 다음 상좌부의 입장을 드러내 맺는다. 경증(經證)으로 오부 니카야를 두루 인용하며 율장·논장·니카야주석에도 일부 의지한다. 칠론(七論) 중에서는 『법집론 *Dhammasaṅgaṇī*』과 『분별론 *Vibhaṅga*』을 인용하고, 다른 논은 인용하지 않는다. 매 품의 끝에는 섭송(攝頌 Ⓢ uddāna)을 두어 앞의 논의를 거두어 들인다. ⇨ 논사 論事, 칠론 七論, 논모 論母, 논본모 論本母

카필라 Kapila 기원전 350~250년경 또는 기원전 6세기경의 인도 사상가. 육파철학 중 상키야(Ⓢ Sāṃkhya : 數論)의 창시자. 가비라(迦比羅)·가비리(迦毘梨)·겁비라(劫毘羅)·겁필라(劫畢羅) 등으로도 음사하고, 금두(金頭)·적색(赤色)·황두(黃頭)·황적(黃赤) 등이라고 한역한다. 『상키야 수트라 *Sāṃkhya-sūtra*』를 저술하였으며 『상키야 프라바차나 수트라 *Sāṃkhya-pravacana-sūtra*』 라는 제목의 정교하고 간결한 문장의 작품을 썼다고도 한다. 이 문헌들에 대해 제자 아수리(Āsuri)와 판차쉬카(Pañcaśikha)의 주석서가 있다고 하는데 현전하지는 않는다. 대신 이슈바라크리슈나(Īśvarakṛṣṇa : 自在黑)가 쓴 『상키야 카리카 *Sāṃkhya-kārika*』 등 여러 주석서를 통해 그의 사상이 전해졌다. 그 사상의 핵심은 이 세계의 근본원리가 순수 물질과 순수 정신 두 가지라는 것으로서(이원론) 이 둘의 결합으로 23가지 원리가 전개된다고 한다. *MBh.*, p.2481에 "상키야의 선포자인 카필라는 최상의 성현으로 불린다. sāṃkhyasya vaktā kapilaḥ paramarṣiḥ sa ucyate"라고 하였고 『바가바타 푸라나 *Bhāgavata Purāna*』(1.3.10)에 "다섯 번째인 카필라는 '성취자의 신'으로서 어둠을 파괴하는 일군의 원리를 확정하는 상키야(數)를 아수리에게 설파했다. pañcamaḥ kapilo nāma siddheśaḥ kālaviplutam provācāsuraye saṃkhyaṃ tattvagrāmavinirṇayam"라고 하였다. [참고문헌] *MBh.*, *Bhāgavata-P.*, S.Dasgupta *A History of Indian Philosophy* (Motilal Banarsidass, 1992), S.Radhakrishnan *Indian Philosophy* Vol.3(Oxford University Press, 1927). ⇨ 가비라선 迦毘羅仙, 수론학파 數論學派, 상키야학파 Sāṃkhya學派

칸귤 bKaḥ-ḥgyur 티베트대장경 가운데 부처님께서 설하신 가르침을 모아놓은 부분으로 불설부(佛說部)라 한역한다. 경전의 주석을 다룬 것을 텐귤(Ⓣ bsTan-ḥgyur : 論疏部)이라 한다. 인도 불전의 티베트번역은 티데송첸(Ⓣ 'Khri-sdle-srong-btsan 776~815)왕에 의해 국가사업으로 시작되었다. 범어의 번역어 통일을 위한 『번역명의대집 飜譯名義大集 *Bye-brag-tu-rtogs-par-byed-pa-chen-po*』이 814년에 완성되면서 이

작업은 보다 체계적으로 이뤄졌다. 대장경을 칸귤과 텐귤로 나누는 방식은 9세기에 완성된 티베트대장경의 초기 장서목록인 '덴칼마([T] lDan-dkar-ma)'에서 이미 나타난다. 칸귤 중 13세기에 판각된 고(古)나르탕([T] sNar-thang) 버전은 전해지지 않는다. 이후 실제 판본으로서의 개판은 중국의 영락제에 의해 1410년에 이뤄지지만 대부분 소실되었고, 1608년에서 21년에 걸쳐 이뤄진 티베트에서의 개정판을 리탕판(版)이라 부른다. 저본으로 한 칸귤의 개판은 다시 북경판·델게판·쵸네판으로 전승되었다. 북경판 칸귤은 17~8세기에 걸쳐 강희제 때에 세 번, 건륭제 때 네 번의 복각(復刻)이 이뤄졌다. 델게판 칸귤([T] sDe-dge-bkaḥ-ḥgyur)은 델게지역의 왕의 후원으로 17세기에 간행되었다. 쵸네판 칸귤([T] Co-ne-bkaḥ-ḥgyur)은 1721~1731년에 걸쳐 완성되었다. 제7대 달라이라마의 명을 받들어 1730~1732년에 걸쳐 간행된 신(新)나르탕판은 고(古)나르탕본을 저본으로 하였다. 칸귤은 율(律 [T] 'dul-ba, [S] vinyaja)·반야(般若 [T] sher-phyin, [S] prajñāpāramitā)·화엄(華嚴 [T] phal-chen, [S] buddhāvataṃsaka)·보적(寶積 [T] dkon-brtsegs, [S] ratnakūṭa)·경(經 [T] mdo, [S] sūtra)과 밀교(秘密 [T] rgyud, [S] tantra)의 6부로 나뉘지만 판본에 따라 들고 남이 있다. 판본에 따라서 칸귤은 101에서 108개의 권으로 구성되어 있으며 총 1169개의 경전들이 포함되어 있는데, 이는 티베트경장의 제본형식으로 따르면 약 7만 페이지에 이른다. [참고문헌] Paul Harrison 'A Brief History of the Tibetan bKa' 'gyur'(*Tibetan Literature : Studies in Genre*, 1996) pp.70~94.

칸귤목록 bKaḥ-ḥgyur目錄 ➡ 티베트대장경 Tibet大藏經

칸헤리석굴 Kanheri石窟 인도 마하라슈트라주(Maharashtra)의 뭄바이에서 35km 북쪽에 있는 석굴사원. 칸헤리라는 지명은 검은 산을 뜻하는 크리쉬나기리([S] Krishnagiri)에서 유래했다. 검은 화산암산의 중턱부터 정상에 이르기까지 109개의 석굴이 있다. 크게 전기굴과 후기굴로 나누는데, 2세기에 시작하여 8~9세기까지 지속했다. 각 석굴의 크기는 작지만 굴의 숫자만으로는 서인도에서 가장 많다. 이 가운데 가장 큰 석굴은 2세기 말에 조성한 차이티야(Caitya) 제3굴이다. 석굴형식은 카를라석굴과 매우 유사하여 안쪽에 반구형 불탑을 두고 좌우로 기둥이 늘어서 있다. 차이가 있다면 전실(前室)에 계단·난순·문기둥을 두었고, 석굴에 시주한 상인의 이름과 작은 입상이 새겨져 있다. 특히 이 불입상은 2세기말에 불상이 이미 서인도로 전해졌음을 알려주는 중요한 예이다. 주위에 숲이 있고 높은 곳에서는 아라비아해를 바라볼 수 있는 절경에 위치하고 있어 수행에 적합하면서도 사방으로 통하는 교차지역이어서 많은 스님들이 이곳에 모여들었고, 마우리아와 쿠샨왕조하에는 불교학문의 중심지가 될 수 있었다. 10세기 후반 아티샤([S] Atiśa)가 이곳에서 라훌라굽타([S] Rahulagupta)의 지도를 받고 수행하였던 곳이기도 하다. [참고문헌] G.K.Lama *Buddhist Cave Temples of Ancient India* (Delhi : Buddhist World Press, 2013) p.69, James Fergusson·James Burgess *The cave temples of India* (London : Allen, 1880) pp.348~360, S.Nagaraju *Buddhist Architecture of Western India* (Agam Kala Prakashan, 1981).

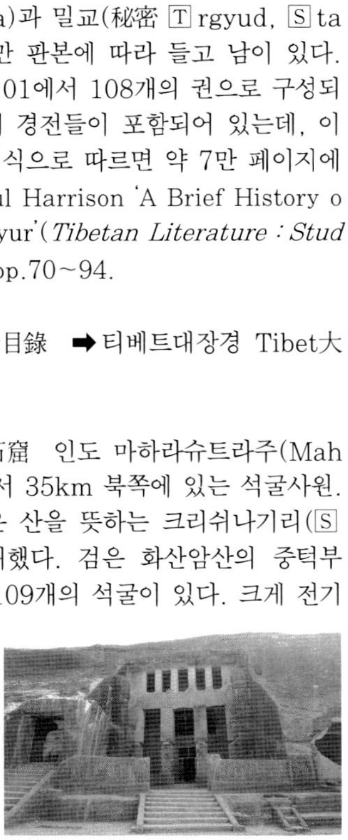
석굴전면부

반구형 불탑과 좌우기둥

칼라노스 Kalanos 탁실라(Taxila) 출신의 고행자. 라틴어로 칼라누스(Calanus). 알렉산더왕의 동방원정 때 70세가 넘은 나이로 왕을 수행해 탁실라에서 페르시아까지 갔다. 플루타르코스(Ploutarchos)가 쓴 『알렉산드로스의 생애』에 따르면, 그가 사람들을 만날 때마다 '깔레(kale)'라는 인도식 인사말을 건네며 환대했기에 마케도니아인들이 그를 '칼라노스(Καλανὸς)'라고 불렀다 한다. 깔레는 산스크리트어 깔야나(kalyāṇa)에서 파생된 것으로 추정한다. 탁실라에 당도한 알렉산더가 일군의 고행자들을 보고 그 인내력을 흠모해 그들을 초청했을 때, 무리의 힐난에도 불구하고 초청을 받아들인 유일한 이로 기록돼 있다. 알렉산더에게 조언하는 현자(賢者) 집단의 일원이었던 것으로 보인다. 고된 원정길에 기력이 쇠해 병이 들자, 장작더미에 올라 소신(燒身)함으로 생을 마쳤다. 소신 행위가 인도 브라만 전통에서 유래한 것인 만큼 칼라노스를 브라만으로 보는 설이 있는가 하면, 불교계 사문(沙門 [S] śramaṇa) 전통에 속하는 수행자로 보기도 한다. [참고문헌] Georgios T.Halkias 'The Self-immolation of Kalanos and other Luminous Encounters Among Greeks and Indian Buddhists in the Hellenistic World'(*Journal of the Oxford Centre for Buddhist Studies 8*, 2015).

칼라차크라 Kālacakra 시륜(時輪 [T] Dus-kyi-'khor-lo)이라고 한역된다. 바즈라야나([S] Vajrayāna : 인도

불교 탄트라) 후기에 속한 칼라차크라전통 혹은 근본경전인 『칼라차크라탄트라 *Kālacakratantra*』를 이르는 말. ⇨칼라차크라탄트라 Kālacakratantra

칼라차크라탄트라 Kālacakratantra 칼라차크라 전통의 근본 경전으로 '시륜(時輪)탄트라'라고도 불린다. 인도 후기 밀교경전으로, 범어 원문은 전하지 않고 티베트역(北京版 No.4, 델게版 No.362)만 남아 있다. 하지만 후대 인도주석서에서 부분적으로 범어 원문을 확인할 수 있다. 전통에 따르면 현재 전해지는 판본은 소실된 광본인 『파라마디붓다탄트라 *Paramādibuddhatantra*』의 축약본이므로, *Laghukālacakratantrarāja*라고도 불린다. 부톤에 따르면, 이 전통은 11세기 인도에서 티베트로 전해졌다고 한다. 총 5장으로 구성되는데, 1장은 대우주(macrocosmos)를, 2장은 미세신으로서 소우주(microcosmos)를, 3장은 탄트라 입문식([S] abhiṣeka)을, 4장은 탄트라 수행법인 사다나([S] sādhana)를, 5장은 지혜([S] jñāna)를 다룬다. 1장에서 대우주인 외부세계는 천문학·점성학·수학 등을 통해 다뤄지며, 2장에서는 맥관([S] nāḍī)과 호흡 수련, 여섯 개의 차크라 각성을 통해 신체를 제어하는 법에 대해 다룬다. 나머지 3~5장에서는 대환희([S] mahāsukha)라고 불리는 공성([S] śūnyatā) 체득 혹은 열반의 상태에 이르기 위한 칼라차크라 만달라([S] maṇḍala) 등을 설한다. 칼라차크라 만달라에서 본존은 아촉불의 화신인 칼라차크라([S] Kālacakra)이며, 우주적 어머니인 비슈마마트르([S] Viśvamātṛ)와 합일된 모습으로 중앙에 위치한다. 교설의 원류로서는 *Guhyasamājatantra*(비밀집회탄트라)까지 거슬러 올라가는 육지요가(六支 [S] ṣaḍaṅgayoga)를 핵심 가르침 중 하나로 설한다. 여섯 항목이란 첫 번째, 감각제어(制感 [S] pratyāhāra, [T] sbyor-ba-yan-lag-drup-pa), 두 번째, 정려(靜慮 [S] dhyāna, [T] bsam-gtan), 세 번째, 호흡수련(調息 [S] prāṇāyāma, [T] srog-gi-rtsol-ba), 네 번째, 집지(執持 [S] dhāraṇā, [T] 'dzin-pa), 다섯 번째, 억념(憶念 [S] anusmṛti, [T] rjes-su-ting-nge-'dzin), 여섯 번째, 삼매(三昧 [S] samādhi, [T] ting-nge-'dzin)이다. 칼라차크라의 중요한 주석은 샴발라왕국의 왕인 푼다리카([S] Puṇḍarīka, [T] Pad-ma-dkar-po)에 귀속하는 『비말라프라바 *Vimalaprabhā*』이다. 이 주석의 범어원문은 총 3권으로 출판되었다. [참고문헌] Jagannathe Upadhyaya '*Vimalaprabhāṭīkā of Kalkin Śrīpuṇḍarīka on Śrīlaghukālacakratantrarāja by Śrīmañjuśrīyaśas*'(Bibliotheca Indo-Tibetica seriesⅡ, vol.1). ⇨시륜탄트라 時輪tantra

칼라차크라만다라
티베트 시대미상 화정박물관

칼리 Kālī 힌두교의 여신. 마하칼리([S] Māhakālī)라고도 한다. 시간, 죽음, 검은색을 뜻하는 kāla에서 온 칼리여신은 검은 피부를 지니고 파괴와 죽음을 관장하는 여신으로 알려져 있다. 칼리여신의 초기 모습은 적멸을 상징했지만, 후대에는 누워있는 쉬바신을 밟고 있는 강력한 모습으로 표현되는 등 쉬바의 배우자로 나타난다. 독립된 신격에서 쉬바의 배우자로 거듭나서는 광폭하고 잔인한 대중적인 여신이 되었다. '설산([S] himavat)의 딸'이라는 별명이 있는 것을 볼 때 산악지대 부족민에게 숭배된 여신으로 추정된다. 쉬바와의 결혼이야기는 힌두교의 신화와 문학에 풍부한 이야기를 제공하였다. 특히 힌두교 샥티파와 불교 금강승과도 깊은 관련을 맺었다. 금강승의 유명한 여신 바즈라요기니([S] Vajrayoginī)가 칼리여신의 불교적 변형으로 간주한다. 현재 인도에서도 칼리 숭배는 성행하고 있으며, 갈리가트사와 마이소르시의 차문디 언덕에 있는 칼리여신 전당은 유명하다. [참고문헌] *Harivaṃśa.1552.*

칼리다사 Kālidāsa 고대인도의 시인·극작가. 우자이니([S] Ujjayinī·Ujein)의 왕 비크라마디티야([S] Vikramāditya)의 궁정시인이었다. 비크라마디티야는 굽타왕조의 왕 찬드라굽타([S] Chandragupta Vikramaditya) 2세를 말하며 375~413년간 재위하였으니, 이로 미루어 칼리다사의 연대를 4세기 후반 또한 5세기경으로 추정한다. 칼리다사는 '칼리(Kāli)여신의 종복(從僕)'을 뜻하는데, 그의 시재(詩才)가 칼리여신의 은총을 입어 얻은 것이기에 이렇게 불렀다. 산스크리트 서사시 『라구밤샤 *Raghuvaṃśa*』·『쿠마라삼바바 *Kumārasambhava*』와 서정시 『메가두타 *Meghadūta*』를 지었고, 희곡작품으로 『말라비카그니미트라 *Mālavikāgnimitra*』·『비크라모르와쉬야 *Vikramorvaśīya*』·『샤쿤탈라 *Śakuntalā*』가 전한다. 『샤쿤탈라』는 산스크리트극(劇)의 백미(白眉)로 꼽힌다. [참고문헌] Louis Renou, *L'inde classiqueII*(Paris : ÉFEO, 2001).

캐둡제게렉팰상포 mKhas-grub-rje-dge-legs-dpal-bzang-po 1385~1438. 티베트불교 겔룩([T] dGe-lugs) 혹은 간댄([T] dGa'-ldan) 전통의 스승으로 제3대 간댄트리파([T] dga'-ldan-khri-pa)를 역임했다. 캐둡제([T] mKhas-grub-rje)라고도 한다. 스물 두 살때 렌다와([T] Red-mda'-ba-gzhon-nu-blo-gros 1349~1412)에게 비구계를 받은 후, 인명과 미륵오법을 공부하

였다. 서른세 살이 되던 1407년에 우 지역에서 총카파(Ⓣ Tsong-kha-pa)를 만나 가르침을 받고 겔찹제(Ⓣ rGyal-tshab-rje 1364~1432)와 더불어 총카파의 주요 제자가 되었다. 다시 창으로 돌아온 후에 창라(Ⓣ lCang-ra)사원의 주지를 맡고 서른네 살에는 간체지역의 지배자였던 랍탠쿤상팍파(Ⓣ Rab-brtan-kun-bzang-'phags 1389~1442)가 펠콜최데(Ⓣ dPal-'khor-chos-sde : 白居寺)를 짓는 데 함께하였다. 1431년 마흔 일곱의 나이에 총카파와 겔찹제에 이어 간댄사의 제3대 주지가 되었다. 인명과 율 등의 다양한 저서를 남겼으며, 사후에 제4대 판첸라마인 롭상최키겔첸(Ⓣ Blo-bzang-chos-kyi-rgyal-mtshan 1570~1662)의 본신으로서 제1대 판첸라마로 여겨졌다. [참고문헌] Grags pa 'byung gnas *Gangs can mkhas grub rim byon ming mdzod* (Lanzhou : Kan su'u mi rigs dpe skrun khang, 1992) pp.219~221.

케듑게렉펠상포 mKhas-grub-dge-legs-dpal-bzaṅ-po ➡ 캐듑제게렉펠상포 mKhas-grub-rje-dge-legs-dpal-bzang-po

켄포 mKhan-po 티베트승가에서 학인(學人)들을 지도하는 스님. 범어 우파디야야(upādhyāya : 和尙·親敎師)에 상응하는 호칭으로 경전을 깊이 익혀 통달한 고승, 또는 가까이에서 가르침을 주는 스승을 뜻하는 말이었지만, 오늘날 그 뜻이 옮겨 바뀌어(轉移) 스님들의 강학도량인 다창(Ⓣ grwa tshang : 學院)의 교수사(敎授師)라는 뜻 외에도 절의 주지(住持)나 포탈라궁 등의 궁정사무를 관장하는 스님까지를 모두 켄포라 부른다.

켈상갸초 sKal-bzang-rgya-mtsho 1708~1758. 티베트불교 겔룩파의 제7대 달라이라마. 티베트 캄의 리탕 지역에서 출생하였는데, 외삼촌으로부터 '행운의 대양'이라는 뜻의 켈상갸초라는 이름을 받았다. 전설에 따르면, 제6대 달라이라마였던 창양갸초(Ⓣ Tshangs-dbyangs-rgya-mtsho 1683~1706)는 '흰 두루미여, 나에게 날개를 빌려다오. 멀리 날아가지 않고 리탕에서 돌아오리라'라는 시를 지었다고 한다. 이에 제7대 달라이라마가 캄 지역에서 탄생할 것이라는 소문이 돌았다. 이 즈음 중앙티베트를 지배하던 라상칸(Ⓣ Lha-bzang Khan 1677~1717)은 자신의 아들 나왕예셰갸초(Ⓣ Ngag-dbang-ye-shes-rgya-mtsho 1686~?)를 민심을 거스른 채 달라이라마로 책봉했다. 왕이 군대를 몇 차례 보내는 데에 위협을 느낀 켈상갸초의 가족은 아들을 피신시켰다. 이후 파견된 겔룩사원의 대표단의 시험을 통과한 그는 새로운 달라이라마로 인정되었지만, 공식적으로 달라이라마로서 공포된 건 청 강희제의 보호를 받으면서였다. 이때 쿰붐(Ⓣ sKu-'bums : 백거사) 사원으로 거처를 옮겨 스승들에게 본격적으로 가르침을 받기 시작했다. 몽골이 중앙 티베트를 침공해 예셰갸초를 물러나게 하자, 강희제는 그의 아들을 보내 서티베트의 영주였던 캉첸내(Ⓣ Khang-chen-nas)와 함께 켈상갸초의 라사입성을 보위하게 했다. 열두 살이 되던 해인 1720년에 포탈라궁에 도착한 켈상갸초는 제5대 판첸라마인 롭상예셰(Ⓣ bLo-bzang-ye-shes 1663~1737)에게 비구계를 받는다. 이후 제 43대 간덴트리파가 되는 롭상다르게(Ⓣ bLo-bzang-dar-gyas 1662~1723)에게 불교논리학과 『현관장엄론』까지의 불교철학을 배우고, 이후 52대 간덴트리파가 되는 펠댄닥파(dPal-ldan-grags-pa ?~1729) 등의 스승에게도 가르침을 받았다. 하지만 만주의 지원을 받던 캉첸내의 티베트정부에 반대해 세 명의 인물이 반란을 공모해 캉첸내를 살해했는데, 이 인물들 가운데 켈상갸초의 친인척도 관여하였다. 이에 만주편에 섰던 폴하내(Ⓣ Pho-lha-nas 1689~1747)가 캉첸내의 살해에 공모된 자들을 처단하면서 7대 달라이라마 또한 위태롭게 되었고 티베트정부에 만주의 영향력이 커지는 상황이 되었으나 달라이라마의 지위는 청의 지원으로 유지될 수 있었다. 인접 왕조의 힘겨루기에 끼인 티베트정부는 해결책으로 캄의 동쪽에 가르타르(Ⓣ mGar-thar)라는 새로운 사원을 지어 달라이라마의 거처를 옮기도록 했다. 이후 달라이라마는 이곳에서 팔년 동안 공부와 수행에 집중했다. 이 기간 동안 제54대 간덴 트리파가 되는 나왕촉댄(Ⓣ Ngag-dbang-mchog-ldan 1677~1751)이 주요 스승으로서 그에게 밀교전통과 수행을 집중적으로 가르쳤다. 그 결과로 달라이라마는 탄트라수행자로서의 명성을 얻게 되었다. 비밀집회탄트라의 만달라와 입문의례에 대한 주석도 저술했는데, 이는 현재까지 겔룩파의 주요 밀교주석서 가운데 하나로 손꼽힌다. 1737년에 강희제를 이은 청 옹정제는 사절단을 보내 달라이라마가 다시 라사로 입성하여 종교적 의식을 행할 수 있도록 도왔다. 이 사절단 가운데 종교적 지도자로서 파견된 창캬롤페도르제(Ⓣ lCang-skya-rol-pa'i-rdo-rje 1717~1786)는 이후 달라이라마의 제자가 되어 공식 전기작가가 되었으며 이후 폴하내의 죽음 이후 정치적 격변 속에서 달라이라마가 종교적 지도자뿐만 아니라 정치적 지도자로서의 권위를 얻게 되는데 중요한 역할을 했다. 7대 달라이라마는 어려운 상황들 속에서도 나르탕과 델게의 대장경을 개보수하고, 학문과 사원의 중흥을 위해 힘썼다. 수만 명에게 출가계를 내렸고 여러 스승들의 환생을 입증했다. 그가 남긴 저작은 현재까지 모든 달라이라마 가운데에서 두 번째로 많은 수를 차지한다. [참고문헌] Martin Brauen *Tha Dalai Lamas : A Visual History* (London : Serindia, 2005) pp.103~115.

코삼비 Kosambi ❶ Ⓢ Kauṣambi, Ⓟ Kosambī. 부처님 재세시 16대국 중 밧챠(Ⓢ Vatsa, Ⓟ Vaṃsa : 拔沙・跋蹉)왕국의 수도로 구섬미(俱睒彌・拘睒彌) 또는 교상미(憍賞彌)라 음사한다. 야무나(Yamuna)강과 갠지스강이 합류하는 프라야가(Prayaga, 現 Allahabad) 남서쪽 약 56km에 자리하였다. 당시 왕은 파란타파(Ⓟ Parantapa)였고, 이어 그 아들 우데나(Ⓟ Udena Ⓢ Udayana : 憂陀延・優塡)가 다스렸다. 부처님께서 아홉 번의 우기(雨期)를 보내신 곳으로 승원(僧園) 세 곳(Ⓟ Kukkutārāma・Ghositārāma・Badarikārāma)과 파바리암바림(波波利菴婆林 Ⓟ Pāvārika-ambavana)이 있었다. 석존은 이곳의 신서림(申恕林 Ⓟ Siṃsapāvana)에 머무실 때 『잡아함』「신서림경 申恕林經」(*Siṃsapā-sutta*, *SN*.5, pp.437~438)을 설하셨고, 『중아함』「박구라경 薄拘羅經」(*Bakkula-sutta*, *MN*.3, pp.124~128)의 박구라존자는 코삼비 자산가(資産家)의 아들이었다. 또 제1차 결집이 열린 후에는 마하캇짜나(Ⓟ Mahā Kaccāna)존자가 코삼비 인근의 숲 속에 머물렀다. 부처님께서 사루라주(闍樓羅酒 Ⓟ jalogi : 未醱酵酒) 마시는 것을 금하신 일이 있었던 곳이기도 하다. 『사분율』 권54(대정장22, p.970a21 : *Cullavagga*, *Vin*.2, p.307)에 "대덕장로여, 사루라주를 얻어 마셔도 됩니까? 마땅히 안 됩니다. 어디에서 제계하셨습니까? 구섬미국에 머무시면서 장로 사가다비구로 인해 제계하셨습니다. 大德長老 得飮闍樓羅酒不 答言 不應爾 問言 在何處制 答言 在拘睒彌國 因長老娑伽陀比丘制 kappati bhante jalogiṃ pātunti. ko so āvuso jalogīti. Kappati bhante yā sā surā asuttā asampattā majjabhāvaṃ, sā pātunti. nāvuso kappatīti. kattha paṭikkhittanti. kosambiyaṃ suttavibhaṅgeti. kiṃ āpajjatīti. surāmerayapāne pācittiyanti"라고 하였다. 코삼비는 아난(阿難)이 부처님의 이상적 반열반처(般涅槃處)로 꼽은 팔성(八城) 중 한 곳(『대반열반경』 권중, 대정장1, p.200c23)이지만, 정작 부처님께서는 스님과 재가자들, 심지어 외도들마저 너무 많이 모인 곳이라 하여 적정처(寂靜處)가 아니라고 하셨다. [참고문헌] 『四分律』, 『中阿含經』 권8(대정장1, p.475a11), 『雜阿含經』 권15(대정장2, p.108a24), *Ud.41*. ⇨ 교상미국 憍賞彌國, 우전왕 優塡王 ❷ 코삼비 다르마난다(Kosambi Dharmananda). 1871~1947. 인도 불교학자. 소년시절 불교에 뜻을 두고 스리랑카・미얀마 등지에서 공부하였다. 1902년 실론에서 사미계(沙彌戒)를 받고 지증불학원(智增佛學院)에서 팔리어를 학습하였고, 미얀마에서 선정을 닦았다. 범본 『청정도론 淸淨道論』을 간행하였고 이를 팔리어로 주석하였다. 이밖에 『불타 佛陀』・『본생경고사 本生經故事』・『인도문화와 비폭력』 등의 저서가 있다.

코탄 Khotan 중국 신장위구르자치구 타클라마칸사막 남쪽에 자리한 도시. 호탄이라고도 부르며 옛 서역남로(西域南路)의 주요국으로서 불교가 번창하였다. 신라 혜초(慧超)의 『왕오천국국전』(대정장51, p.979a29)에서는 '우전 于闐', 당 현장(玄奘)의 『대당서역기』(대정장51, p.943a14)에서는 '구살단나국 瞿薩旦那國'이라 하였다. [참고문헌] 『往五天竺國傳』, 『大唐西域記』. ⇨ 구살단나국 瞿薩旦那國, 우전 于闐, 호탄 Khotan

코탈 Khuttal 타자키스탄 서남부 도시. 현장(玄奘)의 『대당서역기』(대정장51, p.943a14)에서는 '가돌라 珂咄羅'라 하였고, 혜초(慧超)의 『왕오천국국전』(대정장51, p.978c9)에 "또 발하나국 동쪽으로 하나의 나라가 있는데 이름이 골돌국이다. 여기 왕은 원래 돌궐종족이며 이 땅 백성들 반은 호, 반은 돌궐이다. … 왕과 수령 백성 등이 삼보를 공경하여 믿고, 절도 스님도 있으며 소승법을 행한다. 又跋賀那國 東有一國 名骨咄國 此王元是突厥種族 當土百姓 半胡半突厥 … 王及首領百姓等 敬信三寶 有寺有僧 行小乘法"라고 하였다. [참고문헌] 『大唐西域記』, 『往五天竺國傳』. ⇨ 골돌국 骨咄國, 가돌라국 珂咄羅國

쾌도 快道 '빨리 말하라!' 주저함 없이 말하게 하는 뜻이다. 『경덕전등록』 권20 「대선혜해전 大善慧海傳」(대정장51, p.363b5)에 "'어떻게 말해야 가까워질 수 있는지요?' '빨리 말하라!' '그렇다면 말하지 않겠습니다' '입을 가지고 무엇 하려느냐?' 問 如何道得相親去 師曰 快道 曰 恁麼卽不道之 師曰 用口作什麼"라고 하였다. [참고문헌] 『景德傳燈錄』. ⇨ 속도 速道

쾌락 快樂 Ⓢ modana, Ⓣ dga'-gnas. 마음에 맞아 즐거워함. 심신을 막론한 모든 유형의 즐거움. 탐욕으로 일어나는 쾌락도 있고, 탐욕에서 벗어난 해탈의 쾌락도 있다. 『중아함경』 권28 「구담미경 瞿曇彌經」(대정장1, p.607a18)에 "정진하는 사문은 저 뛰어난 행 하시고, 정진하는 사문은 어려운 행도 행하시기에 우리들로 하여금 긴긴밤 풍요한 이익과 안온한 쾌락 얻도록 하십시오. 精進沙門 可於上行 精進沙門 難行而行 令我長夜 得利饒益 安隱快樂", 『구사론』 권18(대정장29, p.97c24 : *Abh-k-bh.*, p.274)에 "선대의 궤범사는 다음과 같이 말한다. '복에 따라 능히 감응하니 일겁 동안 하늘에 나서 온갖 쾌락을 누리니 이것이 복 하나의 양이다'. 先軌範師 作如是說 隨福能感 一劫生天 受諸快樂 是一福量 〈bhāṣya〉 pūrvācāryās tu vyācakṣate. 〈kārikā〉 caturṇāṃ brāhmapuṇyatvaṃ kalpaṃ svargeṣu modanāt. 〈bhāṣya〉 yāvatā puṇyena kalpaṃ svargeṣu modate idaṃ brāhmaṃ puṇyam", 『관정경』 권12(대정

장21, p.533a9)에 "궁핍한 이들에게 진귀한 보배 베풀어 창고는 가득 넘치게 해서 모자람 없도록 하니 모든 중생이 누구나 무량한 쾌락을 누리도록 한다. 窮乏之者 施以珍寶 倉庫盈溢 無所乏少 一切皆受 無量快樂",『묘법성념처경』권6(대정장17, p.436a29)에 "족할 줄 알고 욕이 없으면 몸에서 번뇌가 떠난다. 욕으로 일으키는 즐거움을 쾌락이라 하지만 해탈과 하나로 어울려야 최상의 즐거움을 얻는다. 만약 쾌락을 탐한다면 독을 섞은 물과 같고, 해탈의 쾌락은 우유를 섞은 물과 같다. 욕의 불로 태워지는 피해를 어리석은 사람은 알아채지 못한다. 知足無貪 身離煩惱 欲生快樂 是名快樂 解脫相應 得最上樂 若貪快樂 如毒和水 解脫快樂 如乳和水 欲火燒害 愚盲不覺",『사교의주휘보보굉기』권3(卍속장102, p.413a12)에 "하늘이란 근심번뇌 없고 항상 쾌락을 누린다. 天者 名無愁惱 常受快樂故"라고 하였다. [참고문헌]『中阿含經』,『俱舍論』,『灌頂經』,『妙法聖念處經』,『四教儀註彙補輔宏記』, *Abh-k-bh.*

쾌마견편영 快馬見鞭影 좋은 말 채찍 그림자만 보고 달리다. 양마견편영이행(良馬見鞭影而行)이라고도 한다.『법화현의』권1하(대정장33, p.687a20)에 "그러므로『중론』에 이르길 '도를 향하는 사람에게 사구를 설해주면 마치 잘 달리는 말은 채찍의 그림자만 보고도 바른 길로 들어서듯 한다'라고 한다. 사구를 듣고 마음에서 집착을 일으키면 그 모두가 희론이니 어찌 제일의라 하겠는가? 故中論云 爲向道人說四句 如快馬見鞭影 卽入正路 若聞四句 心生取著 皆是戲論 豈第一義耶",『관음현의』권상(대정장34, p.883c26)에 "비록 네 가지로 설해도 네 가지 집착이 없다. 집착이 없기에 견도 애도 없다. 이를 아는 중생이라면 마치 좋은 말 채찍의 그림자만 보고도 달리듯 미혹을 무너뜨리고 도에 들기에 지라 한다. 이 지혜로 비추는 대상을 경이라 한다. 雖作四說 無四種執 無執故無見愛 衆生聞者 如快馬見鞭影 卽破惑入道 故名爲智 此智所照 名之爲境",『유마경약소』권10(대정장38, p.697a20)에 "만약 영리한 근기의 사람이라면 좋은 말 채찍의 그림자만 보고도 달리듯이 단지 바른 것만을 쓸 뿐 곁으로 가지 않는다. 둔한 말 회초리 때려서 고통스러워야 움직인다. 若利根之人 如快馬見鞭影卽馳 但用正不須於傍 鈍馬 加之杖捶 苦楚方去",『원각경대소석의초』권1하(卍속장14, p.440a2)에 "앞선 상근인들 앞선 법문 듣고 곧바로 닦아 만행 갖추고 곧바로 무상보리에 나아간다. 마치 좋은 말 채찍의 그림자만 보고도 달리기에 애써 때릴 필요가 없는 것과 같다. 前上根人 聞前法門 便具脩萬行 直趣無上菩提 如快馬見鞭影 卽行 不勞打著",『산정지관』권중(卍속장99, p.157a18)에 "때로는 합을 설함에 능히 뜻을 보니 마치 '좋은 말 채찍 그림자만 보고도 바른 길을 알아차린다'는 말과 같다. 때로는 떠나라는 말을 듣고 이치를 깨달으니 마치 '소득 없이 한즉 얻는다'라는 말과 같다. 이러한 예들을 가리켜 제일의로 이치를 깨닫는다고 한다. 或說合能見理 如言 快馬見鞭影卽得正路 或說離能見理 如言 無所得卽是得 是爲第一義見理也"라고 하였다. [참고문헌]『法華玄義』,『觀音玄義』,『維摩經略疏』,『圓覺經大疏釋義鈔』,『删定止觀』. ⇨ 양마견편영이행 良馬見鞭影而行

쾌마일편 快馬一鞭 뛰어난 말 한 번의 채찍만으로 충분하다.『벽암록』70칙「수시 垂示」(대정장48, p.199b12)에 "탁월한 사람은 한 마디 말로 알아듣고, 뛰어난 말은 한 번의 채찍으로 내달린다. 영원의 소식을 한 생각에 알아차리고, 한 생각의 소식을 영원으로 펼친다. 곧바로 끊어 알고자 하는가. 한 마디 들기도 전이어야 하리. 말해 보라! 들기도 전에는 어떻게 모색하는가? 快人一言 快馬一鞭 萬年一念 一念萬年 要知直截 未擧已前 且道 未擧已前 作麽生摸索",『보령인용어록』(卍속장120, p.351b3)에 "법좌에 올라앉아 '뛰어난 말은 한 번의 채찍으로 내달리고, 탁월한 사람은 한 마디 말로 알아듣는다. 설령 그렇더라도 아직 둔한 사람일 뿐이다'라고 말한 뒤 '대중이여!' 하고 부르고 말했다. '차나 마시게!' 上堂 快馬一鞭 快人一言 直饒與麽 猶是鈍漢 乃召衆云 喫茶去",『오등회원』권16「법천불혜장 法泉佛慧章」(卍속장138, p.612a17)에 "이해가 빠른 사람은 한 마디에 알고, 영리한 말은 채찍 한 대에 달린다. 만일 눈동자 움직여야 한다면 종이로 싸고 마로 얽는 일 면하지 못한다. 발 밑은 땅이고 머리 위는 하늘이다. 모르겠다면 그저 팔구월에 분분한 저 시든 잎 산천 가득한 줄 볼 수만 있다면 된다. 快人一言 快馬一鞭 若更眼睛定動 未免紙裹麻纏 脚下是地 頭上是天 不信但看八九月 紛紛黃葉滿山川"라고 하였다. [참고문헌]『碧巖錄』,『保寧仁勇語錄』,『五燈會元』.

쾌목왕 快目王 Ⓢ Sudhīra. 과거 아승기겁에 두 눈 기꺼이 보시하고는 뛰어난 눈 갖게 된 부가라발국(富迦羅拔國)의 국왕.『현우경』권6(대정장4, p.390c24)에 "그때 수제라〈한역어는 쾌목〉라는 국왕이 있었다. 이름을 쾌목이라 한 까닭은 그 눈 밝고 맑아서 청묘함 견줄 이가 없었다. 장벽 뚫고 사무쳐 보기를 40리까지 보았다. 이런 이유로 명자 붙이기를 쾌목이라 불렀다. 時有國王 名須提羅〈此言快目〉所以名之爲快目者 其目明淨 清妙無比 徹覩墻壁 視四十里 以是故立字 號曰快目"라고 하였다. 같은 책 권6「쾌목왕안시연품 快目王眼施緣品」(대정장4, p.390b15)에는 쾌목왕이 불도를 구하고자 두 눈을 뽑아 보시하기로 맹세하였고, 뒤에 불도를 성취하고 나서 다시 이전보다 더 밝은 눈을 얻었다는 이야기(快目王施眼)다. [참고문헌]『賢愚經』,『華嚴經疏鈔』권4

9(대정장36, p.384b8).

쾌선 快善 1693~1764. 조선후기 스님. 호는 기성(箕城), 속성은 유(柳)씨. 경북 칠곡 출신. 아버지는 시홍(時興)이고, 어머니는 창원 황(黃)씨이다. 13세 때 팔공산(八公山) 송림사(松林寺)로 가서 민식(敏湜)을 은사로 하여 스님이 되었고, 이후 선본사(禪本寺)에서 『열반경』을 강설하였다. 낙빈(洛濱) 홍제(弘濟)의 제자이며 상봉(霜峰)의 2세 법손이다. 1764년(영조40) 송림사에서 세수 72, 법랍 59세를 일기로 입적하였다. 저서로 『청택법보은문 請擇法報恩文』 1권과 『염불환향곡 念佛還鄕曲』 1권이 있다. ［참고문헌］『霜峰門譜』「箕城快善禪師行狀」. ⇨ 염불환향곡 念佛還鄕谷

쾌요간불급 快鷂趕不及 날쌘 매 쫓지만 미치지 못하다. 간은 진(趁)과 같이 쓴다. 『벽암록』 12칙 「송 頌」(대정장48, p.153a11)에 "금빛 까마귀(日) 빠르게 날고〈왼쪽 눈 반근이다. 날쌘 매 쫓지만 미치지 못한다. 화염 속에 몸을 던진다〉, 옥토끼(月) 달린다〈오른쪽 눈 여덟 냥이다. 항아 선녀가 사는 궁에 보금자리를 마련했다〉. 金烏急〈左眼半斤 快鷂趕不及 火焰裏橫身〉 玉兎速〈右眼八兩 姮娥宮裏作窠窟〉", 『별봉보운화상어』(속고존숙어요6, 卍속장119, p.175a11)에 "해와 달 날 듯이 가니 날쌘 매 쫓아도 따라잡지 못한다. 선이란 모름지기 다 내려놓고 참해야 하니 다만 붙들고 집착하지 말아야 한다. 그곳이 해탈로 들어가는 문이다. 日月去如飛 快鷂趁不及 禪須放下參 但莫固拘執 是處解脫門", 『감휴어록』 권3(가홍장37, p.207c23)에 "설령 방망이 휘둘러 빗방울 치듯 하고 소리질러 천둥치듯 하면서 천성 줄 세우고 비로자나불의 정수리를 밟는다 해도, 뛰어난 송골매와 날쌘 매가 쫓아도 따라잡지 못하고, 전광석화조차 쫓을 수 없다. 이 심경에 이르러야 바로 현사가 말한 길이다. 縱使棒如雨點 喝似雷崩 列千聖下風 踏毘盧頂上 俊鷹快鷂趁不及 石火電光莫能追 到此田地 正是玄沙道底"라고 하였다. ［참고문헌］『碧巖錄』, 『別峰寶雲和尙語』, 『憨休語錄』.

쾌일 快逸 조선후기 스님. 법호는 정관(正觀). 『동사열전』 권5 「설두강백전 雪竇講伯傳」(한불전10, p.1060a5)에 "(설두유형이) 장성 백양사로 출가하여 정관쾌일대사실에서 머리를 깎고 물들인 옷을 입어 스님이 되었다. 出家於長城白羊山 剃染於正觀快逸大師室"라 하였고, 1789년(정조13)부터 해남 대흥사 표충원(表忠院) 원장 명단을 적은 『원장선생안』에 "정관쾌일〈장성 정토사(백양사 옛 이름)에 있다가 정미 2월에 부임〉. 正觀快逸〈在長城 淨土寺 丁未二月日 赴任〉"라고 하였다. ［참고문헌］『東師列傳』, 『元長先生案』. ⇨ 정관 正觀[2], 유형 有炯

쾌정 快淨 조선후기 스님. 1767년(영조43)에 달성(達成) 지장사(地藏寺)의 방장(房長)이었던 스님은 지장사의 승당(僧堂)을 중수하였는데, 한성(漢城)은 재정을, 관리는 당시 주지 양건(良建)이, 자재(資材)는 전지 주인 풍협(豊洽)이 각각 맡았다. 또 1770년(영조46)에는 가산성(架山城) 천주사(天柱寺) 전총섭(前摠攝)이었던 스님이 현초(玄草)·문철(文哲)·희준(希俊) 등 세 스님과 함께 천주사 함월당(含月堂)을 창건하였다. ［참고문헌］『好隱集』 권1 「含月堂記」(한불전9, p.710c2)·권3 「地藏寺僧堂樑間錄」(한불전9, p.720a19).

쾌편난봉 快便難逢 바삐 떠나는 배에 오르기란 어렵다. 짐짓 말의 길(言語路)이든 생각의 길(心行路)이든 오르려 할 때는 이미 앞서 달려나가고 있는 것들일 뿐이어서 바로 만나기란 참으로 어렵다는 뜻이다. 『양기후록』(대정장47, p.647b12)에 "상당하자 스님이 물었다. '호부도 금인도 스님께서 몸소 쥐고 계시니, 나라의 흥망이 어떻게 되겠습니까?' '장군이 명령을 내리지 않는다' '앉은 채로 군막에서 계책 짜는 이 스님이 아니라면 누가 합니까?' '금주에서 온 나그네다' '요행히 인천을 마주하니, 원컨대 성대히 짓는 일 보고 싶습니다' '양기의 콧구멍이 아사리의 손안에 있다' '제 목숨은 화상의 수중에 있습니다' '그대 헛되이 풀쩍풀쩍 뛰는데 어째서인가?' '언덕 내려갈 때 내달리지 않으면 빠른 수단 만나기는 어렵습니다'. 上堂 僧問 虎符金印師親握 家國興亡事若何 師云 將軍不擧令 僧云 坐籌幃幄 非師者誰 師云 金州客 僧云 幸對人天 願觀盛作 師云 楊岐鼻孔 在闍梨手裏 僧云 學人性命 在和尙手中 師云 爾乾跨跳作什麽 僧云 下坡不走 快便難逢", "스님이 손뼉 한 번 치고 절을 올리자 양기가 말하였다. '이 한 명의 장수를 살피라'. 양기가 이어서 말하였다. '바람과 서리는 땅을 긁고, 싸늘한 낙엽은 허공에 날린다. 봄날 거치지 않고 콧구멍 채로 집어오너라'. 이내 선상 내려치고 말하였다. '내년이면 다시 새로운 가지가 돋아나 어지러운 봄바람에 끝없이 흔들리리라'. 撫掌一下 便禮拜 師云 看者一員戰將 師乃云 風霜刮地 寒葉飄空 不涉春緣 拈將鼻吼來 遂拍禪床一下云 來年更有新條在 惱亂春風卒未休", 『대혜어록』 권8(대정장47, p.841c2)에 "오늘 누군가 나에게 '삼계 다투듯 일어날 때는 어떠합니까?'라고 묻는다면 다만 저를 향해 말하길 '빠르게 떠나는 배편 만나기 어렵다'라고 답할 것이며, '그 말은 무슨 뜻입니까?'라고 묻는다면 '운문산 옮겨 올 수 있다면 그대 향해 말하리라'라고 하였다. 今日若有人問雲門 三界競起時如何 只向他道 快便難逢 未審師意如何 移取雲門山來 卽向汝道", 『종용록』 18칙 「평창 評唱」(대정장48, p.238c8)에 "한 몽둥이로 두 곳 맞히니(趙州狗子의 有와 無) 빠르게 떠나는 배편에 오르기란 어렵다. 질문 던진 학인 인에 의하여 과를 판단하지만 만일 이렇게 한다면 좌주의 노예 지을 뿐이다. 一槌兩當 快便難逢 這僧將謂 依因判果 若恁麽會 作座主奴", 『불과격절록』 2칙 「본칙 本則」(卍속장117, p.452b9)에 "학인이 생각하려 하자 설봉이 걷어차 넘어뜨렸다〈언덕 아래로 내달리지 않으면 빠른 배편 올라타기 어렵다〉. 僧方擬取 峯便踏倒〈下坡不走 快便難逢〉", 『무준사범어록』 권4(卍속장121, p.933a5)에 "(조주의 죽순을 훔친) 노파가 조주의 따귀를 때리니 빠른 배편 만나기는 어렵다 하겠고, 조주 그만두었지만 일 없이 한 것 잘된 일이라 하지 마라. 婆子下掌 快便難逢 趙州休去 莫道無事好"라고 하였다. [참고문헌] 『楊岐後錄』, 『大慧語錄』, 『從容錄』, 『佛果擊節錄』, 『無準師範語錄』, 『碧巖錄』 54칙(대정장48, p.188b22).

쾌헌 快軒 18세기 후반~19세기 초 대구 팔공산 동화사(桐華寺) 스님. 호는 인봉(仁峯). 동화사성보박물관에 봉안된 영정 제액(題額)에 '벽봉 제3세 인봉당 쾌헌 대선진 碧峰第三世仁峰堂快軒大禪眞'이라 하였으니, 벽봉덕우(碧峰德雨)의 손제자이고 선파도경(善坡度慶)의 제자로서, 태고보우(太古普愚)의 제9세인 상봉정원(霜峰淨源)의 5세손이다. [참고문헌] 『팔공산동화사』(동화사·국립대구박물관, 2009) p.176, 『霜峯淨源門譜』.

퀸촉겔포 dKon-mchog-rgyal-po 1034~1102. 티베트불교 샤캬파의 개조. 퀸(Ⓣ 'Khon)족 출신이므로, 퀸퀸촉겔포(Ⓣ 'Khon-dkon-mchog-rgyal-po)라고도 불린다. 샤캬파의 역사에 따르면, 퀸촉겔포는 당시 닝마파가 공공연하게 밀교의례 행하는 것을 보고 밀교전승의 엄격한 비밀주의를 지키고자 재가수행자였던 형과 함께 집안 대를 이어 내려오던 문헌들과 의례도구들을 스투파에 묻어버렸다고 한다. 하지만 이때 보호신장들의 요청에 따라 바즈라쿠마라와 양닥 헤루카 전통을 감추지 않았기에 현재까지 샤카파에서 이어지고 있다고 한다. 이후 퀸촉겔포는 샤캬예셰(Ⓣ 'Brog-mi-lo-tsā-ba Śākya-ye-shes 992~1072)에게 헤바즈라(Hevajra) 전통을, 로되닥파(Ⓣ Mal-lo-tsā-ba Blo-gros-grags-pa)에게 차크라삼바라 전통을, 쿡파레체(Ⓣ 'Gos-lo-tsā-ba Khug-pa-lhas-brtsas)에게 비밀집회 전통을 배웠다고 한다. 샤카사원의 모태가 되는 사원을 건립했으며 주요 제자로는 세톤쿤릭(Ⓣ Se-ston-kun-rig 1029~1116)이 있다. 아들 쿤가닝포(Ⓣ Kun-dga'-snying-po)도 제3대 샤캬파에 오른다. [참고문헌] Grags pa 'byung gnas *Gangs can mkhas grub rim byon ming mdzod* (Lanzhou : Kan su'u mi rigs dpe skrun khang, 1992) pp.233~234.

퀸촉직메왕포 dKon-mchog-'jigs-med-dbang-po 1728~1791. 티베트불교 겔룩파의 제2대 잠양셰파(Ⓣ 'Jam-dbyangs-bzhad-pa). 사료에 따르면 카초둡첸(Mkha'-spyod-grub-chen)이라는 이름의 스님이 그를 제 1대 잠양 제파인 잠양셰페도르제(Ⓣ 'Jam-dbyangs-bzhad-pa'i-rdo-rje 1648~1721/1722)의 환생으로 공인했다고 한다. 삼촌이었던 통코르린포체 소남갸초(Ⓣ sTong-'khor-rin-po-che Bsod-nams-rgya-mstho) 밑에서 학습하며 비구계를 받았다. 1743년에 환생으로 인정받은 후, 겔룩의 승원교육과정에 따라 인명·중관·구사론과 율 등을 공부하고 야만타카(Ⓢ Yamāntaka)·차크라삼바라(Ⓢ Cakrasamvara)·비밀집회(Ⓢ Guhyasamāja) 전통에 속한 밀교 가르침과 가피를 받았다. [참고문헌] Yon tan rgya mtsho *rNga yul sgo mang dgon gyi gdan rabs* (Pecin : Mi rigs dpe skrun khang, 2000) pp.10~42.

쿠베라 Kubera 인도 신화에 등장하는 부의 신이자 야차(夜叉 Ⓢ yakṣas)와 나찰(羅刹 Ⓢ rakṣas)를 다스리는 신. 구비라(俱毘羅)·금비라(金毘羅) 등으로 음사한다. 원래 베다시대 문헌에서 쿠베라는 악한 영혼들의 우두머리로 묘사되었는데 푸라나 문헌이 발달하면서부터 신격으로 지위가 상승하였고 나중에는 히말라야에 위치한 야차왕국(Alaka-puri라고 함)의 지배자로 등장한다. 그리고 인도의 대서사시 『마하바라타』에서 북방을 수호하는 신으로 등장한다. 신화에 등장하는 쿠베라의 모습은 가다(Ⓢ Gaḍā)라고 하는 곤봉형태의 무기를 손에 쥐고 사나운 멧돼지나 사악한 뱀을 잡아먹는 몽구스와 함께 한다. 불교나 자이나교에도 영향을 주었는데 특히 불교 사천왕 가운데 북방의 다문천왕(多聞天王)인 비사문천(毘沙門天 Ⓢ Vaiśravaṇa, Ⓟ Vessavaṇa)으로 정착하였다. 비사문이라는 이름은 그의 아버지인 비슈라바(Ⓢ Viśrava)에서 유래했으며 이 의미를 한역한 것이 다문(多聞)이다. 인도 신화와 마찬가지로 곤봉류의 무기를 지니고 다른 손에는 보탑을 들고 있으며 주로 분노한 형상을 하고 있다. [참고문헌] John Dowson *A Classical Dictionary of Hindu Mythology and Religion, Geography, History, and Literature* (London : Trubner&Co., 1888). ⇨ 구비라 俱毘羅 ❶, 금비라 金毘羅 ❷, 비사문천 毘沙門天, 다문천왕 多聞天王

쿠샤나왕조 Kuṣāṇa王朝 인도 마우리아(Maurya)왕조가 붕괴한 뒤로부터 기원후 4세기경 굽타(Gupta)왕조가 들어서기 전까지 중앙아시아·북인도 일대에서 번성하였다. 쿠샤나는 월지(月支)의 일족으로 귀상(貴霜)이라고 한다. 유목민족으로 옛부터 중국 신장(新疆)지방을 삶의 터전으로 삼았으나, 흉노의 침입으로 일부 무리가 남하하여 기원전 130년경 그리스인들의 박트리아

(Bactria)를 점령하였다. 이들을 대월지(大月支)라 부르는데 『한서』 권96상 열전(列傳)66상 「서역전 西域傳」상(上)에서는 휴밀(休密)·쌍미(雙靡)·귀상(貴霜)·힐돈(肹頓)·고부장(高附臟)의 다섯 흡후(五翕侯)의 연합부족이라 하였고, 『후한서』 권88, 열전78, 「서역전」에 "일찍이 흉노가 월씨를 멸했을 때 마침내 대하에서 옮겨서는 나라를 나누어 휴밀·쌍미·귀상·부돈·도밀 등 무릇 다섯 부의 장후로 하였다. 백여 년 뒤 귀상장후 구취각이 네 장후를 공격하여 멸하고, 스스로를 왕으로 세워 귀상왕을 국호로 삼고 안식(국)을 침략하여 고부(現 Kabul)의 땅을 취하였다. 初月氏爲匈奴所滅 遂遷於大夏 分其國爲休密雙靡貴霜肸頓都密 凡五部臟侯 後百餘歲 貴霜臟侯丘就卻攻滅四臟侯 自立爲王 國號貴霜王 侵安息 取高附地"라고 하였다. 쿠샤나의 족장 쿠줄라 카드피세스(Kujūla kadphisēs)는 나머지 네 부족을 통합하고 기원후 60~65년경 서북인도 공략을 시작한 직후 지금의 파키스탄 페샤와르(Peshawar)인 푸루샤푸라(Ⓢ Puruṣapura)를 수도로 삼아 쿠샤나제국을 세웠다. 타림(Tarim)분지의 오아시스를 무단 점령했다는 이유로 군대를 파견하거나, 한(漢)나라 황실에로의 청혼을 거절당하는 등, 초기 쿠샤나왕조와 중국과의 관계는 우호적이지 못했다. 왕위를 이은 아들 비마 카드피세스(Vima kadphisēs)는 제국의 영토를 인더스·갠지즈강 유역과 간다라와 편잡으로까지 넓혔고, 당시 주화(鑄貨)에 새긴 대로 스스로를 "온 세계의 주인 sarvalig īśvara"이라 불렀다. 정확한 연대산정에 어려움이 있지만 이 왕의 치세 때 멀리 로마제국과도 교류했던 것으로 추정한다. 세 번째로 즉위한 카니쉬카(Kaniṣka)왕은 카드피세스의 직계손은 아니었다. 불교에 귀의한 호법왕(護法王)이면서도 페르시아계(系) 신들이나 쉬바신의 모습을 새긴 화폐들도 유통한 것으로 미루어, 불교만 외호(外護)한 왕은 아니었다. 그리스 언어·문화를 보유했던 박트리아와 동서 문화교류의 산실인 간다라가 왕조의 주된 거점이었던 만큼, 쿠샤나제국의 문화에는 그리스·페르시아·중앙아시아·인도 등지의 문화들이 결하여 어우러지는 혼종성(混種性)이 있었다. 카니쉬카왕 재위기에 간다라미술이 꽃피었고, 엘로라석굴사원과 아잔타동굴벽화가 조성되기 시작했으며, 산스크리트어문학에 대한 관심이 고조되면서 마명(馬鳴)스님 같은 걸출한 시승(詩僧)은 왕의 벗이 되었다. 쿠샤나국 출신의 역경승(譯經僧) 지루가참(支婁迦讖)스님이 후한(後漢)의 낙양(洛陽)에 당도한 때도 바로 이 무렵(147년)이다. 카니쉬카 사후 왕위는 후손인 바시쉬카(Vāsiṣka) - 후비쉬카(Huviṣka) - 바수데와(Vāsudeva)로 이어지는데, 이 계승자들이 불교의 옹호자였다는 것은 이미 발굴된 불탑이나 불상의 금석문(金石文)들을 통해 확인된다. 바수데와는 242년 새로운 강자로 부상한 사산조페르시아 샤푸르(Sâhpuhr) 1세와의 전투에서 패(敗)하여 제국의 영토 대부분을 잃었다. 그 후 편잡을 중심으로 명맥을 유지하다가 굽타왕조에 자리를 내주고 역사의 뒤안길로 사라졌다. [참고문헌] 『漢書』, 『後漢書』, Louis Renou, Jean Filliozat, *L'Inde classique* (Tome I, Paris, 1985). ⇨ 가니색가왕 迦膩色迦王

쿠샤나족 Kuṣāṇa族 유목민족인 월씨(月氏)·월지(月支)의 일족으로 귀상(貴霜)이라 하고 우지(禺氏·禺知)·원지(苑支)라고도 쓴다. 옛부터 중국 신장(新疆) 지방 즉 돈황과 기련산(祁連山) 사이를 삶의 터전으로 삼은 민족으로 『한서 漢書』·『후한서 後漢書』의 「서역전 西域傳」에 그 기록이 보인다. 기원전 176년경 흉노에게 크게 패하여 쫓기면서 대월지(大月支)와 소월지(小月支)로 나뉘는데, 대월지는 박트리아(Bactria)에 정착하여 쿠샤나왕조를 세웠고, 소월지는 티베트고원으로 이주하였으며, 이들 중 일부는 칭하이성(青海省)에 정착하여 강족(羌族) 또는 창족의 뿌리가 되었다. 학자들은 일반적으로 쿠샤나족을 인도이란인 내지 인도유럽어족일 것으로 추정한다. ⇨ 쿠샤나왕조 Kuṣāṇa王朝, 구사 拘沙, 귀상왕조 貴霜王朝

쿠줄라카드피세스 Kujūla-Kadphises 기원전 2세기 중엽 박트리아(Bactria)를 정복하고 쿠샤나(Kuṣāṇa)왕조를 연 왕. 『후한서 後漢書』 「서역전 西域傳」에 구취각(邱就卻)이란 이름으로 전한다. 월씨(月氏)의 다섯 부족 중 귀상(貴霜)족의 수장으로 다른 네 부족을 통합하여 쿠샤나(貴霜)국을 세우고 파르티아(Parthia)·고부(高附 Kabul)·계빈(罽賓 Kapisi)을 복속시켜 나라의 기틀을 다졌다. 팔십여 세를 일기로 생을 마쳤다. ⇨ 구취각 丘就却, 쿠샤나왕조 Kuṣāṇa王朝

쿨라르나바탄트라 Kulārṇavatantra 힌두 샤이비즘 중 카울라(Ⓢ Kaula) 전통에 속하는 문헌. 성립은 12세기 무렵으로 추정된다. 후기 샥티즘의 영향을 받은 요기니(yoginī) 숭배를 다루는데, 특히 인도 벵갈 지역에서 널리 수행된 것으로 보인다. 간기는 이 문헌이 '상위 전승 ūrdhvāmnāya'에 속한다고 증언한다. 총 17개의 장(ullāsa)으로 구성되는데, 1장에서는 고통 속에 있는 개아의 상태(jīvasthiti)를 주제로 해탈과 지혜를 다룬다. 이 탄트라의 주요 만트라인 'hsauṃḥ'은 '프라사다파라(Ⓢ prāsādaparā)'라고 이름한다. 이 만트라는 샤이바 트리카(Ⓢ Trika) 전통의 상위여신인 파라(Parā)의 만트라 'sauḥ'와 샤이바 사이단티카(Ⓢ Śaiva Saiddhāntika)의 만트라 'hauṃ'이 결합된 형태이다. 타라나타 바이드야라트나(Ⓢ Tārānātha Vidyāratna)가 편집한 교정본이 있다. [참고문헌] *Kulārṇavatantra* (Ta ntrik Texts5, London : Luzac&Co., 1917), Alexis Sanderson 'The Śaiva Literature'(*Journal of Indological Studies 24·25*, 2012·2013) pp.78~79.

쿰바카르나 Kumbhakarṇa 랑카(Laṅka 楞伽)섬의 나찰(羅刹). 『라마야나』와 『능가경 *Laṅkāvatāra-sūtra*』·『대방등대집경 大方等大集經』에 그 이름이 보인다. 시성(詩聖) 비슈라와(Viśrava)와 야차왕 수말리(Sumali)의 딸인 카이카시(Kaikasi) 사이의 세 남매 중 둘째로, 라바나(Rāvaṇa)의 남동생이다. 신과 인간들에게 재앙을 부르는 탓에 6개월간 잠들어 있고 하루만 눈을 뜨는 형벌을 받았다. 라마와의 전투가 벌어지자 라바나는 쿰바카르나의 잠을 깨워 라마에 맞서게 하지만 쿰바카르나는 라마에게 패하여 목숨을 잃는다. 한편 불전(佛典)에서는 옹이(甕耳)라고 하여 『능가경』에서는 부처님 법을 듣는 나찰로, 『대방등대집경』에서는 부처님을 찬탄공양하는 신중(神衆) 가운데 하나로 나온다. 『대방등대집경』 권1(대정장13, p.1c7)에 "때마침 기사굴산의 일체대중 홀연히 모습을 감추더니 층이진 그대로 허공에 떠올랐다. 그때 무량억제천룡 등과 불호신 기악신 비천신 금시조무신 복행신 기육신 선아귀신 옹이귀신 … 이와 같은 등 무리가 다 부처님을 모시고 좇으면서 하늘향꽃과 미묘한 하늘음악으로 공양드렸다. 當爾之時 耆闍崛山 一切大衆 忽然不現 隥中階節 上昇虛空時 無量億諸天龍等 及不護神 伎樂神 非天神 金翅鳥舞神 腹行神 嗜肉神 善餓鬼神 甕耳鬼神 … 如是等衆 悉侍從佛 以天香花微妙天樂 而供養之"라고 하였다. [참고문헌] 『大方等大集經』. ⇨ 옹이 甕耳, 라마야나 Rāmāyaṇa, 랑카 Laṅka

쿰붐사 Sku-'bum寺 현재 중국 칭하이성 시닝에 위치한 티베트 겔룩파의 사원으로 중국어로는 쿤붐샨바린(袞本賢巴林)이라 표기한다. 총카파(Ⓣ Tsong-kha-pa 1357~1419)의 탄생지를 기념해 세웠다. 총카파의 아버지는 아들이 태어난 후, 그 자리에 태반과 탯줄을 묻었고, 그곳에서 상서로운 자작나무가 자라났다고 한다. 1379년에 총카파의 어머니가 그 나무 주변에 소원성취나무라는 뜻의 세르동(Ⓣ gSer-sdong)이라고 불린 탑과 절을 세웠는데, 이것이 탑이사(塔爾寺)라는 중국식 이름의 유래다. 이후 췬뒤겔첸(Ⓣ brTson-'grus-rgyal-mtshan)이라는 이름의 수행자가 당우를 늘려 수행처로 삼았다. 그러다 1576년 알탄칸의 초청을 받아 몽골로 향하던 쇠남걋초(Ⓣ bSod-nams-rgya-mtsho, 이후 제3대 달라이라마에 즉위)가 칭하이를 통과하던 중 총카파의 탄생지인 이 성스러운 곳에 들러 췬뒤겔첸에게 대중을 수용할 수 있는 큰 사원 건립을 청하게 되었고, 이에 1583년에 완공된 대규모의 사원군으로 확장되었으며, 십 만개의 불상이라는 뜻의 쿰붐(Ⓣ sKu-'bum)이라는 이름도 붙여졌다. 될진외세르걋초(Ⓣ 'Dul-'dzin-'od-zer-rgya-mtho 1557~1623)는 1612년에 제1대 쿰붐에 즉위해 불교대학(Ⓣ grwa-tshang)을 세웠다. 이후 사원 안에는 1649년에 렉파걋초(Ⓣ Legs-pa-rgya-mtsho 1593~1662)에 의한 밀교대학(Ⓣ rgyud-pa-grwa-tshang)이, 1725년에는 티베트의학대학(Ⓣ sman-pa-grwa-tshang)이, 1820년에는 칼라차크라대학(Ⓣ 'dus-'khor-grwa-tshang)이 연이어 설립되었다. [참고문헌] Skal bzang *Bod kyi ris med dgon sde khag gi lo rgyus mes po'i gces nor* Vol.1 (Dharmasala : Bla brang skal bzang, 1995) p.38.

쿰비라 Kumbhīra 왕사성(王舍城)의 수호신으로 부처님 법을 수호하겠다는 원을 세운 야차(夜叉)의 왕. 반야를 수호하는 십육선신(般若守護十六善神) 또는 약사십이신장(藥師十二神將) 중 하나이기도 하다. 금비라(金毘羅·禁毘羅)·구비라(倶毘羅) 등으로 음사하고 교룡(蛟龍)으로 한역한다. 『대보적경』 권36 「금비라천수기품 제이 金毘羅天受記品 第二」(대정장11, p.203b3)에 "이때 왕사성을 지키는 제천야차대선신왕이 있었으니 그 이름 금비라로 '이제 여래의 형상 빼어나고 빼어나서 세간중에 가장 뛰어나 만나뵙기 어려우니, 능히 인천의 공양 받으실 만하다. 우리 이제 마땅히 온갖 상묘한 공양구로 여래께 봉헌하리라' 생각하였다. 時 有護王舍城諸天藥叉大善神王 名金毘羅 作如是念 今者如來形相殊異 於世間中最勝難遇 堪受人天之所供養 我等今當應以種種上妙供具奉獻如來", 『공작왕주경』 권상(대정장19, p.451c4)에 "금비라야차는 억만야차에 둘러싸인 채 왕사성에 머문다. 金毘羅夜叉 億萬夜叉圍遶 住王舍城"라고 하였다. [참고문헌] 『大寶積經』, 『孔雀王呪經』. ⇨ 금비라 金毘羅❶, 야차 夜叉

쿳다카니카야 Khuddaka-nikāya Ⓢ Kṣudraka-nikāya. 팔리어 오부(五部) 니카야 중 다섯 번째. 쿳다카(Ⓟ khuddaka, Ⓢ kṣudraka)란 '길이가 짧다'는 뜻으로 짤막한 숫타(sutta 經)들과 숫타의 형식을 띠지 않은 소품들까지도 다 거두어 소부(小部)라 하고 굴다가니가야(屈陀迦尼迦耶)로 음사한다. 『선견율비바사』 권1(대정장24, p.676a7)은 굴다가(屈陀迦)로 거두는 열네 가지를 법구(法句)·비유(喩)·우다나(軀陀那)·이제불다가(伊諦佛多伽)·니바다(尼波多)·비마나(毘摩那)·비다(卑多)·체라가타(涕羅伽陀)·체리가타(涕利伽陀)·본생(本生)·니체파(尼涕婆)·파치삼비타(波致參毘陀)·불종성경(佛種性經)·약용장(若用藏) 순으로 들고 있다. 그러나 붓다고샤(Ⓟ Buddhaghosa)가 지은 것으로 알려진 팔리어 율소(律疏) 『사만타파사디카 *Sa* *mantapāsādikā*』는 쿳다카파타(Ⓟ Khuddaka-pāṭha : 小誦經)를 소부의 맨 처음에 놓은 뒤 그에 더하여 14부를 열거하니 총15부가 되고, 그 순서도 소송경・법구경(法句經 Dhammapada)・자설경(自說經 Udāna)・여시어경(如是語經 Itivuttaka)・경집(經集 Suttanipāta)・천궁사경(天宮事經Vimānavatthu)・아귀사경(餓鬼事經 Petavatthu)・장로게경(長老偈經 Theragāthā)・장로니게경(長老尼偈經 Therīgāthā)・본생경(本生經 Jātaka)・의석(義釋 Niddesa)・무애해도(無礙解道 Paṭisambhidā)・비유경(譬喩經 Apadāna)・불종성경(佛種姓經 Buddhavaṃsa)・소행장경(所行藏經 Cariyāpiṭakavasa) 순으로 『선견율비바사』와 조금 다르다. 또 최근 연구에 의하면 장부(長部 *Dīgh-n.*)와 중부(中部 *Majjhima-n.*)의 전송자(傳誦者 Ⓟ bhāṇaka)들의 경우 『선견율비바사』와 같은 14부를 들긴 하지만 그 순서는 본생경・의석・무애해도・경집・법구・자설・여시어・천궁사・아귀사・장로게・장로니게・불소행장・비유・불종성으로 『선견율비바사』와도 『사만타파사디카』와도 같지 않다. 쿳다카니카야는 이렇게 부파별로, 또는 부파내 전승 계통에 따라 그 구성과 내용에서 차이를 보인다. [참고문헌] 『善見律毘婆沙』, *Sp.*, 정진일 「문헌 비평적 입장에서 본 니카야와 아함」(『불교학연구』66, 2021) pp.97~144. ⇨ 굴다가니가야 屈陀迦尼迦耶, 오부니카야 五部Nikāya

쿳다카파타 Khuddaka-pāṭha 쿳다카니카야(Ⓟ Khuddaka-nikāya : 小部) 15부 중 첫 번째로 소송(小誦)이라고 한다. ⇨ 소송 小誦

퀸가겔첸 Kun-dga'-rgyal-mtshan ❶ 1182~1251. 티베트불교 샤캬파의 다섯 명의 대학자 중의 한명으로 제4대 티진(Ⓣ khri-'dzin : 宗正). 사캬판디타 쿤가겔첸(Ⓣ Sa-skya-paṇḍita-kun-dga'-rgyal-mtshan) 혹은 사캬판디타를 줄여 사판이라고도 널리 불린다. 샤카파의 개조인 사첸퀸가닝포(Ⓣ Sa-chen-kun-dga'-snying-po 1092~1158)의 막내아들이었던 펠첸외포(Ⓣ Dpal-chen-'od-po 1150~1203)의 아들이다. 어린 시절, 위대한 수행자이자 삼촌이었던 닥파겔첸(Ⓣ Grags-pa-rgyal-mtshan 1619~1656)과 상푸사원의 스승들로부터 범어는 물론 샤카의 람데와 카담의 전통의 수학했다. 이후 인도 카슈미르 출신인 샤캬쉬리바드라(Ⓢ Śākyaśrībhadra 1140~1225)의 주요 제자가 되어 1208년에 비구계를 받고 그 당시 인도 승원의 교육과정이었던 구사론・율・반야・중관・인명・문법 등 모든 분야를 공부했다. 이 경험을 바탕으로 인도 승원의 교육과정을 티베트로 들여오기도 하였다. 날카로운 철학적 논리로 학자들을 논파했던 기록이 많이 남아있으며 특히 카규와 닝파 전통의 교설을 비판했다. 인도 문헌을 번역하고 수많은 저술을 남겼는데 그 중에서 '*Tshad-ma-rigs-pa'i-gter* 인식수단과 추론의 보고' 등의 다섯 저작이 잘 알려져 있다. 사캬판디타가 예순셋이 되던 해, 중국 사천을 지배하고 티베트 침공까지 노리던 몽골 왕의 아들이었던 코덴칸(Koden Khan)을 중국 양주에서 만나 협상을 하던 차에 불교가르침으로 설득하였고 이 때 몽골에 충성하는 대신 티베트의 종주권을 협상하게 되는데, 이후부터 몽고는 티베트불교에 깊이 감화되기 시작했다. [참고문헌] Grags pa 'byung gnas *Gangs can mkhas grub rim byon ming mdzod*(Lanzhou : Kan su'u mi rigs dpe skrun khang, 1992) pp.1723~1724, 차상엽 「싸꺄빤디따Sa skya paṇḍita의 마하무드라Mahāmudrā 비판」(『보조사상』37, 2012) pp.402~405. ❷ 1432~1506. 레첸퀸가겔첸(Ⓣ Las-chen-kun-dga'-rgyal-msthan)이라고도 불린다. 스승이었던 제1대 달라이라마 게둔둡파(Ⓣ dGe-'dun-grub-pa 1391~1474)의 전기와 『카담의 역사 *bKa'-gdams-chos-'byung*』 등을 저작했다. [참고문헌] Bsod nams don grub *Grangs can mi sna grags can gyi 'khrungs 'das lo tshigs re'u mig*(Pecin : Mi rigs dpe skrun khang, 2006) p.134.

퀸가닝포 Kun-dga'-snying-po 1092~1158. 티베트불교 샤카파의 제3대 티진(Ⓣ khri-'dzin : 宗正). 사첸쿤가닝포(Ⓣ Sa-chen-kun-dga'-snying-po)라고도 불림. 샤카족의 개조이자 제1대 종정이었던 퀸촉겔포(Ⓣ dKon-mchog-rgyal-po)의 아들로, 일찍부터 아버지와 스승 바리로차와 린첸닥포(Ⓣ Ba-ri-lo-tsā-ba Rin-chen-grags-pa 1040~1112)에게 밀교 가르침을 받았다. 제1대 티진인 아버지가 그의 나이 열한 살이 되던 해에 입적하였으나 나이가 너무 어려 그의 스승 바리로차와가 대신해 제2대 샤카파의 종정에 올랐다. 열두 살 때 스승의 지도 아래 정진 수행을 하면서 문수보살을 친견했다 전한다. 또한 헤바즈라(Hevajra)와 차크라삼바라(Cakrasamvara) 전통 등의 밀교는 물론 장톤최바(Zhang-ston-chos-'bar 2053~1135)로부터 샤캬파에 중요 가르침인 람데(lam-'bras)를 전수받았다. 주요 제자로는 팍모두파(Phag-mo-gru-pa 1110~1170) 등이 있다. [참고문헌] Grags pa 'byung gna *Gangs can mkhas grub rim byon ming mdzod*(Lanzhou : Kan su'u mi rigs dpe skrun khang, 1992) p.1726. ⇨ 퀸촉겔포 dKon-mchog-rgyal-po

크리슈나 Kṛṣṇa ❶ 비쉬누(Ⓢ Viṣṇu)신의 여덟 번째 화신. 힌두(hindu)문학에서 동정과 연민 가득한 신으로, 때론 사랑의 신으로, 때론 반인반신(半人半神)의 영웅으로 재현되고는 한다. 『리그베다』·『찬도기야 우파니샤드』에도 그 이름이 나타나지만 『마하바라타』·『바가바드기타』 같은 산스크리트 대서사시(大敍事詩)들이 지어져 유통되고 나서야 힌두교 신들 중 가장 사랑받는 신이 되었다. 『자타카 *Jātaka*』에도 크리슈나 관련 이야기들이 들어와 있을 정도로 크리슈나 신앙은 대중적이었다. 『가타 자타카 *Ghata-jātaka*』는 아들을 잃고 비탄에 잠긴 바수데와(Vāsudeva)를 그의 형제인 가타빤디따(Ghatapaṇḍita)가 위로하며 죽음에 대한 교훈을 전하는 전생담(前生談)으로, 바수데와는 크리슈나의 유서 깊은 다른 이름이다. 위의 책(*Jā.4*, p.89)에 부처님께서 말씀하시길 "당시의 로히네야는 아난다였고, 바수데와는 사리풋타였으며, 여러 선인(仙人)들은 불제자(佛弟子)들이었고, 나는 가타빤디타였다. tadā rohiṇeyyo ānando ahosi, vāsudevo sāriputto, avasesā buddhaparisā, ghatapaṇḍito pana aham evā"라고 하였다. 크리슈나(바수데와)를 전유(轉有)하여 부처님 가르침을 듣는 범부로 재현하는 『자타카』의 이 장면은, 부처님을 흔히 비쉬누신의 화현으로 묘사하곤 하는 힌두문헌들과 대비를 이룬다. [참고문헌] *Jā.* ❷ 용왕. 크리슈나 가우타마카(Ⓢ Kṛṣṇa-gautamaka)의 줄임말. 건하구담(揵呵具曇)이라고도 한다. [참고문헌] 『大樓炭經』 권3(대정장23, p.289a1). ❸ 선인 혹은 비구의 이름. 흑색선인(黑色仙人)이라고도 한다. 흘리슬나(訖里瑟拏, 訖哩瑟拏)이라고 한다. [참고문헌] 『有部律雜事』 권40(대정장24, p.411b29), 『四分律名義標釋』 권21(卍속장44, p.566b23). ❹ 흑색(黑色). 흘리사나(訖哩史拏)라고 한역한다. [참고문헌] 『翻譯名義集』 권3(대정장54, p.1109c11).

크리타유가 kṛtayuga 일겁(一劫)을 네 때(四時 : 純善 三時 二時 極惡)로 나눌 때의 첫 번째 시. 사티야유가(Ⓢ satyayuga)라고도 하고 원만시(圓滿時)로도 한역한다. 인취(人趣)의 시간으로는 172만 8천 년에 달한다. 힌두교에서는 우주가 막 생성되어 모든 이들이 다르마(dharma)에 의지해 살아가는 이상적(理想的) 황금기로 묘사하고, 『대승입능가경』에서는 가섭(迦葉)·구류손(拘留孫)·구나함모니(拘那含牟尼) 등 부처님께서 출현하시어 정법(正法)을 펴시는 때라고 설한다. [참고문헌] 『大乘入楞伽經』 권7(대정장16, p.638c23). ⇨ 순선시 純善時, 사티야유가 satyayuga

크샤트리야 kṣatriya Ⓟ khattiya, Ⓣ rgyal-rigs. 고대인도의 사성(四姓 Ⓢ catvāro varṇāḥ) 중 두 번째 계급으로 왕족(王族)과 전사(戰士)집단이다. 찰리왕종(刹利王種)·전주(田主) 등으로 한역하고 찰제리(刹帝)라 음사한다. 불전(佛典)에서는 바라문보다 귀한 위(位)의 종성(種姓)으로 높이기도 한다. 칠불(七佛)의 경우를 보아도 구루손불(拘樓孫佛)·구나함불(拘那含佛)·가섭불(迦葉佛)께선 바라문종(婆羅門種)이셨으나 비바시불(毗婆尸佛)·시기불(尸棄佛)·비사바불(毗舍婆佛)·석가모니불(釋迦牟尼佛)께서는 찰리왕종(『장아함경』 권1, 대정장1, p.3b7)으로 세간에 오셨다고 하였고, 『장아함경』 권13 「아마주경 阿摩晝經」(대정장1, p.83b28 : *Ambaṭṭha-sutta*, *DN.1*, p.99)에 "찰리야말로 생중에 뛰어나니 그 종성 또한 순수하고 참되다네. 명행 실로 구족하여 천인중 가장 뛰어나다. 刹利生中勝 種姓亦純眞 明行悉具足 天人中最勝 khattiyo seṭṭho janetasmiṃ ye gottapaṭisārino, vijjācaraṇa-sampanno so seṭṭho deva-mānuse ti"라 하였으며, 『석가씨보』 「씨족근원 氏族根源」(대정장50, p.85a8)에서는 "태하의 종성에 넷이 있어 같지 않으니 찰제리 바라문 비사 수다라다. 찰리왕종이 가장 높고 귀하다. 太夏種姓有四不同 謂刹帝利婆羅門毘舍首陀羅也 刹利王種最爲高貴"라고 하였다. [참고문헌] 『長阿含經』, 『釋迦氏譜』, 『法苑珠林』 권8(대정장53, p.334a16). ⇨ 찰제리 刹帝利, 사성 四姓, 카스트 caste, 칠불 七佛❶

키질석굴 Kizil石窟 중국 신강위구르자치구 쿠차(龜茲, 지금의 庫車)를 대표하는 석굴사원이다. 무자트강을 끼고 있는 초르타크 산기슭에 동서로 약 2km에 걸쳐 269개의 석굴을 조성했다. 이 가운데 형태가 비교적 잘 남아있는 굴은 대략 135개이다. 90개굴이 차이티야(支提 Ⓢ Caitya)이고, 나머지 45개굴은 스님들이 거주하던 비하라(毗訶羅 Ⓢ Vihara)이다〈그림1〉. 키질(克孔爾)석굴을 언제부터 조영하기 시작했는지 구체적인 기록은 없지만, 대략 3세기 말부터 개착했다고 본다. 석굴이 가장 번성했던 5~7세기는 쿠차불교의 번성기이며, 키질석굴의 절반 이상이 이 시기에 조성되었고 이후 9세기 중엽에는 폐기되었을 것으로 추정한다. 키질석굴은 흙으로 만든 소조상(塑造像)과 화려한 채색벽화로도 유명하다. 방사형

〈그림1〉석굴전경 무자트강변

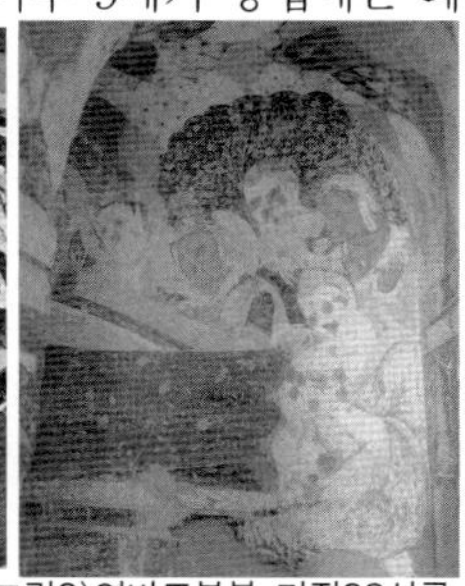

〈그림2〉보살방사형천정화 키질135굴 · 〈그림3〉열반도부분 키질38석굴

천정화(天井畵)에는 동심원을 중심으로 각기 다른 모습의 보살입상이 갖가지 모습으로 장엄하게 펼쳐져있다〈그림2〉. 현재 석굴에 남아있는 소조상은 신(新)1호굴 열반상 1구와 불입상 2구, 그리고 제69굴의 불입상뿐이다. 특히 신1호굴 후실 뒷벽의 긴 단 위에 길이 5.65 m, 높이 80cm의 거대한 열반상이 남아 있다. 열반상은 조각상도 있지만, 벽화로 그린 그림도 많아 키질석굴에 특히 열반도상이 유행했음을 알 수 있다〈그림3〉. 키질석굴의 벽화와 조각은 20세기 초 독일탐험대가 수집하여 현재 베를린 아시아미술박물관에 많은 작품이 소장되어 있다. 그중에는 '공양받는 미륵보살상〈그림4〉', '공양상이 있는 여래입상〈그림5〉', '목조여래좌상〈그림6〉'이 있다. 키질석굴 벽화의 특징은 두 가지이다. 산(山) 모양의 마름모꼴로 구획하고 그 안에 본생담, 불전도 등을 그렸다는 점과 라파스라줄리(Lapis Lazuli : 靑金石)로 만든 값비싼 푸른색을 애용했다는 점이다. 키질석굴 조각의 특징은 화려한 보관과 머리 장식이다. 이목구비의 윤곽선, 눈썹, 콧수염 등을 검은 먹선으로 그렸고, 나머지 부분은 화려하게 채색한 점은 키질석굴 불상과 보살상의 전형적인 모습이다. [참고문헌] 임영애 『서역불교조각사』(일지사, 2006) pp.175~186, *ALONG THE ANCIENT SILK ROUTES*(The Metropolitan Museum of Art, New York, 1982). ⇨구자 龜玆

〈그림4〉공양받는미륵보살 키질마야굴 · 〈그림5〉공양상이 있는 여래입상

〈그림6〉목조여래좌상 베를린아시아미술박물관 7세기

타 他 ❶실담자 𑖞(tha)의 음사어. 실담자문(悉曇字門) 중 하나. 타마(Ⓢthāma : 勢力) 또는 스타나(Ⓢsthāna : 住處)에서의 '타'이다. 타(佗·陀)·단(癉)이라고도 쓴다. 『방광대장엄경』 권4(대정장3, p.560a18 : *Lal-v.*, p.89)에 "타자를 부를 때 힘차게 정진하여 두려움 없는 소리를 낸다. 唱他〈上聲〉字時 出勢力無畏聲 tha-kāre thāma-bala-vega-vaiśāradya-śabdaḥ", 『대일경』 권2(대정장18, p.10b6)에 "타자문에서는 일체제법의 주처란 얻을 수 없는 것이다. 他字門 一切諸法住處不可得"라고 하였다. [참고문헌] 『方廣大莊嚴經』, 『大日經』, *Lal-v.* ⇨타자 他字, 실담 悉曇, 사십이자문 四十二字門[1], 종자 種子[2], 주처 住處 ❷실담자 𑖛(ḍha)의 음사어. 무다(Ⓢmūḍha : 愚癡)의 '다'이다. 다(茶·嗏)·단(袒·檀)이라고도 쓰나, 타(他)로 음사한 예도 있다. 40권본 『대반열반경』 권8(대정장12, p.413c19)에 "'타'란 어리석다는 뜻이다. 중생이 유전하며 생사에 휘감기는 것이 마치 누에나 쇠똥구리와 같으므로 '타'라고 한다. 他者 名愚癡義 衆生流轉 生死纏裹 如蠶蜣蜋 是故名他"라고 하였다. [참고문헌] 『大般涅槃經』. ⇨실담 悉曇, 사십이자문 四十二字門[1], 우치 愚癡, 종자 種子[2] ❸인명용어. 입론자(立論者) 이외의 모든 사람. 대론자(對論者)·증의자(證義者) 등을 말한다. 『인명정리문론』(대정장32, p.6b9)에 "'종 등의 여러 말을 능립이라 한다'는 무슨 말인가? 종인유의 여러 말로 가려 말해서 타인이 아직 깨닫지 못한 뜻을 열어 보이므로 이런 여러 말을 논식 등에서 능립이라고 한다. 宗等多言說能立者 由宗因喩多言辯說 他未了義 爲開示故 此之多言 於論式等 說名能立"라고 하였다. [참고문헌] 『因明正理門論』, 『因明入正理論』(대정장32, p.11b19). ⇨인명 因明 ❹ Ⓢpara, Ⓣgzhan. 다른 이. 타자(他者). 자(自)와 맞선다. 『중아함경』 권21 「진인경 眞人經」(대정장1, p.561a25)에 "무엇이 진실하지 않은 사람의 법인가? 어떤 사람이 호귀족이었는데 출가하여 도를 배웠고, 나머지는 그러지 않았다. 그는 호귀족이었기에 스스로 귀하게 여기고 다른 이를 천하게 여기었다. 이를 진실하지 않은 사람의 법이라 한다. 云何不眞人法 或有一人 是豪貴族 出家學道 餘者不然 彼因是豪貴族故 自貴賤他 是謂不眞人法", 『승천왕반야경』 권3(대정장8, p.704a4)에 "보살마하살은 응당 이처럼 스스로를 기리고 다른 이를 깎아내려서는 안 되고, 백의인 재가자를 수순하며 이롭게 기름을 구해야 한다. 菩薩摩訶薩 不應如是自讚毁他 隨順白衣 而求利養", 『중론』 권1 「관인연품 觀因緣品」(대정장30, p.2b6 : *Pras.*, p.4)에 "제법은 스스로 생하지 않고, 또한 다른 것으로부터도 생하지 않으며, (자타가) 함께하지도 않지만 인이 없지도 않네. 이런 까닭에 무생을 알겠네. 諸法不自生 亦不從他生 不共不無因 是故知無生 na svato nāpi parato na dvābhyāṃ nāpyahetutaḥ, utpannā jātu vidyante bhāvāḥ kvacana ke cana"라고 하였다. [참고문헌] 『中阿含經』, 『勝天王般若經』, 『中論』, *Pras.* ❺3인칭 대명사. 그 사람. 그것. 『무문관』 45칙(대정장48, p.298c3)에 "석가과 미륵이 그의 노예다. 자, 말해보라. 그는 누군가? 釋迦彌勒 猶是他奴 且道 他是阿誰"라고 하였다. [참고문헌] 『無門關』. ❻의미 없이 붙는 어조사. 관타(管他)·임타(任他)·종타(從他) 등과 같이 쓰인다. 『경덕전등록』 권30 「영가진각대사증도가 永嘉眞覺大師證道歌」

(대정장51, p.460b7)에 "다만 스스로 품은 중에 때 묻은 옷 벗으면 될 뿐, 누가 능히 밖을 향해 정진을 자랑할 수 있으리오. 헐뜯음도 내버려 두고 등짐도 맡겨두시라. 횃불로 하늘 태우려는 것처럼 헛되고 스스로 지칠 뿐이다. 但自懷中解垢衣 誰能向外誇精進 從他謗任他非 把火燒天徒自疲"라고 하였다. [참고문헌]『景德傳燈錄』.

타 打 **1** Ⓟ ākoṭeti. 때리다. 치다. 두드리다. 『장아함경』 권7 「폐숙경 弊宿經」(대정장1, p.44b10 : *Pāyāsi-sutta, DN.2,* p.336)에 "주변에 또 명을 내려 뼈를 때리고 골수를 꺼냈다. 그 골수 중 신(神)을 찾아보았지만, 거기서도 역시 보지 못하였다. 又勅左右 打骨出髓 髓中求神 又復不見 imaṃ purisaṃ satthena ākoṭetha, app eva nām' assa jīvaṃ nikkhamantaṃ passeyyāmāti", 『중아함경』 권25 「고음경 苦陰經」(대정장1, p.586c29)에 "북 치고 뿔피리 불며 큰 소리로 외친다. 打鼓吹角 高聲喚呼", 『경덕전등록』 권5 「남악회양전 南嶽懷讓傳」(대정장51, p.240c23)에 "사람이 수레를 몸에 가지 않는다면, 수레를 치는 것이 옳겠는가? 소를 치는 것이 옳겠는가? 如人駕車不行 打車卽是 打牛卽是"라고 하였다. [참고문헌]『長阿含經』, 『中阿含經』, 『景德傳燈錄』, 『大智度論』 권14(대정장25, p.165a5), *DN.* **2** ~할 뿐. 동작을 강조하는 접두사. 『양기방회어록』(대정장47, p.644b26)에 "상당하자 양기에게 물었다. '무엇이 사람은 빼앗고 경계는 빼앗지 않음입니까?' '암자 중에 한가로이 앉아 있을 뿐, 흰 구름이 산봉우리에서 피어오른다'. 上堂 問 如何是奪人不奪境 師云 庵中閒打坐 白雲起峯頂", 『벽암록』 22칙 「평창 評唱」(대정장48, p.162c14)에 "암두 매일 다만 졸고 있고, 설봉은 그저 좌선할 뿐이었다. 巖頭每日只是打睡 雪峯一向坐禪", 『원오어록』 권15 「시장국태 示張國太」(대정장47 p.785a16)에 "마음 그대로 부처니, 이미 팔자로 열렸다. 卽心卽佛 已是八字打開", 『서장』 「답탕승상장 答湯丞相狀」(대정장47, p.942a15)에 "만일 이 일을 향해 마쳐 끝내지 못한다면 헛되이 왔다가 남염부제 한 바퀴 돌고 갈 뿐입니다. 若不向此事上了却 卽是虛來 南閻浮提打一遭", 『선림상기전』 권25 「타반 打飯」(대장경보편19, p.672b3)에 "『학림옥로』에서 말하였다. '육상산의 가인은 사람 수 헤아려 밥지을 뿐이었다'. 구양수의 『귀전록』에서 말하였다. '요즘 세속에서 잘못 말들 하는데 온 세상의 군자와 소인이 모두 그 잘못을 함께하고 있다. 鶴林玉露云 陸象山家人 計口打飯 歐陽修歸田錄云 今世俗 言語之訛 而擧世君子小人 皆同其繆者", "생각건대 타(打)〈타는 정과 아의 반절〉라는 글자가 그렇다. 그 뜻은 두드리거나 치다는 뜻이다. 옛사람은 서로 때리거나 어떤 것으로 치는 것을 모두 타라고 일컬었으니, 장인이 금이나 은으로 그릇을 만드는 것도 타라고 일컬으니 이 또한 맞다. 惟打字爾〈打丁雅反〉 其義本謂考擊 故人相毆 以物相擊 皆謂之打 而工造金銀器 亦謂之打 可矣", "대개 막대기나 채찍 따위로 두들긴다는 뜻인데, 배와 수레를 만드는 것에 이르면 타선·타거, 물고기를 그물질하면 타어, 물을 길으면 타수, 사람을 시켜 밥을 지으면 타반, 병사가 옷과 양식을 보급하는 것은 타의량, 시종이 우산 드는 것은 타산, 종이에 풀칠하는 것은 타점, 자로 양을 재는 것은 타량, 손을 들어 눈이 어두운지 밝은 지를 시험하는 것은 타시라 하였다'. 蓋有棰撾作擊之義也 至於造舟車者 曰打船打車 網魚 曰打魚 汲水曰打水 役夫餉飯 曰打飯 兵士給衣糧 曰打衣糧 從者執傘曰打傘 以糊黏紙 曰打黏 以丈尺量地 曰打量 擧手試眼之昏明 曰打試", "『속호소록』에서 말하였다. '속어로 끌어 잇는 말로 예컨대 어떤 사람이 다른 사람, 어떤 사물이 다른 사물에 미치면 모두 타라 일컫는다〈정진공의 시에 이른바 「적홍애가 백홍애와 맞닿았네」라는 구절이 이런 예이다〉'. … 俗呼小錄云 俗牽連之辭 如指其人至某人 物及某物 皆曰打〈丁晉公詩 所謂 赤洪厓打白洪厓 是也〉", 『조주어록』(고존숙어록13, 卍속장118, p.306b11)에 "정루 위에서 물을 긷던 차에 남전이 지나가는 것을 보았다. 井樓上打水次 見南泉過", 『선원청규』 권4 「욕주 浴主」(卍속장111, p.896b11)에 "개욕일이 되면 깔끔하게 없어질 때까지 화촉을 지킨다. 遇開浴日 守待打倂火燭了當"라고 하였다. [참고문헌]『楊岐方會語錄』, 『碧巖錄』, 『圜悟語錄』, 『書狀』, 『禪林象器箋』, 『趙州語錄』, 『禪苑淸規』.

타 多 ➡타자 多字

타 埵 언덕. 구릉. 둑. 『장아함경』 권18 「세기경 世記經」(대정장1, p.114c16)에 "그 산 아래 터는 순전히 금빛 모래였고, 산의 사면에는 네 개의 언덕이 솟아 있다. 其山下基 純有金沙 其山四面 有四埵出", 『법화경』 권2 「비유품 譬喩品」(대정장9, p.14a8 : *Saddh-p.,* p.84)에 "구반다귀는 흙 무더기에 웅크리고 있네. 땅에서 떨어지면 1척 또는 2척이네. 鳩槃茶鬼 蹲踞土埵 或時離地 一尺二尺 vidhvastaleneṣu vasanti tatra kumbhāṇḍakā dārūṇaraudracittāḥ, vitastimātrāstatha hastamātrā dvihastamātrāś", 『정법염처경』 권22 「관천품 觀天品」(대정장17, p.125a15)에 "육욕천 중 처음 두 하늘은 수미산에 의지하고, 네 하늘은 허공에 의지하는데 마치 저 구름 모인 듯하다. 저 첫 번째 하늘 무리는 사천왕천에 속하는데, 그 처음인 만지천은 수미산 네 언덕을 둘러 머무른다. 六欲天中 初之二天 依須彌山 四天依空 猶如雲聚 彼初天衆 屬四天王天 初鬘持天 遶須彌山四埵而住"라고 하였다. [참고문헌]『長阿含經』, 『法華經』, 『正法念處經』, *Saddh-p.*

타 墮 ❶ 떨어져 있다. 계(界)에 있어서는 어울려 머물러(相應) 있는 뜻이다. 부정의 뜻만은 아니니, 모든 법(諸法)은 악처(惡處)나 선처(善處), 종종계(種種界) 등으로 십이처(十二處), 십팔계(十八界)에 떨어져 있거나 상응하여 자성을 유지한다. 『대비바사론』 권52(대정장27, p.272a7)에 "계에 떨어진다 함은 여기(『발지론』)에서 '모든 결이 욕계에 떨어지니 저 결은 욕계에 있다'라는 등이다. 界墮者 如此中說 諸結墮欲界 彼結在欲界等"라고 하였다. [참고문헌] 『大毘婆沙論』, 『發智論』 권3(대정장26, p.931c12). ⇨ 타계법 墮界法, 타법처색 墮法處色 ❷ Ⓢ cyutaḥ. 떨어지다. 세간에 태어나다. 『불소행찬』 권1(대정장4, p.1a28 : *Buddh-c.*, p.1)에 "보살도 이와 같으니, 오른쪽 옆구리에서 탄생하셨네. 점차 모태에서 나오니, 광명이 두루 비추었네. 저 허공좇아 떨어지는 듯했으니, 생문(자궁)을 경유하진 않으셨네. 菩薩亦如是 誕從右脇生 漸漸從胎出 光明普照耀 如從虛空墮 不由於生門 tasya babhūva janma. kramena garbhādabhiniḥsṛtaḥ san babhau cyutaḥ khādiva yonyajātaḥ"라고 하였다. [참고문헌] 『佛所行讚』, *Buddh-c.* ❸ Ⓢ Ⓟ vinipāta, Ⓣ log-par-ltug-ba. 악취(惡趣) 등에 떨어지다. 『대장엄론경』 권1(대정장4, p.259a18)에 "저 외도를 만나 생사를 건너는 법을 구하였다. 그러나 그의 법에는 해탈해 세간 벗어나는 법이란 도무지 없으니, 생사의 강물에 빠져 목숨을 잃고 삼악도에 떨어질 것이다. 遇彼外道 求度生死 然其法中都無解脫出世之法 沒生死河 喪善身命 墮三惡道", 『대지도론』 권1(대정장25, p.59b28)에 "내가 청정한 천안으로 모든 중생을 보니, 선악업에 따라 이곳에 죽어 저곳에 나며 과보를 받는다. 선업을 지은 이는 천인 중에 나고, 악업을 지은 이는 삼악도에 떨어진다. 我以淸淨天眼見諸衆生 隨善惡業 死此生彼 受果報 善業者生天人中 惡業者墮三惡道", 『유가사지론』 권49(대정장30, p.570c2 : *Bodh-bh.*, p.270)에 "명과 색 두 가지 서로 어긋나 떨어지기에 몸이 무너진다 한다. 일체의 죽음 중에 이와 같은 죽음이 가장 하열하므로 극도의 죽음이라 한다. 나락가상을 열어 보이고자 험한 악취에 떨어진다고 설한다. 名色二種 更互乖離 故名身壞 一切死中如是死者最極下劣 故名極死 爲欲開示那落迦想 是故說言墮險惡趣. nāmarupānyonyaviśleṣāt kāyasya bheda ityucyate. sarvamaraṇānāṃ nihīnaparamatvāt asya parammaraṇādityucyate. narakāṇāṃ saṅkucitāvanatayā 'pāyadurgativinipātā ityucyante"라고 하였다. [참고문헌] 『大莊嚴論經』, 『大智度論』, 『瑜伽師地論』, *Bodh-bh.* ❹ Ⓟ āpatti, āpajjati. 약속한 계(戒)를 지키지 못하다. 『오분계본』 권1(대정장22, p.198c4)에 "여러 대덕이여, 이 사바라제제사니법은 보름마다 설하는 것으로, 계경 중에 있습니다. 만약 비구가 병이 없는데도 거리에서 친척 아닌 비구니에게 자기 손으로 공양을 받았다면, 이 비구는 마땅히 여러 비구들에게 뉘우치고 '제가 꾸중 받아 마땅한 법을 범했습니다. 이제 여러 대덕께 잘못을 참회합니다'고 해야 한다. 이를 과실을 뉘우치는 법이라 한다. 諸大德 是四波羅提提舍尼法 半月半月戒經中說 若比丘無病 在街巷中從 非親里比丘尼自手受食 是比丘應向諸比丘悔過 我墮可呵法 今向諸大德悔過 是名悔過法", 팔리율장 *Sutta-vibhaṅga*(*Vin.4*, p.176)에 "마을로 들어간 어떤 비구라도 친지 아닌 비구니가 건넨 견식(堅食)이나 연식(軟食)을 제 손으로 받아먹거나 마시면, 그 비구는 '존자여, 나는 법을 어겨 책망받아 마땅한 바라제제사니를 범했으니 이를 고백합니다'라고 참회해야 한다. yo pana bhikkhu aññātikāya bhikkhuniyā antaragharaṃ paviṭṭhāya hatthato khādaniyaṃ vā bhojaniyaṃ vā sahatthā paṭiggahetvā khādeyya vā bhuñjeyya vā, paṭidesetabbaṃ tena bhikkhunā gārayhaṃ āvuso dhammaṃ āpajjiṃ asappāyaṃ pāṭidesaniyaṃ taṃ paṭidesemīti"라고 하였다. [참고문헌] 『五分戒本』, *Vin.* ❺ Ⓢ pra-√sañj, prasajyate, Ⓣ thal-bar-'gyur-te. 논리적 오류에 떨어지다. 『중론』 권3(대정장30, p.28c22 : *Pras.*, p.182)에 "〈송〉 받아들일 법이 있게 되면 곧바로 단견이나 상견에 떨어진다. 받아들인 법은 상이거나 무상일 뿐임을 알아야 한다. 若有所受法 卽墮於斷常 當知所受法 爲常爲無常 bhāvam-abhyupapannasya śāśvata-uccheda-darśanam, prasajyate sa bhāvo hi nityo 'nityo 'tha vā bhavet", "〈논〉 법을 받아들인다 하는 것은, 분별해서 이것은 선·불선·상·무상 등이라 하는 것이다. 이 사람은 반드시 상견이나 단견에 떨어진다. 그 까닭은 무엇인가? 받아들이는 법이란 마땅히 두 가지일 뿐이니, 변함없는 것이거나 변하는 것으로 두 가지 모두 옳지 않다. 변함없다고 하면 상견에 떨어지고, 변한다고 하면 단견에 떨어지기 때문이다. 受法者 分別是善是不善 常無常等 是人必墮若常見若斷見 何以故 所受法應有二種 若常若無常 二俱不然 何以故 若常卽墮常邊 若無常卽墮斷邊"라고 하였다. [참고문헌] 『中論』, *Pras.* ❻ Ⓢ Ⓟ patana. 모여 있는 곳. 『방광대장엄경』 권11(대정장3, p.606c26)에 "견고한 서원의 힘으로, 일찍이 녹야원의 선인들 모이던 곳(Ⓟ isi-patana)에서, 무상법을 자세히 설하였네. 以堅固願力 向於鹿苑中 仙人所墮處 演說無上法"라고 하였다. [참고문헌] 『方廣大莊嚴經』, 『大毘婆沙論』 권83(대정장27, p.429c19), *Vin.1.8.* ⇨ 선인타처 仙人墮處

타가 他家 ❶ Ⓢ kulāni, Ⓟ kula, kulāni. 남의 집. 단월의 집. 『잡아함경』 권41(대정장2, p.299c7 : *Candupama-sutta*, *SN.2*, p.197)에 "마땅히 저 달처럼

머무르고 저 새로 배우는 이처럼 참괴하며, 부드럽게 낮춰 마음 거두고 몸가짐 다듬고서 타가에 들라. 當如月譬住 如新學慚愧 軟下攝心斂形 而入他家 candupamā bhikkhave kulāni upasaṅkamatha apakasseva kāyam apakassa cittaṃ niccanavakā kulesu appagabbhā", 『법화경』 권5 「안락행품 安樂行品」(대정장9, p.37b4 : *Saddh-p.*, p.277)에 "다른 이의 집에 들어가서는 소녀·처녀·과녀들과 더불어 함께 말해서는 안 된다. 若入他家 不與小女處女寡女等 共語 kulāny-upasaṃkramati na ca dārikāṃ vā kanyāṃ vā vadhukāṃ vā-abhīkṣṇam-ābhāṣitavyāṃ"라고 하였다. 〔참고문헌〕『雜阿含經』, 『法華經』, *SN.*, *Saddh-p.* ❷ 가르침 달리하는 집안. 같은 가르침이라도 풀어 주장함이 다른 무리들. 타문(他門). 타종(他宗). 『대승현론』 권3(대정장45, p.47c1)에 "〔문〕 타가와 어떻게 다른가? 〔답〕 타가는 생사가 여기에 있고 열반은 저곳에 있으며, 중생은 생사에 있고 부처님은 열반에 계신다 한다. 問與他家何異耶 答 他家生死在此 涅槃在彼 衆生在生死 佛在涅槃", "이제 생사가 곧 열반임을 밝힌다. 그래서 『중론』에서 '여래성 구함이 바로 중생성이고, 열반성 구함이 바로 세간성이다'라 하였다. 今明 生死卽涅槃 故中論云 若求如來性 卽是衆生性 求涅槃性 卽是世間性", "그러므로 경에서 '명과 무명을 어리석은 이는 둘이라 여기지만, 지자는 그 성품에 다름이 없음을 요달한다. 생사 버리고 따로 열반을 취하면 어리석은 사람이 되고, 생사 떠나지 않고 생사와 열반에 차별이 없음을 알면 바야흐로 열반을 얻는다'라고 하였는데, 타가는 앞서 번뇌가 있고, 그 다음에 지혜가 일어나 저 번뇌 끊는다 한다. 故經云 明無明愚者謂二 智者了達其性無二 若捨生死 別取涅槃 是爲愚人 不離生死 若知生死與涅槃 無有差別 方得涅槃 他家前有煩惱 後起智慧 斷彼煩惱", 『능엄경정견』 권10 「무명정견선인후서 無名正見禪人後序」(卍속장91, p.225b18)에 "정혜가 고르면 음마가 들지 못하지만, 정혜가 고르지 못하면 필히 마경을 부른다. 바로 지금 행하는 이는 당장 '부모미생전'을 들어 좇아 구하여 내려가되, 안으로 몸과 마음 없고 밖으로 세계 없어서 근원을 끝까지 다하며 과거제불과 다름없게 해야 하리. 만약 그러지 못하면 타가와 외도의 선으로 떨어지리. 定慧若均 陰魔不入 定慧不均 必招魔境 卽今行者 當下若擧父母未生以前 追求下去 內無身心 外無世界 窮盡根源 與過去諸佛無異 若也未然 落與他家外道禪矣"라고 하였다. 〔참고문헌〕『大乘玄論』, 『楞嚴經正見』, 『二諦義』 권상(대정장45, p.88a19). ❸ 다른 사람. 저 누군가. 자가(自家) 또는 아가(我家)와 맞선다. 『조당집』 권9 「낙포원안장 落浦元安章」(대장경보편25, p.470b10)에 "다른 사람의 칼에서는 피비린내 나지만, 나의 검이라 하면 영험한 울림을 머금는다. 다른 사람 칼 자져 중생의 목숨 해치지만, 나야말로 칼 있어 생령을 구한다. 군자가 얻을 때는 피차를 여의고, 소인이 얻으면 스스로 목숨마저 가벼이 한다. 다른 사람 나의 검을 쓸 수 없으니, 세상의 높고 낮음은 언제쯤 고르게 될까. 他人劍兮帶血腥 我之劍兮含靈鳴 他人有劍傷物命 我之有劍救生靈 君子得時離彼此 小人得處自輕生 他家不用我家劍 世上高低早晚平", 『벽암록』 61칙 「평창 評唱」(대정장48, p.193b23)에 "일곱으로 뚫리고 여덟 구멍 내어 신통묘용하다 해도 기특하다 여기지 않으니, 이쯤 되면 납피를 머리에 뒤집어 쓰고 만사를 그쳐야 한다. 이런 때 이 산승도 도무지 알지 못하니, 마음이라 설하고 성이라 하고 현이라 묘라 한다 해도 도무지 써먹을 일 없다. 왜인가? 저 무리들 이미 스스로 신선경에 있기 때문이다. 七穿八穴 神通妙用 不爲奇特 到箇裏 衲被蒙頭萬事休 此時山僧都不會 若更說心說性 說玄說妙 都用不著 何故 他家自有神仙境"라고 하였다. 〔참고문헌〕『祖堂集』, 『碧巖錄』, 『書狀』 「答黃門司」(대정장47, p.940a14).

타갈등 打葛藤 쳐 얽히고설키게 하다. 『벽암록』 1칙 「평창 評唱」(대정장48, p.140b20)에 "선사이신 오조법연(五祖法演)께서 일찍이 설하시길 '다만 탁 트여 성스러울 것이 없다고 한 이 말을 어떤 이라도 사무칠 수만 있다면 집으로 돌아가 편안히 앉게 되리라. 한결같이 다만 이것 쳐서 얽히고설킬 뿐이니 아무렇지도 않게 그(梁武帝)의 칠통 쳐부수었으니, 달마야말로 그중에 기특하구나'라고 하였다. 그러므로 한마디 참해 얻으면 천 마디 만 마디를 일시에 사무친다. 五祖先師嘗說 只這廓然無聖 若人透得 歸家穩坐 一等是打葛藤 不妨與他打破漆桶 達磨就中奇特 所以道 參得一句透 千句萬句一時透", 같은 책 98칙 「수시 垂示」(대정장48, p.221a18)에 "여름 한철 왁자지껄 쳐 갈등하더니, 방방곡곡 스님들 얽혀 넘어지길 얼마이던가. 금강보검은 마주하면 자를 뿐이니, 비로소 깨우쳤으니 백이면 백 당해낼 수 없음을. 자, 말해보라. 어떻게 이런 금강보검인가? 一夏嘮嘮打葛藤 幾乎絆倒五湖僧 金剛寶劍當頭截 始覺從來百不能 且道 作麽生是金剛寶劍"라고 하였다. 〔참고문헌〕『碧巖錄』, 『圜悟語錄』 권8(대정장47, p.749b23), 『大慧語錄』 권2(대정장47, p.817a14). ⇨ 타 打, 갈등 葛藤

타갈등불소 打葛藤不少 무단히 쳐서 얽히고설키게 함이 적지 않다. 평정함 무단히 쳐서 갈등함이 적지 않다는 뜻이다. 『벽암록』 91칙 「본칙 本則」(대정장48, p.215c1)에 "염관이 어느 날 '시자야!' 하고 부르고 '내게 무소뿔 부채를 갖다 주거라〈쳐 갈등함이 적지 않군. 어찌 더 좋은 소식인가?〉'라고 하자 시자가 말했다. '부채가 부서졌습니다〈안타깝다! 좋은 소식이라 여겼는데 무슨 말인가?〉' 鹽官一日 喚侍者 與我將犀牛扇子來〈打葛藤不少 何

似這箇好箇消息〉 侍者云 扇子破也〈可惜許 好箇消息 道什麽〉" 라고 하였다. 〔참고문헌〕『碧巖錄』.

타개 打開 닫히거나 막힌 것 쳐서 열다. 가려 어두운 것 열어 젖히다. 『원오어록』 권15 「시장국태 示張國太」(대정장47 p.785a16)에 "마음이 곧 부처라고 하였으니, 이미 팔자로 활짝 열렸고, 마음도 아니고 부처도 아니라 하였으니 거듭 저 태양볕 당해 한점없이 하였습니다. 그 말을 찾지 말고 한결같이 사무쳐야 비로소 옛사람의 깊은 마음 그대로 낱낱이 보리라. 만약 주저한즉 마주하고도 지나치리라. 卽心卽佛 已是八字打開 非心非佛 重向當陽點破 不尋其言 一直便透 方見古人赤心片片 若也躊躕 則當面蹉過也", 『태고어록』(한불전6, p.673a10)에 "지정 16년(1356) 병신년 3월 6일 현릉(恭愍王)이 대원의 황제(順帝)를 위해 스님에게 봉은사로 입원하여 특별히 축성을 드리게끔 부탁하였다. 태고스님이 상당법문을 하는데, 삼문을 가리키면서 말하였다. '큰 길이란 들어갈 문도 없을진대, 여러분들 짐짓 어디를 향해 드시렵니까? 돌! 둥근듯 통해 널리 열린 문 팔자로 막힘없이 열려 있습니다'. 至正十六年 丙申三月初六日 玄陵爲大元皇帝 請師於奉恩禪寺入院 別祝聖 上堂 指三門云 大道無門 諸人擬向何處入 咄 圓通普門 八字打開"라고 하였다. 〔참고문헌〕『圜悟語錄』, 『太古語錄』, 『碧巖錄』 5칙(대정장48, p.145c9). ⇨ 타 打

타갱낙참 墮坑落塹 구렁텅이에 떨어지고 넘어지다. 『관음현의』 권상(대정장34, p.881c25)에 "만약 정이면서 혜가 없다면 이 정은 어리석은 정이다. 비유컨대 저 눈먼 아이 애꾸 말을 타는 것과 같아, 반드시 구렁텅이에 고꾸라지리라는 것을 의심치 않을 수 없다. 만약 혜이면서 정이 없다면 이 혜는 미친 혜다. 비유컨대 저 바람 중에 등불 켬에 흔들리는 것과 같아, 흔들려 물 비춘다 해도 알지 못한다. 若定而無慧者 此定名癡定 譬如盲兒騎瞎馬 必墮坑落塹 而無疑也 若慧而無定者 此慧名狂慧 譬如風中然燈搖颺 搖颺照物不了", 『대혜어록』 권24 「시묘전선인 示妙詮禪人」(대정장47, p.915b2)에 "왕왕 배우는 이들 얻을 것 있는 마음 가지고 얻을 것 없는 자리에 참하다가 구렁텅이에 꼬꾸라지기가 일쑤다. 往往學者 以有所得心 參向無所得處 墮坑落塹多矣", 『벽암록』 6칙 「평창 評唱」(대정장48, p.146b7)에 "겨우 도리를 짓는가 하면 구렁텅이에 꼬꾸라진다. 운문의 한 구절(日日是好日) 중에는 삼구 온전히 갖추었는데, 대개 저들 종지는 이와 같다. 드리운 한마디 말로도 모름지기 종으로 돌아가야 하니, 만약 이렇지 않으면 단지 두찬일 뿐이다. 이 일(此事)에는 허다한 논설이 없으니, 아직 사무치지 못했다면 어떻게 해서든 이처럼 해야 한다. 만약 사무쳤으면 문득 옛사람의 뜻을 보리라. 纔作道理 墮坑落塹 雲門一句中 三句俱備 蓋是他家宗旨如此 垂一句語 須要歸宗 若不如此 只是杜撰 此事無許多論說 而未透者 却要如此 若透得 便見古人意旨"라고 하였다. 〔참고문헌〕『觀音玄義』, 『大慧語錄』, 『碧巖錄』, 『註華嚴經題法界觀門頌』 권상(대정장45, p.698b15).

타거타우 打車打牛 수레 치고 소를 때리다. 『조당집』 권3 「남악회양장 南嶽懷讓章」(대장경보편25, p.370a14)에 "마조화상이 한 곳에 앉아 있는데, 회양화상이 벽돌을 가지고 와서 마조 면전에서 돌 위에다 갈았다. 마조가 물었다. '무엇을 하십니까?' '벽돌을 갈아서 거울 짓는다' '벽돌을 갈아서 어떻게 거울을 짓습니까?' '벽돌을 갈아도 거울 짓지 못하는데, 좌선하여 어떻게 부처를 이루겠는가?' '어떻게 해야 옳겠습니까?' '마치 사람이 수레에 탔는데 수레가 움직이지 않는다면, 수레를 치는 것이 옳겠는가, 소를 치는 것이 옳겠는가?' 馬和尙在一處坐 讓和尙將塼去面前石上磨 馬師問 作什摩 師曰 磨塼作鏡 馬師曰 磨塼豈得成鏡 師曰 磨塼尙不成鏡 坐禪豈得成佛也 馬師曰 如何卽是 師曰 如人駕車 車若不行 打車卽是 打牛卽是", "남악이 다시 말하였다. '그대는 좌선을 익히는가? 좌불을 배우는가? 좌선을 배운다 하니 선은 앉거나 누움이 아니고, 좌불을 배운다고 해도 부처는 정해진 모양새 아니다. 법에는 머물 수도 없어 취하고 버릴 수도 없다. 어째서일까? 그대가 만약 부처를 앉게 한다면 도리어 부처를 죽임이고, 만약 앉는 상에 집착하면 해탈의 뜻은 아니니다'. 師又曰 汝爲學坐禪 爲學坐佛 若學坐禪 禪非坐臥 若學坐佛 佛非定相 於法無住 不可取捨 何爲之乎 汝若坐佛 卻是殺佛 若執坐相 非解脫理也"라고 하였다. 〔참고문헌〕『祖堂集』, 『景德傳燈錄』 권5 「南嶽懷讓傳」(대정장51, p.240c24), 『馬祖語錄』(사가어록1, 卍속장119, p.810a10), 『天聖廣燈錄』 권8 「南嶽懷讓章」(卍속장135, p.650b16).

타결정지 墮決定地 Ⓢ niyata-bhūmi, Ⓣ nges-pa'i-sa. 떨어져 결정된 지. 물러날 일 없는 위로서 보살십지(菩薩十地) 중 제8지인 부동지(不動地)다. 『유가사지론』 권37(대정장30, p.498a15 : *Bodh-bh.*, p.60)에 "네 번째, 타결정보살이란 결정지에 떨어져 머문다. 四者 墮決定菩薩 住墮決定地 niyata bhūmisthito bodhisattvo niyata-patitaḥ", 『유가론기』 권9(대정장42, p.521c17 · 한불전13, p.742a18)에 "네 번째, 타결정지란 제8지를 말한다. 四者 墮決定地 謂第八地", 『유가사지론약찬』 권11(대정장43, p.140b22)에 "네 번째, 타결정보살지란, 『섭론』에 따르면 제4지에서부터는 증상혜지라 하고 제8지 이상은 불퇴전지라 하였다. 이 제8지보살은 처음으로 불퇴를 얻기에 그 전후위와 같을 수 없다. 이런 이유로 타결정이라 하니, 맺어 정해서 물러날 일 없는 뜻이다. 四者 墮決定菩薩地者 以攝論第四地以去 名增上慧地 八地以上 名不退轉位 今此第八地菩薩 初得不退故 不同前後位故 名墮決定 決定不退也"라고 하였다. [참고문헌] 『瑜伽師地論』, 『瑜伽論記』, 『瑜伽師地論略纂』, *Bodh-bh.* ⇨ 타 墮❶, 십지 十地

타계법 墮界法 계(界)에 떨어지는 법. 모든 중생이 종종계와 상응하여 몸과 세계를 유지하는 뜻에서 계에 떨어진다 한다. 『품류족론』 권5 「변섭등품 辯攝等品」(대정장26, p.711b10)에 "세간법과 출세간법, 타계법과 불타계법, 유미착법과 무미착법이 있다. 世間法出世間法 墮界法不墮界法 有味著法無味著法"라고 하였는데, 이역본인 『중사분아비담론』 권4 「분별섭품 分別攝品」(대정장26, p.644b11)에서는 이와 상응하는 구절을 "세간법과 출세간법, 입법과 불입법, 염오법과 불염오법이 있다. 世間法出世間法 入法不入法 染汚法不染汚法"라고 하였다. [참고문헌] 『品類足論』, 『衆事分阿毘曇論』. ⇨ 불타계법 不墮界法, 다계경 多界經

타계연혹 他界緣惑 다른 계에 연한 혹. 행자가 속한 계가 아닌 계의 번뇌로 보다 높은 상계연혹(上界緣惑)을 능연(能緣)으로 끊을 수 있다. 『구사론기』 권21(대정장41, p.324b27)에 "자계에 연한 혹으로 저 타계의 혹을 능히 반연하고는 저 타계의 혹을 능히 끊거나 따라 끊는다. 비록 연은 각기 다르지만 능히 끊는 것이 인이 될 수 있으니, 자계연은 저 힘이 있는 타계연혹을 바라서 그 힘을 빌어 쓰기에 능연은 상계다. 以自界緣惑 能緣於彼他界緣惑 能緣若斷 彼所緣惑 亦隨斷故 雖緣各異 然能爲因 故自界緣 望彼有力 他界緣惑 藉斯力故 能緣上界", 『성유식론소의연』 권4(卍속장79, p.254b7)에 " '저 타계연혹과 같다'라는 말은 저 탐욕 등이 상계범왕을 연하고자 하여도 가까이 할 수 없으니, 다만 이름만으로 바탕을 삼아 자기 마음에서만 일으킬 뿐이니 이를 자심상을 연으로 삼는다고 한다. 다시 말해 자심의 변한 상을 연하기에 마음이 물들 때 반드시 이 둘이 있게 된다. 如他界緣惑者 意云 如貪等緣 上界梵王時 又不親得 但以名爲本質 起自心緣 名緣自心相 即自心變相緣故 故染心時 定有此二"라고 하였다. [참고문헌] 『俱舍論記』, 『成唯識論疏義演』. ⇨ 구상연혹 九上緣惑

타고 打鼓 북을 치다. 북을 두드리다. ❶ 전쟁을 알리는 일. 『중아함경』 권25 「고음경 苦陰經」(대정장1, p.585b4)에 "중생은 욕을 인연하여 욕을 본으로 삼기에 갑옷 입고 창·활·화살을 지니거나 칼과 방패를 들고 다른 나라로 가서 빼앗고 성채를 쳐서 무너뜨리며 함께 서로 격전을 치르는데, 북 두드리고 뿔피리 불며 큰 소리를 내지른다. 衆生因欲緣欲 以欲爲本故 著鎧被袍 持稍弓箭 或執刀楯 往奪他國 攻城破塢 共相格戰 打鼓吹角 高聲喚呼"라고 하였다. [참고문헌] 『中阿含經』. ❷ 대중에게 정해진 때나 소식을 알리는 일. 『경덕전등록』 권14 「고사미전 高沙彌傳」(대정장51, p.315c24)에 "약산이 공양 때가 되자 스스로 북을 쳤다. 고사미가 발우를 들고 춤을 추며 입당하였다. 약산이 북채를 집어 던지며 말했다. '몇 번째 조화인가?' '두 번째 조화입니다' '무엇이 첫 번째 조화인가?' 고사미는 밥통에서 밥을 한 주걱을 퍼내고는 곧장 나가버렸다. 藥山齋時自打鼓 高沙彌捧鉢作舞入堂 藥山便擲下鼓槌云 是第幾和 高曰 第二和曰 如何是第一和 高就桶內舀一杓飯 便出去", 『번역명의집』 권7(대정장54, p.1169a22)에 "율에 따르면 승중을 모으는 데는 일곱 가지 법이 있다. 첫째 그림자를 헤아려 때를 아는 것, 둘째 대나무 쪼개어 소리 내는 것, 셋째 연기를 피우는 일, 넷째 나각(貝)을 부는 것, 다섯째 북을 침, 여섯째 나무판을 침, 일곱째 모든 대덕을 소리쳐 부르는 것이다. 律中集僧 有七種法 一 量影 二 破竹作聲 三 作煙 四 吹貝 五 打鼓 六 打犍槌 七 唱諸大德"라고 하였다. [참고문헌] 『景德傳燈錄』, 『翻譯名義集』, 『四分律』 권35(대정장22, p.818a19).

타고르 Tagore 1861~1941. 인도 벵갈 캘커타 태생의 문인. 갖춘 이름은 라빈드라나트 타고르(Rabindranath Tagore). 부유한 브라만가문에서 데벤드라나트 타고르(Debendranath Tagore)의 열세 자녀 중 막내로 태어났다. 부친은 종교 및 사회개혁가로, 영국의 인도점령기에 힌두문화부흥과 구습타파를 내걸고 '벵갈 르네상스 Bengal Renaissance'라는 문화운동을 이끌던 조직 '브라모 사마즈 Brahmo Samaj'의 지도자들 중 한 사람이었다. 8세 때부터 시를 쓰기 시작해 16세 때 바누싱하(Bhanusimha)라는 필명으로 시집을 출간했다. 17세 때 부친의 뜻대로 변호사 수업을 받기 위해 영국에 건너가 런던의 유니버시티 칼리지(University College)에 입학했으나 곧 자퇴하고는 셰익스피어를 읽었다. 문학수업을 마친 후 인도로 돌아와 산티니케탄(Santiniketan)에 실험적 학교를 세웠는데, 인도전통의 도제식 교육을 적용한 아슈람(ashram)이었다. 타고르는 영국이 인도에 강제로 이식한 이른바 근대식 교육보다 예로부터 전승해온 전통적 교육방법이 형식에서든 내용에서든 더 뛰어나다고 믿었다. 서구문명과 영국제국주의를 공공연히 비판하였고, 마하트마 간디(Mahatma Gandhi)와 교우하면서 독립을 위한 민족주의운동을 지지하였다. 1913년 벵갈어로 쓴 시집 『기탄잘리 *Gitāñjali*』를 직접 영역(英譯)하여 노벨문학상을 받았는데, 시(詩) 외에도 여러 희곡과 장단편소설을 썼고 음악에도 조예가 깊어 인도 및 방글라데쉬의 국가(國歌)를 작사작곡하였다. 말년에는 화가로 그림을 그리기 시작

하여 천 점이 넘는 작품을 남길 만큼 다재다능하였다. ⇨기탄잘리 Gītāñjali

타고보청간 打鼓普請看 북 쳐야 대중울력 있는 줄 안다. 『설봉어록』 권하(卍속장119, p.967a10)에 "설봉이 대중에게 말했다. '대지 온통 다잡아 오니 저 좁쌀 한 알 만하다. 면전에 던져놓은들 칠통 같은 무리들 알지 못하는구나. 북을 쳐야 대중 울력 있는 줄 안다'. 師示衆云 盡大地撮來 如粟米粒大 抛向面前 漆桶不會 打鼓普請看"라고 하였다. [참고문헌] 『雪峰語錄』.

타공 打供 넉넉히 공양하다. 망설임 없이 공양하다. 『종문무고』(대정장47, p.954a3)에 "명안선사가 입적에 이르러 유촉하며 말하였다. '전신을 묻으면 10년 동안 어려움 없이 태양산도 공양하고도 남으리라'. 曁明安遷寂遺囑云 瘞全身十年無難 當爲大陽山打供", 『나호야록』 권상(卍속장142, p.978b7)에 "작은 암자, 작은 집, 작은 총림에 토지신 어찌 팔구인이나 필요할까. 만약 돌아가며 공양할 줄 안다면, 한 줌 흙으로도 부서짐을 면하리라. 小菴小舍小叢林 土地何須八九人 若解輪番來打供 免教碎作一堆塵"라고 하였다. [참고문헌] 『宗門武庫』, 『羅湖野錄』. ⇨공양 供養, 타 打❷

타공견 他空見 티베트불교 조낭파의 타공(Ⓣ gzhan-stong) 견해로, 타공설(他空說)이라고도 한다. 조낭파의 유명한 스승인 될포파(Ⓣ Dol-po-pa 1292~1361)는 연기하는 현상은 공하지만, 그 현상을 넘어선 여래장(Ⓢ tathāgatagarbha, Ⓣ de-bzhin-gshegs-pa'i-snying-po)과 법계(Ⓢ dharmadhātu), 법신(Ⓢ dharmakāya) 등 상주하기에, 불공이라는 타공설을 주창했다. 타공과 자공(自空 Ⓣ rang-stong) 두 공성을 세우고 세속제와 승의제의 이제(二諦 Ⓢ satyadvaya)의 뜻으로 풀었다. 조낭파는 타공설을 석존의 최고 가르침으로 여겨 그에 대한 인도적 전거로서 미륵5법을 인용한다. 타공설은 겔룩파에 의해 비판되었지만, 15세기 사캬파의 대표적 학자인 사캬촉댄(Ⓣ Śākya mchog ldan 1428~1507)은 이를 최고의 교설로 옹호했다. 17세기 제5대 달라이라마가 조낭파의 교설을 금지시키면서 그 가르침이 끊어졌다가 19세기에 일어난 무종파주의(Ⓣ ris-med) 운동으로 말미암아 다시 부활했다. [참고문헌] 안성두 「티베트 불교에서의 여래장 해석」(『인도철학』18, 2005) pp.103~129. ⇨조낭파 Jo-nang-pa

타귀의 他歸依 Ⓟ añña-saraṇa, añña-saraṇā. 다른 것에 귀의함. 자신(自)과 정법(正法)이 아닌 것에 돌아가 의지하는 것으로, 석존의 유법(遺法)인 자귀의(自歸依)에 맞선 구이다. 『장아함경』 권2 「유행경 遊行經」(대정장1, p.15b5)에 "그러므로 아난아! 스스로 불타오르듯이 하고 법에도 그러해야 하니, 다른 것이 타오르게 하지 마라. 마땅히 스스로에 귀의하고 법에 귀의할 일이지 다른 것에 귀의하지 마라. 무엇을 가리켜 '스스로 불타오르듯이 하고 법에도 그러해야 하니, 다른 것이 타오르게 하지 마라. 마땅히 스스로에 귀의하고 법에 귀의할 일이지 다른 것에 귀의하지 마라'고 하는가? 아난아! 비구는 자기 몸을 관하기를 부지런히 하여 게으르지 말아야 하며 마음에 두어 잊지 말며 세간의 탐욕과 걱정은 버려야 한다. 是故 阿難 當自熾燃 熾燃於法 勿他熾燃 當自歸依 歸依於法 勿他歸依 云何自熾燃 熾燃於法 勿他熾燃 當自歸依 歸依於法 勿他歸依 阿難 比丘觀內身精勤無懈 憶念不忘 除世貪憂"라고 하였다. [참고문헌] 『長阿含經』, *DN.2.100.* ⇨자귀의법귀의 自歸衣法歸依

타근 垜根 화살받이 밑둥. 화살받이 둔덕을 말한다. 둔덕이 생겨나면 화살의 목표가 생겨나게 되어 자연스레 화살을 쏘게 된다. 이런 뜻에서 화살받이는 분별 일으키는 토대가 되고 망상의 근거이지만, 세워놓고 부수게 하는 뜻에서는 방편의 뜻이다. 화살받이 생겨나자 화살 날아든다(垜生招箭)는 말도 있다. 또는 단단히 뿌리내리다의 뜻으로도 쓴다. 타근(垜跟・跺跟・躲根・蹕跟・埵根・墮根)이라고도 쓴다. 『경덕전등록』 권15 「투자대동전 投子大同傳」(대정장51, p.319a16)에 "투자가 대중에게 말하였다. '… 여러분들이 변화로 드러내는 천태만상은 모두 그대들이 일으킨 알음알이니, 스스로 짊어지고 와서 스스로 짓고 스스로 받는다. 이곳에는 그대에게 줄 만한 것이 없어 그대들을 속여 꾸짖을 수도 없다. 겉도 속도 없으니 가히 여러분에게 설할 수 있을 듯할 뿐이다. 알겠는가?' 그때 한 스님이 물었다. '겉과 속 거두지 못할 때는 어떻습니까?' '그대 짐짓 어딜 향해 뿌리내리려 하는가?' 師謂衆曰 … 汝諸人變現千般 總是汝生解 自擔帶將來 自作自受 遮裏無可與汝 不敢誑嚇汝 無表無裏 可得說似汝諸人 還知麼 時有僧問 表裏不收時如何 師曰 汝擬向遮裏垜根", 『서장』 「답부추밀장 答富樞密狀」(대정장47, p.921c7)에 "학인 스님이 조주에게 개에도 불성이 있습니까라 묻자 없다고 하였습니다. 이 무(無)라는 한마디 말은 바로 허다히 많은 악지악각을 꺾는 무기입니다. 그러니 유무로 알려 해도 안 되고, … 눈썹 올리거나 눈 깜빡이는 곳에다 뿌리내려서도 안 되고, 말의 길 향해 살림해서도 안 되고, 다 날려버리고 아무 일 없는 껍질 안에 있어도 안 되며, … 글줄 향해 끌어다 증명해도 안 됩니다. 僧問趙州 狗子還有佛性也無 州云 無 此一字子 乃是摧許多惡知惡覺底器仗也 不得作有無會 … 不得向揚眉瞬目處垜根 不得向語路上作活計 不得颺在無事甲裏 … 不得向文字中引證", 『조계진각국사어록』(한불전6, p.20a15)에 "보고 듣는 곳 향해 흙

두덕 만들지 마라. 마치 지금 여러분 앞에 버려진 듯하라. 莫向見聞處探根 如今抛在衆人前"라고 하였다. [참고문헌]『景德傳燈錄』,『書狀』,『曹溪眞覺國師語錄』,『宗範』 권상(卍속장114, p.577a13),『無準師範語錄』 권2(卍속장121, p.889a14). ⇨ 타생초전 垛生招箭

타근 墮根 떨어져 뿌리내리다. 타근(垛根)과 같은 말. 『조당집』 권4「약산유엄장 藥山惟儼章」(대장경보편25, p.386b9)에 "도오원지(道吾圓智)는 사형이 오기만을 바라고 있다가 하루는 편지를 썼다. 편지에는 '석두는 진금포이고, 강서는 잡화포입니다. 사형께서는 그곳에 다 뿌리를 내리고 무엇을 하고 있습니까? 천 번이고 만 번이고 속히 오십시오. 속히'라 적었다. 只觀望師兄來 有一日造書 書上說 石頭是眞金鋪 江西是雜貨鋪 師兄在彼中 墮根作什摩 千萬千萬 速來速來"라고 하였다. [참고문헌]『祖堂集』,『空谷集』 22칙(卍속장117, p.557b13).

타근난적수 垛根難敵手 화살받이 밑동이라면 이기기 어려운 적수다. 『벽암록』 59칙「본칙 本則」(대정장48, p.191c19)에 "조주가 말했다. '왜 할 말 다하지 않는가〈도적이 소인배여도 꾀는 군자보다 낫다. 날강도로군. 도적 말 타고 도적을 쫓는다〉'. 스님이 말했다. '저는 단지 이것(至道無難 唯嫌揀擇)만 외우고 있습니다〈둘 다 흙덩이나 만지작거리는 사람이다. 도적 한 놈 마주하였다. 살받이 밑동이라면 이기기 어려운 적수다〉'. 州云 何不引盡這語〈賊是小人 智過君子 白拈賊 騎賊馬趁賊〉 僧云 某甲只念到這裏〈兩箇弄泥團漢 逢著箇賊 垛根難敵手〉"라고 하였다. [참고문헌]『碧巖錄』. ⇨ 타근 垛根

타근한 垛根漢 화살받이 밑둥 같은 이. 『설두어록』 권3(대정장47, p.687b7)에 "다시 '스님이 투자에게「국사(慧忠)가 시자를 세 번 불렀는데 그 뜻이 무엇입니까?」라 묻자, 투자가「사람을 몰아부쳐 어쩌자는 건가?」'라 했던 일을 들고나서 설두가 말하였다. '타근한이다'. 復擧 僧問投子 國師三喚侍者 意旨如何 投子云 抑逼人作麽 師云 垛根漢"라고 하였다. [참고문헌]『雪竇語錄』,『密菴語錄』(대정장47, p.963c24),『宏智廣錄』 권4(대정장48, p.38b14). ⇨ 타근 垛根

타급 打給 대중에게 나누다. 『백장청규』 권6「일용궤범 日用軌範」(대정장48, p.1144c18)에 "목어 소리가 들리면 입당할 수 없다. 혹은 행자에게 발우를 가져오게 해서 당 밖에 앉는다. 혹은 중료로 돌아가 (죽반을) 공급한다. 木魚響 不得入堂 或令行者取鉢 堂外坐 或歸衆寮 打給",『선원청규』 권4「고두 庫頭」(卍속장111, p.896a14)에 "병승에게 써야 하는 공급물은 빠뜨리거나 적게 해서는 안 되고 공급해야 할 때를 만나면 즉시 부응해야 한다. 病僧合用供給之物 不得闕少 如遇打給 卽時應副",『선림상기전』 권14「타급」(대장경보편19, p.482a14)에 "도충이 말한다. '음식을 별처로 보냄을 타급이라 말한다'. 忠曰 送食於別處 曰打給"라고 하였다. [참고문헌]『百丈清規』,『禪苑清規』,『禪林象器箋』,『叢林校定清規總要』 권하(卍속장112, p.51a16). ⇨ 타 打 ²

타나 他那 Ⓢ sthāna의 음사어. 처(處)라 한역한다. 사람이 처하는 공간 또는 제법이 생기하는 처 즉 입(入)의 뜻이다. 『대지도론』 권48(대정장25, p.409a5)에 "타〈토와 다의 반절〉 자를 들으면, 제법은 머무를 자리가 없음을 안다. 남천축 말 타나를 한역하면 '처'이다. 若聞他〈土荼反〉字 卽知諸法無住處 南天竺 他那 秦言處",『번역명의집』 권3(대정장54, p.1095c29)에 "타나는 한역하여 '처'라 한다. 진제에 따르면, 주처에는 둘이 있다. 첫째는 경계처로서 이리저리 밟아 다닐 수 있는 경이니, 재가의 무리를 교화하기 위한 곳이다. 둘째는 의지처로서 출가 승중을 거느리기 위한 곳이니, 이는 곧 기원정사다. 他那 此云處 眞諦云 住處有二 一 境界處 游歷之境 爲化在俗之流 二 依止處 爲統出家之衆 此卽祇園", "『선견율비바사』에 이르길, 사위국을 든 것은 멀리 있는 사람들도 알게 함이니, 나라는 다 거느린다. 기원정사를 듦은 가까운 사람들이 알게 함이니, 동산은 별이다. 婆沙云 擧舍衛令遠人知 國是總也 擧祇園令近人知 園是別也",『번범어』 권1(대정장54, p.986c8)에 "타나〈응당 '실타계'라 해야 한다. 논서에서는 '처'라 하였다〉. 他那〈應云悉他季 論曰 處也〉"라고 하였다. [참고문헌]『大智度論』,『翻譯名義集』,『翻梵語』. ⇨ 처 處

타나갈책가 馱那羯磔迦 Ⓢ Dhanakaṭaka. 남인도에 있던 고대 국가. 대안달라국(大安達邏國)이라고도 한다. 『대당서역기』 권10(대정장51, p.930c11)에 "사방 6천여 리에 나라의 도성은 사방 40여 리이다. 토지는 비옥하고 곡물은 풍성하다. 황야가 많아 마을이 들어선 곳은 적다. … 가람이 촘촘히 있었으나 황량함이 오래되어 20여 곳만 남아 있고, 승도는 천여 인이며 대부분 대중부법을 학습한다. 천사는 백여 곳이나 되니 이교도가 참으로 많다. 周六千餘里 國大都城 周四十餘里 土地膏腴 稼穡殷盛 荒野多 邑居少 … 伽藍鱗次 荒蕪已甚 存者二十餘所 僧徒千餘人 竝多習學 大衆部法 天祠百餘所 異道寔多",『자은전』 권4(대정장50, p.241b17)에 "타나갈책가국〈남인도 지경〉. 성 동쪽 산에 불바세라〈동산〉승가람이 있고, 성 서쪽 산에 아벌라세라〈서산〉승가람이 있다. 이 나라 선왕이 부처님을 위해 건립하였다. … 성 남쪽 멀지 않은 곳에 큰 석산이 하나 있는데, 여기는 바비베가〈청변〉논사가 아소락궁에 머무르며 자씨보살의 성불을 기다리고 의문점을 풀기 위해 헤아리던 곳이다. 馱

那羯磔迦國〈南印度境〉 城東據山 有弗婆勢羅〈唐言東山〉僧伽藍 城西據山 有阿伐羅勢羅〈唐言西山〉僧伽藍 此國先王爲佛建立 … 城南不遠 有一大石山 是婆毘吠迦〈唐言淸辯〉論師 住阿素洛宮 待慈氏菩薩成佛 擬決疑處"라고 하였다. 여기서 불바세라승가람이라 한 것은 소승십이부(小乘二十部) 중 동산주부(東山住部 Ⓟ Pubbaselika), 아벌라세라승가람은 서산주부(西山住部 Ⓟ Aparaselika)에 해당한다. 〔참고문헌〕『大唐西域記』, 『慈恩傳』.

타니대수 拖泥帶水 진흙탕에 들고 물에 적시다. 몸소 진세(塵世)에 들어 거침없이 방편을 보이거나 역경을 마다하지 않는 뜻이다. 입니입수(入泥入水)라고도 하며, 화광동진(和光同塵)과 통한다. 『열조제강록』 권26(卍속장112, p.589b18)에 "대단한 두 노장 중 한 사람은 단단히 잠긴 관문을 잡고 물샐틈없이 하였고, 다른 한 사람 풀섶에 들어가 진흙 끌고 물댄다. 바른 안목으로 보면 온통 다 바람도 없는데 물결 일으킨다. 二大老 一人 牢關把斷 水泄不通 一人 入草求人 拖泥帶水 正眼觀來 總是無風起浪", 『천성광등록』 권18 「혜월장 慧月章」(卍속장135, p.776b14)에 "가령 말하기 전에 밝히 알았다 해도 오히려 길에 반도 오지 못했고 곧바로 말의 얼개 단지 잊었다 해도 흙탕물에 드는 일 면치는 못하리라. 假便言前明得 猶在半途 直饒言詮但忘 未免拖泥帶水", 『서장』 「답고산체장로장 答鼓山逮長老狀」(대정장47, p.943a12)에 "만일 노한에게 처음부터 온몸을 흙탕물로 더럽히며 노파선 설하게 했더라도 그가 눈을 뜬 다음에는 반드시 나를 비판할 것이 의심할 여지 없습니다. 그런 까닭에 옛사람 '나는 선사의 도덕을 중히 여기지 않았으니, 다만 선사께서 나를 위해 깨우쳐 주시지 않음만을 무겁게 여길 뿐이다'라고 했던 것입니다. 若使老漢初爲渠拕泥帶水 說老婆禪 眼開後定罵我無疑 所以古人云 我不重先師道德 只重先師 不爲我說破"라고 하였다. 〔참고문헌〕『列祖提綱錄』, 『天聖廣燈錄』, 『書狀』. ⇨ 입니입수 入泥入水, 화광동진 和光同塵

타니체수 拕泥滯水 ➡ 타니대수 拖泥帶水

타도 他度 **1** 다른 이를 깨닫게 함. 자도(自度)에 대칭한다. 『대승대집지장십륜경』 권5(대정장13, p.750a4)에 "만약 팔정도에 의지할 수만 있다면 스스로 일체번뇌 쏟아져 흐르는 곳 건널 수 있을 뿐만 아니라 타인도 건너게 할 수 있다. 若能依八支聖道 自度一切煩惱駛流 亦令他度라고 하였다. 〔참고문헌〕『大乘大集地藏十輪經』. **2** 선지식 등 다른 이의 가르침에 의해 알게 됨. 『삼론현의』(대정장45, p.8c7)에 "타도라 함은 둔근의 초과라면 스스로 초과를 얻을 줄 알지 못하여 선지식에게 묻는다. 선지식이 그를 위하여 '삼보와 사제에 의심이 없음이 초과상이다'라고 설해 주어야만 스스로 관찰하여 비로소 초과 얻음을 알게 되니 타도라 한 것이다. 他度者 鈍根初果而不自知得初果 問善知識 善知識爲說 於三寶四諦無疑 是初果相 其自觀察方知得初果 故云他度"라고 하였다. 〔참고문헌〕『三論玄義』. **3** 외도 등에 의지함. 『잡아함경』 권5(대정장2, p.32b20)에 "그때 외도 유행승이었던 선니는 출가하여 법을 보고 얻어 모든 의혹을 끊었으며, 다른 이의 앎이나 다른 이의 구제에 의지하지 않고 정법 중에서 마음으로 무외를 얻었다. 爾時仙尼出家見法得法 斷諸疑惑 不由他知 不由他度 於正法中 心得無畏"라고 하였다. 〔참고문헌〕『雜阿含經』.

타동품 他同品 인명 용어. 대론자에게만 타당한 비유. 인명식에서 인동품(因同品) 중 입론자와 대론자 쌍방 모두가 인정하는 비유(共同品)가 아니라 대론자만이 인정하는 동품을 말한다. 자이품(自異品)과 같고, 입론자만이 인정하는 자동품(自同品)에 대칭한다. 동품이란 내세운 주장의 근거가 되는 인(因)을 입증하는 긍정적 실례를 말한다. 『인명의단』(대정장44, p.149c11)에 "가령 설일체유부에서는 대승 등과 대론하며 '심과 심소법에는 반드시 자성이 있다고 알 수 있기 때문이다. 나머지 유위법의 경우와 같다'라고 하는데, 여기에는 자동품과 공동품은 없고 오직 타동품만이 있다. 若云如薩婆多 對大乘等云 心心所法 定有自性 許所知故 如餘有爲法 此無自共同品 唯有他同品"라고 하였다. 〔참고문헌〕『因明義斷』. ⇨ 자이품 自異品, 동품 同品**2**, 인동품 因同品, 공동품 共同品, 자동품 自同品, 타이품 他異品

타두 打頭 **1** 애초에. 처음부터. 『원오어록』 권15(대정장47, p.781a10)에 "처음부터 작가를 만나지 못하여 노년에 이르자 그저 쓸모없는 존재가 되었다. 打頭不遇作家 到老只成骨董"라고 하였다. 〔참고문헌〕『圜悟語錄』. **2** 북이나 종을 치는 소임. 지전(知殿)에 속하는 소임이다. 『선원청규』 권6 「경중 警衆」(卍속장111, p.909b2)에 "모든 요사의 공과행자 및 타두 등은 이 때 모두 먼저 일어나야 한다. 諸寮供過行者 及打頭等 並皆先起"라고 하였다. 〔참고문헌〕『禪苑淸規』. ⇨ 지전 知殿

타라 吒羅 Ⓢ ṭhara의 음사어. 언덕(岸). 기슭. 다라(多羅 Ⓢ tara)라고도 한다. 『대지도론』 권48(대정장25, p.409a13)에 "타라는 진나라 말로 안이라 한다. 吒羅 秦言岸"라고 하였다. 〔참고문헌〕『大智度論』, 『翻譯名義集』 권5(대정장54, p.1136b21). ⇨ 다라 多羅**2**

타라 墮儸 부끄럼에 빠지다. 몹시 창피해 하다. 『종용록』 58칙 「송 頌」(대정장48, p.263c28)에 "거울 밖으로 미쳐 날뛰는 연야다〈다리 아래서 연기가 난다〉와 주장자 끝으로 때린 파조타〈백 조각으로 마구 부셔졌다〉. 조왕이 떨어져 부셔지고는〈영험은 어디에서 나고, 성스러움은 무엇 좇아 오는가〉 와서는 서로 축하하네〈삼가 생각건대 몹시도 부끄럽다〉. 도리어 말하길, 과거의 허물로 나를 저버렸다 하네〈어찌 일찍 말하지 않았는가〉. 鏡外狂奔演若多〈脚下煙生〉 杖頭擊著破竈墮〈百雜碎〉 竈墮破〈靈從何生 聖從何至〉 來相賀〈伏惟墮慚〉 却道從前辜負我〈何不早道〉"라고 하였다. [참고문헌] 『從容錄』.

타라나타 Tāranātha 1575~1634. 티베트불교 조낭파의 스님으로 조낭사원의 26대 주지를 역임. 다라나타(多羅那他)라고 한역 음사된다. 티베트어 이름은 퀸가닝포(Ⓣ Kun-dga'-snying-po : 袞噶宁波)지만, 보통 조낭타라나타(Ⓣ Jo-nang-) 혹은 제춘타라나타(Ⓣ rje-btsun-)라고도 불린다. 네 살 때, 조낭사원의 24대 주지였던 퀸가돌촉(Ⓣ Kun-dga'-grol-mchog 1507~1566)의 환생으로 공식 인정된 후, 육지요가와 마하무드라(mahāmudrā), 칼라차크라(kālacakra), 마하칼라(mahākāla) 전통은 물론 조낭파의 될포파에게서 가르침을 받았다. 열네 살이 되던 해, 인도에서 티베트로 온 붓다굽타나타(Ⓢ Buddhaguptanātha)를 스승으로 모시고, 탄트라 입문식과 가르침을 받았다. 이후 조낭파의 전통적인 가르침을 발굴하고 복원하는 데 힘썼다. 가장 잘 알려진 저작으로 『인도불교사 *rGya-gar-chos-'byung*』가 있으며, 이는 '타라나타불교사'라고도 불린다. [참고문헌] Mi nyag mgon po *Gangs can mkhas dbang rim byon gyi rnam thar mdor bsdus* Vol.1(Beijing : Krung go'i bod kyi shes rig dpe skrun khang, 1996) pp.3~834.

시대미상 화정박물관

타라나타불교사 Tāranātha佛敎史 Ⓣ rGya gar chos 'byung. 티베트불교 조낭파(Jo nang pa)의 스승인 타라나타(1573~1615?)가 1608년에 쓴 인도불교역사서. 17세기 조낭파의 박해기간 동안 원본 목판은 대부분 파괴되었고 조낭파 소속 사원들에 일부 목판이 남아 있었으나 정치적인 이유로 유통되지 못했다. 총 44장으로 구성되어 있으며, 기원전 5세기경 마가다국의 빔비사라(Ⓢ Bimbisāra)왕의 태자인 아자타샤트루(Ⓢ Ajataśatru)의 이야기에서 시작해 8~12세기 벵갈지역을 지배했던 팔라(Ⓢ Pāla)왕조와 그 뒤를 이은 세나(Ⓢ Sena)왕조까지의 인도불교에 관한 방대한 이야기를 다루고 있다. 갖춘 이름은 『성스러운 법보의 성스러운 나라에서 널리 편 차제를 밝히다, 일어나고 보여진 모든 것들 *Dam pa'i chos rin po che 'phags pa'i yul du ji ltar dar ba'i tshul gsal bar bston pa, Dgos 'dod Kun 'byung*』이다. [내용] 먼저 201인의 불교사 인물이 등장하는데, 아사세왕(阿闍世王) 이하 차제로 팔라왕조의 왕들과 비크라마실라(Ⓢ Vikramaśīla)승원의 흥기와 쇠락을 언급하고 있으며, 세일론섬과 남방으로의 불교전파, 그리고 티베트로의 불교전래도 덧붙여 썼다. 이 책의 특징적 의미는 후기대승불교시대로부터 밀교시대까지를 서술한 후반부에 있다. 팔라왕조대에 학문으로 명성을 떨친 여러 승원과 학승(學僧)에 대한 내용이 다른 문헌에 비해 풍부하다. 특히 나가르쥬나(Ⓢ Nāgārjuna 龍樹)에 대하여 『중론』의 저자와 바비야(Ⓢ Bhavya, Bhāvaviveka)의 구족계사(具足戒師)인 나가르쥬나의 2인에 대한 티베트전승을 바로잡는 등 주목할 만한 기술도 있다. 143매(枚)로 된 티베트어 원전은 일본의 동북대학(東北大學 東北目錄 7037)에 있다. 독일의 쉐프너(F.A. Schiefner)가 이를 *Tāranātha's Geschichte des Buddhismus in Indien*(St.Petersburg 1869)으로 번역출간한 이래 유일한 인도불교사로서 중시되어 왔다. 바실리예프(V.P.Vasilyev)는 『타라나타불교사』를 러시아어로 번역하였고, 테라모토 엔가(寺本婉雅)도 『Tāranātha印度佛敎史』(丙午出版社, 1928)로 일역하였다. 팔라왕조대에 관한 이 책의 기술을 보완한 연구로 바네르지(R.D.Banerji)의 *The Pālas of Bengal*(Memoirs of the Asiatic Society of Bengal, vol.5, No.3, 1915)이 있다. 1946년 포탈라궁에 있던 목판에 의한 출간본이 나왔다. [참고문헌] L.Chimpa · A.Chattopadhyaya *Taranatha's History of Buddhism in India*(Delhi : Motilal Banarsidass, 1970), Tāranātha *rgya gar chos 'byung*(Sichuan : Nationalities Press, 1986).

타라발지 墮羅鉢底 Ⓢ Dvāravatī의 음사어. 오십삼선지식(五十三善知識) 중 대천(大天)이 머무는 성의 이름. 유문(有門)이라는 뜻이다. 80권본 『화엄경』 권68 「입법계품 入法界品」(대정장10, p.367c26 : *Gaṇḍ-vy.*, p.166)에 "선남자야, 여기로부터 남방으로 가면 성이 있으니 이름이 타라발지다. 그곳에 신이 있는데 이름이 '대천'이다. 그대는 그에게 가서 보살이 어떻게 보살행을 배우고 보살도를 닦는지 물으라. 善男子 於此南方有城 名墮羅鉢底 其中有神 名曰大天 汝詣彼問 菩薩云何學菩薩行 修菩薩道 gaccha kulaputra ihaiva dakṣiṇāpathe dvāravatī nāma nagarī. tatra mahādevo devaḥ prativasati. tamupasaṃkramya paripṛccha kathaṃbodhisattvena bodhisattvacaryāyāṃ śikṣit avyam kathaṃ pratipattavyam",『화엄경소』 권57(대정장35, p.940c7)에 "타라발지성에 있다 하였으니, 한역하여 '유문'이니, 곧 이곳에 무박등미묘법문이 있다는 뜻이다. 在墮羅鉢底城者 此云有門 謂有此無縛等微妙法門",『신화엄경론』 권21(대정장36, p.865c5)에 "성 이름을 타라발지라 하니, 한역하면 유문성이다. 城名墮羅鉢底者 此曰 有門城"라고 하였다. 이 타라발지를 이역본인 60권본『화엄경』 권51(대정장9, p.719a14)에서는 바라바제(婆羅波提)라 음사하였고, 40권본『화엄경』 권16(대정장10, p.736a15)에서는 '문주 門主'라 한역하였다. [참고문헌]『華嚴經』,『華嚴經疏』,『新華嚴經論』,『文殊指南圖讚』(대정장45, p.800a23), *Gaṇḍ-vy.* ⇨ 바라바제 婆羅波提, 문주 門主[2]

타라보살 Tārā菩薩 ➡ 다라보살 多羅菩薩

타라암 陀羅庵 충청남도 예산군 예산읍에 있던 암자. 타라암(它羅庵) 또는 다라암이라고도 하며,『범우고』에 현(縣)의 북 쪽 7리에 위치한다 전한다. [참고문헌]『梵宇攷』,『韓國寺刹全書』 권하 p.1110b2・1110b3.

타락 墮落 Ⓢ √pat, patanti, vinipāta, Ⓣ lhags-pa. 떨어져 머물다. 있어야 할 세계에 머물지 못하고 보다 못한 세계로 떨어져 헤매이다의 뜻이다.『제석소문경』(대정장1, p.249c1)에 "그때 저 모든 하늘이 타락한 탓에 크게 놀라 마음에 의혹이 생겨니 각각 이렇게 생각하였다. '본래의 계에 나타나지 않으니 정히 타락하였음을 알겠다'. 時彼諸天 以墮落故 卽大驚怖 心生疑惑 各作是念 本界不現 定知墮落",『덕광태자경』(대정장3, p.413a9)에 "보살은 사사법으로 스스로를 타락시킨다. 무엇들이 그 넷인가? 첫 번째, 보살이 교만으로 공경할 줄 몰라서 스스로를 타락시킨다. 두 번째, 보살이 반복할 줄 모르면 아첨만을 익히면 스스로를 타락시킨다. 세 번째, 보살이 공양과 이양만을 탐하면 구하여 스스로를 타락시킨다. 네 번째, 보살이 아첨하며 삿된 행으로 공양을 구하면 스스로를 타락시킨다. 이것이 사사법으로 보살이 스스로를 타락시킴이다. 菩薩有四事法 爲自墮落 何等爲四 一者 菩薩憍慢 而不恭敬 爲自墮落 二者 菩薩作無反復 習於諛諂 爲自墮落 三者 菩薩求供養貪利 爲自墮落 四者 菩薩佞諂邪行 求於供養 爲自墮落 是爲四事法 菩薩爲自墮落",『정법화경』 권1(대정장9, p.64a20)에 "중생들 거의가 생을 받고 무명을 쓰기에 죽어서는 타락하여 이 온갖 취로 돌아가네. 衆庶受生 用無明故 滅沒墮落 歸此諸趣",『보왕삼매염불직지』 권하(대정장47, p.380b4)에 "'살도음업이 모두 허공꽃 같아서 도를 방해함이 없다'고 말하면, 이 사견으로 인해 생사에 떨어지니 곧장 아비지옥의 가장 아래층에 머문다. 言殺盜婬業 悉是空華 無妨於道 因此邪見 墮落生死 直向阿鼻獄底最下一層而住"라고 하였다. [참고문헌]『帝釋所問經』,『德光太子經』,『正法華經』,『寶王三昧念佛直指』,『法蘊足論』 권2(대정장26, p.461b4), *Saṅ-v.102.*, *Yogā-bh.85.*

타력 他力 ❶ Ⓢ para-bala, Ⓣ gzhan-gyi-stobs. 다른 사람 또는 다른 것의 힘. 스스로의 힘인 자력(自力)이 아닌 뜻이다.『과거현재인과경』 권2(대정장3, p.630a19)에 "태자 또 묻기를, '무엇이 병듦인가?' 답하길, '무릇 병이란 모두 욕심내길 좋아하고 음식에 절도가 없어서, 사대가 고르지 못함이 뒤쳐 변하여 병이 되니 … 비록 몸과 손이 있어도 능히 스스로 움직일 수 없고 남의 힘을 빌려서야 앉고 일어납니다'. 太子又問 何謂爲病 答曰 夫謂病者 皆由嗜欲 飮食無度 四大不調 轉變成病 … 雖有身手 不能自運 要假他力 然後坐起",『불소행찬』 권4(대정장4, p.42a29)에 "사랑하는 것들 여의지 않을 수 없고, 사랑하지 않는 것들 굳이 가까이해야 하며, 구하는 바를 뜻대로 얻지 못하나, 오직 법만은 마음을 따르니, 타력은 큰 괴로움이 되고, 자재력은 기쁨이 되네. 所愛莫不離 不愛而强隣 所求不隨意 唯法爲從心 他力爲大苦 自在力爲歡"라고 하였다. [참고문헌]『過去現在因果經』,『佛所行讚』, *Abh-k-bh.250.* ⇨ 자력 自力[1] ❷ Ⓢ para-bala, Ⓣ gzhan-gyi-stobs. 보살이 보리심을 내는 네 가지 힘(四力 : 自力 他力 因力 方便力) 중 하나.『보살지지경』 권1(대정장30, p.89b4 : *Bodh-bh.*, p.11)에 "다른 이로 인해 발심함을 타력이라 이름한다. 因他發心 是名他力 paraśakti-samutpāditā tu rucir-anuttarāyāṃ samyaksaṃbodhau bodhisattvasya para-balam ity-ucyate cittasya-utpattaye",『대보적경론』 권1(대정장26, p.208a19)에 "남이 권한 바로 발심함을 타력이라 이름한다. 以他所勸令發心 是名他力"라고 하였다. [참고문헌]『菩薩地持經』,『大寶積經論』, *Bodh-bh.* ⇨ 사력 四力[1], 인력 因力, 방편력 方便力 ❸ Ⓢ para-tantrayam. 의타기성(依他起性)을 말함.『입능가경』 권4(대정장16, p.539b9 : *Laṅk.*, p.130)에 "망상분별로 있어도 인연법으로는 없거늘, 허망을 취해 혼미하고 어지러워 타력으로 일어남을 알지 못하네. 妄想分別有 於緣法則無 取虛妄迷亂 不知他力生 parikalpita-svabhāvo 'sti paratantre na vidyate, kalpitaṃ gṛhyate bhrāntyā paratantrayaṃ na kalpyate",『아비담감로미론』 권상(대정장28, p.970a5)에 "일체유위법은 일으킬 세력 없이도 일어나니, 다른 힘을 인하고 함께해서 생한다. 이런 제법에는 사상이 있을 뿐이니 일어나서는 머물다 늙으니 무상하다. 一切有爲法無勢力起 因他力共生 是諸法有四相 起住老無常",『유가사지론』 권64(대정장30, p.656c5)에 "의타기자성이란 뭇 연으로 생하는 것으로, 타력이 일으킨 제법의 자성이니, 자연히 있는 것이 아니기에 자성이 없다고 한다. 依他起自性者 謂衆緣生他力所起諸法自性 非自然有 故說無性"라고 하였다. [참고문헌]『入楞伽經』, 『阿毘曇甘露味論』, 『瑜伽師地論』, *Laṅk.* ⇨ 의타기성 依他起性
4 정토교의 타력문(他力門). ⇨ 타력문 他力門

타력문 他力門 타력의 문. 염불(念佛) 등의 이행도(易行道)를 말한다. 『현밀원통성불심요집』 권하(대정장46, p.1003a5)에 "현교 중에 자력과 타력의 두 문이 있으니, 『십주론』·『염불경』 등에서 설하였다. … 둘째 타력문이란, 염불 등을 이르니 이행도라고 이름하는데 마치 사람이 수로에서 배를 타고 천릿길을 가면 빨리 이르는 것과 같다. 이제 진언 중에도 은밀하게 자타이력이 갖춰져 있으니, … 또한 진언 중 매 하나하나의 자는 모두 제불의 전신이다. 『말법중일자주경』(대정장19, p.316b19)에 '나 멸도한 후에 몸을 변하여 이 주 등을 짓는다'라고 하였으니 곧 이것이 타력문이며, 또 제경에서 진언행자는 현세에 능히 무상보리를 이룰 수 있다고 설하였다. 그러므로 『누각경』에 '나 무량구지백천겁 동안 비록 고행을 행했어도 여전히 보리를 얻지 못했는데, 막 다라니를 듣자마자 가행과 상응하여 문득 정각 이루었다'라고 하였으며, 『오자다라니송』(대정장20, p.713c24)에 '제불의 본서력으로 모든 성사를 눈앞에서 이루니, 곧 한번 앉은 중에 문득 최정각 이루네'라고 하였다. 謂顯教中 有自力他力二門 十住論念佛鏡等說 … 二 他力門 謂念佛等 名易行道 如人水路乘船行千里程 則疾到 今眞言中 密具自他二力 … 又眞言中 每一一字 皆是諸佛全身 末法中一字呪經云 吾滅度之後 變身作此呪等 卽是他力門 又諸經說 眞言行者 現世能成無上菩提 故樓閣經云 我與無量俱胝百千劫 雖行苦行 猶不得菩提 由纔聞陀羅尼故 加行相應 便成正覺 又五字陀羅尼頌云 諸佛本誓力 現成諸聖事 卽於一坐中 便成最正覺", 『염불경』 권본(대정장47, p.122b17)에 "자력타력문 : [문] 법문들에 대해 논하자면 그 수가 헤아릴 수 없이 많은데, 어떤 법이 자력에 해당되고 어떤 법이 타력에 해당되는가? [답] 여래께서 비록 팔만사천법문을 설하셨지만 염불이라는 한 법문만이 타력이고 나머지 법문을 통한 수도는 전부 자력이다. 自力他力門 問云 論諸法門 其數無量 何法自力 何法他力 答云 如來雖說八萬四千法門 唯有念佛一門 是爲他力 餘門修道 總爲自力"라고 하였다. [참고문헌]『顯密圓通成佛心要集』, 『念佛鏡』. ⇨ 자력타력문 自力他力門

타력왕생 他力往生 타력에 의한 왕생. 『정토론』 권하(대정장47, p.100b25)에 "넷째 자력과 타력의 다름. 극락은 아미타불의 사십팔대원에 기대므로 타력왕생이지만, 도솔은 가히 기댈 수 있는 원이 없으므로 오직 자력상생일뿐이다. 四 自力他力別 極樂憑阿彌陀佛四十八大願 他力往生 兜率無願可憑 唯自力上生", 『천태명목유취초』 권1(국가도서관선본불전40, p.93b6)에 "[답] 종교에선 성도와 정토의 두 문을 세웠는데, 팔종의 성도문은 난행이니 자력으로 도를 얻고〈운운〉 우리 종의 정토문은 이행이니 타력으로 왕생한다〈운운〉. 答 宗教立聖道淨土二門 八宗聖道門 難行自力得道〈云云〉 吾宗淨土門 易行他力往生〈云云〉", 『대원담의문서초』(대정장83, p.318a15)에 "행자의 자력은 대단히 약하지만 부처님의 원력은 강해서 악업에 장애받지 않으며 망념에 물들지 않으니 명호를 부르면 반드시 왕생할 수 있다. 본원과 명호의 힘은 강하지만 행자의 자심공력은 약하기 때문이다. 그러므로 타력왕생이라고 한다. 行者自力至弱 然佛願力强 不被障惡業 不被染妄念 唱名號必得往生 本願名號力强 行者自心功力弱也 云故他力往生也"라고 하였다. [참고문헌]『淨土論』, 『天台名目類聚鈔』, 『大原談義聞書鈔』, 『徹選擇本願念佛集』(대정장83, p.31a1).

타르카바샤 Tarkabhāṣā 10~11세기경 인도 벵갈(Bengal)의 자갓달라(Jagaddala)사원에 머물던 목샤카라굽타(Ⓢ Mokṣākaragupta)가 지은 논리학 저서. '논리(tarka)의 언어(bhāṣā)'라는 동일한 제목으로 니야야의 케샤바미슈라(Keśavamiśra)와 자이나 논리학자 야소비자야(Yaśovijaya)의 저작도 전해진다. 전체 범어원문은 여러 차례에 걸쳐 편집본으로 출판되었고, 1300년에 팡로차와 로되탠파(Ⓣ dPang-lo-tsā-ba bLo-gros-brtan-pa 1276~1342)가 번역한 티베트역(北京版 No.5762, 데게版 No.4264)도 전한다. 저자는 '삼계의 주인이신 스승에게 예를 올린 후에, (미처) 알지 못하는 학인일지라도 법칭의 가르침 배울 수 있도록 (이) 「논리의 언어인 타르카바샤」를 (제가) 내놓습니다. guruṃ praṇamya lokeśaṃ śiśūnām alpamedhasām, dharmakīrtimataśrutyai tarkabhāṣā prakāśyate'라는 게를 지어 저술의 목적이 초심자를 위한 논리학의 개론임을 밝혔다. 현량(現量), 자비량(自比量), 타비량(他比量)을 주제로 해 총 세 장으로 구성된 이 문헌은 법칭과 중요 논사들의 중요한 문구들이 인용하고 있지만, 그 중에서도 프라즈냐카라굽타(Ⓢ Prajñākaragupta)와 즈냐냐슈리미트라(Ⓢ Jñānaśrīmitra), 그리고 라트라키르티(Ⓢ Rantakīrti)의 저작도 집중적으로 인용하고 따른다. 자증지(自證知 Ⓢ svasaṃvedana)에 대한 선대의 입장을 비판하는 힌두 논사들인 쿠마릴라(Ⓢ Kumārila)와 트리로차나(Ⓢ Trilocana)의 논리도 재반박한다. 카지야마(Kajiyama)의 영역은 1966년과 1998년 두 차례에 걸쳐 출판되었으며, 일본어, 힌디, 이탈리어 등으로도 번역되었다. [참고문헌] Embar Krishnamacharya 'Tarkabhāṣā of Mokṣākara Gupta' (*Gaekwad's Oriental Series* 94. 1942), H.R.Ranga swamy *Iyengar Tarkabhāṣa and Vādasthāna of Mokṣākaragupta and Jitāripāda* (Mysore : The Hindustan Press, 1944), Ragunath Giri *Tarkabhasa and Anekantavadanirasa of Mokshakaragupta and Jitaripad* (Varanasi, 1969), B.N.Singh *Bauddha-Tarkabhasa* (Varanasi : Asha Prakashan, 1985), Yuichi Kajiyama *An Introduction to Buddhist Philosophy : An annotated translation of the Tarkabhāṣā of Mokṣākaragupta* (Wien : Arbeitskreis für tibetische und buddhistische Studien Universität Wien, 1998). ⇨ 목샤카라굽타 Molṣākaragupta, 사택설 思擇說

타르카즈발라 Tarkajvālā ➡ 중관심론주사택염 中觀心論註思擇焰

타리이타 他利利他 다른 이가 이롭다 해야 다른 이를 이롭게 한다고 할 수 있다. 『무량수경우파제사』(대정장26, p.233a22)에 "보살은 네 가지 문으로 들어서 자리행을 성취함을 알아야 하고, 보살은 다시 다섯 번째 문을 나와서 타인을 이롭게 하는 회향행을 성취할 줄도 알아야 한다. 보살이 이와 같이 다섯 문 수행하여 자리이타하면 아누다라삼막삼보리를 빨리 성취할 수 있기 때문이다. 菩薩入四種門 自利行成就應知 菩薩出第五門 利益他迴向行成就應知 菩薩如是 修五門行 自利利他 速得成就阿耨多羅三藐三菩提故", 『왕생론주』 권하(대정장40, p.843c22)에 "〔문〕 무슨 연유로 아누다라삼막삼보리를 빨리 성취할 수 있다고 하는가? 〔답〕 오문을 수행하여 자리이타로 성취하기 때문이다. 그러나 그 뿌리를 엄밀하게 구하면, 아미타여래를 증상연으로 삼을 뿐이어서, 다른 이가 이롭다 여기는 것과 다른 이를 이롭게 한다는 말에는 말로 함에 입장에 다름이 있으니, 부처님의 견지에서 말하면 '이타'라고 해야 하며, 중생의 입장에서 말하면 '타리'라고 해야 한다. 問曰 有何因緣言速得成就阿耨多羅三藐三菩提 答曰 論言 修五門行 以自利利他成就故 然覈求其本 阿彌陀如來爲增上緣 他利之與利他談有左右 若自佛而言 宜言利他 自衆生而言 宜言他利"라고 하였다. 〔참고문헌〕『無量壽經優波提舍』, 『往生論註』. ⇨ 이타 利他, 자리이타 自利利他

타마건다 陀摩鍵多 선향(仙香). 『석마하연론』 권5(대정장32, p.634c24)에 "비유하면 옷에는 본래부터 좋은 향도 없고 나쁜 냄새도 없으니 어디까지나 향기라곤 전혀 없다. 저 사람들 무리지어 (악귀가 사는 숲인) 반다가야사차제오림(鬼集林)에 들어가는 순간 회말야제(怖香) 스며들기에 더러운 냄새가 배고, (신선이 사는 숲인) 범단지다나림에 들어가는 순간 타마건다 스며들기에 좋은 향기가 배는 예와 같다. 마치 본래대로 세간의 옷에는 실로 향기가 없지만 누군가 향으로 옷에 스며들게 한다면 비로소 향기가 있게 되는 것과 같다. 譬如衣服 從本已來 亦無芬香 亦無鄙香 一向無氣 而士夫衆 入於班多伽耶娑叉提鄔林時 會末耶提 以熏習故 而有穢香 入於梵檀只多那林時 陀摩鍵多 以熏習故 而有香氣故 如本如世間衣服 實無於香 若人以香 而熏習故 則有香氣故", 『석마하연론기』 권5(卍속장73, p.113a12)에 "타마건다는 선향이라 한역한다. 모든 신선과 범지는 숲에 숨어 살면서 항상 마음에 드는 좋은 향 가져 뛰어나고 묘한 향기를 풍긴다. 陀摩鍵多 此云仙香 諸仙梵志 棲隱林藪 常有上妙芬馥 可意好香"라고 하였다. 〔참고문헌〕『釋摩訶衍論』, 『釋摩訶衍論記』.

타만인 惰慢人 만에 게을리 한 사람의 뜻으로서 만을 끊은 사람. 성타만인(聖惰慢人)이라고도 한다. 『사리불아비담론』 권8(대정장28, p.58929)에 "무엇이 무첨오인인가? 다섯 하분의 번뇌 끊은 사람을 무첨오인이라 한다. 무엇이 타만인인가? 아만 끊은 사람을 타만인이라 한다. 云何無沾污人 若人五下分煩惱斷 是名無沾污人 云何惰慢人 若人我慢斷 是名惰慢人"라고 하였다. 〔참고문헌〕『舍利弗阿毘曇論』· 권8(대정장28, p.585a6). ⇨ 아만 我慢, 만 慢

타매치벌 打罵治罰 때리고 욕하여 다스려 벌하다. 『이취육바라밀다경』 권6(대정장8, p.893a8)에 "또한 보살이 한적한 곳에 머물 때 어떤 사람이 찾아와 보살을 비방하며 '너는 주지 않은 물건을 취했고 음욕을 자행했으니 매를 때리고 욕하며 벌을 주겠다'라고 하면, 보살마하살은 편안히 참아내며 생각해야 하니 '다른 이의 허물이 아니니 내가 과거세에 타인을 비방하여 매를 때리고 욕하며 벌을 주었기에 나의 남은 재앙으로 지금 저런 책망을 불러들인 것이다. 그도 나를 해친 인으로 장차 악취에 떨어질 것이니 이 사람에게 큰 자비와 연민을 일으켜야 한다'. 復次 菩薩住閑寂處 而有人來謗菩薩言 汝不與取 作婬欲行 打罵治罰 菩薩摩訶薩 而安忍之 作是思惟 非他過失 是我宿世 曾謗於他 打罵治罰 以我餘殃 招彼治責 彼因害我 當墮惡趣 應於是人 生大悲愍"라고 하였다. 〔참고문헌〕『理趣六波羅蜜多經』.

타면 打眠 다른 여지없이 그저 잠에 들다. 『선관책진』(대정장48, p.1101a24)에 "배고프면 밥을 먹고 졸리면 잠을 잔다. 이것은 본분을 밝히고 난 이후에나 할 수 있는 일이니 잘못 이해하지 마라. 饑來吃飯 困來打眠 是發明以後事 莫錯會好", 『감산집』 권12 「시황유항 示黃惟恒」(卍속장127, p.368b9)에 "옛사람은 밥을 먹고자 하면 먹고 잠오면 잘 뿐인 까닭에 그것이 도라 한 것이다. 요즘 사람들 밥 먹어야 할 때 먹지 않고 잠자야 할 때 자지 않으며 이것저것 어지럽게 생각하고 헤아리는 까닭에 도와 등지게 된다. … 잠자고 싶으면 잠자고 대소변을 보고 싶으면 대소변을 본다. 마주치는 상황마다 바로 마치고 지나간 다음에는 다시는 뒤돌아 사량하지 않는다. 마치 떠돌이 귀신이나 하는 짓과 같다. 古人喫飯只喫飯 打眠只打眠 所以是道 今人喫飯不喫飯 打眠不打眠 胡思亂筭 所以背道耳 … 要打眠 便打眠 要痾矢放尿 便痾矢放尿 撞著便了 更不許過後思量 如遊魂鬼子一般"라고 하였다. 〔참고문헌〕『禪關策進』, 『憨山集』.

타면의 打眠衣 잘 때 입는 옷. 『선림상기전』 권26 「타면의」(대장경보편19, p.712a17)에 "구설은 이렇다. '밤중에는 반드시 타면의를 입고, 날 밝으면 비로소 좋은 옷으로 갈아입는다'. 舊說曰 夜間須著打眠衣 到天曉方換好衣"라고 하였다. 〔참고문헌〕『禪林象器箋』.

타방 他方 ❶ 다른 지역. 『관정경』 권12(대장경21, p.535a27)에 "이 경은 타방의 역적을 모두 없애고 그들 모두 끊어 사라지게 한다. 사방의 오랑캐 각자 다시 바르게 다스려져 서로 어지럽히지 않도록 한다. 是經能除他方逆賊 悉令斷滅 四方夷狄 各還正治 不相嬈惱"라고 하였다. 〔참고문헌〕『灌頂經』. ❷ Ⓢ anyāṃl lokadhātūn. 다른 불국토. 『아미타경』(대정장12, p.347a8 : *Sukh-vy. II*, p.86)에 "그 나라 중생은 항상 새벽마다 각자 옷소매에 갖가지 아름다운 꽃을 담아 타방의 십만억 부처님께 공양을 올린다. 其國衆生 常以淸旦 各以衣裓盛衆妙華 供養他方 十萬億佛 tatra ye sattvā upapannās ta ekena purobhaktena koṭiśatasahasraṃ buddhānāṃ vandanty anyāṃl lokadhātūn gatvā. ekaikaṃ ca tathāgataṃ koṭiśatasahasrābhiḥ puṣpavṛṣṭibhir abhyavakīrya"라고 하였다. 〔참고문헌〕『阿彌陀經』, *Sukh-vy. II*. ❸ 다른 세계. 『성유식론술기』 권3본(대정장43, p.322a25)에 "타방이란 삼천계 밖의 세계이고, 이 세계란 사바세계이다. 他方者 三千界外 此界者 此娑訶界", 『법화문구』 권8하(대정장34, p.118a3)에 "이 세계는 비루하게 말하지만, 다른 세계는 칭찬해 말한다. 내가 이 비루한 말만을 생각하면 어느 곳에서 즐거움 얻으랴. 又此方是卑陋語 他方是稱讚語 我若念此卑語 無處得樂", 『화엄경소초』 권12(대정장36, p.89a20)에 "이 세계 겁이 다한다 해도 경을 비방한 죄는 마칠 날 없으니 다른 곳으로 옮겨가니 아비지옥에 옮겨가서도 다른 세계에서 겁이 다해도 그 죄는 또한 다하지 않아 다시 다른 곳으로 옮겨진다. 此方劫壞 罪猶未畢 移置他方 阿鼻地獄中 他方劫壞 罪亦未盡 復移他方"라고 하였다. 〔참고문헌〕『成唯識論述記』, 『法華文句』, 『華嚴經疏鈔』. ⇨ 사바세계 娑婆世界

타배번근두 打背翻筋斗 등쳐 뒤집고 곤두박질치다. 이러저리 헤매일 여지없이 하다의 뜻이다. 『벽암록』 55칙 「평창 評唱」(대정장48, p.189b15)에 "옛사람(雲門) 이르기를 '헤아릴 수조차 없는 대인도 말줄기 따라 뒤집힌다'라고 말한 바, 정으로 헤아리는 길 있다 하겠다. 도오가 말하길 '말하지 못한다. 말할 수 없어'라고 한 말도 결국 말해 버린 것이다. 도리어 등쳐 뒤집고 곤두박질친다. 사람들로 하여금 더듬어 찾지 못하게 한다. 만약 이렇게 안다면, 어찌 평온을 얻겠는가? 古人道 沒量大人被語脈裏轉却 有底情解道 道吾云 不道不道 便是道了也 喚作打背翻筋斗 教人摸索不著 若恁麽會 作麽生得平穩去", "실다운 자리 밟아야 한 터럭 벌어지지 않는다. 보지 못하였는가. 칠현녀가 시다림에서 노닐다. 누군가 주검을 가리키며 묻길 '주검은 여기에 있는데, 사람은 어디에 있을까?' 하니, 맏언니가 말하였다. '뭐라고? 어쨌다고?' 무리가 일제히 무생법인을 증하였다. 若脚踏實地不隔一絲毫 不見 七賢女遊屍陀林 遂指屍問云 屍在這裏人在什麽處 大姊云 作麽作麽 一衆齊證無生法忍"라고 하였다. 〔참고문헌〕『碧巖錄』. ⇨ 타 打

타법처색 墮法處色 법처에 떨어진 색. 색법으로 거두는 극미(極微)로 쪼갤 수 없고 찰나(刹那)로만 쪼갤 수 있는 의처(意處)가 연하는 무표색(無表色) 등의 법을 말한다. 계·취·보특가라·처·유루·자체(界 趣 補特伽羅 處 有漏 自體) 등 여섯 갈래로 나누기도 한다. 『대비바사론』 권52(대정장27, p.272a15)에 "무엇이 색온인가? 십색처(眼 耳 鼻 舌 身 色 聲 香 味 觸)와 법처에 떨어져 있는 색을 말한다. 云何色蘊 謂十色處 及墮法處色", 같은 책 권75(대정장27, p.390a12)에 "〔문〕 법처에 떨어진 색은 어째서 십색처에 거두지 않는가? 〔답〕 만약 색이 찰나라도 극미로 쪼갤 수 있다면 십색처에 세울 수 있다. 그러나 법처의 색은 비록 찰나로 쪼갤 뜻은 있지만, 극미로 쪼개는 뜻은 없기에 십색처로 거두지 않는다. 問 墮法處色 何不攝在十色處中 答 若色可以刹那極微而分析者 立十色處 墮法處色 雖有刹那可分析義 而無極微可分析義故 不攝在十色處中", 『오사비바사론』 권하(대정장28, p.992c4)에 "타법처색이라는 말에서 타에는 여섯 가지가 있다. 첫째는 계타, 둘째는 취타, 셋째는 보특가라타, 넷째는 처타, 다섯째는 유루타, 여섯째는 자체타이다. 墮法處色者 墮有六種 一 界墮 二 趣墮 三 補特伽羅墮 四 處墮 五 有漏墮 六 自體墮"라고 하였다. 〔참고문헌〕『大毘婆沙論』, 『五事毘婆沙論』, 『瑜伽師地論』 권54(대정장30, p.597b6). ⇨ 무표색 無表色, 법처소섭색 法處所攝色❷, 색법 色法

타보신 他報身 타수용신(他受用身)을 달리 이르는 말. 『반야이취분술찬』 권1(대정장33, p.33b27)에 "화신이 이미 그러한 이상 타보신 등도 응신과 화신을 따라 나타난다. 이치도 이와 같다. 化身既爾 他報身等 隨應化現理亦如是", 『능가경주해』 권1상(대정장39, p.346c20)에 "천백 억의 화신은 보생불의 타보신이다. 千百億化身報生佛他報身也", 『능가경심인』 권1(卍속장27, p.152a12)에 "화불은 천백 억의 몸이니 이것은 류를 따라 변화한 몸이다. 가장 큰 변화는 천 길의 노사나로서 십지보살을 위해 나타나며 타보신이라고도 불린다. 化佛 千百億身 此隨類化也 大化 千丈盧舍那 爲十地菩薩現 亦稱他報身也", 『인왕경과소』 권3(卍속장94, p.973b6)에 "광명에는 두 가지가 있다. 하나는 두루 비추는 몸의 광명이고, 다른 하나는 두루 비추는 지의 광명이다. 이것은 타보신의 광명이다. 광명은 법을 설하여 중생에게 이익을 주기 이전에 나타내는 상이다. 光明有二 一 身光徧照 二 智光徧照 此他報身也 光明卽說法利生之前相故", 『화엄오교장복고기』 권1하(卍속장103, p.442a11)에 "수용인즉 삼신 중 타보신으로 명호는 노사나다. 受用卽三身中 他報身 名盧舍那", 『화엄원인론해』 권하(卍속장104, p.285a9)에 "또한 정에 의지하여 용을 일으킴으로 말미암아 십지의 근기에 응하여 타자가 법의 즐거움을 누리도록 하기도 하는데, 이를 타보신이라 한다. 復由依定起用 應十地機 令他受法樂 名他報身"라고 하였다. [참고문헌] 『般若理趣分述讚』, 『楞伽經註解』, 『楞伽經心印』, 『仁王經科疏』, 『華嚴五教章復古記』, 『華嚴原人論解』. ⇨ 타수용신 他受用身, 비로자나 毘盧遮那

타봉나룡 打鳳羅龍 봉황을 잡고 용을 낚다. 나(羅)는 그물로 건져 올린다는 뜻으로 노(撈)와 통한다. 타봉노룡(打鳳撈龍)이라고도 한다. 『송원숭악어록』 권하(卍속장121, p.623a15)에 "부싯불 번뜩이는 순간에 하늘 콧구멍을 꿰뚫고, 기틀 묘하게 구르기 전에 봉황을 잡고 용을 낚는다. 擊石火裏 穿逡天鼻孔 妙轉機前 打鳳羅龍", 『희수소담광록』 권3(卍속장122, p.233b4)에 "황면노자가 하늘 가득 쇠 그물을 펼쳤으니 봉황 잡고 용마저 낚으려 함이지만 바로 이 마왕만은 쉽게 잡히지 않았다. 그물망 찢고 나갈 줄은 알았지만 안타깝게도 날개의 힘이 온전치 못하여 다시 잡혀 죽고 말았다. 黃面老子 布漫天銕網 貴圖打鳳羅龍 只者魔王 也不易得 既解裂網而出 惜乎羽力不全 重遭縛殺", 『남송원명선림승보전』 권9 「단애의전 斷崖義傳」(卍속장137, p.707b3)에 "묘공이 법좌에 올라앉아 말했다. '내가 하늘을 다 덮는 큰 그물을 펼쳐서 봉황 잡고 용마저 낚으려 하였지만 새우나 게 한 마리도 만날 수 없었다. 오늘에서야 초명벌레 한 마리가 치고 들어왔다. 삼십년 후에 저 외딴 봉우리에 올라 소리 높혀 크게 울부짖을 것이다. 생각해 보라! 무엇이라 울부짖을까?' 불자를 들고 말했다. '대지산하에 한 송이 눈이로구나!' 妙公乃上堂曰 我布漫天大網 打鳳羅龍 不曾遇得 一蝦一蟹 今日有箇蟭螟虫撞入 三十年後 向孤峰頂 揚聲大叫 且道 叫箇甚麽 擧拂子云 大地山河一片雪"라고 하였다. [참고문헌] 『松源崇嶽語錄』, 『希叟紹曇廣錄』, 『南宋元明禪林僧寶傳』.

타부 墮負 Ⓢnigraha, Ⓟniggaha, Ⓣchad-pas-bcad-pa. 떨어져 짐지다. 세운 바 뜻을 설득하지 못해서 논쟁에서 지다의 뜻이다. 타부처(墮負處 Ⓢnigrahasthāna)·부처(負處)라고도 한다. 『대비바사론』 권98(대정장27, p.509c17)에 "자신이 세운 바는 반드시 논쟁에서 지리라는 사실을 스스로 알고 저 범지는 말없이 앉아만 있었다. 自知所立 必當墮負故 彼梵志默然而住", 『화엄경소』 권31(대정장35, p.740b25)에 "뛰어난 모든 뜻을 갖춘다면 떨어져 짐질 일은 없다. 由具上諸義故不墮負", 『십이문론종치의기』 권하(대정장42, p.229a9)에 "저 '토끼뿔이 자기 또는 자기 밖의 인으로 생기는가?'라고 묻는다면, 어떻게 답해도 설득할 수 없다. 왜 그런가? 만약 '스스로 생기지 않는다'라는 등으로 답할 경우 토끼뿔은 있지만 자나 타를 좇아 생긴 것은 아니라는 말이 되고, 만약 '이 토끼뿔은 없다'고 답한다면 타란 본래 좇아 일어난 바를 물었지 '있는가, 없는가'를 물은 것은 아니다. 묻는 바도 다르고 답 또한 자연스럽지 못하다. 如問兎角 爲從自他等生耶 若答則墮負 何者謂若答言 不自生等者 彼則謂兎角是有 不從自他生等 若答無此兎角者 他本問從生 不問有無 問異答故亦不然", 『백론소』 권중(대정장42, p.262b26)에 "그 사람은 예리한 근기이기에 채찍 그림자만 보고도 달리는 말처럼 스스로 떨어져 짐질 줄 알아 자만한 마음을 바로 꺾는다. 其人利根故 如見鞭影 自知墮負 慢心則摧", 같은 책 권하(대정장42, p.305b19)에 "나 이미 져서 짐졌고 자네 응당 이겼으니, 나의 뜻 이미 무너졌고 너의 뜻 성취되었네. 我既墮負 汝則應勝 我義既破 汝義自成"라고 하였다. [참고문헌] 『大毘婆沙論』, 『華嚴經疏』, 『十二門論宗致義記』, 『百論疏』, *Kv.1·139.* ⇨ 부처 負處

타부처 墮負處 Ⓢnigraha, nigraha-sthāna, Ⓣchad-pa, chad-pa'i-gnas. 논쟁에서 지다. 타하부처(墮下負處)·타재부처(墮在負處)라고도 한다. 『유부율』 권9(대정장23, p.671c7)에 "무릇 논의하는 이가 (상대의 질문이나 반론에) 응하여 답하지 못하면 곧 타부처다. 凡論議者 不能酬答 卽墮負處", 『십주비바사론』 권11(대정장26, p.78c25)에 "만약 사람이 집하는 바 중의 잘못을 스스로 받아들인다면 곧 타부처다. 그대는 집하는 바에 잘못 있음을 알았으니 다시 다른 잘못을 설해선 안된다. 若人自受所執中過 卽墮負處 汝知所執有過 不應復說他過", 『유가사지론』 권15(대정장30, p.359c25)에 "논파당하여 남에게 지고 그의 뒤로 밀려나 저에게 굴복한다. 이에 했던 말을 버리게 되니 타부처라 이름한다. 被破爲他所勝 墮在他後 屈伏於彼 是故捨言 名墮負處", 『중변분별론』 권상(대정장31, p.458a4 : *Madhy-vibh.*, p.49)에 "여섯째는 여러 설들이 타부처에서 드러난 진실이라 하였으니, 바른 비유와 바른 도리에 의지하여 능히 여러 설들로 하여금 논쟁에서 지게 한다. 六 諸說墮負處所顯眞實者 依正譬喩 依正道理 能令諸說 墮下負處 paravādi-nigraha-dṛśya-tattvaṃ. dṛṣṭānta-saṇniśrayeṇa yuktyā nigrahāt"라고 하였다. 〔참고문헌〕『有部律』, 『十住毘婆沙論』, 『瑜伽師地論』, 『中邊分別論』, *Madhy-vibh.*, *Bodh-bh.103.* ⇨ 부처 負處, 논타부 論墮負, 칠인명 七因明, 인명 因明

타분행 他分行 타자를 위한 행. 팔지(八地) 이상 보살의 행으로 굳이 공용(功用) 없이도 행한다. 자분행(自分行)과 대칭한다. 돈황본 『십지의기』 권1(대정장85, p.237b14)에 "『유마경』에 '모든 보살의 법식을 빠짐없이 안다'고 하였는데 이는 자분행이다. '모든 부처님의 비밀 창고에 들지 못함이 없다'라고 하였으니, 이는 타분행이다. 維摩經云 於一切菩薩 法式悉知 卽自分行也 諸佛祕藏 無不得入 易是他分行也", 『승만경소의사초』 권1(卍속장30, p.653a6)에 "칠지 이미 마친 후에는 공용이 남아 있는 행을 자분행이라 하고, 팔지 이상의 위에서 공용이 없는 행을 타분행이라 한다. 七地已還 有功用行 名爲自分行 八地已上 無功用行 名爲他分行"라고 하였다. 〔참고문헌〕『十地義記』, 『勝鬘經疏義私鈔』, 『維摩經』 권중(대정장14, p.544a29).

타불여 墮不如 Ⓢ Ⓟ pārājika. 바라이(波羅夷)의 한역어 중 하나. 타불여의처(墮不如意處)라고도 한다. 비구로서의 자격을 상실하여 예전처럼 비구법으로 돌아올 수 없기에 이렇게 부른다. 『십송율』 권1(대정장23, p.2c16)에 "바라이는 타불여라고도 한다. 이 죄는 극악하고 매우 무거운데, 이 죄를 범하는 이는 타불여에 해당하여, 비구라 할 수도 없고 사문이나 석가의 제자도 아니며 비구법을 잃은 이다. 波羅夷者 名墮不如 是罪極惡深重 作是罪者 卽墮不如 不名比丘 非沙門非釋子 失比丘法"라고 하였다. 〔참고문헌〕『十誦律』, *Sp.258.* ⇨ 바라이 波羅夷, 사바라이 四波羅夷

타불철 打不徹 끝내 사무치지 못하다. 타득철(打得徹)과 대칭한다. 『선관책진』 「균주황벽운선사시중 筠州黃檗運禪師示衆」(대정장48, p.1098a16)에 "미리 속속들이 깨닫지 못한다면 죽을 날이 다가왔을 경우 틀림없이 몹시 어지러울 것이다. 預前若打不徹 臘月三十日到來 管取爾熱亂", 『오조법연어록』 권중(대정장47, p.661b5)에 "만일 말에서 이해한다면 그대는 철저하게 깨닫지 못했음을 알겠지만, 반대로 말에서 이해하지 못한다면 마음이 불처럼 뜨거워 답답할 것이다. 먼저 조주의 관문을 통과하고 나의 혀를 잘라버려라. 若於言上會 知君打不徹 不於言上會 心頭似火熱 先過趙州關 剪斷白雲舌"라고 하였다. 〔참고문헌〕『禪關策進』, 『五祖法演語錄』.

타비라 他鞞羅 Ⓢ Sthavira의 음사어. 타비라(他俾羅)·타비리(他毘利)·체비리(體毘履)라고도 음사하고, 상좌(上座)·존숙(尊宿)·토부(土部) 등으로 한역한다. 『대반열반경소』 권27(대정장38, p.194c24)에 "부처님께서 멸도하신 이후 일백 여 년에 아육왕이 법회를 베풀었을 때 상좌부인 타비라가 세운 뜻을 마하승기인 대중부에서는 동의하지 않아 두 부로 나뉘었다. 佛滅度後 一百餘年 育王設會 上座他鞞羅立義 摩訶僧祇大衆不同 分爲二部", 『열반경소삼덕지귀』 권17(卍속장58, p.891b16)에 "상좌라는 말은 특별히 가섭을 좇아 그 이름이 드러났다. 타비라는 굴 안에서 결집을 주도한 문인이기에 가섭 등을 상좌라 부른 것을 취한 것이다. 言上座者 別從迦葉 以彰其稱 他鞞羅 是窟內結集之門人 故取迦葉等 上座之號", 『사리불문경』(대정장24, p.900b27)에 "새로움을 익히는 사람들은 소수였는데 이들이 상좌였고 상좌를 좇아 이름을 삼아 타비라라 한다. 타비라부는 내가 세상을 떠난 뒤 300년 중에 다툼으로 인하여 다시 살바다부와 독자부로 갈라질 것이다. 學新者少 而是上座 從上座爲名 爲他俾羅也 他俾羅部 我去世時三百年中 因於諍故 復起薩婆多部 及犢子部", 『일체경음의』 권73(대정장54, p.784b19)에 "타비라〈비는 폐와 미를 반절한 음으로 범어 음사어이다. 한역하면 토부 또는 존숙이다〉. 他鞞羅〈陛迷反 梵語 唐云 土部 或云 尊宿也〉", 『역대삼보기』 권11(대정장49, p.95b15)에 "타비리는 숙덕이라 한역한다. 他毘利 齊言宿德"라고 하였다. 〔참고문헌〕『大般涅槃經疏』, 『涅槃經疏三德指歸』, 『舍利弗問經』, 『一切經音義』, 『歷代三寶紀』, 『顯識論』(대정장31, p.881a3). ⇨ 상좌부 上座部, 상좌 上座

타비량 他比量 인명(因明) 용어. 대론자(對論者)에게 있어서만 타당한 추론. 입론자에게만 타당한 것은 자비량(自比量)이라 한다. 타비(他比)·위타비량(爲他比量 Ⓢ parārtha-anumāna) 등이라고도 한다. 『광백론소』 권1(대정장85, p.785a7)에 "비량에는 세 가지가 있으니, … 셋째 타비량이다. … 법을 세우고(有法)·그 인을 말하며(因)·실례를 드는(喩) 등을 대론자에게만 인정하고, 입론자에게는 인정되지 못하는 것을 타비량이라고 한다. 比量有三種 … 三 他 … 有法因喩 唯他所許 非自所許 名他比量"라고 하였다. 〔참고문헌〕『廣百論疏』, *Nyay-pr.* ⇨ 삼비량 三比量, 비량 比量, 자비량 自比量

타사 吒沙 세차게 몰아치다. 『양기어록』(대정장47, p.643c19)에 "할 하고 탁자 한 번 내리치니 눈은 팔각이고 콧구멍 세차게 몰아치고 눈썹 치켜뜬다. 알아차린즉 서산에 달 지겠지만, 그렇지 못한다면 호떡과 국수로다. 一喝一卓 眼生八角 鼻孔吒沙 眉毛卓朔 若也會得 西山月落 若也不會 胡餠餺飥", 『밀암어록』(대정장47, p.969b3)에 "스님 말하길, '흩날리는 버들 꽃을 잡고 또 잡는다면 어떻습니까?' 밀암 말하길, '한 번 맞으면 둘도 그렇지' '황금털 사자 꼬리 세차게도 몰아칩니다'. 밀암이 웃자 절 올렸다. 進云 摘揚花 摘揚花 又作麼生 師云 丁一卓二 進云 金毛獅子尾吒沙 師乃笑 僧禮拜"라고 하였다. 〔참고문헌〕『楊岐語錄』, 『密菴語錄』.

타사 馱娑 Ⓢ dāsa의 음사어, Ⓣ bran. 노복(奴僕). 대가 없이 종노릇하는 이의 뜻으로 보살이 유정을 위하는 일의 비유다. 타바(馱婆)로도 쓴다. 『구사론』 권18(대정장29, p.94c21 : *Abh-k-bh.*, p.265)에 "이를테면 유정을 이락케 함에 온갖 고통 몸을 핍박하더라도 이 모두를 견뎌 참아낸다. 다른 이 갖가지 악행으로 거스르더라도 저 보살의 마음에 싫어하거나 지치는 마음이 없다. 마치 세간에는 '무가(無價)의 타사'가 있다고들 하는데 이 말은 저 보살을 지목해 하는 말임을 알아야 한다. 謂於利樂有情事中 衆苦逼身皆能堪忍 雖他種種惡行違逆 而彼菩薩心無厭倦 如世傳有無價馱娑 當知此言目彼菩薩 sattva-hitārthaṃ sarva-duḥkha-prakāraiḥ sarva-sattva-vipratipattibhiś-ca-akheditatvāt. yattal-loka ucyate apaṇakrīto dāsa iti", 『삼보감응요약록』 권상(대정장51, p.833c5)에 "타바는 이곳에서 노비라 하는데 보수 없이 쓰기에 무가라고 한 것이다. 馱婆此云奴婢 不用錢貫 名爲無價"라고 하였다. 〔참고문헌〕『俱舍論』, 『三寶感應要略錄』, *Abh-k-bh.*

타사장자 陀舍長者 Ⓟ Dasama. 세존 재세시 장자. 타시(陀施)라고도 한다. 『사리불아비담론』 권17(대정장28, p.645c26)에 "그때 타사장자는 비야리(毘耶離 Ⓟ Vesālī)의 승중과 파다리의 승중을 청하였다. 청한 뒤에는 맛난 음식으로 승중에 공양을 올렸다. 공양이 충족된 뒤에는 신발과 하얀 무명 만장을 승중에게 보시하였고, 따로 삼의와 좋은 방사도 아난에게 올렸다. 時陀舍長者 請毘耶離衆僧 波多離衆僧 請已 作種種餚饍 以飯衆僧 食充足已 或以履屣 或以白氎萬張 以施衆僧 別以三衣及好房舍 奉上阿難", 『잡아함경』 권20(대정장2, p.145c15)에 "존자 마하가전연이 타시장자가 병어 걸려 고통 받고 있다는 소식을 듣고는 이른 아침에 착의하고 발우를 지닌 채 팔성에 들어가 걸식하다가 타시장자의 집에 이르렀다. 尊者摩訶迦旃延聞陀施長者身遭苦患 晨朝著衣持鉢 入八城乞食 次到陀施長者舍"라고 하였다. 〔참고문헌〕『舍利弗阿毘曇論』, 『雜阿含經』, *MN.1.349.*

타삭가 馱索迦 Ⓢ dāsaka의 음사어. 한역어는 노(奴). 『일체경음의』 권47(대정장54, p.622b18)에 "태색가〈범어. 태는 도와 아를 반절한 음이다. 한역하여 노라 한다〉. 馱索迦〈梵語 徒餓反 此譯云奴也〉", 『지장본원경과주』 권2(卍속장35, p.518a1)에 "비자란 노비여인에게서 난 자식을 말한다. 범어 음사어는 태색가이고 한역하여 노라 한다. 婢子者 奴婦所生之子也 梵名馱索迦 此云奴"라고 하였다. 〔참고문헌〕『一切經音義』, 『地藏本願經科註』.

타산석굴 駝山石窟 중국 산동성 청주시에서 서남쪽으로 6km 떨어진 곳에 위치한다. 수(隋)대를 대표하는 석굴. 석회암질의 타산에는 5개의 석굴과 마애조각 1기가 있다. 산 모양을 멀리서 바라보면 마치 낙타가 누워있는 듯해서 붙여진 이름이다. 해발 408m의 나지막한

산이다. 언제부터 타산이라고 불렀는지 알 수 없지만, 타산 제1굴 안의 명문에 따르면 당(唐)대에 이미 이곳을 타산사(駝山寺)라고 불렀다. 제2굴과 제3굴이 타산석굴을 대표하는데, 제3굴 불좌상 대좌에 새겨진 명문에 따라 북주(北周)말부터 개착했을 것으로 추정한다. 제2굴, 제3굴 모두 중앙의 아미타불좌상을 중심으로 좌우에 관세음보살상과 대세지보살상을 모신 아미타삼존상이다. 특히 제3굴은 타산석굴 가운데 가장 규모가 큰데 장방형 평면굴 안쪽에 단을 마련하여 삼존상을 봉안했다. 본존인 아미타불좌상의 높이는 5m인 대형불상이며, 굴곡없는 신체에 얇은 가사(袈裟)를 드리우고 허리가 길며 몸에 비해 큰 머리가 특징인데, 이는 수대 불상의 전형적인 모습이다. 타산석굴은 보존도 잘 되었고 석굴 안에 명문도 남아 있는 중요한 수대 불교유적이다. 〔참고문헌〕 양은경 「中國 駝山石窟 佛教彫刻에 대한 考察」(『佛教美術研究』2, 1995) pp.123~148.

타살 打殺 ❶ 때려 죽이다. 『증일아함경』 권30(대정장2, p.717a16)에 "그때 세존께서는 니건자에게 법을 설해 주셨고 도와 기뻐하게 하셨다. 니건자는 법을 들은 다음 자리에서 일어나 부처님 발에 이마를 대어 예를 표하고 물러갔다. 그때 니건자의 제자들이 멀리서 스승이 오는 것을 보고서 제각기 말하였다. '사문구담의 제자가 지금 길에 모습을 드러내고 오고 있다'. 그러고는 각각 기왓장이며 돌을 가지고 때려서 죽였다. 是時世尊 與尼健子說法 助令歡喜 尼健子聞法已 卽從坐起 頭面禮足 便退而去 是時 尼健子弟子 遙見師來 各各自相謂言 此沙門

瞿曇弟子 今著道來 各各取瓦石 而打殺之"라고 하였다. 〔참고문헌〕『增壹阿含經』, 『四分律』 권52(대정장22, p.952b1), 『大智度論』 권84(대정장25, p.648b5). ⇨ 살생 殺生 **2** 모조리 죽이다, 살아 움직이지 못하도록 하다 등의 뜻으로 말에 의지해 드러내거나 전한 뜻 모조리 부정하는 선문에서의 표현이다. 『법안어록』(대정장47, p.592b16)에 "법안이 들었다. '세존께서 하생하자 한 손 손가락으로는 하늘을 가리키고, 또 한 손 손가락으로는 땅을 가리키며 두루 일곱 걸음 걸으시고는 사방을 둘러본 후 말하였다. 「하늘 위와 하늘 아래 오직 나만이 존귀할 뿐이다」. 운문은 말하길, 「내가 당시 보았다면 한 방에 때려 죽이고 개에게 먹이로 주어 천하의 태평을 도모하였으리」'. 법안이 말하였다. '운문의 기세가 아주 크긴 했으나, 요인즉슨 불법의 도리는 없다'. 擧 世尊纔生下 一手指天 一手指地 周行七步 目顧四方云 天上天下 唯我獨尊 雲門云 我當時若見 一棒打殺 與狗子喫 貴圖天下太平 師云 雲門氣勢甚大 要且 無佛法道理"라고 하였다. 〔참고문헌〕『法眼語錄』, 『雲門廣錄』 권중(대정장47, p.560b18), 『碧巖錄』 72則(대정장48, p.200b28), 『景德傳燈錄』 권14(대정장51, p.314a21). ⇨ 파주 把住

타상 他相 Ⓢ para-lakṣaṇa. 다른 것의 모습. 여기나 이것이 아닌 저 밖의 것으로서의 따로 떨어져 있는 상. 나의 모습(自相 Ⓢ sva-lakṣaṇa)이 아닌 타인의 모습. 연기법(緣起法)에서는 있을 수 없는 상이기에 자상(自相)과 함께 부정된다. 40권본 『대반열반경』 권40(대정장12, p.603b23)에 "모든 법에는 자상과 타상 그리고 자타상이 없다. 一切法 無自相 他相及自他相", 『대반열반경의기』 권6(대정장37, p.768b11)에 "상을 떠난다는 말은 자상도 없고 타상도 없다는 뜻이다. 言離相者 無有自相 亦無他相", 『입능가경』 권3(대정장16, p.531a25 : *Laṅk.*, p.87)에 "인연으로 화합한 것이라 하니, 저것으로는 제일의를 능히 깨우칠 수 없다. 왜 그런가? 자상과 타상이 없기 때문이다. 因緣和合者 彼不能了第一義 何以故 以無自相他相故 yacca mahāmate paras paraṃ pratyayahetusamutpannaṃ tatparamārthaṃ nodbhāvayati. svaparalakṣaṇābhāvānmahāmate vāglakṣaṇaṃ nodbhāvayati", 『주대승입능가경』 권4(대정장39, p.458c4)에 "제일의제에서는 자타의 상이 끊어진다. 言第一義諦 絶自他相", 『능가경찬』 권2(卍속장91, p.338b14)에 "자상과 타상은 본래 성이 없다. 언설로 보이는 상이란 그러한 자타를 분별하는 것에 지나지 않는다. 그래서 제일의를 드러내 보일 수 없다. 自相他相 本來無性 言說相者 不過分別自他 故不顯示第一義"라고 하였다. 〔참고문헌〕『大般涅槃經』, 『大般涅槃經義記』, 『入楞伽經』, 『注大乘入楞伽經』, 『楞伽經纂』, *Laṅk.* ⇨ 타성 他性[1], 자상 自相[1]

타상속 他相續 Ⓢ para-saṃtāna, pāra-sāntānika, para-saṃtati, Ⓣ gzhan-gyi-rgyud. 다른 존재들의 상속. 나에게 속하지 않은 것들이 몸이나 마음으로 연속성을 가지는 일로 타자 상속의 신(身) 또는 심(心)과 심소(心所)를 말한다. 자상속(自相續 Ⓢ sva-saṃtāna)에 대칭한다. 『대비바사론』 권99(대정장27, p.512b14)에 "다른 것들의 상속인 현재의 욕계의 심과 심소법 또는 무루의 심과 심소법을 아는 것을 타심지라 한다. 能知他相續現在欲色界心心所法 或無漏心心所法 是謂他心智", 『구사론』 권27(대정장29, p.143a16 : *Abh-k-bh.*, p.422)에 "무색계를 좇아 사라져서는 와서 이곳에 태어난 이는 타상속에 의지해 처음으로 이 신통을 일으키며 나머지 신통은 또한 자상속에 의지해 일으킨다. 從無色歿來生此者 依他相續初起此通 所餘亦依自相續起 ārupya-cyutasya-iha-upapannasya parasaṃtaty-adhiṣṭhānena-utpādanam. anyeṣāṃ svasaṃtaty-adhiṣṭhānena", 『유가사지론』 권9(대정장30, p.322b15 : *Yogā-bh.*, p.204)에 "내외에 있어 무지하다란 무엇인가? 타상속으로 행하는 것들에 대해 이치에 맞지 않는 분별을 일으켜 원수나 친구가 있다고 여기는 모든 무지를 말한다. 於內外無知云何 謂於他相續諸行 起不如理分別 謂怨親中所有無知 adhyātma-bahirdhā'jñānaṃ katamat. pārasāntānikān-saṃskārān-mitra-amitrodāsīnato'yoniśaḥ kalpayato yad-ajñānaṃ"라고 하였다. 〔참고문헌〕『大毘婆沙論』, 『俱舍論』, 『瑜伽師地論』, *Abh-k-bh.*, *Yogā-bh.* ⇨ 자상속 自相續

타생 他生 **1** 다른 것으로부터 나다. 40권본 『대반열반경』 권37(대정장12, p.584a6)에 "스스로를 좇아 나는 것도 아니고 다른 것을 좇아 나는 것도 아니며 인 없이 생하지도 않으니, 이 수란 것은 모두 연의 합을 좇아 날 뿐이다. 不從自生 不從他生 非自他生 非無因生 是受皆從緣合而生", 『중론』 권2(대정장30, p.12a8)에 "다른 것 좇아 난다는 말도 타당하지 않다. 왜 그런가? 생이 아직 있지 않기에 다른 것 좇아 생할 수 없다. 생이 없기에 자체도 없고, 자체가 없기에 타자도 없다. 그러므로 타자를 인으로 생한다는 말도 타당하지 않다. 從他生亦不然 何以故 生未有故 不應從他生 是生無故無自體 自體無故他亦無 是故 從他生亦不然"라고 하였다. 〔참고문헌〕『大般涅槃經』, 『中論』. ⇨ 불타생 不他生, 사불생 四不生, 자생 自生 **2** 금생(今生)이 아닌 다른 생. 이생이 아닌 내세의 생. 『권수정토절요』 「사권정조쌍수 四勸正助雙修」(卍속장109, p.924b1)에 "이와 같이 사유하며 저절로 용맹하게 나아가 이 한생에 취해 가려서 다른 생 기다리지 않는다. 하지만 요즘 수행자들은 내세에 다시 수행하겠노라고 발원한 다음 남들의 말에 따라 스스로 헤아리며 '금생의 공행이 천박하니 내세에 다시 공행을 더해야 비로소 성취를 기대할 만하다'라고 생각하니 참으로 큰 착각이다. 如是思維 自然勇往直前 一生取辦 不待他生 今之修行人 有發願來世再修行的 據他說自量 今生功行淺薄 來世再加功行 方可望有成就 眞是大錯"라고 하였다. 〔참고문헌〕『勸修淨土切要』.

타생초전 垜生招箭 화살받이(垜根) 생기자 화살 날아든다. 『대혜어록』 권20(대정장47, p.895c26)에 "대주화상은 '마음이 물을 좇으면 삿되고, 물이 마음을 따라야 바르다' 하였다. 비록 일기 동안 병에 응한 약이 되어주겠지만, 화살받이 생기면 화살 날아듦을 면할 수 없다. 大珠和尙云 心逐物爲邪 物從心爲正 雖一期應病與藥 未免垜生招箭", "이제 아직 끝내 알지 못한 채로 이 말을 듣고도 의심하지 않는다면 대주가 헛되이 노파심을 쓴 것이고, 이미 끝내 알아차려서 이 말을 듣고 의심치 않으면 마음이든 물이든 모두 남아도는 법이리라. 필경 어찌해야 하는가? 야행을 허락치 않아도 날 밝으면 반드시 도착해 있어야 하리. 而今 未了底聞此語而不疑 則大珠空費老婆心 已了底聞此語而不疑 則心與物俱是剩法 畢竟如何 不許夜行 投明要到", 『허당록』 권2(대정장47, p.994a15)에 "상당하여 공안을 들었다. '고산신안(鼓山神晏)국사가 대중들에게 말하길, 고산의 문하에서는 기침해서는 안 된다고 하였는데 때마침 한 스님이 기침소리 내었다. 이에 고산이 무슨 일이냐 묻자, 스님이 감기라고 답하였다. 이에 고산은 감기는 괜찮다고 하였다'. 허당이 말하였다. '맞긴 맞다. 화살받이 생기면 화살은 날아든다. 만약 늘 이렇게만 한다면 도는 끊기고 사람마저 없게 되리라'. 上堂 擧晏國師示衆云 鼓山門下不得咳嗽 時有僧咳嗽一聲 山云 作甚麼 僧云 傷風 山云 傷風卽得 師云 是則是 垜生招箭 若一向與麼 道絶人荒", 같은 책 권4 「쌍림하전고향보설 雙林夏前告香普說」(대정장47, p.1013c24)에 "옛 종사들 사람 위해서는 거침없이 하였다. 무릇 물은 것 있으면 바로 묻는 자리에 나아가 집착을 깨뜨려주었을 뿐 애초에 실다운 뜻은 없었다. 훗날 화살받이가 생기게 되었고 화살 또한 날아들게 되었으니, 언어로 모습 갖추게 되자 이내 보설이 있게 되었다. 古之宗師 爲人直截 凡有所問 只就問處 與之破執 初無實義 後來 垜生招箭 形於語言 乃有普說"라고 하였다. 〔참고문헌〕『大慧語錄』, 『虛堂錄』, 『天聖廣燈錄』 권9 「百丈懷海章」(卍속장135, p.668a15). ⇨ 타근 垜根

타섭 他攝 다른 것에 의해 거두어 지다. 이섭(二攝) 중 하나고, 스스로가 아닌 타력에 의해 거둬지는 것으로 자섭(自攝)에 맞선다. 『반주찬사기견문』(정토종전서4, p.744b34)에 "자력자섭이란, 초지나 초주에서 진여를 증하여 스스로 보토에 이르러 자재하기에 자력이라 하니 타력을 빌리지 않으며, 스스로 보토를 거두기에 자섭이라 한다. 그러나 부처님의 타력에 거둬져 정토에 나기에 타력타섭이라 한다. 自力自攝者 初地初住 證眞如自至報土自在 故云自力 不假他力 自攝報土 故曰自攝 佛他力所攝生淨土 故云他力他攝也", 『선택대강초』(정토종전서8, p.9b25)에 "두 문이 비록 다르지만 모두 정토에 나니, 성도문의 뜻은 (번뇌의) 끊어짐과 증함을 얻은 후에 몸이 보토에 거하는데 이것이 바로 자력자섭정토이고, 정토문의 뜻은 (생사에) 유전하는 범부가 부처님의 원력에 기대어 바야흐로 정토에 나는데 이것이 바로 타력타섭정토이다. 二門雖異 皆生淨土 謂聖道門意 得斷證後身居報土 此乃自力自攝淨土 淨土門意 流轉凡夫 託佛願力 方生報土 此乃他力他攝淨土", 『동종요』(정토종전서11, p.37a4)에 "자력자섭보토는 범부가 가히 날 수 없지만, 타력타섭보토는 범부도 가히 날 수 있다. 自力自攝報土 凡夫不可生 他力他攝報土 凡夫可生", 『동종요견문』(정토종전서11, p.363a2)에 "자력정토와 타력정토 등. 〔문〕 자력자섭과 타력타섭은 그 뜻이 어떠한가? 〔답〕 이 명목은 정토라는 한 종의 대강이다. … 타력타섭이란, 지전보살 등이 번뇌를 끊지 못하여 그 마음이 깨끗하지 않은데 다른 부처님이 이룬 정토를 본원력으로 왕생하니 이 등을 가히 타력타섭이라 이를 수 있다. … 그러나 지상에서는 가히 자력자섭보토도 있을 수 있고 타력타섭보토도 있을 수 있지만, 지전에서는 왕생 얻음에 한결같이 타력타섭정토라고만 이를 수 있다. 타력타섭이란 중생을 바라보는 부처를 타라고 하니, 자력자섭에 상대되기 때문이다. 自力淨土 他力淨土等者 問云 自力自攝 他力他攝 其義如何 答 此名目 淨土一宗大綱也 … 他力他攝者 地前菩薩等 不斷煩惱 其心不淨 他佛所成淨土 以本願力往生 此等 可云 他力他攝 … 然於地上 可有自力自攝報土 可有他力他攝報土 於地前 得生一向可云他力他攝淨土 他力他攝者 望衆生佛 云他也 相對自力自攝故"라고 하였다. 〔참고문헌〕『般舟讚私記見聞』, 『選擇大綱抄』, 『東宗要』, 『東宗要見聞』. ⇨ 이섭 二攝

타섭계비타섭계 墮攝界非墮攝界 Ⓢ paryāpannā dhātavaḥ aparyāpannaś-ca. 삼계에 떨어져 생을 영위하게 하는 계와 계를 벗어난 무루계를 말함. 『유가사지론』 권4(대정장30, p.294b21 : *Yogā-bh.*, p.73)에 "계를 건립함에 여덟 가지 상을 따른다. 첫째는 수로 건립한다. … 어떤 수로 세우는가? 간략히 삼계가 있으니, 욕계·색계·무색계를 말한다. 이 세 가지가 타섭계다. 계에 떨어져 거두어지지 않는 경우는 방편과 유신견인 살가야의 멸과 희론이 없는 무루계다. 當知界建立由八種相 一 數建立 … 云何數建立 略有三界 謂欲界色界無色界 如是三種名墮攝界 非墮攝界者 謂方便 幷薩迦耶滅及無戲論 無漏界 dhātu-prajñapti-vyavasthānaṃ katamat. tadṛṣṭākāraṃ veditavyaṃ. saṃkhyā-vyava sthānato'pi … tatra-idaṃ saṃkhyā-vyavasthānaṃ. trayo dhātavaḥ kāmadhātū rūpadhātur-ārūpyadhātur-iti. ete paryāpannā dhātavaḥ. aparyāpannaś-ca sa-upāyaḥ satkāya-nirodho'nāsravo dhātur-niṣprapañcaḥ", 『유가사지론약찬』 권2(대정장43, p.24b22)에 " '타'란 '있게 되다'·'떨어지다'는 뜻으로, 떨어져 살게 된 계에 거두어진다는 뜻이다. … '방편'이란 도제를 말하니 멸로 나아가는 인이기 때문이다. '살가야멸'이란 허위의 몸 사라지는 택멸이다. '희론 없는 무루계'란 진여를 말하는데 자성이 분별을 여의니 무루체이기 때문이다. 대승으로만 풀면 때로는 '방편'은 모든 화신이니 삼륜의 방편으로 중생을 이롭게 하기 때문이고, '살가야의 멸'이란 법신이라 할 수 있으니 허망한 몸이 사라지면 드러나기 때문이다. '희론 없는 무루계'란 보신을 말함이니 무루오온은 분별 여의기 때문이다. 墮者 在也 落也 落在界攝故 … 方便 謂道諦 趣滅因故 薩迦耶滅者 謂虛僞身滅 卽擇滅 無戲論無漏界者 謂眞如 性離分別 無漏體故 唯大乘解 或方便者 一切化身 三輪方便利衆生故 薩迦耶滅者 謂法身 虛僞身滅顯故 無戲論無漏界者 謂報身 無漏五蘊離分別故"라고 하였다. [참고문헌] 『瑜伽師地論』, 『瑜伽師地論略纂』, *Yogā-bh.* ⇨ 타 墮[1]

타성 他性 [1] Ⓢ para-bhāva, Ⓣ gzhan-gyi-dngos-po. 다른 법의 자성. 임시로 유지되는 제법(諸法)의 자성(自性) 중 먼저 세운 법의 자성인 자성(自性)이 있게 될 때야 비로소 위상을 갖게 되는 경우다. 이 또한 자성과 더불어 무자성(無自性)이다. 『중론』 권1(대정장30, p.2b22)에 자성이 없기에 타성도 없다. 왜 그러한가? 자성이 있어야 타성도 있을 수 있다. 타성이란 타자에 있어서 한편 자성이다. 만약 자성이 무너진다면 타성도 무너진다. 自性無故 他性亦無 何以故 因自性有他性 他性於他 亦是自性 若破自性 卽破他性", 『반야등론석』 권1(대정장30, p.52c10)에 "일어나는 분을 막기 위함이니, 이를테면 자성을 인하여 일어난다든지 타성으로 일어난다는 등의 모든 것들을 막는다. 起分遮故 謂因自性起 及他性起 此等悉遮", 『유가사지론』 권5(대정장30, p.302b8 : *Yogā-bh.*, p.111)에 "비록 무상법이 무상법으로 인을 삼는다. 타성과 더불어 인을 삼고는, 다음 찰나에는 자성이라 하여 인을 삼으니 찰나에 일어날 수 없는 일이다. 又雖無常法 爲無常法因 然與他性爲因 亦與後自性爲因 非卽此刹那 anityo'pi ca dharmo'nityasya hetur-bhavan-parabhāvasya hetur-bhavati uttarasya ca svabhāvasya. no tu tat-kṣaṇikasya", 『성유식론』 권4(대정장31, p.19c5)에 "따라서 『유가사지론』에서 '무상법이 타성으로 인을 삼은 다음 찰나의 자성으로 인을 삼는다'라고 하였다. 이것이 인연의 뜻이다. 자성이란 종자의 자류에서 전후로 인이 됨을 나타내는 것이다. 타성은 종자와 더불어 현행이 서로 인이 되는 뜻을 드러낸 것이다. 故瑜伽說 無常法與他性爲因 亦與後念自性爲因 是因緣義 自性言顯種子自類前爲後因 他性言顯種與現行互爲因義", 『구사론』 권7(대정장29, p.37b19 : *Abh-k-bh.*, p.100)에 "자성은 자성에도 타성에도 역시 있을 수 있다. 이를테면 유위가 무위에 있어 그렇고 무위가 무위로서 그러하다. 이렇듯 모든 연은 어떠한 위의 법에서 더불어 작용하는가? 自性於自性於他性亦有 謂有爲於無爲 無爲於無爲 如是諸緣於何位法而興作用 syāt-svabhāvaḥ svabhāvasya parabhāvo'pi. syāt-saṃskṛtam-asaṃskṛtasya-asaṃskṛtaṃ ca-asaṃskṛtasya. athaite pratyayāḥ kāritraṃ kurvantaḥ kim-avasthe dharme kurvanti"라고 하였다. [참고문헌] 『中論』, 『般若燈論釋』, 『瑜伽師地論』, 『成唯識論』, 『俱舍論』, *Yogā-bh.*, *Abh-k-bh.* ⇨ 자성 自性[1], 자체 自體[1], 무자성 無自性 [2] ➡ 타성상 他性相

타성상 他性相 Ⓢ paratantra-lakṣaṇa, Ⓣ gzhan-gyi-dbang-gi-mtshan-nyid. 다른 것을 연하는 자성과 모양. 의타기상(依他起相)에 대한 불타선다(佛陀扇多 Ⓢ Buddhaśānta)의 한역어다. 『섭대승론』 권상(대정장31, p.100c23)에 "이 중에서 무엇이 타성상인가? 모든 아리야식의 종자 중 허망분별로 거두는 식이다. … 타성이란 어떤 의미에서 타성이라 하는가? 스스로 익힌 종자로부터 생겨나기 때문이니, 타성을 연하여 생겨난 다음 찰나 후에는 자성으로도 머물지 않으면서 세력은 유지하는 것을 타성이라 한다. 是中何者他性相 所有阿犁耶識種子中 虛妄分別所攝識 … 他性以何義故 說爲他性 自習種子生故 緣他性生已 刹那後自不住 有力故說他性", 『섭대승론본』 권중(대정장31, p.137c29 : *Mah-saṃ.*, p.24)에 "이 중에서 무엇이 의타기상인가? 아뢰야식을 종자로 하는 허망분별로 거두는 모든 식이다. … 어떤 인연으로 의타기라 하는가? 스스로 훈습한 종자로부터 생겨나서는 다른 것들에 의지해서 일어나기에 의타기라 한다. 생겨나는 찰나 후도 공능이 없이 자연스럽게 머물기에 의타기라 한다. 此中何者依他起相 謂阿賴耶識爲種子 虛妄分別所攝諸識 … 何因緣故 名依他起 從自熏習種子所生 依他緣起故名依他起 生刹那後無有功能自然住故 名依他起 de la gzhan gyi dbang gi mtshan nyid gang zhe na. gang kun gzhi rnam par shes pa'i sa bon can yang dag pa ma yin pa kun rtog pas bsdus pa'i rnam par rig pa'o … ci'i phyir na gzhan gyi dbang zhes bya zhe na. rang gi bag chags kyi sa bon las skyes pa yin pas de lta bas na rkyen gyi gzhan dbang yin no"라고 하였다. [참고문헌] 『攝大乘論』, 『攝大乘論本』, *Mah-saṃ.* ⇨ 의타기상 依他起相, 의타기성 依他起性

타성일편 打成一片 여지없이 쳐 한 편이게 하다. 『원오어록』 권15(대정장47, p.780c25)에 "세법과 불법을 나누지 않고 여지없이 한 편이 되어버린다. '어디서나 그를 만나고 종횡으로 출몰하지만 처음부터 그 밖에 있을 것이라곤 없다'라고 한다. 不分世法佛法 直下打成一片 所謂觸處逢渠 出沒縱橫 初無外物", 『벽암록』 27칙 「평창 評唱」(대정장48, p.168a22)에 "만일 이 안에서 고금의 범성, 하늘과 땅과 대지 여지없이 한 편이게 한다. 비로소 운문과 설두가 때마다 사람 위한 일 알게 될 것이다. 若向這裏 盡古今凡聖 乾坤大地 打成一片 方見雲門雪竇 的的爲人處", 『선관책진』 「균주황벽운선사시중 筠州黃檗運禪師示衆」(대정장48, p.1098a29)에 "마음 서로 돌아보며 정신을 바싹 차리고 무자만을 지키며 날이 오래되고 세월이 깊어져 여지없이 무자와 한 편이게 되면 홀연히 마음꽃이 문득 피어나 불조의 기틀 깨닫고 곧바로 천하 노화상에게 속는 일도 없게 되리라. 心心相顧 猛著精彩 守箇無字 日久歲深 打成一片 忽然心華頓發 悟佛祖之機 便不被天下老和尙舌頭瞞"라고 하였다. 〔참고문헌〕 『圜悟語錄』, 『碧巖錄』, 『禪關策進』. ⇨ 내외타성일편 內外打成一片, 자성일편 自性一片

타세 他世 Ⓢ amutra, Ⓣ tshe-gzhan, gzhan-du. 현세(此世)가 아닌 과거 또는 미래를 말한다. 『관무량수경』(대정장12, p.342a28)에 "몸을 버린 저 세에서는 반드시 깨끗한 나라에 나리라 의심하지 않는다. 捨身他世 必生淨國 心得無疑", 『보살선계경』 권1(대정장30, p.968a6)에 "무엇이 타세의 뜻인가? 지금의 인연으로 타세의 몸을 받으니 이를 타세의 뜻이라 한다. 云何他世義 以現因緣 受他世身 是名他世義", 『유가론기』 권4(대정장42, p.398c15 · 한불전13, p.266a2)에 "오직 타세에 머문다는 말은 오직 미래세의 식에만 얽혀 있다는 뜻이다. 唯住他世者 唯未來世識有縛故", 돈황본 『유가론수기』 권34(대정장85, p.945c4)에 "타세란 과거와 미래 두 세를 말한다. 言他世者 謂過未二世也", 『법화경현찬요집』 권16(卍속장54, p.179b12)에 "차세는 현재이고, 타세는 과거와 미래를 다 거둬 부름이다. 此世卽現在也 他世者 過去未來 總名他世"라고 하였다. 〔참고문헌〕 『觀無量壽經』, 『菩薩善戒經』, 『瑜伽論記』, 『瑜伽論手記』, 『法華經玄贊要集』, *Laṅk.23.*, *Bodh-bh.17 · 92.*, *Sūtr.173.* ⇨ 삼세 三世

타쇠손순염처법 他衰損順厭處法 사순염처법(四順厭處法) 중 하나. 타인의 악행을 보아 관한 후 싫어 떠나게 하는 법. 『집이문족론』 권2(대정장26, p.374b6)에 "무엇이 네 가지 순염처법인가? … 둘째는 타쇠손순염처법이다. … 타인의 나쁜 행위에 의지해 순염처법에 순하게 되고 결국 싫어하게 됨으로써 이치에 마땅함에는 오히려 수승하게 된다. 다른 이의 몸과 말과 뜻으로 하는 악행을 따라 자세히 살펴보고는 마침내 원만 증상 순숙해져 다음과 같이 생각하게 된다. '그는 방일에 의지하고 방일에 머무르고 방일로 인해 이러한 나쁜 일을 짓는다. 나는 이제 악불선법으로 하여금 아직 일어나지 않는 것은 생겨나지 않게 하고, 이미 일어난 것은 길이 끊도록 해야 한다'. 그는 이와 같이 벗어나려는 용맹함에 이끌려 싫어함을 내는 것이니 그 이름이 염이다. 何等爲四順厭處法 … 二 他衰損順厭處法 … 依他衰損順厭處法 而生於厭如理勝者 如有一類等隨觀見他身惡行 語惡行 意惡行究竟圓滿增上淳熟 便作是念 彼因放逸 依放逸 住放逸 由放逸故 造斯惡事 我今當令惡不善法 未生者不生 已生者永斷 彼由如是出離勇猛所引生厭 是名爲厭"라고 하였다. 〔참고문헌〕 『集異門足論』. ⇨ 사순염처법 使順厭處法

타수 打水 물을 긷다. 『조주어록』(고존숙어록13, 卍속장118, p.306b11)에 "조주가 남전 문하에 있을 때 정루 위에서 물을 긷다가 남전이 지나가는 것을 보았다. 문득 기둥 끌어 안고 다리를 꼬아 매달리고서 외쳤다. '살려주세요. 살려주세요'. 남전이 계단을 오르며 말했다. '하나, 둘, 셋, 넷, 다섯'. 조주가 얼마 지지 않아 다리를 풀고 감사의 절을 올리며 말했다. '화상께서 방금 구해주시니 고맙습니다'. 師在南泉 井樓上打水次 見南泉過 便抱柱懸却脚云 相救相救 南泉上楜梯云 一二三四五 師少時間 却去禮謝云 適來謝和尙相救"라고 하였다. 〔참고문헌〕 『趙州語錄』, 『雪竇語錄』 권4(대정장47, p.695c9), 『虛堂錄』 권5(대정장47, p.1022a24). ⇨ 타 打 ❷

타수 墮受 수(受 Ⓢ vedanā)의 갈래(有支) 중 하나. 삼계(三界)에 떨어지게 하는 수. 『법온족론』 권10(대정장26, p.501a12)에 "유루작의로 상응하는 수를 유미수(有味受)라 하고, 무루작의로 상응하는 수를 무미수(無味受)라 한다. 유미수와 무미수의 경우처럼 타수와 불타수, 탐욕에 의지하는 수와 출리에 의지한 수, 결에 순하는 수와 결에 순하지 않는 수, 전에 순하는 수와 전에 순하지 않는 수, 세간수와 출세간수도 그러하다. 有漏作意相應受 名有味受 無漏作意相應受 名無味受 如有味受無味受 如是墮受不墮受 耽嗜依受出離依受 順結受不順結受 順取受不順取受 順纏受不順纏受 世間受出世間受亦爾"라고 하였다. 〔참고문헌〕 『法蘊足論』. ⇨ 수 受 ❶

타수애분 打水礙盆 물 긷는 일 동이에 달렸다. 『벽암록』 11칙 「본칙 本則」(대정장48, p.151b12)에 "황벽이 대중에게 말하였다〈물 긷는 일 동이에 달려있다. 한입에 마셔버린다. 천하의 납승 달아나려 해도 벗어나지 못한다〉. '그대들 모두 한결같이 죄다 술지게미 먹어 취한 이들뿐이니, 이렇게 행각해서는〈말해버렸다. 짚신은 헤졌고 하늘과 땅은 흔들흔들 댄다〉 어디에서 오늘을 맞이하겠는가?〈오늘 무엇 하려 하는가? 군중 놀래켜 움직여도 괜찮다〉. 대당국 안에 선사가 없다는 것을 아는가?〈이 노승은 도저히 모르겠다. 한입에 마셔 버렸다. 운거산 나한상일 뿐이다〉. 黃檗示衆云〈打水礙盆 一口呑盡 天下衲僧跳不出〉 汝等諸人 盡是噇酒糟漢 恁麽行脚〈道着 踏破草鞋 掀天搖地〉 何處有今日〈用今日作什麽 不妨驚群動衆〉 還知大唐國裏無禪師麽〈老僧不會 一口呑盡 也是雲居羅漢〉"라고 하였다. [참고문헌] 『碧巖錄』, 『頌古鉤鉅』(가홍장29, p.181b10).

타수용 他受用 다른 이들(십지보살 등)이 받아 쓰다. 여래가 보살을 위해 또는 보살이 중생을 위해 법락을 누리도록 함의 뜻이다. 스스로 누리는 뜻은 자수용(自受用)이다. 『금광명최승왕경소』 권2(대정장39, p.210b26)에 "다른 이가 받아 쓴다 함은 대승을 받아 누리게 함이다. 他受用者 令彼受用大乘", 『대승입도차제』(대정장45, p.467a19)에 "모든 여래는 미묘한 몸을 드러내시어 십지의 모든 보살들을 위해서 법을 설하시어 온갖 의심의 그물을 찢어줌으로써 그들이 대승법락을 마음껏 누리게 하니 타수용이라 한다. 諸如來示現妙身 而爲十地諸菩薩衆 現通說法 決衆疑網 令彼受用大乘法樂 名他受用", 『범망경보살계본소』 권1(대정장40, p.604c25)에 "범본경에는 모두 비로자나라 하고, 광명변조라 한역한다. 그러나 두 가지 뜻이 있다. 안으로는 지혜의 빛으로 진법계를 비춤이니 이는 자수용의 뜻에 따른 것이고, 다른 하나는 밖으로는 몸의 빛으로 대승의 기틀에 비춰 응함이어서 이것은 타수용의 뜻에 따름이다. 梵本經中 皆名毘盧舍那 此云光明遍照 然有二義 一 內以智光 照眞法界 此約自受用義 二 外以身光 照應大機 此約他受用義", 『법화현찬』 권5(대정장34, p.741b26)에 "인으로 얻는 과의 체는 오온에 통한다. 대부분은 화신이면서 타수용이니, 자비를 드러내고, 덕의 높음을 나타내며, 차별 또한 있고, 교화할 중생마저 있어야 하기 때문이다. 因所得果 體通五蘊 多是化身 及他受用者 顯慈悲故 顯德高故 有差別故 有化衆故", 『아미타경요해편몽초』 권중(卍속장91, p.931b6)에 "타수용이란 지상보살이 그 마음 씀에 따라 보여주는 세계의 티끌들(타수용토)과 멋진 모습(타수용신)이다. 他受用者 卽地上菩薩 隨其心量所見刹塵相好", 『법화경과주』 권5(卍속장49, p.345a16)에 "타수용이란 타보신이 머무는 땅으로서 실보토라 하니 사에 속한다. 타보란 뛰어난 응신이다. 기틀에 따라 감응하여 보여주기에 타보라고 한다. 他受用者 卽他報身 所居之土 名實報土 屬事也 他報是勝應身 從機感見故名他報"라고 하였다. [참고문헌] 『金光明經最勝王經疏』, 『大乘入道次第』, 『梵網經菩薩戒本疏』, 『法華玄贊』, 『阿彌陀經要解便蒙鈔』, 『法華經科註』. ⇨ 타수용신 他受用身, 타수용토 他受用土, 타수용신토 他受用身土, 자수용 自受用[1], 자수법락 自受法樂

타수용신 他受用身 사신(四身) 중 하나로 다른 이들(십지보살 등)이 받아 쓰게 하는 몸. 이타(利他)로 시현(示現)하는 응신(應身)으로서, 자리(自利)의 자수용신(自受用身)인 보신(報身)과 구분한다. 『반야심경유찬』 권하(대정장33, p.541c20)에 "대보살 위해 나툰 깨끗한 상호의 광대불신을 타수용이라 하고, 이승 등 위해 염정의 모습을 나투기에 정한 바 없는 불신을 변화신이라 한다. 둘 모두 이타의 인으로 마땅히 드러낸 몸이기 때문이다. 爲大菩薩 所現淨相 廣大佛身 名他受用 爲二乘等 現淨穢相 不定佛身 名爲變化 俱利他因 所宜現故", 『설무구칭경소』 권1(대정장38, p.993b25)에 "그러므로 만물의 그릇됨에 응하여 모습을 드러낸다〈몸을 나눔이 백억이어서 이승과 범부를 위해 변화하니 화신의 묘용이다〉. 중생의 기에 머물며 바로 그 때에 증하고 깨닫는다〈묘하고 큰 몸을 드러내 십지보살을 위해 나니 이는 타수용신의 묘용이다〉. 是以 應物器而顯化形〈分身百億 化二乘凡夫 化身之妙用〉 逗生機而現證覺〈現妙大身 化十地菩薩 他受用身之妙用〉", 『대승법원의림장』 권7(대정장45, p.360b12)에 "지전과 삼승 그리고 십지보살 나눔이 백억이어서 몸을 응신이라 한다. 삼승을 위해 나타나는 불신과 십지보살을 위해 나툰 타수용신을 모두 아울러 응신이라 한다. 저들 타자의 기틀의 마땅함에 응하여 불신을 나타내기 때문이다. 爲地前三乘 及十地菩薩 所現之身 名爲應身 爲化三乘 所現佛身 及化十地 他受用身 竝名應身 應他機宜 現佛身故", 『불지경론』 권1(대정장26, p.294b6)에 "이타의 무루정토의 종자인연력으로, 저들 지상보살을 따라 의당 나툰 정토, 크거나 작게 또는 열하거나 수승하게 타수용신과 더불어 의지할 곳을 짓는다. 곧 초지보살의 마땅함을 따라 작거나 열하게 드러내는 등 이와 같이 거듭하여 십지에 이르면 가장 크고 가장 뛰어나게 되어 낱낱의 지에서 초중후 등으로 드러냄도 이와 같다. 利他無漏淨土 種子因緣力故 隨他地上菩薩 所宜變現淨土 或小或大 或劣或勝 與他受用身 作所依止處 謂隨初地菩薩所宜 現小現劣 如是展轉 乃至十地 最大最勝 於地地中 初中後等 亦復如是", 『범망경보살계초진』 권1(卍속장95, p.14a10)에 "모든 여래께서는 십지보살중을 교화하고자 열 가지 타수용신을 나툰다. 첫 번째 불신은 백 개의 잎이 달린 연꽃에 앉아 초지보살을 위해 백법명문을 설하신다. 보살들이 깨닫고 나서 크나큰 신통과 변화를 일으켜 백불세계를 채우고 무수한 중생을 이익안락케 한다. 一切如來 爲化十地諸菩薩衆 現於十種他受用身 第一 佛身 坐百葉蓮華 爲初地菩薩 說百法明門 菩薩悟已 起大神通變化 滿於百佛世界 利益安樂 無數衆生", "십지의 타수용신은 불가설보배연꽃에 앉아 십지보살을 위해 불가설제법명문을 설한다. 보살들이 깨닫고 나면 크나

큰 신통과 변화를 일으켜 불가설 수의 부처님이 계시는 미묘한 국토를 가득 채우고, 불가선설 불가선설 수의 무량무변한 갖가지 무리의 중생이 이익안락케 한다. 이와 같은 열 가지 불신은 모두 칠보보리수 아래 앉아 무상보리를 증득하셨으니 이는 십종타수용신이다. 乃至十地他受用身 坐不可說妙寶蓮華 爲十地菩薩 說不可說諸法明門 菩薩悟已 起大神通變化 滿於不可說佛微妙國土 利益安樂 不可宣說 不可宣說 無量無邊 種類衆生 如是十身皆坐七寶菩提樹下 證得無上菩提 是爲十種他受用身也", 『화엄경소초』 권18(대정장36, p.141a15)에 "『성유식론』 권10에 '첫째, 타수용신은 모든 여래께서 평등지에 따라 미묘하고 깨끗한 공덕의 몸을 드러내 보이고, 순청국토에 거처하시지만, 십지의 모든 보살 대중에게 머무시면서 크나큰 신통을 나투고 정법륜을 굴리시어 갖가지 의심의 그물을 풀어 주어 저들이 광대법락을 마음껏 누리도록 한다'라고 하였다. 〔석〕 저는 오직 정토에 의지할 뿐이지만 이제는 십신이 원융하여 염정이 서로 사무치니, 저와 더불어 조금 다를 뿐이다. 唯識第十云 一他受用身 謂諸如來 由平等智 示現微妙 淨功德身 居純淨土 爲住十地諸菩薩衆 現大神通 轉正法輪 決衆疑網 令彼受用 廣大法樂 釋曰 彼唯據淨土 今十身圓融 染淨交徹 與彼小異耳"라고 하였다. 〔참고문헌〕『般若心經幽贊』, 『說無垢稱經疏』, 『大乘法苑義林章』, 『佛地經論』, 『梵網經菩薩戒初津』, 『華嚴經疏鈔』, 『成唯識論』 권10(대정장31, p.57c28). ⇨ 타수용토 他受用土, 자수용신 自受用身, 응신 應身, 사신 四身 ■

타수용신토 他受用身土 사종불토(四種佛土 : 法性 自受用 他受用 變化) 중 하나로 다른 이(십지보살)들이 받아 지니도록 보이는 몸과 그 몸이 의지하는 세계. 평등성지(平等性智)로 시현한 공덕신으로 대승법락을 수용케 하는 몸과 그 세계를 말한다. 『대승기신론열망소』 권4(대정장44, p.449b16)에 "초지에서는 백세계를 보고, 이지에서는 천세계를 보는 등 갖가지로 같지 않은데 보살구경지에 이르러서야 보는 일이 비로소 다한다. 이들 세계를 모두 타수용신토라 한다. 비유하자면 등불과 같아서 비록 비추고 비추며 서로 받아들여, 서로 능히 비추기도 하고 빛나기도 하며 거듭거듭 끝이 없지만 서로 섞여 어지럽지 않다. 初地 見百世界 二地 見千世界等 種種不同 乃至菩薩究竟地 見之方盡 並名他受用身土也 譬如燈光 雖光光相入 而互爲能照 互爲所照 重重無盡 仍各無雜故也", 『성유식론술기』 권10(대정장43, p.605a4)에 "타수용신토 그 체는 깨끗할 뿐이다. 그러나 능히 변하려면 유루와 무루에 다 통해야 한다. 여래와 십지의 보살은 무루여서 후득의 변한 바 그대로 순정한 무루다. 저 십지의 제8식과 5식 그리고 칠지이전은 유루산심과 유루후득의 변한 바여서 순정유루다. 他受用身土 體唯是淨 然能變者 通有無漏 如來及十地中菩薩無漏 後得所變 卽純淨無漏 若十地第八識幷五識 及七地以前 有漏散心 及有漏後得所變 卽純淨有漏", 『석정토군의론』 권1(대정장47, p.31a15)에 "타수용신토란 초지 이상의 모든 대보살이 평등성지로 격발한 대원경지의 이타공덕이다. 그에 응하는 바를 따라 일분의 미세상을 나투어 타수용신토체성을 삼는다. 他受用身土者 爲初地已上 諸大菩薩 平等性智 擊發鏡智 利他功德 隨其所應 現一分細相 爲他受用身土體性"라고 하였다. 〔참고문헌〕『大乘起信論裂網疏』, 『成唯識論述記』, 『釋淨土群疑論』. ⇨ 타수용 他受用, 타수용토 他受用土, 사종불토 四種佛土

타수용토 他受用土 타수용신(他受用身) 머무는 땅. 『화엄경소』 권27(대정장35, p.707b14)에 "'모두가 여래지혜를 좇아 난다'는 뜻은, 과원만의 자수용토여서 대원경지로 생하지만, 타수용토는 평등성지로 난다. 皆從如來智慧生者 卽果圓滿 自受用土 圓鏡智生 他受用土 平等智生", 『화엄경소초』 권26(대정장36, p.196c12)에 "네 번째, 타수용토는 경을 거두고 마음을 따르니 타인을 이롭게 하는 후득지를 체로 삼으며, 상을 거두고 성에 돌아가 진여로 체로 삼는다. 만약 상의 다름을 잡아서 말한다면 이 또한 사진(地水火風)일 뿐이다. 四 他受用土 攝境從心 利他後得智爲體 攝相歸性 亦以眞如爲體 若約相別 亦是四塵", 『성유식론장중추요』 권하(대정장43, p.657c19)에 "타수용토는 본래 오직 무루로 깨끗할 뿐이기에 이를 보는 이도 오직 청정하다. 선하지 않은 모든 이숙과들은 이미 없기 때문이다. 그러나 유무루에도 통한다. 제8식과 5식으로 관할 유루이기 때문이다. 보는 이도 예토에 거하면서 유정을 이락케 하고 예를 드러내고 예에 통하기 위해 모든 식경에 통한다. 他受用土 本唯無漏淨 見者唯淨 一切不善 諸異熟果 皆已無故 然通有無漏 第八五識 所觀有漏故 見者居穢土 利樂有情 亦爲現穢 見亦通穢 通諸識境", 돈황본 『약사경소』(대정장85, p.311c6)에 "타수용(타수용토)이란 오직 십지보살만 태어나는 세계이다. 他受用者 唯是十地菩薩生處"라고 하였다. 〔참고문헌〕『華嚴經疏』, 『華嚴經疏鈔』, 『成唯識論掌中樞要』, 『藥師經疏』. ⇨ 타수용신토 他受用身土, 타수용신 他受用身, 타수용토 他受用土, 타수용 他受用, 자수용토 自受用土, 사종불토 四種佛土

타쉬룬포사원 Tashilhunpo寺院 Ⓣ Bkra shis lhun po. 티베트자치구의 시가체(Ⓣ gZhi ka rtse)시에 위치한 겔룩파(Ⓣ dGe lugs pa)의 최대 규모 사원. 총카파(Ⓣ Tsong kha pa)의 사촌이자 제자였던 게둔둡(Ⓣ dGe 'dun grub 1391~1475)에 의해 1447년에 건립되었다. 제4대 판첸라마인 로상최키겔첸(Ⓣ Blo bzang chos kyi rgyal mtshan 1570~1662)이 주지로

책봉된 이후 사원을 확장시켰다. 이후 모든 판첸라마가 주하는 사원이 되었다. [참고문헌] Keith Dowman *The Power-Places of Central Tibet : The Pilgrim's Guide* (London : Routledge&Kegan Paul, 1988).

타승 他勝 Ⓢ parājita, Ⓣ pham-par-'gyur. 선법(善法)의 타자인 악법(惡法)이 이기다. 바라이(波羅夷 Ⓢ Ⓟ pārājika)의 한역어 중 하나. 타가 이겼다는 뜻으로 타승죄(他勝罪)·타승처(他勝處)·타승처법(他勝處法 Ⓢ pārājayika-sthānīya-dharma)이라고 한역한다. 지켜 자성으로 삼아야 할 선법(善法 : 自)이 버려야 할 악법(惡法 : 他)에 졌기에 이렇게 부른다. 『구사론』 권15(대정장29, p.79b15 : *Abh-k-bh.*, p.223)에 "비구체를 무너뜨리고 사문성을 해쳐 괴멸하고 타락시킴을 타승이라는 이름을 붙인다. 破苾芻體 害沙門性 壞滅墮落 立他勝名 bhikṣurbhavatyaśramaṇo … dhvasyate bhikṣubhāvāt. katamasya bhavati śrāmaṇyaṃ dhvastaṃ patitaṃ parājitamiti", 『구사론기』 권15(대정장41, p.236a12)에 "바라이라는 범어는 타승이라 한역한다. 선법은 자라 하고, 악법은 타라 한다. 만약 선법이 악법을 이기면 자승이라 하고, 악법이 선법을 이기면 타승이다. 그러므로 범함이 무거운 사람을 가리켜 타승이라 한다. 梵名波羅夷 此云他勝 善法名自 惡法名他 若善勝惡法 名爲自勝 若惡法勝善 名爲他勝 故犯重人 名爲他勝", 『유가론기』 권20(대정장42, p.768a26·한불전14, p.530a2)에 "타승이란 네 가지 중죄를 범하여 파계가 이겼다 하여 타승법이라 한다. 言他勝者 由犯四重 爲破戒所勝 名他勝法"라고 하였다. [참고문헌] 『俱舍論』, 『俱舍論記』, 『瑜伽論記』, *Abh-k-bh.* ⇨ 바라이 波羅夷, 타승죄 他勝罪, 타승처법 他勝處法

타승죄 他勝罪 Ⓢ pārājika, pārājayika. 바라이(波羅夷)의 한역어 중 하나. 『구사론소』 권15(대정장41, p.655a17)에 "범어 바라이는 타승죄라 한역한다. 악은 선의 타자로서 악이 선을 이기면 이를 타승이라 한다. 만약 처음으로 중죄를 범하고 나서 한 생각도 덮어서 감출 마음이 없으면 타승죄가 성립하지 않으니 계를 버린 것이 아니다. 반대로 한 생각 이상 덮어 감추었다면 곧 바로 타승죄가 성립하여 계를 버려야 한다. 梵名波羅夷 此名他勝罪 惡是善他 惡勝於善 名爲他勝 若初犯重 無有一念 覆藏之心 不成他勝罪 卽不捨戒 若一念已上覆藏 卽成他勝罪 卽捨戒"라고 하였다. [참고문헌] 『俱舍論疏』. ⇨ 타승처법 他勝處法, 바라이 波羅夷, 사계 捨戒

타승죄취 他勝罪聚 타승죄(Ⓢ pārājika) 무리. 『유가사지론』 권99(대정장30, p.869a9)에 "또한 간추려 다섯 가지 죄의 무리로 모든 죄를 다 거둠을 알아야 한다. 무엇이 다섯 가지인가? 첫째는 타승죄취이다. … 자성으로 말미암는 죄는 타승죄무리이니 이것이 가장 나쁜 류의 죄이다. 復次 應知略有五種罪聚 攝一切罪 何等爲五 一者 他勝罪聚 … 由自性者 謂他勝罪聚 是上品罪"라고 하였다. [참고문헌] 『瑜伽師地論』. ⇨ 타승죄 他勝罪

타승처 他勝處 Ⓢ pārājayika-sthānīya. 바라이(波羅夷)의 한역어 중 하나. 『권발보리심집』 권하(대정장45, p.397a19)에 "바라이는 타승처라 한역한다. 선법은 자신에게 이로우니 자라 하고, 악법은 스스로에게 손해가 되니 타라 한다. 만약 이 네 조목을 범하면 악법이 늘어나 자신에게 손해를 끼치므로 타승처라 한다. 波羅夷者 此云他勝處 善法益己 名之爲自 惡法損己 名之爲他 若犯此四 惡法增長 損害於自 名他勝處"라고 하였다. [참고문헌] 『勸發菩提心集』. ⇨ 타승 他勝, 바라이 波羅夷

타승처법 他勝處法 Ⓢ pārājayika-sthānīya-dharma, Ⓣ phas-pham-pa'i-gnas-lta-bu'i-chos. 타승법에는 비구 4법, 비구니 8법, 우바새 6법, 범망의 10법 등이 있으나 여기서는 대승의 네 가지 타승처법을 말하며 삼취정계(三聚淨戒)로 다스린다. 『반야심경유찬』 권상(대정장33, p.529c18)에 "네 가지 타승처법이 있다. 첫째, 명리와 공경을 목적으로 스스로 칭찬하고 남을 헐뜯는다. 둘째, 재물이나 법을 구하여 좇지만 아껴 인색하니 주지 않는다. 셋째, 남을 해치고 괴롭히며 돌아서 미안해하지 않으니 맺힌 원한을 버리지도 않는다. 넷째, 보살장을 비방하고 상법만 기꺼이 펼 뿐 아니라 스스로 만 믿거나 남을 따르기만 한다. 有四他勝處法 一 爲名利恭敬 自讚毁他 二 從求財法 慳悋不與 三 害惱歸謝 不捨怨結 四 謗菩薩藏 樂宣像法 自信隨他", 『유가론기』 권10 「계품 戒品」(대정장42, p.537c15·한불전13, p.801a18)에 "삼장은 '범어의 바른 음은 바라사이가(Ⓢ pārājika)이고, 한역하면 타승처법이다'라고 하였다. 이 계를 범한다면 나 아닌 것 즉 타에게 진다. 이 네 가지 타승처법에는 삼취계를 갖추어야 하고 결코 탐하여 구하거나 스스로 칭송하고 남을 헐뜯어서는 안 되니, 이것은 율의계이다. 곧 『승만경』에 '모든 중생에 대하여 질투심을 일으키지 마라'고 하는 율의계에 해당한다. 三藏云 梵語正波羅闍以迦 此云他勝處法 若犯此戒者 他所勝 此四他勝處法 具三聚戒 初不爲貪求 自讚毁他 是律儀戒 卽當勝鬘經 於諸衆生 不起嫉心", 『범망경보살계초진』 권3(卍속장95, p.60b2)에 "혹은 타승처법이라 한역한다. 곧 보살계를 받음은 본래 번뇌를 파괴하여 마군을 항복시키려함이다. 이 계를 범하면 도리어 번뇌와 마군의 속임수가 이기게 되므로 법왕의 아들이 그에게 패배를 당한다. 또한 다른 것을 믿어 깨끗하게 하는 행자(물이나 불을 섬김)의 속임수가 이기게 된다. 或翻他勝處法 謂

受菩薩戒 本欲破壞煩惱 降伏魔軍 今犯此戒 反被煩惱魔軍所欺勝故 法王之子 受敗於他 又被他淨行者 所欺勝故"라고 하였다. 〔참고문헌〕『般若心經幽贊』, 『瑜伽論記』, 『梵網經菩薩戒初津』, 『瑜伽師地論』 권40(대정장30, p.515b21), 『菩薩戒羯磨文』(대정장24, p.1105b18), *Bodh-bh.108.* ⇨ 타승 他勝, 바라이 波羅夷

타시아수 他是阿誰 저라 하는 이 누구란 말인가? 오조법연(五祖法演)의 공안이다. 행주좌와로 움직이고 불러들여 늘 마주하는 너와 나의 주인공(主人公)을 묻는 말로서, 답할 수 없어 늘 질문의 경계에서만이 살아 있을 뿐이다. 『오조법연어록』 권중(대정장47, p.657a29)에 "상당하여 말하였다. '옛사람이 말하기를, 석가와 미륵은 오히려 저의 종이라 하였다. 자, 말해보라. 저란 누구인가?' 말을 마치고 자리에서 내려왔다. 上堂擧 古人云 釋迦彌勒 猶是他奴 且道 他是誰 便下座", 『무문관』 45칙 「타시아수」(대정장48, p.298c3)에 "〈본칙〉 사조이신 동산법연이 말하였다. '석가와 미륵은 오히려 저의 종이다. 말해보라. 저 타(他)란 누구인가?' 〈평창〉 무문이 말한다. '만약 저라 하는 것 볼 수 있어서 분명히 드러낼 수만 있다면, 비유컨대 네거리에서 아버지를 마주친 듯해서 다시 다른 이에게 누구인지를 물어볼 필요가 없다'. 송으로 읊는다. '저의 활시위를 당기지 말고, 저의 말을 타지 말며, 저의 잘못을 가리지도 말고, 저가 하는 일 알려 마라'. 東山演師祖曰 釋迦彌勒猶是他奴 且道 他是阿誰 無門曰 若也見得他分曉 譬如十字街頭 撞見親爺相似 更不須問別人 道是與不是 頌曰 他弓莫挽 他馬莫騎 他非莫辨 他事莫知"라고 하였다. 〔참고문헌〕『五祖法演語錄』, 『無門關』, 『宗門武庫』(대정장47, p.954c3).

타식 墮息 떨쳐 버리고 쉬다. 그만 두다. 『출삼장기집』 권8 「마하발라야바라밀경초서 摩訶鉢羅若波羅蜜經抄序」(대정장55, p.52b10)에 "옛날 한음현에서 15년 동안 『방광경』을 강설하면서 세월을 항상 거듭 보내다가 경사에 이른 이후 점차로 4년이 되었는데 또한 이어서 2년 동안 감히 쉴 수조차 없었다. 昔在漢陰 十有五載 講放光經 歲常再遍 及至京師 漸四年矣 亦恒歲二 未敢墮息"라고 하였다. 〔참고문헌〕『出三藏記集』.

타신 他身 다른 이의 몸으로 살다. 부처님의 보응신(報應身)을 말한다. 『법화현의』 권5하(대정장33, p.745b16)에 "자기의 몸을 드러내기도 하니 이는 법신과 보신이고, 남의 몸을 드러내기도 하니 이는 보신과 응신이다. 或示己身 卽法身報身 或示他身 卽報應", 『법화문구』 권9하(대정장34, p.128b5)에 "또한 '자기 몸과 자기의 일을 보이기도 하고, 남의 몸과 남의 일을 드러내기도 한다'라고 한 이 말은 응신 여래의 뜻이다. 又云 或示己身己事 或示他身他事 此卽應身如來義也", 『법화현찬』 권9말(대정장34, p.830c16)에 "남의 몸을 드러낸다는 말은 현재 비바시불로서 세간에 출현하시어 탑을 열고 다보불 등의 몸을 나타낸다는 뜻이다. 示他身者 現爲毘鉢尸佛 出現世間 開塔現多寶佛等"라고 하였다. 〔참고문헌〕『法華玄義』, 『法華文句』, 『法華玄贊』. ⇨ 보신 報身

타심 他心 ❶ Ⓢ para-citta, Ⓣ pha-rol-gyi-sems. 다른 이의 마음. 자심(自心) 밖에 타인의 능연심(能緣心)을 말한다. 『성유식론』 권7(대정장31, p.39c9)에 "밖의 색이란 실로 없는 것이기에 내식의 경이 아니라 한다 해도 타심은 실로 있는 것인데 스스로의 반연이 될 수 없다고 하며 누가 타심이 스스로의 식경이 아니라고 말했는가? 단지 그것은 친소연이라고 말하지 않았을 뿐이다. 이를테면 식이 생할 때는 실로서의 작용이 없기에 손 등이 직접 밖의 사물을 잡거나, 태양 등이 빛을 비추어 밖의 풍경을 비추는 경우와 같지 않다. 단지 거울이 그럴 듯한 외경을 나투는 것과 같아서 타심을 안다고 하는 것이지 직접 알 수 있다는 것은 아니다. 직접 알 수 있는 것은 스스로 변한 바다. 따라서 계경에서 '어떤 법도 능히 다른 법을 취할 수 없다. 단지 식이 움직일 때 그럴듯한 상이 나타났을 때 그 물을 취할 뿐이다'라고 하였다. 外色實無 可非內識境 他心實有 寧非自所緣 誰說他心 非自識境 但不說彼是親所緣 謂識生時 無實作用 非如手等 親執外物 日等舒光 親照外境 但如鏡等似外境現 名了他心 非親能了 親所了者 謂自所變 故契經言 無有少法 能取餘法 但識生時 似彼相現 名取彼物", 『성유식론술기』 권7(대정장43, p.493c22)에 "〔술〕 이것은 논주의 답이다. … 타심도 또한 나의 경이 되는 일이 있음을 인정한다. 타심지가 있기 때문이다. 단지 타심은 자심의 친소연이라고 말하지 않을 뿐이다. 따라서 유식이 성취된다. … 〔술〕 '실의 작용이 없다'. 제법도 모두 그러하다. 작용도 작자도 없기 때문이다. 심이 경을 반연하는 것은 손이나 젓가락으로 직접 몸밖에 있는 사물을 잡는 경우와 같지 않고, 또 해와 달과 불빛이 비추어 직접 그 자체 밖의 사물을 비추는 경우와도 같지 않다. 심 등이 반연할 때는 단지 저 종에서 거울이 그대로 사물을 비춘다고 할 때와 같이, 외경과 같은 듯 비추는 것을 타심을 안다고 한다. 타심의 그림자가 나의 심상에 드러난 것을 타심을 알았다고 한다. 마음이 직접 타심을 알게 된 것은 아니다. 친히 알 수 있는 것이라면 스스로 변하는 상분일 뿐이다. (이 상분은) 작용은 없어서 실로 외경을 취할 수 없기 때문이다. 述曰 此論主答 … 許有他心亦爲我境 所以有他心智 但不說他心是自心親所緣 故成唯識 … 述曰 無實作用 諸法皆爾 無有作用及作者故 心緣於境 非如手鉗親執離身之外物 亦非如日月火光 舒光親照體外之物 心等緣時 但如汝宗鏡等照物 似外境現 名了

他心 他心之影於自心上現 名了他心 非心親能了他心也 親所了者 謂自所變之相分 以無作用 及實不能取外境故" 라고 하였다. [참고문헌] 『成唯識論』, 『成唯識論述記』, 『成唯識論疏義演』 권8(卍속장79, p.485b5), *Abh-k-bh.4 24.* ⇨ 타심지 他心智 **2** 외도 등 다른 이들의 견해. 『별역잡아함경』 권7(대정장2, p.423b7)에 "이러한 법을 설하시자 취락의 주인인 여성은 번뇌를 멀리 여의어서 법안청정을 얻고 법을 보고 얻었으며, 법을 이해하고 알아서 의혹을 벗어나 타인의 견해를 따르지 않고 다른 도를 나아가지 않았으며, 부처님의 교법에서 변재의 힘을 얻었다. 說是法時 驢姓聚落主 遠離塵垢 得法眼淨 見法得法 解法知法 度疑離惑 不從他心 不趣異道 於佛教法獲得辯力"라고 하였다. [참고문헌] 『別譯雜阿含經』.

타심시현 他心示現 세 가지 시현교화(示現教化) 중 하나로 다른 사람의 마음을 알아서 그에 응하여 교화하는 일. 『잡아함경』 권8(대정장2, p.50b16)에 "세존께서 천 명의 비구를 위하여 세 가지로 지어 시현교화 하셨다. 무엇이 세 가지인가? 신족변화시현·타심시현·교계시현이다. … 타심시현이란 무엇인가? 다른 사람의 마음과 같이, 다른 사람의 뜻과 같이, 다른 사람의 의식과 같이 하여, '저 사람은 분명 이렇게 생각할 것이다. 분명 이렇게 생각하지 않을 것이다. 저 사람은 분명 이렇게 평등하게 할 것이다. 저 사람은 분명 이렇게 몸으로 증득하여 머무를 것이다'라고 아셨으니 이것을 타심시현이라고 이름한다. 世尊 爲千比丘 作三種示現教化 云何爲三 神足變化示現 他心示現 教誡示現 … 他心示現者 如彼心 如彼意 如彼識 彼應作如是念 不應作如是念 彼應作如是捨 彼應作如是身證住 是名他心示現", 『아비담비바사론』 권53(대정장28, p.384a13)에 "부처님께서 거사의 아들에게 말씀하셨다. '시현에는 세 가지가 있다. 첫째 신족시현, 둘째 지타심시현, 셋째 설법시현이다'. 佛告居士子 示現有三種 一 神足示現 二 知他心示現 三 說法示現"라고 하였다. [참고문헌] 『雜阿含經』, 『阿毘曇毘婆沙論』, 『瑜伽論記』 권9(대정장42, p.520b9·한불전13, p.737a17). ⇨ 교계시도 教誡示導, 신족변화시현 神足變化示現, 삼종시도 三種示導

타심지 他心智 Ⓢ para-citta-jñāna, Ⓟ paricca-ñāṇa, cetopariyāyakovid, Ⓣ pha-rol-gyi-sems-shes-pa. 육통(六通) 중 타심통(他心通). 타심지증통(他心智證通)이라고도 한다. 십지(十智) 중 하나다. 타인의 심(心)과 심소(心所)를 아는 지혜. 현재 상속하는 욕계와 색계의 유루무루의 마음을 그 대상으로 한다. 과거와 미래의 마음은 알 수 없으며, 본인보다 뛰어난 지(地)·근(根)·위(位)의 마음 역시 타심지로 연할 수 없다. 수행의 과로서 얻고, 욕계의 번뇌를 여의고 색계의 근본정려에 의지해서 이 지혜를 일으킨다. 『중아함경』 권27 「아노파경 阿奴波經」(대정장1, p.601a21)에 "세존께서 말씀하셨다. '아난이여! 여래는 타심지로써 타인의 마음을 관하여 그 사람이 선법을 성취하고 있는지, 아니면 불선법을 성취하고 있는지 안다. 여래는 그 뒤에 타심지로써 다시 그 사람의 마음을 관하여 그 사람이 선법이 사라지게 하고 불선법을 성취하는 지도 안다'. 世尊告曰 阿難 如來以他心智觀他人心 知此人成就善法 亦成就不善法 如來後時以他心智復觀此人心 知此人滅善法 生不善法", 『대비바사론』 권99(대정장27, p.512a21)에 "무엇을 타심지라고 하는가? … 타심지는 오직 현재만을 반연한다. … 가령 지혜를 닦아 성취한 것으로서, 이것이 수행의 과이고 수행에 의지하며 이미 얻은 것 잃는 일 없어서 상속하는 다른 유정의 현재의 욕계색계의 심법과 심소법을, 또는 무루의 심법과 심소법을 알 수 있다면, 이를 타심지라 한다.… [문] 이러한 타심지는 무엇을 자성으로 하는가? [답] 혜가 자성이다. 云何他心智 … 謂他心智 唯緣現在 … 若智修所成 是修果 依止修已得不失 能知他相續現在欲色界心心所法 或無漏心心所法 是謂他心智 … 問 此他心智以何爲自性 答 以慧爲自性", 『구사론』 권26(대정장29, p.134c29)에 "이 타심지에는 결정적인 특징이 있다. 보다 뛰어난 것과 과거미래의 마음은 알 수 없다는 것이다. 뛰어난 마음에는 세 가지가 있다. 지와 근과 위가 그것들이다. 지라고 한 것은 하지의 타심지로는 상지의 마음을 알 수 없다는 것이고, 근이라고 한 것은 신해와 시해탈 근기의 타심지로는 견지와 불시해탈의 마음은 알 수 없다는 것이며, 위라고 한 것은 불환과성문의 응과와 독각과 대각에 있어 앞의 지위의 타심지로는 뒤의 수승한 지위의 마음은 알 수 없다는 것이다. 이 타심지로는 과거와 미래의 마음은 알 수 없다고 한 것은 오직 현재의 다른 유정의 상속 중에서 능연심 등만을 경계로 하기 때문이다. … 이러한 타심지는 견도위에는 존재하지 않는다. 견도에서는 사제의 이치를 총체적으로 관하는 게 극히 빠르게 일어나기 때문이다. 此智於境有決定相 謂不知勝及去來心 勝心有三 謂地根位 地謂下地智不知上地心 根謂信解時解脫根智不知見至不時解脫心 位謂不還聲聞應果獨覺大覺 前前位智不知後後勝位者心 此智不知去來心者 唯以現在他相續中 能緣心等爲境界故 … 此他心智見道中無 總觀諦理極速轉故", 『현종론』 권37(대정장29, p.963b8)에 "타심지는 수행으로, 생득적으로, 주술로, 또한 점(占相)으로도 성취된다. 他心修生呪 又加占相成", 『순정리론』 권73(대정장29, p.739b6)에 "타심지는 … 일체시에 있어서 일념에 단지 하나의 일만을 경으로 한다. 심을 연할 때는 심소를 연하지 않고, 수 등을 연할 때는 상 등을 연하지 않는다. 他心智 … 於一切時 一念但緣一事爲境 謂緣心時不緣心所 緣受等時不緣想等", 같은 책 권74(대정장 p.741c10)에 "타심지는 오직 네 가지 근본정려에 의지하지 근분정려(近分靜慮)와 중간정려(中間靜慮)에는 의지하지 않는다. 이러한 타심지의 소연은 극히 미세하기 때문이다. 저들 정려지에 의지하는 도력은 미열해서 다른 유정의 상속하는 현재의 미세한 심법과 심소법을 인식할 수 없다. 또한 무색정에도 의지하지 않는다. 여기에는 가행이 존재할 수 없기 때문이다. 또한 통력의 성질이기에 그 밖의 정려지는 의지처가 아니다. 오통이 의지하는 바는 지관과 같기 때문이다. 他心智唯依四根本靜慮 不依近分靜慮中間 此智所緣極微細故 謂依彼地道力微劣 不能了達他相續中 現在微細心心所法 亦不依無色 無此加行故 又通性故餘地非依 五通所依止觀等故"라고 하였다. 〔참고문헌〕『中阿含經』, 『大毘婆沙論』, 『俱舍論』, 『顯宗論』, 『順正理論』, *Abh-k-bh.72・393.*, *SN.1.194.* ⇨ 타심통 他心通, 십지 十智, 육신통 六神通

타심지증통 他心智證通 Ⓢpara-citta-jñāna. 다른 이의 마음을 지혜로 깨우쳐 알다. 타심지(他心智)를 말한다. 『집이문족론』 권15(대정장26, p.432b25)에 "무엇을 타심지증통이라 하는가? 〔답〕 다른 유정 보특가라의 심과 사의 마음 등을 모두 여실히 아는 것이다. 탐이 있는 마음은 탐이 있는 마음이라고 여실히 알며, 탐을 여읜 마음은 탐을 여읜 마음이라고 여실히 알고, … 모두 여실히 아는 것으로서 이를 타심지증통이라 한다. 云何他心智證通 答 於他有情補特伽羅尋伺心等 皆如實知 謂有貪心如實知有貪心 離貪心如實知離貪心 … 皆如實知 是名他心智證通", 『대비바사론』 권102(대정장27, p.530a20)에 "타심지증통은 오직 자상을 취할 뿐이지 뛰어난 용은 없기에 명(明)으로 세우지 않는다. 他心智證通 唯取自相 無勝用故 不立爲明", 원측의 『인왕경소』 권상(대정장33, p.369b13・한불전1, p.31a24)에 "타심지증통은 다른 유정의 마음을 아는 것이기에 타심지라고 한다. 他心智證通 知他心故 名他心智"라고 하였다. 〔참고문헌〕『集異門足論』, 『大毘婆沙論』, 『仁王經疏』, *Abh-k-bh.72・393.* ⇨ 타심지 他心智, 타심통 他心通

타심지통 他心智通 Ⓢcetaḥ-paryāyābhijñā, Ⓣsems-kyi-rnam-grangs-mngon-par-shes-pa. 육신통(六神通) 중 하나로 다른 이의 마음을 아는 지혜의 힘. 타심통(他心通)이라고도 한다. 『보살선계경』 권2(대정장30, p.972c28)에 "무엇을 가리켜 타심지통이라 하는가? 보살은 다 알 수 있으니, 시방세계의 모든 중생의 함께하는 번뇌심과 함께하지 않는 번뇌심, 번뇌에 얽매인 마음과 얽매이지 않은 마음, 선한 원심과 악한 원심, 의심하는 마음과 의심하지 않는 마음, 상심과 하심, 탐에치심, 욕계의 마음과 색계・무색계의 마음, 그리고 모든 축생과 중생이 느끼는 고락의 마음과 고도 낙도 없는 마음을. 한 마음으로 한 중생의 마음을 관하고, 한 마음으로 무량한 중생의 마음을 관하니, 이것을 타심지통이라 한다. 云何他心智通 菩薩悉知 十方世界 所有衆生 共煩惱心 不共煩惱心 煩惱繫心 及不繫心 善願心 惡願心 疑心 無疑心 上心 下心 貪恚癡心 欲界心 色無色界心 乃至一切畜生衆生 受苦樂心 無苦無樂心 以一心觀 一衆生心 以一心觀 無量衆生心 是名他心智通", 『구사론송소론본』 권27(대정장41, p.968a4)에 "타심지통은 처음 닦을 때 색을 문으로 삼는다. 곧 닦으려 할 때 먼저 자기 자신에게서 몸과 마음의 상이 변하여 달라짐을 따라 마음의 기쁨과 노여움이 드러난 모양을 살피고 그 뒤에 다시 타인의 몸과 마음의 상을 살핀다. 이렇게 더하여 행하면 후에 타인의 마음을 터득하고 타인의 마음 등에서 진실 그대로를 능히 알게 된다. 他心智通 初修之時 以色爲門 謂欲修時 先審觀己 身心二相 變異相隨 謂心喜怒形之於色 後復觀他 身心二相 由此加行 後得他心 於他心等 能如實知", 『유가론기』 권9(대정장42, p.519a12・한불전13, p.732a13)에 "일체행자는 단지 자기 마음만을 볼 뿐이지만 오직 불세존께서는 진실 그대로를 아신다. 서국에 두 가지 풀이가 있다. 첫째, 범부와 이승 그리고 보살들의 타심지통은 타인의 마음을 반연할 때 상분영상을 그 본질인 듯 여겨 분별하기에 보아도 밝게 알지 못한다. 반면에 부처님의 타심지는 비록 영상이지만 극히 본질에 맞닿아 분명히 안다. 그러므로 부처님께서는 진실 그대로를 아신다고 한다. 一切行者 但見自心 唯佛世尊 如實知也 西國二解 一云 凡夫二乘 及諸菩薩 他心智通 緣他心時 相分影像 似彼本質 以有分別 見不明了 不多稱質 佛他心智 雖有影像 極稱本質 名了了知 故名諸佛如實能知", "둘째, 십지에서 이미 돌이켰더라도 분별이 다하지 못하여 영상을 보기만 할 뿐 보아도 제대로 알지 못하나, 부처님께서는 분별을 벗어나 마음 밖의 경마저 보시므로 타인의 마음을 보고 여실히 아신다. 二云 十地已還 分別未盡 但見影像 見不了了 佛離分別 見心外境 故見他心 如實知也"라고 하였다. 〔참고문헌〕『菩薩善戒經』, 『俱舍論頌疏論本』, 『瑜伽論記』, *Abh-k-bh.423.* ⇨ 타심통 他心通, 육신통 六神通

타심지통원 他心智通願 아미타불(阿彌陀佛)이 인위에서 발한 48원(願) 중 제8원. 모든 중생이 타심지통을 얻기를 바라는 원. 『무량수경』 권상(대정장12, p.268a3 : *Sukh-vy. I*, p.16)에 "설령 제가 부처가 되었더라도 나라 안의 인간과 천상이 타인의 마음을 보는 지혜를 얻지 못하고 아래로는 백천억나유타의 모든 불국토에 사는 중생이 마음에 품은 생각까지 알지 못한다면 정각을 취하지 않겠나이다. 設我得佛 國中人天 不得見他心智 下至不知百千億那由他 諸佛國中 衆生心念者 不取正覺 sacen me bhagavaṃs tasmin buddhakṣetre y e sattvāḥ pratyājāyeraṃs te sarve na paracittajñānakovidā bhaveyur antaśo buddhakṣetrakoṭīnayutaśatasahasraparyāpannānāṃ sattvānāṃ cittacaritaparijñānatayā mā tāvad aham anuttarāṃ samyaksaṃbodhim abhisaṃbudhyeyam"라고 하였다. [참고문헌]『無量壽經』, *Sukh-vy. I*. ⇨ 미타인행사십팔원 彌陀因行四十八願, 사십팔원 四十八願

타심철감력 他心徹鑒力 타인의 마음을 사무쳐 비춰보는 힘. 타심통(他心通)을 말한다. 『관무량수불경의소』 권상(대정장37, p.284a7)에 "만약 마구니에게 장애입음을 비추어 보지 못한다면 천안으로 멀리 보는 힘과 천이로 멀리까지 듣는 힘과 타인의 마음을 사무쳐 비추는 힘은 다시 어디에 쓰겠는가! 若不能鑒察 被魔爲障者 天眼遠見力 天耳遙聞力 他心徹鑒力 復何在耶"라고 하였다. [참고문헌]『觀無量壽佛經義疏』. ⇨ 타심통 他心通

타심통 他心通 Ⓢ cetaḥ-paryāyābhijñā, Ⓟ cetopariya-ñāṇa, Ⓣ sems-kyi-rnam-grangs-mngon-par-shes-pa. 오통(五通) 또는 육신통(六神通) 중 하나로 타인의 마음에 통함을 말한다. 타심지증통(他心智證通)·지심차별지작증통(智心差別智作證通)·관심심수법지증통(觀心心數法智證通)·지타심통(知他心通)·타심지통(他心智通)·심차별통(心差別通)이라고도 한다. 십지(十智) 중 타심지(他心智)에 해당한다. 『대방등대집경』 권29(대정장13, p.202a28)에 "사리불이여, 보살이 남의 마음을 아는 신통도 다함이 없다. 어떤 것을 보살이 남의 마음을 아는 신통이라고 하는가? 모든 중생의 상중하 등의 마음을 보살이 다 아는 것이다. 즉 어떤 중생의 시근을 인한 심상을 알고, 어떤 중생의 계근을 인한 심상을 알며, 어떤 중생의 인근을 인한 심상을 알고, 어떤 중생의 진근을 인한 심상을 알며, 어떤 중생의 정근을 인한 심상을 알고, 어떤 중생의 지근을 인한 심상을 알며, 어떤 중생의 자비희사 등 근을 인으로 한 심상을 알고, … 이렇게 중생이 연을 따라 법을 깨우치는 지를 아니, 이것을 보살이 남의 마음을 아는 지라고 한다. 舍利弗 菩薩知他心通 亦不可盡 云何菩薩知他心通 若諸衆生上中下心菩薩悉知 知是衆生因施根心相 知是衆生因戒根心相 知是衆生因忍根心相 知是衆生因進根心相 知是衆生因定根心相 知是衆生因智根心相 知是衆生因慈悲喜捨根心相 … 知是衆生隨緣悟法 是名菩薩知他心智", 『구사론』 권27(대정장29, p.143a7 : *Abh-k-bh*., p.422)에 "모든 유정이 타심통을 닦고자 한다면 우선 자신의 몸과 마음 두 가지 상이 전후로 변이하고 거듭 펴고 서로 따름을 자세하게 관찰하고 난 다음, 다시 타인의 몸과 마음의 상을 자세하게 관찰해야 한다. 이로 말미암아 가행이 점차로 성취되는데, 성취한 다음에는 자신의 마음과 모든 색신을 관찰하지 않더라도 다른 이의 마음 등을 여실하게 알 수 있게 된다. 諸有欲修他心通者 先審觀已身心二相 前後變異 展轉相隨 後復審觀 他身心相 由此加行漸次得成 成已不觀 自心諸色 於他心等 能如實知 paracittaṃ hi jñātukāma ātmanaḥ kāyacittayornimittamudgṛhlāti. kīdṛśe 'pi me kāye kīdṛśaṃ cittam bhavaty evaṃ pareṣāmapyābhujataścittajñānādabhiniṣpannā bhavati. abhiniṣpannāyām abhijñāyāṃ rūpanirapekṣo jānāti"라고 하였다. [참고문헌]『大方等大集經』, 『俱舍論』, *Abh-k-bh*·*421.*, *DN.2.83.* ⇨ 오신통 五神通, 육신통 六神通

타악도 墮惡道 Ⓢ apāyān gacchati, apāya-gamana, apāya-saṃvartanīyāni. 악도에 떨어지다. 악업(惡業)을 지은 죄의 과보(果報)로서 악도의 윤회에 떨어지는 과를 초래한다. 『장아함경』 권6 「전륜성왕수행경 轉輪聖王修行經」(대정장1, p.41a24)에 "중생은 대부분 십악을 쌓기에 대부분 악도에 떨어진다. 衆生 多修十惡 多墮惡道", 『기세인본경』 권2(대정장1, p.371c29)에 "세간의 어떤 사람은 오로지 살생하거나 남의 재물을 훔치거나 사음·망어·양설·악구·기어 등 탐·진·사견에 골몰한다. 이러한 인연으로 몸이 무너져 목숨을 마치면 결국 악도에 떨어져 지옥에 살게 된다. 世有一人 專作殺生 盜他財物 邪婬 妄語 兩舌 惡口 及綺語等 貪瞋邪見 以是因緣 身壞命終 當墮惡道 在地獄中", 『약사여래본원경』(대정장14, p.403c2)에 "만약 저 여래께서 지닌 명호가 귓속으로 들어갔음에도 이 사람이 악도에 떨어진다면 있을 수 없는 일이다. 若彼如來所有名號 入其耳中 此人墮惡道者 無有是處", 『화엄경소』 권35(대정장35, p.774c3)에 "첫 부분의 악도에 떨어진다는 말에는 세 가지 뜻이 있다. 첫째, 악행에 의하여 가기 때문이니 이는 쌓은 인과 상응한다. 경에 '모두 열 가지 불선업에 따른다'라고 하였다. 둘째, 자기 자신이 고뇌를 일으킴에 의지한다. 이것은 다른 모든 중생을 떨어뜨린다는 뜻이다. 셋째, 항상 갖가지 고의 양상이 있는 경계에 떨어져 있다는 뜻이다. 이는 떨어져 있는 악취를 나타낸다. 앞의 두 가지는 모두 괴로운 과보이다. 업은 인을 뜻하고, 도는 통과하여 도달한다는 뜻이다. 今初墮惡道者 有三種義 一者 乘惡行往故 此卽集因 經云 皆以十不善業 二者 依止自身 能生苦惱 此卽能墮 一切衆生 三 常墮種種苦相處 斯卽所墮惡趣 上二皆苦果 業者因義 道者通到義"라고 하였다. [참고문헌]『長阿含經』, 『起世因本經』, 『藥師如來本願經』, 『華嚴經疏』, *Sūtr.12.*, *Vajr-pr.82.* ⇨ 악도 惡道❷, 삼악도 三惡道, 십악업 十惡業

타야권 打爺拳 아비의 주먹을 휘두르다. 임제의현(臨濟義玄)에게 보인 황벽(黃蘗)의 주먹에서 유래한 말이다. 『송고연주통집』 권39(卍속장115, p.498b7)에 "오조법연에게 스님이 묻되 '무엇이 임제하의 일인지요?' 스승이 답하길 '오역죄인이 천둥소리 듣는다'라고 했다. [송] … 그 스님이 애써 아비의 주먹을 휘두르니, 벼락 치는 소리 중 우주 깜깜하고 무명의 금시조는 놀라 날아오르네. 창해는 크게 물결치며 용을 취해 삼키네.〈동산혜공의 송〉. 五祖演因僧問 如何是臨濟下事 師曰 五逆聞雷 頌曰 … 者僧苦下打爺拳 霹靂聲中宇宙昏 驚起無明金翅鳥 擘開滄海取龍吞〈東山空〉"라고 하였다. [참고문헌] 『頌古聯珠通集』, 『闢妄救略說』 권10(卍속장114, p.377a4). ⇨ 임제대오 臨濟大悟

타어일하 打魚一下 목어(木魚) 쳐서 한 번 내리다. 『백장청규증의기』 권8 「좌선 坐禪」(卍속장111, p.845a11)에 "신임 당치가 목어 쳐 한 번 내리면 대중은 밖으로 나가 잠깐 쉰다. 마치면 문에 달린 주렴을 풀고 (승당을) 한 바퀴 돌며 대중의 좌정을 살핀다. 新當值打魚一下 衆人出外小解畢 將門簾放下 順行一匝 看衆人坐定", 『호각집』 권하 「기염불칠의식 起念佛七儀式」(卍속장109, p.577b3)에 "미타경정토주를 염하여 마치면, 아미타불의 몸이 금색임을 떠올리며 불상을 돌고 승당으로 돌아간다. 울리는 경쇠 소리가 멈추면 목어 쳐 한 번 내리고 잠시 쉰다. 念彌陀經淨土呪畢 念阿彌陀佛身金色 遶佛歸堂 鳴磬停聲 打魚一下 抽解"라고 하였다. [참고문헌] 『百丈淸規證義記』, 『角虎集』, 『雲棲法彙』 권22(가흥장33, p.159c1). ⇨ 목어 木魚

타연대승심 他緣大乘心 십주심(十住心) 중 여섯 번째. 다른 중생을 연하여 중생 제도의 대행(大行)을 행하는 마음. 무연자비를 일으켜 중생을 제도하는 대승행(大乘行)의 마음으로 무연승심(無緣乘心)이라고도 한다. 『원밀종이교명목』(대정장74, p.430a27)에 "고야대사가 세운 십주심이란 … 여섯째는 타연대승심〈유가·심밀 등의 법상종〉이다. 高野大師所立十住心者 … 六 他緣大乘心〈瑜伽深密等 法相宗〉", 『진언종교시의』(대정장75, p.401a4)에 "제6타연대승심은 법상으로 보살승이다. 第六他緣大乘心 是法相 菩薩乘也", 『진언명목』(대정장77, p.733c21)에 "여섯째 타연대승심은 법상종이다. 처음으로 유심의 뜻을 관하여 동체대비를 발하니 이 때문에 타연이라 이름하였고, 대승의 첫 문이기에 대승이란 이름을 유달리 세웠다. 六 他緣大乘心 法相宗也 初觀唯心理 發同體大悲 是故名他緣 大乘初門 故殊立大乘名也"라고 하였다. [참고문헌] 『圓密宗二教名目』, 『眞言宗教時義』, 『眞言名目』. ⇨ 무연승심 無緣乘心, 십주심 十住心

타옥 墮獄 지옥에 떨어지다. 『출요경』 권8(대정장4, p.654a13)에 "도를 가까이하면 하늘에 오르고, 가까이 하지 않으면 지옥에 떨어진다. 近道昇天 不近墮獄", 『지관보행전홍결』 권2(대정장46, p.198c2)에 "탐은 미혹의 바탕이어서 계를 무너뜨려 지옥에 떨어지게 한다. 貪爲惑本 毁戒墮獄", 『능엄경전』 권9(卍속장89, p.282a15)에 "삼업을 끊고 하늘에 나거나 삼업을 일으켜 지옥에 떨어지거나 모두 윤회다. 斷三業生天 起三業墮獄 皆輪迴也"라고 하였다. [참고문헌] 『出曜經』, 『止觀輔行傳弘決』, 『楞嚴經箋』. ⇨ 지옥 地獄

타원만 他圓滿 Ⓢ para-saṃpad, Ⓣ gzhan-gyi-'byor-ba. 다른 이들 원만하게 하다. 자원만(自圓滿 Ⓢ ātma-saṃpad)에 맞선다. 『유가사지론』 권21(대정장30, p.396c9 : *Śrāv-bh.*, p.7)에 "무엇이 타원만인가? 제불이 세상에 출현하시고, 정법을 설하여 가르치시며, 정법의 가르침 오래 머물게 하고, 정법이 머물고 따라 구르게 해서, 다른 이들 가엾이 여기는 일이다. 云何他圓滿 謂諸佛出世 說正法教 法教久住 法住隨轉 他所哀愍 parasaṃpat katamā. tadyathā buddhānāmutpādaḥ, saddharmadeśanādeśitānāṃ dharmāṇāṃ avasthānamavasthitānāṃ cānupravarttanaṃ. parataśca pratyanukampā"라고 하였다. [참고문헌] 『瑜伽師地論』, *Śrāv-bh.* ⇨ 자원만 自圓滿

타음이음 墮陰離陰 음에 떨어지고 음을 떠나다. 유위법과 무위법을 말한다. 『비바사론』 권7(대정장28, p.464b3)에 "[문] 어째서 유위법, 무위법이라 하는가? [답] 태어나고 늙는 무상에 떨어져 있음을 유위라 하고, 태어남과 늙음이라는 무상에 떨어지지 않음을 무위라 한다. … 또는 음에 떨어지면 유위법이고, 음을 여의면 무위법이다. 또는 고통에 얽히면 유위라 하고, 괴로움을 여의면 무위다. 問曰 何以故 說有爲法無爲法 答曰 謂墮生老無常是有爲 謂不墮生老無常是無爲 … 或曰 謂墮陰是有爲 謂離陰是無爲 或曰 謂苦縛是有爲 謂離苦是無爲"라고 하였다. [참고문헌] 『鞞婆沙論』. ⇨ 유위법 有爲法, 무위법 無爲法, 오음 五陰, 음 陰

타이변 墮二邊 Ⓢ dvayānta-patita. 두 끝에 떨어지다. 『대반야경』 권384(대정장6, p.984a17)에 "보살마하살이 깊은 반야바라밀다를 행할 때 방편을 잘 알아 제 유정에게 두 갈래 상을 여의게 하고 다시 안주케 한다. 비록 상 없는 계에 안주토록 하지만 그들이 이것은 상이다 이것은 무상이다 하는 두 끝에 떨어져 집착하지 않도록 한다. 菩薩摩訶薩 行深般若波羅蜜多時 方便善巧 教諸有情 遠離二相 復教安住 無相界中 雖教安住 無相界中 而不令其墮二邊執 謂此是相 此是無相", 『삼법장경』 권23(대정장8, p.666b12)에 "보살은 도량에 앉아 있을 때는 이와 같이 연으로 일어나는 법을 보아야 한다. 이와 같이 보고 나면 이변에 떨어지지 않고 중도에도 머물지 않는다. 이것은 보살이 (이승이나 범부와) 함께하지 않는 법이다. 이와 같이 보는 이는 일체지지를 얻는다. 菩薩坐道場時 應當如是 觀緣生法 如是觀已 不墮二邊 不住中道 是爲菩薩 不共之法 如是觀者 得一切智智", 『대지도론』 권46(대정장25, p.396a11)에 "누구라도 이 공을 닦지 않으면 반드시 언제나 있다고 하거나 다 사라져버린다고 하는 이변에 떨어진다. 왜 그런가? 만약 모든 법이 실로 있는 것이라면 멸의 뜻은 전혀 없게 되니 상중에 떨어진다. 若人不習此空 必墮二邊 若常若滅 所以者何 若諸法實有 則無滅義 墮常中", 『금강선론』 권3(대정장25, p.814c23)에 "만약 정하여 유나 무를 말하게 되면 아마도 이변에 떨어질까 두려우니, 이변에 떨어진즉 아·인·중생 등의 상에 붙들림이 분명하니 반드시 정하여 설해서는 안 된다. 若定說有無 恐墮二邊 若墮二邊 則著我人衆生等相 故不得定說也", 『방편심론』(대정장32, p.24b8)에 "만일 하나라는 것(一者)을 말하게 되면 고변에 떨어질 것이고, 만약 다른 것들 예를 든 것(多者)을 말하면 낙변에 떨어질 것이다. 하나든 여럿이든 반드시 분별의 끝에 떨어지리니 불법의 뜻은 아니다. 若言一者 則墮苦邊 若言異者 則墮樂邊 是故有說 若一若異 必墮二邊 非佛法義"라고 하였다. 〔참고문헌〕『大般若經』, 『三法藏經』, 『大智度論』, 『金剛仙論』, 『方便心論』, *Laṅk.288·353.* ⇨ 이변 二邊

타이품 他異品 인명 용어. 다른 이품(Ⓢ vipakṣa). 인명식에서 인이품(因異品) 중 입론자만이 인정하는 이품을 말한다. 자동품(自同品)과 같고, 대론자만 인정하는 타동품(他同品)에 대칭한다. 원효(元曉)의 『판비량론』(한불전1, p.815a17)에 "즉 안식·이식·비식이라 하면 반드시 설식·신식·의식이 있게 되니, 나머지 다른 식으로는 거두지 않는다(宗). 삼육문(三六門 : 六識身) 중에 세 가지 식으로 거두기 때문이다(因). 마치 설식·신식·의식과 같다(喩). 이 중에서 끝내 육식이 성취되기에 타이품으로 삼는다. 우리(唯識家)가 인정하는 팔식은 자이품에 해당한다. 謂眼耳鼻識 必有舌身意識 不攝餘別識 三六門中 三識攝故 猶如舌身意識 此中極成六識 爲他異品 自許八識 爲自異品"라고 하였다. 〔참고문헌〕『判比量論』. ⇨ 자동품 自同品, 이품 異品, 공이품 共異品, 타동품 他同品, 자이품 自異品

타일세 墮一世 Ⓢ ekādhva-patitatva, Ⓣ dus-gcig-tu-gtogs-pa-nyid. 같은 세에 떨어지다. 마음(心王)이 시(時)·과(果) 등 심소법(心所法)과 더불어 일세를 같이 하는 것으로 따라 구르는(隨轉) 뜻을 드러내 보인 말이다. 『순정리론』 권15(대정장29, p.418b2)에 "〔논〕 간략히 설해, 시와 과 등과 선 등의 열 가지 연을 말미암기에 마음 따라 구른다고 한다. 먼저 '시를 말미암는다'는 것은 이것이 마음과 더불어 한 번 나서 머물다 사라지는 것과, 한 세에 떨어져 있는 것을 말한다. … 한 때에 나서 머물다 사라진다고 말해도 한 세에 떨어져 있음을 알 수 있지 않는가? 한 세에 떨어져 있을 때에는 비록 떨어져 있는 것을 알았다 하더라도 오히려 제대로 알 수 없다. 이 법과 심이 과거와 미래에도 서로 여윌 수는 없기 때문이다. 모든 불생법을 드러내 보이고자 다시 한 세에 떨어져 있다고 설한다. 論曰 略說由時果等善等十種緣故 名心隨轉 且由時者 謂此與心一生住滅 及墮一世 … 豈不但言一生住滅 卽知亦是墮一世中 雖亦卽知墮於一世 而猶未了 此法與心 過去未來 亦不相離 或爲顯示諸不生法故 復說言及墮一世", 『구사론송소론본』 권6(대정장41, p.854a10)에 "이러한 심소는 심왕과 더불어 함께 나고 함께 머물다 함께 사라지기에 일세에 떨어지므로 따라 구른다라 한다. 此與心王 同一生 同一住 同一滅 同墮一世 故名隨轉", 『구사론기』 권6(대정장41, p.114b10)에 "시에는 네 가지가 있다. 한 번 일어나 사라지고 머물며 한 세에 떨어지니, 이는 (심소가) 심과 더불어 함께 하는 때를 드러내고서야 비로소 따라 구른다고 말할 수 있게 된다. 〔문〕 (유위의) 사상 안에서 어찌 이상(異相)은 말하지 않는가? 〔해〕 생이란 미래에 있으면서 법은 현재에 들어가는 것이고, 주상이란 현재에 있으면서 법을 안주하게 하는 것이며, 멸이란 사라져 과거가 되는 것을 말하는데 각기 특별한 공능이 있기에 별도로 설하였지만 상을 달리 한다는 것 또한 멸을 도와서 법이 과거가 되는 것이라 별도로 특별한 공능이 없기에 설하지 않은 것이다. 時中有四 一生 一滅 一住 墮一世 此顯與心同一時 方名隨轉 問 四相之內 何故不說異相 解云 生在未來 令法入現在 住在現在 令法安住 滅謂滅入過去 各有勝能 是故別說 異相助滅 令法過去 無別勝能 是故不說"라고 하였다. 〔참고문헌〕『順正理論』, 『俱舍論頌疏論本』, 『俱舍論記』, *Abh-k-bh.84.* ⇨ 심수전 心隨轉

타일조 打一遭 그저 한 바탕 휘돌다. 『원오어록』 권14 「시허정구봉의 示許庭龜奉議」(대정장47, p.776c20)에 "더욱이 능히 내려놓고 확 트여 늘 그렇듯이 하면서도 사무쳐 무심으로 일체법 저 꿈 같고 허깨비 같고 물거품 같다고 관한다. 허공인냥 뚫린 그곳에 시절 따라 응하며 버리고 보내며 그렇게 가기만 한다면, 곧 유마힐·부대사·방거사·배상국(裴休)·양내한(楊億) 등 재가의 뛰어난 보살들과 더불어 그 바르디 바른 인을 함께 하리라. 자기역량 따라 뒤쳐 구르며 깨우치지 못하더라도 다 함께 무위무사한 법성해 중에 들고 곧바로 염부제 한 바탕 휘돌아 나오리니 본전 밑질 일 없을 것입니다. 尤能放下 廓爾平常 徹證無心 觀一切法 如夢幻泡 空豁豁地 隨時應節 消遣將去 卽與維摩詰 傳大士龐居士 裴相國楊

內翰 諸在家勝士 同其正因 隨自己力量 轉化未悟 同入無爲無事法性海中 則出來南閻浮提打一遭 不爲折本矣", 『서장』「답탕승상장 答湯丞相狀」(대정장47, p.942a15)에 "만일 이 일 향해 마치지 못했다면 헛되이 와서 남염부제를 한 바탕 휘돌아 인을 거두고 과 맺을 때라 여길 따름이니 그저 이 한 몸 악업 얻어 두르고 갈 뿐입니다. 若不向此事上了却 卽是虛來 南閻浮提打一遭 收因結果時 帶得一身惡業去", 『나옹어록』「시각성선화 示覺成禪和」(한불전6, p.724b19)에 "이는 신심이 바로 서지 않고 입지가 견고하지 않아서입니다. 이처럼 허송세월하며 부질없이 신시를 받으면 다른 때 저 훗날 염라노자의 밥값 계산을 면치 못함입니다. 이를 부질없이 세상에 왔다가 한 바탕 돌다 갈 뿐입니다. 是爲信心不堅 立志不固 如此虛送日月 空受信施 他時後日 未免閻羅老子 打筭飯錢 是謂空來世上 打一遭耳"라고 하였다. [참고문헌] 『圜悟語錄』, 『書狀』, 『懶翁語錄』. ⇨타 打[2]

타자 他字 ⓢtha-kāra. 실담(悉曇) 사십이자문(四十二字門) 또는 오십자문(五十字門) 중 하나. 타(陀·咃)라고도 한다. 실담자는 . 『불본행집경』 권11(대정장3, p.704b19)에 "타자를 소리 내는 순간 일체중생 그 마음을 도끼와 같이 해서 모든 번뇌경계 마치 대나무토막과 같게 하니 마땅히 이렇게 관하면서 이와 같은 소리를 낸다. 唱他字時 一切衆生 其心若斧 諸塵境界 猶如竹木 當作是觀 出如是聲", 『대반야경』 권415(대정장7, p.81c28)에 "타자문에 들어감에 일체법이 의지하는 바에는 자성이 없음을 깨닫는다. 入他字門 悟一切法 所依處性 不可得故", 『대품반야경』 권5「광승품 廣乘品」(대정장8, p.256b5)에 "타자문에 들면 제법의 처에 드는 것 불가득이다. 他字門 入諸法處不可得故", 『문수사리문경』 권상「자모품 字母品」(대정장14, p.498a23)에 "'타'자를 설하는 것은 답할 수 없다는 소리다. 說他字 出置答聲", 『대지도론』 권48(대정장25, p.407c24)에 "타자문에서 모든 법처가 불가득임을 깨닫는다. … 타자 소리를 들으면 일체법의 뜻 또한 불가득임을 알게 된다. 他字門 入諸法處 不可得故 … 若聞他字 卽知一切法 義不可得"라고 하였다. [참고문헌] 『佛本行集經』, 『大般若經』, 『大品般若經』, 『文殊師利問經』, 『大智度論』, 『大日經疏』 권7(대정장39, p.653c17), *Gaṇḍ-vy.353.*, *Lal-v.89.* ⇨사타자 娑他字, 사십이자문 四十二字門[1], 오십자문 五十字門, 실담사십이자문 悉曇四十二字門, 실담오십자문 悉曇五十字門, 실담 悉曇

타자 吒字 [1] ⓢṭa-kāra. 실담(悉曇) 사십이자문(四十二字門) 또는 오십자문(五十字門) 중 하나. 실담자는 . 타(佗) 또는 차(侘)로도 쓴다. 『대반야경』 권53(대정장5, p.302c15)에 "타자문에 들면 일체법상의 달려핍박함이 불가득임을 깨닫는다. 入吒字門 悟一切法 相驅迫性 不可得故", 『대지도론』 권48(대정장25, p.407c20)에 "타자문에서 모든 법을 다스려 다 할 수 없음을 깨닫는다. … 타자 소리를 들으면 모든 법에 걸림 없음을 알게 된다. 吒字門 入諸法制伏 不可得故 … 若聞吒字 卽知一切法 無障礙相", 『화엄경행원품소』 권8(卍속장7, p.709a3)에 "41번째 타자는 마땅히 타자(吒字)다. 일체법은 서로 치고 박는 성품이 없음을 깨닫는다. 곧 무아로 부처님의 경을 열어 보이니 몰아침이 없다. 四十一侘字 合是吒字 悟一切法 相駈迫性 不可得故 謂以無我 開示佛境 則無駈迫"라고 하였다. [참고문헌] 『大般若經』, 『華嚴經』, 『大智度論』, 『華嚴經行願品疏』, *Gaṇḍ-vy.*, *Lal-v.89.* ⇨따 ṭa, 사십이자문 四十二字門[1], 오십자문 五十字門, 실담사십이자문 悉曇四十二字門, 실담오십자문 悉曇五十字門, 실담 悉曇 [2] ⓢṭha-kāra. 실담(悉曇) 사십이자문(四十二字門) 또는 오십자문(五十字門) 중 하나. 실담자는 . 타(詫·咤)로도 쓴다. 60권본 『화엄경』 권57(대정장9, p.766a16 : *Gaṇḍ-vy.*, p.354)에 "타자를 소리내는 순간 반야바라밀문에 들어가니, 시방의 모든 부처님이 원하는 그대로 눈앞에 나타난다. 唱吒字時 入般若波羅蜜門 名十方諸佛隨願現前 ṭhakāraṃ parikīrtayataḥ sarvabuddhapraṇidhānadigabhimukhagamanaṃ nāma prajñāpāramitāmukhamavakrāntam"라고 하였다. [참고문헌] 『華嚴經』, *Gaṇḍ-vy.* ⇨타 咤, 사십이자문 四十二字門[1], 오십자문 五十字門, 실담사십이자문 悉曇四十二字門, 실담오십자문 悉曇五十字門, 실담 悉曇

타자 多字 실담자 (ta)의 음사어. 실담(悉曇)자문 중 하나로 여(如 tathā)에 이 뜻이 담겼다. 『대품반야경』 권5(대정장8, p.256a16 : *Pañca-pr.*, p.212)에 "타자문으로 제법의 여여한 상에 들어 움직이지 않는다. 多字門 入諸法如相不動故 takāro mukhaḥ sarvadharmāṇāṃ tathatā 'calitatvāt", 『번역명의집』 권5(대정장54, p.1134b20)에 "타타. 진나라 말로는 '여'다. 『대품반야경』에 '타자문으로 제법이 여여하여 움직임 없음에 든다.' 논에 이르길 '제법은 여중에 있어 움직이지 않는다' 하였다. 多他 秦言如 大品 多字門 入諸法 如相不動故 論云 諸法在如中不動故"라고 하였다. [참고문헌] 『大品般若經』, 『翻譯名義集』, 『大智度論』 권48(대정장25, p.407c19). ⇨실담 悉曇

타자 侘字 ⓢṭa-kāra. 실담자 . 실담자문 중 하나. 타(侘)로도 음사한다. 범어 탕카(ṭaṅka : 慢·怒)와 파타(paṭṭa : 帶·紐)에서 ṭa이다. 60권본 『화엄경』 권57(대정장9, p.766a24 : *Gaṇḍ-vy.*, p.354)에 "타〈치와 가를 반절한 음〉 자를 부를 때 반야바라밀문에 든다. 그 이름 모든 미혹한 식 깨우쳐 무아의 밝은 등 밝힌다고 한다. 唱侘〈恥加反〉字時 入般若波羅蜜門 名曉諸迷識無我明燈 ṭa-kāraṃ parikīrtayataḥ sattvārtha-nairātmya-kāryātyanta-pariniṣṭhā-pradīpaṃ nāma prajñāpāramitā-mukham-avakrāntam", 『화엄경소』 권59(대정장35, p.953c8)에 "타자는 상의 구박성이니 무아로서 깨우치기에 구박이라 한다. 侘字 卽相驅迫性 謂無我曉之 卽爲驅迫"라고 하였다. [참고문헌] 『華嚴經』, 『華嚴經疏』, *Gaṇḍ-vy.* ⇨ 실담 悉曇, 사십이자문 四十二字門, 실담사십이자문 悉曇四十二字門

타자 咃字 Ⓢ ṭha-kāra. 실담자 . 실담자문 중 하나. 타(咤·吒·侘)·차(姹)라고도 한다. 『불본행집경』 권11(대정장3, p.704b23)에 "타 자를 외울 때 법의 소리가 있어야 하니 이와 같은 소리를 낸다. 唱咃字時 當有法聲 出如是聲", 『대지도론』 권48(대정장25, p.408a7)에 "타자문은 제법의 자리에 들어간다는 것은 불가득임을 뜻한다. 咃字門 入諸法處不可得故", 『화엄경소초』 권89(대정장36, p.691a19)에 "『소』의 서른다섯째 타 자는 차(姹) 자로 달리 한역하기도 한다. 경을 아는 이라면 부처님 념하기를 쌓고 모으면 능히 어디서나 뵙는다. 『대지도론』에서 '타자를 들으면 일체법에 머물 자리가 없음을 안다'고 하였다. 남인도 말로 타나(Ⓢ ṭhāna)는 한역하면 처라고 한다. 疏三十五吒字 別譯爲姹字 若會經者 積集念佛故 能普見 智論云 若聞咃字 卽知一切法無住處 南天竺咃那 此言處故", 『방광반야경』 권4(대정장8, p.26c13)에 "타자는 제법에 각각 다름이 있고 있지 않은 곳이 없음을 뜻한다. 咃者 諸法各有異 無不有處"라고 하였다. [참고문헌] 『佛本行集經』, 『大智度論』, 『華嚴經疏鈔』, 『放光般若經』. ⇨ 타자 吒字[2], 타자 咤字

타자 拕字 Ⓢ rtha-kāra. 실담자 . 실담자문 중 하나. 타(他)·시(施)·이타(伊陀)·아타(阿他)·아시(阿施)·갈라다(曷攞多) 등으로도 음사한다. 범어 아르타(artha : 義)에서의 rtha이다. 『방광반야경』 권4(대정장8, p.26c7)에 "이타는 제법의 뜻 불가득이라는 말이다. 伊陀者 諸法義不可得", 『대지도론』 권48(대정장25, p.408c21)에 "타 자를 들으면 일체법의 뜻이 불가득임을 안다. 아타(Ⓢ artha)는 진나라 말로 뜻이다. 若聞他字 卽知一切法義不可得 阿他 秦言義", 『번역명의집』 권5(대정장54, p.1135c22)에 "아시는 진나라 말로 의다. 『대품경』에서는 시자라고 하였다. 경은 본래 '시자문을 지으면 제법의 시자는 불가득이라는 뜻이다'라고 하였기 때문이다. 『대지도론』에서는 '타자를 들으면 일체법의 뜻이 불가득임을 안다'라고 하였다. 『화엄경』에서는 '게라다 자를 외우면 생사경계에서의 지혜의 바퀴를 뜻한다'라고 하였다. 『화엄경소』에서 말하길 '집착의 뜻으로서의 성이다. 집착한즉 생사경이고 의인즉 지혜륜이다'라고 하였다. 阿施 秦言義 大品施字 經本作施字門入諸法施字不可得故 論曰 若聞他字 卽知一切法義不可得 華嚴 唱曷攞多字 名生死境界智慧輪 疏云 卽執著義性 執著爲生死境 義卽智慧輪"라고 하였다. [참고문헌] 『放光般若經』, 『大智度論』, 『翻譯名義集』. ⇨ 실담 悉曇, 사십이자문 四十二字門, 아타 阿他[1]

타자 咤字 Ⓢ ṭha-kāra. 실담자 . 실담자문 중 하나. 타(他·姹·咃·搋)로도 음사한다. 범어 타나(ṭhāna : 處)와 비타파나(Ⓢ viṭhapana : 長養)에서의 ṭha이다. 『대일경』 권2(대정장18, p10b3)에 "타자문. 일체제법 자라는 것 불가득이네. 咤字門 一切諸法長養不可得故"라고 하였고, 그 뜻에 대해 『대일경소』 권7(대정장39, p.653a25)은 "범어 비타발나는 장양이라는 뜻이다. 세간종자로 인을 삼고 오대시절로 연이 되어 점차 윤택하게 자라 열매가 되듯, 내법도 그렇다. 업의 밭 중에 식종자를 심고 무명으로 덮고는 갈애의 물로 적시니 적셔 자라게 된다. 『도간경』에 자세히 밝힌 대로다. 梵音 毘咤鉢那 是長養義 如世間種子爲因 五大時節爲緣 漸次滋長 得成果實 內法亦爾 於業田中 下識種子 無明所覆 愛水所潤 而得滋長 如稻芉經中廣明", 같은 책 권19(대정장39, p.774b23)에 "일체법이 양육을 떠나므로 타자의 형상이 나타난다. … 或一切法離養育故 咤字形現", 『대품반야경』 권5(대정장8, p.256a22 : *Pañca-pr*, p.213)에 "타자문은 제법 드는 문이야말로 불가득이다. 他字門 入諸法處不可得故 ṭha-kāra-mukhāḥ sarvadharmā viṭhapana-anupalabdhitaḥ"라고 하였다. [참고문헌] 『大日經』, 『大日經疏』, 『大品般若經』, *Pañca-pr.* ⇨ 실담 悉曇

타자 墮煮 바일제(波逸提 Ⓟ pācittiya)의 한역어. 수수령타(數數令墮)·작타(作墮)라고도 한역한다. 『집이문족론』 권1(대정장26, p.370a25)에 "이러한 비구는 타자죄를 범한 것이다. 如是苾芻犯墮煮罪"라고 하였다. [참고문헌] 『集異門足論』. ⇨ 바일제 波逸提

타작 他作 Ⓢ para-kṛta, Ⓟ paraṃ-kata, Ⓣ gzhan-gyis-byas-pa. 다른 이가 짓다. 생노병사하고 고통받는 유정들 세계 모두 외부에 다른 것 있어서 짓는다고 생각하는 것을 말한다. 예를 들면 신아(神我 Ⓢ Puruṣa) 등이 있어 주재한다고 여기는 등이다. 스스로 짓는다는 뜻은 자작(自作 Ⓢ svayaṃ-kṛta)이다. 짓는 이도 없고(無作者) 받는 이도 없어(無受者) 무아(無我)인 연기중도의 뜻에서 자작도 타작도 모두 바른 법의 뜻은 아니다. 『잡아함경』 권12(대정장2, p.81a18 : *Nalakalapiya-sutta*, *SN.2*, p.112)에 "늙음과 죽음은 스스로 짓는 것입니까? 아니면 다른 이에 의해 짓는 것입니까? 老死自作耶 爲他作耶 kinnu … sayaṃkatāṃ jarāmaraṇaṃ paraṃkataṃ jarāmaraṇaṃ", 『유가사지론』 권10(대정장30, p.328a17 : *Yogā-bh.*, p.230)에 "〔문〕 어떤 인연으로 연기의 지들 자작도 아니고 타작도 아니며, 함께 짓는 것도 아니며, 또한 인 없이 생겨나는 것도 아니라고 설하는가? 〔답〕 생하는 것은 유가 아니고, 연은 작용이 없기 때문이니, 연의 힘으로 생겨날 뿐이다. 問 何因緣故 說緣起支非自作 非他作 非俱作 亦非無因生耶 答 生者非有故 緣無作用故 緣力所生故 kena kāraṇena svayaṃkṛtāni na parakṛtāni na-ubhayakṛtāni na-apy-ahetu-samutpanna-anyetāny-aṅgāny-ucyante. utpatty-uttara-sattvāt. pratyayasya ca nirīhatvāt. pratyaya-sāmarthya sad-bhāvāc-ca", 『유가론기』 권23(대정장42, p.850b14 · 한불전14, p.859a3)에 "만약 다른 이가 짓는다 한다면, 이는 합당하지 않으니 신아가 있을 리 없기 때문이다. 若言他作者 不應道理 無有神我故", 『중론』 권2(대정장30, p.16b24)에 "어떤 이는 괴로움은 스스로 짓는다고 하며, 또는 다른 이가 짓는다고 하며, 또 스스로도 짓고 다른 이도 짓는 것이라고 하고, 또 인 없이도 짓는다 한다. … 중생들은 뭇 연들 때문에 고통에 이르고 괴로움 싫어해 열반을 구하지만, 괴로움의 실다운 인연을 알지 못하기에 이러한 네 가지 그릇됨이 있게 된다. 有人言苦惱自作 或言他作 或言亦自作亦他作 或言無因作 … 衆生以衆緣致苦 厭苦欲求滅 不知苦惱實因緣 有四種謬"라고 하였다. 〔참고문헌〕 『雜阿含經』, 『瑜伽師地論』, 『瑜伽論記』, 『中論』, *SN.*, *Yogā-bh.* ⇨ 공작 共作, 자작 自作, 아작 我作, 악인론 惡因論

타작공양 他作供養 Ⓢ parakārita-pūjā, Ⓣ gzhan-gyis-byas-pa'i-mchod-pa. 다른 이로 하여금 공양 짓게 하다. 십종공양(十種供養) 중 하나다. 자작공양(自作供養 Ⓢ svayaṃkṛtā pūjā)과 대칭한다. 『보살지지경』 권7(대정장30, p.926a4)에 "만약 보살이 약간의 재물이 있다면 자비심으로 저들 가난에 시달리는 박복중생에게 베풀어 여래와 지제에 공양하도록 하게 해서 안락을 얻게 해야하니 스스로 하지 않는다. 이를 가리켜 보살의 타작공양이라 한다. 若菩薩 有少許物 以慈悲心 施彼貧苦 薄福衆生 令得供養 如來及支提 令得安樂 而不自爲 是名菩薩他作供養", 『법화의소』 권11(대정장34, p.621a17)에 "둘째, 타작공양은 약간의 재물이 있으면 게으름 피우지 않고 다른 이로 하여금 보시하여 공양하도록 한다. 二 他作供養 有少財 不敢懈怠 敎他施作供養"라고 하였다. 〔참고문헌〕 『菩薩地持經』, 『法華義疏』, 『大乘義章』 권14(대정장44, p.742b3), *Bodh-bh.160.* ⇨ 자작공양 自作供養, 십종공양 十種供養 ■

타재 墮在 Ⓢ patita, Ⓣ gtogs-pa. 떨어져 있다. 삼세(三世) 유위계(有爲界)와 지옥 등에 유정으로서의 삶을 영위한다는 뜻이다. 『대방편불보은경』 권2(대정장3, p.136a12)에 "나는 그때 화거지옥에 떨어져 있었는데, 둘이서 나란히 불수레를 끌었다. 我於爾時 墮在火車地獄中 共兩人竝挽火車", 『대비바사론』 권5(대정장27, p.22c2)에 "또 다시 저 수행자는 견도에 떨어져 있게 되면 대법의 빠른 흐름에 의해 떠밀려 퇴전할 리 없다. 그 마음이 게을러야만 물러날 뿐이다. 마치 어떤 사람이 산골짜기 폭류에 떨어져 떠내려 가면 잠시도 머무를 수 없듯이, 행자도 이와 같기에 퇴전하지 않는다. 復次 以彼行者 墮在見道 大法駃流 爲流漂激 無容可退 其心慢緩方可退故 如人墮在山谷暴流 爲流所漂 無得暫住 行者亦爾 是故不退", 『순정리론』 권4(대정장29, p.348c11)에 "그 오식신은 온통 무분별이라면, 또 오직 일념에도 경 중에 떨어져 있으리니, 어떻게 선성이나 불선성을 세울 수 있는가? 其五識身皆無分別 又唯一念墮在境中 云何立爲善不善性", 『유가사지론』 권6(대정장30, p.304b22)에 "(聲論師는) 소리란 '상주하여 생도 멸도 없다'라고 하는데 … 삼세에 떨어져 있는 법은 항상한가, 무상한가? 만약 항상한 것이라고 한다면, 삼세에 떨어진다는 것은 도리에 맞지 않다. 만약 무상한 상이라고 한다면, 삼세 중에서도 항시 실유해야 하니 도리에 맞지 않다. 聲相常住無生無滅 … 墮三世法 爲是常相 爲無常相 若常相者 墮在三世 不應道理 若無常相 於三世中 恒是實有 不應道理"라고 하였다. 〔참고문헌〕 『大方便佛報恩經』, 『大毘婆沙論』, 『順正理論』, 『瑜伽師地論』, *Bodh-bh.271.*

타재이변 墮在二邊 Ⓢ anta-dvaya-patita, Ⓣ mtha'-gnyis-su-ltung-ba. 시라율의(尸羅律儀 Ⓢ śīla-saṃvara : 戒律儀)가 훼손되는 열 가지 인연(十種虧損因緣) 중 하나. 극히 즐겨 행하거나 즐거움(極樂行 Ⓢ kāma-sukhallika)과 스스로를 괴롭게 하는 행(自苦行 Ⓢ ātma-klamatha)이라는 두 극단적인 행을 수용하는 것을 말한다. 청정계(淸淨戒)는 이것을 떠나는 이이변계(離二邊戒)다. 『유가사지론』 권22(대정장30, p.404b16)에 "무엇을 타재이변이라 하는가? 가령 어떤 이는 극히 즐거운 행위라는 극단을 수용하는 데 집착해 합당하든 합당하지 않던 타인에게서 얻은 모든 의복 · 음식 · 와구 · 병에 따른 의약 · 생필품에 애착하여 수용하면서, 그에 따르는 잘못을 보지 않고 벗어남을 알지 못하니, 이것을 첫 번째 극단이라 한다. 또 어떤 이들은 스스로를 괴롭히는 행의 극단을 기꺼이 구해서 수용한다. 수많은 방식으로 자신을 괴롭혀 극한의 고초를 받는다. 가령 가시덤불을 쓰거나, 재 가루를 쓰거나, 나무몽둥이나 나무판에 의지하고, 여우처럼 웅크린 채로 있거나 앉은 채로 요가를 수습하고, 또한 불을 섬겨 하루에 세 번 예를 올리거나, 물 위로 올라가 하루에 세 번 그 물 위로 올라가 한 발로 머물러 해를 따라 돌거나, 그 밖의 다른 모습으로 스스로 고행한다. 이것을 두 번째 극단이라 한다. 이와 같은 것을 두 극단에 떨어져 있다고 한다. 云何名爲墮在二邊 謂如有一 耽著受用極樂行邊 從他所得 或法非法 所有衣服飮食 臥具病緣 醫藥及諸資具 愛玩受用 不觀過患 不知出離 是名一邊 復有一類好求受用 自苦行邊 以無量門 而自煎迫受極苦楚 謂依棘刺 或依灰坌 或依木杵 或依木板 或狐蹲住 或狐蹲坐 修斷瑜伽 或復事火 謂乃至三承事於火 或復昇水 謂乃至三昇上其水 或一足住 隨日而轉 或復所餘如是等類修自苦行是第二邊 如是名爲墮在二邊"라고 하였다. 『현양성교론』 권7(대정장31, p.516a24)에서는 타어이변(墮於二邊)이라 하였다. [참고문헌] 『瑜伽師地論』, 『顯揚聖教論』, 『瑜伽論記』 권6(대정장42, p.433c9 · 한불전13, p.427c22), *Śrāv-bh.49.* ⇨ 청정계 淸靜戒❷

타정 打靜 고요를 깨우다. 대중이 입정(入定) 중에 있다가 죽비소리 등에 맞춰 몸을 풀고 자유롭게 되는 것. 『사분율행사초』 권상4(대정장40, p.35b22)에 "근래에는 유나가 타정한 다음 이렇게 알린다. '대덕 스님들은 들으십시오. 이번 흑월 14일(그믐날) 중승화합이 있어서 ○시 ○처에서 계를 설하고 포살합니다'. 今時維那打靜告白言 大德僧聽 今黑月十四日 衆僧和合 某時某處說戒布薩", 『유가사지론약찬』 권1(대정장43, p.18c9)에 "고요히 쉰다 하니 타정하지만 말은 하지 않는다. 靜息者 打靜無言", 『선원청규』 권9 「훈동행 訓童行」(卍속장111, p.928a18)에 "타정 이후와 개정하기 이전에는 늘 하는 일을 제하고는 당내와 동행당 가까이에서 말해서는 안 된다. 打靜已後 未開靜已前 除常住事 不得於堂內 及近童行堂說話", 『운문광록』 권하(대정장47, p.571c28)에 "운문이 스님에게 물었다. '어떻게 하는 것이 타정하는 일구인가?' '누가 감히 머리라도 내미는가?' '네가 나에게 물으라'. 스님이 묻자, 운문은 주장자로 바닥에 획 하나 그었다. 問僧 作麽生是打靜一句 僧云 誰敢出頭 師云 儞問我 僧便問 師以拄杖 劃地一下", 『석문자경록』 권하(대정장51, p.819c12)에 "유나가 타정하자 모든 스님들 일시에 다시는 고통스런 모습을 지을 필요가 없게 되었다. 維那打靜 諸僧一時 無復苦相"라고 하였다. [참고문헌] 『四分律行事鈔』, 『瑜伽師地論略纂』, 『禪苑淸規』, 『雲門廣錄』, 『釋門自鏡錄』, 『虛堂錄』 권8(대정장47, p.1042c27). ⇨ 침 砧, 개정 開靜

타족인 他足人 다른 이를 모자람이 없게 하는 이. 보시를 행하는 이를 말한다. 『사리불아비담론』 권8(대정장28, p.586a6)에 "무엇을 타족인이라 하는가? 가령 사문 · 바라문 · 탐무염인 · 빈궁한 걸개인에게 음식 · 수레 · 의복 · 향화 · 도향 · 침상의 요 · 와구 · 사택 · 의지처 · 등불을 보시한다면, 이러한 사람을 타족인이라 한다. … 〈게〉 자족인과 타족인을 일러 세간에서 심히 희유하다고 한다. 보시하는 이 마치 맑은 연못과 같아 언제나 깨끗한 계의 몸으로 머물고 또 음식 등을 보시하니 이러한 사람은 심히 만나기 어렵다. 云何他足 若人施沙門婆羅門貪無厭人貧窮乞匃人 飮食車乘衣服香花塗香床褥臥具舍宅依止燈明 是名他足人 … 稱自足他足 世間甚希有 施者如淸池 常住淨戒身 又能施飮食 是人甚難得"라고 하였다. [참고문헌] 『舍利弗阿毘曇論』.

타좌 打坐 그저 앉아 있을 뿐. 모든 것 놓아버리고 좌선하는 뜻과 성성하게 화두 드는 일 없이 몽매한 채로 앉아 있기만 하다의 뜻도 있다. 『양기방회어록』(대정장47, p.644b26)에 "양기가 상당하자 물었다. '무엇이 사람은 빼앗고 경은 빼앗지 않는 것입니까?' '암자 중에 한가히 앉아 있을 뿐인데, 흰 구름이 산봉우리에서 피어오른다'. 上堂 問 如何是奪人不奪境 師云 庵中閒打坐 白雲起峯頂", 『밀암어록』(대정장47, p.981b8)에 "만약 단지 일기일경을 지키며 종일 무덤덤하게 앉아 있기만 해서 그저 깨달음 오기만을 기다린다면, 이는 바로 달마 정종을 망치는 마구니다. 마땅히 잘 생각해보라. 若只守一機一境 終日冷湫湫地打坐 等箇悟來 便是喪達磨正宗魔子也 宜善思之", 『벽암록』 42칙 「수시 垂示」(대정장48, p.179b11)에 "혼자 끌고 혼자 놀아서 흙탕물을 뒤집어쓰고, 북치며 노래하니 은산철벽이다. 문득 헤아린즉 촉루 앞에 귀신 나타나고, 살펴 헤아린즉 흑산 아래 앉았을 뿐이다. 밝디밝아 높게 뜬 해는 하늘에서 빛나고, 솨솨 불어오는 맑은 바람 대지를 휘돈다. 자, 이제 말해보라. 옛사람에게 효화처가 있는가? 시험삼아 들고 보라. 單提獨弄 帶水拕泥 敲唱俱行 銀山鐵壁 擬議則髑髏前見鬼 尋思則黑山下打坐 明明杲日麗天 颯颯淸風匝地 且道古人還有誵訛處麽 試擧看"라고 하였다. [참고문헌] 『楊岐方會語錄』, 『密庵語錄』, 『碧巖錄』, 『如淨語錄』 권상(대정장48, p.124b21). ⇨ 좌선 坐禪, 지관타좌 只管打坐

타주 打住 그저 머물기만 할 뿐. 할 일 없는 듯 고요함만을 도로 삼아 그저앉아 있기만 하는 묵조선류를 비판하는 뜻으로 쓴다. 『서장』 「답엄교수장 答嚴教授狀」(대정장47, p.937a1)에 "요즈음 도를 배운다는 이들은 흔히 한가한 곳에 앉은 채로 그저 머물 뿐이다. 근래 총림에 콧구멍 없는 무리들 있어 묵묵히 비출 뿐이라 말하는 이들이 바로 그들이다. 今時學道之士 多在閑坐處打住 近日叢林 無鼻孔輩 謂之默照者 是也", 『원오심요』 권상 「시온초감사 示蘊初監寺」(卍속장120, p.713b12)에 "저들 대개가 도는 이렇다 들은즉 문득 계교하여 '나는 알았다. 불법이란 본래 일 없는 것이니 사람마다 갖추지 못함이 없다. 종일토록 먹고 마시고 입으면 그만이니 어찌 모자라 가져올 일 있겠는가'라 하면서 저 일없는 평상계만을 바라서 그저 머물 뿐이다. 有般底聞與麽道 便作計較云 我會也 佛法本來無事 人人無不具足 終日喫飯著衣 何曾欠少來 便向無事平常界裏打住", 『증집속전등록』 권5 「설기강전 雪磯綱傳」(卍속장142, p.853a6)에 "시방에 그림자 없고 삼계에 종적마저 끊어졌네. 뭍 봉우리마다 낙엽은 비내리고, 소나무 깊은 계곡 바람소리 부르네. 많은 이들 이곳에 이르러서는 다만 일 없이 머물 뿐이니, 삼십년 그 후에 두손들어 가슴치리라. 十方無影像 三界絶行蹤 葉落千巖雨 松號萬壑風 多有人到這裏 只麽打住 三十年後 寧免換手搥胸"라고 하였다. [참고문헌] 『書狀』, 『圓悟心要』, 『增集續傳燈錄』.

타주무 打柱舞 불교작법무 중 소매가 긴 백색 장삼에 홍색 바탕에 청황 띠를 걸친 가사를 입고 머리에는 탑모양 고깔을 쓰고 오른손에 나무채를 잡고 팔정도(八正道)가 적힌 팔각기둥을 치며 행하는 작법. 영산재(靈山齋)·생전예수재(生前豫修齋)·수륙재(水陸齋) 등 규모가 큰 재의 식당작법(食堂作法)에서 대체로 오관게(五觀偈)와 함께 행한다. [참고문헌] 『영산재』(국립문화재연구소, 2003) pp.54~59.

타중 他衆 남의 무리. 기중(己衆)과 상대한다. 『금강삼매경』 권1 「입실제품 入實際品」(대정장9, p.369c2)에 "마음이 경을 내는 것도 아니고, 경이 마음을 내는 것도 아니다. 왜일까? 보이는 모든 경은 오직 보이는 바의 마음일 뿐이다. 마음이 허깨비로 화하지 않으면 보이는 것이란 없다. 보살이여, 안으로 중생이 없고 삼성마저 공하여 고요하면 자기의 무리도 없고 또한 남의 무리도 없다. 心不生境 境不生心 何以故 所見諸境 唯所見心 心不幻化 則無所見 菩薩 內無衆生 三性空寂 則無己衆 亦無他衆", 『금강삼매경론』 권중(한불전1, p.641c4)에 "'자기의 무리 없고 또한 남의 무리도 없다'라 함은 십회향위에서 평등공을 얻어 두루 자타와 인법의 무리를 보내버리기 때문이다. 이른바 '무리'라 함은 중생을 중이라 하고 오음의 법 또한 이름하여 오중이라 하기 때문이다. 則無己衆亦無他衆者 十迴向位 得平等空 遍遣自他人法衆故 所言衆者 衆生名衆 五陰之法 亦名五衆故", 『유교경』(대정장12, p.1111c12)에 "고요함에 자리한 이는 제석과 제천에게 함께 공경존중을 받는다. 이런 까닭에 마땅히 자기 무리와 다른 무리를 버리고 홀로 텅비고 한가한 곳에서 괴로움의 뿌리를 생각해 사라지게 해야 한다. 靜處之人 帝釋諸天 所共敬重 是故當捨 己衆他衆 空閑獨處 思滅苦本", 『유교경론』(대정장26, p.288b5)에 "닦고 익혀 멀리 여의는 문이란 아와 아소를 멀리 여의어 다시는 모아 나지 않음이니, 저 경에서 '이런 까닭에 마땅히 자기 무리와 다른 무리를 버린다'라고 한 것과 같다. 修習遠離門者 遠離我我所 不復集生故 如經是故當捨己衆他衆故"라고 하였다. [참고문헌] 『金剛三昧經』, 『金剛三昧經論』, 『遺教經』, 『遺教經論』.

타중생타인 他衆生他人 부처님이 아닌 중생과 다른 사람들. 범부와 현성들을 다 들어 가리키는 말이다. 『사리불아비담론』 권11(대정장28, p.601b12)에 "무엇을 다른 중생과 다른 사람의 근이 수승한지 수승하지 않은지를 아는 여래의 힘이라 하는가? 무엇이 다른 중생과 다른 사람인가? 모든 불세존을 제한 나머지 중생을 다른 중생과 다른 사람이라 한다. 何謂他衆生他人根勝非勝智如來力 云何他衆生他人 除諸佛世尊 若餘衆生 是名他衆生他人", 『십주비바사론』 권11(대정장26, p.82c18)에 "다른 중생이란 범부를 말하고, 다른 사람이란 수다원 등 모든 현성들이다. 혹 어떤 사람은 다른 중생이란 범부와 모든 유학인을 말하는 것이니 번뇌가 아직 다하지 않았기 때문이고, 다른 사람이란 아라한 등을 말하니 번뇌가 다했기 때문이라고도 한다. 他衆生者 凡夫是 他人者 須陀洹等諸賢聖是 或有人言 衆生名爲凡夫及諸學人 煩惱未盡故 他人者 阿羅漢等 煩惱盡故"라고 하였다. [참고문헌] 『舍利弗阿毘曇論』, 『十住毘婆沙論』.

타지대분노명왕 吒枳大忿怒明王 십분노명왕(十忿怒明王) 중 하나. 타지명왕(吒枳明王)·타지분노왕(吒枳忿怒王)이라고도 한다. 종자(種子)는 𑖘(ṭa) 또는 𑖮𑖳𑖽(hūṃ). 『금강삼업경』 권3(대정장18, p.486b2)에 "다시 타지대분노명왕을 관상한다. 세 얼굴에 세 눈을 드러내고 장엄한 네 팔을 갖추었다. 본부의 의궤대로 법에 따라 관상한다. 復觀想吒枳 大忿怒明王 現三面三目 具莊嚴四臂 如本部儀軌 依法而觀想", 『대명관상의궤경』(대정장18, p.585c26)에 "다음으로 비로자나여래께서 이 타지대분노명왕 관상법을 설하였다. '훔(𑖮𑖳𑖽 hūṃ) 자가 완전한 지혜가 된다. 이것이 타지대분노명왕으로 변화한다고 관상한다. 세 얼굴에 각각 세 눈과 여섯 팔을 지녔으며 정수리에 보관을 썼는데 보관 위에 부처가 있다. 명왕은 머리카락을 늘어트렸고 정면은 웃는 얼굴이며 오른쪽 얼굴은 황색으로 눈썹을 찡그렸고 왼쪽 얼굴은 백색에 분노상으로 입술을 깨물고 있다. 몸은 푸른 구름색에 태양의 원만한 광명이 드리운 모습이다. 좌우 두 손에 본인을 맺고 있다. 오른쪽 둘째 손은 금강저를 쥐었고 셋째 손은 화살을 쥐었다. 왼쪽 둘째 손은 『반야바라밀다경』을 들었고 셋째 손은 활을 들었다. 발로 연화를 밟고 춤추는 자세처럼 서서 일체불로 변화하는 모습이다. 아래쪽에는 온갖 마구니가 두려워하고 있다. 진언을 외우는 이가 법에 의지하여 관상하면 신속하게 보리를 증득한다. 이 명구는 일체최승금강삼마지를 부른다'.

이 때 세존 비로자나여래께서 보변치성장금강삼마지에 들었다가 선정에서 나온 후에 이 타지대분노명왕대명을 설하셨으니 '나모 삼만다몰다남 옴 타지 훔약'이라 하였다. 復次大毘盧遮那如來 說此吒枳大忿怒明王觀想法 吽(hūṃ)字爲大智 觀想化爲吒枳大忿怒明王 三面各三目六臂 頂戴寶冠 冠上有佛 明王垂髮 正面笑容 右面黃色顰眉 左面白色 忿怒相齩脣 身青雲色 日輪圓光 左右二手 結於本印 右第二手 執金剛杵 第三手執箭 左第二手 持般若波羅蜜多經 第三手執弓 足踏蓮花 立如舞勢 變化一切佛 下面諸魔作怖畏 彼持明者 依法觀想 速證菩提 此名句召一切最勝金剛三摩地 爾時世尊毘盧遮那如來 入普遍熾盛藏金剛三摩地 從定出已 說此吒枳大忿怒明王大明曰 曩莫三滿多沒馱喃 唵 吒枳 吽弱"라고 하였다. [참고문헌]『金剛三業經』, 『大明觀想儀軌經』. ⇨ 십분노명왕 十忿怒明王

타지방 打地棒 당(唐)대 선사 흔주(忻州)가 늘 방망이로 땅을 두드린 기연. 『경덕전등록』 권8 「흔주타지전」(대정장51, p.261c2)에 "흔주타지화상은 강서에서 뜻을 깨닫고 스스로 자기 이름을 감추었다. 대저 배우는 이가 와서 물으면, 오직 방망이로 땅 두드리는 것을 보일 뿐이었으니, 당시 그를 '타지화상'이라 일컬었다. 忻州打地和尙 江西領旨 自晦其名 凡學者致問 惟以棒打地而示之 時謂之打地和尙", "하루는 어떤 스님이 방망이를 숨겨버린 후에 물으니, 타지는 입만 크게 벌렸다. 그 스님이 화상의 문인에게 물었다. '화상께서는 누구든 묻기만 하면 매번 땅을 두드리시는데, 그 뜻이 무엇입니까?' 문인은 곧장 공양간으로 가더니 장작 하나 집어 가마솥에 던졌다. 一日被僧藏却棒然後問 師但張其口 僧問門人曰 只如和尙 每有人問 便打地 意旨如何 門人卽於竈底取柴一片 擲在釜中"라고 하였다. [참고문헌]『景德傳燈錄』, 『聯燈會要』 권5(卍속장136, p.522b2), 『五燈會元』 권3(卍속장138, p.117b5).

타철선하해거 打鐵船下海去 철선 띄워 바다 밑으로 가버리다. 현사사비(玄沙師備)와 광시자(光侍者) 문답 중에 드러낸 화두다. 『경덕전등록』 권18 「현사사비전」(대정장51, p.346c3)에 "현사가 설봉에 있을 때 광시자가 현사에게 말했다. '사숙이 만약 선을 배워서 얻는다면, 저는 철선 띄워 바다 밑으로 가버리겠습니다'. 현사가 주지가 된 후에 (편지로) 묻기를 '광시자여, 철선은 언어 띄웠는가?' 하니, 광시자는 아무말 없었다. 〈법안문익(法眼文益)이 대신 말하였다. '화상께서는 끝내 그러지 못합니다'. 청량법등(淸涼法燈)이 대신 말하였다. '청컨대 화상은 배에서 내리십시오'. 현각이 대신 말하였다. '가난한 사람이 해묵은 빚을 시름합니다'〉. 師在雪峯時 光侍者謂師曰 師叔若學得禪 某甲打鐵船下海去 師住後問曰 光侍者 打得鐵船也未 光無對〈法眼代云 和尙終不恁麽 法燈代云 請和尙下船 玄覺代云 貧兒思舊債〉"라고 하였다. [참고문헌]『景德傳燈錄』, 『禪要』(卍속장122, p.720a13).

타첩 打疊 접어 버리다. 꾸려 없게 하다. 늘어져 있던 것들 정돈해서 깨끗이 하다의 뜻이다. 『벽암록』 90칙 「평창 評唱」(대정장48, p.215a17)에 "옛사람이 말하길 '여러분들 육근문 끝에서 밤낮으로 대광명을 놓아 산하대지를 비추어 밝히니, 다만 안근광명에 그치지 않고 비설신의 또한 모두 광명을 놓는다'고 하였다. 이쯤에 이르러 곧장 육근 꾸려 버려 한 점 없게 하여서는 깨끗이 벗어 실오라기 걸치지 않을 수만 있다면, 비로소 이 말 떨어지는 곳을 보게 되리라. 古人道 汝等諸人 六根門頭晝夜放大光明 照破山河大地 不只止眼根放光 鼻舌身意亦皆放光也 到這裏直須打疊六根下 無一星事 淨裸裸赤灑灑地 方見此話落處", 『원오어록』 권9(대정장47, p.753a28)에 "반드시 정의 티끌 꾸려 버려야 한다. 득실 헤아리는 일 깨끗이 다하면 갑자기 한바탕 땀 흘리고 나서 스스로 그러하게 살아 꿈틀댈 것이니, 천하인도 어찌 하지 못하리. 須是打疊情塵 得失計較淨盡 驀地一場汗出 自然活鱍鱍 天下人不奈何", 『서장』 「답여낭중장 答呂郎中狀」(대정장47, p.930a27)에 "일찍이 바삐 서두르지 않고 납월 30일이 되어서야 어떻게 꾸려 가리시렵니까? 若不早著忙 臘月三十日 如何打疊得辦", 『선원청규』 권2 「염송 念誦」(卍속장111, p.885b13)에 "매월 삼팔일이면 당사행자는 재를 마친 후 주지인에게 품복하고 마친다. 그런 다음 패를 내걸고, 때가 되면 당중과 대전과 토지당을 정돈하고 청소한다. 三八日 堂司行者 齋後稟覆住持人訖 然後掛牌 至時堂中 大殿土地堂 打疊洒掃"라고 하였다. [참고문헌]『碧巖錄』, 『圜悟語錄』, 『書狀』, 『禪苑淸規』. ⇨ 타 打❷

타첩불하 打疊不下 꾸려내 버리지 못하다. 『벽암록』 32칙 「수시 垂示」(대정장48, p.171b23)에 "시방 어디든 앉은 채로 끊는다. 천 개의 눈 단박에 뜨고, 한 마디에 흐름 잘라버리니 만 갈래 기틀도 잠자듯 사그라든다. 죽음도 삶도 함께할 자 있는가? 현성공안 꾸려 버리지 못하겠거든, 옛사람들 갈등 시험 삼아 들어보라. 十方坐斷 千眼頓開 一句截流 萬機寢削 還有同死同生底麽 見成公案 打疊不下 古人葛藤 試請擧看"라고 하였다. [참고문헌]『碧巖錄』. ⇨ 타첩 打疊, 불하 不下

타초경사 打草驚蛇 수풀 헤치니 뱀이 놀라다. 『경덕전등록』 권30 「천동굉지소 天童宏智疏」(대정장51, p.465c27)에 "수풀 헤쳐 뱀을 놀라게 하는 구와 풀그림자 드리워 물고기 잡는 공은 어미 닭과 병아리가 동시에 껍질 쪼듯 한다. 마음과 눈이 서로를 비춤에 어떻게 해도 등등하여 허물될 일 없고 고르게 품어 탄탄해서 엮일 일도 없다. 打草驚蛇之句 探竿影草之功 啐啄同時 心目相照 任運騰騰而無累 平懷坦坦而不羈", 『굉지광록』 권4(대정장48, p.51c11)에 "어긋나 털끝이라도 벌어지면 천리로 떨어지리니, 알았다면 수풀 헤쳐 뱀을 놀라게 함이고 알지 못했다면 지전 태워 귀신을 불러들인다. 差之毫釐 失之千里 會也打草驚蛇 不會也燒錢引鬼"라고 하였다. [참고문헌] 『景德傳燈錄』, 『宏智廣錄』, 『從容錄』 57則(대정장48, p.263b11). ⇨ 탐간영초 探竿影草

타춘우 打春牛 봄날에 소를 때리다. 시절인연을 알게 해서 깨우치게 하는 일의 비유다. 입춘(立春) 하루 전에 진흙으로 만든 소를 채색지팡이로 때림으로써 봄을 맞이하는 풍속이다. 후에는 짚이나 종이로 만들었다. 『열조제강록』 권39 「입춘일제강 立春日提綱」(卍속장112, p.747a16)에 "중암혜공(中庵慧空)선사가 입춘에 법좌에 올라 주장자를 내리치면서 '먼저 춘우의 머리 친다' 하고는 다시 내리치고서 '다음에 춘우의 꼬리를 친다. 허공이 놀라 깨어나 연실 사이로 드는구나. 석가는 길도 없는데 자취 숨기려 하고, 미륵은 서둘러 천 리를 달리니, 문수가 도리어 갈 곳 알아 손뼉 치며 크게 웃고 기뻐한다. 일러라! 기쁜 일 그 무엇인고. 봄바람 지난 밤 몰래 들더니 돌 절구 그 끝에 문득 천 송이 꽃 피었네'. 中庵空禪師 春日上堂 拈拄杖卓一下云 先打春牛頭 又卓一下曰 後打春牛尾 驚起虛空 入藕絲裏 釋迦無路潛蹤 彌勒急走千里 文殊却知落處 拊掌大笑歡喜 且道 歡喜箇甚麽 春風昨夜入門來 便見千華生碓觜", 『조정사원』 권5(卍속장113, p.131a5)에 "타춘우 : 입춘일에 진흙소 나오니 농경의 이르고 느림 보인다. 입춘이 빠른즉 소 때리는 이 가까이 앞에 서고, 입춘이 늦은즉 소 뒤에 따른다. 이로써 입춘의 이르고 느림을 알린다. 打春牛 立春日出土牛 以示農耕之早晚 立春早則策牛人近前 立春晚則人在後 所以示人之早晚也"라고 하였다. [참고문헌] 『列祖提綱錄』, 『祖庭事苑』.

타출 打出 ❶ 쳐서 소리나다. 종·북·판 따위를 쳐서 소리가 나게 하다의 뜻이다. 『선림비용청규』 권10(卍속장112, p.140a3)에 "요사의 판 치기만을 기다리지 마라. 미리 옷을 입고 자신의 자리로 돌아가 좌선하라. 도업을 이루기만을 기다릴지니. 莫待打出寮板 預披衣歸被位坐禪 期成道業"라고 하였다. [참고문헌] 『禪林備用淸規』. ❷ 때려서 쫓다. 『설두어록』 권1(대정장47, p.672a22)에 "황벽이 '장차 본분납자려니 했는데, 알고 보니 뜻만 배우는 사문이로구나'라고 하며 주장자로 때려서 내쫓았다. 檗云 將謂是本分衲子 元來是義學沙門 以拄杖打出"라고 하였다. [참고문헌] 『雪竇語錄』.

타취결 他取結 다른 것 취해서 번뇌를 맺다. 이렇다할 견(見)이나 계(戒) 따로 가져 취해서 집착함을 말한다. 취결(取結 Ⓢ parāmarśa-saṃyojana)의 다른 이름. 『중사분아비담론』 권1(대정장26, p.627c22)에 "무엇을 타취결이라 하는가? 두 가지 견을 말하니 견취와 계취이다. 무엇을 견취라 하는가? 오수음에 대해 가장 수승하고 미묘하다고 여기면서 그것에 대해 욕탐·인욕·견해를 일으키는 것을 견취라 한다. 무엇을 계취라 하는가? 오수음에 대해 청정한 해탈을 위한 뛰어난 길이라고 여기면서 그것에 대해 욕탐·인욕·견해를 일으키는 것을 계취라 한다. 이러한 두 가지 견을 타취결이라 한다. 云何他取結 有二見 謂見取 戒取 云何見取 謂五受陰第一勝妙 於彼起欲 起忍 起見 是名見取 云何戒取 謂五受陰淸淨解脫出要 於彼起欲 起忍 起見 是名戒取 如是二見 名他取結"라고 하였다. [참고문헌] 『衆事分阿毘曇論』. ⇨ 취결 取結❶, 견취 見取, 계금취 戒禁取

타칠 打七 7일을 오롯이 하다. 7일을 기약하고 다른 것 없이하고는 무엇인가를 행하다. 결칠(結七)이라고도 한다. 염불수행은 염불칠(念佛七)·타불칠(打佛七)·불칠(佛七) 등이라 하고, 참선은 타선칠(打禪七)·선칠(禪七) 등이라 한다. 『선문단련설』 「입실수괄 入室搜括」(卍속장112, p.989a15)에 "날을 잡아 기약하고 공을 성취하려 한다면 끝을 세워 7일을 오롯이 하지 않고는 불가하다. 한정해서 7일을 내세우면 강건하고 용맹한 영령들이 기력을 백배로 떨칠 뿐만 아니라 유약한 범부들도 일단 수행결사체(保社)를 구하여 들어온 이상 반드시 죽을 각오로 몸을 버리고 목숨까지 던지려 하는 것이다. 그러므로 7일은 한정하지 않을 수 없는 기간이다. 欲期剋日成功 則非立限 打七不可 立限起七 不獨健武英靈 奮迅百倍 卽懦夫弱人 一求入保社 而心必死 亦肯捐身而捨命矣 故七不可以不限也", 『종범』 권하(卍속장114, p.685a2)에 "후에 7일 오롯이 해서 불현듯 몸과 마음 떨어져 나갔다. 後打七 忽身心脫落", 『속무림서호고승사략』 「대명독봉선선사 大明毒峯善禪師」(卍속장134, p.481a15)에 "종전에 7일 기한으로 방문을 닫아걸고 밤낮으로 게으름 피우지 않고 백배로 각고의 노력을 다한 끝에 마침내 큰 깨달음을 얻었다. 從前打七掩關 曉夜無怠 歷盡百倍苦功 乃得大徹", 『수서집요』 「극기취증 剋期取證」(卍속장110, p.411b15)에 "일심을 얻고자 하면 반드시 7일은 묶는다. 오늘날 7일을 기약하고 염불하면 대부분 산선의 인연은 이룬다. 欲得一心 必須結七 近今七期念佛 多成散善因緣"라고 하였다. [참고문헌] 『禪門鍛鍊說』, 『宗範』, 『續武林西湖高僧事略』, 『修西輯要』. ⇨ 결칠 結七, 염불칠 念佛七

타타 吒吒 ❶ 대나무나 갈대가 불에 탈 때 나는 소리로서, 팔한지옥(八寒地獄) 중 하나인 아타타(阿吒吒 Ⓢ Ⓟ

Aṭaṭa)지옥의 중생이 추위에 떨며 내는 소리를 비유한 다. 『입세아비담론』 권1(대정장32, p.173c27)에 "마치 대나무숲이나 갈대숲이 큰 불에 휩싸였을 때 폭죽 터지듯 타닥타닥하고 소리내는 것과 같이 중생도 차가운 바람 닿아 뼈가 부서지면서 타닥타닥하고 터지는 소리가 멀리까지 들리니, 이 소리 때문에 서로 다른 중생이 있음을 알게 된다. 如竹葦林被大火燒 爆聲吒吒 如是衆生被寒風觸 骨破 爆聲吒吒遠徹 因是聲故 互得相知 有諸衆生", 『신집장경음의수함록』 권23(고려장35, p.427b13)에 "타타〈죽과 가를 반절한 음으로 태울 때 나는 소리이다. 타(炨)로 쓰는 것이 옳다〉. 吒吒〈竹嫁反 火聲也 正作炨〉"라고 하였다. 〔참고문헌〕『立世阿毘曇論』, 『新集藏經音義隨函錄』. ⇨ 아타타지옥 阿吒吒地獄 **2** 시간 단위. 아파파분(阿波波分)의 백천(百千) 배. 『대비바사론』 권177(대정장27, p.891a4)에 "백천 아파파분을 타타라 하고, 백천타타를 타타분이라 한다. 百千阿波波分 名吒吒 百千吒吒 名吒吒分"라고 하였다. 〔참고문헌〕『大毘婆沙論』. ⇨ 아파파 阿波波 **1**, 타타분 吒吒分

타타게다국다 怛他揭多毱多 Ⓢ Tathāgatagupta의 음사어. 여래밀(如來密)이라 한역한다. 타타게다(Ⓢ tathāgata 怛他揭多)는 여래(如來), 국다(毱多 Ⓢ gupta)는 비밀(祕密)·은밀(隱密)이라는 뜻이다. 『자은전』 권3(대정장50, p.239c24)에 "이곳으로부터 조금씩 가다 보면 이란나국(伊爛拏國)에 이르는데, 가람이 열 곳 있고 스님들은 4,000여 명이 되는데 대부분 소승 설일체유부의 종지를 배우고 있다. 근래에 이웃 왕국의 국왕이 그 나라의 임금을 폐한 후 도성에서 스님들에게 공양을 베풀었다. 도성 안에는 또 사찰 2곳을 세웠고 각각 1,000명의 스님들과 두 명의 대덕이 있었다. 한 분은 타타게다국다〈여래밀(如來密)이라 한역함〉이었고, 다른 한 분은 찬지승가(羼底僧訶)〈사자인(師子忍)이라 한역함〉인데, 모두 살바다부에 뛰어났다. 自此漸去至伊爛拏國 伽藍十所 僧徒四千餘人 多學小說一切有部義 近有隣王廢其國君 以都城施僧 於中並建二寺 各有千僧 有二大德 一名怛他揭多毱多〈此云如來密〉 二名 羼底僧訶〈此云師子忍也〉 俱善薩婆多部"라고 하였다. 〔참고문헌〕『慈恩傳』.

타타분 吒吒分 시간 단위. 타타(吒吒)의 백천(百千) 배. 『대비바사론』 권177(대정장27, p.891a4)에 "백천 타타를 타타분이라 하고, 백천 타타분을 오가라 하고, 백천 오가를 오가분이라 하고, 백천 오가분을 발라라 하고, 백천 발라를 발라분이라 하고, 백천 발라분을 바게라라 한다. 이 이후로는 수를 헤아리는 방식의 앎으로 도달할 수 없다. 이 도달할 수 없는 상태(位)를 1겁아승기야의 양이라 한다. 百千吒吒 名吒吒分 百千吒吒分 名鄔伽 百千鄔伽 名鄔伽分 百千鄔伽分 名跋羅 百千跋羅 名跋羅分 百千跋羅分 名婆揭羅 從此以後非算數智所及 至此所不及位 名一劫阿僧企耶量"라고 하였다. 〔참고문헌〕『大毘婆沙論』. ⇨ 타타 吒吒 **2**

타퇴고 打退鼓 물러나 북을 치다. 『대혜어록』 권22(대정장47, p.906b21)에 "기력이 약한 사람은 부처님 경계에 들어갔다가도 왕왕 마경계에서 후퇴의 북을 울리는 경우가 셀 수 없을 정도로 많다. 氣力弱者 入得佛境界 往往於魔境界 打退鼓 不可勝數", 『고봉원묘어록』 권상(卍속장122, p.674a11)에 "본분사를 궁구하며 공부가 그 끝에 이르면 허공 중에서 꽃 기르고 물속에서 달을 건지려 하니 누구도 손을 쓸 도리가 없고 누구도 마음을 쓸 여지가 없게 된다. 왕왕 이렇게 눈앞에 나타난 경계를 마주치자마자 열 명 가운데 다섯 쌍은 물러나 북을 울린다. 바로 이것이 고향에 도달한 소식인 줄 알 수 없기 때문이다. 若窮此事 用工極際 正如空裏栽花 水中撈月 直是無你下手處 無你用心處 往往纔遇遮境界現前 十箇有五雙打退鼓 殊不知 正是到家底消息", 『설두어록』 권1(대정장47, p.674c3)에 "설두가 만수사에 갔을 때 대중의 청에 따라 법좌에 올라앉자 학인이 물었다. '저는 일곱 가지 늘 몸을 따르니 만나 뵙기를 청하옵니다' '물러나 북을 울려라!' '바야흐로 칼끝 마주했으니 이미 크게 진 줄 알겠다' '허!' 학인이 머뭇거리자 설두가 할을 내질렀다. 師到萬壽 衆請上堂 僧問 七事隨身 便請相見 師云 打退鼓 進云 方始交鋒 已見大敗 師云 噓 僧擬議 師便喝", 『천성광등록』 권20 「천주산장 天柱山章」(卍속장135, p.798a9)에 "그때 어떤 학인이 나와서 절을 올리자 천주산이 말했다. '산승은 여기서 물러나겠다' '화상이시여, 이 무슨 심보이신지요' '패장은 싸우지 않는 법이다'. 時有僧出來禮拜 師云 山僧打退鼓 僧云 和尙 是什麽心行 師云 敗將不戰"라고 하였다. 〔참고문헌〕『大慧語錄』, 『高峰原妙語錄』, 『雪竇語錄』, 『天聖廣燈錄』.

타파 打破 Ⓢ √bhid, bhittvā, Ⓣ phye-nas. 쳐부수다. 무명 번뇌 등을 부숴 없애다. 『잡아함경』 권25(대정장2, p.179c27)에 "모든 사견 무리가 앞다투어 탑묘를 부수고 비구를 해칠 것이니, 이로부터 불법은 힘없이 갑자기 사라지리라. 諸邪見輩 諍競打破塔廟 及害比丘 從是佛法 索然頓滅", 『주화엄법계관문송』 권상(대정장45, p.696a9)에 "『대방광불화엄경』은 무명산 귀굴을 쳐부순다. 大方廣佛華嚴經 打破無明山鬼窟", 종보본 『단경』 「반야 般若」(대정장48, p.350c1)에 "마하반야바라밀은 가장 귀하고 가장 높으며 제일이니, 머묾도 없고 감도 없으며 또한 옴도 없다. 삼세의 모든 부처가 모두 이곳 좇아 나와서는 반드시 대지혜로써 오온의 번뇌진로 쳐부순다. 이처럼 수행하면 결정코 불도를 이루어 삼독을 바꿔서 계정혜로 삼는다. 摩訶般若波羅蜜 最尊最

上最第一 無住無往亦無來 三世諸佛 皆從中出 當用大智慧 打破五蘊煩惱塵勞 如此修行 定成佛道 變三毒爲戒定慧"라고 하였다. [참고문헌]『雜阿含經』, 『註華嚴法界觀門頌』, 『壇經』, *Abh-k-bh.296.* ⇨타파경래 打破鏡來, 타파채주 打破蔡州, 타파칠통 打破漆桶

타파경래 打破鏡來 거울 부수고 나오다. 그림자 여울지게 하는 일(心所 : 影像) 넘어서 능히 비추는 자리(心王 : 鏡子)마저 부셔버리다. 『경덕전등록』 권11 「영운지근전 靈雲志勤傳」(대정장51, p.285b24)에 "'혼돈이 나뉘지 않았을 때 함생은 어디에서 옵니까?' '저 노주가 아이 품음과 같다' '나뉜 후에는 어떻습니까?' '조각구름이 맑은 하늘에 점 찍듯 하다' '저다지도 맑은 하늘에 점이 찍히는지요?' 영운이 답하지 않자 학인이 말했다. '그렇다면 함생은 올 수 없겠군요'. 問 混沌未分時含生何來 師曰 如露柱懷兒 曰 分後如何 師曰 如片雲點太淸 曰 未審太淸還受點也無 師不答 曰 恁麼卽含生不來也", "영운이 이번에도 답하지 않자 다시 물었다. '곧장 거침없이 맑아서 점마저 끊었을 때는 어떻습니까?' '오히려 참되고 떳떳한 것 흘러 넘친다' '무엇이 진상으로 흘러 넘침입니까?' '거울이 언제나 밝은 것과 같다' '향상함에 다시 일어날 일이 있습니까?' '있다' '무엇이 향상사입니까?' '거울 부수고 오면 서로를 본다'. 師亦不答 曰 直得純淸絶點時如何 師曰 猶是眞常流注 曰 如何是眞常流注 師曰 如鏡長明 曰 向上更有事否 師曰 有 曰 如何是向上事 師曰 打破鏡來相見", 『대혜어록』 권23 「시공상도인 示空相道人」(대정장47, p.908c26)에 "부처란 범부의 거울이요, 범부는 부처의 거울입니다. 범부 미할 때 생사로 얼룩진 영상 온통 그대로 부처의 거울 중에 나타나고, 홀연히 깨우칠 때 진실로 깨끗해 아름다운 저 밝은 불생불멸의 부처그림자 범부거울 중에 비출 뿐입니다. 佛是凡夫鏡子 凡夫却是佛鏡子 凡夫迷時 生死垢染影像全體現佛鏡子中 忽然悟時 眞淨妙明 不生不滅 佛影像却現凡夫鏡子中", "부처 본래 생멸이 없고 미오할 일 없으니 거울도 없어 그림자 비출 일도 없습니다. 범부에게 약간 있기에 범부 따라 발명할 따름입니다. 이제 범부병 없애고 불조와 다름없고자 한다면, 청컨대 거울 부수고 오시길. 그대 위해 각주라도 달겠습니다. 然佛本無生滅 亦無迷悟 亦無鏡子 亦無影像可現 由凡夫有若干 故隨凡夫發明耳 而今欲除凡夫病 與佛祖無異 請打破鏡來 爲爾下箇註脚"라고 하였다. [참고문헌]『景德傳燈錄』, 『大慧語錄』, 『圜悟語錄』 권16(대정장47, p.790b29), 『碧巖錄』 5則 「頌」(대정장48, p.145b18).

타파면피 打破面皮 낯가죽 찢어발기다. 『대혜어록』 권21 「시서제형 示徐提刑」(대정장47, p.899c5)에 "대장부 사내라면 결단코 이 일단대사인연을 끝내 마쳐야하리. 하나같이 얼굴 가죽 찢어발기고 민첩한 성품에 등량골을 꼿꼿이 세운 채로 인정사정 볼 것 없이 스스로 언제나 품었던 오랜 의단처 이마 위에 붙여두어야 하리. 大丈夫漢 決欲究竟 此一段大事因緣 一等打破面皮 性燥堅起脊梁骨 莫順人情 把自家平昔所疑處 貼在額頭上"라고 하였다. [참고문헌]『大慧語錄』.

타파채주 打破蔡州 채주성(蔡州城) 무너뜨리다. 끝내 버티던 경계마저 무너뜨리다. 지킬 것마저 없게 해서 평정하다의 뜻이다. 채주는 중국 하남성(河南省) 여남(汝南)의 옛 지명이다. 당(唐) 헌종(憲宗)이 번진(藩鎭)을 평정할 때 회서(淮西) 번진의 수장인 오원제(吳元濟)가 채주를 본거지로 조정에 반기를 들고 여러 해를 버티었다. 이때 이소(李愬)가 별동대를 이끌고 초겨울 150리 눈 덮인 길을 하룻밤 만에 뚫고 채주성을 함락하였다. 『위산어록』(대정장47, p.578b7)에 "위산이 찻잎 따다가 앙산에게 말했다. '종일 찻잎을 따는데 네 소리만 들릴 뿐 네 모습 볼 수 없구나'. 앙산이 차나무를 흔들어 대자 위산이 말하였다. '너는 그 쓰임만을 얻었지, 그 몸뚱이는 얻지 못했다' '화상은 어떻습니까?' 위산이 양구하자 앙산이 말하였다. '화상께서는 그 몸뚱이만 얻었지, 그 쓰임은 얻지 못하셨군요' '30방 맞아야겠다' '화상 방은 제가 맞보겠으나, 제 방은 누가 맞봅니까?' '30방 맞아야겠군'. 師摘茶次 謂仰山云 終日摘茶 祇聞子聲 不見子形 仰山撼茶樹 師云 子祇得其用 不得其體 仰山云 未審和尙如何 師良久 仰山云 和尙祇得其體 不得其用 師云 放子三十棒 仰山云 和尙棒某甲喫 某甲棒阿誰喫 師云 放子三十棒", "〈수산성념(首山省念)이 (이 문답에 대해) 말하였다. '무릇 종사는 법 가리는 눈을 갖추어야 한다. 당시 위산이 아니었으면 눈 먼 이 울타리 붙들고 벽을 더듬는 것을 봤으리'. 낭야혜각(瑯琊慧覺)이 말하였다. '오경 동틀 무렵 일찍 일어났더니 밤새 걸어간 사람 있다'. 또 말하였다. '위산이 아니었으면 채주성 거의 무너뜨렸다'〉. 〈首山云 夫爲宗師 須具擇法眼始得 當時不是潙山 便見扶籬摸壁 瑯琊覺云 五更侵蚤起 更有夜行人 又云 若不是潙山 洎合打破蔡州〉", 『대혜보각선사연보』(가흥장1, p.801b16)에 "공(張九成)이 마침내 극부도자(克符道者)가 임제에게 '인경구탈'을 물었던 것에 대해 듣고 자기도 모르게 기뻐하자 대혜가 말하였다. '저는 그렇지 않습니다' '스님의 뜻은 어떻습니까?' '채주성을 함락하고 오원제를 죽이는 것입니다'. 이 말에 장구성은 대자재를 얻었다. 公遂擧克符問臨濟 至人境兩俱奪 不覺欣然 師曰 余則不然 公曰 師意如何 師曰 打破蔡州城 殺卻吳元濟 公於言下 得大自在", 『개석지붕어록』(卍속장121, p.385b7)에 "눈 내리는 날 상당하여 말하였다. '설령 땅이 흔들리며 꽃비 내린다 해도 어찌 승당으로 돌아가 불을 쬐는 것만 하겠는가? 설두는 흡사 문을 걸어 잠그고 살길 찾으려고 건곤대지를 전부 꽉 움켜

쥐듯 하였다. 그대가 옆으로 몸 돌릴 곳마저 없으리니, 아! 이제 채주성 함락되었구나'. 雪下上堂 直饒動地雨花爭如歸堂向火 雪竇大似閉門覓活 盡乾坤大地把定 無汝轉側處 咄 打破蔡州城了也", 『오등전서』 권77 「미학례장 彌堅澧章」(卍속장141, p.600a17)에 "학인이 미학에게 물었다. '무엇이 활인검입니까?' '채주성 무너뜨리는 것이다' '무엇인 살인도입니까?' '오원제를 베어버리는 것이다'. 曰 如何是活人劍 師曰 打破蔡州城 曰 如何是殺人刀 師曰 砍却吳元濟"라고 하였다. [참고문헌] 『潙山語錄』, 『大慧普覺禪師年譜』, 『介石智朋語錄』, 『五燈全書』, 『碧巖錄』 75則 「頌」(대정장48, p.203a12), 『人天眼目』 권6(대정장48, p.333a13), 『宗門拈古彙集』 권12(卍속장115, p.658a9). ⇨ 타파 打破

타파칠통 打破漆桶 칠통 쳐부수다. 빛조차 들지 못해 어림잡을 일 없는 곳 또는 벗어날 길 도무지 없어 어떤 분별도 통하지 않는 사태를 마주한 비유다. 『원오심요』 권하종 「시선인 示禪人」(卍속장120, p.772a12)에 "지금 아직 단박에 깨달아 밝지 못했다면, 우선 몸이든 마음이든 내려놓아 애쓰던 자리를 비우십시오. 비우고 고요해 오래이면 어느덧 칠통 깨부수고 밑 빠진 그곳에 이르게 됨도 어렵지 않을 겁니다. 今旣未能頓了頓明 且放教若身若心 空勞勞地 虛寂旣久 驀地打破漆桶 到桶底子脫處也不難", 『서장』 「답부추밀장 答富樞密狀」 제3서(대정장47, p.922b8)에 "이참정이 잠깐 천남에 있어서 처음으로 서로 보았을 때, 이 산승이 묵조사선은 사람의 눈을 해치기에 힘주어 물리쳐야 함을 보였습니다. 처음에는 편치 않아 의심과 노여움이 반반이다가 느닷없이 정전백수자 화두에 대한 이 산승의 송을 듣고는 홀연 칠통을 깨뜨렸다 하니, 한 번 웃는 중에 천백 번 마쳐 마땅하다 하니, 바야흐로 이 산승이 입 열어 속보였음을 믿었습니다. 李參政頃在泉南 初相見時 見山僧力排默照邪禪瞎人眼 渠初不平 疑怒相半 驀聞山僧頌 庭前柏樹子話 忽然打破漆桶 於一笑中 千了百當 方信山僧 開口見膽", 『조계진각국사어록』 「시종민상인 示宗敏上人」(한불전6, p.25c10)에 "마음 쓸 곳조차 없게 되는 곳에 이르러 끝내 이곳에서 물러서지 않는다면, 홀연히 칠통을 깨뜨리고 오리니 기쁘고 기쁘며 기뻐서 기쁘리니 기쁘고 기쁘며 기쁘리라. 恰到無所用心處 終不於此却打退 忽然打破漆桶來 快快快快快快快", 『태고어록』 권상 「시무제거사 示無際居士」(한불전6, p.678c8)에 "마땅히 자세히 조주가 무라고 말한 뜻을 보아야 하니, 마치 늙은 쥐 소뿔에 들어감과 같아서 문득 모든 것 끝나는 곳에 이르렀음을 보리라. 예리한 근기 여기에 이르러 활연히 칠통을 쳐부수고 조주마저 쓰러뜨려 천하인의 혀끝 의심치 않을 겁니다. 宜細回詳看 趙州道無意作麽生 猶老鼠入牛角相似 便見到斷 利根者到此 豁然打破漆桶 捉敗趙州 不疑天下人舌頭"라고 하였다. [참고문헌] 『圜悟心要』, 『書狀』, 『曹溪眞覺國師語錄』, 『太古語錄』. ⇨ 칠통 漆桶, 화두 話頭, 조사관 祖師關

타판 打板 목판(木板)을 치다. 타판(打版)이라고도 한다. 재식(齋食)·상당(上堂)·보청(普請) 등의 때에 두드려 드나듦과 모이고 흩어짐을 알린다. 『백장청규』 권6 「일용궤범 日用軌範」(대정장48, p.1145c22)에 "부스럼이 있으면 뒤따라서 씻거나 혹은 병처에서 씻는다. 각자 방편을 써서 대중의 생각을 어지럽힘을 피한다. 타판을 기다리지 말고 차제로 승당으로 돌아가라. 有瘡疥則隨後洗 或屛處洗之 各行方便 免動衆念 莫待打板 次第歸堂", 『선원청규』 권1 「입실 入室」(卍속장111, p.884a13)에 "지휘가 있어 입실하면 입실패를 내걸고 혹은 북을 치거나 혹은 목판을 치거나 혹은 입실패를 두드려서 대중에게 알려 모이게 한다. 如有指揮入室 則掛入室牌 或打鼓或打版 或敲入室牌 警集大衆", 같은 책 권4 「욕주 浴主」(卍속장111, p.896b5)에 "욕실 안에서 타판하는 법이다. 제1타판에 끓인 물을 타고, 제2타판에 물을 타며, 제3타판에 만(滿 : 止)한다. 浴室內 打版之法 一湯二水三滿"라고 하였다. [참고문헌] 『百丈淸規』, 『禪苑淸規』, 『如淨語錄』 권상(대정장48, p.123b22).

타판두일하 打板頭一下 상판(床板) 한번 내려치다. 『임제록』(대정장47, p.505a29)에 "임제가 승당에서 졸고 있는데 황벽이 (방장실에서) 내려와서 그 모습을 보고는 주장자로 상판을 한번 내려쳤다. 임제가 고개 들고 황벽을 보고도 다시 졸자 황벽이 다시 한번 상판을 쳤다. 그러고는 상간으로 가서 수좌가 좌선하는 것을 보고서 말했다. '하간에서 후배는 좌선을 하는데 그대는 여기서 망상이나 피우며 무얼 하는가?' 수좌가 말했다. '노장께서는 지금 무슨 일 하시고 계십니까?' 황벽은 상판을 한번 내려치고 바로 나가버렸다. 師在堂中睡 黃檗下來見 以拄杖打板頭一下 師擧頭見是黃檗却睡 黃檗又打板頭一下 却往上間 見首座坐禪 乃云 下間後生却坐禪 汝這裏妄想作什麽 首座云 這老漢 作什麽 黃檗打板頭一下便出去"라고 하였다. [참고문헌] 『臨濟錄』. ⇨ 타판 打板

타판정신 打辦精神 정신차려 가려낼 일이다. 중요한 것은 스스로 결판낼 일이어서 옛 사람의 말씀 되새길 일도 가르칠 일도 아니라는 뜻이다. 『벽암록』 7칙 「평창 評唱」(대정장48, p.147c4)에 "어느 날 법안이 법좌에 오르자 한 스님이 물었다. '무엇이 조계샘의 한 방울 물입니까?' 법안이 '이것이 바로 조계샘의 물 한 방울이다'라고 말하자 그 스님은 멍한 채로 물러났다. 천태덕소(天台德韶)가 대중에 있다가 듣고서 홀연히 크게 깨달았다. 一日法眼陞座 有僧問 如何是曹源一滴水 法眼云

是曹源一滴水 其僧惘然而退 韶在衆聞之 忽然大悟", "훗날 세상에 나가 법안의 법을 이었으니 송을 지어 올렸다. '통현봉 꼭대기는 인간세 아니고, 마음 밖 법 없음에 눈 가득한 푸른 산이로다'. 법안이 인가하며 말하였다. '이 송 하나만으로도 나의 종을 이을 만하다. 그대 훗날 왕후의 공경을 두터이 받을 터이니, 나는 그대만 못하네'. 後出世 承嗣法眼 有頌呈云 通玄峯頂 不是人間 心外無法 滿目青山 法眼印云 只這一頌 可繼吾宗 子後有王侯敬重 吾不如汝", "다른 이들 보아하니 저 옛사람 이렇게 깨우쳐 갔으니, 이 무슨 도리인가 할 뿐이다. 이 산승에게도 가르쳐 설하게 해서는 안 되리라. 모름지기 자기의 이육시중에 정신차려 가릴 일이다. 看他古人恁麼悟去 是什麼道理 不可只教山僧說 須是自己二六時中 打辦精神"라고 하였다. [참고문헌]『碧巖錄』, 『大慧語錄』 권13(대정장47, p.865c21). ⇨ 타 打❷

타포 打包 짐을 꾸리다. 유행(遊行) 등을 위해 스님들이 짐을 꾸리는 일을 말한다. 『조정사원』 권8(卍속장113, p.239b12)에 "타포 : 『비나야잡사』에 전한다. '때로는 필추가 삼의를 지어 마치고 어깨 위에다 걸쳐 길을 따라 다니니, 땀에 젖고 흙먼지에 더러워졌다. 이에 부처님께서 말씀하시기를 「응당 포대에 담되 그 포대는 3주(肘) 정도의 길이에 너비는 1주 반으로 하라. 넣는 옷은 늘 쓰는 것은 위에다, 자주 쓰지 않는 것은 아래다 두라」 하셨다'. 打包 毗柰耶雜事云 時有苾芻 作三衣竟 置在肩上 隨路而行 遂被汗霑 幷塵土汙 佛言 應以袋盛 其袋可長三肘 闊一肘半 所置之衣 常用者在上 非常用者在下", "요즘 선하는 이들의 요낭이 비록 그 차림에 조금 다름이 있지만, 또한 이내 부처님께서 마름하신 뜻을 받든 것이다. 온갖 곳을 다니는 이는 바랑을 묶을 때면 또한 마땅히 불조께서 남기신 덕의 중함을 떠올려야 하니, 스스로 소홀히 여기지 마라. 今禪人腰囊 雖裝束小異 亦乃承佛之制 游方之人 束囊之時 亦當念佛祖遺德之重 無自忽也", 『선원청규』 권7 「존숙수소 尊宿受疏」(卍속장111, p.915b1)에 "신임 주지는 길을 떠나기로 한 날에 대중과 함께 짐을 꾸려 절을 떠난다〈주지는 대중의 뒤에 서고, 전사와 함께 떠나보내는 출가자와 재가신도는 신임 주지 뒤에 선다〉. 新住持人 於起程之日 同大衆打包離院〈住持人在大衆後 專使幷相送僧俗 在新住持人後〉"라고 하였다. [참고문헌]『祖庭事苑』, 『禪苑清規』, 『有部律雜事』 권15(대정장24, p.274b25). ⇨ 타 打❷

타표 陀驃 Ⓟ Dabba Mallaputta. 석존재세시 비구. 갖춘 이름은 타표마라자(陀驃摩羅子)다. 타표말로자(陀驃末路子)・답바마라자(沓婆摩羅子)・타바역사자(陀婆力士子) 등이라고도 한다. 『별역잡아함경』 권1(대정장2, p.377c4)에 "한때 부처님께서는 왕사성의 가란다죽림에 계셨다. 그때 역사의 아들인 타표비구가 있었다. 세존께서는 그때 타표비구에게 승단의 사무를 맡아 처리하도록 명하셨고 타표비구는 명을 받아 그 일을 관장하고 있었다. … 미다구(Ⓟ Mettiya : 慈)비구는 (누이인 밀다라비구니에게) 다음처럼 말하였다. '너는 꾀를 내 부처님께 가서 「타표비구가 먼저 제게로 와서는 청정치 못한 일을 저질렀습니다」라고 말하거라. 나는 「사실입니다」라고 증언하겠다'. 一時 佛在王舍城迦蘭陀竹林 爾時 有陀驃比丘 力士之子 世尊 于時勅陀驃比丘 料理僧事 陀驃比丘 奉命典知 … 彌多求比丘言 爲汝計者 汝往佛所言 陀驃比丘 先於我所 作非梵行 我當證言 實爾實爾", 『살바다비니비바사』 권9(대정장23, p.563a3)에 "타표비구는 자비구와 지(Ⓟ Bhummajaka)비구의 누이인 비구니에게 근거 없이 바라이죄로 비방을 받았다. 陀驃比丘 爲慈地比丘尼無根波羅夷謗", 『잡아비담심론』 권7(대정장28, p.931a21)에 "신족통에 머무는 이는 얼마든지 머물 수 있다. 비록 열반에 드는 때라도 신통변화는 따라서 일어나니, 가령 존자 타표가 열반에 들어서는 불을 화작해 몸을 사른 것과 같다. 住神足能令住 雖涅槃化隨轉 如尊者陀驃 涅槃已化火燒身"라고 하였다. [참고문헌]『別譯雜阿含經』, 『薩婆多毘尼毘婆沙』, 『雜阿毘曇心論』, *Ud.92.* ⇨ 자지비구 慈地比丘

타풍타우 打風打雨 비바람이 몰아치다. 타우타풍(打雨打風)이라고도 한다. 방과 할 등의 방편으로 몰아쳐 몸도 마음도 어느 한 곳 둘 곳 없게 하는 것을 비유한다. 『벽암록』 4칙 「평창 評唱」(대정장48, p.144b4)에 "덕산은 훗날 부처 꾸짖고 조사 욕하기를 비바람이 몰아치듯이 하였다. 德山後來 呵佛罵祖 打風打雨", 같은 책 20칙 「평창」(대정장48, p.160b18)에 "제일의 기 향한 아래에서 밝혀 얻어야 천하 사람의 혀끝 앉아 끊을 수 있다. 혹시 주저하다 제이에 떨어지면, 이 두 노인(翠微와 臨濟)이 비록 바람 불고 비 몰아쳐 경천동지한다 해도 끝내는 일찍이 눈 밝은 이 드러내지는 못하리라. 向第一機下明得 可以坐斷天下人舌頭 儻或躊躇落在第二 這二老漢 雖然 打風打雨 驚天動地 要且 不曾打著箇明眼漢"라고 하였다. [참고문헌]『碧巖錄』, 『從容錄』 22칙(대정장48, p.241b20), 『天如惟則語錄』 권3(卍속장122, p.856b10), 『五燈全書』 권94(卍속장141, p.854b16). ⇨ 타 打

타피 躱避 몸을 돌려 피하다. 길을 비켜서다. 타피(軃避・嚲避)라고도 한다. 대개 피할 수조차 없는 뜻으로 쓴다. 『벽망구략설』 권7(卍속장114, p.321b14)에 "양기방회 자명에게 묻기를, '좁은 길에서 서로 만날 땐 어떻게 합니까?' 자명 말하길, '그대가 비켜서면 나는 저쪽으로 가면 되지'. 問曰 狹路相逢時如何 明曰 你且躱避 我要那裏去", 『종감법림』 권1(卍속장116, p.30b10)에

"고봉원묘 말하길, '세존은 능히 3만 근 쇠뇌를 당길 수 있어 은산철벽도 화살 쏘아 다 뚫었으니, 아난이 비록 은신술 있었지만 결코 알지 못했네, 두개골 뒤에 화살 명중했음을. 피해 지나갈 수 있는 이 있는가?' 高峯妙云 世尊能挽千鈞之弩 銀山鐵壁 箭箭皆穿 阿難雖有隱身之術 殊不知髑髏後中箭 還有躱避得過底麽"라고 하였다. [참고문헌]『闢妄救略說』,『宗鑑法林』.

타피 嚲避 휘돌아 피하다. 타피(躱避·嚲避)라고도 쓴다.『밀암어록』(대정장47, p.964a24)에 "상당하여 공안을 들었다. '스님이 암두에게 묻길, 길을 가다가 호랑이를 마주친다면 어떻게 하겠습니까라 하니, 쥐어튼다라고 하였다'. 밀암이 말하였다. '암두는 사람을 죽이면서도 눈 한 번 깜빡이지 않는 수단을 갖추었는데, 저 스님 물음 하나에 오히려 화살받이 뒤로 휘돌아 피한다. 만약 점검해 드러내자면, 비록 선한 씨앗이라 해도 악과를 불러오리라'. 上堂 擧僧問巖頭 路逢猛虎時如何 頭云 拶 師云 巖頭具殺人不眨眼底手段 被遮僧一問 却向射垜後嚲避 若也檢點得出 雖是善因 而招惡果"라고 하였다. [참고문헌]『密菴語錄』,『書狀』「答陳少卿狀」(대정장47, p.923c5),『十牛圖和頌』(卍속장113, p.930b13),『保寧勇禪師語錄』(속고존숙어요3, 卍속장118, p.963a10).

타피부득처 嚲避不得處 피하려 해도 그럴 수 없는 곳.『서장』「답진사경장 答陳少卿狀」(대정장47, p.923c5)에 "언제나 소란스러운 중에 이리저리 피하려 해도 어쩔 수 없는 곳을 만날 때마다 늘 스스로 점검함에 아직 힘붙일 공부를 갖지 못하였다고 합니다. 다만 아무리 피하려 해도 피할 수 없는 이곳이야말로 문득 이 공부 마칠 만한 곳입니다. 만일 다시 힘 붙여 점검하려 한다면 오히려 다시 멀어질 것입니다. … 바로 마땅히 휘돌아 피하려 해도 그럴 수 없는 때를 마주하여 홀연히 포대마저 놓아 버린다면 몰란결에 손뼉 치며 크게 웃게 될 것입니다. 새겨 가지시고, 또 새겨 가지시길 바랍니다. 每遇鬧中 嚲避不得處 常自點檢 而未有著力工夫 只這嚲避不得處 便是工夫了也 若更著力點檢 則又却遠矣 … 正當嚲避不得時 忽然打失布袋 不覺拊掌大笑矣 記取記取"라고 하였다. [참고문헌]『書狀』.

타하 吒呀 사자가 큰 소리 내 부르짖는 모양새. 타타하하(吒吒呀呀)라고도 한다.『원오어록』권8(대정장47, p.750c12)에 "대도에는 본래 향하고 등짊이 없으니, 마음 헤아려 한데 모두면 이미 어긋난다. 입을 쩍 벌리고 높이 들어올려 능히 으르렁 울부짖어야 바로 이 금빛털 사자다. 이렇게 대중 앞에 나와 모습을 나타낼 자 있는가? 大道本來無向背 擬心湊泊已差池 吒呀卓朔能哮吼 卽是金毛師子兒 還有恁麽底出衆相見",『조정사원』권6(卍속장113, p.152a9)에 "타하 : 앞은 지와 가의 반절이고, 분노해 부르짖음이다. 뒤는 학과 아의 반절이고, 입을 벌려 크게 늘린 모양이다. 吒呀 上知加切 叱怒也 下虐牙切 哈呀 張口貌也"라고 하였다. [참고문헌]『圜悟語錄』,『祖庭事苑』,『五祖法演語錄』권상(대정장47, p.652a6),『虛堂錄』권8(대정장47, p.1041c17).

타하지 吒呀地 입 크게 벌려 부르짖는 그 때. 그 무엇도 두려울 것 없고 중생들과 함께 하는 접화에도 따를 이가 없는 형세의 비유다.『경덕전등록』권13「풍혈연소전 風穴延沼傳」(대정장51, p.302b19)에 "그대들을 보아하니 분명히 이전부터 남에게 의지해 알음알이 지었을 뿐이다. 밝음과 어둠이라는 두 갈래 길 그대들 일시에 쓸어 없애도록 하리니, 낱낱의 사람들 마치 사자입을 크게 벌려 소리치게 한다. 외마디 포효함에 천 길 절벽처럼 우뚝 서게 되리라. 누군들 눈을 바로 뜨고 쳐다볼 수 있겠는가! 보려 함에 당장 눈 멀 것이다. 觀汝諸人 應是向來 依他作解 明昧兩岐 與爾一時掃却 直敎箇箇 如師子兒 吒呀地 哮吼一聲 壁立千仞 誰敢正眼覷著 覷著卽瞎却渠眼",『분양어록』권상(대정장47, p.604c25)에 "만약 호랑이 머리 위에라도 앉을 줄 안다면 비로소 진영을 펼치고 깃발을 펄럭이며 움켜쥘 것 판가름할 것이다. 그대들로 하여금 시절마저 가려 얻게 하고 받아 씀에 하나도 잃는 일 없게 되리라. 사람마다 금털 떨치고 입을 벌려 소리 내지르며 사로잡고 풀어주길 마음대로 하고 물에 응하여 빛을 펼치며 서절 이롭게 잡아 이끈다. 若解坐虎頭 方能展陣開旗 稱提拈掇 敎伊辨得時節 受用不失一 箇箇抖擻金毛 吒呀地 擒縱自在 應物舒光 利時接引",『죽암사규화상어』(속고존숙어요6, 卍속장119, p.137b1)에 "맹호 굴중에 있으면서 사자까지 어울려 포효하는 그때 만 길의 절벽처럼 우뚝 서서 입 벌리고 소리 내지르니 어느 누가 대적하랴! 猛虎窟中 更添獅子哮吼處 壁立萬仞 吒呀地 誰敢當頭"라고 하였다. [참고문헌]『景德傳燈錄』,『汾陽語錄』,『竹庵士珪和尙語』.

타해 他害 Ⓢ para-vyābādha, Ⓣ gzhan-la-yang-gnod-par-byed. 남을 해치다. 또는 남이 해치다.『잡아함경』권35(대정장2, p.252c28)에 "남이 해친다는 것은 다른 사람이 손으로 돌·칼·장대 등을 가지고 여러 가지로 몸을 해치는 것을 남이 해친다고 한다. 他害者 或爲他手石刀杖等 種種害身 是名他害",『유가사지론』권51(대정장30, p.582b18)에 "지금 나의 이 탐심은 스스로를 해치고 남을 해치며 나와 남 모두를 해칠 수 있고, 지금도 죄를 짓고 훗날에도 죄를 낳으며, 현법과 후법의 죄를 낳을 뿐만 아니라 능히 그 연으로 저곳에 날 때마다 몸과 마음이 괴로울 것이다. 今我此有貪心 能爲自害 能爲他害 能爲俱害 能生現法罪 能生後法罪 能生

現法後法罪 又能爲緣生彼所 生身心憂苦", 『대승장엄경론』 권9(대정장31, p.636b23 : *Sūtr.*, p.123)에 "〈게〉 이와 같은 모든 번뇌들이 일어났다 하면, 곧바로 세 가지로 해가 된다. … 둘째는 타해이니, 남을 괴롭히려는 의지에 따른 행위를 말한다. 如是諸煩惱 起則有三害 … 二 他害 謂他苦思作 〈śloka〉 kleśair hanty-ātmānaṃ satvān upahanti śīlam upahanti, savilekha-lābhahīno rakṣāhīnas tathā śāstrā … para-vyābādhāya"라고 하였다. 〔참고문헌〕『雜阿含經』, 『瑜伽師地論』, 『大乘莊嚴經論』, *Sūtr.* ⇨ 자해해타 自害害他

타허 他許 다른 이들이 받아들이다. 인명 용어. 타인의 인정 또는 동의. 입론자 이외의 대론자 등 사람들이 입론자의 진술에 동의하는 것을 말한다. 자허(自許)에 대칭한다. 『성유식론술기』 권4(대정장43, p.370a8)에 "〔술〕 만약 아뢰야식이 존재한다고 할 때 이는 진이숙에 해당하므로 모든 때에 존재한다. 그대들(소승)은 본식은 존재하지 않는다고 하며, 이 위 중에서는 이숙식은 끊어진다고 한다. … 또 이숙심은 끊어진 뒤에는 마땅히 상속하지 않는다(宗). 이숙에 속하기 때문이다(因). 저 이숙색과 같다(喩). 육식의 이숙은 끊어졌다가 생길 수 있다 하는 것은 우리(대승)도 인정하지만, 그것은 진이숙이 아니라고 설한다. 비록 남들(소승)이 인정하는 바 이숙법이라고 할지라도 이 양 종이 함께 인정하는 바는 아니기에 자부정(自不定)의 과실은 없다. 述曰 若有阿賴耶 是眞異熟故 一切時有 汝無本識 於此位中異熟識斷 … 又異熟心 斷已應不續 異熟攝故 如異熟色 六識異熟雖斷可生 自許說彼非眞異熟 雖是他許眞異熟法 然非此宗共所許故 無不定過"라고 하였다. 〔참고문헌〕『成唯識論述記』. ⇨ 자허 自許, 인명 因明

타혜 拖鞋 ❶ 실내에서 신는 신. 타(拖)는 타(拕)라고도 쓴다. 『백장청규』 권4 「지욕 知浴」(대정장48, p.1131b18)에 "추운 달에는 5일에 한 번 목욕하고 더울 때는 매일 땀을 씻어내야 한다. 욕실을 설치하여 갖출 때는 수건을 걸고 면분·타혜·각포를 내놓는다. 寒月五日一浴 暑天每日淋汗 鋪設浴室掛手巾 出面盆拖鞋脚布", 『선림상기전』 권26 「타혜」(대장경보편19, p.715b11)에 "구설에 따르면, '타혜는 나막신이고 욕실이나 서정에서 쓴다'고 하였다. 도충이 말한다. '타혜는 신발 이름이다. 신발 머리에 소춘(小椿) 하나를 꽂는다. 위는 열려 있고 아래는 좁은데, 엄지발가락과 두 번째 발가락을 끼워 지탱한다. 끌면서 걷기에 타혜라 한다. 『칙수백장청규』 「지욕」에 따르면, 면분·타혜·각포를 내놓는다. 『일용궤범』 「개욕」에 따르면, 벗은 옷을 보자기처럼 만들고 뒤집어서 타혜로 바꿔 신는다. 타혜는 또 목석이라고도 한다〈전당의 문이나 욕실에 보인다〉. 舊說曰 拖鞋 木鞋也 浴室及西淨用之 忠曰 拖鞋 鞋名 鞋首植一小椿 上開下狹 用將指第二指挿持之 拖曳而得步 故言拖鞋 敕修淸規 知浴云 出面盆拖鞋脚布 日用軌範 開浴云 其所脫衣作一袱 覆轉 方換拖鞋 拖鞋 又名木舃〈見殿堂門浴室處〉"라고 하였다. 〔참고문헌〕『百丈淸規』, 『禪林象器箋』. ❷ 신발을 끌어 소리내다. 『입중일용』(卍속장111, p.943b11)에 "전당을 나가서는 절대 신발을 끌어서는 안 된다. 出堂切忌拖鞋", 『사미십계위의록요』 「입당수중 入堂隨衆」(卍속장106, p.690b3)에 "신발을 끌며 소리를 내서도 안 되고, 크게 기침하여 소리를 내서도 안 된다. 不得拖鞋作聲 不得大咳嗽作聲"라고 하였다. 〔참고문헌〕『入衆日用』, 『沙彌十戒威儀錄要』, 『禪苑淸規』 권10 「百丈規繩頌」(卍속장111, p.934a9).

타홍과일 打哄過日 그저 떠들며 날을 보내다. 『선관책진』 「동산연선사송도행각 東山演禪師送徒行脚」(대정장48, p.1098c18)에 "반드시 생과 사 두 자를 이마 위에 붙여두고 낱낱이 취하여 따지고 분명히 밝혀야 하리. 다만 따라 무리지어 패거리 짓고 떠들며 날을 보내면, 그때는 염라노자가 밥값을 셈하리. 須將生死二字 貼在額頭上 討取箇分曉 如只隨群作隊 打哄過日 他時閻老子 打算飯錢"라고 하였다. 〔참고문헌〕『禪關策進』, 『西方確指』(卍속장110, p.17b10). ⇨ 타 打❷

타화락천 他化樂天 Ⓟ paranimmita-vasavattīnaṃ devānam. 타화자재천(他化自在天 Ⓢ paranirmita-vaśavartino devāḥ)을 달리 이르는 말. 『중아함경』 권2 「칠일경 七日經」(대정장1, p.429b15)에 "모든 제자들 구족히 갖추어 법을 받들어 행하지 못한 이들 있으니, 목숨을 마친 다음에 사왕천에 나기도 하고 … 타화락천에 나기도 한다. 諸弟子等 有不具足 奉行法者 彼命終已 或生四王天 … 或生他化樂天", 『대방등대집경』 권43(대정장13, p.287a5)에 "타화락천 또한 부처님을 섬기는 마음으로 염부금으로 보배다리를 짓고 용전단향가루를 다리 위에 뿌리고는 이렇게 말했다. '원하옵건대 여래시여, 저희가 지은 다리로 걸어가시옵소서'. 他化樂天 亦爲佛故 用閻浮金 化作寶橋 以龍栴檀末 而散橋上 作如是言 惟願如來 行我橋上"라고 하였다. 〔참고문헌〕『中阿含經』, 『大方等大集經』, 60권본 『華嚴經』 권5(대정장9, p.422b25), *AN.4.104.* ⇨ 타화자재천 他化自在天

타화자재천 他化自在天 ❶ Ⓢ Paranirmita-vaśa-vartin, Ⓟ Para-nimitta-vasa-vattin, Ⓣ gzhan-'phrul-dbang-byed-kyi-lha. 육욕천(六欲天) 또는 사마(四魔) 중 하나. 욕계육천(欲界六天) 중 가장 높은 곳인 제6천으로서, 마왕(魔王)이 머무는 처소이기에 마천(魔天)이라고도 한다. 타인이 변화시킨 즐거움의 경계(樂

境)를 빼앗아 자신의 것으로 향유하는 하늘이다. 불법을 훼손하고 장애하는 이로서 불전에 등장하는데, 석가모니부처님의 성도(聖道) 직전에 나타난 파순(波旬)도 이 천마(天魔) 무리 중에 속한다. 음사어는 바라니밀화야발치(波羅尼蜜和耶拔致)·바라니밀화야월치(波羅尼蜜和耶越致)·바사발제(婆舍跋提)이고, 타화천(他化天)·화타천(化他天)이라고도 한다. 『기세경』 권7(대정장1, p.344c24)에 "타화자재천은 신장이 16유순(Ⓢ yojana)이며, 옷의 길이는 32유순이며, 너비는 16유순이며, 몸무게는 1가리사(Ⓢ karṣa)의 삼십이분의 일이다. 他化自在天 身長十六由旬 衣長三十二由旬 闊十六由旬 重一迦利沙三十二分之一", 『잡아함경』 권31(대정장2, p.219b19)에 "그때 세존께서는 비구들에게 말씀하셨다. '인간의 1,600년은 타화자재천의 하루에 해당하니, 이처럼 30일 1달, 12달 1년으로 계산하면, 타화자재천의 수명은 1만 6,000년이다. 어리석고 불법을 모르는 범부라면 저 천에 태어나더라도 죽으면 지옥·축생·아귀 중생으로 태어난다'. 爾時 世尊告諸比丘 人間千六百歲是他化自在天一日一夜 如是三十日一月 十二月一歲 他化自在天壽一萬六千歲 愚癡無聞凡夫於彼命終 生地獄畜生餓鬼中", 『대지도론』 권9(대정장25, p.123a7)에 "어째서 타화자재라 명명하는가? 〔답〕 이 천은 타인이 변화시켜 놓은 것을 빼앗아 자신의 즐거움으로 삼기에 타화자재라 하는 것이다. 何以名他化自在 答曰 此天奪他所化而自娛樂 故言他化自在", 『구사론』 권11(대정장29, p.60b25 : *Abh-k-bh.*, p.170)에 "유정으로서 타인이 변화시켜 놓은 온갖 미묘한 욕계의 경계를 즐거이 향유하는 이가 있다. 그는 타인이 변화시켜 놓은 미묘한 욕계의 경계에 대해 자재하게 전전할 수 있는데, 이는 (욕계 중) 여섯 번째인 타화자재천이다. 有諸有情樂受他化諸妙欲境 彼於他化妙欲境中自在而轉 謂第六他化自在天 santi sattvāḥ paranirmitakāmāḥ paranirmiteṣu kāmeṣvaiśvarya vaśe varttayanti. tadyathā devāḥ paranirmitavaśavarttinaḥ", 『유가사지론』 권5(대정장30, p.300b23 : *Yogā-bh.*, p.101)에 "또한 저들은 무엇 때문에 타화자재천이라고 하는가? 저 하늘들은 자신의 인연을 위해서도 능히 변화하고 또한 타인의 인연을 위해서도 변화시킬 수 있기 때문이다. 따라서 자신이 변화시켜 놓은 것에 대해 기이하게 여기지 않고 타인이 변화시켜 놓은 진으로 부귀를 삼고 마음대로 한다. 그래서 이 천들을 타화자재라 하는 것이다. 그 천들은 타인이 변화시켜 놓은 욕망의 경계를 향유할 뿐만 아니라 자신이 변화시켜 놓은 욕망의 경계도 향유한다. 彼復 云何謂他化自在天 由彼諸天 爲自因緣亦能變化 爲他因緣亦能變化 故於自化非爲希奇 用他所化欲塵爲富貴自在 故說此天爲他化自在 非彼諸天唯受用他所化欲塵 亦有受用自所化欲塵者 tadyathā devāḥ paranirmitavaśavartinaḥ. tathā hi teṣāṃ devānāmātmanimittamapi nirmāṇaṃ samṛdhyati paranimittamapi. tataste svanirmāṇe'lpotsukavihāriṇaḥ parinirmitaiḥ kāmairaiśvaryaṃ vaśe vartayanti. yena te paranirmitavaśavartina ityucyante. na tu te paranirmitāneva kāmānniṣevanti api tu svanirmitānapi", 원측(圓測)의 『해심밀경소』 권1(한불전1, p.141b21)에 "(욕계천 중) 여섯 번째인 타화자재천자는 천마라고 이름한다. 이와 같은 네 부류의 천마는 온갖 선법을 훼손한다. … 네 가지 마군을 여읜 것을 박가범이라 한다. 第六 他化自在天子 名爲天魔 如是四種 能損諸善 … 離四魔故 名薄伽梵"라고 하였다. 〔참고문헌〕『起世經』, 『雜阿含經』, 『大智度論』, 『俱舍論』, 『瑜伽師地論』, 『解深密經疏』, *Abh-k-bh.*, *Yogā-bh.* ⇨ 바사발제천 婆舍跋提天, 육욕천 六欲天, 사마 四磨❶ ❷ 태장만다라 최외원(最外院) 북방에 자리한 존격(尊格). 형상은 살색 몸에 오른손에는 화살을 들고 왼손은 검지를 향하게 하여 활을 쥔 모습이다. 삼매야형은 활과 화살이고, 종자는 𑖢(pa). 수인은 금강합장이고 진언은 "옴 파라니르미타라티비야 스바하 옴. 다른 이에 의해 만들어진 쾌락을 즐기시는 이에게 스바하"이다. 밀교에서 타화자재천은 성도의 즐거움을 향수하는 경지를 나타내는 존격이다. 타화자재천 옆에 타화자재천녀 둘이 있는데 왼편의 천녀는 오른손은 연꽃을 들었고 왼손은 허벅지 위에 올려둔 채 앉아 있고, 오른편의 천녀는 왼손에 연꽃을 들고 오른손은 손바닥을 바깥을 향해 세우고 중지와 무명지를 구부린 모습이다. 〔참고문헌〕『曼荼羅図典』(大法輪閣, 2002).

타화자재천궁 他化自在天宮 타화자재천의 궁전. 『화엄경』 제6회 설법처로 십지(十地)를 설한 곳이기도 하다. 『합부금광명경』 권4(대정장16, p.380c15)에 "마치 타화자재천의 궁전에는 온갖 악도가 없으며 보배나무가 늘어서 있고 칠보로 장식한 연꽃이 세계에 두루 가득하며 온갖 칠보가 비처럼 내리고 가장 아름다운 하늘꽃이 하늘의 음악 짓듯 한다. 猶如他化自在天宮 無諸惡道 寶樹行列 七寶蓮華 遍滿世界 雨衆七寶 上妙天華 作天伎樂", 『아비담비바사론』 권22(대정장28, p.160c4)에 "전륜성왕이 세상에 출현하면 그 소리 타화자재천의 궁전까지 사무친다. 若轉輪聖王出世 聲徹他化自在天宮", 『신화엄경론』 권8(대정장36, p.772a16)에 "'제6회는

타화자재천의 궁전에서 열렸다'는 말은 무슨 뜻인가? 이 하늘에서 십지를 설하셨으니, 바로 이 하늘이야말로 다른 하늘의 변화를 자기의 즐거움으로 삼기에 십지의 대비대지가 모두 만족스럽게 성만하였음을 밝힌다. 다만 중생교화를 자기 열반의 즐거움으로 여길 뿐 스스로의 즐거움은 없기 때문이다. 第六會 在他化自在天宮者 爲於此天 說其十地 爲其此天 以他變化 用成己樂 以明十地大悲大智 皆悉成滿 但化衆生 以爲自己 涅槃之樂 無自樂故",『화엄경합론간요』 권2(卍속장7, p.422a15)에 "第6회에서는 타화자재천의 궁전에 올라 여래의 미간에서 광명이 비춘다. 이 광명은 초회 때 여래의 미간에서 비추던 광명으로 마치고 다시 처음으로 돌아가 본래의 장소에 이르기 때문이다. 십지라는 한 품의 경을 설한 것이 이것이다. 從第六會 昇他化自在天宮 如來眉間放光明 此光與初會中 如來眉間所放光明 終而復始 至本處故 說十地一品經 是也",『유마경의소』 권2(대정장38, p.930b25)에 "자재천궁이라 하니, 어떤 사람은 '욕계의 타화자재천의 궁이다'라고 주장한다. 그러므로『무량수경』에 '그 보배는 제6천의 보배와 같다'라고 하였다. 言自在天宮者 有人言 是欲界他化自在天宮 故無量壽經云 其寶猶如第六天寶"라고 하였다. [참고문헌]『合部金光明經』,『阿毘曇毘婆沙論』,『新華嚴經論』,『華嚴經合論簡要』,『維摩經義疏』. ⇨ 타화자재천 他化自在天, 타화자재천궁회 他化自在天宮會, 칠처구회 七處九會

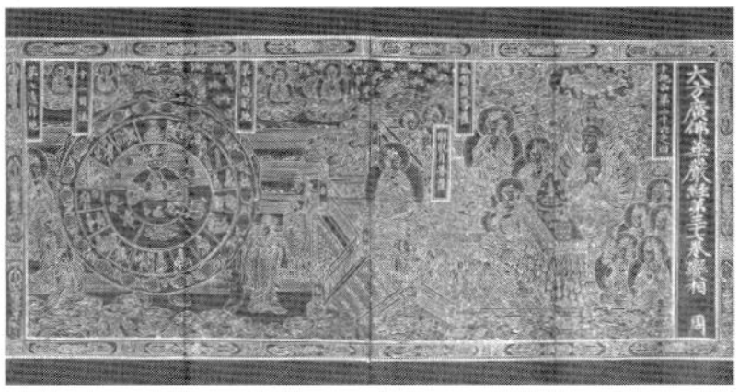

타화자재천궁회변상 대방광불화엄경권제삼십칠
호림박물관 고려 14세기중엽

타화자재천궁회 他化自在天宮會 타화자재천궁전에서 열렸던 여섯 번째 법회로『화엄경』 중 십지(十地)를 설하였다. 80권본을 기준으로 하면 제26품으로 34권부터 39권까지에 당한다. 『화엄경행원품소』 권2(卍속장7, p.508a12)에 "여섯 번째, 타화자재천궁회에서 성자의 십지를 설하였다. 第六 他化自在天宮會 說聖者十地"라고 하였다. [참고문헌]『華嚴經行願品疏』,『華嚴經疏鈔玄談』 권8(卍속장8, p.632b10). ⇨ 타화자재천궁 他化自在天宮, 대방광불화엄경 大方廣佛華嚴經

타화자재천자마 他化自在天子魔 사마(四魔) 중 하나로 타화자재천자인 마군(魔軍). 천마(天魔)인 마왕(魔王) 파순(波旬 Ⓢ Pāpīyas)을 말한다. 자재천자마(自在天子魔)·타화천자마(他化天子魔)·천자마(天子魔)라고도 한다.『대지도론』 권5(대정장25, p.99b11)에 "마군에는 네 부류가 있다. … 넷째는 타화자재천마이다. … 항상 마음을 한 곳으로 모으기에, 그 모든 곳에 대해 마음이 집착하는 바가 없기에, 부동삼매에 들어가기에 타화자재천마를 부술 수 있다. 魔有四種 … 四者 他化自在天子魔 … 常一心故 一切處心不著故 入不動三昧故 破他化自在天子魔"라고 하였다. [참고문헌]『大智度論』. ⇨ 타화자재천 他化自在天, 천자마 天子魔, 사마 四魔

타화천 他化天 타화자재천(他化自在天)의 줄임말.『범망경』 권하(대정장24, p.1003c1)에 "다시 법좌에서 일어나 타화천에 이르러 십지를 설하셨다. 復從座起 至他化天 說十地",『반야이취분술찬』 권2(대정장33, p.37a23)에 "반드시 다른 천이 변하기를 기다려 즐거움의 도구로 삼고는 스스로 마음껏 써먹으니 업력이 뛰어나기 때문이다. 이와 같은 뜻에 따라서 타화천이라 한다. 要待他天變爲樂具 自方受用 業力勝故 由如是義 名他化天",『법화현찬』 권2본(대정장34, p.675c2)에 "또한 타화천의 주인을 풀어 자재천이라고도 한다. 又解他化天主名自在天", 같은 책 권9본(대정장34, p.825a19)에 "욕계 제6천인 타화천자를 천마라 한다. 欲界第六 他化天子 名曰天魔",『법원주림』 권72(대정장53, p.830b16)에 "타화천은 말소리를 듣거나 향기만 맡아도 곧바로 다 안다. 바라볼 필요도 없어 사람과는 다르다. 他化天中 但聞語聲 或聞香氣 卽爲究竟 不待瞻視 故異於人",『번역명의집』 권7(대정장54, p.1175a4)에 "인간세의 일천육백 년이 타화천의 하루다. 以人間一千六百年 爲他化天一晝夜",『범망경술기』 권상(卍속장60, p.214b5)에 "이 타화천은 바로 (욕계천 중) 여섯 번째인 타화자재천이다.『순정리론』에서는 '저 천의 처소는 다른 이들이 변화시킨 욕계의 경계를 마음대로 받아 즐긴다'. 此他化天者 卽是第六他化自在天 如正理云 彼天處於他所化欲境自在受樂"라고 하였다. [참고문헌]『梵網經』,『般若理趣分述讚』,『法華玄贊』,『法苑珠林』,『翻譯名義集』,『梵網經述記』,『順正理論』 권31(대정장29, p.519b10).

타화천왕 他化天王 자재천왕(自在天王)이다.『인왕경』 권상(대정장8, p.827a18)에 "만약 보살이 십만억불국에 머물러 타화천왕이 된다면 십만억법문을 닦아 십이인연의 지혜로 일체중생을 교화할 것이다. 若菩薩住十萬億佛國中 作他化天王 修十萬億法門 十二因緣智 化一切衆生",『대길의신주경』 권1(대정장21, p.568c3)에 "또한 정성스러운 마음으로 갖가지 빼어난 향을 사루고 마음을 일으켜 타화천왕에게 공양하며 이 향기가 그 왕의 처소에 도달하기를 바란다. 復次 誠心燒衆名香 運心供養 他化天王 願此香氣 達彼王所"라고 하였다. [참고문헌]『仁王經』,『大吉義神呪經』. ⇨ 자재천 自在天

타흥성순염처법 他興盛順厭處法 사순염처법(四順厭處

法) 중 하나로 타인의 치성함을 보고는 버려 싫어해야 할 법이라고 여겨 떠나는 것. 『집이문족론』 권2(대정장26, p.374b6)에 "무엇이 네 가지 순염처법인가? … 넷째는 타흥성순염처법이다. … 타인이 일으켜 치성해진 따라 싫어할 법에 의지하여 싫어함 일으켜 뜻답게 수승해진다는 것은, 마치 한 무리가 있어 다른 이의 몸의 묘행과 말의 묘행과 마음의 묘행을 가지런히 따라 관해서 구경에는 두렷이 가득 차오르게 하고 더없이 뛰어나게 익히기까지 한다. 문득 다음처럼 생각한다. '그는 방일에 의지하지 않고, 방일에 머무르지 않고, 방일하지 않기에 이러한 선한 일을 짓는다. 나 이제 마땅히 모든 수승한 선법으로 하여금 아직 생겨나지 않는 것은 생겨나게 하고, 이미 생겨난 것은 배로 불어나도록 해야 한다'. 그는 이와 같이 벗어나려는 용맹함에 이끌려 싫어함 일으킨다. 이를 염리라 한다. 何等爲四順厭處 … 四 他興盛順厭處法 … 依他興盛順厭處法 而生於厭如理勝者 如有一類等隨觀見他身妙行 語妙行意妙行 究竟圓滿增上淳熟 便作是念 彼因不放逸 依不放逸 住不放逸 由不放逸故作斯善事 我今當令諸勝善法 未生者生 已生者倍復增廣 彼由如是出離勇猛所引生厭 是名爲厭"라고 하였다. [참고문헌] 『集異門足論』. ⇨ 사순염처법 四順厭處法

탁 啄 새 부리로 쪼다. 병아리가 안에서 쪼는 줄(啐)과 짝이다. 『일체경음의』 권72(대정장54, p.775a20)에 "『광아』에 '탁은 설(깨물다·침식하다)을 뜻한다'라고 하였으며, 『설문』에 '탁은 새가 먹는 동작이다'라고 하였다. 廣雅云 啄者 齧也 說文云 啄 鳥食也"라고 하였다. [참고문헌] 『一切經音義』. ⇨ 줄탁 啐啄, 줄탁동시 啐啄同時, 줄탁지기 啐啄之機

탁 濁 ❶ Ⓢ kaṣāya, Ⓣ snyigs-ma. 더러움. 청(淸)에 대칭한다. 『순정리론』 권32(대정장29, p.524a9)에 "무엇이 탁의 뜻인가? 극히 비루하고 하열하기 때문이고, 응당 버려야 할 것이기 때문이고, 마치 찌꺼기와 같기 때문이다. 云何濁義 極鄙下故 應棄捨故 如滓穢故", 같은 책 권72(대정장29, p.732c23)에 "탁한 물이 사라진 뒤 새 물이 솟아날 때 탁한 물을 여의어 맑아진 물을 두고 청정한 물이라고 하듯이, 이와 같이 번뇌에 물들어 함께하는 마음이 사라지면 깨끗한 상에 의지해 온갖 마음이 구르기 시작할 때이니, 얽힘 벗어나 새로운 마음을 해탈이라 한다. 如濁水滅後水生時 離濁澄淸名爲淨水 如是與染俱行心滅 依淨相續諸心轉時 離縛而生名爲解脫"라고 하였다. [참고문헌] 『順正理論』, *Sūtr.39.* ⇨ 오탁 五濁 ❷ Ⓢ Ⓟ kalala. 배아(胚芽) 상태. 갈라람(羯羅藍)을 말한다. 2권본 『나선비구경』 권상(대정장32, p.698b2)에 "나선이 말하였다. '사람이 어머니 뱃속에서 처음 정혈이었을 때와 탁하게 되었을 때는 예전의 정과는 다릅니다'. 那先言 人在母腹中 始爲精時 至濁時故精耶異"라고 하였다. [참고문헌] 『那先比丘經』, *Mil.40.* ⇨ 갈라람 羯羅藍

탁 鐸 ❶ Ⓢ Ⓟ ghaṇṭā. 방울 달아 소리를 내는 법음구. 전각의 처마 끝이나 탑의 상륜부와 옥개 끝에 달아 장엄하며, 영탁(鈴鐸)·풍탁(風鐸)이라고도 한다. 『낙양성내가람기』 권1(대정장51, p.1000a5)에 "(영녕사 구층부도의) 찰주 위에 금보병을 두었는데 스물다섯개의 석보병을 꾸몄고, 아래는 승로금반 삼십겹인데 주위에 모두 금탁을 달았다. 또한 쇠사슬 네 갈래가 찰주에서 부도를 향하였는데, 사각 쇠사슬위에도 또 금탁이 있으며, 탁의 크기는 돌항아리 하나 정도이다. 부도는 구층 모서리마다 금탁을 매달았는데, 상하 합하여 백이십탁이다. 刹上有金寶瓶 容二十五石寶瓶 下有承露金盤三十重 周匝皆垂金鐸 復有鐵鎖 四道引刹向浮圖 四角鎖上 亦有金鐸 鐸大小如一石甕子 浮圖有九級角 角皆懸金鐸 合上下有一百二十鐸", 『허정집』 권상 오칠언(五七言) 「야정 夜靜」(한불전9, p.491a13)에 "밤 고요하고 바람은 탁을 울리고 텅빈 산 저 달은 창을 비추네. 夜靜風鳴鐸 山空月暎牕"라고 하였다. [참고문헌] 『洛陽城內伽藍記』, 『虛靜集』. ⇨ 보탁 寶鐸, 풍탁 風鐸 ❷ ➡ 목탁 木鐸❷

탁갈라 鐸曷攞 Ⓢ Ⓟ dahara. 구족계(具足戒 : 近圓戒)를 받은 스님. 또는 십하(十夏)를 지나기 전의 스님. 소사(小師 Ⓟ dahare bhikkhu)라 한역한다. 『남해기귀내법전』 권3(대정장54, p.220a20)에 "그러나 서방에서 행하는 법으로는 근원계를 받고 나면 탁갈라〈소사라고 한역한다〉라고 한다. 然西方行法 受近圓已去 名鐸曷攞〈譯爲小師〉", 『번역명의집』 권1(대정장54, p.1075a14)에 "탁갈라 : 『기귀전』에 '소사라 한역한다'고 하였으며, 『비나야』에 '난다비구는 십하비구라 할 수 있으니 소사라 여긴다'라고 하였다. 鐸曷攞 寄歸傳云 唐言小師 毘柰耶云 難陀比丘 呼十夏比丘 爲小師"라고 하였다. [참고문헌] 『南海寄歸內法傳』, 『翻譯名義集』, *SN.4.72.*, *Vin.1.85.* ⇨ 소사 小師❷, 실타설라 悉他薛攞

탁겁악세 濁劫惡世 Ⓢ kalpa-saṃkṣobha-bhīṣmasmin. 탁겁의 악한 세상. 『법화경』 권4(대정장9, p.36c14 : *Saddh-p.*, p.273)에 "탁겁악세 중에 갖가지 무서운 일 많으니, 악한 귀신이 그 몸에 침입하여, 우리를 욕하고 헐뜯으며 모욕하리라. 우리는 부처님을 공경하고 믿으니, 마땅히 인욕의 갑옷을 입고, 그들 위해 이 경을 설해 주기에, 이 모든 어려운 일을 참아낼 수 있다네. 濁劫惡世中 多有諸恐怖 惡鬼入其身 罵詈毀辱我 我等敬信佛 當著忍辱鎧 爲說是經故 忍此諸難事 kalpasaṃkṣobhabhīṣmasmindāruṇasmi mahābhaye, yakṣ arūpā bahu bhikṣū asmākaṃ paribhāṣakāḥ. gaur aveṇeha lokendre utsahāma suduṣkaram, kṣāntī ya kakṣyāṃ bandhitvā sūtrametaṃ prakāśaye", 『법화통략』 권하(卍속장43, p.151a4)에 "'탁겁의 악한 세상 중' 이하에서는 두 번째 악을 짓는 뜻을 밝혔다. 또한 둘인데 먼저 밖을 연하는 악과 보살의 능히 견딤을 밝혔다. 濁劫惡世中下 明第二作惡意 亦二 初明外緣惡 菩薩能忍", 『금강경주강』 권상(卍속장92, p.762a9)에 "불멸후 오백세가 되면 탁겁악세 중에서도 불법을 믿지 않는 때이다. 到五百歲之時 乃濁劫惡世之中 不信佛法之時"라고 하였다. [참고문헌] 『法華經』, 『法華統略』, 『金剛經註講』, *Saddh-p.* ⇨ 탁세 濁世

탁권 卓權 조선후기 스님. 『동사열전』 권4 「만휴선백전 萬休禪伯傳」(한불전10, p.1046c12)에 "법명은 자흔이고 호는 만휴이다. … 열 여섯에 탁권대사에게 무명초를 깎았다. 師名自欣 號萬休 … 十六除無明草於卓權大士"라고 하였다. [참고문헌] 『東師列傳』.

탁기나가타 鐸敧拏伽他 Ⓢ dakṣiṇā-gāthā의 음사어. 공양올린 단월을 위해 주문을 외워 축원해 주는 송. 다나가타(陀那伽他)·특기나가타(特敧拏伽他)라고도 한다. 탁기나는 공양의 뜻이고 가타는 게송(偈頌)이다. 『유부율』 권44(대정장23, p.867c12)에 "지금 이후로 나의 모든 제자인 비구비구니들은 공양을 마칠 때마다 탁기나가타를 읊고 저 두 용왕의 이름를 불러서 그들을 위해 주원을 짓고 악도의 중생이 선취에 나도록 하기 위해 반드시 이와 같이 지어야 한다. 만약 나의 교법에 따르지 않는 이들은 악작죄를 얻는다. 從今已去 我諸弟子苾芻苾芻尼等 每食了時 說鐸敧拏伽他 稱彼二龍王名字爲作呪願 令捨惡道 生善趣中 當如是作 若不依我教者 得惡作罪"라고 하였다. [참고문헌] 『有部律』. ⇨ 주원 呪願, 다나가타 陀那伽他

탁란 濁亂 Ⓢ karuṣa, kaluṣa, kāluṣya, Ⓟ āvila, Ⓣ rnyog-pa. 탁하고 어지러움. 『대승입능가경』 권6(대정장16, p.629a10 : *Laṅk.*, p.296)에 "의식이 의지함을 뒤친다면, 마음인즉 탁하고 어지러움으로부터 벗어난다. 意識若轉依 心則離濁亂 manovijñānavyāvṛttaṃ cittaṃ kāluṣyavarjitam", 『잡아함경』 권50(대정장2, p.366a29 : *Hemavata-sutta, Sn.*, p.28)에 "마음이 언제나 욕을 즐기지 않아 어두워 어지러운 마음도 없다. 心常不樂欲 亦無濁亂心 na so rajjati kāmesu, atho cittaṃ anāvilaṃ", 『대지도론』 권62(대정장25, p.502c23)에 "이와 같이 탁하고 어지럽게 그 마음을 가리기에 능히 청정하고 진실한 법상은 볼 수 없다. 如是濁亂 蔽其心故 不能得見 淸淨實法相"라고 하였다. [참고문헌] 『大乘入楞伽經』, 『雜阿含經』, 『大智度論』, *Laṅk., Sn., Saṅ-v.38.* ⇨ 골란 汨亂, 오탁 五濁

탁량 度量 헤아려 가늠하다. 또는 사량해서 분별하다의 뜻이다. 『중아함경』 권50 「가루오다이경 加樓烏陀夷經」(대정장1, p.745c1)에 "저 항가수는 아주 깊고 극히 넓어 헤아려 가늠할 수 없다. 彼恒伽水 甚深極廣 不可度量", 『사분율』 권52 「잡건도 雜揵度」(대정장22, p.953c24)에 "중앙을 정하지 못하면 자를 써서 헤아려 가늠해야 한다. 若中央不定 應以尺度量", 『유가사지론』 권80(대정장30, p.749c8)에 "마땅히 알라. 여래의 이와 같은 비밀은 불가사의하고 탁량함이 불가하니, 일체의 헤아리고 분별하는 경계를 넘어선다. 當知 如來如是祕密 不可思議 不可度量 超過一切度量境界", 종보본 『단경』 「기연 機緣」(대정장48, p.356a7)에 "경전의 뜻 분명하나 그대가 스스로 미혹하여 거스른다. 모든 삼승인 능히 부처의 지혜 가늠치 못함은 그 병통이 탁량함에 있어서다. 설령 그대들이 생각 다하여 함께 미루어 알고자 해도 거듭거듭 더해서 아득히 멀어질 뿐이다. 經意分明 汝自迷背 諸三乘人 不能測佛智者 患在度量也 饒伊盡思共推 轉加懸遠"라고 하였다. [참고문헌] 『中阿含經』, 『四分律』, 『瑜伽師地論』, 『壇經』.

탁림 卓琳 조선후기 스님. 『추파집』 권3 「상주묘적암기 尙州玅寂庵記」(한불전10, p.73c15)에 "암자의 스님 탁림이 나에게 기문을 청하여 말하였다. … 기미년(1739·영조15)에 도승 경수산인이 여기에 와서 머물면서 재목을 마련하고 공장을 불러와 구재 중 완전한 것은 그대로 쓰고 썩은 것만 새롭게 하여 몇 달이 되지 않아 완성하였다. 또 담징선자에게 청하여 단청하였습니다. 庵之僧卓琳 請記於余曰 … 歲己未山人敬珠 以有道僧 來居于此 乃鳩材邀工 其舊材之完者因之 朽者新之 不月而成 又請淡澄禪子 授以繪事"라고 하였다. [참고문헌] 『秋波集』. ⇨ 묘적암 妙寂庵 ②

탁마 琢磨 쪼고 갈다. 절차탁마(切磋琢磨)로 써서 몸과 마음을 다스려 바로 함을 묘사한다. 『종경록』 권61 「문답장 問答章」(대정장48, p.762c16)에 "근기 사려함이 더뎌서 뛰어나게 알 수 없다면 반드시 문답에 의지하여 점차로 두렷이 통함에 들어서야 한다. 순금도 단련하는 솜씨를 빌려서 완성되고, 고운 옥도 쪼고 가는 손길에 기대어 나오는 법이다. 若機思遲迴 未成勝解 須憑問答 漸入圓通 眞金尙假鍛鍊而成 美玉猶仗琢磨而出", 『대방등대집경』 권8(대정장13, p.47c23)에 "선남자야! 마치 맑은 보배구슬 장인이 쪼고 갈기에 값을 헤아릴 수 없게 되고 누구나 소중하게 여기는 일과 같다. 선남자야! 보살은 처음으로 보리를 증득하겠노라는 마음을 일으킨 다음 선법을 닦아서 쌓고 많이 듣고 사유하며 법계를 관찰하는 등으로 그 초심을 깨끗이 한다. 초심이 깨끗해지면 모두 불보살에게 공경 받게 되니 곧바로 정인삼매를 얻으리라. 善男子 如淨寶珠 匠者琢磨 價直無量 人所珍重 善男子 菩薩初發菩提心已 修集善法 多聞思惟 觀察法界 淨於初心 初心旣淨 咸爲諸佛菩薩敬念 卽便獲得淨印三昧", 『굉지광록』 권1(대정장48, p.11c24)에 "선객 서로 만날 때마다 쪼고 가는 묘 저절로 있고, 작가들 하는 일마다 원래 칼과 도끼 흔적조차 남기지 않는다. 禪客相逢 自有琢磨之妙 作家做處 元無刀斧之痕"라고 하였다. 〔참고문헌〕『宗鏡錄』, 『大方等大集經』, 『宏智廣錄』, 『書狀』「答林判院狀」(대정장47, p.936b29). ⇨ 절차탁마 切磋琢磨

탁발 托鉢 Ⓢ piṇḍa-pāta, Ⓟ piṇḍa-pāta, piṇḍolya. 발우를 들고 걸식(乞食)함. 탁발은 손으로 발우(鉢盂)를 받든다는 뜻이다. 분위(分衛)·단타(團墮)·지발(持鉢)·봉발(捧鉢) 등이라고도 한다. 석존재세시 고대인도 사문(沙門 Ⓢ śramaṇa)들의 전통으로 현재도 태국 등 동남아 승가에서 수행되고 있다. 불교가 흥기했던 갠지스 유역의 풍부한 물자와 음식의 보존이 쉽지 않은 더운 날씨 등으로 인해 집을 떠나 수행의 길을 가는 사문 즉 쉬라마나들에게 공양함은 인도사회에 있어 자연스럽고 개방적인 전통이었다. 중국과 한국 등 계절이 뚜렷하고 문화가 다른 동북아시아에서는 대중이 움직이는 대규모 탁발이 수행되기보다는 총림단위의 자급자족으로 정착되었고, 탁발은 안거 중 일정한 날을 정하여 주변마을에 알린 후 행하는 특별한 행사로 이어져 왔다. 근세에는 봉암사결사 대중이 탁발하여 생활하였고, 최근까지 청도 운문사 등에서는 정월 보름 대중이 인근 마을로 탁발을 나가 공양의 인연을 짓기도 했다. 또 한때는 불사 등을 위해 탁발 나간 스님을 동량(棟梁)이라고 부르기도 하였다. 중국 개원사(開元寺)의 문강(文康)이 「탁발가 托鉢歌」를 짓고, 명 태조(太祖)가 그것에 화답하기도 하였고, 덕산탁발(德山托鉢)의 일화도 전한다. 『선림상기전』 권12(불광장, 禪藏, p.922)에 "탁발 : 걸식을 탁발이라 한다. 탁(拓)이라고도 쓴다. 『정자통』에 '托과 拓은 같다. 손으로 물건을 받듦이다'라고 하였다. 托鉢 乞食曰托鉢 或作拓 正字通 托同拓 手承物也", 『백장청규증의기』 권7 「분위조」(卍속장111, p.814a12)에 "〔증의〕 분위란 무슨 뜻인가? 서역은 절마다 스님들이 많아 한 집에서 함께 공양할 수 없었고, 모름지기 시주에 따라 인원을 보고 나누어 흩어져 걸식하였다. 이런 의미에서 분위라 한다. … 모든 부처님 제자는 남은 물건을 쌓아두지 않게 경계하여 탐심을 미리 막았다. 도업을 방해할까 두려워 오직 발우 하나에 삼의만을 몸에 걸치고 밥 먹을 시간이 될 때마다 모든 제자를 거느리고 사람들 사이에서 걸식하였다. 깨끗함과 더러움, 귀하고 천함 가리지 않고 평등하게 교화하였다. 이것이 앞서 부처님께서 탁발하는 유풍이다. … '탁발은 참선에 장애되지 않는가?' '참으로 참선의 방편으로 탁발의식을 드러내셨으니 어찌 장애이겠느냐? … 부처님께서 선의 방편으로 탁발을 세간에서 행하게 하셨음이 분명하다. 오늘날 불도에 뜻을 둔 사람은 마땅히 탁발할 때 참으로 받들어 지키고 힘써 행한다면 위의는 부처님 시대와 같거늘 어찌 탁발이 참선에 장애가 되겠는가!' 證義曰 分衛者 西域每寺僧多 不能一家共食 須隨施主 可以多少 而分散乞食 故名分衛也 … 誡諸釋子 不蓄餘物 預杜貪心 恐妨道業 唯存一鉢隨身 三衣着體 每逢食時 統諸弟子 人間乞食 不擇淨穢貴賤 平等行化 此先佛托鉢之遺風也 … 問 托鉢不礙參禪乎 答 正賴參禪 以表托鉢儀式 豈有礙耶 … 佛以禪機爲托鉢儀式明矣 今之有志於道者 當托鉢時 果能遵守力行 儀同佛世 何礙參禪也"라고 하였다. 〔참고문헌〕『禪林象器箋』, 『百丈淸規證義記』, *SN.3.93.* ⇨ 걸식 乞食, 상행걸식 常行乞食, 차제걸식 次第乞食, 동량 棟梁[1], 분월 分越, 분위 分衛, 십이두타행 十二頭陀行, 덕산탁발 德山托鉢, 발우 鉢盂

탁발행 托鉢行 탁발하여 수행하다. 『보속고승전』 권22 「대지선사전 大智禪師傳」(卍속장134, p.336a5)에 "진융은 초의 마성 사람이다. 어려서부터 지혜의 성품이 있었기에 열다섯에 사미가 되었다. 가르침 수레에 올라 마음 잠겼다가 수년 동안 탁발하여 수행하였으니 명산을 두루 걸어 지났다. 眞融 楚之麻城人也 幼有慧性 十五爲沙彌 潛心敎乘 數年托鉢行 游涉歷名山"라고 하였다. 〔참고문헌〕『補續高僧傳』, 『佛祖綱目』 권41(卍속장146, p.865b18). ⇨ 탁발 托鉢

탁발화 托鉢話 덕산선감(德山宣鑑)의 일화를 소재로 제기한 공안. 덕산탁발(德山托鉢)이라고도 한다. 『선문보장록』 권하(卍속장113, p.1001b10)에 "장천각 무진거사는 도솔종열(兜率從悅)화상이 덕산의 탁발화를 들어 깊이 참구하도록 한 뒤로는 공연히 잠들지 못하다가 오경을 알리는 북소리에 무심코 발을 뻗다가 요강이 뒤집어지면서 불현듯 깨달았다. 다음날 아침에 게송 한 수 던져 말했다. '북소리 멎고 종소리 잦아들어 탁발 갔다 돌아오는 길에, 암두의 몰아치는 말 한마디가 천둥치듯 하였네. 그의 말대로 삼년만 살았으니, 이야말로 저를 만남이 수기받아 오지 않음이겠는가?' 종열이 고개 끄덕였다. 출전은 『가태보등록』 권23 「장상영거사장 張商英居士章」(卍속장137, p.320a9)이다. 張天覺 無盡居士 因兜率悅和尙 擧德山托鉢話 令熟究之 公悵然不寐 至五鼓 忽垂脚翻尿器 猛省 翌旦投偈曰 鼓寂鍾沈托鉢迴 巖頭一拶語如雷 果然只得三年活 莫是遭他授記來 悅首肯 普

燈錄"라고 하였다. 〔참고문헌〕『禪門寶藏錄』, 『嘉泰普燈錄』. ⇨ 덕산탁발 德山托鉢, 탁발 托鉢

탁복 卓袱 탁자(卓子)를 덮는 네모로 생긴 천. 탁포(卓布)·타부(打敷) 등이라고도 한다. 탁위(卓圍) 위에 덮어 탁자를 거듭 장식한다. 『백장청규』 권2 「고향 告香」(대정장48, p.1120)에 "청객시자는 미리 계랍의 순서에 따라 다상을 갖추고 탁복과 필현을 마련해 둔다. 請客侍者 預依戒次 具茶狀 備卓袱筆硯", 『선림상기전』 권19(불광장, 禪藏, p.1463)에 "탁복 : 도충(道忠)이 말한다. '수놓은 금란의 류로 꿰매어 네모지게 하여 탁자 위에 덮는다. 덮을 때 모서리가 한 가운데에 놓고 좌우로 늘어뜨릴 경우 이를 탁복이라 한다. 이 물건은 탁위의 바로 위에 놓는다'. 卓袱 忠曰 闢綵錦繡之類 縫合令方 而覆卓上 或覆時 其角在正中 與左右垂下 此言卓袱 此物正在卓圍之上面"라고 하였다. 〔참고문헌〕『百丈淸規』, 『禪林象器箋』. ⇨ 탁위 卓圍, 탁자 卓子

탁복 濁福 탁한 복. 상에 머무는(住相) 보시를 말하며 무주상보시로 짓는 정복(淨福)과 대칭한다. 『금강경주해』 권2(卍속장38, p.877b16)에 "칠보로써 상에 머물러 베푸는 저들의 보시는 설령 얻더라도 탁한 복이고 복이 다하면 타락한다. 彼以七寶 乃住相布施 縱得濁福 福盡墮落", 『능엄경여설』 권9(卍속장21, p.29b18)에 "청정한 복은 하계의 혼탁한 복과 같지 않으므로 정복이라 한다. 淸淨之福 與下界濁福不同 故曰淨福"라고 하였다. 〔참고문헌〕『金剛經註解』, 『楞嚴經如說』.

탁사관 託事觀 드러난 일에 의탁해 진실을 관하다. 천태(天台) 삼관(三觀) 중 하나다. 탁(托)이라고도 쓴다. 화엄종(華嚴宗) 십현문(十玄門) 가운데 탁사현법생해문(託事顯法生解門)과 통한다. 『대명삼장법수』 권6(영락장181, p.606b10)에 "세 가지 관법 중 첫째는 탁사관법이다. 왕사성(王舍城)이나 기사굴산 등에서 일어난 일에 의탁하여 관을 삼는다. 일을 좇아 세운다고 하며, 사를 빌려 관으로 삼음으로써 집착에 빠진 중생을 인도하므로 탁사관이라 한다. 一 托事觀法 謂托王舍 耆闍崛山等事 而爲觀也 名從事立 借事爲觀 以導執情故 名托事觀", 『금광명경문구기』 권1상(대정장39, p.88b15)에 "이 성산이 탁사관이다. 가령 왕사성에서는 덮는다는 뜻을 빌려와 오음을 나타내고, 자재의 뜻에 의탁하여 선하거나 악한 왕을 나타낸다. 此之城山 是託事觀也 如今王舍 借覆蓋義 表於五陰 託自在義 表善惡王", 『사명인악이설총서』 권7(卍속장95, p.862b13)에 "또한 탁사관이란 반드시 사로 일어난 경계를 이야기하는 선에서 법의 뜻을 드러낸다. 그러므로 저들 사의 뜻에 의탁하여 경을 세우고 관을 세워야 비로소 탁사수관이라 한다. 가령 왕사성은 반드시 왕으로 마음을 표하고 왕사는 오음을 표하며 성은 열반을 표한다. 且託事觀者 須談事境之上 表法之義 故託彼事義 立境立觀 方曰託事修觀也 且如王舍城 須以王表心 王舍表五陰 城表涅槃"라고 하였다. 〔참고문헌〕『大明三藏法數』, 『金光明經文句記』, 『四明仁岳異說叢書』. ⇨ 삼관 三觀[2], 십현문 十玄門

탁사현법생해문 託事顯法生解門 드러난 일들에 의탁해 드러난 법을 보고 일체중생이 지혜를 내는 문. 드러난 그대로에서 법의 뜻을 알아 지혜롭게 된다는 뜻이다. 화엄의 십현문(十玄門) 중 열 번째 문이다. 『화엄경수현기』 권1상(대정장35, p.15b18)에 "열 번째, 탁사현법생해문이다. 이 또한 앞의 십문을 갖추고 있다. 다만 뜻은 지를 좇아 다를 뿐이다. 나머지는 이에 준한다. 十 託事顯法生解門 此亦具前十門 但義從智異耳 餘可准之", 『화엄경소초』 권2(대정장36, p.10c15)에 "소에서 '법의 문 거듭하니 드넓은 하늘에 구름이 일어나듯 한다'라고 한 말은 아홉 번째 문인 탁사현법생해문이다. 중첩이란 일과 다가 서로 장애되지 않음을 드러낸다. 그러므로 낱낱의 사를 따라 다양한 법문이 있고, 하나의 사를 따르는 그대로 끝이 없는 법계이며, 법계가 끝이 없으므로 사도 끝이 없다. 「회향품」에서 '이 꽃은 무생법인에서 피어났다'라는 등이다. 의미상 일체인이 하나의 과를 생하고 하나의 과에 일체인을 갖추고 있음을 밝히기에 이것에 의탁하여 별도로 나타내는 의미가 있지는 않다. 疏 法門重疊 若雲起長空者 第九 託事顯法生解門 言重疊者 意顯一多不相礙故 隨一一事 有多法門 以隨一事 卽是無盡法界 法界無盡故 事亦無盡 迴向品云 此華卽從無生法忍之所生起等 意明一切因生一果 一果卽具一切因故 非是託此 別有所表也", 같은 책 권11(대정장36, p.80b29)에 "여덟 번째, 탁사현법생해문이다. 소문에는 셋이 있다. 첫째는 바로 푼다. 다음은 넘치는 부분을 덜어내는 간람, 셋째는 이끌어 증명한다. 첫째는 이미 끝이 없는 법계라고 말한 이상 그것은 사사무애임을 분명히 알아야 한다. 전에 세운 일곱 번째로 구족무진의 문과 다르지 않다. 소에서 '이것에 탁한다 한 것은 따로 의미가 있지는 않다'라고 한 말은 두 번째 간람이다. 곧 나머지 교를 가려내 사로써 뜻을 나타낸다. 다만 하나의 사로써 하나의 법을 표시할 뿐이니, 옷으로는 인욕을 표하고 방으로는 자비를 표하는 등이다. 하나의 사를 밝혀서 법이 곧 사람이고 의보 그대로 정보여서 다함 없는 덕을 갖춘다. 다함 없는 인에 과를 좇아 난 것이기 때문이다. 第八 託事顯法生解門 疏文有三 初 正釋 次 揀濫 三 引證 今初 旣言卽是 無盡法界 明知卽是 事事無礙 古立第七具足無盡 不異於此 疏 非是託此 別有所表者 二 揀濫 謂揀餘敎 以事表義 但是一事 以表一法 如衣表忍辱 室表慈悲 等 今明一事 卽法卽人 卽依卽正 具無盡德 從無盡因之所

生故”, 『화엄일승십현문』(대정장45, p.518c6)에 “열번째, 탁사현법생해문이란, 이것은 지를 잡아 설한 것이다. 사에 탁한다는 말은 저 경에서 ‘금색세계의 일을 들어 실제의 법을 비로소 일으킬 수 있었음’과 같다. 일체당이라든가 일체개 등의 사는 행의 바탕이다. 또한 저 「법계품」에서 ‘연화대 누관의 문을 열고 미륵보살을 만난다’라고 하는 등인데, 행한 바 사를 인해서 보리도량에 이르고 누대에서 관한즉 보리의 상이다. 이런 까닭으로 법주의 해를 나타낸다고 말한다. 만약 대승종 중에서 밝힌 바로도 사에 의탁하여 법을 드러낸다 하고는, 곧 다른 사로써 다른 이법을 드러낸다. 이중에서는 사 그대로 법이므로 하나의 사를 듦에 따라 법을 거둠이 다함 없다. 그러므로 앞서 번개와 당 등을 들어 일체를 말함이니 이런 까닭에 대승설과 같지는 않다. 이중 인과를 밝힌다 하는 것만이 일승설과 같을 뿐이다. 第十 託事顯法生解門者 此約智說 言託事者 如經擧金色世界之事 卽顯始起於實際之法 一切幢 一切蓋等事 是行體也 又如法界品云 開樓觀門 相見彌勒菩薩 所行因事 至菩提道場 以樓觀則菩提相 所以言顯法主解也 若大乘宗中所明 亦託事以顯法 卽以異事 顯於異理法 此中 以事卽法故 隨擧一事攝法無盡 故前擧旛幢等 皆言一切 所以不同大乘說也 此中明因果者 如一乘說也”, 『화엄금사자장주』(대정장45, p.670b4)에 “만약 이와 사를 합하여 논하자면 아뢰야식에서도 바른 해를 낼 수 있다. 번뇌 그대로 정이어서, 움직임과 고요함이 함께 사라져야 비로소 바른 이해다. 그러므로 탁사현법생해문이라 한다. 若理事合論 況阿賴耶識 令生正解 卽染而淨 動靜俱泯 方爲正解 故名託事顯法生解門”라고 하였다. [참고문헌] 『華嚴經搜玄記』, 『華嚴經疏鈔』, 『華嚴一乘十玄門』, 『華嚴金師子章註』. ⇨ 사사무애 事事無礙, 탁사관 託事觀, 십현문 十玄門

탁상범천 托上梵天 범천까지 밀어 올리다. 여자출정(女子出定) 공안에 나오는 말이다. 『굉지광록』 권3(대정장48, p.31b5)에 “굉지가 들기를 ‘부처님 앞에서 한 여인이 입정하자 부처님께서는 문수에게 여인이 정에서 나오게 하라 하셨다. 문수 이에 신력을 써 여인을 범천까지 밀어 올렸지만 정에서 나오게 할 수 없었다. 이에 부처님께서 이르시길 「하방에 망명이란 보살 있는데 능히 이 정에서 나오게 할 수 있다」. 잠깐 사이 망명이 이르자 여인을 정에서 나오게 하라 하셨고, 망명이 손가락을 세 번 튕기자 여인이 문득 출정했다’. 擧 佛前有一女子入定 佛勅文殊出定 殊乃運神力 托上梵天 出定不得 佛乃云 下方有罔明大士 能出此定 須臾罔明至 勅令出定 罔明彈指三下 女子便出定”, “굉지 말하길 ‘정에 들든 움직이든 사람에 당해 변하고 놀 뿐이니, 기러기 털 가볍다 해도 가볍지 않으며, 큰 산 무겁다 해도 무거운 것이 아니다. 늙은 구담의 콧구멍 내 손 안에 있음을 아는가?’ 師云 若定若動 當人變弄 鴻毛輕而不輕 大山重而非重 還知老瞿曇鼻孔在我手裡麼”라고 하였다. [참고문헌] 『宏智廣錄』. ⇨ 여자출정 女子出定

탁생 託生 **1** Ⓢ pratisaṃdhi, Ⓣ nying-mtshams-sbyor-ba. 의탁하여 나다. 모태(母胎)에 의지해 나다의 뜻이다. 탁태(託胎)와 통한다. 『구사석론』 권7(대정장29, p.205b9 : *Abh-k-bh.*, p.131)에 “모태 중에 처음으로 의탁해 나는 찰나에 있는 오음을 식이라 한다. 於母胎中 初託生剎那 所有五陰 名識 mātuḥ kukṣī pratisaṃdhikṣaṇe pañca skandhā vijñānam”, 『선견율비바사』 권5(대정장24, p.703b17)에 “천궁에서 내려와 백정반왕 가문에 의탁하여 태어났으니 마야부인의 태를 받아 과거세의 모든 생처와 종성과 받은 몸의 미추 그리고 부귀빈천과 생김새 등 이 모든 것을 다 알았다. 從天宮下 託生白淨飯王家 於摩耶夫人受胎 知過去世 一切生處種姓 受形好醜 貧富貴賤 相貌 如是皆悉知之”, 『천태지자대사선문구결』(대정장46, p.581b21)에 “또한 식신이 탁생하는 처음에 아버지의 정과 어머니의 혈이 합하여 배꼽에 뿌리를 내린다. 이에 사람이 날 때 오직 배꼽에 이어져 있다. 만약 행자가 배꼽을 보아 분명하면 저절로 싫어서 떠나려 하고 얽힘을 면할 것이다. 又識神托生之始 與精血合 根在於臍 是以 人生時唯臍連持 若行者見臍分明 自然生厭離 免於繫也”, 『낙방문류』 권4(대정장47, p.201a4)에 “천상과 인간을 비롯한 시방세계 어디에도 의탁하여 태어남에 걸림이 없다 하겠는가? 天上人間 十方世界 託生無礙否”라고 하였다. [참고문헌] 『俱舍釋論』, 『善見律毘婆沙』, 『天台智者大師禪門口訣』, 『樂邦文類』, *Abh-k-bh.* ⇨ 탁태 託胎 **2** 연꽃에 의탁하여 정토에 왕생하다. 『낙방문류』 권5(대정장47, p.226c21)에 “연꽃이 흐드러져 큰 수레바퀴와 같고 그 꽃속에 의탁해 나니 참으로 자재하네. 蓮華朵朵車輪大 華內托生眞自在”, 『낙방유고』 권하 「염불인칠보지생연화 念佛人七寶池生蓮華」(대정장47, p.249a1)에 “이 세간에서 염불하면 서방의 칠보지에서 저절로 연꽃 한 송이가 피고 그것을 기다려 의탁하여 왕생하리라는 것은 의심할 여지가 없다. 此間念佛 西方七寶池中 自然生蓮華一朵 待伊託生 無足疑也”, 『정토론』 권하(대정장47, p.102c27)에 “48대원에 근거하면 정토가 비록 아름답지만 본래 범부의 소원을 성취하고자 연화대에 감추니 이곳은 원래 의탁하여 왕생하는 곳이기 때문이다. 據四十八大願 淨土雖妙 本擬成就凡夫 蓮花臺藏 元是託生之處”라고 하였다. [참고문헌] 『樂邦文類』, 『樂邦遺稿』, 『淨土論』. ⇨ 왕생 往生

탁샤실라 Takṣaśilā Ⓟ Takkasilā. 서북인도의 고대 도시로 현재는 파키스탄 편자브주에 속한다. takṣa-śil ā는 세석(細石) 또는 절두(截頭)라 번역하는데, 그리스어 음역으로 탁실라(Taxila)라고도 불린다. 인도의 대서사시 『마하바라타 *Mahābhārata*』에서는 쿠루(Kuru)의 계승자인 파리크시트(Parikṣit)가 이 지역에서 왕위에 올랐다고 한다. 탁실라의 유적지들은 영국의 존 마샬(John Marshall)에 의해 1913년부터 총 이십년에 걸쳐 발굴되었고, 1980년에 유네스코세계유산에 등재되었다. 마다가국의 수도 파탈리푸트라(Ⓢ Pātaliputra, Ⓟ Pātaliputta)로 이어지는 길과 박트리아와 페샤와르 등과 같이 북서로 이어지는 길, 그리고 슈리나가르(Srinagar) 등을 통해 실크로드로 이어지는 길이 교차되는 지리적 특성으로 인해, 페르시아와 그리스의 지배를 받았고, 마우리아왕조와 샤카(Śaka) 파르티아왕조를 거쳐 쿠샤나왕조의 제3대 왕 카니쉬카에 이르러 융성하였다가, 사산조 페르시아의 지배 아래서 대략 5세기 전후 훈족의 침입을 받아 멸망했다. 630년에 이곳을 방문한 현장(玄奘)의 『대당서역기』 권3(대정장51, p.884b28)에 "달차시라국은 둘레 2천여 리이며, 나라의 큰 도성은 둘레 10여 리다. 토호들은 힘을 다투고 있으며 왕족은 후사가 끊어졌다. 옛날엔 가필시국에 예속되어 있었지만 요즈음에는 또 가습미라국에 부속되어 있다. … 가람이 비록 많지만 황폐함이 이미 심하며 승도는 매우 적은데 모두 대승을 배운다. … 용 연못 동남으로 30여 리를 가면 두 산간으로 들어가는데 솔도파가 있으니 무우왕이 세운 바이며 높이는 100여 척이다. 이것은 석가여래께서 수기하시길 '당래에 자씨세존이 날 때 자연히 사대보장이 있을 것인데 바로 이 승지가 그 한 곳에 당하리라' 하셨다. 呾叉始羅國 周二千餘里 國大都城 周十餘里 酋豪力競 王族絶嗣 往者役屬迦畢試國 近又附庸迦濕彌羅國 … 伽藍雖多 荒蕪已甚 僧徒寡少 並學大乘 … 龍池東南 行三十餘里 入兩山間 有窣堵波 無憂王之所建也 高百餘尺 是釋迦如來懸記 當來慈氏世尊出興之時 自然有四大寶藏 卽斯勝地 當其一所"라고 하였다. 이곳은 기원전부터 학문과 고등교육의 중심지로서도 역할을 했다. 인도의 경제정치 등을 다루고 있는 고대문헌 『아르타샤스트라 *Arthaśāstra*』의 저자 카우틸리야(Ⓢ Kauṭīlya, Cāṇakya라고도 불림, 기원전 3~2세기) 등 베다 철학자들이 이곳에서 학생들을 가르쳤다고 하고, 『테라가타 *Theragāthā*』 게송 177~178에 등장하는 바라드바자(Ⓢ Bhāradvāja)비구와 같은 책 게송 360~364에 등장하는 야사닷타(Ⓢ Yasadatta)비구 등 불교장로들도 이곳에서 수학했다 전한다. '쪼개진 돌(Ⓢ takṣa-śila)'이라는 뜻에서 탁샤실라는 세석(細石)이라고 한역되지만 400년 초 이곳을 방문한 법현(法顯 4~5세기)은 『불국기 佛國記』(『법현전』)에서 자신의 머리를 잘라 보시바라밀을 성취한 월광왕(月光王 Ⓢ Candraprabha)의 본생담을 들어 '머리를 자른(Ⓢ takṣa-śira)'이라는 뜻으로 지명의 유래를 찾았으니, 이로 인해 탁샤실라는 절두(截頭)라고도 한역된다. 〔참고문헌〕『大唐西域記』, 『法顯傳』(대정장51, p.858b6), John arshall *A Guide to Taxila* (Cambridge : Cambridge University Press, 1960). ⇨ 달차시라국 呾叉始羅國

탁석 卓錫 석장(錫杖)을 세워놓다. 비구가 반드시 소지해야 하는 십팔물(十八物) 중 하나인 석장을 세워 둔다는 말로 괘석(掛錫)·유석(留錫)이라고도 한다. 스님이 주석했던 인연터의 뜻이 있어 고래로 탁석한 자리에서 샘이 솟거나 나무가 자라는 등의 전설이 적지 않게 전한다. 『동파선희집』 권4 「탁석천명 卓錫泉銘」(대장경보편26, p.718a4)에 "육조가 처음으로 조계에 머물며 석장을 세워놓은 자리에서 샘물이 솟았다. 맛은 시원하고 달았으며 대중 모두가 충분히 먹을 만큼 넉넉한 양이었는데 지금까지 수백년 동안 내려오고 있다. 六祖初住曹溪 卓錫泉涌 淸涼滑甘 贍足大衆 逮今數百年矣", 『석씨계고략』 권4(대정장49, p.886a22)에 "다음으로 오정현의 청산에 이르러 석장을 세워놓은 자리에서 샘물을 얻자 암자를 짓고 거처하였다. 암자는 출진이라 이름을 붙였다. 次至烏程菁山 卓錫得泉 結庵而居 名曰出塵"라고 하였다. 〔참고문헌〕『東坡禪喜集』, 『釋氏稽古略』. ⇨ 석장 錫杖, 괘석 掛錫, 천관사 天冠寺 ❷

탁설 鐸舌 손으로 흔들거나 바람에 소리 나는 탁(鐸)이나 령(鈴)의 방울. 원형(圓形)·십자형(十字形)·어형(魚形) 등 다양하다. 서울 영국사지(寧國寺址) 출토 금강령인 '금동오대명왕범석사천왕오고령(金銅五大明王梵釋四天王五鈷鈴)'의 탁설은 보주(寶珠)를 머금은 물고기 형상으로 아가미·지느러미·비늘 등이 생생하게 표현되었는데, 청주 사뇌사지(思惱寺址) 출토 고려시대 금강령인 '청동범석사천왕삼고령(靑銅梵釋四天王三鈷鈴)'의 탁설도 많이 부식되기는 하였지만 눈·코·입 등 물고기 머리 모양이 뚜렷하다. 이규보(李奎報 1168~1241)의 『동국이상국전집』 권10 고율시(古律詩) 「유죽주만선사차판상제학사시운 遊竹州萬善寺次板上諸學士詩韻」에 "절은 청초 짙은 곳에 숨었고 … 새벽 바람에 풍경 소리 가득하고 저녁 달은 못 가운데 잠겼네 … 벼슬 놓으면 다시 찾으려네. 寺藏靑草暗 … 曉風饒鐸舌 夕月浸潭心 … 休官欲重尋", 석혜문(釋惠文)의 『동문선』 권13 「보현원 普賢院」에는

금동금강령탁설 영국사지출토 한성백제박물관 고려전기
· 청동금강령탁설 청주사뇌사지 청주박물관 고려

"빈 절 새벽바람 불어 풍탁 흔들고 작은 뜰 가을 이슬은 초심을 부수네. 空院曉風鐃鐸舌 小庭秋露敗蕉心", 『경암집』 권하 「몽청풍탁기 夢聽風鐸記」(한불전10, p.443a16)에 "꿈속에서 어떤 물건이 쟁쟁 소리내며 허공 중에 있기에 하늘소리인가 한참 듣고서 기뻐하다가 깼는데, 바로 풍탁 소리 끊이지 않았다. … 십자가 혀인 듯 동풍이 불면 동쪽을 치고 서풍이 불면 서쪽을 치더니, 사방팔면으로 불면 돌면서 치다가 때때로 바람이 멈추면 고요하여 소리가 없다. 夢中有物錚錚 然在虛空中 以爲天樂 聞之良久 欣然而覺 乃風鐸鐃舌 … 十字爲舌 東風來東頭打 西風來西頭打 四方八面 風旋頭打 有時風息 寂無聲韻"고 하였다. 〔참고문헌〕『東國李相國全集』, 『東文選』, 『鏡巖集』, 『東文選所載麗代僧侶詩文』(한불전6, p.888a10), 『영국사와 도봉서원』(한성백제박물관, 2018) p.20. ⇨ 탁 鐸❶, 풍탁 風鐸

탁세 濁世 혼탁한 세상 또는 세월. 『육도집경』 권3(대정장3, p.15a27)에 "만약 탁세의 전도된 시기에 산다면 나는 마땅히 그 속에서 부처가 되어 그 세상의 중생을 제도하리라. 若有濁世 顚倒之時 吾當於中作佛 度彼衆生矣", 『선비요법경』 권중(대정장15, p.259b28)에 "부처님께서 멸도하신 뒤에 비구·비구니·우바새·우바이로서 탁세에서 정수를 배워서 사유하고자 하는 이는 처음부터 상념을 묶어서 부정을 관하다가 이 법에 이르면 이를 난법이라 한다. 佛滅度後 若有比丘 比丘尼 優婆塞 優婆夷 於濁世中 欲學正受思惟者 從初繫念 觀於不淨 乃至此法 是名暖法", 『열반론』(대정장26, p.279c4)에 "무엇을 가리켜 탁세에 살면서 연꽃처럼 물들지 않는다고 하는가? 탁세란 오탁이다. 云何處濁世 不汚如蓮華 濁世者 五濁", 『사십이장경소초』 권4(卍속장59, p.195b10)에 "탁세는 오탁악세이다. 겁탁·견탁·번뇌탁·중생탁·명탁을 말하니 이 다섯 가지가 섞여서 어지럽히며 세계를 혼탁하게 하기에 탁세라 한다. 濁世 五濁惡世也 所謂刦濁 見濁 煩惱濁 衆生濁 命濁 五事交擾 渾濁世界 故名濁世"라고 하였다. 〔참고문헌〕『六度集經』, 『禪祕要法經』, 『涅槃論』, 『四十二章經疏鈔』. ⇨ 오탁악세 五濁惡世, 탁겁악세 濁劫惡世

탁악 濁惡 Ⓢ kaṣāya, Ⓣ snyigs-ma. 오탁(五濁)과 십악(十惡). 이들이 무성하게 난립하는 때를 탁악세(濁惡世)·탁세(濁世)라 한다. 『관무량수불경소』(대정장37, p.190c24)에 "탁악이란 무엇인가? 탁은 오탁이다. 첫째는 견, 둘째는 번뇌, 셋째는 중생, 넷째는 명, 다섯째는 겁이다. 악은 십악이다. 살·도·음·망어·악구·양설·기어·탐·진·사견이다. 濁惡者 濁五濁也 一 見 二 煩惱 三 衆生 四 命 五 劫 惡者十惡也 殺 盜 婬 妄語 惡口 兩舌 綺語 貪 瞋 邪見也"라고 하였다. 〔참고문헌〕『觀無量壽佛經疏』, *Bodh-bh.10.* ⇨ 오탁 五濁, 십악 十惡❶, 오탁악세 五濁惡世, 탁세 濁世

탁약풍 橐籥風 풀무나 피리의 바람. 풀무질 주머니 속 바람이나 피리 구멍 드나드는 바람 같이 우리의 아(我)도 숨쉬는 동안 잠시 머물 뿐 상주하는 것이 아니라는 비유다. 『약명반야말후일송찬술』(대정장40, p.783c7)에 "몸을 논한다 : 몸은 이슬과 같아 바탕은 오래 머물지 못한다. 〈송〉 몸 던져 산봉우리 끝에 나고, 목숨은 죽음의 강에 맡겨졌네. 회오리바람 잦아진 듯한 밤이 와도, 도리어 저 풀무바람 일어나듯 하네. 論身 序身如露 體不久停 投軀生巘際 寄命死河中 鎭處飄颻夜 還如橐籥風", 『성유식론술기』 권1(대정장43, p.246b15)에 "그대가 붙들고 있는 아는 당연히 상주하지 않는다. 거두고 펴는 것이 저 풀무나 피리의 바람 같다. 탁은 풀무바람 묶는 주머니류여서 바람 넣은 즉 움직이기 시작한다. 약이란 피리에 속한 것으로 안으로 바람을 넣은 즉 소리가 난다. 이 두 바람 모두 주머니나 관을 따라 크게 또는 적게 거두고 피는 일을 한다. 언제나 한결같이 머물러 있지 못하니 나라는 것도 이와 같다. 汝所執我 應非常住 許卷舒故 如橐籥風 橐謂囊橐 排袋之類 以內含風 起作用故 籥謂管籥 簫笛之屬 以內有風 起聲等故 此二中風 旣隨囊管 有其大小卷舒之事 而非常住 我亦應然"라고 하였다. 〔참고문헌〕『略明般若末後一頌讚述』, 『成唯識論述記』.

탁연 卓然 고려후기 스님. 호는 법운(法雲)·운유자(雲遊子). 상신(相臣)의 아들로서 고종(재위 1213~1259) 때 순천 조계산 수선사(松廣寺)에서 스님이 되었다. 특히 명필로 이름을 떨쳤으며, 상주목사였던 최자(崔滋)가 강진 백련사(白蓮寺)를 중건할 때 편액(偏額)을 썼다. 『보한집』 권하에 "승주 조계산 수선사의 탁연은 재상(宰相)의 아들인데, 필법이 뛰어난 명필이었다. 1244년(고종31) 봄 경사(開城)로부터 강남도로 돌아와 계룡산 밑 한 마을에서 까치가 나무에 깃들어 있는 것을 보니, 이상하게도 몸은 희고 가슴은 붉으며 꼬리는 검은 색이었다. 그 동네 주민인 장복(長福)씨에게 물었더니 '이 까치가 이 둥지를 짓고 서식한 지가 7년이 되었는데, 해마다 그 새끼들이 올빼미에게 잡아 먹혀서 호소함이 그치지 않더니, 슬픔이 쌓여서 1년 만에 머리가 처음으로 희어지기 시작하더니 2년 만에는 머리가 완전히 희어졌고, 3년이 되니 온몸 전체가 희어졌다가, 금년에 다행히 올빼미가 떠나고 없어 재액을 면하게 되자 꼬리부터 점점 까맣게 되었다'라고 하였다. 이 말을 들은 탁연은 너무나 이상하여 수선사에 같이 있는 충경천영(冲鏡天英 1215~1286)에게 이 사실을 이야기했다. 천영이 탄식해 말하길 '이것이 금수의 머리 가진 사람 아니겠는가' 하고, 다음과 같은 시를 읊었다. '원한이 쌓이고 쌓여 머리는 눈 봉우리를 이루었고, 피멍은 가슴에 맺혀 단전(丹田)이 되었네! 올빼미가 까치새끼를 해치지 않으니 온 몸의 흰 털이 갑자기 검게 되었네'. 修禪社 卓然師 宰相之子 筆法絶倫 甲辰春 自京師 還江南道 過鷄龍山下 一村 見有鵲 栖于樹 體皓 臆丹 尾黔 居民長福云 此鵲來巢 已七年矣 其雛 每歲 爲土梟所食 呼訴不已 哀感所鍾 一年頭始白 二年頭盡白 三年體渾白 及今年 幸免其厄 尾漸還黑 然師異之 語同社天英師 師曰 噫 此所謂禽頭人也 迺作詩曰 怨氣積頭成雪嶺 血痕沾臆化丹田 梟如不惱他家子 四海霜毛一日玄"라고 하였다. 그 밖의 자세한 행장은 알 수 없다. 〔참고문헌〕『補閑集』.

탁위 卓圍 탁자보(卓子袱). 탁자를 둘러 씌우면서 늘어뜨리는 면포. 『선림상기전』 권19(불광장, 禪藏, p.1463)에 "탁위 : 도충(道忠)이 말한다. '수놓은 금란 등의 소재로 탁자의 사면을 빙둘러 씌워서 바닥까지 늘어뜨리는 면포를 탁위라 한다'. 卓圍 忠曰 鬬綵金襴等 周圍卓四面 到地者 言卓圍也"라고 하였다. 〔참고문헌〕『禪林象器箋』. ⇨ 탁복 卓袱, 탁자 卓子

탁의석 濯衣石 부처님의 가사(袈裟)를 올려놓고 빨았던 바위. 가사를 말린 바위라는 뜻에서 쇄의석(曬衣石)이라고도 한다. 영국의 스타인(Marc Aurel Stein 1862~1943)이 발견하였다. 스와트(Swāt)강 하류에서 티라트(Tirāt)로 향하는 길 우측 언덕에 있다. 높이 4m, 폭 10m, 두께 6m의 크기이다. 『대당서역기』 권3(대정장51, p.882c17)에 "물길을 따라 내려가 삼십여 리에 여래의 탁의석에 이른다. 가사의 문양이 또렷해 마치 새긴 듯하다. 順流而下 三十餘里 至如來濯衣石 袈裟之文 煥焉如鏤", 『법현전』(대정장51, p.858a25)에 "쇄의석과 악룡을 제도하였던 곳도 모두 남아 있다. 바위는 높이 네 길이고 너비는 두 길 정도이며 한쪽으로 평평하다. 及曬衣石 度惡龍處 亦悉現在 石高丈四 闊二丈許 一邊平", 『낙양가람기』 권5(대정장51, p.1020a18)에 "강물 동쪽에 부처님께서 가사를 말리던 곳이 있다. 이전에 여래께서 오장국에서 교화를 펼치시던 시절 용왕이 진노하여 큰 비바람을 일으켜 부처님 승가리 안팎이 모두 젖었다. 비가 그치자 부처님께서 바위 아래 자리잡고 동쪽을 향해 앉아 가사를 말리셨다. 세월은 비록 오래되었지만 마치 새로 새긴 것처럼 빛난다. 조각 이음새가 분명히 보일 뿐만 아니라 가는 실에 이르기까지도 선명하다. 언뜻 보아서는 아닌 듯하지만 문질러보면 그 문양이 점점 분명해진다. 부처님께서 앉았던 곳과 가사를 말렸던 곳에 모두 탑기가 있다. 水東有佛曬衣處 初如來在烏場國行化 龍王瞋怒 興大風雨 佛僧迦梨 表裏通濕 雨止 佛在石下 東面而坐 曬袈裟 年歲雖久 彪炳若新 非直條縫明見 至於細縷 亦彰 乍往觀之 如似未徹 假令刮削 其文轉明 佛坐處及曬衣所 並有塔記"라고 하였다. 〔참고문헌〕『大唐西域記』, 『法顯傳』, 『洛陽伽藍記』.

탁인 琢璘 조선후기 스님. 호는 진정(塵靜). 환적의천(幻寂義天 1603~1690)의 은사이다. 『풍계집』 권하 「환적당대사행장 幻寂堂大師行狀」(한불전9, p.157a2)에 "이 해(1613·광해군5) 가을 속리산 복천사로 들어가서 진정당 탁인선사를 따라 출가하였다. 14세인 병진년(1616)에 스승을 따라 금강산 정양사로 가서 서산문인 편양당 언기대사를 알현하였다. 是年秋入俗離山福泉寺 從塵靜堂琢璘禪師而出家 至十四歲丙辰 隨師入金剛山正陽寺 謁西山門人鞭羊堂彦機大師"라고 하였다. 〔참고문헌〕『楓溪集』. ⇨ 의천 義天 ❷

탁자 托子 잔이나 그릇 받침대. 탁자(託子·槖子)라고도 한다. 『선림상기전』 권20(불광장, 禪藏, p.1579)에 "탁자는 다완 등을 받치는 기물이다. … 여비의 『사물초략』에 이렇게 전한다. '당 덕종 건중년간에 최녕의 딸이 금잔으로 차를 마시다 잔이 뜨거워 손가락을 아파하자 나무 받침 위에 잔을 올려 마시다가 기울어 다시 밀랍으로 두른 받침에 올려놓자 잔이 마침내 편안해져 흔들리지 않았다. 장인에게 보내 옻칠 두름을 밀랍으로 대신하도록 하였다. 최녕이 기발하다고 여기고 탁자를 제작하면서 세상에 유행하게 되었다. 이것이 탁자의 시원이다'. 托子 承茶盌器也 … 呂毖 事物初略云 唐德宗建初中 崔寧之女 以金盞啜茶 盞熱痛其指 乃取楪子 承其盞 旣啜而傾 又以蠟環楪子中坐之 盞遂定穩 不搖 因遣匠者 以漆環易蠟 寧奇之 乃制爲托子 以行于世 此托子之始也", 『조산어록』(대정장47, p.528b29)에 "학인이 물었다. '모양 중엔 어떤 것이 참인지요?' '보이는 그대로 참이다'. 그 학인이 '어떻게 드러내보이는지요?'라고 묻자 조산이 탁자를 들어올렸다. 僧問 於相何眞 師曰 卽相卽眞 僧云 當何顯示 師提起托子"라고 하였다. 〔참고문헌〕『禪林象器箋』, 『曹山語錄』.

탁자 卓子 불상 앞 등의 위치에 설치하는 다리가 달린 평상이나 단(壇). 공양물이나 다기 따위를 올려놓는다. 『선원청규』 권1 「부죽반 赴粥飯」(卍속장111, p.881a10)에 "대중이 앉기를 기다렸다가 한꺼번에 인사한다. 그런 다음 시자가 탁자를 들여놓고 인사하며 나온다. 候大衆坐 一時問訊 然後侍者 入卓子問訊出", 『선림상기전』 권19(불광장, 禪藏, p.1484)에 "탁자 : 『대감청규』 「접시호의식」에 '산문의 향로 앞에 탁자를 설치하고 복자와 탁위를 장엄한다'라고 하였다. 卓子 大鑑淸規 接諡號儀式云 於山門爐前 安卓子 莊嚴袱子幷卓圍"라고 하였다. 〔참고문헌〕『禪苑淸規』, 『禪林象器箋』.

탁자 槖子 다완(茶碗)을 올려놓는 받침대. 찻잔을 받치는 접시. 탁자(槖子·托子·託子)라고도 한다. 『어선어록』 권16 「구빙조선전 扣冰澡先傳」(卍속장119, p.602b2)에 "천성년간(926~929) 무자년에 민왕(閩王)의 부름에 응하였다. 왕이 공경의 뜻으로 절하고 제공받은 차에 감사를 표할 때 구빙이 탁자를 들어 올리며 말하길, '아시겠습니까?' '모르겠습니다' '제왕이든 법왕이든 각자 분명하게 비추고 있습니다'. 열흘 머문 뒤 병으로 하직하였다. 天成戊子 應閩王之召 王敬禮謝茶次 師提起槖子曰 會麽 曰 不會 曰 人王法王 各自照了 留十日以疾辭", 『현사어록』 권중(卍속장126, p.429b8)에 "위감군(韋監軍)이 '점파국 사람들의 말도 매우 알아듣기 어렵거늘 인도 범어는 하물며 어떻겠습니까! 알아들을 수 있는 이가 있습니까?'라 말하자 현사가 탁자를 들어 올리며 말하길, '이것을 알 수 있다면 알아들을 수 있습니다'. 師因韋監軍云 占波國人語稍難辨 何況五天梵語 還有人辨得麽 師提起槖子云 識得這個卽辨得"라고 하였다. 〔참고문헌〕 『御選語錄』, 『玄沙語錄』, 『禪林類聚』 권18(卍속장117, p.217a14). ⇨ 탁자 托子

탁정식 卓挺植 ?~1884. 인제 백담사(百潭寺) 스님. 개화운동을 이끌었던 스님으로, 이동인(李東仁)과 함께 스님의 신분으로 유대치(劉大致 : 劉洪基) 등의 도움을 받아 김옥균(金玉均)·박영효(朴泳孝) 등의 자문이 되었다. ⇨ 각지 覺地

탁지기 卓之琪 스님이 된 고려 사람. 『고려사』 권28 세가(世家)28 충렬왕 즉위년(1274) 10월 9일에 "대부주부인 탁지기는 대부의 창고 비어 다하는데, 써야 할 비용은 거듭되자 그 고통을 참지 못하고 머리를 깎고 스님이 되었다. 大府注簿卓之琪 以府藏虛竭 供費煩重 不堪其苦 祝髮爲僧"라고 하였다. 〔참고문헌〕 『高麗史』.

탁태 托胎 Ⓢ garbha-avakrānti, Ⓟ gabbha-avakkanti, Ⓣ mngal-du-'jug-pa. 태에 의탁하다. 탁태(託胎)·탁생(托生)·입태(入胎)라고도 한다. 태생(胎生)하는 유정이 모태에 머묾을 말하며, 특별히 석존이 흰 코끼리를 타고 도솔천에서 내려와 마야부인의 태내에 머무른 고사로 팔상(八相) 중에 하나다. 『대법거다라니경』 권6(대정장21, p.685a16)에 "부모의 인연이 화합하는 바로 이때에 식지(識支)가 탁태하여 가라라대(迦羅邏大)가 된 것을 장(藏)이라고 한다. 若以父母因緣和合 當於是時 識支託胎 成迦羅邏大 名爲藏者", 『법원주림』 권100(대정장53, p.1028c26)에 "'부처님께서는 사월팔일에 탁태하셨다'라는 말은 무슨 뜻인가? 탁태를 이미 주의 달로 이용하였다면 탄생도 주력인데, 지금 2월 탄생이라고 하는 것은 옳지 않다. 주력 11월은 정월인데, 부처님께서는 11월에 탄생하실 수 없다. 범부중생은 정월에 탁태하면 10월에 태어나고, 4월에 탁태하면 정월에 태어나야 한다. 부처님께서는 세간과 함께하시어 7월에 탁태하셨기에 4월에 탄생하셨다. 佛以四月八日 下託胎者 託胎旣用周月 現生還是周辰 今言二月 是亦非也 若周 十一月爲正 如來不容十一月生 凡人正月胎卽十月生 四月胎卽正月生 佛俯同世 七月胎故 乃四月生", 『능엄경집주』 권4(卍속장17, p.195a14)에 "같은 업이 서로 얽어맨다는 말은 부모와 업이 같아서 더욱더 서로 얽어맨다는 뜻이다. 합하거나 떨어지며 화를 이룬다는 말은 사랑하는 경에는 합하고 미워하는 경에는 떨어지는데 이 애증으로 인해 변화가 이뤄져 탁태한다는 뜻이다. 同業相纏者 與父母同業 更相纏縛也 合離成化者 於愛境則合 於憎境則離 由此愛憎 成其變化 而托胎也", 『능엄경보경소』 권4(卍속장90, p.702b7)에 "현세에 최초로 탁태할 때 아버지의 정액과 모태의 피를 모아 취함으로써 사대를 증장하고 신체로 삼는다. 由於現世 最初托胎 摶取精血 增長四大 以爲身體"라고 하였다. 〔참고문헌〕 『大法炬陀羅尼經』, 『法苑珠林』, 『楞嚴經集註』, 『楞嚴經寶鏡疏』, *Abh-k-bh.127, DN.3.103.* ⇨ 여래팔상 如來八相, 팔상 八相, 팔상도 八相圖

탄가 彈訶 굳이 드러내 꾸짖다. 방등시(方等時)에서 소승행자를 강하게 나무라고 꾸짖음을 말한다. 천태에서 설정한 방등시의 가르침으로 특히 『유마경』을 탄가교(彈訶敎)라고도 한다. 가는 가(呵)로도 쓴다. 『법화현의』 권10(대정장33, p.807c13)에 "다음으로 방등의 『유마경』·『사익경』·『앙굴마라경』을 설했는데, 소승의 과를 지키려는 치우침을 나무라고 꾸짖었으며 삼장의 단멸이 잘못되었음을 말하여 비난했다. 次說方等 維摩思益 殃掘摩羅 彈訶小乘保果之僻 譏刺三藏斷滅之非", 『법화현의석첨』 권2(대정장33, p.823a23)에 "세인들은 『능가경』을 교판하면서 『화엄경』과 같다거나 『법화경』과 같다고 하는데, 『마하지관』의 기록에 따르면 두 곳에서 『능가경』의 글을 끌어 방등시에 속한다고 교판하였다. 저 경문에는 사교가 다 갖춰져 있으며 (소승을) 나무라고 꾸짖었기 때문이다. 世人判楞伽 或同華嚴 或同法華 具如止觀記已 有二處引楞伽文 判屬方等 以彼經文具四教故 有彈訶故"라고 하였다. 〔참고문헌〕 『法華玄義』, 『法華玄義釋籤』. ⇨ 탄가교 彈訶教, 방등시 方等時

탄가교 彈訶教 방등시(方等時)의 가르침. 특별히 『유마경』을 가리키기도 한다. 『불조통기』 권3(대정장49, p.156c3)에 "그러나 방등의 탄가교는 삼장교 뒤에 있으므로 꾸짖음을 당한 때는 응당 12년 전이어야 한다 〈녹원 12년은 방등 앞에 있기 때문이다〉. 然方等彈訶教 在三藏之後 被訶之時 應在十二年前〈以鹿苑十二年 在方等前

也〉", 『서곡명목구해』 권6(臺灣國圖善本41, p.344b2)에 "녹원의 삼장교 법문에서 사가 극처에 이르면 방등의 대승법을 설하여 저 이승의 사의 지극과 녹원의 소승에 대한 집을 물리쳤으니, 이를 방등의 탄가교라 한다. 鹿苑三藏敎法門 思至極處 卽說方等大乘法 斥彼二乘思至極鹿苑小執也 是云 方等彈訶敎也"라고 하였다. 〔참고문헌〕『佛祖統紀』, 『西谷名目句解』. ⇨ 방등시 方等時

탄공 呑空 1881~1998. 호는 야은(野隱), 별호는 벽사도인(辟邪道人), 속성은 이(李)씨, 속명은 현조(現照). 아버지의 휘는 대보(大寶)이다. 1881년(고종18) 음력 10월 7일 경상북도 상주군 내서면 각막골에서 5대 독자인 유복자로 태어났으나, 태어난 지 2개월 만에 어머니 또한 별세하였으므로 당시 상주 군수였던 할아버지 밑에서 자랐다. 할아버지는 손자의 훗날을 걱정하며 자기 소유인 주왕산과 논 50마지기를 대전사(大典寺)에 헌납하고 손자를 맡겼다. 5년 후인 1889년(고종26) 9세 때 호명(浩明)을 은사로 하여 스님이 되었다. 1900년(광무4) 19세 때 도화서(圖畵署 : 繪畵를 담당하던 관청)에서 실시하는 전국화공(畵工) 백일장에 장원으로 뽑혀 고종으로부터 하사품과 진사(進士)를 제수받았다. 이어 29세까지 장성 백양사(白羊寺)에서 정진했다. 1913년 대구 용연사(龍淵寺)에서 3년간 정진하였으며, 1916년 의성 고운사(孤雲寺)로 옮겨 정진하다가 1919년 3·1운동 때 일경(日警)이 운동에 참여한 사람을 잔인하게 구타할 뿐 아니라 어린 부녀자를 능욕하려는 현장을 보고는 그 왜경을 구타하여 실신케 한 후, 금강산으로 도망가서 유점사(楡岾寺) 부근인 동우굴에서 숨어 정진하기도 했다. 1931년 중국 숭산(崇山 : 河南省) 소림사(少林寺)에서 약 6개월간 정진하고 귀국하여 동우굴에서 정진하다가 1945년 8·15해방을 맞이했다. 같은 해 가을 금강산을 떠나 남쪽으로 설악산·태백산·소백산·팔공산·가야산 해인사·덕유산·내장산·지리산 등을 두루 다니면서 정진했다. 1953년에는 예천 학가산 보문사(普門寺)에서 전설적인 182세를 향수(享壽)한 개운조사(開運祖師) 대성(大星)을 만나 그로부터 벽사도인(辟邪道人)이라는 법호와 함께 법을 전해 받았는데, 너는 백세(百歲) 이상 장수할 터이니, 백세가 되거든 벽사서화(辟邪書畵)로써 중생을 제도하라고 당부받았다. 1986년 충청북도 청원군 남이면 척산리에 탄공정사(呑空精舍)를 창건하고 주석하다가 1994년 태국승왕(泰國僧王)의 초청을 받아 태국을 다녀왔다. 1998년 음력 5월 25일(양력 6월 19일) 0시 30분 세수 118, 법랍 109세를 일기로 탄공정사에서 입적하였다. 〔참고문헌〕『呑空大禪師法語』.

탄능 坦能 조선전기 스님. 1526년(중종21)에 간행된 혜심(慧諶 1178~1234)의 『조계진각국사어록』「조계진각국사서답 曺溪眞覺國師書答」(한불전6, p.40a17)의 마지막에 대공덕주(大功德主) 등 대중명부가 전하는데 "대공덕주 정심 … 비구탄능 … 각수혜경. 大功德主 正心 … 比丘坦能 … 刻手惠敬"이라고 하였다. 〔참고문헌〕『曹溪眞覺國師語錄』.

탄다가슬타 憚哆家瑟詑 Ⓢ danta-kāṣṭha의 음사어. 버들가지로 치목(齒木)이라 하고, 탄다니슬차(彈多抳瑟搋)로도 쓴다. 『일체경음의』 권58(대정장54, p.691b22)에 "치목〈범본을 살펴보면 탄다니슬차다. 탄다는 치라 하고, 니슬차는 목이라 한역하니 치목을 뜻한다. 긴 것은 열두 마디, 짧은 것은 여섯 마디 정도이다. 흔히 갈다라목을 쓰는데 이곳 중국에서는 대부분 버드나무 가지를 쓴다. 그런 나무가 없기 때문이다〉. 齒木〈案梵本云 彈多抳瑟搋 彈多 此云齒 抳瑟搋 此云木 謂齒木也 長者十二指 短者六指也 多用竭陀羅木作之 今此多用楊枝 爲無此木〉", 『사분율명의표석』 권36 「양지 楊枝」(卍속장70, p.942a4)에 "치목이란, 범어는 탄다가슬타이다. 탄다는 치라 하고, 가슬타는 목이라 한역한다. 길면 열두 마디, 짧아도 여덟 마디까지다. 其齒木者 梵云憚哆家瑟詑 憚哆 譯之爲齒 家瑟詑 卽是其木 長十二指 短不減八指"라고 하였다. 〔참고문헌〕『一切經音義』, 『四分律名義標釋』. ⇨ 나차가슬차 娜哆家瑟姹, 나다가슬차 娜多家瑟姹, 양지 楊枝, 치목 齒木

탄두 炭頭 총림(叢林)에서 대중의 난방을 책임지는 소임. 땔감이 나무였을 때는 신두(薪頭)라고 한다. 『백장청규』 권4 「열직잡무 列職雜務」(대정장48, p.1133a29)에 "탄두 : 미리 자탄을 준비하여 추위를 방비한다. 때로는 화주가 되기도 하고, 공계로 나가서라도, 반드시 족히 쓸 수 있도록 해야 한다. 炭頭 預備柴炭 以禦寒事 或化施主 或出公界 須令足用", 『선원청규』 권8(卍속장111, p.918a5)에 "중승의 추위를 방비하고자 탄두와 노두의 소임을 둔다. 爲衆僧禦寒故 有炭頭爐頭", 『보암인숙어록』 권3(卍속장120, p.651a18)에 "탄두 : 불이 오르며 나무를 태우다가 재와 연기마저 사라진다. '검다, 희다'에 터럭 끝도 없어야 가히 스승이라 할 수 있다. 마치 봄바람이 납월 눈을 녹여서 널리 차고 따뜻함이 치우쳐 기울게 함과 같다. 炭頭 火出木燼灰烟滅 黑白無纖可作師 喩若春風融臘雪 普令冷暖偏枯"라고 하였다. 〔참고문헌〕『百丈淸規』, 『禪苑淸規』, 『普菴印肅語錄』, 『慈受懷深廣錄』 권1(卍속장126, p.562a14).

탄령 嘆靈 몸을 벗어던진 본래의 신령한 마음자리를 탄하다. 산 자와 죽은 자를 넘어서 모두를 깨우치는 뜻이다. 『선림상기전』 권13(불광장, 禪藏, p.1021)에 "탄령 : 옛 설에 따르면 망령에게 회향하는 머리말이니

'깨끗하기 그지없는 빛으로 통달하였고 고요히 비춰 허공마저 품네'라 한다. 도충(道忠)이 말한다. '부처님을 찬탄함(嘆佛) 또는 진영(眞影)을 찬탄함(嘆眞)에 그 뜻이 스스로 있게 한다. 저 망령이라 할 경우 부처님과 조사는 그 덕을 찬탄함이라 해도 오직 선을 닦고 부처님 덕에 의지하여 망령을 구제하고자 할 뿐이지 어찌 망령의 덕을 찬탄하겠는가! 그러므로 저 시식법에서 회향하는 첫머리에 「부처님 몸이 법계에 충만하시니, 모든 중생 앞에 두루 나타나신다」라고 할 뿐이다. 이것이 어찌 망령의 덕을 탄함이겠는가! 그러므로 나는 탄령이라는 목은 잘못이라 생각한다'. 嘆靈 舊說曰 亡俗回向首語 言嘆靈 淨極光通達 寂照含虛空 是也 忠曰 嘆佛嘆眞 其義自存矣 如亡俗 則不可例佛祖 以嘆其德也 唯修善憑佛德而拔濟其靈耳 何用嘆靈德 故如施食法 回向首語曰 佛身充滿於法界 普現一切羣生前 豈是嘆亡靈德者哉 故予謂嘆靈之目 杜撰也"라고 하여 죽은 이를 찬탄하는 뜻을 도충은 잘못이라 하였다. [참고문헌]『禪林象器箋』.

탄무상십장시 嘆無常十章詩 ❶명대 거사 염암(念菴) 나홍선(羅洪先 1504~1564) 지음. 모두 열 개의 장(章)이다. 무상십장시(無常十章詩) 또는 십탄무상가(十嘆無常歌)라고도 한다. 열 편의 장이 모두 첫 구가 '탄무상탄무상 嘆無常嘆無常'(무상을 탄식하노라. 무상을 탄식하노라) 여섯 글자로 시작하며, 무상을 넘어서기 위해 염불하고 미타정토극락(彌陀淨土極樂)에 왕생할 것을 권하는 취지다. ❷작자 미상. 나홍선의 시가 변하여 『석문의범』 권하 pp.291b12~293a15에 전한다. 먼저 나홍선의 것과는 달리 각 장(章)의 표제를 써서 명리·은애·주색·재기·탐미·애천·창업·소요·훼방·수행(名利 恩愛 酒色 財氣 貪味 愛穿 創業 逍遙 毁謗 修行) 등 열 개의 주제로 무상을 드러낸다. 또 무상을 술회한 각 장의 여덟 구는 대체로 같으나, 후반부 이를 넘어서는 방편설은 크게 다르다. 열 가지는 조수행(早修行)·학수장(學修藏)·학묘방(學妙方)·연금강(鍊金剛)·유불양(遊佛洋)·연순양(鍊純陽)·진불당(進佛堂)·막황당(莫荒唐)·막영광(莫逞狂)·세사량(細思量) 등으로 무상 넘어설(躲無常) 열 가지 길을 열어 보여 준다. [참고문헌]『釋門儀範』.

탄문 坦文 900~975. 고려전기 스님. 자는 대오(大悟), 시호는 법인(法印), 탑호는 보승(寶乘). 속성은 고(高)씨. 어머니는 백(白)씨부인이다. 900년(효공왕4) 8월 14일 광주(廣州)시 고봉(高烽:지금의 경기도 고양시 일산)에서 태어났다. 원효가 수도하였던 향성산(鄉聖山) 옛 터에 토굴을 짓고 수년간 정진하다가 장의사(莊義寺)로 찾아가 신엄(信嚴)강백으로부터 『화엄경』을 배웠으며, 914년(신덕왕3) 15세 때 장의사에서 초율사(初律師)로부터 비구계를 받았다. 어릴 때부터 지혜롭고 뛰어나 사람들이 그를 성사미(聖沙彌)라 불렀으며, 뒤에 고려 태조(太祖)도 별화상(別和尙)이라 부르며 특별히 존경하였다. 942년(태조25) 황해도 연안군(延安郡:塩州)과 백주군(白州郡)에 벼멸구가 만연하여 벼농사를 망칠 뻔하였는데, 스님이 법주가 되어 『대반야경』을 독송하여 충재를 물리치고 풍년이 들게 하였다 한다. 945년 구룡사(九龍寺)에서 정종(定宗) 즉위를 기원하는 화엄법회를 가졌으며, 968년(광종19) 왕명으로 귀법사(歸法寺) 주지에 나아갔다. 그 해에 홍도 삼중대사(弘道三重大師)라는 존호를 바치고 왕사로 추대하였다. 974년(광종25) 73세 때 국사로 모셨으나, 서산 가야산 보현사(普賢寺)로 돌아가 머물다가 975년(광종26) 3월 19일 세수 76, 법랍 61세를 일기로 입적하였다. 제자에는 영찬(靈撰)·일광(一光)·명회(明會)·예림(芮臨)·윤경(倫慶)·언현(彦玄)·홍염(弘廉) 등이 있다. 비문은 김정언(金廷彦)이 왕명에 의해 짓고, 한윤봉(韓允奉)이 조칙을 받들어 써서 978년(경종3)에 세운 비가 충청남도 서산군 운산면 용현리 보현사지에 있으며, 1935년에 보물 제105호로 지정되었다. [참고문헌]「海美普願寺址法印國師寶勝塔碑文」(『海東金石苑』 권4), 『朝鮮金石總覽』 권상 p.223, 『韓國金石全文』 中世上 p.411, 李智冠 『校勘譯註歷代高僧碑文』 高麗篇2 p.74. ⇨보원사법인국사보승탑 普願寺法印國師寶乘塔, 보원사법인국사보승탑비 普願寺法印國師寶乘塔碑

탄불게 歎佛偈 ❶부처님을 찬탄하는 게. 『무량수경』 80구게로 법장비구(法藏比丘)가 세자재왕불(世自在王佛)을 찬탄했던 게다. 『무량수경』 권상(대정장12, p.267a21)에 "빛 가득한 얼굴 높고도 높으시고, 그 위신력 그 끝 없으시다. 이렇게 불꽃처럼 타오르는 그 밝음 견줄 이 없도다. … 설령 이 몸 다하도록 온갖 고통 더할 수 없더라도 저는 정진을 행하리니, 참아 끝내 후회하지 않으리다. 光顔巍巍 威神無極 如是炎明 無與等者 … 假使身止 諸苦毒中 我行精進 忍終不悔", 『승만보굴』 권상(대정장37, p.12c23)에 "저 항상 부처님을 찬탄하는 게 읊으니, '하늘 위 하늘 아래 부처님 만한 이 없으시고, 시방세계 어디에도 견줄 이 없네. 세간에 있는 것들 내가 모두 보았으나, 그 어디에도 부처님과 같은 이 없네'. 如常歎佛偈云 天上天下無如佛 十方世界亦無比 世間所有我悉見 一切無有如佛者", 『석가여래열반예찬문』(대정장46, p.964b4)에 "〈탄불게는 경 중에 가섭보살이 찬설함을 따르고, 그 뒤의 선소는 뜻에 따라 진술하였다〉 훌륭하도다, 세간을 가엾이 여기시는 큰 의왕이시여! 몸과 지혜가 모두 고요하시네. 무아의 법 가운데 진아가 있으니, 이 아가 위 없이 높으신 이에게 머리 조아려 예 올립니다. 〈歎佛偈 依經中迦葉菩薩所說歎 後宣疏 或隨意陳白〉

憐愍世間大醫王 身及智慧俱寂靜 無我法中有眞我 是我頂禮無上尊"라고 하였다. 〔참고문헌〕『無量壽經』, 『勝鬘寶窟』, 『釋迦如來涅槃禮讚文』. ❷ 한국불교의례 중 불보살을 찬탄하는 게송. 향화청(香華請) 후 드리는 가영(歌詠)과 『석문의범』 권상 「예경편 禮敬篇」 대웅전·극락전·팔상전·약사전·용화전·대장전·관음전·나한전·명부전·신중단 등에서 각기 다르게 한결같이 외우는 8언4구 게송 등이다. 「예경편」 극락전에서는 "무량광 중에 수많은 화불을 우러러보니 모두 아미타불이시네. 응신엔 각기 황금 모습 빼어나고 보계엔 푸른 옥 나발 두르셨어라. 無量光中化佛多 仰瞻皆是阿彌陀 應身各挺黃金相 寶髻都旋碧玉螺", 약사전에서는 "십이대원으로 뭇 중생에 닿으시고 일편비심엔 빈틈 없으시네. 범부의 전도된 병 뿌리 깊으므로 약사를 만나지 못하면 그 잘못 사라지기 어려워라. 十二大願接群機 一片悲心無空缺 凡夫顚倒病根深 不遇藥師罪難滅", 관음전에서는 "바다 가운데 한 잎 붉은 연꽃으로 푸른 물결 깊은 곳에서 신통을 나투시네. 어젯밤 보타산 관자재보살께서 오늘은 도량 안에 내려오셨어라. 一葉紅蓮在海中 碧波深處現神通 昨夜寶陀觀自在 今日降赴道場中", 나한전에서는 "청련좌위 생생한 달은 삼천계 주인이신 석가세존이시고, 자감궁 늘어선 별들은 십육대아라한중이시도다. 靑蓮座上月如生 三千界主釋迦尊 紫紺宮中星若列 十六大阿羅漢衆"라고 하였다. 〔참고문헌〕『釋門儀範』. ⇨ 찬불게 讚佛偈, 가영 歌詠, 예경 禮敬, 찬불가 讚佛歌

탄불입토불출 呑不入吐不出 삼킬 수도 토해낼 수도 없다. 탄토불하(呑吐不下)와 통한다. 『종용록』 83칙 「송頌」(대정장48, p.280c7)에 "묘약이 어찌 일찍이 입을 지나갔던가?〈삼키려 해도 넘어가지 않고 토하려 해도 올라오지 않는다〉 신령한 의사라도 손쓸 수 없다〈더듬으며 찾을 방법이 없다〉. 妙藥何曾過口〈呑不入吐不出〉 神醫莫能捉手〈無處摸搽〉", 『원각경근석』 권3(卍속장16, p.169b5)에 "이 하나의 의심덩어리는 그대로 금강권이고 가시밤송이어니 삼킬 수도 토해낼 수도 없다. 이것이 말세중생이 일으키는 의정의 모양새다. 此箇疑團 直是金剛圈 栗棘蓬 呑不入吐不出 是爲末世衆生 參禪起疑情之樣子"라고 하였다. 〔참고문헌〕『從容錄』, 『圓覺經近釋』.

탄생 誕生 Ⓢgarbhād abhiniḥsṛtaḥ. 세간에 몸을 받아 나다. 『불소행찬』 권1(대정장4, p.1a28)에 "보살도 이와 같이 오른쪽 옆구리에서 탄생하셨고, 점차 태에서 나오면서 광명을 두루 비추었다. 마치 허공에서 떨어진 듯하였지 자궁을 통해 오신 것이 아니다. 菩薩亦如是 誕從右脇生 漸漸從胎出 光明普照耀 如從虛空墮 不由於生門", 원측(圓測)의 『해심밀경소』 권9(한불전1, p.441b1)에 "'탄생'이라 하였는데, 『방광대장엄경』 「탄생품」에서는 다음처럼 말하였다. '그때 마야성후는 보살위력으로 보살이 탄생하려 한다는 것을 알고서 람비원에 들어가 여러 나무를 다 둘러보고는 파차(Ⓢ Plakṣa) 보배나무 아래에 이르렀다'. 言誕生者 大嚴經誕生品云 爾時摩耶聖后 以菩薩威力故 卽知菩薩有欲誕生 入藍毗園 歷觀諸樹 至波叉寶樹下"라고 하였다. 〔참고문헌〕『佛所行讚』, 『解深密經疏』, 『方廣大莊嚴經』 권3(대정장3, p.552c17), *Buddh-c.1.* ⇨ 비람강생상 毘藍降生相

탄생게 誕生偈 석존(釋尊)께서 실달태자로 탄생하신 후 바로 읊었던 게송. 경전에 따라 조금씩 차이가 있는데, 앞의 두 구는 '천상천하 유아위존 天上天下 唯我爲尊(唯我獨尊)'으로 일치하고, 뒤의 두 구는 '요도중생 생로병사 要度衆生 生老病死' 또는 '삼계개고 오당안지 三界皆苦 吾當安之' 또는 '금자이왕 생분이진 今茲而往 生分已盡' 등으로 차이가 있다. 『장아함경』 권1 「대본경 大本經」(대정장1, p.4b28)에 "부처님께서 비구들에게 말씀하셨다. '제불의 변하지 않는 법이 있으니, 비바시보살께서 나실 때 오른쪽 옆구리에서 나오셨는데 오롯한 마음으로 고요하셨다. 오른쪽 옆구리에서 나와 땅에 떨어지자 일곱 걸음을 걸었는데, 누구의 부축도 받지 않았고 사방을 둘러보고는 손을 들어 다음처럼 말씀하셨다. 「천상과 천하에서 오직 나만이 존귀하다. 저 중생이 나서 늙고 병들고 죽는 것으로부터 반드시 건네줄 것이다」. 이것이야말로 변하지 않는 법이다'. 佛告比丘 諸佛常法 毗婆尸菩薩當其生時 從右脇出 專念不亂 從右脇出 墮地行七步 無人扶侍 遍觀四方 擧手而言 天上天下 唯我爲尊 要度衆生 生老病死 此是常法", 『수행본기경』 권1(대정장3, p.463c11)에 "열 달이 차자 태자의 몸이 다 이루어져 사월 초팔일이 되었다. … 온갖 꽃이 피어나고 샛별(明星)이 출현할 때 … 곧 오른쪽 옆구리에서 태자가 태어나 땅에 떨어졌다. … 일곱 걸음을 걸으면서 … '천상과 천하에서 오직 나만이 존귀하다. 삼계는 온통 괴로움이니 내가 마땅히 이를 편안하게 할 것이다'라고 하셨다. 十月已滿太子身成 到四月八日 … 衆花開化 明星出時 … 便從右脇生墮地 行七步 … 天上天下 唯我爲尊 三界皆苦 吾當安之", 『대당서역기』 권6(대정장51, p.902a26)에 "보살은 탄생하시자 부축도 없이 사방으로 각기 일곱 걸음 걸으시면서 다음처럼 말씀하셨다. '천상과 천하에서 오직 나만이 홀로 존귀하다. 오늘로부터 가고 오는 내 생의 분한은 이미 다하였다. 菩薩生已 不扶而行 於四方各七步 而自言曰 天上天下 唯我獨尊 今茲而往 生分已盡", 디가니카야 제14경 *Mahāpadāna-sutta*(*DN.2*, p.15)에 "나는 세계의 최상이요 세계의 제일 어른이며 세계의 으뜸이다. 이번이 마지막 생이니, 더 이상의 다시 태어남은 없다. aggo 'ham asmi lokassa, jeṭṭho 'ham asmi lokassa, seṭṭho 'ham as mi lokassa, ayam antimā jāti, n'atthi'dāni punabbhavo"라고 하였다. [참고문헌] 『長阿含經』, 『脩行本起經』, 『大唐西域記』, *DN.* ⇨ 유아독존 唯我獨尊, 천상천하유아독존 天上天下唯我獨尊, 실달태자 悉達太子

탄생불 誕生佛 싯달태자의 탄생을 묘사해 만든 상. 탄생상(誕生像)·탄불상(誕佛像)·불강생상(佛降生像)·관불상(灌佛像)이라고도 한다. 오른손은 하늘을 가리키고 왼손은 땅을 가리킨 모습이다. 마야부인(摩耶夫人)의 오른쪽 옆구리에서 탄생하고 나서 바로 일곱 걸음을 떼고서 "하늘 위와 하늘 아래 오직 나만이 존귀하다. 天上天下 唯我獨尊"라 말하며 지은 형상이다. 『선림상기전』 권3(불광장, 禪藏, p.211)에 "탄생불 : 상의 크기는 네 치 정도 되며 오른손으로 하늘을 가리킨다. … 도충(道忠)이 말한다. '경에는 오른손만 언급했을 뿐 왼손은 말하지 않았다. 그러나 현재의 석가강생상은 오른손으로 하늘을 가리키고 왼손으로 땅을 가리키는 모양이니 대체로 「천상천하유아독존」이라는 〈『서응경』·『본기경』이나 『장아함경』 등의〉 발언과 상응한다. 다시 왼손으로 땅을 가리키는 자태를 살펴보면 항마인에 해당한다. 『혜림음의』에 「여래께서 정각을 성취하셨을 때 몸을 길상좌에 두시고 왼손으로 땅을 가리켜 항마인을 지으셨다」라고 하였기 때문이다'. 誕生佛 像長可四寸 右手指天 … 忠曰 經唯言右手 而不言左手 而現今釋迦降生像 右手指天 左手指地 蓋應天上天下 唯我爲尊〈瑞應經 本起經 長阿含等〉之語矣 復按 左手指地者 降魔印也 慧琳經音義云 如來成正覺時 身安吉祥之坐 左手指地 作降魔之印"라고 하였다. 탄생불은 비람강생상(毘藍降生相) 중 칠보행(七步行)과 사자후(獅子吼) 장면이 벽화·부조·불화 등과 팔을 들어 손가락으로 하늘을 가리키고 다른 팔을 늘어뜨려 땅을 가리키는 소형 탄생불입상으로도 조성되었다. 인도 간다라와 아잔타 벽화에서도 탄생장면이 보이지만 팔을 들어 하늘을 가리키는 도상은 보이지 않는다. 중국에서는 남북조시대 돈황·운강·용문 등 석굴의 벽화·부조 및 단독상 부조, 만당(晩唐)과 송대 돈황 장경동(藏經洞) 여래회(如來會)와 채운사(彩雲寺) 부조 등이 있는데, 손을 내리고 서서 구룡토수(九龍吐水)를 받는 도상이 일반적이고 팔을 든 탄생불 도상은 드문 편이다. 그 중 명대 1624년(천계4) 탄생불은 높이 58.8cm이며 왼팔을 들고 중국식 아기 내의인 두도(肚兜 : 배두렁이)를 입고 장건(長巾)을 걸쳤다. 우리나라에서는 삼국시대부터 팔을 위로 한 탄생불 조성이 활발하여 일본에도 영향을 주었으며, 보물 제808호 금동탄생불(호림박물관 소장)은 높이 22cm로 가장 오래된 6세기 삼국시대 탄생불이다. 통일신라 탄생불로는, 높이 8cm의 정림사금동탄생불(국립중앙박물관 소장)·높이10.7cm의 금동불탄생불(국립경주박물관 소장)이 있으며, 경북대박물관에도 높이 11cm·13cm의 금동탄생불 2존이 전한다. 국립경주박물관 소장 금동탄생불은 동그란 얼굴에 어린아이의 천진한 미소를 머금고 오른팔을 높이 올린 일반적인 탄생불과 달리 팔을 굽혀 가슴 앞에 둔 모습이다. 「송광사팔상도」 비람강생상에는 칠보행으로 피어난 연꽃과 왼쪽 팔꿈치를 굽혀 손을 세운 탄생불과 거신광(擧身光)을 표현하였고, 1673년(현종14) 양주 불암사(佛巖寺) 개간 『석씨원류응화사적 釋氏源流應化事蹟』 수하탄생(樹下誕生)은 칠보행 없이 왼팔을 들고 구룡토수를 받는 모습으로 표현되었다. 우리나라에서는 부처님오신날 봉축법요식 때 탄생불을 본존으로 하여 욕불(浴佛 : 灌佛)과 행상(行像)을 행하기에 모든 사찰에서 탄생불을 봉안하고 있다. 또한 김천 직지사(直指寺) 천불전(千佛殿)에는 천불의 중앙에 탄생불을 모셨다. 일본에서도 우리나라 삼국불교 영향을 받아 비조(飛鳥)·내량(奈良) 시대부터 탄생불이 조성되기 시작하여 겸창(鎌倉 1158~1333)시대에 다수 조성되었다. 나라 동대사(東大寺) 탄생불은 높이 47cm이며 미소 띤 얼굴에 풍만한 육신을 표현한 8세기 나라 전성기 양식을 가진다. [참고문헌] 『禪林象器箋』, 『金銅佛造像特展圖錄』(臺灣國立古宮博物館, 1987), 『불교중앙박물관개관특별전佛』(대한불교조계종불교중앙박물관, 2007). ⇨ 비람강생상 毘藍降生相, 관불 灌佛, 불강생상 佛降生像, 금동탄생불 金銅誕生佛, 팔상도 八相圖, 비람강생상 毘藍降生相, 송광사팔상도 松廣寺八相圖, 욕불 浴佛

금동불 중국 명대 1624년

금동탄생불 국립경주박물관 통일신라

탄생불 동대사 나라 일본 8세기

탄생왕자 誕生王子 수행위인 왕자오위(王子五位) 중 하나로 막 태어나 왕자로서 천연의 덕을 갖추어 상하가 화합하고 공훈에 의하지 않으며, 왕자라는 존귀한 지위에도 머물지 않지만 향상하는 길로 나아갈 준비를 하는 위다. 『오가종지찬요』 권중(卍속장114, p.533a8)에 "탄생왕자 : 이 비유는 마음이 본래 부처라서 닦아 지킬 필요 없으며 본래 두렷하여 애써 증오함 없다 하지만 여전히 향상일로 있음을 알아야 한다. 誕生王子 此喩心本是佛 不假修持 本自圓成 無勞證悟 然猶須知有向上一路", "저 황후가 낳은 태자 비록 천연으로 존귀하여 탄생이라 하고 또 황실의 후계(內紹)·왕의 종성(王種)·정위(正位)라 하지만 이 위에서도 뒤쳐야 하며 뒤치지 않은즉 문득 존귀의 변에 떨어짐을 알아야 한다. 如皇后所生之太子 雖是天然尊貴 名曰誕生 亦名內紹 亦名王種 亦名正位 要知此位 亦須轉却 若不轉 卽便墮在尊貴邊", "그래서 말하길, '아들이 몸을 뒤쳐 아버지로 나아가지만 어째서 아버지는 전연 돌아보지 않는가? 탄생왕자 있음을 볼 수 없기 때문이다' 하였으니, 아버지란 향상하는 빈자리다. 본래 위차 없어 계급에 떨어지지 않음을 밝혔다. 所以道 子轉身而就父 爲甚父全不顧 不見有誕生王子也 父者 向上虛位 明本來原無位次 不落階級也", 『인천안목』 권3(대정장48, p.316b27)에 "무엇이 탄생왕자인가? 석상 말하길, '귀한 후예라 보통 종자 아니니, 천생의 위가 지존하다'. 如何是誕生王子 霜云 貴裔非常種 天生位至尊"라고 하였다. [참고문헌] 『五家宗旨纂要』, 『人天眼目』. ⇨ 왕자오위 王子五位

탄선 坦宣 조선전기 화엄종(華嚴宗) 스님. 조선초에서 세종대에 이르기까지 구휼에 앞장섰던 스님이다. 이성계(李成桂)가 조선을 건국하고 한양에 도읍(都邑)을 정하고 왕성(王城)을 쌓을 때 전염병이 창궐하여 성을 축조하는 일꾼들 중 환자가 발생하여 죽는 사람이 그 수를 헤아릴 수 없을 정도였다. 스님께서 자신의 목숨 돌보지 않고 환자를 돌보는 데 정성을 기울였다. 이 사실이 조정에 알려져 조야(朝野)간에 칭송이 자자하였다. 1422년(세종4) 2월 성을 쌓을 때도 괴질과 전염병이 횡행하였으므로 조정에서 도성 동서쪽에 구료소(救療所)를 두었고, 이 때 스님 또한 300명의 스님을 통솔하고 혜민국(惠民局) 의사 60명과 함께 환자를 돌보는 데 앞장섰다. 『세종실록』 권14 세종 3년(1421) 12월 21일(庚戌)에 "태조가 개국한 초기에 처음 도성을 쌓을 때 전염병이 크게 창궐하였다. 이 때 화엄종 스님 탄선이 그 병을 두려워하지 않고 마음 다해 구제하였다. 지금 탄선이 경상도 신녕(新寧 : 永川郡 新寧縣)에 있으니 모셔서 환자를 구호하도록 함이 좋겠습니다라고 주청하니, 왕이 윤허하였다. 太祖開國之初 始築都城 疫癘大興 華嚴宗僧坦宣 不畏癘疾 盡心救恤 今坦宣 在慶尙道 新寧(永川郡) 乞驛召 俾令救護 從之", 같은 책 권17 세종 4년(1422) 9월 9일(甲子日)에도 홍복사(興福寺)에 구료소(救療所)를 설치하고 스님으로 하여금 그 책임을 맡게 해서 많은 이들을 살렸다. 같은 책 권23 세종 6년(1424) 2월 14일(庚申日)에도 스님의 활동이 이어졌음을 알게 한다. [참고문헌] 『世宗實錄』.

탄연 坦然 1070~1159. 고려전기 선사이자 명필가. 9산 선문 중 범일(梵日)국사가 개창한 굴산문파(崛山門派)로서 임제(臨濟)의 9대 법손. 호는 대감(大鑑), 속성은 손(孫)씨. 아버지의 이름은 숙(肅)이니 무관인 교위(校尉) 벼슬을 지냈고, 어머니는 안(安)씨이며, 선조는 담양(潭陽) 사람이다. 8세 때 이미 문장에 능하며 시도 잘 지었다. 또 글씨를 잘 썼으므로 당시 사람들이 천리구(千里駒)인 준마라고 칭송했다. 13세 때에 육경(六經)에 대한 대의를 통하였고, 15세에 이미 명경생(明經生)에 발탁되었으므로 온 세상과 선비들이 칭송을 아끼지 아니하였다. 숙종(肅宗)이 아직 보위에 오르지 않고 동궁에 있을 때, 그의 이름을 듣고 궁중으로 불러 세자(世子)인 예종(睿宗)의 스승이 되게 하였다. 그러나 일찍부터 출가할 뜻을 품고 있어 육신과 세상을 마치 뜬 구름처럼 여기고, 명리(名利)를 버리되 헌 신짝같이 생각하였다. 어릴 때부터 사소(師素)와 보현(保玄)인 두 선비와 더불어 교류가 깊었다. 그러다가 어느 날 사안(師安)이 먼저 이미 삭발하고 스님이 되었다는 소식을 듣고 19세 때인 1088년(선종5) 아무도 모르게 궁을 빠져 나와 경북산 안적사로 가서 그 절 주지스님을 은사로 하여 득도하였다. 그 후 광명사(廣明寺)로 찾아가 혜소(慧炤)국사의 문하에서 수도하다가 법을 이어받은 후, 회상(會上)을 차리니 총림 학자가 구름처럼 모여들었다. 연로하신 어머니가 있어 항상 아들 곁에 있기를 희망하므로 산 밖 근처에 자그마한 절을 구하여 있게 하고 스님도 멀리 떠나지 못했던 출가효자(出家孝子)였다. 숙종(재위 1095~1105)이 즉위한 후, 스님을 개성으로 초빙하여 법문을 들었다. 1105년(숙종10) 대선법계(大選法階)에 합격하였고, 바로 그 해에 중원(中原 : 충주)의 의림사(義林寺) 주지에 임명되었다. 예종이 즉위해서도 더욱 존경하여 대사법계(大師法階)에 올랐고, 1108년(예종3)에 중대사(重大師)에 올랐으며, 1115년(예종10)에는 삼중대사(三重大師)로 올리고 법복을 하사하였다. 1118년(예종13) 선암사(禪巖寺) 주지에, 1121년(예종16)에는 선사(禪師)로 승급되었고, 1123년(인종1)에는 금란가사를 하사 받았다. 1127년(인종5) 왕명으로 천화사(天和寺) 주지를 맡았고, 1128년(인종6) 보리연사(菩提淵寺)로 이거하였으며, 1129년(인종7) 봄 왕에게 주청하여 보리연사 주변에 독사가 많아 행인들의 피해가 많으므로 이를 퇴치하는 기도법회를 열기도 하였다. 기도 후에는 이들의 공포가 말끔히 사라졌다. 1132년(인종10) 대선사(大禪師)로 승급하고 금란가사를 하사했다. 1136년(인종14) 개성 보제사(普濟寺)와 밀양 영원사(瑩源寺) 주지를 겸하였다가,

1138년(인종16) 왕명으로 다시 왕궁으로 부름을 받았고, 1140년(인종18)에는 광명사(廣明寺)로 옮겼다. 사위의송(四威儀頌)과 상당어구(上堂語句)를 적어 송 아육왕산(阿育王山) 광리사(廣利寺) 개심철면(介諶鐵面)의 법을 전해 받을 때 4백여 언(言)의 찬사도 함께 받았다. 또 도응(道膺)·응수(膺壽)·행밀(行密)·계환(戒環)·자앙(慈仰) 등 당시 송 고승들과도 편지로 왕래하면서 교류를 가졌다. 1148년(의종2) 늙음을 핑계로 진주 단속사(斷俗寺)를 향해 떠나 3월 5일 천화사를 거쳐 중귀인(中貴人) 김존중(金存中)과 우가승록(右街僧錄) 한주(翰周) 등이 호종하여 그 해 9월 3일 단속사에 도착하였다. 1155년(의종9) 발병(發病)을 계기로 "훤출한 시방세계가 모두 해탈의 문이니, 차별된 망견을 일으켜 꿈속에 빠져 있지 마라. 廓落十方界 同爲解脫門 休將生異見 坐在夢中魂"는 게송을 남겼고, 1159년(의종13) 6월 4일 다시 발병하여 15일 마침내 "내가 돌아갈 곳은 내가 스스로 알고 있으니, 너희들은 각자 부지런히 정진하고 장례를 번거롭게 하지 마라"고 유촉한 다음, 단정히 앉아 조용히 세수 90, 법랍 71세를 일기로 입적하였다. 화장한 후, 이지무(李之茂)가 비문을 짓고 보현사(普賢寺) 주지 기준(機俊)이 써서 단속사의 북쪽 독립산(獨立山) 꼭대기에 탑비를 세웠다. 비액(碑額) 중 조계종이라 관칭(冠稱)되어 있는 것은 이 비가 처음이다. 글씨를 잘 써서 홍관(洪灌)과 함께 이름을 날렸으며, 서거정(徐居正)은 '우리나라 명필로는 신라대 김생(金生)이 으뜸이고, 요극일(姚克一)·영업(靈業)·탄연(坦然) 등이 다음 간다'라고 하였다. 필체는 왕희지(王羲之)의 체를 본받았고, 작품으로는 춘천 청평사(淸平寺) 문수원 중수기, 예천 북룡사비(北龍寺碑), 삼각산 승가굴(僧伽窟) 중수비 등이며, 저서로는 사위의송(四威儀頌), 문수사제(文殊寺題)의 오언시(五言詩) 팔구(八句 : 一室何寥廓 萬緣俱寂寞 路穿石罅通 泉透雲根落 皓月掛簷楹 涼風動林壑 誰從彼上人 淸坐學眞樂) 등이 전하고 있다. [참고문헌] 『補閑集』, 『東文選』 권4, 『海東金石苑』 권7, 『朝鮮金石總覽』 권상 p.562, 『韓國金石全文』 中世上 p.820, 『朝鮮佛教通史』 권하 p.501. ⇨ 단속사 대감국사비 斷俗寺大鑑國師碑

탄열철환 呑熱鐵丸 Ⓢ ayoguḍā bhuktās taptā. 달군 쇳덩어리를 삼키다. 『법집요송경』(대정장4, p.781c12 : *Udāna-v.*, p.169)에 "차라리 뜨겁게 달군 쇳덩어리를 삼키고, 목이 말라 양동의 구리즙을 마실지언정, 계 없는 몸으로는, 신도가 베푼 음식을 받지 않으리라. 寧呑熱鐵丸 渴飮洋銅汁 不以無戒身 食人信施物 śreyo hy ayoguḍā bhuktās taptā hy agniśikhopamāḥ, na tu bhuñjīta duḥśīlo rāṣṭrapiṇḍam asaṃyataḥ", 『대승일자왕소문경』(대정장12, p.76a2)에 "누구라도 죄업을 짓고, 죽은 뒤 지옥에 떨어지면, 굶주림에 뜨겁게 달군 쇳덩어리를 삼키고, 목마름에 다시 구리즙을 마시리라. 若人造罪業 死墮地獄中 飢呑熱鐵丸 渴復飮銅汁"라고 하였다. [참고문헌] 『法集要頌經』, 『大乘日子王所問經』, 『臨濟錄』(대정장47, p.497c23), *Udāna-v.*

탄영 坦泳 1847~1929. 조선후기 스님. 호는 환응(幻應), 속성은 김씨, 본관은 금관(金官 : 金海). 아버지의 휘는 기우(基愚 : 『佛教』64에는 基玉), 어머니는 박(朴)씨부인이다. 1847년(헌종13) 4월 16일 전라북도 무장현(茂長縣 : 지금의 高敞郡)에서 태어났다. 1860년(철종11) 14세 때 전라북도 고창 선운사(禪雲寺) 석상암(石床庵)으로 찾아가 성일(性鎰)을 은사로 하고 보월(寶月)을 사미계사로 하여 스님이 되었고, 1865년(고종2) 19세 때 경담서관(鏡潭瑞寬 1824~1904)율사로부터 비구계를 받았다. 그로부터 8년 동안 제방강원(諸方講院)으로 다니면서 선교율(禪教律)을 연마하고 1873년(고종10) 봄에는 경담서관으로부터 환응(幻應)이라는 법호와 함께 법을 이어 받았다. 이어 장성 백양사(白羊寺) 운문암 강원에서 화엄경의 강설을 시작으로 십여 년 동안 후학을 지도하다가 노년에 이르러서는 운문암 근처에 우은난야(愚隱蘭若)를 짓고 참선정진했다. 스님은 사미시절부터 조석으로 관세음보살님과 십육나한전에 마지(摩旨)를 하루도 빠짐없이 올렸으며, 1912년부터는 백양사 주지가 되어 3년간 재직하면서 대중외호와 가람수호는 물론 해이해진 승풍도 엄격히 하였다. 1927년 봄에는 조선불교 중앙종회에서 교정(教正)으로 추대되었고, 1929년 4월 7일 세수 83, 법랍 70세를 일기로 입적하였다. 3일장으로 화장한 결과 사리 13과가 출현하였으므로 완주군 대둔산 상도솔암(上兜率庵)의 천연암중(天然岩中)에 봉안하였다. [참고문헌] 「高敞禪雲寺幻應堂坦泳大師碑文」(智冠 『韓國高僧碑文總集 朝鮮朝·近現代』 pp.814~815), 『石顚文鈔』, 『佛教』 제64호 p.30(『韓國佛教雜誌叢書』 佛教 권7, pp.306~310).

탄응 坦應 조선후기 법주사(法住寺) 스님 돈형(頓亨)의 법호. ⇨ 돈형 頓亨

탄의 坦宜 고려후기 스님. 1372년(공민왕21)에 판조계종사(判曹溪宗事) 각운(覺雲)이 『전등록』을 간행할 때에 불사를 주관한 스님 중 한 분이다. 『목은문고』 권7 「전등록서 傳燈錄序」(한국문집총간5, p.58b6)에 "광명사 주지 경예, 개천사 주지 극문, 굴산사 주지 혜식, 복암사 주지 탄의가 그 일을 주간하니 모두 임금의 명이었다. 廣明寺住持景猊 開天寺住持克文 崛山寺住持惠湜 伏岩寺住持坦宜幹其事 皆上命也"라고 하였다. [참고문헌] 『牧隱文藁』. ⇨ 복암사 伏巖寺

탄정 彈靜 1841~1912. 조선후기 스님. 호는 청하(淸霞), 속성은 정(鄭)씨, 본관은 동래(東萊). 1841년(헌종7) 전라남도 구례에서 태어났다. 집안이 가난하여 학업을 제대로 받지 못하고 어려서부터 가업을 돕는 일에 여념이 없었다. 20세 때 수봉(繡峰)을 은사로 하고 두성(斗性)을 사미계사로 하여 스님이 되었다. 1888년(고종25) 수봉의 법을 이어 받고 은법(恩法)을 겸하였으며, 강석을 열어 후학을 지도하되 무려 23년 동안 산문 밖을 나가지 않았다고 하며 특히 화엄학에 조예가 깊었다. 1912년 세수 72세를 일기로 입적하였다. 〔참고문헌〕『朝鮮佛敎通史』권상.

탄종 坦鍾 1830~?. 조선후기 금강산 신계사(神溪寺) 스님. 호는 대응(大應), 속성은 조(趙)씨. 아버지의 휘는 봉각(鳳玨), 어머니는 김씨이다. 1830년(순조30) 5월 18일 한양에서 태어났다. 어려서부터 서당에서 한학을 공부하였다. 9세 때 부모를 모두 잃고 고애자(孤哀子)로 지내다가 3년상을 마치고 금강산 장안사(長安寺)로 찾아가 운월당(雲月堂) 승관(勝寬)스님을 은사로 하여 스님이 되었다. 스무살이 되어 송파일민(松坡日敏)을 계사로 하여 비구계를 받은 후, 참선은 와운일선(臥雲一禪)에게서, 경전은 명허유선(明虛兪璇)으로부터 이어 받았으니 석가모니부처님의 76대 법손이 된다. 한때 주송(呪誦)으로 일과를 삼아 수행하다가 제방강원으로 다니면서 교리를 연구하였다. 1851년(철종2) 금강산 신계사의 부속 암자인 보운암(普雲庵)에서 강원조실로 학인을 지도하였으며, 그 후 오대산·설악산·경산(京山)의 대소난야(大小蘭若)에서 강도설법(講道說法)할 적마다 사방으로부터 청법대중이 구름처럼 모여들었으며, 입실제자도 상당히 많았다. 특히 『화엄경』에 밝았으므로 화엄종주(華嚴宗主)라고 일컬어졌다. 계를 받은 제자와 참회제자가 무려 천여 명에 달하였다고 한다. 신헌구(申獻求)가 비문을 짓고 김구현(金九鉉)이 써서 1893년(고종30)에 세운 스님의 비가 신계사에 있다. 〔참고문헌〕『楡岾寺本末寺誌』(亞細亞文化社, 1977) pp.255~257, 『朝鮮佛敎通史』권상 pp.607~609, 智冠『韓國高僧碑文總集 朝鮮朝·近現代』pp.790~792. ⇨ 대응당탄종대사비 大應堂坦鍾大師碑

탄지 彈指 Ⓢ acchaṭā, ekaśca-acchaṭā-saṃghāta-śabdaḥ kṛtaḥ, Ⓟ accharā, accharā-saṃghāta. 손가락을 튕긴다는 말. 엄지와 검지 또는 중지를 튕기는 동작을 가리킨다. 지극히 짧은 순간의 비유다. 일탄지(一彈指) 또는 일탄지경(一彈指頃)이라고도 한다. 이 시간의 길이에 대해서는 몇 가지 설이 있다. 『대지도론』권83(대정장25, p.643b8)에 "탄지경은 60찰나(념)이다. 념념으로 생멸하니 어떻게 일심으로 항상 살바야를 염해서 다른 생각이 들지 못하도록 할까? 彈指頃 六十念 念念生滅 云何一心常念薩婆若 不令餘念得入", 『구사론』권12(대정장29, p.62a22 : *Abh-k-bh.*, p.176)에 "장사가 한 번 재빠르게 손가락을 튕기는 순간은 65찰나이니, 이와 같이 해서 1찰나의 크기로 삼는다. 如壯士一疾彈指頃 六十五刹那 如是名爲一刹那量 balavat puruṣāddhaṭmātreṇa pañcaṣaṣṭiḥ kṣaṇā", 『마하승기율』권17(대정장22, p.360a12)에 "수유란 무엇인가? 20념을 1순경이라 하고, 20순을 1탄지라 하며, 20탄지를 1라예라 하고, 20라예를 1수유라 한다. 須臾者 二十念 名一瞬頃 二十瞬 名一彈指 二十彈指 名一羅豫 二十羅豫 名一須臾"라고 하였다. 손가락 튕기는 행위에는 처한 상황마다 여러 가지 뜻이 있다. 『법화경』권6(대정장9, p.51c23 : *Saddh-p.*, p.388)에 "한꺼번에 기침을 하고 모두 함께 손가락을 튕기자 이 두 소리가 시방의 모든 부처님 세계에 두루 퍼져서 땅이 모두 여섯 가지로 진동하였다. 一時謦欬 俱共彈指 是二音聲 遍至十方諸佛世界 地皆六種震動 samakālaṃ sarvair mahāsiṃhotkāsanaśabdaḥ kṛta ekaścācchaṭāsaṃghātaśabdaḥ kṛtastena ca mahotkāsanaśabdena mahācchaṭāsaṃghātaśabdena yāvanti daśasu dikṣu buddhakṣetrakoṭīnayutaśatasahasrāṇi tāni sarvāṇyākampitānyabhūvan", 『법화문구』권10하(대정장34, p.142a6)에 "손가락을 튕긴다 함은 따라 기뻐함이다. 彈指者 隨喜也", 『법화의소』권11(대정장34, p.618b22)에 "손가락을 튕겼다는 말은 중생을 깨우친다는 것을 표함이니 수행자로 하여금 깨달음을 얻도록 하는 뜻이다. 彈指者 表覺悟衆生 令修行者 得覺悟故", 80권본 『화엄경』권79(대정장10, p.435a2 : *Gaṇḍ-vy.*, p.407)에 "그때 미륵보살이 누각으로 나아가 손가락을 튕겨 소리를 내자 그 문이 즉시 열렸고 선재에게 들어오도록 명했다. 선재가 기쁜 마음으로 들어오자 문은 다시 닫혔다. 時 彌勒菩薩 前詣樓閣 彈指出聲 其門卽開 命善財入 善財心喜 入已還閉 atha khalu maitreyo bodhisattvo vairocanavyūhālaṁkāragarbhasya kūṭāgārasya dvāramūlamupasaṃkramya dakṣiṇena pāṇinā acchaṭāśabdamakārṣīt. tasya dvāraṃ vivṛtamabhūt. sa āha, praviśa kulaputra etatkūṭāgāram. atha khalu sudhanaḥ śreṣṭhidārakaḥ paramāścaryaprāptastatkūṭāgāraṃ prāviśat. tasya samanantarapraviṣṭasya taddvāraṃ saṃvṛtamabhūt", 『증일아함경』권28(대정장2, p.704b18)에 "그때 세존께서 손가락을 튕겨 허락하였다. 그러자 두 용왕은 다시 돌아가 앉아 법을 듣고자 하였다. 爾時 世尊彈指可之 時 二龍王 還復故坐 欲得聞法"라고 하였다. 〔참고문헌〕『大智度論』, 『俱舍論』, 『摩訶僧祇律』, 『法華經』, 『法華文句』, 『法華義疏』, 『華嚴經』, 『增壹阿含經』, *Abh-k-*

bh., *Saddh-p.*, *Gaṇḍ-vy.*, *AN.4.396.*, *Vism.154.* ⇨ 일탄지경 一彈指頃, 찰나 刹那, 사수유 四須臾

탄차 僤哆 ➡ 탄다가슬타 僤哆家瑟詑

탄탑 炭塔 Ⓢ aṅgāra-stūpa, Ⓟ aṅgāra-thūpa. 유해를 화장하고 남은 재나 숯을 모아 지은 탑. 회탄탑(灰炭塔)이라고도 한다. 『장아함경』 권4 「유행경 遊行經」(대정장1, p.30a13 : *Mahāparinibbāna-sutta*, *DN.2*, p.167)에 "바로 그때 여래의 사리로 여덟 기의 탑을 세우고 … 열 번째로 탄탑을 세웠다. 當於爾時 如來舍利起於八塔 … 第十 炭塔 aṭṭh' assa sarīra-thūpā … dasamo aṅgāra-thūpo", 『십송율』 권60(대정장23, p.446c22)에 "그때 필파라연나바라문 거사가 다시 크게 소리쳤다. '구시성의 역사들은 잘 들으십시오. 부처님을 다비한 곳의 재를 저에게 주시면 제 나라로 돌아가서 탄탑을 세워 꽃과 향과 음악으로 공양하고자 합니다'. 爾時 必波羅延那婆羅門居士 復以高聲大唱 拘尸城中諸力士主聽 燒佛處炭與我 欲還我國起炭塔 華香伎樂供養", 『법현전』(대정장51, p.861c1)에 "이곳에서 동쪽으로 4유연을 가서 탄탑에 이르렀는데, 여기에도 승가람이 있었다. 從此東行四由延到炭塔 亦有僧伽藍"라고 하였다. [참고문헌] 『長阿含經』, 『十誦律』, 『法顯傳』, *DN.*

탄택가림 彈宅迦林 Ⓢ Daṇḍaka-vana, Ⓟ Daṇḍaka-arañña. 탄택가 숲. 마등가(摩登伽) 선인의 생각(意業 : 念)으로 생겨난 숲이다. 『대비바사론』 권27(대정장27, p.139a28)에 "오파리장자가 부처님께 아뢰었다. '신업의 죄는 크지만 의업은 그렇지 않습니다'. 부처님께서 그에게 말씀하셨다. '탄택가숲과 갈릉가숲(Ⓢ Kaliṅgavana) 등은 누가 만든 것인가? 어찌 선인이 악한 의업으로 만든 것이 아니라 하겠는가?' 그가 답했다 '그렇습니다'. 부처님께서 말씀하셨다. '신업으로 그것을 만들 수 있겠는가?' 그가 말했다. '만들 수 없습니다'. 鄔波離長者白佛言 身業罪大非意業 佛告彼曰 彈宅迦林羯淩伽林等 誰之所作 豈非仙人惡意所作 彼答言爾 佛言 身業能作此耶 彼言不能"라고 하였다. [참고문헌] 『大毘婆沙論』, *MN.1.378.* ⇨ 단다가 檀陀柯

탄트라 Tantra Ⓣ rGyud. 탄타라(坦陀羅), 달틀라(怛特羅) 등으로 음역된다. ❶ 인도에서 발생한 입문식(Ⓢ dīkṣā) 또는 관정의례(Ⓢ abhiṣeka)에 의지해 비밀로 전승함(秘傳)을 특징으로 한 종교 사조. 탄트라와 관련해서는 관습과 전통 그리고 종교를 광범위하게 포괄하는 말로서 탄트리즘(Tantrism)이라는 용어도 함께 쓰인다. 탄트라 사조는 힌두종교에 지대한 영향을 끼쳤으며, 그 중에서도 특히, 쉬바(Ⓢ Śiva)를 숭배하는 샤이바(Śaiva)에서 두드러지게 발전하였다. 인도 대승불교에서도 탄트라 전통은 '만트라의 길(Ⓢ Mantrayāna)' 혹은 금강승(金剛乘) 즉 바즈라야나(Ⓢ Vajrayāna)라고 불리며 전승되었다. 샤이바 문헌인 *Kāmikāgama*(3.29)에서는 "'베를 짜다(tanoti)'는 뜻의 동사어근 √tan에서 파생된 말로서 '진리와 만트라를 갖춘 광대한 뜻을 정교히 갖추고, (윤회의 고통으로부터) 보호하기에 탄트라라고 불린다. tanoti vipulān arthān tattvamantrasamanvitān, trāṇaṃ ca kurute yasmāt tantram ity abhidhīyate"라고 하였다. 하지만 바즈라야나에서 탄트라의 뜻은 조금 다르다. *Guhyasamājatantra*(비밀집회탄트라)의 제18장(p.153)에서 "탄트라란 상속(相續 Ⓢ prabandha, Ⓣ rgyud)을 의미한다. 이에는 인(因)의 상속, 과(果)의 상속, 그리고 방편(方便)의 상속이 있다. prabandhaṃ tantram ākhyātaṃ tat prabandhaṃ tridhā bhavet, ādhāraḥ prakṛtiś caiva asaṃhāryaprabhedataḥ. prakṛtiś cākṛter hetur asaṃhāryaphalaṃ thatā, ādhāras tadupāyaś ca tribhis tantrārthasaṃgrahaḥ"라고 하였다. 이 뜻은 경전의 핵심적 교설이기에, 범어 tantra에 해당하는 티베트역이 실제로는 prabandha의 직역에 가까운 rgyud라는 용어로 채택되기에 이른다. ❷ 힌두교와 불교를 아울러 탄트라 전통에 속한 경전을 지칭하는 말. 하지만 탄트라 전통에 속한 모든 문헌들이 처음부터 탄트라라고 불렸던 것은 아니다. 예를 들면, 바즈라야나의 요가탄트라를 대표하는 『사르바타타가타탓트바상그라하 *Sarvatathāgatatattvasaṃgraha*』의 경우, 8세기 한역에서는 약칭 『금강정경 金剛頂經』으로 번역하였으며, 9~10세기로 추정되는 이 문헌의 현존하는 최고(最古) 범본을 대승경전(mahāyānasūtra)으로 분류하였다. 하지만 이후 인도의 학자들이 이 경의 이름을 "Tattvasaṃgraha-tantra"라고 부르게 되면서 힌두탄트라전통을 점진적으로 흡수하면서 '탄트라'라는 이름의 정전적 권위를 갖게 되었을 것으로 이해한다. [참고문헌] Alexis Sanderson 'The Śaiva Age : The Rise and Dominance of Śaivism during the Early Medival Period'(*Genesis and Development of Tantrism*, 2009) pp.41~349, Harunaga Isaacson · Francesco Sferra 'Tantric Literature : Overview South Asia'(*Brill's Encyclopedia of Buddhism* Vol.I, 2015) pp.307~319. ⇨ 탄트라불교 Tantric Buddhism

탄트라부집성 Tantra部集成 Ⓣ Rgyud-sde-kun-btus. 티베트불교 사캬파에 전승된 탄트라 관련 가르침, 의례, 그리고 특히 만달라를 주해한 문헌 등 총 32권으로 이루어져 있다. 스승이었던 잠양켄체왕포(Ⓣ 'Jam-dbyangs-mkhyen-brtse'i-dbang-po 1820~1892)

에서 집대성이 시작되어 제자였던 잠양로테르왕포(Ⓣ' Jam-dbyangs-blo-gter-dbang-po 1847~1914)가 이어받아 완성했다. 샤카사원의 목판본을 저본으로 삼아 1971~2년에 132개의 만다라를 담은 30권만이 먼저 출간되고, 뒤의 두 권은 따로 출간되었다. 이후 총 139개의 만다라가 포함된 32권 판본이 2010년에 다시 출판되었다. 작탄트라(1~19번), 행탄트라(20~21번), 요가탄트라(22~41번), 무상요가 부(父)탄트라(42~60번), 무상요가 모(母)탄트라(61~97번), 무상요가 불이(不二)탄트라(98~116번) 등으로 분류하고 인도전통의 만달라도상과 관련되어 서술하고 있으나 티베트에서 기원한 것들도 다수 포함되었다. [참고문헌] N. Lungtok · N.Gyaltsan *Rgyud sde kun btus*(TBRC W21295 30권본, 1971-2), blo gter dbang po *Rgyud sde kun btus, rDzong sar glog klad par ma*(TBRC W2PD14777 32권본, 2010).

탄트라불교 Tantric Buddhism 입문식으로 비밀리에 전승하는 탄트라의 영향을 받은 인도불교의 사조 중 하나로 만트라야나(Ⓢ Mantrayāna : 眞言乘) 혹은 바즈라야나(Ⓢ Vajrayāna : 金剛乘)를 일컫는 말이며, 밀교(密敎)라고도 불린다. 네팔과 티베트 등의 중앙아시아를 넘어 일본 등 동남아시아까지 광범위한 지역에 영향을 주었으며 현재까지 그 전통이 계승되고 있다. 이슬람의 영향으로 인도에서 불교가 완전히 사라지기 전에 가장 활발하게 발전했던 탄트라불교의 주요 가르침이 티베트로 넘어가 발전했기에 티베트대장경에 번역된 탄트라경전만 하더라도 오백여 종이 넘고 범어사본으로 보존된 탄트라경전과 주석서들도 상당하다. 인도찬술부에서 탄트라문헌을 분류하는 방식은 여러 갈래로 전해졌다. 초기문헌은 종교적 행위 혹은 의례를 강조하는 크리야탄트라(Ⓢ Kriyātantra : 所作)와 요가수행을 중심으로 하는 요가탄트라(Ⓢ Yogatantra : 瑜伽)로 나누었다. 8세기경의 빌라사바즈라(Ⓢ Vilāsavajra)나 붓다구히야(Ⓢ Buddhaguhya)와 같은 저자들은 이 두 분류에 중간성격을 지니는 차리야탄트라(Ⓢ Caryātantra : 行)를 더하여 세 가지로 분류하였는데, 9세기에 활동했던 바즈라야나의 스승인 아리야데바(Ⓢ Āryadeva)도 이 분류법에 의지했다. 그의 저서명 중 하나인『마하요가탄트라 *Mahāyogatantra*』가 두 번째 요가탄트라에 해당한다. 다시 상위의 요기니탄트라(Ⓢ Yoginītantra)를 더해서 네 가지로 나누기도 하는데 10~11세기 문헌들에서 나타난다. 더 나아가 다섯 갈래로 전승하기도 했는데, 라트라카라샨티(Ⓢ Ratnākaraśānti)가 그의『헤바즈라탄트라 *Hevajratantra*』의 주석서인『묵타발리 *Muktāvalī*』에서 탄트라불교경전을 크리야 · 차리야 · 요가 · 요곳타라(Ⓢ Yogottara) · 요가니룻타라(Ⓢ Yoganiruttara)로 나눈 경우다. 차리야탄트라를 대표하는 경전은『마하바이로차나비삼보디 *Mahāvairocanābhisambodhi* 大毘盧遮那成佛神變加持經』(약칭『대일경 大日經』), 요가탄트라를 대표하는 경전은『사르바타타가타탓트바상그라하 *Sarvatathāgatatattvasaṃgraha* 金剛頂一切如來眞實攝大乘現證大經王經』(약칭『금강정경 金剛頂經』)인데 이 두 문헌의 범어원문은 다른 자료의 인용형태로만 전해지고 있으며, 한역과 티베트역이 남아 전한다. 요곳타라탄트라를 대표하는 경전은『구햐사마자탄트라 *Guhyasamājatantra* 一切如來金剛三業最上祕密大敎王經』(약칭『비밀집회 祕密集會』)로 총 열여덟 개의 장으로 구성되어 있다. 티베트역은 앞의 열 일곱장(北京版 No.81, 데게版 No.442)만을 따로 번역하였고 마지막 제18장은 무상승(無上乘) 즉『웃타라탄트라 *Uttaratantra*』(北京版 No.81, 데게版 No.442)라는 이름으로 따로 전승하였다. 이는 탄트라경전이 시간에 걸쳐 축적되고 편집되어 전승되었음을 보여주는 예이다. 네 가지 분류법 중 가장 상위의 요가니룻타라탄트라를 대표하는 경전은『헤바즈라탄트라 *Hevajratantra*』이며 범어원문은 물론 티베트역(北京版 No.10, 데게版 No.417)과 한역(『大悲空智金剛大敎王儀軌經』)으로 온전히 전해졌다. 요가니룻타라탄트라는 요기니탄트라(Ⓢ Yoginītantra)와 같은 범주로 보는데, 요기니탄트라에 속한 또 다른 중요 경전으로는『헤루카비다나탄트라 *Herukābhidhāna*』라고도 불리는『차크라삼바라탄트라 *Cakrasaṃvaratantra*』가 있다. 범어원문과 함께 티베트역(北京版 No.30, 데게版 No.385)이 전해지나 한역은 전하지 않는다. 요가탄트라에서 요기니탄트라로 변화하는 과정을 보여주는 중요 탄트라문헌으로 일명 사마요가(Ⓢ Samāyoga)라고 불리는『사르바붓다사마요가다키니잘라샴바라 *Sarvabuddhasamāyogaḍākinījālaśaṃvara*』라는 경전은 티베트역(北京版 No.8, 데게版 No.366)만 전해진 것으로 알려졌으나 최근 범어사본이 발견되어 편집중에 있다. 이후 11세기 초부터 널리 유통되어 온 시륜(時輪) 즉『칼라차크라탄트라 *Kālacakratantra*』(北京版 No.4, 데게版 No.362)에서는 기존의 분류법에 해당하지 않는 아드바야탄트라(Ⓢ advayatantra : 不二) 또는 요가탄트라와 요기니탄트라에 속하지 않는다는 의미에서 니란바야요가(Ⓢ niranvayatantra)라고 불리는 것들이 따로 전승되었음을 이 문헌의 주석서들을 통해 밝혔는가 하면, 무상유가탄트라(無上瑜伽)에 해당하는 경전들을 부(父)탄트라(Ⓣ pha-rgyud) · 모(母)탄트라(Ⓣ ma-rgyud) · 불이(不二)탄트라(Ⓣ gnyis-med-kyi-rgyud)로 나누기도 하는데 이는 티베트불교 주석서에서 기인한 것으로 인도찬술에서는 발견되지 않는다. 현재까지 전승되는 탄트라불교 관련 범본사본들 중 아직까지 출판되지 않은 문헌들도 상당수다. 요가탄트라의 요체는 지혜(Ⓢprajñā)와 방편(Ⓢupāya)은 둘이 아니게 하는 데 있다. 이는 불교경전의 가장 첫 번째 단어인 evaṃ을 거꾸로 한, 지혜를 상징하는 vaṃ과 방편을 뜻하는 e가 합한 뜻이기도 하다. 결국 다양한 상징으로 여러 갈래 방편문을 열고는 있으나 불교교의의 핵심인 자비(慈悲)와 공성(空性)을 떠나지 않는다. 요가탄트라에서 잘 알려진 수행체계는 생기차제(生起次第 Ⓢutpattikrama)와 구경차제(究竟次第 Ⓢniṣpannakrama)라고 불리는 양차제이다. 비밀집회탄트라의 주석전통 중 중요한 문헌이며 금강승의 용수(龍樹)에게 귀속된 『오차제 *Pañcakrama*』 등의 문헌에서는 만트라(Ⓢmantra)의 염송과 만다라(Ⓢmaṇḍala)의 공양, 입문의례(Ⓢabhiṣeka), 신성요가(Ⓢdevatāyoga)를 생기차제라 하고, 신체의 주요 채널(nāḍī)을 통해 호흡과 정(精)을 의도적으로 조작하고 통제하는 수행 등을 구경차제라 한다. 이에 더해 성적수행을 포함한 탄트라축제인 가나차크라(Ⓢgaṇacakra)의 교설도 요가탄트라의 특징 중에 하나이며, 여성성의 격상이 두드러지는 요기니탄트라문헌에서는 가나차크라 등의 교설에서 여성수행자의 능동적 역할이 요구되기도 한다. 더하여 요기니탄트라 계열 문헌에서는 요기니의 특징과 그들을 구별하여 소통할 수 있는 특별 비밀신호(Ⓢchommā) 등도 설해진다. 이러한 방법들은 수행자로 하여금 불이(不二 Ⓢadvaya)의 공성(Ⓢśūnyatā : 空)을 증득하게 하는 것으로 구경을 삼는다. 주석가들은 바즈라야나(ⓈVajrayāna)를 한결같이 대승(ⓈMahāyāna)의 가르침으로 천명하고 파라미타야나(ⓈPāramitāyāna)보다 수승한 위상을 갖는다고 여긴다. 바즈라야나의 길은 입문을 위한 관정의례(Ⓢabhiṣeka)를 거치지 않고는 들어갈 수 없으며, 구경인 지복(Ⓢsukha, ānanada)의 체험을 위해서는 스승의 가르침과 안내를 절대적 요소로 강조한다는 점에서 선종과는 또 다른 방법으로 사자(師資)간의 직접전승을 무엇보다 중요시하는 전통이라 할 수 있다. 그러나 브라만들의 비밀전승을 개방적으로 혁파한 불교의 전통에서 살펴보면 오히려 비밀의 형식을 숭상함은 브라만 관습에 가깝다고 볼 수 있다. [참고문헌] Tsunehiko Sugiki 'Śaṃvara'(*Brill's Encyclopedia of Buddhism*, 2015) pp.360~366, Szántó・Griffiths 'Sarvabuddhasamāyogaḍākinījālaśaṃvara'(*Brill's Encyclopedia of Buddhism*, 2015) pp.367~372, Harunaga Isaacson・Francesco Sferra 'Tantric Literature : Overview South Asia'(*Brill's Encyclopedia of Buddhism* Vol.I, 2015) pp.307~319.

탄트라야나 Tantrayāna Ⓣrgyud-theg-pa. 만트라야나(ⓈMantrayāna : 眞言乘) 혹은 바즈라야나(ⓈVajrayāna : 金剛乘)를 지칭하는 술어. 하지만 인도기원 문헌에서는 사용된 예가 아직 발견되지 않았으므로, 티베트어에서 환범한 술어로 볼 수 있다. 주로 티베트 저자들이 불교전통을 두 가지로 구분하면서, 탄트라야나와 탄트라야나가 아닌 초기・부파・대승불교를 모두 아우르는 말인 수트라야나(ⓈSūtrayāna, Ⓣmdo'i-theg-pa)와 구분해 부르는 것에서 유래한 이름일 것으로 추정한다. ⇨탄트라불교 Tantric Buddhism

탄편 彈偏 치우침을 꾸짖다. 『법화현의석첨』 권19(대정장33, p.948c29)에 "방등에선 소승을 꺾으므로 저 「제자품」에서 치우침을 꾸짖었고, 저 「보살품」과 「관중생품」에선 대승을 찬탄하며 문수와 정명 등을 찬탄하였으니 곧 원교를 칭찬함이다. 方等折小 如弟子品 彈偏 如菩薩品 如觀衆生品 卽是歎大 稱歎文殊及淨名等 卽是褒圓", 『대반열반경소』 권16(대정장38, p.136a9)에 "수다라란 바로 삼장 중의 일장인데 중생이 대승을 감당할 수 없으리라 여겨 소승을 설하였으며, 방등의 가르침에선 소승을 꺾고 치우침을 꾸짖으면서 대승을 찬탄하고 원교를 기렸다. 修多羅者 卽三藏中之一藏 物不堪大 卽爲說小 方等之教 折小彈偏 歎大褒圓", 『사명존자교행록』 권4(대정장46, p.891b17)에 "다음으로 방등에서 치우침을 꾸짖는 중에 반야에선 도태하였고 법화에 이르러선 일실을 크게 드러냈으니 이것이 법화의 성문이다. 次方等彈偏中 般若洮汰 來至法華 大顯一實 此是法華之聲聞也"라고 하였다. [참고문헌] 『法華玄義釋籤』, 『大般涅槃經疏』, 『四明尊者教行錄』. ⇨탄편절소 彈偏折小

탄편절소 彈偏折小 치우침을 꾸짖고 소승을 꺾다. 천태의 오시(五時) 중 제3방등시(方等時)의 특징을 나타내는 말이다. 『천태사교의』(대정장46, p.775a16)에 "다음으로 방등부를 밝힌다. 『유마경』 등의 경에선 치우침을 꾸짖고 소승을 꺾으며 대승을 찬탄하고 원교를 칭찬하였다. 次明方等部 淨名等經 彈偏折小 歎大褒圓", 『불조통기』 권3(대정장49, p.153a13)에 "[술] 신자 등 일류의 소기들에겐 화엄이 무익하였기에 돈으로부터 점을 열어 차제로 끌어들였다. … 점교 가운데는 방등으로서 치우침을 꾸짖고 소승을 꺾어 다 같이 대법을 그리게 하였다. 述曰 此爲身子等一類小機 華嚴無益 從頓開漸 次第引入 … 漸中方等 彈偏折小 同慕大法"라고 하였다. [참고문헌] 『天台四教儀』, 『佛祖統紀』. ⇨탄편 彈偏

탄하접취 灘下接取 쏟아지는 여울 아래서 문득 만나다. 『선문염송설화』 881칙(한불전5, p.637c11)에서는 수류득묘(隨流得妙)라 풀었다. 『경덕전등록』 권24 「함광전 含匡傳」(대정장51, p.404a27)에 "'용문에 뜻을 두고 뚫는 사람은 어떻습니까?' '쏟아지는 여울 아래서 만나겠지' '저는 모르겠습니다' '행두를 불러오라'. 問 龍門有意透者如何 師曰 灘下接取 日 學人不會 師曰 喚行頭來", 『벽암록』 80칙 「송 頌」(대정장48, p.207a16)에 "아득히 흐르는 급한 물에서 공치기를 하니〈처음부터 끝까지 한결같이 할 뿐이니, 무어라 해야 하나?〉, 떨어지는 곳마다에서 멈출 수 없거늘 누군들 알아채랴?〈본 즉시 눈이 먼다. 지나갈 뿐이다. 쏟아지는 여울 아래서 문득 만날 뿐이다〉. 茫茫急水打毬子〈始終一貫 過也 道什麽〉 落處不停誰解看〈看卽瞎 過也 灘下接取〉", 『공곡집』 80칙 「송」(卍속장117, p.615a4)에 "법 그 끝을 다하여 어디로 돌아가는가?〈하나 더하기 하나는 둘이고, 둘 더하기 둘은 넷이다〉 황하는 푸른 물결 뚫고 갈 뿐이다〈여울 아래서 만나리〉. 구름 너머 천 길의 봉우리 그 끝에〈높이 눈을 붙이고 보라!〉 유독 찬 이슬에 젖은 신령한 소나무 있음 알아야 하리〈하나만 알 뿐, 어찌 둘을 알랴〉. 問法窮因歸何處〈一一如二 二二如四〉 黃河透過碧波瀾〈灘下接取〉 須知雲外千峯上〈高著眼看〉 別有靈松帶露寒〈只知其一 豈知其二〉"라고 하였다. 〔참고문헌〕『禪門拈頌說話』, 『景德傳燈錄』, 『碧巖錄』, 『空谷集』. ⇨ 수류득묘 隨流得妙

탄허 呑虛 근세 오대산 월정사(月精寺) 스님 택성(宅成 1913~1983)의 법호. ⇨ 택성 宅成

탈가사송 脫袈裟頌 가사를 벗을 때 외우는 게송. "한량없는 죄 사라지고, 끝없는 복을 얻어, 생사의 고통을 여의고, 열반의 낙을 얻어지이다. 滅無量罪 得無量福 離生死苦 得涅槃樂"라 하다. 그 진언은 "옴 자싱가리 사바하"이다. 〔참고문헌〕『日用作法』(『韓國佛敎儀禮資料叢書』 권3 p.548a3).

탈각상 脫脚床 Ⓟ āhaccapādakaṃ mañcaṃ vā pīṭham. 다리를 빼고 끼울 수 있는 상. 『사분율』 권12(대정장22, p.646a25)에 "부처님께서 사위국 기수급고독원에 계실 적에 모든 비구들이 중각에 머물렀는데, 탈각상 위에 앉으면 자리가 안상하지 못하였다. 각 아래에 어떤 비구가 머물러 자다가 각의 얇은 상다리가 빠져 아래 비구 위로 떨어져 상한 몸에서 피가 났다. 佛在舍衛國祇樹給孤獨園 諸比丘在重閣上住 坐脫脚床上 坐不安詳 閣下有比丘止宿 閣薄床脚脫 墮下比丘上 壞身血出", "저 비구가 방이나 중각 위에 탈각의 승상이나 목상에 앉거나 누우면 바일제니라. … 중각이란 머리를 세워 위에 이르지 않는 것이다. 탈각상은 다리가 폐에 들어간 것이다. 若比丘 若房若重閣上 脫脚繩床若木床 若坐若臥 波逸提 … 重閣者 立頭不至上者是 脫脚床者 脚入陛", 『사분승계본』(대정장22, p.1026b21 : *Sutta-vibhaṅga, Vin.4*, p.46)에 "비구가 만약 방중각 위에 탈각의 승상이든 목상이든 앉거나 누우면 바일제니라. 若比丘 房重閣上 脫脚繩床木床 若坐若臥 波逸提 yo pana bhikkhu saṃghike vihāre uparivehāsakuṭiyā āhaccapādakaṃ mañcaṃ vā pīṭhaṃ vā abhinisīdeyya vā abhinipajjeyya vā, pācittiyan ti", 『근본살바다부율섭』 권10(대정장24, p.581a17)에 "탈각상은 다리를 끼우는 상이다. 脫脚床者 謂揷脚床"라고 하였다. 한편, 『마하승기율』과 『오분율』, 『십송율』에서는 탈각상에 상응하는 것을 첨각상(尖脚床)이라 하였다. 〔참고문헌〕『四分律』, 『四分僧戒本』, 『根本薩婆多部律攝』, *Vin.* ⇨ 첨각상 尖脚床, 상 床

탈경불탈인 奪境不奪人 임제의현(臨濟義玄)의 사료간(四料揀) 중 하나. 『양기어록』(대정장47, p.644b27)에 "'무엇이 경은 빼앗고 사람은 빼앗지 않는다는 것인가?' '번쩍이는 빛이 붉은 놀에 흩어지니, 천동이 가리키는 길이 가깝구나'. 如何是奪境不奪人 師云 閃爍紅霞散 天童指路親", 『오조법연어록』 권상(대정장47, p.652c21)에 "'경은 빼앗고 사람은 빼앗지 않는다 하니 무슨 뜻인지요?' '길에서 만나는 이들 중 반은 스님이로구나'. 學云 如何是奪境不奪人 師云 路上逢人半是僧", 『원오어록』 권9(대정장47, p.754b5)에 "'경은 빼앗고 사람은 빼앗지 않는다는 말은 무슨 뜻인지요?' '사리 그대가 물으니 자연히 눈앞이구나'. 進云 如何是奪境不奪人 師云 闍黎問得自然親", 『대혜어록』 권16(대정장47, p.880a4)에 "'무엇이 경은 빼앗고 사람은 빼앗지 않는다는 말인가?' '눈에 박힌 쐐기를 뽑아라!' 進云 如何是奪境不奪人 師云 拔出眼中楔"라고 하였다. 〔참고문헌〕『楊岐語錄』, 『五祖法演語錄』, 『圜悟語錄』, 『大慧語錄』. ⇨ 사료간 四料揀, 극부료간 克符料揀

탈골암 脫骨庵 충청북도 보은군 속리산면 사내리 속리산(俗離山)에 있는 암자. 대한불교조계종 법주사(法住寺)의 산내 암자이다. 720년(성덕왕19)에 창건되었고, 776년(혜공왕12)에 진표(眞表)가 중창하였다. 절 이름에 얽힌 설화로 탈해왕 때 김알지(金閼智)가 이곳의 약수를 마시고 닭과 흡사하던 용모가 인간의 모습으로 바뀌었다는 설과 진표가 제자 영심(永深)·융종(融宗)·불타(佛陀) 등을 해탈시킨 것에서 유래했다는 설이 전한다. 1624년(인조2)에 벽암각성(碧巖覺性 1575~1660)이 중창하였다. 송상기(宋相琦 1657~1723)의 『옥오재집』에 "(권욱과) 함께 속리대사에 갔다. 길 옆에 탈골암 등이 있었는데 모두 볼만한 것이 없었다. 仍與携來于俗離大寺 路傍有脫骨等庵 而皆無可觀者"라고 하였고, 유진한(柳振漢 1712~1791)의 『만화집』과 송운회(宋運會 1874~1965)의 『설주유고』에도 「탈골암」이라는 시가 전한다. 6·25전쟁 때 폐허가 되었다가 1954년에 중건되었고, 1967년에 영수(榮修)가 주석하여 19

77년에 삼성전을 중수하였고, 1987년에는 월산(月山)과 함께 대휴선원(大休禪院) 건립을 시작하여 1990년에 완공하였다. 1993년의 화재로 법당이 소실되었으나 1995년의 중수 이후 지금에 이른다. 현존하는 당우로는 약사전・대휴선원・삼성각・요사 등이 있다. 〔참고문헌〕『玉吾齋集』 권17 「南遷錄」(韓國文集叢刊171, p.555a17), 『晩華集』, 『雪舟遺稿』, 『朝鮮佛教通史』, 『韓國寺刹全書』 권하 p.1110b4, 『寺誌』(충청북도, 1982).

탈공만어한 脫空謾語漢 실없이 뜻 없는 말을 하는 사람. 『연등회요』 권6 「조주장 趙州章」(卍속장136, p.531b5)에 "진존숙이 좌주에게 물었다. '어떤 경을 강설하시오?' '열반경입니다' '대덕에게 한 토막 뜻을 묻겠소' '무슨 뜻이 알고 싶습니까?' 진존숙이 발로 허공을 차고 숨을 몰아쉬고는 물었다. '이는 무슨 뜻이오?' '경에는 이런 뜻 없습니다' '속없는 말이나 내뱉는 사람이로군. 이것은 오백역사가 바위를 끄는 뜻이오'. 어떤 노숙이 대신하여 말했다. '화상께서는 저를 속이시고 대중도 속이셨소'. 설두가 말했다. '화상께서는 하던 대로 편리함만 따르는군'. 師問座主 講甚麽經 云 涅槃經 師云 問大德一段義 得麽 主云 問甚麽義 師以脚踢空 吹一吹云 是甚麽義 主云 經中無此義 曰 脫空謾語漢 此是五百力士揭石義 有老宿代云 和尙謾某甲 謾大衆 雪竇云 和尙慣得其便", 『설봉어록』(고존숙어록40, 卍속장118, p.674b10)에 "설봉이 '석가노자는 어째서 콧구멍을 잃으셨을까?'라고 물음에 학인이 말이 없자, '실없이 뜻 없는 말을 하는 놈이로구나'라고 말했다. 師云 釋迦老子 爲什麽失却鼻孔 僧無語 師云 脫空謾語漢"라고 하였다. 〔참고문헌〕『聯燈會要』, 『雪峰語錄』.

탈기인지식 奪饑人之食 굶주린 이의 밥을 빼앗다. 밭 가는 농부의 소를 몰아낸다는 뜻의 구경부지우(驅耕夫之牛)와 한 쌍이다. 『천성광등록』 권25 「우두정장 牛頭精章」(卍속장135, p.860a18)에 "'무엇이 밭 가는 농부의 소를 몰아내는 것인가?' '사람을 위한다면 모름지기 사무치게 해야 한다' '굶주린 이의 밥을 빼앗는다 하니 무슨 뜻인지요?' '사람을 죽이면 반드시 피를 본다'. 問 如何是驅耕夫之牛 師云 爲人須爲徹 問 如何是奪饑人之食 師云 殺人須見血", 『원오어록』 권20(대정장47, p.810b18)에 "평생에 부리던 가시밤송이로 밭 가는 농부의 소를 몰아내고, 양기에게 받은 금강권으로 굶주린 이의 밥을 빼앗아 일대사를 전지하고 향상의 기틀을 떨친다. 以平生所受用 栗棘蓬 驅耕夫之牛 以楊岐所付囑金剛圈 奪饑人之食 傳持一大事 提振向上機", 『대혜어록』 권3(대정장47, p.822b13)에 "밭 가는 농부의 소 몰아내고, 굶주린 이의 밥 빼앗으며, 바닷물을 차서 뒤집고, 수미산 주먹으로 쓰러뜨리며, 호랑이 사로잡고, 사나운 용을 산 채로 붙들더라도 오히려 납승의 본분사라 할 수 없다. 驅耕夫之牛 奪饑人之食 趯翻大海水 拳倒須彌盧 生擒虎兕 活捉獰龍 猶未是衲僧本分事", 『종보도독어록』 권1(卍속장126, p.101a5)에 "만약 자리마다 바로 뚫어 얻는다면 하는 일마다 벗어나 상쾌한 납승이리니, 밭 가는 농부의 소 몰아내고 굶주린 이의 밥을 빼앗음이다. 혹여 그렇지 못할진댄 온통 진흙덩이 노름하는 놈일 뿐. 若在者裏透得 也做箇脫灑衲僧 便能驅耕夫之牛 奪饑人之食 其或未然 總是弄泥團漢", 『열조제강록』 권10(卍속장112, p.323b16)에 "법좌에 올라 '모름지기 종사란 밭 가는 농부의 소 몰아내고 굶주린 사람의 밥 빼앗으며, 천한 이 만난 즉 귀하게, 귀한 이 만난 즉 천하게 해야 하리. 밭 가는 농부의 소 몰아내어 벼이삭이 풍요롭게 하고, 굶주린 이의 밥 빼앗아 길이 굶주림과 목마름 끊도록 하네'. 上堂 夫爲宗師 須是驅耕夫之牛 奪饑人之食 遇賤卽貴 遇貴卽賤 驅耕夫之牛 令他苗稼豐登 奪饑人之食 令他永絶饑渴"라고 하였다. 〔참고문헌〕『天聖廣燈錄』, 『圜悟語錄』, 『大慧語錄』, 『宗寶道獨語錄』, 『列祖提綱錄』, 『人天眼目』 권1 「四照用」(대정장48, p.304a14).

탈백로정 脫白露淨 벗어나 순결하고 드러내 깨끗함. 객진(客塵)으로부터 벗어나고 근진(根塵)마저 벗어던져 안팎으로 청정한 뜻이다. 『연종보감』 권10 「변명삼관 辯明三關」(대정장47, p.347b22)에 "이 관문을 뚫은 이 어찌 생사에 얽히리오. 이 도에 사무친 자 어찌 오고 감에 걸리리오. 다만 천하총림에 오래된 스승과 큰 납자들 연원을 다하여 마치지 않는 이가 없다. 그러므로 그들 능히 벗어나 그 뜻 새벽처럼 떳떳하여 다른 말이 없다. 透此關者 則奚拘生死 徹此道者 豈礙去來 自是天下叢林 宿師大衲 靡不洞究淵源 故能脫白露淨 其旨曉然 決無異說", 『원오어록』 권16(대정장47, p.787b19)에 "끝없이 참되고 진실로 알차며 깊디깊은 곤역이다. 자기를 벼려 가렸으니, 벗어나 순결하고 드러내 깨끗하며 한 터럭만큼 생각번뇌에 떨어지는 일 없을 때, 그 자리 마음은 고목의 썩은 그루터기와 같고 크게 죽은 사람과 같아서 숨이라곤 없다. 至眞諦實 淵奧閫域 打辦自己 脫白露淨 無絲毫意想 墮在塵緣 直下心如枯木朽株 如大死人無些氣息", 『허당록』 권4(대정장47, p.1015a3)에 "석가노자께서 벗어나 순결하고 드러내 깨끗하시더니 말씀마다 매우 분명했다. 釋迦老子 脫白露淨 說得多少分曉", 『물초대관어록』(卍속장121, p.171b9)에 "입 연 즉 잃고, 입 닫은 즉 망가진다. 다 벗어나 순결하고 드러내 깨끗하니, 화살은 시위에 있다. 開口失 閉口喪 脫白露淨 矢在絃上", 『운곡어록』 권하(卍속장127, p.169b5)에 "만약 깨달아 간다면 벗어나 순결하고 드러내 깨끗하여 정치하고 아름다운 뜻 문득 드러나리. 若得悟去 自然脫白露淨 便有精妙之理"라고 하였다. 〔참고문헌〕『蓮宗寶

鑑』, 『圜悟語錄』, 『虛堂錄』, 『物初大觀語錄』, 『雲谷語錄』.

탈부지기 奪父之機 아버지의 기(機)를 빼앗다. 스승을 넘어서는 제자의 보은(報恩)의 뜻이다. 『종용록』 55칙 「시중 示衆」(대정장48, p.262a21)에 "얼음은 물보다 차고 쪽에서 나온 푸른빛 쪽보다 푸르듯이(『순자 荀子』 「권학편 勸學篇」) 스승을 넘어서는 안목으로 바야흐로 법을 받아 마땅하네. 자식을 길러 아버지에 미치지 못하면 가문은 일세에 쇠락하는 법. 일러 보라! 아버지의 기틀을 빼앗은 이 누구인가? 氷寒於水 靑出於藍 見過於師 方堪傳授 養子不及父 家門一世衰 且道 奪父之機者 是甚麽人", 『굉지광록』 권1(대정장48, p.4b5)에 "노파의 심정은 온통 손자 기르는 일이고, 납승의 수단은 도리어 저 아비의 기틀을 빼앗아 옴이다. 老婆心腸 蓋是養兒之道 衲僧手段 還他奪父之機", 『송고연주통집』 권15(卍속장115, p.177b18)에 "가문의 비밀을 집 밖으로 드러내지 않아야 부자의 체용은 온전히 빛난다. 아버지가 아들의 기량을 빼앗음은 그래도 괜찮지만, 아들이 아버지의 기틀을 빼앗는 꼴은 좋은 일일까?〈대위지의 송〉. 家醜不可外揚 父子體用全彰 父奪子機猶可 子奪父機無良 〈大潙智〉"라고 하였다. [참고문헌] 『從容錄』, 『宏智廣錄』, 『頌古聯珠通集』.

탈사 脫屣 신을 벗어던지는 것. 출가하여 사문 됨에 빗댄다. 『대방등대집경』 권43(대정장13, p.283b28)에 "과거 무량승기겁 동안 종종 보시로 단나를 익혔고 청정한 시라·찬제·정진·좌선과 함께 반야를 배웠으며, 일체중생을 안락하게 하기 위해 종종 고통을 모두 참아내었고 궁중의 6만 왕비와 궁녀들까지도 버리고 출가함에 저 신을 벗어던지듯 하였네. 過去無量僧祇劫 種種布施習檀那 淸淨尸羅及羼提 精進坐禪學般若 安樂一切衆生故 備忍種種諸苦辛 宮中六萬后妃嬪 棄捨出家如脫屣", 『변정론』 권4(대정장52, p.512a12)에 "황옥을 마음에 두지 않고 굽어 창생을 생각하였으며, 출가하여 사문이 되겠다는 생각을 마음속에 잊지 않았다. 不以黃屋爲心 俯以蒼生爲念 脫屣之懷 無忘於靈府"라고 하였다. [참고문헌] 『大方等大集經』, 『辯正論』.

탈속복착치의게 脫俗服着緇衣偈 속복을 벗고 가사를 입을 때 외우는 게송. "모습을 무너뜨려 굳은 뜻으로 계율 지켜, 애정을 끊고 부모를 하직합니다. 출가하여 불도를 넓혀 일체중생 제도키를 발원합니다. 毁形守志節 割愛辭所親 出家弘聖道 願度一切人". [참고문헌] 『諸般文』(『韓國佛敎儀禮資料叢書』 권2, p.671a5).

탈쇄 脫灑 벗어나 깨끗함. 쇄는 쇄(洒)로도 쓴다. 『원오어록』 권14(대정장47, p.777a10)에 "벗어나 깨끗하고 자유로우니 묘한 기틀 드디어 드러나고 방할 내지르며 말로써 말을 보내고 기틀로 기틀을 빼앗으며 독으로 독을 치고 용으로 용을 부순다. 脫灑自由 妙機遂見 行棒行喝 以言遣言 以機奪機 以毒攻毒 以用破用", 『금강경석주』(卍속장40, p.187b7)에 "만약 마음이 육진에 잠시 머문다면 문득 남의 소굴에 떨어진 즉 능히 벗어날 길 없으리니, 머물 곳이 있은 즉 보살주처는 아니네. 若心於六塵上 有一住着 便落他窠臼 不能脫灑 則所住不是菩薩住處也", 『경덕전등록』 권7 「복우자재전 伏牛自在傳」(대정장51, p.253b5)에 "'무엇이 씻은 듯이 벗어남인가?' '복우산 아래 예부터 전한다'. 僧問 如何是脫灑底句 師曰 伏牛山下古今傳", 『용문불안어록』(고존숙어록27(卍속장118, p.509b2)에 "헛된 분별이 사라지면 바른 지혜 드러나니 병이 가버리면 약도 사라진다. 어찌 벗어나 상쾌한 납승이 아니겠는가? 情亡智現 病去藥除 豈不是箇脫灑衲僧", 『물초대관어록』(卍속장121, p.176b13)에 "봉우리 빼어나 수려하여도 학 머물 뜻 없고, 신령한 나무가 아득히 높아도 봉황은 깃들 생각 없다. 곧바로 넉넉히 이렇게 한들 아직 벗어나 깨끗하지 않다. 峯巒秀異 鶴不停機 靈木迢然 鳳無依倚 直饒與麽 也未爲脫灑"라고 하였다. [참고문헌] 『圜悟語錄』, 『金剛經石注』, 『景德傳燈錄』, 『龍門佛眼語錄』, 『物初大觀語錄』.

탈야호신 脫野狐身 여우의 몸에서 벗어났다는 말. 백장야호(百丈野狐) 공안에서 비롯된 말이다. 『대혜어록』 권3(대정장47, p.822a15)에 "대혜가 상당함에 한 스님 묻기를 '크게 수행한 사람도 인과에 떨어지냐는 물음에 앞서 백장은 「인과에 떨어지지 않는다」 했는데, 어째서 여우의 몸에 떨어진 겁니까?' 대혜 말하길 '사람을 만나거든 이렇게만 들어라'. 上堂 僧問 大修行底人 還落因果也無 前百丈云 不落因果 爲甚麽墮野狐身 師云 逢人但恁麽擧", "'그렇다면 후에 백장이 「인과에 어둡지 않다」라고 말했는데, 어째서 여우의 몸에서 벗어난 겁니까?' '사람을 만나거든 이렇게만 들어라'. 進云 只如後百丈道 不昧因果 爲甚麽脫野狐身 師云 逢人但恁麽擧", "'누군가 화상께 「크게 수행한 사람도 인과에 떨어집니까?」라고 묻는다면 화상께선 뭐라고 말씀하시겠습니까?' '그에게 「사람을 만나거든 이렇게만 들어라」라고 말할 것이다'. 進云 或有人問徑山 大修行底人 還落因果也無 未審和尙向他道甚麽 師云 向他道 逢人但恁麽擧", 『속전등록』 권33 「옥천종련전 玉泉宗璉傳」(대정장51, p.698b14)에 "한 스님 옥천에게 묻기를 '인과에 어둡지 않으면 어째서 여우의 몸에서 벗어납니까?' '남악에서 세 번의 생애 동안 숨어 지낸다'. 曰 不昧因果 爲甚麽脫野狐身 師曰 南嶽三生藏"라고 하였다. [참고문헌] 『大慧語錄』, 『續傳燈錄』. ⇨ 백장야호 百丈野狐

탈육 鵽肉 중국 북방의 사막에 사는 새의 고기. 『일체경음의』 권58(대정장54, p.694b6)에 “탈육〈첫 자는 죽과 괄을 반절한 음이다. 『이아』의 주에 ‘탈은 크기가 집비둘기와 같고 암컷 꿩처럼 생겼으며 발톱이 쥐 발톱 같다. 북방의 사막 지역에서 난다’라고 하였다. 고기가 맛있으며 속명은 돌궐작이다. 들풀 사이에서 살며 크기는 메추라기만 하다〉. 鵽肉〈竹刮反 爾雅注云 今鵽大如鴿 似雌雉鼠爪 出北方沙漠地也 肉美 俗名突厥雀 生蒿萊之間 如鶉大〉”라고 하였다. 〔참고문헌〕『一切經音義』.

탈의계 奪衣戒 Ⓟ cīvara-acchindana sikkhāpada m. 삼십사타(三十捨墮) 중 하나. 비구가 다른 비구에게 옷을 주었다가 후에 화가 나서 다시 빼앗는 것을 금한 계. 선여타의강탈계(先與他衣强奪戒)라고도 한다. 『사분율』 권9(대정장22, p.626a2 : *Suttavibhaṅga, Vin.3*, p.255)의 제계(制戒)의 인연에 따르면, 부처님께서 사위국 기수급고독원에 계실 때 난다(難陀)존자의 제자가 교화를 잘하자 발난다(跋難陀)가 그에게 세간으로 동행하길 청하며 옷을 주었다. 다른 비구들은 발난다가 송계(誦戒)도 설계(說戒)도 못하며 포살갈마도 모른다고 하면서 동행하지 말 것을 권했다. 이에 난다존자의 제자가 동행하지 않겠다고 하자 발난다는 화를 내며 옷을 다시 빼앗으려 했고, 난다의 제자는 빼앗기지 않으려고 고함을 질렀다. 이로 인해 부처님께서 제계하시길 “만약 비구가 먼저 다른 비구에게 옷을 줬다가 뒤에 화나서 빼앗거나, 사람을 시켜 빼앗거나, 준 적 없으니 돌려달라고 해서 옷을 돌려받으면, 저 옷을 취한 이는 니살기바일제이다. 若比丘先與比丘衣 後恚恚 若自奪 若教人奪取 還我衣來不與汝 若比丘還衣 彼取衣者 尼薩耆波逸提 yo pana bhikkhu bhikkhussa sāmaṃ cīvaraṃ datvā kupito anattamano acchindeyya vā acchindāpeyya vā nissaggiyaṃ pācittiyanti”, 『율초제삼권수결』(대정장85, p.726a10)에 “제25탈의계 : 자신이 주고 남에게 빼앗게 하거나, 남에게 주게 하고 자신이 빼앗거나, 남에게 주게 하고 남에게 빼앗게 하거나, 자신이 주고 자신이 빼앗는 경우 모두 범한 것이다. 또한 사구가 있으니, 제각각 주고 나서 한꺼번에 빼앗거나, 한꺼번에 주고 나서 제각각 빼앗거나, 한꺼번에 주고 나서 한꺼번에 빼앗거나, 제각각 주고 나서 제각각 빼앗는 경우는 모두 옷이 많음을 잡은 것이다. 빼앗는 때를 잡아 죄를 얻게 되며 옷을 준 때를 잡지는 않는다. 奪衣戒二十五 自與使奪 使與自奪 使與使奪 自與自奪 並犯 又有四句 一 別與合奪 二 合與別奪 三 合與合奪 四 別與別奪 皆約多衣 約奪時得罪 不約與時也”라고 하였다. 〔참고문헌〕『四分律』, 『律抄第三卷手決』, *Vin.*, 李智冠『南北傳六部律藏比較研究』 pp.159~160. ⇨ 삼십사타 三十捨墮, 니살기바일제 尼薩耆波逸提

탈의파 奪衣婆 저승의 장두하(葬頭河 : 三途川)를 건너는 사자(死者)의 옷을 빼앗는 노파 귀신. 『지장시왕경』(卍속장150, p.770b3)에 “관청 앞에 큰 나무 있으니 의령수라 이름한다. 그 그늘에 두 귀신 머무니 하나는 탈의파 다른 하나는 현의옹이다. … 나무 아래에서 탈의파가 사자의 옷을 벗기면 현의옹이 그 옷을 나뭇가지에 걸어 죄의 경중을 드러낸 후 다음 왕청에 준다. 官前有大樹 名衣領樹 影住二鬼 一名 奪衣婆 二名 懸衣翁 … 樹下婆鬼脫衣 翁鬼懸枝 顯罪低昂 與後王廳”라고 하였다. 〔참고문헌〕『地藏十王經』.

탈인불탈경 奪人不奪境 임제의현(臨濟義玄)의 사료간(四料簡) 중 하나. 『양기어록』(대정장47, p.644b26)에 “‘무엇이 사람은 빼앗고 경은 빼앗지 않는다는 뜻인지요?’ ‘암자에 한가히 앉았으니 흰 구름 봉 끝에서 피는구나’. 問 如何是奪人不奪境 師云 庵中閒打坐 白雲起峯頂”, 『오조법연어록』 권상(대정장47, p.652c20)에 “‘무엇이 사람은 빼앗고 경은 빼앗지 않는 뜻인지요?’ ‘갈바람 위수에 부니 낙엽은 장안에 가득하네’. 僧問 如何是奪人不奪境 師云 秋風吹渭水 落葉滿長安”, 『원오어록』 권9(대정장47, p.754b4)에 “‘무엇이 사람은 빼앗고 경계는 빼앗지 않는다는 뜻인지요?’ ‘산승에게 눈 있지만 본 적은 없네’. 進云 如何是奪人不奪境 師云 山僧有眼不曾見”, 『대혜어록』 권16(대정장47, p.880a3)에 “‘사람은 빼앗고 경계는 빼앗지 않는다는 말은 무슨 뜻인지요?’ ‘삼천리 밖은 속임수 끊어진 곳이다’. 如何是奪人不奪境 師云 三千里外絕謠訛”, 『굉지광록』 권5(대정장48, p.60b18)에 “‘사람은 빼앗고 경계는 빼앗지 않는다는 말은 무슨 뜻인지요?’ ‘내 몸 감춰 다하여도 세상 어디에나 뭇 그림자 비추네’. 僧問 如何是奪人不奪境 師云 藏盡自己身 遍界俱影現”라고 하였다. 〔참고문헌〕『楊岐語錄』, 『五祖法演語錄』, 『圜悟語錄』, 『大慧語錄』, 『宏智廣錄』. ⇨ 사료간 四料簡, 극부료간 克符料揀

탈일체인명 奪一切人命 Ⓢ Mṛtyu. 태장계만다라 최외원의 존격. 종자는 𑖦𑖴(mṛ), 삼매야형은 겁파(劫婆). 존형은 살색의 아귀형으로 오른손에는 가죽부대를 들고 왼손으로 꽃을 든 모습이다. 수인은 수천인(水天印). 진언은 ‘나마 사만타 붓다남 피샤차가테 스바하

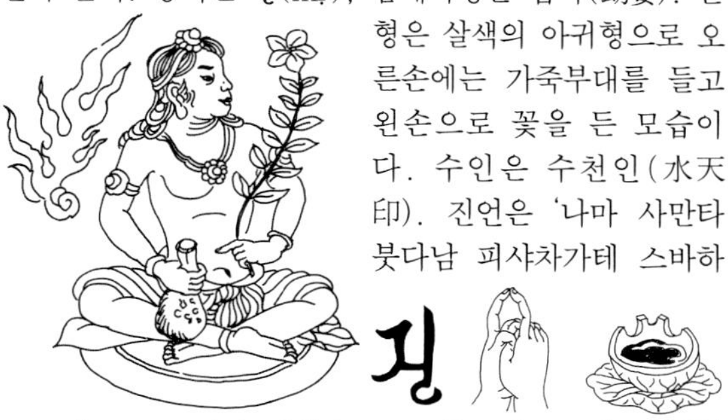

namaḥ samantabuddhānāṃ piśāgate svāhā. 널리 모든 부처님께 귀명합니다. 비사차의 경우에 있는 이여.

스바하'이다. 염마천(閻魔天)의 권속으로서 모든 인간의 목숨을 빼앗는 죽음의 신이다. 시간을 의미한다. [참고문헌] 『曼荼羅図典』(大法輪閣, 2002).

탈적창살적 奪賊槍殺賊 도적의 창을 빼앗아 도적을 죽이다. 창(槍)은 도(刀)·장(鏘) 등으로 쓰기도 한다. 『종용록』 100칙 「평창 評唱」(대정장48, p.292a3)에 "낭야혜각(瑯琊慧覺)이 '나는 그렇게 생각하지 않는다. 청정한 본래의 자연에서 어떻게 문득 산하대지가 일어났는가?'라고 하니, 이는 도리어 도적의 말을 타고 도적을 쫓고, 도적의 창을 빼앗아 도적을 죽이는 것이다. 瑯琊云 我則不然 淸淨本然 云何忽生山河大地 此喚騎賊馬赶賊 奪賊槍殺賊", 『염팔방주옥집』 권상(卍속장119, p.207b12)에 "불감이 염하길 위산은 평소에 눈에 번갯불을 번득였지만 이럴 때는 오히려 도적을 잡는 것조차 알지 못한다. 산승은 강하면 누르고 약하면 띄우지도 아니하니 뜻으로 함께하고 친소로 기울지 않는다. 말해 보라! 어디가 도적을 잡은 곳인가? 만약 이에 점찍듯 맞힌다면 도적의 말을 타고 도적을 쫓고, 도적의 창을 빼앗아 도적을 죽일 수 있다. 만약 점검해 내지 못한다면 무릇 하는 말마다 모두 도적에게 사다리 놓아줌이다. 佛鑑拈云 潙山尋常 眼放電光 到這裏 却著賊也不知 山僧不是抑强扶弱 黨理不黨親 且道 那裏是著賊處 若於此點撿得出 便能騎賊馬追賊 奪賊鏘殺賊 若點撿不出 凡有言說 皆是與賊過梯"라고 하였다. [참고문헌] 『從容錄』, 『拈八方珠玉集』. ⇨ 기적마축적 騎賊馬逐賊

탈정귀 奪精鬼 『지장시왕경』에서 설하는 삼귀(三鬼) 중 죽음을 앞둔 사람의 정기를 빼앗는 귀신. 『지장시왕경』(卍속장150, p.769b12)에 "일체중생이 죽음을 앞둘 때 염마법왕은 염마의 옥졸을 보내는데, 첫째를 탈혼귀, 둘째를 탈정귀, 셋째를 박백귀라 이름한다. 一切衆生 臨命終時 閻魔法王 遣閻魔卒 一名 奪魂鬼 二名 奪精鬼 三名 縛魄鬼"라고 하였다. [참고문헌] 『地藏十王經』.

탈진착폐 脫珍著弊 귀함 벗어 던지고 남루함 입다. 『법화경』 권2 「신해품 信解品」(대정장9, p.17a15 : *Saddh-p.*, p.106)에 "(빈궁한 아들에게 다가서고자 아버지는) 영락으로 장식한 부드러운 최상의 의복과 장신구를 벗어던지고 거칠어 낡고 찌든 더러운 옷으로 갈아 입었다. 卽脫瓔珞 細軟上服 嚴飾之具 更著麤弊垢膩之衣 gṛhapatiḥ svakānniveśanādavatīryāpanayitvā mālyābharaṇanyapanayitvā mṛdukāni vastrāṇi caukṣāṇyudārāṇi malināni vastrāṇi prāvṛtya"라는 대목에서 유래한다. 『유마경무아소』 권3(卍속장30, p.117b8)에 "부처님께서는 일대사를 위해 세상에 오셨다. 화엄에서는 본래 품으신 뜻이라 하였으니, 근기를 거둠에 다함이 없으시어 진귀한 옷은 벗어던지고 남루한 옷으로 갈아입고 녹야원을 유행하셨다. 부처님은 일승이지만 분별하여 세 가지로 설하셨으니 그때 굴리시는 법륜은 첫 번째로 성문승을 위한 것이다. 佛爲大事出世 華嚴且稱本懷 爲收機不盡 乃脫珍著弊 游行鹿苑 於佛一乘 分別說三 則今所轉法輪 爲第一聲聞乘也", 『법화경구해』 권2(卍속장47, p.962b5)에 "귀함 벗어버리고 남루함 걸치시니 낮은 몸으로 세간에 나투셨다. 脫珍著弊 現劣應身", 『법화경대관』 권4(卍속장50, p.235b2)에 "그런 까닭에 세존께서 40여 년 동안 귀함 벗고 남루함 걸치시어 능히 낮은 몸으로 이 일을 참아 내셨으니, 곧바로 영산법회에 나아가시어 처음으로 한번 나투시니, 참으로 저 우담발라화 피듯 하였으니 어찌 쉽게 볼 수 있는 일이었겠는가! 所以世尊 四十餘年 脫珍著弊 能爲下劣 忍於斯事 直至靈山法會 始得一現 正如優曇鉢華 豈易見哉", 『법화경연의』 권3(卍속장52, p.239b15)에 "귀함 벗어버리고 남루함 입어 수승함 숨기고 낮은 모습으로 나타내셨다. 이렇듯 감추고 드러냄이 같지 않아 저 높고 낮은 두 갈래가 있는 듯 할 뿐이다. 脫珍著弊 隱勝現劣 如此有於隱現之不同 則似勝劣之有二", 『오등전서』 권61 「보조일변장 普照一辨章」(卍속장141, p.294a5)에 "정위(正位)와 편위(偏位)를 모두 아우르는 겸중도로다. 머리에 난 뿔 완전하니 달리 부를 리 없다. 귀함 벗고 남루함 입고 저자에 들어간 이후, 이리저리 지금 그때의 길 모두 밟고 다닌다. 兼中到 頭角完全無異號 脫珍著弊入廛來 縱橫踏破今時道"라고 하였다. [참고문헌] 『法華經』, 『維摩經無我疏』, 『法華經句解』, 『法華經大窾』, 『法華經演義』, 『五燈全書』, *Saddh-p.* ⇨ 응신 應身

탈체 脫體 몸에서 벗어나다. 근진(根塵)에 의지해서나 있을 뿐인 본래 공한 몸을 벗어나는 뜻이다. 『조주어록』(고존숙어록13, 卍속장118, p.318a17)에 "'무엇이 도량인지요?' '그대 도량 좇아 오고 도량 좇아 떠난다. 벗어던진 그대로 도량이거늘 어디라고 그곳이 아니랴'. 問如何是道場 師云 你從道場來 你從道場去 脫體是道場 何處更不是", 『원오어록』 권4(대정장47, p.728a18)에 "원 들기 위해 방장에 가서 말했다. '달마는 면벽하였고 유마는 묵연하였다. 조례가 있다면 조례를 따를 일이니 어찌 말로 하겠는가? 그렇기는 하지만 벗어던진 몸으로 불이문을 넓게 연 것은 다만 집착을 풀어 굴레를 버리고자 함이다'. 入院 至方丈云 達磨面壁 維摩默然 有條攀條 豈可形言 雖然如是 脫體宏開不二門 只要解黏兼去縛", 같은 책 권5(대정장47, p.735b23)에 "옛 무진거사를 추억하니 한평생 이 일만을 할 일 삼아 천하종사를 찾아다니며 누구에게나 법을 묻다가, 도솔산 아래에서 노납을 만나 말후구를 주고받은 끝에 비로소 온몸 그대로 온통 참이어서 말로 알던 도리 일시에 벗어났다. 憶昔無盡

大居士 生平以此箇事爲務 遍賓海宗師 無不咨參 到兜率山下 逢見老衲 論末後句 始得脫體全眞 言解道理 一時脫却",『태암보장어록』 권6「대용가 大用歌」(卍속장123, p.1002a6), "금강우리 뚫고 밤송이 삼키니 저 타고난 기개와 몸마저 벗어난 풍류를 보라. 透過金圈呑栗棘 看他天生意氣 脫體風流",『천성광등록』 권15「풍혈연소장 風穴延沼章」(卍속장135, p.740a5)에 "대보(大保)가 물었다. '어떤 것이 향상입니까?' '몸을 뒤치면 오히려 길이 있으리니 다 버린 몸 일러주긴 참으로 어렵다'. 保云 如何是向上事 師云 轉身猶有路 脫體道應難",『직주설두송고』 권상(卍속장117, p.517b16)에 "경청(鏡淸)이 말했다. '몸 버리기는 오히려 쉽지만 그 바탕마저 벗어나기란 참으로 어렵네〈구 좇기는 쉽지만, 손 놓기는 어렵다〉'. 淸云 出身猶可易 脫體道應難〈逐句則易 撒手則難〉",『공곡집』 82칙「본칙 本則」(卍속장117, p.616b10)에 "덕산화상이 법좌에 올라앉아 말했다. '물은 즉 허물이 되고 묻지 않아도 멀어진다〈몸에서 벗어나기는 오히려 쉽지만, 몸마저 버리기란 틀림없이 어렵다〉'. 德山和尙 一日上堂云 問卽有過 不問又乖〈出身猶可易 脫體道應難〉"라고 하였다. [참고문헌]『趙州語錄』,『圜悟語錄』,『呆菴普莊語錄』,『天聖廣燈錄』,『直註雪竇頌古』,『空谷集』. ⇨ 전신 轉身

탈체무의 脫體無依 온통 벗어나 의지할 것 없이 하다. 『수암일선사어』(속고존숙어요6, 卍속장119, p.172a13)에 "몸을 숨긴 곳 자취마저 없다 : 몸을 숨겨 자취마저 없어 다시 감출 일 없고, 온통 벗어던져 의지함 없으니 문득 마땅함 따른다. 옛 거울은 애쓰지 않아도 저절로 비추고, 옅은 안개는 이슬과 어울려 가을 풍광을 적신다. 藏身處沒蹤跡 藏身無跡更無藏 脫體無依便廝當 古鏡不勞還自照 淡煙和露濕秋光",『선관책진』(대정장48, p.1103b12)에 "설령 있어 신통하고 성스럽게 알 수 있다 해도 저 좁쌀알을 크다 함과 같아 스스로를 속이고 불법마저 비방함이다. 곧바로 참구하여 이를지니, 벗어나 온통 의지함 없으니 터럭도 세울 곳 없네. 한 눈 얻어 청주포삼과 진주무를 문득 본다면, 모든 것이 다 내가 쓰던 물건이어서 따로 구할 일 없다. 이것이 신통성해다. 設有一毫佛法 神通聖解 如粟米粒大 皆爲自欺 總是謗佛謗法 直須參到 脫體無依 纖毫不立處 著得隻眼 便見靑州布衫 鎭州蘿蔔 皆是自家所用之物 更不須別求 神通聖解也",『빈길상어록』 권12「시홍철유시자 示弘徹唯侍者」(가흥장39, p.660b6)에 "그러므로 도사는 '법은 본디 서로 걸림 없고 삼제 또한 그러하다. 무위·무사인이 오히려 쇠사슬에 묶여 있다'라고 말한다. 반드시 훤출히 벗어나 의지함 없어야 비로소 장부의 걸음이다. 만약 그 시절 이른 자 있다면, 가는 길마다 앞서가는 서리 끝 달빛은 여울마다 떨어지네. 故導師云 法本不相礙 三際亦復然 無爲無事人 猶是金鎖難 必要脫體無依 始名丈夫行徑 若到者般時節 可謂到頭霜夜月 任運落前溪也"라고 하였다. [참고문헌]『水庵一禪師語』,『禪關策進』,『頻吉祥語錄』. ⇨ 탈체 脫體

탈체현성 脫體現成 온통 벗어나 드러난 그대로 일체가 여여(如如)함. 근진(根塵)에 의지한 몸마저 벗어났으니 일체분별 사라지고 드러난 그대로 자유로워 걸림없는 경계다.『벽암록』 1칙「평창 評唱」(대정장48, p.140b2)에 "이렇듯 보아 얻을 수 있다면, 문득 자유분 있어 일체언어를 따라 구르지 않으리니, 온통 벗어난 그대로 드러나리. 若恁麽見得 便有自由分 不隨一切語言轉 脫體現成",『할당혜원광록』 권3「답자덕본장로사서 答資德本長老嗣書」(卍속장120, p.959b10)에 "무릇 인천을 위해 종사의 안목을 끌어내 보이려면 입도 열기 전에 꺼내야 하고, 한 발짝 나가기 전에 열어젖혀야 한다. 온통 벗어던져 눈앞에 역력할지라도, 궁리한 즉 곧바로 가시밭이다. 凡爲人天 提持宗眼 未開口時拶出 無進步處挨開 脫體現成 擬議則生荊棘",『치절도충어록』 권하「시정수지객 示正受知客」(卍속장121, p.548b12)에 "벗어난 그대로 눈앞에 드러나고 묘하게 종횡으로 움직이니 이롭지 않음이 없으니 다시 그 무엇이 있어 별안간 해칠 일 있겠는가? 바로 이러한 순간 일대장교와 천칠백 공안이 그 자리에서 얼음이 녹듯 젖은 기와가 부서지듯 하리니 글자 끄트러기 찾으려 해도 찾지 못할 것이다. 脫體現前 妙用縱橫 無有不利 更有何物 瞥起而傷之乎 當恁麽時 一大藏敎 千七百因緣 直下氷消瓦解 覓一元字脚 了不可得",『순비덕어록』 권1「시의오선인 示疑悟禪人」(가흥장38, p.998c12)에 "바로 이 하나의 일만은 통체로 벗어던져 그대로 보일지니 틀린 것 하나 없고 털끝도 가릴 일 없네. 다만 기꺼이 큰 용맹을 발하여 대의정을 일으키지 않는다면 도리어 문서책자상에서 끌고 당길 뿐이리. 然此一事 脫體現成 絕不淆訛 毫無蓋覆 只爲不肯 發大勇猛 起大疑情 卻去文書冊子上搜尋"라고 하였다. [참고문헌]『碧巖錄』,『瞎堂慧遠廣錄』,『痴絕道沖語錄』,『純備德語錄』. ⇨ 정나라적쇄쇄 淨裸裸赤灑灑

탈축생명계 奪畜生命戒 구십단타(九十單墮) 중 61번째. 축생의 목숨을 고의로 빼앗지 말라는 계. 소살생계(小殺生戒)라고도 한다.『신산정사분승계본』(卍속장61, p.545b4)에 "탈축생명계 제61 : 만약 비구가 고의로 축생의 목숨을 끊는다면 바일제다. 奪畜生命戒 第六十一 若比丘 故斷畜生命者 波逸提"라고 하였다. [참고문헌]『新刪定四分僧戒本』. ⇨ 소살생계 小殺生戒, 구십단타 九十單墮, 바일제 波逸提

탈파 奪破 빼앗아 부숨. 앞서가던 알음알이 빼앗아 부수다의 뜻이다.『중관론소』 권3말(대정장42, p.50b2

4)에 "탈파는 법의 실상 밝혀가면 이런저런 연들 없고 제법의 자성도 없으니 증상연마저 없다. 奪破者 明實相法中 無此緣緣 諸法無性故 無此增上緣", 같은 책 권4본(대정장42, p.55b25)에 "세 번째 앞서 있던 것을 부셔버리고 그 시간마저 보내버림이 탈파요, 과거 미래 여읜 그 밖에서 보내버릴 시간마저 없이함이 탈이다. 三者 前破去時去 是奪破 明離已未之外 無有去時 故是奪也"라고 하였다. 〔참고문헌〕『中觀論疏』. ⇨ 종파탈파 縱破奪破

탈피정 脫皮淨 껍질을 벗겨 청정하게 하다. 씨앗의 껍질을 벗기거나 불에 익혀 먹도록 하였으니 그렇지 않으면 부정(不淨)이다. 『마하승기율』 권14(대정장22, p.339a28)에 "자종이란 무엇인가? 17가지 곡물이 있다. 저 두 번째 계에서 설했듯이 마땅히 불에 익히거나 껍질을 벗겨서 청정하게 해야 하니 이를 자종이라 한다. 子種者 十七種穀 如第二戒中說 當作火淨 若脫皮淨 是名子種"라고 하였다. 〔참고문헌〕『摩訶僧祇律』, 『四分律行事鈔』 권중(대정장40, p.77a9). ⇨ 십칠종곡 十七種穀

탈해사 脫解寺 충청남도 예산군 예산읍 수철리 용굴산(龍屈山)에 있는 대한불교조계종 수덕사(修德寺)의 말사. 후백제의 장군이 고려초에 전쟁 중 이곳으로 피신하여 갑옷을 벗고 수도하여 탈의사(脫衣寺)라고도 하였다고 전한다. 이종학(李宗學)이 주지로 부임하면서 1975년부터 10여 년간 중창하였다. 사찰 주변에서 고려시대 와편 및 토기가 발견되었으며, 고려시대 팔각원당형 부도의 개석(蓋石)도 남아 있다. 현존하는 당우로는 극락전・산신각・요사 등이 있다. 〔참고문헌〕『禮山邑誌』, 『文化遺蹟總覽』(忠淸南道, 1990) pp.602~603.

탈혼귀 奪魂鬼 혼(魂)을 빼앗아 가는 악귀. 임종할 자의 혼과 넋과 정기를 빼앗아 가는 세 가지 악귀 중 하나이다. 『지장시왕경』(卍속장150, p.769b12)에 "일체중생이 임종하려 할 때 염마법왕은 염마졸을 보내니, 첫째는 탈혼귀, 둘째는 탈정귀, 셋째는 박백귀이다. 一切衆生 臨命終時 閻魔法王 遣閻魔卒 一名 奪魂鬼 二名 奪精鬼 三名 縛魄鬼"라고 하였다. 〔참고문헌〕『地藏十王經』. ⇨ 탈정귀 奪精鬼, 박백귀 縛魄鬼

탐 貪 S P rāga, T 'dod-chags. 삼독(三毒), 육번뇌(六煩惱) 또는 육종구생혹(六種俱生惑), 십근본번뇌(十根本煩惱) 중 하나다. 탐욕(貪欲)・탐애(貪愛)・탐착(貪著)이라고도 하며, 무탐(無貪)・불탐(不貪) 등을 장애한다. 탐에 의해서 생기는 신구의 삼업(三業)을 탁업(濁業)이라고 한다. 삼계(三界) 어디에서나 작용하는데, 욕계의 탐은 욕탐이라 하고 불선(不善)이 바탕이며, 색계와 무색계의 탐은 각각 색탐과 무색탐이라 하고 합하여 유탐(有貪)이라 하며 유부무기(有覆無記)를 자성으로 한다. 부정관(不淨觀)으로 다스린다. 『잡아비담심론』 권3(대정장28, p.893c9)에 "타물기상탐이라 한다. 타인의 물건을 자기의 것으로 생각하는 것을 탐이라 하니, 이것은 일체의 욕계탐이다. 他物已想貪者 愛他物欲爲已有想名爲貪 是一切欲界貪", 『법온족론』 권9(대정장26, p.494c20)에 "어떤 것을 탐이라고 하는가? 즉 하고자 하는 경에 대한 모든 탐들에 한결같이 탐하며, 집착하여 간직하고 방호하며, 굳게 붙들어 사랑하며 좋아하고, 분별없이 즐기며 빠지고 가리지 않고 즐기며 빠지고, 안으로 얽매이며, 희구하고 탐닉하여 괴로움만 쌓여 탐의 무리가 되고 탐으로 날 뿐이니 모두 탐이라고 한다. 云何貪 謂於欲境 諸貪等貪 執藏防護 堅著愛樂 迷悶耽嗜 遍耽嗜 內縛 悕求耽湎 苦集 貪類貪生 總名爲貪", 『구사론』 권16(대정장29, p.88b4 : *Abh-k-bh.*, p.247)에 "〔논〕 타인의 재물에 대한 악한 욕심을 탐이라고 한다. 즉 타인의 재물에 대해 도리에 맞지 않는 욕을 일으켜 어떻게든 그것을 타인이 아닌 나에게 속하도록 힘이나 몰래 훔치려는 마음을 일으켜 타인의 재물을 탐하고 구하니, 이와 같은 악한 욕심을 탐업도라고 한다. 다른 논사들은 말한다. '모든 욕계애는 다 탐업도다'. 그 까닭은 무엇인가? 『오개경』에서 '탐욕개에 의지한다고 하였으니, 부처님께서는 마땅히 끊어야 할 세간탐이라 하셨다'. 그러므로 '탐'이라는 이름은 욕애를 모두 거두어 이름한 것이다. 어떤 이가 말한다. '욕계의 애가 비록 탐이라 해도 모두 다 탐업도가 된다고 말해서는 안 된다. 이 악행 중에는 추품을 거두기 때문이다. 전륜왕과 북구로주에서 일어난 욕탐은 탐업도가 아니다'. 論曰 於他財物 惡欲名貪 謂於他財 非理起欲 如何令彼 屬我非他 起力竊心 耽求他物 如是惡欲 名貪業道 有餘師言 諸欲界愛 皆貪業道 所以者何 五蓋經中 依貪欲蓋 佛說應斷 此世間貪 故知貪名 總說欲愛 有說 欲愛 雖盡名貪 而不可說 皆成業道 此惡行中 攝麤品故 勿輪王世及北俱盧 所起欲貪 成貪業道 aho vata yat pareṣāṃ tan-mama syād-iti parasvebhyo yā viṣameṇānyāyena spṛhā svīkaraṇecchā baladvā ca-upāyād-vā sā 'bhidhyā karma-pathaḥ. sarvaiva kāmā-vacarī tṛṣṇā-abhidhyety-apare. tathā hi nivaraṇa-adhikāre kāma-cchandam-adhikṛtya-uktaṃ sūtre, so 'bhidhyāṃ loke prahāya-ity-evam-ādi. yady-api sarvābhidhyā na-tu sarvā karma-patha audārika-duṣcarita-saṃgrahād-ity-apare. mā bhūc-cakravartinām-apy-uttarakauravāṇāṃ ca-abhidhyā karma-patha iti", 위의 책 권22(대정장29, p.117b22 : *Abh-k-bh.*, p.337)에 "부정관을 닦는 것은 바로 탐을 다스리기 위해서다. 그러나 탐은 차별해서 대략 네 가지가 있으니 첫째 현색탐, 둘째 형색탐, 셋째 묘촉탐, 넷째

공봉탐이다. 修不淨觀 正爲治貪 然貪差別 略有四種 一顯色貪 二 形色貪 三 妙觸貪 四 供奉貪 〈bhāṣya〉 tatra punaścaturvidho rāgaḥ varṇarāgaḥ saṃsthānarāgaḥ sparśarāga upacārarāgaśca … 〈kārikā〉 śaṅkalā sarvarāgiṇām", 『성유식론』 권6(대정장31, p.31b19)에 "탐이란 어떤 것인가? 유(三有)와 유구(三有의 因)에 물들어 붙들리는 것을 자성으로 삼아서 능히 무탐을 장애하여 괴로움을 낳는 것으로 업을 삼는다. 즉 애착의 힘으로 취해서 오취온(五取蘊)이 생기기 때문이다. 云何爲貪 於有有具 染著爲性 能障無貪 生苦爲業 謂由愛力取蘊生故", 『대승아비달마집론』 권1(대정장31, p.664b24 : *Abh-s.*, p.7)에 "탐이란 무엇인가? 삼계에 대한 애착을 바탕 삼아 온갖 괴로움을 낳는 것이 업이다. 何等爲貪 謂三界愛爲體 生衆苦爲業 rāgaḥ katamaḥ traidhātuko'nunayaḥ. duḥkhasaṃjananakarmakaḥ", 『대승아비달마잡집론』 권1(대정장31, p.697c27 : *Abh-s-bh.*, p.5)에 "갖은 괴로움을 낳는다 한 것은, 애착의 힘을 말미암아 오취온이 생하는 것을 말한다. 生衆苦者 謂由愛力 五取蘊生故 duḥkhasaṃjananakarmaka iti tṛṣṇāvaśena pañcopādānaskandha nirvartanāt"라고 하였다. [참고문헌] 『雜阿毘曇心論』, 『法蘊足論』, 『俱舍論』, 『成唯識論』, 『大乘阿毘達磨集論』, 『大乘阿毘達磨雜集論』, *Abh-k-bh.*, *Abh-s.*, *Abh-s-bh.*, *DN.3.107.*, *MN.1.34.*, *AN.1.50.* ⇨ 삼독 三毒, 삼유 三有, 삼애 三愛, 사종탐 四種貪, 육번뇌 六煩惱, 십근본번뇌 十根本煩惱, 탐욕 貪欲, 애 愛, 욕탐 欲貪❷, 색탐 色貪, 무색탐 無色貪, 유탐 有貪, 무탐 無貪, 불탐 不貪, 유부무기 有覆無記, 부정관 不淨觀

탐간영초 探竿影草 ❶ 엿보는 장대와 그림자 떨구는 풀. 물고기 잡는 이나 도둑이 쓰는 도구로 공부 방편에 비유한다. 어부들은 장대로 물밑을 휘젓고, 물고기 모이게 하는 풀더미 만들어 그림자지게 하며 도둑은 구멍난 대나무 꽂아 엿보고 풀더미 쓰고 위장한다. 공안집에 착어(著語)로 등장한다. 『벽암록』 24칙 「본칙 本則」(대정장48, p.165a4)에 "유철마가 위산에 이르자〈머물기 참으로 어렵다. 저 노파 본분에 뜻 없기에〉 위산이 말했다. '늙은 암소여! 그대가 왔구나〈밝혀라! 탐간영초구나. 어디를 향해야 속임수를 찾을까?〉'. 劉鐵磨到潙山〈不妨難湊泊 這老婆 不守本分〉 山云 老牸牛 汝來也〈點 探竿影草 向什麽處見 整訛〉", 『종문현감도』(卍속장112, p.943a4)에 "(臨濟七事 중) 무엇이 탐간영초인가? 그대는 일찍이 이곳에 온 적이 있는가? 如何是探竿影草 你曾到此間麽", 『선문단련설』 「변기수화 辨器授話」(卍속장112, p.987a18)에 "다음은 탐간영초로써 참학의 심천을 점검한다. 주인과 손님을 세우고 문답을 주고받아 씨줄 날줄이 오가듯 하니 보아 그 여부를 알 수 있으니 사람의 근기는 드러날 수밖에 없다. 次以探竿影草 驗參學之淺深 立主立賓 一問一答 絲來線去 視其知有與否 而人根見矣"라고 하였다. [참고문헌] 『碧巖錄』, 『宗門玄鑑圖』, 『禪門鍛鍊說』. ⇨ 영초 影草 ❷ 임제사할(臨濟四喝) 중 하나. 『오가종지찬요』 권상(卍속장114, p.513b9)에 "어떤 때 한번 지르는 할은 탐간영초와 같다. 삼산등래 이르되 '탐간영초란 한번 할해 갈 때 두 가지 쓰임새 갖춘다. 탐은 학인의 견지가 어떤지 점검함이다. 마치 장대로 물의 깊고 낮음을 탐색하는 행위와 같으므로 「탐색하는 장대가 손에 있다」고 한다. 곧 이 한 번의 할은 엿보아 헤아릴 틈도 없고 모방할 길도 없다. 따로 갈 길 기대할 수 없어 스스로 자취를 감추고 종적마저 잃는다. 속이고 훔치는 일만 있으니 「그림자 떨군 풀더미에 몸을 숨긴다」고 한다'. 有時一喝 如探竿影草 三山來云 探竿影草者 就一喝之中 具有二用 探則勘驗學人見地若何 如以竿探水之深淺 故曰 探竿在手 卽此一喝 不容窺測 無可摹擬 不待別行一路 已自隱跡迷踪 欺瞞做賊 故曰 影草隨身", 『만법귀심록』 권하(卍속장114, p.828b16)에 "'무엇이 탐간영초인가?' '마치 거울이 영상을 비추듯 곱고 추함 참과 거짓이 스스로 본래의 얼굴을 드러낸다'. 問 如何是探竿影草 答曰 如鏡照像 妍醜眞僞 自呈本面"라고 하였다. [참고문헌] 『五家宗旨纂要』, 『萬法歸心錄』. ⇨ 사할 四喝

탐결 貪結 오결(五結) 중 하나인 탐으로 인한 번뇌. 『대명삼장법수』 권17(영락장182, p.145a2)에 "첫째, 탐결이다. 중생이 삼계의 생사법에 탐착하여 널리 불선을 행한다. 이로 말미암아 미래고과를 불러들여 해탈할 수 없으니 탐결이라 한다. 一 貪結 謂衆生貪著三界 生死之法 廣行不善 由此能招 未來苦果 不得解脫 是名貪結", 『해의보살소문경』 권2(대정장13, p.477c20)에 "만약 탐욕의 번뇌를 벗어나고자 한다면 마땅히 항상 부정관을 닦아야 한다. 若欲離貪結者 應當常修不淨之觀", 『살바다비니비바사』 권5(대정장23, p.533c14)에 "부처님은 탐욕의 번뇌가 이미 다하고 음식에 있어 탐도 물듦도 없으시므로 묵연하실 뿐이다. 성문벽지불은 탐결이 비록 다했더라도 습기번뇌는 여전히 남아 청을 받자 바로 허락한 것이다. 佛貪結已盡 於食無貪無染 是故默然 聲聞辟支佛 貪結雖盡 習垢猶在 是故受請 故有許可"라고 하였다. [참고문헌] 『大明三藏法數』, 『海意菩薩所問經』, 『薩婆多毘尼毘婆沙』. ⇨ 탐 貪, 오결 五結, 결 結

탐광신광무이상 貪光信光無二相 탐욕의 부림(Ⓢ rāga-ābhāsa : 貪光)도 믿음으로 빛남(Ⓢ śraddhā-ābhāsa : 信光)도 모두 마음이 나투는 일일 뿐이라는 뜻이다. 『대승장엄경론』 권5(대정장31, p.613b15 : *Sūtr.*, p.63)에 "'탐하여 번뜩이고 믿어 빛나는 것 두 빛에 두 법은 없다'라는 것은, 이와 같이 탐 등 번뇌의 빛과 신 등

선법의 빛, 이와 같은 두 빛이라 하지만 물들고 깨끗한 두 법은 따로 없다. 왜 그런가? 마음의 빛을 떠나 따로 탐 등이나 신 등의 염정법은 없기 때문이다. 이런 이유로 두 빛이라 하지만 두 상은 없다. 貪光及信光 二光無二法者 如是貪等煩惱光 及信等善法光 如是二光 亦無染淨二法 何以故 不離心光 別有貪等信等 染淨法故 是故二光 亦無二相 〈śloka〉 rāgādyābhāsam … śraddhādyābhāsaṃ na tadanyo dharmaḥ kliṣṭakuśalo 'sti. 〈bhāṣya〉 tathā rāgādikleśābhāsaṃ tad eveṣyate. śraddhādikuśaladharmābhāsaṃ vā. na tu tadābhāsād anyaḥ kliṣṭo dharmo 'sti rāgādilakṣaṇaḥ kuśalo vā śraddhādilakṣaṇaḥ"라고 하였다. [참고문헌]『大乘莊嚴經論』, 『華嚴經疏鈔』 권65(대정장36, p.526c19), 『成唯識論演祕』 권6(대정장43, p.929a6), *Sūtr.*

탐구명문사문 貪求名聞沙門 Ⓢ kīrtiśabdaśloka-śramaṇa. 탐하여 명예만을 구하는 사문. 사종승(四種僧 Ⓢ catvāra śramaṇaḥ) 중 하나다. 『대보적경』 권112(대정장11, p.636b2)에 "셋째, 탐구명문사문이다. … 어떤 것이 명문사문인가? 어떤 사문은 인연을 드러내고자 지계를 행하고, 남들이 알게 하고자 자력으로 독송하며, 많이 안다고 알리려 하고, 자력으로 고요한 곳에 홀로 거처함으로써 남들이 아련야에 있음을 알게 하며, 욕심이 적고 만족할 줄 알며 세속을 멀리 여의는 듯하지만 다만 남이 알아주기를 원할 뿐이다. 진실로 싫어서 떠남도 아니고, 고요함을 좋아해서도, 도를 얻고자 함도 아니고, 사문이나 바라문의 과를 위함도 열반을 위함도 아니다. 이러한 한 이를 명문사문이라 한다. 三者 貪求名聞沙門 … 何謂名聞沙門 有一沙門 以現因緣 而行持戒 欲令人知 自力讀誦 欲令他人 知爲多聞 自力獨處 在於閑靜 欲令人知 爲阿練若 少欲知足 行遠離行 但爲人知 不以厭離 不爲善寂 不爲得道 不爲沙門婆羅門果 不爲涅槃 是爲名聞沙門"라고 하였다. [참고문헌]『大寶積經』, *Kāśy.172·175.* ⇨ 사문 沙門, 사종승 四種僧 ❻

탐기의 耽嗜依 Ⓢ gardha-āśrita, Ⓣ zhen-pa-la-brten-pa. 탐해 바라는 것들이 의지하는 것. 소의(所依). 탐애(貪愛)의 토대가 되는 세 가지 수(三受 : 喜 憂 捨)를 말한다. 육경(六境) 각각에 대한 불선(不善)과 유부무기(有覆無記)마다에 삼수를 열면 36수, 즉 서른여섯 갈래가 된다. 의가법(依家法)이라고도 하며, 출리의(出離依 Ⓢ naiṣkramya-āśrita)에 대칭한다. 『구사론』 권10(대정장29, p.54b12 : *Abh-k-bh.*, p.150)에 "또 희 등은 '서른여섯 가지의 말씀이 된다' 하였으니, 탐기의와 출리의로 구별한다. 이 구의 차별은 대사께서 설하였는데, 탐기의란 모든 물들어 받아들이는 것들이다. 又卽喜等爲三十六師句 謂爲耽嗜出離依別 此句差別 大師說故 耽嗜依者 謂諸染受 punasta eva saumanasyādayaḥ ṣaṭtriṃśac-chāstṛpadāni bhavanti. gardha-naiṣkramya-āśrita-bhedena. tad-bhedasya śāstrā gamitatvāt. tatra gardha-āśritāḥ kliṣṭā", 『구사론기』 권10(대정장41, p.180a12)이 "이 구의 차별은 바로 부처님이신 대사께서 설하신 법이기에 사구라 하는 것이다. 탐기의란 모든 번뇌를 받아들이는 것이니, 수는 탐기번뇌의 의지가 되기 때문이다. 此句差別 是佛大師所說法 故名爲師句 耽嗜依者 謂諸染受 受與耽嗜煩惱爲依故", 『대비바사론』 권139(대정장27, p.715a23)에 "서른여섯 가지 수가 있으니, (열여덟 가지 출리의로서 수를 제한) 육경에 대한 탐기의로서 희와 … 육경에 대한 탐기의로서 우와 … 육경에 대한 탐기의로서 사가 그것이다. 有三十六受 謂六耽嗜依喜 … 六耽嗜依憂 … 六耽嗜依捨", 라고 하였다. [참고문헌]『俱舍論』, 『俱舍論記』, 『大毘婆沙論』, *Abh-k-bh.* ⇨ 육탐기의 六耽嗜依, 출리의 出離依, 십팔의근행 十八意近行

탐기의수 耽嗜依受 탐기의 소의가 되는 수(Ⓢ vedanā). 탐애(貪愛)의 토대가 되는 수를 말한다. 출리의수(出離依受)에 대칭한다. 『법온족론』 권5(대정장26, p.477a9)에 "쾌감(樂 : 喜)으로서 탐기의를 감수할 때에는 '나는 쾌감으로서 탐기의를 감수하고 있다'라고 여실히 알고, 불쾌감(苦 : 憂)으로서 탐기의를 감수할 때에는 '나는 불쾌감으로서 탐기의를 감수하고 있다'라고 여실히 알며, 쾌도 불쾌도 아닌 감각(不苦不樂 : 捨)으로서 탐기의를 감수할 때에는 '나는 쾌도 불쾌도 아닌 감각으로서 탐기의를 감수하고 있다'라고 여실히 안다. 受樂耽嗜依受時 如實知我受樂耽嗜依受 受苦耽嗜依受時 如實知我受苦耽嗜依受 受不苦不樂耽嗜依受時 如實知我受不苦不樂耽嗜依受", 『구사론기』 권10(대정장41, p.180a16)에 "만약 어떤 것이든 받아들여 편안히 머물게 한다면 탐기수라 한다. 若受與彼爲安足處 名耽嗜依受"라고 하였다. [참고문헌]『法蘊足論』, 『俱舍論記』.

탐두 探頭 끝으로 더듬다. 알음알이 끝으로 탐색하여 분별하는 행위를 말한다. 『임제록』(대정장47, p.496c15)에 "어떤 스님이 나와서 절 올리자 임제는 문득 할하였다. '노화상이시여, 알음알이 끝으로 더듬지 마십시오' '그대가 일러 보라! 그 마음 어디에 있는가?' 스님이 문득 할하였다. 有僧出禮拜 師便喝 僧云 老和尙 莫探頭好 師云 爾道 落在什麽處 僧便喝", 『종용록』 32칙 「송 頌」(대정장48, p.249a16)에 "문과 담장 높디높고〈시험삼아 더듬지 마라〉, 빗장은 겹겹이다〈손가락 튕길 필요도 없이 열린다〉. 門牆岸岸〈莫探頭好〉 關鎖重重〈不消彈指〉", 『경덕전등록』 권25 「천태덕소전 天台德韶傳」(대정장51, p.408b25)에 "또 어떤 스님이 물었다. '막 응봉장실에서 겨우 떠나 반야도량에 와 앉았으니 오늘 가풍을 스님의 한 구로 청합니다' '그대가 부족하다 하면 그 무엇인가?' '그렇다면 천둥소리 천지를 울려 사람사람이 은덕 입지 않음이 없다는 말씀이시군요' '알아차리지 못하는구나. 그래도 더듬지 마라. 살핀즉 맞지 않는다'. 又僧問 乍離凝峯丈室 來坐般若道場 今日家風 請師一句 師云 虧汝什麽處 學云 恁麽卽雷音震動乾坤地 人人無不盡霑恩 師云 幸然未會 且莫探頭 探頭卽不中", 『허당록』 권9(대정장47, p.1056a17)에 "'제가 어둠 속에서 물건 줍듯 하는 군요' '그대야말로 산 속 사람 더듬어 헤매이는구나'. 僧云 學人大似暗中拾物 師云 爾是探頭山裏人"라고 하였다. [참고문헌] 『臨濟錄』, 『從容錄』, 『景德傳燈錄』, 『虛堂錄』.

탐랑성 貪狼星 북두칠성 중 첫째 성좌. 북두만다라 내원(內院)에 위치한다. 자년(子年)에 태어난 사람의 본명성(本命星)이다. 음양가에서는 천추(天樞)라 한다. 본지(本地)는 최승세계(最勝世界)의 운의통증불(運意通證佛) 또는 천수관음(千手觀音)이다. 검붉은 색의 야차신의 존형에 천관(天冠)과 영락(瓔珞)으로 신체를 장엄한 형상이다. 왼손에는 태양을 쥐고 원좌(圓座)에 가부좌한 모습이다. 양손을 주먹 쥐어 허리를 누르는 형상으로 묘사되기도 한다. 수인은 금강합장(金剛合掌)이고 진언은 '옴 다라니 다라니 훔 唵 陀羅尼 陀羅尼 吽'이다. 『북두칠성연명경』(대정장21, p.426a1)에 "나무 탐랑성, 이는 동방 최승세계의 운의통증여래불이시네. 南無貪狼星 是東方最勝世界運意通證如來佛", 『범천화라구요』(대정장21, p.462b16)에 "탐랑성에 속하는 사람은 하루에 두 홉을 먹으며 남은 수명은 65세이네. 屬貪狼星人 日食二升 餘命六十五歲", 『칠천불신부경』(대정장85, p.1446a26)에 "탐랑성은 악기를 주관한다. 貪狼星主惡氣"라고 하였다. [참고문헌] 『北斗七星延命經』, 『梵天火羅九曜』, 『七千佛神符經』. ⇨ 북두칠성 北斗七星

탐령 探領 두 가지 령(探領 齊敎領) 중 석존께서 세간에 출현하시기 전에는 성문이 법신불의 교화를 통해 깨우친 일. 『법화문구』 권6(대정장34, p.85a13)에 "비록 두 뜻 있지만 다른 날에 모두 성취했다 하니, 지금은 이승이 깨달은 바에 의지하고 또 다른 날이라 하는 글에 따른다면, 탐령으로 법신 중에서 깨닫는 중조(中照 : 般若時)의 근기다. 雖有兩意 他日俱成 今依二乘所領 又逐他日之文 以探領領法身中照機也"라고 하였다. [참고문헌] 『法華文句』. ⇨ 이종영해 二種領解 ❶, 제교령 齊敎領

탐마립지국 耽摩立底國 Ⓢ Tāmralipti. 탐마율지국(耽摩栗底國)으로도 음사한다. 『유부백일갈마』 권5(대정장24, p.477c22)에 "탐마립지국에 도착해보니 사원은 대여섯 곳이 있었는데, … 이곳이 바로 배를 타고 바다를 통해 당으로 귀국하는 곳이다. 到耽摩立底國 寺有五六所 … 卽是昇舶入海歸唐之處", 『용수보살권계왕송』(대정장32, p.751b1)에 "이 글은 앞서 한역되어 중국(神州)에 있었지만 감춰져 있어 사람들이 볼 수 없었기에, … 나 사문 의정이 처음으로 동인도의 탐마립지국에 도착해 한역하였다. 此書已先譯 神州處藏 人多不見 … 沙門義淨 創至東印度耽摩立底國譯", 『대당서역구법고승전』 권2(대정장51, p.8a12)에 "(의정은) 이곳에서 다시 보름 정도 서북쪽으로 가서 탐마립지국에 도착했는데, 동인도의 남쪽 지역이다. 막하보리사(莫訶菩提 Ⓢ Mahābodhi : 摩訶菩提)와 나란다사(Ⓢ Nālandā)까지는 16여 역(驛) 정도이다. 이곳에서 처음으로 대승등법사와 만났다. 일 년간 체류하며 범어와 성론(聲論 Ⓢ śabda-vidyā)을 배웠다. 이윽고 대승등논사와 동행해 정서쪽으로 길을 잡고는 상인 수백 명과 함께 중인도로 갔다. 從玆更半月許望西北行 遂達耽摩立底國 卽東印度之南界也 去莫訶菩提及那爛陀可六十餘驛 於此創與大乘燈師相見 留住一載 學梵語習聲聞論 遂與燈師同行取正西路 商人數百詣中天矣", 『남해기귀내법전』 권2(대정장54, p.213b18)에 "처음 탐마립지국에 도착했을 때 사원 밖에 있는 토지에서 속가인이 채소를 뽑고는 삼등분하는 모습을 우연히 보게 되었다. 한 쪽은 스님에게 주고, 자신은 양쪽을 가지는 것이었다. 그 이유를 알 수 없어 대승등법사에서 물었다. '이건 어떤 의미입니까' '이 절의 스님들은 모두 계행을 중시하지. 스님 자신이 농사를 짓는 것은 부처님께서 금하신 바이네. 이렇듯 경작지를 남에게 주고는 곡식을 나누어 먹네. 이렇게 함으로써 정명을 지키고 그 연을 살펴서 남에게 의지하는 일이 없어지고, 땅을 파고 물을 대 살생하는 죄도 없어진다네'. 初至耽摩立底國 寺院之外 有一方地 忽見家人取菜 分爲三分 與僧一分 自取兩歸 未解其故 問大乘燈法師曰 斯何意焉 答曰 此寺僧徒 並多戒行 自爲種植 大聖所遮 是以租地與他 分苗而食 方爲正命 省緣自活 無其耕墾漑灌殺生之罪矣"라고 하였다. [참고문헌] 『有部百一羯磨』, 『龍樹菩薩勸誡王頌』, 『大唐西域求法高僧傳』, 『南海寄歸內法傳』.

탐마율지국 耽摩栗底國 Ⓢ Tāmralipti. 인도 동부에 있던 나라. 현재 뱅골주(州) 탐루크(Tamlūk)에 해당한다. 갠지스강(Ⓢ Gaṅgā) 하구의 삼각주에 위치해 있다. 이곳은 예로부터 항구로 이름이 높았는데, 아쇼카왕 시대부터 이미 스리랑카와 동아시아로 이어지는 교역로가 열려 있었다. 법현(法顯 342?~423) 이후로 중국에서 건너간 많은 구법승이 이 항구를 통해 인도로 들어갔다. 현재 후글리강(Hooghly) 서안(西岸)의 뱅골주(州) 탐루크(Tamlūk)에 해당한다. 다마리제국(多摩梨帝國)·탐마립지국(耽摩立底國)이라고도 하는데, 전자는 『법현전』의 기록에 나오며, 의정(義淨 635~713)은

『남해기귀내법전 南海寄歸內法傳』에서 후자로 불렀다. 『대당서역기』 권10(대정장51, p.928a8)에 "탐마율지국은 그 둘레가 1,400~1,500리 정도이다. 나라의 큰 도성은 10여 리이다. 바다 근처라 토지는 낮고 습하다. 때에 맞춰 농사를 짓고 꽃과 과일이 풍성하다. 기후는 덥고 풍속은 거칠다. 인성은 강직하고 용맹하며 외도와 불교를 모두 믿는다. 가람은 10여 곳이며, 승도는 천여 명이다. 사원(天祠)은 50여 곳이며, 이교도들이 뒤섞여 산다. 나라가 바닷가 곁에 있어 바다와 육지가 교차하며, 진기하고 색다른 보배들이 이 나라에 그득하기에 이 나라 사람들은 대개 부유하다. 성 옆에 솔도파(窣堵波 Ⓢ stūpa)가 있는데 무우왕(無憂王 Ⓢ Aśoka : 阿育王)이 건립한 것이다. 그 옆에는 과거 사불께서 좌선과 경행을 했던 유적이 남아 있다. 耽摩栗底國 周千四五百里 國大都城周十餘里 濱近海陲 土地卑溼 稼穡時播 花果茂盛 氣序溫暑 風俗躁烈 人性剛勇 邪正兼信 伽藍十餘所 僧衆千餘人 天祠五十餘所 異道雜居 國濱海隅 水陸交會 奇珍異寶 多聚此國 故其國人 大抵殷富 城側窣堵波 無憂王所建也 其傍則有過去四佛座及經行遺迹之所"라고 하였다. 〔참고문헌〕『大唐西域記』. ⇨ 탐마립지국 耽摩立底國

탐명축리 貪名逐利 명예를 탐하고 이양을 쫓다. 『만법귀심록』 권상(卍속장114, p.797b16)에 "유학자가 물었다. '내가 알기로 승가에서 명예를 탐하고 이양을 쫓아 세법을 따르는데 어떻게 물드는 일이 없겠는가?' 스님이 답했다. '말법시절에는 부처님과 떨어진 세월이 너무 멀어 용과 뱀이 뒤섞인 듯 범성이 서로 오가지만 모두들 지혜로운 사람이라 세속의 법을 벗어나지 않고, 도 아닌 곳에서 행하여 끝내 불도를 성취한다. 육안으로는 알아채기 어렵다 하여 대충 말해서는 안 된다'. 儒云 吾見僧家 貪名逐利 純行世法 何曾無染 師曰 末法時節 離聖太遠 龍蛇混雜 凡聖交參 總有智人 不外世法 行於非道 成就佛道 肉眼難識 莫生槪論", 『보봉어록』(고존숙어록42, 卍속장118, p.704b7)에 "어떤 학인이 고덕에게 '깊은 산속에 도리어 불법이 있습니까?'라고 묻자 고덕이 '있다'고 답했고, '무엇이 깊은 산속의 불법인지요?'라고 묻자 '돌들도 큰 놈은 크고 작은 놈은 작다'라고 답하였다. 만약 어떤 사람이 나에게 '사방대로에도 도리어 불법이 있는가?' 하면 그에게 '없다'고 답하고 '어째서 없는가?'라고 묻는다면 '명예를 탐하고 이양을 쫓기 때문이다' 하겠다. 대중이여, 나는 없다고 하였고 옛사람은 있다고 말했다. 같은가, 다른가? 시험삼아 끊어 보아라. 끊어 드러낸즉 참으로 크게 기특할지다. 僧問古德云 深山裏 還有佛法也無 德云 有 進云 如何是深山裏佛法 德云 石頭大底大 小底小 忽有人問聖壽云 十字街頭 還有佛法也無 但向伊道 無 爲什麽無 貪名逐利 大衆 聖壽道無 古人道有 是同是別 試斷看 斷得出 也大奇"라고 하였다. 〔참고문헌〕『萬法歸心錄』, 『寶峰語錄』.

탐밀 探密 고려전기 고승. 속성은 김씨. 황주(黃州) 용흥군(龍興郡 : 지금의 황해도 黃州) 출신. 고려 정종(재위 1034~1046) 때 영변 묘향산 안심사(安心寺)와 보현사(普賢寺)를 창건한 스님으로, 수행이 깊고 덕망이 높았으니 25세 때 스님이 된 후로는 단 한 벌의 옷과 발우만을 지닌 채로 하루에 점심만 먹는 일중식(日中食)을 하면서 고행정진하였다. 춥거나 험한 길이 아니면 신발도 신지 않았으니, 계행 지키기를 마치 빙설(氷雪)과 같이 하였다. 여러 강원에서 이름난 강백들로부터 경론을 수학한 후, 1028년(현종19) 연주산(延州山 : 妙香山)에 들어가 토굴을 맺고 정진하였다. 1038년(정종4) 족하(猶子) 굉확(宏廓)이 탐밀을 찾아와 상좌가 되었다. 당시 사람들은 탐밀과 굉확을 '두 감로문(二甘露門)'이시라 칭송했다. 그 후 상좌와 함께 1042년(정종8) 묘향산 동남쪽에 보현사를 창건하니, 무려 243칸이나 되는 대가람을 성취하고는 3,000여 명의 대중을 거느리고 선풍(禪風)을 진작하였다. 『설암잡저』 권1 「묘향산지 妙香山誌」(한불전9, p.261c6)에 "고려조의 탐밀법사는 황주 용흥군 출신이다. 뜻이 고상하고 우아하여 위법망구로 수행하면서 제방의 선지식은 빠짐없이 심방하고 명승고적을 샅샅이 답사하였다. 이와 같이 제방으로 다니면서 수행하다가 거란 태평 8년(1028) 묘향산에 들어와 토굴을 맺고 수행하였는데, 오늘날 안심사가 바로 그곳이다. 麗朝法師 名探密者 黃州龍興郡人 志韻高雅 忘身循道 僧之眞必叅 跡之古必尋 於契丹太平八年 來此結茅焉 卽今安心寺是也"라고 하였다. 〔참고문헌〕『雪岩雜著』, 「妙香山普賢寺記」(『朝鮮金石總覽』 권상 pp.338~342), 權相老 『朝鮮佛敎略史』(新文舘, 1919) p.97. ⇨ 굉확 宏廓

탐박 貪縛 Ⓢ rāgo bandhanam, Ⓣ 'ching-ba-'dod-chags, 'dod-chags-kyi-'ching-ba. 탐하여 얽히다. 삼박(三縛 : 貪瞋痴) 중 하나다. 『입아비달마론』 권상(대정장28, p.983b12)에 "첫째, 탐박이란 일체탐이니 저 갈망으로 맺은 번뇌들이다. 一 貪縛 謂一切貪 如愛結相說", 『구사론송소론본』 권21(대정장41, p.934a14)에 "즐겨 받아들임에 탐박은 따라 늘어난다. 於樂受 貪縛隨增", 『대명삼장법수』 권8(영락장181, p.674a9)에 "첫째 탐박 : 끌어 취하는 마음을 탐이라 한다. 중생은 다섯 티끌(色 聲 香 味 觸)에 있어 마음에 드는 경에 탐으로 물들어 집착하고 갖가지 혹업을 일으키니 그로 인해 묶어 매이게 되어 해탈할 수 없다. 그러므로 탐박이라 한다. 一 貪縛 引取之心 名爲貪 謂衆生於五塵 可意之境 貪染生著 起諸惑業 因被纏縶 不得解脫 故名貪縛"라고 하였다. 〔참고문헌〕『入阿毘達磨論』, 『俱舍論頌疏論本

』, 『大明三藏法數』, *Abh-k-bh.311.* ⇨ 삼박 三縛, 탐貪, 탐욕 貪欲

탐발문 探拔問 살펴 가려가며 묻다. 분양십팔문(汾陽十八問) 중 하나. 학인이 종사를 향해 살펴가며 던지는 질문. 험주문(驗主問)이라고도 한다. 『벽암록』 9칙 「평창 評唱」(대정장48, p.149b4)에 "사실 이 일은 언구에 있지 않다. 그런 까닭에 운문은 '이 일이 만약 언구에 있다면 삼승십이분교라고 어찌 언구가 없고 어째서 달마가 서쪽에서 왔겠는가!'라고 했다. 분양십팔문 중 이렇게 물음은 주인을 시험하는 험주문이고 한편 탐발문이라고도 한다. 그 학인이 펼친 질문은 대단히 탁월했고, 조주가 아니었다면 응대하기 어려웠을 것이다. 그 학인이 '무엇이 조주입니까?' 하였고, 조주는 본분작가였기에 그에게 '동문, 서문, 남문, 북문!'이라 답하였으며, '저는 그런 조주를 묻지 않았습니다'라고 하자 '그대가 물어본 이는 어떤 조주냐?' 하니, 후인들이 이를 무사선이라고 부르게 되어 사람을 속임이 적지 않다. 其實此事不在言句上 所以雲門道 此事若在言句上 三乘十二分教 豈是無言句 何須達磨西來 汾陽十八問中 此問謂之驗主問 亦謂之探拔問 這僧致箇問頭 也不妨奇特 若不是趙州 也難抵對他 這僧問 如何是趙州 趙州是本分作家 便向道 東門西門南門北門 僧云 某甲不問這箇趙州 州云 爾問那箇趙州 後人喚作無事禪 賺人不少", 『운계양정정어록』 권6(가흥장33, p.746a13)에 "'무엇이 탐발문인지요?' '그래, 그대는 영리하다'. 如何是探拔問 師云 也許你伶俐"라고 하였다. 〔참고문헌〕『碧巖錄』, 『雲溪俍亭挺語錄』. ⇨ 분양십팔문 汾陽十八問

탐불선근 貪不善根 Ⓟ lobho akusala-mūlam. 탐하기만 해 선하지 못한 뿌리. 삼불선근(三不善根 : 貪 瞋 癡) 중 하나다. 『사리불아비담론』 권6(대정장28, p.570b2)에 "무엇을 탐불선근이라 하는가? 바라 마지않음을 탐불선근이라 한다. 무엇을 탐불선근이라 하는가? 오욕 중에 기뻐해 애착하고 마음에 들게 할 뿐이니 색에 목말라 욕에 물들어 상속함이다. 云何貪不善根 悕望 名貪不善根 云何貪不善根 五欲中 喜愛適意 愛色欲染相續"라고 하였다. 〔참고문헌〕『舍利弗阿毘曇論』, *DN.3.214.* ⇨ 삼불선근 三不善根, 탐 貪

탐수 探水 물의 깊고 낮음을 살피다. 또는 살피는 주장자(拄杖子). 『선림상기전』 권19(불광장, 禪藏, p.1502)에 "탐수 : 도충(道忠)이 말한다. '주장자 끝에 두 자 작은 가지를 따로 붙여 늘어뜨린다. 이를 탐수라 한다. 길을 가다가 물을 건널 때 먼저 주장자를 담궈 물에 젖은 가지 아래 위 그 깊이를 헤아린 다음에 건너므로 탐수라 한다. 『벽암록』 23칙 「수시 垂示」(대정장48, p.164a25)에 「옥은 불로 시험하고, 금은 돌로 평가하며, 칼은 머리카락으로 시험하고, 물은 지팡이로 잰다」라고 한 말이 그것이다. 그러므로 『조정사원』 권8(卍속장113, p.241a8)에 「주장자 끝 부분은 가늘게 해 작은 가지를 붙여 둔다」〈주장 항목 참조〉라고 하였는데, 다만 가늘고 약한 끝을 보호함이지 물을 재는 용도는 아니다'. 探水 忠曰 拄杖下頭 可二尺別存小枝 撓纒繞本幹 向下名爲探水 蓋路行過水 則先下杖驗之 水到小枝上下 而量其深淺 然後敢渡 故名探水 碧巖錄云 玉將火試 金將石試 劍將毛試 水將杖試 是也 然事苑云 以杖尾細怯 遂存小枝〈見拄杖處〉 依此只爲護細弱也 無復探水之用", 『허당록』 권1(대정장47, p.992c2)에 "법좌에 올라 들었다. '조주가 수유를 찾아가 법당 이곳저곳 살피자 수유가 말했다. 「무엇 하시오?」 「물을 살핍니다」 「내 분상엔 한 방울도 없는데 무엇을 잰다 말이오」. 조주가 주장자를 벽에 놓고 나갔다'. 허당이 말했다. '한 방울도 없다고 끝내 다 일러 하늘 가득한 물결로 요동쳤지만 오히려 알지 못했네. 조주는 아무 일 없이 주장자 한 자루를 잃어버렸을 뿐'. 上堂 擧 趙州訪茱萸 上法堂 東覰西覰 萸云 作甚麼 州云 探水 萸云 我者裡一滴也無 探箇甚麼 州以主丈 靠壁而出 師云 盡道一滴也無 鼓起滔天之浪 殊不知趙州平白 失却一條杖子", 『무이원래광록』 권10(卍속장125, p.200b10)에 "사람은 말로 알 수 있고, 물은 지팡이로 살피며, 뜨거운 불로 순금 가려내고, 저자거리에서 천자를 알아본다. 人將語探 水將杖探 烈火裏辯眞金 鬧市裏識天子"라고 하였다. 〔참고문헌〕『禪林象器箋』, 『碧巖錄』, 『祖庭事苑』, 『虛堂錄』, 『無異元來廣錄』.

탐수면 貪隨眠 Ⓢ lābha-anuśaya, rāga-anuśaya, Ⓟ rāga-anusaya. 탐의 수면. 현행(現行)의 탐이 아닌 수면 상태의 탐을 말한다. 『순정리론』 권45(대정장29, p.599b6)에 "탐은 물듦이 자성이기에 마음을 물들여 능히 어지럽게 하듯이, 마찬가지로 탐수면도 염오가 자성인데 어째서 마음을 물들여 어지럽히지 않는가? 또 애결의 바탕이 바로 이 애이기에 능히 마음을 물들여 번뇌하게 하듯이, 탐수면의 체도 바로 이 탐이기에 또한 마음을 물들여 어지럽힌다 해야 한다. 如貪染爲性 能染惱心 如是貪隨眠 亦染爲性 如何不說能染惱心 又如愛結體卽是愛 能染惱心 應貪隨眠體卽是貪 亦能染惱", 『유가사지론』 권97(대정장30, p.860c26)에 "아직 탐의 수면을 영구히 끊은 것은 아니기에 탐의 현행이 갑자기 생기해 현전한다. 由未永斷貪隨眠故 貪纒率爾生起現前", 『섭대승론석』 권10(대정장31, p.374c26)에 "'출리를 얻고자 한다'라고 하였는데, 탐이라는 현행의 번뇌(纒)를 조복해 끊음으로 말미암아 잠재적 상태의 탐은 남아 있더라도 구경출리를 얻을 수 있다. 만약 수면이 남아 있지 않다면, 성문 등이 반열반에 들어가는 것과 같아야 할 것이다. 由欲得出離者 由伏斷貪纏 留貪隨眠故 得究竟出離 若不留隨眠 應同聲聞等入般涅槃故"라고 하였다. [참고문헌] 『順正理論』, 『瑜伽師地論』, 『攝大乘論釋』, *Sūtr.107.*, *MN.3.285.* ⇨ 탐 貪, 수면 隨眠

탐신계 貪身繫 Ⓟ abhijjhā-kāya-gantha. 사신계(四身繫) 중 하나로 자재천 등이 나의 몸을 있게 한 주인이라 섬겨 벗어나지 못함. 『유가사지론』 권87(대정장30, p.789a24)에 "또 모든 외도들 일체가 나는 것을 그릇되게 헤아려서 대자재천(Ⓢ Maheśvara)·나라연천(Ⓢ Nārāyaṇa)·중주 등이라 여기고는, 무량한 품류들이 저에게 난다고 기꺼워 한다. 이를 탐신계라 한다. 又諸外道 於所妄計一切生處 謂大自在 那羅衍拏 及衆主等 無量品類樂生彼故 名貪身繫"라고 하였다. [참고문헌] 『瑜伽師地論』, *DN.3.230.* ⇨ 사신계 四身繫, 신계 身繫

탐심 貪心 ❶ 육십심(六十心) 중 하나. 물들은 법에 따르는 마음. 『대일경소』 권2(대정장39, p.596b15)에 "비밀주여, 탐심이란 무엇인가? 물들은 법을 따르는 것으로, 눈앞의 경계에 물든 채 집착하는 것을 말한다. 이는 깨끗한 마음을 물들여 더럽히는 것이다. 만약 수순해 수행할 줄만 안다면 이를 탐심이 있다고 한다. 심법은 미세하여 알기 어렵다. 그러나 그가 하는 일을 관하면 반드시 밖으로 드러나는 모습이 있게 마련이다. 비유컨대 연기의 상태를 관찰하여 불의 성질 추론하여 알 수 있는 것과 같다. … 이것들은 모두 출세의 마음을 얻기 전에 선과 더불어 갖가지 잡스럽게 일어나는 마음이다. 만약 진언행자가 진실과 거짓을 잘 알면 마치 농부가 힘써 잡초를 제거하여 곡식의 싹이 잘 자라도록 돕는 것처럼 깨끗한 마음의 세력이 점차 증장하게 된다. 이것을 인연의 현상일 뿐이라 여기고 지극한 말씀을 가벼이 여겨서는 안되나니, 마음이 그 가운데 빠지면 스스로 깨우쳐 알지 못하게 된다. 祕密主 彼云何貪心 謂隨順染法者 謂染著前境 卽是染汚淨心 若隨順修行此法 名有貪心 以心法微細難識 但觀彼所爲事業 必有相彰于外 譬如鑒烟之狀貌 則火性可以比知 … 此等皆是 未得出世心以來 與善種種雜起之心 若行者善識眞僞 猶如農夫務除穢草以輔嘉苗 則淨心勢力 漸漸增長 勿謂是因緣事相 輕忽至言 使心沒其中 不自覺知也"라고 하였다. [참고문헌] 『大日經疏』. ❷ Ⓢ rāga, rāga-citta, lobha-citta, Ⓟ rāga, luddha-citta. 삼독(三毒) 중 하나인 탐하는 마음. 『증일아함경』 권40(대정장2, p.765b5)에 "비구가 탐심을 일으킨다는 것은 무엇인가? 여기서 비구가 다른 이의 재물을 보고 탐심이 일어나면 이것을 탐이라 한다. 云何比丘生貪心 於是 比丘 見他財物 皆生貪心 此名爲貪也"라고 하였다. [참고문헌] 『增壹阿含經』, *Abh-k-bh.396.*, *Śikṣ.150.*, *Vin.2.89.* ⇨ 탐 貪, 삼독 三毒

탐애모 貪愛母 탐애라는 어머니. 무명이라는 아버지(無明父)와 짝한다. 36권본 『대반열반경』 권10(대정장12, p.668c2)에 "탐애라는 어머니로써 무명을 아버지 삼아 따라 존중하는 이 바로 무간지옥에 떨어지네. 若以貪愛母 無明以爲父 隨順尊重是 則墮無間獄", 『조동오위현결』 권중(卍속장111, p.243a16)에 "천제에는 여러 종이 있다. 한 류는 아버지 죽이고 어머니 해하며 부처님 몸에 피를 내고 화합승을 깨뜨리고 가람을 무너뜨린다. 이는 피할 수 없어 정해진 실보여서 갖가지 고를 받는다. 다른 한 류는 또한 짓는 바는 앞과 같으나, 이는 무명부와 탐애모를 죽일 수 있고 불법승 가히 무너뜨릴 수 있고 가람 가히 부술 수 있다고 믿지 않는다. 闡提有多種 一類者是殺父害母 出佛身血 破和合僧 毁壞伽藍 此剋定實報 受種種苦 一類者亦所作如前 此則爲殺無明父貪愛母 不信有佛法僧可破 有伽藍可壞"라고 하였다. [참고문헌] 『大般涅槃經』, 『曹洞五位顯訣』, 『法華文句』 권2(대정장34, p.26a6). ⇨ 무명부탐애모 無明父貪愛母

탐에치 貪恚癡 Ⓢ rāgo dveṣo mohaś-ca, Ⓣ 'dod-chags-dang-zhe-sdang-dang-gti-mug. 탐욕(貪欲)과 진에(瞋恚)와 우치(愚癡). 삼독인 탐진치(貪瞋癡)를 말한다. 『불본행집경』 권19(대정장3, p.743b6)에 "나는 지금 탐욕과 성냄과 어리석음의 그물을 이미 없앴으니 머지않아 지혜로워 한결같은 깨달음 성취해 마치고서는 돌이켜서 가비라성으로 들어갈 것이다. 我今已除貪恚癡網 不久當成 智慧等覺 成已卽許 迴返還入 迦毘羅城", 『불퇴전법륜경』 권2(대정장9, p.238a22)에 "이 몸이 괴롭고 공하여 견실한 모습이라고는 있을 리 없다고 듣고도 탐욕과 성냄과 어리석음이 침입하니 이에 몸을 분별해야 하리. 聞此身苦空 無有堅實相 貪恚癡所侵 是故分別身"라고 하였다. [참고문헌] 『佛本行集經』, 『不退轉法輪經』, 『過去現在因果經』 권4(대정장3, p.650c27), *Pras.149.* ⇨ 탐진치 貪瞋癡

탐염 貪染 Ⓢ rāga-upakliṣṭa, Ⓣ 'dod-chags-kyis-nye-bar-nyon-mongs-pa-can-du-gyur-pa. 탐하여 물들다. 『금강삼업경』 권7(대정장18, p.507c7)에 "탐해 물들고 붙들어 취하니 온갖 상들에 흔들린다. 貪染及執取 爲諸相所動", 『시설론』 권4(대정장26, p.522a3)에 "탐해 물든 사람은 뜻에 이롭게 함이 없으니, 탐염심으로 애착만을 일으키기 때문이다. 貪染之人無義利 由貪染心生愛著", 『대비바사론』 권28(대정장27, p.146c26)에 "여기서 다만 탐 없는 선근만 설해야 하니 이 선근으로 탐염을 가까이 다스리므로 염을 떠난다고 한다. 此中但應說 無貪善根 以此善根 近治貪染 故名離染", 『지관문론송』(대정장32, p.492a5)에 "다음으로 진에의 바탕을 알아야 하니, 본래 탐염으로 일어난다. 욕애가 다하고 나면 진에에서도 벗어날 수 있다. 次知瞋恚體 本由貪染發 欲愛旣已除 得離於瞋恚", 『법화현찬』 권6본(대정장34, p.761c5)에 "탐하여 온갖 경에 물드는 것 즐겨 붙들림이다. 貪染諸境 名樂著", 『구사론소』 권4(대정장41, p.533c5)에 "눈앞의 경에 탐하여 물듦을 애라 한다. 이것이야말로 물들어 붙들려서 갈망함이다. 이로 말미암아 처자 등에 애착하면 물들어 착하는 애라 하고, 스승이나 어른 등을 갈망하면 신애라 한다. 貪染前境 亦名爲愛 卽是染著愛也 由此愛妻子等 是染著愛 愛師長等 是信愛也"라고 하였다. [참고문헌] 『金剛三業經』, 『施設論』, 『大毘婆沙論』, 『止觀門論頌』, 『法華玄贊』, 『俱舍論疏』, *Abh-k-bh.141.* ⇨ 애 愛

탐욕 貪欲 Ⓢ rāga, tṛṣṇā, Ⓟ rāga, lobha, Ⓣ 'dod-chags, sred-pa. 삼독(三毒) 중 하나인 탐(貪). 삼불선근(三不善根)과 십불선(十不善) 또는 십악업도(十惡業道 Ⓢ daśa-akuśalāḥ karmapathāḥ) 그리고 십대번뇌(十大煩惱) 중 하나다. 『장아함경』 권8 「중집경 衆集經」(대정장1, p.50a8 : *Saṅgīti-sutta, DN.3,* p.214)에 "비구들이여, 여래께서는 세 가지 바른 법을 설하셨나니 탐욕・진에・우치를 세 가지 불선근이라 하셨네. 諸比丘 如來說三正法 謂三不善根 一者 貪欲 二者 瞋恚 三者 愚癡 tīni akusala-mūlāni. lobho akusala-mūlaṃ, doso akusala-mūlaṃ, moho akusala-mūlaṃ", 『잡아함경』 권10(대정장2, p.69c10 : *Gaddula-sutta, SN.3,* p.151)에 "비구들이여, 마땅히 잘 사유하여 마음을 관찰한다. 왜 그런가? 기나긴 밤 동안 마음은 탐욕에 물들었고 진에와 우치에 물들었기 때문이다. 諸比丘 當善思惟 觀察於心 所以者何 長夜心爲貪欲所染 瞋恚愚癡所染故 tasmātiha bhikkhave abhikkhaṇaṃ sakaṃ cittaṃ paccavekkhitabbaṃ. dīgharattam idam cittaṃ saṅkiliṭṭhaṃ rāgena dosena mohenāti", 『승천왕반야경』 권4(대정장8, p.707b26)에 "탐욕에 물든 이에게는 부정법을 설해 준다. 爲貪欲者 說不淨法", 『법화경』 권2(대정장9, p.15a27 : *Saddh-p.,* p.92)에 "모든 괴로움의 인은 탐욕이 으뜸이니, 탐욕을 멸한다면, 의지할 것 없으리라. 諸苦所因 貪欲爲本 若滅貪欲 無所依止 teṣām-anudarśayāmi samudāgamas-tṛṣṇa dukhasya saṃbhavaḥ. tṛṣṇā-nirodha-artha sadā aniśritā", 60권본 『화엄경』 권53(대정장9, p.735a5 : *Gaṇḍ-vy.,* p.221)에 "탐욕이 많은 이에게는 정법을 설하고 부정을 관하게 하여 생사의 애착을 멸하도록 한다. 爲貪欲多者 演說正法 令觀不淨 滅生死愛 ekāntarāgacaritānāṁ sattvānāmaśubhamukhena sarvasaṁsāraratitṛṣṇāvinivartanatāyai dharmaṃ deśayāmi", 『대보적경』 권1(대정장11, p.5a28)에 "무엇을 나의 것이라 하는가? 탐욕 때문에 나의 것이라 한다. 모든 욕망이 있는 곳마다에서 몸과 화합하여 탐욕의 마음을 일으키고, 탐하고 집착을 일으킨 다음에는 능히 계온을 부수고 남이 일으킨 불선심에는 분노로 서로 헐뜯는다. 재물을 놓고는 거두어 자기 소유라 여기고 가까이 두고 지킨다. 이것을 나의 것이라 한다. 何名我所 謂貪欲故 名爲我所 以於諸欲 與身和合 卽起貪心 起貪著已 能壞戒蘊 便於他所生不善心 由瞋覆蔽 互相輕毁 及於財物 攝爲己有 親近守護 是名我所", 『중관론소』 권5(대정장42, p.74c11)에 "방편으로 끌어 취하고 자기 것으로 삼고자 함을 탐욕이라 한다. 方便引取 欲爲己物 名爲貪欲", 『법계차제초문』 권상 「십악초문 十惡初門」(대정장46, p.669c10)에 "여덟 번째는 탐욕이다. 마음에 드는 육진의 경계를 끌어 취하면서 싫어 마다함이 없음을 탐욕이라 한다. 八 貪欲 引取順情塵境 心無厭足 名爲貪欲", 『십주비바사론』 권2(대정장26, p.27b15)에 "설령 왕의 땅을 다 차지하고는 다시 천왕의 자리를 구하리니, 세간의 탐욕이란, 재물로 채운다고 끝나지 않는다네. 設得盡王地 復求爲天王 世間貪欲者 不可以財滿", 『원각경직해』 권상(卍속장16, p.108b18)에 "윤회의 근본은 모두 탐욕과 갈애의 허물이다. 輪迴根本 皆貪欲渴愛之過患也"라고 하였다. [참고문헌] 『長阿含經』, 『雜阿含經』, 『勝天王般若經』, 『法華經』, 『華嚴經』, 『大寶積經』, 『中觀論疏』, 『法界次第初門』, 『十住毘婆沙論』, 『圓覺經直解』, *DN., SN., Saddh-p., Gaṇḍ-vy., Bodh-bh.35.* ⇨ 탐 貪, 애 愛, 갈애 渴愛, 삼독 三毒, 십악 十惡❶, 십번뇌 十煩惱, 부정관 不淨觀

탐욕개 貪欲蓋 Ⓢ Ⓟ rāga-āvaraṇa, Ⓣ sgrib-pa-lnga. 오개(五蓋 Ⓟ pañca āvaraṇāni) 중 하나인 탐욕이라는 덮개. 『집이문족론』 권12(대정장26, p.416b4)에 "탐욕개란 무엇인가? 이 탐욕으로 말미암아 마음을 막고 마음을 가리며, 마음을 누르고 마음을 숨기며, 마음을 덮고 마음을 뒤집으며, 마음을 묶고 마음을 싸매기에 탐욕개라 한다. 云何貪欲蓋 答 由此貪欲 障心蔽心 鎭心隱心 蓋心覆心 纏心裹心 故名貪欲蓋", 『대비바사론』 권48(대정장27, p.250b29)에 "탐욕개는 맑고 아름다운 상을 먹이로 삼으니 부정관을 대치로 삼는다. 이 하나의 먹이와 한가지 대치를 쓰기에 하나의 개로 세운다. 貪欲蓋 以淨妙相爲食 不淨觀爲對治 由此一食一對治 故別立一蓋", 『법계차제초문』 권상 「오개초문 五蓋初門」(대정장46, p.668a15)에 "첫째는 탐욕개이다. 끌어 취하면서 마음에 싫거나 만족이 없는 것을 탐욕이라 한다. 그 체상 분별은 저 탐독에서 갖추어 설한 것과 같다. 삼계와 오행 중에 십오탐사가 탐욕개에 해당한다. 一 貪欲蓋 引取心無厭足爲貪欲 分別體相 具如貪毒中說 三界五行中 十五貪使 卽是貪欲蓋", 『보살계본전요』(卍속장61, p.383a5)에 "탐욕개란 진정 선정과 지혜를 닦으려 할 때 그 마음이 맹렬하고 날카롭게 다섯 경계를 사념하며 잠시도 멈추지 못하게 한다. 貪欲蓋者 正修禪慧之時 其心猛利 思念五塵 不能暫止也"라고 하였다. [참고문헌]『集異門足論』, 『大毘婆沙論』, 『法界次第初門』, 『菩薩戒本箋要』, *Abh-k-bh.319.*, *Bodh-bh.118.*, *MN.2.203.*, *Kv.164.* ⇨ 오개 五蓋, 탐 貪, 탐욕 貪欲

탐욕사 貪欲使 Ⓟ kāma-rāga-anusaya. 탐욕의 부린 바 되다. 탐으로 일어나는 번뇌로 오욕 등을 말한다. 십사(十使)·칠사(七使 Ⓟ sattime anusayā)·오둔사(五鈍使) 중 하나이다. 『증일아함경』 권34(대정장2, p.739a7)에 "탐욕사는 염각의로 다스린다. 貪欲使者 念覺意治之", 『대지도론』 권23(대정장25, p.230a9)에 "기껍게 받아들이면 탐욕의 부린 바대로 움직이게 된다. 於樂受中 貪欲使所使", 『대승의장』 권5(대정장44, p.574a16)에 "탐욕사란 욕계의 탐심이다. 오욕을 탐내어 구하니 탐욕사라 한다. 貪欲使者 欲界貪心 貪求五欲 名貪欲使", *Anusayappahāna-sutta*(*AN.4*, p.9)에 "탐욕사를 끊어 없애기 위해 청정행을 닦는다. kāmarāgānusayassa pahānāya samucchedāya brahmacariyaṃ vussati"라고 하였다. [참고문헌]『增壹阿含經』, 『大智度論』, 『大乘義章』, 『雜阿含經』 권18(대정장2, p.127a28), 『法界次第初門』 권상(대정장46, p.668b20), *AN.* ⇨ 탐욕 貪欲, 십사 十使, 칠사 七使, 오둔사 五鈍使

탐욕삼종발상 貪欲三種發相 탐욕이 일어나는 세 갈래 모습. 선정을 장애하는 분상에서 살핀 것이다. 『대명삼장법수』 권6(영락장182, p.585a3)에 "탐욕삼종발상〈출전은 『석선바라밀차제법문』〉: 첫째는 외탐욕상이다. 행자가 정을 닦으려 할 때 남녀가 그 생김새를 취하며 탐욕의 마음을 일으켜 념념으로 멈추지 않으면 선정을 가로막는다. 이를 외탐욕상이라 한다. 둘째는 내외탐욕상이다. 행자가 정을 닦으려 할 때 욕심이 문득 일어나 타인 몸의 외양을 보거나 자기 몸을 보아 생각생각마다 물든 생각으로 탐애를 일으켜 선정을 가로막는다. 이를 내외탐욕상이라 한다. 셋째는 변일체처탐욕상이다. 행자가 앞에 나타나는 경계의 탐착을 일으켜 또 모든 다섯 갈래 경계의 자생물 등에서도 모두 탐애의 마음을 일으켜 선정을 막는다. 이를 변일체처탐욕상이라 한다〈오진이란 색·성·향·미·촉진이다〉. 貪欲三種發相〈出釋禪波羅蜜次第法門〉 一 外貪欲相 謂行人當修定時 於男於女 取其容貌 貪欲心生 念念不住 障諸禪定 是名外貪欲相 二 內外貪欲相 謂行人當修定時 欲心忽生 或緣他身相 或自緣己身 念念染著 而起貪愛 障諸禪定 是名內外貪欲相 三 徧一切處貪欲相 謂行人貪著 如前內外之境 復於一切 五塵境界 資生物等 皆起貪愛之心 障諸禪定 是名徧一切處貪欲相〈五塵者 色塵 聲塵 香塵 味塵 觸塵也〉"라고 하였다. [참고문헌]『大明三藏法數』, 『釋禪波羅蜜次第法門』 권4(대정장46, p.501b25). ⇨ 외탐욕 外貪欲

탐욕즉시도 貪欲卽是道 탐욕이 곧 이 길이다. 삼계를 불타오르게 하는(三界火宅) 삼독(三毒 : 貪 瞋 癡)의 본래 공한 자리를 보아 그치면(止觀) 길(道)은 드러날 수 밖에 없다는 뜻으로 천태교관의 범주적 이해다. 『마하지관』 권10하(대정장46, p.136b12)에 "악행하는 이는 대승에서 '탐욕 그대로 도'라는 말이나 '삼독 가운데 모든 불법이 다 있다'는 말에 붙들린다. 이것의 진실은 사라져버릴 실체없는 번뇌를 말함인데, 치우쳐 취하고 착하면 도리어 업을 맺을 뿐이다. 行惡者 執大乘中 貪欲卽是道 三毒中具一切佛法 如此實語 本滅煩惱 而僻取著 還生結業", 같은 책 권2하(대정장46, p.18a29)에 "『무행경』에 '탐욕이 곧 도이니, 분노와 어리석음도 이와 같다. 이 세 법 가운데, 모든 불법이 다 있다'라고 하였다. 누구라도 탐욕을 여의고 돌이켜 보리를 구한다면 하늘이 땅인 듯하리니, 탐욕이 곧 보리다. 無行經云 貪欲卽是道 恚癡亦如是 如是三法中 具一切佛法 若人離貪欲 而更求菩提 譬如天與地 貪欲卽菩提", 『화엄경탐현기』 권18(대정장35, p.463b3)에 "『제법무행경』에 '탐욕 그대로 도이고, 분노와 어리석음도 또한 그러하다. 이 세 번뇌 가운데 무량한 불법이 있다'고 하였다. 이것은 '공의 뜻에 즉한즉 불법이라는 뜻이지, 세 갈래 번뇌 그대로가 불법이라는 뜻은 아니다'. 諸法無行經云 貪欲即是道 恚癡亦復然 於此三事中 有無量佛法 解云 此約卽空是佛法 非謂三事卽是佛法", 『화엄경소』 권46(대정장35, p.854a7)에 "『무행경』에 '탐욕이 곧 도'라는 말은 탐욕의 자성을 뜻하고, '모든 법이 탐'이라는 말은 탐의 진실을 말할 뿐이다. 無行經云 貪欲卽是道者 貪欲性故 諸法卽貪欲者 卽貪實故", 『금광명경현의습유기』 권2(대정장39, p.22b19)에 "『무행경』에 '탐욕 그대로 도이고, 분노와 어리석음도 그와 같다. 이와 같은 세 법 가운데, 모든 불법이 다 있다'라고 한다. 요즘 이들이 풀기를 '이는 대탐·대진·대치라 한다. 삼독법문은 삼관과 둘도 없고 다르지도 않다'라고 한다. 이는 악독한 것의 이름으로써 번뇌 끊지 못함을 말하여서 그 뜻을 밝혀 보게 한 것일 뿐이다. 若無行經 貪欲卽是道 恚癡亦復然 如是三法中 具一切佛法 今家釋云 是大貪大嗔大癡 三毒法門 卽與三觀 無二無別 此以惡毒之名 詮不斷惑 而明理觀也"라고 하였는데, 『제법무행경』 권상(대정장15, p.752a7)에 "탐욕의 자성이 도이다. 貪欲性是道", 같은 책 권하(대정장15, p.759c13)에 "탐욕이 열반이요, 분노와 어리석음도 이와 같다. 이 셋 가운데, 헤아릴 수 없는 불도가 있다. 貪欲是涅槃 恚癡亦如是 如此三事中 有無量佛道"라는 대목을 전거로 삼고 있다. [참고문헌]『摩訶止觀』, 『華嚴經探玄記』, 『華嚴經疏』, 『金光明經玄義拾遺記』, 『

諸法無行經』. ⇨ 성선성악 性善性惡, 음욕즉시도 淫欲卽是道, 탐진치성 貪瞋癡性

탐음 貪淫 ❶ 탐으로 넘쳐나다. 탐하여 빠지다의 뜻이다. 『출요경』 권30(대정장4, p.771a24)에 "탐음을 버려 떠나면 육정이 일어나지 않는다. 捨離貪淫 不興六情", 『지관보행전홍결』 권10(대정장46, p.436b13)에 "잠자기를 좋아하는 사람은 잠이 더 늘어나는 것처럼 술 마시기를 탐하여 빠짐도 이와 같다. 如人喜眠 眠則滋多 貪淫嗜酒 亦復如是", 『수심결』(한불전4, p.713c3)에 "원하건대 도를 닦는 모든 사람은 멋대로 법도를 벗어날 생각을 하지 말고, 탐음에 착하지 말지니, 머리의 불을 끄듯이 잊지 말고 돌이켜보기 바란다. 願諸修道之人 莫生放逸 莫著貪淫 如救頭然 不忘照顧", 『능엄경지장소』 권8(卍속장24, p.632a16)에 "모든 계를 갖춰 지니지만 유독 '마음에 탐음이 없이 한다'를 든 것은 음이 정을 무너뜨리는 괴수이기 때문이다. 諸戒俱持 而獨擧心無貪淫者 以淫爲壞定之魁故", 『원각경정해평림』 권상(卍속장94, p.22a16)에 "종밀은 '외경에 대한 욕으로 갈망하는 마음을 끌어 일으키고, 갈망하는 마음으로 욕에 탐착한다. 또 욕을 탐하기에 업을 짓고, 업을 짓기에 보를 받는다. 이렇게 생사가 끊어지지 않는다'라고 했다. 여기서 욕은 탐음이고 명은 목숨이다. 갈망이 없으면 욕은 발생하지 않고, 욕이 없으면 몸도 있을 수 없다. 宗密曰 由外塵欲 牽起愛心 亦由愛心 貪著於欲 貪欲故造業 造業故受報 由此生死不斷 欲謂貪淫 命謂身命 無愛欲則不生 無欲身則不有"라고 하였다. 〔참고문헌〕『出曜經』, 『止觀輔行傳弘決』, 『修心訣』, 『楞嚴經指掌疏』, 『圓覺經精解評林』, 『十住除垢斷結經』 권4(대정장10, p.992a26). ⇨ 탐욕 貪欲 ❷ 탐과 음을 아울러 이르는 말. 『원각경약소초』 권9(卍속장15, p.375b4)에 "욕은 탐과 음을 가리킨다. 〔문〕 앞에서는 '욕은 오진'이라 해놓고 여기서는 다시 '(욕은) 탐'이라 함이니 왜 그런가? 〔답〕 욕이란 마음에만 속하지도 경이기만도 아니다. 외경의 욕이기도 탐심의 욕이기도 하며, 음심의 욕이기도 하고, 선한 욕도 있다. 경에서 '욕은 애로 인하여 생한다'고 할 때 탐과 음 두 가지에 통한다. 欲謂貪淫者 問 前云欲是五塵 此復云貪 何也 答 欲者 非定屬心 非偏是境 或是塵欲 或是貪欲 或是淫欲 或是善欲 今經云 欲因愛生 通於貪淫二也"라고 하였다. 〔참고문헌〕『圓覺經略疏鈔』. ⇨ 탐 貪, 음 婬

탐이양공경자 貪利養恭敬者 Ⓢ lābha-kāmāḥ satkāra-kāmāḥ. 육십이종유정(六十二種有情) 중 하나. 이익과 공경을 탐하는 유정들. 『유가사지론』 권2(대정장30, p.288c26)에 "무엇이 예순두 가지 유정들인가? … 마흔여섯 번째는 탐이양공경자이다. 云何六十二種有情之類 … 四十六 貪利養恭敬者"라고 하였다. 〔참고문헌〕『瑜伽師地論』, *Yogā-bh.48.* ⇨ 육십이종유정 六十二種有情

탐인진인치인 貪因瞋因癡因 Ⓟ lobha-hetu dosa-hetu moha-hetu. 탐진치 삼독을 일으키는 인. 무명(無明)을 말한다. 40권본 『대반열반경』 권37(대정장12, p.583a5)에 "일체중생은 무명을 인연으로 음입계에서 기억과 상상으로 상을 지으니 그 이름이 중생이다. 이 이름이야말로 생각, 마음, 견의 뒤집힘이어서 이러한 인연으로 모든 번뇌를 일으킨다. 이에 내가 십이부경에서 무명을 가리켜 탐욕의 인·분노의 인·어리석음의 인이라 하였다. 一切衆生 無明因緣 於陰入界 憶想作相 名爲衆生 是名想倒 心倒 見倒 以是因緣 生一切漏 是故 我於十二部經 說無明者 卽是貪因 瞋因 癡因"라고 하였다. 〔참고문헌〕『大般涅槃經』, *Kv.532.* ⇨ 무명 無明❶

탐장보경 耽章寶鏡 탐장의 보배거울. 탐장은 조산의 휘고, 동산(洞山)이 조산본적(曹山本寂)에게 전수한 「보경삼매」의 대의를 가리킨다. 『선원몽구』 권하 「탐장보경」(卍속장148, p.285a2)에 "조산의 보경삼매가 있으니 그 말인 즉 '이와 같은 법은 불조께서 그윽히 전하고 그대가 이제 얻음이니 잘 보호해야 한다. 은잔 가득 흰 눈 쌓이고 달빛 밝아 백로 숨지만, 무리 가지런하지 않으니, 섞인 듯 자리를 알 수 있다. … 숨은 듯 행하고 씀에 그윽하니, 어리석은 듯 아둔한 듯, 이어갈 수만 있다면, 주인 중의 주인이라 하리라'. 曹山 寶鏡三昧 其詞曰 如是之法 佛祖密付 汝今得之 其善保護 銀盌盛雪 明月藏鷺 類之弗齊 混則知處 … 潛行密用 如愚若魯 但能相續 名主中主"라고 하였다. 〔참고문헌〕『禪苑蒙求』. ⇨ 보경삼매가 寶境三昧歌

탐재수 貪財宿 Ⓢ Dhaniṣṭhā. 이십팔수(宿) 중 하나. 『수요경』의 허수(虛宿)에 해당한다. 『사두간태자이십팔수경』(대정장21, p.415c21)에 "탐재수에는 네 가지 주요 별이 있다. 그 형상은 깎아 놓은 구슬과 같고 삼십수유를 운행하며 곁에서 따른다. 콩과 죽을 먹고 거상천을 주재하며 성은 조안이다. 貪財宿者 有四要星 其形像調脫之珠 行三十須臾 而侍從矣 食旱豆羹 主居寐天 姓曰造眼"라고 하였다. 〔참고문헌〕『舍頭諫太子二十八宿經』. ⇨ 허수 虛宿, 이십팔수 二十八宿

탐제 探題 일본불교 법회에서 논제를 선정하고 문답과 논의를 진행하며 마지막에 승부와 득실을 판정하는 최고 관직. 제자(題者)·탐제박사(探題博士)라고도 하며 줄여서 박사(博士)라고도 한다. 일본의 법화회(法華會)나 유마회(維摩會)에서 탐제가 10개의 논제를 선정하여 논의를 진행하고, 이 시험을 본 학승의 급제 여부를 판정한다. 논장(論場)을 이끄는 중요 직위이기에 조정의 칙명을 거쳐 임명되었는데, 968년(강보5) 연력사(延曆寺) 유월회(六月會)에서 선예율사(禪藝律師)가 임명된 것이 그 시작이었다. 일본 천태종에서는 이것을 최고의 학계(學階)로 친다. 『전교대사장래태주록』 「각근본대사장래록서 刻根本大師將來錄序」(대정장55, p.1055a16)에 "예악의 새로 부임한 탐제 권승정 진초가 적다. 叡嶽新探題權僧正眞超識", 『선림상기전』 권26 「복장문 服章門」(대장경보편19, p.707b4)에 "『철서기기담』에서 말하였다. '전 탐제 요준은 팔십여 세인데, 일찍이 까만색의 상(裳)이 없는 옷을 입었다. 徹書記紀談云 前探題了俊 歲八十餘 嘗著墨色無裳衣"라고 하였다.

〔참고문헌〕『傳敎大師將來台州錄』, 『禪林象器箋』.

탐진치 貪瞋癡 Ⓢ rāga-dveṣa-moha, Ⓣ 'dod-chags-dang-zhe-sdang-dang-gti-mug. 탐하고 분노하여 어리석음. 세 가지 근본 번뇌. 삼화(三火)·삼독(三毒)·삼구(三垢)·삼불선근(三不善根)·삼박(三縛) 등이라고도 한다. 탐에치(貪恚癡)·음노치(婬怒癡) 등이라고도 한다. 『별역잡아함경』 권1(대정장2, p.374c22)에 "만약 선하지 않은 마음을 낸다면 탐진치를 성취하고, 이 몸이 스스로 악을 지으면 도리어 자기를 해치게 된다. 마치 파초가 열매를 맺으면 스스로 그 몸을 해치는 경우와 같다. 탐진치가 없다면 이를 지혜라 하고, 자신을 해치지 않으니 이를 뛰어난 장부라 한다. 그러므로 탐진치라는 크나큰 근심을 끊어버려야 한다. 若生不善心 成就貪瞋癡 此身自作惡 還復害於己 如芭蕉生實 自害於其身 若無貪瞋癡 是名爲智慧 不害於己身 是名勝丈夫 是以應除斷 貪瞋癡大患", 『대집회정법경』 권4(대정장13, p.988b9)에 "탐진치라는 법은 모든 번뇌 가운데 근본이 된다. 貪瞋癡法 諸煩惱中 而爲根本", 『대지도론』 권31(대정장25, p.286c2)에 "나의 것이라는 마음이 일어나기에 나에게 이익이 있으면 탐욕을 일으키고, 나를 거스르면 진에가 일어난다. 이들 결사(번뇌)는 지에서 일어나지 않고 광혹을 좇아 생하기에 치라 한다. 이들 삼독은 모든 번뇌의 근본이다. 我所心生故 有利益我者 生貪欲 違逆我者 而生瞋恚 此結使不從智生 從狂惑生故 是名爲癡 三毒爲一切煩惱之根本", 『연화면경』 권상(대정장12, p.1071a7)에 "여래신이란 탐진치의 부림과 그 습기가 길이 다하여 남김없음이다. 如來身者 貪瞋癡使 及彼習氣 永盡無餘", 『주대승입능가경』 권3(대정장39, p.456b26)에 "〈경〉 그때 대혜보살마하살이 ~ 값을 매길 수 없는 보배가 때묻은 옷 속에 있는 듯하다. 〈주〉 저 『여래장경』에도 또한 말했으니 '모든 중생의 탐진치를 비롯한 모든 번뇌 가운데 여래신이 있으니 그것은 언제나 물듦이 없고 덕상을 빠짐없이 갖추어 나(여래)와 다름이 없다'. 爾時 大慧菩薩摩訶薩 〈至〉如無價寶在垢衣中 如來藏經亦云 一切衆生 貪瞋癡 諸煩惱中 有如來身 常無染汚 德相具足 如我無異", 『문수사리소설부사의불경계경』 권상(대정장12, p.108b24)에 "부처님께서 이르시길 '동자야! 무엇을 여래께서 머무시는 평등한 법이라 하느냐?' 문수사리보살이 사뢰길 '세존이시여! 모든 범부가 탐진치를 일으키는 그 자리가 여래께서 머무시는 평등법입니다' '동자야! 어떻게 「모든 범부가 탐진치를 일으키는 그 자리가 곧 여래께서 머무시는 평등한 법」이라 하느냐?' '세존이시여! 모든 범부는 공·무상·무원법 중에서 탐진치를 일으킵니다. 이런 이유로 모든 범부가 탐진치를 일으키는 그 자리가 여래께서 머무시는 평등법입니다'. … 부처님께서 말씀하셨다. '동자야! 그렇다, 그래! 네가 말한 그대로 탐진치 등 모든 번뇌 가운데 그 어느 것도 공에 머물지 않는 것은 없다'. 佛言 童子 何者是如來所住平等法 文殊師利菩薩言 世尊 一切凡夫 起貪瞋癡處 是如來所住平等法 佛言 童子 云何一切凡夫 起貪瞋癡處 是如來所住平等法 文殊師利菩薩言 世尊 一切凡夫 於空無相無願法中 起貪瞋癡 是故 一切凡夫 起貪瞋癡處 卽是如來所住平等法 … 佛言 童子 如是如是 如汝所說 貪瞋癡等 一切煩惱 莫不皆住於空之中", 『무이평등최상유가대교왕경』 권3(대정장18, p.522c6)에 "세간의 고락과 탐진치, 아상을 떠났기에 모두 평등하여, 탐진치의 자성이 공함을 뚜렷하게 아니, 탐 등을 여의지 않고 스스로 청정하다네. 世間苦樂貪瞋癡 離我相故悉平等 了知貪瞋癡性空 不離貪等自淸淨", 『대반야경』 권41(대정장5, p.232a10)에 "사리자야! 탐진치는 실체가 없고 모든 견취도 있을 수 없다. 안이 공이고, 나아가 무성이고 자성마저도 공하다. 舍利子 貪瞋癡 無所有 諸見趣 無所有 以內空故 乃至無性自性空故", 같은 책 권578(대정장7, p.988a21)에 "비록 모든 탐진치 등의 객진번뇌라는 더러운 더미 속에 머물지라도, 마치 연꽃이 모든 객진의 더러운 과실에 물들지 않는 것처럼, 항상 능히 보살의 수승한 행을 닦아 무상정등보리를 속히 증득한다. 雖住一切貪瞋癡等 客塵煩惱 垢穢聚中 而猶蓮華 不爲一切 客塵垢穢 過失所染 常能修習 菩薩勝行 疾證無上正等菩提", 『승만보굴』 권하(대정장37, p.86a14)에 "선한 마음은 깨끗하고 선하지 않은 마음은 더럽다. 선한 마음에는 탐진치가 없으니 이를 깨끗한 중에 더러움이 없다고 하며 물듦의 뜻이 없다. 찰나의 선하지 않은 마음이 번뇌에 물들지 않았을지라도 선하지 않은 마음은 탐진치의 마음이다. 탐진치를 일으키는 바로 그때 선한 마음은 이미 사라진다. 善心是淨 不善心是垢 善心之中 無有貪瞋癡 是爲淨中無垢 無有染義也 刹那不善心 亦非煩惱所染者 不善心者 卽是貪瞋癡心也 當起貪瞋癡時 善心已謝", 『대일경소』 권10(대정장39, p.685b18)에 "삼세라는 말에서 세란 탐진치다. 이 삼독을 항복시키므로 항삼세라 한다. 所謂三世者 世名貪瞋癡 降此

三毒 名降三世", 『유가론기』 권2(대정장42, p.355c6 · 한불전13, p.147a6)에 "얽고 가림에 세 가지가 있다. 탐진치가 그것이다. 이 세 가지를 근거로 다섯 구애를 일으키고 법을 대함에 한가지로 하니, 이 다섯 경에 의지하여 탐 등 세 번뇌가 일어나 마음을 구애하므로 대법을 마음을 얽어 장애한다라 한다. 拘礙亦三 謂貪瞋癡 由此三種 起五拘礙 與對法同 依此五境 生貪等三 拘礙於心 故 對法說名心拘礙", 『진심직설』「진심무지 眞心無知」(한불전4, p.721c20)에 "망심으로 경을 마주하면 알음알이 가져 분별한 경에 순하거나 거스름으로 탐심과 진심을 일으키고, 또 그런 중에 치심마저 일으킨다. 경에서 탐진치 삼독을 일으키니, 족히 견이 망심이다. 조사는 '거스르고 순함으로 서로 다투니, 이것이 마음의 병이다'라고 하였다. 그러므로 알라! 경을 대함에 옳다 그르다 함이 곧 망심이다. 저 진심이란 알음알이 없이 알아 치우침 없이 품어 두렷이 비출 뿐이다. 妄心對境 有知而知 於順違境 起貪瞋心 又於中容境 起癡心也 旣於境上 起貪瞋癡三毒 足見是妄心也 祖師云 逆順相爭 是爲心病 故知 對於可不可者 是妄心也 若眞心者 無知而知 平懷圓照故", 『경덕전등록』 권9「황벽희운선사전심법요 黃蘗希運禪師傳心法要」(대정장51, p.272a6)에 "탐진치가 있기에 계정혜를 세운다. 본래 번뇌가 없을진대 어찌 보리가 있겠는가? 그러므로 조사는 '부처님께서 일체법을 설하신 까닭은 일체심을 버리게 함이셨다'라고 하였다. 나는 일체라는 마음도 없거늘 어찌 일체법을 씀이 있겠는가? 본원이 청정한 부처님자리에서는 다시 한 물건마저 붙일 길 없다. 爲有貪瞋癡 卽立戒定慧 本無煩惱 焉有菩提 故祖師云 佛說一切法 爲除一切心 我無一切心 何用一切法 本源淸淨佛上 更不得著一物"라고 하였다. 〔참고문헌〕『別譯雜阿含經』, 『大集會正法經』, 『大智度論』, 『蓮華面經』, 『注大乘入楞伽經』, 『文殊師利所說不思議佛境界經』, 『無二平等最上瑜伽大敎王經』, 『大般若經』, 『勝鬘寶窟』, 『大日經疏』, 『瑜伽論記』, 『眞心直說』, 『景德傳燈錄』, *Laṅk.77.*, *As.20 · 21.* ⇨ 삼독 三毒, 삼화 三火[1], 삼박 三縛, 탐욕 貪欲, 진에 瞋恚, 우치 愚癡

탐진치성 貪瞋癡性 Ⓢ rāgadveṣamohā śarīratva. 탐진치의 자성. 그 자성이 공(空) · 불가득(不可得)임을 밝히는 뜻에서 언급되는 술어다. 『대반야경』 권316(대정장6, p.614b19)에 "이 보살마하살이란 탐진치의 자성을 조복함을 자성으로 삼는다. 是菩薩摩訶薩 調伏貪瞋癡性爲性", 『문수사리소설불사의불경계경』 권상(대정장12, p.108c17)에 "문수사리보살이 말했다. '세존이시여, 탐진치 그 자성은 평등합니다. 저는 언제나 이와 같은 평등에 머뭅니다. 이에 저는 탐진치에서 이미 벗어난 적도 벗어나지 못한 적도 없습니다. 세존이시여, 어떤 사문이나 바라문이 스스로 탐진치에서 벗어났다고 생각하고 다른 이들은 탐진치가 있을 뿐이라고 생각한다면, 이는 두 갈래 견입니다. 무엇을 이견이라 하겠습니까? 끊어 없어질 것이라는 단견과 언제나 있을 것이라는 상견입니다'. 文殊師利菩薩言 世尊 貪瞋癡性 卽是平等 我常住於如是平等 是故 我於貪瞋癡 非已出離 亦非未離 世尊 若有沙門婆羅門 自見離貪瞋癡 見他有貪瞋癡 卽是二見 何謂二見 謂斷見常見", 『대승입능가경』 권4(대정장16, p.608c22 : *Laṅk.*, p.146)에 "탐진치 그 자성 안으로도 밖에서도 얻을 길 없네. 원래 자성 없기 때문이고 가히 취할 수도 없기 때문이다. 貪瞋癡性 若內若外 皆不可得 無體性故 無可取故 na hi mahāmate rāgadveṣamohā adhyātmabahirdhopalabhyante 'śarīratvādanabhyupagamatvāc", 『유가대교왕경』 권3(대정장18, p.522c7)에 "탐진치 성 공함을 깨달아 알면, 탐 등을 벗어날 일 없이도 본디 청정하리라. 了知貪瞋癡性空 不離貪等自淸淨"라고 하였다. 〔참고문헌〕『大般若經』, 『文殊師利所說不思議佛境界經』, 『大乘入楞伽經』, 『瑜伽大敎王經』, *Laṅk.* ⇨ 탐진치 貪瞋癡

탐질 貪嫉 Ⓟ issā-macchariya. 삼독(三毒) 중 탐욕(貪欲)의 두 측면인 간탐(慳貪 Ⓟ macchariya)과 질투(嫉妬 Ⓟ issā). 전자는 애(愛 Ⓟ piya), 후자는 증(憎 Ⓟ appiya)으로 말미암는다. 탐질은 사종신결(四種身結) 곧 사결(四結) 중 하나다. 『장아함경』 권10「석제환인문경 釋提桓因問經」(대정장1, p.64a23 : *Sakkapañha-sutta*, *DN.2*, p.277)에 "부처님께서 제석에게 이르셨다. '탐질이 일어남은 모두 애증으로 말미암는다. 애증이 인이고 애증이 연이며 애증이 으뜸이니, 이것을 좇아 있게 되고 이것이 없으면 없다'. 佛告帝釋 貪嫉之生 皆由愛憎 愛憎爲因 愛憎爲緣 愛憎爲首 從此而有 無此則無 issāmacchariyaṃ kho devānam inda piyāppiyanidānaṃ piyāppiyasamudayaṃ piyāppiyajātikaṃ piyāppiyapabhavaṃ, piyāppiye hi sati issāmacchariyaṃ hoti, piyāppiye asati issāmacchariyaṃ na hotīti", 『별역잡아함경』 권8(대정장2, p.431b16)에 "우바새법이니 마땅히 간탐을 버려야 한다. 일체중생은 모두 다 저 탐질에 덮여 있다. 이러한 뜻으로 마땅히 간탐과 질투의 마음 여의려면 살아 있는 것 놓아주고 몸소 베풀어주되 피곤해하거나 싫어하는 마음 없어야 그 이름이 보시구족이다. 優婆塞法 應捨慳貪 一切衆生 皆悉爲彼貪嫉所覆 以是義故 應離慳貪 及嫉妬意 生放捨心 躬自施與 無有疲厭 是名施具足", 『증일아함경』 권44(대정장2, p.786a13)에 "질투를 일으키는 중생은 삼악도에 씨를 뿌리니 사람으로 태어나도 입을 옷 부족할 것이다. 왜냐하면 저 사람은 일으킨 탐질 때문이다. 若有衆生嫉妬者 種三惡道 若生人中 乏諸衣裳 所以然者 由彼人起貪嫉故", 『보살본연경』 권상(대정장3, p.54c

9)에 "그때 보살이 바라문들을 보니 이 모든 여인에게 탐질심을 일으키고 화까지 내면서 각각 말하길 '저 여인 단정하니 마땅히 내가 가져야겠으니 당신들이 가져서는 안 된다. 저 소는 살찌고 튼튼하여 내가 가져야겠으니 당신들이 가져서는 안 된다'라고 말하였다. 爾時 菩薩見婆羅門 爲此諸女 生貪嫉心 而起瞋恨 各各說言 彼女端正 我應取之 汝不應取 彼牛肥壯 我應取之 汝不應", 『묘비보살소문경』 권2(대정장18, p.751c12)에 "수행하는 사람이라면 계덕을 다 갖추고 부지런히 정진하며 다른 사람이 지닌 명예와 이익을 보고 탐질을 내지 않고, 자신의 재물과 목숨에 대해서는 아끼는 바 없어야 한다. 行人者 具足戒德 正勤精進 不於他人 所有名利 而生貪嫉 於已財物 乃至身命 無所悋惜", 『앵무경』(대정장1, p.890a12)에 "남자거나 여자거나 어떤 한 사람은 탐질을 품고 탐질을 일으킨다. 그는 타인이 공경을 받거나 재물 시주함을 보면 문득 탐질을 일으켜 타인의 소유를 자신이 갖고자 한다. 或一若男若女 有貪嫉發於貪嫉 彼見他有恭敬施財物已 便發於貪嫉 他所有令我得", 『잡보장경』 권6(대정장4, p.477a21)에 "탐질이라는 두 번뇌가 인·천·아수라·건달바 등과 아울러 모든 류의 중생을 묶었으니 모두가 탐질에 스스로 얽힘이다. 貪嫉二結使 繫縛人天 阿修羅 乾闥婆等 幷與一切類 皆爲貪嫉自縛", 『대장엄론경』 권4(대정장4, p.276a21)에 "모든 고통의 씨앗들 중 탐질을 넘어서는 것은 없다. 一切苦種子 無過於貪嫉", 『불퇴전법륜경』 권2(대정장9, p.238b28)에 "다 놓아버리는 마음에 탐질은 없으니 이를 보리로 나가는 길이라 한다. 捨心無貪嫉 是名菩提道", 『대지도론』 권86(대정장25, p.663a12)에 "탐욕이 늘어나다가 간탐과 질투라는 선하지 않은 도를 일으킨다. 貪欲增長 起貪嫉不善道"라고 하였다. [참고문헌] 『長阿含經』, 『別譯雜阿含經』, 『增壹阿含經』, 『菩薩本緣經』, 『妙臂菩薩所問經』, 『鸚鵡經』, 『雜寶藏經』, 『大莊嚴論經』, 『不退轉法輪經』, 『大智度論』, *DN*. ⇨ 애증 愛憎, 간탐 慳貪, 질투 嫉妬, 증질 憎嫉, 사결 四結

탐착 貪著 Ⓢgṛddha, adhyavasita, Ⓟgiddha, ajjhāpanna, sārāga, Ⓣlhag-par-zhen-pa. 탐내어 집착하다. 탐착(耽著)이라고도 한다. 『장아함경』 권8 「산타나경 散陀那經」(대정장1, p.48b4)에 "저 고행자는 공양을 받고서 마음에서 탐착하지 않고 밝히 알고 멀리 여의었으니 벗어나는 요체가 되는 법임을 알았다. 이것이야말로 고행하여 허물없는 법이다. 彼苦行者 得供養已 心不貪著 曉了遠離 知出要法 是爲苦行無垢法也", 『별역잡아함경』 권9(대정장2, p.440a24)에 "탐착은 법답지 못함이니, 그대들은 마땅히 버려야 한다. 부처님 교법 중에서는 마땅히 법다이 수행하여야 한다. 貪著名非法 汝等宜捨棄 於佛教法中 應如法修行", 『소품반야경』 권1(대정장8, p.538b18)에 "탐착 때문에 실체 없는 법을 알지도 보지도 못하여 벗어나지도 믿지도 머물지도 못한다. 그러므로 범부는 탐내어 집착하는 심수에 떨어져 있게 된다. 因貪著故 於無所有法 不知不見 不出不信 不住 是故 墮在凡夫貪著數中", 『대방등대집경』 권2(대정장13, p.10a4)에 "보살마하살은 모든 중생이 탐내어 아견에 집착하고 아견 때문에 모든 견해를 더욱 늘여 항상 생사에 얽혀 있음을 본다. 菩薩摩訶薩 見諸衆生 貪著我見 以我見故 增長諸見 常爲生死之所繫縛", 『법화의소』 권9(대정장34, p.579a21)에 "탐착한다는 말은 탐욕이라는 번뇌만이 아니고, 무엇이든 얻고자 하는 모든 마음을 말한다. 言貪著者 非謂但是貪使 及說一切有所得心也", 『사익범천소문경간주』 권3(卍속장33, p.872a3)에 "〈경〉 탐착한다는 말은 허망함을 탐내어 집착한다는 뜻이다. 범천이여, 만약 탐착하여 이것이 실이다 하였다면 마침내 증상만 없지만, 허망함을 탐착하였기에 행자는 이를 알고 탐내어 집착하지 않는다. 만약 탐착하지 않는다면 삼계에 흐르지 않을 것이고, 흘러 들지 않는다면 생사로 왕래할 일 없고, 생사로 왕래하지 않는다면 이것이야말로 멸도다. 言貪著者 貪著虛妄 梵天 若貪著是實者 終無憎上慢 以貪著虛妄故 行者知之 而不貪著 若不貪著 則無有流 若無有流 則無往來生死 若無往來生死 是則滅度", [주] 허망분별을 실이라 한다면, 곧바로 탐착이란 것이 저 증상만도 못 됨이다. 허망분별은 저 물속의 달이며, 거울 중의 영상과 같으니, 그 마음의 기틀 다한다 해도 가히 찾을 수 없다. 얻을 수 없는 것을 알지도 못하면서 헛되이 얻었다 하는 것들은 모두 증상만이다. 註 若虛妄分別是實 則彼貪著者 不爲憎上慢也 以虛妄分別 如水中月 鏡中像 極其心機 終不可得 不了無得 妄爲有得 是皆憎上慢也"라고 하였다. [참고문헌] 『長阿含經』, 『別譯雜阿含經』, 『小品般若經』, 『大方等大集經』, 『法華義疏』, 『思益梵天所問經簡註』, *Saddh-p.164.*, *Bodh-bh.221.*, *DN.3.43·46.*

탐철 貪餮 Ⓢmahāgrasa. 탐해 가리지 않고 이것 저것 차려 먹는 일. 『불반니원경』 권하(대정장1, p.172a4)에 "모두 여덟 가지 악이 있다. 무엇이 여덟 가지인가? 귀신을 섬겨 제사 지내고, 점을 치고 아무렇게나 생명을 죽이는 것이 첫 번째이다. 집에 있으면서 탐욕스럽게 먹고 효도를 하지 않으며, 온갖 삿된 것을 좋아하면서 욕심을 그치지 않는 것이 두 번째이다. 皆有八惡 何謂爲八 祠祀鬼神 卜問虛殺 是爲一 處家貪餮 不奉孝道 貪愛萬邪 欲無舍止 是爲二", 『법집요송경』 권3(대정장4, p.793a24 : *Udāna-v.*, p.369)에 "홀로 노닐며 두렵거나 거리낌이 없고 안도 더럽고 밖도 깨끗하지 않네. 탐욕스럽게 먹으니 스스로 절제하지 못하고 삼악도를 유전하며 때에 따라 움직이네. 마치 우리에서 돼지로 키워지는 것과 같으니 자주자주 포태에 들어가네. 獨遊無畏忌 內穢外不淨 貪餮不自節 三轉隨時行 如圈被養猪 數數受胞胎 caranti haike parivāravantas tv antar hy aśuddhā bahi śobhamānāḥ. middhī ca yo bhavati mahāgrasaśca rātriṃ divaṃ samparivartaśāyī, mahāvarāha iva nivāpapuṣṭaḥ punaḥ punar mandam upaiti garbham"라고 하였다. 〔참고문헌〕『佛般泥洹經』, 『法集要頌經』, *Udāna-v.*

탐포라 耽餔羅 Ⓢ tāmbūla. 베틀 후추. 후추과에 속하는 덩굴식물. 섬보라(贍步羅)·담보라(擔步羅)라고도 한다. 인도가 원산지이고 동남아시아에서도 널리 재배한다. 학명은 *Piper betle*이다. 잎사귀에 향기가 있어 씹으면 입 냄새를 없애고 성대를 좋게 하며 소화에 도움이 되기에 예로부터 이 잎을 상용했다. 특히 이 잎을 탐포라라고 한다. 『집이문족론』 권4(대정장26, p.381c4)에 "그 비구가 입으로 잡다한 것을 씹으며 맛보는 것을 보는데, 그것들은 탐포라·용뇌·육두구이다. 見彼苾芻口中 含嚼雜染諸味 謂耽餔羅龍腦荳蔻", 『일체경음의』 권66(대정장54, p.745b9)에 "탐포라〈첫 번째 글자는 탑과 함을 반절한 음으로서 범어이다. 서국의 약용나무 이름이다. 세속의 여인들이 이 약을 많이 먹는다〉. 耽餔羅〈上荅含反 梵語也 西國藥果名也 俗土女人 多含此藥〉"라고 하였다. 〔참고문헌〕『集異門足論』, 『一切經音義』, 『仏教植物辭典』(國書刊行會, 1982), *Śikṣ.9.* ⇨ 담보라수 擔步羅樹

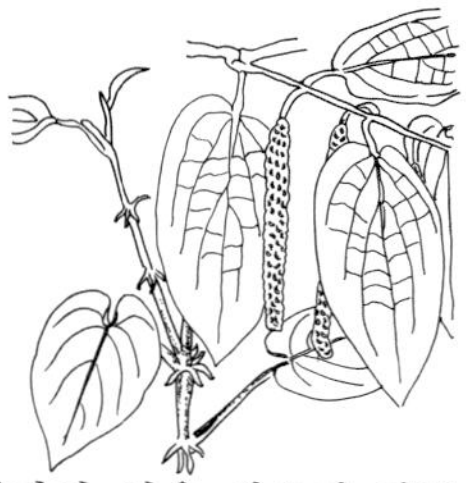

탐현기석 探玄記釋 고려 스님 균여(均如) 지음. 『화엄경탐현기』(대정장35, No.1733)에 대한 주석서. 28권. 『균여전』 「해석제장분 解釋諸章分」(한불전4, p.512b9)에 "『탐현기석』 28권. 探玄記釋二十八卷"이라 하였을 뿐 실전되어 자세한 내용은 알 수 없다. 〔참고문헌〕『均如傳』. ⇨ 화엄경탐현기 華嚴經探玄記

탐화 貪火 Ⓢ rāga-agni, Ⓟ rāga-aggi. 탐욕의 불길. 삼화(三火) 중 하나로 탐욕화(貪欲火)라고도 한다. 『집이문족론』 권5(대정장26, p.384c27)에 탐화란 무엇인가? … 이러한 탐애에 뒤덮여 굴복한 이는 갖가지로 몸에 열이 나고 마음에 열이 나며 몸과 마음 모두에 열이 나고, 몸이 불타고 마음이 불타며 몸과 마음이 모두 불탄다. … 또 탐애에 얽힌 연으로 오래도록 좋거나 즐겁거나 하지 않은 … 이숙과를 받으니 이를 탐화라 한다. 貪火云何 … 由此貪愛所蔽伏者 發生種種身熱心熱身心俱熱 身燒心燒身心俱燒 … 又由貪愛纏爲緣故 長夜領受不可愛不可樂 … 異熟果 是謂貪火", 『유가사지론』 권58(대정장30, p.625c6)에 "만약 수용할 때에는 탐화에 불타 안으로 문득 적정하지 못해 고통받는다. 若受用時 貪火所燒 於內便受不寂靜苦"라고 하였다. 〔참고문헌〕『集異門足論』, 『瑜伽師地論』, *AN.4.44.* ⇨ 삼화 三火 ❶

탑 塔 석가세존의 사리(舍利)를 봉안하기 위한 축조물. 경설에는 과거불(過去佛)의 불탑도 전하고 있으며, 사리불 등의 제자들의 탑은 물론 후대에는 고승사리를 모신 승탑 등도 생겨나게 되었다. 탑파(塔婆)의 줄임말로 범어 스투파(stūpa)의 음사어다. 차이티야(Ⓢ caitya : 支提)라는 말로도 전승해왔다. 사리를 모신 것을 탑이라 하고 사리가 없는 것을 지제(支提)라고 구분하기도 한다. 스투파라는 말에는 사리를 봉안하고 토석(土石)을 올려 쌓는다(堆積)는 뜻이 있고, 차이티야는 적취(積聚)의 뜻이 있어, 스투파는 방분(方墳)·원분(圓墳)·고현처(高顯處)라 한역하고 차이티야는 영묘(靈廟)·정처(淨處)·복취(福聚)·생정신처(生淨信處)·가공양처(可供養處)의 뜻이 두드러진다. 즉 스투파는 사리를 모신 곳으로, 차이티야는 부처님을 기리는 표식으로 세워졌다고 볼 수 있다. 특히 스투파는 음사하는 과정에서 솔도파(窣堵波)·졸도파(卒堵波)·두수파(斗藪波) 등으로 불리기도 하였다. 도세(道世)가 편찬한 『제경요집』이나 『법원주림』에는 지제 등을 구분하여 설명하고 있다. 『법원주림』 권37(대정장52, p.580a2)에 "이른바 탑은 탑파라고도 하는데, 방분 또는 지제라고 한역하며, 이를 번역하면 '악을 멸해 없애고 선을 일으키는 곳'이라는 뜻이다. 또는 두수파라고도 한다. 이 말은 보호하고 찬탄한다는 뜻의 호찬으로 한역하였다. 사람들이 찬탄하고 옹호한다고 하는 뜻으로 범어의 바른 음사어는 솔도파이며, 묘라고 한역한다. 묘라는 것은 모양을 갖춤이니 곧 영묘를 말한다. 所云塔者 或云塔婆 此云方墳 或云支提 翻爲滅惡生善處 或云斗藪波 此云護讚 若人讚歎擁護歎者 西梵正音 名爲窣堵波 此土云廟 廟者貌也 即是靈廟也"라고 하였다. 이외에도 탑을 부르는 말로 부도(浮屠)·부두(浮頭)·포도(蒲圖)·불도(佛圖) 등이 사용되기도 하였는데, 『후한서 後漢書』에서 환제(桓帝)가 '자주 부도(浮圖)를 기원했다'는 내용이나 『위서 魏書』에 말하는 부도·불도 등이나 『낙양가람기 洛陽伽藍記』에서 영녕사(永寧寺)·경명사(景明寺)·보광사(寶光寺) 등을 모두 부도라 부르는 등은 탑을 포함한 불상과 스님 등 불교를 지칭하는 넓은 의미에서 쓰였음을 알 수 있다. 현장(玄奘 602~664)의 『대당서역기』 권1(대정장51, p.872a23)에 인도 국경의 달밀국(呾蜜國)을 지나면서 처음 탑에 관한 기사가 보이는데, "모든 솔도파는 바로 구역에서 말하는 부도이다. 유파·탑파·사유파·수두파라고도 하는데 이는 모두 잘못 전해진 음사다. 諸窣堵波 即舊所謂浮圖也 又曰鍮婆 又曰 塔

婆 又曰 私鍮簸 又曰 藪斗波 皆訛也"라고 하고는 이후 기록에서는 탑은 대부분 솔도파라고 전하고 있다. 결국 중국에서는 탑을 부르는 말로 불타(Ⓢ Buddha)의 음사어인 부도가 먼저 쓰였고, 이후 구법승(求法僧)들의 왕래로 현지에서 불리던 스투파로 음사되어 솔도파·탑파(塔婆) 등으로 전승되었다고 볼 수 있다. 부처님 열반 후 조성된 불사리탑의 시작에 관해서는『불반니원경』권2(대정장1, p.169b8)에 "(부처님이 아난에게 전륜성왕의 장법(葬法)대로 다비할 것을 명하시면서) 다비를 마치면 사리를 수습하여 여러 길들이 만나는 교차로에 탑을 쌓고 찰간을 세워라. 闍維訖畢 斂舍利 於四交道起塔立刹"라고 하였다. 그의 제자들이 유언에 따라 부처님의 유체(遺體)를 다비하였고 이때 인도의 여덟 부족이 사리 분배에 참여하였는데, 도로나(徒盧那)의 중재로 사리를 팔등분하여 각자 부족에 가서 탑을 세웠으니 이것이 근본팔탑(根本八塔)이다. 근본팔탑을 건립한 부족은 첫째, 마가다국의 아자타샤트루왕, 둘째, 바이샬리의 릿차비족, 셋째, 카필라성의 석가족, 넷째, 아라캅바의 부리족, 다섯째, 라마그라마의 콜랴족, 여섯째, 베티두비파의 바라문, 일곱째, 파바의 말라족, 여덟째, 쿠시나가라의 말라족으로 알려져 있다. 근본팔탑의 위치에 대하여는『유부백일갈마』권9(대정장24, p.496a4)에서 "하나는 부처님께서 탄생하신 곳이니 겁비라 벌솔도성 람비니림에 있고, 하나는 성불하신 곳인 마갈타국의 법아란야 보리수나무 아래 금강좌 위에 있으며, 하나는 최초로 법륜을 굴리신 곳이며 바라니사 선인이 떨어진 곳인 녹림원에 있으며, 하나는 열반에 드신 곳인 구시나성 사라쌍수 사이에 있고, 하나는 왕사성 추봉산 죽림원 안에 있으며, 하나는 광엄성 미후지 옆의 고각당에 있으며, 하나는 실라벌성 서다림의 급고독원에 있고, 하나는 천하처의 평림마을에 있다. 앞 네 곳을 정처라고 하고, 뒤의 네 곳을 부정처라고 한다. 一 佛生處 在劫比羅伐窣覩城嵐毘尼林 二 成佛處 在摩揭陀法阿蘭若菩提樹下剛座上 三 轉法輪處 在婆羅痆斯仙人墮處施鹿林中 四 涅槃處 在拘尸那城娑羅雙樹間 五 在王舍城鷲峯山竹林園內 六 在廣嚴城獼猴池側高閣堂中 七 在室羅伐城 逝多林給孤獨園 八 從天下處 在平林聚落 初之四處名爲定處 後之四處名不定處"라고 하고 있다. 이 밖에도 사리분배에 늦게 참여해 화장터의 재를 가져갔던 모라족이 세운 재탑(灰塔)과 사리분배 때 사리를 담았던 병을 가져간 도르나가 세운 병탑(甁塔)을 더하여 십탑이라고 부른다. 이후 인도를 최초로 통일한 아쇼카왕(Ⓢ Aśoka 기원전 273~232)이 근본팔탑을 해체하여 모든 사리를 팔만사천개로 나누어 다시 탑을 세웠는데, 이는 불탑신앙을 널리 유포하는 계기가 되었다. 한편 탑은 부처님열반전에도 세웠다는 전설이 있는데, 이는 우전왕의 불상기원설과도 유사하다.『십송율』권56(대정장23, p.415b27)에 "기탑법이란 급고독거사가 … 부처님께 고하기를 '세존이시여, 세존이 여러 나라를 유행하실 적에는 제가 세존을 뵙지 못하기 때문에 사무치게 그립습니다. 원컨대 물건 하나를 주시어 제가 공양하게 해 주십시오'라고 하니, 부처님이 손톱과 머리카락을 주면서 '거사여, 이 손톱과 머리카락에 공양하시오'라고 말씀하셨다. 거사가 즉시 부처님께 고하기를 '원컨대 세존이시여. 제가 발탑과 조탑 세우는 것을 허락해 주십시오'라고 하니, 부처님이 '발탑과 조탑 세우는 것을 허락한다'라고 말씀하셨다. 이것을 기탑법이라고 한다. 起塔法者 給孤獨居士 … 白佛言 世尊 世尊遊行諸國土時 我不見世尊故甚渴仰 願賜一物我當供養 佛與爪髮言 居士汝當供養是爪髮 居士卽時白佛言 願世尊聽我起髮塔爪塔 佛言 聽起髮塔爪塔 是名起塔法"라고 하였다. 중국에서 조탑의 시작은『고승전』권1(대정장50, p.325b28)에 "강승회(康僧會 ?~280)가 나아가 말하길, '사리의 위신력이 어찌 다만 빛을 내는 모양뿐이겠습니까. 곧 겁화의 불로도 태울 수 없고 금강저로도 깨뜨릴 수 없습니다'라고 하자, 손권이 시험해 보도록 명하였다. … 곧 사리를 철 침퇴 위에 놓고, 역사에게 깨뜨리게 하였다. 이에 침퇴는 모두 부서졌으나, 사리는 훼손되지 않았다. 손권이 크게 탄복하여 곧 탑을 세우니, 비로소 불사가 있게 되었기 때문에 건초사라고 이름하였다. 會進而言曰 舍利威神豈直光相而已 乃劫燒之火不能焚 金剛之杵不能碎 權命令試之 … 乃置舍利於鐵砧磓上 使力者擊之 於是砧磓俱陷 舍利無損 權大歎服 卽爲建塔 以始有佛寺 故號建初寺"라고 하였다. 이후 중국에서도 수 문제(文帝)가 그때까지 중국에 있던 모든 불탑의 사리를 모아 인수년간(601~603)에 3회에 걸쳐 전국 111개 주에 11기의 5층탑을 세워 사리를 봉안했다. 이 같은 사리 분배는 오월국(吳越國)의 마지막 왕인 전홍숙(錢弘俶 재위 948~978) 때도 있었으며, 크고 작은 사리분배의 기록은 여러 문헌에서 전한다. 우리나라 최초의 조탑 기록은『삼국유사』권3(대정장49, p.989b29·한불전6, p.319a20) 탑상(塔像)4 요동성육왕탑(遼東城育王塔)에 "『삼보감통록』에 실려 있다. … 옛날 고구려 성왕이 요동성 근처를 순행하다가 이 성에 이르러 오색구름이 땅을 덮은 것을 보고 구름 속으로 들어갔더니, 어떤 스님이 석장을 짚고 서 있었는데 가까이 가면 곧 사라지고 멀리서 보면 다시 나타났다. 그 곁에는 삼층 토탑이 있었는데 위에 가마솥을 엎어놓은 것 같았다. … 더 파들어가자 명문이 나왔는데, 위에 범어가 있었다. 옆에 있던 신하가 글자를 알아보고는 불탑이라고 하였다. … 이로 인해 신심이 생겨서 칠층 목탑을 세웠다. 나중에 불법이 전해지고 나서야 그 전말을 자세히 알게 되었다. 三寶感通錄載 … 昔高麗聖王按行國界次 至此城 見五色雲覆地 往尋雲中 有僧執錫而立 旣至便滅 遠看還現 傍有土塔三重 上如覆釜 … 又

掘得銘 上有梵書 侍臣識之云是佛塔 … 因生信 起木塔七重 後佛法始至 具知始末"라고 하였다. 이렇게 사리탑 건립과 사리분배 전통은 비단 부처님의 사리에 국한되지 않고 스님들의 다비 후 사리분배에도 영향을 미쳤는데, 탑은 다시 비(碑)와 쌍으로 건립되고 불법의 유통과 전승이라는 의미를 더욱 구체화하기에 이른다. 현재 남아 있는 탑 가운데 가장 이른 시기의 산치대탑(Ⓢ Sanchi)은 크기도 거대하며 석존을 중심으로 한 본생(本生)과 금생의 일들을 새긴 장엄한 조각의 4대 탑문과 난간이 잘 남아 있다. 특히 복발형(覆鉢形)의 탑신은 분묘와 같은 형태를 지니고 있는데, 후대에 이르러 점차 누각식(樓閣式) 탑을 지향하면서 기단·탑신·상륜의 세부분으로 구성된 전형적 탑형이 만들어지기 시작하였다. 탑은 형태에 따라 복발형탑·누각식탑·보협인탑·오륜탑·무봉탑·상륜탑 등으로 나뉘며, 재료에 따라 목탑·전탑·석탑·금은탑·철탑·동탑 등으로 구분하는데, 지역과 시대에 따라 재질과 형태에 있어 현저한 차이를 보이며 양식화 하였다. 가장 두드러진 변화라면 인도의 산치대탑 등에서는 석가세존의 행적들을 그림으로 새겨 추모했다면, 후대 고승들의 탑들은 그들의 행적을 문자로 비석에 새겨 함께하게 된 경우다. [참고문헌] 『法苑珠林』, 『大唐西域記』, 『佛般泥洹經』, 『有部白一羯磨』, 『十誦律』, 『高僧傳』, 『三國遺事』, 『根本薩婆多部律攝』 권7(대정장24, p.567a29), 『廣弘明集』 권2(대정장52, p.14a7), 『諸經要集』 권3(대정장54, p.21b2), 『後漢書』, 『魏書』. ⇨사리 舍利[1], 산치 Sanchi, 진신사리 眞身舍利, 사리신앙 舍利信仰, 부도 浮圖, 사리탑 舍利塔, 불탑 佛塔, 솔도파 率都婆, 스투파 stūpa, 아육왕탑 阿育王塔, 불교건축 佛教建築, 조탑공덕경 造塔功德經, 제다공양 制多供養, 기탑공양 起塔供養, 기탑육의 起塔六意, 탑비 塔碑

산치대탑 인도

세존사리탑 양산 통도사

탑 搭 걸치다 또는 수하다의 뜻이다. '가사를 수하다(搭袈裟)'와 '승당에서 안거하다'라는 뜻의 괘탑(掛搭)이 모두 가사를 몸에 걸치거나 승당에 있는 가사대에 가사를 걸어 놓다의 뜻이다. 『백장청규』 권5 「장포 裝包」(대정장48, p.1140a11)에 "발을 씻고 옷을 갈아입은 다음 가사를 걸치고 지객을 접견했다. 濯足更衣 搭袈裟與知客相看", 『앙산어록』(대정장47, p.585b19)에 "앙산이 좌구를 어깨에 걸치고 나갔다. 師將坐具 搭肩上而出"라고 하였다. [참고문헌] 『百丈清規』, 『仰山語錄』.

탑 鍣 지팡이 끝이 닳지 않도록 쇠붙이 따위로 덮어씌운 덮개. 『사분율』 권52(대정장22, p.955c27)에 "이때 늙고 병든 비구 길을 가다 넘어지자 부처님께서 말씀하시길 '늙고 병든 이 지팡이 짚는 것을 허락한다. 지팡이 끝이 닳을까 염려된다면 덮개를 만들어 씌우는 것을 허락한다'. 이에 저이가 보물을 써서 덮개를 만들자 부처님께서 말씀하시길 '보물을 써서는 안 되며, 뼈·상아·뿔·백랍·납·주석으로 만드는 것을 허락한다. 저윗부분이 부서졌다면 역시 이와 같은 물건들로 만드는 것을 허락한다'. 時 老病比丘 道行倒地 佛言 老病聽捉杖 患杖下頭盡 聽作鍣 彼用寶作 佛言 不應用寶 聽用骨牙角白鑞鉛錫作 若上頭破 亦聽用如是等物作"라고 하였다. [참고문헌] 『四分律』.

탑견 搭肩 가사(袈裟)를 수할 때 오른쪽 끝으로 왼쪽 어깨를 덮는 것. 『율상감통전』(대정장45, p.880c2)에 "서천의 왕과 신하는 모두 흰 모포를 입는데 왼쪽 어깨 위에 걸치기에 부처님께서는 옷의 끝을 팔에 걸치게 해서 세속과 다르게 제정하셨는데, 알비비구는 위의로 중생을 제도하였지만 이때는 아직 오른쪽 끝으로 왼쪽 어깨를 덮는 식으로 법복을 입지는 않았다. 후에 많은 대중을 출가시켜 문도들이 점점 많아졌는데, 나이 어린 비구들은 용모가 단정하고 아름다웠기에 성에 들어가 걸식하면 여인들의 사랑을 많이 받았다. 이로 인해 부처님께서는 옷의 끝을 왼쪽 어깨에 걸치도록 제정하셨다. 西天王臣 皆被白氎 搭左肩上 故佛制 衣角居臂異俗 頞鞞比丘威儀度物 爾時 法服猶未搭肩 後度諸衆 徒侶漸多 年少比丘 儀容端美 入城乞食 多爲女愛 由是佛制 衣角在左肩"라고 하였다. [참고문헌] 『律相感通傳』.

탑골 塔谷 지명. 예부터 사탑(寺塔)이 있던 곳을 탑골·탑동(塔洞)·절골(寺谷)이라 부르곤 한 데서 유래한다. 『삼국유사』 권3(대정장49, p.987c24·한불전6, p.316b9) 흥법(興法)3 원종흥법 염촉멸신(原宗興法猒髑滅身)에 565년(진흥왕26)에 진사(陳使) 유사(劉思)와 명관(明觀)스님이 불경(佛經)을 받들고 신라에 왔을 때 "절들이 하늘의 별처럼 펼쳐져 있고 탑들이 날아가는 기러기 행렬 같았다. 寺寺星張 塔塔雁行"라고 하였을 정도로, 사탑이 곳곳에 있었음을

마애탑 경주남산탑골

뜻하는 우리나라에 흔한 지명 중 하나다. 현재도 원각사 십층석탑(圓覺寺十層石塔)이 있는 서울 종로구 탑골공원, 마애불상군(塔谷磨崖佛像群)이 분포하고 있는 경주 남산의 탑곡 등이 대표적이다. 지규식(池圭植 1851~?)의 『하재일기』 계사년(癸巳年 : 1893) 4월 17일에 "임금이 동릉에 행차하였다. 조반 전에 익준·원경과 함께 동문 밖에 나가 관광하고 돌아오는 길에 탑골 승사에 들어가 유람하며 시간을 보내다가 석양 무렵에 돌아왔다. 上幸東陵 朝飯前與益俊元京 出東門外觀光 歸路入塔谷僧舍 遊覽移時 夕陽歸來", 같은 책 정미년(丁未年 : 1907) 10월 24일에도 "일병 세 명이 와서 … 금사동(경기도 광주시 퇴촌면 금사리) 탑골에 있던 탑을 누가 가져갔는지 물었다. 日兵三人來 … 問金沙洞塔谷所在塔何人持去"고 하여, 사찰이나 불탑과 관련하여 언급하였다. 그밖에도 허목(許穆 1595~1682)의 『기언』 권19 「정빈민씨묘지 靜嬪閔氏墓誌」에 "이듬해(1627·인조5) 정월 17일 양주의 탑골에 예장하였다. 明年正月十七日以禮葬楊州之塔谷", 전라도 함평 사족 이준(李濬 1686~1740)의 『도재일기』 영조 2년(1726) 12월에 "(20일) 해남 탑골로 향하려고 산길을 돌고 돌았으나 방향을 분별하지 못하였다. … 다음 21일에 말고삐를 돌려 길을 되짚어 가보니 평소 듣던 대로 두륜산 대둔사는 명승이었다. 將向海南塔谷 而山路回回 不辨所向 … 翌之二十一 回轡復路 而素聞頭輪山大芚寺之勝", 『승정원일기』 영조 12년(1736) 9월 9일에 "신(西平君橈) 부모의 묘소는 양주 탑곡리에 있습니다. 臣父母墳山 在於楊州塔谷里"라고 하였다. [참고문헌] 『三國遺事』, 『荷齋日記』, 『記言』(韓國文集叢刊98, p.100a1), 『導哉日記』, 『承政院日記』. ⇨ 경주남산탑곡마애불상군慶州南山塔谷磨崖佛像群, 사사성장탑탑안행 寺寺星張塔塔雁行

탑다라니 塔陀羅尼 ❶ 탑을 조성할 때 봉안하는 다라니. 탑 안에 봉안하는 경문(經文)으로 사리와 함께 모시는 경우도 있다. 인도에서부터 시작된 전통으로 법사리(法舍利)라고도 한다. 의정(義淨)의 『남해기귀내법전』에서는 불사리와 함께 봉안하는 연기법송을 이종사리라 하였는데, 신라의 석장사지(錫杖寺址) 유적에서도 각면에 연기법송을 새겨넣은 벽돌이 발견되었으며 경주 불국사 석가탑에서 발견된 무구정광대다라니경은 탑다라니의 대표적 사례이다. 『대당서역기』 권9(대정장51, p.920a21)에 "인도의 법에서 향의 가루를 개어서 작은 솔도파를 만들되 높이는 오륙 촌이며 경문을 필사하여 그 안에 안치하는데 이를 법사리라고 한다. 그 수가 점차 늘어나면 큰 탑을 건립하여 모두 모아 그 안에 거두고 항상 공양한다. 印度之法 香末爲泥 作小窣堵波 高五六寸 書寫經文 以置其中 謂之法舍利也 數漸盈積 建大窣堵波 總聚於內 常修供養", 『남해기귀내법전』 권4(대정장54, p.226c17)에 "불상과 제지(制底 : 支提)를 만들 때는 금·은·동·철·진흙·칠·벽돌 또는 모래나 눈으로 하고 만들 때 안에 두 가지 사리를 안치하니, 하나는 대사의 신골이고 다른 하나는 연기법송이다. 又復凡造形像及以制底 金銀銅鐵泥漆甎石 或聚沙雪 當作之時中安二種舍利 一 謂大師身骨 二 謂緣起法頌"라고 하였다. [참고문헌] 『大唐西域記』, 『南海寄歸內法傳』. ⇨ 법사리 法舍利, 연기법송 緣起法頌 ❷ 경문을 탑모양으로 쓴 다라니. 경만다라(經曼茶羅)·경탑(經塔)·솔도파경(率覩婆經)이라고도 한다. 금강경탑다라니는 칠층보탑 상단에 '금강경탑 金剛經塔'이라 쓰고 탑 안에 『금강경』 전문을 쓰되, 중심부의 1~3·5~7층에 여래상을 모셨고 4층에는 소탑을 봉안하였으며, 1층에는 청법승(請法僧)·좌우 호법신장(護法神將)도 세웠다. 우리나라에서 19세기 말에 널리 유통되어 통도사·범어사 및 고양 원각사 등에 목판 또는 고간본이 전한다. 1871년(고종8)에 인담거사(印潭居士) 성월(性月)이 쓴 금강경탑다라니 바탕에 "이 탑은 서로 전해오던 것이니 바로 문수보살이 지은 것이다. 범승이 천축으로부터 우리나라에 가져왔다. 此塔相傳 是文殊菩薩所製 梵僧自天竺 携來此土也"라고 하여 유통인연을 적었다. 목판의 크기는 대체로 세로 200cm 및 가로 50~60cm 내외이며 종이에 찍어 망자를 염할 때 함께 덮어 묻거나 태우기도 한다. 이외 충청도 금산 영천사(靈泉寺)에서 1881년(고종18)에 새긴 원통궁전탑다라니(圓通宮殿塔陀隣尼)는 이층탑에 『천수경』을 새겼으며, 기단부 좌측에 "대비원력주문으로 재앙은 없어지고 복과 목숨이 늘어나리. 大悲願力呪 消灾增福壽"라고 하였다. [참고문헌] 『원각사의 불교문헌』(동국대불교학술원, 2017) pp.505~507, 『통도사성보박물관 소장유물名品』 p.238. ⇨ 경만다라 經曼茶羅, 경탑 經塔 ❷, 솔도파경 率覩婆經

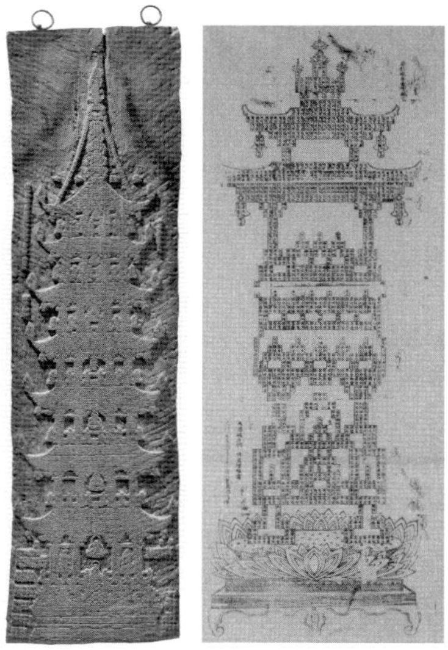

금강경탑다라니목판 통도사 1924년 · 원통궁전탑다라니목판본 영천사 1881년

탑령 塔鈴 법구. 오종령(五種鈴) 중 하나로 손잡이가 탑저(塔杵)의 형태인 금강령(金剛鈴). 솔도파령(率都婆

鈴)이라고도 한다. 탑의 형태는 보탑(寶塔) 또는 오륜탑(五輪塔)이다. 탑령은 오종령 중 대일여래를 상징하는데, 사리를 봉안하는 탑령은 석가모니와 대일여래의 동체를 나타낸다. 『무구정광대다라니경』(대정장19, p.720c18)에 "이 탑을 보는 이는 오역죄를 멸하게 될 것이며, 탑령소리를 듣는 이는 모든 일체의 악업을 소멸하게 될 것이다. 若見此塔者 滅五逆罪 聞塔鈴聲 消諸一切惡業界"라고 하였다. [참고문헌] 『無垢淨光大陀羅尼經』, 『仏教法具図鑑』(國書刊行會, 1993). ⇨ 금강령 金剛鈴, 오종령 五種鈴

탑명 塔銘 고승 입적 후 탑과 함께 건립하는 비문의 명문(銘文). 고승이 입적하면 행장에 근거하여 비문을 작성하는데, 산문 형식의 서(序)와 운문 형식의 명(銘)으로 구성하며, 명은 서문의 내용을 축약하여 중송형식으로 찬탄하는 글이다. 최치원(崔致遠 857~?)이 지은 「하동쌍계사진감선사대공영탑비문 河東雙谿寺眞鑒禪師大空靈塔碑文」(『교감역주역대고승비문』 신라편 pp.134・150~152)에는 "삼가 명으로 말한다. 입을 닫고 선정을 닦았으며 마음은 불타에 귀의했도다. … 가서는 정법안장인 비인을 전해 받았고 와서는 고국인 신라를 교화했도다. 그윽한 곳을 찾고 좋은 곳을 가려서 바위등성이에 터를 잡아 절을 지었도다. 謹札銘云 杜口禪那 歸心佛陀 … 去傳秘印 來化斯羅 尋幽選勝 卜築巖磴", 최언위(崔彦撝 868~944)가 작성한 「강릉지장선원낭원대사오진탑비문 江陵地藏禪院朗圓大師悟眞塔碑文」(『교감역주역대고승비문』 고려편1 pp.113・129~130)에는 "거듭 앞에서 술한 뜻을 드러내고자 명을 지어 이르되 … 보현산에서 대중을 지도하시고 학인에게 진종을 보여 주셨네. 重宣前義 乃作銘云 … 賢岫領衆 顯示眞宗"라고 하였다. 이색(李穡 1328~1396)이 찬술한 「양주회암사선각왕사비문 楊州檜巖寺禪覺王師碑文」(『교감역주역대고승비문』 고려편4 pp.352~353・369~370)에서는 "신 이색은 삼가 머리를 조아려 예배하고 비명을 지었습니다. 명하여 이르되, … 역대 임금 지극 정성 왕사로 모셔 인천중의 안목이며 복전이로다. 臣穡謹拜手稽首而爲之銘 銘曰 … 王者之師 人天眼目"라고 하였다. [참고문헌] 李智冠『校勘譯註歷代高僧碑文』新羅篇・高麗篇, 智冠『韓國高僧碑文總集』朝鮮朝・近現代. ⇨ 비 碑, 비명 碑銘, 탑비 塔碑

탑비 塔碑 스님의 유골을 모신 탑과 그 행장을 글로 새겨 남긴 비를 말한다. 스님의 입적후 다비(茶毘)로 사리(舍利)를 수습하여 탑에 모시면서 이어지는 추모의 결과물이다. 대체로 스님의 출생부터 열반에 이르는 행장(行狀)을 적는다. 신라와 고려시대에는 국사 혹은 왕사 신분의 스님이 입적하면 국왕이 시호(諡號)와 탑호(塔號)를 내리게 되고 당대를 대표하는 문인이 비문을 짓고 명필이 글을 쓰는데 집자(集字)하여 새기기도 하였다. 따라서 수려한 문장과 촬략(撮略)한 내용의 비문과 비석은 사상, 역사, 교리, 철학, 민속, 문학, 서예, 미술 등 당대를 풍미했던 다양한 가치들이 어우러진 문화의 결정체로 남겨졌다. 비문은 불멸의 재료로 여겨진 돌 즉 정석(貞石)에 새겨 누구나 보고 기억할 수 있도록 특별한 공간을 마련하거나 비림(碑林) 등을 조성해 외부에 세운다. 탑은 기단 위에 탑신을 올리고 옥개(屋蓋)로 덮고 상륜(相輪)으로 마무리하고, 비는 기단 위에 용이나 거북모양 귀부(龜趺) 위에 행장을 새긴 비신(碑身)을 올리고 용(龍)이나 운문(雲紋)을 새긴 이수(螭首)로 마무리한다. 신라시대의 탑비는 규모도 클 뿐만 아니라 이수 조각도 역동적이다. 대표적인 작품으로는 쌍봉사 철감선사탑비(868)・보림사 보조선사창성탑비(884)・쌍계사 진감선사대공탑비(887) 등이 있다. 고려에 들어서면서 태조의 명으로 최언위(崔彦撝 868~944)가 10개의 탑비를 찬하여 건립하였는데 중앙의 탑비양식이 전국으로 전파되는 계기가 되었다. 이 때 건립된 비들은 홍녕사 징효대사보인탑비(944)・무위사 선각선사편광탑비(946)・오룡사 법경대사보조혜광탑비(943)・보리사 대경대사현기탑비(939)・보현사 낭원대사원오탑비(940)・광조사 진철대사보월승공탑비(937)・비로사 진공대사보법탑비(939)・명봉사 자적선사능운탑비(941)・정토사 법경대사자등탑비(943) 등이다. 이를 계기로 고려전기는 탑비의 전성기라 할 수 있게 되었는데, 통일신라 탑비의 기본형을 유지하면서

보조선사창성탑비
보림사 장흥 884년

지광국사현묘탑비
법천사 원주 1085년

원진국사비 보경사 포항
보물제252호 1224년

도 웅장하고 장식적 요소를 더하고 있다. 고달사 원종대사혜진탑비(975)는 웅장한 규모로도 으뜸이며, 정토사 홍법국사실상탑비(1017), 거돈사 원공국사승묘탑비(1025) 등은 화려한 무늬장식에 섬세한 솜씨마저 더한 걸작으로 유명하다. 칠장사 혜소국사비(1060), 법천사 지광국사현묘탑비(1085) 등은 비신 측면에 승천하는 용을 새겨 뛰어난 풍모와 위엄을 더했다. 고려중기인 12세기에 이르면 점차 양식의 변화를 보이기 시작한다. 선봉사 대각국사비(1132)에서는 귀부를 생략하고 이수를 간략화하였으며, 서봉사 현오국사비(1185)에서는 귀부와 이수를 모두 생략한 비신만으로 건립되었다. 이 같은 변화는 13세기에도 지속되어 보경사 원진국사비(1224)에서는 귀부는 있으나 이수가 생략되었고 비신은 위부분의 양 모서리를 귀접이 한 형태로 나타난다. 14세기가 되면 비신 위에 지붕돌을 얹는 현재의 비석모습으로 정착화 되는데, 신륵사 보제존자석종비(1379)·태고사 원증국사비(1385)·창성사 원진국사대각원조탑비(1386) 등이다. 이 때에는 비신 위에 이수를 함께 새기는 중국형 탑비양식도 등장하는데 회암사 선각왕사비(1377)가 그 예다. 고려말에 이르면 석종형 승탑인 석종비(石鐘碑)를 세웠는데, 대표적인 것으로 안심사 지공나옹사리석종비(1379)·신륵사 보제존자사리석종비(1379)·사나사 원증국사사리석종비(1386) 등이다. 조선시대가 되면 억불정책과 함께 승도의 다비장례금지 정책 등이 시행되면서 승탑과 탑비의 건립도 사라지게 된다. 그러나 임진왜란 이후 승통제(僧統制) 등이 시행되어 문파의식이 고양되면서 청허휴정(1520~1604)의 청허계와 부휴선수(1543~1615)의 부휴계의 계파를 중심으로 전국적으로 탑비건립이 본격적으로 재개되었다. 조선후기 대표적인 탑비로는 금강산 백화암 서산대사비(1632)·해인사 홍제암 사명대사석장비(1612)·화엄사 벽암대사비(1663)·법주사 벽암대사비(1664) 등이다. 대체로 조형미 등에서 소박하고 장식성이 배제된 형태로 건립되었다. 근대이후 불교계는 종단정화불사를 거쳐 한국불교의 중흥을 열망하는 과정에서 한국불교의 정통성을 회복하기 위한 탑비건립 또한 중요한 불사로 여겨졌다. 해인사사적비(海印寺事蹟碑) 건립을 시작으로 화엄사사적비(華嚴寺事蹟碑) 등과 더불어 근대 고승들의 행적비를 건립하기 시작했는데, 해인사의 '용성당진종대종사비 龍城堂震鐘大宗師碑'와 '자운당성우대율사비 慈雲堂盛祐大律師碑' 그리고 '동산당혜일대종사비 東山堂慧日大宗師碑' 등을 건립하는 과정에서 통일신라와 고려조의 전통적 양식을 고려한 탑비 등이 건립되기 시작하였고, 한편 '퇴옹당성철대종사사리탑 退翁堂性徹大宗師舍利塔' 등과 같이 새로운 양식의 탑비들도 건립되는 등 문도들에 의한 다양한 양식의 탑비들이 건립되고 있다. [참고문헌] 李智冠『校勘譯註歷代高僧碑文』新羅篇~高麗篇4, 智冠『韓國高僧碑文總集 朝鮮朝·近現代』. ⇨사리 舍利, 비림 碑林, 귀부 龜趺, 이수 螭首, 상륜 相輪, 정석 貞石

탑사 塔史 팔리어로 쓰인 13세기의 스리랑카 연대기인 『투파밤샤 *Thūpavaṃsa*』의 한역명. '탑(Ⓣ thūpa, Ⓢ stūpa)의 연대기'라는 뜻을 지닌 운문으로 된 작품. 총 16장으로 구성되며, 13세기 후반에 바칫사라(Vācissara) 작품으로 전한다. 후반부 여덟 장은 아누라다푸라(Ⓟ Anurādhapura)에서 둣타가마니(Ⓟ Duṭṭhagāmaṇi)왕이 대탑(Ⓟ Mahā-thūpa)를 짓는 과정을 그리고 있다. [참고문헌] N.A.Jayawickrama *The Chronicle of the Thūpa and the Thūpavaṃsa Being a Translation and Edition of Vācissaratthera's Thūpavaṃsa* (London : Luzac for Pali Text Society, 1971), Oskar von Hinüber *A Handbook of Pāli Literature* (Berlin·New York : Walter De Gruyter, 1996) p.94.

탑사 塔寺 ❶ Ⓢ vihāra. 탑(Ⓢ stūpa)이 있는 절. 승원(僧院·僧園)이라고도 한다. 『장아함경』 권4(대정장1, p.26a11)에 "각각 그 곳으로 나아간다. 유행하다가 모든 탑사에 이르러 예경해 마친다. 各詣其處 遊行禮敬諸塔寺已", 『일체경음의』 권27(대정장54, p.491b16)에 "탑사는 범어로 비하라라고 한다. 유행처를 일컬으니, 무리들이 유행하다 다녀가는 곳이고, 또는 승원이라고 하는데 지금은 사(寺)라는 말로 대신한다. 塔寺 梵云毘訶羅 云遊行處 謂衆遊履行處 亦謂僧園 今以寺代之", 『석가여래행적송』 권하(한불전6, p.511b8)에 "백마사를 세운 것이 인 되어 사리와 경전, 불상을 봉안하니 이 땅의 모든 탑사는 이로부터 생겨나기 시작하였다. 因建白馬寺 安舍利經像 此土諸塔寺 由玆始興起", 『대각국사문집』 권16(한불전4, p.556b1)에 "조사의 세상은 오히려 탑사를 많이 세우는 상법의 시대에 속했다. 祖師之世猶在像法塔寺之中"라고 하였다. [참고문헌] 『長阿含經』, 『一切經音義』, 『釋迦如來行蹟頌』, 『大覺國師文集』, *Saddh-p.274.*, 『初期大乘佛教の研究』(昇榮社, 1969). ❷ 경상북도 상주시 외남면 탑동에 있던 절. 『한국사찰전서』에 인용된 『상산지 商山誌』에 의하면, 신라시대에 창건되었는데, 1915년에 나무꾼들이 탑을 훼손하고 그 속을 몰래 살폈으므로 군수가 총독부에 보고한 후 그 탑을 철그물로 막아 두었다고 한다. [참고문헌] 『韓國寺刹全書』 권하 p.1110b8. ❸ 전라북도 진안군 마령면 동촌리 마이산(馬耳山)에 있는 절. 이갑룡이 1885년(고종22)에 수도하면서 탑을 쌓기 시작했고, 1935년에 인법당과 산신각을 지었다. 1987년에 인법당을 대웅전으로 고쳐 짓고, 1996년에 나한전, 1997년에 종각과 요사 등을 중건하여 지금에 이른다. 현존하는 당우로는 대웅전·

산신각·영신각·요사 등이 있으며, 약 80여기의 마이산의 탑이 전라북도기념물 제35로 지정되어 있다. [참고문헌] 『마이산학술연구』(진안문화원, 2002) pp.99~100. ❹ 충청남도 논산시에 있던 절. 『동국여지승람』 권18 충청도 이산현(尼山縣) 불우에 성산(城山)에 있다고 하였고 『범우고』에는 폐사된 것으로 전한다. [참고문헌] 『東國輿地勝覽』, 『梵宇攷』, 『韓國寺刹全書』 권하 p.1110b6. ❺ 평안북도 정주군 중조봉(中祖峰)에 있던 절. 『가람고』에 정주군에서 서쪽으로 40리에 있다고 전한다. [참고문헌] 『伽藍考』, 『梵宇攷』, 『韓國寺刹全書』 권하 p.1110b11. ❻ 위치 미상. 윤희구(尹喜求 1867~1929)의 『우당시초』에 「탑사 塔寺」와 「안군요음탑사 安君邀飮塔寺」라는 시가 실려 있다. [참고문헌] 『于堂詩抄』.

탑사 塔事 가람(伽藍)을 세울 때 먼저 탑 세울 자리를 정하는 일. 『마하승기율』 권33(대정장22, p.498a10)에 "탑사란 승가람을 세울 때 미리 좋은 땅을 헤아려 탑의 자리를 살피는 것이다. 탑은 남쪽이나 서쪽에 두지 않으니 마땅히 동쪽에 있게 하거나 북쪽에 세우도록 한다. 塔事者 起僧伽藍時 先預度好地作塔處 塔不得在南 不得在西 應在東 應在北"라고 하였다. [참고문헌] 『摩訶僧祇律』. ⇨ 탑사 塔寺❶

탑사견고 塔寺堅固 오오백년(五五百年) 중 네 번째 시기. 탑사만을 견고히 할 뿐 정법을 수행함에 소홀히 한다는 뜻으로, 탑사뇌고(塔寺牢固) 또는 조사견고(造寺堅固)라고도 한다. 『대승본생심지관경천주』 권7(卍속장34, p.439b13)에 "네 번째 오백 년인 탑사견고는 비구들이 상법시대 이후 오백 년 동안 선정은 거의 닦지 않고 복전 심기만을 좋아하며 탑사를 수리하여 오래도록 변치 않게만 할 뿐이다. 第四五百年 塔寺堅固 謂諸比丘於像法後 五百年中 少習禪定 喜種福田 修理塔寺 堅固不變"라고 하였다. [참고문헌] 『大乘本生心地觀經淺註』. ⇨ 오오백년 五五百年, 다조탑사견고 多造塔寺堅固

탑산사 塔山寺 ❶ 경상북도 포항시 북구 송라면 중산리에 있던 절. [참고문헌] 『浦項市史』(浦項市史編纂委員會, 1987) p.403. ❷ 전라남도 장흥군 대덕읍 연지리 천관산(天冠山)에 있는 절. 탑산암(塔山庵)이라고도 한다. 『지제지 支提志』에 800년(애장왕1)에 통령화상(通靈和尙)이 창건하였다고 전하며, 정명국사(靜明國師) 천인(天因 1205~1248)이 작성한 「천관산기 天冠山記」에는 이곳에 아육왕이 세운 탑이 있었고 그 탑 동쪽에 통령화상이 절을 창건하여 탑산사라고 불렀다고 밝히고 있다. 임진왜란 전까지는 대웅전 및 시왕전(十王殿)·공수청(公需廳)·향적간(香積間) 등을 갖추었고 800여근의 대종 등 많은 유물을 보관하고 있었으나 임진왜란 당시 왜병이 대종을 녹여 총포를 만들었다고 한다. 1732년(영조8)에 흉년으로 도둑이 드는 등 사세가 줄어들었고, 1743년(영조19)에는 침명루(枕溟樓)가 화재로 소실되었다. 1780년에 화주(化主) 촉순(燭諄)과 봉관(奉寬)이 박동엽(朴東燁)과 김귀생(金貴生) 등의 시주에 힘입어 중건하였다. 1925년의 소규모 중창에 이어 1980년 법당 건립 등으로 지금에 이른다. 고려시대 유물로 추정되는 보물 제88호 동종은 현재 해남 대흥사(大興寺)에 소장되어 있다. 이외에 성보문화재로는 문화재자료 석등과 금동여래입상 등이 있다. [참고문헌] 『長興邑誌』, 『韓國寺刹全書』 권하 p.1110b13·p.1110b18, 「塔山寺銅鐘」(『韓國金石全文』 中世下篇, 1984), 『長興天冠山天冠寺 : 地表調査報告書』(順天大學校博物館·長興郡, 1999). ⇨ 천관사 天冠寺❷

탑산사동종 塔山寺銅鐘 고려후기 범종. 보물 제88호. 전체높이 79cm·입지름 43cm·두께 3.4cm. 탑산사의 종으로 전라남도 해남군 대흥사성보박물관에 있다. 정상부에는 정면을 응시하는 용뉴와 음통·정교한 입상화문대(立狀花文帶)가 표현되어 있고, 종신의 상하대와 연곽대(蓮廓帶)에는 연주문과 모란당초문을 장식하였다. 연곽 사이에는 운좌(雲座) 위에 앉은 보살좌상 네 존이 있고, 그 아랫단 연곽 아래에는 네 개의 당좌도 있다. 한쪽 보살상 아래 새겨진 명문에 "계사 10월 일 탑산사 화향도 상현·지장 등이 어비호장 중산 등과 함께 발원하였다. 금종에 들어간 무게는 팔십 근이다. 癸巳十月日 塔山寺火香徒 上玄智長等 於非戶長 仲山等同愿 金鐘入重捌拾斤印"라고 하였다. 계사년은 범종의 양식 등으로 보아 1173년(명종3) 혹은 1223년(고종20)으로 추정한다. 이외 보살상의 좌측에 만력(萬曆) 기해년(1599·선조32)의 추각명(追刻銘)도 전한다. [참고문헌] 『韓國의 梵鍾』(國立文化財硏究所, 1996) p.283, 『중요동산문화재 범종기록화사업보고서1』(문화재청, 2006) pp.94~101, 『韓國金石全文』 中世下 p.1253. ⇨ 대흥사동종 大興寺銅鐘, 탑산사 塔山寺❷

탑살아로 塌薩阿勞 지칠 만큼 애씀. 달살아로(達殺阿勞)라고도 한다. 달살은 범어 dīna-sattva, 아로는 그 한역어로 피로할 정도로 수고함. 『벽암록』 1칙 「송 頌」(대정장48, p.141a8)에 "설두(雪竇) 좌우로 돌아 살피더니 '어디에 조사가 있다는 말인가?〈그대 마주해 뒤집는구나. 오히려 그렇게 가져가구려〉'라고 하고는 '있구나!〈참으로 수고했다〉', 도리어 '불러 노승의 발을 씻게 하겠다〈다시 삼십방을 때려 좇더라도 아직 분이 차지 않으니, 이렇게 한다 해도 오히려 조금은 모자란 듯〉'. 師顧視左右云 這裏還有祖師麽〈爾待番款那 猶作這去就〉 自云 有〈塌薩阿勞〉 喚來與老僧洗脚〈更與三十棒趕出 也未爲分外 作這去就 猶較些子〉"

라고 하였다. [참고문헌]『碧巖錄』. ⇨아로 阿勞

탑선사 塔禪寺 전라북도 고창군 아산면 삼인리 도솔산(兜率山)에 있던 절. 대한불교조계종 선운사(禪雲寺)의 산내 상암(上庵)이다. 『도솔산선운사창수승적기 兜率山禪雲寺刱修勝蹟記』에 "상암 만력 10년(1582·선조15) 임오 봄에 중창하였는데 화주는 지은이었다. 上庵 萬曆十年壬午春重刱 化主敬信"라고 하였다. 『한국사찰전서』에 인용된 『선운사사적대참사고사 禪雲寺事蹟大懺寺故事』에서는 기출암(起出庵)의 서쪽에 있었으나 폐사되었다고 하였다. [참고문헌]『兜率山禪雲寺刱修勝蹟記』, 『韓國寺刹全書』 권하 p.1112a5.

탑원 塔院 탑을 모신 예배공간. 곧 제지(制底 Ⓢcaitya)를 한역한 말이다. 스님들이 거주하는 공간인 승원(僧院 Ⓢvihara)과 구분해 말한다. 인도의 석굴사원에서 구분되어 있었고, 큰 사원의 경우도 탑과 법당이 있는 예배공간과 스님들이 선수행이나 강경 등의 거주공간은 기본적으로 구분되어 있다. 스님들이 『마하승기율』 권26 「명잡송발거법 明雜誦跋渠法」(대정장22, p.439b3)에 "탑원과 승원 중에 들어와서 마당을 쓸려거든 비구는 마땅히 거꾸로 그 자취도 쓸어 없애야 한다. 若來入塔院僧院中 掃地者 比丘應逆掃其跡", 『설두어록』 권4(대정장47, p.695a23)에 "(宋太宗皇帝가) 탑원에 들어 스님에게 물었다. '경은 어떤 사람인가' '탑주입니다' '이는 과인의 탑인데 어찌하여 경이 주인이오' 설두가 대어하였다. '나라 대부분이 모두들 압니다'. 因入塔院 問僧 卿是甚人 僧云 塔主 帝云 此是寡人塔 爲什麽卿作主 代云 蓋國咸知"라고 하였다. [참고문헌]『摩訶僧祇律』, 『雪竇語錄』. ⇨제지 制底, 차이티야 Caitya

탑원사 塔院寺 중국 산서성(山西省) 오대산(五臺山) 현통사(顯通寺) 남쪽에 있는 절. 대보탑원사(大寶塔院寺)라고도 한다. 오대산은 중국 문수신앙의 대표적인 성지로서 산중에는 고적(古蹟)·불찰(佛刹) 등이 헤아릴 수 없이 많지만 오봉(五峰) 가운데 이 절에만 아육왕(阿育王)이 건립했다고 전하는 불사리탑(佛舍利塔)과 문수발탑(文殊髮塔)이 있어 탑원이라는 이름이 붙여졌다. 명 성조(成祖) 때인 1407년(영락5) 칙명에 따라 태감(太監) 양승(楊昇)이 대탑(大塔)을 중수하면서 도량을 건립하기 시작하였다. 1578년(만력6) 태후(太后)가 칙령으로 중상(中相) 범강(范江)과 이우(李友)에게 중건하도록 명하여 절의 경관이 넓고 화려해졌다. 사리탑은 백탑(白塔)이라고도 불리며 86m 정도의 높이로서 건축 형태는 지극히 정치하다. [참고문헌]『補續高僧傳』 권20 「夜臺·秋月傳」(卍속장134, p.325a15), 『淸涼山志』 권2(中國佛寺史志彙刊79, p.70a4).

탑의 搭衣 가사를 수하다. 탑가사(搭袈裟)라고도 한다. 『비니일용절요향유기』 권하(卍속장106, p.228b5)에 "이부대중이 저 가사 수한 채로 속가에 머물지 못하게 한 것은 바로 가사를 존중함을 나타낸다. 不聽居家二衆在彼搭衣者 正顯袈裟尊重也", 『사미율의요략술의』 권하(卍속장106, p.432b2)에 "부정한 손으로 가사를 수해서는 안 된다란, 이 옷은 여래의 깨끗한 옷이므로 옷을 공경함은 바로 여래 공경함이다. 不得不淨手搭衣者 謂衣是如來淨服 敬衣卽敬如來也", 『율학발인』 권하(卍속장106, p.960b10)에 "거사는 오계 받더라도 가사를 걸치지 않는다. 저 범망계를 받거나 도량에 들어갈 땐 가사 입는 걸 허락한다. 居士受五戒 不必搭衣 若受梵網戒 及入道場時 許搭衣"라고 하였다. [참고문헌]『毘尼日用切要香乳記』, 『沙彌律儀要略述義』, 『律學發軔』, 『沙彌律儀毘尼日用合參』 권중(卍속장106, p.576a14).

탑이사 塔爾寺 쿰붐사(ⓉSku-'bum-byams-pa-gling)의 중국식 이름. 현재 중국 칭하이성 시닝에 위치한 사원으로, 총카파(ⓉTsong-kha-pa)가 태어난 곳에 그의 어머니가 지은 작은 절과 탑에서 쿰붐사가 시작되었기에 붙은 이름이다. ⇨쿰붐사 Sku-'bum寺

탑인 塔印 태장과 금강계 밀교에서 대일여래(大日如來)의 삼매야형에 해당하는 수인. 솔도파인(窣都波印)이라고도 한다. 태장과 금강계 그리고 『법화경』의 주존에 배대하여 이탑(理塔)·지탑(智塔)·심탑(心塔)으로 구분한다. 태장 대일여래의 일자소성(一字所成)의 이탑은 무소부지인(無所不至印)이고 이것이 불부(佛部)의 탑인이다. 금강계 대일여래의 오자소성(五字所成)의 지탑(智塔)은 외오고인(外五股印)이고 이것이 금강부의 탑인이다. 『법화경』의 본존이신 석가여래의 미부련화(未敷蓮花)는 비로자나의 심탑이고 연화부(蓮華部)의 탑인이다. 무소부지인은 육대(六大)·사만(四曼)·삼밀(三密)의 인계로서 개탑인(開塔印)과 폐탑인(閉塔印)의 두 가지가 있다. 개탑인은 양손을 허심합장하고 양손의 식지를 서로 붙이되 양손의 엄지를 열어서 식지의 윗마디에 붙이는 것이고, 폐탑인은 양손을 허심합장하고 양손의 엄지를 붙이는 수인이다. ⇨개탑인 開塔印, 솔도파인 窣都波印, 무소부지인 無所不至印, 심탑 心塔❷, 외오고인 外五股印, 폐탑인 閉塔印

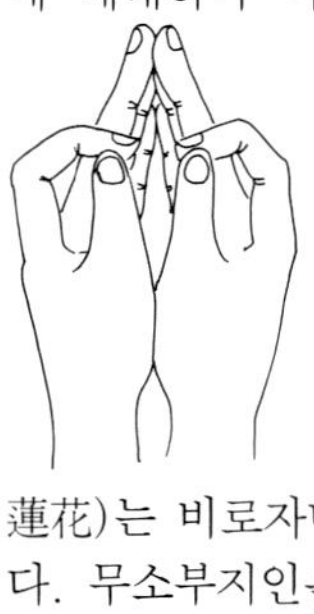

탑저 塔杵 양 끝에 갈고리 대신 탑의 형태를 한 금강저(金剛杵). 탑파저(塔婆杵)라고도 한다. 오종저(五種杵) 중 하나로서 대단(大壇)의 중앙에 안치한다. 『오상성신사기』(대정장75, p.793a21)에 "일설에는 '금강저는 오

부에 공통하는 삼매야형을 말하며 탑저와 연화 등은 모두 금강저를 말한다'고 하였다. 有云 金剛言通五部三昧

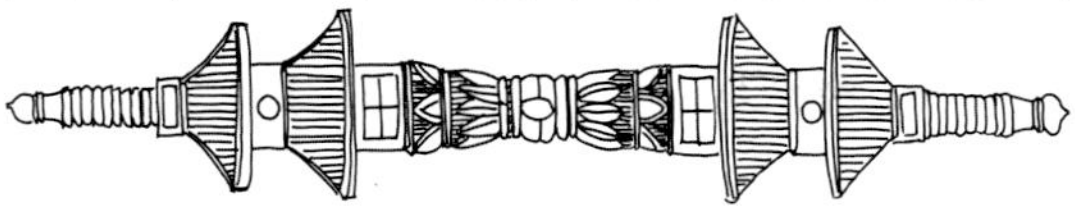

耶形也 塔杵蓮等皆名金剛"라고 하였다. [참고문헌] 『五相成身私記』, 『仏教法具図鑑』(國書刊行會, 1993). ⇨ 금강저 金剛杵, 오종저 五種杵

탑전 塔殿 부처의 유골을 봉안한 누각식 목조탑이나 석탑 또는 소형 공예탑을 모신 법당(法堂). 목탑은 불교 전래이후 삼국시대부터 고려 시대까지 널리 유행하였으나 화재로 소실되고, 현재 법주사 팔상전(捌相殿)이 누각식 목탑전으로는 유일하다. 층수는 5층으로 내부는 3층까지 뚫려 있는 통층식(通層式)구조이며 원래 3×3칸이었으나 임진왜란 이후 5×5칸으로 복원했다. 1968년 해체수리에서 중심 심주아래 심초석에서 사리장엄구가 발견되었다. 한편『삼국유사』 권3(대정장49, p.993c19·한불전6, p.326a13) 흥법(興法)3 전후소장사리(前後所將舍利)에 의하면 고려 왕궁내 십원전(十員殿) 왼쪽 소전(小殿)에 불아(佛牙)를 봉안했었다는 기록이 전하고, 쌍계사에는 혜능의 정골(頂骨)을 모신 육조정상탑전(六祖頂相塔殿)이 전한다. [참고문헌] 『三國遺事』, 강우방·신용철 『탑』(솔출판사, 2003).

법주사 팔상전

육조정상탑전내부
쌍계사 하동 조선

탑전십념 塔前十念 망승(亡僧)을 위해 탑 앞에서 열 번 칭념하는 일. 『선원청규』 권7 「망승」(卍속장111, p.913b16)에 "탑 앞에서 십념을 한다〈사(詞)로 읊는다. '삼가 생각건대 돌아가 고인이 된 아무개는 이제 인연 따라 적멸에 이르렀습니다. 법에 의지해 다비하여 백년 도 넓힌 몸 사루니, 한길 열반의 지름길에 들어섰습니다. 우러러 존경하는 대중에 기대오니, 이 각령을 도우소서'. 이에 열 번 칭념한다. 마치면 말한다. '앞서 성스러운 명호를 칭양하였으니 그에 힘입어 옮겨 왕생하소서. 오직 바라옵건대 지혜의 거울 분명하게 빛나고 진실의 바람은 흩어지며 반짝여서 보리동산이 깨달음의 꽃으로 뒤덮이고 법성의 바다 중에서 마음의 번뇌 때를 씻어내게 하소서. 차를 세 번 기울이고 향 한줄기 향로에 사루오니 구름길 옮겨 가심에 쓰시옵소서. 내영하는 성중께 화남합니다'〉. 塔前十念〈詞云 切以歿故某人 旣隨緣而順寂 乃依法以荼毗 焚百年弘道之身 入一路涅槃之徑 仰憑尊衆資助覺靈 乃稱十念 罷云 上來 稱揚聖號 資薦往生 惟願 慧鏡分輝 眞風散彩 菩提園裏 開敷覺意之花 法性海中 蕩滌塵心之垢 茶傾三奠 香爇一爐 用薦雲程 和南聖衆〉"라고 하였다. [참고문헌] 『禪苑淸規』.

탑주 塔主 탑에 모셔진 사리의 주인공. 또는 조사의 탑이나 진영을 모시는 소임. 『분양어록』 권중(대정장47, p.618a27)에 "백장탑주가 한 스님 탑에 예 올림 보고 말하길 '고인은 일언반구 얻고서 문득 쉬었는데, 오늘날 사승들 허둥지둥 대고만 있으니 무슨 끝낼 기약 있겠는가!' 동산 말하길 '그렇다면 저 탑주인듯 다소의 언구 얻었는가?' 분양 대신 말하길 '용과 뱀은 쉽게 가리지만 납자 속이기는 어렵다'. 百丈塔主 見僧禮塔云 古人得一言半句 便休去 今時師僧波波地 有什麽了期 洞山云 只如塔主 得多少言句 代云 龍蛇易辨 衲子難瞞", 『설두어록』 권4(대정장47, p.695a23)에 "송태종이 탑원에 들어와 한 스님에게 묻길 '경은 뭐하는 사람이오?' '탑주입니다' '이것은 과인의 탑인데 어째서 경이 주인이란 말이오!' 설두 대신 말하길 '온 나라가 다 알고 있습니다'. 因入塔院 問僧 卿是甚人 僧云 塔主 帝云 此是寡人塔 爲什麽卿作主 代云 蓋國咸知"라고 하였다. [참고문헌] 『汾陽語錄』, 『雪竇語錄』. ⇨ 주탑시자 主塔侍者, 시진 侍眞 ■

탑주막막 塔主莫莫 탑주 그저 조용히 하라 할 뿐이었다는 고사. 『선원몽구요림』 권중(卍속장148, p.257a9)에 "탑주 그저 조용히 하라고 할 뿐이었다〈운문의 법을 잇다. 『오등회원』 권15〉: 천복승고선사가 여산을 유행하다가 구봉에 올라갔는데 굉각의 탑원의 한적함이 마음에 들어 머물기를 구하였다. 청규가 엄격하여 지나는 이도 엄숙하게 공경하였다. 그때 총림에서 고탑주라고 불렀다. 한 스님 천복에게 묻기를 '무엇이 부처입니까?' '조용히 해라' '무엇이 조사가 서쪽에서 온 뜻입니까?' 탑주 말하길 '조용히, 조용히 해라'. 塔主莫莫〈雲門法嗣 會元十五〉 薦福承古禪師 因遊廬山登歐峯 愛宏覺塔院閑寂 求居之 淸規凜然 過者肅恭 時叢林號古塔主 僧問 如何是佛 主云 莫莫 又問 如何是祖師西來意 主曰 莫莫"라고 하였다. [참고문헌] 『禪苑蒙求瑤林』.

탑참법 搭懺法 선악 두 글자를 쓴 첩자를 던져 점쳐서 참회하게 하는 법. 『점찰선악업보경 占察善惡業報經』에 의한 참회법을 말한다. 『삼국유사』 권4(대정장49, p.1007b18·한불전6, p.350a20) 의해(義解)5 진표전간(眞表傳簡)에 "과연 미륵이 감응하고 현신하여 『점찰경』 두 권과 증과간자 189개를 주고 … '두 간자는 내 손가락 뼈이고, 나머지는 모두 침단목으로 만들었다. 모든 번뇌를 비유한 것이므로, 너는 이것으로 세상에 법을 전하여 사람을 구제하는 나룻배로 삼으라'고 하였다. … 당 승전을 살피면, 개황 13년(593·진평왕15)에 광주에 있는 스님이 참법을 행하였는데, 가죽으로 첩자 2장을 만들고 선악 두 글자를 써서 사람들에게 던지게 한 다음 선을 얻으면 길하다고 하였다. … 이 탑참법은『점찰경』에 의지한다. … 탑참은 뭇 경과는 다르기에 행해서는 안 되기에 칙명으로써 금하였다. 지금 시험삼아 논하면, 청주거사 등의 탑참등사는 마치 대유가 시서를 무덤에서 나왔다고 하는 것과 같다. 果感彌力現授占察經兩卷並證果簡子一百八十九介 … 二簡子是我手指骨 餘皆沉檀木造 喩諸煩惱 汝以此傳法於世 作濟人津筏 … 按唐僧傳云 開皇十三年 廣州有僧行懺法 以皮作帖子二枚 書善惡兩字 令人擲之 得善者吉 … 此搭懺法 依占察經 … 搭懺與衆經復異 不可依行 因勅禁之 今試論之 青州居士等搭懺等事 如大儒以詩書發塚"라고 하였다. [참고문헌]『三國遺事』,『歷代三寶紀』,『大唐內典錄』 권5(대정장55, p.279b2). ⇨ 박참법 撲懺法, 참법 懺法

탑파보관 塔婆寶冠 **1** 탑파가 안치된 보관. 미륵보살의 도상적 특징이기도 한데, 특히 티베트 미륵보살상은 대부분 탑파보관으로 장엄되었다. [참고문헌]『티베트의 미술』(화정박물관, 1999) pp.120~122. ⇨ 보관 寶冠 **1**, 미륵보살 彌勒菩薩 **2** 보관 형식으로 이루어진 탑의 상륜부. 국보로 지정되어 동국대박물관에 소장되어 있는 고려시대 조성의 보협인석탑(寶篋印石塔)이 대표적인 예이다. [참고문헌]『문화재대관』 국보(대학당, 1986). ⇨ 보협인석탑 寶篋印石塔

탑호 塔號 고승 입적 후 세운 탑의 이름. 과거에는 고승의 덕을 기려 국왕이 시호(諡號)와 함께 하사하였고, 이후에는 비문을 쓰고 작성하는 등 탑비를 세우는 과정에서 건립주체인 문도들이 논의하고 자문하는 과정에서 정하기도 한다. 대표적인 사례로는 낭혜화상(朗慧和尙) 무염(無染 801~888)의 탑호는 백월보광(白月葆光), 통진대사(洞眞大師) 경보(慶甫 869~948)는 보운(寶雲), 지광국사(智光國師) 해린(海麟 984~1067)은 현묘(玄妙), 보조국사(普照國師) 지눌(知訥 1158~1210)은 감로(甘露), 보각국존(普覺國尊) 일연(一然 1206~1289)은 정조(靜照), 무학(無學) 자초(自超 1327~1405)는 자지홍융(慈智洪融)이라 하였다. 혜덕왕사 소현(韶顯 1038~1096)의 「금구금산사혜덕왕사응진탑비문 金溝金山寺慧德王師應眞塔碑文」(『교감역주역대고승비문』 고려편3 p.30·55)에는 "왕사로 진봉하고 시호를 혜덕, 탑호를 응진이라고 하였다. 封爲王師 諡曰慧德 塔號眞應"라고 하였다. [참고문헌] 李智冠『校勘譯註歷代高僧碑文』高麗篇, 智冠『韓國高僧碑文總集』朝鮮朝·近現代. ⇨ 탑 塔, 탑비 塔碑

탓트바상그라하 Tattvasaṃgraha 유가행중관학파인 샨타라크시타(Ⓢ Śāntarakṣita 725~788)의 저작으로 진실강요(眞實綱要)·섭진실론(攝眞實論) 등으로 번역한다. 전체 3645게송, 26장(귀경게 제외)으로 이루어진 방대한 저서로서 인도철학 각 파의 여러 사상과 개념 가운데 26가지를 선별하여 불교의 입장에서 비판하는데 26장의 주제는 다음과 같다. ① prakṛti(상키야의 근본 원질) ② īśvara(창조신) ③ ubhaya(신과 근본원질) ④ svabhavikajagadvāda(自在) ⑤ śabdabrahma(미망사의 샤브다론) ⑥ puruṣa(상키야의 푸루샤) ⑦ atma(자아론) ⑧ sthiravāda(상주론) ⑨ karmaphalasambandha(업과와 속박) ⑩ dravyapadārtha(六句義 중 실체) ⑪ guṇapadārtha(육구의 중 속성) ⑫ karmapadārtha(육구의 중 운동) ⑬ sāmānyapadārtha(육구의 중 보편) ⑭ viṣeśapadārtha(육구의 중 특수) ⑮ samavayapadārtha(육구의 중 내속) ⑯ śabdārtha(언어의 대상) ⑰ pratyakṣalakṣana(직접지각) ⑱ anumana(추리) ⑲ pramanāntarabhava(바른 인식) ⑳ syādvāda(자이나의 다면론) ㉑ traikalya(삼세) ㉒ lokayata(세간) ㉓ bahirartha(외경실재) ㉔ śruti(pūrvapakṣa)(베다) ㉕ svataḥpramanya(미망사의 자기타당성) ㉖ atīndriyarthadarsi(일체지). 이러한 논쟁적 비판을 통해 최종적으로 불교의 연기법(緣起法) 및 일체(一切)의 무자성성(無自性性)을 드러내려 한다. 이 과정에서 다양한 불교부파의 교설과 논리학적 방법을 적절히 인용하고 있으며, 필요에 따라서는 다른 부파의 교설도 적극 인용하고 있는데, 이것을 네 층위로 나누면 가장 아래 설일체유부의 교의가 있고, 그 위에 경량부, 다시 그 위에는 유식교설, 그리고 마지막 가장 수승한 자리에 중관사상을 위치시킨다. 주석서로는 샨타라크시타의 제자인 카말라실라(Ⓢ Kamalaśīla 740~797)의『탓트바상그라하판지카 *Tattvasaṃgraha-pañjikā*』가 가장 대표적이다. 현전하는 판본으로는 3645송으로 편집된 샤스뜨리(S.D.Shastri)의 *Tattvasangraha of Ācārya Shāntarakṣita with the Commentary 'Pañjikā' of Shri Kamalashīla*(1981)와 3646송으로 편집된 크리쉬나마차르야(E.Krishnamacharya)의 *Tattvasaṃgraha of Śāntarakṣita with the Commentary of Kamalaśīla*(1988)가 있고, 영역으로 자하(G.Jha)의 *The Tattvasangraha of Shantaraksita With the Commentary of Kamalashila*(1986)가 있다. [참고문헌] 上山春平 外『空の論理 中觀〈仏教の思想3〉』(角川書店, 1969), 梶山雄一『空の思想-仏教における言葉と沈默』(人文書院, 1983), 이태승『샨타라크쉬타의 중관사상』(불교시대사, 2012), McClintock *Omniscience and the rhetoric of reason in the "Tattvasamgraha" and the "Tattvasamgrahapanjika"*(Ha rvard University, 2002). ⇨ 샨타라크시타 Śāntarakṣita, 육구의 六句義, 진실강요 眞實綱要

탕과 湯果 뜨겁게 달인 탕(차)과 과일. 『선림보훈』 권1(대정장48, p.1019a14)에 "법연스님이 해회로부터 동산으로 옮겨가자, 태평불감스님과 용문불안스님이 산마루에 나아가 살피고 맞이하였다. 법연스님은 나이가 지긋한 주사들을 모이라 하고 차와 과일을 준비하여 밤새 이야기를 나누었다. 演祖自海會遷東山 太平佛鑑 龍門佛眼 二人詣山頭省覲 祖集耆舊主事 備湯果夜話"라고 하였다. [참고문헌] 『禪林寶訓』, 『百丈淸規』 권2(대정장48, p.1119a18).

탕두 湯頭 총림에서 다탕(茶湯)과 약탕(藥湯)을 맡는 소임. 『선림상기전』 권7(대장경보편19, p.262b9)에 "탕두 : 『석계심월선사어록』에 진탕두에게 축하의 뜻으로 보낸 게송에 '달기로는 황련 같아서 살짝 떫고 쓰기로는 감초 같아서 약간 맵기도 하니, 한 번 따를 때마다 매번 다른데 다만 혀 없는 사람 속이기는 어려울까 염려되는구나'라고 하였다. 湯頭 石溪月禪師錄賀鎭湯頭頌云 甛似黃連微帶澀 苦如甘草略含辛 一回點過一回別 只恐難瞞無舌人"라고 하였다. [참고문헌] 『禪林象器箋』.

탕방 湯榜 탕의 공양을 알리는 게시판. 다탕방(茶湯榜)이라고도 한다. 이 탕방은 서기(書記)가 적는다. 『선림비용청규』 권3(卍속장112, p.81b8)에 "재를 끝내고 물러남. 고사가 객두행자에게 탕방·방석·등촉을 준비하게 하였다. 상수지사는 방장에게 나아가 탕을 청하고, 주지 앞으로 가서 향을 꽂는다. 齋退 庫司客頭行者 具湯榜伴袱爐燭 上首知事詣方丈請湯 進住持前 揷香"라고 하였다. [참고문헌] 『禪林備用淸規』, 『禪林象器箋』 권7(불광장, 禪藏, p.300b10). ⇨ 다방 茶牓, 다탕방 茶湯榜

탕병 湯缾 탕을 담아두는 병. 마시는 뜨거운 차를 담아두는 용기. 병은 병(甁)으로도 쓴다. 선원에서 다과를 먹을 때 함께 사용한다. 『선원청규』 권5(卍속장111, p.905a15)에 "여름에 더우면 곧 부채를 청한다. 겨울에 추우면 머리 가리개를 청한다. 차를 준비하고 따뜻하게 많은 잔을 준비한다. (오는대로) 문신하고 먼저 차를 마시도록 한다. 탕병을 꺼내와서 특별한 사람들이 있는 곳에 가서 물어보고 차를 권한다. 夏熱卽云請使扇 冬寒卽云請覆頂 行茶澆湯約三五椀 卽問訊云請先喫茶 湯缾出卽於特爲人處問訊勸茶"라고 하였다. [참고문헌] 『禪苑淸規』, 『叢林校定淸規總要』 권상(卍속장112, p.9a8).

탕약시자 湯藥侍者 총림의 오시자(五侍者) 중 하나로 탕약 등을 관장하는 소임. 시약(侍藥)이라고도 한다. 『백장청규』 권4 「탕약시자 湯藥侍者」(대정장48, p.1131c28)에 "아침저녁으로 방장의 탕약을 받들어 올린다. 좌우에서 응접하며 의발시자를 보조한다. (방장이) 가까운 곳에 갈 때 시종들을 돌본다. 혹은 소임을 맡은 시자가 잠시 자리를 비운 때, 탕약시자는 손님이 오면 방석을 내드리고 향을 사른다. 혹은 사람이 때로는 모자랄 수 있어도 모든 것 마땅히 다 거둘 수 있어야 하기에 반드시 모두 연장이면서 부지런하고 성실한 자를 간택해야 한다. 朝暮供奉方丈湯藥 左右應接 佐助衣鉢侍者 撫恤近事行僕 或暫缺侍者 客至通覆燒香 或缺人回向皆宜攝行 須擇年壯謹愿者充之"라고 하였다. [참고문헌] 『百丈淸規』. ⇨ 선림직위 禪林職位, 오시자 五侍者, 시약 侍藥

탕연 蕩然 크게 텅 비워 자유로움. 유무(有無)와 색공(色空)마저 훤출히 벗어난 법신 그대로의 자리를 형용한다. 『능엄경정맥소』 권8(卍속장18, p.739b7)에 "이미 지혜 써 수고롭지 않고 공에도 얽매이지 않아 몸과 마음이 쾌활하고 자연스러우니 그 끝이 벗어나 시원함이다. 대개 이러함이 법신의 거침없고 자연스러움이니 진심 넓음이 그러할 뿐인 뜻이다. 旣不爲智所勞 亦不爲空所縛 故身心快然 極爲脫灑 蓋是法身蕩然 眞心廓爾之意", 『주화엄법계관문송』 권상(대정장45, p.693a7)에 "텅 비어 그러할 뿐이니 있다가 없다가 몇 겁이나 섰다가 무너지길 하였을까. 헤아릴 수 없는 세계를 놓아버렸지만 있고 없음 어디에도 걸리지 않고 역겁을 지나왔거늘 어찌 일찍이 서고 부서짐 있었겠는가. 蕩然 豈有無歷劫何成壞 放蕩沙界 不屬有無 歷塵劫來 何曾成壞"라고 하였다. [참고문헌] 『楞嚴經正脈疏』, 『註華嚴法界觀門頌』.

탕연일공 蕩然一空 텅 비어 한결같이 공함. 『오등전서』 권69 「석기홍성장 碩機弘聖章」(卍속장141, p.453b18)에 "만법귀일 화두를 참구하다가 2년이 경과하던 어느 날 저녁에 달빛을 받으며 경행하던 중 느닷없이 몸도 마음도 세계도 텅 비어 한결같이 공이었다. 參萬法歸一經二載 一夕在月下經行 忽爾身心世界 蕩然一空"라고 하였다. [참고문헌] 『五燈全書』.

탕유 帑庾 재화와 곡식을 저장하는 창고. 탕(帑)은 화폐를 넣어두는 금고이고, 유(庾)는 쌀을 저장하는 창고이다. 『백장청규』 권4 「양서 兩序」(대정장48, p.1130c13)에 "양서를 두는 것은 여러 가지 처리해야할 일을 위해서이다. 이를 통해 강령을 이끌고 도업을 제창하려고 하기에 종유를 꾸미고 금고와 창고를 관리하는 서무를 담당하는 일까지 세간법과 출세간법은 익히지 않을 수 없다. 兩序之設 爲衆辦事 而因以提綱唱道 黼黻宗猷 至若司帑庾歷庶務 世出世法 無不閑習"라고 하였다. [참고문헌] 『百丈淸規』. ⇨ 양서 兩序

탕일 蕩逸 제멋대로여서 건잡을 수 없음. 탕일(蕩佚)이라고도 한다. 『생경』 권4(대정장3, p.100a12)에 "나라에 제멋대로 하면서 음란한 무리가 있었다. 온전히 흉악함을 일삼을 뿐 법도를 따르지 않아 나라의 근심이었다. 國中有諸蕩逸 婬亂之衆 專爲凶惡 不隨徑路 一國患之", 『현우경』 권3(대정장4, p.367b12)에 "지금 비록 출가했지만 마음과 뜻이 건잡을 수 없어 정욕에 불타 스스로 풀 수 없으니, 불쌍히 여기시어 저에게 법을 설하여 죄의 덮개를 열어주시기 바랍니다. 今雖出家 心意蕩逸 情欲熾燃 不能自解 願見憐愍 爲我說法 開釋罪蓋", 『무량수경』 권하(대정장12, p.277a7)에 "마음 제멋대로이고, 아둔하여 마구 부딪히며, 남의 사정을 알지 못해 억지로 누르고 가둔다. 肆心蕩逸 魯扈抵突 不識人情 强欲抑制", 『능엄경전』 권9(卍속장89, p.301b4)에 "흔들어 제멋대로인 그 마음 불법과 계율의 위의를 무너뜨리고 남몰래 물든 한 법을 행한다. 搖動蕩逸其心 破佛法律威儀 暗行染之一法"라고 하였다. 〔참고문헌〕 『生經』, 『賢愚經』, 『無量壽經』, 『楞嚴經箋』.

탕자 蕩子 의지할 데 없이 홀로 된 아들. 부모와 고향 등을 잃고 헤매는 사람으로, 본심을 잃고 윤회하는 중생의 비유로 『법화경』의 궁자(窮子)다. 『담연원징어록』 권8(卍속장126, p.328b12)에 "대체로 범부가 부처님을 등지고 부처님 말씀도 잊고서 널리 업인을 짓기에 나고 죽음에 끝이 없다. 비유하자면 탕자가 부모를 잊고 타향을 떠돌면서 온갖 괴로움을 당하면서도 돌아올 기약이 없다. 진실로 한 찰나일지라도 고향을 그리워한다면 점차로 돌아올 길을 깨달아 자애로운 부모를 받들고 따르며 한없는 즐거움을 누리듯이 중생 또한 그러하다. 盖謂凡夫背佛 不念佛語 廣作業因 故於生死之際 無有邊涯 譬如蕩子不念父母 流浪他鄕 受諸苦惱 無有返期 苟能一念思憶家山 漸覺迴途 承順慈親 受無量樂 衆生亦爾", 『영각광록』 권27 「동상고철 洞上古轍」 권상 「동산빈주구 洞山賓主句」(卍속장125, p.718a18)에 "'무엇이 손님 중 손님인지요?' '탕자의 살림살이 없으니 흩날려 떨어짐 알지 못한다'. 如何是賓中賓 師曰 蕩子無家計 飄零不自知"라고 하였다. 〔참고문헌〕 『湛然圓澄語錄』, 『永覺廣錄』. ⇨ 궁자 窮子

탕제 蕩除 씻은 듯이 버리다. 『십주단결경』 권2(대정장10, p.975b5)에 "번뇌의 티끌 남김없이 버리니 어리석은 어둠을 비춰 밝히네. 蕩除塵穢 照曜愚冥", 『대보적경』 권67(대정장11, p.384b21)에 "원하건대 부처님께서 미소인연을 열어 보이시어 대중의 의혹심 씻은 듯이 없애소서. 願佛開示笑因緣 蕩除大衆疑惑心"라고 하였다. 〔참고문헌〕 『十住斷結經』, 『大寶積經』.

탕척 蕩滌 깨끗하게 씻어 없애다. 『보요경』 권1(대정장3, p.484b16)에 "모든 불국토 가릴 것 없으며, 온갖 어려움과 재난을 없게 해서 때문은 번뇌 씻어 없앴다. 해탈문의 일심으로 깨우친 뜻 청량하며, 성스럽고 밝음을 깨우쳐 안다. 맑고 밝은 선의 사상으로 열어 교화하였다. 諸佛國土 無所罣礙 拔諸窮厄 蕩滌垢穢 脫門一心 覺意淸涼 曉了聖明 禪思淸白 以開化之"라고 하였다. 〔참고문헌〕 『普曜經』, 『宗鏡錄』 권1(대정장48, p.415a18).

탕척 盪滌 ❶ Ⓢ vyavakṛṣya, Ⓣ dben-pa. 씻어 내다. 『점비일체지덕경』 권1(대정장10, p.459c21)에 "모든 때문은 번뇌 없애고 맺혀 머무는 것들마저 씻어 내니, 삼계의 그물 찢어지고 끝 없는 지혜를 통한다. 消諸垢塵 盪滌結滯 裂三界網 通無極慧", 『유가사지론』 권23 「성문지 聲聞地」(대정장30, p.409a27 : *Śrāv-bh.*, p.82)에 "마땅히 『월유경 月喩經』의 가르침대로 시주의 집에 가되 신심을 깨끗이 하고 참괴에 머물러 교만을 여의며 스스로를 높이지 않고 다른 이를 업신여기지 않아야 하리. 當隨月喩往施主家 盪滌身心 安住慚愧遠離憍傲 不自高擧 不輕蔑他 candra-upamaś-ca kulāny-upasaṃkrameyaṃ vyavakṛṣya kāyaṃ, vyavakṛṣya cittaṃ, hrīmān-apragalbhaḥ, anātma-utkarṣī aparapansī"라고 하였다. 〔참고문헌〕 『漸備一切智德經』, 『瑜伽師地論』, *Śrāv-bh.* ❷ 그릇을 씻는 설거지. 『일체경음의』 권28(대정장54, p.493a6)에 "탕척〈탕은 도와 랑을 반절한 음, 척은 정과 적을 반절한 음이다. 그릇을 물로 깨끗이 씻어낸다는 뜻이다. 『설문』에 '척은 쇄(洒)와 통한다'고 하였다〉. 盪滌〈徒朗反 下庭的反 盪滌洒器物也 說文 滌洒也〉", 같은 책 권48(대정장54, p.625c11)에 "『통속문』에 '그릇을 씻는 설거지를 탕척이라 한다'라고 하였다. 通俗文 澡器謂之盪滌也"라고 하였다. 〔참고문헌〕 『一切經音義』.

탕척즙 盪滌汁 식기 또는 발우 씻은 물. 티끌만한 음식 찌꺼기도 버리지 않고 미물이 먹게 하는 뜻에서 천수(千水·千手)라고도 한다. 『사분율』 권42(대정장22, p.872a9)에 "저 자비심 있는 이라면 쌀뜨물이나 발우 씻은 물마저 부정수 중에 벌레에게 버려 저들 벌레가 이 먹거리를 얻게 한다. 若人有慈心 以米泔汁 若盪滌汁 棄著不淨水虫中 使彼虫得此食氣"라고 하였다. 〔참고문헌〕 『四分律』. ⇨ 절수 切水, 헌식대 獻食臺

탕천삼연 湯泉三緣 뜨겁게 끓어오르는 샘의 세 가지 인연. 『대명삼장법수』 권8(영락장181, p.682a1)에 "탕천삼연〈출전은 『석씨계고략』〉 : 가승이라는 중천국왕이 바사사다존자에게 물었다. '이 동산에 샘이 있는데, 뜨거워 손을 댈 수 없소. 어떤 인연의 소치인지 풀어주기 바랍니다'. 존자가 대답했다. '이것이 끓는 샘이 된 것은 세 가지 인연의 소치입니다. 湯泉三緣〈出稽古畧〉 中天竺國王 名迦勝 問婆舍斯多尊者曰 此苑有泉 熱不可探 未知何緣所致 願爲決之 尊者曰 此爲湯泉 有三緣所致", "첫째는 신업입니다. 신이 자신의 법도를 지키지 못하고 멋대로 화와 복을 지어 제사를 즐기기에 악업이 넘쳐 뜨겁게 끓도록 해서 남용한 제사를 보상함입니다. 一 神業 謂神不守其道 妄作禍福 以取饗祀 惡業貫盈 使其煎灼此泉 以償濫祭", "둘째는 귀업이니 귀신이 죄짓고 갇힌 곳 벗어나 인간계에 놀다가 남는 업력으로 이 샘을 끓임이니 전생 빚을 갚음입니다. 二 鬼業 謂鬼方出罪所 遊於人間 以餘業力 煎灼此泉 以償宿債", "셋째는 뜨거운 돌이니 달궈진 돌은 그 색이 황금과 같고, 자성은 항상 불꽃 같으니 넘치는 샘은 저 끓는 탕과 같습니다'. 三 熱石 謂熱石 其色如金 其性常炎 故其出泉如湯"라고 하였다. [참고문헌] 『大明三藏法數』, 『釋氏稽古略』 권2 「婆舍斯多尊者」 (대정장49, p.778a15).

탕카 Thangka 티베트에서 전승된 회화. 탕카의 일반적 의미는 평탄·전개·광활 등의 뜻으로 티베트에서 전승된 회화형식이다. 주로 면이나 비단에 그림을 그려 벽이나 야외에 걸고 종교의례를 하는 두루마리 그림이다. 또한 탕카는 종교목적 이외에 역사·정치·경제·문화·민간전설·세속생활·건축·의학·천문·역법과 산술 등을 망라하는 다양한 내용을 담고 있어 티베트문화를 기억하는 백과전서로도 불린다. 탕카는 재료와 제작기법에 따라 명칭이 다른데, 크게 지당(止唐)과 국당(國唐)으로 구분한다. 지당은 천위에 안료로 그림을 그리는 회화방식이며, 바탕면의 색에 따라 다시 금당(金唐)·적당(赤唐)·흑당(黑唐) 등으로 세분된다. 한편 국당은 자수나 천을 꿰매거나 붙여서 제작하고 구슬 등으로 가장자리를 장식한다. 탕카 제작에 쓰이는 안료는 백토(白土)·금강토(金剛土)·주사(朱砂) 등 천연의 흙에서 정제된 것들과 광물질로 토(土)·석(石)·수(水)·화(火)·목(木)·초(草)·화(花)·골화보석(骨和寶石) 등 9종과 금박(金箔) 등으로 그려 색채가 화려하면서도 변하지 않아 자취가 선명하게 남는다. 불교를 소재로 한 탕카를 분류하면 다음과 같다. 부처님 세계를 도상화한 만다라(曼茶羅 Maṇḍalas)〈그림1〉, 티베트 각 종파의 시조(始祖)를 본존으로 하고 역대조사들을 그린 촉싱(Tsokshing)〈그림2〉, 부처님들을 그

〈그림1〉락타야마리만다라 티베트 16세기이전

〈그림2〉라마최파촉싱 · 〈그림3〉석가여래 티베트 시대미상

〈그림4〉불전도 시대미상 · 〈그림5〉샤카파의 이조사도 15세기전반 티베트

〈그림6〉희금강 헤바즈라 · 〈그림7〉육비마하칼라 티베트 시대미상

〈그림8〉타라보살 · 〈그림9〉16나한 티베트 시대미상 화정박물관

린 여래도(如來圖 Tathāgatas)〈그림3〉와 불전도(佛傳圖)〈그림4〉, 티베트불교를 중흥시킨 조사들을 그린 조사도(祖師圖)〈그림5〉, 불법을 수호하는 분노존과 주요 존격들을 그린 명왕도(明王圖)〈그림6〉와 호법존도(護法尊圖)〈그림7〉, 불모이면서 여존격수호존들을 그린 보살도(菩薩圖 Bodhisattvas)〈그림8〉, 그리고 부처님 제자들인 나한들을 그린 나한도(羅漢圖 Arhats)〈그림9〉이 있다. 탕카의 전개와 발전은 티베트 불교역사 전개와 밀접하다. 티베트는 세계의 지붕이라 불리는 해발 3000m 위에 위치하는 등 지리적 환경 등으로 6세기에 이르러서야 통일된 토번왕국(吐番王國)을 세운다. 7세기 초 송첸감포(松贊干布 Srong-btsan-sgam-po 617~650)왕은 톤미삼보타(Thonmi-sambhota)를 시켜 티베트문자를 만들고 인도의 불교경전과 주요 주변국의 불교도 적극 수용하였는데, 중국의 문성공주와 네팔의 트리춘공주를 아내로 맞이할 때 불상(佛像)을 가져오게 하였다. 송첸감포의 현손인 트리데축첸(Tride-tsukhen)왕도 당대 중종의 친조카인 금성공주를 아내로 맞아 앞선 왕비들이 개창한 라모체(Ramoche 小昭寺)사원을 중창하는 등 인도와 중국 등과 교류하며 활발히 불교문화를 진흥해갔다. 그러나 송첸감포 사후 티베트는 분열되었고, 수차례 왕위가 교체되면서 흥불(興佛)과 멸불(滅佛)이 반복되는 혼란기를 맞이하였고, 불교발전의 공백기를 남겼으며, 이를 기준으로 이전불교를 전홍기(前弘期 8~9세기), 그 이후불교를 후홍기(後弘期 11세기이후)로 부른다. 공백기에 일어난 멸불로 전홍기의 탕카는 멸실되었으므로 당시의 전모를 알 수 없다. 다만 이 때의 탕카양상을 짐작할 수 있는 간접자료는 돈황석굴벽화에서 찾을 수 있다. 8세기 후반~9세기 중반 티베트의 지방호족이 돈황을 지배하면서 돈황일대의 석굴불사는 티베트적 요소가 깊이 반영되어 중국 지배기의 당풍(唐風)과는 확연히 달라졌다. 대체로 중국적인 선묘(線描)나 선염(渲染)에 의한 중국화적 요소보다 강렬한 음영표현으로 입체감을 강조하는 인도나 중앙아시아적 요소가 강하게 작용하였다. 한편 후홍기 이후의 탕카는 현존하는 유적과 작품을 통해 그 양상을 파악할 수 있다. 수 세기에 걸친 탕카의 양식변화를 개략하면, 11~15세기에는 외래영향기로 주로 동부인도・중앙아시아・카슈미르지역의 화풍이 지배적이었다면, 16~18세기 초에는 인도・네팔・중국 등의 화풍을 기반으로 지역적으로 활동하는 독자적인 화파들이 티베트 고유의 화풍을 형성하였다고 하며, 이후 18세기 중기~20세기 초에는 티베트에도 교통이 발달하고 교류가 잦아지면서 여러 지역에서 활동하던 독자적인 화파들이 뒤섞이는 지역혼효화풍(地域混淆畫風)이 특징적으로 나타나기도 하였다. 지금은 제14대 달라이라마의 국제적 위상에 힘입어 티베트불교는 물론 탕카작품들도 쉽게 접할 수 있게 되었다. 〔참고문헌〕*Art of Thangka From Hahn's Collection Ⅰ~Ⅴ*(한빛문화재단, 1997~2005), 李新段梅『中國民俗 : 唐卡』(上海人民美術出版社, 2010), 조송식「티베트 탕카의 기원과 역사적 전개」(『中國人文科學』42, 2009). ⇨ 티베트불교 Tibet佛敎, 탱화 幀畫

탕탕청정 蕩蕩淸淨 걸림없이 그대로 맑고 깨끗함. 『전심법요』(대정장48, p.380c24)에 "십팔계 이미 공하여, 일체 남김없이 공이다. 오직 본래 마음뿐이니 걸림없이 그대로여서 티없이 깨끗하다. 十八界旣空 一切皆空 唯有本心 蕩然淸淨"라고 하였다. 〔참고문헌〕『傳心法要』.

태 汰 「본무론 本無論」을 지은 축법태(竺法汰 320~387). 『조론신소』 권상(대정장45, p.209b17)에 "앞의 두 종파에서는 얻은 바 만을 받아들이고, 잃은 바마저도 부수었다. 태사는 무를 숭상하여 한결같이 부수고 물린 것은 공에 집착하는 견해마저도 다스리기 어렵다고 여겼기 때문이었다. 前二家 許其所得 破其所失 汰師尙無 一向破斥者 亦以著空之見 難治故也"라고 하였다. 〔참고문헌〕『肇論新疏』. ⇨ 축법태 竺法汰

태 怠 Ⓢ kauśīdya, Ⓣ le-lo. 게으름. 풀어져 게으른 해태(懈怠)의 뜻으로 악습에만 부지런하여 정미(精)롭지도 나아가지도(進) 못하는 마음을 말한다. 중생이 삼악도에 머무는 것, 인천이 고통을 잊는 것, 이승이 부처가 되고자 하지 않는 것 등이 모두 태이다. 『구사론』 권4(대정장29, p.19c6 : *Abh-k-bh.*, p.56)에 "태는 풀어져 게으른 것을 말한다. 날래고 세차지 못한 마음이니 전에 말한 부지런함으로 다스려 대한다. 怠謂懈怠 心不勇悍 是前所說 勤所對治 kauśīdyaṃ cetaso nābhyutsāhho vīryavipakṣaḥ", 『순정리론』 권11(대정장29, p.391c5)에 "태는 해태를 말한다. 좋은 일을 함에 있어 뛰어난 능력이 부족하고, 나쁜 일에는 그대로 휩쓸려 날래고 세차다. 무명 등 무리이니 해태라 한다. 이런 의미로 비열하게 부지런한 속성이라 한다. 천하게 물드는 것에는 열심인 것을 해태라고 한다. 怠謂懈怠 於善事業 闕減勝能 於惡事業 順成勇悍 無明等流 名爲懈怠 由此 說爲鄙劣勤性 勤習鄙穢 故名懈怠", 『성유식론술기』 권6(대정장43, p.461a5)에 "비단 좋은 일에 부지런하지 못함을 태라 할 뿐만 아니라 나쁜 일에 채찍질하듯 함도 태에 속한다. 선악에 물들지 않고 부지런한 것을 욕과 승해라 하는데, 따로 체가 있는 것은 아니다. 非但於善不勤 名怠 於惡策勵 亦是怠也 於無記事策勤 是欲勝解 非別有體", 『법화문구』 권7상(대정장34, p.93b14)에 "삼악도에서의 방일을 태라 하고, 인천의 오계와 십선 가짐을 정이라 하며, 인천이 괴로움을 싫어하지 않음은 태라 하고, 이승이 무상을 두려워함은 정이라 하며, 이승이 증을 탐하여 성불을 구하지 않음은 태라 하고, 보살이 뜻으로 불도를 구하는 것을 진이라 한다. 三途放逸名怠 人天持五戒十善 爲精 人天不厭苦 爲怠 二乘怖畏無常 爲精 二乘貪證 不求作佛 爲怠 菩薩志求佛道 爲進"라고 하였다. [참고문헌]『俱舍論』, 『順正理論』, 『成唯識論述記』, 『法華文句』, *Abh-k-bh.* ⇨ 해태 懈怠, 정진 精進, 욕 欲, 승혜 勝慧

태 胎 Ⓢgarbha, kukṣi, Ⓟgabbha, kucchi, Ⓣmngal, lhums. 유정의 씨앗(種子)이 각기 다른 연(緣)을 만나 출생하기 전까지 머무는 곳. 『대승입능가경』 권6(대정장16, p.630b16 : *Laṅk.*, p.307)에 "그러므로 모든 국토에 있어서 도솔천으로부터 태에 들었다. 故於一切刹 從兜率入胎 garbhaścakraṃ tathā jātirnaiṣkramyaṃ tuṣitālayam", 『구사론』 권9(대정장29, p.46a1 : *Abh-k-bh.*, p.124)에 "또한 모든 중유는 생문으로 들어가기에, 어머니의 배를 부수지 않고 태에 들기에 쌍둥이의 경우 먼저 든 아이는 작고 뒤에 든 아이는 크다. 又諸中有 從生門入 非破母腹 而得入胎 故雙生者 前小後大 naiva cāntarābhavikaḥ kukṣiṃ bhittvā praviśatyapi tu māturyonidvāreṇa. ata eva yamalayoryaḥ paścāt prajāyate sa jyāyānucyate yaḥ pūrvaṃ sa kanīyāniti", 『인왕호국반야바라밀다경소』 권중1(대정장33, p.465c25)에 "삼현위에서는 모두 성태라 한다. 이것을 들어 나머지를 거두어들이면 모두 성태이다. 태라는 말은 스스로의 종자를 인으로 삼고 선우를 연으로 삼는다. 於三賢位 俱名聖胎 擧此攝餘 皆聖胎也 所言胎者 自種爲因 善友爲緣"라고 하였다. [참고문헌]『大乘入楞伽經』, 『俱舍論』, 『仁王護國般若波羅蜜多經疏』, *Laṅk.*, *Abh-k-bh.* ⇨ 성태 聖胎

태 泰 Ⓢprayata. 커서 걸림 없음. 또는 크게 너그러워 안온함. 막힘없이 화창한 시절 등을 뜻한다. 『불소행찬』 권1(대정장4, p.3c8 : *Buddh-c.*, p.10)에 "아들을 낳은지 십일이 되자, 편안해지면서 마음은 이미 활짝 펴졌다. 生子滿十日 安隱心已泰 daśasu pariṇateṣvahaḥsu caiva prayatamanāḥ parayā mudā parītaḥ", 『일체경음의』 권23(대정장54, p.453c13)에 "그 마음이 태연하였다〈『계원주총 桂苑珠叢』에 '태는 통이다. 무릇 우환의 장벽을 벗어난 사람의 마음인 즉 걸림없이 화창할 따름이다'라고 하였다〉. 其心泰然〈珠叢曰 泰 通也 凡離憂塞者 心則通暢耳〉", 『화엄원인론발미록』 권3(卍속장104, p.212a7)에 "태란 하늘과 땅이 벗하니 이에 만물이 통한다. 泰者 天地交而萬物通也"라고 하였다. [참고문헌]『佛所行讚』, 『一切經音義』, 『華嚴原人論發微錄』, *Buddh-c.*

태거태침 太擧太沈 심히 들뜨거나(Ⓢatisṛta) 깊이 가라앉음(Ⓢatilīna). 마음이 크게 불안정하여 제대로 판단하지도 행하지도 못한다. 『순정리론』 권73(대정장29, p.739b26)에 "저 경의 말씀에 따라 스스로 자기 마음을 살펴야 하니 깊이 가라앉지 않고, 심하게 들뜨지도 말도록 하며, 안으로 쏠리지도, 밖으로 흩어지지도 않도록 한다. 由彼經說 自審己心 勿太沈 勿太擧 勿內聚 勿外散", 『유가론기』 권10(대정장42, p.541a10・한불전13, p.819a11)에 "깊은 혼침에 빠지지도 심하게 들뜨지도 말라는 뜻은 심한 혼침으로 말미암아 계를 범하여 설사 부끄러운 마음을 내더라도 아주 미약할 수 있으니 당장 멀리해야 한다. 심하게 들떠 마땅히 후회하지 않은 곳에 후회하게 되니 마땅히 당장 멀리 여의어야 한다. 신태(神泰)가 말한다. '심하게 가라앉거나 들뜨지 않는다면 보살이 계를 범하는 때에 크게 부끄러워하는 마음을 일으킨다'. 言不太沈 及不太擧者 由太沈故 違犯於戒 設生慚愧 亦復微薄 今遠離之 由太擧故 非應悔處而生悔愧故 今亦遠離 泰云 不太沈擧者 菩薩若犯戒時 起增上慚愧也"라고 하였다. [참고문헌]『順正理論』, 『瑜伽論記』, *Śrāv-bh.46.* ⇨ 도거 掉擧, 혼침 惛沈

태고 太古 고려후기 스님이자 한국불교의 중흥조인 보우(普愚 1301~1382)의 법호. ⇨ 보우 普愚

태고사 太古寺 ❶ 서울특별시 종로구 수송동에 있던 대한불교조계종 총본산 조계사(曹溪寺)의 전신. 『한국사찰전서』에 "1936년에 삼각산의 태고사를 이건하여 총본산으로 삼았다. 一九三六年移建三角山太古寺爲總本山"라고 하였다. [참고문헌]『韓國寺刹全書』 권하 p.1112a15. ⇨ 조계사 曹溪寺❶ ❷ 경기도 고양시 덕양구 북한동 삼각산(三角山)에 있는 절. 한국불교태고종 사찰이며, 태고암(太古庵)이라고도 한다. 1936년에 현재의 종로구로 태고사가 이건된 후 이전의 태고사와 구별하기 위해 태고암이라고 불렀다. 봉은사(奉恩寺)의 말사였다. 「태고사원증국사탑비 太古寺圓證國師塔碑」에 의하면, 보우(普愚 1301~1382)가 삼각산 중흥사(重興寺)에 주석하던 중 그 동쪽 봉우리에 태고암을 창건하였다고 한다. 이후 보우의 비가 태고사에 세워졌다. 계파성능(桂坡性能 ?~?)이 1711년(숙종37)에 북한산성을 축성한 후 승군(僧軍)의 주둔을 위해 태고사 옛터에 새로이 건물 131칸을 짓고 중수하였다. 6・25전쟁을 거치면서 폐사되었는데, 1964년에 청암(靑岩)이 중창하고 1980년에 비각, 1989년에는 대웅전・요사 등을 중건하였다. 『가람고』에는 "보휘가 창건하였다. 寶輝所刱"라고 전하는데, 『한국사찰전서』에서 이는 보우(普愚)의 오류라고 하였다. 현존하는 당우로는 대웅전・산신각・비각・요사 등이 있고, 성보문화재로는 보물 제611호 원증국사탑비와 제749호 원증국사탑이 있다. [참고문헌] 『存齋集』, 『東國輿地勝覽』, 『伽藍考』, 『朝鮮佛教通史』 권상, 『韓國寺刹全書』 권하 p.1112a13 · p.1112a20, 李智冠 『校勘譯註歷代高僧碑文』 高麗篇4 pp.450~472. **3** 충청남도 금산군 진산면 행정리 대둔산(大芚山)에 있는 절. 대한불교조계종 마곡사(麻谷寺)의 말사이다. 원효(元曉)가 창건하고 태고보우(太古普愚)가 중건했다고 전하나 기록은 없다. 진묵일옥(震默一玉 1562~1633)이 중창하였다. 송시열(宋時烈 1607~1689)의 친필로 쓴 '석문(石門)'을 음각한 기암(奇巖)이 있다. 일제강점기에는 보석사(寶石寺)의 말사였었고 6·25전쟁 당시 전소하였다. 한용운(韓龍雲 1879~1944)은 이 절을 보지 않고 천하의 승지를 논하지 말라고 하기도 하였다. 이후 주지 도천(道川)이 약 30년간 머무르며 중건하였고, 1977년에 대웅전과 관음전, 1987년에 무량수전, 1990년에 산신각을 중건하여 지금에 이른다. 현존하는 당우로는 문화재자료 제27호인 대웅전과 무량수전·관음전·산신각·요사 등이 있다. [참고문헌] 『朝鮮佛教通史』 권상, 『韓國寺刹全書』 권하 p.1112a18, 『文化遺蹟總覽』(忠淸南道, 1990) pp.80~81.

태고사원증국사탑비 太古寺圓證國師塔碑 경기도 고양시 덕양구 북한동 태고사에 있는 고려말 고승 원증국사(圓證國師) 태고보우(太古普愚 1301~1382)의 승탑과 비. 승탑은 보물 제749호로 높이 400cm고, 비는 보물 제611호로 전체 높이 342cm·비신 높이 227.3cm·너비 107.6cm·글자크기 2.7cm·제액 글자크기 9.7cm다. 이색(李穡)이 짓고 권주(權鑄)가 해서로 써서 1385년(우왕11)에 문인 석굉(釋宏)이 세웠다. 현재 원 위치에 보존되어 있으며 아래쪽 일부는 마모되었다. 비문의 내용은 보우가 홍주에서 태어나 회암사(檜巖寺)로 출가했으며 만법귀일(萬法歸一)과 조주무자(趙州無字) 등의 화두를 참구하고 38세에 깨달음을 얻었으며, 1341년에 삼각산 중흥사(重興寺)에 태고암을 짓고 머물며 「태고암가 太古庵歌」를 짓기도 하였다. 1346년에 원에 유학하여 임제의 18대손인 석옥청공(石屋淸珙)의 법을 이었으며 황제로부터 가사와 불자를 받았다. 1348년에 미원 소설산에 들어가 부모를 봉양하다 1356년에 공민왕이 참석한 봉은사 법회를 주관하고 왕사에 책봉되어 광명사(廣明寺)에 원융부(圓融府)를 설치하고는 구산통합도 하였다. 신돈에 의해 속리산에 금고당하기도 하였으나 신돈 실각 후 국사에 책봉되었고 영원사(瑩源寺)에 주석하다 소설암에서 입적하였다. 원증국사의 기념물은 태고사(太古寺)와 가은 양산사(陽山寺)와 양평 사나사(舍那寺)에 석종(石鐘)이 그리고 미원 미지산 소설암(小雪庵)에 석탑이 세워졌다. 음기에는 문도를 승계에 따라 열거하였는데 대선사·선사에 이어 운수(雲水) 1천 3인을 기록한 것이 특이하다. 재가신도는 이인임·최영·이성계 등 당시 고관이 망라된 많은 인명을 새겨넣었다. 탑이 위치한 장소는 태고사 뒤편 언덕에 전망이 좋은 장소로 탑주변으로 넓게 탑구를 형성하고 장대석을 이용하여 지대석을 돌렸다. 탑은 일찍이 도굴로 쓰러져 있던 것을 1980년 10월 복원하였다. 원래 하대석은 방형으로 각면 3개씩의 방형구획을 마련하고 우주와 탱주 모양의 기둥을 새겼다. 하대석 상면에는 연화문을 양각하여 중대석을 받게 하였다. 중대석은 팔각형으로 모서리마다 원주형태의 기둥을 새기고 각 면마다 화문으로 장식했다. 상대석은 큼직한 8엽 앙련과 상면에는 탑신을 받기 위한 1단의 낮은 괴임을 두었다. 탑신부는 위쪽으로 좁아지는 구형에 가까운 형태로 표면의 장식을 생략하였다. 옥개석은 처마가 두꺼워 둔중한 편으로 밑면에는 화문을 넣고 상면에는 우동마루와 모서리마다 큼직한 귀꽃을 장식했다. 상륜은 거대한 편구형의 복발(覆鉢)을 놓고 옥개석의 축소형태의 보개(寶蓋)를 놓은 후 보륜(寶輪) 모양의 장식과 최상부에는 화염보주(火焰寶珠)를 두었다. 탑비는 귀부와 비신, 이수를 지닌 온전한 형태이다. 바닥에 사각의 넓직한 지대석 위의 귀부는 신라시대부터 유행한 전통적인 용두구신(龍頭龜身)의 형태로 머리는 수직으로 세웠고 눈을 크게 떠서 정면을 향하고 입을 크게 벌려 송곳니를 드러냈다. 등에는 큼직한 육각형의 귀갑문을 새겼고 상면에는 비좌를 낮게 각출하였다. 비신의 상단에는 '원증국사탑명 圓證國師塔銘'이라는 제액(題額)을 돋을새김했다. 이수는 밑면에 낮은 1단의 홈을 두어 비신을 고정하였고 그 위로 앙련을 돌렸다. 이수 상단은 전체를 운룡문(雲龍文)으로 장식하여 화려함을 더하였다. [참고문헌] 『朝鮮金石總覽』 권상 pp.525~528, 李智冠 『校勘譯註歷代高僧碑文』 高麗篇4 pp.450~472. ⇨ 보우 普愚, 사나사원증국사석종비 舍那寺圓證國師石鐘碑

태고사원증국사승탑

태고사원증국사탑비

태고생 太高生 더없이 크고 높을 뿐이구나. 『임제록』(대정장47, p.506a18)에 "그대의 한 번 묻는 뜻 크고 높기만 하구나. 子這一問太高生", 『황룡혜남어록』(대정장47, p.630c20)에 "그대 더없이 크고 높을 뿐이구나.

어찌 낮추어 묻지 못하는가? 子問太高生 何不向下問",『벽암록』 3칙 「송 頌」(대정장48, p.142c29)에 "오제삼황은 어떤 인물인가?〈너무 크고 높기만 하다. 다른 이 만만히 보지 마라! 귀해도 옳고 천해도 좋다〉. 五帝三皇是何物〈太高生 莫謾他好 可貴可賤〉",『종용록』 36칙 「시중 示衆」(대정장48, p.251b17)에 "범성의 길 벗어나 배워야 하니 이미 더없이 크고 높게 나른다. 出凡聖路學 已太高生"라고 하였다. [참고문헌]『臨濟錄』,『黃龍慧南語錄』,『碧巖錄』,『從容錄』. ⇨ 태저생 太低生

태고암 太古庵 ❶경기도 양평군 용문산에 있던 암자. 박문규(朴文逵 1805~1888)『천유집고』 권2에 「등용문산태고암 登龍門山太古庵」 시가 전한다. 용문산에는 보우(普愚 1301~1382)가 머물렀던 소설암(小雪庵)과 사나사(舍那寺) 등이 있어 이들 중 하나를 태고암이라고 불렀을 것으로 추정한다. [참고문헌]『天游集古』. ❷ ➡ 태고사 太古寺❷

태고암가 太古庵歌 태고보우(太古普愚 1301~1382)가 지은 82구의 칠언시(七言詩). 육언 5구도 있다.『태고화상어록』 권상 가음명(歌吟銘)에 석옥화상(石屋和尙 1272~1352)의 편지를 더해 「태고암가」(한불전6, p.682b14)로 수록하였는데, 보우는 "몰래 은거하고자 마침내 삼각산에 암사를 짓고는 자호로써 암자의 편액을 삼아 태고라고 이름하였다. 도로써 자적하고 천석 간에 방의하여 태고가 한 장을 지었다. 欲潛隱遂結菴寺之三角山 以自號扁其菴 亦名太古 以道自適 放意於泉石間 述太古歌一章"라고 하였다. [참고문헌]『太古和尙語錄』. ⇨ 보우 普愚, 태고화상어록 太古和尙語錄

태고암가과석 太古庵歌科釋 백파긍선(白坡亘璇 1767~1852)이 태고보우(太古普愚 1301~1382)의 「태고암가 太古庵歌」에 과목(科目)을 더한 책. 1권 1책. 원래 제목은 「해동초조고려국사태고화상태고암가입과 海東初祖高麗國師太古和尙太古庵歌入科」이며, 「태고화상태고암가입과 太古和尙太古庵歌入科」라고도 한다. 풍고거사(楓皐居士)가 술(述)하고 긍선이 과석한『수선결사문과석』의 부록(한불전10, p.550b5)에 수록되어 있다. 1860년(철종11)에 보월당(寶月堂) 혜소(慧昭)가 발문을 더하여 천마산(天磨山) 봉인사(奉印寺)에서 간행한 판본이 동국대학교에 소장되어 있다. [참고문헌]『修禪結社文科釋』. ⇨ 태고암가 太古庵歌

태고위생 太孤危生 크게 우뚝해 아스라이 하다. 크게 촘촘해 틈 없어 정교함의 뜻과 함께 한다.『벽암록』 3칙 「수시 垂示」(대정장48, p.142c6)에 "하늘땅 다 하여도 찾을 길 없네. 이래도 옳고 이렇지 않아도 옳으니, 크게 빈틈없이 한다 해도 얻지 못하고 그렇지 못해도 얻지 못하리라. 크게 우뚝해 아스라이 한들, 두 길 밟지 않고 어찌 바로 이렇다 하겠는가. 蓋天蓋地 又摸索不著 恁麽也得 不恁麽也得 太廉纖生 恁麽也不得 不恁麽也不得 太孤危生 不涉二途 如何卽是"라고 하였다. [참고문헌]『碧巖錄』. ⇨ 고위 孤危, 태고준생 太孤峻生

태고유음 太古遺音 태고보우(太古普愚 1301~1382)의 시문집. 6책.『나려예문지』에 "권6. 보우화상 시문집. 卷之六 普愚和尙詩文集"이라고 하였다. 청대 이문방(李文芳)이 서문을 짓고 양윤(揚掄)이 엮은 목판본이 규장각에 있다. [참고문헌]『羅麗藝文志』,『韓國佛敎撰述文獻總錄』(동국대출판부, 1976) p.151. ⇨ 보우 普愚

태고절 太孤絶 크고도 우뚝해 모든 것 끊어지다.『벽암록』 14칙 「송 頌」(대정장48, p.154c21)에 "크고도 우뚝해 모든 것이 끊어졌구나〈눈여겨 볼 만한 것 있다. 어찌 절벽 천길에 그치겠는가! 어떻게 이러한 일이 있을까?〉. 太孤絶〈傍觀有分 何止壁立千仞 豈有恁麽事〉"라고 하였다. [참고문헌]『碧巖錄』.

태고준생 太孤峻生 더없이 높아 아스라하기만 하다.『원오어록』 권18(대정장47, p.797c18)에 "도오 이르되 '어찌 불생불멸처에서는 서로 보지 못하는가?' 원오는 '아스라이 높이만 나는구나. 무릇 선지식은 한마디 들어 한소식 내릴진대, 힘써 생사의 끝을 밝히고자 한다면 모든 이들로 하여금 마음 밝혀 자성 보아 가게 하리니 어찌 기쁘지 아니한가'. 道吾云 何不道 非不生不滅處相見 師拈云 太孤峻生 大凡善知識 擧一語垂一機 要明生死根源 令一切人 明心見性去 豈不快哉",『벽암록』 2칙 「평창 評唱」(대정장48, p.142a28)에 "설두 처음은 한없이 높고 아스라이 하더니만 끝엔 머뭇거림 적지 않네. 雪竇頭上太孤峻生 末後也漏逗不少",『종용록』 23칙 「평창」(대정장48, p.242b2)에 "말하길 또 '그(魯祖)는 언제까지고 이렇게 살아갈 것이다' 뜻은 그의 크게 높고 아스라함을 꾸짖는 듯하지만 실은 그의 눈앞에서 전한 칭찬이다. 보지 못했는가? '곧바로 일러 십분 얻었다 해도 어찌 한차례 몸소 보임과 같으리' 한 뜻을. 又道 他恁麽驢年去 意似責他太孤峻生 其實賞他覿面分付 不見道 直饒說得十分 爭似一迴親到"라고 하였다. [참고문헌]『圜悟語錄』,『碧巖錄』,『從容錄』. ⇨ 태고위생 太孤危生

태고화상시낙암거사염불요지 太古和尙示樂庵居士念佛要旨 백파긍선(白坡亘璇 1767~1852) 지음. 염불할 때 핵심되는 내용을 적은 글로,『수선결사문과석』(한불전10, p.551b4) 부록이(附錄二)에 전한다. 태고보우(太古普愚 ?~1382)의『태고화상어록』 권상에 실린 「

시낙암거사염불약요 示樂庵居士念佛略要」(한불전6, p.679c1)을 앞부분에 인용한 뒤, 염불할 때 수행해야 하는 진공관(眞空觀)·묘유관(妙有觀)·자성관(自性觀) 등을 설명하였는데, "염불로 정토왕생을 구하는 자는 자성불을 입으로 칭하고 마음으로 염하여야 한다. 정토와 사바는 한 바탕의 집일 뿐이다. 所以念佛求生淨土者 口稱心念自性佛 淨土娑婆一性堂"라고 하였다. [참고문헌]『修禪結社文科釋』,『太古和尙語錄』.

태고화상어록 太古和尙語錄 고려 태고보우(太古普愚)의 어록. 상하 2권. 제자 설서(雪栖) 편집. 한불전6, pp.669a1~702a26에 수록되어 있다. 입적한 3년 뒤인 1385년(고려 우왕11)에 쓴 이색(李穡)의 「서문」이 있어 그즈음에 간행하였을 것으로 추정한다. 한불전의 저본은 1940년(소화15) 월정사(月精寺) 간행본이며, 이것은 보제사(普濟社)에서 발행한 연인본(鉛印本)과 동일한 본이다. 이능화(李能化)의 『조선불교통사』 중편 pp.206~254에도 수록되어 있다. 본 어록은 주로 몰자미(沒滋味)한 소식을 전하였고, 주지로서 행한 입원상당(入院上堂)이 많고 불출불입(不出不入)을 화두로 삼거나, 직지(直指)로 조사선의 본령에 충실했다. 「시중 示衆」에서는 무자(無字) 화두로 점검함을 상세히 하였고, 대혜종고(大慧宗杲)만이 썼던 '마음이 갈 곳 없이 함 心無所之'을 취한다던가 고봉원묘(高峰原妙)·천목명본(天目明本)·몽산덕이(蒙山德異) 등의 전통도 이었고, 진각혜심(眞覺慧諶)의 영향은 후대에 서산휴정(西山休靜)에게 고스란히 계승되기도 하였다. 보조지눌(普照知訥)의 공적(空寂)·영지(靈知)라는 개념도 새롭게 계승하였다. 낙암거사(樂庵居士)와 백충신거사(白忠信居士) 등에게는 염불과 화두 참구법을 결합한 전형적인 선정일치(禪淨一致)의 자비방편을 베풀기도 하였다. [참고문헌]『韓國佛敎撰述文獻總錄』(동국대출판부, 1976) pp.150~151. ⇨ 보우 普愚

태공 太空 큰 하늘. 허공의 뜻이다. 『법화경』 권7 「어제관세음보문품경서 御製觀世音普門品經序」(대정장9, p.198a29)에 "선한 즉 선인이니 과거에 쌓은 허물 마치 저 태허에 찍은 한 점이고 붉은 화롯불 떨어진 조각눈 사라지듯 하여, 비록 과보가 있다고 하나 가져다 펴보일 일 없네. 爲善則卽善人 昔之所積之咎 如太空點塵 紅爐片雪 消滌淨盡 雖有果報 將安施乎", 『금강경여시경의』 권하(卍속장92, p.740b13)에 "이 마음 큰 하늘 같아 터럭 하나 쌓이지 않네. 此心太空 毫無所累", 『십우도화송』 「거철선사화목우도송 巨徹禪師和牧牛圖頌」(卍속장113, p.940a6)에 "사람 소 둘 다 없네. 큰 허공중으로 사라졌나. 不二人牛泯太空"라고 하였다. [참고문헌]『法華經』,『金剛經如是經義』,『十牛圖和頌』,『無門關』 26칙 「頌」(대정장48, p.296b8).

태관 兌慣 조선후기 스님. 추파홍유(秋波泓宥 1718~1774)가 보낸 「답태관대사서 答兌慣大師書」(『추파집』 권2·한불전10, p.66a12)에 "봄 사이 두 번의 편지를 받고 부지런히 공부하심을 알았으니 매우 감사하고 기쁩니다. … 요즘의 급히 힘쓸 일 덕보다 중요한 것이 없는데 형께서도 능히 하신다는 소식을 들으니 총림에 인재 있음을 더욱 하례드립니다. 一春中兩得書 知爲學勤勤 深感且欣 … 今之所急務 無過於德 而今聞兄亦能之 益賀叢林之有人也"라고 하였다. [참고문헌]『秋波集』.

태구 泰久 1920~2006. 근대 비구니 스님. 호는 선화(善華). 1930년 청도 운문사(雲門寺)에서 지인(智仁)을 은사로 정하고 행자생활을 하다가 1933년 양산 통도사(通度寺) 금강계단(金剛戒壇)에서 해담치익(海曇致益 1862~1942)율사를 계사로 하여 사미니계(沙彌尼戒)를 받고 스님이 되었다. 그 후 1946년 4월 5일 합천 해인사(海印寺)에서 효봉학눌(曉峰學訥 1888~1966)을 계사로 하여 비구니계를 받았다. 그 후 운문사 주지, 조계종 단일계단(單一戒壇)의 이부승수계(二部僧受戒)에 따른 비구니증사·비구니회운영위원장·부산비구니금련회 회장 등을 역임하고 부산 반야사(般若寺)에 주석하다가 2006년 8월 29일 오전 11시 반야사에서 세수 87, 법랍 75세를 일기로 입적하였다. [참고문헌]『주간불교』(2006.9.6).

태구구생 太區區生 지나치게 마음 쓰다. 『종용록』 21칙 「본칙 本則」(대정장48, p.240c13)에 "운암이 마당을 쓸고 있는데〈사미행동자는 기력 펴지 못하네〉, 도오가 말했다. '너무 애쓰는구나〈숨긴 병사 싸움 건다〉' '애쓰지 않음이 있음도 알아야 합니다〈기특하게도 상대의 말 토막낼 줄도 아는구나〉'. 雲巖掃地次〈沙彌行童 不得氣力〉 道吾云 太區區生〈埋兵挑鬪〉 巖云 須知有不區區者〈可惜 話作兩橛〉"라고 하였다. [참고문헌]『從容錄』. ⇨ 구구 區區

태국불교 泰國佛敎 시암(Siam)으로 불리던 태국(Kingdom of Thailand)은 북서로는 미얀마, 동북으로는 라오스, 남동으로는 캄보디아와 태국만(泰國灣), 남으로는 말레이시아, 남서로는 안다만 해(Andaman Sea)와 미얀마로 둘러싸인 동남아시아의 왕국이다. 총면적 513,114㎢, 수도는 방콕, 공용어는 태국어다. 인구는 약 72,000,000명으로 타이족이 인구의 75%이고 화교가 14%이며 기타 소수민족으로 구성되어 있다. [불교사개관] 방콕을 중심으로 현재 태국의 중요 지역에 해당하는 차오프라야(Chao Phraya)강 유역에 타이족의 국가가 형성된 것은 13세기 이후다. 13세기 이전에 이

지역에는 몬(Mon)족과 크메르족이 살고 있었다. 현장(玄奘)이나 의정(義淨)과 같은 인도 구법승들의 기록과 이 지역에서 출토된 기와나 부조물 등에 의하면, 이들은 상좌부불교뿐만 아니라 산스크리트어 경전을 수지했던 부파불교도 신봉했다고 한다. 13세기에 들어서면서 북으로는 미얀마의 파간왕조와 동으로는 캄보디아의 앙코르왕조였던 대제국의 세력이 약화되었고, 대신에 북에서 남하한 타이족 세력들이 각지에서 국가를 형성하여 동남아시아 대륙부와 그 주변 지역의 패권을 장악하였다. 그 가운데 현재의 태국 중부지역에 중심세력을 형성한 왕조가 스코타이왕조였다. 스코타이왕조대에는 대승불교도 유입되었으나, 불교의 주류는 스리랑카 대사파(大寺派)의 상좌부불교였다. 스코타이와 함께 중요한 불교중심지였던 곳은 북부 태국의 치앙마이에 세워진 타이족의 국가 란나타이(Lannathai)였다. 란나타이왕국은 16세기 쇠퇴할 때까지 스리랑카 교단과 깊은 관계를 맺으면서 상좌부불교를 발전시켰다. 14세기 중엽인 1351년에는 차오프라야강 하류지역에 아유타야라는 새로운 타이족의 국가가 탄생했고, 1767년 미얀마의 침공으로 멸망하기 전까지 400여 년 동안 동남아시아 대륙부의 경제와 정치의 중심으로 번성했다. 아유타야왕조의 왕들은 불교진흥에 힘을 기울였기에 국왕의 보호하에 크게 발전했다. 아유타야왕조 말기인 18세기 중반에는 네덜란드의 침공으로 쇠퇴해 있던 스리랑카승단의 재건을 위해 우팔리(Upali)장로를 상수로 하는 태국의 불교사절이 스리랑카 캔디에 파견되어 700명의 비구와 3,000명의 사미를 수계하여 스리랑카불교를 부흥시키기도 하였는데, 이때 생긴 종파가 시암파(Siam Nikāya)다. 1767년 아유타야왕조가 미얀마의 침공으로 멸망한 후, 태국의 독립을 회복한 탁신(Tāksin 1734~1782)왕은 지금의 방콕 건너편인 톤부리로 도읍을 옮긴다. 탁신왕의 뒤를 이어 왕위에 오른 이는 현 태국왕조인 라트나코신(Ratnakosin)왕조의 시조 라마1세(1782~1809)였는데, 그의 최대 공헌은 1788년 왓 마하타트(Wat Mahāthāt)에서 행한 경율(經律)의 출판작업이었다. 라트나코신왕조 왕들의 불교에 대한 신앙심 또한 돈독해서 라마3세왕은 전국에 많은 사원을 건설하였고, 그의 이종사촌이었던 몽쿠트(Mongkut, 1804~1868)는 4세왕으로 즉위하기 전에 27년간 비구로 지내면서 복고적인 불교부흥운동을 일으켰고 그 결과 담마유트(Dhammayut)파라는 새로운 종파를 탄생시켰다. 담마유트파는 소수이지만 왕실의 지원을 받으면서 엄격한 계율을 지키는 종파로서 오늘날에까지 전해지고 있다. 1869년에 즉위하여 42년간의 재위기간 태국을 근대국가로 변모시키는 데 성공한 라마5세는 1902년에 '상가통치법'을 공표하여 전국에 산재한 모든 사설 사원들을 법왕(Sangharāja)의 감독하에 두었고, 스님들의 본사소속제실시와 증명서 발급도 시행하였다. 이로 인해 태국승가는 중앙집권적인 조직하에 보수화하는 결과를 초래하였다. 그 후 태국은 1932년의 입헌혁명에 의해서 절대왕권제가 붕괴되었고, 이에 따라서 승단에도 1942년 민주적 제도에 의한 상가법이 제정되었으나, 1957년과 59년 두 차례의 쿠데타에 의해 정권을 잡은 사팃 타나라트(Sarit Thanarat)가 국가감독하에 민주적 상가법으로 해이해진 상가를 회복한다는 명분을 내세워 1963년 다시 상가통치법을 제정하였다. 이렇게 해서 실제로 정부가 임명권을 갖는 법왕에 의한 상가의 지배가 실현되었고, 정부에 대한 상가의 종속은 더욱 강화되었다. 현재 태국의 상가는 한 명의 법왕을 정점으로 하는 통일상가로서 종파의 구별은 없지만, 개혁파인 담마유트운동의 결과 담마유트파가 생겨났고, 재래종파는 마하니카이(Mahānikai)라 구분해서 부르게 되었다. 두 종파는 가사착용법이나 독경발음법 등에서 차이를 보일 뿐, 교리나 수행상의 차이는 없다. [**태국불교현황**] 태국불교의 현황을 보면 인구의 95%가 상좌부 불교도이며, 3만에 가까운 사원에 비구와 사미를 합쳐 40만 명에 이르는 상가구성원이 있다. 인구증가율에 비해서 승려 수는 줄어들었지만 40만에 이르는 수는 결코 적은 수는 아니다. 이들 스님들 이외에도 임시출가승제도가 정착되어 있어, 의무는 아니더라도 남자들은 일생에 한 번은 단기승려생활을 하는 것이 관례로 되어 있으며, 국가공무원의 경우 3개월의 단기출가를 위한 유급휴가도 시행한다. 태국의 불교는 사회구성원 모두에게 보호존경받고 있으며, 태국 국민문화의 바탕에 놓여 있다고 할 수 있다. 태국불교계의 현황은 왕립사원(Royal Temple) 240여 사원중 마하니카이 소속은 188곳, 담마유트 소속은 50곳이며, 일반사원은 3만여 곳이 있고 그 중 결계처(結戒處 Sīma)사원은 18,000여 곳이다. 수행승은 4만여 명인데 90%가 마하니카이 소속이다. 태국의 각 사원의 승가교육은 국가에서 관장하는 팔리어 및 경전시험과 교리시험을 중심으로 이루어지며, 전통적인 교육기관으로는 팔리학교(Pāli school)와 교리학교(Dhamma school)가 있고 재가자와 출가여성그룹인 매치(dhammasikśa라고 부름)를 위한 교리학교가 있다. 일반인들을 위한 일요학교(Sunday school)도 운영되고 있다. 태국에는 위의 전통적인 팔리 및 교리학교 외에 두 개의 불교대학이 있다. 마하니카이파의 마하출라롱콘 불교대학과 담마유트파의 마하마쿠트 불교대학이다. 담마유트파의 스님들이 적기 때문에 대부분의 학생은 마하니카이파 스님들이라고 한다. 마하출라롱콘 대학은 10개의 캠퍼스와 26개의 분교가 있다.

[참고문헌] 가산불교문화연구원 『세계 승가공동체의 교학체계와 수행체계』 1997.

태국사 泰國寺 충청남도 태안군 근흥면 정죽리 성동산(城東山)에 있는 대한불교조계종 수덕사(修德寺)의 말사다. 태국사(太國寺)라고도 한다. 633년(무왕34)에 창건되었고 세종대왕의 명으로 중창되었다고 전한다. 『비변사등록』 권97 영조 11년(1735) 1월 4일에 안흥산성(安興山城) 공사를 할 때 태국사를 언급하였다. 이진망(李眞望 1672~1737)의 『도운유집』 권1 「숙안흥성태국사우음 宿安興城泰國寺偶吟」과 박윤묵(朴允默 1771~1849)의 『존재집』 권12 「안흥태국사승문종 … 安興泰國寺僧文宗」이라는 시 등이 전한다. 1982년 중창된 후 지금에 이르며, 현존하는 당우로는 원통전·요사 등이 있다. [참고문헌] 『備邊司謄錄』, 『輿地圖書』, 『陶雲遺集』(韓國文集叢刊186, p.48a12), 『存齋集』(韓國文集叢刊292, p.226b12), 『瑞山郡志』, 『韓國寺刹全書』 권하 p.1112a11·p.1112b19, 『文化遺蹟總覽』(忠淸南道, 1990) p.679.

태궁 胎宮 피지 못한 채로 연꽃 속에 머물러 있는 이의 태. 정토왕생 하였으나 아미타불의 부사의지를 끝내 의심하여 500년 동안 연꽃 속에 갇혀 아미타불을 친견하지 못함에서 연유한다. 『석정토군의론』 권7(대정장47, p.72b1)에 "또한 부처님의 본원력이 현행하지 못하고 있음이니, 다만 남은 장애가 있어 그 연화가 속히 열리지 못하는 것이다. 그러므로 『무량수경』 권하(대정장12, p.278b7)에 '저 부처님의 부사의지를 의심함으로 말미암아 저 태궁에 태어나서 온갖 고통은 없지만 오백세 동안 태궁에 갇혀 있으리라'고 하였으니, 이 또한 연꽃 핌을 막는다. 비록 꽃피는 장애가 있고 고통도 없지만 이 죄의 씨앗은 단지 꽃핌을 막는 힘이 있을 뿐 고보를 부르는 공은 없다. 마치 살생의 업을 지으면 등류과에서 인천에서 장수하는 과보를 능히 막는 예와 같다. 又以佛本願力 不得現行 但有餘障 障其蓮華 不得速啓 故無量壽經云 由疑彼佛 不思議智 生彼胎宮 無有衆苦 但五百歲中 胎宮掩閉 此亦如是 障花開也 雖障花開 花中無苦 而此罪種 但有障華開力 無招苦報之功 猶如殺生之業 等流果中 能障人天長命之報也"라고 하였다. [참고문헌] 『釋淨土群疑論』, 『無量壽經』. ⇨ 태생 胎生

태균 太均 조선전기 허응보우(虛應普雨)의 제자. 자세한 행적은 알 수 없고, 다만 『허응당집』(한불전7, p.59a2)의 벽두에 '문인 비구 태균 편차 門人 比丘 太均 編次'라 하였으므로 허응당의 문집을 엮어서 간행 유포하였던 것임을 알 뿐이다. [참고문헌] 『虛應堂集』.

태극부산 太極浮散 Ⓢ atisṛta, Ⓣ thal-ches-pa. 지나치게 들떠 산만함. 시라율의(尸羅律儀 Ⓢ śīla-saṃvara : 戒律儀)가 훼손되는 열 가지 이유(十種虧損因緣) 중 하나다. 계(戒)로 제정되지 않은 사안에 대해 잘못되었다(非處)고 굳게 고집해 들뜨고 산만한 상태에 처해 있는 것을 말한다. 청정계(淸淨戒) 중 불태거계(不太擧戒)에 대칭한다. 『유가사지론』 권22(대정장30, p.403c15 : *Śrāv-bh.*, p.46)에 "무엇을 태극부산이라 하는가? 가령 어떤 이는 고집스럽게 옳지 않은 경우라고 그릇되게 판단하여 후회하고, 후회하지 않아도 될 경우들에 대해서 함부로 옳지 않은 경우라고 후회하고, 타인에 대해서도 멸시하거나 해치려는 마음마저 일으키면서, 그 옳지 않은 경우에 대해 자기만이 깨우쳐 안다고 굳게 생각한다. 이와 같은 것을 극도로 부산한 상태라 한다. 云何名爲太極浮散 謂如有一 堅執惡取非處惡作 於不應作諸惡作中 浪作惡作非處 於他起輕蔑心或惱害心 於其非處强生曉悟 如是名爲太極浮散 katham-atisṛtaṃ bhavati. yathāpīhaikatyo durgṛhīta-grāhī bhavaty-asthāna-kaukṛtyaḥ. saukṛtya-karaṇīyeṣu sthāneṣu kaukṛtyāyamānaḥ. asthāne pareṣām-antike pari bhava-cittaṃ vā ākhyātaṃ vā-utpādayati. pravedayaty-evam-atisṛtaṃ bhavati"라고 하였다. 『현양성교론』 권7(대정장31, p.514c5)에서는 극부산(極浮散)이라고 하였다. [참고문헌] 『瑜伽師地論』, 『顯揚聖敎論』, *Śrāv-bh.* ⇨ 청정계 淸靜戒

태극침하 太極沈下 Ⓢ atilīna, Ⓣ ha-cang-zhum-pa. 계를 지키고 학처를 익힘에 지나치게 느슨함. 시라율의(尸羅律儀 Ⓢ śīla-saṃvara : 戒律儀)가 훼손되는 열 가지 이유(十種虧損因緣) 중 하나로 청정계(淸淨戒) 중 불태침계(不太沈戒)에 대칭한다. 『유가사지론』 권22(대정장30, p.403c13 : *Śrāv-bh.*, p.46)에 "무엇을 태극침하라 하는가? 가령 어떤 이는 성에 부끄러워함이 없어 뉘우치는 힘이 약하고 성이 태만해 모든 학처에 있어 늘 느슨하다. 이와 같은 것을 극도로 침하된 상태에 처해 있는 것이라 한다. 云何名爲太極沈下 謂如有一 性無羞恥 惡作羸劣 爲性慢緩 於諸學處所作慢緩 如是名爲太極沈下 katham-atilīnaṃ bhavati. yathāpīhaikatyaḥ alajjī bhavati manda-kaukṛtyaḥ. śaithilikaḥ śithilakārī śikṣopadiṣṭe ayam-atilīnaṃ bhavati"라고 하였다. 『현양성교론』 권7(대정장31, p.515c2)에서는 극침하(極沈下)라고 하였다. [참고문헌] 『瑜伽師地論』, 『顯揚聖敎論』, *Śrāv-bh.* ⇨ 청정계 淸靜戒

태금유가기 胎金瑜伽記 일본 지증대사(智證大師) 원진(圓珍 814~891) 지음. 5권. 『대비장유가기 大悲藏瑜伽記』 3권, 『금강유가기 金剛瑜伽記』 1권, 『잡사기 雜私記』 1권으로 이루어져 있다. 앞의 둘은 원진이 입당(入唐)한 855년(대중9) 8월부터 11월에 걸쳐 청룡사(靑龍寺)의 법전(法全)으로부터 전수받은 의궤이고, 마

지막 『잡사기』는 이때 기록한 수기다. 일본의 불교전서(仏教全書)와 일본대장경(日本大藏經)에 수록되어 있다. 〔참고문헌〕三崎良周 「円珍の胎金瑜伽記について」(『印度學佛教學硏究』30, 1981) p.28. ⇨지증 智證 [3]

태내불 胎內佛 불상의 배 속에 봉안하는 작은 불상. 불상을 납입한 예로 일본 법륭사(法隆寺)에는 천평(天平 729~748)대 건칠약사여래좌상(국보) 태내에 봉안되었던 동제약사상(銅製藥師像)과 1121년(보안2) 조성한 성덕태자상(국보) 태내불인 백봉(白鳳)대의 동제구세관음상(銅製救世觀音像)이 있다. ⇨복장물 腹藏物

태내오위 胎內五位 [S] pañca garbhāvasthāḥ, [T] mn gal-gyi-gnas-skabs-lnga. 태 안에서의 다섯 위. 태아(胎兒)가 모태(母胎)에 든 뒤 출생하기까지 266일 동안 거치는 다섯 단계로 결태오위(結胎五位)라고도 한다. 출생 후는 태외오위(胎外五位)다. 『구사론송소론본』 권9(대정장41, p.870c25)에 "맨 처음은 갈랄람([S] kalala)〈한역어는 응활 또는 화합〉이고, 다음은 알부담([S] arbuda)〈한역어는 포(피부로 감쌈)〉이며, 다시 폐시([S] peśī)〈한역어는 혈육〉가 일어나고, 폐시에서 건남([S] ghana)〈한역어는 견육(단단한 살)〉을 낳으며, 다음은 발라사거([S] praśākhā)〈한역어는 지절(뼈마디)〉이다. 마지막은 머리카락과 손발톱 등을 비롯하여 각 기관과 형상이 점차로 한층 성장한다〈머리카락 등은 모두 제5위이다. 이상이 태내오위이다〉. 最初羯剌藍〈此云凝滑 亦云和合〉 次生頞部曇〈此云皰〉 從此生閉尸〈此云血肉也〉 閉尸生健南〈此云堅肉〉 次鉢羅奢佉〈此云支節〉 後髮毛爪等 及色根形相 漸次而轉增〈髮毛等 總是第五位 此上是胎內五位也〉"라고 하였다. 수태 후 첫 7일인 갈랄람은 가라라(歌羅羅)·갈라람(羯羅藍) 등으로도 음사하고, 잡예(雜穢)라고도 한역한다. 그 다음 7일 알부담은 아부담(阿部曇)이라고도 음사하고, 포결(皰結)이라고도 한역한다. 세 번째 7일인 폐시는 폐시(蔽尸)·비시(萆尸) 등이라고도 음사하고, 응결(凝結)·육단(肉段)이라고도 한역한다. 네 번째 7일인 건남은 갈남(羯南)이라고도 음사하고, 응후(凝厚)·경육(硬肉) 등으로도 한역한다. 다섯 번째 7일부터 38주의 7일까지(출생 이전)인 발라사거는 지지(枝枝)라고도 한역한다. 이 밖에도 태내에서 성장기를 나누는 이설이 있다. 『유가사지론』 권2(대정장30, p.284c26)에는 팔위([S] garbho ʼṣṭa-avasthāḥ : 胎藏八位)가 시설되어 있고, 『구사론기』 권9(대정장41, p.164a12)에서는 화지부(化地部)·정량부(正量部)는 육위(六位)를 주장한다 하며, 수론(數論)외도의 경우는 사위설도 주장한다. 〔참고문헌〕『倶舍論頌疏論本』, 『瑜伽師地論』, 『倶舍論記』, *Abh-k-bh.130.*, *Yogā-bh.28·101.* ⇨갈라람 羯羅藍, 알부담 頞部曇 [1], 폐시 閉尸, 건남위 健南位, 발라사거 鉢羅奢佉, 태외오위 胎外五位

태능 太能 1562~1649. 조선중기 스님. 호는 소요(逍遙), 속성은 오(吳)씨. 전라남도 담양(潭陽) 출신. 어머니가 어떤 신승(神僧)이 작은 글자로 쓴 대승경전을 전해 주는 태몽을 꾸고 임신하였다. 태어날 때부터 상호가 준수하였으니 어머니가 꿈에 보았던 스님과 똑같았다. 13세 때 장성 백양사(白羊寺)로 가서 성진(性眞)을 은사로 스님이 되었고, 선지(禪旨)를 참구하여 이름을 널리 알렸다. 호를 소요라고 했다. 경론을 배워 정통한 후, 해인사와 법주사 등지에서 학인을 지도하던 부휴선수(浮休善修)를 찾아가 『화엄경』을 수학하고 법계원융(法界圓融)의 종지를 깊이 깨달았다. 부휴의 회하에 수백 명의 학도가 있었으나, 소요태능·운곡충휘(雲谷沖徽 ?~1613)·송월응상(松月應祥 1572~1645) 등을 당시 교문(法門)의 삼걸(三傑)이라 일컬었다. 이후 묘향산 보현사(普賢寺)로 가서 서산휴정(西山休靜)을 친견하니 서산이 처음 보자마자 훌륭한 법기(法器)인 줄 알고 전법게와 의발을 전해 주었는데, 그 전법게에 "그림자 없는 나무를 베어다가 물속의 거품을 태워 다했네! 참으로 웃을 일이네. 저 소를 탄 사람, 소를 타고서 소를 찾고 있으니. 斫來無影樹 燋盡水中漚 可笑騎牛者 騎牛更覓牛"라고 하였으니, 임제(臨濟)의 제26대 법손인 셈이다. 서산문하에서 3년 동안 정진하였는데, 이때 본원의 청정한 자성을 깨달았다. 31세 때 임진왜란이 일어나니 서산과 유정(惟政)은 의승병을 일으켜 전장으로 나갔고, 그는 폐허가 된 빈 절을 지키며 불전을 수리하고 전쟁의 희생자들을 위하여 기도를 올렸다. 명에서 파견된 응원군 총사령관인 이여송(李如松)이 왜병을 퇴각시키고 돌아가는 도중 해인사에 들려 스님의 단아한 모습을 보고 그의 스승인 부휴를 만났을 때 '백락(伯樂)의 마구간에 준마가 많듯이 스님의 문도 중에는 태능이 참으로 준마라고 말할 수 있습니다'라면서 칭찬을 아끼지 않았다. 1624년(인조2) 조정에서 남한산성(南漢山城)을 축조할 때 서성(西城) 보완공사를 맡아 완수하였다. 주석하는 곳마다 강석(講席)을 베풀면 도를 배우려는 이들이 모여들어 임제종풍(臨濟宗風)을 크게 떨쳤다. 금강산에서 수년 동안 주석하였고, 지리산으로 가서는 신흥암(神興庵)을 세우고 연곡사(燕谷寺)를 창건하여 대중을 지도하였다. 병자호란 때는 국가를 위하여 큰 공을 세웠으나 조금도 공을 내세우는 마음이 없었다. 곧바로 산중으로 들어가 깊이 탐구하고 경전을 천양하였다. 1649년(인조27) 11월 21일 시자에게 붓을 가져오게 하여 "해탈도 해탈 아니거늘 열반인들 어찌 고향이겠는가? 취모검이 번쩍이는데, 혀끝 이미 그 칼날 끝에서 피 흘리네. 解脫非解脫 涅槃豈故鄕 吹毛光爍爍 口舌犯鋒鋩"라고 쓰고는 조용히 입적하니 세수 88, 법랍 73세였다. 화장한 후 사리 2과가 나타나 철원 보개산(寶蓋山) 심원사(深源寺)와 전주 모악산(母岳山) 금산사에 탑을 세우고 사리를 봉안하였다. 이민구(李敏求)가 비문을 지어 1649년(인조27)에 세운 비는 철원 심원사(深源寺)에 있다. 또 원임(原任) 의정부 영의정 이경석(李景奭)은 비문을 짓고 전사간원 정언 조진석(趙晋錫)이 비문과 전액을 써서 1651년(효종2)에 세운 비는 전주 금산사에 있다. 제자에는 명조(明照)·경흘(敬屹) 등 30여 명이 있었다. 선법(禪法)을 전해 받은 제자는 침굉현변(枕肱懸辯)이고, 경법(經法)을 전해 받은 자는 해운경열(海運敬悅)이다. 효종(孝宗)이 혜감선사(慧鑑禪師)라고 시호를 추증했다. 저서는 『소요당집』 1권이 있다. [참고문헌] 『逍遙堂集』「逍遙大禪師行狀」(한불전8, p.198c20), 『東師列傳』 권2 「逍遙宗師傳」(한불전10, p.1020b1), 『朝鮮金石總覽』 권하 pp.890~891, 李智冠 『校勘譯註歷代高僧碑文』 朝鮮篇1 pp.378~387, 智冠 『韓國高僧碑文總集 朝鮮朝·近現代』 pp.138~143. ⇨ 소요당태능대사비명 逍遙堂太能大師碑銘

태다사생 太多事生 하고 많은 일들 일어나다. 마음씀에 쉴 틈 없이 다사다난하고 분주함의 뜻이다. 『벽암록』 34칙 「본칙 本則」(대정장48, p.172c21)에 "앙산이 말했다. '화상은 일찍이 산에 논 적도 없구나〈일이 많고도 많구나. 눈썹마저 아껴야 한다. 이 늙은이는 죽도록 급하기만 하네〉'. 山云 闍黎不曾遊山〈太多事生 惜取眉毛好 這老漢著甚死急〉", 『천안승어록』 권10(가흥장26, p.701c15)에 "마침내 시자를 시켜 긴 가닥의 실을 잠자는 진단(陳摶)의 콧구멍에 넣도록 하자 느닷없이 재채기 한 번 하더니 눈썹 찌푸리고 눈 치켜뜨며 '참으로 할 일도 많다' 하였다. 산승이 따귀 한 대 올리고는 '네가 많으냐, 내가 많으냐'라고 따지니 진단은 말이 없었다. 遂命侍者 用長撚一條 探渠鼻孔 不覺噴涕一聲 撐眉竪目云 太多事生 山僧與它劈面一掌道 你多我多 陳摶無語"라고 하였다. [참고문헌] 『碧巖錄』, 『天岸昇語錄』.

태둔생 太鈍生 크게 어리석을 뿐. 『경덕전등록』 권12 「노조교전 魯祖教傳」(대정장51, p.298b14)에 "물었다. '문 없는 곳으로 나갈 때는 어떤지요?' '크게 어리석을 뿐이지' '어리석은 근기 아니라면 곧바로 자리에서 문 없는 곳으로 나갈 때는 어떤지요?' '영특한 근기 일찍이 변제 가릴 일은 없으나 법에 집착 가이없어 어둠 속에 서성이네'. 問 進向無門時如何 師曰 太鈍生 僧曰 不是鈍根 直下進向無門時如何 師曰 靈機未曾論邊際 執法無邊在暗中"라고 하였다. [참고문헌] 『景德傳燈錄』.

태란습화 胎卵濕化 삼계육도(三界六道)로 윤회하며 몸을 받는 네 갈래 양상. 사생(四生)이라고 한다. 각각 태에서 나는 태생·알에서 나는 난생·습기에서 나는 습생·의탁하는 것 없이도 업력에 의해 나는 화생을 말한다. 육도로 구분하면 지옥과 천은 화생이고, 아귀는 대체로 화생이지만 귀자모의 경우는 태생에 속한다. 축생은 일반적으로 태생·난생·습생이지만 용과 금시조는 화생이다. 아수라도 화생이다. 『대비바사론』 권198(대정장27, p.991c2)에 "사십억육만육백의 생문이란 정법에서 태란습화의 사생의 문이 있는 것과 같다. 이것은 모든 중생이 함께 거쳐서 받는 것이며 그 수량이 결정되어 넘지도 줄지도 않는다. 十四億六萬六百生門者 如正法中有四生門 謂胎卵濕化是諸有情共所經受 其量決定不過不減", 『능엄경』 권4(대정장19, p.120b1)에 "태란습화는 응하는 바에 따른다. 난생은 오직 생각만으로 나고, 태생은 정을 인해 생하며, 습생은 합하여 감하고, 화생은 여읨으로 응한다. 정과 상과 합함과 여읨 네 갈래로 서로 바뀌가며 변하고 뒤바뀌 움트고 빠짐을 좇으니 이런 인연을 중생이 서로 이어간다. 胎卵濕化 隨其所應 卵唯想生 胎因情有 濕以合感 化以離應 情想合離 更相變易 所有受業 逐其飛沈 以是因緣 衆生相續", 『대승의장』 권8 「사생의삼단분별 四生義三段分別」(대정장44, p.618b17)에 "사생은 태란습화를 가리킨다. 태생이란 지금 사람 등의 무리이니 정기 품받고 의탁하여 과보를 받기에 태생이라 한다. 난생이란 저 조류 등이 알을 깨고 몸을 받기에 난생이다. 습생이란 여름날 습기에서 나는 벌레 등이 부모를 빌리지 않고 습에 의지하여 몸을 받기에 습생이다. 화생이란 제천 등이 의탁하는 일 없이 아무것도 없이 문득 변하여 나타나니 화생이라 한다. 의탁이 없는데 어떻게 몸을 받는가? 『지론』의 풀이와 같이 업에 의지해 나니 몸 받는 양상이 이와 같다. 言四生者 謂胎卵濕化 言胎生者 如今人等 稟託精氣 而受報者 名爲胎生 言卵生者 如諸鳥等 依於卵殼 而受形者 名爲卵生 言濕生者 如今夏日濕生虫等 不假父母 依濕受形 名爲濕生 言化生者 如諸天等 無所依託 無而忽起 名曰化生 若無依託 云何得生 如地論釋 依業故生 生相如是"라고 하였다. [참고문헌] 『大毘婆沙論』, 『楞嚴經』, 『大乘義章』, 李智冠 『四集私記』 p.190. ⇨ 사생 四生[1], 태생 胎生[1], 난생 卵生, 습생 濕生, 화생 化生

태망생 太忙生 크게 분주함. 겨를 없이 한없이 바쁜 뜻이다. 『설두어록』 권3(대정장47, p.691b18)에 "산마루 저 구름은 한가히 떠날 줄 모르는데, 물은 여울져 흘러서 한없이 분주하네. 雲在嶺頭閑不徹 水流澗下太忙生", 『굉지광록』 권7(대정장48, p.82c24)에 "의상좌여, 어찌 그리도 바쁘셨오(입적)! 시절이 다투어 재촉한다고 이렇게 문득 가시다니. 義上座太忙生 時節相催卽便行"라고 하였다. [참고문헌] 『雪竇語錄』, 『宏智廣錄』.

태무염생 太無厭生 크게 싫어할 줄 모름. 크게 싫어해야 크게 여읠 수 있다는 말이다. 『오가정종찬』 권4 「대통본선사장 大通本禪師章」(卍속장135, p.983a10)에 "'더 높이 나아감에 다시 할 일 있는지요?' '크게 싫어할 줄 모르누나'. 曰 向上更有事也無 曰 太無厭生"라고 하였다. [참고문헌] 『五家正宗贊』. ⇨ 무염생 無厭生

태무제 太武帝 408~452. 중국 북위(北魏)의 제3대 제왕. 재위 424~452. 성은 탁발(託拔 : 拓拔), 이름은 도(燾). 송(宋) 문제(文帝) 때 유연(柔然)을 이기고 하(夏)의 영토를 합병하였으며, 북량(北凉)을 정벌하는 등 많은 공을 세웠다. 총명하면서 과단성이 있었고 청렴하고 검소하기까지 하였다. 사졸(士卒)들과 고락을 함께하면서도 형벌은 엄정하게 하였다. 444년부터 3년 동안 단행한 불교금압(佛敎禁壓)은 태무의 배불훼석(排佛毁釋)이라 불리며 불교사의 사대법난(四大法難) 가운데 첫 번째다. 『승사략』 권상 「창조가람 創造伽藍」(대정장54, p.236c27)에 "후위 태무제 때인 424년(시광 1) 가람을 창립하고 초제라는 이름을 붙였다. 後魏 太武帝 始光元年 創立伽藍 爲招提之號", 『변정론』 권7(대정장52, p.540a14)에 "탁발이 절을 훼손하더니 온몸에서 고름이 흘렀다〈위 태무제가 삼보를 크게 훼손하고 사탑을 파괴한 뒤로 수년 동안 온몸에 종기가 나서 고름이 흐르지 않는 곳이 없었다. 신하들이 의견을 모으더니 불신(佛神)이 행한 일이라 여겼다. 출전 『최호전』〉. 拓拔毁寺 遍體膿流〈魏太武帝 大毁三寶 破壞寺塔 後數年間 通身發瘡 膿流遍體 群臣衆議 佛神所爲 出崔皓傳〉", 『수서』 권35 「경적지 經籍志」 4에 "또한 후위대 태무제가 서쪽으로 장안을 정벌하고 보니 많은 사문들이 계율을 어기고 무리지어 문란하기까지 하자 담당 관리에게 조칙을 내려 모조리 파묻어 죽이고 불상마저 태워버리자 장안의 승도는 한꺼번에 죽임을 당하여 사라졌다. 남은 정벌군들에게서 미리 조서를 듣고 망명해 숨어 살아남은 자는 열에 한둘이었다. 又後魏時 太武帝 西征長安 以沙門多違佛律 群聚穢亂 乃詔有司 盡坑殺之 焚破佛像 長安僧徒 一時殲滅 自餘征鎭豫聞詔書 亡匿得免者 十一二"라고 하였다. 환관(宦官)에게 시해 당했다. 묘호(廟號)는 세조(世祖)이다. [참고문헌] 『僧史略』, 『辯正論』, 『隋書』, 『開元釋敎錄』 권4(대정장55, p.521b18).

태밀 台密 일본 최징(最澄)이 전한 천태밀교(天台密敎). 공해(空海)가 전한 진언종(眞言宗)을 동밀(東密)이라 부르는데 이에 상대하는 이름이다. 『원형석서 元亨釋書』에서 처음 쓰였다. 최징이 입당하여 월주(越州) 용흥사(龍興寺)에서 순효(順曉)를 만나 밀교의 삼부삼매야를 전수받은 후에 일본으로 돌아가 천태와 밀교를 겸하여 전수하였다. 이후 원인(圓仁)과 원진(圓珍)이 입당(入唐)하여 많은 밀교 경전과 의궤 및 만다라를 청래(請來)하였고 주석과 저술을 남겼으며, 변조(遍照)가 여러 스승들의 전승을 종합하였다. 안연(安然)은 스승들의 설을 발전시켜 『교시문답 敎時問答』 4권과 『보리심의초 菩提心義抄』 5권을 저술하였고, 금강계(金剛界)·태장계(胎藏界)·소실지부(蘇悉地部) 등 삼부의 의궤와 관정법을 찬술하였다. 이후 각초(覺超)와 황경(皇慶)에 의해 천류(川流)와 곡류(谷流)의 2류에서 13류로 파생된다. 교리상의 특징은 『대일경』·『금강정경』·『법화경』의 일치설, 비로자나여래와 석가여래의 일치설, 태장계·금강계·소실지부 등 삼부의 건립이다. 또한 태장계의 13회 만다라와 금강계의 81존 만다라 및 『금강봉유기경』에 의해 태장·금강의 합행 관정이 시행되는 점이 특징적이다. ⇨ 동밀 東密, 대일여석가 大日與釋迦, 동태이밀 東台二密, 삼부인신 三部印信

태백 太白 **1** Ⓢ Bṛhaspati, Vṛhaspati. 인도 유물론(唯物論)의 시조. 광주(廣主)라 한역한다. 『입능가경』 권10(대정장16, p.584c10)에 "파니(Ⓢ Pāṇini)는 『성론』을 지었고, 아차파(Ⓢ Akṣapāda)와 태백도 있었다. 波尼出聲論 阿叉波太白"라고 하였다. [참고문헌] 『入楞伽經』, *Laṅk.366.* ⇨ 광주 廣主 **2** Ⓟ osadhi-tārakā. 금성(金星)의 다른 이름. 『금색왕경』 권1(대정장3, p.388c5)에 "어떤 바라문은 관상술을 잘 알고 주술을 부릴 줄도 알며, 태백 등 뭇 별이 다니는 길을 안다. 有婆羅門 善知相術 善知咒論 知太白等 衆星行度", 『일체경음의』 권25(대정장54, p.467a12)에 "태백〈서방의 금성〉. 太白〈此西方金星也〉"라고 하였다. [참고문헌] 『金色王經』, 『一切經音義』, *MN.2.34.*

태백사 太白寺 황해도 평산군 태백산(太白山)에 있던 절. 평산도호부(平山都護府)의 동쪽 산성 내에 위치하였으며, 망월사(望月寺)의 다른 이름이기도 하다. 『여지도서』·『가람고』·『범우고』에서 부(府)의 동쪽 5리의 읍내면 태백산성 내에 있다고 한결같이 언급하였다. [참고문헌] 『輿地圖書』, 『伽藍考』, 『梵宇攷』, 『韓國寺刹全書』 권하 p.1112b1. ⇨ 망월사 望月寺 ⑫

태백사 泰白寺 충청남도 당진군 당진읍 수청리 태백산(泰白山)에 있던 절. 서신촌 마을에서 약 500m 떨어진 곳에 축대를 쌓은 흔적과 와편 등이 남아 있다. [참고문헌] 『文化遺蹟總覽』(忠淸南道, 1990) p.709.

태백성 太白星 **1** Ⓟ osadhī tārakā. 금성(金星)을 달리 이르는 말. 『대방등대집경』 권56(대정장13, p.373a21)에 "빛을 발하는 것을 말하면 일곱 종류가 있다. 첫째 태양, 둘째 달, 셋째 형혹성, 넷째 세성, 다섯째 진성, 여섯째 진성, 일곱째 태백성이다. 所言曜者 有於七種 一者 日 二者 月 三者 熒惑星 四者 歲星 五者 鎭星 六者 辰星 七者 太白星", 『인왕반야경소』 권하(대정장33, p.355a8)에 "이십팔수는 사방에 각각 일곱 개의 별이 있으므로 사칠 이십팔이다. 법도를 잃는다는 것은 운행이 상도를 따르지 않기에 법도를 잃는다고 한다. 금성은 태백성이다. 삼장사는 '외국에서는 천사성이라고 이름 한다'라고 하였다. 二十八者 四方各有七 四七二十八也 失度者 行不依常道 故云失度 金星者 太白星也 三藏師云 外國名天師星"라고 하였다. 〔참고문헌〕『大方等大集經』, 『仁王般若經疏』, 『續一切經音義』 권1(대정장54, p.935a11), *DN.2.111.* ⇨이십팔수 二十八宿 **2** Ⓢ Vrhaspati. 마우리아(Maurya)왕조의 왕. 아육왕(阿育王)의 증손이다. 『아육왕경』 권5(대정장50, p.149a8)에 "앞서 아육왕은 '나는 백천만금을 써 불법승께 베풀겠노라' 마음먹었는데, 이미 구십육천만금을 주었고, 다시 가득 채우고자 하였으나 여러 신하가 듣질 않아 왕의 마음은 불만이었다. 그래서 일체대지로써 중승에 보시하자, 신하들이 곧바로 사십천만금을 취해 큰 땅과 바꾸었다. 그러고는 바닷물로 태자 삼파지의 정수리에 붓고 왕위에 오르게 하였다. 삼파지의 아들은 이름이 비리하발저〈태백성이라 번역한다〉였다. 先阿育王作意 我用百千萬金 施佛法僧 已與九十六千萬金 欲更滿之 而諸臣不聽 王意不滿 故以一切大地 布施衆僧 諸臣卽便取四十千萬金 以贖大地 卽以海水 灌太子三波地頂 令登王位 三波地兒 名毘梨訶鉢底〈翻太白星〉"라고 하였다. 〔참고문헌〕『阿育王經』. ⇨비리하파저 毘梨訶波底

태백암 太白庵 함경남도 함흥군 태백산(太白山)에 있던 절. 『여지도서』 함경도 함흥부 사찰과 『범우고』에 이름과 위치가 전한다. 〔참고문헌〕『輿地圖書』, 『梵宇攷』, 『韓國寺刹全書』 권하 p.1112b3, 『北韓寺刹硏究』(한국불교종단협의회, 1993) p.670.

태봉사 胎峰寺 **1** 경상북도 성주군 조곡산(祖谷山)에 있던 절. 『성주지』에 조곡산은 조선 왕가(王家)의 태(胎)를 봉안한 봉우리가 있다는 기록이 있어, 태실(胎室)을 위해 세워지던 절로 이해된다. 『범우고』에는 이미 폐사(廢寺)로 전한다. 〔참고문헌〕『星州誌』, 『梵宇攷』, 『韓國寺刹全書』 권하 p.1114a1. **2** 전라북도 익산시 삼기면 연동리 태봉산(胎峰山)에 있는 절. 1931년 청송(青松) 심씨(沈氏) 묘연화(妙蓮華)가 산신 기도를 드리다가 삼존석불을 발견한 이후 중건했다고 한다. 이때 백제시대 유물로 추정되는 동경(銅鏡)이 출토되었으나 창건연대는 알 수 없다. 1947년에 요사 4칸을 지었고, 1955년에 박제공이 주지가 되어 태봉사라고 하였다. 현존하는 당우로는 대웅전・삼성각・염불전・요사 등이 있다. 백제시대 석불로 파악되는 유형문화재 제12호 석조여래삼존좌상이 봉안되어 있다. 〔참고문헌〕『全北佛教年鑑』(全北佛教總聯合會, 1993). **3** 충청남도 서산시에 있던 절. 이성중(李誠中 1539~1593)의 『파곡유고』에 「제서산태봉사승축 題瑞山胎峯寺僧軸」이 전한다. 〔참고문헌〕『坡谷遺稿』.

태봉암 胎封庵 경상남도 창원시 광산(匡山)에 있던 암자. 『영남지도』 1첩(帖) 진해현(鎭海縣)에 생동산(生童山) 아래 있었다 전하고, 『여지도서』 권하 경상도 진해 사찰과 『가람고』, 『범우고』 등에 광산에 위치하는데 폐사되었다고 전한다. 〔참고문헌〕『嶺南地圖』, 『輿地圖書』, 『伽藍考』, 『梵宇攷』, 『韓國寺刹全書』 권하 p.1114a2.

태부과니 太傅過泥 태부 이군용(李軍容)과 위산영우(潙山靈祐) 사이의 일화를 소재로 한 공안. 태부는 관직명으로 삼공(三公) 중 하나이다. 『선문염송설화』 362칙(한불전5, p.305a13)에 "위산이 담벼락에 진흙을 바르던 차에 이군용이 왔는데 관복을 차려입고 곧바로 위산 등 뒤에 와서 단엄한 자세로 섰다. 위산이 고개 돌려 보고는 곧바로 진흙 판을 기울여 진흙 바르려 하자 군용이 문득 몸에 차고 있던 홀 돌려 진흙 올리듯 하였고 위산이 진흙 판을 내려놓고 군용과 함께 방장으로 돌아갔다. 〈설화〉 홀 돌려 기세를 올린 일은 알아서 맞서 대함이니 그 때문에 위산은 다 내려놓고 방장으로 돌아갔으니, 이는 스승과 제자의 도 합하고, 물과 우유가 어울려 함께함이다. 潙山泥壁次 因李軍容來 具公裳 直至師背後端簡而立 師迴首見 便側泥盤 作接泥勢 軍容便轉笏 作進泥勢 師便拋下泥盤 與軍容 歸方丈 〈說話〉 轉笏至勢者 解支對也 故拋下至方丈 可謂師資道合 水乳和同", "암두가 듣고 말했다. '아! 불법은 담박하도다. 대단한 위산이여! 담벼락 진흙 바르는 일도 끝내지 못하였다니'. 巖頭聞云 噫 佛法澹薄也 大小潙山 泥壁也不了", 『종문염고휘집』 권14(卍속장115, p.679b17)에 "황룡오신(黃龍悟新)이 말했다. '암두는 잘못 풀었거니와 알지도 못했거니, 위산과 군용 멋진 기교 부리다 졸이 되버린 것을'. 黃龍新云 巖頭錯下名言 殊不知 潙山軍容 弄巧成拙"라고 하였다. 〔참고문헌〕『禪門拈頌說話』, 『宗門拈古彙集』, 『禪苑蒙求』 권상 「太傅過泥」(卍속장148, p.202b7).

태사점상 太史占相 태사가 모습을 점치다. 『아육왕전』 권7(대정장50, p.130b28)에 "그 옛날 아서가왕 시절에 태사가 상을 점치고 나서 '왕께서는 쇠하는 상이 있습니다'라고 아뢰었다. 왕이 태사에게 '어떻게 물리치는가?' 묻자, 태사가 '오직 복을 닦는 일만이 물리칠 수 있습니다'라고 답했다. 왕은 즉시 팔만사천의 탑을 조성하고 갖가지 공덕을 쌓고서 태사에게 물었다. '악한 상이 사라졌는가?' '아직 그대로여서 사라지지 않았습니다'. 昔阿恕伽王時 太史占相 白如是言 王有衰相 王問太史 云何禳却 太史答言 唯有修福 可得禳却 王時卽造 八萬四千塔 作諸功德 王問太史 惡相滅未 太史對曰 猶故未滅", "이번에는 존자 야사에게 물었다. '어떻게 해야 사라지게 할 수 있는가?' '왕께서 복을 닦으시되 오로지 자기만을 위하였기에 이 복이 가벼울 수밖에 없었습니다. 모든 이에게 권하여 함께 복을 닦아야만 그 정성이 넓고 크며 복의 종자 또한 무거울 것이니, 가히 재앙을 물리칠 수도 재해마저 사라지게 할 수 있습니다'. 왕이 이 말을 듣고는 서민의 복장을 하고서 모든 나라사람들에게 권하여 물건들을 찾아내 복을 짓게 하였다. 復問尊者耶奢 何由得滅 尊者答言 王自修福 專於一己 故此福輕 勸一切共修福者 斯誠寬曠 福鍾亦重 可以禳災 可以除害 王聞是語 卽著微服 勸諸國人 索物作福"라고 하였다. 〔참고문헌〕『阿育王傳』. ⇨아육왕 阿育王

태산 泰山 중국 오악(五嶽) 중 하나. 산동성(山東省) 태안시(泰安市) 대악구(大岳區)에 있는 산. 동악(東嶽)·대산(岱山)·태산(太山) 등이라고도 한다. 전설상 혼(魂)을 부르는 일을 관장하는 천제(天帝)의 자손인 태산부군(太山府君)이 머무는 산이다. 불교와 융회한 뒤로 태산부군은 염마왕(閻魔王)의 서기(書記)로 생전의 행위를 기록한다. 도교와 불교를 함께 품은 영산(靈山)이다. 산 위에는 전진(前秦) 351년(황시1) 승랑(僧朗)이 창건한 신통사(神通寺)가 있다. 처음에는 낭공곡산사(朗公谷山寺)라 하였으나 수대 개명하였다. 의정(義淨)이 수학하였다고 전한다. 단층의 사면의 독특한 양식의 석탑(石塔)과 낭공탑(朗公塔)은 널리 알려져 있다. 산 중심의 천불애(千佛崖)에는 당초에 조각한 석불(石佛) 수백존이 전한다. 이 밖에 화강암에 『금강경』을 새긴 골짜기가 있어 경석욕(經石峪)이라 부른다. 한 글자마다 30~50cm 크기로 지금까지 약 900여 글자가 전하는데 웅혼한 서체의 북제(北齊)시대 석각불경이다. 『박물지』 권1에 "태산(부군)은 천손이라고도 한다. 천제의 자손이라는 말로서 사람의 혼을 부르는 일을 주관한다. 泰山 一曰天孫 言爲天帝孫也 主召人魂", 『지장본원경과주』 권4(卍속장35, p.579a3)에 "『효경원신계』에 따르면, 태산의 천제손주가 사람의 혼을 부른다. 按孝經援神契云 泰山天帝孫主召人魂"라고 하였다. 〔참고문헌〕『博物志』, 『地藏本願經科註』, 『佛祖統紀』 권33(대정장49, p.322b4), 『唐高僧傳』 권10 「법찬전 法瓚傳」(대정장50, p.506c29). ⇨동악 東嶽, 오악 五嶽

태산부군 太山府君 Ⓢ Citragupta. 염마왕(閻魔王)의 서기(書記). 또는 명부시왕(冥府十王) 중 일곱 번째 왕. 태산부군(泰山府君)·태산왕(太山王) 등이라고도 한다. 음사어는 질저라급다(質咀羅笈多)이며, 봉교관(奉教官)이라고 한역한다. 도교에서 태산을 관장하는 산신을 가리키는 말이기도 하였는데, 불교에 수용되었으며 약사여래의 수적(垂迹)으로도 자리하였다. 염마천의 권속으로 죽은 이의 선악을 기록하는 일을 맡았다. 중국 도교(道敎)에서 받드는 태산의 신인 동악대제(東岳大帝)와 같다. 귀신들의 무리를 거느리고 염라대왕을 모시며 중생의 선업과 악업을 명부에 기록하여 망자가 왔을 때 염라대왕이 대조할 수 있도록 한다. 『지장시왕경』(卍속장150, p.771b4)에 "(염마왕국의 성문) 좌우에 단공당이 있고 그 위에 인두형의 사람이 있는데 인간을 손바닥의 암라열매 보듯 볼 수 있다. 오른쪽에는 흑암천녀의 당번이 있고, 왼쪽에는 태산부군의 당번이 있다. 左右有檀恭幢 上安人頭形人 能見人間 如見掌中 菴羅之果 右黑闇天女幢 左太山府君幢", 『명보기』 권중(대정장51, p.793b11)에 "염라왕은 인간세상의 천자와 같고, 태산부군은 상서령과 같으며, 오도를 기록하는 신은 모든 상서들과 같고, 우리나라는 큰 주군과 같다. 항상 인간의 일을 글로 써서 올리며 복을 청하면, 천조에서 그것을 받아 염라왕에게 주면서 다음과 같이 말한다. '어느 달 어느 날에 아무개의 소장(訴狀)을 받았는데, 거기에 이러이러하게 말했으니, 잘 다스려 억울함이 없도록 하라'. 그러면 염라왕은 마치 사람이 왕명을 받는 것처럼 공경히 받들어 행한다. 閻羅王者 如人天子 太山府君尙書令錄五道神如諸尙書 若我輩國如大州郡 每人間事 道上章請福 天曹受之 下閻羅王云 某月日得某甲訴云云 宜盡理勿令枉濫 閻羅敬受而奉行之 如人之奉詔也"라고 하였다. 한편 밀교의 태장현도만다라(胎藏現圖曼荼羅)에서는 외금강부원(外金剛部院) 남쪽에 위치한다. 염마천왕(閻魔天王)을 보좌하는 16위의 존격 중 하나다. 현도만다라에서는 맨몸을 드러내고 오른손으로는 붓을 들고 왼손으로는 끝에 금환(金環)이 있고 그 안에 사람의 얼굴이 있는 단나장(檀拏杖)을 잡은 모습이다. 삼매야형은 인두장(人頭杖)이고 종자는 (ci)이며 수인은 연화합장이다. 진언은 『섭대궤』 권2(대정장18, p.78a24)에 의하면 '나마 사만다몰다남 지달라우발다야 사바하 namaḥ samantabuddhānāṃ citraguptāya svāhā 曩莫 三滿多沒馱喃 只怛羅虞鉢多野 娑嚩賀 보변제불께 귀의합니다. 태산부군을 위하여 스바하'이다. 『수요의궤』 권(대정장21, p.423a25)에 "먼저 허공장·문수·보현·연명·제석·비사문 등의 보살

과 천에게 공양하고 후에 구요이십팔수천・북두 중 본명에 속하는 별 및 태산부군 사명사록을 권청하여 공양하여 재앙을 없애고 수명을 연장하며 액난이 소멸하도록 기원한다. 先奉供虛空藏文殊普賢延命帝釋毘沙門等菩薩天等 後勸請九曜二十八宿天 北斗之中本命屬星 及以泰山府君司命司祿供之 祈乞除災 延命 消除厄害之事"라고 하였다. [참고문헌]『地藏十王經』,『冥報記』,『攝大軌』,『宿曜儀軌』,『弘贊法華傳』 권10(대정장51, p.43a2),『曼荼羅図典』(大法輪閣, 2002). ⇨동악대제 東嶽大帝, 봉교관 奉敎官, 명부 冥府, 시왕 十王, 염마왕 閻魔王

태산왕 太山王 태산왕(泰山王)・태산부군(泰山府君)이다. 본지(本地)는 약사여래(藥師如來)이다. 이 왕의 자리 앞에 지옥・아귀・축생・아수라・인간・천상의 육도(六道)로 통하는 문이 있다. 『예수시왕생칠경』(卍속장150, p.780a17)에 "일곱 번째 칠일에는 태산왕을 뵙는다. [찬] 일곱 번째 칠일에는 명도(冥途)의 중음신으로, 부모될 이가 사랑을 나눌 것만 바라네. 복업(福業)이 이때까지 아직 정해지지 않아, 다시 남녀가 어떤 인연 지었는지 살펴본다네. 第七七日 過大山王 讚曰 七七冥途中陰身 專求父母會情親 福業此時仍未定 更看男女造何因"라고 하였다. [참고문헌]『預修十王生七經』.

태산왕 시왕탱
통도사 양산 1798년

태산왕청 太山王廳 태산왕이 죄인을 다스리는 관청. 『지장시왕경』(卍속장150, p.775a14)에 "일곱 번째 태산왕청〈약사여래〉: 이전 삼왕의 처소에서 양설죄를 감정하여 판단받고 선악인연에 따라 태어날 연을 찾는다. 그 때 천존이 읊는다. '칠칠일 명도를 지나는 중음신, 오로지 부모만 찾고 친한 이를 만나려 하네. 복업은 여전히 정할 때 아니니, 다시 남녀가 무슨 인을 짓는지 살핀다'. 第七 太山王廳〈藥師如來〉 依前三王處 斷勘決兩舌之罪 善因惡緣 求於生緣 爾時 天尊說是偈言 七七冥途中陰身 專求父母會情親 福業此時仍未定 更看男女造何因"라고 하였다. [참고문헌]『地藏十王經』.

태산지옥 太山地獄 악업을 지은 이가 죽은 뒤에 가는 지옥 중에 하나. 태산지옥(泰山地獄)이라고도 한다. 『육도집경』 권3(대정장3, p.14a19)에 "조달은 나의 육억품경을 무너뜨리고 말은 따라하면서 행동은 거꾸로 하여 죽어서 태산지옥에 들어간다. 반특비구는 나의 말 한마디 품은 채로 세속을 건너가기에 이른다. 調達 壞吾六億品經 言順行逆 死入太山地獄 槃特比丘 懷吾一句 乃致度世", 『오백제자본기경』(대정장4, p.197b6)에 "벽지불을 해치고 나서 이 악한 죄를 범하였기에 그는 목숨을 다하고 난 뒤에 태산지옥에 떨어진다. 고통이 헤아릴 수 없고 괴로움과 시달림은 말로 할 수 없다. 다시 사람의 몸을 받아 난다 해도 단명하고 빠르게 병들어 간다. 害辟支佛已 犯是惡罪殃 於彼壽終已 墮太山地獄 苦痛無數千 懊惱不可言 來還得人身 短命速疾過"라고 하였다. [참고문헌]『六度集經』,『五百弟子本起經』,『出曜經』 권10(대정장4, p.661c23). ⇨지옥 地獄

태산지중삼근 太山只重三斤 태산은 단지 세 근일 뿐이다. 태는 태(泰)로도 쓴다. 『종용록』 30칙 「시중 示衆」(대정장48, p.247a5)에 "모든 마주해 기다리는 것들 끊고 양끝 있는 것들 끊어 앉아 의심 덩어리를 때려 부순다. 어찌 한 구절 소식이겠느냐? 장안은 한 걸음도 여윈 적이 없고, 태산은 단지 세 근일 뿐이라네. 말해 보라! 어떤 법령에 의지해야 감히 이렇게 말할 수 있을까? 絶諸對待 坐斷兩頭 打破疑團 那消一句 長安不離寸步 太山只重三斤 且道 據甚麽令 敢恁麽道", 『허당집』 74칙 「시중」(卍속장124, p.591b1)에 "천축은 다섯 걸음에 가고, 태산은 단지 세 근이라네. 天竺都來五步 太山只重三斤"라고 하였다. [참고문헌]『從容錄』,『虛堂集』,『無異元來廣錄』 권6(卍속장125, p.163b18).

태상 太常 조선중기 스님. 청허휴정(淸虛休靜)의 문인. 휴정이 간절한 그리움을 담아 보낸 편지 「기태상선자서 寄太常禪子書」(『청허당집』 권1・한불전7, p.724c6)가 전한다. 『선가귀감』 「발문 跋文」(한불전7, p.646b18)에 "문인 대선사 정원과 태상, 문인 청하도인 법융 등이 머리 숙여 두 번 절하고 '일찍이 없었던 일입니다'라 말하였다. 마침내 동지 예닐곱과 함께 발우주머니에 모아둔 것 기울여 새겨 유통시키게 하였으니 스승의 깨우쳐주신 은덕에 보답하였다. … 때는 만력 기묘(1579・선조12) 봄이다. 門人大禪師淨源 門人大禪師太常 門人靑霞道人法融等 稽首再拜曰 未曾有也 遂與同志六七人 傾鉢囊中所儲 入梓流通 以報師翁訓蒙之恩也 … 時萬曆已卯春節", 『운곡집』 「증태상총섭 贈太常摠攝」(한불전8, p.275b24)에 "유관을 쓰고 백의를 입었을 제 서로 만나 보니 기개가 대장부라. 일찍이 십 년 동안 희초조사를 모시더니 이제는 한 자루 검으로 유정(惟政) 대사를 따르네. 首冠儒冠衣白衣 相逢氣岸丈夫兒 十年曾事熙初祖 一劒今從政大師"라고 하였다. [참고문헌]『淸虛堂集』,『禪家龜鑑』,『雲谷集』.

태상 胎相 모태(母胎)에 들고(入胎) 머물고(住胎) 나오는(出胎) 모습. 중생류들이 복과 지혜에 따라 그 모습을 바로 앎이 각기 다름을 보이는 뜻이다. 『구사론』 권9(대정장29, p.47a20)에서는 이 세 태상에 대해 전륜왕(轉輪王)·독각(獨覺)·보살·육도 중생들이 서로 다르게 이해하고 있음을 시설하고 있는데, 이를 사태상(四胎相)이라고 한다. 같은 책(대정장29, p.47a25)에 "〔논〕 유정들 있어 복업을 많이 모으고 부지런히 염혜를 닦았기에 죽어서 날 때 염력이 지닌 바 정지에 어지러움이 없다. 그중에 혹 입태만을 바로 아는 이 있고, 혹 주태와 입태를 바로 아는 이 있으며 혹 출태와 입태 그리고 주태도 안다. 論曰 有諸有情 多集福業 勤修念慧 故死生時 念力所持 正知無亂 於中或有正知入胎 或有正知住胎兼入 或正知出兼知入住", "유정들 있어 복과 지 모두 적으면 입주출태 모두를 바로 알지 못하니, 듦을 바로 알지 못하므로 머묾과 나감에 대해서도 반드시 그러하다. 有諸有情 福智俱少 入住出位 皆不正知 入不正知 住出必爾", "만약 세 위에 대해 모두 능히 바로 안다면, 들어가는 때에 전도상이 없으리니, 태에 들어가는 위를 스스로 알아 태에 들고 태에 머물거나 나올 때도 스스로 알아 머물고 나온다. 若於三位 皆能正知 於入等時 無倒想解 謂入胎位 知自入胎 住出胎時 自知住出", "또 따로 네 가지 입태를 드러내 보인다는 것은, 우선 앞의 3종은 전륜왕과 독각과 대각이니 저 차제와 같다. 처음의 입태는 전륜왕을 이르니 위에 듦은 바로 알지만 머묾과 나옴에 대해서는 아니며, 둘째 입태란 독승각을 이르니 들어감과 머묾은 바로 알지만 나오는 위에 대해서는 그렇지 않으며, 셋째 입태는 무상각을 이르니 들어가고 머물고 나오는 위에 대해 모두 능히 바르게 안다. 又別顯示 四入胎者 且前三種 謂轉輪王 獨覺 大覺 如其次第 初入胎者 謂轉輪王 入位正知 非住非出 二入胎者 謂獨勝覺 入住正知 非於出位 三入胎者 謂無上覺 入住出位 皆能正知"라고 하였다. 〔참고문헌〕『俱舍論』. ⇨사태상 四胎相

태생 胎生 ❶ Ⓢjarāyu-ja, jarāyujā yoniḥ, Ⓣmngal-nas-skyes-pa, mngal-nas-skyes-pa'i-skye-gnas. 사생(四生) 중 하나로 태(胎)를 빌어 나는 것들. 『대보적경』 권56(대정장11, p.329a8)에 "이와 같이 마땅히 알라. 부모의 정혈이 인연화합함을 의지해 비로소 태생이 있다. 부모의 부정으로 갈라람이 되는데 이를 색이라 부르고 수상행식은 명이라 이름하니 합하여 명색이라 한다. 이렇게 온으로 쌓이고 가이 물든 명색이 의탁하면 제유로 생겨나니, 아무리 짧은 찰나라도 나는 찬탄할 수 없다. 왜 그런가? 어떤 유 중에 태어나더라도 모두 크나큰 괴로움이다. 비유하자면 분예는 조금만 있어도 악취가 나는 것과 같다. 마땅히 알아야 한다. 모든 유중에 난다는 것은 아무리 적어도 고통이다. 如是應知 依父母精血 因緣合故 方有胎生 父母不淨 成羯羅藍 號之爲色 受想行識 卽是其名 說爲名色 此之蘊聚 可惡名色 託生諸有 乃至少分刹那 我不讚歎 何以故 生諸有中 是爲大苦 譬如糞穢 少亦是臭 如是應知 生諸有中 少亦名苦", 『대비바사론』 권120(대정장27, p.626c29)에 "사람이 태로 난다는 것은 지금의 사람이지만. … 사람인데 화생이라는 것은 겁초의 사람이다. 人胎生者 如今世人 … 人化生者 如劫初人", 『구사론』 권8(대정장29, p.43c27 : *Abh-k-bh.*, p.118)에 "무엇이 태생인가? 유정의 무리가 태내(胎藏)를 좇아 남을 태생이라 한다. 코끼리·말·소·돼지·양·나귀 등이다. 云何胎生 謂有情類 生從胎藏 是名胎生 如象馬牛猪羊驢等 jarāyujā yoiḥ katamā. ye sattvā jarāyorjāyante. tadyathā hastyaś vagomahiṣakharavarāhādayaḥ", 돈황본 『금강반야경지찬』 권상(대정장85, p.77a2)에 "품어 감추고 있다가 일어남을 태생이라 한다. 含藏而起 名曰胎生"라고 하였다. 〔참고문헌〕『大寶積經』, 『大毘婆沙論』, 『俱舍論』, 『金剛般若經旨贊』, *Abh-k-bh.* ⇨사생 四生❶ ❷ Ⓢgarbha-āvāsa. 정토에 나지만 의심이 있어 오백세 동안 부처님도 그 성중들도 보지 못한 채 극락변지의 연화대에 갇혀 머무는 동안의 생. 『무량수경』 권하(대정장12, p.278a18)에 "태생이라 하지만 처하는 궁전은 일백유순이나 오백유순이다. 각자 그 안에서 온갖 쾌락을 누리는데 저 도리천과 같이 그렇게 누린다. … 이 모든 중생은 저 궁전에서 나서 오백세를 살지만 언제나 부처님을 친견하지도 경법을 듣지도 보살성문성중도 만나지도 못한다. 이런 연유로 저 국토에서는 태생이라 한다. 其胎生者 所處宮殿 或百由旬 或五百由旬 各於其中 受諸快樂 如忉利天 亦皆自然 … 此諸衆生 生彼宮殿 壽五百歲 常不見佛 不聞經法 不見菩薩 聲聞聖衆 是故 於彼國土 謂之胎生", 『약론안락정토의』(대정장47, p.2a7)에 "안락국토를 일러 변지라 하고 또 태생이라고도 한다. 변지란 오백세가 되도록 삼보를 보고 듣지 못하니 뜻이 변지에서 겪는 어려움과 같다. 安樂國土 謂之邊地 亦曰胎生 邊地者 言其五百歲中 不見聞三寶 義同邊地之難", 『정토론』 권상(대정장47, p.84c9)에 "『섭론』에 따르면, 오직 화토에 나면 법보토를 보지 못한다. 화토에 나아가는데 두 가지가 있다. 하나는 태생이고 또 하나는 화생이다. 태생토에 다시 두 종이 있다. 하나는 의심이 많은 사람이니 이들은 극락변성인 칠보궁전에서 오백세가 되도록 부처님을 친견하지 못하기에 태라는 이름이 붙었다〈『무량수경』의 설〉. 또 하나는 실제 부모가 있어서 태라 한다. 예를 들면 『고음성왕다라니경』에서 '이러하여 아미타불이니 또한 부모가 계시다'는 등이다. 依於攝論 唯生化土 不見法報土也 就化土中 有其二種 一 是胎生 二 是化生 胎生土者 復有二種 一 狐疑人 生極樂邊城 七寶宮殿中 五百歲不見佛 名之爲胎 此是〈無量壽經說〉 二者 實有父母 名之爲胎 如鼓音聲王陀羅尼經說 此卽阿彌陀佛亦有父母等"라고 하였다. 〔참고문헌〕『無量壽經』, 『略論

安樂淨土義』, 『淨土論』, *Sukh-vy. I.68.* ⇨ 태궁 胎宮

태선 太先 1824~1902. 조선후기 스님. 호는 함명(涵溟), 속성은 박(朴)씨. 본관은 밀양. 아버지의 휘는 양구(陽九), 어머니는 동복 오씨(同福吳氏)이다. 1824년(순조24) 9월 전라남도 화순읍 적천리에서 태어났다. 어려서부터 공부하여 경사(經史)에 정통하고, 14세 때인 1837년(헌종3) 화순 만연사(萬淵寺)의 풍곡덕린(豊谷德麟)을 은사로 모시다가 다음 해(1838)에 백양사(白羊寺)에서 도암정(道菴定)화상을 계사로 하여 스님이 되었다. 이어 침명한성(枕溟翰醒)의 강하에서 5년여 동안 경율론 삼장에 정통한 후, 1849년(헌종15) 25세 때 광주 서석산(瑞石山 : 無等山) 규봉난야(圭峰蘭若)에서 은사인 풍곡의 법을 이어 받으니 청허휴정(淸虛休靜)·편양언기(鞭羊彦機)·풍담의심(楓潭義諶)·월저도안(月渚道安)·설암추붕(雪巖秋鵬)·상월새봉(霜月璽篈)·용담조관(龍潭慥冠)·규암낭성(圭岩朗城)·서월거감(瑞月巨鑑)·회운진환(會雲振桓)·원담내원(圓潭乃圓)·풍곡덕린·함명태선·경붕익운(景鵬益運)·경운원기(擎雲元奇)로 이어져, 석가의 제76대이고 태고의 19대이며 청허의 13대 법손이 된다. 순천 선암사(仙巖寺)에서 개강하니 학인이 구름처럼 모여들었다. 1866년(고종3) 가을 경붕익운에게 전강하였고, 익운은 경운원기에게 전강하였다. 스님은 선율경에 두루 정통한 대종사였다. 1902년(광무6) 1월 26일 세수 79, 법랍 64세를 일기로 입적하였다. 여규형(呂圭亨)이 비문을 짓고 중국인 자명제갈경(子明諸葛璟)이 써서 1914년에 세운 비가 선암사에 있다. 〔참고문헌〕『東師列傳』 권5 「涵溟講傳」(한불전10, p.1059b16), 「函溟禪師碑銘」(『荷亭集』 권4), 『朝鮮佛敎通史』 권상 pp.614~616, 智冠『韓國高僧碑文總集 朝鮮朝·近現代』 pp.774~776. ⇨ 선암사함명대사비 仙巖寺函溟大師碑

태쇄 太殺 매우. 몹시. 대쇄(大殺)·태쇄(太煞)라고도 한다. 『조당집』 권14 「석공장 石鞏章」(대장경보편25, p.567a12)에 "석공이 서당의 코를 잡고 끌어당기자 서당이 참아 아픈 소리 지르며 말했다. '남의 코를 몹시 끌어당겨 떨어져 나갈 지경이군요'. 師便把西堂鼻孔拽著 西堂作忍痛聲云 太殺拽人鼻孔 直得脫去", 『경덕전등록』 권17 「흠산문수전 欽山文邃傳」(대정장51, p.340a22)에 "옳기는 옳지만 저를 때림이 너무 심하십니다. 是卽是 打我太殺"라고 하였다. 〔참고문헌〕『祖堂集』, 『景德傳燈錄』. ⇨ 가쇄 可殺

태쇄 太煞 태쇄(太殺)를 달리 이르는 말. 『조당집』 권4 「약산유엄장 藥山惟儼章」(대장경보편25, p.386a3)에 "(속가 어머니께서) 사형이 그리워 크게 우시다가 한 눈마저 잃고 세상을 하직하셨습니다. 憶師兄 哭太煞 失卻一隻眼 下世去", 『정법안장』 권3(卍속장118, p.151b16)에 "동산이 일러 준 말 하고 많지만 여덟만 얻었을 뿐이다. 洞山道卽太煞 只道得八成"라고 하였다. 〔참고문헌〕『祖堂集』, 『正法眼藏』. ⇨ 가쇄 可煞

태수 泰秀 근대 스님 고봉(高峰)의 휘. ⇨ 고봉 高峰 **2**

태승생 太僧生 참으로 스님답게 마음 쓰다. 『무이원래광록』 권35(卍속장125, p.390b2)에 "(燒菴頌) 찬 바위 고목 참으로 스님다웠으니, 무정하다 말하지만 도리어 유정이었네. 연기 사라지고 재마저 날아 빈땅 남으니, 꽃 피고 들풀 자라 여기저기 자유롭네. 寒巖枯木太僧生 說道無情却有情 煙滅灰飛成露地 閒花野草任縱橫"라고 하였다. 〔참고문헌〕『無異元來廣錄』.

태식법 胎息法 **1** 호흡 수련법의 일종. 분별이 일기 전인 태중의 호흡을 원래의 기(元氣)로 여긴다. 인도불교에서 기원한 수식관(數息觀)과 크게 다르며 선교가(禪敎家) 모두 경계하고 비판한 바다. 『후한서』 등에 따르면 동한(東漢) 말기 왕진(王眞)이 호흡을 생명을 연장하는 술법으로 행했다고 전한다. 『원각경대소석의초』 권1상(卍속장14, p.416b17)에 "말하여 하나라고 함은 그 근본에서 논하면 원기다. 맑고 탁함이 나뉘기 전이어서 하나라 한다. 수행의 분상에서는 화기다. 태식법이란 면면히 숨쉬는 듯하지만 좇지도 물러나지도 않아 모든 조작을 끊음이어서 마음의 끝을 움직이지 않으면 원기운과 합하여 크게 급하지도 느리지도 않고 너무 거칠지도 가라앉음도 아니어서 그 이름을 화기라 한다. 음기와 양기가 화하여 통하기에 둘이 아니고 하나다. 所言一者 若論根本 卽是元氣 以未分淸濁 故云一也 若約修鍊 卽是和氣 謂胎息法 綿綿若存 不縱不抑 絶諸造作 不運心機 合本元氣 離太急太遲 太麤太沉等 名爲和氣 陰氣陽氣 和通不二 故云一也", "그러므로 『도덕경 道德經』에 '기를 깊고 온화하게 함을 화라 한다〈기가 온화하고 부드러워 저 뼛속 골수와 같게 됨〉 하고, 또 '곡〈곡은 기름〉의 신은 죽지 않으니 이를 현빈, 즉 그윽한 그곳이라 하였으니, 현빈의 문은 바로 천지의 뿌리다. 면면히 있는 듯하니 늘 씀이 있으나 수고롭지 않다'. 故道經云 沖氣以爲和〈得氣和柔 如骨中有髓等〉 又云 谷〈谷 養也〉神不死 是謂玄牝 玄牝之門 是謂天地根 綿綿若存 用之不勤", 『만법귀심록』 권상(卍속장114, p.807b9)에 "도사가 말했다. '태식법은 거짓이니 불교의 가르침에 오를 수 없다. 이와 같은 주장에 무슨 근거가 있는가?' 초명(超溟)이 답했다. '태식의 방법은 마치 모태에 있는 것처럼 아득하고 어두워 몸과 마음이 고요할 뿐이니 오래오래 정한대로 성취되어 신과 기가 결합하고 단련하여 환형을 만들어 내고 식신은 벗어나 노니 순식간에 만리를 가고 자유자재하다. 그러나 불교의 일승과는 전혀 관계가 없다. … 근거도 없이 함부로 태식법이 교외별전의 뜻이라 오인한다. 한탄스럽구나! 스스로 눈이 밝지 못하여 초학자를 미혹하게 하여 분간지 못하게 하니. 하찮은 것을 크게 여기니 그 허물이 적지 않다'. 道云 胎息法僞 非佛上乘 如是之論 有何憑據 師曰 胎息之法 如在母胎 杳杳冥冥 身心寂然 久久定成 神與氣結 煉成幻形 識神外遊 瞬息萬里 逍遙自在 與佛一乘 了無交涉 … 無端妄將胎息之法 誤認敎外別傳之旨 可歎 自眼不明 迷惑初學難辨 以小爲大 其過非細"라고 하였다. 〔참고문헌〕『後漢書』, 『圓覺經大疏釋義鈔』, 『萬法歸心錄』, 『淨土指歸集』 권하 「胎息邪論」(卍속장108, p.179b7). ⇨ 파망전달마태식론 破妄傳達磨胎息論 ❷ 북위(北魏)대 정토교(淨土敎) 염불문(念佛門)의 고승 담란(曇鸞)의 저술. 전하지 않는다. 담란은 오대산(五臺山)에서 신령한 자취를 발견한 인연으로 출가한 뒤에 용수(龍樹)의 『중론 中論』·『백론 百論』 등 사론(四論)을 연구하고 나아가 『대집경 大集經』을 주석하려는 뜻을 세웠다. 저술할 때 병으로 인하여 절필했다가 양(梁)으로 가서 신선장생(神仙長生)의 비법을 배우고, 또 도사 도홍경(陶弘景)에게서 『선경 仙經』 10권을 전수받아 낙양(洛陽)으로 돌아왔다. 이어서 보리유지(菩提流支) 문하에서 『관무량수경 觀無量壽經』을 공부하며 정토교 연구와 실천을 병행하였다. 전설에 따르면, 담란은 이 경전에 근거하여 『태식법』이라는 책을 지었다고 하나, 후대의 고증에 따르면 위작이라 판단한다.

태식술 胎息術 태식법(胎息法)을 달리 이르는 말. 『송고승전』 권28 「지랑전 智朗傳」(대정장50, p.884c27)에 "그럼에도 '세속을 벗어난 출가자로서 어찌 방술에 머물러 기둥이나 지킬 뿐 능히 굴레를 벗고 묶인 줄을 풀지 못하는가! 이는 아무리 넓은 지견이라도 견뎌내지 못한다' 하고는 마침내 표주박과 발우를 지고 남쪽 끝 형양에서 남악에 올라 반야사에 깃들어 태식술을 하며 장경을 열람하며 지내다가 일을 마치자 민령으로 들어갔다. 且曰 出俗之者 何滯方守株 不能脫羈解絆乎 於廣博知見 無所堪能 乃携缾鉢 南極衡陽 登嶽棲般若寺 行胎息術 而覽藏經 事訖入閩嶺"라고 하였다. 〔참고문헌〕『宋高僧傳』. ⇨ 태식법 胎息法❶

태심원생 太深遠生 마음을 씀에 크게 깊고 멀게 함. 태원생(太遠生)과 통한다. 『경덕전등록』 권14 「단하천연전 丹霞天然傳」(대정장51, p.310c16)에 "단하가 어느 날 혜충국사(慧忠國師)를 만나러 가서 먼저 시자에게 물었다. '국사 계시는가?' '계시기는 하지만 손님은 만나지 않습니다' '참으로 깊고 멀구나!' 師一日謁忠國師 先問侍者 國師在否 曰在卽在不見客 師曰 太深遠生"라고 하였다. 〔참고문헌〕『景德傳燈錄』. ⇨ 태원생 太遠生

태아 太阿 이름난 칼의 이름. 월(越) 구야자(歐冶子)와 오(吳)나라의 간장(干將)이 합작하여 만든 칼. 용천(龍泉)과 한 쌍이다. 『조정사원』 권1(卍속장113, p.21b14)에 "태아 : 『월절서』에 전한다. '초왕이 풍호자를 불러 오월에 가서 구야자와 간장을 만나 철검 세 자루를 만들도록 시켰다. 첫째는 용천, 둘째는 태아, 셋째는 상시였다. 초왕이 물었다. 「무엇을 가리켜 용천이라 하는가?」 풍호자가 답했다. 「용천의 형상은 높은 산에 올라 깊은 못을 바라보는 모습을 닮았습니다」 「무엇을 가리켜 태아라 하는가?」 「우뚝한 날개 모양이 흐르는 물의 물결과 같습니다」. 太阿 越絶書云 楚王召風湖子 令之吳越 見歐冶子干將 使之爲鐵劒三枚 一曰 龍泉 二曰 太阿 三曰 上市 楚王問之曰 何謂龍泉 風湖子曰 龍泉狀 如登高山臨深淵 何謂太阿 曰 巍巍翼 如流水之波", 『경덕전등록』 권20 「수징정과전 守澄淨果傳」(대정장51, p.368a23)에 "'간장의 손에 들어가지 않았다면 어떻게 태아라 하는지요?' '칠성의 광채로 번득이니 여섯 나라 전쟁마저 사라졌다'. 問 不落干將手 如何是太阿 師曰 七星光彩耀 六國罷烟塵", 『설두어록』 권1(대정장47, p.670c24)에 "태아 빼어들자 조당은 싸늘하고, 천리까지 뻗은 만 가닥 근심 마침내 쉬어가네. 찬 빛 번득임 가벼이 기다리지 마라. 太阿橫按祖堂寒 千里應須息萬端 莫待冷光輕閃爍", 『천성광등록』 권18 「남원초원장 南源楚圓章」(卍속장135, p.765a6)에 "보배 거울이 대에 올려지니 삼라만상이 저절로 나타나고, 태아가 손에 있으니 살활은 때를 기다리네. 寶鏡當臺 森羅自顯 太阿在手 殺活臨時"라고 하였다. 〔참고문헌〕『祖庭事苑』, 『景德傳燈錄』, 『雪竇語錄』, 『天聖廣燈錄』. ⇨ 용천 龍泉❷, 사두우 射斗牛

태안마애삼존불입상 泰安磨崖三尊佛立像 백제 마애불상. 국보 제307호. 태안읍 동문리 백화산 서쪽 8부 능선 지점에 있다. 마애삼존불입상은 부채꼴 형태의 바위 한 쪽 면에 방형의 얕게 감실을 만들고 그 안에 양감 있는 돋을새김으로 두 구의 여래입상과 한 구의 보살입상을 조각해 모셨다. 여래상의 머리에 작은 육계가 높이 솟아 있고 상호는 부드럽고 양감마저 도드라져 해뜨고 지는 시차에 따라 풍부한 표정을 선사한다. 오른손은 두 여래상 모두 약지와 소지를 구부린 채 손바

닥을 펴서 들어올렸고 왼손은 향 좌측 상의 경우 아래로 내린 시무외여원인을 하였고 향우측상의 왼손은 왼쪽

가슴을 향하고 있어 고요한 중에도 살며시 움직이는 듯하다. 두 여래상 모두 장대한 체구에 통견형 대의를 걸치고 있고, 폭 넓은 U자형 옷 주름에 명치 부근에서 내의를 매듭 지었고, 양 팔 위로 흘러내리는 옷자락 또한 무겁고 힘 있게 표현하였다. 두 여래상 사이에 키 작은 보살입상이 자리하고 있다. 보살입상은 양 측면에 수식이 달린 높은 보관을 쓰고 있으며 왼손에 보주를 들고 오른손으로 감싼 후 두 손을 모은 봉보주인(捧寶珠印)이다. 이 삼존불이 새겨진 태안지역은 6세기 중반 백제인들의 국제적인 해상교통로의 관문이었다. 춤추듯 자유롭고 당당한 위세에 환한 미소마저 잃지 않아 개방적이고 활달했던 백제인의 기상을 상상할 수 있게 하기에 '백제인의 미소'로 회자되고 있다.

태안사 泰安寺 전라남도 곡성군 죽곡면 원달리 동리산(桐裏山)에 있는 절. 대안사(大安寺)라고도 불렸고 속칭으로 동리사(桐裏寺)라고도 한다. 대한불교조계종 화엄사(華嚴寺)의 말사다. 『태고사사법 太古寺寺法』 때에는 송광사의 말사였다. 742년(경덕왕1)에 신승(神僧) 3인이 창건하여 대안사라고 하였다. 이후 혜철(惠哲 785~861)이 77세로 입적하기까지 머물던 선문구산(禪門九山) 중 동리산문(桐裏山門)의 중심 도량이다. 고려 태조(太祖 재위 918~943) 때 광자대사(廣慈大師) 윤다(允多)가 중창하였다. 조선시대에 들어서 효령대군(孝寧大君 1396~1486)이 머물면서 공덕주가 되었고 그의 사후 원당의 역할도 하였다. 1457년(세조3)에 큰 종이 깨져 1581년(선조14)에 금 400여근을 넣고 다시 주조하였으며 1683년(숙종9)에는 정심(定心)이 중창하였다. 이후 1776년(영조52), 1809년(순조9), 1861년(철종12), 1917년, 1923년에 걸쳐 중수되었다. 6·25전쟁 당시 15채의 건물이 전소되었고 1969년에 곡성군의 보조로 대웅전이 재건되었다. 1985년 청화(清華)선지식이 주석하면서 중창하였다. 현존하는 당우로는 대웅전·천불보전·극락보전·보제루·청중당·선원·해회당·만세루·요사 등이 있다. 성보문화재로는 보물 제273호 적인선사탑·제274호 광자대사탑·제275호 광자대사탑비·제956호 청동대바라·제1349호 동종이 있다. 유형문화재로는 1764년에 지어진 정면 3칸·측면 1칸의 익공계 맞배지붕 능파각과 1683년에 지어진 정면 1칸·측면 1칸의 다포계 맞배지붕일주문이 있고, 문화재자료로 삼층석탑 등이 있다. [참고문헌] 『東國輿地勝覽』, 『輿地圖書』, 『梵宇攷』, 『韓國寺刹全書』 권하 p.1113a1, 『泰安寺誌』(亞細亞文化社, 1984), 李智冠 『校勘譯註歷代高僧碑文』 高麗篇1 pp.284~304. ⇨ 대안사 大安寺[2], 청화 清華

태안사 일주문

태안사광자대사탑비 太安寺廣慈大師塔碑 전라남도 곡성군 죽곡면 태안사에 있는 고려전기 선승 윤다(允多 864~945)의 탑과 비. ⇨ 윤다 允多, 대안사광자대사비 大安寺廣慈大師碑, 대안사광자대사탑 大安寺廣慈大師塔

태안사적인선사탑비 太安寺寂忍禪師塔碑 ➡ 혜철 惠徹, 대안사적인선사조륜청정탑 大安寺寂忍禪師照輪清淨塔, 대안사적인선사조륜청정탑비 大安寺寂忍禪師照輪清淨塔碑

태안사천순명동종 泰安寺天順銘銅鐘 조선전기 범종. 보물 제1349호. 전체높이 101cm·입지름 66cm. 정상부에는 완만한 호형(弧形) 천판 위에 용뉴와 음통이 있고, 천판 둘레에는 여의두형 입상화문대(立狀花文帶)가 있다. 17엽의 연판문(蓮瓣文)의 상대 아래에는 '옴(ॐ)'자를 연속으로 시문한 원권범자문대(圓卷梵字文帶)를 돌렸다. 범자문대 아래 양주(陽鑄)한 명문에, "천순 원년(1457·세조3) 3월에 대종을 주조하였으나 파손되어, 다시 만력 9년(1581·선조14)에 4백 여 근을 들여 개주하였다. 天順元年三月日 大鍾鑄爲破 又萬曆九年四月日 大鍾改鑄次 金四百余斤入鑄"라고 하였다. 연곽 사이 하단에는 네 개의 당좌가 있고, 하대에는 연당초문을 시문하였다. [참고문헌] 『韓國의 梵鍾』(國立文化財硏究所, 1996) p.366, 『중요동산문화재 범종기록화사업 보고서1』(문화재청, 2006) pp.158~165.

태안암 泰安庵 황해도 개성시 대흥동 천마산(天摩山)에 있던 암자. 고려 태조(太祖 재위 918~943)의 태실(胎室)이었다. 『동국여지승람』 권4 개성부 상 산천 대흥동(大興洞)에 "또 위로 몇 리를 가면 대흥사이다. 지금은 그 옛 터만 있다. 대흥사의 위쪽에는 원통·시혈·선암·적조암 등이 있고 또 해인·취운·법림·태안·운곡의 옛 터가 있다. 태안은 곧 고려 태조의 태실이다. 又上數里曰大興寺 今只有古址 寺之上有圓通詩穴禪巖寂照等庵 又有海印聚雲法林泰安雲谷等古基 泰安乃高麗太祖胎室也"라고 하였다. [참고문헌] 『東國輿地勝覽』, 『韓國寺刹全書』 권하 p.1113b14.

태암장선사어록 呆菴莊禪師語錄 명대 경중보장(敬中普莊 1347~1403)의 어록. 혜계(慧啓)·지월(智粵)·지승(智勝) 등 엮음. 8권. 1630년(숭정3) 간행. 卍속장123, pp.965a1~1018b3에 수록되어 있다. 『경중화상어록 敬中和尙語錄』이라고도 하는데 마지막에 붙은 제목은 『오문도솔원비구명문열태암장선사어록 吳門兜率園比丘明聞閱呆庵莊禪師語錄』이다. 무주(撫州 : 江西省) 북선사(北禪寺), 남강(南康 : 江西省) 운거진여선사(雲居眞如禪思), 항주(杭州 : 浙江省) 괴산만수선사(怪山萬壽禪寺) 등에서 행한 법어이다. 권1에 운거, 권2에 괴산에서 행한 상당어(上堂語), 권3부터 권8까지는 소참(小參)·염고(拈古)·송고(頌古)·게(偈)·시(詩)·찬(讚)을, 마지막에는 탑명(塔銘)을 수록하고 있다.

태야 迨夜 다비(荼毘)가 임박한 밤. 대야(大夜)·숙야(宿夜)라고도 한다. 『선림상기전』 권3(불광장, 禪藏, p.201)에 "태야 : 죽은 다음 날 밤. 대야와 같다. 『비용청규』 권9 「대령소참」(卍속장112, p.124a4)에 '태야에 법당 정면에 법좌를 마련하고 영가를 마주한 소참을 행한다' 하였다. 태야에 주를 달아 숙야라 하였다. 도충(道忠)이 말한다. '내일 다비를 치를 밤이 가고 있다는 뜻이다'. 『시경』 「포유고엽편」에 '사내가 여인을 처로 데리고 오려면, 얼음 녹기 이전이라야 한다'라고 한다. 迨夜 物故次夜 同大夜 備用淸規 對靈小參云 迨夜 法堂面眞設座 對靈小參 註迨夜者 乃宿夜 忠曰 迨明日荼毘之夜也 詩經 匏有苦葉篇云 士如歸妻 迨氷未泮"라고 하였다. [참고문헌] 『禪林象器箋』, 『備用淸規』, 『律苑事規』 권9(卍속장106, p.75a2). ⇨ 대야 大夜, 숙야 宿夜

태양고 太陽孤 태양 홀로 빛나네. 『종용록』 86칙 「송頌」(대정장48, p.283a13)에 "닥쳐오매 나르매 번개 치듯 급하고〈머뭇거릴 틈 없다〉, 미혹구름 부서진 곳 태양 홀로 빛나네〈이전 그대로의 광채일세〉. 劈面來時飛電急〈不容擬議〉 迷雲破處太陽孤〈舊時光彩〉", 『직주설두송고』 권하(卍속장117, p.805b6)에 "미혹구름 걷힌 자리 태양만이 호젓하네〈한 생각 문득 끊어져 곳곳이 빛나네〉. 迷雲破處太陽孤〈一念頓絶 十分炳煥〉"라고 하였다. [참고문헌] 『從容錄』, 『直註雪竇頌古』.

태양사 太陽寺 ❶ 경상북도 안동시 금수곡(金水谷)에 있던 절. 1608년(선조41)에 편찬된 『영가지』 권6 고적(古跡)에 부(府) 서쪽 2리 금수동(金水洞) 태양산(太陽山)에 있었는데, 이미 폐사되었고 우물만 남아 있다고 전한다. [참고문헌] 『永嘉誌』. ❷ 혜심(慧諶 1178~1234)의 『무의자시집』 권하에 실린 가전체 작품인 「빙도자전 氷道者傳」에서 언급된 절. 출가한 빙도자에게 소주령(韶州令) 양돌부(陽突夫)가 태양사에 머무를 것을 청하였으나 이를 거절하였다고 한다. [참고문헌] 『無衣子詩集』. ⇨ 빙도자전 氷道者傳

태연 太然 세웅(世雄 1925~2009). ⇨ 세웅 世雄

태열 泰悅 1890~1949. 양산 통도사(通度寺) 스님. 호는 설아(雪阿), 속성은 한(韓)씨. 본관은 청주(淸州)이며, 아버지의 휘는 인조(仁祚), 어머니는 하(河)씨 부인이다. 1890년(고종27) 12월 20일 경상북도 영천군 신령면 연정리에서 태어났다. 어려서부터 유학(儒學)을 공부하여 오경(五經)에 정통하였고, 20세 때 무상함을 느끼고 깊이 발심하여 양산 통도사로 찾아가 해담치익(海曇致益 1862~1942)율사의 제자인 고전(古田)을 은사로 스님이 되었다. 24세 때 통도사 강원에서 대교과를 졸업하고는 금강산 등 4대 명산을 두루 참방하면서 당대의 선지식인 만공(滿空)·한암(漢巖)·용성(龍城) 등 회상에서 정진하여 종지(宗旨)를 담론하였다. 28세 때는 천성산(千聖山) 내원사에서 혜월(慧月)을 모시고 지냈으며, 41세 때는 울산포교당 포교사에 임명되었다가 45세 때에는 청도 운문사(雲門寺) 주지에 취임하였다. 53세 이후부터는 모든 공직을 떠나 행각(行脚)하다가 신도들이 대구시 비산동(飛山洞) 와룡산(臥龍山) 법성사(法聖寺)로 초빙하여 주석하였다. 1949년 음력 5월 5일(端午) 오시(午時) 제자인 일고(一皐)에게 후사를 당부하고 입적하였으니 세수 60, 법랍 40세였다. 동곡일타(東谷日陀)가 비문을 지어 세운 비가 양산 통도사에 있다. [참고문헌] 梁山通度寺雪阿堂泰悅大禪師碑文(智冠 『韓國高僧碑文總集 朝鮮朝·近現代』 pp.1092~1093). ⇨ 설아 雪阿

태영 泰榮 조선후기 스님. 호는 화악(華岳). 청허계 편양문파(鞭羊門派) 설송연초(雪松演初)의 4세손으로, 설송연초·응암희유(凝庵僖愈)·경파경심(慶坡敬審)의 법맥을 이었다. 통도사에 주석하면서 1823년(순조23) 금강계단 중수 및 무풍교(無楓橋) 개조, 1843년(헌종9) 영자전(影子殿) 중창, 1845년(헌종11) 지장전 중수 및 개금불사 등에 참여하였다. 제자 성월홍진(性月弘震)·대운봉협(大雲奉洽) 등이 문계(門契)를 결성하였고, 1853년(철종4) 2월에 문성(文性)·덕유(德裕) 등이 조성한 진영이 통도사에 전하는데 영제는 '선교양종대각등계국일도대선사주관화악당태영대선사지진 禪教兩宗大覺登階國一都大禪師主管華岳堂泰榮大禪師之眞'으로, 성담의전(聖潭倚琠)이 지은 영찬에 "똥막대기 화두와 소나무 자루로 정진의 갑옷 삼으셨으니, 팔십년 고해 건너는 보배로운 뗏목이셨다. 厥談柄松精進鎧 苦海八十年之寶筏"라고 하였다. [참고문헌] 『新編通度寺誌』 上 p.207, 로담 정안·이용윤 『진영에 깃든 선사의 삶과 사상』(조계종출판사, 2017) pp.262~265.

태영사 台迎寺 전라남도 해남군 북평면 남창리 천태산(天台山)에 있는 절. 대한불교조계종 대흥사(大興寺)의 말사이다. 1552년(명종7)에 창건되었으며 절 아래에 있는 신기마을에서 보면 북두칠성이 보이는 곳이라고 하여 칠성암(七星庵)이라고 불렀다 한다. 임진왜란 때 폐허가 된 후 거듭 중수되다가 1971년 춘담(春潭)이 법당과 관월당을 세운 이후, 1976년 태영사로 고쳐 불렀다. 1985년 폭풍우로 건물이 붕괴되자 1989년 주민과 신도들의 시주로 복원되었고, 이 불사를 적은 중수비가 세워졌다. 현존하는 당우로는 대웅전·요사 등이 있다. 〔참고문헌〕『전남의 사찰Ⅰ』(전라남도, 1990).

태예 太睿 조선후기 해인사(海印寺) 스님. 호는 경봉(鏡峰). 1883년(광서9) 인봉도서(茵峰嶋西)화상이 화주가 되어 『육조단경』을 판각할 때 산중원로(山中元老)로 있었다. 〔참고문헌〕海印寺板『六祖檀經』「刊記」.

태옥 胎獄 모태라는 지옥. 모태에서 겪는 고통 또는 정토이지만 태궁에 갇혀 나지 못하는 비유다. 『무량수경소묘종초』 권1(대정장37, p.195c16)에 "어머니가 차거나 뜨거운 음식을 먹고 굶거나 배부를 때 태중의 태아는 한빙이나 팔열 또는 거꾸로 매달리거나 산으로 누르는 등의 지옥 같은 고통에 처한다. 그러므로 태옥이라 한다. 母食冷熱 及飢飽時 兒在胎中 如處寒熱 倒懸山壓地獄之苦 故云胎獄", 『관무량수불경소』「서 序」(대정장37, p.186b27)에 "낙방(정토)과 함께 하는 고통의 세계, 금빛 보배와 함께 하는 진흙 모래라 할 수 있으니, 태옥에서 꽃 피는 연못을 바라고, 가시숲에서 옥나무 견주듯 함이다. 夫樂邦之與苦域 金寶之與泥沙 胎獄之望華池 棘林之比瓊樹"라고 하였다. 〔참고문헌〕『無量壽經疏妙宗鈔』, 『觀無量壽佛經疏』. ⇨ 태생 胎生❷, 태궁 胎宮

태외오위 胎外五位 Ⓢ pañca jāta-avasthāḥ. 출생 이후의 일생을 다섯 위로 나눈 것. 『구사론』 권15(대정장29, p.82a26 : *Abh-k-bh.*, p.231)에 "태외오위란 첫째 영해, 둘째 동자, 셋째 소년, 넷째 중년, 다섯째 노년이다. 胎外五者 一 嬰孩 二 童子 三 少年 四 中年 五 老年 pañca jāta-avasthāḥ. bāla-kumāra-yuva-madhya-vṛddha-avasthāḥ", 『유가사지론』 권2(대정장30, p.289a22 : *Yogā-bh.*, p.49)에 "영해위란 아직 놀거나 오락을 즐길 수 없고, 동자위란 능히 그러한 일을 할 수 있으며, 소년위란 욕망의 경계를 수용할 수 있는 30세까지를 말하고, 중년위란 이 위에서 50세까지를 말하고, 노년위란 이 위에서 70세까지를 말한다. 嬰孩位者 謂乃至未能遊行嬉戲 童子位者 謂能爲彼事 少年位者 謂能受用欲塵乃至三十 中年位者 謂從此位乃至五十 老年位者 謂從此位乃至七十 dahra-avasthāyāṃ ca na parisarpaṇakrīḍana-samartho bhavati. kumāra-avasthā-tat-samarthasya. yuva-avasthā kāma-upabhoga-samarthasyā-triṃśatkasya. madhya-avasthā pañcāśatkasya. vṛddha-avasthā saptati-varṣasya"라고 하였다. 〔참고문헌〕『俱舍論』, 『瑜伽師地論』, *Abh-k-bh.*, *Yogā-bh.* ⇨ 십시 十時❶, 십위 十位, 태내오위 胎內五位

태우 泰宇 ?~1732. 법호는 남악(南嶽). 1744년(영조20) 김제 금산사에 세운 비문에 "스님의 호는 남악이며 본래 용성 사람이다. 성품이 공평하여 치우침 없었으며 총명히 깨우치고 고되게 익혀 서산대사의 여섯 번 이어진 의발을 얻었다. 師號南嶽 本龍城人也 性公無私 聰悟苦練 得西山大師六嬗之衣鉢"라고 하였으며, 비문은 오광운(吳光運)이 지었다. 〔참고문헌〕『韓國高僧碑文總集 朝鮮朝·近現代』 pp.374~375. ⇨ 남악 南嶽

태우 泰祐 조선후기 스님. 호는 정찬(晶贊). 『동사열전』 권5「보운선사전 寶雲禪師傳」(한불전10, p.1055c2)에 "(寶雲碩一의) 증손제자로는 취운혜오와 정찬태우 등이 있다. 曾孫弟子 有翠雲慧悟 晶贊泰祐等"라고 하였다. 〔참고문헌〕『東師列傳』. ⇨ 석일 碩一

태원부모미생 太原父母未生 태원부상좌(太原孚上座)와 고산신안(鼓山神晏)의 문답을 소재로 한 공안. 『선문염송설화』 1133칙(한불전5, p.780a8)에 "부상좌가 고산에게 물었다. '부모에게 나기 전 콧구멍은 어디에 있습니까?' '지금 막 태어났소' '콧구멍 어디 있습니까?' 부상좌가 수긍하지 않고 '당신이 제게 물으시면 제가 답하리다' 하자 고산이 '부모에게 나기 전 콧구멍은 어디에 있습니까?'라고 물었지만, 부상좌 부채질만 하였다. 孚上座問鼓山 父母未生時 鼻孔在甚處 山云 卽今生也 鼻孔在什麽處 孚不肯 乃云 你問我 與你答 山云 父母未生時 鼻孔在什麽處 孚但搖扇而已", "원오극근(圜悟克勤)의 염 : 모름지기 기특한 인연 몰아치듯 일으키고, 뛰어나 대단한 일 반드시 가장 뛰어나게 드러난다. 비록 숨거나 드러나는 차이 없지만 어찌 능숙하고 서툼 다름 있겠는가! 누군가 간곡히 나에게 '부모 나기 전 콧구멍 어디에 있는가?' 묻는다면, 다만 정면에서 따귀 후려칠 뿐이다. 圜悟勤拈 奇特因緣 須以奇特激發 殊勝大事 須以殊勝擧揚 雖然隱顯無差 其奈巧拙有異 或有問崇寧 父母未生已前 鼻孔在什麽處 只劈口便掌"라고 하였다. 〔참고문헌〕『禪門拈頌說話』. ⇨ 부모미생전 父母未生前

태원사 太原寺 당초 장안(長安 : 陝西省 西安)·낙양(洛陽 : 河南省)·태원(太原 : 山西省)·형주(荊州 : 湖北省)·양주(揚州 : 江蘇省) 등지에 세웠던 다섯 곳의 태원사. 장안의 태원사는 670년(함형1) 측천무후(則天武后)의 외가 시중(侍中) 관국공(觀國公) 양공인(楊恭仁)이 저택을 희사하여 건립한 절이고 그 뒤 개창하여 위국서사(魏國西寺)라 개명하였으며, 690년(재초1) 다시 숭복사(崇福寺)라 개명하였다. 보리유지(菩提流志)와 반야삼장(般若三藏)이 이 절에서 『대보적경 大寶積經』과 『사십화엄경 四十華嚴經』을 역출하였고, 지승(智昇)의 『개원석교록 開元釋敎錄』과 법장(法藏)의 『기신론의기 起信論義記』도 이곳에서 완성되었다. 낙양의 태원사는 전후로 위국동사(魏國東寺)·대주동사(大周東寺)로 이름을 바꾸었다가 훗날 대복선사(大福先寺)로 불렸다. 의정(義淨)·선무외(善無畏)·일조(日照)·보사유(寶思惟)·보리유지 등이 이어가며 역경을 수행한 도량이다. 측천무후의 필체로 「복선사성교서비 福先寺聖敎序碑」가 남아 있다. 후에 낙수(洛水)가 범람하여 절터를 북쪽으로 옮겼다. 태원의 태원사도 숭복사(崇福寺)로 개명하였고, 혜경(慧警)·숭정(崇政)·회옥(懷玉) 등이 주석하며 강설하였다. 영주와 양주의 태원사도 한 지방에 속한 명찰로서 학승들이 운집하였고, 해당 지역 불교의 총본산 역할을 하였다.

태원생 太遠生 크게 멀기만 하다. 태심원생(太深遠生)과 통한다. 『경덕전등록』 권17 「흠산문수전 欽山文邃傳」(대정장51, p.340b18)에 "설봉이 손으로 원상을 그리자 흠산이 '묻지 않을 수 없군요'라고 하였고, 암두 소리내어 웃더니 '참으로 멀구나!'라고 하였다. 雪峯 以手畫箇圓相 師曰 不得不問 巖頭 呵呵云 太遠生"라고 하였다. 〔참고문헌〕 『景德傳燈錄』. ⇨ 태심원생 太深遠生

태원수명왕 太元帥明王 Ⓢ Āṭavakaḥ. 대원수명왕(大元帥明王)이라고도 하고 아타박가(阿吒縛迦)·아타파구(阿吒婆拘)라고 음사하며 무비력(無比力)이라고도 한다. 북방 비사문천(毘沙門天)의 권속인 팔야차대장 중 하나이다. 종자는 (a)·(vaṃ)·(āḥ)·(hūṃ). 삼매야형은 검(劍) 또는 륜(輪)이며 천폭륜(千輻輪)이라고도 한다. 수인은 의궤에 따라 다양하다. 이 가운데 대로사인(大怒使印)은 양손을 빠르게 주먹을 쥐고 치아를 세 번 맞부딪치면서 양 주먹으로 자신의 허벅지를 세 번 누른다. 자호신인(自護身印)은 양손을 허심합장 하고 양손의 엄지를 손바닥 안으로 넣어 양손의 무명지 중간 마디를 누르는 수인이다. 『아타파구귀신대장상불다라니경』(대정장21, p.181a26)에 "아타파구 원수를 그린다. 몸은 흑청색이고 키는 육척이며 얼굴은 넷이다. 정면에는 부처님의 얼굴이고 왼쪽 얼굴은 사나운 모습이며 눈이 셋인데 피처럼 붉은 색이다. 오른쪽 얼굴은 신의 얼굴이며 분노상이며 역시 사나운 표정으로 눈이 셋 이다. 좌우에 송곳니와 수염이 있다. 머리 위에 얼굴은 극악한 모습이며 역시 눈이 셋이고 사나운 모습에 눈이 피처럼 붉다. 가장 위에 있는 얼굴은 붉은 용의 터럭을 활용하여 화염이 정수리 위로 이어져 있으며 뱀을 귀걸이와 목걸이로 둘렀다. 여덟 개의 팔이 있고 … 발로 두 야차를 밟고 있는데 모두 검은 색이고 그 야차신은 극악한 모습이다. 畫阿吒婆呴元帥 身黑青色身長六尺四面 當前面作佛面 左面虎牙相叉 三眼 眼赤如血 右面作神面 嗔相亦虎牙相叉三眼 左右安牙髮 頭上一面作惡相 亦三眼 虎牙相叉出 眼赤如血色 最上頭用赤龍纏髮 火焰連聳頂上 耳釧蛇項盤蛇 八臂 … 脚踏二藥叉皆黑色 其神作極惡相"라고 하였다. 〔참고문헌〕 『阿吒婆呴鬼神大將上佛陀羅尼經』. ⇨ 대원수명왕 大元帥明王, 아타바가 阿吒縛迦, 광야신 曠野神, 비사문천 毘沙門天

태원수법 太元帥法 태원수명왕(太元帥明王 Ⓢ Āṭavaka)을 본존으로 모시고 행하는 밀교 작법. 태원법이라고도 한다. 『비초문답』(대정장79, p.531b14)에 "태원수명왕의 제신만다라법문과 도구 등을 조사에게 주었다. 이에 율사는 이법을 전하였지만 수습하는 방법은 자세히 알지 못했다. 곧 서령사 관정아사리 문제화상을 만나 법의를 배우기 시작하여 점차 밀교를 궁구하였으니 화상이 태원수법을 전하고 아사리의 지위를 허락하셨다. 因太元帥明王 諸身曼荼羅法文 道具等 授與祖師訖 於是律師 適傳此法 未詳用修 便遇栖靈寺灌頂阿闍梨文際和尙 始學法儀 漸究尊道 授以太元帥法 許以阿闍梨位"라고 하였다. 〔참고문헌〕 『祕鈔問答』. ⇨ 태원수명왕 太元帥明王

태원암 太源庵 경상남도 함양군에 있던 암자. 『함양군지』에 백운산(白雲山) 아래에 있다고 하였다. 송병순(宋秉珣 1839~1912)의 『심석재집』 권1에 「태원암」 시가 전한다. 〔참고문헌〕 『咸陽郡誌』, 『心石齋集』.

태육 太毓 747?~826? 또는 749?~828?. 당(唐)대 선사. 법호는 부용(芙蓉), 속성은 범(范)씨. 금릉(金陵 : 江蘇省 南京) 출신. 12세에 우두산(牛頭山)의 제6세 충선사(忠禪師)에게 출가하고, 23세 때 경조(京兆) 안국사(安國寺)에서 구족계를 받았다. 그 후 대적(大寂) 마조도일(馬祖道一)을 만나 조의(祖意)를 직접 전해 받고, 818년(원화3)부터 비릉(毘陵) 의흥(義興) 부용산(芙蓉山)에 머물렀다. 보력년간(825~827)에 제운산(齊雲山)에서 입멸하였는데 세수 80, 법랍 58세였다. 828년(대화2) 대보선사능가지탑(大寶禪師楞伽之塔)이라는 탑호를 추증받았다. 『경덕전등록』 권7(대정장51, p.253c8)에 방거사(龐居士)와 겨룬 문답이 전한다. 〔참고문헌〕『景德傳燈錄』, 『宋高僧傳』 권11(대정장 50, p.773c7), 『五燈會元』 권3(卍속장138, p.111a12).

태율 兌律 1695~? 조선후기 스님. 호는 월파(月波). 속성은 김(金)씨. 본관은 전주(全州). 아버지의 휘는 종건(從建), 어머니는 광화현(光化縣 : 평안남도)의 이씨 부인이다. 1695년(숙종21) 12월 24일 진시(辰時)에 4남 중 막내아들로 태어났다. 맏형은 먼저 죽고 셋째 형(末兄)도 이어서 죽었으며, 둘째 형(仲兄)만 남았던 15세 때인 1710년(숙종37) 부모님의 완강한 반대를 무릅쓰고 묘향산(妙香山)으로 찾아가 삼변(三卞)을 은사로 하여 스님이 되었다. 은사스님을 따라 묘향산 불지암(佛智庵)에 들어가 『사기 史記』를 배우다가 약 1년 반 쯤 지나 아버지의 부고를 받고 달려가 장례를 치르고 다시 산중으로 돌아와 운봉(雲峰)으로부터 비구계를 받았다. 이내 운봉(雲峰)·혜월(慧月)·운파(雲坡)·환암(幻庵) 등 여러 강백을 찾아다니면서 사집(四集)과 사교(四敎) 등을 배웠다. 29세 때 영변(寧邊) 안심사(安心寺) 강원의 조실(祖室) 청을 받아 후학을 지도하다가 약 1년 쯤 되었을 때 어머니의 상(喪)을 당해 강원의 문을 닫았다. 환몽(幻夢)선사가 평안남도 안주(安州) 원적암(圓寂庵)에서 강설하고 있다는 소식을 듣고 곧 찾아가 1년여 동안 수학하고는 청룡사(靑龍寺)·은적사(隱寂寺)·문수사(文殊寺) 등에서 다시 사집·기신(起信)·반야(般若) 등의 경을 연마하였다. 남방으로 내려와서 신흥사(新興寺)의 적조암(寂照庵)·강천사(江川寺)의 연대암(蓮臺庵)·관음사(觀音寺)의 무설암(無說庵)·실상사(實相寺)의 내원암·함양 군자사(君子寺)의 영원암(靈源庵)·안국사(安國寺)의 서암(西庵)·순천 송광사(松廣寺)의 보조암·승주 선암사(仙巖寺)의 남암(南庵)·합천 해인사(海印寺)의 관음암(觀音庵) 등을 돌면서 일국(一國)의 명강사인 무경자수(無竟子秀)·남악태우(南岳泰宇)·호암체정(虎岩體淨)·영해약탄(影海若坦)·상월새봉(霜月璽篈) 등의 스님들을 스승으로 모시며 『화엄경』·『원각경』·『능엄경』·『반야경』·『기신론』·『화엄현담 華嚴玄談』·『선문염송집 禪門拈頌集』 등을 연마하여 뛰어난 강백으로서의 면모를 갖추었다. 다시 북쪽으로 돌아가서는 묘향산의 불지암과 내원암·약산(藥山)의 수국사(守國寺)·양화(陽和 : 평안남도)의 원적암과 화장사(華藏寺)·송림(松林)의 내원암·송악(松岳)의 반룡사(盤龍寺)·용문(龍門)의 내원암·청정암(淸淨庵)·학수암(鶴樹庵) 등 사암에 머물며 혹은 1·2년씩, 혹은 4·5년씩 주석하면서 학인을 지도하다가 영조(재위 1725~1776) 때 입적하였으나, 확실한 연대는 알 수 없다. 스님은 일생에 주로 북방에서 오랫동안 많은 활동을 하였으므로 당시 사람들이 그를 북방(北方)화상이라 불렀다. 저서에는 『월파집』 1권이 있는데, 1771년(영조47) 5월 묘향산 향로봉(香爐峰)에 있던 견불암(見佛庵)에서 제자인 해월도일(海月道一)이 편록하여 판각(板刻)하였고, 한불전9, pp.660a1~677a7에 수록되어있다. 〔참고문헌〕『月波集』「月波平生行跡」(한불전9, p.675a18).

태융 太融 신라 스님 대통(大通 816~883)의 자(字). ⇨대통 大通

태을암 太乙庵 ❶충청남도 태안군 태안읍 동문리 백화산(白華山)에 있는 암자. 대한불교조계종 수덕사(修德寺)의 말사다. 『조선불교통사』 권상과 『한국사찰전서』에는 마곡사(麻谷寺)의 말사로 전한다. 1479년(성종10) 경북 의성에 있던 태일전(太一殿)을 옮겨온 이후 1480년(성종11)에 단군영정을 옮기고 태을암으로 개명하였다. 현존하는 당우로는 대웅전·삼성각·요사 등이 있다. 〔참고문헌〕『朝鮮佛敎通史』, 『韓國寺刹全書』 권하 p.1112b4, 『文化遺蹟總覽』(忠淸南道, 1990) p.681. ❷강원도 금강산(金剛山)에 있었던 암자. 성우(惺牛 1849~1912)의 『경허집』 보유 「금강산유산가 金剛山遊山歌」(한불전11, p.641b12)에 내원암(內院庵)을 지나 태을암을 찾아보고 미륵봉(彌勒峰)에 올라간 여정이 언급되어 있다. 〔참고문헌〕『鏡虛集』.

태인 兌仁 조선후기 스님. 호는 응파(凝波). 『동사열전』 권4 「낙파선사전 洛波禪師傳」(한불전10, p.1041c10)에 "(洛波印性이) 홍명궤관선사실에서 념향하였다. 홍명은 응파태인의 제자고 응파는 용파도주의 제자다. 拈香於鴻鳴軌觀禪師之室 鴻鳴 凝波兌仁之子 凝波 龍波道周之子"라고 하였다. 〔참고문헌〕『東師列傳』.

태일 太一 ❶크고 가이없어 내외(內外)마저 끊어진 마음자리. 『보장론』(대정장45, p.144c14)에 "만물에는 짝이 있지만 오직 도만은 홀로 우뚝하다. 그 밖이라 해도 다른 물건 없고, 그 안이라 하나 다시 찾을 길 없다. 안도 없고 밖도 없이 품어 다한 커서 하나인 태일이 천하를 꾸려 펼치고 만물마저 두루 갖춘다. 夫萬物有侶 唯道獨存 其外無他 其內無復 無內無外 包含太一 該羅八冥 周備萬物", 같은 책(대정장45, p.145a27)에 "참됨을 지켜 하나로 보듬고 외물에 물들지 않으니, 맑고 텅 비어 커서 하나인 것에 어찌 놓쳐버릴 일 있으랴! 守眞抱一 不染外物 淸虛太一 其何有失"라고 하였다. 〔참고문헌〕『寶藏論』. ❷크게 하나인 상태. 천지(天地)가 나뉘기 이전의 혼돈(混沌) 또는 천하를 주재하는 원리로서의 도(道). 『화엄경소초』 권14(대정장36, p.104b13)에 "공자는 '태극이란 하늘과 땅 나뉘기 전으로 섞여 하나였다' 하였으니, 그것이 곧 태초이자 태일이다. 노자는 '도는 하나만을 낸다' 하니, 태극을 가리키는 말이다. 혼돈의 원기 이미 나뉘어 하늘과 땅이 있게 되었으므로 '태극에서 양의가 생한다'고 하였으니, '하나에서 둘이 생한다'라고 한 노자의 말과 같다. 孔云 太極 天地未分 之前 混而爲一 卽是太初 太一也 老子云 道生一 卽此太極之謂 混元旣分 卽有天地 故云 太極生兩儀 卽老子一生二也", 『불조통기』 권43(대정장49, p.397a16)에 "장무진은 「식쟁론」을 쓰면서 『황제내서』를 이끌어 '태일이란 원래 하나인 기로서 태허 이전에 처음으로 생하였다'라고 말했다. 張無盡述息諍論 引黃帝內書云 太一者 元一之氣 始生於太虛之上", 『장자』 「천하 天下」에 "태일로써 주재한다. 主之以太一", 성현영(成玄英)의 소(疏)에 "태는 광대함의 이름이고, 일은 둘 아님을 가리킨다. 대도는 끝없이 넓어 아우르지 못하는 것이 없고 만유를 끌어 안아 통하여 하나가 되게 하니, 그렇게 하는 것을 태일이라 한다. 太者 廣大之名 一 以不二爲稱 言大道曠蕩無不制圍 括囊萬有 通而爲一 故謂之太一也"라고 하였다. 〔참고문헌〕『華嚴經疏鈔』, 『佛祖統紀』, 『莊子』.

태일전 太一殿 조선초기 소격서(昭格署)의 전각 중 하나로 도교의 태일(太一)을 모신다. 『여씨춘추』 「대악 大樂」에 "태일은 도다. 太一 道也", 『회남자』 「전언 詮言」에 "태일은 으뜸 신이니 만물을 다 거둔다. 太一 元神總萬物者", 같은 책 「요략 要略」에 "태일의 모습과 북극의 기가 합해 한 몸이 되었다. 太一之容 北極之氣 合爲一體也", 『합계도』 "자미대제실은 태일의 정화다. 紫微大帝室 太一之精也"라고 하였으니, 태일은 마음의 '도'이면서 '신'이고 북극성인 자미대제다. 우리나라 고려대에 궁궐과 복원관(福源觀)에서 태일초(太一醮)를 행하기도 하여 『고려사』 권19 세가19 의종 23년(1169) 3월 5일(신유)에 "내전에서 태일과 십일요 남북두 십이궁의 신들에게 초제를 지냈다. 醮太一 十一曜 南北斗 十二宮神 於內殿"라고 하였다. 조선건국 후 1394년(태조2)에는 개성에 있던 소격전(昭格殿)이 한양으로 옮겨져 1466년(세종11)에 소격서(昭格署)로 바뀌었으며, 1518년(중종13) 폐지 후 1525년(중종20)에 잠깐 복설되기도 하였으나 1592년(선조25) 임진왜란 후 완전히 폐지되었다. 성현(成俔)의 『용재총화』에 "대저 소격서는 모두 중국 도가의 일에 의지하여, 태일전에서 칠성과 여러 별을 제사하는데 그 상들은 모두 머리를 풀어헤친 여인 모습이다. 大抵昭格署 皆憑中朝道家之事 太一殿祀七星諸宿 其像皆被髮女容也", 『동국여지승람』 권19 충청도 태안군 사묘(祠廟)에 "태일전이 백화산 고성 안에 있는데, 성종 10년 기해(1479)에 경상도 의성현에서 이곳으로 옮겨 모셨다. 太一殿 在白華山古城內 成宗十年己亥 自慶尙道義城縣 移安于此"라고 하였다. 〔참고문헌〕『呂氏春秋』, 『淮南子』, 『合誠圖』, 『高麗史』, 『慵齋叢話』, 『東國輿地勝覽』, 葛兆光 심규호역 『道教와 中國文化』(東文選, 1993), 車柱環 『韓國道教思想研究』(서울대출판부, 1997).

태자모백경 太子慕魄經 후한(後漢)대 안세고(安世高) 한역. 1권. 고려장11, pp.377a1~379b8, No.212·대정장3, pp.408b5~410a4, No.167에 수록되어 있다. 『태자목백경 太子沐魄經』과 동본이역이다. 『육도집경 六度集經』 권4(대정장3, pp.20b6~21a8, No.152)에 해당한다. 모백과 목백 또는 묘백(墓魄)은 범어 무카(mukha)의 음사어로 태자 이름이다. 석가세존의 전생 중 13년 동안 모백태자로서 무언(無言)의 수행을 설한 경이다. 〔참고문헌〕『歷代三寶紀』 권13(대정장49, p.110c17), 『開元釋敎錄』 권12(대정장55, p.596a9), 『歷代三寶紀』 권4(대정장49, p.51c24), 『衆經目錄』 권6(대정장55, p.145b7). ⇨ 목백경 沐魄經, 목백태자 沐魄太子, 아건생 啞蹇生

태자사 太子寺 경상북도 안동시 도산면 태자리 태자산(太子山)에 있던 절. 신라말 낭공대사(郎空大師) 행적(行寂 832~916)의 비가 세워진 곳이다. 1407년(태종7)에 여러 지역의 사찰로 자복사를 대신하도록 할 때 중신종(中神宗) 사원으로 언급되었다. 『태종실록』 권14 1407년(태종7) 12월 신사일에 "의정부에서 명찰로 여러 고을의 자복사를 대신하기를 청하니 따랐다. … 중신종은 임실의 진구사, 함풍의 군니사, 아주의 동림사, 청주의 보경사, 봉화의 태자사, 고성의 법천사, 배주의 견불사, 익주의 미륵사이다. 議政府請 以名刹代諸州資福 從之 … 中神宗 任實珍丘寺 咸豐君尼寺 牙州桐林寺 淸州菩慶寺 奉化太子寺 固城法泉寺 白州見佛寺 益州 彌勒寺"라고 하였다. 〔참고문헌〕『太宗實錄』, 『東國輿地勝覽』, 『輿地圖書』, 『梵宇攷』, 『韓國寺刹全書』 권하 p.1112b6, 李智冠 『校勘譯註歷代高僧碑文』 高麗篇1.

태자사낭공대사비 太子寺朗空大師碑 통일신라시대 고승 낭공대사 행적(行寂 832~916)의 행장을 새긴 비명. 갖춘 이름은 「신라국고양조국사교시낭공대사백월서운지탑비명병서 新羅國故兩朝國師敎謚朗空大師白月栖雲之塔碑銘幷序」이다. 최인연(崔仁渷 : 一名 崔彦撝)이 비문을 짓고, 제자인 석단목(釋端目)이 김생(金生)의 글자를 집자하여 954년(광종5) 태자사에 비를 세웠다. 『동국여지승람』 권25 경상도 봉화현 불우에 "태자사는 태자산에 있는데, 신라 병부시랑 최인연이 비문을 지은 낭공스님의 탑비가 있다. 太子寺 在太子山 有新羅兵部侍郎 崔仁渷撰 僧朗空塔碑", 1509년(중종4)에 군수 이항(李沆)이 짓고 박눌(朴訥)이 쓴 「측면추기 側面追記」에 "봉화현에 김생 글씨의 비석이 홀로 옛 절의 유허에 남아 있다는 말을 듣게 되었다. … 마침내 군민인 전 참봉 권현손과 이전하기를 공모하여 자민루 아래에 안치하였다. 奉化縣 有碑獨在於古寺之遺墟 金生之書也 … 遂與郡人 前參奉 權賢孫 共謀移轉 而安置於字民樓下"라고 하였으므로, 15세기말까지는 태자사에 있었다가 16세기초에 영주 자민루 아래로 비가 이전되었음을 알 수 있다. 이후 1918년에 조선총독부박물관으로 옮겨졌고, 다시 경복궁 근정전(勤政殿) 회랑에 전시되었다가 1989년에 이르러 국보급 문화재의 보존관리가 엉망이라는 여론과 신문보도에 의해 다시 국립중앙박물관으로 이전되었다. 현재 비신은 보물 제1877호로 지정되어 국립중앙박물관에 있으며, 귀부와 이수는 경상북도 문화재자료 제68호로 지정되어 안동시 도산면 태자리 태자사 터에 있다. 비신은 화강암으로 조성하였는데, 높이 2m・너비 0.96m이다. 비신 중간부가 단절된 것 외에는 비교적 상태가 양호한 편이다. [참고문헌] 『東國輿地勝覽』, 『朝鮮金石總覽』 권상 pp.181~189, 『韓國金石全文』 中世上 pp.357~365, 『海東金石苑』 권2, 李智冠 『校勘譯註歷代高僧碑文』 高麗篇1, pp.364~403, 『大東金石書』, 『朝鮮金石攷』. ⇨ 낭공대사비 朗空大師碑, 행적 行寂

태자서응본기경 太子瑞應本起經 오(吳)대 지겸(支謙) 한역. 2권. 고려장19, pp.801a1~815b25, No.775・대정장3, pp.472c3~483a13, No.185에 수록되어 있다. 『태자본기서응경 太子本起瑞應經』・『태자서응경』・『서응본기경』・『서응경』이라고도 한다. 『수행본기경 修行本起經』(대정장3, No.184)과 같이 태자(太子)로 태어나 출가에서 성도 그리고 교화에 이르는 석가세존의 행적을 다룬 주요 불전류(佛傳類) 경전이다. [참고문헌] 『歷代三寶紀』 권5(대정장49, p.57a26), 『出三藏記集』 권2(대정장55, p.6c16), 『大唐內典錄』 권2(대정장55, p.228a2), 『開元釋敎錄』 권2(대정장55, p.488b16). ⇨ 수행본기경 修行本起經, 서응경 瑞應經

태자쇄호경 太子刷護經 Ⓢ Āryasiṃhaparipṛcchā-nāma-mahāyānasūtra, Ⓣ 'phags-pa seng-ges shus-pa shos-bya-ba theg-pa chen-po'i mdo. 서진(西晉)대 축법호(竺法護) 한역. 1권. 고려장6, pp.1303a1~1304c18, No.46・대정장12, pp.153c13~155a5, No.343에 수록되어 있다. 『태자화휴경 太子和休經』라는 이본이 있고, 티베트역본(北京版 No.760, 제37회 『성사자소문대승경 聖獅子所問大乘經』)도 전한다. 『개원석교록』 권2(대정장55, p.493c14)에 "『태자쇄호경』 1권〈『법상록』에서 처음으로 보인다. 『대보적경』 「아사세왕자회」 등과 동본이역이다〉. 太子刷護經一卷〈初出見法上錄 與寶積 阿闍世王子會等同本〉"라고 하였다. 쇄호와 화휴는 모두 태자 이름이다. 『대보적경』 권106(대정장11, p.593a8)에서는 사자(師子)라 한역하였다. [참고문헌] 『開元釋敎錄』, 『大寶積經』, 『衆經目錄』 권1(대정장55, p.121c19), 『大唐內典錄』 권9(대정장55, p.319b20).

태자수대나경 太子須大拏經 Ⓢ Āryajinaputra-arthasiddhisūtra, Ⓣ 'phags-pa rgyal-bu don-grub-kyi mdo. 서진(西晉)대 성견(聖堅) 한역. 1권. 고려장11, pp.357a1~364c8, No.207・대정장3, pp.418c18~424a24, No.171에 수록되어 있다. 『육도집경 六度集經』 권2(대정장3, p.7c27~11a26, No.152)와 동본이다. 티베트역본(北京版 No.1020)도 전한다. 부처님 전생에 수대나(Ⓢ Sudāna)태자였을 때 단특산(檀特山)에서의 수행인연을 설한 경이다. 수대나는 수달나(須達拏)라고도 한다. [참고문헌] 『大唐內典錄』 권3(대정장55, p.254c25), 『開元釋敎錄』 권4(대정장55, p.517c26). ⇨ 단특산 檀特山, 비습반달라 毘濕飯怛囉, 수대나경 須大拏經, 수대나태자 須大拏太子

태자오경전 太子五更轉 격식을 갖춰 일련의 뜻을 읊은 (定格聯章) 오경전류(五更轉類)다. 일경(一更)부터 오경(五更)으로 읊은 다섯 수(首)로 실달태자(悉達太子)의 출가부터 성도에 이르기까지를 3・7・77의 구성으로 읊은 가곡(歌曲)이다. 돈황본(敦煌本)에 P2483・P3083이 있다. 또한 오경전류에 「태자입산수도찬 太子入山修道讚」이라는 제목이 붙은 작품은 P3061・P3065・P3817 그리고 구이목재소장본(舊李木齋所藏本)이 있지만 일경삼수(一更三首)의 15수이고, 체례도 1수가 55・7・3으로 본서와는 다르다. ⇨ 오경전 五更轉

태자중본기경 太子中本起經 『중본기경 中本起經』(대정장4, No.196)의 다른 이름. 『출삼장기집』 권2(대정장55, p.6c7)에 "『중본기경』 2권〈『태자중본기경』이라고도 한다〉. 中本起經二卷〈或云 太子中本起經〉"이라고 하였다. [참고문헌] 『出三藏記集』, 『歷代三寶紀』 권4(대정장49, p.54b9). ⇨ 중본기경 中本起經

태자화휴경 太子和休經 역자 미상. 1권. 고려장6, pp.1305a1~1306b17, No.47・대정장12, pp.155a9~156a9, No.344에 수록되어 있다. 『태자쇄호경 太子刷護經』(대정장12, No.343)과 동본이역이다. 화휴는 사휴(私休)라고도 한다. ⇨ 태자쇄호경 太子刷護經

태장 胎藏 ❶ Ⓢ garbha, kukṣim, Ⓣ mngal. 품어 기르는 곳. 유정(有情)이나 보살을 품어 기르는 곳을 아울러 비유한다. 『입능가경』 권10(대정장16, p.583b9 : *Laṅk.*, p.359)에 "저 여인의 태장이 비록 있어도 볼 수 없듯이 아 오음중에 있지만 지혜가 없으므로 볼 수 없다. 如女人胎藏 雖有而不見 我於五陰中 無智故不見 yathā hi garbho garbhiṇyā vidyate na ca dṛśyate, ātmā hi tadvatskandheṣu ayuktijño na paśyati", 『대비바사론』 권178(대정장27, p.893b14)에 "태장은 넓지만 과실은 없다. 능히 보살을 떠받치는 나라연의 힘으로 화합하여 이루어진 몸이 열 달 남짓의 시간을 지낸다. 胎藏寬博 無諸過失 能持菩薩 那羅延力 所合成身 經十月日", 『구사론』 권9(대정장29, p.47a19 : *Abh-k-bh.*, p.127)에 "앞에서 설한 '중유는 뒤친 마음으로 모태에 들어간다'라고 하였는데, 일체중유가 모두 결정코 그러한가? 前說倒心 入母胎藏 一切中有 皆定爾耶 yaduktaṃ, viparyastamatiryātīti. kimavaśyaṃ sarvo 'ntarābhavastathā mātuḥ kukṣimavakrāmati", 『유가사지론』 권87(대정장30, p.791c16)에 "또한 욕계 중에 모든 행은 초중후위로 유전한다. 간략하게 해도 세 가지 은밀한 고통이 있음을 알아야 한다. 첫째, 몸이 생기는 순간 태장에 덮여 가려지기에 덮여 막혀버린 고통이 있다. 復次 於欲界中 諸行流轉 初中後位 當知 略有三種密苦 一者 生時 爲其胎藏 所覆障故 有覆障苦", 『대승법계무차별론』(대정장31, p.892b20)에 "믿음을 종자로 삼고, 반야를 어미로 삼으며, 삼매를 태장으로 삼고, 대비를 먹여서 기르는 양모로 삼는다. … '삼매를 태장으로 삼는다'라는 것은 삼매로 기꺼이 머물며 일체선법을 안립케 하기 때문이다. 信爲其種子 般若爲其母 三昧爲胎藏 大悲乳養人 … 三昧爲胎藏 由定樂住 一切善法 得安立故"라고 하였다. [참고문헌] 『入楞伽經』, 『大毘婆沙論』, 『俱舍論』, 『瑜伽師地論』, 『大乘法界無差別論』, *Laṅk.*, *Abh-k-bh.* **2** Ⓢ garbhiṇī. 태아(胎兒)를 거두는 아기집. 『순정리론』 권43(대정장29, p.588c12)에 "유정의 업용은 불가사의하여 비록 욕심이 없어도 업력으로 말미암아 들숨에 의지하여 뱃속으로 들어가 태장이 된다. 그 뒤에 모친이 비록 가져 기르는 등의 은덕이 있을지라도 자식의 몸에 관한한 능히 생의 근본은 아니다. 有情業用 不可思議 雖無欲心 而由業力 有吸至腹 卽成胎藏 後母雖有 持養等恩 而於子身 非能生本"라고 하였다. [참고문헌] 『順正理論』, *Laṅk.359·369.* **3** Ⓢ garbha, garbha-kośa, garbha-dhātu. 진언밀교의 2대 법문 중 하나. 온전한 이름은 대비태장생(大悲胎藏生 Ⓢ mahākaruṇā-garbha-udbhava)이라 한다. 어머니가 태중의 자식을 사랑으로 기르듯이 중생에 대한 여래의 대자대비에서 생거난 법문이라는 뜻이다. 태장은 중생이 본래 품은 이로서의 성(理性)을 가리키는 것으로 이의 평등을 드러내는 법문이며, 지혜의 차별을 드러내는 금강계의 법문에 상대한다. 본각하전(本覺下轉)과 종과향인(從果向因)의 법문에 해당한다. 『대일경소』 권3(대정장39, p.610a7)에 "여기에서는 태장으로 비유한다. 진언행자가 처음 일체지심을 일으켰을 때 마치 부모가 화합한 인연으로 식의 종자가 처음 태중에 의탁한 것과 같다. 이로부터 점차 증장하여 행업의 교묘한 바람에 의해 장성하고 비로소 탄생하여 양육할 때에 이른다. 모든 감각기관의 바탕이 모두 갖추어져야 비로소 부모의 종성으로 태어나는 것이 진언문에 의지하여 대비만행을 배워야 청정한 마음이 드러나는 것과 같다. 또한 이 어린이가 점차 사람의 도리를 갖추고 갖가지 기예를 익히며 기예에 능통한 후에 일을 베푸는 것은 마치 청정한 마음에서 방편을 일으켜 자신의 심지를 다스리고 인연 따라 만물을 이롭게 하고 중생을 제도하는 것과 같으므로 대비태장생이라 한다. 今且約胎藏爲喩 行者初發一切智心 如父母和合因緣 識種子初託胎中 爾時漸次增長 爲行業巧風之所匠成 乃至始誕育時 諸根百體 皆悉備足 始於父母 種姓中生 猶如依眞言門 學大悲萬行 淨心顯現 又此嬰童 漸具人法 習諸伎藝 伎藝已通 施行事業 如於淨心中 發起方便 修治自地 隨緣利物 濟度衆生 故名大悲胎藏生也", 같은 책 권5(대정장39, p.631b4)에 "목구멍 위에서 정수리의 빛까지를 제1중의 자리로 여긴다. 그중 태장이란 곧바로 비로자나 자심으로 피어난 여덟 닢 연꽃이다. 自咽以上 乃至於頂相之光 爲第一重位 其中胎藏 卽是毘盧遮那 自心八葉花也", 『대일경의석』 권3(卍속장36, p.575b15)에 "불보리를 좇아 스스로 증한 덕이 여덟 꽃잎 중에서 태장의 몸을 나툰다. 從佛菩提 自證之德 現八葉中胎藏身"라고 하였다. [참고문헌] 『大日經疏』, 『大日經義釋』. ⇨ 금강계 金剛界, 대비태장생 大悲胎藏生, 금련 金蓮**1**, 삼부 三部**1**, 삼부도법 三部都法, 본각하전 本覺下轉, 종과향인 從果向因, 태장만다라 胎藏曼茶羅, 양부 兩部

태장경 胎藏經 **1** Ⓢ Āryastrīvivartavyākaraṇa-nāma-mahāyānasūtra. 서진(西晉)대 축법호(竺法護)가 한역한 『무구현녀경 無垢賢女經』(대정장14, No.512)의 다른 이름. ⇨ 무구현녀경 無垢賢女經 **2** 남북조(南北朝)대 요진(姚秦)의 축불념(竺佛念)이 한역한 『보살종도술천강신모태설광보경 菩薩從兜術天降神母胎說廣普經』(대정장12, No.384)의 다른 이름. ⇨ 보살종도술천강신모태설광보경 菩薩從兜術天降神母胎說廣普經

태장계 胎藏界 ➡ 태장만다라 胎藏曼茶羅

태장계관정법 胎藏界灌頂法 태장만다라 앞에서 태장의궤에 의지하여 행하는 관정. 아사리(阿闍梨)관정과 전법(傳法)관정이 있다. 『관중원찬정사업관정구족지분』(대정장75, p.213a8)에 "두 가지 태장계관정법을 다음과 같이 설한다. 아사리관정에는 불부관정·연화부관정·금강부관정의 세 가지가 있는데, 불부만다라에서 관정을 받는 이는 삼부만다라에서 아사리를 얻고, 관자재만다라에서 관정을 받은 이는 이부만다라에서 아사리를 얻으며, 집금강만다라에서 관정을 받은 이는 일부 및 마다리가제신만다라에서 아사리의 지위를 얻는다고 하였다. 胎藏界灌頂法略有二種 一 阿闍梨灌頂 二 傳法灌頂 … 其阿闍梨 略有三種 一 佛部灌頂 二 蓮華部灌頂 三 金剛部灌頂 如瞿醯補闕品云 若於佛部曼荼羅中得灌頂者 卽應三部曼荼羅中得阿闍梨 若於觀自在曼荼羅中得灌頂者 卽於二部曼荼羅中得阿闍梨 若於執金剛曼荼羅部中得灌頂者 卽於一部及摩跢梨迦神諸曼荼羅中得阿闍梨", "전법관정에도 두 가지가 있다. 첫째는 제자의 법에서 관정을 받고 점차 닦아나가 아사리의 갖가지 덕을 성취하는 데 이르면, 이때 아사리가 환희하여 다시 만다라를 만들어 전법관정하며 여법하게 가르쳐 말하기를 '불자여! 그대는 이미 비밀장을 따르며 수학하여 지혜를 구족하였으니 다른 이에게 가르쳐 전수할 수 있다. 그대는 이미 이익을 얻었으니 여러 성중들도 칭찬하리라. 이제 관정을 마쳤으니 그대는 진실로 청정한 마음으로 전하고 유포하여 여래의 비장이 오랫동안 소멸하지 않도록 하라' 고 한다. 이와 같이 마땅한 바에 따라 갖가지 말로 위로하고 가르치면 중생을 위해 만다라를 만드는 아사리가 된다. 胎傳法灌頂 略有二種 … 灌頂有二種 謂於弟子法中 得灌頂已 漸次進修 乃至成就阿闍梨衆德 爾時 得阿闍梨歡喜 更爲造曼荼羅 作傳敎灌頂 如法慰喩言 佛子 汝已於祕密藏中 隨順修學 具足明了 堪能敎授於他 汝今已得善利 乃至諸賢聖衆 亦皆稱歎 今已作灌頂竟 汝當以眞淨心傳持流布 使如來祕藏久久不滅 如是隨其所應 種種慰喩已 卽應爲人作曼荼羅阿闍梨也", "다시 행자의 유가 중에 아사리의 갖가지 공덕이 성취되면 이때 깊이 수행하는 아사리는 마음으로 만다라를 만든다. 이때 제자가 분명하게 보고 대비로자나불께서 대비의 물로 베푸시는 마음의 관정을 받는다. 나아가 지바라밀을 구족할 때 시방제불께서 현현하여 관정하시어 부처님의 직위를 전하시니 이를 모두 전교관정이라 한다고 하였다. 復次行者 於瑜伽中 阿闍梨衆德成就 爾時 深行阿闍梨爲作心曼荼羅 爾時 弟子了了明見 得蒙大毘盧遮那以大悲水作心灌頂 … 乃至地波羅蜜滿足時 十方諸佛現前 灌頂授佛職位 皆名得傳敎灌頂也"라고 하였다. [참고문헌] 『觀中院撰定事業灌頂具足支分』. ⇨ 아사리관정 阿闍梨灌頂, 전법관정 傳法灌頂, 관정 灌頂❶

태장계구존 胎藏界九尊 태장만다라 중대팔엽원(中臺八葉院)에 안치하는 아홉 분의 존격(尊格). 중앙의 대일여래를 중심으로 무량수불(無量壽佛)·보당불(寶幢佛)·개부화불(開敷華佛)·천고불(天鼓佛) 등 사불(四佛)과 문수(文殊)보살·관음(觀音)보살·미륵(彌勒)보살·보현(普賢)보살 등 사보살(四菩薩)을 말한다. 팔엽의 연꽃은 태장만다라의 본질로서 일체중생의 불성을 상징한다. ⇨ 중대팔엽원 中臺八葉院, 사불 四佛❷, 사보살 四菩薩❷

태장계대일여래 胎藏界大日如來 Ⓢ Mahāvairocana. 태장만다라(胎藏曼荼羅)에서 중대팔엽원(中臺八葉院) 중앙의 주존(主尊). 본유의 이덕(理德)을 드러내는 이법신(理法身)이다. 대일여래는 네 부처님과 네 보살에 둘러싸인 팔엽중대의 중앙에 자리한다. 존명(尊名)인 대일여래는 지혜광명이 밤낮 없이 항상 비추고, 여래의 자비가 차별 없이 두루한 모습을 태양에 비유한 것이다. 밀호 역시 두루 비춘다는 뜻의 변조(遍照)이다. 삼매야형은 오륜탑(五輪塔)·여래정상(如來頂上)이며 존형은 황금색 몸에 오불(五佛)의 관(冠)을 머리에 쓰고 머리카락을 늘어트렸으며 비단을 입은 보살형이고 보련화에 앉은 모습이다. 인상(印相)은 법계정인(法界定印)으로 오른 손바닥을 왼 손바닥 위에 포개고 양손의 중지를 서로 지탱하는 형태이다. 이는 일체의 번뇌를 소멸시킨 깨달음을 나타내며 석가모니부처님이 선정에서 깨달은 경지를 나타낸다. 진언은 '나마 사만타붓다남 아 비 라 훔 캄 𑖡𑖦𑖾 𑖭𑖦𑖡𑖿𑖝𑖤𑗁𑖟𑖿𑖠𑖯𑖡𑖯𑖽 𑖀 𑖪𑖰 𑖨 𑖮𑖳𑖽 𑖏𑖽 namaḥ samantabuddhānāṃ a vi ra hūṃ khaṃ 娜莫 三滿多母馱南 惡 尾羅 吽 欠 일체제불께 귀의합니다. 아 비 라 훔 캄'이다. 종자인 𑖀(a)자는 진언구(眞言句)인 '아비라 훔 캄'에서 비롯한다. 이 진언은 석가모니부처님께서 보리수 아래에서 마구니를 항복시키고 성도할 때 천신이 '아비라 훔 캄'(용기 있는 자여)이라고 찬탄한 말에서 유래한다. 이는 본래적인 의미에서 𑖀는 본불생(本不生)의 불변하는 진리의 세계, 𑖪𑖰는 언어를 초월한 세계, 𑖨는 허물과 오염이 없는 세계, 𑖮𑖳𑖽은 집착을 떠난 세계, 𑖏𑖽은 허공처럼 걸림 없이 자유로운 세계를 뜻한다. 아·비·라·훔·캄은 지수화풍공(地水火風空)의 오대(五大)로서 세계를 구성하는 근본원리이며 방(方)·원(圓)·삼각(三角)·반월(半月)·단(團)의 오륜탑(五輪塔)을 상징한다. 이는 오지(五智)와 오불을 나타내며 대일여래의 삼매야형이 된다. 출가자의 이상을 드러내는 일반적인 불상 형태와 달리 대일여래는 장발에 보관을 쓰고 몸을 영락으로 장엄한 재가자의 모습으로 묘사된다. 보관과 영락은 세계를 지배하는 이상적인 제왕과 전륜성왕이 몸에 지니는 것으로 대일여래가 불교적 세계관에서 전륜성왕과 같은 지위에 있음을 나타낸다. 모든 여래의 정점에서 깊은 깨달음을 상징하는 대일여래는 만다라 중앙으로부터 지혜와 자비가 전체 세계로 전개되는 것을 상징한다. 『대일경소』 권4(대정장39, p.622b18)에 "그러한 후에 보련화대와 보왕궁전을 관상한다. 그 안에 자리를 펴고 자리에 백련화대를 안치한다. 아자문이 대일여래의 신체로 전성한다고 관상하되 몸은 염부단의 자마금색이고 보살상과 같으며 머리의 상투는 관을 쓴 듯하고 몸 전체에서 갖가지 광명을 내뿜으며 명주 옷을 입었다. 이는 수타회천이 최상의 정각을 이루는 표치이다. 然後觀作寶蓮花臺寶王宮殿 於中敷座 座上置白蓮花臺 以阿字門轉作大日如來身 如閻浮檀紫磨金色 如菩薩像 首戴髮髻猶如冠 形通身放 種種色光 被綃穀衣 此是首陀會天成最正覺之摽幟也", 같은 책 권20(대정장39, p.788c4)에 "금강수는 대일여래이고, 관세음도 대일여래이며, 문수사리도 대일여래이고 귀신 팔부 하나하나 역시 이러한 뜻이 있으니 이들도 대일여래가 된다. 바탕은 비록 하나지만 뜻은 각각 다르다. 그러므로 『유가경』에서 비로자나께서 말씀하시기를 '나는 문수보살·관음보살 등이고, 나는 천이고, 사람이며 귀신이고 용과 새와 같다'고 하였다. 이처럼 같지 않은 경우가 없다는 것은 이러한 뜻에서 연유한다. 또한 '이 대비장의 본존 자리의 차등과 형색이 각각 다름은 아직 깊이 깨닫지 못한 유가행자가 처음 배울 때 본존을 바르게 관상할 수 없으므로 부처님께서 방편으로 이것을 보이셔서 마음에 반연하는 바가 있도록 하셨을 뿐이고 관상이 이루어질 때는 법력이 더해지므로 저절로 항상 부처님과 더불어 상응하니 설령 염상을 만들지 않아도 저절로 명료하게 되는데 하물며 관상을 더하는 것은 말할 것도 없다. 이와 같은 때에 자연히 만다라를 진정으로 알 수 있다. 이 자리라고 한 것은 청정한 보리심이다. 이상에서 나타낸 것은 모두 대일여래 법신의 수승한 장엄상이다. 또한 관음·문수·보현·미륵이 팔엽원 안에 있으니 대일여래 대법신과 같다. 중생을 제도하기 위해 점차 밖으로 나왔으므로 점차 만다라 도상 안에서 다시 문수·관음 등의 보살이 있게 된 것도 견주어서 이해할 수 있다'고 하였다. 또한 이렇게 말한다. '팔엽처럼 보현은 보리심이고 문수는 지혜이며 미륵은 자비이다. 이 보리심은 대일여래로서 보리심을 지녔다. 완전한 지혜는 대일여래와 같으니 이것을 떠나서 대일여래에게 별도의 지혜는 없다. 자비는 대일여래이니 대일여래를 떠나서 따로 자비가 없다'. 金剛手者卽是大日如來 觀世音者亦是大日如來 文殊師利者亦是大日如來 乃至鬼神八部一一亦有此義 亦卽是成大日如來 體雖是一 而義各異 所以瑜伽中云 毘盧遮那言我卽是文殊觀音等 我卽是天 卽是人 卽是鬼神卽是龍鳥 如是等無不卽是者 由此義也 又云 此大悲藏本尊位次等及形色各殊 爲未深入瑜伽者初學之時 不正觀本尊故 佛以方便示此 令心有所緣耳 及觀成時 以法力所加故 自然恒與佛會相應 設不作念猶自明了 況加觀耶 如是時 自然眞見漫茶羅也 此地者 卽是淨菩提心是 已上所表 皆是大日如來法身妙莊嚴之相也 又觀音文殊普賢彌勒 已在八葉中 卽大日如來大法身也 爲度人故漸出于外 故次圖中復有文殊觀音等 以類可解也 又云 如八葉中 普賢是菩提心 文殊是慧 彌勒是悲 此菩提心卽是大日如來 而有菩提心也 大慧卽是大日如來 不離此大日如來別有慧也 悲卽是大日如來 不離於大日如來別有悲也"라고 하였다. 〔참고문헌〕『大日經疏』. ⇨ 금강계대일여래 金剛界大日如來, 대일여래 大日如來, 태장만다라 胎藏曼茶羅

태장계법 胎藏界法 태장계의궤에 근거하여 행하는 밀교 작법. 금강계법(金剛界法)에 상대한다. 대일여래를 본존으로 모시고 본불생(本不生)의 𑖀(阿)자에 머물러 태장계만다라의 제존을 공양하는 작법을 말한다. 『대일경 大日經』·『대일경소』·『대일경공양차제법소 大日經供養次第法疏』·『섭대궤 攝大軌』·『청룡사의궤 青龍寺儀軌』·『현법사의궤 玄法寺儀軌』·『광대궤 廣大軌』·『요약염송경 要略念誦經』·『부사의소 不思議疏』 등에 의지한다. ⇨ 태장만다라 胎藏曼茶羅

태장계사불 胎藏界四佛 태장만다라 중대팔엽원(中臺八葉院)에서 중앙의 대일여래(大日如來) 주변 동서남북에 자리한 4위의 존격. 동쪽의 보당불(寶幢佛 Ⓢ Ratnaketu), 서쪽의 무량수불(無量壽佛 Ⓢ Amitāyus), 남쪽의 개부화왕불(開敷花王佛 Ⓢ Saṃkusmitarāja), 북쪽의 천고뢰음불(天鼓雷音佛 Ⓢ Divyadundubhimeghanirghoṣa)을 말한다. 『대일경소』 권4(대정장39, p.622c1)에 "다음으로 팔엽의 사방에서 사방의 부처를 관한다. 동방에서 보당여래를 관한다. 아침 해가 처음 드러날 때 적백의 광채를 드러내는 것처럼 보당은 보리심을 일으킨다는 뜻이다. 비유컨대 장군이 무리를 통솔함에 깃발을 얻은 후에 부분을 나란하게 하여 적국을 쳐부수고 큰 공명을 이루는 것과 같다. 여래의 만행 역시 이와 같다. 일체지의 원으로 깃발을 삼아 보리수 아래에서 네 부류의 마구니 무리를 항복시켰으므로 이렇게 이름하였다. 색은 아침 해와 같으니 또한 그에 상응하는 뜻이다. 남방에 사라수왕화개부불을 관한다. 신체는 금색이고 두루 광명을 방출하니 이구삼매의 표상에 머무는 것과 같다. 보리심의 종자가 비로소 대비의 만행을 길러서 이제 변각의 만덕이 피어나게 되었으므로 이렇게 이름 붙였다. 이구란 대공의 뜻이니 이러한 대공을 증득할 때 마치 진금이 백 번 정련하여 불순물이 모두 소진한 것과 같기 때문이다. 부처님의 신체 모습 역시 그러하다. 이는 세간의 수승한 금이다. 만약 염부제의 금이라면 색이 얕고 탁하여 거울이 사무치게 투명한 것과 같지 않다. 꽃잎 위에 부처가 마음의 인연을 따라 생하므로 차이가 있다. 다음으로 북방에서 부동불을 관한다. 열뇌를 떠나 청량하게 고요한 선정에 머무는 모습을 하고 있다. 이는 여래열반의 지혜이다. 그런 의미에서 부동이라 한 것이니 본명은 아니다. 본명은 고음여래라 해야 한다. 마치 하늘의 북이 전혀 형상이 없고 머무는 자리도 없지만 법음을 연설하여 중생을 일깨우는 것과 같다. 대반열반 역시 이와 같으니 이승의 영원한 적멸에는 오묘한 작용이 전혀 없는 것과는 다르다. 그러므로 비유하여 이름 한 것이다. 다음으로 서방에서 무량수불을 관한다. 이는 여래의 방편지이니 중생계가 다함이 없으므로 제불의 대비방편 역시 다함이 없다. 그러므로 무량수라 한 것이다. 범음 이이는 인자라 이름 한다. 또한 네 마구니를 항복시켰으므로 승자라 한다. 그러므로 게송에서 그 뜻을 갖추어 번역하여 인승자라 하였다. 이 두 부처님 역시 진금색이고 눈을 조금 감고 아래를 보는 적멸삼매의 형상이다. 次於四方八葉之上 觀四方佛 東方觀寶幢如來 如朝日初 現赤白相輝之色 寶幢是發菩提心義也 譬如軍將統御大衆 要得幢旗 然後部分齊一 能破敵國 成大功名 如來萬行 亦復如是 以一切智願爲幢旗 於菩提樹下 降伏四魔軍衆 故以爲名也 色如朝日 亦彼相應義也 南方觀娑羅樹王花開敷佛 身相金色 普放光明 如住離垢三昧之標相 始自菩提心種子 長養大悲萬行 今成遍覺萬德開敷 故以爲名 離垢卽大空義也 證此大空時 猶如眞金百練 垢穢都盡故 佛身相亦然 此是世間 上妙之金 若比閻浮提金 則色淺而稍濁 不得如彼自然鏡徹淸明 以花葉上 佛從心量因緣生故 有差降也 次於北方觀不動佛 作離熱淸涼 住於寂定之相 此是如來涅槃智 是故義云不動 非其本名也 本名當云鼓音如來 如天鼓都無形相 亦無住處 而能演說法音警悟衆生 大般涅槃 亦復如是 非如二乘永寂 都無妙用 故以爲喩也 次於西方觀無量壽佛 此是如來方便智 以衆生界無盡故 諸佛大悲方便 亦無終盡 故名無量壽 梵音爾爾 名爲仁者 又以降四魔故 名爲勝者 故偈具翻其義 謂之仁勝者 此二佛亦作眞金色 稍閉目下視 作寂滅三昧之形"라고 하였다. [참고문헌] 『大日經疏』. ⇨ 금강계사불 金剛界四佛, 무량수불 無量壽佛[2], 보당불 寶幢佛, 천고뇌음불 天鼓雷音佛, 사불 四佛[2]

태장계십삼대원 胎藏界十三大院 태장만다라를 구성하는 열세 곳의 원(院). 대일여래를 중심으로 중대팔엽원(中臺八葉院)이 있고, 그 주위에 변지원(遍知院)·관음원(觀音院)·금강수원(金剛手院)·지명원(持明院)이 있으며 그 외곽에 석가원(釋迦院)·문수원(文殊院)·허공장원(虛空藏院)·소실지원(蘇悉地院)·지장원(地藏院)·제개장원(除蓋障院)이 있고, 그 바깥에 외금강원(外金剛院)·사대호원(四大護院) 등이 있어서 모두 십삼원이 된다. 태장현도만다라에서는 사대호원이 생략되어 있는 것이 특징이다. 중대팔엽원과·변지원·석가원·문수원·지명원·허공장원·소실지원 등은 불부(佛部), 관음원과 지장원은 연화부(蓮華部), 금강수원과 제개장원은 금강부(金剛部)에 속하고 외금강원은 삼부(三部)에 속한다. ⇨ 태장만다라 胎藏曼荼羅, 태장현도만다라 胎藏現圖曼荼羅

태장계염송차제 胎藏界念誦次第 태장계법의 염송차제. 태장계차제(胎藏界次第)·태장법차제(胎藏法次第)라고도 한다. 여러 진언사들이 소의로 삼는 본경의궤

〈표〉태장계염송차제

차제명·권수	찬자·내역
태장계훔자차제胎藏界吽字次第·1권	홍법대사(弘法大師) 또는 변조사(遍照寺) 관조(寬朝) 또는 지상평구(池上平救) 등 이설이 있음 ▪『태장차제』·『태장계비재차제 胎藏界備在次第』·『태장계염송차제』라고도 함.
태장범자차제胎藏梵字次第·1권	홍법대사
태장약차제胎藏略次第·1권	홍법대사 ▪ 범자본과 한자본이 있음.
태장보례오삼차제胎藏普禮五三次第·1권	홍법대사
작례방편차제作禮方便次第·1첩	홍법대사 또는 수미현정(水尾玄靜)의 양설이 있음
태장사기胎藏私記·3권	홍법대사
오륜투지차제五輪投地次第·1권	홍법대사
태장비재차제胎藏備在次第·1권	홍법대사 ▪『태장경차제 胎藏頸次第』의 이명임.
비재차제備在次第·1권	홍법대사
태장약차제·1권	홍법대사
태장광기胎藏廣記·2권	홍법대사
무진장엄장삼매염송차제사기無盡莊嚴藏三昧念誦次第私記·1권	홍법대사 또는 종예(宗叡) 또는 현정(玄靜) 등 이설이 있음.
태장계염송차제·1권	회미실혜(檜尾實慧)
태장차제胎藏次第·2권	선림사(禪林寺) 종예
람자차제嵐字次第·1권	평구(平救)
원성사사권차제圓城寺四卷次第·4권	원성사(圓城寺) 부신(釜信)
법황태장이권차제法皇胎藏二卷次第·2권	관평법황(寬平法皇) ▪ 제명은 『태장계염송차제』이며 세간에서 『법황이권차제』라고 부름. 『청룡사의궤』를 소의로 삼아 찬술했으며 『금강정연화부심염송차제』의 자매편임.
성취원차제成就院次第·1권	관조(寬助)
고야어실차제高野御室次第·1권	고야어실(高野御室)의 각법친왕(覺法親王)
태장계차제胎藏界次第·1권	
태장차제胎藏次第·1권	각법친왕
태장계약차제胎藏界略次第·1권	행편(行遍)
태장계차제·1권	선편(禪遍)
태장계대법차제胎藏界大法次第·2권	정관사(貞觀寺) 진아(眞雅)
태장계염송사기胎藏界念誦私記·1권	청호사(神護寺) 진제(眞濟)
교일사차제敎日師次第·3권	교일(敎日)
태장차제·1권	성보(聖寶) ▪ 홍법대사의 『태장박지차제 胎藏薄紙次第』와 대동소이한데 진언이 실려 있지 않음.
태장계염송차제·1권	반야사(般若寺) 관현(觀賢)
집기태장염송차제集記胎藏念誦次第·8권	순우(淳祐) ▪『석산집기石山集記』·『석산태장石山胎藏』·『석산집기차제 石山集記次第』·『석산태장팔권차제 石山胎藏八卷次第』라고도 함.
연명원차제延命院次第·2권	연명원(延命院) 원태(元杲) ▪ 겉표지 제목은 『태장계염송사기』로 되어 있고 속표지 제목은 『태장계염송차제』 또는 『태장계사차제 胎藏界私次第』임
태장차제胎藏次第·1권	연명원 원태(元杲) 찬 ▪『연명원차제』의 이본(異本)임
태장계사기胎藏界私記·1권	반야사(般若寺) 승정어전(僧正御傳)으로 기재되어 있음

(本經儀軌)는 『대일경 大日經』·『대일경소 大日經疏』·『요략염송경 要略念誦經』·『부사의소 不思議疏』·『섭대의궤 攝大儀軌』·『광대의궤 廣大儀軌』·『현법사의궤 玄法寺儀軌』·『청룡사의궤 靑龍寺儀軌』 3권 등이 있으며, 대부분은 『청룡사의궤』에 근거하여 편찬되었다. 관련 문헌들을 소개하면 〈표〉와 같다.

태장계회만다라 胎藏界會萬陀羅 ➡ 태장만다라 胎藏曼茶羅, 태장현도만다라 胎藏現圖曼茶羅

태장구존 胎藏九尊 태장만다라(胎藏曼茶羅) 중대팔엽원(中臺八葉院)의 아홉 존격. 중앙의 대일여래를 중심으로 동서남북 사방에 위치한 보당불(寶幢佛)·무량수불(無量壽佛)·개부화왕불(開敷花王佛)·북쪽의 천고뢰음불(天鼓雷音佛)과 동남쪽부터 시계방향으로 네 모서리에 위치한 보현보살(普賢菩薩)·문수보살(文殊菩薩)·관음보살(觀音菩薩)·미륵보살(彌勒菩薩)을 말한다. ⇨ 중대팔엽원 中臺八葉院, 태장계대일여래 胎藏界大日如來, 태장계사불 胎藏界四佛

태장도상 胎藏圖像 당대 선무외(善無畏)가 그린 도록(圖錄). 2권. 태장만다라(胎藏曼茶羅)의 여러 존위(尊位)의 도상을 차례로 엮은 책이다. 갖춘 이름은 『대비로자나성불신변가지경중역출대비태장생비밀만다라주화상도 大毘盧遮那成佛神變加持經中譯出大悲胎藏生祕密曼茶羅主畫像圖』이다. 도판을 상단과 하단으로 구분하여 차례대로 비로자나여래(毘盧遮那如來)로부터 난다용왕(難陀龍王)까지 삼백존위의 명호와 진언을 썼다.

태장도양 胎藏圖樣 밀교 도상집. 2권. 갖춘 이름은 『대비로자나성불신변가지경중역출대비태장생비밀만다라주화상도 大毘盧遮那成佛神變加持經中譯出大悲胎藏生祕密曼茶羅主畫像圖』라고 한다. 선무외(善無畏)삼장이 역출한 『대일경』에서 제존(諸尊)의 형상을 그린 것을 별도로 모아 1권으로 만들었는데, 일본의 원진(圓珍)이 당에서 필사할 때 2권으로 나눈 것이다. 태장계만다라 주요 제존의 형상을 모은 것으로 중앙의 중대팔엽원(中臺八葉院)의 9존을 중심으로 제1중에 여래부(如來部), 제2중에 제보살권속(諸菩薩眷屬), 제3중에 석가모니불생신권속(釋迦牟尼佛生身眷屬)의 제존을 배위하였다.

태장만다라 胎藏曼茶羅 Ⓢ garbha-dhātu-maṇḍala. 양부만다라(兩部曼茶羅) 중 하나. 대일여래(大日如來)의 대비평등심(大悲平等心)으로부터 생겨난 대만다라(大曼茶羅). 대비태장생만다라(大悲胎藏生曼茶羅)의 줄임말이고, 대비만다라(大悲曼茶羅)·대비대장만다라·연화만다라(蓮華曼茶羅) 등이라고도 한다. 또 『대일경 大日經』「구연품 具緣品」 및 『대일경소 大日經疏』에 근거한 만다라이기에 경소만다라(經疏曼茶羅)라고 하며, 『금강정경 金剛頂經』에 소의하는 금강계만다라(金剛界曼茶羅)에 상대하여 인만다라(因曼茶羅)·동만다라(東曼茶羅)·이만다라(理曼茶羅)라고도 한다. 태장이란 태아가 모태에 함장된 것처럼 우리 범부 중생에게도 불성(佛性)이 간직되어 있음을 말하는데, 이런 불성의 원만한 구현을 상징적으로 나타낸 만다라이다. [기본구조] 대일여래를 중심으로 하는 중앙의 중대팔엽원(中臺八葉院), 그 주변의 변지원(遍知院)·연화부원(蓮華部院)·금강수원(金剛手院)·지명원(持明院), 그 바깥의 석가원(釋迦院)·문수원(文殊院)·허공장원(虛空藏院)·소실지원(蘇悉地院)·지장원(地藏院)·제개장원(除蓋障院), 그 외곽의 외금강부원(外金剛部院), 사대호원(四大護院) 등 십삼원(十三院)으로 구성된다. 그러나 공해(空海)가 당에서 가져온 이후에 유포된 현도만다라(現圖曼茶羅)는 사대호원이 생략된 십이원(十二院)으로 구성된다. 중대를 비롯한 변지원·석가원·문수원·지명원·허공장원·소실지원 등 육원(六院)은 불부(佛部)에 속하고, 연화부원과 지장원은 연화부(蓮華部)에 속하며, 금강수원과 제개장원은 금강부(金剛部)에 속하고, 외금강부원은 삼부(三部)에 속한다. 첫째 [중대팔엽원] 대일여래를 중심으로 사방(四方)에는 동남서북의 순서대로 보당불(寶幢佛)·개부화불(開敷華佛)·무량수불(無量壽佛)·천고뇌음불(天鼓雷音佛) 등 사불(四佛)을 안치하고 사우(四隅)에는 동남방부터 동북방까지 순서대로 보현보살(普賢菩

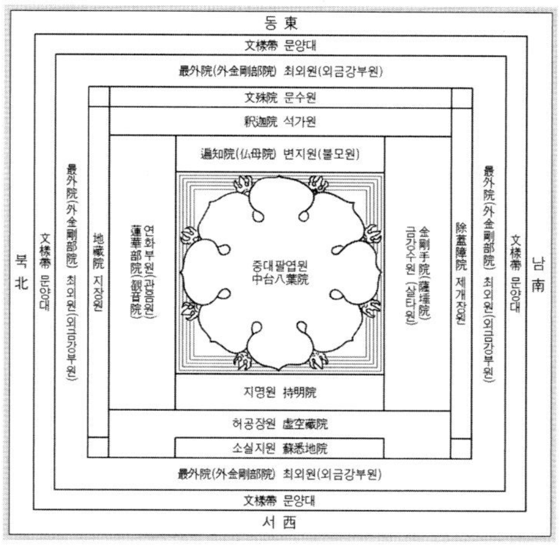

태장만다라 금강봉사 일본 16~17세기

薩)·문수보살(文殊菩薩)·관음보살(觀音菩薩)·미륵보살(彌勒菩薩) 등 사보살(四菩薩)을 안치한다. 팔엽의 연꽃은 모든 중생의 불성을 나타낸다. 이곳은 태장만다라의 본질이며, 그 이외의 곳은 각각의 특질을 상징한다. 둘째 〔**변지원**〕 중대의 위쪽(東)에 있으며, 불모원(佛母院)이라고도 한다. 부처님의 변지를 나타낸다. 셋째 〔**연화부원**〕 중대의 북쪽에 있으며 관음원(觀音院)이라고도 한다. 대세지보살(大勢至菩薩) 등 삼십칠존(三十七尊)을 안치한다. 중생을 교화하시는 부처님의 대비심을 나타낸다. 넷째 〔**금강수원**〕 중대의 남쪽에 있으며, 살타원(薩埵院)이라고도 한다. 금강수보살을 비롯하여 삼십삼존(三十三尊)을 안치하는데, 이곳은 번뇌를 부수는 본유(本有)의 지혜를 나타낸다. 다섯째 〔**지명원**〕 중대 아래쪽(西)에 있으며 오대원(五大院) 또는 분노원(忿怒院)이라고도 한다. 반야보살(般若菩薩)을 중심으로 네 분의 명왕(明王)을 안치한다. 이곳은 부처님께서 대비심(大悲心)으로 모든 중생을 구제하시는 섭수(攝受)와 지혜로 굴복시켜 따르도록 하는 절복(折伏)을 나타낸다. 중대와 이를 둘러싼 사대원(四大院)이 만다라의 제일중(第一重)이 된다. 여섯째 〔**석가원**〕 변지원의 위쪽에 있으며, 석가모니불 등 삼십구존(三十九尊)을 안치한다. 이곳은 부처님께서 방편으로 일체중생을 포섭하여 교화하시는 것을 나타낸다. 여기에서 석가모니불은 구원실성(久遠實成)의 보신불이다. 일곱째 〔**문수원**〕 석가원의 위쪽에 있으며, 문수보살 등 이십오존(二十五尊)을 안치한다. 이곳은 일체의 희론(戱論)을 끊는 수생(修生)의 지혜를 나타낸다. 여덟째 〔**허공장원**〕 지명원의 아래쪽에 있으며, 허공장보살(虛空藏菩薩) 등 이십팔존(二十八尊)을 안치한다. 이곳은 일체의 속박에서 벗어난 해탈의 덕을 나타낸다. 아홉째 〔**소실지원**〕 허공장원의 아래쪽에 있으며, 십일면관음(十一面觀音) 등 팔존(八尊)을 안치한다. 이곳은 모든 사람이 교화를 성취하는 것을 나타낸다. 열째 〔**지장원**〕 관음원의 북쪽에 있으며, 지장보살 등 구존(九尊)을 안치한다. 이곳은 연화부원과 제개장원의 대자대비를 수용하여 이것으로 악취(惡趣)의 중생을 제도하는 것을 나타낸다. 열한째 〔**제개장원**〕 금강수원의 남쪽에 있으며, 비민보살(悲愍菩薩) 등 구존을 안치한다. 이곳은 금강수원의 본유지(本有智)가 작용하여 번뇌를 제거하는 것을 나타낸다. 이상의 육원이 제이중(第二重)이다. 열두째 〔**외금강부원**〕 외부에서 태장만다라의 사방을 둘러싸고 있으며, 최외원(最外院)이라고도 한다. 이백다섯 분의 존위를 안치하는데, 이곳은 모든 존위가 만다라를 외부의 마(魔)로부터 보호하는 것을 나타내며, 동시에 대일여래의 등류법신(等流法身)임을 뜻한다. 외금강부원은 제삼중(第三重)이 된다. 열세째 〔**사대호원**〕 만다라의 사문을 수호하는 네 분의 금강신을 사상에 안치하며, 사대결호(四大結護)라고도 한다. 네 분의 금강신은 동방의 무외결호자(無畏結護者), 남방의 금강무승자(金剛無勝者), 서방의 난항대호자(難降大護者), 북방의 괴제포대호자(壞諸怖大護者)를 말한다. 사대호원이 제사중(第四重)이 된다. 그러나 현재 유포된 현도만다라에서는 사대호원이 빠진 삼중(三重) 십이원으로 구성되어 있다. 〔**만다라의 세계**〕 삼중의 만다라는 안에서 밖으로 향하는 뜻과 밖에서 안으로 향하는 뜻의 두 가지 방식으로 해석할 수 있다. 안에서 밖으로 향하는 구조는 『대일경』「주심품 住心品」의 해석에 근거한 것이며 자비를 바탕으로 삼고 방편을 구경으로 삼는다. 만다라 중앙에 자리한 대일여래의 지혜가 대비의 마음에 의해 중생의 세계로 유출되고 확산됨을 뜻한다. 이때 제일중에서 중대팔엽은 대일여래가 증득한 깨달음의 근원을 나타내며 그 주위의 사불과 사보살은 그 내실을 상징한다. 사방불은 동남서북의 순서대로 발심·수행·보리·열반을 나타내고 중앙의 대일여래는 방편구족(方便具足)을 의미한다. 반면 밖에서 안을 향하는 구조로 보는 경우, 범부로서의 수행자가 부처의 경지를 향해 자신을 고양시켜 나가는 것을 형상화한 것이다. 제일중에서 제삼중까지 순서대로 자성신(自性身)·수용신(受用身)·변화신(變化身)에 배대하여 설명할 수 있는데 이를 삼구(三句)의 법문(法門)이라 한다. 또는 수용신을 자타(自他)로 나누고 제일중에서 중대팔엽을 독립시켜 모두 넷으로 구분하여 설명하는 경우에 중대팔엽은 자성신, 제일중은 자수용신(自受用身), 제이중은 타수용신(他受用身), 제삼중은 변화신에 배대된다. 이와 같이 만다라는 중앙에서 주변으로 확산되는 원심적(遠心的) 구조와 함께 주변에서 중심으로 수렴되는 구심적(求心的) 구조가 교차하는 양방향적이고 역동적인 세계관으로 해석할 수 있다. 〔**표현형식에 의한 분류**〕 대만다라·법(法)만다라·삼매야(三昧耶)만다라의 세 가지가 있으며, 대만다라를 기본으로 한다. 첫째 대만다라는 존형(尊形)으로 모든 존위(尊位)를 표현한 존형만다라(尊形曼荼羅)이며, 「구연품」에 따른다. 둘째 법만다라는 종자(種子)로 모든 존위를 표현한 종자만다라이며, 「전자륜만다라행품 轉字輪曼荼羅行品」에 따른다. 셋째 삼매야만다라는 존위의 지물(持物)로 모든 존위를 나타낸 상징물만다라(象徵物曼荼羅)이며, 「비밀만다라품 祕密曼荼羅品」에 따른다. ⇨ 만다라 曼荼羅, 양부만다라 兩部曼荼羅, 양부 兩部, 경소설만다라 經所說曼荼羅, 대비태장만다라 大悲胎藏曼荼羅, 동만다라 東曼荼羅, 연화만다라 蓮華曼荼羅, 금강계만다라 金剛界曼荼羅

태장법 胎藏法 ➡ 태장계법 胎藏界法

태장사부의궤 胎藏四部儀軌 『대일경 大日經』 모든 품의 뜻을 간략하게 정리한 태장공양법(胎藏供養法)과 모든 존위의 인명(印明)을 밝힌 네 가지 의궤. 11권. 줄임말은 사부의궤(四部儀軌)이다. 네 가지 의궤는 다음과 같다. 첫째, 당대 수바가라(輸婆迦羅 Ⓢ Śubhakara : 善無畏)가 한역한 『섭대비로자나성불신변가지경입연화태장해회비생만다라광대염송의궤공양방편회 攝大毘盧遮那成佛神變加持經入蓮華胎藏海會悲生曼荼攞廣大念誦儀軌供養方便會』 3권을 말하며, 줄인 이름은 『섭대의궤 攝大儀軌』이다. 대정장18, pp.65a3~90b21, No.850에 수록되어 있다. 『대일경』에 근거한 태장대법의 공양의궤이다. 1권에서는 구방편(九方便)·구중아자관(九重阿字觀)·입불삼매야(入佛三昧耶)·법계생(法界生)·전법륜(轉法輪)·본존가지(本尊加持)·본존관(本尊觀) 등을 설명한다. 2권에서는 무능장애신(無能障閡身)을 비롯하여 정각단(正覺壇)·정각단작법(正覺壇作法)·사중금계(四重禁戒) 등을 서술한다. 3권에서는 『대일경』「자륜품 字輪品」·「입비밀만다라법품 入祕密曼荼羅法品」에 설한 진언과 염송법을 설한다. 일본의 원인(圓仁)·원진(圓珍)·종예(宗叡)가 각각 당(唐)에서 청래(請來)한 세 가지 전본(傳本)이 있으나 내용에 다소 출입이 있다. 둘째, 당대 선무외(善無畏)가 한역한 『대비로자나경광대의궤 大毘盧遮那經廣大儀軌』 3권을 말하며, 줄인 이름은 『광대의궤 廣大儀軌』이다. 대정장18, pp.90b24~108b23, No.851에 수록되어 있다. 『대일경』에 근거한 태장대법(胎藏大法)의 공양법이다. 『섭대의궤』의 이본(異本)으로 볼 수 있으나 태장만다라의 제존(諸尊)에는 다소 출입이 있다. 이상 두 가지 의궤는 시방삼세(十方三世)의 모든 부처님들께서 대일여래의 법계만다라(法界曼荼羅)에 유입되는 것을 보여준다. 셋째, 당대 법전(法全)이 지은 『대비로자나성불신변가지경연화태장비생만다라광대성취의궤공양방편회 大毘盧遮那成佛神變加持經蓮華胎藏悲生曼荼羅廣大成就儀軌供養方便會』 2권을 말하며, 줄인 이름은 『현법사의궤 玄法寺儀軌』이다. 대정장18, pp.108c4~127a29, No.852에 수록되어 있다. 『대일경』에 근거한 태장대법 공양의궤이다. 상권은 공양방편회(供養方便會), 하권은 보리당밀인표치만다라품(菩提幢密印幖幟曼荼羅品)이라는 제명이 붙어있다. 상권에서는 공양법을 중심으로 수인과 진언이 설명되고 있고, 하권에서는 제존(諸尊)의 수인과 진언이 설명된다. 넷째, 당대 법전이 지은 『대비로자나성불신변가지경연화태장보리당표치보통진언장광대성취유가 大毘盧遮那成佛神變加持經蓮華胎藏菩提幢標幟普通眞言藏廣大成就瑜伽』 3권을 말하며, 줄인 이름은 『청룡사의궤 靑龍寺儀軌』이다. 대정장18, pp.143c20~164b26, No.853에 수록되어 있다. 태장대법의 공양의궤로서 동밀과 태밀의 많은 태장차제가 이 의궤에 근거한다. 현법사의궤와 대동소이하지만 보다 잘 정리되어 있으며 만다라의 제존에서 관음의 권속으로 사섭지(四攝智)·팔공양(八供養)을 부가하여 설명한다. 이상 두 가지 의궤는 석가모니부처님께서 대일여래의 법계만다라에서 법회를 여는 모습을 보여준다. 〔참고문헌〕 Tansen Sen *Buddhism Across Asia : Networks of Material, Intellectual and Cultural Exchange* (Singapore : Institute of Southeast Asian Studies, 2014) p.219. ⇨ 섭대비로자나성불신변가지경입연화태장해회비생만다라광대염송의궤공양방편회 攝大毘盧遮那成佛神變加持經入蓮華胎藏海會悲生曼荼攞廣大念誦儀軌供養方便會, 대비로자나경광대의궤 大毘盧遮那經廣大儀軌, 대비로자나성불신변가지경연화태장비생만다라광대성취의궤공양방편회 大毘盧遮那成佛神變加持經蓮華胎藏悲生曼荼羅廣大成就儀軌供養方便會, 대비로자나성불신변가지경연화태장보리당표치보통진언장광대성취유가 大毘盧遮那成佛神變加持經蓮華胎藏菩提幢標幟普通眞言藏廣大成就瑜伽

태장삼부 胎藏三部 태장만다라 십삼대원(十三大院)을 불부(佛部)·연화부(連華部)·금강부(金剛部)의 삼부(三部)에 배대한 것. 불부에서는 중대팔엽원(中台八葉院)·변지원(遍知院 : 佛母院)·석가원(釋迦院)·문수원(文殊院)·지명원(持明院 : 五大院)·허공장원(虛空藏院)·소실지원(蘇悉地院)을 거둔다. 지혜와 자비가 원만한 모습이다. 연화부원(連華部院 : 觀音院)·지장원(地藏院)은 연화부로 거두고 자비를 드러낸다. 금강수원(金剛手院 : 薩埵院)·제개장원(除蓋障院)은 금강부로 거둬서 지혜를 드러낸다. 십삼대원 중 최외원(最外院 : 外金剛部院)·사대호원(四大護院)은 위 삼부에서 제한다. 『소실지갈라경』 권상(대정장18, p.603c3)에 "다음으로 상중하의 성취법은 다른 경전에서 설한 바와 같다. 성취를 구하는 이는 진언의 상중하의 법을 이해해야 한다. 이 경전은 삼부가 만드는 만다라법을 통섭한다. 불부진언은 선지가이고 관음진언은 보슬징가이며 금강부진언은 아비차로가이다. 겨드랑이에서 정수리까지가 상품, 배꼽에서 겨드랑이까지가 중품, 발에서 배꼽까지가 하품이다. 復次 上中下成就法 如別經中說 欲求成就者 須解眞言上中下法 此經通攝三部所作曼荼羅法 佛部眞言扇底迦 觀音眞言補瑟徵迦 金剛眞言阿毘遮嚕迦 從腋至頂爲上品 從臍至腋爲中品 從足至臍爲下品", "진언에서 역시 세 가지 성취를 분별해야 한다. 이러한 삼부는 각각 세 가지로 나누어지니 잘 이해해야 한다. 삼부진언에서 명왕은 상품성취이고 다른 사자와 제타제징 등의 진언은 하품성취이다. 나머지 존격이 설한 진언은 세 가지 법이 있으니 첫째 선지가법, 둘째 보슬가법, 셋째 아비차로가법이다. 이러한 세 가지 일은 삼부 모두에 각각 상응하는 것이 있다. 於眞言中 亦應分別三種成就 於此

三部 各分爲三 善須了解 於三部中眞言 明王是上成就 諸餘使者制吒制徵等眞言是下成就 諸餘尊者所說眞言 是三種事法者 一 扇底迦法 二 補瑟迦法 三 阿毘遮嚕迦法 凡是三事 於三部中各各皆有應", 『대일경소』 권14(대정장39, p.722c27)에 "먼저 삼중으로 삼보에 귀명하는 진언의 핵심이 있다. 이는 𑖀자·𑖭자·𑖪자이며 바로 이 세 글자는 삼부의 뜻을 드러낸다. 아자는 여래부이고 사자는 연화부이며 바자는 금강부이다. 初先有三重歸命三寶眞言之心 謂阿字娑字嚩字 卽此三字顯三部義也 阿字是如來部 娑字是蓮華部 嚩字是金剛部"라고 하였다. [참고문헌] 『蘇悉地羯囉經』, 『大日經疏』. ⇨ 삼부 三部[1], 불부 佛部, 연화부 蓮華部, 금강부 金剛部, 아사바 阿娑嚩, 태장만다라 胎藏曼荼羅

태장업 胎藏業 삼업도인(三業度人) 중 하나. 일본 동밀(東密)에서 삼업(三業)의 하나로서 『대일경 大日經』 등을 종(宗)으로 하여 학습하는 것. 대비로자나경업(大毘盧遮那經業)이라고도 한다. 태밀(台密)에서의 대일업(大日業)과 비슷하다. ⇨ 삼업도인 三業度人

태장오불 胎藏五佛 태장만다라(胎藏曼荼羅) 중대팔엽원(中臺八葉院)의 다섯 존격. 중앙의 대일여래(大日如來)와 동서남북의 사불(四佛)을 합하여 오불이다. ⇨ 태장계대일여래 胎藏界大日如來, 태장계사불 胎藏界四佛, 오불 五佛

태장팔위 胎藏八位 Ⓢ garbho aṣṭa-avasthāḥ. 탁태(託胎)부터 출산(出産)까지의 총38주 266일을 여덟 시기로 나눈 것. 1주차의 갈라람(羯羅藍 Ⓢ kalala : 雜穢), 2주차의 알부담(遏部曇·頞部曇 Ⓢ arbuda : 疱), 3주차의 폐시(閉尸 Ⓢ peśī : 凝結), 4주차의 건남(鍵南 Ⓢ ghana : 堅厚), 5주차의 발라사거(鉢羅賖佉·鉢羅奢佉 Ⓢ praśākhā : 枝分), 머리카락·털·손톱이 생겨나는 위(髮毛爪位 Ⓢ keśa-romanakha-avasthā), 근이 형성되는 위(根位 Ⓢ indriya-avasthā), 몸의 형태가 갖춰진 위(形位 Ⓢ vyañjana-avasthā)를 말한다. 『유가사지론』 권2(대정장30, p.284c26)에 "또 다음으로 이 태장에는 여덟 단계의 차별이 있다. 무엇이 여덟 가지인가? 갈라람위·알부담위·폐시위·건남위·발라사거위·발모조위·근위·형위를 말한다. 復次此胎藏八位差別 何等爲八 謂羯羅藍位 遏部曇位 閉尸位 鍵南位 鉢羅賖佉位 髮毛爪位 根位 形位", "만약 이미 응결된 화살(箭 : 胎兒)의 안이 묽은 상태라면 갈라람이라 하고, 겉과 속이 타락(酪)과 같지만 아직 살덩어리가 생기는 단계(肉位)에 이르지 못한 상태라면 알부담이라 하고, 만약 이미 살덩이가 생겨나 아주 유연한 상태라면 폐시라 하고, 만약 이미 단단하고 두터워서 조금 만질 수 있는 상태라면 건남이라 한다. 若已結凝箭內稀 名羯羅藍 若表裏如酪未至肉位 名遏部曇 若已成肉仍極柔軟 名閉尸 若已堅厚稍堪摩觸 名爲鍵南", "이 살덩어리가 증장해서 각 부분의 모습이 나타나는 상태라면 발라사거라 하고, 이 이후부터 머리카락과 털과 손톱이 나타나는 상태라면 발모조의 단계라 하고, 이 이후부터 눈 등의 근이 생겨나는 상태라면 근의 단계라 하고, 이 이후부터 그것의 소의처(몸)이 분명하게 나타나는 상태라면 형의 단계라 한다. 卽此肉摶增長支分相現 名鉢羅賖佉 從此以後 髮毛爪現 卽名此位 從此以後 眼等根生名爲根位 從此以後 彼所依處分明顯現 名爲形位", 『유가론기』 권1(대정장42, p.324c22·한불전13, p.40a23)에 "또 갈라람은 한역하여 잡예 또는 화합이라 한다. 이는 첫 번째로서 온갖 괴로움의 원인이 생기하여 고통이 이미 확대되어 간다는 의미에서 화살에 비유하여 명칭을 설정한 것이다. … 알부담은 한역하여 포 또는 식육(息肉)이라 한다. 폐시는 한역하여 응결이라 한다. 건남은 한역하여 견후라 한다. 발라사거는 한역하여 지분이라 한다. 又羯羅藍者 此名雜穢 亦名和合 此爲最初衆苦因起 損惱旣廣喩立箭名 … 遏部曇者 此名爲疱 亦名息肉 閉尸者此名凝結 鍵南者此名堅厚 鉢羅奢佉者 此名枝分"라고 하였다. [참고문헌] 『瑜伽師地論』, *Yogā-bh.28.* ⇨ 갈라람 羯羅藍, 알부담 頞部曇[1], 폐시 閉尸, 건남위 鍵南位, 발라사거 鉢羅奢佉, 발모조위 髮毛爪位, 근위 根位, 형위 形位

태장현도만다라 胎藏現圖曼荼羅 도상으로 표현된 태장만다라. 현도만다라는 좁은 의미에서는 일본 홍법대사(弘法大師) 공해(空海)가 당에서 귀국하면서 가져온 것이며 『어청래목록 御請來目錄』에 기록된 것을 말한다. 넓은 의미에서는 도상(圖像)으로 표현(表現)된 만다라를 말한다. 공해가 전한 현도만다라의 도상은 『대일경』 「입만다라구연진언품 入曼荼羅具緣眞言品」에서 설명하는 만다라와 동일하지는 않다. 『대일경』의 만다라가 사중(四重) 십삼원(十三院)인데 반해 현도만다라는 제사중(第四重)에 해당하는 사대호원(四大護院)이 제외된 삼중(三重) 십이원(十二院)으로 구성되어 있고 일부 존형의 명호에도 차이가 있다. 태장현도만다라는 기본적으로 대일여래(大日如來 Ⓢ Mahavairocana-tathagata)가 중앙에 위치하고, 그 사방에 보당(寶幢 : 東)·개부화왕(開敷華王 : 南)·무량수(無量壽 : 西)·부동(不動 : 또는 天鼓雷音－北)의 사불(四佛)이 둘러싸며, 사우(四隅)에 보현(普賢 : 동남)·관자재(觀自在 : 동북)·문수(文殊 : 서남)·미륵(彌勒 : 서북) 등의 사보살(四菩薩)이 자리하고 있는데 이것을 중대팔엽원(中臺八葉院)이라고 한다. 중대팔엽원을 중심으로 사방에 변지원(遍知院)·지명원(持明院)·연화부원(蓮華部院)·금강수원(金剛手院) 등 사대원(四大院)이 둘러싸고(第

一重), 다시 그 외곽으로 석가원(釋迦院)·문수원(文殊院)·허공장원(虛空藏院)·소실지원(蘇悉地院)·지장원(地藏院)·제개장(除蓋障院) 등 육원(六院)이 둘러싸고 있으며(第二重), 가장 외곽은 외금강부원(外金剛部院)으로 구성되어 있다(第三重). 중대팔엽원을 중심으로 하는 동심위적을 삼중건립(三重建立)이다. 이러한 현도만다라는 『대일경』의 설과 약간 다르다. 우선 중대팔엽원의 사방불 중 북방불을 『대일경』에서는 아촉(阿閦)이라고 하였는데, 일행(一行)스님은 그의 『대일경소 大日經疏』에서 북방아촉이라고 한 것은 『대일경』의 잘못이라고 지적하고 있으며, 현도만다라 역시 이 설을 따르고 있다. 또 사방불 사이에 위치한 사보살의 위치도 다른데, 동남방의 보현, 서남방의 문수까지는 같으나 서북과 동북이 각각 관자재와 미륵으로 바뀌어 있다. 공해가 처음으로 가져온 태장현도만다라는 당시에도 매우 훼손되어 있었으며 현재는 전해지지 않는다. 공해의 제자 실혜(實慧)의 지도로 모사(模寫)된 현도만다라가 헤이안시대에 동사(東寺) 관정원(灌頂院)에 걸려 있었고 현도만다라는 이후에 여러 차례 모사되었는데 1693년에 모사되어 현재 동사에 전해지는 현도만다라가 도상학적으로 가장 정통의 것으로 평가되고 있다. 현존하는 가장 오래된 만다라는 공해가 경도(京都)의 고웅산신호사(高雄山神護寺)의 관정당(灌頂堂)에서 쓰기 위해 829년에 금은니(金銀泥)로 그린 현도만다라이다. 헤이안(平安) 시대 중기에 다시 그려진 십이원(十二院) 만다라 중에서는 기존의 현도만다라와 도상이 다르게 표현된 두 계통의 만다라가 전해지고 있다. 〔참고문헌〕『大日經』, 『韓國古代佛敎思想史』, 『金剛頂經』.

태저생 太低生 한없이 낮은 분상에서 마음내다. 더없이 고양된 태고생(太高生)의 대구다. 『벽암록』 4칙 「본칙 本則」(대정장48, p.143b7)에 "덕산이 산문 입구에 이르자 돌이켜 생각하길 '그래도 허둥대지 말아야지〈놓아가더니 주워오는구나. 시작은 크고 높더니 끝은 참으로 저 낮은 곳이네. 허물 알면 반드시 고칠 이 몇이나 되리〉'. 德山至門首 却云 也不得草草〈放去收來 頭上太高生 末後太低生 知過必改 能有幾人〉", 『철벽기어록』 권6(가흥장29, p.594c7)에 "시자에게 물었다. '땅덩어리 이렇게 뜨거우니 어디로 피해야 하느냐?' '수미산 꼭대기요' '참으로 한심하구나' '화상의 발판 속이요' '참으로 높기만 하다'. 問侍者 大地恁麽熱 向何處躱避 云 須彌頂上 師曰 太低生 云 和尙脚板裏 師曰 太高生"라고 하였다. 〔참고문헌〕『碧巖錄』, 『鐵壁機語錄』. ⇨ 태고생 太高生

태적막생 太寂寞生 한없이 고요하여 중생(투쟁)이 없다. 『경덕전등록』 권20 「연경봉린전 延慶奉璘傳」(대정장51, p.368b7)에 "'어떤 것이 화상의 가풍입니까?' '긴 나물에 찬 밥이지' '한없이 고요해 날 일이 없군요' '승가의 화합이라는 것이 이와 같다'. 問 如何是和尙家風 師曰 長虀冷飯 曰 又太寂寞生 師曰 僧家合如是"라고 하였다. 〔참고문헌〕『景德傳燈錄』.

태전 太田 1895~1968. 근대의 고승. 호는 금오(金烏), 속명은 정태선(鄭太先)이다. 1895년 2월 9일 전라남도 해남에서 태어나 1912년 강원도 평창군 월정사(月精寺)에서 도암(道巖)을 은사로 하여 스님이 되었다. 1924년 문경 대승사(大乘寺) 강원에서 대교과를 졸업하고, 1929년 예산 수덕사에서 보월(普月)을 법사로 하여 입실건당하였다. 1936년에 직지사(直指寺) 조실을 역임한 이래 석왕사(釋王寺)·망월사(望月寺)·칠불선원(七佛禪院)·대구 동화사(桐華寺) 등에서 조실을 역임하였으며, 1954년 조계종 부종정·1956년 서울 봉은사(奉恩寺) 주지·1957년 구례 화엄사(華嚴寺) 주지·1958년 조계종 총무원장·1967년 법주사(法住寺) 주지를 역임한 후 이어 이곳 조실로 있다가 1968년 10월 8일 19시 15분 세수 74, 법랍 57세로 입적하였다. 〔참고문헌〕『金烏集』「金烏大宗師略歷」.

태전 太顚 **1** 조선중기 스님. 청허휴정(淸虛休靜)이 스님에게 보낸 게송 「태전선자 太顚禪子」(『청허당집』 권1·한불전7, p.704a5)가 전한다. 〔참고문헌〕『淸虛堂集』. **2** 조선후기 스님. 호는 설송(雪松). 『역산집』 권하 「벽송대기 碧松臺記」(한불전10, p.953a9)에 "이(1834·순조34) 보다 삼십년 전에 설송태전스님이 북방으로부터 와서 암자를 지었다. 前此三十年 有雪松太顚師者 自北方來 卜搆一菴"라고 하였다. 〔참고문헌〕『櫟山集』. ⇨ 벽송대기 碧松臺記

태전선사송 太顚禪師頌 대홍수수(大洪守遂)의 게송. 태전은 대전보통(大顚寶通)선사를 말한다. 대전보통 선사가 한문공(韓文公)과 문답할 때 시자(侍子) 삼평(三平)이 선상(禪床)을 두드린 일화에 대해 대홍수수(大洪守遂)가 염거(拈擧)한 게송이다. 『선종송고련주통집』 권15(卍속장115, p.172a14)에 "한문공이 대전에게 와서 말했다. '제가 군사와 행정 일로 번거롭습니다. 불법의 핵심에 대해 스님께서 한 마디로 해주실 것을 부탁드립니다' 선사가 한동안 말이 없었는데 이에 문공이 어찌할 바를 몰랐다. 이때 삼평이 시자로 있었는데 선상을 세 번 두드렸다. 선사가 말했다. '무엇을 하였느냐?' 삼평이 말했다. '앞서 움직임 고요하게(定) 하셨기에 후에 지혜를 들어냈을 뿐입니다' 문공이 말했다. '스님의 문풍이 고준하니 제가 시자 곁에서 깨달음의 실마리를 얻었습니다' 이에 대홍수수 송하길, 지름길을 대전에게 물었더니 문공의 좋은 말 남몰래 채찍 엿보았고, 손 빠른 삼평이 더해 지혜 뽑았으니 허공중에 구름 흩어지자 달 여전히 하늘에서 빛나네〈대홍수수〉. 大顚因韓文公至白師曰 弟子軍州事繁 佛法省要處 乞師一語 師良久 公罔措 時三平爲侍者 乃敲禪床三下 師曰作麽 平曰 先以定動 後以智拔 公乃曰 和尙門風高峻 弟子於侍者邊得箇入處 頌曰 徑截之言問大顚 文公良馬暗窺鞭 斂手三平加智拔 中霄雲散月當天〈大洪遂〉"라고 하였다. [참고문헌]『禪宗頌古聯珠通集』, 李智冠『四集私記』 p.131.

태조암 太祖庵 ❶강원도 고성군 서면 금강산(金剛山) 유점사(楡岾寺)의 산내 암자. 이경석(李景奭 1595~1671)의 『백헌집』「풍악록 楓嶽錄」에 "(유점사의) 옆의 암자로 동쪽에 있는 종련암, 두운암, 하견성암, 상견성암, 태조암, 도솔암, 은신굴, 율암, 성불암, 불정대, 불정암은 모두 폐사되었다. 寺傍庵子東有種蓮庵 逗雲庵 下見聖 上見聖 大祖庵 兜率庵 隱神窟 栗巖 成佛庵 佛頂臺 佛頂庵 皆廢"라고 하였다. [참고문헌]『白軒集』, 『韓國寺刹全書』 권하 p.1112b13. ❷강원도 회양군 내금강면 장연리 금강산(金剛山) 표훈사(表訓寺)의 산내 암자. 『유점사본말사지』「표훈사지 表訓寺誌」에 유지(遺址) 중 하나로 전한다. [참고문헌]『楡岾寺本末寺誌』(亞細亞文化社, 1977) p.426. ❸ 전라남도 장성군 삼계면 부성리 고성산(古城山)에 있던 암자. 『사탑고적고』에 영광읍(靈光邑)에서 동북쪽으로 3리 떨어져 있다고 전한다. [참고문헌]『寺塔古蹟攷』, 『韓國寺刹全書』 권하 p.1112b12欄外, 『長城郡史』(장성군, 2001). ❹전라북도 완주군 소양면 대흥리 추줄산(崷崒山)에 있는 위봉사(威鳳寺) 산내 암자. 『고산지 高山志』「위봉사극락전중수기 威鳳寺極樂殿重修記」에 나옹화상이 1359년(공민왕8)에 지은 외암(外庵) 10개 중 하나라고 하였으며, 이성계가 조선을 개창하기 이전에 이곳에서 기도하였고 왕위에 오른 후 이때의 일을 기념하기 위해 창건했다고도 한다. 또는 1675년(숙종1)에 위봉산성(威鳳山城)를 축조하고 유사시에 전주(全州) 경기전에 봉안된 태조어진을 대피시키기 위해 위봉산성 바깥쪽에 세웠다고 추정하기도 한다. 현재는 화재로 인해 원래의 태조암에서 위로 50m 정도 떨어진 곳에 옮겨졌다. 『한국사찰전서』에는 초창은 미상이라 하였고, 1866년(고종3)에 남화대사(南華大師)가 중창하였으며, 1873년(고종10)에 도봉화상(道峰和尙)이 삼창하였다고 전한다. 정호(鼎鎬 1870~1948)가 출가한 사찰이다. 현존하는 당우로는 법당·요사 등이 있다. [참고문헌]『韓國寺刹全書』 권하 p.1112b11, 『寺刹誌』(전라북도, 1990) pp.210~212. ⇨정호 鼎鎬 ❺충청남도 부여군 외산면 만수산(萬壽山)에 있는 마곡사(麻穀寺)의 말사. 무량사(無量寺)의 산내 암자 중 하나. 현존 당우로는 법당·요사 등이 있다. [참고문헌]『韓國寺刹全書』 권하 p.1112b9.

태종십문 太宗十問 송(宋) 태종이 열 차례로 묻다. 전하는 기연은 여덟이나, 황제의 격에 맞추어 만수(滿數)인 십(十)을 붙였다. 『선원몽구』 권하 「태종십문」(卍속장148, p.284b3)에 "〈출전은 『오등회원』 권6〉: 태종황제가 어느 날 상국사로 행차를 하였는데, 한 스님이 경을 읽는 것을 보고 물었다. '어떤 경입니까?' '『인왕경』입니다' '과인의 경(經)이 어떻게 경(卿)의 수중에 있는 것입니까?' 스님은 답이 없었다〈설두중현(雪竇重顯)이 대신 말하였다. '하늘에는 친소가 없고, 오직 덕 있으면 돕습니다'〉. 〈會元六〉 太宗皇帝 一日幸相國寺 見僧看經 問曰 是甚麽經 僧曰 仁王經 帝曰 旣是寡人經 因甚却在卿手裡 僧無對〈雪竇代曰 皇天無親 唯德是輔〉", "개보탑에 행차하여 스님에게 물었다. '경은 어떤 사람입니까?' '탑주입니다' '짐의 탑인데 어찌하여 경이 주인 노릇 합니까?' 스님은 답이 없었다〈설두가 대어(代語)하였다. '나라 전체가 모두 압니다'〉. 幸開寶塔 問僧 卿是甚人 對曰 塔主 帝曰 朕之塔爲甚麽卿作主 僧無對〈雪竇代曰 合國咸知〉", "어느 날 한 스님이 조정에 알현하러 왔는데, 황제가 물었다. '어디서 오십니까?' '여산 와운암입니다' '짐이 듣기로는 구름 드리운 깊은 골짜기에서는 천자에게 알현하지 않는다고 하였습니다. 어떻게 여기에 오셨습니까?' 스님은 답이 없었다〈설두가 대어하였다. '지극하신 교화를 피할 수가 없었습니다'〉. 一日因僧朝見 帝問 甚處來 對曰 廬山臥雲庵 帝曰 朕聞臥雲深處不朝天 爲甚到此 僧無對〈雪竇代曰 難逃至化〉", "어떤 스님이 마주하여 아뢸 것이 있어서 들어와서 아뢰던 차에 말했다. '폐하께서는 기억을 하시는지요?' '어디서 만난 적이 있던가요?' '영산에서 헤어지고 지금 뵙게 되는 것입니다' '경은 무엇으로 증험을 삼으시겠습니까?' 스님은 답이 없었다〈설두가 대어하였다. '이 빈도 얻은 바 있기에 올 수 있었습니다'〉. 僧入對 次奏曰 陛下還記得麽 帝曰 甚處相見來 奏曰 靈山一別 直至如今 帝曰 卿以何爲驗 僧無對〈雪竇代云 貧道得得來〉", "경사에 화재로 장경이 모두 잿더미가 되자 한 스님이 하사하기를 구하였다. 그를 불러 물었다. '옛날 가섭마등(迦葉摩騰)은 불타지 않았는데, 지금은 어째서 불타버렸을까요?' 스님은 답이 없었다〈설두가 대어하였다. '폐하께서 부촉하심을 잊지 않았습니다'〉. 京寺回祿 藏經悉爲煨燼 僧欲乞宣賜 召問 昔日摩騰不燒 如今爲甚却燒 僧無對〈雪竇代云 陛下不忘付屬〉", "황제의 꿈에 신인이 나타나 알리기를 '폐하께 청컨대 보리심을 발하십시오'라고 하여 조회 때 좌우가에 물었다. '보리심을 어떻게 발합니까?' 좌우가에서 답이 없었다〈설두가 대어하였다. '진실로 고금에 들을 수 없는 드문 일이라 할 수 있습니다'〉. 帝嘗夢神人報曰 請陛下發菩提心 因早朝宣問左右街 菩提心作麽生發 街無對〈雪竇代云 實謂今古罕聞〉", "지적대사가 삼계도를 진상하자 황제가 물었다. '짐은 어떤 일계 중에 있습니까?' 지적은 답이 없었다〈보령인용(保寧仁勇)이 대어하였다. '폐하께서 어딘들

지존으로 불리지 않겠습니까?'〉. 智寂大師進三界圖 帝問 朕在那一界中 寂無對〈保寧勇代云 陛下何處不稱尊〉", "어느 날 조회를 파하는데 황제가 발우를 높이 들며 승상 왕수에게 물었다. '이 대유령의 것이 들어도 들리지 않는다 하였는데, 어찌 짐 손아귀에 있는 것이요?' 왕수는 답이 없었다. 一日朝罷 帝擎鉢問丞相王隨曰 旣是大庾嶺頭提不起 爲甚麽却在朕手裡 隨無對"라고 하였다. 〔참고문헌〕『禪苑蒙求』, 『雪竇語錄』 권4(대정장47, p.695a19), 『五燈會元』 권6(卍속장138, p.219a11).

태종정영집 台宗精英集 송대 보용(普容) 엮음. 권수 미상. 현재는 권2·3·4·5만 남아 있으며, 卍속장101, pp.561a1~653a9에 수록되어 있다. 성립연대는 알 수 없다. 천태종 교설의 주요 문제를 모아서 편집한 책이다. 교상(敎相)과 관심(觀心)이라는 두 문에 관한 갖가지 논점을 들어 그 각각의 유래를 밝혔다. 여기에 이전부터 내려온 이설을 소개하고 비판하는 방법으로 천태종 자체의 소견을 뚜렷하게 서술하고 있다. 권말에 일본 양윤(亮潤)의 「발 跋」이 붙어 있다.

태중전 胎中箭 Ⓢ garbha-śalya, Ⓣ mngal-gyi-zug-rngu. 모태(母胎)중에 화살. 태아를 비유한다. 『구사론』 권9(대정장29, p.47c24 : *Abh-k-bh.*, p.130)에 "이 모태중에 화살은 점차 증장하여 마침내 색근과 형상이 차오르면 업이 일으킨 이숙의 풍력으로 굴러서 모태안에 있던 화살은 산문을 향해 나아가게 된다. 此胎中箭漸次轉增 乃至色根形相滿位 由業所起異熟風力轉 胎中箭令趣産門 tasya khalu kālāntareṇa paripāka-prāptasya garbhaśatlasya-abhyantarāt mātuḥ kukṣau karma-vipākajā vāyavo vānti ye taṃ garbha-śalyaṃ saṃparivarttya mātuḥ kāyāvakṣara-dvāra-abhimukham-avasthāpayanti", 『구사론기』 권9(대정장41, p.164a13)에 "이러한 태중의 아기가 태에 처할 때 마치 화살이 몸에 꽂히듯 그 어머니를 해하기에 태중에 화살이라 한다. 此胎中子處胎之時 如箭入身損害其母故 名胎中箭"라고 하였다. 〔참고문헌〕『俱舍論』, 『俱舍論記』, *Abh-k-bh.* ⇨ 태내오위 胎內五位

태청 太淸 크게 맑아 가이없는 하늘. 온갖 구름 다녀가도 흔적조차 없는 본각(本覺) 등의 비유다. 『능엄경』 권9(대정장19, p.147b8)에 "마땅히 알라! 허공은 그대 마음 안에서 일어난 것이다. 마치 조각구름 태청에 찍히듯 할 터이니 하물며 모든 세계가 저 허공에 있음에랴! 當知 虛空生汝心內 猶如片雲 點太淸裏 況諸世界 在虛空耶", 『능엄경지장소』 권9(卍속장24, p.733a9)에 "태청은 하늘끝을 가리킨다. 세전에 근거하면, 맑은 기운을 하늘로 삼고 가장 높이 있기에 태청이라 부른다. 太淸卽指天際 據世典 以淸氣爲天 且居最上 故以太淸稱之", 『능엄경원통소』 권9(卍속장19, p.864b11)에 "태청은 허공과 같다. 앞에서는 바다의 비유여서 깨달은 마음의 크나큼 비유했고, 물거품으로 허공의 작음에 비유하였다. 그러므로 '공은 큰 깨달음에서 생하니, 마치 바다의 물거품 한 방울이 일어나는 듯하다'라고 했던 것이다. 이 대목에서는 태청으로써 본각의 부동을 비유하였고, 조각구름으로써 지각 없이 헛되기만 한 것 쉽게 사라져 버림에 비유하였다. 太淸者 猶虛空也 前以海喩 覺心之大 以漚喩 虛空之小 故曰 空生大覺中 如海一漚發 今則以太淸喩 本覺之不動 以片雲喩 頑空之易銷", 『경덕전등록』 권11 「영운지근전 靈雲志勤傳」(대정장51, p.285b24)에 "'혼돈이 나누어지기 전에 중생은 어디서 왔는지요?' '저 이슬 기둥 회임한 듯하다' '나누어진 뒤에는 어떤지요?' '조각구름이 크고 맑은 곳에 점 찍은 듯하네' '저 크고도 맑은 것에 점 찍히다니, 알 수 없습니다!' 問混沌未分時 含生何來 師曰 如露柱懷兒 曰 分後如何 師曰 如片雲點太淸 曰 未審太淸還受點也無"라고 하였다. 〔참고문헌〕『楞嚴經』, 『楞嚴經指掌疏』, 『楞嚴經圓通疏』, 『景德傳燈錄』. ⇨ 태허 太虛 ❶

태총 太聰 조선후기 스님. ❶ 영해약탄(影海若坦 1668 1754)의 「차권태총소사 次勸太聰小師」(『영해대사시집초』·한불전9, p.483c6)가 전한다. 〔참고문헌〕『影海大師詩集抄』. ❷ 천경해원(天鏡海源 1691~1770)의 「차증태총귀금강 次贈太聰歸金剛」(『천경집』 권상, 한불전9, p.613b19)가 전한다. 〔참고문헌〕『天鏡集』.

태추생 太麤生 아주 거칠 뿐이다. 『임제록』(대정장47, p.503b3)에 "임제가 어느 날 보화와 함께 시주집에서 공양받던 차에 물었다. '터럭 하나 큰 바닷물 삼키고, 개자 하나에 수미산 거둔다. 이 말은 신통묘용인가? 아니면 본래 몸이 그러하다는 것인가?' 보화가 밥상을 발로 차 뒤집었다. '아주 거칠 뿐이다' '이 속에 있을 게 뭐 있다고 거칠다 하고 세밀하다 하는가!' 師 一日 同普化 赴施主家齋次 師問 毛呑巨海 芥納須彌 爲是神通妙用 本體如然 普化踏倒飯床 師云 太麤生 普化云 這裏是什麽所在說麤說細", 『불과격절록』 74칙 「본칙 本則」(卍속장117, p.493b17)에 "오구(烏臼)가 때렸다〈옳기는 하다만, 너무 거칠다〉. 臼便打〈是則是 太麤生〉"라고 하였다. 〔참고문헌〕『臨濟錄』, 『佛果擊節錄』. ⇨ 대추생 大麤生 ❶, 보화척상 普化踢床

태평 太平 조선후기 스님. 속성은 박씨. 『경허집』 「여박태평문답 與朴太平問答」(한불전11, p.596b21)에 "태평상인이 계룡산에 있다가 선사의 명성을 듣고 부석사〈서산군〉로 참방하였다. … (서로 禪旨를 나눈 후) 상인이 '법은이 망극합니다'라 하자 선사가 웃으며 당으로 돌아갔다. 太平上人在鷄龍山 聞師聲華 訪于浮石寺〈瑞山郡〉 … 上人曰 法恩罔極矣 師笑而歸堂焉"라고 하였다. 〔참고문헌〕『鏡虛集』.

태평광기 太平廣記 북송(北宋)대 이방(李昉) 등 지음. 500권. 977년(태평흥국2)에 성립하였다. 인용된 전적은 345종에 이른다. 고대부터 전해온 신이(神異)한 사적(事蹟)과 소소한 일들을 수록하였다. 불교와 관련된 권수는 모두 48권이다. 권87에 「이승 異僧」1의 제목하에 석마등(釋摩騰)·축법란(竺法蘭)·강승회(康僧會)·지둔(支遁)을 소개하고, 권88에 「이승」2로 불도징(佛圖澄)을 실었으며, 이어서 권98까지 모두 12권에 걸쳐 「이승」을 수록하고 있다. 이어서 권99~101은 「석증 釋證」을 싣고, 권102~134는 「보응 報應」을 수록하고 있다. 「보응」편은 『금강경』·『법화경』·『관음경』 등을 지니고 독송하여 얻은 감응(感應)을 앞에 배치하고, 숭경상(崇經像)과 관련된 보응이 이어지며, 다음으로 음덕(陰德)·이류(異類)·원보(冤報)·살생(殺生)·숙업축생(宿業畜生) 등으로 분류하여 각 항목과 관련된 인물들의 이야기를 서술하는 형식으로 구성하고 있다. 명대(明代)의 담개(談愷) 간행본과 허자창(許自昌) 간행본, 청대(清代)의 황성(黃晟) 간행본 등이 있으며 서울대학교규장각 등에 소장되어 있다. 또한 조선조 1462년(세조8)에 성임(成任)이 본서를 50권으로 축약한 『태평광기상절 太平廣記詳節』을 간행하였는데, 현재 일부만 남아 고려대학교도서관 등에 있으며, 명종대(재위 1545~1567)를 전후해서 지어졌다고 추정되는 『태평광기언해 太平廣記諺解』가 6·25전쟁 때 김일근(金一根)에 의해 발견되어 그중 수권(水卷) 21편이 1959년에 통문관(通文館)에서 영인·간행되었다.

태평본시장군치불허장군견태평 太平本是將軍致不許將軍見太平 태평한 시절은 본래 장군의 공이지만 장군은 그 세월 누리지 못한다. 태평지허장군건(太平只許將軍建)으로도 쓴다. 『경덕전등록』 권22 「보복청활전 保福淸豁傳」(대정장51, p.384b11)에 "'그렇게 애쓰고도 공은 없구려' '공 없지 않지만 성취한 뒤 머물지 않는다' '공을 이루고서 어째서 머물지 않는지요?' '모르는가? 태평은 본래 장군의 치적이지만 장군은 태평성대를 누리지 않는다'. 曰 恁麽卽勞而無功 師曰 功卽不無 成而不處 曰 旣是成功 爲什麽不處 師曰 不見道 太平本是將軍致 不使將軍見太平", 『양기어록』(대정장47, p.647c2)에 "법좌에 올라 '수리 떨어뜨리는 화살 뱀 동강내는 칼 있어도 우두머리 장군은 스스로 패하여 애마도 버리고 깃발도 내린다. 누구라도 집안을 평안하고 나라를 세우는 일 한 구로 가져와 봐라'고 한 뒤 한참 있다가 '태평한 시절은 본래 장군이 이루지만, 장군은 태평성대 누리지 못한다'하고 한 번 크게 할하였다. 上堂云 落鵰之箭 斬蛟之劍 主將自敗 抛馬拕旗 有人向安家立國處 道將一句來 良久云 太平本是將軍致 不許將軍見太平 喝一喝", 『종용록』 68칙 「송 頌」(대정장48, p.270a12)에 "두우성(斗牛星) 떨친 보검의 기세 전장을 잠재우지만〈태평은 본래 장군의 치적이다〉, 난 평정한 뒤 공 돌아옴 다시 그 누구인가?〈장군에겐 그 태평 보이지 않는다〉. 拂牛劍氣洗兵威〈太平本是將軍致〉 定亂歸功更是誰〈不許將軍見太平〉", 『공곡집』 19칙 「평창 評唱」(卍속장117, p.554b10)에 "왕이 천하를 다스림에 반드시 금륜으로 이끈다. 삼천계를 거느리려면 마땅히 보인을 가져야 하리. 귀담아 듣고 말하지 않고 발로 밟아 봉한다. (토사구팽 당한) 한신은 이 뜻 알았을까? 태평 비록 장군이 세우지만, 장군은 그 시절 누리지 못한다. 王四天下 則必御金輪 總三千界 則當提寶印 不須附耳而言 躡足以封 韓信還曉此意麽 太平只許將軍建 不許將軍見太平"라고 하였다. 〔참고문헌〕『景德傳燈錄』, 『楊岐語錄』, 『從容錄』, 『空谷集』.

태평사 太平寺 **1** 경상북도 김천시 봉산면 태화리에 있던 절. 사지(寺址)만 남기고 건물은 영일정씨(迎日鄭氏)의 사당인 태평재(太平齋)의 건축물 부재로 쓰였다. 〔참고문헌〕『文化遺蹟分布地圖 金泉市』(金泉市·大邱大學校博物館, 2003). **2** 전라남도 나주시 노안면 영평리 금성산(錦城山)에 있는 한국불교태고종 사찰. 1947년 나동봉이 초가삼간을 짓고 관리하다가, 1956년에 금명이 꿈속에서 관음보살을 만난 곳을 찾아 땅을 파니 연화대좌와 탑의 상륜부, 지장보살이 나와 창건하였다고 전한다. 현존하는 당우로는 대웅전·요사 등이 있으며, 마애보살좌상이 향토문화유산 제38호로 지정되어 있다. 〔참고문헌〕「나주시고시」 제2013-163호. **3** 충청북도 영동군 매곡면 황악산(黃嶽山)에 있던 절. 『동국여지승람』 권16 충청도 황간현(黃澗縣) 불우에 대평사(大平寺)로 이름과 위치가 전하고 있다. 『범우고』에 황암산(黃岩山)에 있었고 폐사되었다고 하였다. 〔참고문헌〕『東國輿地勝覽』, 『梵宇攷』, 『韓國寺刹全書』 권하 p.1112b15, 『한국사지총람』 권상(문화재청·불교문화재연구소, 2010) p.310. ⇨ 대평사 大平寺

태평암 太平庵 강원도 금강산(金剛山)에 있던 암자. 조선전기 문신 남효온(南孝溫 1454~1492)이 쓴 「금강산기」에 금강산 보문봉 동쪽에 향로봉이 있고, 향로봉의 동쪽에 일곱 개의 큰 봉우리, 그 밑에 태평암 등 일곱 암자가 있다고 전한다. 〔참고문헌〕『韓國寺刹全書』 권하 p.1112b16.

태평흥국사 太平興國寺 **1** 중국 강소성(江蘇省) 남경시(南京市) 외곽의 종산(鍾山)에 있는 절. 육조(六朝) 때 건립할 당시 이름은 도림사(道林寺)였다. 양(梁)대 천감년간(502~519) 지공(誌公)선사가 이곳에서 입적하자 무제(武帝)가 그를 기념하는 탑사(塔寺)를 세우고 개선사(開善寺)라 개명한 뒤로 당시 의학(義學)의 거점이 되었다. 함통년간(860~874) 다시 보공원(寶公院)으로 개명하였다가 송대 980년(태평흥국5) 지금의 이름으로 바꾸었다. 원대 태정년간(1324~1327) 화재로 훼손되어 수충(守忠)선사가 복원하였다. 명대 홍무년간(1368~1397) 초에 효릉(孝陵)을 축조하고자 그 동쪽의 독룡강(獨龍岡)으로 옮겨서 짓고 영곡사(靈谷寺)라는 이름을 받았다. 청대 태평군(太平軍)에 의해 화재를 입었다가 난이 평정된 다음에 다시 건립하였다. 〔참고문헌〕『金陵梵刹志』 권3 「鍾山太平興國寺碑記」(대장경보편29, p.85a11). ⇨ 도림사 道林寺 5, 개선사 開善寺 3 **2** 중국 산서성(山西省) 임분시(臨汾市) 익성현(翼城縣)에 있는 절. 당대 787년(정원3) 건립할 당시의 이름은 경국사(慶國寺)였고 규모도 웅대하였다. 본래 대웅(大雄)·천왕(天王)·남나한(南羅漢)·북나한(北羅漢)·서나한(西羅漢)·화엄(華嚴)·상생(上生)·관음(觀音)·문수(文殊)·자씨(慈氏)·경장(經藏)·종루(鐘樓) 등 12원(院)이 있었고, 홍무년간(1368~1398)에 이곳에 승회사(僧會司)를 설치하였으며, 홍치년간(1488~1505)에 한 번 중수하였는데 지금은 대웅·화엄·경장 등 몇 개의 당우만 남아 있다. 〔참고문헌〕『古今圖書集成選輯』 권108 「太平興國寺」(대장경보편15, p.553c9). **3** 중국 강서성(江西省) 의춘시(宜春市) 원주구(袁州區)에 있는 절. 원래 이름은 서은사(棲隱寺)였다. 대앙산(大仰山) 집운봉(集雲峰) 아래 위치한다. 당말 혜적(慧寂)선사가 창건할 당시의 이름은 앙산선원(仰山禪院)이었다. 오대(五代)대 찾아오는 발길이 너무 많아 오원(五院)으로 나누었다. 송대 977년(태평흥국2) 태종(太宗)의 명에 따라 태평흥국사로 개칭하였다. 〔참고문헌〕『古今圖書集成選輯』 권110 「太平興國寺」(대장경보편15, p.576c20), 『建中靖國續燈錄』 권26(卍속장136, p.358a2). **4** 977년(태평흥국2) 하남성(河南省) 개봉시(開封市)의 고루구(鼓樓區)의 옛 용흥사(龍興寺)를 중건하면서 연호로 개명한 절. 다음 해 다시 태평흥국이라는 사액을 천하의 이름 없는 절에 하사하였다. 예를 들면, 강서성(江西省) 원주(袁州)·산서성(山西省) 평양부(平陽府)·태원부(太原府) 오대산(五臺山)·강소성(江蘇省) 종산(鍾山)·하북성(河北省) 개주(開州)·하남성(河南省) 개봉부(開封府) 중모현(中牟縣)·하남성(河南省) 개봉부(開封府) 위씨현(尉氏縣) 등지에 모두 태평흥국사가 있었다. 수도 개봉(開封)의 태평흥국사에 역경원(譯經院 : 傳法院)을 짓고 천식재(天息災)·시호(施護)·법천(法天) 등을 경전 한역에 종사하도록 초빙하였다. 그 뒤 다시 인경원(印經院)에서 경전의 판을 새기고 인쇄하여 유포하는 일에 종사한다. 송대 1119년(선화1) 쇠퇴하여 지금은 남아 있지 않다. 〔참고문헌〕『佛祖統紀』 권46(대정장49, p.421b25), 『釋氏稽古略』 권4(대정장49, p.861b4), 『參天台五台山記』 권8(대장경보편32, p.414b24). **5** 중국 산서성 흔주시(忻州市) 오대산 누관곡(樓觀谷)에 있는 절. 본래 이름은 백록사(白鹿寺)다. 사문 예견(睿見)이 주석하면서 엄정하게 계율을 지키는 면모에 도속이 귀의하였고, 송 태조(太宗)가 그 도행을 듣고 칙령으로 절을 확장하도록 하여 거대한 절이 되었다. 〔참고문헌〕『參天台五台山記』 권5(대장경보편32, p.381b24).

태학사 泰鶴寺 충청남도 천안시 동남구 풍세면 삼태리 태화산(泰華山)에 있는 절. 홍덕왕(興德王 재위 826~836)대에 진산(珍山)이 창건하여 해선암(海仙庵)이라고 불렀다고 한다. 1930년대 이병희(李炳熙)가 중건하였다. 현존하는 당우로는 대웅전·미륵전·산신각·요사 등이 있으며, 절 뒷산에 보물 제407호인 삼태리마애여래입상이 있다. 〔참고문헌〕 이고운 『名山古刹따라』(운주사, 1982) pp.384~385.

태행산하적 太行山下賊 태행산 아래 들끓는 도적. 조용문답(照用問答)에 대한 수산성념(首山省念)의 착어(著語)이기도 하다. 『인천안목』 권1 「조용문답」(대정장48, p.304b7)에 "〔문〕 무엇이 먼저 비추고 뒤에 쓰인가? 〈수산의 답〉 남악산 꼭대기에 구름이요, 태행산 아래 도적이다. … 〔문〕 무엇이 먼저 쓰고 나중에 비춤인가? 〈수산의 답〉 태행산 아래 도적이요, 남악산 꼭대기에 구름이다. … 〔문〕 무엇이 비추고 씀이 한때인가? 〈수산의 답〉 남악산 꼭대기 구름 거두어들이고, 태행산 아래 도적을 붙잡는다. … 〔문〕 무엇이 비추고 씀에 한 시기 아닌가? 〈수산의 답〉 어제는 개더니 오늘은 비 내린다. 問 如何是先照後用 首山云 南嶽嶺頭雲 太行山下賊 … 如何是先用後照 首山云 太行山下賊 南嶽嶺頭雲 … 如何是照用同時 首山云 收下南嶽嶺頭雲 捉得太行山下賊 … 如何是照用不同時 首山云 昨日晴今日雨", 『남원혜옹어요』(고존숙어록7, 卍속장118, p.237b14)에 " '남종과 북조는 어떻게 드러내는지요?' '남악산 꼭대기 구름이요, 태행산 아래 도적이다'. 問 南宗北祖 如何顯示 師云 大庾嶺頭雲 太行山下賊"라고 하였다. 〔참고문헌〕『人天眼目』, 『南院慧顒語要』.

태허 太虛 **1** 큰 하늘. 『출요경』 권26(대정장4, p.748a13)에 "아득히 어두운 태허 길이 쉬어 일어날 일 없다 하니, 지자의 그리움일지언정 어리석은 이의 익힌 바는 아니니다. 冥然太虛 永息不起 智者之所慕 非愚之所習",

『대보적경』 권39(대정장11, p.227b28)에 "또한 사리자야! 보리의 자성은 태허와 같다. 태허의 성에 등부등 없듯이 보리도 그러하여 고름도 고르지 못함도 없다. 오히려 모든 법성에 참되고 실함마저 없으니, 등이니 부등이니 어떻게도 말할 수 없다. 復次 舍利子 菩提之性 與太虛等 然太虛性 無等不等 菩提亦爾 無等不等 猶如諸法性無眞實 不可說等 及不平等", 『대승지인경』 권5(대정장15, p.487b9)에 "열반본성은 모두 위없이 고르고 한결같아서 막힘없이 트여 태허와 같이 가이 없다. 涅槃本性皆平等 廓如太虛無邊際", 『지관보행전홍결』 권1(대정장46, p.157b11)에 "고요한 뜻은 걸림 없어 저 태허와 같다. 寂理無礙 猶如太虛", 『약명반야말후일송찬술』(대정장40, p.783b21)에 "백태로 비유한다. 백태로써 경에 원래 허망한 집착 없음을 비유함은 '태허에 본래 가릴 것 없고 깨끗한 거울 바탕 티끌마저 없건만은, 다만 백태 낀 눈으로 마침내 허공 꽃을 보게 하네'. 喩瞖 以瞖喩境元無妄執 太虛本無障 淨境性亡瑕 但由瞖眼力 遂使見空花", 『원오어록』 권20(대정장47, p.809a19)에 "크게 빈 저 태허 누구에 의지해 깨닫는다 하는가? 몸 뒤쳐 등 치는 참 사자로다. 저 높은 곳도 저 낮은 곳도 사무쳐 막을 길이 없네. 천 갈래 봉우리 솟구쳐 한 구절 끊어내네. 원오의 그 끝에서 관문 겨우 여니 풍랑치는 큰 바다에 큰 걸음 내딛을 뿐. 太虛寥廓憑誰悟 翻身背擲眞師子 透頂透底沒遮攔 千峯峭絶轟一句 略開圓悟上頭關 浮幢刹海闊著步", 『종용록』 권74 「평창 評唱」(대정장48, p.274a24)에 "본다고 하지만 모양새 없이 하늘과 땅 두루 널리 미치고, 듣는다 하지만 소리 없을지라도 소리 가득해 틈새 없이 하며, 구름 비록 뿌리 없어도 크고도 텅빈 하늘에 조각구름 그린다. 바람 비록 빛깔 없이도 대지는 바람 돌려 함께한다. 視之無形 普天匝地 聽之無聲 圓音無間 雲雖無根 太虛爲片雲所點 風雖無色 大地爲風輪所持"라고 하였다. [참고문헌] 『出曜經』, 『大寶積經』, 『大乘智印經』, 『止觀輔行傳弘決』, 『略明般若末後一頌讚述』, 『圜悟語錄』, 『從容錄』. ⇨ 태허공 太虛空 **2** 1889~1947. 중국 근대 스님. 법명은 유심(唯心)이고, 화자(華子)·비화(悲華)·설산노승(雪山老僧)·진운노인(縉雲老人) 등 여러 호로도 부른다. 절강성 숭덕(崇德) 출신으로 속성은 장(張)씨다. 16세에 출가하여 18세에 천동사(天童寺) 기선(寄禪) 문하에서 구족계를 받았다. 이후 양인산(楊仁山)의 기원정사(祇洹精舍)에서 배우며, 당시 사조와 문물을 익혔다. 이때 장차 불교를 개혁해야 함을 깨닫고 주창하기 시작하였다. 1911년 신해혁명(辛亥革命)이 일어나고, 이듬해 불교협진회(佛教協進會)를 조직하여 당시 총통 손문(孫文)에게 불교개혁안을 제출하였으나, 뜻하는 바를 이루지 못했다. 이후 교육개혁이 선행해야 한다는 신념에 따라 무창불학원(武昌佛學院)을 필두로 민남불학원(閩南佛學院)·한장교리원(漢藏教理院) 등 가는 곳마다 불학원을 설립하였다. 또 『해조음 海潮音』·『불화보 佛化報』·『불화신청년 佛化新青年』 등 여러 정기물을 간행하여 불법홍포에 힘썼다. 이로써 인순(印順)·축마(竺摩)·법방(法舫) 등 근현대 중국불교를 이끈 용상들이 배출되었다. 이외에도 고아원과 병원·약제창을 설립하는 등 사회사업에도 적극 참여하였다. 주요저작으로는 『정리승가제도론 整理僧伽制度論』·『신적유식관 新的唯識觀』·『진단불교쇠락원인론 震旦佛教衰落原因論』·『법상유식학 法相唯識學』 등이 전한다. **3** 1898~1969. 근대 양주 봉선사(奉先寺) 스님. 3·1독립운동가. 호는 운암(雲巖), 속명은 본관이 철산인 김성숙이다. 1898년(광무2) 3월 10일 평안북도 철산군 서림리에서 태어났다. 1919년 3·1독립운동 때 양주 봉선사 스님들과 함께 양주와 포천지역에서 독립선언서를 배포하다 체포되어 서대문형무소에서 2년간 옥고를 치렀다. 1923년 몇몇 스님들과 함께 북경(北京)으로 망명하여 북경 민국대학에서 정치경제학을 공부한 후 유학생들과 비밀결사대를 조직하여 활동하다가 1944년 대한민국임시정부에 합류하여 국무위원으로 선임되었다. 광복 후에는 임시정부를 대표하여 비상국민대표회의에 참석했으나, 좌우가 대립할 때 좌경인물이라 하여 1961년 5·16군사쿠데타 때 구속되어 9개월의 형량을 살았다. 석방된 후 신한당정무위원을 거쳐 신민당운영위원과 지도위원으로 활동하다가 1969년 서거했다. 장례식은 조계사(曹溪寺)에서 사회장으로 치렀으며 파주 묘소에 매장하였다. 2004년에 건국훈장 독립장이 수여되었고, 같은 해에 비로소 유해를 국립묘지로 옮겨 안장하였다. [참고문헌] 『한국독립운동사』, 『佛教新聞』(2008.4.9). ⇨ 김성숙 金星淑 **4** 근대 스님이자 대한불교관음종을 창종한 스님인 홍선(泓宣 1905~1979)의 법호. ⇨ 홍선 泓宣

태허공 太虛空 Ⓢ ākāśa. 크고도 텅 빈 하늘. 공(空)·반야(般若)·불신(佛身)·진심(眞心) 등의 비유다. 『대반야경』 권400(대정장6, p.1071b15)에 "태허공은 가이없기에 마땅히 알라. 반야바라밀다도 가이없다. … 저 큰 허공이 분별 없기에 마땅히 알라. 반야바라밀다도 분별할 수 없다. 太虛空無邊故 當知 般若波羅蜜多 亦無邊 … 如太虛空 無分別故 當知 般若波羅蜜多 亦無分別", 『대보적경』 권22(대정장11, p.122b4)에 "열반이란 큰 공적은 저 크나큰 허공과 같아서 광대하고 텅 비어 고요하기에 그 중에는 어떤 걸림도 없다. 涅槃大空寂 猶若太虛空 廣大空寂故 於中無罣礙", 『월등삼매경』 권5(대정장15, p.577b21 : *Sam-r.*, p.146)에 "한계 없어 허공같아 헤아릴 수 없다. 부처님 몸도 그와 같으니 저 크나큰 허공과 같다. 無限如虛空 莫能度量者 佛身亦復爾 猶如太虛空 apramāṇaṃ yathākāśaṃ mātuṃ śakya ṃ na kenacit, tathaiva kāyu buddhasya ākāśasa masādṛśaḥ",『능엄경』권4(대정장19, p.120c11)에 "부루나야! 비유컨대 허공 그 바탕에 물상들 있을 리 없지만, 저들 갖가지 상 드러나 빛나도록 거부하지 않는 것 같다. 왜 그런가? 부루나야! 저 큰 허공은 해가 비추즉 밝고, 구름이 덮이면 어두우며, 바람이 불면 움직이고, 개인 즉 맑으며, 기 멈추면 탁하고, 먼지가 쌓이면 흙비 되고, 물이 맑으면 아롱진다. 富樓那 譬如虛空體非群相 而不拒彼諸相發揮 所以者何 富樓那 彼太虛空 日照則明 雲屯則暗 風搖則動 霽澄則清 氣凝則濁 土積成霾 水澄成映",『변중변론술기』권하(대정장44, p.39a13)에 "마치 큰 허공과 같아서 비록 본성은 맑고 넓다. 저 허공과 같아서 물들 때나 청정할 때, 넓게 물들고 크게 깨끗하다. 구름 등이 낄 때 물들었다고 하며, 구름 등이 없을 때 청정하다 한다. 법계도 그와 같아서 본성은 아니다. 如太虛空 雖本性淨廣 如虛空喩 而有雜染 及清淨時 廣有染淨 如虛空中 有雲等時 名爲有染 無雲等時 名爲清淨 法界亦爾 非本性",『진심직설』「진심묘체 眞心妙體」(한불전4, p.716c20)에 "(진심) 큰 허공과 같아서 모든 곳에 두루하고 그 미묘한 체 한껏 고요하여 모든 희론을 끊었다. 생멸하지도 않으며, 있음도 없음도 아니며, 움직이지도 흔들리지도 않아 고요히 그렇게 항상 머문다. 如太虛空 遍一切處 妙體凝寂 絶諸戲論 不生不滅 非有非無 不動不搖 湛然常住"라고 하였다. [참고문헌]『大般若經』,『大寶積經』,『月燈三昧經』,『楞嚴經』,『辯中邊論述記』,『眞心直說』, *Sam-r.* ⇨ 허공 虛空

태허당경일대사행장 太虛堂敬一大師行狀　조선후기 스님 태허경일(1636~1695)의 행장을 기록한 글. 1711년(숙종37)에 제자인 반운도인(伴雲道人) 자감(慈鑑)이 지었으며,『동계집』「부록 附錄」(한불전12, p.229a8~c8)에 전한다. [참고문헌]『東溪集』. ⇨ 경일 敬一

태허암 駄虛庵　평안북도 초산군에 있던 암자.『범우고』에 군(郡) 동남쪽 140리에 위치한다고 하였다. [참고문헌]『梵宇攷』,『韓國寺刹全書』권하 p.1114a3,『北韓寺刹研究』(한국불교종단협의회, 1993) p.644.

태헌 太軒　?~1677. 호는 함월(涵月).『사명당지파근원록』(한불전10, p.136a2)에는 사명유정(四溟惟政 1544~1610)의 제자 송월응상(松月應祥 1572~1645)의 법사 허백명조(虛白明照 1593~1661)의 제자라고 하였다. 설암추붕(雪巖秋鵬 1651~1706)의『설암잡저』권3(한불전9, p.307c15・p.309b21) 시문삼(詩文三)에「함월당〈태헌〉대상소 涵月堂〈太軒〉大祥疏」두 편과「천함월당태헌소 薦涵月堂太軒疏」가 전한다.「함월당〈태헌〉대상소」에는 "순안현 북쪽에 있는 홍법산 청련사에서 재자 모는 삼가 망사 모의 영가를 위하여 대상재를 베푼다. … 강희 18년(1679・숙종5) 기미 운운. 順安縣北距法弘山青蓮社 齋者某 伏爲亡師某靈駕 第當大祥之齋 … 維康熙十八年歲已未云云"라고 하였다. [참고문헌]『四溟堂枝派根源錄』,『雪巖雜著』.

태헌 太憲　조선후기 스님. 호는 중화자(中華子). 1883년(고종20) 해인사(海印寺)에서 판각한『육조단경』말(末)의「고자간발 古者刊跋」에 따르면 1703년(숙종29) 8월『육조단경』을 판각할 때 발문(跋文)을 지은 스님이다. [참고문헌]『六祖壇經』(海印寺, 1883).

태현 太賢　신라 유가종(瑜伽宗) 스님인 대현(大賢)의 다른 이름. [참고문헌]『梵網經古迹記』권1(대정장40, p.689b12・한불전3, p.418c4). ⇨ 대현 大賢

태현 台現　1824~1902. 호는 함명(涵溟). 장성 백양사(白羊寺) 스님.『동사열전』권5「함명강백전 涵溟講伯傳」(한불전10, p.1059b17)에는 이름이 태현(師名台現)이라 하였으나, 순천 송광사에 있는 스님의 비문에 따르면 "휘는 태선이고, 호는 함명이다. 師諱太先 涵溟號也"라고 하였다. [참고문헌]『東師列傳』,『朝鮮佛教通史』권상 pp.614~616, 智冠『韓國高僧碑文總集 朝鮮朝・近現代』pp.774~776. ⇨ 태선 太先

태호 太湖　1564~1652. 호는 호연(浩然), 속성은 장(張)씨, 본관은 금성(錦城). 어머니는 한씨(韓氏)부인이다. 어느 날 밤 꿈에 신인(神人)이 나타나 꿇어 앉아 오색이 영롱한 구슬을 드리면서 어머님의 몸에 의탁하기를 원한다는 태몽을 꾼 다음, 1564년(명종19)에 태어났다.『서역중화해동불조원류』「금상어제태고비각현판 今上御製太古碑閣懸板」(한불전10, p.121c24)에 "15세 때 천관산 일종선사에게 머리를 깎았다. 30세에 속리산에 들어가 정관의 법을 이었다. 十五就天冠山一宗禪師落髮 三十轉入俗離 依靜觀得法"라고 하였다. 1588년(선조21) 20세 때 묘향산으로 가서 청허휴정(清虛休靜)을 친견하여 법문을 들었고, 1594년(선조27) 30세 때 속리산으로 찾아가 정관일선(靜觀一禪)을 처음으로 배알하였으며, 1609년(광해군1)에는 마지막으로 지리산으로 가서 부휴선수(浮休善修)를 만나 뵙고 서래밀지(西來密旨)를 거량하고 나니 '만법이 모두 공하고 장애 번뇌 훨출히 통달 萬法俱空 障惱褰除'하고는 다음과 같은 탄사(歎詞)를 읊었으니 '날마다 일천게 번역한다 하더라도 육시로 마음 거두는만 같지 못하나니, 이 마음을 버리고 온갖 경 구하려 한다면 나귀해 당해서야 부처되리라. 日翻千偈 不如六時攝心 舍是心而求諸經 是當驢年得佛'라고 하였다. 임제정맥을 계승한 후 제방으로 행각하다가 지리산 연곡사(燕谷寺)의 조실로 있으면서 후학을 지도하였다. 1641년(인조19) 78세 때 전라남도 광양군 옥룡면 백계산의 도선(道詵)국사가 주석하던 유허에 난야(蘭若)를 창건했다. 1652년(효종3) 3월 세수 89세를 일기로 입적하였다. 이민구(李敏求 1589~1670)가 비문을 지어서 세운 스님의 행적비가 나주 쌍계사(雙溪寺)에 있다. 〔참고문헌〕『西域中華海東佛祖源流』,『東州集』권7(韓國文集叢刊94, pp.387~388),「羅州雙溪寺浩然堂太湖法師碑文」(智冠『韓國高僧碑文總集 朝鮮朝·近現代』pp.146~147).

태호 泰鎬 1920~1986. 근대 비구니계의 대표적인 스님. 호는 대은(大隱). 1920년 경상남도 합천군 가야면 치인리에서 태어났다. 1924년 5세 때 해인사(海印寺) 산내 암자인 삼선암(三仙庵)으로 가서 성문(性文)을 은사로 하여 스님이 되었다. 1970년 대구지방 비구니 영산회(靈山會)를 조직하고 그 회장직을 맡아 입적할 때까지 그 자리에 있었으며, 1985년에 결성된 전국비구니회의 이사장도 맡아 비구니교육과 비구니 지위향상에 온 힘을 기울였다. 1986년 6월 25일 대구시 수성구 대원사(大願寺)에서 세수 67, 법랍 62세를 일기로 입적하였다. 〔참고문헌〕『佛教新聞』(1986.6).

태호세관 太湖世觀 조선후기 스님. 『동사열전』권4「수룡강사전 袖龍講師傳」(한불전10, p.1036c18)에 "법명은 색성이고 호는 수룡이다. … 어려서 연파를 따라 보살이 되는 바를 배웠다. … 문인으로는 서주의수·철선혜즙·태호세관이 있다. 師名賾性 號袖龍 … 少從蓮坡 藏大士學 … 門人 犀舟懿修鐵船惠楫太湖世觀"라고 하였다. 〔참고문헌〕『東師列傳』.

태화사 太和寺 울산광역시 중구 태화동 태화강에 있던 절. 대화사(大和寺)라고도 불렸다. 자장(慈藏)이 가져온 사리를 황룡사 등과 함께 나누어 봉안하였던 절인데, 고려시대에 들어서는 절의 누각만이 남아 대화루(大和樓)라고 하였다. 『동국여지승람』권22 경상도 울산군 누정(樓亭)의 대화루에는 고려시대 김극기(金克己)의 시를 인용하여 자장이 중국에서 귀국하다가 사포(絲浦)에서 쉬면서 지은 절이라고 서술하였다. 고려의 성종(成宗 재위 981~997)은 997년(성종16)에 경주에 행차했다가 대화루를 직접 방문하기도 하였다. 사지(寺址)에서 발견된 십이지상사리탑이 보물 제441호로 지정되어 있다. 『삼국유사』권3(대정장49, p.968b12·한불전6, p.281a1) 탑상(塔像)4 전후소장사리(前後所將舍利)에 "선덕왕대 정관 17년(643) 계묘년에 자장법사가 부처님의 머리뼈와 어금니, 불사리 100과, 부처님이 입으시던 비라금점가사 한 벌을 가져왔다. 그 사리를 삼분하였다. … 그 일분을 태화사의 탑에 두었다. 善德王代 貞觀十七年癸卯 慈藏法師所將佛頭骨佛牙佛舍利百粒佛所著緋羅金點袈裟一領 其舍利分爲三 … 一分在太和塔", 권근(權近 1352~1409)의 『양촌집』권13「대화루기 大和樓記」에 "신라 때에 처음으로 북쪽 벼랑 위에 절을 세워 대화사라고 하였고 서쪽과 남쪽에 누각을 세웠다. 新羅之時 始置寺于北崖之上 曰大和 西南起樓"라고 하였다. 『범우고 梵宇攷』나 『여지도서 輿地圖書』의 기록으로 미루어 18세기 이전에 폐사된 것으로 보인다. 〔참고문헌〕『三國遺事』,『高麗史』,『陽村集』,『東國輿地勝覽』,『梵宇攷』,『韓國寺刹全書』권하 p.1112b17. ⇨ 대화사 大和寺, 자장 慈藏

태화사 太華寺 경상북도 상주시에 있던 절. 당시에는 경주시 기계현(杞溪縣)에 있었으며, 『동경잡기』에는 현(縣)의 북쪽 20리에 위치했다고 하였다. 〔참고문헌〕『東京雜記』,『韓國寺刹全書』권하 p.1112b18.

태화사지십이지상부도 太和寺址十二支像浮屠 울산광역시 남구 두왕로 울산박물관내에 보관중인 신라시대 사리탑. 보물 제441호. 높이 110cm. 1962년 5월 11일 울산 중구 태화동 반탕골 산비탈에 매몰되어 있었으나 주민에 의해 발굴되었다. 탑이 발견된 장소는 태화사 터로 알려졌다. 탑은 발견 직후 당시 경남도청이 있었던 부산으로 옮겨졌다가 도청이 창원으로 옮겨감에 따라 울산 학성공원내에 보관 후 2011년 울산박물관의 개관에 맞춰 이건하여 보존하고 있다. 이 사리탑은 우리나라에 남아 있는 석종형탑으로는 가장 오래된 것으로 표면에 십이지상을 새기고 감실을 마련했다. 탑의 크기는 1m 정도로 인도에서 중국에 이르기까지 널리 유행한 봉헌탑(奉獻塔)의 형식이다. 현재 파손된 방형 기단부 위에 놓여 있으나 원래 기단은 아닌 것으로 추정된다. 탑은 종형으로 바닥에 최대 지름이 있고 위로 갈수록 좁아져 상부가 뾰족하게 돌출되었다. 탑의 중상단 한 쪽면에

폭 27cm·높이 30cm·깊이 29cm로 감실형의 공간을 만들었다. 또한 감실의 외측으로는 낙수를 방지하기 위한 배수구가 있고, 감실 내부로는 거칠게 다듬은 정의 흔적이 남아 있다. 감실 아래로는 탑의 중하단을 돌아가며 십이지상을 조각하였는데, 오상(午像:말)과 반대편 자상(子像:쥐)을 중심으로 시계방향으로 배치하였다. 십이지상의 크기는 46~48cm 정도이며 각각 13~15cm의 간격을 두었다. 전체적으로 마모가 심하여 정확한 얼굴과 자세를 파

악하기 어렵지만 상반신은 모두 나신이며 합장 혹은 한 손을 들거나 지물을 들고 있는 등 다양하다. 비록 작은 상들이지만 어깨선을 둥글게 표현하고 허리선도 가늘고 부드럽게 표현하여 부피감을 더했다. 종형 봉헌탑은 인도에서부터 서역을 거쳐 유행하였다. 태화사지사리탑 역시 이들과 모습이 같다. 특히 능묘조각에 등장하는 십이지상을 사리탑에 새긴 것은 드문 예다. 원래 기단부에 새겨진 안상 조각에 의거하여 통일신라말인 9세기로 보기도 하였으나, 최근 자장율사가 통도사 금강계단과 함께 건립한 '계단형불탑'으로 보는 견해도 있어 우리나라 석조미술사에서 매우 귀중한 자료로 평가한다. [참고문헌] 정영호 『신라 석조부도 연구』(신흥사, 1974), 정영호 『한국의 석조미술』(서울대출판부, 1998), 『울산박물관 특선유물 I』-역사편(울산박물관, 2015). ⇨ 태화사 太和寺

태화십삼년명석불상 太和十三年銘石佛像　중국 북위(北魏)에서 489년(태화13)에 조성된 석불상. 울산시 삼동면 직동리에서 출토되었다. 명문을 통해 태화 13년에 칠세선망부모(七世先亡父母)의 극락왕생과 일체중생의 일시성불(一時成佛)을 발원하여 조성된 석불임을 확인할 수 있으나, 조성 발원자의 이름은 연멸되어 알 수 없다. 이 불상은 고구려를 통해 신라에 전해진 것으로, 당시 신라에 불교를 전해준 고구려 불교의 족적을 확인할 수 있는 자료 중 하나이다. 현재 부산 동아대학교박물관에 봉안되어 있다. [참고문헌] 『韓國金石全文』 古代 p.17.

태화십삼년명석불상 탁본

태화칠년명자복사반자 泰和七年銘資福寺鉡子　1207년(희종3) 양근 봉일향 자복사에서 조성한 고려시대 반자. 표면지름 32.2cm·측면너비 6.8cm의 크기로 경희대박물관 소장이다. 전면의 중심 당좌(撞座)에는 연자방(蓮子房)이 있는 18겹 연꽃을 표현하였고 내외 구역에 당초넝쿨 모양의 유운문(流雲文)을 쌍구식(雙鉤式)으로 나타냈다. 측면에는 세로 2행에 64자의 명문이 있으니, "임금의 목숨 하늘처럼 길어지고 이웃 병사들도 길이 쉬며 스승님 아프지 않고 오래 계시고, 돌아가신 부모와 법계중생들 깨끗한 계에 가기를 원하옵니다. 양근 봉일향 자복사반자 6중10근. 조성공덕자 태화 7년 정묘 2월일 현화사 대사 대공. 聖壽天長 隣兵永息 師尊無疾長存 先亡父母及法界衆生 往淨界之愿 陽根奉日鄕資福寺鉡子 六重十斤 造成功德者 時泰和七年丁卯二月日 玄化寺大師大公"라고 하였다. [참고문헌] 『韓國의 美』 권23 金屬工藝(中央日報社, 1995) p.58.

태흘 泰屹　1710~1793. 조선후기 스님. 자는 무등(無等), 호는 천봉(天峰). 속성은 김(金)씨, 본관은 서흥(瑞興). 아버지의 휘는 두필(斗弼), 어머니는 조씨부인(趙氏夫人)이다. 1710년(숙종36) 황해도 서흥에서 태어났다. 1725년(영조1) 16세 때 수안 유덕사(有德寺)로 찾아가 명탁(明琢)을 은사로 하여 스님이 되었고, 이어 도원(道圓)율사로부터 비구계를 받았으며, 1729년(영조5) 20세 때부터 은월우점(隱月雨霑)에게서 경론을 배운 후 전국의 각지를 다니면서 선지식을 친견하고 만년에는 황해도 백천군(白川郡:延白郡) 고려산(高麗山) 호국사(護國寺)로 들어가 학인을 해산하고 참선 정진을 하다가 풍계해숙(楓溪海淑)의 법을 이어 받았으니 풍계는 백월옥혜(白月玉慧)의 제자이므로 청허휴정(淸虛休靜)의 5세 법손인 셈이니 그 계보는 다음과 같다. 편양언기(鞭羊彦機)·풍담의심(楓潭義諶)·청송청해(靑松靑海)·풍계해숙(楓溪海淑)·천봉태흘(天峰泰屹)로 이어진다. 1793년(정조17) 황해도 백천 호국사에서 세수 84세로 입적하였다. 화장 후 사리 64과가 출현하였는데, 환열(幻悅)·묘일(妙一)·낭규(朗奎) 등 제자들이 주선하여 수관거사(水觀居士) 이충익(李忠翊 1774~1816)의 비문을 받아 1797년(정조21)에 세운 비가 도봉산 망월사(望月寺)에 있으며, 사리는 백천 호국사·황해도 신천군 문화(文化)의 구월산 월정사(月精寺)·의정부 도봉산 망월사 등에 탑을 세우고 각각 나누어 봉안하였다. 수법제자에는 환열·묘일·낭규 등 십여 명이 있고, 수계제자로는 수백 명에 달한다. [참고문헌] 「議政府望月寺天峰堂泰屹禪師碑」(智冠 『韓國高僧碑文總集 朝鮮朝·近現代』 pp.532~533), 『朝鮮佛敎通史』 권상 pp.572~574, 『東國輿地勝覽』 권43 白川郡 山川·佛宇, 『東師列傳』(한불전10, pp.115c22~116a5).

태흠 泰欽　?~974. 송대 법안종(法眼宗) 스님. 위부(魏府:河北省) 출신. 법안문익(法眼文益) 문하에서 참선하였다. 본래 홍주(洪州:江西省) 쌍림원(雙林院)에 주석하다가 그 뒤 금릉(金陵) 청량산(淸涼山)으로 옮겼다. 운거도제(雲居道齊)에게 법을 전하였다. 974년(개보7)에 입적하였다. 시호는 법등선사(法燈禪師)이다. 금릉법등(金陵法燈)·청량태흠(淸涼泰欽) 등으로 불린다. [참고문헌] 『景德傳燈錄』 권25(대정장51, p.414c4), 『聯燈會要』 권27(卍속장136, p.889b2), 『五燈會元』 권10(卍속장138, p.349b10). ⇨ 법등 法燈 ❹

태흡 泰洽 1899~1989. 근대 스님. 호는 대은(大隱)·소하(素荷), 속성은 김(金)씨. 한국불교를 산중불교로부터 도시불교로, 포교의 황무지에서 대중교화·포교활동에 지평을 열었던 학자며 포교사이다. 1899년(광무3) 경기도 강화에서 태어났고, 1905년(광무9) 9살 때 강원도 철원군 신서면 내산리 보개산 심원사(深源寺)로 가서 계암(桂庵)을 은사로, 청호학밀(晴湖學密)을 계사로 하여 사미계를 받고 스님이 되었다. 1916년 금강산 유점사(楡岾寺)의 조실 동선정의(東宣淨義 1856~1936)에게서 비구계를 받았다. 1918년 속리산 법주사(法住寺) 강원에서 대교과(大敎科)를 졸업하고, 그 해에 일본으로 유학을 가서 동양(東洋)대학 인도철학, 일본(日本)대학 종교학과, 동경제국대학에서 사학을 각각 공부하고, 1928년 귀국한 후 조선불교교무원 초대 중앙포교사로 임명되어 우리나라 불교포교의 새로운 기틀을 다졌다. 1930년 중앙불교 전문학교 교수가 되었다. 예식·승무·범패에도 일가를 이루어 1935년 소인성극단(素人聖劇團)을 조직 활동하였다. 1938년부터 만주 봉천시(奉天市 : 遼寧省 沉陽) 관음사(觀音寺) 주지에, 1945년 8·15광복을 맞아 귀국하여 전주 정혜사(定惠寺)·서산 개심사(開心寺)·용인 화운사(華雲寺) 등에서 강원을 개설하여 학인을 지도하였다. 그리고 『불교시보 佛敎時報』를 창간, 1961년 팔만대장경 번역위원으로 대장경 한글화에도 힘썼다. 1989년 4월 13일 서울시 상도동 사자암에서 세수 91, 법랍 84세를 일기로 입적하였다. 저서는 『신앙의 등불』·『피안의 메아리』·『관음경강화』·『삼세인과』 등이 있다. 〔참고문헌〕『佛敎新聞』(1984.4.19).

택 擇 Ⓢ pratisaṃkhyā, pravicaya, Ⓣ so-sor-brtags-pa, rab-tu-rnam-par-'byed-pa. 가려 골라내다. 간택(簡擇). 『구사론』 권1(대정장29, p.1c17 : *Abh-k-bh.*, p.4)에 "택은 간택이니 곧 혜의 차별이다. 각각 따로 사성제를 간택하기 때문이다. 간택의 힘으로 얻은 멸을 택멸이라 이름한다. 擇謂簡擇 卽慧差別 各別簡擇 四聖諦故 擇力所得滅 名爲擇滅 duḥkhādīnām-āryasatyānāṃ pratisaṃkhyānaṃ pratisaṃkhyā prajñā-viśeṣastena prāpyo nirodhaḥ. pratisaṃkhyā-nirodhaḥ", 『구사론소』 권1(대정장41, p.470c3)에 "맺어 끊음을 지라 하고, 미뤄 헤아림을 견이라 하며, 법을 가려냄을 혜라 하니 간택이 바로 이것이며, 혜의 차별한 공능을 이름으로 삼았다. 팔인지 등으로 각각 따로 사제를 간택하기에 택이라 이름하였다. 決斷名智 推度名見 擇法名慧 簡擇卽是 慧之差別功能名也 以八忍智等 各別簡擇四諦故 名爲擇也", 『대승장엄경론』 권4(대정장31, p.609c14 : *Sūtr.*, p.54)에 "아비담을 세움은 혜학을 이루기 위해서였으니, 전도 없는 뜻을 이로써 능히 가려낼 수 있기 때문이다. 立阿毘曇者 爲成慧學 不顚倒義 此能擇故 adhiprajñā-saṃpādana-abhidharmeṇa-aviparīta-artha-pravicayāt"라고 하였다. 〔참고문헌〕『俱舍論』, 『俱舍論疏』, 『大乘莊嚴經論』, *Abh-k-bh.*, *Sūtr.* ⇨ 간택 簡擇, 사택력 思擇力, 택멸 擇滅

택각분 擇覺分 Ⓢ dharma-pravicaya-saṃbodhyaṅga, Ⓟ dhamma-vicaya-sambojjhaṅga. 칠각분(七覺分 Ⓟ satta bojjhaṅgā) 중 첫 번째 분. 모든 법을 가려 아는 지혜. 『대방등대집경』 권26(대정장13, p.179c15)에 "취하지도 버리지도 않는 사마타를 택각분이라 한다. … 일체법의 자구의 뜻을 분별함이 택각분이다. 不取不捨 奢摩他 名擇覺分 … 分別一切法字句義 名擇覺分", 『정심계관법』 권하(대정장45, p.827c1)에 "비록 삼계공 관하고 악을 가려내 선 반드시 돌아가게 할지라도, 각분을 가려 수행하여야 번뇌를 여의고 시비를 가릴 수 있다. 雖觀三界空 擇惡善須歸 修行擇覺分 離垢識是非", 『마하지관』 권5상(대정장46, p.58b2)에 "마땅히 관을 설하여 도리를 헤아려서 찾도록 한다. 칠각지중에 택각분이 있고, 팔정도중에 정견이 있으며, 육바라밀 중에는 반야가 있다. 법문 중에 주가 되어 이끌고, 끝내 부처가 되고 정각을 성취하며, 크게 깨닫고 빠짐없이 아는 변각에 이르기까지 모두 관혜를 달리 부름이다. 當爲說觀 推尋道理 七覺中有擇覺分 八正中有正見 六度中有般若 於法門中 爲主爲導 乃至成佛正覺 大覺遍覺 皆是觀慧異名"라고 하였다. 〔참고문헌〕『大方等大集經』, 『淨心戒觀法』, 『摩訶止觀』, *Abh-k-bh.214.*, *AN.5.211.* ⇨ 칠각분 七覺分, 택법각지 擇法覺支

택력 擇力 Ⓟ paṭisaṅkhāna-bala. 가려내는 힘. 가려내 끊거나 버려 벗어나게 하는 힘으로 사택력(思擇力)이라고도 한다. 『대비바사론』 권31(대정장27, p.161a26)에 "비택멸이란 택력으로 해탈할 수 없는 것이니 돌림병·천재지변과 근심걱정과 같은 갖가지 험한 일과 세간살이의 괴로움 등은 탐욕을 조복한다 해서 끊고 넘어설 수 있는 것이 아니다. 非擇滅者 不由擇力解脫 疫癘災横愁惱 種種魔事 行世苦法 非於貪欲 調伏斷越", 『지관보행전홍결』 권5(대정장46, p.316b1)에 "법을 가려내는 힘으로 얻어낸 멸을 택멸이라 한다. 택은 끊어내는 지혜를 말한다. 헤아려 건너 하여금 사라지게 하므로 택멸이라 한다. 擇力所得滅 名爲擇滅 擇謂斷智 推度令滅 故名擇滅"라고 하였다. 〔참고문헌〕『大毘婆沙論』, 『止觀輔行傳弘決』, 『俱舍論』 권1(대정장29, p.1c17), *AN.1.52.*, *Paṭis.Ⅱ.169.* ⇨ 사택력 思擇力, 수력 數力

택멸 擇滅 Ⓢ pratisaṃkhyā-nirodha, Ⓟ paṭisaṃkhā-nirodha, Ⓣ so-sor-brtags-pa'i-'gog-pa. 가려

사라지게 하다. 이멸(二滅) 중 하나이고, 또 무위법(無爲法)으로서 삼무위(三無爲) 또는 육무위(六無爲) 중 하나다. 지혜의 선별적 판단력(簡擇力)으로 번뇌를 끊어 얻는 적정으로 택멸무위(擇滅無爲)라고도 한다. 열반(涅槃)의 다른 이름이다. 설일체유부에서는 유루법 각각을 간택해서 얻는 복수의 택멸을 인정하지만, 대승에서는 하나의 진여에 가립한 단수의 택멸을 주장한다. 구역으로는 수멸(數滅)·수연멸(數緣滅)·수연진(數緣盡)·지연멸(智緣滅)이 있다. 『대비바사론』 권7(대정장27, p.34c5)에 "온갖 유루법의 과분은 고제이고, 인분인즉 집제이며, 택멸은 그대로 멸제다. 謂有漏法果分卽苦諦 因分卽集諦 擇滅卽滅諦", 『구사론』 권1(대정장29, p.1c15 : *Abh-k-bh.*, p.3)에 "택멸은 얽힘을 떠나는 이계(離繫 Ⓢ visaṃyoga)를 자성으로 하는 것으로서, 모든 유루법이 계박을 멀리 여의어 해탈을 증득함을 택멸이라 한다. '택'은 가려 택하는 뜻으로 혜의 차별이다. 사성제를 따로 가려 택하기 때문이다. 이 가려내는 힘으로써 얻은 멸을 택멸이라고 하는 것이다. 마치 소가 멍에진 수레(牛所駕車牛車)를 소수레(牛車)라고 부르는 것과 같다. 가운데 말을 생략해서 이처럼 말하는 것이다. 일체유루법들은 하나같이 택해 사라지게 할 수 있는가? 그렇지 않다. 왜 그러한가? 계박하는 번뇌(繫事)에 따라 다르다. 계박하는 번뇌의 양만큼 계박을 여의는 일(離繫事)의 양도 역시 그렇다. 擇滅卽以離繫爲性 諸有漏法遠離繫縛證得解脫 名爲擇滅 擇謂簡擇卽慧差別 各別簡擇四聖諦故 擇力所得滅名爲擇滅 如牛所駕車名曰牛車 略去中言故作是說 一切有漏法同一擇滅耶 不爾 云何隨繫事別 謂隨繫事量 離繫事亦爾 〈kārikā〉 pratisaṃkhyānirodho yo visaṃyogaḥ. 〈bhāṣya〉 yaḥ sāsravairdharmairvisaṃyogaḥ sa pratisaṃkhyānirodhaḥ. duḥkhādīnāmāryasatyānāṃ pratisaṃkhyānaṃ pratisaṃkhyā prajñāviśeṣastena prāpyo nirodhaḥ. pratisaṃkhyānirodhaḥ. madhyapadalopāt gorathavat. kiṃ punareka eva sarveṣāṃ sāsravāṇāṃ dharmāṇāṃ pratisaṃkhyānirodhaḥ. netyāha. kiṃ tarhi 〈kārikā〉 pṛthak pṛthak 〈bhāṣya〉 yāvanti hi saṃyogadravyāṇi tāvanti visaṃyogadravyāṇi", 같은 책 권6(대정장29, p.34a16 : *Abh-k-bh.*, p.92)에 "이미 일어난 수면과 생겨난 종자가 사라지는 분위에서 간택력을 말미암아 그 밖의 번뇌가 다시 생겨나지 않게 되는 것을 택멸이라고 하며 … 지혜의 공능에 연유해 수면이 생겨나지 않는 것을 택멸이라 한다. 已起隨眠 生種滅位 由簡擇力 餘不更生 說名擇滅 … 由慧功能 隨眠不生 名爲擇滅 utpannānuśayajanmanirodhaḥ pratisaṃkhyāvalenānyasyānutpādaḥ pratisaṃkhyānirodhaḥ. … anuśayānāmutpattau prajñāyāḥ sāmarthyamato 'sau pratisaṃkhyānirodhaḥ", 『성유식론』 권10(대정장31, p.55c27)에 "무주처열반도 택멸로 거둔다. 진정한 택멸의 힘으로 장애를 사라지게 하기 때문이다. 택멸에는 두 가지가 있다. 첫째는 얽힘을 사라지게 해서 얻는 것(滅縛得)으로서, 생(生)을 불러오는(感) 번뇌를 끊음으로써 얻는다. 둘째는 가린 것을 사라지게 해서 얻는 것(滅障得)으로서, 나머지 장애를 끊음으로써 얻는다. 그러므로 네 가지 원적(Ⓢ parinirvāṇa : 般涅槃)이라 할 수 있는 무위들 중에서 처음 하나는 진여이고, 뒤의 셋은 모두 택멸이다. 부동무위 등 두 가지는 잠시 조복하고 단멸한다는 한에서는 비택멸에 포함되고, 구경에는 멸(滅)인 한에서는 택멸에 포함된다. 無住處亦擇滅攝 由眞擇力滅障得故 擇滅有二 一 滅縛得 謂斷感生煩惱得者 二 滅障得 謂斷餘障而證得者 故四圓寂 諸無爲中 初一卽眞如 後三皆擇滅 不動等二暫伏滅者 非擇滅攝 究竟滅者擇滅所攝", 『성유식론술기』 권2(대정장43, p.291b12)에 "무루혜의 간택력을 말미암기에 온갖 잡염이 사라진다. 잡염이라는 말은 유루법에 통한다. 구경으로 증회하는 것으로서 곧 이 진여를 택멸이라 한다. 혜의 힘에 연유해야지 깨우쳐 만나기 때문이다. 由無漏惠簡擇力故 滅諸雜染 雜染之言 通有漏法 究竟證會 卽此眞如 名爲擇滅 卽由惠力方證會故", 『성유식론요의등』 권7(대정장43, p.809a3)에 "설일체유부논사는, 택멸의 체는 복수로서 유루법에 따라 각기 하나의 택멸이 있기 때문이라고 하고, 대승은 한 가지 진여에 의지해 가립한 것이라고 하며, 경량부는 체는 없다고 한다. 薩婆多師 … 擇滅 … 體有多 隨有漏法 各一擇滅故 大乘依一眞如假立 經部無體"라고 하였다. [참고문헌] 『大毘婆沙論』, 『俱舍論』, 『成唯識論』, 『成唯識論述記』, 『成唯識論了義燈』, *Abh-k-bh.* ⇨ 택멸무위 擇滅無爲, 수연멸 數緣滅, 삼무위 三無爲, 삼종멸 三種滅❶, 육무위 六無爲, 무위법 無爲法, 열반 涅槃, 비택멸무위 非擇滅無爲

택멸무위 擇滅無爲 Ⓢ pratisaṃkhyā-nirodha-asaṃskṛta, visaṃyoga. 가려 사라지게 해서 함이 없음. 멸제(滅諦)의 다른 이름이기도 하다. 삼무위(三無爲) 또는 육무위(六無爲) 중 하나로 간택(簡擇)에 의해 증득되는 무위다. 무루혜(無漏慧)의 간택력(簡擇力)에 의해 증득되는 이계(離繫), 즉 번뇌가 사라진 열반(涅槃) 또는 이로써 현현하는 진여(眞如)를 말한다. 『집이문족론』 권6(대정장26, p.392a20)에 "무엇을 괴로움이 사라진 고귀한 진실이라 하는가? 택멸무위라 하니 이 이름이 고멸성제다. 云何苦滅聖諦 答 擇滅無爲 是名苦滅聖諦", 『구사론』 권17(대정장29, p.91a28 : *Abh-k-bh.*, p.255)에 "이계과란 이러한 도의 힘이 번뇌를 끊음으로써 증득한 택멸무위를 말한다. 離繫果者 謂此道力斷惑所證擇滅無爲 visaṃyoga-phalaṃ visaṃyoga eva", 『순정리론』 권57(대정장29, p.658a13)에 "택멸무위를 멸제라 한다. 擇滅無爲 名爲滅諦", 원측(圓測)의 『인왕경소』 권하(대정장33, p.417b4 · 한불전1, p.107a1)에 "〔석〕 두 번째는 택멸무위를 밝힌다. 진여를 반연하여 일체번뇌등상을 멸하고 드러난 진여를 택멸무위라 한다. 여기에는 세 가지 이름이 있다. 첫째는 택멸이니, 체는 곧 지다. '택'이란 가려 얻음이니, 간택에 의해 얻은 멸이기에 택멸이라 한다. 둘째는 수연멸이니 '수'란 혜 심소(慧數)를 말한다. 지혜의 심소로 얻은 멸이기에 수연멸이라 한다. 셋째는 지연멸이니 가린다는 것과 지는 그 뜻으로는 하나다. 釋曰 第二 擇滅無爲 謂緣眞如滅一切煩惱等相 所顯眞如 爲擇滅無爲 此有三名 一者 擇滅體卽是智 擇謂簡擇 擇所得滅 故名擇滅 二 數緣滅 數謂慧數 慧數所得 名數緣滅 三 智緣滅 擇之與智 其義一也", 『약술법상의』 권중(대정장71, p.134a1)에 "택멸무위란 무루혜의 간택력으로 온갖 잡염을 소멸시킨 바로서 곧 이 진여를 택멸이라 한다. 擇滅無爲者 由無漏惠簡擇力故 滅諸雜染 卽此眞如 名爲擇滅"라고 하였다. 〔참고문헌〕 『集異門足論』, 『俱舍論』, 『順正理論』, 『仁王經疏』, 『略述法相義』, *Abh-k-bh.3.* ⇨ 택멸 擇滅, 삼무위 三無爲, 육무위 六無爲, 무위 無爲 ❶, 수멸무위 數滅無爲, 지연멸 智緣滅, 멸제 滅諦, 간택 簡擇

택법 擇法 ❶ Ⓢ dharma-pravicaya, Ⓣ chos-rab-tu-rnam-par-'byed-pa. 제법의 자성을 가리다. 『대승광오온론』(대정장31, p.852a5)에 "택법이란 모든 법에 대해 자상과 공상을 지혜로 가려 택하여 결정해 얻음을 말한다. 擇法者 謂於諸法 自相共相 由慧簡擇 得決定故", 『구사론송소론본』 권1(대정장41, p.818a12)에 "택법은 혜다. 혜는능히 혹을 멸하기에 뛰어난 방편이 된다. 만약 혜를 떠난다면 결정코 모든 혹을 멸하는 뛰어난 방편이 들어설 여지가 없을 것이다. 擇法者 慧也 慧能滅惑 爲勝方便 若離於慧 定無有餘 能滅諸惑 勝方便也"라고 하였다. 〔참고문헌〕 『大乘廣五蘊論』, 『俱舍論頌疏論本』, *Abh-k-bh.2.* ❷ Ⓢ dharma-vicaya. 택법각지(擇法覺支)의 줄임말. 『대승아비달마잡집론』 권10(대정장31, p.740c9 : *Abh-s-bh.*, p.89)에 "택법은 그 스스로 각체에 한 갈래이다. 이는 각의 자상이기 때문이다. 擇法者 是自體支 是覺自相故 dharmavicayaḥ svabhāvāṅgam saṃbodhilakṣaṇatvāt", 『아미타경소초』 권3(卍속장33, p.417b1)에 "(칠각지 중) 첫째, 택법이란 모든 법을 관할 때마다 잘 알아차려 진위를 가려 분별한다는 뜻이다. 一 擇法者 觀諸法時 善能覺了 揀別眞僞故"라고 하였다. 〔참고문헌〕 『大乘阿毘達磨雜集論』, 『阿彌陀經疏鈔』, *Abh-s-bh.* ⇨ 택법각지 擇法覺支

택법각분 擇法覺分 법을 가리고 가져서 깨달음을 성취하는 갈래법. 택법각지(擇法覺支 Ⓢ dharma-pravicaya-saṃbodhyaṅga)를 달리 이르는 말. 『잡아함경』 권27(대정장2, p.191b24)에 "선법을 가림도 있고 불선법을 가려냄도 있다. 저 선법을 가리는 것이 바로 택법각분이니 이는 지이며 등각이어서 능히 뒤쳐 열반으로 나아간다. 저 불선법을 간택함도 택법각분이니 이 또한 지이며 등각이어서 뒤쳐 열반으로 나갈 수 있다. 有擇善法 擇不善法 彼善法擇 卽是擇法覺分 是智是等覺 能轉趣涅槃 彼不善法擇 卽是擇法覺分 是智是等覺 能轉趣涅槃", 『불본행집경』 권6(대정장3, p.681c12)에 "택법각분은 법명문이다. 일체제법을 비춰 밝히기 때문이다. 擇法覺分 是法明門 照明一切諸法故", 『법계차제초문』 권중(대정장46, p.682b19)에 "첫째, 택법각분이다. 지혜로 제법을 관할 때 잘 능히 진위를 간별하는 것이니, 모든 허위법을 그릇되이 취하지 않는다. 그러므로 택법각분이라 이름한다. 一 擇法覺分 智慧觀諸法時 善能簡別眞僞 不謬取諸虛僞法 故名擇法覺分"라고 하였다. 〔참고문헌〕 『雜阿含經』, 『佛本行集經』, 『法界次第初門』, *SN.5.111.* ⇨ 분별각 分別覺, 택법각지 擇法覺支, 택법 擇法 ❷

택법각지 擇法覺支 Ⓢ dharma-pravicaya-saṃbodhyaṅga, Ⓟ dhamma-vicaya-sambojjhaṅga, Ⓣ chos-rnam-par-'byed-pa-yang-dag-byang-chub-kyi-yan-lag. 칠각지(七覺支) 중 하나로 법을 가려내 깨달음의 갈래로 삼음. 법을 가려 분명히 안 후 사유하여 그 지분만큼 깨달음을 성취하는 뜻이다. 택법각 · 택법각분(擇法覺分) · 법각의(法覺意) · 택법등각지(擇法等覺支) · 법해각(法解覺) 등이라고도 한다. 『잡아함경』 권26(대정장2, p.190c15)에 "염각지를 만족하고 나면 곧 거두고 가려 분별하며 사유할 것이니, 이때 택법각지를 닦아 익힌다. 택법각지를 닦고 나면 택법각지만족이다. 念覺滿足已 則於選擇分別思惟 爾時擇法覺支修習 修擇法覺支已 擇法覺支滿足", 『법승의결정경』 권중(대정장17, p.657a25)에 "무엇이 택법각지인가? 모든 법에 대해서 능히 가려 분별해서 사유하고 의지하며 욕을 여의어 의지하며, 적멸에 의지하여 다투어 논함마저 거두어 조복함이다. 云何擇法覺支 謂於諸法 而能揀擇 思惟依止 離欲依止 寂滅依止 攝伏諍論故", 『대승부사의신통경계경』 권하(대정장17, p.929c1)에 "만약 보살이 모든 법에서 갖가지 상을 구하다가 얻을 수 없음을 깨우치면 모든 선법이 진실 그대로 드러난다. 이를 택법각지라 한다. 若菩薩 於一切法 求種種相 了不可得 記諸善法 如實出生 是名擇法覺支", 『중사분아비담론』 권5(대정장26, p.652b26)에 "무엇이 택법각지인가? 지혜롭고 성스러운 제자들은 고를 고라고 사유하고, 집을 집으로 사유하며, 멸을 멸이라고 사유하고, 도를 도라고 사유해야 하니, 무루의 뜻으로 사유하여 상응하면, 법에 있어 가려 거두고 주어 거둔다. 가린 법들끼리나 가지런히 다 결정상이어서, 지혜롭게 깨달아 총명하고 지혜롭게 행하여 관찰하니 이 이름이 택법각지다. 云何擇法覺支 謂賢聖弟子 於苦思惟苦 於集思惟集 於滅思惟滅 於道思惟道 無漏意思惟相應 於法簡擇選擇 擇相等擇相 決定相 慧覺聰明 慧行觀察 是名擇法覺支", 『대비바사론』 권141(대정장27, p.724a10)에 "각지 중 택법각지와 도지 중 정견을 둘로 나누는데 유루와 무루가 그것이다. 셋으로 나누기도 하는데 상중하이고, 혹은 넷으로 나누는데 삼계에 얽힘과 얽히지 않음이 그것이며, 다섯으로 나눌 때는 삼계에 얽힘과 유학·무학이다. 나아가 부단히 이어지는 찰나마다 차별지어 분별한다면 한량이 없다. 覺支中擇法覺支 道支中正見 或分爲二 謂有漏無漏 或分爲三 謂下中上 或分爲四 謂三界繫及不繫 或分爲五 謂三界繫 及學無學 乃至若以相續刹那 差別分別 則有無量"라고 하였다. ［참고문헌］『雜阿含經』, 『法乘義決定經』, 『大乘不思議神通境界經』, 『衆事分阿毘曇論』, 『大毘婆沙論』, *Abh-k-bh. 383·384., SN.5.66.* ⇨ 택법 擇法[2], 택법각분 擇法覺分, 법각의 法覺意, 법분별관 法分別觀, 법해각 法解覺, 분별각 分別覺, 칠각지 七覺支

택법안 擇法眼 법을 가리는 눈. 『위산어록』(대정장47, p.578b12)에 "수산이 말했다. '종사라면 반드시 법을 가리는 눈을 갖추어야 한다. 당시 위산이 아니었다면 울타리에 기대고 벽이나 더듬었을 것이다'. 首山云 夫爲宗師 須具擇法眼始得 當時不是潙山 便見扶籬摸壁", 『오조법연어록』(고존숙어록22, 卍속장118, p.441a3)에 "출가한 사람이라면 반드시 출가자의 견 지녀야 한다. 법을 가리는 눈을 갖춰야 비로소 출가라 할 수 있으니 무엇을 택법안이라 할까? 등잔을 부수어라! 마침내 어찌할 것인가? 널판 짊어졌네. 글판 짊어졌네. 夫爲出家之人 須有出家之見 具擇法眼 方爲出家 如何是擇法眼 破燈盞 畢竟如何 擔板 擔板", 『법화전거어요』(고존숙어록26, 卍속장118, p.490a4)에 "배우는 자라면 모름지기 법 가려내는 눈 갖출지니 큰 얼굴만으론 안 된다. 만약 바른 눈동자로 밝다면 모든 것에 걸림이 없어야 한다. 옛 사람이 이르심 보지 못했는가! '한 구에는 반드시 삼현을 갖추고, 하나의 현에는 반드시 삼요를 갖춘다' 하였으니 옛 사람이 이렇도록 한 뜻이 어디에 있을까? 거위왕은 우유만을 가렸으니 그 바탕이 오리 무리는 아니다. 夫參學須具擇法眼 不得顢頇 若得正眼精明 一切無滯 不見古人道 一句語中 須具三玄 一玄中須具三要 古人恁麽道 意在於何 鵞王擇乳 素非鴨類"라고 하였다. ［참고문헌］『潙山語錄』, 『五祖法演語錄』, 『法華全擧語要』.

택성 宅成 1913~1983. 선교(禪敎)를 겸비한 선승(禪僧)이자 불교학자. 호는 탄허(呑虛), 속성은 김씨, 속명은 금택(金鐸). 본관은 경주. 아버지의 휘는 홍규(洪奎)이고 호는 율재(栗齋)이며, 어머니는 탐진(耽津 : 康津) 최(崔)씨 부인이다. 어느 날 어머니 꿈에 학을 탄 백의동자(白衣童子)가 공중에서 날아와 품안으로 들어오는 태몽을 꾼 다음 임신하여 1913년 3월 7일(음력 1월 15일) 전라북도 김제군 만경면 동대리에서 태어났다. 천품(天禀)이 총민하여 무엇이든 한 번 들으면 곧 외웠기에 신동(神童)이라 칭송이 자자했다. 1919년 6세 때부터 아버지에게서 『소학』·『대학』·『논어』·『맹자』 등 유학을 배송(背誦)하며 배웠으며, 1927년 14세 때부터는 기호학파(畿湖學派)의 거유(巨儒)인 면암(勉庵) 최익현(崔益鉉 1833~1906)의 후학인 이극종(李克鐘)선생에게서 육경(六經)과 사서(史書) 및 노장(老莊)을 수학하여 상당한 경지에 올랐다. 그러나 선생은 인간의 주체와 존재가치에 대한 스님의 의심을 풀어주지는 못하였다. 오랫동안 고민하다 마침내 친속을 등지고 사방을 다니며 이름난 학자들과 만나 대화하다가, 오대산 상원사(上院寺) 스님 방한암(方漢巖)의 고명(高名)을 듣고 찾아가 1934년 9월 5일 20세 때 방한암을 은사로 하여 스님이 되었다. 이 때 은사인 한암은 항상 주변의 모든 사람들에게 "탄허는 나에게 있어 마치 부처님의 제자 아난(阿難)과 같으니, 내 무엇을 염려하겠는가!"라고 하였다. 그 후 3년간 상원사 선방에서 묵언(默言)하면서 참선 정진하였다. 1937년 3월 10일 상원사 한암 회하에서 강원도 3본산인 유점사(楡岾寺)·건봉사(乾鳳寺)·월정사(月精寺)의 연합수련소를 제2회로 졸업했다. 같은 해 10월 15일부터 상원사에서 방한암을 모시고 동구불출(洞口不出)하면서 14년간 용맹정진 하였다. 1948년 1월 15일 통현장자(通玄長者)가 지은 『화엄론』을 열람하다가 원돈(圓頓)의 이치를 크게 깨달았다. 1953년 4월 15일부터 오대산 상원사 선방 조실(祖室)로 추대되어 1983년 6월 5일 입적할 때까지 무려 30년 동안 오대산 스님들 및 찾아오는 사부대중(四部大衆)을 지도하였다. 1955년 7월 1일 대한불교조계종 강원도 종무원장(宗務院長)에 취임하였고, 같은 해 8월에는 월정사(月精寺) 수도원 원장에 취임하였으며, 1959년 3월 선종의 핵심사상을 다루는 『육조단경 六祖壇經』을 번역 출간하였고, 1960년에는 고려불교 특히 선종을 중흥시킨 보조(普照)의 법어(法語)를 번역하여 간행유포하였다. 1964년 11월 1일 조계종종립 동국학교부설 선원장을 맡아 학생들의 명상지도를 담당하였다. 1967년 3월 1일 종단 3대사업의 하나인 초대 중앙역경원장(수원 龍珠寺)에 취임하였다. 스님은 불교교리는 물론 동양철학에도 해박하였으니, 1970년 10월 10일에는 일본 동경대학교 동양학세미나에서 『화엄학』을 특강하였고, 1971년 12월 10일에는 대만대학교에서 비교종교(比較宗敎) 심포지엄에서 한국불교특강을 펴는 등 세계적인 석학(碩學)으로 추앙받았다. 1972년 2월

5일 화엄학연구소를 개설하고 친히 소장이 되었다. 1974년에는 1957년부터 번역을 시작한 『화엄론』 60권을 완역하여 출간함으로써 한국불교에 있어 화엄교학을 크게 진작하였다. 1975년 3월 대한불교조계종종립 동국학원 이사(理事)에 선임되었으며, 같은 해 4월 20일에는 서래밀지(西來密旨)를 탐구하여 정혜등지(定慧等持)의 법력(法力)을 갖춤은 물론 『화엄론』 번역을 비롯한 많은 역저(譯著)를 남긴 공로로 제3회 인촌문화상(仁村文化賞)을 받았고, 같은 해 5월에는 역경(譯經)의 공로로 조계종종정상을 수상하였다. 1976년에는 전통강원의 교재인 『서장 書狀』·『선요 禪要』·『도서 都序』·『절요 節要』 등 4집을 번역 출간하였으며, 1977년부터 1년 동안 전국의 강사 및 대교졸업생 1백여 명을 모아 월정사에서 화엄경강회도 가졌다. 1978년 10월 10일부터는 태국 방콕 왓밴자에서 한국불교와 태국불교를 비교특강한 일을 시작으로 인도불교 사대성지를 순례하고 이를 토대로 KBS TV에서 '불교의 원류를 찾아서'를 방영하게 하여 인도에 산재한 불교성지와 남방불교를 한국에 소개하는데 크게 기여하였다. 1979년에는 전통강원의 초등과(初等科 : 沙彌科) 교재인 『초발심자경문 初發心自警文』 등을 번역출간하였으며, 1982년에는 선정(禪定)의 여가에 『주역선해 周易禪解』도 번역간행하였다. 1982년 10월 10일에는 일본 동경에 있는 재미홍법원(在美弘法院) 개원 10주년기념법회의 법주(法主)로 초청받아 한국불교전통을 선양하였으며, 같은 해 10월 15일부터 월정사에 강원을 개설하여 명실 공히 한암대종사(漢巖大宗師)의 부종수교(扶宗樹敎)의 사상을 계승하였다. 1983년에는 『노자도덕경 老子道德經』을 번역하고 출간함으로써 선종(禪宗)과 노장사상과의 비교를 도왔다. 저서로는 『부처님이 계신다면』 1권이 있다. 번역서로는 『신화엄경합론 新華嚴經合論』 47권·『능엄경 楞嚴經』 5권·『금강경 金剛經』 3권·『원각경 圓覺經』 3권·『대승기신론 大乘起信論』 3권·『대혜서장 大慧書狀』 1권·『선원제전집도서 禪源諸詮集都序』 1권·『고봉선요 高峰禪要』 1권·『법집별행록절요병입사기 法集別行錄節要幷入私記』 1권·『초발심자경문』·『치문경훈 緇門警訓』 2권·『육조단경』 1권·『보조법어 普照法語』 1권·『화엄요해 華嚴要解』 1권·『함허원각경소 涵虛圓覺經疏』 1권·『의혹론 疑惑論』 1권·『현정론 顯正論』 1권·『삼교평심론 三敎平心論』 1권 등 75권은 내전(內典)에 속하고, 이 밖에 외전(外典)으로는 『주역선해』 3권·『노자도덕경』 2권 등 무려 80권이나 되는 방대한 전적을 우리말로 번역하였다. 비문(碑文) 찬술로는 「오대산월정사한암대종사비명 五臺山月精寺漢岩大宗師碑銘」·「진주옥천사청담대종사비명 晋州玉泉寺靑潭大宗師碑銘」·「봉국사춘성대종사비명 奉國寺春城大宗師碑銘」·「적조암경산대종사비명 寂照庵京山大宗師碑銘」·「태백산단종대왕비명 太白山端宗大王碑銘」·「속리산법주사금오대종사비명 俗離山法住寺金烏大宗師碑銘」 등을 남겼다. 1983년 6월 5일(음력 4월 24일) 18시 15분(酉時) 월정사 방산굴(方山窟)에서 입적하려는 순간에 시자인 대규(大規)가 묻기를 "스님! 사람이 이 세상에 머무는 일 모두 인연법입니다. 스님의 세연 문득 다하시려 하시니, 청컨대 한말씀 남겨 주십시요"라고 간청하였으나, 스님께서는 "일체는 말이 없다" 하시고 다시 물으시기를 "아직 유시가 되지 않았느냐?" 하니, "지금이 바로 유시입니다"라고 말씀드리자마자 곧바로 조용히 입적하였다. 時有侍者大規 問師云 人之在世 是因緣法也 今師世緣 疑是盡也 請師下一句言 師云 一切無言 又言 時今酉時否 侍者答之酉時 師乃泊然而逝" 세수 71, 법랍 50하(夏)였다. 은법을 겸한 제자는 보경(寶鏡)·만화(萬化)·시은(市隱)·소요(逍遙)·수중(守中)·인보(忍寶)·현수(賢首)·혜거(慧炬)·각수(覺首)·삼지(三智)·삼보(三寶)·현장(玄藏)·현각(賢覺)·포일(包一)·난승(難勝)·부동(不動)·명주(明珠)·환원(還源)·정광(淨光)·삼락(三樂)·삼혜(三慧) 등 21명이고, 손상좌는 현우(玄雨)·현해(玄海)·월면(月面)·현보(玄寶)·법출(法出)·대우(大愚)·현각(玄覺)·원행(遠行)·선혜(善慧)·종오(宗悟)·화광(和光)·현광(玄光)·현오(玄悟)·현기(玄機) 등 50명이다. 각성(覺性)이 비문을 짓고 운포(雲浦) 정병철(丁炳哲)이 써서 1985년에 세운 비가 상원사 동쪽 기슭에 있다. [참고문헌] 「平昌月精寺呑虛堂宅成大宗師碑文」(智冠 『韓國高僧碑文總集 朝鮮朝·近現代』 pp.1328~1331), 『佛教新聞』(1983.6.12).

택시 擇時 작법하기 위한 적절한 때를 가리는 일. 『대일경』 권4(대정장39, p.617c18)에 "경에서 '좋은 날 새벽으로 날을 정하고, 시분과 수요와 제집이 모두 상응하면 공양하기 전에 길상의 상을 둔다'고 한 것은 땅을 선택하는 일로 인하여 시간을 택하는 것을 밝힌 것이다. 법사를 행하는 일은 모두 시의와 계합해야 한다. … 좋은 날 새벽이란 작법하는 날은 백분의 달을 써야 함을 말한다. 그 중 1·3·5·7·13일이 모두 길상이므로 만다라를 만들 수 있다. 또한 매월 8·14·15일이 가장 수승하니 이 날이 되어 항상 염송하면 또한 공을 더할 수 있다. 經云 遇良日晨定日 時分宿直諸執 皆悉相應 於食前時値吉祥相者 因擇地事 便明擇時支分也 凡所爲法事 皆須與時義契合 … 良日晨者 謂作法當用白分月 就中一日三日五日七日十三日皆爲吉祥 堪作漫荼羅 又月八日十四日十五日最勝 至此日常念誦 亦應加功也", "날을 정한다는 것은 인도역법에서 소월(小月)을 통계하면 어떤 날도 가능하다. 만약 소월이 백분(白分) 안에 있는 경우 그 달 15일은 흑분에 속하므로 쓸 수 없다. 또 역법에서 날과 달이 평행하는 도를 통계하면 평삭(平朔)을 행하여 모두 하나는 소월이고 하나는 대월(大月)이 되어야 한다. 날과 달이 평행한 중에 다시 늦음과 빠름이 있으므로 때로는 평행을 넘고 때로는 평행에 미치지 않으니, 그로 인해 삭을 정하거나 하루가 빠르거나 늦은 보름을 정하면 14일이나 16일이 된다. 달의 보름은 바로 둥글게 찰 때를 이름 하여 백분의 15일로 한다. 달의 절반으로 활시위 같은 때를 다시 8일로 한다. 이것을 기준으로 하여 날을 정할 수 있다. 定日者 西方曆法通計 小月合當何日 若小月在白分內者 其月十五日卽屬黑分 不堪用也 又曆法通計 日月平行度 作平朔皆 合一小一大 緣日月於平行中 又更有遲疾 或時過於平行 或時不及平行 所以定朔 或進退一日 定望 或在十四日或在十六日 大抵月望正圓滿時 名爲白分十五日 月正半如弦時 亦爲八日 但以此准約之 卽得定日也", "시분이란 인도역법에서 낮과 밤에 각각 30시가 있고 매 시마다 따로 이름이 있음을 말한다. 낮에는 그림자의 길이로 시를 헤아린다. 모시에 작법을 하는데, 어떤 때는 길하고 어떤 때는 흉하며 어떤 때는 중간이다. 각각의 시분에 모두 상징하는 것이 있다. 時分者 西方曆法晝夜各有三十時一一時別有名號 如晝日卽量影長短計之 某時作事 則吉某時 則凶某時中平 各各皆有像類", "수직이란 이십칠수를 말한다. 하늘을 열두 방위로 나누는데 이 사시의 십이차와 같다. 9족이 있으므로 하늘에는 108족이 있다. 수는 언제나 균등하게 4족을 얻는다. 이것이 바로 달이 하루에 가는 거리이다. 27일이 경과하면 달이 1주천 한다. 역법에 의하여 계산하면 달이 머무르는 수가 바로 그 수직일이다. 宿直者 謂二十七宿也 分周天作十二房 猶如此間十二次 每次有九足 周天凡一百八足 每宿均得四足 卽是月行一日裎 經二十七日 卽月行一周天也 依曆算之 月所在之宿 卽是此宿直日"라고 하였다. 〔참고문헌〕『大日經』.

택식 宅識 아뢰야식(阿賴耶識 Ⓢālaya-vijñāna)의 한 역어 중 하나. 일체유위법의 종자들이 의지해 머물기에 붙여진 이름이다. 『전식론』(대정장31, p.61c11)에 "모든 유위법의 종자가 의지하는 곳이므로 또한 택식이라고도 한다. 一切有爲法種子所依止 亦名宅識", 『대승광백론석론』 권8(대정장30, p.236a13)에 "식이란 모든 존재들의 씨앗이 된다는 뜻은 택식 중에 갖가지로 훈습하여 얻은 모든 업의 습기이니, 무명·유·애가 따르는 대로 늘기에 삼유(欲 色 無色有)의 생사윤회를 감득한다. 식이야말로 의지함이 될 뿐이어서 (모든 유의 종자를) 식이라 한다. 識爲諸有種者 謂宅識中 種種熏成 諸業習氣 無明有愛 所隨增故 能感三有 生死輪迴 識爲所依 故說爲識", 『법화현찬』 권5말(대정장34, p.745b10)에 "세 번째, 집이라 하니, 모든 중생의 이숙본식을 비유한다. 그러므로 본식을 택식이라고도 한다. 마치 세간의 국왕이 사해로 집을 삼아 천하를 밝게 다스리는 일과 같다. 부처님께서도 이와 같이 모든 중생을 당신의 집으로 삼으시니 그 체는 본식이다. 三 宅 喩諸衆生 異熟本識 故說本識 亦爲宅識 如世國王 四海爲家 光宅天下 佛亦如是 以諸衆生 而爲其家 體卽本識", 『대승의장』 권3(대정장44, p.524c28)에 "일곱 번째 이름은 가식 또는 택식이다. 허망한 법이 깃들어 사는 근거지라는 뜻이다. 七名 家識 亦名宅識 是虛妄法所依處故"라고 하였다. 〔참고문헌〕『轉識論』, 『大乘廣百論釋論』, 『法華玄贊』, 『大乘義章』. ⇨ 아뢰야식 阿賴耶識

택신 宅神 Ⓢnaivāsika, Ⓣgnyug-mar-gnas-pa. 집 또는 정해진 공간을 지키는 신. 정법(正法)이나 계체(戒體)를 구족한 스님들을 보호하는 등 불법승 삼보(三寶)를 호지하기도 한다. 『유마경약소수유기』 권9(대정장38, p.831a22)에 "택신이라는 말은 구마라집이 말했다. '허공도 없고 신도 없으니 집주인을 따라 우열이 있기에 신에는 정미롭고 거칢이 있을 뿐이다. 방이 있은 적이 없었기에 보살을 신으로 삼는다'. … 승조가 말했다. '천녀는 법신대사여서 항상 정명과 함께 대승의 부사의도를 널리 알렸기에 드러난 대로 택신을 삼았다'. 言宅神者 羅什云 無空無神 隨宅主有優劣 故神有精麤 未曾有室故 以大士爲神也 … 僧肇云 天女卽法身大士也 常與淨名 共弘大乘 不思議道 故現爲宅神", 『유가사지론』 권22(대정장30, p.406a13 : *Śrāv-bh.*, p.61)에 "또한 그 나머지 계를 갖춘 사부로서의 보특가라(Ⓢśīlavān puruṣapudgalaḥ)가 있다. 모든 도깨비·야차·택신과 사람 아닌 무리가 비록 방편을 쓰거나 틈을 노릴지라도 항상 보호한다. 시라를 갖춘 증상력 때문이다(Ⓢtadeva śīlamadhipatiṃ kṛtvā). 이를 가리켜 여덟 번째 시라율의공덕승리(Ⓢayamaṣṭamaḥ śīlānuśaṃsaḥ)라고 한다. 復有所餘 具戒士夫 補特伽羅 一切魍魎 藥叉宅神 非人之類 雖得其便 雖得其隙 而常保護 謂具尸羅增上力故 是名第八尸羅律儀功德勝利"라고 하였다. 〔참고문헌〕『維摩經略疏垂裕記』, 『瑜伽師地論』, *Śrāv-bh.*

택실 宅室 집과 방. 비었기에 공(空)이고, 크게 쉬어 쾌락하기에 열반을 상징한다. 『대장엄론경』 권2(대정장4, p.267c6)에 "금세에 무거운 짐을 버리고, 근심 없이 쾌락하니, 이것이야말로 대열반이라는 집의 첫 관문이다. 今世除重擔 無憂而快樂 乃是大涅槃 宅室之初門", 원측(圓測)의 『해심밀경소』 권3(한불전1, p.201c18)에 "전하는 말에 '그 사람이 태어났을 때 집이 모두 텅 비어 부모가 놀라 괴이하게 여겨 상 보는 이에게 묻자 그가 답하길 「텅 빈 곳을 나타낸 것은 매우 좋은 소식이니 덧붙일 것도 없소」라고 하였다'. 그러므로 선현이라 이름하였고, 공생이라고도 하였으니 이러한 뜻에 따른다. 相

傳說云 其人初生 宅室皆空 父母驚怪 以問相師 相師報云 現空唯善 無所加也 故名善現 或云空生 卽由此義"라고 하였다. 〔참고문헌〕『大莊嚴論經』, 『解深密經疏』.

택열지금강보살 擇悅持金剛菩薩 Ⓢ Surata-vajra-dhara. 태장만다라(胎藏曼荼羅) 금강수원(金剛手院)에 안치된 보살. 적열지금강보살(適悅持金剛菩薩)·묘주금강보살(妙住金剛菩薩)이라고도 한다. 옅은 황색 몸에 왼손으로는 금강권(金剛拳)을 맺어 바닥을 위로 향하여 배꼽 아래 두고, 오른손바닥에는 독고저(獨鈷杵)를 세운 채 붉은 연꽃 위에 앉은 모습이다. 밀호(密號)는 경희금강(慶喜金剛), 삼매야형은 독고저, 종자는 [悉曇](hūṃ) 또는 [悉曇](su). 수인은 지지인(持地印)이고 진언은 일체지금강진언(一切持金剛眞言)이다. 수라타(surata : 擇悅)는 본래 남녀교합에서 일어나는 쾌락을 뜻하는데 만다라에서는 진언행자가 본존과 한 몸으로 합한 경지다. 『대일경 大日經』 「비밀만다라품 祕密曼荼羅品」에서는 묘주(妙住)라 하였고 『대일경소 大日經疏』에서는 소라다금강(蘇喇多金剛)이라고 하였는데 오직 부처님과 부처님만이 함께 안주하여 향수할 수 있는 법락을 나타낸다. 〔참고문헌〕『青龍寺儀軌』 권중(대정장18, p.157b9), 『胎藏金剛教法名號』(대정장18, p.204b20), 『曼荼羅図典』(大法輪閣, 2002). ⇨ 태장만다라 胎藏曼荼羅

택영 擇瑛 1045~1099. 북송(北宋)대 스님. 자는 온지(韞之). 속성은 유(俞). 동강(桐江 : 浙江省 杭州市) 출신. 동강택영(桐江擇瑛) 또는 덕장택영(德藏擇瑛)이라고도 불린다. 어릴 때 모친을 잃고 아버지를 따라 항주(杭州) 수령사(壽寧寺)의 남산서봉(南山瑞峰) 문하로 출가하였다. 1068년(희녕1) 구족계를 받고 계율을 학습하였다. 다시 보각사(寶閣寺) 처겸(處謙)에 투신하여 천태(天台)의 지관(止觀)에 관한 심오한 도리를 수습하며 『십불이문론 十不二門論』·『금강비론 金剛錍論』에 의지하여 천태의 종지를 터득하고 나아가 정토법문의 이치도 깊이 깨달았다. 그 뒤에 덕장원(德藏院)에 주석하며 교법을 널리 알리고 소주(蘇州)·항주·호주(湖州)·수주(秀州) 등지로 행각하였다. 평생 정토의 교의에 마음을 쏟으며 항상 정토업을 닦으라고 권하였다. 1099년(원부2) 항주의 상부사(祥符寺)에서 세수 55, 승랍 32세로 입적하였다. 제자로는 사정(思淨)이 있다. 『주심경 注心經』·『이주론 三珠論』·『정토수증의』 2권 등을 남겼다. 또한 『낙방문류 樂邦文類』 권2에 「왕생정토십원문 往生淨土十願文」·「변횡수이출 辨橫豎二出」·「권수정토송 勸修淨土頌」 등의 글이 수록되어 있다. 〔참고문헌〕『芝園集』 권상 「杭州祥符寺瑛法師骨塔銘」(卍속장105, p.585b9), 『釋門正統』 권6(卍속장130, p.864a6), 『淨土聖賢錄』 권3(卍속장135, p.254b2).

택주 宅主 ❶ Ⓢ gṛhasya puruṣa. 집주인. 삼계화택(三界火宅) 중의 중생을 자식으로 여겨 구하는 부처님을 가리킨다. 『법화경』 권2 「비유품 譬喩品」(대정장9, p.14b5 : *Saddh-p.*, p.86)에 "그때 집주인은 문 밖에 있었지만 사람들은 '당신 아이들이 앞서 노느라 이 집에 들어갔는데, 어려서 모르고 신나는 기분으로 즐기고 있소'라고 하는 소리를 듣고는 놀라 불타는 집으로 들어가 적절한 방편으로 구제하였으니 불에 타는 화는 입지 않았다. 是時宅主 在門外立 聞有人言 汝諸子等 先因遊戲 來入此宅 稚小無知 歡娛樂著 長者聞已 驚入火宅 方宜救濟 令無燒害 puruṣaśca so tasya gṛhasya svāmī dvārasmi asthāsi vipaśyamānaḥ. śṛṇoti cāsau svake atra putrānkrīḍāpanaiḥ krīḍanasaktabuddhīn, ramanti te krīḍanakapramattā yathāpi bālā avijānamānāḥ. śrutvā ca so tatra praviṣṭu kṣipraṃ pramocanārthāya tadātmajānām", 『법화경의기』 권5(대정장33, p.627a28)에 "여기서 먼저 '그때 집주인은 문 밖에 서 있었다'라고 한 대목에서 먼저 불이 난 곳을 보였다. 서 있었다는 말은 가고자 하는 모습이다. 여래께서 법신의 지위에서 장차 삼계에 응하여 오시어 중생을 교화하고자 하셨으니, 장자가 문에 들어서고자 함과 같다. 今者 第一言 是時宅主 在門外立 先出見火之處 然立是欲行之相 如來在法身地 將欲應來三界 接化衆生 猶如長者欲入門也", 『법화의소』 권6(대정장34, p.532b13)에 "집주인은 부처님을 가리킨다. 집의 불타는 모습은 삼계의 무상·무아·부정을, 불타는 집에서 노는 아이들은 육도의 중생이다. 宅主者 所謂佛也 宅相者 三界無常 無我 不淨也 宅中人者 六道衆生也", 『법화경통의』 권2(卍속장49, p.830b5)에 "거듭하여 집주인을 들어 보인 것은 삼계라는 무너질 집에서 오로지 부처님만이 능히 구할 수 있다 함이다. 而重擧宅主者 意喩三界朽宅 唯佛能化"라고 하였다. 〔참고문헌〕『法華經』, 『法華經義記』, 『法華義疏』, 『法華經通義』, *Saddh-p.* ⇨ 화택유 火宅喩 ❷ 고(苦)의 인인 집(集)이 일어나게 하는 무시시래(無始時來)의 무명(無明)을 이르는 말. 80권본 『화엄경』 권12(대정장10, p.61b24)에 집성제(集聖諦)를 '택주'라 하였으니 『화엄경소』 권13(대정장35, p.594b7)에 "집성제의 집(集)은 넓은 땅에서 자라는 큰 고통의 나무이니 집주인은 무명이다. 集 名廣地生大苦樹故 宅主卽無明也"라고 하였다. 〔참고문헌〕『華嚴經』, 『華嚴經疏』. ⇨ 집성제 集聖諦 **3** 아뢰야식(阿賴耶識)을 뜻함. 『대승본생심지관경천주』 권4(卍속장34, p.248b17)에 "세간이란 삼계 안을 말하고, 사택은 오온의 몸이며, 아뢰야식은 저 집주인이다. 곧 중생식성의 주인으로 오온에 의지해 머물기에 오온의 몸을 사택이라 부른다. 世間卽三界之內 舍宅卽五蘊之身 阿賴耶識如宅主 謂衆生識性主人依五蘊而住 故將五蘊身呼舍宅"라고 하였다. 〔참고문헌〕『大乘本生心地觀經淺註』. ⇨ 택식 宅識

택중보장 宅中寶藏 집에 있는 보배창고. 모든 중생이 본래 갖추고 있는 불성(佛性) 또는 여래장(如來藏)을 비유한다. 40권본 『대반열반경』 권34(대정장12, p.568c22)에 "중생의 불성은 가난한 여인의 집에 있는 보배창고나 역사의 이마에 붙은 금강보주나 전륜성왕의 감로천과 같다. 衆生佛性 猶如貧女 宅中寶藏 力士額上 金剛寶珠 轉輪聖王 甘露之泉"라고 하였다. 『대방등여래장경』(대정장16, p.458b10)에 "비유컨대 가난한 집에 진귀한 보배 가득하지만 보배는 '내가 여기 있다'라고 말할 수 없는 것과 같아 스스로도 모르고 말해주지도 않는다면 이 진귀한 보배창고는 능히 열 수 없다. 모든 중생도 이와 같다. 譬如貧家有珍寶藏 寶不能言 我在於此 旣不自知 又無語者 不能開發 此珍寶藏 一切衆生 亦復如是"라는 말과 통한다. 〔참고문헌〕『大般涅槃經』, 『大方等如來藏經』. ⇨ 역사액주 力士額珠

택지 擇地 밀교에서 작법을 위해 만다라를 건립하기 전에 최상의 장소를 선택하는 것. 작법의 목적에 따라 산림・노천・실내・강변 등으로 장소가 달라진다. 관정제자의 심지(心地)를 다스린다는 뜻도 있다. 『대승관상만나라정제악취경』 권하(대정장19, p.93a3)에 "다음으로 아사리는 앞서 닦은 대로 만다라의 제불보살을 관상한다. 본신의 모습과 진언과 수인 및 변화 등 갖가지 법은 모두 날마다 삼시에 관상한다. … 길상을 얻은 연후에 먼저 택지하여 만다라를 만들고 분으로 성현 등을 그린다. 復次阿闍梨 如前所修 觀想曼拏羅 諸佛菩薩 本身相貌 眞言印契 及變化等 種種之法 皆須日別 三時作其觀想 … 得吉祥已 然後 起首擇地 作曼拏羅 及粉畫聖賢等", 『일체불섭상응대교왕경성관자재보살염송의궤』(대정장20, p.64a27)에 "이 법을 닦으려면 먼저 고요한 곳을 구하고 의궤에 의지하여 마음을 집중하며 게으름 피우지 말아야 한다. 먼저 선행조건을 닦아 순숙하게 한다. 그렇게 한 후에 법식에 의지하여 관상을 닦고 훔 자를 염송한다. 택지하여 결계하고 작법해서 마구니를 좇아낸 다음 그곳에 풀로 자리를 펴고 앉는다. 若修此法 先求靜處 依於儀軌 專心不懈 修其先行 令得精熟 然後依法作其觀想 及誦吽字 擇地結界 作法遣魔已 乃於彼處 敷草而坐"라고 하였다. 〔참고문헌〕『大乘觀想曼拏羅淨諸惡趣經』, 『一切佛攝相應大敎王經聖觀自在菩薩念誦儀軌』.

택호 宅毫 1916~2003. 현대 오대산 월정사(月精寺) 스님. 휘는 택호(宅毫), 호는 인허(印虛), 속성은 김씨. 아버지의 휘는 홍규(洪奎), 어머니는 최률여(崔栗女)부인이다. 1916년 6월 15일 전라북도 김제시 만경면 대동리 257번지에서 5남 3녀 중 넷째 아들로 태어났는데, 탄허택성(呑虛宅成 1913~1983)의 속제(俗弟)이다. 24세 때인 1930년 3월 27일 월정사에서 방한암(方漢巖)을 은사로 하여 스님이 되었고, 1945년 3월 27일 한암으로부터 보살계와 비구계를 받았다. 스님은 한결같이 참선수행을 했으며 2001년 5월 월정사 회주(會主)로 추대되었고, 항상 지계(持戒)와 검약으로 모범을 보였다. 2003년 1월 13일 오전 7시 30분 세수 88, 법랍 65세를 일기로 월정사 방산굴(房山窟)에서 입적하였다. 상좌에는 무이(無二) 등이 있다. 〔참고문헌〕「印虛堂宅毫大禪師葬禮彙報」.

택휴 擇休 조선후기 스님. 운곡충휘(雲谷沖徽 ?~1613)가 이별하며 드린 「유별택휴사 留別擇休師」(『운곡집』・한불전8, p.272c21)에 "봄에는 비로봉의 눈을 밟으시더니 가을에는 낙산사의 샘물 소리를 들으셨습니다. 거문고 타며 전하는 마음은 곡조로 아셨고 조사의 뜻은 남종선을 이으셨습니다. 春踏爐峰雪 秋聽洛寺泉 琴心知曲譜 祖意繼南禪"라고 하였다. 〔참고문헌〕『雲谷集』.

탱천주지 撑天拄地 하늘과 땅을 떠받치다. 『원오어록』 권18(대정장47, p.796c16)에 "누군가 나 장산에게 '나무가 시들어 잎이 떨어질 때 어떠한가?'라고 묻는다면 다만 '하늘과 땅을 떠받친다'고 답하겠다. 말해 보라! 이는 삼구인가? 하나의 화살촉인가? 옥을 고르려면 반드시 불을 거쳐야 하고, 진주를 구하려면 진흙을 떠나서는 안 된다. 若有問蔣山 樹彫葉落時如何 只對他道 撑天拄地 且道 是三句 是一鏃 試玉須經火 求珠不離泥", 『벽암록』 16칙 「본칙 本則」(대정장48, p.156a23)에 "살아나지 못한다면 남들의 웃음거리다〈서로 누를 끼치는구나. 하늘과 땅이 무너질까 떠받치는가? 외골수야!〉. 若不活遭人怪笑〈相帶累 撑天拄地 檐板漢〉", 『석상초원어록』(卍속장120, p.167a12)에 "'검은콩 싹이 트기 전은 어떤지요?' '옻처럼 검다' '싹 튼 후에는 어떤지요?' '하늘을 이고 땅을 버틴다'. 問 黑豆未生芽時如何 師云 黑似漆 進云 生後如何 師云 撑天拄地"라고 하였다. 〔참고문헌〕『圜悟語錄』, 『碧巖錄』, 『石霜楚圓語錄』.

탱화 幀畵 불보살(佛菩薩)들과 그외 성중(聖衆)들 및 불교에서 존승하는 무리들을 경전 등의 도상(圖像)에 의지해서 그린 표장(表裝) 형식의 불교회화. 탱(幀)은 '그린 그림·그림틀·수틀'의 의미를 지닌 한자어로 '정'으로 독음되지만 절집에서는 '탱'으로 발음한다. 곧 틀에 끼워진 그림 또는 외부 걸개에 걸 수 있는 괘불(掛佛) 등과 권축형 표장방식의 불교도상(佛敎圖像)을 말하는데, 돈황(敦煌) 막고굴(莫高窟) 장경동(藏經洞) 등에서 대량의 당대(唐代) 족자형 불화가 발견되어 이 때에 이미 본격화되었음을 알 수 있다. 중국에서는 정화(幀畵)라 하고 불교국가인 티베트에서는 '탕카(Thangka : 唐卡·孤唐)'라고 부른다. 탱화가 탕카의 음가를 빌린 것이라 추정하기도 한다. [삼국 및 통일신라에서 고려로의 변화] 우리나라는 이미 삼국 및 통일신라대에 불화를 모셨던 기록이 『삼국유사』 등에 전하는데, 경주 남항사(南巷寺)의 「십일면관음도 十一面觀音圖」와 분황사의 「천수대비관음도 千手大悲觀音圖」 등이 그려졌고, 8세기에는 수준 높은 변상도인 「백지묵서대방광불화엄경변상도 白紙墨書大方廣佛華嚴經變相圖」(754) 등이 제작되고 존숭되었다. 단지 벽화 등이 아닌 표장형식의 불화는 고려조에 와서 본격적으로 제작유포되었는데, 현재 해외 곳곳에서 소장하고 있는 고려불화 등이 그 예다. 이는 이미 사경(寫經) 등의 유산만으로 보아도 매우 정교하고 우수한 가로로 된 두루마리 및 첩책 형식의 전통이 있었기에 가능했던 일이었다. 현존하는 고려탱화는 대개 존상도류(尊像圖類)와 경변상도류(經變相圖類)로 구분할 수 있다. 존상도로는 비로자나불도(毘盧遮那佛圖)·석가불도(釋迦佛圖)·아미타불도(阿彌陀佛圖)·아미타내영도(阿彌陀來迎圖)·약사불도(藥師佛圖) 등의 여래도(如來圖)류, 수월관음도(水月觀音圖)·지장보살도(地藏菩薩圖)·관음지장보살도(觀音地藏菩薩圖) 등 보살도(菩薩圖)류, 석가십육나한도(釋迦十六羅漢圖)·오백나한도(五百羅漢圖) 등 나한도와 마리지천도(摩利支天圖) 등이 있다. 변상도로는 화엄경변상도(華嚴經變相圖)·화엄정토변상도(華嚴淨土變相圖)·미륵하생경변상도(彌勒下生經變相圖)·관경서분변상도(觀經序分變相圖)·관경십육관변상도(觀經十六觀變相圖) 등이 있다. 권근(權近 1352~1409)의 『양촌집』 권13 「오관산성등암중창기 五冠山聖燈庵重創記」에 "불당을 건립하여 석가삼존 십육나한 십대제자 오백성중이 모여 있는 화상도를 걸었다. 其所重營佛宇三楹 掛以新畫釋迦三尊 十六羅漢 十六弟子 五百聖衆都會之像", 같은 책 권14 「오대산서대수정암중창기 五臺山西臺水精庵重創記」에 "건립을 마치고 … 미타팔대보살을 새로 그려서 불당 중앙에 걸었다. 以訖營構 … 新繪彌陀八大菩薩以垂堂中", 『동국이상국전집』 권24 「의왕사시창아라한전기 醫王寺始創阿羅漢殿記」에 "비로자나불과 문수보살 보현보살 삼존의 그림 및 화엄조사들의 유상을 걸었다. 揭毗盧文殊 普賢會圖 新繪者也 左右分掛華嚴諸祖遺像" 또는 "나한전에 주불과 감재사자·오백존상의 탱화를 모셨다. 幷畫主佛監齋使者像"라고 하는 기록들이 전한다. [조선시대의 탱화] 이 시대의 탱화는 먼저보다 불화 주제가 다양해졌다. 「안락국태자경변상도 安樂國太子經變相圖」(1576, 일본 青山文庫 소장)와 「석가탄생도」(일본 本岳寺 소장) 및 「불전도 佛傳圖」(일본 大阪市立美術館 소장) 등 불교설화도류가 등장하면서 변상도 외에 회상도(會上圖)라 할 수 있는 복잡한 화면구성을 들 수 있다. 일본 사천왕사(四天王寺)에 소장된 「석가만다라 釋迦曼茶羅」(1585)는 고려시대에는 볼 수 없었던 세로 325.2cm·가로 245.5cm의 거폭으로 석가모니불과 육대보살·제석범천·십대제자·사천왕 각 신중들로 가득 찬 회상형식을 갖추었다. 한편 조선사회가 비록 배불을 국시(國是)로 삼았으나 여전히 국가차원의 불교의례가 설행되었으며 많은 양의 탱화가 지속적으로 제작되었다. 고려시대 불화양식을 계승한 1465년(세조11)작 「관경십육관변상도 觀經十六觀變相圖」(일본 知恩院 소장)의 "사생육류 법계의 외로운 혼령들이 모두 홀연 삼악도에서 벗어나 상품의 영접을 받기를 바란다. 四生六類 法界孤魂 頓脫三途 接引上品"는 발원은 수륙재의 전통으로 이어온 불화임을 알 수 있으며, 1563년(명종18)에는 왕실이 후원하는 불사가 수행되었는데 석가불·미륵불·약사불·아미타불을 금화(金畵) 50폭과 채색화 50폭 씩 도합 400폭을 그려 회암사(檜巖寺)에서 점안하였다. 조선후기에는 임진병자의 난을 겪은 이후 전사자(戰死者)들의 넋을 위로하기 위한 수륙재 등을 설행하는 야외법회가 성행하면서 다수의 괘불이 제작되었다. 뿐만 아니라 불교의 체재정비와 대중화를 기반으로 신앙 폭이 넓어져 『범음집 梵音集』·『운수단가사 雲水壇歌詞』·『수륙재의찬요 水陸齋儀纂要』·『작법귀감 作法龜鑑』 등과 같은 의례집이 정비되자 더욱이 다양한 형식의 불화가 출현하였다. 이 때의 탱화류는 단독의 여래도로서 비로자나불도·화엄경변상도·팔상도(八相圖)·노사나불도(盧舍那佛圖)·약사불도·아미타불도·구품도(九品圖)·미륵불도(彌勒佛圖)를 비롯하여 세 여래를 한 전각에 봉안하는 삼신불도(三身佛圖)·삼세불도(三世佛圖), 다불(多佛) 신앙을 반영한 천불도(千佛圖)·오십삼불도(五十三佛圖), 보살도로서는 삼장보살도(三藏菩薩圖)·관음보살도·지장시왕도(地藏十王圖), 불법수호신으로서는 신중도(神衆圖)·사천왕도(四天王圖), 선종의 조사신앙을 반영한 나한도(羅漢圖)·삼십삼조사도(三十三祖師圖)와 문파들에 의한 고승진영(高僧眞影), 천도(薦度)를 위한 감로왕도(甘露王圖)와 현왕도(現王圖), 하늘과 산과 땅과 바다의 덕들을 수용한 칠성도(七星圖)·산신도(山神圖)·조왕도(竈王圖)·용왕도(龍王圖) 등 다양하다. 탱화들은 크게 삼단으로 분단(三段分壇)하여 모신다. 〔삼단분단위 三段分壇位〕 상단탱화화는 전각의 중앙에 모셔진 주존과 그 협시들의 존상에 상응해서 모시는데, 석가세존이 주존인 경우 「영산회상도 靈山會上圖」를 모시고 주변에 「팔상도 八相圖」 등을 함께 모시기도 한다. 과거·현재·미래의 부처님을 모시는 「삼세불회도 三世佛會圖」·법보신 삼신을 모시는 「삼신불회도 三身佛會圖」가 있다. 극락전의 경우 주존인 아미타불을 모시고 「극락구품도 極樂九品圖」와 「관무량수경변상도 觀無量壽經變相圖」를, 약사전의 경우 「약사불회도 藥師佛會圖」 등을 모신다. 중단탱화로는 「104위화엄신중도 華嚴神衆圖」와 「삼장탱화 三藏 幀畵」 등이 있으며, 하단탱화로는 「감로탱화 甘露幀畵」와 「현왕탱화 現王幀畵」를 모신다. 또 별도의 각단을 설치한 「명부시왕탱」·「칠성탱」·「산신탱」·「독성탱」·「조왕탱」과 나한전의 「십육나한탱 十六羅漢幀」 등이 있으며, 조사들과 창건·중창주 등을 모신 조사전의 「조사진영 祖師眞影」도 있다. 〔탱화의 전승자들〕 탱화는 예로부터 금어(金魚) 또는 불모(佛母)라 불리우는 이들에 의해 제작되었는데, 이들을 불사를 담당했던 천신(天神)의 이름을 따서 비수갈마회(毘首羯磨會)라고도 부른 적도 있으며, 큰 산문(山門)을 중심으로 활동했기에 사불산맥(四佛山脈)·금강산맥(金剛山脈) 등으로 불리거나 뛰어난 불모를 중심으로 의겸(義謙)·금호(錦浩)·보응(普應) 등 계로 부르기도 하였다. 〔탱화의 제작과정〕 「의궤 儀軌」 등에 의지해 전통적으로 승계된 초본을 베껴 그리는 출초(出草)→여러 겹의 한지 위에 면·모시·베 등의 바탕천을 붙이는 배접(褙接)→물감이 스며들거나 퍼지지 않도록 묽은 아교를 바르는 아교포수→채색을 올리는 도채(塗彩)→명암을 조절해 펴 고르게 바르는 바림(渲染)→철선(鐵線)기법으로 호분을 칠한 후 먹선 등으로 모양새를 또렷이 드러내는 끝내림→금니와 황선으로 화관(花冠) 등 세부묘사나 장식이 필요한 곳을 다듬는 금니 및 황선 좇침→금분이나 금박 붙이기→마지막 얼굴 등을 도채한 후에 개안(開眼)하는 상호(相好)→탱화틀에 싣기→화기를 기록하고 증명법사를 모셔서 복장낭을 걸거나 탱화 뒷면에 경면주사로 진언(眞言)을 써서 붙이는 점안→붉은 바탕에 올리는 발미(拔尾) 순으로 작업한다. 〔참고문헌〕 『東坡後集』, 『陽村集』, 『東國李相國全集』, 『고려불화대전』(국립중앙박물관, 2010), 『高麗時代의 佛畵』(시공사, 1996), 『高麗·李朝の佛教美術展』(山口縣立美術館, 1997), 김의식 『탱화』(운주사, 2005), 장충식 「佛畵의 起源과 展開」(『韓國의 佛畵』 권1, 성보문화재연구원, 1998). ⇨ 불교회화 佛敎繪畵, 탕카 Thangka

테라가타 Theragāthā 장로게(長老偈), 장로게경(長老偈經). 팔리전통에서만 전해지는 오래된 운문 경전. 상좌들의 게송(Ⓢ sthaviragāthā)라고도 한다. 경장(經藏 : Sutta Pitaka) 가운데 쿳타카 니까야(Kuddhaka Nikaya : 小部經典)의 8번째 경전이다. 전체 1291게송이며, 21장으로 구성된다. 총 264인의 비구를 기린다고 하지만 정확히는 264인의 장로이다. 이 비구들은 대부분 부처 재세시 10년 이상의 출가수행을 한 장로들이 읊은 게송이다. 한 비구당 한 게송 혹은 6~70 게송에 이르며 집송(集頌)한 것이다. 출가수행자들의 오도송이기도 한 테라가타의 내용은 해탈의 기쁨 뿐 아니라 다양한 내용들이 담겨 있다. 장로들의 다양한 출가동기, 출가이전의 신분과 출가시의 연령, 개종한 이교도 출가자들, 승단의 모습과 숲속 수행, 출가 생활의 어려움, 내적 성찰과 선정, 마음을 다스리는 행, 두타행, 자상한 스승으로서 석존의 모습 등이 다양하게 나타난다. 테라가타의 성립시기는 기원전 6세기 말부터 아쇼카왕 치세시의 3차 결집에 이르는 300년에 걸친다. 실제 문자로 기록된 것은 스리랑카에서 기원전 29~17년경에 수행된 4차결집에서 싱할리어로 기록되었다. 근대 최초의 교정본은 1883년 팔리성전협회(PTS)에서 간행된 올덴베르크(H.Oldenberg) 판본이다. 테라가타의 주석서 『파라마타디파니 *Paramatthadīpanī*』는 기원후 6세기경 담마팔라(Ⓢ Dhammapāla)가 지었다. 이 담마팔라는 『청정도론 淸淨道論』의 주석가인 10세기의 담마팔라와 동명이인이다. ⇨ 장로장로니게 長老長老尼偈

테라바다불교 Theravada佛教 Ⓢ ārya-sthavira-nikāya, ārya-sthāviraḥ, Ⓟ theravāda, Ⓣ 'phags pa gnas brtan pa, gnas brtan pa. 아리야실타폐라니가야(阿離耶悉他陛攞尼迦耶)·제비려(梯毘棃)·타비라(他鞞羅)·체비리(體毘履)·타비리여(他毘梨與)라고 음사한다. 기원전 3세기 아쇼카왕대에 마힌다(Mahinda)장로 일행이 스리랑카로 건너가 불교를 처음 전했고, 데바남피야팃사(Devanampiyatissa)왕을 시작으로 역대 왕들이 불교를 진흥하였는데, 그 중 대사(大寺 Mahavihara)파 전통의 불교가 남방으로 널리 퍼져 테라바다 즉 상좌부(上座部)불교라는 이름으로 불리게 되었다. 주요 특징은 팔리어로 쓰인 삼장(三藏)에 의지해 계정혜(戒定慧) 삼학을 학습하며, 선정(禪定)의 수습과 탁발 등의 전통을 고수한다는 점이다. 5세기 붓다고샤(佛音 Buddhaghosa)에 의해 『청정도론 *Visuddhimagga*』 등 삼장에 대한 방대한 주석서들이 저술되는 등 남방상좌부의 교학체계가 확립되었다. 스리랑카에 4~5세기경 전파된 불교는 다시 버마·태국 등으로 역수입되기도 하면서 상좌부전통을 강고히 하기에 이른다. 버마는 파간왕조대 아나와라타(Anavarāta)에 의해 1058년 상좌부불교를 국가적으로 공인하기도 하였고, 1956년에는 제6회 삼장과 주석서 결집도 수행하였다. 태국도 아유다야왕조대 쉬리 수리아밤사(Siri Sūryavaṃsa Rāma)왕이 1361년 스리랑카상좌부 대사파 법등(法燈)을 국가적으로 공인하기도 하였지만, 타밀족이 흥성하던 5세기에서 15세기에는 힌두교 영향권에 스며들기도 하였다. 그 외 라오스와 캄보디아도 상좌부불교의 전통을 이어오고 있어 테라바다불교를 남방불교라 부른다. ⇨ 상좌 上座, 상좌부 上座部, 상좌부불교 上座部佛教, 미얀마불교 Myanmar佛教, 스리랑카불교 Srilanka佛教, 태국불교 泰國佛教

테리가타 Therīgāthā 장로니게(長老尼偈), 장로니게경(長老尼偈經). 팔리불전에서만 전해지는 오래된 운문경전. 경장(經藏 : Sutta Pitaka) 가운데 쿳타카 니까야(Kuddhaka Nikaya : 小部經典)의 아홉 번째 경전이다. 주석서인 『파라마타디파니 *Paramatthadīpanī*』에 따르면 전체 581게송이며, 16장으로 구성된다. 총67인의 비구니를 기린다. 테리가타의 성립시기와 근대의 최초 교정본은 테라가타와 같다.

텐진갸초 bstan-ḥdsin-rgya-mtsho 1935~?. 티베트불교 겔룩파의 제14대 달라이라마로 관자재보살의 화신으로 여겨진다. 현재 티베트망명정부의 정치적 통치자이며 티베트의 정신적 지도자이다. 암도지방에서 태어났으며 어렸을 적 이름은 라모된듑(Ⓣ lHa-mo-don-'grub)이었다. 파견단에 의해 13대 달라이라마의 환생으로 인정된 후 1940년 2월 22일에 공식 즉위되었다. 이후 가족과 함께 라사의 포탈라궁으로 거처를 옮겨 승원교육을 받았다. 세계 제2차 대전 동안에 티베트정부는 중립적인 입장을 취했으며 섭정들은 달라이라마가 교육에 집중하면서 세계정세에 대해서는 거리를 두도록 했으나, 이 즈음 티베트에서 머물던 호주인 산악가 하인리히 하러(Heinrich Harrer 1912~2006)에게 다양한 세계정세에 대한 정보를 접하게 된다. 1950년부터 중국정부는 티베트에 지속적으로 군대를 주둔시켰고, 이에 어린 달라이라마는 티베트 자국민의 이익을 보호하고 세계를 설득하기 위한 여정에 나섰다. 이 때 중국의 지도자였던 마오쩌둥을 만났으며 1956년에는 석가탄신 기념행사에 참여하기 위해 인도를 방문했다. 이후 티베트로 돌아가 1959년에 게룩파의 게셰학위를 받았지만, 계속된 긴장 속에 중국정부의 달라이라마 납치계획에 대한 소문이 돌자, 티베트정부는 달라이라마의 안전을 위해 인도망명을 결정했고, 인도는 달라이라마를 위한 피난처를 제공했다. 이후 인도 히마찰프라데쉬에 위치한 다람살라(Dharamsala)에 티베트 피난민을 보호하고 티베트문화를 보호하기 위한 티베트망명정부가 세워졌다. 이후 달라이라마는 유럽과 미국 등지를 포함한 전 세계를 방문하면서 티베트가 처한 상황을 알리고 불교전파를 위해 본격적으로 강의를 시작했다. 특히 무력충돌과 티베트탄압 등을 막기 위해 티베트의 완전한 독립과 중국의 티베트 흡수 사이에 '중도적 입장'을 고수해 일정한 성과를 얻었다. 이러한 결과로 1989년에 노벨평화상을 수상했다. [참고문헌] Craig Mary *Kundun : A Biography of the Family of the Dalai Lama* (Calcutta : Counterpoint, 1997).

토 土 Ⓢ kṣetra, jana-pada, Ⓣ zhing, ljongs. 땅. 사대(四大)로 유지되는 유정(有情)의 몸들이 깃들어 의지하는 곳은 모두 토의 뜻을 가진다. 다스림(治)이 있어야 하는 나라 즉 국(國)의 뜻과 구별한다. 『화엄경수현기』 권1하(대정장35, p.24b19)에 "부처님을 의지해 처할 곳을 취하면 찰이라 하고 토라 한다. 여기에는 높고 낮음으로 달라지는 차별이 없다. 만약 중생을 중심으로 토를 취하면 갖가지 상에 높고 낮음 있게 된다. 依佛取處 名刹 名土 卽無別異高下 若約衆生取土 卽有諸相高下", 돈황본 『본업영락경소』(대정장85, p.758a3)에 "토라는 말은 강계를 부르는 말이다. 그러므로 '토는 모든 것들이 거처하는 곳을 가리킨다'라고 하였다. 言土者是疆界之名也 故云 土名一切所居處也", 『유마의기』 권1본(대정장38, p.422b19)에 "경에도 토라 하고 계라고도 부른다. 몸이 편히 깃드는 곳을 토라 하고, 백성을 거두는 뜻으로는 국이라 칭한다. 국과 토는 같지 않으니 분별하여 계라 칭한다. 토를 잡아 논하자면 깃드는 몸이 있기만 하면 토도 있지만, 국이라 말하려면 다스리는 왕이 반드시 있어야 하니 왕이 다스리지 않는 국은 없다. 이제 여래에 나아가서 거느리는 왕의 뜻으로 비춰 불국이라 말할 수 있다. 經亦名土 又亦稱界 安身曰土 攝民稱國 國土不同 分別稱界 若論其土 有身皆有 若說其國 統王者有 不王者無 今就如來 統王以彰 故言佛國", 『대승의장』 권19(대정장44, p.834a17)에 "불국이라는 말에서 국은 인민을 거두는 곳을 가리켜 군이 국이라 한다. 부처님을 잡아서 나라를 가려 불국이라 한다. 불토라는 말에서 토는 몸이 편히 깃드는 곳을 이른다. 부처님을 잡아서 토를 가리자면 불토라 한다. 국이라는 측면에서 논하자면 왕으로서 다스려야 있게 되고 왕이 다스리지 않으면 나라도 없다. 토는 그렇지 않으니 깃드는 몸이 있는 곳이면 모든 곳이 토다. 言佛國者 攝人之所 目之爲國 約佛辨國 故名佛國 言佛土者 安身之處 號之爲土 約佛辨土 名爲佛土 若論其國 王領者有 不王者無 土卽不爾 有身皆有"라고 하였다. [참고문헌] 『華嚴經搜玄記』, 『本業瓔珞經疏』, 『維摩義記』, 『大乘義章』, *Bodh-bh.41·65.* ⇨ 국토 國土, 불국토 佛國土, 찰토 刹土

토각 兎角 Ⓢ śaśa-viṣāṇa, śaśa-roma, śaśa-śṛṅga, Ⓟ sasa-visāṇa, Ⓣ ri-bong-gi-rva. 토끼뿔. 이름만

있고 실재하지 않는 것들의 비유로 거북이털(龜毛), 석녀의 아들(石女兒) 등의 비유가 있다. 『능가경』 권4(대정장16, p.505b27 : *Laṅk.*, p.187)에 "만약 지은 바가 아니라면 얻을 수도 없으므로 방편마저도 곧바로 공하다. 토끼뿔과 같고 석녀의 아들과 같아 참으로 있다고 할 수는 없다. 若非所作者 無所得故 方便則空 同於兎角般大之子 以無所有故 athākṛtakaḥ syād-alabdhātmakatvāt-samudāgata-saṃbhāravaiyarthyaṃ syāc-chaśaviṣāṇavad-bandhyāputratulyaśca syād-akṛtakatvāt"라고 하였다. [참고문헌] 『楞伽經』, *Laṅk·52·375.*, *Jā.3.477.* ⇨ 구모토각 龜毛兎角, 구모불자 龜毛拂子, 토각주장 兎角拄杖

토각주장 兎角拄杖 토끼 뿔 주장자. 없는 토끼 뿔로 만든 주장자로 거북 털 불자(龜毛拂子)와 한 쌍이다. 『설두어록』 권6(대정장47, p.707b11)에 "토끼 뿔 주장자 : 달마로부터 전한 토끼 뿔 주장자 천성이 가져 지녀 정수리 상으로 삼았다네. 호랑이는 웅크리고 용은 똬리 틀고 그 기세 쉬지 못하네. 구름 그림자 산 위로 깃들며 서로를 마주하네. 兎角拄杖 少室傳來兎角杖 千聖護持爲頂相 虎踞龍蟠勢未休 雲影山形冷相向", 『경덕전등록』 권14 「삼평의충전 三平義忠傳」(대정장51, p.316c7)에 "강승이 물었다. '삼승십이분교라면 제가 알 만큼 압니다만 무엇이 달마가 서쪽에서 온 뜻입니까?' '거북 털 불자와 토끼 뿔 주장자 대덕은 어디다 감추었소?' '거북 털 토끼 뿔이 어찌 있겠습니까?' '육중하여 천근이나 되는 몸에 지혜라곤 조금도 없으시군'. 講僧問 三乘十二分教 某甲不疑 如何是祖師西來意 師曰 龜毛拂子 兎角拄杖 大德藏向什麽處 僧曰 龜毛兎角 豈是有耶 師曰 肉重千斤 智無銖兩"라고 하였다. [참고문헌] 『雪竇語錄』, 『景德傳燈錄』. ⇨ 구모불자 龜毛拂子

토광인희 土曠人稀 땅은 넓고 사람은 드물다. 공부하는 이 그리워하는 말이다. 『앙산어록』(대정장47, p.585b13)에 "중읍이 승상에서 내려와 앙산의 손을 잡고 춤을 추며 말했다. '성성아! 너와 이렇게 만나다니! 저 초명벌레가 모기 눈썹에 보금자리를 짓고 사방으로 터진 대로에서 소리쳐 「땅은 넓고 사람은 드물어 서로 만날 일 없네」라 함과 같다'. 中邑下繩床 執師手作舞 云 猩猩與汝相見了 譬如蟭螟蟲 在蚊子眼睫上作窠 向十字街頭叫云 土曠人稀 相逢者少", 『밀암어록』(대정장47, p.972a18)에 "덕산은 비오듯이 방하였고, 임제는 천둥 치듯 할하였지만, 그야말로 평지에서 싸우고 태평시절에 염탐하는 꼴이다. 납승가에 한 가닥 활로가 있는데 어떤 성인도 밟은 적이 없으니 땅은 넓고 사람은 드물다. 德山棒如雨點 臨濟喝似雷奔 正是平地上干戈 太平時細作 衲僧家 有一條活路 千聖不曾蹈著 土曠人稀", 『벽암록』 16칙 「평창 評唱」(대정장48, p.156b28)에 "후대의 취암이 염하되 '남원이 비록 후방막사에서 필승의 전략을 궁리했지만 어찌하리! 땅은 넓고 사람이 드물어 그 소리를 알아듣는 이 없음을'이라고 하였다. 後來翠巖拈云 南院雖然 運籌帷幄 爭柰土曠人稀 知音者少"라고 하였다. [참고문헌] 『仰山語錄』, 『密菴語錄』, 『碧巖錄』.

토굴 土窟 흙으로 된 굴. 비구가 행해야 할 아란야행(阿蘭若行), 곧 적정처(寂靜處) 중 하나다. 『기세인본경』 권10(대정장1, p.420a2)에 "이들 비워 고요한 곳들은 산림의 나무 아래, 빈 방이나 고요한 집, 토굴이나 절벽의 벌어진 틈, 또는 무덤 사이 등에 볏단 따위로 초암을 만들어 머문다. 사람들이 모여 사는 마을에서 떨어져 이와 같은 곳에 머물러야 한다. 그대들 비구는 마땅히 선을 닦아야 하며 방일에 젖어 후회하지 않도록 하라. 此等空閑 山林樹下 虛房靜室 土窟崖龕 或塚墓間 以稻芉等 爲草庵住 離於村舍聚落 居停如是之處 汝等比丘 應修習禪 勿墮放逸 致令後悔", 『당고승전』 권25 「단양통전 丹陽通傳」(대정장50, p.661a23)에 "후에 갑자기 절 북쪽에 토굴을 조성하여 할 일을 마무리하고자 했다. 後輒自營土窟於寺北 擬終事", 『오등회원속략』 권1 「도성장 道成章」(卍속장138, p.864a3)에 "구족계를 받고 나서 세 사람이 도반을 맺었으니 청주의 토굴에서 오로지 전한 뜻만을 그윽히 궁구하였다. 受具已 結三人爲侶 在青州土窟中 密究單傳之旨"라고 하였다. [참고문헌] 『起世因本經』, 『唐高僧傳』, 『五燈會元續略』.

토굴암 土窟庵 **1** 경기도 안성시 서운면 서운산(瑞雲山) 청룡사(青龍寺)의 산내암자였던 내원암(內院庵)의 다른 이름이다. ⇨ 내원암 內院庵[10] **2** 충청남도 공주시 사곡면 운암리 태화산(泰華山)에 있는 암자. 대한불교조계종 마곡사(麻谷寺)의 산내암자이며, 마곡사에서 서쪽으로 약 2리 떨어진 곳에 있다. 현존하는 당우로는 관음전·요사 등이 있다. [참고문헌] 『韓國寺刹全書』 권하 p.1114a7. **3** 충청북도 보은군 속리산면 속리산(俗離山)에 있던 암자. 대한불교조계종 법주사(法住寺)의 산내암자였다. 『한국사찰전서』에 기록된 「법주사사적 法住寺事蹟」에 폐사되었다고 전한다. [참고문헌] 『韓國寺刹全書』 권하 p.1114a5.

토납 吐納 토해 내고 들이키다. 『장아함경』 권21 「세기경 世記經」(대정장1, p.139c11)에 "셋째, 저 바닷물에 온갖 중생이 섞여 사는데 그 몸이 장대하여 백유순이나 이백유순에서 칠백유순에 이르기도 한다. 이들 중생이 날숨과 들숨을 토해 내거나 들이키며 대소변을 보기에 바닷물은 짜다. 三者 彼大海水 雜衆生居 其身長大 或百由旬 二百由旬 至七百由旬 呼哈吐納 大小便中 故海水

鹹",『지관보행전홍결』권8(대정장46, p.399c16)에 "'평소에 토해 내고 들이키는 등'이라 했는데, 토해 낸다는 말은 묵은 숨을 흩뜨려 없애는 작용이고, 들이킨다는 말은 안으로 들이 쉬어 숨을 가라앉힌다. 저 평소의 좌선에서 모두 몸에 남은 묵은 숨을 길게 토함이다. 다만 한두 번 하면 충분하니 병을 치료하고자 함이 아니기 때문이다. 言平常吐納等者 吐謂散除麤氣 納謂內入安息 如平常坐禪 皆須長吐身中麤氣 但一兩度爲之卽足 非專爲治病故也",『연종보감』권10「변진망신심 辨眞妄身心」(대정장47, p.345a9)에 "오늘날 어떤 무리들은 진망을 알지 못하니 색신을 나의 몸이라 그릇되이 알고 망념을 구경으로 삼아 많은 경우 호흡법과 안마로써 그럴 듯하게 꾸미며 도를 성취하려 희망하지만 잘못된 일이 아니겠는가! 참으로 순금을 버리고 기와 조각 줍는 격이다. 今時有一等人 不知眞妄 錯認色身 爲我身 以妄念爲究竟 多是吐納按摩 做模打樣 希望成道 不亦謬乎 可謂棄却眞金而拾瓦礫也"라고 하였다. [참고문헌]『長阿含經』,『止觀輔行傳弘決』,『蓮宗寶鑑』.

토라차 土羅遮 투란차(偸蘭遮 Ⓢ sthūlātyaya, Ⓟ thullaccaya, thullaccayā)의 다른 음사어.『우파리문불경』(대정장24, p.903c5)에 "주지 않은 것을 훔침에 그 수가 1전 이상 5전 이하일 경우 토라차〈토라차의 한역어는 중죄〉에 해당한다. 不與偸 數取一錢餘 減五錢直 土羅遮〈土羅遮重罪也〉",『사분율명의표석』권4(卍속장70, p.454a12)에 "투란차 : 투란차야・토라차・솔토라저라고도 한다.『선견율비바사』에 '투란은 크다는 뜻의 대(大), 차는 선도를 가로막아 후에 악도에 떨어진다는 뜻이다'라고 하였다. 偸蘭遮 或云 偸蘭遮耶 或云 土羅遮 或云 窣吐羅底也 善見律云 偸蘭名大 遮言障善道 後墮惡道"라고 하였다. [참고문헌]『優波離問佛經』,『四分律名義標釋』,『善見律毘婆娑』권9(대정장24, p.733c18). ⇨ 투란차 偸蘭遮, 중죄 重罪

토만두 土饅頭 흙으로 만든 만두. 흙으로 덮인 무덤을 말한다. 늘상 먹는 만두만이 아니라 우리의 죽음도 천지에 가득한 뜻을 드러낸 비유다. 왕범지(王梵志)의 시「성외토만두 城外土饅頭」에 "성 밖에 흙만두, 만두소 풀은 성 안에 있네. 한 사람이 한 개씩 먹으니, 아무 맛도 없지만 싫다 하지 마라. 城外土饅頭 餡草在城裏 一人喫一箇 莫嫌沒滋味",『대혜어록』권3(대정장47, p.820c22)에 "항상 왕범지의 토만두송으로 불사를 지어 세간을 일깨운다. 常以王梵志 土饅頭頌作佛事 以警悟流俗",『월강정인어록』권하(卍속장123, p.295a1)에 "유나에게 물대어 조사를 배알함 : 저 살아 숨쉬는 조사의 뜻을 만나려면 마른 해골 두드려 무엇하랴. 석 자 행주 거두고 펼칠 때마다 어디에나 토만두 천지로구나. 淵維那禮祖參他活底祖師意 不必扣之枯髑髏 三尺炊巾收又展 千千萬萬土饅頭",『고설철어록』권9(가흥장28, p.348c9)에 "(여러 스님의 유골을 모아 한 곳에 봉안하는) 보동탑터를 여는(開土) 날 법좌에 올랐다. '숲속의 무수한 토만두는 모두 살아생전에 도를 닦던 무리들이었다. 도안으로 이미 헛된 물거품임을 알았건만 유해만은 거친 들에 장사지냄 면치 못했다. 대중이여, 다비 마쳤으니 문득 쉴지니라. 무슨 까닭에 탑 세우려 하는가?' 주장자를 세우고 말했다. '널리 거두어 한곳에 함께 하리니 백천가지 분별 단번에 끊어지리'. 開普同塔基 上堂 林間無數土饅頭 盡是當年學道流 道眼已知空泡沫 遺骸未免葬荒丘 大衆 葬了便休 因甚又要建塔 卓拄杖云 普收同一處 坐斷百千差"라고 하였다. [참고문헌]『大慧語錄』,『月江正印語錄』,『古雪哲語錄』. ⇨ 보동탑 普同塔

토모진 兎毛塵 Ⓢ śaśa-rajas, Ⓣ ri-bong-rdul. 토끼털 끝에 티끌. 지극히 적음을 나타내는 단위이다. 토호상진(兎毫上塵)이라고도 한다.『구사론』권12(대정장29, p.62b3 : *Abh-k-bh.*, p.176)에 "물의 티끌(수진) 일곱이 모이면 토모진 하나가 되고, 일곱 토모진이 모이면 양모진(양털 끝에 묻은 티끌) 하나의 양이다. 水塵積至七 爲一兔毛塵 積七兔毛塵 爲羊毛塵量 tāni saptābrajastāni sapta śaśarajastāni saptaiḍakarajaḥ",『구사론기』권12(대정장41, p.192c26)에 "또한 '물방울 일곱을 쌓아야 토끼털 끝에 머물 수 있다. 이를 토모진이라 한다'라고 풀이한다. 又解 積水至七 方於兔毛端上住 名兔毛塵"라고 하였다. [참고문헌]『俱舍論』,『俱舍論記』,『雜阿毘曇心論』권2(대정장28, p.886c29), *Abh-k-bh.* ⇨ 진 塵[1], 극미 極微, 미진 微塵, 수진 水塵

토번 吐蕃 7세기부터 9세기까지 약 200년간 티베트에 있었던 고대 왕국. 8세기 말에 티송데첸왕이 불교를 국교로 삼고 대장경을 번역하는 등 장려책을 썼지만 귀족들의 반발로 다시 민족종교인 본(bon)교를 장려하는 정책으로 회귀하였다. 한때 당으로부터 조공을 받는 등 강력한 세력을 떨치기도 했지만, 842년(회창2)에 왕이 암살되면서 왕위다툼이 일어나고 농노들의 반란이 일어나면서 멸망하였다.『불조통기』권32(대정장49, p.312a15)에 "당초에 토번이 토욕혼과 탕구트(黨項)를 비롯한 강족들을 병합하면서 마침내 강국이 되었다. 唐初吐蕃幷吐谷渾黨項諸羌 遂爲强國"라고 하였다. [참고문헌]『佛祖統紀』. ⇨ 티베트불교 Tibet佛敎

토사가지 土砂加持 광명진언(光明眞言)으로 토사를 가지하는 작법. 불공삼장(不空三藏)의『불공견삭비로자나불대관정광진언』과 보리유지(菩提流志)의『불공견삭신변진언경 不空羂索神變眞言經』(대정장20, No.1092)

에 근거한다. 광명진언으로 108번 가지한 토사를 망자의 무덤에 뿌리면 광명진언의 가지력으로 망자가 지옥·아귀·축생·수라도를 떠나 서방극락국토에 화생한다는 내용에 근거한다. 원효(元曉)의 『유심안락도 遊心安樂道』(대정장47, No.1965)에도 유사한 내용이 기록되어 있고 고려 때에 성행하였고 이후 민간신앙의 형태로 전해지고 있다. 『불공견삭비로자나불대관정광진언』(대정장19, p.606b22)에 "신체가 무너져 목숨이 다하면 온갖 악도에 떨어진다. 이 진언으로 토사를 108번 가지하여 시타림에서 망자의 시신에 뿌리거나 또는 묘위에 뿌리면 만나는 것은 모두 흩어지게 하니 그곳의 망자가 만약 지옥에 있거나 아귀도에 있거나 수라도에 있거나 축생도에 있다면 일체불공여래 불공비로자나여래의 진실본원의 대관정광진언의 신통위력이 토사를 가지한 힘으로 곧바로 광명이 망자의 몸에 미쳐서 온갖 죄의 과보를 없애 괴로움을 겪는 몸을 버리고 서방극락국토의 연화에 화생하여 보리를 얻을 때까지 다시는 악취에 떨어지지 않는다. 身壞命終 墮諸惡道 以是眞言 加持土沙 一百八遍 尸陀林中 散亡者尸骸上 或散墓上 遇皆散之 彼所亡者 若地獄中 若餓鬼中 若修羅中 若傍生中 以一切不空如來 不空毘盧遮那如來 眞實本願 大灌頂光眞言 神通威力 加持沙土之力 應時卽得光明及身 除諸罪報 捨所苦身 往於西方極樂國土 蓮華化生 乃至菩提 更不墮落"라고 하였다. [참고문헌] 『不空羂索毘盧遮那佛大灌頂光眞言』. ⇨ 광명진언 光明眞言

토상가니 土上加泥 흙 위에 진흙을 더하다. 분별하며 애쓸수록 멀어짐을 경계하는 비유다. 『원오어록』 권2(대정장47, p.719c6)에 "나라의 난 평정할 칼 없으면 사해가 평화롭고, 대문에 백택 그림 없으면 온 집이 경사스럽다. 만약 은덕 입은 일 있다면 그것이야말로 흙에 진흙을 더함이다. 國無定亂之劍 四海宴淸 門無白澤之圖 全家吉慶 若道有承恩力處 正是土上加泥", 『벽암록』 78칙 「송 頌」(대정장48, p.205b13)에 "향수로 씻고 온 그대의 얼굴에 침 뱉으리라〈돌! 흙에 진흙 더하여 거듭하니 깨끗한 바닥에 분뇨를 더하지 마라!〉. 香水洗來驀面唾〈咄 土上加泥又一重 莫來淨地上屙〉", 『증도가주』(卍속장114, p.891a15)에 "무명실성이 곧 불성이다. … 망념을 여의면 불성도 없다. 그러나 불성은 있고 없고가 아니어서 유무로 말할 수 없다. 만약 불성이 정히 즉이라 한다 해도 또한 어찌 흙 위에 진흙을 더함과 다르겠는가! 無明實性卽佛性 … 若離於妄 卽無佛性 然佛性 非有非無 不有無 若言佛性定可卽者 又何異土上加泥", 『백운수단광록』 권2(卍속장120, p.419a7)에 "꽃을 들어 부촉함도 흙 위에 진흙을 더함이고, 팔을 잘라 마음을 보인 일마저도 물에 잠긴 달을 잡으려 함이다. 拈花付囑 土上加泥 斷臂安心 水中捉月"라고 하였다. [참고문헌] 『圜悟語錄』, 『碧巖錄』, 『證道歌註』, 『白雲守端廣錄』.

토선암 土禪庵 전라남도 구례군 광의면 지리산(智異山)에 있던 암자. 1356년(공민왕5)에 나옹(懶翁 1320~1376)이 창건하고 수도하였다고 전한다. [참고문헌] 『文化遺蹟總覽』(全羅南道, 1986).

토왕경 兎王經 부처님의 본생담을 수록한 『생경 生經』(대정장3, No.154)의 31번째 경. 대정장3, p.94b3~c13에 수록되어 있다. 부처님께서 과거세에 산속의 토끼왕으로 태어나셨을 때였다. 토끼왕은 산속에서 자비롭고 기쁜 마음으로 권속을 교화하여 모두가 악행을 짓지 못하도록 하였다. 어느 날 동물의 몸에서 벗어나 사람의 몸을 얻을 뜻을 펼치자 모든 권속이 그 뜻을 함께 하여 어기지 않았다. 그 산속에 한 선인이 머물러 경을 외우면서 수행하고 있었다. 토끼왕은 권속들과 함께 도인을 극진히 공양하였다. 추운 겨울이 되자 산속에 살 수 없게 된 선인이 인간세상에 돌아갔다가 겨울을 나고 돌아오려고 하였다. 토끼왕은 선인을 떠나보내지 않으려고, 자신이 선인의 식량을 공급할 것임을 약속하고, 그 증표로 자신의 몸을 선인이 섬기고 있던 불 위에 던졌다. 토끼왕은 이렇게 도를 얻기 위해 목숨을 아끼지 않았기에 죽어서 도솔천(兜率天)에 났고, 선인 역시 토끼왕의 죽음을 안타까워하고 자신의 경솔함을 책망하면서 곡식을 끊고 먹지 않다가 드디어 도솔천에 났다. 이 때의 토끼왕은 석가모니부처님이고 선인은 정광불(定光佛)이다. 『찬집백연경』 권4 「토소신공양선인연 兎燒身供養仙人緣」(대정장4, p.221b14)·『보살본연경』 권하 「토품 兎品」(대정장3, p.64c22)에도 전한다. [참고문헌] 『撰集百緣經』, 『菩薩本緣經』. ⇨ 생경 生經

토왕사 土王寺 평안남도 평원군 한천면 신성리에 있던 절. 『사탑고적고 寺塔古蹟攷』에 서남향으로 약 삼백 칸 부지에 기와조각이 산재한다고 하였다. [참고문헌] 『韓國寺刹全書』 권하 p.1114a8.

토요 土曜 Ⓢ Śanaiścara, Ⓣ spen-pa. 구요(九曜) 또는 칠요(七曜) 중 하나. 밀교 태장만다라 외원 서쪽에 자리하는 존격. 삼매야형은 선장(仙仗 : 錫杖), 종자는 (śa) 또는 (pṛ). 진언은 『수요의궤』 권1(대정장21, p.423a8)에 의하면 '옴 사니살작라 낭걸살달라 파라하마낭 로파야 보슬지가리 사(바)하 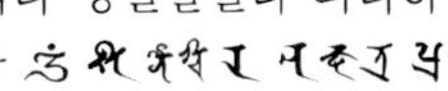 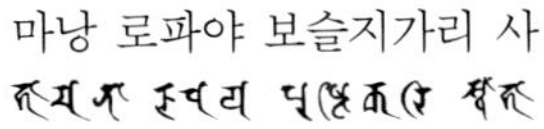 oṃ śanaiścara-nakṣatra prahāmanā rupaya puṣṭikari svāhā 唵 捨泥殺作羅 曩乞殺怛羅 跛羅訶摩曩 嚕波野 普瑟底迦里 莎訶 옴 토요수여, 세간의 이익을 더하는 이 스바하'이다. 『대일경소』 권4(대정장39, p.618c22)에 "토요는 중태장의 공

덕을 지닌다. 土曜 持中胎藏", 『수요의궤』 권1(대정장21, p.423b23)에 "사대악요는 화요 · 토요 · 라후 · 계도를 말하니 가장 중생에게 중요하다. 이때 복업을 닦고 널리 인자를 베풀며 문수팔자진언에 의지하거나 또는 치성광불정이나 피엽의관음 혹은 일자왕불정에 의지하여 대식재호마단장을 건립하여 각각 본법에 의지하여 염송공양하면 일체 재난이 저절로 소멸한다. … 만약 토요의 성취법을 닦으려는 이는 매월 7일이 가장 적당하다. 四大惡曜 所謂火曜 土曜 羅睺 計都 最重衆生 是時修諸福業 廣施仁慈 或依文殊八字眞言 或依熾盛光佛頂 或依被葉衣觀音 或依一字王佛頂 立大息災護摩壇場 各依本法 念誦供養 一切災難 自然消滅 … 若作土曜成就法者 每月七日 最爲相應"라고 하였다. [참고문헌] 『宿曜儀軌』, 『大日經疏』, 『曼荼羅図典』(大法輪閣, 2002). ⇨ 구요 九曜, 칠요 七曜

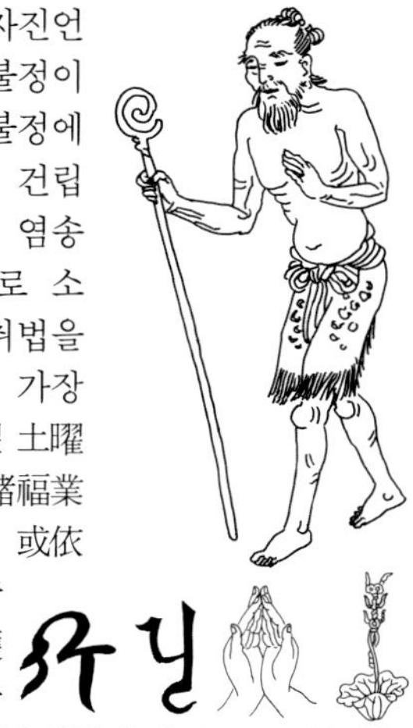

토장 土葬 사장(四葬) 중 하나. 땅에 묻는 장례(葬禮). 『사분율행사초』 권하4(대정장40, p.145b21)에 "토장은 언덕에 묻는 방식이다. 土葬埋之岸", 『석씨요람』 권하(대정장54, p.308c22)에 "셋째, 토장은 구릉 얕게 묻어 빨리 무너지게 돕는다. 三 土葬 謂埋岸傍 取速朽也"라고 하였다. [참고문헌] 『四分律行事鈔』, 『釋氏要覽』. ⇨ 사장 四葬, 장법 葬法

토전 土田 만물 또는 일체법이 출생하는 의보(依報)로서의 국토. 또는 일체불법을 출생시켜 모든 중생이 일체법을 깨닫게 하는 뜻으로 불찰(佛刹)을 뜻한다. 나아가 부처님의 사리를 모시고 당간을 세운 부처님의 땅 즉 사찰로서의 뜻도 있다. 『일체경음의』 권21(대정장54, p.436a8)에 "불찰〈찰을 온전하게 음사하면 걸차달라(Ⓢ kṣetra)이고, 한역하면 토전이다〉. 佛刹〈刹 具正云紇差怛羅 此曰土田也〉", 『법화현의석첨』 권13(대정장33, p.910b21)에 "토전의 범어는 불찰이다. 만물이 나는 곳을 토전이라 하니, 부처님께서 탄생하신 곳이고 또한 일체법이 나는 곳이기도 하다. 土田 梵云佛刹 物所生處 名爲土田 卽佛生處所也 亦是一切諸法之所生處", 돈황본 『정명경관중석초』 권하(대정장85, p.543b3)에 "(表刹은) 차다라(Ⓢ chattra)라고도 음사하는데 토전이라 한역한다. 찰토는 두 소리가 있다. 『현응음의』에 따르면, 장대를 세우고 불사리를 안치함으로써 불사리가 의지한 뜻으로 토전과 같게 된다. 或言差多羅 此譯云土田 或作刹土者 存二音也 應云 立竿 以安佛骨 佛骨所依 義同土田也"라고 하였다. [참고문헌] 『一切經音義』, 『法華玄義釋籤』, 『淨名經關中釋抄』, 『止觀輔行傳弘決』 권2(대정장46, p.186c1). ⇨ 불찰 佛刹[1], 찰토 刹土, 찰마 刹摩

토지공 土地公 도교(道教)와 민간에서 모시는 토지신. 복덕정신(福德正神)이라고도 부른다. 고대 신화 중에서는 사신(社神)이라 불렸는데 한 작은 구역의 땅을 관장하는 신이었지만, 후에 지상의 일체 생산물과 가축 · 농작물 등의 풍년을 주관하는 신으로 여겨져 제사의 대상이 되었으며, 이내 민간에서는 복록(福祿)과 재물을 담당하는 신으로 받들어졌다. 농민에게만 국한되지 않고 상인 · 어민 · 광부 · 금융계 · 장인(匠人) 등 다양한 사람들에 의해 숭배되었으며, 묘(墓)를 지키는 신으로 여겨지기도 하여 후토(后土)라 불리기도 한다. 전하는 말에 따르면, 선한 사람이나 군자가 죽으면 성황야(城隍爺)에 의해 각 지방의 토지공으로 임명된다고 한다. 도교에서는 본 신 외에도 태사신(太社神) · 태직신(太稷神) · 토옹신(土翁神) · 토모신(土母神) 등이 토지를 관장하는 신으로 되어 있다. ⇨ 복덕정신 福德正神

토지당 土地堂 토지신(土地神)을 모시는 당사(堂舍). 『선림상기전』 권1(불광장, 禪藏, p.38)에 "토지당 : 토지신 곧 호법신당으로 불전 동쪽에 둔다. 『남선규식』에 '어떤 이는 「송대 토지당과 조사당을 법당의 좌우에 두었다」라고 하지만, 의당은 「다만 마땅한 터인지를 살필 뿐이며 반드시 법당좌우일 필요는 없다」라고 한다'. 『백장청규』 권2 「주지일용 · 염송」(대정장48, p.1121a14)에 '시자는 주지를 따라 조사당과 토지당과 대전에 이르러 향을 사르고 예배한다'라고 하였다. 土地堂 土地神 護法神之堂 設佛殿東邊 南禪規式曰 或曰 宋國土地祖師二堂 在法堂左右 義堂云 但隨宜處立之 不必於法堂左右也 勅修淸規 住持章念誦云 侍者隨住持 到祖堂土地堂大殿 燒香禮拜", 『서중무온어록』 권2(卍속장123, p.820b14)에 "토지당에서 : 텅 비어 신령함이 고요히 비추니 진실로 말에 있지 않네. 밥통 언저리와 칠통 그속 한 구절 있을 뿐. 알고 있는가? 소로소로! 土地堂 虛靈寂照 固不在言 飯籮邊漆桶裏有一句子 還知麽 蘇嚧蘇嚧"라고 하였다. [참고문헌] 『禪林象器箋』, 『百丈淸規』, 『恕中無慍語錄』. ⇨ 택신 宅神

토지수 土地宿 이십팔수(二十八宿) 중 성수(星宿 Ⓢ Maghā)의 다른 이름. 『사두간태자이십팔수경』(대정장21, p.415b22)에 "토지수는 다섯 별이 있다. 그 모양은 굽이쳐 흐르는 강물과 같다. 삼십수유를 운행하며 곁에서 따른다. 메벼를 먹고 부천에 머물며 성은 변수라 한다. … 토지수에 태어나면 큰 귀함을 얻는다. 土地宿者 有五要星 其形之類 猶如曲河 行三十須臾而侍從矣 食

油粳米 主于父天 姓號邊垂 … 土地宿日生 得大豪貴"라고 하였다. 〔참고문헌〕『舍頭諫太子二十八宿經』. ⇨ 이십팔수 二十八宿, 성수 星宿 [1]

토지신 土地神 정해진 땅이나 구역을 수호하는 신. 『선림상기전』 권4(불광장, 禪藏, p.272)에 "토지신 : 도충(道忠)이 말한다. '정해진 경계를 수호하는 신을 토지라 이른다'〈「전당문」의 '토지당'을 보라〉. 『여동서록』에 '작존・덕존・치존과 같이 덕망 있는 사람들은 왕왕 죽은 다음에 마을 사당에서 제사를 올린다. 풍속에 토지신이라 부르는 이들이다. 마을 사람들이 때로는 묘를 세우기도 한다'라고 하였다. … 도충이 말한다. '토지신이라는 부름 또한 오래되었다'. 土地神 忠曰 守護其封境之神 稱土地也〈又見殿堂門 土地堂〉 餘冬序錄云 爵尊德尊齒尊之人 往往沒而得祭於里社 俗謂土地神 是也 里人或爲之立廟 … 忠曰 土地神之稱 亦久矣", 『동국승니록』 「나옹혜근장 懶翁惠勤章」(한불전12, p.862a7)에 "그날 저녁 얼굴에 사마귀가 나고 의관을 갖춘 어떤 신인이 꿈에 나타나 '대중이 흩어지면 도적이 반드시 절을 없앨 것이니, 스님께서 의지를 단단히 가지시기 바랍니다'라고 말했다. 다음 날 토지신에 다가가 앉아서 그 얼굴을 주시해 보았더니 꿈에 본 그 모습이었고, 도적은 말대로 오지 않았다. 是夕夢一神人 面有黑誌 俱衣冠作禮曰 衆散賊必滅寺 願固師志 明日至土地神 座視其貌 則夢所見也 賊果不至", 『벽암록』 97칙 「평창 評唱」(대정장48, p.221a5)에 "동산화상은 한평생 선원에 머물렀지만 토지신이 화상의 자취를 아무리 찾으려 해도 볼 수 없었다. 하루는 부엌 앞에 쌀과 밀가루가 버려 흩어져 있음을 보고, 동산이 마음을 내어 '상주물색을 어찌 이렇게 밟을 수 있는가!' 하니, 토지신이 드디어 한번에 보고 절을 올렸다. 洞山和尙 一生住院 土地神 覓他蹤跡不見 一日廚前 抛撒米麵 洞山起心曰 常住物色 何得作踐如此 土地神 遂得一見 便禮拜", 『경덕전등록』 권8 「남전보원전 南泉普願傳」(대정장51, p.257c6)에 "그날 밤에 토지신이 미리 장주에게 알려주었고, 장주는 들은 대로 미리 방비하였다. 其夜土地神 先報莊主 莊主乃預爲備"라고 하였다. 〔참고문헌〕『禪林象器箋』, 『東國僧尼錄』, 『碧巖錄』, 『景德傳燈錄』. ⇨ 토지당 土地堂

토지죽 土地粥 발우공양 전에 토지신에게 베푸는 죽. 현재 한국의 선원 등 승가에서는 땅 위에 뿌리지만 아귀중(餓鬼衆)에게 베푼다. 『선원청규』 권1 「부죽반 赴粥飯」(卍속장111, p.881a12)에 "대중 발우 편다〈홍제선원(洪濟禪院)에서는 더하여 건추 한 번 내린다. '대중은 각자 『심경』 세 차례 염송하여 아무개 회향' 하고 여러 곳으로 토지죽 베풀고 나면 바야흐로 추 한 번 내린다〉. 大衆展鉢〈洪濟添打槌一下云 大衆各念心經三卷 回向某人 諸方設土地粥 方有此一槌〉"라고 하였다. 〔참고문헌〕『禪苑淸規』.

토체오중 土體五重 중생이 의지해 살아가는 세계 즉 의보(依報)를 다섯 갈래로 거듭 밝힘. 『화엄경탐현기』 권3(대정장35, p.161b21)에서 "무릇 국토의 체를 논하면 오중이 있으니 첫째 진여, 둘째 진지, 셋째 본식, 넷째 오진, 다섯째 제사이다. 凡論土體有五重 一 眞如 二 眞智 三 本識 四 五塵 五 諸事"라고 하였으며, 청량 징관이 이를 『현담』에서 다시 풀었으니 『대명삼장법수』 권18(영락장182, p.158a7)에 "토체오중〈출전은 청량의 『화엄경수소연의초』〉 : 첫째는 진여이다. 진여란 진실하여 거짓 없는 이로서 법성토의 체다. 이 청정법신이 의지하는 토는 법신으로 말미암는다. 무상토도 이와 같다. 신과 토가 비록 나뉘지만 체는 원래 둘이 아니므로 진여를 체로 삼는다. 土體五重〈出華嚴經隨疏演義鈔〉 一 眞如 眞如者 乃眞實無妄之理 卽法性土之體也 此淸淨法身 所依之土 以由法身 無相土亦如是 身土雖分 體原不二故 眞如爲體也", "둘째는 진지이다. 진지는 근본무분별지로서 실보토의 체이다. 이는 여래원만보신이 의지하는 토로서 실지로 말미암는다. 공이 원만하여 만덕을 성취한다. 체는 무분별이기에 경지가 하나로 같으므로 진지를 체로 삼는다〈근본무분별지란 여래께서 혹업을 깨끗하게 없애시고 몸소 증득하신 본래의 원만하고 밝은 지혜이다. 이 지혜로 만법을 남김없이 비추어 보실 뿐 분별에 의지하지 않는다〉. 二 眞智 眞智者 乃根本無分別智 卽實報土之體也 此是如來圓滿報身 所依之土 以由實智 功圓萬德成就 體無分別 境智一如 故以眞智爲體也〈根本無分別智者 如來 惑業淨盡 親證本有 圓明之智 此智 照了萬法 不待分別也〉", "셋째는 본식이다. 본식이란 근본청정식심으로 색상토의 체이다. 이는 여래미진상해신이 의지하는 토로서 복과 지혜로 말미암는다. 가이 없는 상호를 갖추고 장엄하여 모두 구비한다. 성과 상이 여여하므로 본식을 체로 삼는다. 三 本識 本識者 乃根本淸淨識心 卽色相土之體也 此是如來微塵相海身 所依之土 以由福慧 無邊相好具足 莊嚴悉備 性相如如故 以本識爲體也", "넷째는 사진이다. 네 가지 티끌이란 색향미촉이다. 이들 사진은 후득지로 드러난 색상으로 타수용토의 체다. 이는 여래타수용신이 의지하는 토로서 이타행이 원만함으로 말미암는다. 보살들

〈표〉 토체오중

진여 眞如	진실무망지리 眞實無妄之理	법성토 法性土	청정법신 淸淨法身	무상토 無相土	체원불이 體原不二
진지 眞智	근본무분별지 根本無分別智	실보토 實報土	여래원만보신 如來圓滿報身	실지 實智	경지일여 境智一如
본식 本識	근본청정식심 根本淸淨識心	색상토 色相土	여래미진상해신 如來微塵相海身	복혜 福慧	성상여여 性相如如
사진 四塵	후득지 後得智	타수용토 他受用土	타수용신 他受用身	이타행만 利他行滿	제진경계 諸塵境界
제사 諸事	성사지 成事智	변화토 變化土	화신 化身	왕석수습 이타인연 往昔修習 利他因緣	성판중사 成辨衆事

각각의 마땅한 변화를 따라 갖가지 가장 아름다운 색상의 온갖 경계를 나투고 사진을 체로 삼는다〈후득지란 근본지로서 나중에 증득한 지혜이다. 타수용이란 다른 이로 인하여 기틀이 감하여 나투어 받아 쓰이다〉. 四 四塵 四塵者 色香味觸也 此之四塵 乃後得智 所現之色相 卽他受用土之體也 此是如來他受用身 所依之土 以由利他行滿 隨諸菩薩 所宜變化 而現種種 上妙色相 諸塵境界故 以四塵爲體也〈後得智者 卽根本智 後所得之智也 他受用者 因他機感 見而受用也〉", "다섯째는 제사이다. 제사란 만사를 성취하는 지로서 변화토의 체이다. 이는 여래 화신이 의탁하는 토로서 과거세에 닦은 이타인연으로 말미암는다. 모든 유정마음 마땅함을 따라 갖가지 맑고 탁한 국토를 드러내어 저들이 만사를 가려 성취케 하므로 온갖 세간사를 체로 삼는다. 五 諸事 諸事者 乃成事智 卽變化土之體也 此是如來化身 所依之土 以由往昔修習利他因緣故 能隨諸有情心之所宜 而現種種 淨穢國土 令其成辦衆事故 以諸事爲體也"라고 하였다. 〔참고문헌〕『華嚴經探玄記』, 『大明三藏法數』. ⇨ 의보 依報, 불토 佛土, 오토 五土 ■

토초 土麨 흙으로 만든 떡. 아수가왕(阿輸伽王 Ⓢ Aśoka : 아쇼카)의 동자시절에서 비롯된 일(獻麨)로서, 이 일로 전륜성왕(轉輪聖王)의 기별을 받았다. 『사십이장경소초』 권3(卍속장59, p.159a18)에 "떡을 빚어 바치다. 『아육왕경』에 전한다. 부처님께서 왕사성에서 걸식하실 때 덕이 뛰어난 아이가 흙을 만지며 놀면서 집과 창고를 지은 뒤 떡을 만들어 창고에 넣어두었다. 부처님을 뵙고 기쁜 마음으로 창고의 흙떡을 세존께 바치고 '원하건대 제가 장차 하늘과 땅 덮도록 널리 공양을 베풀게 하옵소서'라고 하였다. 후에 육왕이 되었고 염부제를 다스렸다. 獻麨者 阿育王經云 佛入王城乞食 德勝小兒 弄土而戲 作舍宅倉庫 以土爲麨 著倉庫中 見佛歡喜 掬倉土麨 奉上世尊 願我當來 蓋於天地 廣設供養 後爲育王 王閻浮提", 『만선동귀집』 권하(대정장48, p.988b23)에 "동자가 흙떡을 바쳤으니 그 복으로 전륜성왕의 수기를 받았다. 童子進土麨 而福受輪王"라고 하였다. 〔참고문헌〕『四十二章經疏鈔』, 『萬善同歸集』.

토하약 吐下藥 Ⓟ virecana. 비구에게 허용된 칠종약(七種藥) 중 하나인 설사약. 『사분율』 권14(대정장22, p.662c21)에 "그때 병든 비구가 토하약을 복용했다. 時有病比丘 服吐下藥", 『사분율행사초간정기』 권12(卍속장68, p.746a18)에 "토하약이란 위로 아래로 토하는 경우가 있는데, 아래로 토할 때 쓴다. 吐下藥者 吐上吐下 下卽痢也", 팔리율장 *Mahāvagga*(*Vin.1*, p.206)에 "그때 어떤 비구가 병색이 완연했다. 이에 세존께서 이르시길, 내 허락하노니 비구들이여, 설사약을 마셔도 좋다. tena kho pana samayena aññataro bhikkhu abhisannakāyo hoti. bhagavato etamatthaṃ ārocesuṃ. anujānāmi bhikkhave virecanaṃ pātunti"라고 하였다. 〔참고문헌〕『四分律』, 『四分律行事鈔簡正記』, *Vin*. ⇨ 칠종약 七種藥

토화라국 吐火羅國 Ⓢ Tukhāra. 인도 서북부에 있던 나라. 현재 아프가니스탄 북부 도시 발흐(Balkh・Bactra) 일대를 왕도로 삼았던 대하(大夏)로 추정하며, 발흐의 서쪽을 하토하라, 동쪽을 상토하라로 구분하기도 한다. 『대당서역기』에서는 도화라(覩貨邏)라고 하였다. 『수서』 권83 열전48 서역(西域)에 "토화라국은 대체로 총령 서쪽 오백 리에 있는데, 읍달과 섞여 산다. … 풍속에 부처님을 받든다. … 산의 동굴에는 신마가 사는데 매년 동굴에서 암컷 말을 길러 반드시 명마를 얻는다. 남쪽으로 가면 조국이 천칠백 리이고, 동쪽으로 과주는 오천팔백 리이다. 대업년간(605~617)에 사신을 보내 조공을 바쳤다. 吐火羅國 都葱嶺西五百里 與挹怛雜居 … 其俗奉佛 … 其山穴中有神馬 每歲牧牝馬於穴所 必產名駒 南去漕國千七百里 東去瓜州五千八百里 大業中 遣使朝貢", 『자은전』 권2(대정장50, p.227c27)에는 "갈상나국〈당언으로는 사국이다〉에 이르렀다. 또 서남쪽으로 이백리를 가서 입산하였다. … 산길 삼백여 리를 가서 철문에 들어갔는데 … 돌궐의 관문이다. 철문을 나와 도화라국〈옛날에 토화라라고 말한 것은 잘못이다〉에 이르렀다. 여기서부터 수백 리를 가서 박추하를 건너 활국에 이르렀다. 至羯霜那國〈唐言史國〉 又西南二百里入山 … 山行三百餘里入鐵門 … 卽突厥之關塞也 出鐵門至睹貨羅國〈舊曰吐火羅訛也〉 自此數百里渡縛芻河 至活國", 『유부율잡사』 권24(대정장24, p.319c5)에 "또한 두 마리 흰 거위가 허공을 날아서 오자, 토화라국왕이 준마 두 마리를 보내 대왕에게 바치려고 길을 찾아 나선 지 7일 만에 도착했는데 이것이 그 전조였다. 又見二白鵝 飛空而來者 有吐火羅國王 送二駿馬 來奉大王 尋路而來 七日當至 此爲先兆", 『왕오천축국전』(한불전3, p.378c16)에는 "범인국에서 북쪽으로 이십일을 가면 토화라국에 이른다. 왕이 사는 성의 이름은 박지나이다. … 국왕과 수령, 백성들은 삼보를 매우 공경하여 절도 스님도 많고 소승법을 행한다. 고기와 파, 부추 등을 먹지만 외도를 섬기지는 않는다. 또 토화라국에서 서쪽으로 한달을 가면 파사국에 이른다. … (파사국은) 하늘을 섬기고 불법은 알지 못한다. 此犯引國北行二十日 至吐火羅國 王住城名爲縛底那 … 國王首領及百姓等 甚敬三寶 足寺足僧 行小乘法 食肉及葱韮等 不事外道 又從吐火羅國西行一月 至波斯國 … 事天不識佛法", 같은 책(한불전3, p.380a9)에 "또 토화라국에서 동쪽으로 칠일을 가면 호밀왕이 사는 성에 이른다. 마침 토화라국에서 올 때 번국으로 가는 중국 사신을 만났다. … 겨울날 토화라에서 눈을 만난 소회를 오언으로 썼다. '차가운 눈 얼음 끌어 모으고 찬 바람 땅 가르듯 맹렬하여, 큰 바다는 동쪽으로 단을 이루고 강물은 얼음 절벽 물어 뜯는다. 용문은 폭포를 끊고 우물은 똬리튼 뱀처럼 엉켰으니, 불을 들고 하늘 오르며 노래한다. 어떻게 해야 능히 파미르를 넘겠는가'. 又從吐火羅國 東行七日 至胡蜜王住城 當來於吐火羅國 逢漢使入蕃 略題四韻取辭 五言 … 冬日在吐火羅逢雪述懷五言 冷雪牽氷合 寒風擘地烈 巨海東墁壇 江河凌崖囓 龍門絶瀑布 井口盤蛇結 伴火上陔歌 焉能度播蜜",『정원신정석교목록』 권13(대정장55, p.869b28)에 "경룡 4년 경술년(710)에 이르러 대천복사에서 … 이상 20부 88권을 번역하였다. 토화라 사문 달마말마와 중인도 사문 장노가 범어를 증명하였다. … 사문 … 승장 … 등이 뜻을 증명하였다. 又至景龍四年庚戌 於大薦福寺 … 已上二十部 八十八卷 吐火羅沙門達磨末磨中印度沙門狀弩證梵義 … 沙門 … 勝莊 … 等證義"라고 하였다. 〔참고문헌〕『隋書』, 『慈恩傳』, 『有部律雜事』, 『往五天竺國傳』, 『貞元新定釋教目錄』. ⇨ 도화라 覩貨羅

톰셀첸포 Khrom-bsher-chen-po 1100~1170. 티베트 카담파의 스님. 톰셀린첸외(Ⓣ Khrom-gzher-rin-chen-'od)라고도 한다. 역사서에 따라서는 Khrom-bzher 혹은 Khrom-zher라고도 한다. 계여륭헐로(係與隆歇魯)라고 음사한다. 캄캄(Ⓣ sKam-skam)사원과 바르바르(Ⓣ Bar-bar)사원을 건립했다. 자율와숀누외(Ⓣ Bya-yul-ba-gzhon-nu-'od)의 뛰어난 여덟 명의 제자 중 한 명으로 기록된다. 〔참고문헌〕 Las-chen Kun-dga'-rgyal-mthshan *Bka'-gdams-kyi Rnam-par Thar-pa Bka'-gdams Chos-'byung Gsal-ba'i Sgron-me* (New Delhi : Jamyang Norbu, 1972).

통 痛 ❶ⓈⓅ vedanā. 아픔. 몸으로 느끼는 고통. 『장아함경』 권2 「유행경 遊行經」(대정장1, p.15a17 : *Mahāparinibbāna-sutta, DN.2*, p.99)에 "그 뒤 하안거 중에 부처님 몸에 병이 나서 온몸으로 아파하셨다. 於後夏安居中 佛身疾生 擧體皆痛 atha kho bhagavato vassūpagatassa kharo ābādho uppajji. bāḷhā vedanā vattanti māraṇantikā", 『나선비구경』 권하(대정장32, p.699c4)에 "사람이 살면서 일찍이 손발을 잘린 적이 없거늘 어떻게 손발이 잘리는 고통의 극심함을 알겠습니까? 人生未嘗截手足 寧知截手足 爲痛劇不"라고 하였다. 〔참고문헌〕『長阿含經』, 『那先比丘經』, *DN., Udāna-v.322.* ❷ 고통(Ⓟ dukkha). 법의 진실을 깨우치지 못한 무명(無明)으로 생사에서 해탈하지 못하는 보편적인 고통. 『의족경』 권하(대정장4, p.184a7)에 "이 고통 무엇을 따라 사라지게 하며, 무엇을 좇아 가야 고통에서 벗어날 수 있는가? 是痛從何滅 從何行脫痛", 『음지입경주』 권상(대정장33, p.13b2)에 "육정이 하고자 하는 대로 얻으면 즐겁다 하고, 잃으면 괴로워 아프다 한다. 獲六情所欲 謂之樂 失之卽惱 謂之痛"라고 하였다. 〔참고문헌〕『義足經』, 『陰持入經註』. ❸ Ⓟ vedanā. 오온(五蘊) 중 수(受). 각(覺)이라고도 한역한다. 고락사(苦樂捨) 삼수(三受)를 말한다. 『증일아함경』 권19(대정장2, p.642c14)에 "그때 존자 바가리는 이 다섯 갈래 치성한 무더기를 문득 사유하였으니, '이것은 색이라 하고, 이것은 색의 모임이라 하며, 이것은 색이 다하여 사라짐이라 한다. 이것은 통상행식이라 하고, 이것은 통상행식의 쌓임이라 하며, 이것은 통상행식이 다하여 사라짐이라 한다'. 是時 尊者婆迦梨 便思惟是五盛陰 是謂此色 是謂色集 是謂色滅盡 是謂痛想行識 是謂痛想行識集 是謂痛想行識滅盡", 『아비담심론』 권1(대정장28, p.809b28)에 "이 오음은 색·통〈마땅히 각이다〉·상·행·식이다. … 통이란 낙과 불락(苦)·불고불락(捨)을 반연하여 받아들임이다. 是五陰 色痛〈應云覺也〉想行識 … 痛者 樂不樂俱相違緣受", 『음지입경주』 권상(대정장33, p.9c18)에 "오음(五陰) 중 두 번째는 통이다. 뜻에 바라는 바를 두고 잃을지도 모른다는 두려움과 근심으로 심정을 수고롭게 하기에 통이라 한다. 二 爲痛 志所存願 慘怛懼失之情 爲情勞 謂之痛也"라고 하였다. 〔참고문헌〕『增壹阿含經』, 『阿毘曇心論』, 『陰持入經註』, *SN.3.123.* ⇨ 각 覺[7], 수 受, 삼수 三受

통거행 通去行 청정업으로 가서 날 곳이라면 어디든지 가기를 행함. 정해진 정토에 가기 위해 따로 행하는 별거행(別去行)과 맞선다. 『관무량수경』(대정장12, p.341b20)에 "오직 원컨대 불일이시여, 저로 하여금 청정업처를 관하게 하여주소서. 唯願佛日 教我觀於清淨業處", 『관무량수불경소』 권1(대정장37, p.247b14)에 "'오직 원컨대 불일이시여, 저로 하여금 청정업처를 관하게 하여주소서'라 함은 위제희가 스스로 두루 거행하기를 청함이다. 從唯願佛日 教我觀於清淨業處者 卽是韋提 自爲通請去行", 『교상추요초』 권상에 "'저로 하여금 청정업처를 관하게 하여주소서'란, 널리 시방정토에 거행하기를 청함이다. 그러므로 통거행이라 말한다. 教我觀於清淨業處者 廣請十方淨土去行 故云通去行"라고 하였다. 〔참고문헌〕『觀無量壽經』, 『觀無量壽佛經疏』, 『教相樞要鈔』. ⇨ 거행 去行, 별거행 別去行

통게 通偈 경론(經論)에서 장행(長行)과 게송을 불문하고 32자(字)를 한 단위로 구성하는 글의 형식. 때론 어떤 사태를 다 들어 노래하는 뜻의 게송을 말하기도 한다. 『대반야경』이 10만 송(頌 Ⓢ śloka)으로 되어 있다고 하는 것도 이에 근거한다. 별게(別偈)에 대칭한다. 『백론소』 「백론서소 百論序疏」(대정장42, p.234b7)에

"게에는 둘이 있다. 첫째는 통게이니 곧 수로게이며 32자가 있다. 석도안이 말하길 '호인이 경을 세는 법이다. 장행과 게를 불문하고 32자로 채우기만 하면 문득 1게이다' 하였다. 偈有二 一 通偈 卽首盧偈 有三十二字 釋道安云 胡人數經法也 莫問長行偈 但令三十二字滿 便是一偈", "『용수전』에서도 이랬기에 '용수는 젖먹이 때 4위다를 외웠다'라고 하였는데 4위다는 10만 게이고 게에는 32자가 있다. 『대지도론』에 이르길 '『마하반야』는 10만 게, 320만 언이다' 하였기에 32자를 1게로 정하였음을 알 수 있다. 龍樹傳亦爾 故云 龍樹孚哺之中 誦四違陀 四違陀 十萬偈 偈有三十二字 智度論云 摩訶波若十萬偈 三百二十萬言 故知定三十二字爲一偈也", 같은 책 권1(대정장42, p.238b23)에 "『중론』과 『십이문론』은 곧 별게이고, 이 논은 통게라고 이른다. 中論十二門卽是別偈 斯論 謂通偈也"라고 하였다. [참고문헌] 『百論疏』, 『中觀論疏』 「序文」(대정장42, p.1b14). ⇨수로가 首盧迦, 별게 別偈

불입상 간다라 라호르 중앙박물관 3세기

통견 通肩 삼보(三寶)의 복전(福田)으로서 위의를 드러내야 할 때 가사를 수하는 법. 부처님 앞이나 사승 앞에 나아갈 때, 또는 대중으로서 주어진 일들을 잘 수행하기 위해서 편단우견(偏袒右肩)한다. 『사리불문경』(대정장24, p.901b27)에 "부처님께서 말씀하셨다. '닦아 받들어 섬길 땐 응당 편단하여 편안히 일 지어야 하고, 복전 지을 땐 응당 양어깨를 덮어 가사의 복밭모양을 드러내야 한다. 무엇이 닦고 공양함인가? 저 부처님을 뵐 때나 사승께 문신할 때나 응당 사상 따라야 하거나 상을 털거나 땅을 쓸거나 옷을 개거나 주위에 자리를 바루거나 진흙땅으로 꽃을 짓거나 제자를 매질하거나 물 뿌리는 등 갖가지로 옮겨 다니며 공양할 때다. 무엇이 복전 짓는 때인가? 국왕이 공양을 청하거나 마을에 들어가 걸식하거나 좌선하거나 송경하거나 순행하거나 나무 아래 있을 때이니, 사람들이 단엄함을 보고서 가히 보아 생각할 만한 것이 있게 함이다'. 佛言 修供養時 應須偏袒 以便作事 作福田時 應覆兩肩 現田文相 云何修供養 如見佛時 問訊師僧時 應隨事相 若拂床 若掃地 若卷衣裳 若周正薦席 若泥地作華 若撻高足下 若灑 若移種種供養 云何作福田時 國王請食 入里乞食 坐禪 誦經 巡行 樹下 人見端嚴 有可觀也", 『사분율산번보궐행사초』 권하(대정장40, p.108a11)에 "『사리불문경』(대정장24, p.901b27)에서 처음에 편단을 허한 것은 갖가지 일을 잘 수행함으로 공경하게 함 때문이고, 후에 통견하여 가사 입음을 허한 것은 복전의 상을 보이기 위함이다. 율중에 부처님 앞이나 상좌 앞에 이르면 바야흐로 편단하라 하였으며, 경중에 통견하여 가사를 수함은 오백세 중에 철갑지옥에 든다고 하였다. 舍利弗問經 初聽偏袒者 謂執事恭敬故 後聽通肩披衣 示福田相故 律中至佛前上座前方偏袒也 經中通肩披衣 五百世中 入鐵甲地獄"라고 하였다. [참고문헌] 『舍利弗問經』, 『四分律删繁補闕行事鈔』.

통견법 通肩法 가사(袈裟 Ⓢ kaṣāya)를 걸칠 때 양어깨를 덮는 법. 걸어 다닐 때 흘러내리지 않도록 천의 모서리를 왼손으로 쥐는 것이 원칙이다. 불상의 경우 간다라불상은 대부분 통견 형식이며, 모두 왼손으로 가사 자락을 잡고 있다. 통일신라 불상의 경우 8세기를 기준으로 그 이전에는 주로 통견불상이 유행했고, 이후에는 편단우견 불상이 상대적으로 많다. 통견불상의 대표적인 예는 국보 제119호 고구려 금동연가칠년명여래입상을 비롯해 국보 제80호 구황동 금제여래입상, 국보 제117호 장흥 보림사 철조비로자나불좌상(859), 국보 제63호 철원 도피안사철조비로자나불좌상(865) 등이다. 이 가운데 구황동 금제여래입상은 왼손으로 가사자락을 여법히 잡고 있는 한국 불상의 대표 예이다. [참고문헌] A.B.Griswold 'Prolegomena to the Study of the Buddha's Dress in Chinese Sculpture'(*Artibus Asiae* 26-2, 1963) pp.85~131. ⇨편단우견 偏袒右肩

구황동 금제여래입상 국립중앙박물관 통일신라

통계 通戒 과거칠불(過去七佛)이 공통으로 설하신 계. 칠불통계게(七佛通戒偈)를 줄여서 부르는 말이다. 『백론소』 권상(대정장42, p.248c5)에 "칠불이 서로 이었을 뿐 따로이 계를 정한 적 없이 이어 왔으니 앞서 모두 한결같이 설한 계다. 지금은 외도가 처음으로 불법에 들어와 삭발하고 출가하기 이전에는 따로 계를 줄 수 없었기에 마땅히 앞서 있었던 통계를 밝혔다. 七佛相承 未制別戒已來 皆前說通戒 今外道初入佛法 未剃頭出家 不得授其別戒 宜前明通戒也"라고 하였다. [참고문헌] 『百論疏』. ⇨칠불통계게 七佛通戒偈, 약계 略戒

통고사 通古寺 경상북도 울진군 서면 쌍전리 통고산(通古山)에 있던 절. 사지(寺址)는 자연휴양림으로 개발되었는데, 수도승들이 수도를 마치고 타고 갈 말을 무쇠로 만들어 바위에 세워 두었다고 하여 무쇠말터라고도 불렸다고 한다. [참고문헌]『文化遺蹟分布地圖 蔚珍郡』(慶尙北道文化財研究院, 2004).

통과무기 通果無記 과(果)에 통하는 선(善)도 불선(不善)도 아닌 성. 닦아 얻은 변화심(變化心)에 의해 드러난 성이기 때문이다. 『대비바사론』 권87(대정장27, p.450b21)에 "무기에는 다섯 있으니, 첫째 이숙생법, 둘째 위의로법, 셋째 공교처법, 넷째 통과무기법, 다섯째 자성무기법이다. 無記有五 一 異熟生法 二 威儀路法 三 工巧處法 四 通果無記法 五 自性無記法", 『구사론』 권27(대정장29, p.144b29)에 "이와 같은 열네 가지 능히 변화하는 마음은 모두가 다 닦아 얻은 것들로 무기의 성으로 거둔다. 곧 통과무기에 거둬지는 뜻이다. 如是十四能變化心 皆是修得 無記性攝 卽是通果無記攝義", 『성유식론술기』 권3(대정장43, p.325b18)에 "과에 통하는 무기란 곧 변화심이다. 通果無記 卽變化心"라고 하였다. [참고문헌]『大毘婆沙論』, 『俱舍論』, 『成唯識論述記』. ⇨ 변화무기 變化無記

통과무기식 通果無記識 신통의 과로서의 무기인 식(識). 『대비바사론』 권87(대정장27, p.450b29)에 "삼계의 수도위에서 끊는 불염오식에는 열네 가지가 있다. 욕계에는 여섯 가지가 있으니 … 여섯째는 통과무기의 식이다. … [문] 통과무기의 식은 어떤 법을 반연하는가? [답] 욕계의 경우에는 오직 욕계의 수도위에서 끊는 법만을 반연하고, 색계의 경우에는 오직 욕계와 색계의 수도위에서 끊는 법만을 반연한다. 三界修所斷不染汚識有十四 謂欲界有六 … 六 通果無記識 … 問 通果無記識 能緣何法 答 欲界者 唯緣欲界修所斷法 色界者 唯緣欲色界修所斷法"라 하였다. [참고문헌]『大毘婆沙論』.

통과심 通果心 Ⓢ nairmita citta. 신통의 과로 일어나는 변화심. 『구사론』 권7(대정장29, p.39a21 : *Abh-k-bh.*, p.106)에 "삼계의 선심은 각각 두 가지이니, 가행득과 생득으로 다르다. 욕계의 무부심은 네 가지 마음이니, 첫째는 이숙생심, 둘째는 위의로심, 셋째는 공교처심, 넷째는 통과심이다. 三界善心 各分二種 謂加行得 生得別故 欲界無覆 分爲四心 一 異熟生 二 威儀路 三 工巧處 四 通果心 triṣu dhātuṣu kuśalaṃ cittaṃ dvidhā bhidyate. prāyogikaṃ ca-upapattilābhikaṃ ca vipākaja-airyāpathika-śailpasthānika-nairmitam. caturdhā 'vyākṛtaṃ kāme", 『구사론기』 권7(대정장41, p.142b29)에 "통과심에는 두 가지가 있다. 첫째 오식 중의 통과심이니, 즉 천안통과 천이통이다. 둘째 의식의 통과심이니, 변화심과 업통과심이다. 夫通果心有二 一 五識中通果 卽天眼 天耳通 二 意識通果 卽變化心 及發業通果心", 『구사론송소론본』 권7(대정장41, p.861c23)에 "통과심이란 능변화심과 천안·천이통의 과를 말한다. 능변화심이 색 등의 네 가지 경을 반연한다는 것은 네 가지 경을 변화시킨다는 뜻이다. 또한 소리를 반연하여 말을 발화하는 통과심이 있다. 通果心者 謂能變化心 及天眼耳通果 此能變化心 緣色等四境 謂化四境故 亦緣於聲 有發語通果心故", 『구사론송소의초』 권중(卍속장83, p.871a11)에 "통과는 해탈도 중의 지혜이다. 통과를 좇아서 이러한 능변화심이 일어난다. 그래서 통과와 통과지심이라고 한다. 通果 卽解脫道中慧 從通果發此能變化心 名通果 通果之心也"라고 하였다. [참고문헌]『俱舍論』, 『俱舍論記』, 『俱舍論頌疏論本』, 『俱舍論頌疏義鈔』, *Abh-k-bh.* ⇨ 변화심 變化心, 사무기 四無記❶, 천안통 天眼通, 천이통 天耳通

통관 通觀 삼권지관(三權止觀 : 三藏 通 別) 중 하나로 통교(通教)의 관법. 곧 반야공관(般若空觀)을 말한다. 『마하지관』 권3(대정장46, p.34a29)에 "인연인즉 공함을 듣고자 할진댄 위해서 통관을 설하고 … 위해서 참된 이선(理善)을 도와 일으키려 해도 통관을 설하며 … 졸도를 깨뜨리기 위해서 통관을 설한다. 欲聞因緣卽空 爲說通觀 … 爲生扶眞之理善 爲說通觀 … 爲破拙度 故說通觀"라고 하였다. [참고문헌]『摩訶止觀』, 『止觀輔行傳弘決』 권3(대정장46, p.227b11). ⇨ 삼권지관 三權止觀, 삼장관 三藏觀, 별관 別觀❷

통교 通教 천태(天台)의 화법사교(化法四教) 중 하나. 삼승(三乘)에 통하는 가르침이라는 뜻. 대승초문(大乘初門)으로서 특히 반야의 가르침을 가리킨다. 『사교의』 권1(대정장46, p.721c23)에 "둘째로 통교란 이름을 푼다. 통이란 같음이니, 삼승이 똑같이 받기에 통이라고 한다. 이 가르침은 인연이 곧 공이어서 무생인 네 가지 진제의 뜻도 밝히기에 대승으로 가는 첫 문이다. 二 釋通教名者 通者 同也 三乘同稟 故名爲通 此教明因緣卽空無生四眞諦理 是摩訶衍之初門也", "보살이 이승에 널리 통하기에 『대품경』에 '성문승을 배우고자 하든 연각승을 배우고자 하든 보살승을 배우고자 하든 반야를 배워야 한다' 하였으니, 삼승이 똑같이 이 가르침을 받아들이고 제일의를 보기에 통교라고 한다. 正爲菩薩 傍通二乘 故大品經云 欲學聲聞乘者 當學般若 欲學緣覺乘者 當學般若 欲學菩薩乘者 當學般若 三乘同稟此教 見第一義 故云通教也", "통이란 말은 뜻이 많지만 대략 여덟 뜻을 드러낸다. … 교통이란 삼승이 다 받아들이는 인연이 곧 공이라는 가르침이며, 이통이란 진에 치우친 뜻을 똑같이 봄이며, 지통이란 방편으로서의 일체지를 똑같이 얻음이며, 단통이란 계내혹의 끊임이 같음이다. 所言通者 義

乃多途 略出八義 … 敎通者 三乘通禀因緣卽空之敎 理通者 同見偏眞之理 智通者 同得巧度一切智 斷通者 界內惑斷同也", "행통이란 견사혹의 무루행이 같음이며, 위통이란 건혜지부터 벽지불지에 이르기까지 위가 모두 같음이며, 인통이란 구무애도의 인이 같음이며, 과통이란 구해탈도와 유여·무여의 이종열반이라는 과가 같음이다. 行通者 見思無漏行同也 位通者 從乾慧地 乃至辟支佛地 位皆同也 因通者 九無礙因同也 果通者 九解脫有餘無餘二種涅槃之果同也", "통의 뜻은 여덟이 있지만 통교라고만 이름함은 통교를 인하지 않으면 통의 뜻 알지 못하며 내지 통과도 이룰 수 없기 때문이다. 그러므로 대승방등경 및 반야부 경들로 이승이 득도함이 있으니, 이 가르침을 한결같이 품받기 때문이다. 通義有八 而但名通敎者 若不因通敎 卽不知通理 乃至得成通果也 故諸大乘方等 及諸般若 有二乘得道者 爲同禀此敎也", 『사교의주휘보보굉기』 권1(卍속장102, p.279a8)에 "〔주〕 삼승이 공히 행함에 둔근에겐 장교와 같고, 이근보살에겐 후의 별교와 원교와도 통하기에 통교라 이름한다. 註 三乘共行 鈍同三藏 利根菩薩 通後別圓 故名通敎", "〔기〕 장교는 사제·십이연·육도로는 부분적으로 삼승에 속하지만, 통교는 삼승이 다같이 무생사제를 관하고 가를 체달하여 공에 듦을 똑같이 닦으며 십이연을 관하고 육도도 한결같이 관한다. 둔근이라면 치우친 공을 보며 가깝게 삼장교와 같지만, 이근이라면 겸하여 불공마저 보기에 멀리 별교와 원교와도 통하므로 통교라 이름한다. 記 藏敎 以諦緣度 分屬三乘 通敎 三乘同觀無生四諦 同修體假入空 觀十二緣 同觀六度 若鈍根 見偏空 近同三藏 利根兼見不空 遠通別圓 名通敎"라고 하였다. 〔참고문헌〕『四敎義』, 『四敎義註彙補輔宏記』. ⇨ 계내교 界內敎, 당통 唐通, 당통장교 唐通藏敎, 별상교 別相敎

통교사 通敎寺 전라남도 영암군 달마산(達摩山)에 있던 절. 749년(경덕왕8)에 의조(義照)가 창건하였으나 이후 연혁은 전하지 않는다. 『동국여지승람』 권35 전라도 영암군 산천 달마산과 성해응(成海應 1760~1839)의 『연경재전집』 권51 「기호남산수 記湖南山水」에 이름과 위치가 기록되어 있다. 『여지도서』 전라도 영암 사찰에 "군 남쪽 100리에 있다. 모두 달마산 아래에 있다. 在郡南一百三十里 俱在達磨山下", 『범우고』에 "지금은 폐사하였다. 今廢"라고 하였다. 〔참고문헌〕『東國輿地勝覽』, 『硏經齋全集』(韓國文集叢刊275, p.64b15), 『輿地圖書』, 『梵宇攷』, 『韓國寺刹全書』 권하 p.1114a11.

통교사문 通敎四門 천태(天台)에서 시설한 사교사문(四敎四門) 중 하나로 유문(有門 : 實門)·공문(空門 : 不實門)·역유역무문(亦有亦無門 : 亦實亦不實門)·비유비공문(非有非空門 : 非實非不實門)이다. 『법화현의』 권8(대정장33, p.784c29)에 "오직 이 환화임을 잡아서 사문으로 가린다. 『대지도론』에서는 일체실·일체부실·일체역실역부실·일체비실비불실을 논하였는데, 부처님께서는 이 사구에 대해 제일의실단으로 자세히 설하셨다. 祇約此幻化 卽判四門 論云 一切實 一切不實 一切亦實亦不實 一切非實非不實 佛於此四句 廣說第一義悉檀", "일체실은 유문이 된다 한 것은, 업보와 과보와 선악 등의 법, 나아가 열반까지도 모두 환화일 뿐이다. 비유하면 거울 속에 비친 영상과 같아 비록 실성은 없으나 환화로는 있으니, 머리 등의 육분으로 유문을 삼는다. 一切實爲有門者 若業若果善惡等法 乃至涅槃 皆幻化 譬鏡中像 雖無實性 而有幻化 頭等六分 爲有門也", "제법이 이미 환화 같아서 환화 본래 실이 없고 실이 없으므로 공이다. 나아가 열반도 환화와 같아 거울 속에 비친 상과 같으니, 임시로 형색이 있을 뿐 구해도 얻을 수 없으니 이것이 공문이다. 諸法旣如幻化 幻化本自無實 無實故空 乃至涅槃如幻化 如鏡中像 假有形色 求不可得 是爲空門", "제법 이미 환화와 같기에 유라 이름하고, 환이어서 구할 수 없기에 공이라 한다. 마치 거울 속에 비친 상과 같아 보아도 볼 수 없고, 볼 수 없어도 봄이 있으니 이것이 역공역유문이다. 諸法旣如幻 故名爲有 幻不可得 故名爲空 如鏡中像 見而不可見 不可見而見 是亦空亦有門", "환으로 있는 것 오히려 얻을 수 없는데, 하물며 다시 환인 공을 어찌 얻을 수 있겠는가? 곧장 이 두 가지 모두를 버리는 것을 문으로 삼는다. 이것이 통교즉공의 사문이다. 幻有尙不可得 況復幻空而當可得 卽是兩捨爲門 是通敎卽空之四門也"라고 하였다. 〔참고문헌〕『法華玄義』, 『大智度論』 권1(대정장25, p.61b14), 『維摩經文疏』 권6(대정장38, p.557c3), 『摩訶止觀』 권6(대정장46, p.74b14), 『四敎義』 권3(대정장46, p.729a29). ⇨ 사교사문 四敎四門, 사문 四門 ❶, 통교 通敎

통교십지 通敎十地 성문(聲聞)·연각(緣覺)·보살(菩薩)이 함께 닦는 십지. 천태에서 시설하였고 삼승공십지(三乘共十地)라고도 한다. 『천태사교의』(대정장46, p.777c7·한불전4, p.523a6)에 "다음으로 통교를 밝힌다. … 삼승인이 같이 언설 없는 도로 색법을 체득하여 공에 들어가므로 통교라 한다. 『대품반야경』에 의지한 간혜지 등 십지가 바로 이 교의 위차다. 次明通敎者 … 謂三人同以無言說道 體色入空 故名通敎 依大品經 乾慧等十地 卽是此敎位次也"라 한 후, 다음과 같이 십지를 설한다. 첫째, 간혜지는 아직 이로서의 물이 없기에 이 이름을 얻는다. 곧 외범위로서 장교의 오정심관·총상념처·별상념처위 등 세 위와 같다(一 乾慧地 未有理水 故得其名 卽外凡位 與藏敎五停心 總別等三位齊). 둘째, 성지는 법성의 물을 얻은 듯해서 견혹과 사혹을 누른다. 곧 내범위로서 장교의 사선근위와 같다(二 性地 相似得

法性水 伏見思惑 卽內凡位 與藏敎四善根齊). 셋째, 팔인지와 넷째 견지 이 두 위는 무간삼매에 들어 삼계의 88사 견혹을 다하고 참된 무루지를 발하여 진제의 이를 본다. 장교의 초과와 같다(三 八人地 四 見地 此二位入無間三昧 斷三界八十八使見盡 發眞無漏 見眞諦理 與藏敎初果齊). 다섯째, 박지는 욕계의 구품사혹 중 앞의 6품을 끊으니 장교의 제2과와 같다(薄地 斷欲界九品思前六品 與藏敎二果齊). 여섯째, 이욕지는 욕계의 구품사혹을 모두 끊어 장교의 제3과와 같다(五六 離欲地 斷欲界九品思盡 與藏敎三果齊). 일곱째, 이판지는 삼계의 견혹과 사혹을 다 끊는데 정사만을 끊을 뿐 습기를 없애지는 못한다. 마치 나무를 태워 숯을 만드는 것과 같으니 장교의 제4과와 같다. 성문위는 이 위에서 끝난다(七 已辦地 斷三界見思惑盡 但斷正使 不能侵習 如燒木成炭 與藏敎四果齊 聲聞位齊此). 여덟째, 벽지불지는 다시 습기를 없애는데 마치 숯을 태워 재가 되는 것과 같다(八 辟支佛地 更侵習氣 如燒炭成灰). 아홉째, 보살지는 정사를 완전히 끊는 것이 이승과 같으나 습기에 의지하여 생사를 불리고 (이타의) 도와 (자리의) 관을 함께 행하여 신통에 놀아 불국토를 청정하게 한다(九 菩薩地 正使斷盡 與二乘同 扶習潤生 道觀雙流 游戲神通 淨佛國土). 열째, 불지는 근과 연이 무르익어 일념상응하는 혜로써 남은 습기를 단번에 끊고 칠보로 된 보리수 아래 앉아 천의로 자리를 삼으며 열승응신을 나툰 채로 성불한다. 삼승인의 근성을 위해 무생사제법륜을 굴리고 연이 다하면 열반에 든다. (이때) 정사와 습기를 모두 없애니, 마치 숯과 재 함께 다하듯 한다(十 佛地 機緣若熟 以一念相應慧 頓斷殘習 坐七寶菩提樹下 以天衣爲座 現帶劣勝應身成佛 爲三乘根性 轉無生四諦法輪 緣盡入滅 正習俱除 如炭灰俱盡). [참고문헌]『天台四敎儀』,『四敎儀』 권8(대정장46, p.749c24),『大明三藏法數』 권31(영락장182, p.696b9). ⇨ 십지 十地❶, 통교 通敎

통기 通奇 1595~1652. 명대 임제종(臨濟宗) 스님. 자는 임야(林野). 속성은 채(蔡)씨. 합주(合州 : 四川省 合川) 출신. 천성이 맑고 고요하여 육식을 하지 않았다. 어릴 때 금종사(金鐘寺)의 숙부 도연(道然)에 의지하여 동행(童行)으로 살다가 열일곱에 검주(黔州 : 四川省)의 연봉(蓮峰)을 은사로 출가하였고, 열아홉에 촉(蜀)을 벗어나 남쪽으로 다녔다. 당시 경전을 공부할 생각을 품고 있다가 우연히 "한 생각 일어나기 전 시러금 저 끝까지 그 모양 살피리. 一念未生前 試看底模樣"라는 천동(天童)의 참선게(參禪偈)를 듣고 의정(疑情)이 타는 듯했다. 그러던 어느 날 발을 헛디뎌 누각에서 떨어지면서 의정이 풀렸고, 마침내 천동원오(天童圓悟)를 오문(吳門)에서 친견하고 심인을 받았다. 1643년(숭정16) 천태통현사(天台通玄寺)에 주석한 이후 가화동탑사(嘉禾東塔寺)·서진사(棲眞寺)·천동사(天童寺) 등지로 옮겨 다녔다. 청대 1652년(순치9) 세수 58세로 입적하였다.『임야화상어록 林野和尙語錄』 8권을 남겼다. [참고문헌]『五燈會元續略』 권4(卍속장138, p.1022a18),『五燈嚴統』 권24(卍속장139, p.1033a14),『五燈全書』 권67(卍속장141, p.419a18),『續指月錄』 권19(卍속장143, p.1018b11),『續燈正統』 권33(卍속장144, p.877b4),『高僧摘要』 권3(卍속장148, p.760a2).

통달 洞達 막힘없어 이르지 못할 곳 없고 환히 밝아 비추지 못함 없는 뜻.『유가대교왕경』 권4(대정장18, p.577b19)에 "법계 본래 난 일 없어 고요히 그러하여 성도 상도 없다. 공의 이치 통달하여 가이 없음이니, 이것이 보리의 진실한 마음이네. 法界本來無所生 寂然無性亦無相 洞達空理無邊際 此卽菩提眞實心",『대승이문자보광명장경』(대정장17, p.872c5)에 "진속문에 통달하여 걸림 없으며, 실제를 깊이 밝혀 그 속에 머물지 않으며, 잘 능히 분별하지만 받을 바 전혀 없네. 於眞俗門洞達無礙 深明實際 不住其中 善能分別 而無所受",『유마의기』 권2본(대정장38, p.455a11)에 "오음(五陰)에 밝아야 통달이라 하고, 음의 실성 본래 항상 고요해 음가히 일어난 적 없음을 깨우치니 그 이름이 '텅 비어 일어남 없다'이다. 於陰窮解 名爲洞達 達陰實性 本來常寂無陰可生 名空無起",『증도가주』(卍속장111, p.382a13)에 "신령한 빛 막힘 없어 못 가는 곳 없네. 모든 부처 깨달았다 하지만 일찍이 얻은 적은 없고, 중생은 미혹하지만 잃은 적도 없다. 靈光洞達 無所不遍 諸佛悟之 而不曾得 衆生迷之 而未曾失",『건중정국속등록』 권21「지해불인장 智海佛印章」(卍속장136, p.301a18)에 "깨달아 가다 한마디 훤히 사무칠 소식만을 기다릴 뿐이니, 때가 되어 문득 죽고 삶 벗어날 텐데 치우쳐 미하기만 한 즉 위마다 쫓아 나아가 닦은들 끝내 허망함 여윌 길 없으리. 悟之 祇消一言洞達 當處便脫死生 儻迷之 縱爾歷位進修 到底不離虛妄"라고 하였다. [참고문헌]『瑜伽大敎王經』,『大乘離文字普光明藏經』,『維摩義記』,『證道歌註』,『建中靖國續燈錄』.

통달 通達 ❶ Ⓢ adhi-√muc, adhimucyate, gatiṃ-gata, Ⓣ rtogs-par-khong-du-chud-pa. 어떤 법에 통하여 막힘 없는 뜻.『금강경』(대정장8, p.751b11 : *Vajr-pr.*, p.50)에 "수보리여! 보살이 무아법에 통달하면 여래는 설하여 참된 보살이라 이름한다. 須菩提 若菩薩通達無我法者 如來說名 眞是菩薩 yaḥ subhūte bodhisattvo nirātmāno dharmā nirātmāno dharmā ity-adhimucyate, tathāgatena-arhatā samyaksambuddhena bodhisattvo mahāsattva ity-ākhyātaḥ",『무량수경』 권하(대정장12, p.273a17)에 "일체가

공이고 무아라는 제법의 성에 통달하고 오로지 깨끗한 불토를 구한다면 반드시 이와 같은 찰토 이루리라. 通達諸法性 一切空無我 專求淨佛土 必成如是刹",『대지도론』 권57(대정장25, p.465c26)에 "반야바라밀을 행하면 제법실상을 얻으므로 보시와 지계 등에 통달하지만, 반야실상을 얻지 못한다면 보시와 지계에 능히 통달할 수 없다. 어째서인가? 일체법이 공이라면 죄도 복도 없으니 보시와 지계가 무슨 쓸모 있겠는가? 제법에 실로 상이 있다면 인연 따라 생해서는 안 되니 앞서 이미 있었기 때문이다. 行般若波羅蜜 得諸法實相 於布施持戒等通達 若不得般若實相 不能通達布施持戒 何以故 若一切法空 則無罪無福 何用布施持戒 若諸法實有相 不應從因緣生 先已有故"라고 하였다. 〔참고문헌〕『金剛經』,『無量壽經』,『大智度論』, *Vajr-pr.*, *Saddh-p.3.* ❷ Ⓢ tīkṣṇa, Ⓣ rno-ba, rnon. 근에 막힘이 없어 지혜로움.『정법화경』 권1(대정장9, p.68b9 : *Saddh-p.*, p.32)에 "온갖 연 단번에 깨우쳐 어떤 루도 있을 수 없으니, 제근이 통달하여 그 마음을 다 거두네. 諸緣一覺 無有衆漏 諸根通達 總攝其心 pratyekabuddhāna anāsravāṇāṃ tīkṣṇa-indriyāṇa-antimadeha-dhāriṇām"라고 하였다. 〔참고문헌〕『正法華經』, *Saddh-p.* ❸ Ⓢ vidhā, Ⓣ rtsom, rtsoms-pa. 사제에 막힘없이 통하는 견도를 이르는 말.『구사론』 권24(대정장29, p.129a6 : *Abh-k-bh.*, p.372)에 "경에서 말하길 '오보특가라가 있어 이곳에서 통달하고 저곳에서 구경에 이르는데 소위 중반 내지 상류이다' 하였다. 이 통달이란 말은 오직 견도만을 가리키니, 원적을 증하는 첫 가행이기 때문이다. 經言有五補特伽羅 此處通達 彼處究竟 所謂中般 乃至上流 此通達言 唯目見道 是證圓寂 初加行故 āgamo'py-ayaṃ pañcānāṃ pudgalānām-iha vidhā tatra niṣṭhā antarā-parinirvāyiṇo yāvad-ūrdhvaṃ-srotasa iti. vidhā hi mārga-arambho nirvāṇa-upāyatvāt",『구사론소』 권24(대정장41, p.754c16)에 "경에서 '오보특가라가 있다' 했는데 곧 오불환이다. 이곳에서 통달한다 했는데, 통달은 곧 견도의 다른 이름이며 이곳은 욕계이다. 저곳에서 구경에 이른다 했는데 이는 상이계에서 열반을 얻음이다. 經言有五補特伽羅 卽五不還 此處通達者 通達卽見道異名 此處者 是欲界 彼處究竟者 是上二界得涅槃也",『구사론송소론본』 권24(대정장41, p.953c25)에 "통달이란, 견도를 통달이라 이름하니 제에 통달하기 때문이다. 通達者 見道名通達 通諦故"라고 하였다. 〔참고문헌〕『俱舍論』,『俱舍論疏』,『俱舍論頌疏論本』,『俱舍論記』 권24(대정장41, p.371b25), *Abh-k-bh.* ⇨ 견도 見道❶ ❹ Ⓢ prati-√vid, prativídyate, pratividdha, prativedha, Ⓟ paṭivedha, Ⓣ so-sor-rtogs-par-bya-ba, khong-du-chud-pa, rab-tu-rtogs-pa. 십지에 든 보살십상(菩薩十相) 중 하나.『대승장엄경론』 권13(대정장31, p.658b16 : *Sūtr.*, p.180)에 "〔석〕 지에 들어가는 보살에겐 지마다 모두 십상이 있다. 무엇이 열 가지인가? … 다섯째는 통달이다. … 통달이란 다른 지를 방편으로 능히 일으키는 것이다. 釋曰 入地菩薩 地地皆有十相 何者爲十 … 五 通達 … 通達者 他地方便能起故 etad-bhūmi-praviṣṭasya bodhisatvasya daśa-vidhaṃ liṅgaṃ sarvāsu bhūmiṣu veditavyaṃ … sarvabhūmi-prativedhaś ca tad abhinirhāra-kauśalyataḥ"라고 하였다. 〔참고문헌〕『大乘莊嚴經論』, *Sūtr.*, *Śrāv-bh.356.*, *Bodh-bh.139.* ⇨ 보살십상 菩薩十相, 보살십지 菩薩十地

통달무애 通達無礙 Ⓢ sarva-dharmārtha-vaśitā-prāpta. 훤히 알아 걸림없음. 또는 능소(能所)와 이사(理事)가 서로 통하여 걸림없는 뜻이다.『현우경』 권10(대정장4, p.420a27)에 "한 때 사리불은 한 나무 아래에서 고요히 정에 들어 제근이 고요히 가라앉아 모든 선정에 놀았으니 통달하여 걸림이 없었다. 時舍利弗 在一樹下 寂然入定 諸根寂默 遊諸禪定 通達無礙",『법화경』 권3(대정장9, p.19a25 : *Saddh-p.*, p.121)에 "여래께서 갖가지 모든 법이 돌아갈 길을 꿰뚫어 아셨고, 모든 중생의 깊은 마음속 행로마저 아셨으니 훤히 알아 걸림이 없으셨다. 如來觀知 一切諸法之所歸趣 亦知一切衆生深心所行 通達無礙 sarvadharmārthagatiṃ ca tathāgato vyavalokayati. sarvadharmārthavaśitāprāptaḥ sarvadharmādhyāśayaprāptaḥ",『대방광총지보광명경』 권1(대정장10, p.887c16)에 "이와 같이 일체 제법의 인과가 서로 사무치고 통달무애한 진실한 법임을 듣고서는 성숙하여 깊이 이해하였다. 聞如是一切諸法 因果該徹 通達無礙 眞實法故 成熟解了",『대지도론』 권22(대정장25, p.222a26)에 "통달무애란 부처님의 법인을 얻었기에 훤히 알아 막힘이 없다는 뜻이다. 마치 왕의 인장을 얻으면 어려움에 처할 일이 없는 것과 같다. 通達無礙者 得佛法印故 通達無礙 如得王印 則無所留難",『유마의기』 권3(대정장38, p.490c7)에 "통달무애란 지음에 자재함이니, 그 통달함이란 것이 저 아지랑이와 같아 항상 능히 드러나 움직임에 걸림없다 한다. 通達無礙者 所作自在 由其通達 如幻化故 常能現爲 故曰無礙",『원각경대소석의초』 권13(卍속장15, p.70a12)에 "통달무애란 능과 소가 둘이 아니고 이와 사가 걸림없이 통한다는 뜻이다. 通達無礙者 能所無二 理事融通也"라고 하였다. 〔참고문헌〕『賢愚經』,『法華經』,『大方廣總持寶光明經』,『大智度論』,『維摩義記』,『圓覺經大疏釋義鈔』, *Saddh-p.* ⇨ 이사무애 理事無礙

통달무지 通達無知 Ⓢ saṃprativedhe 'jñāna. 깨우쳤다고 잘못 아는 것. 십구종무지(十九種無知) 중 하나.

아홉 가지 우(愚)로 다시 분류하면 증상만우(增上慢愚)에 속한다. 『유가사지론』 권9(대정장30, p.322c8 : *Yogā-bh.*, p.205)에 "육촉처를 여실히 통달하는 것에 대한 무지란 무엇인가? 증상만이 있는 이가 저 증한 바마다 전도된 사유를 함으로써 생기는 모든 무지를 말한다. 於六觸處如實通達無知云何 謂增上慢者 於所證中 顚倒思惟 所有無知 ṣaṭsu sparśa-āyataneṣu yathābhūta-saṃprativedhe'jñānaṃ katamat. adhigame viparyasta-cetasa ābhimānikasya yad-ajñānaṃ", 『유가론기』 권15(대정장42, p.642c10・한불전14, p.137b19)에 "혜경(惠景)은 '얻은 바 세간의 선근을 두고 성도를 얻었다고 하면서 증상만을 일으키는 것을 말한다'라고 하였다. 규기(窺基)는 '육촉처를 여실히 통달하는 것에 대한 무지란 증상만을 말하니, 『유가사지론』에서 말한 바와 같다'라고 하였다. 景云 所得世間善根謂得聖道起增上慢 基云 謂六觸處如實通達 增上慢如文"라고 하였다. [참고문헌] 『瑜伽師地論』, 『瑜伽論記』, *Yogā-bh.* ⇨ 십구종무지 十九種無知

통달보리심 通達菩提心　오상성신관(五相成身觀) 중 첫 번째 관법. 진언행자가 아사리의 가르침을 받고 여법하게 수행하여 자기에게 본래 보리심이 갖추어져 있음을 통달하여 수행해 나가는 위로 통달심(通達心)이라고도 한다. 『발보리심론』(대정장32, p.574c13)에 "현재의 사람들이 마음을 결정하고 교법에 따라 수행하면 자리에서 일어나지 않고도 삼마지가 현전하고 본존의 신체를 성취할 것이다. 그러므로 『대일경』 「공양차제법품」에 '만약 널리 요익되게 할 세력이 없다면 법에 머물러 오직 보리심을 관하라. 부처님께서는 이 가운데 만행을 갖추는 것과 청정하고 순수한 법을 만족하는 것을 설하셨다'라고 하였다. 이 보리심은 일체제불의 공덕을 함장하고 있다. 그렇기에 수증이 출현한다면 모든 이를 이끄는 스승이 될 수 있다. 근본에 돌아간다면 곧 이것이 밀엄국토이니 자리에서 일어나지 않고도 모든 일을 성취할 수 있다. 보리심을 찬하여 말한다. '만약 사람이 부처의 지혜를 구한다면 보리심에 통달하고 부모가 낳아주신 몸으로 신속하게 대각의 지위를 성취하네'. 凡今之人 若心決定 如教修行 不起于座 三摩地現前 應是成就本尊之身 故大毘盧遮那經云供養次第法云 若無勢力廣增益 住法但觀菩提心 佛說此中具萬行 滿足淸白純淨法也 此菩提心 能包藏一切諸佛功德法故 若修證出現 則爲一切導師 若歸本則 是密嚴國土 不起于座 能成一切事 讚菩提心曰 若人求佛慧 通達菩提心 父母所生身 速證大覺位"라고 하였다. [참고문헌] 『發菩提心論』, 『大日經』 권7(대정장18, p.45b29). ⇨ 오상성신관 五相成身觀

통달분 通達分　Ⓢ nirvedha-bhāgīya, Ⓣ nges-par-'byed-pa'i-cha-dang-mthun-pa.　순결택분(順決擇分)을 달리 이르는 말. 『중변분별론』 권하(대정장31, p.458c27 : *Madhy-vibh.*, p.53)에 "두 가지와 두 가지의 통달분, 오근과 오력이라오. 二二通達分 五根及五力 dvau dvau nirvedha-bhāgīyāv indriyāṇi balāni ca", 『중변분별론소』 권3(卍속장75, p.17a15)에 "난등의 네 가지 마음이 통달분이다. 以煖等四心 是通達分"라고 하였다. 『변중변론』 권중(대정장31, p.472a17)에서는 통달분을 순결택(분)이라고 하였다. [참고문헌] 『中邊分別論』, 『中邊分別論疏』, 『辯中邊論』, *Madhy-vibh.* ⇨ 순결택분 順決擇分, 통달위 通達位

통달불도 通達佛道　불도에 통달하다. 도(道)와 도 아닌 길(非道), 선과 악, 생사와 열반에 걸림이 없어 삼계 어디서나 자유롭게 행하면서도 물듦이 없음을 뜻한다. 『유마경』 권중(대정장14, p.548c29)에 "이때 문수사리가 유마힐에게 물었다. '보살은 어떻게 불도에 통달합니까?' '만약 보살이 도 아닌 것을 행한다면 이야말로 불도에 통달함입니다' '무엇이 보살이 비도를 행함입니까?' '만약 보살이 오무간지옥에 떨어지더라도 괴롭거나 성내지 않고, 지옥에 날지라도 온갖 죄에 물들지 않으며, 축생에 날지라도 무명과 교만 등의 허물이 없고, 아귀에 날지라도 공덕을 다 갖추며, 색계와 무색계도를 행할지라도 뛰어나다고 여기지 않고, 탐욕 중에 있더라도 모든 염착을 벗어나고, 진에에 휩싸임 보이더라도 모든 중생에 대하여 화내고 꺼려함이 없으며, 어리석게 행함 보이더라도 지혜로써 그 마음을 조복한다. … 열반을 보이지만 생사 또한 끊지 않는다. 문수사리야! 보살은 이와 같이 하여 비도로 가니 이것이 불도에 통달한다는 뜻이다'. 爾時 文殊師利 問維摩詰言 菩薩云何通達佛道 維摩詰言 若菩薩行於非道 是爲通達佛道 又問 云何菩薩行於非道 答曰 若菩薩行五無間 而無惱恚 至于地獄 無諸罪垢 至于畜生 無有無明 憍慢等過 至于餓鬼 而具足功德 行色無色界道 不以爲勝 示行貪欲 離諸染著 示行瞋恚 於諸衆生 無有恚閡 示行愚癡 而以智慧 調伏其心 … 現於涅槃 而不斷生死 文殊師利 菩薩能如是 行於非道 是爲通達佛道", 『주유마힐경』 권7(대정장38, p.390c4)에 "승조(僧肇)가 말했다. '도만을 도로 여기고 도 아닌 것을 비도로만 여긴다면 즐김과 미움이 아울러 일어나 번뇌의 속박이 이에 뚜렷이 드러나리니, 어떻게 능히 마음의 묘한 뜻에 통하여 평등한 길에 이르겠는가! 만약 능히 도를 도로, 비도를 비도로만 여기지 않는다면 시비마저 마음에서 끊어질 것이니 만물을 만남에 이에 언제나 함께할 것이다. 그런 까닭에 옳다 함에 처하더라도 옳은 것에 치우친 정 없고, 그른 편에 오르더라도 그른 것에 대한 분별이 없다. 그러므로 능히 아름다움과 추함을 가지런히 보아 밟고 거스르며 항상 순하니, 빛은 티끌의 수고로움 함께 하며 더욱 어둡게 한층 밝게 하니, 이에 가히 통달하여 걸림없는 평등한 불도라 하겠다'. 肇曰 夫以道爲道 非道爲非道者 則愛惡竝起 垢累玆彰 何能通心妙旨 達平等之道乎 若能不以道爲道 不以非道爲非道者 則是非絶於心 遇物斯可乘矣 所以 處是無是是之情 乘非無非非之意 故能美惡齊觀 履逆常順 和光塵勞 愈晦愈明 斯可謂通達無礙 平等佛道也", 『유마경현소』 권5(대정장38, p.552c26)에 "도 아닌 것이란 십이인연의 삼도이다. 불도에 통달한다 함은 부사의의 세 가지 해탈이다. 세 가지 비도는 세 가지로 해탈하는 불도를 가로막지 않고, 세 가지 해탈불도 또한 십이인연삼종비도를 무너뜨리지 않는다. 저 수미산이 개자에 들어가도 걸림 없는 것이 삼종부사의해탈의 상이다. 이 세 가지 해탈은 종도 횡도 아니어서 마치 실담 이자(∴)에 붙은 세 점의 관계와 같다. 이를 비밀장이라고도 하고 부사의대해탈이라고도 한다. 非道者 卽是十二因緣之三道也 通達佛道者 卽是不思議 三種解脫也 三種非道 不礙三種解脫之佛道 三種解脫之佛道 不破十二因緣 三種之非道 如須彌入芥無相礙也 卽是三種不思議解脫之相 此三種解脫 不縱不橫 如世伊字 名祕密藏 亦名不思議大解脫", 『유마경의소』 권5(대정장38, p.972c24)에 "보살이 일체 삿된 길에 두루 들어가면서도 불도에 통달할 수 있는 까닭은 진실로 안으로 온갖 덕을 구비하고 있기 때문이다. 菩薩所以能遍入一切邪道 而通達佛道者 良由內備衆德故也", 『유마경약소수유기』 권7(대정장38, p.799c2)에 "선악에 어울려 통한다는 뜻은, 마사가 곧 불사여서 '악으로 함께 한다'라 할 수 있다. 저 '비도를 행함이 불도에 통달함이다'라는 말과 같다. 불사가 곧 마사라 하면 선으로 끌어 함께 함이니, 저에 '마왕이 되려는 자 다분히 부사의에 머무는 이다'라 하는 말과 같다. 善惡融通者 魔事卽佛事 名惡融 如云 行於非道 通達佛道也 佛事卽魔事 名善融 如云 作魔王者 多是住於不思議也", 『종경록』 권65(대정장48, p.783a1)에 "마계 그대로 불계이기에 비도를 행하며 불도에 통달한다. 일체제법에는 모두 안은성 있은즉 인연의 기다림 끊고 실을 밝히니 이것이야말로 경체라 할 수 있다. 魔界卽佛界故 行於非道 通達佛道 一切諸法中 悉有安隱性 卽絶待明實 是經體也"라고 하였다. 〔참고문헌〕『維摩經』, 『注維摩詰經』, 『維摩經玄疏』, 『維摩經義疏』, 『維摩經略疏垂裕記』, 『宗鏡錄』.

통달심 通達心 오상성신(五相成身) 중 첫 번째 마음. 통달보리심이라고도 한다. 『오상성신의문답초』(대정장78, p.106a12)에 "〔문〕 첫 번째 마음을 왜 통달본심이라고 하였는가? 〔답〕 그 본성이 법계체성지를 얻었고 이는 네 가지 지혜 모두에 공통하여 모두 법계체성지로써 자체의 본성을 삼는다. 그러므로 법계지를 통달본심이라 한다. 통이란 모두 통한다는 뜻이고 달이란 사무치게 교섭한다는 뜻이다. 또한 이 법계지는 일체중생의 심식에 모두 공통한다. 그러므로 이 법계지를 통달심이라 한다. 〔문〕 법계체성지는 과위에 있다. 그런데 어찌하여 처음 신심을 일으킨 지위를 통달심이라 부르는가? 〔답〕 본성에 갖추어진 법계지의 성품은 일체중생의 몸과 마음에 두루 통한다. 그러므로 처음 신심을 일으킨 이를 통달심이라 불러도 잘못이 없다. 처음 발심한 보리심은 본성이 갖춘 본각의 법계지에 의지한다. 그러므로 통달심이 성립한다. 問 第一心何故名通達本心耶 答 是性得法界體性智 是通涉四智 皆悉以法界體性智 而爲自體本性故法界智 則名通達本心也 通者 總通也 達者 徹涉義也 又此法界智之 則悉通涉一切有情心識 故此法界智 名通達心也 問 法界體性智 是有於果位也 而何初發信心位 名通達心耶 答 性得法界智之性 遍通一切衆生身心 故於初發信心人 名云通達心 無失也 初發心菩提心 是依止性得本覺法界智 故立通達心也"라고 하였다. 〔참고문헌〕『五相成身義問答抄』. ⇨ 통달보리심 通達菩提心

통달위 通達位 Ⓢ prativedha-avasthā. 유식오위(唯識五位) 중 세 번째. 진여(眞如)를 통달하는 위. 견도위(見道位)라고도 한다. 보살이 무분별지(無分別智)를 얻어 평등법계를 성취하는 수행위다. 『성유식론』 권9(대정장31, p.48b11)에 "무엇을 유식오위에 깨달아 들어간다고 하는가? … 셋째는 통달위로서 모든 보살들이 머무는 견도를 말한다. … 통달위에 있으면서 여실히 통달한다. 何謂悟入唯識五位 … 三 通達位 謂諸菩薩所住見道 … 在通達位如實通達", 같은 책 권9(대정장31, p.49c14)에 "다음으로 통달위의 모습은 무엇인가? 〔송〕 어떤 때에는 소연에 있어 지 도무지 얻을 것이 없다. 이때가 바로 유식성에 머물러 보는 이와 보이는 것이라는 이취를 벗어나기 때문이다. 〔논〕 어떤 때에 보살은 소연경에 대해 무분별지여서 도무지 얻을 것이 없다. 갖가지 희론상을 취하지 않기 때문이다. 이때야말로 실로 유식의 진정한 승의성에 머문다고 말한다. 곧 진여지를 깨우쳐 진여와 더불어 평등평등함에 능취소취상을 온통 떠나기 때문이다. 능취소취상 모두 이 분별일 뿐이고 소득심 있는 희론으로 드러난 것일 뿐이기 때문이다. … 가행위 다음에 틈새없이 이 지가 생겨날 때 그 바탕이 진여와 만나기에 이를 통달위라 한다. 처음으로 이를 비추기에 견도라고도 한다. 次通達位其相云何 頌曰 若時於所緣 智都無所得 爾時住唯識 離二取相故 論曰 若時菩薩於所緣境 無分別智 都無所得 不取種種戲論相故 爾時乃名實住唯識眞勝義性 卽證眞如智與眞如平等平等 俱離能取所取相故 能所取相俱是分別 有所得心戲論現故 … 加行無間 此智生時體會眞如 名通達位 初照理故 亦名見道", 『성유식론술기』 권10(대정장43, p.593b11)에 "〔술〕 통달위로서 견도에 있으면서 이미 일분의 전의를 증하였지만 아직 원만하지는 못하였기 때문이다. 述曰 卽通達位 在見道中已證一分轉依 未圓滿故", 『대승입도차제』(대정장45, p.451a2)에 "세 번째 통달위에 대해 푼다. … 통달이라는 말은 깨우쳐 만나게 되는 뜻이다. 이 위의 보살은 무루의 지로 진여를 깨닫기에 통달이라고 하는 것이다. 第三 通達位者 … 言通達者 證會之義也 此位菩薩無漏之智了證眞如 故名通達", 『대승법상연신장』 권5(대정장71, p.45a3)에 "이 통달위에 몇 가지 통달위가 있는가? 〔답〕 이 견도에는 대략 두 가지가 있다고 한다. 〔문〕 그 두 가지는 어떠한 것들인가? 〔답〕 첫째는 진견도로서 무분별지이다. 〔문〕 어째서 진견도라 하는가? 〔답〕 이 통달위에서 아공법공 현현한 바 진리를 실답게 증하고, 번뇌소지장의 분별수면을 진실로 끊기에 진견도라 한다. 둘째는 상견도로서, 여기에 다시 두 가지가 있다. 하나는 삼심상견도이고, 다른 하나는 십육심상견도이다. 此通達位有幾通達位耶 答 然此見道略說有二 問 其二何等耶 答 一眞見道 謂無分別智也 問 何故名爲眞見道耶 答 此通達位實證二空所顯眞理 實斷二障分別隨眠 故名眞見道 二 相見道 此復有二 一 三心相見道 二 十六心相見道"라고 하였다. 〔참고문헌〕『成唯識論』, 『成唯識論述記』, 『大乘入道次第』, 『大乘法相硏神章』, *Mah-saṃ.52·53.* ⇨ 유식수도오위 唯識修道五位, 견도위 見道位❷, 견도 見道❶, 진견도 眞見道, 상견도 相見道

통달전 通達轉 Ⓢ prativedha-parāvṛtti, Ⓣ rtogs-nas-gyur-pa. 막힘없이 깨우쳐 뒤침. 육전의(六轉依) 중 두 번째로 견도위에서 진여에 통달하고 이장(二障)을 뒤쳐 일분진실을 실증함을 말한다. 『성유식론』 권10(대정장31, p.54c4)에 "두 번째, 통달전이란 통달위를 말한다. 견도력에 힘입어 진여를 통달하여 분별로 일어나는 거칠고 무거운 두 가지 장애(종자와 습기)를 끊고 일분의 진실한 전의를 증득한다. 二 通達轉 謂通達位 由見道力 通達眞如 斷分別生 二障麤重 證得一分眞實轉依", 『섭대승론석』 권13(대정장31, p.248a1 : *Mah-saṃ.*, p.81)에 "〔논〕 두 번째, 통달전은 이미 지에 오른 모든 보살을 말한다. 진실과 허망 모두 드러낼 수 있기 때문이다. 論曰 二 通達轉 謂已登地諸菩薩 由眞實虛妄 顯現爲能故 rtogs nas gyur pa ni sar chud pa'i byang chub sems dpa' rnams kyi ste sa drug pa'i bar du de kho na dang de kho na ma yin pa snang ba dang mi snang ba nye bar gnas pa'i phyir ro", "〔석〕 무분별지를 얻어 진여를 증득하기에 통달이라 한다. 이 통달로 말미암아 지전을 뒤쳐 달라짐이 있다. 만약 이미 위에 오른 이후 관에 들 때에는 이 통달은 진실을 드러내는 인이 된다. 왜 그런가? 처음 통달했을 때처럼 진여를 분명하게 증하기 때문이다. 나중에 관에 들 때도 그러하다. 관에서 나오는 그때 이 통달은 허망을 드러내는 인이 된다. 왜 그런가? 관에 들기 전과 같이 산란한 마음으로 자타를 이롭게 하는 세속의 행을 닦기 때문이다. 관에서 나옴도 마찬가지이다. 釋曰 得無分別智 證眞如故名通達 由此通達 有別轉異於地前 若已登地 有時入觀 此通達爲眞實顯現因 何以故 如初通達 明證眞如 後入觀亦爾 有時出觀 此通達爲虛妄顯現因 何以故 如先未入觀 以散心修自利利他俗行 今出觀亦爾", 『인왕경소법형초』 권6(卍속장41, p.272b18)에 "통달전이란 처음을 알 수 없는 장애와 번뇌에 물든 장애가 진성을 가로막아 통하지 못하다가 견도위에서 성지가 현전하면 장애를 끊고 이에 이르기에 통달이라 한다. 通達轉者 無始障染障 礙眞性 擁塞不通 見道位中 聖智現前 斷障達理故 名通達", 『성유식론집해』 권10(卍속장81, p.622a4)에 "두 번째, 통달전이란 무엇인가? 초지의 참된 견도에 이를 때 문득 아와 법을 분별하는 두 가지 장애종자를 단번에 끊고 근본지를 얻는다. 변행하는 진여를 증하여 일분의 진실한 전의를 실증하니 전의위라 한다. 二 通達轉者 謂於初地 眞見道時 頓斷分別我法 二障種子 得根本智 證遍行眞如 實證一分眞實轉依 名轉依位"라고 하였다. 〔참고문헌〕『成唯識論』, 『攝大乘論釋』, 『仁王經疏法衡鈔』, 『成唯識論集解』, *Mah-saṃ.* ⇨ 육전의 六轉依, 통달위 通達位

통도 通途 모든 것에 막힘없이 통하는 길. 또는 길을 열다. 대소승을 막론하고 통하는 길 또는 어느 뜻에나 상응하는 법으로 열반(涅槃)과 중도(中道)와 등(等)의 뜻이다. 통도(通塗)로도 쓴다. 『법화현의석첨』 권4(대정장33, p.843a7)에 "모든 위에 빠짐없이 다 있으므로 통도라 한다. 遍在諸位 故云通途", 『유마경약소수유기』 권6(대정장38, p.791b6)에 "형계가 이르길 '이것이야말로 통도'라 한 것은, 다만 이 장의 뜻이 세 뜻을 품기에 '통하는 길'이라 한 것이다. 전후의 문이 아무리 많아도 모두 중도의 설로 품을 뿐이다. 그러므로 이 중이라는 말에는 '또한 얻은즉 이것은 등이라' 한 것은 교법이 통함에 깊다는 뜻이다. 荊溪云 此是通塗者 秖以此章義含三意 故曰通塗 故前後文多 皆含於中道之說 故此中云亦得卽是等者 敎法通深故也", 『열반현의발원기요』 권1(대정장38, p.21c3)에 "지금과 옛을 마주한다는 것은, 과거의 소승과 지금의 대승이 함께하는 열반이 있을 뿐이어서 바로 이것이 통도의 뜻이다. 따로 이 경의 원극열반을 드러낸 것은 아니다. 今昔相對者 昔小今大 俱有涅槃 正是通途之義 非別顯今經 圓極涅槃也", 『원오어록』 권14(대정장47, p.777a8)에 "바른 눈의 대해탈종사 변혁하여 길 열었네. 명상에 걸림 없고 이성언설에 떨어짐 없이 살아 높고 높은 경지 놓아 풀어내고 벗어나 자유롭다. 묘기 드디어 보이고 방과 할 이리저리 행하네. 具正眼大解脫宗師 變革通塗 俾不滯名相 不墮理性言說

放出活卓卓地 脫灑自由 妙機遂見 行棒行喝"라고 하였다. ［참고문헌］『法華玄義釋籤』, 『維摩經略疏垂裕記』, 『涅槃玄義發源機要』, 『圓悟語錄』. ⇨ 별도 別途

통도사 通度寺 경상남도 양산시 하북면 영추산(靈鷲山)에 있는 절. 대한불교조계종 제15교구 본사이자 우리나라 삼보사찰 중 불보종찰(佛寶宗刹)이며, 오대총림(五大叢林) 중 하나이다. 통도사 북서쪽을 병풍처럼 둘러싸고 있는 해발 1,050m의 영추산이 있다. ［영추산］ 부처님께서 설법하시던 곳으로 인도 마갈타국 수도인 왕사성 동북쪽에 위치하였다. 기사굴산(耆闍崛山 Ⓢ Gṛdhrakūṭa)이라 음사하였고, 산 정상이 마치 독수리와 비슷하였기에 영추산이라고 한역하였다. ［창건사적］ '통도'라 이름한 것에는 이곳에 금강계단(金剛戒壇)이 있어 모든 스님들이 여기에서 계(戒)를 받아 계체(戒體)를 얻고는(得度) 만법에 통달하여서 널리 중생을 제도한다는(萬法通達曰通 普濟衆生曰度) 뜻과 함께 이곳이 영추산 기사굴산과 모습이 닮아있어 석가세존의 영산회상 설법과 언제나 상응하는 곳인 까닭이다. 창건연기는 자장(慈藏)과 관련되었는데, 『삼국유사』 권4(대정장49, p.1005a4・한불전6, p.347a4) 의해(義解)5 자장정률(慈藏定律)에는 "이때 온 나라 사람들이 계를 받고 부처님을 받들게 되었으니 열 집에 여덟아홉 집이었으며, 머리를 깎고 출가를 청하는 것은 세월이 갈수록 한층 지극해졌다. 이에 통도사를 창건하고 계단을 짓고서 사방에서 오는 이들을 출가시켰다. 當此之際 國中之人 受戒奉佛 十室八九 祝髮請度 歲月增至 乃創通度寺 築戒壇 以度四來"고 하였다. 다만 창건의 때에 대해서는 같은 책 권3(대정장49, p.993a27・한불전6, p.325a17) 탑상(塔像)4 전후소장사리(前後所將舍利)에 "선덕왕 때인 정관 17년 계묘(643)에 자장법사가 불두골과 불아, 불사리 백 알, 부처님이 입으신 비라금점가사 한 벌을 모시고 왔다. 그 사리는 셋으로 나누어 하나는 황룡사탑에, 하나는 태화사탑에, 또 하나는 가사와 함께 통도사 계단에 모셨다. 善德王代貞觀十七年癸卯 慈藏法師所將佛頭骨佛牙佛舍利百粒佛所著緋羅金點袈裟一領 其舍利分爲三 一分在皇龍塔 一分在太和塔 一分竝袈裟在通度寺戒壇"고 하였고, 1642년(인조20)에 작성한 『통도사사리가사사적약록 通度寺舍利袈裟事蹟略錄』 「단법회기 壇法會記」(『통도사지』, pp.39~40)에는 "때에 선덕대왕은 … (자장대사를)국통으로 봉한 다음 부처님의 불두골과 불지절골을 내전에 봉안하고서 아침저녁으로 예경하였다. (왕경)남쪽으로 백리 쯤에 통도사를 세울 터를 잡았는데, 산수가 어울리고 수석이 기이하고 뛰어나 문수보살이 말씀하신 바처럼 삼재가 미치지 않고 오래도록 사라지지 않을 만한 곳이었다. (자장)대사는 여러 스님들과 함께 뜻을 모아 발원하고는 곧바로 큰 절을 창건하고 보전을 지어 불가사를 모셨고, 서쪽으로 신지를 메워 금강계단을 쌓고 불사리를 봉안하였다. 時善德大王 乃奉勅旨 亦封爲國統以佛頭骨佛指節骨 安於內殿 晨夕禮敬 南去域一百里許得通度寺 基溪山迴水石奇勝 乃文殊所指三灾不到萬代不滅之所也 大師與師共願僉謀 咄嗟創大寺中立寶殿 安本師袈裟 西塡神池築金剛戒壇 安本師舍利", 1934년에 간행한 『불종찰약사 佛宗刹略史』 「조선경남도양산군하북면영추산통도사사략 朝鮮慶南道梁山郡下北面靈鷲山通度寺史略」(『통도사지』, pp.149~150)에는 "용을 내몰고 못을 메워 사리탑을 쌓고 통도사를 창건하였는데, 때는 선덕여왕 15년 병오(646)였다. 逐龍塡池 築舍利塔 建通度寺 歲維善德女王十五年丙午"라고 하였다. 자장이 643년(선덕왕12)에 불사리를 모셔온 지 3년 뒤에 통도사와 금강계단을 건립한 것임을 알 수 있다. 이후의 통도사의 연혁은 〈표1〉과 같

통도사 전경

통도사 부도

무의자제통도사계단시판

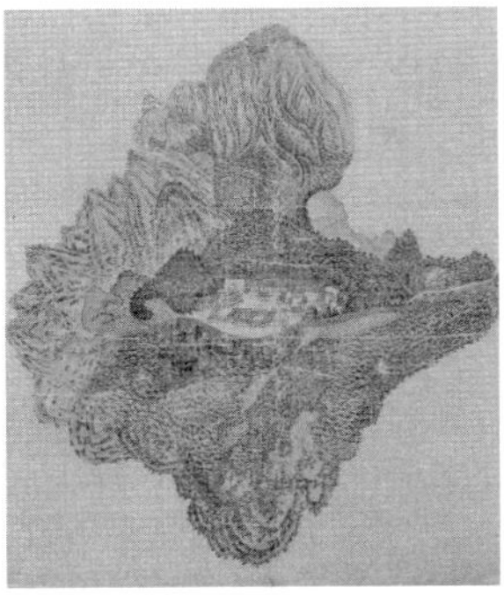

통도사 고지도 조선후기

통도사전경도 대한제국 1900년경

다. [자장의 종지] 자장은 당으로 가기 전 이미 천인(天人)에게 오계를 주었으며, 하산한 뒤에도 많은 재가불자들에게 수계(授戒)하였다. 하지만 중국 대화(大化)의 현장을 보고 배우고자 승실(僧實) 등 제자 10여 명과 함께 636년(선덕왕5)에 입당하였다. 그는 오대산 문수보살상 앞에서 7일간 기도하던 중 범승(梵僧)에게 부처님 분신사리, 부처님 머리뼈와 손가락뼈, 부처님께서 입으신 금란가사 등을 전해 받는 한편, "아라바자나 달예치카야 나가하가나 달예노사나. 일체법 깨우치고나니 그 자성 있는 바 없다네. 이와 같이 법의 자성 알고나니 곧바로 노사나 눈앞에 계시네. 阿羅婆佐曩 達𠼝哆佉野曩伽呬伽曩 達𠼝盧舍那. 了知一切法 自性無所有 如是解法性 卽見盧舍那"라는 80권본 『화엄경』 권16 「수미정상계찬품」의 '승혜보살게 勝慧菩薩偈'(대정장10, p.82a6)도 전해 받았다. 자장이 입당승법(入唐承法)한 뜻이 율법만이 아니고 화엄종법의 비중 또한 크다고 할 수 있으며, 당시 율사로 추앙되어 대국통이 되고 통도사에서 금강계단의 단주(壇主)가 되어 계율정신으로 백성을 순화시킨 일 또한 입당 전에 이미 발원했던 일들을 힘차게

〈표1〉 사적

연도	사적
646(선덕왕15)	· 대국통(大國統) 자장(慈藏) 창건
892(진성왕 6)	· 조일(祖日) 첫 산내암자 백운암 창건
1085(선종 2)	· 조정 요청에 따라 사역 둘레 사만칠천보의 12곳에 국장생표 건립
1235(고종22)	· 상장군 김리생(金利生)·시랑 유석(庾碩) 금강계단 석종 안 석함의 사리 예경 · 유리통을 수정함으로 교체
1264(원종 5)이후	· 원 사신 금강계단 참배
1305(충렬왕31)~ 1369(공민왕18)	· 대규모 전각 중수·신축 불사
1328(충숙왕15)	· 지공(指空) 불사리·불가사(佛袈裟) 친견
1377(우왕 3)	· 왜구 금강계단 훼손
1379(우왕 5)	· 주지 월송(月松) 왜구 침탈로 불사리·불가사·보리수패엽 개경 이송
1399(정종 1)	· 조정 요청으로 기양(祈禳)도량 봉행
1407(태종 7)	· 명찰을 자복사(資福寺)로 할 때 조계종 자복사로
1459(세조 5)	· 국왕 요청으로 인출한 해인사 팔만대장경 50부 중 1부 보관
1463(세조 9)	· 국왕이 주지 덕관(德寬)이 모신 분신사리(分身舍利) 친견
1592(선조25)~ 1598(선조31)	· 왜란으로 전각 대부분 소실 · 사명유정과 옥백(玉白)거사 왜군 약탈 불사리 회수
1601(선조34)~ 1605(선조38)	· 사명유정 금강계단·전각 중건·단청
1614(광해군6)	· 가산(架山) 불사리 금강계단 봉안
1699(숙종25)	· 응암죽암(凝庵竹庵)·낙봉한기(洛峯漢琦) 개금·단청, 탱 조성
1713(숙종39)	· 영산전·극락전·금당·천왕문 소실
1836(헌종 2)	· 순조비 순원왕후 시주로 국재수륙대회(國齋水陸大會) 봉행
1858(철종 9)	· 응허도협(應虛燾洽) 법당 12곳 번와
1894(고종31)	· 고산정화(古山定華) 전향각 헐고 삼회전(三會殿) 신축 후 어필 봉안하여 축성각(祝聖閣)으로
1899(고종36)	· 인출 해인사 대장경 1부 봉안
1906(고종43)	· 대장전에서 전경(轉經)산림법회 봉행·화엄전에 신명학교(新明學校) 설치
1916	· 황화각에 통도사 지방학림 설립
1933	· 주지 경운기우(耕雲基瑀) 각 전각 성상 도금
1935	· 화엄산림법회·가사불사 봉행

〈표2〉 주요당우 일람표 *국보 **보물 ***유형문화재

전각	내역·인연
금강계단	*646(선덕왕15)건립·1379(우왕5) 월송(月松)중수·1603(선조30) 의령(儀岭)중수·1652(효종3) 정인(淨仁)중수·1705(숙종31) 계파성능(桂坡性能)중수·1745(영조21)중수·1823(순조23) 홍명궤관(鴻溟軌觀)중수·1838(헌종4)중수·1871(고종8) 구봉지화(九鳳智和)중수·1911 구하천보(九河天輔)중수·2003 이산현문(怡山玄門)정비
대웅전(사리전·사리각·대법당)	■*1436(세종18) 사리전풍탁 조성기록·1645(인조23) 우운진희(友雲眞熙) 사리각·대법당으로 중수·1646 철제기와번와·1652(효종3)중수·1659(효종10) 청동기와번와·1741(영조17)중수·1745단청·1775(영조51)중수·1785(정조9) 무쇠기와번와·1800(정조24)중수·1809(순조9) 영월우징(影月瑀澄)등 중수·도암우신(度菴宇伸)단청·1858(철종9) 대웅전으로 변경·불단조성·번와·1899(고종36)단청·1962중건 정·측3·5칸 건물두채 복합구조·정(丁)자 지붕·지붕정상 정동보주와 철주 찰간대(刹竿臺)·사면편액 대웅전·대방광전·금강계단·적멸보궁 ■신중탱(제석천룡탱·팔금강탱)2폭*** 통도사성보박물관 소장 ■현왕탱*** 통도사성보박물관 소장 ■1920대웅전 앞 오층석탑 조성 ■구룡지 매년 용왕재 봉행
영산전(대웅전)	■**646(선덕왕15)건립·1601(선조34) 사명유정(四溟惟政)중수·1704(숙종30) 송곡정안(松谷正眼)등 중건·1713(숙종39)소실·1714 임한청인(任閑淸印)등 중수·1715단청·1792(정조16)중수·단청·1858(철종9)까지 대웅전으로·1999보수 정·측3·3칸 ■석가불좌상 1736(영조12)개금·1759(영조35)도금 ■석가모니후불탱1폭** 통도사성보박물관 소장 ■팔상탱8폭** 통도사성보박물관 소장 ■벽화 『석씨원류응화사적(釋氏源流應化事蹟)』48점·법화경 견보탑품도·다보탑·양류관음·나한상** 1715(숙종41) 총안(聰眼)작 ■영산전 앞 삼층석탑** 통일신라·조선개축·1987해체복원 2층기단 3층탑신·배례석 1085(선종2) ■영산전 앞 석등
보광전	·1758(영조34) 홍명궤관건립·1807(순조7)건립·1842(헌종8) 기봉원담(機峰圓湛)중수·1863(철종14) 중수·1865(고종2)단청·1889(고종26) 불단조성·1916 성해남거(聖海南居)별당중건·1970 청하성원(淸霞性源)중건·주지집무실·2020 별당중수 정·측9·4칸 ■화엄변상묵탱** 통도사성보박물관 소장
대광명전(비로보전·비로전)	■**646(선덕왕15)건립·고려말건립설·1725(영조1) 무영축환(無影竺環)중건·1756(영조32)소실·1758중건·1759단청·1857(철종8)번와·중건·1968번와·1997번와·1999중수·2010해체·보수·번화 정·측5·3칸 ■비로자나불목조상 1759도금 ■삼신불도(비로자나불·노사나불·석가불)** 통도사성보박물관 소장 ■벽화 여래도·보살도·나한도·운학도·운룡도·화훼기명도(花卉器皿圖)·고사인물도(故事人物圖) ■정광여래부도1위 건물 뒤 높이 100㎝
화엄전	■1368(공민왕17) 춘파(春坡)건립·1762(영조38)소실·중건·1882(고종19)소실·1883 구연수일(九淵收一) 중건·1887소실·1888 구련(九蓮)중건·1970신축 정·측7·3칸·휴식공간 ■비로자나불상 1759도금
극락보전	■***1369(공민왕18) 성곡원해(星谷圓解)건립·1654(효종5) 숭신(崇信)중건·1714(숙종40) 원해원유(圓解爰有)중건·1800(정조24) 연파덕장(淵坡德藏)중수·단청·1857(철종8)번와·2004중수 정·측3·3칸 ■아미타삼존불목조상 1654 숭신(崇信)봉안 ■아미타후불탱** 통도사성보박물관 소장 ■신중탱 1893(고종30) 해규(海珪)작 ■벽화 반야용선도 ■옆에 호혈석(虎血石)
약사전	■***1369(공민왕18) 성곡원해(星谷圓解) 또는 도구(道具)건립·1789(정조13) 굉진(宏震)중수·1858(철종9) 구성봉의(九成鳳儀)번와·1999보수 정·측3·1칸 ■약사불석조좌상 1648(인조26) 나흠(懶欽)등 작·천성산 원효암으로 이안 ■약사여래후불탱*** 통도사성보박물관 소장 ■약사불탱 1904(고종41) 상조(常照)작 ■주련 없음

용화전(미륵전)	■***1369(공민왕18)건립·1725(영조1) 청성영숙(淸性靈淑)중건·1756(영조32)소실·1758~1779(정조3)중건·1858(철종9) 구성봉의(九成鳳儀)번와·1899(광무3)보수·1998수리 정·측3·3칸 ■미륵불소조좌상 고려말·1725 체관(體寬)·영수(永守)도금·1794(정조18) 환암취학(喚菴取學) 시주로 개금·1843(헌종9)중수·개금·1899 성해남거(聖海南居)중수·1952작·호분(胡粉) ■가경삼년 미륵후불탱*** 통도사성보박물관 소장 ■벽화 서유기도(西遊記圖)·청룡도·백호도 ■봉발탑** 1369(공민왕18)조성 용화전 앞 높이2.6m
문수전(중향각·중지전·전향각)	·1583(선조16)건립·1756(영조32)소실·1757중건·1791(정조15)중수·1899 중향각·중지전·전향각 등으로 변경
관음전(낙가보전·관음보전)	■***1583(선조16) 낙가보전건립·1605(선조38)~1606 사명유정(四溟惟政)중건·1701(숙종27)상량·1725(영조1) 용암간초(龍巖潤草)중건·1780(정조4)~1781 능암지영(陵庵智英) 시주로 중수·단청·1858(철종9) 구성봉의(九成鳳儀)번와 정·측3·3칸 ■오로탱(五路幀) 1734(영조10) 순백(舜白)작 ■관음보살목조좌상 1738도금·1794(정조18) 환암취학(喚菴取學) 시주로 개금·1801(순조1)~1834(순조34) 환암취학 시주로 개금·2013보수 ■관음보살탱 통도사성보박물관 소장 ■여래도·백의관음도·수월관음도 ■관음전 앞 석등*** 높이 350㎝ 고려시대
명부전(지장전)	■***1369(공민왕18)건립·1756(영조32)소실·1760 춘파곽연(春坡廓然)중건·1798(정조22)중수·일봉우민(日逢遇旻)존상도금·1845(헌종11)중수·번와(燔瓦)·1887(고종24)소실·1888 호성석종(虎惺奭鍾)중건·1890중건 정·측5·3칸 ■지장보살탱시왕사자탱12폭*** 통도사성보박물관 소장 ■지장탱 1788(정조12) 옥인(玉仁)작·1798(정조22) 지연(指演)작·1919완호(玩虎)작 ■삼장보살탱*** 통도사성보박물관 소장 ■직부사자도 1775(영조51) 치정(致精)작 ■감제사자(監齊使者)탱 1913작 ■벽화 여래도·삼고초려도·탄금주적도(彈琴走賊圖)·한강독조도(漢江獨釣圖)·호작도·수궁도·풍교야박도(楓橋夜泊圖)
응진전(나한전)	■***1677(숙종3) 지섬(智暹)건립·1761(영조37) 응암희유(凝庵僖愈)·호봉국혜(虎峰國慧)등 중수·단청 정·측3·3칸 ■석가모니후불탱1폭*** 통도사성보박물관 소장 ■영산회상탱1폭*** 통도사성보박물관 소장 ■십육나한탱 1926 고산축연(古山竺演)작 ■벽화 백호·독수리·학·금강역사상·달마상 등 ■남쪽에 호혈석
자장전(慈藏殿)	■1583(선조16)건립·1761(영조37)중수 ■자장·지공·나옹·무학 영정 1870(고종7)삼성각 건립 전 봉안
향적전	·1771(영조47) 경파경심(慶坡敬審)중수·1791(정조15)중수·1810(순조10) 찬홍(贊弘)중건
가람전	·1583(선조16)건립·1714(숙종40)상량·1781(정조5)상량·1858(철종9) 능암지영(陵庵智英)시주로 상량
전등전	·1838(헌종4)전후 건립
정변전(正徧殿)	·1980건립·방장 주석처
탑전	■1992건립 정·측3·2칸 ■사자목(獅子目) 오층석탑 1992복원 신라말 고려초 2층기단 5층탑신 황룡사구층목탑지 불사리2과 봉안
시탑전	·2013중건 정·측11·7칸·원로스님 요사
설법전	·1992 일로향각 자리에 건립 정·측9·11칸·화엄산림법회 봉행
세존비각	■1740(영조16) 지봉거기(智峰巨機)건립·1792(정조16) 지봉거기중수·단청 정·측1·2칸 ■석가여래영골사리비(靈骨舍利碑)*** 부도원
장경각(影子殿·자장전)	·1583(선조16)이전 영자전건립·1756(영조32) 영자전소실·1843(헌종9) 화봉유철(華峰有喆) 영자전중수·1899(고종36)자장전건립·1903(광무7) 장경각으로 변경 정·측3·1칸
해장보각(海藏寶閣·장경각·장경전·영자전)	■1727(영조3)건립·1894(고종31) 고산정화(古山定華) 전향각 헐고 삼회전(三會殿) 신축 후 어필 봉안하여 축성각(祝聖閣)으로 변경·1899(고종36) 용악혜견(龍岳慧堅) 해인사 대장경1부 봉안·1900 고산정화중수·1912이전 장경각·영정봉안의 영자전·1912~1932 해장보각으로 변경·2008건립 정·측3·2칸 ■자장영정*** 통도사성보박물관 소장 ■화장찰해도(華藏刹海圖) 통도사성보박물관 소장
개산조당(장경각문·조전)	■1583(선조16)이전 조전건립·1727(영조3)건립·1900(고종37) 고산정화중수·1912~1932 개산조당으로 변경·해장보각 정문·홍살·태극·솟을삼문 정·측3·2칸 ■개산조당 앞 삼십칠조도품석당(三十七助道品石幢) ■개산조당 앞 석등 ■개산조당 앞 오층석탑 고려시대 특이한 1층탑신
영각(영자전)	·1625(인조3)전후 탄변(坦卞)중건·1704(숙종30)중건·1756(영조32)소실·1758중건·1843(헌종9) 영자전이 장경각으로 바뀐 뒤 영자전 영정봉안 위해 건립 정·측8·3칸
삼성각(三聖閣)	■1870(고종7) 영인(靈印)건립·1935 경봉정석(鏡峰靖錫)중건 정·측3·1칸 ■독성석조좌상 ■지공·나옹·무학 영정*** 통도사성보박물관 소장 ■칠성탱 ■독성탱 1937 덕문(德文)작
산령각(산신각·산왕각)	■1761(영조37)건립·1849(철종1)~1863(철종14)중건·1986 원명(圓明)중건 정·측1·1칸·강원학승 공부처 ■산신탱 1986조성 ■산왕탱 1871(고종8)조성
천태각(天台閣)	■1849(철종1)~1863(철종14)건립 ■독성소조상 용악혜견(龍岳慧堅)증사로 조성·~1937봉안
가람각(가람단)	■1706(숙종32) 원명(圓明)중건·1714(숙종40)중건·1781(정조5) 능암지영(陵庵智英)중수·단청·1858(철종9)중수 정·측1·1칸 ■벽화 적마(赤馬)
황화각	1317(충숙왕4)건립·1625(인조3) 탄변(坦卞)건립·의일(義日)중건·1900(고종37) 성해남거(聖海南居)상량·1906 성해남거중수 정·측7·2칸 ㄴ자·강원
응향각(상향각전·향적전)	1609(광해군1) 종숙(宗淑)건립·1715(숙종41) 사흘(思屹)중건·1757(영조33) 범음순호(梵音順胡)중건·1771(영조47)중수·1802(순조2 또는 1810(순조10) 인규(印奎)중수·1857(철종8) 성담의전(聖潭儀典)중수 정·측4·2칸·요사
전향각(중향각·중지전)	·1757(영조33) 범음순호(梵音順胡)건립·1899 문수전을 중향각·중지전·전향각으로 변경·1932 설암의전(雪巖倚典)신축·2006 산옹(山翁)중수·2008중건
일로향각(서지전·탑광실)	·1757(영조33) 범음순호(梵音順胡)중건·1912훼파·1968 청하도호(淸霞道浩)중건·일로향각을 탑광실로 변경 정·측8·3칸
범종루(범종각)	■1583(선조16)건립·1686(숙종12) 경옥(敬玉)중건·1738(영조14) 수오(守悟)중수·1841(헌종7)중수 정·측3·2칸 2층 ■1609(광해군1) 만력삼칠년명범종 주조 ■사인비구 제작 강희이십오년명 통도사동종** 통도사성보박물관 ■1704(숙종30) 동종주조 ■동종 및 종거(鍾虡)***각1기 1722(영조48)조성
만세루(명월루·취허루)	***1644(인조22)건립·1746(영조22) 청성영숙(淸性靈淑)중건·1775(영조51)중수·1906명신학교(明新學校)설립·1911공양간·1998이전 전시관·2003보수 정·측5·3칸
금당	·1316(충숙왕3)건립·1713(숙종39)중건·1729(영조5) 수연(守演)중건 정·측7·3칸
은당	·명월료와 이어진 ㅁ자 정·측4·3칸
감로당	·1340(충혜복위1)건립·1725(영조1)~1776(영조51)수초(守草)·경천(景天)중건·1882(고종19)소실·1883중건·1887소실·1889(고종26) 덕명(德溟)중건 정·측7·2칸·ㅁ자요사
육화당	·1941 운제(雲堤)·경해(鏡海)건립·1987중건·유물관·2020종무소
수월당	·1583(선조16)건립·1680(숙종6)경 탄종(坦宗)중수·1800년대 굉진(宏震)·인규(印奎)중수·국제템플스테이관
청풍당	·국제템플스테이관
세심당	·국제템플스테이관
설선당	·2008건립·강의실·신행단체
원통방	·1341(충혜복위2)건립·17세기초반~중반 탄현(坦玄)중건·1725(영조1)~1776(영조52) 탄해(坦海)중건·18세기후반~19세기초반 인규(印奎)중건·1858(철종9) 구백희(具百禧) 시주로 번와·1882(고종19)소실·1883중건·1887소실·1888(고종25) 회운(晦芸)중건·1910신명학교 설립·2009중건 정·측7·2칸·ㅁ자기숙사
명월료	·1316(충숙왕3)건립·1659(효종10)중건·1692(숙종18) 또는 1702(숙종28)중건·1713(숙종39) 회명(會明)·취암낭총(翠岩朗聰)중건·1723(경종3) 취암낭총중건·1729(영조5) 수연(守演)중건·1978신축 정·측5·3칸·도서실

중실	·1756(영조32)소실·1872(고종9)상량
불소원	·2016건립·객실공간
한송정	·2001건립·대중공간
다정각	·2004건립·편의공간
산중다원	·2004건립·다원
불이문	■***1305(충렬왕31)건립·1601(선조34) 사명유정(四溟惟政)중건·1761(영조37)중수 정·측3·2칸 ■편액 원종제일대가람 ■큰 원형 문고리
천왕문	■***1337(충숙복위6) 취암낭총건립·1601(선조34) 사명유정(四溟惟政)중건·1713(숙종39)소실·1714 임한청인등 중수·1721(경종1)~1724(경종4)중건·1999보수 정·측3·2칸 ■사천왕목조상*** 1718(숙종44) 진열(進悅) 등 20여 화공 작·1800(정조24)개채
일주문	■1305(충렬왕31)건립·1601(선조34) 사명유정중건·1761(영조37) 두섬(斗暹)중수·1770 풍암중건 정3칸 ■편액 흥선대원군 ■주련 해강(海岡) 김규진(金圭鎭)
총림문	·1990년대초
영추산문	·1981 성파(性坡)건립·2013번와
일영교·월영교	·1708(숙종34)건립·1992중건
무풍교	·1823(순조23) 홍명궤관보수·1922건립
제2무풍교	·1990건립
삼성반월교	·1937 경봉정석건립·홍예 셋
일승교	·1959 구하천보건립

수행하였을 뿐이다. [주요 당우와 성보문화재] 통도사 주요 전각〈표2〉과 성보문화재의 현황은 〈표3〉과 같다. 대적광전은 646년 창건 때 건립되었고, 천불전·대장전·고불본전·동전·관정료·청풍료·불공장·삼보고·조계문 등은 1583년(선조16)에 건립되었는데, 그 뒤의 중창 내역은 전하지 않는다. 천자각·청화당·백화당과 산내 암자 부도암과 동암 등은 이름만 전할 뿐 창건 등 기록은 전하지 않는다. 대웅전·영산전·대광명전·용화전·문수전·관음전·명부전·응진전·장경각·해장보각·개산조당·영각·산령각·응향각·가람각·전향각·일로향각·범종루·만세루 등은 지금의 이름이 아닌 다른 이름으로 불리기도 하였다. 특히 지금의 영산전은 지금의 대웅전이 금강계단과 관련하여 사리전·사리각 등으로 불리는 대신 대웅전으로 불리기도 했지만, 세존사리탑을 중심으로 세 구역으로 나뉜 뒤 금강계단·영산전·대광명전은 각 구역의 중심전각으로서 역할을 하였다. 다만 1856년(철종7)에 신석우(申錫愚 1805~1865)가 쓴 「통도사기 通度寺記」(『해장집』 권11)에는 "법당이 열두, 승료가 여섯, 중문이 셋, 회랑과 창고, 주방, 경판 전각 등 헤아릴 수 없다. 암자가 열다섯 곳, 스님은 사백여 분이었다. 今尙有法殿十二 僧寮六 重門三 廊廡 筦庫香積之廚 經板之閣 不可數其間架 屬庵十五 通計僧徒爲四百餘人"이라고 하였고, 특히 1885년(고종22)에 이건창(李建昌 1852~1898)이 지은 「옥련암기 玉蓮菴記」(『명미당집』 권10)에도 "영남의 통도사는 나라의 뛰어난 절인데, 절에 속한 스님이 이천여 분이고 크고 작은 암자가 십여 곳이다. 嶺南之通度寺 雄於國中 寺僧二千餘人 … 大小菴寮十數"라고 하였다. 한편 1085년(선종2)에 통도사 사역을 알리기 위해서 사방 12곳에 국장생석표(國長生石標)를 두었는데, 거친 화강석에 이두문을 섞어 새긴 글에는 절의 경계·풍수·방액(防厄) 등이 적혀 있으며, 현재 보물로 지정되어 있다. 통도사 성보를 소장하고 있는 통도사성보박물관은 우리나라 최초 불교전문박물관이자 유일의 불교회화전문박물관이다. 1964년에 관음전에 보물장을 설치

〈표3〉 성보문화재 일람

*국보 **보물 ***유형문화재

불상佛像	은제도금 아미타여래삼존상 및 발원문** 1450(세종32)봉안
불화佛畫	■석가불괘불1폭** 1767(영조43) 두훈(斗薰)등 작·1792(정조16) 지연(指演)등 작 ■대웅전신중탱(제석천룡탱·팔금강탱) 2폭*** 1804(순조4) 계한성인(戒閑性仁)작·대웅전현왕탱*** 1775(영조51) 비구니 도명(道明) 시주로 임평(壬平)작 ■대광명전삼신불도(비로자나불·노사나불·석가불)3폭** 1759(영조35) 임한청인(任閑清印)작 ■영산전석가모니후불탱1폭** 1734(영조10) 임한청인작·영산전팔상탱8폭** 1775 포관(抱冠)작 ■보광전화엄변상묵탱** 1811(순조11) 계성(戒成)등 작 ■극락보전아미타후불탱** 1740(영조16) 임한청인작·극락보전포벽 일부 ■약사전약사여래후불탱*** 1775 포관 등 작 ■용화전가경삼년미륵후불탱*** 1798(정조22) 옥인(玉仁)작 ■응진전석가모니후불탱1폭*** 1775 정총(定聰)작·응진전영산회상탱1폭*** 1775 임한청인작 ■관음전관음보살탱 1858(철종9) 비구니 유봉(宥奉) 시주로 월하(月霞)조성 ■명부전삼장보살탱*** 1792(정조16) 지연등 작 ■지장보살탱시왕탱사자탱12폭*** 1798 지연 등 작 ■광무4년명감로탱*** 1900(고종37) 일파법윤(一波法允)등 작 ■화엄탱** 1811(순조11) 계성등 작 ■팔금강탱8폭*** 1736(영조12)조성 ■오계(五戒)수호신장탱*** 1736(영조12) 희심(喜心)등 작 ■해장보각화장찰해도(華藏刹海圖) 1899(광무3) 동호진철(東昊震徹)등 작 ■안양암북극전칠여래탱9폭 1866(고종3) 하은(霞隱)작·안양암북극전아미타회상탱 1866 하은작 ■비로암칠성탱9폭*** 1818(순조18)1폭·1899(고종36)1폭·1904(고종41) 7폭 중 6폭 환월상휴(煥月尙休)·한형(漢炯)작 ■백운암아미타회상탱·신중탱 1896(건양1) 동호진철작·백운암지장탱 1801(정조25) 지연작 ■사명암영산회상탱 1917완호(玩虎)작·사명암 감로탱 1917환월상휴작 ■백련암동치2년명석가모니후불탱 1863(철종14) 하은작·백련암반야용선도*** 1896(고종33) 범해두안(帆海斗岸)등 작
경판經板·경책經册	■장경각 목판 17세기초반 운흥사(雲興寺)에서 이전 ■『묘법연화경』 권3~4** 1470(성종1)인출·『감지금니대방광불화엄경』 주본 권46** 고려시대작·『대불정여래밀인수증료의제보살만행수능엄경』 권9~10** 1401(태종1)인출
진영眞影	■삼성각 지공·나옹·무학 영정*** 1807(순조7) 의윤(義允)작 ■해장보각 자장영정*** 1804(순조4) 계한성인작 ■역대고승영정 일괄*** 청허당·사명당·환성당(1799봉안)·우운당진희·해송당관준·추파당대명·영한당종열·삼성당서징·구룡당천유·우계당염일·백암당관홍·용암당혜언·화악당태영·설송당연초·성담당의전·호암화상·대은당우관·성월당홍진·화악당지탁·성곡당신민·청담당준일·춘암당인천·구담당전홍·영파당성규·화곡당계천·월허당계청·취봉당궤봉·도암당우신·화봉당유철·동명당만우·의송당최인·화담당경화·경파당경심·영암당유홍·용파당도주·침계당관추·응암당희유·금파당임추·퇴은당등혜·포운당윤경·금암당·환응당민열·학송당이성·동파당탄학·헌암당·호성당석종·추파당지첨·오성당우축·일봉당우민·응허당도흡·구봉당지화·망운당취일·보운당·용허당지묵·낙운당지일·홍명당궤관·경해당성찬·우담당유정·금용당경희·덕암당혜경·구성당봉의·용담당성한
법구法具	■사인비구 제작 강희이십오년명 통도사동종** 1686(숙종12) 사인(思印)작 ■사리장엄구 22기 ■청동은입사향완** 고려시대 ■철제명문암키와 1646(인조24)제작·만력삼십삼년명막새기와 1605(선조38)제작 ■통도사인적및동인(印籍○銅印)3개*** 1671(현종12) 1기제작
문헌류	■취운암 「취운암중수상량문」 찬술 ■금동천문도** 1652(효종3)제작

한 이래 만세루로 이전하였다가 1987년에 상설전시실과 기획전시실을 둔 박물관으로 개관하였다. 1988년 개관1주년 기념 특별전시회를 개최한 이래, 1999년에 지금의 박물관을 건립하고는 '통도사성보박물관'으로 이름을 바꾸었고, 박물관대학을 열었으며 성보예술제를 개최하였다. 특히 불교미술사학회 학술대회와 괘불탱전은 지금까지 계속 열고 있다. 현재 총 4만점의 성보문

〈표4〉 부도원 현황 **보물 ***유형문화재

	이름·건립연도·내역
탑비塔碑	사바교주석가여래영골사리부도비娑婆敎主釋迦如來靈骨舍利浮圖碑*** 1706(숙종32) 계파성능 조성 ·채팽윤(蔡彭胤 1669~1731)찬 ·이진휴(李震休 1657~1710)서(書) ·권규(權珪 1648~1722)전(篆) ·비음(碑陰) 계파성능찬·보윤(普允)서·1946중수
	설송당연초대사雪松堂演初大師부도와 비*** 1616~1690 부도 1754(영조30)건립·비 1694(숙종20)건립 ·이천보(李天輔 1698~1761)찬 ·이정보(李鼎輔 1693~1766)서 ·이익보(李益輔 1708~1767)전
탑塔·부도浮圖	회진당의심會眞堂義心부도 1655(효종6)건립
	소요후인팔도도총섭겸승대장등계낙운지일逍遙後人八道都摠攝兼僧大將登階洛雲智日부도*** 1694(숙종20)건립
	소요문인우운당진희逍遙門人友雲堂眞熙부도*** 1694(숙종20)건립
	이름이 없는 사리 2과 영골 1과舍利二靈骨一부도 1694(숙종20)건립
	한계당신묵寒溪堂信默부도 1700(숙종26)건립
	동운당혜원東雲堂慧遠부도*** 1704(숙종30)건립
	우운문인무영당축환友雲門人無影堂竺環부도*** 계사년건립
	서운당성칙西雲堂聖則부도 병술년건립
	화월당달윤대사花月堂達允大師탑
	양종도총섭영월당우징兩宗都摠攝影月堂瑀澄탑***
	묘봉당성각妙峰堂性覺부도
	천봉당등훈千峰堂等勳부도
	연암당선행蓮巖堂善幸부도
	신암당덕균新菴堂德均부도
	송암당최운松巖堂最雲부도
	양종정사연파당덕장兩宗正事淵坡堂德藏부도***
	계영당득총桂影堂得聰부도
	선교양종대각등계구룡당천유禪敎兩宗大覺登階九龍堂天有부도***
	정암당정우鼎巖堂定宇부도
	도총섭능암당지영都摠攝陵庵堂智英부도***
	신적당영인新寂堂靈仁부도
	함파당세윤含波堂世允부도
	화봉당위찰花峰堂偉札부도
	자호대사自浩大師부도
	응암당희유대사凝庵堂僖愈大師부도***
	용파당도주대사龍坡堂道周大師부도***
	동허당법명대사東虛堂法明大師부도***
	양진당숭신養眞堂崇信부도
	보운당도엄寶雲堂道嚴부도
	무멸당의엄無滅堂義嚴부도
	우운법손영서당덕흠友雲法孫靈瑞堂德欽부도
	처사연화당묘성處士蓮花堂妙成부도
	무명부도6위·무명소년부도2위
비碑	증암당영수대사유공비甑巖堂永守大師有功碑 1830(순조30)건립
	우담당유정雨潭堂有定대사비 1831~1877 1879(고종16)건립·이용직(李容直 1824~?)찬 ·안효필(安孝弼)서·정효근(鄭孝根)전
	쌍호당회관헌납비雙湖堂會瓘獻納碑 1898(광무2)건립
	학송당이성대사유공비鶴松堂理性大師有功碑 1898(광무2)건립
	응허당도흡보사비應虛堂熏洽補寺碑 1898(광무2)건립
	남호당승엽식이보사비南湖堂勝曄植利補寺碑 1898(광무2)건립
	호성당석종호사수리비虎惺堂奭鐘護寺修理碑 1898(광무2)건립
	성해당남거聖海堂南居대사비 1854~1927 1965건립·경봉정석(1892~1982)찬 ·벽안법인(碧眼法印 1901~1987)서
	구하당천보九河堂天輔대사비 1872~1965 1965건립·벽안법인(碧眼法印)찬·서
	홍경당장육弘經堂藏六대사비 1899~1971 1972건립·운허용하(雲虛龍夏 1892~1980)찬 ·무불성관(無佛性觀 1907~1984)서
	해담당사준海曇堂仕俊대사비 1862~1945 1982건립·노천월하(老天月下)찬·정한(廷漢)서
	경봉당정석鏡峰堂靖錫대사비 1892~1982 1983건립·고도이영무(古道李英茂)찬 ·남전원중식(南田元仲植)서
	벽안당법인碧眼堂法印대사비 1988건립·무애서돈각(無礙徐燉珏)찬 ·여초김응현(如初金應顯)서
	고경당법전古鏡堂法典대사비 1882~1945 1989건립·동곡일타(東谷一陀 1929~1999)찬·서
	성암당석구性庵堂錫九대사비 1890~1950 1993건립·노천월하찬·해운(海雲) 박현필(朴炫弼)서
	설암당의전雪巖堂倚典대사비 1886~1970 1994건립·약산상우(藥山祥牛)찬·신허상수(薪虛湘壽)서
	운조당홍법雲照堂弘法대사비 1930~1978 1994건립·가산지관(伽山智冠)찬 ·월성(月城) 이성우(李性雨)서
	일옹당혜각一翁堂慧覺대사비 1905~1998 2000건립·석정(石鼎)찬·신흥식(辛興植)서
	설아당태열雪阿堂泰悅대사비 1890~1949 동곡일타찬
	나무아미타불상일영하월영이교비南無阿彌陀佛上日影下月影二橋碑 1708(숙종34)건립
	통도사견역복구비서通度寺蠲役復舊碑序 1728(영조4)건립·환성지안(喚醒志安 1664~1729)찬 ·희유(稀有)서
	경상도관찰사황선유공불망비慶尙道觀察使黃璿有功不忘碑 1682~1728 1728(영조4)건립
	경상도관찰사박문수유공불망비慶尙道觀察使朴文秀有功不忘碑 1728(영조4)건립
	군수손공상일영세불망비郡守孫公相馹永世不忘碑 1782(정조6)건립
	군수이후발원견역선정비郡守李候發源蠲役善政碑 1831(순조31)건립
	수군절도사손공명대견역유공비水軍節都使孫公命大蠲役有功碑 1831(순조31)건립
	대광보국숭록대부우의정이지연영세불망비大匡輔國崇祿大夫右議政李止淵永世不忘碑 1777~1841 1839(헌종5)건립
	정헌대부이조판서이기연영세불망비正憲大夫吏曹判書李紀淵永世不忘碑 1783~? 1839(헌종5)건립
	도순상국 권돈인영세불망비都巡相國權敦仁永世不忘碑 1839(헌종5)건립

	자헌대부순찰사신공석우영세불망비資憲大夫巡察使申公錫愚永世不忘碑 1805~1865 1857(철종8)건립
	자헌대부순찰사신공석우영세불망비資憲大夫巡察使申公錫愚永世不忘碑 1805~1865 1857(철종8)건립
	군수이공재문견역유공비郡守李公在聞蠲役有功碑 1859(철종10)건립
	순상국김공세호영세불망비巡相國金公世鎬永世不忘碑 1652~1722 1872(고종9)건립
	동래부사정현덕영세불망비東萊府使鄭顯德永世不忘碑 1810~1883 1873(고종10)건립
	순상국이공근필청덕영세불망비巡相國李公根弼淸德永世不忘碑 1816~1882 1880(고종17)건립
	덕암당혜경지역혁파유공비德巖堂蕙璟紙役革罷有功碑 1884(고종21)건립
	임자갑계보사유공비壬子甲契補寺有功碑 1898건립
	숭록대부강공석호영세감은비崇祿大夫姜公錫鎬永世感恩碑 1901(고종5)건립
	무오갑계원보사불망비戊午甲契員補寺不忘碑 1905(광무9)건립
탑본 搨本	환성당지안喚醒堂志安대사비 1664~1729 1822년(순조22)건립 ·홍계희(洪啓禧 1703~1771)찬·조명채(曹命采)서
	호암당체징虎岩堂體澄대사비 1687~1748 1822년건립
석표	국장생석표** 1085(선종2)12곳 조성
그 외	부도원 입구 석당간*** 고려말 조선초 조성

화재를 소장하고 있는데, 시대별·유형별로 정리한 불교회화작품만 6백여 점으로 국내외에서 가장 풍부한 편이다. [부도원] 1993년 노천월하(老天月下)스님께서 흩어져 있던 승탑 60여 위와 석비 50여 기를 부도원 〈표4〉에 모아 모셨다. [산내암자] 산내암자는 〈표5〉에서 보듯이 모두 17곳인데 많은 성보문화재가 분포한다. 특히 자장암은 남쪽 바위에 높이 4m의 마애불이 새겨져 있고, 법당 뒤쪽의 암벽에서는 맑은 석간수가 흘러나오고 그 위의 석벽에는 엄지손가락이 들어갈 만한 구멍이 있는데, 오래된 전설의 두 마리 금개구리(金蛙)가 가끔 나타나 영험을 보이기도 한다. [부설기관·말사] 부설기관으로는 양로·요양시설인 사회복지법인 통도사자비원, 유아교육시설인 통도사유치원과 통도사어린이집,

〈표5〉 산내 암자 일람표 *국보 **보물 ***유형문화재

암자 이름	창건·연혁
추서암 鷲棲庵	■1711년(숙종37) 동해(東海)창건·1863(철종14)중수 ■관음보살석조좌상 1918조성 ■영산회상탱 1920완호(挠虎)작 ■독성탱 1861(철종12)봉안
반야암 般若庵	·1999 지안창건
비로암 毘盧庵	■1345(충목왕1) 영숙(靈淑)창건·1578(선조11) 이관(爾觀)·태흠(太欽)중건·1940 포광(包光)중건·통도팔경 중 비로폭포 ■석가불후불탱*** 1899(고종36) 주화(周華)작 ■삼단탱*** 1738(영조14)조성 ■지장탱*** 1869(고종6)조성 ■조왕탱*** 1904(고종41) 성환(性煥)작 ■구품탱*** 1904 환월상휴작 ■칠성각 1904 회봉건립·단청 ■칠성탱9폭***중 6폭 통도사성보박물관 소장 ■독성탱***·산령탱*** 1904 회봉(檜峯)작
극락암 極樂庵	■1344(충혜왕복위5)창건·1758(영조34) 지홍(智弘)중건·한암중원(漢岩重遠)·노천월하(老天月下)·벽안법인(碧眼法印)·보안·혜암·경봉정석(鏡峰靖錫)주석처 ■관음보살석조좌상 1835(헌종1)봉안 ■도광원년 아미타후불탱 1821(순조21)조성 ■가경이십삼년 신중탱 1818(순조18) 지한(志閑)작
서추암 西鷲庵	·1996 노천월하창건·불교대학
금수암 金水庵	·1986 여산창건
백운암 白雲庵	■892(진성왕6) 조일(祖日)창건·1810(순조10) 침허수일(沈虛守一)중건·2013 산신각중수·통도팔경 중 백운명고(白雲鳴鼓)·만공월면(滿空月面) 오도처 ■아미타회상탱·지장탱·신중탱 통도사성보박물관 소장 ■용왕각
보타암 寶陀庵 東雲庵	■1927 영춘 동운암 주석 후 이거하여 창건 또는 비구니 재덕(在德)·호전(浩典) 원동(院洞)토굴 이전창건·1935 정운증축·6·25전쟁 때 야전병원·비구니 수행처 ■영산회상탱 1941 월주(月洲)작 ■신중탱 1927 고산축연(古山竺演)작
취운암 翠雲庵	■1650(효종1) 우운진희(友雲眞熙)창건·1686(숙종12) 낙운지일(洛雲智日)중건·1795(정조19) 동명만우(東溟萬羽)중수·1857(철종8) 화봉유철(華峰有喆)중수·2007중수·통도팔경 중 취운모종(翠雲暮鐘)·2005율원이건 ■취운전*** 1686(숙종12)건립·1857(철종8)중수·2008해체·변경 ■지장시왕탱 1896(고종33) 동호진철(東昊震徹)작 ■현왕탱 1857(철종8) 월하세원(月霞世元)중수 ■산령각 1845(헌종11) 성담의전(聖潭儀典)건립
안양암 安養庵	■1295(충렬왕21) 찬인(贊仁)창건·1865(고종2) 우담(雨潭)중건·1968 우송(友松)중수·통도팔경 중 안양동대(安養東台)·해담(海曇)·만해 한용운 주석처 ■북극전(北極殿)*** 1866(고종3) 우담이 보상암(寶相庵)으로 건립 정·측3·2칸·벽화 연화도·운룡도·운학도·주악천인도 등 20점 ■칠여래탱9폭 통도사성보박물관 소장 ■아미타회상탱 통도사성보박물관 소장 ■함풍11년명신중탱*** 1861(철종12) 의행(誼幸)·덕화(德花) 등 작 ■현왕탱 1866(고종3)조성
수도암 修道庵	■1372(공민왕21) 이관(爾觀)창건·정신(定信)중건 ■석가불후불탱 1863(철종14) 설하(雪荷)작
서운암 瑞雲庵	■1346(충목왕2) 충현(沖絢)창건·1859(철종10) 남봉권성(南逢卷性)중건·1930 선운(善運)보수·1985 성파(性坡)중수 ■칠성탱 1861(철종12) 하은(霞隱)조성 ■독성탱 1890(고종27)봉안 ■장경각 ■사도세자 어필***
자장암 慈藏庵	■자장 통도사창건전 주석처·회봉지오(檜峰志伍)중건·1870(고종7)중수·1960 용복(龍福)중건·1980년대후반부터 이산현문(怡山玄門)중건·통도팔경 중 자장동천(慈藏洞天) ■관음전 영산회상탱 1920 완호(玩虎)작·관음전 신중탱 1890(고종27) 하은작·관음전 범종 1923조성 ■마애삼존불상(아미타불·관음보살·대세지보살) 고산정일(古山定一)봉안
사명암 泗溟庵	■1573(선조6) 이기(爾奇)·신백(信白)창건·임란 때 금강계단 부처님 사리 수호·사명유정·단청장 혜각(慧覺) 주석처 ■영산회상탱 1917 완호작 ■감로탱 1920 환월상휴(煥月尙休)작 ■지장시왕도 1920 완호작 ■화방
옥련암 玉蓮庵	■1374(공민왕23) 쌍옥(雙玉)창건·1857(철종8) 호곡청신(虎谷淸愼)중건·1887(고종24) 우계지언(愚溪智彦)중건·1939 보해(寶海)개건·1942 철암해종(徹庵海鍾)보수·삼성각건립·1988 법선중건·구하천보(九河天輔) 오도처 ■독성탱 1921 완호(玩虎)작
백련암 白蓮庵	■1374(공민왕23) 월화지원(月華智圓)창건·1634(인조12) 현암치원(懸巖致源)중건·1995원산(圓山)중수·환성지안(喚醒志安)·1901경운(擎雲)·만해 한용운·성철(性徹) 주석처·탄허(呑虛) 강원개설 ■법당 1863(철종14)중건 ■동치2년명 석가모니후불탱 통도사성보박물관 소장 ■신중탱 1864(고종1) 하은 조성 ■반야용선도*** 통도사성보박물관 소장 ■「백련암만일염불회헌토기」 현판 1873(고종10)제작 ■「만일회기일록 萬日會忌日錄」 1947저술
관음암 觀音庵	·1990년대 태응창건

중등교육시설인 해동중·고교와 보광중 등의 학교법인, 친환경청정농산물생산시설인 영축총림 영농조합법인, 수행정신과 생명존중 등을 연구하는 재단법인 영축문화재단, 유·무형문화재 보존과 발굴을 위한 사단법인 성보문화재연구원 등을 두고 있다. 현재 말사는 포교당을 포함하여 관할구역인 울산광역시·경상남도 양산·창녕·밀양·의령 일대는 물론 서울특별시·부산광역시·광주광역시·대전광역시·인천광역시·경기도 등 전국적으로 216곳이 분포하고 있고, 해외에도 미국·캐나다·브라질·아르헨티나·호주 등지에 11곳이 자리하고 있다. 통도사는 2018년 1월에 양산시 기념물로 지정되었다가 같은 해 6월에 영주 부석사·안동 봉정사·보은 법주사·공주 마곡사·순천 선암사·해남 대흥사와 함께 한국의 대표적인 산지형 사찰로 선정되어 '산사, 한국의 산지승원(Sansa, Buddhist Mountain Monasteries in Korea)'이라는 이름으로 유네스코 세계유산에 등재되었다. [참고문헌] 『東國輿地勝覽』, 『伽藍考』, 『梵宇攷』, 『三國遺事』, 『通度寺誌』(亞細亞文化社, 1979), 『東文選』, 『海藏集』(韓國文集叢刊127 p.450b7), 『明美堂集』(韓國文集叢刊349, p.155b4), 『韓國寺刹全書』 권하. ⇨ 자장 慈藏

통도사괘불탱 通度寺掛佛幀 조선후기 대형불화. 보물 제1351호. 세로 1,177cm·가로 553.8cm. 삼베바탕에 채색(麻本彩色). 세로로 긴 화면에는 연꽃을 든 장엄신여래를 단독으로 모셨다. 보관 중앙에 7존의 화불입상이 있고, 네 겹 테두리 두광과 화려하게 장엄한 신광이 있다. 섬세하게 시문된 군의(裙衣) 위에 붉은 대의를 걸쳤으며, U형 천의가 흘러내리고 있다. 두 손을 가슴 위로 올린 설법인(說法印)을 한 채 연꽃가지를 들고 있다. 불신(佛身)의 황색과 대의의 적색, 두광과 천의의 녹색, 상의의 흰색과 군청 등으로 채색이 화려하다. 하단 화기에 "대청 건륭 57년(1792·정조16) 임자 8월에 양산 통도사에서 괘불을 그려 봉안하였다. 大淸乾隆五十七年壬子 八月日 梁山郡 通度寺 掛佛畵成奉安"라고 하였고, 이어서 독판대시주·복장대시주질·연화질 등을 적었다. 양공은 지연(指演)·치심(致心)·돈활(頓活)·포선(抱善)·쾌능(快能)·우정(宇定)·우심(宇心)·정화(定華) 등 22명이다. 함께 제작된 괘불궤에는

제작시기와 봉안장소, 관음상 개금과 삼장보살도의 조성사실 등을 적은 묵서명이 남아 있다. [참고문헌] 『대형불화정밀조사보고서3 보물 제1351호 통도사 괘불탱』(문화재청·성보문화재연구원, 2015). ⇨ 통도사 通度寺

통도사국장생석표 通度寺國長生石標 경상남도 양산시 하북면 지산리 통도사 입구에 세워진 석표. 보물 제74호. 1085년(대안원년·선종2)에 통도사의 경계표시로 세운 것이다. 장생이란 장승으로서 일종의 표지물이다. 국장생은 나라에서 사찰의 사방경계를 설정하고 내린 것이다. 높이는 66.7cm·폭은 61cm이며 "대안 원년 을축 12월에 기록하다. 大安元年乙丑 十二月 日 記"라는 명(銘)이 있다. [참고문헌] 『韓國金石全文』 中世上, p.526. ⇨ 통도사 通度寺

통도사극락암칠성탱 通度寺極樂庵七星幀 양산 통도사 극락암에 있는 불화. 대한제국 때 양산군수 안종설(安鍾卨)이 조성봉안한 불화다. 유형문화재. 9폭으로 치성광여래탱 1폭과 칠원성군 각각의 7폭과 자미대제삼태육성탱 1폭이다. 푸른 바탕에 각 존을 모시고 솟아오르는 구름으로 장식하였다. 치성광여래탱은 중앙에 치성광여래를 모시고 좌우로 월광·일광보살이 시위하고 있으며 본존의 두광 좌우에 태상노군(太上老君)과 개덕진군(開德眞君)이 있다. 칠원성군탱은 각 성군에 이십팔수 중 4위씩을 각각에 배치하였는데 성군들 각기 7여래불을 모신 보관을 쓰고 있다. [참고문헌] 『韓國의 佛畵』 권3 pp.159~167. ⇨ 칠성탱화 七星幀畵

통도사금강계단 通度寺金剛戒壇 국보 제290호. 하층지대석 너비 동서 10.4m, 남북 10.2m, 사리탑 높이 178.5cm. 통도사 상로전(上爐殿)의 중심인 대웅전 북쪽에 위치해 있다. 『삼국유사』 권4 의해(義解)5 자장정률(慈藏定律)에 의하면 중국에서 귀국한 자장이 국통에 임명되어 교단을 정비하는 중 나라의 사람들이 계를 받고 불법을 받드는 자가 열 집에 여덟, 아홉이 되고 출가하려는 사람이 많아짐에 통도사를 창건하고 계단을 쌓아 이들을 제도하였다고 한다. 또 같은 책 권3 탑상(塔像)4 전후소장사리(前後所將舍利)에는 계단에 사리와 부처의 가사 한 벌을 봉안했다고 전한다. 창건 당시 계단의 형태는 알 수 없으나 당(唐)의 도선(道宣 596~6

67)이 정업사(淨業寺)에 건립하고 쓴 『관중창립계단도경 關中創立戒壇圖經』에 의지해 구현했을 것으로 보고 있다. 현재의 계단은 이중의 방형기단 위로 복련과 앙련이 조식된 대좌에 석종형 사리탑이 놓여 있다. 계단의 핵심인 사리탑은 중층단 중앙에 위치해 있다. 앙련과 복련으로 이루어진 지대위에 석종형 몸체 및 앙련과 연봉 모양의 보주로 구성된 상륜을 구비하고 있다. 중심부의 동체 표면에는 남북면에 각각 향로와 위패를 좌우측으로는 공양비천상을 새겨 장식하였다. 석단의 하단 모서리에는 각각 신장상(神將像)을 배치하고 하층기단 면석에는 남면에 불좌상 2구, 나머지 3면에는 불좌상 1구와 천인상들을 부조하였다. 또 상층기단 면석에도 일부 천인상을 새겨 놓았다. 기록에 따르면 계단은 창건이래 수차례의 수리와 변형이 있었음을 알 수 있다. 『삼국유사』와 『고려사』 등에 의하면 계단의 사리는 여러차례 열려 공개되었다. 특히 고려말 왜구에 의해 계단의 사리를 약탈하려는 시도도 있었다. 이색(李穡)이 지은 『양산통도사석가여래사리기 梁山通度寺釋迦如來舍利記』에 1379년(우왕5)에 월송(月松)대사가 불사리를 개성 송림사(松林寺)로 옮겨 분신(分身)했다는 기록이 있고, 임진왜란 때는 왜구에 의해 약탈되어 일본까지 갔다가 백옥거사(白玉居士)가 되찾아 왔다고 한다. 이에 송운당사명대사가 파괴된 계단을 중수하고 다시 사리를 봉안했다. 『통도사지 通度寺誌』「사바교주계단원류강요록 娑婆教主戒壇源流綱要錄」에 의하면 이후 1652년(효종3)에 우운당(友雲堂) 진희(眞熙)가 중수했고 1705년(숙종31)에 계파당(桂坡堂) 성능(性能)이 재차 중수했다. 이때의 상태에 대하여 "돌아보니 지금 석종이 갈라지고 석단에 틈이 생기고 새김이 없으니 이는 존숭하는 바가 아닙니다. 顧今鍾泐而壇缺無顯刻非所以尊之也"라 한 것으로 미루어 전면적인 수리가 있었음을 알 수 있다. 또한 수리후 계단의 모습에 대하여 "계단의 둘레는 4면이 모두 40척이고 그 안에 석상을 놓고 석함을 안치하였으니 석상 위에 3종의 내외함을 차례로 봉안했다 戒壇周回四面皆四十尺其中以石函置之其內以石床安之其上以三種內外函列次奉安"라고 한 것으로 보아 이때 현재의 모습과 유사한 형태로 완성되었음을 알 수 있다. 그 뒤로 1743년(영조19)·1823년(순조23)·1872년(고종9)·1911년에도 크고 작은 중수와 수리가 있었다. 이중기단 외곽의 난간석과 정면의 아치형 석문은 1911년 중수할 때 더한 것이며, 난간 외곽에 동서남북 사방에 각각 1기씩의 석등은 조선후기에 조성했을 것으로 보고 있다. 가장 먼저 건립된 통도사 금강계단은 이후 건립되는 금산사 방등계단, 불일사지 계단과 통도사 계단의 분사리를 통해 성립된 정암사·건봉사·용연사의 계단건립에 직접적 영향을 끼쳤다. [참고문헌] 『三國遺事』, 『高麗史』, 『通度寺-대웅전 및 사리탑 실측조사보고서』(통도사, 1997) pp.135~164. 『통도사지』(亞細亞文化社, 1979) pp.282~283. ⇨ 통도사 通度寺

통도사금동천문도 通度寺金銅天文圖 조선후기 금동천문도. 보물 제1373호. 지름 41cm·두께 0.9cm. 통도사성보박물관 소장. 동제원판(銅製圓版)에 새겨진 천문도로, 앞면에는 천문도를 새기고 뒷면에는 송악도(松岳圖)를 점각(點刻)하였다. 전면 천문도〈그림1〉는 북두칠성을 중심으로 한 28수와 481개의 별들이 떠있다. 원판의 중심과 좌우에 일직선으로 3개의 큰 구멍이 있으며, 각 별자리는 선으로 연결하였다. 별에는 구멍을 뚫어 진주를 감입(嵌入)하였는데 현재는 24개만 남아있다. 후면 송악도〈그림2〉의 상단에는 33천 성위(聖位)가 순서대로 점각되어 있고, 중앙에는 5개의 암산 앞에 두 그루의 소나무 아래로 물결이 표현되어 있다. 하단 좌우에 있는 명문에 "순치 9년(1652·효종3) 임진 9월에 삼각산 문수암 비구니 선화자 조성. 위봉사 비구니 천연. 대시주 이태선. 順治九年 壬辰九月日 三角山 文殊庵 比丘尼 仙化子 造成 圍鳳寺 比丘尼 天延 大施主 李太山"라고 하였다. 부속구인 막대형 동판 명문에는 "이 천문형상도는 일남대성화엄경에 실려있다. 此天形之圖志 載於一南大聖華嚴經"라고 하였다. 국내 유일의 동판천문도로서 1395년(태조4)에 제작된 「천상열차분야지도 天象列次分野之圖」와 별자리 형태나 배치 등이 거의 일치한다. [참고문헌] 『통도사성보박물관소장유물 名品』(통도사성보박물관, 1999) p.154·315. ⇨ 천문도상 天文圖像

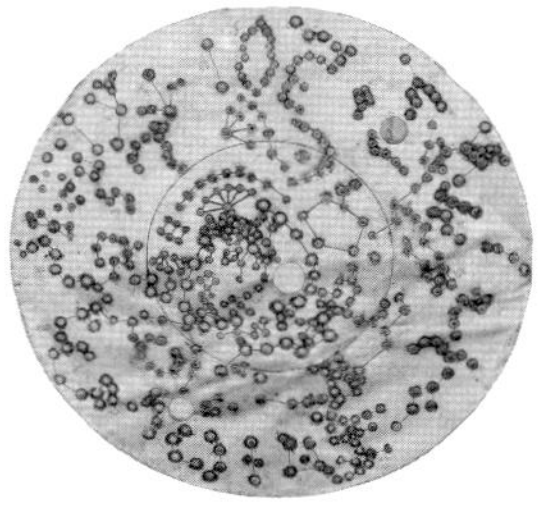

〈그림1〉전면 천문도

〈그림2〉후면 송악도

통도사대광명전 通度寺大光明殿 조선후기 목조건축. 보물 제1827호. 정면 5칸·측면 3칸의 다포계(多包系) 팔작지붕 건물. 중로전(中爐殿)의 중심불전이다. 「불종찰약사 佛宗刹略史」에는 자장(慈藏)이 통도사를 창건할 때 건립하였고, 이후 1725년(영조1)에 축환대사(竺環大師)가 재창(再創)하였다고 전한다. 1759년(고종24)에 제작된 「대광명전삼성공필후현판 大光明殿三成功畢後懸板」에 "병자년(1756) 10월 21일 밤 자시에 중실에서 불이 나서 … 순식간에 다 타버렸다. … 기묘년(1759) 4월 초에 공사를 시작하여 6월 26일 회향하여 마쳤다. 또 비로자나불상과 영산전 불상을 도금하고 후불탱화도 일시에 완성하였다. 丙子年十月二十一夜子時 火出于中室 … 片時煨燼 … 己卯四月初始役 六月二十六日回向畢 且毘盧佛像及靈山殿佛像鍍金 及後佛幀亦一時成辦"라고 하였다. 대광명전의 기단은 장대석과 갑석으로 구성되어 있는 가구식(架構式)이고, 중앙에는 면석을 갖춘 4단의 계단을 두었다. 내부천장은 층급형 우물천장으로, 반자살 사이에는 다양한 화판(花瓣)이 있다. '亞'자형 불단에는 비로자나불상을 봉안하였고, 18세기의 화재 후 불전 내부 좌우에는 화마진언(火魔眞言), 동자대공에는 '水'자를 묵서하였다. 화려하고 섬세한 공포와 용두형의 안초공(按草栱), '亞'자형 불단, 치밀한 건축기법 등에서 중심불전으로서의 격식과 위의가 돋보인다. ［참고문헌］『通度寺誌』(亞細亞文化社, 1979) pp.82~99, 『양산 통도사 대광명전 정밀실측조사보고서』(문화재청·2014). ⇨ 통도사 通度寺

통도사대광명전삼신불도 通度寺大光明殿三身佛圖 조선후기 불화. 보물 제1042호. 비로자나불도(毘盧遮那佛圖) 세로 423cm·가로 299.5cm, 노사나불도 세로 386.5cm·가로 175cm, 석가불도 세로 386.5cm·가로 178cm. 비단바탕에 채색(絹本彩色). 대광명전 삼신불상의 후불탱화를 세 폭으로 나누어 조성한 것이다. 화기에 의하면 세 폭 모두 건륭 24년(1759·영조35) 7월에 임한(任閑)을 수화승으로 하여 하윤(夏閏)·두영(斗英)·옥상(玉尙)·수성(守性)·보관(普寬) 등 16명이 조성하였다. 중앙의 법신(法身) 비로자나불도는 다른 두 폭에 비해 크기가 크며, 상단 중앙의 본존을 중심으로 14대 보살, 10대 제자, 용왕·용녀와 팔부중이 대칭을 이루며 둘러싸고 있다. 본존은 키형 광배에 지권인(智拳印)을 하고 결가부좌하였다. 왼쪽 보신(報身) 노사나불도(盧舍那佛圖)는 화면 상단의 보살형 본존을 중심으로 보살과 천부중 6존, 제자 2명, 타방불 2존, 가루라와 건달바가 좌우로 각각 배치되어 있고, 하단에는 남방증장천왕(南方增長天王)과 동방지국천왕(東方持國天王)이 있다. 노사나불은 원형광배에 두 손을 들어 설법인(說法印)을 취하고 있다. 오른쪽 화신(化身) 석가모니불도(釋迦牟尼佛圖)는 노사나불도와 동일하게 화면 상단의 석가모니불을 중심으로 권속들이 배치되어 있는데, 하단의 사천왕은 좌우 대칭을 위해 북방다문천왕(北方多聞天王)과 서방광목천왕(西方廣目天王)이 있다. 본존은 원형 광배에 편단우견의 법의를 착용하고, 항마촉지인(降魔觸地印)을 결하였다. 짜임새 있는 구도와 유려한 필치, 탁한 적색 위주의 색감, 작은 문양의 다용(多用) 등이 특징이다. 거대한 세 폭의 화면에 삼신불을 조성한 것은 매우 드문 사례로, 화엄사(華嚴寺) 대웅전 삼신불도와 함께 18세기 삼신불도의 전형을 보여준다. ［참고문헌］『韓國의 佛畫 畵記集』(성보문화재연구원, 2011) pp.411~412, 『통도사 성보박물관 소장유물 名品』(통도사성보박물관, 2014) pp.24~31. ⇨ 삼신불도회 三身佛會圖

비로자나불도

노사나불도

석가불도

통도사대웅전 通度寺大雄殿 조선후기 목조건축. 국보 제290호. 정면 5칸·측면 3칸의 다포계(多包系) 팔작지붕·맞배지붕 혼합건물. 통도사의 주법당이자 상로전(上爐殿)의 중심불전이다. 대웅전 내부에는 불상을 모시지 않고, 불전 뒤 금강계단(金剛戒壇)에 봉안된 진신사리(眞身舍利)를 참례하는 배전(拜殿)이다. 건물의 초창은 신라 선덕여왕 때이나, 임진왜란 중에 소실되었다. 1961년 수리 시 발견된 중수 묵서에 "순치 2년(1645·인조23) 갑신 5월 11일에 기둥을 세웠다. 順治二年 甲申五月十

一日立柱"라고 하였고, 1800년(정조24)에 제작된 「축서산통도사대□전중수여사왕상개채기 鷲捿山通度寺大□殿重修與四王像改彩記」와 1809년(순조9)에 제작된 「통도사대법당중수기」 현판 등이 남아있어 이후의 중수사실을 알 수 있다. 기단은 지대석·면석·갑석으로 구성되어 있는 가구식으로 면석에는 우주와 탱주, 연꽃을 화려하게 장식하였다. 초석은 자연석과 가공석을 혼합하였고, 총 24기의 두리기둥을 놓았다. 공포는 정·후면 정칸은 2조, 나머지 칸은 모두 1조의 주간포를 놓은 다포식으로 외3·내4출목이다. 가구는 1고주(高柱) 9량가(樑架) 형식이다. 내부 천장은 층급형 우물천장이며, 반자살·소란(小欄)·화판(花瓣) 등을 조각한 후 화려하게 단청하였다. 건물 네 면에 모두 편액을 걸었는데 동서남북순으로 대웅전(大雄殿), 대방광전(大方廣殿), 금강계단(金剛戒壇), 적멸보궁(寂滅寶宮)이라 하였다. '丁'자형 지붕과 복합적인 평면구성, 청동 찰간(刹竿)과 철제(鐵製) 기와의 사용, 화려하게 장엄한 3단 천장과 투조 꽃살문 등 독특한 건축구조와 최고의 장엄이 베풀어진 통도사의 중심법당이다. [참고문헌] 『通度寺大雄殿 및 舍利塔 實測調査報告書』(靈鷲叢林通度寺, 1997).

통도사동종 通度寺銅鍾 양산 통도사 대종. 보물 제11-6호. 1686년 제작. 양산 통도사 소장. 높이 146.5cm. 1686년 17세기 경기도와 경상도 일대에서 활동한 사인스님의 솜씨다. 편평한 천판 위에는 음통을 감싸고 있는 한 마리의 용이 장식된 용뉴가 있다. 몸체 상단에는 2단으로 범자문대를 배치하였는데, 상단에는 원권 안에 옴마니파드메훔의 육자대명왕진언(六字大明王眞言), 하단에는 옴카라데야스바하의 파지옥진언(破地獄眞言)을 배치하였다. 범자문대 바로 아래에는 4곳에 연곽을 배치하고 그 사이에는 두 손으로 합장한 채 연꽃을 들고 있는 보살상이 배치되어 있다. 1683년 사인스님이 만든 화계사 동종은 연곽 사이에 위패가 배치되어 있는데, 3년 후에 만든 이 종에는 보살상만 배치되어 있다. 연곽의 태두리에는 당초문이 새겨져 있고, 연곽 안에는 팔엽의 연화 위에 돌출한 연뢰 9개가 배치되어 있다. 종의 몸체는 문양없이 명문을 3단으로 새겼고, 그 아래에는 아래에는 건(乾：☰)·감(坎：☵)·간(艮：☶)·진(震：☳)·손(巽：☴)·리(離：☲)·곤(坤：☷)·兌(：☱)의 문왕팔괘를 배치하였다. 하대에는 연화당초문을 새겼다. 종신에 새겨진 명문에 따르면, 이 종은 강희 25년인 1686년 양산 취서산 통도사에 봉안하기 위해 만든 대종으로 종의 제작에는 사인(思印)스님을 비롯해 담연(淡演)·청윤(淸允)·신영(信英)·극련(剋連)·탁련(卓連)·예욱(禮旭) 등 모두 7명의 주종장이 참여하였다. [참고문헌] 염영하 『한국의 종』(서울대학교 출판부, 1994) pp.474~475, 안귀숙 「조선후기 주종장 사인비구에 관한 연구」(『불교미술』9, 동국대박물관, 1988).

통도사봉발탑 通度寺奉鉢塔 통도사 용화전 앞에 있는 고려시대 석조물. 보물 제471호. 높이 2.6m. 구조는 기단과 봉발부분으로 이루어져 있다. 기단은 방형의 지대석위에 하대석·간주석·상대석을 차례대로 놓았다. 지대석은 용화전 좌향과는 달리 동북방향으로 치우쳐져 있다. 하대석은 원형평면으로 하단으로 상하의 띠돌림을 두고 8개의 우주(隅柱)를 새김하였다. 그 위로는 팔엽의 연화문을 두고 상단에는 3단의 괴임을 두었는데 부등형 팔각으로 중대석을 받치고 있다. 중대석 역시 부등형 팔각으로 중앙에 넓고 상하가 좁은 3단의 띠돌림을 마련하였다. 상대석 상면에는 음각으로 자방이 새겨져 있으며 중앙에는 3단의 돌대를 두어 봉발을 받치고 있다. 이 석조물의 중심부는 봉발과 뚜껑으로 이루어졌는데, 봉발 아래로는 굽형 받침을 새겨넣었다. 봉발의 외면은 특이한 부조문양은 없으며 최대 지름이 중앙에 있어 편구형에 가깝다. 뚜껑은 반구형에 가까운데, 구연단(口緣段)에 내측으로 1단의 턱을 두어 봉발 동체부와 고정하게 하였다. 뚜껑 상부로는 1단의 돌대가 있고 최상부에는 3단의 돌대를 두었는데 홈이 파여져 있어 원래 별도의 보주(寶珠)와 같은 구조로 마감되었을 가능성이 높다. 봉발은 석가모니가 지녔던 발우를 석가 입멸 후 56억 7천만년이 지나 세간에 출현하실 미륵불에게 전달하기 위하여 가섭(迦葉)존자가 부처의 가사와 함께 들고 계족산(鷄足山)에 들어가 입멸에 들지 않고 기다린다는 연기에서 유래하였다. 미륵이 하생할 때 용화산(龍華山) 아래 용화수에서 법회를 열기에 미륵불의 상징인 용화전 앞에 조성한 것으로 보인다. [참고문헌] 『통도사 대웅전 및 사리탑

정밀실측보고서』(문화재청, 1997). ⇨ 통도사 通度寺

통도사삼층석탑 通度寺三層石塔 경상남도 양산시 하북면 지산리 통도사 경내에 있는 고려시대 석탑. 보물 제1471호. 높이 3.9m. 통도사 하로전 중정에 위치해 있다. 탑은 이중기단에 삼층탑신으로 전형적인 신라석탑 양식을 따르고 있다. 기단부는 지대석, 상하층 이중기단으로 구성했다. 지대석은 1987년 이건 당시 새로운 부재로 복원된 것으로 원래의 형태는 알 수 없다. 하층기단은 하대저석과 면석이 한 돌로, 갑석이 한 돌로 처리되었다. 탑신석과 옥개석이 각각 1매이며, 탑신석은 모두 네 모서리에 우주를 모각하였고 문비 등의 장식이나 흘림기법은 관찰되지 않는다. 각층의 옥개석은 4단의 받침을 두었고 옥개받침 상단부와 처마의 간격이 넓고 수평에 가까우며 안쪽으로 약한 물끊기 홈이 있다. 탑신 윗면에는 각 층 모두 2단의 탑신받침을 각출하였다. 상륜은 노반과 용도미상의 이형부재가 남아 있다. 노반의 형태는 방형 육면체이며 상단부에 2단으로 돌림띠가 있다. 노반의 상면은 평편한 편이며 중앙에 직경 9.0cm의 찰주공이 관통되어 있다. 이 탑에서 하층기단에 각 면 3구씩 등장하는 안상(眼象)의 조식(彫飾) 및 4단으로 간략화 된 옥개받침 등은 9세기 이후 석탑에서 나타나는 현상이다. 이 같은 경향은 일반적으로 고려전기 석탑까지 지속되고 있는데, 이건 이전에 석탑 앞에 있던 배례석(拜禮石)이 명문에 의해 태강(太康) 11년에 제작된 점을 감안한다면 이 탑도 1085년(선종2)에 건립했을 것으로 보고 있다. 탑의 위치도 원래 극락보전 앞쪽에 위치해 있던 것을 1987년 현재의 위치로 이건한 것이다. 이건 당시 상층기단 갑석내부에서는 백자편과 하층기단 흙다짐 속에서는 소형 금동불상 2구와 청동수저가 발견되었다. 이로 미루어 이미 조선시대에도 수리가 되었음을 알 수 있다. [참고문헌]『경주지역 폐사지 석조문화재 조사 연구』(경주시·경주대학교, 2010),『경남의 석탑Ⅲ』(국립문화재연구소, 2018).

통도사석가여래괘불탱 通度寺釋迦如來掛佛幀 조선후기 대형불화. 보물 제1350호. 세로 1,204cm·가로 493cm. 삼베바탕에 채색(麻本彩色). 장엄신(莊嚴身) 석가여래 독존을 화면에 꽉 차게 그린 괘불탱으로, 상단과 좌우 테두리에 범자원문을 둘러 화면을 구획하였다. 석가여래의 보관은 5존의 화불좌상·운문·영락 등으로 장식되어 있고, 광배는 운문으로 둘러싸인 녹색 두광과 꽃문양으로 장엄된 신광으로 이루어져 있다. 수인은 양손의 엄지와 중지를 맞댄 설법인(說法印)을 결한 채 연꽃가지를 받들고 있다. 화려하면서도 조화를 이루는 색감, 섬세한 문양, 안정적인 비례감이 특징이다. 화기에 의하면, 1767년(건륭32·영조43)에 두훈(斗薰)·성징(性澄)·열행(悅行) 등 14명의 화승이 조성하였다. 조성인연에 대해서는 「개성괘불기 改成掛佛記」 현판에 “이 절의 괘불은 순치 6년(1649·인조27) 기축에 조성되어 … 바탕이 닳고 색이 변한 것이 심하여서 다시 새롭게 하고자 할 즈음, 병술년(1766) 12월 8일 성도재에서 바람에 부러져서 떨어지니 대중들이 근심하였다. 27세의 태활스님이 … 시주가 되고 화주가 되어 이 불상을 완성하였다. 玆寺之掛佛 成之於順治六年己丑 … 質弊色渝者甚矣 方欲重新之際 丙戌年臘八成道齋 爲風所破落 大衆而憂 二十七歲僧兌活 … 爲施主爲化主 而成此佛像也”라고 하였다. [참고문헌]『韓國의 佛畫2-通度寺 本寺篇』권중(聖寶文化財研究院, 1996) pp.11~12,「1767년 양산 통도사 괘불탱」(통도사성보박물관 괘불탱 특별전5, 2001) pp.5~17. ⇨ 통도사 通度寺

통도사석가여래영골사리부도비 通度寺釋迦如來靈骨舍利浮屠碑 통도사에 있는 통도사 석가여래 사리탑의 내력을 기록한 비. 비는 1706년(숙종32) 계파대사가 금강계단을 중수하고 통도사 계단과 석가여래 사리의 유래를 기록한 것이다. 방형의 화강암 기단에 장방형의 비신으로 이루어져 있는데, 기단 정면에는 3면으로 구획하고 정면에 용면(龍面)과 좌우측에는 연꽃을 새기고, 비좌에는 연잎을 새겨 장식하였다. 비문의 정식명칭은 ‘사바교주석가여래영골부도비(娑婆敎主釋迦如來靈骨浮屠碑)’라 했고, 비문은 수사간(守司諫) 채팽윤(蔡彭胤)이 찬하고 승정원 도승지(都承旨) 이진휴(李震休)가 썼으며 권규(權珪)가 전액을 쓰고 비문은 김세기(金世奇)가 새겼다. 비음(碑陰)은 성능대사(性能大師)가 짓고 보윤대사(普允大師)가 썼는데, 당시 각지의 사찰명과 시주내용을 적고 있다. 비문의 내용은 신라 때 자장(慈藏)율사가 당에 가서 가져온 사리를 임란 때 사명(四溟)대사가 왜적에게 빼앗기지 않기 위해 금강산으로 옮겼다가 서산(西山)대사의 뜻에 따라 다시 통도사에 봉

안하였음을 밝혔다. 고려말 1377년(우왕3)에 왜구가 양주에 침입하여 사리를 가져가려 하자 월송(月松)대사가 구덩이를 파고 찾아내 도망쳐 보존하였고, 임진왜란 때는 사명대사가 사리를 확보한 후 두 개의 함으로 나누어 금강산의 서산대사에게 보냈고, 서산대사가 원래 자리에 돌려보내도록 하자 사명대사는 하나는 태백산 갈반사(葛盤寺 : 현재의 淨巖寺)에, 하나는 통도사에 나누어 모신 사적 등 통도사금강계단의 역사를 상세히 기록하고 있다. 후면은 석가세존의 상세한 생애를 새겨넣는가 하면 금강계단 중수와 비 건립에 동참한 대중들의 규모도 자세히 밝히고 있다. 〔참고문헌〕『朝鮮寺刹史料』 권상 pp.538~540, 『朝鮮金石總覽』 권하 pp.1037~1041, 『韓國金石文大系』 권4. ⇨ 통도사 通度寺

통도사아미타여래설법도 通度寺阿彌陀如來說法圖 조선후기 불화. 보물 제1472호. 세로 235cm · 가로 295cm. 비단바탕에 채색(絹本彩色). 통도사성보박물관 소장. 극락보전에 봉안되었던 아미타후불탱화이다. 화기에 의하면 1740년(영조16)에 통도사 극락전 미타회(彌陀會)에 봉안하기 위해 화사 임한(任閑) · 희심(喜心) · 새정(璽淨) · 홍원(弘遠) · 하윤(夏潤) · 채현(彩賢) · 두영(斗英)이 조성하였다. 화면 중앙에는 아미타불이 설법인(說法印)을 결한 채 연화좌에 결가부좌하였고, 주변으로는 팔대보살과 여덟 제자, 타방불(他方佛), 사천왕, 용왕 · 용녀 등이 시립하고 있는 전형적인 설법도이다. 채색은 적색과 녹청색을 주조색으로 하고 부분적으로 군청색을 이용하였다. 법의의 활달한 옷주름과 작고 섬세한 문양이 조화를 이룬다. 전체적으로 안정적인 화면 구도와 색감, 섬세한 필치, 굵고 활달한 철선묘(鐵線描)의 사용 등 통도사와 경상도에서 활약한 임한의 화풍이 돋보이는 중요한 불화이다. 〔참고문헌〕『韓國의 佛畫 畵記集』(성보문화재연구원, 2011) pp.300~301, 『한국의 불화1』 通度寺本寺篇 권상(聖寶文化財硏究院, 1996) pp.73~79.

통도사역대고승영정 通度寺歷代高僧影幀 경상남도 양산 통도사의 고승진영. 현재 100여 점이 전하며 그 중 62점이 유형문화재로 지정되었다. 영각(影閣)과 성보박물관에 나누어 봉안되었다. 창건주 자장율사진영과 지공(指空) · 나옹(懶翁) · 무학(無學)의 삼화상진영을 비롯하여 서산휴정(西山休靜)과 사명대사 및 17세기 통도사 중창주 우운진희(友雲眞熙), 환성지안(喚醒志安)과 그 문하의 호암체정(虎巖體淨) · 설송연초(雪松演初) 등 여러 스님들, 18세기부터 19세기까지 사중의 불사를 주도한 월허계청(月墟戒淸) · 화봉유철(華峯有喆) · 구룡천유(九龍天有) 등의 진영과 근대기의 부흥을 주도한 성해남거(聖海南巨)의 진영 등이 모셔져 있다. 조성시기가 가장 이른 것으로는 1786년(정조10)의 해송관준(海松寬俊)진영과 1799년(정조23)의 환성지안진영이고, 그 외 대부분은 19세기에 새로 조성되거나 중수되었다. 1843년 「통도사영자전상량문 通度寺影子殿上樑文」에 "서산은 벽으로 계신 듯하나 나아가 뵈오면 세 번으로 그 위의 바꾸시고, 사명은 ᄋᆞ득히 멀리 서 거니시듯 아홉 가지 모습으로 비추시네. 제덕들 소목대로 희미한 모습 옥루에 계시고, 육법 널리 두렷하여 금속여래를 방불케 한다. 西山磅礴進觀見三變之儀 泗溟汗漫遙暎九容之儀 諸德昭穆希微樣玉樓 六法周圓彷佛影金粟"라고 하였다. 〔참고문헌〕『眞面目』(통도사성보박물관, 2023).

통도사역대고승영정 영각 양산 통도사

통도사영산전 通度寺靈山殿 조선후기 목조건축. 보물 제1826호. 정면 3칸 · 측면 3칸의 다포계(多包系) 맞배지붕건물. 하로전(下爐殿)의 중심불전이다. 초창 시기는 영건척(營建尺) 분석을 통해 고려초 이전으로 추정된다. 중건 기록은 1716년(영조42)에 작성된 「영산전천왕문양중창겸단확기문 靈山殿天王門兩重創兼丹雘記文」에 "강희 계사년(1713) 중춘 하룻밤의 불이 두 전각을 불태워 천년보찰이 하루아침에 황폐해졌다. … 청인 · 정안 · 낭일 · 치원 이 네 선사가 (모연하여) … 갑오년(1714)의 성조에는 금강산에서 재목을 구했고, 을미년(1715)의 단청에는 호남에서 안료를 구하였다. 康熙癸巳仲春 一星之火 二殿之化 千年寶刹一朝荒廢 …

清印正眼朗日致源 此四大士 … 甲午成造 請傜材於蓬萊乙未丹雘 邀□堊於湖南"라고 하였다. 이외 1792년(정조16)에 작성된 「영산전중수겸단확기 靈山殿重修兼丹雘記」 현판이 남아있고, 근현대 몇 차례의 보수를 거쳐 현재에 이른다. 측면으로 놓인 불단에는 석가모니불상을 봉안하였고, 내부에는 『법화경』 견보탑품과 『석씨원류응화사적 釋氏源流應化事蹟』을 도해한 벽화(보물 제1711호)가 있다. [참고문헌] 『양산 통도사 영산전 정밀실측조사보고서』(문화재청, 2014). ⇨ 통도사 通度寺

통도사영산전벽화 通度寺靈山殿壁畫 조선후기 사찰벽화. 보물 제1711호. 세로 469cm · 가로 230cm. 흙바탕에 채색(土壁彩色). 영산전 내외부의 벽체와 포벽(包壁), 대량(大樑)과 창방(昌枋) 등에 그려져 있는 벽화로 외벽에는 총 17점, 내벽에는 총 52면의 벽면에 그려져 있다. 「영산전천왕문양중창겸단확기문 靈山殿天王門兩重創兼丹雘記文」에 의하면 1715년(숙종41)에 총안(聰眼)외 여러 화원들이 조성한 것으로 추정되는데, 내부 서벽의 『법화경 法華經』 「견보탑품 見寶塔品」 벽화와 『석씨원류응화사적 釋氏源流應化事蹟』 변상벽화가 대표적이다. 서벽의 견보탑품도는 우리나라 사찰벽화로는 유일하게 다보탑(多寶塔)을 표현한 그림으로, 탑신에 석가여래와 다보여래가 나란히 자리를 나누어 앉아 있는 이불병좌도상이다. 중앙의 보탑은 화려한 영락과 풍경으로 장엄하였고, 좌우로는 서운(瑞雲) 속에 보탑을 향해 합장한 보살, 제자, 용왕 · 용녀, 금강상 등이 각각 대칭을 이루며 서 있다. 『석씨원류응화사적』 변상은 내벽에 총 48점이 있는데, 내목도리 윗벽에는 1 · 2권에 나오는 석가여래행적도 26점이 있고, 남 · 북측 하단에는 3권에 나오는 전법제자(傳法弟子)행적도 22점이 그려져 있다. 『석씨원류응화사적』 목판에 비해 팔상도도 해가 풍부하다. 벽화의 주제가 다양하고 소의경전에 의지한 도상으로서 작품성도 뛰어나 18세기 사찰벽화의 백미로 꼽히는 성보다. [참고문헌] 『한국의 사찰벽화 경상남도1』(문화재청 · 성보문화재연구원, 2008) pp.266~342, 『양산의 사찰벽화』(양산시립박물관, 218) pp.120~245. ⇨ 통도사영산전 通度寺靈山殿

통도사영산전팔상도 通度寺靈山殿八相圖 조선후기 불화. 보물 제1041호. 세로 234cm · 가로 151cm의 나무 액자. 비단바탕에 채색(絹本彩色). 통도사성보박물관 소장. 최근까지 영산전에 모셔져 있던 팔상도 8폭이다. 각 폭에 적힌 화기에 "건륭 40년(1775 · 영조51) 을미 7월 20일 도솔래의상 · 비람강생상 · 사문유관상 · 유성출가상 · 설산수도상 · 수하항마상 · 녹원전법상 · 쌍림열반상을 조성하여 통도사 대웅전에 봉안하였다. 乾隆四十乙未 七月二十日 兜率來儀相 毘籃降生相 四門遊觀相 踰城出家相 雪山修道相 樹下降魔相 鹿園轉法相 雙林涅槃相 造成奉安于通度寺大雄殿"라고 하였으며, 양공(良工)은 유성(有誠) · 포관(抱冠) · 지언(志言) · 흥오(興悟) 등 40여 명이다. 각 폭은 세로로 긴 화면에 시간의 흐름에 따라 여러 장면들을 묘사하였고, 건물과 소나무 · 구름 · 전각 등을 화면분할에 적극 활용하여 여백없이 표현하였다. 각 장면의 붉은 방제(傍題)에는 해당 장면을 설명하는 경문(經文)이 적혀 있는데, 각 폭마다 5~7개가 있다. 한 폭 당 7~80여 명에 이르는 인물들의 생동감 넘치는 표현과 안정된 구도, 화려한 색채와 유려한 필선, 건물과 단청 등의 묘사에서 섬세한 필치가 돋보인다. 『월인석보 月印釋譜』(1459 · 세조5) 판화 도상을 기본으로 하면서도, 『석씨원류응화사적 釋氏源流應化事蹟』(1673 · 현종14)의 다양한 도상도 채용하였다. [참고문헌] 김정희 『찬란한 불교미술의 세계 불화』(돌베개, 2009), 『한국의 불화3 - 通度寺 本寺篇』 권하(성보문화재연구원, 1997). ⇨

도솔래의상 · 비람강생상 · 사문유관상 · 유성출가상 · 설산수도상 · 수하항마상 · 녹원전법상 · 쌍림열반상 통도사 양산 1775년

팔상도 八相圖, 통도사영산전 通度寺靈山殿

통도사은제도금아미타여래삼존상및복장유물 通度寺銀製鍍金阿彌陀如來三尊像◯腹藏遺物 조선시대 은제도금불상. 보물 제1747호. 전체 높이 11.0cm・발원문 29.0×31.0cm. 양산 통도사박물관에 보관되어 있다. 1989년 복장 조사에서 조성발원문이 발견되었고, 2004년 조사에서는 직물류・실뭉치・종이류・향목・수정구슬・금은제장식물・광물덩어리・진주, 그리고 사리(舍利)가 발견되었다. 조성발원문에는 "아미타삼존상이며 … 조각승 해료가 1450년(문종즉위년) 5월에 만들었다. 弥羅三尊 … 造士海了景泰元年庚午五月日畢"라고 존명, 조각승, 그리고 제작년월을 밝히고 있다. 조선전기 불상은 고려후기 이래의 전통성이 강한 불상과 조선초에 중국으로부터 새로 유입된 '중국화한 티베트 양식'의 외래성이 강한 불상으로 구별된다. 원대(元代)에 조성된 티베트 양식 불상은 신체표현이 적극적이며, 불의는 얇고 몸에 밀착되었으며, 발제선이 길고 턱이 좁은 티베트식 얼굴을 하고 있고, 옷주름은 거의 표현되지 않아 티베트 현지의 불상과 거의 동일한 양식적 특징을 갖고 있었다. 그러나 명대(明代)의 티베트식 불상은 신체표현에 소극적인 태도가 나타났다. 가사는 매우 두꺼워 몸이 드러나지 않게 변하였으며, 옷주름도 많아졌다. 얼굴은 상하가 균등한 방형에 가깝게 변하게 되었다. 머리 위에 계주가 놓이거나, 상하의 연잎이 연접한 대좌형식 등은 원대나 명대에 공통하는 특징이라 할 수 있다. 조선에 유입된 불상은 명대의 중국화한 불상 계열이며, 고려보다는 조선에서 활발하게 제작되었다. 1450년에 제작된 통도사박물관의 삼존불좌상은 명대 티베트 양식 계열의 영향이 보이는 대표적 불상이다. 불상의 정상계주, 촉지인의 수인, 편단우견의 착의법, 보살상의 'U'자형 가슴장식 등 티베트 양식 요소가 삼존불 전체를 새로운 양식으로 규정하고 있다. 그러나 불상의 밋밋한 육계, 보살상의 하반신까지 늘어진 영락, 삼단의 연화대좌 등은 고려 또는 멀리 신라에까지 이어지는 전통적 요소이다. 여기서 보이는 새로운 요소들은 중국에서도 14~15세기 티베트 양식 불상의 중국화와 함께 본격적으로 나타난 요소들로서, 14세기 말 15세기 초 조선에 유입된 요소들로 판단된다. 즉 통도사 아미타삼존상은 14세기 말 15세기 초에 티베트 양식을 바탕으로 명대(明代)에 중국화한 새로운 양식을 중심으로 고려시대 이래의 여러 전통적인 요소들이 융합하여 탄생한 작품이라 할 수 있다. [참고문헌] 은석 「通度寺聖寶博物館 所藏 金銀製阿彌陀三尊佛坐像研究」(『불교미술사학』3, 2005) pp.101~126.

아미타여래삼존상

아미타여래삼존상불감

복장기

통도사청동은입사향완 通度寺青銅銀入絲香垸 **1** 고려시대 향완. 보물 제334호. 높이 33cm・입지름 30cm・받침대지름 24.7cm. 통도사성보박물관 소장. 원형여의두곽(如意頭廓) 안에 범자를 새기고, 그 주위를 화려하게 시문한 전형적인 고려향완이다. 구연부의 전(捥)에는 당초문이 은입사 되어 있고, 전의 뒷면에는 '通度寺上'이라는 명문이 점각(點刻)되어 있다. 동체의 네 면에는 '옴 ॐ' 자를 은입사한 동판을 부착하였는데, 나중에 보수한 것이다. 여의두곽 바깥 공간에는 연당초문을 배치하되, 바탕면을 은입사한 역상감(逆象嵌) 기법이다. 받침대의 윗부분에는 연판문을 돌리고, 아래에는 구름 사이를 날고 있는 봉황 두 마리를 유려하게 시문하였다. 정교한 기법과 화려한 문양이 고려 금속공예의 면모를 잘 보여준다. [참고문헌] 『통도사를 담아내다』(대한불교조계종 불교중앙박물관, 2018) pp.140~141. **2** 보물 1735호, 고려시대, 통도사 성보박물관 소장, 높이 21.0cm 통도사명 청동은입사향완은 원형받침과 전이 달린 몸체로 구성되어 있다. 원형받침은 2단으로 되어 있는데, 상단은 크고 둥글며 하단은 직각으로 되어 있으며, 상단에만 은입사로 구름무늬를 표현하였다. 나팔형 간주에는 연화당초문을, 간주 위의 원륭대에는 연판문과 구름문, 그 위의 몸체 받침에는 간략한 구름문을 은입사하였다. 몸체 하단에는 사이 잎이 표현된 연판문(蓮瓣文)을 은입사하였고, 몸체 중앙에는 여의두문의 원권 안에 '옴 ॐ'자를 네 곳에 은입사하였다. 옴자와 옴자 사이에는 연화당초문을 은

입사하여, 여백없이 문양으로 몸체를 가득 메웠다. 구연에 달린 전 위에는 구불구불한 변형당초문을 은입사하였고, 전 뒷면에는 점각으로 "施主嘉善大夫戶曹鄭仁彦子□□ 鄭光厚 淨房寺 施納通度寺"라는 명문을 남겼는데 정인언(鄭仁彦 1315~?)은 고려말 전공판서(典工判書, 정3품 장관)를 역임하였다. [참고문헌]『통도사성보박물관-명품』(통도사성보박물관, 2014) p.134·p.312. ❸ 조선시대 향완. 보물 제1354호. 높이 49cm·입지름 48cm.

통도사성보박물관 소장. 고려향완의 형식을 계승한 조선시대의 향완이다. 동체의 네 곳에는 '옴 ॐ'자를 은입사하였고, 그 사이 바탕면에는 연화당초문과 여의두문을 시문하였다. 받침대의 윗부분에는 복판연화문을 돌리고, 아랫부분에는 구름 속을 날고 있는 봉황 두 마리를 대칭으로 새겨 넣었다. 구연부 전(搌)의 뒷면에 새겨진 명문에는, "강희 13년(1674·현종15) 3월 일 통도사 은사향완. 무게 45근. 시주질 대시주 이성남·시주 신사인 … 입사장 장후생·주성장인 신애남. 康熙十三年甲寅三月日 通度寺銀絲香院 重四十伍斤 施主秩大施主李成男 施主辛士仁 … 入絲匠 張厚生 鑄成匠人 辛愛男"이라고 하고 50여 인의 동참자명단을 남겼다. [참고문헌]『통도사를 담아내다』(대한불교조계종 불교중앙박물관, 2018) pp.142~143. ⇨ 통도사 通度寺

통도사화엄탱 通度寺華嚴幀　조선후기 불화. 보물 제1352호. 세로 194cm·가로 265cm. 검은비단 바탕에 금니(絹本黑地金線). 통도사성보박물관 소장. 보광전에 봉안되어 있던 화엄탱으로, 1811년(순조11) 11월에 계성(戒成)·관보(琯甫)·천수(天守)·승활(勝活)·지한(智閑)·계의(戒宜) 등 12명의 화사가 조성하였다. 화면은『화엄경』칠처구회(七處九會)의 내용을 3단으로 표현하였는데 상단은 천상에서의 설법장면(天上說法)이고, 중하단은 지상설법(地上說法) 장면이다. 상단은 노사나불(盧舍那佛)을 중심으로 화면 오른쪽에는 제3회 도리천궁회(忉利天宮會)와 제4회 야마천궁회(夜摩天宮會)를, 왼쪽에는 제5회 도솔천궁회(兜率天宮會)와 제6회 타화자재천궁회(他化自在天宮會)를 배치하였고, 중단은 화면 오른쪽부터 제1회 보리도량회(菩提道場會), 제2·7·8회 보광명전회(普光明殿會), 제9회 서다림회(逝多林會)를 배치하였다. 하단 중앙에는 제9회의 복성법회와「입법계품 入法界品」의 53선지식을 함께 표현하였고, 좌측에는 42수(手)를 지닌 천수관음(千手觀音), 우측에는 3목18비(三目十八臂)의 준제관음(准提觀音)을 배치하였다. 국내에 알려진 화엄탱화 중 흑지에 금니(金泥)로 그린 유일한 선묘불화이며, 천수관음과 준제관음, 업경대(業鏡臺) 등 새로운 도상을 더한 것이 특징이다. [참고문헌]『韓國의 佛畫』권2(聖寶文化財研究院, 1996). ⇨ 화엄탱화 華嚴幀畫, 칠처구회 七處九會

통락사 通樂寺　중국 산서성(山西省) 대동시(大同市) 무주산(武周山)에 있는 절. 석굴사(石窟寺)라고도 한다. 원위(元魏) 성제(成帝) 때 담요(曇曜)가 창건하였다. 성제가 최초로 산 절벽에 감(龕)을 뚫어 불상(佛像)을 안치하고 선대 황제의 명복을 빌도록 명한 뒤로 수백의 감실이 조성되어 20여 리 길이로 이어졌다. 이것이 운강석굴(雲岡石窟)의 남상이 되었다. 그 뒤 다시 두 절을 세웠는데 통락사는 그중 하나이다. 천 명의 대중이 상주하며 불도를 닦았다. 아직도 남아 있는 전우(殿宇)는 명대 건축물이다. [참고문헌]『唐高僧傳』권1「曇曜傳」(대정장50, p.427c23),『開元釋敎錄』권6(대정장55, p.539c14). ⇨ 운강석굴 雲岡石窟

통령 通靈　신라대 스님. 천관사(天冠寺)와 탑산사(塔山寺) 창건주다. 고려 천인(天因)이 지은「천관산기」(『동문선』권68)에 "후에 통령화상이 탑의 동쪽에 절을 창건하였으니 지금의 탑산사이다. … 석장이 꽂힌 듯한 곳에 잔 나무를 베어내고 가람을 창건하니 지금의 천관사이다. 後有通靈和尙 創寺于塔之東 今塔山寺也 … 於劈觜植杖處 剪榛莽而創迦藍 今天冠寺是也",『지제지』천관사에 "애장왕(재위 800~809) 때 … 통령화상이 멀리서 신이한 기운을 보고 오대산으로부터 왔다. 哀莊王時 … 有道釋通靈和尙者 望異氣 自五臺山而來"라고 하였다. [참고문헌]『東文選』,『支提誌』,『東文選所載麗代僧侶詩文』(한불전6, p.885a6). ⇨ 천관사 天冠寺❷, 탑산사 塔山寺❷, 탁석 卓錫

통록촬요 通錄撮要　1529년(중종24)에 밀계(密契)가 선사들의 전등과 어록 등을 모아 엮은 책. 목판본 4권 1책. 전라남도 광양시 백운산(白雲山) 만수암(萬壽庵)에서 개간(開刊)하여 성불사(成佛寺)에 보관하였다. 1985년에 조명기(趙明基 1905~1988)가 민영규(閔泳珪 1915~2005) 소장본을『고려불적집일 高麗佛籍輯佚』에 수록하여 소개하였고, 2020년에 동국대학교출판부에서 한글번역본도 출간하였다. 4권 5품으로 구성하였는데, 송의 공진(拱辰)이 찬술한 『조원통록 祖源通錄』 24권을 진실(陳實)이 4권으로 간추려 종안품(宗眼品)·정전품(正傳品)·방출품(傍出品)·분파품(分派品)·산성품(散聖品)·유통품(流通品) 등 여섯 품으로 『대장일람 大藏一覽』 제10권에 수록하였는데, 『통록촬요』는 권1에 제1종안품·제2정전품, 권2~권4에 제3호현품(互顯品), 권4에 제4산성품·제5유통품으로 구성하여, 방출품과 분파품을 호현품으로 묶은 것 외에는 각 품의 내용도 같이 하였다. 종안품은 세존 4칙, 정전품은 33명 중 인도 27과 중국 6칙, 호현품은 93명 중 중국 59칙·신라와 고려 34칙, 산성품은 6명 중 인도 1칙·중국 5칙, 유통품은 중국 2칙으로 모두 138칙 등이며, 『대장일람』 방출품과 분파품의 중국 스님 대신 본여(本如)·혜철(慧徹)·홍직(洪直)·무염(無染)·각체(覺體)·현욱(玄昱)·도균(道均)·품일(品日)·가지(迦智)·충훼(忠卉)·대모(大茅)·언충(彦忠)·순지(順支)·지리산화상(智異山和尙)·흠충(欽忠)·청허(淸虛)·행적(行寂)·낭(朗)·금장(金藏)·청원(淸院)·혜정(慧情)·와룡(臥龍)·서암(瑞巖)·대령(大嶺)·박암(泊巖)·대무위(大無爲)·경유(慶猷)·혜주(慧住)·혜운(惠雲)·설악(雪嶽)·영감(靈鑑)·혜거(惠炬)·보제존자(普濟尊者) 등 신라와 고려 스님 34분을 추가하였다. 대부분 사승관계와 이름만 적었고, 대모는 상당어구(上堂語句), 혜거는 간단한 생애와 상당어구, 보제존자는 상세한 생애와 외도성행시대에 대불사를 이룩할 사람으로 선정된 기록도 덧붙였다. 또한 중국 스님도 55분을 제외하고 15분을 새로 더하였다. 권4의 뒤에는 후기·대시주·조연질·공양주·숙도(熟刀)·연판(鍊板)·판화주(板化主)·각수질도 덧붙였다. 원래 「여산우담화상권수정업어록 廬山優曇和尙勸修淨業語錄」과 「용서보권수지문 龍舒普勸修持文」 등만을 부록으로 실었는데, 맨 뒷부분에 실린 벽송지엄(碧松智嚴 1464~1534)의 발문에 13종의 글을 모아 실었다고 하였으므로, 한불전7(pp.767a2~828b19)에 수록하면서 지엄의 여러 글을 『고려불적집일』에서 발췌하여 첨부하였다. 제1권 정전품의 중화조사(中華祖師) 앞에는 "글자가 많고 책이 두꺼워 가지고 다니기 어려우므로 발췌하고 간략히 하여 후진들이 가지고 다닐 수 있게 하였다. 字多卷重 不堪負行 撮出略錄 欲令後進 堪負爲行"라고 하였고, 제4권 유통품 뒤의 후기에서도 "가지고 다니기 어려워 발췌하고 4권으로 간략히 하여 초발심을 낸 자도 쉽게 볼 수 있게 하였다. 不堪爲負行 撮出略錄四卷 欲令初機易見耳"라고 하였지만, 진실이 간추린 『통록촬요』를 제4권 말미 간기에 간선산인(幹善山人)으로 기록된 숭묵(崇默)이 내용을 바꾸어 간행한 것으로 추정하기도 한다. 특히 나옹혜근(懶翁惠勤 1320~1376)의 전기와 어록을 상세히 수록하여, 무학자초(無學自超 1372~1405)에서 득통기화(得通己和 1376~1433)로 이어진 법맥에서 혜근을 전등의 정통으로 선양하려는 뜻을 담았을 것으로도 보인다. 이 책은 1398년(태조7)에 간행된 『백운화상초록불조직지심체요절 白雲和尙抄錄佛祖直指心體要節』과 순수 국내 저술로 1920년에 금명보정(錦溟寶鼎 1861~1930)이 편찬한 『조계고승전 曹溪高僧傳』의 중간에 해당하는 전등사서(傳燈史書)로 평가된다. 〔참고문헌〕 高翊晋 「祖源通錄撮要의 출현과 그 史料 가치」(『佛教學報』21, 1984), 『高麗佛籍輯佚』(동국대출판부, 1985), 김호귀 「傳燈史書로서 『통록촬요』의 구조와 그 의의 고찰」(『대각사상』22, 2014).

통론별론 通論別論 크게 모두 모아 논하거나 따로 다르게 보아 가늠하는 것. 『수상론』(대정장32, p.160c7)에 "중(中)이라고 말하는 것은, 계정혜 중에서 이와 상응하기 때문이다. 여(如)라고 이름 하는 것은, 저 통론에서 말한다면 사상(四相 : 生 住 異 滅)과 상응하고 이와 상응하기에 여라고 이름 한다. 따로 논하면 부단불상의 중도의 뜻과 상응하기에 여라고 이름 한다. 言於中者 於戒定慧中 與理相應故 名如者 若通論則 與四相應 理相應故 名如 若別論 與不斷不常中道理相應故 名如", 『금강반야소』 권4(대정장33, p.117a27)에 "〔문〕 대승과 최상승은 어떻게 다른가? 〔답〕 다 들여 논하면 다르지 않아 이것들 갖가지를 찬탄할 따름이다. 따로의 뜻으로 본다면 대는 크게 보듬어 안음이니 넓고 크다는 뜻이다. 가장 높아 끊어 취하여 이승의 뜻을 훤출히 벗어난 뜻으로, 광박들이 곧 이 뜻을 얻는다. 이승을 벗어남은 여의었다는 뜻이다. 問大乘與最上乘何異 答通論不異 此種種歎耳 別者大包含廣博義 最上高絶取超出二乘義 廣博等卽是得義 出二乘卽是離義"라고 하였다. 〔참고문헌〕 『隨相論』, 『金剛般若疏』. ⇨ 별론 別論

통리 通利 통하여 이로움. 또는 통하여 걸림없고 막힘없이 예리하다의 뜻이다. 『대반야경』 권562(대정장7, p.901a3)에 "또한 선현아! 이 모든 보살이 받아 지니고 사유하며 독송하는 갖가지 경전들에 있어 지극히 걸림없이 통하도록 함은 모두 일체중생에게 이익과 즐거움을 주기 위함이다. 復次 善現 是諸菩薩 諸所受持 思惟讀誦 種種經典 令極通利 皆爲利樂 一切有情", 『대승본생심지관경천주』 권8(卍속장34, p.490b9)에 "문에 익은 뒤에야 지혜가 일어나니 반드시 부처님의 뜻을 깊이 깨닫게 된다. 그래야 막힘없이 지혜롭다고 한다. 비록 경전을 베껴 가져 읽고 사유함도 다 이익이 있겠지만, 무엇보다 통하여 이롭게 됨을 가장 무겁게 여긴다. 통이란 문의 뜻에 서로 섞임이고, 리란 종횡으로 걸림이 없음이다. 文熟而後生慧 必深悟佛旨 故曰通利 雖書持讀念 皆有利益 惟通利爲重 通者 文義互融 利者 縱橫無礙", 『법화경과주』 권5(卍속장48, p.495b15)에 "모든 근이 통하고 예리하다 함은 육근을 가리킨다. 바로 육근은 청정함에 막힘없이 통한다고 한다. 諸根通利者 謂六根也 只是六根淸淨 故言通利", 『법화경대관』 권5(卍속장50, p.269b14)에 "통리란 뜻에 의지하고 문에 걸리지 않아서 걸리거나 막힘이 없다는 뜻이다. 通利者 依義不依文 無碍滯也"라고 하였다. 〔참고문헌〕『大般若經』, 『大乘本生心地觀經淺註』, 『法華經科註』, 『法華經大竅』.

통리 通理 1701~1782. 청대 스님. 자는 달천(達天). 속성은 조(趙)씨. 하북성(河北省) 신하(新河) 출신. 어릴 때 출가하여 종현여진(從顯如珍) 문하에서 경론을 학습하였다. 스무 살에는 담자산(潭柘山) 수운사(岫雲寺) 덕창(德彰)에게 구족계를 받고 율부(律部)를 전문적으로 수학하였다. 하북성 묘봉산(妙峰山)에 은거할 당시 『법화경 法華經』 등의 경전을 주석하면서 「방편품 方便品」 십여시(十如是)의 문구를 보다가 권실이지(權實二智) 한 쌍의 뜻에 감탄하는 계기로 모든 경에 통달하였다. 또한 수운사 통옹율주(洞翁律主)에 의지하여 『사분율 四分律』을 연구하여 남산(南山)의 율맥을 전수받았다. 입경(入京)해서는 화엄종 오교십종(五教十宗)의 종지를 밝혀서 청대 화엄종의 중흥조가 되었다. 언젠가는 징관(澄觀)의 『화엄경소』를 읽고, 오대산 만연암(萬緣庵)에서 『보은경 報恩經』을 강설하다가 문수보살의 현신을 친견하기도 하였다. 『신속고승전』 권10(대장경보편27, p.102b10)에 "제자들에게 '나는 80여 년 살면서 불법을 떠나지 않았다. 말해 보라! 지금 불법이 있느냐, 없느냐?'라고 물음에 대중의 반응이 없자 미소를 보이며 떠났다. 謂弟子曰 予八十餘年 未離佛法 且道 卽今是有佛法 是無佛法 衆未之應 理視之微笑而逝"라는 마지막 행적을 남기고, 1782년(건륭47) 세수 82세로 입적하였다. 저서에 『능엄경지장소 楞嚴經指掌疏』 10권(卍속장24, pp.168a1~837b7)·『능엄경지장소현시 楞嚴經指掌疏懸示』 1권(卍속장24, pp.147a1~167a13)·『법화경지장소 法華經指掌疏』 7권(卍속장93, pp.461a1~879b18)·『법화경과문 法華經科文』·『법화경현시 法華經懸示』·『법화경사의 法華經事義』·『법화경지장소과문 法華經指掌疏科文』 1권(卍속장93, pp.389a1~428a1)·『법화경지장소현시 法華經指掌疏懸示』 1권(卍속장93, pp.429a1~459b6)·『법화경지장소사의 法華經指掌疏事義』 1권(卍속장93, pp.880a1~926a13)·『보문품별행소 普門品別行疏』 1권이 있다. 〔참고문헌〕『新續高僧傳』.

통명 通名 통하는 이름. 통틀어 이름하는 것. 별명(別名)에 맞선다. 『살바다비니비바사』 권9(대정장23, p.564c12)에 "일체의 선·불선·무기와 열네 가지 파승과 여섯 가지 쟁사의 뿌리 생함을 통틀어 쟁사〈사람에 있어서는 쟁이라 이름하고, 승에 있어서는 사라 이름한다〉라 이름하니, 세 갈래 비니를 써서 멸한다〈현전·다멱·포초〉. 一切善不善無記 及十四破僧 六諍本生 通名諍事〈在人名諍在僧名事〉 用三毘尼滅〈現前 多覓 布草〉", 『대지도론』 권35(대정장25, p.319c12)에 "소위 안근·오사견·세간정견·무루견을 보는 것이라 이름하고, 나머지 네 근으로 아는 바와 의식으로 아는 바를 통틀어 이름하여 아는 것이라 한다. 所謂眼根 五邪見 世間正見 無漏見 是名見者 餘四根所知 及意識所知 通名爲知者"라고 하였다. 〔참고문헌〕『薩婆多毘尼毘婆沙』, 『大智度論』. ⇨ 별명 別名

통명관 通明觀 천태의 근본정선(根本淨禪) 중 하나. 육통(六通)과 삼명(三明)을 터득하는 선관(禪觀)으로 통명 또는 통명선(通明禪)이라고도 한다. 『지관보행전홍결』 권9(대정장46, p.417b20)에 "〔문〕 무엇을 통명이라 하는가? 〔답〕 이 선관법은 별도의 명목은 없다. 북국의 스님들이 이 선을 닦아 얻은 후 보여주려 하였으나 이름을 모르고 붙일 이름 정하지 않아 시험삼아 근본선에 안치하려 하였다. 그러나 법상이 두드러지게 달라 특별히 수승한 바로 볼 때는 명목이 전혀 다르고, 등져 버리는 입장에서는 관행의 조목 또한 특별할 수밖에 없었으므로 이런 이유로 이 스님들이 통명이라 불렀다. 問何名通明 答 此禪觀法 無別名目 北國諸師 修得此禪 欲以示人 旣不知名 立名不定 試欲安置 根本禪中 而法相迥異 若對特勝 名目全殊 始對背捨 觀行條別 所以諸師 名爲通明", 『청관음경소천의초』 권4(대정장39, p.998c18)에 "통명관이란 무엇인가? 처음부터 통관을 수습하니 호흡·색신·마음 이 세 가지를 사무쳐 보아 걸림없이 함이니 통명이라 한다. 또한 이 선을 잘 닦으면 육통과 삼명이 일어나 인 중에 과를 설하므로 통명이라 한다. 이 선은 특별한 위가 없다. 通明觀者 謂從初修習通觀 息色心三 徹見無礙 故名通明 又善修此禪 能發六通三明 因中說果 故名通明 此禪無別位", 『천태지자대사선문구결』(대정장46, p.582b28)에 "저 행할 때 모름지기 마음을 씀에 높이지도 낮추지도 말며 호흡을 조화롭게 한다. 숨을 잘 써서 몸과 마음에 가득하게 하면 곧바로 통명관에 들고 가히 심성삼매와 신상삼매를 볼 수 있다. 그중 심상을 그 근본으로 삼는다. 若行時復次須用心 不高不下 使息調和 用息使身心俱遍 卽入通明觀 可觀心性三昧 身相三昧 心相爲其本"라고 하였다. 〔참고문헌〕『止觀輔行傳弘決』, 『請觀音經疏闡義鈔』, 『天台智者大師禪門口訣』. ⇨ 근본정선 根本淨禪

통명선 通明禪 통명관(通明觀)의 다른 이름. 『법화현의』 권4상(대정장33, p.719a26)에 "통명선이란 수행자가 호흡·색신·마음이라는 세 가지를 분별하지 않고 관한다. 날숨과 들숨을 자세히 관해서 들이되 쌓이지 않고 나오되 흩어짐 없으며, 와도 거치는 바 없고 가도 자취가 없다. 通明禪者 行者觀息色心 三事無分別 諦觀出入息 入無積聚 出無分散 來無所經 去無履涉"라고 하였다. [참고문헌] 『法華玄義』. ⇨ 통명관 通明觀

통명혜 通明慧 육신통(六神通)·삼명(三明)·삼혜(三慧). 깊은 선정으로 드러나는 세 갈래 마음의 묘용이다. 『무량수경』 권하(대정장12, p.274a3)에 "깊은 선정으로 통명혜를 얻는다. 得深禪定 諸通明慧", 돈황본 『무량수경의기』 권하(대정장85, p.243c18)에 "모든 통명혜란 통은 육신통으로 이는 삼매의 과이고, 명은 삼명이며, 혜는 능히 정하여 끊음이다. 諸通明慧者 通是六神通 此是定家果 明是三明 慧能決斷也", 『청관세음보살소복독해다라니삼매의』(대정장46, p.969c5)에 "통명혜 중에 정이 있고, 정 중에 혜가 있으며, 따로 명에 각각 정혜를 갖춘다. 通明慧中有定 定中有慧 別明各具定慧"라고 하였다. [참고문헌] 『無量壽經』, 『無量壽經義記』, 『請觀世音菩薩消伏毒害陀羅尼三昧儀』. ⇨ 육신통 六神通, 삼명 三明❶, 삼혜 三慧❶

통문 通門 ❶ ➡ 통문별문 通門別門 ❷ 1599~1671. 명말청초(明末淸初) 임제종(臨濟宗) 스님. 호는 목운(牧雲). 속성은 장(張)씨. 강소성(江蘇省) 상열(常熟) 출신. 보통 목운통문선사(牧雲通門禪師)라 부른다. 우산(虞山 : 江蘇省) 흥복사(興福寺) 통문(洞聞)을 은사로 출가하였다. 그 뒤 무이원래(無異元來)에게 법을 물었고, 또 금속사(金粟寺)로 가서 밀운원오(密雲圓悟)를 친견하여 그 심인(心印)을 얻고 기실(記室)에서 다년간 소임을 보던 때에는 학인들이 천여 명 되었다. 1580년(만력8) 절강성(浙江省) 가흥고남선원(嘉興古南禪院)에 머물다가 서진사(棲眞寺)·매계사(梅谿寺)·흥복사(興福寺)·극락사(極樂寺)·학림사(鶴林寺)·천동경덕사(天童景德寺) 등을 두루 다니며 주석하다가 나중 10여 년 일정한 처소 없이 은둔하던 중 청대 1671년(강희10) 석호정실(石湖靜室)에서 세수 73세로 입적하였다. 불교 외에도 박통하였고 시문(詩文)과 그림에도 뛰어나 위진(魏晉)의 품격을 갖춘 인물로 평가한다. 『목운화상어록』 20권과 『목운화상칠회여록 牧雲和尙七會餘錄』 6권을 남겼다. [참고문헌] 『五燈會元續略』 권4(卍속장138, p.1020b3), 『五燈嚴統』 권24(卍속장139, p.1031a16), 『五燈全書』 권67(卍속장141, p.412b8).

통문 通問 1604~1655. 명말청초(明末淸初) 임제종(臨濟宗) 스님. 호는 약암(箬菴). 속성은 유(兪)씨. 강소성(江蘇省) 오강(吳江) 출신. 보통 약암통문선사라 불린다. 아버지가 늦도록 자식이 없어 걱정하다가 마침내 취봉사(鷲峰寺)에서 100일 동안 열린 무차대회(無遮大會)에서 기도한 뒤에 얻은 아들이다. 나이 열여섯에 처음으로 뜻을 일으켜 공부하였다. 어느 날 산사를 지나다가 『능엄경』 읽는 소리를 듣고 마침내 경산(磬山 : 江蘇省)으로 가서 천은원수(天隱圓修)를 친견하고 한참 공부하였으나 본령에 들지는 못하였다. 스물넷에 혼사에 몰리자 마침내 남간(南澗) 이안사(理安寺)의 법우불석(法雨佛石)을 은사로 출가하였고, 다시 금속사(金粟寺)의 밀운원오(密雲圓悟)의 지도를 받았으나 소득이 없자 경산으로 돌아와 수행하다가 한 줄기 바람 소리를 듣고 의심이 씻은 듯이 사라졌다. 그 심경은 『속지월록』 권19(卍속장143, p.1023a3)에 "천 만 가지 깊고 미묘함에 겹겹이 막혀 있었으나, 이 중에 나 없어 모조리 들이지 않노라. 한 가지 줄 없는 거문고 소리 내니, 아득한 벼랑에서는 오경의 바람 불어 떨어지네. 千玄萬妙隔重重 箇裏無私總不容 一種沒絃琴上曲 寒崖吹落五更風"라고 하였다. 그 뒤에 이안사(理安寺)에 주석하다가 다시 협산(夾山)으로 옮겼고, 강동의 여러 지방을 오가면서 폐사된 절을 복원하여 도반들이 편안하게 수행하도록 돕는 일을 임무로 삼았다. 1655년(순치12) 강소성(江蘇省) 남심응천사(南潯應天寺)에서 세수 52세로 입적했다. 『오회어록 五會語錄』 12권을 남겼고, 저서에 『속등존고 續燈存稾』 20권·『경실후록 磬室後錄』 1권·「약암선사화목우도송 箬庵禪師和牧牛圖頌」 등이 있다. [참고문헌] 『續指月錄』, 『五燈會元續略』 권4(卍속장138, p.1025a8), 『五燈嚴統』 권24(卍속장139, p.1035b12), 『續燈正統』 권34(卍속장144, p.884a1).

통문별문 通門別門 체상을 나누어 보는 문과 한가지로 보는 문. 원효(元曉)의 『열반종요』(대정장38, p.242a5·한불전1, p.528a17)에 "열반과 보리에 통과 별이 있다. 별문에서 말한다면, 보리는 곧 과여서 능히 증할 덕이 있어야 하기에 도제에서 거두며, 열반은 과의 끝이어서 증한 법이기에 멸제로 거둔다. 통문에서 말한다면, 과지와 도제 또한 열반이고, 증할 진여도 보리다. 涅槃菩提有通別 別門而說 菩提是果 在能證德 道諦所攝 涅槃果之 是所證法 滅諦所攝 通門而言 果地道諦 亦是涅槃所證眞如 亦是菩提", 『유마의기』 권4(대정장38, p.509c23)에 "(총 14문 가운데) 처음 8문에서는 제법별문에 따라 부처님의 체와 상을 가리고, 나중 6문에서는 제법통문에 따라 부처님의 체와 상을 가린다. 初八 約對諸法別門 辨佛體相 後六 約對諸法通門 辨佛體相", 『대승의장』 권3(대정장44, p.514b25)에 "법문에는 통문도 있고 별문도 있다. 통문에 나아가서는 무상과 공 등의 뜻으로 그 나머지 제(諦)에도 통한다. 法門有通有別 若就通門無常空等 義通餘諦"라고 하였다. [참고문헌] 『涅槃宗要』, 『維摩義記』, 『大乘義章』. ⇨ 별문 別門, 통별 通別

통미 通微 1594~1657. 명말청초(明末淸初) 임제종(臨濟宗) 스님. 자는 만여(萬如). 속성은 장(張)씨. 절강성(浙江省) 가흥(嘉興) 출신. 보통 만여통미선사라 부른다. 나이 열아홉에 흥선사(興善寺)에서 출가하여 구족계를 받았다. 처음에는 문곡대사(聞谷大師)의 문하에서 공부하다가 다시 제방의 노숙들을 친견하러 다니다가 어느 날 『능엄경』 권2(대정장19, p.111b9)의 "모든 것을 가히 돌아가게 함이 자연이어서 네가 아니라면 너를 돌아가지 못하게 하는 이 너 아닌 누구이겠는가? 諸可還者 自然非汝 不汝還者 非汝而誰"라는 글귀를 읽다가 소득이 있어 금속사(金粟寺)의 밀운원오(密雲圓悟)에게 참문하였으나 인가를 받지 못하였다. 그러던 중 성에 들어가는 길목에서 "네 이놈! 어디다 숨겼느냐? 看你 藏在那裏去"라며 어린 종을 꾸짖고 때리는 장면을 목격하고 의문이 풀려 뛸 듯이 기뻐하였다. 『속지월록』 권19(卍속장143, p.1013a6)에 따르면, 당시 "숨길 곳 없구나, 숨길 곳 없어! 온몸 오롯이 저잣거리에 드러났네. 웃음 참는 화정의 뱃사공이여! 갈등 털어 크게 밝고 떳떳하구나. 沒處藏 沒處藏 全身獨露在街坊 堪笑華亭擺渡漢 葛藤打得太郎當"라는 게송을 읊었다. 뒤에 원오의 법을 이었다. 1640년(숭정13) 여여원(如如院)에서 법문을 연 후 포주(莆州)의 조산(曹山)으로 옮겼다가 다시 용지산(龍池山)에 주석하면서 10여 년 동안 교화하였다. 1657년(순치14) 세수 64세로 입적하였다. 『만여미선사어록 萬如微禪師語錄』 10권을 남겼다. [참고문헌] 『楞嚴經』, 『續指月錄』, 『五燈會元續略』 권4(卍속장138, p.1016b9), 『五燈全書』 권66(卍속장141, p.403a3), 『續燈正統』 권32(卍속장144, p.865a18), 『萬如禪師語錄』 권1 「荊溪龍池老和尙列傳」(가흥장26, p.440c11).

통방 痛棒 대단한 몽둥이, 뼈아픈 경책 등의 뜻이다. 『임제록』 「서 序」(대정장47, p.496a23)에 "황벽산에서 일찍이 대단한 방을 맞았다. 黃檗山頭 曾遭痛棒", 『박산선경어』 권하(卍속장112, p.967a5)에 "눈이 있어도 볼 수 없고 귀가 달렸어도 듣지 못하니, 벌거벗은 고깃덩어리에 뼈아픈 방을 가하리라. 有眼不見有耳聾 赤肉團中加痛棒", 『굉지광록』 권5(대정장48, p.62a5)에 "납승들에게 불법이나 선도 겨우 있는 듯하면 문득 즐겨 통렬한 방의 맛을 보아야 하네. 衲僧家 纔有佛法禪道 便好喫痛棒", 『직주설두송고』 권상(卍속장117, p.512a8)에 "용아가 말했다. '때리려면 마음대로 때리십시오. 문제는 달마가 서쪽에서 온 의중은 없습니다〈부질없이 통렬한 방을 맞았으나 큰 뜻 받지 못했다. 굳이 주재하려 들다가 도리어 뜻 없다고 말하는구나〉'. 牙云 打卽任打 要且 無祖師西來意〈空受痛棒 不領大旨 强作主宰 反言無意〉", 『보왕삼매염불직지』 권상(대정장47, p.364c1)에 "움직인즉 내 손 안의 통렬한 방을 맞을 일 있으리라. 動著則喫我手中 痛棒有分"라고 하였다. [참고문헌] 『臨濟錄』, 『博山禪警語』, 『宏智廣錄』, 『直註雪竇頌古』, 『寶王三昧念佛直指』. ⇨ 방 棒, 덕산방 德山棒

통방관행 通方觀行 모든 법이 공(空)이라고 관하는 행. 『중관론소』 권8말 「법품 法品」(대정장42, p.123b25)에 "이 품을 끌어들인 까닭은 모두 세 가지 뜻이 있다. 첫째, 통방관행을 밝힌다. 이전에는 업이 공함을 관했다면, 이제는 법이 공함을 관한다. 此品所以來者 凡有三義 一 明通方觀行 前觀業空 今觀法空"라고 하였다. [참고문헌] 『中觀論疏』.

통방작자 通方作者 모든 곳에 통하여 걸림없이 짓는 자. 『공곡집』 39칙 「시중 示衆」(卍속장117, p.574b17)에 "입을 열고 마음을 보는 이는 오직 사방으로 통하는 작자일뿐이다. 開口見心 除是通方作者", 『초석범기어록』 권15(卍속장124, p.230b5)에 "사방으로 모두 통함을 짓는 이 시절인연을 알지니, 한번 맡김에 오래된 궁전에 창태마저 오르네. 通方作者知機變 一任蒼苔生古殿"라고 하였다. [참고문헌] 『空谷集』, 『楚石梵琦語錄』.

통방한 通方漢 막힘없이 통하는 그대. 『불과격절록』 9칙 「평창 評唱」(卍속장117, p.458b7)에 "이르는 곳마다에 막힘없이 통하는 그대라면 틀림없이 두 존숙의 마음씀이 어떠할지 알 것이다. 到這裏 若是通方漢 必知此二尊宿落處"라고 하였다. [참고문헌] 『佛果擊節錄』.

통별 通別 한가지로 통하는 자성과 분별해 드러나는 자성의 구분. 통국(通局)이라고도 한다. 『삼론현의』(대정장45, p.10b15)에 "삼장 나아가 다시 통별이 있다. 만약 한가지 장으로 풀면 통론이고, 일장 중 한 부 따로 풀면 별론이다. 就三藏中 復有通別 若具釋一藏 名爲通論 別釋一藏中一部 名爲別論也", 『승만보굴』 권상(대정장37, p.2a29)에 "승만·사자후에서 일승·대승·대방편에 이르는 것들을 가리켜 한 경의 별명이지만, 방광이라 하면 대승경을 다 들어 부르는 것이니 이를 가리켜 통별 한 쌍이라 한다. 從勝鬘 師子吼 至一乘 大乘 大方便 謂一經之別名也 方廣者 謂大乘經之通稱也 謂通別一雙", 『대승의장』 권2(대정장44, p.493b1)에 "혜자를 뜻으로 풀음에 또한 통별이 있다. 통으로 논하자면 세 가지 자성에 둘 수 있으니, 바른 지는 선이고, 삿된 지는 불선이며, 무릇 세간의 일 아는 것은 무기이다. 분별해 논할진대는 무루혜는 지혜의 법수이나 유루선혜는 무치선근이며, 전도된 혜는 사견이라 한다. 그 나머지 선하지 않은 혜와 무기혜는 각관이라 한다. 논주가 구분해서 말할 때는 설한 무루혜만이 혜의 범주다. 慧者義釋亦有通別 通而論之 亦在三性 正智是善 邪智是不善 汎知

世事 是其無記 別而論之 無漏之慧 說爲慧數 有漏善慧 說之以爲無癡善根 顚倒之慧 說爲邪見 餘不善慧 及無記慧 說爲覺觀 論主就別 說無漏慧 爲慧數也"라고 하였다. ［참고문헌］『三論玄義』, 『勝鬘寶窟』, 『大乘義章』. ⇨ 통론별론 通論別論, 통문별문 通門別門

통별염불 通別念佛 통염불(通念佛)과 별염불(別念佛). 통염불은 여러 부처님뿐만 아니라 장엄한 불국토 등 두루 거두어 염함이고, 별염불은 오직 부처님의 이름만을 칭념함이다. 『관무량수경의소』(대정장37, p.242c17)에 "염불삼매에는 두 가지가 있다. 첫째는 통이고, 둘째는 별이다. 다만 부처님의 명호만을 칭념하면 별염불삼매고, 국토와 그곳의 나무와 부처님을 떠올리는 것에 이르기까지 의보(依報)와 정보(正報)를 모두 염하면 통염불삼매라 한다. 念佛三昧有二種 一通二別 但念佛名 別念佛三昧 念佛國土樹木 乃至念佛等 通念依正 名通念佛三昧也", 『지관보행전홍결』 권1(대정장46, p.164a10)에 "가지와 뿌리가 비록 다르기는 하나 함께 '도'라는 나무를 이룬다. 사삼매로 제행을 거두어들이기에 '통'이라 하고, 염불삼매로 제행 중에 하나를 오로지하기에 '별'이라 한다. 통이든 별이든 비록 다르나 묘행 아님이 없다. 또 사삼매를 거두어 모두 염불하기에 '통'이라 하고, 다만 말로 염불하며 일행을 외곬으로 들기에 '별'이라 한다. 그러므로 『사념처』 권4(대정장46, p.574b27)에서 '사삼매가 모두 염불이다'라고 하였으니, 다만 가르침의 각별을 따라 염하는 바가 같지 않기에 '별'이라 한다. 枝本雖殊 同成道樹 以四三昧 收諸行盡 故名爲通 念佛三昧 諸行中一 故名爲別 通別雖殊 莫非妙行 又四三昧 通皆念佛 故名爲通 但語念佛 偏擧一行 故名爲別 故四念處云 四皆念佛 但隨敎別 所念不同 故名爲別"라고 하였다. ［참고문헌］『觀無量壽經義疏』, 『止觀輔行傳弘決』, 『四念處』, 『摩訶止觀』 권1(대정장46, p.5a22). ⇨ 통염불 通念佛, 별염불 別念佛, 염불 念佛

통별이서 通別二序 경(經)을 펴는 뜻을 앞서 알리는 통서(通序)와 별서(別序). 『아미타경의술』(대정장37, p.307c16)에 따르면 통서와 별서에는 각각 여섯 가지의 기준이 되는 요소가 있는데, 통서의 여섯 요소는 첫째 믿음의 성취(信成), 둘째 설법을 듣는 대상의 성취(聞成), 셋째 설법하는 때의 성취(時成), 넷째는 설법주의 성취(主成), 다섯째는 설법 장소의 성취(處成), 여섯째는 대중의 성취(衆成)이다. 별서의 여섯 요소는 첫째 기틀을 두드리고(扣機), 둘째 장소를 가리키며(指處), 셋째는 수량(數量), 넷째는 의보(依報), 다섯째는 정과(正果), 여섯째는 널리 전하는 교화(弘化)이다. 기틀을 두드림은 부처님께서 사리불에게 이르심을 말하고(扣機 卽佛告舍利弗), 장소를 가리킴은 서방에 있음을 가리키며(指處 則示在西方), 수량은 십만억 불토를 지난 곳에 있다는 뜻이고(數量 則過十萬億佛土), 의보는 극락세계이며(依報 則極樂世界), 정과는 아미타라는 명호의 부처님이고(正果 卽有佛號阿彌陀), 널리 전하는 교화는 현재 법을 설하는 것이다(弘化 則現在說法). 『아미타경약해원중초』 권상(卍속장91, p.780b11)에 "통별이서란 무슨 뜻인가? 통은 같다는 뜻이다. 이와 같은 여섯 요소가 모든 경에 한결같기 때문이다. 별은 다름이니 모든 경이 일어난 인연은 각각이어서 같지 않다. 그러므로 이 경에 통서만 있을 뿐 별서가 없다 하면 여래께서 묻는 일 없이도 스스로 말씀하심이다. 通別二序者 通者 同也 如是等六事 諸經皆同故 別者 異也 諸經發起之緣 各各不同 故今經但有通序 而無別序者 乃如來無問自說"라고 하였다. ［참고문헌］『阿彌陀經義述』, 『阿彌陀經略解圓中鈔』. ⇨ 통서 通序, 별서 別序

통별통원 通別通圓 천태의 통교(通敎)에서 시설한 세 갈래 수행자(三通) 중 하나. 통교로써 별교(別敎)와 원교(圓敎)를 아울러 깨우치는 수행자. 『지관보행전홍결』 권3(대정장46, p.237a19)에 "셋째, 통별통원이다. 별교와 원교이다. 통교로써 방편을 삼아 다만 별교와 원교의 인과를 성취한다. 그러므로 보살이 의지하는 위는 비록 같지만 건혜성지는 관혜에 있어 오히려 여전히 열하다. 이에 다시 이름을 받지는 않는다. 三者 通別通圓 卽是別圓 用於通敎 而爲方便 但成別圓因果人也 是故 菩薩據位雖同 乾慧性地 觀慧猶劣 是故亦復 不受接名", 『사념처』 권2(대정장46, p.563b10)에 "통별통원이란 무엇인가? 별교와 원교의 인과가 모두 통교와 다름에도 통교가 열어 이끎을 빌어 별교와 원교의 인에 들어가 시들지도 번성하지도 않은 쌍수의 과를 이룬다. 通別通圓者 別圓因果 皆與通異 藉通開導 得入別圓因 成非枯非榮 雙樹之果也"라고 하였다. ［참고문헌］『止觀輔行傳弘決』, 『四念處』. ⇨ 삼통 三通[3], 통교 通敎

통불 通佛 천태 사불(四佛) 중 통교(通敎)의 부처님. 『법화현의』 권4하(대정장33, p.731a9)에 "다른 점은 삼장의 부처님은 인을 조복하고 과를 끊지만, 통불은 인과 과를 함께 끊는다. 삼장의 부처님은 하루 세 때에 기를 비추고, 통불은 속 그대로 진이어서 비추지만 들어갈 필요가 없다. 이것은 씀이 다르기에 위를 가린 이름이다. 이름이 다르지만 뜻이 같다면 오히려 통교위에 속한다. 異者 三藏 因伏果斷 通佛 因果俱斷 三藏 一日三時照機 通佛 卽俗而眞 照不須入也 是則用別名辨位 名異義同 猶屬通敎位也"라고 하였다. ［참고문헌］『法華玄義』. ⇨ 사불 四佛[4], 통교 通敎

통사 桶寺 강원도 철원군 김화읍에 있던 절. 『동국여지승람』 권47 강원도 금성현 고적에 "통사동고성, 현 남쪽 8리에 있다. 석축의 둘레가 725척이었으나 지금은 폐사다. 桶寺洞古城 在縣南八里 築周七百二十五尺 今廢", 『범우고』에도 "현 남쪽 5리에 있으며 지금은 폐사다. 在縣南五里 今廢"라고 하였다. 〔참고문헌〕『東國輿地勝覽』, 『梵宇攷』, 『韓國寺刹全書』 권하 p.1119b20.

통사사인 通事舍人 승가 밖의 일과 결계(結界) 밖의 객승을 담당하는 사람 또는 소임을 말한다. 『불조통기』 권9(대정장49, p.198a4)에 "통사사인 노정방을 보내어 산 돌아감을 전송하게 하니 지자대사를 위하여 천승재를 베풀고 일백인을 출가시켰다. 遣通事舍人 盧正方送還山 爲智者設千僧齋 度一百人", 『당고승전』 권20 「정림전 靜琳傳」(대정장50, p.591a5)에 "통사사인 이호덕이 언젠가 낙읍에서 정림에게 수업을 받았다. 有通事舍人 李好德者 曾於雒邑 受業於琳", 『굉지광록』 권1(대정장48, p.3c23)에 "반드시 통사사인에 의지해 나라에서 내린 령을 펴 알려야 하니, 구중궁궐의 말을 전하여 드러냄에 그 빛 만리까지 가 봄을 일으킨다. 須憑通事舍人 展演邦家號令 傳出九重之語 光生萬里之春", 『동산어록』(대정장47, p.507c18)에 "동산이 운암에게 물었다. '만나려 한다면 어떻게 하나요?' '통사사인에게 물어 보거라' '이렇게 만나서 묻는 중입니다' '그대에게 무엇이라 했느냐?' 師問雲巖 擬欲相見時如何 曰 問取通事舍人 師曰 見問次 曰 向汝道甚麽"라고 하였다. 〔참고문헌〕『佛祖統紀』, 『唐高僧傳』, 『宏智廣錄』, 『洞山語錄』.

통상무도 通相無倒 Ⓢ sāmānya-lakṣaṇe 'viparyāsaḥ. 일체법(一切法)에 통하여 틀림이 없음. 즉 무아(無我)이며 실체 없음(法空)의 뜻으로 십무도(十無倒) 중 하나다. 『중변분별론』 권하(대정장31, p.462a19 : *Madhy-vibh.*, p.67)에 "무엇을 통상무도라 하는가? 법계를 벗어나서는 결코 한 법도 없다. 그러므로 법계의 통상이라 하니 이 지혜는 잘못됨이 없다. 무아를 떠나 진실로 체가 있는 어떤 법은 없다. 그러므로 법계는 일체에 통하는 상이니 그 체가 평등하기 때문이다. 이와 같이 알고 보는 것을 모든 상에 통하여 틀림이 없다라고 한다. 何者通相無倒 出離於法界 更無有一法 故法界通相 此智是無倒 無有別法 離無我眞實有體 是故 法界一切通相 體平等故 如是知見 是名通相無倒 dharmadhātuvinirmukto yasmād dharmo na vidyate. sāmānyalakṣaṇaṃ tasmāt sa ca tatrāviparyayaḥ. na hi dharmanairātmyena vinā kaścid dharmo vidyate. tasmād dharmadhātuḥ sarvadharmāṇāṃ sāmānyaṃ lakṣaṇam, evaṃjñānam ayaṃ sāmānyalakṣaṇe 'viparyāsaḥ"라고 하였다. 『변중변론』 권하(대정장31, p.475b11)에서는 공상무도(共相無倒)라고도 하였다. 〔참고문헌〕『中邊分別論』, 『辯中邊論』, *Madhy-vibh.* ⇨ 공상무도 共相無倒, 십무도 十無倒

통상별상 通相別相 어떤 법들에 다 통하는 특징을 통상이라 하고, 한 법이 자성을 지켜 다른 법과 함께 하지 않는 것이 별상이다. 『금강경찬요간정기』 권1(대정장33, p.171c3)에 "이 두 문은 서로 여윌 수 없기에 진여문은 이 통상으로 일체를 거두고, 생멸문은 비록 별상이지만 진여의 생멸이기에 이 또한 일체를 거둔다. 이 두 문은 함께 한 마음에 의지하여 근원으로 삼으니, 만법은 이 마음에서 벗어나지 않음을 안다. 以是二門 不相離故 以眞如門是通相 故攝一切 生滅門 雖是別相 以是卽眞如之生滅 亦攝一切 以此二門 同依一心爲源 則知萬法不出此心", 『중변분별론』 권상(대정장31, p.451c26)에 "마음이란 다만 육진의 통상만을 요별할 뿐이다. 만약 육진의 차별상마저 요별한다면 심법이다. 곧 수상행 등을 총별상으로 나누어 부를 따름이다. 心者 但了別塵通相 若了塵別相 說名爲心法 謂受想行等 說總別相已"라고 하였다. 〔참고문헌〕『金剛經纂要刊定記』, 『中邊分別論』.

통상삼관 通相三觀 천태의 삼종삼관(三種三觀) 중 하나. 원교(圓敎)의 삼관(三觀)에 속한다. 공가중(空假中) 삼제(三諦)에서 한 갈래만 관하여도 삼제에 모두 통하는 과를 얻는다. 『종경록』 권35(대정장48,p.622a10)에 "둘째, 통상삼관은 이와 다르니 가를 좇아 공에 들면 비단 속제의 가가 공임을 알 뿐만 아니라 진제중도 역시 또한 이 공임을 안다. 공을 좇아 가에 들면 비단 속의 가만이 가임을 알 뿐만 아니라 진공중도 역시 모두 가임에 통한다. 만일 중도정관에 들면 비단 중도가 바로 중임을 알 뿐만 아니라 속진 모두 중이라 통한다. 이렇게 되면 하나가 공이면 일체가 공이어서 가도 없고 중도 없어서 공마저도 아니니, 하나가 가이면 일체가 가가 되어 중도 없고 공도 없지만 가 또한 아니며, 하나가 중이면 일체가 중이어서 가도 없고 공도 없지만 중마저도 아니다. 단지 한가지로 관하여 마땅한 이름 붙일 뿐이니, 마음은 통하지 않음이 없음을 안다. 二 通相三觀者 則異於此 從假入空 非但知俗假是空 眞諦中道 亦通是空也 若從空入假 非但知俗假是假 眞空中道 亦通是假 若入中道正觀 非但知中道是中 俗眞通是中也 是則一空一切空 無假無中 而不空 一假一切假 無中無空 而不假 一中一切中 無假無空 而不中 但以一觀當名 解心無不通也", 『대명삼장법수』 권6(영락장181, p.603a9)에 "통상삼관이란 한가지로 관하는 중에 삼제를 두렷이 알게 됨이다. 通相三觀者 卽於一觀中 圓解三諦也"라고 하였다. 〔참고문헌〕『宗鏡錄』, 『大明三藏法數』. ⇨ 삼종삼관 三種三觀, 별상삼관 別相三觀, 일심삼관 一心三觀, 묘관 妙觀 ❶

통상십주 通相十住 십주에 공통으로 갖춘 법상. 십주 각기 모두 십신(十身)을 체로 가져서 백법이 된다. 별상십주(別相十住)와 맞선다. 원측(圓測)의 『인왕경소』 권중(대정장33, p.387b19・한불전1, p.59b7)에 "두 번째는 통상십주이다. 신심 등을 십주의 바탕으로 삼으니 모든 위에서 다 십신의 마음을 행하기 때문이다. 그러므로 『본업경』에 초지보살의 백법명문은 십신 각각에 열 가지 마음을 두었으니 그것이 백법이다. 이 『인왕경』에서도 통상에 의지해 설하므로 어긋나지 않는다. 二者 通相十住 謂信心等 以爲十住體 諸位皆行十信心故 是故 本業經中 初地菩薩 百法明門 所謂十信各有十心 卽百法也 今此經中依通相說 故不相違"라고 하였다. [참고문헌] 『仁王經疏』. ⇨ 십주 十住[1], 별상십주 別相十住, 백법명문 百法明門, 초지 初地

통상팔위 通相八位 일생에 공통적으로 겪는 여덟 위. 태장팔위(胎藏八位)에 대칭한다. 원측(圓測)의 『해심밀경소』 권3(한불전1, p.223c21)에 "통상팔위라고 하였는데, 『유가사지론』 권2에서는 다음처럼 말한다. '무엇이 여덟 위인가? 처태위・출생위・영해위・동자위・소년위・중년위・노년위・모숙위를 말한다. 처태위란 갈라람 등을 말한다'. 通相八位者 如瑜伽第二云 云何八位 謂處胎位 出生位 嬰孩位 童子位 少年位 中年位 老年位 耄熟位", "'출생위란 이 이후부터 모숙위까지이다. 영해위란 아직 놀러 다니거나 오락을 즐길 수 없는 상태까지이다. 동자위란 그 일들을 할 수 있는 상태를 말한다. 소년위란 욕탐의 경계를 수용할 수 있는 상태부터 30세까지를 말한다. 중년위란 이 단계로부터 50세까지이다. 노년위란 이 단계로부터 70세까지이다. 이 단계 이상을 모숙위라 한다'. 處胎位者 謂羯羅藍等 出生位者 謂從此後 乃至耄熟 嬰孩位者 謂乃至未能遊行嬉戲 童子位者 謂能爲彼事 少年位者 謂能受用欲塵 乃至三十 中年位者 謂從此位 乃至五十 老年位者 謂從此位 乃至七十 從此已上 名耄熟位"라고 하였다. [참고문헌] 『解深密經疏』, 『瑜伽師地論』 권2(대정장30, p.289a19). ⇨ 태장팔위 胎藏八位, 태외오위 胎外五位

통색 通塞 통하거나 막힘. 사람이 모든 법(諸法)을 대함에 있어 능히 열고 닫음이 있음을 말한다. 『대방편불보은경』 권4(대정장3, p.144a7)에 "그때 바라나국에 한 항해사가 있어 전후로 여러 차례 오가며 바다에 들어갔기에 바닷길의 열리고 닫힘을 잘 알았다. 爾時 波羅奈國 有一海師 前後數返 入於大海 善知道路 通塞之相", 『인왕호국반야바라밀경소신보기』 권4(대정장33, p.312c18)에 "통하고 막힘은 사람에게 있지 애초부터 법에 있는 것은 아니다. 通塞由人 初不在法也", 『법화현의』 권8하(대정장33, p.786b11)에 "통하고 막힘을 안다는 것은 앞에서 비록 모든 견해의 허물을 두루 부정하였지만 그 덕은 아직 보지 못함이니 허물은 막힘이고 덕은 곧 통함이다. 知通塞者 前雖遍破 諸見之過 未見其德 過卽是塞 德卽是通", 『능엄경현의』 권2(卍속장20, p.35a11)에 "생사 그대로 열반임을 잘 알고, 번뇌가 곧 보리임을 통달하면 십계 거침없이 통하므로 통하고 막힘을 안다고 한다. 若達生死卽涅槃 達煩惱卽菩提 則十界俱通 故名識通塞", 『사분율행사초』 권중(대정장40, p.91c14)에 "마음을 가져 경을 보면 통함도 막힘도 있게 된다. 막힌다는 것은 지키고 범하는 드러난 모습으로는 함께 하지 못하지만, 통함이란 지킴과 범함이 그 자상에서는 공함으로 서로 통함이다. 將心望境 有通有塞 言塞者 持犯不相有 言通者 持犯自相通", 『법화경현첨증석』 권5상(卍속장44, p.869a13)에 "통하거나 막히는 경우를 마땅히 자세히 헤아려 가려낸 다음 막히는 것은 통하게 하고 통하는 것 또한 집착하지 않도록 해야 한다. 이것이 다섯 번째 통하거나 막힘을 가림이다. 有通塞當檢校銓擇 使塞者通 通者不著 卽第五識通塞也"라고 하였다. [참고문헌] 『大方便佛報恩經』, 『仁王護國般若波羅蜜經疏神寶記』, 『法華玄義』, 『楞嚴經玄義』, 『四分律行事鈔』, 『法華經玄籤證釋』. ⇨ 식통색 識通塞

통서 通序 모든 경에 통하는 서문. 모든 경의 첫머리 여시아문(如是我聞) 등을 말한다. 증신서(證信序)라고도 하며, 별서(別序)에 대칭한다. 『금강경주해』(대정장33, p.228b16)에 "이상 여시 등의 육사는 제경의 머리에 나오는데 이를 통서라 이른다. 已上如是等六事 冠於諸經之首 謂之通序", 『인왕호국반야경소』 권1(대정장33, p.255b27)에 "제경에 통하여 있으면 통서라 이름하고, 이 경에만 홀로 있으면 별서라 이름한다. 諸經通有 名通序 此經獨有 名別序", 『법화경의기』 권1(대정장33, p.575b19)에 "통서의 다섯이란, 첫째 여시, 둘째 아문, 셋째 일시, 넷째 경을 설함에 머물던 곳, 다섯째 '대비구중과 함께'부터 '물러나 한쪽에 앉았다'까지로 줄지어 함께 들었던 대중이다. 通序五者 第一 如是 第二 我聞 第三 一時 第四 出說經住處 第五 從與大比丘衆 訖退坐一面 列同聞衆也"라고 하였다. [참고문헌] 『金剛經註解』, 『仁王護國般若經疏』, 『法華經義記』. ⇨ 증신서 證信序, 오성취 五成就, 육성취 六成就[1], 서분 序分, 별서 別序

통선암 通仙庵 평안남도 성천군 통선면 덕암리 백양산(白羊山)에 있던 대본산(大本山) 법흥사(法興寺)의 말사. 고려시대의 사찰로 추정되며 현재는 사지(寺址)만 남아 있다. [참고문헌] 『韓國寺刹全書』 권하 p.1119b10, 『北韓寺刹硏究』(한국불교종단협의회, 1993) p.644.

통선암 通禪庵 강원도 인제군 북면 용대리 설악산(雪

嶽山) 백담사(百潭寺) 산내 암자. 『건봉사지』에 1777년(정조1)에 창건되었다 전한다. 〔참고문헌〕『乾鳳寺本末史蹟』(亞細亞文化社, 1977) p.69, 『韓國寺刹全書』 권하 p.1119b11. ⇨ 백담사 百潭寺

통섭 統攝 다스려 거두다. 거느려 거두다. 『대반열반경』 권하(대정장1, p.202b23)에 "대왕께서 귀한 곳에 자리하여 안팎을 다스려 거두시니, 모든 인민이 높여 우러르지 않는 이 없습니다. 大王處貴 統攝內外 一切人民莫不宗仰", 『신화엄경론』 권9(대정장36, p.777b2)에 "(摩竭提의) '마'는 크다, '갈제'는 몸이라는 뜻이다. 곧 오인도 땅 중 이 나라가 가장 크고 모든 나라를 다스려 거둔다. 그래서 '대체'라 한다. 摩者 大也 竭提 體也 謂五印土中 此國最大 統攝諸國 故云 大體也", 『허당록』 권10 「양어약봉성지청발매월염불도 楊御藥奉聖旨請跋每月念佛圖」(대정장47, p.1059c20)에 "위없는 법왕이 념중에 당해 우뚝 움직이지 않은 채 상서로운 모습 드러내셨다. … 대천에 두루 응하여 법계 거느려 거둠에 조금도 거리낌 없고 자유로이 어디로든 흘러 통한다. 진실로 이른바 '공 이루고 행을 채운 자'라 하리. 無上法王於當念中 巍然不動 現瑞呈祥 … 普應大千 統攝法界 了無妨礙 一任流通 眞所謂功成行滿者哉"라고 하였다. 〔참고문헌〕『大般涅槃經』, 『新華嚴經論』, 『虛堂錄』.

통성암 通性庵 위치 미상. 언기(彦機 1581~1645)의 『편양집』에 수록된 시(詩) 「산거 山居」에서 언급하고 있을 뿐이다. "통성암에 머문 이후로 그윽한 나날 오고 갈 뿐이네. 밭 일구어 향기로운 차 심어보고, 정자 열어 먼 산 바라보네. 햇빛 밝은 창가에선 경을 읽고 밤에는 걸상 위에 앉아 선의 관문 두드리네. 세상의 번잡하게 살아가는 이들 어찌 세상 밖의 한가로움을 알리요. 自棲通性後 幽事日相干 造圃移芳茗 開亭望遠山 晴窓看貝葉 夜榻究禪關 世上繁華子 安知物外閑". 평안북도 영변군 향산면 묘향산(妙香山)에 있는 보현사(普賢寺)의 산내 암자 중 하나였을 것으로 추정한다. 〔참고문헌〕『鞭羊集』, 『韓國寺刹全書』 권하 p.1119b12, 『北韓寺刹研究』(한국불교종단협의회, 1993) p.619. ⇨ 보현사 普賢寺

통소 通炤 고려전기 스님 지칭(智偁 1113~1192)의 법호. ⇨ 지칭 智偁

통소 痛燒 오통(五痛)과 오소(五燒)를 아울러 부르는 말. 『무량수경연의술문찬』 권하(대정장37, p.166a27·한불전2, p.70a16)에 "또한 오악 지으면 먼저 악도에 들어가고 후에 인간계에 나기에 지옥에서 통소라는 보를 받고 난 연후에야 인간으로 나 남은 보의 괴로움 받는다. 又作五惡 先入惡道 後生人中故 地獄受痛燒報已然後生人 受餘報苦"라고 하였다. 〔참고문헌〕『無量壽經連義述文贊』. ⇨ 오통 五痛, 오소 五燒, 오악 五惡 ❶

통소로 通霄路 구름 가르고 하늘로 통하는 길. 『무문혜개어록』 권상(卍속장120, p.508b6)에 "법좌에서 : '한 발짝 뜨지 않고도 푸른 구름 위 홀로 걷는다. 이것이야 언제나 해야 할 거니, 모름지기 구름 위 하늘로 통하는 길 있음을 알라'. 드디어 법좌에 오르다. 法座 不動脚頭 青雲獨步 箇是尋常行履處 須知更有通霄路 遂陞座", 『원오어록』 권2(대정장47, p.720b3)에 "부처 계신 곳 가두려 해도 머물지 않고, 부처가 없는 곳 거친 풀이 사람 찾는다. 놓고 가거라. 부딪히는 곳마다 빛 새롭고 잡고 머문 즉 하늘과 땅에 변고 있으리라. 일러 보라. 저 높은 곳을 향한 이 올 때 어떠한가? 남의 집엔 구름 가르고 통하는 하늘 길 있다. 有佛處羅籠不住 無佛處荒草尋人 放行也觸處光新 把住也乾坤陡變 且道 向上人來時如何 他家自有通霄路", 『증도가주』(卍속장114, p.908b2)에 "언제나 홀로 행하고〈눈 위에 두 눈썹이 가로요〉, 언제나 홀로 걸어라〈다리 밑에 하늘로 통하는 길 있다〉. 常獨行〈眼上兩眉橫〉 常獨步〈脚底通霄路〉", 『고봉어록』 권상(卍속장122, 661a10)에 "꿰뚫어 사무쳤네 옳고 그름 저 꿈과 같음을, 몸부림쳐도 깊은 수렁에 떨어짐 면치 못하리. 모름지기 구름 헤치고 하늘 가는 길 있는 줄 안다면, 때에 당한 이라면 다른 길 지음 허락하지 않으리. 洞徹是非如夢幻 轉身未免墮深坑 須知別有通霄路 不許時人造次行"라고 하였다. 〔참고문헌〕『無門慧開語錄』, 『圜悟語錄』, 『證道歌註』, 『高峰語錄』.

통수 通受 수계(受戒) 때 계를 한꺼번에 받는 것. 총수(總受)라고도 한다. 따로따로 받는 별수(別受)와 합하여 통수별수(通受別受) 또는 총수별수(總受別受)라 한다. 『대승의장』 권10(대정장44, p.662c17)에 "보살은 일체계법을 통수하여 모습의 다름을 따르지 않기에 계를 잃지 않는다. 菩薩通受 一切戒法 不隨形別 故不失戒", 『대승법원의림장』 권3(대정장45, p.315a29)에 "보살계를 통수하여 일체계를 거두어 다하니 저 정공계(定共戒)와 도공계(道共戒)가 또한 그중에 있다. 通受菩薩戒 攝一切戒盡 其定道戒 亦在其中"라고 하였다. 〔참고문헌〕『大乘義章』, 『大乘法苑義林章』. ⇨ 통수별수 通受別受, 별수 別受, 도공계 道共戒, 정공계 定共戒

통수 通修 Ⓢ aviśiṣṭā pratipatti, Ⓣ khyad-par-med-pa-sgrub-pa. 육정행(六正行) 중 하나로 십바라밀(十波羅蜜)을 두루 닦음. 『중변분별론』 권하(대정장31, p.460b19)에 "이와 같이 여섯 가지로 닦는다. … 여섯째는 통수이다. … 십법 중에 모두 갖춰져 있기에 십법 두루 얻음을 바라밀다라 한다. 如是六修 … 六 通修 …

於十法中 皆悉具有 是故十法通得 名波羅蜜多"라고 하였다. 『변중변론』 권하(대정장31, p.473c18)에는 무차별정행(無差別正行)이라 한역하였다. [참고문헌] 『中邊分別論』, 『辯中邊論』, *Madhy-vibh.60.* ⇨ 무차별정행 無差別正行, 육정행 六正行 ❷

통수 通琇 1614~1675. 청대 스님. 자는 옥림(玉林·玉琳), 속성은 양(楊)씨. 강소성(江蘇省) 강음(江陰) 출신. 세칭 옥림국사(玉琳國師)라 한다. 19세에 경산원수(磬山圓修) 문하로 들어가 출가하고 구족계를 받은 뒤, 그 법을 잇고 임제종(臨濟宗)을 전수했다. 절강성(浙江省) 무강(武康) 보은사(報恩寺)에 주석하다가, 청 세조(世祖)의 명으로 북경(北京)에 들어가 만선전(萬善殿)에서 설법하였고 대각선사(大覺禪師)라는 봉호(封號)를 받았다. 얼마 되지 않아 절로 돌아오면서 제자 행삼(行森)을 시켜 북경에 남아 법을 펼치도록 하였다. 다음 해에 '대각보제선사 大覺普濟禪師'라는 호를 받음과 동시에 자의(紫衣)도 하사받았다. 1660년(순치17) 황제는 스님을 선발하여 보살계를 받았는데, 특별히 옥림을 본사로 삼아 '대각보제능인국사 大覺普濟能仁國師'라는 호를 덧붙였다. 궁중에서 설법할 때 「객문 客問」이라는 단편 하나를 찬술하였고, 대학사(大學士) 금지준(金之俊)은 칙명을 받들어 평주(評注)를 지은 뒤 「서序」를 붙여 간행하였다. 만년에는 절강성 서천목산(西天目山)에다 선원사(禪源寺)를 짓고 항상 이곳에 머무르며 사자정종파(師子正宗派)라 일렀다. 그 뒤 선원사와 금산(金山)·고민(高旻)·천녕(天寧) 등의 대총림(大叢林)이 비로소 흥성하게 되었다. 1675년(강희14) 7월(일설에는 강희 15년 8월) 강소성 회안(淮安)의 자운암(慈雲庵)에서 세수 62세로 입적하였다. 『속지월록』 권19 「옥림통수장」(卍속장143, p.1027a11)에 따르면 입적 직전에 "본래 남이 없었고, 지금 죽음도 없노라. 이것이 바른 말이고, 나머지는 마구니의 말일 뿐. 本是無生 今亦無死 此是正說 餘爲魔說"라고 쓰고 붓을 던진 다음 숨을 거두었다고 한다. 서천목산에 탑을 세웠고 왕희(王熙)가 칙명을 받들어 탑명(塔銘)을 지었다. 제자 초기(超琦)는 『연보 年譜』 2권을 엮었다. 어록 12권을 남겼다. [참고문헌] 『續指月錄』·권19(卍속장143, p.1024b1), 『五燈會元續略』 권4(卍속장138, p.1024a15), 『五燈全書』 권68(卍속장141, p.429b11). ⇨ 옥림수국사어록 玉琳琇國師語錄

통수별수 通受別受 계를 받을(受戒) 때 계목(戒目)을 한꺼번에 모두 받는 것과 각각 따로 받는 것. 총수별수(總受別受)라고도 한다. 가령, 오계(五戒)를 받을 때 다섯 계를 한꺼번에 받으면 통수, 하나씩 차례대로 받으면 별수가 된다. 또 삼귀의(三歸依)를 차례로 받으면 별수, 한꺼번에 받으면 통수다. 마찬가지로 칠중(七衆 : 사미 사미니 식차마나 비구 비구니 우바새 우바이)이 삼취정계(三聚淨戒)를 함께 받으면 통수고, 칠중이 각기 율의계(律儀戒 : 別解脫戒)를 받는 것은 별수다. 『선견율비바사』 권16(대정장24, p.788c4)에 "삼귀 받음에 두 가지가 있다. 첫째는 별수, 둘째는 총수다. 무엇이 별수인가? 별수란 '부처님께 귀의합니다. 부처님께 귀의합니다. 부처님께 귀의하기를 마칩니다. 법에 귀의합니다. 법에 귀의합니다. 법에 귀의하기를 마칩니다. 승가에 귀의합니다. 승가에 귀의합니다. 승가에 귀의하기를 마칩니다' 하는 것이다. 이를 별수라 한다. 受三歸有二種 一者 別受 二者 總受 云何別受 別受者 歸依佛 歸依佛 歸依佛竟 歸依法 歸依法 歸依法竟 歸依僧 歸依僧 歸依僧竟 是名別受", "총수란 '부처님께 귀의합니다. 법에 귀의합니다. 승가에 귀의합니다. 부처님께 귀의하기를 마칩니다. 법에 귀의하기를 마칩니다. 승가에 귀의하기를 마칩니다'라 하는 것이니, 이처럼 세 번 설하면 이를 총수라 한다. 總受者 歸依佛 歸依法 歸依僧 歸依佛竟 歸依法竟 歸依僧竟 如是三說 是名總受", 『대승법원의림장』 권3(대정장45, p.315b22)에 "보살이 계를 받으며 그 마음이 너그러워 흘러넘치고 점점 날로 맹렬하게 날카로워지기에 다른 모습으로 나게 되거나 목숨이 끝나는 때에도 반드시 결단코 버리지 않는다. 능히 류를 따라 변하여 나기에 별수하면 버리지만, 통수하면 그 뜻으로 능히 그러지 못한다. 菩薩受戒 其心寬漫 增上猛利 故二形生及命終時 必定不捨 以能隨類 而化生故 若別受者 卽捨也 通受之者 其義不能", 『표무표장서완기』(卍속장98, p.220a1)에 "칠중에게 따로 받게 하면 별수라 하고, 삼취에 대해 칠중에게 두루 받게 하면 통수라 한다. 別受七衆 名爲別受 三聚之中 通受七衆 名爲通受", 『팔종강요초』 권상(대장경보편32, p.47a10)에 "이 삼취계를 받는데 통수도 있고 별수도 있다. 삼취계를 두루 받기에 '통'이라 하고, 율의를 따로 받기에 '별'이라 한다. 지금 조사가 세운 백사갈마로 원의인 계법은 당사자가 받는 별수에 해당하고, 그런 다음 보살계 받는 것은 통수에 해당한다. 受此三聚戒 有通受有別受 三聚通受故云通 別受律儀故云別 今祖師所立 白四羯磨 圓意戒法 卽當彼別受矣 然後受菩薩戒者 卽當通受矣", 『범망고적초』 권1(臺灣國圖善本15, p.15b4)에 "별수는 지옥에서는 통하지 않지만, 통수는 육취에 두루 통한다. 別受不通地獄 通受通六趣"라고 하였다. [참고문헌] 『善見律毘婆沙』, 『大乘法苑義林章』, 『表無表章栖翫記』, 『八宗綱要鈔』, 『梵網古跡抄』. ⇨ 분수 分受, 통수 通受, 별수 別受, 계 戒

통순 洞純 고려시대 문경 봉암사(鳳巖寺) 스님. 보경사(寶鏡寺) 원진(圓眞)국사의 은사 스님이다. 「보경사 원진국사비문」에 "열세 살 때 희양산 봉암사 통순을 은

사로 하여 머리 깎고 스님이 되었으며, 그 이듬해 금산사 계단에서 구족계를 받았다. 十三 投曦陽山 鳳嵒寺 洞純師 削落其髮 明年 就金山寺戒壇 受具"라고 하였다. 〔참고문헌〕『海東金石苑』 권7, 『朝鮮金石總覽』 권상 p.450, 『韓國金石全文』 中世下 p.995, 李智冠『校勘譯註歷代高僧碑文』 高麗篇4 p.93.

통승 通乘 1593~1638. 명대 임제종(臨濟宗) 스님. 자는 석거(石車). 속성은 주(朱)씨. 절강성(浙江省) 금화(金華) 출신. 나이 스물여섯에 천진해장(天眞海藏)을 은사로 하여 출가하고 구족계를 받았다. 용거선당(龍居禪堂)에 있다가 6조의 불사선불사악(不思善不思惡) 화두를 우연히 듣고 오도송을 지었다. 곧 『오등회원속략』 권4(卍속장138, p.1014a5)에 "바로 이러한 순간, 본래모습 일찍이 미한 적 없고 도무지 이르지 못할 곳, 양 눈썹 오롯이 뚜렷하리라. 正當恁麽時 面目未嘗迷 善惡都不到 獨露兩莖眉"라고 하였다. 그 뒤 선지식을 찾아 사방으로 다니다가 금속사(金粟寺)에서 밀운원오(密雲圓悟)를 친견하고 그 심인(心印)을 얻고 7년 동안 시봉하였으며, 후에 스승의 어록을 편집하기도 하였다. 1631년(숭정4) 항주(杭州) 동광산(童光山)의 융경사(隆慶寺)에 주석하였고, 그 뒤에 금속의 법석을 이어 널리 교화를 펼쳤다. 1638년(숭정11) 세수 46세로 입적하였다. 〔참고문헌〕『五燈會元續略』, 『五燈嚴統』 권24(卍속장139, p.1026a6), 『續指月錄』 권19(卍속장143, p.1009b18), 『高僧摘要』 권3(卍속장148, p.760a14).

통신 洞神 신에 훤함. 도장(道藏)을 가름하는 삼통(三洞) 중 하나다. 신통술을 정리한 것이다. 『견정론』 권상(대정장52, p.561a15)에 "통신이란 부적 쓰기(符), 비밀 처방(禁), 문양 그려 넣기(章), 제사 지내기(醮)의 류이다. 洞神者 符禁章醮之類"라고 하였다. 〔참고문헌〕『甄正論』. ⇨ 삼통 三洞, 도장 道藏[1]

통신 通申 통하게 해서 펴다. 하나의 경이나 논에 국한하지 않고 소승이나 대승에 걸쳐 통하는 뜻을 펴는 일. 별신(別申)에 대칭한다. 『유마경현소』 권4(대정장38, p.544c6)에 "첫째로 경을 통틀어 펼친 논은 곧 두 뜻이 된다. 첫째는 소승경을 통틀어 펼침이고, 둘째는 대승경을 통틀어 펼침이다. 一 通申經論者 卽爲二意 一 通申小乘經 二 通申大乘經", "첫째로 소승경을 통틀어 펼침이란, 저 비담·성실·곤륵 등의 논이니 모두 소승경을 통틀어 펼친 논이다. 그러므로 『성론』에서 '나 논주는 지금 삼장 중의 실다운 뜻을 바르게 논하고자 한다'라고 하였다. 一 通申小乘經者 如毘曇成實昆勒等論 並是通申小乘經論 故成論云 我主今欲正論 三藏中實義", "둘째로 대승 경을 통틀어 펼침이란, 『지지론』·『섭대승론』·『유식론』·『중론』·『십이문론』 등이니, 모두 대승경에서 밝힌 통교·별교·원교·삼장교를 통틀어 펼친 것이다. 二 通申大乘經者 如地持論攝大乘論唯識論中論十二門論等 並是通申諸大乘經所明通別圓及三藏敎也", 『십이문론소』 권상(대정장42, p.177b10)에 "삼론은 대소이교를 통틀어 펼쳤으니 대승의 뜻이 모두 그 가운데 있거늘 어찌 일승과 불성을 밝히지 않았겠는가! 三論通申大小二敎 則大乘之義 悉在其中 豈不明一乘佛性", 『삼론현의』(대정장45, p.10b21)에 "〔문〕 『십이문론』은 어떤 논인가? 〔답〕 대승의 통론이다. 시종 대승의 미혹을 깨뜨리고 대승의 가르침을 통틀어 펼치고 있으며, 소승의 미혹을 깨뜨리거나 소승의 가르침을 따로 펼침이 없기에 이것은 대승의 통론이다. 問 十二門論 是何論耶 答 是大乘通論 以始終破於大迷 通申大敎 無破小迷 別申於小敎故 是大乘通論也"라고 하였다. 〔참고문헌〕『維摩經玄疏』, 『十二門論疏』, 『三論玄義』. ⇨ 별신 別申

통신론 通申論 어느 한 경에 의지하여 논하지 않고 대소승에 통하는 내용이나 뜻을 펴는 논서. 길장(吉藏)이 논장(論藏)을 분류한 두 가지 중 하나로 별신론(別申論)에 대칭한다. 『팔종강요초』 권하(대장경보편32, p.64a6)에 "〔답〕 첫째 『중론』 4권은 용수보살이 지었으며, 둘째 『백론』 2권은 제바보살이 지었으며, 셋째 『십이문론』 1권은 용수보살이 지었는데, 이들을 삼론이라 이름한다. 答 一 中論四卷 龍樹菩薩造 二 百論二卷 提婆菩薩造 三 十二門論一卷 龍樹菩薩造 是名三論", "그러나 여기에 저 『지론』 100권을 더한즉 네 가지 논이 되는데, 역시 용수보살이 지었다. 이 네 가지 논 중 삼론은 통신론이니, 대소승의 모든 가르침들을 통틀어 펼쳤기 때문이다. 『지론』은 곧 별신론이니, 『대품반야』를 따로 풀었기 때문이다. 然若加智論百卷 卽爲四論 亦是龍樹菩薩造 此四論中 三論是通申論 通申大小諸敎故 智論卽別申論 別釋大品般若故"라고 하였다. 〔참고문헌〕『八宗綱要鈔』. ⇨ 통신 通申, 별신론 別申論

통신무영상 通身無影像 온몸 가득 비춰 드리운 그림자 없다. 온통 빛이어서 그림자질 일 없다. 몸체 있어야 빛 가려 지나는 그림자 생길 터이니 몸 없어 그림자지을 일마저 없는 뜻이다. 『동산어록』(대정장47, p.514a25)에 "동산이 문까지 전송하고 청림에게 말했다. '이렇게 가 버리니 한 구로 무어라 하겠는가?' '걸음걸음 홍진을 밟지만 온몸 어디에도 그림자가 없으리'. 師門送 謂靑林曰 恁麽去 一句作麽生道 林曰 步步踏紅塵 通身無影像", 『남송원명선림승보전』 권9 「불지희장 佛智熙章」(卍속장137, p.704a5)에 "온몸 지나는 그림자 없고, 걸음걸음 자취 또한 끊어졌네. 通身無影像 步步絶行蹤", 『종용록』 83칙 「평창 評唱」(대정장48, p.280c14)에 "있다고 말하자니 온몸 어디에도 그림자 없고, 없다고 이르자니 세상 어디에도 감춘 적 없네. 道有 通身無影像 道無遍界不曾藏", 『불안어록』(고존숙어록30, 卍속장118, p.544a8)에 "온몸 어디에 그림자 없지만, 다 벗은 그 몸 드러나 당당하네. 소리와 빛깔 아니라고 말하지는 않으나, 어찌 길고 짧음 있겠는가! 通身無影像 脫體露堂堂 不話非聲色 何曾有短長", 『벽암록』 90칙 「본칙 本則」(대정장48, p.214c22)에 "지문에게 스님이 물었다. '무엇이 반야체인지요?〈온몸 어디에 그림자 없다. 세상 사람들 혀 끊어 앉았다. 그 체로 무엇하려느냐?〉' '조개는 달을 품었다'. 僧問智門 如何是般若體〈通身無影象 坐斷天下人舌頭 用體作什麽〉 門云 蚌含明月", 『영각광록』 권27 「천동각사전영기 天童覺四轉靈機」(卍속장125, p.728b3)에 "보배 도장 허공에 찍으니 문채 훤출히 넘어섰다 : 이는 온몸 지나간 그림자가 없고 응하고 씀에도 자취마저 없다. 생각과 뜻으로 가히 얻을 수 없다. 寶印當空 逈超文彩 此乃通身無影 應用無跡 不可得而思議也"라고 하였다. ［참고문헌］『洞山語錄』, 『南宋元明禪林僧寶傳』, 『從容錄』, 『佛眼語錄』, 『碧巖錄』, 『永覺廣錄』.

통신수안 通身手眼 온몸 그대로 손과 눈이라네. 『굉지광록』 권5(대정장48, p.68c17)에 "온몸 그대로 손과 눈이어서 맞고 맞아 일마다 성취하니 바야흐로 납승의 거대한 수용처로다. 通身手眼 恰恰現成 方是衲僧得大受用處", 『소은대흔어록』 권3(卍속장121, p.232a1)에 "동남일국사에게 인사 올리니, 온몸 가득 손과 눈으로 친소 가려내고, 아득한 한 구 백 갈래로 부수네. 우물 밑엔 먼지 날리고 산에는 물고기라네. 問訊東南一國師 通身手眼辯親疎 渾圇一句百雜碎 井底蓬塵山上魚", 『위림도패어록』 권상(卍속장125, p.804a8)에 "방보 : 온몸이 손과 눈인 이 관음, 널리 인간에 응하는 원력 깊도다. 일념으로 귀의하면 온몸 드러내신다. 보배 구슬 손에 있으니 수고롭게 찾지 마라. 邦輔 通身手眼是觀音 普應人間願力深 一念皈依全體現 寶珠在掌不須尋", 『능엄경통의』 권6(卍속장19, p.213a8)에 "온몸 그대로 손과 눈이고, 털끝마다 광명이네. 가지런히 보아 한결같이 이끌며, 중생을 조복한다. 通身手眼 毛孔光明 齊觀並挈 調伏衆生"라고 하였다. ［참고문헌］『宏智廣錄』, 『笑隱大訢語錄』, 『爲霖道霈語錄』, 『楞嚴經通議』. ⇨ 도오대비 道吾大悲, 통신시수안 通身是手眼

통신시변신시 通身是遍身是 통신이라 해야 하나 변신이라 해야 하나. 『벽암록』 76칙 「본칙 本則」(대정장48, p.203b26)에 "장경이 보복에게 물었다. '밥을 가져다 주고 먹게 하면 보은의 여지 있지만 어째서 안목을 갖추지 못했을까?〈그래도 반 밖에 말하지 않았다. 통신이라 해야 옳은가, 변신이라야 옳은가? 한 칼에 두 토막이 났다. 한 손으론 받치고 다른 손으론 누르네〉'. 長慶問保福 將飯與人喫報恩有分 爲什麽不具眼〈也只道得一半 通身是遍身是 一刀兩段 一手擡一手搦〉", 같은 책 89칙 「평창」(대정장48, p.214a13)에 "말해 보라! '변신이라 해야 옳은가, '통신이라 해야 옳은가? 비록 진창인 듯하지만 도리어 벗어나 깨끗하다. 且道 遍身是底是 通身是底是 雖似爛泥却脫灑", 『원오어록』 권3(대정장47, p.726a10)에 "'두 사람 주고받음에 우열이 있는지요?' '통신이 옳으냐, 변신이 옳으냐?' '한방 몽둥이로 쳐 부수겠습니다' '제발 착각하지 마라'. 二人酬唱 還有優劣也無 師云 通身是遍身是 進云 一槌擊碎去也 師云 且莫錯認", 『절안가상어록』 「통장주탑 通藏主塔」(卍속장121, p.1002b17)에 "통신이 옳은가 변신이 옳은가? 옛도 비추고 오늘도 비추며, 골도 수도 사무치누나. 그래도 남음 있다면 일대장교리니 고름 닦는 종이 날려보내 깊은 구름 속에 있다 한들 무슨 일 있겠는가. 通身是遍身是 照古照今 徹骨徹髓 自餘一大藏教 當甚拭瘡疣紙 從教颺在深雲裡"라고 하였다. ［참고문헌］『碧巖錄』, 『圜悟語錄』, 『絶岸可湘語錄』. ⇨ 변신 遍身, 도오대비 道吾大悲

통신시수안 通身是手眼 몸이 온통 손과 눈이라네. 통신수안(通身手眼)이라고도 한다. 도오대비(道吾大悲) 공안을 반연하여 회자된다. 『금강경석주』(卍속장40, p.196b2)에 "옛날에 운암이 도오에게 '대비보살이 그 무수한 손과 눈을 쓴다니 무슨 일인가?'라고 묻자 도오가 '온몸이 모두 손과 눈이라네'라고 하였다. 이 말은 극히 묘합니다. 진실로 중생도 없고 사상도 없어서, 눈 깜빡할 새도 없거늘 하물며 많은 눈이겠는가? 반드시 누구나 스스로 볼 뿐이다. 昔雲巖問道吾 大悲菩薩 用許多手眼作麽 吾云 通身是手眼 是言極妙 苟無衆生 無四相 一瞬不具 而況多眼乎 要人自見耳", 『종용록』 54칙 「본칙 本則」(대정장48, p.261c3)에 "도오가 말했다. '온몸이 손과 눈이다〈떨어지거나 가리는 곳 없다〉'. 吾云 通身是手眼〈無隔礙處〉"라고 하였다. ［참고문헌］『金剛經石注』, 『從容錄』. ⇨ 도오대비 道吾大悲, 변신시수안 遍身是手眼, 통신수안 通身手眼, 통신시변신시 通身是遍身是

통신시안견불급 通身是眼見不及 몸 가득 눈이라 해도 보아 미치지 못하다. 『원오어록』 권1(대정장47, p.717b1)에 "법좌에 올라 '몸 가득 눈일지라도 보아 미치지 못하고, 몸이 온통 귀일지라도 들어 사무치지 못하며, 온몸이 입일지라도 말해 맞추지 못하고, 온몸이 마음일지라도 비춰내지 못한다. 곧바로 넉넉히 다하여 대지를 밝히고 터럭 하나 새나가지 못할지라도 오히려 반에도 미치지 못함이다. 령에 따라 온전히 드러낼지니 말해 보라. 어떻게 펴 보일지. 저 세계 해와 달 종횡으로 걸렸고, 한껏 두른 맑은 하늘 만고에 봄이다'라고 말한 뒤 법좌에서 내려왔다. 上堂云 通身是眼見不及 通身是耳聞不徹 通身是口說不著 通身是心鑑不出 直饒盡大地明得無絲毫透漏 猶在半途 據令全提 且道 如何展演 域中日月縱橫掛 一亘晴空萬古春 下座"라고 하였다. 〔참고문헌〕『圜悟語錄』. ⇨ 도오대비 道吾大悲, 통신수안 通身手眼

통신홍란 通身紅爛 온몸 붉게 짓무르다. 상신실명(喪身失命)·대사일번(大死一番)과 같은 뜻으로 쓰인다. 『열조제강록』 권5(卍속장112, p.235b15)에 "철관추선사 상당하여 말하길 '… 삼천계 안의 백억찰 중에 황면구담의 온몸 붉게 짓무르다 하는데, 그대들 부축하여 일으킬 수 있는가?' 할 한 번 내질렀다. 鐵關樞禪師 上堂 … 三千界內 百億刹中 黃面瞿曇 通身紅爛 是汝諸人 扶持得起麽 喝一喝", 『희수소담광록』 권1(卍속장122, p.188a10)에 "한 스님 희수에게 묻길 '무엇이 제3조입니까?' '온몸 붉게 짓무르기에 감히 볼 수가 없다'. 進云 如何是第三祖 答云 通身紅爛不堪覷"라고 하였다. 〔참고문헌〕『列祖提綱錄』, 『希叟紹曇廣錄』. ⇨ 상신실명 喪身失命, 대사일번 大死一番

통심군자문외상견 通心君子文外相見 마음이 통한 군자 글 밖에서야 서로 보다. 『경덕전등록』 권22 「성징정수전 省僜淨修傳」(대정장51, p.382a27)에 "옛 사람이 이르되 '마음 통한 군자는 글 밖에서 만난다'라고 말했는데, 그러한 사람 있는가? 하물며 조계문하 자손마저도 합작하여 이렇듯 이론이나 짓고, 어떻게 마땅히 이렇듯 소리 내려 하는가? 古人道 通心君子文外相見 還有遮箇人麽 況是曹谿門下子孫 合作麽生理論 合作麽生提唱"라고 하였다. 〔참고문헌〕『景德傳燈錄』.

통양 痛痒 ❶ Ⓢ Ⓟ vedanā. 십이지(十二支) 중 하나인 수(受)의 다른 이름. 『음지입경』 권상(대정장15, p.174b23)에 "무엇을 열두 가지라 하는가? … 치로부터 통양이 있게 되며, 통양으로부터 애가 있게 되고, … 생으로부터 노사와 이로 인한 근심·슬픔·고통이 있게 되어 마음속으로 받아들이지 못하고 울화가 맺힌다. 이와 같이 고의 씨앗이 가득 채워지면 습이 된다. 何等爲十二種 … 從致令有痛痒 從痛痒令有愛 … 從生令有老死憂悲苦 不可心致癥 如是具足苦種 爲致習", 『패다수하사유십이인연경』(대정장16, p.827a16)에 "무명인 치 있지 않으면 앙종도 없으니 치 다한즉 앙종 다하고, … 갱이 다하면 통양이 다하고, 통양이 다하면 애가 다하며, … 이와 같이 무량한 고음이 문득 다한다. 無有癡 亦無有殃種 癡已盡 則殃種盡 … 更盡 痛痒盡 痛痒盡 愛盡 … 如是最無有量苦陰便盡"라고 하였다. 〔참고문헌〕『陰持入經』, 『貝多樹下思惟十二因緣經』. ⇨ 수 受❶, 십이지 十二支❶ ❷ 통증과 가려움. 고통. 통양(痛癢)이라고도 한다. 『불본행집경』 권7(대정장3, p.686c21)에 "보살의 어머니 말하길 '이 대인의 위신력 때문에 나의 신체는 통양을 느끼지 않으니, 나의 신체는 이제 결함이 없다'. 菩薩母言 以是大人威神力故 令我身體 不覺痛痒 我今身體 無缺無減"라고 하였다. 〔참고문헌〕『佛本行集經』.

통염불 通念佛 ❶ 정보(正報)인 부처님과 그 부처님의 국토인 의보(依報)를 모두 함께 부르고 기억함을 말한다. 부처님 명호만을 칭념하면 별염불이다. 『관무량수경의소』(대정장37, p.242c16)에 "이 중에 염불삼매를 짓는다. 그러나 염불삼매에는 두 종류가 있다. 하나는 통염불이고 다른 하나는 별염불이다. 단지 부처님 명호만 칭념하면 별염불삼매이고, 불국토와 수목에서 염불 등에 이르기까지 의보와 정보를 모두 칭념하면 통염불삼매이다. 此中作念佛三昧 然念佛三昧有二種 一通 二別 但念佛名 別念佛三昧 念佛國土樹木 乃至念佛等 通念依正 名通念佛三昧也"라고 하였다. 〔참고문헌〕『觀無量壽經義疏』. ⇨ 통별염불 通別念佛, 별염불 別念佛, 염불삼매 念佛三昧 ❷ 삼세(三世)의 모든 부처님 명호를 칭념하는 염불. 오직 한 부처님 명호만 칭념하면 별염불이다. ⇨ 염불 念佛, 별염불 別念佛

통엽 通曄 조선후기 스님. 호는 남하(南河). 인파유안(仁坡由安 ?~1846)의 제자로서 청허휴정(淸虛休靜)의 11세 법손이다. 1925년에 이회광(李晦光)이 영찬을 지은 진영이 해인사 백련암에 있다.

통예 通豫 1588~1646. 명말청초(明末淸初) 임제종(臨濟宗) 스님. 자는 임고(林臯). 속성은 진(陳)씨. 강소성(江蘇省) 곤산(崑山) 출신. 본예(本豫)라고도 한다. 나이 스물에 효봉담천(堯峰湛川)을 은사로 출가하여 구족계를 받은 다음 여러 곳을 두루 돌아다니며 수행하다가 경산(磬山)의 천은원수(天隱圓修)의 법을 이었다. 그 뒤 금릉(金陵) 종산(鍾山)의 석추사(石湫寺)에 주석하였고, 이어서 무림보암(武林寶巖)·고소효봉(姑蘇堯峰) 등지로 옮겨 주석하다가 1638년(숭정11) 다시 진강(鎭江) 협산(夾山)의 죽림사(竹林寺)로 옮겨 절을 보수한 다음 교화를 크게 펼쳤다. 『오등전서』 권67(卍속장141, p.423a10)에 "웅이봉 마주하여 언제나 면벽하며, 무위진인간시궐이라. 덕산과 임제는 참으로 종잡을 수 없지만, 방에도 눈 있어 태양처럼 밝도다. 熊耳峰前常面壁 無位眞人乾屎橛 德山臨濟太無端 棒頭有眼明如日"라는 등의 법문이 전한다. 1646년(순치3) 세수 59세로 입적하였다. 저서에 『종문성범 宗門誠範』 4권 및 『어록』이 있어 세상에 유행하였다. 〔참고문헌〕『五燈全書』, 『五燈嚴統』 권24(卍속장139, p.1034a6), 『續指月錄』 권19(卍속장143, p.1020a3).

통오시 通五時 다섯 때로 설하신 교법 전후로 모두 통한다고 보는 입장. 천태종 용어다. 오시 각각을 순차설법으로 보는 별오시(別五時)와 맞선다. 『교관강종』(대정장46, p.937b24)에 "먼저 통오시를 밝힌다란, 본래 한 류의 큰 기가 있은즉 이 땅에서 화장계와 사나의 몸과 땅이 상주하여 사라지지 않음을 보니 화엄은 후제와 통한다. 이제 『화엄』 「입법계품」 또한 결단코 삼칠일 중에만 있지 않다. 先明通五時者 自有一類大機 卽於此土見華藏界舍那身土 常住不滅 則華嚴通後際也 只今華嚴入法界品 亦斷不在三七日中", "다시 한 류의 작은 기가 있으니, 처음 녹원에서부터 마지막 학림에 이르기까지 오직 아함과 비니와 대법만을 들었으므로 삼장이 앞뒤로 통함은 분명하다. 復有一類小機 始從鹿苑 終至鶴林 唯聞阿含毘尼對法 則三藏通於前後明矣", "다시 한 류의 소기가 있으니, 마땅히 (소승을) 나무라고 물리치며 (대승을) 기리고 찬탄함을 듣고서는 부끄러움과 부끄러워하면서도 사모하는 마음 있으니 부처님께서 곧 방등법문을 설하셨다. 그러니 어찌 12년 후 겨우 8년 중에만 국한되겠는가! 또한 저 『방등다라니경』은 『법화경』 뒤에 설해져 있으니, 방등 또한 앞뒤로 통함이 분명하다. 復有一類小機 宜聞彈斥褒歎 而生恥慕 佛卽爲說方等法門 豈得局在十二年後僅八年中 且如方等陀羅尼經 說在法華經後 則方等亦通前後明矣", "다시 삼승 있어 색심 등 세출세법을 거쳐 낱낱을 마하연의 도에 돌아가게 해야 하니, 부처님께서 곧 반야를 설하셨다. 그러므로 '처음 도를 얻고부터 이에 열반에 이르기까지 그 중간에 늘 반야를 설하셨다'라고 하는 것이니, 반야 또한 앞뒤와 통함이 분명하다. 復有三乘 須歷色心等世出世法 一一會歸摩訶衍道 佛卽爲說般若 故云 從初得道 乃至泥洹 於其中間 常說般若 則般若亦通前後明矣", "다시 근 익은 중생 있으면, 부처님께서 곧바로 그들을 위해 방편을 없애어 진실을 드러내시고 자취를 없애어 뿌리를 드러내시니 결코 머물러 40년 후를 기다릴 뜻이 없다. 다만 부처님께서는 신력으로 근이 아직 익지 않은 이들로 하여금 듣지 못하게 하셨을 뿐이다. … 또 중생으로서 응당 열반을 보고서 득도해야 하는 이들이 있다면 부처님께서 곧바로 열반에 드심을 보여주시기에 '팔상 중에 각각 팔상의 불가사의가 갖춰져 있다'라고 한다. 復有根熟衆生 佛卽爲其開權顯實 開迹顯本 決無留待四十年後之理 但佛以神力 令根未熟者不聞 … 復有衆生 應見涅槃而得度者 佛卽示入涅槃 故曰 八相之中 各具八相不可思議"라고 하였다. [참고문헌] 『敎觀綱宗』. ⇨ 별오시 別五時

통옹 通翁 일본 임제종 대응파(大應派) 스님인 경원(鏡圓)의 법호. ⇨ 정광 淨光

통용 通用 Ⓢ prativedha, Ⓣ rab-tu-rtogs-pa. 통하게 해서 쓰다. 여러 법들에 걸림없이 서로 통하거나, 한 법이 여러 등류에 같이 쓰임을 말한다. 『대승장엄경론』 권4(대정장31, p.609c19 : *Sūtr.*, p.54)에 "익히고(Ⓢ vāsana) 깨우쳐(Ⓢ bodha) 고요해(Ⓢ śamana) 통함(Ⓢ prativedha)으로 생사를 해탈한다. 이는 생사해탈에 다 통하는 일이다. 들음으로써 익히고(śrutena cittavāsanataḥ), 사유로 깨우치며(cintayā bodhanataḥ), 그침으로 고요하고(bhāvanayā śamathena śamanataḥ), 봄으로 통한다(vipaśyanayā prativedhataḥ). 이 네 가지 뜻으로 생사의 모든 일에서 길이 해탈을 얻는다. 熏覺寂通故 解脫生死事 此明解脫生死 是其通用 由聞故熏 由思故覺 由止故寂 由觀故通 由此四義 生死諸事 永得解脫", 『인왕반야경소』 권하(대정장33, p.350c21)에 "모든 정불국토에 난다는 말은 그 통용을 밝혔다. 言生一切淨佛國土者 明其通用", 『법화현의석첨』 권18(대정장33, p.948a9)에 "통용이란 과에 있지만 그 과법을 쓸 뿐만 아니라 그 인법까지도 쓴다. 通用者 在果非但用其果法 亦復用其因法", 『청관음경소천의초』 권1(대정장39, p.981c25)에 "범성이 통해 쓴다는 말은 범부는 이 지로써 사선팔정을 얻지만, 성인 두 부류는 같지 않다. 혜해탈인은 다만 무루지로써 무학을 얻을 뿐이고, 구해탈인은 두 가지 지를 함께 쓰지만 미혹을 끊을 때는 하나의 지혜를 따라 쓰기에, '범부와 성인이 함께 쓴다'라고 한다. 凡聖通用者 謂凡夫用此智 得四禪八定 聖人二種不同 慧解脫人 但用無漏智 得成無學 俱解脫人 俱用二智 斷惑之時 隨用一智 故云 凡聖通用也"라고 하였다. [참고문헌] 『大乘莊嚴經論』, 『仁王般若經疏』, 『法華玄義釋籤』, 『請觀音經疏闡義鈔』, *Sūtr.*

통용 通容 1593~1661. 명말청초(明末淸初)대 임제종(臨濟宗) 스님. 호는 비은(費隱). 속성은 하(何)씨. 복주(福州 : 福建省) 복청(福淸) 출신. 열네 살에 출가하여 여러 선지식을 참알하였다. 1622년(천계2) 양기(楊岐) 23세 밀운원오(密雲圓悟)의 법을 잇고, 복주와 강절(江浙) 등 각지에서 교화를 펼쳤다. 문하에 은원융기(隱元隆琦)가 있다. 『오등엄통 五燈嚴統』 25권을 편집하였고, 『비은어록』 14권과 『별집 別集』 5권을 남겼다. 마테오리치(Matteo Ricci)의 『천주실의 天主實義』를 비판한 「원도벽사설 原道闢邪說」이라는 글이 『파사집 破邪集』에 수록되어 있다. [참고문헌] 『五燈會元續略』 권4(卍속장138, p.1012a15), 『五燈嚴統』 권24(卍속장139, p.1023b3), 『續指月錄』 권19(卍속장143, p.1008b3). ⇨ 비은선사별집 費隱禪師別集

통용별용 通用別用 어떤 법이 제법에 두루 쓰이면 통용이라 하고, 그 법이 자성을 지켜 변하지 않을 때 별용 즉 '따로 쓰임이다'라고 한다. 『석마하연론』 권2(대정장

32, p.609b17)에 "또한 진여무위에 두 가지 용이 있다. 무엇이 그 두 가지인가? 하나는 통용이니, 일체제법을 출생하도록 한다. 다른 하나는 별용이니, 평등한 성을 잃지 않게 한다. 본각무위에도 두 가지 용이 있다. 무엇이 그 두 가지인가? 하나는 통용이니, 자성을 지키지 않는다. 다른 하나는 별용이니, 뒤쳐 달라지지 않는다. 復次 眞如無爲 有二種用 云何爲二 一者 通用 一切諸法 令出生故 二者 別用 平等之性 令不失故 本覺無爲 有二種用 云何爲二 一者 通用 不守自性故 二者 別用 不轉變故"라고 하였다. 〔참고문헌〕『釋摩訶衍論』.

통운 通雲 1594~1663. 명말청초(明末淸初)대 임제종(臨濟宗) 스님. 자는 석기(石奇). 속성은 서(徐)씨. 강소성(江蘇省) 출신. 어릴 때 질병에 시달리다가 남광사(南廣寺)로 출가하여 내외의 학문을 모두 수학하였다. 우연히 강소성의 가정호국사(嘉定護國寺) 벽에서 중봉명본(中峰明本)이 쓴 게송을 읽고 감동하여 마침내 현성사(顯聖寺)로 가서 담연원징(湛然圓澄)을 친견하고 다시 밀운원오(密雲圓悟)를 찾아가 거듭 견지를 일렀지만 모두 비판만 받았다. 어느 날 방장에 들어가 입을 열기도 전에 원오가 방을 들어 치는 순간 의심을 풀었다. 1641년(숭정14) 절강성(浙江省) 영취선사(靈鷲禪寺)에 주석하며 교화를 펼쳤다. 그 뒤 천태산(天台山) 경성암(景星巖) 정거선사(淨居禪寺)·절강성 설두산(雪竇山) 자성사(資聖寺)·보윤선원(普潤禪院)·향산선사(香山禪寺)·절강성 영가현(永嘉縣) 두타산(頭陀山) 밀인선사(密印禪寺) 등지로 옮겨 다니며 주석하였다. 청대 1660년(순치17) 다시 남광으로 돌아왔다. 『오등전서』 권66(卍속장141, p.409a12)에 "선이란 뜻으로 떠올리는 것 아니고 도란 공훈마저 끊는 것이다. 겨우 이런가 저런가 할 뿐이더니 문득 천리만리로다. 이런 까닭에 영추란 그곳엔 가르쳐 참할 선도 가르쳐 배울 길도 없다. 禪非意想 道絶功勳 纔要如何若何 便乃千里萬里 所以 靈鷲者裏 無禪敎你們參 無道敎你們學"라는 등의 법문이 전한다. 1663년(강희2) 설두산으로 돌아가려다가 갑자기 병에 들어 법랍 45, 세수 70세로 입적하였다. 『설두석기선사어록 雪竇石奇禪師語錄』 15권(가흥장26, No.B183)을 남겼다. 〔참고문헌〕『五燈全書』, 『五燈嚴統』 권24(卍속장139, p.1030b14), 『高僧摘要』 권3(卍속장148, p.761a15).

통음 痛陰 Ⓟ vedanupādāna-kkhandha. 수온(受蘊 : 受陰)의 다른 이름. 『증일아함경』 권23(대정장2, p.670a5)에 "다섯 사람 칼을 차고 있으니, 이는 오성음이다. 무엇이 그 다섯 가지인가? 색음·통음·상음·행음·식음이 그것이다. 五人持刀劍者 此是五盛陰也 云何爲五 所謂色陰 痛陰 想陰 行陰 識陰 是也", 『바수밀보살소집론』 권1(대정장28, p.725c3)에 "또한 신통이라 할 때 이것은 의법으로서 통음으로 거둔 것이다. 又身痛者是意法 痛陰所攝"라고 하였다. 〔참고문헌〕『增壹阿含經』, 『婆須蜜菩薩所集論』, *SN.4.174.* ⇨ 수온 受蘊

통의 通義 통하는 뜻. 별의(別義)에 대칭한다. 『유마경의소』 권1(대정장38, p.916b9)에 "〔문〕 어떻게 통의와 별의가 있음을 아는가? 〔답〕 제를 『부사의경』이라 칭한즉 한 부 모두 부사의하니 통의를 말한다. 따로 부사의함이란 따로 「부사의품」이 있어서 부사의한 일을 보였음이니 별을 말한다. 問 何以知有通別義耶 答 題稱不思議經 卽一部皆不思議 謂通義也 別不思議者 別有不思議品 示不思議事 謂別也"라고 하였다. 〔참고문헌〕『維摩經義疏』. ⇨ 별의 別義

통익 通益 통교(通敎)의 이로움. 『사교의비석』 권상(卍속장102, p.151a11)에 "'통교의 이로움 얻는다' 등이란, 『보행』 권10에서 '몰래 통익을 이루고, 몰래 별익을 이룬다' 하였다. 得通敎益等者 輔行第十乃云 密成通益 密成別益", 『사교의주휘보보굉기』 권2(卍속장102, p.364a17)에 "〔주〕 대승 그리며 소승 부끄러워해서 통교의 이로움 얻는다. 『석첨』 권3에 '배척받아 대승 기리고 스스로 부끄러워하니, 바로 생소의 이로운 상이다' 하였고, 『보행』 권10에 '몰래 통익을 이룬다' 하였다. 註 慕大耻小 得通敎益 釋籤三云 謂受彈斥 令其嘆大自鄙 卽生酥益相 輔行十云 密成通益"라고 하였다. 〔참고문헌〕『四敎儀備釋』, 『四敎儀註彙補輔宏記』, 『法華玄義釋籤』 권6(대정장33, p.857a9), 『止觀輔行傳弘決』 권10(대정장46, p.446b3). ⇨ 통교 通敎

통인 通忍 1604~1648. 명대 임제종(臨濟宗) 스님. 호는 조종(朝宗). 속성은 진(陳)씨. 상주(常州) 비릉(毘陵) 출신. 나이 스물둘에 강소성 정강현 장생암(長生菴)의 독지(獨知)선사를 은사로 출가하여 무생(無生)의 이치를 듣고 금속사(金粟寺)로 가서 밀운원오(密雲圓悟)를 친견하고 그 문하에서 시봉하였다. 1631년(숭정4) 원오를 따라 아육왕산으로 갔다. 『속지월록』 권19(卍속장143, p.1012a2)에 따르면, "어느 날 원오가 '산속의 호랑이는 고기를 목숨으로 삼는데 어찌하여 새끼는 먹지 않을까?'라고 스승이 한껏 몰아치자 온몸으로 땀흘렸다. 一日悟問 山中猛虎 以肉爲命 何故不食其子 師被一拶 通身汗下"라고 한다. 며칠 상간에 소득을 일렀지만 아직 멀었다는 소리만 듣다가 원오가 "스스로 먹기만 할 뿐 고기는 다하지 않는다. 自食肉不盡"라는 답 이후 더 궁구한 끝에 인가를 받았다. 그 뒤 금릉기다림(金陵祇陀林)·해염영우사(海鹽靈祐寺)·복주영우원(福州靈石院)·포전조산상생사(莆田曹山上生寺)·광동조계

남화사(廣東曹溪南華寺)·강서공공산 보화사(寶華寺) 등에 두루 주석하였다. 청대 1648년(순치5) 세수 45세로 입적하였다. 『조종선사어록 朝宗禪師語錄』 10권(가흥장34, No.B300)을 남겼다. [참고문헌] 『續指月錄』, 『續燈正統』 권32(卍속장144, p.862a4).

통일대사 通一大師 고려전기 선사. 충청북도 괴산군 칠성면 태성리 각연사(覺淵寺)에 스님의 탑비가 있으나 비문 대부분 결락되어 행장은 상세히 알 수 없다. 다만 시호가 통일이며, 속성은 김씨이고 스님의 선조가 계림(鷄林)에 살았다는 것과 스님이 중국에 가서 유학한 사실 등만을 알 수 있을 뿐이다. ⇨ 각연사 覺淵寺

통일사 統一寺 경상남도 고성군 영현면 연화리 연화산(蓮花山)에 있던 절. 사지(寺址)에 있던 삼층석탑을 연화리 연동마을 쉼터 앞으로 옮겼는데, 통일신라대 양식으로 여겨지는 지붕돌만 남아 있다. [참고문헌] 『文化遺蹟分布地圖 高城郡』(江原文化財研究所·高城郡, 2004).

통일체사 通一切使 모든 것에 따라다니며 번뇌하게 하는 것. 변행수면(遍行隨眠)을 말한다. 『아비담비바사론』 권32(대정장28, p.233b2)에 "욕유란 욕계의 일체사에 의해 부림당하고, 색유와 무색유는 색계와 무색계의 도 닦아야 끊어지는 사와 통일체사에 의해 얽매인다. 欲有欲界一切使所使 色無色有 色無色界修道所斷使 及通一切使所使", 『대승의장』 권2(대정장44, p.493a1)에 "대번뇌 중의 무명심소는 통일체사와 현행하는 번뇌(纏垢) 중에 편재해 있다. 大煩惱中無明數者 遍通一切使纏垢中"라고 하였다. [참고문헌] 『阿毘曇毘婆沙論』, 『大乘義章』. ⇨ 변행수면 遍行隨眠, 수면 隨眠

통자하래 痛自何來 '통증은 어디서 오는가?'라는 현사사비(玄沙師備)의 화두. 『연등회요』 권23 「현사사비장」(卍속장136, p.818b3)에 "처음에는 설봉을 알현하고 그 뒤 제방 다니며 선지식을 찾아 헤매니 바랑 지고 산마루를 나서다가 발가락 찧어 피마저 나고 심히 아팠다. 그 순간 퍼뜩 정신이 들어 '이 몸은 있을 리 없는데 통증 어디서 오는가?' 하여 곧바로 설봉으로 돌아왔다. 설봉이 물었다. '어느 편이 비두타 그대인가?' '결코 사람 속이지 못하겠습니다'. 설봉이 어느 날 불러서 '비두타, 어째서 두루 참구하러 다니지 않는가?'라고 물음에 현사가 '달마 동토에 온 일 없고 이조도 서천에 간 적 없습니다'라 답하자 설봉이 인정하였다. 그 뒤 『능엄경』을 보다가 심지 밝아져 응하는 심기 민첩하였으니 부처님 말씀과 그윽이 하나였다. 初謁雪峰 後欲徧歷諸方 參尋知識 携囊出嶺 築著脚指頭 流血痛楚 忽然猛省曰 是身非有 痛自何來 卽回雪峰 峰問 那箇是備頭陀 師云 終不敢誑於人 峰一日召云 備頭陀 何不徧參去 師云 達磨不來東土 二祖不往西天 峰然之 後閱楞嚴 發明心地 由是應機敏捷 與修多羅冥契"라고 하였다. [참고문헌] 『聯燈會要』.

통저탈 桶底脫 통 그 깊은 바닥 빠져버리다. 무명이 타파되거나 의단을 벗어남의 뜻이다. 『원오어록』 권12(대정장47, p.768a21)에 "참구해 오고 참구해 가다 문득 '소옥이를 자주 부름은 다름이 아니라 담장 밖 낭군에게 그 소리 들리게 함이다'라는 화두를 듦에 홀연히 칠통 바닥 떨쳐버리니, 뜰 앞의 잣나무 이미 사무쳤고, 마삼근 바로 이것이네. … 삼승십이분교 이륙시 중에 눈속에 귀 속에, 종소리와 북소리 그리고 나귀 울음소리와 개 짖는 소리에까지 이 소식 아님 없다. 參來參去 忽因擧 頻呼小玉元無事 只要檀郎認得聲 忽然桶底脫 庭前柏樹子也透 麻三斤也是 … 三乘十二分教 二六時中 眼裏耳裏 乃至鐘鳴鼓響 驢鳴犬吠 無非這箇消息", 『벽암록』 44칙 「평창 評唱」(대정장48, p.181a9)에 "이 공안을 밝히려면 모름지기 저 높은 곳을 향하는 이만이 비로소 이 말을 능히 보리라. 이성의 길을 밟지도 희론에 처함도 없어야사 곧바로 문득 알아차릴 수 있다. 저 통 바닥 없는 듯하여야 비로소 납승의 안온처고, 비로소 조사서래의를 깨우쳐 얻음이다. 欲明這箇公案 須是向上人 方能見此語 不涉理性 亦無議論處 直下便會 如桶底脫相似 方是衲僧安穩處 始契得祖師西來意", 『연등회요』 권12 「수산지장 首山志章」(卍속장136, p.630a15)에 "'무엇이 부처인지요?' '통 바닥이 사라졌다'. 云 如何是佛 師云 桶底脫", 『오등회원』 권14 「진헐청료장 眞歇清了章」(卍속장138, p.539b6)에 "진헐이 어느 날 주방에 들어가 국수 삶는 것 살피던 중 갑자기 통 밑이 빠졌다. 대중이 '참으로 안타깝다!' 하였다. 진헐이 '통 밑바닥 빠졌으니 기뻐해야 마땅한데 어째서 도리어 걱정하느냐?' 하자 '화상이시여, 곧 찾을 수 있습니다' 하였고, 진헐은 환한 모습으로 '참으로 애석하구나. 한 통의 국수를 허해야 하니'라고 말했다. 師一日 入廚看煮麵次 忽桶底脫 衆皆失聲曰 可惜許 師曰 桶底脫自合歡喜 因甚麽却煩惱 僧曰 和尙卽得 師曰 灼然 可惜許一桶麵"라고 하였다. [참고문헌] 『圜悟語錄』, 『碧巖錄』, 『聯燈會要』, 『五燈會元』.

통전장교 通前藏教 앞의 장교와 통한다는 말. 둔근보살은 무생사제를 관해도 단공(但空)을 증하기에 이렇게 말한다. 『천태사교의』(대정장46, p.777c7)에 "다음으로 통교를 밝힌다. 앞의 장교와 통하고 뒤의 별교·원교와 통하기에 통교라 이름한다. 次明通教者 通前藏教 通後別圓 故名通教", 『아미타경요해편몽초』 권중(卍속장91, p.952a3)에 "통교란 대소에 다 통하니, 둔근인은 앞의 장교와 통하고 이근은 뒤의 별교·원교와 통하기에 통이라 한다. 바로 대승의 초문으로 무생사제와 십이

인연 등을 설한다. 通敎者 大小皆通 鈍根人通前藏敎 利根通後別圓 故爲通 乃大乘初門 詮無生四諦 十二因緣等", 『사교의집해』 권하(卍속장102, p.88b9)에 "둔근의 증과가 장교와 대동하기에 통전이라 하고, 이근의 중도 봄이 별교·원교와 다르지 않기에 통후라 이른다. 鈍根證果 與藏大同 是故通前 利根見中 不異別圓 故云通後", 『대명삼장법수』 권9(영락장181, p.733b5)에 "통전장교란, 이 통교의 둔근보살이 진공의 뜻만을 증하는데 앞의 장교와 같음을 말한다. 通前藏敎者 謂此敎鈍根菩薩 但證眞空之理 與前藏敎 是同也"라고 하였다. [참고문헌] 『天台四敎儀』, 『阿彌陀經要解便蒙鈔』, 『四敎儀集解』, 『大明三藏法數』. ⇨ 통교 通敎, 통후별원 通後別圓

통제암 通濟庵 경상북도 울진군 온정면에 있던 암자. 울진의 옛 이름인 평해(平海)의 8경(景) 중 하나였다. 서거정(徐居正 1420~1488) 『사가집』 권3의 「평해팔영 平海八詠」과 성현(成俔 1439~1504)의 『허백당집』 권9 「평해팔영 平海八詠」 등에 통제암 등 8경을 읊은 시가 전한다. 이산해(李山海 1539~1609)의 『아계유고』 권1의 시에서도 평해(箕城)의 8경을 읊으면서 통제암이 들불에 타버려서 계조암(繼祖菴)으로 통제암을 대신한다고 하였으니 당시 이미 폐사된 듯하다. [참고문헌] 『四佳集』, 『虛白堂集』, 『鵝溪遺稿』, 『新增東國輿地勝覽』, 『韓國寺刹全書』 권하 p.1120b13.

통진 洞眞 진실에 훤함. 도장(道藏)의 분류법인 삼통(三洞) 중 하나로, 삼장(三藏) 중 경장(經藏)을 흉내낸 부분이다. 『견정론』 권상(대정장52, p.561a11)에 "삼통이라는 이름은 도리어 불경의 삼장을 본떴다. … 통진이란 불법의 대승경이 법체실상을 설명함을 흉내낸 것이다. 三洞之名 還擬佛經三藏 … 洞眞者 學佛法大乘經詮法體實相"라고 하였다. [참고문헌] 『甄正論』. ⇨ 삼통 三洞, 도장 道藏❶

통천사 通泉寺 경상북도 성주군에 있던 절. 『경산지』에 산성(山城)에 있다고 하였다. [참고문헌] 『京山志』.

통취 通醉 1610~1695. 명말청초(明末淸初) 임제종(臨濟宗) 스님. 자는 장설(丈雪). 속성은 이(李)씨. 사천성 내강(內江) 출신. 고자산(古字山) 청연(淸然)을 은사로 출가하였다. 『신속고승전』 권24(대장경보편27, p.208b12)에 따르면 "한 손 들고 가볍게 고개 숙임도 모두 불도를 이룸이다. 乃至擧一手 或復小低頭 皆以成佛道"라는 『법화경』의 말씀을 읽고 도를 성취하리라는 기대를 품고 아미산(峨嵋山)으로 들어가 수행하였다. 그 뒤에 밀운원오(密雲圓悟)의 도풍을 듣고 본격적으로 선사로서의 수행을 시작하여 고자산에 은거하며 제가어록을 보다가 만봉(萬峰)에서 원오의 법제자 파산해명(破山海明)을 친견하였다. 명대 1636년(숭정9) 가을, 천동사(天童寺)로 원오를 찾아가 참문한 끝에 의문이 풀렸고 다시 만봉으로 돌아와 인가를 받았다. 1647년(영력1) 난을 피하여 준의부(遵義府)로 피신하였고, 1649년(영력3) 강서(江西) 낙안강(樂安江)에 있는 용홍선원(龍興禪院)을 우문(禹門)으로 개칭하고 도량으로 삼은 뒤 사방의 선사들이 운집하자 12년 동안 강설하였다. 당시 문인 철강(徹綱) 등이 그 기간 동안 쌓은 덕업을 모아 『기년록 紀年錄』 1권을 완성하였다. 촉(蜀)지방 고금의 승속 1010인이 남긴 법어와 행실 등을 30여년간 채록하여 『금강선등 錦江禪燈』 20권(卍속장145, pp.527a1~738a9) 및 『목록 目錄』 1권(卍속장145, pp.501a1~526b10)을 1672년(강희11)에 내놓았다. 1695년(강희34) 세수 86세로 입적하였다. 어록 12권을 비롯하여 『이중행 里中行』 1권·『청송시집 靑松詩集』 1권·『잡저문 雜著文』 2권 등을 남겼다. 제자로는 반생본회(半生本褱)·나석령선(懶石聆禪)·월당철료(月幢徹了) 등이 있다. [참고문헌] 『新續高僧傳』, 『五燈全書』 권70(卍속장141, p.460b10).

통통 通統 북제(北齊)대 문선제(文宣帝)가 제정한 승직(僧職). 『당고승전』 권8 「법상전 法上傳」(대정장50, p.485c19)에 "처음 천보년간(550~559)에 나라에 십통을 두었다. 유사에서 듣고 '직분에는 모름지기 구별과 다름이 있어야 합니다'라고 아뢰었다. 이에 문선제가 직접 문서에 기록하기를, '법상법사를 대통에 임명하고 다른 사람은 통통에 임명한다'라고 하였다. 初天保之中 國置十統 有司聞奏事須甄異 文宣乃手注狀云 上法師可爲大統 餘爲通統"라고 하였다. [참고문헌] 『唐高僧傳』, 『三國遺事』 권4(대정장49, p.1005b21·한불전6, p.346b23) 義解5 慈藏定律. ⇨ 승직 僧職, 승관 僧官, 십통 十統

통해십여시 通解十如是 『법화경』 「방편품 方便品」에 나오는 십여시(十如是 : 如是相 如是性 如是體 如是力 如是作 如是因 如是緣 如是果 如是報 如是本末究竟等)를 해석하는 방법 중 하나. 천태지의(天台智顗)는 『법화현의』에서 이 십여시를 통해와 별해로 나누어 풀었다. 십법계(十法界)·불계(佛界)·이합(離合)·위차(位次)의 네 가지로 해석한 것을 별해사류십여시(別解四類十如是)라고 한다. 『법화현의』 권2(대정장33, p.694a10)에 "다음 십여시법을 푼다. 처음은 통으로 풀고, 나중에 따로 푼다. 통으로 푼다. 상은 밖에 의지하는 것으로서 보아서 구별할 수 있으므로 상이라고 한다. 성은 안에 의지하는 것으로서 스스로 고칠 수 없으므로 성이라고 한다. 주된 바탕은 체라 하고, 공능은 력이라고 하며, 엮어 만드는 것을 작이라고 한다. 습기로서의 인을 인이라 하고, 돕는 인을 연이라 한다. 익힌 과를 과라 하고, 받는 과를 보라고 한다. 처음의 상은 본이 되고, 나중의 보는 말이 되며, 돌아가는 곳을 구경등이라 한다〈운운〉. 次解十如是法 初通解 後別解 通解者 相以據外覽而可別 名爲相 性以據內 自分不改 名爲性 主質名爲體 功能爲力 構造爲作 習因爲因 助因爲緣 習果爲果 報果爲報 初相爲本 後報爲末 所歸趣處 爲究竟等〈云云〉", "만약 여의 뜻으로 짓게 되면 처음과 나중이 모두 공하여 같아지고 만약 성상의 뜻으로 지으면 처음과 나중이 서로 함께 있게 되어 평등해진다. 만약 중의 뜻으로 하면 처음과 나중이 모두 실상으로서 평등해진다. 여기서는 이러한 평등에 의하지 않고 세 법 구족하기에 구경등이라고 한다. 무릇 구경이란 중(도)여야 구경이니, 곧 실상을 등이라고 한다. 若作如義 初後皆空爲等 若作性相義 初後相在爲等 若作中義 初後皆實相爲等 今不依此等三法具足 爲究竟等 夫究竟者 中乃究竟 卽是實相爲等也"라고 하였다. [참고문헌]『法華玄義』. ⇨ 십여시 十如是, 별해사류십여시 別解四類十如是

통행선 通行仙 십종선(十種仙) 중 하나. 수련을 통해 탁월한 견이 생겨서 만물의 실정에 통하게 된 선인. 『능엄경』 권8(대정장19, p.145c8)에 "정색을 견고하게 하여 쉬지 않고 그 정수를 마심으로써 두렷하게 이룸을 통행선이라 한다. 堅固精色 而不休息 吸粹圓成 名通行仙", 『수능엄의소주경』 권8(대정장39, p.941b6)에 "해와 달의 정기를 마시고 보존과 변화에 뜻을 기울여 목숨을 늘리는데, 이러한 공이 오래되면 마침내 남다른 견을 가져서 세상 물정에 통하기에 통행이라고 한다. 呑歓日月精氣 作意存變 以延身命 由是功久 遂有異見 通世物情 故云通行"라고 하였다. [참고문헌]『楞嚴經』, 『首楞嚴義疏注經』, 『楞嚴經集註』 권8(卍속장17, p.453a7), 『楞嚴經通議』 권8(卍속장19, p.286a16), 『楞嚴經祕錄』 권8(卍속장20, p.348a3). ⇨ 십종선 十種仙

통현 洞玄 그윽함에 훤함. 도장(道藏)을 셋으로 나누는 삼통(三洞) 중 하나로 한다. 삼장(三藏) 중 논장(論藏)을 본떴다. 『견정론』 권상(대정장52, p.561a11)에 "삼통이라는 이름은 도리어 불경의 삼장을 본떴다. … 통현이란 뜻을 설해 실상에 들어맞게 한 것이다. 다. 三洞之名 還擬佛經三藏 … 洞玄者 說理契眞"라고 하였다. [참고문헌]『甄正論』. ⇨ 삼통 三洞, 도장 道藏 1

통현 通賢 1593~1667. 명말청초(明末淸初)대 임제종(臨濟宗) 스님. 호는 부석(浮石). 속성은 조(趙)씨. 절강성(浙江省) 당호(當湖) 출신. 나이 열아홉에 부모를 떠나 보타산(普陀山)의 소종(紹宗)을 은사로 출가한 다음 운서주굉(雲棲袾宏)에게 사미계를 받았다. 그 뒤 여러 수행처를 다니다가 금속사(金粟寺) 밀운원오(密雲圓悟)의 처소에 이르러 수년간 지도를 받았고, 원오가 민지(閩地)로 갈 때 따라갔다. 그 뒤 원오를 떠나 보정암(普淨庵)에 있다가 다시 절강성 동탑사(東塔寺)로 옮겨 삼 년간 주석하였다. 그 사이에 천동사(天童寺)로 옮긴 스승 원오를 따라가 한 해 동안 함께 지내다가 무원(武原)에서 폐관(閉關)하고 참선하던 그 다음 해 스승의 병환 소문에 다시 찾아가 법사로 모셨다. 이어서 절강청련(浙江青蓮)·강소오강보은(江蘇吳江報恩)·해문삼선광혜(海門三仙廣慧)·절강동탑(浙江東塔)·천동경덕(天童景德)·서진(棲眞)·복성(福城) 등의 절에 주석하였다. 1667년(강희6) 세수 75세로 입적하였다. 『부석선사어록 浮石禪師語錄』 10권(가흥장26, No.B185)을 남겼다. [참고문헌]『五燈全書』 권67(卍속장141, p.417a17), 『續燈正統』 권33(卍속장144, p.876b5), 『新續高僧傳』 권22(대장경보편27, p.187b18).

통현백문 通玄百問 통현원통(通玄圓通)의 문(問)과 만송행수(萬松行秀 1166~1246)의 답(答)과 임천종윤(林泉從倫 1223~1281)의 송(頌). 1권. 卍속장119, pp.335a1~344b9에 수록되어 있다. 『통현문답집 通玄問答集』이라고도 한다. 1244년(순우4) 간행하였다. 원통이 드러낸 백 가지 질문에 만송이 낱낱이 답하고, 이어서 만송의 제자 임천이 송을 붙였다. 원통의 스승인 청주일변(青州一辯)의 『청주백문 青州百問』과 합하여 『통현청주이백문 通玄青州二百問』이라 부르고 함께 유통되기도 하였다.

통현사 通峴寺 전라남도 장성군 남면 미령리에 판사등산에 있던 절. 1930년경 까지 있었으며, 아이들을 대상으로 한 강학(講學)이 열렸으나 지금은 사지(寺址)만 남아 있다. [참고문헌]『文化遺蹟分布地圖 全南長城郡』(장성군·전남문화재연구원, 2005).

통현전 通玄箭 그윽함(玄)을 가르며 날으는 화살. 날으는 화살 언제 어디서나 깊고 먼 곳을 적중하듯이 마음씀에 십이시중에 늘 적중하여 걸림없이 통함을 뜻한다. 『자수회심광록』 권1(卍속장126, p.536b16)에 "법좌에 오르자 학인이 물었다. '어떤 사람이라야 무상의 삼킴을 당하지 않는지요?' '저 입 열 일 없을까 염려하라' '그렇게 하면 한 생각에 그윽함 뚫는 화살에 삼시귀 그 간교함 잃겠군요' '그대 일념이라도 있다면 반드시 저들의 삼킴 당할 것이다' '일념도 없는 때 어떤지요?' '사리에 붙들려 있을 뿐이다'. 上堂 僧問 什麼人不被無常呑 師云 只恐他無下口處 僧云 恁麼則一念通玄箭 三尸鬼失奸也 師云 汝有一念 定被他吞了 僧云 無一念時如何 師云 捉著闍梨也"라고 하였다. 통현전에 관한 고사는 『조정사원

』 권6(卍속장113, p.161a9)에 전한다. "통현전 : 『잡비유경』에 전하길, 어떤 사람이 동전 세 닢으로 보시하며 세 가지 소원을 빌었다. 첫째는 언젠가 국왕이 되고, 둘째는 중생의 말을 알아들으며, 셋째는 갖가지 많은 지혜를 얻는 것이었다. 그 사람은 목숨을 마치고 평범한 집안에 태어났지만 형색이 단정하였다. 通玄篇 雜譬喩經云 若有一人 用三錢布施 乞求三願 一者 將來得作國王 二者 解衆生語 三者 多諸智慧 其人命終 生庶人家 形色端正", "아이는 죽음을 무릅쓰고 동해변에 갔고, 두 사람이 몸을 숨기는 모자와 물을 밟고 다니는 가죽신과 살활을 마음대로 하는 지팡이를 놓고 다투는 장면을 보았다. 아이가 '어째서 이다지도 다투시는지요? 제가 화살 한 발을 쏠 테니 당신들 둘이 좇아가서 먼저 화살을 잡는 사람에게 두 가지 물건을 드리지요'라고 하였고, 그들이 '좋다'고 하였다. 마침내 활시위를 당겨 화살을 쏘자 두 사람이 다투어 달려가는 틈에 아이는 모자 쓰고 신발을 신고서 지팡이 잡고 곧바로 바다로 들어갔다. 小兒冒死向東海邊 見二人共諍 隱形帽 履水靴 殺活杖 小兒曰 何須紜紜 我放一箭 君二人逐之 先前得者 與二種物 答曰善 遂引弓放箭 二人爭走 小兒取帽著靴捉杖 直入海中"라 하였고, 이런 꾀로 얻은 모자와 가죽신으로 마침내 아이는 용녀를 얻고 왕위에 오르게 되었다. 〔참고문헌〕『慈受懷深廣錄』, 『祖庭事苑』.

통혹 通惑 삼승 수행자라면 누구나 끊어야 할 혹. 삼혹(三惑) 중 하나인 견사혹(見思惑)을 말하며, 별혹(別惑)에 대칭한다. 『법화문구기』 권5(대정장34, p.236b22)에 "통혹은 견사를 말하고, 별혹은 무명을 말한다. 通惑謂見思 別惑謂無明", 『관음현의기』 권1(대정장34, p.899b12)에 "먼저 생멸사제로 통혹을 조복하고 다음으로 무생사제로 견애를 끊으며, 중간에 무량사제로 진사를 깨뜨리고 마지막에 무작사제로 무명을 끊는다. 先以生滅四諦 伏於通惑 次以無生四諦 斷於見愛 中以無量四諦 破於塵沙 後以無作四諦 斷於無明", 『천태사교의』(대정장46, p.776b21)에 "둘째 집제는 바로 견사혹인데, … 통혹이라고도 한다. 二 集諦者 卽見思惑 … 又云通惑", 『사교의주휘보보굉기』 권4(卍속장102, p.447b3)에 "〔주〕 통혹은 별혹에 대하여 얻은 이름이다. 견사는 통하여 삼승인이 끊기에 통혹이라 하고, 진사와 무명은 따로 보살이 끊는 바에 있기에 별혹이라 한다. 註 通惑 對別惑得名 見思 通三乘人斷 故曰通惑 塵沙無明 別在菩薩所斷 故名別惑", "〔기〕 성문은 앞뒤로 각각 견사를 끊고, 벽지불은 몰록 견사를 끊지만 습이 여전히 다하지 않았으며, 보살은 34심으로 몰록 견사의 습기까지 끊기에 통혹이라 이름한다. 記 聲聞 前後各斷見思 支佛頓斷見思 習猶未盡 菩薩 以三十四心 頓斷見思習氣 故名通惑"라고 하였다. 〔참고문헌〕『法華文句記』, 『觀音玄義記』, 『天台四教儀』, 『四教儀註彙補輔宏記』. ⇨ 견사혹 見思惑, 별혹 別惑, 삼혹 三惑 **2**

통효 通曉 신라시대 스님 범일(梵日 810~889)의 시호. 〔참고문헌〕『祖堂集』 권17(고려장45, p.339a13). ⇨ 범일 梵日

통후별원 通後別圓 뒤의 별교원교와 통하다. 줄여서 통후(通後)라고도 한다. 통교의 이근보살은 별교와 원교의 수행자처럼 중도를 증하기에 이렇게 말한다. 『교관강종』(대정장46, p.939b24)에 "통교의 둔근은 앞의 장교와 통하고 이근은 뒤의 별교·원교와 통하기에 통이라 이름한다. 通教鈍根 通前藏教 利根 通後別圓 故名爲通", 『능엄경현의』 권4(卍속장20, p.77a11)에 "〔문〕 이 경이 통교에 속한다면 소위 통이란 앞의 장교와 통하고 뒤의 별교·원교와 통하니, 이 경이 어떤 점에서 앞과 통하며 어떤 점에서 뒤와 통하는가? … 〔답〕 이 경은 처음부터 끝까지 원교의 뜻만을 말하고 있으므로 통교와 별교라는 두 가르침은 이와는 관계가 없다. 問 此經若屬通教 所謂通者 通前藏教 通後別圓 此經 何處通前何處通後耶 … 答 今經始末 惟談圓義 通別兩教 不能預此", 『법화경연의』 권1(卍속장52, p.56b18)에 "통교는 앞의 장교와 통한다는 점에선 반자교이고 뒤의 별교·원교와 통한다는 점에선 만자교라 이름할 수 있는데, 이제는 대승의 초문이기에 또한 만자교이다. 通則通前藏教爲半 通後別圓 則得名爲滿也 今爲大乘初門 故亦是滿", 『사교의주휘보보굉기』 권7(卍속장102, p.679b15)에 "〔주〕 뒤의 별교·원교와 통하기에 초문이니, 제법이 저 환화와 같지만 당체는 곧 공임을 분명히 안다. 註 通後別圓 故是初門 了知諸法 如幻如化 當體卽空"라고 하였다. 〔참고문헌〕『教觀綱宗』, 『楞嚴經玄義』, 『法華經演義』, 『四教儀註彙補輔宏記』. ⇨ 통교 通教, 통전장교 通前藏教

퇴경 退耕 근대 스님이자 불교학자인 권상로(權相老 1879~1965)의 호. ⇨ 권상로 權相老

퇴고 退鼓 **1** 물러남을 알리는 북을 치다. 맡았던 소임을 내놓고 대중에 알리는 일. 『역조석씨자감』 권11(卍속장132, p.232b12)에 "주지 5년 소임을 지나 6년이 되면 스스로 물러난다. 기한이 다 되는 날 산중에서는 각각 퇴원의 북을 울린다. 以住持五年 六年者 自爲去就 命下之日 諸山各檛退鼓", 『영각광록』 권12 「답양련경태수 答楊聯京太守」(卍속장125, p.537b17)에 "행함에 삼가고 물러남에도 숨은 듯하니 때에 따름에 마땅히 한다. 그런 까닭에 빠르게 퇴고를 치니, 한번 맡김에 섬돌풀 깊어져도 겨울 매미 마다하지 않으리니, 어찌 혀끝 이끼 낌 염려하랴? 愼於行 而密於藏 時之宜也 所以急撾

退鼓 一任堦下草深 不辭拙比寒蟬 豈慮舌根苔長"라고 하였다. 〔참고문헌〕『歷朝釋氏資鑑』, 『永覺廣錄』. ⇨퇴원 退院, 퇴원상당 退院上堂 **2** 뒤에 오는 이 있어 자리를 내어주다. 『오조법연어록』 권하(대정장47, p.662c21)에 "'문득 구름 끌고 안개 잡는 도인이 온다면 어떻게 하리?' '노승은 북치며 물러나리'. 進云 忽遇掔雲爬霧來時 又作麽生 師云 老僧打退鼓"라고 하였다. 〔참고문헌〕『五祖法演語錄』. ⇨타퇴고 打退鼓

퇴과 退果 물러나서 얻은 과. 구무학(九無學) 중 처음 다섯인 퇴·사·호·안주·감달(退 思 護 安住 堪達) 등 법을 말한다. 『구사론송소론본』 권15(대정장41, p.904c24)에 "욕계와 유정천을 떠나 물러났다는 말은 틀림없이 퇴과다. 모든 퇴과는 반드시 목숨을 마치지 않고 다시 닦아서 얻은 과다. 이염지에서 영원히 다시는 나지 않으므로 후업은 생할 일이 없다. 夫從離欲有頂退者 必是退果 諸退果者 必不命終 還修得果故 於離染地 永更不生 故無生後業也", 『성유식론요의등』 권2(대정장43, p.703a4)에 "저 퇴과란 비택멸을 얻었다면 필경 일어날 일 없으니 연을 잃었기 때문이다. 如退果者 若得非擇 畢竟不生 以闕緣故"라고 하였다. 〔참고문헌〕『俱舍論頌疏論本』, 『成唯識論了義燈』. ⇨구무학 九無學

퇴구 退具 물러날 연을 갖춤. 닦아 얻은 과에서 물러날 연을 갖추다의 뜻으로 오퇴구가 그 예이다. 『순정리론』 권2(대정장29, p.340b24)에 "또한 저 경에서 설하였듯이 담론을 즐기는 것 등 다섯 가지로 물러남을 갖춘다 하였으니, 실로 물러나게 되었다 함은 모든 번뇌가 퇴과마저 이끌기 때문이다. 담론 등을 즐겨함이 저 자량이 되는 것을 이름하여 물러남을 갖췄다 한다. 又如經說 樂談論等 五種退具 實退具者 謂諸煩惱 引退果故 樂談論等是彼資糧 亦名退具", 『아비담비바사론』 권33(대정장28, p.240b23)에 "〔문〕 어떻게 육욕천에는 물러남이 없는가? 〔답〕 저곳에는 물러날 인연을 갖출 일이 없기 때문이다. 〔문〕 저곳에 오히려 갖가지 다양한 물러날 연이 있지 않은가? 〔답〕 불경에서 설한 바로는 퇴구는 저곳에는 없다. 그러나 제천이 과를 얻음은 대부분 지혜로운 근기여서 이근은 물러날 일이 없다. 問曰 何故六欲天中無退耶 答曰 彼處無退具故 問曰 彼處非不多諸退具耶 答曰 佛經中所說退具 彼中無 然諸天得果者 多是利根 利根者不退"라고 하였다. 〔참고문헌〕『順正理論』, 『阿毘曇毘婆沙論』. ⇨오퇴구 五退具, 퇴과 退果

퇴굴 退屈 Ⓢvi-√ṣad, viṣīdati, viṣādam-āpadyate, viṣaṇṇa, Ⓣsgyid-lug-par-'gyur-ba, sgyid-lug-pa. 물러나 엎드리다. 겁약하고 용기가 없어 본래 가졌던 마음을 지켜내지 못하는 뜻이다. 『대반야경』 권326(대정장6, p.667c3)에 "이와 같이 불퇴전보살마하살은 모든 성문·독각·외도와 온갖 악마 등이 능히 그 마음을 무너뜨려 꺾음으로써 무상정등보리에서 퇴굴하려는 마음을 일으키도록 할 수 없다. 如是不退轉菩薩摩訶薩 一切聲聞 獨覺 外道 諸惡魔等 不能破壞 折伏其心 令於無上正等菩提 而生退屈", 『섭대승론석』 권7(대정장31, p.357a14)에 "용기가 있기에 마음에 퇴굴함이 없다. 마땅히 알라. 겁약이 바로 퇴굴이다. 마음에 비록 겁약함이 없더라도 생사의 고통을 마주하면 마음이 간혹 물러나기를 거듭하고 이로 인해 불과를 구함마저 물러나 잃게 된다. 由有勇故 心無退屈 應知怯弱 卽是退屈 心雖無怯 逢生死苦 心或退轉 由此退失 所求佛果", 『원각경석의소』 권4(卍속장94, p.201b4)에 "퇴굴이란 본래 지녔던 생각에서 물러나 잃어버리고 뜻을 굽혀 다른 것을 좇음이다. 退屈者 謂退失本念 屈志從他也", 『금강경과의회요주해』 권1(卍속장92, p.263b5)에 "'결코 물러나 엎드리지 마라'고 한 말에서 물러남이란 그만두고 가버림이고, 굴이란 버려 꺾음이다. 切莫退屈者 退者却去也 屈者拗折也", 『임제록』(대정장47, p.502b27)에 "스스로 가벼이 여겨 물러나 엎드려 '나는 범부이고 저들은 성인이다'라고 말한다. 自輕而退屈言 我是凡夫 他是聖人"라고 하였다. 〔참고문헌〕『大般若經』, 『攝大乘論釋』, 『圓覺經析義疏』, 『金剛經科儀會要註解』, 『臨濟錄』, *Bodh-bh.5·140·210.* ⇨삼종퇴굴 三種退屈

퇴범하승 退凡下乘 퇴범과 하승. 물러나 범부처럼 수레에서 내리다의 뜻으로 마가다국왕 빈바사라왕(頻婆娑羅王)이 기사굴산(耆闍崛山)에 세운 두 기의 소탑 이름. 『대당서역기』 권9(대정장51, p.921a23)에 "여래께서 세상을 가르쳐 드리우신 50년 대부분을 이 산에 거하시며 널리 묘법을 설하셨다. 빈비사라왕이 법을 듣기 위해 무리를 이끌고 스스로 산기슭에서 봉우리까지 골짜기를 타넘으며 큰 바위를 깎고 돌을 짜서 계단을 삼았다. 너비는 10여 보(步)에 길이는 5~6리였다. 중간에 두 기의 작은 솔도파가 있다. 하나는 '하승'이다. 왕이 여기에 이르면 무리와 걸어서 나아갔다. 다른 하나는 '퇴범'인데, 곧 범부와는 가려서 함께 가지 못하게 하였다. 如來御世垂五十年 多居此山 廣說妙法 頻毘娑羅王爲聞法故 興發人徒 自山麓至峯岑 跨谷凌巖 編石爲階 廣十餘步 長五六里 中路有二小窣堵波 一謂下乘 卽王至此徒行以進 一謂退凡 卽簡凡夫 不令同往"라고 하였다. 〔참고문헌〕『大唐西域記』, 『法華玄贊』 권1(대정장34, p.665b5). ⇨기사굴산 耆闍崛山, 빈비사라왕 頻婆娑羅王

퇴법 退法 Ⓢparihāṇa-dharma, Ⓟparihāna-dhamma, Ⓣyongs-su-nyams-par-'gyur-ba'i-chos. 얻은 바 법(法)에서 물러나 잃어버리게 되다. 『잡아함

경』 권11(대정장2, p.76a5 : *Parihāna-sutta, SN. 4,* p.76)에 "무엇이 퇴법인가? 눈이 색을 보고 탐욕을 일으킨다면, 그 비구는 좋아하고 찬탄하고 집착하여 얽매여서는 그 법에 따라 맴돌게 된다. 마땅히 알아야 할 것이니 이러한 비구는 모든 선법에서 물러나게 되니 세존께서 설하신 바로서 이를 퇴법이라 한다. 云何退法 謂眼識色生欲覺 彼比丘歡喜讚歎 執取繫著 隨順彼法迴轉 當知是比丘退諸善法 世尊所說 是名退法 kathañ-ca bhikkhave parihāna-dhammo hoti. idha bhikkhave bhikkhuno cakkhunā rūpaṃ disvā uppajjanti pāpakā akusalā dhammā sarasaṅkappā saṃyojaṇiyā. taṃ ce bhikkhu adhivāseti na pajahati na vinodeti na vyantikaroti na anabhāvam gameti. veditabbam etam bhikkhave bhikkhunā parihāyāmi kusalehi dhammehi. parihānaṃ hetaṃ vuttam bhagavāti", 『잡아비담심론』 권5(대정장28, p.913c18)에 "만약 초학지에서 얻은 법이 항상하지도 않고, 바로 얻어 마친 것도 아니라면 퇴법이라 한다. 若初學地不常方便 不頓方便 是名退法", 『순정리론』 권67(대정장29, p.710a10)에 "퇴법이라는 말은, 이를테면 얻은 바 근에 안주하다가 물러남의 연을 만나면 곧 얻은 것으로부터 물러나지만, 물러날 연을 만나지 않으면 반열반을 얻는다. 言退法者 謂彼獲得 如是類根 安住此根 與退緣會 便退所得 無退緣者 便般涅槃"라고 하였다. 〔참고문헌〕『雜阿含經』, 『雜阿毘曇心論』, 『順正理論』, *SN.*, *Yogā-bh.14.* ⇨ 퇴법아라한 退法阿羅漢, 부돈방편 不頓方便

퇴법아라한 退法阿羅漢 Ⓢ parihāṇadharmā arhan, Ⓣ dgra-bcom-pa-yongs-su-nyams-pa'i-chos. 육종아라한(六種阿羅漢) 또는 구무학(九無學) 중 하나로 근기가 둔한 아라한으로서 퇴실의 연을 만나면 얻은 과에서 물러나 잃게 되는 아라한. 『대비바사론』 권62(대정장27, p.319c8)에 "아라한에는 여섯 부류가 있다. 첫째는 퇴법이다. … 이 중에서 퇴법이란 그가 퇴실에 응한다는 것이다. 阿羅漢有六種 一 退法 … 此中退法者 謂彼應退", 같은 책 권68(대정장27, p.351b8)에 "퇴법아라한이 근을 바꿔 사법아라한이 될 때, 그는 퇴법의 근을 버리고 사법의 근을 얻는다. 退法阿羅漢 轉根作思法時 彼捨退法根 得思法根", 『대지도론』 권3(대정장25, p.81a26)에 "퇴법아라한이 시해탈을 얻음은 마치 구제가(Ⓢ Godhika) 등과 같아서 해탈을 얻었더라도 훌륭한 해탈이 아닌 것이라 여겨 그 법에서 물러나기 때문이다. 退法阿羅漢 得時解脫 如劬提迦等 雖得解脫 非好解脫 以退法故", 『대명삼장법수』 권20(영락장182, p.228a3)에 "(육종아라한 중) 첫째는 퇴법아라한이다. 이를테면 거스르는 연을 만나기에 얻은 도의 법에서 퇴실하는 것이니, 제4과에서 초과로 퇴실하기에 퇴법이라 한다. 一 退法阿羅漢 謂因遇違緣 退失所得道法 卽第四果退至初果 故名退法"라고 하였다. 〔참고문헌〕『大毘婆沙論』, 『大智度論』, 『大明三藏法數』, *Abh-s.86.* ⇨ 퇴법종성 退法種性, 육종아라한 六種阿羅漢, 구무학 九無學

퇴법종성 退法種性 Ⓢ parihāṇa-dharma gotra. 법에서 물러나는 종성. 성문육종성(聲聞六種性) 중 하나다. 『구사론』 권25(대정장29, p.129c3)에 "〔논〕 부동법종성은 결코 물러날 일이 없지만, 앞의 다섯 가지 종성은 모두 물러나는 뜻이 있다. 이 중에서도 뒤의 네 가지는 종성에서 물러나는 일이 있지만, 퇴법이라는 한 가지 종성만은 종성에서 물러날 바탕이나 뜻은 없으니, 이 종성은 가장 하위에 머물게 할 뿐이기 때문이다. … 이에 응과(應果 : 阿羅漢果)의 퇴법종성에는 세 부류가 있으니, 첫째는 근기가 증진된 이, 둘째는 물러나 유학위에 머무는 이, 셋째는 자신의 위에 머물면서 반열반하는 이이다. 論曰 不動種性 必無退理 前之五種 皆有退義 於中後四 有從性退 退法一種 無退性理 由此種性 最居下故 … 由此應果退法有三 一 增進根 二 退住學 三 住自位而般涅槃", 『순정리론』 권68(대정장29, p.716a4)에 "이를테면 우리의 종의에서는 '앞서 퇴법종성이었다면 지혜의 힘이 열등하기에, 비록 번뇌를 이미 끊었더라도 모든 번뇌에 대한 불생법을 증득한 것은 아니다'라고 인정한다. 謂我宗許 先退法性 智力劣故 雖已斷惑 而於諸惑 未證不生"라고 하였다. 〔참고문헌〕『俱舍論』, 『順正理論』, *Abh-k-bh.364.* ⇨ 퇴법아라한 退法阿羅漢, 퇴법 退法

퇴보리성문 退菩提聲聞 사종성문(四種聲聞) 또는 오종성문(五種聲聞) 중 하나로 퇴보리심성문이라고도 한다. 본래 보살로서 보리심을 발하였지만 오랜 세월 수행 중 문득 생사를 싫어하여 대승에서 물러나 소승의 깨달음을 구하게 된 성문. 사리불(舍利佛)과 같은 부정종성(不定種性)이 이에 속한다. 퇴대성문(退大聲聞)·퇴보리심성문(退菩提心聲聞)·회향보리성문(廻向菩提聲聞)이라고도 한다. 『법화현의』 권10(대정장33, p.813c10)에 "퇴보리심성문이란, 이 사람은 일찍이 예전 불보살들이 있던 곳에서 보리심을 발하였지만 생사를 겪으며 본래의 생각을 망실하고 마침내 소심을 생하여 소승에 뜻을 두게 되었다. 이에 부처님께서 소승을 설해 주셨지만 끝내 대승으로 향하게 하였다. 言退菩提心聲聞者 是人嘗於先佛及諸菩薩所 發菩提心 但經生歷死 忘失本念 遂生小心 志願於小 佛爲說小 終令趣大", "그러나 결정성문은 한결같이 소승에 머물지만 퇴보리심성문은 후에 능히 대승을 향한다. 비록 떠남도 있고 머묾도 있지만 소승을 받아들이는 때가 하나이기에 이 두 사람들이 설하는 바에 대하여 성문장을 삼는다. 然決定聲聞 一向住小 退菩提心聲聞 後能趣大 雖有去有住 而受小時一 故對

此二人所說 爲聲聞藏", 『법화문구』 권4(대정장34, p.46a26)에 "둘째, 본래 보살로서 겁 쌓으며 수도하다가 중간에 생사에 지쳐 싫어하고 대승에서 물러나 소승을 취하였는데, 『대품』에서는 별이선근이라 하였다. 부처님 또한 소승의 도를 이루셨기에 소승의 가르침을 설하셨으니, 가르침 가지런히 결을 끊고 과를 취한다. 이 사람은 대승에서 물러남이 오래지 않고 소승을 익혀 옴이 가까울 뿐이므로 이치상 쉽게 깨닫는다. 저 『법화론』의 퇴보리성문과 같다. 二 本是菩薩 積劫修道 中間疲厭生死 退大取小 大品稱爲 別異善根 佛且成其小道 爲說小敎 齊敎斷結取果 是退大未久 習小來近 理應易悟 如論 是退菩提聲聞", 『승만보굴』 권하(대정장37, p.60a12)에 "퇴보리심성문은 옛날 일승을 듣고 보리심을 발하였기에 일승의 종자가 있지만, 중도에 대승에서 물러나 소승을 취하게 되었다. 그러나 현재 일승경을 듣고 이어서 보리심을 발하니 부처가 되리라고 스스로 안다. 退菩提心聲聞 昔曾聞一乘 發菩提心 有一乘種子 但中途退大乘取小 現在聞一乘經 續發菩提心 自知作佛", 『법화경론술기』(卍속장95, p.717a16)에 "일찍이 대승에 대한 마음을 발하였지만 중간에 물러나 소승에 머물던 중 석가의 일대교화에 돌이켜 대승으로 들어온 이를 회향성문이라 이름한다. 이에 『법화론』에서 이를 설하여 퇴보리성문이라 이름하였다. 若曾發大心 中間退住小乘 於釋迦一化 還入大者 名爲迴向聲聞 故法花論說此 名爲退菩提聲聞", 『일승불성구경론』 권3(卍속장95, p.745a18)에 "사리불은 퇴보리성문인데 어찌 성불하지 못하겠는가! 舍利弗是退菩提聲聞 豈不成佛"라고 하였다. 〔참고문헌〕 『法華玄義』, 『法華文句』, 『勝鬘寶窟』, 『法華經論述記』, 『一乘佛性究竟論』. ⇨ 사종성문 四種聲聞, 오종성문 五種聲聞, 성문 聲聞, 부정종성성문 不定種性聲聞

퇴보리심유사인연 退菩提心有四因緣 Ⓢ catvāri bodhisattvasya citta-vyāvṛtti-kāraṇāni. 이미 발심한 보살이 보리심에서 물러나게 되는 네 가지 인연. 『유가사지론』 권35(대정장30, p.482a1 : *Bodh-bh.*, p.12)에 "네 가지 인연이 있어 보살로 하여금 보리심에서 물러나게 한다. 어떤 것들이 네 가지인가? 첫째는 종성이 구족되지 않음이며, 둘째는 악우에 섭수됨이며, 셋째는 중생들에 대한 비심이 미미함이며, 넷째는 아주 오랜 시간 동안 끊임없이 갖가지 강렬한 생사대고와 난행고행 때문에 그 마음 극히 두렵고 놀라는 경우다. 이와 같은 마음이 물러하는 네 가지 인연은 앞에서의 발심의 네 가지 인과 상반된다. 有四因緣 能令菩薩退菩提心 何等爲四 一 種姓不具 二 惡友所攝 三 於諸衆生悲心微薄 四 於極長時 種種猛利 無間無缺 生死大苦 難行苦行 其心極生怯畏驚怖 如是四種心退因緣 與上發心四因相違 catvāri bodhisattvasya citta-vyāvṛtti-kāraṇāni. katamāni catvāri. na gotra-saṃpanno bhavati. pāpamitra-parigṛhīto bhavati. sattveṣu mandakaruṇo bhavati. saṃsāra-duḥkhāc-ca dīrghakālikād-vicitrāttīvrānnirantarād bhīrur-bhavati atyartha bibhetyuttasyati saṃtrāsamāpadyate. caturṇāṃ cittotpatti-hetūnāṃ viparyayeṇa catvāry-etāni citta-vyāvṛtti-kāraṇāni vistareṇa pūrvavad-veditavyāni"라고 하였다. 〔참고문헌〕 『瑜伽師地論』, *Bodh-bh.* ⇨ 최초발심유사인 最初發心由四因

퇴보취기 退步就己 발길을 돌려 자기에게로 나아감. 『조산어록』(대정장47, p.527b23)에 "지거가 조산을 참문하러 와서 말했다. '옛사람들은 저편 사람도 이끌어주셨습니다. 학인이 어찌 하면 몸소 알 수 있습니까?' '발길 되돌려 자기에게 나아가면 만에 하나도 잃지 않는다'. 지거가 그 말에 아득한 알음알이 문득 잊었다. 智炬到參問云 古人提持那邊人 學人如何體悉 師曰 退步就己 萬不失一 炬於言下 頓忘玄解", 『원오심요』 권하시 「시침상인 示琛上人」(卍속장120, p.758b14)에 "요즘 참문하는 사람은 성품과 앎이 어두워 다만 언어상에서 떠들뿐, 마치는 것에 이르면 어찌질 못합니다. 조금도 합해 없앰이 없어 뱃속 한가득 의심만을 품고, 다른 견해 지어 본분사 벗어나기가 일쑤입니다. … 만약 곧장 끊고자 하면 응당 반드시 발길 돌려 자기에게 나아가서, 날뛰던 마음 쉬고 견해의 막힘을 도로 뒤집어 깨끗이 다해야 합니다. 如今參問之士 性識昏昧 只管去語言上咬 至了不柰何 下梢無合殺 遂滿肚懷疑 多作異見異解 蹉却本分事 … 若要直截 應須退步就己 歇却狂心 使知見解礙 都盧淨盡"라고 하였다. 〔참고문헌〕 『曹山語錄』, 『圜悟心要』, 『宏智廣錄』 권5(대정장48, p.58a14). ⇨ 회광반조 回光返照

퇴분 退分 Ⓢ hāna-bhāgīya, Ⓣ nyams-par-gyur-pa'i-cha-dang-mthun-pa. 계(戒) · 선근(善根) · 선정(禪定) 등에 있어 하품(下品)으로 물러나다. 순퇴분(順退分)이라고도 한다. 『해탈도론』 권1(대정장32, p.402a26)에 "무엇을 퇴분이라 하는가? 도의 장애를 없애지 못했고 정진을 여읜 사람이 알면서도 범하고 범한 뒤 감추는 것을 퇴분이라 한다. 云何退分 不除道障礙 離精進人 知而故犯 犯已覆藏 此謂退分", 『아비담비바사론』 권2(대정장28, p.15b8)에 "이 선근에서 물러나는 이를 퇴분이라 한다. 於此善根退者 名退分", 『잡아비담심론』 권7(대정장28. p.924b8)에 "(네 가지 淨禪 중 첫째인) 퇴분이란 번뇌에 수순하는 것을 말한다. … 또 퇴분이란 번뇌에 압도당하고 섞이는 것을 말한다. 退分者 順煩惱 … 復次 退分者 爲煩惱所陵所雜", 원측(圓測)의 『인왕경소』 권중(대정장33, p.394c10 · 한불전2, p.177a2)에 "이 칠주 이전을 퇴분이라 한다. 自此七住以前 名爲

退分", 『보살지지경』 권8(대정장30, p.936a20 : *Bodh-bh.*, p.195)에 "보살의 퇴분에는 다섯 가지 경우가 있으니, 첫째는 교법과 설법자를 공경하지 않는 것이고, 둘째는 방일하고 해태한 것이고, 셋째는 온갖 번뇌와 모든 악행을 익히는 것이고, 넷째는 자기와 같거나 그 밖의 보살과 견주어 자신이 더 뛰어나다는 증상만을 일으키는 것이고, 다섯째는 교법에 대해 전도되어 증상만을 일으키는 것이다. 菩薩退分有五事 一者 不恭敬法及說法者 二者 放逸懈怠 三者 習衆煩惱及諸惡行 四者 稱量同己及餘菩薩起增上慢 五者 於法顚倒 起增上慢 pañca-ime bodhisattvasya hāna-bhāgīyā dharmā veditavyāḥ. katame pañca. agauravatā dharme dharmabhāṇake ca. pramāda-kausīdyam. kleśa-āsevā 'dhivāsanatā duścarita-āsevā 'dhivāsanatā. tad-anyaiś-ca bodhisattvaiḥ saha paritulanābhimānatā dharma-viparyāsa-abhimānatā ca"라고 하였다. [참고문헌] 『解脫道論』, 『阿毘曇毘婆沙論』, 『仁王經疏』, 『菩薩地持經』, *Bodh-bh.* ⇨ 퇴분정 退分定

퇴분정 退分定 Ⓟ samādhi hānabhāgiyo. 사정정(四淨定) 중 하나. 번뇌에 수순해서 상지정(上地定)에서 물러난 정. 순퇴분정(順退分定)을 말한다. 『순정리론』 권39(대정장29, p.566c3)에 "[논] 모든 정려지에 속해 있는 선법은 두 가지 연으로 버린다. … 둘째는 퇴실에 의해서이니, 뛰어난 정에서 물러날 때를 말하는 것이다. 또 중동분을 버리거나 이염(離染)할 때에도 버리게 되는데, 난법(煖法) 등과 퇴분정의 경우도 여기에 포함시키기 위해 '등'이라는 말을 설한 것이다. 경주(經主 : 世親)의 해석 중에 이염이라는 말을 더했어야 했다. 論曰 諸靜慮地所繫善法 由二緣捨 … 二 由退失 謂退勝定捨衆同分 及離染時亦捨 煖等及退分定爲攝此故 復說等言 經主釋中 應加離染"라고 하였다. [참고문헌] 『順正理論』, *Vism.88.* ⇨ 순퇴분정 順退分定, 사정정 四淨定

퇴분주분지 退分住分智 퇴분지나 주분지 중 어느 하나에만 속하는 모든 지혜. 『사리불아비담론』 권10(대정장28, p.596b18)에 "무엇을 퇴분주분지라 하는가? 어떤 지혜도 퇴분지면서 주분지인 경우는 없다. 그것이 만약 주분지라면 퇴분지가 아니고, 만약 퇴분지라면 주분지가 아니다. 이를 퇴분주분지라 한다. 云何退分住分智 無一智退分住分智 彼若住分智非退分 若退分智非住分 是名退分住分智"라고 하였다. [참고문헌] 『舍利弗阿毘曇論』. ⇨ 주분지 住分智, 비퇴비주분지 非退非住分智

퇴분증장분지 退分增長分智 퇴분지나 증장분지 중 어느 하나에만 속하는 모든 지혜. 『사리불아비담론』 권10(대정장28, p.596b25)에 "무엇을 퇴분증장분지라 하는가? 어떤 지혜도 퇴분지면서 증장분지인 경우는 없다. 그것이 만약 퇴분지라면 증장분지가 아니고, 만약 증장분지라면 퇴분지가 아니다. 이를 퇴분증장분지라 한다. 云何退分增長分智 無一智退分增長分 彼若退分非增長分智 增長分智非退分 是名退分增長分智"라고 하였다. [참고문헌] 『舍利弗阿毘曇論』. ⇨ 퇴분지 住分智, 증장분지 增長分智, 비퇴분비증장분지 非退分非增長分智

퇴분지 退分智 물러난 분위에서의 지혜. 『사리불아비담론』 권10(대정장28, p.596b7)에 "무엇을 퇴분지라 하는가? 만약 어떤 지혜가 불선이라면 이를 퇴분지라 한다. … 무엇을 퇴분지라 하는가? 만약 지혜가 생겨났더라도 물러나 고귀한 부류가 아닌 선법에 대해 머물지도 않고 증장하지도 않는다면 이를 퇴분지라 한다. 云何退分智 若智不善 是名退分智 … 云何退分智 若智生退於非聖善法非住非增長 是名退分智"라고 하였다. [참고문헌] 『舍利弗阿毘曇論』. ⇨ 주분지 住分智, 증장분지 增長分智, 해분지 解分智

퇴산적악 堆山積嶽 쌓이고 쌓아 높은 산. 분별로 쌓고 번뇌에 쌓여 높아진 유위의 산. 또는 깨달음의 길 어디에나 열려 있는 번뇌 가득한 중생계 등을 말한다. 『벽암록』 20칙 「수시 垂示」(대정장48, p.160a15)에 "태산같이 쌓아 올려놓고는 담장 두드리고 벽치다 생각에 젖어 기마저 멈춘 듯하니 한바탕 쓰라린 굴욕일 뿐. 堆山積嶽 撞牆磕壁 佇思停機 一場苦屈", 같은 책 45칙 「본칙 本則」(대정장48, p.181c17)에 "어떤 학인이 조주에게 물었다. '만법은 하나로 돌아가고 그 하나 돌아가는 곳 어딘지요?〈이 늙은이 몰아치네. 태산처럼 쌓았구나. 간절히 바라건대 귀신굴 살림살이 하지 마라〉'. 僧問趙州 萬法歸一 一歸何處〈拶著這老漢 堆山積嶽 切忌向鬼窟裏作活計〉", 『인천안목』 권2 「보안도송삼구 普安道頌三句」(대정장48, p.312a16)에 "태산처럼 쌓아 가도 하나하나 다하면 티끌일 뿐 또 다시 깊고 묘함 궁구한들 얼음 녹고 기와가 부서지듯 하리라. 堆山積嶽來 一一盡塵埃 更擬論玄妙 氷消瓦解摧", 『천성광등록』 권25 「임계철전 林鷄徹傳」(卍속장135, p.857b7)에 "번개 치듯 저 기틀 한갓 되이 생각에만 머무르랴? 저 진흙탕 향해 그 속에서 만나고 취해야 하리. 높이 쌓인 저 산만이 길과 골목 넘쳐대니 비록 진흙탕 속 저 이야기 몇이나 얻어 들을까? 擊電之機 徒勞佇思 且向泥水裏會取 堆山積嶽 盈衢溢路 雖是泥水裏說話 幾箇人構得"라고 하였다. [참고문헌] 『碧巖錄』, 『人天眼目』, 『天聖廣燈錄』.

퇴삼매야 退三昧耶 밀교의 세 가지 중죄(重罪) 중 하나. 자기의 본서(本誓)인 삼매야를 퇴실한 죄. 진언행자가 중단 없이 부지런하게 수행하지 않고 도중에 물러날 경우 이미 법을 얻은 이는 퇴실하고 아직 얻지 못한 이는 얻지 못하게 되는 장애가 생긴다. 『대일경소』 권11(대정장39, p.693b4)에 "진언행법을 열심히 수행하는 이는 수행의 문에서 마지막까지 중단하거나 정체함이 없어야 한다. 만약 중도에 그만두면 정진의 모습이 아니니 증득할 수 있는 이는 증득하지 못하고 이미 증득한 이는 물러나 잃게 되어 도에 장애가 생기게 된다. 그러므로 진언행자는 일심으로 정진하여 머리에 붙은 불을 끄듯 해야 한다. 정진하고 방일하지 않으면 여기에서 불지견을 얻기에 이른다. 그러니 하물며 나머지 다른 조도법은 말할 것도 없다. 그렇게 하지 않으면 삼매야법을 범하는 것이다. 勤修眞言行法者 於修行門 終不中斷 無有停滯 若在中路悠廢 卽非精進之相 當得者不得 已得者退失 卽令於道有礙 是故行者 一心精進 如救頭燃 以精進不放逸故 乃至能於此生得佛知見 何況諸餘助道之法 不爾犯三昧耶法"라고 하였다. [참고문헌] 『大日經疏』.

퇴수장린 退水藏鱗 물속으로 물러나 비늘을 감추다. 용이나 용이 되지 못한 잉어가 비늘을 감추듯이, 공부하는 이가 자취를 숨기고 보림(保任)하는 뜻이다. 『건중정국속등록』 권3 「설두중현장 雪竇重顯章」(卍속장136, p.63b15)에 "'용문은 어떻게 오르며, 무엇이 급제하는 일인지요?' '실패하여 거듭 이마에 상처를 입었구나' '저는 모르겠습니다' '강물로 물러나 비늘을 감추어라'. 問龍門爭進擧 那箇是登科 師云 重遭點額 僧曰 學人不會 師云 退水藏鱗", 『허당록』 권1(대정장47, p.985b24)에 "안거를 맺는 날 법좌에 올랐다. '천하의 선화상들이여, 오늘 아침 여우 소굴로 들어가 기량 펴시오. 산승은 물러나 물속에 비늘을 감출지언정 마침내 해오라기 향해 살점 베어주지 않으리'. 結夏上堂 天下禪和 今朝盡入野狐窟裏做伎倆 山僧雖則退水藏鱗 終不向鷺股割肉", 『연등회요』 권15 「보령기장 保寧璣章」(卍속장136, p.669a8)에 "오직 이것 있으니 네 맛도 내 맛도 없지만 고금에 한결같네. 때로는 물러나 물속에 자취 감추고, 때로는 구름 일으켜 비를 내린다. 惟有這箇 無滋無味 亘今亘古 有時退水藏鱗 有時興雲致雨"라고 하였다. [참고문헌] 『建中靖國續燈錄』, 『虛堂錄』, 『聯燈會要』.

퇴신삼보 退身三步 몸소 세 걸음 물러서다. 『오조법연어록』 권상 「차주태평어록 次住太平語錄」(대정장47, p.652b16)에 "상당하여 말하였다. '이 한 물건 있어 위로는 하늘 받치고 아래로는 땅을 받친다. 완수로는 입을 짓고 완산으로는 코를 짓는다. 태평(오조법연)이 몸소 세 걸음 물러섰으니 그대들 풀어주어 숨쉬게 하였다'. 上堂云 此箇物 上拄天 下拄地 皖水作口 皖山作鼻 太平退身三步 放爾諸人出氣", 『대혜어록』 권2(대정장47, p.816b2)에 "대혜가 말했다. '덕산방, 임제할. 오늘 그대들을 위해 거듭 집어내겠다. 하늘이 어찌나 높고 땅은 얼마나 넓던지. 똥더미에다 다시 더하거나 칠하지 마라. 뼈 뒤치고 장 씻어버리라. 나 경산 세 걸음 물러서서 그대들에게 상량함 허하겠다. 자, 어떻게 상량해야 할까?' 주장자 내던지며 할 하여 말하였다. '빨간 분 바르면 단정한 여인 되기 쉽지만, 돈 없으면 좋은 낭군 되기 어렵다'. 云 德山棒 臨濟喝 今日爲君重拈掇 天何高地何闊 休向糞掃堆上更添搕𢶍 換却骨洗却腸 徑山退身三步 許爾諸人商量 且作麼生商量 擲下拄杖 喝一喝云 紅粉易成端正女 無錢難作好兒郎"라고 하였다. [참고문헌] 『五祖法演語錄』, 『大慧語錄』, 『汾陽語錄』 권상(대정장47, p.598b16), 『楊岐語錄』(대정장47, p.642b13).

퇴실 退失 ❶ Ⓟ parihāyi, hāni. 물러나 놓치다. 수행으로 얻은 위 등을 잃다. 『별역잡아함경』 권2(대정장2, p.382c10)에 "그때 구진이라는 이름의 비구가 있었는데, 홀로 선산의 흑석굴에 머물면서 고요한 곳에서 부지런히 정진하여 방일하지 않아서 아견을 끊고 시해탈을 얻어 스스로 작증하였지만 다시 퇴실했다. 爾時 有一比丘 名曰求憙 獨住仙山黑石窟中 處於閑靜 勤行精進 以不放逸 斷於我見 得時解脫 自身作證 復還退失", 『구사론』 권24(대정장29, p.127a7)에 "바르게 익힐 바 익혀서 퇴실이 없는 이를 유학이라 한다는 것을 알도록 하기 위해서, 박가범께서는 '학'이라는 말을 거듭 설하셨던 것이다. 爲令了知學正所學無有退失 名有學者故 薄伽梵重說學言"라고 하였다. [참고문헌] 『別譯雜阿含經』, 『俱舍論』, *Abh-k-bh.155·224.*, *SN.1.120.* ❷ Ⓢ kṣaya, pariṇāma. 얻은 과보(果報) 등이 사라지다. 『금칠십론』 권상(대정장54, p.1245b21)에 "둘째는 퇴실이니, 예를 들어 『베다』 중에서 설하기를 '어떤 이유도 없이 제석천이나 아수라왕이라도 때가 되면 사라질 것들이니, 시절은 피할 수 없기 때문이다'라고 한 것과 같다. 이러한 (馬祠 Ⓢ aśvamedha : 말 희생제) 법이 만약 사라져 다한다면 말을 바친 시주들도 하늘에서 물러나게 되리. 따라서 퇴실의 뜻이 있게 된다. 二 退失者 如皮陀中說 無故而帝釋及阿修羅王 爲時節所滅 時不可免故 是法若滅盡 施主從天退 故有退失義"라고 하였다. [참고문헌] 『金七十論』, *Sāṃkhy-k.5·8.*

퇴암 退庵 조선후기 스님. 법명은 성봉(性逢). 연담유일(蓮潭有一 1720~1799)의 참회제자(懺弟子) 중 한 분으로서 강원도 금강산 용공사(龍貢寺)에 주석하였고 해남 대둔사 표충원(表忠院)의 종정(宗正)을 지내기도 하였다. 「연담대사자보행업 蓮潭大師自譜行業」(『연담대사임하록』 권4·한불전10, p.285a24)에 "신축년(1781·정조5)에 금강산에 갔다. 금강대에 들어가 법기보살께 공양하고 10일 용공사 상선암으로 퇴암을 방문하니,

퇴암이 개강을 청하여 부득이 삼동간에 『현담』과 『반야』를 강하고 임인년(1782)에 남쪽으로 내려왔다. 辛丑作金剛之行 入金剛臺 供養法起菩薩 十日訪退岩於龍貢之上禪庵 退岩請開講 不得已三冬講玄談般若 壬寅下來展轉南下", 『도서과목병입사기』 「서요사기서 序要私記叙」(한불전10, p.178a14)에 "관동의 퇴암장로께서 일찍이 나를 따라 유람하다가 지난 계축년(1793·정조17) 가을에 해남 표충사에 소임을 맡아 내려와서 대둔사에 주석하였다. 이듬해 봄 석장을 돌이켜 가실 때에 남은 노자 완호윤우에게 맡겨 판각토록 하였다. 關東退岩長老 嘗從余游 去癸丑秋 帶任海南之表忠祠 來住大芚寺 明春返錫時 以所餘資斧 付玩湖祐師 令剞劂", 같은 책 「발문」(한불전10, p.195c20)에 "가경 원년(1796) 중춘일 제자 윤우 씀. 시주 퇴암성봉. 嘉慶元年仲春日 弟子尹祐書 施主退庵性蓬", 『표충설립유공록』에 "강원도 권선 3축. 연파영주에게 받은 65냥, 목암환옹에게 받은 120냥, 퇴암성봉에게 받은 150냥. 이상 335냥을 표충원에 드림. 江原道 勸善 三軸 蓮坡永住 所得 六十五兩 牧菴煥雄 所得 一百二十兩 退菴性蓬 所得 一百五十兩 已上三百三十五兩納于院中", 『원중위토록』에 "종정 퇴암성봉〈현산 전병리 대자답 3두락 11복 2속, 동면 동리 동자답 2두락 3승지 6복 1속. 계축년(1793) 3월에 사들인 금전 36냥으로 전의 빚을 갚다〉. 宗正 退菴性蓬〈縣山 田竝里 大字畓 三斗落 十一卜二束 同面 同里 同字畓 二斗三升地 六卜一束 癸丑三月日 買納錢三十六兩 報前債〉"라고 하였다. 〔참고문헌〕『蓮潭大師林下錄』, 『都序科目幷入私記』, 『表忠設立有功錄』, 『院中位土錄』. ⇨ 유일 有一

퇴압지옥 堆壓地獄 팔대지옥(八大地獄) 중 세 번째 지옥. 이곳에 열여섯 개의 소지옥이 있어서 중합지옥(衆合地獄)이라고도 한다. 이 지옥에서는 큰 산이 죄인의 몸을 누른다고 한다. 『장아함경』 권19 「세기경 世記經」(대정장1, p.123c6)에 "퇴압대지옥은 열여섯 개 소지옥이 둘러싸고 있으며 가로세로가 각각 오백유순이다. 무엇 때문에 퇴압지옥이라고 이름하는가? 그 지옥 가운데 큰 돌산이 있는데 서로 마주하고 있으면서 죄인이 그 안으로 들어가면 산이 저절로 합해지면서 그 몸을 짓눌러서 뼈와 살이 부서지면 산은 다시 본래 모습으로 돌아간다 … 남은 죄가 다하지 않으면 죽게 하지 않는다. 이에 퇴압지옥이라고 한다. 堆壓大地獄 有十六小地獄 周匝圍遶 各各縱廣五百由旬 何故名爲堆壓地獄 其地獄中有大石山 兩兩相對 罪人入中 山自然合 堆壓其身 骨肉糜碎 山還故處 … 餘罪未畢 故使不死 是故名曰堆壓地獄", 『제경요집』 권18(대정장54, p.167c23)에 "다만 삼악업만을 짓고 세 가지 선행을 닦지 않으면 곧 퇴압지옥에 떨어지니 그 고통은 헤아릴 수가 없다. 但造三惡業 不修三善行 卽墮堆壓地獄 苦痛不可稱計"라고 하였다. 〔참고문헌〕『長阿含經』, 『諸經要集』. ⇨ 중합지옥 衆合地獄, 팔대지옥 八大地獄, 지옥 地獄

퇴연 退淵 조선후기 스님 축인(竺仁)의 법호. 〔참고문헌〕『東師列傳』 권4 「煥峯大士傳」(한불전10, p.1035c3). ⇨ 축인 竺仁

퇴연 退緣 물러나게 하는 연. 『대승입도차제』(대정장45, p.453c29)에 "아홉째로 퇴연을 밝힌다. 『유가론』에 말하길 '네 가지 인연 있어 능히 보살로 하여금 보리심에서 물러나게 한다. 첫째는 종성이 갖춰지지 않음, 둘째는 악우에 거둬짐, 셋째는 중생들에 대한 비심이 미약함, 넷째는 오랜 시간 생사의 큰 고통 속에서 어렵게 행하고 고통스러워 겁내고 두려워함이다' 하였다. 九 明退緣者 瑜伽論云 有四因緣 能令菩薩 退菩提心 一 種姓不具 二 惡友所攝 三 於諸衆生 悲心微薄 四 於長時生死大苦 難行苦行 怯畏驚怖", 『정토론』 권상(대정장47, p.87a5)에 "이 사람이 사바예토 중에서라면 다섯 가지 퇴연을 만나기에 곧바로 물러나지만, 서방에 나서는 다섯 퇴연이 없기에 물러나지 않는다. 此人若在娑婆穢土中 由逢五退緣故 卽退 若生西方 由無五退緣故 不退也", "다섯 가지로 물러나는 연이란, 첫째 단명하거나 병이 많음, 둘째 여인이 있게 되거나 육진에 물듦, 셋째 악 행하는 사람인 악지식, 넷째 불선심과 무기심, 다섯째 늘 부처님 만나지 못함이다. 정토에는 이 다섯 퇴연 없기에 필경 물러날 일은 없다. 五退緣者 一 短命多病 二 有女人及生染六塵 三 是惡行人 謂惡知識 四 是不善及無記心 五 常不値佛也 淨土中無此五退緣 故畢竟不退也"라고 하였다. 〔참고문헌〕『大乘入道次第』, 『淨土論』, 『成唯識論了義燈』 권4(대정장43, p.729a24).

퇴옹 退翁 근대 스님인 성철(性徹 1912~1993)의 법호. ⇨ 성철 性徹

퇴운 退雲 ❶ 조선후기 스님. 금강산 표훈사(表訓寺)에서 두문불출 수행하신 스님. 귤산(橘山) 이유원(李裕元 1814~1888)이 1879년(고종16) 봄에 스님의 찬을 지어 금강산 만폭동(萬瀑洞) 석가모니라고 새긴 글 아래, "금석인 듯한 마음에 나무로 깎은 이인 듯해서 60여 년 동안 산문을 나오지 않으신 이를 나는 퇴운에게서 보았다네. 金石心如 木偶人如 六十餘年 不出山門 余於退雲見之"라고 하였다. 〔참고문헌〕「退雲大師碑銘」(『楡岾寺本末寺誌』 p.515), 智冠 『韓國高僧碑文總集 朝鮮朝·近現代』 p.726. ❷ 조선후기 스님 원일(圓日 1877~1939)의 법호. 〔참고문헌〕智冠 『韓國高僧碑文總集 朝鮮朝·近現代』 p.1018. ⇨ 원일 圓日

퇴원상당 退院上堂 주지직에서 물러날 때 하는 상당법문. 사판(事判)의 번거로움을 뒤로 하고 공부인 이판(理判)으로 돌아가는 뜻이 주된 내용이다. 『열조제강록』 권30(卍속장112, p.627a3) 이하에는 퇴원상당을 모아놓은 「퇴원제강 退院提綱」이 있다. 『원오어록』 권8(대정장47, p.749a29)에 "퇴원상당에 말했다. '일곱 곳에서 삼십년 주지 노릇을 하다가 오늘 아침에야 비로소 지행선이 되었습니다. 위로는 임금의 은혜 입어 천한 원 따라 외호해 주신 그 은혜 하늘처럼 아득합니다. … 숲 속 쓸쓸한 그곳 세간 밖에 한가한 사람이려 합니다'. 한 수를 읊었다. '선월선사께서 예전에 남기신 말씀 있으니, 산승의 스승은 본보기니 선량함 지을 뿐이라네. 저 드러내서 가신 곳 비록 맑고 소박하지만 대장부 그 속은 한층 자유롭네'. 退院上堂云 七處住持三十載 今朝方作地行仙 上蒙聖主從卑願 亭毒之恩遠似天 … 林間蕭散處 世外一閑人 復有頌云 禪月昔年曾有語 山僧師範作良謀 如斯標致雖淸拙 大丈夫兒合自由", 『보령인용어록』(속고존숙어요3, 卍속장118, p.960a11)에 "퇴원상당에서 '백척간두 험악한 산세 뽐내지만, 사람들은 평지에서도 미간을 찌푸린다. 이제 다 늙고 꼬부라져 쓸모없으니 그 높던 예전 발자취 누구에게 전할까? 이 길 얻은 자 있으면 한번 말해 보라' 한 다음 잠깐 침묵하다가 말했다. '말하는 자 없으니 지부와 함께 의론하느니만 못하리'. 退院上堂 百尺竿頭弄險巇 是人平地爲攢眉 而今老倒成無用 高躡前蹤付與誰 有道得者 試道看 良久云 若無人道 不如交與知府諫議"라고 하였다. 〔참고문헌〕『列祖提綱錄』, 『圜悟語錄』, 『保寧仁勇語錄』. ⇨ 퇴고 退鼓❶

퇴은 退隱 ❶ 서산대사(西山大師) 청허휴정(淸虛休靜)의 별호. 1556년 짊어졌던 직위 모두 버리고 금강산으로 들어가 은거하면서 지은 호다. 『청허집보유』(한불전7, p.735a1)에 실린 행장은 「금강산퇴은국일도대선사선교도총섭사자부종수교겸등계보제대사청허당행장 金剛山退隱國一都大禪師禪敎都摠攝賜紫扶宗樹敎兼登階普濟大師淸虛堂行狀」이라 하였고, 『선가귀감』「사명발문 四溟跋文」(한불전7, p.646a16)에 "오른쪽에 엮은 글은 이에 조계노화상퇴은사옹의 저술이다. 右編 乃曹溪老和尙 退隱師翁所著也"라고 하였다. 〔참고문헌〕『淸虛集補遺』, 『禪家龜鑑』. ⇨ 휴정 休靜 ❷ 조선후기 스님 봉의(鳳儀 1767~1844)의 법호. 〔참고문헌〕「退隱大師行狀」『曹溪山松廣寺史庫』(亞細亞文化史, 1977) p.634. ⇨ 봉의 鳳儀 ❸ 조선후기 순조(재위 1800~1834) 때 스님 여훈(如訓)의 법호. 〔참고문헌〕『東師列傳』 권5 「退隱禪伯傳」(한불전10, p.1050c2). ⇨ 여훈 如訓

퇴은당봉의대사행장 退隱堂鳳儀大師行狀 조선후기 스님 봉의(鳳儀 1767~1844)의 행적을 기록한 행장. 금명보정(錦溟寶鼎 1861~1930)이 지었는데, 『조계산송광사사고』 pp.634~637에 수록되어 있다. 〔참고문헌〕『曹溪山松廣寺史庫』(亞細亞文化社, 1977). ⇨ 봉의 鳳儀

퇴전 退轉 ❶ Ⓢ parihāṇi, Ⓟ parihīna, Ⓣ yongs-su-nyams-par-'gyur-ba. 물러나 구르다. 얻은 바 수행위를 지키지 못하고 물러나 떨어져 있는 뜻이다. 『대승본생심지관경』 권7(대정장3, p.322b13)에 "오직 원하옵건대 여래께서는 미래세에 불도 구하는 이를 위하여 아주 깊고 미묘한 진리를 펼치고 설하시어, 보살행에 다시는 퇴전함 없도록 하소서. 惟願如來 爲未來世求佛道者 演說甚深微妙眞理 令菩薩行 無復退轉", 『우바새계경』 권1(대정장24, p.1035b1)에 "보살에 두 가지가 있다. 첫째는 퇴전, 둘째는 불퇴다. 삼십이상업을 이미 닦았으면 불퇴전이라 하고, 아직 모두 닦지 못했으면 퇴전이라 한다. 菩薩有二種 一者 退轉 二者 不退 已修三十二相業者 名不退轉 若未能修 是名退轉", 『법원주림』 권8(대정장53, p.343a22)에 "지금 이 자리에는 더럽고 나쁜 것이 섞여 악한 이도 퇴전하는 이라곤 한 사람도 없으니, 왜 그런가? 이 모두 지혜로운 근기여서 생사에 처하지 않는다. 今此座上 無有一人雜穢惡者有退轉者 所以者何 是利根 不處生死"라고 하였다. 〔참고문헌〕『大乘本生心地觀經』, 『優婆塞戒經』, 『法苑珠林』, *SN. 1. 121* ⇨ 퇴타 退墮, 퇴실 退失❶, 불퇴 不退 ❷ 보살이 스스로 오온 등의 유위법에 머물지 않는 뜻이다. 『대반야경』 권325(대정장6, p.662c2)에 "색의 자성이 무소유고, 수상행식의 자성 또한 무소유다. 이 보살마하살은 이 오온 중에 머물지 않기에 물러나 구른다 한다. 色自性無所有 受想行識自性 亦無所有 是菩薩摩訶薩 於中不住 故名退轉"라고 하였다. 〔참고문헌〕『大般若經』.

퇴척귀 堆惕鬼 장애를 만드는 귀신의 한 부류. 추척귀(槌惕鬼)라고도 한다. 원효(元曉)의 『기신론소』 권하(대정장44, p.223c9・한불전1, p.729b21)에 "퇴척귀란, 저 벌레처럼 사람의 머리나 얼굴을 마구 찌르기도 하고 사람의 양 겨드랑이 아래를 치기도 하며 갑자기 사람을 껴안기도 하고 말과 음성으로 소란스럽게 하기도 하는데, 온갖 짐승의 형상을 짓고 상을 달리하니 하나가 아니다. 堆惕鬼者 或如虫蝎 緣人頭面 攢刺瘖瘖 或復擊攊人兩掖下 或乍抱持於人 或言說音聲喧喧 及作諸獸之形異相非一", "와서 행자를 괴롭히면 응당 눈을 감고 일심으로 기억하여 이와 같이 말해야 한다. '나는 지금 너를 안다. 너는 이 염부제에서 불을 먹고 향기를 맡는 투랍길지인데, 네가 기뻐함을 보니 너는 계를 깨뜨리는 씨앗이다. 나는 지금 계를 지켜 끝내 네가 두렵지 않다'. 來惱行者 則應閉目 一心憶而作如是言 我今識汝 汝是此閻浮提中食火臭香偸臘吉支 卽見汝喜 汝破戒種 我今持戒

終不畏汝", "출가인이라면 응당 계율을 외워야 하고 재가인이라면 응당 보살계본을 외운다. 삼귀오계 등을 외우면 귀신은 문득 기어서 나가 버린다. 若出家人 應誦戒律 若在家人 應誦菩薩戒本 若誦三歸五戒等 鬼便却行匍匐而出也"라고 하였다. 〔참고문헌〕『起信論疏』, 『釋摩訶衍論』 권9(대정장32, p.658a4). ⇨ 추척귀 惆惕鬼

퇴타 退墮 Ⓢ parihāṇi, Ⓣ yongs-su-nyams-pa. 물러나 떨어지다. 『구사론』 권23(대정장29, p.119c2 : *Abh-k-bh.*, p.344)에 "또 이 위를 견뎌 퇴타가 없기에 인법이라 이름한다. 又此位忍 無退墮故 名爲忍法 te bhyaḥ kṣāntiḥ. adhimātrasya kṣamaṇād-aparihāṇitaḥ", 『현양성교론』 권8(대정장31, p.518c4)에 "퇴타라 하니, 모든 보살들 다섯 가지로 물러날 수 있으니 응당 알아야 한다. 첫째 정법과 설법하는 이를 공경하지 않거나, 둘째 방일과 해태하거나, 셋째 습관적으로 번뇌를 가까이하거나, 넷째 악행을 가까이하길 익숙하게 하거나, 다섯째 다른 보살들과 우열을 가려 증상만을 일으키고 법에 전도되어 증상만을 일으킴이다. 退墮者 謂諸菩薩五退分法 應知 一 不敬正法及說法者 二 放逸懈怠 三 習近煩惱 四 習近惡行 五 與餘菩薩 校量勝劣 起增上慢 及於法顚倒 起增上慢"라고 하였다. 〔참고문헌〕『俱舍論』, 『顯揚聖敎論』, *Abh-k-bh.* ⇨ 퇴전 退轉❶

퇴퇴지 堆堆地 쌓고 쌓기만 한 무더기. 묵조선(默照禪)의 정적이고 응기수연(應機隨緣)하지 않음을 비유한다. 『동산어록』(대정장47, p.510c1)에 "회하의 노숙이 운암에 갔다오자 동산이 물었다. '당신께서 운암에 가보니 어떠시오?' '모르겠습니다'. 동산이 대신 답했다. '그저 쌓고 쌓기만 하더군요'. 會下有老宿 去雲巖回 師問 汝去雲巖作麽生 宿云 不會 師代曰 堆堆地", 『대혜어록』 권19 「시동봉거사 示東峯居士」(대정장47, p.892a21)에 "죽 먹어 마쳐서는 그저 쌓고 쌓을 뿐이니 흑산 아래 귀신굴에 앉아서는 도리어 '묵묵히 언제나 비춘다'고 하거나, '크게 죽은 이인 듯한다'라 하고, '부모에게서 태어나기 이전의 일'이라고 하며, '공겁 이전의 일'이라고 하고, '위음왕불 저편의 소식'이라고 한다. 그저 앉아있을 뿐이어서 볼기에 굳은살이 박일 때까지 도무지 구르고 움직이려 하지 않는다. 도리어 '공부가 점차 무르익었다'고 하면서 허다히 한갓된 말 길게 거듭해서 말머리 쫓아 이런저런 도리 짓고는 한바탕 전해 받았다 하니 그것을 종지라 부른다. 粥飯了 堆堆地 坐在黑山下鬼窟裏 喚作默而常照 又喚作如大死底人 又喚作父母未生時事 又喚作空劫已前事 又喚作威音那畔消息 坐來坐去 坐得骨臀生胝 都不敢轉動 喚作工夫相次純熟 却將許多閑言長語 從頭作道理商量 傳授一遍 謂之宗旨"라고 하였다. 〔참고문헌〕『洞山語錄』, 『大慧語錄』.

퇴휴 退休 조선후기 스님 시승(時勝 1607~1682)의 법호이다. 〔참고문헌〕智冠 『韓國高僧碑文總集 朝鮮朝·近現代』 p.248. ⇨ 시승 時勝

퇸미삼보타 Thon-mi-sambhoṭa 619~?. 티베트불교 닝마파의 스님. 줄여서 삼보타(Sambhoṭa) 혹은 퇸미(Ⓣ Thon-mi)라고도 불린다. 단미삼보제(端美三菩提) 혹은 탄미상보찰(呑米桑布札)이라고 음사된다. 전통적으로 티베트문자를 만든 7세기경의 인물로 알려졌다. 송첸감포(Ⓣ Srong-brtsan-sgam-po 617~698)왕의 명령에 따라 당시 인도에서 사용 중이던 브라흐미(Brahmī)와 굽타(Gupta)문자를 기본으로 티베트어를 위한 문자를 고안했다고 전한다. 퇸미삼보타를 기억한 가장 이른 진술은 부퇸의 역사서로 범어 문법과 관련한 여덟 개 저술의 저자로 언급하며, 쇤누팰의 『청사 青史』도 이 전승을 따른다. 〔참고문헌〕 Grags pa 'byung gnas *Gangs can mkhas grub rim byon ming mdzod* (Lanzhou : Kan su'u mi rigs dpe skrun khang, 1992) pp.816~818, G.Roerich *The Blue Annals* (New Delhi : Motilal Banarsidass, 1979) pp.218~219.

투 透 꿰뚫다. 사무치다. 『금강경주해』 권3(卍속장38, p.905a4)에 "살펴 이 말을 사무쳐 얻는다면 목전의 만법 고르게 가라앉고 시작없는 망상 또한 사라져 다할 것이다. 參得此語透者 目前萬法平沉 無始妄想蕩盡", 『경덕전등록』 권6 「대주혜해전 大珠慧海傳」(대정장51, p.246c20)에 "월주의 큰 구슬 있어 둥글고 밝은 광채 사무쳐 자재하니 막힘도 가림도 없다네. 越州有大珠 圓明光透自在無遮障"라고 하였다. 〔참고문헌〕『金剛經註解』, 『景德傳燈錄』. ⇨ 투과 透過, 투득 透得

투과 透過 뚫고 지나가다. 사무쳐버리다. 『경덕전등록』 권17 「용아거둔전 龍牙居遁傳」(대정장51, p.337b16)에 "무릇 참하고 익히는 이라면 반드시 조사도 부처도 뚫고 지나야 비로소 옳다. 夫參學人 須透過祖佛始得", 『여정어록』 권상(대정장48, p.123b25)에 "허공이 무너져 내리고 다시 무너져 내리니 위음왕불 이전의 시절마저 사무쳐버린다. 虛空消殞更消殞 透過威音未朕前", 『선종결의집』(대정장48, p.1015c26)에 "몰아쳐도 들어갈 틈 없는 곳에 이르러 느닷없이 온몸 가득히 꿰뚫어 버린다. 至拶不入處 驀地和身透過", 『원오어록』 권6(대정장47, p.740c19)에 "한마디 말로 온전히 들어 보인다. 마땅히 비로의 인을 드러내고, 한 가지 기틀로 뭇 흐름 끊어내어 조사관마저 뚫어낸다. 만약 밝은 눈 사람이라면 이미 삼천리를 벗어났으리니 오히려 보고 들음에 머물러 오히려 살갗 끝에 멈춰, 저 제2문 향함 면치 못하리. 거듭 말하니 알아채 가야 하리. 一句語全規矩

應出毘盧印 一種機截衆流 透過祖師關 若是明眼人 已透過三千里 其或尙留觀聽 猶滯皮膚 未免向第二義門 重話會去也"라고 하였다. [참고문헌]『景德傳燈錄』, 『如淨語錄』, 『禪宗決疑集』, 『圜悟語錄』. ⇨ 투득 透得

투관 透關 빗장 열어젖히다. 『설두어록』 권2(대정장47, p.681c3)에 "투자는 어째서 발밑이 오색끈으로 묶였을까? 뚫어 마친 자 시러금 가려볼지니. 投子 因甚麽脚下五色索 透關底 試辯看", 『원오어록』 권11(대정장47, p.765a19)에 "저 속에 이르러 빗장 사무치는 눈으로 막힌 문 뚫고 나가지 못한다면 만안하고 농동함을 면치 못하리라. 到這裏 若無透關眼 透出機關 未免瞞瞞頇頇 儱儱侗侗去也", 『여정어록』 권상(대정장48, p.123c11)에 "산문을 가리키며 '내 문하에서는 외양간 마구간 한번에 잡들여 빗장 부수고 우주를 열어젖히네. 이! 간절히 바라나니 바람을 쫓거나 그림자를 잡지 마라'. 指山門 淨慈門下 牛欄馬廐 一拶透關 豁開宇宙 咦 切忌追風捕影", 『벽암록』 22칙 「평창 評唱」(대정장48, p.163a29)에 "말에는 틀림없이 격 밖이 있으니 구마다에서 반드시 빗장 열어젖혀야 하리. 만약 이 말들의 소굴 벗어나지 못한다면 삼독 바다 중에 떨어져 있어야 하리. 言須有格外 句須要透關 若是語不離窠窟 墮在毒海中也"라고 하였다. [참고문헌]『雪竇語錄』, 『圜悟語錄』, 『如淨語錄』, 『碧巖錄』. ⇨ 투 透, 투과 透過, 투득 透得

투기 投機 기에 던지다. 마음의 실마리 던져 씀에 어긋남 없게 하는 뜻이다. 『종용록』 15칙 「평창 評唱」(대정장48, p.236b7)에 "스승과 제자 간에 길이 같고, 아버지와 아들 기에 던지니, 위앙가풍이야말로 천고의 귀감이다. 師資合道 父子投機 潙仰家風 千古龜鑑", 『분양어록』 권상(대정장47, p.601a25)에 "법 설하는 사람 모름지기 시절에 미쳐 근기를 살펴 기에 던지고 병에 응하여 약을 쓴다. 夫說法者 須及時節 觀根投機 應病用藥", 『굉지광록』 권4(대정장48, p.46a2)에 "일마다에 열어젖히고 기에 던지지도 않으며, 연에 따르지도 답해 말하지도 않는다. 이것이야말로 격을 떠난 자취이고 보금자리 버린 이만이 지어갈 분상이다. 不展事不投機 不徇緣不答話 箇是出格轍 脫窠臼漢做處"라고 하였다. [참고문헌]『從容錄』, 『汾陽語錄』, 『宏智廣錄』. ⇨ 지음 知音

투기게 投機偈 기에 던져 게하다. 마음의 실마리 문득 던짐의 뜻이다. 투기송(投機頌). 『경덕전등록』 권10 「장사경잠전 長沙景岑傳」(대정장51, p.276a13)에 "남전이 오래 머물다 기에 던진 게다. '오늘 고향 돌아와 대문에 들어서니, 남전이 손수 하늘과 땅에 다했다 말하네. 법이 분명하니 모두가 조부이니 돌아볼수록 부끄럽네, 훌륭한 후손들 있어'. 경잠이 그에 답하길 '오늘 던져 말한 일 따지지 말지니 남전은 하늘과 땅에 다했다 말한 적 없고, 고향에 돌아옴은 후손의 일 다한 것이니 조부는 종래로 문으로 든 적이 없다'. 南泉久住 投機偈 今日還鄕入大門 南泉親道遍乾坤 法法分明皆祖父 迴頭慚愧好兒孫 師答曰 今日投機事莫論 南泉不道遍乾坤 還鄕盡是兒孫事 祖父從來不入門", 『팔십팔조도영전찬』 권4 「천의회선사전 天衣懷禪師傳」(卍속장147, p.983b3)에 "물을 긷다가 지게 꺾이는 바람에 문득 넘어지면서 크게 깨닫고 투기게 한 수를 지었다. '일이삼사오륙칠! 만 길 봉우리에 외발로 섰도다. 검은 용 턱 아래 빛나는 여의주 빼앗고, 한 마디로 유마힐 감파했노라'. 因汲水 擔折忽墮 大悟 作投機偈曰 一二三四五六七 萬仞峯頭獨足立 驪龍頷下奪明珠 一言勘破維摩詰"라고 하였다. [참고문헌]『景德傳燈錄』, 『八十八祖道影傳贊』. ⇨ 투기송 投機頌

투기문 投機問 기에 던져 묻다. 분양십팔문(汾陽十八問) 중 하나다. 『오가종지찬요』 권상(卍속장114, p.524a14)에 "투기문 : 화상께서 이르시길 '마른 말뚝이 어찌 법신 언저리 아니겠는가?'라고 하면은 이는 서로 던져 살피는 질문이다. 投機問 和尙道 枯樁豈不是法身邊事 相投機竅而問也"라고 하였다. [참고문헌]『五家宗旨纂要』. ⇨ 분양십팔문 汾陽十八問

투기송 投機頌 기에 던져 노래하다. 『오조법연어록』 권하(대정장47, p.666a17)에 "투기 : 산 앞에 한 조각 할 일 없는 땅, 두 손 모아 애타게 조옹에게 물었더니, '몇 번이나 팔았다 샀다 하였는가? 소나무 대나무 가여워 맑은 바람 불러들였을 뿐이라네' 하시네. 投機 山前一片閑田地 叉手叮嚀問祖翁 幾度賣來還自買 爲憐松竹引淸風", 『동산수초어록』(고존숙어록38, 卍속장118, p.659b18)에 "투기송 : 그대에게 천기를 누설하라 일렀지만, 나는 몰랐거늘 그대 성성하네. 법계 곳곳 어찌 밝지 못하랴? 눈 뜨고 졸다가 깨치고는 문득 놀라리라. 投機頌 向你道泄天機 我不會汝惺惺 徧法界何不明 開眼睡悟卽驚", 『초석범기어록』 권8(卍속장124, p.145b15)에 "연복윤법사라는 이가 범기에게 물었다. '저는 화상의 투기송을 들었으니, 「숭천문 밖에 북소리 둥둥, 별안간 허공 찌르자 땅으로 무너지누나. 붉게 타는 화로에서 한 점 눈 주웠지만, 알고 보니 황하 유월 얼음이라네」라 하셨는데, 유월 얼음 있는 곳 어딘지요?' 범기가 두 손을 펼침에 법사 말이 없었고 범기가 말했다. '이어질 글월 길어 내일에나 다하겠네'. 有演福潤法師者 問云 我聞和尙投機頌云 崇天門外鼓騰騰 驀箚虛空就地崩 拾得紅爐一點雪 却是黃河六月冰 六月冰在什麽處 師展兩手 法師無語 師云 向下文長 赴在來日"라고 하였다. [참고문헌]『五祖法演語錄』, 『洞山守初語錄』, 『楚石梵琦語錄』.

투도 偸盜 Ⓢ adattādāna, Ⓟ adinnādāna, Ⓣ ma-byin-par-len-pa. 주지 않은 것을 취하는 행위. 불여취(不與取)다. 삼업(三業 : 身口意)으로 짓는 열 가지 불선행(不善行) 중 하나로 살생(殺生)·사음(邪淫)과 함께 신업(身業)에 속한다. 십악(十惡)과 오계(五戒) 가운데 살생 다음으로 무거운 죄(重罪)다. 『법계차제초문』 권상(대정장46, p.669c3)에 "(십악 중) 둘째는 투도이다. 남의 재물을 몰래 취하므로 투도라 한다. 二 偸盜 盜取他財物 故名爲偸盜", 『범망경직해』 권하1(卍속장61, p.140a10)에 "훔친다는 것은 남이 주지 않은 것을 취해서는 안 되는데 만약 강제로 취했다면 모두 투도다. 훔치려는 마음을 버리지 못하여 번뇌에서 나오지 못한다. 설령 지혜가 많고 선정이 현전할지라도 훔치는 것을 끊지 못하면 틀림없이 사도에 떨어질 것이다. 그러므로 마땅히 계로써 정한다. 盜者 謂不與者 不得故取 若强取者 皆名偸盜 所謂偸心不除 塵不可出 縱有多智 禪定現前 如不斷偸 必落邪道 故應戒也", 『정법염처경』 권29(대정장17, p.167c17)에 "다시 투도가 있다. 만약 몸파는 여인에게 애초에는 얼마간의 값을 치르겠다고 약속했다가 나중에 그보다 적은 값을 주었다면 이는 투도다. 또 다른 투도가 있다. 만약 파는 술이나 백정이 파는 고기를 시장에서 값에 정해 놓았음에도 본래 값을 지불하지 않았다면 이 또한 투도다. 復有偸盜 或於婬女 初許多直 後酬少價 是名偸盜 復有偸盜 若有酤酒 屠兒販賣 市買決價 不酬本直 是名偸盜", 『능엄경통의』 권6(卍속장19, p.227b4)에 "이것은 중생의 자재를 거짓으로 취함이니 훔치려는 탐욕을 일으켰기에 투도에 통한다. 此乃妄取衆生之資財 起於盜貪故 通名偸盜", 『정심계관법』 권하(대정장45, p.831a24)에 "인간으로 빈궁함은 투도로 남겨진 과보다. 큰 부자가 되려 한다면 마음을 다하여 보시하고 탐욕스럽고 인색함을 끊어 없애야 한다. 人間貧窮 偸盜餘報 欲得大富 竭情布施 斷除貪悋"라고 하였다. 80권본 『화엄경』 권35(대정장10, p.185c19)에서는 이 죄를 지으면 빈궁하게 태어나거나 재물이 많더라도 마음대로 쓰지 못하는 두 가지 과보(二種偸盜報)를 받는다고 하였다. 〔참고문헌〕『法界次第初門』, 『梵網經直解』, 『正法念處經』, 『楞嚴經通議』, 『淨心戒觀法』, 『華嚴經』, 『經律戒相布薩軌儀』(卍속장107, p.355b1), *Abh-k-bh.241., Vin.1.83., DN.2.12.* ⇨ 불여취 不與取, 바라이 波羅夷, 사종투도 四種偸盜, 도 盜, 도계 盜戒, 이종투도보 二種偸盜報, 불투도 不偸盜, 불투도계 不偸盜戒, 십악 十惡❶, 오계 五戒

투득 透得 사무쳐 얻다, 뚫어 마치다. 『오조법연어록』 권하(대정장47, p.665c1)에 "그대들 만약 이 한 글자 뚫어 얻는다면 천하의 사람들이 어떻게 할 수 없으리라. 여러분은 어떻게 뚫었는가? 도리어 뚫되 그 끝마저 사무쳤는가? 爾若透得這一箇字 天下人不柰爾何 爾諸人作麽生透 還有透得徹底麽", 『대혜어록』 권15(대정장47, p.873a26)에 "만약 이 사구 알아 금강의 울타리를 뚫어 얻고 가시밤송이 삼킨다면, 수고로이 대법을 밝히려 들지 않아도 대법 저절로 밝으리. 若會得此四句 卽透得金剛圈 呑得栗棘蓬 不須要明大法 大法自明矣", 『종용록』 60칙 「시중 示衆」(대정장48, p.264c24)에 "잡히지 않는 기관 뚫어 얻어야 비로소 참된 작가의 수단을 보리라. 透得無巴鼻機關 始見正作家手段"라고 하였다. 〔참고문헌〕『五祖法演語錄』, 『大慧語錄』, 『從容錄』, 『無門關』「自序」(대정장48, p.292b24). ⇨ 투 透, 투과 透過

투란난다 偸蘭難陀 Ⓢ Sthūlanandā, Ⓟ Thullanandā의 음사어. 어리석은 난다. 석가족 크샤트리야 출신의 비구니. 투라난다(偸羅難陀)·토라난다(吐羅難陀)라고도 한다. 종종 사람을 비방하고 계율에 어긋나는 행동을 하였다. 『마하승기율』 권8(대정장22, p.299b21)에 "이때 투란난다비구니는 제자들을 데리고 전부 해진 옷을 입고 세존께 와서 머리를 세존의 발에 대고 예를 올렸다. 부처님께서는 알고도 일부러 비구들에게 물으시길 '이들은 어떤 비구니이기에 해진 옷을 입고 나를 찾아왔는가?' 비구들이 부처님께 말씀드리길 '세존이시여! 이 사람은 투란난다비구니입니다'. 時 偸蘭難陀比丘尼將徒衆 皆著弊壞衣 來詣世尊 頭面禮足 佛知而故問諸比丘 此何等比丘尼 著弊壞衣 而來詣我 諸比丘白佛言 世尊 此是偸蘭難陀比丘尼", 『사분율』 권6(대정장22, p.607a26)에 "이때 존자 가류다이는 용모가 단정하였으며, 투란난다비구니 또한 단정하였다. 가류다이는 투란난다를 마음에 두고 있었고 투란난다 또한 가류다이를 마음에 두고 있었다. 時 尊者迦留陀夷 顔貌端正 偸蘭難陀比丘尼 亦復端正 迦留陀夷繫意在偸蘭難陀 偸蘭難陀亦繫意在迦留陀夷", "이때 가류다이는 걸식 때가 이르자 가사 입고 발우 들고서 투란난다비구니에게 가서 앞에서 알몸을 드러내고 앉았으며, 비구니 또한 알몸을 드러내고 앉아 각자 욕정의 마음으로 서로를 바라보았다. 時 迦留陀夷 乞食時至 著衣持鉢 到偸蘭難陀比丘尼所 在前露形而坐 比丘尼 亦復露形而坐 各各欲心相視"라고 하였다. 〔참고문헌〕『摩訶僧祇律』, 『四分律』, *Vin.4.66·249.*

투란죄 偸蘭罪 투란차(偸蘭遮 Ⓟ thullaccaya)를 달리 이르는 말. 『마하승기율』 권27(대정장22, p.444c4)에 "발우를 깨뜨림이란, 발우에는 상중하 세 종이 있는데, 그 하나하나에 화를 내며 깨뜨린다면 투란죄를 얻는다. 破鉢者 鉢有三種上中下 若一一瞋恚破者 得偸蘭罪", "가사를 파손함이란, 삼의 중 하나하나에 대해 화를 내며 찢는다면 투란죄를 얻는다. 破衣者 三衣中 若一一衣瞋裂者 得偸蘭罪", "탑을 부숨이란, 화를 내며 세존의 탑을 부순다면 투란죄를 얻으며 업행의 죄에 따른 보가 많다. 破塔者 若瞋恚破世尊塔者 得偸蘭罪 業行罪報多", 『불제비구육물도』(대정장45, p.900c7)에 "『오분율』에 '나무 발우를 쓰면 투란죄를 범한다'라고 하였다. 五分律中 用木鉢 犯偸蘭罪"라고 하였다. [참고문헌] 『摩訶僧祇律』, 『佛制比丘六物圖』. ⇨ 투란차 偸蘭遮

투란차 偸蘭遮 Ⓢ sthūlātyaya, Ⓟ thullaccaya, tūlaccaya의 음사어, Ⓣ nyes-pa-sbom-po. 육취(六聚) 또는 칠취(七聚) 중 하나. 바라이죄(波羅夷罪)나 승잔죄(僧殘罪)를 범할 뻔하였으나 미수에 그친 무거운 죄를 말하며, 방편죄(方便罪)·미수죄(未遂罪)라고도 한다. 준말은 투란(偸蘭)·투란차(偸蘭遮)이다. 솔토라지야(窣吐羅底也)·투란차야(偸蘭遮耶)·투라차(偸羅遮)·살투라(薩偸羅)·토라차(土羅遮)·솔토라(窣吐羅)라고 음사하며, 대죄(大罪)·중죄(重罪)·추죄(粗罪)·추악(粗惡)·추과(粗過)·대장선도(大障善道) 등이라고 한역한다. 『마하승기율』 권40(대정장22, p.548c14)에 "투란차를 범하면 도솔천수명인 사천 년 동안 지옥에 떨어질 것이니, 인간세의 햇수로는 오십억 육만 년이다. 犯偸蘭遮 如兜率天壽四千歲 墮泥梨中 於人間數 五十億六十千歲", 『비니심』(대정장85, p.666c17)에 "셋째 투란차죄〈이곳에서는 추악이라고 한다. 이 죄에는 4품이 있다. 첫째는 오역투란차멸빈이고, 둘째는 바라이변방편투란차로 8승 중에서 대중에게 죄를 참회해야 하며, 셋째는 승잔변방편투란차로 4인승 소중에게 참회해야 하고, 넷째는 독두투란차로 3인에게 참회해야 한다〉. 三 偸蘭遮罪〈此方名麤惡 此罪有四品 一 五逆偸蘭遮滅擯 二 波羅夷邊方便偸蘭遮 當於八僧中 大衆悔罪 三 僧殘邊方便偸蘭遮 當於四人僧小衆悔 四 獨頭偸蘭遮 對三人悔也〉", 『사분율명의표석』 권4(卍속장70, p.454a12)에 "투란차 : 투란차야·토라차·솔토라저야라고도 한다. 『선견율』에 '투란은 크다(大)는 뜻이니 차는 선도를 막는다는 말이다. 후에 악도에 떨어지게 되는데 체는 누추하고 더럽다. 불선체로 이름을 세웠다. 처음과 두 번째인 양 편으로 죄가 되기 때문이다'라고 하며, 『명료론』에서 '투란은 거칠다는 뜻이고 차야는 허물이다. 거칠음은 두 가지가 있으니, 첫째는 중죄방편이고 둘째는 능히 선근을 끊기 때문이다. 과란 부처님이 세우신 계에 의지하여 행하지 않기에 과라 한다'고 해석하였다. 偸蘭遮 或云 偸蘭遮耶 或云 土羅遮 或云 窣吐羅底也 善見律云 偸蘭名大 遮言障善道 後墮惡道 體是鄙穢 從不善體 以立名者 由能成初二兩篇之罪故也 明了論解 偸蘭爲麤 遮耶爲過 麤有二種 一 是重罪方便 二 能斷善根 所言過者 不依佛所立戒而行 故言過也"라고 하였다. [참고문헌] 『摩訶僧祇律』, 『毘尼心』, 『四分律名義標釋』, *Vin.2. 83·5.33.* ⇨ 방편죄 方便罪, 육취 六聚, 칠취 七聚, 오편칠취 五篇七聚, 사바라이 四波羅夷, 승잔 僧殘

투망금린 透網金鱗 그물 뚫은 금빛 잉어. 금은 금(錦)과 같이 쓴다. 삼성금린(三聖金鱗) 공안이다. 『불과격절록』 28칙 「평창 評唱」(卍속장117, p.472a13)에 "(삼성이 설봉에게) '그물 뚫은 금빛 잉어는 무엇을 먹이로 삼는지요?' 판대기나 짊어진 이라면 분명히 먹이 있는 곳 향해 활개치지만, 작가종사 기특함 가릴 리 없으니 '그물을 뚫고 나오는 그대 기다려 곧바로 일러주리'. 問透網金鱗 以何爲食 若是擔板漢 決定向食處作活計 作家宗師 不妨奇特 待汝出網來 卽向汝道", 『보암인숙어록』 권2(卍속장120, p.631b4)에 "그물 뚫은 금빛 잉어 오히려 물에 놀고, 식신이 비추어 깨달으니 나를 알아서가 아니라네. 기꺼이 마음이 저 높이 나는 길에 있은즉 바로 보리이니, 서 푼에 여릉쌀을 사고도 남으리라. 透網金鱗猶滯水 識神照覺非知己 肯心鳥道卽菩提 三文買竭廬陵米"라고 하였다. [참고문헌] 『佛果擊節錄』, 『普庵印肅語錄』. ⇨ 삼성금린 三聖金鱗, 담판한 擔板漢

투법신 透法身 법신에 사무치다. 『백운수단화상어』(속고존숙어요3, 卍속장118, p.948b3)에 "참선하고 도를 배움에 허둥대지 말지니, 법신 사무쳐 북두에 숨은 뜻 물어도 나 이제 늙고 성글고 귀찮아 학인 보아 상량할 힘도 없네. 오직 호미끝만이 내 갈 길 아니, 나 소나무 함께 금강산 오르리. 參禪學道莫忙忙 問透法身北斗藏 吾今老倒疎慵甚 見人無力得商量 唯有鋤頭知我道 我松同步上金剛", 『원오어록』 권16(대정장47, p.788b11)에 "분명하게 두렷이 깨우쳐서는 만번 바꾸고 천번 뒤쳐도 고치고 옮긴 일 없기에 이를 일러 금강왕이라 하고 또 일러 사무친 법신이라네. 分明圓證 萬變千化 無改無移 謂之金剛王 謂之透法身"라고 하였다. [참고문헌] 『白雲守端和尙語』, 『圜悟語錄』, 『祖庭事苑』 권1 「透法身」(卍속장113, p.6b11). ⇨ 투법신구 透法身句

투법신구 透法身句 법신 사무치는 한마디. 『운문광록』 권상(대정장47, p.546a24)에 "'어떤 것이 법신을 사무치는 한마디인지요?' '북두 속에 숨은 몸이리'. 問 如何是透法身句 師云 北斗裏藏身", 『대혜어록』 권4(대정장47, p.828c28)에 "운문노인이 이렇게 이른 것은 법신구 얻었음에 대한 답이고 법신구에 사무쳐 얻은 답은 아니다. 지금 누군가 나에게 '무엇이 법신 사무친 구인지요?' 한다면, 그를 향해 이르리라. '초명 눈 속에 야시장 열고, 호랑이 혀 위에서 그네 탄다'라고. 雲門老人恁麼道 只答得法身句 未答得透法身句 今日或有人問徑山 如何是透法身句 卽向他道 蟭螟眼裏放夜市 大蟲舌上打鞦韆", 『설두어록』 권5(대정장47, p.702c5)에 "투법신구〈두 수〉. 늙어 꼬부라진 운문이 철선 띄우자, 강남 강북에서 다투어 머리 들이네. 가련타, 한없이 낚시 드리운 이여! 본보기 따르다 아득한 강에서 낚싯대마저 잃었네. 한 잎 허공에 날리니 가을 온 줄 알고, 법신 비록 사무쳤으나 벌레 소리만 시끄럽구나. 내년에도 또다시 새로운 가지가 돋겠지만, 어지럽게 흔드는 봄바람 금세 그치지 않으리라. 透法身句〈二首〉 潦倒雲門泛鐵船 江南江北競頭看 可憐無限垂鉤者 隨例茫茫失釣竿 一葉飄空便見秋 法身須透鬧啾啾 明年更有新條在 惱亂春風卒未休", 『허당집』 79칙 「본칙 本則」(卍속장124, p.595b10)에 "광덕연선사에게 학인이 물었다. '무엇이 법신 사무친 구입니까?〈곰이 재주를 넘고, 나귀가 자지춤을 추는구나〉' '산과 물로 돌아다닐 기력도 없고, 사립문에는 벗의 발길마저 끊어졌다〈진에 사람 없다고 말하지 마라〉'. 擧 僧問廣德延禪師 如何是透法身句〈熊觔斤斗 驢舞柘枝〉 德云 無力登山水 茆戶絶知音〈勿謂秦無人〉", 『속전등록』 권7 「향산온량전 香山蘊良傳」(대정장51, p.509a24)에 "'무엇이 법신 사무친 구인지요?' '찰간 꼭대기에서 삼대춤을 춘다' '무엇이 초심자 만나는 구인지요?' '상대인!' 僧問如何是透法身句 師曰 刹竿頭上舞三臺 曰 如何是接初機句 師曰 上大人"라고 하였다. 〔참고문헌〕『雲門廣錄』, 『大慧語錄』, 『雪竇語錄』, 『虛堂集』, 『續傳燈錄』.

투법신저구 透法身底句 법신의 그 끝 사무치는 한마디. 『경덕전등록』 권26 「대양전 大陽傳」(대정장51, p.421b29)에 "'무엇이 대양의 법신 그 끝 사무치는 한마디입니까?' '거대한 바다 밑 붉은 먼지 일어나고, 수미산 정상에는 은하수 걸쳐 흐르네'. 問 如何是大陽 透法身底句 師曰 大洋海底紅塵起 須彌頂上水橫流", 『암흑두집』 권5 「삼의명우장 三宜明盂章」(卍속장145, p.936a10)에 "'무엇이 법신 사무친 한마디인지요?' '푸른 연잎 요람 위로 갓난아기를 어른다'. 問 如何透法身底句 師曰 靑荷葉上耍孩兒"라고 하였다. 〔참고문헌〕『景德傳燈錄』, 『揞黑豆集』. ⇨ 투법신구 透法身句

투부득저구 透不得底句 사무쳐 얻지 못한 그 끝 한마디. 『운문광록』 권상(대정장47, p.546b11)에 "형제들 제방으로 선지식을 찾아 생사를 끝내려 하나 도처에 어찌 노숙이 내린 자비방편의 말씀 없으랴? 도리어 사무쳐 그 끝 얻지 못한 한마디 있는가? 가져와 들어 보이거라. 이 늙은이 자네들과 더불어 상량해보리. 諸兄弟盡是諸方 參尋知識 決擇生死 到處豈無老宿垂慈方便之詞 還有透不得底句麽 出來擧看 待老漢與汝大家商量"라고 하였다. 〔참고문헌〕『雲門廣錄』.

투불능남 妬不能男 Ⓢ īrṣyā-paṇḍaka, Ⓣ ma-ning-phrag-dog-can. 오종불능남(五種不能男) 중 하나. 투불남(妬不男)·질투반택가(嫉妬半擇迦)라고도 한다. 『마하승기율』 권23(대정장22, p.418a1)에 "남이 음사 행함을 본 연후에 몸이 생기함을 투불능남이라 이름한다. … 인타기불능남·투불능남·반월불능남 이 삼종불능남은 출가시켜서는 안 된다. 만약 이미 출가한 이라면 내쫓아서는 안 되지만, 후에 음행을 일으킨다면 내쫓아야 한다. 見他行婬事 然後身生起 是名妬不能男 … 因他起不能男 妬不能男 半月不能男 是三種不能男 不應與出家 若已出家者 不應驅出 後若婬起者 應驅出"라고 하였다. 〔참고문헌〕『摩訶僧祇律』, 『十誦律』 권21(대정장23, p.153c6), 『阿毘達磨集論』 권4(대정장31, p.680a29), *Abh-s.57.* ⇨ 오종불능남 五種不能男

투삼관 透三關 세 겹의 관문 뚫다. 『어선어록』 「어제총서 御製總序」(卍속장119, p.357a2)에 "여래의 정법안장과 교외별전에는 진실로 세 겹 관문 뚫은 뜻이 있다. 如來正法眼藏 教外別傳 實有透三關之理", 『어제간마변이록』 권2(卍속장114, p.406b2)에 "한 번의 방으로 도 발뒤꿈치 숨길 소굴 삼으니, 그렇다면 한 방으로 어찌 세 관문 바로 뚫지 못하는가! 夫一棒亦可爲躱跟窠臼 然一棒又豈非直透三關", 『정토증심집』 권중(卍속장110, p.182a16)에 "한 번 본 진공에 마음 이미 급제인데, 다시 무엇을 좇아 삼관을 뚫겠는가! 一見眞空心及第 更從何處透三關"라고 하였다. 〔참고문헌〕『御選語錄』, 『御製揀魔辨異錄』, 『淨土證心集』. ⇨ 삼관 三關 ❶❷

투심 鬪心 육십심(六十心) 중 하나. 싸우려는 마음. 『대일경소』 권2(대정장39, p.597a10)에 "투심이란 무엇인가? 서로 시비를 가리는 것을 본성으로 한다. 다른 이가 말하는 언교를 듣고 항상 시비를 가르기 좋아하여 '이 뜻은 이러해야 하고 이 일은 그렇지 않다'라고 말하는 것이다. 설령 말이 이치에 맞더라도 갖가지 방편으로 장단점을 엿보고 찾아 오류에 떨어지도록 만든다. 다른 이가 와서 묻더라도 역시 장단점을 찾아 '그 질문은 잘못되었으니 나는 대답하지 않겠다'고 말한다. 이와 같은 모습이 나타남이 있으면 이것이 투심이라는 것을 알아야 한다. 云何鬪心 謂互相是非爲性者 謂聞他所說言教 常好辨論是非 謂是義應爾 是事不然 假使所言合理 亦以種種方便 伺求其長短 欲令墮在失處 設他來問 亦復求其長短 言此問乖僻 我不應答 有如是相現 當知是鬪心也"라고 하였다. 〔참고문헌〕『大日經疏』. ⇨ 육십심 六十心

투애사호 投崖飼虎 벼랑에 몸을 던져 굶주린 호랑이 먹이다. 몸을 버려 법을 구한(捨身供養) 이야기다. 『금광명경』 권4(대정장16, p.355a10)에 "내 동생 마하살타가 어리지만 재주는 남보다 뛰어나고 무엇보다 부모님의 사랑을 받는 아들이건만 이렇게 갑자기 몸을 버려 굶주린 호랑이를 먹였다. 이제 궁으로 돌아가서 부모님께서 물으시면 어떻게 대답할 것인가? 我弟幼稚 才能過人 特爲父母之所愛念 奄忽捨身以飼餓虎 我今還宮 父母

說問 當云何答", 『석씨계고략』(대정장49, p.767c25)에 "이 탑은 아육왕이 조성한 부처님 사리탑이다. 사면에 상이 새겨져 있다. 전면은 사비왕이 넓적다리를 베어 매에게 먹이고 비둘기를 구하고, 후면은 자력왕이 몸을 베어 등불에 불을 붙이며, 좌면은 살타태자가 벼랑에서 몸을 던져 굶주린 호랑이를 먹이고, 우면은 월광왕이 머리를 버리는 형상이니 사면 모두 석가세존께서 과거세에 수도의 자취 보인 것이다. 此塔 阿育王所造 佛舍利塔也 四面示相 前則尸毘王 割股飼鷹救鴿 後則慈力王 剜身然燈 左則薩埵太子 投崖飼虎 右則月光王 捐捨寶首 四面皆是 釋迦世尊 宿世修道之跡", 『경덕전등록』 권3 「보리달마전 菩提達磨傳」(대정장51, p.219b9)에 "신광(神光)은 사유하길 '옛 사람들은 도를 구함에 뼈를 두드려 골수를 취하거나 찔러 나온 피로 굶주린 사람을 구하였고, 머리카락을 길 위에 깔았으며, 벼랑에 몸을 던져 굶주린 호랑이를 먹였다. 옛날에 오히려 이와 같았는데 나는 또 무엇하는 사람인가?' 光自惟曰 昔人求道 敲骨取髓 刺血濟饑 布髮掩泥 投崖飼虎 古尙若此 我又何人"라고 하였다. [참고문헌] 『金光明經』, 『釋氏稽古略』, 『景德傳燈錄』. ⇨ 마하살타 摩訶薩埵 ❷, 사신공양 捨身供養, 유동 儒童 ❶, 아육왕사리탑 阿育王舍利塔

투연외도 投淵外道 연못에 몸을 던지는 고행을 행하는 외도. 『대명삼장법수』 권20(영락장182, p.248b9)에 "둘째, 투연외도. 외도가 추위에 깊은 연못으로 들어가 얼어붙을 듯한 고통을 참아내는 수행을 한다. 이 고행이 과를 얻는 인이라고 여겨 집착하므로 이를 투연외도라 이름한다. 二 投淵外道 謂外道修行 寒入深淵 忍受凍苦 執此苦行 以爲得果之因 是名投淵外道"라고 하였다. [참고문헌] 『大明三藏法數』, 40권본 『大般涅槃經』 권16(대정장12, p.462a10). ⇨ 육종고행외도 六種苦行外道

투영겁새지기 偸營劫塞之機 적진에 몰래 들어 요새를 빼앗는 기세. 『무문관』 31칙 「평창 評唱」(대정장48, p.297a14)에 "노파 단지 후방 막사에 앉아 헤아릴 뿐, 한편 도적 잡을 줄은 몰랐다. 조주는 진영에 몰래 들어 요새 빼앗는 기틀을 잘 활용했지만, 한편 대인다움 없었다. 점검해 보면 두 사람 다 허물 있으니, 말해 보라. 어느 구석이 조주가 노파를 감파한 곳인가? 婆子只解坐籌帷幄 要且 著賊不知 趙州老人 善用偸營劫塞之機 又且 無大人相 撿點將來 二俱有過 且道 那裏是趙州勘破婆子處"라고 하였다. [참고문헌] 『無門關』.

투우피 透牛皮 쇠가죽 뚫다. 소가죽으로 된 책가의를 찢어버린다는 말이니, 알음알이를 벗어던져 실상을 마주하는 뜻이다. 『직주천동송고』 권상(卍속장117, p.783b10)에 "경전을 봄에 어찌 쇠가죽을 뚫는 데 이르랴? 〈대중 내려보고 부질없이 옛 종이 뚫고 있네. 마치 가죽으로 감싼 눈 언제라야 뚫겠는가?〉 看經那到透牛皮〈貶他大衆 空鑽故紙 如皮裹眼 何時得透〉", 『능엄경종통』 권1(卍속장25, p.5a6)에 "약산은 평소 학인들의 경전 봄을 허하지 않았는데 언젠가 스스로 경을 보고 있던 중 스님이 물었다. '화상께서는 평소에 경전 보기를 허하지 않으시면서 어찌 스스로는 보시는지요?' '나 그저 눈을 가릴 뿐이다' '제가 화상을 따라 해도 되겠는지요?' '그대가 경전 본다면 쇠가죽도 분명히 뚫을 것이다'. 그러므로 알라! 눈을 가린 분상을. 이러면 받아 지닌 그 묘를 얻을 것이다. 저 쇠가죽 뚫듯이 한다면 어찌 물들어 더러운 곳에 이르지 못하랴? 藥山尋常 不許人看經 有時自看次 僧云 和尙尋常 不許人看經 何故自看 山曰 我只要遮眼 僧曰 某學和尙得否 山曰 汝若看 牛皮也須穿透 故知 遮眼分齊 斯得受持之妙 若透牛皮 幾何不至於染汚哉"라고 하였다. [참고문헌] 『直註天童頌古』, 『楞嚴經宗通』.

투자 投子 ❶ 당대 스님 대동(大同 819~914)의 호. ⇨ 대동 大同 ❶ ❷ 송대 조동종 스님 의청(義靑 1032~1083)의 호. ⇨ 의청 義靑

투자고유 投子沽油 투자가 기름을 팔다. 투자대동(投子大同)과 조주(趙州)의 문답을 소재로 한 공안. 『선문염송설화』 458칙(한불전5, p.379c23)에 "조주가 처음으로 투자를 만났을 때 동성현에서 투자를 보자 거두절미하고 물었다. '투자는 암주가 아닌가?' '차와 소금 살 돈을 제게 보시하십시오'. 조주가 먼저 암자에 갔고 투자는 뒤에 기름 병 들고 왔다. 조주가 물었다. '투자 소식 오래였는데, 와서 보니 일개 기름 파는 늙은이로군' '당신께서는 기름 파는 늙은이만 알 뿐 투자는 알지 못하시는군요' '무엇이 투자인가?' 투자가 기름 병 들고 '기름! 기름!' 하자 조주는 말이 없었고 투자 또한 쉬어 버렸다. 趙州初叅投子 至桐城縣見投子 便問 莫是投子庵主麽 子云 茶塩錢 布施我來 師先去庵內 子後携油缾歸 師便問 久嚮投子 到來秖見个賣油翁 子云 你祇識賣油翁 且不識投子 師云 如何是投子 子提起油缾云 油 油 師無語 子休去", "법진수일(法眞守一)이 한 점 올렸다. '대단한 조주도 기름 항아리에 엎어져 고꾸라졌구나. 당시 투자가 기름 항아리를 들고 「기름! 기름!」 함을 보고 다만 이르길 「직접 보니 소문만 못하다」라고 다만 투자는 조주가 허물 짓게 놔두고는 좋아라 영장 주고 말았네'. 〈설화〉 조주는 기름 항아리 향해 엎어졌고, 투자는 조주가 하는 대로 내버려 두었으니, 모두 다 벗어날 길 있을 리 없네. 法眞一拈 大小趙州 向油甁裏折倒 當時見投子提油甁云 油 油 但向道 見面不如聞名 秖者投子 放過趙州 也好與一狀領過 〈說話〉 趙州 向油甁裏折倒 投子 放過趙州 皆未有出身之路"라고 하였다. [참고문헌] 『禪門拈頌說話

』, 『宗門拈古彙集』 권24(卍속장115, p.788a10).

투자사칠통 投子四漆桶 투자대동(投子大同)이 설봉의존(雪峯義存)에게 네 번이나 불쾌칠통(不快漆桶)이라고 면박을 준 인연. 설봉사칠통(雪峯四漆桶)이라고도 한다. 『정법안장』 권1(卍속장118, p.12b14)에 "설봉화상이 투자산에 이르니, 투자가 암자 앞 바위 하나를 가리키며 말했다. '삼세제불이 모여 이 속에 계시다' '모름지기 그 속에 있지 않는 이도 있음을 아셔야 합니다' '꽉 막힌 칠통이로군'. 雪峰和尙到投子 投子指菴前一片石 謂峰云 三世諸佛總在裏許 峰云 須知有不在裏許者 投子云 不快漆桶", "투자와 설봉이 용면산을 다니는데 갈림길이 나왔다. 설봉이 물었다. '어느 쪽이 용면암으로 가는 길일까요?' 투자가 주장자로 가리켰다. '동쪽으로 가나요, 서쪽으로 가나요?' '참으로 답답한 칠통이라니'. 投子與峯遊龍眠 路有兩條 峯問 那箇是龍眠路 投子以杖指之 峯云 東去西去 投子云 不快漆桶", "설봉이 물었다. '한 방 몽둥이에 나아가는 때는 어떻습니까?' '성미 급한 녀석은 아니로군' '몽둥이 하나도 빌리지 않는 때는 어떻습니까?' '어쩌지 못할 칠통이지'. 峯問 一椎便就時如何 投子云 不是性燥漢 云 不假一椎時如何 投子云 不快漆桶", "다시 물었다. '이 사이에 인삼이 있을까요?' 투자가 괭이를 들어 면전에 던졌다. 설봉이 말하였다. '이럴 때는 마땅히 파내야 합니다' '아무리 해도 칠통일 뿐'. 又問 此間還有人參也無 投子將钁頭抛向面前 峯云 恁麽則當處掘去也 投子云 不快漆桶"이라고 하였다. [참고문헌] 『正法眼藏』, 『聯燈會要』 권21(卍속장136, p.775a13), 『五燈會元』 권5(卍속장138, p.190a3).

투자승상립 投子繩床立 투자대동(投子大同)이 무엇을 물어도 한결같이 승상에서 내려와 설 뿐으로써 답하다. 십신조어는 부처님의 십신과 십호 중 조어장부(調御丈夫)를 합한 말이다. 『선문염송설화』 729칙(한불전5, p.551b2)에 "투자에게 스님이 물었다. '무엇이 십신조어입니까?' 투자가 승상에서 내려와 섰다. 또 다른 스님이 '범성의 거리는 얼마나 되는지요?'라고 묻자 투자가 이번에도 승상에서 내려 섰다. 投子因僧問 如何是十身調御 師下繩床立 又有僧問 凡聖相去多少 師亦下繩床立", "장령수탁(長靈守卓)이 읊는다. '강변 낚싯줄 놓길 좋아하니, 푸른 물 깊은 곳엔 빼어난 물고기 있다. 낚싯바늘 끝 맛난 미끼 달아놓았지만, 그것만으로 어떻게 낚을 수 있으리오!' 長靈卓頌 愛向江邊弄釣絲 碧潭深處有嘉魚 鉤頭不是無香餌 箇底如何釣得渠", "대혜종고가 읊는다. '투자가 승상에서 내려온 일, 오늘 아침 들어보이노라. 나귀 앞 말 앞뒤에 놈아! 결코 함부로 받아들이지 말지어다'. 徑山杲頌 投子下繩床 今朝爲擧揚 驢前馬後漢 切忌亂承當"라고 하였다. [참고문헌] 『禪門拈頌說話』, 『頌古聯珠通集』 권25(卍속장115, p.307a14), 『宗門拈古彙集』 권24(卍속장115, p.788b15), 『宗鑑法林』 권61(卍속장116, p.769a3). ⇨ 십신조어 十身調御

투자우재 投子牛在 투자대동(投子大同)과 소 잃은 노파 간의 문답을 소재로 한 공안. 『종문염고휘집』 권24(卍속장115, p.791a18)에 "집안에 소 잃은 노파가 특별히 투자방장을 찾아 점을 청하였다. 투자가 '할머니, 할머니!' 하고 부르자 노파가 '예!' 하고 답하니 투자가 말하길 '소 있네요'. 投子因一婆子 家中失却牛 特詣方丈請卜 子召婆婆 婆應諾 子曰 牛在", "백암정부(白巖淨符) 말하길 '대단한 투자여, 기특하고 기특하구나. 요컨대 귀신의 집에서 살림이지 죽이고 살리지는 못하네. 노파가 응답했던 그때 어째서 「있기는 있지만 다만 그 뿔이 없군요」라고 못했을까? 노파가 이 말길에 들어섰을지는 여전히 알 수 없지만'. 白巖符云 大小投子 奇則奇矣 要且 鬼家活計 未有殺活 當時婆子應諾 何不曰 在卽在 祇是少了些頭角 婆子從者裏搆去 也未可知"라고 하였다. [참고문헌] 『宗門拈古彙集』, 『禪苑蒙求』 권중 「投子牛在」(卍속장148, p.248b9).

투자의청선사어록 投子義靑禪師語錄 투자의청(1032~1083)의 어록. 명대 자각(自覺) 중편(重編). 2권. 卍속장124, pp.443a1~478a3에 수록되어 있다. 『묘속대사어록 妙續大師語錄』이라고도 한다. 송대 이원충(李元冲)의 「서 序」, 일본 본관철(本貫徹)의 「후서 後序」, 신서거주인(蜃棲居主人)의 「발 跋」, 도명(道明)의 「발」, 「행장 行狀」 등이 붙어 있다. 권상의 내제는 『투자청화상어록』이며 끝에 붙은 제목은 '화상'이 아니고 '선사'이다. 권하의 내제는 『서주투자청화상어록 舒州投子靑和尙語錄』이다. 백운산해회선원어록(白雲山海會禪院語錄)·투자산승인선원어록(投子山勝因禪院語錄)·사답동림십문(師答同霖十問)·오위송병서(五位頌竝序)·오위편정요(五位偏正謠)·사빈주(四賓主)·게(偈)·송고공안일백칙(頌古公案一百則) 등을 엮었다. 卍속장에는 별도로 도해(道楷)가 엮은 『서주투자묘속대사어록 舒州投子山妙續大師語錄』 1권도 수록하고 있는데, 상당(上堂)·시중(示衆)의 어요(語要) 25조로 구성하였고 마지막에는 단하자순(丹霞子淳)이 지은 「의청약전 義靑略傳」 1편이 붙어 있다. [참고문헌] 『中華大藏經總目錄』 권4(대장경보편35, p.584a12).

투자일체불성 投子一切佛聲 투자대동(投子大同)에게 학인이 모든 소리가 부처님 음성인지를 물은 공안. 학인 물음에 답한 『벽암록』 79칙 「착어 著語」(대정장48, p.205b28)에 "호랑이 수염을 뽑을 줄 알고 마른하늘에 벼락 치지만, 자기 똥 냄새는 맡지 못하네. 也解捋虎鬚

青天轟霹靂 自屎不覺臭"에 이어진 설화로 투자일체성(投子一切聲)이라고도 한다. 『선문염송설화』 728칙(한불전5, p.550c18)에 "투자에게 어떤 스님이 물었다. '모든 소리가 부처님 음성이 아닌지요?' '그렇다'. 그 학인이 '화상이시여, 쓸모없는 소리 하지 마십시오'라고 하자 투자가 문득 때렸다. 또 '거친 말이나 미세한 말이나 모두 제일의 뜻으로 돌아가지 않는지요?' '그렇다' '화상을 한 마리 나귀라 불러도 되는지요?' 투자가 이번에도 때렸다. 投子因僧問 一切聲是佛聲是否 師云 是 僧云 和尙 莫屎沸椀鳴聲 師便打 又問 麤言及細語 皆歸第一義是否 師云 是 僧云 喚和尙作一頭驢 得麽 師便打", "대혜종고(大慧宗杲)가 염하길 '도둑, 도둑이다'. 다시 말했다. '대답해 보라! 어느 편이 좀도둑이고, 어느 편이 큰 도둑인가?' 〈설화〉 그 스님도 도둑이고 투자는 도둑 중 도둑이다. 이 도둑 저 도둑 하지만 모두 좀도둑이고 모두 큰 도둑이다. 雲門杲拈 賊 賊 敗也 復云 且道 那箇是草賊 那个是正賊 〈說話〉 這僧是賊 投子是賊中賊也 那箇草賊云云者 俱是草賊 俱是正賊也", 『직주설두송고』 권하(卍속장117, p.526a16)에 "주의 : 자신도 지고 남도 빠뜨린다. 지명 : 크게 쓰기에 온전히 들어낸다. 主意 輸己陷人 旨明 大用全提"라고 하였다. [참고문헌] 『碧巖錄』, 『禪門拈頌說話』, 『直註雪竇頌古』, 『頌古聯珠通集』 권25(卍속장115, p.310a11).

투자탄각양삼 投子呑却兩三 투자대동(投子大同)의 달이 차고 이지러짐을 소재로 한 공안. 『공곡집』 97칙 「착어 著語」(卍속장117, p.636a2)에 "수고롭게 셈하지 마라! 不勞筭數"라고 한다. 『선문염송설화』 727칙(한불전5, p.550a6)에 "투자에게 스님이 '달이 둥글기 전은 어떻습니까?'라고 물음에 답하길 '세 개나 네 개를 삼키겠지' '둥근 다음에는 어떤지요?' '일곱 개나 여덟 개를 토해내겠지'. 投子因僧問 月未圓時如何 師云 呑却三箇四箇 僧云 圓後如何 師云 吐却七箇八箇", "천복본일(薦福本逸)이 읊는다. '둥글기 전과 후는 지은 놈만이 알 수 있지, 서너 개와 일곱여덟 그 단서 알려 줄 수 있지. 누구나 늘 웃으며 잘 삼키고 토하게 하니, 총림에 머물게 하여 시비 가리네'. 薦福逸頌 圓後圓前作者知 四三七八解呈機 令人長笑善呑吐 留與叢禪作是非", "대혜종고(大慧宗杲)가 법좌에 올라 이 공안을 들어 말하였다. '세 개와 네 개 그리고 일곱 개와 여덟 개, 낱낱의 숫자 아주 분명하지만 헤아리는 사람 없네. 숫자의 몫 분명하다고 하면서 헤아리려 하는 자 없을까?' 잠깐 침묵하다가 말했다. '도사가 흰 난삼을 입었다고 다 선비라고 할 수 없다'. 〈설화〉 숫자 진면목 낱낱이 마주해 찾을 도리가 전혀 없다. 도사 운운은 숫자 굴 속 향해 찾지 마라. 徑山杲 上堂 擧此話云 三个與四个 七个與八个 數目甚分明 無人數得過 旣是數目分明 爲什麽無人數得過 良久云 道士着白襴 且非眞措大 〈說話〉 當數目一一沒摸搽也 道士云云者 莫向數目裏尋討", 『송고연주통집』 권25(卍속장115, p.308a11)에 "삼키기 쉬워도 토하기 어려우니, 수미정상 하늘 바람 차구나. 지난 밤 삼경은 대낮처럼 밝았는데, 함께 기대어 바라본 자 그 누군지 알 수 없네 〈불성법태(佛性法泰)의 송〉. 呑却易吐還難 須彌頂上天風寒 昨夜三更白如晝 不知誰共倚闌觀〈佛性泰〉"라고 하였다. [참고문헌] 『空谷集』, 『禪門拈頌說話』, 『頌古聯珠通集』, 『宗門拈古彙集』 권24(卍속장115, p.790a17).

투잠락발 投簪落髮 비녀 던져 버리고 머리 깎다. 출가함을 그린 말이다. 『연종보감』 권4(대정장47, p.320b19)에 "(慧遠은) 도안법사가 태행산에 머문다는 얘기를 듣고 마침내 아우 혜지와 함께 몸을 맡겼다. 『반야경』 강설함을 듣고 활연히 대오하고는 탄식하며 말하길 '유가와 도가 등 구류는 모두 겨와 쭉정이구나' 한 뒤 아우와 함께 출가하였으며, 늘 대법을 자기 소임으로 삼았다. 聞道安法師居太行山 遂與弟慧持 俱投之 聽講般若經 豁然大悟 嘆曰 儒道九流 皆糠粃耳 與弟投簪落髮 常以大法爲己任"라고 하였다. [참고문헌] 『蓮宗寶鑑』, 『出三藏記集』 권15(대정장55, p.109b17).

투장사 鬪場寺 중국 양주(揚州)의 천녕사(天寧寺). 도량사(道場寺)라고도 한다. 『비니심』(대정장85, p.659c3)에 "(법현은) 진 의희 12년(416) 11월에 양주에 이르렀으며, 투장사에서 삼장선사 불다발타와 함께 『마하승기율』을 역출하였다. 以晉義熙十二年十一月到楊州 於鬪場寺 共三藏禪師佛大跋陀翻出之"라고 하였다. [참고문헌] 『毘尼心』. ⇨ 천녕사 天寧寺❶, 도량사 道場寺❸

투쟁 鬪諍 Ⓢ Ⓟ kalaha, kalaha-vivāda. 다투고 싸우다. 아만(我慢)과 삼독(三毒 : 貪 瞋 癡)으로 드러나는 중생계다. 『인본욕생경』(대정장1, p.242b23)에 "아난아, 만약 본래 있는 것 아니라면 지킬 것도 없고 지킬 일도 없어 모든 것이 그렇다. 아난아, 지킬 것 없음에도 무기로 다툼과 거친 말로 상하가 속이고 다투며 두 혀로 말하는 등 이리저리 한길로 못 가니 폐악법이 아니겠느냐? 若 阿難 本無有 亦無所守 亦無有守 一切 阿難 無有守 爲有刀杖 鬪諍語言 上下欺侵 若干兩舌 多非一致 弊惡法不", 『승천왕반야경』 권2(대정장8, p.699c17)에 "타인이 성내며 다툼을 보면 인욕하여 자기 생각을 내려놓고 피해야만 합니다. 대왕이시여! 보살마하살은 이와 같이 반야바라밀을 행하여 아만을 빼 버립니다. 若見他人 瞋恚鬪諍 卽應忍辱 下意避之 大王 菩薩摩訶薩 如是行般若波羅蜜 拔除我慢", 『대보적경』 권72(대정장11, p.411c5)에 "마음을 높이는 아만은 늘상 한껏 분노하고 다투길 즐기며, 원한을 가져 잊지도 않으니 증상만을 일으킨다. 高心我慢 常喜忿怒 好樂鬪諍 挾怨不忘 起增上慢", 『허공잉보살경』 권상(대정장13, p.671b9)에 "저 중생은 분노가 타는 듯 하여 서로 다투면서 교만과 질투로 마음이 잠시도 쉬지 않아 번뇌로 어지러우니 본심마저 잃는다. 若有衆生 瞋恚熾盛 共相鬪諍 憍慢嫉妬 心無暫息 煩惱所亂 失於本心", 『대비바사론』 권179(대정장27, p.899a24)에 "투쟁이란 모든 유정이 서로 업신여기며 말로 서로 거스른다는 뜻이다. 鬪諍者 謂諸有情 互相陵辱 言語相違", 『법화현찬』 권6(대정장34, p.758c26)에 "마음이 오만하여 남을 멸시함을 투쟁이라 한다. 心慢蔑他 名鬪諍", 돈황본 『열반경의기』(대정장85, p.293b21)에 "선과 악이 서로 어긋남을 투쟁이라 한다. 善惡相違 名鬪諍"라고 하였다. [참고문헌] 『人本欲生經』, 『勝天王般若經』, 『大寶積經』, 『虛空孕菩薩經』, 『大毘婆沙論』, 『法華玄贊』, 『涅槃經義記』, *Saddh-p.83.*, *Śikṣ.188.*, *Vin.2.84.* ⇨ 쟁송 爭訟

투쟁겁 鬪諍劫 다투어 싸우기만 하는 시기. 정법은 물론 명예도 은혜도 친구도 돌아보지 않는 시절이다. 오오백년(五五百年) 중 최후의 오백년 곧 제오오백년(第五五百年)이다. 이를 투쟁견고(鬪諍堅固)라 한다. 『유가사지론』 권60(대정장30, p.637a4)에 "또한 투쟁겁에서는 네 가지 과실이 있다. 수명이 쇠퇴하고, 안락도, 공덕도, 모든 세간의 한창이던 일들도 쇠퇴한다. 또한 투쟁겁 중에는 모든 유정의 무리들이 대략 여덟 방면에서 서로 가리지 않는다. 첫째는 정법을 헤아리려 하지 않고, 둘째는 명성을 생각하지 않으며, 셋째는 종족을 가리지 않고, 넷째는 불쌍한 일을 돌아보지 않으며, 다섯째는 훌륭한 벗을 찾지 않고, 여섯째는 덕에 대해 생각하지 않으며, 일곱째는 은혜를 돌이키지 않고, 여덟째는 친한 벗도 그리워하지 않는다. 復次 鬪諍劫中 有四過失 謂壽量衰退 安樂衰退 功德衰退 一切世間盛事衰退 復次 鬪諍劫中 諸有情類 略於八處 互不相數 一 不數正法 二 不數名聞 三 不數宗族 四 不數可愍 五 不數善友 六 不數有德 七 不數有恩 八 不數親友"라고 하였다. [참고문헌] 『瑜伽師地論』. ⇨ 오오백년 五五百年

투쟁견고 鬪諍堅固 다투고 싸우는 일만이 굳어짐. 제오오백년(第五五百年)으로 불멸후 이천오백년 중 최후의 오백년 동안이다. 오종견고(五種堅固 : 五牢固時分) 중 하나이다. 『대방등대집경』 권55(대정장13, p.363b4)에 "다음 오백년은 나의 법을 놓고 투쟁하며 말로 다투기만 하니 좋은 법은 자취를 감추고 점점 사라져 투쟁만이 남으리라. 그 견고함 줄어들 것이다. 次五百年 於我法中 鬪諍言訟 白法隱沒 損減堅固", 『대승본생심지관경천주』 권7(卍속장34, p.439b15)에 "제오오백년은 투쟁견고다. 비구들이 말법 초 오백년 중에는 계율을 닦지 않고 오직 투쟁만을 따라 사견이 늘고 견고하여 변할 기약이 없다. 아! 최후의 오백년은 말법초임에도 투쟁이 견고하고 사견을 감당할 수 없을진대, 이 오백년 후에는 또 어떤 것들이 견고할 것인가? '법이 멸하려는 때'라는 것은 바로 투쟁견고의 시절이다. 第五五百年 鬪諍堅固 謂諸比丘 於末法初 五百年中 不修戒律 唯尙鬪諍 增長邪見 堅固不變也 嗚呼 後五百歲 尙在末法之初 且鬪諍堅固 邪見不堪 此五百年後 又不知何等堅固耶 言法欲滅時者 正是鬪諍堅固之時"라고 하였다. [참고문헌] 『大方等大集經』, 『大乘本生心地觀經淺註』, 『金剛般若經贊述』 권상(대정장33, p.134a22). ⇨ 오오백년 五五百年, 오뇌고시분 五牢固時分

투정투저 透頂透底 정수리(꼭대기)부터 발바닥(밑바닥)까지 사무치다. 『원오극근선사어』 「시양상인 示良上人」(속고존숙어요3, 卍속장118, p.989a11)에 "공부함에 당해서는 저 꼭대기에서 저 밑까지 사무쳐 실오라기 남김없이 온전히 그 몸 드러낼지니, 다시는 나다 저다 일으킬 일 없어야 하니, 오직 하나 큰 기틀만이 거침없이 구를 뿐이어서, 다시 세제니 불법이니 헤아려 설할 일 없다. 當作工夫時 透頂透底 無絲毫遺漏 全體現成 更不自他處起 唯此一大機 阿轆轆轉 更說甚世諦佛法", 『원오어록』 권11(대정장47, p.762c6)에 "여러분이 저 꼭대기에서 저 끝까지 사무쳤다면 바로 이 문수보현의 경계이다. 다시 꼭대기부터 밑바닥까지 사무치지 못했다면 이는 곧 가섭의 경계이다. 문수가섭 다 떠나서 인을 거두고 과를 맺는 한 구 어떻게 말해야 할까? 알겠는가? 90일의 공부 오늘로 다 찼으니, 포대 열어제치고 각자 마음껏 돌아다녀라. 諸人若透頂透底去 卽是文殊普賢境界 若不透頂透底去 卽是迦葉境界 離却文殊迦葉 收因結果一句 作麽生道 還委悉麽 九十日功今已滿 豁開布袋各優游", 『굉지광록』 권1(대정장48, p.13b25)에 "정수리 사무치고 바닥까지 꿰뚫어 뿌리에 사무치고 근원 저 끝까지 밝힌 이여, 어떻게 걸어가기에 길을 잃는다 말인가? 透頂透底 徹根徹源底人 爲甚麽跨步時 失却路頭", 『선가귀감』(한불전7, p.625a7)에 "임제할과 덕산방이라. 다 무생을 사무쳐 증득함이다. 정수리 사무치고 저 밑까지 뚫었으니 크게 들고 크게 써서 자재하여 둘 곳마저 없다. 臨濟喝 德山棒 皆徹證無生 透頂透底 大機大用 自在無方"라고 하였다. [참고문헌] 『圜悟克勤禪師語』, 『圜悟語錄』, 『宏智廣錄』, 『禪家龜鑑』.

투출비로정녕행 透出毘盧頂顊行 비로자나불(毘盧遮那佛) 정수리마저 뚫고 나가다. 향상일로로 나아가는 무주(無住)의 행을 말한다. 『종용록』 29칙 「평창 評唱」(대정장48, p.246c21)에 "풍혈이 만약 머묾도 의지함도 없는 대해탈문 넘어 증하지 않았다면 능히 비로의 정수리 뚫고 갈 수 없었을 것이다. 風穴 若不超證 無住無依 大解脫門 不能透出毘盧頂頸行也", 같은 책 76칙 「평창」(대정장48, p.275c1)에 "불조의 촉루 한 꿰미에 뚫어 꿰었다. 그런 다음이라야 불조와 더불어 스승이 될 수 있고, 가히 비로자나 정수리 뚫고 가더니 다시 돌아와 화불 혀끝에 앉아 계신다 하리라. 佛祖髑髏一串穿却 然後可與佛祖爲師 可謂透出毘盧頂顊行 却來化佛舌頭坐"라고 하였다. [참고문헌]『從容錄』.

투취 偸取 Ⓢ adattādāyika. 사종투도(四種偸盜) 중 하나로 다른 이 몰래 취하다. 『백유경』 권2(대정장4, p.548a3)에 "저와 같이 외도들도 불법을 훔쳐서 자기들의 법에 갖다 붙이고는 망령되이 자기들이 가지고 있던 것이며 불법이 아니라고 칭한다. 이에 외전을 불태워 없애서 세간에 유행하지 못하게 한다. 如彼外道 偸取佛法 著己法中 妄稱己有 非是佛法 由是之故 燒滅外典 不行於世", 36권본『대반열반경』 권16(대정장12, p.716c24)에 "이때 파순은 큰 불로 일체 있는 바 경전들을 불태웠는데, 그중에 혹 남은 것이 있었다. 바라문들은 곧 함께 그것들을 훔치고 곳곳에서 주워 모아 자기들의 전적에 안치하였다. 爾時 波旬 悉以大火 焚燒一切所有經典 其中或有遺餘在者 諸婆羅門 卽共偸取 處處採拾 安置己典", 『범망경보살계본소』 권2(卍속장60, p.318a18)에 "셋째는 투취라 이름하는데 주인을 피해 몰래 훔침을 말한다. 三名偸取 謂避主私竊"라고 하였다. [참고문헌]『百喩經』, 『大般涅槃經』, 『梵網經菩薩戒本疏』, *Divy.301.* ⇨ 사종투도 四種偸盜

투침 投針 바늘 던지다. 제바(提婆)가 용수(龍樹)의 물 찬 발우에 바늘 던진 일화인 제바투침(提婆投針)에서 유래한 말로 제자와 스승이 의기투합함의 비유다. 『분양어록』 권상(대정장47, p.607b21)에 "한 스님 분양에게 묻길 '바늘을 던지며 서로 보았을 땐 어떻습니까?' '깊고 얕음 어찌 의심하겠는가?' '이렇다면 눈으로 보고 도 있음을 알겠군요' '용맹은 금석장 흔들고 제바는 큰 종 친다'. 問 投針相見時如何 師云 深淺何疑 恁麽則目擊道存也 師云 龍猛搖金錫 提婆打大鐘", 『양기어록』(대정장47, p.644a21)에 "한 스님 양기에게 묻길 '무엇이 먼저 비추고 뒤에 씁입니까?' '말길 분명하게 설하고 바늘 던진다 해도 회피하지 않는다'. 問 如何是先照後用 師云 語路分明說 投針不迴避"라고 하였다. [참고문헌]『汾陽語錄』, 『楊岐語錄』, 『慈恩傳』 권4(대정장50, p.241b2), 『釋氏要覽』 권중(대정장54, p.293b9). ⇨ 제바투침 提婆投針, 제바 提婆

투쾌용주 鬪快龍舟 혼을 빨리 건지고자 다투는 용 모양의 배. 투용주(鬪龍舟)라고도 한다. 단오(端午)날 맞아 멱라수(汨羅水)에 투신한 굴원(屈原)의 혼을 서로 먼저 건지고자 만든 용을 상징하는 작은 배. 『경덕전등록』 권29 「용아화상거둔송 龍牙和尙居遁頌」 제5수(대정장51, p.453a3)에 "불도 배우려면 먼저 깨우칠 실마리 있어야 하니, 도리어 저 빨리 건지고자 다투는 용주와 같네. 비록 오랫동안 헛간에 버려두었지만, 한 번 이기고 와서 비로소 쉬는 것이라네. 學道先須有悟由 還如曾鬪快龍舟 雖然舊閣於空地 一度贏來方始休", 『여산천연어록』 권1(가흥장38, p.131b22)에 "법좌에 올라 '단오가 다가왔으니 문수와 보현과 관음이 주장 끝에 매달려 불법을 논쟁하며 각자 한마디 가져 버티니, 마치 건지고자 다투는 용주인 듯하다. 여러분, 노승에게 잡아다 바쳐라. 공을 세우는 사람에게는 상을 내리고, 잘못을 저지르는 사람에게는 벌을 주겠다. 이! 모두들 잘못을 저질렀구나. 어떻게 벌을 줄까?'라고 말한 뒤 한 소리 크게 내지르고 말했다. '개가 황제의 사면장을 물고 가니 제후들 길을 피해 준다'. 上堂 端陽到來了 文殊普賢觀音 在拄杖頭 諍論佛法 各持一說 如鬪快龍舟相似 汝諸人 爲老僧捉下 有功者賞 有過者誅 咦 總是有過 且作麽生誅 喝一喝云 狗銜赦書 諸侯避路"라고 하였다. [참고문헌]『景德傳燈錄』, 『廬山天然語錄』.

투탈 透脫 사무쳐 벗어나다. 부산십육제(浮山十六題)의 하나이기도 하다. 『임제록』(대정장47, p.500b22)에 "부처를 만나 부처를 죽이고, 조사를 만나 조사를 죽여서 … 비로소 해탈을 얻으니, 그 무엇에도 묶이지 않아 사무쳐 벗어나 자재하다. 逢佛殺佛 逢祖殺祖 … 始得解脫 不與物拘 透脫自在", 『원오어록』 권1(대정장47, p.715c26)에 "한 곳을 밝혀 가면 천백 처 빛나리니 한 마디 통하는 때 천 마디 백 마디 사무쳐 벗어나네. 一處明去 千百處光輝 一言通時 千言百言透脫", 『대혜어록』 권8(대정장47, p.844c20)에 "선우가 청하여 대중에게 보이다. 망심으로 전도되어 갖가지 업을 짓다가, 돌이켜 진승으로 돌아간 즉 참회이니, 진망의 양끝 모두 사무쳐 벗어나면, 바다 남동 그 끝은 신라이리라. 善友請示衆 妄心顚倒造諸業 回趣眞乘卽懺摩 眞妄兩頭俱透脫 海南東畔是新羅"라고 하였다. [참고문헌]『臨濟錄』, 『圜悟語錄』, 『大慧語錄』. ⇨ 투 透, 부산십육제 浮山十六題

투탈무방 透脫無方 사무쳐 벗어나 가고 머물 곳마저 없이 하다. 『종용록』 11칙 「평창 評唱」(대정장47, p.234b12)에 "한 법이 곧 만법이고 만법이 곧 한 법이네. 이 물건 그대로 다른 물건 아니니, 한 번 맡김에 벼랑 가득 돌무더기. 거친 밭 잡초 가려 뽑지 않네. 깨끗한 터 도리어 사람을 미혹하니, 곧바로 사무쳐 벗어나 갈 곳조차 없어야 바로 이 눈동자 가린 곳이네. 一卽萬萬卽一 卽此物 非他物 一任崢嶸磊落 荒田不揀草 淨地却迷人

直饒透脫無方 正是礙眼睛處", 『직주설두송고』 권상(卍속장117, p.786a6)에 "삼라만상이 얼마나 들쭉날쭉 제멋대로이던가? 사무쳐 벗어나 갈 곳조차 없고 눈동자마저 가렸네〈곧바로 종지를 밝혔다. 하늘과 땅 사이 온통 이러하니 굳이 벗어나려 한다면 도리어 밖의 경계 막아서리〉. 森羅萬象許崢嶸 透脫無方礙眼睛〈直下明宗 乾坤總是 欲要了脫反被境礙〉"라고 하였다. [참고문헌]『從容錄』, 『直註雪竇頌古』. ⇨ 투탈무의 透脫無依

투탈무의 透脫無依 사무쳐 벗어나 의지할 바 없이 하라. 운문삼병(雲門三病) 중 하나. 『오가종지찬요』 권하(卍속장114, p.557b9)에 "세 번째 사무쳐 벗어나 의지할 바 없음. 남으로 달리고 북으로 나아가 정한 곳 없으니, 날 새도록 떠돌지만 집에는 가지 않네. 삼산등래(三山燈來) 이르되 '번뇌의 감옥에 들어가지도 묶이지도 않으며, 목칼 내던지고 족쇄 부순 지 몇 해던가? 누가 알겠는가, 길이 떠도는 나그네 되었음을? 탕탕하여 기댈 곳 없어 떠난 뒤 돌아올 일 없네'. 三 透脫無依 走南進北無方所 盡日優游不到家 三山來頌云 不入塵牢不受纏 抛枷打鎖許多年 誰知作箇長流客 蕩蕩無依去不還"라고 하였다. [참고문헌]『五家宗旨纂要』. ⇨ 법신양반병 法身兩般病, 운문삼병 雲門三病, 투탈무방 透脫無方

투탈불투탈 透脫不透脫 사무쳐 벗어난다 하지만 사무쳐 벗어날 일마저 없음. 부산십육제(浮山十六題) 중 한 제다. 『투자어록』 권상 「부산화상출십육제령사송 浮山和尙出十六題令師頌」(卍속장124, p.456b14)에 "투탈불투탈 : 동쪽 산과 서쪽 마루 울긋불긋, 이런저런 문답에는 문 있다네. 남쪽 언덕 올랐다가 북쪽 언덕 앉았지만, 정상에 올랐다 하지만 끝내 곤륜산에를 앉지는 못했네. 透脫不透脫 東山西嶺鬧紅靑 云言答話有其門 跳得南堆北阜坐 到頭不解跨崑崙", 『오등회원속략』 권1 「보조일변장 普照一辨章」(卍속장138, p.854a10)에 "열세 번째 벗어났지만 사무치지 못했네. 날으는 화살의 심기로 눈 붙이고 볼지니, 태양 빌어 묘수 좇지만 웃고 방관할 뿐. 구름 가린 골짜기에 둥지 잃은 새이러니, 눈 쌓인 사립문 앞 떠날 길 아득하네. 十三 透脫不透脫 劈箭機鋒著眼看 當陽趂妙哂傍觀 雲橫谷口迷巢鳥 雪擁柴門去路寒", 『백우어록』 권17(가홍장36, p.697b21)에 "하늘 뚫는 난새 봉황 황금 사슬 얽혀 있고, 뿔 걸고 숨은 영양 오히려 그 자취에 막혀 있네. 한밤중 나무 인형 이리저리 뒤척이고, 푸른 못 구름 밖에 나는 용을 보았네〈투탈불투탈〉. 翀霄鸞鳳縈金鎖 挂角羺羊猶滯蹤 子夜木人剛轉側 碧潭雲外看飛龍〈透脫不透脫〉"라고 하였다. [참고문헌]『投子語錄』, 『五燈會元續略』, 『百愚語錄』. ⇨ 부산십육제 浮山十六題, 투탈 透脫

투파 偸婆 스투파(Ⓢ stūpa, Ⓟ thūpa)의 음사어. 투(偸)는 투(鍮)로도 쓴다. 솔도파(率都婆)·탑파(塔婆)·탑(塔)이라고도 하며, 묘(廟)·분(墳) 등으로 한역한다. 『증일아함경』 권21(대정장2, p.656b1)에 "그때 세존께서 비구들에게 말씀하였다. '이제 범천의 복을 받는 네 가지 일을 설하리라. 어떤 것이 그 네 가지인가? 만일 신심을 지닌 선남자와 선여인이 아직 탑이 세워지지 않은 곳에 탑을 세우면, 이것이 범천의 복을 받는 첫 번째 일이다'. 爾時 世尊告諸比丘 今當說四梵之福 云何爲四 若有信善男子善女人 未曾起偸婆處 於中能起偸婆者 是謂初梵之福也", 『일체경음의』 권45(대정장54, p.605c23)에 "투파〈경전에서 도파·답파·수두라고도 하였으나 모두 잘못된 음사이다. 바른 음사어는 졸도파이다. 묘나 방분으로 한역하는데 모두 의역하여 풀이한 것이다〉. 偸婆〈經中或作兜婆 或云 塔婆 或言藪斗 皆訛也 正言窣堵波 此云廟 或言方墳 皆義釋也〉", 『현우경』 권8(대정장4, p.404b8)에 "살박은 슬퍼하며 한없이 추념하고 그 몸을 화장하고 사리를 거두어 보배병에 가득 담고 그것으로 투파를 세웠다. 향과 꽃·기악의 갖가지 미묘한 물건을 가져와 공양하였다. 薩薄悲悼 追念無量 闍維其身 收取舍利 盛以寶甁 用起鍮婆 香花伎樂 種種妙物 持用供養"라고 하였다. [참고문헌]『增壹阿含經』, 『一切經音義』, 『賢愚經』. ⇨ 스투파 stūpa, 솔도파 率都婆, 탑 塔

투할 投轄 비녀못(轄) 던져 버리다. 나그네 떠나지 못하도록 만류한다는 말이다. 비녀못은 수레바퀴와 굴대를 고정하는 작은 나무토막. 『한서』 권92 「진준전 陳遵傳」에 "진준은 술을 좋아하여 매번 많이 마시고 집은 손님들로 가득하였다. 번번이 문을 걸어 잠그고 손님 수레의 바퀴 비녀못을 우물에다가 던져 버리니, 비록 급해도 끝내 갈 수가 없게 된다. 遵耆酒 每大飮 賓客滿堂 輒關門 取客車轄投井中 雖有急 終不得去"라고 한 고사에서 유래한 말이다. 『천태산방외지』 권28 「만년사 萬年寺」(中國佛寺史志彙刊90, p.944a6)에 "고승은 나그네 아껴 우물에다 비녀못 던져 넣고, 오랜 나그네 놀기 즐겨 침상마저 빌리려 하네. 高僧愛客井投轄 老客耽遊欲借牀"라고 하였다. [참고문헌]『漢書』, 『天台山方外志』, 『鐵壁慧機語錄』 권17(가홍장29, p.650a2).

투합 投合 던져 합하다. 기연이 서로 맞아 남겨 둘 것 없이 해서 다 통하는 뜻이다. 『금강선등』 권13 「왕거사전 王居士傳」(卍속장145, p.662b8)에 "부처님 성도일 하루 전날 입산하여 운봉과 함께 산을 돌아다니던 차였다. 거사가 운봉에게 주장자를 빌자 운봉이 문득 때렸다. 거사가 문득 절하고 다시 빌자 운봉이 이에 주장자를 주었는데, 거사는 반걸음도 떼기 전에 문득 주장자를 부러뜨리고 곧 게를 구하였다. 운봉이 이에 웃으며 말하였다. '타고난 기골이 대단히 기이하여 우연히 대승기에 투합하였으니, 털끝만큼의 힘도 쓰지 않고서 가뿐하게 나 운봉의 주장자 한 자루 꺾는구나'. 佛成道先一日入山 同雲峰遊山次 士乞峰拄杖 峰便打 士便拜再乞 峰乃與之 未及擧跬 便折卽乞偈 峰笑云 氣骨生成也大奇 偶然投合 大乘機 輕輕不用纖毫力 折我雲峰杖一枝"라고 하였다. 〔참고문헌〕『錦江禪燈』.

투화득불 投華得佛 꽃을 던져 부처를 만나다. 밀교의 관정(灌頂)절차 중 하나로 비단으로 눈을 가린 채 만다라단에 들어가 꽃을 던지고, 그 꽃이 떨어진 위(位)의 불보살을 본존(本尊)으로 삼는 결연(結緣)의식을 말한다. 『금강불공삼매대교왕경』 권6(대정장8, p.814b24)에 "아사리는 법에 따라 제자에게 전수하면서 그 제자의 얼굴을 깨끗한 비단으로 가리게 하고 손에는 갖가지 아름다운 꽃을 들게 하며 그런 뒤에 만다라 안으로 들어오게 한다. 제자는 일심으로 간절히 큰 서원을 일으키며 들고 있던 꽃을 마음먹은 대로 던지는데, 꽃이 떨어진 곳이 바로 본존의 자리이다. 본존을 얻고 나서는 얼굴의 비단을 벗긴다. 阿闍梨當依法傳授弟子 令其弟子以淨帛覆面 手持種種妙花 然後引入曼拏羅內 弟子當一心懇切發大誓願 將所持花任意散擲 隨花墮處卽是本尊 得本尊已乃去其面帛", 『다라니집경』 권12(대정장18, p.891b22)에 "아사리는 다음처럼 말해야 한다. '그대들이 던진 꽃은 아무개 부처님과 반야·아무개 보살·아무개 금강·아무개 천신 등의 위에 떨어졌다. 각각 떨어진 곳을 그대들은 기억하여 잊지 마라'. 꽃을 던지고 나서 도량 안의 문 남쪽에 무릎을 꿇고 앉아 뒤따르는 제자가 도착하기를 기다려서는 곧 물러나게 하여 서쪽 가장자리에 앉게 하라. 나머지 제자들 각각도 이에 준해서 모두 다 주변에 둘러앉는다. 阿闍梨語 汝散花 著某佛般若 某菩薩 某金剛 某天等位 隨其所著 好記莫忘 散花竟者 在道場內門南 跪坐 待後弟子到來 卽令却行而出坐於西邊 諸餘弟子一一准此總盡周遍", 『대일경소』 권15(대정장39, p.737a10)에 "두 번째 만다라의 좌위를 보는 것이다. 제자를 데리고 와 단 안에 들어가서 예배공양하고 꽃을 본위에 던지게 하라. 스승은 제자에게 고하기를, '그대의 꽃이 아무개의 존위에 떨어졌다'고 하면서, 제자에게 본존의 명호를 알려주고, 아울러 단문 안에 들어가 모든 위를 다 보게 한다. 이것을 제2의 삼매야라고 부르는데, 만일 제자가 진언과 수인을 청하면 그에게 알맞은 것을 수여한다. 第二 見漫荼羅坐位 謂引彼入於壇中 禮拜供養 投花散於本位 師告彼汝花墮某尊位上 爲說本尊名號 幷得入壇門內悉見諸位也 此人說名第二三昧耶也 若請眞言及印 亦得隨所應者授之"라고 하였다. 〔참고문헌〕『金剛不空三昧大教王經』, 『陀羅尼集經』, 『大日經疏』. ⇨ 결연관정 結緣灌頂, 수명관정 受明灌頂, 관정 灌頂[1]

투회 投灰 재에 몸을 던진다는 말. 이것을 고행으로 삼아 수행하는 도회외도(塗灰外道)를 가리킨다. 『수능엄의소주경』 권2(대정장39, p.852b19)에 "투회 등이란 바로 고행외도니, 나체로 머리털 뽑고 채찍에 가시 두르며 오열로 몸을 달군다. 投灰等 卽苦行外道 裸形披髮 鞭纏棘刺 五熱炙身也", 『능엄경의소석요초』 권3(卍속장16, p.912a9)에 "투회는 범어로 번륜발다이며 도회라 한역하니, 온몸에 재 바름이며 이 또한 고행이다. 投灰者 梵云幡輪鉢多 此云塗灰 卽徧身塗灰也 並苦行也", 『능엄경여설』 권2(卍속장20, p.794b1)에 "투회는 고행외도인데, 몸속에 하나의 신아가 있어서 상주하고 불멸하며 곳곳에서 생을 받는다고 망령되이 헤아린다. 投灰 苦行外道 妄計身中 有一神我 常住不滅 處處受生", 『능엄경지장소』 권2(卍속장24, p.277a4)에 "투회는 도회라고도 한다. 어떤 땐 몸을 재에 던지기도 하고 어떤 땐 재를 몸에 바르기도 하는데 무익한 고행이다. 또 머리털을 뽑고 코를 그을리며 바늘을 깔고 자고 가시 위에 누우며 벌거벗고 스스로 굶는 류가 있다. 投灰 或云塗灰 言有時以身投灰 有時以灰塗身 無益苦行也 更有拔髮熏鼻 眠針臥刺 躶形自餓之類"라고 하였다. 〔참고문헌〕『首楞嚴義疏注經』, 『楞嚴經義疏釋要鈔』, 『楞嚴經如說』, 『楞嚴經指掌疏』. ⇨ 도회외도 塗灰外道

튈낭사 'Phrul snang寺 대초사(大招寺). 튈낭은 부사의(不思議)한 화현(化現)이라는 뜻이다. 문성(文成)공주가 티베트로 모셔온 불상(佛像)인 조오(Jo-bo)부처님을 모신 절이라 하여 조캉(Jo-khang : 大昭寺)이란 이름으로도 불린다. ⇨ 대초사 大招寺

특균입구 膡蚼入口 풀무치와 노래기 입으로 들다. 몹시 궁핍한 삶을 뜻한다. 특(膡)은 등(滕)과 통한다. 『조주어록』 권상 「중각조주조사어록서 重刻趙州祖師語錄序」(가흥장24, p.357a16)에 "남전의 진자이자 마조의 적손은 오직 이 노스님 한 분뿐이시다. 그 자취를 드리움에 있어서 말해 무엇하랴. 풀무치와 노래기가 입으로 들고 기울을 드시면서도 스스로를 편안히 하셨다. 현보를 굴림에 밝은 구슬 바다에서 꺼내셨으니 두 왕의 공양을 받으셨다. 이와 같았으니 어찌 앞선 부처님이 현세에 나타나 중생을 이롭게 하심이 아니라 하겠는가. 南泉眞子 馬祖的孫 其惟此老一人而已矣 其垂跡也 膡蚼入口 而糠食自安 轉現報也 明珠出海 而二王供養 如此則寧非先佛 示現利生者哉"라고 하였다. 〔참고문헌〕『趙州語錄』.

특기나 特崎拏 Ⓢ dakṣiṇa의 음사어. 오른쪽(右). 『남해기귀내법전』 권3(대정장54, p.225b13)에 "특기나는 곧 오른쪽인데, 통틀어 존경과 편의를 가리키는 말임을 밝힌다. 고로 당시 사람들은 오른손을 특기나수라고 하였다. 特崎拏 卽是其右 總明尊便之目 故時人名右手 爲特崎拏手"라고 하였다. 〔참고문헌〕『南海寄歸內法傳』. ⇨ 발라특기나 鉢喇特崎拏

특수 特殊 Ⓢ viśeṣa, Ⓣ bye-brag. 실재하는 만유(萬有)를 서로 구별짓는 것으로 육구의(六句義) 또는 십구의(十句義) 중 하나인 이구의(異句義). 외도 승론(勝論 Ⓢ Vaiśeṣika)의 설로 원자나 허공, 시간과 공간과 영혼 같은 영구한 실체에 내재하여 낱낱의 실체들이 서로 구분되도록 하는 성질이며, 분할되지 않고 궁극적 실체에만 내속(內屬)된다고 한다. 〔참고문헌〕 *Mvyut.204.*, 『勝宗十句義論』(대정장54, p.1263c15), 이지수 『인도철학』(민족사, 1991). ⇨ 이구의 異句義

특위다 特爲茶 특별한 이를 위해 베푸는 차. 하안거 결재시 신참승이나 새로 소임을 맡은 이들에게 좌위(座位)를 안배할 때 등에 행한다. 반면에 대중에게 늘 공양할 때는 보차(普茶)라 한다. 『총림교정청규총요』 권상(卍속장112, p.1b7)에 따르면, 특위다육출좌(特爲茶六出座)·특위다팔출좌(特爲茶八出座) 등 여러 모임이 있다. 『선림상기전』 권17(불광장, 禪藏, p.1288)에 "특위다 : 도충(道忠)이 말한다. '특별히 사람을 정하고 찻물을 끓이므로 특위다라 한다'. 特爲茶 忠曰 特爲此人點 故曰特爲茶", 『백장청규』 권4 「당사특위신구시자다탕 堂司特爲新舊侍者茶湯」(대정장48, p.1135b3)에 "방장이 특별히 새로 온 수좌에게 차를 베풀고 나면, 당사 또한 새로 온 시자와 이전 시자를 불러 특별히 차를 베푼다. 候方丈特爲 新首座茶罷 則堂司亦請新舊侍者 特爲茶"라고 하였다. 〔참고문헌〕『叢林校定淸規總要』, 『禪林象器箋』, 『百丈淸規』. ⇨ 보차 普茶

특위탕 特爲湯 특정한 이나 대중을 위하여 탕을 끓임. 『백장청규』 권2 「영대존숙 迎待尊宿」(대정장48, p.1122b23)에 "청객시자는 안내장을 갖추고 객위에 가서 향을 사르고 절을 올린 다음 특위탕을 청한다. 請客侍者具狀 詣客位 揷香拜 請特爲湯"라고 하였다. 〔참고문헌〕『百丈淸規』. ⇨ 특위탕사출 特爲湯四出, 특위다 特爲茶

특위탕사출 特爲湯四出 특위탕을 사조(四組)로 나누어 차례로 베푸는 일. 『선림상기전』 권2(불광장, 禪藏, p.148)에 "특위탕사출 : 『백장청규』 「방장이 특별히 신구양서를 위하여 탕을 베풂」에 '새로 온 상수 수좌는 첫 번째 자리(일출), 새 지사는 두 번째 자리(이출), 옛 두수는 세 번째 자리(삼출), 옛 지사는 네 번째 자리(사출), 나머지 근구로서 광반의 경우는 주반 양편에 자리하며, 서서는 좌측에, 동서는 우측에 자리한다'고 한다. 特爲湯四出 敕修淸規 方丈特爲新舊兩序湯云 新頭首一出 新知事二出 舊頭首三出 舊知事四出 餘勤舊預光伴者 列主伴兩邊 西序居左 東序居右"라고 하였다. 〔참고문헌〕『禪林象器箋』, 『百丈淸規』 권4(대정장48, p.1135a20).

특은도승 特恩度僧 황제가 특전을 내려 출가를 허가하는 것. 『불조통기』 권51(대정장49, p.452c27)에 "특은도승 : … 수 문제는 칙령을 내려 백성을 출가하게 하였는데, 이 해에 50만 명을 출가시켰다. … 당 태종 정관 원년에 천하의 승니 3천 명을 출가시켰다. … 송 태조는 장춘절에 동행 8천 명을 출가시켰다. 特恩度僧 … 隋文帝 勅士庶出家 是歲度僧五十萬 … 唐太宗正觀元年 度天下僧尼三千人 … 宋太祖長春節 度童行八千人"라고 하였다. 〔참고문헌〕『佛祖統紀』.

특의나가타 特欿拏伽他 Ⓢ dakṣiṇā-gāthā의 음사어. 시주의 복을 기원해서 부르는 소리내 외우는 게송. 달친(達嚫)으로도 음사하며, 시송(施頌)이라 한역한다. 『남해기귀내법전』 권1(대정장54, p.211b6)에 "세존께서 재세 시에는 친히 주원을 하셨는데, 공양이 끝나면 반드시 특의나가타를 설하셨다. 이는 시물로 받들어 모신다는 뜻이며, 특의니야(Ⓢ dakṣiṇīya)란 바로 이에 마땅히 공양받는 사람이다. 이에 성인께서는 매번 공양이 끝나면 반드시 한 수나 두 수의 다나가타(陀那伽他 Ⓢ dāna-gāthā)를 읊어서 시주의 은혜를 갚아야 한다고 제하셨다. 世尊在日 親爲呪願 但至食罷 必爲說特欿拏伽他 是將施物供奉之義 特欿尼野 卽是應合受供養人 是故聖制 每但食了 必須誦一兩陀那伽他 報施主恩"라고 하였다. 〔참고문헌〕『南海寄歸內法傳』. ⇨ 달친 達嚫[1], 다나가타 陀那伽他, 시송 施頌, 가타 伽陀

특의나주원 特欿拏呪願 보시를 받았을 때 게송을 부르며 시주(施主)의 복을 기원하는 것. 시송(施頌)이라고도 한다. 특의나는 범어 dakṣiṇā의 음사어다. 『유부율』 권27(대정장23, p.776a14)에 "무릇 수사인(維那)은 건물을 짓기 위해 나무를 베려 할 땐 7~8일 전에 저 나무 아래에 만다라를 만들고 향화를 벌여 놓고 제사 음식들을 진설하고 『삼계경』을 외워야 하며, 나이 많고 덕망 높은 비구가 특의나주원을 짓고 십선도를 설하며 선업을 찬탄해야 한다. 凡授事人 爲營作故 將伐樹時 於七八日前 在彼樹下 作曼茶羅 布列香花 設諸祭食 誦三啓經 耆宿苾芻 應作特欿拏呪願 說十善道 讚歎善業"라고 하였다. 〔참고문헌〕『有部律』. ⇨ 시송 施頌

특지일장수 特地一場愁 유달리 한바탕 근심뿐이리. 『경덕전등록』 권20 「화엄처진전 華嚴處眞傳」(대정장51, p.364b24)에 "'괴겁에 이 한 물건도 무너지는지요?' '벼랑에 몰려 호랑이 눈 마주본다면 유달리 한바탕 근심

뿐이리'. 問 劫壞時 此箇還壞也無 師曰 臨崖覷虎眼 特地一場愁", 『대혜어록』 권3(대정장47, p.821c1)에 "어떤 것이 당당 그 끝 정체인가? 벼랑 끝에서 물에 비친 눈 보다니 끝도 없이 슬프다. 如何是堂堂底正體 臨崖看滸眼 特地一場愁", 『벽암록』 43칙 「착어 著語」(대정장48, p.180a20)에 "진실 거짓을 가리지 못하고, 굽은 칼집 곧은 칼 감추지 못한다. 벼랑에 몰려 호랑이 마주할 땐 유달리 한바탕 근심뿐이리. 큰 바다 뒤집고 수미산 걷어차 넘어뜨리네. 眞不掩僞 曲不藏直 臨崖看虎兕 特地一場愁 掀翻大海 踢倒須彌"라고 하였다. [참고문헌] 『景德傳燈錄』, 『大慧語錄』, 『碧巖錄』.

티데송첸 Khri-lde-srong-btsan 761~815. 티베트의 티송데첸왕의 막내아들로 왕위를 이어받은 형이 어머니에게 암살당해 왕위에 올랐다. 세나렉(Ⓣ Sad-na-legs)이라고도 불린다. 인도에서 스승들을 초청해 삼예사원을 중심으로 역경사업을 수행했다. 라사 근처에 카르충(Ⓣ sKar-chung)사원을 세우면서 지방의 군주들을 모아 불교를 권장하고 따를 것을 약속 받은 일을 적어 비를 세웠다. 체계적인 역경 사업을 위해 예셰데(Ⓣ Ye-shes-sde)에게 『번역명의대집 飜譯名義大集』을 편찬토록 해서 814년에 완성했다. 이에 따른 불교용어를 신정어(新定語 Ⓣ skad-gsar-bcad)라고 부르며 한역서인 『이권본역어석 二卷本譯語釋』도 편찬되었다. [참고문헌] Yeshe De Project *Ancient Tibet : Research Materials from The Yeshe De Project* (California : Dharma Publishing, 1987).

티베트 Tibet ➡ 티베트불교 Tibet佛敎

티베트고승전집 Tibet高僧全集 독립된 문헌의 이름은 아니다. 이 표제 아래 티베트불교인들이 편찬한 여러 가지 전서(全書)를 소개한다. [내용] 인도에서 찬술된 경율론(經律論)은 티베트에서는 칸귤(bka'-'gyur 經律) 및 텐귤(bstan-'gyur 論)이라는 이름으로 정리되어 티베트대장경을 형성한다. 이들 이외의 티베트인들의 불교저작을 일괄하여 티베트찬술불전(撰述佛典) 또는 장외불전(藏外佛典)이라고 부르는데, 그 대부분은 숭붐(gsung-'bum 十萬御言) 또는 칸붐(bka'-'bum 十萬敎勅)이라는 이름으로 정리되어 있다. 이 둘은 모두 '수많은 말씀'을 의미하며, 통상 전서(全書 complete works)라고 의역한다. 개인 저작이 아닌 티베트불교의 각 파(派)에 속하는 선덕(先德)이나 고승저작을 중심으로 그의 수제자나 관계서를 집록(集錄)하여, 후학들이 그 고승의 이름이나 연고지의 이름 또는 절 이름을 취하여 집록한 후에 개판한 류들을 가리킨다. 장외불전에 대한 연구는 지금도 집록 및 연구중에 있으며, 티베트 본토에서 출발하여 동쪽으로 감숙(甘肅)·내몽고(內蒙古)·화북(華北) 등 지역에 전래된 것들이나 서쪽의 네팔·캐시미르 등 지역에 전래된 것들은 근대 이후 구미(歐美) 등 연구자들에 의해 알려지고 있는데, 알려진 중요한 자료들은 다음과 같다. ① 부퇸전서(Bu-ston 全書) 26질(帙) : 부퇸은 13세기 티베트의 학승(學僧)으로서 『불교사 佛敎史』를 남겼다. 그는 칸규파(Bka' rgyud pa)의 일파인 투푸파(Khro phu pa)에 속하였는데, 현교와 밀교의 여러 주소(註疏) 외에 대장경목록을 작성하였다. 이 전집의 원판본(原版本)은 불타버렸고 그 인쇄본은 희귀서인 실정이지만 다행히도 일본에 달라이라마 13세 때 개판한 완본(完本)이 동북대학(東北大學 東北目錄 5001~5206)에 소장되어 있다. ② 쫑카파전서(Tsong kha pa 全書) 17 또는 18질 : 겔룩파(Dge lugs pa)의 개조로서 티베트불교 중흥의 스승으로 추앙받는 쫑카파의 찬술집이다. 현밀(顯密)에 걸친 그의 위대한 학업(學業)이 『보리도차제론』과 『비밀도차제론』을 중심으로 편집되어 있다. 판본에 따라서 그 편집도 질수(帙數)도 다르다. 일본 동북대학(東北目錄 5259~5420)과 동양문고(東洋文庫)에 소장본이 있고, 그 외 대곡대학(大谷大學)소장본은 영인간행(影印北京版目錄 6001~6210)되어 있다. ③ 겔찹전서(Rgyal tshabs 全書) 8질(東北目錄 5421~5455). ④ 케둡전서(Mkhas grub 全書) 10질(東北目錄 5456~5521). ⑤ 달라이라마전서(Dalai bla ma 全書) 42질. ⑥ 판첸라마전서(Pan chen bla ma 全書) 40질. ③과 ④의 겔찹과 케둡은 모두 쫑카파의 수제자로서, 각각 대(代)를 이어 계승해 온 달라이와 판첸 양대(兩大) 라마의 조상으로 추앙받고 있다. 현관(現觀)과 인명(因明)을 비롯한 현밀의 중요 문헌을 다수 포함한다. 달라이1세(東北目錄 5522~5542), 2세(同 5543~5584), 5세(同 5587~5671), 7세(同 5823~5876), 판첸1세(同 5877~5981), 2세(東洋文庫) 등 양대 라마의 전집 및 ③과 ④가 일본에 전해져 있다. ⑦ 사캬판디타전서(Sa skya paṇḍita 全書) 약 50질 : 사카사(寺) 역대의 저작집으로서 문법과 밀교관계 서적이 많다. ⑧ 데시전집(Sde srid 全集) 약 20질 : 달라이라마 5세의 수상이었던 데시 상게 강쪼의 찬술집. 의공(醫·工) 등에 관한 서적이 많다. ⑨ 숨파켄뽀전서(Sum pa mkhan po 全書) 12질. ⑩ 타라나타전집(Tāranatha 全集) 18질 : ⑨와 아울러 모두 불교사에 관한 저술이라고 알려져 있으나, 전서의 대부분은 밀교서적이다. ⑨에 대해서는 나가오 가진(長尾雅人)의 조사(『蒙古學問寺』 1946)가 있다. ⑪ 창캬전서(Lcang skya 全書) 12질 : 드론노르 활불(活佛)의 역대총서. 이외에도 대표적 고승의 전서로 투켄전서(Thu'u bkvan 全書) 약 20질, 잠얀셰파전서('jam-dbyangs bzad-pa 全書) 54질, 게쉐전서(Dge shes 全

書) 10질, 롱돌전서(Klong rdol 全書) 2질, 탐치도르제전서 15질 등이 있고, 동북대학에도 예셰 겔첸(Ye shes rgyal mtshan)·라체파(Sgra tshad pa)를 비롯한 아홉 고승의 전서가 입수되어 있으며, 동양문고에도 수종의 전서가 소장되어 있다. [참고문헌] 山口瑞鳳 「チベット佛教」(『佛教史 II』), 矢崎正見 『チベット佛教史攷』, 이호근 안영길역 『티베트불교사』(민족사, 1990).

티베트대장경 Tibet大藏經 광의에서 티베트불교의 다양한 종파에서 인정하고 집성한 불교경론 모두를 아우르는 말. 서장대장경(西藏大藏經)이라고도 불리며 불설부(佛說部)인 경율장(經律藏)의 칸규르(甘殊爾 Ⓣ bka' 'gyur)과 논설부(論說部)인 텐규르(丹殊爾 Ⓣ bstan 'gyur)로 구성된다. 칸규르은 율(律 Ⓣ 'dul ba, Ⓢ vinaja)·반야(般若 Ⓣ sher phyin, Ⓢ prajñāpāramitā)·화엄(華嚴 Ⓣ phal chen, Ⓢ buddhāvataṃsaka)·보적(寶積 Ⓣ dkon brtsegs, Ⓢ ratnakūṭa)·제경(諸經 Ⓣ mdo, Ⓢ sūtra)과 비밀(秘密 Ⓣ rgyud, Ⓢ tantra)의 6부로 나뉘지만 제경에서 열반(涅槃)을 독립시키기도 한다. 판본에 따라 조금씩 다르지만 대략 101권에서 120권으로 구성되었다. 텐규르의 경우는 인도스승들의 경전주석서들과 개별적 저작들은 물론 자타카(Ⓢ Jātaka : 本生經)를 비롯해 찬송·경소·유식·구사·서한·인명·성명·의명·제부(讚頌 經疏 唯識 俱舍 書翰 因明 聲明 醫明 諸部) 등인데, 대략 220권에서 250권 분량이고 총 4,000부가 넘는 문헌들로 구성되었다. 이같은 편재는 9세기의 초기장서목록인 덴카르마(Ⓣ lDan dkar ma)에서도 이미 나타난다. 송첸감포(Srong btsan sgam po)왕대에 톤미 삼보타(Thon mi sam bhoṭa)에 의해 불교가 전해지기 시작하였고, 티베트의 역경(譯經)은 산스크리트로 쓰인 인도불교경전을 번역하기 위한 티베트문자가 7세기 무렵에 만들어진 이후 본격적으로 시작되어 17세기까지 계속되었다. 그 사이 샨타라크시타(Ⓢ Śāntarakṣita)와 카말라실라(Ⓢ Kamalaśīla)가 8세기에, 아티샤(Ⓢ Atīśa) 및 그밖의 인도 스님들이 11세기에 도래하였고, 인도의 학승과 티베트의 번역관(Lo tsa ba)이 협력하여 불전을 번역해 냈다. 9세기에는 기본 역어집(譯語集)인 『번역명의집 *Mahāvyutpatti*』에 의지하여 개역(改譯)이나 역어(譯語)의 통일이 이루어졌다. 소실된 경전의 경우에는 한역(漢譯)과 코탄어역을 참조하여 번역했는데 이를 구역(舊譯)시대라 한다. 한편 목록은 8세기 말에 처음으로 작성되었는데 9세기의 『덴카르마목록』이 이를 계승하였고, 여기에 점차 새로운 경록(經錄)이 첨가되어 개정되었다. 이러한 목록을 근거로 칸규르과 텐규르의 2부로 된 대장경이 편집되었다. 그 후 14세기에 부퇸린첸둡(Ⓣ Bu ston rin chen grub 1290~1364)의 주도로 또 한 번 경전들이 수집편찬되는데 이 때를 신역(Ⓣ gsar 'gyur)시대라 한다. 구역시대와 비교해 밀교경전의 번역비율이 월등히 높아졌으며, 텐규르목록에 대부분의 밀교주석들이 포함된 것도 바로 이때다. 신역시대 처음 간행본은 고(古)나르탕(Ⓣ sNar thang)본이라 불리는데 현재 전하지 않는다. 이후 이 판본의 전승은 서쪽과 동쪽으로 나뉘어 서쪽계열은 14세기초에 제작된 템팡마(Ⓣ Them spangs ma) 사본들로부터 시작되고, 동쪽계열은 14세기 중반의 첼파(Ⓣ Tshal pa) 사본들로부터 시작되었다. 몇 번에 걸쳐 재판되다가 제7대 달라이라마의 주도로 1730년부터 4년에 걸쳐 다시 개보수되었는데, 이를 나르탕신판(新版)이라 한다. 이외에도 리탕(Ⓣ Li thang)판 및 그밖의 판을 근거로 델게판(Ⓣ sDe dge)이 개판되었다. 진장된 장소에 따라 붙여진 이름이다. 현존하는 텐규르편집본도 또한 계통에 따라 두 그룹으로 나뉘는데 북경판(北京版 Ⓣ Pe cin)·간덴판(Ⓣ gSer bris ma)·나르탕판(Ⓣ sNar thang)이 동일 계열이고, 다른 하나는 쪼네판(Ⓣ Co ne)과 델게판(Ⓣ sDe dge)이다. 중국에서는 당(唐)대 이래로 티베트와의 교섭이 있었는데 8~9세기에는 상당수의 한역경전들이 티베트로 전해져 번역되었다. 원(元)대에는 거꾸로 라마교가 중국으로 전해져 유통되었다. 『지원법보감동총록 至元法寶勘同總錄』(至元錄, 昭和法寶目錄 제2권)은 최초로 한역(漢譯)과 티베트어본(蕃本)을 대조한 것이다. 명(明)대에 이르러 중국 최초의 서장대장경으로 영락판(永樂版 1480)이 완성되었고, 이어서 만력판(萬曆版) 및 청(淸)대의 강희판(康熙版)이 선을 보였다. 강희판은 강희 22년(1684)에 시작되어 옹정(雍正) 2년(1700)에 완성된 것으로 통상 북경판(北京版)이라 불린다. 강희판은 건륭(乾隆)년간(1737)에 다시 수정보완되었다. 이밖에도 감숙성(甘肅省)의 쪼네판과 푸나카·챰드·제쿤붐판(版) 등이 있다. 또 20세기에 와서는 달라이라마 13세의 칙령으로 라사(Lha-sa)판이 간행(1920)되기도 하였으나, 달라이라마 13세가 서거하자(1934) 중단되어 칸규르만 간행되었다. 대장경 외에도 따로 수집되어 간행된 티베트경전군이 전한다. 대표적으로 티베트불교의 초기전파시대에 뿌리를 둔 닝마(Ⓣ rNying ma)전통에서 전승한 닝마규붐(Ⓣ rNying ma rgyud 'bums)과 개별 대장경인 테르마(Ⓣ gTer ma)문헌들이다. 닝마규붐은 초기불교전파시대 때 전승된 인도기원의 탄트라 경전들이 번역된 것이고, 테르마는 파드마삼바바에 의해서 티베트에 전수되어 비장(秘藏)되다가 각 계보에서 적절한 수행자가 나왔을 때만 전해진 가르침들을 말한다. 티베트대장경만의 특색을 살펴보면 한역과 공통되는 경론이 551부에 지나지 않고, 나머지 중 3000부 이상이 밀교와 관련된다. 한역과 티베트역의 번역연대가 다르고, 티벳이 인도불교의 변천과 부침에 보다 더 직접적이었기 때문이다. 또 한역과 달리 의미번역보다는 산스크리트원문에 충실한데, 이는 티베트어가 불전번역을 위해 산스크리트를 모방하여 창조되었기 때문이며, 티베트에는 중국과 같은 문자화된 고대문화가 없었기 때문이기도 하다. 또 이역본(異譯本)을 남기지 않고 점차 개역하여 구역(舊譯)을 버리는 일도 있어서, 『팔천송반야 八千頌般若』는 무려 다섯 번이나 개정되었다. 그리고 티베트인들의 저작을 대장경에 입장하지 않고 고승전집으로 남기는 원칙을 고수하였다. 티베트대장경은 1954~1959년 일본의 서역대장경연구회에 의해 『영인북경판서장대장경 影印北京版西藏大藏經』(151권)으로 출판되었고, 1962년에 속편 13권(宗喀巴全譽·章嘉全書)도 간행되었다. 미국 뉴욕에서 발간된 것으로는 *Microfish Edition of the Co-ne Tanjur*(Institute for Advanced Studies of World Religions, 1974)가 있다. 출판된 목록은 다음과 같다. ① P. Cordier, *Catalogue de fonds tibétains de la bibliothèque nationale*, Paris, 1909~1915(北京版 텐귤) ② H. Beckh, *Verzeichnis der tibetischen handschriften der königlichen bibliothek zu Berlin*, Berlin, 1914(칸귤) ③ 河口慧海, 『河口目錄』, 1928(나르탕版 칸귤) ④ 『北京版甘殊爾勘同目錄』, 大谷大學, 1932 ⑤ 東北大學藏版, 『西藏大藏經總目錄』, 1934(데게版 칸귤·텐귤) ⑥ 芳村修基, 『lDan dkar ma 目錄』, 龍谷大學, 1950 ⑦ 壬生台舜, *A Comparative List of the Bka' 'gyur Division in the Co ne, Peking, Sde-dge and Snar-thang Editions*, 大正大學紀要, 44, 1959 ⑧ 『影印北京版西藏大藏經總目錄·索引』, 1961(칸귤·텐귤·續編) ⑨ 高崎直道編, 『東京大學文學部所藏 lha sa版 チベット大藏經目錄』, 東京大學 印度哲學研究室, 1965 ⑩ 『大谷大學圖書館藏 西藏大藏經丹殊兩勘同目錄 1-1』, 鈴木學術財團, 1965 ⑪ 壬生台舜編, 『大正大學所藏チベット大藏經 sNar thang版論疏部目錄』, 大正大學, 1967 ⑫ 『東京大學所藏チベット文獻目錄』, 東京大學文學部印度哲學印度文學研究室, 1965 ⑬ Alaka Chattopadhyaya, *Catalogue of Kanjur and Tanjur*, vol.I, Texts(Indian Titles) in Tanjur(Alphabetically Rearranged), Indo-Tibetan Studies, Calcutta, 1972(Cordier 목록색인). 나아가 현존하는 다양한 티베트대장경 판본들은 20세기를 거치면서 전산화되고 있다. 일본 오타니대학은 2009년부터 티베트경장의 편집·판본별 목록을 전산화하여 검색가능한 자료를 제공하고 있다. 1999년에 티베트학자였던 진 스미스(E.Gene Smith)가 미국 뉴욕에서 발족한 비영리단체 티베트불교연구센터(Tibetan Buddhist Resource Center, 약칭 TBRC)는 대장경은 물론 소장 중인 티베트고서들의 디지털화작업을 시작하였는데, 2016년부터 TBRC는 불교디지털자료센터(Buddhist Digital Resource Centre, 약칭 BDRC)로 이름을 바꾸고 장서목록을 티베트자료는 물론 인도자료까지 포함한다는 목표 하에 작업규모를 확장하였다. 오스트리아의 비엔나대학교도 티베트대장경을 전자문서형태로 온라인에서 제공하고 검색할 수 있도록 하는 프로젝트인 'Resources for Kanjur&Tanjur Studies'(약칭 rKTs)를 진행 중이다. 이와 더불어 티베트대장경의 현대어번역사업(www.84000.co) 또한 켄체재단(Khyentse Foundation)의 주관으로 시작되었는데, 현재는 칸귤의 전체번역을 목표로 관련연구자들이 지원형식으로 참여하고 있다. 〔참고문헌〕 山口瑞鳳 「チベット佛教」(『佛教史 II』), 矢崎正見 『チベット佛教史攷』, 이호근 안영길역 『티베트불교사』(민족사, 1990), Phillip Stanley 'The Tibetan Buddhist Canon'(*Wiley Blackwell Companion to East and Inner Asian Buddhism*, 2014) pp.383~407.

티베트라마교육 Tibet bLa-ma敎育 티베트의 라마(bLa ma)를 위해 수행되는 교육. 라마는 스승(guru)이란 뜻으로 라마교육의 년한은 길고 제도나 조건 또한 극히 엄중하다. 라마교육은 궁극적으로는 게셰(Ⓣ dge bshes, dge ba'i bshes gnyen Ⓢ kalyāṇa-mitra)를 출생시키고 나아가 게셰중에 전생자(轉生者)로서의 살아있는 부처님 즉 활불(活佛)의 출생을 도모하는 교육이라 할 수 있다. 라마가 되려면 6세~8세에 사원 안에 있는 학교에 들어가 먼저 옛 선지식들의 격언 등을 암송해야 한다. 12년간 시험과정을 거친 다음 증명법사(證明法師)의 승인을 밟아 승적부에 등재되면 은휘장을 받고 가사를 수하며 삭발식을 행하고 비로소 법명을 받는다. 다시 12년을 점차로 학습하여 기도하고 경을 익히며 자주 문답하여 대중들 앞에서 난제(難題)에 능히 답하는 구술시험을 통과해야 하는데, 티베트불교의 각 파(派)마다 학습차제가 다르지만 그 과목은 대체로 인명(因明)·반야(般若)·중관(中觀)·구사(俱舍)·율(律) 등이다. 이렇게 전통적 불학(佛學)시험들을 모두 통과해야 비로소 게셰라는 법계(法階)를 받고 활불로 인정받기 위한 기본적인 덕을 갖춘다. 게셰란 '덕(德) 높으신 선지식(善知識)'을 뜻하는데, 이 과정을 실행하여 그 과(果)를 얻는 이는 극히 적다. 그래서 라마의 음식을 삼킨다는 것은 뜨거운 쇳덩이를 삼키는 일이라 할 정도로 고통스럽고 어려운 과정이다. 게셰는 성적의 우열에 따라 다시 네 등급(拉然巴 曹然巴 林瑟巴 日讓巴)으로 나뉘며, 1등과 2등은 라싸 3대사원(甘丹·色拉·哲蚌寺)에 주석할 수 있는 자격이 주어지고, 3등과 4등은 라싸 외 지역의 절에서 학인(學人)들을 지도하는 스승이 되기도 한다. 결국 라마교육은 티베트인들의 활불의 꿈을 상속해가는 토대이기도 하다. [참고문헌] 심혁주 「티베트사원의 교육제도」(법보신문, 2012). ⇨ 게세 dGe-bśes, 간덴사 dGaḥ-ldan寺, 세라사 Se-ra寺

티베트문자 Tibet文字 티베트어를 표기하는 데 쓰는 문자. 왕명으로 산스크리트 불전의 번역을 위하여 인도로 파견된 특사 퇸미삼보타(Ⓣ Thon-mi-saṃbhoṭa 7세기경)와 스님들이 당시 인도에서 사용되던 브라흐미(Brahmī)계열의 굽타(Gupta)문자 등을 본떠 만들었으며, 이후 티베트영향권인 시킴지역의 림푸(Limpu)와 버마의 렙차(Lepcha)문자, 부탄의 종카(Ⓣ Rjong-kha) 등에도 영향을 주었다. 자모로 구성되는 표음문자 체계인 아부기다(Abugida)에 속하며 왼쪽에서 오른쪽으로 적는다. 각 음절의 오른쪽 위에는 첵(Ⓣ tsheg)이라 불리는 작은 점을 찍는데, 빈칸과 같은 기능을 한다. 서른 개의 기본자음은 여타 인도어와 같이 'ㅏ'모음을 자체적으로 지니고 네개의 모음(ㅣ·ㅜ·ㅔ·ㅗ)을 자음 위아래에 기호를 부가해 표기한다. 또한 특정 자음들을 위(superscript)와 아래(subscript)로 겹쳐 쓰는 것이 주요한 특징이기도 하다. 문장이 끝나면 수직으로 '한 줄 |'을 긋는 칙둡(Ⓣ tshig-grub)이라는 기호를, 글 전체의 마감은 '두 줄 ||'을 긋는 된첸(Ⓣ don-tshan) 기호를 사용한다. 기본 자모음 외에 산스크리트어의 반전음(retroflex) 등을 음사하기 위해 추가적인 표기체계도 갖추었다. 출판과 공식기록물에는 우첸(Ⓣ dBu-can : 有頭)이라는 정자법을 주로 쓴다. 필기와 속기에 쓰는 우메(Ⓣ dBu-med : 無頭)문자형은 문서기록에 쓰는 형태(Ⓣ 'Bru-tsa)와 경전기록에 쓰는 형태(Ⓣ dPe-tshugs)의 두 가지로 나뉜다. 라틴문자를 써서 티베트어를 표기하는 법에는 와일리(Wylie) 등의 법이 있다.

티베트불교 Tibet佛敎 티베트를 중심으로 발전한 불교로 라마교라고도 불린다. 부탄(Bhutan)·라다크(Ladakh)·시킴(Sikkim) 등의 히말라야지역도 티베트불교의 영향권에 속한다. 티베트에 불교가 전래된 과정을 크게 다섯 시기로 나눠 보면 다음과 같다. [1.티베트왕조와 불교의 초기전래snga-dar, 6~9세기] 전설에 따르면 얄룽(Yarlung)계곡에 세워진 왕조의 24대 왕인 라토토리낸챈(Ⓣ Lha tho tho ri gnyan bstan)이 다스리던 4세기 무렵에 인도에서 불교가 처음 전래되었다고 전한다. 하지만 공식적으로 기록되는 첫 번째 불교 법왕은 송챈감포(Ⓣ Srong btsan sgam po 605~649)다. 송챈감포는 불교뿐만 아니라 티베트에 문자체계 등도 함께 들여왔다고 전한다. 티베트를 통일하고 당 태종의 문성공주(文成公主)와 네팔국왕의 공주 티춘(Ⓣ Khri btsun, Ⓢ Bhṛkuṭī)과의 정략결혼을 통해 외부 나라와도 세력을 결속했다. 불교신자였던 두 공주는 각각 당으로부터 모셔온 석가모니불상을 조캉(Ⓣ Jo khang)사원에, 네팔에서 모셔온 아미타바(Amitabhā)불상은 라모체(Ⓣ Ra mo che)사원에 봉안했다. 또한 불교경전을 티베트어로 번역하기 위해 퇸미삼보타(Ⓣ Thon mi sambhoṭa) 등을 인도 카슈미르 지역에 파견했고, 중국으로부터는 관세음보살의 화신을 의미하는 보왕(寶王)이라는 칭호도 받았다. 그의 뒤를 이어서도 왕실은 계속 불교를 중흥했고, 티데축첸(Ⓣ Khri lde gtsug btsan, Mes Ag tshom, 704~754)왕에 와서 더욱 융성해졌다. 중국의 금성공주(金城公主)를 왕비로 맞이했는데, 그녀 역시 티베트에 다섯 개의 불교사원을 세우고 코탄(Khotan)에서 스님들을 초청해 첫 번째 불교승원을 세웠다고 전한다. 티데축첸이 불교를 진흥한 일은 카르충(Ⓣ sKar chung)비문에 전한다. 하지만 이를 반대하는 왕실세력 또한 존재했었기에 티송데첸(Ⓣ Khri srong-lde-bstan 742~800)왕은 이러한 세력을 진압하기 위해 인도로부터 대승불교 학승인 샨타락시타(Śāntarakṣita)와 밀교수행자 파드마삼바바(Ⓢ Padmasambhava)를 티베트에 초청하고 삼예사원을 세웠으며, 첫 번째 수계식을 열어 티베트역사에 공식적으로 기록되는 첫 번째 승가를 세웠다. 본격적인 역경사업의 일환으로 샨타락시타의 주도로 역경팀이 만들어졌고, 산스크리트는 물론 한역과 코탄어역의 불교경전을 티베트어로 번역하기 시작했는데, 이로써 티베트의 첫 번째 종파인 닝마빠(Ⓣ rNying ma)가 세워졌다. 이 즈음 중국 둔황지역과 교류가 활발해지면서 중국 스님 마하연(摩訶衍)도 티베트에 들어와 돈오(頓悟)에 대한 가르침을 펼쳤다. 하지만 점진적 수습(修習)을 강조하던 삼예사의 인도스님들과 차이를 보였고, 왕은 마하연과 샨타락시타의 제자 카말라쉴라에게 이에 관한 논쟁을 벌이도록 했다. 논쟁은 2년 넘게 이어졌고 최종적으로 왕이 인도전통의 손을 들어줌으로써 후기 티베트불교에 인도불교의 전통이 주류로 자리매김하게 되었다. 티송데첸의 뒤를 이어 왕위에 오른 무네첸포(Ⓣ Mu ne bstan po)와, 새나렉(Ⓣ Sad na legs)이라고도 불리는 티데송첸(Ⓣ Khri lde srong btsan 804~815)과, 랄파챈(Ⓣ Ral pa can)으로도 알려진 티축데첸(Ⓣ Khri gtsug lde btsan)왕의 때에도 불교는 티베트왕실의 든든한 지원을 받았다. 새나렉은 역경사업의 기준을 마련하기 위한 『번역명의대집 飜譯名義大集』(*Bye brag tu rtogs par byed pa chen po*)을 편찬토록 했으며, 랄파챈은 일곱 가구가 한 명의 스님을 후원하는 체계를 법제화했고, 서른 개가 넘는 사원을 새로 건설하거나 보수했다. 하지만 랑달마(Ⓣ Glang dar ma 838~842)는 형 랄파챈을 숙청하고 왕위에 올라 불교탄압정책을 펼쳤으나 그 또한 살해당했다. 이후 역사가들이 '파편의 시대(Ⓣ sil bu'i dus)'라고 이름붙인 이 시간동안 많은 스님들은 숨거나 죽임을 당했고 대부분의 경전들도 사라졌다. 〔**2.티베트 왕조 이후의 불교의 재건과 종파의 발전, 10~12세기**〕 10세기 후반부터 시작되는 후기전래(Ⓣ phyi dar) 시기 동안 인도불교문헌은 다시 수집되고 번역되기 시작했는데, 이전과 구분하여 신역(Ⓣ gsar 'gyur)이라 부르는 때다. 특히 반야·중관·인명 등의 주석서들이 번역되었고, 인도 팔라왕조의 지원을 받던 밀교의 의례와 관정 관련한 문헌들도 함께 번역되었다. 이 즈음 서쪽 티베트의 구게왕국에서는 예셰외(Ⓣ Ye shes 'od)가 인도 카슈미르에 스님들을 파견해 불교경전을 수집하고 인도학승 스므르티즈냐냐키르티(Ⓢ Smṛtijñānakīrti, Ⓣ Dran pa ye shes 10세기 후반)를 티베트에 초청했다. 인도에서 수학한 린첸상포(Rin chen bzang po 958~1055)도 예셰외와 함께 밀교문헌번역에 힘썼다. 이즈음 아티샤(Atiśa)라는 이름으로 잘 알려진 유명한 인도 학승 디팜카라슈리즈냐냐(Dīpaṃkaraśrījñāna)도 네팔을 통해 티베트에 들어와 강의와 번역, 저서를 통해 티베트에 밀교(Vajrayāna)가 발전하는 데 공헌했다. 특히 티베트의 생활양식과 문화에 맞도록 대승교설에 부합하는 밀교적 의례와 수행을 체계화했다. 주요 제자였던 돔뙨파(Ⓣ 'Brom ston pa 1004~1064) 등이 아티샤의 교설을 계승해 카담파(Ⓣ Bka' gdams pa)가 확립되었다. 이 시기에 활동한 많은 로차와(Ⓣ lo tsā ba : 역경가) 중 독미샤캬예셰(Ⓣ 'Brog mi śākya ye shes 992~1077)는 인도의 비크라마쉴라(Vikramaśīla)에서 헤바즈라(Hevajra)전통을 수학하고 돌아와 이에 기반한 람대(Ⓣ lam 'bras, mārgaphala, 道果)를 가르쳤고, 제자들은 이를 기반으로 사캬파(Ⓣ Sa skya pa)를 세웠다. 로차와 마르파(Ⓣ Mar pa 1012~1097)는 나로파(Nāropa)와 마이트리파(Maitrīpa)로부터 마하무드라(Mahāmudrā)를 전수받아 제자였던 밀라래파(Ⓣ Mi la ras pa 1040~1123)에게 전했으니, 이것이 카규파(Ⓣ bKa' rgyud pa)의 토대가 된다. 사캬파도 기본적으로 나로파의 가르침에 의지하지만 쾬(Ⓣ 'Khon) 일족 자체가 사캬파로 설립되었다는 점에서 차이가 있고, 특히 인명학과 중관학에 조예가 깊은 학승들을 많이 배출하고 몽골의 지원도 받았다. 카규파는 감포파(Sgam po pa)의 가르침을 통해 여러 지파로 나뉘어 전승되었고, 그 가운데 감포파의 제자인 뒤숨켄파(Ⓣ Dus gsum mkhyen pa 1110~1193)는 제1대 카르마파(Ⓣ Kar ma pa)가 되었다. 그리고 인도 카슈미르에서 칼라차크라(Kalācakra)를 사사받은 유모미쿄도르제(Ⓣ Yu mo mi bskyod rdo rje)의 가르침을 중심으로 12세기 무렵에 조낭파(Ⓣ Jo nang pa)도 세워진다. 조낭파의 사상은 타공(他空 Ⓣ gzhan stong)으로 대표된다. 〔**3.티베트불교의 황금기 13~15세기**〕 여러 종파의 전개와 함께 티베트불교는 몽골왕조의 후원을 받으면서 더욱 융성하였다. 초기 역경문헌목록이 나르탕(Ⓣ sNar thang)에 있던 사캬파와 카담파의 사원에서 정비되기 시작했다. 14세기에 이르러 부뙨린첸둡(Ⓣ Bu ston rin chen grub 1290~1364)은 방대한 역경문헌들을 교정하여 경장(Ⓣ Bka' 'gyur)과 논장(Ⓣ Btsan 'gyur)으로 정리하였다. 티베트불교사에 큰 족적을 남긴 총카파(Ⓣ Tsong kha pa 1357~1419)는 카담·카규·사캬·조낭파의 스승들과 수학한 후 엄격한 승가주의와 계율의 수지를 강조하며 겔룩파(Ⓣ dGe lugs pa)를 일으킨다. 겔룩파는 카담파전통을 계승하기에 신카담파(Ⓣ bKa' gdams gsar ma)라고도 불린다. 〔**4.겔룩파의 성장과 달라이라마 시대**〕 총카파의 제자이자 간덴사의 사원장이었던 게둔둡파(Ⓣ dGe 'dun grub pa 1391~1474)는 훗날 역대 판첸라마(Ⓣ phan chen bla ma) 환생들의 거주처가 되는 타실훈포(Ⓣ bKra shis lhun po)사원을 설립했다. 소남갸초(Ⓣ bSod nams rgya mtsho 1543~1588)가 몽골의 알탄 칸으로부터 달라이라마(Ⓣ Ta la'i bla ma)라는 이름을 얻게 되면서 환생자의 계보가 공식화되는데, 소남갸초는 게둔둡파를 잇던 게둔갸쵸(Ⓣ dGe 'dun rgya mtsho)의 환생이었기에 앞의 두 지도자에 이어 제3대 달라이라마로 불리게 되었다. 이 즈음부터 관세음보살의 화신이라 여겨지는 달라이라마가 티베트의 종교·정치지도자 역할을 본격 수행하게 되었다. 제5대 달라이라마인 아왕로상갸초(Ⓣ Ngag dbang blo bzang rgya mtsho 1617~1682)가 이끌던 내각이 몽골세력을 몰아내고 티베트 내분을 종식시킨 후 겔룩파는 정치·종교적으로 막강한 지배력을 행사하게 된다. 조낭파는 이 시기에 이단으로 몰려 탄압받고 세력이 약화되었다. 제4대와 5대 달라이라마의 스승이었던 롭상최키걀챈(Ⓣ bLo bzang chos kyi rgyal mtshan 1567~1662)도 1대 판첸라마로 공인되었다. 18세기에는 각 지역에서 티베트대장경의 경판제작과 인쇄가 활발하였다. 닝마파에서 전승해온 경전으로 직메링파(Ⓣ 'Jigs med gling pa 1729~1798)가 편집한 닝마규붐(Ⓣ rNying ma rgyud' bum)도 이때 인쇄되었다. 범어원전연구를 강조하면서도 다양한 계보로 이어져 내려오던 밀교 가르침을 종합한 직메링파에 영향을 받아 19세기에는 무종파(Ris med)운동이 일어난다. 잠괸콩툴로되타예(Ⓣ 'Jam mgon kong strul blo gros mtha' yas 1813~1899)와 잠양켄체왕포(Ⓣ 'Jam dbyangs mkhyen brtse'i dbang po 1820~1892) 등이 사캬·카규·닝마파 등의 교리를 담은 희귀저작들을 편찬하면서 겔룩파 이외에 소외돼온 종파들도 부활하였다. 〔**5.인도망명정부 수립과 현재의 티베트불교**〕 13대 달라이라마 재위시절 티베트는 영국, 러시아와 중국 등 외부세력과 긴장관계에 놓이게 되었다. 1950년 공식 취임한 14대 달라이라마는 중국의 티베트 무력진압에 반발하였고, 중국의 추적을 피해 1959년 인도로 망명하여 다람살라에 티베트망명정부를 수립했다. 중국문화대혁명 기간 동안 티베트의 많은 승원들이 파괴되었지만, 달라이라마와 티베트난민들은 망명 과정에서 옮겨온 주요 경전과 중요 유산을 바탕으로 티베트어와 문화 보존을 위해 학교와 사원 등을 세웠다. 망명 이후의 티베트불교는 티베트와 인도를 넘어 유럽과 북미 등으로 퍼져나가 그 맥을 전승하고 있다. ［참고문헌］ James B.Apple 'Buddhism in Tibetan History' (*Wiley Blackwell Companion to East and Inner Asian Buddhism*, 2014) pp.104~123.

티베트불교사 Tibet佛敎史 원래 이름은 『정법의 수레를 굴린 사람들을 드러내다, 선지식들의 향연 *Dam pa'i chos kyi 'khor los bsgyur ba rnams kyi byung ba gsal bar byed pa mkhas pa'i dga' ston*』을 뜻하며, 줄여서 『불교 선지식들의 향연 *Chos byung mkhas pa'i dga' ston*』이라 하고, 책을 짓고 개판(開版)하는 데 있어 로닥지역 사후(士侯)들의 원조를 받았기에 『로닥불교사 *Lho brag chos byung*』라고도 한다. 저자는 카르마카규파(Karma bka' brgyud pa)의 활불(活佛)로 알려진 파오 쭉락텡와(Dpa' bo Gtsug lag phreng ba 1504~1564)다. 1545년에 전반 삼부(三部), 1563~1564년에 후반 이부(二部)를 지었다. 오부는 다음과 같다. 제1부(Ka)는 세간(世間)에 대한 이야기(槪說), 단편들로 이루어진 제2부는 인도의 이야기로 제1장(Kha)은 부처님 이야기(佛傳), 제2장(Ga) 결집(結集), 제3장(Ṅa) 불상연기(佛像緣起), 제4장(Ca) 인도의 왕통(印度王統)을 다룬다. 장편들로 이루어진 제3부는 티베트의 이야기로 제1장(Cha)은 관세음보살이 티베트를 몸 나투실 곳으로 정한 내력, 제2장(Ja) 토번왕통기(吐蕃王統記), 제3장(Ña) 율(律)의 역사, 제4장(Ta) 판디타와 역경사(譯經師)들, 제5장(Tha) 밀주고파(密呪古派)의 역사, 제6장(Da) 카담파사(bka' gdam pa 史), 제7장(Na) 카규파 일반사(bka' brgyud pa 一般史), 제8장(Pa) 카르마파의 역사, 제9장(Pha) 디궁('bri-gung) 카규파의 역사, 제10장(Ba) 그 외 각 파(派)들의 역사를 다룬다. 제4부(Ma)는 코탄·고전(古傳)의 중국·서하(西夏)·몽고·중국 등 각각의 왕통사(王統史), 제5부(Tsa)는 서천조사전(西天祖師傳)과 오명(五明)의 역사를 다룬다. 이들 중에 저자가 가장 주력한 것은 제3부의 제8장이다. 이 부분은 후대에 시투(Si-tu Chos kyi 'byung gnas 1699~1774)와 베로('Ibe lo tshe dbang kun khyab)가 지은 『카르마파조사전집최승보수정왕의 주수 Karmapa祖師傳集最勝寶水晶王의 珠數』에 계승 보완되는 중요한 사료다. 저자는 『청사 *Deb ther sngon po*』를 지은 괴 로짜와 쉰누뻴('Gos Lo tsā ba gZhon nu dpal 1392~1481)의 제자 샤루로차와(Zha lu lo tsa ba chos skyong bzang po 1441~1528)를 스승으로 삼아 카르마파 흑모(黑帽)·적모(赤帽)파의 법주명대(法主明代)도 정리했는데, 당시 겔룩파와의 제1차 대립이 한창이던 때여서 카르마파의 입장을 알 수 있는 중요한 자료로 남게 되었다. 특히 제3부의 제2장 토번왕통기(吐蕃王統記)는 객관적 태도가 돋보이며, 제5부 오명사(五明史)에는 시륜(時輪)탄트라의 유래에 관한 귀중한 증언이 담겨 있다. 1959~1962년에 인도에서 샤타피타카(Śatapiṭaka)시리즈의 네 번째 권(卷)으로 필사본이 출판되었다.

티베트불교사대종파 Tibet佛敎四大宗派 티베트 불교는 연화생상사(蓮華生上師 Ⓢ Padmasaṃbhava)가 747년에 서장(西藏)의 왕인 걸률쌍데찬의 초청을 받고 선해대사 등과 함께 가서 수도의 동남 사무야야스에서 종래의 금주설(禁呪說)을 깨뜨리고 불교를 찬양, 비밀교인 나마를 대성시켰다. 그 후 점차로 닝마파·카규파·샤카파·겔룩파 등 사대종파로 분파되었다. 이 중 카규파는 마르빠에 의해 창립된 이래 8백여 년의 역사를 갖고 있으며 뚝바까규는 11세기에 분파되어 순결, 박미(단순), 고행적 미덕을 전승하여 오고 있다.

티송데첸 Khri srong lde btsan 742~797. 티베트의 제38대 왕. 송첸감포(Ⓣ Srong btsan sgam po 7세기)와 랄파첸(Ⓣ Ral pa can 9세기)과 더불어 삼대법왕 중 한명으로 꼽힌다. 재위기간은 755년에서 797년으로 티베트에 불교를 적극 도입하고 파드마삼바바(Ⓢ Padmasaṃbhava)와 샨타라크시타(Ⓢ Śāntarakṣita) 등과 같은 인도의 불교 스승들을 초청하여 대대적인 역경사업도 벌였다. 특히 인도의 학승 까마라실라(Ⓢ Kamalaśīla)와 선사 마하연(摩訶衍)을 초청하여 삼예사에서 논쟁을 벌이도록 했는데, 티송데첸왕은 인도불교 전통을 대표하던 카마라실라의 견해를 인정하고 받아들였다. 이는 티베트불교의 전통을 규정짓는 핵심적인 사건이 되었다. ［참고문헌］ Pasang Wangdu·Hildegard Diemberger *dBa' bzhed: the Royal Narrative Concerning the Bringing of the Buddha's Doctrine to Tibet* (Vienna : VÖAW, 2000). ⇨ 삼예논쟁 bSam-yas論爭

티송데첸도 티베트 시대미상 화정박물관

티축데첸 Khri-gtsug-lde-btsan 802~838. 티베트 불교 제41대 왕. 송첸감포(Ⓣ Srong-btsan-sgam-po 569~649?)와 티송데첸(Ⓣ Khri-srong-lde-btsan 742~797)과 함께 티베트불교의 삼대법왕(Ⓣ mes-dpon-rnma-gsum) 중 한 명으로 랄파첸(Ⓣ Ral-pa-can)이라고도 불린다. 중국사료에서는 극려가족(可黎可足)이라고 음사하거나 재세시 연호였던 키탁(Ⓣ skyid-rtag)의 한역인 이태(彝泰)를 붙여 이태찬보(彝泰贊普)라고도 불린다. 불교를 장려하고 인도에서 수렌드라보디(Ⓢ Surendrabodhi, Ⓣ lHa'i-dbang-po-byang-chub)와 실렌드라보디(Ⓢ Śīlendrabodhi, Ⓣ Tshul-khrims-dbang-po-byang-chub) 등의 인도학자들을 초청해 예세데(Ⓣ Ye-shes-sde, Ⓢ Jñānasena)를 돕도록 해 역경사업을 수행했다. 그의 친불교정책에 반대하던 세력에 암살을 당했다고 전해진다. 그 결과로, 억불(抑佛)정책을 폈던 랑다르마(Ⓣ gLang-dar-ma 799?~841)왕이 재위에 오르게 되었다. 〔참고문헌〕 Yeshe De Project *Ancient Tibet : Research Materials from The Yeshe De Project* (California : Dharma Publishing, 1986).

틸로파 Tilopa 988~1069. 인도 벵갈지역 출신의 탄트라 수행자이자 마하싯다(Ⓢ Mahāsiddha). 틸로파가 아파브람샤(apabhraṃśa)어로 저술한 오도송(悟道頌)인 도하코샤(Ⓢ Dohākoṣa)의 주석(pañjikā) 범어 사본(NAK 5 - 104)에 그의 이름은 틸로파다(Ⓢ Tillopāda)라고 네 차례 언급된다(Tillopādasya dohākoṣapañjikā sārārthapañjikā). 이는 '참깨'를 뜻하는 범어 틸라(tila)에서 파생된 것이다. 카규파의 대학자이자 번역가인 마르파(Ⓣ Mar-pa)가 쓴 틸로파의 전기에서는 그의 이름을 '참깨 빻는 이(Ⓢ Tailkapāda)'라는 뜻의 'Til-brdungs-zhabs'이라는 이름으로 티베트에 알려져 있었다고 전한다. 그의 저술을 번역한 티베트 자료 중에는 틸리파(Tillipa)·타일로파(Tailopa)·텔로파(Telopa) 등의 이름도 발견된다. 틸로파가 인도의 여러 스승들로부터 받은 주요 여섯 가르침은 툼모(Ⓣ gtum-mo, Ⓢ caṇḍalī) 수행과 환신(幻身 Ⓣ sgyu-lus, Ⓢ māyākāya) 수행, 꿈요가(Ⓣ rmi-lam, Ⓢ svapna)와 광명(Ⓣ 'od-gsal, Ⓢ prabhāsvara)수행, 그리고 중유(中有 Ⓣ bar-do, Ⓢ antarābhava)와 의식전이(Ⓣ 'pho-ba, Ⓢ saṃkrānti)에 관한 것이다. 그리고 바즈라다라(Ⓢ Vajradhara : 金剛總持)에게 직접 마하무드라(Ⓢ mahāmudrā)의 가르침을 전해 받았다고도 한다. 나로파(Ⓣ Nā-ro-pa)를 주요 제자 삼아 모든 법을 전했고 이들은 이후 티베트에 전해졌다. 〔참고문헌〕 Fabrizio *The Life of Mahāsiddha Tilopa* (New Dehli : T.& Āchārya Sangye T. Naga, Library of Tibetan Works and Archives, 1995). ⇨ 나로파 Nā-ro-pa

파 破 **1** Ⓢ nigrahāya. 부수다. 파괴하다. 『과거현재인과경』 권3(대정장3, p.644b9)에 "타는 불에 물을 뿌리면 어둠을 부수는 빛이 있을 리 없듯이, 지혜의 불을 지핌도 이와 같아서 고락의 물이 있으면 지혜의 빛은 나지 않으니, 그런 까닭에 생사의 깊은 어둠에서 장막을 걷어낼 수 없다. 譬如鑽火澆之以水 則必無有破暗之照 鑽智慧火亦復如是 有苦樂水慧光不生 以不生故不能滅於生死黑障", 『유마경』 권하(대정장14, p.554b20 : *Vikī-n.*, p.418)에 "생사무수겁에도 마음에는 용기가 있고, 부처님 무량한 덕 들으매 뜻에 게으름이 없어, 지혜의 칼로 번뇌라는 도적을 부수네. 生死無數劫 意而有勇 聞佛無量德 志而不倦 以智慧劍 破煩惱賊 asaṃkhyeya-kalpa-saṃsaraṇatā cittaśūratayā-apramāṇa-buddhaguṇa-śravaṇena-asaṃsīdanatā kleśa-śakra-nigrahāya prajñā-śastra-grahaṇatā"라고 하였다. 〔참고문헌〕 『過去現在因果經』, 『維摩經』, *Vikī-n.* **2** Ⓢ Ⓟ bheda, Ⓣ dbyen. 깨다. 깨뜨리다. 『구사석론』 권13(대정장29, p.247b25 : *Abh-k-bh.*, p.260)에 "'깨뜨리다', 그 뜻은 어떠한가? 〔게〕 화합이 깨지는 것이니, 화합의 자성이 있는 것도 아니고 상응법도 아니어서 무염무기법이다. 〔석〕 화합이란 심불상응행이여서 무부무기이니, 화합이 깨지는 것 또한 그렇다. 此破 其義云何 偈曰 僧破 非和合性 非相應法 無染無記法 釋曰 和合者 謂與心不相應行 無覆無記 僧破亦爾 〈kārikā〉 saṃgha-bhedas-tv-asāmagrī-svabhāvo viprayuktakaḥ. akliṣṭāvyākṛto dharmaḥ 〈bhāṣya〉 asāmagrī nāna citta-viprayuktaḥ saṃskāro'nivṛtāvyākṛtaḥ saṃgha-bhedaḥ"라고 하였다. 〔참고문헌〕 『俱舍釋論』, *Abh-k-bh.* ⇨ 파승 破僧 **3** Ⓢ prati-√ṣidh, pratiṣidhyate, pratiṣedha, Ⓣ dgag-pa. 논파하다. 반박하다. 『구사석론』 권6(대정장29, p.204b10 : *Abh-k-bh.*, p.129)에 "〈석〉 외도란 본래 집착하여 아의 뜻을 설한다. 이에 집착해서 언쟁사를 일으키니, 저들이 말하길 '중생이 이 세상을 버리고 저 세상으로 간다는 것이 네가 세운 뜻이라면, 우리의 본래 뜻은 성립한다. 아는 실유이기 때문이다'라고 한다. 이제 이 뜻을 논파하리니 〔게〕 무아이다. 外道本執說我義 於此中執我 言爭事起 彼言 若汝立義 衆生從別世度餘世 我等本義則成 謂實有我 今破此義 偈曰 無我 〈bhāṣya〉 atra-idānīṃ bāhyakā ātmavādam parigṛhya-uttiṣṭhante. yadi sattvo loka-antaraṃ saṃcarati pratijñāyate siddha ātmā bhavati-iti. sa eṣa pratiṣidhyate. 〈kārikā〉 na-ātma-asti", 『대승아비달마잡집론』 권15(대정장31, p.768c2 : *Abh-s-bh.*, p.150)에 "능파란 다른 주장을 막아 파하는 것이다. 能破者 謂遮破他宗 dūṣakaḥ durākhyātasya parapakṣasya-asādhur-ayam-iti pratiṣedhakaḥ" 라고 하였다. 〔참고문헌〕『俱舍釋論』, 『大乘阿毘達磨雜集論』, *Abh-k-bh.*, *Abh-s-bh.* ⇨능파 能破[2] **4** Ⓢ prati-√bādh, pratibādhase, Ⓣ gnod-pa-byed-pa-yin-no. 무너뜨리다. 무너지다. 『중론』 권4「관사제품 觀四諦品」(대정장30, p.32b21 : *Pras.*, p.213)에 "법보·승보가 없으며 불보 또한 있을 수 없다. 이와 같이 공을 설하는 이, 곧 삼보를 무너뜨리네. 以無法僧寶 亦無有佛寶 如是說空者 是則破三寶 dharme ca-asati saṃghe ca kathaṃ buddho bhaviṣyati, evaṃ trīṇy-api ratnāni bruvāṇaḥ pratibādhase", 『반야등론석』 권14(대정장30, p.125b29)에 "공을 잘못 안 사람은 온갖 이롭지 못한 일을 한다. … 네가 지금 이렇게 공에 대해 비방하길, 법은 일어난 적도 멸한 적도 없다 하여 삼보마저 무너뜨리네. 不善解空者 能作種種不饒益事 … 汝今若如是 於空生誹謗 謂法無起滅 乃至破三寶"라고 하였다. 〔참고문헌〕『中論』, 『般若燈論釋』, *Pras.*

파 頗 Ⓟ kim, kinnu. 의문사. '자못 ~ 아닌가. 頗 ~ 不' 형태로 쓴다. 『장아함경』 권16「삼명경 三明經」(대정장1, p.105b19 : *Tevijja-sutta*, *DN.1*, p.238)에 "(세존께서 바실타에게 말씀하시길) '어떠냐? 삼명바라문 중 한 사람이라도 범천을 본 사람 있는가?' 하시니, 답하길 '본 사람이 없습니다'. 云何 三明婆羅門中 頗有一人得見梵天者不 答曰 無有見者 kim pana vāseṭṭha atthi koci tevijjānaṃ brāhmaṇānaṃ eka-brāhmaṇo pi yena brahmā sakkhi-diṭṭho ti. no h'idaṃ bho gotama", 『중아함경』 권60「전유경 箭喩經」(대정장1, p.804b24 : *Cūḷamāluṅkya-sutta*, *MN.1*, p.428)에 "세존께서 만동자에게 물으셨다. '내가 너에게 「세상이 영원하니 나를 좇아 범행을 배우라」고 말한 적이 있었더냐?' '없습니다, 세존이시여' 世尊 問曰 鬘童子 我本頗爲汝如是 說世有常 汝來從我學梵行耶 鬘童子 答曰 不也 世尊 kinnu tāhaṃ māluṅkyāputta evaṃ avacaṃ, ehi tvaṃ māluṅkyāputta mayi brahmacariyaṃ cara, ahaṃ te byākarissāmi, sassato loko ti … no h'etaṃ bhante"라고 하였다. 〔참고문헌〕『長阿含經』, 『中阿含經』, *DN.*, *MN.*

파가 巴歌 세간의 노래. 『경덕전등록』 권23「용혈산전 龍穴山傳」(대정장51, p.395c23)에 "'무엇이 달마가 서쪽에서 온 뜻인지요?' '호랑이 타고 세간의 노래 부른다'. 和尙 僧問 如何是祖師西來意 師曰 騎虎唱巴歌", 『굉지광록』 권4(대정장48, p.38a9)에 "일단의 자성 맑고 두렷해 본지의 광명 번득이고, 육근 서로 쓰니 몸 가득 손과 눈 뜻대로 따르네. 문득 능히 보는 곳에서 듣는 불사 짓고 듣는 곳에서 맡는 불사 지으리. 이렇게 가는 길엔 돌사람 움직임 너인 듯 세간 노래 부르고, 너 또한 돌사람인 듯 저 백설같은 곡조로 화답하네. 一性湛圓 本地之光明發耀 六根互用 通身之手眼隨宜 便能眼處 作耳處佛事 耳處作鼻處佛事 所以道 石人機似汝 也解唱巴歌 汝若似石人 雪曲也須和"라고 하였다. 〔참고문헌〕『景德傳燈錄』, 『宏智廣錄』, 『祖庭事苑』 권4(卍속장113, p.118b11). ⇨설곡 雪曲

파가라 波迦羅 Ⓟ parikkhāra의 음사어. 파가라(波伽羅)·파리가라(波利迦羅)·주라파리가라의(朱羅波利迦羅衣 Ⓟ parikkhāra-coḷaka)라고도 하며, 조신의(助身衣)라 한역한다. 『십송율』 권61(대정장23, p.466a22)에 "우파리 부처님께 묻길 '부처님께선 비구들이 입을 수 있는 옷을 허락하셨습니다. 몸 덮는 옷·몸 닦는 수건·다리 닦는 수건·얼굴 닦는 수건·승기지·니원승이라는 이 옷들을 무엇이라 이름합니까?' 부처님께서 말씀하시길 '파가라〈조신의라고 한역〉라고 이름한다'. 優波離問佛 佛聽諸比丘所著衣 覆身衣 拭身巾 拭脚巾 拭面巾 僧祇枝 泥洹僧 是衣名何等 佛言 名波迦羅〈晉言 助身衣也〉", "우파리 묻길 '이 옷을 어떻게 받습니까?' 부처님께서 답하시길 '이 옷에 대해선 이렇게 말한다. 「이 파가라의를 나는 받아 씁니다」' '어떤 대중일 때 받아야 합니까?' '다섯 스님이 계신 오중승가라면 받아도 된다'. 優波離問 是衣云何受 答言 是衣如是言 是波迦羅衣 我受用故 何等人邊應受 佛言 五衆邊應受"라고 하였다. 〔참고문헌〕『十誦律』, 『善見律毘婆沙』 권14(대정장24, p.772b1), *Sp.642.* ⇨주라파리가라의 朱羅波利迦羅衣

파가산택 破家散宅 살림 부수고 집마저 무너뜨리다. 분별의 본거지를 파하고 보냄의 뜻으로 해작활계(解作活計)와 댓구다. 『신정홍인어록』(고존숙어록24, 卍속장118, p.474a1)에 "남전은 '나는 십팔계 분상에서 문득 알아 살길 나선다' 하고, 조주는 '나는 십팔계 분상에서 살림도 집도 부순다' 하였다. 말해 보라! 가택 파산함인가, 알음알이 활계인가? 초심자는 앞의 말씀 거듭 부르고, 오랫동안 공부한 이 곧바로 파가산택할지니 다시 한마디 얹을진댄 만리나 아득한 나라이겠네. 南泉云 我十八上 便會作活計 趙州云 我十八上 便會破家散宅 你道破家散宅好 解作活計好 初機底人 且紹前語 久參底人 直須破家散宅 更有一言 萬里崖州", 『대혜어록』 권3(대정장47, p.823c17)에 "불현듯 주장자 잡고 말했다. '이것을 주장자라 부르면 눈 비벼 허공꽃 피움이지. 주장자라 부르지 않으면 살림도 집도 산산히 부서지지'. 驀拈拄杖云 若喚這箇 作拄杖子 捏目生華 若不喚作拄杖子 破家散宅", 『허당록』 권1(대정장47, p.993a8)에 "살림도 집도 산산히 부수고 조사도 종지도 남김없이 버려 실오라기 하나 걸치지 않고 홀로 저 모양 넘어 우뚝하다. 이 사람 다만 손잡는 구 알았을 뿐 저 생사 사무치는 안목 아직 아니네. 破家散宅 毁祖滅宗 不挂絛絲 獨超象外 此人只會得接手句 未具透關眼"라고 하였다. [참고문헌] 『神鼎洪諲語錄』, 『大慧語錄』, 『虛堂錄』. ⇨ 십팔계 十八界

파각 跛脚 다리 저는 사람. 운문문언(雲門文偃)의 별명. 파각아사(跛脚阿師)·파각승(破脚僧)·파각자(破脚子)라고도 한다. 목주도명(睦州道明) 처소에서 문답 중 문 틈에 발가락이 집혀 부러진 데서 얻은 이름이다. 『굉지광록』 권9(대정장48, p.116b15)에 "격 넘은 운문파각승. 出格雲門跛脚僧", 『대혜어록』 권8(대정장47, p.842c14)에 "참으로 알 수 없다. 수천 년 뒤 다리 저는 스승 계셔 반드시 한 방에 맞아 죽어 개 먹이로 던져지며 천하태평을 도모하려 했다는 사실을. 말해 보라! 석가노자 허물 어디에 있을까? 殊不知 數千年後 被箇跛脚阿師 要一棒打殺 與狗子喫 貴圖天下太平 且道 釋迦老子過在甚麽處"라고 하였다. [참고문헌] 『宏智廣錄』, 『大慧語錄』. ⇨ 운문문언 雲門文偃

파갈마 破羯磨 Ⓢ karma-bheda, Ⓣ las-kyi-dbyen. 파승(破僧 Ⓢ saṃgha-bheda)의 한 종류. 동일한 계내에서 각각 따로 포살갈마를 시행함으로써 승가의 화합을 깨뜨리는 것. 파갈마승(破羯磨僧)이라고도 한다. 『십송율』 권56(대정장23, p.417c15)에 "파승에는 두 종이 있으니 파갈마와 파법륜이다. 파갈마란 비구들이 하나의 계내에서 따로 포살갈마를 지으면 이를 파갈마라 이름한다. 破僧有二種 破羯磨 破法輪 破羯磨者 若諸比丘 一界內別作布薩羯磨 是名破羯磨", 『대비바사론』 권116(대정장27, p.602b24)에 "파갈마란 하나의 계내에 두 부의 승가가 있으면서 각각 따로 머물며 포쇄다갈마인 설계를 지음을 말한다. 破羯磨者 謂一界內 有二部僧 各各別住 作布灑陀羯磨說戒"라고 하였다. [참고문헌] 『十誦律』, 『大毘婆沙論』, *Abh-k-bh.262.*, *Vin.2.204.* ⇨ 파승 破僧, 파이승 破二僧, 파법륜승 破法輪僧

파강재 罷講齋 강학을 파하고 올리는 재. 『선림상기전』 권18 「파강재」(대장경보편19, p.558b17)에 "도충이 말한다. '교가에서 참선하여 깨달은 분이 있으면 교판 강하는 것을 파하고 재를 올려 대중을 공양한다'. 忠曰 教家參禪 有省悟分 卽罷講教辨 齋供養大衆也", 『허당록』 권1(대정장47, p.989c15)에 "다시 들었다. '좌주 수주 양수(壽州良遂)가 마곡보철(麻谷寶徹)을 뵈러 갔다. 마곡은 오는 것을 보고 호미 들고 김매러 갔다. 다음날 또 오자 마곡은 곧장 문을 걸어 잠갔다. 양수가 이로써 깨우친 바 있어서 이내 말하였다. 「화상께서는 저 양수를 속이지 마십시오. 만약 와서 화상을 뵙지 않았으면, 거의 십이분교에 휘둘려 일생을 그르칠 뻔했습니다」. 양수는 (講肆로 돌아가) 살림살이를 팔아 파강재를 한 번 짓고는 시중하였다. 「저 양수가 아는 곳을 여러분은 알지 못하지만, 여러분 아는 곳을 양수는 모두 압니다」'. 復擧 良遂座主參麻谷 谷見來携鉏去鉏草 次日又來 谷便閉却門 遂因此契悟 乃云 和尙莫謾良遂好 若不來見和尙 幾被十二分敎 誤却一生 遂將房計賣却 作一罷講齋 示衆云 良遂知處 諸人不知 諸人知處 良遂總知", "허당이 이에 대해 말하였다. '예 올리되 옥과 비단 아니면 표하지 않고, 연주하되 종과 북 아니면 전하지 않는다. 옳다면 옳지만, 재주 헤아려 소임에 임명한다. 그중에 약간 틀릴 수 있으나, 다만 점검해서 들어낼 사람 없을 뿐이다'. 師云 禮非玉帛而不表 樂非鐘鼓而不傳 是則是 量才補職 就中些子譌訛 只是無人檢點得出"라고 하였다. [참고문헌] 『禪林象器箋』, 『虛堂錄』, 『白雲守端廣錄』 권4(卍속장120, p.438b1).

파견 破見 Ⓟ diṭṭhi-vipatti. 사견으로 정견을 부수다. 퇴법(退法) 중 하나다. 『장아함경』 권9 「십상경 十上經」(대정장1, p.53a15 : *Saṅgīti-sutta, DN.3,* p.212)에 "무엇이 이퇴법인가? 훼계와 파견이다. 云何二退法 謂毁戒 破見 katame dve. sīla-vipatti ca diṭṭhi-vipatti", 『사분율행사초』 권상(대정장40, p.19a7)에 "파견이란 육십이견을 말한다. 破見者 謂六十二見"라고 하였다. [참고문헌] 『長阿含經』, 『四分律行事鈔』, *DN.* ⇨ 육십이견 六十二見

파결사비구 破結使比丘 결사 즉 일체번뇌를 깨뜨린 비구. 파번뇌비구(破煩惱比丘)라고도 한다. 20세가 되지 않아도 구족계를 받을 수 있어 상수구족(上受具足)이라 한다. 『사분율』 권1(대정장22, p.571a24)에 "비구라면 명자비구·상사비구·자칭비구·선래비구·걸구비구·착할절의비구·파결사비구 그리고 대계를 받고 백사갈마를 여법히 성취하여 처소를 얻은 비구가 있다. 이 중에 비구가 대계를 받고 백사갈마를 여법히 성취하여 처소를 얻고 비구법 중에 머물러야 이를 비구의 뜻이라 한다. 若比丘者 名字比丘 相似比丘 自稱比丘 善來比丘 乞求比丘 著割截衣比丘 破結使比丘 受大戒白四羯磨如法成就得處所比丘 是中比丘 若受大戒白四羯磨如法成就得處所住比丘法中 是謂比丘義", 『사분율명의표석』 권3(卍속장70, p.450a14)에 "파결사비구 : 율에서 거두기를 비구는 깨뜨린다는 뜻이라 하였다. 일체번뇌를 결사라 한다. 사람이 출가하여 모든 번뇌를 깨뜨리고 일체루를 다하여 아라한과를 얻으면 20세를 채웠든 20세를 채우지 못했든 아라한과를 얻었기에 구족계를 얻을 수 있고, 또한 상수구족이라 한다. 破結使比丘 律攝云 比丘是破義 一切煩惱 名爲結使 若人出家 破諸煩惱 盡一切漏 得阿羅漢果 或滿二十歲 或不滿二十歲 以得阿羅漢故 卽名

得具足戒 亦名上受具足"라고 하였다. [참고문헌]『四分律』, 『四分律名義標釋』. ⇨ 파번뇌비구 破煩惱比丘

파결사비구니 破結使比丘尼 일체번뇌인 결사 깨뜨린 비구니. 『사분율』 권22(대정장22, p.714a15)에 "비구니라면 명자비구니·상사비구니·자칭비구니·선래비구니·걸구비구니·착할절의비구니·파결사비구니 그리고 대계를 받고 백사갈마를 여법히 성취하여 처소를 얻은 비구니가 있다. 이 중에 비구니가 대계를 받고 백사갈마를 여법히 성취하여 처소를 얻고 비구니법 중에 머물러야 이를 비구니의 뜻이라 한다. 若比丘尼者 名字爲比丘尼 相似比丘尼 自稱比丘尼 善來比丘尼 乞求比丘尼 著割截衣比丘尼 破結使比丘尼 受大戒白四羯磨如法成就得處所比丘尼 是中比丘尼 若受大戒白四羯磨如法成就得處所 住比丘尼法中 是謂比丘尼義", 『사분율명의표석』 권19(卍속장70, p.682a14)에 "파결사비구니 : 일체번뇌를 결사라 한다. 사람이 출가하여 20세를 채웠든 20세를 채우지 못했든 모든 번뇌 깨뜨리고 일체루를 다하여 아라한과를 얻으면, 구족계를 얻고 비구니라 부른다. 破結使比丘尼 一切煩惱 名爲結使 若人出家 或滿二十歲 或不滿二十歲 破諸煩惱 盡一切漏 得阿羅漢果 卽名得具足戒 名爲比丘尼"라고 하였다. [참고문헌]『四分律』, 『四分律名義標釋』. ⇨ 결사 結使 ❶

파경 破鏡 중국 고대신화에 나오는 악한 짐승(惡獸). 아비를 잡아먹는다. 어미를 잡아먹는 토효(土梟 : 올빼미)와 함께 불효(不孝)를 상징한다. 파경수(破鏡獸)라고도 하고, 경(鏡)은 경(獍)으로도 쓴다. 『능엄경』에 나오는 파경조(破鏡鳥)를 이 '파경'으로 풀기도 한다. 『능엄경원통소』 권7(卍속장19, p.772b4)에 "고산지원(孤山智圓)이 말하였다. '토효와 파경이란 『사기』 「효무본기」에 「황제에게 제사를 올릴 때는 한 마리의 효와 파경을 썼다」 하였는데, 이를 맹강(孟康)이 풀기를 「효는 새 이름으로 어미를 먹고, 파경은 아비를 먹는다. 황제가 그 류를 끊으려고 온갖 것을 기리는 제사에 모두 쓰게 하였다. 파경은 범과 비슷하고 호랑이눈을 가졌다」고 하였다. 여기서 조(鳥)라 함은 아마도 역자의 잘못인 듯 싶다. 혹은 조(鳥)를 등(等)이라 함이 맞는데, 후대 사람이 근거없이 고친 것일 뿐이다'. 孤山曰 土梟破鏡者 按 史記孝武本紀云 祠黃帝用一梟破鏡 孟康曰 梟鳥名也 食母 破鏡食父 黃帝欲絶其類 使百物祠皆用之 破鏡如貙而虎眼 今云鳥者 恐譯人誤 或鳥字合是等字 後人妄改耳"라고 하였다. [참고문헌]『楞嚴經圓通疏』, 『楞嚴經』 권7(대정장19, p.139a10). ⇨ 파경조 破鏡鳥

파경불중조 破鏡不重照 부서진 거울 다시는 비출 일 없으리. 떨어진 꽃잎 가지에 돌아가지 못하네(落花難上枝)와 댓구다. 『요암청욕어록』 권1(卍속장123, p.598a4)에 "'오롯이 전하고 곧바로 가리키고, 이미 여읜 자국 밟아 앉아 천차를 끊었다 하니 스님의 답변을 청합니다' '깨진 거울 다시는 비출 일 없고, 떨어진 꽃 가지에 오를 일 없네' '어찌 다른 길 없겠는지요?' '눈먼 거북 이미 무너진 벽 뚫겠다 하네'. 僧問 單傳直指 已涉離微 坐斷千差 請師答話 師云 破鏡不重照 落花難上枝 進云 豈無方便 師云 烏龜鑽敗壁", 『반야심경주』(卍속장41, p.797a13)에 "바라승아제 : 청정과 진구 한 쌍으로 말했다. 진구를 떠난다면 청정은 무엇으로 세우는가? 보고 또 보아라. 부서진 거울 비출 일 없네. 波羅僧羯諦 淸淨與塵垢 雙對言也 若離塵垢 淸淨因何立 看看 破鏡不重照"라고 하였다. [참고문헌]『了菴淸欲語錄』, 『般若心經注』. ⇨ 낙화난상지 落花難上枝

파경조 破鏡鳥 자라서 부모를 잡아먹는 새. 『능엄경』 권7(대정장19, p.139a10)에 "저 토효 등이 흙덩이에 붙어 새끼를 키우거나 파경조가 독 있는 나무 열매로 새끼를 품는다. 새끼가 자라면 부모는 모두 그 먹이가 되듯 이러한 류 차고 넘친다. 如土梟等 附塊爲兒 及破鏡鳥 以毒樹果 抱爲其子 子成父母皆遭其食 其類充塞"라 하였고, 이 '파경조'에 대해 『능엄경원통소』 권7(卍속장19, p.772b4)·『능엄경전』 권7(卍속장89, p.219a12) 등에서는 중국 고대신화에 등장하는 파경(破鏡)으로 풀었다. 『오가정종찬』 권1 「남악석두장 南嶽石頭章」(卍속장135, p.909b8)에 "석두선사에 대해 찬한다. '단주에서 태어나 인연 맺고 조계에서 득도하였네. 별비사독으로 사람을 해치려 하고, 파경조의 마음으로 오로지 어미 먹으려 하였네'. 贊曰 端州生緣 曹溪得度 鱉鼻蛇毒要傷人 破鏡鳥心專食母"라고 하였다. [참고문헌]『楞嚴經』, 『楞嚴經圓通疏』, 『楞嚴經箋』, 『五家正宗贊』. ⇨ 파경 破鏡

파계 破戒 Ⓢ duḥśīla, dauḥśīlya, Ⓟ dussīla, dussīlya, sīla-vipatti, Ⓣ tshul-khrims-nyams-pa. 받아서 지닌 계를 지키지 못해 깨뜨리다. 범계(犯戒)라고도 하며, 지계(持戒)와 대칭한다. 그러나 바라이죄(重戒)를 어겨 멸빈의 경우를 파계라 하고, 그 외 승중에 머물며 참회와 갈마로 회복될 수 있는 경우는 범계라 한다. 대승의 뜻으로는 계를 지녀가져도 인천의 낙을 구하거나 일체선행을 빠짐없이 할 수 없으면 파계의 뜻이 된다. 『대지도론』 권91(대정장25, p.704c13)에 "파계하는 사람에 두 부류가 있다. 첫째는 계를 지켜낼 인연이 구족하지 않기 때문이니, 저 빈궁한 사람이 굶주림과 추위로 도둑이 되는 경우다. 둘째는 계의 조건이 충분하지만 익혀온 악심으로 악한 일을 즐겨한다. 빈궁해서 파계한 이를 보면 보살은 반드시 말해야하니, '당신이 계를 지키기만 한다면 나 마땅히 필요한 바를 드리겠소. 당신들이 계를 가져 머물기만 하면 점차 삼승교법으로 도탈할 수 있소'라고 한다. 이것을 '보시로 인하여 계를 낳는다'고 한다. 破戒人有二種 一者 持戒因緣 不具足故 如貧窮人 飢寒急故作賊 二者 持戒因緣雖具足 以習惡心故 好行惡事 貧窮破戒者 菩薩語之言 汝但持戒 我當給汝所須 汝等住持戒中 漸漸以三乘 而得度脫 是名因布施生戒", 『사분율』 권59(대정장22, p.1005c16)에 "파계에는 다섯 가지 과실이 있다. 스스로를 해치고, 지혜있는 자의 꾸짖음이 되고, 악명이 퍼지고, 임종시에 회한이 일어나며, 죽어서 악도에 떨어진다. 이것이 그 다섯 가지이다. 破戒有五過失 自害 爲智者所呵 有惡名流布 臨終時生悔恨 死墮惡道 是爲五", 팔리율장 *Mahāvagga*(*Vin.1*, p.227)에 "그러자 세존께서 파탈리마을 우바새들을 향해 말씀하셨다. 장자들이여, 계를 어기고 가벼이 하면 다섯 가지 과실이 있다. atha kho bhagavā pāṭaligāmike upāsake āmantesi. pañcime gahapatayo ādīnavā dussīlassa sīlavipattiyā", 『비니모경』 권3(대정장24, p.813b18)에 "계를 범함에 일곱 갈래가 있다. 첫째는 바라이, 둘째는 승가바시사, 셋째는 니살기바일제, 넷째는 바일제, 다섯째는 투란차, 여섯째는 바라제제사니, 일곱째는 돌길라이다. 犯戒有七種 一 波羅夷 二 僧伽婆尸沙 三 尼薩耆波逸提 四 波逸提 五 偸蘭遮 六 波羅提提舍尼 七 突吉羅", 『십송율』 권33(대정장23, p.240a3)에 "목련아! 여래법해의 청정함은 이와 같으니 썩은 주검들은 머물지 못한다. 썩은 주검이란 파계한 사람을 가리킨다. 目連 如來法海淸淨亦如是 不宿臭屍 臭屍者 所謂破戒人也", 『대보적경』 권87(대정장11, p.499a6)에 "파계한 사람은 악취에 떨어진다. 나는 고통에 빠진 중생을 도탈시킬 목적으로 악취로 들어가므로 파계라 한다. 夫破戒者 則墮惡趣 我爲度脫 苦衆生故 入惡趣中 故名破戒", 40권본 『대반열반경』 권3(대정장12, p.384b22)에 "무엇을 가리켜 파계잡승이라 하는가? 만약 어떤 비구가 비록 금계를 지킨다 할지라도 이양을 목적으로 파계한 이와 모든 일상을 함께 하며 하는 일마다 어울린다면 이를 파계잡승이라고도 한다. 云何破戒雜僧 若有比丘 雖持禁戒 爲利養故 與破戒者 坐起行來 共相親附 同其事業 是名破戒 亦名雜僧", 『대장엄론경』 권2(대정장4, p.264a21)에 "또한 비록 계를 지키더라도 인천의 즐거움을 도모한다면 이는 파계다. 復次 雖復持戒 爲人天樂 是名破戒", 『범망경합주』 권3(卍속장60, p.671b12)에 "악을 깨끗이 하지 않음이 없고, 선을 가득 채우지 않음이 없으니, 진실로 이것이 구경의 계체이다. 그러므로 '부처님 한 분만이 정계를 지닐 수 있을 뿐, 그 나머지는 파계자다'라고 한다. 惡無不淨 善無不滿 正是究竟戒體 故曰 惟佛一人持淨戒 其餘皆名破戒者", 『법화경문구기전난』 권3(卍속장46, p.480a5)에 "인색하면 파계라 하고, 베풀면 지계라 한다. 慳名破戒 施名持戒", 『화엄공목장』 권2(대정장45, p.551a10)에 "또한 보리로 회향하면 지계라 하고, 보리로 회향하지 않으면 계를 지키지 않는다고 하며, 성문으로 회향하면 파계라 한다. 又迴向菩提 名爲持戒 不迴向菩提 名不持戒 迴向聲聞 名爲破戒"라고 하였다. [참고문헌] 『大智度論』, 『四分律』, 『毘尼母經』, 『十誦律』, 『大寶積經』, 『大般涅槃經』, 『大莊嚴論經』, 『梵網經合註』, 『法華經文句記箋難』, 『華嚴孔目章』, *Vin.*, *Bodh-bh.165.*, *AN.1.105.* ⇨ 범계 犯戒, 성문지계보살파계 聲聞持戒菩薩破戒, 지계 持戒

파계사 把溪寺 대구광역시 동구 중대동 팔공산(八公山)에 있는 절. 대한불교조계종 동화사(桐華寺)의 말사로, 팔공산의 대표적인 명찰이다. [창건과 연혁] 804년(애장왕5)에 신라 헌덕왕의 태자였던 동화사 창건주 심지(心地)가 창건하였다. 주변 계곡물이 아홉 갈래로 흐르는 탓에 절 아래에 연못을 파서 흐르는 물줄기를 잡았다고 하여 '파계(把溪)'라 하였고, 그 기운을 한층 누르려는 뜻에서 누각도 '진동(鎭洞)'이라 불렀다고 한다. 한편 아홉 갈래의 물줄기는 구룡(九龍)을 상징하는데, 용들이 한꺼번에 나와 세상을 어지럽히지 못하도록 붙잡는다는 뜻으로 '파계'라고 하였다고도 한다. 창건 이후 사적을 담은 문적(文籍)들이 전란에 타버렸으나 1712(숙종38) 이래의 왕실 관련 고문서와 1806년(순조6)에 경상도관찰사 김희순(金羲淳)이 작성한 「파계사원당사적 把溪寺願堂事蹟」, 1935년에 우당거사(藕堂居士) 김정래(金鼎來)가 찬술한 「경상북도달성군공산면파계사사적비명병서 慶尙北道達城郡公山面把溪寺事蹟碑銘幷序」, 그리고 『극암집』과 『혼원집』에 게재된 기문과 상량문 등을 통해 연혁을 정리하면 〈표1〉과 같다. 파계사는 1696년에 숙종의 어제 축책를 받은 뒤 줄곧 왕실의 원당으로 자리하였는데, 이와 관련한 전승이 전한다. 곧 파계사 용파(龍波·靈源)는 부역이 너무 심해 상소하고자 한양으로 갔다가 궁궐출입을 할 수 없게 되자 숭례문

〈표1〉 파계사 연혁

연도	사적
804(애장왕5)	· 신라 헌덕왕 태자 심지(心地)창건
1592(선조25)	· 임진왜란으로 전소
1605(선조38)	· 계관(戒寬)중창
1695(숙종21)	· 현응(玄應)중창
1696	· 숙종 어제 축책 하사 · 왕실 원당
1704(숙종30)	· 연잉군(뒤에 영조) 현응전(玄應殿·慈應殿) 편액서(書)
1724(경종 4)	· 사승(寺僧) 공덕으로 중수
1732(영조 8)	· 어제 완문(完文)·어의(御衣)·향촉 등 하사 · 국왕축수재 봉행
1762(영조38)	· 사승 공덕으로 중수
1777(정조 1)	· 정조 어필 천향각(天香閣) 편액
1853(철종 4)	· 순원왕후(純元王后) 내탕전 시주
1979	· 원통전 관음불상 복장물 어의 등 발견
1987	· 고서적 33권 도난
1991	· 원통전 삼장보살도·나한도 도난

근처에 머물면서 매일 아침 백성에게 한강의 물을 떠날라 보시하며 불공을 드렸다. 삼년 째 되던 1693년(숙종19) 어느 날 숙종은 용파의 거처에서 두 마리 용이 날아올라 숭례문을 휘감는 꿈을 꾼 뒤 신하를 보내 용파를 모셔오게 하였다. 용파는 파계사 스님들이 정진할 수 있도록 부역의 폐지를 청하였고, 숙종은 용파에게 왕자가 태어나도록 불공을 드려줄 것을 부탁하였다. 용파는 마침 금강산에서 정진을 마친 도반 농산(聾山)과 함께 수락산과 북한산에서 칠성님께 백일불공을 올렸는데, 칠십일 되던 날 용파는 농산에게 환생하여 왕자로 태어날 것을 부탁하였고, 농산은 백일 째 되던 날 열반에 들고서 바로 숙빈 최씨의 꿈에 용이 날아드는 모습으로 나타났고, 숙빈은 1694년(숙종20)에 연잉군(뒤에 영조)를 낳았다. 숙종은 용파에게 현응(玄應)의 시호를 내리고 파계사 주변의 세금을 모두 파계사에 시주하도록 조처하였으나, 현응은 오히려 역대 왕의 위패를 모실 수

〈표2〉주요당우 및 성보문화재 일람표

**보물 ***유형문화재 ****국가민속문화재

전각	규격·인연 대중
원통전	▪** 임진왜란 소실 • 1606(선조39) 계관중건 • 1695(숙종21) 현응중건 • 1740(영조16)중수 정·측3·3칸 ▪영산회상도** 1707(숙종33) 연잉군 발원·의균(義均)조성 ▪관음보살건칠좌상** 1447(세종29) 중수 • 1740(영조16)개금 • 1979개금·복장유물 발견 ▪관음보살건칠좌상 복장유물** 1740조성발원문·영조 도포(道袍)**** 등 ▪원통전 수미단*** 17세기 전반 • 봉황·학 ▪신중탱
응진전	▪건립시기 미상 정·측3·3칸 ▪나한도 1992봉안 ▪팔각석등 조선시대추정
극락전	▪건립시기 미상 정·측7·3칸 ▪아미타삼존도 1824(순조24) 체균(體均)·관보(琯普) 등 조성
미타전	건립시기 미상 정·측3·2칸 • 주지처소
지장전	건립시기 미상 정·측3·3칸 • 납골당
설법전	건립시기 미상 정·측5·3칸 3층
기영각 祈永閣 어필각	▪1696(숙종22) 현응건립 • 1877(고종14) 경상도관찰사 박재인(朴齋寅) 시주·보수 • 1974보수 • 1983보수 정·측3·2칸 ▪이전에는 덕종·선조·숙종·영조 등 6위 위패 봉안
산령각	1976중건 • 1979보수 정·측1·1칸
음향각	건립시기 미상 정·측3·3칸 • 이전 종무소
보장각	건립시기 미상 정·측5·3칸 • 유물보관처
범종각	건립시기 미상 정·측3·2칸 2층
적묵당 寂默堂 歸一堂	1621(광해군13) 계관건립 • 1695중건 • 1918~1920 중건 • 1976번와 정·측6·6칸 ㄱ자
설선당	1623(인조1) 계관건립 • 1646(인조24) 계관중수 • 1725(영조1)중건 • 1762(영조38) • 1923중건 • 1976보수 정·측7·7칸 ㄱ자
금당	건립시기 미상 정·측5·3칸
내원 內院	건립시기 미상 정·측3·2칸 • 고송(古松)주석처
진동루 鎭洞樓	1715(숙종41)건립 • 1970보수 • 1976보수 정·측5·3칸 2층
부도전	▪회진당원의대사탑(會眞堂圓義大師塔)·탑비 1648(인조26)건립 ▪절충장군가선대부보광당전명대사탑(折衝將軍嘉善大夫葆光堂傳明大師塔)·탑비 1651(효종2)건립 ▪경상북도달성군공산면파계사사적비명병서 1935건립
책판 고문서	▪책판 일괄 ▪왕실 관련 고문서 10점*** 1712(숙종38)·1727(영조3)·1732·1843(헌종9) 완문·절목 등
기타	▪신중도 1824 관보·금경(錦謙) 등 조성 ▪숙종하사병풍 ▪구슬 2개

있도록 요청하여 1696년에 어제 축책을 받아 기영각을 짓고 덕종·선조·숙종·영조의 위패를 봉안하였다. 그 뒤 연잉군은 1704년에 11세의 나이로 중창불사를 봉행한 현응을 기려 '현응전'이라는 편액을 썼고, 1732년에는 어제 완문·어의·향촉 등을 보내 '불공원당지처(佛供願堂之處)'로 받들었다. 정조 역시 왕자의 잉태를 위해서 현응에게 기도를 청하였고, 현응이 남양주 내원암에서 기도를 올려 순조를 낳게 하였다고 한다. 영조의 탄생은 현응의 기도 때문이므로, 파계사 진동루 앞의 수령 250년 이상인 느티나무는 '영조임금나무'라고 불리며, 매표소 밖에도 현응의 공덕을 기리기 위해 수령 300년 정도 된 밑둥만 남은 느티나무를 '현응대사나무'라고 부른다. 또한 부도전 입구에 '대소인개하마비 大小人皆下馬碑'라고 적은 하마비가 있다. [성보문화재] 파계사의 당우와 성보문화재를 정리하면 〈표2〉와 같다. 1979년에 발견된 관음보살건칠좌상 복장물에서는 도화원(都畫員) 혜식(慧湜)이 '존상을 갖추고자 평생 불보살을 그리겠다'는 소원과 함께 밀기(密淇)·명준(明俊)·위순(偉順)·성청(性淸) 등과 함께 진행하였던 개금과 주변 사찰·암자의 불사 내역 등이 적혀 있지만, 왕실 원당으로서의 자취도 뚜렷이 담겨 있다. 곧 왕실 관련 고문서 10점 중에 1712년 완문은 종친부(宗親府)에서 왕자군(王子君)의 원당을 수호한다는 문서이고, 「원당시초영건기 願堂始初營建記」는 같은 해에 우의정 이의현(李宜顯)이 쓴 원당에 관련 기문이다. 1732년에 파계사를 어의궁에 소속시키는 내용과 여섯 조목을 함께 적은 어의궁완문(於義宮完文), 1843년에 정성왕후(貞聖王后) 원당인 파계사를 수호하고자 절목 여덟조를 더하

〈표3〉 파계사 산내암자 일람표

암자 이름	창건·연혁
현니암	▪관련 자료 부전(不傳)
성전암	▪1667(현종8) 실재(實在) • 1696 현응중건 • 1914 소실 • 1915 관해(寬海)중건 • 1932 박만응(朴萬應) 개수 ▪현응전(玄應殿·慈應殿·七星殿) 1695(숙종21) 내탕금(內帑金)으로 건립 • 1738(영조14) 위징(偉澄)중건 • 1857(철종8) 계정(戒正)중수 • 1924 공산(公山) 중수 ▪관음전 1857 계정중수 ▪축성루(祝聖樓) 1857 계정건립 • 1905 월주(月洲)보수
금당암	▪1667 실재 • 1903(광무7)소실 ▪명부전 1878(고종15) 대운(大雲)단청 • 1930 홍수로 훼손
대비암	▪창건·연혁 자료 부전 ▪승탑원 1711(숙종37) 현응대사탑비건립
미타암 彌陀庵	▪1626(인조4) 계관중건 • 1831년(순조31) 공비(公費)와 연금(捐金)으로 중건 • 1900(광무4)개건 ▪백화루(白花樓) 1667 영현(靈現)건립 • 1695(숙종21) 내탕금(內帑金)으로 중수 • 1720(숙종46) 설원(雪元)·각현(覺賢)중수 • 1860(철종11) 계정중수 • 1890(고종27)중건
상 암 上 庵	▪1667 실재
중 암 中 庵	▪1667 실재
극락암 極樂庵	▪1667 실재
이응암 二應菴	▪관련 자료 부전

여 작성한 예조절목(禮曹節目) 등도 원당의 위상을 드러낸 것이고, 더욱이 파계사 북쪽의 팔공산 능선에 '원당봉산(願堂封山)'이라고 쓴 표석을 세워 함부로 나무를 베지 못하도록 하였다. 책판으로는 『수륙무차평등재의촬요 水陸無遮平等齋儀撮要』, 1612년 판각 『청허당대사집 淸虛堂大師集』, 1688년 판각 『천자문 千字文』, 1806년 판각 『영종대왕원당사적 英宗大王願堂事蹟』 등이 있으며, 진동루 1층 입구에는 재를 봉행할 때 대중에게 나눌 밥을 담았던 제법 큰 비사리구시가 남아 있다. [산내암자] 현재 산내암자로는 현니암(玄尼庵)·성전암(聖殿庵)·금당암(金堂庵·金塘庵)·대비암(大悲庵) 등이 있는데, 기록이 전하는 다른 암자의 사적을 함께 정리하면 〈표3〉과 같다. '현응선림선원 玄應禪林禪院'으로도 부르는 성전암은 경상북도 3대 수도도량으로 만공(滿空 1871~1946)·고송(古松 1906~2003)·성철(性徹 1912~1993)·서옹(西翁 1912~2003) 등이 머물렀는데, 특히 외부인이 들어오지 못하도록 한 다음 10년 동안 산문 밖으로 나가지 않은 채 정진하였다. [참고문헌] 『東國輿地勝覽』, 『輿地圖書』, 『伽藍考』, 『梵宇攷』, 『克庵集』, 『混元集』, 『韓國寺刹全書』 권하 p.1120a2, 智冠 『韓國高僧碑文總集 朝鮮朝·近現代』 p.308.

파계사영산회상도 把溪寺靈山會上圖 파계사 영산전(靈山殿)에 모신 불화. 1707년, 보물 제1214호, 비단에 채색, 세로 340cm·가로 254cm. 1707년 의균을 수화승으로 성익(性益)·체환(體環)·석민(碩敏)·회징(會澄)·삼학(三學) 등이 그린 영산회상도다. 석가세존을 중심으로 네 부처님과 여섯 위의 보살 그리고 십대제자와 사대천왕을 좌우상중하로 배치하였다. 중앙에 석가모니불을 주존으로 모시고 좌우에 다시 층위를 두었는데, 좌측에는 하단에 미륵보살과 동남방의 지국천과 증장천을, 위로는 문수관음 두 보살과 대범천왕을 그리고, 다시 그 위로 약사유리광불과 보승불, 십대제자 중 홀수 5위를 모셨다. 우측에는 하단에 제갈라화보살과 북서방의 비사문천과 광목천왕, 그 위로 보현과 대세지보살, 제석천을 그려 넣고 다시 위로 아미타불과 부동존불과 십대제자 중 짝수 5위를 그렸다. 청화와 금채안료를 많이 쓰는 등 기존의 불화와는 다른 양식을 창출했다. 화기에는 후에 영조가 되는 연잉군(延礽君)이 왕실의 안녕과 일체중생이 부처되기를 기원해서 발원하였고, 선남선녀들과 비구비구니 등 사부대중이 동참한 불사로 화주 및 시주를 맡은 영원(靈源)은 숙종대 왕실의 파계사 후원의 정점에 있던 스님이었다. 의균은 17세기 후반에서 18세기 전반에 활동한 동화사 출신으로 석민·쾌민·체준 등 그를 계승한 팔공산화파가 18세기 경북지역 불사의 주역으로 이어지는데 기여했다. [참고문헌] 『韓國의 佛畫 畫記集』(성보문화재연구원, 2011) pp.159~160, 장희정 「18세기 八公山地域佛畵의 畵派와 特徵」(『미술사학연구』250·251, 2006) pp.287~314.

파계사원통전 把溪寺圓通殿 조선후기 목조건축. 보물 제1850호. 정면 3칸·측면 3칸의 다포계(多包系) 겹처마 맞배지붕건물. 관음보살을 모신 파계사의 주불전이다. 최근 해체수리과정에서 확인된 상량묵서(上樑墨書)

에 의하면 1606년(선조39)에 중창되었다. 기단(基壇)은 면석과 갑석으로 구성된 가구식(架構式)이고, 중앙에는 면석을 갖춘 격식 있는 계단이 있다. 초석(礎石)은 자연석으로 그 위에 외진주 12기, 내진주 2기 등 총 14기의 두리기둥을 놓았다. 공포(栱包)는 정·후면 각 칸에 2조의 주간포를 놓은 내외2출목 5포작이며, 첨차 상부에는 공안(栱眼)을 두었다. 가구는 불전 내부는 무고주(無高柱) 5량가(樑架), 측면은 2고주 5량가 형식이다. 천장은 협칸은 사각반자, 정칸은 소란대를 두른 우물천장이다. 어칸 후면의 불단(유형 제73호) 위로 '丁'자형 천개(天蓋)를 가설하고 건칠관음보살상(보물 제992호)과 영산회상도(보물 제1214호)를 봉안하였고, 다포식 맞배지붕의 전형적인 특징을 잘 보여주며, 공포의 표현기법, 상부 가구와 천개 등이 수려하여 중심 불전으로의 장엄함이 돋보인다. 건물 내외부 벽체와 포벽, 창방·평방 등의 목부재에 그려진 별화(別畵)를 비롯하여 다수의 벽화가 남아있다. [참고문헌] 『한국의 사찰벽화 대구광역시·경상북도1』(문화재청·성보문화재연구원, 2010) pp.93~107. ⇨ 파계사 把溪寺

파계승 破戒僧 사종승(四種僧) 중 하나로 계를 깨뜨린 승. 무참괴승(無慚愧僧)이라고도 한다. 『법화문구』 권1(대정장34, p.7a18)에 "정명에 의지하지 않으면 파계승이라 한다. 不依淨命 名破戒僧", 『금강반야경찬술』 권상(대정장33, p.126b16)에 "용수가 풀이하였다. '칠보 있는 곳에는 금이 가장 귀하지만, 도리어 좋은 물건이 없는 곳에 이르면 철로 만든 호미가 가장 귀하다. 이처럼 삼보 있을 때는 부처님이 가장 높으시지만, 이에 말후 때에 이르면 파계승이 가장 높다'. 龍樹釋云 如有七寶處 金爲最大 乃至無好物處 鐵鋤爲最大 如是有三寶時 佛爲最大 乃至於末後時破戒僧爲最大"라고 하였다. [참고문헌] 『法華文句』, 『金剛般若經贊述』, 『緇門警訓』 권4(대정장48, p.1063c28). ⇨ 무참괴승 無慚愧僧, 사종승 四種僧 1, 파계 破戒

파계오과 破戒五過 계를 깨뜨리면 받게 되는 다섯 가지 허물. 『사분율』 권59(대정장22, p.1005c16)에 "파계에는 다섯 과실이 있다. 자기를 해치고, 지혜로운 이에게 꾸지람 받고, 악명이 퍼지며, 임종할 때 후회가 생기고, 죽어 악도에 떨어진다. 이것이 그 다섯이다. 破戒有五過失 自害 爲智者所呵 有惡名流布 臨終時生悔恨 死墮惡道 是爲五", 『사분율명의표석』 권39(卍속장70, p.982a14)에 "파계오과 : 첫째는 자기를 해침, 둘째는 지혜로운 이에게 꾸지람 받음, 셋째는 악명이 퍼짐, 넷째는 임종할 때 회한이 생김, 다섯째는 죽어 악도에 떨어짐이다. 破戒五過 一 自害 二 爲智者所呵 三 有惡名流布 四 臨終時生悔恨 五 死墮惡道", "『대지도론』에서 말했다. '계 지니는 사람은 계 깨뜨린 사람의 죄를 관하며 스스로 힘써서 일심으로 계를 지녀야 한다. 무엇이 계 깨뜨린 사람의 죄인가? 계 깨뜨린 사람은 사람들에게 공경받지 못하고 그의 집은 무덤과 같아져 사람이 오지 않는다. 파계한 사람은 모든 공덕 잃으니 비유컨대 저 마른 나무처럼 사람이 아끼고 좋아하지 않는다. 파계한 사람은 저 서리 앉은 연과 같아 사람이 보기를 좋아하지 않는다. 파계한 사람은 악심마저 두려워 할 정도니 비유컨대 저 나찰과 같다'. 大論云 持戒之人 觀破戒人罪 應自勉勵 一心持戒 云何名爲破戒人罪 破戒之人 人所不敬 其家如塚 人所不到 破戒之人 失諸功德 譬如枯樹 人不愛樂 破戒之人 如霜蓮華 人不喜見 破戒之人 惡心可畏 譬如羅刹"라고 하였다. 〔참고문헌〕『四分律』, 『四分律名義標釋』, 『大智度論』 권21(대정장25, p.154b1), 『四分律行事鈔』 권상(대정장40, p.6b3). ⇨ 파계 破戒

파계잡승 破戒雜僧 스스로는 계를 지키지만 이양 때문에 파계한 이들과 함께 섞여서 지내는 승중(僧衆). 36권본 『대반열반경』 권3 「금강신품 金剛身品」(대정장12, p.624b12)에 "대중에는 세 종류가 있다. 첫째는 범계잡승, 둘째는 우치승(愚癡僧), 셋째는 청정승(淸淨僧)이다. 파계잡승은 허물어뜨리기는 쉬우나 계를 지닌 청정한 승중은 이양의 인연으로도 허물어뜨릴 수 없다. 무엇을 파계잡승이라고 하는가? 어떤 비구가 비록 금계를 지니나 이양의 이유로 파계한 자들과 함께 앉고 일어나고 다니고 오고가며 함께 하며 서로 가까이 기대며 그 사업을 같이 한다. 이를 파계라고 하고 또한 잡승이라고 한다. 衆有三種 一者 犯戒雜僧 二者 愚癡僧 三者 淸淨僧 破戒雜僧 則易可壞 持戒淨僧 利養因緣 所不能壞 云何破戒雜僧 若有比丘 雖持禁戒 爲利養故 與破戒者 坐起行來 共相親附 同其事業 是名破戒 亦名雜僧"라고 하였다. 〔참고문헌〕『大般涅槃經』, 『大般涅槃經集解』 권10(대정장37, p.424b25). ⇨ 삼종승 三種僧 3

파계투아 把髻投衙 상투 틀어쥐고 관아에 엎드리다. 분별할수록 허물을 한층 더 드러나게 할 뿐인 뜻이다. 『벽암록』 84칙 「본칙 本則」(대정장48, p.209b21)에 "유마힐이 문수사리에게 물었다〈한 사람 있어 크게 죽이고 한바탕 소란 떠네. 입 닫아라〉. '무엇이 보살이 불이법문에 들어감인가?〈알면서도 범하네〉' 문수가 대답했다. '제 생각으로는〈무어라 이르랴? 곧바로 세세하게 할 수 없다. 칼 차고 죄상 보이려 상투 틀어쥐고 관아에 몸 던지네〉'. 維摩詰問文殊師利〈這漢太殺合鬧一場 合取口〉 何等是菩薩入不二法門〈知而故犯〉 文殊曰 如我意者〈道什麽 直得分疎不下 擔枷過狀 把髻投衙〉", 『허당록』 권2(대정장47, p.998c9)에 "스님이 좌구를 던져 이르되 '샛별 보고 깨닫기 전 도리어 소식이 있었는지요' 하자 허당이 답했다. '상투 틀어쥐고 관아에 투항하네'. 僧擲下坐具云 未見明星時 還有者箇消息也無 師云 把髻投衙", 『서중무온어록』 권1(卍속장123, p.806b16)에 "방장실에 걸터앉아 : 한 방에 문득 나아가면 스스로 머리채 잡고 관아에 투항함이고, 한 방 없으면 훔친 물건을 끌어안고 울부짖는 꼴이다. 곧바로 백발백중 맞히고 쌍으로 놓고 거둘지라도 나 영암 문하에서는 한마디도 거두지 못하리. 據室 一椎便就把髻投衙 不假一椎 抱贓叫屈 直饒百發百中 雙放雙收 向我靈巖門下 總用不著"라고 하였다. 〔참고문헌〕『碧巖錄』, 『虛堂錄』, 『恕中無慍語錄』.

파관인 把關人 빗장 지키는 이. 『설암조흠어록』 권1(卍속장122, p.500b5)에 "관문을 지나려면 반드시 관문을 꿰뚫는 눈이라야 하고, 관문을 지키려면 반드시 빗장 지키는 사람이라야 한다. 過關須是透關眼 守關須是把關人", 『임야기어록』 권4(가흥장26, p.639b23)에 "'저 빗장 잡은 이 만난 듯 머리 맞대야 하니 잡들임 당하더라도 허둥대지 마라. 일러 보라! 문 벗어난 한마디 어떻게 말해야 할까?' 문득 주장자를 세우고 말했다. '사자 포효함에 방초 한층 푸르고, 코끼리왕 고개 돌림에 꽃잎 떨어져 더욱 붉네'. 前頭如遇把關人 當頭搒著勿罔措 且道 出門一句 作麽生道 驀卓拄杖云 獅子吼時芳草綠 象王回顧落花紅", 『고설철어록』 권6(가흥장28, p.336a8)에 "천산 만산 멋대로 다니다가 눈앞에 문득 빗장 잡은 이 마주쳐서 잊혀진 옛 공안 들추지 마라. 또 짓기를 이것이 옛 공안이다 하니 상원일은 정월 대보름이다. 千山萬山恣遊翫 前途忽遇把關人 莫敎忘卻舊公案 且作麽生是舊公案 上元原是正月半"라고 하였다. 〔참고문헌〕『雪巖祖欽語錄』, 『林野奇語錄』, 『古雪哲語錄』.

파괴일체심식 破壞一切心識 『결정비니경 決定毗尼經』(대정장12, No.325)의 다른 이름. 『결정비니경』(대정장12, p.42c5)에 "우파리가 부처님께 여쭈었다. '세존이시여, 이 경에 어떤 이름을 붙이고, 어떻게 받들어 지녀야 합니까?' 부처님께서 우파리에게 말씀하셨다. '이

경의 이름은 『결정비니』 또는 『파괴일체심식』이라고 하니, 마땅히 받들어 지니라'. 優波離白佛言 世尊 當何名斯經 云何奉持 佛告優波離 此經名爲決定比尼 亦名破壞一切心識 當奉持之", 『개원석교록』 권3(대정장55, p.509c22)에 "『결정비니경』 1권〈일명 『파괴일체심식』이라고 한다. 첫 번째 역출이고, 『대보적경』 「우파리회」와 동본이역이다. 승우가 말하였다. '여러 경록에 모두 돈황에서 역출되었다고 하는데 드러나 있지 않다'. 『역인전』에 전한다. '진(晉)대 역출되었으나 어느 황제의 시기인지는 미상이다'〉. 決定毘尼經 一卷〈一名破壞一切心識 初出 與寶積優波離會 同本異譯 祐云 衆錄並云 於燉煌出 不顯 譯人傳云 晉世出 未詳何帝時〉"라고 하였다. 〔참고문헌〕『決定毗尼經』, 『開元釋教錄』. ⇨ 결정비니경 決定毗尼經

파구나 頗求那 Ⓟ Phagguna. 모리파군나(牟犁破群那 Ⓟ Moḷiyaphagguna)의 다른 이름. 『잡아함경』 권15 「파구나경」(대정장2, p.102a25)에 "부처님께서 파구나에게 말씀하셨다. '나는 수하는 이가 있다고 말한 적이 없다. 내가 만약 수하는 이가 있다고 말했다면, 그대는 「누가 수하는 것입니까?」 물었을 것이다. 그대는 「어떤 인연으로 수함이 있습니까?」 하고 물어야 한다. 나는 「촉을 연으로 하여 수함이 있고 수함은 애의 연이 된다」고 답할 것이다. 佛告頗求那 我不說有受者 我若言有受者 汝應問 爲誰受 汝應問言 何因緣故有受 我應如是答 觸緣故有受 受緣愛", 『신집장경음의수함록』 권12(고려장34, p.1065b4)에 "군누〈누는 나와 두를 반절한 음이다. 비구 이름이다. 『파군누론』 중에서는 파륵구나로 되어 있다. 파구나라고도 한다. 익수(翼宿)라고 한역한다〉. 群㝹〈那頭反 比丘名 破群㝹論中作頗勒窶那 亦云破求那 此言翼宿〉", 같은 책 권26(고려장35, p.527b3)에 "알구나〈알은 보와 가를 반절한 음이고, 구는 기와 우를 반절한 음이며, 나는 녀와 가를 반절한 음이다. 알은 올바로 쓰면 파이다. 또한 파와 구 가운데 륵 자가 더해지기도 하고, 또는 없더라도 어색하지 않다. 『공작왕경』에서는 발로구나로 썼고, 파라구니 · 파구나라고도 한다. 『보성경』에서는 파구라고 썼고, 『대비바사론』에서는 파륵구나로 썼는데, 한역하면 익수이다. 이것에도 두 가지가 있는데, 첫 번째 파륵구나는 장수(張宿)이고 두 번째 파륵구나는 익수로서, 여기서는 후자 파륵구나에 해당한다〉. 頞窶拏〈上普可反 中其禹反 下女加反 正作頗也 又頗窶中間合有勒字 或無亦不怪也 孔雀王經作發魯窶拏 亦云破羅具膩 亦云頗求那 寶星經作破求 大婆沙作頗勒窶那 唐言翼宿 此亦有二種 前頗勒窶那是張宿 後頗勒窶那是翼宿 此是後頗勒窶那也〉"라고 하였다. 〔참고문헌〕『雜阿含經』, 『新集藏經音義隨函錄』, *SN.2.13.* ⇨ 모리파군나 牟犁破群那, 파군나 破群那

파구수즙 頗求樹汁 우유로 낙(酪)을 만들 때 넣는 즙. 36권본 『대반열반경』 권24(대정장12, p.763c14)에 "선남자여, 저 우유 중에 낙(酪)의 자성이 있으면 응당 다시 뭇 연의 힘을 빌리지 않아도 되리. 선남자여, 저 물과 우유를 섞어 한 달 동안 놓아두어도 끝내 낙(酪)이 되지 않지만, 만약 한 방울의 파구수즙을 그중에 떨어뜨리면 곧장 낙(酪)이 된다. 만약 본디 낙(酪)이 있었으면 무슨 까닭에 연을 기다렸겠는가? 중생의 불성 또한 이와 같아 뭇 연을 빌리기에 곧 볼 수 있고, 뭇 연을 빌리기에 아누다라삼막삼보리를 이룰 수 있다. 善男子 如其乳中 有酪性者 不應復假衆緣力也 善男子 如水乳雜 臥至一月 終不成酪 若以一渧頗求樹汁 投之於中 卽便成酪 若本有酪 何故待緣 衆生佛性 亦復如是 假衆緣故 則便可見 假衆緣故 得成阿耨多羅三藐三菩提"라고 하였다. 〔참고문헌〕『大般涅槃經』.

파군나 破群那 Ⓟ Phagguna. 모리파군나(牟犁破群那 Ⓟ Moḷiyaphagguna)의 다른 이름. 부처님 재세 시 유신견(有身見)에 집착했던 비구. 파륵구나(頗勒具那 · 頗勒窶那)라고도 한다. 『대지도론』 권1(대정장25, p.60a5)에 "저 경에서 설하시길 '여러 가지 업으로 여러 가지 모습으로 세간에 나서 여러 가지로 부딪히고 여러 가지로 감수한다' 하였고, 또 『파군나경』에서는 '촉하는 이도 감수하는 이도 따로 있지 않다'고 하였다. 〔문〕 이 두 경을 어떻게 통하게 하겠는가? 〔답〕 어떤 이는 후세를 의심하여 죄와 복을 믿지 않아 불선행을 지으며 끊어져 아 다 사라져 버린다는 단견(斷滅見 Ⓢ uccheda-dṛṣṭi)에 빠진다. … 파군나는 아(我 Ⓢ ātman)가 있다거나 신(神 Ⓢ puruṣa)이 있다고 헤아려 영원한 것이 있다고 여기는 상견(計常論 Ⓢ śāśvata-dṛṣṭi : 常住論)에 빠졌다. 파군나는 부처님께 '대덕이시여! 누가 감수합니까?'라고 여쭈었다. 만약 부처님께서 '아무개나 아무개가 감수한다'고 말씀하셨다면, 곧 상주론에 빠지게 되고 그 사람은 아견이 더욱 견고해져 입장을 바꿀 수 없게 될 것이다. 그래서 감수하는 이와 감촉하는 이가 있다고 설하지 않으신 것이다. 如經中所說 雜業故 雜生世間 得雜觸雜受 更有破群那經中說 無人得觸 無人得受 問曰 此二經云何通 答曰 以有人疑後世 不信罪福 作不善行 墮斷滅見 … 是破群那 計有我有神 墮計常中 破群那 問佛言 大德 誰受 若佛說 某甲某甲受 便墮計常中 其人我見倍復牢固 不可移轉 以是故不說有受者觸者"라고 하였다. 〔참고문헌〕『大智度論』, *MN.1.122.*, *SN.2.13.* ⇨ 모리파군나 牟犁破群那, 파륵구나 頗勒窶那 ❷

파군성 破軍星 북두칠성(北斗七星) 가운데 제7성. 음양가(陰陽家) 사이에서는 요광(搖光) 또는 부성(部星)이라 불리며, 장군(將軍)의 형상으로 병졸을 이끈다. 오년(午年)에 출생한 이의 본명성(本命星)이기도 하다. 『북두칠성연명경』(대정장21, p.426a13)에 "파군성에 귀의하오니, 동방유리세계의 약사유리광여래불이시여! 南無破軍星 是東方琉璃世界 藥師琉璃光如來佛", 돈황본 『칠천불신부경』(대정장85, p.1446a24)에 "파군성은 멸망을 주관한다. 破軍星 主秏虛"라고 하였다. 〔참고문헌〕『北斗七星延命經』, 『七千佛神符經』, 『七曜攘災決』 권2(대정장21, p.452a25). ⇨ 북두칠성 北斗七星

파근사 波根寺 전라북도 남원시 주천면 덕치리 지리산(智異山)에 있던 절. 대흥사(大興寺)라고도 한다. 876년(헌강왕2)에 창건되었다고 전하는데, 방두천(房斗天)의 『용성지』에 선원사(禪院寺)와 동시에 창건되었다고 한다. 조경남(趙慶男 1570~1641)의 『난중잡록』 권3에 1597년(선조30) 9월 9일에 왜병과 싸우는 과정에 파근사에 주둔한 사실을 전하고 있다. 경일(敬一 1636~1695), 새봉(璽篈 1687~1767), 용담(龍潭 1700~1762), 유일(有一 1720~1799) 등이 머문 기록이 그들의 문집에 남겨져 있기도 하다. 혜심(慧諶 1178~1234)의 『무의자시집』 권상(한불전6, p,53a12) 「차파근사판상운 次波根寺板上韻」에서 "지리산 서쪽에 있는 옛 암자. 智異山西有古庵"라고 하였다. 〔참고문헌〕『無衣子詩集』, 『龍城誌』, 『亂中雜錄』, 『東溪集』, 『霜月大師詩集』, 『龍潭集』, 『蓮潭大師林下錄』, 『新增東國輿地勝覽』, 『輿地圖書』, 『伽藍考』, 『梵宇攷』, 『韓國寺刹全書』 권하 p.1120a7. ⇨ 대흥사 大興寺 ⑩

파기 簸箕 곡물 껍질 까불어 거르는 키. 『육도집경』 권8(대정장3, p.51a6)에 "코끼리 귀 더듬어 본 이 '키'같다고 말한다. 持耳者言 如簸箕", 『경덕전등록』 권11 「대수법진전 大隋法眞傳」(대정장51, p.286b6)에 "학인이 물었다. '화상의 가풍은 어떤지요?' '적토에서 키를 그린다' '무슨 뜻으로 적토에서 키를 그립니까?' '키 끝에 입술 있어 쌀 도망가지 못하네'. 問 如何是和尙家風 師云 赤土畫簸箕 僧云 如何是赤土畫簸箕 師云 簸箕有脣米不跳出", 『황룡혜남어록』(대정장47, p.635b1)에 "북두에 몸 숨기다 : 천상 별들 모두 북두에 두 손 모으고, 인간세 모든 물 동으로 흐르네. 요즘 사람 몸 숨기는 병 안다면, 키 집어 드니 다른 곳에서 찧으리라. 北斗藏身 天上有星皆拱北 人間無水不朝東 時人若識藏身病 拈取簸箕別處舂"라고 하였다. 〔참고문헌〕『六度集經』, 『景德傳燈錄』, 『黃龍慧南語錄』.

파나 波那 ❶ Ⓢ pāna. 날숨. 지거(持去)로 한역한다. 『유가론기』 권7(대정장42, p.447b24・한불전13, p.494b5)에 "(阿那波那 Ⓢ ānāpāna 중에서) '파나'란 지거라 한역하는데 곧 출식(Ⓢ apāna)을 말한다. 신태(神泰)는 '(아나파나는) 지식래지식거라 한역한다'라고 하였다. 波那者 此云持去 卽是出息 泰云 唐名持息來持息去"라고 하였다. 〔참고문헌〕『瑜伽論記』. ⇨ 아나파나 阿那波那 ❷ Ⓢ prāṇa의 음사. 상키야(Ⓢ Sāṃkhya : 數論)가 상정한 오종풍(五種風) 중 하나. 호기(呼氣) 즉 출식(出息)으로서 입과 코로 내뱉는 날숨 또는 호흡을 말하기도 한다. 『금칠십론』 권중(대정장54, p.1252c9)에 "파나의 바람이란 입과 코를 통로로 하는데, 외적 대상(外塵)을 취하는 것이 바로 그것의 활동이다. 이를테면 '나는 숨을 멈춘다' 또는 '나는 숨을 쉰다'라고 할 때 바로 그것이 활동한 것이다. 외도가 물었다. '이러한 파나는 어떤 근이 짓는 것인가?' 〔답〕 이것은 열세 가지 근에 공통되는 단일한 작용이다. 비유하면 새장 안에 새가 있어 새가 활동하기에 새장이 움직이는 것과 같이 모든 근도 그러하여 파나의 바람이 활동하기에 열세 가지 근이 모두 작용하는 것이다. 波那風者 口鼻是其路 取外塵是其事 謂我止我行 是其作事 外曰 是波那何根能作 答曰 是十三根共一事 譬如籠中鳥 鳥動故籠動 諸根亦爾 以波那風動故 十三根皆動"라고 하였다. 〔참고문헌〕『金七十論』, *Sāṃkhy-k.34.* ⇨ 오종풍 五種風

파나사수 波那沙樹 Ⓢ Ⓟ panasa. 열대 수종. 큰 열매 맺기에 대과(大菓)라고 한역한다. 파나사수(婆那娑樹)・낭가결수(囊伽結樹)・아살타수(阿薩髀樹)라고도 하고, 열매는 반나사과(半娜娑果)라고 한다. 뽕나무과에 속하며 크게 두 종류가 있다. 하나는 잭푸르트(Jack-fruit tree)라고 부르는 것으로 학명은 *Artocarpus integrifolia, Li.* 나무 높이는 9~11m에 달하며 잎사귀는 긴 타원형이다. 수박보다 큰 타원의 대형 열매가 맺히는데, 크기도 매우 크고 당도가 높으며 식감이 좋아 식용한다. 목재는 가구나 악기를 만드는 데 쓰고, 목심에서 염료를 추출하기도 한다. 또 하나는 빵나무(Bread-fruit tree)라고 부르는 것으로 학명은 *Artocarpus altilis.* 잎사귀는 무화과와 유사하고, 열매는 크기는 멜론 크기 정도다. 열매 속은 하얗고 감자와 비슷한 맛이 나는데, 속을 긁어내 찌거나 삶아서 먹는다. 『선견율비바사』 권14(대정장24, p.770a23)에 "그대는 이 나라를 주처로 삼아 꽃과 과수를 많이 심으십시오. 암라수・파나사수・야자수라는 이름의 이와 같은 뭇 나무와 첨복화수・사제화・말리화 등 이와 같은 뭇 꽃들로 말입니다. 꽃과 열매로 모든 거사와 거사녀들 불러들이십시오. 여러 거사 중 만약 즐거이 출가하는 이가 있으면, 그대는 마땅히 바루어 출가케 하고 권속이 불어나게 하십시오. 汝於此國住處 多種華果樹 名菴羅樹 波那沙樹 椰子樹 如是衆多樹 瞻蔔華樹 闍提華 末利華 如是衆多華 以華果誘誂諸居士居士女 諸居士若有樂出家

者 汝當度令出家 使眷屬增長", 『번범어』 권9(대정장54, p.1048a15)에 "파나사수〈한역하여 대과라 한다〉. 波那沙樹〈譯曰大菓〉"라고 하였다. [참고문헌] 『善見律毘婆沙』, 『翻梵語』, 『仏教植物辭典』(國書刊行會, 1982), *Sp.347·1093.* ⇨ 반나사과 半娜娑果

파나화제천 波那和提天 하늘 이름. 자재천(自在天) 또는 범천(梵天)을 일컫는다. 파라나제천(波羅那提天)·파야화제천(波耶和提天)이라고도 한다. 『도행반야경』 권2(대정장8, p.431a1)에 "그때 모든 인지천과 범천과 파나화제천과 이사천과 나제건천이 동시에 세 번 이 법칭예함을 지었다. 爾時諸因坻天 諸梵天 諸波那和提天 諸伊沙天 諸那提乾天 同時三反 作是稱譽法", 『일체경음의』 권3(중화장56, p.859b14)에 "파나화제천 : 『신도행경』에서 자재천이라 하였다. 또한 곧 범천이다. 波那和提天 新道行經云 自在天也 亦卽梵天也"라고 하였다. [참고문헌] 『道行般若經』, 『一切經音義』·권9(대정장54, p.361c14), 『摩訶般若鈔經』 권2(대정장8, p.513b20). ⇨ 범천 梵天, 자재천 自在天

파내 叵耐 참아 내기 힘듦. 파내(叵耐)라고도 한다. 『허당록』 권1(대정장47, p.985a3)에 "가을 깊어 법좌에 올랐다. '금풍 불어 낙엽 지고, 영롱한 이슬 적시는 맑은 가을이네. 참기 어려웠구나, 한산자여! 말없이 미소 지며 고개만 끄덕이네. 일러 보라! 웃는 그 소식을' 불자를 치고 말했다. '거울처럼 밝힐 수 있다면, 어찌 갈고리처럼 굽이굽이 자세히 말할 필요가 있으랴?' 中秋上堂 金風吹落葉 玉露滴淸秋 叵耐寒山子 無言笑點頭 且道笑箇甚麼 擊拂子 旣能明似鏡 何用曲如鉤", 『조원도생선사어』(속고존숙어요4, 卍속장119, p.48a7)에 "주장자를 세웠다 한 번 내리치더니 '산산이 부서져 내린 것 다른 것이 아니니' 하고는 한 획을 긋고서 '종횡 어디에도 티끌 아니다. 참기 힘들구나, 임제라는 도둑이여! 도리어 무위진인이라 부르다니'라고 한 뒤 크게 할 하였다. 卓拄杖一下云 撲落非他物 劃一劃云 縱橫不是塵 叵耐臨濟賊漢 喚作無位眞人 喝一喝"라고 하였다. [참고문헌] 『虛堂錄』, 『曹源道生禪師語』.

파내외도 破內外道 Ⓟ titthiyapakkantaka. 내도와 외도를 깨뜨리다. 외도였다가 불법에 귀의하여 구족계를 받고 다시 외도로 돌아가는 등의 일로 파이도(破二道)라고도 한다. 십삼난(十三難) 중 하나다. 『사분율』 권59(대정장22, p.1003b9)에 "다섯 사람은 대계를 받을 수 없다. 스스로 변죄를 범했다 말한 이, 비구니를 범한 이, 적심으로 계 받은 이, 내도와 외도를 깨뜨린 이, 황문인 자. 이 다섯 법이 있는 사람은 응당 대계를 받지 못한다. 有五種人 不得受大戒 自言犯邊罪 犯比丘尼 若賊心受戒 破內外道 黃門 有是五法是人 不應受大戒", 『사분율행사초』 권상(대정장40, p.27b7)에 "파내외도란 본디 외도였다가 불법으로 와서 투신하여 구족계 받기를 마치고 다시 본래 섬기던 도로 되돌아가는 것이다. 破內外道者 謂本是外道 來投佛法 受具已竟 反還本道", 『선견율비바사』 권12(대정장24, p.759b7 : *Sp.*, p.515)에 "적주·파내외도·괴비구니 등 이 세 사람은 하늘길 막히지 않겠지만 사도과를 얻음에는 장애가 된다. 賊住 破內外道 壞比丘尼 此三人不障天道 於四道果障礙 tesu theyyasaṃvāsako titthiyapakkantako bhikkhuṇīdūsako ti imesaṃ tiṇṇaṃ saggo avārito maggo pana vārito'va"라고 하였다. [참고문헌] 『四分律』, 『四分律行事鈔』, 『善見律毘婆沙』, *Sp.1021., Mil.310.* ⇨ 십삼난 十三難, 사과 四果

파니 波尼 ❶ Ⓢ pāni, pānīya의 음사어. 물(水)을 가리키는 말. 파니(波抳)라고도 음사한다. 36권본 『대반열반경』 권12(대정장12, p.683b26)에 "온갖 말을 잘 헤아리는 어떤 사람이 대중 중에 지내었는데, 이 모든 대중이 갈증에 내몰려 모두들 아우성쳤다. '나는 물이 마시고 싶소. 나는 물이 마시고 싶소'. 이 사람이 즉시 깨끗하고 시원한 물을 가지고서 그 종류에 따라 물을 뜻하는 말을 하였으니, 혹 '파니', 혹 '울특', '사리람', '바리', '바야', '감로', '우유'라 말하였다. 이와 같은 등의 무량한 물의 이름을 대중에게 말하였다. 선남자야, 여래 또한 이러하여 하나의 성도를 가지고 모든 성문을 위해 갖가지로 펼쳐서 설하니, 신근 등에서부터 팔성도에 이르기까지 그러하다. 如有一人 善解衆語 在大衆中 是諸大衆 熱渴所逼 咸發聲言 我欲飮水 我欲飮水 是人卽時以淸冷水 隨其種類 說言是水 或言波尼 或言鬱特 或言婆利藍 或言婆利 或言婆耶 或言甘露 或言牛乳 以如是等無量水名 爲大衆說 善男子 如來亦爾 以一聖道 爲諸聲聞種種演說 從信根等 至八聖道", 『대반열반경소』 권15(대정장38, p.128c13)에 "마시는 물 중에 파니는 계빈국의 물 이름이고, 울특은 동천축국의 물 이름이며, … 사리람은 중천국의 물 이름이다. 파리는 성론의 물이라는 말이고, 바야는 약과 섞인 물을 뜻한다. 飮水中 波尼 罽賓水名 鬱特者 東天竺水名 … 娑利藍 中天竺水名 婆利聲論水名 波耶 藥和水名", 『번범어』 권9(대정장54, p.1045c12)에 "파니〈한역하여 수(水)라 한다〉. 波尼〈譯曰水也〉"라고 하였다. [참고문헌] 『大般涅槃經』, 『大般涅槃經疏』, 『翻梵語』. ❷ 고대인도 산스크리트학자 파니니. 『입능가경』 권10(대정장16, p.584c10 : *Laṅk.*, p.366)에 "파니는 성론을 내놓았네. 波尼出聲論 pāṇiniṃ śabda-netṛ"라고 하였다. [참고문헌] 『入楞伽經』, *Laṅk.*

파니니 Pāṇini 고전범어문법을 집대성한 인도의 학자.

파니니(波尼儞·波儞尼·波膩尼)·파이니(波爾尼) 등으로 음사한다. 고대 간다라 지역인 샬라투라(Ⓢ Śalātura)에서 태어났다. 출생지 이름에서 유래한 샬라투리야(Ⓢ Śālāturīya)라는 별칭이 있고, 모친의 이름이 닥쉬(Ⓢ Dākṣī)여서 닥쉬푸트라(Ⓢ Dākṣīputra : 닥쉬의 아들)라고도 부른다. 기원전 4~6세기 사이 활동한 것으로 추정한다. 행적에 대해 전하는 바는 많지 않은데, 현장(玄奘)의 기술은 이렇다. 『대당서역기』 권2(대정장51, p.881c11)에 "오탁가한다성에서 서북쪽으로 이십여리 가면 사라도라읍에 이르니, 성명론(聲明論 Ⓢ śabda-anuśāsana)을 지은 파이니 선인이 태어난 곳이다. … 이도의 여러 선인들이 저마다 문자를 만드니, 사람들이 서로 그 뜻을 펴 글을 적고 전해온 바를 앞 다투어 익혔으나 배우는 자가 노력한들 다 쓰고 배우기 어려웠다. 사람의 수명이 백세일 때 파이니라는 선인이 있었는데 태어날 때부터 만물을 두루 알았다. 시대가 경박함을 근심해 허황된 것은 없애고 번외한 것은 덜어버릴 생각으로 각지를 다니며 도를 묻다가 자재천을 만났다. 마침내 술작의 뜻을 말하니 자재천이 이르길 '장하다! 내 마땅히 너를 돕겠다'고 하였다. 선인은 가르침을 받고 물러나 면밀히 탐구하고 깊이 생각하며 말들을 줍고 가려내 글자 쓰는 법을 지었다. 모두 천 개의 송으로, 송마다 32언으로 되어 있다. 고금을 빠짐없이 살피고 언문을 총괄한 것으로, 이를 봉하여 진상하니 왕이 심히 귀하고 신기하게 여겼다. 영을 내려 나라 안에 널리 전하고 익히게 했는데, 막힘없이 외우는 이에게 상으로 일천금전을 내리기까지 하였으니, 사제 간에 전하고 받으면서 당시 세간에 성행하였다. 烏鐸迦漢茶城 西北行二十餘里 至娑羅覩邏邑 是製聲明論波爾尼仙本生處也 … 異道諸仙 各製文字 人相祖述 競習所傳 學者虛功 難用詳究 人壽百歲之時 有波爾尼仙 生知博物 愍時澆薄 欲削浮僞 删定繁猥 遊方問道 遇自在天 遂申述作之志 自在天曰 盛矣哉 吾當祐汝 仙人受教而退 於是研精覃思 採摭群言 作爲字書 備有千頌 頌三十二言矣 究極今古 總括文言 封以進上 王甚珍異 下令國中 普使傳習 有誦通利 賞千金錢 所以師資傳授 盛行當世"라고 하였다. 파니니의 성명론은, 그가 지은 4천개 수트라를 집대성한 *Aṣṭādhyāyī*를 말한다. [참고문헌] 『大唐西域記』, Louis Renou · Jean Filliozat · Paul Demiéville · Olivier Lacombe *L'Inde classique manuel des études indiennes: Tome II* (Paris : Ecole française d'Extrême-Orient, 2000). ⇨ 고전범어 古典梵語, 아쉬타디야이 Aṣṭādhyāyī

파니다나바라밀 波抳陀那波羅蜜 Ⓢ praṇidhāna-pāramitā의 음사어. 니는 니(尼), 다는 다(他)로도 쓰며 원바라밀(願波羅蜜)로 한역한다. 『중변분별론』 권상(대정장31, p.454c6 : *Madhy-vibh.*, p.34)에 "파니다나바라밀은 장애가 생겨나는 모든 곳의 선법 중에서 끊임없이 생겨나는데, 원력에 의지하기에 선법이 생겨나는 곳을 유지하고 따를 수 있다. 波抳陀那波羅蜜者 障一切生處善法中 無間生起 依願力故 能攝持隨從善法生處 praṇidhāna-pāramitāyāḥ sarva-janmasu kuśala-nairantarya-pravṛtty-āvaraṇam. praṇidhāna-vaśena tad-anukūlopapatti-parigrahād", 『섭대승론석』 권10(대정장31, p.228c3)에 "[논] 둘째 파니다나바라밀. 이 바라밀은 능히 갖가지 좋은 바램을 능히 이끌어 거둔다. 미래세에 육도 일으키는 연을 부르기 때문이다. 論曰 二 波尼他那波羅蜜 此度能引攝種種善願 於未來世感六度生緣故", "[석] 이 원은 현재세에는 모든 선행에 의지하여 온갖 착한 원을 이끌어 거두고, 이 원은 미래세에 능히 육도의 생연을 불러 따른다. 좋은 도기와 외자량인 선지식으로터 바르게 들음 등을 말하니, 이를 선한 원의 인과사라 이름한다. 釋曰 此願 於現在世 依諸善行 能引攝種種善願 此願 於未來世 能感隨六度生緣 謂好道器 及外資糧善知識正聞等 是名善願因果事", "청정의요 바탕 삼고 반야에 의지하기에 청정을 얻으며, 대비에 의지하기에 의요가 있다. 분별을 여의면 이 사는 성립하지 않기에 무분별후득지로 거둔다. 清淨意欲 以爲其體 依般若故 得清淨 依大悲故 有意欲 若離分別 此事不成故 是無分別後智攝"라고 하였다. [참고문헌] 『中邊分別論』, 『攝大乘論釋』, *Madhy-vibh.* ⇨ 원바라밀 願波羅蜜

파다기리 娑多耆利 Ⓢ Śātagiri, Ⓟ Sātāgiri. 항하(恒河) 남쪽 산. 또는 이 산에 거주하는 야차신(Ⓟ Sātāgira). 사다기리(娑多耆利)로도 음사하고, 사다산(娑多山)·낙산(樂山)이라고도 한다. 『입세아비담론』 권1 「야차신품 夜叉神品」(대정장32, p.176c12)에 "일체신이 강 남쪽 산에 머무르기에 모두 이름을 파다기리신, 강 북쪽 산에 머무르기에 모두 혜마발다신이라 한다. 이 파다기리신은 강남의 일체 모든 신을 거느리기에 왕이라 하고, 이 혜마발다신은 강북의 일체 모든 신을 거느리기에 왕이라 한다. 若一切神住河南山者 皆名娑多耆利神 若在河北山者 皆名醯摩跋多神 是娑多耆利神 領河南一切諸神 故名爲王 是醯摩跋多神 領河北一切諸神 故名爲王", 『지장본원경과주』 권4(卍속장35, p.584a14)에 "항하의 남쪽을 파다기리산, 항하의 북쪽을 혜마발다산이라 한다. 恒河之南 名娑多耆利山 恒河之北 名醯摩跋多山"라고 하였다. [참고문헌] 『立世阿毘曇論』, 『地藏本願經科註』, 『翻梵語』 권7(대정장54, p.1029b17), *Suv-pr.149.*, *DN.3.204.*, *Jā.4.314.* ⇨ 사다기리 娑多耆利

파다라 波多羅 ❶ Ⓢ pātra의 음사어. 발우(鉢盂). 파달라(波怛羅·波呾羅)·발다라(鉢多羅)로도 음사한다. 『일체경음의』 권59(대정장54, p.701b19)에 "발우<(앞

은) 보와 말의 반절. '발다라' 또는 '파다라'라 한다〉. 鉢盂〈補沫反 鉢多羅 又云 波多羅〉", 『사분율명의표석』 권13(卍속장70, p.603b18)에 "발우 : 범어로 파달라·발다라·파다라고도 한다. 한역하여 발이라 한다. 鉢盂 梵云 波呾囉 亦云 鉢多羅 又云 波多羅 此譯爲鉢"라고 하였다. [참고문헌] 『一切經音義』, 『四分律名義標釋』. ⇨ 발 鉢, 발우 鉢盂 ❷ 삼십육아귀(三十六餓鬼) 중 지하의 아귀. 『정법염처경』 권16 「아귀품 餓鬼品」(대정장17, p.92b6)에 "(삼십육아귀 중) 열일곱 번째는 파다라이며, 지하의 아귀다. 十七者 波多羅 地下餓鬼", 『사분율명의표석』 권5(卍속장70, p.472a8)에 "열입곱 번째는 파다라이다〈여기서는 '지하'라 한다〉. 十七者 波多羅〈此言地下〉"라고 하였다. [참고문헌] 『正法念處經』, 『四分律名義標釋』. ⇨ 삼십육아귀 三十六餓鬼

파달라 波怛羅 발(鉢 Ⓢ pātra)의 음사어. 파달라(波呾羅)·파다라(波多羅) 등으로도 음사하고 발우(鉢盂)라 부른다. 『유부백일갈마』 권1(대정장24, p.457a8)에 "왼손에 둔 채로 오른손 뻗어 발우 위를 덮으며 이렇게 말하게 한다. '오파다야시여, 기억해주십시오. 저 아무개의 이 파달라는 대선의 그릇이요 걸식하는 그릇입니다. 저는 지금부터 지켜 가져서 늘 먹기 위해 쓰겠습니다'. 이렇게 세 번 한다. 應置左手 張右手掩鉢口上 教云 鄔波馱耶 存念 我某甲 此波怛羅 是大仙器 是乞食器 我今守持 常用食故 如是三說", 『근본살바다부율섭』 권2(대정장24, p.534b6)에 "이에 6개월 동안 대중을 모시며 이바지함과 아울러 상좌도 모신다. 삼의와 파달라를 법답게 살피고 모든 여법한 사업을 모두 도와야 한다. 仍須六月 供侍僧伽 幷供上座 營理三衣 及波呾羅 所有如法事業 皆應助作"라고 하였다. [참고문헌] 『有部百一羯磨』, 『根本薩婆多部律攝』. ⇨ 발 鉢, 발우 鉢盂

파담 波曇 Ⓢ padma의 음사어. 연꽃. 연꽃 중에서도 홍련(紅蓮) 또는 적련(赤蓮). 발담(鉢曇)·발담마(鉢曇摩)으로도 음사한다. 『불본행경』 권1 「입예론품 入譽論品」(대정장4, p.62b26)에 "손은 파담화 집고, 눈은 감청색 연꽃잎 닮았네. 양손에 좋은 꽃 받들고, 기쁜 마음으로 어머니 만나러 가네. 手執波曇花 眼如紺蓮葉 兩手奉好花 歡喜詣其母", 『일체경음의』 권9(대정장54, p.358b22)에 "파담〈또한 파모·파두마·발담마라고도 한다. 바르게 말하면 발특마고, 한역하면 적련화다〉. 波曇〈又云 波暮 或云 波頭摩 或云 鉢曇摩 正言 鉢特摩 此譯云 赤蓮華也〉"라고 하였다. [참고문헌] 『佛本行經』, 『一切經音義』, 『放光般若經』 권20(대정장8, p.142a25). ⇨ 발담 鉢曇❷

파도 罷道 Ⓟ hīnāya-āvattati, vibbhamati. 도를 파하다. 파계(破戒)나 사계(捨戒)하여 지킬 것을 버리는 뜻이다. 『중아함경』 권20 「지리미리경 支離彌梨經」(대정장1, p.558a16 : *Citta-sutta, AN.3,* p.393)에 "그는 자주 속인(白衣)들과 함께 만나 놀리고 잘난척하면서 여러 얘기를 왁자지껄하며 마음으로 문득 탐욕을 일으킨다. 그의 마음에 탐욕이 이미 일어나면 바로 몸도 뜨거워지고 마음도 뜨거워진다. 그의 몸과 마음이 뜨거워지면 바로 계를 버리고 도를 파한다. 彼數與白衣共會 調笑貢高 種種談諱已 心便生欲 彼心生欲已 便身熱心熱 彼身心熱已 便捨戒罷道 tassa saṃsaṭṭhassa vissaṭṭhassa pākaṭassa bhassam anuyuttassa viharato rāgo cittaṃ anuddhaṃseti, so rāgānuddhaṃsena cittena sikkhaṃ paccakkhāya hīnāyāvattati", 『오분율』 권17(대정장22, p.118a17)에 "그때 발난다의 제자 니건비구는 예전에 도를 파한 자인데 다시 와서 출가를 구하자 여러 비구들이 어찌할 바 몰라 부처님께 아뢰었다. 부처님께서 말씀하셨다. '내법을 버렸던 외도인은 우리 법 안에 살지 못하니 결코 출가시켜 구족계를 받게 해서는 안 된다. 이미 구족계를 받았으면 멸빈시켜야 한다'. 爾時 跋難陀弟子 尼揵比丘 昔罷道者 後復來求出家 諸比丘不知云何 以是白佛 佛言 捨內法外道人 於我法中不生 不應與出家 受具足戒 若已受具足戒 應滅擯"라고 하였다. [참고문헌] 『中阿含經』, 『五分律』, 『善見律毘婆沙』 권8(대정장24, p.725c6), *AN.* ⇨ 파계 破戒, 사계 捨戒, 환속 還俗

파두마 波頭摩 Ⓢ padma, Ⓟ paduma의 음사어. 적련(赤蓮) 또는 홍련(紅蓮). 파두모(波頭暮)라고도 음사한다. 과거 부처님의 명호다. 80권본 『화엄경』 권16 「승수미산정품」(대정장10, p.80c23)에 "제석이 … 곧장 스스로 과거불의 처소에서 온갖 선근 심었던 일을 기억하고는 송을 설하였다. ' … 파두마불은 깨끗하고 티 없으니, 모든 길상 중에 최고여서 위 없네. 저 부처님 일찍이 이 궁에 드셨으니, 이 까닭에 이곳이 가장 길상하다네'. 帝釋 … 卽自憶念 過去佛所 種諸善根 而說頌言 … 波頭摩佛淨無垢 諸吉祥中最無上 彼佛曾來入此殿 是故此處最吉祥", 『화엄경소』 권17(대정장35, p.628c14)에 "파두마는 여기서 적련화라 한다. (이 부처님의) 몸과 마음이 적련과 같이 깨끗하여 티끌과 때가 없다. 波頭摩者 此云 赤蓮華 身心如蓮華 淨無塵垢", 『화엄경탐현기』 권5(대정장35, p.193b27)에 "파두마는 여기서 '적련화'라 한다. 波頭摩 此云 赤蓮華", 『속일체경음의』 권2(대정장54, p.941a2)에 "파두마〈혹 발두마·발노마·발특마라고도 하는데 모두 범어 소리의 와전이다. 바로 하면 발납마고, 여기서는 홍련화라 한다. 인간세에도 있으며, 혹 적황색연화라고도 한다〉. 波頭摩〈或云 鉢頭摩 或云 鉢弩摩 亦云 鉢特摩 皆梵聲訛轉 正云 鉢納摩 此云 紅蓮花 人間亦有 或名赤黃色蓮花也〉", 『번범어』 권10(대정장54, p.1049c9)

에 "파두모〈또한 파두마·발담마라고도 한다. 한역하여 적련화라 한다〉. 波頭暮〈亦云 波頭摩 亦云 鉢曇摩 譯曰 赤蓮花也〉"라고 하였다. 〔참고문헌〕『華嚴經』, 『華嚴經疏』, 『華嚴經探玄記』, 『續一切經音義』, 『翻梵語』, *DN.2.179.*, *Bv.62.* ⇨ 발두마화 鉢頭摩華

파두마지옥 波頭摩地獄 ❶ 십대지옥(十大地獄) 중 적련화처럼 붉은 화염으로 뒤덮인 지옥. 『기세경』 권4 「지옥품 地獄品」(대정장1, p.328c29)에 "'이 여덟을 대지옥이라 하니 엄혹한 불길에 고통 참아 견딜 수 없네. 악업의 사람이 지었기에 그중에 소지옥이 열여섯 개 있네'. 이때 세존께서 이 게 설하기를 마치시고 여러 비구에게 이처럼 말씀하셨다. '그대 여러 비구들은 응당 저 세계 중간에 따로 다시 열지옥이 있음을 알아야 한다. 무엇들이 그 열 가지인가? 이른바 알부다지옥 … 파두마지옥 … 구모다지옥이다'. 此八名爲大地獄 嚴熾苦切難忍受 惡業之人所作故 其中小獄有十六 爾時世尊 說此偈已 告諸比丘 作如是言 汝諸比丘 應當知彼 世界中間 別更復有十地獄處 何等爲十 所謂頞浮陀地獄 … 波頭摩地獄 … 拘牟陀地獄", 같은 책 권4 「지옥품」(대정장3, p.329b10)에 "저 파두마지옥 중에 맹렬한 불길 색이 파두마화와 같다. 그래서 이름을 파두마라 하였다. 彼波頭摩地獄之中 猛火焰色 如波頭摩花 是故名爲波頭摩也", 『법원주림』 권7(대정장53, p.325c28)에 "다시 무슨 인연으로 파두마지옥이라 하는가? 이곳 모든 중생은 지옥 중 맹렬한 화염에 휩싸여 있음이 저 파두마화와 같다. 그래서 파두마지옥이라 한다. 復何因緣名波頭摩地獄 此諸衆生 地獄之中 猛火焰色 如波頭摩華 是故名爲波頭摩地獄"라고 하였다. 〔참고문헌〕『起世經』, 『法苑珠林』, 『起世因本經』 권4(대정장1, p.384b28). ⇨ 파두마 波頭摩, 십대지옥 十大地獄[1] ❷ Ⓟ paduma-niraya. 팔한지옥(八寒地獄) 중 하나. 연화지옥(蓮花地獄). 이 지옥의 중생은 추위에 살이 터져 선홍빛 살이 드러나기에 붉은색 연꽃이라는 뜻의 '파두마'로 이름을 삼는다. 36권본 『대반열반경』 권10 「현병품 現病品」(대정장12, p.671b5)에 "이 광명 중에 '모든 중생이 전부 불성을 갖고 있다'라는 여래의 비밀장을 베풀어 설하면 중생은 그것을 듣고 목숨이 다하여 인천 중에 나거나 내지는 여덟 갈래 한빙지옥에 난다. 이른바 … 파두마지옥 … 분다리지옥이다. 이곳에서 중생은 늘 추위의 고통에 몰려 괴로워한다. 몸이 부르터서 찢어지고 서로서로 해친다. 是光明中宣說如來祕密之藏言 諸衆生皆有佛性 衆生聞已 卽便命終生人天中 乃至八種寒氷地獄 所謂 … 波頭摩地獄 … 分陀利地獄 是中衆生 常爲寒苦之所逼惱 所謂擘裂身體碎壞互相殘害", 『교적의기』 권상(대정장39, p.1027a24)에 "어찌 파두마지옥이라 하는가? 한역하여 '홍련화옥'이라 한다. 이 지옥은 극히 춥고 얼어 있어, 죄인의 몸은 살이 갈라지고 터진다. 이에 홍련화라 이름 붙였다. 云何波頭摩地獄 唐云 紅蓮華獄 謂此地獄極寒凍 諸罪人身 分裂破其肉 乃宜所以名紅蓮華也"라고 하였다. 〔참고문헌〕『大般涅槃經』, 『教跡義記』, 『一切經音義』 권26(대정장54, p.472b23), *Jā.4.245.* ⇨ 발두마지옥 鉢頭摩地獄, 팔한지옥 八寒地獄

파두산 破頭山 중국 호북성(湖北省) 기춘(蘄春)과 황매(黃梅) 경계에 있는 산. 파액산(破額山)·쌍봉산(雙峰山) 등이라고도 하고, 선종 제4조 도신(道信)이 머물렀기에 사조산(四祖山)이라고도 한다. 『경덕전등록』 권3 「도신전」(대정장51, p.222b9)에 "당대 무덕년간 갑신년에 도신은 기춘으로 돌아와 파두산에 주석하니 학승들이 구름처럼 모였다. 하루는 황매현으로 가는 길에 한 어린 아이(弘忍)를 만났는데 골상이 아주 빼어나 보통의 아이들과는 사뭇 달랐다. 唐武德甲申歲 師却返蘄春 住破頭山 學侶雲臻 一日往黃梅縣路 逢一小兒 骨相奇秀 異乎常童"라고 하였다. 〔참고문헌〕『景德傳燈錄』, 『曆代法寶記』(대정장51, p.181c16), 『傳法正宗記』 권6(대정장51, p.746a5). ⇨ 쌍봉산 雙峰山[2], 사조산 四祖山

파드마 Padma ➡ 파두마 波頭摩

파드마삼바바 Padmasaṃbhava Ⓣ Pad-ma-'byung-gnas. 8~9세기경 인도 북서부 오디야나(Oḍḍiyāna, Uḍḍiyāna : 現 Swat Valley) 출신의 밀교행자로 티송데첸(Khri srong lde btsan 742~797)왕 재위시 샨타라크시타(Śāntarakṣita, Zhi-ba-'tsho 725~788)를 도와 티베트에 불교를 전하였다. 파드마카라(Padmakara) 또는 구루 린포체(guru Rin po che)라 하고, '연꽃(padma)에서 났다(saṃbhava)' 하여 연화생(蓮華生)이라 한역한다. 『바셰 *dBa' bzhed*』·『투칸둡타 *Thu'u-bkwan Grub-mtha'*』 등의 전승에 의하면 네팔에 머물던 샨타라크시타가 티송데첸의 초청으로 처음 티베트에 들어갔을 때 마침 인간과 가축에 역병(疫病)이 창궐하고 크게 가물었다. 불교 도입에 반대하는 뵌(Bon)교 사제들과 귀족세력이 이를 빌미로 겁박하고 음해하니, 샨타라크시타는 물러나 네팔로 돌아갔다. 770년경 왕이 재차 모시려 하자 샨타라크시타는 티베트의 토속신들을 다스리기 위해 파드마삼바바를 대동하였고, 연화

파드마삼바바전기도 티베트 시대미상 화정박물관

생은 신통(神通)을 수반한 밀교행법으로 낸첸탕(gNyan chen thang)·야르하 샴포(Yar lha sham po) 등 뵌교 토속신들의 준동을 다스렸다. 이 산신(山神)들은 결국 부처님 법에 귀의하여 호법신장(護法神將)이 되고 뵌교 사제와 귀족세력들의 반발마저 가라앉으니, 샨타라크시타와 파드마삼바바는 왕실 후원하에 삼예 미귤휜기듑파 쭉락캉(bSam yas mi 'gyur lhun gyis grub pa'i gtsug lag khang), 줄여서 삼예사원을 지었다. 이어 계단(戒壇)을 열어 6인의 스님이 구족계를 받은즉 티베트불교 최초의 승단이 세워졌다. 티송데첸왕을 위시하여 '티베트불교의 어머니'라 불리는 예셰초겔(Yeshe tsogyal) 등 스물다섯의 성취자(成就者 grub-thob)들이 그의 제자다. 아미타불의 화신으로 여겨지고 있고, 이는 석가모니 부처님께서 몸소 수기(授記)하신 바라고도 하며, 티베트불교 4대 학파 중 닝마파(rNying-ma-pa)의 개조(開祖)로서도 높이 추앙받고 있다. ⇨연화생 蓮華生, 샨타라크시타 Śāntarakṣita, 닝마파 rNying-ma-pa

파득정방득행 把得定放得行 잡은즉 고요하고 놓은즉 행한다. 자유자재한 뜻이다. 『연종보감』 권6 「수진공부 修進工夫」(대정장47, p.331c14)에 "정토가 자기 마음인줄 안다. 이것이야말로 뛰어난 지혜인이다. 닦아 나아가 공부함에 있어 저 붙잡아 얻은 즉 정이고, 지어 얻은 즉 주인이고, 의지한 즉 편안할지니 괴롭고 즐거운 역순 경계를 만남에 오로지 아미타불만을 생각한다. 知淨土卽是自心 此乃上智人 修進工夫 如此把得定 做得主 靠得穩 縱遇苦樂逆順境界現前 只是念阿彌陀佛", 『종용록』 79칙 「평창 評唱」(대정장48, p.278b16)에 "옛사람 붙들어 고요한 곳에서 바야흐로 놓아 갈 줄 알고 백척간두에 나아가고 놓아 행할 때 짐짓 붙잡아 고요할 줄 알아 천 길 낭떠러지에 선다. 무슨 일로 이다지 자유자재하나. 호남성 안은 인민이 살기 좋고 쌀값 싸고 나무 흔해 모든 이웃 풍요롭네. 古人 把定處 放得行 竿頭進步 放行時 把得定 壁立千仞 爲甚麽 如此自由自在 湖南城裏好養民 米賤柴多足四隣", 『무명혜성어록』 「기안일제거사 寄顔一齊居士」(卍속장121, p.644a11)에 "다만 얻은 바 그곳에서 간절히 가져갈지니, 저 한 자리 은산철벽을 붙잡아 고요하고 지어 주인 되니, 이 크게 밝음 있음을 좇아 비로소 기쁘고 쾌활한 평생이네. 但只於所得之地崖將去 如一座鐵壁銀山 把得定 作得主 從此有大發明 方始慶快平生"라고 하였다. [참고문헌] 『蓮宗寶鑑』, 『從容錄』, 『無明慧性語錄』.

파라 波羅 ❶ Ⓢ pala의 음사어, Ⓣ srang. 무게 단위. 근(斤)으로 한역하고 발라(鉢羅)라고도 한다. 1냥(兩) 또는 4냥으로 보는 예도 있다. 『능가경』 권1(대정장16, p.482a8 : *Laṅk.*, p.31)에 "몇 다라나가 1가리사나이고, 몇 가리사나가 1파라가 되는가. 復幾陀那羅 爲迦梨沙那 幾迦梨沙那 爲成一波羅 karṣo hi dharaṇāḥ kyantaḥ palaṃ vai kati kārṣikā", 『대승입능가경』 권1(대정장16, 592b10)에 "몇 냥(Ⓢ karṣa, kārṣika)이 1근(Ⓢ pala)이 되는가. 幾兩成一斤", 『입세아비담론』 권6 「운하품 云何品」(대정장32, p.200b2)에 "울단월 사람은 겁파 나무의 열매로 만든 옷을 입는다. 길이는 20주(肘), 너비는 10주, 무게는 1파라〈이쪽의 1냥 무게〉다. 사천왕천 또한 겁파 옷을 입는데, 길이는 40주, 너비는 20주, 무게는 파라의 반이다. 鬱單越人 劫波樹子衣 長二十肘 廣十肘 重一波羅〈此稱一兩〉 四天王天 亦劫波衣 長四十肘 廣二十肘 重半波羅", 『번범어』 권1(대정장54, p.990a4)에 "파라〈한역하여 4냥이라 한다〉. 波羅〈譯曰四兩〉", 『사분율명의표석』 권9(卍속장70, p.534b2)에 "발라는 혹 '파라'라고도 한다. 『십송율』에서는 1발라를 이곳의 4냥이라 하였고, 『입세아비담론』에서는 1파라를 이곳의 1냥에 무게라고 하였다. 이는 아마도 저울의 크고 작음에 따른 차이 때문이다. 鉢羅 或云波羅 十誦律云 一鉢羅 此四兩也 立世毗曇論云 一波羅 此稱一兩 斯或秤之大小不同故也"라고 하였다. [참고문헌] 『入楞伽經』, 『大乘入楞伽經』, 『立世阿毘曇論』, 『翻梵語』, 『四分律名義標釋』, *Laṅk.* ❷ Ⓢ pāla의 음사어. 호(護)의 뜻. 『번범어』 권2(대정장54, p.996b20)에 "파라〈한역하여 '호'라 한다〉. 波羅〈譯曰護也〉"라고 하였다. [참고문헌] 『翻梵語』. ❸ Ⓢ pāra의 음사어. 피안(彼岸)의 뜻. 『번범어』 권1(대정장54, p.987c8)에 "파라〈한역하여 피안이라 한다〉. 波羅〈譯曰彼岸〉"라고 하였다. [참고문헌] 『翻梵語』. ❹ Ⓢ bala의 음사어. 힘(力)의 뜻. 『번범어』 권1(대정장54, p.990c14)에 "파라〈한역하여 '력'이라 한다〉. 波羅〈譯曰力也〉"라고 하였다. [참고문헌] 『翻梵語』.

파라가 波羅伽 Ⓢ pāraga의 음사어. 도피안(度彼岸). 가(伽)는 가(迦)로도 쓴다. 『대지도론』 권2(대정장25, p.73b9)에 "(부처님을) 다시 파라가〈한역하면 도피안이라는 뜻〉라고도 한다. 復名波羅伽〈秦言度彼岸〉", 『번역명의집』 권4(대정장54, p.1117a14)에 "파라가 : 『대지도론』에서는 '한역하여 도피안이라고 한다'라고 하였다. 『화엄경』에서는 '바라밀의 배를 타고 생사의 흐름 중에 있지만 이쪽 기슭에도 의지하지 않고 저쪽 기슭에도 머물지 않으며 흐름 중에 머물지도 않으니 중생 구제함에 그쳐 쉼이 없다'라고 하였다. 波羅伽 大論 秦言度彼岸 華嚴云 以波羅蜜船 於生死流中 不依此岸 不著彼岸 不住中流 而度衆生 無有休息", 『번범어』 권1(대정장54, p.983a10)에 "파라가〈논에서 '도피안'이라 하였다〉. 波羅伽〈論曰 度彼岸也〉", 같은 책 권3(대정장54, p.1003a11)에 "파라가〈한역하여 '피안'이라 한다〉. 波羅迦〈譯曰 彼岸〉"라고 하였다. [참고문헌]『大智度論』, 『翻譯名義集』, 『翻梵語』, 80권본 『華嚴經』 권73(대정장10, p.398c15), *Udāna-v. 266*. ⇨ 도피안 度彼岸

파라니밀화야월 波羅尼蜜和耶越 Ⓢ para-nirmita-vaśa-vartin, Ⓟ para-nimmita-vasa-vattin의 음사어. 타화자재천(他化自在天). 파라니밀화야월치(波羅尼蜜和耶越致)라고도 음사한다. 『아촉불국경』 권상(대정장11, p.757a15)에 "그 찰토의 아나함은 다시 파라니밀화야월천으로 올라가 나지 않고, 바로 그곳에서 자신의 위신력으로 아라한도를 지어 증한다. 其刹阿那含 不復上生波羅尼蜜和耶越天 便於彼自以威神力 作阿羅漢道證", 『방등반니원경』 권하 「도지옥품 度地獄品」(대정장12, p.924a10)에 "저 합회지옥·대합회지옥·불가의지옥을 벗어나 파라니밀화야월천에 나서 이 법을 듣고서 모두 아나함도를 얻었다. 出彼合會 大合會 不可意地獄 得生波羅尼蜜和耶越天 聞是法已 皆悉得阿那含道", 『대루탄경』 권1 「염부리품 閻浮利品」(대정장1, p.277b10)에 "니마라천을 지나면 그 위에 파라니밀화야월치천이 있다. 過尼摩羅天 上有波羅尼蜜和耶越致天"라고 하였다. [참고문헌]『阿閦佛國經』, 『方等般泥洹經』, 『大樓炭經』. ⇨ 타화자재천 他化自在天

파라라 波羅羅 Ⓢ Pāṭala, Pāṭalā. 중생화(重生華). 『법화경삼대부보주』 권10(卍44, p.304a9)에 "파라라 이는 중생화라 한다. 波羅羅 此云重生華"라고 하였다. [참고문헌]『法華經三大部補注』. ⇨ 중생화 重生華

파라리다제가인 婆羅利多提假人 두 가인(假人) 중 하나로 방편을 잘 아는 이로서 유교방편(有巧方便)이라는 뜻이다. 『석마하연론』 권5(대정장32, p.638b8)에 "가인이란 두 가지다. 무엇이 그 둘인가. 첫째는 파라리다제가인, 둘째는 나시아다라가인이다. 저 첫 번째 사람은 다섯 일을 안다. 무엇이 그 다섯인가. 첫째 나무에서 불이 나오는 일을 알고, 둘째 나무를 부딪혀 돌릴 줄 알며, 셋째 천천히 할 때와 급히 할 때를 알며, 넷째 그쳐 머무는 곳을 알며, 다섯째 성취한 다음을 안다. 假人者 有二種故 云何爲二 一者 婆羅利多提假人 二者 那尸阿多羅假人 彼第一人 卽知五事 云何爲五 一者 知出火木 二者 知鑽轉木 三者 知漸頓時 四者 知止住所 五者 知成就次", 『석마하연론기』 권5(卍속장73, p.123a17)에 "파라리다제가인은 한역하여 유교방편이라 한다. 婆羅羅利多提假人 此云 有巧方便"라고 하였다. [참고문헌]『釋摩訶衍論』, 『釋摩訶衍論記』. ⇨ 나시아다라가인 那尸阿多羅假人, 가명인 假名人

파라리대국 波羅梨大國 화씨성(華氏城 Ⓟ Pāṭaliputta)을 말한다. 『출요경』 권28(대정장4, p.760b29)에 "어떤 한 비구가 파라리대국의 계두원 가운데에서 수천만의 대중에게 앞뒤로 둘러싸여 높은 자리에 올라서 법을 연설하고 있었다. 그 법을 들은 이들은 구제되지 않는 자가 없었고, 하고자 하는 바대로 행하여서 각각 그 원하는 것을 충족하였다. 有一比丘 在波羅梨大國 鷄頭園中 爲數千萬衆 前後圍遶 昇于高座 敷演法教 其聞法者 靡不蒙濟 隨行所趣 各充其願"라고 하였다. [참고문헌]『出曜經』. ⇨ 바라리불다라 波羅利弗多羅

파라말타 波羅末陀 ❶ Ⓢ paramārtha의 음사어. 파라목타(波羅木陀)라고도 음사한다. 『대지도론』 권48(대정장25, p.408b19)에 "파라말타는 '제일의'라 한역한다. 波羅末陀 秦言 第一義"라고 하였다. [참고문헌]『大智度論』, 『翻譯名義集』 권5(대정장54, p.1133a12). ⇨ 제일의 第一義 ❷ Ⓢ Paramārtha. 진제(眞諦)삼장의 범어 이름. 원측(圓測)의 『인왕경소』 권상(대정장33, p.361c2·한불전1, p.19a13)에 "삼장법사 '파라말타'는 '진제'라 한역한다. 三藏法師 波羅末陀 梁云眞諦"라고 하였다. [참고문헌]『仁王經疏』, 『翻譯名義集』 권1(대정장54, p.1071a10). ⇨ 진제 眞諦❷

파라바가라 波羅頗迦羅 파라바가라밀다라(波羅頗迦羅蜜多羅 Ⓟ Prabhākaramitra). 『고금역경도기』 권4(대정장55, p.366c2)에 "사문 파라바가라는 한역해 작명지식이라 한다. 또는 파바라고도 하는데 이는 광지로 한역한다. 중인도 사람이고, 찰제리 종성이다. 학식과 도량에 있어 통달하였고 기품은 아주 깊었다. 내도와 외도를 널리 궁구하였고 대승과 소승을 자세히 연마하였다. 전법교화를 맹세하고는 고난을 무릅쓰고 멀리 파미르고원과 타클라마칸사막을 건너 이곳에 왔다. 정관 원년(627)에 칙령을 받아 대흥선사에서 『보성다라니경』 1부〈7권〉·『반야등론』 1부〈15권〉·『대장엄경론』 1부〈13권〉의 도합 3부 35권을 역출했다. 沙門波羅頗迦羅 唐言作明知識 或云波頗 此云光智 中印度人 刹帝利種 識度通敏器宇冲邃 博窮內外硏精大小 誓傳法化不憚艱危 遠涉葱河來屆於此 以貞觀元年 勅於大興善寺 譯寶星經一部〈七卷〉 般若燈論一部〈十五卷〉 大莊嚴論一部〈十三卷〉 凡三部合三十五卷"라고 하였다. [참고문헌]『古今譯經圖紀』. ⇨ 파라바가라밀다라 波羅頗迦羅蜜多羅

파라바가라밀다라 波羅頗迦羅蜜多羅 Ⓢ Prabhākaramitra. 565~633. 인도 중부 마게다국(摩揭陀國) 출신의 역경승. 명지식(明知識) 또는 광지(光智)라 한역한다. 불교를 사제(四諦)·무상(無相)·관행(觀行)·안양(安養)·수호(守護)의 오교로 분류했다고 하며 이를 파바오교(波頗五敎)라고 부른다. 『당고승전』 권3 「파바전 波頗傳」(대정장50, p.439c26)에 "파라바가라밀다라는 명지식이라 한역한다. 파바라고도 하는데 광지라 한역하며 중천축 출신이다. 波羅頗迦羅蜜多羅 唐言作明知識 或一云波頗 此云光智 中天竺人也"라고 하였다. [참고문헌]『唐高僧傳』, 『翻譯名義集』(대정장54, p.1071a29). ⇨ 명지식 明知識 **2**

파라부 波羅赴 Ⓢ Prabhu, Paribhū. 이십팔대야차(二十八大藥叉) 중 하나. 서방을 수호하는 야차신. 이름은 자재(自在)라는 뜻. 『공작왕주경』 권하(대정장19, p.452a29)에 "아난아, 서방사야차대군주가 서방에 머무르며 늘 서방을 수호하니, 그 이름은 이렇다. … 파라부〈한역어는 자재〉 … 이 대공작왕주로써 항상 나를 수호하며 백세 장수를 바라느니라. 阿難 西方四夜叉大軍主 住西方 常守護西方 其名如是 … 波羅赴〈梁言自在〉 … 以此大孔雀王呪 常守護我 願壽百歲", 『번역명의집』 권2(대정장54, p.1086c21)에 "파라부 : '발리부'라고도 하며, 자재라 한역한다. 波羅赴 亦云 鉢唎部 此翻自在"라고 하였다. [참고문헌]『孔雀王呪經』, 『翻譯名義集』, 『二十八夜叉大軍王名號』(卍속장3, p.736b13). ⇨ 이십팔대야차 二十八大藥叉, 야차 夜叉

파라사 波羅沙 **1** Ⓢ Parāśara. 고대 인도 선인(仙人)의 이름. 『불소행찬』 권3(대정장4, p.23c18 : *Buddh-c.*, p.136)에 "임기사선인과 아나가, 비타, 파라사와 다른 구도자들이 모두 이 도를 따라서 참된 해탈을 얻었네. 林祇沙仙人 及與闍那伽 毘陀波羅沙 及餘求道者 悉從於此道 而得眞解脫 jaigīṣavyo 'tha janako vṛddha ścaiva parāśaraḥ, imaṃ panthānamāsādya muktā hyanye ca mokṣiṇaḥ", 『번범어』 권6(대정장54, p.1025b3)에 "비타와 파라사〈번역하면 비타는 지, 파라사는 파락이다〉. 毘陀波羅沙〈譯曰毘陀者智波羅沙者波樂〉"라고 하였다. [참고문헌]『佛所行讚』, 『翻梵語』, *Buddh-c.* **2** Ⓢ palāśa의 음사어. 붉은 꽃나무. 파라사(波羅奢)라고도 한다. 『유희야경』 권중(대정장18, p.768a22)에 "먼저 깨끗한 파초잎을 깐다. 혹은 연꽃잎을 깔거나 파라사잎을 깐다. 先布淨芭蕉葉 或布荷葉 或布波羅沙葉", 『대반열반경소』 권1(대정장38, p.47a6)에 "파라사는 나무 이름이다. 잎이 푸르고 꽃에 삼색이 있다. 해가 비추기 전엔 흑색이지만 해가 비추면 적색이 되어 붉은 잎맥이 모두 드러나며 해가 지면 황색이 된다. 波羅奢 是樹名 葉青華有三色 日未照則黑 日照則赤 赤脈皆現 日沒則黃", 『신집장경음의수함록』 권11(고려장34, p.1031b13)에 "파라사〈(사는) 시와 차를 반절한 음. 적화수라고 한역한즉 자광수가 이것이다〉. 波羅奢〈尸遮反 此云赤花樹 卽紫礦樹 是也〉", 『경률이상』 권4(대정장53, p.18a15)에 "다시 팔백만 여러 비구와 육십억 비구니는 모두 아라한이었는데, 몸의 털이 모두 곤두서고 몸에서 붉은 색이 비쳐서 마치 파라사꽃과 같았다. 復有八十百千諸比丘 六十億比丘尼 皆阿羅漢 擧身毛竪遍體血現 如波羅沙華"라고 하였다. [참고문헌]『蕤呬耶經』, 『大般涅槃經疏』, 『新集藏經音義隨函錄』, 『經律異相』, 『翻譯名義集』 권3(대정장54, p.1104a13). ⇨ 바라사수 波羅沙樹, 적화수 赤華樹

파라사가 波羅奢訶 Ⓢ praśākhā의 음사어. 태내오위(胎內五位) 중 하나. 수태 후 다섯 번째 7일 이후부터 출산 때까지 태아의 상을 가리킨다. 파라사(婆羅奢)·파라사거(波羅捨佉)·발라사거(鉢羅奢佉)라고도 한다. 『법화경삼대부보주』 권1(卍속장43, p.921a1)에 "파라사가 : (양손과 양다리와 머리인) 오포가 갈라져 나오는 상으로 수태 후 서른여덟 번째 7일까지이다. 波羅奢訶 卽五皰開張之相也 乃至三十八七日", 『법화경현첨증석』 권2(卍속장44, p.826a8)에 "파라사가는 형위라고 한역하는데 다섯 번째 7일이다. 波羅奢訶 此云形位 五七日也"라고 하였다. [참고문헌]『法華經三大部補注』, 『法華經玄籤證釋』, 『法華玄義』 권2(대정장33, p.699a24). ⇨ 발라사거 鉢羅奢佉, 태내오위 胎內五位, 명색 名色

파라사국 波剌斯國 Ⓢ Pārsa. 토화라국(吐火羅國 Ⓢ Tukhāra) 서쪽에 있던 나라. 줄여서 파사국(波斯國)이라고도 한다. 인도 서북쪽에 있던 대국 페르시아(Persia)로서, 중국에서는 안식국(安息國)으로 불렸으며 현재의 이란에 해당한다. 현장(玄奘)이 전해들은 바를 기록하였는데, 이 나라의 왕궁에 석가모니부처님의 발우가 모셔져 있으며, 이미 조로아스터교(Zoroastrianism)가 성행하고 있었지만 불교도 이미 전해져 설일체유부(說一切有部)의 승도들이 존재했다고 한다. 한편, 직접 이곳을 둘러 본 신라의 혜초(慧超)는 이곳 사람들이 불법을 알지 못한다고 기록했다. 선종(禪宗)의 초조 보리달마(菩提達磨)가 이곳 출신이다. 『대당서역기』 권11(대정장51, p.938a9)에 "파라사국〈인도에 속하는 나라는 아니지만, 가는 길옆에 있어 전해 들었다. 구역에는 파사라고 하였는데 줄임말이다〉. 파라사국은 그 둘레가 수만 리이다. 나라의 수도는 소랄살당나(Ⓢ Sura-sthāna)로 불리는데 그 둘레가 40여 리이다. 강의 주변이 아주 넓은데다 기후도 특이한데 대체로는 따뜻하다. 물을 끌어다 밭을 만들어 사람들은 풍요롭게 지낸다. 금·유석·수옥(頗胝)·수정 등 진귀한 보석이 많이 난다. … 화폐로는 커다란 은전을 쓴다. 사람들의 성품은 조급하고 거칠며 풍속은 예의가 없다. 문자와 언어는 다른 나라들과 다르며 학예를 익히지 않고 대부분 기술을 연마하니 이곳에서 만들어진 것이라 하면 인근 나라에서 소중히 여겼다. 혼인함에 잡란하며 죽으면 대게 시신을 내다버린다. 이들의 체형은 크고 머리카락 단정하게 하고는 머리만 드러낸다. 가죽옷을 걸치고 비단이나 모직옷을 입는다. 집집마다 세금을 부과하는데 한 사람당 은전 네 냥이다. 하늘에 기도하는 곳이 아주 많은데 배화교도(提那跋 Ⓢ Dinapati)의 외도들이 섬긴다. 波剌斯國〈雖非印度之國 路次附見 舊曰波斯 略也〉波剌斯國 周數萬里 國大都城號蘇剌薩儻那 周四十餘里 川土旣廣 氣序亦異 大抵溫也 引水爲田 人戶富饒 出金鍮石頗胝水精 奇珍異寶 … 貨用大銀錢 人性躁暴 俗無禮義 文字語言 異於諸國 無學藝多工技 凡諸造作 隣境所重 婚姻雜亂 死多棄屍 其形偉大 齊髮露頭 衣皮褐 服錦氎 戶課賦稅 人四銀錢 天祠甚多 提那跋外道之徒爲所宗也", 『자은전』 권4(대정장50, p.243b28)에 "이곳에서 서북쪽으로 가면 파라사국〈북인도 지역이다〉에 이르는데, 듣기로 이 땅에서는 질 좋은 보석(珠寶)·비단(大錦)·모직(細褐)·말(善馬)·낙타(驝駝)가 많이 난다. 가람은 두세 곳으로 스님 수백 명이 거주하고 소승교의 설일체유부를 배우고 있으며, 이 나라의 왕궁에 석가모니부처님의 발우가 있다고 한다. 自此西北至波剌斯國〈北印度境〉 聞說之 其地多珠寶 大錦細褐善馬 驝駝其所出也 伽藍二三 僧徒數百 學小乘敎說一切有部 釋迦佛鉢在此王宮"라고 하였다. 〔참고문헌〕『大唐西域記』, 『慈恩傳』.

파라사제가 波羅絮提伽 Ⓢ Prāsādika의 음사어. 청정경(淸淨經). 『십송율』 권24(대정장23, p.174b18)에 "『파라사제가』〈『청정경』이라 한역〉. 波羅絮提伽〈晉言 淸淨經〉"라고 하였다. 〔참고문헌〕『十誦律』.

파라왕조 波羅王朝 ➡ 팔라왕조 Pāla王朝

파라우니 頗攞遇抳 12월인 파륵구나(頗勒窶那)의 다른 음사어. 『범어잡명』(대정장54, p.1233c7)에 "12월. 파라우니. 파〈pha〉 라〈la〉 구〈gu〉 니〈ṇi〉. 十二月 頗攞遇抳 〈pha〉 〈la〉 〈gu〉 〈ṇi〉", 『당범양어쌍대집』(대정장54, p.1242b19)에 "12월〈파라우니〉 十二月〈頗攞遇抳〉"라고 하였다. 〔참고문헌〕『梵語雜名』, 『唐梵兩語雙對集』. ⇨ 파륵구나 頗勒窶那 ❶

파라월 波羅越 Ⓢ pārāvata의 음사어. 비둘기. 합(鴿)이라 한역한다. 『법현전』(대정장51, p.864b7)에 "파라월은 천축에서 비둘기의 이름이다. 波羅越者 天竺名鴿也"라고 하였다. 〔참고문헌〕『法顯傳』, *Saddh-p.83.*

파라제비차약 波羅提毘叉藥 Ⓢ prativiṣa. 약 이름. 오욕을 다스린다. 60권본 『화엄경』 권59(대정장9, p.776b21)에 "보리심은 파라제비차약이다. 능히 오욕의 독을 다스려 낫게 하기 때문이다. 菩提心者 則爲波羅提毘叉藥 悉能療治 五欲毒故", 『화엄경탐현기』 권20(대정장35, p.488b5)에 "파라제비차약은 등조약이라 한역한다. 波羅提毘叉藥者 此云燈照藥"라고 하였다. 〔참고문헌〕『華嚴經』, 『華嚴經探玄記』, *Gaṇḍ-vy.397.*

파라질연 波羅質然 Ⓢ paracitta-jñāna의 한역어. 다른 이의 마음을 아는 지혜. 타심지(他心智)·타심통(他心通) 등이라 한역한다. 『보살내계경』(대정장24, p.1030a26)에 "파라질연으로 사람의 뜻을 알 수 있으니, 모든 세상 사람들로 하여금 다른 이의 마음을 알도록 하려는 것이다. 波羅質然知人意 欲令一切天下人 皆知人意"라고 하였다. 〔참고문헌〕『菩薩內戒經』. ⇨ 타심지 他心智, 타심통 他心通

파라타 波羅陀 성종성(性種性) 또는 도종성위(道種性位)라 하고 수호(守護) 또는 수호도(守護度)라 한역한다. 『인왕경』 권하(대정장8, p.831b19)에 "두 아승기겁에 바른 도법을 행한다면 파라타위에 머문다. 以二阿僧祇劫 行正道法 住波羅陀位", 『인왕호국반야경소』 권5(대정장33, p.283a3)에 "파라타위는 수호라 한역한다. 십행보살은 그 행이 견뢰하여 자성을 잃지 않는다. 능히 공을 좇아 가로 들어가도 가에 물들지 않고 능히 스스로 지켜 행할 뿐이다. 波羅陀位者 此云守護 十行菩薩 其行堅牢 不失自性 以能從空入假 不爲假染 能守自行故", 『인왕반야경소』 권하5(대정장33, p.349c12)에 "파라타위는 성종성이라 한역한다. 삼장법사는 '뜻으로 뒤쳐 수호도라 한다. 익힌 바 모든 행을 굳게 지켜 잃지 않는다는 뜻이다'라고 하였다. 선취초심부터 성종위에 이를 때까지 두 아승기겁이 걸린다. 波羅陀位者 此名性種性 三藏師云 義翻爲守護度 所習諸行 能堅守不失也 從善趣初心至性種位時 逕二阿僧祇劫也", 원측(圓測)의 『인왕경소』 권하말(대정장33, p.416b24·한불전1, p.105c14)에 "파라타란, 본기에 따르면 수호라 한역한다. 도종성위를 말한다. 그 행이 굳고 흩어지지 않아 자성을 잃지 않으니 수호위라 한다. 이것은 두 아승기겁 동안 어김없이 도법을 닦아 십회향에 머물 수 있게 됨이다. 波羅陀者 若依本記 翻名守護 謂道種性位 其行堅牢 不失自性 名守護位 此明十行 以二僧祇行正道法 得住十迴向也"라고 하였다. 〔참고문헌〕『仁王經』, 『仁王護國般若經疏』, 『仁王般若經疏』, 『仁王經疏』. ⇨ 도종성 道種性, 성종성 性種性, 수호위 守護位, 종성 種性

파라타 頗羅墮 Ⓢ Bharadvāja, Bhāradvāja, Ⓟ Bhāradvāja. 인도 고대의 바라문(婆羅門) 육성(六姓) 또는 18성 중 하나이다. 바라타(頗羅咤)라고도 음사하며, 이근선인(利根仙人)·변재(辯才)·만(滿)·만정(滿正)·중당(重幢)·첩질(捷疾) 등으로 한역한다. 『법화경』 권1(대정장9, p.3c26)에 "그 다음의 부처님이 계셨으니 일월등명(Ⓢ Candrasūryapradīpa)이었고, 또 그 다음에 일월등명이라는 명호의 부처님이 계셨기에, 이와 같이 2만의 부처님이 모두 한가지로 일월등명이라 불렸고, 같은 성으로 족성이 파라타였다. 次復有佛 亦名日月燈明 次復有佛 亦名日月燈明 如是二萬佛 皆同一字 號日月燈明 又同一姓 姓頗羅墮", 『법화문구』 권3상(대정장34, p.34a15)에 "족성 파라타는 첩질이라 한역하고, 이근 또는 만어라고도 한역한다. 姓頗羅墮者 此翻捷疾 亦云利根 亦云滿語也", 『법화문구기』 권3중(대정장34, p.206a18)에 "족성 파라타 등이라 한 말은 진제역이다. 바라문 중 한 성이다. 『불본행집경』에서는 중당이라 한역했는데 가운데 자는 평성이다. 모든 부처님들은 나머지 천한 족성은 아니었으며, 존귀함을 드러낼 때는 찰리에 있었고, 많이 들음을 높여서는 바라문이었다. 또한 탁한 세상에 조복받기 어려운 때는 찰리로 계셨고, 깨끗하여 다스리기 좋은 시절에는 바라문이셨다. 姓頗羅墮等者 眞諦譯也 婆羅門中之一姓也 本行集 翻重幢 重字平聲 一切諸佛 皆不在餘二賤姓故 尙尊貴時 則在刹利 尙多聞時 在婆羅門 又濁難伏時 則在刹利 淸易調時 在婆羅門", 『법화현찬』 권2(대정장34, p.690c18)에 "파라타는 바라문 18성 중 한 성이다. 頗羅墮者 婆羅門十八姓中之一姓也"라고 하였다. [참고문헌] 『法華經』, 『法華文句』, 『法華文句記』, 『法華玄贊』, 『佛本行集經』 권40(대정장3, p.841c27), *Saddh-p.18*. ⇨ 바라문종 婆羅門種

파라파가라밀다라 波羅頗迦羅蜜多羅 ➡ 파라바가라밀다라 波羅頗迦羅蜜多羅

파락호 破落戶 무뢰배. 무뢰한. 『여정어록』 권하(대정장48, p.131a28)에 "주장자 끝으로 표주박 들어 올리고 손안에서 발우 펼쳐 내며, 술 마시고 고기 먹는 파락호지만 천상과 인간의 대장부로구나. 棒頭挑起葫蘆 手裡伸出鉢盂 喧酒喧肉破落戶 天上人間大丈夫", 『설두석기어록』 권3(가흥장26, p.492a15)에 "설두석기가 상당하여 말하길 '하늘도 차고 땅도 차 닿는 곳마다 얼음되니, 헤아리자마자 노승을 비웃으며 넘어뜨리는구나. 모두들 「장로께선 어떤 선지식입니까? 틀림없이 다소의 기특함이 있을 것입니다」 하지만, 결코 알지 못하는구나. 세 집뿐인 벽촌의 이 파락호는 생각도 지혜도 없는 시골 스님이라서 문리를 통한 선도라곤 한 점도 없음을'. 上堂 天寒地冽 觸處成冰 思量驀地 笑倒老僧 盡謂長老是甚麽善知識 定有多少奇特 殊不知 是個三家村裏破落戶 沒意智的村僧 並無一些文理禪道"라고 하였다. [참고문헌] 『如淨語錄』, 『雪竇石奇語錄』.

파람질도파 波藍質兜波 Ⓢ prathama-cittotpāda의 음사어. 초발심(初發心)이라 한역한다. 『보살십주경』(대정장10, p.456c16)에 "부처님께서 말씀하시길 '십주보살공덕에 각각 고하와 차제가 있다' '무엇이 그 열 가지인지요?' '첫째는 파람질도파보살법주에 머묾이다'. 佛言 有十住菩薩功德 各有高下 自有次第 文殊師利言 何等爲十 一 住波藍質兜波菩薩法住", 『보살내계경』(대정장24, p.1028c29)에 "파람질도파인 초발의보살은 마땅히 육바라밀을 행한다. 波藍質兜波 初發意菩薩 當行六波羅蜜"라고 하였다. [참고문헌] 『菩薩十住經』, 『菩薩內戒經』. ⇨ 초발심 初發心

파랍부다 簸臘復多 Ⓢ Prabhūta. 불도 수행자를 옹호하는 야차(夜叉). 중다(衆多)·타생(他生) 등이라 한역한다. 『무량문파마다라니경』(대정장19, p.691b21)에 "부처님께서 다시 사리불에게 이르셨다. '만약 어떤 행자가 마음을 기울여 이 다라니 끊임없이 념한다면 여덟 야차가 설산에 머물며 밤낮으로 감싸고 보호하여 이 행자가 모든 마음의 힘이 무너질까 하는 근심을 버리고 그 세력이 더하게 하리라. 무엇이 그 여덟 가지인가? … 세 번째는 파랍부다〈한역어는 중다〉라 한다'. 又告舍利弗 若有行者 專心繼念 此陀羅尼 有八夜叉 住在雪山 晝夜擁護 如是行者 除諸衰患 益其勢力 何者爲八 … 三名 簸臘復多〈衆多〉", 『번범어』 권7(대정장54, p.1030b8)에 "파랍부다〈한역어는 타생〉. 출전은 『무량문파마다라니경』. 簸臘復多〈譯曰他生〉 無量門破魔陀羅尼經"이라고 하였다. [참고문헌] 『無量門破魔陀羅尼經』, 『翻梵語』.

파랑 罷郞 ?~659. 신라 태종무열왕(太宗武烈王) 때의 화랑(花郎). 비랑(羆郎)이라고도 한다. 『삼국유사』 권1(대정장49, p.971c18·한불전6, p.287a12) 기이(紀異)1 장춘랑파랑(長春郎罷郎)에 "처음에 백제군과 황산(黃山 : 論山郡 連山)에서 싸우다 화랑인 장춘랑과 파랑이 함께 전사했다. 그 뒤 백제를 토벌하려할 때 두 화랑 무열왕의 꿈에 나타나 '저희들 나라를 지키다가 애석하게도 비록 죽은 몸 되었지만 이제라도 한층 나라 보호하고자 함께 종군하여 전쟁을 승리로 이끌겠습니다. 다만 당의 장수 소정방의 위세에 몰려 뒤만 쫓고 있으니 원컨대 저희를 도울 약간의 힘만을 더해주십시오'라고 간청했다. 놀라 꿈에서 깬 왕은 그 충정이 너무나 갸륵하여 두 혼령을 위해 모산정에서 하루 동안 경을 강설하였으며 한편, 한산주 장의사를 창건하고는 그 명복을 기림이 오래가게 했다. 初與百濟兵戰於黃山之役 長春郎罷郎死於陣中 後討百濟時 見夢於太宗曰 臣等昔者爲國亡身 至於白骨 庶欲完護邦國 故隨從軍行無怠而已 然迫於唐帥定方之威 逐於人後爾 願王加我以小勢 大王驚怪之 爲二魂說經一日於牟山亭 又爲創壯義寺於 以資冥援"라고 하였다. [참고문헌] 『三國遺事』, 『三國史記』 권5 新羅本紀5 太宗武烈王 6年 10月. ⇨ 장의사 壯義寺

파랑식 波浪識 육식십명(六識十名) 중 하나로 제6의식(意識)을 가리키는 말. 『능가경주해』 권1(대정장39, p.350a8)에 "제6분별사식은 파랑식이라고도 이름하며 범부에 속한다. 第六分別事識 亦名波浪識 屬凡夫", 『종경록』 권50(대정장48, p.712c18)에 "다섯째로 념념으로 흐르며 흩어지기에 파랑식이라고 이름한다. 五 念念流散 名波浪識"라고 하였다. 〔참고문헌〕『楞伽經註解』, 『宗鏡錄』, 『法華經玄籤備撿』 권3(卍속장44, p.628b4). ⇨ 제육의식 第六意識, 의식 意識❶, 육식십명 六識十名

파랑심 波浪心 Ⓢtaraṅga cittam. 물결처럼 흔들리는 마음. 『대승입능가경』 권6(대정장16, p.626c12 : *Laṅk.*, p.277)에 "갖가지 습기로 말미암아 온갖 물결치듯한 마음 일어나니, 만약 저들 습기가 끊어지는 그때라면, 마음의 물결은 다시는 일어나지 않으리. 由種種習氣生諸波浪心 若彼習斷時 心浪不復起 aupapattyaṅgikaṃ cittaṃ vicitraṃ vāsanāsaṃbhavam, pravartate taraṃgaughaṃ tacchedānna pravartate"라고 하였다. 〔참고문헌〕『大乘入楞伽經』, *Laṅk·315.*

파려 玻瓈 Ⓢsphaṭika, Ⓟphaḷika, phalika. 칠보(七寶) 중 하나. 파리(玻璃)·파리가(頗梨迦)·파려(頗黎) 등이라고도 한다. 수정(水晶)류다. 『아미타경적요이해』(卍속장91, p.1021b3)에 "파려는 물옥이라 한역한다. 곧 수정이다. 玻瓈者 此云水玉 卽水晶也", 『일체경음의』 권72(대정장54, p.773c10)에 "고역에 파려라 한다. 수정인 듯하지만 수정은 아니다. 그러나 그 류이다. 古譯云 頗黎 似水晶 又非水晶 然亦其類"라고 하였다. 〔참고문헌〕『阿彌陀經摘要易解』, 『一切經音義』, *Cv. 7.* ⇨ 칠보 七寶

파려경 玻瓈鏡 파려로 만든 거울. 맑고 깨끗해 만물을 사무쳐 비추기에 지혜롭고 깨끗한 마음과 불국토 등의 비유로 경론 중에 자주 등장한다. 파리경(頗梨鏡·玻璃鏡)이라고도 한다. 80권본 『화엄경』 권48(대정장10, p.256c21)에 "천자들이여! 저 파려경과 같이 능히 비춤이라 하니, 맑고 깨끗하게 비춰 사무침이 시방세계와 더불어 그 크기가 참으로 같다. 諸天子 如有玻瓈鏡 名爲能照 淸淨鑒徹 與十世界 其量正等", 『관무량수경』(대정장12, p.341b25)에 "또 저 국토가 있으니 파리경과 같다. 시방국토가 다 그 중에 나타난다. 이와 같은 무량한 모든 불국토를 엄연히 가히 볼 수 있었으니 위제희가 바라마지 않았음이다. 復有國土 如頗梨鏡 十方國土 皆於中現 有如是等 無量諸佛國土 嚴顯可觀 令韋提希見", 『관무량수경직지소』 권상(卍속장91, p.680b16)에 "파려경은 저 동방유리불토와 같다. 여래장심을 깨달아 얻은 대원경지로 악인을 가린다. 玻瓈鏡者 如東方瑠璃佛土等因悟如來藏心 大圓鏡智 揀惡人也", 『광지광록』 권4(대정장48, p.52b1)에 "비취 빛 소반 중에 구슬 손대지 않아도 저절로 구르고, 파리거울 중에 어린 모습들 들인 적 없이도 찾아온다네. 翡翠盤中之珠 不撥自轉 玻璃鏡中之像 無受而來"라고 하였다. 〔참고문헌〕『華嚴經』, 『觀無量壽經』, 『觀無量壽經直指疏』, 『宏智廣錄』.

파련불 巴連弗 Ⓢ Pāṭaliputra, Ⓟ Pāṭaliputta의 음사어. 중인도(中印度) 마게다국(摩揭陀國)의 도시로 파탈리푸트라이고 화씨성(華氏城)이라고 한역한다. 『화엄경탐현기』 권15(대정장35, p.391b4)에 "둘째 파련불은 갖추어 파타리보달라라고 음사하는데 파타리는 노란 꽃의 이름으로 곧 어머니를 부르는 말이다. 보달라는 자라고 한역하고 아들이란 뜻이니 곧 그 옛날 황화녀의 아들이다. 처음으로 이곳에 거했기에 이름으로 삼았는데 역시 중천축 마갈국이다. 자세한 내용은 『서역기』 권8에 남긴 글과 같다. 二 巴連弗者 具言波吒唎補怛囉 其波吒唎 此是黃花之名 卽母之號也 補怛囉 此云子也 兒也卽上代黃花女之子 創於此居 故以爲名 亦是中天摩竭國也具如西域記第八說", 『십팔부론』(대정장49, p.18a9)에 "부처님 멸도 후 116년 그 때 성 이름은 파련불이다. 당시 아육왕이 염부제의 왕으로서 천하를 다스렸다. 佛滅度後 百一十六年 城名巴連弗 時 阿育王 王閻浮提 匡於天下"라고 하였다. 〔참고문헌〕『華嚴經探玄記』, 『十八部論』, *SN.5.16.* ⇨ 파타리불다라 波吒利弗多羅, 화씨성 華氏城, 마갈국 摩竭國

파로사 波魯師 Ⓢpāruṣya의 음사어. 피안(彼岸)에 머물다. 『섭대승론석』 권8(대정장31, p.363a16)에 "〈논〉 무엇이 파로사인가? 알아야 할 바 피안에 잘 안주함이다. … 〈석〉 '무엇이 파로사인가?'란, 이 파로사는 겉뜻이 추악어인데, 숨은 뜻은 피안에 머묾이다. 파는 피안을, 로사는 머묾을 나타낸다. 여기서는 속뜻을 취해야 답과 상응한다. 이에 알아야 할 바 피안에 잘 안주함이라고 답하였으니, 이는 알아야 할 바 피안에 이르러 머묾의 뜻이다. 云何波魯師 若善安住所知彼岸 … 云何波魯師者 此波魯師 顯目麤惡語 密詮住彼岸 波表彼岸 魯師表住 今取密義 與答相應 是故答言 善安住所知彼岸 是到所知彼岸住義"라고 하였다. 〔참고문헌〕『攝大乘論釋』.

파로사나 波嚕沙拏 Ⓢpruṣvā의 음사어. 이슬(露)이라는 뜻이다. 『범어잡명』(대정장54, p.1234c14)에 "이슬 : 파로〈파와 로가 합하여 한 음절을 이룸〉사나〈사와 바가 합하여 한 음절을 이룸〉. 露 波嚕〈二合〉沙拏〈二合〉𑖢𑖿𑖨𑖲𑖬𑖿𑖪"라고 하였다. 〔참고문헌〕『梵語雜名』.

파로사원 波露沙園 Ⓢ Pāruṣyaka, Ⓣ rtsub-'gyur.

제석천(帝釋天) 사원(四苑) 중 하나. 파류사가(波留沙迦)라고도 음사하고, 추삽원(麤澁苑)이라 한역한다. 『대보적경』 권120(대정장11, p.684b25)에 "그때 저 하늘은 이렇게 말한 다음 다시 언제나 놀던 곳을 보고 생각생각 사유하면서 들떠 탄식하여 큰 소리로 말했다. '아, 선법당이여! 아, 환희원이여! 아, 잡수원이여! 아, 황담석원이여! 아, 파로사원이여! 아, 파리야원이여! 아, 광승원 등이여! 아, 만타의 큰 강물·모든 궁전·당·실·누각이여! 나는 이제 내 마음 어쩌지 못해 갑자기 버리고 떠나네'. 爾時 彼天作是語已 復覩常時所遊之處 念念思惟 掉擧哀歎 發大聲言 嗚呼 善法堂 嗚呼 歡喜園 嗚呼 雜樹園 嗚呼 黃毯石園 嗚呼 波露沙園 嗚呼 波梨耶園 嗚呼 光勝園等 嗚呼 縵陀大河 及諸宮殿 堂室樓閣 我於今時 制不由己 奄相捨離"라고 하였다. [참고문헌] 『大寶積經』, *Abh-k-bh.168.* ⇨ 추삽원 麤澁苑, 도리천사원 忉利天四園, 제석사원 帝釋四苑

파뢰타 波賴他 중량 단위. 네 냥에 해당한다. 『해탈도론』 권7(대정장32, p.434a24)에 "쓸개·침·뇌는 각각 1파뢰타인데, 무게로 네 냥이라 한역한다. 膽唾腦各一波賴他 梁言 重四兩"라고 하였다. [참고문헌] 『解脫道論』. ⇨ 양 兩 1

파루사가원 波婁沙迦苑 Ⓢ pāruṣyakam udyānam. 도리천(忉利天)의 사원(四苑) 중 하나. 악구원(惡口園)·추악원(麤惡苑)·추삽원(麤澁苑)이라고 한역한다. 『기세인본경』 권6(대정장1, p.397a27)에 "또 어떤 인연으로 파루사가원〈파루사가는 추삽이라고 한역〉이라고 이름하는가? 비구들이여! 추삽원 중에 삼십삼천왕이 들어와서 현과 선현이라는 두 돌 위에 앉은 다음 오직 세간의 추악하고 불선한 말과 농담만을 즐기기에 파루사가라고 칭한다. 又何因緣 名波婁沙迦苑〈波婁沙迦隋言麤澁〉諸比丘 麤澁園中 三十三天王入已 坐賢善賢二石上已 唯論世間麤惡不善語言戲謔 是故稱爲波婁沙迦"라고 하였다. [참고문헌] 『起世因本經』, *Abh-k-bh.168.* ⇨ 추삽원 麤澀苑, 사원 四苑

파루파나니카야 Pārupana-nikāya 18세기 초 미얀마 상좌부 불교의 한 종파. 양 어깨 모두를 가리는 착의법(着衣法)을 따르는 파. 전전파(全纒派)·통견파(通肩派) 등으로 한역한다. 17세기 미얀마불교는 법난 등을 겪으며 승단이 화합되지 않고 있었는데 특히 스님들이 외출할 때 가사(袈裟)의 착의법에 대해 한쪽 어깨만 가리는 것과 두 어깨 모두를 가리는 것이 양립하였다. 대립이 심해지자 보도파야왕(Bodawpaya 재위 1782~1819)이 양 어깨 모두를 가리는 착의법으로 승단을 통일하였다. 이때 설치한 종교회의가 현재 미얀마 최대 승단인 수담마파로 발전하였다. [참고문헌] 김재성 「태국과 미얀마 불교의 교학체계와 수행체계」(『세계 승가공동체의 교학체계와 수행체계 조사·연구』, 조계종교육원·가산불교문화연구원, 1997). ⇨ 에캄시카니카야 Ekaṃsika-nikāya, 통견법 通肩法, 미얀마불교 Myanmar佛教

파률습박 波栗濕縛 Ⓢ Pārśva, Ⓟ Passa. 4~5세기경 인도 건타라국(健馱邏國 Ⓢ Gandhara)에서 활동한 고승. 협존자(脇尊者)라고 한다. 가니색가왕(迦膩色迦王 Ⓢ Kaniṣka)의 결집을 통해 『대비비사론』을 짓는데 참여했고 마명(馬鳴 Ⓢ Aśvaghoṣa)보살의 스승이라고도 알려진다. 『대당서역기』 권2(대정장51, p.880b19)에 따르면, 파률습박은 80세에 출가하여 '삼장을 통달하고 해탈을 갖추기 전에는 옆구리(脇)를 자리에 대지 않겠다'는 서원을 세우고 용맹정진하여 3년 만에 해탈을 이루었다고 한다. 같은 책 권2(대정장51, p.880b19)에 "(가니색가왕이 세운 가람의) 제3중각에는 파률습박(당말로 협이라 한다) 존자의 방이 있는데 이미 오래되어 기울고 허물어지긴 했으나 여전히 정표가 세워져 있었다. 존자는 원래 바라문이었다가 나이 80세가 되어서야 세속을 버리고 출가하였다. 第三重閣有波栗濕縛(唐言脇)尊者室 久已傾頓 尙立旌表 初尊者之爲梵志師也 年垂八十 捨家染衣", 『구사론송소기』 권1(만속장53, p.380b7)에 "협존자는 범어로 파률습박이라 한다. 脇尊者梵言波栗濕縛"라고 하였다. [참고문헌] 『大唐西域記』, 『俱舍論頌疏記』. ⇨ 카니쉬카 Kaniṣka, 가니색가왕 迦膩色迦王, 협존자 脇尊者

파륵구나 頗勒窶那 Ⓢ Phālguna, Ⓟ Phagguna. **1** 인도의 역법(曆法)에서 사계절 각각에 세 달씩 배대할 때 그 마지막 달. 12월 16일부터 1월 15일까지를 말한다. 구륵구나(區勒具拏)·파구나(頗求那)·파륵구나(頗勒具那·頗勒窶那)·파륵구나월(頗勒窶那月)·파라우나마세(叵囉虞那麽洗) 등이라고도 한다. 이십팔수(二十八宿) 중에는 익수(翼宿), 십이궁(十二宮) 중에서는 쌍녀궁(雙女宮)에 해당한다. 『일체경음의』 권70(대정장54, p.767c24)에 "파륵구나〈파는 보와 하를 반절한 음이다. 이것은 12월 별자리 이름이며, 이 사람은 이를 이름으로 삼았다〉. 頗勒具那〈普何反 此十二月星名也 是人此爲名也〉", 『신집장경음의수함록』 권19(고려장35, p.245b3)에 "파륵구나월〈이것은 남쪽에 뜨는 별자리 이름이다. 한역하면 익수라고 한다. … 중국의 역법에 따르면 7월에 해당하고, 십이궁에서는 쌍녀궁에 속한다. 『일장경』에서는 '6월에는 천녀신이 그 달을 주관한다'고 하였다〉. 頗勒窶那月〈此是南方星名 唐言翼宿 … 此方曆筭卽是七月 十二宮屬雙女宮 日藏經云 六月時天女神主當其月〉"라고 하였다. [참고문헌] 『一切經音義』, 『新集藏經音義隨函錄』. ⇨ 구륵구나 區勒具拏, 익수

翼宿, 쌍녀궁 雙女宮, 불교역법 佛敎曆法 **2** 모리파군나(牟犁破群那 Ⓟ Moḷiyaphagguna)의 다른 이름. 부처님 재세 시 비구. 파군나(破群那)·파구나(頗求那)라고도 한다. 『법온족론』 권11(대정장26, p.507c2)에 "『교회파륵구나경』에서 부처님께서는 다음처럼 말씀하셨다. '파륵구나여! 식을 음식으로 삼기에 후유가 발생하는 것이다'. 教誨頗勒窶那經中 佛作是說 頗勒窶那 識爲食故 後有生起", 『현종론』 권2(대정장29, p.783c7)에 "가령 세존께서 파륵구나에게 '나는 결코 요별하는 주체가 존재한다고 설한 적이 없다'고 말씀하신 바와 같다. 如世尊告頗勒具那 我終不說有能了者"라고 하였다. 〔참고문헌〕『法蘊足論』, 『顯宗論』, *MN.1.122.*, *SN.2.13.* ⇨ 모리파군나 牟犁破群那, 파군나 破群那

파릉 巴陵 **1** Ⓢ pāṭala, pāṭali, Ⓟ pāṭali, pāṭalī의 음사어. 커다란 잎으로 큰 그늘을 만들어 사람들이 쉬어가게 하는 나무로서 나팔 모양의 꽃을 피운다. 이 나무가 많은 데서 파릉불성(巴陵弗城 Ⓟ Pāṭaligāma)의 이름이 유래하였다. 파련(巴連)·파파라수(波波羅樹)·여서수(女楕樹·女壻樹)라고도 한다. 『장아함경』 권2 「유행경 遊行經」(대정장1, p.12a24)에 "그때 세존께서 죽원에 머무신 후 아난에게 이르셨다. '그대들은 모두 위의를 갖추거라. 곧 파릉불성으로 떠나려 한다'. 아난이 '예!' 한 뒤 즉시 의발을 갖추고 여러 대중과 함께 세존을 모시며 따랐다. 마갈(마가다국)을 거쳐서 다음으로 파릉불성에 이르자 세존께서 파릉나무 아래 앉으셨다. 그때 청신사들이 부처님께서 여러 대중과 함께 멀리서 찾아와 파릉나무 아래 이르셨다는 소문을 듣고 함께 성을 나와 먼 발치에서 파릉나무 아래에 계시는 부처님을 바라보았다. 그 용모는 단정하였고 제근이 고요하여 아름답고 거룩하심 으뜸이었다. 爾時 世尊於竹園 隨宜住已 告阿難曰 汝等皆嚴 當詣巴陵弗城 對曰 唯然 卽嚴衣鉢 與諸大衆 侍從世尊 路由摩竭 次到巴陵弗城 巴陵樹下坐 時 諸淸信士 聞佛與諸大衆 遠來至此巴陵樹下 卽共出城 遙見世尊 在巴陵樹下 容貌端正 諸根寂定 善調第一", "이때 세존께서 곧 강당으로 돌아오셔서 자리로 나아가 앉으셨다. 세존께서는 때를 아셨기에 아난에게 물으셨다. '누가 이 파릉불성을 지었는가?' 아난이 부처님께 아뢰었다. '이것은 우사대신이 지은 바로써 발지를 방어하고 있습니다'. 是時 世尊卽還講堂 就座而坐 世尊知時 故問阿難 誰造此巴陵弗城 阿難白佛 此是禹舍大臣所造 以防禦跋祇", "이때 파릉불의 모든 청신사들은 밤을 통해 공양을 준비하였고, 때가 이르자 부처님께 아뢰었다. '음식 갖춤이 이미 마련되었으니, 오직 성자께서는 때를 아십시오'. 時 巴陵弗諸淸信士 通夜供辦 時到白佛 食具已辦 唯聖知時"라고 하였다. 〔참고문헌〕『長阿含經』, *DN.2.84.* ⇨ 파릉불성 巴陵弗城 **2** 중국 오대십국(五代十國)대 스님 호감(顥鑑)의 별호. 파릉(巴陵：湖南城岳陽)의 신개사(新開寺)에 주석하였기에 파릉호감으로 불렸다. 『경덕전등록』 권22 「파릉호감전 巴陵顥鑒傳」(대정장51, p.386a19)에 "악주 파릉 신개의 호감대사는 처음에 운문에 있었다. 嶽州巴陵新開顥鑒大師 初在雲門", 『전법정종기』 권8(대정장51, p.757b13)에 "대감의 8세로 '소주 운문산의 문언선사'라고 하는데, 소주 가흥 출신이다. … 지금 천하에서 그들을 높여 부르길 운문종이라 하는 것인데, 그에게서 나온 법사는 무릇 88인이니, … 한 분을 '악주 파릉호감'이라 한다. 大鑒之八世 曰韶州雲門山文偃禪師 蘇州嘉興人也 … 今天下尙之號爲雲門宗者也 其所出法嗣 凡八十八人 … 一曰 岳州巴陵顥鑒者", "대감의 9세로 '악주 파릉감선사'라고 하는데, 그에게서 나온 법사는 두 사람이니, 한 분은 '양주 순선사'라 하고, 다른 한 분은 '영징상좌'라 한다. 大鑒之九世 曰 岳州巴陵鑒禪師 其所出法嗣二人 一曰 襄州順禪師者 一曰 靈澄上座者"라고 하였다. 〔참고문헌〕『景德傳燈錄』, 『傳法正宗記』. ⇨ 호감 顥鑑

파릉 波陵 인도네시아 자바(Java)에 있던 옛 나라. 하릉(訶陵)이라고도 하고, 릉은 릉(淩)을 쓰기도 한다. 『대주간정중경목록』 권2(대정장55, p.385b1)에 "『대반열반경다비분』 2권〈일명 사유분〉 이는 당 인덕년중(664~665)에 남천축 스님 야나발다(Ⓢ Jñānabhadra)가 당 스님 회녕과 함께 일남의 파릉국에서 번역하였다. 의봉년(676~679) 초에 교주도독 양난적이 경을 부쳐 수도에 들게 했다. 大般涅槃經荼毘分二卷〈一名闍維分〉 右唐麟德年中 南天竺僧 若那跋陀 共唐國僧會寧 於日南波陵國譯 儀鳳年初 交州都督 梁難敵 附經入京", 『속고금역경도기』(대정장55, p.368b20)에 "사문 야나발다라는 당 말로 지현이고, 남해의 파릉〈또는 하릉〉국 사람이다. 옛날 인덕년중에 익부 성도의 사문 회녕이 천축을 다니며 성스런 자취를 보고 예를 올리고자 배를 타고 서쪽으로 가던 길에 파릉국을 들렀다. 그리하여 지현과 함께 『대반열반경다비분』 1부〈2권〉을 번역하였다. 경을 부쳐 교주에 이르렀고, 회녕은 천축으로 향하였다. 훗날 의봉년 초에 교주 도독 양난적이 사신을 보내며 경을 부쳐 수도에 들게 하니 의봉 3년(678) 무인년에 대자은사 사문 영회가 동궁으로부터 열어줄 것을 청해 받고 베풀어 행하였다. 沙門若那跋陀羅 唐云智賢 南海波淩〈亦曰訶陵〉國人也 善三藏學 往者 麟德年中 益府成都 沙門會寧 欲遊天竺 觀禮聖跡 汎舶西逝路 經波淩國 遂共智賢譯 大般涅槃經荼毘分一部〈二卷〉 寄經達於交州 會寧方之天竺 後至儀鳳年初 交州都督梁難敵 遣使附經入京 三年戊寅 大慈恩寺沙門靈會 於東宮啓請施行"라고 하였다. 〔참고문헌〕『大周刊定衆經目錄』, 『續古今譯經圖紀』, 『釋氏通鑑』 권8(卍속장131, p.921a11). ⇨ 하릉 訶陵

•

이 한 권의 佛事에는

•

문화체육관광부

•

대한불교조계종

•

영화사 회주(월주스님)
청도 운문사(명성스님)
대구 은해사(도명스님)
서울 삼성암(세민스님)
강화 전등사(장윤스님)
범어사 금강암(정만스님)
가평 백련사(승원스님)
포항 관음사(임대스님)

•

(재)동국역경사업진흥회
(재)홍법문화재단 등의 협찬이 있었습니다.

•

미등스님, 상률스님(법계사)
구태회님, 김경숙님, 김명영님, 김정배님, 김진공님
김진희님, 김한열님, 묘각화님, 문헌팔님, 박정미님, 배재형님
법련화님, 유영숙님, 이정훈님, 장명숙님, 정병삼님
지성희님, 진희권님, 칠보화님(가나다 순)
사부대중 여러분의 협찬이 있었습니다.

編著者 伽山智冠大宗師 行狀

編著者 伽山智冠大宗師님은 1932년 慶北 迎日郡 淸河面 柳溪里에서 出生, 1947년 慶南 陜川 海印寺에서 慈雲스님을 恩師로 하여 得度하셨다. 1955년 海印寺講院 耘虛스님 講下에서 大敎科를 卒業하시고, 1960년부터 1970년까지 海印講院 講主로서 後學을 養成하셨다. 이어 海印寺 住持를 歷任하셨으며, 東國學園 理事, 그리고 東國大學校 敎授로 在職하면서 제11대 東國大學校 總長을 歷任하셨으며, 大韓佛敎曹溪宗 元老會議 議員을 거쳐 제32대 總務院長을 歷任하셨다.

대종사님은 학인을 지도하시던 해인사 강주시절 일찍이 불교대사전의 필요성을 절감하시고는 편찬의 원력을 내심 키워가셨다. 50세가 되시던 1982년 음력 5월 11일「불교대사전편찬발원문」을 부처님전에 지어 올리시고는 드디어 至高至難한 편찬작업에 돌입하셨다. 1991년 6월 16일 社團法人 伽山佛敎文化研究院을 설립하시고는 열반에 드시기 전까지 不撤晝夜 一路精進하셨다. 1982년~1990년을 제1차 사업기로 하는 基礎作業期間에는 1차 標題語發掘作業을 수행하셨다. 1991년~1993년인 제2차 사업기에는 編修再作業과 추가항목발굴 및 조정작업이 수행되었으며, 基礎原稿作業이 일부 이루어졌다. 제3차 사업기인 1994년~1998년에는 항목재편수 및 執筆作業이 本格化 되었다. 1999년~2008년 제4차 本格出刊사업기에는 매년 1권 출간을 목표로 차질없이 진행하여 1999년 제1권과 제2권 동시 출간을 시작으로 2008년 제10권 출간을 마무리하셨다. 2009년~2019년을 제5차 후반부 전10권(제11권~제20권) 출간을 목표로 2009년 제11권 출간, 2010년 제12권 출간, 2011년 제13권 제작을 마무리 하던 깊은 겨울에 30년을 한결같이 놓치 못하시던 원고 보따리를 머리맡에 놓으신 채로 신묘년 음력 臘月八日(2012년 양력 1월 2일)을 넘기시고 열반에 드셨다. 대종사님은 2005년 대종사님께서 꼭 쓰셔야 할 주요항목 마지막 "ㅎ"표제어를 끝으로 본 항목을 집필하여 마치시고는, 新規項目 發掘執筆과 연구원들의 원고에 대한 證義·證文·潤文 등 監修·校訂작업에 寸陰을 아끼셨다.

열반하시기 6개월 전인 2011년 음력 5월 11일 팔순생신일에 연구원 가족들에게 '대사림 완간을 위해 합심하여 정진하라.'는 간곡한 遺囑을 글로 남기셨다. 연구원들 모두 대종사님의 유촉을 奉戴하고 如一하게 精進하여 2017년 제16권을 출간하였고, 현재 제18권 출간작업을 위해 정진하고 있다. 향후 제6차사업기(2020년~2022년)까지「보유편」과「색인부」작업이 完遂되면 대종사님의 長大한 願行, 哀愍衆生의 大方便인 대사림편찬사업이 世間에 廻向된다.

대종사님은 탁월한 洞察力과 不屈의 修行力으로 한국불교중흥의 초석이 될 後學養成과 教學中興에 독보적이고도 다대한 업적을 창출하셨다. 한국불교와 전통문화의 自尊을 높임은 물론, 후학의 전범이 되는 精進力과 指導力으로 韓國佛教中興을 牽引하셨다. 특히 일천칠백여 년 한국불교사에 있어 최초의 "불교대백과사전"『伽山佛教大辭林』 편찬작업과 일천칠백여 년 한국고승들의 비문 400여 기를 수집·교감·역주하여 회향한 『韓國高僧碑文叢書』, 일천여 년 민족불교의 성지 해인사의 역사와 자료를 총집한 『伽倻山海印寺誌』, 한국전승불교 교과과정의 문헌들을 총정리하여 집필하신 『韓國佛教所依經典硏究』, 한국불교의 계맥전통과 수계전승기록을 종합한 『韓國佛教戒律傳統』 등 일련의 작업들을 세간에 널리 流通시켜 가시던 중, 2005년 10월 대한불교조계종 총무원장에 취임하셨다. 취임즉시 대사림편찬작업으로 미루어 오던 또 하나의 오랜 숙원, 한국불교의 正法遺産을 國內外로 널리 유포시키기 위한 飜譯作業을 '韓國佛教傳統思想叢書 편찬'이라는 이름으로 적극 추진하여, 2011년 한글역 13권과 2013년 초 영역 13권이 출간되었고, 대종사님의 숙원대로 열반을 전후하여 지구촌 곳곳에 널리 流布되었다. 대중들은 뜻하는 대로 이루어지는 佛事들을 수희찬탄하며 '대종사님께서는 如意를 얻으셨다.' 칭송하였다. 이와같이 우리불교와 문화전통의 崇高함을 선양하고 창의적으로 傳承함에 있어 크나큰 偉蹟을 남기셨다.

남겨진 우리들이 해야할 일은 대종사의 위적을 봉대하고 孤軍奮鬪하며 工夫할 따름이다.

伽山大宗師 大願行 遺囑道場 가산불교문화연구원
研究員 모두 焚香三拜올립니다.

著書

伽山佛教大辭林 권1·2·3·4·5·6·7·8·9·10·11·12·13·14·15·16·17·18·19·20

緇門私記, 四集私記, 楞嚴經略解, 韓國佛教所依經典研究, 要經序說, 南北傳六部律藏比較研究, 比丘尼戒律研究, 信行龜鑑, 信行365日, 信行日鑑, 曹溪宗史, 伽倻山海印寺誌, 校勘譯註歷代高僧碑文(新羅篇·高麗篇1~4·朝鮮篇1), 韓國高僧碑文總集(朝鮮朝·近現代), 韓國佛教戒律傳統, 梵網經菩薩戒布薩本, 韓國傳統思想叢書 精選韓國高僧碑文 外 多數

●

編纂道場會主

編著者 伽山智冠大宗師

(主執筆 · 總監修)

○

作業道場所任

執筆 · 證義 · 證文 · 潤文 · 編修 等 作業

• 편찬실장 古玉玄元

• 편찬부장 책임연구원 金榮郁

• 수석연구원 崔晶圭

• 상임연구원 馬海崙 · 韓栽相 · 孫秀昌 · 朴貞美慈仁行
朴埈亨 · 裵宰亨錦芭 · 金志原般若珠 · 朴碩香智慧藏 · 白承道 · 李容宰 · 李暻姬修明苑
全甫英如來珠 · 朴恩壬 · 徐民知 · 朴秀眞 · 李細彬

◦ 원외 주요분과 전문집필위원
〔한국불교〕 鄭炳三 · 張日圭 · 朴胤珍 · 〔불교의례〕 彌燈스님 · 〔인도불교〕 房貞蘭

● 이외의 소수원고 원외집필자는 마지막 권에 일괄 게재합니다.

伽山佛教大辭林 권19

KASAN ENCYCLOPEDIA OF BUDDHISM *vol.19*

편 저 자 伽山 李智冠 ⓒ
발 행 인 문 헌 팔
발 행 처 사단법인 가산불교문화연구원
전화 765-9602
팩스 765-5673
서울시 종로구 명륜4가 206-6

인 쇄 일 2023년 6월 16일
발 행 일 2023년 6월 16일

사단법인 가산불교문화연구원 출판부
등록번호 제 6-a0116호(1990.12. 24)

인 쇄 동화인쇄공사
제 책 (주)가원
표지제작 송운사

ISBN 978-89-85903-52-3
ISBN 978-89-85903-08-0(세트) 94220

책값 300,000 원